5画		米	(54)	豆	(59)	香	(63)
		齐(齊)	(54)	車➡车	(39)	鬼(鬼)	(63)
穴	(46)	衣	(54)	酉	(59)	風➡风	(45)
立	(46)	➡衤	(47)	辰	(60)	昜➡𠃓	(31)
疒	(46)	耒(耒)	(54)	豕(豕)	(60)	10画	
玄	(47)	耳(耳)	(54)	卤(鹵)	(60)		
示➡礻	(36)	老	(55)	貝➡贝	(41)	髟	(64)
礻	(47)	臣	(55)	見➡见	(42)	馬➡马	(31)
➡衣	(54)	西(襾)	(55)	里	(60)	鬥➡门	(23)
艹(艸)	(47)	而	(55)	足(𧾷)	(60)	骨➡骨	(63)
甘	(47)	页(頁)	(55)	釆	(61)	韋➡韦	(36)
石	(47)	至	(56)	豸	(61)	鬼➡鬼	(63)
龙(龍)	(48)	虍	(56)	谷	(61)	燃➡艹	(47)
业	(48)	虫	(56)	身(身)	(61)	11画	
目	(48)	肉	(57)	龟(龜)	(61)		
田(由甲申)	(49)	缶	(57)	角(角)	(61)	黄(黃)	(64)
罒	(49)	舌	(57)	8画		麻	(64)
皿	(49)	臼	(57)			鹿	(64)
钅(釒金)	(50)	竹(𥫗)	(57)	青(靑)	(61)	麥➡麦	(59)
矢	(52)	自	(58)	雨(⻗)	(61)	鹵➡卤	(60)
生	(52)	血(血)	(58)	非(非)	(62)	鳥➡鸟	(52)
禾	(52)	行	(58)	齿(齒)	(62)	魚➡鱼	(62)
白	(52)	舟	(58)	門➡门	(23)	12画～	
瓜(瓜)	(52)	舛	(58)	黾(黽)	(62)		
鸟(鳥)	(52)	色	(59)	食➡饣	(28)	黑	(64)
用	(53)	羽	(59)	金➡钅	(50)	黍	(64)
皮	(53)	聿(肀聿)	(59)	隹	(62)	鼓	(64)
癶	(53)	艮(⺄)	(59)	鱼(魚)	(62)	鼠	(64)
矛	(53)	糸➡纟	(32)	9画		黽➡黾	(62)
疋(𤴓)	(53)	7画				鼻	(64)
氵➡水	(45)			音			
𠃌➡𠃍	(59)	辛					
母➡毋	(45)	言➡讠					
6画		麦(麥麦)					
		走					
羊(⺶⺷)	(53)	赤					

デイリーコンサイス
中日・日中辞典

SANSEIDO'S DAILY CONCISE CHINESE DICTIONARY

中型版

杉本達夫・牧田英二・古屋昭弘 [共編]

第3版

© Sanseido Co., Ltd. 2013

First Edition　1999
Second Edition　2005
Third Edition　2013

Printed in Japan

[編者]
杉本 達夫（早稲田大学 名誉教授）
牧田 英二（早稲田大学 名誉教授）
古屋 昭弘（早稲田大学文学学術院 教授）

[中文校閲（日中辞典）]
熊 進

[編集協力]
| 佐々木 真理子 | 鈴木 三恵子 | 関 久美子 |
| 宮島 和也 | 山谷 悦子 | ㈲ 樹花舎 |

[システム及びデータ設計]
三省堂データ編集室　　鹿島 康政　佐々木 吾郎

[見返し地図]
平凡社地図出版

[装丁]
三省堂デザイン室

デイリーコンサイス
中日辞典

SANSEIDO'S DAILY CONCISE CHINESE-JAPANESE DICTIONARY

中型版

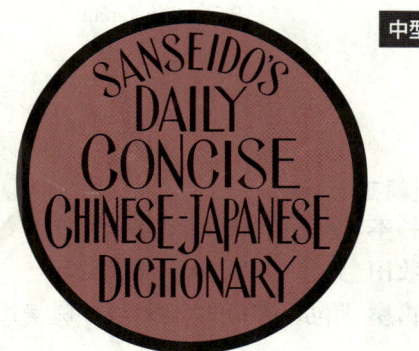

杉本達夫・牧田英二・古屋昭弘 [共編]

第3版

© Sanseido Co., Ltd. 2013

First Edition 1998
Second Edition 2005
Third Edition 2013

Printed in Japan

[編者]
杉本 達夫 (早稲田大学 名誉教授)
牧田 英二 (早稲田大学 名誉教授)
古屋 昭弘 (早稲田大学文学学術院 教授)

[編集協力]
佐々木 真理子　　　鈴木 三恵子　　　関 久美子
宮島 和也　　　　　山谷 悦子　　　　㈲ 樹花舎

[システム及びデータ設計]
三省堂データ編集室　　鹿島 康政　佐々木 吾郎

[見返し地図]
平凡社地図出版

[装丁]
三省堂デザイン室

第三版　序

本辞典は1998年春の刊行以来，すでに15年を経過している．2005年の改訂を経て，ここに第三版刊行の運びとなった．すなわち，2度目の改訂である．初版以来，広く世の支持を得，多くの方々から好評と激励を受けてきた．本辞典を生み出した者にとっては，この上ない喜びである．だが，喜びには常に不安が付きまとう．うすい座布団の下に針のむしろが敷かれている．辞典は使う身にとって，より有用，より正確な情報源でなければならず，本辞典がどの程度その役割を担いえているか，編者は問い続けなければならないからである．

初版の序でも述べたとおり，本辞典は小さな入れ物に最上の内容を込めること，「小而精」であることを目指している．小さな判型の限られた紙幅に，中国語を扱ううえで重要なさまざまな情報を，どれだけ多く盛りこめるか，それは編者に課された重責である．

本辞典は初版以来，以下の点を重視してきた．

第1に，個々の漢字が単独で1語となりうるか，すなわち単用しうるか，それとも他の字と結びついてはじめて1語となりうるか，すなわち語素であるのか，この区別を明確に示した．1字の語義の中でも，単用しうる語義と単用しえない語義とを区別した．

第2に，原義に即して品詞を示した．

第3に，形容詞のうち，主として述語となる形容詞，主として修飾語となる形容詞について，語義に先立ち明記するなど，用法上の注意を可能な限り加えた．

もちろん，ことばは生きものであり，時と場合で変化する．上記のような区別も絶対ではなく，あくまでひとつの目安にすぎない．だが，利用者には有用な目安であると編者は考えている．

第4に，用例は極力短くするよう努めたうえで，それが単語ないし複合語であるか，句ないし文であるかを区別した．

第二版では内容の改訂に加えて，二色刷りを採用し，見やすい紙面に改めた．

今回の改訂にあたっても，二版以来の中国の言語環境の変化を，できるだけ多く，正確に反映すべく心を砕いた．新HSK受験者への配慮も加えてある．

今回の改訂の方針は以下のとおりである．

第1に，いまでは不要と思われる語や部分を削除し，新たに，親字および見出し熟語約800を加えた．

第2に，『現代漢語詞典』第6版（商務印書館，2012年6月刊）で新たに修正された発音を極力反映させた．とりわけ軽声関連は

全面的に反映させた．旧版におけるピンイン表記は，すべてこの基準に照らして再点検し，修正してある．なお，付録として，本辞典収録の語彙につき，『現代漢語詞典』第5版と第6版との発音の違いを，一覧表にして示した．軽声で読むか声調つきで読むかの変化は，微小な変化のようでいて，軽視してはならない要素である．

　第3に，旧版で不正確だった部分，品詞や語釈などを改めた．

　第4に，旧版では単に列記していた繁体字と異体字を区別し，異体字に＊を付けた．

　第5に，親字（簡体字）を，同じ声符を持つ文字でまとめられるように計り，再配列した．

　第6に，新HSKの5級単語およびそれに準ずる単語に⁑，6級単語およびそれに準ずる単語に＊を付した．

　なお，今回の改訂作業は，編者のうち，古屋昭弘が中核となって進めた．文責はもちろん編者全員にある．

　改訂を経た第三版が，旧にもまして多くの利用者を得，貴重なご批判，ご叱正を得られるよう，そしてさらなる向上の機会を得られるよう，編者は切に願っている．

　言うまでもないことだが，ひとつの辞典が生まれるまでには，先行する幾つもの辞典や研究から，多くの教示を得ている．いちいち名を挙げることはできないが，あらためて，深く感謝する．

　今回，三省堂で編集を担当されたのは近山昌子氏である．また，東京学芸大学講師・関久美子氏には，編集作業の全般にわたってお助けいただいた．通訳・翻訳家の鈴木三恵子氏にもお世話になった．そのほか多くの方々の助力をいただいている．記して感謝する．

　　　2013年1月

　　　　　　　　　　　　　　　　　　　　　　　　　編者一同

凡　例

I．親字について
1．親字は簡体字を基本として，そのピンイン（ローマ字表記）のアルファベット順に配列した．親字に繁体字や異体字がある場合には，（ ）内に示した．うち，*があるものは異体字である．
2．「词」に対する「詞」，「铜」に対する「銅」など，偏旁のみが異なる繁体字も（ ）に示してある．ただし，「京」に対する「京」，「角」に対する「角」などは記していない．
3．単用される親字（一字で単語となりうる親字）は【　】で囲った．単用できない字は〚　〛で囲い，更に⊗印をつけた．この点は本辞典が，特に意を注いだところである．〚　〛で囲った親字は現代語ではもっぱら非単用の語素として機能する．すなわち他の語素と組み合わさってはじめて単語を形成するということである．その区分は日常的用法を念頭に置いた編者の判断による．この点に関しては，非単用の語素を積極的に明示した *Concise Dictionary of Spoken Chinese*，『現代漢語学習詞典』，『現代漢語用法詞典』から多大な教示を得た．
4．【　】で囲んだ親字でも，単用できない語義の場合には，改行して⊗印を置き，その語義を示した．
5．「廖」「沪」など，姓あるいは地名の別称や略称は単用語とみなさない．
6．代詞，動詞，能願動詞，形容詞，副詞，介詞，量詞，数詞，感嘆詞のほか，接続詞，助詞，擬態語，擬声語として働く親字は，本辞典では単用できる語として扱い，【　】で示した．
7．個別の字義によって繁体字や異体字が異なる場合，あるいは個別の字義にのみ繁体字や異体字がある場合は，その都度改行し，別項目を立てた．例えば，

【里】lǐ ……
【―(裡*裏)】……
〚历(歷)〛lì ⊗……
〚―(曆*厤曆)〛⊗……

8．「彷徨」のように分離不可能な場合は，個別の字に語釈を加えず，「彷」の項で
【彷徨】pánghuáng 動 うろうろ迷う，……　と語釈を与え，「徨」の項では
〚徨〛huáng ⊗→[彷 páng～] とした．
9．語頭に使われることが稀な字（親字として採用していないこともある）については，原則として基本義を記したのち，→[○～]で見出し語例を示した．例えば，
〚钿(鈿)〛diàn ⊗…… →[螺 luó～]
このほか親字の語釈の中で，その親字で始まる子見出しを示す場合，時に→[～○]を使った．単に参照をうながす意味で「→[～○]」を使うこともある．
10．異読音がある場合は，記述の最後に改行して「⇨○」と太字で示した．したがって異読音がある場合，同一の親字が複数箇所に現れる．ただし，ほとんど使われていない異読音は，親字として採用していないこともある．
11．"ローマ字で始まる語"がある場合，各アルファベット見出しのすぐ下に置いた．

Ⅱ．子見出しについて
1．子見出しには単語，連語，成語，俗語（ことわざ，歇後ᴅ語など）を含み，ローマ字で表記した発音のアルファベット順に配列してある．
2．発音綴りが同一の場合は第二字の四声の順による．
3．単語（発音表記が一つの綴りとなる）のほか，連語（例えば「绕圈子 rào quānzi」）にも品詞を記したうえで語義を示した．
4．同じ漢字表記でも，語義によって声調，発音表記が異なる場合は──で改行して，別項目を立てた．例えば，
　　【编目】biān'mù 動 ...
　　── biānmù 名 ...
5．一語に複数の表記があり，使用頻度に大差がないものは，重複させて見出し語に立てた．例えば，
　　【叭儿狗（巴儿狗）】と【巴儿狗（叭儿狗）】
6．新HSKの5級単語およびそれに準ずる単語に☆，6級単語およびそれに準ずる単語に＊を付した．見出し語になく用例のみに登場する単語の場合は，用例に付した．

Ⅲ．発音について
1．発音は漢語拼音字母すなわちローマ字表記で綴って声調符号を加えた．表記は原則として『現代漢語詞典 第6版』(2012年) に準拠した．
2．軽声には符号を加えていない．また，「一」「不」の声調は「一定」yídìng，「一起」yìqǐ，「不必」búbì，「不甘」bùgān のように実際の声調に合わせて記した．
3．一語中のある音がふつう軽声で読まれるが時に非軽声で読まれる場合は，/で切って両方を併記した．例えば，
　　【宝贝】bǎobei/bǎobèi
4．「3声＋軽声」で示しながら，実際には「2声＋軽声」で発する場合は，(...と発音)を加えた．例えば，
　　【哪里】nǎli (náli と発音)
5．動賓（動詞＋賓語）構造の語で，分離可能な場合は，分離する位置に「▼」を入れて示した．例えば，
　　【跑步】pǎo▼bù　【睡觉】shuì▼jiào
6．連語，成語，俗語の発音は原則として意味の単位ごとに分かち書きをした．区切りは編者の判断による．特に成語の分かち書きについては『現代漢語詞典 第6版』とかなり異なるので注意されたい．
7．方言語彙については「普通話（共通語）」の読音によって表記してある．

Ⅳ．語釈について
1．原則として名詞，動詞，形容詞，副詞，その他の順で記述し，①，②...で語義を分けた．
2．品詞を特に分ける必要がない場合は名動のようにまとめて記述した．
3．常用の名詞にはできるだけ量詞を示した．しかし，代表的な量詞であって，網羅的ではない．また，「个」を使う場合は示していない．
　　例：【河】〔条・道〕川　　【机器】〔架・台〕機械
4．「儿」を加えられる場合は，(～儿)で示した．なお，「子」をつけて成り立つ語は別見出しとした．
5．形容詞の重ね型など「的」を加えて使われるものは，語義の前に (～的) を置いた．
6．簡単な補足説明は ( ) 内に記したが，必要に応じて，♦の後に語法的説明や百科説明を加えた．
7．短い語法的注意は 〔 〕 で示した．例えば，
　　〔状語として〕，〔定語として〕など．
8．同は同意語，反は反意語，関は関連語を示す．
9．語釈や説明文中に中国語の語彙が入る場合は，‘ ’で囲んだ．例えば，
　　【汾酒】....山西省汾陽産の‘白酒’．
10．語釈や説明中に見出し語を使う場合は「～」で代用した．

凡 例　　　　　　　　　　　　　　　　　　　　　　　　　　　　　　vii

11. 成語，俗語は基本的に（　＞）内に原義を示した．

Ⅴ．用例について
1. 用例は簡潔を心掛けた．用例が文あるいは句である場合は〖…〗で示し，単語，連語，成語である場合は［…］で示して区別した．後者は準見出し語である．
2. 用例中の見出し語は「〜」で代用した．
3. 訳文中に見出し語の語義語釈を使う場合には，「同前」で代用することもある．

Ⅵ．略語について
略語は以下のように表示する．
1. 品詞…□でくくる．

   名：名詞　　　　　　　　　動：動詞　　　　　　　　能：能願動詞
   形：形容詞　　　　　　　　副：副詞　　　　　　　　数：数詞
   量：量詞(度量衡を含む)　　代：代詞　　　　　　　　介：介詞
   接：接続詞　　　　　　　　助：助詞　　　　　　　　嘆：感嘆詞・間投詞
   擬：擬態語・擬声語　　　　頭：接頭辞　　　　　　　尾：接尾辞

2. 語の性格…《　》で示す．

   成：成語・格言　　　　　　書：書面語・文言語・古語　　　口：口頭語
   俗：俗語・歇後語・ことわざ　方：方言　　　　　　　　　　翰：書簡語
   謙：謙譲語　　　　　　　　敬：敬語・敬称　　　　　　　挨：挨拶語
   訳：音訳語　　　　　　　　貶：貶義語　　　　　　　　　褒：褒義語
   転：転義・比喩　　　　　　旧：旧時(主として清末から民国期)の語
   略：略称　　　　　　　　　普：(方言に対する)共通語

3. 分野…〖　〗で示す．

   衣：衣類・衣服・織物　　　医：医学　　　　　　　　印：印刷
   映：映画　　演：演芸　　　音：音楽　　　　　　　　化：化学
   貝：貝　　　機：機械　　　魚：魚類　　　　　　　　軍：軍事
   経：経済　　建：土木・建築　語：言語・語法　　　　　工：工業・技術
   交：交通　　鉱：鉱物　　　航：航空・航海　　　　　史：歴史
   字：文字　　宗：宗教　　　商：商業　　　　　　　　食：食品・料理
   植：植物　　人：人名　　　数：数学　　　　　　　　生：生物・生理
   体：体育・スポーツ　　　　地：地学・地理　　　　　畜：畜産
   哲：哲学　　天：天文・気象　電：電気・電機　　　　　図：図書
   動：動物　　鳥：鳥類　　　農：農業　　　　　　　　美：美術
   文：文学　　法：法律　　　報：報道　　　　　　　　民：民族
   虫：虫　　　薬：薬品・薬学・漢方薬　　　　　　　　理：物理・理科

4. レーベルの順序
   品詞，(〜ル)(〜的)，語の性格，分野，量詞の順で示した．
   例：图　(〜ル)《方》〖植〗〔根〕

Ⅶ．漢字検索表について
1. 本辞典は簡体字，繁体字，異体字を含めて約9950字を親字とした．
2. 部首索引は文字を部首で分類し，部首ごとに筆画数順に配列した．ページ数に発音も加えたが，発音辞典の機能も持たせたいと考えての措置である．
3. 部首索引のほかに，部首からは検索しにくい漢字を一覧にした「総画索引」，また「日本語音読み索引」を設け，読者の便を図った．

発音解説

◎声母(ローマ字の下:左は注音符号,右は国際音声記号(簡略式))

b	p	m	f		d	t	n	l
ㄅ[p]	ㄆ[pʻ]	ㄇ[m]	ㄈ[f]		ㄉ[t]	ㄊ[tʻ]	ㄋ[n]	ㄌ[l]

g	k	h		j	q	x
ㄍ[k]	ㄎ[kʻ]	ㄏ[x]		ㄐ[tɕ]	ㄑ[tɕʻ]	ㄒ[ɕ]

zh	ch	sh	r	z	c	s
ㄓ[tʂ]	ㄔ[tʂʻ]	ㄕ[ʂ]	ㄖ[ʐ]	ㄗ[ts]	ㄘ[tsʻ]	ㄙ[s]

◎韻母

	i	u	ü
	ㄧ[i]	ㄨ[u]	ㄩ[y]
a ㄚ[a]	ia ㄧㄚ[ia]	ua ㄨㄚ[ua]	
o ㄛ[o]		uo ㄨㄛ[uo]	
e ㄜ[ɤ]	ie ㄧㄝ[ie]		üe ㄩㄝ[ye]
ai ㄞ[ai]		uai ㄨㄞ[uai]	
ei ㄟ[ei]		uei ㄨㄟ[uei]	
ao ㄠ[au]	iao ㄧㄠ[iau]		
ou ㄡ[ou]	iou ㄧㄡ[iou]		
an ㄢ[an]	ian ㄧㄢ[iɛn]	uan ㄨㄢ[uan]	üan ㄩㄢ[yan]
en ㄣ[ən]	in ㄧㄣ[in]	uen ㄨㄣ[uən]	ün ㄩㄣ[yn]
ang ㄤ[aŋ]	iang ㄧㄤ[iaŋ]	uang ㄨㄤ[uaŋ]	
eng ㄥ[ɤŋ]	ing ㄧㄥ[iŋ]	ueng ㄨㄥ[uɤŋ]	
ong ㄨㄥ[uŋ]	iong ㄩㄥ[yuŋ]		

zhi chi shi ri の -i はそり舌母音 [ʅ], **zi ci si** の -i は舌尖母音 [ɿ].

◎声調

第1声	第2声	第3声	第4声
(陰平)	(陽平)	(上声)	(去声)

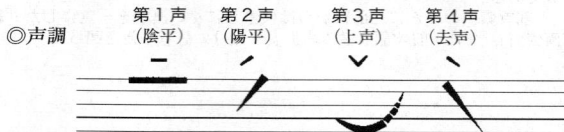

注意 ①第3声と第3声が続くと原則として第2声+第3声となる.
②声調符号のないものは軽声(軽く弱い声調).第3声のあとでは高く,第1・2・4声のあとでは低く発音される.

部首索引

- 「部首一覧」は見返しに掲げた.
- 画数は部首の画数を差し引いて画数順に示した.
- 右の数字は本文の掲載ページを示す.
- 簡体字は太字, 繁体字は細字, 異体字は*付きの細字で示した.

、(丶)

〇	líng	360

2画
丸	wán	598
丫	yā	678
义	yì	710
之	zhī	778

3画
丹	dān	107
为	wéi	605
	wèi	609

4画
主	zhǔ	798

5画～
举	jǔ	306
州	zhōu	794

一(一)

一	yī	700

1画
丁	dīng	129
	zhēng	773
七	qī	449

2画
才	cái	46
三	sān	501
上	shǎng	510
	shàng	510
万	wàn	600
卫	wèi	609
兀	wù	622
下	xià	632
与	yǔ	735
	yù	736
丈	zhàng	763

3画
不	bù	39
丑	chǒu	77
丐	gài	176
互	hù	236
开	kāi	313

廿	niàn	414
卅	sà	501
屯	tún	592
无	wú	617
五	wǔ	620
牙	yá	679
*帀	zā	747

4画
丙	bǐng	34
从	cóng	92
旦	dàn	109
东	dōng	132
可	kě	321
	kè	322
丕	pī	432
平	píng	441
且	qiě	468
	qiū	478
世	shì	532
丝	sī	549

5画
百	bǎi	11
丞	chéng	68
夹	gā	175
	jiā	268
	jiá	270
亘	gèn	188
*亙	gèn	188
吏	lì	350
亚	yà	681
再	zài	749
在	zài	749

6画
更	gēng	188
	gèng	189
来	lái	336
丽	lì	350
两	liǎng	355
求	qiú	479
*所	suǒ	559
严	yán	684

7画
並	bìng	35
奉	fèng	167
画	huà	240
亟	jí	261
	qì	456
兩	liǎng	355
*面	miàn	392
事	shì	533
亞	yà	681
枣	zǎo	753

8画
甭	béng	24
甚	shèn	521
歪	wāi	596
昼	zhòu	796
奏	zòu	822

9画
疍	dàn	109
哥	gē	185
奊	nǎo	408

10画
亶	dàn	109

11画～
奡	ào	6
爾	ěr	146
囊	nāng	408
	náng	408
*尠	xiǎn	639

丨

3画
丰	fēng	163
书	shū	539
中	zhōng	789
	zhòng	793

4画
旧	jiù	303

6画
串	chuàn	85

7画
長	cháng	58

	zhǎng	762

8画
飛	fēi	157
临	lín	359

丿(丿)

1画
九	jiǔ	302
乃	nǎi	406
乂	yì	710

2画
川	chuān	83
*几	fán	151
及	jí	260
*么	ma	379
么	me	385
乞	qǐ	453
千	qiān	457
丸	wán	598
幺	yāo	692

3画
币	bì	27
长	cháng	58
	zhǎng	762
乏	fá	149
壬	rén	492
卅	sà	501
升	shēng	521
乌	wū	616
	wù	623
午	wǔ	621
爻	yáo	693

4画
尔	ěr	146
生	gǎ	175
乎	hū	233
乐	lè	343
	yuè	743
丘	qiū	478
乍	zhà	757
厄	zhī	780

5画

字	拼音	页码	字	拼音	页码	字	拼音	页码	字	拼音	页码
丢	diū	132	书	shū	539	夔	kuí	333	产	chǎn	57
后	hòu	232	为	wéi	605	曾	zēng	755	*产	chǎn	57
甪	Lù	369		wèi	609	尊	zūn	826	衮	gǔn	209
年	nián	413	4画			亠			毫	háo	219
乓	pāng	426	厄	è	145	1画			率	lǜ	372
乒	pīng	441	民	mín	394	亡	wáng	601		shuài	544
乔	qiáo	466	司	sī	549	2画			袤	mào	385
向	xiàng	645	孕	yùn	746	卞	biàn	29	商	shāng	509
囟	xìn	659	5画			亢	kàng	318	孰	shú	541
6画			乩	jī	258	六	liù	366	10画		
兵	bīng	34	买	mǎi	379	3画			棄	qì	456
囱	cōng	91	6画			市	shì	531	褻	xiè	655
*厎	zhǐ	780	乱	luàn	373	玄	xuán	671	11画		
7画			7画			4画			稟	bǐng	35
秉	bǐng	35	飛	fēi	157	产	chǎn	57	稟	bǐng	35
垂	chuí	87	乾	gān	176	充	chōng	73	亶	dǎn	109
乖	guāi	201	亂	luàn	373	亥	hài	215	*裹	lí	348
*兔	tù	589	乾	qián	462	交	jiāo	280	雍	yōng	723
8画			乳	rǔ	497	*交	jiāo	282	12画		
重	chóng	74	虱	shī	526	亦	yì	711	膏	gāo	183
	zhòng	794	丷(八)			5画			裹	guǒ	211
胤	yìn	719	1画			亨	hēng	228	豪	háo	219
禹	Yǔ	736	丫	yā	678	亩	mǔ	402	13画		
9画			3画			弃	qì	456	褒	bāo	17
乘	chéng	68	兰	lán	337	6画			14画		
	shèng	524	4画			变	biàn	29	嬴	Yíng	721
10画			并	bìng	35	卒	cù	93	雝	yōng	723
馗	kuí	333	关	guān	202		zú	822	15画		
11画~			5画			京	jīng	297	*褒	bāo	17
睾	gāo	183	弟	dì	123	氓	máng	382	襄	xiāng	643
鼐	nài	406	兑	duì	141		méng	388	褻	xiè	655
喬	qiáo	466	兊	duì	141	享	xiǎng	644	嬴	yíng	721
應	yìng	722	6画			兖	yǎn	686	17画~		
粵	Yuè	744	並	bìng	35	夜	yè	699	羸	léi	344
乙(一乚乚)			单	dān	107	7画			*蠃	luǒ	375
乙	yǐ	709		Shàn	508	哀	āi	1	亹	wěi	609
1画			7画			帝	dì	123	赢	yíng	721
刁	diāo	127	前	qián	460	亮	liàng	356	冫		
九	jiǔ	302	首	shǒu	536	亭	tíng	579	3画		
乜	miē	394	兹	zī	812	*亱	yè	699	冯	Féng	166
2画			8画			8画				píng	443
飞	fēi	157	兼	jiān	273	毫	bó	37	4画		
乞	qǐ	453	9画			高	gāo	181	冰	bīng	34
丸	wán	598	兽	shòu	539	衮	gǔn	209	冲	chōng	73
卫	wèi	609	10画			离	lí	346		chòng	74
习	xí	627	曾	céng	53	旁	páng	426	沧	chuàng	86
也	yě	697		zēng	755	衰	shuāi	544	次	cì	90
3画			奠	diàn	127	衷	zhōng	792	冱	hù	236
孔	kǒng	325	蠲	juān	308	9画			决	jué	309

5画		冢 zhǒng	793	论 Lún	373	该 gāi	175
冻 dòng	134	**10画~**			lùn	374	該 gāi	175
况 kuàng	332	幂 mì	391	讷 nè	410	诟 gòu	195
冷 lěng	345	冪 mì	391	訥 nè	410	詬 gòu	195
冶 yě	697			讴 ōu	421	诖 guà	200
6画		讠(言)		设 shè	515	註 guà	200
净 jìng	301	言 yán	683	設 shè	515	诡 guǐ	208
冽 liè	358	**2画**		讼 sòng	553	詭 guǐ	208
7画		订 dìng	130	訟 sòng	553	话 huà	240
涂 tú	587	訂 dìng	130	*訢 xīn	659	話 huà	240
8画		讣 fù	171	许 xǔ	669	诙 huī	246
凋 diāo	127	訃 fù	171	許 xǔ	669	詼 huī	246
凍 dòng	134	讥 jī	256	讶 yà	681	诨 hùn	252
*淨 jìng	301	计 jì	264	訝 yà	681	诘 jié	289
凉 liáng	354	計 jì	264	**5画**		詰 jié	289
liàng	356	訄 qiú	480	词 cí	89	夸 kuā	329
凌 líng	362	认 rèn	493	詞 cí	89	诳 kuāng	331
凄 qī	449	**3画**		诋 dǐ	120	誆 kuāng	331
淞 sōng	553	讧 hòng	231	詆 dǐ	120	诔 lěi	344
准 zhǔn	809	訌 hòng	231	诂 gǔ	197	誄 lěi	344
9画		记 jì	264	詁 gǔ	197	诺 náo	408
*飡 cān	48	記 jì	264	诃 hē	222	诠 quán	484
凑 còu	92	讦 jié	288	詈 lì	351	詮 quán	484
减 jiǎn	274	訐 jié	288	评 píng	442	诗 shī	526
10画~		讫 qì	456	評 píng	442	詩 shī	526
滄 chuàng	86	訖 qì	456	诎 qū	481	试 shì	532
馮 Féng	166	让 ràng	488	詘 qū	481	試 shì	532
píng	443	讪 shàn	508	识 shí	528	誊 téng	569
凛 lǐn	360	訕 shàn	508	zhì	787	详 xiáng	643
凜 lǐn	360	讨 tǎo	568	诉 sù	555	詳 xiáng	643
凝 níng	416	討 tǎo	568	訴 sù	555	诩 xǔ	669
		託 tuō	592	译 yì	712	詡 xǔ	669
冖		训 xùn	677	詠 yǒng	724	询 xún	676
2画		訓 xùn	677	诈 zhà	757	詢 xún	676
冗 rǒng	495	讯 xùn	677	詐 zhà	757	诣 yì	712
3画		訊 xùn	677	诏 zhào	766	詣 yì	712
写 xiě	654	议 yì	711	詔 zhào	766	誉 yù	738
xiè	655	**4画**		诊 zhěn	772	詹 Zhān	759
4画		*訦 chén	65	診 zhěn	772	诤 zhèng	778
军 jūn	311	讹 é	144	证 zhèng	777	诛 zhū	796
农 nóng	418	訛 é	144	诌 zhōu	794	誅 zhū	796
5画		访 fǎng	156	註 zhù	800	訾 zǐ	814
罕 hǎn	217	訪 fǎng	156	诅 zǔ	822	*訿 zǐ	814
7画		讽 fěng	166	詛 zǔ	822	**7画**	
冠 guān	204	讳 huì	249	**6画**		*誖 bèi	23
guàn	205	讲 jiǎng	279	诧 chà	55	诞 dàn	109
軍 jūn	311	讵 jù	307	詫 chà	55	*誒 ē/ēi	145
8画		詎 jù	307	诚 chéng	67	* é/éi	145
冥 míng	398	诀 jué	310	誠 chéng	67	* ě/ěi	145
冤 yuān	739	訣 jué	310	诞 dàn	109	* è/èi	145

诰 gào	184		517	諼 xuān	671	谰 lán	338
誥 gào	184		shuí 545	谑 xuè	676	譊 náo	408
海 huì	250	誰 shéi/shuí		謔 xuè	676	谱 pǔ	448
誨 huì	250		517	谚 yàn	688	譜 pǔ	448
诫 jiè	291	谂 shěn	520	諺 yàn	688	譙 qiáo	467
誡 jiè	291	諗 shěn	520	谒 yè	700	識 shí	528
诳 kuáng	332	谈 tán	563	謁 yè	700	zhì	787
誑 kuáng	332	談 tán	563	谕 yù	738	谭 tán	564
诮 qiào	468	诿 wěi	608	諭 yù	738	譚 tán	564
誚 qiào	468	諉 wěi	608	**10画**		谮 zèn	755
认 rèn	493	谊 yì	713	谤 bàng	15	譖 zèn	755
誓 shì	535	誼 yì	713	謗 bàng	15	證 zhèng	777
说 shuì	547	谀 yú	734	谠 dǎng	112	*證 zhèng	778
shuō	548	諛 yú	734	諱 huì	249	**13画**	
説 shuì	547	諍 zhèng	778	講 jiǎng	279	護 hù	236
shuō	548	诸 zhū	797	謎 mèi	387	譭 huǐ	249
诵 sòng	553	諸 zhū	797	mí	390	譬 pì	436
誦 sòng	553	谆 zhūn	809	謐 mì	391	谴 qiǎn	463
诬 wū	617	諄 zhūn	809	謎 mì	391	谳 yàn	689
誣 wū	617	诹 zōu	820	谟 mó	398	議 yì	711
误 wù	623	諏 zōu	820	謨 mó	398	譯 yì	712
誤 wù	623	**9画**		谦 qiān	460	譽 yù	738
诱 yòu	732	谙 ān	4	謙 qiān	460	譟 zào	754
誘 yòu	732	諳 ān	4	谥 shì	535	谵 zhān	759
语 yǔ	735	谗 chán	56	谡 sù	556	譫 zhān	759
yù	737	譖 sù	556	**14画**			
語 yǔ	735	谌 chén	65	谢 xiè	655	辩 biàn	31
yù	737	諶 chén	65	謝 xiè	655	辯 biàn	31
誌 zhì	787	谛 dì	123	谣 yáo	694	譴 qiǎn	463
8画		諦 dì	123	謠 yáo	694	**15画**	
谄 chǎn	57	谍 dié	129	謅 zhōu	794	讀 dú	137
諂 chǎn	57	諜 dié	129	**11画**		讕 jiàn	274
调 diào	128	譌 é	144	*譁 huá	239	*讁 zhé	768
tiáo	576	諷 fēng	166	谏 jiǎn	274	**16画**	
調 diào	128	谎 huǎng	246	谨 jǐn	294	*讎 chóu	76
tiáo	576	謊 huǎng	246	謹 jǐn	294	*讐 chóu	76
读 dú	137	諢 hùn	252	谩 màn	381	**17画**	
诽 fěi	159	谏 jiàn	277	謾 màn	381	讒 chán	56
誹 fěi	159	諫 jiàn	277	谬 miù	398	讖 chèn	65
课 kè	323	谜 mèi	387	謬 miù	398	讖 chèn	65
課 kè	323	mí	390	謳 ōu	421	讕 lán	338
谅 liàng	356	谋 móu	401	警 qǐng	477	讓 ràng	488
諒 liàng	356	謀 móu	401	谪 zhé	768	**18画~**	
論 Lún	373	諡 shì	535	謫 zhé	768	讜 dǎng	112
lùn	374	谓 wèi	611	**12画**		讞 yàn	689
诺 nuò	420	謂 wèi	611	*謿 cháo	62	*讛 yì	711
諾 nuò	420	谐 xié	654	譏 jī	256	讚 zàn	751
请 qǐng	477	諧 xié	654	警 jǐng	300		
請 qǐng	477	*諠 xuān	671	谲 jué	311		
谁 shéi/shuí		諼 xuān	671	譎 jué	311		

| 二十厂匚卜冂 | | (5) |

二		
二 èr	147	

1画
| 亏 kuī | 332 |

2画
夫 fū	167
互 hù	236
井 jǐng	300
亓 qí	450
五 wǔ	620
元 yuán	739
云 yún	745
专 zhuān	803

3画
| 击 jī | 257 |

4画
亘 gèn	188
*亙 gèn	188
亚 yà	681

6画
| 些 xiē | 652 |
| 亞 yà | 681 |

十(宀卞)
| 十 shí | 527 |

2画
| 支 zhī | 779 |

3画
半 bàn	14
古 gǔ	197
卉 huì	249

4画
毕 bì	27
华 huá	238
huà	240
协 xié	653

5画
| 克 kè | 322 |

6画
卑 bēi	20
阜 fù	172
卖 mài	380
丧 sāng	503
sàng	503
協 xié	653
直 zhí	781
卓 zhuó	811

7画
| 南 nán | 407 |

8画
| 真 zhēn | 771 |

9画
乾 gān	176
乾 qián	462
啬 sè	504

10画
博 bó	37
辜 gū	197
丧 sāng	503
sàng	503

11画
幹 gàn	180
嗇 sè	504
準 zhǔn	809

12画
嘏 gǔ/jiǎ	197
兢 jīng	300
斡 wò	616
疐 zhì	789

14画~
| 矗 chù | 83 |
| 翰 hàn | 218 |

厂
| 厂 chǎng | 59 |

2画
厄 è	145
历 lì	349
厅 tīng	578
仄 zè	754

3画
| 厉 lì | 350 |

4画
厍 shè	516
压 yā	678
yà	681
厌 yàn	688

6画
| 厕 cè | 52 |
| *厓 yá | 680 |

7画
厚 hòu	233
厘 lí	346
厖 páng	427
厙 shè	516
*厛 tīng	578

8画
| 厝 cuò | 96 |
| 原 yuán | 740 |

9画
| 厩 jiù | 304 |
| 厢 xiāng | 642 |

10画
厨 chú	81
厥 jué	311
*厤 lì	349
厦 shà	506
xià	635
雁 yàn	688

11画
| *廒 áo | 5 |

12画
*厰 chǎng	59
*廚 chú	81
厮 sī	550
斯 yàn	688

13画
| 靥 yàn | 688 |
| 靥 yè | 700 |

14画
歷 lì	349
曆 lì	349
*厯 lì	349
*鴈 yàn	688
赝 yàn	688

15画~
壓 yā	678
魘 yǎn	681
饜 yàn	688
贗 yàn	688

匚

2画
巨 jù	307
区 Ōu	421
qū	480
匹 pǐ	435

3画
叵 pǒ	444
叵 yí	707
匝 zā	747

4画
| 匠 jiàng | 280 |
| 匡 kuāng | 331 |

5画
| 匣 xiá | 631 |
| 医 yī | 706 |

8画
| 匪 fěi | 159 |
| 匿 nì | 413 |

9画
區 biàn	29
匮 kuì	333
區 Ōu	421
qū	480

11画~
匯 huì	249
*匱 kuì	333
*匲 lián	351
匲 lián	351

卜(⺊)
| 卜 bǔ | 38 |

2画
| 卞 biàn | 29 |

3画
卡 kǎ	313
qiǎ	457
卢 lú	369
外 wài	596
占 zhān	758
zhàn	760

4画
| 贞 zhēn | 770 |

5画
| 补 bǔ | 38 |
| 卣 yǒu | 731 |

6画
| 卦 guà | 200 |
| 卧 wò | 615 |

7画
| 貞 zhēn | 770 |

冂(冖儿)

2画
丹 dān	107
冈 gāng	180
内 nèi	410
*冄 rǎn	488

3画
丙 bǐng	34
册 cè	52
*冊 cè	52
回 huí	247
冉 rǎn	488

4画
| 同 tóng | 581 |
| 网 wǎng | 602 |

部首

刂

再	zài	749
5画		
两	liǎng	355
6画		
冈	gāng	180
兩	liǎng	355
罔	wǎng	602
周	zhōu	794
12画		
爾	ěr	146

刂

2画		
刈	yì	710
3画		
刌	cǔn	95
刊	kān	316
4画		
创	chuāng	85
	chuàng	86
刚	gāng	180
划	huá	238
	huà	240
列	liè	358
刘	liú	364
刓	wán	598
刎	wěn	613
刑	xíng	661
刖	yuè	743
则	zé	754
5画		
刨	bào	19
	páo	427
别	bié	33
	biè	33
*刦	jié	288
刭	jǐng	300
利	lì	350
判	pàn	426
删	shān	507
刪	shān	507
6画		
刹	chà	55
	shā	505
刺	cì	91
到	dào	114
刴	duò	144
剁	duò	144
刮	guā	200
刽	guì	208

剂	jì	266
刳	kǎi	316
刻	kè	322
刳	kū	328
刷	shuā	543
	shuà	544
制	zhì	787
7画		
剐	guǎ	200
剑	jiàn	277
荆	jīng	299
剄	jǐng	300
*剋	kè	322
剋	kēi	323
*刺	lá	335
剌	là	335
前	qián	460
剃	tì	572
削	xiāo	646
	xuē	673
则	zé	754
8画		
剥	bāo	16
	bō	36
剛	gāng	180
剞	jī	258
剧	jù	307
剖	pōu	446
*剠	qíng	477
剔	tī	570
剜	wān	598
剡	yǎn	686
9画		
副	fù	173
剮	guǎ	200
剩	shèng	524
10画		
創	chuāng	85
	chuàng	86
割	gē	185
剴	kǎi	316
11画		
*剷	chǎn	57
剿	jiǎo	285
劂	kuǎi	330
剽	piāo	438
12画		
劃	huá	238
	huà	240
劁	qiāo	466

*劄	zhā	756
*	zhá	757
13画~		
劌	guì	208
劑	jì	266
劍	jiàn	277
劇	jù	307
劉	liú	364
劓	yì	714

八(丷)

八	bā	1
2画		
分	fēn	160
	fèn	162
公	gōng	191
兮	xī	624
3画		
半	bàn	14
只	zhī	780
	zhǐ	784
4画		
共	gòng	193
兴	xīng	660
	xìng	663
5画		
兵	bīng	34
6画		
典	diǎn	124
具	jù	307
其	qí	451
8画		
真	zhēn	771
10画		
巽	xùn	678
11画		
*與	yú	733
與	yǔ	735
	yù	736
12画		
舆	yú	734
14画~		
黉	hóng	231
黌	hóng	231
冀	jì	267
興	xīng	660
	xìng	663
輿	yú	734

人(入)

人	rén	490
入	rù	497
1画		
个	gè	186
*亾	wáng	601
2画		
仓	cāng	50
从	cōng	91
	cóng	91
夬	guài	202
介	jiè	291
今	jīn	292
仑	lún	373
以	yǐ	709
3画		
从	cóng	92
令	líng	362
	lìng	363
仝	tóng	581
4画		
佘	cuān	93
合	gě	186
	hé	223
会	huì	249
	kuài	330
企	qǐ	453
全	quán	484
伞	sǎn	502
佘	tǔn	592
众	zhòng	793
5画		
含	hán	216
佥	qiān	459
佘	Shé	515
余	yú	733
6画		
籴	dí	120
來	lái	336
侖	lún	373
命	mìng	398
舍	shě	515
	shè	516
臥	wò	615
7画		
俞	yú	734
俎	zǔ	823
8画		
倉	cāng	50

亻 (7)

10画~
會 huì	249	
kuài	330	
*舖 pù	448	
僉 qiān	459	
禽 qín	471	
傘 sǎn	502	
舒 shū	540	
龠 yuè	744	

亻

1画
亿 yì	711

2画
仇 chóu	76
Qiú	479
订 dīng	129
化 huā	237
huà	239
仅 jǐn	294
仂 lè	343
仆 pū	446
pú	447
仁 rén	492
仍 réng	493
什 shén	519
shí	527
仉 Zhǎng	762

3画
代 dài	106
付 fù	171
仡 gē	184
们 men	388
仫 mù	403
仟 qiān	458
仞 rèn	492
仨 sā	500
仕 shì	532
他 tā	560
仙 xiān	635
仪 yí	707
*仔 zǎi	749
仗 zhàng	763
仔 zǐ	814

4画
伧 cāng	50
伥 chāng	57
传 chuán	83
zhuàn	805
伐 fá	150
仿 fǎng	156
份 fèn	163
伏 fú	168
伙 huǒ	254
伎 jì	265
价 jià	271
jie	292
件 jiàn	276
伉 kàng	318
伦 lún	373
仳 pǐ	436
*佢 qú	482
任 Rén	492
rèn	493
伤 shāng	509
似 shì	533
sì	552
伣 Wǎ	595
伪 wěi	607
伟 wěi	607
伍 wǔ	621
仵 wǔ	622
休 xiū	666
伢 yá	680
仰 yǎng	691
伊 yī	706
优 yōu	725
伛 yǔ	735
仲 zhòng	793
伫 zhù	800

5画
伴 bàn	14
伯 bó	37
佈 bù	45
伺 cì	91
sì	552
但 dàn	109
低 dī	119
佃 diàn	126
佛 fó	167
fú	168
佝 gōu	194
估 gū	195
何 hé	225
佧 kǎ	313
伶 líng	360
你 nǐ	412
佞 nìng	417
伽 qié	468
伸 shēn	517
体 tī	569
tǐ	571
佟 Tóng	583
佗 tuó	593
位 wèi	610
佚 yì	712
佣 yōng	723
yòng	725
攸 yōu	726
佑 yòu	732
*佔 zhàn	760
佇 zhù	800
住 zhù	800
作 zuō	826
zuò	828
佐 zuǒ	827

6画
併 bìng	35
侧 cè	52
zhāi	758
侘 chà	55
侪 chái	56
侈 chǐ	72
饮 cì	91
侗 dòng	134
tóng	582
供 gōng	192
gòng	194
佶 jí	261
佳 jiā	269
佼 jiǎo	283
侥 jiǎo	284
侃 kǎn	317
侉 kuǎ	329
侩 kuài	330
佬 lǎo	343
例 lì	351
侣 lǚ	371
侔 móu	401
侬 nóng	418
佩 pèi	430
侨 qiáo	467
使 shǐ	531
侍 shì	533
侁 shēn	575
佗 tuō	592
侠 xiá	631
佯 yáng	689
依 yī	706
佾 yì	712
侑 yòu	732
侦 zhēn	770
侄 zhí	783
侏 zhū	796

7画
保 bǎo	17
便 biàn	30
pián	437
俦 chóu	76
促 cù	93
俄 é	144
俘 fú	169
侯 hóu	231
俭 jiǎn	274
俊 jùn	312
俚 lǐ	348
俪 lì	350
俐 lì	351
俩 liǎ	351
liǎng	356
侣 lǚ	371
俏 qiào	468
侵 qīn	470
俟 sì	552
俗 sú	555
侮 wǔ	622
係 xì	630
侠 xiá	631
信 xìn	659
信 xìn	659
修 xiū	666
俨 yǎn	686
俑 yǒng	724
俣 yǔ	736

8画
俺 ǎn	4
倍 bèi	22
俾 bǐ	26
*倸 cǎi	48
倀 chāng	57
倡 chàng	60
倅 cuì	94
倒 dǎo	113
dào	114
*倣 fǎng	156
俸 fèng	167
俯 fǔ	171
個 gè	186
倌 guān	203

候 hòu	233	偕 xié	654	偽 wěi	607	10画	
健 jiàn	277	偃 yǎn	686	傒 xī	627	象 xiàng	646
借 jiè	292	*偺 zá	748	13画		11画	
俱 jù	307	* zán	750	儋 Dān	109	*麂 cū	92
倔 jù	307	*側 zè	754	價 jià	271	詹 Zhān	759
倦 juàn	309	偵 zhēn	770	jie	292		
倔 jué	311	做 zuò	829	儉 jiǎn	274	勹	
juè	311	10画		僵 jiāng	279	1画	
倥 kǒng	326	傲 ào	6	儈 kuài	330	勺 sháo	514
俩 liǎ	351	榜 bàng	15	儂 nóng	418	2画	
liǎng	356	備 bèi	22	*僻 pì	436	勾 gōu	194
倫 lún	373	倉 cāng	50	*傻 shǎ	506	gòu	195
們 men	388	儲 chǔ	82	儇 xuān	671	勿 wù	623
倪 ní	412	傣 dǎi	106	儀 yí	707	勻 yún	745
俳 pái	423	傅 fù	174	億 yì	711	3画	
倩 qiàn	463	傈 lì	351	14画		包 bāo	16
倾 qīng	475	儶 nuó	420	儕 chái	56	匆 cōng	91
偌 ruò	500	儻 tǎng	566	儔 chóu	76	*句 gōu	194
倏 shū	540	*傚 xiào	652	盡 jìn	294	* gòu	195
*儵 shū	540	*傜 yáo	694	儞 nǐ	412	句 Gōu	194
倓 tán	563	11画		儒 rú	497	jù	307
倘 tǎng	566	傳 chuán	83	15画		4画	
倜 tì	572	zhuàn	805	償 cháng	59	匈 Xiōng	665
俶 tì	572	催 cuī	94	儲 chǔ	82	旬 xún	676
倭 Wō	615	傑 jié	289	儡 lěi	345	5画	
脩 xiū	667	僅 jǐn	294	優 yōu	725	甸 diàn	126
倚 yǐ	710	僂 lóu	368	19画		6画	
債 zhài	758	傾 qīng	475	儷 lì	350	*罔 jū	306
值 zhí	782	傻 shǎ	506	儺 nuó	420	7画	
值 zhí	782	傷 shāng	509	*儹 zǎn	750	匐 hōng	230
倬 zhuō	810	絛 tāo	566	20画~		匍 pú	447
9画		*傈 xiān	635	儾 nàng	408	8画~	
側 cè	52	像 xiàng	646	*儻 tǎng	566	芻 chú	81
zhāi	758	僑 xiāo	648	儻 tǎng	566	匐 fú	170
償 cháng	59	傭 yōng	723	儼 yǎn	686	够 gòu	195
僨 fèn	163	傴 yǔ	735			夠 gòu	195
偈 jì	267	債 zhài	758	夂		匏 páo	428
假 jiǎ	270	12画		3画			
jià	271	僨 fèn	163	芻 chú	81	几(几)	
傀 kuǐ	333	僱 gù	200	4画		几 jī	256
僂 lóu	368	僭 jiàn	278	負 fù	172	jǐ	263
偶 ǒu	421	僥 jiǎo	284	危 wēi	604	1画	
偏 piān	436	儆 jǐng	300	争 zhēng	774	凡 fán	151
偲 sī	550	做 jiù	305	5画		*几 fán	151
偹 tiáo	575	*傯 jùn	312	免 miǎn	392	2画	
停 tíng	579	僚 liáo	357	兔 tù	589	凤 fèng	167
偷 tōu	584	僕 pú	447	7画		凫 rǒng	495
偎 wēi	604	僑 qiáo	467	負 fù	172	4画	
*偽 wěi	607	僧 sēng	504	9画		凫 fú	168
偉 wěi	607			象 xiàng	646	凤 sù	555

5画		**3画**	
壳 ké	321	北 běi	21
qiào	468	**4画**	
秃 tū	586	此 cǐ	90
6画		旨 zhǐ	784
凯 kǎi	316	**8画**	
凭 píng	443	真 zhēn	771
咒 zhòu	796	**9画~**	
9画		匙 chí	72
凰 huáng	244	shi	535
10画~		疑 yí	708
凳 dèng	119		
凤 fèng	167	**ㄇ**	
凫 fú	168	**2画**	
凯 kǎi	316	予 yú	733
*凭 píng	443	yǔ	735
		5画	
儿		甬 Yǒng	724
儿 ér	146	**7画**	
1画		勇 yǒng	724
兀 wù	622	**8画~**	
2画		*矞 hán	216
元 yuán	739	豫 yù	738
允 yǔn	745		
3画		**又(乂)**	
兄 xiōng	665	又 yòu	731
4画		**1画**	
充 chōng	73	叉 chā	53
光 guāng	205	chǎ	55
先 xiān	635	**2画**	
兇 xiōng	664	邓 dèng	119
兆 zhào	767	反 fǎn	152
5画		劝 quàn	485
兑 duì	141	双 shuāng	544
兌 duì	141	友 yǒu	729
克 kè	322	支 zhī	779
兕 sì	552	**3画**	
秃 tū	586	对 duì	140
*兔 tù	589	发 fā	148
6画		fà	150
兒 ér	146	圣 shèng	524
奄 yǎn	686	*收 shōu	535
7画~		**4画**	
党 dǎng	111	观 guān	203
兜 dōu	134	guàn	204
兢 jīng	300	欢 huān	241
胤 yìn	719	**6画**	
		变 biàn	29
匕		艰 jiān	273
匕 bǐ	25	取 qǔ	482

受 shòu	538	**4画**	
叔 shū	540	丢 diū	132
7画		牟 móu	401
叛 pàn	426	**5画**	
叟 sǒu	554	县 xiàn	639
*叜 sǒu	554	矣 yǐ	710
叙 xù	670	**6画**	
8画		参 cān	48
难 nán	407	cēn	52
nàn	408	shēn	518
隻 zhī	780	叁 sān	502
10画		**7画**	
*叟 shuāng	544	垒 lěi	344
11画		**9画**	
叠 dié	129	參 cān	48
*戲 zhā	757	cēn	52
14画		shēn	518
瞿 jué	311		
*叡 ruì	499	**卩(㔾)**	
雙 shuāng	544	**3画**	
燮 xiè	656	卯 mǎo	384
		印 yìn	718
夂		卮 zhī	780
3画		**4画**	
*巡 xún	676	危 wēi	604
4画		**5画**	
廷 tíng	579	即 jí	261
延 yán	682	卵 luǎn	373
5画		却 què	486
廸 dí	120	*邵 shào	514
*廹 pò	444	**6画**	
6画~		卷 juǎn	309
蛋 dàn	109	juàn	309
*廻 huí	247	*卹 xù	670
建 jiàn	277	**7画~**	
*廼 nǎi	406	卿 qīng	476
		卻 què	486
厶		卸 xiè	655
1画			
*么 ma	379	**阝[左]**	
么 me	385	**2画**	
么 yāo	692	队 duì	140
2画		**3画**	
公 gōng	191	阡 qiān	458
云 yún	745	**4画**	
允 yǔn	745	*阪 bǎn	13
3画		阿 è	145
弁 biàn	29	防 fáng	155
去 qù	483	阶 jiē	287
台 tái	561	阱 jǐng	300

(9)

(10) 阝凵刀

阮 ruǎn	498			邬 Wū	616	郾 Yǎn	686
阳 yáng	690	9画		邪 xié	653	鄆 Yùn	746
阴 yīn	715	*隄 dī	119	邢 Xíng	662	10画	
阵 zhèn	772	隊 duì	140	5画		鄌 Táng	565
*阯 zhǐ	783	湟 huáng	244	邶 Bèi	21	鄔 Wū	616
5画		階 jiē	287	邴 Bǐng	34	鄖 Yún	745
阿 ā	1	隆 lóng	367	邸 dǐ	120	鄒 Zōu	820
ē	144	隋 Suí	557	邯 hán	216	11画	
陈 chén	65	随 suí	557	邻 lín	359	鄙 bǐ	26
附 fù	172	隈 wēi	604	邳 Pī	432	鄢 Yān	682
际 jì	266	隗 Wěi	609	邱 qiū	478	鄞 Yín	717
陆 liù	366	陽 yáng	690	邵 Shào	514	鄘 Yōng	723
lù	369	*陰 yīn	715	邰 Tái	562	12画	
陇 Lǒng	367	隐 yǐn	718	邺 Yè	698	鄧 dèng	119
陂 pí	435	隅 yú	734	邮 yóu	727	鄰 lín	359
陀 tuó	593	10画		邹 Zōu	820	鄱 Pó	444
陉 xíng	663	隘 ài	3	6画		鄯 Shàn	509
阻 zǔ	822	隔 gé	186	邽 guī	207	鄭 Zhèng	778
阼 zuò	830	*隖 wù	623	郊 jiāo	281	13画	
6画		隙 xì	631	郐 Kuài	330	鄶 Kuài	330
降 jiàng	280	隕 yǔn	745	郎 láng	339	鄴 Yè	698
xiáng	644	11画		郄 Qiè	469	14画~	
陋 lòu	368	*隔 gé	186	郇 Xún	676	鄹 Cuó	96
陌 mò	400	際 jì	266	耶 yē	697	酇 Cuó	96
陕 Shǎn	508	隙 xì	631	yé	697	酆 fēng	166
限 xiàn	639	障 zhàng	764	郁 yù	737	酈 Kuàng	332
7画		12画		郓 Yùn	746	酈 Lì	350
陛 bì	27	*隣 lín	359	郑 Zhèng	778	酃 Líng	362
除 chú	81	隧 suì	558	邾 Zhū	796	凵	
陡 dǒu	135	13画~		7画		2画	
*陗 qiào	468	隴 Lǒng	367	郜 Gào	184	凶 xiōng	664
陝 Shǎn	508	隰 xí	628	郝 Hǎo	221	3画	
陞 shēng	521	險 xiǎn	638	郡 jùn	313	凹 āo	5
险 xiǎn	638	隱 yǐn	718	郦 Lì	350	wā	595
陘 xíng	663	阝[右]		郗 Xī	625	出 chū	77
院 yuàn	742			郢 Yǐng	721	凸 tū	586
陨 yǔn	745	2画		郧 Yún	745	6画	
陣 zhèn	772	邓 dèng	119	8画		函 hán	216
陟 zhì	788	3画		部 bù	45	画 huà	240
8画		邗 Hán	216	郴 chēn	64	10画	
陳 chén	65	邝 Kuàng	332	都 dōu	134	凿 záo	752
陲 chuí	87	邙 máng	382	dū	136	zuò	830
陵 líng	362	邛 qióng	478	郭 guō	209	刀	
陸 liù	366	4画		郫 Pí	435		
lù	369	邦 bāng	15	郪 Qī	449	刀 dāo	112
陪 péi	429	*邨 cūn	94	郯 Tán	563	1画	
陶 táo	567	邡 fāng	155	邮 yóu	727	刃 rèn	492
陷 xiàn	640	那 nà	405	9画		*刄 rèn	492
陰 yīn	715	nèi	411	鄂 È	145	2画	
陬 zōu	820	祁 qí	451	鄄 Juàn	309		

力 了 氵 (11)

分 fēn	160	勃 bó	37	3画		沃 wò	615
fèn	162	劲 jìn	296	池 chí	71	汹 xiōng	665
切 qiē	468	jìng	300	汰 dà	105	*浴 yán	685
qiè	469	勉 miǎn	392	*汛 fàn	153	汋 yàn	688
3画		勋 xūn	676	汗 hán	216	沂 Yí	707
召 zhào	766	勇 yǒng	724	hàn	217	沅 Yuán	739
5画		8画		汲 jí	260	5画	
初 chū	80	勣 jì	267	江 jiāng	278	波 bō	36
*刦 jié	288	9画		汝 rǔ	497	泊 bó	37
6画		動 dòng	133	汕 Shàn	508	pō	444
*刼 jié	288	勘 kān	317	汜 Sì	551	法 fǎ	150
券 quàn	485	勖 xù	670	汤 tāng	565	沸 fèi	160
7画		10画		污 wū	616	泔 gān	178
*剏 chuàng	86	劳 láo	340	*洿 wū	616	沽 gū	196
9画		募 mù	403	*汙 wū	616	河 hé	225
剪 jiǎn	274	勛 xūn	676	汐 xī	624	泓 hóng	230
13画~		11画		汛 xùn	677	泾 Jīng	298
*劍 jiàn	277	勣 jì	267	4画		沮 jǔ	306
劈 pī	434	*勦 jiǎo	285	汴 biàn	29	况 kuàng	332
pǐ	436	*勠 lù	371	沧 cāng	50	泪 lèi	345
		勤 qín	471	沉 chén	64	泠 líng	361
力		勢 shì	534	*沈 chén	64	泷 lóng	367
力 lì	348	12画~		*冲 chōng	73	泸 Lú	369
2画		辦 bàn	13	沌 dùn	142	泌 mì	391
办 bàn	13	*劈 jiàng	280	泛 fàn	153	泯 mǐn	395
劝 quàn	485	勵 lì	350	汾 Fén	162	沫 mò	400
3画		勸 quàn	485	沟 gōu	194	泥 ní	412
功 gōng	190	勰 xié	654	汩 gǔ	197	nì	412
夯 hāng	218	*勳 xūn	676	沆 hàng	219	泞 nìng	417
加 jiā	267			沪 Hù	236	泮 pàn	426
另 lìng	363	了		决 jué	309	泡 pāo	427
务 wù	623	了 le	343	泐 lè	343	pào	428
4画		liǎo	357	沥 lì	349	泼 pō	444
动 dòng	133	1画		沦 lún	374	泣 qì	456
劣 liè	358	孑 jié	288	没 méi	385	浅 qiǎn	462
5画		孓 jué	309	mò	400	泅 qiú	479
劫 jié	288	4画		汨 mì	391	沭 Shù	542
劲 jìn	296	丞 chéng	68	沔 Miǎn	392	泗 sì	552
jìng	300	6画		沐 mù	403	*泝 sù	556
劳 láo	340	承 chéng	68	沤 òu	421	沱 tuó	593
励 lì	350	乑 jí	261	沛 pèi	430	泻 xiè	655
努 nǔ	419	氕 qì	456	沏 qī	449	泄 xiè	655
劬 qú	482			汽 qì	456	泫 xuàn	673
劭 shào	514	氵		沁 qìn	471	沿 yán	685
助 zhù	801	2画		沙 shā	505	yàn	685
6画		氾 fàn	154	沈 shěn	520	泱 yāng	689
劾 hé	226	汉 hàn	217	汰 tài	562	泳 yǒng	724
势 shì	534	汇 huì	249	汪 wāng	601	油 yóu	727
*効 xiào	652	汀 tīng	578	沩 Wéi	605	泽 zé	754
7画		汁 zhī	780	汶 Wèn	614	沾 zhān	759

沼 zhǎo	766	浩 hào	222	淮 Huái	241	港 gǎng	181
沚 Zhǐ	781	涣 huàn	243	混 hún	251	湖 hú	235
治 zhì	787	浣 huàn	243	hùn	252	滑 huá	239
注 zhù	800	浃 jiā	269	渐 jiān	273	溴 huàn	243
6画		涧 jiàn	276	jiàn	277	溃 huì	251
测 cè	52	浸 jìn	297	净 jìng	301	kuì	333
泚 cǐ	90	涇 Jīng	298	泪 lèi	345	浑 hún	251
洞 dòng	134	酒 jiǔ	303	凉 liáng	354	湔 jiān	273
洱 Ěr	147	涓 juān	308	liàng	356	减 jiǎn	274
洪 hóng	231	浚 jùn	312	淋 lín	359	溅 jiàn	277
浒 hǔ	236	浪 làng	339	lìn	360	湫 jiǎo	285
洹 Huán	242	涝 lào	343	*淩 líng	362	渴 kě	322
洄 huí	249	浬 lǐ/hǎilǐ	348	沦 lún	374	湄 méi	386
浑 hún	251	*泣 lì	350	浼 Miǎn	392	湎 miǎn	392
活 huó	252	涟 lián	352	淖 nào	410	渺 miǎo	394
济 Jǐ	264	流 liú	364	凄 qī	449	*湼 niè	416
jì	266	浼 měi	387	淇 Qí	451	湃 pài	424
洎 jì	266	涅 niè	416	淺 qiǎn	462	湓 pén	431
浃 jiā	269	浦 pǔ	448	清 qīng	472	湿 shī	526
浇 jiāo	282	润 rùn	499	深 shēn	518	溲 sōu	554
洁 jié	289	涩 sè	504	渗 shèn	521	湯 tāng	565
津 jīn	293	涉 shè	516	淑 shū	540	渟 tíng	580
浏 liú	364	涘 sì	552	涮 shuàn	544	湍 tuān	589
洛 Luò	376	涑 Sù	556	淞 Sōng	553	湾 wān	598
浓 nóng	418	涛 tāo	566	淌 tǎng	566	渭 Wèi	611
派 pài	424	涕 tì	572	淘 táo	567	温 wēn	611
洽 qià	457	涂 tú	587	添 tiān	574	涡 wō	615
洒 sǎ	500	涡 wō	615	淅 xī	626	渥 wò	616
洮 Táo	567	浯 Wú	620	淆 xiáo	648	湘 Xiāng	642
洼 wā	595	浠 Xī	625	涯 yá	680	渫 xiè	655
洈 Wéi	606	消 xiāo	646	淹 yān	682	漱 shū	670
洗 xǐ	628	浥 yì	712	液 yè	699	渲 xuàn	673
xiǎn	638	涌 yǒng	724	淫 yín	717	湮 yān	682
涎 xián	637	浴 yù	736	淤 yū	732	湮 yīn	714
洩 xiè	655	涨 zhǎng	762	渔 yú	734	湧 yǒng	724
洶 xiōng	665	zhàng	763	渱 Yuān	739	游 yóu	728
洫 xù	670	浙 Zhè	769	渊 yuān	739	渝 yú	734
洵 xún	676	浊 zhuó	811	*湔 Zhè	769	渊 yuān	739
浔 xún	677	**8画**		渚 zhǔ	799	渣 zhā	757
洋 yáng	689	淳 chún	88	涿 Zhuō	810	湛 zhàn	761
洢 Yī	706	淙 cóng	92	淄 Zī	813	滞 zhì	788
洇 yīn	714	淬 cuì	94	渍 zì	818	滋 zī	812
洲 zhōu	794	淡 dàn	110	**9画**		**10画**	
洙 zhū	796	淀 diàn	126	渤 bó	37	滨 bīn	33
浊 zhuó	811	渎 dú	137	*湌 cān	48	滄 cāng	50
7画		淝 Féi	159	测 cè	52	滇 Diān	123
浜 bāng	15	涪 fú	170	滁 chú	81	滇 Diān	123
涤 dí	120	淦 Gàn	180	湊 còu	92	溝 gōu	194
浮 fú	169	涵 hán	216	渡 dù	138	滚 gǔn	209
海 hǎi	214	涸 hé	226	溉 gài	176	滑 huá	239

*潓	huì	249	潋	liàn	354	潽	pū	447	溅	jiàn	277
溷	hùn	252	漏	lòu	368	潜	qián	462	瀏	liú	364
溘	kè	323	*滷	lǔ	369	潛	qián	462	瀑	pù	448
滥	làn	338	漉	lù	370	润	rùn	499	潘	shěn	520
漓		347	潔	Luò	377	涩	sè	504	瀉	xiè	655
	lí	347	满	mǎn	380	潸	shān	508	瀅	yíng	720
溧	lì	351	漫	màn	381	潲	shào	514	瀦	zhū	797
溜	liū	363	漚	òu	421	漱	shù	543	16画		
	liù	366	漂	piāo	438	澌	sī	550	濒	bīn	33
*溜	liū	363		piǎo	439	潭	tán	564	瀚	hàn	218
滤	lǜ	372		piào	439	潼	Tóng	583	瀨	lài	337
滦	Luán	373	漆	qī	450	潙	Wéi	605	瀝	lì	349
满	mǎn	380	渗	shèn	521	潟	xì	631	瀧	lóng	367
灭	miè	394	漱	shù	543	潯	xún	677	瀘	Lú	369
溟	míng	398	潍	Wéi	607	13画				lǜ	372
漠	mò	401	潇	xiāo	648	濒	bīn	33	瀟	xiāo	648
溺	nì	413	漩	xuán	672	潺	Chán	57	瀣	xiè	656
*溺	niào	415	演	yǎn	687	澱	diàn	126	瀠	yíng	721
滂	pāng	426	漾	yàng	692	*澣	huàn	243	瀛	yíng	721
溥	pǔ	448	漪	yī	707	激	jī	260	17画		
溶	róng	495	滢	yíng	721	瀨	lài	337	灌	guàn	205
溽	rù	498	渔	yú	734	澧	Lǐ	348	瀾	lán	338
*溼	shī	526	漳	Zhāng	762	濂	Lián	353	瀲	liàn	354
溯	sù	556	涨	zhǎng	762	潞	Lù	371	瀼	ráng	488
溻	tā	560		zhàng	763	澠	Miǎn	392	18画		
滩	tān	563	滞	zhì	788	浓	nóng	418	*灕	Lí	347
溏	táng	565	潴	zhū	797	濉	Suī	557	19画		
滔	tāo	567	渍	zì	818	澹	Tán	564	洒	sǎ	500
塗	tú	587	12画			澥	xiè	656	滩	tān	563
滃	Wēng	614	澳	ào	6	澡	zǎo	753	21画~		
溪	xī	626	潺	chán	57	泽	zé	754	灞	bà	9
溴	xiù	668	潮	cháo	62	濁	zhuó	811	*灨	Gàn	180
溢	yì	713	澈	chè	63	14画			灤	Luán	373
滢	yíng	720	澄	chéng	69	滨	bīn	33	湾	wān	598
源	yuán	741		dèng	119	濠	háo	220			
溱	Zhēn	772	*澂	chéng	69	濟	Jǐ	264	忄		
準	zhǔn	809	溃	huì	251		jì	266	1画		
滓	zǐ	814		kuì	333	*濬	jùn	312	忆	yì	711
11画			涧	jiàn	276	*潤	kuò	334	3画		
漕	cáo	51	浇	jiāo	282	滥	làn	338	忏	chàn	57
滴	dī	119	洁	jié	289	濘	nìng	417	忖	cǔn	95
涤	dí	120	澜	lán	338	濮	Pú	448	忙	máng	382
汉	hàn	217	涝	lào	343	濡	rú	497	4画		
浒	hǔ	236	潦	liáo	357	涩	sè	504	怅	chàng	60
滬	Hù	236		lǎo	357	湿	shī	526	忧	chén	64
潢	huáng	245	潾	lín	360	涛	tāo	566	怆	chuàng	86
渐	jiān	273	潘	Pān	424	潍	Wéi	607	怀	huái	241
	jiàn	277	澎	pēng	431	灌	zhuó	812	忾	kài	316
漤	lǎn	338		péng	432	15画			快	kuài	330
漣	lián	352	潑	pō	444	渎	dú	137	忸	niǔ	417

忄

字	拼音	页码
怄	òu	421
忤	wǔ	622
忾	wù	622
忻	xīn	659
忧	yōu	725
忮	zhì	787

5画
字	拼音	页码
怖	bù	45
怵	chù	82
怆	chù	82
怛	dá	97
怪	guài	202
怙	hù	236
怜	lián	352
怩	ní	412
怕	pà	422
怦	pēng	431
怯	qiè	469
性	xìng	664
怏	yàng	692
怡	yí	707
怿	yì	712
怔	zhēng	773
	zhèng	777
怊	zhōu	796
怍	zuò	830

6画
字	拼音	页码
恻	cè	52
恫	dòng	134
	tōng	580
*恠	guài	202
恨	hèn	228
恒	héng	228
恍	huǎng	246
恢	huī	246
恺	kǎi	316
恪	kè	323
恼	nǎo	409
恰	qià	457
恃	shì	533
恬	tián	574
恸	tòng	583
恓	xī	625
恤	xù	670
恂	xún	676
恹	yān	682
恽	Yùn	746
*恉	zhǐ	784

7画
字	拼音	页码
悖	bèi	23
悍	hàn	218
悔	huǐ	249
悃	kǔn	334
悯	mǐn	395
悭	qiān	459
悄	qiāo	466
	qiǎo	468
悛	quān	483
悚	sǒng	553
悌	tì	572
*悮	wù	623
悟	wù	624
悒	yì	712
悦	yuè	744

8画
字	拼音	页码
惭	cán	49
惨	cǎn	49
怅	chàng	60
惆	chóu	76
惙	chuò	89
悴	cuì	94
惮	dàn	110
悼	dào	115
惦	diàn	126
惇	dūn	141
惯	guàn	205
惚	hū	234
悸	jì	266
惊	jīng	297
惧	jù	307
悽	qī	449
惬	qiè	470
情	qíng	476
惕	tì	572
惋	wǎn	599
惘	wǎng	602
惟	wéi	606
惜	xī	626
悻	xìng	664

9画
字	拼音	页码
愎	bì	28
恻	cè	52
惰	duò	144
愕	è	145
愤	fèn	163
慌	huāng	244
惶	huáng	244
慨	kǎi	316
愧	kuì	333
愣	lèng	346
愐	miǎn	392
恼	nǎo	409
愀	qiǎo	468
惬	qiè	470
*惸	qióng	478
惺	xīng	661
愔	yīn	716
愉	yú	734
愠	Yùn	746
愠	yùn	746
惴	zhuì	809

10画
字	拼音	页码
怆	chuàng	86
慨	kǎi	316
慷	kài	316
慄	lì	351
慊	qiè	470
慑	shè	516
慎	shèn	521
慎	shèn	521
愫	sù	555
惆	zhōu	796

11画
字	拼音	页码
惭	cán	49
惨	cǎn	49
慣	guàn	205
慷	kāng	318
慢	màn	381
慪	òu	421
慳	qiān	459
慑	shè	516
慟	tòng	583
慵	yōng	723

12画
字	拼音	页码
懊	ào	6
憧	chōng	74
憚	dàn	110
懂	dǒng	133
憤	fèn	163
憬	jǐng	300
憐	lián	352
憫	mǐn	395
憔	qiáo	467
憮	wǔ	622
憎	zēng	755

13画
字	拼音	页码
憷	chù	83
憾	hàn	218
懒	lǎn	338
*懞	měng	389

字	拼音	页码
懈	xiè	656
憶	yì	711
懌	yì	712

14画
字	拼音	页码
懦	nuò	420
懨	yān	682

15画
字	拼音	页码
懵	měng	389

16画
字	拼音	页码
懷	huái	241
懶	lǎn	338

17画~
字	拼音	页码
懺	chàn	57
*懽	huān	241
懼	jù	307
懾	shè	516

宀

2画
字	拼音	页码
宁	níng	416
	nìng	416
*宂	rǒng	495
它	tā	560

3画
字	拼音	页码
安	ān	3
守	shǒu	536
宇	yǔ	735
宅	zhái	758
字	zì	814

4画
字	拼音	页码
宏	hóng	231
牢	láo	339
宋	Sòng	553
完	wán	598
灾	zāi	748

5画
字	拼音	页码
宝	bǎo	17
宠	chǒng	75
宕	dàng	112
定	dìng	131
官	guān	203
宓	mì	391
审	shěn	520
实	shí	529
宛	wǎn	599
宜	yí	707
宙	zhòu	796
宗	zōng	818

6画
字	拼音	页码
*窓	chuāng	85

宫	gōng	193	察	chá	55	庞	páng	427	廪	lǐn	360
宦	huàn	243	寡	guǎ	200	庖	páo	428	廨	xiè	656
客	kè	323	寥	liáo	357		6画			14画~	
室	shì	531	蜜	mì	391	度	dù	138	廬	lú	369
*叟	sǒu	554	寧	níng	416		duó	143	龐	páng	427
宪	xiàn	640		níng	416	庭	tíng	579	廳	tīng	578
宣	xuān	671	寝	qǐn	471	庠	xiáng	644	應	yīng	719
宥	yòu	732	賽	sài	501		7画			yìng	722
	7画		實	shí	529	库	kù	329	膺	yīng	720
案	àn	4	寤	wù	624	唐	táng	565			
宾	bīn	33	寨	zhài	758	席	xí	628		辶(辵)	
宸	chén	64		12画		座	zuò	828		2画	
宫	gōng	193	寮	liáo	357		8画		边	biān	28
害	hài	215	審	shěn	520	庵	ān	4	辽	liáo	356
家	jiā	269	寫	xiě	654	康	kāng	318	辻	shí	527
宽	kuān	330		xiè	655	廊	láng	339		3画	
寐	qún	487		13画		庶	shù	543	达	dá	97
容	róng	495	寰	huán	242	庹	tuǒ	594	过	Guō	209
宵	xiāo	647	褰	qiān	460	庸	yōng	723		guò	211
宴	yàn	688	憲	xiàn	640	庾	yǔ	736	迈	mài	379
宰	zǎi	748		14画~			9画		迄	qì	456
	8画		寶	bǎo	17	廁	cè	52	迁	qiān	458
寂	jì	267	*寳	bǎo	17	賡	gēng	189	巡	xún	676
寄	jì	267	寵	chǒng	75	廄	jiù	304	迅	xùn	676
寇	kòu	328	蹇	jiǎn	275	*廐	jiù	304	*迆	yǐ	710
密	mì	391	騫	qiān	460	廋	sōu	554	迂	yū	732
宿	sù	556	賽	sài	501	廂	xiāng	642		4画	
	xiǔ	667				*廙	yù	738	迟	chí	71
	xiù	668		宀			10画		返	fǎn	153
寅	yín	717				廒	áo	5	还	hái	214
*寃	yuān	739	广	guǎng	206	廓	kuò	334		huán	242
	9画			3画		廉	lián	353	进	jìn	295
富	fù	174	庆	qìng	477	廈	shà	506	近	jìn	296
寒	hán	216	庄	zhuāng	806		xià	635	连	lián	351
寐	mèi	387		4画			11画		违	wéi	606
*寗	níng	416	庇	bì	27	腐	fǔ	171	迕	wǔ	622
*	nìng	416	床	chuáng	85	廖	Liào	358	迓	yà	681
甯	Nìng	417	庋	guǐ	208		12画		迎	yíng	720
寔	shí	530	庐	lú	369	廛	chán	57	远	yuǎn	741
寓	yù	738	庑	wǔ	622	廠	chǎng	59	运	yùn	746
	10画		序	xù	669	廚	chú	81	这	zhè	769
寬	kuān	330	应	yīng	719	廢	fèi	159		zhèi	770
寞	mò	401		yìng	722	賡	gēng	189	迍	zhūn	809
搴	qiān	460		5画		廣	guǎng	206		5画	
寢	qǐn	471	底	dǐ	120	廟	miào	394	迨	dài	106
塞	sāi	501	店	diàn	126	慶	qìng	477	迪	dí	120
	sài	501	废	fèi	159	廝	sī	550	迭	dié	129
	sè	504	府	fǔ	170	廡	wǔ	622	迩	ěr	146
	11画		庚	gēng	189		13画		迦	jiā	268
賓	bīn	33	庙	miào	394	廩	lǐn	360	迥	jiǒng	302

迫 pǎi	424	進 jìn	295	遺 wèi	611	圬 wū	617
pò	444	逵 kuí	333	yí	708	在 zài	749
述 shù	542	逯 Lù	370	遥 xiān	636	圳 zhèn	772
*迨 táo	567	逻 luó	375	選 xuǎn	672	4画	
迢 tiáo	576	*遏 tì	572	遵 zūn	826	坝 bà	9
迤 yǐ	710	透 wēi	604	13画		坂 bǎn	13
迮 zé	754	逸 yì	713	避 bì	28	坊 fāng	155
6画		週 zhōu	794	還 hái	214	fáng	155
迸 bèng	24	9画		huán	242	坟 fén	162
逅 hòu	233	逼 bī	25	邈 jù	308	坏 huài	241
迴 huí	247	遍 biàn	31	邂 xiè	656	坚 jiān	272
迹 jì	266	遄 chuán	85	邀 yāo	693	均 jūn	312
迷 mí	390	達 dá	97	14画～		坎 kǎn	317
*迺 nǎi	406	道 dào	115	邊 biān	28	坑 kēng	324
逆 nì	412	遁 dùn	142	邇 ěr	146	块 kuài	330
逄 Páng	427	遏 è	145	邋 lā	335	*坯 pī	432
适 shì	534	過 Guō	209	邏 luó	375	圻 qí	451
送 sòng	554	guò	211	邈 miǎo	394	坍 tān	582
逃 táo	567	遑 huáng	244	邃 suì	558	坛 tán	563
退 tuì	591	遒 qiú	480	干(亍)		坞 wù	623
选 xuǎn	672	遂 suí	558	干 gān	176	址 zhǐ	783
逊 xùn	678	suì	558	gàn	180	坠 zhuì	809
追 zhuī	808	違 wéi	606	于 yú	733	坐 zuò	827
7画		遗 wèi	611	2画		5画	
逋 bū	38	yí	708	平 píng	441	坳 ào	6
逞 chěng	69	遐 xiá	631	4画		坼 chè	63
递 dì	123	逾 yú	734	罕 hǎn	217	坻 dǐ	121
逗 dòu	135	遇 yù	738	5画		坩 gān	178
逢 féng	166	運 yùn	746	幸 xìng	664	坷 kě	322
逛 guàng	206	10画		10画		坤 kūn	333
*逕 jìng	301	遨 áo	5	幹 gàn	180	垃 lā	335
连 lián	351	遞 dì	123	土(土)		垄 lǒng	367
逑 qiú	480	遛 liú	365	土 tǔ	588	垆 lú	369
逡 qūn	487	liù	366	2画		坯 pī	432
逝 shì	535	遣 qiān	463	圣 shèng	524	坪 píng	443
速 sù	555	*遡 sù	556	3画		坡 pō	444
逖 tì	572	遜 xùn	678	场 cháng	58	坵 qiū	478
通 tōng	580	遥 yáo	694	chǎng	60	*坤 tǎn	562
tòng	584	遠 yuǎn	741	尘 chén	64	坦 tǎn	582
透 tòu	586	11画		地 de	117	坨 tuó	593
途 tú	587	*遯 dùn	142	dì	121	幸 xìng	664
逍 xiāo	647	遷 qiān	458	圪 gē	184	6画	
造 zào	753	適 shì	534	圭 guī	207	城 chéng	67
這 zhè	769	遭 zāo	752	圾 jī	258	垫 diàn	126
zhèi	770	遮 zhē	767	圹 kuàng	332	垤 dié	129
逐 zhú	798	12画		圯 pǐ	436	垛 duǒ	144
8画		遲 chí	71	圩 wéi	606	duò	144
逮 dǎi	106	遼 liáo	356	xū	668	*垜 duǒ	144
dài	107	邁 lín	360			* duò	144
逭 huàn	244	邁 mài	379			垩 è	145

土工卄 (17)

筏 fá	150	堡 bǎo	18	墀 chí	72	壹 yī	707
垓 Gāi	175	報 bào	18	墩 dūn	142	*喆 zhé	768
垢 gòu	195	場 cháng	58	墳 fén	162	11画~	
垦 kěn	324	chǎng	60	墨 mò	401	嘉 jiā	268
垮 kuǎ	329	堤 dī	119	墝 qiāo	466	嚭 pǐ	436
垒 lěi	344	堞 dié	129	墠 shàn	508	壽 shòu	538
垧 shǎng	510	*堿 jiǎn	275	*墰 tán	563	臺 tái	561
型 xíng	661	*堦 jiē	287	墟 xū	668	懿 yì	714
垭 yā	679	堪 kān	317	增 zēng	755	工(工)	
垟 yáng	690	塔 tǎ	561	13画		工 gōng	189
垚 yáo	694	塆 xù	671	壁 bì	28	2画	
垠 yín	716	堰 yàn	688	墾 kěn	324	功 gōng	190
垣 yuán	740	10画		*墻 qiáng	465	巧 qiǎo	467
7画		块 kuài	330	壇 tán	563	左 zuǒ	826
埃 āi	2	墓 mù	403	壓 yà	681	3画	
埂 gěng	189	*塙 què	486	雍 yōng	723	巩 gǒng	193
埒 liè	359	塞 sāi	501	*壅 yōng	723	4画	
埋 mái	379	sè	504	14画		巫 wū	617
mán	380	塒 shí	529	壕 háo	220	6画	
埔 pǔ	448	塑 sù	556	壑 hè	227	差 chā	53
埆 què	486	塌 tā	560	*燻 xūn	676	chà	55
埘 shí	529	塘 táng	565	壓 yā	678	chāi	56
埙 xūn	676	填 tián	575	15画		cī	89
盐 yán	685	塗 tú	587	壙 kuàng	332	卄(卄-艹)	
袁 Yuán	740	坞 wù	623	壘 lěi	344	1画	
垸 yuàn	742	埙 xūn	676	16画~		艺 yì	711
8画		塋 yíng	720	壩 bà	9	2画	
埯 ǎn	4	塬 yuán	741	壞 huài	241	艾 ài	2
埠 bù	45	塚 zhǒng	793	壟 lǒng	367	yì	710
堵 dǔ	137	11画		*壠 lǒng	367	节 jiē	286
堆 duī	140	*塲 cháng	58	壚 lú	369	jié	288
隋 duò	144	chǎng	60	礉 qiāo	468	艿 nǎi	406
堊 è	145	塵 chén	64	壤 rǎng	488	3画	
基 jī	259	墊 diàn	126	*壜 tán	563	芨 jī	258
堅 jiān	272	墮 duò	144	士		芒 máng	382
*埳 kǎn	317	境 jìng	301	士 shì	531	芈 mǐ	391
埝 niàn	415	墘 qián	462	1画		苎 qǐ	453
培 péi	429	塹 qiàn	463	壬 rén	492	芊 qiān	459
埼 qí	452	墙 qiáng	465	3画		芍 sháo	514
堑 qiàn	463	墒 shāng	510	吉 jí	261	艻 xiāng	641
埱 shàn	508	塾 shú	541	4画		芎 xiōng	665
堂 táng	565	墅 shù	543	壳 ké	321	芋 yù	736
埳 tù	589	墽 shuǎng	545	qiào	468	芝 zhī	779
垭 yā	679	墖 tǎ	561	声 shēng	523	4画	
*埜 yě	698	墟 xū	669	7画		芭 bā	7
埸 yì	712	墉 yōng	723	壶 hú	235	苍 cāng	50
堉 yù	737	*塼 zhuān	804	9画		芳 fāng	155
域 yù	738	墜 zhuì	809	壺 hú	235	芬 fēn	162
執 zhí	781	12画		喜 xǐ	629		
9画							

芙 fú	168	茕 qióng	478	荥 xíng	663	菖 chāng	57
芾 fú	169	苒 rǎn	488	荇 xìng	664	萃 cuì	94
花 huā	237	若 ruò	499	荀 xún	676	菲 fēi	158
芰 jì	266	苫 shān	508	药 yào	695	fěi	159
芥 jiè	291	shàn	508	茵 yīn	714	菇 gū	196
苣 jù	307	苕 sháo	514	荫 yīn	715	菡 hàn	218
劳 láo	340	tiáo	576	yìn	719	黄 huáng	245
芦 lú	369	苔 tāi	561	荧 yíng	720	菅 jiān	273
lǔ	369	tái	562	茱 zhū	796	堇 jǐn	294
茜 qiàn	463	茓 xué	674	兹 zī	812	菁 jīng	299
芹 qín	471	英 yīng	719	**7画**		菊 jú	306
芮 ruì	499	莹 yíng	720	荸 bí	25	菌 jūn	312
苌 shān	507	苑 yuàn	742	莼 chún	88	jùn	313
苏 sū	554	苎 zhù	800	荻 dí	120	莱 lái	337
苇 wěi	608	茁 zhuó	811	荷 hé	225	菱 líng	362
芜 wú	620	**6画**		hè	226	萝 luó	375
苋 xiàn	639	草 cǎo	51	華 huá	238	萌 méng	388
芯 xīn	658	茬 chá	54	huà	240	萘 nài	406
xìn	659	茶 chá	54	获 huò	255	萍 píng	443
芽 yá	680	茨 cí	89	荚 jiá	270	菩 pú	448
芫 yán	684	荅 dā	97	茎 jīng	298	萋 qī	449
yuán	739	荡 dàng	112	莒 jǔ	307	萁 qí	451
苡 yǐ	710	茯 fú	168	莱 lái	337	萨 sà	501
芸 yún	745	荒 huāng	244	苻 lì	350	菽 shū	540
芷 zhǐ	783	茴 huí	249	莉 lì	351	菘 sōng	553
苎 zhù	800	荟 huì	250	莲 lián	352	萄 táo	567
5画		荤 hūn	251	莽 mǎng	383	菟 tù	589
苞 bāo	16	荠 jì	266	莓 méi	386	萚 tuò	594
苯 běn	24	qí	450	莫 mò	400	萎 wēi	604
苌 chí	72	荚 jiá	270	莆 pú	447	wěi	608
范 fàn	154	茧 jiǎn	274	莎 shā	505	萧 xiāo	647
苻 fú	169	荐 jiàn	277	suō	559	菸 yān	681
苟 gǒu	194	茭 jiāo	282	莘 shēn	518	萤 yíng	720
茄 jiā	268	荆 jīng	299	莳 shì	535	营 yíng	720
qié	468	莒 jǔ	307	荽 suī	558	萦 yíng	721
茎 jīng	298	荔 lì	351	荼 tú	587	菀 yù	738
苴 jū	305	茫 máng	382	莞 wǎn	599	著 zhāo	765
苛 kē	320	茗 míng	396	莴 wō	615	zháo	765
苦 kǔ	328	荨 qián	461	莧 xiàn	639	zhe	770
苓 líng	361	xún	677	荇 xìng	664	zhuó	811
茅 máo	384	茜 qiàn	463	莺 yīng	719	著 zhù	802
茂 mào	384	荞 qiáo	467	莹 yíng	720	菑 zī	813
*莓 méi	386	荃 quán	484	莜 yóu	727	菹 zū	822
苗 miáo	393	荛 ráo	489	莸 yóu	728	**9画**	
茉 mò	400	荏 rěn	492	莠 yǒu	731	葆 bǎo	18
苜 mù	403	荣 róng	494	莊 zhuāng	806	葳 chǎn	57
茑 niǎo	415	茸 róng	495	**8画**		葱 cōng	91
茶 niè	416	茹 rú	497	*菴 ān	4	蒂 dì	123
苤 piě	439	荪 sūn	558	菠 bō	36	董 dǒng	133
苹 píng	443	茼 tóng	582	菜 cài	48	萼 è	145

葑	fēng	166	驀	mò	401	蔗	zhè	770	藏	cáng	50
葛	gé	186	墓	mù	403		12画			zàng	751
	Gě	186	幕	mù	403	蕆	chǎn	57	藁	gǎo	184
葫	hú	235	蓬	péng	432	*蕩	dàng	112	藉	jí	263
董	dǒng	251	蒲	pú	447	盪	dàng	112	薺	jì	266
蔣	jiǎng	280	蒨	qiàn	463	蕃	fán	152		qí	450
*韭	jiǔ	303	蓉	róng	495	蕺	jí	263	藉	jiè	292
葵	kuí	333	蓐	rù	498	蕉	jiāo	283	舊	jiù	303
落	là	335	*蔘	shēn	518		qiáo	467	藍	lán	338
	lào	343	蓍	shī	527	蕨	jué	311	藐	miǎo	394
	luò	376	蔎	shì	535	*蕅	ǒu	421	薹	tái	562
募	mù	403	蒴	shuò	549	蕲	qí	451	蘚	xiǎn	639
葩	pā	422	蒜	suàn	556	蕁	qián	461	薰	xūn	676
*洴	píng	443	蓀	sūn	558		xún	677		15画	
葡	pú	447	蓑	suō	559	蕎	qiáo	467	藩	fān	151
葺	qì	457	蓊	wěng	614	蕘	ráo	489	繭	jiǎn	274
萩	qiū	479	蓆	xí	628	蕊	ruǐ	499	*蠒	jiǎn	275
*葠	shēn	518	蓄	xù	670	蘂	ruǐ	499	藠	jiào	286
葚	shèn	521	蔭	yīn	715	蔬	shū	541	藜	lí	347
蒐	sōu	554		yìn	719	蕪	wú	620	藕	ǒu	421
葶	tíng	580	蓁	zhēn	772	蕈	xùn	678	蓺	ruò	500
萬	wàn	600	蒸	zhēng	775	蕕	yóu	727	*藷	shǔ	542
葳	wēi	604		11画		蕓	yún	745	藪	sǒu	554
葦	wěi	608	藹	ǎi	2	蘊	yùn	746	藤	téng	569
萵	wō	615	蔽	bì	27	最	zuì	825	藥	yào	695
萱	xuān	671	蔡	cài	48		13画		藝	yì	711
葉	yè	698	*蕆	chún	88	薄	báo	17		16画	
葉	yè	698	蔥	cōng	91		bó	38	藹	ǎi	2
葬	zàng	751	蒂	dì	123		bò	38	藿	huò	256
*葅	zū	822	兜	dōu	134	薜	bì	219	藺	Lìn	360
	10画		蔣	Jiǎng	280	薨	hōng	230	蘆	lú	369
蓓	bèi	22	蔻	kòu	328	薈	huì	250		lǔ	369
蓖	bì	27	蓼	liǎo	357	薊	jì	267	蘑	mó	399
蒼	cāng	50	藺	Lìn	360	薦	jiàn	277	蘖	niè	416
蒓	chún	88	*蔴	má	377	薑	jiāng	278	蘋	pín	440
蓋	gài	176	蔓	mán	380	蕾	lěi	344		píng	443
蒿	hāo	219		màn	382	*蘑	má	378	蘄	qí	451
蒺	jí	262		wàn	601	薲	pín	440	*蘠	qián	461
蒟	jǔ	267	蔑	miè	394	薔	qiáng	465	蘧	qú	482
蒹	jiān	273	摹	mó	399	薩	sà	501	*蘂	ruǐ	499
蒟	jǔ	307	慕	mù	403	薯	shǔ	542	蘇	sū	554
蒯	kuǎi	330	暮	mù	403	藪	sǒu	554	蘀	tuò	594
藍	lán	338	蔫	niān	413	薇	wēi	605	*蘐	xuān	671
*蒞	lì	350	蔦	niǎo	415	薙	wèng	614	蘊	yùn	746
蓮	lián	352	薔	qiáng	465	蕭	xiāo	647	藻	zǎo	753
蓏	luǒ	376	蔌	sù	556	薤	xiè	656		17画~	
蒙	mēng	388	蔚	wèi	611	薪	xīn	659	蘭	lán	337
	méng	389	蓰	xǐ	629	薛	Xuē	673	蘿	luó	375
	Měng	389	蘘	xiāng	641	蕙	yì	713	驀	mò	401
夢	mèng	389	蓺	yì	714		14画		蘖	niè	416

大廾尢寸弋扌		

襄	ráng	488	奓	zhà	758	尥	liào	357
蘚	xiǎn	639	**7画**			尧	Yáo	694
虇	zhàn	761	套	tào	568	**4画**		

大(六)

			奘	zàng	751	尨	méng	388
大	dà	100		zhuǎng	807	尪	wāng	601
	dài	106	**8画**			**9画**		
1画			匏	páo	428	就	jiù	304
夫	fū	167	奢	shē	515	尧	Yáo	694
2画			爽	shuǎng	545	**10画~**		
太	tài	562	**9画**			尴	gān	178
天	tiān	572	奥	ào	6	尲	gān	178
夭	yāo	693	奡	ào	6	*尶	gān	178
2画			奠	diàn	127			
夯	hāng	218	敁	qī	450	寸		
失	shī	524	**11画~**			寸	cùn	95
头	tóu	584	奪	duó	143	**2画**		
央	yāng	689	樊	fán	152	对	duì	140
3画			奮	fèn	163	**3画**		
夺	duó	143	奖	jiǎng	279	导	dǎo	113
夹	gā	175	奩	lián	351	夺	duó	143
	jiā	268	奭	shì	535	寺	sì	552
	jiá	270				寻	xín	659
尖	jiān	271	廾				xún	676
夸	kuā	329				**4画**		
奀	kuǎng	332	**1画**			寿	shòu	538
买	mǎi	379	开	kāi	313	**6画**		
夷	yí	707	升	shēng	521	封	fēng	166
4画			**2画**			耐	nài	406
夾	gā	175	弁	biàn	29	**7画**		
	jiā	268	卉	huì	249	*尅	kè	322
*夾	jiá	270	**3画**			*	kēi	323
奁	lián	351	异	yì	711	辱	rǔ	497
5画			**4画**			射	shè	516
奔	bēn	23	弄	lòng	367	**8画**		
	bèn	24		nòng	418	尉	wèi	611
奋	fèn	163	弃	qì	456	專	zhuān	803
奇	jī	258	**6画**			**9画~**		
	qí	452	弇	yǎn	686	導	dǎo	113
卖	mài	380	弈	yì	711	對	duì	140
奈	nài	406	昪	yú	734	奪	duó	143
奄	yǎn	685	**11画~**			壽	shòu	538
6画			弊	bì	27	*壽	shòu	538
耷	dā	97	彝	yí	709	尋	xín	659
奖	jiǎng	279	*彜	yí	709		xún	676
奎	kuí	333				尊	zūn	826
奕	lèi	345	尢(兀)					
契	qì	456	兀	wù	622	弋		
	Xiè	655	**1画**			弋	yì	710
牵	qiān	459	无	wú	617	**3画**		
奕	yì	711	尤	yóu	726	*弎	sān	502

式	shì	532			
4画					
忒	tè	568			
	tēi	569			
	tuī/tēi	589			
5画					
武	wǔ	622			
6画					
贰	èr	147			
9画					
貳	èr	147			
弑	shì	533			

扌

1画		
扎	zā	747
	zhā	756
	zhá	757
2画		
扒	bā	7
	pá	422
打	dá	97
	dǎ	98
扑	pū	446
扔	rēng	493
3画		
*扞	gǎn	179
扛	gāng	181
	káng	318
扞	hàn	217
扞	hàn	218
扣	kòu	328
扩	kuò	334
扪	mén	388
扦	qiān	458
扫	sǎo	503
	sào	504
托	tuō	592
扬	yáng	690
执	zhí	781
4画		
把	bǎ	8
	bà	9
扳	bān	12
扮	bàn	15
报	bào	18
抄	chāo	60
扯	chě	63
扽	dèn	117
抖	dǒu	135

才 (**21**)

扼 è	145	拉 lā	335	拼 pīn	439	振 zhèn	773
扶 fú	168	lá	335	拾 shí	530	捉 zhuō	810
抚 fǔ	170	拦 lán	337	拭 shì	533	**8画**	
护 hù	236	拎 līn	359	拴 shuān	544	挨 ái	2
技 jì	265	拢 lǒng	367	挞 tà	561	採 cǎi	47
拒 jù	307	抹 mā	377	挑 tiāo	575	掺 chān	56
抉 jué	310	mǒ	399	tiǎo	576	*捵 chēn	64
抗 kàng	318	mò	400	挺 tǐng	580	捶 chuí	87
抠 kōu	326	抿 mǐn	395	挖 wā	595	措 cuò	96
抡 lūn	373	拇 mǔ	402	挝 wō	614	掸 dǎn	109
拟 nǐ	412	拈 niān	413	zhuā	802	捯 dáo	113
扭 niǔ	417	拧 níng	416	挦 xián	637	掂 diān	123
*扭 niù	418	nǐng	416	挟 xié	653	掉 diào	128
*扳 pān	424	nìng	417	挜 yà	681	掇 duō	143
抛 pāo	427	*拗 nǔ	419	*拽 yè	699	挂 guà	200
批 pī	433	拍 pāi	422	拶 zā	747	捆 guāi/guó	
抔 póu	446	拚 pàn	426	zǎn	750		201
抢 qiāng	464	抛 pāo	427	挣 zhēng	775	掼 guàn	205
qiǎng	465	抨 pēng	431	zhèng	778	掎 jǐ	264
扰 rǎo	489	披 pī	433	拯 zhěng	775	接 jiē	287
折 shé	515	*拚 pīn	439	指 zhī	781	捷 jié	290
zhē	767	*拑 qián	462	zhǐ	784	掬 jū	306
zhé	768	拓 tà	561	拽 zhuāi	803	据 jù	308
抒 shū	540	tuò	594	zhuài	803	捲 juǎn	309
㧕 sǒng	553	抬 tái	562	**7画**		掘 jué	311
投 tóu	585	拖 tuō	592	挨 āi	2	掯 kèn	324
抟 tuán	589	押 yā	679	ái	2	控 kòng	326
抑 yì	712	*拽 yè	699	捌 bā	8	捩 liè	359
找 zhǎo	766	拥 yōng	723	捕 bǔ	38	掳 lǔ	369
抓 zhuā	802	择 zé	754	挫 cuò	96	掠 lüè	373
5画		zhái	758	捣 dǎo	113	抡 lūn	373
拗 ào	6	拃 zhǎ	757	捍 hàn	218	扪 mén	388
niù	418	招 zhāo	764	换 huàn	243	描 miáo	394
拨 bá	8	拄 zhǔ	799	捡 jiǎn	274	捺 nà	406
拌 bàn	14	拙 zhuō	810	捐 juān	308	捻 niǎn	414
抱 bào	19	**6画**		捃 jùn	313	排 pái	423
拨 bō	36	按 àn	4	捆 kǔn	334	pǎi	424
拆 chāi	55	持 chí	72	捞 lāo	339	棒 péng	432
抻 chēn	64	挡 dǎng	111	捋 lǚ	371	掊 pǒu	446
抽 chōu	75	拱 gǒng	193	luō	375	掐 qiā	457
担 dān	108	挂 guà	200	捏 niē	415	掮 qián	462
dàn	109	挥 huī	246	挼 ruá	498	扫 sǎo	503
*担 dǎn	109	挤 jǐ	264	捎 shāo	513	sào	504
抵 dǐ	121	拮 jié	289	shào	514	舍 shě	515
拂 fú	168	拷 kǎo	319	损 sǔn	558	授 shòu	539
拊 fǔ	170	挎 kuà	329	捅 tǒng	583	探 tàn	564
拐 guǎi	201	括 kuò	334	挽 wǎn	599	掏 tāo	566
拣 jiǎn	274	挠 náo	408	捂 wǔ	622	掭 tiàn	575
拘 jū	305	挪 nuó	420	挟 xié	653	推 tuī	589
扛 kuǎi	330			抑 yì	712	掀 xiān	636

部首

(22) 扌

挜	yà	681	揄	yú	734		201	撞 zhuàng 808
掩	yǎn	685	援	yuán	740	摜 guàn 205	撙 zǔn 826
掖	yē	697	掾	yuàn	742	摳 kōu 326	**13画**
	yè	699	揸	zhā	757	撂 liào 358	操 cāo 50
揶	yé	697	揍	zòu	822	摟 lōu 367	擔 dān 108
挣	zhēng	775	**10画**			lǒu 368	dàn 109
	zhèng	778	摆 bǎi 11			擽 luò 377	擋 dǎng 111
掷	zhì	788	搬 bān 13			*擴 mā 377	擀 gǎn 179
捽	zuó	826	摈 bìn 33			撇 piē 439	撼 hàn 218
9画			搏 bó 37			piě 439	撿 jiǎn 274
揹	bēi	20	搐 chù 82			摔 shuāi 544	据 jù 308
摒	bìng	35	搋 chuāi 83			搏 tuán 589	擓 kuǎi 330
插	chā	53	*搥 chuí 87			摐 yīng 720	擂 léi 344
搽	chá	54	搓 cuō 95			*摣 zhā 757	lèi 345
搀	chān	56	搗 dǎo 113			摘 zhāi 758	撸 lǔ 369
揣	chuāi	83	*搤 è 145			摺 zhé 768	擗 pǐ 436
	chuǎi	83	摁 èn 146			摭 zhí 783	擅 shàn 509
搓	cuō	95	搞 gǎo 183			**12画**	擞 sǒu 554
搭	dā	97	*提 huàng 246			撥 bō 36	撻 tà 561
提	dī	119	搛 jiān 273			播 bō 37	撾 wō 614
	tí	570	摸 mō 398			撤 chè 63	zhuā 802
搁	gē	185	搦 nuò 420			撑 chēng 66	擁 yōng 723
	gé	186	抢 qiāng 464			撐 chēng 66	择 zé 754
*揈	hōng	229	*搶 qiāng 465			撺 cuān 93	zhái 758
换	huàn	243	*搇 qìn 472			撮 cuō 95	*撾 zhuài 803
挥	huī	246	搉 què 487			zuǒ 827	**14画**
揀	jiǎn	274	搡 sǎng 503			撣 dǎn 109	擯 bìn 33
搅	jiǎo	284	搧 shān 508			撢 dǎn 109	擦 cā 46
揭	jiē	288	摄 shè 516			*撐 dèn 117	*擣 dǎo 113
*捷	jié	290	搋 shū 541			撫 fǔ 170	擱 gē 185
揪	jiū	302	搠 shuò 549			撅 juē 309	gé 186
揩	kāi	316	损 sǔn 558			*撧 juē 309	擠 jǐ 264
揆	kuí	333	*搨 tà 561			撈 lāo 339	擴 kuò 334
揽	lǎn	338	摊 tān 563			撩 liāo 356	擬 nǐ 412
搂	lōu	367	搪 táng 565			liáo 357	擰 níng 416
	lǒu	368	搯 tāo 566			*撂 liào 358	nǐng 416
*揑	niē	415	捅 tǒng 583			撓 náo 408	nìng 417
*揰	pèng	432	搗 wǔ 622			撚 niǎn 414	擩 rǔ 497
揿	qìn	472	携 xié 654			撵 niǎn 414	擡 tái 562
揉	róu	496	摇 yáo 694			撲 pū 446	擤 xǐng 663
搔	sāo	503	*搩 zhǎ 757			撬 qiào 468	擿 zhì 788
搜	sōu	554	*榨 zhà 758			擒 qín 471	擢 zhuó 812
握	wò	616	搌 zhǎn 760			撳 qìn 472	**15画**
*揎	xīng	663	**11画**			撒 sā 500	擺 bǎi 11
揎	xuān	671	摽 biào 32			sǎ 500	擼 lǔ 414
握	yà	681	掺 chān 56			撕 sī 550	擾 rǎo 489
*揜	yǎn	685	*撦 chě 63			撏 xián 637	攄 shū 541
揚	yáng	690	摧 cuī 94			擷 xié 654	擻 sǒu 554
	Yáng	691	摑 guāi/guó			撰 zhuàn 806	擷 xié 654
揖	yī	707					**16画**

攒	cuán	93	門	mén	387	閡	hé	226		què	487
	zǎn	750		1 画		*閤	hé	226	**關**	què	486
攏	lǒng	367	闩	shuān	544	閧	hòng	231		què	487
	17 画		閂	shuān	544	閭	lú	371	阗	tián	575
攙	chān	56		2 画		闽	Mǐn	395	閬	tián	575
攔	lán	337	闪	shǎn	508	閩	Mǐn	395		11 画	
攘	rǎng	488	閃	shǎn	508	闼	tà	561	**關**	guān	202
攖	yīng	720		3 画		闻	wén	613	闞	kàn	318
	18 画		闭	bì	27	聞	wén	613	*窺	kuī	333
攥	cuān	93	閉	bì	27		7 画		*嫖	piáo	439
攝	shè	516	闯	chuǎng	86	阄	jiū	302		12 画～	
攛	sǒng	553	问	wèn	614	阃	kǔn	334	闡	chǎn	57
攜	xié	654	問	wèn	614	閫	kǔn	334	*鬪	dòu	135
	19 画			4 画		閬	Làng	339	鬮	jiū	302
攢	cuán	93	*鬥	dòu	135	閬	Làng	339	闞	kàn	318
	zǎn	750	闳	hóng	231	閭	lú	371	闢	pī	434
*攫	jùn	313	閎	hóng	231	阅	yuè	744		pì	436
攤	tān	563	间	jiān	272	閱	yuè	744	闥	tà	561
	20 画～			jiàn	276		8 画				
*攩	dǎng	111	間	jiān	272	阐	chǎn	57		口	
攪	jiǎo	284		jiàn	276	阊	chāng	58	口	kǒu	326
攫	jué	311	*閒	jiān	272	閶	chāng	58		1 画	
攬	lǎn	338	*	xián	636	阇	shé	515	中	zhōng	789
攮	nǎng	408	开	kāi	313	闍	shé	515		zhòng	793
攥	zuàn	824	闷	mēn	387	阋	xì	631		2 画	
				mèn	388	鬩	xì	631	叭	bā	7
	丬(爿)		悶	mēn	387	阎	yān	682	叱	chì	72
爿	pán	425		mèn	388	閻	yān	682	叨	dāo	113
	3 画		闵	mǐn	395	闉	yān	682		tāo	566
妆	zhuāng	806	閔	mǐn	395	關	yān	682	叼	diāo	127
妝	zhuāng	806	闰	rùn	499	阏	yān	685	叮	dīng	129
壮	zhuàng	807	閏	rùn	499	閼	yān	685	古	gǔ	197
壯	zhuàng	807	闱	wéi	606	阈	yù	738	号	háo	219
	4 画		闲	xián	636	閾	yù	738		hào	221
牀	chuáng	85	閑	xián	636		9 画		叽	jī	257
戕	qiāng	464		5 画		*闆	bǎn	13	叫	jiào	285
状	zhuàng	808	闹	nào	409	阔	kuò	334	可	kě	321
狀	zhuàng	808	鬧	nào	409	闊	kuò	334		kè	322
	6 画		闸	zhá	757	阑	lán	337	叩	kòu	327
将	jiāng	278	閘	zhá	757	闌	lán	337	叻	lè	343
	jiàng	280		6 画		阒	qù	483	另	lìng	363
牂	zāng	751	阀	fá	150	闃	qù	483	叵	pǒ	444
	7 画～		閥	fá	150	阕	què	487	史	shǐ	530
將	jiāng	278	阁	gé	186	闋	què	487	司	sī	549
	jiàng	280	閣	gé	186	闈	wéi	606	台	tái	561
牆	qiáng	465	*関	guān	202		10 画		叹	tàn	564
			闺	guī	207	闯	chuǎng	86	叶	xié	653
	门(門門)		閨	guī	207	阖	hé	226		yè	698
鬥	dòu	135	阂	hé	226	闔	hé	226	右	yòu	731
门	mén	387	閤	hé	226	阙	què	486	占	zhān	758

召	zhàn	760	舍	hán	216	呱	guā	200	咧	liē	358
	zhào	766	吭	háng	218	咍	hāi	213		liě	358
只	zhī	780		kēng	324	*咍	hāi	213		lie	359
	zhǐ	784	吼	hǒu	232	呵	hē	222	骂	mà	379
3画			君	jūn	312	呼	hū	233	咪	mī	389
吃	chī	69	吝	lìn	360	咎	jiù	304	咩	miē	394
吊	diào	127	吕	lǚ	371	咀	jǔ	306	哞	mōu	401
合	gě	186	吢	ń	377	咔	kā	313	哪	nǎ	404
	hé	223	*吚	ň/ng	404	咙	lóng	367		na	406
各	gè	187	*	ňg	411	呣	ḿ	377		nǎi	406
吓	hè	226	呐	na	405		m̀	377		něi	410
	xià	634	*呐	na	406	鸣	míng	397	哝	nóng	418
后	hòu	232		ne	410	呶	náo	409	品	pǐn	440
吉	jí	261	呕	ǒu	421	呢	ne	410	哂	shěn	520
吏	lì	350	启	qǐ	455		ní	412	虽	suī	557
吕	lǚ	371	呛	qiāng	464	*呢	nǔ	419	哇	wā	595
吗	má	377	咆	páo	466	咆	páo	428		wa	596
	mǎ	378	吣	qìn	472	呸	pēi	429	咸	xián	637
	ma	379	吮	shǔn	547	舍	shě	515	响	xiǎng	644
名	míng	395	听	tīng	578		shè	516	哓	xiāo	646
*呒	ň/ng	404	吞	tūn	591	呻	shēn	517	咲	xiào	651
*	ǹg	411	吻	wěn	613	咝	sī	549	咻	xiū	666
同	tóng	581	呜	wū	616	味	wèi	610	哑	yā	679
吐	tǔ	588	吾	wú	620	呷	xiā	631		yǎ	680
	tù	589	吴	Wú	620	咏	yǒng	724	咽	yān	681
吸	xī	625	吳	Wú	620	呦	yōu	726		yàn	688
向	xiàng	645	呀	yā	679	咂	zā	747		yè	699
吁	xū	668		ya	681	咋	zǎ	748	咬	yǎo	695
	yū	732	呓	yì	711		zhā	756	咿	yī	706
	yù	736	邑	yì	712	知	zhī	780	咦	yí	707
吆	yāo	693	吟	yín	716	咒	zhòu	796	哟	yō	723
*吆	yāo	693	卣	yǒu	731	*呪	zhòu	796		yo	723
吒	zhā	756	员	yuán	740	**6画**			哕	yuě	743
*吒	zhà	758		Yùn	746	呲	cī	89	咱	zá	748
4画			吱	zhī	780	哆	duō	143		zán	750
吧	bā	7		zī	812	咯	gē	184		zan	751
	ba	9	**5画**				kǎ	313	哉	zāi	748
呗	bei	23	*呵	ā	1		lo	366	咤	zhà	758
吵	chǎo	62	*	á	1	哏	gén	188	咨	zī	812
呈	chéng	68	*	ǎ	1	哈	hā	213	*呲	zī	813
串	chuàn	85	*	à	1		hǎ	213	**7画**		
吹	chuī	86	*	a	1	咳	hāi	213	啊	ā	1
呆	dāi	105	*	hē	223		ké	321		á	1
吨	dūn	141	哎	āi	2	哄	hōng	229		ǎ	1
呃	è	145	咚	dōng	133		hǒng	231		à	1
吠	fèi	159	咄	duō	143		hòng	231		a	1
呚	fēn	162	咐	fù/fu	172	哗	huā	238	唉	āi	2
否	fǒu	167	咖	gā	175		huá	239		ài	2
	pǐ	436		kā	313	*哐	kuǎ	329	呗	bei	23
告	gào	184	咕	gū	196	哐	kuāng	331	哺	bǔ	39

哧 chī 71
唇 chún 88
*[illegible] dí 120
哦 é 144
ó 421
ò 421
哥 gē 185
哽 gěng 189
哼 hēng 228
hng 229
唤 huàn 243
唧 jī 259
哭 kū 328
唠 láo 340
lào 343
哩 lī 346
lǐ 348
li 351
*咩 miē 394
*唔 ń/ńg 404
* ńg 411
*[illegible] nǚ 419
哨 shào 514
唆 suō 559
唢 suǒ 560
㖞 wāi 596
唏 xī 626
哮 xiào 651
唁 yàn 688
員 yuán 740
Yùn 746
哲 zhé 768

8 画

唵 ǎn 4
唱 chàng 60
啜 chuò 89
啐 cuì 94
啖 dàn 110
啡 fēi 158
唬 hǔ 236
啃 kěn 324
啦 lā 335
la 336
啷 lāng 339
唳 lì 351
啰 luō 375
luo 377
喵 miāo 393
*唸 niàn 414
啮 niè 416
喏 nuò 420
嘔 ōu 421
啪 pā 422
啤 pí 435
*啓 qǐ 455
啬 sè 504
啥 shá 506
兽 shòu 539
售 shòu 539
啕 táo 567
唾 tuò 594
唯 wéi 606
wěi 609
啸 xiào 652
啞 yā 679
yǎ 680
唫 yín 716
唷 yō 723
啧 zé 754
啁 zhāo 765
zhōu 795
啭 zhuàn 806
啄 zhuó 811

9 画

喳 chā 53
zhā 757
*喫 chī 69
啻 chì 73
喘 chuǎn 85
嗒 dā 97
tà 561
單 dān 107
Shàn 508
喋 dié 129
喊 hǎn 217
喝 hē 222
hè 226
喉 hóu 231
喚 huàn 243
喙 huì 251
喈 jiē 287
嗟 jiē 288
啾 jiū 302
喀 kā 313
喟 kuì 333
喇 lǎ 335
喱 lí 346
喨 liàng 356
喽 lóu 368
lou 368
喃 nán 407
喷 pēn 431
pèn 431
喬 qiáo 466
喪 sāng 503
sàng 503
善 shàn 509
嗖 sōu 554
啼 tí 570
喎 wāi 596
喂 wèi 610
喔 wō 615
喜 xǐ 629
*啣 xián 637
喧 xuān 671
喑 yīn 716
喲 yō 723
喁 yóng 724
喻 yù 738
*喒 zá 748
* zán 750
* zan 751
*[illegible] zǎ 748
*喆 zhé 768

10 画

嗳 ǎi 2
ài 3
嗷 áo 5
嗔 chēn 64
嗤 chī 71
嗲 diǎ 123
嘟 dū 136
嗝 gé 186
嗨 hāi 214
嗐 hài 215
嗬 hē 223
*嗨 hēi 228
嘩 huā 238
huá 239
嗑 kè 323
嗎 má 377
mǎ 378
ma 379
嗯 ń/ńg 404
ň/ňg 404
ǹ/ǹg 404
ńg 411
ňg 411
ǹg 411
嗫 niè 416
辔 pèi 431
嗆 qiāng 464
qiàng 466
嗓 sǎng 503
嗇 sè 504
嗜 shì 535
嗣 sì 552
嗉 sù 555
嗦 suō 559
嗍 suō 559
嗩 suǒ 560
*嗁 tí 570
嗵 tōng 581
嗡 wēng 614
嗚 wū 616
嗅 xiù 668

11 画

嘣 bēng 24
嘈 cáo 51
嘀 dī 120
dí 120
嘎 gā 175
嘏 gǔ/jiǎ 197
嘉 jiā 268
嘞 lei 345
嘍 lóu 368
lou 368
嘛 ma 379
*槑 méi 386
鳴 míng 397
嘔 ǒu 421
嘁 qī 449
嘘 shī 527
xū 669
嗾 sǒu 554
嗽 sòu 554
嘆 tàn 564
嘡 tāng 565
嘤 yīng 720
嘖 zé 754
嗻 zhè 769

12 画

噌 cēng 52
嘲 cháo 62
噇 chuáng 86
*噠 dā 97
噔 dēng 118
噁 ě 145
嘿 hēi 228
嘰 jī 257

噍	jiào	286	嚮	xiàng	645	囵	lún	374	希	xī	625
噘	juē	309		15画		囤	tún	592	帐	zhàng	763
嗭	láo	340	嚪	ōu	421	围	wéi	606	*帋	zhǐ	786
	lào	343	嚣	xiāo	648	园	yuán	739		5画	
嘹	liáo	357		16画			5画		帛	bó	37
嚒	ḿ	377	嚯	huò	256	固	gù	199	帕	pà	422
噢	ō	421	嚨	lóng	367	国	guó	210	帔	pèi	430
噴	pēn	431	嚭	pǐ	436	囹	líng	361	帑	tǎng	566
	pèn	431	嚥	yàn	688	囷	qūn	487	帖	tiē	577
嘭	pēng	431		17画		图	tú	587		tiě	578
噗	pū	447	嚼	jiáo	283		6画			tiè	578
*噐	qì	457		jué	311	囿	yòu	732	帜	zhì	787
噙	qín	471	嚷	rāng	488		7画		帙	zhì	788
噝	sī	549		rǎng	488	*圅	hán	216	帚	zhǒu	795
嘶	sī	550	嚴	yán	684	圃	pǔ	448		6画	
嘻	xī	627	嚶	yīng	720	圆	yuán	740	帮	bāng	15
嘵	xiāo	646		18画			8画		带	dài	106
噀	xùn	678	囁	niè	416	圈	juān	308	帝	dì	123
噎	yē	697	囂	xiāo	648		juàn	309	帥	shuài	544
噣	zhǔ	800	*嘯	xiāo	648		quān	483	帧	zhēn	770
嘬	zuō	826	囈	yì	711	圇	lún	374		7画	
	13画		囀	zhuàn	806		9画		帱	dào	115
噯	ǎi	2		19画～		圍	wéi	606	*帬	qún	487
	ài	3	囉	luō	375		10画		師	shī	526
噸	dūn	141		luo	377	圌	luán	373	帨	shuì	547
噩	è	145	囔	nāng	408	園	yuán	739		8画	
噑	háo	219	囓	niè	416	圓	yuán	740	常	cháng	59
噷	hm	229	囏	pèi	431		11画		带	dài	106
噷	huō	252	囑	zhǔ	800	圖	tú	587	帼	guó	210
	ǒ	421				團	tuán	589	帷	wéi	607
噤	jìn	297		口			13画～		幘	zé	754
噥	nóng	418		2画		欒	luán	373	帳	zhàng	763
噼	pī	434	囚	qiú	479	*圞	luán	373		9画	
嚣	qì	457	四	sì	551	圝	yóu	729	幅	fú	170
噬	shì	535		3画		圓	yuán	741	帽	mào	384
嘯	xiào	652	回	huí	247				幄	wò	616
噱	xué	674	*囘	huí	249		巾		幀	zhēn	770
噫	yī	707	囝	jiǎn	274	巾	jīn	292		10画	
噦	yuě	743	*囝	nān	406		1画		幌	huǎng	246
噪	zào	754	囡	nān	406	帀	bì	27	幕	mù	403
嘴	zuǐ	824	团	tuán	589		2画			11画	
	14画		囟	xìn	659	布	bù	44	幣	bì	27
嚓	cā	46	因	yīn	714	市	shì	531	幗	guó	210
	chā	54		4画		帅	shuài	544	幔	màn	382
*嚐	cháng	59	囱	cōng	91		3画		幛	zhàng	764
嚎	háo	220	囮	é	144	帛	diào	127		12画～	
嚇	hè	226	囫	hú	234	帆	fān	150	幫	bāng	15
	xià	634	*囬	huí	247	师	shī	526	幬	dào	115
嚅	rú	497	囧	jiǒng	302		4画		幡	fān	151
嚏	tì	572	困	kùn	334						

山 彳 彡　(27)

歸	guī	207	峨	é	144	嶠	qiáo	467	徐	xú	669
幟	zhì	787	峰	fēng	166	\[13画\]			\[8画\]		
幢	zhuàng	808	*峯	fēng	166	嶧	Yì	712	徜	cháng	59
〔山〕			峻	jùn	313	嶼	yǔ	735	從	cōng	91
山	shān	506	峒	Láo	340	\[14画\]				cóng	91
\[2画\]			峭	qiào	468	豳	Bīn	33	得	dé	116
击	jī	257	峡	xiá	631	嶺	lǐng	362		de	117
\[3画\]			岘	Xiàn	639	嶸	róng	495		děi	117
岌	jí	260	峪	yù	737	嶷	yí	709	徕	lái	337
岂	qǐ	453	\[8画\]			嶽	yuè	744	徘	pái	424
岁	suì	558	崩	bēng	24	\[16画\]			術	shù	542
屹	yì	711	崇	chóng	75	巅	diān	124	徙	xǐ	629
屿	yǔ	735	崔	cuī	94	\[17画～\]			衔	xián	637
\[4画\]			*崗	gāng	180	巔	diān	124	*衒	xuàn	673
岙	ào	6	岗	gǎng	181	巋	kuī	333	\[9画\]		
岑	cén	52	崛	jué	311	巒	luán	372	*徧	biàn	31
岔	chà	55	崑	Kūn	334	巍	wēi	604	復	fù	172
岛	dǎo	113	密	mì	391	巖	yán	684	徨	huáng	244
岗	gǎng	181	崎	qí	452	〔彳〕			街	jiē	288
岚	lán	337	*崧	sōng	553	\[3画\]			循	xún	677
岐	qí	451	崖	yá	680	行	háng	218	御	yù	738
岖	qū	480	*崕	yá	680		xíng	662	\[10画\]		
岘	Xiàn	639	崦	Yān	682	\[4画\]			徬	páng	426
\[5画\]			崭	zhǎn	759	彻	chè	63	微	wēi	604
岸	àn	4	崝	zhēng	775	彷	fǎng	156	衙	yá	680
岱	Dài	106	\[9画\]				páng	426	徭	yáo	694
岬	jiǎ	270	嵯	cuó	96	役	yì	712	\[11画～\]		
岢	kě	322	嵳	cuó	96	\[5画\]			徹	chè	63
岿	kuī	333	嵐	lán	337	彼	bǐ	26	衝	chōng	73
岭	lǐng	362	嵋	méi	386	徂	cú	93	崇	chóng	75
岷	Mín	395	嵌	qiàn	463	径	jìng	301	德	dé	117
岧	tiáo	576	嵘	róng	495	往	wǎng	602	衡	héng	228
岫	xiù	667	*歲	suì	558		wàng	603	徽	huī	247
岩	yán	684	崴	wǎi	596	征	zhēng	774	黴	méi	386
峄	Yì	712	嵬	wéi	607	\[6画\]			衢	qú	482
岳	yuè	744	*崑	yán	684	待	dāi	105	衛	wèi	609
岞	Zuò	830	崽	zǎi	749		dài	107	卫	wèi	609
\[6画\]			\[10画\]			很	hěn	228	衒	xián	637
峦	luán	372	鳌	Áo	5	後	hòu	232	徵	zhēng	774
峤	qiáo	467	嵊	shèng	524	徊	huái	241	〔彡〕		
炭	tàn	564	嵩	sōng	553		huí	249	\[4画\]		
*炭	tàn	564	*嵗	suì	558	律	lǜ	372	彤	tóng	583
峡	xiá	631	\[11画\]			徇	xùn	678	形	xíng	662
幽	yōu	733	嶇	qū	480	徉	zhǎn	759	参	cān	48
峥	zhēng	775	嶄	zhǎn	759	衍	yǎn	686		cēn	52
峙	zhì	788	嶂	zhàng	764	\[7画\]				shēn	518
*峗	zhuān	803	\[12画\]			徑	jìng	301	\[6画\]		
\[7画\]			噟	ào	6	徠	lái	337	彭	tóng	583
島	dǎo	113	嶗	Láo	340	徒	tú	587	须	xū	668
			嶙	lín	360						

夕 夊 犭 饣

彦部

| 彦 | yàn | 688 |
| 彦 | yàn | 688 |

7画
| 彧 | yù | 738 |

8画
彪	biāo	32
彬	bīn	33
*彩	cǎi	47
彩	cǎi	47
参	cān	48
	cēn	52
	shēn	518
*彫	diāo	127

9画~
彭	Péng	432
须	xū	668
影	yǐng	721
鬱	yù	737
彰	zhāng	762

夕

| 夕 | xī | 624 |

2画
| 外 | wài | 596 |

3画
| 多 | duō | 142 |
| 名 | míng | 395 |

8画
够	gòu	195
夌	mài	379
梦	mèng	389

11画
*夥	huǒ	254
夥	huǒ	255
夤	yín	717

夊(夊夂)

| 久 | jiǔ | 303 |

2画
处	chǔ	82
	chù	82
*処	chǔ	82
*	chù	82
冬	dōng	132
务	wù	623

3画
| 各 | gè | 187 |

4画
| 条 | tiáo | 575 |

5画

| 备 | bèi | 22 |

6画
| 复 | fù | 172 |

7画
| 畝 | mǔ | 402 |
| 夏 | xià | 634 |

11画~
夔	Kuí	333
夐	xiòng	666
憂	yōu	725

犭

2画
| 犯 | fàn | 153 |
| 犰 | qiú | 479 |

3画
| 犷 | guǎng | 206 |

4画
狈	bèi	21
狄	Dí	120
狂	kuáng	331
狃	niǔ	417
犹	yóu	726

5画
狒	fèi	160
狗	gǒu	194
狐	hú	234
狙	jū	305
狞	níng	416
狍	páo	428
狎	xiá	631
狝	xiǎn	638

6画
独	dú	136
狠	hěn	228
狡	jiǎo	283
狯	kuài	330
狮	shī	526
狩	shòu	539
狭	xiá	631
*狥	xùn	678
狱	yù	737
狰	zhēng	775

7画
狽	bèi	21
狷	juàn	309
狼	láng	339
狸	lí	346
狻	suān	556
狭	xiá	631

| 猃 | Xiǎn | 638 |
| 狺 | yín | 717 |

8画
猜	cāi	46
猖	chāng	57
猝	cù	93
猎	liè	359
猫	māo	383
猛	měng	389
猕	mí	390
猞	shē	515
猗	yī	707
猙	zhēng	775
猪	zhū	797

9画
猴	hóu	231
猾	huá	239
猱	náo	409
猥	wěi	609
猬	wèi	611
猩	xīng	661
猰	yà	681
猶	yóu	726
猨	yuán	740

10画
猾	huá	239
*獏	mò	401
獅	shī	526
獀	yáo	694
猿	yuán	740

11画
| 獄 | yù | 737 |
| 獐 | zhāng | 762 |

12画
| 獗 | jué | 311 |
| 獠 | liáo | 357 |

13画
獨	dú	136
獲	huò	255
*獧	juàn	309
獪	kuài	330
獭	tǎ	561
獫	Xiǎn	638
獬	xiè	656

14画
| 獰 | níng | 416 |
| 獮 | xiǎn | 638 |

15画~
| 獷 | guǎng | 206 |
| 獾 | huān | 242 |

獵	liè	359
獼	mí	390
獺	tǎ	561

饣(食食)

| 食 | shí | 530 |
| | sì | 552 |

2画
| 饥 | jī | 257 |
| 飢 | jī | 257 |

3画
飧	sūn	558
飨	xiǎng	644
饧	xíng	663

4画
饬	chì	73
飭	chì	73
饭	fàn	154
飯	fàn	154
饪	rèn	493
飪	rèn	493
*飱	sūn	558
饨	tún	592
飩	tún	592
饮	yǐn	717
	yìn	719
飲	yǐn	717
	yìn	719
饫	yù	737
飫	yù	737

5画
饱	bǎo	17
飽	bǎo	17
饯	jiàn	276
饰	shì	534
飾	shì	534
饲	sì	552
飼	sì	552
饴	yí	707
飴	yí	707

6画
饼	bǐng	35
餅	bǐng	35
餈	cí	90
饵	ěr	147
餌	ěr	147
饺	jiǎo	283
餃	jiǎo	283
饶	ráo	488
蚀	shí	530

蚀 shí	530	馒 mán	380	1画		㞞 sóng	553
饷 xiǎng	644	12画		尺 chǐ	72	屣 xǐ	629
饟 xiǎng	644	饥 jī	257	2画		12画~	
饜 yàn	688	馈 kuì	333	㞗 kāo	319	層 céng	52
7画		饶 ráo	488	尼 ní	411	屫 chán	57
馎 bō	36	馓 sǎn	502	3画		履 lǚ	372
餺 bō	36	饊 sǎn	502	尽 jǐn	294	屬 shǔ	542
餐 cān	48	*饍 shàn	509	jìn	295	zhǔ	799
饾 dòu	136	饗 xiǎng	644	4画		弓	
餖 dòu	136	馔 zhuàn	806	屄 bā	9		
饿 è	145	饌 zhuàn	806	层 céng	52	弓 gōng	191
餓 è	145	13画~		局 jú	306	1画	
馁 něi	410	饞 chán	56	尿 niào	415	弔 diào	127
餒 něi	410	*饝 mó	398	suī	557	引 yǐn	717
餘 yú	733	馕 náng	408	屁 pì	436	2画	
8画		饢 náng	408	尿 sóng	553	弗 fú	168
馆 guǎn	204	饕 tāo	567	尾 wěi	608	弘 hóng	230
館 guǎn	204	饜 yàn	688	yǐ	710	3画	
餜 guǒ	211	饔 yōng	724	5画		弛 chí	71
餲 guǒ	211	彐(彑⺕互)		屄 bī	25	4画	
馄 hún	251			届 jiè	292	弟 dì	123
餛 hún	251	1画		屆 jiè	292	张 zhāng	761
餞 jiàn	276	尹 yǐn	717	居 jū	305	5画	
*餶 juǎn	309	2画		屈 qū	481	弨 chāo	61
*餧 wèi	610	归 guī	207	屉 tì	572	弧 hú	234
馅 xiàn	640	3画		6画		弥 mí	390
餡 xiàn	640	寻 xín	659	屏 bǐng	35	弩 nǔ	419
餚 yáo	693	xún	676	píng	443	*弢 tāo	567
9画		4画		屌 diǎo	127	弦 xián	637
馋 chán	56	灵 líng	361	屎 shī	524	6画	
*餬 hú	235	5画		屍 shī	531	弭 mǐ	391
馈 kuì	333	录 lù	370	屋 wū	617	弯 wān	598
餿 sōu	554	帚 zhǒu	795	吲 zhǐ	784	7画	
餳 sōu	554	6画		昼 zhòu	796	弱 ruò	500
饕 tiè	578	彖 tuàn	589	7画		8画	
餵 wèi	610	8画		屙 ē	144	弹 dàn	110
餳 xíng	663	彗 huì	250	屐 jī	259	tán	563
10画		9画		㞎 qiú	480	*強 jiàng	280
*餻 gāo	183	尋 xín	659	屑 xiè	655	強 qiáng	464
*餽 kuì	333	xún	676	展 zhǎn	759	qiǎng	466
馏 liú	365	彘 zhì	789	8画		張 zhāng	761
liù	366	10画~		屜 tì	572	9画	
餾 liú	365	彙 huì	249	屠 tú	588	弼 bì	28
liù	366	彝 yí	709	9画		强 jiàng	280
馍 mó	398	*彞 yí	709	屢 lǚ	371	qiáng	464
饃 mó	398	彠 yuē	743	属 shǔ	542	qiǎng	466
11画		彟 yuē	743	zhǔ	799	粥 zhōu	795
馑 jǐn	295	尸		犀 xī	627	10画	
饉 jǐn	295			11画		彀 gòu	195
馒 mán	380	尸 shī	524	屦 lǚ	371	11画	

鳖 biè	33	肖 xiāo	651	姒 sì	552	姨 yí	707
12画		5画		妥 tuǒ	594	姻 yīn	714
弹 dàn	110	尚 shàng	513	妩 wǔ	622	姪 zhí	783
tán	563	6画		妍 yán	684	姿 zī	812
13画		尝 cháng	59	妖 yāo	693	7画	
*疆 jiāng	280	7画		妪 yù	737	娿 ē	144
* qiáng	464	党 dǎng	111	妘 Yún	745	娥 é	144
* qiǎng	466	8画		妆 zhuāng	806	姬 jī	259
14画～		常 cháng	59	姊 zǐ	814	娟 juān	308
疆 jiāng	279	堂 táng	565	5画		娌 lǐ	348
弥 mí	390	9画		妲 dá	97	娒 hǎi	386
弯 wān	598	赏 shǎng	510	*妒 dù	138	娩 miǎn	392
己(已巳)		棠 táng	566	姑 gū	196	孬 nāo	408
己 jǐ	264	10画～		姐 jiě	290	娘 niáng	415
巳 sì	551	嚐 cháng	59	妹 mèi	387	娉 pīng	441
已 yǐ	709	裳 cháng	59	妺 mò	400	娠 shēn	518
1画		shang	513	姆 mǔ	402	娑 suō	559
巴 bā	7	当 dāng	110	妮 nī	411	娲 wā	595
2画		dàng	112	妻 qī	449	娓 wěi	608
包 bāo	16	黨 dǎng	111	妾 qiè	469	姻 xián	637
3画		赏 shǎng	510	姗 shān	507	娱 yú	734
导 dǎo	113	*毵 xiān	639	姍 shān	507	娱 yú	734
异 yì	711	女		始 shǐ	531	8画	
6画		女 nǚ	419	委 wěi	604	婢 bì	27
巷 hàng	219	2画		姓 xìng	664	婊 biǎo	32
xiàng	645	奶 nǎi	406	妯 zhóu	795	嬋 chán	56
9画		奴 nú	419	6画		娼 chāng	57
巽 xùn	678	3画		姹 chà	55	妇 fù	172
中(屮屯)		妃 fēi	158	姞 Jí	261	婚 hūn	251
1画		妇 fù	172	姦 jiān	272	婪 lán	337
屯 tún	592	好 hǎo	220	姜 jiāng	278	婁 lóu	368
3画		hào	222	娇 jiāo	282	婆 pó	444
*屮 cǎo	51	奸 jiān	272	姥 lǎo	343	娶 qǔ	482
小(⺌⺍)		妈 mā	377	娄 lóu	368	婶 shěn	520
小 xiǎo	648	如 rú	496	娈 luán	372	婉 wǎn	599
1画		妁 shuò	549	娜 nà	405	*婺 wǔ	622
少 shǎo	514	她 tā	560	nuó	420	婬 yín	717
shào	514	妄 wàng	602	姘 pīn	440	婴 yīng	719
2画		妆 zhuāng	806	娆 ráo	489	9画	
尔 ěr	146	4画		姙 rèn	493	媪 ǎo	6
3画		妣 bǐ	26	姝 shū	540	*媿 kuì	333
尘 chén	64	妒 dù	138	耍 shuǎ	543	媒 méi	386
当 dāng	110	妨 fáng	155	娍 sōng	553	媚 mèi	387
dàng	112	妫 Guī	207	娃 wá	595	嫂 sǎo	504
尖 jiān	271	妓 jì	266	威 wēi	604	婷 tíng	580
*朩 shū	540	妗 jìn	296	妍 yán	684	媧 wā	595
4画		妙 miào	394	要 yāo	693	媭 Wù	624
		妞 niū	417	yào	696	婿 xù	671
		妊 rèn	493	姚 Yáo	694	*嫣 yīn	714
						媛 yuàn	742

10画

嫒 ài	3
媾 gòu	195
嫉 jí	262
嫁 jià	271
媽 mā	377
*嫋 niǎo	415
媲 pì	436
嫔 pín	440
媳 xí	628
嫌 xián	638

11画

嫦 Cháng	59
嫡 dí	120
嫩 nèn	411
嫖 piáo	439
嫣 yān	682
嫗 yù	737
嫜 zhāng	762

12画

嬋 chán	56
嬀 Guī	207
嬌 jiāo	282
嬈 ráo	489
嫵 wǔ	622
嬉 xī	627
嫺 xián	637

13画

嬡 ài	3
*嬝 niǎo	415
嬗 shàn	509
嬴 Yíng	721

14画

嬤 mó	399
*嬭 nǎi	406
嬲 niǎo	415
嬪 pín	440
嬰 yīng	719

15画～

*嬾 lǎn	338
孌 luán	372
*孃 niáng	415
孀 shěn	520
孀 shuāng	545

夕(昜)

3画

场 cháng	58
chǎng	60
場 cháng	58

chǎng	60
汤 tāng	565
湯 tāng	565
饧 xíng	663
阳 yáng	690
扬 yáng	690
揚 yáng	690
Yáng	691

4画

肠 cháng	59
腸 cháng	59
傷 shāng	509
*敭 yáng	690
杨 yáng	691
楊 yáng	691
炀 yáng	691
煬 yáng	691
旸 yáng	691
暘 yáng	691
飏 yáng	691

5画

*塲 cháng	58
*塲 chǎng	60
畅 chàng	60
暢 chàng	60
砀 dàng	112
碭 dàng	112
疡 yáng	691
瘍 yáng	691

6画

荡 dàng	112
*蕩 dàng	112
盪 dàng	112
殇 shāng	509
殤 shāng	509

7画

*暘 shāng	510
烫 tàng	566
燙 tàng	566

8画

盪 dàng	112
铴 tāng	565

9画～

觞 shāng	509
觴 shāng	509
鍚 tāng	565
餳 xíng	663
颺 yáng	691

马(馬)

马 mǎ	378
馬 mǎ	378

2画

冯 Féng	166
píng	443
馮 Féng	166
píng	443
驭 yù	736
馭 yù	736

3画

驰 chí	71
馳 chí	71
驮 duò	144
tuó	593
馱 duò	144
tuó	593
驯 xùn	677
馴 xùn	677

4画

驳 bó	37
駁 bó	37
驴 lǘ	371
驱 qū	480

5画

驻 dài	106
tái	562
駘 dài	106
tái	562
驸 fù	172
駙 fù	172
驾 jià	271
駕 jià	271
驹 jū	305
駒 jū	305
骂 mà	379
驽 nú	419
駑 nú	419
*駈 qū	480
驶 shǐ	530
駛 shǐ	530
驷 sì	552
駟 sì	552
驼 tuó	593
駝 tuó	593
*馱 tuó	593
驿 yì	712
驵 zǎng	751
駔 zǎng	751

驻 zhù	800
駐 zhù	800
驺 zōu	820

6画

*駮 bó	37
骇 hài	215
駭 hài	215
骄 jiāo	282
骆 luò	376
駱 luò	376
骂 mà	379
骈 pián	437
駢 pián	437
骁 xiāo	646
骃 yīn	715
駰 yīn	715

7画

骋 chěng	69
騁 chěng	69
骏 jùn	313
駿 jùn	313
骊 lí	346
骎 qīn	471
駸 qīn	471
验 yàn	688

8画

骐 qí	451
騏 qí	451
骑 qí	452
騎 qí	452
*騐 yàn	688
骓 zhuī	808
騅 zhuī	808

9画

*騲 cǎo	51
骗 piàn	438
騙 piàn	438
骚 sāo	503
騷 sāo	503
骛 wù	624
鶩 wù	624
骘 zhì	788
騭 zhì	788

10画

骞 mò	401
驀 mò	401
骞 qiān	460
騫 qiān	460
骟 shàn	508
騸 shàn	508

驺	zōu	820	孪	luán	372	纤	qiàn	463
11画			**7画**				xiān	636
骢	cōng	91	*挽	miǎn	392	纫	rèn	493
驄	cōng	91	孫	sūn	558	紉	rèn	493
骡	luó	375	**8画**			纨	wán	598
騾	luó	375	孰	shú	541	紈	wán	598
骠	piào	439	**9画**			纡	yū	732
驃	piào	439	孳	zī	813	紆	yū	732
驱	qū	480	**11画**			约	yuē	742
12画			孵	fū	168	約	yuē	742
骄	jiāo	282	**13画~**			纣	zhòu	795
惊	jīng	297	孪	luán	372	紂	zhòu	795
骁	xiāo	646	*孽	niè	416	**4画**		
13画			孺	rú	497	纯	chún	88
*臝	luó	375	學	xué	674	純	chún	88
验	yàn	688				纺	fǎng	156
驿	yì	712	幺(幺纟)			紡	fǎng	156
14画~			乡	xiāng	641	纷	fēn	162
骥	jì	267	幺	yāo	692	紛	fēn	162
驥	jì	267	**1画**			纲	gāng	180
骊	lí	346	幻	huàn	243	紧	jǐn	294
驢	lǘ	371	**2画**			纶	lún	374
骤	zhòu	796	幼	yòu	732	纳	nà	405
驟	zhòu	796	**6画**			納	nà	405
			幽	yōu	726	纽	niǔ	417
子			兹	zī	812	紐	niǔ	417
孑	jié	288	**9画~**			纰	pī	433
孓	jué	309	幾	jī	256	紕	pī	433
子	zǐ	813		jǐ	263	纱	shā	505
	zi	813	畿	jī	260	紗	shā	505
1画			鄉	xiāng	641	纾	shū	540
孔	kǒng	325				紓	shū	540
2画			纟(糹纟)			素	sù	555
孕	yùn	746	**1画**			索	suǒ	559
3画			系	jì	266	纬	wěi	608
存	cún	95		xì	630	纹	wén	613
孙	sūn	558	**2画**			紋	wén	613
孚	fú	169	纠	jiū	302	紊	wěn	613
孝	xiào	651	糾	jiū	302	纭	yún	745
孜	zī	812	**3画**			紜	yún	745
5画			纥	hé	225	*紮	zā	747
孢	bāo	16	紇	hé	225	纼	zhèn	773
孤	gū	196	红	hóng	230	紖	zhèn	773
季	jì	266	紅	hóng	230	纸	zhǐ	786
孟	mèng	392	级	jí	260	紙	zhǐ	786
孥	nú	419	級	jí	260	纻	zhù	800
学	xué	674	纪	jǐ	264	纵	zòng	820
6画				jì	265	**5画**		
孩	hái	214	紀	jǐ	264	绊	bàn	14
				jì	265	絆	bàn	14

*紬	chóu	76			
绐	dài	107			
給	dài	107			
绀	gàn	180			
紺	gàn	180			
经	jīng	298			
累	léi	344			
	lěi	344			
	lèi	345			
练	liàn	353			
绍	shào	514			
紹	shào	514			
绅	shēn	517			
紳	shēn	517			
细	xì	630			
細	xì	630			
*絃	xián	637			
线	xiàn	640			
绁	xiè	655			
紲	xiè	655			
绎	yì	712			
萦	yíng	721			
紥	zā	747			
*紮	zhā	756			
织	zhī	780			
终	zhōng	792			
終	zhōng	792			
纣	zhòu	796			
紵	zhù	800			
组	zǔ	823			
組	zǔ	823			
6画					
绑	bǎng	15			
綁	bǎng	15			
给	gěi	187			
	jǐ	264			
給	gěi	187			
	jǐ	264			
绗	háng	218			
絎	háng	218			
绘	huì	250			
绛	jiàng	280			
絳	jiàng	280			
绞	jiǎo	283			
絞	jiǎo	283			
结	jié	289			
	jiē	287			
	jié	289			
绝	jué	310			

纟 (33)

絕	jué	310	绫	líng	362	緱	gōu	194	缜	zhěn	772
绔	kù	329	綾	líng	362	缓	huǎn	242	縝	zhěn	772
絝	kù	329	绺	liǔ	366	緩	huǎn	242	缄	zhì	786
络	lào	343	綹	liǔ	366	缉	jī	260	綢	zhòu	796
	luò	376	绿	lǜ	370		qī	450	縋	zhuì	809
絡	lào	343		lù	372	緝	jī	260	11画		
	luò	376	綠	lǜ	370		qī	450	繃	bēng	24
绕	rǎo	489		lù	372	缄	jiān	273		běng	24
	rào	489	纶	lún	374	緘	jiān	273		bèng	25
绒	róng	494	绵	mián	391	紧	jǐn	294	繁	fán	152
絨	róng	494	綿	mián	391	缂	kè	323	縫	féng	166
絲	sī	549	綦	qí	452	緙	kè	323		fèng	167
统	tǒng	583	绮	qǐ	455	缆	lǎn	338	績	jì	267
統	tǒng	583	綺	qǐ	455	练	liàn	353	縷	lǚ	372
緊	xié	654	綮	qìng	478	缕	lǚ	372	縻	mí	390
絮	xù	670	绻	quǎn	485	*緜	mián	391	繆	Miào	394
绚	xuàn	673	綣	quǎn	485	缅	miǎn	392	繆	Miào	394
絢	xuàn	673	绳	shéng	523	緬	miǎn	392	縹	piǎo	439
縶	zhí	781	绶	shòu	539	缗	mín	395	縹	piǎo	439
紫	zǐ	814	綬	shòu	539	緡	mín	395	縴	qiàn	463
7画			绦	tāo	568	缇	tí	571	繰	sāo	503
绠	gěng	189	縧	tāo	568	緹	tí	571	繅	sāo	503
綆	gěng	189	绾	wǎn	600	緯	wěi	608	缩	suō	559
继	jì	266	綰	wǎn	600	线	xiàn	640	縮	suō	559
經	jīng	298	網	wǎng	602	缘	yuán	741	縧	tāo	566
绢	juàn	309	维	wéi	607	緣	yuán	741	繄	yī	707
絹	juàn	309	維	wéi	607	縋	zhuì	809	嬰	yīng	720
*綑	kǔn	334	*綫	xiàn	640	10画			繇	yóu	729
绥	suí	557	绪	xù	670	缤	bīn	33	縶	zhí	781
綏	suí	557	緒	xù	670	缠	chán	56	總	zǒng	819
绦	tāo	566	续	xù	670	缞	cuī	94	縱	zòng	820
绣	xiù	667	综	zèng	756	縗	cuī	94	12画		
8画				zōng	818	缝	féng	166	缭	liáo	357
绷	bēng	24	綜	zèng	756		fèng	167	繚	liáo	357
	běng	24		zōng	818	缚	fù	174	*繈	qiǎng	466
	bèng	25	绽	zhàn	761	縛	fù	174	繞	rǎo	489
*綵	cǎi	47	綻	zhàn	761	缟	gǎo	184		rào	489
绰	chāo	61	缀	zhuì	809	縞	gǎo	184	繕	shàn	509
	chuò	89	綴	zhuì	809	縠	hú	235	繕	shàn	509
綽	chāo	61	缁	zī	813	缣	jiān	273	穗	suì	558
	chuò	89	緇	zī	813	縑	jiān	273	纈	xié	654
绸	chóu	76	*緫	zǒng	819	缙	jìn	297	缯	zēng	756
綢	chóu	76	9画			縉	jìn	297	繒	zēng	756
*緐	fán	152	编	biān	28	缛	rù	498	織	zhī	780
绯	fēi	158	編	biān	28	縟	rù	498	13画		
緋	fēi	158	缔	dì	123	*縚	tāo	566	缳	huán	242
綱	gāng	180	締	dì	123	縣	xiàn	639	繯	huán	242
绲	gǔn	209	缎	duàn	139	缢	yì	713	繪	huì	250
緄	gǔn	209	緞	duàn	139	縊	yì	713	繫	jì	266
绩	jì	267	缑	gōu	194	縈	yíng	721		xì	630

部首

缰 jiāng	279	**6画**		斠 jiào	286	**6画**	
繮 jiāng	279	羔 gāo	183	斡 wò	616	烦 fán	151
缴 jiǎo	285	烈 liè	358			烘 hōng	229
zhuó	811	热 rè	489	火		烩 huì	250
繳 jiǎo	285	烏 wū	616	火 huǒ	253	烬 jìn	295
zhuó	811	wù	623	*火 huǒ	254	烤 kǎo	319
缱 qiǎn	463	烝 zhēng	775	**1画**		烙 lào	343
缲 qiāo	466	**7画**		灭 miè	394	烧 shāo	513
繰 qiāo	466	烹 pēng	431	**2画**		烫 tàng	566
*繅 sāo	503	焘 tāo/dào	566	灯 dēng	117	烜 xuǎn/xuān	
繩 shéng	523	焉 yān	682	灰 huī	246		673
繡 xiù	667	**8画**		**3画**		烟 yān	681
繹 yì	712	焦 jiāo	283	灿 càn	50	烊 yáng	690
14画		然 rán	488	灸 jiǔ	303	烨 yè	699
辩 biàn	31	無 wú	617	灵 líng	361	烛 zhú	797
辮 biàn	31	煮 zhǔ	799	炀 yáng	691	**7画**	
缤 bīn	33	**9画**		灾 zāi	748	烽 fēng	166
繼 jì	266	煎 jiān	273	災 zāi	748	焊 hàn	218
繾 qiǎn	463	煞 shā	506	灶 zào	753	焕 huàn	243
15画		shà	506	灼 zhuó	810	焗 jú	306
缠 chán	56	煦 xù	670	**4画**		烺 lǎng	339
罍 léi	344	照 zhào	766	炒 chǎo	62	焖 mèn	388
*罍 lěi	344	**10画**		炊 chuī	87	焌 qū	481
* lèi	345	熬 āo	5	炖 dùn	142	*焫 ruò	500
缬 xié	654	áo	5	炬 jù	307	烴 tīng	579
繻 xù	670	熙 xī	627	炕 kàng	319	烷 wán	598
16画		熊 xióng	666	炉 lú	369	焐 wù	624
缵 zuǎn	824	熏 xūn	676	炜 ǒu	421	烯 xī	626
17画~		xùn	678	炝 qiāng	466	**8画**	
*纔 cái	46	**11画**		炔 quē	486	焙 bèi	22
纜 lǎn	338	熱 rè	489	炜 wěi	608	焯 chāo	61
纖 xiān	636	熟 shóu	536	炘 xīn	659	欻 chuā	83
纓 yīng	720	shú	541	炎 yán	684	*焠 cuì	94
纘 zuǎn	824	**12画~**		炙 zhì	788	焚 fén	162
		燾 tāo/dào	566	**5画**		焮 xìn	660
巛		熹 xī	627	炳 bǐng	35	焰 yàn	689
4画		燕 yàn	689	炽 chì	73	**9画**	
灾 zāi	748			炯 jiǒng	302	煲 bāo	16
7画		斗		烂 làn	338	煸 biān	29
邕 yōng	723	斗 dǒu	134	炼 liàn	353	煩 fán	151
8画		dòu	135	炮 páo	428	煳 hú	235
巢 cháo	61	**6画**		pào	429	焕 huàn	243
		料 liào	357	烁 shuò	549	煌 huáng	244
灬		**7画**		畑 tián	574	煉 liàn	353
4画		斜 xié	654	烃 tīng	579	煤 méi	386
杰 jié	289	**8画**		炫 xuàn	673	*煖 nuǎn	420
5画		斝 jiǎ	271	荧 yíng	720	*煗 nuǎn	420
点 diǎn	124	**9画**		炸 zhá	757	煺 tuì	591
*為 wéi	605	斟 zhēn	772	zhà	757	煨 wēi	604
* wèi	609	**10画**		炷 zhù	801	煒 wěi	608

文方心 (35)

煊 xuān 671	爨 cuàn 94	忐 tǎn 564	恿 yǒng 724
煙 yān 681	爛 làn 338	忒 tè 568	悠 yōu 726
煬 yáng 691	爐 lú 369	tēi 569	8画
煜 yù 737	文	tuī/tēi 589	悲 bēi 21
*煠 zhá 757	文 wén 611	忑 tè 568	惫 bèi 22
10画	3画	忘 wàng 603	惩 chéng 69
熘 liū 363	吝 lìn 360	志 zhì 787	*惪 dé 117
熗 qiàng 466	6画	4画	*恶 ě 145
熔 róng 495	斋 zhāi 758	忿 fèn 163	恶 è 145
煽 shān 508	8画	忽 hū 234	wù 624
熥 tēng 569	斑 bān 13	忞 mín 395	惠 huì 250
*煺 tuì 591	斌 bīn 33	念 niàn 414	惑 huò 255
熄 xī 626	斐 fěi 159	怂 sǒng 553	闷 mēn 387
熚 yè 699	12画~	态 tài 562	mèn 388
熒 yíng 720	斓 lán 338	忝 tiǎn 575	惹 rě 489
11画	斕 lán 338	忠 zhōng 791	9画
熰 ōu 421	方	5画	爱 ài 2
熵 shāng 510	方 fāng 154	*怱 cōng 91	愁 chóu 77
*熣 tuì 591	4画	怠 dài 107	惷 chǔn 88
熠 yì 714	放 fàng 156	怼 duì 141	慈 cí 89
熨 yù 739	於 Yū 732	急 jí 261	感 gǎn 179
yùn 747	於 yú 733	怒 nù 419	*慜 mǐn 395
12画	5画	思 sī 550	愆 qiān 460
熾 chì 73	*斾 pèi 430	恳 tān 563	*愿 qiè 470
燈 dēng 117	施 shī 526	怨 yuàn 742	想 xiǎng 644
燉 dùn 142	6画	怎 zěn 755	意 yì 713
燎 liáo 357	旅 lǚ 371	总 zǒng 819	愚 yú 734
liǎo 357	旄 máo 384	6画	愈 yù 738
*燐 lín 360	旁 páng 426	恶 ě 145	10画
燜 mèn 388	旆 pèi 430	è 145	慕 mù 403
燃 rán 488	*旂 qí 451	wù 624	*愬 sù 555
燒 shāo 513	旃 zhān 759	恩 ēn 146	態 tài 562
燧 suì 558	7画	恭 gōng 193	慝 tè 569
燙 tàng 566	旌 jīng 299	恚 huì 250	慂 yǒng 724
燄 yàn 689	旋 xuán 672	恳 kěn 324	願 yuàn 742
燠 yù 739	xuàn 673	恐 kǒng 325	11画
13画	族 zú 822	恋 liàn 354	憋 biē 32
燦 càn 50	10画	虑 lǜ 372	*慙 cán 49
燬 huǐ 249	旗 qí 451	恁 nèn 411	憨 hān 216
燴 huì 250	旖 yǐ 710	恕 shù 543	慧 huì 250
燥 zào 754	心(忄)	息 xī 626	虑 lǜ 372
燭 zhú 797	心 xīn 656	恙 yàng 692	*慽 qī 449
14画	1画	恣 zì 818	慰 qì 457
燼 jìn 295	必 bì 27	7画	慫 sǒng 553
燹 xiǎn 639	3画	*恖 cōng 91	慰 wèi 611
*燻 xūn 676	忌 jì 265	患 huàn 243	憖 yìn 719
15画	忍 rěn 492	您 nín 416	忧 yōu 725
爆 bào 20		慤 què 487	12画
爍 shuò 549		悉 xī 626	憊 bèi 22
16画~		悬 xuán 672	憑 píng 443

字	拼音	页码	字	拼音	页码	字	拼音	页码	字	拼音	页码
憩	qì	457	礼	lǐ	347	禎	zhēn	770	玩	wán	598
憨	què	487		2画			10画		玮	wěi	608
窸	xī	627	祁	qí	451	禛	zhēn	771	现	xiàn	639
憲	xiàn	640		3画		禔	zhēn	771		5画	
懋	yìn	719	社	shè	516	襫	Zhuó	811	玻	bō	36
	13画		祀	sì	551		11画		玳	dài	106
懇	kěn	324		4画		*隸	lì	351	玷	diàn	126
懋	mào	385	祈	qí	451	襖	Xuān	671	珐	fà	150
懑	mèn	388	祇	qí	452	禦	yù	738	珂	kē	320
應	yīng	719	视	shì	533		12画		玲	líng	361
		yìng 722	祆	xiān	636	禪	chán	56	珑	lóng	367
	14画		祎	yī	707			shàn 508	珉	mín	395
懟	duì	141	祉	zhǐ	783	隸	lì	351	珀	pò	445
懣	mèn	388	*衹	zhǐ	784	禧	xǐ	629	珊	shān	508
	15画~			5画			13画~		姗	shān	508
懲	chéng	69	祠	cí	89	襦	dǎo	114	珅	shēn	517
戀	liàn	354	祜	hù	236	禮	lǐ	347	莹	yíng	720
懸	xuán	672	祢	Mí	390	禰	Mí	390	珍	zhēn	771
懿	yì	714	*祕	mì	391	禳	ráng	488	*珒	zhēn	771
戆	zhuàng	808	祛	qū	481		韦(韋)			6画	
戆	zhuàng	808	神	shén	519	韦	wéi	605	班	bān	12
	户		*祘	suàn	556	韋	wéi	605	珵	chēng	66
户	hù	236	祟	suì	558		3画		珰	dāng	111
	1画		祗	zhī	781	韧	rèn	493	珓	jiào	285
戹	è	145	祝	zhù	801	韌	rèn	493	珞	luò	376
	3画		祖	zǔ	823		8画		珮	pèi	430
启	qǐ	455	祚	zuò	830	韩	Hán	217	珽	tǐng	580
	4画			6画		韓	Hán	217	玺	xǐ	629
房	fáng	155	祭	jì	267		9画		珣	xún	676
戽	hù	236	票	piào	439	韪	wěi	608	珧	yáo	694
肩	jiān	272	祧	tiāo	575	韙	wěi	608	珠	zhū	796
戾	lì	351	祥	xiáng	644	韫	yùn	746		7画	
	5画		祯	zhēn	770		10画~		琅	láng	339
扁	biǎn	29		7画		韜	tāo	567	理	lǐ	348
	piān 436	祷	dǎo	114	韞	tāo	567	琏	liǎn	353
扃	jiōng	302	祸	huò	255	*韤	wà	596	琉	liú	365
	6画		裖	jìn	297	韞	yùn	746	球	qiú	480
扇	shān	508	視	shì	533		王(王玉)		琐	suǒ	560
	shàn 508		8画		王	wáng	601	望	wàng	603
扆	yǐ	710	禀	bǐng	35	玉	yù	736	朢	wàng	603
	7画		禅	chán	56		3画		現	xiàn	639
扈	hù	236		shàn 508		玖	jiǔ	303	琇	xiù	667
	8画		禁	jīn	294	玛	mǎ	379		8画	
扉	fēi	158		jìn 297		玙	yú	733	斑	bān	13
雇	gù	200	禄	lù	370		4画		琛	chēn	64
	⺭(⺬示)		祺	qí	451	环	huán	242	琤	chēng	66
示	shì	532		9画		玦	jué	310	琮	cóng	92
	1画		福	fú	170	玫	méi	385	琺	fà	150
			禍	huò	255				琥	hǔ	236
			禕	yī	707				琚	jū	306

琨 kūn	334	環 huán	242	朽 xiǔ	667	枘 ruì	499
琅 láng	339	璐 lù	371	杂 zá	747	*柿 shì	531
琳 lín	359	璩 qú	482	朱 zhū	796	枢 shū	540
琶 pá	422	瑜 yú	733	3画		松 sōng	552
琵 pí	435	璪 zǎo	753	材 cái	46	枉 wǎng	602
琪 qí	451	14画		*杈 chā	53	析 xī	626
琦 qí	452	瓊 qióng	478	杈 chā	53	*枬 xiān	636
琴 qín	471	璽 xǐ	629	杈 chà	55	枭 xiāo	646
琼 qióng	478	*璿 xuán	672	村 cūn	94	枒 yā	679
琬 wǎn	599	15画		杜 dù	138	枣 zǎo	753
斌 wǔ	622	璃 lí	347	杆 gān	177	枕 zhěn	772
琰 yǎn	686	璺 wèn	614	杆 gǎn	178	枝 zhī	780
瑛 yīng	719	16画~		杠 gàng	181	杼 zhù	801
琢 zhuó	811	瓏 lóng	367	极 jí	261	5画	
zuó	826	瓖 xiāng	643	来 lái	336	柏 bǎi	11
9画		瓔 yīng	720	李 lǐ	347	标 biāo	31
*瑇 dài	106	瓚 zàn	751	杧 máng	382	柄 bǐng	34
瑰 guī	208	瓛 zàn	751	杞 qǐ	453	查 chá	54
瑚 hú	235			杉 shā	505	Zhā	757
瑁 mào	384	耂		shān	507	栋 dòng	134
瑙 nǎo	409	2画		束 shù	542	*柁 duò	144
瑞 ruì	499	考 kǎo	319	条 tiáo	575	*柎 fú	169
瑟 sè	504	老 lǎo	340	*杇 wū	617	柑 gān	178
聖 shèng	524	3画		杌 wù	623	构 gōu	195
瑋 wěi	608	孝 xiào	651	杏 xìng	664	枴 guǎi	201
瑕 xiá	631	4画		杨 yáng	691	枷 jiā	268
瑜 yú	734	者 zhě	768	杖 zhàng	763	架 jià	271
瑀 yǔ	736	5画		4画		柬 jiǎn	274
瑗 yuàn	742	耆 zhě	768	板 bǎn	13	柩 jiù	304
10画				杯 bēi	20	柯 kē	320
璃 lí	347	木		采 cǎi	47	枯 kū	328
*瑠 liú	365	木 mù	402	杵 chǔ	82	栏 lán	337
瑪 mǎ	379	1画		枞 cōng	91	栎 lì	351
瑣 suǒ	560	本 běn	23	Zōng	818	柳 liǔ	366
瑤 yáo	694	*末 me	385	東 dōng	132	栌 lú	369
瑩 yíng	720	末 mò	400	枫 fēng	165	某 mǒu	402
11画		术 shù	542	杲 gǎo	183	柰 nài	406
璀 cuǐ	94	术 zhú	797	构 gòu	195	*柟 nán	407
瑾 jǐn	295	未 wèi	609	柜 guì	208	柠 níng	416
璉 liǎn	353	札 zhá	757	果 guǒ	211	柒 qī	449
璇 xuán	672	2画		杭 Háng	218	染 rǎn	488
瓔 yīng	720	朵 duǒ	144	杰 jié	289	荣 róng	494
璋 zhāng	762	*朶 duǒ	144	來 lái	336	柔 róu	495
12画		机 jī	256	枥 lì	349	栅 shān	508
噩 è	145	朴 piáo	439	林 lín	359		zhà	758
璘 lín	360		pō	444	枚 méi	385	柵 shān	508
璞 pú	448		pò	444	杪 miǎo	394		zhà	758
13画			pǔ	448	杷 pá	422	柿 shì	531
璧 bì	28	权 quán	483	枇 pí	435	树 shù	542
璫 dāng	111	杀 shā	504	枪 qiāng	464	*枱 tái	561

(38) 木

柁 tuó	594	栔 qì	456	栋 dòng	134	榄 lǎn	338
柝 tuò	594	桥 qiáo	467	椟 dú	137	*楞 léng	345
枲 xǐ	629	桡 ráo	489	棺 guān	204	楝 liàn	354
相 xiāng	641	桑 sāng	503	棍 gùn	209	楼 lóu	368
xiàng	645	栓 shuān	544	椁 guǒ	211	榈 lǘ	371
枵 xiāo	647	桃 táo	567	極 jí	261	楣 méi	386
柚 yóu	728	挺 tǐng	580	棘 jí	263	*楳 méi	386
yòu	732	桐 tóng	583	集 jí	263	楠 nán	407
栈 zhàn	761	桅 wéi	606	椒 jiāo	283	楩 pián	438
柘 zhè	769	栩 xǔ	669	棵 kē	320	楸 qiū	479
栀 zhī	780	桠 yā	679	榔 láng	339	楯 shǔn	544
枳 zhǐ	784	样 yàng	692	棱 léng	345	楔 xiē	652
栉 zhì	788	*杂 zá	747	棃 lí	347	楦 xuàn	673
柊 zhōng	792	栽 zāi	748	椋 liáng	355	*楥 xuàn	673
柱 zhù	801	栴 zhān	759	棉 mián	392	楊 yáng	691
柞 zuò	830	桢 zhēn	770	棚 péng	432	楹 yíng	721
6画		桎 zhì	787	楼 qī	449	榆 yú	734
桉 ān	4	株 zhū	796	棋 qí	451	楂 zhā	757
案 àn	4	桩 zhuāng	806	*棊 qí	451	楨 zhēn	770
*栢 bǎi	11	桌 zhuō	810	棄 qì	456	*椶 zōng	818
梆 bāng	15	**7画**		椠 qiàn	463	**10画**	
柴 chái	56	彬 bīn	33	森 sēn	504	榜 bǎng	15
郴 chēn	64	梵 fàn	154	棠 táng	566	槟 bīng	34
档 dàng	112	桴 fú	169	椭 tuǒ	594	榱 cuī	97
*毒 dù	138	杆 gǎn	178	椀 wǎn	599	槓 gàng	181
格 gē	185	梗 gěng	189	*榍 xiān	636	槁 gǎo	184
gé	186	楛 gù	200	椏 yā	679	*槀 gǎo	184
根 gēn	187	检 jiǎn	274	椰 yē	697	槅 gé	186
桧 guì	208	梨 lí	347	椅 yǐ	710	構 gòu	195
桂 guì	209	梁 liáng	355	棫 yù	738	槨 guǒ	211
核 hé	226	棂 líng	362	枣 zǎo	753	榪 jiǎ	240
hú	235	梅 méi	386	栈 zhàn	761	槚 jiǎ	270
桁 héng	228	渠 qú	482	棹 zhào	767	檻 jiàn	277
桦 huà	240	梢 shāo	513	植 zhí	783	kǎn	317
桓 Huán	242	梳 shū	540	植 zhí	783	榴 liú	365
桨 jiǎng	280	桫 suō	559	椎 zhuī	808	*槑 méi	386
校 jiào	285	梭 suō	559	棕 zōng	818	模 mó	398
xiào	652	梼 táo	568	**9画**		mú	402
桔 jié	289	梯 tī	570	楚 chǔ	82	榿 qī	449
jú	306	桶 tǒng	583	椽 chuán	85	槍 qiāng	464
桀 jié	290	梧 wú	620	槌 chuí	87	榷 què	487
桊 juàn	309	枭 xiāo	646	椿 chūn	88	榮 róng	494
栲 kǎo	319	械 xiè	655	楓 fēng	165	榕 róng	495
框 kuàng	332	梔 zhī	780	概 gài	176	槊 shuò	549
栳 lǎo	343	梓 zǐ	814	*槩 gài	176	榫 sǔn	558
栗 lì	351	**8画**		槐 huái	241	榻 tà	561
栾 luán	373	棒 bàng	16	楫 jí	263	*槖 tuó	594
桌 niè	416	楮 chǔ	82	榉 jǔ	307	榭 xiè	656
栖 qī	449	棰 chuí	87	*椝 jǔ	307	榨 zhà	758
栖 qī	449	棣 dì	123	楷 kǎi	316	榛 zhēn	772

槜 zuì	825	樨 xī	627	鬱 yù	737	殭 jiāng	279
11画		樾 yuè	744	犬		殮 liàn	354
標 biāo	31	橋 zuì	825			车(車)	
槽 cáo	51	樽 zūn	826	犬 quǎn	485	车 chē	62
樗 chū	81	**13画**		**6画**		jū	305
樅 cōng	91	檗 bò	38	哭 kū	328	車 chē	62
Zōng	818	檔 dàng	112	**9画**		jū	305
*梘 dōu	134	檜 guì	208	献 xiàn	640	**1画**	
橄 gǎn	179	檟 jiǎ	270	猷 yóu	729	轧 yà	681
横 héng	228	檢 jiǎn	274	**15画~**		zhá	757
hèng	229	檁 lǐn	360	獸 shòu	539	軋 yà	681
槳 jiǎng	280	檩 lǐn	360	獻 xiàn	640	zhá	757
槿 jǐn	295	檬 méng	389	歹		**2画**	
樂 lè	343	檣 qiáng	465			轨 guǐ	208
yuè	743	檀 tán	564	歹 dǎi	105	軌 guǐ	208
*樑 liáng	355	檄 xí	628	**2画**		军 jūn	311
模 mú	368	檐 yán	685	死 sǐ	550	軍 jūn	311
槭 qì	457	櫛 zhì	788	**3画**		**3画**	
槧 qiàn	463	**14画**		歼 jiān	272	轫 rèn	493
樯 qiáng	465	檳 bīng	34	**4画**		軔 rèn	493
樞 shū	540	*櫈 dèng	119	殀 yāo	693	轩 xuān	671
樘 táng	566	櫃 guì	208	**5画**		軒 xuān	671
橢 tuǒ	594	檻 jiàn	277	残 cán	49	**4画**	
橡 xiàng	646	kàn	317	殆 dài	107	轭 è	145
樣 yàng	692	檸 níng	416	殇 shāng	509	軛 è	145
櫻 yīng	720	檯 tái	561	殄 tiǎn	575	轰 hōng	229
*樝 zhā	757	檮 táo	568	殃 yāng	689	轮 lún	374
樟 zhāng	762	*櫂 zhào	767	**6画**		软 ruǎn	498
樁 zhuāng	806	**15画**		殊 shū	540	軟 ruǎn	498
12画		櫥 chú	81	殉 xùn	678	斩 zhǎn	759
橙 chén	65	櫝 dú	137	**7画**		斬 zhǎn	759
chéng	69	櫟 lì	351	殮 liàn	354	转 zhuǎn	804
橱 chú	81	櫓 lǔ	369	殍 piǎo	439	zhuàn	805
*叢 cóng	92	麓 lù	370	殒 yǔn	746	**5画**	
*蠹 dù	138	櫚 lú	371	**8画**		轱 gū	196
機 jī	256	**16画**		殘 cán	49	軲 gū	196
橘 jú	306	櫪 lì	349	殫 dān	108	轲 kē	320
橛 jué	311	櫨 lú	369	殖 zhí	783	軻 kē	320
*橜 jué	311	*檓 tuò	594	殖 zhí	783	轳 lú	369
橹 lǔ	369	**17画**		**10画**		轻 qīng	474
*櫨 lǔ	369	櫸 jǔ	307	殡 bìn	33	轸 zhěn	772
樸 pǔ	448	欄 lán	337	殞 yǔn	746	軫 zhěn	772
橇 qiāo	466	權 quán	483	**11画**		轴 zhóu	795
橋 qiáo	467	*櫳 shuān	544	殤 shāng	509	軸 zhóu	795
樵 qiáo	467	櫻 yīng	720	**12画**		**6画**	
檎 qín	471	**19画~**		殫 dān	108	较 jiào	285
檠 qíng	477	*欛 bà	9	*殨 huì	251	較 jiào	285
橈 ráo	489	欖 lǎn	338	**13画~**		轿 jiào	286
樹 shù	542	欞 líng	362	殯 bìn	33	辁 quán	484
橐 tuó	594	欒 luán	373	殲 jiān	272		

軽	quán	484	輿	yú	734	戛	jiá	270	瓶	píng	444

字	拼音	页
軽	quán	484
轼	shì	533
輊	shì	533
载	zǎi	749
	zài	750
載	zǎi	749
	zài	750
7画		
辅	fǔ	170
輔	fǔ	170
辆	liàng	356
輕	qīng	474
鞔	wǎn	599
辄	zhé	768
輒	zhé	768
8画		
辈	bèi	23
輩	bèi	23
辍	chuò	89
輟	chuò	89
辊	gǔn	209
輥	gǔn	209
辉	huī	247
輝	huī	247
辆	liàng	356
輛	lún	374
辇	niǎn	414
輦	niǎn	414
辋	wǎng	602
輞	wǎng	602
*辄	zhé	768
辎	zī	813
輜	zī	813
9画		
辐	fú	170
輻	fú	170
毂	gǔ	199
轂	gǔ	199
辑	jí	263
輯	jí	263
*輭	ruǎn	498
输	shū	541
輸	shū	541
辒	wēn	611
10画		
*辗	niǎn	414
輼	wēn	611
辖	xiá	632
轄	xiá	632
舆	yú	734
輿	yú	734
辕	yuán	740
轅	yuán	740
辗	zhǎn	760
輾	zhǎn	760
11画		
轆	lù	370
轤	lù	370
转	zhuǎn	804
	zhuàn	805
12画		
轎	jiào	286
辚	lín	360
轔	lín	360
辙	zhé	768
轍	zhé	768
14画~		
轟	hōng	229
轤	lú	369
轡	pèi	431

戈

字	拼音	页
戈	gē	184
1画		
戊	wù	623
*戉	yuè	744
2画		
成	chéng	66
戎	róng	494
戍	shù	542
戏	xì	629
戌	xū	668
3画		
戒	jiè	291
我	wǒ	615
4画		
或	huò	255
戗	qiāng	464
	qiàng	466
戕	qiāng	464
5画		
威	wēi	604
咸	xián	637
哉	zāi	748
战	zhàn	760
6画		
栽	zāi	748
载	zǎi	749
	zài	750
7画		
戛	jiá	270
戚	qī	449
8画		
裁	cái	47
幾	jī	256
	jǐ	263
戟	jǐ	264
*戞	jiá	270
9画		
戥	děng	119
戡	kān	317
載	zǎi	749
	zài	750
10画		
截	jié	290
戧	qiāng	464
	qiàng	466
臧	zāng	751
11画		
畿	jī	260
戮	lù	371
*戯	xì	629
12画~		
戳	chuō	88
戴	dài	107
馘	guó	211
戲	xì	629
戰	zhàn	760

比

字	拼音	页
比	bǐ	25
2画		
毕	bì	27
5画		
毖	bì	27
皆	jiē	287
毗	pí	435
6画		
毙	bì	27

瓦(瓦)

字	拼音	页
瓦	wǎ	595
	wà	595
3画		
瓩	qiānwǎ	466
4画		
瓯	ōu	421
瓮	wèng	614
6画		
瓷	cí	89

字	拼音	页
瓶	píng	444
8画		
瓿	bù	45
瓶	cèi	52
*甌	gāng	181
9画		
*甆	cí	89
甄	zhēn	772
甃	zhòu	796
11画		
甌	ōu	421
甎	zhuān	804
12画~		
甕	wèng	614
甗	yǎn	688
*甖	yīng	720
甑	zèng	756
甗	zèng	756

止

字	拼音	页
止	zhǐ	783
1画		
正	zhēng	773
	zhèng	776
2画		
此	cǐ	90
3画		
步	bù	45
4画		
肯	kěn	323
歧	qí	451
武	wǔ	622
歪	wāi	596
9画~		
归	guī	207
*歴	lì	349
*歷	lì	349
岁	suì	558

支

字	拼音	页
7画		
敍	xù	670
8画		
*敠	duō	143
敨	tǒu	586
9画~		
殷	dù	138
敲	qiāo	466
*敺	qū	480

日(日)

日	rì	494
曰	yuē	742

1 画

旦	dàn	109
电	diàn	125
旧	jiù	303

2 画

旮	gā	175
亘	gèn	188
旯	lá	335
曲	qū	481
	qǔ	482
旭	xù	669
曳	yè	699
早	zǎo	752
旨	zhǐ	784

3 画

更	gēng	188
	gèng	189
旱	hàn	217
旷	kuàng	332
时	shí	528
旸	yáng	691

4 画

昂	áng	5
昌	chāng	57
杳	dá	97
	tà	561
杲	gǎo	183
昊	hào	222
昏	hūn	251
昆	kūn	333
旻	mín	395
明	míng	396
昇	shēng	521
昙	tán	563
旺	wàng	603
昔	xī	626
昕	xīn	659
杳	yǎo	695
易	yì	712
昀	yún	745
昃	zè	755

5 画

昶	chǎng	60
春	chūn	87
曷	hé	226
昽	lóng	367
昴	mǎo	384
冒	mào	384
昧	mèi	387
昵	nì	412
是	shì	534
显	xiǎn	638
星	xīng	661
昫	xù	670
*昫	xù	670
炫	xuàn	673
映	yìng	722
昱	yù	737
昝	Zǎn	750
昭	zhāo	765
昼	zhòu	796
昨	zuó	826

6 画

晁	cháo	61
晟	Chéng	68
	shèng	524
晃	huǎng	246
	huàng	246
晖	huī	247
晋	jìn	296
晉	Jìn	296
晒	shài	506
晌	shǎng	510
時	shí	528
書	shū	539
晓	xiǎo	651
晏	yàn	688
晕	yūn	744
	yùn	746

7 画

晡	bū	38
曹	cáo	51
晨	chén	64
晦	huì	250
曼	màn	381
冕	miǎn	392
晚	wǎn	599
晤	wù	624
晞	xī	626
*昫	xù	670
書	zhòu	796

8 画

曾	céng	53
	zēng	755
晷	guǐ	208
晶	jīng	300

景	jǐng	300
量	liáng	355
	liàng	356
晾	liàng	356
普	pǔ	448
晴	qíng	477
暑	shǔ	541
替	tì	572
晰	xī	626
*晳	xī	626
暂	zàn	751
曾	zēng	755
智	zhì	789
最	zuì	825

9 画

暗	àn	4
晖	huī	247
會	huì	249
	kuài	330
暌	kuí	333
暖	nuǎn	420
*暝	nuǎn	420
暇	xiá	631
*尟	xiǎn	639
暄	xuān	671
暘	yáng	691
暈	yūn	744
	yùn	746

10 画

暧	ài	3
暨	jì	266
暝	míng	398
暮	mù	403
暱	nì	412

11 画

暴	bào	19
*暴	bào	20
	pù	448
暫	zàn	751

12 画

曆	lì	349
曇	tán	563
暾	tūn	592
曉	xiāo	651

13 画

曖	ài	3
*曋	cháo	61
曚	méng	389
曙	shǔ	542

14 画

曦	qī	450
曛	xūn	676
曜	yào	697

15 画

曝	bào	20
	pù	448
*曡	dié	129
曠	kuàng	332

16 画~

朧	lóng	367
曩	nǎng	408
曬	shài	506
曦	xī	627

贝(貝)

贝	bèi	21
貝	bèi	21

2 画

负	fù	172
負	fù	172
贞	zhēn	770
貞	zhēn	770

3 画

财	cái	46
財	cái	46
贡	gòng	194
貢	gòng	194
员	yuán	740
	Yùn	746
員	yuán	740
	Yùn	746

4 画

败	bài	12
敗	bài	12
贬	biǎn	29
貶	biǎn	29
贩	fàn	154
販	fàn	154
购	gòu	195
贯	guàn	204
貫	guàn	204
货	huò	255
貨	huò	255
贫	pín	440
貧	pín	440
贪	tān	562
貪	tān	562
贤	xián	637
责	zé	754
責	zé	754

部首

账 zhàng	763	赊 shē	515	**13画**		蚬 tiǎn	575
质 zhì	788	賒 shē	515	赡 shàn	509	**9画**	
贮 zhù	800	赈 zhèn	773	贍 shàn	509	亲 qīn	470
5画		賑 zhèn	773	赢 yíng	721	qìng	477
贷 dài	106	**8画**		贏 yíng	721	**10画**	
貸 dài	106	赐 cì	91	**14画~**		觏 gòu	195
费 fèi	160	賜 cì	91	赣 Gàn	180	覯 gòu	195
費 fèi	160	赌 dǔ	137	贛 Gàn	180	觊 jì	267
贵 guì	208	賭 dǔ	137	*贑 Gàn	180	**11画**	
貴 guì	208	赋 fù	174	赎 shú	541	觐 jìn	297
贺 hè	226	賦 fù	174	赃 zāng	751	覲 jìn	297
賀 hè	226	赍 jī	260	*臟 zāng	751	觑 qū	481
贱 jiàn	276	賤 jiàn	276			qù	483
贶 kuàng	332	赉 lài	337	见(見)		*覰 qū	481
貺 kuàng	332	赖 mài	380	见 jiàn	275	* qù	483
买 mǎi	379	賣 mài	380	見 jiàn	275	**12画**	
贸 mào	384	赔 péi	429	*见 xiàn	639	觑 qū	481
貿 mào	384	賠 péi	429	**2画**		qù	483
贳 shì	532	赏 shǎng	510	观 guān	203	**13画**	
貰 shì	532	賞 shǎng	510	guàn	204	觉 jiào	285
贴 tiē	577	赎 shú	541	规 guī	207	jué	310
貼 tiē	577	贤 xián	637	規 guī	207	*覷 qū	481
贻 yí	707	*赞 zàn	751	觅 mì	391	* qù	483
貽 yí	707	賬 zhàng	763	覓 mì	391	**14画~**	
贮 zhù	800	質 zhì	788	*覔 mì	391	觌 dí	120
6画		**9画**		视 shì	533	觀 guān	203
赅 gāi	175	赖 lài	337	視 shì	533	guàn	204
賅 gāi	175	賴 lài	337	**5画**		覽 lǎn	338
贾 gǔ	198	**10画**		觇 chān	56	觊 luó	375
jiǎ	270	购 gòu	195	覘 chān	56		
賈 gǔ	198	赛 sài	501	觉 jiào	285	父	
jiǎ	270	賽 sài	501	jué	310	父 fù	171
贿 huì	250	赚 zhuàn	806	览 lǎn	338	**2画**	
賄 huì	250	zuàn	824	觇 luó	375	爷 yé	697
赁 lìn	360	賺 zhuàn	806	觇 sì	552	**4画**	
賃 lìn	360	zuàn	824	覗 sì	552	爸 bà	9
赂 lù	370	赘 zhuì	809	**6画**		斧 fǔ	171
賂 lù	370	贅 zhuì	809	觊 jì	267	爹 diē	129
*赇 xù	670	**11画**		**7画**		釜 fǔ	171
赃 zāng	751	赜 zé	754	觋 xí	628	**9画**	
贼 zéi	755	賾 zé	754	覡 xí	628	爺 yé	697
賊 zéi	755	赘 zhì	788	**8画**			
赀 zhī	788	**12画**		觌 dí	120	牛(牜)	
资 zī	812	赝 yàn	688	觍 dǔ	138	牛 niú	417
資 zī	812	贋 yàn	688	靓 jìng	301	**2画**	
赍 zī	813	赟 yūn	745	liàng	356	牟 móu	401
賫 zī	813	贇 yūn	745	靚 jìng	301	牝 pìn	441
7画		赞 zàn	751	liàng	356	**3画**	
赟 bīn	33	贊 zàn	751	觍 tiǎn	575	牤 māng	382
赉 lài	337	赠 zèng	756				
		贈 zèng	756				

牡	mǔ	402	氨	ān	4	*毪	róng	494	赦	shè	516
牠	tā	560	氦	hài	215		7画		叙	xù	670
	4画		氣	qì	455	毫	háo	219		8画	
耗	máo	384	氩	yà	681	毦	rǒng	495	敞	chǎng	60
牧	mù	403	氧	yǎng	692		8画		敦	dūn	142
物	wù	623	氤	yīn	715	毳	cuì	94	敢	gǎn	179
	5画			7画~		毽	jiàn	277	敬	jìng	302
牯	gǔ	197	氮	dàn	110	毯	tǎn	564	散	sǎn	502
牵	qiān	459	氯	lǜ	372		11画			sàn	502
牲	shēng	523	氢	qīng	475	麾	huī	247		9画	
	6画		氰	qíng	477	氂	máo	384	数	shǔ	542
特	tè	568	氩	yà	681		12画			shù	543
牺	xī	625		手		氅	chǎng	60		shuò	549
牸	zì	815				氆	pǔ	448	*敭	yáng	690
	7画		手	shǒu	536	毰	rǒng	495		11画	
*牾	cū	92		5画			13画~		敌	dí	120
犁	lí	347	拜	bái	11	氍	qú	482	敷	fū	168
牵	qiān	459		bài	12	氈	zhān	759	數	shǔ	542
*悟	wǔ	622	*拏	ná	404	氊	zhān	759		shù	543
悟	wǔ	622		6画			攵			shuò	549
	8画		挛	luán	372					12画	
犊	dú	137	拿	ná	404		2画		整	zhěng	775
犄	jī	258	挈	qiè	469	*攷	kǎo	319		13画~	
犍	jiān	273	拳	quán	485	收	shōu	535	斃	bì	27
	qián	462	挚	zhì	788		3画		變	biàn	29
犀	xī	627		8画		改	gǎi	175	敛	liǎn	353
	9画~		掰	bāi	9	攻	gōng	190	*斔	yú	734
犊	dú	137	掣	chè	63	孜	zī	812		片	
犟	jiàng	280	掌	zhǎng	762		4画				
犒	kào	319		10画		败	bài	12	片	piān	436
犛	lí	347	摹	mó	399	放	fàng	156		piàn	438
犨	māng	382	搴	qiān	460		5画			4画	
犏	piān	437		11画		故	gù	199	版	bǎn	13
犠	xī	625	摩	mó	399	政	zhèng	778		8画	
	气		挚	zhì	788		6画		牍	dú	137
				12画		敖	áo	5	*牋	jiān	273
气	qì	455	擎	qíng	477	敌	dí	120	牌	pái	424
	2画			13画~		效	xiào	652		9画~	
氘	dāo	113	*擘	bāi	9	致	zhì	786	牒	dié	129
氖	nǎi	406	擘	bò	38		7画		牍	dú	137
	3画		擊	jī	257	敗	bài	12	牖	yǒu	731
氚	chuān	83	*擧	jǔ	306	敝	bì	27	牘	zhá	757
氙	xiān	635	攣	luán	372	敕	chì	73		斤	
	4画		攀	pān	424	敢	gǎn	179			
氛	fēn	162		毛		教	jiāo	283	斤	jīn	293
	5画						jiào	286		1画	
氡	dōng	133	毛	máo	383	救	jiù	304	斥	chì	72
氟	fú	168		5画		敛	liǎn	353		4画	
氢	qīng	475	毡	zhān	759	敏	mǐn	395	斧	fǔ	171
	6画			6画		敔	qǐ	455	所	suǒ	559

欣 xīn	659	肚 dǔ	137	胊 qú	482	腡 luó	375
斩 zhǎn	759		dù	138	胜 shèng	524	脬 pāo	427
5画		肝 gān	177	胎 tāi	561	豚 tún	592
斫 zhuó	811	肛 gāng	181	胃 wèi	610	脱 tuō	593
7画		*肐 gē	185	胥 xū	668	望 wàng	603
断 duàn	139	肓 huāng	244	胤 yìn	719	望 wàng	603
斬 zhǎn	759	肘 zhǒu	795	胗 zhēn	771	*腽 wěn	613
8画		**4画**		胄 zhòu	796	脺 zuī	824
斯 sī	550	肮 āng	5	**6画**		**8画**	
9画~		肪 fáng	156	脆 cuì	94	朝 cháo	61
斷 duàn	139	肥 féi	159	*胱 cuì	94		zhāo	765
新 xīn	658	肺 fèi	159	胴 dòng	134	*脺 cuì	94
*斱 zhuó	811	肤 fū	167	胳 gā	175	腖 dòng	134
		服 fú	169		gē	185	腓 féi	159
爪(爫)			fù	172		gé	186	腑 fǔ	171
爪 zhǎo	766	肱 gōng	193	胱 guāng	206	腱 jiàn	277
	zhuǎ	803	股 gǔ	197	脊 jǐ	264	腈 jīng	299
3画		肩 jiān	272	胶 jiāo	282	腊 là	335
孚 fú	169	肯 kěn	323	胯 kuà	329	脾 pí	435
妥 tuǒ	594	*胖 pàng	427	脍 kuài	330	期 qī	449
4画		*胚 pēi	429	朗 lǎng	339	腔 qiāng	464
采 cǎi	47	朋 péng	431	脉 mài	380	腎 shèn	520
觅 mì	391	朊 ruǎn	498		mò	400	勝 shèng	524
爬 pá	422	肾 shèn	520	脑 nǎo	409	腆 tiǎn	575
受 shòu	538	肽 tài	562	能 néng	411	腕 wàn	601
爭 zhēng	774	胁 xié	653	脓 nóng	418	腌 yān	682
5画		肴 yáo	693	*脝 pāng	426	腋 yè	699
爰 yuán	740	*肬 yóu	727	胼 pián	437	腴 yú	734
6画		育 yù	737	脐 qí	451	脹 zhàng	763
爱 ài	2	胀 zhàng	763	朔 shuò	549	**9画**	
奚 xī	626	肢 zhī	780	脁 tiǎo	577	腸 cháng	59
舀 yǎo	695	肿 zhǒng	793	胁 xié	653	塍 chéng	69
7画		朊 zhūn	809	*脇 xié	653	腠 còu	92
覓 mì	391	**5画**		胸 xiōng	665	腭 è	145
8画~		胞 bāo	16	*胷 xiōng	665	腹 fù	173
愛 ài	2	背 bēi	20	胭 yān	682	腳 jiǎo	284
爵 jué	311		bèi	21	胰 yí	707	膈 luó	375
爲 wéi	605	胆 dǎn	109	脏 zāng	751	腩 nǎn	392
	wèi	609	胨 dòng	134		zàng	751	腦 nǎo	409
		胡 hú	234	朕 zhèn	773	膩 nì	413
月(月)		胛 jiǎ	270	脂 zhī	781	腮 sāi	501
月 yuè	743	胫 jìng	301	**7画**		腾 téng	569
1画		胧 lóng	367	脖 bó	37	腿 tuǐ	591
*肊 yì	713	胪 lú	369	*脣 chún	88	膃 wà	596
2画		脉 mài	380	脞 cuǒ	96	腺 xiàn	641
肌 jī	257		mò	400	脯 fǔ	170	腥 xīng	661
肋 lèi	345	胖 pán	425		pú	448	腰 yāo	693
有 yǒu	729		pàng	427	脚 jiǎo	284	膇 yìng	723
3画		胚 pēi	429	胫 jìng	301	腫 zhǒng	793
肠 cháng	59	胠 qū	481	脸 liǎn	353		

氏欠风殳毋水

10画	臚 lú 369	*歎 tàn 564		qiào 468
膀 bǎng 15	騰 téng 569	歔 xū 669		**8画**
pāng 426	臊 téng 569	*歆 yǐn 717	*殽 xiáo 648
páng 427	*臁 yān 682	**12画**		**9画**
膊 bó 38	臟 zàng 751	歡 huān 241	殿 diàn 127
膏 gāo 183		歙 Shè 517	毂 gòu 195
膈 gé 186	氏(氐)	*歠 xiào 652	毁 huǐ 249
膂 lǚ 371	氏 shì 532	歟 yú 733	**11画~**
膜 mó 399	**1画**		穀 gǔ 197
*膆 sù 555	氐 dī 119	风(風)	毂 hú 235
11画	氐 dī 119	风 fēng 164	毆 ōu 421
膘 biāo 32	**3画**	風 fēng 164	*毉 yī 706
膵 cuì 94	*氘 zhī 786	**3画**	毅 yì 714
膚 fū 167	**4画**	飏 yáng 691	
膠 jiāo 282	昏 hūn 251	**5画**	毋(母)
膛 táng 566		飒 sà 501	母 mǔ 402
膝 téng 569	欠	颯 sà 501	毋 wú 620
膝 xī 627	欠 qiàn 463	颱 tái 561	**2画**
12画	**2画**	飐 zhǎn 759	每 měi 386
膙 jiǎng 280	次 cì 90	颭 zhǎn 759	**4画**
膩 nì 413	欢 huān 241	**6画**	毒 dú 136
膨 péng 432	**3画**	颳 guā 200	**9画**
膳 shàn 509	欤 yú 733	**8画**	*繇 fán 152
朦 téng 569	**4画**	颶 jù 307	毓 yù 739
朣 tóng 583	欧 Ōu 421	颶 jù 307	
13画	欣 xīn 659	**9画**	水(氺)
臂 bì 28	**6画**	*颼 sōu 554	水 shuǐ 545
膽 dǎn 109	*飲 hē 222	颼 sōu 554	**1画**
膾 kuài 330	**7画**	颼 sōu 554	*氷 bīng 34
臁 lián 353	欸 ǎi 2	颺 yáng 691	永 yǒng 724
臉 liǎn 353	ē/ēi 145	**11画~**	**2画**
朦 méng 389	é/éi 145	飙 biāo 32	冰 bīng 34
膿 nóng 418	ě/ěi 145	飆 biāo 32	氽 cuān 93
臊 sāo 503	è/èi 145	颷 biāo 32	求 qiú 479
sào 504	欷 xī 626	飄 piāo 438	氽 tǔn 592
膻 shān 508	欲 yù 737	飘 piāo 438	**3画**
*臏 shèng 524	**8画**	飃 piāo 438	汞 gǒng 193
膾 téng 569	欻 chuā 83		沓 dá 97
臀 tún 592	款 kuǎn 331	殳	tà 561
臆 yì 713	欺 qī 450	殳 shū 539	**5画**
膺 yīng 720	**9画**	**4画**	泵 bèng 25
臃 yōng 724	歃 shà 506	殴 ōu 421	泉 quán 485
14画	歇 xiē 653	**5画**	泰 tài 562
臍 qí 451	歆 xīn 659	段 duàn 139	荥 Xíng 663
臊 téng 569	飲 yú 734	殺 shā 504	**6画**
15画~	**10画**	殷 yān 682	浆 jiāng 279
*臕 biāo 32	歌 gē 185	yīn 716	*漿 jiàng 280
臘 là 335	歉 qiàn 463	**7画**	**8画~**
16画~	**11画**	殼 ké 321	漿 jiāng 279
臚 lóng 367	歐 Ōu 421		

穴 立 疒

字	拼音	页码
淼	miǎo	394
滎	Xíng	663

穴

字	拼音	页码
穴	xué	673

2画

| 究 | jiū | 302 |
| 穷 | qióng | 478 |

3画

空	kōng	324
	kòng	326
帘	lián	352
穹	qióng	478

4画

穿	chuān	83
*穽	jǐng	300
窈	yǎo	469
突	tū	587
窀	zhūn	809

5画

窎	diào	127
窍	qiào	468
窅	yǎo	695
窈	yǎo	695
窄	zhǎi	758

6画

*窗	chuāng	85
窕	tiǎo	577
窑	yáo	694
窒	zhì	787

7画

窗	chuāng	85
窜	cuàn	94
窖	jiào	286
窘	jiǒng	302
窝	wō	615

8画

窦	dòu	136
窠	kē	320
窟	kū	328
窥	kuī	333

9画

窪	wā	595
窝	wō	615
窨	yìn	719

10画

窮	qióng	478
窰	yáo	694
*窯	yáo	694
窳	yǔ	736

11画

*窻	chuāng	85
窵	diào	127
窺	kuī	333
窿	lóng	367
窸	xī	627

12画

| 窾 | kuǎn | 331 |

13画~

窜	cuàn	94
窦	dòu	136
窾	qiào	468
窃	qiè	469
竈	zào	753

立

| 立 | lì | 349 |

4画

亲	qīn	470
	qìng	477
飒	sà	501
竖	shù	542

5画

*竝	bìng	35
竟	jìng	301
站	zhàn	761
*竚	zhù	800

6画

| 竟 | jìng | 301 |
| 章 | zhāng | 762 |

7画

竣	jùn	313
*竢	sì	552
竦	sǒng	553
童	tóng	583

8画

| 靖 | jìng | 301 |
| *竪 | shù | 542 |

9画~

端	duān	138
赣	Gàn	180
赣	Gàn	180
*贑	Gàn	180
竭	jié	290
競	jìng	301
颯	sà	501

疒

2画

| 疔 | dīng | 130 |

| 疖 | jiē | 286 |
| 疗 | liáo | 356 |

3画

疙	gē	184
疚	jiù	304
疠	lì	350
疟	nüè	420
	yào	695
疝	shàn	508
疡	yáng	691

4画

疤	bā	8
疮	chuāng	85
疯	fēng	165
疥	jiè	291
*疡	wù	624
疫	yì	712
疣	yóu	727

5画

病	bìng	35
*疸	da	105
疸	dǎn	109
*疿	fèi	160
疳	gān	178
疾	jí	262
痂	jiā	268
疼	jìng	301
疴	kē	320
疱	pào	429
疲	pí	435
疼	téng	569
痃	xuán	672
痈	yōng	723
痄	zhà	757
疹	zhěn	772
症	zhēng	774
	zhèng	778
疰	zhù	801

6画

疵	cī	89
痕	hén	228
痊	quán	485
痌	tōng	580
痒	yǎng	692
痍	yí	707
痔	zhì	788

7画

痤	cuó	96
痘	dòu	136
痾	ē	144

痪	huàn	243
痉	jìng	301
痨	láo	340
痢	lì	351
痞	pǐ	436
痧	shā	505
痠	suān	556
痛	tòng	584
痦	wù	624
痫	xián	637
痣	zhì	787

8画

痹	bì	27
*痺	bì	27
痴	chī	71
瘁	cuì	94
痰	dàn	110
痱	fèi	160
痼	gù	199
瘆	shèn	521
痰	tán	563
瘏	tú	588
痿	wěi	609
瘀	yū	733
瘐	yǔ	736
瘃	zhú	798

9画

瘥	chài	56
瘩	da	105
瘋	fēng	165
瘓	huàn	243
瘌	là	335
瘘	lòu	368
瘧	nüè	420
	yào	695
瘦	shòu	539
瘟	wēn	611
瘍	yáng	691
瘗	yì	714
瘖	yīn	716
瘐	yù	738

10画

瘢	bān	13
瘪	biě	32
瘪	biě	33
瘡	chuāng	85
瘠	jí	262
瘤	liú	366
瘼	mò	401
瘫	tān	563

玄 衤 丗 甘 石　(47)

瘱	yì	714		shuài	544	裨 pí 435
11画			衤			裼 xī 627
瘭	biāo	32	**2画**			**9画**
瘳	chōu	76	补	bǔ	38	褊 biǎn 29
瘘	lòu	368	初	chū	80	褡 dā 97
瘸	qué	486	**3画**			複 fù 173
瘆	shèn	521	衩	chà	55	褐 hè 226
瘾	yǐn	718	衬	chèn	65	褛 lǚ 372
瘿	yǐng	722	衫	shān	507	褪 tuì 591
瘵	zhài	758	**4画**			tùn 592
瘴	zhàng	764	袄	ǎo	6	**10画**
12画			衿	jīn	292	褫 chǐ 72
癌	ái	2	袂	mèi	387	裤 kù 329
瘅	dàn	110	衲	nà	406	褴 lán 338
瘆	láo	340	衽	rèn	493	褥 rù 498
癘	lì	350	*祇	zhǐ	784	**11画**
療	liáo	356	**5画**			褳 lián 352
癇	xián	637	被	bèi	22	褸 lǚ 372
13画			袢	pàn	426	褶 zhě 769
癜	diàn	127	*绊	pàn	426	**12画**
癤	jiē	286	袍	páo	428	襖 ǎo 6
癞	lài	337	袒	tǎn	564	襕 lán 338
癖	pǐ	436	袜	wà	596	襁 qiǎng 466
癔	yì	714	袖	xiù	667	*襍 zá 747
癒	yù	738	**6画**			**13画**
14画			裆	dāng	111	襠 dāng 111
癟	biē	32	*袷	jiá	270	襟 jīn 294
	biě	33	裉	kèn	324	**14画**
癡	chī	71	*袴	kù	329	襤 lán 338
癣	xuǎn	673	袷	qiā	457	襪 wà 596
15画			*衽	rèn	493	**15画~**
癢	yǎng	692	衵	yīn	714	襬 bǎi 12
癥	zhēng	774	**7画**			襯 chèn 65
16画			補	bǔ	38	襴 lán 338
癲	diān	124	裌	jiá	270	襻 pàn 426
癩	lài	337	裤	kù	329	*襵 zhě 769
17画			裡	lǐ	348	丗(丵)
癬	xuǎn	673	裢	lián	352	**2画**
癮	yǐn	718	裙	qún	487	劳 láo 340
癭	yǐng	722	裕	yù	737	勞 láo 340
18画~			**8画**			**3画**
癲	diān	124	裱	biǎo	32	茕 qióng 478
癯	qú	482	褚	chǔ	82	煢 qióng 478
癱	tān	563		zhǔ	799	莹 yíng 720
癰	yōng	723	褨	duō	143	瑩 yíng 720
玄			褂	guà	200	**4画**
玄	xuán	671	裾	jū	306	荣 róng 494
6画			*裉	kèn	324	榮 róng 494
率	lǜ	372	裸	luǒ	376	荥 Xíng 663

荥 Xíng		663
荧 yíng		720
熒 yíng		720
5画		
莺 yīng		719
萤 yíng		720
瑩 yíng		720
6画		
萤 yíng		720
螢 yíng		720
营 yíng		720
萦 yíng		721
縈 yíng		721
7画		
營 yíng		720
11画		
鶯 yīng		719
甘		
甘 gān		177
2画		
邯 hán		216
4画		
某 mǒu		402
*甚 shén		519
6画		
甜 tián		575
石		
石 dàn		109
shí		527
2画		
矶 jī		257
3画		
砀 dàng		112
矾 fán		151
矿 kuàng		332
码 mǎ		379
矽 xī		624
4画		
砭 biān		28
砗 chē		63
砍 kǎn		317
砒 pī		433
砌 qì		457
砂 shā		506
砑 yà		681
研 yán		684
砚 yàn		688
砖 zhuān		804

部首

石									
斫 zhuó 811	*碁 qí 451	**14画**	盲 máng 382						
5画	碕 qí 452	礙 ài 3	盱 xū 668						
础 chǔ 82	碛 qì 457	礪 lì 350	直 zhí 781						
砥 dǐ 121	碎 suì 558	**15画~**	**4画**						
砝 fǎ 150	碗 wǎn 599	礬 fán 151	*䖰 chǒu 77						
砺 lì 350	**9画**	礦 kuàng 332	眈 dān 109						
砾 lì 351	碧 bì 28	礫 lì 351	盹 dǔn 142						
砻 lóng 367	碴 chá 55	礱 lóng 367	盾 dùn 142						
砲 pào 429	磁 cí 90	*礮 pào 429	看 kān 317						
砰 pēng 431	磋 cuō 95		kàn 317						
破 pò 445	碭 dàng 112	龙(龍)	眍 kōu 326						
砷 shēn 517	碲 dì 123	龙 lóng 366	冒 mào 384						
砣 tuó 594	碟 dié 129	龍 lóng 366	眉 méi 385						
砸 zá 748	硷 jiǎn 275	**3画**	眄 miǎn/miàn						
砟 zhǎ 757	碣 jié 290	宠 chǒng 75	392						
砧 zhēn 772	硕 shuò 549	寵 chǒng 75	盼 pàn 426						
6画	碳 tàn 564	垄 lǒng 367	省 shěng 523						
硌 gè 187	碪 zhēn 772	壟 lǒng 367		xǐng 663					
硅 guī 207	**10画**	**5画**	眨 zhǎ 757						
*硪 hāng 218	磅 bàng 15	砻 lóng 367	**5画**						
硭 máng 383		páng 427	礱 lóng 367	眬 lóng 367					
硇 náo 409	磋 cuō 95	**6画**	眠 mián 391						
硗 qiāo 466	磙 gǔn 209	龚 gōng 193	眚 shěng 524						
硕 shuò 549	磕 kē 321	龔 gōng 193	眩 xuàn 673						
硒 xī 625	磊 lěi 344	龛 kān 317	眙 yí 707						
硖 xiá 631	碼 mǎ 379	龕 kān 317	眞 zhēn 771						
研 yán 684	碾 niǎn 414	袭 xí 628	**6画**						
*砦 zhài 758	磐 pán 425	襲 xí 628	眵 chī 71						
硃 zhū 796	確 què 486	**7画**	眷 juàn 309						
7画	*礄 què 486	詟 zhé 768	眶 kuàng 332						
硨 chē 63	磉 sǎng 503	讋 zhé 768	眯 mī 390						
硷 jiǎn 274	磔 zhé 768			mí 390					
硫 liú 365	**11画**	业	眸 móu 401						
确 què 486	磺 huáng 245	业 yè 698	眺 tiào 577						
硪 wò 615	磨 mó 399	**1画**	眼 yǎn 686						
硤 xiá 631		mò 401	亚 yà 681	着 zhāo 765					
硝 xiāo 647	磧 qì 457	**2画**		zháo 765					
硯 yàn 688	磬 qìng 478	邺 Yè 698		zhe 770					
硬 yìng 722	磚 zhuān 804	**7画**		zhuó 811					
8画	**12画**	凿 záo 752	睁 zhēng 775						
碍 ài 3	磴 dèng 119		zuò 830	眦 zì 818					
碑 bēi 20	磯 jī 257	**8画**	*眥 zì 818						
碘 diǎn 124	礁 jiāo 283	業 yè 698	**7画**						
碉 diāo 127	磷 lín 360	**13画**	睇 dì 123						
碇 dìng 132	磻 pán 425	叢 cóng 92	睑 jiǎn 274						
碓 duì 141	磽 qiāo 466		睏 kùn 334						
碌 liù 366	**13画**	目	睐 lài 337						
	lù 370	礎 chǔ 82	目 mù 403	睒 rún 499					
硼 péng 432	礆 jiǎn 274	**2画**	睒 shǎn 508						
碰 pèng 432	礞 méng 389	盯 dīng 130							

田 四 皿 (49)

睄 shào	514	瞬 shùn	548	異 yì	711	ba	9
晙 suō	559	瞳 tóng	583	7画		*罸 fá	150
8画		瞩 zhǔ	800	嚋 chóu	76	11画~	
睬 cǎi	48	13画~		番 fān	150	羁 jī	260
鼎 dǐng	130	瞽 gǔ	199	畫 huà	240	羁 jì	267
督 dū	136	瞼 jiǎn	274	*畱 liú	365	罹 lí	347
睹 dǔ	138	矍 jué	311	畬 shē	515	羅 luó	375
睫 jié	290	矓 lóng	367	畲 Shē	515	羆 pí	435
睛 jīng	299	矇 mēng	388	8画		罾 zēng	756
*睠 juàn	309	瞿 Qú	482	畸 jī	258		
睐 lài	337	瞻 zhān	759	畹 wǎn	599	皿	
睖 lèng	346	矚 zhǔ	800	9画		皿 mǐn	395
瞄 miáo	394			畼 chàng	60	3画	
睦 mù	404	田(由甲申)		11画~		孟 mèng	389
睨 nì	413	电 diàn	125	嚋 chóu	76	盂 yú	733
睥 pì	436	甲 jiǎ	270	疊 dié	129	4画	
*睒 shǎn	508	申 shēn	517	奮 fèn	163	*盃 bēi	20
睡 shuì	547	田 tián	574	纍 léi	344	*盇 hé	226
睢 suī	557	由 yóu	727	纍 lěi	344	盆 pén	431
睚 yá	680	2画		* lèi	345	盈 yíng	721
睁 zhēng	775	亩 mǔ	402	*畼 shāng	510	盅 zhōng	791
9画		男 nán	406	疃 tuǎn	589	5画	
瞅 chǒu	77	町 tǐng	580			盎 àng	5
睽 kuí	333	3画		罒		盍 hé	226
瞜 lōu	368	备 bèi	22	3画		监 jiān	273
睿 ruì	499	界 bì	27	罗 luó	375		jiàn	277
瞍 sǒu	554	畅 chàng	60	4画		*盌 wǎn	599
10画		奋 fèn	163	罚 fá	150	盐 yán	685
瞋 chēn	64	*甿 méng	388	罘 fú	170	益 yì	712
瞌 kē	321	*甽 zhèn	772	5画		盏 zhǎn	759
瞒 mán	380	4画		罢 bà	9	6画	
瞇 mī	390	*畊 gēng	189	罡 gāng	181	盛 chéng	68
瞇 mí	390	界 jiè	291	罟 gǔ	197	shèng	524
瞑 míng	398	*毘 pí	435	7画		盗 dào	115
瞎 xiā	631	畎 quǎn	485	罱 lì	351	盖 gài	176
11画		畏 wèi	610	8画		蛊 gǔ	198
瞠 chēng	66	5画		署 shǔ	541	盒 hé	224
瞰 kàn	318	畜 chù	82	蜀 Shǔ	542	盔 kuī	333
瞘 kōu	326	xù	670	罨 yǎn	686	盘 pán	425
瞜 lōu	368	留 liú	365	罩 zhào	767	7画	
瞞 mán	380	畮 mǔ	402	置 zhì	789	盜 dào	115
瞟 piǎo	439	畔 pàn	426	置 zhì	789	8画	
瞥 piē	439	畛 zhěn	772	罪 zuì	825	盟 méng	388
*瞖 yī	714	6画		9画		míng	397
12画		毕 bì	27	罰 fá	150	盞 zhǎn	759
瞪 dèng	119	累 léi	344	睾 gāo	183	9画	
瞭 liǎo	357		lěi	344	罱 lǎn	338	監 jiān	273
瞭 liào	358		lèi	345	羆 pí	435		jiàn	277
瞧 qiáo	467	略 lüè	373	10画		盡 jìn	295
瞤 rún	499	畦 qí	453	罷 bà	9	10画~	

字	拼音	页码	字	拼音	页码	字	拼音	页码	字	拼音	页码
澹	dàng	112	钜	jù	307	钳	qián	462	铯	sè	504
蠱	gǔ	198	鉅	jù	307	鉗	qián	462	銫	sè	504
盥	guàn	205	钧	jūn	312	铈	shì	531	铩	shā	505
盧	lú	369	鈞	jūn	312	鈰	shì	531	铴	tāng	565
盤	pán	425	钠	nà	406	铄	shuò	549	铤	tǐng	580
鹽	yán	685	鈉	nà	406	铊	tā	560	鋌	tǐng	580
			钮	niǔ	418	鉈	tā	560	铜	tóng	583
钅(钅金)			鈕	niǔ	418	铁	tiě	578	銅	tóng	583
金	jīn	293	*钯	pá	422	铉	xuàn	673	铣	xǐ	628
2画			钤	qián	461	鉉	xuàn	673		xiǎn	638
钉	dīng	130	鈐	qián	461	铀	yóu	728	銑	xǐ	628
	dìng	131	钦	qīn	470	鈾	yóu	728		xiǎn	638
釘	dīng	130	欽	qīn	470	钰	yù	736	铱	yī	706
	dìng	131	钛	tài	562	鈺	yù	736	銥	yī	706
釜	fǔ	171	鈦	tài	562	钺	yuè	744	铟	yīn	715
钌	liào	357	钭	tǒu	586	鉞	yuè	744	銦	yīn	715
釕	liào	357	鈄	tǒu	586	钲	zhēng	774	银	yín	716
钊	zhāo	764	钨	wū	616	鉦	zhēng	774	铡	zhá	757
釗	zhāo	764	钥	yào	697	钻	zuān	823	铮	zhēng	775
针	zhēn	770	钟	zhōng	791		zuàn	824	铢	zhū	797
3画			5画			*鑽	zuān	823	銖	zhū	797
钗	chāi	56	*鉋	bào	19	*	zuàn	824	7画		
釵	chāi	56	钵	bō	36				鋇	bèi	21
钏	chuàn	85	缽	bō	36	6画			锄	chú	81
釧	chuàn	85	铂	bó	37	铲	chǎn	57	鋤	chú	81
钓	diào	128	鉑	bó	37	铛	chēng	66	锉	cuò	96
釣	diào	128	铍	bó	37		dāng	111	銼	cuò	96
*釬	hàn	218	鈸	bó	37	铖	chéng	68	锋	fēng	166
钎	qiān	459	钿	diàn	126	鋮	chéng	68	鋒	fēng	166
釺	qiān	459		tián	574	铳	chòng	75	*鋉	gǒng	193
钐	shān	507	鈿	diàn	126	銃	chòng	75	锅	guō	209
	shàn	508		tián	574	铫	diào	128	銲	hàn	218
釤	shān	507	铎	duó	143	銚	diào	128	鋏	jiá	270
	shàn	508	鉤	gōu	194	铬	gè	187	锔	jū	306
钍	tǔ	589	钴	gǔ	197	鉻	gè	187	鋦	jū	306
釷	tǔ	589	鈷	gǔ	197	铧	huá	239	铿	kēng	324
4画			钾	jiǎ	270	铗	jiá	270	锂	lǐ	348
钡	bèi	21	鉀	jiǎ	270	铰	jiǎo	284	鋰	lǐ	348
钚	bù	44	鉴	jiàn	278	鉸	jiǎo	284	链	liàn	354
鈈	bù	44	铃	líng	361	铠	kǎi	316	铝	lǚ	371
钞	chāo	61	鈴	líng	361	铐	kào	319	铺	pū	447
鈔	chāo	61	铆	mǎo	384	銬	kào	319		pù	448
钝	dùn	142	鉚	mǎo	384	铝	lǚ	371	鋪	pū	447
鈍	dùn	142	铌	ní	412	銮	luán	373		pù	448
钙	gài	176	鈮	ní	412	铭	míng	396	锓	qǐn	471
鈣	gài	176	铍	pí	435	銘	míng	396	鋟	qǐn	471
钢	gāng	180	鈹	pí	435	铙	náo	409	锐	ruì	499
	gàng	181	铅	qiān	459	铨	quán	485	銳	ruì	499
钩	gōu	194	鉛	qiān	459	銓	quán	485	锁	suǒ	560
*鉅	jù	307	钱	qián	461	铷	rú	497			
						鉫	rú	497			

鈇 tè	568	錢 qián	461	鏵 huá	239	鐙 dèng	119
鈨 tè	568	锡 xī	627	鐫 juān	308	鐙 dèng	119
锑 tī	570	錫 xī	627	鎧 kǎi	316	鎸 juān	308
銻 tī	570	锨 xiān	636	鐮 lián	353	鏗 kēng	324
鋈 wù	624	鍁 xiān	636	鎏 liú	365	镣 liào	358
销 xiāo	647	錾 zàn	751	鎦 liú	366	鐐 liào	358
銷 xiāo	647	锗 zhě	769	鎦 liú	366	铙 náo	409
锌 xīn	658	鍺 zhě	769	镎 ná	404	镨 pǔ	448
鋅 xīn	658	錚 zhēng	775	鎿 ná	404	鐠 pǔ	448
锈 xiù	667	锥 zhuī	808	镊 niè	416	镪 qiāng	464
锃 zèng	756	錐 zhuī	808	鑷 niè	416	鐔 Tán	564
鋥 zèng	756	锱 zī	813	镍 niè	416	鐔 Tán	564
铸 zhù	802	錙 zī	813	鎳 niè	416	锡 tāng	565
*锭 zhuó	812	9画		*鎒 nòu	418	鐘 zhōng	791
8画		镀 dù	138	*鎗 qiāng	464	13画	
锛 bēn	23	鍍 dù	138	*鎔 róng	495	鐺 chēng	66
錛 bēn	23	锻 duàn	139	鍛 shā	505	dāng	111
锤 chuí	87	鍛 duàn	139	鐥 shàn	508	鐸 duó	143
錘 chuí	87	锷 è	145	锁 suǒ	560	镬 huò	256
错 cuò	96	鍔 è	145	鎢 wū	616	鑊 huò	256
錯 cuò	96	锅 guō	209	*鍻 xiá	632	*鑞 là	336
锝 dé	117	锴 kǎi	316	镒 yì	713	镭 léi	344
鍀 dé	117	鍇 kǎi	316	鎰 yì	713	鐳 léi	344
锭 dìng	131	*鍊 liàn	353	镇 zhèn	773	镰 lián	353
錠 dìng	131	镂 lòu	368	鎮 zhèn	773	鐵 tiě	578
鋼 gāng	180	镁 měi	387	11画		鏽 xiù	667
gàng	181	鎂 měi	387	鏖 áo	6	镯 zhuó	812
锢 gù	199	鍪 móu	402	镖 biāo	32	鐲 zhuó	812
錮 gù	199	锵 qiāng	464	鏢 biāo	32	14画	
键 jiàn	277	锹 qiāo	466	铲 chǎn	57	鉴 jiàn	278
鍵 jiàn	277	鍬 qiāo	466	镝 dī	120	鑑 jiàn	278
锦 jǐn	295	*鍫 qiāo	466	鏑 dī	120	鑄 zhù	802
錦 jǐn	295	锲 qiè	469	镜 jìng	301	15画	
*锔 jū	306	鍥 qiè	469	鏡 jìng	301	*镳 bào	19
锯 jù	308	锶 sī	550	鏈 liàn	354	镳 biāo	32
鋸 jù	308	鍶 sī	550	镂 lòu	368	鑣 biāo	32
锞 kè	323	锼 sōu	554	镘 màn	382	*鑛 kuàng	332
錁 kè	323	鎪 sōu	554	鏝 màn	382	鑞 là	336
錄 lù	370	铡 zhá	757	鏘 qiāng	464	鑞 là	336
锣 luó	375	*鍼 zhēn	770	鏦 qiāng	464	鑠 shuò	549
锚 máo	384	鍾 zhōng	791	镗 tāng	565	16画	
錨 máo	384	10画		táng	566	鑫 xīn	659
锰 měng	389	鏊 ào	6	鏜 tāng	565	17画	
錳 měng	389	*鎚 chuí	87	táng	566	镶 xiāng	643
锘 nuò	420	镐 gǎo	184	*鏇 xuàn	673	鑲 xiāng	643
錼 nuò	420	Hào	222	镛 yōng	723	鑰 yào	697
锫 péi	430	鎬 gǎo	184	鏞 yōng	723	18画	
錇 péi	430	Hào	222	鏨 zàn	751	鑷 niè	416
锜 qí	452	镉 gé	186	镞 zú	822	19画～	
錡 qí	452	鎘 gé	186	鏃 zú	822	钁 jué	311
				12画			

部首

矢生禾白瓜鸟

字	拼音	页
钁	jué	311
鑾	luán	373
钃	luó	375
鑿	záo	752
	zuò	830
鑽	zuān	823
	zuàn	824

矢

矢	shǐ	530
2画		
矣	yǐ	710
3画		
知	zhī	780
4画		
矩	jǔ	307
矧	shěn	520
6画		
矫	jiǎo	284
7画		
矬	cuó	96
短	duǎn	139
8画		
矮	ǎi	2
12画		
矯	jiǎo	284
矰	zēng	756

生

生	shēng	521
6画		
產	chǎn	57
*産	chǎn	57
7画		
甥	shēng	523
甦	sū	554

禾

禾	hé	223
2画		
私	sī	550
秃	tū	586
禿	tū	586
秀	xiù	667
秉	bǐng	35
秆	gǎn	178
和	hé	223
	hè	226
	hú	234

	huó	252
	huò	255
季	jì	266
*季	nián	413
委	wēi	604
	wěi	608
*籼	xiān	635
4画		
秕	bǐ	26
种	Chóng	74
	zhǒng	792
	zhòng	793
*秔	jīng	300
科	kē	320
秒	miǎo	394
秋	qiū	478
秭	zǐ	814
5画		
称	chèn	65
	chēng	65
乘	chéng	68
	shèng	524
秤	chèng	69
*稱	chèng	69
积	jī	258
秘	mì	391
秣	mò	400
秦	Qín	471
秫	shú	541
秧	yāng	689
秩	zhì	788
租	zū	822
6画		
秽	huì	250
秸	jiē	287
秾	nóng	418
移	yí	707
7画		
程	chéng	68
稈	gǎn	178
稘	jī	260
*稉	jīng	300
稍	shāo	513
税	shuì	547
稀	xī	626
8画		
稗	bài	12
稟	bǐng	35
穇	cǎn	50
稠	chóu	77

稞	kē	320
*稜	léng	345
稔	rěn	492
稙	zhī	781
稚	zhì	781
稚	zhì	789
9画		
稱	chèn	65
	chēng	65
*稭	jiē	287
*稶	nuò	420
稳	wěn	613
種	zhǒng	792
	zhòng	793
10画		
稻	dào	116
稿	gǎo	184
稾	gǎo	184
穀	gǔ	197
稽	jī	260
	qǐ	455
稷	jì	267
稼	jià	271
稹	zhěn	772
11画		
穇	cǎn	50
積	jī	258
穄	jì	267
*穅	kāng	318
穆	mù	404
穑	sè	504
12画		
穗	suì	558
*穉	zhì	789
13画		
穢	huì	250
穫	huò	255
穠	nóng	418
穡	sè	504
14画~		
*穤	nuò	420
穰	ráng	488
*穨	tuí	590
穩	wěn	613

白

白	bái	9
1画		
百	bǎi	11
2画		

皂	zào	753
*皁	zào	753
3画		
帛	bó	37
的	de	117
	dī	119
	dí	120
	dì	123
4画		
皇	huáng	244
皆	jiē	287
5画		
皋	gāo	183
6画		
皑	ái	2
皋	gāo	183
皎	jiǎo	284
7画		
皓	hào	222
皖	Wǎn	599
8画		
皙	xī	626
10画~		
皑	ái	2
*皜	hào	222
皦	jiǎo	285
皤	pó	444

瓜(瓜)

瓜	guā	200
瓜	guā	200
6画		
瓠	hù	236
11画~		
瓣	bàn	15
瓢	piáo	439
瓤	ráng	488

鸟(鳥)

鸟	niǎo	415
鳥	niǎo	415
2画		
凫	fú	168
鳧	fú	168
鸡	jī	258
鸠	jiū	302
鳩	jiū	302
3画		
鳳	fèng	167
鸣	míng	397

鸣 míng	397	鹄 gǔ	198	鸑 zhuó	812	皱 zhòu	796
鸢 yuān	739	hú	235	鷟 zhuó	812	6画	
鳶 yuān	739	鵠 gǔ	198	12画		皲 jūn	312
4画		鹃 juān	308	鷮 jiāo	283	皴 cūn	95
鸨 bǎo	18	鵑 juān	308	鵁 jiāo	283	9画~	
鴇 bǎo	18	鹂 lí	346	鹫 jiù	305	皸 jūn	312
鴂 jué	310	鹈 tí	570	鷲 jiù	305	*皹 jūn	312
鴃 jué	310	鵜 tí	570	鷥 sī	550	皺 zhòu	796
鷗 ōu	421	鹇 xián	637	鷳 xián	637		
鸤 shī	526	鷸 yù	739	鷸 yù	739	癶	
鳲 shī	526			鷫 yù	739	4画	
鸦 yā	679	8画		13画		癸 guǐ	208
鴉 yā	679	鹌 ān	4	鹮 huán	242	7画	
*鴈 yàn	688	鵪 ān	4	鸏 huán	242	登 dēng	118
鸩 zhèn	773	鹑 chún	88	鹭 lù	371	發 fā	148
鴆 zhèn	773	鶉 chún	88	鷺 lù	371		
5画		鵰 diāo	127	鸊 pì	436	矛	
鸱 chī	71	鶇 dōng	132	鷿 pì	436	矛 máo	384
鴟 chī	71	*鷄 jī	258	鷹 yīng	720	4画	
鸫 dōng	132	鹏 péng	432	鷹 yīng	720	矜 jīn	292
鸰 líng	361	鵬 péng	432	14画		6画	
鴒 líng	361	鹐 qiān	460	*鸎 yīng	719	務 wù	623
鸬 lú	369	鵮 qiān	460	16画			
鸲 qú	482	鹊 què	487	鸕 lú	369	正(疋)	
鴝 qú	482	鵲 què	487	17画~		疋 pǐ	435
鸶 sī	550	鹉 wǔ	622	鹳 guàn	205	4画	
鸵 tuó	594	鵡 wǔ	622	鸛 guàn	205	胥 xū	668
鴕 tuó	594	*鵶 yā	679	鸝 lí	346	5画	
鸭 yā	679	9画		鸞 luán	373	疍 dàn	109
鴨 yā	679	鶻 hú	235	鸚 yīng	720	6画	
鸯 yīng	719	鶪 jú	306			蛋 dàn	109
鸳 yuān	739	鶋 jú	306	用		7画	
鴛 yuān	739	鹈 tí	571	甩 shuǎi	544	疏 shū	540
6画		鶗 tí	571	用 yòng	724	*疎 shū	540
鸽 gē	185	鹜 wù	624	1画		8画	
鴿 gē	185	鶩 wù	624	甪 Lù	369	楚 chǔ	82
鸹 guā	200	10画		2画		9画	
鴰 guā	200	鹤 hè	227	甫 fǔ	170	疑 yí	708
鸿 hóng	231	鶴 hè	227	甬 Yǒng	724	寁 zhì	789
鴻 hóng	231	鹘 hú	235	4画			
鸾 luán	373	鶺 jí	263	甭 béng	24	羊(䍩䍧)	
鸺 xiū	666	鶺 jí	263	7画		羊 yáng	689
鵂 xiū	666	鷂 yào	697	*甯 níng	416	1画	
鸷 zhì	788	鷂 yào	697	* nìng	416	羌 Qiāng	463
7画		鶯 yīng	719	甯 Nìng	417	3画	
鹁 bó	37	11画				差 chā	53
鵓 bó	37	鷗 ōu	421	皮		chà	55
鹅 é	144	鸎 yīng	720	皮 pí	434	chāi	56
鵝 é	144	鷓 zhè	770	5画		cī	89
*鵞 é	144	鷓 zhè	770	皰 pào	429		

部首

米齐衣耒耳					
姜 jiāng 278	籴 mǐ 391	14画~	裴 péi 430		
美 měi 386	5画	耀 dí 120	製 zhì 787		
养 yǎng 691	粗 cū 92	糯 nuò 420	9画~		
羑 yǒu 731	粒 lì 350	糶 tiào 577	褒 bāo 17		
4画	粘 Nián 414	鬻 yù 739	*襃 bāo 17		
差 chā 53	zhān 759	齐(齊)	褰 qiān 460		
羔 gāo 183	*粘 nián 414	齐 qí 450	襲 xí 628		
羞 xiū 667	粕 pò 445	齊 qí 450	襄 xiāng 643		
5画	粜 tiào 577	3画	褻 xiè 655		
羝 dī 119	6画	齋 zhāi 758	耒(耒)		
羚 líng 361	粪 fèn 163	7画	耒 lěi 344		
羟 qiǎng 466	*粬 qū 481	齏 jī 260	4画		
着 zhāo 765	粟 sù 556	衣	耙 bà 9		
zháo 765	粞 xī 625	衣 yī 705	pá 422		
zhe 770	粤 Yuè 744	2画	耕 gēng 189		
zhuó 811	粥 zhōu 795	表 biǎo 32	耗 hào 222		
6画	*粧 zhuāng 806	3画	耘 yún 745		
*羢 róng 494	7画	哀 āi 1	5画		
羡 xiàn 640	粲 càn 50	4画	耜 sì 552		
7画	粳 jīng 300	衮 gǔn 209	7画		
羥 qiǎng 466	粮 liáng 354	袅 niǎo 415	*耡 chú 81		
群 qún 487	梁 liáng 355	衾 qīn 471	耥 tāng 565		
*羣 qún 487	8画	衰 shuāi 544	耧 lóu 368		
羧 suō 559	粹 cuì 94	衷 zhōng 792	耦 ǒu 421		
羨 xiàn 640	精 jīng 299	5画	10画		
義 yì 710	糁 shēn 518	袋 dài 106	耩 jiǎng 280		
9画	粽 zòng 820	衮 gǔn 209	耨 nòu 418		
羯 jié 290	9画	袈 jiā 268	耪 pǎng 427		
養 yǎng 691	糍 cí 90	袤 mào 385	11画~		
10画~	糊 hū 234	袭 xí 628	*耰 bà 9		
羹 gēng 189	hú 235	6画	耬 lóu 368		
羸 léi 344	hù 236	裁 cái 47	耳(耳)		
羶 shān 508	糅 róu 496	裂 liě 358	耳 ěr 146		
羲 xī 627	糌 zān 750	liè 358	2画		
米	糉 zòng 820	袁 yuán 446	取 qǔ 482		
米 mǐ 390	10画	褒 xiè 655	耶 yē 697		
2画	糙 cāo 50	装 zhuāng 806	yé 697		
籴 dí 120	糕 gāo 183	7画	3画		
3画	糗 qiǔ 480	*裏 lǐ 348	耷 dā 97		
类 lèi 345	糖 táng 565	裊 niǎo 415	4画		
娄 lóu 368	11画	裘 qiú 480	耻 chǐ 72		
*籸 shēn 518	糞 fèn 163	裟 shā 505	恥 chǐ 72		
籼 xiān 635	*糡 jiàng 280	裔 yì 714	耽 dān 109		
籽 zǐ 814	糠 kāng 318	裝 zhuāng 806	耿 gěng 189		
4画	糜 mí 390	8画	聂 Niè 416		
粑 bā 8	糁 shēn 518	裳 cháng 59	耸 sǒng 553		
*粃 bǐ 26	糟 zāo 752	shang 513			
粉 fěn 162	12画	裹 guǒ 211			
料 liào 357	糨 jiàng 280				
	糧 liáng 354				

	5画	臨 lín	359	頒 bān	13	穎 yǐng	721
耽 dān	109	西(襾)		頓 dùn	142	*穎 yǐng	721
聊 liáo	357			頓 dùn	142	8画	
聆 líng	361	西 xī	624	煩 fán	151	顆 kē	320
聋 lóng	367	3画		煩 fán	151	顆 kē	320
职 zhí	783	要 yāo	693	顾 gù	199	9画	
6画		yào	696	顾 qí	451	额 é	145
聒 guō	209	4画		頋 qí	451	額 é	145
联 lián	352	贾 gǔ	198	颂 sòng	553	颚 è	145
7画		jiǎ	270	頌 sòng	553	顎 è	145
聘 pìn	441	5画		*頑 wán	598	*顋 sāi	501
聖 shèng	524	票 piào	439	頑 wán	599	题 tí	571
8画		6画		頑 wán	599	題 tí	571
*聪 cōng	91	覃 Qín	471	预 yù	737	颜 yán	685
聚 jù	308	tán	564	預 yù	737	顏 yán	685
9画		7画		5画		*顔 yán	685
聪 cōng	91	賈 gǔ	198	颈 jǐng	300	颙 yóng	724
聩 kuì	333		jiǎ	270	领 lǐng	362	顒 yóng	724
10画		12画~		領 lǐng	362	颛 zhuān	804
聱 áo	6	*霸 bà	9	颅 lú	369	顓 zhuān	804
11画		覆 fù	174	颇 pō	444	10画	
聰 cōng	91	*覈 hé	226	頗 pō	444	颠 diān	123
聯 lián	352	羈 jī	260	硕 shuò	549	顛 diān	123
聲 shēng	523			碩 shuò	549	类 lèi	345
聳 sǒng	553	而		6画		颟 mān	380
12画		而 ér	146	颌 hé	224	颞 niè	416
聵 kuì	333	3画		頜 hé	224	颡 sǎng	503
聶 Niè	416	耍 shuǎ	543	颊 jiá	270	顙 sǎng	503
職 zhí	783	4画		颏 kē	320	愿 yuàn	742
13画~		斋 zhāi	758	頦 kē	320	11画	
聾 lóng	367			颋 tǐng	580	颟 mān	380
聽 tīng	578	页(頁)		頲 tǐng	580	*顖 xìn	659
*聼 tīng	578	页 yè	698	颉 wěi	609	12画	
老		頁 yè	698	頠 wěi	609	顧 gù	199
老 lǎo	340	2画		颉 xié	654	颢 hào	222
4画		顶 dǐng	130	頡 xié	654	顥 hào	222
耄 mào	385	頂 dǐng	130	颖 Yǐng	721	13画	
耆 qí	452	顷 qǐng	477	穎 Yǐng	721	颤 chàn	57
6画		頃 qǐng	477	7画		zhàn	761
耋 dié	129	3画		颔 hàn	218	顫 chàn	57
臣		预 hān	215	頷 hàn	218	zhàn	761
臣 chén	64	頇 hān	215	颊 jiá	270	14画	
2画		顺 shùn	547	颈 jǐng	300	颥 rú	497
卧 wò	615	順 shùn	547	频 pín	440	顬 rú	497
臥 wò	615	项 xiàng	645	颍 yǐng	721	显 xiǎn	638
8画		項 xiàng	645	颓 tuí	590	15画~	
臧 zāng	751	须 xū	668	頽 tuí	590	顱 lú	369
11画		須 xū	668	颐 yí	708	顳 niè	416
		4画		頤 yí	708	颦 pín	440
		颁 bān	13	颖 yǐng	721	顰 pín	440

颧	quán	485	虱	shī	526	*蛔	huí	249	蝇	yíng	721
颧	quán	485	**3画**			蛱	jiá	270	蜮	yù	738
至			虿	chài	56	蛟	jiāo	282	蜘	zhī	781
			虼	gè	187	蛞	kuò	334	**9画**		
至	zhì	786	虹	hóng	231	蛮	mán	380	蝙	biān	29
4画				jiàng	280	蛲	náo	409	蝶	dié	129
致	zhì	786	蚂	mā	377	蛴	qí	451	蝠	fú	170
8画				mǎ	379	蛐	qū	481	蝮	fù	173
臺	tái	561		mà	379	蛳	sī	550	蝴	hú	235
10画			虻	méng	388	蜓	tíng	579	蝗	huáng	244
臻	zhēn	772	*虵	shé	515	蛙	wā	595	蝌	kē	320
虍			虽	suī	557	蜒	yán	683	蝲	là	335
2画			虾	xiā	631	蛰	zhé	768	蝼	lóu	368
虎	hǔ	235	蚁	yǐ	710	蛭	zhì	787	*䗪	méng	388
*虎	hǔ	236	禹	Yǔ	736	蛛	zhū	797	蝻	nǎn	408
虏	lǔ	369	蚤	zǎo	753	**7画**			蝤	qiú	480
3画			**4画**			蜍	chú	81	蝾	róng	495
虐	nüè	420	蚌	bàng	15	蛾	é	145	蝡	rú	497
4画			蚕	cán	49	蜂	fēng	166	螫	shī	526
虑	lù	372	蚩	chī	71	蜉	fú	169	蝟	wèi	611
虔	qián	461	蚪	dǒu	135	蛺	jiá	270	蝦	xiā	631
5画			*蚕	dù	138	蜊	lí	347	蝎	xiē	653
彪	biāo	32	蚣	gōng	192	蛲	ruì	463	**10画**		
處	chǔ	82	蚝	háo	219	蚴	ruì	499	螯	áo	6
處	chù	82	*蚘	huí	249	蜃	shèn	521	螭	chī	71
*處	chǔ	82	蚍	pí	435	蜕	tuì	591	*螙	dù	138
*	chù	82	蚋	ruì	499	蜗	wō	615	螞	mā	377
虚	xū	668	蚊	wén	613	蜈	wú	620		mǎ	379
6画			蚬	xiǎn	639	蜈	wú	620		mà	379
虚	xū	668	蚜	yá	680	蚬	xiǎn	639	蟆	má	378
7画			蚓	yǐn	717	蛹	yǒng	724	*蟇	má	378
號	háo	219				蜇	zhē	767	蟎	mǎn	381
	hào	221	**5画**				zhé	768	蟒	mǎng	383
虜	lǔ	369	蛏	chēng	66	**8画**			螟	míng	398
虞	yú	734	蛋	dàn	109	蝉	chán	56	螃	páng	427
9画~			蛄	gū	196	*蜨	dié	129	融	róng	495
膚	fū	167	蚶	hān	216	蜚	fēi	158	蟴	sī	550
虢	Guó	211	蛎	lì	350	蝈	guō	210	螗	táng	565
虧	kuī	332	蛉	líng	361	蜾	guǒ	211	*螘	yǐ	710
廬	lú	369	蚯	qiū	478	蜡	là	336	螢	yíng	720
慮	lù	372	蛆	qū	481	螂	láng	339	**11画**		
			蚺	rán	488	蜜	mì	391	蟛	dì	123
虫			蛇	shé	515	*蜺	ní	412	蟪	dì	123
虫	chóng	74	萤	yíng	720	蜱	pí	435	蟈	guō	210
1画			蚰	yóu	728	蜻	qīng	474	蟥	huáng	246
虬	qiú	480	蚱	zhà	757	蜷	quán	485	蝼	lóu	368
2画			蛀	zhù	801	蜩	tiáo	576	螺	luó	375
虮	jǐ	264	**6画**			蜿	wān	598	蟎	mǎn	381
蚪	qiú	480	蛤	gé	186	蜗	wō	615	蟊	máo	384
				há	213	蜥	xī	626	螵	piāo	439

肉缶舌臼竹 **(57)**

螫 shì 535	蠻 mán 380	舒 shū 540	符 fú 169
蟀 shuài 544	蠷 qú 482	7 画	笳 jiā 268
螳 táng 566	蠵 xī 627	辞 cí 90	笺 jiān 273
蟋 xī 627	肉	8 画	笠 lì 350
蟓 xiāng 648	肉 ròu 496	舔 tiǎn 575	笼 lóng 367
蟑 zhāng 762	2 画	9 画	lǒng 367
蛰 zhé 768	肏 cào 52	*舖 pù 448	笸 pǒ 444
螽 zhōng 792	6 画	白	筇 qióng 478
12 画	脔 luán 373	臼 jiù 304	笙 shēng 523
蠆 chài 56	8 画	2 画	笥 sì 552
蝉 chán 56	腐 fǔ 171	兒 ér 146	笤 tiáo 576
蠱 chóng 74	10 画～	3 画	笮 Zé 754
蟪 huì 251	*臢 lǔ 371	臾 yú 734	6 画
蟣 jǐ 264	臠 luán 373	4 画	笔 bǐ 26
蟯 náo 409	缶	舀 yǎo 695	筚 bì 27
蟠 pán 425	3 画	5 画	策 cè 52
蟛 péng 432	缸 gāng 181	舂 chōng 74	答 dā 97
蟮 shàn 509	4 画	6 画	dá 98
蟢 xǐ 629	缺 quē 486	裒 póu 446	等 děng 118
蟫 yín 717	5 画	舄 xì 631	*等 děng 119
13 画	*钵 bō 36	7 画	筏 fá 150
蟾 chán 57	6 画	舅 jiù 304	筋 jīn 294
蛏 chēng 66	*瓶 píng 444	9 画～	箍 kòu 328
蠖 huò 256	8 画	舉 jǔ 306	筐 kuāng 331
蟒 měng 389	罂 yīng 720	*擧 jǔ 306	筌 quán 485
蠍 xiē 653	11 画	竹(⺮)	筛 shāi 506
蟹 xiè 656	*罐 guàn 205	竹 zhú 797	筍 sǔn 558
*蠏 xiè 656	罄 qìng 478	2 画	筒 tǒng 583
蟻 yǐ 710	罅 xià 635	竺 Zhú 797	筅 xiǎn 639
蠅 yíng 721	12 画	3 画	筵 yán 683
14 画	*罎 tán 563	笃 dǔ 137	筝 zhēng 775
蠔 háo 219	罇 zūn 826	竿 gān 177	筑 zhù 802
蠣 lì 350	13 画	笈 jí 261	7 画
蠐 qí 451	*甕 wèng 614	竽 yú 733	*策 cè 52
蠑 róng 495	14 画～	4 画	筹 chóu 76
蠕 rú 497	罐 guàn 205	笆 bā 8	筧 jiǎn 274
15 画	罍 léi 344	笔 bǐ 26	简 jiǎn 275
蠢 chǔn 88	*罏 lú 369	笄 jī 259	節 jié 286
蠟 là 336	罎 tán 563	笕 jiǎn 274	jié 288
蠡 lí 347	罌 yīng 720	笋 sǔn 558	筷 kuài 330
lǐ 348	舌	笑 xiào 651	筢 pá 422
16 画	舌 shé 515	笊 zhào 767	签 qiān 459
*蠹 dù 138	4 画	第 zǐ 814	筲 shāo 514
*蠭 fēng 166	舐 shì 532	5 画	箓 shì 535
蠨 xiāo 648	5 画	笨 bèn 24	筭 suàn 556
17 画～	甜 tián 575	答 chī 71	*筩 tǒng 583
蠶 cán 49	6 画	笛 dí 120	筱 xiǎo 651
蠹 dù 138		笫 dì 123	筠 yún 745
蠱 gǔ 198			*筯 zhù 802
蠲 juān 308			8 画

部首

箅	bì	27	篼	dōu	134	籭	lí	347
箔	bó	37	簖	duàn	140		19画~	
箪	dān	108	簧	huáng	246	籮	luó	375
*箇	gè	186	簋	huì	250	籲	yíng	721
箍	gū	197	簆	kòu	328	籲	yù	736
管	guǎn	204	簍	lǒu	368			
箕	jī	259	簏	lù	370		自	
箋	jiān	273	篾	miè	394	自	zì	815
箜	kōng	325	簌	sù	556		3画	
箓	lù	370	*篠	xiǎo	651	首	shǒu	536
箩	luó	375	簀	zé	754		4画	
*箝	qián	462		12画		臭	chòu	77
箧	qiè	470	簞	dān	108		xiù	668
箬	ruò	500	簟	diàn	127	臬	niè	416
算	suàn	556	簡	jiān	275		7画	
箨	tuò	594	簣	kuì	333	*皋	zuì	825
箫	xiāo	648	簰	pái	423		10画	
箦	zé	754	簪	zān	750	劓	niè	416
筝	zhēng	775		13画				
帚	zhǒu	795	簸	bǒ	38		血(血)	
箸	zhù	802		bò	38	血	xiě	655
	9画		簿	bù	45		xuè	675
範	fàn	154	籁	lài	337		4画	
篁	huáng	245	簾	lián	352	衄	nǜ	420
箭	jiàn	278	簽	qiān	459		5画	
簣	kuì	333	*籤	qiān	459	衅	xìn	660
篓	lǒu	368	簫	xiāo	648		6画	
篇	piān	437	簷	yán	685	*衇	mài	380
箧	qiè	470	籀	zhòu	796	衆	zhòng	793
箱	xiāng	643		14画			14画	
*箂	yè	698	籌	chóu	76	衊	miè	394
箴	zhēn	772	籍	jí	263			
篆	zhuàn	806	籃	lán	338		行	
	10画		纂	zuǎn	824	行	háng	218
篦	bì	28		15画			xíng	662
篪	chí	72	*籐	téng	569		3画	
篡	cuàn	94	籑	zhuàn	806	衍	yǎn	686
篤	dǔ	137		16画			5画	
篙	gāo	183	籟	lài	337	术	shù	542
篝	gōu	194	籠	lóng	367	衔	xián	637
篮	lán	338		lǒng	367	*衒	xuàn	673
篱	lí	347	籙	lù	370		6画	
篷	péng	432	籜	tuò	594	街	jiē	288
*篛	ruò	500	籝	yíng	721		7画	
篩	shāi	506		17画		衙	yá	680
簑	suō	559	籤	lián	351		8画	
築	zhù	802	籤	qiān	459	衔	xián	637
	11画		籑	zhuàn	806		9画	
篳	bì	27		18画		衝	chōng	73
簇	cù	93	斷	duàn	140		chòng	75

	10画~				
衡	héng	228			
衢	qú	482			
衛	wèi	609			
*衛	wèi	609			

	舟	
舟	zhōu	794
	3画	
舢	shān	507
舣	yǐ	710
	4画	
般	bān	13
舱	cāng	50
*舩	chuán	84
舫	fǎng	156
航	háng	219
舰	jiàn	276
	5画	
舶	bó	37
船	chuán	84
舵	duò	144
舸	gě	186
舻	lú	369
舷	xián	637
舴	zé	754
舳	zhú	798
	6画	
艇	tǐng	580
舾	xī	625
	7画	
艄	shāo	514
	8画	
*艀	zhào	767
	9画	
艘	sōu	554
	10画	
艙	cāng	50
	13画	
*艫	lú	369
*艢	qiáng	465
艤	yǐ	710
	14画~	
艦	jiàn	276
艪	lú	369
*艣	lǔ	369

	舛	
舛	chuǎn	85
	6画	

舜 Shùn	548	qiāo	468	*辤 cí	90	8画
8画		翾 xuān	671	9画		趣 qù 483
舞 wǔ	622	耀 yào	697	辦 bàn	13	趟 tàng 566

色
色 sè	504	### 聿(⺻聿)		辨 biàn	31	9画~
shǎi	506	聿 yù	736	辩 biàn	31	趨 qū 481
4画		4画		10画~		趲 zǎn 750
艳 yàn	688	隶 lì	351	瓣 bàn	15	趱 zǎn 750
18画		肃 sù	555	辯 biàn	31	*赼 zī 812
*艷 yàn	688	5画		辫 biàn	31	
		畫 zhòu	796	辮 biàn	31	### 赤
羽
		6画		辭 cí	90	赤 chì 72
羽 yǔ	735	畫 huà	240	### 麦(麥麦)		4画
3画		7画		麦 mài	379	赧 nǎn 408
羿 Yì	712	肆 sì	552	麥 mài	379	5画
4画		肄 yì	714	4画		*赦 nǎn 408
翅 chì	73	8画		麸 fū	168	6画
*翄 chì	73	肅 sù	555	麩 fū	168	赪 chēng 66
翁 wēng	614	肇 zhào	767	麵 miàn	393	7画
5画		*肁 zhào	767	6画		赬 chēng 66
翎 líng	361	12画		*麯 qū	481	赫 hè 226
習 xí	627	*隷 lì	351	7画		赭 zhě 769
翌 yì	712	13画		*孵 fū	168	
6画		隸 lì	351	8画~		### 豆
翘 qiáo	467	### 艮(⻖)		麵 miàn	393	豆 dòu 135
qiào	468	艮 gèn	188	麴 qū	482	3画
翕 xī	627	1画		麹 qū	482	豇 jiāng 278
翔 xiáng	644	良 liáng	354	### 走		豈 qǐ 453
7画		2画		走 zǒu	820	4画
翛 xiāo	648	艰 jiān	273	2画		豉 chǐ 72
8画		4画		赴 fù	171	8画
翠 cuì	94	既 jì	266	赳 jiū	302	豎 shù 542
翟 dí	120	垦 kěn	324	赵 Zhào	767	豌 wān 598
翡 fěi	159	9画~		3画		9画~
翥 zhù	802	暨 jì	266	赶 gǎn	178	豐 fēng 163
9画		艱 jiān	273	起 qǐ	453	頭 tóu 584
蹇 jiǎn	274	### 辛		5画		豔 yàn 688
翩 piān	437	辛 xīn	658	超 chāo	61	
瓤 wán	598	5画		趁 chèn	65	### 酉
10画		辜 gū	197	*趂 chèn	65	酉 yǒu 731
翱 áo	6	6画		趄 qiè	470	2画
翰 hàn	218	辟 bì	28	趋 qū	481	酋 qiú 480
翮 hé	226	pī	434	越 yuè	744	3画
11画		辞 cí	90	6画		配 pèi 430
翳 yì	714	7画		趔 liè	358	酌 zhuó 810
翼 yì	714	辣 là	336	趑 zī	812	4画
12画~		8画		7画		酚 fēn 162
翻 fān	151			趕 gǎn	178	酕 máo 384
翹 qiáo	467			趙 Zhào	767	酞 tài 562
						酗 xù 670
						酝 yùn 746

(60) 辰豕卤里足

酞 zhèn	773	醸 niàng	415	2画		跻 jī	260

酞 zhèn 773
5画
酣 hān 216
酥 sū 554
酡 tuó 591
酢 zuò 830
6画
酬 chóu 77
酱 jiàng 280
酪 lào 343
酩 mǐng 398
酰 xiān 636
酯 zhǐ 786
7画
酵 jiào 286
酷 kù 329
酶 méi 386
酿 niàng 415
酾 shī/shāi 527
酸 suān 556
酴 tú 587
酽 yàn 689
8画
醇 chún 88
醋 cù 93
醅 pēi 429
醃 yān 682
醉 zuì 825
9画
醚 mí 390
醛 quán 484
醍 tí 571
醒 xǐng 663
醑 xǔ 669
10画
醜 chǒu 77
醢 hǎi 215
醞 yùn 746
11画
醬 jiàng 280
醪 láo 340
醫 yī 706
12画
醭 cuó 96
醯 xī 627
13画
醵 jù 308
醴 lǐ 348
14画～
醻 chóu 77

醸 niàng 415
釃 shī/shāi 527
釁 xìn 660
釅 xūn 676
釃 yàn 689

辰
辰 chén 64
3画
唇 chún 88
辱 rǔ 497
4画
*脣 chún 88
6画
農 nóng 418
蜃 shèn 521
8画
*儂 nóng 418

豕(豖)
豕 shǐ 531
2画
彖 tuàn 589
4画
豚 tún 592
*㹠 tún 592
5画
象 xiàng 646
6画
豢 huàn 244
象 xiàng 646
7画
豪 háo 219
8画～
豳 Bīn 33
豫 yù 738
豬 zhū 797

卤(鹵)
卤 lǔ 369
鹵 lǔ 369
9画
醝 cuó 96
醝 cuó 96
鹹 xián 637
13画
*鹼 jiān 274

里
里 lǐ 347

2画
重 chóng 74
　　 zhòng 794
厘 lí 346
4画
野 yě 698
5画
量 liáng 355
　　 liàng 356
6画
*裏 lǐ 348
11画
釐 lí 346
*釐 xǐ 629

足(⻊)
足 zú 822
2画
趴 pā 422
3画
趵 bào 19
趸 dǔn 142
趿 tā 560
4画
趼 jiǎn 275
距 jù 307
趹 qì 457
跄 qiāng 464
　　 qiàng 466
䟽 yuè 743
跃 yuè 744
趾 zhǐ 783
5画
跋 bá 8
跛 bǒ 38
*跕 diǎn 125
跌 diē 128
跗 fū 168
践 jiàn 277
跑 páo 428
　　 pǎo 428
跚 shān 508
跆 tái 562
6画
*跴 cǎi 48
跐 cǐ 90
跺 duò 144
*跥 duò 144
跟 gēn 188
跪 guì 209

跻 jī 260
迹 jì 266
跤 jiāo 282
跨 kuà 329
跬 kuǐ 333
路 lù 370
跷 qiāo 466
跫 qióng 478
跳 tiào 577
跹 xiān 636
跌 xiān 639
跩 zhuǎi 803
7画
踌 chóu 76
跼 jú 306
踉 liàng 356
踅 xué 674
踊 yǒng 724
8画
踩 cǎi 48
踟 chí 72
踔 chuō 88
踆 chuò 89
踆 cù 93
踮 diǎn 125
踝 huái 241
践 jiàn 277
踞 jù 308
*踫 pèng 432
踡 quán 485
踏 tā 561
　　 tà 561
*蹚 tāng 565
踢 tī 570
踒 wō 615
踯 zhí 783
踬 zhì 788
踪 zōng 819
9画
踹 chuài 83
蹉 cuō 95
蹀 dié 129
踱 duó 143
蹁 pián 438
蹂 róu 496
蹄 tí 570
踴 yǒng 724
踵 zhǒng 793
10画
蹉 cuō 95

蹈	dǎo	114	躏	lìn	360	*躲	duǒ	144
蹇	jiǎn	275	躐	niè	416	*躬	gōng	191
蹑	niè	416	躜	zuān	824	8画		
蹒	pán	425	躦	zuān	824	*髁	luǒ	376
蹊	qī	450		采		躺	tǎng	566
	xī	626	5画			9画~		
蹌	qiāng	464	释	shì	535	*躮	hā	213
	qiàng	466	釉	yòu	732	軀	qū	481
踏	tà	561	13画				龟(龜)	
*蹄	tí	570	釋	shì	535	龟	guī	207
11画				豸			jūn	312
蹦	bèng	25	3画				qiū	478
蹐	chú	82	豸	zhì	787	龜	guī	207
蹙	cù	93	豹	bào	19		jūn	312
*蹟	jì	266	豺	chái	56		qiū	478
蹣	pán	425	5画				角(角)	
蹚	tāng	565	貂	diāo	127	角	jiǎo	283
蹠	zhí	783	6画				jué	310
蹤	zōng	819	貉	háo	219	2画		
12画				hé	226	*觔	jīn	294
蹭	cèng	53	貊	Mò	400	4画		
蹰	chú	81	貌	mào	385	斛	hú	235
蹴	cù	93	7画			觖	jué	310
*蹵	cù	93	貆	cuān	93	5画		
蹲	dēng	118	8画~			觚	gū	197
蹲	dūn	142	貓	māo	383	觞	shāng	509
蹾	dǔn	142	貘	mò	401	6画		
蹶	jué	311	貔	pí	435	触	chù	82
	juě	311		谷		觥	gōng	193
*蹷	jué	311	谷	gǔ	197	解	jiě	290
蹽	liāo	356		yù	736		jiè	292
蹼	pǔ	448	2画				xiè	656
蹺	qiāo	466	郤	xì	631	*觧	jiě	290
13画			10画			*	jiè	292
躁	zào	754	豁	huō	252	觜	zī	813
14画				huò	256	8画		
躊	chóu	76		身(身)		觯	zhì	789
躋	jī	260	身	shēn	517	11画~		
躏	lìn	360	3画			觸	chù	82
躍	yuè	744	躬	gōng	191	觴	shāng	509
躑	zhí	783	4画			觽	xī	627
15画			*躭	dān	109	觶	zhì	789
躕	chú	81	躯	qū	481		青(青)	
躭	dān	89	5画			青	qīng	472
躝	liè	359	*躰	tǐ	571	4画		
躚	xiān	636	6画			靓	jìng	301
躓	zhì	788	躲	duǒ	144		liàng	356

6画					
静	jìng	301			
7画					
靓	jìng	301			
	liàng	356			
8画					
靛	diàn	126			
靜	jìng	301			
	雨(䨺)				
雨	yǔ	735			
	yù	737			
3画					
雪	xuě	674			
4画					
雳	lì	349			
雯	wén	613			
雲	yún	745			
5画					
雹	báo	17			
電	diàn	125			
雷	léi	344			
零	líng	361			
雾	wù	623			
6画					
霁	jì	266			
霆	tíng	579			
需	xū	669			
7画					
霉	méi	386			
霈	pèi	430			
霄	xiāo	647			
霅	Zhà	758			
震	zhèn	773			
8画					
霏	fēi	159			
霍	huò	256			
霖	lín	359			
霓	ní	412			
霎	shà	506			
霑	zhān	759			
9画					
霜	shuāng	545			
霞	xiá	632			
10画					
*霤	liù	366			
11画					
霭	ǎi	2			
霧	wù	623			
12画					

霰 xiàn 641	齮 yǐ 710	8画	鲑 guī 207
13画	9画~	雕 diāo 127	鲛 jiāo 282
霸 bà 9	齲 qǔ 483	9画	鮫 jiāo 282
露 lòu 368	齲 qǔ 483	雖 suī 557	鲺 shī 526
lù 371	齷 wò 616	10画	鮪 wěi 609
霹 pī 434	齷 wò 616	雏 chú 81	鮪 wěi 609
14画~	*齩 yǎo 695	雞 jī 258	鲜 xiān 636
霭 ǎi 2	黾(黽)	離 lí 346	xiān 639
霽 jì 266		難 nán 407	鮮 xiān 636
靂 lì 349	黾 mǐn 395	nàn 408	xiān 639
靈 líng 361	黽 mǐn 395	瞿 Qú 485	鲞 xiǎng 645
靄 mái 379	4画	雙 shuāng 544	鲟 xún 677
	鼋 yuán 739	雝 yōng 723	鲐 yì 712
非(非)	鼉 yuán 739	雜 zá 747	鮨 yì 712
非 fēi 158	5画	15画	7画
1画	*鼂 cháo 61	*讎 chóu 76	鲠 gěng 189
韭 jiǔ 303	10画~	*讐 chóu 76	鯁 gěng 189
4画	*鳌 áo 6	鱼(魚)	鲧 Gǔn 209
辈 bèi 23	*鳖 biē 33		鯀 Gǔn 209
斐 fěi 159	鼍 tuó 594	鱼 yú 733	鲩 huàn 243
6画~	鼉 tuó 594	魚 yú 733	鯇 huàn 243
輩 bèi 23		4画	鲫 jì 267
翡 fěi 159	隹	鲁 lǔ 369	鯽 jì 267
靠 kào 319	隹 zhuī 808	魯 lǔ 369	鲣 jiān 272
靡 mǐ 391	2画	鲀 tún 592	鱺 lí 346
裴 péi 430	隽 juàn 309	魨 tún 592	鲤 lǐ 348
	*隽 jùn 312	鱿 yóu 727	鯉 lǐ 348
齿(齒)	难 nán 407	魷 yóu 727	鲢 lián 352
齿 chǐ 72	nàn 408	5画	鲨 shā 505
齒 chǐ 72	隼 sǔn 558	鲅 bà 9	鯊 shā 505
5画	隻 zhī 780	鮁 bà 9	鲥 shí 529
龆 chū 78	准 zhǔn 809	鲍 bào 19	鲞 xiǎng 645
龃 jǔ 306	3画	鮑 bào 19	鲬 yǒng 724
齟 jǔ 306	雀 qiāo 468	*鮌 Gǔn 209	鯒 yǒng 724
龄 líng 361	què 487	鲎 hòu 233	8画
齡 líng 361	售 shòu 539	鲈 lú 369	鲷 diāo 127
龆 tiáo 576	4画	鲇 nián 414	鯛 diāo 127
齠 tiáo 576	雇 gù 200	鮎 nián 414	鲱 fēi 159
6画	集 jí 263	鲆 píng 443	鯡 fēi 159
*齧 niè 416	雋 juàn 309	鮃 píng 443	鲸 jīng 298
*齩 yǎo 695	雄 xióng 665	鲐 tái 562	鯨 jīng 298
龈 yín 717	雅 yǎ 680	鮐 tái 562	鲲 kūn 334
齦 yín 717	5画	鲟 yìn 719	鯤 kūn 334
龇 zī 813	雏 chú 81	鯽 yìn 719	鲵 ní 412
齜 zī 813	雎 jū 305	鲊 zhǎ 757	鯢 ní 412
7画	雍 yōng 723	鮓 zhǎ 757	鲶 nián 414
龊 chuò 89	雉 zhì 789	6画	鳍 qí 452
齪 chuò 89	6画	鲛 ān 4	鰭 qí 452
8画	雌 cí 89	鮟 ān 4	鲭 qīng 474
齮 yǐ 710	截 jié 290	鲑 guī 207	鯖 qīng 474

音革面骨香鬼 (63)

鲹 shēn	518	鳙 yōng	723	鞍 ān	4	髅 lóu	368
鲻 zī	813	|12画|		鞑 dá	97	髂 qià	457
鯔 zī	813	鳜 guì	209	鞏 gǒng	193	|10画|	
鲰 zōu	820	鱖 guì	209	鞋 xié	654	*髈 bǎng	15
鯫 zōu	820	鳞 lín	360	|7画|		髋 kuān	331
|9画|		鱗 lín	360	鞔 mán	380	髌 bìn	33
鲽 dié	129	鳝 shàn	509	鞘 qiào	468	髋 kuān	331
鰈 dié	129	鱔 shàn	509	shāo	514	髈 pǎng	427
鳄 è	145	*鱣 shàn	509	|8画|		|11画|	
鲢 liàn	354	鲟 xún	677	鞠 jū	306	髅 lóu	368
鰱 liàn	354	*鱘 xún	677	鞡 la	336	|12画|~	
鳅 qiū	479	鳟 zūn	826	|9画|		髌 bìn	33
鰍 qiū	479	鱒 zūn	826	鞭 biān	29	髑 dú	137
*鰌 qiū	479	|13画|~		鞫 jū	306	髋 kuān	331
鰓 sāi	501	鱷 è	145	鞧 qiū	479	髓 suǐ	558
鳃 sāi	501	鱟 hòu	233	鞣 róu	496	體 tǐ	571
鳀 tí	571	鱺 lí	346	|10画|~		髒 zāng	751
鯷 tí	571	鱸 lú	369	鞬 dá	97		
鳁 wēn	611	鱣 zhān	759	鞲 gōu	194	香	
鰮 wēn	611	鱠 zhān	759	*韁 jiāng	279	香 xiāng	643
|10画|				*鞵 xié	654	|9画|	
鳌 áo	6	音		*鞾 xuē	673	馥 fù	173
鰲 áo	6	音 yīn	715			|11画|	
鳏 guān	204	|4画|		面		馨 xīn	659
鰥 guān	204	韵 yùn	747	面 miàn	392		
鳑 páng	427	|5画|		|6画|		鬼(鬼)	
鰟 páng	427	韶 sháo	514	靥 yè	700	鬼 guǐ	208
鳍 qí	453	|10画|~		|13画|		鬼 guǐ	208
鰭 qí	453	響 xiǎng	644	靨 yè	700	|4画|	
鰤 shī	526	韻 yùn	747			魂 hún	251
鰣 shí	529			骨(骨)		魁 kuí	333
鳎 tǎ	561	革		骨 gū	197	|5画|	
鰨 tǎ	561	革 gé	185	gú	197	魃 bá	8
鳐 yáo	695	|2画|		gǔ	198	魅 mèi	387
鰩 yáo	695	勒 lè	343	骨 gǔ	198	魄 pò	445
|11画|		lēi	344	|3画|		|6画|	
鳔 biào	32	|3画|		骫 wěi	609	魇 yǎn	686
鰾 biào	32	*靭 rèn	493	|4画|		|7画|	
鳖 biē	33	靸 sǎ	500	骯 āng	5	魍 liǎng	356
鱉 biē	33	|4画|		骰 tóu	586	|8画|	
鰹 jiān	272	靶 bǎ	9	|5画|		魎 liǎng	356
鳙 kāng	318	靳 jìn	296	骶 dǐ	121	魍 wǎng	602
鱇 kāng	318	*靸 tā	560	骷 kū	328	魏 Wèi	611
鰱 lián	352	靴 xuē	673	|6画|		*魆 yù	738
鳗 mán	380	|5画|		*骼 gē	185	|10画|~	
鰻 mán	380	鞑 dá	98	骼 gé	186	魑 chī	71
鯵 shēn	518	靺 Mò	400	骸 hái	214	魔 mó	399
鳕 xuě	675	鞅 yàng	692	|8画|		魘 yǎn	686
鱈 xuě	675	鞁 yào	697	髀 bì	27		
鳙 yōng	723	|6画|		|9画|			

彡

3画
髡 kūn 334

5画
髮 fà 150
髯 rán 488
髫 tiáo 576

6画
髻 jì 267
髹 xiū 666
鬇 zhēng 775
髭 zī 813

7画
*鬀 tì 572
鬏 zhuā 802

8画
鬈 quán 485
鬆 sōng 552
鬇 zhēng 775
鬃 zōng 819

10画
鬓 bìn 34
鬍 hú 234
鬐 qí 453
*鬀 tì 572

11画~
鬢 bìn 34
鬟 huán 242
鬘 mán 380
鬚 xū 668

黄(黃)

黄 huáng 245
黃 huáng 245

5画
黉 hóng 231

13画
黌 hóng 231

麻

麻 má 377

3画
麼 me 385
麽 mó 399

4画
麾 huī 247
摩 mó 399

5画
磨 mó 399

麽 mò 401

6画
糜 mí 390
縻 mí 390

8画
靡 mǐ 391

9画
魔 mó 399

鹿

鹿 lù 370

2画
*麁 cū 92

3画
塵 chén 64

5画
麅 páo 428
麇 qún 487
麈 zhǔ 799

6画
麋 mí 390

8画
麐 áo 6
麗 lí 346
麗 lì 350
麓 lù 370
麒 qí 452
*麇 qún 487

10画~
*麤 cū 92
麟 lín 360
麝 shè 516
*麞 zhāng 762

黑

黑 hēi 227

3画
墨 mò 401

4画
默 mò 401
黔 qián 461

5画
黜 chù 83
黛 dài 106
點 diǎn 124
黝 yǒu 731

6画
點 xiá 632
黟 yī 707

7画

黢 qū 481

8画
黩 dú 137
黧 lí 347
黥 qíng 477

9画~
黯 àn 5
黷 dú 137
黴 méi 386

黍

黍 shǔ 542

3画
黎 lí 347

5画
黏 nián 414

鼓

鼓 gǔ 198

8画
鼙 pí 435

12画
鼟 tēng 569

鼠

鼠 shǔ 542

4画
鼢 fén 162

5画
*鼦 diāo 127
鼬 yòu 732

7画
鼯 wú 620

9画~
鼷 xī 626
鼹 yǎn 686
鼴 yǎn 686

鼻

鼻 bí 25

2画
劓 yì 714

3画
鼾 hān 215

4画
齁 nǜ 420

5画
齁 hōu 231

10画~
齉 nàng 408

鼀 wèng 614

総画索引

- 部首から検索しにくい漢字を総画順に配列した.
- 右の数字は本文の掲載ページを示す.
- 簡体字は太字，繁体字は細字，異体字は＊付きの細字で示した.

1画

〇	360

2画

刁	127
乃	406
入	497

3画

才	46
叉	53
	55
飞	157
个	186
及	260
孑	288
久	303
孓	309
亏	332
乞	453
千	457
刃	492
丸	598
亡	601
卫	609
习	627
下	632
丫	678
也	697
义	710
于	733
与	735
	736
丈	763
之	778

4画

巴	7
办	13
币	27
不	39
仓	50
长	58
	762
丑	77
丹	107
反	152
丰	163
夫	167
弓	176
夬	202
互	236
井	300
巨	307
开	313
六	366
内	410
廿	414
区	421
	480
匹	435
壬	492
卅	501
少	514
	514
升	521
书	539
天	572
屯	592
为	605
	609
乌	616
无	623
五	617
午	620
兮	621
牙	624
夭	679
爻	693
以	693
尹	709
友	717
元	729
云	739
	745
＊市	747
中	789
	793
专	803

5画

凹	5
	595
半	14
＊氷	34
布	44
＊册	52
＊冊	52
出	77
刍	81
处	82
从	92
电	125
东	132
尔	146
发	148
	150
弗	168
乍	175
归	207
冉	249
击	257
卡	313
	457
兰	337
乐	343
	743
卢	369
卯	384
民	394
末	400
＊末	385
平	441
且	468
丘	478
去	483
冉	488

圣	524
失	524
史	530
市	531
世	532
术	542
	797
甩	544
帅	544
丝	549
四	551
头	584
凸	586
未	609
戊	623
务	623
央	689
永	724
右	731
孕	746
乍	757
主	798
左	826

6画

产	57
丞	68
充	73
此	90
氽	93
导	113
丢	132
夺	143
凫	168
夹	175
	268
	270
关	202
后	232
华	238
	240
灰	246
尽	294

	295
	311
军	329
夸	350
吏	379
买	413
年	418
农	426
乓	441
乒	453
岂	466
乔	481
曲	482
	502
伞	504
杀	526
师	532
式	542
成	555
夙	592
余	604
危	635
先	645
向	660
兴	663
	668
戌	694
尧	697
爷	699
曳	707
夷	711
异	747
杂	749
再	749
在	767
兆	770
贞	793
众	794
州	796
朱	

7画

步	45
囱	91

総画索引

島	113	或	255	要	543	焉	682	**16画**	
弟	123	㕣	261	歪	596	專	803		
兌	141		456	威	604	**12画**		畾	145
甫	170	艱	273	韋	605			冀	267
承	193	卷	309	咸	637	鼎	130	融	495
系	266	隶	351	胤	719	量	355	義	627
	630	录	355	幽	726		356	整	775
局	306	卖	370	禹	736	敢	450	**17画**	
壳	321	呡	380	冏	784	喬	466		
	468		382	奏	822	傘	502	鹹	211
来	336		388	俎	823	喪	503	隸	351
丽	346	其	451	**10画**		舜	548	黏	414
	350	喪	503			犀	627	聲	523
两	355	甄	526	差	53	象	646	襄	643
灵	361	事	533	乘	68	粵	744	膺	720
弄	367	肅	555		524	嵞	752	**18画**	
	418	所	559	哥	185		830		
卵	373	忿	562	旁	426	**13画**		囂	648
兎	392	兔	589	弱	500			**19画**	
雨	402	卧	615	師	526	蜀	542		
啓	455	武	622	書	539	肆	552	彊	279
弃	456	幸	664	*祘	556	肅	555	攀	424
羌	463	亞	681	玺	629	業	698	韜	567
求	479	枣	753	羞	667	*與	733	**20画**	
寿	538	直	781	或	738	與	735		
束	542	直	781	袁	740		736	馨	659
*兎	589	質	788	斎	758	準	809	耀	697
我	615	周	794	真	771	**14画**		**21画**	
巫	617	**9画**		衷	792				
希	625			**11画**		凳	119	饗	440
县	639	甫	24			爾	146	*蹋	648
严	684	差	53	匙	72	孵	168	**22画〜**	
8画			55		535	嘏	197		
			56	乾	176	兢	300	*釁	76
卑	20		89	堇	294	聚	308	斵	308
备	22	重	74	眉	333	壽	538	黴	386
表	32	毒	794	率	372	韜	567	囊	408
采	47	柬	136	乾	544	舞	622	纛	660
長	58	将	274	雀	468	翩	406	鹽	685
	762		278		487	斡	616	豔	688
畅	60		280	嗇	504	與	734	懿	714
单	107	韭	303	商	509	臧	751	鬱	737
	508	举	306	兽	539	肇	767	鬱	739
典	124	临	359	孰	541	**15画**			
奉	167	南	407	爽	545				
阜	172	叛	426	望	603	黎	347		
乖	201		470	望	603	豎	542		
果	211		477	袭	628	憂	725		
函	216	甚	521	象	646	儇	738		
画	240	*甚	519						

日本語音読み索引

- 日本語の漢字で，本辞典に収録した親字と字形がほぼ同じか似通ったものを，その漢字の主だった音読みの五十音順に配列し，該当するピンインを併記した．
- 多音字のピンインは，使用頻度が高いと思われるものから順に配列した．

ア行

カナ	漢字	ピンイン
ア	亜	yà
アイ	哀	āi
アイ	愛	ài
アク	悪	è, ě, wù
アク	握	wò
アツ	圧	yā
アン	安	ān
アン	庵	ān
アン	暗	àn
アン	案	àn
イ	彙	huì
イ	威	wēi
イ	違	wéi
イ	為	wéi, wèi
イ	維	wéi
イ	偉	wěi
イ	委	wěi, wēi
イ	萎	wěi
イ	偽	wěi
イ	緯	wěi
イ	位	wèi
イ	慰	wèi
イ	胃	wèi
イ	依	yī
イ	衣	yī
イ	医	yī
イ	伊	yī
イ	移	yí
イ	遺	yí
イ	以	yǐ
イ	椅	yǐ
イ	意	yì
イ	易	yì
イ	異	yì
イキ	域	yù
イク	育	yù
イチ	一	yī
イツ	逸	yì
イン	咽	yān, yàn, yè
イン	因	yīn
イン	陰	yīn
イン	姻	yīn
イン	淫	yín
イン	引	yǐn
イン	飲	yǐn
イン	印	yìn
イン	員	yuán, yùn
イン	院	yuàn
ウ	宇	yǔ
ウ	羽	yǔ
ウ	雨	yǔ, yù
ウツ	鬱	yù
ウン	雲	yún
ウン	運	yùn
エイ	栄	róng
エイ	鋭	ruì
エイ	衛	wèi
エイ	英	yīng
エイ	営	yíng
エイ	影	yǐng
エイ	映	yìng
エイ	永	yǒng
エイ	泳	yǒng
エキ	液	yè
エキ	疫	yì
エキ	益	yì
エツ	謁	yè
エツ	悦	yuè
エツ	越	yuè
エツ	閲	yuè
エン	鉛	qiān
エン	煙	yān
エン	延	yán
エン	炎	yán
エン	沿	yán
エン	演	yǎn
エン	宴	yàn
エン	艶	yàn
エン	円	yuán
エン	園	yuán
エン	援	yuán
エン	縁	yuán
エン	猿	yuán
エン	遠	yuǎn
エン	怨	yuàn
オ	汚	wū
オウ	凹	āo, wā
オウ	奥	ào
オウ	横	héng, hèng
オウ	黄	huáng
オウ	欧	ōu
オウ	王	wáng
オウ	往	wǎng
オウ	旺	wàng
オウ	押	yā
オウ	央	yāng
オウ	桜	yīng
オウ	応	yìng, yīng
オク	屋	wū
オク	億	yì
オク	憶	yì
オツ	乙	yǐ
オン	恩	ēn
オン	温	wēn
オン	穏	wěn
オン	音	yīn

カ行

カナ	漢字	ピンイン
カ	歌	gē
カ	箇	gè, ge
カ	寡	guǎ
カ	果	guǒ
カ	過	guò
カ	河	hé
カ	荷	hé, hè
カ	何	hé
カ	花	huā
カ	華	huá, huà
カ	化	huà, huā
カ	火	huǒ
カ	貨	huò
カ	佳	jiā
カ	加	jiā
カ	家	jiā
カ	架	jià

カ	科	kē
カ	可	kě, kè
カ	課	kè
カ	蚊	wén
カ	暇	xiá
カ	夏	xià
ガ	蛾	é
ガ	餓	è
ガ	賀	hè
ガ	瓦	wǎ, wà
ガ	我	wǒ
ガ	芽	yá
ガ	牙	yá
ガ	雅	yǎ
カイ	改	gǎi
カイ	拐	guǎi
カイ	怪	guài
カイ	海	hǎi
カイ	懐	huái
カイ	壊	huài
カイ	回	huí
カイ	悔	huǐ
カイ	絵	huì
カイ	会	huì, kuài
カイ	階	jiē
カイ	解	jiě, jiè, xiè
カイ	介	jiè
カイ	界	jiè
カイ	戒	jiè
カイ	開	kāi
カイ	快	kuài
カイ	潰	kuì
カイ	械	xiè
ガイ	概	gài
ガイ	害	hài
ガイ	劾	hé
ガイ	街	jiē
ガイ	凱	kǎi
ガイ	外	wài
ガイ	涯	yá
カク	格	gé
カク	隔	gé
カク	革	gé
カク	閣	gé
カク	各	gè
カク	核	hé
カク	画	huà
カク	獲	huò
カク	穫	huò

カク	角	jiǎo, jué
カク	較	jiào
カク	覚	jué, jiào
カク	確	què
ガク	額	é
ガク	学	xué
ガク	岳	yuè
カツ	割	gē
カツ	活	huó
カツ	渇	kě
カツ	括	kuò
カツ	闊	kuò
カツ	轄	xiá
カン	甘	gān
カン	干	gān, gàn
カン	肝	gān
カン	感	gǎn
カン	幹	gàn, gān
カン	官	guān
カン	観	guān, guàn
カン	関	guān
カン	冠	guān, guàn
カン	棺	guān
カン	管	guǎn
カン	館	guǎn
カン	缶	guàn
カン	慣	guàn
カン	貫	guàn
カン	寒	hán
カン	韓	hán
カン	汗	hàn
カン	旱	hàn
カン	漢	hàn
カン	憾	hàn
カン	歓	huān
カン	環	huán
カン	還	huán, hái
カン	緩	huǎn
カン	喚	huàn
カン	患	huàn
カン	換	huàn
カン	間	jiān, jiàn
カン	姦	jiān
カン	菅	jiān
カン	監	jiān, jiàn
カン	簡	jiǎn
カン	鑑	jiàn
カン	鑒	jiàn
カン	巻	juǎn, juàn

カン	刊	kān
カン	勘	kān
カン	看	kàn, kān
カン	寛	kuān
カン	款	kuǎn
カン	乾	qián, gān
カン	勧	quàn
カン	完	wán
カン	閑	xián
カン	陥	xiàn
ガン	癌	ái
ガン	岸	àn
ガン	含	hán
ガン	頑	wán
ガン	丸	wán
ガン	玩	wán
ガン	顔	yán
ガン	岩	yán
ガン	眼	yǎn
ガン	雁	yàn
ガン	願	yuàn
キ	帰	guī
キ	規	guī
キ	軌	guǐ
キ	鬼	guǐ
キ	詭	guǐ
キ	貴	guì
キ	揮	huī
キ	輝	huī
キ	基	jī
キ	机	jī
キ	機	jī
キ	飢	jī
キ	肌	jī
キ	寄	jì
キ	既	jì
キ	季	jì
キ	紀	jì, jǐ
キ	記	jì
キ	忌	jì
キ	期	qī
キ	奇	qí
キ	祈	qí
キ	旗	qí
キ	騎	qí
キ	岐	qí
キ	棋	qí
キ	企	qǐ
キ	起	qǐ

キ	器	qì		キュウ	朽	xiǔ		キョク	極	jí
キ	棄	qì		ギュウ	牛	niú		キョク	局	jú
キ	気	qì		キョ	居	jū		キョク	曲	qū, qǔ
キ	汽	qì		キョ	挙	jǔ		ギョク	玉	yù
キ	危	wēi		キョ	巨	jù		キン	斤	jīn
キ	希	xī		キョ	拒	jù		キン	筋	jīn
キ	喜	xǐ		キョ	距	jù		キン	金	jīn
キ	毅	yì		キョ	去	qù		キン	巾	jīn
ギ	技	jì		キョ	虚	xū		キン	襟	jīn
ギ	妓	jì		キョ	許	xǔ		キン	緊	jǐn
ギ	擬	nǐ		ギョ	漁	yú		キン	謹	jǐn
ギ	欺	qī		ギョ	魚	yú		キン	僅	jǐn
ギ	偽	wěi		ギョ	御	yù		キン	錦	jǐn
ギ	魏	wèi		キョウ	供	gōng, gòng		キン	禁	jìn, jīn
ギ	犠	xī		キョウ	恭	gōng		キン	近	jìn
ギ	戯	xì		キョウ	共	gòng		キン	均	jūn
ギ	儀	yí		キョウ	矯	jiǎo		キン	菌	jūn, jùn
ギ	疑	yí		キョウ	教	jiào, jiāo		キン	勤	qín
ギ	義	yì		キョウ	叫	jiào		キン	琴	qín
ギ	誼	yì		キョウ	京	jīng		ギン	吟	yín
ギ	議	yì		キョウ	驚	jīng		ギン	銀	yín
キク	菊	jú		キョウ	競	jìng		ク	狗	gǒu
キチ	吉	jí		キョウ	境	jìng		ク	九	jiǔ
キツ	喫	chī		キョウ	鏡	jìng		ク	句	jù, gōu
キツ	詰	jié		キョウ	竟	jìng		ク	苦	kǔ
キツ	橘	jú		キョウ	恐	kǒng		ク	区	qū
キャク	脚	jiǎo		キョウ	狂	kuáng		ク	駆	qū
キャク	客	kè		キョウ	況	kuàng		グ	具	jù
キャク	却	què		キョウ	強	qiáng, qiǎng, jiàng		グ	愚	yú
ギャク	逆	nì						クウ	空	kōng, kòng
ギャク	虐	nüè		キョウ	橋	qiáo		グウ	偶	ǒu
キュウ	仇	chóu, qiú		キョウ	僑	qiáo		グウ	隅	yú
キュウ	給	gěi, jǐ		キョウ	峡	xiá		グウ	遇	yù
キュウ	弓	gōng		キョウ	狭	xiá		クツ	掘	jué
キュウ	宮	gōng		キョウ	郷	xiāng		クツ	窟	kū
キュウ	及	jí		キョウ	享	xiǎng		クツ	屈	qū
キュウ	急	jí		キョウ	響	xiǎng		クン	君	jūn
キュウ	級	jí		キョウ	挟	xié		クン	勲	xūn
キュウ	究	jiū		キョウ	協	xié		クン	薫	xūn
キュウ	糾	jiū		キョウ	脇	xié		クン	訓	xùn
キュウ	久	jiǔ		キョウ	脅	xié		グン	軍	jūn
キュウ	救	jiù		キョウ	凶	xiōng		グン	郡	jùn
キュウ	旧	jiù		キョウ	胸	xiōng		グン	群	qún
キュウ	窮	qióng		キョウ	兄	xiōng		ゲ	下	xià
キュウ	丘	qiū		ギョウ	凝	níng		ケイ	桂	guì
キュウ	求	qiú		ギョウ	暁	xiǎo		ケイ	恵	huì
キュウ	球	qiú		ギョウ	仰	yǎng		ケイ	鶏	jī
キュウ	吸	xī		ギョウ	業	yè		ケイ	継	jì
キュウ	休	xiū						ケイ	計	jì

ケイ	揭	jiē		ケン	謙	qiān		ゴ	互	hù
ケイ	経	jīng		ケン	遣	qiǎn		ゴ	護	hù
ケイ	茎	jīng		ケン	圏	quān, juān, juàn		ゴ	碁	qí
ケイ	景	jǐng						ゴ	五	wǔ
ケイ	警	jǐng		ケン	拳	quán		ゴ	午	wǔ
ケイ	頚	jǐng		ケン	権	quán		ゴ	誤	wù
ケイ	径	jìng		ケン	犬	quǎn		ゴ	悟	wù
ケイ	敬	jìng		ケン	券	quàn		ゴ	娯	yú
ケイ	啓	qǐ		ケン	嫌	xián		ゴ	語	yǔ, yù
ケイ	契	qì, xiè		ケン	賢	xián		コウ	鋼	gāng, gàng
ケイ	憩	qì		ケン	険	xiǎn		コウ	綱	gāng
ケイ	傾	qīng		ケン	顕	xiǎn		コウ	港	gǎng
ケイ	軽	qīng		ケン	憲	xiàn		コウ	高	gāo
ケイ	慶	qìng		ケン	献	xiàn		コウ	膏	gāo
ケイ	渓	xī		ケン	県	xiàn		コウ	稿	gǎo
ケイ	系	xì, jì		ケン	軒	xuān		コウ	耕	gēng
ケイ	係	xì		ケン	懸	xuán		コウ	更	gēng, gèng
ケイ	携	xié		ケン	研	yán		コウ	公	gōng
ケイ	刑	xíng		ケン	験	yàn		コウ	功	gōng
ケイ	形	xíng		ゲン	幻	huàn		コウ	工	gōng
ケイ	型	xíng		ゲン	減	jiǎn		コウ	攻	gōng
ケイ	兄	xiōng		ゲン	弦	xián		コウ	貢	gòng
ケイ	蛍	yíng		ゲン	現	xiàn		コウ	溝	gōu
ゲイ	鯨	jīng		ゲン	限	xiàn		コウ	構	gòu
ゲイ	芸	yì		ゲン	厳	yán		コウ	購	gòu
ゲイ	迎	yíng		ゲン	言	yán		コウ	光	guāng
ゲキ	擊	jī		ゲン	元	yuán		コウ	広	guǎng
ゲキ	激	jī		ゲン	原	yuán		コウ	航	háng
ゲキ	劇	jù		ゲン	源	yuán		コウ	杭	háng
ケツ	結	jié, jiē		コ	個	gè, ge		コウ	好	hǎo, hào
ケツ	潔	jié		コ	孤	gū		コウ	恒	héng
ケツ	傑	jié		コ	古	gǔ		コウ	衡	héng
ケツ	決	jué		コ	鼓	gǔ		コウ	洪	hóng
ケツ	欠	qiàn		コ	固	gù		コウ	紅	hóng
ケツ	穴	xué		コ	故	gù		コウ	弘	hóng
ケツ	血	xuè, xiě		コ	雇	gù		コウ	侯	hóu
ゲツ	月	yuè		コ	顧	gù		コウ	後	hòu
ケン	兼	jiān		コ	呼	hū		コウ	后	hòu
ケン	堅	jiān		コ	糊	hū, hú, hù		コウ	厚	hòu
ケン	肩	jiān		コ	湖	hú		コウ	候	hòu
ケン	倹	jiǎn		コ	弧	hú		コウ	慌	huāng
ケン	検	jiǎn		コ	狐	hú		コウ	荒	huāng
ケン	件	jiàn		コ	壺	hú		コウ	皇	huáng
ケン	健	jiàn		コ	虎	hǔ		コウ	甲	jiǎ
ケン	建	jiàn		コ	戸	hù		コウ	江	jiāng
ケン	見	jiàn		コ	己	jǐ		コウ	講	jiǎng
ケン	鍵	jiàn		コ	枯	kū		コウ	降	jiàng, xiáng
ケン	剣	jiàn		コ	庫	kù				
ケン	絹	juàn		コ	誇	kuā		コウ	交	jiāo

コウ	郊	jiāo		サ行		サン	参	cān, shēn, cēn
コウ	絞	jiǎo	サ	差	chā, chà, chāi	サン	餐	cān
コウ	酵	jiào				サン	蚕	cán
コウ	拘	jū	サ	査	chá, zhā	サン	惨	cǎn
コウ	康	kāng	サ	沙	shā	サン	産	chǎn
コウ	抗	kàng	サ	砂	shā	サン	三	sān
コウ	考	kǎo	サ	鎖	suǒ	サン	傘	sǎn
コウ	肯	kěn	サ	詐	zhà	サン	散	sàn, sǎn
コウ	坑	kēng	サ	佐	zuǒ	サン	山	shān
コウ	控	kòng	サ	左	zuǒ	サン	酸	suān
コウ	口	kǒu	ザ	挫	cuò	サン	算	suàn
コウ	巧	qiǎo	ザ	座	zuò	サン	賛	zàn
コウ	香	xiāng	サイ	才	cái	サン	桟	zhàn
コウ	向	xiàng	サイ	裁	cái	ザン	残	cán
コウ	項	xiàng	サイ	彩	cǎi	ザン	暫	zàn
コウ	効	xiào	サイ	採	cǎi	ザン	斬	zhǎn
コウ	孝	xiào	サイ	菜	cài	シ	弛	chí
コウ	校	xiào, jiào	サイ	催	cuī	シ	歯	chǐ
コウ	興	xīng, xìng	サイ	祭	jì	シ	詞	cí
コウ	行	xíng, háng	サイ	際	jì	シ	雌	cí
コウ	幸	xìng	サイ	妻	qī	シ	刺	cì
コウ	硬	yìng	サイ	歳	suì	シ	次	cì
ゴウ	傲	ào	サイ	砕	suì	シ	賜	cì
ゴウ	剛	gāng	サイ	細	xì	シ	師	shī
ゴウ	豪	háo	サイ	栽	zāi	シ	施	shī
ゴウ	号	háo, hào	サイ	災	zāi	シ	詩	shī
ゴウ	合	hé, gě	サイ	宰	zǎi	シ	使	shǐ
ゴウ	拷	kǎo	サイ	載	zài, zǎi	シ	史	shǐ
コク	告	gào	サイ	再	zài	シ	始	shǐ
コク	穀	gǔ	サイ	債	zhài	シ	矢	shǐ
コク	谷	gǔ	サイ	最	zuì	シ	士	shì
コク	国	guó	ザイ	材	cái	シ	市	shì
コク	黒	hēi	ザイ	財	cái	シ	氏	shì
コク	克	kè	ザイ	剤	jì	シ	視	shì
コク	刻	kè	ザイ	在	zài	シ	試	shì
コク	酷	kù	ザイ	罪	zuì	シ	仕	shì
ゴク	獄	yù	サク	策	cè	シ	嗜	shì
コツ	骨	gǔ, gú	サク	錯	cuò	シ	司	sī
コン	紺	gàn	サク	索	suǒ	シ	思	sī
コン	根	gēn	サク	削	xiāo, xuē	シ	私	sī
コン	恨	hèn	サク	搾	zhà	シ	死	sǐ
コン	婚	hūn	サク	昨	zuó	シ	四	sì
コン	魂	hún	サク	作	zuò, zuō	シ	飼	sì
コン	混	hùn, hún	サツ	冊	cè	シ	支	zhī
コン	今	jīn	サツ	察	chá	シ	肢	zhī
コン	墾	kěn	サツ	殺	shā	シ	之	zhī
コン	懇	kěn	サツ	刷	shuā, shuà	シ	枝	zhī
コン	昆	kūn	サツ	札	zhá	シ	脂	zhī
コン	困	kùn	ザツ	雑	zá			

シ	指	zhǐ	シャ	斜	xié	シュウ	羞	xiū
シ	旨	zhǐ	シャ	写	xiě	シュウ	秀	xiù
シ	止	zhǐ	シャ	謝	xiè	シュウ	終	zhōng
シ	紙	zhǐ	シャ	遮	zhē	シュウ	衆	zhòng
シ	址	zhǐ	シャ	者	zhě	シュウ	周	zhōu
シ	志	zhì	シャ	煮	zhǔ	シュウ	州	zhōu
シ	至	zhì	ジャ	蛇	shé	シュウ	週	zhōu
シ	誌	zhì	ジャ	邪	xié	シュウ	宗	zōng
シ	資	zī	シャク	尺	chǐ	ジュウ	充	chōng
シ	姿	zī	シャク	借	jiè	ジュウ	銃	chòng
シ	子	zǐ, zi	シャク	釈	shì	ジュウ	従	cóng
シ	紫	zǐ	シャク	酌	zhuó	ジュウ	柔	róu
ジ	持	chí	ジャク	寂	jì	ジュウ	渋	sè
ジ	磁	cí	ジャク	雀	què, qiǎo	ジュウ	十	shí
ジ	辞	cí	ジャク	若	ruò	ジュウ	獣	shòu
ジ	慈	cí	ジャク	弱	ruò	ジュウ	汁	zhī
ジ	次	cì	シュ	酒	jiǔ	ジュウ	重	zhòng, chóng
ジ	児	ér	シュ	取	qǔ			
ジ	耳	ěr	シュ	趣	qù	ジュウ	住	zhù
ジ	時	shí	シュ	守	shǒu	ジュウ	縦	zòng
ジ	事	shì	シュ	手	shǒu	シュク	粛	sù
ジ	示	shì	シュ	首	shǒu	シュク	宿	sù, xiǔ, xiù
ジ	侍	shì	シュ	狩	shòu	シュク	縮	suō
ジ	似	sì, shì	シュ	殊	shū	シュク	祝	zhù
ジ	寺	sì	シュ	種	zhǒng, zhòng	ジュク	熟	shú, shóu
ジ	治	zhì				ジュク	塾	shú
ジ	痔	zhì	シュ	腫	zhǒng	シュツ	出	chū
ジ	滋	zī	シュ	朱	zhū	ジュツ	術	shù, zhú
ジ	字	zì	シュ	主	zhǔ	ジュツ	述	shù
ジ	自	zì	ジュ	儒	rú	シュン	春	chūn
シキ	識	shí, zhì	ジュ	受	shòu	シュン	竣	jùn
シキ	式	shì	ジュ	寿	shòu	シュン	駿	jùn
ジク	軸	zhóu	ジュ	授	shòu	シュン	瞬	shùn
シチ	七	qī	ジュ	樹	shù	ジュン	純	chún
シツ	疾	jí	ジュ	需	xū	ジュン	盾	dùn
シツ	嫉	jí	ジュ	呪	zhòu	ジュン	潤	rùn
シツ	漆	qī	シュウ	愁	chóu	ジュン	順	shùn
シツ	失	shī	シュウ	酬	chóu	ジュン	旬	xún
シツ	湿	shī	シュウ	醜	chǒu	ジュン	巡	xún
シツ	室	shì	シュウ	臭	chòu, xiù	ジュン	循	xún
シツ	執	zhí	シュウ	集	jí	ジュン	殉	xùn
シツ	質	zhì	シュウ	就	jiù	ジュン	准	zhǔn
シャ	車	chē	シュウ	秋	qiū	ジュン	準	zhǔn
シャ	紗	shā	シュウ	囚	qiú	ジュン	遵	zūn
シャ	捨	shě	シュウ	拾	shí	ショ	初	chū
シャ	舎	shě, shè	シュウ	収	shōu	ショ	処	chǔ, chù
シャ	射	shè	シュウ	習	xí	ショ	且	qiě
シャ	社	shè	シュウ	襲	xí	ショ	書	shū
シャ	赦	shè	シュウ	修	xiū	ショ	暑	shǔ

ショ	署	shǔ
ショ	庶	shù
ショ	所	suǒ
ショ	諸	zhū
ジョ	除	chú
ジョ	女	nǚ
ジョ	徐	xú
ジョ	序	xù
ジョ	助	zhù
ショウ	償	cháng
ショウ	唱	chàng
ショウ	称	chēng, chèn
ショウ	承	chéng
ショウ	衝	chōng, chòng
ショウ	床	chuáng
ショウ	将	jiāng, jiàng
ショウ	奨	jiǎng
ショウ	匠	jiàng
ショウ	醤	jiàng
ショウ	焦	jiāo
ショウ	礁	jiāo
ショウ	晶	jīng
ショウ	妾	qiè
ショウ	傷	shāng
ショウ	商	shāng
ショウ	賞	shǎng
ショウ	焼	shāo
ショウ	少	shǎo, shào
ショウ	紹	shào
ショウ	渉	shè
ショウ	昇	shēng
ショウ	升	shēng
ショウ	省	shěng, xǐng
ショウ	勝	shèng
ショウ	松	sōng
ショウ	訟	sòng
ショウ	詳	xiáng
ショウ	消	xiāo
ショウ	硝	xiāo
ショウ	小	xiǎo
ショウ	肖	xiào
ショウ	笑	xiào
ショウ	章	zhāng
ショウ	掌	zhǎng
ショウ	障	zhàng
ショウ	招	zhāo

ショウ	照	zhào
ショウ	召	zhào
ショウ	詔	zhào
ショウ	症	zhèng, zhēng
ショウ	証	zhèng
ショウ	鐘	zhōng
ショウ	粧	zhuāng
ショウ	庄	zhuāng
ジョウ	常	cháng
ジョウ	場	chǎng, cháng
ジョウ	乗	chéng, shèng
ジョウ	城	chéng
ジョウ	錠	dìng
ジョウ	浄	jìng
ジョウ	嬢	niáng
ジョウ	醸	niàng
ジョウ	情	qíng
ジョウ	壌	rǎng
ジョウ	譲	ràng
ジョウ	冗	rǒng
ジョウ	上	shàng
ジョウ	剰	shèng
ジョウ	条	tiáo
ジョウ	帖	tiē, tiě, tiè
ジョウ	丈	zhàng
ジョウ	蒸	zhēng
ジョウ	状	zhuàng
ショク	触	chù
ショク	色	sè, shǎi
ショク	食	shí, sì
ショク	飾	shì
ショク	拭	shì
ショク	織	zhī
ショク	植	zhí
ショク	職	zhí
ショク	嘱	zhǔ
ジョク	辱	rǔ
シン	臣	chén
シン	唇	chún
シン	津	jīn
シン	浸	jìn
シン	進	jìn
シン	侵	qīn
シン	親	qīn, qìng
シン	寝	qǐn
シン	森	sēn

シン	深	shēn
シン	申	shēn
シン	身	shēn
シン	伸	shēn
シン	娠	shēn
シン	神	shén
シン	審	shěn
シン	慎	shèn
シン	心	xīn
シン	新	xīn
シン	信	xìn
シン	真	zhēn
シン	針	zhēn
シン	鍼	zhēn
シン	診	zhěn
シン	振	zhèn
シン	震	zhèn
ジン	尽	jìn, jǐn
ジン	人	rén
ジン	仁	rén
ジン	甚	shèn
ジン	腎	shèn
ジン	尋	xún
ジン	迅	xùn
ジン	陣	zhèn
ス	須	xū
スイ	吹	chuī
スイ	炊	chuī
スイ	垂	chuí
スイ	錘	chuí
スイ	粋	cuì
スイ	彗	huì
スイ	衰	shuāi
スイ	帥	shuài
スイ	水	shuǐ
スイ	睡	shuì
スイ	遂	suì, suí
スイ	推	tuī
スイ	錐	zhuī
スイ	酔	zuì
ズイ	随	suí
ズイ	髄	suǐ
スウ	崇	chóng
スウ	数	shǔ, shù
スン	寸	cùn
セ	施	shī
セ	世	shì
ゼ	是	shì
セイ	成	chéng

セイ	誠	chéng	セツ	刹	shā, chà	ゼン	全	quán
セイ	精	jīng	セツ	設	shè	ゼン	然	rán
セイ	静	jìng	セツ	摂	shè	ゼン	善	shàn
セイ	凄	qī	セツ	説	shuō, shuì	ゼン	膳	shàn
セイ	清	qīng	セツ	泄	xiè	ソ	礎	chǔ
セイ	青	qīng	セツ	雪	xuě	ソ	粗	cū
セイ	晴	qíng	セツ	折	zhé, zhē, shé	ソ	措	cuò
セイ	請	qíng				ソ	疎	shū
セイ	牲	shēng	セツ	拙	zhuō	ソ	鼠	shǔ
セイ	生	shēng	ゼツ	絶	jué	ソ	蘇	sū
セイ	声	shēng	ゼツ	舌	shé	ソ	素	sù
セイ	盛	shèng, chéng	セン	川	chuān	ソ	訴	sù
			セン	船	chuán	ソ	溯	sù
セイ	聖	shèng	セン	尖	jiān	ソ	塑	sù
セイ	勢	shì	セン	煎	jiān	ソ	租	zū
セイ	誓	shì	セン	箋	jiān	ソ	祖	zǔ
セイ	逝	shì	セン	剪	jiǎn	ソ	組	zǔ
セイ	西	xī	セン	践	jiàn	ソ	阻	zǔ
セイ	星	xīng	セン	賤	jiàn	ソウ	倉	cāng
セイ	姓	xìng	セン	薦	jiàn	ソウ	操	cāo
セイ	性	xìng	セン	千	qiān	ソウ	槽	cáo
セイ	征	zhēng	セン	遷	qiān	ソウ	草	cǎo
セイ	整	zhěng	セン	銭	qián	ソウ	層	céng
セイ	政	zhèng	セン	潜	qián	ソウ	挿	chā
セイ	正	zhèng, zhēng	セン	浅	qiǎn	ソウ	窓	chuāng
			セン	泉	quán	ソウ	創	chuàng, chuāng
セイ	制	zhì	セン	詮	quán			
セイ	製	zhì	セン	染	rǎn	ソウ	聡	cōng
ゼイ	脆	cuì	セン	煽	shān	ソウ	喪	sàng, sāng
ゼイ	税	shuì	セン	閃	shǎn	ソウ	掻	sāo
セキ	斥	chì	セン	扇	shàn, shān	ソウ	騒	sāo
セキ	赤	chì	セン	栓	shuān	ソウ	掃	sǎo, sào
セキ	積	jī	セン	洗	xǐ	ソウ	僧	sēng
セキ	籍	jí	セン	先	xiān	ソウ	痩	shòu
セキ	脊	jǐ	セン	繊	xiān, qiàn	ソウ	双	shuāng
セキ	績	jì	セン	鮮	xiān, xiǎn	ソウ	霜	shuāng
セキ	跡	jì	セン	仙	xiān	ソウ	爽	shuǎng
セキ	寂	jì	セン	線	xiàn	ソウ	送	sòng
セキ	戚	qī	セン	腺	xiàn	ソウ	捜	sōu
セキ	石	shí, dàn	セン	羨	xiàn	ソウ	相	xiāng, xiàng
セキ	析	xī	セン	宣	xuān			
セキ	昔	xī	セン	旋	xuán, xuàn	ソウ	箱	xiāng
セキ	席	xí	セン	選	xuǎn	ソウ	想	xiǎng
セキ	責	zé	セン	占	zhàn, zhān	ソウ	葬	zàng
セキ	隻	zhī	セン	戦	zhàn	ソウ	遭	zāo
セツ	接	jiē	セン	専	zhuān	ソウ	早	zǎo
セツ	節	jié	ゼン	禅	chán	ソウ	藻	zǎo
セツ	切	qiè, qiē	ゼン	喘	chuǎn	ソウ	燥	zào
セツ	窃	qiè	ゼン	前	qián	ソウ	噪	zào

ソウ	争	zhēng	タイ	逮	dài, dǎi	ダン	段	duàn
ソウ	装	zhuāng	タイ	貸	dài	ダン	男	nán
ソウ	荘	zhuāng	タイ	戴	dài	ダン	暖	nuǎn
ソウ	壮	zhuàng	タイ	堆	duī	ダン	談	tán
ソウ	総	zǒng	タイ	対	duì	ダン	壇	tán
ソウ	走	zǒu	タイ	隊	duì	ダン	団	tuán
ソウ	奏	zòu	タイ	耐	nài	チ	痴	chī
ゾウ	蔵	cáng, zàng	タイ	胎	tāi	チ	遅	chí
ゾウ	象	xiàng	タイ	太	tài	チ	池	chí
ゾウ	像	xiàng	タイ	態	tài	チ	恥	chǐ
ゾウ	造	zào	タイ	泰	tài	チ	地	dì, de
ゾウ	増	zēng	タイ	体	tǐ, tī	チ	知	zhī
ゾウ	憎	zēng	タイ	替	tì	チ	値	zhí
ゾウ	贈	zèng	タイ	腿	tuǐ	チ	治	zhì
ソク	測	cè	タイ	退	tuì	チ	智	zhì
ソク	側	cè, zhāi	タイ	滞	zhì	チ	置	zhì
ソク	促	cù	ダイ	大	dà, dài	チ	致	zhì
ソク	即	jí	ダイ	代	dài	チ	稚	zhì
ソク	塞	sāi, sài, sè	ダイ	第	dì	チク	畜	chù, xù
ソク	束	shù	ダイ	台	tái	チク	蓄	xù
ソク	速	sù	ダイ	題	tí	チク	竹	zhú
ソク	息	xī	タク	託	tuō	チク	逐	zhú
ソク	則	zé	タク	托	tuō	チク	築	zhù
ソク	足	zú	タク	拓	tuò, tà	チツ	秩	zhì
ゾク	属	shǔ	タク	宅	zhái	チツ	窒	zhì
ゾク	俗	sú	タク	濯	zhuó	チャ	茶	chá
ゾク	賊	zéi	タク	卓	zhuó	チャク	嫡	dí
ゾク	族	zú	ダク	諾	nuò	チャク	着	zhuó, zhāo, zháo, zhe
ソン	村	cūn	ダク	濁	zhuó	チュウ	虫	chóng
ソン	存	cún	タツ	達	dá	チュウ	抽	chōu
ソン	孫	sūn	ダツ	奪	duó	チュウ	厨	chú
ソン	損	sǔn	ダツ	脱	tuō	チュウ	中	zhōng, zhòng
ソン	尊	zūn	タン	単	dān, shàn			
	タ行		タン	担	dān, dàn	チュウ	忠	zhōng
タ	多	duō	タン	丹	dān	チュウ	衷	zhōng
タ	他	tā	タン	胆	dǎn	チュウ	昼	zhòu
タ	汰	tài	タン	誕	dàn	チュウ	宙	zhòu
ダ	打	dǎ	タン	旦	dàn	チュウ	注	zhù
ダ	堕	duò	タン	淡	dàn	チュウ	鋳	zhù
ダ	惰	duò	タン	端	duān	チュウ	柱	zhù
ダ	舵	duò	タン	短	duǎn	チュウ	駐	zhù
ダ	陀	tuó	タン	鍛	duàn	チョ	緒	xù
ダ	駄	tuó, duò	タン	痰	tán	チョ	猪	zhū
ダ	妥	tuǒ	タン	坦	tǎn	チョ	著	zhù
ダ	唾	tuò	タン	嘆	tàn	チョ	貯	zhù
タイ	待	dài, dāi	タン	探	tàn	チョウ	腸	cháng
タイ	帯	dài	タン	炭	tàn	チョウ	長	cháng, zhǎng
タイ	怠	dài	ダン	弾	dàn, tán			
タイ	袋	dài	ダン	断	duàn			

チョウ	超	chāo	テイ	廷	tíng	トウ	悼	dào
チョウ	潮	cháo	テイ	艇	tǐng	トウ	登	dēng
チョウ	嘲	cháo	テイ	偵	zhēn	トウ	灯	dēng
チョウ	懲	chéng	デイ	泥	ní	トウ	等	děng
チョウ	寵	chǒng	テキ	的	de, dí, dì	トウ	冬	dōng
チョウ	彫	diāo	テキ	滴	dī	トウ	東	dōng
チョウ	釣	diào	テキ	敵	dí	トウ	凍	dòng
チョウ	調	diào, tiáo	テキ	笛	dí	トウ	棟	dòng
チョウ	弔	diào	テキ	適	shì	トウ	豆	dòu
チョウ	蝶	dié	テキ	摘	zhāi	トウ	闘	dòu
チョウ	頂	dǐng	テツ	徹	chè	トウ	痘	dòu
チョウ	鳥	niǎo	テツ	迭	dié	トウ	塔	tǎ
チョウ	挑	tiāo, tiǎo	テツ	鉄	tiě	トウ	踏	tà, tā
チョウ	跳	tiào	テツ	哲	zhé	トウ	湯	tāng
チョウ	眺	tiào	テン	典	diǎn	トウ	糖	táng
チョウ	庁	tīng	テン	点	diǎn	トウ	唐	táng
チョウ	聴	tīng	テン	店	diàn	トウ	逃	táo
チョウ	町	tǐng	テン	天	tiān	トウ	陶	táo
チョウ	張	zhāng	テン	添	tiān	トウ	桃	táo
チョウ	帳	zhàng	テン	填	tián	トウ	淘	táo
チョウ	朝	zhāo, cháo	テン	貼	tiē	トウ	討	tǎo
チョウ	兆	zhào	テン	展	zhǎn	トウ	騰	téng
チョウ	徴	zhēng	テン	電	diàn	トウ	謄	téng
チョク	直	zhí	デン	殿	diàn	トウ	藤	téng
チン	賃	lìn	デン	田	tián	トウ	統	tǒng
チン	珍	zhēn	ト	都	dōu, dū	トウ	筒	tǒng
ツイ	椎	zhuī	ト	斗	dǒu, dòu	トウ	頭	tóu
ツイ	追	zhuī	ト	賭	dǔ	トウ	投	tóu
ツイ	墜	zhuì	ト	渡	dù	トウ	透	tòu
ツウ	通	tōng, tòng	ト	塗	tú	ドウ	導	dǎo
ツウ	痛	tòng	ト	徒	tú	ドウ	道	dào
テイ	呈	chéng	ト	途	tú	ドウ	動	dòng
テイ	程	chéng	ト	吐	tù, tǔ	ドウ	洞	dòng
テイ	低	dī	ト	兎	tù	ドウ	胴	dòng
テイ	堤	dī	ド	度	dù, duó	ドウ	堂	táng
テイ	底	dǐ	ド	奴	nú	ドウ	同	tóng
テイ	抵	dǐ	ド	努	nǔ	ドウ	童	tóng
テイ	邸	dǐ	ド	怒	nù	ドウ	銅	tóng
テイ	帝	dì	ド	土	tǔ	ドウ	慟	tòng
テイ	弟	dì	トウ	搭	dā	トク	得	dé, de, děi
テイ	逓	dì	トウ	答	dá, dā	トク	徳	dé
テイ	丁	dīng, zhēng	トウ	当	dāng, dàng	トク	督	dū
テイ	定	dìng	トウ	党	dǎng	トク	匿	nì
テイ	訂	dìng	トウ	刀	dāo	トク	特	tè
テイ	提	tí, dī	トウ	島	dǎo	ドク	毒	dú
テイ	亭	tíng	トウ	倒	dǎo, dào	ドク	独	dú
テイ	停	tíng	トウ	稲	dào	トツ	突	tū
テイ	庭	tíng	トウ	盗	dào	トツ	凸	tū
			トウ	到	dào	トン	豚	tún

ドン	緞	duàn	ハイ	廃	fèi	ハン	半	bàn
ドン	鈍	dùn	ハイ	肺	fèi	ハン	絆	bàn
ドン	貪	tān	ハイ	排	pái, pǎi	ハン	帆	fān
ドン	曇	tán	ハイ	牌	pái	ハン	藩	fān
ドン	呑	tūn	ハイ	胚	pēi	ハン	繁	fán
ナ行			ハイ	配	pèi	ハン	煩	fán
ナ	奈	nài	バイ	倍	bèi	ハン	反	fān
ナイ	内	nèi	バイ	貝	bèi	ハン	汎	fàn
ナツ	捺	nà	バイ	買	mǎi	ハン	犯	fàn
ナン	南	nán	バイ	売	mài	ハン	販	fàn
ナン	難	nán, nàn	バイ	梅	méi	ハン	範	fàn
ナン	軟	ruǎn	バイ	媒	méi	ハン	飯	fàn
ニ	二	èr	バイ	煤	méi	ハン	汎	fàn
ニク	肉	ròu	バイ	培	péi	ハン	泛	fàn
ニチ	日	rì	バイ	賠	péi	ハン	判	pàn
ニュウ	乳	rǔ	バイ	陪	péi	ハン	畔	pàn
ニュウ	入	rù	ハク	白	bái	バン	板	bǎn
ニョ	如	rú	ハク	薄	báo, bó, bò	バン	坂	bǎn
ニョウ	尿	niào, suī	ハク	博	bó	バン	伴	bàn
ニン	忍	rěn	ハク	伯	bó	バン	番	fān
ニン	任	rèn	ハク	泊	bó, pō	バン	蛮	mán
ニン	妊	rèn	ハク	舶	bó	バン	盤	pán
ニン	認	rèn	ハク	膊	bó	バン	判	pàn
ネイ	寧	nìng, níng	ハク	拍	pāi	バン	晩	wǎn
ネツ	熱	rè	ハク	迫	pò, pǎi	ヒ	罷	bà
ネン	年	nián	バク	爆	bào	ヒ	卑	bēi
ネン	粘	nián, zhān	バク	駁	bó	ヒ	悲	bēi
ネン	念	niàn	バク	縛	fù	ヒ	碑	bēi
ネン	燃	rán	バク	麦	mài	ヒ	被	bèi
ノウ	納	nà	バク	漠	mò	ヒ	彼	bǐ
ノウ	悩	nǎo	バク	莫	mò	ヒ	比	bǐ
ノウ	脳	nǎo	バク	寞	mò	ヒ	避	bì
ノウ	能	néng	バク	瀑	pù	ヒ	庇	bì
ノウ	濃	nóng	ハチ	八	bā	ヒ	非	fēi
ノウ	農	nóng	ハチ	鉢	bō	ヒ	飛	fēi
ノウ	膿	nóng	ハツ	発	fā	ヒ	妃	fēi
ハ行			ハツ	髪	fà	ヒ	扉	fēi
ハ	覇	bà	バツ	抜	bá	ヒ	肥	féi
ハ	波	bō	バツ	伐	fá	ヒ	誹	fěi
ハ	派	pài	バツ	罰	fá	ヒ	費	fèi
ハ	破	pò	バツ	閥	fá	ヒ	否	fǒu, pǐ
バ	馬	mǎ	ハン	搬	bān	ヒ	秘	mì
バ	罵	mà	ハン	班	bān	ヒ	泌	mì
バ	婆	pó	ハン	般	bān	ヒ	批	pī
ハイ	拝	bài, bái	ハン	頒	bān	ヒ	披	pī
ハイ	敗	bài	ハン	斑	bān	ヒ	疲	pí
ハイ	杯	bēi	ハン	版	bǎn	ヒ	皮	pí
ハイ	輩	bèi	ハン	阪	bǎn	ヒ	屁	pì
ハイ	背	bèi, bēi	ハン	伴	bàn	ビ	備	bèi

ビ	鼻	bí	フ	訃	fù	ページ	頁	yè
ビ	眉	méi	フ	付	fù	ヘキ	壁	bì
ビ	美	měi	フ	婦	fù	ヘキ	璧	bì
ビ	媚	mèi	フ	富	fù	ヘキ	癖	pǐ
ビ	琵	pí	フ	負	fù	ベツ	別	bié, biè
ビ	微	wēi	フ	赴	fù	ベツ	蔑	miè
ビ	尾	wěi, yǐ	フ	父	fù	ヘン	編	biān
ヒキ	匹	pǐ	フ	普	pǔ	ヘン	辺	biān
ヒツ	筆	bǐ	フ	譜	pǔ	ヘン	変	biàn
ヒツ	必	bì	フ	部	bù	ヘン	遍	biàn
ヒツ	泌	mì	ブ	撫	fǔ	ヘン	返	fǎn
ヒャク	百	bǎi	ブ	葡	pú	ヘン	偏	piān
ビュウ	謬	miù	ブ	侮	wǔ	ヘン	片	piàn, piān
ヒョウ	豹	bào	ブ	武	wǔ	ベン	鞭	biān
ヒョウ	標	biāo	ブ	舞	wǔ	ベン	便	biàn, pián
ヒョウ	表	biǎo	フウ	封	fēng	ベン	勉	miǎn
ヒョウ	氷	bīng	フウ	風	fēng	ベン	娩	miǎn
ヒョウ	漂	piāo, piǎo, piào	フク	伏	fú	ホ	保	bǎo
			フク	幅	fú	ホ	捕	bǔ
ヒョウ	票	piào	フク	服	fú, fù	ホ	補	bǔ
ヒョウ	評	píng	フク	福	fú	ホ	歩	bù
ヒョウ	憑	píng	フク	副	fù	ボ	簿	bù
ビョウ	病	bìng	フク	腹	fù	ボ	母	mǔ
ビョウ	猫	māo	フク	複	fù	ボ	牡	mǔ
ビョウ	錨	máo	フク	覆	fù	ボ	墓	mù
ビョウ	描	miáo	フツ	沸	fèi	ボ	慕	mù
ビョウ	苗	miáo	ブツ	物	wù	ボ	暮	mù
ビョウ	秒	miǎo	フン	分	fēn, fèn	ボ	菩	pú
ビョウ	廟	miào	フン	雰	fēn	ボ	戊	wù
ヒン	賓	bīn	フン	墳	fén	ホウ	邦	bāng
ヒン	貧	pín	フン	粉	fěn	ホウ	包	bāo
ヒン	頻	pín	フン	憤	fèn	ホウ	胞	bāo
ヒン	品	pǐn	フン	奮	fèn	ホウ	褒	bāo
ビン	鬢	bìn	フン	糞	fèn	ホウ	宝	bǎo
ビン	敏	mǐn	フン	噴	pēn, pèn	ホウ	飽	bǎo
ビン	瓶	píng	ブン	文	wén	ホウ	報	bào
フ	不	bù	ブン	聞	wén	ホウ	抱	bào
フ	布	bù	ヘイ	幣	bì	ホウ	崩	bēng
フ	怖	bù	ヘイ	弊	bì	ホウ	呆	dāi
フ	夫	fū	ヘイ	閉	bì	ホウ	法	fǎ
フ	膚	fū	ヘイ	陛	bì	ホウ	方	fāng
フ	孵	fū	ヘイ	兵	bīng	ホウ	芳	fāng
フ	敷	fū	ヘイ	丙	bǐng	ホウ	倣	fǎng
フ	扶	fú	ヘイ	併	bìng	ホウ	訪	fǎng
フ	浮	fú	ヘイ	並	bìng	ホウ	放	fàng
フ	符	fú	ヘイ	聘	pìn	ホウ	峰	fēng
フ	芙	fú	ヘイ	平	píng	ホウ	蜂	fēng
フ	府	fǔ	ベイ	米	mǐ	ホウ	豊	fēng
フ	腐	fǔ						

ホウ—ヨウ (79)

ホウ	縫	féng, fèng	マイ	枚	méi	モウ	猛	měng
ホウ	奉	fèng	マイ	毎	měi	モウ	網	wǎng
ホウ	鳳	fèng	マイ	妹	mèi	モウ	妄	wàng
ホウ	抛	pāo	マイ	昧	mèi	モク	黙	mò
ホウ	泡	pào, pāo	マイ	米	mǐ	モク	木	mù
ホウ	砲	pào, páo	マク	膜	mó	モク	目	mù
ホウ	朋	péng	マク	幕	mù	モン	悶	mēn, mèn
ボウ	傍	bàng	マツ	抹	mā, mǒ, mò	モン	門	mén
ボウ	棒	bàng				モン	紋	wén
ボウ	暴	bào	マツ	末	mò	モン	問	wèn
ボウ	乏	fá	マツ	沫	mò	**ヤ行**		
ボウ	坊	fāng, fáng	マン	満	mǎn	ヤ	爺	yé
ボウ	妨	fáng	マン	慢	màn	ヤ	也	yě
ボウ	房	fáng	マン	漫	màn	ヤ	冶	yě
ボウ	防	fáng	マン	万	wàn	ヤ	野	yě
ボウ	肪	fáng	ミ	魅	mèi	ヤ	夜	yè
ボウ	紡	fǎng	ミ	味	wèi	ヤク	厄	è
ボウ	忙	máng	ミ	未	wèi	ヤク	薬	yào
ボウ	帽	mào	ミツ	密	mì	ヤク	役	yì
ボウ	冒	mào	ミツ	蜜	mì	ヤク	約	yuē
ボウ	貿	mào	ミャク	脈	mài, mò	ヤク	躍	yuè
ボウ	貌	mào	ミョウ	妙	miào	ユ	輸	shū
ボウ	謀	móu	ミン	眠	mián	ユ	油	yóu
ボウ	某	mǒu	ミン	民	mín	ユ	愉	yú
ボウ	厖	páng	ム	矛	máo	ユ	癒	yù
ボウ	膨	péng	ム	夢	mèng	ユ	喩	yù
ボウ	剖	pōu	ム	無	wú	ユ	諭	yù
ボウ	亡	wáng	ム	務	wù	ユイ	唯	wéi, wěi
ボウ	忘	wàng	ム	霧	wù	ユウ	融	róng
ボウ	望	wàng	メイ	盟	méng	ユウ	雄	xióng
ホク	北	běi	メイ	謎	mí	ユウ	勇	yǒng
ボク	墨	mò	メイ	迷	mí	ユウ	優	yōu
ボク	牧	mù	メイ	名	míng	ユウ	幽	yōu
ボク	睦	mù	メイ	明	míng	ユウ	悠	yōu
ボク	撲	pū	メイ	冥	míng	ユウ	憂	yōu
ボク	僕	pú	メイ	銘	míng	ユウ	由	yóu
ボツ	没	méi, mò	メイ	酩	mǐng	ユウ	遊	yóu
ホン	奔	bēn, bèn	メイ	命	mìng	ユウ	郵	yóu
ホン	本	běn	メイ	鳴	wū	ユウ	友	yǒu
ホン	翻	fān	メツ	滅	miè	ユウ	有	yǒu
ボン	凡	fán	メン	綿	mián	ユウ	右	yòu
ボン	盆	pén	メン	免	miǎn	ユウ	誘	yòu
マ行			メン	面	miàn	ヨ	余	yú
マ	麻	má	メン	麺	miàn	ヨ	予	yǔ, yú
マ	摩	mó	モ	茂	mào	ヨ	与	yǔ, yù
マ	魔	mó	モ	模	mó, mú	ヨ	誉	yù
マ	磨	mó, mò	モウ	耗	hào	ヨ	預	yù
マイ	埋	mái, mán	モウ	盲	máng	ヨウ	容	róng
マイ	邁	mài	モウ	毛	máo	ヨウ	溶	róng

ヨウ	揚	yáng		リ	裏	lǐ		レイ	礼	lǐ
ヨウ	洋	yáng		リ	里	lǐ		レイ	例	lì
ヨウ	羊	yáng		リ	利	lì		レイ	励	lì
ヨウ	陽	yáng		リ	吏	lì		レイ	隷	lì
ヨウ	楊	yáng		リ	痢	lì		レイ	麗	lì, lí
ヨウ	養	yǎng		リ	履	lǚ		レイ	零	líng
ヨウ	痒	yǎng		リキ	力	lì		レイ	霊	líng
ヨウ	様	yàng		リク	陸	lù, liù		レイ	齢	líng
ヨウ	腰	yāo		リツ	立	lì		レイ	嶺	lǐng
ヨウ	夭	yāo		リツ	律	lǜ		レイ	令	lìng
ヨウ	妖	yāo		リツ	率	shuài, lǜ		レキ	暦	lì
ヨウ	謡	yáo		リャク	略	lüè		レキ	歴	lì
ヨウ	遥	yáo		リュウ	粒	lì		レツ	列	liè
ヨウ	要	yào, yāo		リュウ	溜	liū, liù		レツ	劣	liè
ヨウ	曜	yào		リュウ	流	liú		レツ	烈	liè
ヨウ	葉	yè		リュウ	留	liú		レツ	裂	liè, liě
ヨウ	庸	yōng		リュウ	硫	liú		レン	憐	lián
ヨウ	踊	yǒng		リュウ	瘤	liú		レン	蓮	lián
ヨウ	用	yòng		リュウ	隆	lóng		レン	連	lián
ヨウ	幼	yòu		リュウ	竜	lóng		レン	廉	lián
ヨク	沃	wò		リョ	侶	lǚ		レン	恋	liàn
ヨク	翼	yì		リョ	旅	lǚ		レン	練	liàn
ヨク	抑	yì		リョ	慮	lǜ		ロ	濾	lǜ
ヨク	翌	yì		リョ	虜	lǔ		ロ	炉	lú
ヨク	欲	yù		リョウ	良	liáng		ロ	路	lù
ヨク	浴	yù		リョウ	涼	liáng, liàng		ロ	露	lù, lòu
ラ行・ワ				リョウ	量	liáng, liàng		ロウ	廊	láng
ラ	羅	luó		リョウ	両	liǎng		ロウ	朗	lǎng
ライ	来	lái		リョウ	僚	liáo		ロウ	浪	làng
ライ	頼	lài		リョウ	療	liáo		ロウ	労	láo
ライ	雷	léi		リョウ	遼	liáo		ロウ	牢	láo
ラク	酪	lào		リョウ	寮	liáo		ロウ	老	lǎo
ラク	絡	luò		リョウ	了	liǎo, le		ロウ	楼	lóu
ラク	落	luò, lào, là		リョウ	料	liào		ロウ	漏	lòu
ラク	楽	yuè, lè		リョウ	領	lǐng		ロウ	弄	nòng, lòng
ラツ	拉	lā, lá		リョウ	漁	yú		ロク	六	liù
ラツ	辣	là		リョク	緑	lǜ		ロク	鹿	lù
ラン	欄	lán		リン	林	lín		ロク	録	lù
ラン	蘭	lán		リン	臨	lín		ロン	論	lùn
ラン	藍	lán		リン	燐	lín		ワ	和	hé, hè, huó, huò
ラン	嵐	lán		リン	鱗	lín				
ラン	覧	lǎn		リン	倫	lún		ワ	話	huà
ラン	濫	làn		リン	輪	lún		ワ	倭	wō
ラン	卵	luǎn		ルイ	累	lěi, lèi, léi		ワイ	賄	huì
ラン	乱	luàn		ルイ	涙	lèi		ワイ	歪	wāi
リ	離	lí		ルイ	類	lèi		ワク	惑	huò
リ	梨	lí		レイ	冷	lěng		ワン	湾	wān
リ	罹	lí		レイ	黎	lí		ワン	碗	wǎn
リ	理	lǐ						ワン	腕	wàn

A

【A 股】A gǔ 名 A株 ◆人民元によって売買される中国企業株. 中国国内投資家のみが投資可能

【AA 制】AA zhì 名 割り勘 囫[分摊]

【AB 角】AB jué 'AB 制' における, 同一業務を担当する各担当者

【AB 制】AB zhì 名 複数担当者制度, ダブルキャスト制度 ◆ひとつの業務に対し複数の担当者を設けて, 主担当者 A の不在時には B がその業務を実施できる体制を敷くこと. 舞台演劇で, 主役をダブルキャストにすること

【API 指数】API zhǐshù 名 大気汚染指数 囫[空气 kōngqì 污染指数]

【AQ】名 AQ, 成就指数

【ATM 机】ATM jī 名 ATM, 現金自動預け払い機 囫[自动取款机]

【阿】ā ⊗① 囮 (方) 単音節の名や'排行 páiháng' などの前につき, 親しみを表わす [～信] お信 ② 囮 (方) 単音節の親族名称の前に付く [～哥] 兄 ③ 音訳用字として [～根廷] アルゼンチン [～尔卑斯山] アルプス山脈 [～尔法射线] アルファ線 ('α 射线' とも) ⇨ ē

【阿昌族】Āchāngzú 名 アチャン族 ◆中国少数民族の一, 雲南省に住む

【阿斗】Ā Dǒu 名 役立たず, 能なし ◆三国時代劉備の子の幼名に由来

【阿飞】āfēi 名 不良, ちんぴら (特に服装や行動が奇矯なものをいう)

【阿訇】āhōng 名 (回教・イスラム教の) 導師, 布教師 ◆敬称としても用いる. '阿洪' とも

【阿基里斯腱】Ājīlǐsījiàn 名 アキレス腱

【阿拉伯】Ālābó 名 アラビア (アラブ) [～海] アラビア海 [～数字][～数码] アラビア数字

【阿米巴】āmǐbā 名 アメーバ [～痢疾] アメーバ赤痢

【阿摩尼亚】āmóníyà 名 アンモニア 囫[氨 ān]

【阿片】āpiàn 名 (医薬としての) アヘン ◆麻薬としては'大烟''鸦片''阿芙蓉'という

【阿 Q】Ā Qiū / Ā Kiū 名 魯迅『阿 Q 正伝』の主人公 ◆事実を直視せず敗北を勝利と言いくるめて自分をごまかす人を例える

【阿司匹林】āsīpǐlín 名 アスピリン 囫[醋柳酸]

*【阿姨】āyí 名①(親族でない) おばさん, おねえさん ②(保育園・託児所の) 保母さん 囫[保育员] ③お手伝いさん 囫[保姆] ①(方) 母方のおば

【啊】(*呵) ā 嘆 ①(驚きの) あっ [～, 下雨了] あっ, 雨だ ②(賛嘆の) うわぁ [～, 你可真了不起呀] いやあ, 君ほんとにすごいね ⇨ á, ǎ, à, a

【啊】(*呵) á 嘆 (聞き返して) えっ [～, 什么?] えっ, 何だって ⇨ ā, ǎ, à, a

【啊】(*呵) ǎ 嘆 (強い驚きの) ええっ [～, 他到底怎么了?] ええっ, あいつ一体どうしたんだ ⇨ ā, á, à, a

【啊】(*呵) à 嘆 ①(承諾の) ええ, うん ②(悟ったときの) あっ (そうか) [～, 原来是这样] なんだ, そうだったのか ⇨ ā, á, ǎ, a

【啊】(*呵) a 助 ①文末の語気助詞 ◆親しげなあるいはぞんざいな語気を示す. 感嘆文・疑問文・命令文に頻用される ②文中で間*をおわるときに使う助詞 ◆ともに直前の字の韻母が a・e・i・o・ü・ai・ei のとき ya の音に, u・ou・ao のとき wa の音に, an・en のとき na の音に変わることが多い. それぞれ'呀''哇''哪'と書いてもよい ⇨ ā, á, ǎ, à

【哀】āi ⊗① 悲しむ, 嘆く [～~]悲しい ②哀れむ, 同情する ③悼な, 死を悲しむ [默～]黙祷する

【哀悼】āidào 動 悼む, 哀悼する [～烈士] 烈士を悼む

【哀告】āigào 動 悲しげに告げる [～自己的苦楚] 自分の苦しみを涙ながらに告げる

【哀号】āiháo 悲しみに号泣する, 泣きくずれる

【哀怜】āilián 動 気の毒がる, 同情する [应该～她] 彼女に同情すべきだ

【哀鸣】āimíng〈書〉悲しげに鳴く

【哀求】āiqiú 動 哀願する, 涙ながらに頼み込む [～他不要杀鸡] 鶏を殺さないよう彼に哀願する

【哀思】āisī 名 哀悼の念 [寄托～] 哀悼の念を託す

【哀叹】āitàn 動 嘆き悲しむ [～自己的命运] 自分の巡り合せの悪さを嘆く

【哀痛】āitòng 形 心が痛むほど悲しい [～欲绝] 悲しみに息も絶えそうだ

【哀怨】āiyuàn 形 切なく恨むような, 涙をのむ

【哀乐】āiyuè 〔支・曲〕葬送曲,

哀悼の音楽

【哎】 āi [嘆]（驚き·不満·呼び掛けの）まぁ，おい ♦‘嗳’と書くことも〖～，你在这儿干吗？〗おい，そこで何してる

【哎呀】āiyā [嘆]（驚き·称賛·非難などの）わぁ，まぁ ♦程度により［哎呀呀］［～～］ともいう

★【哎哟】āiyō [嘆]（驚き·痛み·皮肉などの）ああ，おやおや ♦［哎哟哟］［～～］ともいう〖～，真疼啊！〗ああ，痛い

〖埃〗 āi ⊗ほこり［尘～］同前

【挨】 āi [動] ①（順を）追う〖～着数〗順番に［～家～户］一軒ごとに ②（接近して）並ぶ，すぐそばにつく〖～着妈妈〗お母さんと並んでいる
⇨ái

【挨次】āicì [副] 順番に（[同]［挨个儿］）〖～发糖〗一人ずつに飴を配る

【挨肩儿】āijiānr [形]〔定語として〕（兄弟姉妹が）年齢の順に並んだ ♦多く末っ子とそのすぐ上の兄·姉との関係を表わす〖～的哥哥〗すぐ上の兄

【挨近】āijìn [動] 寄り添う，そばに寄る〖挨不近〗近寄れない

【唉】 āi [嘆] ①（相手に応えて）はい ②（ため息の）あぁ［～声叹气］ため息をつく
⇨ài

【挨（捱）】 ái [動] ①…の目に遭う，…される〖～批评〗批判を受ける〖～训〗叱られる〖～打〗ぶたれる ②（時間を）引き延ばす〖～时间〗時間かせぎをする ③（辛さに耐えて）時間を過ごす，辛抱する〖～到天亮〗夜明けまでじりじりと（寝ないで）過ごす
⇨āi

〖皑（皚）〗 ái ⊗白い，真っ白な

【皑皑】ái'ái [形]《書》（雪や霜が）真っ白な，白一色の

【癌】 ái （旧読 yán）[名]〖医〗癌（がん）（[同]［癌瘤］）〖得 dé ～〗癌になる［胃～］胃癌

★【癌症】áizhèng [名] [同]［癌］

〖欸〗 ǎi ⊗［～乃］舟の櫓を漕ぐ音
⇨ē, é, ě, è

【嗳（噯）】 ǎi [嘆]（不満や否定的な語気の）いや，いえ〖～，那怎么行呢？〗いやいや，そんなことできる訳ないよ
⇨ài

【矮】 ǎi [形]（[反]［高］ [関]［低］）①（背，高さが）低い ♦人，木，建物など地面から立っているものの高さについていう〖他个子～〗彼は背が低い ②（地位や等級が）低い

【矮小】ǎixiǎo [形] 低くて小さい（[反]［高大］）〖身材～〗体つきが小さい〖～的房间〗（天井も低く）小さな部屋

【矮子】ǎizi [名] 背の低い人，ちび [反]［高个儿］

〖蔼（藹）〗 ǎi ⊗①なごやかな［和～］同前 ②繁茂する

〖霭（靄）〗 ǎi ⊗もや，かすみ

〖艾〗 ài ⊗①ヨモギ［～蒿］［～草］［蕲 qí ～］ヨモギ［～绒］もぐさ ②尽きる ③美しい ④（A-）姓
⇨yì

【艾滋病（爱滋病）】àizībìng [名]〖医〗エイズ（[同]［HIV］）［～毒］エイズウイルス

【唉】 ài [嘆]（悲しみ惜しむ語気の）あぁ〖～，又没买上〗あぁ，また買えなかった
⇨āi

【爱（愛）】 ài [動] ①愛する，好む〖我～你〗君が好きだ〖对你的～〗君への愛 [反]［恨］ ②…しやすい〖～发脾气〗なにかというと癇癪（かんしゃく）を起こす ③《口》好きにする〖你～吃不吃〗食べるかどうか勝手にしろ

★【爱不释手】ài bú shì shǒu《成》片時も手から放せないほど夢中になる

【爱称】àichēng [名] 愛称，ニックネーム

★【爱戴】àidài [動]（上位の人を）敬愛し支持する（[反]［轻慢］）〖为 wéi 人民所～〗人民から慕われる〖～领袖〗指導者を心から支持する

【爱抚】àifǔ [動] 慈しむ，かわいがる〖～孩子〗子供をかわいがる

【爱国主义】àiguó zhǔyì [名] 愛国主義

★★【爱好】àihào [名] 趣味，好み — [動] 愛好する〖～和平〗平和を愛する〖～京剧〗京劇を好む〖～收集邮票〗切手集めが趣味だ

★★【爱护】àihù [動] 大事に守る，愛護する〖～公共财物〗公共の財産を守る

【爱克斯射线】àikèsī shèxiàn [名] エックス線（通常‘X 射线’と書く）（[同]［爱克斯光］）［～片］X 線写真

【爱理不理】ài lǐ bù lǐ《成》（人に対して）よそよそしく冷たい [同]［爱答不理］

【爱怜】àilián [動] かわいがる，いとおしむ〖对小猫很～〗子猫をかわいがる

【爱恋】àiliàn [動] 恋い慕う，熱愛する〖～的目光〗思慕のまなざし

【爱莫能助】ài mò néng zhù《成》

助けたいのは山々だがその力がない
【爱慕】àimù [動] 慕う，憧れる
★★【爱情】àiqíng [名] (男女の)愛情 ［～镜头］ラブシーン
【爱人】àiren [名] ①夫 [同]［丈夫］ ②妻 [同]［妻子］ ♦ともに大陸での言い方
★★【爱惜】àixī [動] いとおしむ，大切にする 〚～资源〛資源を大事にする
★★【爱心】àixīn [名]〔颗〕愛する心

【嗳(噯)】ài [嘆] (後悔の語気の)あぁ
⇨ǎi

〖嫒(嬡)〗ài ⊗ →［令 lìng ～］

〖暧(曖)〗ài ⊗ うす暗い，ぼんやりとした
★【暧昧】àimèi [形] ①あいまいな，はっきりしない ②うしろ暗い，うさん臭い 〚～的关系〛(主に男女間の)いかがわしい関係

〖隘〗ài ⊗ ①せまい ［狭～］同前 ②要害，天険の地 ［要～］同前
【隘口】àikǒu [名] 山かいの狭い道，要害の地
【隘路】àilù [名] 狭く険しい道，難関

【碍(礙)】ài [動] (…の) 邪魔をする，妨げる ［～手～脚］足手まといになる
【碍口】ài▾kǒu [動] 口に出すのがはばかられる
【碍事】ài▾shì [動] ①邪魔になる，足手まといになる ②〔通常否定形で〕大変なことになる，大きく影響する 〚不～〛どうということはない
【碍眼】ài▾yǎn [動] ①視界の妨げになる，目障りである ②(人前で) 不都合である

【安】ān [動] ①取り付ける 〚～马达〛モーターを付ける ②(人員を) 配置する ③(罪名や題名を) 加える，付ける 〚～个罪名〛(根拠もなしに) 罪名を加える ④(考えを) いだく 〚没～好心〛よい考えをもっていない(よからぬ考えをいだく) — [量]〚電〛アンペア(‘～培’の略)
⊗ ①いずくんぞ，どうして ②いずくにか，どこに ③安定した，満ち足りた ④安全な ［～检］セキュリティーチェック
【安瓿】ānbù [名]〚薬〛アンプル
【安步当车】ān bù dàng chē《成》車に乗るよりむしろ歩いて行く
【安插】ānchā [動] ①(人や物を)配置する 〚～亲信〛腹心の者を配置する ②(文章の1節·場面などを) 差し込む
【安定】āndìng [形] 安定した，落ち着いた 〚生活～〛生活が安定している — [動] 安定させる 〚～人心〛人心を落ち着かせる
【安顿】āndùn [動] (適当な場所に) 落ち着かせる 〚～灾民〛被災者を安全な場所に落ち着かせる — [形] 落ち着いた，平穏な
【安放】ānfàng [動] (一定の場所に) きちんと置く 〚～书籍〛書籍を所定の所へ並べる，安置する [同]［安置］
【安分】ānfèn [形] 身の程をわきまえた，分に安んじた 〚～的人〛分をわきまえた人
【安分守己】ān fèn shǒu jǐ《成》身の程をわきまえて生きる
【安抚】ānfǔ [動] 慰撫(いぶ)する，不安や怒りを鎮める 〚～伤员〛負傷した人(兵士)を見舞う
【安家】ān▾jiā [動] ①(多く転居して) 居を定める ［～落户］同前 ［～费］赴任手当 ②《婉》結婚する，所帯を持つ
★★【安静】ānjìng [形] ①静かな，ひっそりとした 〚教室里～极了〛教室はとても静かだ ②(心が) 安らかな，穏やかな — [動] 静かになる 〚请大家～～〛皆さんお静かに
★【安居乐业】ān jū lè yè《成》心安らかに暮らし楽しく働く，境遇に満足して生きる
【安乐死】ānlèsǐ [動] 安楽死する(させる)
【安乐窝】ānlèwō [名] 快適な住処
【安理会】Ānlǐhuì [名]《略》国連の安全保障理事会 [同]［安全理事会］
【安眠】ānmián [動] ①安眠する，ぐっすり眠る ［～药］睡眠薬 ②《婉》死ぬ，安らかに眠る
★【安宁】ānníng [形] ①平穏な，安泰な ②(心が)安らかな，落ち着いた
★★【安排】ānpái [動] 手配する，段取りをつける 〚～时间〛時間を割りふる 〚～工作〛仕事の手配をする
【安培】ānpéi [量]〚電〛アンペア(略は‘安’)
【安琪儿】ānqí'ér [名]《訳》天使，エンジェル [同]［天使］
★★【安全】ānquán [形] 安全な 〚这儿一定～〛ここはきっと安全だ ［～岛］安全地帯 ［～气囊］エアバッグ
【安然】ānrán [形] ①無事な，平穏な ［～无事］平穏無事だ ②(心が) 安らかな，心配のない
【安设】ānshè [動] 設置する，据え付ける 〚～空调〛エアコンを設置する
【安身】ān▾shēn [動] 身を落ち着ける，居を定める
【安身立命】ān shēn lì mìng《成》暮らしも落ち着き，心のよりどころもある
【安适】ānshì [形] 静かで快適な，心地よい安らぎのある
★★【安慰】ānwèi [動] 慰める — [形] (気分が)快適な 〚得到～〛慰めを得る

【安稳】ānwěn 形 安定した, 穏やかな
【安息】ānxī 動 ① 静かに休む, 眠りにつく 圓[安眠] ②（死者が）安らかに眠る ♦追悼に使う言葉
【安闲】ānxián 形 のんびりした, のどかな
*【安详】ānxiáng 形（態度などが）落ち着いた, ゆったりとした
【安心】ān'xīn 動 ① 心を落ち着ける ②（考えを）いだく, たくらむ 〖安的什么心?〗 どういう考えなんだ ── ānxīn 形 腰のすわった
【安逸(安佚)】ānyì 形 気楽な, 安閑とした
【安营】ān'yíng 動 設営する [～扎 zhā 寨]（軍隊が）設営し駐屯する, (集団で)キャンプを張り滞在する
【安葬】ānzàng 動 埋葬する
*【安置】ānzhì 動（人や物を適当な所に）配置する
*【安装】ānzhuāng 動 取り付ける, 設置する, 組み立てる

【桉】ān ⊗ 〖植〗ユーカリ [～油] ユーカリ油
【桉树】ānshù 图 〖棵〗ユーカリの木 圓[玉树]

【氨】ān 图 〖化〗アンモニア 圓 [阿摩尼亚]〖氨气〗
【氨基酸】ānjīsuān 图 〖化〗アミノ酸
【氨水】ānshuǐ 图 アンモニア水

【鮟(鮟)】ān ⊗ 〖～鱇〗あんこう 圓[老头鱼]

【鞍】ān ⊗ 鞍ś 〖～子〗同前 [～马]（体操の)鞍馬

【谙(諳)】ān ⊗ 熟知するの [～练]《書》熟練

【庵(＊菴)】ān ⊗ ① 庵ia。, 草葺きの小屋 ♦人名や号では"广""盦"とも書く ②（尼僧の住む）庵e [～堂] 同前

【鹌(鵪)】ān ⊗ 以下を見よ
【鹌鹑】ānchun/ānchún 图 〖只〗ウズラ [～蛋] ウズラの卵

【俺】ǎn 代 《方》① 圓 [普] [我们] ② 圓 [普] [我]

【埯】ǎn 動（豆などを）点播ぶる

【唵】ǎn 動 ほおばる ── 嘆 （文の前後に置き）疑問の語気を表す

【岸】àn 图 岸 〖靠～〗岸につける
⊗ ① 高くそびえる ② いかめしい [道貌～然] 表情が(あまりに) 厳かな

【岸标】ànbiāo 图 岸辺の航路標識

【按】àn 動 ①（指や手で）押す, 押さえる ② 抑制する

る, 押さえつける ── 介 …によって, …に従って（依拠する対象を示す）
⊗ ① 勘案する ② 按語を加える

【按兵不动】àn bīng bú dòng 〈成〉兵を抑えて動かず, 時機を待つ ♦行動に慎重であることを例え, 転じて, 引受けた仕事を実行しないことをもいう

【按部就班】àn bù jiù bān 〈成〉整然と順序通り規則正しく事を運ぶ ♦時に, 慣例に縛られ融通のきかないやり方をも形容

【按揭】ànjiē 動 担保貸しをする [～贷款] 住宅ローン

【按劳分配】àn láo fēnpèi 〈成〉労働に応じて分配する ♦生活資材分配に関する社会主義の原則

【按理】ànlǐ 副 理屈では, 本来なら [～说] 理屈からいえば

【按摩】ànmó 動 マッサージする 圓 [推拿]

【按捺(按納)】ànnà 動（感情を）抑える, ぐっとこらえる

【按钮】àn'niǔ 動 ボタンを押す
── ànniǔ 图 押しボタン

【按期】ànqī 副 期限(期日)通りに, 日程をたがえず

*【按时】ànshí 副 時間(期日)通りに

【按说】ànshuō 副 本来なら, 道理からすれば

【按图索骥】àn tú suǒ jì 〈成〉手掛りを頼りに探す

【按需分配】àn xū fēnpèi 〈成〉必要に応じて分配する 圓[按劳分配]

【按语(案语)】ànyǔ 图 按語 ♦本文に対する補充説明として編者や著者が加えた言葉

【按照】ànzhào 介 …に従って, によれば ♦依拠・参照する対象を示す ── 動 …に準拠する, …に基づく

【案】àn ⊗ ① 机, 作業台 ② 事件, 訴訟沙汰 ③ 記録, 保存文書 ④（文書となった）提案, 試案など

【案板】ànbǎn 图（大きな）まな板, 調理台 ♦主に小麦粉をこねてのばしたり切ったりし, 裏側では野菜などを切る

【案秤】ànchèng 图 〖台〗台秤 bàng

*【案件】ànjiàn 图 〖起〗訴訟(裁判) 事件 [民事～] 民事事件

【案卷】ànjuàn 图（機関や団体の）保存文書, 記録

*【案例】ànlì 图 〖件・起〗事件の実例

【案情】ànqíng 图 事件の詳細, 情状

【案头】àntóu 图 机の上

【案子】ànzi 图 ①〖块・张〗(机状の)台 ♦一般に長方形 ②〖件・起〗(法的な意味での)事件

【暗】àn 形 暗い, 圓[亮]
⊗ ① ひそかな(に) ② ぼんやりした

【暗暗】àn'àn 副 ひそかに，こっそりと 〚~(地)赞叹〛ひとりひそかに感心する
【暗藏】àncáng 動 ひそかに隠す，隠れる (同[隐藏]) 〚~武器〛武器を隠し持つ
【暗娼】ànchāng 名 私娼 (同[私娼])[野鸡]
【暗潮】àncháo 名〔股〕(政治運動などの)底流，ひそかな潮流
【暗淡(黯淡)】àndàn 形 暗い，暗鬱な
【暗地里】àndìli/àndìlǐ 名 人の見ていない所，陰(同[暗下里])〚在~干坏事〛陰で悪事を働く— 副 ひそかに，こっそりと (同[暗地])
【暗度陈仓】àn dù Chéncāng《成》隠密裡に事を運ぶ
【暗沟】àngōu 名 暗渠,地下の排水路(同[阴沟])(反[阳沟])
【暗害】ànhài 動 ひそかに陥れる，暗殺する (同[谋害])
【暗号】ànhào 名(~儿)(音や動作などによる)秘密の合図(同[密码])
【暗合】ànhé 動 暗合する，偶然に一致する
【暗记儿】ànjìr 名 秘密の目印
【暗间儿】ànjiānr 名 外と直接はつながらない奥の部屋
【暗礁】ànjiāo 名①〔处·块〕暗礁 ②(転)内に潜んでいた思わぬ障害
【暗流】ànliú 名① 地下や水面下で流動する水 ②(同[暗潮])
【暗楼子】ànlóuzi 名 屋根裏の物置部屋◆天井に入口があり，はしごで上り下りする
【暗杀】ànshā 動 暗殺する (同[暗]
*【暗示】ànshì 動 暗示する 〚~大家快走〛皆に早く行くようそれとなく示す [自我~] 自己暗示
【暗事】ànshì 名 うしろ暗いこと，人目をはばかるようなこと
【暗室】ànshì 名〔间〕暗室
【暗算】ànsuàn 動 ひそかに陥れる
【暗锁】ànsuǒ 名(ドア・箱・引出しなどの)隠し錠◆鍵穴だけが表面に出ている錠
【暗探】àntàn 名 密偵 — 動 ひそかに探る
【暗箱操作】ànxiāng cāozuò 《成》職権乱用の不正な取引,操作 (同[黑箱操作])
【暗笑】ànxiào 動① ひそかに喜ぶ，ほくそえむ ② 陰で嘲笑する
【暗中】ànzhōng 名 暗闇の中，見えない所 — 副 ひそかに，陰で
【暗自】ànzì 副(心中)ひそかに，腹の中で

【黯】 àn ⊗ 暗い，光の乏しい

【黯淡】àndàn 形 同[暗淡]

【黯然】ànrán 形① 暗然とした，気落ちした〚神色~〛顔色が暗い ② 暗い，光のない

【肮(骯)】 āng ⊗ 以下を見よ

【肮脏】āngzāng 形① 汚い，汚れた (同[方])[腌臜 āza](反[干净]) ②(倫理的に)汚い，卑劣な

【昂】 áng 動(顔を)あげる〚~头~得很高〛顔を元気よくあげる
⊗ 高まる，高ぶる

【昂昂】áng'áng 形 意気揚々とした，奮い立つような
*【昂贵】ángguì 形 高価な，値の張る
【昂然】ángrán 形〔多く状語として〕昂然とした，怖いもの無しの
【昂首】ángshǒu 動 顔をあげる (同[俯首])〚~挺胸〛顔をあげ胸を張る〚~阔步〛意気揚々と大またで歩く
【昂扬】ángyáng 形 高揚した，意気らかな [斗志~] 闘志満々の

【盎】 àng ⊗① 古代の甕の一種 ② 盛んな，横溢しそうな
【盎然】àngrán 形 興趣横溢した[喜气~] 歓喜に満ちあふれる
【盎司】àngsī 量(重量・容積単位の)オンス

【凹】 āo 動 へこむ，くぼむ (反[凸])〚~进去了一块〛一部分へこんだ
⇨wā
【凹版】āobǎn 名《印》凹版印刷,グラビア印刷 [照相~] グラビア写真
【凹面镜】āomiànjìng 名〔面〕凹面鏡(同[凹镜])(反[凸面镜])
【凹透镜】āotòujìng 名〔面・块〕凹レンズ〚发散透镜〛(反[凸透镜])
*【凹凸】āotū 名 でこぼこ [~不平] でこぼこした
【凹陷】āoxiàn 形(地面などが)おちこんだ，くぼんだ〚中间~〛真ん中がくぼんでいる

【熬】 āo 動(野菜や肉を)ゆでる
⇨áo

【敖】 Áo ⊗ 姓

【嗷】 áo ⊗[~~] 号泣や叫び声の形容

【廒(*廒)】 áo ⊗ 穀物倉

【嶅】 áo ⊗[~阳]嶅陽(山東省の地名)

【遨】 áo ⊗ 遊ぶ，ぶらぶらする

【遨游】áoyóu 動(広い空や海を)漫遊する，遍歴する〚~太空〛宇宙を駆け巡る

【熬】 áo 動①(粥などを糊状に)ぐつぐつ煮る ② 煮詰

める〖～药〗薬を煎じ出す ③耐え忍ぶ,辛抱する〖～不住〗我慢できない〖～出头〗苦境を脱する
⇨āo
【熬夜】áoyè 動 徹夜する,夜更しする〖熬了两天夜〗二晩も徹夜した

【螯】 áo 名 カニのはさみ

【聱】 áo 名 → [佶屈 jíqū～牙]

【鳌(鰲＊鼇)】 áo 名 伝説の大海亀〖独占～头〗首位の座を占める

【翱】 áo 名 翼を広げて飛ぶ
【翱翔】 áoxiáng 動 (鷹などが) 空に輪を描いて飛ぶ

【鏖】 áo 名 激しく戦う
【鏖战】 áozhàn 動 死力を尽くして戦う〖我部队正与敌～〗我が部隊は現在敵と激戦中

【袄(襖)】 ǎo 名 (～儿)〔件〕裏地のある中国式の上着→[棉 mián～][皮 pí～]

【媪】 ǎo 名 老婦人

【岙(嶴)】 ào 名 山間の平地 ◆多く地名に用いられる

【拗】 ào 名 スムーズでない[～口] 舌がもつれる ◆「折る」の意(方言)では ǎo と発音
⇨niù

【坳】 ào 名 山間の平地 [山～] 同前

【傲】 ào 形 傲慢な,思い上がった〖～得很〗とても傲慢だ
【傲岸】 ào'àn 形《書》傲岸な,誇り高い
【傲骨】 àogǔ 名 気骨
【傲慢】 àomàn 形 傲慢な,横柄な〖态度～〗態度が横柄だ
【傲气】 àoqi 名〔股〕高慢ちき(な様子),思い上がり ― 形 思い上がった
【傲然】 àorán 形《多く状態に用〉毅然とした,何物にも屈せぬ〖～挺立〗誇り高くそびえ立つ
【傲视】 àoshì 動 横柄に見る,扱う,見下す

【鏊】 ào 名 以下を見よ
【鏊子】 àozi 名 '烙饼' を焼く鉄板

【奥】 ào 形 ① 奥深い ② 音訳用字として [～地利] オーストリア [～特曼] ウルトラマン ③ (A-)姓
*【奥秘】 àomì 名 神秘〖生命的～〗生命の神秘
【奥妙】 àomiào 形 深遠な,不可思議な〖～难解〗奥が深く解し難い ― 名 深遠な道理,妙理
【奥运会】 Àoyùnhuì 名《略》オリンピック大会 ⓒ[奥林匹克运动会]

【澳】 ào 名 ① 海湾,入り江 ② (A-) マカオ [～门] 同前 [港～] ホンコンとマカオ ③ (A-) オーストラリア [～大利亚][～洲] 同前

【懊】 ào 名 悔やむ,いらいら悩む
【懊悔】 àohuǐ 動 後悔する〖～不该说这话〗それを言わねばよかったと悔やむ
【懊恼】 àonǎo 形 悩みもだえる
【懊丧】 àosàng 落胆する,がっくり滅入る〖～着脸〗がっかりした顔をしている

【奡】 ào 名 強健な

B

【B2C】[名] BtoC ♦電子商取引のうち，企業(business) と一般消費者(consumer)の取り引き
【B超】B chāo [名] ① 超音波診断 ②超音波検査機
【B股】B gǔ [名] B株 ♦米ドルによって売買される中国企業株. 中国国内投資家以外の投資家も投資可能
【BD】[名] ブルーレイ [同][蓝光]
【BP机】BP jī [名] ポケットベル

【八】bā (他の第4声の字の前では bá と発音されることも) [数] 8 [～月] 8月 [第～] 8番目の
【80后】bālínghòu [名] 1980年代に生まれた世代 ♦一人っ子政策の正式開始後に出生し，改革開放政策の進展とともに育っている世代
【八宝菜】bābǎocài [名] クルミ，チシャ(萵苣)，アンズ，キュウリ，ピーナツなどを混ぜて作る醤油味の漬物
【八宝饭】bābǎofàn [名] もち米にナツメ，ハスの実，リュウガン，こしあんなどを加え甘く蒸した食品
【八成】bāchéng [名] 8割，80パーセント 〖～新〗8割がた新しい ━ [副] (～儿) おおかた 〖～儿去不了〗おそらく行けないでしょう
【八竿子打不着】 bā gānzi dǎbuzháo 《俗》とてつもなく長い竿(さお)でも届かない ♦非常に遠い親戚を形容する
【八哥】bāge [名] (～儿) 〔只〕九官鳥
【八股】bāgǔ [名] 八股(はっこ)文(科挙の答案に使われた文体. 形式上の厳しい制約があった)；《転》空虚な文章や講演 〖～式的文章〗無内容で紋切型の文章
【八卦】bāguà [名] 八卦(はっけ)
【八九不离十】bā jiǔ bù lí shí 《俗》十中八九(まちがいなし) 〖被他猜了个～〗彼に九分どおり言い当てられた
【八路军】Bālùjūn [名] 八路軍 ♦抗日戦争期，中国共産党の指導下の国民革命軍第八路軍. 主に華北で戦った
【八面光】bāmiànguāng [名]《貶》八方美人
【八面玲珑】bāmiàn línglóng 《成》八方美人的な，誰ともうまく折り合える
【八旗】bāqí [名]〖史〗八旗 ♦清代満洲族の軍事組織，かつ戸籍の編制. 蒙古八旗，漢軍八旗もある
【八仙】bāxiān [名] 八仙 ♦'汉钟离，张果老，吕洞宾，李铁拐，韩湘子，曹国舅，蓝采和，阿仙姑'の8仙人 [～过海，各显其能] 各自が特技を発揮する
【八仙桌】bāxiānzhuō [名] (～儿) 〔张〕1辺に椅子が2脚ずつある，8人掛けの正方形のテーブル
【八一建军节】Bā-Yī Jiànjūnjié [名] 中国人民解放軍建軍記念日 ♦1927年8月1日の南昌蜂起に由来
【八月节】Bāyuèjié [名] (陰暦8月の) 中秋節 [同][中秋节]
【八字】bāzì [名] 誕生の年月日および時刻を表わす十干十二支の8文字 ♦縁談や運勢占いに使われる [同][生辰～]
【八字儿没一撇儿】bā zìr méi yì piěr 《俗》八の字の最初の1画すらも書いていない，まだ目鼻さえついていない状態である

【扒】bā [動] ① へばりつく，すがりつく 〖～着树枝〗枝にすがる ② 掘る，掘りくずす 〖～坑〗穴を掘る ③ かき分ける 〖～开草丛〗草むらをかき分ける ④ はぐ 〖～皮〗皮をはぐ，ピンはねする
⇨pá

〖叭〗bā [×] 以下を見よ
【叭儿狗(巴儿狗)】bārgǒu [名] 〔条・只〕狆(ちん)，ペキニーズ [同][哈巴狗]

【巴】bā [動] ① くっつく 〖油漆～在衣服上〗ペンキが服につく ② へばりつく，からみつく ③ 《方》開ける ━ [量] (圧力単位の) バール [毫～] (気圧の) ミリバール
[×] ① 待ち望む [～望]《方》同前 ② くっついたもの→[锅～] ③ (B-) 四川東部の雅名 ④ (B-) 姓 ⑤ 音訳用字 [～黎] パリ [～西] ブラジル [～塞杜氏病] バセドウ病 [～松]《音》バスーン
*【巴不得】bābude/bābudé [動]《口》待ち望む，心底(しんそこ)から願う 〖～快点儿回国〗早く帰国したくてたまらない
*【巴结】bājie [動] 取り入る，へつらう 〖～上司〗上司におべっかを使う ━ [形]《方》一生懸命の
【巴儿狗(叭儿狗)】bārgǒu [名] 〔条・只〕狆(ちん)，ペキニーズ [同][哈巴狗]
【巴士】bāshì [名]《方》バス
【巴掌】bāzhang [名] 平手，手の平 〖给了一～〗びんたを食らわす

【吧】bā [擬] (堅いものが) 折れたり割れたりする音を表わす ━ [動]《方》(タバコを) 吸う
[×]《訳》バー，酒場→[酒～]
⇨ba
【吧嗒】bāda [動] 唇を開閉して音を出す [同][吧唧 bāji]

〖芭〗bā [×] 以下を見よ

【芭蕉】bājiāo 图 芭蕉(の実)
【芭蕾舞】bālěiwǔ 图 バレエ(㊂[～剧])［跳～］バレエを踊る

【疤】bā ①傷あと，できものあとのあと〖结～〗傷口がかさぶたになる ②(器物などの)傷
【疤痕】bāhén 图〖块・条〗傷あと〖留下～〗傷あとが残る
【疤瘌(疤拉)】bāla 图㊂[疤]

【笆】bā ⊗ (竹や籐の)かご［竹篓～〗竹かご
【笆斗】bādǒu 图 (底が平らでなく半月形にふくらんだ)かご◆柳の枝などで編む
【笆篓】bālǒu 图 背負いかごの一

【粑】bā ⊗ →[糌 cí～]

【捌】bā 数 '八'の字义

【拔】bá 勔 ①抜く〖～牙〗歯を抜く ②('拔罐子'などの方法で)吸い出す〖～脓〗うみを吸い出す ③声を高める〖～嗓子〗高い声を出す ④攻め落とす〖～掉敌人三个据点〗敵の3拠点を奪い取る ⑤〖方〗(冷水で)冷やす ⊗①抜擢 zhuó する，選抜する→[提 tí～]②抜きん出る(→[海 hǎi～])［～地而起〗そそり立つ
【拔除】báchú 勔 ①根こそぎ抜き取る ②攻め落とす
【拔罐子】bá guànzi 勔〖医〗吸い玉で(毒やうみを)吸い出す◆熱した缶を患部に伏せ，鬱血 xuè を起こさせて毒素や，うみを体外に出させる ㊂〖方〗[拔火罐儿]
【拔河】báhé 勔 綱引きをする
【拔尖儿】báˇjiānr 勔 ①群を抜く，抜きん出る ②出しゃばる
【拔节】báˇjié 勔 (イネ，コムギ，コーリャン，トウモロコシなどの)茎が急速に伸びる
*【拔苗助长】bá miáo zhù zhǎng (成)(苗を引っ張って成長を早めようとする＞)焦って事をし損じる ㊂[揠 yà 苗助长]
【拔取】báqǔ 勔 抜擢する，選抜する
【拔丝】báˇsī 勔 ①〖工〗金属を線状に引き伸ばす ②(あめ状の砂糖が)糸を引く［～苹果〗あめ状の砂糖につけて食べる揚げりんご
【拔腿】báˇtuǐ 勔 ①さっと踏み出す〖～就跑〗いきなり駆け出す ㊂[撒退] ②(忙中を)抜け出す〖抜不出腿来〗抜け出せない
【拔擢】bázhuó 勔〖书〗抜擢 zhuó する

【跋】bá 图〖篇〗跋文 bás̀，後序 ⊗ 山野を行く→[～涉]
【跋扈】báhù 图 横暴な，乱暴きわまる〖专横～〗横暴を極める
【跋涉】báshè 勔〖书〗(山河を)跋渉

bié する［长途～〗幾山河にわたる長旅をする
【跋文】báwén 图〖篇〗跋文

【魃】bá ⊗ →[早 hàn～]

【把】bǎ 勔 ①握る，手に持つ〖～着栏杆〗手すりをつかむ ②(権力などを)握る，掌握する ㊂[把持] ③(子供をかかえて)尿便をさせる〖～他尿〗彼におしっこをさせる ④見張る，番をする ㊂[把守] ⑤(裂け目など)つなぎとめる〖～住裂缝〗裂け目を留め合わせる ⑥(口)ぴたりと寄り添う〖～着门口放着一把笤帚〗入口のところにほうきが置いてある — 介 ①(既知の)直接目的語を動詞の前に出して処置(や使役)を表立たせる．動詞は補語などなんらかの成分を伴うことが必要〖～信交了〗(あの)手紙を渡した〖不要～书乱放〗(それらの)本をあちこち乱雑に置くな〖～门关上〗(その)ドアを閉めて〖～它翻成中文〗それを中国語に直しなさい〖～他急死了〗彼を本当に慌てさせた ②動作主を客語に取り不如意な事柄を表わす〖偏偏～老李病了〗折悪しく李さんが非入口になってしまった — 量 ①柄のあるもの('伞''椅子'など)を数える〖一～菜刀〗包丁1本 ②ひとつかみのものを数える〖一～米〗米ひとつかみ ③抽象的なものを数える〖加一～劲儿〗もうひと頑張りする ④手の動作に使う〖抓了一～〗ぎゅっとつかまえる — 勔〖百〗'千''万'や'里''丈''斤'などの量词に後置され概数を表わす〖千～人〗千人ほどの人〖个～月〗1か月ほど
⇨ bà
【把柄】bǎbǐng 图 (転)決定的に不利な材料〖抓住～〗弱みを握る
【把持】bǎchí 勔 ①〖贬〗一手に握る，牛耳る〖～文艺界〗文壇を牛耳る ②(感情などを)抑える，抑制する
【把关】bǎˇguān 勔 ①関所を守る ②(転)一定の規準を守り抜く，厳しくチェックする〖把好质量关〗品質をしっかり管理する
【把脉】bǎmài 勔 ①脉をとる ㊂[号脉] ②情勢を把握する
【把势(把式)】bǎshi 图 (口) ①武術〖练～〗武芸を磨く ②武術家，(各分野の)達人〖花～〗(腕のいい)植木屋
【把守】bǎshǒu 勔 (要所を)守る，番をする〖～关口〗関所を守る
*【把手】bǎshou (báshou と発音) 图 ①(たんすなどの)引手，取っ手，(ドアの)ノブ[拉手] ②(器物の)柄，握り ㊂[把儿 bàr]

【把头】bǎtou/bǎtóu 图(土木，運送業などの)ボス，頭

【把玩】bǎwán 動〖書〗(手にとって)賞玩する

*【把握】bǎwò 動①握る，手でつかむ ②(抽象的な意味で) とらえる，つかむ〖～时局〗時局を把握する ― 图 確信,自信〖有～〗自信がある

*【把戏】bǎxì 图①軽業人，(小規模の)曲芸〖耍～〗軽業をやる ②ぺてん，ごまかし〖鬼～〗同前

【把兄弟】bǎxiōngdì 图 兄弟分，義兄弟 ◆年長の者を'把兄'，年下の者を'把弟'という 樹〖盟兄弟〗

【把子】bǎzi 图①束 ②〔演〕立ち回りの武器，またその所作〖练～〗立ち回りの練習をする ③義兄弟のこと〖拜～〗義兄弟となる ― 量①ひとつかみのものを数える〖一～秋秸〗コーリャン殻ひとつかみ ②一群の〖一～流氓〗数人のごろつき ③抽象的なものを数える〖加～劲儿〗もうひと頑張りする

【屄】bà 動〖方〗便をする 樹〖普〗[拉屎]

【屄屄】bàba 图 うんち

【靶】bǎ ⊗(弓や射撃の)的〖～子〗同前

【坝】(壩) bà 图①〔道〕堤，土手 ②〔座〕堰〖水～〗ダム ⊗山間の平地，平野 ◆地名用字としても

【坝子】bàzi 图①〔道〕堤，土手 ②(西南地方で)山間の平地

【把】(*欛) bà (～儿)①柄，把手 ②(植物の)葉柄〖苹果～儿〗リンゴのへた
⇨bǎ

【把子】bàzi 图 柄，把手〖刀～〗ナイフのつか

【爸】bà 图〖口〗お父さん ◆呼掛けにも使う〖～的病〗お父さんの病気

*【爸爸】bàba 图 お父さん 樹〖父亲〗

【耙】(*欛) bà 图 まぐわ 動 まぐわで土をならす，こなす
⇨pá

【罢】(罷) bà ⊗①やめる，停止する ②解雇する，解任する
⇨ba(吧)

【罢工】bà'gōng 動 ストライキをする〖总～〗ゼネスト

【罢课】bà'kè 動 (学生が)ストライキをする，授業をボイコットする

【罢了】bàle 動『文末に置かれ，常に'不过'‧'只是'などと呼応して』…だけど，…にすぎない〖不过这样说说～〗ちょっと言ってみただけだ

【罢免】bàmiǎn 動 罷免する，リコールする

【罢市】bà'shì 動 商人がストライキをする，一斉同盟閉店する

【罢休】bàxiū 動 (中途で)やめる，投げ出す(樹〖甘休〗)〖决不～〗絶対にやめない

【鲅】(鲅) bà ⊗〖～鱼〗(鲌鱼)サワラ ◆'鲌'(カワヒラ)はbóと発音

【霸】(*覇) bà 图①覇者，覇王 ②ボス，圧制者 ③覇を唱える，力で支配する

*【霸道】bàdào 图 覇権政策，強権政治(樹〖王道〗) ― 圈 横暴な，力づくの
―― bàdao 圈(酒や薬が)きつい，強烈な〖药性～〗薬性が強い

【霸权】bàquán 图〖政〗覇権 ◆国際政治において強大な軍事力を背景に主導権を握るやり方(樹〖王权〗)〖～主义〗覇権主義

【霸王】bàwáng 图 覇王，暴君

【霸占】bàzhàn 動〖貶〗占拠する，占領する 樹〖强占〗

【霸主】bàzhǔ 图 覇者，盟主

【灞】bà ⊗(B-) 灞水(陝西省の川)

【吧】(罷) ba 動①文末で提案，依頼の語気を表わす〖走～〗出掛けよう ②文末で同意の語気を表わす〖好～！〗(それで) いいでしょう ③文末で推量の語気を表す〖不会错～〗間違いないでしょう ④従文の文末で，仮定やためらいの語気を表わす
⇨'吧'についてはbā，'罷'についてはbà

【掰】(*擘) bāi 動 両手で割る，折る，押し広げる〖～腕子〗腕相撲をする

【白】bái 圈①白い ②(字音，字形が) まちがった〖把字写～了〗他の字に書きまちがえた ― 圖①無駄に〖～忙了一天〗むなしく一日を忙しく過した ②無料で，無報酬で〖～给〗ただであげる
⊗①明らかな〖真相大～〗真相が明白になる ②素地のままの，混ぜ物のない ③葬儀の〖～事〗 ④劇中のせりふ〖独～〗独白，モノローグ ⑤述べる〖表～〗はっきり述べる ⑥反革命の，反共の〖～军〗反革命軍 ⑦(B-)姓

【白皑皑】bái'ái'ái 圈(～的)(雪などが)真っ白な

【白案】bái'àn 图(～儿)炊飯係 ◆厨房での一分担．炊飯のほか'馒头'‧'烙饼'なども担当

【白白】báibái 圖 いたずらに，むざむざと〖～(地)花掉〗(お金を)無駄に

【白班儿】báibānr 图〔口〕(3交替制の)日勤(⇨[日班])(⇨[中班][夜班])[上～]昼間の仕事に出る
【白报纸】báibàozhǐ 图新聞印刷用紙
【白璧微瑕】bái bì wēi xiá〈成〉玉に瑕,ほんのわずかな欠点
【白菜】báicài 图〔棵〕ハクサイ
【白痴】báichī 图〖医〗① 白痴 ② 白痴者
【白搭】báidā 动〔口〕無駄に費す,無駄である[～了五个小时]5時間を無駄にした[真是～]まったくの無駄手間だ
【白地】báidì 图 ① 作物を植えていない田畑 ② さら地,空地 ③ (～儿)白地,白無地
【白癜风】báidiànfēng 图〖医〗白斑,しらはだ ⇨[白斑病]
【白垩纪】bái'èjì 图〖地〗白亜紀
【白发】báifà 图〔根〕しらが
【白矾】báifán 图 明礬ばん ⇨[明矾]
【白饭】báifàn 图 ① (特におかずと対比して)白米のめし ② (転)ただ飯ゆ
【白费】báifèi 动 無駄に費やす[～唇舌][～唾沫]一生懸命話したことが無駄骨に終わる
【白干儿】báigānr 图 バイカル ◆コーリャン,トーモロコシなどから造られる蒸留酒 ⇨[白酒][烧酒]
【白宫】Báigōng 图 アメリカの大統領官邸,ホワイトハウス
【白鹤】báihè 图〔只〕タンチョウヅル ⇨[丹顶鹤]
【白喉】báihóu 图〖医〗ジフテリア
【白花花】báihuāhuā 形 (～的)白く輝く,まぶしい白さの[～的水面]きらきらと白く輝く水面
【白话】báihuà 图 ① 口語体,白話はっく(⇨[文言])[～诗]口語詩 ② 空言,ほら話
【白桦】báihuà 图〔棵〕シラカバ
【白灰】báihuī 图 (白い)石灰 ⇨[石灰]
【白金】báijīn 图 ① プラチナ,白金 ⇨[铂] ②〈書〉銀
【白净】báijing 形 (皮膚などが)透き通るように白い[～的脸]色白の顔
【白酒】báijiǔ 图 蒸留酒 ⇨[白干儿][烧酒]
【白驹过隙】bái jū guò xì〈成〉白馬が隙間の向こうを(素早く)走り過ぎる,光陰矢の如し ⇨[光阴似箭]
【白卷】báijuàn 图 (～儿)白紙答案[交～]白紙答案を出す
【白开水】báikāishuǐ 图 白湯ゆ ◆熱いのを'热～',湯ざましを'凉～'という
【白蜡】báilà 图 白蠟ろう,蜜蠟みつ

【白兰地】báilándì 图〈訳〉ブランデー
【白梨】báilí 图 ナシの一種
【白莲教】Báiliánjiào 图〖史〗白蓮教ばんきょう ◆元,明,清の3代にわたる秘密結社
【白磷】báilín 图 黄燐りん ⇨[黄磷]
【白领阶层】báilǐng jiēcéng 图 ホワイトカラー
【白露】báilù 图 白露はく ◆二十四節気の一.陽暦の9月7〜8日ころに当たる
【白茫茫】báimángmáng 形 (～的)(見渡すかぎり)白一色の
【白米】báimǐ 图 ① 白米 ⇨[糙米] ② (一般的に)米ね
【白面】báimiàn 图 小麦粉,メリケン粉
【白面书生】báimiàn shūshēng 图 色白の(文弱な)インテリ
【白面儿】báimiànr 图 (麻薬としての)ヘロイン ⇨[海洛因]
【白内障】báinèizhàng 图〖医〗白内障
【白皮书】báipíshū 图 白書,政府報告書
【白热】báirè 形 白熱化した(⇨[白炽])[～化](転)白熱化する
【白刃】báirèn 图 さやから抜いた刀,鋭利な刃物[～战]白兵戦
【白日】báirì 图 ① 白日,太陽 ② 白昼,日中[～做梦]実現不可能なことを妄想する
【白色】báisè 图 白い色 ― 形(定語として) ① 反革命の[～恐怖]白色テロ ② (報酬などについて)正規の[～收入]正規の収入 ⇨[灰色][黑色]
【白色垃圾】báisè lājī プラスチックごみ
【白食】báishí 图 ただ飯[吃～]ただ飯を食う
【白事】báishì 图 葬事,葬式 ⇨[葬礼]
【白手】báishǒu 图 素手[～起家]裸一貫から身を起こす
【白薯】báishǔ 图〔块・个〕サツマイモ ⇨[甘薯][红薯]
【白糖】báitáng 图 白砂糖 ◆グラニュー糖は'白砂糖''纯正砂糖'という ⇨[红糖]
【白天】báitiān 图 昼間
【白铁】báitiě 图〔口〕トタン ⇨[镀锌铁]
【白铜】báitóng 图 白銅
【白头】báitóu 图〈書〉白髪(の老人)[～偕老(到老)]夫婦そろって長生きする
【白文】báiwén 图 ① (注釈つき書籍の)本文 ② (注釈抜きの)本文のみの単行本 ③ (印章の)陰文いん,白抜きの文字

【白皙】báixī 形《書》白皙はくせきの、色白の

【白熊】báixióng 名〔头〕シロクマ 同[北极熊]

【白癣】báixuǎn 名〔块〕[医]白癬はくせん、しらくも

【白血病】báixuèbìng 名 白血病 ♦一般に'血癌'という

【白血球】báixuèqiú 名 白血球 同[白细胞] 同[红血球]

【白眼】báiyǎn 名（～儿）白い目、冷たい目付き［翻～］白目をむく
—— bái‘yǎn 動 白い目で見る［～了他一眼］彼を冷たい目付きで見た

【白眼珠】báiyǎnzhū 名（眼球の）白目［～子］

【白杨】báiyáng 名〔棵〕ハクヨウ ♦ポプラの一種

【白羊座】báiyángzuò 名 おひつじ座

【白夜】báiyè 名（両極地方の）白夜

【白衣战士】báiyī zhànshì《转》医療関係者（医師や看護婦など）

【白蚁】báiyǐ 名〔只〕シロアリ

【白银】báiyín 名（特に貨幣としての）銀

【白纸黑字】bái zhǐ hēi zì《成》白い紙に書いた黒い字 ♦有無を言わせない証拠や契約書を形容

【白昼】báizhòu 名《書》白昼

【白族】Báizú 名 白族 ♦中国少数民族の一、主に雲南省に住む

【拜】bái ⊗［～～］（口）さよなら（する） ⇨bài

【百】bǎi 数 百（大字は'佰'）[一～] 100 [一～零一] 101
⊗①百、百の［～分之三］100分の3；3パーセント［～分之～］100パーセント ②沢山の、もろもろの［～忙之中］お忙しいところ

【百般】bǎibān 副 いろいろと、あれこれと［～劝解］手を尽くしてなだめる

【百尺竿头，更进一步】bǎichǐ gāntóu, gèng jìn yíbù《成》百尺竿頭かんとう、さらに一歩を進む、成果の上にさらに努力を重ねる

【百出】bǎichū 動〈貶〉百出（頻出）する、ぼろぼろ出てくる［错误～］誤りが百出する

【百川归海】bǎi chuān guī hǎi《成》（すべての川は海に流れ込む＞）人や物が帰趨きすうを等しくする

【百度】Bǎidù 名 Baidu ♦検索エンジンの一

【百儿八十】bǎi'er bāshí 数 百ほど、百そこそこ［～中十有八九、九分九厘〔～是他干的］十中八九彼がやったことだ

【百发百中】bǎi fā bǎi zhòng《成》①（弓や射撃が）百発百中する ②成功まちがいなし、100パーセント大丈夫

【百分】bǎifēn 名 ①（～儿）トランプ遊びの一種 ②（テストの）百点［得～］百点を取る

【百分比】bǎifēnbǐ 名 百分比、パーセンテージ

*【百分点】bǎifēndiǎn 名（パーセンテージの）ポイント［下降3个～］3%下がる

【百分号】bǎifēnhào 名 パーセント記号(%)

【百分率】bǎifēnlǜ 名 百分率、パーセンテージ

【百合】bǎihé 名［植］①ユリ［～花］ユリの花 ②ユリの鱗茎りんけい、ゆり根

【百花齐放】bǎi huā qí fàng《成》様々な芸術が百花のごとく咲き誇る

【百货】bǎihuò 名 百貨、あらゆる日用商品［～商店］［～大楼］デパート

【百家争鸣】bǎi jiā zhēng míng《成》さまざまな学派が自由に学説を述べ、論争を展開する ♦本来は先秦時代の諸子百家の状況をいう 同[百花齐放]

【百科全书】bǎikē quánshū 名〔套・部〕百科全書、百科事典

【百里挑一】bǎi lǐ tiāo yī《成》選りすぐりの

【百年大计】bǎinián dàjì 名 百年の大計、長い将来を見越した計画

【百日咳】bǎirìké 名 百日咳

【百十】bǎishí 数 百前後［～里地］100里(50キロメートル)ほどの距離

【百思不解】bǎi sī bù jiě《成》いくら考えてもわからない

【百闻不如一见】bǎi wén bùrú yíjiàn《成》百聞は一見にしかず

【百无聊赖】bǎi wú liáolài《成》退屈極まりない

【百无一失】bǎi wú yì shī《成》万に一つも間違いがない、決してミスは犯さない

【百姓】bǎixìng 名 民衆、庶民［老～］一般大衆

【百叶箱】bǎiyèxiāng 名 百葉箱

【百折不挠】bǎi zhé bù náo《成》不撓不屈の、挫けることを知らない 同[百折不回]

【柏(＊栢)】bǎi ⊗ コノテガシワなどの総称［～树］'圆柏''侧柏''罗汉柏'などの木 ♦'柏林(ベルリン)'では bó、'黄柏'(キハダ)では bò と発音

【柏油】bǎiyóu 名 アスファルト（同[沥青]）［～路］アスファルト道路

【摆(擺)】bǎi 動 ①ならべる、置く ②見せびらかす［～资格］経歴をひけらかす ③振る、揺り動かす［～手］手を振る ④《方》話す

⊗ (時計などの) 振り子 [钟~] 時計の振り子

【襬】(襬)
【摆布】bǎibu/bǎibù 動 ①しつらえる,(家具などを) 配置する ②(人を) 操る,意のままにする 『不要随意~我』私のことを勝手に決めないで
【摆动】bǎidòng 動 振る,揺らす,揺れる 『~双手』両手を振る 『钟摆~着』振り子が揺れている
【摆渡】bǎidù 動 〈書〉(船で) 渡る,渡す 『~乘客』渡し船で客を渡す — 〔只・条〕渡し舟 ⊕[~船]
【摆架子】bǎi jiàzi 動 威張る,格好をつける 『摆臭架子』威張りくさっている
【摆门面】bǎi ménmian 動 上辺を飾る,見栄を張る
【摆弄】bǎinòng 動 ①いじる ②(人を)もてあそぶ,おもちゃにする
【摆平】bǎipíng 動 公平に処理する 『摆不平』公正な処置ができない
【摆设】bǎishè 動 (室内の) 飾りつけをする,(家具や美術工芸品を) 配置する
—— bǎishe 名 室内装飾品;(転) (見た目はよいが実用価値のない) 飾り
【摆摊子】bǎi tānzi 動 ① 露店を出す ②(転)(仕事の準備などが) 品物や道具を並べる ♦ 見栄で機構を拡大することなどにもいう
*【摆脱】bǎituō 動 (苦境などから) 抜け出す 『~恶劣的环境』劣悪な環境を脱する
【摆钟】bǎizhōng 名〔座〕振り子時計

【败】(敗) bài 動 ①負ける,敗れる(⊗[胜] ⊕[输]) 『敌军~了』敵が負けた ②駄目にする 『这个家让他给~了』この家は彼のせいで駄目になった ③(植物が) しぼむ 『花儿~了』花がしおれた
⊗ ① 負かす,破る [大~](敵を)大いに破る ② 失敗する [~笔](文や絵の) 失敗部分
*【败坏】bàihuài 動 (名誉などを) 損なう,駄目にする 『~门风』家名に傷をつける
【败家子】bàijiāzǐ 名 (~儿) 放蕩息子,道楽息子 ♦ しばしば国家財産を浪費する輩を例える
【败类】bàilèi 名 (集団の中の) かす,くず,腐敗分子 [社会~]社会のくず
【败露】bàilù 動 露顕する,ばれる 『他的阴谋全~了』彼の陰謀はすべて暴かれた
【败落】bàiluò 動 凋落する,没落する

【败诉】bàisù 動 敗訴する,訴訟に負ける
【败兴】bài'xìng 動 興を殺ぐ,気分をこわす(⊕[扫兴]) 『败了大家的兴』皆を白けさせた
【败血症】bàixuèzhèng 名 敗血症
【败仗】bàizhàng 名〔次・场〕負け戦(⊗[胜仗]) [打~]戦いに敗れる
【败子】bàizǐ 名〈書〉放蕩児

【拜】bài 動 ①礼(お辞儀)をする,拝む ②挨拶に伺う 『~街坊』近所への挨拶回りをする ③(恭しく)関係を結ぶ,仰ぐ 『~他为老师』その人を師と仰ぐ,弟子になる
⊗ ①敬う [崇~]崇拝する ②謹んで,有難く [~读]拝読する ③(地位や資格を) 授かる,拝命する ④(B-)姓
⇒ bái
【拜拜】bàibài báibái の旧読
*【拜访】bàifǎng 動〈謙〉訪問する,伺う 『~老师』先生を訪ねる [礼节性~]表敬訪問
【拜会】bàihuì 動〈謙〉(賓客と)会見する,お目に掛かる
【拜火教】Bàihuǒjiào 名〈宗〉拝火教,ゾロアスター教(⊕[袄 xiān 教])
【拜见】bàijiàn 動〈謙〉(賓客と)会見する,お目に掛かる
【拜年】bài'nián 動 年始の挨拶に行く,年賀を述べる
【拜扫】bàisǎo 動 墓参する,墓を清め拝む 『~祖坟』先祖の墓に詣でる
【拜师】bài'shī 動 師事する,仰ぐ 『拜你为师』あなたの弟子となります
【拜寿】bài'shòu 動 (高齢者の)誕生日を祝う,(誕生日に)長寿を祝う
【拜托】bàituō 動〈謙〉(用事を) お願いする 『~你一件事』一つ用事をお頼みしたい

【稗】bài ⊗〈植〉ヒエ [~子]同前

【扳】bān 動 (固定しているのを)引く,向きを変える 『~着指头算』指を折って数える
【扳不倒儿】bānbudǎor 名 起き上がりこぼし ⊕[不倒翁]
【扳机】bānjī 名 (鉄砲の)引き金 『扳~(扣~,搂~)』引き金を引く
【扳手】bānshou 名 ①〔把〕スパナ,レンチ ⊕[扳子] ②(器物の)引き手,レバー

【班】bān 名 ①班,クラス ②仕事の時間,勤務 [上~]出勤する ③〔軍〕分隊 —量 ①一群の人を数える ②交通機関の便数を数える 『这一~飞机』今回の便の飛行機
⊗ ①定期的(定時)に運行される

② (軍を)動かす,移動させる ③ (B-)姓

【班车】bānchē 图〔次・趟〕定期バス ◆機関や団体が職員用に定時に所定コースを運行する

【班次】bāncì 图 ① 交通機関の便数 ② クラスの順

【班房】bānfáng 图 ① 牢屋ろう,監獄〖蹲～〗牢屋に入る ② 番所,詰め所

【班机】bānjī 图〔次・趟〕(空の) 定期便

【班级】bānjí 图 学年とクラス

【班轮】bānlún 图〔次・趟〕定期船 ◆連絡船,フェリーボートなど

【班门弄斧】Bān mén nòng fǔ〔成〕(大工の名人魯班の家の前で斧をもてあそぶ>) 釈迦に説法,孔子に道を説く

【班长】bānzhǎng 图 ① 班長,級長,チームリーダー ②〔軍〕分隊長

*【班主任】bānzhǔrèn 图 クラス主任

【班子】bānzi 图 ①(芝居の) 一座〖戏～〗芝居の一座 ②(任務遂行のための) 組織〖领导～〗指導グループ

【颁】(頒) bān ⊗ 公布する,広く配付する

*【颁布】bānbù 動 公布する

*【颁发】bānfā 動 ①公布する,発布する ②(賞状などを)授与する

【颁行】bānxíng 動 公布施行する

【般】bān 助 …のような〖兄弟～的关系〗兄弟のような関係〖这～〗このような ◆'般若'(はんにゃ)は bōrě と発音

【般配(班配)】bānpèi 動 (結婚相手どうし,服装と身分などが)つりあう

【搬】bān 動 ①運ぶ,移す ②引越す,移転する〖～迁〗同訓 ③そっくり当てはめる,そのまま引用する〖～用〗敷き写しにする

【搬家】bānˈjiā 動 引越す,転居する

【搬弄】bānnòng 動 ①(手で)動かす,いじる ②ひけらかす ③そそのかす〖～是非〗ごたごたが起きるようしむける

【搬起石头打自己的脚】bānqǐ shítou dǎ zìjǐ de jiǎo〔俗〕(相手にぶつけるつもりで石を持ち上げてかえって自分の足をたたく>) 天に唾はきする

【搬运】bānyùn 動 (多量の貨物を)運搬する,輸送する〖～工人〗運送労働者

【瘢】bān 图 傷痕,かさぶた 同訓〖瘢痕〗

【斑】bān 图 ① 斑点,まだら ② 斑点のある,まだらの

【斑白(班白・颁白)】bānbái 形〔書〕白髪まじりの,ごましお頭の 同訓〖花白〗

【斑斑】bānbān 形 斑点の多い,一面まだらの〖血迹～〗血痕けっが点々としている

【斑驳(班驳)】bānbó 形〔書〕まだら模様の,ぶちの

【斑点】bāndiǎn 图 斑点〖～病〗植物の斑点病

【斑鸠】bānjiū 图〔只〕〔鳥〕キジバト

【斑斓(斒斓)】bānlán 形〔書〕絢爛たる

【斑马】bānmǎ 图〔匹〕シマウマ

【斑秃】bāntū 图〔医〕まだら状の脱毛症 同訓〖鬼剃头〗

*【斑纹】bānwén 图 縞模様

【斑竹】bānzhú 图 斑竹だけ ◆表面に褐色の斑文のある竹で杖や筆の軸に使う 同訓〖湘妃竹〗

【坂】(*阪) bǎn ⊗ 坂 ◆「大阪おおさか」は '大阪' と表記

【板】 bǎn 图(～儿) ①〔块〕板 ②店舗の戸板〖上～儿〗店じまいする ③拍,調子 ④(伝統劇の)拍子木 一 形 ①杓子しゃく定規の,融通の利かない〖做事太～〗やり方が機械的すぎる ②堅い,こちこちの〖脖子发～〗首筋が硬くなる 一 動 (表情を)硬くする〖～着脸〗硬い表情で

【—】(*闆) ⊗ 店の主人 →〖老 lǎo～〗

【板壁】bǎnbì 图 (間仕切りの)板壁

【板擦儿】bǎncār 图 黒板ふき

【板凳】bǎndèng 图〔条〕(もたれがない)木製の腰掛け

【板块】bǎnkuài 图〔地〕プレート〖太平洋～〗太平洋プレート

【板栗】bǎnlì 图 (大きな)栗

【板书】bǎnshū 图 黒板の字 一 動 板書する

【板眼】bǎnyǎn 图 ①(伝統劇の)拍子,リズム ②〔転〕(話や文などの)めりはり

【板子】bǎnzi 图 ①〔块〕板 ② お仕置(体罰)に使う木や竹の板

【版】 bǎn 图〔印〕〔块〕鉛版,組版〖把～拆掉〗組版をこわす 一 量 ①書籍刊行の版〖第一～〗初版 ②新聞の面を数える〖头～新闻〗第1面のニュース ⊗ ①出版する→〖再 zài～〗 ②版築(土塀工法の一)用の板

*【版本】bǎnběn 图 ① 版本,印刷された書物 ② 木版本

【版次】bǎncì 图 (初版,再版などの)版次

【版画】bǎnhuà 图〔幅・张〕版画

【版权】bǎnquán 图 版権,著作権〖～页〗奥付ページ

【版税】bǎnshuì 图 印税

【版图】bǎntú 图 版図,領土

【办】(辦) bàn 動 ①する,処理する〖怎么

～？』どうするか『～案子』刑事事件を処理する ②開設する『～工厂』工場を始める ③買い備える『～粮食』食糧を買い入れる ④処罰する

★【办法】bànfǎ [名] 方法, やり方『没～』どうしようもない

【办公】bàn'gōng [動] 執務する, 業務を処理する

★【办公室】bàngōngshì [名]〔间・个〕事務室, オフィス

★【办理】bànlǐ [動]（業務を）担当する, 処理する『～日常事务』日常業務を取り扱う

【办事】bàn'shì [動]（デスクワークの）仕事をする, 事務をとる［～处］事務所［～员］下級事務員

【半】 bàn [数] ①半分, 0.5『～个小时』30分『一个～小时』1時間半 ②《転》ごくわずか, ほんのちょっぴり『～分钱也没有』びた1文もない
⊗なかば, 半々

【半百】bànbǎi [数]《書》五十(多く年齢についていう)『年已～』もう50歳だ

【半辈子】bànbèizi [名] 半生［前(后)～］前(後)半生

【半边】bànbiān [名] 半分, 片方［左～］左半分

【半边天】bànbiāntiān [名] ①空の半分, 空の一部 ②《転》(新中国の)女性たち ♦'妇女能顶～'(女性は天の半分を支える)のスローガンに由来

【半成品】bànchéngpǐn [名] 半製品, 未完成品 [同][半制品]

【半岛】bàndǎo [名] 半島

【半导体】bàndǎotǐ [名] ①半導体, トランジスター ②《口》トランジスターラジオ

【半点】bàndiǎn [名]（～儿）〔多く定語となり否定文で使われ〕ほんのちょっと, ごくわずか『没有～用处』なんの使い道もない

【半吊子】bàndiàozi [名] ①(知識・技術が) 生半可な人 ②無責任でだらしない人

【半封建】bànfēngjiàn [形]〔定語として〕半封建的な

【半截】bànjié [名]（～儿）半分, 中途『说到～儿』途中まで話す

【半斤八两】bàn jīn bā liǎng《成》似たり寄ったり, 五十歩百歩 ♦旧度量衡では1斤が16両. したがって半斤は8両

【半径】bànjìng [名]〖数〗半径

【半空】bànkōng [名] 中空, 空中『抛到～(中)』宙に放り上げる

【半拉】bànlǎ [名]《口》半分, 2つに分けた1つ([同][半拉子])『剩下～』半分残る

【半劳动力】bànláodònglì [名] 半人分の労動力 [関][全劳动力]

【半路】bànlù [名]（道のりおよび事がらの）途中, 中途([同][半道儿])［～出家］途中から転業する

【半票】bànpiào [名] 半額チケット, 小人券

【半晌】bànshǎng [名]《方》([同]《普》［半天］) ①半日, 昼間の半分 ②しばらくの間, かなりの時間［好～］かなり長い間

【半身不遂】bàn shēn bù suí《成》半身不随(となる)

【半生】bànshēng [名] 半生, 生涯の半ば([同][半辈子])［前～］前半生

【半衰期】bànshuāiqī [名]（放射性元素の）半減期

【半死不活】bàn sǐ bù huó《成》半分死んだような, なんとも無気力な

【半天】bàntiān [名] ①半日, 昼間の半分［前(上) ～］午前中 ②しばらくの間, かなりの時間 ♦主観的に長いと感じられる時間『想了～才回答』ずいぶん考えてから答えた

★【半途而废】bàn tú ér fèi《成》業半ばにしてやめる, 中途でへこたれる

【半夜】bànyè [名] ①一夜の半分［前～］一夜の前半 ②真夜中, 深更［～三更］［三更～］真夜中

【半月刊】bànyuèkān [名] 半月刊, 月2回発行の雑誌 ♦誌名にもなる［新华～］新華半月刊(誌名)

【半殖民地】bànzhímíndì [名] 半植民地 [関][半封建]

【半制品】bànzhìpǐn [名] 半製品 [同][半成品]

【伴】 bàn [名]（～儿）連れ［搭～］連れとなる
⊗①供をする, 付き添う ②連れ

★【伴侣】bànlǚ [名] 伴侶(はんりょ), 同伴者［终身～］一生の伴侶

★【伴随】bànsuí [動] …に伴う, 付き従う『～着经济的发展…』経済発展に伴い…

【伴同】bàntóng [動] 連れ立つ, 付随する『小李～小王去看展览』李君は王君と連れ立って展覧会へ行く『～发生』付随する形で発生する

【伴奏】bànzòu [動] 伴奏する『为他～』彼の伴奏をする

【拌】 bàn [動] かき混ぜる, 攪拌(かくはん)する [同][～和 huo/huò]

【拌嘴】bàn'zuǐ [動] 口げんかをする, 言い争う [関][吵嘴]

【绊(絆)】 bàn [動] つまずく, つまずかせる, 邪魔をする『～他一交』(足をからめて)彼をつまずかせる［～手～脚］足手まといになる

【绊脚石】bànjiǎoshí [名]〔块〕《転》障害物, 邪魔物

扮瓣邦帮梆浜绑榜膀蚌谤傍磅 — bàng

【扮】 bàn 動 ① 扮装する,変装する 〚~个商人〛商人に扮装する ② 表情を作る,…の顔をする 〚~鬼脸〛あかんべえをする

【扮相】 bànxiàng 名 扮装, メーキャップ

*__【扮演】__ bànyǎn 扮装して演じる,(劇中の)人物に扮する;(転)ある役割を受け持つ

【扮装】 bànzhuāng 動 (役者が)メーキャップする,扮装する

【瓣】 bàn 名 ① (~儿) 花弁,花びら ② (一組のもの)の一片 — 量 (一組のもの)の一片 〚一~橘子〛みかんの袋一つ ⊗弁膜

【邦】 bāng ⊗ 国〚邻~〛隣国

【邦交】 bāngjiāo 名 国交〚恢复~〛国交を回復する

【帮(幫)】 bāng 動 ① 助ける,手伝う 〚~他拿下行李〛彼が荷物を下ろすのを手伝う,彼の代りに荷物を下ろしてやる ②〚口〛(金銭面で)助ける 〚~他一点儿钱〛(援助の意味で)彼に少しお金を上げる — 名 ① (~儿) (靴・桶・船などの)横側 〚~坏了〛横側が壊れた(破れた) ② (~儿)(結球野菜の)葉の厚い部分 — 量 (人の)グループ, 群れを数える ⓒ【帮子】 ⊗ (政治的, 経済的) 集団〚搭~〛仲間入りする

【帮倒忙】 bāng dàománg 動 有難迷惑なことをする,親切があだになる 〚帮他的倒忙〛手伝うつもりが(かえって)彼の迷惑になる

【帮工】 bānggōng 動 (主に農村での)臨時雇いの作男, 日傭ビ ⓒ【短工】

── bāng gōng 動 主に農作業を)手伝う, 雇われて仕事をする

【帮会】 bānghuì 名〚'青帮','红帮'などの〛秘密結社

*__【帮忙】__ bāng'máng 動 手伝う〚帮他的大忙〛彼を大いに助ける

【帮派】 bāngpài 名〚貶〛分派, 派閥〚搞~〛分派活動をする

【帮腔】 bāng'qiāng 動 ① (伝統劇で,舞台の独唱に合わせて舞台裏で大勢が)伴唱する (2)(転)言葉で助勢する, 援護発言をする

【帮手】 bāngshou 名 (仕事を)助けてくれる人, 片腕

【帮闲】 bāngxián 動 権力者や金持ちの太鼓持ちをする 〚~文学〛御用文学 — 名 御用文士

【帮凶】 bāngxiōng 名 悪の片割れ, 共犯者 — 動 犯行(悪事)の手助けをする

*__【帮助】__ bāngzhù 動 助ける,手伝う 〚~他们打割麦〛彼らが麦刈りするのを手伝う 〚得到~〛援助を受ける

【梆】 bāng 動 (棒で)たたく 〚~了他一下〛彼を棒で1回たたいた — 擬 とんとん(木をたたく音) ◆'嘣'とも書く ⊗拍子木

【梆子】 bāngzi 名 ① (夜回りの)拍子木 ◆竹製もある ② (伝統劇の)拍子板 ◆主に '~腔' で使う ③ ⓒ【~腔】

【梆子腔】 bāngziqiāng 名 伝統劇の節回しの一, またそれを使う地方劇の総称

【浜】 bāng 名〚方〛〚条〛小川

【绑(綁)】 bǎng 動 縛る, 巻き付ける 〚用绷带~起来〛包帯で(きつく)縛る 〚~腿〛ゲートル

【绑匪】 bǎngfěi 名 (身代金目当ての)人さらい, 営利誘拐犯

*__【绑架】__ bǎng'jià 動 人をさらう 〚~案〛誘拐事件

【绑票】 bǎng'piào 動 (~儿)身代金目当てに人をさらう 〚~儿的〛人さらい

【榜】 bǎng 名 (合格者名などが)掲示された合格者名簿に名前がのっている 〚发~〛合格発表の掲示をする

【榜文】 bǎngwén 名 御触れ書き, 告示

【榜眼】 bǎngyǎn 名〚史〛殿試(科挙の最終試験)の次席合格者

【榜样】 bǎngyàng 名 手本, 模範 〚树立~〛良い手本を示す

【膀(*髈)】 bǎng ⊗ ① 肩〚肩~〛肩 ② (鳥の)翼〚翅~〛翼 ⇨ páng, pāng

【膀臂】 bǎngbì 名 ① 片腕(となる人) ②〚方〛肩から上腕の部分

【膀子】 bǎngzi 名 ① 肩から上腕の部分 〚光着~〛上半身裸で ② (鳥の)翼 ◆'吊膀子'(女を引っかける)では bàng と発音

【蚌】 bàng 名 カラス貝 ◆地名 '蚌埠' は Bèngbù と発音

【谤(謗)】 bàng ⊗そしる→〚诽 fěi ~〛〚毁 huǐ ~〛

【傍】 bàng ⊗ ① (水辺に)沿う ② (時間が)迫る

【傍岸】 bàng'àn 動 (船が)岸につく

【傍黑儿】 bànghēir 名〚方〛ⓒ【普 傍晚】

*__【傍晚】__ bàngwǎn 名 (~儿)夕方, 日暮れ

【磅】 bàng 名〚台〛台秤(ハ)〚~秤 chèng〛〚过~〛台秤にかける — 動 台秤で量る

[量]ポンド(重さの単位, 貨幣の単位は'镑')
⇨páng

【棒】bàng [形]《口》(体力, 能力面で) すごい, 素晴らしい
⊗棒→[～子]

【棒槌】bàngchui [名]〔根〕洗濯杵(きね), 洗い棒 ♦水につけた衣類を石などの上に置き, これでたたいて汚れを落とす

【棒球】bàngqiú [名] ① 野球 〖打～〗野球をする ②野球のボール ③〔场·次〕野球の試合, ゲーム

【棒子】bàngzi [名] ①〔根〕(短くて太い) 棒 [同][棍子] ②《方》トウモロコシ

【包】bāo [動] ① 包む, くるむ 〖用报纸～起来〗新聞紙で包む 〖～饺子〗ギョーザを作る ②包囲する, 取り巻く ③請け負う, 全責任を引受ける 〖～产量〗ある生産高(の達成) を約束する 〖～在我身上〗俺に任せとけ ④請け合う, 保証する 〖这个西瓜～甜〗このスイカは甘いこと請け合いだ ⑤借り切る, 買い切る 〖～一节车厢〗車両1台を借りきる [～间] (レストランなどの) 貸し切りの部屋 — [名] (～儿) ①包み ②袋, バッグ ③こぶ 〖长了一个～〗こぶができた — [量]包みになったものを数える 〖两～大米〗米2袋
⊗①含む ②(B-)姓

【包办】bāobàn [動] ①引き受ける, 請け負う 〖一手～〗一手に引き受ける ②独断専行する, ひとり決めで事を進める 〖父母～的婚姻〗両親が勝手に決めた婚姻

*【包庇】bāobì [動] (悪人や悪事を) かばう, 肩をもつ

【包藏】bāocáng [動] (ある感情を) 隠し持つ, 秘める 〖～祸心〗よからぬ事をたくらむ

【包产】bāo'chǎn [動] 生産を請け負う [～到户] 各農家が生産を請け負うこと

【包饭】bāofàn [名] 月額契約で供される食事, 月決めの賄(まかな)い
—— bāo'fàn [動] 上記の食事契約をする, 月決めで賄いの約束をする

*【包袱】bāofu [名] ① 風呂敷 [同][～皮] ②風呂敷包み ③《転》精神的重荷, 心の枷(かせ) 〖放下～〗心の荷物を下ろす

【包干儿】bāogānr [動] (ある範囲の) 仕事を請け負う, 任務の達成に責任を負う

【包工】bāo'gōng [動] (工事などを) 請け負う 〖这栋楼由他们～〗この建物の工事は彼らが請け負う
—— bāogōng [名] 工事請負人, 施工請負業者

【包公】Bāo Gōng [名] 北宋の清官, 包拯(じょう) ♦日本の大岡越前のような存在 [同][包青天]

【包管】bāoguǎn [動] 請け合う, 保証する 〖～退换〗返品, 交換できることを保証する

**【包裹】bāoguǒ [名] 包み, 郵便小包 〖寄～〗小包で送る — [動] 包む, きちんとくるむ

**【包含】bāohán [動] (内に) 含む, 含有する 〖～矛盾〗矛盾をはらむ

【包涵】bāohan/bāohán [動]《敬》寛恕(かんじょ)する 〖请多～〗御寛恕下さい

**【包括】bāokuò [動] (ある範囲を) 含む, 含める 〖邮费～在内〗郵送料を含む

【包罗万象】bāoluó wànxiàng《成》あらゆるものを網羅している

【包米(苞米)】bāomǐ [名]《方》トウモロコシ

【包皮】bāopí [名] ① 包装材料 ②《生》(男性性器の) 包皮 [～过长] 包茎

【包票】bāopiào [名]《旧》保証書([同][保单]) [打～] (絶対大丈夫と) 請け負う

*【包围】bāowéi [動] 包囲する, 取り囲む

【包销】bāoxiāo [動] 販売を請け負う, 一手に販売する [～合同] 独占販売契約

【包圆儿】bāo'yuánr [動] ①(売れ残りや余ったものを) 全部買い取る ②すべて引受ける 〖剩下的菜我～吧〗残りのおかずは僕が片付けよう

【包月】bāo'yuè [動] (賄(まかな)い費用などを) 月決めで契約する

【包扎】bāozā [動] 包帯を巻く, 包む 〖～伤口〗傷口に包帯を巻く

*【包装】bāozhuāng [動] 包装する, 梱包(こんぽう)する — [名] 包装材料

**【包子】bāozi [名] ① 中華まんじゅう [肉～] 肉まん [豆沙～] あんまん ②《冶》ラドル ♦溶けた金属を運ぶ容器

【包租】bāozū [動] ①(家や田畑を) 転貸目的で賃借りする ②借り切る ③(作柄と無関係に) 定額の小作料(年貢)を払う

〖苞〗bāo ⊗つぼみ→[花～]

〖孢〗bāo ⊗胞子 [～子] 同前

〖胞〗bāo ⊗①胞衣(えな) ②はらから [同～] 同胞

【剥】bāo [動] (皮や殻を) むく, 剥(は)ぐ 〖～皮〗皮をむく
⇨bō

【煲】bāo [名]《方》鍋 [～手机粥] 携帯で長電話をする

【褒(*襃)】bāo [×]①ほめる［～扬］称賛する ②(服が)たっぷりした，だぶだぶの
【褒贬】bāobiǎn [動]《書》(事の) 良否の評価をする，(人の)品定めをする
—— bāobian [動] けなす，そしる〚在背地里～别人〛陰で人をけなす
【褒义】bāoyì [名]〘語〙プラス義，ほめる意 [反]［贬义］
【雹】báo [×] ひょう［～害］ひょう害
【雹子】báozi [名] 雹(ひょう) ♦'冰雹'の通称〚下～〛雹が降る
【薄】báo [形]①(厚さが) 薄い [反]［厚］②(人情が) 薄い，冷淡な [反]［深］③(味や濃度が) 薄い [反]［浓］④(土地が) 瘠(や)せた，地味の乏しい [反]［肥］
⇨bó, bò
【宝(寶 *寳)】bǎo [×]①たから［传家之～］家宝 ②貴重な，価値の高い ♦美称の接頭辞としても使う［～殿］仏殿などの美称
【宝宝】bǎobao（báobaoとも発音）[名] 幼児(男女とも) に対する愛称 [同]［小～］
★【宝贝】bǎobei/bǎobèi [名]①〔件・个〕たから，宝物 ②(～儿) [同]［宝宝］③《貶》(変人や無能な人を逆説的に)珍品，極めつけの逸品
★【宝贵】bǎoguì [形](多く抽象的なものを形容して) 貴重な，得難い〚～的贡献〛貴重な貢献 [類]［珍贵］— [動]〔'可'と結び付いて〕貴重視する〚极可～的性格〛高く評価すべき性格
【宝剑】bǎojiàn [名]〔把〕剣 ♦剣一般をいう．古くは宝剣の意
【宝卷】bǎojuàn [名] 宝巻，説唱文学の一 ♦多かれ少なかれ仏教的色彩を帯びる
【宝库】bǎokù [名]〔座〕宝庫(多く比喩的に使う)
【宝瓶座】bǎopíngzuò [名] 水瓶座
【宝石】bǎoshí [名]〔颗・块〕宝石
【宝书】bǎoshū [名] 貴重な書物 ♦文革期には毛沢東の著作，特に『毛主席語録』を指し，'红～'ともいった
【宝塔】bǎotǎ [名]〔座〕塔 ♦塔一般をいう．古くは塔の美称
【宝物】bǎowù [名] 貴重な物品，宝物
【宝藏】bǎozàng [名]①秘蔵されている宝物 ②地下に眠る鉱脈，資源の宝庫
【宝重】bǎozhòng [動] 貴重視する，高く評価する
【宝座】bǎozuò [名] 玉座，王座，神の座
【饱(飽)】bǎo [形]①満腹の，食い足りた [反]［饿］②(実などが) ぎっしり詰まった
[×]①たっぷりと，十分に［～含泪水］涙を一杯に浮かべる ②満足させる［大～眼福］大いに目を楽しませる
【饱嗝儿】bǎogér [名] げっぷ，おくび〚打～〛げっぷが出る
★【饱和】bǎohé [名]〘理〙①飽和 ②飽和点 [同]［～点］— [形] 飽和状態の
★【饱经沧桑】bǎo jīng cāngsāng《成》世の移り変わりを多く経験する
【饱经风霜】bǎo jīng fēngshuāng《成》辛酸をなめ尽くす
【饱满】bǎomǎn [形]①たっぷりとした〚天庭～〛(福相として) 額が広い ②満ちあふれた〚精神～〛元気一杯の
【饱食终日】bǎo shí zhōngrì《成》無為徒食の日々を過ごす
【保】bǎo [動]①保つ，保持する〚～住自己的地位〛自分の地位を保つ ②請け合う，保証する〚～你没事〛問題ないこと請け合いだ ③旧時の住民管理の制度'保甲制度'の一単位 [類]［保甲］
[×]①守る，保護する ②保証人，請け人［作～］保証人になる
【保安】bǎo'ān [動]①治安を守る，秩序を保つ ②(労働者の) 安全を守る［～措施］安全確保の措置
【保安族】Bǎo'ānzú [名] ボーナン族 ♦中国少数民族の一，甘粛省に住む
【保镖】bǎobiāo [名] 用心棒，ボディーガード — [動](用心棒として) 護衛する〚有我来～〛おれが守ってやる
【保不住】bǎobuzhù [動]①請け合えない，保てない ②…しないとは限らない〚～要下雨〛雨が降るかもしれない
【保藏】bǎocáng [動](元のまま) 保存する，貯蔵する
★【保持】bǎochí [動](原状を) 保つ，維持する〚～传统生活习惯〛伝統的な生活習慣を保つ
★【保存】bǎocún [動]①保存する ②(力などを)維持する
【保单】bǎodān [名]〔张〕①(品質，修理などの) 保証書 [同]［保修单］②保険証書
【保固】bǎogù [名] 請負工事の品質保証 ♦一定期間内に生じた故障の修理が保証される
★【保管】bǎoguǎn [動]①保管する ②請け合う，保証する〚我～你能学会〛マスターできること請け合いだ — [名] 保管係，倉庫係
★【保护】bǎohù [動] 保護する，護持する〚～权利〛権利を守る［～关税］保護関税
【保甲】bǎojiǎ [名]〘史〙保甲制度 ♦数戸を一'甲'，数'甲'を一'保'とし

それぞれに長をおいた
【保荐】bǎojiàn [動] 推挙する，責任をもって推薦する
【保健】bǎojiàn [名] 保健，健康衛生管理［～站］保健室
【保洁】bǎojié [動] 清潔を保つ［～箱］ゴミ箱
【保龄球】bǎolíngqiú [名]（[同]［地滚球］）①〘体〙ボウリング ②ボウリングの球
★★【保留】bǎoliú [動] ①（原形を）保つ，保存する〚～着当年的面貌〛昔の面影を残す ②留保する，保留する ③留めておく，残しておく〚～座位〛席を取っておく［～剧目］（劇団の）レパートリー
★【保密】bǎo▼mì [動] 秘密を守る，内緒にしておく［～文件］機密文書
★【保姆（保母）】bǎomǔ [名] 家政婦，ベビーシッター
【保暖】bǎo▼nuǎn [動] 保温する〚能～二十四小时〛24時間温度を保てる
【保全】bǎoquán [動] ①（損なわれないよう）保つ，守る〚～名誉〛名誉を保つ ②（機械や設備を）保全する，安全に維持する
【保人】bǎoren [名] 保証人，請け人 [同]［保证人］
【保释】bǎoshì [動] 保釈する〚被～出狱〛保釈されて獄を出る
★【保守】bǎoshǒu [動]（失わないよう）守る〚～秘密〛秘密を守る — [形] 保守的な，古い考え方の
【保送】bǎosòng [動]（主に公的機関が）勉学のために推薦派遣する，見込んで送り出す
★【保卫】bǎowèi [動] 防衛する，警護する［～科］（機関内の）保安課
【保温】bǎowēn [動] 保温する，（断熱剤で）熱を保つ［～瓶］魔法瓶［～材料］断熱材
★★【保险】bǎoxiǎn [名] 保険〚上～〛保険に入る［～公司］保険会社 — [形]（信頼度の上で）安全な，信用のおける［～刀］安全かみそり［～丝］ヒューズ — [動] 請け合う，保証する（[同]［保管］）〚～不会出事故〛絶対に事故は起きない
【保险柜】bǎoxiǎnguì [名] 耐火金庫 ♦小さなものは‘保险箱’という
★【保养】bǎoyǎng [動] ①保養する〚～身体〛養生する〚对皮肤的～〛肌の手入れ ②（機械などの）保全に務める〚～汽车〛自動車を整備する
【保佑】bǎoyòu [動]（神や仏が）守る，助ける〚愿上帝～我们〛神の御加護がありますよう
【保育】bǎoyù [動] 保育する，幼児を育てる［～员］保育士，保母［～院］孤児院
★【保障】bǎozhàng [動] 保障する — [名] 保障（となる事物）
★★【保证】bǎozhèng [動] 保証する，請け合う［～金］保証金［～书］保証書，念書 — [名] 保証（となる事物）
【保值】bǎozhí [動] 貨幣や財産の価値を維持する，リスクヘッジする
【保质期】bǎozhìqī [名] 品質保持期限，賞味期限
★【保重】bǎozhòng [動] 健康に気をつける，自愛する〚请多～〛お体ご大切に

【堡】bǎo ⊗とりで，要塞 ♦地名で pù と読む場合も［地～］トーチカ
【堡垒】bǎolěi [名] ①〔座〕堡塁，トーチカ ②《転》とりで〚社会主义的～〛社会主義のとりで

【葆】bǎo ⊗①保つ ②（B-）姓

【鸨（鴇）】bǎo ⊗①〘鳥〙ノガン［大～］同前 ②［老～］（妓楼の）やりて婆

【报（報）】bào [名]〔张・份〕新聞（[同]［～纸］）〚送～〛新聞を配達する — [動] 報告する〚～户口〛戸籍の手続きをする ⊗①（文書や信号による）知らせ，情報［海～］ポスター［电～］電報 ②（恩義に）報いる ③定期雑誌［学～］紀要
★【报仇】bào▼chóu [動] 仇(かたき)をうつ，復讐(ふくしゅう)する
★【报酬】bàochou [名] 報酬，謝礼
★【报答】bàodá [動]（恩義に）こたえる，報いる〚～恩情〛恩返しをする
★【报到】bào▼dào [動]（新入生，新規採用者，会議参加者などがそれぞれの場で）到着を告げる，受付け登録を済ませる
★★【报道】bàodào [動] 報道する — [名]〔篇〕報道記事
【报恩】bào▼ēn [動] 恩返しする，恩に報いる
【报废】bào▼fèi [動]（不合格品や耐用年限切れの器物などを）廃棄する，廃品に回す
★【报复】bàofu/bàofù [動] 報復する，復讐(ふくしゅう)する
★★【报告】bàogào [動]（正式に）報告する〚～大家一个好消息〛皆によいニュースを知らせる — [名]（口頭や文書による）報告，講演，レポート〚做～〛講演する〚写一篇～〛報告書（講演原稿）を一編書く
【报告文学】bàogào wénxué [名]〔篇〕ルポルタージュ
【报关】bào▼guān [動] 通関手続きをする，税関に申告する
【报馆】bàoguǎn [名]《旧》新聞社 ♦現在は‘报社’という
【报国】bào▼guó [動] お国のために尽くす，国恩に報いる

【报话机】bàohuàjī 图〔部・台〕(電報と通話の両機能をもつ)無線通信機
【报捷】bào'jié 動 勝利を伝える,成功を報告する
【报警】bàojǐng 動 ① 警察に通報する ② 警報を出す,危険を知らせる
【报刊】bàokān 图 新聞雑誌『订阅三种~』3種の新聞雑誌を購読する
【报考】bàokǎo 動 受験の手続きをする,出願する『~大学』大学を受験する
*【报名】bào'míng 動 (参加を)申し込む,エントリーする『~参加象棋赛』将棋大会に参加を申し込む
【报幕】bàomù 图 (軽演劇,コンサートなどで)司会をする,(演目などの)アナウンスをする [~员] 司会者
*【报社】bàoshè 图〔家〕新聞社
【报失】bàoshī 動 遺失届を出す
【报时】bàoshí 動 時間,時刻を知らせる『~钟』時報つきの時計
【报数】bàoshù 動 (点呼の際)自分の番号を言う『~!』(号令として)番号!
【报税】bào'shuì 動 税金を申告する [~单] 納税申告書
【报摊】bàotān 图 (~儿) 新聞売りの露店,新聞スタンド
【报童】bàotóng 图 (通りを売り歩く)新聞売りの少年
【报务】bàowù 图 電信業務
【报喜】bàoxǐ 動 吉報をもたらす,うれしい知らせを伝える
*【报销】bàoxiāo 動 ① 立替分を所属機関に報告し後払いしてもらう『向财务科~』経理課で精算する ② (不用品を)帳簿から抹消する ③ (転)(人や物を)抹殺する,始末する
【报晓】bàoxiǎo 動 (音声で)夜明けを告げる
【报效】bàoxiào 動 恩返しのため尽力する
【报信】bào'xìn 動 情報を知らせる,通知する
【报应】bàoying/bàoyìng 图 報い,応報
【报账】bào'zhàng 動 決算報告をする,(前払い金などの)勘定を整理する ♦ときに '报销' の意味にも
*【报纸】bàozhǐ 图〔份〕① 新聞(主に日刊紙をいう) ⓑ [报] ② 新聞用紙,印刷用紙 ⓑ [白~]

【刨】(*鉋鑤) bào 動 かんなをかける ⇒ páo

【刨冰】bàobīng 图 かき氷
【刨床】bàochuáng 图 ①〔台〕(金属加工の)平削り盤 ② かんなの台の部分
【刨工】bàogōng 图〔工〕① 平削り ② 平削り工,プレーナー

【刨花】bàohuā 图 かんな屑 [~板] (かんな屑や木屑を圧縮して固めた)合成建材の一
【刨子】bàozi 图〔把〕(押して削る)かんな『用~刨』かんなで削る

【抱】 bào 動 ① 抱く,かかえる ② (初めての子や孫が)できる『~娃娃』赤ちゃんが生まれる ③ 養子にする ④ (心に)抱く『~希望』希望をもつ ⑤ (鳥が卵を)かえす ― 量 ひとかかえ『三~粗的树』三かかえもある木
【抱病】bàobìng 動 病をかかえる『~工作』病気のままで働く
【抱不平】bào bùpíng 動 (他人への不当な仕打ちに)義憤を感じる『打~』弱者を助けて不正と戦う
【抱粗腿】bào cūtuǐ 動(貶) 太い足にしがみつく,権力者に寄り添う
【抱佛脚】bào fójiǎo 〔成〕『平时不烧香,急来~' の形で〕苦しいときの神頼み
*【抱负】bàofù 图 抱負,理想,野心『很有~』大志を抱く
【抱愧】bàokuì 動 慚愧ੑの念を抱く,恥ずかしく思う
*【抱歉】bàoqiàn 動 すまないと思う『实在~』本当に申し訳ない
【抱屈】bàoqū 動 悔しさを感じる (⑪[抱委屈])『向我抱屈来』私に恨みごとを言い始める
【抱头鼠窜】bào tóu shǔ cuàn〔成〕頭を抱えてあたふたと逃げ出す
【抱委屈】bào wěiqu 動 ⑪[抱屈]
【抱窝】bào'wō 動 (ひなをかえすため)卵を抱く,巣につく
【抱薪救火】bào xīn jiù huǒ 〔成〕 (たき木を抱えて火消しにかかる) 火に油をそそぐようなことをする ⓑ [火上浇油]
【抱养】bàoyǎng 動 (他人の子供を養子として)養育する,もらい子を育てる
*【抱怨】bàoyuan/bàoyuàn 動 不平を言う,恨みごとを言う (⑪[埋怨mányuàn])『~别人』他人を恨んでぶつぶつ言う

【鲍】(鮑) bào 图 ① あわび [~鱼] 同前 ② (B-) 姓

【趵】 bào ⊗ 跳ねる ♦「蹴る」の意では bō と発音

【豹】 bào 图〔只〕豹ʰᵒ 『~变』豹変する
【豹子】bàozi 图〔豹〕

【暴】 bào 圐 ① (性格が)荒々しい,気短かな『脾气很~』怒りっぽい性格だ ② なこる,凶暴な ― 動 膨れ上がる,突起する『~起青筋』青筋が立つ ⊗ ① 損なう『自~自弃』やけを起こす ② 急激な,にわかの『~死』急

死する［～増］激増する
【暴病】bàobìng [名] 急病([同]［急病］)〚得了一场～〛急病にかかった
【暴跌】bàodiē [動] ①(物価が) 暴落する，値崩れする [反]［暴涨］ ②(評判が)がた落ちする
【暴动】bàodòng [名] ① 暴動 ② 武装蜂起 [同]［起义］
【暴发】bàofā [動] ① 突発する，勃発(ぼっぱつ)する ② 一挙に金持ちになる［～户］成金(なりきん)
【暴风】bàofēng [名]〔场〕暴風 ♦気象上は風力11の風［～骤雨］疾風と豪雨，またその勢い
【暴风雪】bàofēngxuě [名] 猛吹雪，雪あらし
【暴风雨】bàofēngyǔ [名] 暴風雨〚来了一场～〛嵐が来た
【暴虎冯河】bào hǔ píng hé《成》虎と素手で闘い黄河を歩いて渡る ♦無茶なまねをすることなど無謀な勇気を例える
【暴君】bàojūn [名] 暴君 [反]［仁君］
★【暴力】bàolì [名] 暴力，武力〚诉诸～〛暴力に訴える
【暴利】bàolì [名] 暴利〚贪图～〛暴利をむさぼる
【暴烈】bàoliè [形](性格が) 荒々しい，凶暴な
★【暴露】bàolù [動] 暴露する，明るみに出す［～文学］暴露小説
【暴乱】bàoluàn [名] 暴動，騒乱〚镇压～〛反乱を鎮圧する
【暴虐】bàonüè [形] 凶暴な([同]［残暴］)［～无道］暴虐非道な
【暴跳如雷】bàotiào rú léi《成》烈火のごとく怒る，怒り狂う
【暴徒】bàotú [名] 暴徒，無頼漢
【暴雨】bàoyǔ [名] 豪雨，すさまじい雨 ♦気象上は1時間の降雨量が50-100ミリの雨をいう
【暴躁】bàozào [形] 短気な，怒りっぽい
【暴涨】bàozhǎng [動]([反]［暴跌］) ①(水位が) 急上昇する，急に水かさが増す ②(物価が) 暴騰(ぼうとう)する，すさまじく値上りする
【暴政】bàozhèng [名] 暴政，悪政
【暴卒】bàozú [動]《書》(急病で) 突然死する，急死する

【爆】bào [動] ① はじける，炸裂(さくれつ)する〚～出火花〛火花が飛び散る ② 油でさっと揚げる
★【爆发】bàofā [動] ①(火山などが) 爆発する ②(事変などが) 勃発(ぼっぱつ)する，(潜在していたものが) 突然顕在化する
【爆发力】bàofālì [名] 瞬発力
【爆裂】bàoliè [動](豆のさやなどが) はじける，(唇などが)ひび割れる
【爆米花】bàomǐhuā [名] ポップコーン
【爆破】bàopò [動] 爆破する，発破(はっぱ)をかける［～手］爆破技手
★【爆炸】bàozhà [動](火薬などが) 爆発する〚～原子弹〛原子爆弾を爆発させる
【爆竹】bàozhú [名] 爆竹 ♦普通は'鞭炮 biānpào'という〚放～〛爆竹を鳴らす

〖曝(*暴)〗bào ⊗ 以下を見よ
⇨pù
★【曝光(暴光)】bào▼guāng [動] 感光させる;《転》(秘密を)暴露する

【杯(*盃)】bēi [量] '杯子'などの容器を単位に液体の量を数える〚一～酒〛1杯の酒
⊗コップ，湯呑，杯(盃)［玻璃～］ガラスのコップ［酒～］お猪口(ちょこ)［世界～赛］ワールドカップ
【杯水车薪】bēi shuǐ chē xīn《成》(たった1杯の水で車1台分の薪に着いた火を消す＞) 焼石に水
★★【杯子】bēizi [名] コップ，さかずき

〖卑〗bēi ⊗①(位置が) 低い［～不足道］取るに足りない ② 下劣な，粗悪な
★【卑鄙】bēibǐ [形] 卑劣な，唾棄すべき [同]［恶劣］
【卑躬屈膝】bēi gōng qū xī《成》身を低くして膝をかがめる ♦阿諛追従(あゆついしょう)するさま [同]［卑躬屈节］
【卑贱】bēijiàn [形] ①(身分が) 低い，卑しい [反]［高贵］ ② 卑劣な，軽蔑すべき
【卑劣】bēiliè [形] 卑劣な，下劣な
【卑怯】bēiqiè [形] 卑怯(ひきょう)な，卑劣な
【卑污】bēiwū [形](精神的に) 卑しい，汚い

【碑】bēi [名]〔块〕石碑〚立～〛碑を建てる［～拓 tà］石碑の拓本
【碑记】bēijì [名] 碑の由来を記した文，碑文
【碑铭】bēimíng [名]〔篇〕碑文，碑銘〚刻～〛碑銘を彫る
【碑帖】bēitiè [名]〔本·张〕碑文の拓本 ♦多く習字の手本に使う
【碑文】bēiwén [名]〔篇〕碑文〚把～拓 tà 下来〛碑文を拓本に取る
【碑阴】bēiyīn [名] 碑の裏面
【碑志】bēizhì [名] [同]［碑记］

【背(揹)】bēi [動] ① 背負う，肩に掛ける〚～孩子〛子供をおんぶする ②(責任などを)負う
⇨bèi
【背包】bēibāo [名] リュックサック〚打～〛(リュックサックに) 荷作りする
【背带】bēidài [名] ①〔副〕ズボン吊り，サスペンダー ②(カバンなどを肩に掛ける)吊りベルト

【背负】bēifù [動]①背負う，おんぶする ②(期待などを)担う
【背黑锅】bēi hēiguō [動]《転》人の罪をかぶる，いけにえの羊になる〖我替你背了黑锅了〗お前の代りに叱られておいてやったよ
【背债】bēi▾zhài [動]借金を背負う，負債を抱える [同]［欠债］
【背子】bēizi [名]背負子，背負いかご

〖悲〗 bēi ⊗悲しむ，哀れむ
★【悲哀】bēi'āi [形]悲しい，痛ましい〖～的哭声〗悲しげな泣き声
★【悲惨】bēicǎn [形]悲惨な，痛々しい〖～的结局〗悲惨な結末
【悲愤】bēifèn [名]悲憤(の念) ━ [形]悲しくも憤ろしい［～填膺］悲しみと怒りで胸が一杯になる
【悲歌】bēigē [動]悲壮に歌う ━ [名]悲しげな歌，エレジー
★★【悲观】bēiguān [形]悲観的な([反]［乐观］)〖对前途～〗前途を悲観する［～主义］ペシミズム［～主义者］悲観論者
【悲剧】bēijù [名]〔场・出〕悲劇([反]［喜剧］)〖上演～〗悲劇を演じる［家庭～］家庭の悲劇
【悲苦】bēikǔ [形]悲しく痛ましい〖～的境遇〗痛ましい境遇
【悲凉】bēiliáng [形]もの悲しい，心寂しい〖～的笛声〗もの悲しい笛の音
【悲鸣】bēimíng [動]悲しげな声をあげる
【悲伤】bēishāng [形]辛くて悲しい
【悲酸】bēisuān [形](じーんと) 悲しい，胸締めつけられるような
【悲叹】bēitàn [動]嘆き悲しむ [同]［哀叹］
【悲痛】bēitòng [形]辛くて悲しい，沈痛な〖化～为力量〗悲しみを力に変える
【悲壮】bēizhuàng [形]悲壮な〖～地高歌〗悲しみを込めて雄々しく歌う

【北】 běi [名]〖介詞句の中で〗北〖往～走〗北へ行く［坐～朝南］南向きの
⊗戦さに負ける，敗北する
【北半球】běibànqiú [名]北半球
【北边】běibian [名]([反]［南边］)①(～儿)北，北側〖车站的～儿〗駅の北側 ②《口》北方地域 [同]［北方］
【北斗星】běidǒuxīng [名]北斗七星
【北伐战争】Běifá Zhànzhēng [名]〖史〗北伐戦争 ♦1926-27年，国共合作による革命政府が北方軍閥討伐のために起こした戦争
★★【北方】běifāng [名]([反]［南方］)①北方 ②(中国の)北方，黄河流域およびそれ以北の地域
【北方话】běifānghuà 北方方言 ♦中国七大方言の一．長江以北および四川，雲南，貴州などに広く分布 [同]［北方方言］
【北国】běiguó [名]《書》中国の北方地域
【北回归线】běihuíguīxiàn [名]北回帰線，夏至線 [反]［南回归线］
★【北极】běijí [名]①〖地〗北極［～光］北極のオーロラ ②N極
【北极星】běijíxīng [名]北極星
★★【北京】Běijīng [名]北京 ♦北京市は直轄市［～烤鸭］ペキンダック
【北面】běimiàn [名]北，北側
【北齐】Běi Qí [名]〖史〗北斉(A.D. 550-577)
【北宋】Běi Sòng [名]〖史〗北宋(A.D. 960-1127)
【北纬】běiwěi [名]北緯 [反]［南纬］
【北魏】Běi Wèi [名]〖史〗北魏(A.D. 386-534)
【北洋军阀】Běiyáng jūnfá [名]〖史〗北洋軍閥 ♦袁世凱およびその流れを汲む人々を指導者とする民国初期の北方軍閥
【北周】Běi Zhōu [名]〖史〗北周(A.D. 557-581)

〖贝(貝)〗 bèi ⊗①貝［～丘］貝塚 ②音訳用字として［～克勒尔］ベクレル(Bq)［～塔射线］ベータ線('β射线'とも) ③(B-)姓
【贝雕】bèidiāo [名]〔件〕貝殻細工
★【贝壳】bèiké [名](～儿)〔片〕貝殻
【贝雷帽】bèiléimào [名]〔顶〕ベレー帽

〖狈(狽)〗 bèi ⊗→［狼láng～］

【钡(鋇)】 bèi [名]〖化〗バリウム

〖邶〗 Bèi ⊗古代の国名(今の河南省)

【背】 bèi [名]背中 ━ [動]①背にする，背を向ける〖～着窗户〗窓を背にする ②(人に) 隠す，隠れる〖～着父母〗両親に内緒で ③暗誦する〖～书〗本の内容をそらで言う ━ [形]①辺鄙な，人気のない〖地方很～〗辺鄙な場所だ ②《口》(賭事などで) ついていない〖手气很～〗つきが悪い ③耳が遠い〖耳朵～了〗耳が遠くなった
⊗(物の) 背の部分，裏面［手～］手の甲
⇨bēi
【背道而驰】bèi dào ér chí《成》(本道をはずれて)反対方向へと駆け進む
【背地里】bèidìli/-lǐ [名](人のいない)陰〖(在) ～说坏话〗陰で悪口を言う
【背光】bèi▾guāng [動]日陰になる〖～的地方〗日の当たらない場所
【背后】bèihòu [名]①背後，裏手 ②(人のいない)陰〖不要～使坏〗陰で

汚いまねをするな

【背脊】bèijǐ 图 後背部, 背中 [~骨] 背骨

*【背景】bèijǐng 图 ①(舞台, 絵画などの) 背景, バック ②(人物や事件の) 背景, 裏の事情 [时代~] 時代背景

【背离】bèilí 動 ①(余儀なく) 離れ去る, 去る [~故乡] 故郷を離れる ②背離する, そむく (=[违背]) [~原则] 原則から外れる

【背理(悖理)】bèi'lǐ 動 道理に背く, 筋が通らない

【背面】bèimiàn 图 (~儿) 裏る, 裏側 (↔[正面]) [信封的~] 封筒の裏

*【背叛】bèipàn 動 裏切る, 背く (=[叛变])

【背弃】bèiqì 動 裏切る, 棄てる [~誓言] 誓いに背く

【背人】bèi'rén 動 ①内緒にしておきたい, 外聞をはばかる [~的病] 恥ずかしい病気 ②人目につかない, 人気がない

【背书】bèishū 图〖商〗(手形の) 裏書 [~人] 裏書人
── bèi'shū 動 本(教科書など)を暗誦する

【背水阵】bèishuǐzhèn 图 背水の陣 ◆'背水一战'ともいう [布下~] 背水の陣を敷く

*【背诵】bèisòng 動 暗唱する, そらで言う

【背心】bèixīn 图 (~儿)〖件〗ランニングシャツなど袖のない衣服, ベストなど

【背信弃义】bèi xìn qì yì《成》背信行為をする, 信義を踏みにじる

【背眼】bèiyǎn 動 (~儿)人目に付かない

【背阴】bèiyīn 图 (~儿) 日陰, 日の当らぬ場所

【背影】bèiyǐng 图 (~儿) 後ろ姿

【背约】bèi'yuē 動 約束をたがえる, 違約する

【背运】bèiyùn 图 不運 [走~] (運が)ついていない
── bèi'yùn 動 運に見離される, 不運に見舞われる [背了运了] ついてねえや

【背袋】bèidài 图 寝具袋 (旅用に布団や衣類を入れる円筒形の袋)

【背着手】bèizhe shǒu 動 (~儿) 後ろ手を組む

【备(備)】bèi 動 準備する, 用意する [给牲口~了点草料] 家畜に草を用意した ⊗ ①(ある性格を)具える, もっている ②(危機に) 備える, 予防策を講じる ③つぶさに, すべて

【备不住】bèibuzhù 動〖方〗はっきり言えない, …かも知れない (=[普] [说不定]

*【备份】bèifèn 動 (デジタルデータを) バックアップする

【备耕】bèigēng 動 耕作の準備をする [~备种 zhǒng] 耕作の準備を万端整える

【备荒】bèi'huāng 動 凶作に備える

【备件】bèijiàn 图 予備の部品 [缺少~] スペアを切らす

【备课】bèi'kè 動 (教員が) 授業の準備をする

【备料】bèi'liào 動 ①(生産の) 資材を準備する, 材料を整える ②家畜の飼料を用意する, かいばを作る

【备品】bèipǐn 图 予備の部品や工具

【备取】bèiqǔ 動 (入試などで) 補欠を出す ◆ 補欠は保証されない [~生] 補欠(の学生)

【备忘录】bèiwànglù 图 ①(外交の) 覚書, メモランダム ②備忘録, メモ用ノート

【备战】bèi'zhàn 動 戦争に備える, 防衛策を講じる

【备置】bèizhì 動 (事業に備えて物品を) 購入する, 買い整えておく (=[备办])

【惫(憊)】bèi ⊗ 疲れきった

【倍】bèi 量 倍 ◆ もとの数と同量の数を表わす [六是二的三~] 6は2の3倍だ [增加两~] 2倍増える(3倍になる) [增加到原来的三~] もとの3倍まで増える
⊗ 2倍分の, 倍する [加~] いつもに倍して

【倍率】bèilǜ 图 倍率

【倍儿】bèir 副〖方〗[プラス義の形容詞を修飾して]すごく, きわめて

【倍数】bèishù 图 倍数

【倍增】bèizēng 動 倍増する

【蓓】bèi ⊗ [~蕾 lěi] つぼみ

【焙】bèi 動 あぶる, 焙じる

【被】bèi 图〖条〗掛け布団 (=[被子]) [~] 布団綿 ── 介 …に…される [~风刮掉] 風に吹き落とされる ── 動 …される [~偷] 盗まれた
⊗ ①覆う ②(被害を) 被る [~灾] 被災する

【被袋】bèidài 图 寝具袋 (旅用に布団や衣類を入れる円筒形の袋)

【被单】bèidān 图 (=[~子]) ①〖条〗敷布, シーツ ②夏用の掛け布団

【被动】bèidòng 形 (↔[主动]) ①受身の ②〖語〗受身の [~句] 受動文 [~式] 受動態

【被服】bèifú 图 (主に軍用の) 衣服や寝具

*【被告】bèigào 图 被告 (↔[原告])

【被害人】bèihàirén 图 (犯罪行為

の)被害者, 犠牲者
【被难】bèinàn 動 災害や大事故などで死ぬ
【被褥】bèirù 名［床］(薄い)掛け布団と敷布団〖铺~〗布団を敷く
【被套】bèitào 名①掛け布団の袋カバー 働［被罩］②布団の綿 ③布団袋♦旅行時に布団を入れて携帯する
【被窝儿】bèiwōr 名(保温のため足もとを筒形に畳んだ)掛け布団
【被卧】bèiwo 名［方］掛け布団
【被选举权】bèixuǎnjǔquán 名 被選挙権
☆【被子】bèizi 名［条］掛け布団 働［褥子］

【悖】(*誖) bèi ⊗ ①反する, 矛盾する ②(道理に)そむく〖~谬〗(書)でたらめな

【辈】(輩) bèi 量 世代を表わす〖长 zhǎng(小)一~〗一世代上(下)だ ⊗①(人に関して)グループ, 複数を表わすグループ〖我~〗(書)われら ②(~儿)一生, 生涯〖前半~儿〗前半生
【辈出】bèichū 動(書)輩出する
【辈分】bèifen 名(家系図における)世代の順序 働［辈数儿］〖论起~来, 他比我小〗(一族の)世代から言うと, あの人はおれより下なんだ
【辈子】bèizi 名 生涯〖一~〗一生〖半~〗半生

【呗】(唄) bei 助 '吧 ba'に諧謔, なげやりなどの語気が加わったもの〖告就告~〗訴えるなら訴えな

【奔】 bēn 動(飛ぶように)駆ける, 急ぐ〖往村里~去〗村へと駆けて行く ⊗逃げる ⇨ bèn
*【奔波】bēnbō 動 奔走する, 駆けずり回る
【奔驰】bēnchí 動(車馬が)疾駆する
【奔放】bēnfàng 形 奔放な, ほとばしる〖笔势~〗筆勢が奔放だ
【奔赴】bēnfù 動 駆けつける, 急ぎ赴く 働［奔向］
【奔流】bēnliú 名 激流, 急流 ― 動 激しく流れる
【奔命】bēnmìng 動(書)(君命によって)奔走する(⇨ bèn'mìng)〖疲于~〗奔命に疲れる
【奔跑】bēnpǎo 動①疾走する, 速足で走る ②奔走する, 駆けずり回る
【奔腾】bēnténg 動(馬の大群が)疾駆する, 激しい勢いで進む
【奔走】bēnzǒu 動①駆ける, 走る ②奔走する, 駆けずり回る 働[奔

忙]) 〖为救济灾民而~〗被災民救済のため奔走する

【锛】(錛) bēn 動 手斧 _{ちょうな} で削る
⊗手斧〖~子〗同前

【本】 běn (~儿)①元金, 元手〖亏 kuī ~儿〗元手を擦する ②〖个〗ノート ― 量(~儿)①書籍類('书' '杂志'を数える) ②映画フィルムの巻数を数える ⊗①本…, 今…〖~校〗本校, われわれのこの学校〖~文〗この文 ②元, 根本 ③もともと〖~人〗本人, 本〖剧~〗脚本 ⑤基づく
【本本】běnběn 名①ノート ②書物, 本
【本本主义】běnběn zhǔyì 書物第一主義 ♦現実に対応せず, 書物の記述や上級の指示に盲目的に従う姿勢をいう
【本部】běnbù 名 本部, 中枢部
【本地】běndì 名 当地, この地方 働［外地］〖~口音〗当地のお国なまり
【本分】běnfèn 名 本分, 責務〖守~〗本分を守る ― 形 身の程を知っている〖她很~〗彼女は本分をわきまえた人だ
【本行】běnháng 名 本業, 本職〖三句不离~〗(俗)口を開けば仕事の話
【本家】běnjiā 名 同族, 同姓の親戚 働［亲戚 qīnqi］
【本金】běnjīn 名①(利息に対して)元金 働［利息］②元手, 資本金
☆【本科】běnkē 名(予科・別科に対して)大学の本科, 学部(課程)〖~生〗本科生, 学部生
☆【本来】běnlái 形〖定語として〗本来の〖~的颜色〗もとの色 ― 副①もともと, 以前 働［原先］②もとより(当然)〖~应该去〗当然行くべきだった
☆【本领】běnlǐng 名 能力, 手腕 働［本事］〖练~〗腕を磨く
【本末】běnmò 名①(事の)顛末 _{てんまつ}, いきさつ ②本末〖~倒 dào 置〗本末を転倒する
☆【本能】běnnéng 名 本能 ― 形〖定語・状語として〗本能的な〖~地感到〗本能的に感じる
【本钱】běnqián 名①元手〖损失~〗元手を擦する ②(転)経歴や肩書などの無形の力
☆【本人】běnrén 名①本人, 当人 ②(1人称の)私
【本色】běnsè 名 本来の姿 ― 形 本来の姿を保った
 ―― běnshǎi 名(~儿)(織物などの, 人工的に着色しない)本来の色
☆【本身】běnshēn 名 それ自体, そのもの〖学校~的问题〗学校自体の

B

問題
【本生灯】běnshēngdēng [名] ブンゼン灯
★【本事】běnshì [名] (詩や小説の) もとになる事実
—— běnshi [名] 能力, 腕前 〖他～大〗彼はすご腕だ
【本题】běntí [名] 本題, 中心題目 〖离开～〗本題を外れる
【本体】běntǐ [名] ①〖哲〗本体, 物自体 [反][现象] ② 機械等の主要部分, 本体
【本土】běntǔ [名] ①〔'本乡～'の形で〕生国, 郷里 [同][乡土] ②(主に植民地に対して) 本国
【本位】běnwèi [名] ① 本位 [～货币] 本位貨幣 ② 自分の持場, 所属する職場 [～主义] 自己本位主義
【本息】běnxī [名] 元金と利息, 元利 ([同][本利]) [～合计] 元利合計
【本性】běnxìng [名] 本性, 天性 [～难移] 生まれついての性分は変るものではない
【本义】běnyì [名] 〖語〗(転義に対して) 本義, もともとの意味 [反][转义][引申义]
【本意】běnyì [名] 本意, 本来の意図 ([同][本怀]) 〖那不是我的～〗それは私の本意ではない
【本原】běnyuán [名] 〖哲〗本源, 根源
【本源】běnyuán [名] 根源, 大もと
★【本着】běnzhe [介] …に基づき 〖～平等互利的原则〗互恵平等の原則に基づいて
【本职】běnzhí [名] 自分の職務, 専任職 [同][本务]
★★【本质】běnzhì [名] 本質 〖～上〗本質的には, 本当のところ — [形]〔定語として〕本質的な 〖～差别〗本質的差異
【本子】běnzi [名]〔个〕① ノート, 冊子 ② [同][版本]

【苯】běn [名]〖化〗ベンゼン

【奔】bèn [動] ①(目的地に) 向かって行く, まっすぐ赴く 〖你～哪儿?〗どこへ向かうのか ②(一定の数量に) 近づく 〖～着四十了〗四十(歳) に手が届く ③ 工面に奔走する 〖去上海～～这种材料〗上海へ行ってこの材料入手のために奔走する — [介] …に向かって [同][向]
⇨bēn
【奔命】bèn'mìng [動]《口》道を急ぐ, (仕事に) 精を出す
⇨bēnmìng
【奔头儿】bèntour [名] 奔走(活躍) のしがい, 先行きの希望 〖有～〗やりがいがある

【笨】bèn [形] ① 間抜けな, 愚かしい [同][傻] ② 不器用な, のろまな ([反][巧]) 〖嘴～〗口下手だ ③ 骨の折れる, かさばる [～活儿] 力仕事
【笨口拙舌】bèn kǒu zhuō shé《成》(～的) 口下手だ [同][笨嘴拙舌] [反][能言巧辩]
【笨鸟先飞】bèn niǎo xiān fēi《成》(のろまな鳥は先に飛び立つ>) 能率の悪い人は早めに仕事を始める ♦多くは謙遜の意味で使う
【笨重】bènzhòng [形] ① 重くてかさばる, 鈍重な [反][轻便] ②(仕事が) 骨の折れる, 体力の要る [同][费力]
★【笨拙】bènzhuō [形] 下手な, のろまな [反][灵巧]

【绷(繃)】bēng [動] ① ぴんと張る 〖～上绷带〗包帯をきつく巻く ② はじき飛ばす, はじけ飛ぶ 〖～鸟〗ぱちんこで鳥に石を当てる ③ ざっと縫う, しつけ縫いする, 針で留める ④《口》無理して頑張る 〖～场面〗無理して体面を取り繕う
⇨běng, bèng
【绷带】bēngdài [名]〔条〕包帯 〖裹上(绷上)～〗包帯を巻く
【绷弓子】bēnggōngzi [名]《口》(石を飛ばす) ぱちんこ [同][弹弓]

【崩】bēng [動] ① 崩れる, 倒壊する 〖山～了〗山が崩れた ② 破裂する, はじける ③ 炸裂したものが当たる ④《口》銃殺する 〖他昨天给～了〗彼はきのう射殺された 〖挨ái～〗銃殺される
⊗崩御する
★【崩溃】bēngkuì [動](政治·経済·軍事などが) 崩壊する, 瓦解する
【崩裂】bēngliè [動] 破裂する, (西瓜などが) 割れる
【崩龙族】Bēnglóngzú [名] '德昂族' の旧称
【崩塌】bēngtā [動] 崩れ落ちる, 倒壊する

【嘣】bēng [擬] 跳びはねる音, 破裂する音などを表わす

【甭】béng [動]《方》…するには及ばない, …するな ♦'不用' の合音

【绷(繃)】běng [動] ①(表情を) かたくする 〖～脸〗顔をこわばらせる ② こらえる, もちこたえる 〖～住劲儿〗ぐっとこらえる
⇨bēng, bèng

【迸】bèng [動] ほとばし(らせ)る, 飛び散(らせ)る 〖～起了几颗火星〗火花が飛び散った
★【迸发】bèngfā [動] ほとばしり出る, 飛び出す 〖～出一阵笑声〗どっと笑いが起きた

【迸裂】bèngliè 動 はじけるように割れる,炸裂する ⇨[崩裂]

【泵】bèng 图〔台〕ポンプ(⇨[唧筒])[水~]揚水ポンプ

【绷(繃)】bèng 動 裂け目(ひび)が入る ― 副[口]とても,大変に ⇨[倍儿] ⇨ bēng, běng

【蹦】bèng 動 飛び跳ねる(⇨[跳])[~~跳跳]跳んだりはねたりする

【蹦跶】bèngda 動 飛び跳ねる;(転)あがく,もがく

【蹦极】bèngjí バンジージャンプ[玩儿~(跳)]同前をする

【屄】bī 图[口]陰門,女性生殖器

【逼】bī 動 ❶無理矢理…させる,強いる [~他说出来]彼に白状させる [支払・返済などを)迫る [~债]借金を返せと迫る ❸目前に迫る,接近する

【逼供】bīgòng 動 (拷問や脅しで)自白をせまる

【逼近】bījìn 動 間近に迫る,近づく ⇨[迫近]

*【逼迫】bīpò 動 無理矢理…させる,強いる ⇨[强迫]

【逼上梁山】bī shàng Liángshān 〈成〉(水滸伝の英雄たちが余儀なく梁山泊に立てこもる>)外的圧力によりやむなくある行動に出ること

【逼视】bīshì 動 近づいてまじまじと見る

【逼真】bīzhēn 形 ❶そっくりな,迫真の ❷はっきりした ⇨[真切]

【荸】bí ⊗以下を見よ

【荸荠】bíqi 图[植]クログワイ(食用また澱粉製造用)

【鼻】bí ⊗ ❶鼻 [狮子~]しし鼻 ❷発端,起源 [~祖][書]開祖

【鼻窦炎】bídòuyán 图[医]副鼻腔炎,蓄膿症

【鼻孔】bíkǒng 图 鼻孔,鼻の穴

【鼻梁】bíliáng 图 (~儿) 鼻筋,鼻柱 ⇨[~子]

【鼻腔】bíqiāng 图 鼻腔

*【鼻涕】bítì 图 鼻水,鼻汁 [流~]涕を垂らす [擤~]涕をかむ

【鼻息】bíxī 图 鼻息 → [仰 yǎng 人~]

【鼻烟】bíyān 图 (~儿)嗅ぎたばこ [~壶]嗅ぎたばこ入れの小びん ◆内部に彩色意匠を施した工芸品

【鼻翼】bíyì 图 鼻翼,小鼻 ◆ふつう'鼻翅儿'という

【鼻音】bíyīn 图 ❶[語]鼻音(m, n, ngなどの音) ❷鼻声,鼻にかかった声

【鼻韵母】bíyùnmǔ 图[語](an, angのような)鼻音韵尾を伴う韻母

【鼻子】bízi 图 [~不通气]鼻がつまる

【鼻子眼儿】bízíyǎnr 鼻の穴 ⇨[鼻眼儿]

【匕】bǐ ⊗さじ(匙)

【匕首】bǐshǒu 图〔把〕あいくち(匕首),短刀

【比】bǐ 動 ❶比べる,競う [跟他~力气]彼と力力を比べる ❷なぞらえる [~做猫]猫に例える ❸手まねをする [~画 hua] ❹(比較や得点比の)…対… [以四~一赢了]4対1で勝った ― 介(比較の対象を引き出して)…より [他~我小(两岁)]彼は私より(2歳)若い [一天~一天冷]日一日と寒くなる ⊗ ❶割合,比率 [反~]反比例 ❷並ぶ,くっつく ❸近頃 [~年]近年

【比比皆是】bǐbǐ jiē shì 〈成〉どこにでもある

【比方】bǐfang 图 たとえ,例 [打~]例える ― 動 ❶例える,例にとる [~说]例えば ❷[接続詞的に]仮に,もしも

【比画(比划)】bǐhua 動 手まねをする,身振り手振りをする

【比价】bǐ'jià 動[商]入札価格を比べる,値段を比べる ―― bǐjià 图[商]比価,価格の比率 [日元和美元的~]日本円と米ドルとの交換比率

【比肩】bǐjiān 動[書]肩を並べる,一緒に行動する [~而立]並んで立つ

【比肩继踵】bǐ jiān jì zhǒng 〈成〉肩を並べ踵を接する ◆人出の多いさまをいう ⇨[摩肩接踵]

【比较】bǐjiào 動 比較する,対比する ― 副 わりと,比較的 ― 介(性状や程度を比較して)…よりも,…に比べて ⇨[比]

*【比例】bǐlì 图 ❶[数]比例 [正~]正比例 ❷割合,比率

【比例尺】bǐlìchǐ 图 (⇨[缩尺]) ❶(製図用具の)縮尺,梯尺 ❷(地図の)縮尺

【比邻】bǐlín 图[書]近隣,隣近所 ⇨[近邻] ― 動 近接する,隣接する

【比率】bǐlǜ 图[数]比,比率 ⇨[比值]

【比拟】bǐnǐ 動 擬する,なぞらえる ― 图[語]比喻

【比丘】bǐqiū 图[訳]比丘%,僧

【比丘尼】bǐqiūní 图[訳]比丘尼%,尼僧

【比热】bǐrè 图[理]比熱

*【比如】bǐrú 動 ❶…を例とする(ならば),例えば [~说]例えて(言えば)ば

B

②同様だ〘～做好事〙善行を施したも同然だ
【比萨饼】bǐsàbǐng [名]〘食〙ピザ
★★【比赛】bǐsài [名]〔场〕試合，競争〘参加～〙競技に参加する —[動]試合する，競う（[同]［赛］）〘～围棋〙碁で対局する
【比试】bǐshi [動]（力を）比べ合う，競う〘～智慧〙知恵比べをする
【比手画脚】bǐ shǒu huà jiǎo〘成〙身振り手振りをする（しながら話す）
【比特】bǐtè [量]（情報量の単位）ビット
【比武】bǐ'wǔ [動]武芸の腕を競う
【比翼】bǐyì [動]〘書〙翼を並べる［～鸟］比翼の鳥（仲の良い夫婦の喩え）
★【比喻】bǐyù [名]比喩，喩え —[動]例える
【比照】bǐzhào [動]①〘介詞的に〙…のとおりに，…にならって ②比較対照する，対比する [同]［对比］
【比值】bǐzhí [名]〘数〙比，比率 [同]［比率］
★【比重】bǐzhòng [名]①〘理〙比重 ②（事柄が占める）重み，比重

【妣】bǐ ⊗亡き母［考～］〘書〙亡父母

【秕(*粃)】bǐ ⊗しいな，皮ばかりで実のないもみ［～子］同前［～糠］しいなと糠(ぬか)（価値のないもの）

【彼】bǐ ⊗①あれ，あの [反]'此' ②彼，相手［知己知～］己を知り相手を知る
【彼岸】bǐ'àn [名]①〘書〙向こう岸，対岸 ②〘宗〙彼岸
★★【彼此】bǐcǐ [名]①双方，お互い，彼我(ひが) ②〘挨〙〘ふつう'～～'の形で〙お互い様
【彼一时，此一时】bǐ yìshí, cǐ yìshí〘成〙昔は昔，今は今

【笔(筆)】bǐ [名]〔支·枝〕筆，ペン —[量]①一定量の金銭またはそれに準ずるものを数える〘一大～钱〙多額の金 ②筆画を数える〘这个字有十二～〙この字は12画だ
⊗①筆法 ②筆画 ③筆で書く
【笔触】bǐchù [名]（書画や文章の）筆遣い〘用简洁的～…〙軽いタッチで…
【笔答】bǐdá [名]書面による回答，筆答
【笔底下】bǐdǐxia [名]文章力，書き振り〘他～很好〙彼は筆が立つ
【笔调】bǐdiào [名]（文の）筆致，書き振り
【笔法】bǐfǎ [名]筆法，筆運び〘仿春秋的～〙春秋の筆法にならって
【笔锋】bǐfēng [名]①筆の穂先 ②（文の）筆鋒，書画の筆勢
【笔杆子】bǐgǎnzi [名]①〔支·根〕筆軸，ペン軸 [同]［笔杆儿］②筆，ペン [同]［笔杆儿］③文章家，筆の立つ人
【笔画(笔划)】bǐhuà [名]筆画〘十二个～〙12画〘'刘'字的～有六个〙'刘'という字は6画ある
【笔记】bǐjì [名]①筆記，メモ ②〔篇〕（短文を集めた）随筆 —[動]筆記する，ノートを取る
【笔迹】bǐjì [名]筆跡（[同]［字迹］［笔体］）［～鉴定］筆跡鑑定
★★【笔记本】bǐjìběn [名]（～儿）〔个〕メモ帳，ノート［～电脑］ノートパソコン
【笔架】bǐjià [名]（～儿）筆立て，筆置き [同]［笔床］
【笔力】bǐlì [名]（書画や文章の）筆力，表現力
【笔帽】bǐmào [名]（～儿）ペンのキャップ，毛筆のさや〘套上～儿〙（筆に）さやをはめる
【笔名】bǐmíng [名]筆名，ペンネーム
【笔墨】bǐmò [名]①文章〘浪费～〙筆を費す［～官司］紙上の論戦 ②書画の作品
【笔势】bǐshì [名]①（書画の）筆勢，筆遣い ②文の勢い，迫力
【笔试】bǐshì [名]筆記試験（[反]［口试］）
【笔顺】bǐshùn [名]（漢字の）筆順
【笔算】bǐsuàn [動]筆算する [反]［心算］
【笔挺】bǐtǐng [形]①（立ち方が）まっすぐな，ぴんと上に伸びた ②（衣服が）アイロンがよくきいた，きちんと折り目のついた
【笔误】bǐwù [名]①誤記，書き誤り ②誤字，書き違えた文字
【笔洗】bǐxǐ [名]筆洗 ♦筆の穂先を洗う器
【笔心(笔芯)】bǐxīn [名]〔根〕鉛筆やボールペンの芯(しん)
【笔译】bǐyì [動]（筆記で）翻訳する [反]［口译］
【笔战】bǐzhàn [名]筆戦，紙上の論戦 [同]［笔墨官司］[反]［舌战］
【笔者】bǐzhě [名]筆者 ♦多く作者の自称
【笔直】bǐzhí [形]まっすぐな，一直線の（[反]［弯曲］）〘～的街道〙まっすぐ続く道
【笔致】bǐzhì [名]（書や文の）筆致，書き振り

【俾】bǐ ⊗～せしむ（使役）

【鄙】bǐ ⊗①卑しい，俗悪な ②卑しむ，見下す ③謙譲を示す接頭辞［～人］私め［～见］愚見
【鄙薄】bǐbó [動]〘書〙卑しむ，さげすむ [反]［尊重］—[形]浅薄な，思慮の浅い ♦多く謙遜に使う [同]［浅陋］
【鄙陋】bǐlòu [形]浅薄な，皮相的な

【鄙弃】bǐqì 動 卑しみ嫌う，見下す 圏[厌弃]
【鄙视】bǐshì 動 軽視する，さげすむ 圏[轻视]
【鄙俗】bǐsú 形 卑俗な，俗悪な 圏[粗俗]
【鄙夷】bǐyí 動〔書〕さげすむ，軽蔑する 圏[鄙屑]

【币(幣)】bì ⊗ 貨幣, 通貨 [人民~]人民元 [日~]日本円 [金~]金貨 [外~]外貨
【币值】bìzhí 图 貨幣価値 [~变动] 通貨相場の変動
【币制】bìzhì 图 貨幣制度

【必】bì ⊗ 必ず, きっと, 必ず…すべきである 〖说来~来〗来ると言ったら必ず来る
【必得】bìděi 動 是非とも…しなければならない 圏[必须]
*【必定】bìdìng 副 必ず, きっと ◆'一定'より語気が強い
【必恭必敬(毕恭毕敬)】bì gōng bì jìng《成》恭しい, いんぎんな
【必然】bìrán 形 必然的なる — 副 必然的に — 图〔哲〕必然
【必然性】bìránxìng 图 必然性 凤[偶然性]
【必修】bìxiū 形〔多く定語として〕必修の(圏[选修]) [~课]必修科目
*【必须】bìxū 副 必ず…しなければならない, …する必要がある 凤[不必]
*【必需】bìxū 動 必須である, 必要とする, 欠くことができない [~品] 必需品
*【必要】bìyào 图形 必要(な)
【必由之路】bì yóu zhī lù《成》必ず通る道

【闭(閉)】bì 動（主に目と口について）閉じる 〖~上眼睛〗目をつぶる ⊗ ふさがる
【闭关自守】bì guān zì shǒu《成》関を閉じてひたすら自分の領域を守る, 国交を絶つ
【闭会】bì'huì 動 閉会する 凤[开会]
【闭架】bìjià 動（図書館に）閉架式にする 凤[开架]
【闭口】bìkǒu 動 口を閉ざす, 沈黙を守る
【闭门羹】bìméngēng 图〔次〕門前払い 〖吃~〗門前払いを食う
【闭门造车】bì mén zào chē《成》（門を閉じて車を作る＞）客観的事実を無視して, 自分勝手な判断で事を運ぶ 圏[盲目行事]
【闭目塞听】bì mù sè tīng《成》（目を閉じ耳をふさぐ＞）社会に対して耳目を閉ざす
【闭幕】bì'mù 動 凤[开幕] ①（舞台）の幕を閉じる ②閉会する [~典礼] [~式]閉会式
*【闭塞】bìsè 動 塞ぐがる, 詰まる 〖鼻孔~〗鼻が詰まる — 形 辺鄙な, (情報から)隔絶した

【闭月羞花】bì yuè xiū huā（成）（月も隠れ, 花も恥じらう＞）絶世の美女の喩え 圏[羞花闭月]

【毕(畢)】bì ⊗ ①終わる, 完成する ②すべて, ことごとく ③(B-)姓
*【毕竟】bìjìng 副 結局, なんと言っても 圏[到底]
【毕生】bìshēng 图 一生, 畢生 なっ [~事业]ライフワーク
*【毕业】bì'yè 動 卒業する 〖在大学~(从大学~)〗大学を卒業する

【篥(篳)】bì ⊗ 竹の垣根や戸, [~路蓝缕(筚路蓝缕)]創業時の苦労 [~篥](笛の篳篥 ひら は'篥篥'とも)

【庇】bì ⊗ かばう [包~] (悪人などを)かばう
【庇护】bìhù 動 ①(間違った事柄を)かばう, 支持する 圏[祖护] ②守る, 保護する 圏[保护]

【惩】bì ⊗ 謹しむ→ [惩 chéng 前~后]

【毙(斃)】bì 動 銃殺する [枪~]同前 ⊗ 死ぬ

【陛】bì ⊗ 宮殿のきざはし [~下]陛下 [~见]皇帝に拝謁する

【畀】bì ⊗ 与える

【痹(*痺)】bì ⊗ しびれる→ [麻~]

【箅】bì ⊗ 箕 の子状のもの [铁~子](下水道などの) 鉄格子状のふた

【敝】bì 動 ①破れた, ぼろぼろの ②謙譲の接頭辞, 私めの [~宅]拙宅 [~姓张](私は)張と申します
【敝帚自珍】bì zhǒu zì zhēn《成》ちびた箒でも自分には大切な宝だ 圏[敝帚千金]

【蔽】bì ⊗ おおう, 遮蔽 する [掩~]蔽い隠す

【弊】bì ⊗ ①悪弊, 弊害 ②不正行為, 詐欺行為 [作~]不正を働く
*【弊病】bìbìng 图 ①（社会的な）悪弊, 弊害 ②不利, 欠点
【弊端】bìduān 图 悪弊, 弊害 〖~丛生〗汚職などが蔓延 る する

【婢】bì ⊗ 下女, 女中 [~女] (旧)同前

【髀】bì ⊗ 太腿 [~肉复生] 髀 ひ 肉の嘆

【蓖】bì ⊗〔植〕トウゴマ [~麻油] ひまし油

【篦】bì ⊗［～子］すき櫛

【辟】bì ⊗①君主→［复～］②避ける
⇨pī, pì

【避】bì [動]避ける，防ぐ〖～雨〗雨宿りする

【避风港】bìfēnggǎng [名]避難港；《転》避難場所，逃げ場

【避讳】bìhui [動]①タブーとして嫌う，忌む（[同]［忌讳］）〖～谈死〗死を話題にするのを避ける ②回避する，逃れる
—— bìʼhuì [動]君主や父祖などの名を書いたり口に出したりすることを避ける ♦旧時の社会規範

【避坑落井】bì kēng luò jǐng《成》（穴をよけて井戸に落ちる＞）一難去ってまた一難

【避雷针】bìléizhēn [名]〔根〕避雷針

★【避免】bìmiǎn [動]（起こらないよう）避ける，防ぐ

【避难】bìʼnàn [動]（災害や迫害から）避難する［～所］避難所

【避世】bìshì [動]《書》隠棲する

【避暑】bìʼshǔ [動]①避暑に行く [反]［避寒］②暑気中あたりを防ぐ

【避孕】bìʼyùn [動]避妊する［～套］コンドーム

【避重就轻】bì zhòng jiù qīng《成》（重きを避け軽きにつく＞）安易な方へ流れる，楽をしようとする [同]［避难就易］

【壁】bì ⊗①壁［墙～］壁，塀 ②物の側壁部分 ③絶壁，断崖

【壁报】bìbào [名]壁新聞 [同]［墙报］

【壁虎】bìhǔ [名]〖動〗〔只〕ヤモリ ♦漢方薬材とする [同]［守宫］

【壁画】bìhuà [名]〔幅〕壁画

【壁垒】bìlěi [名]①保塁，塁壁［关税～］関税障壁 ②《転》対立する事物，陣営

【壁立】bìlì [動]（壁の如く）切り立つ

【壁炉】bìlú [名]ペチカ，暖炉

【壁球】bìqiú [名]〖体〗スカッシュ

【壁毯】bìtǎn [名]〔块·条〕壁掛用の絨毯じゅうたん，タペストリー

【壁钟】bìzhōng [名]〔座〕掛け時計 [同]［挂钟］

【臂】bì ⊗腕，上腕（'胳臂' は gēbei と発音）

【臂膀】bìbǎng [名]腕 [同]［胳膊］

【臂膊】bìbó [名]《方》腕

【臂章】bìzhāng [名]腕章 ♦上腕部につけるリボンなど [類]［袖章］

【璧】bì ⊗璧へき（扁平ドーナツ型の玉器）

【愎】bì ⊗気難しい［刚～］同前

【弼】bì ⊗輔佐する［辅～］同前

【碧】bì ⊗①青い石 ②青色，青緑色

【碧空】bìkōng [名]《書》青空〖～如洗〗雲ひとつない青空

【碧蓝】bìlán [形]〔定語として〕深い青色の，紺碧の

【碧绿】bìlǜ [形]〔定語として〕エメラルド色の

【碧血】bìxuè [名]《書》正義のため流された血

★【碧玉】bìyù [名]〔块〕碧玉［小家～］貧しい家の美しい娘

【边(邊)】biān [名]①（～儿）ふち，へり ②〖数〗辺 — [副]〔他の '边' と呼応して〕…しながら（[同]［一边］）〖～说～笑〗話しながら笑う
⊗①辺境 ②辺り，そば ③限界，果て ④（B-）姓
—— -bian ⊗（～儿）方位を表わす接尾辞［外～］外［上～］上［右～］右［东～］東

【边地】biāndì [名]国境沿いの地，辺境の地 [同]［边陲 chuí］

【边防】biānfáng [名]〔多く定語として〕国境警備［～建设］国境警備の体制づくり

【边际】biānjì [名]果て，境界（[同]［界限］）〖望不到～〗一望果てしない

★【边疆】biānjiāng [名]辺境，国境地域

★【边界】biānjiè [名]（国·省·県などの）境界〖越过～〗国境を越える

★【边境】biānjìng [名]国境地域（[反]［内地］）［～贸易］辺境貿易

【边框】biānkuàng [名]（～儿）（鏡などの）枠

【边区】biānqū [名]辺区へんく ♦内戦期および抗日戦争期に中国共産党支配下にあった，幾つかの省にまたがる革命根拠地

【边沿】biānyán [名]へり，周り

★【边缘】biānyuán [名]周辺，境界〖生活在饥饿的～〗飢餓線上に生きる — [形]〔定語として〕境界線上の，多面にまたがる［～科学］隣接（学際的）科学

【边远】biānyuǎn [形]〔定語として〕僻きん遠の，辺境の

【砭】biān ⊗治療用の石の針

【编(編)】biān [動]①編む〖～篮子〗かごを編む ②編成する ③編集する，編纂へんさんする ④つくり出す，創作する〖～话剧〗劇を作る — [量]（書物の）'章' より一段うえの単位［上～］前編

【编程】biānchéng [動]（コンピュータの）プログラムを作る

【编次】biāncì [動]（順序にそって）配列する，順番に並べる

【编号】biān'hào [動]番号を付ける
—— biānhào [名]通し番号

**【编辑】biānjí [動]編集する — [名]編集者 [总～] 編集長

【编剧】biān'jù [動]シナリオを書く, 脚色する
—— biānjù [名]脚本家

【编码】biān'mǎ [動]コードを付ける
—— biānmǎ [名]コード [邮政～] 郵便番号

【编目】biān'mù [動](図書の) 目録をつくる
—— biānmù [名]図書目録

【编年体】biānniántǐ [名]編年体 [関][纪传体]

【编排】biānpái [動]配列する, レイアウトする 〖～在头版〗(新聞の) 一面に組む

【编审】biānshěn [動](原稿を) 編集および審査する — [名]編集·審査担当者

【编写】biānxiě [動]① 本や文章にまとめる, 編纂(へんさん)する ② (作品を) 創作する, 書く

【编译】biānyì [動]翻訳編集する — [名](資格としての)翻訳編集担当者

【编造】biānzào [動]① (表やリストを) 編集する 〖～报表〗報告資料を作成する ② (想像力で物語を) 創り出す ③ 捏造(ねつぞう)する

【编者】biānzhě [名]編者 [～按] 編者より(の言葉)

*【编织】biānzhī [動](毛糸や針金などを) 編む([同][编结]) 〖～草席〗ござを編む

【编制】biānzhì [動]① (毛糸や針金などを) 編んで作る ② (計画や草案などを) 編成する, 作成する 〖～预算〗予算案を編成する — [名](組織機構の)編制, 定員, 人員配備

【编纂】biānzuǎn [動](大部の図書を)編纂(へんさん)する, 編集する

【煸】biān [動]油でさっと炒める

〖蝙〗biān ⊗以下を見よ

【蝙蝠】biānfú [名]〔只〕コウモリ

【鞭】biān [名](長くつながった) 爆竹([同][鞭炮]) 〖放～〗爆竹を鳴らす 〖一挂～〗ひとつながりの爆竹
⊗① むち ② 節のある棒状の昔の武器 ③ むち打つ, むちを当てる

*【鞭策】biāncè [動]《転》鞭撻(べんたつ)する 〖～自己〗自らにむち打つ

【鞭打】biāndǎ [動]むちを当てる, むち打つ

**【鞭炮】biānpào [名]〔串·挂〕爆竹 〖放～〗爆竹を鳴らす

【鞭挞】biāntà [動]① むち打つ ② (容赦なく)批判する, 非難する

【鞭子】biānzi [名]〔条·根〕むち 〖用～抽〗むちで打つ

〖贬(貶)〗biǎn ⊗① (値打ちを) 下げる, 下落する ② けなす, おとしめる [反]'褒'

【贬词】biǎncí [名][同][贬义词] [反][褒词]

*【贬低】biǎndī [動]おとしめる [反][抬高]

【贬损】biǎnsǔn [動]けなしおとしめる

*【贬义】biǎnyì [名]マイナス義, けなす意味 [反][褒义]

【贬义词】biǎnyìcí [名]《語》マイナス義を持つ単語 ♦例えば'勾结'(ぐるになる)

【贬责】biǎnzé [動](過失を) 責めたてる, 非難する [同][责备]

【贬值】biǎn'zhí [動]貨幣価値が下落する, 外貨との交換比率が下がる([反][升值]) 〖美元～百分之二十〗米ドルが20%下がる

【扁】biǎn [形]扁平な, 平べったい 〖压～了〗ぺちゃんこになった
⇨ piān

【扁柏】biǎnbǎi [名]《植》コノテガシワ

【扁担】biǎndan [名]〔条〕天秤(てんびん)棒

【扁豆(萹豆·稨豆)】biǎndòu [名]インゲン豆

【扁平足】biǎnpíngzú [名]扁平(へんぺい)足 [同][平足]

【扁桃】biǎntáo [名]〔颗〕アーモンド [同][巴旦杏]

【扁桃体】biǎntáotǐ [名]〔对〕扁桃(へんとう)腺 [同][扁桃腺]

【匾】biǎn [名]〔块〕扁額(へんがく)(横長の額(がく))

【匾额】biǎn'é [名]扁額 [同][横匾]

〖褊〗biǎn ⊗狭い [～急]《書》心が狭く性急な

〖卞〗biàn ⊗① 性急な ② (B-)姓

〖汴〗biàn ⊗河南省開封市の別名

〖弁〗biàn ⊗古代の帽子の一種 [～言]《書》序文

【变(變)】biàn [動]① 変わる, 変える 〖天气～了〗天候が変わった 〖～了主意〗考えを変えた ② …に変わる, …となる 〖～红了〗赤くなった ③ (…を…に) 変える 〖～言论为行动〗言論を行動にうつす
⊗事変, 変事 [政～] 政変

【变把戏】biàn bǎxì [動]手品を使う, マジックを演じる [同][变戏法]

【变产】biàn'chǎn [動]資産を売りに出す

【变电站】biàndiànzhàn [名]〔所〕変電所

【变动】biàndòng [動]① 変動する, 変化する ② 変更する, 修正する([同][改变]) 〖随意～〗(文章に) 勝手に

【变法儿】biàn'fǎr 動〔口〕手を変え品を変える,別の手を打つ
【变革】biàngé 動 変革する 〖～现实〗現実を変える
【变更】biàngēng 動 変える,変更する ⇨〖改变〗
*【变故】biàngù 图 不慮の出来事,思わぬ事故 〖发生了～〗思いもしない事故が生じた
【变卦】biàn'guà ころりと気が変わる,急に前言を翻す
*【变化】biànhuà 動 変化する(させる) 〖不断地～着〗不断に変化している
【变幻】biànhuàn 目まぐるしく変わる(変える) 〖不断～着颜色和形状〗絶え間なく色と形を変えている
【变换】biànhuàn 動 変換する,切り換える ⇨〖改换〗〖～手法〗やり方を変える
【变价】biànjià 動 時価に換算する,価格を相場の変動に合わせる
【变节】biàn'jié 動 変節する,敌に寝返る ⇨〖守节〗
【变脸】biàn'liǎn 動 (別人のように)冷たい態度に変わる,打って変わって相手にしなくなる ⇨〖翻脸〗
【变卖】biànmài 動 (家財を)売って金に換える,売り払う
*【变迁】biànqiān 图 変遷(する)
【变色】biàn'sè 動 ①変色する 〖～龙〗カメレオン ②色をなす,顔色を変える
【变速器】biànsùqì 图 変速器,トランスミッション
【变态】biàntài 图 ①〖動〗変態 ② 変則的,不正常な状態 ⇨〖常态〗
【变态反应】biàntài fǎnyìng 图 アレルギー反応
【变体】biàntǐ 图 変異体
【变天】biàn'tiān 動 ① 天気が変わる ②(転)政変が起こる,政情が(悪い方へ)変わる
【变为】biànwéi 動 …に変わる(変える) 〖由作家～经理〗作家から社長に変わる
【变文】biànwén 图 〖文〗変文 ♦唐代の説明文学の一,敦煌で発見されたものが有名
【变戏法】biànxìfǎ 動 (～儿)手品をする,マジックを演じる ⇨〖变把戏〗
【变相】biànxiàng 厖 〖多く定语として〗形を変えた 〖～的软禁〗実質上の軟禁
【变心】biàn'xīn 動 心変わりする
【变形】biàn'xíng 動 ①形が変わる,変形する 〖～虫〗アメーバ ②(物語などで)変身する
【变压器】biànyāqì 图〔台〕変圧器,トランス
【变异】biànyì 图 (地殻や生物の)変異 〖发生～〗変異が起きる
【变质】biàn'zhì 動 (事物や人格思想が)変質する ♦多く悪い方に変わることをいう
【变种】biànzhǒng 图 変種

【便】biàn 图 (排泄物の)便 〖～器〗便器 一 圏 ⇨(口)〖就〗
⊗①便利な 〖～携式〗携帯に便利な ②日用の,格式ばらない
⇨pián

【便当】biàndang 厖 便利な,たやすい ⇨〖方便〗〖容易〗
【便道】biàndào 图〔条〕①近道,抄道(⇨〖便路〗)〖抄～走〗近道する ②歩道 ③(工事中の)仮設道路
【便饭】biànfàn 图〔顿〕有り合せの食事,ふだんの食事(⇨〖便餐〗)〖家常～〗日常の食事
【便服】biànfú 图〔件・身〗①ふだん着,カジュアルウエア ⇨〖礼服〗〖制服〗 ②(洋服に対して)中国服
【便函】biànhán 图〔封〕非公式の手紙 ⇨〖公函〗
【便壶】biànhú 图〔把〕溲瓶しびん ⇨〖夜壶〗
【便览】biànlǎn 图 ハンドブック,便覧 〖旅游～〗旅行案内
*【便利】biànlì 厖 便利な ⇨〖方便〗 一 動 便利になるようにする,便宜をはかる 〖为了～顾客〗買物客に都合のよいように
【便利店】biànlìdiàn 图〔家・个〕コンビニエンスストア
【便门】biànmén 图 (～儿)勝手口,通用口,通用門 ⇨〖正门〗
【便秘】biànmì 動 便秘(になる) 〖～了〗便秘になった ⇨〖便闭〗
【便盆】biànpén 图 (～儿)おまる,便器 ⇨〖马桶〗
【便桥】biànqiáo 图 仮設の橋
【便人】biànrén 图 ついでの用事のある人 〖托～给你捎个信儿去〗そちらへついでのある人に手紙を言付けるよ
*【便条】biàntiáo 图 (～儿)〔张〕書付け,簡単な手紙,メモ(⇨〖便签〗) 〖留～儿〗伝言メモを残す
【便桶】biàntǒng 图 便器,おまる ⇨〖马桶〗
【便鞋】biànxié 图〔双〕ふだん用の靴 ♦多く布ぐつをいう
【便携式】biànxiéshì 厖 携帯式の,ハンディタイプ
【便宴】biànyàn 图〔次〕略式の宴会 〖便席〗〖设～〗格式ばらない宴を催す
【便衣】biànyī 图 ①ふだん着,私服 ②(～儿)私服の警官や軍人
【便宜行事】biànyí xíng shì (成

(権限を与えられて)臨機応変に処理する

*【便于】biànyú [動] …するのに便利だ, たやすく…できる〚～管理〛管理するのに都合がよい

【便中】biànzhōng [名]《書》ついでの時〚望～告知〛ご都合よろしき折にお知らせ下さい

【遍(*徧)】

biàn [量](一定の過程を要する動作の回数を数えて)(ひと)とおり,(一)回〚请再说一～〛もう一度言ってください — [動] あまねくゆきわたる〚走～天涯海角〛全国すみずみまで歩き回る

*【遍布】biànbù [動] あまねく広がる〚～全国〛全国に広がる

【遍地开花】biàn dì kāi huā《成》至る所に花が咲く, 喜ばしいことがあちこちに出現する

【辨】

biàn [動] 見分ける, 識別する〚～不出来〛見分けがつかない

【辨别】biànbié [動] 見分ける, 識別する [同][分辨]

*【辨认】biànrèn [動] 判別する,(標識などで)それと知る

【辨析】biànxī [動] 分析し差異を区別する

【辩(辯)】

biàn [動] ①論議する〚～不过他〛議論では彼にかなわない ②弁解する

【辩白(辨白)】biànbái [動] 弁明する

【辩驳】biànbó [動] 論駁(ろんばく)する, 反論する

【辩才】biàncái [名]《書》弁舌の才〚颇有～〛大いに弁が立つ

*【辩护】biànhù [動] 弁護する〚为自己～〛自己弁護する〔～人〕弁護人

*【辩解】biànjiě [動] 弁解する, 言い訳する

*【辩论】biànlùn [動] 弁論する, 論議する〔～会〕ディベート

*【辩证(辨证)】biànzhèng [動] 分析考証する — [形] 弁証法的な〔～法〕弁証法〔～唯物主义〕弁証法的唯物論

【辫(辮)】

biàn [✕] お下げ, 弁髪〔小～儿〕お下げ

*【辫子】biànzi [名] ①〔条・根〕お下げ, 弁髪([同][发辫])〚梳～〛お下げに結う ②'辫子'状のもの→[翘qiào～] ③《転》弱み, しっぽ([同][把柄])〚抓～〛しっぽをつかむ

【标(標)】

biāo [動](文字, 記号で)表示する [✕]①こずえ, 末梢的なもの〔治～〕(根本から直すのでなく)対症治療をする ②標識〔路～〕道路標識 ③優勝者に与える品〔锦～〕優勝カップ(旗) ④入札, 価格〔投～〕入札する

【标榜】biāobǎng [動]《貶》①(体裁のいい主義, 主張を) 標榜する ②〘多く'互相～, 自我～'の形で〙褒めあげる, もちあげる

*【标本】biāoběn [名] ①標本 ②(漢方で)病気の症状と原因

【标兵】biāobīng [名] ①(群衆が集まる場所で)仕切り線を示すべく立っている人 ②《転》模範となる人

【标尺】biāochǐ [名] ①〔把〕高度, 水深などを測る棒尺,(測量の) 標尺 ②《軍》(銃の)照尺

**【标点】biāodiǎn [名] 句読点(を付ける)〚加～〛句読点を付ける

【标点符号】biāodiǎn fúhào [名] 句読点 ♦かっこなども含む

【标高】biāogāo [名] 標高〚测量～〛標高を測る

【标号】biāohào [名] ①性能表示のための数字, 等級, またそのマーク ②(一般の)符号

*【标记】biāojì [名] 印, マーク

【标价】biāojià [名] ①表示価格, 値札に記した金額 ②入札に記入した金額

—— biāo▾jià [動] 価格を表示する, 値札をつける

【标金】biāojīn ①入札する際の保証金 ②刻印つきの金塊, 金の延べ棒 [同][条金]

【标明】biāomíng [動] 標示する,(記号や文字で)知らせる [同][标示]

【标牌】biāopái [名] ラベル, レッテル

【标枪】biāoqiāng [名] ①《体》槍(やり)投げ ②〔支〕槍投げ用の槍〚掷～〛槍を投げる ③〔支〕(狩猟, 戦闘用の)投げ槍

*【标题】biāotí [名] 標題, 見出し〔～音乐〕標題音楽

【标新立异】biāo xīn lì yì《成》①《貶》新奇なものを打ち出す, 奇をてらう ②《褒》(古い枠から飛び出して) ユニークなものを打ち出す, 独創的なものを生み出す [同][独树一帜]

【标样】biāoyàng [名] 標準となる製品, 見本

【标语】biāoyǔ [名]〔条〕標語,(文字で書かれた) スローガン ♦口で叫ぶのは'口号'〚贴～〛スローガンを貼る

**【标志(标识)】biāozhì [名] 目印, 記号, 標識〔交通～〕交通標識 — [動] ①…のしるし, 標識となる ②…を特徴づける, …を明示する

【标致】biāozhi/biāozhì [形](主に女性の容貌, 姿形が) 美しい, 整っている

**【标准】biāozhǔn [名] 標準, 基準〚合乎～〛基準に合う〚达到～〛標準に達する — [形] 基準となる, 標準的な〔～时〕標準時間

B

【彪】biāo ⊗①虎の子［～形大汉］見上げるような大男 ②虎の斑模様［～炳］《書》(文彩が)光り輝く

【彪悍】biāohàn 圈 強く逞しい

【膘(*臕)】biāo 图(～儿) (家畜の)脂身［长 zhǎng～］(家畜が)太る［～肥］(家畜が)よく太った

【瘭】biāo ⊗ 瘭疽^{ひょう}［～疽 jū］同上

【镖(鏢)】biāo ⊗ 手裏剣に似た武器［保～］用心棒

【飙(飆*飈)】biāo 图 つむじ風 ⊗

*【飙升】biāoshēng 動 (価格や数値が)急速に上がる

【镳(鑣)】biāo ⊗ 轡^{くつわ}の一部→［分道扬～］

【表】biǎo 图①[张]表, リスト ②[块](携帯できる)時計［手～］腕時計［～把儿 bàr］竜頭
⊗①計器［温度～］温度計 ②おもて, 表面［徒有虚～］見てくればかりで中味がない ③異姓の親戚を示す接頭辞［～哥］年上の男性のいとこ［～妹］年下の女性のいとこ ④表わす, 示す ⑤(漢方で)風邪を薬で退治する［～汗］(薬で)汗を出す

【表白】biǎobái 動 (考え, 立場などを)表明する, (言葉で)明らかにする

【表层】biǎocéng 图 表層, 表面

*【表达】biǎodá 動 (言語, 文字で思想などを)表現して相手に伝える, 言い表わす［无法～］とても言い表せない

*【表格】biǎogé 图〔张・份〕表, (空所を埋める形式の)書類［填写～］用紙に記入する

【表决】biǎojué 動 表決をとる, 採決する［付～］表決をとる

【表里如一】biǎolǐ rú yī《成》考えと行ないが一致している, 裏表^{うらおもて}がない 反[口是心非]

*【表面】biǎomiàn 图 表面, うわっつら［～文章］口先だけのきれいな言［～光］見てくれの良さ

【表面化】biǎomiànhuà 動 表面化する, 顕在化する

【表面张力】biǎomiàn zhānglì《理》表面張力

*【表明】biǎomíng 動 表明する, (考えなどを)はっきりと示す

【表盘】biǎopán 图 (時計, 計器の)文字盤

【表皮】biǎopí 图〔层〕表皮, 外皮

【表亲】biǎoqīn 图 異姓のいとこ, またいとこの関係にある親戚

*【表情】biǎoqíng 图①(顔の)表情［显出高兴的～］嬉しそうな顔をする ②演技などによる感情の表現 一 動 感情を表わす, 表情に出す

*【表示】biǎoshì 動①標示する, 印となる(「赤信号」が「止まれ」を意味するように) ②(考え, 感情などを)示す, 表現する

【表率】biǎoshuài 图 手本, 模範(⇔[榜样])［起～(的)作用］皆の手本となる

*【表态】biǎo'tài 動 自分の立場をはっきり示す, 態度を表明する

*【表现】biǎoxiàn 動①表現する, 表^{あらわ}れに現れる ②(貶)目立ちたがる, (自分を)顕示する 一 图 表現, 態度言動

【表象】biǎoxiàng 图《哲》観念, 表象

【表演】biǎoyǎn 動①上演する, 演技・演奏する ②実演してみせる, 実地に手本を示す 一 图[场]公開の催し, 公演, 興行［～赛］エキシビション

【表演唱】biǎoyǎnchàng 图 踊りとしぐさを伴った歌唱

*【表扬】biǎoyáng 動 (みんなの前で)褒めたたえる, 表彰する(⇔[赞扬])［～信］個人や団体を讃えた公開の手紙(多く掲示される)

【表意文字】biǎoyì wénzì 图 表意文字 ⇔[表音文字]

【表彰】biǎozhāng 動 表彰する, 顕彰する ⇔[表扬]

【表针】biǎozhēn 图[根]計器や時計の針

【婊】biǎo ⊗ 以下を見よ

【婊子】biǎozi 图 女郎, 遊女

【裱】biǎo 動①(書画などの)表装する(⇔[～褙 bèi])［～在绢上］絹で表装する ②壁(天井)に紙を貼る

【裱糊】biǎohú 壁(天井)に紙を貼る

【摽】biào 動①(縛って)つなげる［用铁丝～住］針金で固定する ②(腕を)しっかりつなぐ ③互いにせりあう［～劲儿］同前 ④(貶)(人と人が)寄りそう, くっつく
⊗①落ちる ②打つ

【鳔(鰾)】biào 图①鰾^{ひょう}, 魚の浮き袋 ②鰾で作ったにかわ 一 图《方》浮き袋から作ったにかわではりつける

【瘪(癟)】biē ⊗ 以下を見よ
⇨biě

【瘪三】biēsān 图《方》ごろつき, 宿なしのたかり屋

【憋】biē 動①ぐっとこらえる, 抑える［～住不说］言葉

【憋闷】biēmen 形 気分が落ちこんだ，気分がふさいでいる ◉[舒畅]

【憋气】biēqì 形 ①息がつまりそうな，息苦しい ②むしゃくしゃする，腹立たしい

【鳖(鼈*鱉)】biē 名〔只〕スッポン ◆俗に「王八」ともいう ◉[甲鱼][团鱼]

【别】bié 形〔"~的"の形で〕別の，ほかの〖~的书〗ほかの本 ― 動①(クリップやピンで)留める ②(物を)挟む，差し込む ③《方》向きを変える ― 副①(禁止を示して)…するな ◉[不要] ②〔"~是"の形で〕(望ましくない事態に対する推測を示して)…ではないだろうな
⊗①別れる ②区別する ③類別，区分 ④(B-)姓
⇨ biè

【别管】biéguǎn 接 …であろうとあるまいと，であるなしにかかわらず ◉[不管][无论]

【别具匠心】bié jù jiàngxīn《成》(文学芸術面で)独創性を備えている，創意工夫が認められる

【别具一格】bié jù yì gé《成》独特の趣がある，独自のスタイルを備えている

【别开生面】bié kāi shēng miàn《成》新生面を開拓する，新機軸を生み出す ◉[别出心裁]

【别名】biémíng 名 (~儿)別名

*【别人】biérén/biérén 代 他人，ひと様，ほかの人一般〖别给～添麻烦〗他人に迷惑をかけるな
—— biérén 名 ほかの人，ほかの誰か〖屋子里只有他，没有～〗部屋には彼一人でほかにはいない

【别树一帜】bié shù yí zhì《成》新しい説などを出して自ら一派を形成する，独自の世界を打立てる

*【别墅】biéshù 名〔处〕別荘〖出租～〗貸し別荘

【别样】biéyàng 形《定語として》別の，ほかの

【别有天地】bié yǒu tiāndì《成》別世界にいるような景色か(あるいは芸術作品の世界が)素晴らしい ◉[别有洞天]

【别有用心】bié yǒu yòngxīn《成》下心がある，別の魂胆がある

【别针】biézhēn 名 (~儿) ①安全ピン，留めピン ②ブローチ

*【别致】biézhì 形 風変わりな，ユニークな ◉[新奇]

【别字】biézì 名①あて字，字の読み違い ◆"歌舞"を"歌午"と書くや"扩大"の"扩"を guǎngdà と読むかの類 ②号，雅号 ◉[别号]

【瘪(癟)】biě 動 へこむ，しぼむ ◉[鼓]
⇨ biē

【别(彆)】biè 動《方》人の意見を変える〖～不过他〗彼の(頑固な)意見をどうしても変えられない
⇨ bié

*【别扭】bièniu 形 ①(物事が順調にゆかなくて)いら立たしい，頭にくる ◉[顺心] ②(気性が)ひねくれている，付合いにくい ③意見がくいちがう，気が合わない ④(話や文章が)通りが悪い，流暢でない

【宾(賓)】bīn ⊗①客(◉'主')〖国～〗国賓 ②《語》客語，賓語〖动～结构〗動賓(動詞＋客語)構造

*【宾馆】bīnguǎn 名〔所〕①(公的機関の)ゲストハウス，迎賓館 ②ホテル

【宾客】bīnkè 名《書》(総称として)客〖～盈门〗家が客であふれる

【宾语】bīnyǔ 名《語》客語，目的語

【宾主】bīnzhǔ 名 客と主人

【滨(濱)】bīn ⊗①浜，渚 ②(水辺に)近づく，面している

【缤(繽)】bīn ⊗ 以下を見よ

【缤纷】bīnfēn 形《書》(沢山のもの様々な色が)入り乱れた，紛々たる

【彬】bīn ⊗〖～～有礼〗優雅で礼儀正しい

【斌】bīn ⊗ '彬'と通用

【濒(瀕)】bīn ⊗①…に近づく，…の間際にある〖～死〗死に瀕する ②(水辺に)ある，(水に)面している〖东～大海〗東は大海に臨む

*【濒临】bīnlín 動(◉[临近])①(ある状態に)近づく，間際にある ②(場所などに)臨む，面する

【濒于】bīnyú 動(悪い状態の)瀬戸際にある，臨む〖～灭绝〗絶滅の危機にある

【邠】Bīn ⊗ 豳(今の陕西省彬县一帯の古名)

【摈(擯)】bìn 動 捨てる，取り除く〖～斥〗排斥する

【殡(殯)】bìn ⊗①棺を安置する，殯する ②棺を墓地へ運ぶ〖出～〗葬列を作って送る

【殡车】bìnchē 名 霊柩車

【殡仪馆】bìnyíguǎn 名〔家〕葬儀屋，葬儀場

【髌(髕)】bìn ⊗ひざの骨 ◆'膑'とも書く

B

【鬓(鬢)】bìn [文] 鬓びん，もみあげ［霜～］ごま塩のもみあげ
【鬓发】bìnfà [名] 鬓(の毛)
【鬓角(鬓脚)】bìnjiǎo [名]（～儿）鬓，もみあげ

【冰(*氷)】bīng [名]〔块・片〕氷〚结～〛氷が張る〚溜～〛氷上を滑る — [動] ①（氷などで）冷却する，冷やす ②寒さ冷たさを感じさせる〚～手〛手が凍える
*【冰雹】bīngbáo [名]〔场・颗・粒〕ひょう [同]［雹子］
【冰川】bīngchuān [名]〔条〕氷河（[同]［冰河］）［～期］氷河期
【冰床】bīngchuáng [名]〔只〕（～儿）氷上用そり(橇)
【冰袋】bīngdài [名] 氷嚢ひょうのう
【冰刀】bīngdāo [名] スケート靴のエッジ
【冰灯】bīngdēng [名] 氷灯篭 ♦氷まつりなどの呼び物．氷でさまざまな形を作り，中に明かりをともす
【冰点】bīngdiǎn [名]〚理〛氷点
【冰毒】bīngdú [名]〚薬〛メチルアンフェタマイン ♦覚醒剤の一種
【冰封】bīngfēng [動]（川や湖また一地域が）氷で閉ざされる，全面的に結氷する
【冰峰】bīngfēng [名]〔座〕氷雪をまとった山
【冰棍儿】bīnggùnr [名]〔根・支〕アイスキャンディー
【冰壶】bīnghú [名]〚体〛カーリング
【冰激凌】bīngjīlíng [名]〔杯・盒〕アイスクリーム [同]［冰琪淋］
【冰窖】bīngjiào [名] 氷室ひむろ，氷を貯蔵する地下のむろ
【冰冷】bīnglěng [形] ひどく寒い，氷のように冷たい［～处理］低温処理
【冰凉】bīngliáng [形]（物が）氷のように冷たい
【冰瓶】bīngpíng [名] 広口の保冷用魔法びん，アイスジャー ♦アイスキャンディーなどを入れる
【冰球】bīngqiú [名] ①アイスホッケー〚打～〛アイスホッケーをする ②アイスホッケー用のパック
【冰山】bīngshān [名]〔座〕①氷山 ②氷雪に閉ざされた山 ③〚転〛先行き心細い後ろ盾，後援者
【冰释】bīngshì [動]（疑念，誤解などが）氷解する，きれいに消える
【冰炭】bīngtàn [名] 氷と炭［～不相容］水と油のように互いに相容れない
【冰糖】bīngtáng [名]〔块〕氷砂糖（[同]［糖葫芦］）［～葫芦］サンザシ等の実を竹串に刺し，氷砂糖や飴でくるんだ菓子
【冰天雪地】bīng tiān xuě dì〚成〛氷や雪に閉ざされた地，酷寒の地
**【冰箱】bīngxiāng [名] ①冷蔵庫 ②アイスボックス
【冰鞋】bīngxié [名]〔双〕スケート靴
【冰镇(冰振)】bīngzhèn [動]（氷を入れた水につけて）冷やす
【冰锥】bīngzhuī [名]（～儿）つらら（冰柱）[同]［～子］［冰柱］［冰溜 liù］［冰挂儿］

【兵】bīng [名] 兵隊〚当～〛兵隊になる［征～］徴兵する
[文] ①兵器，武器 ②戦争，軍事 ③軍隊
【兵法】bīngfǎ [名] 兵法，戦術
【兵工厂】bīnggōngchǎng [名]〔家〕兵器工場，造兵廠
【兵荒马乱】bīng huāng mǎ luàn〚成〛戦争で世の乱れた，戦火に踏み荒らされた [反]［天下太平］
【兵火】bīnghuǒ [名] 戦火，戦争［～连天］戦争が絶え間なく続く
【兵舰】bīngjiàn [名]〔艘〕軍艦 [同]［军舰］
【兵力】bīnglì [名] 兵力，戦力（[同]［兵势］）〚加强～〛兵力を増強する
【兵乱】bīngluàn [名] 戦乱，兵乱 [同]［兵灾］
【兵马】bīngmǎ [名] 兵と軍馬，軍隊
【兵器】bīngqì [名] 兵器，武器
【兵权】bīngquán [名] 軍の指揮権，統帥権
【兵士】bīngshì [名]（[同]［士兵］）①兵士 ②兵と下士官
【兵团】bīngtuán [名]〚軍〛①兵団．幾つかの軍団または師団で編制された単位 ②連隊以上の規模の部隊
【兵役】bīngyì [名] 兵役〚服了三年～〛3年間兵役に服した
【兵营】bīngyíng [名]〔处〕兵営
【兵站】bīngzhàn [名] 兵站へいたん［～线］兵站線
【兵种】bīngzhǒng [名] 兵種 ♦歩兵，砲兵，騎兵などの陸軍での種別

【槟(檳)】bīng [文]［～榔 lang/láng］ビンロウジ ♦'香槟酒'（シャンパン）の'槟'は bīn と発音

【丙】bǐng [文] 十干の第三，ひのえ，（序数の）第三［～种维生素］ビタミンC
【丙肝】bǐnggān [名]〚略〛C型ウィルス性肝炎 [同]［丙型病毒性肝炎］
【丙纶】bǐnglún [名] ポリプロピレン

【邴】Bǐng [文] 姓

【柄】bǐng [量]〚方〛柄のあるものに使う〚两～斧头 fǔtou〛2本の斧
[文] ①柄［刀～］刀の柄つか ②花の果実の柄や梗こう ③（非難や嘲笑などの）種たね ④権力 ⑤（政権などを）司

る，掌握する〔～国〕(書)一国の政権を司る

【炳】bǐng ⊗光り輝く

【饼】(餅) bǐng 图[块・个] 小麦などの粉を練って円盤状にして焼いた食品 [烙 lào ～] 油と塩を加えて焼いた'饼' ⊗(～儿)'饼'のような形のもの [铁～] (陸上競技の)円盤

【饼肥】bǐngféi 图 豆かすや落花生かすなどを'饼'型に固めた肥料の総称

【饼干】bǐnggān 图[块] ビスケット，クラッカー [烧～] ビスケットを焼く [小甜～] クッキー

【饼子】bǐngzi 图 トウモロコシやアワの粉を練って焼いた'饼'

【屏】bǐng 動 ⊗(息を) ひそめる〔～住呼吸〕息を殺す ⊗取り除く，捨て去る ⇨ píng

【屏除】bǐngchú 動 除去する，排除する

【屏气】bǐng'qì 動 息をひそめる，息をとめる

【屏弃】bǐngqì 動 放棄する，見捨てる 囲[抛弃]

【屏息】bǐngxī 動 息を殺す，息を詰める(囲[屏气])〔～静听〕息を殺して聞く

【秉】bǐng ⊗(手に) 取る，握る〔～性〕性格

【禀】(稟) bǐng ⊗① (上位の者に) 報告する〔～报〕同前 ② 受ける〔～性〕本来の性格

【并】(並・竝) bìng 副 ['不'‘没有'などの前で] なにも (…でない)，別に (…でない)〔我～不这么想〕私は別にそうは思わない —— 接[2音節の動詞，形容詞，あるいは句や文を並列にして] そして，そのうえ (囲[并且②])〔他迅速～准确地回答了问题〕彼は迅速かつ正確に問いに答えた ⊗① ならぶ，ならべる ② ならんで ③ …すら

【一】(併) 動 合わせる，一つになる〔把两包书～在一起〕ふた包みの本を一つにまとめる ◆ 山西省太原の雅称'并'はBīngと発音

*【并存】bìngcún 動 共存する，両立する

【并发】bìngfā 動 ① (病気が) 併発する〔～病〕合併症 ② 同時に発送する，いっしょにして送る

*【并非】bìngfēi 動別に…ではない

【并肩】bìngjiān 動 ① 肩を並べる；(転) 匹敵する〔跟他～〕彼にひけをとらない ② ともに…する，協力して…する

【并举】bìngjǔ 動 (2つのことを) 同時に行なう，両方取り上げる

【并立】bìnglì 動 並行する，同時に存立する

【并联】bìnglián 動[電] 並列に接続する(⊗[串联])〔～电路〕並列回路

*【并列】bìngliè 動 並列する，(順序なしに) 同列に扱う

【并排】bìngpái 動 横に並ぶ，横並びする〔～骑车〕自転車で併走する

【并且】bìngqiě 接 ①[しばしば接続詞'不但／不仅'と呼応して] (…であるばかりか) なお，そのうえ(囲[而且])〔不但要学习还要，身体好⑪勉强ができるだけでなく体も丈夫でなければならない ②[2つの動作や状況の並列を示す] そして，また〔理解～支持我们〕私たちを理解し支持してくれる

【并吞】bìngtūn 動 (他国の領地や他人の財産などを) 自分の支配下に加え，併合する

【并行】bìngxíng 動 ① ともに歩む，並んで歩く ② 同時並行的に行なう〔～不悖〕同時に行なっても衝突しない

【并重】bìngzhòng 動 (2つのものを) 同様に重んじる

【摒】bìng ⊗ 排除する〔～除〕除去する〔～弃〕捨て去る

【病】bìng 图[场]病気 —— 動病気になる，身体をこわす〔～了五天〕五日間も病気した ⊗① 害する，損なう ② 欠点 ③ 悪弊

【病包儿】bìngbāor 图(口)(からかいの気持ちを込めて) 病気がちの人，病気の巣 (囲[方)[病秧子]

【病虫害】bìngchónghài 图[场] 病虫害〔防治～〕病虫害を退治する

【病床】bìngchuáng 图[张] 病床，病人用ベッド〔躺在～上〕病床に横たわる

*【病毒】bìngdú 图 ウイルス〔～性肝炎〕ウイルス性肝炎〔电脑～〕コンピュータウイルス

【病房】bìngfáng 图[间] 病室 囲[病室]

【病夫】bìngfū 图(からかいの気持ちを込めて)(男の)病人

【病根】bìnggēn 图(～儿) ① 宿痾，持病 囲[～子] ② 禍根，災いのもと〔留下～〕禍根を残す

【病故】bìnggù 動 病死する

【病害】bìnghài 图 (農作物の) 病害

【病号】bìnghào 图(～儿)(軍隊，学校など集団内の) 病人，病欠者〔泡～〕仮病を使って休む〔老～〕しょっちゅう病気になっている人

【病假】bìngjià 图 病気休暇，病欠

〚请了三天的～〛3日間の病気欠席(欠勤)を届け出る
【病句】bìngjù [名]〚語〛文法的あるいは論理的に誤った文
【病菌】bìngjūn [名] 病原菌
【病况】bìngkuàng [名] 病状([同][病情])〚～严重〛病状が重い
【病历】bìnglì [名] カルテ(の記録), 病歴記録([同][病案])［～卡］カルテ
【病魔】bìngmó [名] 病魔〚～缠身〛病魔にとりつかれる
【病情】bìngqíng [名] [同][病况]
【病人】bìngrén [名] 病人, 患者
【病入膏肓】bìng rù gāo huāng《成》([同][不可救药]) ①病気が手の施しようのない段階に達する ②《転》事態が取り返しのつかぬところまで悪化する
【病势】bìngshì [名] 病勢, 容態
【病态】bìngtài [名] 病的な状態, 異常な状態［～心理］異常心理
【病象】bìngxiàng [名] 症状
【病因】bìngyīn [名] 病因([同][病原])〚查明～〛病気の原因をつきとめる
【病原体】bìngyuántǐ [名] 病原体
【病院】bìngyuàn [名](限られた分野の) 専門病院 ♦病院はふつう'医院'という［精神～］精神病院［传染～］伝染病病院
【病征】bìngzhēng [名] 症状, 他覚症状
【病症】bìngzhèng [名] 病気, 病(やまい) [同][疾病]
【病状】bìngzhuàng [名] [同][病象]
【拨(撥)】bō [動] ①(手足や器具で) 動かす〚把钟～准〛時計を合わす〚～电话号码〛電話番号を回す ②(全体の一部を) 分けて出す〚～一笔款子〛資金を回す ③向きを(回して) 換える, 回れ右する ━[量] 人をグループごとに数える〚轮～儿作业〛班ごとに交代で働く
*【拨打】bōdǎ [動](電話を)かける
【拨付】bōfù [動] 支出する, 発給する
【拨款】bō▼kuǎn [動](政府や上級機関が)費用を支出する, 交付する ── bōkuǎn [名]〔项〕(政府や上級機関が支出した) 費用, 経費［教育～］教育への充当金
【拨浪鼓(波浪鼓)】bōlanggǔ [名](～儿)〔只〕でんでん太鼓 ♦行商人の呼び声代りに使った鳴り物
【拨乱反正】bō luàn fǎn zhèng《成》混乱を収拾して正常な状態に戻す, もとの平安を取り戻す
【拨弄】bōnong/bōnòng [動] ①(手足, 棒などで) いじりまわす, (算盤, 弦などを)はじく ②(騒ぎを)引き起こす, 誘発する [同][挑拨] ③指図する, 思い通りに動かす [同][摆布]
【拨子】bōzi [名] 弦楽器の撥(ばち) ━[量] [同][拨]
【波】bō ⊗ ①波(→[～浪]) ［声～］音波 ②《訳》(球技の)ボール
【波长】bōcháng [名]〚理〛波長
【波动】bōdòng [動] 揺れ動く, 変動する([反][稳定])〚物价～〛物価が上下する ━[名]〚理〛波動
【波段】bōduàn [名](ラジオの) 周波数帯〚转换～〛バンドを切替える
【波及】bōjí [動] 波及する, 影響を及ぼす〚～世界〛世界に波及する
【波澜】bōlán [名]〘多く比喩的に〙大波〚～壮阔〛(運動や文章などが) 勢い盛んで力強い
*【波浪】bōlàng [名] 波, 波浪［～起伏］波形の動き
【波谱】bōpǔ [名]〚理〛スペクトル
【波涛】bōtāo [名] 大波, 天をつく波
*【波涛汹涌】bōtāo xiōngyǒng《成》波濤さかまく
【波纹】bōwén [名] 波紋, さざ波形［～效果］波及効果［～图形］さざ波形模様
【菠】bō ⊗以下を見よ
【菠菜】bōcài [名] ホウレン草
【菠萝】bōluó [名] パイナップル [同][凤梨]
【玻】bō ⊗以下を見よ
**【玻璃】bōli [名]〔块〕①ガラス［雕花～］カットグラス［钢化～］強化ガラス［磨沙～］すりガラス ②《口》(ガラスのように透明な) ナイロン, プラスティックなど［～线］ビニール糸
【玻璃丝】bōlisī [名] グラスファイバー, ガラスの糸
【玻璃纤维】bōli xiānwéi [名] グラスファイバー
【玻璃纸】bōlizhǐ [名] セロファン([同][透明纸])［～胶带］セロハンテープ
【玻璃砖】bōlizhuān [名] ①厚板ガラス ②ガラスのタイルやブロック
【钵(鉢 *缽)】bō ⊗(陶器の) 鉢［～子］同前
【剥】bō ⊗剥(は)ぐ［～蚀］侵蝕する ⇨bāo
【剥夺】bōduó [動] 剥奪する, 奪い取る〚～党籍〛党籍を剥奪する
【剥离】bōlí [動] 剥離する, はがれる
【剥落】bōluò [動] 剥落(はくらく)する, はげ落ちる [同][脱落]
*【剥削】bōxuē [動] 搾取する
【饽(餑)】bō ⊗以下を見よ
【饽饽】bōbo [名]《方》①菓子 ②'馒头'またはそれに類する食品

B

【播】bō ⊗① 伝播する ［广～］放送する ② 種をまく ［春～］春の種まき

*【播放】bōfàng [動] ①(ラジオで) 放送する [同]［播送］ ②(テレビ局から) 放映する [同]［播映］

【播弄】bōnong/bōnòng [動] ① 指図する，気ままに命令する [同]［摆布］ ② もめ事の種をまく，騒ぎを誘発する

【播送】bōsòng [動] (テレビで) 放送する，放映する 〖～新闻〗ニュースを放送する

【播音】bō'yīn [動] (放送局が) 放送する，番組を流す ［～室］放送スタジオ ［～员］アナウンサー

*【播种】bōzhòng [動] (種をまいて) 植物を栽培する

―― bōzhǒng [動] 種をまく

【伯】bó ⊗① 父の兄，父方の伯父 ② 兄弟の中で最年長の ◆4人の場合 '伯仲叔季' の順 [関]'孟' ③ 伯爵 ◆'大伯子' (夫の兄) は dàbǎizi と発音

【伯伯】bóbo [名]《口》伯父さん ◆呼びかけにも用いる

【伯父】bófù [名] ① 父方の伯父 [同]《口》［伯伯］［大爷］ ② おじさん ◆父親と同世代で父より年上の人に対する呼称 [同]《口》［伯伯］

【伯劳】bóláo [名]〖鳥〗モズ

*【伯母】bómǔ [名] ('伯父' の妻) 伯母

【泊】bó ⊗ 停泊する，止まる ［飘～］さすらう ［～岸］岸に停泊する ◆湖の意味では pō と発音
⇨pō

【箔】bó ⊗① すだれ，むしろ ② 金属の薄い膜

【帛】bó ⊗ 絹織物 ［～画］絹地に描いた絵

【铂(鉑)】bó [名]〖化〗プラチナ [同]［白金］

【舶】bó ⊗ 大型の船

【驳(駁*駮)】bó [動] ① 反駁する，言い返す ②《方》(堤防や岸を) さらに拡張する
⊗① 色が混じった ［斑～］まだらの ② はしけ舟 ③ はしけで運ぶ

【驳斥】bóchì [動] 論駁する，反論して退ける

【驳倒】bódǎo [動] (人や意見を) 論破する 〖驳不倒〗言い負かせない

【驳回】bóhuí [動] (申請などを) 却下する

【驳价】bó'jià [動] (～儿) 値切る [同]［还价］

【驳壳枪】bókéqiāng [名] モーゼル拳銃 [同]《方》［匣子枪］

【驳运】bóyùn [動] はしけで運ぶ

【驳杂】bózá [形] 雑駁な，雑多に混った

【勃】bó ⊗① 勢い盛んな，活気あふれる ［蓬～］活力あふれる ② 突然に

【勃勃】bóbó [形] 勢い盛んな，旺盛な ［生气～］元気はつらつとした

【勃发】bófā [動]《書》① 活気みなぎる，繁栄する [同]［焕发］ ② 勃発する，突発する

【勃然】bórán [形] ① 勢い盛んな，繁栄した ② 怒って突然顔色を変える，憤然となる ［～大怒］烈火のごとく怒る

【渤】bó ⊗(B-) ［～海］渤海

【脖】bó [名] (～儿) 首 〖～儿长的花瓶〗首長の花びん

【脖颈儿(脖梗儿)】bógěngr [名] 首筋，うなじ，えり首

**【脖子】bózi [名] 首 〖卡 qiǎ ～〗首を締める，《転》首根っこを押さえる

【鹁(鵓)】bó ⊗［～鸽 gē］イエバト

【亳】bó ⊗(B-) ［～县］亳県(安徽省)

【钹(鈸)】bó ⊗[名]〖音〗鈸，シンバル→［铙 náo ～］

【博】bó [形] 博識の 〖他～得很〗彼は博学だ
⊗①(物が) 多い，豊かな ［地大物～］土地が広く物資が豊富だ ② 博する，得る ③ 賭博

【博爱】bó'ài [名] 博愛 ［～主义］博愛主義

*【博大精深】bódà jīngshēn《成》(学問などの領域が) 広大で奥深い

【博得】bódé [動] (名声，賞賛，同情などを) 博す，かちとる [同]［赢得］

【博古通今】bó gǔ tōng jīn《成》広く古今のことに通じている

【博客】bókè [名] ブログ

*【博览会】bólǎnhuì [名]〔次〕博覧会 〖举办～〗博覧会を催す

【博识】bóshí [形] 学識が豊かな ［多闻～］博識だ

**【博士】bóshì [名] 博士 ［～学位］博士号 ［～后］博士研究員(ポスドク)

【博闻强识】bó wén qiáng zhì《成》博覧強記 [同]［博闻强记］

【博物】bówù [名] 博物 ［～学］博物学

**【博物馆】bówùguǎn [名]〔座〕博物館([同]［博物院］) ［自然～］自然博物館

【博学】bóxué [形] 博学な ［～多才］博学多才だ

【博雅】bóyǎ [形] 学識が深く広い([同]［渊博］) ［～之士］博雅の士

【搏】bó ⊗① 格闘する，戦う ② とびかかる

【搏动】bódòng 動 ①脈動する,脈打つ ②リズミカルにはねる
*【搏斗】bódòu 動 組打ちする,格闘する(⇔[搏战])〚与敌人~〛敵と格闘する
【膊】bó ⊗ うで〚胳~ gēbo〛同前
【薄】bó ⊗ ①薄い,わずかの〚稀~〛稀薄さる ②情が薄い,冷淡な〚刻~〛むごい ③軽薄な,浮ついた ④見下す,軽視する〚鄙~〛見下す ⑤迫る,近づく ⑥(B-)姓
⇨báo, bò
【薄礼】bólǐ 图《謙》ささやかな贈り物,つまらぬ進物 ⇔[薄敬]
【薄利】bólì 图 わずかな利潤,薄利〚~多销〛薄利多売
【薄命】bómìng 形 (多く女性について)幸薄い,不運な(星を背負った)
【薄情】bóqíng 形 (多く男女間で)薄情な,つれない〚~郎〛不実な男
*【薄弱】bóruò 形 (力が)弱い,(意志が)薄弱な
【薄田】bótián 图 地味の乏しい田畑,やせ地 ⇔[瘠地]
【跛】bǒ ⊗ 足の不自由な〚~子〛足の悪い人
【簸】bǒ 動 箕 ^にであおって不純物を取り除く ⊗ 上下に揺れる〚~荡〛激しく揺れる
⇨bò
【薄】bò ⊗ 以下を見よ
⇨báo, bó
【薄荷】bòhe 图《植》ハッカ
【檗】bò ⊗ →〚黄~〛
【擘】bò ⊗ 親指〚~画〛(書)企画する
【簸】bò ⊗ 以下を見よ
⇨bǒ
【簸箕】bòji 图 箕 ^、ちりとり
【逋】bū ⊗ ①逃げる ②(返済を)引き伸ばす
【晡】bū ⊗ 申 ^の刻
【卜】bǔ ⊗ ①占う ②選ぶ ③(B-)姓 ◆〚萝卜〛(大根)はluóbo と発音

【补(補)】bǔ 動 ①繕う,補修する ②補う,補充する ③(栄養を)補給する ⊗ 利益,足し〚无~于事〛何の役にも立たない
【补白】bǔbái 图 (雑誌,新聞などの)埋め草
【补报】bǔbào 動 ①事後に報告する,続報する ②恩に報いる ⇔[报答]
*【补偿】bǔcháng 動 埋め合わせる,補償する〚~损失〛損失を補償する〚~失去的时间〛失った時間を取り戻す
*【补充】bǔchōng 動 補充する,追加する ⇔[弥补]
【补丁(补钉)】bǔdīng 图〔块〕継ぎ〚打~〛つぎを当てる
【补给】bǔjǐ 動《軍》(食糧,弾薬などを)補給する〚缺乏~〛補給が不足する〚~线〛補給路
【补假】bǔ'jià (残業時間を合算して)振替え休日をとる(⇔[补休])〚补了三天假〛振替えで3日の休みをとった
*【补救】bǔjiù 動 ①(欠点などを)補う,改善する ②(危機などを)救済する〚获得~〛救済される
【补考】bǔkǎo 動 追試をする
【补课】bǔ'kè 動 ①補講をする,授業を再度行なう(受ける) ②《転》(出来栄えの悪い仕事を)やり直す
【补苗】bǔ'miáo 動《農》(苗が育っていないところに)苗を補充する
【补偏救弊】bǔ piān jiù bì《成》偏向を直し過誤を正す
【补品】bǔpǐn 图 滋養になる食物,健康増進薬
【补缺】bǔ'quē 動 ①(欠損,不足額を)補う,補填 ^ばんする ②欠員を補充する
*【补贴】bǔtiē 動 (経済的に)補助する,援助する,手当を支給する ⇔[补助] ― 图 補助金,(給与に加える)手当
【补习】bǔxí 動 仕事のほかに(講習会などで)勉強する,補習授業をする(受ける)〚~学校〛社会人教育の学校(カルチャーセンターなど)
【补养】bǔyǎng 動 (食物や薬で)滋養をとる,精をつける
【补药】bǔyào 图 滋養強壮剤
【补遗】bǔyí 图 (書物,文書の)補遺
【补语】bǔyǔ 图《語》補語 ◆動詞・形容語の意味を補足する成分,ふつう後置される
【补正】bǔzhèng 動 (誤字,脱字を)補足訂正する〚根据勘误表~〛正誤表に従って訂正する
【补助】bǔzhù 動 (多く組織から個人に対して)経済的に補助する,援助金を支給する〚生活~〛生活補助手当
【补缀】bǔzhuì (主に衣服などを)繕う,継ぎを当てる,パッチワークを作る

【捕】bǔ 動 捕まえる,逮捕する(⇔[捉])〚~犯人〛犯人を捉える
【捕房】bǔfáng 图《旧》租界の警察署 ⇔[巡捕房]
【捕风捉影】bǔ fēng zhuō yǐng《成》とりとめのない風聞などを基にして話したり行動したりする

- 【捕获】bǔhuò 動 捕獲する,逮捕する
- 【捕捞】bǔlāo 動 (水生の生物を)捕まえる,漁獲する
- 【捕拿】bǔná 動 逮捕する,捕まえる 働[捉拿]
- 【捕食】bǔshí 動 (動物が)捕食する,つかまえて食う [～链] 植物連鎖
- *【捕捉】bǔzhuō 動 (人や物事を)捕える,つかまえる [[～战机]] 戦機をつかむ

【哺】 bǔ ⊗ (乳飲み子に)食物をやる,養う [～乳动物] 哺乳動物

- 【哺乳】bǔrǔ 動 授乳する
- 【哺养】bǔyǎng 動 養い育てる 働[喂养]
- 【哺育】bǔyù 图(書) ① 養い育てる ②(転) 養成する,成長させる

【不】 bù (他の第4声の字の前では bú)副 ① [動詞を否定して] …しない ② ['是'や形容詞を否定して] …でない,…でなかった ③ [①②のような否定を単独1音節で表わす場合] いいえ ④ ['用言+不+用言'の形で] 反復疑問文をつくる [[好～好?]] いいですか ◆'用言+不'の形をとる方言もある ⑤ [多く'什么+名詞+不+名詞'の形で] …であろうとなかろうと [[什么宝贝～宝贝,我不要]] (それが)宝であろうがなかろうが僕はいらない ◆④⑤は軽声 bu

⊗ ① 名詞的要素に前置される形容詞をつくる [～法] 違法な ② 動詞+補語の間に挿入され不可能の意を表わす(⊗[-得-]) [买～到] (買いたくても) 手に入らない ◆ ②は軽声 bu

- *【不安】bù'ān 形 ① (心が) 不安な,落着かない ② 不安定な ③ (人に迷惑をかけて, 何かをしてもらって)心苦しい,すまない
- 【不卑不亢】bù bēi bú kàng (成) 傲慢でもなく卑屈でもない
- 【不比】bùbǐ ① …と違う,…と同列には論じられない(働[不同于]) [人～猴子] 人間はサルとは違う ② …の比ではない,…には及ばない [比不上]
- *【不必】búbì 副 ① …するには及ばない,するまでもない [～挂念] ご心配には及びません ◆'必须'の否定. 語気は穏やか,主語の前には置けない ② [応答語として単独で] いや, それには及ばない
- 【不便】búbiàn 形 ① 不便な,不都合な ② ふさわしくない,不適当な ③ (現金の持ち合わせがない [手头～] 手元不如意である
- 【不辨菽麦】bú biàn shū mài (成) 豆と麦の区別もつかない,実用的な知識に乏しい
- 【不变价格】búbiàn jiàgé 图[経] 不変価格
- 【不…不…】bù…bù… ① …でもなく…でもない(ちょうどいい) [不大不小] 大きすぎず小さすぎずちょうどいい ② …でも…でもない(中途半端だ) [不死不活] 生きているのだか死んでいるのだか(覇気がない) ③ もし…でなければ…でない [不见不散 sàn] 顔を見るまでは帰らない ④ 同義の要素を並列した形容詞, 例えば '清楚' などを [不清不楚] のように否定する ◆通常の'不清楚' より少し強調される
- 【不测】búcè 形[定語として] 不測の — 图 不測の事態 [如有～] 万一の時には
- 【不曾】bùcéng 副 [経験・完了の否定] …しなかった,…したことがない (働[口][没有]) (⊗[曾经]) [～合眼] まんじりともしなかった
- 【不成】bùchéng 形 働[不行 xíng] ①② — 副[难道(莫非)…不成'という形で] まさか…ではあるまいな ◆推測・反問などを示す
- 【不成材】bùchéngcái 形 (前途の) 見込みがない, 意気地のない
- 【不成文法】bùchéngwénfǎ 图 不文法, 不文律 ⊗[成文法]
- 【不逞】bùchěng 形[定語として] 世の中からはみだした [～之徒] 不逞の やから
- 【不耻下问】bù chǐ xià wèn (成) 目下の者や未熟な者に質問することを恥と思わない ◆謙虚な姿勢をほめる言葉
- 【不啻】búchì 副(書) ① …だけにとどまらない ② …に等しい 働[如同]
- 【不错】búcuò 形(口) なかなかよい, いける 働[不坏]
   —— bú cuò 形 間違っていない,正しい [[你说得一点儿～]] まったくおっしゃる通りです
- 【不打不成交】bù dǎ bù chéng jiāo (成) けんかしなければ本当のつきあいはできない, 雨降って地固まる 働[不打不相识]
- 【不打自招】bù dǎ zì zhāo (成) (拷問もされないのに白状する＞) 語るに落ちる
- 【不大】búdà 副 それほど…でない [[～好]] 余りよくない
- 【不大离】búdàlí (～儿)(方) 余り違いがない, まあまあだ 働(普) [差不多]
- 【不待】búdài 動(書) …するまでもない,…するに及ばない [～言] 言うを俟たない
- 【不单】bùdān 副 ['不单是'の形で] 単に…にとどまらない [不止] — 圏 …ばかりか,…のみならず 働[不

但]

【不但】 búdàn 接 …のみならず ◆後文では'而且,并且,也,还'などが呼応する〚这种钢笔~式样美观,而且书写流畅〛このペンはデザインが美しいだけでなく書き味もよい

【不当】 búdàng 形 妥当でない,穏当でない

【不倒翁】 bùdǎowēng 名 起き上がりこぼし 働[扳不倒儿]

【不到黄河心不死】 bú dào Huánghé xīn bù sǐ《谚》(黄河に着くまではあきらめない>) ①目的を達するまではあきらめない ②最後の最後までずんばる 働[不到黄河死不心][不到黄河心不甘]

【-不得】 -bude …してはいけない(働[-得])◆可能補語の一,主に不許可を表わす〚吃~〛食べてはいけない

【不得不】 bùdébù 副 …せざるをえない,…するしかない〚~说〛言うほかはない

【不得劲】 bùdéjìn(~儿)(働[得劲])①手になじまない,使いづらい ②気分が悪い,けだるい

【不得了】 bùdéliǎo 形 ①大変だ,由々しい〚万一让她知道了,就~了〛万一彼女に知れたら一大事だ ②〔補語として〕程度が大きい,…でたまらない〚急得~〛ひどく焦っている

【不得已】 bùdéyǐ 形 やむをえない〚~的办法〛やむをえざる方法

【不等】 bùděng 形 違いのある,そろいでない,ふぞろいな〚大小~〛大きさがまちまちである〚~号〛不等号(>,<,≠の3種)〚~式〛不等式

【不定】 búdìng 副 …かどうか定かでない〚还~怎样呢〛どうなるかはっきりしない ― 形 不安定な,落ち着かない

【不动产】 búdòngchǎn 名 不動産 働[动产]

【不动声色】 bú dòng shēngsè《成》声や表情を変えない,冷静沈着な 働[不露声色]

【不冻港】 búdònggǎng 名〔座〕不凍港

【不独】 bùdú 接 働[不但]

【不断】 búduàn 副 絶えず,ひっきりなしに

【不对】 bú duì 形 ①まちがった,誤りの〚你~〛君が悪い ②〔相手の言を否定して〕いいえ,違います ―― búduì 形 ①いつもと違った,尋常でない〚神情~〛顔付きが普通でない ②仲が悪い,そりが合わない 働[合不来]

【不对茬儿】 bú duìchár 形 (その場に)しっくりこない,場違いな 働[对茬儿]

【不多久】 bù duōjiǔ 副 ほどなく

【不…而…】 bù…ér… …しないのに…する〚不谋而合〛期せずして一致する

【不乏】 bùfá 動 …に事欠かない,沢山ある〚~先例〛前例は幾らもある

【不法】 bùfǎ 形 不法な,違法な

【不凡】 bùfán 形 非凡な,人並みすぐれた 働[平庸]

【不妨】 bùfáng 副 …して差支えない,なんなら…してもよい〚~告诉他〛彼に話しても構わない ― 形 差支えない,構わない〚去见见也~〛会に行ってもいいんだよ

【不费吹灰之力】 bú fèi chuī huī zhī lì《成》(灰を吹きとばす力すら使わない>) いともたやすいことだ

【不分青红皂白】 bù fēn qīng hóng zào bái《成》善悪の見境もない,白も黒も一緒くたにする 働[不分皂白] 働[明辨是非]

【不符】 bùfú 動 食い違う,一致しない〚与事实~〛事実と合わない

【不服水土】 bù fú shuǐ tǔ《成》(他郷で)水が合わない,土地になじめない

【不甘】 bùgān 動《書》…に甘んじない(働[甘于])〚~示弱〛負けていない

【不敢当】 bù gǎndāng 形《謙》(褒められて)恐れ入ります,いえいえとんでもない

【不共戴天】 bú gòng dài tiān《成》共に天を戴かず,不倶戴天の(仇敵) 働[誓不两立]

【不苟】 bùgǒu 形《書》おろそかにしない(→[一丝 sī~])〚临时~〛何事もゆるがせにしない

【不够】 búgòu 動 …に欠ける,…に足りない〚~正确〛正確さに欠ける〚~朋友〛友達甲斐がない

【不顾】 búgù 動 顧みない,配慮しない〚~生命危险〛生命の危険も顧みない

【不管】 bùguǎn 接 …であろうとなかろうと,…かどうかにかかわらず(働[不论])〚~你去还是我去〛君と僕のどちらが行くにせよ ◆主文では'都,也,总'などが呼応

【不光】 bùguāng 副《口》〔主に'不光是'の形で〕単に…にとどまらない 働[不止] ― 接 働[不但]

【不规则】 bùguīzé 形 不規則な(働[规则])〚~四边形〛不等辺4角形

【不轨】 bùguǐ 形 無軌道な,アウトローの〚~之徒〛無法者

【不过】 búguò 副 ただ…にすぎない〚~说说罢了〛そう言ってみただけだ ― 接〔主文に前置して〕でも,だが ◆'但是'よりも語気が軽い〚试验失败了,~他并不灰心〛実験は失敗した,でも彼はがっかりしていな

—— buguò 圙〔形容詞句に後置されて〕程度が最大であることを表わす〖再好~〗一番いい

【不过意】bú guòyì 形 済まない(申し訳ない)と思っている 働[过意不去]

【不寒而栗】bù hán ér lì 〈成〉恐怖に震える,背筋が冷たくなる 働[毛骨悚然]

【不好说】bù hǎoshuō 圙 …しにくい 〖~说明〗説明しにくい 〖~惹〗(性格的に)怒らせるとあとが怖い

*【不好意思】bù hǎoyìsi 形 照れ臭い,ばつが悪い ◆賓語を取ることもある〖~推辞〗断るのは申し訳ない

【不合】bùhé 圙 ①〖書〗…すべきでない ②合筋しない,適しない ― 形(性格が)合わない,仲の悪い

【不和】bùhé 形 仲が良くない

【不讳】búhuì 圙〖書〗忌諱しない,タブーとして避けない ― 图(婉曲に)死

【不及】bùjí 圙①…に及ばない,かなわない 働[不如] ②〖書〗〔動詞句に前置されて〕…する暇がない

—— bují 圙〔動詞に後置されて〕時間的(精神的)余裕がないことを表わす〖来~〗間に合わない

【不即不离】bù jí bù lí〈成〉不即不離の,つかず離れずの〖若即若离〗

【不假思索】bù jiǎ sīsuǒ〈成〉思慮分別を加えない,躊躇なく(行動する)♦迅速な,あるいは軽率な行動を形容

【不见】bújiàn 圙 ① 会わない(でいる)〖好久~〗お久し振りです ②〔後に'了'を伴って〕見えなくなる,(物が)なくなる

*【不见得】bú jiàndé/ bú jiànde 圙 …とは思われない,…とは見えない〖这种工作~对你合适〗この仕事は君に向いているとは思えない

【不见棺材不落泪】bú jiàn guāncai bú luò lèi〈俗〉(棺おけを見ないうちは涙を流さない＞)のっぴきならない状態にならない限り負けを認めない

【不见兔子不撒鹰】bú jiàn tùzi bù sā yīng〈俗〉(獲物の兎が見えないうちは鷹を放さない＞)目的を見定めてから行動に移る

【不解】bùjiě 圙〖書〗解けない,理解できない

*【不禁】bùjīn 圙 思わず,こらえ切れずに〖~哈哈大笑起来〗思わず大笑いする

*【不仅】bùjǐn 圙 …にとどまらない,…ばかりではない 働[不止] ― 圈[不但]

【不近人情】bú jìn rénqíng〈成〉情理に合わない,人情に背く

【不经一事,不长一智】bù jīng yí shì, bù zhǎng yí zhì〈成〉何事も経験してこそ知識が増える,失敗は成功のもと

【不经意】bù jīngyì 形 気に留めない,不注意な 働[经意]

【不景气】bù jǐngqì 形 不景気な,活気のない 働[景气]

【不胫而走】bú jìng ér zǒu〈成〉(足もないのに走る＞)①(うわさが)あっという間に広がる ②(商品が)飛ぶように売れる 働[不翼而飞]

【不久】bùjiǔ 圙 程なく,やがて

【不拘】bùjū 圙(書)こだわらない,気にかけない ―圈[不论] 〖小节〗小節にこだわらない

【不绝如缕】bù jué rú lǚ〈成〉細い糸のように切れそうで切れない ◆危うい局面や細く弱く続く声や音を表わす

*【不堪】bùkān 圙(書)①耐えられない,支えられない ②とても…できない,…するに堪えない〖~设想〗想像するだに恐ろしい ― 形①(程度が)甚だしい〖污秽~〗余りに汚れた ②あくどい,悪質きわまる

【不看僧面看佛面】bú kàn sēngmiàn kàn fómiàn〈成〉坊さんの顔では駄目としても仏様の顔を立てることならできる ◆腹も立とうが…の顔に免じて許して(承知して)ほしいなどの意

【不亢不卑】bú kàng bù bēi〈成〉働[不卑不亢]

【不可】bùkě 圙①〖書〗…すべきでない,…できない〖~同日而语〗同列には論じられない〖~名状〗名状し難い ②『非…不可'の形で〗絶対に…すべきだ〖非看~〗見逃してはならないものか

【不可救药】bù kě jiù yào〈成〉どんな薬でも治すことはできない ◆救いようもない悪い状況を例える

【不可抗力】bùkěkànglì 图〖法〗不可抗力

*【不可思议】bù kě sīyì〈成〉不可思議な,想像の範囲を超えた

【不可知论】bùkězhīlùn 图〖哲〗不可知論

*【不客气】bú kèqi 形 ①遠慮しない ②〈挨〉ご遠慮なく,どういたしまして

【不快】búkuài 形 ①不愉快な ②体調が悪い,気分がすぐれない

【不愧】búkuì 圙(多くは'为 wéi'や'是'の前で)…たるに恥じない,…の名にふさわしい

【不劳而获】bù láo ér huò〈成〉(他人の成果を)労せずして手に入れる,他人の働きに乗っかる 働[坐享其成]

【不利】búlì 形 ①不利な ②〖'~于'の形で〗…(するの)に不利だ〖~于

健康』身体に悪い

【不良】bùliáng 形〘書〙良くない,好ましからぬ『～动机』よこしまな動機

【不了】bùliǎo 動〘多く '个' を伴う補語として〙終わらない『忙个～』限りなく忙しい

【-不了】-buliǎo (⑧[-得了]) ①しきれない『吃～』食べきれない ②…するわけがない『错～』間違いっこない◆可能補語の一. 相応する結果補語 '了 liǎo' はない

【不了了之】bù liǎo liǎo zhī 〘成〙終わっていないことをうやむやにしてしまう,大事な(を)中途で投げ出して頬かむりする

*【不料】búliào 接 はからずも,ところが ⑧[料不到]

【不灵】bùlíng 形〘口〙役に立たない,機能しない『耳朵～了』耳が駄目になった

【不露声色】bú lù shēngsè 〘成〙口振りや表情に表わさない ⑧[不动声色]

【不伦不类】bù lún bú lèi 〘成〙訳の分からぬ,きてれつな

【不论】búlùn 接…かどうかにかかわらず◆主文では '都, 总' などが呼応『～白天还是黑夜』昼夜を問わず

【不满】bùmǎn 形 不満な

【不毛之地】bù máo zhī dì 图 不毛の地

*【不免】bùmiǎn 副(どうしても)…とならざるを得ない,…を避けられない (⑧[免不了])『～有点生疏』慣れないところがあるのも仕方がない

【不妙】búmiào 形(情況が)よくない,うまくない『形势～』雲行きが怪しい

【不摸头】bù mōtóu 形〘口〙訳が分からない,様子がつかめない

【不谋而合】bù móu ér hé 〘成〙(見解, 計画, 理想などが)期せずして一致する

*【不耐烦】bú nàifán 形 うんざりした

【不能不】bù néng bù 動…せざるを得ない,…せずには済まされない

【不配】búpèi 動 ①…する資格がない, …に値しない ⑧[配不上] ②似合わない, 釣合わない

【不偏不倚】bù piān bù yǐ 〘成〙いずれにも偏らない,公正中立の

【不平】bùpíng 形 不公平な,不公平への不満『鸣～』不平を鳴らす 图 ①不公平な,不当な ②(不公平なために)不満

【不平等条约】bùpíngděng tiáoyuē 图 不平等条約『被迫订立～』不平等条約を結ばせられる

【不期而遇】bù qī ér yù 〘成〙期せずして出会う,偶然に出くわす

【不期然而然】bù qī rán ér rán 〘成〙

そうなるとは思っていないのにそうなる,思いがけず,予期せぬことに ⑧[不期而然]

【-不起】-buqǐ (⑧[-得起]) ①(金額が高くて)できない『买～』(自分の財力では)買えない ②(能力, 資格, 余裕がなくて)…できない『对～他』彼に顔向けができない◆可能補語の一. 相応する結果補語 '起 qǐ' はない

【不巧】bùqiǎo 副 あいにく, 運悪く ⑧[不凑巧] ⑧[恰好]

【不求甚解】bù qiú shèn jiě 〘成〙(読書などの際)ざっと分かればそれでよしとする,深く理解しようとはしない

【不屈】bùqū 動 屈しない,不屈の『宁死～』死すとも屈せず

【不屈不挠】bù qū bù náo 〘成〙不撓不屈の ⑧[百折不挠]

【不然】bùrán 形 そうではない, 違う 接 そうでなければ『幸亏是皮底鞋,～(的话)一定湿透了』底が革の靴だったからよかったものの, そうでなかったらきっとびしょびしょになっていただろう

【不仁】bùrén 形 ①無慈悲な, 冷酷な ②(体が)感覚を失った,麻痺した

【不人道】bùréndào 形 非人道的な

【不忍】bùrěn 動〘書〙忍びない,がまんならない『～正视』見ていられない

【不容】bùróng 動〘書〙(…するのを)許さない『～分说』つべこべ言わせない

*【不如】bùrú 動…に及ばない, 劣る『走路～骑车快』歩くより自転車で行く方が速い 副 やはり…する方がよい『～改日再去』やはり別の日に行こう 接〘'与其～～' の形で〙…するより…する方がよい

【不入虎穴,焉得虎子】bú rù hǔ xué, yān dé hǔ zǐ 〘成〙虎穴に入らずんば虎児を得ず

【不三不四】bù sān bú sì 〘成〙碌でもない, 体を成さない

【不善】búshàn 形 ①〘書〙よくない, 好ましくない ②〘多く '～于' の形で〙…が得意でない,下手だ ⑧[善于] ③〘方〙見事だ ⑧[～乎 hu]

【不慎】búshèn 形〘書〙不注意で, うっかりと

【不胜】búshèng 動…に耐えない,…しきれない『～其烦』余りに煩雑だ『～枚举』枚挙にいとまがない『读一读』いくら読んでも読みきれない 副(感情について)非常に,きわめて『～遗憾』甚だ遺憾である

*【不时】bùshí 副 たびたび, しょっちゅう ⑧[时时] 形〘定語として〙不時の,予期しない『～之需』急時の用

【不识抬举】bù shí táiju《成》目を掛けてもらったのに有難がらない，(折角の好意なのに)身の程を知らない◆主に上位者が下位者を非難して言う

【不失为】bùshīwéi …たるを失わない，…と言ってよい［他一个名医］あの人はやっぱり名医だ

【不是】búshì 图 誤り，過ち（→［赔péi～］）［我的～］私のミス

【不是…就是(便是)…】búshì…jiùshì(biànshì)… 圏 …でなければ…だ，…か…かどっちかだ［不是下雨就是刮风］雨が降るかさもなきゃ風だ

【不是…而是…】búshì…érshì… 圏 …ではなく…だ［他不是不知道，而是装糊涂］彼は知らないのではなく，知らない振りをしているだけだ

【不是玩儿的】búshì wánr de 圏 笑い事ではない，冗談ではすまない◆'不是闹着玩儿的'の意

【不速之客】bú sù zhī kè《成》招かれざる客

【不停】bùtíng 動(多く状語・補語として)止まらない［雨一～地下(雨下个～)］雨がこやみなく降る

【不图】bùtú 副《書》はからずも，思いがけず ━ 動求めない，望まない

【不外】búwài 動 …にほかならない，…の範囲を出ない(㊀[～乎])［～三个地方］3つの場所のいずれかしかない

【不息】bùxī 動《書》休まない，とどまらない［奔流～］休みなく激しく流れる

*【不惜】bùxī 動《書》惜しまない［～工本］金と手間を惜しまない

【不暇】bùxiá 動《書》…するいとまがない，忙しくて…してられない

【不下于】búxiàyú 動 ① (質的に)…に劣らない，匹敵する ㊀[不是于] ② 量的に…を下回らない ㊀[不下]

【不相干】bù xiānggān かかわりがない(㊁[相干])［跟我～］私には関係がない

【不相容】bù xiāngróng 動 相容れない，両立しない

*【不相上下】bù xiāng shàng xià《成》甲乙つけ難い，ほぼ同等の

【不祥】bùxiáng 形《書》不吉な，縁起の悪い

【不详】bùxiáng 形《書》不詳の，はっきり分からない

【不想】bùxiǎng 圏 思いがけなく，意外なことに

*【不像话】bú xiànghuà 動 ①(言行が)情理に合わない，筋が通らない ②てんで話にならない，お粗末きわまる

【不肖】búxiào 形《書》不肖の，親や師に似ず愚かな

【不屑】búxiè 動 ① …するのを潔しとしない，…するに値しないと考える (㊀[～于]) ②《主に定語として》軽蔑する［～的眼光］さげすみのまなざし

*【不屑一顾】bú xiè yí gù《成》一顧にすらしない

【不谢】búxiè 動(挨)どういたしまして，お礼には及びません

【不懈】búxiè 形 怠らない［坚持～］倦まずたゆまずやり続ける

【不兴】bùxīng 形 ① はやらない，流行遅れの ━ 動 ① …てはならない ②《反語的な文の中で》…できない［你说话～慢点儿吗？］もう少しゆっくり話せないのか

【不行】bùxíng 形 ① 許可できない，いけない ② 役に立たない，無力な ③ 出来がわるい，へたな ④ 《'得' de の後の補語として》(程度が)きわめて…な［高兴得～］嬉しくてたまらない ⑤ 《'～了'の形で》死にかかっている

【不省人事】bù xǐng rénshì 《成》① 気を失う，知覚を失う ② 世間のことをまるで知らない

【不幸】búxìng 形 ① 不幸な，不運な ②《状語として》不幸にも ━ 图 不幸，災い

【不休】bùxiū 動《補語的に》休まない，…し続ける［争论～］とめどもなく論争する

【不修边幅】bù xiū biānfú《成》身なりをかまわない

【不朽】bùxiǔ 動 朽ちはてない，生命をもち続ける［永垂～］永遠に不滅である［～之作］不朽の名作

【不锈钢】búxiùgāng 图 ステンレス

【不许】bùxǔ 動 ① …てはならない，…を禁止する［～停车］駐車禁止 ②《反語的な文の中で》…できない［～让我看看吗？］おれに見せられないのか

【不学无术】bù xué wú shù《成》無学無能の

【不逊】búxùn 動《書》不遜な，傲慢な

【不亚于】búyàyú 動(質的に)劣らない，ひけを取らない ㊀[不下于]

*【不言而喻】bù yán ér yù《成》言わずともわかる，自明の ㊁[不言自明]

【不要】búyào 副 …するな，…してはいけない(㊀[别])［～哭］泣くんじゃない

*【不要紧】bú yàojǐn 形 大丈夫だ，気にすることはない ㊁[要紧]

【不要脸】bú yàoliǎn 形 恥知らずの，面憎あつかましい

【不一】bùyī 動《もっぱら述語として》一様でない，いろいろである

【不一而足】bù yī ér zú《成》(同類はひとつ(1回)どころでなく沢山(何回も)ある

【不一会儿】bù yíhuìr 副 程なく，暫

【不依】bùyī 動 ①（言うことに）従わない，聞き入れない ②簡単には許さない，やすやすと目こぼしはしない

【不宜】bùyí 動〔書〕…すべきでない，…に適しない

【不遺余力】bù yí yú lì（成）余力を残さない，全力を出しきる

【不已】bùyǐ 動〔書〕…してやまない，しきりに…し続ける〖赞叹～〗しきりに称賛する

【不以为然】bù yǐ wéi rán（成）そうとは思わない，まちがっていると考える

【不亦乐乎】bú yì lè hū（成）（口）〔多く補語として〕程度がひどい，限界に達している〖骂得个～〗けちょんけちょんに言う

【不义之财】bú yì zhī cái（成）（賄賂゛゛や横領などによる）不浄の財

【不易之论】bú yì zhī lùn（成）不易の論，不変の真理（を述べた言葉）簡〔不刊之论〕

【不意】búyì はからずも，意外にも — 動〔書〕思ってもみない，予想しない〖出其～〗不意をつく

【不翼而飞】bú yì ér fēi（成）（翼もないのに飛ぶ）①物が突然なくなる，消え失せる ②伝播が速い，あっという間に広まる

【不用】búyòng 副 …するには及ばない，（簡〔甭〕）〖～着急〗焦ることはない

*【不由得】bùyóude 動 …するのを許さない，…するわけにゆかない（簡〔不容〕）〖～你不信服〗君は納得せざるをえない — 副 思わず，ついつい

【不由分说】bù yóu fēnshuō（成）つべこべ（有無を）言わせない 簡〔不容分说〕

【不由自主】bù yóu zì zhǔ（成）思わず知らず，ついつい

【不约而同】bù yuē ér tóng（成）（行動などが）期せずして一致する 簡〔不谋而合〕

【不在】búzài 動 ①…に居ない，席を外している〖～了』を伴って）死んだ，亡くなった〖早就～了〗とっくに亡くなった

【不在乎】búzàihu 動 気にかけない，意に介さない（簡〔在乎〕）〖我～这个〗そんなことを気にしない

【不在话下】bú zài huà xià（成）（その先は）言うまでもない，いともたやすい

*【不择手段】bù zé shǒuduàn（成）手段を選ばない

【不怎么样】bù zěnmeyàng 形 どうと言う程ではない，ごく平凡な

【不折不扣】bù zhé bú kòu（成）掛け値なしの，正真正銘の〖～地执行〗一点の手抜きもなく執行する

【不振】búzhèn 形〔書〕振るわない，活気がない〖国势～〗国に元気がない

【不知】bùzhī 動〔書〕知らない［～进退］（行動の）程をわきまえない［～所措］どうしてよいのか分からない［～所云］何を言わんとしているのか分からない［～所终］最後がどうなったかは不明である［～天高地厚］身の程をわきまえない

*【不止】bùzhǐ 動 ①…にとどまらない［～他一个人会拉小提琴］バイオリンが弾けるのは彼だけではない〖看了一两遍了〗読んだのは2度どころでない ②（書）止まらない，…し続ける〖流血～〗血が流れ続ける

【不只】bùzhǐ 接 ただ…ばかりではなく，…である上に 簡〔不但〕

【不致】búzhì 動（…ならば）…の結果までは招かない［～如此］（備えさえあれば）こんな結果にはならない

【不至于】búzhìyú …までには至らない［～答不上来］答えに詰まる所まではゆかない［～吧］それ程じゃないだろう

【不置可否】bú zhì kě fǒu（成）賛否をはっきりさせない，自分の意見を言わない

【不治之症】bú zhì zhī zhèng（成）不治の病

【不准】bùzhǔn 動 …するのを許さない，禁じる〖～入内〗立入禁止 — 副 必ずしも…ではない，…とは限らない 簡〔不一定〕

【不着边际】bù zhuó biānjì（成）①（話が）とりとめもない，雲をつかむような ②本題をひどく外れた，甚だしく脱線した

【不自量】bú zìliàng 動 身の程を知らない，自分の力を過信する 簡〔不自量力〕

【不走回头路】bù zǒu huítóulù（成）もと来た道は歩かない（引返さない），決めたことは変えない，決して後悔しない

*【不足】bùzú 形 足りない，不足の〖营养～〗栄養不足だ — 動 ①…に満たない〖～三百元〗300元に満たない ②…するに足りない，…するに値しない［～道］言及するに値しない〖～为训〗範とするに値しない ③…できない，不可能である〖～为凭〗証拠にはならない

【不做声】bú zuòshēng 動 物を言わない，沈黙する 簡〔做声〕

【钚（鈈）】bù 图〔化〕プルトニウム〖～堆〗プルトニウム原子炉

【布】bù 图〔块〕布〖买了三尺～〗布を3尺買った〖一匹～〗木綿1反
⊗①古代の貨幣の一種 ②（B-）姓

【―(佈)】 bù

①宣告する，布告する［公~］公布する ②分布する，散布する［传~］伝染する ③配置する，手配りする

【布帛】 bùbó 图 織物，生地
【布丁】 bùdīng 图《訳》プリン
【布尔乔亚】 bù'ěrqiáoyà 图 ブルジョアジー ◆普通は'资产阶级'という
【布尔什维克】 Bù'ěrshíwéikè 图 ボルシェビキ
【布防】 bùfáng 動 防備の布陣をする
***【布告】** bùgào 图 布告［张贴~］揭示板を貼る［~栏］揭示板
【布谷】 bùgǔ 图《鳥》カッコウ 働［大杜鹃］［~鸟］
【布景】 bùjǐng 图 ①(舞台などの)背景，書割り ②(中国画の)景物の配置，構図
***【布局】** bùjú 图 ①(文や絵の)構想，構図 ②(碁の)布石，(将棋の)展開 ③(事業などの)全体の計画，配置
【布拉吉】 bùlājí 图 ワンピース ◆ロシア語の音訳
【布朗族】 Bùlǎngzú 图 プラン族 ◆中国少数民族の一，雲南に住む
【布匹】 bùpǐ 图 (総称としての)布
【布头】 bùtóu 图 (~儿)［块］布切れ，端切れ
【布衣】 bùyī 图《書》布衣 ◆質素な服，またそれを着る平民
【布依族】 Bùyīzú 图 プーイー族 ◆中国少数民族の一，貴州に住む
***【布置】** bùzhì 動 ①(家具・置物などを)配置する，しつらえる［~会场］会場を飾り付ける ②(仕事や活動について)配置する，アレンジする

【怖】 bù
⊗ 恐れる，怖がる

【步】 bù
量 ①歩数を数える［走了几~］数歩歩いた ②段階［分两~进行］2段階に分けて行なう ― 動《方》歩幅で長さを測る
⊗ ①歩み［齐~走］歩調を取る ②(昔の)長さの単位 ◆5'尺'に相当 ③歩く ④(B-)姓

【步兵】 bùbīng 图 歩兵
【步调】 bùdiào 图 (事を行なう際の)歩調，足並み［~一致］足並みがそろう
***【步伐】** bùfá 图 (隊列の)歩調，足並み ◆比喩としても［跟上时代的~］時代の歩みについて行く
【步话机】 bùhuàjī 图 働［步谈机］
【步履】 bùlǚ 图《書》歩み［~蹒跚 pánshān］よろよろ歩く
【步枪】 bùqiāng 图〔支・杆〕歩兵銃，小銃［气~］エアライフル
【步人后尘】 bù rén hòu chén《成》後塵を拝する，人のやり方をまねる
【步谈机】 bùtánjī 图〔台〕トランシーバー 働［步话机］
【步行】 bùxíng 動 徒歩で行く［~街］歩行者天国
***【步骤】** bùzhòu 图 (物事の)歩み，段階，進み具合［有~地进行工作］段階的に仕事を進める
【步子】 bùzi 图 足取り，歩み(働［脚步］)［加快改革的~］改革の歩みを速める

【部】 bù
量 ①本や映画を数える［这本书我买了三本］この本は3冊買った ②《方》機械や車両を数える
⊗ ①部分，部位［内~］内部 ②政府や企業の部門［卫生~］厚生省 ③軍(中隊以上)の中枢部［司令~］司令部 ④部隊 ⑤統轄する ⑥(B-)姓

【部队】 bùduì 图《軍》①〔支〕部隊［坦克~］戦車隊 ②'军队'の通称
***【部分】** bùfen 图 部分(的な)，一部(の)(働［全体］)［~同志］一部の人［~地改变］部分的に手直しする
【部件】 bùjiàn 图 コンポーネント，組立部品
***【部门】** bùmén 图 部門，部署［有关~］関係部門
【部首】 bùshǒu 图 (偏，冠などの)部首
***【部署】** bùshǔ 動 (人員や役割を)配置する，プランを立てる(働［布置］)［~兵力］兵力を配備する
【部属】 bùshǔ 图 働［部下］
【部位】 bùwèi 图 部位，(身体上の)位置
【部下】 bùxià 图 部下，配下 ⊗［上司］

【瓿】 bù
⊗ 小さな瓶

【埠】 bù
⊗ ①(川や海の)埠頭，埠頭のある町，港町 ②港
【埠头】 bùtóu 图《方》埠頭，波止場 働［码头］

【簿】 bù
⊗ 帳簿，ノート［练习~］練習問題用のノート
【簿籍】 bùjí 图《書》帳簿，名簿の類
【簿记】 bùjì 图 ①簿記［复式~］複式簿記 ②簿記用の帳簿
【簿子】 bùzi 图〔本〕ノート，帳簿

C

【CCC 认证】CCC rènzhèng [名] 中国制製品認証制度(China Compulsory Certification) ♦'3C'とも言う [同][中国强制性产品认证]
【CD】[名] CD [同][激光唱片]
【CEO】[名] (IT 企業の) 最高経営責任者 [同][首席执行官]
【CEPA】[名] 包括的経済連携協定 ♦中国では特に,「中国本土·香港(マカオ) 経済連携緊密化取決め」を指す [同][内地与香港(澳门) 关于建立更紧密经贸关系的安排]
【CMMB】[名] モバイルテレビ ♦日本のワンセグテレビに相当 [同][中国移动多媒体广播]
【COD】[名] COD, 化学的酸素要求量 [同][化学需氧 yǎng 量]
【CPI】[名] 消費者物価指数 [同][消费者价格指数]
【CT】[名] CT スキャン(による診断)

【擦】cā [動] ① 擦(さす)る, こする 〖~破膝盖〗ひざを擦りむく ② 拭(ふ)く, ぬぐう ③ 掠(かす)る, すれすれに通る
【擦屁股】cā pìgu [動]《転》(他人の) 尻ぬぐいをする, 後始末をつける
【擦音】cāyīn [名]〖語〗摩擦音 ♦'普通话'の f, h, x, s, sh など
【擦澡】cā▼zǎo [動] (タオルやスポンジで) ごしごし身体を擦(こす)る, 垢擦(あかす)りをする ♦湯槽につからずにする
【嚓】cā [擬]「きいっ, ぎぎいっ」など鋭い摩擦音を表わす語
⇨chā
【猜】cāi [動] ① 推量する, 見当をつける 〖~对啦〗当たりぃ ② 猜疑(さいぎ)心をいだく, 疑う
【猜测】cāicè [動] 推量する, 見当をつける [同][推测]
【猜度】cāiduó [動] 憶測(おくそく)する, 推測する [同][猜忖]
【猜忌】cāijì [動] 猜疑心をいだく, 疑ぐる
【猜谜儿】cāi▼mèir [動] ① なぞ解きをする, なぞなぞを解く [同][猜谜 mí] ② 腹を探る, 憶測(おくそく)を巡らす
【猜拳】cāi▼quán [動] ① (酒席で) 拳(けん)を打つ ♦負けた方が一杯飲む [同][划拳] ② じゃんけんをする
【猜透】cāitòu [動] (相手の胸の内を) 見通す, 読み切る 〖猜不透〗見通せない
【猜嫌】cāixián [動] 疑ぐる, 猜疑心をいだく
【猜想】cāixiǎng [動] 推測する, 憶測する [同][猜测]
【猜疑】cāiyí [動] あらぬ不安をいだく, 疑ぐる 〖~别人〗他人を疑う
【才】cái [名] 才能, 能力
⊗才能ある人, 有能な人物
【一(*纔)】[副] ① つい先ほど, たった今 〖~来就走〗来たかと思うともう帰る ② (事が非常に遅れて) やっと, ようやく 〖到三点钟~走〗3時になってようやく帰っていった(文末の'了'不要) ③〔'只有''必须'などと呼応して〕…であってこそ, …であってはじめて 〖总得有笔~能写字〗筆があればこそ字は書ける ④ わずかに, たった 〖今年大米产量~六百万吨〗今年の米はわずか600万トンしか取れなかった ⑤ (…を経て) はじめて, やっと 〖听了说明~明白〗説明を聞いてやっとわかった ⑥ まさに, それこそ 〖我~傻呀〗おれって間抜けだなあ
★【才干】cáigàn [名] 能力, 有能さ 〖增长~〗能力を伸ばす
【才华】cáihuá [名] (芸術的·文学的) 才能, 才気 [同][才气]
【才略】cáilüè [名] 智謀, 軍略的または政略的才知
【才貌】cáimào [名] 学識と容貌, 頭脳と容貌 〖~双全〗顔も頭も素晴らしい
【才能】cáinéng [名] 才能, 能力
【才女】cáinǚ [名] 才女, 才媛(さいえん)
【才气】cáiqì [名] 才気, 文学的才能 ([同][才华]) 〖~横溢〗才気あふれる
【才识】cáishí [名] 能力識見, 才知と見識
【才疏学浅】cái shū xué qiǎn《成》《謙》浅学非才(せんがくひさい), 無学無能
【才思】cáisī [名] (文学的) 想像力, 創造力
【才学】cáixué [名] 学識, 才能と学問
【才智】cáizhì [名] 才知, 知恵
【才子】cáizǐ [名] 才子 ([同][才人]) 〔~佳人〕才子佳人(かじん)
【材】cái [名]〔口〕棺桶(かんおけ) [同][棺~ guāncai]
⊗① 木材 〔木~〕木材 ② 材料, 原料 〔器~〕器材 ③ 資料, 材料 〔题~〕題材 ④ 有能な人, 人材 ⑤ 才能, 資質
★★【材料】cáiliào [名] ① 材料, 原料 ② 資料, 参考材料 ③ 創作の材料, 著述のねた ④ 適役の人材, 打ってつけの人
【财(財)】cái [名] 財貨, 物と金(かね) 〖发了一笔~〗かなりの産を成す, 金持ちになる
【财宝】cáibǎo [名] 財宝
★★【财产】cáichǎn [名]〔份·批〕財産 〔公共~〕公共財産
【财产权】cáichǎnquán [名] 財産権 [同][产权]

【财大气粗】cái dà qì cū《成》金を笠に着て鼻息があらい,財産を鼻に掛けて大きな顔をする
【财阀】cáifá 图財閥,独占金融資本家
*【财富】cáifù 图富裕,財産
【财货】cáihuò 图財貨,財物
【财经】cáijīng 图財政経済
【财会】cáikuài 图財務会計 [~人员] 経理係
【财礼】cáilǐ 图[分] 結納品 ◆男子側から女子側に贈る 働[彩礼]
【财力】cáilì 图財力,資金力
【财贸】cáimào 图財政貿易
【财迷】cáimí 图金の亡者,守銭奴
【财权】cáiquán 图①財産権 働[产权] ②財政上の大権,経済大権
【财神】cáishén 图福の神,金もうけの神 働[~爷]
【财团】cáituán 图財団
*【财务】cáiwù 图財務 [~科] 財務課
【财物】cáiwù 图財物,財物
【财源】cáiyuán 图財源 [开辟~]財源を開拓する
*【财政】cáizhèng 图財政 [重建~]財政を再建する [~资本] 金融資本
【财主】cáizhu 图富豪,金持ち

【裁】cái 動①裁断する,切断をする《~衣服》服の裁断をする ②不要部分を切り捨てる,削減する [~了一批人] まとまった人数を解雇した —量紙を等分した数を示す [八(二)纸] 八つ切りの紙 ⊗①判断する,裁定する ②抑止する,制御する ③殺す [自~] 《書》自殺する
【裁并】cáibìng 動 (機構を) 縮小合併する
【裁撤】cáichè 動 (機構を) 解散する,廃止する 働[取消]
【裁定】cáidìng 動 (裁判所が) 裁定する
【裁断】cáiduàn 動熟慮決断する,裁断を下す
【裁夺】cáiduó 動裁断を下す,熟慮決断する 働[裁断]
*【裁缝】cáiféng 動衣服を仕立てる —— cáifeng 图仕立屋,裁縫師
【裁减】cáijiǎn 動 (機構や装備などを) 削減する,縮小する
【裁剪】cáijiǎn 動[衣] 裁つ,裁断する
【裁决】cáijué 動決裁する,裁決を下す [作出~] 紛争の裁定をする
【裁军】cáijūn 動軍備を縮小する,兵力を削減する
【裁可】cáikě 動許可の決定を下す,認可を決める
*【裁判】cáipàn 图[体] 審判員,アンパイア,レフェリー 働[~员] —動①[法] 判決を下す,裁定する [~纠纷] 紛争の裁定をする ②[体] 審判する,ジャッジを下す
*【裁员】cáiyuán 動人減らしをする,人員を削減する

【采】cǎi ⊗表情,顔色 [神~] 表情の輝き ◆[采地] (古代の卿大夫の封地) ではcàiと発音

【——(採)】動①摘む,もぐ [~茶] 茶摘みをする ②採集する,集める [~标本] 標本を採集する ⊗①採掘する,掘り出す [开~] 採掘する ②選び取る,採用する

【——(*彩)】图'彩'に同じ

【采伐】cǎifá 動伐採する,伐り出す
*【采访】cǎifǎng 動取材する,探訪する [电话~] 電話インタビュー
【采风】cǎifēng 動《書》民謡を採集する
*【采购】cǎigòu 動買い付ける,調達する 働[采买] —图購入係 働[~员]
【采光】cǎiguāng 图①[建] 自然採光 ②照明
【采集】cǎijí 動収集する,採集する
【采掘】cǎijué 動(鉱物を) 採掘する,掘り出す [开~]
【采矿】cǎikuàng 動鉱石や石炭を採掘する [露天~] 露天堀り
【采录】cǎilù 動採集かつ記録する,採録する
【采煤】cǎiméi 動石炭を掘る [~工人] 坑夫
*【采纳】cǎinà 動受け入れる,採用する 働[接受]
*【采取】cǎiqǔ 動(方法・措置などを)採用する,実施する
【采样】cǎiyàng 動標本抽出する,サンプルを採る,見本を集める [~检查] 抜取り検査
【采用】cǎiyòng 動採用する,採り入れる
【采摘】cǎizhāi 動(花や果実を) 摘む,もぐ 働[摘取]
【采种】cǎizhǒng 動種を採取する

【彩】cǎi 图くじや賭け事の賞品や景品 [得了~] 宝くじに当をもらう [中zhòng~] 宝くじに当たる
⊗①色彩 [~云] あかね雲 [五~]多色 ②賞賛の声,喝采 [喝hè~] 喝采する ③素晴らしさ,輝き [文~] きらめく文才 ④戦傷による流血,流血のけが [挂~] 戦いで負傷する

【——(*綵)】⊗色絹,色リボン [剪~] テープカットをする

【彩车】cǎichē 图〔辆〕色絹で飾りたてた自動車 ◆慶祝行進の際に仕立てる
【彩绸】cǎichóu 图 色どり鮮やかな絹織物, 色絹 ◆結んで装飾に使う
【彩灯】cǎidēng 图〔盏〕飾り提灯
【彩电】cǎidiàn 图〔台〕カラーテレビ ⇔[彩色电视]
【彩号】cǎihào 图 (~儿)負傷兵
*【彩虹】cǎihóng 图〔道·条〕虹
【彩画】cǎihuà 图 彩色画, 絵の具を使った絵
【彩绘】cǎihuì 图 (陶磁器や道具などに描かれた)色つきの絵 [~瓷器] 彩色画の描かれた磁器
【彩礼】cǎilǐ 图〔件·份〕結納金 ◆男方から女方に贈る ⇔[聘金]
【彩排】cǎipái 图 本番前の衣装をつけたリハーサル
【彩棚】cǎipéng 图 色絹, 色紙, 松柏の枝などで飾り立てた慶祝用の小屋掛け ◆誕生·婚礼の祝いなどの会場とし, 色は赤が基調となる
*【彩票】cǎipiào 图〔张〕宝くじ, 富くじ ⇔[奖券][彩券]〖中 zhòng~〗くじに当たる
【彩旗】cǎiqí 图〔面〕彩色旗
【彩色】cǎisè 图 色, 色彩 [~笔] パステル [~片] カラー映画
【彩声】cǎishēng 图 喝采の声, 賞賛の声
【彩霞】cǎixiá 图〔道〕朝焼け, 夕焼け
【彩印】cǎiyìn 图 カラー印刷, 色刷り

【睬】(*保) cǎi 動 相手にする, かまう [理~] 同前

【踩】(*跴) cǎi 動 踏みつける, 踏む(比喩的にも) 〖~别人脚〗他人の脚を踏む

【菜】cài 图①〔样·道〕料理, おかず〖做~〗料理をする [~肴 yáo] おかず [荤 hūn~] なまぐさ料理 [咸~] 漬物 ②〔棵〕野菜, 蔬菜 ⇔[青菜]
【菜场】càichǎng 图〔方〕野菜市場, 食品マーケット ⇔[普][菜市]
【菜畜】càichù 图 食肉用の家畜
*【菜单】càidān 图 (~儿)〔张〕料理のメニュー ⇔[菜谱]
【菜刀】càidāo 图〔把〕庖丁
【菜墩子】càidūnzi (丸太を輪切りにした)中国風のまな板
【菜馆】càiguǎn 图〔家〕レストラン, 料理店 ⇔[饭馆]
【菜花】càihuā 图 (~儿) ①菜の花 ②〔棵〕カリフラワー
【菜篮子】càilánzi 图 野菜カゴ;(転)副食品の供給
【菜牛】càiniú 图 肉牛, 食用牛
【菜农】càinóng 图 野菜農家
【菜圃】càipǔ 图 菜園, 野菜畑 ⇔[菜园]
【菜谱】càipǔ 图 ①料理のメニュー, 献立表 ⇔[菜单] ②料理の本, クッキングの手引き ◆書名に多く使う ⇔[食谱]
【菜色】càisè 图 栄養不良の顔色, 飢えて血の気のない顔色
【菜市】càishì 图〔家〕食品マーケット, 食料品市場
【菜油】càiyóu 图 菜種油 ⇔[菜子油]
【菜园】càiyuán 图 菜園, 野菜畑
【菜子】càizǐ 图 (~儿) ①菜種, アブラナの種 ②野菜の種

【蔡】cài ⊗ ① (C-) 姓 ② (C-) 古代の国名 ◆前11-前5世紀 ③大亀

【参】(參) cān ⊗ ① (旧白話などで)弾劾する 〖~他一本〗奏して彼を弾劾する ②参加する, 関与する ③参考にする, 参照する ④洞察する, 看破する ⑤謁見する, まみえる
⇨ cēn, shēn
【参拜】cānbài 動 ①お目にかかる, 謁見する ②参拝する
【参半】cānbàn 動〔書〕半ばする, 五分五分である〖毁誉~〗毁誉相半ばする
【参观】cānguān 動 参観する, 見学する
*【参加】cānjiā 動 ①参加する, 加入する ②(意見を)提起する
【参军】cān'jūn 動 軍隊に入る, 兵役に就く
【参看】cānkàn 動 参照する, 参考に見る
【参考】cānkǎo 動 参考にする, 参照する [~书] 参考図書
*【参谋】cānmóu 图〔军〕参謀 ②ブレイン, 助言役 — 動 知恵を貸す, 相談にのる
【参赛】cānsài 動 競技に参加する, 試合に出場する
【参天】cāntiān 動 (樹木などが) 高くそびえる, 天をつく
*【参与(参预)】cānyù 動 参画する, 加わる
【参杂】cānzá 動 入り混じる, ごっちゃにする ⇔[搀杂]
【参赞】cānzàn 图 (大使館) 参事官 [文化~] 文化アタッシェ
【参战】cānzhàn 動 参戦する
【参照】cānzhào 動 参照する, 参考にする
【参政】cān'zhèng 動 政治に関与する, 政治機構に身を置く [~权] 参政権

【餐】(*飡飱) cān 量 食事の回数を示す〖三~〗三度の食事

⊗①食事［早~］朝食［日~］和食［正~］ディナー ②食べる，食事をとる［聚~］会食する
【餐车】cānchē 图〔节〕食堂車，車内ビュッフェ
【餐馆】cānguǎn 图〔家〕レストラン，料理店 ⑩［饭馆］
【餐巾】cānjīn 图〔条・块〕ナプキン［~纸］紙ナプキン
【餐具】cānjù 图〔套・件〕食器類［摆~］食卓を整える
*【餐厅】cāntīng 图〔间・家〕レストラン，食堂
【餐桌】cānzhuō 图（~儿）食卓

【残（殘）】cán 图 不完全な，欠落のある
⊗①傷つける，壊す［致~］身障者となる ②残りの，終り間近の［~敌］生き残った敵 ③残忍な，乱暴な［凶~］凶悪な
【残暴】cánbào 形 凶悪な，残忍な ⑩［残酷］
【残喘】cánchuǎn 動 最期の喘ぎをする［苟延~］虫の息で命をつなぐ
【残存】cáncún 動 残存する，生き残る［~的敌人］残った敵
【残毒】cándú 图（食品に残る）残留有毒農薬，残留汚染物質
【残羹剩饭】cán gēng shèng fàn（成）料理の残り，残飯
【残骸】cánhái 图 死骸，（建物や機械の）残骸
【残害】cánhài 動 殺傷する，傷つける［~百姓］民衆を殺傷する
【残货】cánhuò 图 欠陥品，不合格品
*【残疾】cánji/cánjí 图 身体障害［~人］身体障害者［~人运动会］パラリンピック（略称'残奥会'）
*【残酷】cánkù 形 ①残酷な，残忍な ②（生活などが）過酷な
【残留】cánliú 動 残留する，残る［~影像］残像
【残年】cánnián 图 ①晩年，人生の黄昏どき ②年の暮れ，歳末
【残虐】cánnüè 動 虐待する，酷い扱いをする ― 形 残虐な，酷たらしい
【残篇断简】cán piān duàn jiǎn 图 断篇残編♦欠けて不完全な書物や文章 ⑩［断编残简］
【残品】cánpǐn 图 欠陥品，疵物
【残破】cánpò 形 壊れた，おんぼろの
【残缺】cánquē 形 不完全な，欠けた（⑩［完整］）［这套丛书~不全］この叢書は揃っていない
*【残忍】cánrěn 形 残忍な，冷酷な ⑩［仁慈］
【残杀】cánshā 動 虐殺する，容赦なく殺す
【残余】cányú 图 残りかす，なごり，残留物 ⑩［糟粕］

【残垣断壁】cán yuán duàn bì（成）崩れ落ちた塀や壁，荒廃した家屋 ⑩［颓垣断壁］
【残月】cányuè 图 ①残月 ②沈みかかっている月，没する前の月 ③（旧暦月末の）三日月
【残渣余孽】cán zhā yú niè（成）生きのびている悪党ども，残存するよからぬ輩
【残照】cánzhào 图 残照，日没の輝き

【蚕（蠶）】cán 图〔条〕カイコ（⑩《方》［蚕宝宝］）［养~］カイコを飼う［家~］（桑を食べて成長する）カイコ
【蚕豆】cándòu 图〔颗・粒〕そら豆 ⑩［胡豆］
【蚕茧】cánjiǎn 图 繭
【蚕眠】cánmián 動 カイコが休眠する
【蚕食】cánshí 動 蚕食する，じわじわ侵略を重ねる
【蚕丝】cánsī 图〔根〕生糸，真綿糸
【蚕蛹】cányǒng 图 カイコの蛹
【蚕纸】cánzhǐ 图 カイコの種紙，蚕卵紙 ⑩［蚕连纸］

【惭（慚*慙）】cán ⊗恥じる，恥じ入る
*【惭愧】cánkuì 形（自分のミスや無力について）恥ずかしい，きまり悪い［感到很~］なんとも面目ない

【惨（慘）】cǎn 形 ①悲惨な，気の毒な ②程度がひどい，手痛い［输得很~］ぼろ負けする
⊗酷い，残忍な
【惨案】cǎn'àn 图 ①（政治的）流血の弾圧，権力による虐殺 ②惨殺事件
【惨白】cǎnbái 形 ①（顔色が）青ざめた，血の気の失せた ⑩［苍白］②（光景が）うす暗い，不透明な ⑩［暗淡］
【惨败】cǎnbài 動 惨敗する，壊滅的打撃を被る
【惨不忍睹】cǎn bù rěn dǔ（成）あまりに悲惨で見るも痛ましい ⑩［目不忍睹］
【惨淡】cǎndàn 形 ①うす暗い，うすら明りの ②苦労の多い，困難な ③物さびしい，惨めな
【惨祸】cǎnhuò 图 痛ましい事故，恐ろしい災難
【惨境】cǎnjìng 图 悲惨な境遇，苦境
【惨剧】cǎnjù 图《転》悲劇，惨劇
【惨杀】cǎnshā 動 惨殺する［~残杀］
【惨痛】cǎntòng 形 苦痛に満ちた，痛ましい
【惨笑】cǎnxiào 動 泣いているような

笑顔を見せる, 弱々しい作り笑いを浮かべる

【惨重】cǎnzhòng 形 (損失が) 重大な, 壊滅的な

【惨状】cǎnzhuàng 名 惨状, 痛ましい情景 囫[惨况]

【穆(穆)】cǎn 名〈~子〉ヒエの一種

【灿(燦)】càn 名〈*~烂〉光きらめく, 輝かしい

【粲】càn 名 明るい, 美しい

【仓(倉)】cāng 名①倉庫, 倉 ②(C-)姓

【仓储】cāngchǔ 動 倉庫に保管する[~费]倉敷料

*【仓促(仓猝)】cāngcù 形 慌ただしい, あたふたとした

【仓房】cāngfáng 名 倉庫, 貯蔵室

【仓皇】cānghuáng 形 うろたえた, 大慌ての 囫[仓黄][苍黄]

*【仓库】cāngkù 名〔间, 座〕倉庫[~交货]【商】倉庫渡し

【仓租】cāngzū 名 倉敷料, 倉庫保管料

【伧(傖)】cāng 形 粗野な, 荒っぽい[~俗]《書》俗っぽい

【苍(蒼)】cāng 名①青空, 天空 ②(C-)姓 形③濃緑の, 青い[~天]青空 ④灰色の, グレーの

*【苍白】cāngbái 形 ①青白い, 血の気のない ②生気のない, 弱々しい

【苍苍】cāngcāng 形 ①灰色の, 白味がちの 囫[灰白] ②広大無辺の, どこまでも広い 囫[苍茫]

【苍翠】cāngcuì 形 濃緑の, 青々とした 囫[苍绿]

【苍劲】cāngjìng 形 ①(樹木が) 年を経て力強い, 強靱にさみなぎる ②(書画の筆勢が) 雄渾な, 雄勁な

【苍老】cānglǎo 形 ①年寄りじみた, 年老いた ②(書画の筆勢が) 雄渾な, 雄勁な

【苍茫】cāngmáng 形 茫漠たる, 見渡すかぎりの

【苍穹】cāngqióng 名《書》天空, 蒼穹 囫[穹苍]

【苍生】cāngshēng 名《書》庶民, 民, 百姓

【苍天】cāngtiān 名 ①大空, 青空 囫[苍空] ②(宇宙の主宰者たる) 神, 天 『~作证』天が知ってくれている

【苍鹰】cāngyīng 名〔只〕オオタカ

【苍蝇】cāngying 名〔只〕ハエ

【苍蝇不抱没缝的蛋】 cāngying bú bào méi fèng de dàn 《俗》(ハエは割れ目のない卵にはたからない＞) 己を厳しく持している者には悪人が近づかない 囫[苍蝇叮破蛋]

【苍蝇拍子】cāngying pāizi 名〔个〕ハエ叩たき 囫[苍蝇拍]

【沧(滄)】cāng 名 海の青さ

【沧海桑田】cānghǎi sāngtián《成》世の移り変わりの激しさをたとえる

【舱(艙)】cāng 名 船倉, 船室, (飛行機の) 客室[囫~室][货~] 船室

【舱位】cāngwèi 名 (船や飛行機の) 座席, 寝台席

【藏】cáng 動 ①隠れる, 隠す ②貯蔵する, 蓄える ⇒zàng

【藏躲】cángduǒ 動 隠れる, 身を隠す 囫[躲藏]

【藏垢纳污】cáng gòu nà wū《成》(垢や汚れを内蔵する＞) 悪人や悪事を内部に抱える 囫[藏污纳垢]

【藏猫儿】cángmāor 動〈口〉隠れんぼをする 囫[藏猫猫][捉迷藏]

【藏匿】cángnì 動 隠す, 隠匿する

【藏身】cángshēn 動 隠れる, 身を潜める

【藏书】cángshū 名 蔵書 ―― cáng'shū 動 図書を収蔵する[~家]蔵書家, 図書コレクター

【藏头露尾】cáng tóu lù wěi《成》(頭隠して尻尾を見せる＞) 事の一部を語るのみで全貌を明らかにしない

【藏掖】cángyē 動 隠蔽ぺいする, 包み隠す

【糙】cāo 形 粗雑な, きめの粗い[~米]玄米 [粗~]粗雑な

【操】cāo 動 (外国語や方言を) 操る, しゃべる 名①手にとる, 握る ②従事する, 行なう ③訓練, 鍛練[体~]体操 ④品行, 行ない[节~]《書》節操 ⑤(C-)姓

【操办】cāobàn 動 取り仕切る

*【操场】cāochǎng 名 ①運動場, グラウンド ②練兵場

【操持】cāochí 動 ①処理する, 対応する 囫[料理] ②計画する, 準備する 囫[筹划]

*【操劳】cāoláo 動 ①あくせく働く, 苦労して働く ②世話をやく, 面倒をみる

*【操练】cāoliàn 動 (軍事や体育の) 訓練をする

【操神】cāo'shén 動 心を砕く, 気を遣う 囫[劳神]

*【操心】cāo'xīn 動 ①心配する, 気に病む 囫[担心] ②心を砕く, 苦心する

【操行】cāoxíng 名 (学生の学校にお

ける)品行，操行
【操之过急】cāo zhī guò jí《成》事を急ぎすぎる，性急すぎる
*【操纵】cāozòng [動] ①操縦する，操作する［～杆］操縦桿［远距离～］リモートコントロールする ②不正に操る，不当な操作をする〖～股票市场〗株価を操作する
*【操作】cāozuò [動] 操縦する，操作する

〘曹〙 cáo [×] ①輩(やから)，同類の人びと［吾～］《書》我ら ②(C-)姓

〘漕〙 cáo [×]旧時の水路による食糧運送［～河］食糧運送用の水路
【漕粮】cáoliáng [名] 旧時の水路で運ばれる食糧
【漕运】cáoyùn [名] 旧時の水路による食糧運送

〘嘈〙 cáo [×]［*～杂］うるさい，騒がしい

【槽】 cáo [名]（～儿）〔条・道〕溝状にくぼんだ部分〖开～〗溝を切る
[×]①（横長の）かいば桶(おけ)，まぐさ桶［跳～］ライバル陣営に移籍する ②水槽・酒樽(たる)など液体を入れる器具［水～］水槽［～车］タンクローリー
【槽坊】cáofang [名]〔家〕①（旧式の）酒造所，醸造所 ②紙漉(す)き作業所
【槽钢】cáogāng [名]〖工〗U字鋼 [同]［槽铁］
【槽头】cáotóu [名]（家畜の）細長いかいば桶(おけ)，家畜小屋の中のえさ場

【草(*艸)】 cǎo [名] ①〔棵〕草 ②〔根〕わら［麦～］ムギわら — [形] そそくさとした，ぞんざいな
[×]①草書(そうしょ) ②ローマ字の筆記体 ③草稿［起～］起草する ④起草する ⑤(C-)姓

〘—(*騲)〙 [×]雌(めす)の ♦家畜・家禽についていう［～驴］雌のロバ
*【草案】cǎo'àn [名] 草案，下書き［宪法～］憲法草案
【草包】cǎobāo [名] ①わらで編んだ袋 [同]［草袋］ ②《転》能なし，愚か者
【草本植物】cǎoběn zhíwù 草本植物
【草编】cǎobiān [名] わらや草の細工物 ♦かご・袋・帽子など
【草草】cǎocǎo [形] そそくさとした，せかせかとした（[同]［匆忙］）〖～了事〗いい加減に済ませる
【草测】cǎocè [名]（工事に先立つ）大ざっぱな測量，概略的調査
【草场】cǎochǎng [名] 牧草地，放牧場
【草创】cǎochuàng [動] 創始する，創設に取りかかる
【草丛】cǎocóng [名] 草むら，草の茂み [同]［草棵］
【草地】cǎodì [名] ①草原，牧草地 ②芝生，草地(くさち)
【草垫子】cǎodiànzi [名] わらや蒲(がま)で編んだ座ぶとん
【草房】cǎofáng [名] わら葺(ぶ)き（草葺き）の家
【草稿】cǎogǎo [名] 草稿，下絵〖打～〗下書きする〖拟定～〗草稿をつくる
【草荒】cǎohuāng [形]（田畑が）草ぼうぼう
【草菅人命】cǎo jiān rénmìng《成》人命を塵芥(ちりあくた)のごとく疎略に扱う
【草荐】cǎojiàn [名]（寝台用の）わらのマット，わらぶとん
【草芥】cǎojiè [名] ごみ同然の無価値なもの，塵芥(ちりあくた)
【草料】cǎoliào [名] 秣(まぐさ)，かいば
【草绿】cǎolǜ [形]〔定語として〕草色の，青緑色の［～色］草色
【草马】cǎomǎ [名]《方》〔匹〕牝馬(ひんば) [同]［母马］
【草帽】cǎomào [名]〔顶〕麦わら帽子，草編みの帽子〖戴～〗麦わら帽をかぶる
【草莓】cǎoméi [名] イチゴ［～酱］イチゴジャム
【草棉】cǎomián [名] 綿花，綿 [同]［棉花］ [関]［木棉］
【草木灰】cǎomùhuī [名] 草木の灰，植物を焼いた灰 ♦手近に取れるカリ肥料
【草木皆兵】cǎo mù jiē bīng《成》不安の目で敵陣を見ると草も木もみな兵隊に見える ♦疑心暗鬼に脅(おび)える心理を例える
【草拟】cǎonǐ [動] 草案を作る，下絵を描く [同]［起草］
【草皮】cǎopí [名] 芝生，土つきのままに切り取った芝，切り芝〖铺～〗切り芝を張る
【草坪】cǎopíng [名]〔块・片〕芝生，芝地〖修剪～〗芝を刈る
【草绳】cǎoshéng [名]〔条・根〕わら縄，草を編んだひも [同]［草索］
【草食】cǎoshí [形]〔定語として〕草食の［～动物］草食動物［～男］草食系男子
【草书】cǎoshū [名] 草書 [同]［草体］
*【草率】cǎoshuài [形]（仕事が）いい加減な，やっつけの〖～了事〗そそくさと処理する
【草体】cǎotǐ [名] ①草書 [同]［草书］ ②ローマ字の筆記体
【草图】cǎotú [名]〔张〕概略図，ラフスケッチ（[同]［草样］）〖画～〗ラフを描く
【草鞋】cǎoxié [名]〔双〕わらじ，草作りのくつ ♦日本のわらじのような鼻

緒(はなお)はない〖穿～〗わらじをはく
【草药】cǎoyào [名]〔剂・服〕(漢方の)薬草，薬草を干した煎じ薬
【草鱼】cǎoyú [名]〖魚〗〔条〕ソウギョ [同][鲩 huàn 鱼]
【草原】cǎoyuán [名]〔片〕草原，ステップ
【草约】cǎoyuē [名] 未調印の条約，未署名の契約
【草纸】cǎozhǐ [名] ① わらなどを原料として作った紙，わら半紙，ざら紙 ② トイレットペーパー ③〖考〗パピルス

【肏】cào [動]《口》性交する ♦ '～你妈' は相手への罵語

【册(*冊)】cè [量] 書物の冊数を数える([同]《口》[本])〖印了三千～〗3000 部刷った
⊗ 製本ずみの冊子，綴(と)じて本となったもの［画～］画集
【册子】cèzi [名] 冊子本，綴じ本［小～］パンフレット

【厕(廁)】cè ⊗ ① 便所，手洗い［公～］公衆便所 ② 参加する［～身］《書》(集団内に)身を置く
★★【厕所】cèsuǒ [名] 便所，手洗い〖上～〗トイレに行く

【侧(側)】cè [動] 傾ける，かしげる〖把头～过来〗顔をこちらに傾ける
⊗ 横，側面［两～］両側
⇨ zhāi
【侧柏】cèbǎi [名]〖植〗〔棵〕コノテガシワ [同][扁柏]
【侧耳】cè'ěr [名]〖植〗ヒラタケ ♦ 漢方薬の材料 — [動] 耳をそばだてる，聞き耳を立てる［～而听］耳を澄ませて聞く
【侧记】cèjì [名] 行事の本筋ではない側面的報道 ♦ 報道の標題に多く使われる．スタンド風景・観戦レポートの類
【侧门】cèmén [名] 通用口，通用門 [同][旁门]
★【侧面】cèmiàn [名] 側面，横がわ〖从～了解〗間接的に探り出す［～图］側面図
【侧目】cèmù [動]《書》(正視できなくて) 横目を使う，斜めに見る([同][侧视])〖～窥视〗ちらちら見る
【侧身】cè'shēn [動] ① 体を横にねじる，体を横向きにする［～而过］(狭い所を) 体を横にして通過する［～像］プロフィール ② 参加する，身を置く
【侧视】cèshì [動] 横目で見る，斜めに見る [同][侧目]
【侧卧】cèwò [動]《書》横向きに寝る，側臥(そくが)する
【侧影】cèyǐng [名] 横からの姿，横顔
【侧重】cèzhòng [動] 偏重する，特に重視する [同][着重]

【测(測)】cè [動] ① 測量する，計測する〖～了～高度〗高度を計った［航～］航空測量 ② 推測する，推量する
【测定】cèdìng [動] 測定する
【测度】cèduó [動] 推測する，推定する [同][揣度]
【测候】cèhòu [動]《書》天文・気象の観測をする
【测绘】cèhuì [動] 測量と製図をする，実測と地図作製をする
★【测量】cèliáng [動] 測量する，測定する
【测试】cèshì [名] (能力や性能を) テスト(する)，試験(する)
★★【测验】cèyàn [動] ① (性能などを) 検査する，試験する ② (学力を) テストする，考査する

【恻(惻)】cè ⊗ 痛ましい，悲しみを誘う
【恻隐】cèyǐn [形] 同情する，哀れみを寄せる［～之心］惻隠(そくいん)の情

【策(*筞)】cè ⊗ ① (馬に) 鞭(むち)を当てる［鞭～］鞭撻(べんたつ)する ② (古代の) 木簡，竹簡 ③ 方策，対処の方法［献～］知恵を貸す ④ 昔の馬を走らせるための鞭 ⑤ 旧時の科挙における文体の一 ♦ 問答形式の議論文 ⑥ (C-) 姓
【策动】cèdòng [動] ① 策動する，陰で火をつける ② (ある行動に) 駆り立てる，励ます
★【策划】cèhuà [動] たくらむ，画策する [同][谋划]
【策励】cèlì [動] 勉励する，督励する [同][策勉]
★【策略】cèlüè [名] 策略，戦術 — [形] 機転がきく，戦術にたける
【策士】cèshì [名] 策士，知謀の人
【策源地】cèyuándì [名] (革命や運動の) 発祥の地，発端の地

【𤭢】cèi [動]《方》(磁器などを) 粉々に割る

【参(參)】cēn ⊗ 以下を見よ
⇨ cān, shēn
【参差】cēncī [形] (長さ・大きさなどが) ふぞろいな，まちまちの［～不齐］ふぞろいな

【岑】cén ⊗ ① 小高い山 ② (C-) 姓

【噌】cēng [擬] すばやい動きなどを表す［～～］ぽりぽり (体を掻く音) — [動]《方》叱る〖挨～〗叱られる

【层(層)】céng [量] ① 積み重なった物を数える〖十～大楼〗10 階建てのビル ② 段階を示す〖还有一～意思〗なおも

隠された意味がある ③表面から剥がすことのできる物(拭き取れる物)を数える〖一～乙烯薄膜〗ビニールフィルム1枚
[×]①階層, 段階, 層を成すもの［阶～］階層 ②重なり合った [同]［～叠］
【层层叠叠(迭迭)】céngcengdiédié [形]幾重にも重なった, 重なり合った
*【层出不穷】 céng chū bù qióng《成》次から次へと現われる, 尽きることなく生まれ出る
*【层次】céngcì [名]①機構内の級, 段階〖减少～〗機構を簡素化する ②(談話や文章の) 順序, 構成 ③レベル, 地平, 層〖在更深的～上理解〗もっと深いレベルで理解する
【层峦】céngluán [名]《書》重なる山々
【层面】céngmiàn [名]あるレベルでの範囲, 面
【层见叠出】céng xiàn dié chū《成》度たび現れる, 何度も何度も繰り返される [同]［层出叠见］

【曾】céng [副]〘動作や状況が過去に属することを示して〙かつて, 以前 [同]［曾经］
⇨zēng
**【曾经】céngjīng [副]かつて, 以前

【蹭】cèng [動]①擦る, 擦りつける〖～破〗擦りむく ②(塗料などに) うっかり触れる, かすった拍子にべっとりつける ③ゆっくりと行動する, のろのろと歩く ④《方》ただでせしめる, 無料で便宜を受ける〖～饭〗ちゃっかり飯をたかる〖看～戏〗ただで芝居を見る
【蹭蹬】cèngdèng [形]《書》不遇で志を得ないさま

【叉】chā [名](～儿) ①〔把〕やす(簎), フォーク, 刺股〔餐～〕食事用フォーク ②ペケ(バツ) 印(×)〖打～儿〗ペケをつける

【一(*杈)】[動]やすで突く, フォークや刺股で取る
⇨chǎ
【叉腰】chā▾yāo [動](両) 手を腰に当てがう
**【叉子】chāzi [名]〔把〕①食事用のフォーク ②農業用フォーク

【杈】chā [名]〔把〕農業用フォーク
⇨chà

【差(差)】chā [名]〖数〗差 [同]［差数］
[×]①違い, 差［时～］時差 ②やや, わずかに
⇨chà, chāi, cī
**【差别】chābié [名]差違, 格差〖缩小男女～〗男女格差を縮小する
【差错】chācuò [名]①間違い, ミス〖出～〗ミスをしでかす ②思わぬ事故, 不時の災難〖出～〗不慮の災難に見舞われる
【差额】chā'é [名]差額, 不均衡［～表］バランスシート
*【差距】chājù [名]開き, ギャップ〖缩小～〗ギャップを埋める
【差可】chākě [副]《書》辛うじて…しうる, どうにか…出来る([同]［差勘］)〖～告慰〗せめてもの慰めである
【差误】chāwù [名]誤り, ミス [同]［错误］
【差异】chāyì [名]違い, 差 [同]［差别］
【差之毫厘, 谬以千里】chā zhī háo lí, miù yǐ qiān lǐ《成》開始時のわずかなミスが, やがて巨大な誤謬をもたらすという喩え ♦第一歩を誤ることの危険性を戒める

【喳】chā [×]以下を見よ
⇨zhā
【喳喳】chāchā [擬]ひそひそ声を示す［嘁嘁～］ひそひそぺちゃくちゃ
—— chācha [名]囁き, ひそひそ話〖打～〗囁きかける —[動]囁く, ひそひそ話す

【插】chā [動]①差込む, 突っ込む ②挟み込む, 間に入れる
【插班】chā▾bān [動]クラスに編入する［～生］編入生
【插戴】chādài [名]髪飾り, 頭部の装飾品 ♦主として旧時男が結納として贈ったものをいう [同]［首饰］
【插队】chā▾duì [動]①列に割込む, 順番を乱す(人の先に出る) [同]［加塞儿 sāir］ ②(文革期の都市の知識青年が)農村の生産隊の一員となる
【插花】chā▾huā 花を生ける, 生け花をする
【插画】chāhuà [名]〔张·副〕挿絵, イラスト [同]［插图］
【插话】chāhuà [名]①エピソード, 挿話 ②(他人の談話中の)口出し
—— chā▾huà [動](人が話している時に) 口を挟む, 口出しする [同]［插言］
【插脚】chā▾jiǎo [動]①足を踏み入れる, 中に入る〖人太多, 几乎无处～〗人が多すぎて足の踏み場もない ②(活動に)参画する, 加わる
【插口】chākǒu [名]差込み穴, ソケット
—— chā▾kǒu [動]口を差し挟む, 人の話に割り込む [同]［插嘴］
【插曲】chāqǔ [名]①〔首·支〕(劇などの) 挿入歌, 間奏曲 ②エピソード, 挿話
【插入】chārù [動]差込む, 挿入する
【插手】chā▾shǒu [動](他人の活動などに)割り込む, 首を突っ込む〖～股票〗株に手を出す

【插条】chātiáo [名] 挿し木 [同][插枝]
【插头】chātóu [名] プラグ，差込み [同][插销] [反][插座]
【插图】chātú [名]〔张·页〕挿絵，イラスト
【插销】chāxiāo [名] ① プラグ，差込み〚插～〛プラグを差込む ②（ドアや窓の）差込み錠，閂(かんぬき)
【插秧】chā▾yāng [動] 田植えをする
【插页】chāyè [名] 書物の中に差し挟まれた図表や写真のページ
【插足】chāzú ①（活動に）参加する，関与する [同][参与] ② 足を踏み入れる，中に入る [同][插脚]
【插嘴】chā▾zuǐ [動]（人の話に）割り込む，口出しする [同][插口]
【插座】chāzuò コンセント，差込み口

【嚓】chā ⊗ 擬声音 ♦瞬間的な音の一部を構成する [喀～] がちゃん
⇨cā

【茬】chá [量] 作付(さくづけ)回数を数える〚第二～〛二番作〚一年能种两～水稻〛米が二期作できる
⊗①（穀物などを刈取った後の）根株，刈り株 [麦～儿] 麦の切り株 ② ‘碴儿’に同じ
【茬口】chákou/chákǒu [名] ① 輪作する作物とその順序 ② 作物を取り入れた後の土壌

【茶】chá [名] ① 茶の木 ② お茶，茶の葉飲料〚喝～〛お茶を飲む〚沏～〛お茶を入れる
⊗① ‘茶’と名のつく飲料 [杏仁～] アンニン茶 ② 茶色
【茶杯】chábēi [名] 湯呑み，ティーカップ
【茶匙】cháchí [名]（～儿）〔把〕茶さじ，ティースプーン
【茶点】chádiǎn [名] お茶と軽食，茶と茶菓子〚吃～〛(3時などの) お茶にする
【茶房】cháfang/cháfáng [名]《旧》ボーイ，給仕
【茶缸子】chágāngzi [名] 取っ手のあるふた付きの大きな湯呑み
【茶馆】cháguǎn [名]（～儿）〔家·座〕中国風の喫茶店 ♦喫茶·飲食·演芸·娯楽などを兼ねた民衆の憩いの場．旧時に栄えた [同][茶居]
【茶褐色】cháhèsè [名] 茶色 [同][茶色]
【茶壶】cháhú [名]〔把〕急須(きゅうす)，ティーポット
【茶花】cháhuā [名] ツバキの花，サザンカの花 ♦広義では茶の木の花も含む
【茶话会】cháhuàhuì [名]〔次〕茶話会〚举办～〛茶話会を催す
【茶会】cháhuì [名]〔次〕ティーパーティー，お茶の会
【茶几】chájī [名]（～儿）〔张〕サイドテーブル，茶器を置く小卓
【茶镜】chájìng [名] 茶色の眼鏡，茶のサングラス
【茶具】chájù [名]〔套·件〕茶器，茶飲み道具
【茶楼】chálóu [名] 2階のある‘茶馆’ ♦多く‘茶馆’の店名に使った
【茶盘】chápán [名]（～儿）（急須や湯呑みをのせる）お盆 [同][茶盘子]
【茶钱】cháqián [名] ① 茶代(ちゃだい) ② チップ，心付け [同][小费][小账儿]
【茶青】cháqīng [名] 黄色味をおびた濃緑色，茶の葉色
【茶色】chásè [名] 茶色，褐色 [同][茶褐色]
【茶社】cháshè [名]〔家〕① [同][茶馆儿] ② 露店の茶店，お茶売り場 [同][茶座儿] ♦①② ともに店名に多く使う
【茶食】cháshi [名] 茶菓子，茶受け ♦果実の砂糖漬け·甘味の菓子類を含む
【茶水】cháshuǐ [名] 湯茶，お茶あるいは白湯(さゆ)
【茶摊】chátān [名]（～儿）街角のお茶売り，路傍の喫茶 ♦スタンドに茶を入れたコップを並べている
【茶亭】chátíng [名]（公園などの）茶店，茶を飲ませる小屋掛けの店
【茶碗】cháwǎn [名] 湯呑み，茶飲み茶碗(ちゃわん)
【茶锈】cháxiù [名] 茶渋(ちゃしぶ)
【茶叶】cháyè [名]（加工済みの）茶の葉
【茶资】cházī [名] 茶代 [同][茶钱]
【茶座】cházuò [名]（～儿）①（屋外の）茶店，茶を供する露店 ② 茶店や茶館などの座席

【搽】chá [動]（皮膚に）塗る，擦(す)り込む〚～药〛薬をつける

【查】chá [動] ① 検査する，点検する ② 調査する，探る ③ 検索する〚～词典〛辞書をひく
⇨Zhā
【查办】chábàn [動]（罪状や過失を）調査し処分する，糾明し処置を決める
【查抄】cháchāo [動] 犯罪者の財産を精査し没収する
【查点】chádiǎn [動] 数を検(あらた)める，いちいちチェックする
【查对】cháduì [動] 照合する，付き合わせる
【查访】cháfǎng [動]（事件について）聞き込み調査する，聞いて回る
【查封】cháfēng [動] ① 封印して使用を禁じる，差押さえる ②（企業や団体の）閉鎖を命じる，業務活動を禁止する [同][封闭]

chāi

- **【查获】** cháhuò 動 (犯罪者を)捜査して捕える，(盗品・禁制品などを)見付け出して押収する
- **【查禁】** chájìn 動 禁止する，禁制する
- **【查勘】** chákān 動 現地で調べる，実地調査する
- **【查看】** chákàn 動 調べる，検査する
- **【查考】** chákǎo 動 突き止める，解明する
- **【查明】** chámíng 動 究明する，探り出す ⇨[查询]
- **【查票】** chá'piào 動 検札する，切符を調べる
- **【查清】** cháqīng 動 究明する，調べて明らかにする ⇨[查明]
- **【查税】** cháshuì 動 (税関における)税務調査
- **【查私】** chásī 動 密輸を捜査する
- **【查问】** cháwèn 動 ①問い合わせる ⇨[查询] ②尋問する
- **【查验】** cháyàn 動 (真偽を)調べる，検査する
- **【查阅】** cháyuè 動 (文献・資料を)調べる，参照する
- **【查证】** cházhèng 動 調べて証明する，確かめる

【碴】 chá 〈方〉破片で傷つける，けがをする

- **【碴儿(茬儿)】** chár 名 ①小さな破片，かけら［冰～］氷のかけら (器物の) 鋭い割れ目，欠けた部分［碗～］茶わんの欠けたところ ③反目，不和 ④話題に持出したこと，言い終ったばかりの言葉［接～］(相手の言葉に)即応して話す

【察】 chá ⊗ 細かに観察する，よく調べる［观～］観察する

- **【察觉】** chájué 動 気づく，察知する ⇨[发觉]
- **【察勘】** chákān 動 (地質などを) 実地調査する
- **【察看】** chákàn 動 観察する，見守る
- **【察言观色】** chá yán guān sè〈成〉顔色を見る，言葉や表情から腹の中を探る

【叉】 chǎ 動「やす」形に開く［～着腿站着］足を開いて立つ ◆「さえぎる」の意では chā と発音 ⇨ chā

【岔】 chà 動 ①(本筋から) それる，横道に入る ②(話をそらす [～开话题] 話題をそらす ③(時間を) ずらす，ぶつからぬようにする [～开时间] 時間をずらす ⊗ 分かれ道

- **【岔口】** chàkǒu 名 分かれ道，分岐点
- **【岔路】** chàlù 名 枝分かれした道，分かれ出た道(⇨[岔道儿])[三～]三叉路
- **【岔气】** chà'qì 動 (呼吸の際)脇腹などが痛む
- **【岔儿】** chàr 名 事故，もめ事 ⇨[岔子]
- **【岔子】** chàzi 名 ①わき道，分かれ出た道 ⇨[岔路] ②事故，もめ事 [出～] 事故を起こす ③過失，誤り [找～] あら探しをする

【杈】 chà ⊗ (枝分かれした)枝 ⇨ chā

- **【杈子】** chàzi 名 (枝分かれした) 枝，木のまた [打～] 枝払いする

【衩】 chà 名 (服のわきの) スリット ◆「裤衩」(パンツ)では chǎ と発音

【侘】 chà ⊗ [～傺 chì]〈書〉失意のさま

【诧(詫)】 chà ⊗ 驚き怪しむ，いぶかる

- ***【诧异】** chàyì 動 訝る，変だと思う ⇨[诧怪]

【姹】 chà ⊗ 美しい [～紫嫣 yān 红] 色とりどりの花

【刹】 chà ⊗ 仏教寺院，お寺 [古～] 古寺 ⇨ shā

- ***【刹那】** chànà 名 刹那，一瞬の間 ⇨[瞬间]

【差】 chà 形 ①隔たった，異なった [性格～得很远] 性格がとても違う ②まちがった，誤まった ③劣る，基準以下の 動 欠ける，不足する [～一个人] ひとり足りない ⇨ chā, chāi, cī

- ***【差不多】** chàbuduō 形 ①ほぼ等しい，ほとんど差のない ②まあまあの，ほぼ満足できる 副 ほとんど，ほぼ
- **【差不离】** chàbùlí 形 ⇨[差不多]
- **【差点儿】** chà'diǎnr 形 やや劣る，少し及ばない 副 もう少しで(…するところだった)，すんでのところで(…せずにすんだ)，もう少しのところで(…しそこねた) ◆(a)事が起らなくて幸いだった場合は，後に'没'が来ても来なくても意味に変りはない [～撞车(～没撞车)] もう少しで車がぶつかるところだった(b)きわどいところで実現してよかったという場合は後を否定形にする [～没赶上] もう少しで遅れるところだった(c)もう少しだったのに実現せず，惜しかったという場合は後を肯定形にする．このとき，動詞の前に '就' を置くことが多い [～就赶上了] あと一歩で間に合ったのになあ
- **【差劲】** chàjìn 形 よくない，質の劣った
- **【差生】** chàshēng 名 劣等生，成績の悪い学生

【拆】 chāi 動 ①解体する，ばらばらに壊す ②はがす，引

離す

【拆除】chāichú 動 解体除去する、取り壊す ⇒[拆掉]

【拆穿】chāichuān 動 暴露する、暴き出す ⇒[揭露]

【拆东墙，补西墙】chāi dōngqiáng, bǔ xīqiáng〈俗〉(東の塀を崩して、そのレンガで西の塀を繕う＞) 背に腹はかえられない苦境 ◆応急の対応で一時凌ぎをする状況を例える

【拆毁】chāihuǐ 動 取り壊す、解体除去する ⇒[拆除]

【拆卖】chāi'mài 動 (セットで売るべき物を) ばら売りする、分売する

【拆迁】chāiqiān 動 (区画整理などで) 立ち退く [~户] 立ち退き住民

【拆墙脚】chāi qiángjiǎo 慣《転》(悪い手段で) 土台を壊す、立ちゆかないようにする

【拆散】chāisàn 動 (婚姻・家庭・団体などを) 瓦解させる、解体する

【拆台】chāi'tái 動 (あくどい手段で) 足をすくう、失脚させる

【钗(釵)】chāi ⊗ かんざし [金~] 金のかんざし

【差】chāi 動 派遣する、出張させる [这件事可以~他去做] この件は彼にやらせると良い ⊗①役目、出張して果たす用件 [出~] 出張する ②旧時の役所の使用人 ⇒[~役]
⇒ chā, chà, cī

【差旅费】chāilǚfèi 图 出張旅費 ⇒[旅差费]

【差遣】chāiqiǎn 動 派遣する ⇒[派遣]

【差使】chāishǐ 動 派遣する、出張させる ⇒[差遣]

【差事】chāishi 图 出張の用向き、派遣の目的たる仕事 [办~] (出張の) 用件に取組む

【侪(儕)】chái ⊗ 同輩、同類の人 [吾~]《書》われら

【柴】chái 图 [把・捆] たき木、(植物) 燃料 [砍~] たき木を切る ⊗(C-) 姓

【柴草】cháicǎo 图 たき物、燃料用の木や草 ⇒[柴火]

【柴火】cháihuo 图 [把・捆] たき木、燃料用の木や草

【柴米】cháimǐ 图 たき木と米;《転》生活必需品

*【柴油】cháiyóu 图 ディーゼル油、重油 [~机] ディーゼルエンジン

【豺】chái ⊗ ヤマイヌ、ジャッカル→[~狗]

【豺狗】cháigǒu 图[只] ヤマイヌ、ジャッカル

【豺狼】cháiláng 图《転》豺狼のごとき人間、冷酷きわまりない輩

【虿(蠆)】chài ⊗ サソリの一種 [水~] ヤゴ

【瘥】chài ⊗ 病気が治る ◆「病気」の意では cuó と発音

【觇(覘)】chān ⊗ 覗く、観測する

【掺(摻)】chān 動 混ぜる、混ぜ合わせる

【掺兑(摻兑)】chānduì 動 混ぜ合わせる、混合する

【掺和(摻和)】chānhuo 動 ①かき混ぜる、混合する ②かき乱す、じゃまする

【掺假(摻假)】chān'jiǎ 動 不純物 (不良品・にせ物など) を混入する、混ぜ物をする [~货] 不良品の混ざった商品

【掺杂(摻杂)】chānzá 動 ごちゃ混ぜにする(なる)、混合する [新思想中~着旧思想] 新しい思想に古い思想が混在している

【搀(攙)】chān 動 ①(倒れないように) 手をかす、横から支える ②混ぜる、混ぜ合わせる ('掺' とも書く)

【搀扶】chānfú 動 手を貸す、手で支える

【婵(嬋)】chán ⊗ [~娟] juān]《書》(女性や月が) 美しい

【禅(禪)】chán ⊗ ①(仏教で) じっと座っていること、静座 [坐~] 坐禅を組む ②仏教にかかわる事物
⇒ shàn

【禅房】chánfáng 图 僧坊、仏教寺院

【禅林】chánlín 图 仏教寺院、お寺

【禅师】chánshī 图 仏教僧侶に対する敬称

【禅宗】chánzōng 图 禅宗

【蝉(蟬)】chán 图 セミ (⇒[口][知了]) [~衣] セミのぬけ殻

【谗(讒)】chán ⊗ 中傷する、陰口をたたく

【谗害】chánhài 動 讒言する、誹謗・中傷で陥れる

【谗言】chányán 图 讒言、誹謗

【馋(饞)】chán 形 ①口いやしい、意地きたない [~鬼] [~猫] 食いしん坊 ②(好きな事物に) 目がない、しきりに欲しがる [眼~] ほしくてたまらなくなる

【缠(纏)】chán 動 ①巻き付ける、ぐるぐる巻く ②まつわりつく、つきまとう ③《方》(人を) あしらう、相手をする

【缠绵】chánmián 形《書》①つきま

とって離れない，いつまでも断ち切れない〚～病榻〛病床に臥し続ける ②心を打つような，感動を誘うような

*【缠绕】chánrào 動 ①ぐるぐる巻き付く(巻き付ける)，からみつく ②つきまとう，足手まといになる 働[缠搅]

【缠手】chánshǒu 形 厄介な，手のかかる

【缠足】chán'zú 動 纏足にする，(纏足にするために)足をきつく縛る 働[裹脚]

【廛】 chán ⊗ 庶民の家

【潺】 chán ⊗ 水の流れる音 [～～]谷川や泉水の流れる音[さらさら，ひたひた] [～yuán][書]水がゆっくり流れるさま

【澶】 Chán ⊗ [～渊]澶淵(河南省の古地名)

【蟾】 chán ⊗ ヒキガエル，ガマ [～宮](書)月

【蟾蜍】chánchú 图(書) ①ヒキガエル，ガマ 働(口)[癞蛤蟆] ②(転)月の別称

【蟾酥】chánsū 图[薬]ガマの油

【产(産*產)】 chǎn 動 ①(主に家畜や昆虫について)生む，出産する ②生産する，産出する ⊗①物産，産出品[土特～]地元の特産品 ②財産，資産[破～]破産する

【产地】chǎndì 图 産地，とれた場所
【产儿】chǎn'ér 图 新生児，生まれたての赤ん坊
【产妇】chǎnfù 图 産婦
【产假】chǎnjià 图 産休，出産休暇〚请～〛産休をとる
【产科】chǎnkē 图【医】産科
【产量】chǎnliàng 图 産量，生産高
*【产品】chǎnpǐn 图 生産品，製品
【产婆】chǎnpó 图(旧)取上げ婆さん，産婆ば
【产权】chǎnquán 图 財産権，所有権(働[财产权])[知识～]知的所有権
*【产生】chǎnshēng 動 ①生み出す，生む ②生まれる，生じる 働[发生]
【产物】chǎnwù 图 産物，結果
*【产业】chǎnyè 图 ①私有財産(不動産)，資産 ②工業，産業 [～革命]産業革命
【产院】chǎnyuàn 图〔家〕産院
【产值】chǎnzhí 图 生産額，産出額

【铲(鏟*剷)】 chǎn 動 スコップ・シャベルなどですくい取る，きれいにさらい取る〚～沙子〛砂をさらう ⊗ スコップ・シャベルの類[锅～儿]フライ返し

【铲车】chǎnchē 图〔辆〕フォークリフト 働[叉车]
【铲除】chǎnchú 動 根絶する，根こそぎにする 働[根除]
【铲子】chǎnzi 图[把]シャベル・スコップの類

【谄(諂)】 chǎn ⊗ 諂う，おもねる[～笑](卑屈な)愛想笑い

【谄媚】chǎnmèi 動 諂う，ご機嫌とりをする 働[奉承]
【谄谀】chǎnyú 動 諂い媚び諂う，おべんちゃらを言う 働[谄媚]

【阐(闡)】 chǎn ⊗ 明らかにする，はっきり説明する

【阐明】chǎnmíng 動(深い道理を)わかりやすく解説する，説明する 働[说明]
【阐释】chǎnshì 動 解釈し解説する，説明する
*【阐述】chǎnshù 動(難しい問題を)詳述する，論述する 働[论述]

【蒇(蕆)】 chǎn ⊗ 済ませる，完成する

【忏(懺)】 chǎn ⊗ 懺悔ざんげする，罪を悔いる

【忏悔】chànhuǐ 動 懺悔する，罪や過ちを悔いる

【颤(顫)】 chàn ⊗ 震える，振動する[发～][～音琴]ビブラフォン ⇒zhàn

【颤动】chàndòng 動 ぶるぶる震える，細かく振動する 働[颤抖]
*【颤抖】chàndǒu 動(身体や声が)ぶるぶる震える，身震いする 働[发抖]

【羼】 chàn ⊗ 混ざる[～杂]雑に混ざる

【伥(倀)】 chāng ⊗ 悪人の手先，悪魔の露払い[～鬼]同前[为虎作～]悪人に加勢する

【昌】 chāng ⊗ ①元気盛んな，活力あふれる ②(C-)姓

【昌明】chāngmíng 形 繁栄した，発達した
*【昌盛】chāngshèng 形 勢い盛んな，繁栄した 働[兴盛] 働[衰败]

【猖】 chāng ⊗ 猛々しい，凶暴な

【猖獗】chāngjué 形 猛り狂った，のさばり放題の[～狂] ― 動(書)つまずく
*【猖狂】chāngkuáng 形 狂気じみた，猛り狂った 働[疯狂]

【娼】 chāng ⊗ 女郎，娼妓しょうぎ[暗～]私娼

【娼妓】chāngjì 图 女郎，売春婦

【菖】 chāng ⊗ [～蒲][植]ショウブ

【阊(閶)】chāng ⊗［～阖 hé］伝説上の天の門

【长(長)】cháng [形]（時間的·空間的に）長い [反][短] — [名] 長さ 〖有三百米～〗長さが300メートルある
⊗①長所，優れた点 ②(C-)姓 ③長じる，得意とする
⇨zhǎng

【长安】Cháng'ān [名]〖史〗長安 ♦前漢·隋唐などの都，今の西安

【长臂猿】chángbìyuán [名]〔只〕テナガザル

★【长城】Chángchéng [名]〔座·道〕①万里の長城 ②〘転〙乗り越えがたい障壁，難攻不落の勢力

【长虫】chángchong [名]〘口〙〔条〕ヘビ [同][蛇]

【长处】chángchù [名] 長所，すぐれた点 [同][优点] [反][短处]

【长此以往】cháng cǐ yǐ wǎng〘成〙（好ましくない事態が）このままでゆけば，この状況が続くなら [同][长此下去]

【长笛】chángdí [名]〔支·管〕フルート 〖吹～〗フルートを吹く

【长度】chángdù [名] 長さ

【长短】chángduǎn [名] ①(～儿)長さ [同][长度] ②（多くの場合，生命にかかわるような）災難，事故 ③好し悪し，善悪（[同][是非]）〖议论老师的～〗教師のうわさをする

【长方形】chángfāngxíng [名] 長方形，長四角 [同][矩形]

【长工】chánggōng [名]（年極めの）作男 ♦年間を通して，あるいは多年にわたって住込みで働く雇農 [反][短工]

【长号】chánghào [名]〔支·管〕トロンボーン

【长河】chánghé [名] ①長い川 ②〘転〙長い過程，終りのない流れ

【长活】chánghuó [名] ①'长工'の仕事，作男の作業 〖扛～〗作男を務める ②〘方〙（年極めの）作男，雇農 [同][长工]

【长技】chángjì [名] 特技，得意芸

★【长江】Chángjiāng [名] 長江

【长颈鹿】chángjǐnglù [名]〖動〗〔只〕キリン

【长久】chángjiǔ [形]〘多く定語·状語として〙長期間にわたる，長い間の 〖～不忘〗いつまでも忘れない

【长眠】chángmián [動] 永遠の眠りにつく，永眠する [同][长逝]

【长年】chángnián [副] 一年じゅう，年がら年じゅう [同][整年] — [名] ①〘方〙（年極めの）作男 [同][长工] ②〘書〙長寿，長生き

【长年累月】cháng nián lěi yuè〘成〙多年にわたって，長い年月をかけて

【长袍儿】chángpáor [名]〔件〕（綿入れあるいは袷の）男子用の長い中国服 [関][长衫]

【长跑】chángpǎo [名] 長距離競走 [反][短跑]

【长篇】chángpiān [名][形] 長編（の）（[反][短篇]）［～小说］長編小説 ［～大论］長々と続く話や文章

【长期】chángqī [形]〘定語·状語として〙長期にわたる，長い年月の [反][短期]

【长驱】chángqū [動]〘書〙（目標に向かって）長駆する，長い距離を一気に走る 〖～千里〗千里を一気に駆け抜ける

【长衫】chángshān [名]〔件〕（ひとえの） 男子用の長い中国服 [関][长袍儿]

【长舌】chángshé [名]〘転〙おしゃべり，うわさ好き

【长生】chángshēng [動] 永久に生きる，生命を保ち続ける ［～不死］不老不死の

【长逝】chángshì [動] 永眠する，永遠の旅に出る [同][长眠]

【长寿】chángshòu [形] 長寿の，長生きの [反][夭折]

【长叹】chángtàn [動] 長いため息をつく 〖一声～〗長嘆息する

【长筒袜】chángtǒngwà [名]〔双〕ストッキング

★【长途】chángtú [名] 長距離，遠い道のり ［～电话］長距離電話

【长线】chángxiàn [形] ①〘定語として〙供給過剰の（[反][短线]）［～产品］同前の製品 ②長期型の

【长项】chángxiàng [名] 得意な分野，種目

【长性】chángxìng [名] こらえ性，粘り [同][常性]

【长于】chángyú [動] 長じる，得意とする 〖他～书法〗彼は書道が巧みだ

【长圆】chángyuán [名] 楕円，長円 ［～形］楕円形

【长远】chángyuǎn [形] 遠い先の，長い未来の（[同][久远]）〖从～的观点看〗長い目で見る

【长征】chángzhēng [名] ①遠征，長い旅 ②長征 ♦中国労農赤軍が1934年から36年にかけて，江西省瑞金から陝西省北部まで国民党軍と戦いつつ大移動した'二万五千里～' — [動] 長旅をする 〖～于千里之外〗千里のかなたへと旅をする

【长足】chángzú [形]〘書〙長足の，急速な 〖取得～的进展〗長足の発展を遂げる

【场(場 *塲)】cháng [名] ①農家のかたわらの平らな空き地，つまりは脱穀場 〖～上正忙着呢〗脱穀場は今大

忙しだ［打～］庭先の広場で脱穀する［打麦～］小麦の脱穀場 ②《方》市(いち)，定期市（[同]［集］）［赶～］市へ行く 一[量]時間のかかる出来事や自然現象に使い，前にくる数字は通常'一'〖下了一～大雪〗大雪が降った〖害了一～大病〗大病に苦しんだ
⇨chǎng

【场院】chángyuàn [名]〔处〕塀で囲った平らな空地，脱穀場 [同]［场园］

【肠(腸)】cháng [名]腸，腹わた ♦一般に'～子'という [同]［～管］

【肠梗阻】chánggěngzǔ [名]腸閉塞(ちょうへいそく) [同]［肠阻塞］

【肠管】chángguǎn [名]腸

【肠儿】chángr [名]〔根〕腸詰め，ソーセージ [同]［香～］

【肠炎】chángyán [名]腸炎，腸カタル

【肠子】chángzi [名]〔根・条〕(通称として)腸

【尝(嘗*嚐)】cháng [動]食べてみる，味をみる；《転》体験する，身をもって知る

〖一(嘗)〗⊗かつて，今までに［未～］いまだかつて…したことがない

*【尝试】chángshì [動]試みる，やってみる([同]［试验］)［～错误］試行錯誤

【尝受】chángshòu [動]身をもって知る，じかに体験する

【尝新】cháng▼xīn [動]初物(はつもの)を食べる，走りを味わう [同]［尝鲜］

〖偿(償)〗cháng ⊗①償う，補償する ②(要求などを)満たす，かなえる

*【偿还】chánghuán [動]返済する，償還する [同]［偿付］

【常】cháng [副]しょっちゅう，よく〖不～去〗よくは行かない
⊗①普通の，ふだんの ②変わることのない，恒常的な ③(C-)姓

【常备军】chángbèijūn [名]常備軍

【常常】chángcháng [副]しばしば，たびたび [同]［时常］

【常规】chángguī [名]日常のルール，きまり事([同]［惯例］)［～武器］通常兵器

【常轨】chángguǐ [名]通常の方法，ふだんの筋道

【常会】chánghuì [名]定例会議，例会

【常见】chángjiàn [形]ありふれた，どこにでもある [反]［罕见］

【常客】chángkè [名]常連客，よく訪れる人

【常理】chánglǐ [名](～儿)世間の道理，常識

【常量】chángliàng [名]定量，定数 [同]［恒量］ [反]［变量］

【常绿植物】chánglǜ zhíwù [名]常緑植物

*【常年】chángnián [名]通常の年，平年 一[副]①年じゅう，年間を通して [同]［终年］ ②長期にわたって，何年も

【常情】chángqíng [名]世間の道理，常識〖不合～〗道理に合わない

【常人】chángrén [名]普通の人，一般人

【常任】chángrèn [形]〘定語として〙常任の

【常设】chángshè [形]常設の [反]［临时］

**【常识】chángshí [名]常識，一般的知識〖缺乏～〗常識に欠ける

【常数】chángshù [名]〘数〙定数(ていすう)，コンスタント [反]［变数］

【常态】chángtài [名]常態，通常の姿([反]［变态］)〖恢复～〗常態に戻る

【常谈】chángtán [名]世間ばなし，雑談

【常委】chángwěi [名]常務委員，常任委員(［常务委员］の略)［～会］常務委員会［人大～会］全国人民代表大会常務委員会

【常温】chángwēn [名]常温，平常の温度 ♦一般に15℃-25℃をいう

*【常务】chángwù [形]〘定語として〙日常業務の［～委员会］常務委員会(執行委員会に相当)［～副馆长］常務副館長(実質的な館長)

【常性】chángxìng [名]持続する心，こらえ性(しょう)〖没有～〗粘りがない

【常言】chángyán [名]格言・ことわざの類〖～说〗ことわざに言う

〖嫦〗Cháng ⊗［～娥 é］嫦娥(じょうが)(月に暮らす仙女) [同]［姮 héng 娥］

〖徜〗cháng ⊗［～徉 yáng（倘佯）］《書》ゆったりと散策する

〖裳〗cháng ⊗スカート ♦'衣裳'はyīshangと発音
⇨shang

【厂(廠*厰)】chǎng [名]〔家〕①工場([同]［工厂］)［印刷～］印刷工場 ②保管庫と加工場を兼ねた商店，作業所 [同]［厂子］

【厂规】chǎngguī [名]工場(就業)規則〖遵守～〗就業規則を守る

【厂家】chǎngjiā [名]工場

【厂休】chǎngxiū [名]工場の定休日，工場で定めた休日

【厂长】chǎngzhǎng [名]工場長 ♦一般に工場は一つの企業体であり，工場長は経営責任者である

【厂子】chǎngzi [名]①《口》工場 ②保管庫と加工場を兼ねた商店，作業所

C

【场】(場*塲) chǎng 量
活動の回数を数える『办了三—音乐会』コンサートを3ステージ催した ②(劇・芝居の)場『三幕五〜』三幕五場 ⊗① 人が集まり,何かの活動が行なわれる場所［广〜］広場［林〜］営林場 ②その場,特定の場所［在〜］その場に居合わせる ③舞台,競技の場［上〜］出場する ④〖理〗場［磁〜〗磁場
⇨cháng

【场次】chǎngcì 图 公演回数,上演回数
【场地】chǎngdì 图〔处〕(活動が行なわれる)場所,スペース［本方〜］ホームグラウンド
*【场合】chǎnghé 图 場面,状況『庄严的〜』厳粛な場合
【场景】chǎngjǐng 图 ①劇中の場面,シーン ②情景,光景
*【场面】chǎngmiàn ①劇などの場面,文学作品の場面 ②情景,光景 ③体裁に,飾られた外見『撑〜』見栄🈲を張る［〜话］その場限りのうまい話［〜上］社交の場［〜人］社交上手🈲
*【场所】chǎngsuǒ 图〔处〕行動の場所,活動施設
【场子】chǎngzi 图 (ホール・体育施設など)人が集まる広い場所

【昶】chǎng ⊗①のびやかな ②(C-)姓

【敞】chǎng 動 開く,開ける
⊗広々とした［宽〜］ゆったりと広い

【敞车】chǎngchē 图〔辆〕①オープンカー ②無蓋🈲貨車
*【敞开】chǎngkāi 動 開け放つ,開けっぴろげにする『〜思想』胸の内をさらけ出す
【敞开儿】chǎngkāir 副 存分に,思いきり 🈩[尽量]
【敞亮】chǎngliàng 形 ①広くて明るい ②(胸中が)晴れ晴れとした,からりとした

【氅】chǎng ⊗ 外套［大〜］オーバーコート

【怅】(悵) chàng ⊗ がっかりした,気の滅入る→［惆 chóu〜］

【怅恨】chànghèn 動 気落ちしかつ腹立たしい,恨めしい
【怅然】chàngrán 形 がっかりきた,しょんぼりした 🈩[怅怅]
【怅惘】chàngwǎng 形 しょんぼりした,元気のない

【畅】(暢) chàng ⊗①順調な,滞りのない ②胸のすくような,思う存分の［〜饮］

痛飲する
【畅快】chàngkuài 形 のびのびとした,晴れ晴れとした
【畅所欲言】chàng suǒ yù yán〈成〉言いたいことを思いきり言う,思うところを自由に述べる
【畅谈】chàngtán 動 心ゆくまで語り合う,存分に語らう
*【畅通】chàngtōng 動 (交通や通信が)順調にゆく,すいすいと通じる
【畅销】chàngxiāo 動 (商品が)よく売れる,順調に出回る［〜国外］外国でよく売れる［〜书］ベストセラー
【畅行】chàngxíng 動 順調に進行する,すらすらと運ぶ
【畅游】chàngyóu 動 ①心ゆくまで遊覧を楽しむ,存分に観光を楽しむ ②すいすいと泳ぐ,思いきり泳ぐ『〜大海』広い海で存分に泳ぐ

【倡】chàng ⊗ 提唱する,音頭を取る 🈩[提]

【倡导】chàngdǎo 動 音頭を取る,先頭に立って提唱する
【倡首】chàngshǒu 動 運動や事業を呼び掛ける,音頭を取る 🈩[倡始]
【倡议】chàngyì 動 提唱する,発起する

【唱】chàng 動 ①歌う［合〜］合唱する ②叫ぶ,大声を出す — 图 (〜儿) 歌,伝統劇の歌
⊗(C-)姓

【唱独角戏】chàng dújiǎoxì 動 ひとり芝居を演じる;(転)たったひとりで何かをする,孤立無援で取組む
【唱对台戏】chàng duìtáixì 動 ライバル一座と芝居を演じる;(転)相手を破滅に追いやるべく相手と同じことをして張り合う
【唱反调】chàng fǎndiào 動 (転)正反対の意見を出し,正反対の行動をする,ことごとに対立する
【唱高调】chàng gāodiào 動 (〜儿)口先だけのうまい話をする,できもしない調子のよいことを言う
*【唱歌】chàng gē 動 歌を歌う
【唱和】chànghè ①唱和する ◆他人の詩に対し,同じ韻で詩を作って答える 🈩[唱酬] ②人が歌っている歌を一緒になって歌う
【唱机】chàngjī 图 レコードプレーヤー 🈩[电唱机] 🈩[立体声]
【唱片】chàngpiàn 图〔张〕レコード盤(🈩(口)[唱片儿 chàngpiānr])［放〜］レコードをかける
【唱戏】chàng xì 動(口)芝居を演じる ◆伝統劇は歌が中心であるためこのようにいう
【唱针】chàngzhēn 图 レコード針

【抄】chāo 動 ①書き写す,写し取る('钞'とも書く) ②

盗作する, 剽窃ひょうせつする ③ 捜索し没収する ④ 持ち去る, さらう ⑤ 近道をする 〖～近路〗近道する ⑥ 両手を胸の前で互いに袖に突っ込む ⑦ 引ったくる, 取り上げる ⑧ さっと茹でる, 湯掻く ⇨[焯]

【抄本】chāoběn〔本·册〕写本, 抄本

【抄查】chāochá 動 禁制品を捜索し押収する

【抄道】chāodào 名（～儿）〈口〉近道, 最短コース 〖走―去〗近道する ── chāo'dào 近道する, 最短コースをとる

【抄获】chāohuò 動 捜索して手に入れる, 捜し出す

【抄家】chāo'jiā 動 家宅捜索し財産を没収する, 家探しする

【抄件】chāojiàn 名（～儿）写し, コピー

【抄近儿】chāo'jìnr 近道する, 最短コースをとる ⇨[抄道]

【抄录】chāolù 書き写す, 書き取る ⇨[抄写]

【抄身】chāo'shēn 動（持ち物を）身体検査する

【抄袭】chāoxí 動 ① 剽窃ひょうせつする, 盗作する ◆「剽窃」とも書く ② 無批判に他人の経験を踏襲する ③〈軍〉回り道して奇襲をかける

【抄写】chāoxiě 書き写す, 書き取る ⇨[抄录]

【钞(鈔)】chāo ⊗① 紙幣, 札さつ 〖現～〗現金 ② 書き写す ⇨[抄]

*【钞票】chāopiào 名〔张〕紙幣, 札さつ 〖大面额的～〗高額紙幣

【弨】chāo ⊗① 弓が弛んだささま ② 弓

【超】chāo 動（跨いで）超す, 追い抜く ⊗① (基準を)超える, 上回る ② 超越的な, 範囲の外の〖～自然〗超自然 ③ とびきりの〖～短波〗超短波〖～薄(型)〗超薄型の

【超标】chāobiāo 動 標準値を超える, 基準を上回る

【超产】chāochǎn 動 計画以上に生産する, 割当高を超えて生産する

【超车】chāo'chē 動 前を行く車を追い抜く

【超出】chāochū 動（ある範囲·数量を）超える, はみ出る ⇨[越出]〖～预料〗予想を超える

【超导体】chāodǎotǐ 名〈理〉超伝導体 ⇨[超导电体]

【超低温】chāodīwēn 名 超低温

【超短波】chāoduǎnbō 名 超短波

【超额】chāo'é 動 規定·計画などの基準値を上回る, 割当てを越える

【超凡】chāofán 形 非凡な, ずば抜けた

*【超过】chāoguò 動 ① 追越す ② 超過する, 越える

*【超级】chāojí 形《定語として》とび抜けた, 超越的な 〖～大国〗超大国〖～市场〗スーパーマーケット

【超龄】chāolíng 動 年齢制限を越える, 標準年齢を過ぎる 〖～船〗老朽船

【超前消费】chāoqián xiāofèi 動 ① 実際の経済水準や収入を上回る額を消費する, 過剰消費する ② クレジットカードやローンなどにより, 金銭の支払い前に商品やサービスを受ける

【超群】chāoqún 形 群を抜く, とび抜けた

【超然】chāorán 形 無関心な, 超然たる 〖～物外〗世俗に関わりをもたない

【超人】chāorén 名 超人, スーパーマン ── 形 超人的な, 常人の域を超えた

【超声波】chāoshēngbō 名〈理〉超音波

*【超市】chāoshì 名〈略〉スーパーマーケット ⇨[超级市场]

【超脱】chāotuō 動（現実を）超越する, 遊離する ── 形 型にはまらない, (形や決まりに) とらわれない

【超逸】chāoyì 形 世俗離れした, 規範や因習を超越した

【超音速】chāoyīnsù 名 超音速〖～客机〗超音速旅客機

【超员】chāo'yuán 動 定員を超過する, 人員が過剰になる

*【超越】chāoyuè 動 踏み越える, 乗り越える ⇨[超出]

【超支】chāozhī 動 赤字を出す, 支出超過になる ⇨[结存]

【超重】chāo'zhòng 動 積荷が重くなりすぎ, 制限重量を超える

【绰(綽)】chāo 動 急いで手に取る ⇨chuò

【焯】chāo 動（野菜を）さっと茹でる, 湯掻ゆがく ⇨[抄] ◆「明らか」の意の文語ではzhuōと発音

【晁(*鼂)】cháo ⊗ (C-)姓

【巢】cháo ⊗ 巣す, 巣窟そうくつ 〖蜂～〗ハチの巣〖筑～〗巣を作る

【巢穴】cháoxué 名（野獣の）巣, (悪人の)巣窟 ⇨[巢窟]

【朝】cháo 動 向く, 面する 〖～东方〗東を向く ── 介《向き·方向を示して》…の方に, …に向かって (⇨[向])〖～他跑过去〗彼をめがけて駆けて行く〖～东走〗東に向かう ⊗① 朝廷, 権力の座 (⇨'野')〖在～党〗政権党 ② 王朝 ③ 天子の在位

期間［乾隆～］乾隆期 ④天子にまみえる，朝見する ⑤(C-)姓 ⇨zhāo

【朝拜】cháobài [動] ①朝見する，参内し跪拝する ②(信徒が)礼拝する，参詣する

★★【朝代】cháodài [名] 王朝〖改换～〗王朝がかわる

【朝贡】cháogòng [動] 朝貢する

【朝见】cháojiàn [動] 朝見する，天子にまみえる

【朝圣】cháoshèng [動] 聖地に詣でる〖去麦加～〗メッカ巡礼の旅に出る

【朝廷】cháotíng [名] 朝廷

【朝鲜】Cháoxiǎn [名] 朝鮮［～战争］朝鮮戦争［～泡菜］キムチ［～族］朝鮮族(東北三省に住む中国少数民族)

【朝向】cháoxiàng [名] (建物の) 向き，方位 — [動] 向く，向き合う [同][面对着]

【朝阳】cháoyáng [形] ①太陽に向きあった［～花］ヒマワリ ②南向きの，日当りのよい

【朝野】cháoyě [名] 朝野，政府と民間〖～的知名人士〗朝野の名士

【潮】cháo [名] 潮〖退～〗潮が引く［寒～］寒波 — [形] ①湿った，湿気の多い([反][干])〖受～〗湿気を帯びる ②《方》技術の劣った，へたな ③《方》うしろ暗い［底儿～］前歴がある
⊗社会の潮流や運動の高まり［学～］学生運動のうねり

【潮呼呼】cháohūhū [形] (～的) しっとり湿った，湿りを帯びた

【潮解】cháojiě [動]《理》潮解する

★【潮流】cháoliú [名] ①潮の流れ，海流 ②《転》時代的，また社会的潮流〖赶～〗時流に乗る

【潮气】cháoqì [名] 湿気，空気の湿り

【潮润】cháorùn [形] ①(空気や土が)湿りを帯びた，しっとり湿った ②(目が)涙でうるんだ，涙にぬれた

★【潮湿】cháoshī [形] 湿っぽい，じめついた [反][干燥]

【潮水】cháoshuǐ [名] 潮

【潮位】cháowèi [名] 潮位，潮の干満にともなう水位

【潮汐】cháoxī [名] 潮の満ち引き，干満〖～涨落〗潮が満ち引きする［～电站］潮力発電所

【潮汛】cháoxùn [名] 一年の決まった時期にくる大潮

【潮涌】cháoyǒng [動]《転》どっと押し寄せる，潮のごとくに襲いかかる

【嘲(*謿)】cháo ⊗嘲る，嘲笑する

【嘲讽】cháofěng [動] 嘲り皮肉る，せせら笑う [同][讥笑]

【嘲弄】cháonòng [動] 小ばかにする，笑いものにする

★【嘲笑】cháoxiào [動] 嘲笑する，笑いものにする

【吵】chǎo [動] ①騒ぎ立てる，うるさく邪魔をする ②口論する，どなり合う ♦「がやがや騒ぐ」意の方言 '吵吵' は chāochao と発音

★★【吵架】chǎo▾jià [動] 口論する，言い争う [同][争吵]

【吵闹】chǎonào [動] ①大声で言い争う，怒鳴り合う ②騒ぐ，うるさくする — [形] 騒がしい，うるさい [反][寂静]

【吵嚷】chǎorǎng [動] 騒ぎ立てる，叫び散らす

【吵嘴】chǎo▾zuǐ [動] 口論する，口げんかする [同][吵架]

【炒】chǎo [動] ①炒める，煎る〖～饭吃〗御飯を炒めて食べる［～饭］チャーハン［糖～栗子］甘栗 ②売り買いしてもうける［～股］［～股票］(投機的に) 株を売買する ♦'～买～卖' とも言う

【炒冷饭】chǎo lěngfàn [動]《転》(文学作品など) 焼直しをする，二番煎じをする

【炒米饭】chǎomǐfàn [名] チャーハン，ピラフ [同][炒饭]

【炒面】chǎomiàn [名] ①焼きうどん，焼きそば ②煎り粉 ♦携帯食糧にする

【炒鱿鱼】chǎo yóuyú [動]《転》解雇する，首にする ♦原義は「イカを炒める」で，イカが丸くなる姿がふとんを巻く(荷物をまとめる)形に通じる

【炒作】chǎozuò [動] ①大規模な投機的売買をする ②誇大なキャンペーンをする

【车(車)】chē [名] ①〔辆〕車類，車両〖开～〗車を運転する［公共汽～］バス［鸡公～］一輪車 ②機械〖开(停)～〗機械を動かす(止める) — [動] ①旋盤で削る ②水車で水を汲み上げる〖～水〗同前
⊗①車輪を応用した器具［滑～］滑車［水～］水車 ②(C-)姓
⇨jū

【车把】chēbǎ [名] (自転車などの) ハンドル，(人力車などの) かじ棒

【车厂】chēchǎng [名]〔家〕①人力車や輪タクの車宿 [同][车厂子] ②人力車や輪タクの製造工場

【车床】chēchuáng [名]〔台〕旋盤 [同][旋床]

【车次】chēcì [名] ①列車番号 ♦「ひかり5号」「あずさ2号」のような愛称はなく，すべて番号で表示される ②長距離バスの運行順

【车刀】chēdāo [名] 旋盤用たがね，バイト

【车到山前必有路】 chē dào shān qián bì yǒu lù《成》ぎりぎりの所ま

で来れば必ず道が開ける
【车道】chēdào [名]〔条〕車道([反][人行道])［单向～］一方通行路
【车灯】chēdēng [名] 車両のランプ，ライト
【车夫】chēfū [名] 人力車夫，荷車の運び屋，御者，自動車の運転手
【车工】chēgōng [名] ①旋盤作業 ②旋盤工
【车轱辘】chēgūlu [名]《口》車輪［～话］くどくどと繰り返される話
【车祸】chēhuò [名]〔起・次〕交通事故，自動車事故
【车间】chējiān [名] 一工場内の生産過程の一単位としての職場，作業場［装配(焊接)～］(大工場の一部としての)組立(溶接)工場
【车捐】chējuān [名] 自動車税など車両にかかる税金
★【车库】chēkù [名] 車庫，ガレージ
【车辆】chēliàng [名] 車類の総称，車両〚禁止～通行〛車両通行止め
【车铃】chēlíng [名] 自転車などのベル
【车轮】chēlún [名] 車輪([同][车轮子][车轱辘])［～战］車がかり(入れかわりたちかわり)の戦法
【车马费】chēmǎfèi [名] 出張旅費，足代
【车皮】chēpí [名]〔节〕鉄道車両 ♦貨車をいうことが多い
【车前】chēqián [名]〚植〛オオバコ
【车钱】chēqián [名]《口》乗車賃，車代 [同][车费]
【车身】chēshēn [名] 車のボディー
【车水马龙】chē shuǐ mǎ lóng《成》車や馬の流れがひきもきらない ♦交通量の多さをいう
【车胎】chētāi [名] タイヤ([同][轮胎])〚装～〛タイヤを取り付ける
【车头】chētóu [名] ①機関車 [同][机头] ②車両の前部［～灯］ヘッドライト
★【车厢(车箱)】chēxiāng [名]〔节〕客車，有蓋貨車，バス(の内部)［头等～］一等車
【车辕】chēyuán [名] 馬車などの轅(ながえ)
【车载斗量】chē zài dǒu liáng《成》(車に積み枡(ます)で量る(ほどに多い))ごくごくありふれている
【车闸】chēzhá [名](車両の)ブレーキ
【车站】chēzhàn [名]〔座〕駅，停留所
【车照】chēzhào [名] ①運転免許証，車のライセンス ②車検証，運行許可証
【车辙】chēzhé [名] 轍(わだち)，車輪の跡〚留下～〛轍を残す
【车轴】chēzhóu [名] 車軸，シャフト
【车子】chēzi [名]〔辆〕①(おもに小型の)車 ②自転車

〖砗(硨)〗chē [⊗]［～磲 qú］〚貝〛シャコガイ

【扯(*撦)】chě [動] ①引っ張る [同][拉] ②引きちぎる，引き裂く ③とりとめもなくしゃべる〚～远〛話を脱線させる
【扯淡(扯蛋)】chěʼdàn [動]《方》無駄話をする
【扯后腿】chě hòutuǐ [動](他人の)足を引っ張る，前進を妨げる [同][拉后腿]
【扯谎】chěʼhuǎng [動] 嘘(うそ)をつく [同][撒谎]
【扯皮】chěʼpí [動](つまらぬことで)言い争う，いがみ合う
【扯顺风旗】chě shùnfēngqí《俗・貶》情勢次第で態度を変える，形勢の有利な方につく

〖彻(徹)〗chè [⊗]突き通る，徹底する
★【彻底】chèdǐ [形] 徹底的な，完全な([同][澈底])〚～决裂了〛完全に決裂した
【彻骨】chègǔ [形] 骨身にしみる，骨まで達する
【彻头彻尾】chè tóu chè wěi《成》純然たる，完全な [同][彻上彻下]
【彻夜】chèyè [副] 徹夜で，夜通し [同][整夜]

〖坼〗chè [⊗]裂ける

【掣】chè [動] ①引っ張る，引き寄せる [同][拉] ②引き抜く，抜き取る [同][抽]
[⊗]閃(ひら)く，一瞬光る
【掣肘】chèzhǒu [動]《書》妨げる，妨げを受ける

【撤】chè [動] ①除去する，取除く ②後ろに下げる，撤退させる ③《方》(分量を)減らす，(味を)薄める
【撤兵】chèʼbīng [動] 撤兵する [同][撤军] [反][出兵]
【撤除】chèchú [動] 除去する，撤廃する，取り消す [同][撤消]
【撤换】chèhuàn [動] 交替させる，取り換える
【撤回】chèhuí [動] ①呼び戻す，引き上げる [同][招回] ②撤回する，取り消す [同][收回]
【撤离】chèlí [動](～から)撤退する
【撤诉】chèʼsù [動](原告が)訴訟を取り下げる，訴えを取り消す
★【撤退】chètuì [動] 撤退する，退却する〚～了全部人马〛全兵力を撤収させた
★【撤销(撤消)】chèxiāo [動] 撤廃する，撤回する([同][取消])〚～诉讼〛訴訟を取り下げる
【撤职】chèʼzhí [動] 解任する，罷免する

〖澈〗chè [⊗]清らかな

【抻(*捵)】chēn [動]《口》伸ばす, 平らにする

【郴】chēn ⊗(C-) 郴州(湖南省)

【琛】chēn ⊗珍しい宝

【嗔】chēn ⊗怒る [～怪] 怒って責める

【瞋】chēn ⊗目を怒らせる

【臣】chén ⊗①(君主の下の)官僚, 臣下 [君～] 君臣 [～民] (君主の下の) 役人と庶民 [同][～子] ②臣下が君主に対するときの自称

【臣僚】chénliáo [名](君主の下の)文武百官, 諸役人

【尘(塵)】chén ⊗①塵, 埃 ②俗世, この世

【尘埃】chén'āi [名]埃, 塵([同][尘土])〖打扫～〗ほこりを払う

【尘暴】chénbào [名]砂あらし [同][沙暴]

【尘肺】chénfèi [名]〖医〗塵肺

【尘世】chénshì [名]〖宗〗俗世, 現世 [同][尘海]

【尘土】chéntǔ [名]埃, 塵([同][灰尘])〖扬起～〗ほこりを立てる

【尘务】chénwù [名]世事, 俗事 [同][尘事]

【尘嚣】chénxiāo [名]騒音, 騒がしさ [同][尘喧]

【沉(*沈)】chén [動]①(水中に)沈む, 水没する [反][浮] ②(抽象的事物について)抑える, 鎮める〖～不住气〗怒りを抑えられない ③《方》休む, 休息する ━[形]①(重量が)重い, 目方のある ②程度が大きい, 甚だしい ③だるい, 鈍い

【沉沉】chénchén [形]①ずっしり重い, 重量のある ②うち沈んだ, 重苦しい

【沉甸甸】chéndiàndiàn/chéndiāndiān [形](～的)ずっしり重い, 重量感のある

*【沉淀】chéndiàn [名]沈澱物, 澱 ━[動]沈澱する, 澱がたまる

【沉积】chénjī [名]堆積(する) [～岩] 堆積岩

【沉寂】chénjì [形]静かな, ひっそりとした;《転》何の知らせも入ってこない, 便りの途絶えた

【沉降】chénjiàng [動]沈下する, 沈降する〖地面～〗地盤が沈下する

【沉浸】chénjìn [動](境地·雰囲気に)浸る, 耽る〖～在悲痛之中〗悲しみに沈む

【沉静】chénjìng [形]①静かな, ひっそりとした [同][寂静] [反][热闹] ②(態度·性格などが)穏やかな, 物静かな

【沉沦】chénlún [動]淪落する, 零落する [同][沉溺]

【沉落】chénluò [動]落ちる, 沈む〖太阳～下去〗日が沈む

*【沉闷】chénmèn [形]①(天候·雰囲気などが)うっとうしい, 重苦しい ②(気分が)憂鬱な, むしゃくしゃする [反][舒畅] ③(性格が) じめついた, 引っ込み思案の [反][爽朗]

【沉迷】chénmí [動]耽る, 溺れる

【沉没】chénmò [動]沈没する, 水没する, (霧の中などに)沈む

**【沉默】chénmò [動]沈黙する, 黙る [～权] 黙秘権 ━[形]無口な, 寡黙な

【沉溺】chénnì [動](悪習に) 耽る, 溺れる [同]《書》[沉湎 miǎn]

【沉睡】chénshuì [動]熟睡する, ぐっすり眠る [同][沉眠]

*【沉思】chénsī [動]考え込む, 熟考する [同][深思]

【沉痛】chéntòng [形]①悲痛な, 沈痛な ②辛い, 痛ましい

【沉稳】chénwěn [形]①沈着な, 落ち着いた [同][稳重] ②(眠りなどが)安らかな, 深い [同][安稳]

【沉陷】chénxiàn [動]陥落する, 沈下する

【沉抑】chényì [形]沈鬱な, うち沈んだ [同][沉郁]

【沉毅】chényì [形]落ち着いた, 沈着な

【沉吟】chényín [動]思い迷う, 決めかねてぶつぶつ呟く

【沉郁】chényù [形]ふさぎ込んだ, 憂鬱な

*【沉重】chénzhòng [形]重たい, 重苦しい ━[名](～儿)《口》責任, 負担

【沉浊】chénzhuó [形]①(声が) 野太い, がらがら声の ②《書》淀み濁った

*【沉着】chénzhuó [形]沈着な, 冷静な [同][从容] [反][浮躁] ━[動](色素などが)沈殿付着する

【沉醉】chénzuì [動]陶酔する, 浸りきる [同][陶醉]

【忱】chén ⊗(誠実な)気持ち

【辰】chén ⊗①干支の5番目, たつ [～时] たつの刻(午前7～9時) ②日, 月, 星の総称 [星～] 星 ③日時, 1日の12分の1の長さ ♦1日を'12～'に分けた ④時, 日 [诞～] 誕生日

【辰砂】chénshā [名]朱, 辰砂

【宸】chén ⊗奥深い部屋, 皇帝の居処

【晨】chén ⊗朝, 午前 [早～] 朝 [清～] 早朝

【晨光】chénguāng [名]夜明けの陽光, 曙光 [同][曙光] [晨曦]

【晨星】chénxīng [名]①夜明けのま

ばらに残る星;《転》わびしい数しかないもの ②金星, 水星 ♦夜明けの空に輝く

【陈(陳)】chén [形]古い, 長時間を経た〖放～了〗古くなった
⊗① 並べる, 置く ② 述べる, 話す ③(C-)姓 ④(C-)王朝名 [～朝] 陳(A. D. 557-589)

【陈病】chénbìng [名]持病, 長年の病〖犯～〗持病が出る

【陈词滥调】chén cí làn diào《成》古くさく決まりきった表現, 陳腐な決まり文句

【陈腐】chénfǔ [形]古くさい, 陳腐な [同][陈旧] [反][新颖]

【陈谷子, 烂芝麻】chén gǔzi, làn zhīma《俗》(古いアワと腐ったゴマ>)陳腐な話題, 愚にもつかぬ事柄

【陈规】chénguī [名]時代遅れの制度や規範, すでに廃れた決まり

【陈货】chénhuò [名]長年の在庫品, 古くなった商品

【陈迹】chénjì [名]過去の事柄, 過ぎた日の出来事

*【陈旧】chénjiù [形]古い, 時代遅れの [同][陈腐] [反][崭新]

【陈粮】chénliáng [名]長く備蓄した食糧, 古米·古麦の類

*【陈列】chénliè [動]陳列する, 展示する [～柜]ショーケース

【陈年】chénnián [形]〘定語として〙長年貯えてきた, 年代ものの

【陈皮】chénpí [名]〖薬〗陳皮 ♦ミカンやダイダイの皮を干したもので, 咳止め·健胃剤になる

【陈设】chénshè [名](室内の)家具備品, 装飾品, インテリア家具 — [動]家具調度を配置する, 配列する [同][摆设]

*【陈述】chénshù [動]陳述する, 述べる [同][叙述][陈说]

【陈诉】chénsù [動](心中の苦しみなどを)訴える, 語り聞かせる

【谌(諶)】chén ⊗①(C-)姓 ♦'Shèn'と名乗る人もいる ②確かに, まことに

【—(*訦)】⊗信じる

【橙】chén ⊗chéngの旧読 ⇨chéng

【衬(襯)】chèn [動]①裏貼りする, 裏打ちする ②(衣類に) 裏を付ける, 内に着込む ③引立たせる, 際立たせる — [名](～儿)(衣類の汚れを防ぐ)裏, 内カバー
⊗上着の下に着る

【衬裤】chènkù [名]〔条〕ズボン下, 股引の類 [同][底裤]

【衬裙】chènqún [名]〔条〕ペチコート, スリップ

**【衬衫】chènshān [名]〔件〕ワイシャツ, ブラウス [女～]ブラウス

【衬托】chèntuō [動](背景·対照物によって)際立たせる, 引立てる

【衬衣】chènyī [名]〔件〕下着, 肌着 ♦ワイシャツをいうこともある

【称(稱)】chèn ⊗ぴったり合う, マッチする
⇨chēng, chèng

【称身】chèn'shēn [動](衣服が)身体にぴったり合う [同][合身]

【称心(趁心)】chèn'xīn [動]思い通りになる, 満足がゆく [同][称意]

*【称心如意】chèn xīn rú yì《成》すべて思い通りだ

【称愿】chèn'yuàn [動](多く憎い相手が不幸に見舞われて)満足する, 願いがかなう

【称职】chèn'zhí [動](能力·識見が)職務にかなう, 職責を担い得る

【趁(*趂)】chèn [介]〘ある時間を利用することを示して〙…に乗じて, …のうちに, …しない間に〖～着雨还没下来〗雨が降らないうちに〖～热吃〗熱いうちに食べる — [動]《方》(財産について)…に富む
⊗追う

【趁便】chèn'biàn [副]ついでに [同][顺便]

【趁火打劫】chèn huǒ dǎ jié《成》火事場泥棒を働く, 他人の不幸を食いものにする [同][混水摸鱼]

【趁机】chènjī [副]それを機に, チャンスに乗じて [同][趁机会]

【趁热打铁】chèn rè dǎ tiě《成》鉄は熱いうちに打て, 好機は逸すべからず

【趁势】chèn'shì [副]勢いに乗じて, そのままの勢いで [同][趁坡]

【趁早】chènzǎo [副](～儿)早いうちに, 手遅れになる前に

【谶(讖)】chèn ⊗予言, 予兆

【称(稱)】chēng [動]①称する, (名を…と)呼ぶ〖～他(为)活字典〗彼のことを生き字引という ②言う, 述べる ③計量する, 目方を計る
⊗① 名称, 呼び名 [别～]別名 ②褒める, 称賛する ③(杯を)挙げる
⇨chèn, chèng

【称霸】chēng'bà [動]牛耳(ぎゅうじ)る, 力で支配権を握る

【称病】chēng'bìng [動]病気と言い立てる, 病気を口実にする

【称道】chēngdào [動]述べる, 褒(ほ)める, 称賛する [同][称赞]

【称得起】chēngdeqǐ [動]…の名に値する, …と称するにふさわしい

【称孤道寡】chēng gū dào guǎ《成》

指導者面(づら)をする，トップのごとくに振る舞う ♦君主は'孤''寡人'と自称した

★【称号】chēnghào [名] 称号

★★【称呼】chēnghu [名] 呼称，呼び方 [同][称谓] — [動]（人を…と） 呼ぶ 〖该怎么～您〗何とお呼びすればよろしいでしょうか 〖～我四叔〗私を四番目の叔父さんと呼ぶ

【称量】chēngliáng [動] 目方を計る，計量する

【称赏】chēngshǎng [動] 称賛する，褒(ほ)める

【称颂】chēngsòng [動] 褒めたたえる，賞揚する [同][颂扬] [反][诋毁]

【称叹】chēngtàn [動] 賛嘆する，盛んに褒める

【称为】chēngwéi [動] 名を…という，…と呼ぶ 〖这种现象～日全食〗この現象を皆既日食という

【称谓】chēngwèi [名] 呼称，呼び方 [同][称呼]

【称羡】chēngxiàn [動] 称賛し羨望(せんぼう)する，褒め上げうらやましがる

【称兄道弟】 chēng xiōng dào dì 《成》兄，弟と呼び合う，兄弟づきあいする

【称许】chēngxǔ [名] 賞賛，好評 〖博得～〗称賛を浴びる

【称誉】chēngyù [動]《書》賞賛する，礼賛する [同][称赞]

★★【称赞】chēngzàn [動] 賞賛する，礼賛する [同][赞颂]

〖琤（琤）〗 chēng ⊗ [～～]《書》玉の触れあう音，琴の音，水の流れる音などを形容

【铛（鐺）】 chēng [名] 浅い鍋 [関][锅 guō]

⇨dāng

〖蛏（蟶）〗 chēng ⊗ [～子] マテ貝

〖赪（赬）〗 chēng ⊗ 赤色

【撑（撐）】 chēng [動] ① 支える，突っかい棒をする ②（船で）竿(さお)さす，竿を突っ張る 〖～船〗竿で船を進める ③ 持ちこたえる，我慢する ④ 開く，広げる 〖～伞〗傘を差す ⑤ いっぱいに入れる，ぎっしり詰める

【撑场面】chēng chǎngmiàn [動] 見栄を張る，上辺を飾る [同][撑门面 mian]

【撑持】chēngchí [動] 持ちこたえる，なんとか支える

【撑杆跳高】chēnggān tiàogāo [名]〖体〗棒高跳び

【撑腰】chēng▾yāo [動] 後ろ楯になる，後押しする [～打气] 支え励ます

〖瞠〗 chēng ⊗ 目を見はる，まじまじと見る

【瞠乎其后】chēng hū qí hòu《成》（はるか後ろで目を見はる＞）はるかに取り残される，完全におくれをとる

【瞠目结舌】chēng mù jié shé《成》（目を見はり舌をもつれさせる＞）驚いて声も出ない

【成】 chéng [動] ① 成就する，達成する 〖～了大事〗大事業を成しとげた [反][败] ②（…に） なる，変わる 〖～了朋友〗友達となった ③〔動詞＋'成'の形で〕動作の結果ほかのものに変える（変わる）〖把它看～鬼〗それをおばけと見てしまう — [形] ①〔'真～'の形で〕有能な，やり手の ② よい，問題がない 〖那怎么～？〗そりゃだめだよ 〖～，就让他去吧〗よかろう，あいつに行かせよう — [量] 10分の1を示す 〖减少三～〗3割減った

⊗ ① 成果，成績 ②（C-）姓 ③（大きな数や長い時間に） 達する，及ぶ [～年累月] 幾(いく)年月(としつき) ④ 成熟した，一丁前の [～虫] 成虫 ⑤ 既成の，すでにでき上った [现～饭] 据え膳(ぜん)

【成败】chéngbài [名] 成功か失敗か，成就と挫折，勝つか負けるか

【成倍】chéngbèi [動] 倍増する，2倍に増える

★【成本】chéngběn [名] 原価，コスト [～核算] 原価計算

【成虫】chéngchóng [名] 成虫

【成堆】chéng▾duī [動] 山積する，積み上がる

★★【成分(成份)】chéngfen/ chéngfèn [名] ① 組成成分，構成要素 [同][因素] ②（社会を構成する成分としての）階級成分，出身区分（[同][个人～]）[工人～] 労働者出身 [地主～] 地主出身

【成风】chéng▾fēng [動] 社会の通常のこととなる，ごく普通の現象となる

★★【成功】chénggōng [動] 成功する [反][失败]

【成规】chéngguī [名] 既成の決まり，固定観念 [同][陈规]

★★【成果】chéngguǒ [名]〔项〕成果，実り [同][成绩][成就]

【成婚】chéng▾hūn [動] 結婚する，夫婦になる [同][结婚]

★★【成绩】chéngjì [名] 成果，成績 [同][成就][成果]

【成家】chéng▾jiā [動] ①（男子が） 結婚する，世帯を構える ②（専門分野で）一家を成す，一本立ちする

【成见】chéngjiàn [名] 先入観，偏見

★【成交】chéng▾jiāo [動] 売買契約が成立する，商談がまとまる

★★【成就】chéngjiù [名] 成果，成績 〖取得～〗成果を収める [同][成果] —

[動] 達成する, 成就する [同]［完成］

★★【成立】chénglì [動] ① 設立する, 結成する [同]［建立］ ②（理論が理論として）成立する, 筋が通る

【成例】chénglì [名] 前例, 慣例

【成名】chéng▾míng [動] 名を揚げる, 有名になる

【成年】chéngnián [動] 成年に達する, 成人する ━ [副]《口》一年じゅう, 年間を通して

【成品】chéngpǐn [名]〔件〕完成品, 製品［～粮］（米・メリケン粉など）加工ずみの食糧

【成器】chéng▾qì [動] 役立つ人間になる, ものになる

【成千上万】chéng qiān shàng wàn《成》幾千幾万にも達する, おびただしい数の [同]［上千上万］［成千成万］

【成亲】chéng▾qīn [動] 結婚する, 夫婦になる [同]［成婚］

【成全】chéngquán [動] 人を助けて成就させる, 全うさせる

【成群结队】chéng qún jié duì《成》群をなす, 大挙する

【成人】chéngrén [名] 成人, おとな [同]［成年人］

―― chéng▾rén [動] 成人する, おとなになる

【成事】chéng▾shì [動] 成し遂げる, 成就する [同]［成功］

【成事不足, 败事有余】chéngshì bùzú, bàishì yǒuyú《俗》（事を成し遂げる力はないが, 事をぶち壊す力は十二分にある＞）何をやってもぶち壊すような無能の極みである

★★【成熟】chéngshú [動] 成熟する, 熟れる ━ [形] 成熟した

【成数】chéngshù [名] ①（千, 千五百など）端数のつかない整数, 切りのよい数字 ② 比率, パーセンテージ

【成算】chéngsuàn [名] 成算, 事前の見通し

【成套】chéng▾tào [動] 組み合わせてセットにする, セットになる［～设备］プラント

★【成天】chéngtiān [副]《口》一日じゅう, 日がな一日 [同]［整天］

★★【成为】chéngwéi [動]（…に）なる, 変わる〖～笑柄〗物笑いの種になる

【成文】chéngwén [名] 成文, 書き記された文書〖抄袭～〗旧套を墨守する ━ [動] 文章化する, 文字に記す［～法］成文法

【成问题】chéng wèntí [動] 問題となる, 危ぶまれる〖不～〗大丈夫

★【成效】chéngxiào [名] 効果, 効能

★【成心】chéngxīn [副] わざと, 故意に [同]［故意］

【成型】chéngxíng [動]（加工して）形づくる, 形を与える

【成形】chéngxíng [動] ① 形づくる, 形になる ②〖医〗形成する, 整形する ③〖医〗正常な形を保つ

【成药】chéngyào [名]（丸薬や錠剤など）すでに調剤ずみの薬

【成夜】chéngyè [副] 一晩じゅう, 夜通し [同]［成宿］［整夜］

【成衣】chéngyī [名] ①〔件〕既製服, レディーメード服 [同]［成服］ ②《旧》仕立職, 仕立屋［～铺］仕立屋（店）

【成议】chéngyì [名]（協議の結果の）合意, まとまった協議

【成因】chéngyīn [名] 成因, 原因

★★【成语】chéngyǔ [名] 成語, 慣用句

★【成员】chéngyuán [名] メンバー, 構成員

【成约】chéngyuē [名] 締結ずみの条約, 既存の約定

★★【成长】chéngzhǎng [動] 成長する, 大きく育つ

【成者王侯败者贼】chéng zhě wánghóu bài zhě zéi《俗》（戦乱期に勝者は王侯となり敗者は賊の汚名をきる＞）勝てば官軍負ければ賊軍 [同]［成则王侯败则贼］［成者为王, 败者为寇］

【诚(誠)】 chéng ⊗ ① 誠実な, 真心こめた ② 本当の, まちがいのない

★★【诚恳】chéngkěn [形] 真心こめた, 誠実な [同]［恳切］ [反]［虚伪］

【诚然】chéngrán [副] ① 確かに, まことに [同]［实在］ ②〖逆接の文中で〗もとより, いかにも

★★【诚实】chéngshi/chéngshí [形] 誠実な, まっ正直な [同]［诚恳］ [反]［狡猾］

【诚心】chéngxīn [名]〔片〕誠心, 真心 ━ [形] 誠実な, まっ正直な [同]［诚恳］

【诚意】chéngyì [名]〔片・番〕誠意, 真心〖缺乏～〗誠意を欠く

★【诚挚】chéngzhì [形] 真心あふれる, 心のこもった [同]［真挚］

【城】 chéng [名] ①〔道・座〕城壁（全体）［～外］城壁の外 ②〔座〕城壁の内部すなわち都市, 市街地 ♦城壁がなくなったあとも同様〖进～〗町へ行く

⊗ 都市の [反]'乡'

★【城堡】chéngbǎo [名]〔座〕砦ふうの小さな町

【城根】chénggēn [名]（～儿）城壁沿いの地域, 城壁の根方

【城关】chéngguān [名] 城門のすぐ外の地域

【城郭】chéngguō [名] 城壁;《転》都市

【城壕】chéngháo [名] 城壁の周囲の堀, 都市を取りまく堀 [同]［护城河］

【城郊】chéngjiāo [名] 郊外, 都市の周縁地域［～农业］近郊農業

【城楼】chénglóu [名]〔座〕城門の上にたつ建造物, 城楼, 城門櫓

【城门失火，殃及池鱼】chéngmén shī huǒ, yāng jí chí yú《成》無関係な事件の巻き添えになる，そば杖を食う ♦城門が火事になれば(濠の水を消火に使って水がかれ)災いが魚に及ぶ

【城墙】chéngqiáng [名]〔道〕城壁

【城区】chéngqū [名] 市街区域 ♦城壁内部と城壁外のすぐ近くの地域を含む [反][郊区]

**【城市】chéngshì [名]〔座〕都市，都会［～规划］都市計画

【城头】chéngtóu [名] 城壁の上

【城下之盟】chéng xià zhī méng [名] 城下の盟 ♦敵に屈服して結ぶ盟約

【城乡】chéngxiāng [名] 都市と農村，町と村

【城厢】chéngxiāng [名] 城内と城門すぐ外の地域

【城镇】chéngzhèn [名] 都市と町

〖晟〗Chéng ⊗姓
⇨shèng

〖铖(鋮)〗chéng ⊗人名用字 ♦明末の姦臣阮大鋮が有名

【盛】chéng [動] ① 盛る，食器に入れる〖～汤〗スープを器に注ぐ ② 収納する，収容する〖能～四万人〗4万人を収容できる
⇨shèng

【盛器】chéngqì [名] 容器，入れ物

〖丞〗chéng ⊗① 補佐官，次長 ② 助ける，補佐する

【丞相】chéngxiàng [名]（皇帝の下での）宰相，丞相

【呈】chéng [動] ①（様相を）呈する，（形式を）具える〖～正方形〗正方形を成す ②《敬》進呈する，贈呈する
⊗上申書→[～文]

【呈报】chéngbào [動] 上申する，公文書で上部に報告する

【呈请】chéngqǐng [動] 公文書で上部に申請する，申請書を提出する

【呈文】chéngwén [名]《旧》上部に提出する文書，上申書 [同][呈子]

*【呈现】chéngxiàn [動]（ある様相を）呈する，現わす [同][显出]

〖程〗chéng ⊗① 決まり，規定［章～］憲章 ② 順序，手続き［议～］議事日程 ③ 道のり，道の一区切り［启～］旅立つ ④ 里程，道の長さ［行～］道のり ⑤（C-）姓

**【程度】chéngdù [名] 程度，レベル [同][水平]

【程式】chéngshì [名] 一定の形式，様式，パターン

**【程序】chéngxù [名] ① 順序，手順 ②（コンピュータの）プログラム［～员］プログラマー

〖承〗chéng ⊗① …していただく，…を蒙る〖～您过奖〗お褒めにあずかって恐縮です ② 支える，持ちこたえる［～得住］持ちこたえうる ③ 引き受ける，請け負う［～造］建築·製造を請け負う ④ 引き継ぐ，継承する

*【承办】chéngbàn [動] 請け負う，引き受ける

*【承包】chéngbāo [動]（工事·生産事業などを）請け負う，請け負い契約を結ぶ［～合同］請け負い契約

**【承担】chéngdān [動]（義務·責任等を）引き受ける，負担する [同][担负]

【承管】chéngguǎn [動] 責任をもつ，管掌する

【承继】chéngjì [動] ① 息子のいない伯(叔)父の息子になる ② 兄弟の息子を自分の息子にする，親族から養子をとる ③ 相続する，受け継ぐ

【承接】chéngjiē [動] ①（液体を）容器に受ける，容器にためる ②（…から）続く，（…を）受け継ぐ〖～上文〗承前 ③ 下から支える

【承揽】chénglǎn [動] 引き受ける，請け負う [同][承包]

【承蒙】chéngméng [動]《謙》…していただく〖～招待〗おもてなしいただく

*【承诺】chéngnuò [動]（実行に）同意する，やると約束する [同][答应] [反][推辞]

**【承认】chéngrèn [動] ① そうだと認める，肯定する [同][同意] ②（法的に）承認する

【承上启下(承上起下)】chéng shàng qǐ xià《成》文章の前後をつなぐ，上文を承け下文を書き継ぐ

**【承受】chéngshòu [動] ① 耐える，持ちこたえる [同][经受] ②（財産等を）継承する

【承先启后】chéng xiān qǐ hòu《成》（学問や事業について）前代を引き継ぎ発展させる，前人の成果を受け継ぎ新たな成果を積み上げてゆく [同][承前启后]

【承想(成想)】chéngxiǎng [動] 思い至る〖没～〗（…だとは）思いもよらなかった

【承续】chéngxù [動] 継承する，受け継ぐ [同][继承]

【承载】chéngzài [動] 重量を支える，重い物を載せる

【承制】chéngzhì [動] 請け負い製造する，製造を引き受ける

【承重】chéngzhòng [動] 重量に耐える，重量を支える［～能力］荷重能力

【承转】chéngzhuǎn [動]（下級または上級へ）公文書を転送する

【乘】chéng [動] ① 乗る（[同][坐]）〖～船〗船に乗

る ②（機会を）利用する，乗じる [同][趁] ③〘数〙掛ける〘六～七等于四十二〙6×7＝42
⊗①仏教の教義［大～］大乗仏教 ②（C-）姓
⇨shèng
【乘便】chéngbiàn [副] ついでに [同][顺便]
【乘法】chéngfǎ [名] 掛算，乗法
【乘风破浪】chéng fēng pò làng《成》目標に向かって勇猛邁進する，事業が急速に発展する
【乘号】chénghào [名] 乗法記号（×）
【乘机】chéngjī [副] 機に乗じて
【乘警】chéngjǐng [名] 列車乗務警官［～队］鉄道警察官のチーム
【乘客】chéngkè [名] 乗客
【乘凉】chéng▾liáng [動] 涼む，涼をとる [同][乘风凉]
【乘人之危】chéng rén zhī wēi《成》火事場泥棒を働く，人の不幸につけ込む [同][乘虚而入]
【乘数】chéngshù [名]〘数〙乗数
★【乘务员】chéngwùyuán [名] 乗務員
【乘隙】chéngxì [動] 隙を衝く，ミスにつけ込む
【乘兴】chéngxìng [動] 興に乗る，気分が昂揚する
★★【乘坐】chéngzuò [動]（客として）乗る

〖惩(懲)〗chéng ⊗①罰する，懲らしめる ②戒める，警告する
【惩办】chéngbàn [動] 処罰する，ペナルティを科す [同][惩治]
【惩处】chéngchǔ [動] 処罰する，処分する [同][惩办]
【惩恶扬善】chéng è yáng shàn《成》勧善懲悪，悪を懲らしめ善を励ます [同][惩劝]
★【惩罚】chéngfá [動] 懲罰にかける，厳しく処分する [同][处罚]
【惩羹吹齑】chéng gēng chuī jī《成》羹に懲りて膾を吹く
【惩戒】chéngjiè [動] 懲戒する，罰して戒める
【惩前毖后】chéng qián bì hòu《成》過去の失敗を教訓として今後繰り返さぬよう努める
【惩一警百】chéng yī jǐng bǎi《成》一罰百戒 [類][杀鸡吓猴]
【惩治】chéngzhì [動] 処罰する，懲らしめる [同][惩办]

〖塍〗chéng ⊗［田～］《方》あぜ

〖澄(*澂)〗chéng ⊗①澄ませる，純化する ②曇りのない，透明な
⇨dèng
【澄彻(澄澈)】chéngchè [形] 澄みきった，澄明な [同][澄明]
【澄净】chéngjìng [形]（空気が）澄みわたってさわやかな
★【澄清】chéngqīng [動] ①明らかにする，はっきりさせる ②浄化する，純正化する ―[形] 澄みきった，清らかな
⇨dèngqīng

〖橙〗chéng ⊗①ダイダイ，オレンジ［～子］同前 ②ダイダイ色，オレンジ色
⇨chén
【橙黄】chénghuáng [形]〔多く定語として〕オレンジ色の
【橙子】chéngzi（旧読 chénzi）[名]〔颗〕ダイダイ，オレンジ

〖逞〗chěng ⊗①誇示する，ひけらかす ②放任する，気ままにさせる ③（悪い企みを）達成する［得 dé～］同前
【逞能】chěng▾néng [動] 能力を誇示する，才能をひけらかす
【逞强】chěng▾qiáng [動] 力をひけらかす，強さを誇示する
【逞性】chěngxìng [動] わがままに振舞う，勝手放題にする [同][逞性子]
【逞凶】chěngxiōng [動] 凶悪な行為をする，荒っぽいまねをする

〖骋(騁)〗chěng ⊗馳せる →［驰 chí～］

【秤(*称)】chèng [名]（重量を計る）秤 ◆多く竿秤をいう．単位は竿秤は'杆'，台秤は'台'〘用～称 chēng〙秤ではかる［弹簧～］ばね秤
⇨'称'についてはchèn, chēng
【秤锤】chèngchuí [名] 秤の重り，分銅 [同][秤砣]
【秤杆】chènggǎn [名]（～儿）〔根〕竿秤の竿
【秤盘子】chèngpánzi [名] 竿秤の皿
【秤星】chèngxīng [名]（～儿）竿秤の目盛り

【吃(*喫)】chī [動] ①食う，吸う，飲む〘～药〙薬をのむ ②生計を立てる，食ってゆく〘～教堂〙教会を食いものにする ③（戦争や将棋などで）相手の兵力を削ぐ，駒を取る ④消耗する，エネルギーを食う [同][耗费] ⑤やられる，被害を被る（[同][挨]）〘～一枪〙一発射たれる
⊗どもる→［口～ kǒuchī］
【吃白饭】chī báifàn [動]《方》①おかず無しで主食だけ食う ②ただ飯を食う，無銭飲食をする ③寄食する，居候する
【吃饱的猫不咬耗子】chībǎo de māo bù yǎo hàozi《俗》（満腹した猫はネズミをとらない＞）人は食い足りると努力を忘れる
【吃不服】chībufú [動] 胃が受けつけない，口に合わない〘她总～生鱼片〙あのひとはどうしても刺身が食えないんだ

【吃不开】chībukāi [動] 通用しない，受容されない [同][行不通]
【吃不来】chībulái [動] 食べ慣れない，食べられない [同][吃不惯]
【吃不了，兜着走】chībuliǎo, dōuzhe zǒu《俗》(食べ残したら包んで持ち帰る＞) 事が起きたら全責任を負わされる羽目になる
【吃不上】chībushàng [動] ① 食ってゆけない，暮らしが立たない ② 飯にありつけない，食事時間に間に合わない
【吃不消】chībuxiāo [動] (苦労に) 耐えられない，持ちこたえられない [同][受不了]
【吃不住】chībuzhù [動] (重量を) 支えられない
【吃醋】chī▼cù [動]《転》(男女が) 嫉妬(しっと)する，やきもちを焼く〖吃他的醋〗彼にやきもちを焼く
【吃大锅饭】chī dàguōfàn《俗》大鍋で全員が同じ物を食う ♦悪平等主義を例える
【吃得开】chīdekāi [動] もてる，人気がある
【吃得来】chīdelái [動] 胃が受け付ける，苦痛なく食える [反][吃不来]
【吃得消】chīdexiāo [動] 持ちこたえられる，耐えられる [反][吃不消]
【吃得住】chīdezhù [動] (重量を) 支えられる [反][吃不住]
【吃定心丸子】chī dìngxīn wánzi《俗》(心を静める丸薬を飲む＞) ほっと安心する
【吃耳光】chī ěrguāng [動]《方》びんたを食らう，横っ面を張られる
【吃饭】chī▼fàn [動] ① 飯を食う，食事をする ② 生活する，生計を立てる〖靠写作～〗物書きで食っている
【吃官司】chī guānsi [動] 訴えられる，訴訟沙汰に巻込まれ(て牢に入)る
【吃馆子】chī guǎnzi [動] レストランで外食する
【吃喝玩乐】chī hē wán lè《成》飲んで食らって遊んで暮らす，酒食と遊興の日々を送る
【吃皇粮】chī huángliáng [動] 国の機関で働く [同][吃公家饭]
【吃货】chīhuò [名]《貶》無駄飯食い，食うしか能のないやつ
【吃紧】chījǐn [形] ① (情勢が) 切迫した，緊迫した [同][紧张] ② 重要な，急を要する
【吃劲】chījìn [形] (～儿) 力を使う，骨が折れる [同][吃力]
★★【吃惊】chī▼jīng [動] びっくりする，仰天する [同][受惊]
★【吃苦】chī▼kǔ [動] 苦労する，苦しみに耐える［～耐劳］苦労を耐え忍ぶ
【吃苦头】chī kǔtou [動] ひどい目に遭う，つらい思いをする
【吃苦在前，享受在后】chī kǔ zài qián, xiǎngshòu zài hòu《俗》(苦労は人の先，楽しみは人の後＞) 一点の私心もなく人の為を優先する姿勢をいう，先憂後楽 ♦後半は‘享乐在后’とも
★★【吃亏】chī▼kuī [動] ① 損をする，割りを食う ② 不利な条件を背負う，ハンディを抱える
【吃老本】chī lǎoběn [動] (～儿) (元手を食う＞) 過去の成果や経歴にあぐらをかく
【吃了豹子胆】chīle bàozi dǎn《俗》(ヒョウの胆を食った＞) 全身が胆っ玉であるかのように大胆である
【吃了迷魂药】chīle míhúnyào《俗》(魂をとろかす薬を飲んだ＞) 誤った観念にとりつかれて目が覚めない
【吃里爬外】chī lǐ pá wài《成》一方の世話になりながらその敵方に手をかす，恩を仇(あだ)で返す
★【吃力】chīlì [形] 苦労する，骨の折れる [同][费力]
【吃请】chīqǐng [動] 食事の招待を受ける，ただ酒を飲む
【吃儿】chīr [名]《口》食い物，餌
【吃人不吐骨头】chī rén bù tǔ gǔtou《俗》(人間を食って骨を吐き出さない＞) 貪婪(どんらん)この上ない [同][吃人带皮骨]
【吃软不吃硬】chī ruǎn bù chī yìng《俗》穏やかに相談ずくでくる相手には妥協もするが，強圧的に出てくる相手には拒否を貫く [同][服软不服硬]
【吃食】chīshi/chīshí [動] (～儿) 餌(えさ)を食う，ついばむ
【吃水】chīshuǐ [名] 船の喫水(きっすい)［～线］喫水線 — [動] 水分を吸収する，水を吸い取る
【吃顺不吃戗】chī shùn bù chī qiàng《俗》穏やかに出る相手には応じるが強硬な相手には応じない，話を合わせる相手には応じるが批判する相手は拒絶する
【吃素】chīsù [動] 精進食を食べる，菜食する [反][吃荤]
【吃闲饭】chī xiánfàn [動] 働かずに飯だけ食う，ぶらぶら寄食する
【吃现成饭】chī xiànchéngfàn《俗》(自分で炊事せずにすでにでき上がった飯を食う＞) 労せずして甘い汁を吸う，働かずに楽をする
【吃香】chīxiāng [形]《口》もてる，人気がある
【吃鸭蛋】chī yādàn [動] (試験で) 零点をとる，(試合で) 零敗する [同][吃鸡蛋][吃零蛋]
【吃哑巴亏】chī yǎba kuī《俗》被害にあっても訴えるすべのないこと ♦泣き寝入りするほかないことを例える．‘哑巴’は聾唖(ろうあ)者
【吃一堑，长一智】chī yí qiàn, zhǎng

yí zhì《成》(挫折(ざせつ)を味わえば，その分経験が豊かになる＞)失敗すればそれだけ利口になる [同][吃一次亏，长一次见识]

【吃斋】chī▾zhāi [動]菜食する，精進食をとる [同][吃素] [反][吃荤]

【吃着碗里，看着锅里】chīzhe wǎn lǐ, kànzhe guō lǐ《俗》(皿の物を食べながら鍋(なべ)の食物をうかがっている＞)貪欲(どんよく)この上ないさまである

【哧】chī [擬]ちっ，びりっ，くすくすなど抑えた笑い声や布・紙などを鋭く引き裂く音に使う

〖蚩〗chī ⊗おろかな

〖嗤〗chī ⊗せせら笑う

【嗤笑】chīxiào [動]せせら笑う，嘲(あざけ)り笑う [同][讥笑]

【嗤之以鼻】chī zhī yǐ bí《成》鼻であしらう，まるで小馬鹿にする

〖鸱(鴟)〗chī ⊗ハイタカ→[鹞子 yàozi]

〖眵〗chī ⊗[眼～]目やに

〖笞〗chī ⊗鞭打つ

【痴(癡)】chī [形]《方》頭がおかしい，気のふれた
⊗①愚かしい，智恵の足りない ②マニア(になる)，(趣味などの)とりこ(になる) [书～]本の虫

【痴呆】chīdāi [形]愚かな，知能が弱い [同][愚笨]

【痴呆症】chīdāizhèng [名]〖医〗認知症

【痴肥】chīféi [形]太りすぎの，異常に肥えた

【痴情】chīqíng [名]痴情，恋のとりこ ━[形]…のとりこになった，…に夢中の

【痴人说梦】chī rén shuō mèng《成》(愚か者が夢を語る＞)およそ現実性のない荒唐無稽の言葉を吐く

【痴想】chīxiǎng [名]ばかげた考え，愚かな空想 [同][痴念]

【痴笑】chīxiào [動]愚鈍に笑う，無表情に笑う [同][傻笑]

【痴心】chīxīn [名]〔片〕盲目の恋情，魅入られた心

〖螭〗chī ⊗角のない竜，みずち

〖魑〗chī ⊗以下を見よ

【魑魅】chīmèi [名]《書》山に棲(す)む妖怪 [～魍魉]魑魅魍魎(ちみもうりょう)

〖池〗chí ⊗①池，プール [游泳～]水泳プール ②池のように窪(くぼ)んだ場所，周りを取り囲まれた場所 [乐 yuè ～]オーケストラボックス ③旧時の劇場の正面席 [～座]同前 ④城壁の外をめぐる堀 [城～]同前 ⑤(C-)姓

【池汤】chítāng [名]ふろ屋の大浴槽，大きな湯ぶね([同][池堂][池塘]) 〖洗～〗ふろを浴びる

★【池塘】chítáng [名]①池 ②ふろ屋の大浴槽

【池沼】chízhǎo [名]天然の池

★★【池子】chízi [名]《口》①池 ②大浴槽，ふろ屋の湯ぶね ③ダンスフロア [同][舞池]

【池座】chízuò [名]劇場の正面席

〖弛〗chí ⊗緩和する，緊張が解ける [～禁]《書》解禁する

【弛废】chífèi [動](風紀・綱紀などが)たるむ，だれる [同][废弛]

【弛缓】chíhuǎn [動]緊張が解ける，気分がほぐれる

〖驰(馳)〗chí ⊗①(車馬が)疾走する(させる)，疾駆する [奔～]同前 ②伝播する，広く伝わる ③憧(あこが)れる，思いをはせる [心～神往]同前

【驰骋】chíchěng [動]《書》疾駆する，騎馬で駆けめぐる 〖～球坛〗球界で大活躍する

【驰名】chímíng [動]《書》名を馳(は)せる，名がとどろく([同][驰誉]) 〖～内外〗内外に名がとどろく

【驰驱】chíqū [動]馬で早駆けする，疾駆する

【驰思】chísī [動]《書》思いをはせる，憧れる [同][驰念]

【驰行】chíxíng [動](汽車や自動車が)疾走する，ハイスピードで走る

【驰援】chíyuán [動]救援に駆けつける

【迟(遲)】chí [形]①のろい，ゆっくりした [同][慢] ②遅い，手間どった [同][晚]
⊗(C-)姓

【迟迟】chíchí [形]〔多く状語的に〕ぐずぐずした，時間のかかる 〖～不来〗なかなか来ない

★★【迟到】chídào [動]遅刻する，到着が遅れる [反][早到]

【迟钝】chídùn [形]のろい，鈍い [反][灵敏]

★【迟缓】chíhuǎn [形]緩慢な，ぐずぐずした [同][缓慢] [反][敏捷]

【迟暮】chímù [名]《書》夕暮れ，たそがれ;《転》晩年，人生のたそがれ

【迟延】chíyán [動]手間どる，遅延する [同][拖延]

★【迟疑】chíyí [動]ためらう，逡巡(しゅんじゅん)する([同][犹豫]) [～不决]ぐずぐずと煮え切らない

【迟早】chízǎo [副]早晩(そうばん)，いずれは

【迟滞】chízhì [動]遅らせる，延期させる ━[形]のろい，緩慢な

C

【茌】 Chí ⊗ [～平] 茌平 (山东省)

【持】 chí 動 ① 握る,持つ 働[拿] ② (態度・見解を)持する,保持する ⊗ ① 管轄する,切り盛りする ② 支持する,維持する ③ 対抗する,対立する

*【持久】 chíjiǔ 動 長続きする(させる),持続する(させる) — 彫 持続的な,長く続く 〖打～战〗持久戦を戦う

【持平】 chípíng 彫 ①《書》公平な,偏しない [～之论] 公正な意見 ② (2つの時期,2つの商品の)数字が等しい,価格が同じである

【持球】 chíqiú 图 (バレーボールの)ホールディング

【持身】 chíshēn 動《書》己れを持する(働[持己]) [～严正] 己れを厳しく律する

*【持续】 chíxù 持続する,継続する 〖物价在～上升〗物価があがり続ける

【持之以恒】 chí zhī yǐ héng《成》長く継続する,根気よく続ける

【持重】 chízhòng 彫《書》思慮深い,慎重な 働[谨慎]

【匙】 chí ⊗ さじ,スプーン [汤～] ちりれんげ ⇨shi

【匙子】 chízi 图 [把] さじ,スプーン

【踟】 chí ⊗ 以下を見よ

【踟蹰(踟躇)】 chíchú 動 ためらう,躊躇する [～不前] ぐずぐずして煮え切らない

【墀】 chí ⊗ きざはし,階段

【篪】 chí ⊗ 古代の竹の笛

【尺】 chǐ 图 [把] 物差し,尺 (働 [～子]) 〖卷～〗巻尺 — [折～] 折り尺 — 圉 尺 ♦ 長さの単位,現在の1尺は3分の1メートル ⊗ ① 尺形をした製図用具 [丁字～] T字定規 ② 尺形のもの [计算～] 計算尺 ♦ 中国民族音楽の音階 '工尺'は gōngchě と発音

【尺寸】 chǐcun/chǐcùn 图 ① 寸法,サイズ 〖量～〗採寸する ②《口》節度,しまり
—— chǐcùn 图 ごく少量 [～之地] 猫の額ほどの土地

【尺度】 chǐdù 图 尺度,規準

【尺短寸长】 chǐ duǎn cùn cháng《成》('尺'でも短い場合があり,'寸'でも長い場合がある> 人にも物事にも長所もあれば欠点もある 働[尺有所短,寸有所长]

【尺骨】 chǐgǔ 图《医》尺骨

【尺蠖】 chǐhuò 图 尺取り虫

【尺码】 chǐmǎ 图 (～儿) ① (靴や帽子の) サイズ,寸法 ② サイズの単位,測定基準

【尺子】 chǐzi 图 [把] 物差し 働[尺]

【齿(齒)】 chǐ 图 ① 歯 → [牙 yá] [牙～] (～儿) 歯の形をした部分,歯 [梳～儿] 櫛についた歯,歯のついた ④ 年齢 ⑤ 言及する,話題にする

【齿唇音】 chǐchúnyīn 图《語》唇歯音 [唇齿音]

【齿轮】 chǐlún 图 歯車,ギア(働 [牙轮]) [～箱] ギアボックス

【耻(恥)】 chǐ ⊗ 不名誉,恥辱(働 '荣') [知～] 恥を知る

【耻辱】 chǐrǔ 图 恥辱,不名誉 働 [羞耻] ⊗ [光荣]

【耻笑】 chǐxiào 動 嘲笑する,せせら笑う 働 [嗤笑]

【侈】 chǐ ⊗ ① 浪費する,贅沢だくする [奢～] 同前 ② 誇張する,大げさに語る

【豉】 chǐ ⊗ → [豆 dòu ～]

【褫】 chǐ ⊗ はぎ取る,奪う [～夺] 剥奪する

【叱】 chǐ ⊗ 大声でしかる,怒鳴りつける

【叱呵】 chìhē 動 怒鳴りつける,大声でしかる

【叱喝】 chìhè 動 ⇨[叱呵]

【叱骂】 chìmà 動 罵倒する,しかりとばす 働[责骂]

【叱责】 chìzé 動 言葉はげしく責めたてる,難詰する 働[斥责]

【叱咤】 chìzhà 動 叱咤ださする,怒号する [～风云] 気勢盛んなさま

【斥】 chì ⊗ ① 責める,非難する ② 退ける,排斥する [排～] 排斥する ③ 拡張する,ひろげる ④ 斥候ほごを務める,偵察する

【斥候】 chìhòu 图 動《書》斥候(を務める)

【斥力】 chìlì 图《理》斥力ぜまく ⊗[引力]

【斥退】 chìtuì 動 ① しかりつけて退去させる,厳しい声で退かせる ②《旧》役人を免職する,学生を退学処分にする

【斥责】 chìzé 動 言葉はげしく非難する,難詰する 働[叱责]

【赤】 chì ⊗ ① 赤 働 [红 hóng] ② 忠実な,忠誠の ③ 裸の,剥き出しの [～光] ④ 何もない,すっからかんの

【赤背】 chìbèi 動 もろ肌脱ぐ,上半身裸になる

【赤膊】 chìbó 图 肌脱ぎになった上半身 [打～] もろ肌脱ぐ
—— chìbó 動 もろ肌脱ぐ,上半身裸になる

【赤潮】chìcháo 图 赤潮[红潮]
【赤忱】chìchén 图〔書〕真心
【赤诚】chìchéng 形 赤誠,心あふれた,真心のある
*【赤道】chìdào 图 ① 地球の赤道 ② 天体の赤道
【赤脚】chìjiǎo 图 はだし,素足[赤足]
── chì'jiǎo 動 はだしになる,素足のままでいる
【赤脚医生】chìjiǎo yīshēng 图 はだしの医者 ◆文革中に農村地域で養成された速成の医者
【赤金】chìjīn 图 純金[纯金]
【赤露】chìlù 動(身体を)剥き出しにする,(肌を)さらす
【赤裸】chìluǒ 動 赤裸になる,(身体を)剥き出しにする 『～着脚下地』はだしで野良に出る
【赤裸裸】chìluǒluǒ 形 (～的) ① 素っ裸な ②(転)あからさまな,公然の
【赤贫】chìpín 形 貧乏のどん底の,この上なく貧しい 『～如洗』赤貧洗うがごとし
【赤手空拳】chì shǒu kōng quán (成)徒手空拳 [手无寸铁]
【赤松】chìsōng 图 アカマツ
【赤条条】chìtiáotiáo 形 すっぽんぽんの,丸裸の
【赤县】Chìxiàn 图 中国の別称
【赤小豆】chìxiǎodòu 图 アズキ[赤豆][小豆][红小豆]
【赤心】chìxīn 图 真心,赤心
*【赤字】chìzì 图 赤字,欠損

【饬(飭)】chì 〈文〉① 整える,させる 『～令』〈書〉同前 ②(下位の者に)…

【炽(熾)】chì 〈文〉炎のような,熱く燃えた

【炽热】chìrè 形 灼熱した,火のような
【炽盛】chìshèng 形 勢い盛んな,燃えさかる

【翅(*翄)】chì 〈文〉① 虫や鳥の羽根,翼 ② フカ(鲨)のひれ

*【翅膀】chìbǎng 图〔只·对·双〕(虫や鳥また飛行機などの)翼,羽
【翅子】chìzi 图 ①フカ(鲨) のひれ[鱼翅] ②(方)翼,羽

【敕】chì 〈文〉詔勅

【啻】chì 〈文〉ただ…のみ,単に[不～][書]…だけではない,…に等しい

【充】chōng 動 なりすます,振りをする 『～内行』玄人ぶる
〈文〉①(C-)姓 ② 満ちる,足る ③ 満たす,詰め込む ④ 担当する,務める

【充斥】chōngchì 動(貶)溢れかえる 『冒牌商品～了市场』にせ物が市場に氾濫している
*【充当】chōngdāng 動(役割を)務める,(職務に)就く(◉[充任])『～裁判』審判を務める
【充电】chōng'diàn 動 充電する
【充电器】chōngdiànqì 图 充電器
【充耳不闻】chōng ěr bù wén (成)(耳をふさいで聞かない＞)他人の意見に耳をかさない態度 ⓐ[置若罔闻][洗耳恭听]
【充分】chōngfèn (抽象的な事柄が)十分な,十二分の[足够] ── 副 十分に,存分に ⓐ[尽量]
【充公】chōng'gōng 動 没収する
【充饥】chōng'jī 動 腹を満たす,飢えをしのぐ ⓐ[解饿]
【充军】chōng'jūn 動 罪人を辺地に移送して兵隊にする ◆封建時代の流刑の一種
【充满】chōngmǎn 動 満ち溢れる,みなぎる 『烟味～了屋子(屋里～了烟味)』タバコのにおいが部屋にたちこめる
*【充沛】chōngpèi 形 満ち足りた,潤沢な
【充其量】chōngqíliàng 副 最大限,多くとも ⓐ[充其极]
【充任】chōngrèn 動 担当する,任に就く ⓐ[充当][担任]
*【充实】chōngshí 動 充実させる,強化する 『～点儿内容』内容を充実させる ── 形 充実した,豊かな
【充数】chōng'shù 動 員数合わせをする,間に合わせに使う
【充血】chōngxuè 動 充血する
【充溢】chōngyì 動 満ち溢れる,みなぎる ⓐ[充满]
【充盈】chōngyíng 形 ① 満ち満ちた,いっぱいの ②(書)肉づきのよい,豊満な
【充裕】chōngyù 形 潤沢な,有り余るほどの[充分] ⓐ[紧张]
【充值】chōng'zhí 動(プリペイドカードなどに)チャージする
【充值卡】chōngzhíkǎ 图 チャージ式プリペイドカード
【充足】chōngzú 形 十分な,ふんだんな ⓐ[缺少]

【冲(衝*沖)】chōng 動 ①(熱湯や熱した液体を)注ぐ ②(強い水の力で)洗い流す,押し流す ③ 突進する,攻撃をかける ④(意見·感情などが)衝突する,ぶつかる ⑤ 現像する ⑥ 相殺する,差引きゼロにする ⑦(家に病人がいるとき)悪魔払いをする,厄除けをする
〈文〉要衝
⇨ chòng

【―(*冲)】 名《方》山間の平地，盆地

【冲冲】 chōngchōng 形〔多く接尾辞的に〕感情の程度が激しい［怒气～］かっかしている［急～(的)］大急ぎの［兴～(的)］大喜びの

【冲刺】 chōngcì 動〔体〕スパートをかける［最后～］ラストスパート

【冲淡】 chōngdàn 動 ① (液体濃度を)薄める，希釈する ② 弱める，希薄にする

【冲荡】 chōngdàng 動 (水流が)激しくぶつかる，激浪が打つ

*【冲动】 chōngdòng 動 かっとなる，興奮状態になる［抑制～］衝動を抑える

【冲犯】 chōngfàn 動 (相手を) 怒らせる，機嫌を損なう

【冲锋】 chōngfēng 動〔軍〕突撃する，敵陣に切り込む(⇔[冲击])［～枪］マシンガン

【冲锋陷阵】 chōng fēng xiàn zhèn《成》敵陣に躍り込む；(転)正義のために勇敢に戦う

【冲服】 chōngfú 動 (薬を) 湯や酒で溶いて飲む

*【冲击】 chōngjī 動 ① (水流や波が) 激しくぶつかる，激突する ② 突撃する，敵陣に切り込む(⇔[冲锋]) ③ (競争の中で) 攻撃をかける，追い上げる ④ ショックを与える，影響を与える［在那些作品～下］それらの作品の影響を被って

【冲积】 chōngjī 名〔地〕沖積［～扇］扇状地

【冲击波】 chōngjībō 名〔理〕 ① 核爆発による衝撃波(⇔[爆炸波]) ② 超音速機などによる衝撃波

【冲剂】 chōngjì 名 湯で溶かして飲む顆粒状の漢方薬

【冲决】 chōngjué 動 突き破る，粉砕する［～堤防］堤防を決壊させる

【冲口而出】 chōng kǒu ér chū《成》口を衝いて出る

【冲垮】 chōngkuǎ 動 粉砕する，押し破る

【冲浪】 chōnglàng 動 サーフィンをする

【冲破】 chōngpò 動 突破する，打ち破る

【冲散】 chōngsàn 動 追い散らす，解散させる

【冲杀】 chōngshā 動 (敵陣に) 突進する，突撃する

【冲刷】 chōngshuā 動 ① (ブラシなどで) 洗い流す，洗い清める ② (洪水などが) 地表を削る，土石を押し流す

【冲天】 chōngtiān 動 (激情が) 天を衝く，意気燃えさかる

【冲田】 chōngtián 名 丘陵の谷間に広がる水田，山間部の田んぼ

*【冲突】 chōngtū 動 衝突する，対立する［利害～］利害の衝突

【冲洗】 chōngxǐ 動 ① 洗净する，すすぐ ② (フィルムを)現像する

【冲要】 chōngyào 形 戦略上重要な，要衝に位置した

【冲撞】 chōngzhuàng 動 ① 激しくぶつかる，体当たりする(⇔[撞击]) ② 怒らせる，機嫌を損なう

【舂】 chōng 動 搗つく，(乳鉢で)つぶす

【憧】 chōng ⊗以下を見よ

【憧憬】 chōngjǐng 動 憧がれる，切望する(⇔[向往])

【虫(蟲)】 chóng 名〔只・条〕(～儿)虫(⇔[～子])［长～］ヘビ［大～］トラ［毛～］毛虫［昆～］昆虫［网～］インターネットマニア

【虫害】 chónghài 名 虫害［防治～］虫害を防ぐ

【虫情】 chóngqíng 名 虫害の進行状況，害虫の活動状況［预报～］虫害予報を出す

【虫蚀】 chóngshí 動 虫が食う，虫に食われる［防止～］虫食いを防ぐ

【虫牙】 chóngyá 名〔口〕虫歯(⇔[龋齿])

【虫灾】 chóngzāi 名 大規模な虫害，虫による農業災害

【虫豸】 chóngzhì 名《書》虫

【虫子】 chóngzi 名〔只・条〕虫

【种】 Chóng 名 姓
⇨ zhǒng, zhòng

【重】 chóng 動 重複する，ダブる ― 副〔ふつう単音節の動詞を修飾して〕もう一度，再び［～说一遍］同じことをもう一度言う ― 量 重なりあった層を数える，層，重［万～山］重なる山々［五～塔］五重の塔
⇨ zhòng

【重版】 chóngbǎn 動 再版する，重版する

【重播】 chóngbō 動 ① 再放送する♦ラジオ・テレビともにいう ② 種まきをやり直す，もう一度種をまく

【重唱】 chóngchàng 動 重唱する［二～］デュエット

【重重】 chóngchóng 形 幾重にもなった，果てもない

【重蹈覆辙】 chóng dǎo fù zhé《成》覆った前車の轍を踏む，同じ失敗を繰り返す

*【重叠】 chóngdié 動 重なり合う，積み重なる

【重返】 chóngfǎn 動 立ち戻る，帰る

【重犯】 chóngfàn 動 過ちを繰り返す，罪を重ねる［～错误］過ちを重ねる

【重逢】 chóngféng 動《書》再会する

[与他~了] 彼と再会した
*【重复】chóngfù 動①重複する,ダブる ②もう一度繰り返す
【重婚】chónghūn 動重婚する
【重茧(重趼)】chóngjiǎn 名(手足にできる)まめ,たこ
【重建】chóngjiàn 動再建する,建て直す,復興する
【重九】Chóngjiǔ 名陰暦9月9日 ⇨[重阳]
【重起炉灶】chóng qǐ lúzào《成》(新たにかまどを築く>)新規まき直しを図る,一から再出発する
【重庆谈判】Chóngqìng tánpàn 名《史》重慶会談 ♦1945年10月,中国共産党と中国国民党が重慶で第2次大戦後の中国の運営をめぐって開いた会談
【重申】chóngshēn 動再度述べる,同じ言を繰り返す
【重审】chóngshěn 動《法》(上級裁判所で)再審する
【重孙(子)】chóngsūn(zi) 名(口)(男系の)ひ孫,曾孫 ♦息子の息子の息子
【重孙女】chóngsūnnǚ 名(~儿)女のひ孫 ♦息子の息子の娘 ⇨[曾孙女]
【重围】chóngwéi 名幾重もの包囲,十重二十重の囲み [杀出~]厚い包囲を突破する
【重温】chóngwēn 動復習する,学び直す
【重现】chóngxiàn 動再現する
*【重新】chóngxīn 副①再び,もう一つ ②新たに,一から(やり直す)
【重修】chóngxiū 動①(建物などを元通りに)作り直す,建て替える ②修訂する,新たに書き直す
【重演】chóngyǎn 動①(演劇・映画などを)再演する ②(同じ事を)繰り返す,またも引き起こす
【重眼皮】chóngyǎnpí 名(~儿)二重まぶた ⇨[双眼皮]
【重阳节】Chóngyángjié 名重陽節 ♦陰暦9月9日,秋の真っ盛りで,昔はこの日高い所に登った ⇨[重九][重阳]
【重译】chóngyì 動①幾重もの通訳を経る,多重通訳を介する ②重訳する ③新たに訳し直す
【重印】chóngyìn 動再版する,重版する
【重圆】chóngyuán 動もとの鞘に納まる,団欒を取り戻す
【重整旗鼓】chóng zhěng qígǔ《成》(敗北や失敗のあと)陣営を立て直す,捲土重来を図る ⇨[东山再起]
【重奏】chóngzòu 名重奏 [三~](器楽の)トリオ

【崇】chóng ⊗①(C-)姓 ②尊ぶ,重んじる ③高い [~山峻岭]高くて険しい山々
*【崇拜】chóngbài 動崇拝する,敬慕する ⇨[崇敬]
【崇奉】chóngfèng 動信仰する,崇拝する
【崇高】chónggāo 形崇高な,高貴な ⇨[卑鄙]
【崇敬】chóngjìng 動崇める,いたく尊敬する ⇨[尊崇]
【崇尚】chóngshàng 動尊重する,擁護する ⇨[推崇]
【崇洋】chóngyáng 動(貶)外国を崇拝する,外国を有難がる ⇨[崇外] ⊗[排外][~思想]外国崇拝の思想

【宠(寵)】chǒng 動偏愛する,特に目をかける [~坏]甘やかしてだめにする [得~]目をかけられる [~用]寵用する
【宠爱】chǒng'ài 動かわいがる,偏愛する ⇨[疼爱]
【宠儿】chǒng'ér 名寵児,お気に入り [影坛的~]映画界の売れっ子
【宠惯】chǒngguàn 動(子供を)やたら甘やかす,ちやほやする
*【宠物】chǒngwù 名ペット
【宠信】chǒngxìn 動(貶)お気に入りを盲目的に信頼して使う

【冲(衝)】chòng 形(口)①力あふれた,エネルギッシュな ②においが強烈な,つんとくる ― 前〖多く'着'を伴い〗①…に向かって,…に対して ②…に基づいて,…によって ③動金属板にプレス加工(型押しや穴あけ)する [~床]ポンチプレス
⇨chōng
【冲压】chòngyā 動(金属板に)プレス加工する [~机]プレス
【冲子】chòngzi 名《機》ポンチ,穿孔機 ⇨[铳子]

【铳(銃)】chòng ⊗(旧式の)銃砲

【抽】chōu 動①(挟まっている物を)抜き取る,取り出す ②(一部分を)抽出する,抜き出す ③吸引する,吸込む ④縮む,収縮する ⑤(細長い物で)ぴしりとたたく,薙ぐように打つ ⑥(植物が)伸びる,生長する
【抽测】chōucè 動抜き打ちに計測する,抽出計測する
【抽查】chōuchá 動抽出検査する,抜き取り調査する
【抽搐】chōuchù 動痙攣する,ひきつる ⇨[抽搦]
【抽打】chōudǎ 動(むちなどで)ひっぱたく

—— chōuda 動(衣類に)はたきをかける、ほこりをはたく
【抽搭】chōuda 動〔口〕しゃくり上げる、むせび泣く
【抽調】chōudiào 動(一部の人や物を)配置替えする、転属させる
【抽动】chōudòng 動①痙攣する、激しく身を震わせる ②転用する、収用する
【抽风】chōu'fēng 動①ひきつけを起こす ②(転)常軌を逸する ③(器具で)風を吸い込む
【抽奖】chōu'jiǎng 動抽選で当選者を決める
【抽筋】chōu'jīn 動①腱を抜き取る、筋を引き抜く ②〔口〕(~儿)痙攣する、筋がつる〖腿~〗こむら返りが起こる
*【抽空】chōu'kòng 動(~儿)時間を割く、ひまを作る ⇨[抽功夫][抽闲]
【抽冷子】chōu lěngzi 副〔方〕隙を衝いて、出し抜けに ⇨[抽个冷子]
【抽泣】chōuqì 動むせび泣く、しゃくり上げる
【抽气机】chōuqìjī 名真空ポンプ、エアポンプ ⇨[抽气泵]
【抽签】chōu'qiān 動(~儿)くじを引く、抽選する
【抽纱】chōushā 名①抜きかがり刺繍、レース編み(織り) ②(1)で作った製品(カーテン・ハンカチなど)
【抽身】chōu'shēn 動その場を離れる、関係を断つ
【抽水】chōu'shuǐ 動①ポンプで水をくみ上げる〖~马桶〗水洗便器 ②(衣料が)水にぬれて縮む ⇨[缩水]
【抽水机】chōushuǐjī 名〔台〕吸水ポンプ ⇨[水泵]
【抽穗】chōu'suì 動(穀物の)穂が出る、穂を出す
【抽薹】chōutái 動(葉野菜の)薹が立つ、茎が伸びる
*【抽屉】chōuti 名引出し〖拉开~〗引出しを開ける
*【抽象】chōuxiàng 形抽象的な(⇔[具体])〖~概念〗抽象概念 ——動抽象する〖~出一个结论〗ある結論を引き出す
【抽芽】chōu'yá 動(植物の)芽が出る、芽をだす
*【抽烟】chōu'yān 動タバコを吸う ⇨[吸烟]
【抽验】chōuyàn 動(性能をみるために)抜き取り検査する、抽出試験する
【抽样】chōu'yàng 動サンプルを取る
【抽噎】chōuyē 動むせび泣く、しゃくり上げる ⇨[抽搭][抽咽 yè]
【抽绎(紬绎)】chōuyì 動〔書〕(糸口を)引き出す
【抽印】chōuyìn 動抜刷りをとる、別刷りする〖~本〗抜刷り本

【瘳】chōu ⊗①病気が治る ②損なう

【仇(*讎讐)】chóu 名憎しみ、恨み〖没有~〗恨みはない〖记~〗恨みを抱く〖报~〗恨みを晴らす ⊗仇敵、敵対者 ◆「文字の対校」の意では"讎"と書く ⇨Qiú('仇'のみ)
【仇敌】chóudí 名仇敵、敵
【仇恨】chóuhèn 名恨み、憎しみ ——動憎悪する、敵視する
【仇人】chóurén 名仇敵、仇敵
【仇视】chóushì 動敵視する、憎悪する
【仇怨】chóuyuàn 名憎悪、恨み

【俦(儔)】chóu ⊗①仲間、同類〖~侣〗〔書〕連れ

【畴(疇)】chóu ⊗①農地、田畑〖田~〗〔書〕同前 ②種類、区分〖范~〗範疇はんちゅう

【筹(籌)】chóu 動工面する、調達する〖~了一笔款子〗資金を調達した ⊗①(竹や木などで作った)点数などを数える札、チップ〖竹~〗竹製の点数札 ②計画する、思案する
*【筹备】chóubèi 動準備する、手筈を整える
【筹措】chóucuò 動(資金を)調達する、工面する
【筹划(筹画)】chóuhuà 動計画する、企画を進める
【筹集】chóují 動(資金を)集める、調達する ⇨[筹募]
【筹建】chóujiàn 動建設計画を進める、設立を準備する
【筹款】chóu'kuǎn 動資金(基金)を調達する、金を集める
【筹商】chóushāng 動相談する、協議する ⇨[筹议]

【踌(躊)】chóu ⊗以下を見よ
【踌躇】chóuchú 動①ためらう、ぐずぐずする ②留まる、居残る ——形〔書〕得意満面の、手柄顔の〖~满志〗同前

【惆】chóu ⊗以下を見よ
【惆怅】chóuchàng 形〔書〕しょんぼりした、元気のない

【绸(綢*紬)】chóu ⊗柔らかな絹織物、薄絹〖丝~之路〗シルクロード
【绸缎】chóuduàn 名絹織物
【绸缪】chóumóu 形〔書〕つきまとって離れない、(情緒)纏綿たる→[未雨~]
【绸子】chóuzi 名薄絹、柔らかな絹

織物

【稠】 chóu 形 ①（溶液などが）濃い,濃度が高い 反[稀] ②密度が高い

*【稠密】 chóumì 形 稠密な

【酬】(醻) chóu ⊗①報酬,給金 ②お返しをする,返礼する ③交際する［应～ yìngchou］交際 ④実現する,達成する ⑤酒を酌み交わす,互いに献盃する

【酬报】 chóubào 動 返礼する,お返しする

【酬答】 chóudá 動 ①謝礼をする,お礼の贈物をする ②詩やスピーチで応答する

【酬和】 chóuhè 動（詩に）詩で答える,詩唱和する

【酬金】 chóujīn 名 謝礼金,報酬

【酬劳】 chóuláo 名 報酬,謝礼 動[酬庸]— 報酬を払う,謝礼を出す

【酬谢】 chóuxiè 動 謝礼を贈る,感謝の贈物をする 動[酬答]

【愁】 chóu 動 心配する,気に病む［别～］心配すんな［真～死我了］（私は）本当に気がかりだったよ

【愁肠】 chóucháng 名 苦悩,胸一杯の憂い

【愁烦】 chóufán 形 いらいら気に病む,じりじり心配する

【愁苦】 chóukǔ 形 愁いと苦悩に満ちた

【愁虑】 chóulǜ 動 心配する,憂慮する 動[忧虑]

【愁眉苦脸】 chóu méi kǔ liǎn《成》心の痛の面持ちの,憂いに沈んだ

【愁眉锁眼】 chóu méi suǒ yǎn《成》苦悩の色を滲ませた,憂鬱に沈んだ

【愁容】 chóuróng 形 心痛の表情,憂慮の色［～满面］いかにも心配げな

【愁郁】 chóuyù 形［愁闷]

【丑】 chǒu 名（鼻のあたりを白く塗った,伝統劇の）道化役,滑稽役 動[～角][小～儿][小花脸][三花脸]
⊗①干支の2番目「うし」 ②（C-)姓

【—(醜)】 chǒu 形 醜い,不器量な 反[美]
⊗ みっともない,恥ずべき［出～］物笑いになる

【丑表功】 chǒubiǎogōng 動 臆面おくもなく自分の手柄を吹聴する

*【丑恶】 chǒuè 形（抽象的な事柄について）醜悪な,胸の悪くなるような

【丑化】 chǒuhuà 動 醜悪に見せる,（中傷誹謗ぼうで）評判を悪くする 反[美化]

【丑话】 chǒuhuà 名 ①汚い言葉,がさつな物言い ②（ふつう,注意や警告の気持ちを込めて）ずけずけ言う言葉,遠慮会釈のない発言［～说在头里］嫌な話は先に話そう（警告や悪い結果への予測などは事前に出すべしということ）

【丑剧】 chǒujù 名〔转〕[出]道化芝居,猿芝居［演～]とんだ猿芝居を演じる

【丑角】 chǒujué 名（⇒[小丑]) ①[演]道化役,ピエロ ②〔转〕ピエロ役,笑い物にする役だった

【丑劣】 chǒuliè 形 醜悪な,卑劣な

【丑陋】 chǒulòu 形 醜い,不器量な 動[难看]

【丑态】 chǒutài 名〔副〕醜態,みっともない格好

【丑闻】 chǒuwén 名〔条・件〕スキャンダル,醜聞

【丑行】 chǒuxíng 名 醜悪な行為,恥ずべき行ない

【瞅】(*睄) chǒu 動〔方〕見る,目にする（動[看]）［～了他一眼]彼をちょっと見た［～见]見かける

【臭】 chòu 形 ①臭くさい,悪臭のある ②嫌味な,鼻もちならない［～名]悪名 —副［単音節の動詞の前で］こてんぱんに,こっぴどく
⇨xiù

【臭虫】 chòuchong 名〔只〕ナンキンムシ 動[床虱]

【臭豆腐】 chòudòufu 名〔块〕塩水につけ発酵させた独特のにおいをもつ豆腐 ♦ゆでたり揚げたりして食べる

【臭烘烘】 chòuhōnghōng 形 (～的) 悪臭ふんぷんの,鼻のもげそうな 動[臭熏熏]

【臭骂】 chòumà 動 こっぴどくしかる,さんざん罵倒する

【臭名远扬】 chòumíng yuǎn yáng《成》悪名高い,悪評が天下にひろまる 動[臭名昭著]

【臭味相投】 chòuwèi xiāng tóu《成》〈貶〉類は友を呼ぶ

【臭氧】 chòuyǎng 名〔化〕オゾン［～层]オゾン層［～洞]オゾンホール

【出】 chū 動 ①（中から外に）出る,出す 反[进] ［～了大门]門を出た ②（範囲を）越える,はみ出る［不～三年]3年もしないうちに ③提出する,発行する［～主意]アイデアを出す ④産出する,生み出す ⑤生じる,起きる ⑥（内にこもったエネルギーや毒などが）発散する,漏れ出る ⑦支出する,支払う ⑧…から引用されている,出典は…にある

—— -chū/-chu〔方向補語として〕(a)動作が中から外に向かって行

われること, (b)隠れていたものが現れること, (c)ある結果を成就することなどを表わす〚拿～〛取り出す〚看～〛見抜く〚做～〛仕出かす

【——(齣)】chū 量 伝統劇の大きな段落・場. 芝居の演目を数える〚唱三～戏〛芝居を3場(3つ)演じる

★【出版】chūbǎn 動 出版する 〚～了十种书〛本を10種類出版した

【出榜】chūbǎng 動 ① 合格発表をする, 合格者名を貼り出す ②(旧)役所の告示を貼り出す, 御触れを出す

【出奔】chūbēn 動 家出する, 出奔する

【出殡】chūbìn 動 棺を墓地(安置所)まで運ぶ

【出兵】chūbīng 動 出兵する, 軍隊を派遣する

【出岔子】chū chàzi 動 手違いを生じる, 手筈ﾃﾊｽﾞが狂う

★【出差】chū chāi 動 出張する

【出产】chūchǎn 動 (資源が)産出する, (製品を)生産する —名 産物

【出厂】chūchǎng 動 工場から出荷する 〚～日期〛出荷月日

【出场】chūchǎng 動 ①(退场)(舞台に)登場する, 出演する ②(競技に)出場する

【出超】chūchāo 動 出超, 輸出超過 —一 出超を記録する, 貿易が黒字になる 反[入超]

【出车】chūchē 動 ①(業務で)車を出す, 自動車が業務につく ②車で出掛ける

【出丑】chūchǒu 動 恥をかく, 笑い者になる〚当众～〛人前で恥をさらす 同[出洋相]

【出处】chūchù 名〈書〉出処進退 —— chūchù 名 出典, 出処 同[出典]

【出典】chūdiǎn 名 出典, 出処

【出点子】chū diǎnzi 動 知恵を貸す, 案を出す

【出动】chūdòng 動 ①(部隊が)出動する ②(軍隊を)派遣する, 出動させる ③(皆で)一斉に出掛かる

【出尔反尔】chū ěr fǎn ěr 〈成〉自分の言葉に背く, 言うことがくるくる変る ◆元来は「身から出たさび」の意 同[言之无信]

★【出发】chūfā 動 ①出発する 同[启程] ②(…の点から) 発想する〚从你们的幸福～〛お前たちの幸せという点から考えれば

【出发点】chūfādiǎn 名 起点, 出発点

【出访】chūfǎng 動 外国を訪問する

【出份子】chū fènzi 動 金ｷﾝを出し合って祝儀や香奠ｺｳﾃﾞﾝにする, 割前を集めて進物を贈る

【出风头】chū fēngtou 動 出しゃばる, 目立ちたがる

【出港】chū'gǎng 動 出港する, 港を出る

【出格】chū'gé 動 ①常軌を逸する, 人並みはずれる 同[出圈儿] ②抜きん出る, 人並みすぐれる 同[出众]

【出阁】chū'gé 動 嫁ぐ, 嫁にゆく 同[出嫁]

【出工】chū'gōng 動 作業に出る, 仕事にゆく 同[上工] 反[收工]

【出恭】chū'gōng 動 大便をする, 脱糞する〚出虚恭〛屁をひる

【出轨】chū'guǐ 動 ①(汽車などが)脱線する, 軌道を外れる ②常軌を逸する, 常識外れの行動をする

【出国】chū'guó 動 国を出る, 出国する

【出海】chū'hǎi 動 (船が, 人が船で)海に出る, 沖に出る

【出汗】chū'hàn 動 汗をかく, 汗が出る〚出了一身汗〛全身びっしょり汗をかいた

【出航】chū'háng 動[回航] (船が) 出航する, 港を出る 同[出港] ②(飛行機が) 飛立つ, 出発する

【出乎】chūhū 動 ①…から発する, …に基づく ②…をはみ出す, …の範囲を越える

【出乎意料】chūhū yìliào 〈成〉思いがけない, 予想を裏切る 反[不出所料]

【出活儿】chū huór 動 ①物を作り出す, 製品を生み出す ②能率を上げる, 効率よく生産する

【出击】chūjī 動 ①出撃する, 打って出る 反[迎击] ②(競争や闘争の中で)攻勢に出る, 攻撃を仕掛ける

【出嫁】chū'jià 動 嫁ぐ, 嫁にゆく 同[出阁]

【出家人不说在家话】 chūjiārén bù shuō zàijiā huà 〈俗〉(出家は在家のような口をきかない>) 人はとかく身分や立場に縛られる

【出界】chū'jiè 動 (球技で球が) ラインの外に出る, アウトになる

【出境】chū'jìng 動 (反[入境]) ①出国する, 国境の外に出る 〚～游〛海外旅行 ②地域(行政単位)の境界線の外に出る

【出局】chū'jú 動 (野球・ソフトボールで)アウトになる

★【出口】chūkǒu 名〔处〕出口 反[入口/进口]
—— chū'kǒu 動 ①口に出す, しゃべる ②(船が) 出港する, 港を離れる ③輸出する(反[进口])〚～大米〛米を輸出する 〚～货〛輸出商品

【出口成章】 chū kǒu chéng zhāng 〈成〉(しゃべる言葉がそのまま文章に

なる＞）弁舌がさわやかである，文才が豊かである

【出来】chūlai/chūlái [動] ①（中から外に）出てくる〖出不来〗出て来られない ②現れる，生まれる [同]［出现］
—— -chūlai/-chulai/-chūlái [動]〔複合方向補語として〕①動作が中から外へ，かつ話し手の方向に行なわれることを示す〖跑出一只狗来(跑出来一只狗)〗犬が１匹飛び出してきた ②動作が達成された（実現した）ことを示す〖想出一个好办法来了〗いい手を思い付いた ③隠されていたものが明らかになることを示す〖看出他的意思来〗彼の腹を読み取る

【出栏】chū▼lán [動]（豚や羊などを成長後）食肉用にまわす，屠殺に出す

【出蓝】chūlán [動]《書》弟子が師匠を乗り超える，門弟が先生以上の力をつける

【出类拔萃】chū lèi bá cuì《成》抜きん出る，傑出する

【出力】chū▼lì [動] 力を出す，貢献する

【出溜】chūliu [動]《方》つるりと滑る，滑りつつ進む [同]［滑］

【出笼】chū▼lóng [動] ①（蒸しあがった食品を）蒸籠(せいろう)から取り出す ②《貶》出回る，どっと世に出る

★【出路】chūlù [名]〔条〕①出口，抜け道 ②活路，発展の道

【出乱子】chū luànzi [動] トラブルを生じる，まずい事態になる [同]［出毛病］

【出马】chū▼mǎ [動] ①乗り出す，陣頭に立つ〖亲自～〗自ら乗り出す ②《方》往診する

★【出卖】chūmài [動] ①売る，売りに出す [同]［出售］ ②《貶》裏切る，（味方を敵に）売る，密告する

【出毛病】chū máobing [動] 故障する，欠陥を生じる [同]［出事故］

【出门】chū▼mén [動] ①（～儿）外出する，出掛ける ②（～儿）遠くに旅立つ [同]［出远门］ ③《方》嫁ぐ，嫁にゆく [同]［出门子］

【出面】chū▼miàn [動] 表に立つ，窓口になる

【出名】chū▼míng [動] ①世に名を知られる，有名になる ②（～儿）名義を使う，名を出す〖由校长～〗校長の名で

【出没】chūmò [動] 出没する，しばしば姿を見せる

【出谋划策】chū móu huà cè《成》策を巡らす，知恵を絞る

【出纳】chūnà [名] ①（経理の）出納業務［～科］出納課 ②出納係 [同]［～员］ ③（図書館などの）貸出しと返還業務［～台］（図書館などの）カウンター

【出品】chūpǐn [名] 製品，生産品
—— chū▼pǐn [動] 製造する，生産する

【出其不意】chū qí bú yì《成》不意打ちを食わせる，意表を衝(つ)く

【出奇】chūqí [形] 尋常でない，一風変わった [同]［奇特］

【出奇制胜】chū qí zhì shèng《成》奇策によって敵に勝つ，意表を衝(つ)いて勝利を得る

【出气】chū▼qì [動] 憂さを晴らす，怒りや恨みをぶちまける〖拿孩子～〗子供に八つ当たりする〖可给我出了一口气〗お陰で胸がすかっとした

【出气口】chūqìkǒu [名] 排気口

【出去】chūqu/chūqù [動]（中から外へ）出て行く，外出する〖出不去〗出て行けない
—— -chūqu/-chuqu/-chūqù〔複合方向補語として〕動作が中から外へ行なわれ，話し手から遠ざかることを示す〖跑出大门去〗正門から駆け出して行く

【出人头地】chū rén tóu dì《成》一頭地を抜く，衆にすぐれる

【出人意料】chū rén yìliào《成》思いがけない，予想だにせぬ [同]［出人意表］

【出入】chūrù [動] 出入りする［～证］通行証 — [名] くい違い，矛盾

【出赛】chūsài [動]（試合に）出場する

【出丧】chū▼sāng [動] 出棺する [同]［出殡］

★★【出色】chūsè [形] 出色の，とりわけ優れた [反]［逊色］

★【出身】chūshēn [名] 家柄，出身，前歴 — [動]〔'于'を伴って〕…の出身である，…の家の出である

★【出神】chū▼shén [動] ぼんやり我を忘れる，恍惚(こうこつ)となる

★★【出生】chūshēng [動] 生まれる，出生する（[同]［诞生］）［～率］出生率

【出生入死】chū shēng rù sǐ《成》生命の危険を冒す，命知らずのまねをする

【出师】chū▼shī [動] ①（弟子が）修業を終える，年季を勤め上げる ②《書》軍隊を派遣する，出兵する

【出使】chū▼shǐ [動] 外交使節として外国を訪れる

【出世】chūshì [動] ①生まれる，誕生する［～作］出世作 ②世を捨てる，世俗を忘れる

【出示】chūshì [動]（取り出して）見せる，（手に取って）示す〖～执照〗免許証を提示する

【出事】chū▼shì [動] 事故が起きる，まずい事態が生じる

【出手】chū▼shǒu [動]（品物が売れて）手を離れる
—— chūshǒu [名] ①袖丈 ②腕前

【出首】chūshǒu [動]《書》他人の悪事

を告発する
【出售】chūshòu 動 売る,売りに出す ㊥[出卖]
【出台】chū'tái 動 ①登場する,舞台に出る ②(転)乗出す,表立って活動する
【出挑】chūtiao/chūtiāo 動 (技術などが)向上する,成長する
【出头】chū'tóu 動 ①(苦境から)脱け出る,うだつが上る ②乗出す,陣頭に立つ ③(~儿)〔整数の後につけて〕端数が出る,ちょっぴり上回る
【出头露面】chū tóu lòu miàn 《成》①皆の前に姿を見せる,大っぴらに行動する ㊥[隐姓埋名] ②表に立つ,窓口になる ㊥[出面]
【出土】chū'tǔ 動 ①出土する,発掘される〔~了一批竹简〕かなりの竹簡が出た〔~文物〕出土品 ②(植物が)土中から芽を出す,土の下から萌え出る
【出亡】chūwáng 動 逃亡する,行方をくらます
*【出息】chūxi 图 ①将来の見込み,前途〔没~的〕意気地なし ②(方)収益,実入り ━ 動《方》よい方に変る,成長を遂げる ◆容貌がよくなる,技能が進歩するなど
【出席】chū'xí 動 出席する,参会する(㊥[缺席])〔~会议〕会議に出席する
【出险】chū'xiǎn 動 ①(人が)危険から逃れる,危機を脱する ②危険を生じる,危険を招く
【出现】chūxiàn 動 現れる,姿を見せる(㊥[呈现])[消失]
【出项】chūxiang/chūxiàng 图 支出,出費 ㊥[支出]
【出血】chū'xuè 出血する,血が出る〔~不止〕出血が止*まない ◆より口語的には chū xiě と発音
【出芽】chū'yá 動 芽が出る,発芽する ㊥[抽芽]
【出演】chūyǎn 動 演じる,扮装する ㊥[扮演]
*【出洋相】chū yángxiàng 動 赤っ恥をかく,醜態をさらす ㊥[出丑]
【出于】chūyú 動 …から出る,原因は…にある〔~忌妒〕妬みから来ている
【出院】chū'yuàn 退院する ㊥[住院]
【出月子】chū yuèzi 動 (女性が)出産して満1か月を経る
【出诊】chūzhěn 動 往診する,出張治療する
【出征】chūzhēng 動 戦争に赴く,出征する
【出众】chūzhòng 形 傑出した,抜きん出た
【出自】chūzì 動 …から出る,もとが…にある ㊥[出于]

【出走】chūzǒu 動 逃亡する,(その土地を)ひそかに離れる
【出租】chūzū 動 賃貸しする,有料で貸す〔按月~房屋〕月ぎめで家を貸す
*【出租车】chūzūchē 图〔辆〕タクシー ㊥[的士][出租汽车]

【初】chū ⊗ ①圓〔陰暦の月の初めの10日間について〕〔~一〕ついたち ②初頭(の),初め(の)〔起~〕最初のころ ③最初の,一番目の〔~婚〕最初の結婚〔~会〕初対面 ④初歩の,基本的な ⑤もとの,当初の ⑥(C-)姓
【初版】chūbǎn ㊥初版
*【初步】chūbù 形《定語・状語として》手始めの,予備的な〔据~调查〕予備的な調査によれば
【初出茅庐】chū chū máolú 《成》(初めて茅屋を出たばかり>)仕事についたばかりの新人である,ほんの駆出しである ㊥[久经世故]
【初次】chūcì 圖 初めて(㊥[第一次])〔~见面〕はじめまして
【初冬】chūdōng 图 初冬(陰暦10月をいう)
【初伏】chūfú 图 初伏 ◆夏至から数えて3度目の'庚(かのえ)'から4度目の'庚'までの間の10日間,酷夏の始まりの時期 ㊥[头伏]
【初稿】chūgǎo 图 初稿,未定稿
【初级】chūjí 形《定語として》初級の,初歩の〔~班〕初級クラス
【初级中学】chūjí zhōngxué 图 初級中学(日本の中学校に当たる。略は'初中') ㊥[高级中学]
【初见】chūjiàn 動 ①(人に)初めて会う ㊥[初会] ②(事物を)初めて目にする
【初交】chūjiāo 图〔位〕新たに知り合った人,つき合って日の浅い間柄
【初来乍到】chū lái zhà dào 《成》(その場所に)到着したばかりの
【初露头角】chū lù tóujiǎo 《成》初めて頭角を現わす,初めて才能を人前に示す ㊥[初露锋芒]
【初期】chūqī 图 初期,初めのうち ㊥[末期]
【初日】chūrì 图《書》昇り始めた太陽,夜明けの太陽
【初审】chūshěn 图《法》初級審,第一審〔~法庭〕一審法廷
【初生牛犊不怕虎】chū shēng niú dú bú pà hǔ 《成》(生まれたばかりの子牛は虎を恐れない>)経験の乏しい若者はこわさを知らないがゆえに無鉄砲なまねをする ㊥[初生之犊不畏虎]
【初试】chūshì 图 ①第一次試験(㊥[复试])〔通达~〕一次に通る ②最初のテスト,実験
【初头】chūtóu 图《方》年や月の初め

【四月～就开花】4月初めには花が咲く

【初学】chūxué 初心者 ― 動 初めて学ぶ,手ほどきを受ける

【初雪】chūxuě 图 初雪 [下～] 初雪が降る

【初旬】chūxún 图 初旬

【初叶】chūyè 图 世紀の最初の一時期 [二十世纪～] 20世紀初頭

【初战】chūzhàn 图 (戦争における)第一戦,緒戦 ㊥[序战]

【初绽】chūzhàn 動(書)(花が)咲き始める,初めて咲く

【初诊】chūzhěn 图 初診 ㊥[复诊]

【初中】chūzhōng 图('初级中学'の略) [念～] 中学で学ぶ

【初衷】chūzhōng 图 初志,初心 (㊥[初心]) [不改～] 初志を貫く

【樗】chū 图〈～蒲 pú〉双六に似た古代の遊び

【刍】(芻) chú ⊗① 秣 $\underset{\text{まぐさ}}{\text{}}$, 家畜に食わせる草 [～秣] 同前 ② 草を刈る

【刍荛】chúráo 图(書)① 草刈り,柴刈り,草(柴)刈りをする人 ②(謙)自分の卑称 [～之言] 浅薄な私論

【刍议】chúyì 图(書)(謙) 愚見,浅薄な議論

【雏】(雛) chú ⊗① ひな,ひな鳥 ② ひなの,かえりたての [～鸡] ひよこ [～燕] 子ツバメ

【雏鸟】chúniǎo 图 ひな,ひな鳥

【雏儿】chúr 图(口)(転)若僧,青二才

【雏形】chúxíng 图 ① 雛型 $\underset{\text{ひながた}}{\text{}}$, 縮小模型 ② 萌芽 $\underset{\text{ほうが}}{\text{}}$, 初期形態

【除】chú 動 ① 除去する,取り除く ② 除外する,排除する ③〖数〗割る,除する [九-以三得三/用三-九等于三] 9割る3は3 [～不开] 割切れない ④〈書〉…を除いて,…のほかに
⊗①(家屋敷の入口の) 階段 [阶～] ②〈書〉同前 [庭～]〈書〉中庭 ②(官職)を授ける

【除草剂】chúcǎojì 图 除草剤

【除尘】chúchén 動 空気を浄化する,浮塵を取り除く [～器] クリーナー

【除掉】chúdiào 動 取り除く,除去する [除不掉] 取り除けない

【除法】chúfǎ 图〖数〗割り算,除法

*【除非】chúfēi 接 ①〈唯一の条件を示して〉('才'が呼応する場合)…しない限り…しない,…してこそ…する (㊥[只有]) [～下雨,才在家] 雨が降らない限り家にいることはない ②('否则,不然'が呼応する場合)…しなければ…しない [～现在就抓紧,否则怕来不及] 今頑張らなけれ ば間に合わないぞ ③〈複文の後文に使われて〉…しない限りは 〖他从不缺勤,～生重病〗大病でもしない限り彼は欠勤したことがない ― 介〈除外を示して〉…を除けば,そのほかには (㊥[除了]) [～你,都没看过] 君以外には誰も読んでいない

【除根】chúgēn 動〈～儿〉根絶する,根治myrmiddone

【除旧布新】chú jiù bù xīn 〖成〗(古きを除き新しきを立てる＞)抜本的に改革する

*【除了】chúle 介 ①〈除外・例外を示して〉…を除けば,…以外には ◆賓語の後に'之外,以外'がついてもよい. 後文で'也,都'が呼応することが多い 〖～我(以外),大家都知道〗私のほかは皆知っている ②〈補足・添加を示して〉…に加えて,…のほかにも ◆賓語の後に'之外,以外'がついてもよい. 後文で'还,也'が呼応する 〖～日语(以外),还会汉语〗日本語のほかに中国語もできる ③〈後に'就是'が呼応して〉…かまたは…か二つに一つである 〖～下雨,就是刮风,真讨厌〗雨や風の日ばかりで嫌になる

【除名】chúmíng 動 除名する ㊥[开除]

【除去】chúqù 動 ① 除去する,取り除く ②㊥[除了]

【除外】chúwài 動 除外する,対象外とする

*【除夕】chúxī 图 大晦日 $\underset{\text{おおみそか}}{\text{}}$(の夜)

【除夜】chúyè 图 除夜,大晦日の夜 ㊥[年夜]

【滁】chú ⊗ [～州] 滁州(安徽省)

【蜍】chú ⊗ → [蟾 chán～]

【厨】(廚*厨) chú 图 台所,炊事場 [～房] 同前 [～具] 炊事道具

【厨师】chúshī 图 コック,シェフ,板前 ㊥(口)[厨子]

【橱】(櫉) chú 图〈～儿〉戸棚,キャビネット 〖放碗的～〗食器を入れる棚 [壁～] 作りつけの戸棚 [衣～] 洋服だんす

【橱窗】chúchuāng 图 ① ショーウィンドウ,ショーケース ② 陳列用ガラスケース,ガラス張りの掲示板

【橱柜】chúguì 图〈～儿〉① 食器戸棚 ② テーブル兼用の戸棚

【躇】chú ⊗ → [踟 chí～]

【锄】(鋤*耡) chú 图 [把] 鋤 $\underset{\text{すき}}{\text{}}$ ◆草削りと土こなし用 ― 動 鋤で草を削り,あるいは土をこなす 〖～地〗鋤で耕す

踌处杵础储楮褚楚处怵畜搐触

【锄奸】chú'jiān 动 スパイを根こそぎにする,国賊を退治する
【锄头】chútou 图〔把〕①唐鍬^{とうぐわ} ②〈方〉鋤^{すき}

【踌】chú ⊗→[踌 chóu ～]

【处(處*处處)】chǔ 动①(人と)折り合う,うまく付き合う〖不好～〗付き合いにくい ②存在する,いる〖我们～在和平的日子里〗我々は平和な時代に生きている ③処罰する,処分する〖～死刑〗死刑に処する
⊗①居住する,住む ②処理する,取り扱う
⇨chù

【处罚】chǔfá 动 (政治上あるいは経済的に)罰する,処するする〖～学生〗学生を処罰する
【处方】chǔfāng 图〔张〕処方箋 ⑯[药方] — 动(薬を)処方する ⑯[开药方]
*【处分】chǔfèn 图 动 処分(する),処罰(する)〖受到～〗処分を受ける〖～了几名工人〗数人の労働者を処罰した
*【处境】chǔjìng 图 置かれている(不利な)状況,(苦しい)立場
【处决】chǔjué 动①死刑を執行する,処刑する ②処断する,処断する
*【处理】chǔlǐ 动①処理する,片付ける ②(商品を)処分する,安売りする〖～品〗ディスカウント商品 ③〖工〗化学的(化学的)に加工する,処理する〖用开水～〗熱湯で処理する
【处女】chǔnǚ 图 処女,生娘^{きむすめ}〖～作〗処女作〖～地〗処女地〖～航〗処女航海
【处身】chǔshēn 动 (ある状況下に)生きる,身を置く
【处世】chǔshì 动 世に生きる,世を渡る〖～之道〗処世術
【处暑】chǔshǔ 图 処暑 ◆二十四節気の一.8月22～24日ごろに当たる
【处死】chǔsǐ 动 死刑に処する,死刑を執行する
【处刑】chǔxíng 动 実刑を宣告する,有罪判決を下す
【处于】chǔyú 动 (ある地位・位置・状態に)ある,存在する〖～战火之中〗戦火の下に置かれている
【处治】chǔzhì 动 罰する,懲^{こ}らしめる ⑯[处分]
*【处置】chǔzhì 动①処置する,処理する ⑯[处理] ②懲らしめる,罰する ⑯[惩治]

【杵】chǔ 图〔根〕(白用の)杵^{きね},(洗濯用の)たたき棒 — 动 細長い物でつつく

【础(礎)】chǔ ⊗ 土台石,礎石〖～石〗同前〖基～〗基礎

【储(儲)】chǔ ⊗①(C-)姓 ②蓄える,貯める
*【储备】chǔbèi 动 備蓄する〖～粮食〗食糧を備蓄する〖～粮〗備蓄食糧
【储藏】chǔcáng 动①貯蔵する,保存する ⑯[保藏] ②(資源を)埋蔵する ⑯[蕴藏]
【储存】chǔcún 动 貯める,蓄える
【储户】chǔhù 图 預金者
【储量】chǔliàng 图 埋蔵量 ⑯[储藏量]
*【储蓄】chǔxù 图 貯金,備蓄〖定期～〗定期預金 — 动 預金する,備蓄する

【楮】chǔ ⊗①〖植〗カジノキ〖～树〗同前 ②紙
【褚】Chǔ ⊗ 姓
⇨zhǔ
【楚】chǔ ⊗①(C-)春秋戦国期の国,楚^{そ} ②(C-)湖北省から湖南省を含む地域 ③(C-)姓 ④苦痛,苦難〖苦～〗同前 ⑤はっきりとした,よく整った〖清～〗はっきりした

【处(處*处處)】chù 图 機関の一部門,'局'の下,'科'の上〖外事～〗外事部〖～长〗部長 — 量 場所を数える〖三～遗址〗遺跡3か所
⊗①場所,所〖到～〗到るところ〖好～〗よいところ ②部門,担当場所〖问讯～〗案内所〖办事～〗事務所
⇨chǔ
【处处】chùchù 副 到るところに,どこもかしこも ⑯[到处]

【怵(悚)】chù ⊗ おびえる,ひるむ

【畜】chù ⊗ 家畜類〖牲～〗家畜
⇨xù
【畜肥】chùféi 图 肥料にする家畜の大小便 ⑯[厩肥]
【畜力】chùlì 图 役畜の力
【畜生】chùsheng 图 畜生,禽獣^{きんじゅう} ◆人をののしるときにも使う ⑯[畜类 chùlei]
【畜疫】chùyì 图 家畜の伝染病

【搐】chù ⊗ ひきつる,痙攣^{けい}する〖～搦 nuò〗〈書〉同前〖抽 chōu ～〗
【搐动】chùdòng 动 ひきつける,痙攣する

【触(觸)】chù ⊗①さわる,ぶつかる〖抵～〗矛盾する ②心を動かす,感動する
【触电】chù'diàn 动 感電する
【触动】chùdòng 动①ぶつかる,触

【触发】chùfā 動 きっかけになる, 触発する［～地雷］地雷を触発させる

*【触犯】chùfàn 動 侵犯する, 人の感情を害する 同[冒犯][侵犯]

【触及】chùjí 動 触れる, 言及する［～问题的本质］問題の本質に触れる

【触角】chùjiǎo 名［根］触角

【触觉】chùjué 名 触覚

【触类旁通】chù lèi páng tōng《成》類推を働かせる, 一事を知って万事を察する

【触摸】chùmō 動 さわる, 撫でる［～屏］タッチパネル

【触目】chùmù 動 ①目に触れる, 目に入る［～皆是］あらゆる場所に満ち満ちている ②目立つ, 目を引く 同[显眼][触眼]

【触目惊心】chù mù jīng xīn《成》見るだに痛ましい, 見るからに衝撃的な

【触怒】chùnù 動 怒らせる, 憤激させる

【触须】chùxū 名 触毛, 触角, (魚や獣の)ひげ

【憷】chù 動 おびえる, ひるむ［发～］同上［～场］(舞台や壇上で)気後れする

【黜】chù ⊗ 罷免する, 解雇する［罢～］同前

【黜免】chùmiǎn 動《書》罷免する, 免職にする 同[罢免]

【矗】chù 動 直立する, そびえ立つ［～立］同前

【欻】chuā 擬 颯爽と歩くさま, 布を裂く音がする

【揣】chuāi 動 衣服の中に隠す, ポケットなどにしまう［把孩子～在怀里］子供を懐に抱えこむ
⇒chuǎi

【揣手儿】chuāi'shǒur 動 両手を袖に差し入れる(腕を胸の前で組むにする)

【搋】chuāi 動《方》①(下水やトイレの詰まりを)'搋子'(スポイト)で押し流す ②押し揉みする

【揣】chuǎi ⊗①(C-)姓 ②憶測する, 推量する［～度 duó］《書》同前
⇒chuāi

【揣测】chuǎicè 動 推測する, 見当をつける 同[推测]

【揣摩】chuǎimó 動 推量する, あれこれ憶測する 同[揣度]

【踹】chuài 動①(足の裏で)蹴'る, 足をとばす 同[踢] ②踏む, 踏みつける 同[踩]

【川】chuān ⊗①川 ②平野, 平地 ③(C-)四川省の略称［～菜］四川料理

【川剧】chuānjù 名 川劇(四川を中心とする地方劇)

*【川流不息】chuān liú bù xī《成》通行が引きもきらない, (車や人の)往来が絶え間ない

【川资】chuānzī 名 路銀, 旅費 同[路费]

【氚】chuān 名《化》トリチウム

【穿】chuān 動①突通する, 穿つ［墙上～了一个洞］塀に穴があいた ②通り抜ける, 突っ切る ③(衣服を)着る, (靴, 靴下などを)はく［～毛衣］セーターを着る［～裤子］ズボンをはく ④糸や紐を通して数珠状につなぐ

【穿插】chuānchā 名［段］(小説や劇の)わき筋, 挿話 一動①交互に行なう, 織り交ぜる ②挟み込む, 挿入する

【穿戴】chuāndài 名 衣装, 身につける物［讲究～］身なりに気を遣う

【穿耳】chuān'ěr 動 (ピアス用に)耳たぶに穴をあける

【穿过】chuānguò 動 横切る, 突っ切る(同[穿越])［穿不过］突っ切れない

【穿山甲】chuānshānjiǎ 名《動》センザンコウ ◆うろこを漢方薬に使う 同[鲮鲤]

【穿梭】chuānsuō 動《転》頻繁に往来する［～来往］引きもきらず通行する

【穿堂儿】chuāntángr 名 '院子'から'院子'へ通り抜ける部屋

【穿小鞋】chuān xiǎoxié 慣［ふつう'给+人+～'の形で］(～儿)意地悪する, いびる

【穿行】chuānxíng 動 通り抜ける, 突っ切る 同[通过]

【穿衣镜】chuānyījìng 名［面·块］姿見, ドレッサー

*【穿越】chuānyuè 動 貫いて超える［～时空］時空を超える

【穿凿】chuānzáo (旧読 chuānzuò)動 こじつける, 屁理屈をこねあげる［～附会］柄のない所に柄をすげる, 牽強付会

【穿针】chuān'zhēn 動 針に糸を通す［～引线］仲介の労をとる

【穿着】chuānzhuó 名 服装, 身なり 同[衣着]

【传(傳)】chuán 動①渡す, 引き継ぐ［～球］ボールをパスする ②伝授する, 教え伝える［～人］(技芸を)人に伝授する ③伝播°する, 伝達する［～消息］知らせを伝える ④伝導する［～热］熱を伝える ⑤(人を)呼

びつける，出頭させる〖～被告〗被告を召喚する ⑥伝染する，うつる，うつす〖～上流感〗インフルエンザにかかる ⇨zhuàn

【传播】 chuánbō 動 ①伝播する，普及する ②まき散らす，広く散布する

【传布】 chuánbù 動 伝播する，普及する 働[传播]

【传达】 chuándá 名（機関の）受付け業務，受付け係〖～室〗受付け ― 動 伝達する，伝える

【传单】 chuándān 名〔张·份〕びら，散らし〖散～〗びらをまく

【传导】 chuándǎo 動 ①〔理〕（熱・電気を）伝導する ②〔生〕（知覚を）伝達する

【传递】 chuándì 動 伝達する，次から次へと渡す

【传呼】 chuánhū 動 ①（電話局や電話管理人が）電話に呼出す〖～电话〗（管理人のいる公設の）呼出し電話 ②出頭を命じる

【传话】 chuán'huà 動 ①メッセージを伝える，伝言する ②〈貶〉言い触らす

【传唤】 chuánhuàn 動（裁判所などが）召喚する，喚問のために呼出す

【传家宝】 chuánjiābǎo 名 伝来の家宝，先祖代々の宝物

【传教士】 chuánjiàoshì キリスト教宣教師，伝道師 ◆新教·旧教ともに含む

【传媒】 chuánméi 名 マスメディア

【传奇】 chuánqí 名 ①唐代に始まる短篇文言小説 ②明清時代の長篇戯曲 ③奇想天外的物语

【传情】 chuán'qíng 動（男女間で）胸の内を伝える，艶やかな気持ちを通じさせる

【传染】 chuánrǎn 動（病気が）伝染する，うつる〖这种病～人〗この病気はうつる〖蚊子能～疾病〗蚊は病気をうつす〖～病〗伝染病

【传人】 chuánrén 名（学術・技能の）継承者，伝承者

【传神】 chuánshén 形（文学・芸術作品が）真に迫った，実物そっくりの

【传声筒】 chuánshēngtǒng 名 ①メガホン〖话筒〗 ②〈転〉他人の言をなぞるだけで自分の意見をもたない人

【传授】 chuánshòu 動（学問・技芸を）伝授する，教え授ける

【传说】 chuánshuō 名 伝説，言い伝え ― 動 取沙汰する，あれこれうわさする

【传送】 chuánsòng 動 送り届ける，伝達する〖～带〗ベルトコンベアー

【传诵】 chuánsòng 動 万人が称賛する，広く世に読まれる

【传统】 chuántǒng 名 伝統〖发扬～〗伝統を発展させる ― 形 ①〖定語として〗伝統的な ②保守的な

【传闻】 chuánwén 名〔件〕うわさ話，伝聞 ― 動 うわさによれば…である，伝え聞く

【传销】 chuánxiāo 動 マルチ商法の販売をする

【传信】 chuán'xìn 動 ①手紙を届ける ②（～儿）消息を知らせる

【传讯】 chuánxùn 動（司法機関等が）喚問する，出頭させて尋問する 働[传审]

【传扬】 chuányáng 動（話が）広まる，広く伝わる 働[传播]

【传译】 chuányì 動 通訳する〖同声～〗同時通訳

【传阅】 chuányuè 動 順送りに読む，回覧する 働[传观]

【传真】 chuánzhēn 名 ファクシミリ，ファックス〖～机〗ファックス（の機器） ― 動 ①ファックスで送る ②肖像画を描く

【传种】 chuán'zhǒng 動（動植物の）種を残す，繁殖させる

船(*舩) chuán 名〔只·条·艘〕船〖坐～〗船に乗る〖油～〗タンカー

【船舶】 chuánbó 名 船舶全般

【船埠】 chuánbù 名〔座〕船着き場，桟橋

【船舱】 chuáncāng 名 船室，船倉

【船到江心补漏迟】 chuán dào jiāngxīn bǔ lòu chí〈俗〉後の祭り，後悔先に立たず

【船夫】 chuánfū 名（木造船の）水夫，船頭 働[船手]

【船工】 chuángōng 名 ①水夫，船員 ②（木造船の）船大工

【船户】 chuánhù 名 ①（自前の木造船で生計を立てる）旧時の船頭〖船家〗 ②〈方〉水上生活者 働[船民]

【船篷】 chuánpéng 名 ①船の苫ま ◆葦などを編んで作り，かまぼこ型に船を覆う ②（小船の）帆

【船钱】 chuánqián 名 船賃

【船艄（船梢）】 chuánshāo 名 艫と，船尾 働[船尾] 反[船头]

【船台】 chuántái 名（造船用の）船台

【船头】 chuántóu 名 舳先☆，船首 働[船首] 反[船艄]

【船坞】 chuánwù 名 ドック，造船所〖船渠〗〖浮～〗浮きドック

【船舷】 chuánxián 名 船ばた，舷ゲ

【船员】 chuányuán 名 船員，船乗り

【船闸】 chuánzhá 名（川や運河の）閘門ミネ，堰ゼ

【船长】 chuánzhǎng 名 船長，キャプテン

【船只】 chuánzhī 名 船舶，（総称と

【船主】chuánzhǔ 图①船長,船主,船元 ⑯[船東]

【遄】chuán ⊗①速い [～往]来が頻繁だ〔書〕…に急行する ②往来が頻繁だ

【椽】chuán ⊗たる木

【椽子】chuánzi 图〔根〕たる木 ⑯[椽条]

【舛】chuǎn ⊗①誤り,間違い [～误]同前 ②そむく,反する

【喘】chuǎn 動ぜいぜい息をする,喘ぐ ⊗喘息ぜんそく

*【喘气】chuǎn'qì 動①深く息をつく,喘ぐ ⑯[喘息]

【喘息】chuǎnxī 動①息を切らす,喘ぐ ②ひと息入れる,小休止する

【喘吁吁(喘嘘嘘)】chuǎnxūxū 形(～的)ぜいぜい喘ぐさま

【串】chuàn 動①串刺しにする,数珠じゅず状につなぐ [～烧]串焼 ②ごっちゃにする,接続をまちがえる [～线]混線する ③あちこちとび回る,訪ね回る [～亲戚]親戚回りをする (～儿)串刺しにした物,数珠つなぎになった物,一繋がりにまとまった物を数える [一～葡萄]一房のブドウ ⊗①結託する,ぐるになる ②芝居を演じる,出演する

【串供】chuàn'gòng 動口裏を合わせてうその供述をする

【串联(串连)】chuànlián 動①次々と連絡をつける,渡りをつける ②交流していること,同志の間を訪問する ③[電]直列につなぐ

【串铃】chuànlíng 图①(役畜の首に掛ける)幾つもの鈴を1本につないだ環 ②金属の球を入れた中空の金属の環 ◆振ると音が出て,旧時流しの易者や薬売りが客寄せに使った

【串门子】chuàn ménzi 動他人の家へ出掛けて世間話をする,ぶらり訪れて閑談する ⑯[串门儿]

【串气】chuànqì 動気脈を通じる,ぐるになる ⑯[串通]

【串通】chuàntōng 動(貶)①結託する,ぐるになる [跟土匪～]土地のゴロツキと結託する ②連絡をつける,渡りをつける ⑯[联系]

【串味儿】chuàn'wèir 動(食品に他の物の)においが移る

【串戏】chuàn'xì 動アマチュアがプロの芝居に出演する

【串演】chuànyǎn 動出演する,扮ふんする ⑯[扮演]

【钏(釧)】chuàn ⊗腕輪,ブレスレット [手～]同前

【创(創)】chuāng ⊗①傷,傷口 [～痛]傷の痛み ②殺傷する [重～]手痛い損害を与える ⇒chuàng

【创痕】chuānghén 图[处·条]傷あと ⑯[伤痕]

【创口】chuāngkǒu 图[处·块]傷口 ⑯[伤口]

【创伤】chuāngshāng 图[处]外傷,けが [精神上的～]心の傷

【疮(瘡)】chuāng 图できもの,潰瘍かいよう [长～]できものができる ⊗外傷 [金～]切り傷

【疮疤】chuāngbā 图傷あと,できものの跡 [好了～忘了疼]のど元過ぎれば熱さ忘れる

【疮痕】chuānghén 图傷あと,できものの跡

【疮口】chuāngkǒu 图傷口,できものの破れ目

【疮痍(创痍)】chuāngyí 图〔書〕①傷,けが ②(転)壊滅的な打撃,被害

【窗(*窻 窓)】chuāng (～儿)〔扇〕窓 [纱～]網戸 [～外有耳]壁に耳あり

【窗格子】chuānggézi 图窓格子

*【窗户】chuānghu 图〔扇〕窓 ⑯[窗] [开(关)～]窓を開ける(閉める) [趴 pā～]窓から身を乗り出す

【窗口】chuāngkǒu 图①(～儿)窓ぎわ,窓のそば ②窓口,カウンター [第三号～]3番窓口 [～业务]窓口業務 ③(転)外部と接触連絡する径路,窓,窓口

【窗帘】chuānglián 图[块](～儿)カーテン,ブラインド [拉开～]カーテンを開ける

【窗棂】chuānglíng 图[方]窓格子,窓の連子れんじ ⑯[窗棂子]

【窗纱】chuāngshā 图網戸に張った金網や寒冷紗かんれいしゃ

【窗台】chuāngtái 图(～儿)窓敷居,窓の下の平面部分

【窗子】chuāngzi 图[方][扇]窓

【床(牀)】chuáng 图〔张〕ベッド,寝台 [上～]床とこに就く [单人～]シングルベッド 一團ふとんをセットで数えるのに使う [定两～铺盖]ふとんを二組注文する ⊗①寝台状の機器道具 [车～]旋盤 ②寝台状に広がった地面 [苗～]苗床たねどこ

*【床单】chuángdān 图(～儿)〔条〕シーツ,敷布 [铺～]シーツを敷く

【床铺】chuángpù 图寝台,寝床 ◆板を渡した簡便な寝床をいう

C

【床头柜】chuángtóuguì [名] ① ベッド脇のテーブル ②'床头跪'との音通から)恐妻家

【床位】chuángwèi [名] (病院・宿泊所・船などの) ベッド, 寝台 ♦幾床あるかなどと数を問題にする場合にいう

【床罩】chuángzhào [名] (～儿) ベッドカバー

【床子】chuángzi [名] ①〔架・台〕工作機械 [同][机床] ②《方》商品台

【噇】chuáng [動]《方》がつがつ貪り食う

【闯(闖)】chuǎng [動] ① 突進する, 躍り込む ②(困難に打ちかって) 自分を鍛える, 努力して作り出す〖～天下〗世の中でもまれる ③(ある目的のために) 駆けずり回る, 奔走(ほんそう)する ④しでかす, 引き起こす〖～大祸〗大変な事をしでかす

【闯祸】chuǎng▾huò [動] (不注意から) 事故を引き起こす, 厄介事をしでかす

【闯江湖】chuǎng jiānghú/ jiānghu [動] (芸人, 香具師(やし), 薬売り, 遊侠の徒などが) 各地を渡り歩く ♦'闯荡江湖'とも

【闯将】chuǎngjiàng [名] 勇将, 猛将;《転》がむしゃらながんばり屋, 猛進する挑戦者

【闯劲】chuǎngjìn [名] (～儿)〔股〕がむしゃらさ, 勇猛心

【闯练】chuǎngliàn [動] 世間でもまれる, 実社会で自分を鍛える

【闯路】chuǎng▾lù [動] 道を開拓する, 進路を切り開く

【创(創 *剏)】chuàng [動] ①創始する, 始める ②創造する, 生み出す〖～纪录〗新記録を作る

⇨chuāng

【创办】chuàngbàn [動] 創業する, 設立する

【创见】chuàngjiàn [名] 創見, 独創的な考え方 [富于～] 創見に満ちている

【创建】chuàngjiàn [動] 創立する, 創設する [同][创立]

【创举】chuàngjǔ [名] 最初の試み, 先駆的事業

【创刊】chuàng▾kān [動] 創刊する [～号] 創刊号

*【创立】chuànglì [動] 新たに設立する ([同][创树])〖～学说〗学説を初めて打出す

【创始】chuàngshǐ [動]〔ふつう目的語なしで〕創立する, 創始する [～人] 創立者

*【创新】chuàng▾xīn [動] 新アイデアを生み出す, 新たな道を開拓する

*【创业】chuàng▾yè [動] 創業する, 事業を始める [～公司] ベンチャー企業

**【创造】chuàngzào [動] 創造する, 生み出す [～力] 創造エネルギー [～性] 創造性, 創造的

*【创作】chuàngzuò [名] 創作, 文学芸術作品 — [動] 創作する, 作品を書く (描く)

【沧(滄)】chuàng ⊗ 寒い, 冷たい

【怆(愴)】chuàng ⊗ 悲しむ

【吹】chuī [動] ①(息を強く) 吹く, 吹きかける ②(管楽器を) 奏でる, 吹き鳴らす〖～口琴〗ハーモニカを吹く ③(風が) 吹く, 吹きつける ④《口》ほらを吹く, 自慢する [～法螺] 同前 ⑤《口》ふいになる, 話がこわれる〖他们俩～了〗あの二人は別れてしまった

【吹打】chuīdǎ [動] ①(チャルメラやドラなどの楽器で) にぎやかに奏でる [吹吹打打] 同前 [～乐] 笛と鼓による音楽 ②(風雨が) 吹きつける, 横なぐりに襲う

—— chuīda [動] ①(ほこりなどを) 吹き払う, ふっと吹く〖～～桌上的灰尘〗机のほこりを吹きとばす ②《方》ほらを吹く, 大ぶろしきを広げる

【吹动】chuīdòng [動] ①(風が) 吹く ②(風が物を) 吹き動かす, 吹き揺らす

【吹风】chuī▾fēng [動] ① 風に吹かれて冷える ②(洗髪後) ドライヤーをかける [～机] ドライヤー ③《口》(～儿) わざと(意図的に) 情報を流す

【吹拂】chuīfú [動] ①(そよ風などが) 撫でる, そよ吹く〖微风～着她的头发〗そよ風が彼女の髪を撫でている ②《書》ほめる, 推挙する

【吹胡子瞪眼睛】chuī húzi dèng yǎnjing《俗》かんかんに怒る, 恐ろしい剣幕でがなりたてる [同][吹胡子瞪眼]

【吹喇叭】chuī lǎba [動] ① ラッパを吹く ②《転》他人の提灯(ちょうちん)持ちをする, 人をほめ評判を高める

【吹冷风】chuī lěngfēng [動]《転》水をさす, 冷水を浴びせる

【吹毛求疵】chuī máo qiú cī《成》(毛を吹いて疵(きず)を探す>) ことさらにあら探しをする

*【吹牛】chuī▾niú [動] ほらを吹く, 大口を叩く [同][吹牛皮]

*【吹捧】chuīpěng [動] やたらほめ上げる, 散々よいしょする

【吹弹】chuītán [動] (色々な) 楽器を奏でる

【吹嘘】chuīxū [動] 大げさにほめる, 誇大に宣伝する

【吹奏】chuīzòu [動] 管楽器を演奏す

【炊】chuī ⊗炊事する, 煮たきする [~沙作饭] 無駄骨を折る
【炊具】chuījù 图炊事道具, 台所用品
【炊事】chuīshì 图炊事, 台所仕事 [~员] 炊事係
【炊烟】chuīyān〔缕〕かまどの煙, 炊煙

【垂】chuí 動垂れる, 垂らす ⊗①[動詞の前に置いて](目上の人の好意的行動に敬意を表わして)…してくださる [~念](書)気にかけてくださる ②近づきつつある, 間近に迫る [~老](書)老いが近づく ③語り継がれる, 後世に伝わる [永~不朽] 永遠に語り継がれる
【垂范】chuífàn 動(書)規範となる
【垂泪】chuílèi 動(悲しくて)涙を流す, はらはらと涙をこぼす
【垂帘听政】chuí lián tīng zhèng《成》簾のうしろで政事を聞く, 女性が権力を握る
【垂柳】chuíliǔ 图〔棵〕シダレヤナギ 🔁[垂杨柳]
【垂暮】chuímù 動(書)①黄昏が迫る, 日暮れが近づく ②老境に近づく, 年老いる
【垂手】chuíshǒu 動両手を(腰の両側に)垂らす ◆恭しさを示す姿勢. もある [~可得] ごく容易に入手できる
【垂死】chuísǐ 動死に瀕する, 死期が近づく 🔁[垂危]
【垂头】chuítóu 動うなだれる, 俯く 🔁[垂首]
【垂头丧气】chuí tóu sàng qì《成》がっくり落ち込む, ひどく気落ちする 🔁[无精打采]
【垂亡】chuíwáng 動滅亡の時が近づく, 正に滅びんとしている
【垂危】chuíwēi 動①いまわの際さしかかる, 危篤に陥る 🔁[垂死] ②(国家・民族が)滅亡の危機に瀕する
【垂涎】chuíxián 動むしょうにうらやましがる, 羨望の涎を垂らす [~欲滴] [~三尺] 同前
【垂线】chuíxiàn 图〔条〕〔数〕垂線, 垂直線 🔁[垂直线]
*【垂直】chuízhí 形垂直な [~线] 垂線

【陲】chuí ⊗辺境の地 [边~] 同前

【捶】(*搥) chuí 動拳こぶしやたたき棒でたたく, 小突く('椎'とも書く) [~腰] (だるい)腰をたたく
【捶拓】chuítà 動拓本を取る
【捶胸顿足】chuí xiōng dùn zú《成》胸をたたき地団太を踏む ◆怒りや悲しみの激しさを表わす

【棰】chuí ⊗①棍棒(でたたく) ②鞭(で打つ) ◆'箠'とも書く ③'槌'と通用

【锤】(錘*鎚) chuí 图(~儿)ハンマー, 金づち [铁~] 同前 ━━動ハンマーでたたく, 金づちでたたいて作る [[~金箔]](金をたたいて)金箔を作る 🔁秤はかりの分銅, 重り 🔁[秤锤]
【锤炼】chuíliàn 動(🔁[磨炼])(転)①鍛える, 鍛錬する ②(芸や技を)磨く, 練る
【锤子】chuízi〔把〕金づち, ハンマー 🔁[锤头]

【槌】chuí 图(~儿)[把]たたき棒, 撥ばち('椎''棰'とも書く) [棒~] 洗濯棒

【春】chūn ⊗①春(→[~天]) [孟~] 陰暦一月 ②情欲, 恋情 [~药] 催淫剤 ③生命力, 活気 ④(C-)姓
【春分】chūnfēn 图春分 ◆二十四節気の一. 陽暦の3月20日か21日
【春风】chūnfēng 图①春風, 春のそよ風 ②(転)和やかな顔, 心なごむような表情 [满面~] [~满面] 喜び一杯の表情をしている
【春风化雨】chūn fēng huà yǔ《成》草木を育てる穏やかな風や細かな雨のように, 人を伸ばすすぐれた教育や訓戒
【春耕】chūngēng 图春の田おこし
【春宫】chūngōng 图春画(🔁[春画儿])
【春光】chūnguāng 图〔片・派〕春景色 🔁[春景]
【春洪】chūnhóng 图雪解け水による洪水, 雪消水の出水
【春花作物】chūnhuā zuòwù 图春に開花する作物(小麦・ナタネなど)
【春华秋实】chūn huá qiū shí《成》①〈春の花と秋の実〉外見の美しさと内面の豊かさ, 才能の豊かさと志操の堅固さ ②(春に花咲き秋に実を結ぶ〉季節の巡行
【春荒】chūnhuāng 图春の端境期の食糧欠乏, 麦の取り入れを前にした時期の飢餓
【春季】chūnjì 图春, 春季
【春假】chūnjià 图春休み [放~](学校の)春休みに入る
【春节】Chūnjié 图陰暦の元旦, またはその日を含む数日間, 旧正月
【春卷】chūnjuǎn 图(~儿)〔食〕春巻き
【春雷】chūnléi 图春雷, 春を告げる雷鳴 ◆大事を予告する出来事を例える
【春联】chūnlián 图(~儿)〔副〕'春

C

节'(旧正月) に門や戸口に貼るめでたい対句 [同][春帖]
【春令】chūnlìng [名]①春，春季 ②春の気候
【春梦】chūnmèng [名]《転》うたかたの夢，はかない幻想
【春情】chūnqíng [名]春情，情欲
【春秋】chūnqiū [名]①春と秋 ②一年〚已有十五个～〛すでに15年になる ③年齢［～已高］もう若くはない ④(C-) 春秋時代 ♦一般にB. C. 770–B. C. 476 ⑤(C-) 古代の歴史書
【春色】chūnsè [名]①春の眺め，春景色 ②(酒などで) 赤らんだ顔，うれしげな表情
【春天】chūntiān [名]春，春季〚～的气息〛春の気配
【春小麦】chūnxiǎomài [名]春播き小麦 [同][春麦] [関][冬小麦]
【春心】chūnxīn [名]《書》(多く女性の)春情，情欲 [同][春情]
【春意】chūnyì [名]①〔分〕春の息吹き，春らしさ ②春情，なまめく心
【春游】chūnyóu [名](一般に団体で出掛ける)春季遠足，春のピクニック
【春雨贵如油】 chūn yǔ guì rú yóu《俗》春の雨は油ほどに価値がある，春雨は油にまさる ♦北方の春は雨が少なく，農村では水の確保に苦労する
【春装】chūnzhuāng [名]春の服装，春着(はるぎ)

〖椿〗chūn ⊗①〖植〗チャンチン ♦センダン科の落葉高木［香～］同前 ②(C-)姓

【纯(純)】chún [形]①純粋な，夾雑物のない ②熟練の，練達の
*【纯粹】chúncuì [形]純粋な，混じりけのない 一[副]単に，単純に
【纯度】chúndù [名](物質の)純度
【纯化】chúnhuà [動]純化する，浄化する［～剂］浄化剤
*【纯洁】chúnjié [動](組織などを) 浄化する，純正化する〚～党的队伍〛党の体質を浄化する 一[形]汚(けが)れのない，清浄な
【纯利】chúnlì [名]純益，純利([反][纯损])［～率］純益率
【纯熟】chúnshú [形]熟達した，熟練の
【纯损】chúnsǔn [名]正味(しょうみ)の欠損，掛値(かけね)なしの赤字 [反][纯利]
【纯真】chúnzhēn [形]純真な，無垢(むく)な
【纯正】chúnzhèng [形]①純正な，混じりけのない ②公正な，真っ正直な

〖莼(蒓*蓴)〗chún ⊗以下を見よ
【莼菜】chúncài [名]〖植〗ジュンサイ

〖唇(*脣)〗chún ⊗唇(くちびる)［嘴～］同前［下～］下くちびる
【唇齿相依】chún chǐ xiāng yī《成》歯と唇のように密接な相互依存の関係にある，利害関係が密接である
【唇膏】chúngāo [名]口紅，ルージュ ♦ふつう'口红'という
【唇枪舌剑】 chún qiāng shé jiàn《成》鋭い舌戦，激しい論争 [同][舌剑唇枪]
【唇舌】chúnshé [名]《転》言辞，弁舌〚白费～〛しゃべり損に終わる
【唇亡齿寒】 chún wáng chǐ hán《成》(唇亡(ほろ)ばば歯寒し>) 利害関係が緊密である
【唇音】chúnyīn [名]〖語〗唇音(しんおん)

〖淳〗chún ⊗純朴な，正直な［～美］心を洗われるような
【淳厚】chúnhòu [形]純朴な，人情素朴で心温かい [同][淳朴]
【淳朴(纯朴)】chúnpǔ [形]純朴な，素朴な

〖鹑(鶉)〗chún ⊗ウズラ［鹌ān～］ウズラ

【醇】chún [名]〖化〗アルコール類［甲～］メチルアルコール［乙～］エチルアルコール ⊗①濃い酒，うまい酒 ②純粋な，混じりけのない
【醇厚】chúnhòu [形]①芳醇(ほうじゅん)な，濃厚な香りの ②純朴な，飾りけのない [同][淳厚]
【醇化】chúnhuà [動]純化する，浄化する
【醇酒】chúnjiǔ [名]芳醇な酒，うま酒

【蠢(*惷)】chǔn [形]①愚かしい，間の抜けた［愚～］同前［～事］愚挙 ②不器用な，不格好な［～笨］同前 ⊗蠢(うごめ)く，虫が這(は)う［～～欲动］敵や悪人が蠢く
【蠢材】chǔncái [名](人をののしって)ばか者，とんま野郎
【蠢动】chǔndòng [動]①(眠りからさめた虫が)這(は)う，のたくり動く ②蠢動(しゅんどう)する，敵対活動や非合法活動などをする
【蠢话】chǔnhuà [名]ばかげた言い草，ナンセンス
【蠢货】chǔnhuò [名]愚か者，間抜け [同][蠢材]

〖踔〗chuō ⊗跳ぶ，超す［～厉］《書》意気が揚がる

【戳】chuō [動]①突き刺す，突き破る〚～破旧伤口〛古傷を破る(苦い過去を思い出させる) ②《方》突き刺した方が逆に損傷を被る ③《方》立てる
【戳穿】chuōchuān [動]①突き通す，突き破る [同][刺穿] ②暴露する，暴

く [同][揭穿]
【戳祸】chuō'huò [動] 厄介事を引き起こす，事故を起こす [同][惹祸]
【戳记】chuōjì [名]〔枚·方〕(団体や組織の)印鑑，はんこ
【戳儿】chuōr [名]《口》はんこ，認印([同][戳子])〚盖~〛判を押す
〖惙〗chuò ⊗[~~] 愁いに沈むさま
〖啜〗chuò ⊗① 飲む，すする ♦'歠'とも ② すすり泣く，しゃくり上げる ♦姓はChuài と発音
【啜泣】chuòqì [動] すすり泣く，むせび泣く [同][抽噎]
〖辍(輟)〗chuò ⊗ 中断する，やめる [~笔]《書》(途中で)筆を置く
【辍学】chuòxué [動] 中途退学する，学校をやめる
〖绰(綽)〗chuò ⊗ 広々とした，ゆとりのある [宽~] 同前
⇨chāo
【绰绰有余】chuòchuò yǒu yú《成》有り余っている，たっぷりゆとりがある
【绰号】chuòhào [名] あだ名，ニックネーム([同][外号])〚起~〛あだ名をつける
【绰约(婥约)】chuòyuē [形]《書》(女性の)たおやかで美しいさま
〖龊(齪)〗chuò ⊗ →[龌~ wòchuò]
〖差〗cī ⊗ →[参~ cēncī]
⇨chā, chà, chāi
【呲】cī [動](~儿)《口》しかる，譴責(けんせき)する〚不要~儿他了〛彼をもうしかるな〚挨~儿〛しかられる
〖疵〗cī ⊗ 欠点，短所 [吹毛求~] ことさらあら探しをする [瑕~] わずかな欠陥
【疵点】cīdiǎn [名](製品の)傷，欠陥
【疵品】cīpǐn [名] 欠陥製品，きず物
【词(詞)】cí [名] ①(~儿)〘語〙単語 [单音~] 単音節語 ②(~儿)せりふや挨拶(あいさつ)など [致~] 集会などで挨拶する ③〔首〕詞 ♦特に宋代に栄えた韻文の一形式，詩と区別するため日本では一般に中国音で「ツー」と称する
★★【词典(辞典)】cídiǎn [名]〔本·部〕辞書，辞典〚编纂~〛辞典を編纂(へんさん)する〚查~〛辞書を引く
【词法】cífǎ [名]〘語〙形態論
【词根】cígēn [名]〘語〙語根 ♦'孩子'の'孩'や'骨头'の'骨'など
【词话】cíhuà [名] ① 明代に栄えた文芸形式，詞話(しわ) ♦随所に韻文が折込まれる ② 詞(ツー)の作品や作者について論じた書物
★【词汇】cíhuì [名] 語彙(ごい)，ボキャブラリー [经济~] 経済用語 [~学] 語彙論
【词句】cíjù [名] 語句，語とセンテンス
【词类】cílèi [名]〘語〙品詞
【词素】císù [名]〘語〙形態素(意味を有する最小単位) [同][语素]
【词头】cítóu [名]〘語〙接頭辞 [同][前缀]
【词尾】cíwěi [名]〘語〙接尾辞 [同][后缀]
【词性】cíxìng [名]〘語〙単語がもつ文法上の機能 ♦それに基づいて品詞が決まる
【词序】cíxù [名]〘語〙語順，文中における語の位置
【词义】cíyì [名]〘語〙語義，単語の意味 [~学] 意味論
★★【词语】cíyǔ [名] 語句，字句
【词组】cízǔ [名]〘語〙連語 ♦複数の単語が組合わさってできる語句
〖祠〗cí ⊗ 一族の位牌堂(いはいどう)，御霊屋(みたまや) [宗~] 同前
【祠堂】cítáng [名] 祠堂，一族の位牌堂
〖雌〗cí ⊗ 雌(めす)の([反]'雄' [関]'母') [~狗] めす犬
【雌伏】cífú [動]《書》① 身を隠す，隠遁(いんとん)する ② 雌伏(しふく)する，忍従する
【雌花】cíhuā [名] 雌花(めばな) [反][雄花]
【雌黄】cíhuáng [名]〘鉱〙雌黄(しおう)(古代，修正液の材料としても使われた) [妄下~] 勝手な議論をする
【雌蕊】círuǐ [名] めしべ，雌蕊(しずい) [反][雄蕊]
★【雌雄】cíxióng [名] ① 雄と雌 ②《転》勝敗，上下
〖茨〗cí ⊗① カヤやアシで葺(ふ)く ② イバラ
【瓷(*甆)】cí [名] 磁器('磁'と書くことも) [青~] 青磁 [陶~] 陶磁器 [电~] 碍子(がいし)
【瓷公鸡】cígōngjī [名]《転》爪に火をともす輩(やから)，どけち
【瓷瓶】cípíng [名] 磁器の花びんなど
【瓷器】cíqì [名] 磁器
【瓷实】císhi [形]《方》(基礎などが)しっかりしている
【瓷土】cítǔ [名] 磁土(じど) ♦磁器の原料にする土
【瓷窑】cíyáo [名] 磁器を焼く窯(かま)〚烧~〛窯に火をいれる
【瓷砖】cízhuān [名]〔块〕タイル
〖慈〗cí ① 母 [家~]《謙》母 ② 慈しむ，かわいがる ③ 優しい，慈悲深い ④ (C-)姓
【慈爱】cí'ài [形] 慈愛にみちた
【慈悲】cíbēi [形] 慈悲深い〚发~〛慈悲心を起こす
【慈姑】cígu [名] クワイ [同][茨菇] [関][荸荠]

【慈善】císhàn [形] 慈悲深い，情け深い
*【慈祥】cíxiáng [形]（老人の表情が）優しげな，情け深げな
【慈心】cíxīn [名] 慈悲の心，情け〖发～〗仏ごころを起こす — [形] 情け深い，慈悲深い

〖磁〗cí ⊗磁性，磁石［起～］磁化する
【磁暴】cíbào [名]〖理〗磁気あらし
【磁场】cíchǎng [名]〖理〗磁場
**【磁带】cídài [名]〔盘・盒〕磁気テープ，録音録画テープ［～盒］カセット
【磁钢】cígāng [名] 永久磁石
【磁化】cíhuà [動] 磁化する，磁石にする
【磁极】cíjí [名] 磁石の極，N極とS極
【磁卡】cíkǎ [名]〔张〕磁気カード
【磁力】cílì [名] 磁力［～线］磁力線
【磁石】císhí [名] ①磁石，マグネット [同]［吸铁石］［磁铁］②磁鉄鉱
【磁体】cítǐ [名] 磁性体
【磁铁】cítiě [名]（鋼または合金製の）磁石 [同]［磁石］［吸铁石］
【磁性】cíxìng [名] 磁性
【磁悬浮列车】cíxuánfú lièchē [名] リニアモーターカー [同]［磁浮列车］
【磁针】cízhēn [名] 磁針

〖糍（餈）〗cí ⊗以下を見よ
【糍粑】cíbā [名]（西南少数民族が食する餅米を搗いて作った）餅 [同]［糍团］

【辞（辭 *辤）】cí [動] ①辞職する，仕事をやめる ②解雇する，やめさせる ⊗①美しい言葉，文辞［修～］レトリック ②別れを告げる，さようならを言う ③避ける，逃れる［不～劳苦］苦労をいとわない ④辞退する，断わる
【辞别】cíbié [動] 別れを告げる，さようならを言う〖～老师〗先生に別れを告げる
【辞呈】cíchéng [名] 辞表，辞職願〖提出～〗辞表を出す
【辞工】cí▾gōng [動] ①解雇する，やめさせる ②仕事をやめる，暇をもらう [同]［辞活儿］
【辞灵】cí▾líng [動]（出棺前に）死者に最後の別れを告げる
【辞令】cílìng [名] 交際の場での言葉，応対の言葉遣い（[同]［词令］）［外交～］外交辞令
【辞让】círàng [動] 遠慮する，他に譲る
【辞世】císhì [動]《書》死ぬ，世を去る [関]［去世］
【辞书】císhū [名] 辞典 ♦'字典''词典'などの総称
【辞岁】cí▾suì [動] 年越しの儀式をする ♦旧時の習俗で大みそかの夜に祖先を祭り，目下の者が目上の者に叩頭の礼をして互いの平安を祈る [同]［辞年］
【辞退】cítuì [動] ①解雇する ②丁重に断わる
【辞谢】cíxiè [動] 丁重に断わる，謝絶する
【辞行】cí▾xíng [動] 旅立ちを前に別れを告げる，暇乞いする
【辞藻（词藻）】cízǎo [名] 詞藻，〖堆砌～〗美しい言葉を綴る
**【辞职】cí▾zhí [動] 辞職する，仕事をやめる

〖此〗cǐ ⊗①これ，この（[反]'彼'）〖～地〗この場所，ここ〖～书〗この本 ②この時，この場所［从～］これ以来
【此地无银三百两】cǐ dì wú yín sān bǎi liǎng《俗》隠そうと努めて，かえって馬脚を現わす喩え
【此后】cǐhòu [名] その後，それ以来〖～的情况〗その後の情況
【此刻】cǐkè [名] その時，この時 [同]［此时］
【此起彼伏】cǐ qǐ bǐ fú《成》（こちらで立てばあちらで倒れ，あちらで立てばこちらで倒れる＞）同様の行動や現象が絶え間なく起こる [同]［此伏彼起］
**【此外】cǐwài [接] そのほか，その上
【此一时，彼一时】cǐ yì shí, bǐ yì shí《成》（あの時はあの時，今は今＞）以前とは事情がすっかり変わっている

〖泚〗cǐ ⊗①明るく澄みきった ②汗が出る ③（筆に）墨を含ませる

【跐】cǐ [動] ①踏みつける ②爪先立つ

【次】cì [形] 質の劣った，二流の — [量] 回数を示す〖去过三～〗3度行った〖第二～谈判〗第2回会議 ⊗①順序，序列［依～入场］順々に入場する ②旅の宿，宿泊地［旅～］《書》旅の宿 ③2番目の，次の［～日］翌日 ④〖化〗次 ⑤（C-）姓
【次大陆】cìdàlù [名] 亜大陸
【次等】cìděng [形]〔定語として〕二流の，レベルの低い［～舱］3等船室，エコノミー席
【次第】cìdì [名] 順序，順番（[同]［次序］）〖按着～发言〗順序に従って発言する — [副] 順番に，順序に従って
【次货】cìhuò [名] 二流品，安物
*【次品】cìpǐn [名] 欠陥製品，不良品
【次数】cìshù [名] 回数
*【次序】cìxù [名] 順序，順番〖接照～跳〗順序に従って跳ぶ
**【次要】cìyào [形]〔定語として〕副次

的な，さほど重要でない［～人物］小物

〖佽〗 cì ⊗助ける

〖伺〗 cì ⊗以下を見よ ⇨sì

★【伺候】cìhou [動]そばに仕える，身の回りの世話をする

【刺】 cì [名]〔根〕(～儿) とげ，針状の物〚话里有～儿〛言葉にとげがある ━ [動]①突刺す，ささる〚～伤了〛刺されてけがをした ②刺激する［～鼻］つんとくる ③(ちくちくと) 皮肉る〚用这些话来～我〛その話題で私を皮肉る

⊗①名刺 ②暗殺する ③探る，偵察する ◆滑る音，かする音などを表わす'刺'はcīと発音

【刺刀】cìdāo [名]〔把〕銃剣 ([同][枪刺])〚上(下) ～〛銃剣を着装する(外す)

【刺耳】cì'ěr [形]耳障りな，聞き苦しい

【刺骨】cìgǔ [動](寒さ・厳しさが) 骨身にしみる，骨を刺す

【刺槐】cìhuái [名]〔棵〕〖植〗アカシア，ハリエンジュ [同][洋槐]

★★【刺激】cìjī [動]刺激する〚～植物生长〛植物を刺激して生長を促す

【刺客】cìkè [名]刺客，殺し屋

【刺目】cìmù [形]([同][刺眼]) ①まぶしい，ちかちかする ②目障りな，見苦しい

【刺儿话】cìrhuà [名]皮肉，嫌味〚说～〛当てこすりを言う

【刺杀】cìshā [動]①突き殺す，刺殺する ②暗殺する

【刺探】cìtàn [動]ひそかに探る，スパイする

【刺猬】cìwei [名]〔只〕ハリネズミ

【刺绣】cìxiù [名][動]刺繡(する)［～架］刺繡の枠

【刺眼】cìyǎn [形]([同][刺目]) ①まぶしい，ちかちかする ②目障りな，見苦しい

〖赐(賜)〗 cì ⊗①賜り物，下され物 ②賜わる，下しおかれる［赏～］［～予］同前

【赐教】cìjiào [動]《敬》お教えを賜わる，お教え下さる

〖从(從)〗 cōng ⊗'从容 cóngróng'における'从'の旧読 ⇨cóng

【枞(樅)】 cōng [名]モミ［～树］同前('冷杉'とも) ⇨Zōng

〖匆(*悤 恖)〗 cōng ⊗慌ただしく，せかせかと

【匆匆】cōngcōng [形]気ぜわしい，慌ただしい〚～告辞〛せわしく辞去する

【匆促】cōngcù [形]慌ただしい，大急ぎの [同][匆忙]

★★【匆忙】cōngmáng [形]慌ただしい，気ぜわしい [同][急忙]

【葱(蔥)】 cōng [名]〔棵・根〕ネギ［洋～］タマネギ

⊗緑色，グリーン

【葱白】cōngbái [名]ごく薄い緑色

【葱葱】cōngcōng [形]緑あふれる，青々とした

【葱翠】cōngcuì [形]緑したたる，青々とした

【葱花】cōnghuā [名](～儿) ネギのみじん切り，細かに刻んだネギ

【葱茏】cōnglóng [形](草木が) 青々と茂るさま

【葱绿】cōnglǜ [形]①浅緑色の，萌黄色の ②(草木が) 青々とした，緑したたる

〖囱〗 cōng ⊗→［烟～ yāncōng］

〖骢(驄)〗 cōng ⊗あし毛の馬

〖聪(聰 *聡)〗 cōng ⊗①聴覚，聴力 ②耳ざとい，聴覚が鋭い ③賢い，頭がよい［～慧］同前

★★【聪明】cōngming/cōngmíng [形]賢い，頭がよい

【聪明一世，糊涂一时】cōngmíng yí shì, hútu yì shí《成》弘法も筆の誤り，賢者も時に愚者となる

【从(從)】 cóng [介]①起点・出発点を示す〚～学校回来〛学校から帰ってくる〚～今天起〛きょうから〚～实际出发〛現実から出発する ②通過する場所を示す〚～门前走过〛門前を通り過ぎる ━ [副]〔否定詞に前置され〕断じて，決して([同][从来])〚～不骄傲〛全く威張ったことがない

⊗①ある方針や態度で臨む［～严处理］厳しく処置する ②つき従う，ついて行く ③命令に従う，言われる通りにする［听～］従う ④従事する，参加する［～军］従軍する ⑤お供，お付きの者［侍～］侍従 ⑥副次的な，附随的な ⑦父方の［～兄弟］父方のいとこ ⑧(C-)姓
⇨cōng

【从长计议】cóng cháng jì yì《成》時間をかけて協議する，ゆっくり相談する

★★【从此】cóngcǐ [副]①この時から ②この場所から

★★【从而】cóng'ér [接]従って，その結果として

【从犯】cóngfàn [名]従犯，幇助者 [反][主犯]

【从简】cóngjiǎn [動]簡単に済ませる，手間を省く

C

【从井救人】cóng jǐng jiù rén《成》(井戸に飛び込んで人を救い出す>)我が身をかえりみず人を助ける ◆本来は,他人のために命を張って無謀なことをするのを例えた
【从来】cónglái 副 ずっと,これまで『～没有听说过』今まで聞いたことがない
【从略】cónglüè 動 省略する
*【从前】cóngqián 名 以前,むかし『～当过教师』以前教師をやったことがある『跟一样』むかしと同じだ
【从容】cóngróng 形 ①落ちついた,ゆったり構えた ②時間的・経済的に)ゆとりのある,潤沢な
*【从容不迫】cóngróng bú pò《成》悠揚ゆぅぉぅ迫らずの
【从戎】cóngróng 動《書》従軍する
*【从事】cóngshì 動 従事する,身を投ずる
【从属】cóngshǔ 動『～于』の形で」…に従属する,付随する 同[附属] 反[独立]
【从速】cóngsù 副 至急,速やかに 同[赶快]
【从头】cóngtóu 副 (～儿) ①初めから,一から ②もう一度,あらためて 同[重新]
【从小】cóngxiǎo 副 (～儿) 幼いころから,子供の時から
【从新】cóngxīn 副 もう一度,あらためて 同[重新]
【从征】cóngzhēng 動《書》出征する,戦場に赴く
【从中】cóngzhōng 副 間に入って,その中から

【丛(叢*藂)】cóng 量 群生した草木を数える
㊀ ①茂み[草] 草むら ②群れ ③群がる,集える ④(C-)姓
【丛林】cónglín 名 ①林,森 ②仏教寺院
【丛山】cóngshān 名 重なる山々,連峰
【丛生】cóngshēng 動 ①(植物が)群生する ②同時に多発する,幾つもの事が一度に起こる
【丛书】cóngshū 名 叢書,全集
【丛杂】cóngzá 形 雑然とした,雑多な

【淙】cóng ㊀ 以下を見よ

【淙淙】cóngcóng 形《書》水の流れる音,さらさら,ひたひた

【琮】cóng 名 古代の玉器の一 角柱形で中が丸い穴となっているもの

【凑(湊)】còu 動 ①集まる,集める『～钱』(基金などの)金集めをする ②近づく,近づける『往前～～』もっと前へ近づく ③(機に)乗ずる,タイミングよく(悪く)ぶつかる
【凑份子】còu fènzi 動 割り前を集める,金を出し合う ◆共同で何かをしたり買ったりするため
*【凑合】còuhe 動 ①集まる,集合させる 同[聚集] ②かき集める,寄せ集める 同[拼凑] ③間に合わせる,我慢して使う 同[将就]
【凑集】còují 動(人や物を)寄せ集める,集合させる,集まる
【凑巧】còuqiǎo 形 タイミングのよい,好都合な
【凑热闹】còu rènao (～儿) ①遊びの輪に入る,一緒になって遊ぶ ②(方)足手まといになる,迷惑をかける
【凑数】còu'shù 動 (～儿) ①員数を合わせる,数をそろえる ②不合格者で欠員を埋める,不良品で穴埋めする

【腠】còu ㊀『～理』(書)皮膚と筋肉の間の隙間

【粗(*觕麤麁)】cū 形 ①太い ◆声,神経についてもいう ②粗忽な,不注意な ③目の粗い,ごつごつした ◆①②③とも 反[细] ④(仕事が) 粗い,大雑把なな 反[精] ⑤粗野な,乱暴な 反[文]
㊀ ざっと,おおよそ
【粗暴】cūbào 形 荒々しい,粗暴な 同[鲁莽] 反[温柔]
【粗笨】cūbèn 形 ①野暮ったい,不器用な 同[笨拙] ②(物が)ごつごつした,粗大で重い 同[笨重]
【粗布】cūbù 名 ①目の粗い綿布,シート地 ②(ごつごつした)自家織り綿布,手織り綿布 同[土布]
【粗糙】cūcāo 形 ①ざらついた,木目の粗い 反[细腻] ②(仕事ぶりなどが)いい加減な,粗雑な 反[精细]
【粗茶淡饭】cū chá dàn fàn《成》質素な飲食,粗末な食事 反[山珍海味]
【粗恶】cū'è 形 ①(容貌などが)凶な,恐ろしい ②粗悪な,手を抜いた 同[粗糙]
【粗豪】cūháo 形 ①明けっぴろげな,率直な 同[豪爽] ②雄壮な,豪快な 同[豪壮]
【粗话】cūhuà 名 ①粗野な言葉,荒っぽい物言い ②下ねたな話,下司な言葉
【粗活】cūhuó 名 (～儿)力仕事,重労働 反[细活]
【粗粮】cūliáng 名 米と小麦粉を除く主食類,雑穀 反[细粮]
【粗劣】cūliè 形 安っぽい,お粗末な 反[精巧]

*【粗鲁】 cūlu/cǔlǔ 形 粗暴な, がさつな

【粗略】 cūlüè 形 おおまかな(に), 大雑把な(に) ⇔[仔细]

【粗朴】 cūpǔ 形 朴訥な, 飾り気のない ⇔[质朴]

【粗浅】 cūqiǎn 形 浅薄な, 単純な ⇔[深刻]

【粗率】 cūshuài 形 ① 大雑把な, いい加減な ⇔[草率] ② 粗末な, 質の落ちる

【粗俗】 cūsú 形 下司っぽい, 野卑な

【粗细】 cūxì 名 ① 太さ, 粒の大きさ ② 仕事の質, 丁寧さの度合

*【粗心】 cūxīn 形 粗忽な, 思慮の足りない ⇔[疏忽] ⇔[细心]『〜大意』そそっかしくて不注意だ

【粗野】 cūyě 形 無作法な, がさつな ⇔[粗鲁] ⇔[文雅]

【粗枝大叶】 cū zhī dà yè 〈成〉(仕事ぶりが)大雑把な, 木目の粗い ⇔[粗心大意]

【粗制滥造】 cū zhì làn zào 〈成〉粗製乱造する, 安物をわんさと作り出す

【粗重】 cūzhòng 形 ① (声や音が)低くて強い, ずぶといきいた ② (手足が)太くたくましい ③ 太くて色の濃い, くっきりとした ④ (仕事が)骨の折れる, 力の要いる ⑤ (物が)かさばって重い ⇔[笨重]

【粗壮】 cūzhuàng 形 ① (身体が)頑丈な, がっしりとした ② (物が)太くて丈夫な ③ (声が)野太い, どら声の

【徂】 cú ⊗① 行く, 去る ② ('殂'とも)死ぬ

【卒】 cù ⊗ '猝 cù' に同じ ⇨zú

【卒中】 cùzhòng (⇔[中风])名 卒中, 中風 —— 卒中で倒れる, 中風を患う

【猝】 cù ⊗ 突然の, 予期せぬ『〜不及防』あまりに急で防ぎきれない『〜死』急死する

【促】 cù ⊗① 促す, はかどらせる『督〜』督促する『〜销』販売を促進する ② 近づく(ける) ③ 急な, 切迫した『急〜』切迫した

【促成】 cùchéng 動 ① 促進する, 成就に導く ②〈農〉促成栽培する, 成熟を早める『〜温室』促成栽培用ハウス

*【促进】 cùjìn 動 促進する, 推進する(⇔[推动])『〜两国早日恢复邦交』両国の一日も早い国交回復を推進する

*【促使】 cùshǐ 動 しむける, …するよう迫る(⇔[督促])『〜我们改变计划』計画を変えるよう我々に迫る

【促膝】 cùxī 動〈書〉膝つき合わせる『〜谈心』膝を交えて語り合う

【醋】 cù 名 酢*

⊗〈転〉(男女関係の)嫉妬と, 焼きもち『〜意』同前『吃〜』焼きもちを焼く

【醋罐子】 cùguànzi 名〈転〉焼きもち焼き, 嫉妬深い人 ⇔[醋坛子]

【醋劲儿】 cùjìnr 名 嫉妬心

【醋酸】 cùsuān 名 酢酸さん ⇔[乙酸]

【踧】 cù 〜踖 jí 〈書〉かしこまり不安なさま

【簇】 cù 量 群れや1つにまとまっているものを数える『一〜人群』人の群れ

⊗① 群れ, 堆積 ② 群がる, 一かたまりになる

【簇聚】 cùjù 動 群がる, 一かたまりになる ⇔[聚集]

【簇新】 cùxīn 形 (服装などが)真新しい, 新品の ⇔[崭新]

【簇拥】 cùyōng 動 (大勢で)びっしり取り囲む(⇔[蜂拥])『果树〜着小学』果樹が小学校を取り囲んでいる

【蹙】 cù ⊗① (眉を)顰める, 皺を寄せる『〜额』〈書〉眉をしかめる ② 切迫した, 追い詰められた

【蹴】 (*蹵) cù ⊗① 蹴る ② 踏む, 踏みつける

【氽】 cuān 動 ① 料理法の一, 沸騰した湯でさっと煮てスープにする『〜点儿 丸子吃』肉だんごをスープにして食べよう『〜丸子』肉だんごスープ ②〈方〉'〜子'で湯を沸かす

【氽子】 cuānzi 名 ブリキ製の細長い湯沸かし ◆焜炉の火焚き口に入れて素早く湯を沸かす

【撺】 (攛) cuān 動〈方〉① 投げる ② 慌てて作る ③ (〜儿)怒る

【撺掇】 cuānduo 動〈口〉(…するよう)勧める, そそのかす

【蹿】 (躥) cuān 動 ① 跳ぶ, ジャンプする(⇔[跳])『〜上树去』木の上に跳びあがる ②〈方〉噴き出す(出る), ほとばしる ⇔[喷射]

【蹿个儿】 cuān'gèr 動 (急劇に)背が伸びる

【蹿红】 cuānhóng 動 一躍人気者となる

【攒】 (攢) cuán 動 集める, 集めまとめる『〜钱』金を集める ⇨zǎn

【攒聚】 cuánjù 動 群がる, 密集する ⇔[攒集]

【攒三聚五】 cuán sān jù wǔ 〈成〉

(一つの場所内の)あちらこちらに数人ずつかたまる,幾つもの小さなグループに分かれる

【窜】(竄) cuàn 動 やみくもに突進する,逃げ回る〖到处乱~〗やみくもに逃げ回る〖东西~〗クモの子を散らすように逃げる
⊗①追い払う,放逐する ②改竄する,書き換える
【窜改】cuàngǎi 動 書き換える,改竄する 同[篡改]
【窜扰】cuànrǎo 動(小規模な賊などが)出没し騒がせる,騒擾する 同[窜犯]

【篡】cuàn ⊗①地位を奪う,奪取する ②臣下が君位・帝位を奪う,簒奪する
【篡夺】cuànduó 動(地位や権力を)乗っ取る,不当に奪う 同[夺取]
【篡改】cuàngǎi 動 改竄する,曲解する(同[窜改]) 〖~帐目〗帳簿をごまかす
【篡权】cuànquán 動 政権を乗っ取る,小細工を弄して権力の地位につく

【爨】cuàn ⊗①かまど(で飯を炊く)〖分~〗(書)分家する ②(C-)姓

【崔】cuī ⊗①(C-)姓 ②高い〖~嵬 wéi〗(書)(山などが)高く大きい
【崔巍】cuīwēi 形(書)高くそびえる,そそり立った

【催】cuī 動①促す,急きたてる〖~我早睡〗私に早く寝るよう促す ②変化を起こさせる,早くさせる
【催促】cuīcù 動 促す,強く勧める(同[督促]) 〖~我们赶快完成任务〗早く任務を達成するよう我々を急きたてる
【催化剂】cuīhuàjì 名[化]触媒
【催眠】cuīmián 動 催眠状態にする〖~药〗睡眠薬 〖~术〗催眠術
【催眠曲】cuīmiánqǔ 名[首・段]子守歌 同[摇篮曲]
【催生】cuīshēng 動 出産を早める(同[催产]) 〖~剂〗出産促進剤
【催讨】cuītǎo 動 返済を迫る

【摧】cuī ⊗へし折る,打ち砕く〖~折〗へし折る
*【摧残】cuīcán 動 虐げる,蹂躙じゅうする(同[蹂躏]) 反[培育]〖~身体〗体を損なう
【摧毁】cuīhuǐ 動 打ち砕く,破壊する 同[粉碎]

【缞】(縗) cuī ⊗麻の喪服

【榱】cuī ⊗たる木

【璀】cuī ⊗〖~璨 càn〗(珠玉などが)光り輝く

【倅】cuì ⊗副の

【淬】(*焠) cuì ⊗金属を焼きを入れる
【淬火】cuìhuǒ 動(金属に)焼きを入れる 同[蘸火]

【悴】cuì ⊗→[憔~ qiáocuì]

【萃】cuì ⊗①群れ,群落,集団 ②集まる,群がる〖~聚〗(書)同前 ③(C-)姓

【膵】(*腔) cuì ⊗〖~脏 zàng〗膵すい臓('胰'の旧称)

【啐】cuì 動(痰たんやつばを)吐き出す〖~他一口〗やつにつばを吐きかける

【瘁】cuì ⊗疲れ果てた,過労の〖心力交~〗心身ともにくたびれる

【粹】cuì ⊗①精華,エッセンス〖精~〗同前 ②純粋な,混じりけのない〖~白〗(書)純白の

【翠】cuì ⊗①カワセミ〖翡~〗同前 ③(C-)姓 ④青緑色の,エメラルドグリーンの〖苍~〗ダークグリーン
【翠绿】cuìlǜ 形 青緑色の,エメラルドグリーンの
【翠鸟】cuìniǎo 名[只]カワセミ
【翠竹】cuìzhú 名 青竹

【脆】(*脃) cuì 形①もろい,崩れやすい 同[韧] ②(食品が)固いが砕けやすい,さくさくする ③(声が)澄んだ,はっきりとした ④(方)きびきびしためりはりのある
【脆骨】cuìgǔ 名 食品としての軟骨
*【脆弱】cuìruò 形(精神的に)脆弱ぜいじゃくな,もろい 同[软弱] 反[坚韧]
【脆性】cuìxìng 名 もろさ,壊れやすさ

【毳】cuì ⊗鳥獣のうぶ毛

【村】(*邨) cūn 名(~儿)〔座〕村 同[村子] 〖~野〗同前 〖~气〗田舎っぽさ
【村话】cūnhuà 名(貶)田舎言葉,野暮ったい話しぶり
【村俗】cūnsú 形 田舎くさい,野暮ったい 同[土气]
【村长】cūnzhǎng 名 村長
【村镇】cūnzhèn 名 町村,村落と小さな町
【村庄】cūnzhuāng 名〔座〕村 同[村子][村落]

【皴】 cūn [名]《方》厚くたまった垢(あか)［起～］垢がたまる
— [動] ひび(あかぎれ) が切れる, 寒さで皮膚がひび割れる([同][～裂])〖手背～了〗手の甲があかぎれになった
⊗中国画の画法, 皴法(しゅんぽう)

【皴法】 cūnfǎ [名]〖美〗皴法 ♦中国画で山や石のひだを描く画法

【存】 cún [動] ①保存する, 貯蔵する〖～小麦〗小麦を貯蔵する ②溜める(まる), 集める(まる) ③貯金する, 金を預ける〖～进银行〗銀行に預ける ④預ける, 保管を頼む［～车处］自転車預り所 ⑤残す, 留める［求同～异］相違点を残しつつ一致点を追求する ⑥心に懐く, 念頭におく〖～着很大的希望〗希望に胸をふくらませている
⊗①残余, 剰余［～余］同前［结～］余った物や金 ②生存する, 存在する［生～］生存する

【存案】 cún'àn [動] (公的機関に) 登録する, 記録に残す

【存查】 cúnchá [動] 資料として残しておく, 後日の調査のためにファイルしておく

【存储】 cúnchǔ [動] 貯える, ストックする([同][存贮])［～器］(コンピュータの) メモリ［快闪～卡］フラッシュメモリカード

【存单】 cúndān [名]〔张〕預金証書

【存放】 cúnfàng [動] ①預ける, 保管を頼む［～处］荷物一時預り所 ②預金する, 貯金する

【存根】 cúngēn [名] (小切手・為替・証書類の) 控え

【存户】 cúnhù [名] 預金者

【存货】 cúnhuò [名] 在庫商品, ストック［～管理］在庫管理

【存款】 cúnkuǎn [名] 貯金, 預金〖提取～〗預金をおろす［定期～］定期預金
—— cún'kuǎn [動] 預金する

【存盘】 cún'pán [動] (コンピュータの) データをディスクに保存する

【存食】 cún'shí [動] 胃がもたれる, 消化不良になる

【存亡】 cúnwáng [名]《書》存亡, 生きるか死ぬか［～之秋］危急存亡の危機

【存息】 cúnxī [名] 預金の利子

【存心】 cúnxīn [副] わざと, 意図的に [同][故意]
—— cún'xīn [動] 下心をもつ, 考えをもつ〖不知存的什么心〗何をもくろんでいるんだか

【存蓄】 cúnxù [名] 貯えた金や物

【存疑】 cúnyí [動] 疑問のまま残す, 決定を先延ばしにする

★★【存在】 cúnzài [名][動] 存在(する), 実在(する)〖～着问题〗問題がある［～主义］実存主義

【存折】 cúnzhé [名]〔本〕預金通帳

〖刌〗 cǔn ⊗切り裂く

〖忖〗 cǔn ⊗推量する, 思案する

【忖度】 cǔnduó [動] 推量する, 思案する [同][揣度]

【忖量】 cǔnliàng [動] ①推測する, 推量する [同][揣度] ②思案する, 思いめぐらす [同][思量]

【寸】 cùn [量] 寸 ♦長さの単位, 30 分の 1 メートル([同][市寸])［英～］インチ
⊗①ごく小さい, ごく短い［～步难行］一歩も歩けない ②(C-)姓

【寸草不留】 cùn cǎo bù liú《成》草一本残っていない ♦災害や破壊のひどさを形容

【寸断】 cùnduàn [動]《書》寸断する, ずたずたに分断する

【寸功】 cùngōng [名] 微々たる功労

【寸进】 cùnjìn [名] 微々たる進歩［～尺退］進歩がほとんどなくて後退するばかり

【寸刻】 cùnkè [名] 寸刻, 瞬時［～不离］瞬時も離れない

【寸铁】 cùntiě [名] わずかな武器［手无～］身に寸鉄も帯びぬ

【寸土】 cùntǔ [名] わずかな土地［～不让］寸土も譲らず

【搓(搓)】 cuō [動] ①手をすり合わせる, 手で揉(も)む ②(縄を) なう, (こよりなどを)撚(よ)る〖～纸捻〗こよりを撚る

【搓板】 cuōbǎn [名] (～儿)〔块〕洗濯板

【搓手顿脚】 cuō shǒu dùn jiǎo《成》居ても立ってもいられぬ様子やいらいらと落ち着かぬ様子をいう

【搓洗】 cuōxǐ [動] 揉み洗いする, 手洗いする

〖磋(磋)〗 cuō ⊗①磨く［～磨］《書》切磋琢磨(せっさたくま)する ②協議する, 相談する

★【磋商】 cuōshāng [動] 協議を重ねる, じっくり話し合う〖就住宅问题进行～〗住宅問題について討論を重ねる

〖蹉(蹉)〗 cuō ⊗以下を見よ

【蹉跌】 cuōdiē [動]《書》つまずく, 足を滑らす;《転》失敗する

【蹉跎】 cuōtuó [動]《書》時を無為に過ごす, 時機を逃がす〖不让岁月～〗歳月を無駄に流れさせない

【撮】 cuō [動] ①(かき集めた物を) 掬(すく)い上げる〖把垃圾～起来〗(ちりとりで) ごみを掬い上げる ②《方》指で抓(つま)み上げる — [量] ①《方》指で抓む量をいう〖一～盐〗一つまみの塩 ②ごく少数の悪人をいう〖一小～盗匪〗ほんの一にぎり

の強盗ども ③容量単位の一 ♦'1～'は1ccに相当 ⊗[市～]
⊗①寄せ集める ②要約する
⇨zuǒ

【撮合】cuōhé 動取りもつ, 縁結びをする『別～他们了』彼らを取りもつのはもうやめろ
【撮弄】cuōnong/cuōnòng ①からかう, おもちゃにする ⑯[戏弄] ②焚きつける, 唆かす ⑯[教唆]
【撮要】cuōyào 名要点, 要旨 ― 動要約する

【痤】cuó ⊗[～疮]にきび ♦ふつう'粉刺'という

【矬】cuó 形(方)背が低い

【嵯】(嵳) cuó ⊗[～峨é] (書)山が高くて険しいさま

【醝】(鹾) cuó ⊗塩, 塩辛い

【鄌】(鄳) Cuó ⊗[～城] 鄌城 (河南省) ♦Zàn と発音する古地名(湖北)も

【脞】cuó ⊗[丛～]細かい (書)細かく煩瑣な

【厝】cuò ⊗置く ♦閩方言では'家'の意で使用

【措】cuò 動①処置する, 手配する ②計画する, 策を講じる
【措辞(词)】cuò'cí 動言葉を選ぶ, 文を綴る『～得体』措辞が巧みだ
【措大】cuòdà 名(貶)貧乏書生 ♦'醋大'とも
*【措施】cuòshī 名措置, 処置
【措手】cuòshǒu 動手を下す, 対処する, 処理する ⑯[应付]『～不及』(急場のことで)対処のいとまがない
【措置】cuòzhì 動処置する, 手はずを決める『～失当』手はずを誤る

【错】(錯) cuò 形①誤った, まちがった ②〖否定形で用いて〗よからぬ, 劣った『很不～』なかなかのもんだ ― 名(～儿)誤り, まちがい『出～儿』へまをしでかす ― 動①こすれ合う, (睡眠中に)歯ぎしりする ②(時間などを)ずらす, かち合わないようにする『～一～位置』ちょっと位置をずらす ③行き違う, 折悪しく…し損う ⊗①玉を磨く砥石 ②玉を磨く ③象眼する ④交錯した, 入り組んだ
【错案】cuò'àn 名〔件・起〕冤罪事件, 誤審事件
【错别字】cuòbiézì 名誤字と当て字
【错车】cuò'chē 動(電車・自動車などが)やり過ごす, すれ違う
【错怪】cuòguài 動誤解してしかる, 思い違いして悪意にとる
【错过】cuòguò 動(チャンスを)逃がす, (タイミングを)失う『～汽车』バスを逃がす
【错简】cuòjiǎn 名〔图〕錯簡 ♦古代の図書に見られる文章の乱れ, 乱丁
【错觉】cuòjué 名錯覚, 思い違い『引起～』錯覚を起こす
【错乱】cuòluàn 形錯乱した, 秩序も何もない
【错落】cuòluò 形入り乱れた, 入り混じった『～有致』巧みな配置の
【错失】cuòshī 名過失, ミス
【错时】cuòshí 動時差をつける, 互いに時間をずらす『～上下班』時差通勤をする
【错位】cuò'wèi 動(関節などが)外れ, ずれを生じる
*【错误】cuòwù 名誤ち, まちがい『犯～』過誤を犯す ― 形まちがった, 誤った
【错杂】cuòzá 形入り混じった, ごちゃ混ぜの
【错字】cuòzì 名①誤字 ②誤植, ミスプリント
【错综】cuòzōng 形錯綜した, 入り組んだ『～复杂』複雑に入り組んだ

【挫】cuò ⊗①くじく(ける), 失敗する(させる)[受～] 挫折を味わう ②抑制する, 鈍らせる
【挫败】cuòbài 動①失敗する ②打ち負かす
【挫伤】cuòshāng 名打ち身, 打撲傷 ― 動(意気を)削ぐ, 萎えさせる ⑯[损伤]
*【挫折】cuòzhé 動挫折する(させる), 失敗する(させる)『遭受～』敗北の憂目を見る

【锉】(銼) cuò 名〔把〕やすり ⑯[～刀] ― 動やすりで削る

D

【DVD】名 DVD 〘数字激光视盘〙

【耷】dā ⊗以下を見よ

【耷拉(搭拉)】dāla 動 垂れ下がる,力無く垂らす 〚~着脑袋〛頭を垂れている

【答(荅)】dā ⊗以下を見よ ⇨dá

【答理(搭理)】dāli 動(多く否定文に用いて)人に応対する,相手にする(〘理睬〙)〚别~他〛彼にかまうな

*【答应】dāying 動 ①返事する ②承諾する,うんと言う〚他~给我买一本书〛彼は私に買ってやると約束した

【嗒(*噠)】dā 擬〔ふつう重ねて〕銃声や馬の足音などを表わす ⇨tà

【搭】dā 動 ①組み立てる,架ける(〘架〙)〚~帐篷〛テントを張る ②(やわらかい物を)つるす,掛ける〚肩上~着一条浴巾〛肩にバスタオルを掛けている ③持ち上げて運ぶ ④つなぐ,つながる〚~上关系〛(人との)つながりをつける ⑤(乗物に)乗る,搭乗する(〘坐〙)〚~飞机〛飛行機に乗る ⑥加える,つぎ足す(〘凑〙)〚~上这些钱还不够〛この金額を加えてもまだ足りない

【搭伴】dābàn 動(~儿)道連れになる,連れ立つ〚咱们搭个伴儿吧〛いっしょに行こうよ

【搭车】dāchē 動 車に便乗する;(転)(何かの事に)便乗して利益を得る

【搭乘】dāchéng 動(飛行機・車・船などに)乗る,搭乗する

*【搭档】dādàng 名 相方,相棒 ── dādàng 動 相方を務める,協力する

【搭话】dāhuà 動 ①話を交わす,口をきく ②言付ける,伝言をもたらす〚我儿子~来了,说···〛息子から…と伝言してきた

【搭伙】dāhuǒ 動 ①組になる,仲間に加わる(〘结伴〙) ②共同で食事をする,(割勘で)食事を一つにする

【搭架子】dā jiàzi 動 枠組みを作る,(文章などの)大体の構想を作る

【搭建】dājiàn 動 ①(簡単な建物を)建てる,建ち立つ(〘搭盖〙) ②(組織や機構を)設立する,開設する

【搭救】dājiù 救助する,助け出す(〘营救〙)

*【搭配】dāpèi 動 ①配合する,組み合わせる〚~好每天该吃的蔬菜〛毎日食べる野菜の取り合わせを考える ②調和する

【搭腔】dāqiāng 動 ①言葉をはさむ ②言葉を交わす

【搭桥】dāqiáo 動 ①橋を架ける(〘架桥〙) ②(転)橋渡しをする,仲介する(〘搭线〙)

【搭讪[搭赸]】dāshan/dāshàn 動(ばつの悪さをとりつくろったり見知らぬ人と近づきになるため)何か話しかける

【搭售】dāshòu 動(不人気商品を人気商品と)抱き合わせで売る

【褡】dā ⊗以下を見よ

【褡裢】dālian 名 ①(~儿)肩掛け式の布製物入れ ②(~儿)旧時の金入れ袋,財布 ◆両端に金を入れ,中央に口があり,腰帯につける 〘钱~〙 ③'摔跤 shuāijiāo(中国ずもう)'の競技用上着

【打】dá 量 ダース〚一~铅笔〛鉛筆1ダース ⇨dǎ

【达(達)】dá ⊗ ①通じる〚直~火车〛直通列車〚四通八~〛四方八方に通じる ②(目標などに)到達する,達成する ③詳しく理解する,通暁する〚通情~理〛道理をわきまえた ④(意向を)伝える,表明する ⑤(D-)姓

*【达成】dáchéng 動(合意に)達する,漕ぎつける〚~协议〛合意をみる〚~交易〛取り引きが成立する

*【达到】dádào 動(目標・目的に)到達する,達成する〚~世界先进水平〛世界の先端レベルに達する〚达不到〛達成できない

【达观】dáguān 形(うまくいかない事について)達観した,楽観的な見方の

【达斡尔族】Dáwò'ěrzú 名 ダフール族 ◆中国少数民族の一,主に内蒙古・黒竜江・新疆に住む

【达意】dáyì 動〈書〉(言葉で)考えを伝える[表情~]気持ちを表わし伝える

【鞑(韃)】dá ⊗以下を見よ

【鞑靼】Dádá 名 ダッタン,タタール ◆もと漢族が北方諸民族を指す名称であったが,明代に東蒙古人を指す呼称となった

【沓】dá 量(~儿)紙など薄いものの重なりを数える ⇨tà

【怛】dá ⊗ ①悲しむ ②恐れる

【妲】dá ⊗ 人名に使う [~己]妲己 dájǐ(殷の紂 zhòu 王の寵妃)

〘靼〙 dá ⊗→[鞑～ Dádá]

【答】 dá [動] 答える，解答する 〖～了一半〗半分答えた [一问一～] 一問一答 ⊗(好意に)報いる，応(こた)える
⇨dā

★★【答案】dá'àn [名] 解答，答え

【答拜】dábài [動] 答礼訪問をする [同][回拜][回访]

★【答辩】dábiàn [動] (疑問·非難などに)答弁する，応酬する

【答词】dácí [名] 答辞，謝辞 〖致～〗答礼のあいさつをする

【答对】dáduì [動]〔多く否定文に用いて〕質問に答える 〖没法～〗答えられない

【答非所问】dá fēi suǒ wèn 《成》答えが質問内容に合わない

★【答复】dáfu/dáfù [動] (正式に) 回答する，返答する 〖～她一连串的问题〗一連の質問に対し彼女に答える

【答话】dá▾huà [動]〔多く否定文に用いて〕返答する，返事する 〖答不上话来〗答えられない

【答卷】dájuàn [名] 答案，解答紙 [同][试卷]
—— dá▾juàn [動] 答案を書く，試験問題に解答する [同][答题]

【答谢】dáxiè [動] (好意やもてなしを受けて) 返礼する，謝意を示す 〖不知如何～他〗どのように彼にお礼すべきかわからない [～宴会] 答礼宴

【打】dǎ [動] ① (手または器物を使って) 打つ，たたく 〖～门〗ドアをたたく 〖～人〗人を殴る 〖～字〗タイプを打つ ② けんかや戦争をする 〖不～不成交〗けんかをしなければ仲良くなれない ③ ぶつけてこわす 〖碗～了〗茶碗がこわれた [鸡飞蛋～] 鶏は逃げるわ卵はこわれるわ(散々だ) ④ 編む 〖～毛衣〗セーターを編む 〖～草鞋〗わらじを編む ⑤ はなつ，発する 〖～雷〗雷が鳴る 〖～电报〗電報を打つ 〖～电话〗電話をかける ⑥ くくる，縛る 〖～行李〗荷造りする ⑦ かかげる 〖～伞〗傘をさす 〖～灯笼〗ちょうちんをかかげて持つ ⑧ 掘る，うがつ 〖～井〗井戸を掘る 〖～炮眼〗発破の穴を開ける ⑨ 買う 〖～酒〗酒を買う 〖～醋〗酢を買う 〖～票〗切符を買う ⑩ (水を) 汲む 〖～水〗水を汲む ⑪ (禽獣を) 捕る，(農作物を) 取り入れる 〖～鱼〗魚を捕る 〖～粮食〗穀物を取り入れる ⑫ 塗る，書く，捺印する 〖～蜡〗蠟(ろう)を塗る 〖～问号〗疑問符を打つ 〖～戳子〗判子を押す ⑬ 計算する，見積もる ⑭ ある種の行為(活動) をする 〖～喷嚏〗くしゃみをする 〖～手势〗手まねをする 〖～哈欠〗あくびをする ⑮ スポーツや遊戯をする 〖★★～篮球〗バスケットをする 〖～扑克〗トランプをする 〖～麻将〗マージャンをする
— [介]《方》…から，…より 〖～心眼儿〗心の底から 〖～南京到上海〗南京から上海まで
⇨dá

【打靶】dǎ▾bǎ [動]〖軍〗射撃訓練をする [～场] 射撃場

【打败】dǎbài [動] 勝つ，打ち負かす 〖～敌人〗敵に打ち勝つ 〖打不败我们〗我々を打ち負かすことはできない

★★【打扮】dǎban [動] 装う，化粧する，着飾る — [名] 装い，身なり 〖一身学生～〗学生の格好

★【打包】dǎ▾bāo [動] ① 紙や布で包む，梱包する [～机] 梱包機 ② 荷をほどく，包みを開ける

【打苞】dǎbāo [動] 穀物が穂をはらむ，穂がふくらむ

【打抱不平】dǎ bàobùpíng [動] 弱きを助けて強きに立ち向かう，弱者を助けて不正と戦う

【打比】dǎbǐ [動]〔賓語なしで〕① なぞらえる，例える ②《方》比べる，比較する

【打草惊蛇】dǎ cǎo jīng shé 《成》(草を打って蛇を驚かす>) 軽率な行動で相手に警戒心を起こさせる

【打岔】dǎ▾chà [動] 人の話の腰を折る，(仕事や話の) 邪魔をする

【打场】dǎ▾cháng [動] (脱穀場で) 穀物を干し脱穀する

【打成一片】dǎ chéng yí piàn 《成》気持ちが一つになる，一つにまとめる 〖和群众～〗大衆と一体となる

【打春】dǎ▾chūn [動]《旧》立春の日を迎える ♦この日には泥製の牛をむちうって豊作を祈る

【打倒】dǎdǎo [動] 打倒する，覆す 〖打不倒〗打倒できない

【打的】dǎ▾dī [動]《口》タクシーを拾う

【打底子】dǎ dǐzi [動] ① 下絵や下書きをかく，草稿を作る ② 基礎を固める，基盤を作る

【打点】dǎdian (dádian と発音) [動] ① (荷物などを) 準備する ② 賄賂を送る

★★【打电话】dǎ diànhuà [動] 電話をかける 〖给他～〗彼に電話する

【打动】dǎdòng [動] 感動させる，心を揺さぶる 〖～人心〗人の心を打つ

【打赌】dǎ▾dǔ [動] 賭ける，賭け事をする

【打断】dǎduàn [動] ① (関係などを) 断ち切る，(話などを) 中断させる ② 折る，折れる 〖我～你的腿〗お前の足をへし折るぞ

【打盹儿】dǎ▾dǔnr [動]《口》うたた寝する，居眠りする [同][打瞌睡]

【打发】dǎfa [動] ① 派遣する，使いにやる 〖～我去找哥哥〗私に兄を探し

打 — dǎ

に行かせる ②追いやる,立ち去らせる ③(時間を)過ごす,つぶす

【打框子】dǎ fèizi 動（親指と中指で）指を鳴らす

【打稿】dǎ'gǎo 動 草稿を作る,下絵をかく 同[打草稿]

【打嗝儿】dǎ'gér 動①しゃっくりを出す ②おくびが出る,げっぷが出る

*【打工】dǎ'gōng 動①雇われて肉体労働をする,力仕事に従事する ②アルバイトをする 同[做工]

【打鼓】dǎgǔ 動（敲鼓）①太鼓を打つ,ドラムをたたく ②(転)胸がどきどきする,不安に震える〖心里直～〗胸がしきりにどきどきする

【打官司】dǎ guānsi 動 訴訟を起こす,告訴する〖跟他～〗彼を相手に訴訟を起こす〖打肚皮官司〗腹に納めて口に出さない

【打光棍儿】dǎ guānggùnr 動 やもめ暮らしをする,独身で生活する

【打滚】dǎgǔn 動（～儿）横になってごろごろ転がる〖疼得直～〗痛くてのたうち回る

【打哈哈】dǎ hāha 動 冗談を言う,ふざける(同[开玩笑])〖拿他～〗あいつをからかう

【打夯】dǎhāng 動（基礎固めの）地突きをする〖～歌〗よいとまけの歌

【打诨】dǎhùn 動（伝統劇で）ギャグを飛ばす,滑稽なアドリブを入れる

【打火机】dǎhuǒjī 名 ライター〖用～点烟〗ライターでタバコに火をつける

*【打击】dǎjī 動①たたく,打つ〖～乐器〗打楽器 ②攻撃する,挫けさせる〖～歪风邪气〗不健全な風潮に歯止めをかける

【打家劫舍】dǎ jiā jié shè〈成〉賊が徒党を組んで民家を襲い略奪する,集団強盗を働く

【打假】dǎ'jiǎ 動 にせブランド商品などを一掃する

*【打架】dǎ'jià 動（殴り合いの）けんかをする〖跟他～〗彼とけんかをする

【打尖】dǎ'jiān 動①(旅の途中で)休息し食事をとる,(休憩所で)一服する ②〖植〗摘心する,芽を摘む 同[打顶]

*【打交道】dǎ jiāodao 動〈口〉付き合う,行き来する

【打搅】dǎjiǎo 動 邪魔をする,騒がせる(同[打扰])〖～您了！〗お邪魔いたしました

【打劫】dǎjié 動（金品を）略奪する,強奪する〖趁火～〗火事場どろぼうを働く

【打结】dǎ'jié 動①(紐などに)結び目を作る,こぶ状の節を作る ②(舌が)もつれる

【打开】dǎkāi 動 開ける,開く,(事態を)切り開く〖～书〗本を開く〖～眼界〗視野を広げる〖～局面〗局面を打開する〖打不开〗開かない

【打开天窗说亮话】 dǎkāi tiānchuāng shuō liànghuà《俗》腹打ち割って話をする,胸の内をさらけ出す

【打瞌睡】dǎ kēshuì 動 同[打盹儿]

【打捞】dǎlāo 動 水中から引き上げる〖～尸体〗水死体を引き上げる

【打雷】dǎ'léi 動 雷が鳴る

【打冷战(打冷颤)】dǎ lěngzhan 動（寒さや恐れで）身震いする,ぶるっと震える 同[打寒战]

*【打量】dǎliang 動①(人を)推し量るように観察する,じろじろ見る ②(間違って)…と思う,推測する

*【打猎】dǎ'liè 動 狩りをする

【打乱】dǎluàn 動 かき乱す,混乱させる〖～计划〗プランをめちゃくちゃにする

【打落水狗】dǎ luòshuǐgǒu 動（水に落ちた犬を打つ〉敗れた敵を徹底的に打ちのめす

【打埋伏】dǎ máifu 動①待ち伏せする,伏兵を置く ②隠匿する,秘密にする

【打泡】dǎ'pào 動(手足に)まめができる,水ぶくれができる

【打喷嚏】dǎ pēntì 動 くしゃみをする

【打平手】dǎ píngshǒu 動〖体〗引き分ける,勝負預かりとなる

【打破】dǎpò 動 打ち破る,こわす〖～平衡〗均衡を破る〖～饭碗〗失業する〖打不破〗打ち破れない

【打破沙锅问到底】 dǎpò shāguō wèn dào dǐ〈成〉徹底的に追求する 同'璺 wèn'

【打谱】dǎ'pǔ 動①棋譜どおりに石(駒)を並べて稽古をする ②(～儿)概略の計画をまとめる,大筋を決める

【打气】dǎ'qì 動①(タイヤなどに)空気を入れる〖给车胎～〗タイヤに空気を入れる〖～筒〗空気入れ ②(転)元気づける,励ます

【打前站】dǎ qiánzhàn 動 本隊に先行して食住の準備をする,先発隊を務める

【打枪】dǎ'qiāng 動 発砲する,銃を撃つ,(同[开枪])〖打一枪〗一発撃つ

── dǎqiāng（試験に）替え玉を使う 同[枪替]

【打秋风】dǎ qiūfēng 動 賄賂を要求する ♦'打抽丰'とも

【打趣】dǎ'qù 動 からかう,ひやかす〖别老～他〗彼をなぶるのはよせ

【打圈子】dǎ quānzi 動①ぐるぐる回る,旋回する 同[转圈子] ②遠回しに言う,もって回った言い方をする

【打群架】dǎ qúnjià 動 大勢でけんかする、集団で殴り合う
【打扰】dǎrǎo 動 ⇨[打搅]
【打扫】dǎsǎo 動 掃除する、片付ける〚～垃圾〛ごみを掃き出す
【打闪】dǎ'shǎn 動 稲妻が光る
【打手】dǎshou（dáshouと発音）图 用心棒（役のごろつき）
【打算】dǎsuan/dǎsuàn 图 心積もり、もくろみ〚我有我的～〛私には私の考えがある ── 動 …するつもりである、計画する〚你～怎么办？〛君はどうするつもりだ？
【打算盘】dǎ suànpan/dǎ suànpán 動 そろばんで計算する；（転）損得を考える、そろばんをはじく
【打胎】dǎ'tāi 動《口》子をおろす、人工流産させる
【打铁】dǎ'tiě 動 鉄を打つ、鍛冶をする〚趁热～〛鉄は熱いうちに打て
【打听】dǎting 動（物事を）尋ねる、問い合わす〚跟人～他的下落〛彼の行方を人に尋ねる
【打通】dǎtōng 動（障害を除去して）通じさせる〚电话～了〛電話が通じた〚～思想〛正しく理解させる〚打不通〛通じさせられない
【打通宵】dǎ tōngxiāo 動 徹夜で取り組む、夜通し働く
【打头】dǎ'tóu 動（～儿）率先してやる、リードする
── dǎtóu 副（～儿）《方》初めから、一から
【打头阵】dǎ tóuzhèn 動 先頭に立って戦う、先陣を切る
【打退堂鼓】dǎ tuìtánggǔ 動（転）（困難を前にして）中途で撤退する、途中で断念する
【打弯】dǎ'wān 動（～儿）①（手足を）曲げる ②（転）考えを変える、方向転換する ③ 遠回しに話す、もって回った言い方をする
【打响】dǎxiǎng 動 ① 戦端を開く、銃撃を始める ②（転）'炮'と呼応して）（物事の）最初がうまく行く、順調な一歩を踏みだす〚第一炮就～了〛幸先のよいスタートを切った
【打雪仗】dǎ xuězhàng 動 雪合戦をする
【打牙祭】dǎ yájì 動《方》たまのご馳走を食べる
【打掩护】dǎ yǎnhù 動 ①《軍》援護する ②（悪事・悪人を）かばう
【打眼】dǎ'yǎn 動 ①（～儿）穴をあける ②《方》欠陥品を（気づかずに）買う、にせ物をつかむ ③《方》注意を引く、目立つ
【打样】dǎ'yàng 動 ① 設計図を書く ② 校正刷りを出校する〚～纸〛ゲラ刷り
【打烊】dǎ'yàng 動 店じまいをする

【打夜作】dǎ yèzuò 動 夜なべをする、夜勤に ⇨[打夜工]
【打印】dǎyìn 動 タイプ印刷する、プリントアウトする〚～机〛プリンター
── dǎ'yìn 動 判を押す
【打游击】dǎ yóujī 動 ① ゲリラ戦を戦う ②（転）ゲリラ的に行動する、あちこちに移動しつつ活動（仕事）する
【打油诗】dǎyóushī 图〔首〕ざれうた、狂詩、滑稽詩
【打圆场】dǎ yuánchǎng 動 丸く収める、円満解決に導く ⇨[打圆盘]
【打杂儿】dǎ'zár 動《口》雑用をする、雑役夫を務める
【打造】dǎzào 動 鍛造する；（転）建設する、造り出す
【打颤（打战）】dǎzhàn 動 ぶるぶる震える、身震いする ⇨[打冷颤]
【打仗】dǎ'zhàng 動 戦争をする、争う〚打嘴仗〛口げんかする
【打招呼】dǎ zhāohu 動 ① 声をかける、あいさつする（身振りによるあいさつを含む）②（事前に）知らせておく、注意を促しておく
【打折】dǎ'zhé（⇨[打折扣]）動（値段を）割引く、値引き販売する ◆例えば「1割値引きする」は'打九折'という ② 融通をきかせて処理する、大目に見る
【打针】dǎ'zhēn 動 注射する
【打肿脸充胖子】dǎzhǒng liǎn chōng pàngzi《俗》（〈自分の〉顔をなぐって腫らし太った体に見せかける＞）自分を能力以上に見せようと無理をする
【打主意】dǎ zhǔyi（dǎ zhúyiとも発音）動 ① 打つ手を考える、対策を練る ②（利益を得るため）ねらいをつける
【打住】dǎzhù 動（話を）打ち切る〚打不住〛止まらない
【打转】dǎzhuàn 動（～儿）くるくる回る、旋回する
【打字机】dǎzìjī 图〔架・台〕タイプライター
【打坐】dǎ'zuò 動 座禅を組む、結跏(けっか)する

【大】dà 图（体積・数量・程度・範囲などが）大きい、強い〚好～的箱子〛とても大きな箱〚年纪～了〛年がいっている〚声音太～〛音が大きすぎる〚风很～〛風が強い ── 副 大いに、ひどく〚～有希望〛大いに見込みがある〚～吃一惊〛ひどく驚く〚～不～好看〛余りきれいではない〚质量～～提高〛質が大いに高まった
⊗ ① 最も年上の〚～哥〛いちばん上の兄〚老～〛長男、長女 ② おとな ③ 尊敬の接頭辞〚～名〛御高名 ④ 日時を強調する〚～夏天〛真夏〚～白天〛真っ昼間

⇨ dài

【大白】dàbái 形 明白である,明らかになる〖真相已~于天下〗真相はすでに天下に明白となった

【大白菜】dàbáicài 名〔棵〕白菜(形は長くて大きい)〖山东~〗山東白菜

【大白天】dàbáitiān/ dàbáitian 名 真っ昼間,昼日中〖~一说梦话〗突拍子もないことを言う

【大伯子】dàbǎizi 名 夫の兄,義兄

【大班】dàbān 名 幼稚園の年長組 ⑯〖小班〗[中姐]

【大板车】dàbǎnchē 名〔辆〕大八車,手押し車

【大半】dàbàn 数 大部分,過半〖~是青年人〗大半は青年たちだ —— 副 おおかた,たいてい〖他~不会来了〗彼は多分来ないだろう

【大本营】dàběnyíng 名『軍』大本営;(転)活動や運動の本拠,中枢部

【大便】dàbiàn 名 大便(をする)

【大兵】dàbīng 名 ①〈貶〉(旧時の)兵隊 ②大軍

【大兵团】dàbīngtuán 名 大兵団

【大饼】dàbǐng 名 ①〔张・块〕小麦粉を練って鉄板で丸く平らに焼いた大型の'饼' ②〈方〉⑯〖普〗[烧饼]

【大伯】dàbó (⑯〖大爷〗) ①伯父,おじさん ②(年配の男性に対する尊称としての)おじさん

*【大不了】dàbuliǎo 副 どんなに悪くても,せいぜい〖~开个夜车〗最悪の場合でも徹夜をすれば済むことだ —— 形〖多く否定文に用いて〗たいした,格別の〖没有什么~的〗別に大したことはない

【大材小用】dà cái xiǎo yòng《成》優れた人物につまらぬ仕事をさせる,貴重な人材のつかいどころを誤る

【大菜】dàcài 名 ①大きな碗や皿に盛られた料理,メインディッシュ ②西洋料理

【大肠】dàcháng 名『生』大腸

【大氅】dàchǎng 名〈方〉〔件〕オーバーコート

【大车】dàchē 名 ①〔辆〕(家畜に引かせる)荷車 ②汽車や汽船の機関士に対する尊称 ♦'大伯'とも書く

*【大臣】dàchén 名 (君主国の)大臣

【大虫】dàchóng 名〈方〉『動』トラ ⑯〖普〗[老虎]

【大处落墨】dà chù luò mò《成》(絵や文章で大事なところに墨を入れる>)要所に精力を集中する

【大吹大擂】dà chuī dà léi《成》大ぼらを吹く,鳴物入りで宣伝する

【大春】dàchūn 名〈方〉(稲やトウモロコシなどの)春播きの作物 ⑯〖~作物〗

【大醇小疵】dà chún xiǎo cī《成》大体よいが若干の欠点はある,小さなきずはあるもののまず満足できる

【大葱】dàcōng 名『植』〔根〕フトネギ

【大…大…】dà…dà… 単音節の名詞・動詞・形容詞の前において,規模・程度が大きいことを示す〖大鱼大肉〗魚や肉がいっぱい〖大吃大喝〗大いに飲み食いする〖大红大绿〗色あざやかな

【大大咧咧】dàdaliēliē 形(~的)(性格や作風が)おおまかな,細かいことにこだわらない

【大胆】dàdǎn 形 大胆な,思いきった

【大刀阔斧】dà dāo kuò fǔ《成》大なたを振るう〖~地修改〗大胆に直す

【大抵】dàdǐ 副 おおよそ,ほぼ〖~有一百公里〗ほぼ100キロメートルある

【大地】dàdì 名 大地

【大典】dàdiǎn 名 (国家的な)重大な式典

【大动脉】dàdòngmài 名『生』〔条〕大動脈;(転)(交通の)大動脈,主要幹線

【大豆】dàdòu 名『植』大豆

【大都】dàdū/dàdōu 副 大部分,ほとんど

【大杜鹃】dàdùjuān 名『鳥』カッコウ

【大肚子】dàdùzi 動(口)妊娠する —— 名 ①腹部がでっぷりとした人 ②大飯食らい(の人)

【大队】dàduì 名 ①『軍』大隊('营'ないし'团'に相当) ②人民公社の生産大隊

【大多】dàduō 副 ほとんど,大部分

【大多数】dàduōshù 数 大多数〖在~情况下〗ほとんどの場合

【大而无当】dà ér wú dàng《成》大きいだけで役に立たない

【大发雷霆】dà fā léitíng《成》激怒して大声で怒鳴る,雷を落とす

【大法】dàfǎ 名 憲法,国家根本の規範

【大凡】dàfán 副〖文頭に置き,'总'や'都'と呼応して〗概して,一般に〖~用功的学生,总喜欢逛书店〗勉強熱心な学生は概して本屋めぐりが好きだ

*【大方】dàfang 形 ①(態度が)自然な,ゆったりとした ②けちけちしない,気前がいい ③(色や形が)上品な,落ち着いた
—— dàfāng 名《書》学者,識者〖贻笑~〗識者の笑いものになる

【大粪】dàfèn 名 人糞,下肥

【大风】dàfēng 名 ①強風,激しい風〖~警报〗強風警報 ②『天』風力8の風

【大风大浪】dà fēng dà làng《成》

大きな風と浪(大きな困難, 激しい闘争, 社会の激動などを指す)
【大夫】dàfū 图 古代の官職(卿の下, 士の上)→[大夫 dàifu]
*【大概】dàgài 图 あらまし, 大体の内容 ― 形〖定語として〗おおよその, 概略の ― 副 おおよそ, たぶん
【大纲】dàgāng 图 大綱, 要旨
【大哥】dàgē 图 ①いちばん上の兄, 長兄 ②(口)同年配の男子に対する尊敬と親しみをこめた呼称
【大革命】dàgémìng 图〖場・次〗①大規模な革命運動 [法国~]フランス革命 [无产阶级文化~]プロレタリア文化大革命 ②中国の第1次国内革命戦争(1924-1927)
【大公无私】dà gōng wú sī〖成〗①すべて公のためにいり, 一点の利己心ももたない 反[假公济私] ②一方に偏せず公正に対処する 反[徇情枉法]
【大姑子】dàgūzi 图(口)夫の姉, 義姉さん
【大鼓】dàgǔ 图 ①〖音〗太鼓, ドラム ②〖演〗小太鼓を打ちながら語る謡いものの一種('三弦'などの伴奏がつく. '京韵~' '山东~'など)
【大褂儿】dàguàr 图〖件〗膝下まである中国風のひとえの長衣
【大鬼】dàguǐ 图 (トランプの)ジョーカー
【大锅饭】dàguōfàn 图 大なべで煮た食べ物, 共同の食事 ♦ 多く悪平等の喩え [吃~]悪平等的に同じ待遇を受ける, 採算を無視して国家に寄りかかる
【大海捞针】dà hǎi lāo zhēn〖成〗大海の中から針をさがす(不可能な事の喩え) 同[海底捞针]
【大寒】dàhán 图 大寒 ♦ 二十四節気の一. 太陽暦の1月20・21日ころに当たる
【大汉】dàhàn 图〖条・个〗大男〖彪形~〗がっしりした大男
【大汉族主义】dà-Hànzú zhǔyì 图 漢族ショービニズム ♦ 漢民族を第一とし, 少数民族を同化させようとする民族主義思想
【大旱望云霓】dàhàn wàng yúnní〖成〗日照りに雨雲を渇望する(苦境から脱したい切実な心情に例える)
【大好】dàhǎo 形 ①〖定語として〗素晴らしい, 非常によい [~河山]素晴らしい山河(祖国) ②(方)(病気が)すっかり直った, 全快した
【大号】dàhào 图〖音〗チューバ ― 形〖定語として〗Lサイズの
【大亨】dàhēng 图 大金持ち
【大红】dàhóng 形〖多く定語として〗深紅色の
【大后方】dàhòufāng 图 ①抗日戦期に国民党支配下にあった地域, 主に西南・西北地区 ②戦線を遠く離れた地域, 銃後
【大后年】dàhòunián 图 明々後年
【大后天】dàhòutiān 图 明々後日, しあさって
【大户】dàhù 图 ①大家^、資産家 ②大家族, 多人数の一族
【大话】dàhuà 图 大ぼら, 大ぶろしき [说~]ほら話をする
【大环境】dàhuánjìng 图 社会環境
【大荒】dàhuāng 图 ①ひどい飢饉, 大凶作〖遭受~〗一大機饉に見舞われる [~年]大凶作の年 ②果てしない荒野, 広大な荒地
【大会】dàhuì 图〖届・次〗大会, 総会
*【大伙儿】dàhuǒr 代(口)みんな 同[大家伙儿]
【大计】dàjì 图 遠大な計画 [百年~]百年の大計
【大蓟】dàjì 图〖植〗ノアザミ ♦ 漢方薬材にも使う 同[蓟]
*【大家】dàjiā 代 みんな, 皆さん [谢谢~]皆さん有難う [我们~]我々みんな ― 图 ①大家, 巨匠 ②名家, 名門 [~闺秀]良家の令嬢
【大建】dàjiàn 图 陰暦の大の月 同[大尽]
【大将】dàjiàng 图〖軍〗①大将 ②高級将校
【大街】dàjiē〖条〗大通り, 街路 [逛~]街をぶらつく [~小巷]大通りと路地(の至るところ)
【大捷】dàjié 图 大勝利
【大姐】dàjiě 图 ①いちばん上の姉, 長姉 ②女性の友人・知人に対する尊称
【大解】dàjiě 動 大便をする 同[小解]
【大惊小怪】dà jīng xiǎo guài〖成〗ちょっとしたことに驚き騒ぎたてる
【大舅子】dàjiùzi 图 妻の兄, 義兄にさん
【大局】dàjú 图 大局, 大勢 [(从)~着想]大局的に考える [顾全~]大局をわきまえる
【大举】dàjǔ 副 大挙して, 大規模に
【大卡】dàkǎ 量〖理〗キロカロリー 同[卡]
【大考】dàkǎo 图〖次〗学期末試験, 学年末試験 ♦ '全国统一考试'などの重要な試験をいうこともある
【大快人心】dà kuài rén xīn〖成〗(悪人が処罰されて) みんなの胸がすかっとする, 誰もが大満足する
【大牢】dàláo 图(口)牢屋, 刑務所 [坐~]牢獄に入れられる
【大理石】dàlǐshí 图 大理石 ♦ 雲南省の'大理'が有名でこの名がある
【大力】dàlì 副 強力に, 大いに [~发展]大いに発展させる ― 图 大きな力

【大丽花】dàlìhuā [名]〘植〙ダリア
【大殓】dàliàn [名]納棺の儀式
【大梁】dàliáng [名]①(建物の) 梁(はり) ②《転》中心的役割, 柱となる働き〘挑 tiǎo ～〙大黒柱となる
【大量】dàliàng [形]〔定語·状語として〕大量の, 多くの〘～(的) 事实〙多くの事実〘农民～流入城市〙農民が大量に都市に流入する
【大陆】dàlù [名]①大陸［欧亚～］ユーラシア大陸［～架］大陸だな ②(香港や台湾の立場から) 中国大陸
【大路】dàlù [名]〔条〕広い道, 大通り
【大路货】dàlùhuò [名]一般人気商品
【大略】dàlüè [名]①あらまし, 概略 ②《書》遠大な計略 — [形]〔定語·状語として〕おおまかな, 大づかみな〘～的情况〙大体の情況〘～相同〙ほぼ同じだ
【大妈】dàmā [名]①伯母(父の兄の妻) ②(年配の婦人に対する親しみをこめた敬称としての)おばさん
【大麻】dàmá [名]①〔棵〕麻, ヘンプ [同]［线麻］ ②大麻, マリファナ
【大麻哈鱼】dàmáhǎyú [名]〘魚〙〔条〕サケ('鲑鱼'の俗称) [同]［大马哈鱼］
【大麦】dàmài [名]オオムギ
【大忙】dàmáng [形]〔ふつう定語として〕大変忙しい, 超多忙の〘～季节〙大忙しの季節
【大猫熊】dàmāoxióng [名] [同]［大熊猫］
【大门】dàmén [名](～儿) 門, 正門(通用門や各部屋の出入口と区別していう)
【大米】dàmǐ [名](脱穀してある)コメ
【大民族主义】dàmínzú zhǔyì [名]大民族主義, ショービニズム
【大名】dàmíng [名]①名声［～鼎鼎］名声が高い［臭～］悪名 ②お名前［久仰～］かねて御高名は承っております［尊姓～］御尊名
【大明大摆】dà míng dà bǎi《成》人目もはばからぬ, おおっぴらな
【大模大样】dà mú dà yàng《成》これ見よがしの, 横柄な
【大拇指】dàmǔzhǐ [名]《口》親指〘竖起～叫好〙親指を立てて褒める
【大脑】dànǎo [名]〘生〙大脳［～半球］大脳半球［～炎］脳炎
【大鲵】dàní [名]オオサンショウウオ [同]［娃娃鱼］
【大年】dànián [名]①豊作の年, 当り年 [反]［歉岁］ ②旧暦で12月が30日ある年 [反]［小年］ ③春節, 旧正月［～初一］旧暦の元旦［～三十］大晦日
【大年夜】dàniányè [名]《方》旧暦の大晦日の夜, 除夜 [同]《普》［除夕］
【大娘】dàniáng [名]《方》 [同]《普》［大妈］
【大炮】dàpào [名]①〔尊·门〕大砲 ②《口》《転》ほら吹き, 大きなことや激しい意見を言う人
【大批】dàpī [形]〔定語·状語として〕大量の, 大口の〘～货物〙大量の貨物
【大谱儿】dàpǔr [名]大まかな考え
【大气】dàqì [名]①大気［～污染］大気汚染［～压］大気圧 ②(～儿) 荒い息〘喘～〙はあはあ息をつく
—— dàqi/dàqì [形]①度量の大きい ②(形や色が)上品な
【大器晚成】dà qì wǎn chéng《成》大器晩成
【大前年】dàqiánnián [名]先おととし, 一昨々年
【大前天】dàqiántiān [名]先おととい, 一昨々日
【大枪】dàqiāng [名]〔枝〕歩兵銃, 小銃 ♦拳銃などと区別して用い, ふつう'长枪'という
【大庆】dàqìng [名]①(多く国家的な) 大慶事, 大がかりな慶祝行事〘一百年～〙百周年の祝賀 ②老人の誕生日の敬称 ③(D-) 大慶油田(黒竜江省内)
【大秋】dàqiū [名]秋の収穫(期)［～作物］春に種を蒔き秋に収穫する作物(コウリャン·トウモロコシ·アワなど)
【大曲】dàqū [名]①酒こうじ ②焼酎('白酒')の一種 [同]［～酒］
【大权】dàquán [名]大権, 支配権(多く政権を指す)〘掌好～〙政権を握る
【大人】dàrén [名]《敬》(多く書翰(しょかん)文で) 世代が上の人に対する呼称〘父亲～〙お父上
—— dàren [名]①おとな, 成人 [反]［小孩儿］ ②旧時, 高官に対する呼称
【大肉】dàròu [名]ブタ肉
【大嫂】dàsǎo [名]①長兄の妻, 兄嫁 ②(自分とほぼ同年輩の既婚婦人に対する尊称として)奥さん
【大扫除】dàsǎochú [名]大掃除〘进行一次～〙一度大掃除をする
*【大厦】dàshà [名]〔座〕ビル, マンション［上海～］上海マンション
【大少爷】dàshàoye [名](金持ちの家の) 一番上の息子, 若旦那［～作风］放蕩息子的な生き方
【大赦】dàshè [動]大赦を行なう
【大婶儿】dàshěnr [名]《口》(母と同年輩の婦人に対する尊称として)おばさん
【大师】dàshī [名]①学問·芸術面の大家, 巨匠［钢琴～］ピアノの巨匠 ②〘宗〙(僧侶に対する敬称として) 大師

D

【大师傅】dàshīfu [名]《敬》和尚様
—— dàshifu [名]《口》コック，板前
【大使】dàshǐ [名]大使
★★【大使馆】dàshǐguǎn [名]大使館
【大事】dàshì [名]①〔件〕重大な出来事，重要な事柄〚关心国家～〛国家の大事を気にかける［终身～］一生の大事，結婚問題［～记］大事記(重要な出来事を年月ごとに記した記録) ②大勢，全般の情況
【大势】dàshì [名](主に政治的な) 大勢，全体の流れ［～所趋，人心所向］大勢の赴くところ，人心の向かうところ
【大手大脚】dà shǒu dà jiǎo《成》金遣いが荒い，浪費癖のある
【大叔】dàshū [名]①《口》(父と同年輩の中年男性に対する尊称として) おじさん ②父のすぐ下の弟
【大暑】dàshǔ [名]大暑 ♦二十四節気の一．太陽暦の7月22～24日ころに当たる
★【大肆】dàsì [副]《貶》なにはばかることなく，ほしいままに〚～宣扬〛臆面もなく宣伝する
【大蒜】dàsuàn [名]〚植〛〔头〕ニンニク ♦(割ったあとの) 一かけらは'一瓣儿'，編んで一つなぎにしたものは'一辫'で数える [同][蒜]
【大踏步】dàtàbù [副]大またに〚～(地)前进〛大きく前進する
【大…特…】dà…tè 同じ動詞の前に置いて程度が大であることを示す［大错特错］大間違いをする［大吃特吃］大いに食べる
【大提琴】dàtíqín [名]〚音〛〔把〕チェロ〚拉～〛チェロを弾く
★【大体】dàtǐ [副]〘多く'～上'の形で〙だいたい，ほぼ —[名]《書》全体の利益，重要な道理〚不识～〛全体の利益を考えない
【大天白日】dà tiān bái rì [名]《口》真っ昼間，昼日中(ひるひなか)
【大田】dàtián [名]〚農〛広い畑，大規模な農地［～作物］'大田'に作付けする作物(小麦・コウリャン・トウモロコシ・綿花・牧草など)
【大厅】dàtīng [名]〔间〕ホール，広間
【大庭广众】dà tíng guǎng zhòng《成》みんなが注目する場所，公開の場〚～之中〛公衆の面前で
【大同】dàtóng [名](理想社会としての)大同の世，ユートピア
【大同小异】dà tóng xiǎo yì《成》大同小異，ほぼ同じ
【大头】dàtóu [名]①民間遊戯に用いる頭でっかちのかぶり物 ②民国初年の銀貨 ♦袁世凱の肖像がはいっていた [同][袁～] ③(～儿) いいかもにされるお人好し，甘ちゃん [同][冤～] ④(～儿) 主要な部分〚得～〛いちばん多く取る
【大头针】dàtóuzhēn [名]〔根〕虫ピン〚拿～别纸〛ピンで紙を留める
【大团圆】dàtuányuán [名]大団円，ハッピーエンド —[動]一家団欒(だんらん)する
【大腿】dàtuǐ [名]〔条〕太もも，大腿(だいたい)
【大腕儿】dàwànr [名](文学・芸術界の)有力者，実力派
【大王】dàwáng [名]王者，巨頭，キング［煤油～］石油王［足球～］サッカーの神様
⇨dàiwang
【大为】dàwéi [副]大いに，はなはだ〚～失望〛がっくりくる
【大尉】dàwèi [名]〚軍〛大尉 ♦尉官の最上位で'上尉'の上
【大无畏】dàwúwèi [形]〘定語として〙何ものも恐れない，恐れを知らない〚～的英雄气概〛果敢な英雄的気概
【大喜】dàxǐ [動]喜びに値する〚～的日子〛(結婚などの)めでたい日
【大喜过望】dà xǐ guò wàng《成》期待以上の結果で大喜びする，望外の喜びを得る
【大显身手】dà xiǎn shēnshǒu [動]思う存分腕を揮(ふる)う，遺憾なく実力を発揮する [同][大显神通]
★★【大象】dàxiàng [名]〔头〕ゾウ [同][象]
【大小】dàxiǎo [名]①(～儿) 大きさ，サイズ ②世代の上下，大人と子供 ③規模や程度の大と小〚不论～〛大小(老若)にかかわらず
【大校】dàxiào [名]〚軍〛大佐 ♦佐官の最上位．'上校'の上
【大写】dàxiě [名]①(アルファベットの) 大文字 ②帳簿や書類等に用いる漢数字 ♦壹・贰・参・肆・伍・陆・柒・捌・玖・拾・佰・仟など
【大兴土木】dà xīng tǔmù [動]①大規模な土木工事をする ②多くのビルを建てる
【大猩猩】dàxīngxing [名]〔只〕ゴリラ
★★【大型】dàxíng [形]〘定語として〙大型の［～运输机］大型輸送機
【大行星】dàxíngxīng [名]〚天〛太陽系の九大惑星
【大熊猫】dàxióngmāo [名]〚動〛〔只〕ジャイアントパンダ [同][猫熊]
【大选】dàxuǎn [名]〔次〕総選挙
【大学】dàxué [名]〔所・个〕大学(一般に総合大学をいい，専科大学は'学院')〚考上～〛大学に合格する［电视～］放送大学
【大学生】dàxuéshēng [名]大学生
【大雪】dàxuě [名]大雪(たいせつ) ♦二十四節気の一．太陽暦の12月6～8日ころに当たる
【大牙】dàyá [名]〔颗〕①臼歯，奥歯 ②門歯，前歯(ふつうは'大门牙'と

いう）〖叫人笑掉～〗物笑いになる
【大烟】dàyān [名]（通称として）アヘン（[関][鸦片]）〖抽～〗アヘンを吸う［～鬼］アヘン中毒患者
【大雁】dàyàn [名]〖鳥〗〔只〕ガン，カリ〖一行 háng ～〗カリの列
【大洋】dàyáng [名] ① 大洋，海洋 ②〔块〕旧時の1元銀貨の通称
【大洋洲】Dàyángzhōu [名] オセアニア
【大摇大摆】dà yáo dà bǎi《成》誰はばかることなく，大手を振って ♦一般に副詞的に使う [反][蹑手蹑脚]
【大要】dàyào [名] 要点，骨子〖文章的～〗文章の要旨
【大爷】dàyé [名] 旦那さま［～作风］旦那風をふかす態度
—— dàye [名]《口》①伯父さん，父の兄 [同][伯父] ②（年長の男子に対する尊称として）おじさん
【大业】dàyè [名] 偉大な事業，大業〖创～〗大事業を興す
【大衣】dàyī [名]〔件〕オーバーコート，外套(がいとう)
【大姨子】dàyízi [名] 妻の姉，義姉(ねえ)さん ♦‘大姨儿’は母の一番上の姉
★【大意】dàyì [名] 大意，趣旨
—— dàyi [形] 不注意な，そこつな〖不要～〗不注意は禁物だよ［粗心～］大ざっぱでそそっかしい
【大义凛然】dà yì lǐnrán《成》毅然と正義を貫き通す
【大有可为】dà yǒu kě wéi《成》大いにやりがいがある，先行き大いに希望がもてる
【大有作为】dà yǒu zuòwéi《成》大いに力が発揮できる，存分に腕を揮える
【大雨】dàyǔ [名]〔场〕大雨［～倾盆］しのつく雨が降る
★★【大约】dàyuē [副] ①（数量について）おおよそ，約〖～占三分之一〗ほぼ3分の1を占める ②たぶん，おそらく ━ [形]〖定語として〗おおよその〖～的数字〗おおよその数
【大月】dàyuè [名] 陽暦で31日，陰暦で30日ある月，大の月 [反][小月]
【大跃进】dàyuèjìn [名] 大躍進，特に1958年の農工業の大躍進運動
【大杂烩】dàzáhuì [名] ごった煮；《転》《貶》寄せ集め，ごちゃ混ぜ
【大杂院儿】dàzáyuànr [名] 中庭を囲んだ伝統的住居に幾世帯もが住む中国風長屋
【大灶】dàzào [名]（共同炊事・給食の）並の食事，大衆食（[関][中灶]［小灶］）〖吃～〗みんなと同じ安飯を食べる
【大张旗鼓】dà zhāng qí gǔ《成》大がかりに，威勢よく
【大丈夫】dàzhàngfu [名] ますらお，立派な男子〖～言出如山〗男子に二言はない［男子汉～］男いっぴき
【大旨】dàzhǐ [名] 要旨，概要
★【大致】dàzhì [形]〖定語として〗大体の，おおまかな ━ [副] 大体，おおよそ
【大智若愚】dà zhì ruò yú《成》真の賢者は表面的には愚者にみえる，大知は愚のごとし
【大众】dàzhòng [名] 大衆 ♦あまり単用されない．単用されるのは‘群众’［文艺～化］文芸の大衆化［～文化］大衆文化
【大轴子】dàzhòuzi [名] 公演のトリとなる芝居
【大主教】dàzhǔjiào [名]〖宗〗大主教，大司教
【大专】dàzhuān [名] ①大学（総合大学と専科大学の総称） ②《略》大学に相当する専門学校（‘专科学校’の略） ♦高校（‘高中’）を出て入る学校で，中学（‘初中’）を出て入る‘中专’と区別する
【大篆】dàzhuàn [名] 大篆(だいてん)（漢字の書体の一）
【大字报】dàzìbào [名]〔张・篇〕壁新聞（多くは批判や自己批判を書出したもの）
【大自然】dàzìrán [名] 大自然，自然界

【沃】dà [動]《方》洗う ♦呉方言など

【瘩（*疸）】da ⊗ →［疙 gē ～］

【呆】dāi [形] ①愚かな，にぶい ②（表情が）ぼんやりした，ぽかんとした ━ [動]《口》とどまる，滞在する（‘待’とも書く）
【呆板】dāibǎn（áibǎn は旧読）[形] 杓子定規な，ぎこちない [同][死板]
【呆笨】dāibèn [形] ①愚かな，間抜けな [同][呆傻] ②不器用な，のろまな
【呆若木鸡】dāi ruò mùjī《成》（驚きや恐れで）ぼんやりする，呆然(ぼうぜん)自失する ♦‘木鸡’は木彫のニワトリ
【呆头呆脑】dāi tóu dāi nǎo《成》うすぼんやりとした，いかにも愚鈍な
【呆账】dāizhàng [名] 回収不能の貸し付け，こげ付き，貸倒れ
【呆滞】dāizhì [形] 生気のない，動きのにぶい〖目光～〗目に輝きがない〖市场～〗市場に活気がない
【呆子】dāizi [名] ばか（者），間抜け

【待】dāi [動]《口》留まる，滞在する（‘呆’とも書く）〖～一会儿吧〗ちょっとしてからね，あとでね〖～几天再走吧〗2，3日してから行こう
⇨dài

【歹】dǎi ⊗ 悪い，よからぬ［～人］《方》悪人［好～］善し悪し［为非作～］悪事を働く
★【歹徒】dǎitú [名]〔帮・个〕悪党，悪者

【逮】dǎi 動 つかまえる, 捕える 〚~住了罪犯〛犯人をつかまえた ⇨dài

【傣】dǎi ⊗ 以下を見よ
【傣族】Dǎizú 名 タイ族 ◆中国少数民族の一, 雲南省に住む

【大】dài ⊗ 大きい ◆限られた単語のみに使われる 〚~王 wang〛王様, お頭 ⇨dà

*【大夫】dàifu 名(口)医者(⊕[医生])〚白求恩~〛(カナダ人医師)ベチューン先生 ⇨'大夫' dàfū

【代】dài 動…に代わる, 代理で…する 〚~子女做作业〛子供の替わりに宿題をする ― 量 世代を表わす 〚第二~〛第二世代 〚我们这一~〛我々の世代 ⊗①(歴史の)時代 〚汉~〛漢代 ②(地質学の)時代 〚古生~〛古生代 ③(D-)姓
【代办】dàibàn 動 代理する, 代行する 〚请他~〛彼に代行してもらう 〚~所〛代理事務所, 取次店 ― 名 代理大使
【代笔】dàibǐ 動 代筆する 〚这封信由他~〛この手紙は, 彼が代筆します
*【代表】dàibiǎo 動 代表する, 成り代わる 〚~我儿子道谢〛息子に成り代わってお礼申し上げる 〚~全体成员的意愿〛全員の願いを代表する ― 名 代表(人や物)
【代称】dàichēng 名(正式名称に代わる)別名
【代词】dàicí 名[語]代詞 ◆人称代詞(你, 他など), 疑問代詞(怎么, 谁など), 指示代詞(这, 那など)の3種がある
【代沟】dàigōu 名 ジェネレーションギャップ, 世代間のずれ 〚填平~〛世代の溝を埋める
【代号】dàihào 名 略号, 暗号名, コードネーム
*【代价】dàijià 名 代価, 代償 〚付出~〛代価を払う
【代课】dàikè 動 代講する
【代劳】dàiláo 動 代わりに骨を折る 〚我的事情请您~〛僕の用事を代わりにやって下さい
*【代理】dàilǐ 動 代理する, 代行する 〚~班主任工作〛クラス担任を代行する 〚~人〛代理人
【代码】dàimǎ 名 コード(番号)
【代名词】dàimíngcí 名 別の言い方, 代用語句
【代数】dàishù 名[数]代数
*【代替】dàitì 動 交代する, 代替する 〚用低劣的~优质的〛粗悪なもので優良なものの代わりにする
【代销】dàixiāo 動 代理販売する 〚~香烟〛たばこの代理販売をする 〚~店〛販売代理店
【代谢】dàixiè 動(新旧)交替する→[新陈~]
【代言人】dàiyánrén 名 代弁者, スポークスマン
【代议制】dàiyìzhì 名 代議制度 ⊕[议会制]
【代用】dàiyòng 動 代用する 〚拿这种工具~一下〛この道具で代用しよう 〚~品〛代用品

【岱】Dài ⊗ 泰山(山東省の名山)の別名(岱宗''岱岳''ともいう)

【玳】(*瑇)dài ⊗ 〚~瑁 mào〛【動】タイマイ(ウミガメの一種)

【贷】(貸)dài ⊗ ①貸し付ける, 借り入れる 〚~方〛貸し方 〚信~〛クレジット ②(責任を)押しつける, なすりつける 〚责无旁~〛責任は転嫁できない ③容赦する, 目こぼしする
*【贷款】dài'kuǎn 動 融資する, 借入を供与する ― dàikuǎn 名 貸し金, ローン, 借款 〚专项~〛特定目的のための借款

【袋】dài 名(~儿)袋 〚装在~里〛袋に詰める 〚衣~〛ポケット ― 量 ①(~儿)袋入りのものを数える 〚一~儿面粉〛1袋の小麦粉 ②キセルたばこや水たばここの1服分を数える 〚一~烟的工夫〛(キセル)たばこを一服する間
【袋鼠】dàishǔ 名[動]〔只〕カンガルー
【袋子】dàizi 名 袋, バッグ 〚纸~〛紙袋

【黛】dài ⊗(青黒色の)眉墨

【迨】dài ⊗ 及ぶ, 乗じる

【骀】(駘)dài ⊗ 以下を見よ ⇨tái
【骀荡】dàidàng 形[書]駘蕩とする, (春の景色が)のどかな 〚春风~〛春風駘蕩

【带】(帶)dài 名(~儿)〚条〛ベルト, おび, ひも 〚腰~〛腰を締めるバンド 〚皮~〛皮ベルト 〚录像~〛録画テープ ― 動 ①身に着けて持つ, 携帯する 〚~行李〛旅行荷物を携行する 〚~雨伞〛傘を携帯する ②ついでにする 〚请你~个口信〛ついでに言付けをお願いします ③帯びる, 含む 〚~点酸味〛ちょっと酸っぱさがある 〚面~笑容〛顔に笑みを浮かべる ①

率いる, 連れていく〖～队〗隊を率いる〖～孩子上公园玩儿〗子供を連れて公園へ遊びに行く ⑤世話する, 養護する〖～孩子〗子供の面倒をみる〖～博士生〗博士課程の院生を指導する
㊠①タイヤ［车～］タイヤ ②区域, ゾーン［绿化地～］グリーンベルト

【带操】dàicāo 图〖体〗リボン（新体操の種目の一）

【带刺儿】dài'cìr 動（植物などが）とげを持つ, はりが生えている；(転)（言葉に）とげを持つ, 皮肉を込める

【带动】dàidòng 動 ①（物が物を）動かす, 動力で動かす〖机车～货车〗機関車が貨車を動かす ②（人が人を）率いて動かす, 前進へと導く〖～学生参加义务劳动〗学生たちを率いて労働奉仕に参加する

【带分数】dàifēnshù 图〖数〗帯分数

【带劲】dàijìn 形 ①(～儿) 力強い, エネルギッシュな ②興味がわく, エキサイティング

【带菌者】dàijūnzhě 图〖医〗保菌者, キャリアー

【带累】dàilěi 動 巻添えにする,（被害に）巻き込む ㊨[连累]

*【带领】dàilǐng 動 ①引率する〖老师～大家去郊游〗先生が皆を引率してピクニックに行く ②導く, 案内する

【带路】dàilù 動 道案内をする ㊨[带道]

【带头儿】dàitóu 動 率先してやる, 先頭に立って導く ㊨[领头儿]

【带徒弟】dài túdi 動 弟子を育てる, 見習いに（工）の教育を受ける〖多く工場の熟練労働者が新人の技術教育を受持つことをいう〗

【带孝】dài'xiào 動 喪に服する, 喪章を着ける（髪を白いひもで縛る, 袖に黒い布を巻く, 白い喪服を着るなど）

【带鱼】dàiyú 图〖魚〗〔条〕タチウオ（太刀魚）

【带子】dàizi 图〔条〕带$_{儿}$, ひも, ベルト, テープ, リボン

【待】 dài 動 遇する, 扱う, もてなす〖～他好〗彼を好遇する
㊠①待つ［等～］同前［～岗］（失業して）求職中である ②…しようとする
⇨dāi

【待到】dàidào 圈〖時点を表わす語句の前に位置して〗…してから, …した時には〖～樱花烂漫时…〗桜が咲き満ちる時には…

【待考】dàikǎo 動（疑問箇所について）今後の考証に待つ

【待理不理】dài lǐ bù lǐ〖成〗(～的)

まともに応対しない, 冷たくあしらう ㊨[待搭不理]

【待命】dàimìng 動 命令を待つ, 待命する（㊨[待令]）〖～出发〗出動命令を待つ

【待业】dàiyè 動（学校を出て）就職の配分を待つ, 職にあぶれる（失業がないことを建前とした時期に'失业'を言いかえた表現）〖～青年〗失業中の青年

【待遇】dàiyù 動 待遇する, 応対する〖冷淡的～〗冷淡な応対［最惠国～］最恵国待遇

【戴】 dài 動 (頭・顔・胸・手などに)のせる, 掛ける, 付ける〖～眼镜〗眼鏡をかける〖～手套〗手袋をはめる
㊠①尊敬し支持する［拥～］推戴$_{たいする}$ ②(D-)姓

【戴帽子】dài màozi 動 （㊥[摘帽子]）①帽子をかぶる〖戴高帽子〗おだてる, お世辞を言われていい気になる〖戴绿帽子〗女房を寝取られる ②(転)（人に政治的レッテルをはる, 反人民的）罪名を加える〖戴上右派分子的帽子〗右派分子の罪名を負わされる

【戴孝】dài'xiào 動 ㊨[带孝]

【给】(給) dài ㊠欺く

【怠】 dài ㊠①怠ける, 怠る ②怠惰な, ぐうたらな［懒～lǎndài］怠惰な

【怠工】dàigōng 動 怠業する, サボタージュする ㊨[罢工]

*【怠慢】dàimàn 動 ①（人を）冷淡にあしらう〖别～了客人〗お客を粗末に扱わないように ②（挨）（接待が）不行き届きで恐縮です

【殆】 dài ㊠①危うい, 危険な［危～］〖書〗最大の危機 ②ほとんど, ほぼ

【逮】 dài ㊠達する, 及ぶ
⇨dǎi

*【逮捕】dàibǔ 動 逮捕する

【丹】 dān ㊠①朱色［～砂］辰砂$_{しんしゃ}$ ②顆粒および粉末の漢方薬［灵～妙药］万能薬 ③(D-)姓

【丹顶鹤】dāndǐnghè 图〖鳥〗〔只〕タンチョウヅル

【丹青】dānqīng 图〖書〗①赤と青の顔料 ②(転)絵画〖～妙笔〗絶妙の画家

【丹心】dānxīn 图〔颗〕赤心, 真心

【单】(單) dān 形 (㊥[双])〖多く定語として〗①一つの［人～床］シングルベッド ②奇数の〖～的日子〗奇数の日 — 图 (～儿)書き付け, リスト, 請求書 — 副 単に, ただ〖～靠这点材料…〗これだけの材料によるだけでは…

[文]①単純な，簡単な［简～］単純な ②ひよわな，薄弱な［～弱］(体が)弱い
⇨Shàn

【单薄】dānbó [形]①(重ね着が) 薄い，薄着をした ②(体が) ひ弱な，か細い ③(力·論拠が)弱い，薄弱な

D

【单产】dānchǎn [名]単位面積あたりの収穫高

【单车】dānchē [名]《方》自転車 [同]《普》[自行车]

【单程】dānchéng [名]片道([反][来回])［～票］片道切符

★【单纯】dānchún [形]①(良い意味で) 単純な，純粋な ②《貶》〔定語·状語として〕単なる，単純な，やみくもの 『～地追求数量』やみくもに量のみを追求する

【单词】dāncí [名]〘語〙①単純語 [同][单纯词] [反][合成词] ②単語

【单打】dāndǎ [名]〘体〙(テニス·卓球などの)シングルス [反][双打]

【单打一】dāndǎyī [動]①一つのことに専念する，力を集中する ②一面的に物を見る，硬直した考え方をする

【单单】dāndān [副]ただ単に，ただ一つだけ 『～剩下了一个』たった一つだけ残った

【单刀直入】dān dāo zhí rù《成》単刀直入に話す

★【单调】dāndiào [形]単調な，一本調子な

★【单独】dāndú [副]単独に，独自に，自分だけで

【单峰驼】dānfēngtuó [名]〘動〙〔匹〕ひとこぶラクダ [関][双峰驼]

【单干】dāngàn [動]共同体に加わらず単独でやる［～户］(協同化時代の) 単独経営の農家. ;《転》他との協力を拒み自分ひとりで働く人

【单杠】dāngàng [名]〘体〙鉄棒 ♦器具と種目の両方をいう [関][双杠]

【单个儿】dāngèr [形]〔多く状語として〕①一人だけの ②(組になったものの)片方だけの，ひとつだけの

【单轨】dānguǐ [名]①単線(鉄道) ②モノレール [反][双轨]

【单簧管】dānhuángguǎn [名]〘音〙〔支〕クラリネット [同][黑管]

【单价】dānjià [名]単価 『铅笔的～是一毛』(この)鉛筆の単価は1角だ

【单间】dānjiān [名](～儿) ①ひと間だけの住まい，ワンルーム ②(旅館·レストランなどの) 仕切られた部屋，個室

【单句】dānjù [名]〘語〙単文 [関][分句][复句]

【单口相声】dānkǒu xiàngsheng [名]〘演〙〔段〕一人漫才，漫談，落語『说～』漫談を演じる

【单利】dānlì [名]〘経〙単利 [反][复利]

【单宁酸】dānníngsuān [名]〘化〙タンニン酸 [同][鞣酸]

【单枪匹马】dān qiāng pǐ mǎ《成》(1本の槍と1頭の馬>) 誰の助けも借りず独力でやる [同][匹马单枪]

【单身】dānshēn [名]単身，独身 『～在外』一人他郷で暮らす［～汉］独身男性［～贵族］独身貴族

【单数】dānshù [名]①(プラスの) 奇数 [反][双数] ②〘語〙単数 [反][复数]

★【单位】dānwèi [名]①計量単位 ②機関や団体およびその下部の事業体，すなわち勤労者が所属する場 『你是哪个～的？』どこにお勤めですか？

【单线】dānxiàn [名]①〘交〙(鉄道の) 単線([反][复线])［～铁路］単線鉄道 ②1本だけの線，1筋だけの繋がり［～联系］1本しかない連絡系統

【单相思】dānxiāngsī [名]片思い([同][单思][单恋]) 『害～』片思いをする(‘害单思病’ともいう) — [動]片思いをする 『你别～了』片思いなんかやめておけよ

【单行本】dānxíngběn [名]①単行本 ②抜刷り [同][抽印本]

【单行线】dānxíngxiàn [名]一方通行の道路 [同][单行道]

【单眼皮】dānyǎnpí [名](～儿) 一重まぶた [反][双眼皮]

【单一】dānyī [形]単一の，ただ一種の 『工作很～』仕事が単調だ［～种植］単一作物栽培

【单衣】dānyī [名]〔件〕ひとえの着物

★【单元】dānyuán [名]①単元，ユニット ②集合住宅で入口(階段) を共有する区画，ブロック 『四号楼三～202室』4号棟3ブロック202号室

【单子】dānzi [名]〔张〕①シーツ [同][床单儿] ②書き付け，一覧表，請求書 『开～』リストを作る，勘定書を出す

〖殚(殫)〗dān [文]尽くす［～精竭虑］精根を傾ける

〖箪(簞)〗dān [文](古代の)竹の丸い器

【担(擔)】dān [動]肩に担ぐ，(天秤棒で) 担う;《転》(責任や任務を) 担当する，引き受ける
⇨dàn

★【担保】dānbǎo [動]保証する，請け合う 『我～不会出问题』問題ないことを保証します

【担待】dāndài [動]《口》①許す，了解する ②責任を負う，引き受ける

【担当】dāndāng [動](責任を) 引き受ける，担う 『～任务』任務を担当

する
【担负】dānfù [動]（責任·仕事·費用を）担当する
【担搁】dānge [動] [同][耽搁]
【担架】dānjià [名]〔副〕担架 〖抬～〗担架で運ぶ
★★【担任】dānrèn [動]（役職や任務を）受け持つ，担当する
★★【担心】dān▼xīn [動] 心配する，案ずる 〖她～别人不理解自己〗人が自分を理解してくれないのではと彼女は不安だった
【担忧】dānyōu [動] 心配する，憂える 〖为儿子的生死～〗息子の安否を気遣う

〖眈〗 dān ⊗以下を見よ
【眈眈】dāndān [形]《書》じっと狙いをつけている，貪欲な目付きの

〖耽〗 dān ⊗（酒色に）ふける ［～溺］（悪習に）溺れる
〖—（*躭）〗 ⊗手間どる，遅れる
【耽搁（担搁）】dānge [動] ① 滞在する，留まる ② 遅れる，長びく
★★【耽误】dānwu [動] 遅れる，遅らせる，暇取ってしくじる 〖～时间〗時間を無駄にする

〖聃〗 dān ⊗ 人名用字 ［老～］老聃，老子

〖儋〗 Dān ⊗［～县］儋県（海南島の地名）

【胆（膽）】 dǎn [名] ①（通称として）胆のう ②（～儿）肝っ玉，度胸 〖～儿真大〗肝っ玉が本当に太い 〖壮～〗勇気づける ③ 器物の水·空気などを容れる部分 〖热水瓶的～〗魔法瓶の内壁（'瓶胆'とも）
【胆敢】dǎngǎn [副] 大胆にも，図々しくも
【胆固醇】dǎngùchún [名] コレステロール 〖～增高〗コレステロールがたまる
【胆寒】dǎnhán [形] びくびくおびえた，怖くてたまらない
【胆力】dǎnlì [名] [同][胆量]
【胆量】dǎnliàng [名] 度胸，胆力
【胆略】dǎnlüè [名] 勇気と知略
【胆囊】dǎnnáng [名]〖生〗胆嚢
★【胆怯】dǎnqiè [形] 臆病な，気の小さい
【胆识】dǎnshí [名] 胆力と見識
【胆石病】dǎnshíbìng [名]〖医〗胆石症 [同][胆结石]
【胆小】dǎnxiǎo [形] 臆病な，気の小さい [反][胆大]
★★【胆小鬼】dǎnxiǎoguǐ [名] 臆病者
【胆战心惊】dǎn zhàn xīn jīng《成》恐怖にふるえる [同][心惊胆战]
【胆汁】dǎnzhī [名]〖生〗胆汁 [同][胆液]
【胆子】dǎnzi [名] 肝っ玉，度胸 〖～大〗肝っ玉が大きい

〖疸〗 dǎn ⊗→［黄 huáng～］

〖亶〗 dǎn ⊗誠に

【掸（撣 *撢 担）】 dǎn [動]（はたきなどで）はたく，払い落とす
【掸子】dǎnzi [名]〔把〕はたき ［鸡毛～］羽根で作ったはたき

【石】 dàn [量] 石（容量の単位，1石は100'升'）
⇨shí

【旦】 dàn [名]〖演〗京劇の女形 [同][～角儿 juér]
⊗ ① 早朝，夜明け ② 日 ［元～］元旦
【旦夕】dànxī [名]《書》① 朝夕 ［～相处］日常的に付き合う ②《転》短い時間 ［危在～］危機が目前に迫る

【但】 dàn [接] しかし，だが [同][～是]
⊗ ① ただ，単に ［～愿如此］そうであるようただただ願う ②（D-）姓
【但凡】dànfán [副] すべて，おしなべて 〖～熟识他的人，没有不称赞他的〗およそ彼をよく知っている人で彼をほめない者はいない
★★【但是】dànshì [接]〖しばしば従文の'虽然''尽管'などと呼応して〗だが，しかしながら [同][可是]

【担（擔）】 dàn [量] ① 100'斤' ② ひと担ぎ，ひと荷 〖一～水〗天びん棒ひと担ぎの水（水桶2杯分）
⇨dān
【担担面】dàndànmiàn [名] タンタンめん（辛味のきいた四川風うどん）
【担子】dànzi [名] ①〔副〕天びん棒とその荷 〖挑～〗（天びん棒で）荷を担ぐ ②《転》重荷，責任 〖卸下～〗肩の荷を下ろす

〖诞（誕）〗 dàn ⊗ ① 生まれる，誕生する ［寿～］老人の誕生日の祝い ② でたらめな，根も葉もない ［荒～文学］不条理の文学
★【诞辰】dànchén [名]《敬》誕生日
★【诞生】dànshēng [動] 誕生する（[関][出生]）〖中华人民共和国～于1949年〗中華人民共和国は1949年に誕生した

〖疍（蜑）〗 dàn ⊗［～民］水上生活者の旧称

【蛋】 dàn [名] ① 卵 〖下～〗卵を産む ［鸡～］鶏卵 ②（～儿）卵状のもの 〖把泥捏成～（儿）〗泥を団子に丸める ［山药～］ジャガイモ
【蛋白】dànbái [名] ① 卵白 ② 蛋白

質
- 【蛋白石】dànbáishí 图 オパール
- *【蛋白质】dànbáizhì 图 蛋白質
- 【蛋粉】dànfěn 图 鶏卵の黄身の粉末，乾燥卵
- *【蛋糕】dàngāo 图〖块〗ケーキ，カステラ風洋菓子〖生日~〗バースデーケーキ
- 【蛋黄】dànhuáng 图（~儿）卵黄，黄身
- 【蛋品】dànpǐn 图 卵類を用いた食品の総称（'皮蛋''咸鸭蛋''蛋粉'など）

【惮(憚)】 dàn ㋠ 恐れはばかる〖*肆无忌~〗何もはばかるところがない

【弹(彈)】 dàn 图（~儿）〖颗〗(はじき弓(ぱちんこ)などの)たま ㋠(銃砲の)たま〖子~〗弾丸〖炮~〗砲弾〖原子~〗原子爆弾 ⇨tán

- 【弹道】dàndào 图 弾道〖~式洲际导弹〗大陸間弾道弾，ICBM
- 【弹弓】dàngōng 图 はじき弓，(ゴムひもでとばす)ぱちんこ
- 【弹壳】dànké 图 ① 薬莢ǎ〖药筒〗 ② 爆弾の外殻
- 【弹坑】dànkēng 图〖处·溜〗砲弾・爆裂の破裂でできた穴
- 【弹头】dàntóu 图〖颗〗弾頭
- 【弹丸】dànwán 图 ①(土や石または鉄製の)'弹弓'のたま ② 銃弾 ③〖书〗狭い土地〖~之地〗猫の額ほどの土地
- 【弹药】dànyào 图 弾薬〖~库〗弾薬庫
- 【弹子】dànzi/dànzǐ 图 ① '弹弓'の たま〖弹丸〗 ②〖方〗ビリヤード，撞球(㊀〖普〗〖台球〗)〖~房〗玉突き場

【瘅(癉)】 dàn ㋠ ① 疲労による病気 ② 憎む〖彰善~恶〗善を顕彰し悪を憎む ◆'瘅疟'(マラリアの一種)は dānnüè と発音

【淡】 dàn 圏 ①(液体・気体の濃度が)薄い，軽い ㋩〖浓〗 ②(味が)薄い，淡白な ㋩〖咸〗 ③(色が)淡い，薄い ㋩〖深〗 ④ 無関心な，冷淡な〖~~地说了一句〗冷ややかに一言しゃべった ㋠ ①(商売が)振るわない ②〖方〗つまらない，無駄な〖~话〗無駄話〖扯~〗駄話をする

- 【淡泊】(澹泊) dànbó 圏 名利を求めない，無欲な
- 【淡薄】dànbó 圏 ①(液体・気体・味などが)薄い，希薄な ②(感情や興味が)薄い，弱い〖法律观念比较~〗法についての観念がやや希薄だ ③(印象が)薄い，あいまいな
- 【淡出】dànchū 動〖映〗フェードアウトする ㋩〖渐隐〗
- *【淡季】dànjì 图 売上げ不振の時期(二，八月など)，(商品が)品薄になる時期 ㋩〖旺季〗
- 【淡漠】dànmò 圏 ① 冷淡な，無感情な ②(印象・記憶が)あいまいな，かすかな
- 【淡青】dànqīng 圏〖定語として〗緑がかった，薄青色の
- 【淡入】dànrù 動〖映〗フェードインする ㋩〖渐显〗
- 【淡水】dànshuǐ 图 淡水(㋩〖咸水〗)〖~鱼〗淡水魚〖~湖〗淡水湖
- 【淡雅】dànyǎ 圏(色や柄が)あっさりして上品な，簡素で優雅な

【啖】 dàn ㋠ ① 食べる，食べさせる ◆'啗'とも書いた ②(D-)姓

【氮】 dàn 图〖化〗窒素〖~氧化物〗窒素酸化物

- 【氮肥】dànféi 图 窒素肥料

【当(當)】 dāng 動 ① …になる，(役・任務を)務める，引き受ける〖~老师〗教師となる ② 管理する，取り仕切る 一能 …すべきである〖~说不说〗言うべきなのに言わない 一㋠ ①"当…的时候"の形で) …した(する) 時 ② 場所や位置を示す〖~着人家的面儿〗人様の前で〖~场〗その場で 一擬 金属製の器物をたたく音〖~~的钟声〗かんかんという鐘の音 ㋠ 当たる，相応する〖相~〗相当する ⇨dàng

- 【当差】dāngchāi 图 旧時の下役人，下僕
  —— dāng·chāi 動 同上の仕事をする，使い走りする
- *【当场】dāngchǎng 副 その場で，現場で〖~抓住〗現行犯で逮捕する〖~的电影票〗当日売りの映画のキップ
- 【当初】dāngchū 图 ①〖多く状語として〗初め，最初〖~你就不该这么做〗最初からそうすべきではなかったのだ ② 以前，かつて
- 【当代】dāngdài 图 今の世，当代，同時代 ◆時代区分上では中華人民共和国時代をいう
- 【当道】dāngdào 图 ①(~儿)道の真ん中〖站在大~〗道の真ん中に立つ ②〖旧〗権力者，当路の人 —動(貶)権力を有する，政権の座につく
- *【当地】dāngdì 图 現地，現場〖~时间〗現地時間
- 【当归】dāngguī 图〖植〗当帰ぎ ◆根が漢方薬となる〖土~〗ウド
- 【当机立断】dāng jī lì duàn〈成〉機をのがさず決断する ㋩〖当断不断〗
- 【当即】dāngjí 副 直ちに，即刻〖立即〗

【当家】dāng'jiā [動] ①家事を切り盛りする，一家を取りしきる［～作主］(一家の)主人となる ②《転》(組織·団体を)運営する，経営する
【当间儿】dāngjiànr [名]《方》真ん中，中央
【当街】dāngjiē [名] ①通りに面した方 ②《方》街頭，通り
【当今】dāngjīn [名] 現今，目下
【当局】dāngjú [名] 当局(者)［政府～］政府当局
【当局者迷，旁观者清】dāng jú zhě mí, páng guān zhě qīng《成》当事者は目がくもり傍観者はよく見える，岡目八目
【当口儿】dāngkour [名]《口》…の時『就在这个～』ちょうどその時
【当量】dāngliàng [名]『化』当量
【当令】dānglìng [動] 時節となる，(食物の)旬(しゅん)を迎える『西瓜正～』ちょうどスイカのシーズンだ
*【当面】dāng'miàn [動] (～儿)〘多く状語として〙面と向かう『有意见～提』意見があれば面と向かって言え
【当年】dāngnián [名] ①当時，あの頃 ②血気盛りの頃，働き盛り『她正在～』あの人はまさに女盛りだ
⇨dàngnián
*【当前】dāngqián [名] 今現在，目下『～的任务』当面の任務
【当权】dāng'quán [動] 権力を握る［～派］実権派
【当儿】dāngr [名]《口》①…の時 [同]［当口儿］②間隔，透き間 [同]［当子］
**【当然】dāngrán [形] 当然の，当たり前の［理所～］理の当然である 一 [副] もちろん，言うまでもなく
【当仁不让】dāng rén bú ràng《成》なすべきことは進んでやる，人たる道に背を向けない
【当日】dāngrì [名] (出来事があった)その時，当日
⇨dàngrì
**【当时】dāngshí [名] (過去の)その時，当時
⇨dàngshí
*【当事人】dāngshìrén [名] ①『法』(訴訟)当事者(原告または被告) ②関係者，当事者
【当头】dāngtóu [動] 目前に迫る，頭上に襲いかかる『国难～』国に滅亡の危機が迫っている 一 [副] 真っ向から，真正面から［～一棒］［～棒喝］頭に一撃，痛棒を食らわす(覚醒を促すこと)
*【当务之急】dāng wù zhī jí《成》当面の急務，焦眉の急
【当先】dāngxiān [動]〘多く成語的表現の中で〙先頭に立つ，先駆ける［奋勇～］勇躍先駆する
*【当心】dāngxīn [動] 気をつける，注意する『～钱包！』財布をとられ(落とさ)ないよう気をつけろ 一 [名]《方》(胸の)真ん中
*【当选】dāngxuǎn [動] 当選する([反]［落选］)『～为市长』市長に選ばれる
【当政】dāngzhèng [動] 政権を握る [同]［执政］
【当中】dāngzhōng [名] ①真ん中，中央 ②…の中，間『在这些人～』この人たちの中で…
【当众】dāngzhòng [副] 公衆の面前で『～出丑』満座の中で恥をかく

【珰(璫)】dāng ⊗①耳飾り ②宦官

【铛(鐺)】dāng [擬]〘多く重ねて〙金属をたたく音を表わす
⇨chēng

【裆(襠)】dāng [名] ①ズボンの股，まち［开～裤］幼児の股あきズボン ②股『从人的～下爬过去』人の股の下をくぐる

【挡(擋 *攩)】dǎng [動] 阻む，さえぎる，覆う『～路』道をふさぐ『～阳光』日射しをさえぎる 一 [名] ①(～儿)覆い，カバー，囲い([同]［～子］)［窗～］ブラインド ②(車の) ギヤ(‘排～’の略) ♦文語の‘摒挡’(とりしきる)はbìngdàngと発音
【挡横儿】dǎng'hèngr [動] 横槍を入れる，傍(はた)から口出しして邪魔をする
【挡箭牌】dǎngjiànpái [名] ①盾(たて)；《転》後ろ盾となる人 ②《転》(批判をかわす)口実，言い訳『把孩子当成～』子供を言い訳に使う

【党(黨)】dǎng [名] 党，政党(大陸では中国共産党を指す)［～报］党機関紙 ⊗①徒党，朋党［死～］一味 ②親族 ③(D-)姓
【党纲】dǎnggāng [名] 党綱領
【党籍】dǎngjí [名] 党員であること，党籍『开除～』党籍を剥奪する
【党纪】dǎngjì [名] 党の規律，党紀『遵守～』党紀を守る
【党派】dǎngpài [名] 政党，党派『结成～』党派を組む
【党旗】dǎngqí [名]〔面〕党旗
【党同伐异】dǎng tóng fá yì《成》(狭量に)自分と同じ派を弁護し，異なる派を攻撃する
【党徒】dǎngtú [名]《貶》①徒党，一味 ②子分，取巻き
【党团】dǎngtuán [名] ①政党と団体 ♦大陸では中国共産党と共産主義青年団を指す ②議会の党議員団
【党委】dǎngwěi [名] (中国共産党の各級)党委員会の略称［～书记］党委員会書記(機関のトップである)

【党务】dǎngwù 图 党務〚～繁忙〛党務で多忙だ
【党校】dǎngxiào 图〔所〕党学校（中国共産党の幹部養成機関）
【党性】dǎngxìng 图 党派性
【党员】dǎngyuán 图 党員〚预备～〛予備党員（正式入党の前, 仮入党の段階の党員）
【党章】dǎngzhāng 图 党規約
【党证】dǎngzhèng 图 党員証

【谠】(讜) dǎng ⊗ 公正で率直な（議論）

【当】(當) dàng 動 ❶（…に）匹敵する, 相当する〚一个人～两个人〛ひとり（の力）をふたり分使う ❷…とする, …とみなす 慣〚～做〛❸思い込む 慣〚以为〛❹質に入れる ⊗❶ふさわしい, ちょうどよい〚恰～〛適当である ❷事柄が発生する時を示す〚～晚〛その夜 ❸質草〚赎～〛質草を請け出す
⇨dāng

【当当】dàng'dàng 動 質に入れる
【当年】dàngnián 图 その年, 同年〚～投资,～见效〛投資がその年に効果が現れる
⇨dāngnián
【当票】dàngpiào 图（～儿）質札
【当铺】dàngpù 图〔家〕質屋
【当日】dàngrì 图 图〔当天 dàngtiān〛
【当时】dàngshí 副 直ちに, 早速
⇨dāngshí
【当天】dàngtiān 图 その日, 同日〚～的事,～做完〛その日のことはその日のうちにやりなさい
【当头】dàngtou 图 質草, かた
⇨dāngtóu
【当月】dàngyuè 图 その月, 同月〚～的任务～完成〛その月の任務はその月のうちに達成せよ
【当真】dàng'zhēn 動 真に受ける, 本気にする〚当起真来了〛本気にしだした
—— dàngzhēn 形 確かな〚此话～？〛その話は確かか — 副 はたして,本当に〚这件事你～能办？〛このことを君は本当にできるの？
【当作】(当做) dàngzuò 動 …とみなす〚把我～亲儿子对待〛私を実の息子として扱ってくれる

【档】(檔) dàng 图 ❶（小仕切りのついた）書類だな, 整理だな〚归～〛（書類）ファイルする ❷分類保管されている書類〚查～〛保管書類を調べる ❸（～儿）家具などの止めの木材〚横～儿〛（机などの）横木
⊗ 等級〚高～商品〛高級品
*【档案】dàng'àn 图〔份·部〕（機関や企業などが分類保管する）保存書類, 資料, 公文書 ♦多く個人に関わる'人事～'（身上調書）をいう〚～馆〛公文書館
*【档次】dàngcì 图 等級, グレード
【档子】dàngzi 量〔方〕事柄を数える

【砀】(碭) dàng〚～山〛碭山（安徽省の地名）

【荡】(盪 *蕩) dàng 動 ❶揺れる, 揺り動かす〚～秋千〛ぶらんこをこぐ ❷ぶらつく〚～马路〛道をぶらぶらする〚游～〛のらくら過ごす
⊗❶洗う〚冲～〛洗い落とす ❷一掃する〚～除〛同前〚扫～〛掃討する

【—】(蕩) ⊗❶ほしいままな, ふしだらな〚放～〛気ままである ❷浅い湖, 沼沢
【荡然】dàngrán 形〔書〕跡形もない, 何ひとつ残らぬ〚～无存〛全部なくなる
【荡漾】dàngyàng 動 波打つ, うねる〚湖水～〛湖水が波打つ〚歌声～〛歌声が流れる

【宕】 dàng ⊗ ❶ 引き延ばす ❷→〚跌 diē～〛

【刀】 dāo 图〔把〕かたな・ナイフ・包丁などの刃物〚磨 mó～〛刀を研ぐ〚菜～〛包丁〚小～儿〛ナイフ〚铅笔～儿〛鉛筆削り 一量 紙のひとまとまり（通常100枚）
⊗❶ 刃物状のもの〚冰～〛スケート靴のエッジ ❷（D-）姓
【刀把儿】dāobàr 图（慣〚刀把子〛）❶ 刃物のつか, 柄 ❷（転）権柄, 武力〚握者～〛権力を握る
【刀笔】dāobǐ 图 古代, 竹簡の誤字を削るのに使った小刀と筆; (転) (多く貶義) 訴状を作成すること, またその人
【刀兵】dāobīng 图 武器, 兵器;（転）いくさ, 戦争〚动～〛いくさを起こす
【刀叉】dāochā 图〔副〕ナイフとフォーク
【刀耕火种】dāo gēng huǒ zhòng〔成〕焼畑農法のこと 慣〚火耨耕〛
【刀具】dāojù 图〔機〕切削工具の総称 慣〚刀具〛〔切削工具〕
【刀口】dāokǒu 图 ❶ 刃物の刃 ❷（多く'～上'の形で）ここぞという場合
【刀片】dāopiàn 图 ❶〔機〕切削具の刃 ❷（～儿）かみそりの刃, 安全かみそり
【刀刃】dāorèn 图（～儿）刃物の刃 慣〚刀口〛
【刀山火海】dāo shān huǒ hǎi〔成〕剣の山, 火の海 ♦極めて危険な場所・過酷な状況を例える〚闯～〛火

〜于青海〗黄河は青海を源とする

【刀削面】dāoxiāomiàn 名 麺類の一。小麦粉をこねた塊を包丁で一片一片削ぐように熱湯に入れる

【刀子】dāozi 名〔把〕小刀<ruby>片<rt>がたな</rt></ruby>,ナイフ〖〜嘴,豆腐心〗口はきついが心は優しい

【叨】dāo ⊗ 以下を見よ ◆'叨咕'(ぶつぶつ言う)は dáogu と発音
⇨tāo

【叨叨】dāodao 動(口)(ふつう客語なしで)くどくどしゃべる〖〜没完〗果てしなくくどくどしゃべり続けた

【叨唠】dāolao 動(口)くどくどしゃべる(⇨[唠叨] láodao)〖别总〜那件事〗そのことばかりくどくど言うのはやめろ

【氘】dāo 名《化》デューテリウム(⇨[重氢])

【捯】dáo 動 ①(ひもや縄を)たぐる〖把风筝〜〗空中の凧をたぐり寄せる ②原因を探る〖〜出个头绪来〗糸口を探り当てた

【导（導）】dǎo ⊗ ① 導く,案内する〖教〜〗教え導く〖领〜〗先頭に立って指導する〖盲〜犬〗盲導犬 ②伝導する〖〜热〗熱を伝える

*【导弹】dǎodàn 名《军》〔颗・枚〕ミサイル〖发射〜〗ミサイルを発射する〖核〜〗核ミサイル〖洲际〜〗大陸間弾道ミサイル

【导电】dǎodiàn 動 電気を伝導する

*【导航】dǎoháng 動(レーダーなどで)航行を誘導する〖无线电(雷达)〜〗無線(レーダー)ナビゲーション

【导火线】dǎohuǒxiàn 名 ①〔根・条〕導火線(⇨[导火索])〖点着〜〗導火線に火をつける ②(転)導火線,きっかけ

【导热】dǎorè 動《理》熱を伝導する

【导师】dǎoshī 名 指導教員,リーダー

【导体】dǎotǐ 名《理》導体〖超〜〗超伝導体

【导线】dǎoxiàn 名〔条〕導線,コード

*【导向】dǎoxiàng 名 動向〖舆论〜〗与論の動向 —— 動〜へと導く

【导言】dǎoyán 名〔篇〕緒言,序言

【导演】dǎoyǎn 名(映画・演劇の)演出家,監督 —— 動 演出する〖〜话剧〗現代劇を演出する

【导游】dǎoyóu 名 旅行ガイド,ツアーコンダクター —— 動 旅行のガイドを務める,観光ガイドをする〖由他给你们〜〗彼に君たちのガイドをさせる〖〜图〗観光マップ

【导源】dǎoyuán 動〖'〜于…'の形で〗…を源とする,…に始まる〖黄河

*【导致】dǎozhì 動 …に導く,…の結果を招く〖〜他犯罪〗(結果として)彼を犯罪に導く

【岛（島）】dǎo 名〔座〕島→〖海岛〜〗

【岛国】dǎoguó 名 島国

【岛屿】dǎoyǔ 名 島々(島の総称)

【捣（搗＊擣）】dǎo 動 ①(棒の先などで)搗く,つつく〖〜米〗米をつく〖〜他一下〗彼をつつく ②たたく〖〜衣〗(砧<ruby>きぬた</rt></ruby>で)衣を打つ ③かき乱す,攪乱する〖直〜匪巢〗まっしぐらに匪賊の巣窟をたたく

【捣蛋】dǎo'dàn 動 引っかき回す,からむ〖调皮〜〗あれこれいたずらをする

【捣鬼】dǎo'guǐ 動 陰で悪さをする,ひそかにトリックを使う,いたずらをもくろむ

【捣毀】dǎohuǐ 動 たたき壊す,ぶっつぶす〖〜敵巢〗敵の巣窟をたたきつぶす

*【捣乱】dǎoluàn 動〖ふつう賓語なしで〗かき乱す,邪魔をする〖别跟我〜〗僕の邪魔をするな〖〜分子〗攪乱分子

【捣麻烦】dǎo máfan 動(口)面倒を起こす,ごねる

【倒】dǎo 動 ①倒れる〖墙〜了〗塀が倒れた〖摔〜〗つまずいて倒れる ②(事業が)失敗する,倒産する ③(役者の声が)つぶれる〖嗓子〜了〗のどがつぶれる ④換える,交替する〖〜车〗乗りかえる ⑤移る,動かす〖〜不开身子〗(狭くて)体を動かせない ⑥(店や会社を)譲り渡す
⇨dào

【倒把】dǎobǎ 動 投機売買する,やみ商売で稼ぐ〖投机〜〗投機商売,さや稼ぎ

【倒班】dǎo'bān 動 勤務を交替する,交替制で勤務する〖昼夜〜〗昼夜交替で勤務する

*【倒闭】dǎobì 動(企業や商店が)破産する,倒産する

【倒车】dǎo'chē 動(列車やバスを)乗りかえる
⇨dào'chē

【倒伏】dǎofú 動《農》(穂の重みまたは風雨のために作物が)倒れる

【倒戈】dǎo'gē 動 敵側に寝返る

【倒换】dǎohuàn 動 ①順番に交替する,輪番でやる〖〜着做饭〗輪番で炊事する ②順番を替える,配列しなおす

【倒买倒卖】dǎo mǎi dǎo mài〈成〉安値で買い入れ高値で売ってぼろもうけをする

【倒卖】dǎomài 動(多く不法に)転

‡[倒霉(倒楣)] dǎoméi 形 運が悪い,ついていない〖真～！〗なんてこった！
── dǎo'méi 動 不運な目にあう,ばかをみる

[倒手] dǎo'shǒu 動(商品を)転売する,転売がす〖专干～贩卖的事〗もっぱら転売することを事とする〖一～就能挣好多钱〗一度転売しただけでほろもうけができる

[倒塌] dǎotā 動(建物が)倒壊する,崩れ落ちる ⇨[倒坍 tān]

[倒腾(捣腾)] dǎoteng (dáoteng とも発音) 動(口) ①動かす,ひっかきまわす ②転売する

[倒替] dǎotì 動 代る代る行う,輪番でやる〖～着看护〗交替で看護する

[倒胃口] dǎo wèikou 動 食べあきる;(転)うんざりする

[倒爷] dǎoyé 名 闇屋,違法ブローカー

[倒运] dǎoyùn 動(不法に)商品を動かし転売する,闇で荒稼ぎする
── dǎo'yùn 動(方) ⇨[普][倒霉]

[倒账] dǎozhàng 名 貸し倒れ,焦げつき〖吃～〗焦げつきをこむる

【祷(禱)】 dǎo ⊗ ①祈る〖祈～〗祈禱する ②〈書〉切望する〖是所至～〗切にお願いいたします

[祷告] dǎogào 動〖ふつう賓語なしで〗祈りをささげる〖虔诚地～着〗敬虔な祈りをささげている〖做～〗お祈りする

【蹈】 dǎo ⊗ ① 踏む〖赴汤～火〗水火も辞せずる ② 飛び跳ねる,踊る〖舞～〗踊る

[蹈袭] dǎoxí 動〈書〉踏襲する〖～覆辙〗前車の轍をを踏む

【到】 dào 動 ① 着く,到達する〖～上海〗上海に着く〖～！〗(点呼の返事として)はい〖～场〗参席する ②〈結果補語として〉…しあてる,♦目標の達成を示す〖找～了〗探しあてた〖说一做一～〗言ったことは成し遂げる ⇨箇 ① 地点・時点や一定の程度への到達を示す〖～哪儿去？〗どこへ行くの ②〈結果補語として〉…まで…する〖学～哪里？〗どこまで学んだか〖学～几点？〗何時まで勉強したか〖活～老,学～老〗人間死ぬまで勉強だ
⊗ ① 行き届いた〖周～〗周到である ②(D-)姓

‡[到处] dàochù 副 至る所,どこもかしこも〖～流浪〗あちこちさすらう

‡[到达] dàodá 動 到着する,到達する〖～北京〗北京に到着する〖～理想的境界〗理想の境地に達する〖～站台〗列車の到着ホーム

‡[到底] dàodǐ 動 最後まで,徹底的にする,終点まで行く〖打～〗最後まで戦う
── dàodǐ 副 ①ついに,とうとう〖～成功了〗ついに成功した ②〖疑問文に用いて〗一体,結局〖你～去不去？〗いったい行くのか行かないのか ③さすがに,なんといっても〖～是个爸爸〗さすがに父親だ

[到点] dào'diǎn 動 予定の時間になる

[到家] dào'jiā 高度の水準に達する,堂に入る〖他的书法已练～了〗彼の書は今や達人の域に達している

[到来] dàolái 動 到来する,やってくる

[到了儿] dàoliǎor 副〈方〉結局のところ

[到期] dào'qī 動 期限が来る,時期になる〖护照已经～了〗パスポートが期限切れになった

[到手] dào'shǒu 動 手に入れる

[到头] dào'tóu 動(～儿)端(限界)に達する,果てまで届く〖走～〗行き止まりの所まで歩く
── dàotóu 副 ⇨[到头来]

[到头来] dàotóulái 副(多く結果が悪い場合に用いて)結局のところ,最後には

[到位] dào'wèi 動 予定の場所にぴったり収まる ──形 ぴったりした,きれいに決まった

[到职] dào'zhí 動 着任する,就任する

【倒】 dào 動 ①(上下や前後が)逆さになる,逆になる〖次序～了〗順序が逆になった〖～叙〗(今から昔へと)倒叙する ②反対方向に移動させる〖～带〗(録音機などの)テープを巻き戻す〖～〗(容器から)あける,注ぐ〖～茶〗茶をつぐ ──副 ⇨[倒是] ①(予想に反したことを表わして)むしろ,かえって,反対に〖都春天了,～下起雪来了〗もう春なのになんと雪が降ってきた ②(事実に反するとして,とがめる気持ちを込めて)だが,しかし〖你说得～容易…〗君は簡単なように言っているが… ③(譲歩を表わす)…ではあるが〖东西～不坏…〗物は悪くはないが… ④じれったい気持ちを表わす〖你～说呀〗(黙っていないで)言いなさいよ
⇨ dǎo

[倒彩] dàocǎi 名(劇場や競技場での)やじ,ブーイング〖喝～〗やじを飛ばす

[倒车] dào'chē 車をバックさせる〖开历史的～〗歴史に逆行するようなことをする

⇨dǎo▾chē
【倒打一耙】dào dǎ yì pá《成》自分の誤りは棚上げにして相手を責める，責任(や罪)を他になすりつける
【倒好儿】dàohǎor [名]（劇場や競技場での）やじ〚叫～〛やじを飛ばす
【倒计时】dàojìshí [動] カウントダウンする
【倒立】dàolì [動] ①（人が）逆立ちする，倒立する ②（物が）逆さになる，逆さに立つ
【倒流】dàoliú [動] 逆流する（人員や物資の流れについてもいう）
【倒数】dàoshǔ [動] 逆から数える〚～第五行〛終りから5行目
—— dàoshù [名]〘数〙逆数
【倒退】dàotuì [動] 後退する，（時間を）後戻りする〚～了好几步〛何歩も後退した
【倒行逆施】dào xíng nì shī《成》社会正義や時代の進歩に背く行為をする，歴史に逆行する
【倒悬】dàoxuán [動]《書》①逆さにぶら下がる，宙づりになる ②《転》極めて苦しい立場にある，血を吐く思いをさせられる
【倒影】dàoyǐng [名]（～儿）（水面などに）逆さに映った像
【倒栽葱】dàozāicōng [名] 頭から転ぶこと，もんどり打って倒れること ♦諧謔味を混じえて言う〚摔了个～〛頭からすっころんだ
【倒置】dàozhì [動]〘ふつう賓語なしで〙逆さに置く，順序を逆にする［本末～］本末を転倒する
【倒转】dàozhuǎn [動] 逆に回す，逆にする〚～潮流〛（世の中の）流れを逆にする — [副]《方》かえって，反対に
—— dàozhuàn [動] 逆回転する（させる）

〘帱(幬)〙dào ⊗覆う ♦「とばり」の意の文語は chóu と発音

〘盗(盜)〙dào ⊗①盗む［～取］盗み取る［～卖］（公共品を）盗んで売る ②盗賊，強盗［～匪］盗賊・匪賊
【盗版】dàobǎn [名][動] 海賊版（を出す），海賊出版（する）［～侵权行为］海賊版による著作権侵害
【盗汗】dàohàn [名] 寝汗〚出～〛寝汗をかく
【盗劫】dàojié [動] 盗み取る，掠(かす)め取る
【盗墓】dào▾mù [動] 墓を荒らす，墓を盗掘する
*【盗窃】dàoqiè [動] 盗む，掠(かす)める〚～国家机密〛国家機密を盗む
【盗用】dàoyòng [動] 盗用する，横領する〚～名义〛名義を盗用する〚～公款〛公金を横領する
【盗贼】dàozéi [名] 盗賊，盗っ人

〘悼〙dào ⊗いたむ，哀しむ［哀～］哀悼する
【悼词(悼辞)】dàocí [名] 弔辞，追悼文〚致～〛弔辞を述べる
【悼念】dàoniàn [動] 哀悼する〚沉痛～○○先生〛○○さんに心より哀悼申しあげる

【道】dào [名]（～儿）〔条〕①道，道路（[関][路]）〚小～儿〛小道 ②線，すじ（[同][～子]）〚画一条～儿〛一本線を引く — [動] ①（多く旧白話で）言う，話す〚常言～〛ことわざに曰く…［～别］別れを告げる ②思う，思い込む [同][以为] — [量] ①筋状のものに使う〚一～缝儿〛一筋の透き間〚几～皱纹〛何本かのしわ ②門や塀に使う〚三～门〛3つの門 ③問題や命令に使う〚十～题〛10問の問題 ④回数に使う〚换两～水〛水を2回かえる
⊗①水の流れ［下水～］下水道 ②方法，道理，道徳［医～］医術［养生之～］養生の道［孔孟之～］孔孟の道 ③道教，道家［～教］道教［～观］道教寺院
【道白】dàobái [名]〘演〙（伝統劇の）せりふ [同][念白]
【道班】dàobān [名]（鉄道や道路の）保修チーム，保線班
【道岔】dàochà [名]（鉄道の）ポイント，転轍(てつ)機〚扳～〛ポイントを切り替える
【道场】dàochǎng [名] ①（僧侶や道士が）法事を執り行う場所 ②法事の儀式〚做～〛法事をする
**【道德】dàodé [名] 道徳〚讲～〛モラルを重んじる — [形]〘多く否定の形で〙道徳的な
【道地】dàodì [形] 本場の，生粋の [同][地道]
【道钉】dàodīng [名] 犬釘(いぬくぎ)，枕木用のくぎ
【道姑】dàogū [名] 女道士
【道观】dàoguàn [名]〔座〕道教の寺院
【道贺】dàohè [動] 祝いを述べる [同][道喜]
【道家】Dàojiā [名] 道家 ♦老子・荘子の説を祖述する一思想流派
【道教】Dàojiào [名] 道教
【道具】dàojù [名]〔件・套〕（演劇・映画用の）大道具，小道具
【道口】dàokǒu [名] ①通りの入口（または出口）[同][路口] ②踏切(ふみきり)〚过～〛踏切を渡る
**【道理】dàoli/dàolǐ [名] ①原理，法則 ②道理，条理〚讲～〛道理を説く〚有～〛理にかなっている
【道路】dàolù [名]〔条〕①道，道路〚修～〛道を造る ②進路，路線〚两条～〛2つの路線

D

【道破】dàopò 動 ずばりと指摘する，(見破り) 暴く〚一语～其中奥秘〛隠された秘密を一言で喝破する

*【道歉】dào'qiàn 動 わびる，陳謝する〚向他～〛彼に謝る

【道人】dàoren 名① 道士に対する尊称 ②〖史〗仏教徒 ③〖方〗寺の雑役夫，寺男

【道士】dàoshi 名 道士，道教の僧

【道听途说】dào tīng tú shuō〈成〉街のうわさ，受け売り話

【道统】dàotǒng 名 道統，儒家の正統

【道喜】dào'xǐ 動 祝いを述べる，(言葉で)祝福する〚向他～〛彼におめでとうと言う

【道谢】dào'xiè 動 礼を言う，有難うを言う〚向他～〛彼に礼を言う

【道学】dàoxué 名 宋代儒家の哲学思想 — 形〖定語として〗(転)頭が固く世事に暗い〚～先生〛融通のきかぬ頑迷な学者

【道义】dàoyì 名 道徳と正義，道義〚～之交〛道義に基づく交わり

【道藏】dàozàng 名 道藏(道教経典の集大成)

【稻】dào ⊗ イネ〚水～〛水稲〚旱～〛おかぼ〚双季～〛2期作のイネ

【稻草】dàocǎo 名〖根〗稲わら〚捞～〛(溺れる者は)わらをつかむ〚～人〛かかし

*【稻谷】dàogǔ 名 籾米

【稻糠】dàokāng 名 籾がら

【稻子】dàozi 名 イネ 一般に水稲をいう〚种～〛米作りをする

【得】dé 動① 得る，(病気に)かかる〚～冠 guàn 军〛優勝する〚～感冒〛かぜをひく ②(計算した結果)…になる〚三三得九〛(掛け算)三三が九 ③〈口〉完成する，できあがる〚衣服～了〛服ができ上がった 一 嘆 ① 同意や禁止を表わす〚～了，别说了〛もういい，何も言うな〚～，这下子完了!〛それ見ろ，今度はもうおしまいだ ⊗ …してよい〚不～〛…してはいけない〚不～不〛…せざるをえない〚只～〛…するしかない ⇨ de, děi

【得病】dé'bìng 動 病気になる

*【得不偿失】dé bù cháng shī〈成〉得るものより失うものの方が多い，割に合わない

【得逞】déchěng 動〈貶〉(悪企みが)うまくいく，実現する〚敌人的阴谋未能～〛敵の陰謀は実現しなかった

【得寸进尺】dé cùn jìn chǐ〈成〉一寸を得れば一尺をと望む ◆欲に限りがないことを例える

【得当】dédàng 形 当を得た，適切な

【得到】dédào 動 得る，手に入れる〚得不到机会〛機会が得られない〚～改进〛改善される

【得法】défǎ 形 方法が適切な，当を得た〚处理～〛処理が適切である

【得分】dé'fēn 動 得点する，ポイントを稼ぐ〚连得四分〛4点を連取する

—— défēn 名 ポイント

【得过且过】dé guò qiě guò〈成〉いいかげんに日を送る，その場しのぎのごまかしで生きる

【得济】dé'jì 動 おかげを蒙る

【得劲】déjìn 形(～儿)①(体調が)順調な，快適な ② 使いやすい，具合のよい

【得空】dé'kòng 動(～儿) ひまができる，ひまになる，からだが空く ⓒ【得闲】

*【得力】dé'lì 動 助けを受ける，利益を得る

—— délì 形① 有能な，役に立つ ② 頼りになる，力強い

【得了】déliǎo 動 '不得了'(大変だ)の肯定形(反語として使う)〚这还～?〛これが大変なことでないって(とんでもない)

—— déle 動〈口〉そこまでとする (ⓒ〖算了〗)〚～吧你〛やめておけ — 動 文末に置き肯定の語気を強める〚你走～，别等他了〛彼を待つのはやめて，先に出かけなさい

【得陇望蜀】dé Lǒng wàng Shǔ〈成〉隴を得て蜀を望む ◆欲に限りがないことを例える

【得人心】dé rénxīn 動 人心を得る，大勢の人に支持される

【得失】déshī 名 利害得失〚权衡～〛損得を秤にかける

【得时】dé'shí 動 時機に恵まれる，運が向く

【得手】dé'shǒu 動 事が順調に運ぶ〚你的买卖～了吗?〛商売は順調ですか

【得体】détǐ 形(言動が) 当を得た，適切な〚讲话很～〛話の内容が当を得ている

*【得天独厚】dé tiān dú hòu〈成〉特によい条件(環境・天分)に恵まれている

【得闲】dé'xián 動 ひまができる，からだが空く ⓒ〖得空〗

【得宜】déyí 形 適切な，当を得た ⓐ〖失当〗

【得以】déyǐ 動 (…のおかげで) …することができる〚由于事先作好充分准备，这项任务～顺利完成〛事前によく準備したおかげで，今回の任務は順調に達成できた

*【得意】déyì 形 得意になる，のぼせ上がる〚～洋洋〛〚～扬扬〛得意満面

の
【得意忘形】dé yì wàng xíng《成》のぼせて我を忘れる，有頂点になる
【得鱼忘筌】dé yú wàng quán《成》(魚を獲って筌を忘れる＞)目的を達成したらその元を忘れる [反][饮水思源]
【得知】dézhī [動]分かる，知ることができる〖从信上所说～…〗手紙の内容から…ということが分かる
*【得罪】dézuì [動]機嫌を損なう，怨みをかう〖～了她〗彼女の機嫌を損ねた
【锝(鍀)】dé [名]〖化〗テクネチウム
〖德(*悳)〗dé [⊗]①徳，道徳［品～］道徳的品性［公～］公徳 ②考え，気持ち［同心同～］一心同体 ③恩恵 ④(D-)'德国'(ドイツ)の略 ⑤(D-)姓
【德昂族】Dé'ángzú [名]トーアン族 ♦中国少数民族の一，雲南省に住む．旧称'崩龙族'
【德高望重】dé gāo wàng zhòng《成》徳が高く声望が大である，名望ひとしおの
【德行】déxíng [名]道徳と品行，徳行 —— déxing [名]《方》(多く女性が用いて) 実にいやな振舞い，むかつくような振舞い〖看你那～！〗あんたって本当にいやらしいんだから
【德育】déyù [名]道育 ♦政治思想面での教育も含まれる [関][智育][体育]
【地】de [助]多音節の動詞·形容詞(句)などに後置され，前の語句が状語であることを示す〖拼命～跑〗懸命に走る
⇨dì
【的】de [助]①前の語句が定語であることを示す〖普通～劳动者〗一般の勤労者〖你买～票〗君が買った切符 ②〔名詞の代りとなって〕…のもの(人)〖吃～〗食べるもの〖我～不多〗私のは多くない〖大～五岁〗上の子は5歳だ〖送报～〗新聞配達の人 ③述語動詞の後に置いて，既に発生した動作についてその行為者·時間·地点·方法などを強調する〖谁买～票？〗誰が切符を買ったのか〖(是) 昨天来～〗昨日来たのだ ④文末に用いて断定·確認の語気を添える
⇨dī, dí, dì
【的话】de huà [助]〔仮定を表わす文節の末尾で〕(もし) …なら ♦'如果''要是'などと呼応させたり，'否则''不然'の直後に付けることもある〖(如果) 不能来～〗もし来られないのなら…〖不然～〗そうでないと…
【得】de [助]①可能·許可を表わす(否定は'不得')〖吃～〗食べられる〖哭不～笑不～〗泣くことも笑うこともできない ②動詞と補語(結果補語·方向補語)の間に置いて可能を示す〖回～来〗帰ってこられる〖听～懂〗聞いてわかる ♦'得'を'不'にかえると不可能の意になる ③動詞や形容詞の後に付けて様態や程度を表わす補語を導く〖跑～很快〗走り方が速い〖写～不好〗書き方がよくない〖说～大家都笑起来了〗その話にみな笑い出した〖好～很〗とてもよい
⇨dé, děi
【得】děi [動]①(時間·費用·人手などが) かかる，必要だ ②…しなければならない，…するしかない ♦否定は'无须''不用'(…には及ばない)〖有错误就～批评〗誤りがあれば批判しなければならない ③きっと…のはずだ〖他准～高兴〗彼はきっと喜ぶ
⇨dé, de
【扽(*撜)】dèn [動]《方》物の両端を持って強く引く ♦たとえば洗濯物など
【灯(燈)】dēng [名]①〔盏〕明かり，灯火〖点～〗明かりをともす［电～］電灯［油～］ランプ ②《口》ラジオの真空管 [関][电子管]
【灯草】dēngcǎo [名]ランプの灯心，'灯心草'(イグサ) の茎の中心部分を用いる
【灯光】dēngguāng [名]①明かり；〖理〗光度 ②照明［舞台～］舞台照明［～球场］夜間照明グラウンド
【灯会】dēnghuì [名]'元宵节'にちょうちんを楽しむ集い ♦さまざまな意匠のちょうちんやなぞなぞのほか，高足踊りなどの出しものが加わることもある
【灯火】dēnghuǒ [名]明かり，灯火［万家～］街の華やかな夜景
【灯节】Dēng Jié [名][同][元宵节]
*【灯笼】dēnglong [名]〔盏〕ちょうちん，ランタン〖悬挂～〗ちょうちんを下げる
【灯笼裤】dēnglongkù [名]ニッカーボッカーズ
【灯谜】dēngmí [名]ちょうちんに書いたなぞなぞ(中秋や元宵の夜などに人出の多い場所に並ぶ)〖猜～〗同前のなぞ当てを楽しむ
【灯泡】dēngpào [名](～儿) 電球 [同][电～]
【灯伞】dēngsǎn [名]電灯やランプのかさ
【灯市】dēngshì [名]飾りちょうちんが張りめぐらされた元宵節の商店街
【灯塔】dēngtǎ [名]〔座〕①灯台 ②

D

《転》思想の導き手
【灯台】dēngtái [名] ランプ台, 燭台
【灯心(灯芯)】dēngxīn [名] 灯心 [～草] イグサ
【灯心绒】dēngxīnróng [名] コールテン [同][条绒]
【灯盏】dēngzhǎn [名] ほやのない油ランプ
【灯罩】dēngzhào [名] ランプのほや, 電灯のかさ

【登】 dēng [動] ①登る, 上がる〖～上泰山〗泰山に登る [～基]《書》即位する ②登載する〖～广告〗広告をのせる〖～报〗新聞にのる ③(ペダルなどを) 踏む [同][蹬] ④《方》(靴やズボンを) はく [同][蹬]
【登场】dēngˇcháng [動] 採った穀物を田畑から脱穀場(村落の広場) に運ぶ
【登场】dēngˇchǎng [動] (俳優が舞台に) 登場する(比喩的にも使う) [反][退场]
【登峰造极】dēng fēng zào jí《成》学問や技術が最高峰を極める, 悪事がその極に達する
【登基】dēngˇjī [動] (帝王が) 即位する [同][登极]
★★【登机牌】dēngjīpái [名]〔张〕搭乗券
★★【登记】dēngjì [動] (面会, 受診, 宿泊などで, 用紙に記入して)登録する
★【登陆】dēngˇlù [動] 上陸する〖台风～〗台風が上陸する
【登陆艇】dēnglùtǐng [名]〔只·艘〕上陸用舟艇
★【登录】dēnglù [動] (コンピュータに) ログインする ◆「登録する」は'注册'
【登门】dēngˇmén [動] (人のお宅を) 訪問する
【登攀】dēngpān [動] 登攀する ([関][攀登])〖～名山〗名峰に登る〖一把一把地往上～〗(縄を)よじのぼる
【登山】dēngˇshān [動] 登山する [～运动员] 登山家
【登时】dēngshí [副]〔多く過去のことに用いて〕直ちに, 即刻
【登台】dēngˇtái [動] (演壇·舞台に) 登場する, 登壇する(比喩的にも使う)
【登堂入室】dēng táng rù shì《成》学問·技能の奥儀を究める [同][升堂入室]
【登载】dēngzǎi [動] (新聞·雑誌などに) 掲載する([同][刊登])〖在头版上～了他的发言〗(新聞は) 彼の発言を第一面で報じた

【噔】 dēng [擬] どしん, ごつん ◆物がぶつかったり, 重い物が落ちたときの音

【蹬】 dēng [動] (ペダルなどで) 踏む, 足を掛ける〖～水车〗(灌漑用の)水車を踏む [同][登]

【等】 děng [動] ①待つ〖～一下〗ちょっと待つ ②(…まで) 待って, …してから ◆単独で述語にならない〖～明天(再谈)〗明日のことにしよう — [量] 等級〖分成三～〗三つの等級に分ける [一～品] 一級品 — [助] ①…など('～～'と重ねても使う)〖北京、天津、上海～城市〗北京, 天津, 上海などの都市(その他の都市を含む) ②列挙した名詞を締めくくる〖北京、天津、上海～三个直辖市〗北京, 天津, 上海の3直轄市(3市以外を含まない) ⊗①人について複数を表わす [我～]《書》我ら ②…のような [此～]《書》このような ③等しい, 等しく [相～] 等しい
【等比级数】děngbǐ jíshù [名]〖数〗等比級数
【等边】děngbiān [形]〖数〗〔定語として〕等辺の, 正(…形の) [～三角形] 正三角形 [～多边形] 正多角形
【等差级数】děngchā jíshù [名]〖数〗等差級数
【等次】děngcì [名] (物の) 等級, 序列〖划分～〗等級に分ける
★★【等待】děngdài [動] 待つ, 待ち受ける〖～消息〗知らせを待つ
【等到】děngdào [接]〔従文の文頭に置き〕…してから〖～他来, 我们就一起去〗彼が来てからいっしょに行こう
【等等】děngděng [助] (主要なものだけを列挙した後に置いて) など, エトセトラ ◆'等' と同じだが, それより語気が重い
【等高线】děnggāoxiàn [名]〖地〗等高線
【等号】děnghào [名]〖数〗等号, イコール符号(=)〖划～〗等号でつなぐ
★★【等候】děnghòu [動] (多く具体的な対象を) 待つ, 待ち受ける([関][等待])〖～开车〗発車を待つ
★【等级】děngjí [名] 等級, ランク, 身分差〖分～〗ランク付けする
【等价】děngjià [形] 価値が等しい [～物] 等価物
【等离子体】děnglízǐtǐ [名]〖理〗プラズマ
【等量齐观】děng liàng qí guān《成》同等に評価する, 対等に扱う
【等同】děngtóng [動] 同等視する, 同列に扱う〖把两者～起来〗両者を同一視する
【等外】děngwài [形]〔定語として〕標準以下の, 規格外れの [～品] 不合格品
【等闲】děngxián [形]《書》①ごく普通の, ありふれた ②うかうかとした, いいかげんな [～视之] おざなりに見

【等腰三角形】děngyāo sānjiǎoxíng 图[数]二等辺三角形

[等于] děngyú 動 …に等しい『～零』イコールゼロ, ゼロに等しい『～白扔』どぶに捨てたも同然な

【戥】(＊等) děng 動 '戥子'(小さなはかり)で重さを量る

【邓】(鄧) dèng ⊗ (D-)姓

【凳】(＊櫈) dèng 图 (～儿)(背のない)腰掛け『长～儿』細長い板の腰掛け
【凳子】dèngzi 图 (背のない)腰掛け
◆長い形のものは'条'で数える

【澄】 dèng 動 (液体を)澄ませる, 不純物を沈澱させる ⇨chéng

【澄清】dèngqīng 動 (かすを沈澱させて)澄ます『水～了』水が澄んだ『怎么也澄不清』どうしても澄まない ⇨chéngqīng

【澄沙】dèngshā 图 (小豆などの)こしあん

【瞪】 dèng 動 ①目を大きく見張る ②にらむ, 目を怒らす『～了我一眼』私をじろりとにらんだ

【瞪眼】dèng˙yǎn 動 ①目を見張る『瞪着眼看』大きな目でじっと見詰める ②にらみつける, 怒りや不満の表情をする『跟别人～』人に眼をむく

【磴】 dèng 量 (～儿)(階段の)段

【镫】(鐙) dèng ⊗[马～]あぶみ

【氐】(氐) dī ⊗①(D-) 氏族 ◆中国古代西北の民族の一 ②二十八宿の一

【低】 dī 图①低い⊗[高]⊗[矮]『飞得很～』低空を飛ぶ『地势～』地形が低い『～声』低い声『～年级』低学年 — 動 (頭を)低くする, 下げる『～着头』うつむく

【低产】dīchǎn 形 収穫の乏しい, 生産高の低い(⊗[高产])『～田』瘦せた田畑

【低潮】dīcháo 图(⊗[高潮])①干潮, 引き潮 ②低調な状態, 沈滞の時期『处于～』退潮期にある

【低沉】dīchén 形①どんよりした, 陰うつな『声が低い, くぐもった ③意気の上がらぬ, 落ち込んだ

【低调】dīdiào 图 低いトーン, (転)おさえた論調 — 形 ひかえめな

【低估】dīgū 動 安く見積る, 見くびる ⊗[高估]

【低谷】dīgǔ 图 谷底, 低迷状態

【低级】dījí 形 ①初歩の, 初等の ②低級な, 俗悪な

【低廉】dīlián 形(価格が)安い

【低劣】dīliè 形 質の劣る, 粗悪な

【低落】dīluò 動 下降する, 下がる『情绪～』気分が落ち込む

【低能儿】dīnéng'ér 图 知恵遅れの子供, 低能児

【低频】dīpín 图[電]低周波(⊗[高频])

【低气压】dīqìyā 图[天]低気圧 ⊗[高气压]

【低三下四】dī sān xià sì [成]卑しい, さもしい, (人に)ぺこぺこする

【低声波】dīshēngbō 图[理]可聴下音波 ◆20ヘルツ以下の音波

【低声下气】dī shēng xià qì [成]従順でへりくだった, おとなしく卑屈な

【低头】dī˙tóu 動 ①頭を下げる, うなだれる ②屈伏する, 降参する

【低洼】dīwā 形 低地の『地势～』地形がくぼ地になっている『～地』くぼ地

【低微】dīwēi 形 ①(音や声が)かすかな, か細い ②(身分や地位が)低い, 小身の

【低温】dīwēn 形 低温『～贮藏』低温貯蔵

【低下】dīxià 形 (生産性や経済力などが)低い, 劣った『生产水平～』生産力のレベルが低い

【低音提琴】dīyīn tíqín 图[音]コントラバス

【低语】dīyǔ 動 ひそひそ話す, ささやく

【羝】 dī ⊗ 雄羊

【的】 dī ⊗[訳]タクシー『～士』同前『打～』タクシーを拾う ⇨de, dí, dì

【堤】(＊隄) dī 图[条・道]堤, 土手

【堤岸】dī'àn 图[条・道]堤, 堤防, 土手『沿着～走』堤防沿いの道を歩く

*【堤坝】dībà 图 堰堤, 小さなダム

【堤防】dīfáng 图 堤防『加固～』堤防を補強する『～工程』堤防工事

【提】 dī ⊗以下を見よ ⇨tí

【提防】dī˙fang 動 警戒する, 用心する『～摔倒』転ばないよう気を付ける

【滴】 dī 動 (ぽたぽたと)垂れる, 垂らす, 滴(らす)『～眼药』目薬をさす — 量 (ひと)滴『～水』一滴の水 ⊗①しずく『雨～』雨滴 ②ごく少量『点～』ほんのわずか

【滴答（嘀嗒）】dīdā [擬](水滴の)ぽたぽた, (時計の)チクタクなどの音を表

わす〚～～(滴滴答答)地响〛(時計の音が)チクタクと聞こえる
—— **dīda** 動 滴り落ちる〚屋簷下～着雨水〛軒から雨のしずくがぼたぼた垂れる

【滴滴涕】dīdītì 图〘薬〙〘訳〙DDT

【滴溜儿】dīliūr 形〚多く状語として〛①真ん丸い ②ころころした，くるくるした〚眼睛一地一转zhuàn〛目をくりくりとさせる…

【滴水不漏】dī shuǐ bú lòu〈成〉①(びっしり囲んで) 蟻のはい出る透き間もない ②(話が理詰めで) 一点の隙もない，間然するところがない

【滴水穿石】dī shuǐ chuān shí〈成〉雨だれ石をうがつ，微力でもたゆまず続ければ成就する〚水滴石穿〛

【嘀】dí ⊗ 以下を見よ
⇨dí

【嘀里嘟嚕】dīlidūlū 形〚～的〛話し方が早くて不明瞭なさま

【镝】(鏑) dí ⊗〘化〙ジスプロシウム ◆「矢じり，矢」の意の文語ではdí と発音

【狄】Dí ⊗ ①姓 ②中国北方民族に対する古代の総称

【狄塞耳机】dísāi'ěrjī 图〘訳〙ディーゼルエンジン〘柴油机〙

【荻】dí 图〘植〙オギ

【籴】(糴) dí 動 (食糧を) 買い入れる 〘粜〙

【迪】(廸) dí ⊗ ①教え導く，道を示す〚启～〛教え導く ②音訳字の一〚～斯科 dísīkē〛ディスコ〚～斯尼乐园〛ディズニーランド

【笛】dí 图〚～儿〛〘支・管〛笛，横笛〘～子〛⊗鋭い音を発する器具〚警～〛サイレン

【笛子】dízi 图〘支・管〛横笛〚吹～〛笛を吹く

【的】dí ⊗ 確かな，本当の〚～款〛確かで当てになる金
⇨de, dī, dì

*【的确】díquè 副 確かに，本当に

【的确良】díquèliáng 图〘衣〙ダクロン(ポリエステル繊維の一種)，(主に)ダクロン製の織物

【涤】(滌) dí ⊗ 洗う〚洗～〛洗う

【涤荡】dídàng 動 洗い落とす(〘荡涤〙)〚～恶习〛悪習を取り除く

【涤纶】dílún 图〘衣〙ポリエステル系繊維の一種，ダクロン〘[的确良]〙

【敌】(敵) dí ⊗ ①敵〚～我矛盾〛敵味方の矛盾(敵対矛盾) ②立ち向かう，対抗する〚所向无～〛向かうところ敵なし ③匹敵する，同等の力をもつ〚势均力～〛勢力が拮抗する

【敌对】díduì 形〚定語として〛敵対する，敵対関係の〚～情绪〛敵意

【敌国】díguó 图 敵国

【敌后】díhòu 图 敵の後方，敵の支配地〚～武工队〛敵の後方に潜入して戦う武装ゲリラ(抗日戦争期のものが有名)

【敌寇】díkòu 图 武装侵略軍，侵攻してきた敵軍 ◆憎悪を込めた呼称

【敌情】díqíng 图 敵情〚发现～〛の不穏な動きに気付く

*【敌人】dírén 图 敵(個人と集団の双方を指す)

*【敌视】díshì 動 敵視する，憎悪する〚持着一的态度〛敵対する態度をとる

【敌探】dítàn 图 敵のスパイ，密偵

【敌特】dítè 图 敵のスパイ，密偵 ◆機密を探るほか，内部からの破壊攪乱工作に従事

【敌我矛盾】dí wǒ máodùn 图 敵味方(階級間)の矛盾，敵対矛盾

【敌意】díyì 图 敵意，憎しみ〚怀有～〛敵意を抱く

【觌】(覿) dí ⊗ 会う〚～面〛(書)会う，面と向かって

【嘀】(*啾) dí ⊗ 以下を見よ
⇨dí

【嘀咕】dígu 動 ①ささやく，ひそひそと話す〚～了半天〛しばらく小声で話した〚你们在～什么?〛君達はにをひそひそと話しているの ②疑いを持つ〚犯～〛あれこれとためらう

【嫡】dí ⊗ ①正妻，本妻〚～出〛正妻からの出生(〘庶出〙)〚～子〛嫡子 ②直系の，正統の，血統を継いだ

【嫡传】díchuán 動 直伝する，父子相伝する

【嫡派】dípài 图 ①動〘嫡系〙 ②直系の弟子，直弟子

【嫡亲】díqīn 形〚定語として〛血縁の，血を分けた〚～姐妹〛実の姉妹

【嫡系】díxì 图 直系の子孫や党派〚～部队〛直属の軍隊

【翟】dí ⊗ ①尾の長い雉 ②(D-) 姓 ◆Zháiと発音する姓も

【诋】(詆) dǐ ⊗①そしる，罵る〚～毁〛けなす

【邸】dǐ ⊗①邸宅，官舎〚官～〛公邸 ②(D-)姓

【底】dǐ ⊗①〚～儿〛底〚海～〛海底 ②〚～儿〛内情，真相〚露～儿〛底が割れる ③〚～儿〛草稿，控え〚留～儿〛控えを取っておく ④(絵や図の)地，下地〚红～黄星〛赤の地に黄色の星 ⊗①末，終わり〚年～〛年末 ②至る ③なに，どんな

【底版】dǐbǎn [名][同][底片]
【底本】dǐběn [名]①底本 ②[同][底稿]
【底册】dǐcè [名]原簿,(ファイルされた)控え
【底肥】dǐféi [名]〖農〗元肥 [同][基肥]
【底稿】dǐgǎo [名](～儿)〔份〕(保存)原稿
【底工】dǐgōng [名](演技の)基本技,基本訓練
【底襟】dǐjīn [名](ボタンが右側にある)中国服の下前おくみ
【底牌】dǐpái [名](トランプの)持ち札〚亮～〛持ち札を見せる;《転》手の内(奥の手)を見せる
【底盘】dǐpán [名](自動車の)車台,シャーシー
【底片】dǐpiàn [名](写真の)ネガフィルム [同][底版][负片] [反][正片]
【底数】dǐshù [名]①真相,事のいきさつ ②〖数〗基数
【底细】dǐxì [名](人物や事柄の)内情,一部始終,裏表〚摸清～〛詳細をつかむ
【底下】dǐxia [名]①下([同][下面])〚树～〛木の下[～人]使用人,手下[手～]手もと ②〔状語として〕あと,次,以下〚我们～再谈吧〛あとでまた話しましょう
【底薪】dǐxīn [名]基本給(ふつう'基本工资'という)
【底蕴】dǐyùn [名]《書》詳細,委細
【底子】dǐzi [名]①底〚木箱的～〛木箱の底[鞋～]靴底 ②基礎力〚中文的～很厚〛中国語の基礎がしっかりしている ③内情,いきさつ [同][底细] ④下書き,控え ⑤残り,残余
【底座】dǐzuò [名](～儿)台座,台石

〖坻〗dǐ ⊗[宝～]天津の地名 ♦「中洲」の意の文語は chí と発音

【抵】dǐ [動]①支える,突っ張る〚用手～着下巴〛手を下あごに当てる ②相当する,匹敵する
⊗①至る,到着する ②防ぐ,抵抗する ③抵当にする→[～押] ④相殺する→[～消]
【抵偿】dǐcháng [動](同価値のもので)償う,弁償する〚用产品来～损失〛製品で損害を弁償する
【抵触(牴触)】dǐchù [動]抵触する,矛盾する〚与文件精神相～〛文書にうたわれた精神と抵触する
*【抵达】dǐdá [動]到着する〚正点～北京〛時間通り北京に到着する
【抵挡】dǐdǎng [動](物理的・精神的圧力に)抵抗する,持ちこたえる〚～不住敌军的攻势〛敵軍の攻勢に抗しきれない
【抵交】dǐjiāo [動]代替物で納入する,等価物納する〚用…～〛代りに…で納入する
*【抵抗】dǐkàng [動](多く軍事侵略や病気に対して)抵抗する〚～侵略者〛侵略者に抵抗する
【抵赖】dǐlài [動](過失や罪を)否認する,白を切る〚～罪行〛罪を言い逃れる
【抵消】dǐxiāo [動]相殺する,帳消しにする
【抵押】dǐyā [動]抵当にする〚以衣物～现钱〛服や身の回りの品物を抵当に現金に換える〚拿房产作为～〛家屋を抵当に入れる
【抵用】dǐyòng [動]役に立つ,使いものになる [同][顶用]
【抵御】dǐyù [動]防ぐ,抵抗する〚～外侮〛外敵の侵略に抵抗する
*【抵制】dǐzhì [動](有害物の侵入を)阻止する〚～敌货〛敵国商品をボイコットする

〖砥〗dǐ ⊗細い砥石[～砺]《書》磨き鍛える,励ます

〖骶〗dǐ ⊗尾骶骨[～骨]同前

【地】dì [名]①地球,大地 ②〔块〕田畑,農地〚下～〛野良に出る ③床,土間 ④道のり〚走了十里～〛5キロメートル歩いた ⑤(～儿)地,下地〚红～黄字〛赤地に黄色い文字
⊗①地下の,地中の ②境地 ③地点 ④行政単位'地区'の略
⇨de
【地板】dìbǎn [名]①床板,床〚拖～〛床板を(モップで)ふく[水泥～]セメントの床 ②《方》田畑
【地堡】dìbǎo [名]〖軍〗トーチカ
【地表】dìbiǎo [名]地表
*【地步】dìbù [名]①有様,事態〚怎么会弄到这种～?〛どうしてこんな事になったんだ ②程度〚发展到彼此敌视的～〛互いに敵視するまでになった ③ゆとり〚留～〛余地を残す
【地层】dìcéng [名]〖地〗地層
【地产】dìchǎn [名](私有の)地所,土地[～税]土地保有税
【地磁】dìcí [名]〖理〗地磁気[～场]磁場,磁界[～极]磁場のN極とS極
【地大物博】dì dà wù bó《成》土地は広大,物資は豊か ♦中国を形容する常用句
【地带】dìdài [名]地帯,地域
**【地道】dìdào [名]〔条〕(多く軍事用の)地下道,トンネル〚挖～〛地下道を掘る
—— dìdao [形]①本場の,生粋の〚～的北京话〛生粋の北京語 ②(仕事などが)良質の,充実した
【地点】dìdiǎn [名]位置,場所〚会见

D

(的)～〗会見の場所
【地洞】dìdòng [名] 地下の穴ぐら，地下倉〖挖～〗地下倉を掘る
【地段】dìduàn [名] 一区画，区域［～医院］地区病院
★★【地方】dìfang [名] ①場所，ところ［什么～］どんなところ，どこ ②部分〖电影里最精彩的～〗(この)映画のいちばん素晴らしい場面
—— dìfāng [名] ①(中央に対して)地方［～戏］地方劇，郷土劇［～民族主义］地方民族主義 ②当地，地元
【地方时】dìfāngshí [名] (標準時に対して)ローカルタイム
【地府】dìfǔ [名] あの世，冥府
【地瓜】dìguā [名]《方》①サツマイモ [同]《普》[甘薯] ②クズイモ [同]《普》[豆薯]
【地核】dìhé [名]〖地〗地核
【地积】dìjī [名] 土地の広さ，地積
【地基】dìjī [名] (家の) 基礎，土台〖打～〗家の基礎工事をする
【地价】dìjià [名] 地価〖抬高～〗地価をつり上げる
【地脚】dìjiǎo [名] ページの下の空白部
—— dìjiao/dìjiǎo [名]《方》家の基礎，土台
【地窖】dìjiào [名] 地下の食糧貯蔵室，穴蔵
【地牢】dìláo [名] 土牢，地下牢〖坐～〗土牢に入る
【地雷】dìléi [名]〔颗〕地雷〖埋了一排～〗地雷を1列埋めた
★★【地理】dìlǐ [名] ①地理 ②地理学
【地力】dìlì [名] 土地の肥えぐあい，地力(ちりょく)
【地利】dìlì [名] ①地の利，有利な地理的条件［天时不如～］天の時は地の利にしかず ②土地の生産性，耕作適合性
【地面】dìmiàn [名] ①地面，地上〖空出一块～〗空地をひとつ作る ②床(ゆか)，フロア ③《口》地域，領域 ④(～儿)《口》その土地〖～上很有名气〗地元では有名だ
【地盘】dìpán [名] (～儿) 地盤，勢力範囲〖扩张～〗縄張りを広げる
【地陪】dìpéi [名] 現地ガイド
【地皮】dìpí [名] ①〔块〕建築用の地所，建設用地 ②地面，地表
【地痞】dìpǐ [名] 土地のごろつき，地まわり［～流氓］ごろつきやチンピラ
【地平线】dìpíngxiàn [名]〔条〕地平線
【地契】dìqì [名]〔份〕土地売買の契約書，土地の権利書
【地壳】dìqiào [名]〖地〗地殻［～变动］地殻変動
【地勤】dìqín [名] (航空部門の) 地上勤務 [関][空勤]
★★【地球】dìqiú [名] 地球［～仪］地球儀［～物理学］地球物理学
★★【地区】dìqū [名] ①地区，地域 ②中国の行政単位の一 ♦省の下，県や市の上に位置する．もと'专区'といった
【地权】dìquán [名] 土地所有権
【地热】dìrè [名] 地熱［～发电厂］地熱発電所
★【地势】dìshì [名] 地勢，地形
【地税】dìshuì [名] 土地保有税〖征收～〗土地税を徴収する
【地摊】dìtān [名] (～儿) (地面に直接品物を並べる)露店
★★【地毯】dìtǎn [名]〔块〕じゅうたん，カーペット〖铺 pū～〗じゅうたんを敷く
★★【地铁】dìtiě [名]〔条〕地下鉄 [同][地下铁道]
【地头】dìtóu [名] ①(～儿) 田畑のへり，畑の端 ②《方》目的地 ③(～儿)《方》当地，地元 ④書籍のページ下端の空白部
【地头蛇】dìtóushé [名] 土地のごろつき，地付きのやくざ
★★【地图】dìtú [名]〔张·本〕地図〖绘制～〗地図を作製する
★★【地位】dìwèi [名] 地位，ステイタス〖确立～〗地位を築く
【地峡】dìxiá [名]〖地〗地峡
【地下】dìxià [名] ①地下［～室］地下室［～水］地下水 ②《転》秘密(非合法)の活動場所〖转入～〗地下に潜行する
—— dìxia [名] 地べた，地面
【地线】dìxiàn [名]〔条·根〕〖電〗アース〖接上～〗アースをつなぐ
【地心说】dìxīnshuō [名] 天動説 [反][日心说]
【地形】dìxíng [名] 地形，地勢［～图］地形図
【地学】dìxué [名] 地学
【地衣】dìyī [名] 地衣類，苔(こけ)類
【地域】dìyù [名] ①地域，領域 ②地方，郷土
【地狱】dìyù [名] 地獄([反][天堂])［人间～］［活～］生き地獄
★★【地震】dìzhèn [名] 地震〖闹～(发生～)〗地震が起こる［～烈度］震度［～仪］地震計
【地支】dìzhī [名] 十二支，えと [同][十二支] [関][天干][干支]
★★【地址】dìzhǐ [名] 住所，あて先
【地志】dìzhì [名]〔部〕地誌
★【地质】dìzhì [名] 地質
【地轴】dìzhóu [名]〖天〗地軸
【地主】dìzhǔ [名] ①地主([関][佃农])［～阶级］地主階級 ②《書》(遠来の客を迎える) 地元の人，主人側［～之谊］地元の人間としてなすべきこと
【地租】dìzū [名] 小作料，借地料〖缴～〗地代を納める

〖弟〗 dì ⊗①弟［小～］末の弟 ②同世代の親戚で下の男子［堂～］(同族で年下の男の) いとこ ③(男性の) 友人間の書信に使う謙称 ④(D-)姓

★★【弟弟】dìdi [名]弟

【弟妹】dìmèi [名]①弟と妹 ②《口》弟の妻 [同][弟妇]

【弟兄】dìxiong [名]①兄弟('兄弟 xiōngdì' より口語的) [反][姐妹] ②(兄弟のような)仲間達

【弟子】dìzǐ [名]《書》弟子，門下生［孔门～］孔子の門人達

【递(遞)】dì [動]手渡す，送り届ける〚～个口信〛伝言を伝える〚～给我盐〛塩をとってくれ

⊗順次，順を追って［～加］逓増ていぞうする

【递加】dìjiā [動]次第に増える，漸増する

【递减】dìjiǎn [動]逓減ていげんする，次々と減って行く

【递交】dìjiāo [動](公式な場で) 手渡す〚～国书〛国書を手渡す

【递送】dìsòng [動](郵便物·文書を)送り届ける，配達する

【递眼色】dì yǎnsè [動]目配せする，目で合図する

★【递增】dìzēng [動]逓増する，次第に増える

〖睇〗 dì ⊗横目で見る ♦粤方言などでは「見る」の意で単用

〖第〗 dì ⊗①[頭]序数詞に冠して順序を示す［～一］第一，一番め［～二］第二，二番め ②科挙試験の成績順［及～］(試験に) 合格する ③貴顕の邸宅［府～］貴族·高官の邸 ④ただし，しかし

【第二】dì'èr [数]第二，二番め［～天］翌日，二日め［～年］翌年，二年め［～世界］'三个世界' 論における第二世界(先進国を指す)［～次世界大战］第二次世界大戦('二战' とも)

【第三】dìsān [数]第三，三番め［～世界］第三世界(発展途上国を指す)［～产业］第三次産業

【第三者】dìsānzhě [名]①第三者，部外者 ②《転》夫婦いずれかの愛人，不倫相手〚～插足〛愛人ができ(てもめ)る

★★【第一】dì yī [数]一番め，第一［～次］最初(の)，初めて(の)［～夫人］ファーストレディ［～流］最上級(の)［～名］首位，トップ［～线］第一線，最前線

【第一把手】dìyī bǎ shǒu [名]最高責任者，組織のトップ

【第一时间】dìyī shíjiān [名](事件が発生して)最も早い時間，直後

【第一手】dìyīshǒu [形]〔定語として〕じかの，直接得た［～材料］直接入手した材料

〖的〗 dì ⊗的まと，標的［目～］目的

⇨de, dī, dí

〖帝〗 dì ⊗①天帝［玉皇大～］(道教の最高神) 玉帝［上～］上帝 ②君主，皇帝 ③帝国主義の略称

【帝国】dìguó [名]帝国［～主义］帝国主義［罗马～］ローマ帝国

【帝王】dìwáng [名]帝王，君主［～将相］皇帝と最高首脳たち

【帝制】dìzhì [名]帝制，君主独裁制

〖谛(諦)〗 dì ⊗①仔細に［～视］《書》じっくり見る ②(仏教で)道理［真～］絶対的真理

〖蒂(蔕)〗 dì ⊗〚植〛(瓜や果物の) へた([量][把 bà 儿])［瓜熟～落］(瓜が熟せばへたが落ちる>) 条件が整えば事は自然と成就する

〖缔(締)〗 dì ⊗結ぶ，締結する

【缔交】dìjiāo [動]①外交関係を結ぶ ②《書》友人となる

【缔结】dìjié [動]締結する〚～条约〛条約を締結する

【缔约】dìyuē [動]〔多く定語として〕条約を結ぶ［～国］条約の当事国

【缔造】dìzào [動](偉大な事業を) 創設する，創始する

【碲】 dì [名]〚化〛テルル

〖棣〗 dì ⊗［～棠 táng］〚植〛ヤマブキ

〖蝃(蝃)〗 dì ⊗［～蝀 dōng］《書》虹

【嗲】 diǎ [形]《方》①(声などが) 甘ったれた［～声～气］甘ったれた声で ②すばらしい

【掂】 diān [動]手のひらに載せて重さを量る〚用手～一～〛手のひらに載せてちょっと量ってみる

【掂斤播两】diān jīn bō liǎng 《成》みみっちく計算する，小事にこだわり過ぎる [同][掂斤簸 bǒ 两]

【掂量】diānliang [動]《方》①手のひらで重さを量る ②とくと考える，じっくり思案する

〖滇(滇)〗 Diān ⊗雲南省の別称［～剧］滇劇てんげき(雲南一帯の地方劇)

【颠(顛)】 diān [動]①がたがた揺れる ②(～儿)《方》出掛ける，走り去る

⊗①頭頂，頂上［山～］山頂 ②始め［～末］《書》顛末てんまつ，事の経緯

③倒れる

*【颠簸】diānbǒ [動]上下に揺れる，もまれるように揺れる

*【颠倒】diāndǎo [動]①(上下，前後を) 引っ繰り返す，逆にする ②気が動転する

【颠倒黑白】diāndǎo hēibái《成》(白黒を転倒する>)サギをカラスと言いくるめる

【颠倒是非】diāndǎo shìfēi《成》是非を転倒する

【颠覆】diānfù [動](組織·政権を内部から)覆す，転覆させる

【颠沛流离】diānpèi liúlí《成》落ちぶれて流浪する

【颠扑不破】diān pū bú pò《成》(論が正しくて)けっして論破できない

【颠三倒四】diān sān dǎo sì《成》筋道が立たない，支離滅裂の

【巅(巔)】diān ⊗山頂［泰山之～］泰山の頂

【癫(癲)】diān ⊗気がふれた［疯～］精神異常

【癫狂】diānkuáng [形]①気がふれた，狂気の ②軽薄な，浮わついた

【癫痫】diānxián [名]〖医〗てんかん(ふつう'羊痫风''羊角风'という)

【典】diǎn ⊗①基準，法則→［～范］②式典 ③書物，典籍 ④典故 ⑤(職務を) 担当する ⑥(不動産を) 抵当に入れる ⑦(D-)姓

【典范】diǎnfàn [名]手本(となる人物や事柄)，鑑

【典故】diǎngù [名]典故，故事

【典籍】diǎnjí [名]《書》典籍，古典

*【典礼】diǎnlǐ [名]儀式，式典〖举行～〗式典をとり行う［开幕～］開幕式

*【典型】diǎnxíng [名]典型，代表例 —[形]典型的な，代表的な

【典押】diǎnyā [動]質に入れる，抵当に入れる

【典章】diǎnzhāng [名]法令制度

【碘】diǎn [名]〖化〗ヨウ素［～盐］ヨード含有食塩

【碘酊】diǎndīng [名]〖薬〗ヨードチンキ [同][碘酒]

【点(點)】diǎn [名]①〖数〗点〖一个～〗点1つ ②(～儿)小数点 ♦例えば3.1は'三～一'と読む ③(～儿)漢字の点(、)〖'点'字底下有四～〗「点」の字の下には点が4つある ④(～儿)点のように小さなもの［雨～儿］雨つぶ ⑤定められた時刻〖到～〗(予定の) 時間になる —[動]①点を打つ〖～三个点〗点を3つ打つ ②うなずく〖～了一下头〗ちょっとうなずいた ③軽く触れる〖蜻蜓用尾巴～了一～水〗とんぼはしっぽを水にさっとつけた ④(液体を) 垂らす〖～眼药水〗目薬をつける ⑤点播する〖～豆子〗豆をまく ⑥一つ一つ確認する〖把钱～清楚〗お金を数えて確かめなさい ⑦選ぶ，注文する〖～菜〗料理を注文する〖～歌〗曲をリクエストする ⑧こつを教える，啓発する ⑨(火を) つける，ともす ⑩[同][踮] —[量]①(～儿)少量を表わす ♦数詞は'一'と'半'に限る．'一'はよく省略される〖吃(一)～儿东西〗(量的に) ちょっと食べる ②(～儿)程度の微小なことを表わす ♦数詞は'一'に限る．'一'はよく省略される〖大(一)～儿〗ちょっと大きい〖有(一)～儿大〗ちょっと大きすぎる ③意見，要求など抽象的な事柄を数える〖提三～意见〗3点にわたる意見を出す ④時刻の単位，時〖两～(钟)〗2時

⊗①位置，地点，しるし［据～］拠点［沸～］沸点 ②部分，事物の一面［特～］特色 ③あしらう［装～］飾り付ける ④軽食［早～］朝の軽食

【点播】diǎnbō [動]①〖農〗点播する [同][点种 diǎnzhòng] ②(放送局に)リクエストする

【点滴】diǎndī [名]〖医〗点滴〖打～〗点滴を打つ —[形]〔多く定語として〕わずかな〖～意见〗ささいな意見

【点火】diǎn'huǒ [動]①点火する，着火させる ②《転》扇動する，騒動を起こす

【点饥】diǎn'jī [動]ちょっと食べて飢えをしのぐ，軽く食べる

【点击】diǎnjī [動](コンピュータで) クリックする［～率］(インターネットの)アクセス数

【点名】diǎn'míng [動]①点呼をとる，出席をとる ②指名する([同][指名])〖～攻击〗名指しで非難する

【点破】diǎnpò [動]単刀直入に指摘する，暴く〖一语就～了事情的实质〗一言でずばりと事の本質を指摘した

【点球】diǎnqiú [名]ペナルティーキック

【点燃】diǎnrán [動]燃やす，点火する〖～革命斗争的烽火〗革命の火の手をあげる

【点收】diǎnshōu [動]数量をチェックして受け取る，査収する

【点铁成金】diǎn tiě chéng jīn《成》仙人が鉄を触わっただけで金にかえる；《転》つまらぬ詩文に手を入れて立派なものにする [同][点石成金] [反][点金成铁]

**【点头】diǎn'tóu [動](～儿)うなずく [反][摇头]

【点头哈腰】diǎntóu hāyāo《口》へいこらする，こびへつらう

★★【点心】diǎnxin [名]軽食, おやつ
—— diǎn▾xīn [動]《方》一時しのぎにちょっと食べる
【点种】diǎnzhòng [動]〖農〗点播する [同]［点播］
—— diǎn▾zhǒng [動]〖農〗種を点播する
★【点缀】diǎnzhuì [動]①(引き立てるために) あしらう, 飾りつける〖种些花草, ～校园〗草花を植えて校庭を飾る ②見場(みば)を飾るだけに使う, (お付き合いに)参加する
【点字】diǎnzì [名]点字(てんじ)([同]［盲字］［盲文］)〖摸读～〗点字を読む
【点子】diǎnzi [名]①しずく ②しみ, 汚れ ③〖音〗拍子, ビート ④要点, 急所〖抓住～〗ポイントをつかむ ⑤考え, 方法〖出～〗アイディアを出す — [量]《方》少量 [同]《普》［点儿］
【踮(*跕)】diǎn [動]つま先で立つ('点'と書くことも)〖～起脚尖(～着脚)〗つま先で立つ
【电(電)】diàn [名]電気〖有～〗電気が通じている — [動]感電する〖～了我一下〗ちょっとビリッときた
⊗①電報・電信(を打つ)［～告］電報で知らせる［唁～］弔電 ②雷
【电棒】diànbàng [名](～儿)《方》懐中電灯 [同]《普》［手电筒］
【电报】diànbào [名]〔份・封〕電報〖打～〗電報を打つ［传真～］ファクシミリ電報
【电表】diànbiǎo [名]①各種電気計器の総称 ②(電気)メーター
【电冰箱】diànbīngxiāng [名]〔台〕電気冷蔵庫(ふつう'冰箱'という)
【电波】diànbō [名]電磁波 [同]［电磁波］
【电场】diànchǎng [名]〖電〗電界, 電場
【电唱机】diànchàngjī [名]〔台〕レコードプレーヤー(ふつう'唱机'という)
【电车】diànchē [名]〔辆〕①電車 ②トロリーバス [同]［无轨～］
★★【电池】diànchí [名](～儿)〔节〕電池［太阳能～］太陽電池［～车］電気自動車
【电传】diànchuán [動]テレックスやファックスで送る
【电磁波】diàncíbō [名]電磁波 [同]［电波］
【电灯】diàndēng [名]電灯, ライト〖开(关)～〗電灯をつける(消す)［～泡(儿)］電球
【电动机】diàndòngjī [名]電気モーター [同]［马达］
【电镀】diàndù [動]電気メッキする
【电饭锅】diànfànguō [名]電気炊飯器, 電気釜
【电镐】diàngǎo [名]電気削岩機
【电工】diàngōng [名]①電気工 ②電気工学 [同]［～学］
【电光】diànguāng [名]電光, 稲妻(いなずま)
【电焊】diànhàn [動]電気溶接する〖～了几根钢管〗何本かの鋼管を電気溶接した
【电贺】diànhè [動]祝電を打つ([関]［贺电］)〖～创刊四十周年〗創刊40周年を電報で祝う
【电话】diànhuà [名]①電話(による会話)〖给他打了三次～〗彼に3度電話をかけた〖(有)你的～〗君に電話だよ ②〔台・架〕電話(機)［～号码］電話番号［～卡］テレホンカード［～亭］電話ボックス
【电化教学】diànhuà jiàoxué [名]視聴覚教育, LL 教育(略は'电教') [同]［电化教育］
【电汇】diànhuì [動]電信為替で送金する〖～现款〗電信為替で送金する
【电极】diànjí [名]電極
【电解】diànjiě [動]〖化〗電気分解する
【电介质】diànjièzhì [名]〖電〗不導体, 絶縁体 [同]［绝缘体］
【电缆】diànlǎn [名]〔根〕電気通信ケーブル, 送電線, ケーブル［海底～］海底ケーブル
【电离】diànlí [名]〖化・理〗イオン化［～层］電離層
【电力】diànlì [名]電力［～网］電力網
【电疗】diànliáo [動]〖医〗電気治療する〖这种病可以～〗この病気は電気治療で直る
【电料】diànliào [名]電気器具・材料の総称
【电铃】diànlíng [名]ベル, 電鈴〖摁一下～〗ベルを押す
【电流】diànliú [名]〔股〕電流［～表］アンペア計
【电炉】diànlú [名]①(家庭用)電気コンロ, 電気ストーブ ②〔座〕(工業用の)電気炉
【电路】diànlù [名]〔条〕電気回路
【电码】diànmǎ [名]電信符号, 電報コード［～本］コードブック［莫尔斯～］モールス信号
【电鳗】diànmán [名]〖魚〗〔条〕電気ウナギ
【电门】diànmén [名]《口》(電気の)スイッチ [関]［开关］
★★【电脑】diànnǎo [名]〔台〕コンピュータ, 電算機([同]［电子计算机］)［～病毒］コンピュータウイルス［～程序］コンピュータプログラム
【电能】diànnéng [名]電気エネルギー
【电钮】diànniǔ [名](電気器具の)スイッチ, つまみ〖摁～〗ボタンを押す

D

【电气】diànqì 图電気 [～化] 電化
【电器】diànqì 图電気設備, 電気器具
【电热供应系统】diànrè gōngyìng xìtǒng 图コージェネレーション
【电容】diànróng 图電気容量 [～器] コンデンサー
【电扇】diànshàn 图〔架・台〕扇風機, 換気扇 (®[电风扇]) [开(关)～] 扇風機を回す(止める)
【电石】diànshí 图〔化〕カーバイド [～气] アセチレン [～灯] アセチレン灯
*【电视】diànshì 图①テレビ [看～] テレビをみる [～台] テレビ局 [～剧] テレビドラマ [～直销] テレビショッピング ②〔台・架〕テレビ(受像機) [～机] [～接收机]
【电视大学】diànshì dàxué 图(テレビによる)放送大学(略称は'电大')
*【电台】diàntái 图①無線電信局 ②(ラジオ)放送局 [广播～] 同前
【电烫】diàntàng 動電気パーマをかける ®[冷烫]
*【电梯】diàntī 图エレベーター(®[升降机]) [乘～(坐～)] エレベーターに乗る
【电筒】diàntǒng 图懐中電灯 ® [手～]
【电文】diànwén 图電文
【电线】diànxiàn 图〔根〕電線 [～杆] 電柱
【电信】diànxìn 图電信
【电讯】diànxùn 图①電話・電報・電信によるニュース [发～] 電報(など)を発信する ②無線電信号
【电压】diànyā 图電圧 [～变量器] トランス
【电唁】diànyàn 動弔電を打つ ® [唁电]
【电椅】diànyǐ 图(死刑用の)電気椅子
*【电影】diànyǐng 图〔部〕映画 [拍摄～] 映画を撮影する [放映～] 映画を上映する [～剧本] 映画シナリオ [～院] 映画館
*【电源】diànyuán 图電源 [切断～] 電源を(完全に)切る
【电灶】diànzào 图電気こんろ
【电钟】diànzhōng 图〔座〕電気時計
【电珠】diànzhū 图豆電球
【电子】diànzǐ 图電子 [～管] 真空管 [～货币] 電子マネー [～机票] Ｅチケット [～计算机] コンピュータ [～琴] エレクトーン
*【电子邮件】diànzǐ yóujiàn 图〔封〕Ｅメール ®[电子函件] [电邮] ♦'伊妹儿 yīmèir' は俗称
【电阻】diànzǔ 图〔电〕抵抗 [～元件] (電気装置の)発熱部分
【电钻】diànzuàn 图〔把〕電気ドリル

【佃】diàn ⊗ 小作をする
【佃户】diànhù 图(特定地主の)小作人
【佃农】diànnóng 图小作農
【佃租】diànzū 图小作料, 年貢 [缴～] 年貢を納める

【甸】diàn ⊗①郊外 ②放牧地(多く地名に使う)
【甸子】diànzi 图〔方〕放牧地

【钿(鈿)】diàn ⊗螺鈿らでん→[螺luó～] ⇒tián

【店】diàn 图〔家〕(小規模の)商店, 宿屋
【店家】diànjiā 图①(旧)宿屋(飯屋・飲み屋)のあるじ ②〔方〕店舗, 商店
【店铺】diànpù 图〔家〕店舗, 商店
【店员】diànyuán 图店員, 売り子

【玷】diàn ⊗①白玉のきず ②汚す
【玷辱】diànrǔ 動辱める, (名を)汚す [～名声] 名を汚す
【玷污】diànwū 動(名誉を)汚す

【惦】diàn 〖'～着'の形で〗気にかける
*【惦记】diànji/diànjì 動〖'～着'の形で〗気にかける, 心配する ®[挂念]
【惦念】diànniàn 動®[惦记]

【垫(墊)】diàn 動①敷く, 当てがう [拿一块木片～一下] 木片をちょっと下に敷こう ②(金を)立替える ③小腹を満たす — 图(～儿) 当てがう物, 敷物, クッション
【垫补儿】diàn'bǔr 動①底に物を敷く ②小腹を満たす ③基礎を作る
【垫付】diànfù 動(金を)立替える [～费用] 費用を立替える
【垫肩】diànjiān 图(荷担ぎ用の)肩当て, (上着に入れる)肩パット
【垫脚石】diànjiǎoshí 图〔块〕(出世のための)踏み台, 足掛かり
【垫用】diànyòng 動(金を)一時流用する, しばし他の費目に使う
【垫子】diànzi 图〔块〕敷物, クッション, マット [垫～] クッションを使う

【淀】diàn ⊗浅い湖(多く地名として用いる)

【-(澱)】⊗沈でんする, おりがたまる
【淀粉】diànfěn 图デンプン

【靛】diàn ⊗①インジゴ(暗青色の染料) ②濃い藍あい色, インジゴブルー
【靛蓝】diànlán 图インジゴ, 藍からとった染料
【靛青】diànqīng 图濃い藍色の — 〔方〕インジゴ, 染料の藍

【奠】 diàn
⊗ ① 供物を供えて死者を祭る [祭～] 供養する ② 建てる,定める [～都] 建都する

*【奠定】diàndìng 動 (土台を) 固める,打ち立てる [～基础] 基础を築く

【奠基】diànjī 動 建造物の基础を定める [～典礼] 定础式 [～人] 創立者

【奠仪】diànyí 图 香典,供物

【殿】 diàn
图 宏壮な建造物,御殿
⊗ しんがり(の),最後尾(の)

【殿军】diànjūn 图 ① 行军のしんがり部队 ② (试合などの) びり,どんじり

【殿试】diànshì 图 【史】科挙制度の最終試験 ◆'会试' 合格者に対して行われ,首席合格者を '状元',次席を '榜眼',第3席を '探花' という

【癜】 diàn
⊗ →[白 bái～风]

【簟】 diàn
⊗ 〈方〉竹のむしろ [～子] 同前

【刁】 diāo
形 ずるい,悪らつな [这个人真～] この人は本当に悪らつだ [放～] 難くせをつける
⊗ (D-)姓

【刁滑】diāohuá 形 狡猾な,ずるい

【刁难】diāonàn 動 いやがらせをする,困らせる [故意～他] ことさらに彼を困らせる

【刁顽】diāowán 形 あくどくしたたかな

【叼】 diāo
動 口にくわえる [～了一支烟] たばこを1本くわえる

【凋】 (*彫) diāo
⊗ しぼむ,枯れる

【凋零】diāolíng 動 ① (草木が) 枯れしぼむ,散り果てる ② 没落する,うらぶれる

【凋落】diāoluò 動 ⇨[凋谢]

【凋谢】diāoxiè 動 ① (植物が) しおれる,枯れる ② (人が) 老いて死ぬ

【碉】 diāo
⊗ 以下を見よ

【碉堡】diāobǎo 图 〔座〕トーチカ (俗に '炮楼' という)

【碉楼】diāolóu 图 (军事用の) 望楼,物见やぐら

【雕】 (*彫) diāo
動 (木・竹・玉・石・金属などに字や絵を) 彫る,刻む
⊗ ① 彫刻作品 [浮～] レリーフ ② 彩色を施した

——(鵰) 图 〔鸟〕ワシ 🔁[老～] [鹫]

【雕花】diāo'huā 動 (木などに) 図案・模様を彫る [～玻璃] カットグラス

—— diāohuā 图 彫り入れた模様

*【雕刻】diāokè 图 動 彫刻 (する) [～刀] 彫刻刀

【雕梁画栋】diāo liáng huà dòng 〈成〉彫刻彩色が施された豪華な建物

【雕漆】diāoqī 图 堆朱 🔁[漆雕] [剔红]

【雕塑】diāosù 图 彫塑

【雕琢】diāozhuó 動 ① (玉石を) 彫刻し磨く ② (文を) 飾りたてる,凝りすぎる [～词句] 字句に凝る

【鲷】(鯛) diāo
⊗ 〔鱼〕タイ [～鱼] 同前 [真～] マダイ [黑～] クロダイ

【貂】(*貂) diāo
图 〔动〕〔只〕テン ([～鼠] とも) [水～] ミンク

【屌】 diāo
图 〈口〉男性生殖器
◆ '鸟' とも書く

【窎】(窵) diāo
⊗ 深く遠い

【吊】(弔) diào
動 ① つるす,ぶら下げる ② (縄やロープに結んで) つり上げる (下げる) [把桶～上来] 桶をつり上げる ③ (衣服に毛皮などの) 裏地をつける [～个绸子里儿] 絹の裏地をつける —— 图 旧时の通货で穴あき銭千文
⊗ ① 回収する ② 弔う [～客] 弔問客

【吊车】diàochē 图 〔台〕起重機,クレーン 🔁[起重机]

【吊带】diàodài 图 靴下留め,ガーターベルト 🔁[吊袜带]

【吊儿郎当】diào'erlángdāng 形 〈口〉ちゃらんぽらんな,ふまじめな

【吊环】diàohuán 图 〔体〕つり輪 (器具と種目の両方をいう)

【吊扣】diàokòu 動 (免許・証明書類を) 差し押さえる,一時取り上げる [～驾驶执照] 運転免許を停止する

【吊楼】diàolóu 图 ① 水面にせり出した高床式家屋 🔁[吊脚楼] ② 山間地域の板あるいは竹製の高床家屋 ◆ はしごで上り下りする

【吊铺】diàopù 图 ハンモック (🔁[吊床]) [搭～] ハンモックをつるす

【吊桥】diàoqiáo 图 ① (城の) はね橋 ② つり橋 🔁[悬索桥]

【吊丧】diào'sāng 動 弔問する

【吊嗓子】diào sǎngzi 動 伴奏に合わせて発声練習する,のどを鍛える

【吊扇】diàoshàn 图 天井扇風機

【吊梯】diàotī 图 (縄などの) 簡易なはしご

【吊桶】diàotǒng 图 つるべ,井戸の水汲み桶

【吊销】diàoxiāo 動 (証明書などを) 回収し無効にする,撤回する [～营

业执照〗営業許可書を取り消す
【吊唁】diàoyàn [動]お悔やみを言う，弔問する
【钓(釣)】diào [動](魚を)釣る〖～鱼〗魚を釣る
⊗(名利を)せしめる
【钓饵】diào'ěr [名]釣りのえさ，(人を誘うための) えさ，おとり〖以住房为～〗住宅をえさにして…
【钓竿】diàogān [名](～儿)〔根〕釣りざお [同][钓鱼竿儿]
【钓钩】diàogōu [名](～儿) 釣り針;《転》人を引っかけるわな
【钓丝】diàosī [名]〔根〕釣り糸
【调(調)】diào [動](人員や物資を) 動かす，異動する〖～他作班主任〗彼をクラス担任とする ━[名](～儿) ①節，メロディー ②(音楽の) 調，キー〖是什么～？〗なに調ですか
⊗①調査［函～］通信調査 ②言葉の調子 ③格調
⇨tiáo
【调拨】diàobō [動](物資や資金を)配分する，振り分ける
★★【调查】diàochá [動]調査する
★【调动】diàodòng [動]①(位置や用途を) 換える，部署を替える ②(人を) 動員する〖～干部去支援〗幹部たちを支援のため動員する
【调度】diàodù [動](作業·人員·車両などを)管理配備する ━[名](配車係など)管理配備要員
【调号】diàohào [名]《語》中国語の声調符号《主母音の上につける¯，´，ˇ，`》
【调虎离山】diào hǔ lí shān《成》敵を(不利な位置へと) おびき出す，根城から外に誘い出す
【调换】diàohuàn [動] [同][掉换]
【调集】diàojí [動](人や物資を) 集合(集積) させる，召集する〖～部队〗軍隊を召集する
【调离】diàolí [動]転出させる，(命令により) 離任する〖～该校〗同校から転出する
【调令】diàolìng [名]転勤命令，移籍指令
【调门儿】diàoménr [名]《口》①声の調子，高低〖～高〗声がかん高い ②論調
【调派】diàopài [動](人を) 割り当てる，派遣する〖～干部充实教育部门〗幹部を派遣し教育部門を充実させる
【调配】diàopèi [動]振り当てる，割り振る〖合理～劳动力〗人員を合理的に配置する
⇨tiáopèi
【调遣】diàoqiǎn [動](割り当てて) 派遣する〖～他们到灾区工作〗彼らを被災地作業に派遣する
【调任】diàorèn [動]転任する，異動する
【调研】diàoyán [動]調査研究する〖进行～〗調査研究を進める
【调运】diàoyùn [動]振り分け輸送する
【调职】diào'zhí [動]転任する，転出する
【调子】diàozi [名]①調子，メロディー ②話し振り，語調〖带着悲痛的～〗悲痛な響きがこもっている
【掉】diào [動]①(物が) 落ちる，落とす〖～饭粒儿〗飯粒をこぼす［～点儿］雨がパラつく ②脱落する〖～在队伍后头〗隊列の後方に取り残される ③なくす，抜け落ちる〖～钱〗お金をなくす ④減る，下がる〖体重～了十斤〗体重が5キログラム減る ⑤逆方向を向く，向きを変える〖～头〗振り向く，Uターンする ⑥互いに取り替える，入れ替える〖～房间〗部屋を取り替える ⑦〔結果補語として〕…してしまう，…し尽くす〖洗～〗洗い落とす
【掉包(调包)】diào'bāo [動](～儿)(にせ物や不良品に)すり替える
【掉队】diào'duì [動]落伍する，脱落する
【掉过儿】diào'guòr [動]互いに位置を取り替える
【掉换(调换)】diàohuàn [動]①互いに交換する，入れ替える [同][互换] ②別のものに取り替える [同][更换]
【掉价】diào'jià [動]①(～儿) 値下がりする，値がくずれる ②社会的地位や評価が下がる，個人の値打ちが下がる
【掉色】diào'shǎi [動](～儿)(衣服などの)色が落ちる，色あせる
【掉头】diào'tóu [動]①振り向く，振り返る ②(車·船·飛行機などが) 逆方向に向きを変える，Uターンする
【掉以轻心】diào yǐ qīng xīn《成》軽く考えて油断する
【掉转(调转)】diàozhuǎn [動]180度転換する，がらりと方向を変える〖～话题〗がらりと話題を変える
【铫(銚)】diào [名](～儿)(土瓶状の) 湯わかし［药～儿］薬を煎じる土瓶 ♦「大型の鍬」の意の文語は yáo と発音
【铫子(吊子)】diàozi [名]湯わかし，薬煎じの土瓶
【跌】diē [動]①転ぶ，つまずく〖～下来〗つまずいて転がり落ちる〖～跟头〗(もんどり打つように) 転ぶ ②(物価や水位などが) 下がる([反][涨])〖日元又～了〗日本円がまた下がった
【跌宕(跌荡)】diēdàng [形]《書》(性

【跌跌撞撞】diēdiēzhuàngzhuàng 圈(～的)〔足元が〕よろよろした
【跌价】diē'jià 動 值下りする,下落する〖跌价〗
【跌跤】diē'jiāo 動 ①つまずいて倒れる〖跌了一跤〗すってんころりと転んだ ②〔転〕〔人生に〕つまずく,失敗する
【跌落】diēluò 動 ①〔物が〕落ちる,落下する ②〔価格や生産が〕下落する,下降する

【爹】diē (口)お父さん,父ちゃん (⇔[普][爸])[～娘] 両親
【爹爹】diēdie (方) ①父,お父さん (⇔[普][爸爸]) ②〔父方の〕祖父,おじいさん (⇔[普][爷爷])

【迭】dié ⊗ ①順次代わる,とって代わる[更～]交替する ②しばしば[～起]〔事が〕たびたび起きる ③及ぶ[忙不～]忙しくて手が回らない
【迭次】diécì 副 しばしば,何度も

【垤】dié 图 [蚁～](書)蟻塚

【耋】dié ⊗ 七・八十歳の年齢〔老年を指す〕[耄 mào～](書)非常な高齢

【谍(諜)】dié ⊗ ①諜報活動をする ②スパイ,諜報員[间～]スパイ
【谍报】diébào 图 スパイ活動で得た情報[～员]諜報員

【堞】dié ⊗ 〔城壁の〕姫垣

【喋】dié ⊗ 以下を見よ
【喋喋】diédié 圈(書)ぺちゃくちゃ[～不休]ぺちゃくちゃしゃべり続ける

【牒】dié ⊗ 文書[最后通～]最後通牒

【碟】dié 图(～儿)小皿 — 图 小皿に盛ったものを数える[一～菜]小皿一つ分の料理
【碟子】diézi 图 小皿

【蝶(*蜨)】dié ⊗ チョウ[蝴～]チョウ
【蝶泳】diéyǒng 图〔水泳の〕バタフライ

【蹀】dié ⊗ [～躞 xiè](書)行ったり来たりするさま

【鲽(鰈)】dié 图 カレイ (⇔[比目鱼])

【叠(疊*疉)】dié 動 ①積み重ねる[～五层]五層に重ねる[重～]重なる ②折り畳む[～衣服]服を畳む
【叠床架屋】dié chuáng jià wū (成)

ベッドにベッドを重ねる,屋上屋を重ねる,重複する (⇔[床上叠床][屋上架屋]
【叠罗汉】dié luóhàn 動〖体〗人間ピラミッドを作る
【叠印】diéyìn 動 ①〖映〗オーバーラップさせる,多重映像を作る ②〖印〗重ね刷りする
【叠韵】diéyùn 图〖語〗畳韻じょう ◆主に二字熟語の韻母が等しいこと,'螳螂 tángláng''酩酊 mǐngdǐng'など

【丁】dīng 图(～儿)賽さの目に切ったもの[把黄瓜切成～儿]きゅうりを賽の目切りにする
⊗ ①成年男子[壮～]同前 ②人口[人～]同前 ③使用人,働き手[门～]門番[园～]園丁 ④十干の第四,ひのと ⑤(D-)姓 ⇒zhēng
【丁当】dīngdāng 圈 ⇔[叮当]
【丁东(丁冬・叮咚)】dīngdōng 圈玉石や金属が触れ合う音(ちーん,こーんなど)[～响]ちんちんと音をたてる
【丁克家庭】dīngkè jiātíng 图 DINKS,共働きで子供を作らない夫婦
【丁零】dīnglíng 圈 鈴や小さな金属品が触れ合う音(りーん,こちんなど)
【丁零当郎】dīnglíngdānglāng 圈金属や磁器が連続して触れ合う音
【丁宁(叮咛)】dīngníng 動 よくよく言い聞かせる,何度も念を押す[～他小心些]よく気を付けるよう彼に言い聞かせる
【丁是丁,卯是卯(钉是钉,铆是铆)】dīng shì dīng, mǎo shì mǎo(成)何事にもきちょうめんで,少しでもゆるがせにしない
【丁香】dīngxiāng 图 ①ライラック,リラ (⇔[～花]) ②チョウジ (⇔[丁子香])
【丁字街】dīngzìjiē 图 丁字路

【仃】dīng ⊗ →[伶 líng～]

【叮】dīng 動 ①〔蚊やノミが〕刺す,かむ[被蚊子～了一下]蚊に刺された ②問い詰める,しつこく尋ねる[～了她一句]念を押すように彼女に尋ねた
【叮当(丁当・玎珰)】dīngdāng 圈金属や磁器などが触れ合う音(ちりん,かーんなど)
【叮咛】dīngníng 圈 ⇔[丁宁]
*【叮嘱】dīngzhǔ 動 繰り返し言い聞かせ,何度も念を押して頼む(命じる)[～他不要去池塘边儿]池のそばに行かないよう彼によく言い聞かせる

【钉(釘)】dīng 图（～儿～儿）くぎ ― 动① 相手にぴったり密着する，ぴったりマークする ② 催促する〚～着他快办〛早くやるよう彼をせっつく ③ 見詰める ⇨[盯]
⇨dìng

【钉耙】dīngpá 图 まぐわ
【钉鞋】dīngxié 图〔双〕スパイクシューズ
【钉子】dīngzi 图〔根・颗〕くぎ〚钉～儿〛くぎを打つ〚碰～〛（比喻的に）壁にぶつかる

【盯】dīng 动 見詰める，注視する（⇨[钉]）〚紧紧地～着他〛じっと彼を見詰める
【盯梢】dīngshāo 动 尾行する，つけ回す〚那个人好像在盯你的梢〛あいつは君をつけているようだ

【疔】dīng 图 はれもの，疔瘡ﾁﾖｳ ⇨[～疮]

【顶(頂)】dǐng 图（～儿）（人・物の）てっぺん，（事柄の）ピーク〚到～儿】ピークに達する ― 动①（頭の上に）のせる〚～水缸〛水がめを頭にのせる ②（頭で）突く〚把球～进球门〛ヘディングでボールをゴールに入れる ③（芽が）出てくる〚嫩芽～出土来了〛芽が土の中から出てきた ③（雨や風に）逆らう，こたえる〚～着雪走〛降る雪を冒して進む ④ 支える〚用杠子～着门〛つっかえ棒で戸を開かないようにする ⑤ 担当する，持ちこたえる〚这种活儿我～不了〛こんな仕事は私には荷が重すぎる ⑥ 相当する，当たる〚一个人能～两个人〛一人で二人分にも相当する ⑦ 替わる〚让他～我的工作〛彼に私の仕事を替わってもらう ― 介 (方)…（の時）まで〚～下午两点才吃午饭〛2時になってようやく昼食を食べた ― 量 帽子や蚊帳など頂点をもつものを数える〚一～帽子〛帽子一つ ― 副（口）最も，いちばん〚～好〛いちばん良い〚～多买一斤就够了〛多くても（せいぜい）500グラム買えば十分だ
【顶点】dǐngdiǎn 图 頂点，極点〚事业达到～〛事業が絶頂に達する（絶好調だ）
【顶端】dǐngduān 图 ① てっぺん，ピーク〚桅杆的～〛マストのてっぺん ② 末端，端っこ〚走到～〛（道の）行き止まりまで歩く
【顶风】dǐngfēng 图 向かい風，逆風 ⇨[顺风]
—— dǐng'fēng 动〔多く状語として〕風に逆らう
【顶峰】dǐngfēng 图（山の）頂上；（転）最高の到達点
【顶级】dǐngjí 形〔定語として〕最高級の
【顶梁柱】dǐngliángzhù 图（転）大黒柱，中心人物（勢力）
【顶门儿】dǐngménr 图 頭のてっぺんの前部，額の上
【顶名】dǐng'míng 动 ① 名をかたる，他人の名を使う（⇨[冒名]）〚～出国〛人の名をかたって国を出る ②（中味がないのに）…の看板をかかげる，名義だけ使う
【顶牛儿】dǐng'niúr 动 角突き合わせる，ぶつかり合う
【顶棚】dǐngpéng 图 天井 ⇨[天花板]
【顶事】dǐng'shì 动（～儿）役に立つ，助けになる ⇨[抵事]
【顶替】dǐngtì 动 ① 肩代わりする，替え玉になる〚他的工作由你～〛彼の仕事は君に代わってもらう ②（退職する父母の職場にその子女が）替わりに就職する
【顶天立地】dǐng tiān lì dì〈成〉〈天を支え地に立つ〉天地の間にすっくと立つ ◆英雄の気概を示す
【顶头上司】dǐngtóu shàngsi 图 直属の上司，または機関
【顶用】dǐng'yòng 动 役に立つ，使いものになる〚顶什么用呢？〛何の役に立つだろうか
【顶针】dǐngzhen 图（～儿）指ぬき〚戴～〛指ぬきをはめる
【顶撞】dǐngzhuàng 动（強い言葉で）目上にたてつく，逆らう
【顶嘴】dǐng'zuǐ 动（口）（多く目上に）言い返す，口答えする
【顶罪】dǐng'zuì 动 他人の罪をひきかぶる，身代わりで犯人になる

【鼎】dǐng 图〈古〉（古代の青銅製）かなえ ◆闽方言では「鍋」の意で単用 ②まさに，ちょうど ⇨[～盛]
【鼎鼎】dǐngdǐng 形〔主に成語の中で〕鳴り響いた，盛んな〚～大名〛高名な
【鼎力】dǐnglì 副〈書〉（貴方の）お力添えで，お世話により〚尚祈～相助〛お力添えをお願いする次第です
【鼎立】dǐnglì 动 鼎立ﾃｲﾘﾂする，三つの勢力が対立し合う
【鼎盛】dǐngshèng 形 真っ盛りの〚～(的)时期〛最盛期
【鼎足】dǐngzú 图（転）対立し合う三つの勢力，三すくみで均衡を保つ勢力

【订(訂)】dìng 动 ①（条約・契約・計画などを）締結する，策定する〚～合同〛契約を結ぶ ② 予約する〚～房间〛（宿の）部屋を取る ③ 製本する，綴じる〚～书器〛ホチキス ⓧ（文中の誤りを）改める，正す〚校～〛校訂する

【订购(定购)】dìnggòu 動 予約購入する
【订户(定户)】dìnghù 图 (新聞・雑誌・牛乳などの)定期購読者,予約購入者
【订婚(定婚)】dìng'hūn 動 縁談を決める,婚約する〖跟她~〗彼女と婚約する
【订货(定货)】dìng'huò 動 商品を注文する,予約注文する
【订立】dìnglì 動 締結する ⓐ〖签订〗
【订阅(定阅)】dìngyuè 動 (新聞・雑誌を)予約購読する〖~《方言》〗『方言』誌を予約購読する
【订正】dìngzhèng 動 (文中の誤りを)訂正する,修訂する

【钉(釘)】dìng 動 ①(くぎやねじなどを)打ち込む〖~钉子〗くぎを打つ ②縫い付ける〖~扣子〗ボタンを付ける ⇨dīng

【定】dìng 動 ①決める,定める〖~计划〗計画を決める ②注文する,予約する ⓐ〖订〗 ③静まる,安定する〖立~！〗(行進中に)止まれ ⊗①必ず,きっと〖必~〗必ず ②定まった,規定の ③(D-)姓
【定案】dìng'àn 图(訴訟・事件・計画などに関する)最終決定 —— dìng'àn 動 最終決定を下す
【定单(订单)】dìngdān 图〔张・份〕注文書
【定额】dìng'é 图 定額,規定数量〖生产~〗(生産の)ノルマ
【定稿】dìnggǎo 图〔篇〕定稿,最終原稿 —— 動 決定稿を作る
【定购】dìnggòu 動 ⓐ〖订购〗
【定规】dìngguī 图 決まり,取り決め —— 副〖方〗きっと,必ず —— 動〖方〗決める
【定婚】dìng'hūn 動 ⓐ〖订婚〗
【定货】dìng'huò 動 ⓐ〖订货〗
【定价】dìngjià 图 定価 —— dìng'jià 動 売り値を決める,価格を設定する
【定见】dìngjiàn 图 定見,揺るがぬ見解
【定金(订金)】dìngjīn 图〔笔〕手付け金
【定睛】dìngjīng 動〖多く状語として〗目をこらす〖~一看〗目をこらして見てみると
【定居】dìngjū 動 定住する〖在北京定了居〗北京に定住する〖~日本〗日本に定住する〖~点〗(牧民・漁民の)定住地
【定局】dìngjú 图 確定した局面,揺るがぬ大勢〖已成~〗もはや局面は定まった —— 動 最終的に定まる,最終決定を下す
【定理】dìnglǐ 图〔条〕定理
【定例】dìnglì 图 定例,慣例〖成~〗慣例になる
【定量】dìngliàng 图 定量,規定の数量 —— 動〖化〗成分を測定する〖~分析〗定量分析
【定律】dìnglǜ 图 (科学上の)法則〖牛顿万有引力~〗ニュートンの万有引力の法則
【定论】dìnglùn 图 定説,最終結論
【定评】dìngpíng 图 定評,社会的に定まった評価
【定期】dìngqī 形〖定語・状語として〗定期的な,期日を決めた〖~访问顾客〗顧客を定期的に訪問する〖~刊物〗定期刊行物〖~存款〗定期預金
【定钱】dìngqian/ dìngqián 图 ⓐ〖定金〗
【定亲】dìng'qīn 動 (多く親の意思により)婚約する ⓐ〖订婚〗
【定神】dìng'shén 動 ①〖多く状語として〗注意を集中する〖~一看〗注意してよく見てみると… ②気を静める,落ち着く
【定时器】dìngshíqì 图 タイマー,タイムスイッチ
【定时炸弹】dìngshí zhàdàn 图 ①時限爆弾〖安~〗時限爆弾を仕掛ける ②(転)潜在する危機
【定说】dìngshuō 图 定説,確定的な説明〖推翻~〗定説を覆す
【定息】dìngxī 图 定額利息,定額配当
【定弦】dìng'xián 動(~儿) ①〖音〗弦の音を合わせる,調律する ②(転)考えを決める,思案を固める
【定向】dìngxiàng 形〖多く状語として〗方向を定めた,目的指向的な
【定心丸】dìngxīnwán 图〔颗〕鎮静剤;(転)人の心を落ち着かせる言動〖吃~〗ひとまず安心する
*【定义】dìngyì 图 定義〖下~〗定義を下す —— 動 定義する〖被~为…〗…と定義される
【定音鼓】dìngyīngǔ 图 ケトルドラム,ティンパニー
【定影】dìngyǐng 動 (写真を)定着させる〖~液〗定着液
【定语】dìngyǔ 图〖語〗限定語,連体修飾語
【定员】dìngyuán 图 定員
【定阅】dìngyuè 動 ⓐ〖订阅〗
【定做】dìngzuò 動 あつらえる,注文してつくる〖现成〗〖~的衣服〗オーダーメイドの服

【锭(錠)】dìng 图 (~儿) ①塊状の金銀や薬物〖金~〗金塊〖~剂〗錠剤 ②塊状のものを数える〖一~银子〗銀塊一個 ⊗紡錘
【锭子】dìngzi 图〔支〕紡錘,錘 ⓐ

[纱锭]

【碇】 dìng 图（石の）いかり［下～］いかりをおろす

【丢】 diū 動 ① なくす，失う［～了钱包］財布をなくした ② 投げる，投げ捨てる［～烟头］（タバコの）吸いがらを捨てる ③ 放っておく，棚上げにする［～下工作］仕事をほったらかす

【丢丑】 diū chǒu 醜態をさらす，恥をかく

【丢掉】 diūdiào 動 ①（忘れたり落としたりして）なくしてしまう，なくす ②（思想・習慣などを）振り捨てる，捨て去る［～幻想］幻想を捨て去る

【丢脸】 diū liǎn 動 恥をかく，面目を失う［给公司～（公司的脸）］会社の面子をつぶす

【丢面子】 diū miànzi ⇨［丢脸］

【丢弃】 diūqì 動 放棄する，振り捨てる

*【丢人】 diū rén 動 恥をかく，面目をなくす［～现限］恥をさらす

*【丢三落四】 diū sān là sì《成》物忘れがひどい，忘れ物が多い

【丢失】 diūshī 動 紛失する

【丢手】 diū shǒu 動 手を引く，見限る［丢开手］（完全に）手を引く

【丢眼色】 diū yǎnsè 動 目配せする，目で合図する

【东（東）】 dōng 图 ①《介词句の中で》東［往～去］東へ行く ②（～儿）招待主，ホスト（⇨［东道］）［做～］主人役を務める，御馳走する ⊗ あるじ［房～］家主

【东北】 dōngběi 图 ① 北東［朝～飞］北東に向かって飛ぶ ②（D-）中国の東北地区（旧満州）

【东边】 dōngbian 图（～儿）東，東側 ⇨［东面］

【东不拉（冬不拉）】 dōngbùlā トンブラー（カザフ族の民族弦楽器）

*【东道主】 dōngdàozhǔ 图 主人役，ホスト（⇨［东儿］⇨［东道］）［做～］主人役を務める，おごる

【东方】 dōngfāng 图 ① 東，東方 ②（D-）アジア，オリエント［～学］東洋学 ③（D-）姓

【东风】 dōngfēng 图 ① 東の風，春風［～吹马耳］馬耳東風 ②（転）社会主義陣営の勢力

【东汉】 Dōng Hàn 图《史》後漢（A.D. 25-220 年）

【东家】 dōngjia 图 雇い主，主人，資本主，（小作人にとって）地主

【东晋】 Dōng Jìn 图《史》東晋（A.D. 317-420 年）

【东经】 dōngjīng 图《地》東経

【东南】 dōngnán 图 ① 東南 ②（D-）中国の東南沿海地区（上海・江蘇・浙江・福建・台湾）

【东南亚】 Dōngnán Yà 图 東南アジア［～国家联盟］アセアン（ASEAN，'东盟'と略称）

【东欧】 Dōng Ōu 图 東ヨーロッパ

【东三省】 Dōng Sān Shěng 图 東北の遼寧・吉林・黒竜江三省

【东山再起】 Dōngshān zàiqǐ 《成》一から盛り返す，返り咲く

【东施效颦】 Dōng Shī xiào pín 《成》（醜女が美女の真似をして眉をひそめる＞）猿まねをする

:【东西】 dōngxi 图 ①［件］物（具体的なものから抽象的なものまで）［买～］買物をする ②（人や動物に対して嫌悪あるいは親愛を込めて）やつ［你这老～］このおいぼれめ
—— dōngxī 图 ① 東西，東と西 ② 東西の距離，東端から西端まで［～长 20 米］東西 20 メートルの長さがある

【东…西…】 dōng…xī… あちらこちら［～奔～跑］東奔西走する［～拉～扯］とりとめなくしゃべる［～倒～歪］よろよろ歩く，だらしなく散らかっている

【东乡族】 Dōngxiāngzú 图 トゥンシャン族 ◆中国の少数民族の一，主に甘粛省に住む

【东亚】 Dōng Yà 图 東アジア

【东洋】 Dōngyáng 图 日本（清末民国時代の呼称）［～人］日本人［～车］人力車［～鬼］（抗日戦争期の）日本軍将兵

*【东张西望】 dōng zhāng xī wàng 《成》あちこち見回す

【东正教】 Dōngzhèngjiào 图 ギリシャ正教 ⇨［正教］

【东周】 Dōng Zhōu 图《史》東周（B.C. 770-B.C. 256 年）

【鸫（鶇）】 dōng 图《鸟》ツグミ［斑～］同前

【冬】 dōng 图《量词的に》冬［住了两～］ふた冬暮らした ⊗ ① 冬（→［～天］）［深～］真冬［～泳］寒中水泳［过～］冬を過ごす ②（D-）姓 ③⇨'咚'

【冬菜】 dōngcài 图 ① 塩漬けした白菜や芥菜などを乾燥したもの ② 秋に取り入れて冬に食べる野菜（大根・白菜など）

【冬虫夏草】 dōngchóng-xiàcǎo 图《薬》冬虫夏草 ◆蛾の幼虫に菌類が寄生したもの．漢方薬や食材となる

【冬菇】 dōnggū 图 冬に収穫するシイタケ

【冬瓜】 dōngguā/dōngguā 图 トウガン［～条儿］（短冊に切った）トウガンの砂糖漬け

【冬灌】 dōngguàn 图 冬季の灌漑 ◆春の乾燥に備える．麦畑にも冬遊ばせておく畑にも行なう

【冬季】dōngjì [名] 冬季 [～运动] ウィンタースポーツ

【冬眠】dōngmián [動] 冬眠する 〖青蛙～了〗 カエルが冬眠した

【冬天】dōngtiān [名] 冬

【冬闲】dōngxián [名] 冬の農閑期

【冬小麦】dōngxiǎomài [名] 秋播き小麦

【冬至】dōngzhì [名] 冬至 [反][夏至]

【冬装】dōngzhuāng [名] 冬服, 防寒着 [同][冬衣]

【咚】 dōng [擬] 太鼓やドアなどをたたく音, 太い振動音を表わす語 ♦'冬'と書くことも 〖～～地敲门〗 とんとんとドアをノックする

【氡】 dōng [名]〖化〗ラドン

〖董〗 dǒng ⊗ ① 取り締まる, 監督する ② 理事, 取締役 [校～] 学校の理事 ③ (D-)姓

【董事】dǒngshì [名] 理事, 取締役 [～会] 理事会, 取締役会

★【董事长】dǒngshìzhǎng [名] 理事長

【懂】 dǒng [動] 分かる, 理解する 〖～礼貌〗 礼儀をわきまえている 〖～日语〗 日本語が分かる

【懂得】dǒngde [動] 分かる, 理解する

【懂事】dǒngshì [形] 道理をわきまえている, 分別をそなえている 〖～的孩子〗 聞き分けのよい子供

【动(動)】 dòng [動] ① 動く, 動かす ② 行動する 〖大家立即～起来了〗 皆すぐに行動に移った ③ 働かす, 使う 〖～脑子〗 頭を使う ④〔結果補語·可能補語として〕位置·状態を変える 〖走不～〗 一歩も動けなくなる 〖劝不～他〗 いくら説得しても彼の気持ちは変えさせられない ⑤《方》食べる ♦多く否定文に使う
⊗ややもすると

【动兵】dòng▾bīng [動] 戦いをする, 部隊を出動させる

【动不动】dòngbudòng [副]〔多く'就'と呼応して〕ややもすると, 何かと言えば ♦うんざりする気分を伴う 〖～就哭〗 何かと言うと泣く

【动产】dòngchǎn [動] 動産(金銭·宝石など) [反][不动产]

【动词】dòngcí [名]〖語〗動詞 [及物～] 他動詞 [不及物～] 自動詞

★【动荡】dòngdàng [動] (情勢などが) 揺れ動く 〖社会～不安〗 社会情勢が不穏である

【动工】dòng▾gōng [動] ① 着工する [同][开工] ② 工事をする, 施工する ([同][施工]) 〖这儿正在～〗 ここはいま工事中だ

【动滑轮】dònghuálún [名] 動滑車

★★【动画片】dònghuàpiàn [名]〔部〕アニメーション, 動画 ♦'～儿 dònghuàpiānr' とも発音

【动火】dòng▾huǒ [動] (～儿) 怒る, かっとなる

★【动机】dòngjī [名] 動機, 意図

★【动静】dòngjing [名] ① 気配, 物音 ② (敵方や相手側の)動静, 動向

★【动力】dònglì [名] 動力, 原動力 〖保环运动的～〗 環境保護運動の原動力 [～堆] 動力型原子炉

【动乱】dòngluàn [名]〔场〕動乱, 騒乱 〖发生～〗 騒動が起きる [十年～] 10年の騒乱(文化大革命を指す) — [形] 動乱の, 大いに乱れた 〖社会～〗 社会が麻のごとく乱れる

★【动脉】dòngmài [名]〖医〗〔条〕動脈

【动漫】dòngmàn [名] アニメと漫画

【动怒】dòng▾nù [動] かっと怒る, 激怒する

【动气】dòng▾qì [動] (～儿)《方》腹を立てる, 怒る [同]《普》[生气]

【动人】dòngrén [形] 感動的な, 心を揺さぶる 〖～的故事〗 感動的な物語

★【动身】dòng▾shēn [動] 旅立つ, 出発する

★【动手】dòng▾shǒu [動] ① 着手する, 始める ② 手で触れる, さわる ③ 手を出す, なぐる

★【动态】dòngtài [名] 動態, 活動状況, 変化の状態

【动弹】dòngtan [動] 身動きする, (物が) 動く, 動かす 〖～不得〗 身動きがとれない 〖～一下胳膊〗 腕をちょっと動かす

【动听】dòngtīng [形] 聞いてうっとりするような, (音や話が) 興味深い

【动土】dòng▾tǔ [動] 鍬を入れる, 着工する

【动窝】dòng▾wō [動] (～儿) (職場など) 古巣を離れる, 元いた場所を去る [同][挪窝]

【动武】dòng▾wǔ [動] 武力や腕力に訴える, 実力を行使する

★★【动物】dòngwù [名] 動物 [～园] 動物園 [食肉～] 肉食動物

【动向】dòngxiàng [名] 動向

【动心】dòng▾xīn [動] 心が動く, 興味がわく, 欲が出る

【动摇】dòngyáo [動] 動揺する(させる), 揺れ動く, 揺さぶる 〖谁也～不了他的决心〗 誰も彼の決心を揺さぶることはできない [～不定] 迷いに迷う

【动议】dòngyì [名]〔条〕動議 〖通过～〗 動議を採択する

【动用】dòngyòng [動] (資金や物資, 人員などを) 使う, 投入する 〖～公款〗 公金を投入する

★【动员】dòngyuán [動] 動員する, ある活動に参加するよう呼び掛ける 〖～他们去献血〗 彼らを説いて献血に行かせる

D

【动辄】 dòngzhé 副《書》ややもすれば、とかく

【动嘴】 dòngzuǐ しゃべる、ものを言う ⇨[动口]

【动作】 dòngzuò 图 動作、動き ━ 動動く『十个指头都要~』10本の指がよく動かなければいけない

【冻(凍)】 dòng 動①凍る、凍結する『河水还没~』川はまだ凍っていない ②凍える、冷える『~一坏身体』凍えて体をこわす『~(儿)肉』煮こごり

【冻疮】 dòngchuāng 图 霜焼け『长~』霜焼けができる

【冻豆腐】 dòngdòufu 图〔块〕凍り豆腐、高野豆腐

【冻结】 dòngjié 動①凍る、凍結する ②(転)(人員や資金を)凍結する、変動を禁止する『人员暂时~』人事をしばらく凍結する

【冻伤】 dòngshāng 图 霜焼け、凍傷 ━ 動 凍傷にかかる『我~了』凍傷になった

【栋(棟)】 dòng 量 家屋を数える『一~房屋』家屋一棟 ⊗棟木

【栋梁】 dòngliáng 图(転)国家の柱石

【䏝(腖)】 dòng 图 ペプトン ◆'蛋白胨'の略

【侗】 dòng ⊗以下を見よ ⇨tóng

【侗族】 Dòngzú 图 トン族、カム族 ◆中国の少数民族の一、貴州、湖南、広西に住む

【洞】 dòng 图①(~儿)穴『挖~』穴を掘る『山~』ほら穴 ②数字のゼロを言うための代用語 ⊗透徹した→[~见]

【洞察】 dòngchá 動 洞察する、見抜く

【洞彻】 dòngchè 動 余すところなく知る、完全に理解する

【洞房】 dòngfáng 图 新婚夫婦の部屋『闹~』新婚の夜、夫婦の部屋に押し掛けて、散々からかいながら祝う

【洞黑】 dònghēi 形 暗い、うす暗い

【洞见】 dòngjiàn 動 見抜く、洞察する

【洞若观火】 dòng ruò guān huǒ《成》はっきりと把握する、十二分に理解する

【洞天福地】 dòng tiān fú dì《成》仙人の住むところ；(転)仙境のような名所

【洞悉】 dòngxī 動 知り抜く、知り尽くす

【洞晓】 dòngxiǎo 動 通暁する、知り尽くす

【洞穴】 dòngxué 图 洞穴、洞窟

【恫】 dòng ⊗恐れる、おびえる ⇨tōng

【恫吓】 dònghè 動 恫喝する

【胴】 dòng ⊗①胴〔一体〕胴体 ②大腸

【都】 dōu 副①みんな、すべて『他们~来了』彼らはみんな来た『他每天~来』彼は毎日来る ②〔多く'连'と呼応して〕…さえ、…までも『连我~不知道』僕でさえ知らない ③すっかり、もう『一秋天了，还这么热』もう秋なのにまだこんなに暑いとは『〔~是'の形で〕ほかならぬ…のせいで、…であればこそ『~是我不懂事，才惹他生气』僕が無分別だったばかりに、彼を怒らせてしまった ⇨dū

【兜】 dōu 图(~儿)袋状のもの、ポケット『网~儿』網ぶくろ ━ 動①包み込む、くるむ ②一回りする、巡る ③請け負う、引き受ける『有问题我~着』問題があれば私が責任を負う ④(客を)引き寄せる ⑤さらけ出す、手の内を見せる

【兜底】 dōu*dǐ 動(~儿)(方)(秘密を)暴く、内幕をさらけ出す

【兜兜裤儿】 dōudoukùr 图 子供の腹掛けズボン、ロンパーズ

【兜肚】 dōudu 图(子供用の)腹掛け

【兜风】 dōu*fēng 動①(帆などが)風をはらむ、風を捕らえる ②《方》ドライブする、馬で遠乗りする、船遊びする

【兜揽】 dōulǎn 動①(客を)引き付ける、勧誘する ②(他人のなすべき事を)引き受ける

【兜圈子】 dōu quānzi 動(≪繞圈子≫)①ぐるぐる回る、旋回する ②回りくどく言う、遠回しに言う

【兜子】 dōuzi 图 袋状のもの、ポケット

【蔸(*槐)】 dōu《方》图 植物の根、根に近い茎の部分 ━ 量 植物の株を数える『一~白菜』白菜一株

【篼】 dōu 图(竹・藤・柳などで編んだ)かご、バスケット

【篼子(兜子)】 dōuzi《方》图(竹のいすを2本の竹に縛りつけ)二人でかつぐ山かご

【斗】 dǒu 量(容量単位の)斗と、10升(10リットル)『一~斗ます ⊗①(~儿)ます形のもの『风~』換気孔『烟~』パイプ ②渦状の指紋 ③'北斗星'の略 ④二十八宿の一、'南斗'を指す ⇨dòu

【斗车】 dǒuchē 图 トロッコ

【斗胆】 dǒudǎn 形《谦》〔多く状語として〕大胆な

【斗拱(枓拱)】dǒugǒng/ dòugǒng 图 斗組㍶ ◆中国建築で, 柱と梁の接続部からせり出している弓形の木
【斗箕(斗记)】dǒuji 图 (円形の) 指紋
【斗笠】dǒulì 图 笠
【斗篷】dǒupeng 图 ① マント, ケープ ②(方)笠 ⇒(普)[斗笠]
【斗室】dǒushì 图(書)きわめて小さい部屋

【抖】dǒu 動 ① 震える[发~]身震いする ② 振るう, 打ち払う[把地毯~干净]じゅうたんを払ってきれいにする ③ 鼓舞する, 奮い起こす[~起精神]元気を奮い起こす ④[``~出来''の形で]暴き出す, さらけ出す ⑤[``~起来''の形で]羽振りがよくなる

【抖动】dǒudòng 動 ① 震える ② 揺らす, 打ち払う
【抖搂】dǒulou 動(方)① 打ち払う, 払い落とす ②[``~出来''``~出去''の形で]暴く, さらけ出す ③ 浪費する
【抖擞】dǒusǒu 動 奮い立つ, 鼓舞する[~精神]元気を奮い起こす

【蚪】dǒu ⊗→[蝌~ kēdǒu]

【陡】dǒu 形 (傾斜が)急な, 険しい
⊗ 急に[~变]急変する
【陡壁】dǒubì 图 断崖㍶, 絶壁
【陡峻】dǒujùn 形(地形が)高く険しい, そびえるような
【陡立】dǒulì 動(山や建物が)そそり立つ
*【陡峭】dǒuqiào 形(山が) 切り立った, きわめて険しい

【斗(鬥 *鬦 鬪)】dòu 動 ① 闘争する[~地主]地主と闘争する ② 勝敗を競う[~不过他]彼にはとてもかなわない ③(動物を)闘わす[~鸡]闘鶏をする ④ 寄せ合わせる, 一つにまとめる
⇨ dǒu

【斗牌】dòu'pái 動 マージャンやトランプなどで勝負する
【斗气】dòu'qì 動 意地になって張り合う
【斗趣儿】dòuqùr 動(面白い言動で)人を笑わせる ⇨[逗趣儿]
【斗心眼儿】dòu xīnyǎnr 動(相手をいじめるため)あれこれ策をめぐらす
【斗眼】dòuyǎn 图(~儿)寄り目, 内斜視
*【斗争】dòuzhēng 動 ① 闘争する[跟侵略者~]侵略者と戦う ② 批判し吊し上げる[~坏分子]悪者を吊し上げる ③ 奮闘する, 努力する
【斗志】dòuzhì 图 闘志, 戦意[~昂扬]闘志をみなぎらせる
【斗智】dòu'zhì 動 知恵で闘う, 頭で勝負する
【斗嘴】dòu'zuǐ 動(~儿)① 口論する, 口げんかする ② 減らず口をたたく, からかい合う

【豆】dòu 图 ① 豆科植物 ②(~儿)〔颗〕まめ[两颗~儿]豆二粒 ◆'荳'とも書いた ⊗ ① 豆状のもの[土~儿]じゃがいも ②(食物を盛る古代の)たかつき ③(D-)姓

【豆瓣儿酱】dòubànrjiàng 图 大豆や空豆を発酵させて作ったみそ
【豆饼】dòubǐng 图 大豆の油を搾った残りかす ◆肥料や飼料にする
【豆豉】dòuchǐ 图 浜納豆の類(調味料にする)
*【豆腐】dòufu 图〔块〕豆腐
【豆腐干】dòufugān 图(~儿)〔块〕豆腐に香料を加えて蒸し, 半乾燥させたもの
【豆腐脑儿】dòufunǎor 图〔碗〕豆乳を煮たあと半固形にしたもの ◆たれをかけて食べる
【豆腐皮】dòufupí 图 湯葉㍶
【豆荚】dòujiá 图 ① 豆のさや ② さや豆, さやいんげん
【豆浆】dòujiāng 图 豆乳
【豆角儿】dòujiǎor 图〔口〕さや豆, さやいんげん
【豆秸】dòujiē 图 豆がら
【豆蔻】dòukòu 图〔植〕ビャクズク[~年华](13歳ほどの)少女の年頃
【豆绿】dòulǜ 形〔定語として〕(えんどう豆のような)緑色の ⇨[豆青]
【豆蓉】dòuróng 图 豆あん ◆绿豆, えんどう豆等をゆでて干し, 碾㍶いた粉から作る
【豆乳】dòurǔ 图 ① 豆乳 ⇨[豆浆] ②(方)(普)[腐乳]
【豆沙】dòushā 图(主に小豆㎍の)こしあん[~馅儿]小豆のあんこ[~包]あんまん
【豆芽儿】dòuyár 图 もやし ⇨[豆芽菜]
【豆油】dòuyóu 图 大豆油
【豆渣】dòuzhā 图 豆腐かす, おから ◆家畜のえさにする
【豆汁】dòuzhī 图(~儿)① ハルサを作ったあとに残る绿豆の汁を発酵させた飲料 ②(方)⇨(普)[豆浆]
【豆子】dòuzi 图 ①〔颗〕豆 ② 豆状のもの

【逗】dòu 動 ① からかう, かまう, あやす ② 誘う, 招く[~人发笑]人を笑わせる ③(方)笑わせる 一形 面白い, おかしい[你这个人真~]あなたって本当に面白い
⊗ 留まる

D

【逗哏】dòu▾gén [動]（漫才で）滑稽なせりふで笑わせる
【逗号】dòuhào [名]（句読点の）コンマ（，）[同][逗点]
【逗乐儿】dòu▾lèr [動]ふざけて人を笑わせる
【逗留（逗遛）】dòuliú [動]滞在する，留まる〚在北京～了四天〛北京に4日滞在した
【逗弄】dòunong [動]①からかう，ふざける ②誘う〚～他笑起来〛彼を笑わせた
【逗情】dòuqíng [動]（男女が互いに）気を引き合う，恋心を誘い合う

【饾（餖）】dòu ⊗［～饤 dìng］《書》華麗な字句を連ねる

【痘】dòu [名]①天然痘 [同][天花] ②天然痘や種痘による疱疹 ③痘苗（とうびょう），種痘のたね〚种～〛種痘する
【痘苗】dòumiáo [名]痘苗（[同][牛痘苗]）〚接种～〛種痘する

【窦（竇）】dòu ⊗①穴，くぼみ ②（D-）姓

【都】dū ⊗①みやこ，首都［京～］国都 ②都市，都会 ③（D-）姓
⇨dōu
【都会】dūhuì [名]大都市，都会
★【都市】dūshì [名]大都市，都会

【嘟】dū [動]《方》口をとがらす〚～着嘴〛口をとがらしている ━ [擬]自動車のクラクションや口笛の音の形容
【嘟噜】dūlu [動]垂れさがる〚口袋～着〛ポケットが（中味の重さで）垂れさがっている ━ [量]《口》つながって束や房状になったものを数える〚一～钥匙〛一束のかぎ ━ [名]（～儿）舌（または口蓋垂）を震わせて出す声，震え音のrの音〚打～儿〛巻き舌でルルルルと響かせる
【嘟囔】dūnang [動]ぶつぶつつぶやく〚嘟嘟囔囔 dūdunāngnāng 地不知道说些什么〛ぶつぶつと何やら言っている

【督】dū ⊗監督する，指揮管理する［监～］同前
★【督促】dūcù [動]督促する〚～他把地扫干净〛しっかり掃除するよう彼にはっぱをかける

【毒】dú [名]毒，害毒〚有～〛毒がある〚中～〛中毒する ━ [動]毒で殺す，薬殺する ━ [形]悪辣（らつ）な，ひどい，（日差しが）きつい ⊗'病毒'（ウイルス）の略［杀～软件］ウイルス対策ソフト
【毒草】dúcǎo [名]①〔棵〕毒草 ②《転》有害な言論や作品 [反][香花]
【毒打】dúdǎ [動]こっぴどく殴る〚挨～〛散々殴られる
【毒饵】dú'ěr [名]毒入り餌（猫いらずの類）〚撒～〛毒餌をまく
【毒害】dúhài [動]（人を）毒で害する，（悪に）染まらせる ━ [名]人心への害毒，有害な事物
【毒计】dújì [名]〔条〕悪巧み，悪辣（らつ）な手段
【毒剂】dújì [名]毒物，化学兵器
【毒辣】dúlà [形]悪辣な，陰険な
★【毒品】dúpǐn [名]麻薬（アヘン，ヘロインなど）
【毒气】dúqì [名]①有毒ガス ②（化学兵器としての）毒ガス（[同][毒瓦斯]）［～弹］毒ガス弾
【毒杀】dúshā [動]毒殺する，一服盛る ◆人・動物いずれに対してもいう
【毒蛇】dúshé [名]〔条〕毒蛇〚被～咬了〛毒蛇に咬まれた
【毒手】dúshǒu [名]残酷な手段〚下～〛毒手を下す，殺害する
【毒素】dúsù [名]①毒素 ②《転》言論や著作物の有害要因
【毒刑】dúxíng [名]残酷な刑罰
【毒药】dúyào [名]毒薬
【毒瘾】dúyǐn [名]麻薬中毒

【独（獨）】dú [形]《口》（子供が）みんなと仲よくしない，一人遊びが好きな〚这个孩子很～〛この子は一人遊びが好きだ ━ [副]ただ…のみ〚～有他还没来〛彼だけが来ていない
⊗①一つの，一人の ②単独で
【独白】dúbái [名]〚演〛独白，モノローグ
★【独裁】dúcái [動]独裁する（[関][专政]）［～者］独裁者
【独唱】dúchàng [名]独唱［男中音～］バリトン独唱
【独创】dúchuàng [名]独創［～性］独創性
【独当一面】dú dāng yí miàn《成》単独で一部門の責任を負う
【独到】dúdào [形]〔定語として〕独特の，独創的な
【独断独行】dúduàn dúxíng《成》独断専行する [同][独断专行]
【独二代】dú'èrdài [名]一人っ子第二世代 ◆一人っ子政策第一世代（1980年代出生）の子供で，2000年以降に生まれた世代
【独根】dúgēn [名]（～儿）一人っ子，一家の血筋を受け継ぐただ一人の子供 [同][独苗]
【独孤】Dúgū [名]姓
【独角戏（独脚戏）】dújiǎoxì [名]①一人芝居 ②《転》本来数人でするべき仕事を一人ですること〚唱～〛（仕事の上で）一人芝居を演じる ③（江南の）漫才，漫談
【独具只眼】dú jù zhī yǎn《成》抜きん出た見解を持つ，人の見えないものを見てとる [同][独具双眼][独具慧

眼]
【独揽】dúlǎn 動 独占する［～大权］権力を一手に握る
【独力】dúlì 副 独力で,自力で
★【独立】dúlì 動 ① 独立する［宣布～］独立を宣言する［～地生活］自力で生活する ②《書》一人で…に立つ
【独龙族】Dúlóngzú 名 ドゥルン族 ◆ 中国少数民族の一,雲南省に住む
【独轮车】dúlúnchē 名〔辆〕一輪の手押し車 ◆形態と車輪の大きさはさまざま,多く両柄に結んだひもを首に掛けつつ押す
【独木不成林】dúmù bù chéng lín《成》(1本の木では林にならない>)一人では大事を成し遂げられない
【独木难支】dúmù nán zhī《成》(1本の木では傾いた家を支えられない>)一人の力では退勢を挽回できない
【独木桥】dúmùqiáo 名 丸木橋,一本橋
【独幕剧】dúmùjù〔出・场〕一幕劇
【独辟蹊径】dú pì xījìng《成》独自の道を切り開く
【独生子】dúshēngzǐ 名 一人息子 ◆ 一人娘は'独生女',一人っ子は'独生子女'という ㊥[独子]
【独树一帜】dú shù yí zhì《成》独自に旗を挙げる,(思想・学説などで)一家を成す
★【独特】dútè 形 独特な,特別な［～的民族风格］独特の民族的風格
【独一无二】dú yī wú èr《成》唯一無二の,並ぶもののない
【独占】dúzhàn 動 独占する(㊥[垄断])［～爱情］愛情を独り占めする［～鳌头］(競技やコンテストで) 首位に輝く
【独自】dúzì 副 一人で,自分だけで［～谋生］自活する
【独奏】dúzòu 動 独奏する［～会］リサイタル

【读(讀)】dú 動 ① 音読する,読み上げる ② 読む,目を通す［～小说］小説を読む［默～］黙読する ③ (学校で)勉学する［～大学］大学で勉強する ◆ '句读'(句読)の'读'は dòu と発音
【读破】dúpò 通常の読音と違う音で読む ◆ '长'を zhǎng で読む類
【读书】dú'shū 動 ① 読書する,本を読む ② 学校で勉強する［你读过书吗?］学校へ行ったことがありますか
【读物】dúwù 名 読み物［儿童～］子供向けの読み物
【读音】dúyīn 名 読音,字音
【读者】dúzhě 名 読者,読み手

【渎(瀆)】dú ㊥ ① けがす［～职］職をけがす

② 水路

【犊(犢)】dú 名（～儿)小牛［初生之～不怕虎］生まれたての牛は虎を恐れない ◆ 経験不足の青年の蛮勇を例える
【犊子】dúzi 名〔头〕子牛

【椟(櫝)】dú ㊥ 小箱

【牍(牘)】dú ㊥ 木簡;(転)公文書,書簡［尺～］《書》書簡

【黩(黷)】dú ㊥ ① 汚す,軽率な［～武]《書》武力を乱用する

【髑】dú ㊥ 以下を見よ
【髑髅】dúlóu 名 どくろ,されこうべ ㊥[骷髅 kūlóu]

【肚】dǔ 名（～儿) ㊥[肚子] ⇨ dù
【肚子】dǔzi 名 食用となる動物の胃袋［猪～]ブタの胃 ⇨ dùzi

【笃(篤)】dǔ ㊥ ① 真心込めた,篤い［～志于学]篤く学問に志す ② (病気が)重い［危～]《書》危篤な状態の
【笃厚】dǔhòu 形 誠実で人情に厚い,情深い
【笃实】dǔshí 形 ① 誠実で真面目な,篤実な ② (多く学識が)堅実な,信頼するに足る
【笃信】dǔxìn 動 心から信じる［～不疑]深く信じて疑わない
【笃学】dǔxué 形 学問に熱心な,学究的な［～之士]篤学の士

【堵】dǔ 動 ① ふさぐ,さえぎる［把墙上的洞～死了]壁の穴をしっかりふさいだ ② (気が)ふさぐ,鬱屈する［心里～得慌]とても気がふさぐ — 量 塀を数える ㊥ 堵,垣
★【堵车】dǔ'chē 動 交通渋滞になる
★【堵塞】dǔsè 動 (穴や通りを)ふさぐ,埋める［交通～]交通渋滞(になる)
【堵嘴】dǔ'zuǐ 動 口止めする,口をふさぐ［拿钱给证人的嘴]金銭で証人の口をふさぐ

【赌(賭)】dǔ 賭け事をする［～了一夜]一晩中ギャンブルをする［～鬼]ギャンブル狂 — 動［打～]賭ける
【赌本】dǔběn 名 賭博の元手
【赌博】dǔbó 動 賭博をする［买跑马票～]競馬で賭博をする
【赌局】dǔjú 名 賭博場,ばくち場
【赌气】dǔ'qì 動 向かっ腹を立てる,腹立ちまぎれに勝手なことをする［他一～就回家了]彼は向かっ腹を立てて帰ってしまった

【赌钱】dǔ▼qián [動] 金を賭ける, ばくちを打つ

【赌咒】dǔ▼zhòu [動] (神かけて)誓う, 誓って…だと言う〖向你～〗神かけて君に誓うよ

【睹(覩)】dǔ ⊗ 見る［目～］じかに見る

【杜】dù ⊗① ヤマナシ［～树］同前 ②(D-)姓

【—(斁)】⊗ ふせぐ, 阻む［～门］《書》門を閉ざす

【杜鹃】dùjuān [名] ①〔只〕ホトトギス [同][小～] ②カッコウ [同][大～][布谷] ③〔棵〕ツツジ, シャクナゲ, アザレア [同][映山红]

★【杜绝】dùjué [動] 断ち切る, 根絶する

【杜撰】dùzhuàn [動]《貶》いいかげんに作る, でっちあげる [関][虚构]

【肚】dù [名] (～儿)腹
⊗① 腹に似たもの［腿～子］ふくらはぎ ② 内心［～量］度量, 気前
⇨dǔ

【肚带】dùdài [名] (馬などの) 腹帯〖系jì～〗腹帯を締める

【肚皮】dùpí [名] ① 腹の皮膚 ②《方》腹, 腹部

【肚脐】dùqí [名] (～儿) へそ [同][～眼儿]

★★【肚子】dùzi [名] 腹, 腹部〖～疼〗腹が痛い
⇨dǔzi

【妒(*妬)】dù ⊗ねたむ, 嫉妬する［～恨］嫉妬する［～火］嫉妬の炎

【妒忌】dùjì [動] ねたむ, 嫉妬する([同][忌妒])〖很～他〗とても彼に嫉妬する

【度】dù [量] ① 角度や温度などを表わす〖摄氏一百～〗100℃ ② 回数を表わす ♦'一, 再, 三…'と結びつき主に状語となる〖再～声明〗再び声明いたします〖三～公演〗3回公演する
⊗① [尾] 形容詞のあとにつき度合を表わす名詞を作る［高～］高度［浓～］濃度 ② [尾] 名詞・動詞のあとにつき度合を表わす名詞を作る［坡～］勾配［倾斜～］傾斜度 ③ [尾]'年, 季, 月'のあとにつき時間の段落を表わす［年～］年度 ④ 長さを計る［～量衡］度量衡 ⑤ 度量, 器量［气～］器量 ⑥ 思惑, 考慮［置之～外］全く気に掛けない ⑦ 過ごす［～假］休日を過ごす
⇨duó

★★【度过】dùguò [動] (時間を) 過ごす〖～余生〗余生を送る

【度量】dùliàng [名] 度量, 器量〖～大〗度量が大きい — [動] 計測する, 計る〖～布的宽度〗布の幅を計る

【度量衡】dùliànghéng [名] 度量衡

【度日】dùrì [動] 日を過ごす ♦多く苦しい日々を送る場合に使う

【度数】dùshu [名] (計器などの) 度数, 目盛り

【渡】dù [動] ① (川や海を) 渡る ② (難関を) 通り抜ける〖～过难关〗難関を突破する
⊗渡し, 渡し場

【渡船】dùchuán [名]〔只・条〕渡し船, フェリーボート [関][摆渡]

【渡口】dùkǒu [名] 渡し場, 渡船場

【渡轮】dùlún [名]〔只・条〕フェリーボート, 連絡船

【镀(鍍)】dù [動] めっきする〖～银〗銀をめっきする［电～］電気めっき(する)

【镀金】dù▼jīn [動] ① 金めっきする ②《転》箔を付ける〖把留学当～〗留学を箔付けの手段と考える

【镀锡铁】dùxītiě [名] ブリキ [同][马口铁] [関][洋铁]

【镀锌铁】dùxīntiě [名] トタン板 [同][铅铁][白铁] [関][洋铁]

【蠹(*蠧蝨蠹)】dù ⊗① 衣類・木材・紙などを食う虫, シミ［～虫］同前［书～］(本を食う) シミ［～鱼］(衣類の) シミ([同][衣鱼]) ② 虫が食う→[户枢shū不～]

【端】duān [動] 両手で平らに持つ, 持ち運ぶ〖～饭上菜〗食事を運ぶ
⊗① 端(はし), 端緒［开～］始まり ②(問題とすべき)点, 事柄 ③ わけ, 理由［无～］わけもなく ④ きちんとした, 乱れのない［～正］端正な ⑤(D-)姓

【端丽】duānlì [形] 上品で美しい

【端量】duānliang [動] しげしげと見る [同][端详]

【端木】Duānmù [名] 姓

【端倪】duānní [名]《書》糸口, 手掛かり〖略有～〗ほぼ見当がついた

★【端午(端五)节】Duānwǔjié [名] 端午(たんご)の節句(陰暦5月5日) [同][端午]

【端详】duānxiáng [名] 詳しい事情, 委細 [同][详情] — [形] ゆったり落ち着いた, 落ち着いて威厳のある
—— duānxiang [動] 仔細に見る, しげしげ眺める

【端绪】duānxù [名] 糸口, 手掛かり〖毫无～〗まったく手掛かりがない

【端砚】Duānyàn [名] 端溪(たんけい)すずり ♦広東省高要県端溪地方産の名硯

★【端正】duānzhèng [形] ① 均整のとれた, きちんとした ②(品行が) 正しい, 礼儀正しい — [動] (態度・心構えを) 正しくする, 引き締める〖～工作作风〗仕事振りをきちんとさせる

【端坐】duānzuò [動] 端坐(たんざ)する

【短】duǎn [形] 短い [反][长] — [動]《方》不足する, 欠ける 〖只～一个人〗 一人だけ足りない 〖～你三块钱〗 君に3元借りがある
⊗ 欠点, 短所 [揭～(儿)] (人の) 欠点をあばく

【短兵相接】duǎn bīng xiāng jiē 《成》白兵戦をやる, 火花を散らして対決する

【短波】duǎnbō [名] 短波 [～广播] 短波放送

【短不了】duǎnbuliǎo [動] ① 欠かせない, なくてはすまない [同][少不了] ② 免れない, 避けられない [同][免不了]

【短处】duǎnchù [名] 短所, 欠点 ([同][缺点] [反][长处]) 〖弥补～〗 短所を補う

★【短促】duǎncù [形] (時間が) ごく短い, 切迫した 〖～的一生〗 短い一生

【短笛】duǎndí [名]〖音〗〔支·管〕ピッコロ

【短工】duǎngōng [名] 臨時雇い, 季節労働者 ([反][长工]) 〖打～〗 臨時雇いで働く

【短见】duǎnjiàn [名] ① 短慮, 浅はかな考え ② 自殺 〖寻 xún ～〗 自殺する

【短路】duǎnlù [動] ①〖電〗ショートする ②《方》追いはぎを働く

【短跑】duǎnpǎo [名] 短距離競争(をする) ([反][长跑]) [～运动员] スプリンター

【短评】duǎnpíng [名]〔篇〕短評

【短气】duǎnqì [動] 自信をなくす, 弱気になる

【短缺】duǎnquē [動]〖ふつう目的語なしで〗不足する, 欠乏する ([同][缺乏]) 〖大米～〗 米不足

【短视】duǎnshì [形] ([同][近视]) ① 近視の 〖眼睛有些～〗 ちょっと近眼な ② 近視眼的な, 目先に捕らわれた

【短途】duǎntú [形]〖定語として〗近距離の, ほど近い ([反][长途]) [～运输] 近距離輸送

【短线】duǎnxiàn [形]〖定語として〗① 供給不足の, 需要に応じきれない ([反][长线]) [～产品] 需要に追いつかぬ製品 ② 短期型の

【短项】duǎnxiàng [名] 不得意な分野, 種目

【短小精悍】duǎnxiǎo jīnghàn《成》小柄で精悍(せいかん)な, (文章が) 簡潔で力強い

★★【短信】duǎnxìn [名] ①〔封〕短い手紙 ②〔条〕(携帯電話の) メール ([同][短信息]) 〖发～〗 メールを送る

【短暂】duǎnzàn [形] (時間が) 短い, 短期間の, 暫時の

【段】duàn [量] 長いものの一区切り, 段落 〖一～话〗 発言の中の1節 〖一～时间〗 一定の時間, いっとき
⊗ (D-) 姓

【段落】duànluò [名] 段落, 区切り 〖告一～〗 一段落する

【缎(緞)】duàn ⊗ どんす (缎子), サテン (→[～子]) [绸～] 絹織物

【缎子】duànzi [名] どんす, サテン

【锻(鍛)】duàn ⊗ (鉄を) 鍛える, 鍛造(たんぞう)する [～铁] 鉄を鍛える

【锻锤】duànchuí [名] 鍛造ハンマー

【锻工】duàngōng [名] ① 鍛造加工の仕事 ② 鍛造工, 鍛冶(かじ)工

★★【锻炼】duànliàn [動] (身体や精神を) 鍛える

【锻造】duànzào [動] 鍛造する

【断(斷)】duàn [動] ① 折れる, 切れる 〖骨头～了〗 骨が折れた ② 断絶する 〖～水〗 断水する 〖～了退路〗 退路を断たれた [断交] 絶交する ③ (習慣などを) 断つ, やめる 〖～酒〗 酒を断つ
⊗ ① 判断する, 決定する ② 断じて [～不可信] 決して信じてはいけない

【断案】duàn▼àn [動] 案件に裁決を下す 〖断哪个案?〗 どの案件を処理するのか
—— duàn'àn [名] (三段論法の) 結論

【断编残简】duàn biān cán jiǎn《成》残欠のある書物や文章 [同][断简残编] [残篇断简]

【断层】duàncéng [名] 断層

【断肠】duàncháng [形]《書》胸が張り裂けるような

【断炊】duàn▼chuī [動] 食うに事欠く, 顎(あご)が干上がる

【断代】duàndài [動] 時代区分する [～史] 王朝史, 特定の時代の歴史

★【断定】duàndìng [動] 断定する, 結論を下す 〖我能～这是赝品〗 私にはこれがにせものだと断定できる

★【断断续续】duànduànxùxù [形]〖定語·状語として〗断続的な, 途切れ途切れの

【断根】duàn▼gēn [動] (～儿) ① 根絶する, 完全に除去する ② 子孫が絶える, 跡継ぎがいなくなる

【断简残编】duàn jiǎn cán biān《成》[同][断编残简]

★【断绝】duànjué [動] 断絶する, 途切れる 〖～联系〗 連絡を絶つ

【断粮】duàn▼liáng [動] 食糧が尽きる, 食糧の供給が途絶える

【断奶】duàn▼nǎi [動] ① 乳離れする, 離乳する ② 母乳が出なくなる

【断气】duàn▼qì [動] 息が絶える, 死ぬ

【断然】duànrán [形]〖定語·状語として〗断固たる, きっぱりとした 〖～的

【断送】duànsòng 動 (命を)失う, (前途などを)ふいにする

【断头台】duàntóutái 名 断頭台, ギロチン〖押上～〗断頭台に上がる

【断弦】duàn ˇxián 動 妻を亡くする〖续弦〗〖～再续〗妻に先立たれて再婚する

【断线】duàn ˇxiàn 動 糸が切れる;(転)(事柄が)中断する, 途切れる

【断线风筝】duàn xiàn fēngzheng (成) 糸の切れた凧 ◆行ったきり戻らぬ人や物を例える

【断言】duànyán 動 断言する, 言い切る

【断语】duànyǔ 名 結論, 断定〖下～〗断定を下す

【断章取义】duàn zhāng qǔ yì (成) 文章や発言の一部を切り取って利用する(文意を歪曲する), 断章取義

【断子绝孙】duàn zǐ jué sūn (成)〔多く罵詈として〕子孫が絶える, あとつぎなし

【籪（籪）】duàn ㊀梁な〔魚～〕同断

【堆】duī 動 積む〖～成山〗山のように積み上げる ─ 名 (～儿)積み上げたもの〖一～橘子〗ひと山のみかん〖故纸～〗反故の山 ─ 量 ひと山, ひと群れ〖一～垃圾〗ごみの山 ㊀小山

【堆叠】duīdié 動 (一枚一枚)積み重ねる, 積み上げる ㊁〖堆垒〗

【堆肥】duīféi 名 堆肥%

*【堆积】duījī 動 積み上がる, 堆積する〖～如山〗山積みする〖～平原〗冲积平原

【堆砌】duīqì 動 (れんがなどを)積み重ねる〖～词藻〗ごてごてと華麗な字句を連ねる

【堆笑】duī ˇxiào 動 笑顔をつくる〖满脸～〗満面に笑みを浮かべる

【堆栈】duīzhàn 名 倉庫, 貯蔵所

【队（隊）】duì 名 隊, チーム〖我们国家的～〗我が国のチーム ─ 量 隊列をなす人馬を数える
㊀①行列［排～］列を作って並ぶ ②少年先锋队, ピオニール

*【队伍】duìwu 名 ①〔支〕隊列, 行列〖排著整齐的～〗整然たる隊列をなす ②(転)(一般社会の)組織された集団〖文艺～〗文学芸術界の隊列

【对（對）】duì 動 ①対応する, 対処する, 対抗する〖严格～他吧〗彼に厳しく対して下さい〖～着干〗張り合う, 対抗する ②…に向ける, 向かい合わす〖背～着墙〗背中は壁に向けている ③適合する〖～胃口〗口に合う ④(2つのものを) 突き合わせる〖和原文～一～〗原文と照合する ⑤合わせる, 調整する〖～表〗時計を合わせる ⑥(液体などを) 混ぜる('兑'とも書く)〖～水〗水で薄める ─ 形 ①合っている, 正しい ㊁［错］〖你说得～〗君の言う通りです ②正常な〖味道不～〗味がおかしい ─ 介 …に対して, …について, …にとって〖～他说〗彼に言う〖～身体好〗体に良い ─ 量 (～儿) 一対?〖一～夫妻〗ひと組の夫婦

㊀①答える ②相対する［～岸］対岸 ③対句［～联］対聯ホ

【对白】duìbái 名〔演〕対話, ダイアローグ

【对半】duìbàn (～儿) ①半分, 折半〖～分〗半分ずつ分ける ②倍〖～利〗元金と同額のもうけ

:*【对比】duìbǐ 動 対比する, 引き比べる ─ 名 比率〖男女人数的～〗男女の人数の比率

:*【对不起】duìbuqǐ 動 申し訳が立たない, 顔向けできない;(挨)ごめんなさい ㊁〖对不住〗㊁〖对得起〗

【对策】duìcè 名 対策〖采取～〗対策を講じる

*【对称】duìchèn 形 対称的な〖十分～〗とてもシンメトリカルな

【对冲基金】duìchōng jījīn 名〔経〕ヘッジファンド

【对答】duìdá 動〔目的語なしで〕(問いに) 答える㊁〖回答〗〖～如流〗すらすらとよどみなく答える

*【对待】duìdài 動 (人や事柄について) 対応する, 取り扱う〖认真～工作〗まじめに仕事に対応する

【对得起】duìdeqǐ 動 申し訳が立つ, 顔向けできる ㊁〖对得住〗㊁〖对不起〗

【对等】duìděng 形〔定語・状語として〕対等の

【对调】duìdiào 動 (互いに) 交換する, 入れ替わる〖～工作〗仕事を交換する

*【对方】duìfāng 名 相手方 (㊁〖我方〗)〖～付费电话〗コレクトコール

*【对付】duìfu 動 ①(主に厄介なものに) 対処する, うまく処理する〖～荒年〗凶作に処理する ②間に合わせる, 我慢する〖～着穿吧〗間に合わせで(それを)着ておきなさい

【对歌】duìgē 名 (男女の口寄です)問答形式の歌, 歌垣

【对光】duì ˇguāng 動 カメラなどのピント(絞り) を合わす, 光線を調節する

【对过儿】duìguòr 名 (道などを隔てた)向い側

【对号】duì ˇhào 動 番号を合わせる

[～入座] 指定の席に座る(こと)
—— duìhào 名(～儿)チェック符号(✓, ○など)

【对话】 duìhuà 名(小説などの)対話 — 動 対話する[直接跟他们～]直接彼らと対話する[进行～]対話をする

【对换】 duìhuàn 動 互いに取り替える

【对角线】 duìjiǎoxiàn 名 対角線

【对接】 duìjiē 動[航]ドッキングする

【对劲】 duìjìn 形(～儿) ①心にかなう, 気に入る[对我的劲儿]私(の気持ち)にぴったりだ[不～]しっくりこない ②意気投合する[他们俩谈得很～]あの二人は話のうまが合うようだ

【对局】 duìjú 動(碁・将棋などで)対局する[跟他～]彼と対局する

*【对抗】** duìkàng 動 ①対抗する[～赛]対抗試合 ②抵抗する, 反対する[～改革]改革に抵抗する

【对口】 duìkǒu 形 ①[定語として]掛け合いの[～相声]掛け合い漫才[～山歌]掛け合い民謡 ②(業務などが)適合した, ぴったりの[工作不～]仕事が(自分の専門と)合わない

【对立】 duìlì 動 対立する[闹～]対立を引き起こす

*【对联】** duìlián 名(～儿)(副)対偶法で書かれた一対の語句をまとめた文 ◆旧正月の'春联', 追悼の'挽wǎn联'などもある

【对流】 duìliú 名(熱などの)対流

【对路】 duìlù 形 ①要求に合った ②心にかなった

【对门】 duì'mén (～儿)(家の門が道を隔てて)向かい合う
—— duìmén 名 向かい, 向こう側の家

*【对面】** duìmiàn 名(～儿)向かい側, 正面
—— duì'miàn 動[多く状語として]面と向かう, 顔を突き合わせる[对着面儿说话]顔を突き合わせて話す

【对牛弹琴】 duì niú tán qín《成》(牛に琴を弾いて聞かせる＞)馬の耳に念仏

【对偶】 duì'ǒu 名[語]対偶(法), 対句

*【对手】** duìshǒu 名 ①(試合の)相手 ②強敵, 力が拮抗する相手[我远不是你的～]とても君にはかなわないよ[好～]好敵手

【对台戏】 duìtáixì 名 二つの劇団が, 向こうを張って同時に芝居を上演すること[唱～]張り合う, 対抗する

【对头】 duìtóu 形[多く否定文に用いて] ①正しい, 適切な ②正常な, まともな[神色不～]顔色が悪い ③息が合う, 伸がよい

—— duìtou 名 ①かたき[死～]仇敌 ②対戦相手

【对外贸易】 duìwài màoyì 名 対外貿易[～顺差]貿易黒字

*【对象】** duìxiàng 名 ①対象[批评的～]批判の対象 ②恋愛や結婚の相手, 恋人[找～]恋人探しをする

【对消】 duìxiāo 動 相殺する

【对眼】 duì'yǎn 動(～儿) ①目にかなう, 気に入る[对上眼儿了]気に入った ②寄り目をする, 内斜視になる
—— duìyǎn 名(～儿)寄り目, 内斜視

【对应】 duìyìng 動 対応する[彼此～的概念]対応し合う概念[～词](他言語の単語と)同義の単語

【对于】 duìyú 介 …に対して, …について[～数学的兴趣]数学に対する興味

【对仗】 duìzhàng 名(古典詩文の)韻律

*【对照】** duìzhào 動 対照する, 突き合わせる[～原文进行修改]原文と対照しながら手直しをする —— 名 対比, コントラスト

【对折】 duìzhé 名 半値, 5割引き[打～出售]半値で売り出す

【对着干】 duìzhegàn (相手と同じ領域で)張り合う

【对证】 duìzhèng 動(事実を対照して)確かめる, 照合する

【对症下药】 duì zhèng xià yào《成》病症により投薬する, 状況に応じて適切な措置を講じる

【对峙】 duìzhì 動 対峙する, (静かに)向かい合う[南北～着]南北に対峙する

【对子】 duìzi ①対句, 対聯[对～]対句を作る ②対, ペア

【怼(懟)】 duì ⊗ 恨み[怨～]《書》同前

【兑(兌)】 duì 動(他国の貨幣に)換える, 両替する, (小切手などを)換金する[～一点钱]少し両替する[把支票～成现款]小切手を現金に換える ⊗ 八卦の一, ☱

*【兑换】** duìhuàn 動 兑换する[把日元～成人民币]日本円を人民元に換える

*【兑现】** duìxiàn 動 ①(小切手・証券類を)現金に換える ②(転)(約束を)実行する, 現実化する

【碓】 duì 名 唐臼 [～房]米つき小屋

【吨(噸)】 dūn 名(重量単位の)トン

【吨位】 dūnwèi 名(船舶の)容積トン数[～税]トン税

【惇】 dūn ⊗ 誠実な

【敦】 dūn
⊗① 心からの，ねんごろな スミレ3株 ② (D-) 姓 ◆古代の球形の器の意ではduìと発音

【敦促】 dūncù 動 (ねんごろに) 促す 〖～他也发言〗彼にも発言するよう促す

【敦厚】 dūnhòu 形 誠実な，篤実な

【敦睦】 dūnmù 動 〖書〗親密にする，友好を促進する 〖～邦交〗国交を親密化する

【敦请】 dūnqǐng 動 〖書〗懇請する，手厚く招く

【墩】 dūn
量 植物の叢や株を数える 〖三～猫脸花〗三色スミレ3株
⊗① 土盛り，小山 (～儿) ずんぐりした台状のもの，台座，礎石，(木の) 株など 〖桥～〗(橋脚をのせる) 井筒 〖门～〗門の (歪みを防ぐ) 土台石

【墩子】 dūnzi 名 ずんぐりした台状のもの，台座，礎石，(木の) 株など (◎〖方〗〖木子 dǔnzi〗) 〖菜～〗厚く輪切りにした木のまな板

【蹲】 dūn
動① しゃがむ，うずくまる 〖～在火边〗しゃがんで火にあたる ② 留まる，滞在する 〖～监狱〗監獄暮らしする ◆〖足を〗くじく」の意の方言ではcúnと発音

【蹲班】 dūn'bān 動 留年する，原級に留まる

【蹲膘】 dūn'biāo (～儿) ① (家畜を) 太らせる ② (貶) (人が) ぬくぬく肥え太る

【蹲点】 dūn'diǎn 動 幹部が一定期間農村や工場に滞在し，現場の仕事に従事しながら研究調査を行う

【蹲窝】 dūn'wō (～儿) ① (鳥獣が) 巣にこもる；(転)(人が) 家に引きこもる

【盹】 dūn
⊗ 居眠り，うたた寝 〖打～儿〗居眠りする

【趸(躉)】 dǔn
⊗① 大量に，卸しで 〖～卖〗卸売りする ② 大量に買い入れる 〖～货〗商品をまとめて仕入れる 〖～儿〗まとめて

【趸船】 dǔnchuán 名 (岸に固定した) 浮桟橋用の平底船

【趸批】 dǔnpī 形 〖多く状語として〗(売買について) 大口の，大量の，卸売りの 〖～买进〗大量に買い入れる

【沌】 dùn
→〖混 hùn～〗◆湖北の地名「沌口」「沌阳」ではzhuànと発音

【炖(燉)】 dùn
動① (肉などを) とろ火でぐつぐつ煮る ② (酒などに) 燗をつける

【钝(鈍)】 dùn
形① (切れ味が) 鈍い，なまくらな (⊗〖快〗) 〖那把菜刀太～了〗あの包丁は切れ味が悪い ② のろまな，鈍感な 〖迟～〗(反応や頭の働きが) 鈍い

【顿(頓)】 dùn
動① 一息つく，間をとる ② (書道で) ちょっと筆を止める ③ (足を) 地面にとんとんつける 〖～脚〗地団太を踏む — 量 食事・叱責・忠告などの回数を数える 〖三～饭〗3度の食事
⊗① 整える 〖整～〗整頓する ② 疲れる 〖劳～〗疲労する ③ ぬかずく 〖～首〗頓首 ④ 直ちに，にわかに 〖～然〗突然，にわかに 〖～开茅塞〗忽然と目からうろこが落ちる ⑤ (D-) 姓 ◆古代匈奴族の王の名「冒顿」はMòdúと発音

【顿挫】 dùncuò 動 (語調・音律などが) 停頓し曲折する 〖抑扬～〗抑揚に富みめりはりがある

【顿号】 dùnhào 名 標点符号の一 (、) ◆文中で主に名詞の並列関係を示す

*【顿时】 dùnshí 副 直ちに，たちまち

【顿足】 dùn'zú ① 地団太を踏む (⑬〖踩胸〗) 〖～捶胸〗地団太踏み胸打ちたたいて悔しがる (悲しむ) ② 足を止める

【盾】 dùn
名 盾 (⑬〖～牌〗) 〖矛～〗矛盾 — 量① ギルダー (オランダ通貨) ② ルピア (インドネシア通貨)

【遁(*遯)】 dùn
⊗ 逃げる 〖逃～〗逃亡する 〖～世〗〖書〗隠遁する

【遁词】 dùncí 名 逃げ口上

【多】 duō
形① 多い，たくさんの 〖～少〗 ◆〖很〗～(的) 人〗たくさんの人 ◆'多人'"多的人'とは言えない ② (その形容詞のもつ程度が) 甚だしい 〖好～了〗ずっとよくなった — 動 増える，超す 〖～了一个人〗一人多すぎた — 図 端数を示す 〖两年～〗2年余り 〖十～年〗10数年 — 副① 程度や数を尋ねる 〖你～大岁数？〗あなた幾つですか 〖～远？〗どれほどの距離ですか ②〖感嘆文で〗なんと 〖～不简单〗まったく大したものだ 〖どんなに (…でも) 〖不管～忙〗いかに忙しくても…
⊗① 余計な→〖～嘴〗 ② 2以上を表わす 〖～年生〗多年生の ③ (D-) 姓

【多半】 duōbàn 図 (～儿) 大半，大部分 〖这儿的留学生～是日本人〗ここの留学生は大半が日本人だ — 副 大抵 〖他～不会来了〗彼は恐らくもう来そうにない

【多边】 duōbiān 形 多面的な，多国間の 〖～形〗多角形 〖～贸易〗多国間貿易

【多才多艺】duō cái duō yì《成》多芸多才の人

【多长时间】duō cháng shíjiān 代 どれほどの時間

【多愁善感】duō chóu shàn gǎn《成》多感な,感傷的な

【多此一举】duō cǐ yì jǔ《成》余計な事をする

【多多益善】duō duō yì shàn《成》多ければ多いほどよい

【多寡】duōguǎ 名 数量の大小,多少

【多国公司】duōguó gōngsī 名 多国籍企業 ⇨〖跨国公司〗

【多会儿】duōhuìr/duōhuǐr 代《口》いつ,いつか

【多久】duō jiǔ 代 どれほどの時間

【多口相声】duōkǒu xiàngsheng 名 数人で演じる漫才

★【多亏】duōkuī 動 おかげを蒙る,恩義を受ける 〖~你打来电话〗君が電話をくれたおかげで助かりました

★【多么】duōme 副 ①〖感嘆文で〗なんと,どんなにか 〖~快呀〗なんて速いんだろう ②〖どんなに(…でも)〗〖不管~冷〗いかに寒くても… ③〖程度を尋ねて〗どれくらい 〖~长?〗長さはどれくらいか ◆②③はふつう'多'を使う

【多米诺骨牌】duōmǐnuò gǔpái 名 ドミノ 〖~效应〗ドミノ現象

【多媒体】duōméitǐ 名 マルチメディア

【多面手】duōmiànshǒu 名 多才な人

【多面体】duōmiàntǐ 名 多面体

【多幕剧】duōmùjù 名 2幕以上ある劇 ⇨〖独幕剧〗

【多年生】duōniánshēng 形〖定語として〗多年生の(植物) ⇨〖一年生〗

【多情】duōqíng 形 多情な,恋多き 〖自作~〗愛されていると一人合点する

★【多少】duōshao 代 ① どれくらい,いくつ 〖~钱?〗いくらですか ②(不定の量を表わして) どれだけか 〖要~给~〗ほしいだけあげよう
── duōshǎo 名 数の大小・多いか少ないかの程度を表わす 〖不论~〗多少にかかわらず… ── 副 多少とも,幾分か 〖~有点冷了〗幾分か寒くなった

【多神教】duōshénjiào 名 多神教 ⇨〖一神教〗

【多事】duōshì 形 事件の多い,多事の 〖~的一年〗多事多難の年
── duō'shì 動 余計な事をする,おせっかいをやく

【多数】duōshù 形〖多く定語として〗多数の(⇨〖少数〗)〖~(的)人〗多数の人 〖~表决〗多数決

【多谢】duōxiè 動《挨》感謝する,ありがとう 〖~您指教〗ご教示ありがとうございます

【多心】duō'xīn 動 気を回す,いぬ事を考える 〖你多哪门子心啊?〗なにを余計な気を回しているんだ

【多疑】duōyí 形 疑り深い

【多义词】duōyìcí 名《語》多義語

★【多余】duōyú 形 余分な,余計な ── 動 余分が出る

【多元】duōyuán 形〖定語として〗多様な,多元化した 〖~化〗多元化する

【多咱】duōzan 代《方》いつ,いつか ── 副《普》〖什么时候〗

【多种多样】duō zhǒng duō yàng《成》多種多様な

【多嘴】duō'zuǐ 動 余計な事を言う,口出しをする

【哆】 duō ⊗ 以下を見よ

*【哆嗦】duōsuo/duōsuō 動 (寒さ・怒りで) ぶるぶる震える 〖打~〗ぶるぶる震える 〖冻得直~〗寒さにぶるぶる震える

【咄】 duō ⊗ 以下を見よ

【咄咄】duōduō 擬《書》驚きいぶかる声,また,恐ろしげな音などを表わす 〖~怪事〗さてもおかしなことよ 〖~逼人〗すごい剣幕で迫る

【掇】(*裰) duō ⊗ 拾う 〖拾~〗きちんと片付ける 〖~弄〗修理する ◆呉方言では「両者で運ぶ」の意で単用

【裰】 duō ⊗ ほころびを繕う 〖补~〗同前

【夺】(奪) duó 動 ① 奪う,ひったくる 〖把枪~过来〗銃を奪い取る 〖~权〗権力を奪う ② 勝ち取る 〖~丰收〗豊作を勝ち取る ⊗ ① 決定する 〖定~〗決裁する ②(文字が)脱落する 〖讹~〗《書》誤脱する

【夺标】duóbiāo 動 ① 優勝を勝ち取る ②(入札で)落札する

【夺冠】duóguàn 動 優勝する,第一位になる

【夺目】duómù 形 (華やかで)目を奪うような

【夺取】duóqǔ 動 ① 戦い取る,奪取する ②(努力して) 勝ち取る 〖~胜利〗勝利を勝ち取る

【度】 duó ⊗ 推測する,見当をつける 〖忖~〗推し測る ⇨dù

【踱】 duó 動 ゆっくり歩く 〖~来~去〗ゆっくりと行ったり来たりする

【铎】(鐸) duó ⊗ 大きな鈴

【朵(*朶)】duǒ [量] 花や雲を数える〖一～花〗一輪の花
⊗(D-)姓

〖垛(*垜)〗duǒ ⊗以下を見よ
⇨duò

【垛口】duǒkǒu [名] 城壁上部の凹凸型の壁 [同][垛堞]

【垛子】duǒzi [名] 控壁，城壁や塀の柱状に厚くなっている部分 [门～] 門枠左右の柱状部分

【躲(*躱)】duǒ [動] 隠れる，避ける〖～车〗車をよける

【躲避】duǒbì [動] 隠れる，(人を)避ける，回避する〖她故意～我〗彼女はことさら僕を避ける

★★【躲藏】duǒcáng [動] 身を隠す，隠れる

【躲闪】duǒshǎn [動] 素早く避ける，さっと身をかわす〖～不及〗身をかわす間もない

【躲债】duǒ'zhài [動] 借金取りを避ける

〖驮(馱)〗duò ⊗荷駄 [～子] 同前
⇨tuó

【剁(刴)】duò [動]（刃物を振り下ろして）切る，切断する〖～肉〗肉をぶつ切りにする

【垛(*垜)】duò [動] きちんと積み上げる，山積みする〖～稻草〗わらを山積みにする 一 [量] 山積みされたものを数える〖一～砖〗ひと山のれんが
⊗積み重ねた山 [麦～] ムギわらの山
⇨duǒ

【跺(*跥)】duò [動] 強く足踏みする〖～脚〗地団太踏む

【舵(*柁)】duò [名] 舵(かじ)〖把～(掌～)〗舵を取る

【舵轮】duòlún [名]（船の）舵輪(だりん)，(自動車の)ハンドル

【舵手】duòshǒu [名] 舵手，舵取り；《転》指導者，リーダー

【堕(墮)】duò [動] 落ちる([関][落][掉])〖～在地上〗地面に落ちる

★【堕落】duòluò [動] 堕落する，退廃する

【堕胎】duò'tāi [動] 堕胎する [関][打胎][人工流产]

〖惰〗duò ⊗怠惰な，ものぐさな [懒～] 怠惰な

【惰性】duòxìng [名] ①〖理〗慣性 ②怠け心

E

【e化】e huà [動] 電子化する

【ECFA】[名] 両岸経済協力枠組協議 ♦両岸とは，中国本土と台湾のこと [同][海峡 xiá 两岸经济合作框 kuàng 架协议]

〖阿〗ē ⊗①こびる，おもねる [～附]《書》こびへつらう ②山の隅 ③地名用字 ♦例えば山東省東阿県 ④(Ē)姓
⇨ā

【阿弥陀佛】Ēmítuófó [名] 阿弥陀仏，ナムアミダブツ(唱え言葉)

【阿谀】ēyú [動] こびへつらう〖～有权势的人〗権力者におもねる

〖婀〗ē ⊗以下を見よ

【婀娜】ēnuó [形]《書》(女性の物腰が)しなやかな

【屙】ē [動]《方》大小便をする

〖痾〗ē ⊗病

【讹(訛)】é [動] ゆする〖～去2000元〗2000元をゆすり取る

〖—(譌)〗⊗誤り，間違った [～舛]《書》(文字などの)間違い

【讹传】échuán [名] 誤ったうわさ

【讹谬】émiù [名] 誤り，間違い

【讹脱】étuō [動]（文字が）間違ったり脱落したりする〖～了几个字〗何字か誤脱がある 一 [名]（文字の）誤りや脱落

【讹误】éwù [名]（文字·記載の）誤り

【讹诈】ézhà [動] ゆする，恐喝する〖～珠宝〗宝石をゆすり取る

〖囮〗é ⊗[～子] おとり(の鳥)

〖俄〗é ⊗①にわかに [～而]《書》やがて，にわかに ②(É)ロシア [～国] 同前 [～语] ロシア語 [～罗斯联邦] ロシア連邦

【俄罗斯族】Éluósīzú [名] ロシア族 ♦中国少数民族の一，主に新疆に住む

【俄顷】éqǐng [副]《書》ほどなく，やがて

〖哦〗é ⊗詩歌を小声で歌う
⇨ó, ò

〖娥〗é ⊗①美しい ②美女

【娥眉(蛾眉)】éméi [名] ①弓なりの美しい眉 ②美女

〖峨〗é ⊗高い [巍 wēi ～] 高くそびえる

【鹅(鵝*鵞)】é [名]〔只〕ガチョウ

【鹅黄】éhuáng 形〔多く定語として〕淡黄色の

【鹅卵石】éluǎnshí 名〔块〕丸石,玉砂利

【鹅毛】émáo 名 ガチョウの羽毛;《転》羽毛のように軽いもの

【蛾】é ⊗蛾→[~子]

【蛾眉(峨眉)】éméi 名 ① 弓なりの美しい眉 ② 美女

【蛾子】ézi 名〔只〕蛾

【额(額)】é ⊗ ① ひたい→[~头] ② (書画などの)額 ③ (規定の)数,額

【额角】éjiǎo 名 こめかみ 回[太阳穴]

【额头】étou/étóu 名 ひたい 回[脑门子]

*【额外】éwài 形〔定語・状語として〕規定外の,割増しの〖~照顾〗特別に配慮する

【恶(噁*惡)】ě ⊗ 以下をみよ
⇨ è, wù

*【恶心】ěxīn 動 ① 吐き気がする,むかつく ② (吐き気がするくらい)嫌う

【厄(阨)】è ⊗ 要害の地〖险~〗同前

【―(戹)】 〖~运〗不運 災難,苦しみ

【厄尔尼诺现象】è'ěrnínuò xiànxiàng 名 エルニーニョ現象

【扼(*搤)】è ⊗ ぐっとつかむ,しっかり握る

【扼杀】èshā 動 締め殺す,息の根をとめる〖~新生事物〗新生の事物をひねりつぶす

【扼要】èyào 形 (文章の発言が)要領を得た

【扼制】èzhì 動 抑制する

【扼住】èzhù 動 ぐっとつかむ

【呝】è 嘆 驚きや相手への提示を表す

【呝逆】ènì 動 げっぷが出る ◆ふつう'打嗝儿'という

【轭(軛)】è ⊗ くびき

【垩(堊)】è ⊗ 白亜 [白~] 同前

【恶(惡)】è 形 (道徳的に) 悪い,凶悪な,凶暴な〖~得very〗とてもあくどい [~骂]ひどくののしる
⊗ 悪事
⇨ ě, wù

【恶霸】èbà 名 悪辣な地方ボス
【恶毒】èdú 形 あくどい,悪辣な
【恶棍】ègùn 名 悪党,ごろつき
【恶狠狠】èhěnhěn 形 (~的) 毒々しい,凶悪な 〖~地骂了一顿〗憎々しげに毒づいた
*【恶化】èhuà 動 悪化する,悪化させる 〖~了双方的关系〗双方の関係を悪化させた
【恶疾】èjí 名 悪疾,直りにくい病気
*【恶劣】èliè 形 劣悪な,悪質な
【恶魔】èmó 名 悪魔,邪鬼;《転》悪人
【恶人】èrén 名 悪人
【恶习】èxí 名 悪癖,悪習
【恶性】èxìng 形 邪悪な本性 ― 形〔定語・状語として〕悪性の,悪質な〖~循环〗悪循環
【恶意】èyì 名 悪意 ⊗[善意]
【恶作剧】èzuòjù 名〔场〕悪ふざけ,いたずら〖搞~〗悪ふざけをする

【饿(餓)】è 形 ひもじい,腹がへった ⊗[饱]
― 動 腹をすかせる〖~着肚子〗おなかをすかせる

【鄂】È ⊗ ① 湖北省の別称 ② 姓

【鄂伦春族】Èlúnchūnzú 名 オロチョン族 ◆中国少数民族の一.黒竜江省と内蒙古に住む

【鄂温克族】Èwēnkèzú 名 エヴェンキ族 ◆中国少数民族の一.主に黒竜江省に住む

【愕】è ⊗ 驚く

【愕然】èrán 形〔書〕愕然とした

【萼】è ⊗ 花のがく [花~] 同前

【腭】è ⊗ 口蓋(ふつう'上膛'という)[软~] 軟口蓋

【锷(鍔)】è ⊗ 刀剣の刃

【颚(顎)】è ⊗ ① (ある種の昆虫の)顎,あご [上~]うわあご ② '腭'と同じ

【鳄(鱷)】è ⊗ 以下をみよ

【鳄鱼】èyú 名〔只〕ワニ [~眼泪]悪人のにせの情歎

【遏】è ⊗とめる,さえぎる,抑える

【遏止】èzhǐ 動 抑える,阻止する
*【遏制】èzhì 動 抑制する

【噩】è ⊗ 恐ろしげな [~梦]悪夢

【噩耗】èhào 名 (親しい人や敬愛する人の)訃報

【欸(*誒)】ē/éi 嘆 (呼び掛けの)おい,ねえ
⇨ ǎi, ē, é, è

【欸(*誒)】é/éi 嘆 (いぶかって)おや,あれ
⇨ ǎi, ē, é, è

【欸(*誒)】ě/éi 嘆 (不同意の気分で)いや
⇨ ǎi, ē, é, è

【欸(*誒)】è/èi 嘆 (同意したり返事をして)ええ,はい

⇨ǎi, ē, é, ě

【恩】 ēn ⊗①恩 ②(Ē-)姓
【恩爱】ēn'ài [形](夫婦の仲が) むつまじい ［～夫妻］おしどり夫婦
【恩赐】ēncì [動]たまわる, 恵む ♦しばしばマイナス義を帯びる 〚谁要你来～〛誰が恵んでくれと頼んだか
【恩惠】ēnhuì [名]恩恵
【恩将仇报】ēn jiāng chóu bào《成》恩を仇で返す
【恩情】ēnqíng [名]恩, なさけ
【恩人】ēnrén [名]恩人
★【恩怨】ēnyuàn [名]①人から受けた恩と恨み ②恨み

【摁】 èn [動](手や指で) 押す 〚～电钮〛ボタンを押す
【摁扣儿】ènkòur [名]スナップ, ホック [同]［子母扣儿］

【儿(兒)】 ér [名](親族名称としての)子 ♦親と息子·娘の間で使う 〚我的～啊〛息子よ(娘よ)
⊗①息子(→［～子］) ［一～一女］一男一女 ②子供 ［幼～］幼児 ③若者 ［健～］健児 ④雄
—— -r ⊗[尾]前の音と融合して'儿化'する(前の音節の -n と -i は落ち, -ng は鼻母音化する) ①小さいものであることを示す ［小猫～］子猫 ［鱼～］小魚 ②本来の意味を変える ［头～］起点, 終点 ［信～］消息 ③動詞·形容詞を名詞化する ［画～］絵 ［盖～］ふた ［亮～］明かり ④ごく少数の動詞の要素となる ［玩～］遊ぶ ［火～］かっとなる
【儿歌】érgē [名]童謡
【儿化】érhuà [動]〚語〛儿化する ♦接尾辞の'儿'が前の音節と融合し, 文法的にさまざまな働きをする
【儿马】érmǎ [名]《口》雄の馬 [同]［公马］
【儿女】érnǚ [名]①子女 ②男女
【儿孙】érsūn [名]①子と孫 ②子孫
★★【儿童】értóng [名]児童
【儿童节】Értóng Jié [名]国際児童日(6月1日)
【儿媳妇】érxífu [名](～儿)息子の嫁
【儿戏】érxì [名]児戯, 下らない事
★★【儿子】érzi [名]息子 [反]［女儿］

【而】 ér [接]単語(主に形容詞か動詞) や連語·文をつなぐ ①並列関係を表わす 〚真实～感人〛真実にして感動的 ②相反する関係を表わす ［艳～不俗］派手だが俗っぽくない ③さらに一歩進めた関係を表わす ［取～代之］とって代わる ④原因·目的を示す語句を動詞につなぐ 〚为胜利～奋斗〛勝利のために奮闘する ⑤仮定を表わす 〚理论～不与实践相结合…〛理論がもし実践と結びつかないなら…
【而后】érhòu [接]〔前の文を受けて〕そのあと, それから
【而况】érkuàng [接]ましてや
【而立之年】ér lì zhī nián《成》30歳(の年)
★★【而且】érqiě [接]①並列関係を表わす 〚柔软～光滑〛柔らかくてすべすべしている ②〔'不但''不仅'などと呼応して〕さらに一歩進んだ事態を示す 〚不但宽敞, ～明亮〛(部屋が)広いうえに明るい
★【而已】éryǐ [助]〔文末に用いて〕…にすぎない, …のみ 〚我不过说说～〛ちょっと言ってみただけだ

【尔(爾)】 ěr ⊗①なんじ(汝) ②かくのごとし ③その, あの ④…のみである, …にすぎない ⑤形容詞の接尾辞 ［莞～而笑］にっこり笑う
【尔后】ěrhòu《書》[接]そのあと, それから
【尔虞我诈】ěr yú wǒ zhà《成》互いにだましあう

【迩(邇)】 ěr ⊗近い ［～来］《書》近ごろ

【耳】 ěr ⊗①耳 ［～朵］同前 ②耳状のもの ［木～］キクラゲ ［～房］'正房'の左右に付いている室 ③…にすぎない
【耳背】ěrbèi [形]耳が遠い
【耳边风】ěrbiānfēng [名]馬耳東風([同]［耳旁风］) 〚当～〛どこ吹く風と聞き流す
【耳垂】ěrchuí [名]〔对〕耳たぶ
【耳聪目明】ěr cōng mù míng [形]①(年取っても) 耳も目もしっかりしている ②耳ざとく事情に通じている
★★【耳朵】ěrduo [名]〔对〕耳 〚一只～〛片方の耳 ［～垂］耳たぶ
【耳朵软】ěrduo ruǎn [形]《貶》すぐ真に受ける, 信じやすい
【耳朵眼儿】ěrduoyǎnr [名]耳の穴, (ピアス用にあけた)耳たぶの穴
【耳垢】ěrgòu [名]耳あか
【耳光】ěrguāng [名]〔记〕横面([同]［耳光子］); 《転》びんた 〚打～〛平手打ちをくらわす
★【耳环】ěrhuán [名]〔副·对〕イヤリング, 耳輪
【耳机】ěrjī [名]①〔副〕(両耳に当てる)イヤホーン ②受話器 [同]［听筒］
【耳孔】ěrkǒng [名]耳の穴
【耳麦】ěrmài [名]ヘッドセット
【耳鸣】ěrmíng [動]耳鳴りがする
【耳目】ěrmù [名]①見聞きすること, 見聞 ［～一新］見るもの聞くものすべて新鮮だ ②《貶》通報者, 密告者
【耳濡目染】ěr rú mù rǎn《成》いつも見聞きすることに自然に影響されること
【耳软心活】ěr ruǎn xīn huó《成》定見なく他人の意見に左右されやす

E

いこと
【耳塞】ěrsāi [名] ①(片耳の)イヤホーン ②耳せん
【耳生】ěrshēng [形] 耳なれない [反][耳熟]
【耳屎】ěrshǐ [名]《口》耳あか
【耳熟】ěrshú [形] 耳なれた，聞きなれた [反][耳生]
【耳提面命】ěr tí miàn mìng《成》じかに厳しく丁寧に教える
【耳挖子】ěrwāzi [名] 耳かき [同][耳勺儿]
【耳闻】ěrwén [動] 耳にする［～不如目见］《成》百聞は一見にしかず
【耳语】ěryǔ [動] 耳打ち話をする，ささやく〖私下～〗そっと耳打ちする
【耳坠子】ěrzhuìzi [名](垂れ下りのついた)耳飾り [同][耳坠儿]
【耳子】ěrzi [名] 器物の耳，取っ手

〖饵(餌)〗 ěr ⊗①米粉や小麦粉などで作った食品［果～］《書》お菓子 ②魚釣りのえさ［鱼～］同前 ③(利益をえさに)誘う

〖洱〗 Ěr ⊗［～海］雲南にある湖の名

【二】 èr [数] 2 ([関][两])〖一加一等于～〗1プラス1は2［第～］第2［～月］2月 ⊗①第2の，劣った ②異なる，別の［不～法门］唯一無二の方法［～话］別の意見［毫无～致］まったく違いがない
【二把刀】èrbǎdāo [名]《方》①生かじり ②未熟者
【二百五】èrbǎiwǔ [名] ①《口》間抜け，あほう ②《方》生半可な知識しかない人 [同][半瓶醋]
【二道贩子】èr dào fànzi [名](転売で儲ける)ブローカー
【二噁英】èr'èyīng [名]〖化〗ダイオキシン
【二房东】èrfángdōng [名] 又貸し家主 [関][房东]
【二副】èrfù [名] 二等航海士
【二锅头】èrguōtóu [名] コウリャンを原料とした北京特産の'白酒' ♦2度目の蒸留液からとる比較的純度の高い酒で，アルコール分は60-70%
【二胡】èrhú [名]〖音〗〔把〕2弦の胡弓(こきゅう)([同][南胡])〖拉～〗'二胡'を演奏する
【二郎腿】èrlángtuǐ [名] 足を組んで座る姿勢〖跷起～〗足を組む
【二流】èrliú [形]〔定語として〕二流の
【二流子】èrliúzi [名] のらくら者，与太者
【二门】èrmén [名](大きな屋敷の)'大门'の内側にある門
【二拇指】èrmǔzhǐ [名] 人差し指 [同][食指] [関][大拇指]
【二奶】èrnǎi [名] お妾さん
【二十八宿】èrshíbā xiù [名]〖天〗古代中国で，天空の星を東西南北各7組，計28組に分け，二十八宿と称した
【二十四节气】èrshísì jiéqì [名] 陰暦の季節区分の二十四気 ♦立春・雨水・啓蟄・春分・清明・穀雨・立夏・小満・芒種・夏至・小暑・大暑・立秋・処暑・白露・秋分・寒露・霜降・立冬・小雪・大雪・冬至・小寒・大寒をいう
【二十四史】èrshísì shǐ [名] 中国の正史とされる史記，漢書から元史・明史に至る24の史書
【二十五史】èrshíwǔ shǐ [名]'二十四史'に新元史を加えたもの
【二手】èrshǒu [名]〔定語として〕中古の［～房］中古住宅
【二手烟】èrshǒuyān [名] 副流煙
【二心】èrxīn [名] ふたごころ，心の迷い［怀有～］ふたごころを抱く
【二氧化】èryǎnghuà [名]〖化〗二酸化［～硫］二酸化硫黄
*__【二氧化碳】__èryǎnghuàtàn [名] 炭酸ガス
【二元论】èryuánlùn [名]〖哲〗二元論
【二战】Èrzhàn [名]'第二次世界大战'の略称

〖贰(貳)〗 èr [数]'二'の大字 ⊗変節した
【贰臣】èrchén [名]《書》二君に仕える臣

E

F

【发(發)】 fā 動 ① 送り出す,引き渡す,交付する(⇨[收])〖~货〗出荷する〖~他一份工资〗彼に1回分の給料を渡す ② 発する,まき散らす〖~臭〗臭気をまき散らす ③(感情を)あらわにする,表に出す〖~脾气〗かんしゃくを起こす ④ 発表する,表明する〖~出命令〗命令を出す ⑤ 発射する〖~炮〗大砲を撃つ ⑥ 生じる,発生する〖~芽〗芽が出る ⑦(発酵したり水にもどしたりして)大きく膨れる〖~海蜇〗クラゲをもどす ⑧〖形容詞を客語にとり〗…の状態になる,…の感じがする〖~黄〗黄色くなる〖~麻〗しびれる〖~胖〗太る ―量 銃弾,砲弾を数える〖一~子弹〗1発の弾
⊗ ① ひらく,暴く〖揭~〗暴露する ② 拡大する,ふえる ③ 行動を開始する
⇨ fà

- 【发榜】fā'bǎng 動 合格者の氏名を発表する
- *【发表】fābiǎo 動 発表する,公表する
- 【发病】fā'bìng 動 発病する
- *【发布】fābù 動(命令・指示・重要ニュースなどを)公布する,発表する
- *【发财】fā'cái 動 財を成す,金持ちになる〖发了一笔财〗大金をもうける〖发国难财〗(戦争などの)国難に乗じて巨利を得る
- 【发车】fā'chē 動 ① 発車する ② 車を差し向ける
- *【发愁】fā'chóu 動 愁える,気に病む〖犯愁〗
- 【发出】fāchū 動 ①(命令・通知などを)発表する,出す ②(音・においなどを)発する ③(文書などを)発送する,送り届ける
- 【发憷】fāchù 動〈方〉おじける,あがる
- *【发达】fādá 形 発達した〖交通很~〗交通が発達している〖~国家〗先進国 ―動 発達する,発展させる〖~贸易〗貿易を振興させる
- 【发呆】fā'dāi 動 ぼんやりする,ぽかんとなる
- 【发电】fā'diàn 動 ① 発電する〖~站〗発電所〖~机〗発電機 ② 電報を打つ〖~祝贺〗電報で祝う
- *【发动】fādòng 動 ① 始める,起こす〖~攻击〗攻撃を仕掛ける ② 行動を呼び掛ける〖~农民养猪〗豚を飼うよう農民に働きかける ③(機械を)動かす〖~汽车〗車を動かす
- 【发动机】fādòngjī 名〔台〕モーター,エンジン
- *【发抖】fādǒu 動(寒さや恐怖で)震える
- 【发端】fāduān〈書〉名 発端,始まり ―動〖'~于'の形で〗…に端を発する
- 【发放】fāfàng 動(資金や物資を)発給する,放出する
- 【发奋】fāfèn 動 ① やる気を出す,奮起する ②[发愤]
- 【发愤】fāfèn 動 発奮する〖~图强〗大いに意気込んで富強をはかる
- 【发疯】fā'fēng 動 ① 気が狂う,発狂する ②(転)常軌を逸する
- 【发福】fā'fú 動〈婉〉福々しくなる,太る ◆主に中年以上の人に対していう
- 【发稿】fā'gǎo 動 原稿を送る,出稿する ◆通信社から新聞社へ,また編集部から印刷所へ
- 【发给】fāgěi 動 発給する〖~护照〗パスポートを発給する
- 【发光】fā'guāng 動 ① 発光する,光を放つ〖~体〗発光体〖~二极管〗LED ② 光沢をもつ,つやつやする
- 【发汗】fā'hàn 動(薬などで)発汗させる,汗を出す(⇨[出汗])〖~药〗発汗剤
- 【发号施令】fā hào shī lìng〈成〉あれこれ指図(号令)する
- 【发狠】fā'hěn 動 ① きっぱり決心する ② かっとなる,怒る
- 【发花】fā'huā 動(目が)かすむ
- 【发话器】fāhuàqì 名(電話の)送話器 ⇨[话筒]〖受话器〗
- 【发还】fāhuán 動(下位の者へ)返す,差し戻す〖~作业〗(生徒などに)宿題を返す
- 【发慌】fā'huāng 動 あわてる,うろたえる
- 【发挥】fāhuī 動 ①(能力・特長を)発揮する,機能させる〖~积极性〗積極性を発揮する ② 自分の考え(感情)を十分に表明する
- 【发昏】fā'hūn 動 ① 頭がぼうっとする,目まいがする ②(転)分別を失う,正気の沙汰でなくなる
- *【发火】fā'huǒ 動 ① 発火する,燃え出す ②(~儿)怒る,癇癪を起こす
- 【发急】fā'jí 動 いらだつ,焦る
- 【发迹】fā'jì 動 出世する
- 【发家】fā'jiā 動 家を興す,家を富ます
- 【发酵(酵)】fā'jiào 動 発酵する
- *【发觉】fājué 動 気が付く,発見する
- 【发掘】fājué 動 発掘する,掘り起こす〖~人才〗人材を発掘する
- 【发刊词】fākāncí 名 発刊の辞
- 【发狂】fā'kuáng 動 発狂する,気がふれる
- 【发牢骚】fā láosao/fā láosāo 動 ぶ

つぶつ文句を言う，不満を並べる
【发愣】fā▼lèng [動]《口》ぼんやりする，ぽかんとする
【发亮】fāliàng [動] 明るくなる，光る，ぴかぴかになる〖东方～了〗東の空が明るくなってきた
【发令】fā▼lìng [動] 命令を下す，号令を掛ける
【发令枪】fālìngqiāng [名]（競技の）スタート合図のピストル〖放～〗スタートの号砲を撃つ
【发毛】fā▼máo [動] ①《口》びくびくする，おびえる ②《方》怒る，かっとなる
【发霉】fā▼méi [動] かびが生える
【发面】fā▼miàn [動] 小麦粉を発酵させる
—— fāmiàn [名] 発酵した小麦粉
★★【发明】fāmíng [動] 発明する — [名] 発明（されたものや方法）〖这是个新～〗これは新発明だ
【发腻】fānì [動]（人や食物に）うんざりする，嫌気(いやけ)がさす
【发怒】fā▼nù [動] 怒る，かっとなる
【发排】fāpái [動] 原稿を（編集から）植字に回す
【发脾气】fā píqi [動] 癇癪(かんしゃく)を起こす，人にあたる
★★【发票】fāpiào [名]〔张〕領収書，レシート（[同]［收据］）〖开～〗領収書を書く
【发起】fāqǐ [動] ① 発起する，主唱する〖～成立一个小组〗グループの結成を提唱する［～国］主催国 ②（事を）起こす，始める〖～反攻〗反撃を開始する
【发情】fāqíng [動] 発情する，盛りがつく
【发球】fā▼qiú [動]〖体〗サーブする［～得分］サービスエース
【发热】fā▼rè [動] ① 熱を発する［发光～］光と熱を発する ② かっかとする〖头脑～〗頭に血が上る ③《方》[同]［发烧］
【发人深省(发人深醒)】fā rén shēn xǐng《成》人を深く考えさせる，深い内省を誘う [同]［发人深思］
【发轫】fārèn [動]《書》① 止め木をはずして車を前進させる ②《転》新事業に着手する，新たな局面が始まる
【发丧】fā▼sāng [動] ① 家人の死亡を告げる，喪を発する ② 葬儀を執り行う
★★【发烧】fā▼shāo [動]（体温に関して）熱が出る（[反]［退烧］）〖发高烧〗高熱を出す
★【发射】fāshè [動] 発射する〖～人造卫星〗人工衛星を打ち上げる
【发身】fāshēn [動]（思春期になり）身体が大人びる
★★【发生】fāshēng [動]（ある事態が）生じる〖～新的情况〗新しい事態が起こる
★【发誓】fā▼shì [動] 誓う〖向老天爷～〗神かけて誓う〖～要完成任务〗任務の達成を誓う
【发售】fāshòu [動] 発売する，売り出す
【发水】fā▼shuǐ [動] 大水が出る，水害が起こる
【发送】fāsòng [動]（無線信号を）発信する，（文書や貨物を）発送する
—— fāsong [動] 葬儀を行う ♦主に野辺の送りと埋葬をいう
【发酸】fāsuān [動] ①（食物が）酸っぱくなる ②（涙を催して）じんとなる，つんとくる ③（疲れなどで）けだるくなる，力が入らなくなる
【发条】fātiáo [名]〔根〕ばね，スプリング〖上～〗ぜんまいを巻く
【发问】fāwèn [動]〔客語なしで〕（口頭で）質問する，問い掛ける
★★【发现】fāxiàn [動] 発見する，気が付く
【发祥地】fāxiángdì [名] 発祥の地
【发笑】fāxiào [動] 笑う，吹き出す
【发泄】fāxiè [動]（感情を）発散させる，はき出す〖～不满〗不満をぶちまける
【发薪】fā▼xīn [動] 給料を払う（が出る）［～日］給料日
★【发行】fāxíng [動]（書籍·新貨幣などを）発行する
【发芽】fā▼yá [動] 発芽する
★★【发言】fā▼yán [動] 発言する［～人］スポークスマン
—— fāyán [名]（会議での）発言，発表
★【发炎】fā▼yán [動] 炎症を起こす
★【发扬】fāyáng [動] ①（優れた考え·態度·伝統などを）盛んにする，発展高揚させる〖～民族文化〗民族文化を発展させる ② 発揮する，作用を起こさせる
【发音】fā▼yīn [動] 発音する
—— fāyīn [名] 発音，発せられた音
★【发育】fāyù [動] 発育する〖促进～〗発育を促進する
【发源】fāyuán [動]（川の）源流が始まる，源を発する［～地］発源地
【发愿】fā▼yuàn [動] 願をかける [関]［许愿］
【发晕】fā▼yūn [動] 目まいがする，気が遠くなる
★★【发展】fāzhǎn [動] 発展する（させる）〖～生产〗生産を拡大する［～中国家］発展途上国
【发作】fāzuò [動] ①（病気などが）突発的に起こる，（薬や酒などが）効いてくる ② 癇癪(かんしゃく)を起こす，怒り狂う

【乏】fá [形] ① 疲れた，くたびれた（[関]［累］）〖走～了〗歩き疲れた ②《方》力の抜けた，役に

立たない [～话] ろくでもない言葉 ⊗不足する, 乏しい
【乏味】fáwèi 形 味気ない, 面白みがない

【伐】fá 動 伐る, 伐採する 〖～树〗木を伐る ⊗攻める [讨～] 討伐する

【垡】fá ⊗[～子]《方》掘り出した土の塊

【阀(閥)】fá 名《訳》バルブ, 弁(普通は'活门'という) ⊗[～门] ⊗閥, 門閥 [军～] 軍閥

【筏】fá ⊗いかだ [木～] (木材を組んだ)いかだ
【筏子】fázi 名〔只〕いかだ [羊皮～] 羊の皮のいかだ

【罚(罰*罸)】fá 動 罰する(⊚[赏]) 〖～他喝两杯酒〗彼に罰として2杯飲ませる 〖～他一百块钱〗彼から100元罰金をとる
【罚不当罪】fá bù dāng zuì《成》(罪と罰が釣り合わない>) 不当な罰を科される
*【罚款】fá'kuǎn 動 罰金を科する 〖违者～二十元〗違反者には20元の罰金を科する
── fákuǎn 名〔笔〕罰金
【罚球】fá'qiú 動〔体〕ペナルティー(キックやシュート)をとる

【法】fǎ 名 ①〔条〕法, 法律 [合～] 合法である ② (～儿)方法, 手段 ── 量 (電気容量の単位) ファラッド ⊚[法拉] ⊗①規準, 手本 ②仏教の道理 ③法術 ④(F-) フランス [～语] フランス語 ⑤(F-)姓
【法案】fǎ'àn 名 法案 〖通过～〗法案を可決する
【法办】fǎbàn 法によって裁く
【法币】fǎbì 名 法幣 ◆1935年以降国民党政権下の紙幣
【法典】fǎdiǎn 名〔部〕法典, 法規集
【法定】fǎdìng 形〖定语として〗法定の [～人数] 定足数 [～继承人] 法定相続人
【法官】fǎguān 名 司法官, 裁判官
【法规】fǎguī 名 法規 [交通～] 交通法規
【法国】Fǎguó 名 フランス [～法郎] フランスフラン [～梧桐] スズカケノキ, プラタナス
【法家】fǎjiā 名 法家 ◆儒教を批判して法治を唱えた中国古代の思想流派の一
【法兰绒】fǎlánróng 名 フランネル
【法郎】fǎláng 名 (貨幣単位の)フラン [瑞士～] スイスフラン
【法令】fǎlìng 名〔条・项〕法令
*【法律】fǎlǜ 名〔条・项〕法律 〖制定～〗法律を制定する [～咨询] 法律相談
【法盲】fǎmáng 名 法律に無知な人
【法权】fǎquán 名 法的権利 [治外～] 治外法権
*【法人】fǎrén 名 法人(⊚[自然人]) [～税] 法人税
【法帖】fǎtiè 名 法帖 ◆鑑賞用・手本用の有名書家の拓本や印本
【法庭】fǎtíng 名〔座〕法廷
【法网】fǎwǎng 名 緻密な法律制度 〖落入～〗法の網に引っ掛ける
【法西斯】fǎxīsī 名《訳》ファシスト, ファッショ [～主义] ファシズム
【法学】fǎxué 名 法学
【法医】fǎyī 名 法医, 監察医 [～学] 法医学
*【法院】fǎyuàn 名 裁判所 〖向～控告〗裁判所に訴える
【法则】fǎzé 名〔条・项・个〕法則, 法則 [自然～] 自然法則
【法治】fǎzhì 名 法治, 法律による統治(⊚[人治]) [～国家] 法治国家
【法制】fǎzhì 名 法制, 法律と制度
【法子】fǎzi (fázi とも発音) 名 方法, やり方 〖想～〗方法を考える, なんとかして

【砝】fǎ ⊗[～码 mǎ] (はかりの)分銅, 重り

【发(髮)】fà 名 頭髪, 髪の毛 [头～fa] 同前 [理～] 理髪する
⇨fā
【发夹】fàjiā 名 ヘアピン
【发蜡】fàlà 名 ポマード
【发刷】fàshuā 名 ヘアブラシ
【发网】fàwǎng 名 ヘアネット 〖用～罩头发〗ヘアネットで髪を包む
【发型】fàxíng 名 髪型, ヘアスタイル ⊚[发式]

【珐(琺)】fà ⊗以下を見よ
【珐琅】fàláng 名 エナメル, ほうろう [～质] (歯の)ほうろう質

【帆】fān 名 帆 〖扬～〗帆をあげる
【帆板运动】fānbǎn yùndòng 名 ウインドサーフィン, ボードセイリング
【帆布】fānbù 名 帆布, ズック [～鞋] ズック靴
【帆船】fānchuán 名〔只〕帆船, ヨット, ジャンク

【番】fān 量 ①'一番'のみで用い, 景色や味わいなどの種類をいう 〖另有一～风味〗ひと味違った味わいがある ②比較的時間や労力が掛かる行為の回数に使う 〖思考一～〗じっくり考える ③動詞'翻'の後について倍増を示す 〖翻了两～〗4倍になった ④繰り返される回数 [三～五次] 何度も ⊗外国, 異民族 ◆'蕃'とも
【番茄】fānqié 名 トマト(⊚[西红

【番薯】fānshǔ 名《方》サツマイモ⇔《普》[甘薯][红薯][白薯]

【幡】fān ⊗細長い旗

【藩】fān ⊗① 垣根 ② 諸侯の国

【翻】fān 動 ① 引っ繰り返る，反転する『船~了』船が引っ繰り返った ② (物を捜して)引っ繰り返す『~箱子』箱をかき回す『~书』ページをめくる ③ (前言，既決事項などを)覆す，翻えす ④ 乗り越える『~山』山を越える ⑤ 翻訳する，通訳する『把中文~成日语』中国語を日本語に訳す ⑥ 倍増する『~一番』倍になる ⑦ (態度が)突然冷たくなる『闹~了』関係が悪くなった

【翻案】fān'àn 動 原判決を覆す，従来の決定や評価を逆転する

【翻白眼】fān báiyǎn (~儿)(不満・怒り・重体のときなど)白目をむく

【翻版】fānbǎn 名 複製版，リプリント；(転)焼き直し，引き写し

【翻车】fān'chē ① 車両が転覆する ②(転)(仕事が)頓挫する，失敗する ③《方》口論する，言い争う

【翻斗车】fāndǒuchē 名〔辆〕ダンプカー

【翻飞】fānfēi 動 ① (蝶や鳥が)ひらひら飛ぶ ② (リボンなどが)ひらひらなびく，風に舞う

【翻覆】fānfù 動 ① 転覆する ② ごろごろ寝返りを打つ，輾転反側する

【翻跟头】fān gēntou 動 とんぼ返りを打つ，宙返りする⇔[翻筋斗 jīndǒu]

【翻供】fān'gòng 動 供述を覆す，自供を翻す

【翻滚】fāngǔn 動 ① (波が)逆巻く，うねる，(湯が)たぎる ② 転げ回る

【翻悔】fānhuǐ 動 (前言，約束を)後悔して取り消す

【翻检】fānjiǎn 動 (書類などを)引っ繰り返して調べる

【翻江倒海】fān jiāng dǎo hǎi 〈成〉怒濤の勢いの，天地を呑まんばかりの⇔[倒海翻江]

【翻旧账】fān jiùzhàng 動 過ぎた事(けんかや不仲)を蒸し返す⇔[翻老账]

【翻来覆去】fān lái fù qù 〈成〉① 度度寝返りを打つ ② 何度も繰り返す『~地说』口を酸っぱくして言う

【翻脸】fān'liǎn 動 急によそよそしくなる，そっぽをむく『~不认人』親しかった人に突然冷たくなる

【翻领】fānlǐng 名 (~儿)折り襟

【翻然(幡然)】fānrán 副 (心を変えるとき) たちまちのうちに，きっぱりと，翻然と

【翻砂】fānshā 名 鋳造，鋳物の作り『~车间』鋳造場

【翻身】fān'shēn 動 ① (横臥の状態で)体の向きを変える，寝返りを打つ ② 抑圧から解放されて立ち上がる『~农奴』解放された農奴 ③ 苦境から脱する，後進状態を脱却する

【翻腾】fānténg 動 ① (波が)逆巻く，たぎる ② (人が)空中回転する —— fānteng ① (心が)千々に乱れる ② (上下左右に)引っかき回す

【翻天覆地】fān tiān fù dì 〈成〉天地を引っ繰り返す(也[天翻地覆])『~的变化』世の中が引っ繰り返るほどの大きな変化

【翻新】fānxīn 動 ① (衣服などを)縫い直して新しくする，作り直す ② 一新する，新機軸を出す

【翻修】fānxiū 動 (家屋，道路などを)全面修復する，元通りに再建する

☆【翻译】fānyì 動 翻訳する，通訳する —— 名 翻訳者，通訳

【翻印】fānyìn 動 翻刻する，復刻する『~本』復刻版

【翻阅】fānyuè 動 (本や書類に)目を通す，ざっと調べる『~资料』資料に目を通す

【翻云覆雨】fān yún fù yǔ 〈成〉① 人の心の当てにならないこと ② 巧みに手段を弄すること

【凡】(*几) fán 名 中国民族音楽の音階符号の一

⊗① すべて，およそ『~事开头难』万事初めが難しい ② 平凡な，ありきたりの ③ 現世，俗世 ④ 要略，概要

【凡例】fánlì 名 凡例

【凡人】fánrén 名 ① 《書》(偉人に対し)凡人，普通の人 ② (仙人に対し)俗世間の人

☆【凡是】fánshì 副【多く '都' と呼応して】すべて，およそ(…なものはみな)『~你不要的，我都要』君がいらないものはすべてもらいたい

【凡士林】fánshìlín 名《訳》ワセリン

【凡庸】fányōng 形 (人間について)平平凡凡な，凡庸な

【矾】(礬) fán 名《化》明礬

【烦】(煩) fán 動 ① 煩わす，手数を掛ける『~您办一件事』お手数ですが頼まれて下さいませんか ② むしゃくしゃさせる『真~人！』全くいやになる —— 形 ① いらいらする，むしゃくしゃする ② あきあきする『~腻』あきた『听~了』(くどくて)聞きあきた ③ やたらと繁雑な

【烦劳】fánláo 動 お手を煩わす，面倒を掛ける『~您带几本书给他』

すみませんが，あの人に本を何冊か届けてくれませんか

【烦闷】fánmèn 形 気が晴れない，うさくさする『～地喝酒』鬱々と酒を飲む

*【烦恼】fánnǎo 形 いらいらした，腹立たしい『为小事～』小さなことでいらいら(くよくよ)する

【烦腻】fánnì 形 うんざりする，あきあきする 戯[腻烦 nìfan]

【烦扰】fánrǎo 動 ① うるさがらせる，妨げる 戯[搅乱]『别去～他了』彼の邪魔をしないように ② 邪魔されていらだつ

【烦冗(烦宂)】fánrǒng 形 ① 煩雑な，煩わしい ② (話や文章が) 冗漫な

【烦碎(繁碎)】fánsuì 形 こまごました，煩瑣は‐な

【烦琐(繁琐)】fánsuǒ 形 (話や文章が) くだくだしい，煩瑣な『～哲学』スコラ哲学

【烦躁】fánzào 形 (事がうまく運ばず)いらだたしい，落ち着かない

【樊】 fán ⊗ ① まがき，垣根『～篱』越えがたい垣根『～笼』(比喩としての) 鳥篭 ② (F-)姓

【蕃】 fán ⊗ 茂る『～息』(書) 繁殖する

【繁(*緐)】 fán 形 込み入っている，複雑な ⊗ (生物を) 繁殖させる ◆姓は Pó と発音

【繁多】 fánduō 形 種々の，雑多な

【繁复】 fánfù 形 多くて複雑な

*【繁华】 fánhuá 形 (市街地が) にぎやかな『～的都市』繁華な都市

*【繁忙】 fánmáng 形 多忙な，気ぜわしい

【繁茂】 fánmào 形 (草木が) 繁茂している，よく繁った

【繁难(烦难)】 fánnán 形 厄介な，骨の折れる

*【繁荣】 fánróng 動 繁栄させる，盛んにする『～经济』経済を繁栄させる — 形 盛んな，繁栄している

【繁盛】 fánshèng 形 ① (草木が) よく繁った ② 富み栄えた，繁華な

*【繁体字】 fántǐzì 名 繁体字，旧漢字 戯[简体字]

【繁文缛节】 fán wén rù jié《成》煩わしい儀礼，煩雑な慣習 戯[繁文缛礼]

【繁嚣】 fánxiāo 形 騒がしい，(雑多な物音が) うるさい

【繁衍(蕃衍)】 fányǎn 動 次第に増える

【繁育】 fányù 動 繁殖させる『～良种』優良品種を繁殖させる

【繁杂(烦杂)】 fánzá 形 煩雑な，多岐にわたる 戯[简易]

【繁征博引】 fán zhēng bó yǐn《成》博引旁証ぼういん‐する

*【繁殖】 fánzhí 動 繁殖する，繁殖させる『～鱼苗』稚魚を繁殖させる

【繁重】 fánzhòng 形 (仕事や任務が) 負担の大きい，骨が折れる

【反】 fǎn 動 背く『他～了』彼は謀反を起こした — 形 反対の，逆に『[正]』『穿～了』逆に着た — 副 かえって ⊗ ① 反対する，反抗する ② 引っ繰り返す，転ずる ③ 反動派，反革命

【反比】 fǎnbǐ 名 (⊗[正比]) ① 反比例の関係『成～』反比例をなす ② [数] '反比例'の略

【反比例】 fǎnbǐlì 名 [数] 反比例 戯[正比例]

*【反驳】 fǎnbó 動 反駁する，論駁する(戯[批驳])『～他的意见』彼の意見に反論する

*【反常】 fǎncháng 形 異常な，異例の 戯[正常]

【反冲力】 fǎnchōnglì 名 (銃などの) 反動力，はね返り，反動の衝撃

【反刍】 fǎnchú 動 反芻する (普通は '倒嚼 dǎojiào' という)『～动物』反芻動物

【反倒】 fǎndào 副 かえって，反対に 戯[反而]

*【反动】 fǎndòng 形 反動的な『～派』反動派 — 名 反動，(受けた圧力に)相反する動き

*【反对】 fǎnduì 動 反対する『～官僚主义』官僚主義に反対する

*【反而】 fǎn'ér 副 逆に，かえって 戯[反倒]

*【反复】 fǎnfù 動 ① 何度も繰り返し，反復する ② 前言を翻す，(考えが) 変わる『决不～』決して考えを変えません『～无常』くるくる変わる — 形 多くの状態として度重なる，繰り返される『～修改』何度も直す

*【反感】 fǎngǎn 名 反感『抱有～』反感を抱く — 形 不満の，不愉快な『对他的态度很～』彼の態度を不愉快に思う

【反革命】 fǎngémìng 形 反革命の — 名 反革命分子

【反攻】 fǎngōng 動 反攻する，反撃に出る『向敌人～』敵に反撃を加える

【反躬自问】 fǎn gōng zì wèn《成》我が身を振り返る 戯[抚躬自问]

【反光】 fǎn'guāng 動 光を反射する『～镜』反射鏡

【反话】 fǎnhuà 名 反語，アイロニー 戯[反语]

【反悔】 fǎnhuǐ 動 前言(約束)を取り消す 戯[翻悔]

【反击】 fǎnjī 動 反撃する(戯[回击])『～侵略者(对侵略者加以～)』侵略者に反撃を加える

*【反抗】fǎnkàng 動 反抗する, 抵抗する 〖～侵略〗侵略に抵抗する
【反客为主】fǎn kè wéi zhǔ〈成〉主客転倒する
*【反馈】fǎnkuì 動 フィードバックする
【反面】fǎnmiàn (⊗[正面]) 名 ① 反面,裏側 ② (事柄の)裏側 ― 形〖定語として〗否定的な,悪い面の 〖～教员〗反面教師
【反面人物】fǎnmiàn rénwù 名 (小説や戯曲の中の) 否定的人物,悪玉 ⊗[正面人物]
【反目】fǎnmù 動 (夫婦が) 反目する,仲たがいする
【反扑】fǎnpū 動【客語なしで】(敵が)逆襲して来る,反撃して来る
【反切】fǎnqiè 名〈語〉反切 ◆ある漢字の発音を他の漢字2字を借りて示す伝統的な標音法. 例えば,'德 dé' と '公 gōng' の2字で '东' の音 (dōng)を示す
【反求诸己】fǎn qiú zhū jǐ〈成〉(責任を転嫁せず) 自らを反省する,誤りの原因を自分の中に求める
*【反射】fǎnshè 動 反射する〖～炉〗反射炉〖条件～〗条件反射
【反身】fǎn'shēn 動 身を翻す,回れ右をする⇨[转身]
*【反思】fǎnsī 動 反省する
【反弹】fǎntán 動 リバウンドする,跳ね上がる
【反胃】fǎn'wèi 動 吐き気がして胃が食物を拒む
*【反问】fǎnwèn 動 反問する,訊き返す〖他～了我一个问题〗彼は私に反問してきた
【反响】fǎnxiǎng 名 反響,反応 〖引起～〗反響を呼ぶ
【反省】fǎnxǐng 動 反省する 〖～自己〗自分を反省する
【反义词】fǎnyìcí 名〈語〉反意語,反対語 ⊗[同义词]
*【反应】fǎnyìng 名①(生物学的な)反応 ②(事柄に対する) 反響 ③ (薬の)副作用 ― 動 反応する
【反应堆】fǎnyìngduī 名 原子炉 ⊕ [原子反应堆]
【反映】fǎnyìng 動①反映する,写し出す ②(情況や人々の意見を上級に) 伝える,報告する 〖～群众的要求〗大衆の要求を伝える ― 名 (人や事柄に対する)意見,評判
【反映论】fǎnyìnglùn 名〈哲〉反映論
【反语】fǎnyǔ 名 本心と違う言葉,皮肉
*【反正】fǎnzhèng 動①正常に戻る ②(敵方から)味方につく
―― fǎnzheng/fǎnzhèng 副 どっちみち 〖～我不去〗いずれにせよ僕は行かない
【反证】fǎnzhèng 名 反証 ― 動 反証する 〖～了改革的必要性〗改革の必要性を反対側から証明した
*【反之】fǎnzhī 接 これに反して,反対に
【反作用】fǎnzuòyòng 名 反作用,反動

【返】fǎn ⊗ 戻る,返る 〖～沪〗上海に戻る〖一去不复～〗二度と戻(帰)らぬ
【返场】fǎn'chǎng 動 アンコールにこたえる
【返潮】fǎn'cháo 動 湿気る,湿る
【返程】fǎnchéng 名 帰途,帰りの旅程 ⊕[归程][归途]
【返工】fǎn'gōng 動 (不出来な仕事を)やり直す,作り直す
【返航】fǎn'háng 動 (船舶や飛行機が)出発地に戻る,帰港する
【返还】fǎnhuán 動 返還する,返却する ⊕[归还][退还]
【返回】fǎnhuí 動 引き返す,(元の場所に)戻る 〖～港口〗帰港する
【返青】fǎn'qīng 動 (越冬作物や移植苗が)緑になる,根付く

【犯】fàn 動①(法律などを)犯す,抵触する ②(誤りや罪を) 犯す 〖～错误〗過ちを犯す ③(よくない事や病気が) 起こる 〖～脾气〗癇癪を起こす ④ 侵犯する
⊗ 犯人〖战～〗戦犯
【犯病】fàn'bìng 動 (以前の)病気がぶり返す
【犯不着】fànbuzháo 動〈口〉…する必要がない,…に値しない(⊕[犯不上])〖～这样发愁〗そんなに心配するまでもない
【犯愁】fàn'chóu 動 心配する,気に病む ⊕[发愁]
【犯法】fàn'fǎ 動 法を犯す,法律に違反する
【犯规】fàn'guī 動① 規則を破る,決まりに背く ②〈体〉反則を犯す,ファウルする
【犯讳】fàn'huì 動 忌む言葉を口にする,げんの悪いことをする
【犯忌】fàn'jì 動 禁忌(タブー)を犯す,忌諱に触れる
【犯禁】fàn'jìn 動 禁を犯す,禁令に背く
【犯境】fàn'jìng 動 国境を侵犯する
【犯人】fànrén 名 (主に逮捕された)犯人,囚人 ⊕[罪犯]
【犯疑】fàn'yí 動 疑いを抱く,怪しむ ⊕[犯疑心]
【犯罪】fàn'zuì 動 罪を犯す 〖犯了天大的罪〗大きな罪を犯した〖经济～〗経済犯罪

【泛】(*汎)fàn 動(色が)さす,みなぎる 〖脸上～红〗顔に赤みがさす
⊗① 浮かぶ,浮かべる 〖～舟〗〈書〉

舟を浮かべる，舟遊びをする ②広範囲の［～称］総称

【—(氾)】[文]氾濫する ♦姓の'氾'はFánと発音

【泛滥】fànlàn [動]（水や物が）あふれる〚河水～〛川が氾濫する

【泛神论】fànshénlùn [名]汎神論

【饭(飯)】fàn [名]①飯（多く米飯をいう）〚一碗～〛飯一杯［米～］米飯 ②食事〚吃三顿～〛三度の食事をとる

【饭菜】fàncài [名]①ご飯とおかず，食事 ②（'酒菜'に対して）ご飯のおかず

【饭店】fàndiàn [名]〔家〕①ホテル〚住～〛ホテルに泊まる ②《方》飲食店

★【饭馆】fànguǎn [名]（～儿）〔家〕料理店，レストラン [同][饭馆子]

【饭盒】fànhé [名]（～儿）弁当箱 [関][盒饭]

【饭局】fànjú [名]会食や宴会（の予定）

【饭铺】fànpù [名]（～儿）〔家〕飯屋，小さな飲食店

【饭食】fànshi [名]（～儿）（多く食事の質についていう時の）食べ物，めし

【饭厅】fàntīng [名]〔间〕食堂，ダイニングホール（ルーム） [関][餐厅]

【饭桶】fàntǒng [名]①飯びつ ②《貶》大食いの能なし，穀つぶし

【饭碗】fànwǎn [名]①ご飯茶わん ②《転》めしの種，生業〚丢～〛職を失う［铁～］（親方日の丸的な）食いっぱぐれのない職業

【饭庄】fànzhuāng [名]〔家〕（規模の大きく大宴会が可能な）レストラン，料亭

【贩(販)】fàn [動]（商品を）仕入れる〚～了一批布〛布を一荷仕入れた [文]商人［小～］行商人

★【贩卖】fànmài [動]販売する，（仕入れて）売りさばく〚～毒品〛麻薬を売りさばく

【贩私】fànsī [動]密輸品を売りさばく〚走私～〛密売品を扱う

【贩运】fànyùn [動]（商品を）仕入れて運搬する〚～商品〛仕入れた商品をよそで売りさばく

【贩子】fànzi [名]（旧時の）商人，売人 ♦貶義に用いることが多い［战争～］戦争屋

【范】fàn [文]（F-）姓

【—(範)】[文]①型，模型 ②模範，手本［示～］手本を見せる ③範囲［就～］（支配や規制に）服従する

【范本】fànběn [名]（習字や絵の）手本

★【范畴】fànchóu [名]範疇，カテゴリー

【范例】fànlì [名]模範事例，典型例

★★【范围】fànwéi [名]範囲，区域〚超出～〛範囲を超える — [動]《書》枠にはめる，概括する

【梵】fàn [文]インド・仏教に関するもの［～宫］仏寺［～文］［～语］〚語〛サンスクリット，梵語

【方】fāng [形]方形の，四角な — [名]①（～儿）（薬の）処方〚开～(儿)〛処方箋を書く ②〚数〛累乗，乗方〚六的三次～〛6の3乗 — [量]①四角なものを数える〚一～砚台〛すずり一面 ②平方または立方〚一～木材〛木材1立方メートル
[文]①ちょうど，今しがた［～今］ただ今〚年～二十〛年まさに20歳 ②累乗，乗法［立～］立方 ③方面，方向［东～］東方［双～］双方 ④方法［千～百计］あらゆる手を尽くす ⑤地域，地方 ⑥（F-）姓

★★【方案】fāng'àn [名]案，計画〚制定～〛プランを策定する［汉语拼音～］漢語ローマ字表記方式

★★【方便】fāngbiàn [形]①便利な ②都合がいい〚这儿说话不～〛ここでは話しにくい［～面］即席めん ③金銭の余裕がある〚手头儿不～〛手元不如意だ — [動]①便利になるようにする〚～群众生活〛大衆の生活を便利にする ②用を足す，トイレへ行く

【方才】fāngcái [名]さっき，今しがた [同][刚才] — [副]やっと，ようやく ♦'才'より語気が強い

【方程】fāngchéng [名]〚数〛方程式（[同][方程式]）［二次～］2次方程式

★★【方法】fāngfǎ [名]方法，やり方（[関][办法]）［～论］方法論

【方方面面】fāng fāng miàn miàn [名]いろいろな面

【方块】fāngkuài [名]（トランプの）ダイヤ

【方块字】fāngkuàizì [名]四角い字 ♦漢字のことをいう

【方框】fāngkuàng [名]①四角な枠 ②（～儿）（部首の）国構え

【方略】fānglüè [名]総合プラン

★★【方面】fāngmiàn [名]方面，側面，分野〚好的～〛よい面〚文学～的成就〛文学の領域での業績

【方士】fāngshì [名]方術士，神仙術にたけた人

★★【方式】fāngshì [名]方式，仕方

★【方位】fāngwèi [名]方位，方角，位置［～词］〚語〛方位詞

★★【方向】fāngxiàng [名]方向，進行の目標〚迷失～〛方向を見失う
—— fāngxiang [名]《方》情勢〚看

〜行事〗情勢を見て行動する
【方向盘】fāngxiàngpán [名]（自動車などの）ハンドル [関][驾驶盘]
【方兴未艾】fāng xīng wèi ài《成》まさに発展しつつある，隆盛の途上にある
*【方言】fāngyán [名]〖語〗方言 ♦方言音は'方音'という
【方圆】fāngyuán [名] ①周囲の長さ〖〜三百公里〗周囲 300 キロメートル ②周辺〖〜左近的人〗この近辺の人
【方丈】fāngzhàng [名] 一丈平方
—— fāngzhang [名] 住職，住職の居室
*【方针】fāngzhēn [名] 方針
【方正】fāngzhèng [形] ①正方形の，一点の歪みもない ②（人柄が）きまじめな，真っ正直な
【方志】fāngzhì [名]〔部〕地方誌 [同][地方志]
【方子】fāngzi [名] 処方，薬の調合法（[同][药方]）〖开〜〗処方箋を書く

〖邡〗 fāng ⊗［什〜］四川省の地名

〖芳〗 fāng ⊗ ①よい香りの［芬〜］芳香 ②立派な［〜名］御芳名 ③（F-）姓
【芳菲】fāngfēi [形]《書》（花が）馥郁(ふくいく)たる，香しい
【芳香】fāngxiāng [名] 芳香，よい香り〖散发出〜〗芳香を放つ — [形] 香しい

〖坊〗 fāng ⊗ ちまた（巷），小路 ♦多く地名に用いる
⇨fáng

【防】 fáng ①防ぐ，防備する〖〜病〗病気を予防する〖〜敌人偷袭〗敵の奇襲を防ぐ ②〔'着'を後置して〕用心する〖对他应该〜着点儿〗彼には用心しなければならない
⊗ ①守り，防衛［国〜］国防 ②堤防
【防备】fángbèi [動] 防備する，用心する〖〜敌人进攻〗敵の進攻に備える
【防波堤】fángbōdī [名]〔条・道〕防波堤〖修建〜〗防波堤を築く
【防不胜防】fáng bú shèng fáng《成》とても防ぎきれない
【防潮】fángcháo [動] ①湿気を防ぐ ②高潮を防ぐ［〜堰堤］防潮堤
【防毒】fángdú [動] 防毒する，毒ガスを防ぐ［〜面具］防毒マスク
【防范】fángfàn [動] 防備する
【防风林】fángfēnglín [名]〔道・片〕防風林
【防洪】fánghóng [動] 洪水を防ぐ，洪水に備える
【防护】fánghù [動] 防護する［〜林］防護林［〜堤］洪水に備えた堤防
【防患未然】fáng huàn wèi rán《成》災害を未然に防ぐ
【防火墙】fánghuǒqiáng [名] ①〔道〕防火壁 ②（コンピュータの）ファイアウォール
【防空】fángkōng [動] 空襲に備える［〜壕］防空壕［〜洞］防空壕．；《転》隠れ蓑(みの)
【防凌】fánglíng [動] 流氷が水路を塞ぐのを防ぐ
【防沙林】fángshālín [名]〔道・片〕防砂林
*【防守】fángshǒu [動] 備えを固める，守備する〖〜边疆〗辺境を守る
【防霜林】fángshuānglín [名]（農作物保護の）防霜林
【防水表】fángshuǐbiǎo [名]〔块〕防水時計
【防微杜渐】fáng wēi dù jiàn《成》過ちを芽のうちに摘み取る，大事に至る前に禍根を絶つ
【防卫】fángwèi [動] 防衛する
【防线】fángxiàn [名]〔条〕防御線，防衛ライン
【防汛】fángxùn [動]（河川増水期に）洪水を防ぐ，洪水防止の措置をとる
*【防疫】fángyì [動] 伝染病を防ぐ［〜针］予防注射
*【防御】fángyù [動] 防御する〖〜敌人入侵〗敵の侵入を防ぐ［〜战］防衛戦
*【防止】fángzhǐ [動] 防ぐ，防止する〖〜发生事故〗事故の発生を防ぐ
*【防治】fángzhì [動] 予防し治療する

〖坊〗 fáng ⊗ 仕事場，作業小屋［油〜］搾油場［粉〜］粉ひき場
⇨fāng

〖妨〗 fáng ⊗ 妨げる，さえぎる［无〜］差し支えない［不〜］…してよい
**【妨碍】fáng'ài [動] 妨げる，邪魔をする〖〜交通〗交通を妨害する〖〜他人休息〗他人の休憩の邪魔をする
【妨害】fánghài [動] 損なう，害をもたらす〖〜健康〗健康を損ねる

【房】 fáng [名] ①〔所〕家屋 [同][房子] ②〔间〕部屋 [同][房间] — [量] 家庭や部屋を単位として数える〖一〜家具〗一部屋分の家具〖两〜媳妇〗嫁二人
⊗ ①部屋に似たもの［蜂〜］蜂の巣 ②（F-）姓
【房舱】fángcāng [名] 乗客船室，キャビン
【房产】fángchǎn [名]（不動産としての）建物，家屋〖拿〜作为抵押〗家を抵当に入れる
【房贷】fángdài [名] 住宅ローン
【房地产】fángdìchǎn [名] 不動産
【房顶】fángdǐng [名] 屋根
**【房东】fángdōng [名] 家主，大家(おおや)（[反][房客]）［二〜］また貸し家主

【房荒】fánghuāng [名] ひどい住宅不足
【房基】fángjī [名] 建物の基礎，土台
★★【房间】fángjiān [名]〔间〕(ホテルやアパートの) 部屋(㊀[屋子])〖一套～〗一続きの部屋〖订～〗部屋を予約する
【房客】fángkè [名] 借家人，店子(たなこ) ㊦[房东]
【房奴】fángnú [名] 住宅ローン返済に苦しむ人
【房事】fángshì [名] 閨房の営み，夫婦の交り
【房屋】fángwū [名]〔幢·栋〕家屋，建物
【房檐】fángyán [名] (～儿) 軒(のき)
【房子】fángzi [名] ①〔所〕(建物としての) 家，家屋〖盖～〗家を建てる ②《方》〔间〕(ホテルやアパートの) 部屋 ㊐《普》[房间]
【房租】fángzū [名] 家賃，部屋代〖付～〗家賃を払う

【肪】 fáng ⊗→[脂 zhī ～]

【访(訪)】 fǎng ⊗① 訪ねる，訪問する [来～] 訪れる ② 捜し求める，調べる [采～] 取材する
【访查】fǎngchá [動] 聞き込み調査をする，尋ね歩く
【访求】fǎngqiú [動] 捜し求める〖～名医〗名医を捜し求める
★★【访问】fǎngwèn [動] 訪問する〖～日本〗日本を訪れる〖进行～〗(公式に)訪問する

【仿(*倣)】 fǎng [動] まねる，模倣する〖～着这个样子〗このスタイルをまねて… [～古] 古代の文物を仿製する ―― [名] 手本を見て書いた字
⊗① 似ている [相～] よく似た ② →[～佛]
【仿单】fǎngdān [名]〔份·张〕(商品の)説明書，効能書き
★★【仿佛(彷彿·髣髴)】fǎngfú [動] 類似する，似ている〖两人情况相～〗二人の状況は類似している ―― [副] まるで(…のようだ)〖～在听童话似的〗まるで童話を聞いているようだ
【仿生学】fǎngshēngxué [名] 生物工学
【仿效】fǎngxiào [動] 模倣する，まねる〖～别人的做法〗他人のやり方をまねる
【仿造】fǎngzào [動] 模造する，手本にならって作る
【仿照】fǎngzhào [動] 見習う〖～着做〗見習って作る(する)
【仿真】fǎngzhēn [動] シミュレーションする ―― [形]〔定語として〕本物そっくりに作られた [～手枪] モデルガン
【仿制】fǎngzhì [動] 模造する [～品] 模造品

【彷】 fǎng ⊗→[仿佛 fǎngfú] ⇨páng

【纺(紡)】 fǎng [動] 糸に縒(よ)る，紡ぐ〖～棉花〗綿花を紡ぐ
⊗薄絹 [杭～] 杭州産の薄絹
【纺车】fǎngchē [名]〔架〕糸紡ぎ車
【纺锤】fǎngchuí [名]〔只〕紡錘(ぼうすい)，錘(つむ)
★【纺织】fǎngzhī [動] 糸を紡ぎ織る，紡織をする〖～丝绸〗絹を紡いで織る [～厂] 紡織工場
【纺织娘】fǎngzhīniáng [名]〔只〕クツワムシ

【舫】 fǎng ⊗ 船 [石～] 船の形の石造建築

【放】 fàng [動] ① 置く，置いたままにする〖桌子上～着一本书〗机の上に本が1冊置いてある〖～在箱子里〗箱の中に入れる ②(液体や粉を) 入れる，加える〖～一点儿盐〗塩を少し入れる ③ 拘束を解く，自由にする〖～回战俘〗捕虜を元の軍に返す ④ 休みにする〖～你们十天婚假〗君たちに10日の結婚休暇をやろう ⑤ 放牧する，放し飼いする〖～羊〗羊を草地に放つ ⑥(鉄砲を) 発する，放つ，(火を) つける〖～排炮〗(大砲の) 一斉射撃をする ⑦ 放映する，上映する〖～电影〗映画を上映する ⑧ 金を貸して利息をとる〖～高利贷〗高利貸をする ⑨ 大きくする，広げる〖～照片〗写真を引き伸ばす ⑩(速度や態度を) 適当な状態にする〖～老实点儿！〗もっとまじめに
⊗① 花が咲く [百花齐～] 百花が一斉に咲く ② 放逐する，追放する [流～] 流刑に処す ③ 気ままにする →[～肆]
【放步】fàng'bù [動] 大またで歩く
★【放大】fàngdà [動] 拡大する，引き伸ばす(㊦[缩小])〖～照片〗写真を引き伸ばす
【放大镜】fàngdàjìng [名] 拡大鏡，ルーペ ㊐[凸透镜]
【放胆】fàng'dǎn [動] 肝っ玉を大きくする，大胆になる
【放诞】fàngdàn [形] 言動がでたらめな
【放荡】fàngdàng [形] 放らつな，野放図な
【放刁】fàng'diāo [動] 無理難題で困らせる，難くせをつける
【放毒】fàng'dú [動] ①(飲食物に) 毒を入れる，毒ガスをまく ② 有害な思想や図書などを流す
【放风】fàng'fēng [動] ① 風を通す ② 囚人を庭に出して運動させる ③ ニュースを漏らす，うわさを広める
【放虎归山】fàng hǔ guī shān《成》

(虎を山に戻す＞) 禍根を残す [同][纵虎归山]
【放荒】fànghuāng [動] 野焼きする，野火を燃やす
【放火】fàng'huǒ [動] ① 放火する，火をつける『放了一把火』火をつけた ② 騒動をあおる，紛争を起こす
【放假】fàng'jià [動] 休暇になる(する)『放了三天假』3日間休みになった
【放宽】fàngkuān [動] (規制，基準などを)緩和する
【放款】fàng'kuǎn [動] (銀行が) 金を貸付ける『放了一笔款』ある金額を貸付けた
【放冷风】fàng lěngfēng [動] (中傷の) デマを流す，(ありもせぬ) 悪いうわさを広める
【放冷箭】fàng lěngjiàn [動]《転》ひそかに中傷する，闇討ちを仕掛ける
【放疗】fàngliáo [名] 放射線治療
【放牧】fàngmù [動] 放牧する
【放盘】fàng'pán [動] (～儿) ① 値引きして売る ② 高値で買い取る
【放炮】fàng'pào [動] ① 大砲を撃つ ② (タイヤが) パンクする，破裂する ③ 発破をかける，爆薬を爆発させる ④ (言論を) まくしたてる，ぽんぽんしゃべりまくる『放大炮』大ぶろしきを広げる
【放屁】fàng'pì [動] ① 屁をひる，おならをする ② (多くののしり語として)たわごとを言う『～！』馬鹿抜かせっ
★★【放弃】fàngqì [動] (権利，意見，主張などを)放棄する
【放青】fàng'qīng [動] (家畜を) 草地で放し飼いする，草地で存分に草を食わせる
【放晴】fàng'qíng [動] 空が晴れる
【放任】fàngrèn [動] 放任する『～孩子在外面胡闹』子供が外で騒ぎ回るままにほうっておく
【放哨】fàng'shào [動] 歩哨に立つ，(巡邏して)見張る
★【放射】fàngshè [動] 放射する『～光芒』光芒を放つ［～病］放射能障害［～线］放射線［～性污染］放射能汚染
【放声】fàngshēng [副] 思いきり声を出して『～大笑』腹の底から笑う
★【放手】fàng'shǒu [動] ① (握っていたものから) 手を離す ②〔状語として〕(関与していた事から) 手を引く『～不管』完全に関係を絶つ ③〔状語として〕意のままに…する，存分に…する『～干』思う存分にやれ
★★【放暑假】fàng shǔjià [動] 夏休みになる
【放肆】fàngsì [形] 気ままな，はばかるところのない『别太～了』余り勝手な振舞いをするな『～的行为』勝手な行動
★★【放松】fàngsōng [動] 緩める，気を抜く『～裤腰带』ベルトを緩める『～注意力』注意を怠る
【放送】fàngsòng [動] (狭い範囲で) 放送する [類][播送]
【放下】fàngxià [動] 置く，下ろす，捨てる『～武器』武器を捨てる『放不下』(場所がなくて)置くに置けない
★★【放心】fàng'xīn [動] 安心する『请你～』ご安心下さい『我对他很～』彼のことは安心している『不～儿子』息子のことが心配だ
【放行】fàngxíng [動]〔客語なしで〕(審査や検問を)通過させる
【放学】fàng'xué [動] ① 学校が退ける，下校時になる『下午三点～』午後3時に授業が終わる ② 学校が休みになる
【放血大卖】fàngxuè dàmài [動] 出血大サービスで売る
【放眼】fàngyǎn [動] 視界を広げる『～未来』未来に目を向ける
【放养】fàngyǎng [動] (魚やカイコなどを)飼う，(ハスやノリを)養殖する，増殖させる
【放映】fàngyìng [動] 上映する『～幻灯片』スライドを映す［～机］映写機
【放债】fàng'zhài [動] 金貸しをする
【放置】fàngzhì [動] 置いておく
【放纵】fàngzòng [動] ① 放任する，甘やかす ② 勝手気ままに振舞う

【飞(飛)】
fēi [動] ① (鳥・虫などが) 飛ぶ ② (飛行機などが) 飛ぶ『从北京直～东京』北京から東京へノンストップで飛ぶ ③ (空中を) 舞う，漂う『～柳絮』柳のわたが飛ぶ ④ 飛び散る，はね散る ⑤《口》揮発する
[×] ① 飛ぶように(速い) ② 思い掛けない［～祸］不慮の災難
【飞奔】fēibēn [動] 疾走する，全速で走る [同][飞跑]
【飞驰】fēichí [動] (車馬が) 疾走する，飛ぶように走る
【飞地】fēidì [名] (行政区画上の)飛び地
【飞碟】fēidié [名] ① UFO [同][不明飞行物] ② (射撃の)クレー
【飞短流长(蜚短流长)】fēi duǎn liú cháng《成》あれこれデマをとばす，とやかく取り沙汰する
【飞蛾投火】fēi é tóu huǒ《成》飛んで火に入る夏の虫 [同][飞蛾扑火][飞蛾赴火]
【飞蝗】fēihuáng [名]〔只〕トノサマバッタ
【飞黄腾达】fēihuáng téngdá《成》とんとん拍子に出世する
★★【飞机】fēijī [名]〔架〕飛行機『坐～』飛行機に乗る［直升～］ヘリコプ

ター [~场] 空港 [~乘务员] フライトアテンダント

【飞溅】fēijiàn 動（水などが）四方に飛び散る，はね散る

【飞快】fēikuài 形 ① 飛ぶように速い ②（刃物が）鋭利な，よく切れる

【飞毛腿】fēimáotuǐ 图 韋駄天走り，足の速い人 [~导弹] スカッドミサイル

【飞禽】fēiqín 图 空を飛べる鳥，鳥類

*【飞禽走兽】fēiqín zǒushòu（成）あらゆる鳥や獣

【飞逝】fēishì 動（時間などが）あっという間に過ぎてゆく，瞬時に通り過ぎる

【飞速】fēisù 形〖主に状語として〗非常に速い，フルスピードの〖~前进〗迅速に前進する

【飞腾】fēiténg 動 速やかに上昇する，ぐんぐん舞い上がる

【飞天】fēitiān 图 飛天，天女 ◆多く仏教壁画に描かれる

【飞艇】fēitǐng 图〔只・艘〕飛行船 ⇨[飞船]

【飞舞】fēiwǔ 動 空中に舞う，ひらひら漂う

*【飞翔】fēixiáng 動 空中を旋回する，輪を描いて飛ぶ

【飞行】fēixíng 動 飛行する，空を飛ぶ [~员] パイロット

【飞檐走壁】fēi yán zǒu bì（成）軒を飛び壁を伝って身軽に走る

【飞扬】fēiyáng 動 空高く舞い上がる

【飞鱼】fēiyú 图〔条〕トビウオ

【飞语（蜚语）】fēiyǔ 图 デマ，根拠のないうわさ [流言] 流言飞语 [~中伤] デマを流して傷つける

*【飞跃】fēiyuè 图〖哲〗飛躍 ⇨[突变][质变] — 形〖定語・状語として〗飛躍的な

【飞涨】fēizhǎng 動（物価や水位が）高騰する，急激に上昇する

【妃】fēi ⊗ ① 天子の妃 [~子] 同前 ② 太子，王侯の妻

【非】fēi 副〖多く'不可'と呼応して〗ぜひとも…しなければならない〖~说不可〗ぜひ言わねばならぬ
⊗ ① …でない ② 非… [~会员] 非会員 ③ 非，誤り [是~] 是非 ④ …に反する [~法] 不法 ⑤ …とする [~笑] 嘲笑する ⑥（F-）アフリカ（'~洲'）の略 [南~] 南アフリカ共和国

*【非常】fēicháng 形〖多く定語として，名詞を直接修飾〗非常な，特別な〖~措施〗緊急措置 — 副 非常に，きわめて〖~有意思〗大変面白い

【非但】fēidàn 接〖後文の'而且''还''也'などと呼応して〗ただ…のみでなく，…ばかりか ⇨[不但]

【非得】fēiděi 副〖一般に'不可''才行'などと呼応して〗必ず…でなければならない〖这病~马上开刀不可〗この病気はすぐに手術が必要だ

【非典】fēidiǎn 图〖医〗新型肺炎，SARS ⇨[非典型肺炎][萨斯]

【非独】fēidú 接〖書〗ただ…のみならず

*【非法】fēifǎ 形〖定語・状語として〗違法な，非合法な（⇨〖合法〗）〖~(的)活动〗非合法活動〖~关押〗不法に拘禁する

【非凡】fēifán 形 非凡な，並々でない

【非…非…】fēi…fēi… …でもなければ…でもない，どっちでもない [非亲非故] 親戚でも友人でもない

【非分】fēifèn 形〖定語として〗分不相応な，大それた

【非…即…】fēi…jí… …でなければ…である，…か…のどちらかだ ◆口語の'不是…就是…'に相当 [非此即彼] これでなければあれである

【非礼】fēilǐ 形〖多く定語として〗非礼な，無礼な

【非驴非马】fēi lǘ fēi mǎ（成）(ロバでも馬でもない＞) どっちつかずで捕らえがたい ⇨[不伦不类]

【非卖品】fēimàipǐn 图 非売品

【非命】fēimìng 图〖書〗不慮の死〖死于~〗非業の死を遂げる

【非难】fēinàn 動〖多く否定に用いて〗非難する，責める〖无可~〗非難するに当たらない

【非同小可】fēi tóng xiǎo kě（成）ただごとではない，尋常の沙汰ではない

【非刑】fēixíng 图 不当な拷問，違法な酷刑

【非议】fēiyì 動〖多く否定に用いて〗とがめる，非難する〖无可~〗非難するには当たらない

【啡】fēi ⊗ →[咖 kā~][吗 mǎ~]

【菲】fēi ⊗ ① 花が美しく芳しい [芳~] 花の香り ② 音訳用字として [~律宾] フィリピン
⇨ fěi

【绯(緋)】fēi ⊗ 緋色 [~红] 真っ赤な

【绯闻】fēiwén 图（男女間の）スキャンダル ⇨[桃色新闻]

【扉】fēi とびら [柴~] 草屋，粗末な家 [心~] 心のとびら

【扉画】fēihuà 图 書物の扉絵

【扉页】fēiyè 图 書物の扉 ◆書名，著者名などを表示するページ

【蜚】fēi ⊗ 飛ぶ ◆ゴキブリの意の古語'飞蠊'は fěilián

と発音

【蜚短流长】fēi duǎn liú cháng《成》[同][飞短流长]

【蜚语】fēiyǔ [名][同][飞语]

〖霏〗 fēi ⊗(雨や雪が) 降りしきるさま,(雲や霞が) たなびくさま

【霏霏】fēifēi [形]《書》降りしきる〖大雪～〗雪が小止みなく降る

【鲱(鯡)】 fēi [名]〖魚〗ニシン

【肥】 féi [形]([反][瘦]) ①(動物が) 肥えている, 脂肪分が多い [関][胖 pàng] ②地味豊かな, 肥沃な ③(衣服などが) だぶだぶの, ゆるい ━[動]①(私腹を) 肥やす〖～了自己〗私腹を肥やした ②→[～田]
⊗肥料 [化～] 化学肥料 [施～] 肥料を施す

【肥大】féidà [形]①(衣服などが) だぶだぶの, ぶかぶかの ②(生物体あるいはその一部が) よく肥えた, 丸々とした ③〖医〗肥大した [心脏～] 心臓肥大

【肥分】féifèn [名]肥料が含む養分の割合

【肥料】féiliào [名]肥料, こやし [有机～] 有機肥料

【肥美】féiměi [形]①肥沃な, 地味豊かな ②(牧草や家畜が) よく育った, よく肥えた

【肥胖】féipàng [形]よく太った

【肥肉】féiròu [名]脂肉 [反][瘦肉]

【肥硕】féishuò [形]①(果実が) 大きくて果肉が多い, よく実の入った ②(家畜などが) 大きくて肥えた, たっぷり肉のついた

【肥田】féitián [名]肥沃な田畑
── féi'tián [動]土地を肥やす [～粉] 硫安(りゅうあん)

★【肥沃】féiwò [形]肥沃な, 地味豊かな [反][贫瘠]

【肥效】féixiào [名]肥料の効果

★【肥皂】féizào [名]〔块〕石けん

【肥壮】féizhuàng [形]肉付きがよい, 太って丈夫な

〖淝〗 Féi ⊗[～河] 安徽省の川

〖腓〗 féi ⊗①ふくらはぎ(口語は'腿肚子') ②枯れる, 萎(しお)れる

〖诽(誹)〗 fěi ⊗そしる(議る)

★【诽谤】fěibàng そしる, 中傷する〖遭到～〗誹謗される

〖匪〗 fěi ⊗①盗賊, 強盗 [土～] 土匪 ②…にあらず

【匪患】fěihuàn [名]匪賊がもたらす災い

★【匪徒】fěitú [名]〔帮〕①盗賊, 強盗 ②悪党, 世間に害をもたらすやから

〖菲〗 fěi ⊗わずかな, 粗末な [～材]《書》非才
⇨fēi

【菲薄】fěibó [形]《書》粗末な, わずかな ━[動]軽んじる, 見下す

【菲仪】fěiyí [名]粗品

〖斐〗 fěi ⊗[～然]《書》目にもあやな, 顕著な

〖翡〗 fěi ⊗以下を見よ

【翡翠】fěicuì [名]①〔块〕ひすい, エメラルド [同][硬玉] ②〖鳥〗〔只〕カワセミ

〖吠〗 fèi ⊗(犬が) 吠える

【吠形吠声】fèi xíng fèi shēng《成》(一犬虚に吠えれば万犬それに和す) 真相も知らずに付和雷同する [同][吠影吠声][一犬吠形, 百犬吠声]

【废(廢)】 fèi [動]やめる, 廃棄する〖这些规定应该～了〗これらの決まりはやめるべきだ
⊗①無駄な, 無用の [～纸] 紙くず ②身体障害のある [残～] 重度障害(の人)

【废弛】fèichí [動](法令や規律が) 廃れる, 実効を失う〖纪律～〗規律がたるむ

★【废除】fèichú [動]廃止する, 廃棄する〖～条约〗条約を廃棄する

★【废话】fèihuà [名]無駄話, 余計な話〖说～〗下らないことを言う ━[動]無駄話をする〖少～!〗下らん話をするな

【废料】fèiliào [名]①廃材, 廃棄物 [工业～] 産業廃棄物 ②《転》役立たず [同][废物]

【废品】fèipǐn [名]〔件〕①不合格品, 不良品 ②廃品, スクラップ〖回收～〗廃品を回収する

【废弃】fèiqì [動]廃棄する, 放棄する〖～不合格的零件〗粗悪な部品を廃棄処分にする

【废气】fèiqì [名]排気, 排気ガス

【废寝忘食】fèi qǐn wàng shí《成》寝食を忘れて没頭する [同][废寝忘餐]

【废水】fèishuǐ [名]廃水, 廃液〖处理～〗廃液を処理する

【废物】fèiwù [名]廃物, 廃品 [～利用] 廃物利用
── fèiwu [名]役立たず, ろくでなし

★【废墟】fèixū [名]廃墟〖变成一片～〗一面の廃墟と化す

【废渣】fèizhā [名](金属などの) 残りかす, 残滓(ざんし)

【废止】fèizhǐ [動](制度, 法令などを) 廃止する, 取りやめにする〖～合同〗契約を取り消す

【肺】 fèi [名]肺, 肺臓 [～痨] (中国医学で) 肺結核

F

【肺病】fèibìng 图肺病,肺結核
【肺腑】fèifǔ 图〈書〉心底,真心 [感人～之言]誠意のこもった言葉
【肺活量】fèihuóliàng 图肺活量
【肺結核】fèijiéhé 图肺結核
【肺泡】fèipào 图肺胞
【肺吸虫】fèixīchóng 图肺ジストマ ®[肺蛭]
【肺炎】fèiyán 图肺炎
【肺脏】fèizàng 图肺臟 ®[肺]

【沸】fèi ⊗沸く,煮えたつ,沸騰する

【沸点】fèidiǎn 图沸騰点 ®[冰点]
【沸反盈天】fèi fǎn yíng tiān《成》人の声が騒々しく,入り乱れて騒ぎたてる
【沸沸扬扬】fèifèiyángyáng 圈湯がたぎるように騒々しい,がやがやとかしたたましい
*【沸腾】fèiténg 動①(液体が)沸騰する ②(気分が)沸き立つ[热angus～]血がたぎる
【分泌】fēnmì ⊗[～～][動]マンドヒヒ

【狒】fèi ⊗[～～][動]マンドヒヒ

【费(費)】fèi 動費やす,(手間が)掛かる(®[省 shěng])[～了好多钱]お金を沢山使った ⊗①費用,料金[收～]料金を取る[伙食～]食費 ②(F-)姓
【费话】fèi'huà 動多くの言葉を費やす,散々話をする
【费解】fèijiě 圈理解するのに骨の折れる,わかりにくい[～的诗]難解な詩
【费劲】fèi'jìn 動(～儿)苦労する,骨を折る[费了多大的劲儿啊]いやはや苦労した
【费力】fèi'lì 動骨を折る,手間取る[～不讨好]骨折り損のくたびれもうけ
【费神】fèi'shén 動気を使う,神経を使う;《挨》(人に依頼するときなどに)お手数ですが
【费时】fèishí 圈時間が掛かる,ひどく手間取る
【费事】fèi'shì (®[省事])動手間を掛ける(®[费手脚])[不费什么事]なんの手間もいらない ── fèishì ⊗面倒な,厄介な
【费心】fèi'xīn 動気を使う,心配する;《挨》(人に依頼するときなどに)ご面倒ですが
*【费用】fèiyong 图[笔]出費,費用,経費

【痱(痱)】fèi ⊗以下を見よ
【痱子】fèizi 图あせも[起～了]あせもが出る[～粉]あせも用のパウダー,汗知らず

【分】fēn 動①分ける(®[合])[对半～]折半する ②分配する[～任务]任務を割り当てる ③見分ける,区別する[是非不～]是非をわきまえない ── 图①(～儿)点数 ②区分したものの一部[三～之一]3分の1[七成绩,三～错误]成果7分に過ち3分 ─ 量①長さ,面積,重量の単位 ♦'10～'がそれぞれ'1寸''1亩''1钱'に相当[公～]センチメートル ②貨幣の単位 ♦1元の100分の1 ③時間,角度,経度,緯度の単位 ④利率の単位 ♦'1～'といえば年利ならば10%,月利ならば1%を示す ⊗分岐した[～会]分会[～局]支局[～册]分冊[～公司]子会社
⇒fèn
【分贝】fēnbèi 量デシベル(音の強さの単位)
*【分辨】fēnbiàn 動弁別する,識別する[～真假]真偽を見分ける
【分辩】fēnbiàn 動弁解する,言い訳する[不容～]弁解の余地がない
【分别】fēnbié 動①別れる[跟朋友们～]友人達と別れる ②区別する,弁別する[～好坏]よしあしを区別する ── 圖別々に,それぞれ
*【分布】fēnbù 動分布する[～在东南亚]東南アジアに分布する
*【分寸】fēncun 图分別,けじめ[没有～]程をわきまえない
【分担】fēndān 動(役割を)分担する[～家务]家事を分担する
【分道扬镳】fēn dào yáng biāo《成》それぞれ自分の道を進む,各人各様の目標を目指す ®[分扬镳]
【分店】fēndiàn 图[家]支店
【分队】fēnduì 图[支]分隊,分遣隊
【分发】fēnfā 動①分け与える,配付する ②割り当てる,個別に派遣する[～他们到农村工作]彼らを農村へ仕事に行かせる
【分肥】fēn'féi (不正手段で得た)利益を山分けする
【分割】fēngē 動分割する,分離する[～财产]財産を分割する
【分隔】fēngé 動切り離す,隔てる
【分工】fēn'gōng 動分業する
【分光镜】fēnguāngjìng 图分光器
【分毫】fēnháo 图ほんのわずかの量,寸毫[～不差]寸分も違わない
【分号】fēnhào 图①セミコロン(;) ②支店
【分红】fēn'hóng 動利益を配分する,(株を)配当する
【分化】fēnhuà 動分化する(させる),分裂する(させる)[～敌人]敵を分裂させる ──圈[生]分化
【分家】fēn'jiā 動分家する;《転》

(物が)ばらばらになる

*【分解】fēnjiě 動 ①分解する ②仲裁する,調停する ③解説する(章回小説の用語)［欲知后事如何,且听下回～］この会の成り行きを知りたくば,まずは次回をお楽しみに

【分界】fēnjiè 動 境界を分ける,区切る［～线］境界線
—— 分界 ⇨ 境界

【分居】fēnjū 動 (夫婦や家族が)別居する,分かれて住む 反［同居］

【分句】fēnjù 名［語］分句(複文を構成するそれぞれの節) 関［复句］

【分开】fēnkāi 動 ①離れる,別れる ②分ける［分不开］切り離せない

【分类】fēnlèi 動 分類する,仕分けする［分成若干类］いくつかの類に分ける

【分离】fēnlí 動 ①分解する,切り離す ②別れる,離ればなれになる

*【分裂】fēnliè 動 分裂する(させる)［国家～了］国が分裂した［～国家的阴谋］国を分裂させようとする陰謀

【分馏】fēnliú 動［化］分溜する

【分袂】fēnmèi 動［書］たもとを分かつ,関係を絶つ

【分门别类】fēn mén bié lèi《成》分類する,類別する

*【分泌】fēnmì 動 分泌する ［～毒液］毒液を分泌する

【分娩】fēnmiǎn 動［客語なしで］分娩する,出産する ◆家畜などにもいう

【分秒】fēnmiǎo 名 分秒,束の間［～必争］一寸の光陰も無駄にしない

*【分明】fēnmíng 形 明らかな,はっきりしている［敌我～的立场］敵方がはっきりした立場 — 副 明らかに,疑いもなく［～是他干的］彼の仕業だ

【分母】fēnmǔ 名［数］分母 反［分子 fēnzǐ］

【分派】fēnpài 動 ①(仕事を)割り当てる［～他去干］彼に割り当ててやらせる ②(費用の分担を)割り当てる［～你二十元］君には20元を割り当てる

*【分配】fēnpèi 動 ①分配する,割り当てる［～他一套房子］彼に(居住用の)部屋を分け与える［按劳～］労働に応じて分配する ②配属する,人材を配置する［～他当老师］彼を教員として配属する［统一～］(卒業生に対し)国の主導で職場を決めること

*【分歧】fēnqí 形 (思想・意見が)一致しない — 名 不一致［大家意见有～］皆の意見がまちまちだ

【分清】fēnqīng 動 はっきりと区別する,明確に区分けする［～责任］責任(の分担)をはっきりさせる［分不清］明確に区分できない

【分润】fēnrùn 動 利益(主として金銭)を分ける

*【分散】fēnsàn 動 ①分散させる,ばらばらにする(反[集中])［～注意力］気を散らす ②配る,ばらまく — 形 分散した,散り散りの(反[集中])［～活动］分散して活動する

【分身】fēnshēn 動 体をあける,時間を割く［无法～］時間がとれない

【分神】fēnshén 動 注意を他にも振り向ける;(挨)恐れ入りますが［请～修改一下］恐縮ですが直して下さい

*【分手】fēnshǒu 動 別れる,さよならする

【分数】fēnshù 名 ①成績点,得点［得了好～］高得点を得た ②［数］分数［带～］帯分数

【分水岭】fēnshuǐlǐng 名 ①分水嶺[分水线] ②(転)境界線,分かれ目

【分说】fēnshuō 動 言い訳する,釈明する［无须～］釈明には及ばない［不由～］有無を言わせない

【分摊】fēntān 動 (主に費用を)分担する,割り勘で払う［～十元］10元ずつの割り勘にする

【分头】fēntóu 名 左右に分けた髪型［梳～］分けた髪型にする［小～］横分け — 副 手分けして,それぞれ,個別に［～联系］手分けして連絡する

【分文不取】fēn wén bù qǔ《成》びた一文受け取らない,一文(の報酬)も要らない

*【分析】fēnxī 動 分析する(関[综合])［～问题］問題を分析する［～化学］分析化学［～语］［語］分析的言語

【分晓】fēnxiǎo 名 ①結果,成り行き［见～］判明する ②［多く否定の形で］道理［没～的话］道理に合わない話 — 形 明らかな,はっきりした［问个～］はっきりと聞き出す

【分野】fēnyě 名 領域,分野

【分赃】fēnzāng 動 盗品や手分捕り品を山分けする,不正な利益を配分する

*【分之】fēnzhī 名 助 …分の…［五～三］5分の3

【分支】fēnzhī 名 枝分かれした学派・語派など,分流［～机构］支部,支局

*【分钟】fēnzhōng 量 名 …分間［十～］10分間

*【分子】fēnzǐ 名 ①［数］(分数の)分子 ②［理］分子［～结构］分子構造［～式］分子式
⇨fènzǐ

〖芬〗 fēn ⊗いい香り，芳香

【芬芳】fēnfāng [名]《書》香り，芳香 ━[形]かぐわしい，香りのよい

〖吩〗 fēn ⊗以下を見よ

*【吩咐】fēnfu/fēnfù [動]言い付ける，(口頭で) 命じる〖～他打扫房间〗彼に部屋を掃除するように言う

〖纷(紛)〗 fēn ⊗多い，乱雑な，入り乱れた［纠～］もめ事

【纷繁】fēnfán [形]多くて複雑な，繁雑な

**【纷纷】fēnfēn [形]（議論が） 種々雑多な，(降る雪などが) 入り乱れた〖议论～〗議論が百出する ━[副]次々に，ひっきりなしに〖～报名〗次々と応募の申込みがある

【纷乱】fēnluàn [形]入り乱れた，混乱した

【纷扰】fēnrǎo [形](多く気持ちが)混乱した，千々に乱れた

【纷纭】fēnyún [形](諸説が) 入り乱れた，(糸口が)錯綜した

【纷争】fēnzhēng [動]争う，もめる ━[名]紛争〖发生～〗もめ事が起きる

【纷至沓来】fēn zhì tà lái《成》(多くよくない事が) 次々に到来する，どんどん集まる

〖氛〗 fēn ⊗気分，ムード，状況［气～］気分，雰囲気

【氛围(雰围)】fēnwéi [名]雰囲気，その場の空気

【酚】 fēn [名]〖化〗フェノール，石炭酸［～酞 tài］フェノールフタレイン

【坟(墳)】 fén [名]〔座〕墓〖上～〗墓参をする〖把～掘开〗墓を掘り起こす

【坟地】féndì [名]〔块〕墓地，墓場 [同]［坟场］

*【坟墓】fénmù [名]〔座〕墓，墳墓

【坟头】féntóu [名]（～儿）土まんじゅう(土を盛り上げた墓)

【坟茔】fényíng [名]《書》墓，墓地

〖汾〗 Fén ⊗'汾河'(山西省にある川)のこと

【汾酒】Fénjiǔ [名]山西省汾陽産の'白酒'(中国名酒の一)

〖鼢〗 fén ⊗［～鼠］モグラネズミ

〖焚〗 fén ⊗焼く［自～］焼身自殺する

【焚膏继晷】fén gāo jì guǐ《成》(灯油に火を点し夜を日に継いで勤める>)昼夜を分かたず精励する

【焚化】fénhuà [動]（遺体，神像などを）焼く，火葬する〖～纸钱〗'纸钱'を焼く

【焚毁】fénhuǐ [動]焼き尽くす，焼却する([同]［烧毁］)〖～村庄〗村を焼き尽くす

【焚烧】fénshāo [動]焼く，燃やす〖～树林〗森を焼く

【焚香】fén▼xiāng [動]①線香をあげる，焼香する [同]［烧香］ ②香を焚く

【粉】 fěn [名]①粉，粉末〖把小麦磨 mò 成～〗小麦を粉にひく ②おしろい〖搽～〗おしろいを塗る ━[動]①白く塗る〖刚～过的墙〗塗りたての壁 ②粉々になる ━[形]桃色の，ピンク色の ⊗①澱粉製の食品［凉～］澱粉からつくったプリン状の食品 ②白い粉のついた［～蝶］白チョウ

【粉笔】fěnbǐ [名]〔支〕白墨，チョーク

【粉尘】fěnchén [名]粉塵

【粉刺】fěncì [名]にきび(正しくは'痤疮 cuóchuāng'という)〖生了一脸～〗顔中ににきびがでた

【粉底】fěndǐ [名]ファンデーション [同]［～霜］

【粉红】fěnhóng [形]〖多く定語として〗桃色の，ピンク色の〖～的小脸〗うす桃色のかわいい顔

*【粉末】fěnmò [名]（～儿）粉末，パウダー〖弄成～〗粉末にする

【粉墨登场】fěn mò dēng chǎng《成》《貶》(メーキャップして登場する>)(悪人が)政治の舞台に出てくる

*【粉色】fěnsè [形]桃色の，ピンク色の

【粉身碎骨】fěn shēn suì gǔ《成》粉骨砕身，目的のために生命を奉じる [同]［粉骨碎身］

【粉饰】fěnshì [動]①白くきれいに塗る〖～墙壁〗壁を白く塗る ②うわべを飾る，取り繕う〖～现实〗現実を糊塗する

【粉刷】fěnshuā [動]（壁を） 白く塗る，しっくいを塗る

【粉丝】fěnsī [名]①〖食〗春雨 ②ファン，追っかけ

*【粉碎】fěnsuì [動]粉砕する，粉々にする〖～阴谋〗陰謀を砕く ━[形]粉々の，打ち砕かれた

【粉条】fěntiáo [名]（～儿）〖食〗春雨の一種 ♦平たい帯状のものは'粉皮'という

【粉蒸肉】fěnzhēngròu [名]糯米の粉をまぶした豚肉の蒸し料理

〖分〗 fèn ⊗①成分［盐～］塩分 ②自分の務め，本分，限度［过～］行き過ぎだ ③予想する
⇨fēn

*【分量】fènliang/fènliàng [名]重さ，重み，重量〖有～的话〗重みのある言葉

【分内】fènnèi [形]〖定語として〗任務のうちの，本分内の([反]［分外］)〖自己～的工作〗自分がやるべき仕事

【分外】fènwài [形]〖定語として〗本分(本務)外の — [副]とりわけ, 特に〖～高兴〗殊の外嬉しい
【分子】fènzǐ [名](社会の) 分子, 構成要因 [知识～] 知識分子
⇨fēnzǐ

【份】fèn [名]全体の中の一部〖也有你的～儿〗君の分もある — [量](～儿) ① 新聞・雑誌・書類などを数える〖一～报纸〗新聞一部 ② ひとそろい, 一人前〖一～菜〗料理一人前 ③ 心情を数える〖我这～心境〗私のこの気持ち
[⊗] 区分した一単位 [三月～] 3月分, 3月中に
【份儿饭】fènrfàn [名] 定食(一人前が定量になっている食事) [同][客饭]
【份子】fènzi [名]① (共同で贈り物などをする際の) 割り前, 分担金〖凑～〗(贈呈のために) 拠金する ② 慶弔金, 祝儀

【忿】fèn [⊗] ほぼ'愤'に同じ [不～] 不満な

【奋(奮)】fèn [⊗]① (力を) 奮う, 元気を出す ② (腕を) 揮う, 挙げる [～袂而起] 袖を払ってさっと立つ
【奋不顾身】fèn bú gù shēn《成》我が身を顧みず奮闘する [反][畏缩不前]
★★【奋斗】fèndòu [動] 奮闘する, 努力する〖为振兴教育事业而～〗教育事業振興のため尽力する
【奋发】fènfā [形] 奮い立った, 発奮した [～图强] 国家繁栄のために奮闘努力する
【奋力】fènlì [副] 全力を尽して〖～反抗〗全力を投じて反抗する
【奋勉】fènmiǎn [形] 奮起した, やる気十分な〖他工作很～〗彼はとても仕事熱心だ
【奋起】fènqǐ [動]〖多く状語として〗① 奮い立つ, やる気を出す〖～直追〗奮起して追いつく ② 力一杯持ち上げる
【奋勇】fènyǒng [形]〖多く状語として〗勇気あふれる〖～前进〗勇気を奮って前進する
【奋战】fènzhàn [動] 奮戦する, 勇敢に戦う〖～到底〗最後まで力一杯戦う

【偾(僨)】fèn [⊗] だめにする, こわす [～事]《書》事を誤る

【愤(憤)】fèn [⊗] 憤る, 怒る [气～] 怒る
【愤愤(忿忿)】fènfèn [形] 憤慨している, かっかしている [～而出] ぷりぷりしながら出て行く
【愤恨】fènhèn [動] 憤慨する, 怒り憎む
【愤激】fènjī [形] 憤慨している, かんかんに怒った
【愤慨】fènkǎi [形] (不公正なことで) 憤慨にたえない〖感到～〗怒りを覚える
【愤懑】fènmèn [形]《書》憤懣やるかたない
★★【愤怒】fènnù [形] 憤怒した, 怒り狂った
【愤然】fènrán [形]〖多く状語として〗怒り激しい, 憤然とした〖～离去〗憤然として去る

【粪(糞)】fèn [名] 糞便 ([同][屎])〖掏～〗こやしを汲む
[⊗] 肥料を施す [～地] 畑に肥料を入れる
【粪便】fènbiàn [名] 糞便, 糞尿 [～学] スカトロジー
【粪肥】fènféi [名] 下肥(しもごえ)
【粪坑】fènkēng [名] (便所や野良の) 肥溜め
【粪土】fèntǔ [名] 糞尿と土 ♦値打ちのないものに例える

【丰(豐)】fēng [⊗]① 豊かな, 満ち足りた ② 大きな, 偉大な ③ (F-)姓
【—】[⊗] 容姿が美しい, 端麗な [～采] 優雅な振舞い
【丰碑】fēngbēi [名]〔块〕① 大きな石碑 ② 偉大な功績〖立下～〗不朽の業績を残す
【丰产】fēngchǎn [名] 豊作
★★【丰富】fēngfù [形] (物・知識・経験などが) 豊かな([反][贫乏])〖资源～〗資源が豊かだ [～多采] 豊富多彩な — [動] 豊かにする, 充実させる〖～知识〗知識を広げる
【丰功伟绩】fēng gōng wěi jì《成》偉大な功績, 多大の貢献
【丰厚】fēnghòu [形]① 厚みのある, 分厚い〖绒毛～〗毛皮がふっくらしている ② (主に贈る金や物が) たっぷりの〖～的礼物〗気前のいい贈り物
★【丰满】fēngmǎn [形]① 豊かな, 満ち足りた ② (身体・顔付きが) ふっくらしている, 豊満な
【丰年】fēngnián [名] 豊年, 当り年 [反][荒年][歉年]
【丰饶】fēngráo [形] 豊饒(ほうじょう)な, 肥沃(ひよく)な
【丰润】fēngrùn [形] 豊かで潤いがある, ふっくらして瑞々しい
★【丰盛】fēngshèng [形] (宴席や物産が) 豊かで盛り沢山な〖～的筵席〗料理が多く豪華な宴席
★【丰收】fēngshōu [動] 豊作になる([反][歉收])〖今年小麦～〗今年は小麦が豊作だ〖获得～〗豊作をかちとる [～年] 豊年
【丰硕】fēngshuò [形] (果実, 成果が) 多くて大きい, 実り豊かな

【丰沃】fēngwò [形] 肥沃(ひよく)な, 地味豊かな [同][肥沃]

【丰衣足食】fēng yī zú shí《成》衣食が満ち足りる, 生活が豊かである [反][饥寒交迫]

【丰盈】fēngyíng [形]《書》①(体つきが) 豊満な [同][丰腴] ②富裕な, 豊かな

【丰足】fēngzú [形](衣食などが) 満ち足りている, 豊富な

【风(風)】fēng [名] ①〔股·阵·场〕風〚刮～〛風が吹く ②(～儿) うわさ, 消息〚听到一点～〛うわさを小耳にする
⊗①ありさま, 情景, 態度 [～景] 風景 [作～] 作風, 態度 ②風潮, 気風 [成～] 風潮となる ③民歌 [采～] 民間歌謡を採集する ④根拠のない, 伝聞の [～闻] 風聞 ⑤風のように速い ⑥空気乾燥させた [～鸡] 陰干しした塩漬の鶏肉 ⑦(F-)姓

★【风暴】fēngbào [名]〔场〕①暴風, 嵐 ②《転》嵐のような出来事〚革命的～〛革命の嵐

【风波】fēngbō [名]〔场〕風波;《転》もめごと〚闹了一场～〛騒ぎを起こした

【风采(丰采)】fēngcǎi [名]《書》優雅な風貌, 物腰, 態度

【风潮】fēngcháo [名] 争議, 大衆運動〚闹～〛騒ぎが起こる

【风车】fēngchē [名] ①〔架〕風車(ふうしゃ) ②唐箕(とうみ) [同][扇车] ③(～儿)(玩具の)かざぐるま

【风尘】fēngchén [名] ①旅疲れ, 長旅の苦労 [～仆仆] 長旅でやつれる, 奔走して疲れる ②《転》乱れた社会, 汚れた生活環境 [沦落～] 落ちぶれ流浪する, 苦界に身を落とす

【风驰电掣】fēng chí diàn chè《成》電光石火のように速い

【风吹雨打】fēng chuī yǔ dǎ《成》①(家が) 風雨にさらされる, 窓は破れ雨は吹き込む ②外からの打撃, 降りかかる困難〚经不起～〛困難に耐えられない

【风灯】fēngdēng [名](雨風にも耐える一種の)龕灯(がんどう), かんてら

【风斗】fēngdǒu [名](～儿) 風抜き(冬期に窓に取り付ける)

★【风度】fēngdù [名](人の) 風格, 上品な物腰, 態度([同]《書》[风范])〚他有学者的～〛彼には学者の風格がある

【风范】fēngfàn [名]《書》①風格 ②模範

【风风火火】fēngfēnghuǒhuǒ [形](～的) ①せわしない ②威勢のいい

★★【风格】fēnggé [名] ①品格, 流儀 ②(文学, 芸術の) 作風, スタイル [文章～] 文体

【风骨】fēnggǔ [名] ①気骨, 気概 ②(書画, 詩文の)迫力, 力強さ

★【风光】fēngguāng [名] 風景, 景色〚好～〛素晴らしい景色
—— fēngguang/ fēngguāng [形]《方》光栄な〚好不～!〛なんとも名誉なことだ

【风害】fēnghài [名] 風害

【风和日丽】fēng hé rì lì《成》うららかな(春の)日和(ひより)

【风戽】fēnghù [名] 風力による揚水道具

【风花雪月】fēng huā xuě yuè《成》花鳥風月, 文字に凝って内容貧弱な詩文の喩え

【风化】fēnghuà [名] 美風, 公序良俗 — [動] 風化する

【风火墙】fēnghuǒqiáng [名]〔道〕防火壁 [同][防火墙]

【风纪】fēngjì [名] 規律, 風紀 [～扣] 詰めえりのホック

★★【风景】fēngjǐng [名] 風景, 景色([同][景致])〚欣赏～〛眺望を楽しむ

【风镜】fēngjìng [名] ゴーグル, 風砂よけ眼鏡

【风浪】fēnglàng [名] ①風浪, 風波 ②《転》世の荒波〚顶着～前进〛苦難と戦いつつ進む

【风雷】fēngléi [名] 疾風迅雷, 激烈な嵐 ♦猛烈な勢いを例える

【风力】fēnglì [名] ①風力, 風速 ②風による動力 [～发电] 風力発電

【风凉话】fēngliánghuà [名] 当てこすり, 皮肉〚说～〛皮肉を言う

【风铃】fēnglíng [名] 風鈴, 風鐸(ふうたく)

【风流】fēngliú [形] ①《書》あっぱれな, 傑出した ②風流な, 洒脱な ③色事にかかわる, 情事がらみの

【风马牛不相及】fēng mǎ niú bù xiāng jí《成》互いになんの関係もない

【风帽】fēngmào [名] ①〔顶〕防寒帽 ②フード

【风貌】fēngmào [名] ①様相, 状況 ②(人の)風貌, 相貌

【风门子】fēngménzi [名](冬, 戸口の外に取り付ける)寒風よけの戸

【风靡】fēngmǐ [動] 風靡(ふうび)する, なびかせる〚～一时〛一世を風靡する〚～全国〛国中を流行の渦に巻込む

【风磨】fēngmò [名] 風力ひき臼(うす), 風車小屋の臼

【风平浪静】fēng píng làng jìng《成》四海波静かな, 何事もなく平和な

【风起云涌】fēng qǐ yún yǒng《成》(大風が吹き黒雲が涌き立つ＞) 事物が急速に発展する

★【风气】fēngqì [名](社会の) 風潮, ムード〚滋长不良的～〛よくない風

潮をはびこらせる［社会～］社会の気風

【风琴】fēngqín 图〔架〕オルガン［弹～］オルガンを弾く［管～］パイプオルガン

【风情】fēngqíng 图①風土人情,風情。②〈貶〉恋愛の情,色ごとめいた気分［卖弄～］媚を売る③風の具合（風力・風向など）

*【风趣】fēngqù 图味わい,趣 —形 ウィットに富む,ユーモアあふれる［说话很～］話にユーモアがある

【风骚】fēngsāo 形（女の振舞いが）あだっぽい,軽はずみな —图〈書〉詩文（のす）

【风色】fēngsè 图①風向き,天気②〈転〉風向き,情勢［看～］成り行きを見守る

【风沙】fēngshā 图風と砂塵［春天～很大］春は風砂がひどい

【风尚】fēngshàng 图（社会的な）風潮,気風 ◆多くプラス義をおびる

【风声】fēngshēng 图①風の音［～鹤唳］風の音と鶴の鳴き声（にもびくびくする）②うわさ,風の便り［外面～很紧］物騒なうわさが飛び交う［泄漏～］情報を漏らす

【风湿病】fēngshībìng 图リューマチ

【风势】fēngshì 图①風の強さ,風の勢い②〈転〉情勢,雲行き［～不对］状況不利,形勢が悪い

【风霜】fēngshuāng 图旅や生活の苦難,風雪［饱经～］あらゆる辛酸をなめる

【风水】fēngshui/fēngshuǐ 图風水,家屋や墓地の地相［看～］地相を占う［～先生］地相占い師

*【风俗】fēngsú 图風俗,風習［～画］風俗画［～习惯］風俗習慣

【风速】fēngsù 图風速［量～］風速を計る［～表］風速計

【风调雨顺】fēng tiáo yǔ shùn〈成〉作物にとって天候が順調であること

【风头】fēngtóu 图①風向き,風の動き②形勢,情勢③〈貶〉出しゃばり［爱出～］目立ちたがる

【风土】fēngtǔ 图風土

*【风土人情】fēngtǔ rénqíng〈成〉土地柄と人情

*【风味】fēngwèi 图①（独特の）味,風味②趣き,独特の地方色［民歌(的)～］民謡風の趣

【风闻】fēngwén 動うわさで知る,耳にする

【风物】fēngwù 图風物 ◆その土地特有の風景,習俗,特産をいう

*【风险】fēngxiǎn 图（起こりうる）危険,リスク［冒～］危険を冒す［～管理］危機管理

【风箱】fēngxiāng 图ふいご［拉～］ふいごを動かす,ふいごで風を送る

【风向】fēngxiàng 图①風向き[～标]風向計［～袋］（風向をみる）吹き流し②動向［看～行事］情勢を見て行動する

【风信子】fēngxìnzi 图〈植〉ヒヤシンス

【风行】fēngxíng 動流行する［～一时］一時すごくはやる

【风雨】fēngyǔ 图①風雨②〈番〉困難,辛苦

【风雨飘摇】fēngyǔ piāoyáo〈成〉（嵐に激しく揺れ動く＞）情勢がきわめて不安定である

【风雨同舟】fēng yǔ tóng zhōu〈成〉苦難を共にする®[同舟共済]

【风云】fēngyún 图風雲,激動する情勢［～突变］情勢が激変する

【风韵（丰韵）】fēngyùn 图①（多く女性について）優美な物腰,滲み出る上品さ②（詩文・書画の）風格と味わい

【风灾】fēngzāi 图風害

【风障】fēngzhàng 图〈農〉（葦やコウリャンがらなどで編んだ）風よけ,防風塀

【风疹】fēngzhěn 图〈医〉風疹

【风筝】fēngzheng 图〔只〕凧［放～］凧を揚げる［糊～］凧を作る

【风致】fēngzhì 图①美しい容貌と上品な振舞い②（景観などの）風趣,味わい

【风中之烛】fēng zhōng zhī zhú〈成〉風前のともしび

【风烛残年】fēng zhú cán nián〈成〉余命いくばくもないこと

【风姿（丰姿）】fēngzī 图優雅な容姿,上品な姿

【疯（瘋）】fēng 形①気の狂った,ばかげた［你～了？］気は確かか［发～］発狂する②（農作物が）育ち過ぎで実を結ばない［棉花长～了］綿花が徒長した

【疯疯癫癫】fēngfengdiāndiān 形（～的）気がふれている,どうかしている

【疯狗】fēnggǒu 图〔条・只〕狂犬［～乱咬人］悪人は見さかいなしに善人を陥れる

*【疯狂】fēngkuáng 形気がふれている,気違いじみた［～叫骂］狂ったように怒鳴り散らす

【疯牛病】fēngniúbìng 图〈医〉狂牛病

【疯人】fēngrén 图精神病患者,精神障害者

【疯人院】fēngrényuàn 图〔所〕精神病院

【疯枝】fēngzhī 图（綿花などの）実を結ばない枝,徒長枝

【疯子】fēngzi 图狂人,精神異常者

【枫（楓）】fēng ⊗トウカエデ［～树］［～香

树] 同前の木 ♦葉先が3つに分かれている

【封】 fēng [動] ① 封をする，閉じる 〖把信～上〗手紙の封をする 〖大雪～山〗大雪が山を閉ざす ② 封(ほう)ずる，授ける 〖～他为大将军〗彼を大将軍に封ずる 一 [量] 封書を数える 〖一～信〗1通の手紙 ⊗ ① 紙の包み ［信～］封筒 ② (F-)姓

*【封闭】 fēngbì [動] ① 密封する，堅く閉ざす ② 封鎖(閉鎖)する 〖～机场〗空港を封鎖する

【封存】 fēngcún [動] 封をして保存する，(資金などを)凍結する

【封底】 fēngdǐ [名] 裏表紙 ♦現代風の装丁では裏表紙を'封四'，その裏(つまり前)を'封三'という [関][封面]

【封河】 fēng▾hé [動] 氷で川が閉ざされる，川が凍結する

【封火】 fēng▾huǒ [動] 火を鈍くする，火を灰の中に埋(い)ける

*【封建】 fēngjiàn [名] 封建 ［～主义］封建主義 一 [形] 封建的な 〖头脑～〗頭が古い

【封禁】 fēngjìn [動] ① 封鎖(閉鎖)する [同][封闭] ② (発行や閲覧を)禁止する，お蔵入りにする

【封口】 fēng▾kǒu [動] ① (手紙の)封をする ② (傷口や瓶の口などについて)ふさぐ，ふさがる ③ 口を閉ざす，沈黙する

【封面】 fēngmiàn [名] 表紙 ♦現代風の装丁では表紙を'封一'，その裏を'封二'という

*【封锁】 fēngsuǒ [動] 封鎖する 〖～港口〗港を封鎖する ［～线］封鎖線 ［经济～］経済封鎖

【封套】 fēngtào [名] (～儿)(書類用の)大型封筒

【封条】 fēngtiáo [名] (差し押さえの)封印紙，封緘(ふうかん)紙

【封嘴】 fēng▾zuǐ [動] ① 口を閉ざす，沈黙する [同][封口儿] ② 口止めする，口をふさぐ ［～钱］口止め料

【葑】 fēng ⊗ '芜菁 wújīng'(カブラ)の古語

【峰(*峯)】 fēng ⊗ ① 峰，山頂 ［高～］高峰，ピーク ［顶～］頂上 ［～会］サミット ② 山峰に似たもの ［驼～］ラクダのこぶ ♦旧時ラクダを数える量詞としても用いたが，現在は'匹'を使う

【烽】 fēng ⊗ のろし

【烽火】 fēnghuǒ [名] ① のろし火([同][狼烟]) ［～台］のろし台 ② 戦火 ［～连天］戦火が全土に広がる

【烽烟】 fēngyān [名] のろし 〖～四起〗各地に戦火ののろしがあがる

【锋(鋒)】 fēng ⊗ ① 刃先，先端 ［刀～］刀の切っ先 ［笔～］筆の穂先 ［～锐］鋭利な，鋭敏な ② 先鋒，前衛 ③ 〖天〗前線 ［冷～］寒冷前線

*【锋利】 fēnglì [形] ① (刃物が)鋭利な，鋭い 〖这把宝剑很～〗この剣はよく切れる ② (言論が)鋭い，辛辣(しんらつ)な

【锋芒(锋铓)】 fēngmáng [名] ① 矛先，切っ先 〖斗争的～〗闘争の矛先 ② 才気，才能 〖不露～〗(有能な者が)爪を隠す

【蜂(*蠭)】 fēng [名]〔只〕ハチ ［蜜～］ミツバチ ［养～场］養蜂場

⊗ 群をなして，大勢で ［～拥而入］どっとなだれ込む

【蜂巢】 fēngcháo [名] ハチの巣(普通は'蜂窝'という)

【蜂房】 fēngfáng [名] ミツバチの六角形の巣房

【蜂聚】 fēngjù [動]〖書〗(多人数が)詰め掛ける，蝟集(いしゅう)する

【蜂蜜】 fēngmì [名] はちみつ [同][蜜]

【蜂窝】 fēngwō [名] ① ハチの巣 ② ハチの巣状に多くの穴が開いたもの ［～煤］煉炭

【蜂响器】 fēngxiǎngqì [名] ブザー([同][蜂鸣器][蜂音器]) 〖按～〗ブザーを押す

【蜂拥】 fēngyōng [動] 群れをなして押し寄せる，どっと押し掛ける

【酆】 fēng ⊗ (F-)姓

【冯(馮)】 Féng ⊗ 姓

⇨ píng

【逢】 féng [動] 逢う，出会う([関][见]) 〖～人就说〗逢う人ごとに言う 〖每～下雨〗雨が降るたびに… ［久别重～］久々に再会する

【逢集】 féngjí [動] 市(いち)が立つ日になる 〖二八～〗2と8の日に市が立つ

【逢迎】 féngyíng [動]〖貶〗迎合する，取り入る 〖善于～〗取り入るのがうまい

【缝(縫)】 féng [動] 縫う 〖～衣服〗服を縫う ［～线］縫い糸

⇨ fèng

【缝补】 féngbǔ [動] つぎを当てる，繕う 〖～旧衣〗古着を繕う

【缝合】 fénghé [動] (傷口を)縫う，縫合する ［～线］［～丝线］縫合用の糸

【缝纫机】 féngrènjī [名]〔架〕ミシン

【讽(諷)】 fěng ⊗ ① あてこする，皮肉る ［讥～］皮肉る ② (詩文などを)朗読する，唱える

**【讽刺】 fěngcì [動] 風刺する，当てこ

する
【讽喻】fěngyù 图 風喩, アレゴリー ― 動 風喩する, たとえ話で諭す

【凤(鳳)】 fèng ⊗ ① 鳳凰 ② (F-)姓

【凤凰】fènghuáng 图 鳳凰 ◆伝説上の鳥王, 不死鳥. 雄を'凤', 雌を'凰'という [～座]ほうおう座(南天の星座) [～竹]ホウオウチク
【凤梨】fènglí 图 パイナップル 働[菠萝]
【凤毛麟角】fèng máo lín jiǎo《成》(鳳凰の羽毛と麒麟の角≯) きわめて珍しく貴重な人や物
【凤仙花】fèngxiānhuā 图 ホウセンカ(根や種は漢方薬にする) 働[指甲花]

【奉】 fèng 動 ① 受ける, 頂く [～到命令]命令を受ける ② 献呈する [～上]差し上げる ⊗① 謹んで行う [～还]お返しする ② お世話する, 付き添う [侍～]同前 ③ (F-)姓

【奉承】fèngcheng 動 お世辞を言う, へつらう [～他两句好话] 彼に二言三言お世辞を言う [～话]お世辞
【奉告】fènggào 動(敬)申し上げる [无可～]ノーコメント(です)
【奉命】fèng'mìng 動 命令を受ける, 命令を遵守する [[奉令]]彼[奉上级之命而来]上司の命に従い参上しました
【奉陪】fèngpéi 動(敬)お供する, おつきあいする
【奉送】fèngsòng 動(敬)贈呈する, 差し上げる [～您拙著一册]拙著を差し上げます
*【奉献】fèngxiàn 動 献上する, 謹呈する
【奉行】fèngxíng 動(政策や原則を)遵奉する, 固く守り通す [～故事 gùshì]昔からのしきたりを遵奉する

【俸】 fèng ⊗① 給料 [～禄]旧時官吏の俸給 [薪～]俸給 ② (F-)姓

【缝(縫)】 fèng 图 (～儿) ① 継ぎ目, 合わせ目 ② 割れ目, すき間 [裂了一条～儿]1本ひびが入った [溜 liù～]目貼りする [门～儿]戸のすき間 ⇒féng

【缝隙】fèngxì 图〔条·道〕すき間, 裂け目
【缝子】fèngzi 图 すき間, 割れ目 働[缝儿]

【佛】 fó 图 ① 仏陀, 釈迦 ② 〔尊〕仏像 ⊗ 仏教 [～家]仏門 [信～]仏教を信じる ⇒fú

【佛教】Fójiào 图 仏教 [信仰～]仏教を信じる
【佛经】fójīng 图〔部〕仏教の経典, お経
【佛龛】fókān 图(～儿)〔座〕仏像を安置する仏具, 厨子
【佛烧一炷香, 人争一口气】fó shāo yí zhù xiāng, rén zhēng yì kǒu qì(俗)人は高く気概を持たねばならぬ
【佛堂】fótáng 图〔间〕仏堂, 仏間
【佛头着粪】fó tóu zhuó fèn《成》(仏頭に糞がつく>) 優れた物を汚し, 冒瀆する
【佛像】fóxiàng 图〔尊〕仏像
【佛爷】fóye 图 仏様, お釈迦さま
【佛珠】fózhū 图(～儿)〔串〕数珠 働[数珠] [捻～]数珠をつまぐる

【否】 fǒu ⊗① いな, いいえ ② (疑問を表わして)…であるのかないのか [能～完成]完成できるかどうか ③ 否定する, 否認する ⇒pǐ

*【否定】fǒudìng (⊗[肯定])動 否定する, 否認する [～一切]すべてを否定する ― 圈《定语として》否定的な [～判断]否定的判断
*【否决】fǒujué 動 否決する(⊗[通过]) [～权]拒否権
*【否认】fǒurèn 動 否認する [～抄袭]盗作を否認する
【否则】fǒuzé 圈 さもなくば, そうでなければ 働[不然] ◆口語の'要不'に相当

【夫】 fū ⊗① おっと [～妻]夫妻 ② 成年男子 [匹～]平凡な男 ③ 肉体労働に従事する人 [船～]船頭 [樵~](旧)きこり ④ 労役に服する人 [拉～](旧)(軍隊が) 人夫狩りをする ◆古代の指示詞(それ), 語氣助詞は fú と発音

*【夫妇】fūfù 图〔对〕夫妻 [大总统～]大統領夫妻
【夫妻】fūqī 图〔对〕夫婦 [～店]夫婦二人だけで営む小商店
【夫妻没有隔夜仇】fūqī méiyǒu géyè chóu(俗)(夫婦の間に宵越しの恨みはない>) 夫婦の争いはたやすく片が付く
*【夫人】fūrén/fúrén 图 夫人, 奥様 ◆外交の場などで使われる一種の敬称 [问您～好]奥様によろしく
【夫子】fūzǐ 图〔书〕① 学者·長者·師に対する尊称 ② (貶)学者先生 [老～]世事に疎い老学者
【夫子自道】fūzǐ zì dào《成》他人のことを言っているのに, 実際は自分のことに当てはまる, ついつい己を語っている

【肤(膚)】 fū ⊗① 皮膚 [皮～]皮膚 ② 表面

的な
【肤泛】fūfàn 浅薄な,皮肤な
【肤浅】fūqiǎn 形 (学识が)浅い,(认识が)皮相な
【肤色】fūsè 图 皮肤の色

【麸(麸*䴰)】fū ⊗ 以下を見よ
【麸子】fūzi 图 (小麦の)ふすま 働[麸皮]

【跗】fū ⊗足の甲 [~骨] 跗⁺骨

【孵】fū 動卵をかえす [~鸡] 鸡の卵をかえす
【孵化】fūhuà 動 孵⁺化する [~小鸡] ひよこを孵化させる
【孵化器】fūhuàqì 图 孵化器;(転)(企业の创设や改善を支援する)インキュベーター

【敷】fū 動 (薬などを)当てる [~上药布] 湿布を当てる [冷~] 冷湿布する
⊗①敷く,広げる ②足りる [入不~出] 収入が支出に足りない
【敷设】fūshè 動 敷设する [~管道] パイプラインを敷く
【敷衍(敷演)】fūyǎn 動《书》敷衍ᵉⁿする
*【敷衍】fūyan/fūyǎn 動 ①适当にあしらう,おざなりに済ます [~他几句] いい加减なことを言って彼をあしらう ②どうにかこうにか持ちこたえる
【敷衍了事】fūyǎn liǎo shì《成》适当にお茶を浊す,いい加减でごまかす
【敷衍塞责】fūyǎn sè zé《成》いい加减に対応する,手抜き仕事で済ませる

【弗】fú ⊗文语の否定词 ♦'不'と似るが,多く他动词を修饰

【佛】fú 動 ①意に背く,违反する [~戾] 同前 ②→[仿佛 fǎngfú] ⇨ fó

【拂】fú 動 ①払い落とす [~去灰尘] ほこりを払う ②かすめる,そっと抚でる [春风~面] (春风が)颜を轻く抚でる
⊗①(意に)背く,反する [~耳] 耳に逆らう ②振り动かす [~袖] 袖をさっと払う
【拂尘】fúchén 图《书》払子ᶠᵘ,ちり払い 働[拂子]
【拂拂】fúfú 形《书》风がそよそよと吹くさま
【拂拭】fúshì 動 (尘を)払う,拭う
【拂晓】fúxiǎo 图 夜明け方,払暁 働[凌晨]

【氟】fú 图《化》フッ素
【氟利烷】fúlìwán 图《化》フロン 働[氟利昂]

【伏】fú 動 伏せる,うつ伏せになる — 量 (電圧の)ボルト('伏特'の略)
⊗①へこむ,沈下する ②隐れる ③(罪を)认める,屈服する ④→[~天][三~] ⑤(F-)姓
【伏案】fú'àn 動《状语として》机に向かう [~读书] 机に向かって読书する
【伏笔】fúbǐ 图 (文章中の)伏线,暗示 働[伏线]
【伏法】fúfǎ 動 (罪人が)死刑が執行される
【伏击】fújī 動 待ち伏せて攻撃する
【伏输】fú'shū 動 ⇨服输
【伏暑】fúshǔ 图 夏の最も暑い時期,'伏天'の時期 働[三伏]
【伏特】fútè 量 (電圧の)ボルト(略は'伏')
【伏特加】fútèjiā 图 ウォッカ
【伏天】fútiān 图 1年で最も暑い'三伏'の日々 ♦夏至から3番目の庚ᵏᵒᵘの日から始まる30-40日间をいう 働[三伏]
【伏罪(服罪)】fú'zuì 動 自分の罪を认める

【茯】fú ⊗以下を見よ
【茯苓】fúlíng 图 (サルノコシカケ科の)ブクリョウ ♦漢方で利尿·鎮痛に用いる

【凫(鳬)】fú ⊗①《鸟》カモ(口语では'野鸭'という) ②泳ぐ

【芙】fú ⊗以下を見よ
【芙蓉】fúróng 图 ①フヨウ,モクフヨウ ♦北京ではネム(合欢木)をいう ②ハスの花 (働[荷花]) [~国]湖南省の别称

【扶】fú 動 ①手で支える [~他去看病] 彼を支えて病院へ連れて行く ②手でつかまる [~好栏杆] 手すりにちゃんとつかまる ③助け起こす,手を贷して立たせる
⊗①救济する,援助する [~贫] 贫困救济 ②(F-)姓
【扶持】fúchí 動 扶持する,援助する [~乡镇企业] 郷镇企业を援助する
【扶老携幼】fú lǎo xié yòu《成》老人とお子供を引き连れる,家族ぐるみで行动する
【扶桑】fúsāng 图 ①《植》ハイビスカス,ブッソウゲ 働[朱槿] ②神话で東海の日の出る所にあるという神木 ③(F-)日本国の别称
【扶手】fúshǒu 图 手すり,栏杆ᵃⁿの横木,(椅子の)ひじ掛け
【扶养】fúyǎng 動 扶养する,养育する [~子女] 子供を扶养する
【扶掖】fúyè 動《书》援助する,育成

【芾植】fúzhí 育成する, 養成する
【芾助】fúzhù 援助する, 扶助する

【芾】fú ㊈ 草木が茂る, 生長の盛んな

【孚】fú ㊈ 信服させる

【俘】fú 動 捕虜にする ◆単音節語と結合〖敵人被~了〗敵は捕虜となった ㊈捕虜〖戦〗戦争捕虜

*【俘虜】fúlǔ 图 捕虜 — 動 捕虜にする〖~300余人〗300人余りを捕虜にする

【浮】fú 動①浮く, 浮かべる(㊈〖沉〗)〖木头~在水上〗木が水に浮かんでいる ②(表情を)浮かべる〖~着微笑〗ほほえみを浮かべる ③(方)泳ぐ — 形 軽々しい, 浮わついた
㊈①表面的な, 上っ面の ②一時的な, 仮の ③空虚な, 内容のない ④超過した, 過剰な

【浮标】fúbiāo 图〔处〕ブイ〖~灯〗浮き灯台
【浮财】fúcái 图 (現金, 家財などの)動産 ㊥〖动产〗
【浮沉】fúchén 動 浮き沈みする, 根なし草の状態にある〖与世~〗世の流れとともに漂う
【浮词】fúcí 图 根拠のない言辞, 現実離れした言い草 ㊥〖浮言〗
【浮荡】fúdàng 動 (水面や空中で)漂う
【浮雕】fúdiāo 图 レリーフ, 浮彫り
【浮动】fúdòng 動 ①(水面や空中で)漂う ②浮動する, 変動する〖~汇率〗変動為替相場
【浮华】fúhuá 形 派手な, 見栄を張った
【浮夸】fúkuā 形 誇張した, 大げさな
【浮力】fúlì 图 浮力
【浮名】fúmíng 图 虚名, 実力以上の名声
【浮皮潦草】fúpí liáocǎo〈成〉ぞんざいでいい加減である, およそ熱意のない ㊥〖肤皮潦草〗
【浮萍】fúpíng 图〔植〕ウキクサ科の薬草(発汗利尿作用をもつ) ㊥〖水萍〗〖紫萍〗
【浮浅】fúqiǎn 形 浅薄な, 薄っぺらな ㊥〖肤浅〗
【浮桥】fúqiáo 图〔座〕浮き橋〖搭~〗浮き橋をかける
【浮尸】fúshī 图〔具〕水面に浮いている死体, 土左衛門ど ざ え もん
【浮石】fúshí 图 軽石ルバ
【浮土】fútǔ 图 ①表層の土, 表土 ②衣服や家具に付着するほこり
【浮现】fúxiàn 動 ①(過去の光景が)目に浮かぶ, 浮かび出る〖~在眼前〗まぶたに浮かぶ ②(表情を)浮かべる〖~出微笑〗笑みを浮かべる
【浮想】fúxiǎng 图 胸に浮かぶ想い, 様々な感想 — 動 回想する, 思い出す〖~起许多往事〗昔のことが色々思い出される
【浮游】fúyóu 動 浮遊する〖~生物〗浮遊生物, プランクトン〖~资金〗流動資金
【浮云】fúyún 图〔朵〕浮き雲, 流れ雲
【浮躁】fúzào 形 せっかちで落ち着きのない
【浮肿】fúzhǒng 图 むくみ ㊥〖水肿〗

【桴】(*枹) fú ㊈ 小さい筏いかだ ㊈ 太鼓のばち

【桴鼓相应】fú gǔ xiāng yìng〈成〉(ばちでたたけば太鼓が鳴る＞)打てば響く

【蜉】fú ㊈ 以下を見よ

【蜉蝣】fúyóu 图〔虫〕〔只〕カゲロウ

【苻】fú ㊈ (F-)姓

【符】fú 图〔张〕護符, 守り札 ㊈①割り符〖虎~〗(古代の)虎形の割り符 ②符号, 記号〖音~〗音符 ③一致する, 符合する ④(F-)姓

【符号】fúhào 图 ①符号, 記号〖~逻辑〗記号論理〖~学〗記号論 ②記章 (㊥〖徽章〗)〖佩帯~〗記章をつける

*【符合】fúhé 動 符合する, ぴったり合う〖~要求〗要求に合致する

【服】fú 動①(薬を)服用する〖~药〗薬を服用する〖日~三次〗日に3度服用する ②服する, 従う〖~兵役〗兵役に服する〖~刑〗刑に服する ③心服する, 納得させる
㊈①衣服 ②着る ③心服させる〖说~〗説得する ④適応する〖不~水土〗風土に慣れない ⑤(F-)姓
⇨fù

【服从】fúcóng 服従する, 従う
【服毒】fúdú 動 服毒する, 毒を仰ぐ
【服老】fúlǎo 動〈多く否定形で用い〉自分が年老いたと認めて行動を控える

*【服气】fúqì 動 信服する, 納得する
【服软】fú'ruǎn 動 (~儿)自分の負け(間違い)を認める, シャッポを脱ぐ
【服丧】fúsāng 動 喪に服する
【服饰】fúshì 图 服飾, 衣服と装身具
【服侍(伏侍)】fúshi 動 そばにいて世話をする, 付き添う
【服输(伏输)】fú'shū 動 敗北を認め

る，（参ったと）頭を下げる
【服帖】fútiē [形] ①従順な [同]［伏帖］②穏当な
【服务】fúwù [動]（他のために）働く，奉仕する〖为人民～〗人民に奉仕する［～器］（コンピュータの）サーバー［～台］サービスカウンター，フロント
★★【服务员】fúwùyuán [名]（ホテル・料理店などの）サービス係，ボーイ，メイド
【服役】fú'yì [動] 兵役に服する，兵隊にゆく [反]［退役］
【服膺】fúyīng [動]《書》服膺(ふくよう)する，しっかり心に留める ♦'膺' は胸のこと
【服用】fúyòng [名]《書》服や身の回りの品 ー[動]（薬を）服用する〖～中药〗漢方薬を服用する
★★【服装】fúzhuāng [名] 服装（[類]［时装］）［～模特］ファッションモデル［～设计］ファッションデザイン
【服罪（伏罪）】fú'zuì [動] 罪を認める

〖罘〗 fú [⊗]［芝～］山東の地名

〖匐〗 fú [⊗]→［匍 pú～］

【幅】 fú [名]（～儿 fúr とも発音）生地の幅［单（双）～］シングル（ダブル）幅 ー[量]（～儿 fúr とも発音）布，毛織物，書画等を数える〖一～画〗一幅の絵
[⊗]広さ，幅［～员］領土の広さ
★【幅度】fúdù [名] 振度や変動の大きさ，程度〖增产的～很大〗増産の程度がすごい［大～］大幅（に）

【福】 fú [名] 幸福，幸せ〖这是我的～〗これは私の幸せです〖托您的～〗おかげさまで ー[動]《旧》婦人が '万福' の礼をする
[⊗]（F-）姓
【福地】fúdì [名]〔块〕道教でいう神仙の地；《転》極楽
【福尔马林】fú'ěrmǎlín [名]《訳》ホルマリン
★【福利】fúlì [名] 福利，福祉〖谋～〗福利を図る ー[動]《書》生活の向上をもたらす，福利を得させる〖～人民〗人民の生活を向上させる
★【福气】fúqi [名] 幸せになる運命，幸運（[同]［福分 fúfen］）〖有～〗幸運に恵まれる
【福无双降，祸不单行】fú wú shuāng jiàng, huò bù dān xíng《俗》よい事は重ならないが悪い事は重なるものだ ♦'福无双至' ともいう
【福星】fúxīng [名] 福の神
【福音】fúyīn [名] キリスト教の教義；《転》よきおとずれ，喜ばしい知らせ

〖辐（輻）〗 fú [⊗]（車輪の）輻(や)，スポーク
【辐辏（辐凑）】fúcòu [動]《書》一点に集まる，収斂(しゅうれん)する，輻湊(ふくそう)する
★【辐射】fúshè [動] 放射する，輻射する［～热］輻射熱

〖蝠〗 fú [⊗]→［蝙 biān～］

〖涪〗 fú [⊗]［～陵］四川の地名

〖甫〗 fǔ [⊗]①古代，男子の字(あざな)の下に加えた美称（'父' とも書く）②人の字(あざな)［台～］《書》あなたの字 ③今しがた…したばかり，やっと ④（F-）姓

〖辅（輔）〗 fǔ [⊗] 助ける，補佐する
【辅币】fǔbì [名]（'辅助货币' の略）小額通貨，補助貨幣 ♦人民元では '角' '分' を指す
★★【辅导】fǔdǎo [動]（課外に）助言指導する，補習する〖～他学数学〗あの子の数学の勉強を見てやる［～员］指導員
【辅音】fǔyīn [名]〖語〗子音 [同]［子音］[反]［元音］
★【辅助】fǔzhù [動] 助ける，補佐する〖～他做好工作〗彼の仕事を傍で支える ー[形]〔定語として〕補助的な，二次的な
【辅佐】fǔzuǒ [動]《書》（多く政治の場で）補佐する

〖脯〗 fǔ [⊗]①干し肉 ②蜜漬け果実の干したもの［杏～］乾燥アンズ
⇨pú

〖抚（撫）〗 fǔ [⊗]①なでる，そっと押さえる ②慰める，なだめる ③養育する，保護する ④[同]'拊'
【抚今追昔】fǔ jīn zhuī xī《成》眼前の事物に触発されて回想にふける
【抚摩】fǔmó [動] なでる，さする [同]［抚摸］
【抚慰】fǔwèi [動] 慰める，元気づける
【抚恤】fǔxù [動] 弔慰する〖～他1000元〗彼に1000元の救済補償金を出す［～金］救済補償金，弔慰金，見舞金
★【抚养】fǔyǎng [動] 慈しみ育てる，養育する
【抚育】fǔyù [動]（子供や生物を）育成する，大切に育てる

〖拊〗 fǔ [⊗] たたく［～膺］《書》（悲しみに）胸をたたく
【拊掌（抚掌）】fǔzhǎng [動]《書》手をたたく，拍手する

〖府〗 fǔ [⊗]①旧時の行政区画の一（県と省の間）②官庁，行政機関 ③旧時の貴族や大官の邸宅［王～］皇族の邸宅 ④旧時の文書や財物の貯蔵庫［天～之国］天然資源の豊かな地
【府邸】fǔdǐ [名] [同]［府第］
【府第】fǔdì [名]《旧》邸宅，官邸
【府上】fǔshàng [名]《敬》①お宅 ②

ご郷里〖您~在哪儿?〗お宅はどちらですか

【俯】 fǔ ⊗ うつむく ⇆'仰'

【俯冲】 fǔchōng 動（飛行機や鳥が）急降下する

【俯瞰】 fǔkàn 俯瞰ふんする、見下ろす「～摄影」上空からの撮影

【俯拾即是】 fǔ shí jí shì 《成》至る所で拾える、ざらにある ⇆[俯拾皆是]

【俯视】 fǔshì 動 見下ろす、俯瞰する [~图] 俯瞰図

【俯首】 fǔshǒu 動〔書〕① 下を向く、うつむく ⇆[昂首] ② 人の言うなりになる [～听命] おとなしく命令に従う [～帖耳(贴耳)] 卑屈に服従する

【俯卧】 fǔwò 動 腹ばう、伏せる（⇆[仰卧]）[～撑] 腕立て伏せ

***【俯仰】** fǔyǎng 動〔書〕下を見て上を見る ♦ 動作全般を指す

【俯仰由人】 fǔ yǎng yóu rén 《成》すべての人の言いなりになる、他人に鼻面を引き回される

【俯仰之间】 fǔ yǎng zhī jiān 《成》瞬く間に、あっという間に

【腑】 fǔ ⊗ 人体内の臓器（→〔六 liù ~〕）[脏~]（中国医学で）臓器、内臓

【腐】 fǔ ⊗ ① 腐る、(思想行為が)腐敗する ② '豆腐' の略

***【腐败】** fǔbài 動（ものが）腐る、腐敗する ― 彫（思想的、道徳的に）腐敗した、堕落した

【腐化】 fǔhuà 動 ① (主に思想、行動が)腐敗(堕落)する(させる)、変質(劣化)する(させる)[～人的灵魂] 人の魂を腐らせる [～分子] 堕落分子

***【腐烂】** fǔlàn 動 腐る、腐爛する ― 彫（組織、機構などが）腐敗した、堕落しきった

【腐儒】 fǔrú 图 世事に疎く役立たずの学者、腐儒

【腐乳】 fǔrǔ 图 発酵豆腐の塩漬け ♦酒の肴や粥の添え物などする

***【腐蚀】** fǔshí 動 ①（化学作用で）腐食する ② （人を）むしばむ、堕落させる

***【腐朽】** fǔxiǔ 彫 ①（木材などが）腐った、朽ちた ②（思想、制度などが）陳腐な、効力を失った

【斧】 fǔ ⊗ ①'斧头'の ② 古代の武器の一

【斧头】 fǔtóu/fǔtou 图[把] 斧

【斧凿痕】 fǔzáohén 图〔書〕刃物と鑿との跡、わざとらしく不自然な詩文や表現

【斧子】 fǔzi 图[把] 斧〖拿~砍树〗斧で木を切る

【釜】 fǔ ⊗ 古代の鍋〈〖破~沉舟〗《成》〖戦を前にして鍋を割り舟を沈める〉背水の陣を敷く

【釜底抽薪】 fǔ dǐ chōu xīn 图《成》(鍋の下の薪を取除く〉断固とした措置をとる、抜本的な解決を図る

【釜底游鱼】 fǔ dǐ yóu yú 《成》(鍋の中で泳ぐ魚〉滅亡の危機にある人や集団

【父】 fù ⊗ ① 父〔家~〕私の父 ② 親族関係で世代が上の男性 [伯~]（父方で父より年上の)おじ

【父母】 fùmǔ 图 父母、両親

***【父亲】** fùqin/fùqīn 图 父、父親 ♦呼び掛けや自称には用いない ⇆[爸爸]

【父兄】 fùxiōng 图〔書〕① 父と兄 ② 家長、年長者

【父子】 fùzǐ 图 父親と息子

【讣(訃)】 fù ⊗ 死を知らせる

【讣告】 fùgào 图〔份〕訃報告通知 ― 動 死亡を通知する 〖向亲友~〗親戚友人に訃報を出す

【讣闻(讣文)】 fùwén 图〔篇〕死亡通知 ♦ 多く故人の経歴が記されている

【赴】 fù ⊗ ① 赴く、行く [~宴] 宴会に行く ② 泳ぐ ③ '讣' に同じ

【赴难】 fùnàn 動〔書〕困難に赴く、国の危急を救いに行く

【赴任】 fùrèn 動 赴任する

【赴汤蹈火】 fù tāng dǎo huǒ《成》水火も辞さない、たとえ火の中水の中

【付】 fù 動（金を）払う〖~钱〗金を払う〖预~〗前払いする ― 量 組み合わせて1セットになるものを数える ⇆[副]
⊗ ① 付す、渡す、まかせる〖~表决〗表決に付す [交~] 渡す ②（F-)姓

【付出】 fùchū 動 ①（金を）支払う ②（代償、犠牲を）払う、差し出す 〖~不少心血〗多くの心血を注ぐ

【付方】 fùfāng 图 貸し方 ⇆[贷方] ⇆[收方]

※【付款】 fùkuǎn 動 代金を支払う

【付排】 fùpái 動 原稿を植字に回す

【付托】 fùtuō 動 ゆだねる、委託する〖~他一件事〗彼に用事を託す

【付型】 fùxíng 動[印] 紙型をとる

【付印】 fùyìn 動（校正を終わって）印刷に回す、(広義には) 原稿を出版社に渡す

【付账】 fùzhàng 動 勘定を支払う、会計を済ませる

【付之一笑】 fù zhī yí xiào《成》一笑に付す、まるで気に留めない

【付诸东流】fù zhū dōng liú 《成》(东に流れる河に投げる〉苦労が水の泡となる,望みがうたかたと消える

【附】 fù 動 ①(ついでに)付け加える,添える〖信中～着两张照片/随信～上两张照片〗手紙に写真を2枚同封する ②近づく,付着する〖～在他耳朵旁边说悄悄话〗彼の耳もとでひそひそと話す

⊗①付け加えられた ②従う,従属

【附帯】fùdài 形《定語として》補足的な,つけ足しの〖～的任务〗二次的な任务 — 動《多く狀語的に》付随する〖～说一下〗ついでに言わせてもらえば…

【附耳】fù'ěr 動《多く狀語的に》耳に口を寄せる〖～交谈一会儿〗しばらくひそひそと語り合った

*【附和】fùhè 動 (貶)(人の意見,行動に)追随する,雷同する〖～别人的意见〗他人の意見に追随する

【附会(附會)】fùhuì 動 こじつける[牵强～]牵强付会する

【附骥】fùjì 動《書》骥尾に付す,優れた先達のあとに従う

【附加】fùjiā 動 付け加える,書き添える〖～两项说明〗説明を2条付け加える〖～条件〗付带条件

*【附件】fùjiàn 名 ①付属文書,添付ファイル ②《機》付属品,部品

*【附近】fùjìn 名 付近,近所

【附录】fùlù 名 本文の後ろに加えられる文書や資料,付録

【附设】fùshè 動 付設する〖～一所小学〗付属小学校をつくる

*【附属】fùshǔ 動 付属する,帰属する〖这所学校～于师范学院〗この学校は師範大学に付属する〖～小学〗付属小学校

【附小】fùxiǎo 名《略》付属小学校

【附载】fùzǎi 動 付録として掲載する,補足的に載せる

【附则】fùzé 名《法》付則

【附中】fùzhōng 名《略》付属中学·高校

【附注】fùzhù 名《条》付注,注

【附着】fùzhuó 動 付着する,くっつく〖窗户上～着很多水珠〗窓に沢山の水滴がついている

【咐】 fù/fu 動 →[吩～ fēnfu]
[嘱～ zhǔfu]

【驸(駙)】 fù 名〖～马〗皇帝の婿

【负(負)】 fù 動 (責任などを)負う,負担する〖～责任〗責任を負う — 形《定語として》《数》負の,マイナスの ⊗[正]

⊗①敗れる,負ける〖胜～〗勝敗 ②背負う〖～荆请罪〗いばらの杖を背負って許しを請う ③依る,頼りにする〖～隅顽抗〗険要の地に拠って抵抗する ④こうむる,受ける→[～伤] ⑤享受する ⑥背く,たがえる〖～约〗違約する

*【负担】fùdān 名 負担,重荷〖减轻～〗負担を軽減する — 動 (責任·費用などを)引き受ける,かぶる〖姐姐～我上学〗姉は私が学校に通う費用を負担してくれる

【负号】fùhào 名 (～儿)《数》マイナス符号 ⊗[正号]

【负荷】fùhè 名 負荷,荷重(⊕[负载])〖～容量〗負荷許容量 — 動《書》担う

【负疚】fùjiù 動《書》すまなく思う,やましさを感じる〖深感～〗心より申し訳なく思う

【负离子】fùlízǐ 名 マイナスイオン

【负面】fùmiàn 形《定語として》マイナス面の

【负片】fùpiàn 名 ネガフィルム(⊕[底片])⊗[正片]

【负气】fùqì 動 向かっ腹を立てる,かっかする

【负伤】fù'shāng 動 負傷する ⊕[受伤]

【负数】fùshù 名《数》負数,マイナスの数 ⊗[正数]

*【负责】fùzé 動 責任を負う,担当管理する〖由我负责〗僕が責任をとる〖对后果～〗(悪い)結果について責任を負う〖～布置会场〗会場準備の責任者になる — 形 責任感の強い,(仕事に)誠実な

【负债】fù'zhài 動 借金がある,債務を負う〖负了一笔债〗かなりの借金がある

—— fùzhài 名 負債,借金

【负重】fùzhòng 動 重荷を背負う〖～训练〗ウエイトトレーニング

【妇(婦)】 fù ⊗①婦人,既婚女性 ②妻 ③(広く)女性

【妇产科】fùchǎnkē 名 産婦人科

【妇科】fùkē 名 婦人科〖～病〗婦人病

【妇联】fùlián 名《略》婦女連合会

*【妇女】fùnǚ 名 婦人,(成人)女性〖～节〗国際婦人デー(3月8日)〖～解放运动〗ウーマンリブ

【妇人】fùrén 名 既婚の女性

【妇幼】fùyòu 名《多く定語として》婦人と児童〖～保健中心〗母子保健センター

【阜】 fù ⊗①山,丘 ②(物が)多い

【服】 fù 量 漢方薬の一服 ⇒fú

【复(復)】 fù ⊗①向きを変える〖翻车～去〗何度も寝返る ②返事(回答)

［回～］同前 ③回復する，取り戻す ④報復する，仕返しをする ⑤再び ［一去不～返］永遠に戻らない

〖一(複)〗 [×]①重複する，重ねる ②複合の，複雑な

【复辟】fùbì [動]復辟(ふくへき)する，（君主の地位に）返り咲く〚～帝制〛帝制を復活させる

【复查】fù'chá [動]再検査する，再調査する

【复仇】fù'chóu [動]報復する，復讐(ふくしゅう)する

【复发】fùfā [動]（病気が）再発する

【复工】fù'gōng [動]（ストライキ後）仕事を再び始める，（レイオフの後）職場復帰する

【复古】fùgǔ [動]復古する，昔風に戻す

【复合】fùhé [動]複合する，結合する ［～肥料］混合肥料 ［～元音］複合母音

【复核】fùhé [動]①点検する，照合する ②〖法〗（死刑判決の出た事件を）再審する

*【复活】fùhuó [動]復活する，生き返る ［～节］イースター

【复句】fùjù [名]〖語〗複文 [反][分句]

【复刊】fù'kān [動]復刊する，刊行を再開する

【复课】fù'kè [動]（学生がストをやめ）学業に戻る，（学校が休校のあと）授業を再開する

【复利】fùlì [動]複利 [反][单利]

【复赛】fùsài [動]〖体〗1回戦（'初赛'）と決勝戦（'决赛'）の間，2回戦から準決勝までの試合をする

【复审】fùshěn [動]①再審査する ②（裁判所が）再審する

【复试】fùshì [名]第2次試験 [反][初试]

【复数】fùshù [名]〖語〗複数

【复苏】fùsū [動]《書》①蘇(よみがえ)る，活気を取り戻す ②蘇らせる

**【复习】fùxí [動]復習する〚做完～〛復習を済ます

【复线】fùxiàn [名]（鉄道の）複線（[反][单线]）［～铁路］複線鉄道

【复写】fùxiě [動]複写する ［～纸］カーボン紙

【复信】fùxìn [名]返信 [同][回信]
—— fù'xìn [動]返事を出す

*【复兴】fùxīng [動]復興する（させる）

【复姓】fùxìng [名]2字の姓（'司马''欧阳''诸葛'など）

【复学】fù'xué [動]復学する，学校に戻る [反][休学]

【复眼】fùyǎn [名]〖動〗複眼

【复业】fù'yè [動]①本業に戻る，旧職に復帰する ②（商店が）営業を再開する

【复议】fùyì [動]（既決事項を）再討議する，再議する

【复音词】fùyīncí [名]多音節語

**【复印】fùyìn [動]複製する，コピーする ［～机］複写機 ［～纸］コピー用紙

【复原】fù'yuán [動]（[同][复元]）①復元する，元の姿を取り戻す ②（健康を）回復する，元気になる

【复员】fù'yuán [動]①復員する ②（戦時体制から）平時の体制に戻る

**【复杂】fùzá [形]複雑な，入り組んだ [反][简单]

【复诊】fùzhěn [動]再診する，再診を受ける

【复职】fù'zhí [動]復職する，元のポストに返り咲く [反][解职]

**【复制】fùzhì [動]複製する，（書物を）復刻する ［～品］複製品，コピー

【复种】fùzhòng [名]〖農〗二毛作，多毛作

〖腹〗 fù [×]①腹，腹部 ②容器の胴

【腹背受敌】fù bèi shòu dí《成》腹背(ふくはい)に敵を受ける，前後から敵の攻撃を受ける

【腹部】fùbù [名]腹部

【腹稿】fùgǎo [名]（原稿の）腹案，構想

【腹腔】fùqiāng [名]〖生〗腹腔(ふくこう)

*【腹泻】fùxiè [動]下痢をする，腹を下す ♦普通'拉稀''泻肚''闹肚子'という [同][水泻]

【腹心】fùxīn [名]①《書》誠意，本心 ②腹心（となる人），取巻き ③中心部分，急所

〖蝮〗 fù [×]以下を見よ

【蝮蛇】fùshé [名]〔条〕マムシ

〖馥〗 fù [×]芳香

【馥郁】fùyù [形]《書》馥郁(ふくいく)たる，芳しい

【副】 fù [量]対(つい)やセットになっているもの，または顔の表情に使う〚一～手套〛ひと組の手袋〚一～伪善的面孔〛偽善的な顔付き [×]①第2の，副の（[反]'正'）［～校长］副校長 ②予備の，付随的な ③符合する，一致する ［名～其实］名実相伴う

【副本】fùběn [名]〔份〕写し，副本（[反][正本]）〚留～〛コピーを取っておく

【副产品】fùchǎnpǐn [名]副産物 [同][副产物]

【副词】fùcí [名]〖語〗副詞

【副教授】fùjiàoshòu [名]助教授

【副刊】fùkān [名]新聞の文芸・学術欄 ♦独立性が強く，しばしば欄自体が独自の名をもつ

【副品】fùpǐn [名]（工業製品の）不合格品，二級品 [同][次品]

【副食】fùshí [名]副食，おかず（[反][主

F

食])[～商店]食料品店

【副手】fùshǒu 图 助手, アシスタント

【副題】fùtí 图 副題, サブタイトル(◎[副标题])[[加～]]副題を付ける

【副业】fùyè 图 副業, サイドビジネス [[忙于～]]内職に忙しい

*【副作用】fùzuòyòng 图 副作用 [[产生～]]副作用が起きる

【富】fù 厖 富んだ, 金持ちの ⊗①富ぞ, 財産[致～之道]豊かさへの道 ②(F-)姓

【富贵】fùguì 厖 富貴な [[～人家]]富と名誉に恵まれた家

【富豪】fùháo 图 富豪, 権勢家

【富丽】fùlì 厖 華麗な, 壮麗な [[～堂皇]]豪壮華麗な

【富农】fùnóng 图 富農 ◆多くの農地を有して自作する一方で小作にも出す農家, 特に年貢収入の比重の大きい農家をいう

【富强】fùqiáng 厖 (国家が)豊かで強大な

【富饶】fùráo 厖 物産が豊かな, 豊穣ほうじょうな

【富翁】fùwēng 图 富豪, 大金持ち

【富有】fùyǒu 動 …に富む [[～感情]]感情が豊かである — 厖 富んでいる, 大資産を抱えた

【富于】fùyú 動 …に富む, 豊かにもつ[[～营养]]栄養豊かである

*【富裕】fùyù 厖 (生活が)富裕な, 裕福な

【富余】fùyu 厖 余り, 余裕 [[有～]]余分がある — 動 あり余る, 余分にある, 余らせる [[～了一笔钱]]お金を余らせた

【富足】fùzú 厖 (財産や物質が)豊富な, 満ち足りた

【傅】fù ⊗①補佐する, 教える ②付く, くっつく ③師匠, 先生[师～ fū]師匠 ④(F-)姓

【缚】(縛) fù ⊗しばる[束～]束縛する

【赋】(賦) fù ⊗①(下位の者に)与える, 授ける[天～]天から授かる, 生まれつき ②(詩を)作る, 吟ずる [～诗]詩を作る [～词]詞を作る ③田地に対する税, 年貢 ④賦ふ(古代の文体の一)

【赋税】fùshuì 图 租税

【赋性】fùxìng 图 天性, もって生まれた資質

【赋有】fùyǒu 動 (性格, 気質などを)具える, 生来持つ

*【赋予】fùyǔ 動 (任務や使命を)与える, 授ける

【覆】fù ⊗①おおう, かぶせる ②覆ぶがえす, 覆る ③'复(復)'①②に同じ

【覆巢无完卵】fù cháo wú wán luǎn 〈成〉(巣が落ちれば卵はすべて壊れてしまう〉全体がやられれば中の個人も災厄を逃れられない

*【覆盖】fùgài 動 (直接くっつくように)覆う, かぶさる [[用布～在上面]]布で上を覆う — 图 (土壌を保護するための)地表を覆う植物

【覆灭】fùmiè 動 ①(軍隊が)全滅する, 潰滅する ②全滅させる, 滅ぼす

【覆没】fùmò 動 ①〈書〉(船が)転覆して沈む ②(軍隊が)全滅する, 潰滅する

【覆水难收】fù shuǐ nán shōu 〈成〉覆水盆に返らず ◆多く別れた夫婦についていう

【覆辙】fùzhé 图 転倒した車のわだち(前者の失敗を例える)[重蹈～]前車の轍ってを踏む

G

【GB】[名]（中国の） 国家基準 [同]［国家标准］

【夹(夾)】 gā ⊗以下を見よ ⇨jiā, jiá

【夹肢窝(胳肢窝)】gāzhiwō [名] わきの下 『胳肢 gézhi～』わきの下をくすぐる

【旮】 gā ⊗以下を見よ

【旮旯儿】gālár [名]《方》 ① 片隅すみ, 端っこ 『打扫～』（部屋の） 隅を掃除する ② 狭くてへんぴな地域

【咖】 gā ⊗音訳に多く使われる字 ⇨kā

【咖喱】gālí [名]《訳》カレー（英：curry）［～牛肉］ビーフカレー［～粉］カレー粉［～饭］カレーライス

【胳】 gā ⊗以下を見よ ⇨gē, gé

【胳肢窝】gāzhiwō [名] [同]［夹肢窝］

【嘎】 gā [擬]（短くてよく透る音を表わして）きいっ, がきっ 『～的一声』ぎいっと音がして ［～～］（アヒルの声など） があがあ, くわっくわっ ［～巴 bā］（枝などが折れて）ぽきっ

【生】 gǎ [形]《方》 ① 性格が悪い ② いたずらな

【该(該)】 gāi [動] ① …でなくてはならない, 当然…である 『～他排第一』当然彼が先頭になる ② 番が回る, 順番が来る 『～你(唱) 了』君の(歌う) 番だよ ③ 当然の報いである 『～！～！』いい気味だ ④（金銭の）借りがある 『～(他) 多少钱？』（彼に）いくら借りてるんだい ― [能] ①（道理上） …すべきである, …でなくてはならない 『我～走了』もうおいとましなくては ② …に違いない, きっと…するはずだ ♦後に'会'や'可以'が続くこともある 『老婆又～唠叨了』また女房に文句を言われるな ③〖'～(+有) +多…'の形で〗感嘆の語気を強める 『那～多好啊』そうなったらどんなに素晴らしいだろう ― [代] 前述の ［～校］（前述の）その学校

【该当】gāidāng [能] …すべきだ [同]［应该］

【该死】gāisǐ [形]《口》いまいましい, けしからん 『你这～的东西！』この大ばかめが

【垓】 Gāi ⊗［～下］ 垓がい下（安徽省の古地名）

【赅(賅)】 gāi ⊗① 兼ねる, 含む ② 欠けるところのない, 万全の

【赅博(该博)】gāibó [形] 博識の, 学の深い [同]［渊博］

【改】 gǎi [動] ① 変える, 変換する [同]［变］ ② 修正する, 手直しする ③（誤りを）改める ⊗（G-）姓

【改扮】gǎibàn [動] 変装する 『～成一个警察』警官に変装する

【改编】gǎibiān [動] ①（原作に基づいて他の形式に） 作りかえる ♦脚色など 『～成剧本』脚色する ②〖軍〗編制変えする

★【改变】gǎibiàn [動]（客観的事物や思想意識などについて）変わる, 変える 『～计划』計画を変える

【改朝换代】gǎi cháo huàn dài《成》旧王朝が倒れて新王朝が始まる, 政権が交代する

【改称】gǎichēng [動] 改称する, 名称を変える 『汉城～首尔』'汉城'は'首尔'（ソウル）と名を改めた

【改窜】gǎicuàn [動]（文書を）改竄かいざんする [同]［窜改］

【改订】gǎidìng [動] 改訂する, 修訂する 『～规则』規則を改める

【改动】gǎidòng [動]（比較的具体的なものについて） 変える, 動かす 『～一些词句』多少字句をいじくる 『作一些～』多少手を加える

★【改革】gǎigé [動] 改革する 『～制度』制度を改革する ［土地～］土地改革

【改过】gǎiguò [動] 過ちを改める, 行いを改める 『～不嫌迟』過ちを改めるのに遅すぎるということはない

【改行】gǎi▾háng [動] 転業する, 他の職種につく [同]［改业］

【改换】gǎihuàn [動] 変更する, 切り換える 『～名称』改名(称)する

【改悔】gǎihuǐ [動] 悔い改める

【改嫁】gǎi▾jià [動]（婦人が） 再婚する [同]［再嫁］

【改建】gǎijiàn [動]（企業などを）再建する,（建物を）改築する

★【改进】gǎijìn [動] 改善する, 進歩させる 『～书法』書道の腕を上げる

【改口】gǎi▾kǒu [動]（[同]［改嘴］） ① 言い直す, 前言を改める ② 口調を変える, 語気を改める

★【改良】gǎiliáng [動] 改良する, 改善する 『～方法』方法を改良する

【改判】gǎipàn [動]（裁判所が） 原判決を変える 『由死刑～无期徒刑』死刑を無期懲役に減刑する

【改日】gǎirì [名] 後日, 近日（[同]［改天］） 『～再谈吧』話の続きは後日としよう

★【改善】gǎishàn [動] 改善する 『～生活环境』生活環境を改善する

【改天】gǎitiān [名] 後日, 近日 『～再商量吧』いずれまた相談しよう

【改天换地】gǎi tiān huàn dì《成》大自然を変貌させる，天地を覆すほどの社会変革をやってのける [同][改地换天]

【改头换面】gǎi tóu huàn miàn《成》《貶》うわべだけを変える，形式だけの改革をする [同][新瓶旧酒]

【改弦易辙】gǎi xián yì zhé《成》方向を転換する，事に臨む方法や姿勢を変える

【改邪归正】gǎi xié guī zhèng《成》悔い改めて立ち直る，悪の道から正道に戻る [同][弃暗投明]

【改写】gǎixiě [動]書き直す，リライトする

【改选】gǎixuǎn [動]改選する

【改造】gǎizào [動]①改造する，手直しする〖～城市〗都市を改造する ②一新する，新たに作り上げる〖～犯人〗犯罪者を立ち直らせる

**【改正】gǎizhèng [動]改める，是正する〖～缺点〗欠点を改める

【改装】gǎizhuāng [動]①服装を変える，装束を改める ②包装を変える ③装置(機械)をつけ替える

【改锥】gǎizhuī [名]〔把〕ねじ回し，ドライバー [同][螺丝刀][螺丝起子]

【改组】gǎizǔ [動]改組する，編制変えする〖～内阁〗内閣を改造する

〖丐〗gài ⊗①乞食，物乞い［乞～］乞食 ②物乞いする，恵みを求める ③施しをする，与える

【钙(鈣)】gài [名]カルシウム

【盖(蓋)】gài [名]①(～儿)ふた，ふた状の物〖盖上～儿〗ふたをする ②(～儿)(動物の)甲羅［螃蟹～儿］カニの甲羅 — [動]①かぶせる，覆う，ふたをする〖～被子〗ふとんを掛ける ②(はんこを)押す ③(家屋を)建てる，建築する〖～房子〗家を建てる ④圧倒する，凌ぐ〖风声～过他的叫声〗風の音が彼の叫びをかき消した — [形]《方》素晴らしい，見事な〖～了！〗いかすぜ

⊗①おそらく，おおよそ ②(G-)姓 ♦Gě と発音する姓も

【盖饭】gàifàn [名]〔碗·盘〕(中華ふう) どんぶり飯 ♦皿や鉢に盛った米飯の上におかずを乗せてあるもの [同][盖浇饭]

【盖棺论定】gài guān lùn dìng《成》(棺桶にふたをした後にようやく議論は煮つまる>)人の評価は死後に定まる

【盖然性】gàiránxìng [名]蓋然性

【盖世】gàishì [動]《書》(能力や功績が)世を圧する，天下にとどろく

【盖世太保】Gàishìtàibǎo [名]《訳》ゲシュタポ(ヒットラー時代の秘密警察独:Gestapo) [同][盖斯塔波]

*【盖章】gài▾zhāng [動]判を押す

【盖子】gàizi [名]①ふた，覆い〖揭～〗ふたを開ける ②(動物の)甲羅

〖溉〗gài ⊗①水を注ぐ［灌～］灌漑する ②洗う，浄化する

〖概(*槩)〗gài ⊗①一律に，一様に〖～不退换〗取り替えには一切応じられません［一～］おしなべて ②概略，あらまし［梗～］粗筋 ③表情，態度［气～］気概

【概观】gàiguān [名]概観(する)〖～经济史〗経済史を概観する

【概况】gàikuàng [名]概況，概観

**【概括】gàikuò [動]概括する，大まかにまとめる〖～结论〗結論を要約する

【概略】gàilüè [名]概略，概要〖故事的～〗物語のあらまし

【概论】gàilùn [名]概論(多く書名に使う)

**【概念】gàiniàn [名]概念〖产生～〗概念を生み出す［抽象～］抽象概念

【概念化】gàiniànhuà [動](文学作品が)概念的(図式的)になる

【概数】gàishù [名]概数

【概算】gàisuàn [名](多くは予算編成に先立つ)概算，大まかな見積り

【概要】gàiyào [名]概要，概略(多く書名に使う) [同][纲要]

【干(乾)】gān [形]①水気のない，乾いた [反][湿] ②すっからかんの，うつろな〖输～了〗すってんてんにすった ③《方》(物言いが) ぶっきらぼうな，不作法な — [名](～儿)加工した乾燥食品［葡萄～儿］干しブドウ — [副]①虚しく，無駄に〖～等你三天〗君を3日も虚しく待っていた ②わずかに，ただ単に〖～靠这点钱〗これっぽっちの金で — [動]《方》①叱りつける，なじる ②放置する，冷たくあしらう〖把他～在那儿〗彼をその場にほうっておく

⊗①水を使わない ②形だけの ③義理の親族関係を結んだ［～女儿］(親子の杯を交わした)義理の娘

⇨gàn('乾'については⇨qián)

〖—〗⊗①(古代の) 楯 ②岸辺，川べり［河～］川岸 ③十干［天～］十干 ④(G-)姓 ⑤干犯する，冒す ⑥関わる，関係が及ぶ〖与我无～〗私には関わりがない〖不～你事〗君には関係ない ⑦(地位や禄を)追求する，要求する

【干巴】gānba [形]《口》①干からびた，(乾いて) こちこちに固まった ②(皮膚が)かさかさの，潤いを失った

【干巴巴】gānbābā 形（～的）①（土地などが）干上がった，乾燥した ②（文章や議論が）無味乾燥な
*【干杯】gān'bēi 動 乾杯する〖为你们的健康～〗諸君の健康を祝して乾杯
【干贝】gānbèi 图 乾燥した貝柱
【干瘪】gānbiě 形 ①干からび縮んだ，皮で皺ばのよった ②（文章などが）無味乾燥な，内容の乏しい
【干冰】gānbīng 图 ドライアイス
【干菜】gāncài 图 乾燥野菜
【干草】gāncǎo 图 干し草 ◆多くアワの干した茎をいい，飼料にする
*【干脆】gāncuì 形（言動が）さっぱりとした，率直な〖～否认〗きっぱり否定する — 副 いっそのこと 参［索性］
【干打雷,不下雨】gān dǎ léi, bú xià yǔ（俗）（雷が鳴るばかりで雨が降らない＞）掛け声ばかりで実行しない
【干瞪眼】gāndèngyǎn 動 傍らで気をもむばかりで何もできない
【干电池】gāndiànchí 图 乾電池
【干犯】gānfàn 動（法規を）犯す，（領域，領分を）侵犯する
【干肥】gānféi 图 糞尿を土と混ぜて乾かした肥料
【干戈】gāngē 图 武器；(転) 戦争〖动～〗開戦する
【干果】gānguǒ 图 ①乾菓，堅果（クリやクルミなど）②干した果実（干し柿など）
*【干旱】gānhàn 形（気候，土壌が）乾燥しきった，からからに乾いた〖战胜～〗旱魃んを克服する
【干涸】gānhé 形（川や池が）干上がった，涸れた
【干货】gānhuò 图（商品としての）干した果実
【干季】gānjì 图 乾季 ⊗［雨季］
【干结】gānjié 動 水気が少なくて固くなる
*【干净】gānjìng 形 ①汚れのない，清潔な〖扫～〗きれいに掃除する ②すっからかんの，何もない〖喝～〗一滴余さず飲んでしまう
【干咳】gānké 動 乾いた咳（から咳）をする
【干枯】gānkū 形 ①（草木が）枯れた，干からびた ⊕［枯萎］②（皮膚が）かさかさの，潤いが失せた ③（川や池が）干上がった，涸れた ⊕［干涸］
【干酪】gānlào 图 固形チーズ
【干冷】gānlěng 形 乾燥して寒い ⊕［干寒］
【干礼】gānlǐ 图（～儿）品物代わりに贈る現金，現金のプレゼント(⊕［折干］［水礼］)〖送份～儿〗（品物代わりに）お金を贈る

【干粮】gānliang 图 携帯用の乾燥させた主食（煎り米やマントウ発信局など）
*【干扰】gānrǎo 動 邪魔する，かき乱す ⊕［扰乱］— ［电］電波障害，妨害［～台］妨害電波発信局
【干扰素】gānrǎosù 图［医］インターフェロン
*【干涉】gānshè 動 不当に口出しする〖～内政〗内政に干渉する — 图［理］（電波の）干渉，妨害
【干洗】gānxǐ 動 ドライクリーニングする ⊗［水洗］
【干系】gānxì/gànxì 图 関わり，（責任ある）関与〖有～〗関わり合う
【干笑】gānxiào 動 作り笑いを浮かべる，無理に笑顔を作る
*【干预（干与）】gānyù 動 関与する，口出しする〖～个人的生活〗他人の暮らしに口を出す
*【干燥】gānzào 形 ①（空気が）からからの，乾燥した ②無味乾燥な，白味のない
【干支】gānzhī 图 えと，十干ら十二支

【杆】gān ⊗ 竿?，ポール［旗～］旗竿
⇨gǎn
【杆塔】gāntǎ 图 送電線の支柱（鉄塔や電柱など）
【杆子】gānzi 图 ①［根］ポール，竿 ②（運動の）旗上げ人，主謀者 ③（地方の）強盗団，匪賊集団

【肝】gān 图 肝臓［心～］目に入れても痛くないほどの人（子供）
【肝癌】gān'ái 图 肝臓癌ぷ
【肝肠】gāncháng 图 ①肝と腸 ②（転）胸の思い，激しい感情［～寸断］はらわたがちぎれるほどに悲しい
【肝胆】gāndǎn 图 ①肝臓と胆嚢ぷ ②（転）真心，誠心 ③（転）勇気，血気〖～过人〗ひときわ胆が据わっている
【肝胆相照】gāndǎn xiāng zhào（成）肝胆相照らす
【肝火】gānhuǒ 图 怒気，かんしゃく〖动～〗かんしゃくを起こす
【肝脑涂地】gān nǎo tú dì（成）大目的のために命を投げ出す，命を犠牲にして尽くす
【肝儿】gānr 图（食用の）豚，牛などの肝臓，レバー
【肝炎】gānyán 图 肝炎［病毒性～］ウイルス性肝炎［甲型～］A型肝炎
【肝硬变】gānyìngbiàn 图 肝硬変
【肝脏】gānzàng 图 肝臓

【竿】gān ⊗ 竿?，ロッド［钓鱼～］釣り竿
【竿子】gānzi 图［根］竹竿

【甘】gān ⊗ ①（自分に不利な事を）喜んで行う，甘んじ

る ②甘い,うまい ③素晴らしい,好ましい [~雨]恵みの雨 ④(G-)姓

【甘拜下风】gān bài xià fēng《成》(甘んじて下風に立つ>)自分が及ばないことを謙虚に認める ⑧[不甘示弱]

【甘当】gāndāng 動①(処罰を)甘んじて受け入れる ②(役割を)喜んで引き受ける,甘んじて務める [~学生]進んで教えを請う

【甘苦】gānkǔ 图①苦楽,よい思いと辛い思い [同~,共患难]苦楽を共にする ②人生の味,特に苦労の味

【甘蓝】gānlán 图[植]①カンラン(総称)[结球~]キャベツ ②カブカンラン

【甘受】gānshòu 動 甘受する,望んで引き受ける [~其苦]苦しみを甘受する

【甘薯】gānshǔ 图 サツマイモ ◆一般に"红薯""白薯"という

【甘甜】gāntián 形 甘い

*【甘心】gānxīn 動①自ら願う,喜んで…する [~站第二线]喜んで控えに回る ②満足する,気が済む [非得冠军,绝不~]優勝するまでは決して満足しない

【甘休】gānxiū 動 手をひく,断念する(⑧[罢手])[决不~]決して諦めない

【甘油】gānyóu 图 グリセリン

【甘于】gānyú 動 喜んで…する

【甘愿】gānyuàn 動(⑧[甘心])

【甘蔗】gānzhe 图[根・节・段]サトウキビ,サトウキビの茎 [~没有两头甜](サトウキビは両端とも甘いわけではない>)ふた股かけるのはいけない

【甘紫菜】gānzǐcài 图(海草の)のり◆一般には"紫菜"という

【泔】 gān ⊗ 以下を見よ

【泔水】gānshuǐ 图 米のとぎ汁,野菜を洗った水,鍋皿や茶わんを洗った水など,一度使った水 ◆家畜のえさ等にする

【坩】 gān ⊗ [~埚 guō]るつぼ

【柑】 gān 图 ミカン ◆マンダリンなど実が大ぶりの種類をいう(⑧[柑子])

【柑橘】gānjú 图 柑橘類

【疳】 gān 图[医](漢方で)小児がやせて腹がふくらむ状態 ◆一般に"~积"という

【尴(尷*尲)】 gān ⊗ 以下を見よ

*【尴尬】gāngà 形①厄介な,気まずい [处境~](板ばさみなどで)動きが取れない ②〈方〉(態度,表情が)不自然な,ぎこちない

【杆(桿)】 gǎn 图(~儿)器物の棒状の部分 (⑧[杆子])[枪~(子)]銃身 — 量 棒状の部分をもつ物を数える [一~秤]竿秤 さおばかり 一さお
⇒ gān

【杆秤】gǎnchèng 图 竿秤 さおばかり

【杆菌】gǎnjūn 图[医]杆菌 かんきん

【秆(桿)】 gǎn 图(~儿)(農作物の)茎,わら(⑧[杆子])[麦~儿]麦わら

【赶(趕)】 gǎn 動①追い掛ける,追い付く [~上时代]時代に追い付く ②急ぐ,急せく [~火车]汽車に遅れまいと急ぐ [~活儿]仕事を急ぐ ③(馬車などを)御する,(役畜を)御す ④追い払う ⑤賑やかな場所へ出掛ける ⑥(ある状況,チャンスに)出くわす,ぶつかる [~上好天]よい天気に恵まれる — 介…の時まで待って,…になってから [~考中了再谈吧]合格してからのことにしよう

【赶不及】gǎnbují 動(時間に)間に合わない(⑧[来不及])(⑧[赶得及])

【赶不上】gǎnbushàng 動①追い付けない,ついてゆけない ②(時間に)間に合わない(⑧[来不及])③(ある状況やチャンスに)出あわない,恵まれない(⑧[遇不着])[每场好戏,我都~]いい芝居をいつも見逃していろ

【赶超】gǎnchāo 動(あるレベルを)追い越す [~他们的水平]彼らのレベルを追い抜く

【赶车】gǎn'chē 動 役畜の引く車を御す [~的]御者

【赶得及】gǎndejí 動(時間に)間に合う(⑧[来得及])

【赶得上】gǎndeshàng 動①追い付ける,ついてゆける ②間に合う(⑧[来得及])[还~报名]まだ申し込みに間に合う

【赶工】gǎngōng 動(期日に間に合うよう)作業を早める,仕事を急ぐ

【赶集】gǎn'jí 動 農村地域で市 いち に出掛ける

*【赶紧】gǎnjǐn 副 急いで,すぐさま

*【赶快】gǎnkuài 副 急いで,素早く

【赶浪头】gǎn làngtou 動 時流に合わせる

【赶路】gǎn'lù 動 道中を急ぐ

【赶明儿】gǎnmíngr 副(⑧[赶明儿个])〈口〉①明日になれば,近いうちに ②やがては,将来 [~长大了…]やがて大きくなったら…

【赶跑】gǎnpǎo 動 追い払う,追い出す ⑧[赶走]

【赶热闹】gǎn rènao 動(~儿)賑やかな場所へ遊びに行く,盛り場へ出掛ける

【赶上】gǎnshang/gǎnshàng 動①

追い付く([同][追上])〖赶不上〗追い付けない ②(ある情況やチャンスに)めぐりあう〖正～大地震〗折りから大地震にぶつかった ③間に合う〖～吃晚饭〗夕食に間に合う〖还没～回答就…〗答えるいとまもなく… ④駆り立てる, 追い立てる〖～战场〗戦場に駆り立てる

【赶时髦】gǎn shímáo [動] 流行を追う, 流行にかぶれる

【赶趟儿】gǎn'tàngr [動]《口》(時間に) 間に合う〖马上去还～〗すぐ出掛ければまだ間に合う

【赶鸭子上架】 gǎn yāzi shàng jià《俗》(アヒルを止まり木に追い上げる>) 当人にはできるはずのないことをやらせようとする [同][打鸭子上架]

【赶早】gǎnzǎo [副] (～儿) 早めに, 早いうちに [同][趁早]

【赶走】gǎnzǒu [動] 追い払う, たたき出す〖赶不走〗たたき出せない

【擀(*扞)】gǎn [動] ①(のし棒で) のばす, 細かく砕く〖～饺子皮儿〗ギョーザの皮を作る ②《方》磨く, 丹念にふく ⇨'扞' についてはhàn

【擀面杖】gǎnmiànzhàng [名]〔根〕麺棒(めんぼう)

【敢(敢)】gǎn [能] ①…する勇気がある, 思い切って…する〖不～说〗言うのをはばかる ②確信をもって…する, 確かな判断のもとに…する〖我～说…〗請け合って言うが…
⊗①(依頼するときに謙遜して) 恐縮ながら, 失礼ですが［～烦］お手数掛けて恐縮ですが〖～请你转告一声〗恐縮ながら伝言をお願いします ②大胆な, 勇敢な［果～］果敢な

【敢保】gǎnbǎo [動] 保証する, 請け合う([同][管保])〖他～不知道〗あいつは知りっこないさ

【敢当】gǎndāng [動]〘多く否定形で〙(謙遜のあいさつとして) 堂々と対応する, 大胆に受けて立つ〖哪里～〗(ほめられて) とんでもありません［不～］恐れいります

【敢情】gǎnqing [副]《方》①(気が付いて驚く気分を示して) なんと, もともと ②(納得する気分を示して) いかにも, なるほど

【敢死队】gǎnsǐduì [名]〔支〕決死隊〖组成～〗決死隊を組織する

【敢于】gǎnyú [動] 思い切って…する, 果敢に…する ♦普通二音節の動詞に前置する

【橄】gǎn ⊗以下を見よ

【橄榄】gǎnlǎn [名] カンラン, オリーブ［～球］ラグビー(ボール)［～油］オリーブ油

【感】gǎn ⊗①感じる〖深～内疚〗大変すまなく思う［预～］予感する ②感謝する, 有難く思う ③感動する, 感激する ④かぜをひく ⑤(フィルム等が) 感光する ⑥感じ, 感覚［好～］好感

【感触】gǎnchù [名] ①感慨, 感動 ②感触, 感覚〖凭～分辨〗感覚で見分ける

【感到】gǎndào [動] 感じる〖～精力不足〗体力不足を実感する

★★【感动】gǎndòng [動] 感動する, 感動させる〖深受～〗すっかり感動する

【感恩】gǎn'ēn [動] 恩義に感謝する, 有難く思う［～莫名］お礼の言葉もございません

【感奋】gǎnfèn [動] 感動し奮いたつ, 熱く燃える

【感光】gǎn'guāng [動] 感光する［～纸］感光紙［～胶片］撮影用フィルム

【感化】gǎnhuà [動] (人をよい方向に) 感化する

【感怀】gǎnhuái [動] (感傷的に) 懐かしむ, 思い出に浸る

★★【感激】gǎnjī [動] (好意を受けて) 感激する, 感謝する［～不尽］心底から感謝する［～涕零］涙を流すほど感謝する

★★【感觉】gǎnjué [名] 感覚, 感じ〖唤起奇异的～〗奇妙な感じを抱かせる — [動] 感じる, 気がする([同][觉得])〖你～怎么样？〗気分はどうだい

【感觉器官】gǎnjué qìguān [名] 感覚器官 [同][感官]

★【感慨】gǎnkǎi [動] 感慨に浸る［～流涕］思いにとらわれ涙する

★★【感冒】gǎnmào [名] かぜ(をひく), インフルエンザ(にかかる)〖患～〗かぜをひく〖～了〗かぜにやられた

★★【感情】gǎnqíng [名] ①感情, 情緒〖动～〗興奮する ②愛情, 情宜(ぎ)〖产生～〗好きになる

【感情用事】gǎnqíng yòng shì《成》(理性を失って) 一時の感情で事に当たる, 衝動的に振舞う

★【感染】gǎnrǎn [動] ①(病気が) 感染する, うつる〖～流行性感冒〗流感がうつる ②(人の気分や感情を自分と同じに) 染まらせる, 感化する([同][感化])〖她的笑脸～了我〗彼女の笑顔に私まで引き込まれた［～力］(芸術作品などの) 影響力

【感人肺腑】gǎn rén fèifǔ《成》深い感動を呼び起こす

【感伤】gǎnshāng [動] 悲しむ, 感傷的になる［～小说］センチメンタルな小説

★★【感受】gǎnshòu [名] (体験を通して) 感じとったこと, わかったこと〖这次地震的～〗今回の地震の体験 — [動] 感じとる, (影響を) 受ける〖～到

了集体的温暖』集団(生活)の温もりを感じた〔～性〕感受性

【感叹】gǎntàn 動 感嘆する〔～句〕感嘆文〔～号〕感嘆符(!)

*【感想】gǎnxiǎng 图 感想,印象

*【感谢】gǎnxiè 動 感謝する,有難く思う〖～你给我带来了喜讯〗吉報をもたらしてくれて有難う

【感性】gǎnxìng 图 感性(⊗[理性])[～认识]感性的認識

【感应】gǎnyìng 图 ①[理]誘導(誘導)〔～圈〕誘導コイル ②感应,反应

【干(幹)】gàn 動 (ある事,仕事を)する,担当する(⊕[做])〔～事〕働く,用事を済ませる
⊗①幹,胴,主要部 ②'干部'(幹部)の略〔高～〕高級幹部
⇨gān

【干部】gànbù 图 ①幹部 ◆指導的立場,管理者の地位にある人 ②(上級)公務員

【干才】gàncái 图 ①能力,腕前(⊕[才干])〔有～〕有能である ②〔位〕やり手,有能な人

*【干活儿】gàn'huór 動 力仕事をする,身体を動かして働く(⊕[做工])

*【干劲】gànjìn 图 (～儿)〔股〕意気込み,やる気(⊕[劲头])〔～十足〕やる気十分だ

【干警】gànjǐng 图 公安部門の幹部と一般警官

【干练】gànliàn 形 腕利きの,練達の[精明～]聡明で腕利きの

【干流】gànliú 图〔条〕本流,主流(⊕[主流])(⊗[支流])

【干吗】gànmá (口) ⊕[干什么]

【干什么】gàn shénme 動 何をする ◆多く「なぜ,どうして」の意味に使う。(⊕[干吗])〖你～来了(你来～)?〗君は何しに来たのだ〖你～不上班?〗何だって出勤しないんだ

【干事】gànshì 图 担当幹事,担当者

【干线】gànxiàn 图〔条〕本線,幹線(⊗[支线])

【绀(紺)】gàn 形 やや赤みがかった黒の〔～青〕同前

【淦】Gàn ⊗①〔～水〕淦水(江西省の川) ②(G-)姓

【赣(贛*贑灨)】Gàn ⊗江西省の別称〔～江〕江西省を流れる川〔～语〕贛方言(中国七大方言の一,主に江西省に分布)

【冈(岡*崗)】gāng ⊗山の背,尾根[山～]丘
⇨gǎng(岗)

【冈陵】gānglíng 图 丘陵

【刚(剛)】gāng 形 (性格が)強い,剛しない 副①ちょうど,ぴったり〖～好〗ちょうどいい ②やっと,辛うじて ③…したばかり,…したと思ったら〖～来就走了〗来たと思ったらもう行ってしまった
⊗(G-)姓

【刚愎自用】gāngbì zì yòng《成》頑固で一人よがりの

*【刚才】gāngcái 图 たった今,ついさっき〖～的电话〗さっきの電話〖～还在这儿〗先ほどまでここにいた

【刚刚】gānggang/ gānggāng 副 ちょうど,…したばかり,たった今〔～烤好的白薯〕焼きたてのイモ

【刚好】gānghǎo 副 折りよく,都合のよいことに〖正要找他,～他来了〗彼を訪ねようとしたちょうどその時彼が来た

【刚健】gāngjiàn 形 (性格,態度が)力強い,強健な

【刚强】gāngqiáng 形 (性格,意志が)強い,剛直な(⊗[柔弱])

【刚性】gāngxìng 图〔理〕不可変性,剛性

【刚毅】gāngyì 形 意志堅固な,不屈の〔～果决〕剛毅果断なる

【刚正】gāngzhèng 形 (道徳的に)真っ直ぐな,志操が正しい

【刚直】gāngzhí 形 剛直な〔～不阿〕真っ直ぐでお世辞一つ言わない

【纲(綱)】gāng 图①大綱,大要〖以…为～〗…を要とする〖提～〗レジュメ ②〔生〕綱(生物分類上の単位)

【纲纪】gāngjì 图〔书〕綱紀,国家の大法

*【纲领】gānglǐng 图〔条·项〕綱領,指導原則〖制定～〗綱領を定める

【纲目】gāngmù 图 大要と細目(多く書名に使う)

【纲要】gāngyào 图 概要(多く書名に使う)

【钢(鋼)】gāng 图 鋼 はがね〔炼～〕鋼を造る
⇨gàng

【钢板】gāngbǎn 图①鋼板 ②(自動車の)スプリング ③謄写版のやすり板〔～蜡纸〕(謄写版の)原紙

【钢笔】gāngbǐ 图〔支〕①万年筆(⊕[自来水笔]) ②ペン〔蘸水笔〕

【钢材】gāngcái 图 鋼材

【钢锭】gāngdìng 图 鋼鉄インゴット

【钢管】gāngguǎn 图 鋼管〔无缝～〕継ぎ目無し鋼管

【钢轨】gāngguǐ 图〔条〕(鉄道などの)レール,軌道(⊕[铁轨])

【钢花】gānghuā 图 (熔鉱炉から取り出す際に)飛び散る鉄溶液

【钢化玻璃】gānghuà bōli 图 強化ガラス

【钢筋】gāngjīn [名] 鉄筋（[同]［钢骨］）［～混凝土］［～水泥］鉄筋コンクリート
【钢盔】gāngkuī [名]〔顶〕鉄かぶと，ヘルメット〖戴～〗同前をかぶる
【钢琴】gāngqín [名]〔架〕ピアノ〖弹～〗ピアノを弾く［～协奏曲］ピアノコンチェルト
【钢丝】gāngsī [名]〔根·条〕鋼線，針金，ワイヤ［～锯 jù］糸のこぎり［～绳］ワイヤロープ
*【钢铁】gāngtiě [名] ①はがねと鉄，鋼鉄［～厂］製鉄所 ②《転》〔定語として〕鋼鉄（のような）〖～的意志〗不屈の志

【扛】gāng [動]《方》二人で物を担ぐ
⊗（両手で）重い物を差し上げる
⇨káng

〖肛〗gāng ⊗肛門［脱～］脱肛［～门］肛門［～瘘］痔瘻じろう

【缸（*甌）】gāng [名]（～儿）〔口〕（底が小さく口が大きい円筒状の）かめ〖一口～〗かめ一つ［水～］水がめ［鱼～］金魚鉢
【缸管】gāngguǎn [名]〔根·条〕土管
【缸砖】gāngzhuān [名]〔块〕硬質レンガ

〖罡〗gāng ⊗［天～］《書》北斗七星

【岗（崗）】gǎng [名]（～儿）①小山，丘 ②隆起，盛り上がり
⊗持ち場，部署［站～］歩哨に立つ［换～］歩哨を交替する
【岗楼】gǎnglóu [名] 望楼，監視塔
【岗哨】gǎngshào [名] ①歩哨位置，持ち場 ②歩哨
【岗亭】gǎngtíng [名] 歩哨小屋，ポリスボックス
*【岗位】gǎngwèi [名]（軍や警察の）部署；《転》持ち場，職場［～责任制］持ち場責任制
【岗子】gǎngzi [名] ①小山，丘 ②（筋状の）隆起

〖港〗gǎng ⊗①河川の支流 ②港［出～］出港する ③（G-）《略》香港［～式］香港スタイル［～台］香港と台湾
【港币】gǎngbì [名] 香港ドル（香港の通貨）[同]［港元］
*【港口】gǎngkǒu [名] 港［～税］入港税
*【港湾】gǎngwān [名] 港湾［～城市］港湾都市

【杠（槓）】gàng [名]（～儿）〔条〕（目印の）傍線，横線〖画红～〗赤線を（字の横や下に）引く — [動] 傍線を引く，線を引いて削除する
⊗やや太い棒［铁～］鉄の棒［单～］〖体〗鉄棒
【杠房】gàngfáng [名] 旧時の葬儀屋
*【杠杆】gànggǎn [名]（～儿）〔根〕てこ［～支点］てこの支点
【杠铃】gànglíng [名]〖体〗バーベル〖高举～〗バーベルを高々と差し上げる
【杠子】gàngzi [名] ①〔根〕やや太い棒 ②〔条〕（訂正や目印の）傍線，下線〖打上～〗（横や下に）線を引く ③〖体〗鉄棒，平行棒のバー

【钢（鋼）】gàng [動] ①（刃物を）研ぐ〖～菜刀〗包丁を研ぐ ②刃を打ち直す
⇨gāng

【高】gāo [形] ①高い [反]［低］ ②背が高い [反]［矮］ ③高さがある〖身～一米八〗身長が1.8メートルある ④平均水準を超えている，程度が大きい〖体温～〗体温が高い ⑤等級が上の［～年级］高学年
⊗①年齢が上の［～龄］高齢 ②《敬》尊敬の意を添える［～见］御意見 ③（G-）姓
【高矮】gāo'ǎi [名]（背丈や木などの）高さ
【高昂】gāo'áng [動]（頭を）高く挙げる〖～着头〗頭を高く挙げる — [形] ①（気分が）高揚している，たかぶった [反]［低沉］ ②（物価が）高い [反]［低廉］
【高傲】gāo'ào [形] 高慢な，横柄な［～自大］高慢ちきな
【高保真】gāobǎozhēn [名] ハイファイ，hi-fi［～电视］ハイファイテレビ
【高不成，低不就】gāo bù chéng, dī bú jiù《俗》（高望みも成らず，さりとて低きにも就きたくない>）帯に短したすきに長し ♦多く職業や配偶者選択のときに使う
【高不可攀】gāo bù kě pān《成》（程度が高くて）とても追いつけない，とうてい手が届かない
【高才生（高材生）】gāocáishēng [名] 成績優秀な学生，優等生
【高产】gāochǎn [名] 高い収穫高，豊かな生産量［～作物］収量の多い作物
*【高超】gāochāo [形] ずば抜けた，卓越した
*【高潮】gāocháo [名]（[反]［低潮］）①満潮 ②高まり，クライマックス〖掀起运动的新～〗運動の新たな高まりをつくり出す
【高大】gāodà [形] ①高くて大きい [反]［矮小］ ②気高い，高遠な
*【高档】gāodàng [形] 高級な，高品質の（[反]［低档］）［～服装］高級服
【高等】gāoděng [形]〔定語として〕

高等な〔～教育〕(大学や高等専門学校)の等教育 ⇨〔～师范学校〕高等師範学校('师范大学,师范学院,师范专科学校,教育学院'を含む)

【高等学校】gāoděng xuéxiào 图 大学レベルの学校(大学, 高等専門学校等の総称. 略は'高校')

【高低】gāodī 图 ① 高低, 高さ ② 上下, 優劣〖争个～〗優劣を争う — 圖〖方〗① どうしても, どうあっても ② ついに, とうとう

【高低杠】gāodīgàng 图〖体〗段違い平行棒(器具と種目の両方)

【高调】gāodiào 图 (～儿) ① 高い調子 ② (貶) (言説が) 上っ調子, きれいごと〖唱～〗絵空事ばかり言う

【高度】gāodù 图 高度, 高さ — 圏〖定语·状语として〗高度な, 高い〖～评价〗高く評価する

【高端】gāoduān 圏〖定语として〗ハイレベルの, 先端的な

【高尔夫球】gāo'ěrfūqiú 图 ゴルフ, ゴルフボール〖打～〗ゴルフをする〖～场〗ゴルフ場〖～棒〗ゴルフクラブ

【高分子化合物】gāofēnzǐ huàhéwù 图 高分子化合物, ハイポリマー ⇨〖高聚物〗

*【高峰】gāofēng 图 高峰, ピーク〖交通～时间〗ラッシュアワー〖～会议〗サミット

【高干】gāogàn 图 ('高级干部'の略) 高級幹部 ♦ 行政職でいえば13級以上の幹部〖～子弟〗(特権を享受する) 高級幹部の子弟

【高高在上】gāo gāo zài shàng〈成〉お高くとまる

【高歌猛进】gāo gē měng jìn〈成〉高らかに歌いつつ勢いよく前進する

【高阁】gāogé 图〖書〗① 高い楼閣 ② 高い棚〖束之～〗棚上げする

【高跟儿鞋】gāogēnrxié 图〔双〕ハイヒール

【高个儿】gāogèr 图 のっぽ ⇨〖高个子〗⇔〖矮个子〗

【高贵】gāoguì 圏 ① 高貴な ⇔〖卑贱〗② 気高い

【高寒】gāohán 圏 高地で寒い

【高喊】gāohǎn 動 大声で叫ぶ, 喚く

【高呼】gāohū 動 高らかに叫ぶ〖～口号〗スローガンを叫ぶ

*【高级】gāojí 圏 ①〖定语として〗(段階や等級が) 高級な, ランクの高い〖～干部〗高級幹部 ② 質の高い, 上等の ⇔〖低级〗

【高级小学】gāojí xiǎoxué 图 (略は'高小') 高等小学校 ♦ 過去の一時期, 小学校は'初级小学'(略は'初小')と'高级小学'(略は'高小')の2級に分かれていた. 現在の'高小'は小学5, 6年生に相当する

【高级中学】gāojí zhōngxué 图 高等学校(略は'高中')♦ 日本の高等学校に相当

【高价】gāojià 图 高値, 高い価格(⇔〖廉价〗)〖～出售〗高値で売り出す

【高架桥】gāojiàqiáo 图〔座〕陸橋, 高架橋

【高见】gāojiàn 图〈敬〉ご意見, ご卓見 ⇨〖愚见〗

【高峻】gāojùn 圏 高くて険しい, 険しくそびえ立った

【高亢】gāokàng 圏 ① (声が) 高くてよく響く ② (地勢が) 高い ③〖書〗高慢な

*【高考】gāokǎo 图 大学入試 ♦ 夏に全国共通問題で統一的に実施される〖参加～〗同前を受験する

【高科技】gāokējì 图 ハイテク ⇨〖高新技术〗

【高空】gāokōng 图 高空, 高所〖～飞行〗高空飛行〖～吊车〗ゴンドラ

【高丽参】Gāolíshēn 图〔根〕朝鮮ニンジン

【高利贷】gāolìdài 图 高利貸付〖放～〗高利貸しをする

【高粱】gāoliang 图 コーリャン〖～米〗殻を取ったコーリャン〖～酒〗コーリャン酒

【高龄】gāolíng 图 高齢, 老齢〖进入～化社会〗高齢化社会に入る

【高楼大厦】gāolóu dàshà 图 ビルディング, そびえ立つ高層建築群

【高炉】gāolú 图〔座〕高炉

【高论】gāolùn 图〈敬〉優れた言論, ご高説〖恭听～〗ご高説を承る

【高帽子】gāomàozi 图 ① 高い三角帽子 ♦ 犯罪者などにかぶせて見せしめにする ② 〈転〉おべっか, お世辞 (⇨〖高帽儿〗)〖戴～〗おだてる

【高妙】gāomiào 圏 名人芸の, 巧妙な

*【高明】gāomíng 圏 (見解·技能が) 一際優れた, 才能あふれる — 图 優れた人物

【高能】gāonéng 图 高エネルギー

【高频】gāopín 图 高周波〖甚～〗VHF〖超～〗UHF

【高气压】gāoqìyā 图 高気圧(⇔〖低气压〗)〖～区〗高気圧域

【高跷】gāoqiāo 图〔副〕高足たか ♦ 一種の木製の竹馬で旧正月や村の祝い事の際, 扮装をこらし, これを足に縛りつけて踊る〖踩～〗高足踊りをする

【高清晰度电视】gāoqīngxīdù diànshì 图 ハイビジョンテレビ

【高热】gāorè 图 (体温について) 高熱 ⇨〖高烧〗

【高人一等】gāo rén yī děng〈成〉(自分が) 他の人々より一際抜きんでる, とりわけ優れている ⇔〖低人一等〗

- gāo

【高山病】gāoshānbìng 名 高山病, 高山反応 ⑩[高山反応][山晕]
【高山族】Gāoshānzú 名 高山族 ♦ 中国少数民族の一, 主に台湾に居住する
*【高尚】gāoshàng 形 高尚な, 高潔な ⑨[庸俗]
【高烧】gāoshāo 名（体温について）高熱〖发～〗高熱を出す
【高深】gāoshēn 形（学問への造詣が）深い, 深遠な
【高师】gāoshī 名《略》'高等師範学校'
【高手】gāoshǒu 名（～儿）〔名〕名手［象棋～〕将棋の名手
【高寿】gāoshòu 名 ① 長寿, 長命 ②《敬》（老人に年齢を聞くときの）お年〖您～？〗おいくつですか
【高耸】gāosǒng 高くそびえる, そびえ立つ
【高速】gāosù 形〔定語・状語として〕高速の, 高速度の〖～发展〗急速に発展する［～档］トップギヤ
【高速出入口】gāosù chūrùkǒu 名（高速道路などの）ランプ ⑩[匝 zā 道]
★【高速公路】gāosù gōnglù 名〔条・段〕高速道路
【高抬贵手】gāo tái guì shǒu《成》お手やわらかに（お願いします）
【高谈阔论】gāo tán kuò lùn《成》《貶》大いに議論する, 空論にふける
【高汤】gāotāng 名 豚・鶏・アヒルなどを煮てとった具のないスープ ⑩[清汤]
【高温】gāowēn 名 高温
【高屋建瓴】gāo wū jiàn líng《成》（屋根の上から水を落とす＞）高みから見おろす
【高下】gāoxià 名 上下, 優劣〖难分～〗優劣つけがたい
【高小】gāoxiǎo 名（[高級小学]の略）等小学校
【高校】gāoxiào 名《略》'高等学校'
【高薪】gāoxīn 名 高額の給料［～聘用］高給で迎える
★【高兴】gāoxìng 形 うれしい, 愉快な〖玩儿得很～〗楽しく遊ぶ → 動 ① 心楽しくなる, うれしがる ② 楽しく…する, 喜んでする〖不～去〗行きたくない
【高血压】gāoxuèyā 名 高血圧
【高压】gāoyā 名 電圧・気圧・血圧などが高いこと［～电］高圧電力［～锅］圧力がま［～线］高圧線
【高原】gāoyuán 名 高原［～铁路］高原鉄道［～病］高山病
【高瞻远瞩】gāo zhān yuǎn zhǔ《成》（高みに立って遠くを眺める＞）遠い将来までも視野に入れる
*【高涨】gāozhǎng 動（物価・運動・気分などが）高揚する, 高まる

【高招(高着)】gāozhāo 名（～儿）〔手〕いい方法, いいアイディア
【高枕】gāozhěn 動 枕を高くする［～而卧］［～无忧］枕を高くして眠る
【高中】gāozhōng 名《略》'高级中学'
【高足】gāozú 名《敬》（相手の）お弟子さん, 御高弟

【膏】gāo ⊗ ① 脂肪, 油 ② ペースト状のもの［牙～］練り歯みがき［剃须～］シェービングクリーム ♦「潤滑油をさす」の意ではgàoと発音
【膏血】gāoxuè 名（人の）脂肪と血〖人民的～〗国民の血と汗
【膏药】gāoyao 名 膏薬

【篙】gāo 名〔文・根〕（船を操る）棹〖撑～〗棹を差す
【篙子】gāozi 名《方》船の棹, 物干し竿

【羔】gāo ⊗ 子羊, 動物の子（子鹿・子豚など）［羊～］子羊
【羔羊】gāoyáng 名〔只〕子羊；（転）か弱き者
【羔子】gāozi 名 子羊, 動物の子 ⑩[羔儿]

【糕(*餻)】gāo 名〔块〕米や小麦の粉を他の成分とまぜて蒸し固めた食品［蛋～］カステラ［年～］（米の粉で作った）旧正月に食べる団子
【糕点】gāodiǎn 名 '糕'と'点心', 菓子類の総称

【皋(皐)】gāo ⊗ ① 岸辺の台地, 土手 ②（G-）姓

【睾】gāo ⊗ 睾丸, きんたま［～丸］同前

【杲】gāo ⊗ ① 明るい ②（G-）姓

【搞】gǎo 動 ①（物事を）する, やる ⑩[做][干]〖～工作〗仕事をする［～清楚］（事を）はっきりさせる〖～唐诗〗唐詩を研究する［～笑］《方》笑わせる［恶～］悪ふざけをする ②作り出す, 生み出す〖～计划〗プランを策定する〖～对象〗恋人を作る〖～关系〗コネをつける ③ 設立する, 創設する〖～工厂〗工場を経営する ④ なんとか手に入れる［～了两张票］切符を2枚手に入れる
【搞鬼】gǎoguǐ 動 こっそり悪巧みをする, いんちきを働く
【搞活】gǎohuó 動 てこ入れする, 活気付ける〖～经济〗経済を活性化する
【搞头】gǎotou 名（～儿）やりがい, 行うだけの値打ち〖没有～〗やりがいがない

【缟(縞)】gǎo ⊗ 白い絹〔～素〕喪服

【槁(*槀)】gǎo ⊗ 枯れた，萎んだ〔枯～〕同前

【槁木死灰】gǎo mù sǐ huī《成》(枯れ木と冷えた灰＞) すべてに無感動無関心である

【镐(鎬)】gǎo [名]〔把〕つるはし〔鹤嘴～〕同前
⇨Hào

【镐头】gǎotou [名]〔把〕つるはし

【稿(*稾)】gǎo [名](～儿) ①下書き，草案〖写～〗下書きをする ②原稿 ③心積り，腹案〖心里还没有～儿〗まだ心積りができていない
⊗穀類の茎，わら

【稿费】gǎofèi [名]〔笔〕原稿料，版下代([同][稿酬])〖付～〗原稿料を支払う

★【稿件】gǎojiàn [名]〔篇·份〕作品原稿〖交～〗(編集者に)原稿を渡す

【稿纸】gǎozhǐ [名]〔张〕原稿用紙

【稿子】gǎozi [名] ①下書き，草案 ②〔篇〕原稿 ③心積り，腹案

【藁】gǎo ⊗〔～城〕藁城(河北省)

【告】gào [動] ①告発する ②宣言する，公に知らせる〖～一段落〗一段落を告げる
⊗①告げる ②求める，頼む ③表明する

【告白】gàobái [名](公衆への)告知，通知

★★【告别】gào▼bié [動] ①別れる，離れる〖～了美丽的故乡〗美しい故郷をあとにした ②いとまを告げる，さよならを言う([同][辞行])〖向他～〗彼に別れを告げる ③死者と別れを告げる

★【告辞】gào▼cí [動] いとまごいをする，辞去する〖跟他～〗彼に辞去の挨拶をする

【告吹】gàochuī [動]《口》ふいになる，おじゃんになる

【告贷】gàodài [動]《書》借金を頼む〔～无门〕借金の当てがない

【告发】gàofā [動] 告発する〖～罪行〗罪状を告発する

【告急】gào▼jí [動] 急を告げる，緊急を告げ救援を求める

【告假】gào▼jià [動] 休暇をもらう，休みをとる [同][请假]

【告捷】gào▼jié [動] ①勝つ，勝利する ②勝利を告げる〖向同志们～〗同志たちに戦勝を告げる

★【告诫(告戒)】gàojiè [動](上の者が下の者を) 戒める〖～他们不要贪污〗汚職をしないよう彼らを戒める

【告竣】gàojùn [動](工事が) 完成する，竣工する

【告密】gào▼mì [動] 密告する〖向警察～〗警察に密告する

【告饶】gào▼ráo [動] わびる，許しを請う [同][讨饶]

【告示】gàoshi [名]〔张〕告示([同][布告])〔安民～〕民心安定のための告示

★★【告诉】gàosu [動] 告げる，知らせる([同]《方》[告送(告诵) gàosong])〖～你一件喜事〗君に吉報を教えよう

【告枕头状】gào zhěntouzhuàng [動] 妻が寝物語に他人の悪口を夫に言ってもめ事をひき起こす

【告知】gàozhī [動] 知らせる

【告终】gàozhōng [動] 終わりを告げる，終結する〖以失败而～〗失敗(敗北)に終わる

【告状】gào▼zhuàng [動]《口》①(司法機関に) 告発する，訴訟を起こす ②(苦情·訴えを) 申し出る，告げ口する〖告他的状〗彼について苦情を申し立てる

【诰(誥)】gào ⊗①(上から下へ)告げる ②皇帝から臣下への命令

【郜】Gào ⊗姓

【戈】gē ⊗①古代の兵器，青銅あるいは鉄製の矛〔倒～〕(兵が)寝返る ②(G-)姓

【戈壁】gēbì [名] ゴビ，砂漠(蒙古語から)

【仡】gē ⊗以下を見よ

【仡佬族】Gēlǎozú [名] コーラオ族 ♦中国少数民族の一，主として貴州省に住む

【圪】gē ⊗以下を見よ

【圪垯(屹嶍)】gēda [名] ①[同][疙瘩] ②小さな丘

【疙】gē ⊗以下を見よ

★【疙瘩(疙疸)】gēda [名] ①おでき，いぼ〖长～(起～)〗同前ができる ②球状のもの，固まり('纥绒'とも書く)〖系成～〗結び目を作る〔～汤〕すいとん ③心のしこり，わだかまり

【疙疙瘩瘩】gēgedādā [形](～的)《口》こぶだらけの，でこぼこした，手の焼ける [同][疙里疙瘩]

【咯】gē ⊗乾いた物音，堅い物が触れ合う音，めんどりの声などを表わす〔～～〕(鶏の)こっこっ，(笑い声の)けらけら
⇨kǎ, lo

【咯吱】gēzhī [擬] ぎしぎし，かちかち，きーきー〖～～响〗ぎしぎしと音をたてる

【格】 gē ⊗以下を見よ ⇨gé

【格格】 gēgē 擬 (~的) ① 笑い声〖~地笑〗けらけらと笑う ② 機関銃の発射音

【胳】(*肐 骼) gē ⊗以下を見よ ⇨gā, gé

【胳臂】 gēbei 图 ⇨[胳膊]

*【胳膊】 gēbo 图 腕(肩から手首までの部分)〖~腕子〗腕〖~肘子〗肘ひじ〖~拧不过大腿〗(腕は太ももをひねれない)力ではとうていかなわない

【搁】(擱) gē 動 ① 置く, 入れる 〖~醋〗酢を入れる ② 放っておく, 棚上げにする ⇨gé

【搁笔】 gē'bǐ 動〖書〗筆を置く, 擱筆かくひつする

【搁浅】 gēqiǎn 動 ①(船が) 浅瀬に乗り上げる 〖~了三小时〗浅瀬で3時間も立ち往生した ②(転)挫折する, 暗礁に乗り上げる

【搁置】 gēzhì 動 棚上げする, 放置する

【哥】 gē 图 (ふつう呼び掛けとして) 兄 〖大~〗長兄 ⊗ ① 親戚中の同世代で年長の男子 〖表~〗(母方の) いとこ 〖堂~〗(父方の) いとこ ② 同年輩の男子を親しく呼ぶ 〖杨大~〗楊兄さん ③ 音訳用字として 〖~伦布〗コロンブス 〖~白尼〗コペルニクス

*【哥哥】 gēge 图 ① 兄, にいさん ② 年上のいとこ

【哥们儿】 gēmenr 图 (⇨[哥儿们]) (口) ① 兄弟たち (同) ② (友人間で親しみを込めて呼ぶで) 仲間, 相棒

【哥萨克人】 Gēsàkèrén 图 コサック人

【歌】 gē 图 (~儿)〔首·支〕歌 〖唱~〗歌をうたう ⊗うたう 〖放声高~〗大声で歌う

【歌唱】 gēchàng 動 ① 歌をうたう 〖~家〗歌手 ② たたえる, 称揚する 〖~祖国〗歌で祖国をたたえる

【歌词】 gēcí 图 歌詞 〖给~谱曲〗歌詞に曲をつける

【歌功颂德】 gē gōng sòng dé (成) (多くは追従として) 為政者の功績や徳をたたえる

【歌会】 gēhuì 图 歌謡コンサート ◆ジャンルにかかわらず皆が歌う集い

【歌剧】 gējù 图 オペラ, 歌劇

【歌诀】 gējué 图〔首〕(仕事のこつや要領, 事柄の要点などを口調よくまとめた) 文句, 口訣けつ

【歌谱】 gēpǔ 图〔张·份〕歌の楽譜

【歌曲】 gēqǔ 图〔首·支〕歌, 歌曲 〖爱情~〗ラブソング

【歌手】 gēshǒu 图 歌手

*【歌颂】 gēsòng 動 賛美する, たたえる

【歌坛】 gētán 图 歌謡界, 声楽界

【歌舞】 gēwǔ 图 歌と踊り 〖~剧〗歌舞劇, ミュージカル 〖~团〗歌舞団

【歌星】 gēxīng 图 スター歌手

【歌谣】 gēyáo 图 伴奏なしに歌われる素朴な歌 ◆民歌, わらべ歌など

【歌咏】 gēyǒng 動 歌う 〖~宫廷生活的诗〗宮廷生活をうたった詩 〖~队〗コーラス団 〖~比赛〗歌謡コンテスト

【歌子】 gēzi〔支·首〕歌 (⇨[歌曲])〖哼~〗歌を口ずさむ

【鸽】(鴿) gē ⊗鳩 〖信~〗伝書鳩 〖~哨〗鳩笛(鳩の尾に取り付け, 飛ぶと空気の摩擦で音が出る)

*【鸽子】 gēzi 图〔只〕鳩 〖养~〗鳩を飼う 〖~棚〗鳩小屋

【割】 gē 動 切る, 刈る 〖~麦子〗麦を刈る

【割爱】 gē'ài 動 割愛する, 惜しみつつ手放す

【割除】 gēchú 動 切除する, 摘出する 〖~肿瘤〗腫瘍しゅようを取り除く

【割地】 gē'dì 動 領土を割譲する

【割断】 gēduàn 動 断ち切る 〖~绳子〗縄を切断する 〖~联系〗連絡(関係)を断つ

【割鸡焉用牛刀】 gē jī yān yòng niúdāo (成)(鶏を割くのに何で牛刀を用いる必要があろうか〉小さな事に大げさな方法を用いる必要はない

【割据】 gējù 動 国土の一部を武力で占拠する, 割拠する

【割裂】 gēliè 動 切り離す, 分断する ◆多く抽象的な事柄に用いる

【割让】 gēràng 動 割譲する

【割舍】 gēshě 動 手放す, 捨て去る 〖~对她的感情〗彼女への思いを捨てる

【革】 gé ⊗ ① 革かわ 〖皮~〗皮革 ② 改める, 改造する 〖变~〗変革する ③ 罷免する, 放逐する ④ (G-) 姓 ◆ "危笃" の意の文語では jí と発音

【革出】 géchū 動 (…から) 除名する, 追放する

【革除】 géchú 動 ① 取り除く, 廃止する 〖~陋习〗陋ろう習を取り除く ② 除名する, 罷免する

【革故鼎新】 gé gù dǐng xīn (成) 古きを除き, 新しきを立てる

*【革命】 gémìng 图〔场〕革命 〖闹~〗革命を起こす ─ 图 革命的な ── gé'mìng 動 革命を起こす 〖革旧制度的命〗旧制度を変革する

【革新】 géxīn 動 革新(する)

gé —

【阁】(閣) gé 图 ① 高殿[楼~][楼阁]楼閣 ② 内閣[倒~]内閣を倒す[~員]閣僚

【阁下】 géxià 图〔敬〕閣下

【搁】(擱) gé 动 堪える,もちこたえる ⇒gē

【搁不住】 gébùzhù 动 堪えられない,もたない 📖 [禁受不住]

【格】 gé 图 ①(~儿)格子,ます目 ②(~子)規格,標準[出~](言動が)常軌を逸する ③〔語〕(文法の)格 ⊗ ① 妨げる,制約する ② 打つ,たたかう[~斗]格闘する[~杀](ぶち)殺す ③ 窮める,探究する[~物]事物の道理を窮める ④(G-)姓 ⇒gē

【格调】 gédiào 图 ①(作品の)格調,作風 ②〔書〕(人の)品格

【格格不入】 gé gé bú rù〔成〕互いにしっくりしない,息が合わない 📖 [方枘圆凿]

*【格局】** géjú 图 枠組,構成

【格林尼治时间】 Gélínnízhì shíjiān 图 グリニッジ時間 ♦ 以前は"格林威治时间"といった 📖 [世界时]

【格律】 gélǜ 图(詩歌の)格律

*【格式】** géshì 图 一定の方式,規格,フォーマット[书信~]手紙の形式[~化]フォーマット化する

*【格外】** géwài 副 ① とりわけ,ことのほか ② 予定外に,ほかに

【格言】 géyán 图 格言

【胳】 gé ⊗ 以下を見よ ⇒ gā, gē

【胳肢】 gézhī 动〔方〕くすぐる[~夹肢窝 gāzhīwō]わきの下をくすぐる

【骼】 gé ⊗→[骨 gǔ~]

【葛】 gé 图 ①〔植〕クズ[~布]葛布(=横糸にクズの繊維を用いた丈夫な布) ⇒ Gě

【葛藤】 géténg 图 ①〔植〕クズ,クズの蔓 ② もつれ,もめ事

【隔】(*隔) gé 动 ① 隔てる,仕切る[两个村~着一条河]2つの村は川で仕切られている ② 隔たる,間をあける[每~五分钟…]5分ごとに… [~三差五]3日に上げず

【隔岸观火】 gé àn guān huǒ〔成〕対岸の火事視する,他人の危難を野次馬的に眺める

*【隔壁】** gébì 图 隣室,隣家[~邻居]壁隣りの住人[住在我家~]我が家の隣りに住む

【隔断】 géduàn 动 隔てる,切り離す[~联系]つながりを断つ —— géduàn/géduàn 图(部屋の中を仕切る)仕切り

【隔行如隔山】 gé háng rú gé shān〔成〕自分と違う職業(専門)のことはわからないものだ

*【隔阂】** géhé 图〔道〕(感情や見解の)隔たり,みぞ[消除~]わだかまりを取り除く

【隔绝】 géjué 动 隔絶する,遮断する[与世~]世の中と隔絶する[~空气]空気を遮断する

*【隔离】** gélí 动 隔離する,接触を禁ずる[~有病的牲畜]病気の家畜を隔離する[~医院]隔離病院

【隔膜】 gémó ①〔层〕隔たり — 形 ① 互いの理解が欠けている ② 事情に暗い,門外漢の

【隔年皇历】 gé nián huángli〔俗〕(=去年のこよみ>)時代遅れの事物や方法

【隔墙】 géqiáng 图〔道〕隔壁

【隔墙有耳】 gé qiáng yǒu ěr〔成〕壁に耳あり

【隔热】 gé'rè 动 断熱する[~材料]断熱材

【隔扇】(槅扇) géshan/géshàn 图(室内を仕切る)仕切り ♦ 何枚か連ねて使い,一般に上部は装飾窓状

【隔靴搔痒】 gé xuē sāo yǎng〔成〕隔靴搔痒(=靴の上からかゆいところをかく>)文章や発言が肝心なところに届かずもどかしい

【隔夜】 gé'yè 动 ひと晩経る,翌日まで残す[~的菜]宵越しの料理

【隔音】 gé'yīn 动 ① 防音する,音を遮断する ② 音を隔てる[~符号](音節の区切りを示す)隔音符号(')

【嗝】 gé 图(~儿)げっぷ,しゃっくり[打~]げっぷをする,しゃっくりがでる

【槅】 gé 图 ① 格子窓のあるドア ② 仕切り

【膈】 gé 图 横隔膜[~膜][横~膜]同前

【镉】(鎘) gé 图〔化〕カドミウム

【蛤】 gé ⊗ 以下を見よ ⇒ há

【蛤蜊】 gélí/gélí 图〔貝〕① シオフキ ② ハマグリ

【合】 gě 量 合("升"の10分の1) [一~]1合ます ⇒ hé

【舸】 gě ⊗ 大きな船

【葛】 Gě ⊗ 姓 ⇒ gé

【个】(*個*箇) gè 量(ふつう ge と発音)① 広く用いて人や事物を数える[两~人]ふたり[三~西瓜]

3個のスイカ〚一 yí ～星期〛1週間 ②〔概数の前に用いて〕軽い感じを添える〚每星期来～一两遍〛週に一二度は来る ③〔動詞と賓語の間に入れて〕軽い感じを添える〚洗～澡〛ひと風呂浴びる〚睡～好觉〛たっぷり眠る ④動詞と補語の間に用いる('得'の用法に近い)〚忙～不停〛休む間もなく忙しい〚打了～半死〛殴って半殺しにした ― [名](～儿)体格，大きさ
⊗個々の，単独の［～人］個人［～性］個性 ♦'自个儿(自各儿)'ではgěと発音

【个把】gèba/gèbǎ [数]ほぼ一，一ないし二([同][个把子])〚生后～月了〛生まれて約1か月になる

★★【个别】gèbié [形]①個々の，個別の，単独の〚～照顾〛個別に配慮する ②ごく一部の，ほんの一二の〚这是～情况〛これはまれなケースだ

【个个】gègè [量](～儿)(集団内の)一人ひとりみんな，各人全員〚～都是好学生〛どの人もみな立派な学生だ

【个儿】gèr [名]①人や物の大きさ(かさ)，背丈([同][个头儿])〚～很大〛体が大きい ②一人，一つ〚论～卖〛一ついくらで(目方でなく個数単位で)売る

★★【个人】gèrén [名]①個人([反][集体])［～迷信］個人崇拝 ②(自称として)私 ♦あらたまった場面で用いる

★【个体】gètǐ [名]個体，個人［～户］個人事業主［～所有制］個人所有制

★★【个性】gèxìng [名]個性

★★【个子】gèzi [名]体の大きさ，背丈 [同][个儿]

【各】 gè [代]おのおの，それぞれ〚～民族〛各民族〚～位〛皆さん〚～就～位〛(競技で) 位置について

【各别】gèbié [形]①個々別々の，それぞれに異なった〚～对待〛それぞれ異なった対応をする ②一風変わった，ユニークな

【各得其所】gè dé qí suǒ《成》(それぞれに所を得る＞)各人が自分なりに満足のゆく境遇にある

【各个】gègè [形]〔多く定語として〕それぞれの，めいめいの ― [副]各個に，一つ一つ順番に

【各人自扫门前雪】gè rén zì sǎo mén qián xuě《俗》(各人が自分の家の前だけ雪かきをする＞)自分のやるべき事だけをやり，他人のことには関わらない

【各色】gèsè [形]〔定語として〕各種各様の，さまざまな

【各式各样】gè shì gè yàng《成》各種各様の

★【各抒己见】gè shū jǐjiàn《成》おのおの自分の考えを述べる

【各行其是】gè xíng qí shì《成》(各自正しいと思うことをやる＞)各々好きなようにやる，思想や行動が一致しない

【各有千秋】gè yǒu qiānqiū《成》各人それぞれ長所がある，誰でもそれなりの貢献をしている

【各有所长】gè yǒu suǒ cháng《成》人にはそれぞれ取柄がある，誰にも得意な分野がある

【各有所好】gè yǒu suǒ hào《成》誰にもそれぞれ好みがある，人それぞれに好き嫌いが違う

【各种各样】gè zhǒng gè yàng《成》種々さまざまな，各種各様の [同][各式各样]

★★【各自】gèzì [代]各自，それぞれ〚大家都～回家了〛各人めいめいに帰って行った〚人们～的能力〛人それぞれの能力

【硌】 gè [動]《口》(体の一部が)突起物にぶつかる〚～得慌〛(足などが) 何かに当たって嫌な感じだ ♦「山の岩」の意の文語はluòと発音

【铬(鉻)】 gè [名]〔化〕クロム

【铬钢】gègāng [名]クロム鋼

【虼】 gè ⊗以下を見よ

【虼蚤】gèzao [名]〔只〕蚤(のみ) [同][跳蚤]

【给(給)】 gěi [動]①与える，あげる，くれる〚～你〛君にあげる〚～我一个〛一つくれ ②〔結果補語として〕「確かに渡す」意味を表わす〚还 huán ～我〛私に返してくれ〚送～了他一支钢笔〛彼に万年筆をあげた ― [介]①…のために，…に代わって〚衣服都～你洗好了〛服はみんな洗濯してあげたよ ②…に対して，…に向かって〚～他道个歉〛彼におわびする ③…される〚杯子～人家打破了〛コップを人に割られた [同][被] ― [助]'把''被''叫''让'に呼応して動詞の前に置く〚我把这件事～忘了〛そのことをすっかり忘れていた〚我的饭叫猫～吃了〛猫に飯を食われちゃった
⇨jǐ

【给小鞋穿】gěi xiǎoxié chuān《俗》(小さい靴をはかせる＞)わざと人を困らせる

【给以】gěiyǐ [動]〔2音節の動詞を賓語として〕与える ♦'给…以…'で用いることもある〚～支持〛支持する〚给小张以很大的帮助〛張くんに大きな援助を与えた

【根】 gēn [名](～儿)根〚连～拔〛根っこごと引き抜く

[树~]木の根 ―量(~儿)細長いものを数える[一~绳子]1本のひも ⊗①根もと,つけ根[墙~]塀のかわ[牙~]歯の根 ②根源,事の起こり[寻~]ルーツを尋ねる

【根本】 gēnběn 图 根本,根源[上~]根本 ―形《多く定語として》最も重要な,根本的な[~原因]根本的な原因 ―副①徹底的に,根本的に[~解决]徹底的に解決する ②(多く否定的意味で)まるっきり,ぜんぜん[~不知道]全く知らない

【根除】 gēnchú 動 根こそぎにする

【根底(根柢)】 gēndǐ 图①基礎,土台 ②きさつ,仔細に

【根基】 gēnjī 图 基礎,土台[打~]土台を固める

【根茎】 gēnjīng 图[植]根茎

【根究】 gēnjiū 動 徹底的に究明する[~事情的真相]事の真相を究明する

【根据】 gēnjù 图 拠りどころ[理论的~]理論的な根拠 ―動 根拠とする,基づく(介詞としても使う)[~节约的原则]節約の原則に基づく[~大家的意见…]みんなの意見に基づいて…

【根据地】 gēnjùdì 图 根拠地 ◆特に1920年以来の革命の根拠地

【根绝】 gēnjué 動 根絶する,絶滅させる

【根苗】 gēnmiáo 图①根と芽 ②根源,そもそもの原因 ③子孫,後継ぎ

【根深蒂固】 gēn shēn dì gù〈成〉根が深く張っていて崩れない,土台がしっかりしている 哟[根深柢固]

【根性】 gēnxìng 图 本性

【根由】 gēnyóu 图 由来,原因[查明~]原因を明らかにする

【根源】 gēnyuán 图 根源,根本原因 ―動 《'~于'の形で》…に根ざす

【根治】 gēnzhì 動(病や災害を)根治する,徹底的に退治する

【根子】 gēnzi 图①(口)根 ②原因[车祸的~]交通事故の原因

【跟】 gēn 图(~儿)かかと[儿太高]かかとが高すぎる[脚~]かかと[高~鞋]ハイヒール ―動①後に従う,つく[~我来]私についてきなさい ②嫁ぐ ―介①…と(ともに)[~你一起去]君といっしょに行く ②…に(対して),…から[我~你说过]君に話したことがある[~他学习]彼から学ぶ ―接…と[小张~我都是上海人]張さんと僕はともに上海人です

【跟班】 gēn·bān 動 ある集団とともに労働(または学習)する

【跟不上】 gēnbushàng 動(⊗[跟得上])①ついてゆけない,落伍する(哟[追不上])[~时代]時代の流れについてゆけない ②及ばない,かなわない(哟[比不上])[人~电脑吗?]人間はコンピュータに及ばないのか

【跟前】 gēnqián 图(~儿)面前,そば,間近[在我~]私の目の前で ―― gēnqian 图(父母の)そば,身近[他~没有子女]彼には(同居中の)子女がいない

【跟随】 gēnsuí 動 付き従う,後について行動する ―图 随行員,お供

【跟头】 gēntou 图 転倒,もんどり[摔~]転ぶ[翻~]とんぼ返りを打つ

【跟着】 gēnzhe 動 後に続く[弟弟~姐姐]弟が姉にくっついている ―副《'就'を伴って》続いて,引き続き[上完课,~就做实验]授業に引き続き実験をする

【跟追】 gēnzhuī 動 すぐ後を追う

【跟踪】 gēnzōng 動 ぴったり尾行する(監視する),追跡する[~研究]追跡調査

【哏】 gén (方)形 おもしろい,笑わせる ―图 滑稽なせりふやしぐさ[逗~]ツッコミ[捧~]ボケ

【艮】 gèn ⊗①八卦の一 ②(G-)姓 ◆「硬い」の意の口語では gěn と発音

【亘(*亙)】 gèn ⊗(空間的,時間的に)ずっと続く,連なる[~古至今]古今を通じて

【更】 gēng 量(旧)夜7時ごろから翌朝5時ごろまでを5分した1つ《それぞれを'初~''二~'…'五~'という》[现在是几~天了?]今何時ですか[打~]時を知らせる[深~半夜]真夜中
⊗①変える,取り替える[变~]変更する ②経る,経験する
⇒ gèng

【更迭】 gēngdié 動《書》更迭する,交替する

【更动】 gēngdòng 動 変更する,(人事)異動する

【更改】 gēnggǎi 動(計画,意見などを)変更する,手直しする

【更换】 gēnghuàn 動 取り替える,交換する

【更仆难数】 gēng pú nán shǔ〈成〉数人交替で数えても数えきれない ◆人や物の多さを形容

【更生】 gēngshēng 動①復活する,よみがえる[自力~]自力更生 ②(廃品を)再生する[~纸]再生紙

【更替】 gēngtì 動 入れ替わる,交替する 哟[替换]

【更新】 gēngxīn 動 更新する,一新する[~技术]技術を一新する

【更衣】gēngyī [動] ①《書》服を着替える［～室］更衣室 ②《婉》便所に行く

*【更正】gēngzhèng [動]（文章などを）訂正する，修正する

〖庚〗gēng ⊗①十干の第七，かのえ ②年齢［年～］同前 ③(G-)姓

【庚帖】gēngtiě [名]〔张〕(縁談で相性を見るため）生年月日時間を干支で記した書き付け [同][八字帖儿]

〖赓(賡)〗gēng ⊗①続ける ②(G-)姓

【耕(*畊)】gēng [動] 耕す〖～田〗田畑を耕す［春～］春の耕作(をする)［休～地］休耕田

【耕畜】gēngchù [名] 耕作用の家畜(牛，馬，ラバなど)

*【耕地】gēngdì [名]〔块〕耕地，田畑 —— gēng▾dì [動] 田畑を耕す，すき返す

【耕牛】gēngniú [名]〔头〕農耕用の牛

【耕耘】gēngyún [動] ①耕して草をとる［～机］耕運機 ②《転》努力する，精進する

【耕种】gēngzhòng [動] 耕して種をまく，耕作する〖～了十亩地〗10ムー(66.6アール)の畑を耕作した

【耕作】gēngzuò〘目的語をとらずに〙[動] 耕作する

【羹】gēng [名]（とろっとした）スープ［豆腐～］豆腐汁

【羹匙】gēngchí [名]〔把〕ちりれんげ，スープ用スプーン [同][调羹]

〖耿〗gěng ⊗①明るい，まばゆい ②気概がある，公正な ③(G-)姓

【耿耿】gěnggěng [形] ①誠実な，忠実な［忠心～］忠義に篤い ②気掛かりな，不安な［～不寐］気掛かりで眠れぬ［～于怀］ずっと気に掛ける，根に持つ

【耿直(梗直·鲠直)】gěngzhí [形] 性格が真っ直ぐな，率直な

〖埂〗gěng ⊗①あぜ［～子］同前［田～儿］あぜ ②堤，土手

【哽】gěng [動] ①(食物で）のどを詰まらせる ②(感情が高ぶり）声を詰まらせる［～塞 sè］同前［～咽 yè］(涙に)むせぶ

〖绠(綆)〗gěng ⊗つるべの綱

【梗】gěng [名]（～儿）植物の茎，軸([同][梗子])［菠菜～］ホウレンソウの葉の茎 — [動] 真っ直ぐにする〖～着脖子〗首筋を真っ直ぐにして
⊗①率直な，真っ直ぐな ②妨げる，邪魔する［作～］妨害する ③頑固な

【梗概】gěnggài [名] 梗概，粗筋

【梗塞】gěngsè [動] ①ふさぐ，(流れを）妨げる〖～了交通〗交通の妨げになる ②[同][梗死]

【梗死】gěngsǐ [動]〖医〗梗塞状態になる［心肌～］心筋梗塞

【梗阻】gěngzǔ [動] ふさぐ，渋滞させる，さえぎる，通せんぼする

〖鲠(鯁)〗gěng ⊗魚の骨

【更】gèng [副] ①一層，もっと〖～大的成绩〗もっと大きな成果 ②この上なお，更に［～上一层楼］更に一段上に上がる
⇨gēng

**【更加】gèngjiā [副] 一層，もっと ♦'更'と同じだが，多く2音節の動詞・形容詞の前に用いる〖～清楚了〗一層はっきりした

【更为】gèngwéi [副] 一層，なおさら〖～困难〗ますます難しい

【工】gōng [名] ①ひとり1日の労働量〖做了一天～〗1日分の仕事をした ②中国民族音楽の音階の一［～尺 chě］工尺，音階の総称 — [動]《書》〘客語をとり〙…に巧みだ，長じる [同][～于]
⊗①工業 ②工程，工事［动～］着工する ③労働者［女～］女性労働者 ④技術，技能 ⑤精巧な，精緻な

【工本】gōngběn [名] 生産原価，コスト〖减低～〗生産コストを下げる

【工笔】gōngbǐ [名]〖美〗中国画の細密画法([反][写意])［～画］同前による絵

【工兵】gōngbīng [名] 工兵 [同][工程兵]

**【工厂】gōngchǎng [名]〔家〕工場〖办～〗工場を経営する ♦'工场'は手工業の作業場をいう

【工潮】gōngcháo [名] 労働争議〖闹～〗同前を起こす

【工程】gōngchéng [名]（土木建築，製造部門などの） 工事，工程，プロジェクト［水利～］水利事業［～兵］工兵［～学］工学

**【工程师】gōngchéngshī [名] 技師，エンジニア

【工地】gōngdì [名] 工事現場，作業地点

【工读】gōngdú [動]〘多く定語として〙働きながら学校に行く［～生］勤労学生［～学校］少年院

【工段】gōngduàn [名] ①(工事の)工区 ②('车间'を幾つかに分けた工場内の)部門，セクション

【工分】gōngfēn [名]（～儿）(農業協同化時代の）労働点数〖评～〗労働点数を評定する

【工蜂】gōngfēng [名]〔只〕働きバチ

*【工夫(功夫)】gōngfu [名] ①（～儿）

時間，ひま ②（～儿）《方》時 [同][时候] ③努力，精力〖下～〗努力を注ぐ

—— gōngfū [名]《旧》臨時雇いの作男

【工会】gōnghuì [名]労働組合［～主义］サンジカリズム

【工价】gōngjià [名]人件費，労働コスト

【工间】gōngjiān [名]勤務時間内の休憩時間

【工件】gōngjiàn [名]（機械加工の）部品 [同][作件]

【工匠】gōngjiàng [名]職人

★【工具】gōngjù [名]①道具［～箱］道具箱［～书］辞典や参考書類 ②《転》手段

【工科】gōngkē [名]（専攻学科の）工科

【工料】gōngliào [名]労働力と材料，人件費と材料費

【工龄】gōnglíng [名]勤続年数〖有二十五年～〗25年勤めた

【工棚】gōngpéng [名]〔间·座〕工事場の小屋，飯場〖搭～〗飯場を建てる

【工期】gōngqī [名]工期〖缩短～〗工期を短縮する

【工钱】gōngqian/gōngqián [名]①手間賃，労賃 ②《口》給料，賃金 [同][工资]

★【工人】gōngrén [名]労働者（多く肉体労働者をいう）［～阶级］労働者階級［～运动］労働運動

【工日】gōngrì [名]勤務者一人1日の仕事量〖十个～〗延べ10日分の勤労

【工伤】gōngshāng [名]業務上の傷病，労働災害［～保险］労災保険

【工时】gōngshí [名]マンアワー ♦一人1時間の労働量

【工事】gōngshì [名]〔道·座〕《軍》（トーチカ，塹壕ざんごう，バリケードなどの）防御物〖构筑～〗同前を作る

【工头】gōngtóu [名]（～儿）（労働現場の）親方，職長

【工稳】gōngwěn [形]《書》（詩文が）整っている，まとまりのよい

【工效】gōngxiào [名]労働効率〖～不高〗仕事の能率が良くない

【工薪】gōngxīn [名]給料，賃金［～阶层］［～族］サラリーマン

【工序】gōngxù [名]製造工程［～自动化］工程のオートメ化

★【工业】gōngyè [名]工業，産業［～病］産業労働者の職業病

【工艺】gōngyì [名]①生産技術，テクノロジー ②手工芸［～美术］工芸美術

★【工艺品】gōngyìpǐn [名]手工芸品

【工友】gōngyǒu [名]（学校や機関の）用務員，労務員

【工整】gōngzhěng [形]（字などが）きちんと整っている，乱れのない

【工致】gōngzhì [形]（絵画·手芸品などが）精緻を極めた，精巧な

【工种】gōngzhǒng [名]（工鉱業の）職種（旋盤工·プレス工など）

★【工资】gōngzī [名]〔份·笔〕賃金，給料〖拿～〗給料を受け取る［计时～］時間給

【工字钢】gōngzìgāng [名]H型鋼

★【工作】gōngzuò [動]働く，仕事をする〖努力～〗がんばって働く —— [名]①職業〖找～〗職を探す ②仕事，作業，勤務，労働［～服］作業服［～母机］工作機械［～日］労働日数［～证］身分証明書［～站］ワークステーション

【功】

gōng [名]功労，手柄〖他的～最大〗彼の功績が一番大きい
⊗①効果，功績 ②技術，修練［基本～］基本的な技術

【功败垂成】gōng bài chuí chéng《成》成功を目前にして失敗する

【功臣】gōngchén [名]功臣，特別功労者

【功德】gōngdé [名]①功績と徳行 ②（仏教で）功徳くどく〖做～〗功徳を施す

【功底】gōngdǐ [名]基本的技術（の基礎）

★【功夫】gōngfu [名]①本領，腕前 ② [同][工夫]

【功过】gōngguò [名]功績と過失，功罪〖～相抵〗功罪相半ばする

【功绩】gōngjì [名]功績，功労

★【功课】gōngkè [名]学校の勉強，授業，学業〖做～〗（宿題などの）勉強をする

【功亏一篑】gōng kuī yí kuì《成》九仞じんの功を一簣きに欠く，成功直前わずかな手違いで失敗する

★【功劳】gōngláo [名]功労，貢献〖立下～〗手柄を立てる

【功利】gōnglì [名]功利，実利［～主义］功利主義

【功率】gōnglǜ [名]《理》仕事率

★【功能】gōngnéng [名]効能，機能

★【功效】gōngxiào [名]効能，効率［～学］人間工学

【功勋】gōngxūn [名]（国家社会に対する）勲功，大なる貢献〖建立～〗勲功を建てる

【功用】gōngyòng [名]効用，用途

【功罪】gōngzuì [名]功罪

【攻】

gōng [動]攻撃する（[反][守]）〖～下难关〗難関を攻め落とす
⊗①責める，論難する ②研究する，学ぶ［专～］専攻する

【攻打】gōngdǎ [動]（占領すべく）攻撃する〖～敌军阵地〗敵の陣地を

攻める
【攻读】gōngdú [動]（明確な目的をもって）学ぶ〖～博士学位〗博士学位取得のため学ぶ
★【攻击】gōngjī [動]①攻撃する，戦いを仕掛ける ②（悪意を持って）非難する，批判する〖蓄意～别人〗意図的に人を悪く言う
【攻坚】gōngjiān [動]堅固な敵陣を攻撃する
★【攻克】gōngkè [動]（敵の拠点を）攻略する，攻め落とす
【攻其不备】gōng qí bú bèi《成》敵の不意を衝(つ)く
【攻势】gōngshì [名]攻勢（[反][守势]）〖发动～〗攻勢に出る
【攻守同盟】gōng shǒu tóngméng [名]攻守同盟〖订立～〗同前を結ぶ
【攻研】gōngyán [動]研鑽(けんさん)を積む，鋭意研究する [同][钻研]
【攻占】gōngzhàn [動]攻撃占領する

【弓】gōng [名]①〔张・把〕弓〖拉～〗弓をひく［～箭］弓と矢 ②（～儿）弓状のもの，弦楽器の弓 ③《旧》土地測量の器具 — [動]曲げる，かがめる〖～着背走〗背を丸めて歩く
⊗（G-）姓
【弓子】gōngzi [名]弦楽器の弓，弓状のもの［胡琴～］胡弓の弓

【躬（*躳）】gōng ⊗①自ら，親しく［～逢］《書》親しく体験する ②体を曲げる，かがめる［鞠～］お辞儀する
【躬行】gōngxíng [動]《書》身をもって行う

【公】gōng [形]雄の（[反][母]）〖这只猫是～的〗この猫は雄だ［～牛］雄牛
⊗①国家や集団に属した，公共の［～款］公金 ②共同の，共通の［～认］公認する ③国際間の［～海］公海 ④公平な，公正な ⑤公にする，公表する ⑥公用，公務 ⑦公爵 ⑧夫の父，しゅうと ⑨（G-）姓 ⑩二字姓の要素［～孟］公孟［～孙］公孫［～羊］公羊
【公安】gōng'ān [名]公安，社会の治安［～部］公安省
★【公安局】gōng'ānjú [名]公安局
【公报】gōngbào [名]①コミュニケ，声明［联合～］共同声明 ②官報，公報［政府～］官報
★★【公布】gōngbù [動]（政府機関の法令や文書を）公表する，公布する
【公厕】gōngcè [名]公衆便所
【公差】gōngchāi [名]〔项〕①公用出張〖出～〗公用で出張する ②公用の使者，出張者
【公产】gōngchǎn [名]公共財産 [反][私产]
【公尺】gōngchǐ [量]メートル ♦'米mǐ'の旧称
【公出】gōngchū [動]公用で外出する
【公畜】gōngchù [名]雄の家畜，特に種付け用の雄(おす)
★【公道】gōngdào [名]正義，正しい道理〖主持～〗正義を守る
—— gōngdao [形]公正な，適正な [同][公平]
【公德】gōngdé [名]公衆道徳，社会倫理［～心］公徳心
【公敌】gōngdí [名]公共(共通)の敵
【公法】gōngfǎ [名]公法 [反][私法]
【公房】gōngfáng [名]公有の家屋，公共建築物
【公费】gōngfèi [名]公費（[反][自费]）〖～出国留学〗公費で外国に留学する［～医疗］公費医療
【公愤】gōngfèn [名]大衆の(世論の)怒り〖引起～〗世間の怒りを買う
★【公告】gōnggào [名]公告，通知
【公共】gōnggòng [形]〔定語として〕公共の，公衆の［～卫生］公衆衛生
★★【公共汽车】gōnggòng qìchē [名]〔辆〕バス
【公公】gōnggong [名]①夫の父，しゅうと，義父 [関][婆婆] ②《方》祖父 ③《方》老齢の男子に対する敬称
★【公关】gōngguān [名]（'公共关系'の略）企業や団体の渉外活動
【公馆】gōngguǎn [名]《旧》公邸，大邸宅
【公海】gōnghǎi [名]公海
【公害】gōnghài [名]公害〖造成～〗公害をもたらす
【公积金】gōngjījīn [名]公共積立金，企業の内部留保金
【公家】gōngjia [名]《口》おおやけ，公共 [反][私人]
【公交】gōngjiāo [名]公共交通(機関)［～车］路線バス
★★【公斤】gōngjīn [量]キログラム
【公决】gōngjué [動]皆で決める〖经大家讨论～〗皆で議論して決める
★★【公开】gōngkāi [動]公開する，明るみに出す〖～了自己的秘密〗自分の秘密をさらけ出した — [形]公然たる，おおっぴらな（[反][秘密]）〖～的斗争〗公然たる闘い［～信］公開状
【公筷】gōngkuài [名]〔双〕取箸(とりばし)，菜箸(さいばし)
【公款】gōngkuǎn [名]公金〖挪用～〗公金を横領する
★★【公里】gōnglǐ [量]キロメートル
【公理】gōnglǐ [名]①〖数〗公理 ②社会公認の正しい道理
【公历】gōnglì [名]西暦，太陽暦 [同][阳历][格里历]
【公粮】gōngliáng [名]国家に農業税として納める穀物〖交纳～〗同前を納める

G

【公路】gōnglù 图〔条〕(市街地以外の)自動車が通れる道路,幹線道路
【公论】gōnglùn 图①公論 ②公正な世論
*【公民】gōngmín 图 公民 [～权]公民権
【公亩】gōngmǔ 量 (面積単位の)アール
【公墓】gōngmù 图 共同墓地
【公派】gōngpài 動 国費により派遣する
*【公平】gōngpíng 形 公平(公正)な [～秤]基準ばかり
【公婆】gōngpó 图 しゅうと・しゅうとめ
【公仆】gōngpú 图 公僕,公務員
【公顷】gōngqǐng 量 ヘクタール
*【公然】gōngrán 副 公然と,おおっぴらに
*【公认】gōngrèn 動 公認する [大家一致～他是考古研究的权威]彼が考古学の権威であることは皆の認めるところである
【公伤】gōngshāng 图 公傷 ⑧[工伤]
【公社】gōngshè 图①(略)'人民公社'②コミューン [巴黎～]パリコミューン
【公审】gōngshěn 動 公開裁判をする [～一起重大犯罪案]重大な犯罪事件について公開裁判をする
【公使】gōngshǐ 图 公使(正式には'特命全权公使'という) [～馆]公使館
*【公式】gōngshì 图 公式,数式 [～化]公式化する,画一化する
【公事】gōngshì 图〔件〕公務,公用 ⑧[私事] [～公办]公務は私情をはさまず厳正に処理する
*【公司】gōngsī 图〔家〕会社,公司(コンス) [创办～]会社をつくる
【公诉】gōngsù 图 公訴,起訴 [～人]検察官 [提起～]起訴する
【公孙树】gōngsūnshù 图〔棵〕イチョウ ⑧[银杏]
【公堂】gōngtáng 图①旧時の法廷 ②(一族共同の)祠堂,みたまや ⑧[祠堂]
【公推】gōngtuī 動 みんなで推薦する ⑧[公举] [～他当代表]皆で彼を代表として推薦する
【公文】gōngwén 图〔件・份〕公文書,書類 [～包]書類カバン
*【公务】gōngwù 图〔件・份〕公務,公的用件 [～员]公務員
【公演】gōngyǎn 動 公演する [～了新编歌剧]新作オペラの公演をした
【公益】gōngyì 图 公益,公共の利益 [～金]文化・福祉事業のための資金
【公意】gōngyì 图 大衆の意思,民衆の総意
【公营】gōngyíng 形〔定語として〕公営の(⑧[私营])[～企业]公営企業
【公用】gōngyòng 形〔定語として〕公用の,共同使用の(⑧[私用])[～电话]公衆電話
【公有】gōngyǒu 形〔定語として〕公有の,国有の ⑧[私有]
*【公寓】gōngyù 图①アパート,共同住宅 ②長期滞在用の宿屋(月ぎめで宿賃を払う),下宿
*【公元】gōngyuán 图 西暦紀元 [～前]紀元前
*【公园】gōngyuán 图 公園
*【公约】gōngyuē 图①(普通3か国間以上で締結する)約定,条約 ②規則,申し合わせ
【公债】gōngzhài 图 公債,国債 [发行(偿还)～]国債を発行(償還)する
【公章】gōngzhāng 图 公印(⑧[私印]) ◆量詞は四角い印には'方',丸い印には'枚'を用いる [盖～]公印を押す
【公正】gōngzhèng 形 公正な,偏らない [～的舆论]公正な世論
【公证】gōngzhèng 動 公証をする
【公制】gōngzhì 图 メートル法 [折成～]メートル法に換算する
【公众】gōngzhòng 图 公衆,大衆 [向～呼吁]大衆にアピールする
【公诸于世】gōng zhū yú shì《成》世間に公表する ⑧[公诸于众]
*【公主】gōngzhǔ 图 皇女,王女,姫
【公转】gōngzhuàn 動《天》公転する
【公子】gōngzǐ 图 貴公子,若様,令息 [～哥儿]富家や高官の甘やかされた)息子,お坊ちゃん

【蚣】gōng ⊗→[蜈 wú ～]

【供】gōng 動 ① 供給する [～不上]供給が間に合わない ②(利用に)供する [～读者参考]読者の参考に供する ⇨gòng

*【供不应求】gōng bú yìng qiú《成》供給が需要に追いつかない
【供给】gōngjǐ 動 供給する [～学生学习材料]学生に学習資料を与える
【供求】gōngqiú 图 需要と供給 [～失调]需給のアンバランス
【供销】gōngxiāo 图 供給と販売 [搞～]同業を扱う [～同前のため奔走する [～合作社]購買販売協同組合
【供养】gōngyǎng 動 (老人を)扶養する [～父母]両親を養う
【供应】gōngyìng 動 供給する,提供する [～学校教师宿舍]学校に教員住宅を供与する

〖恭〗gōng ⊗①うやうやしい，礼儀正しい［不～］《書》失敬な［～请］謹んでお願いする ②大小便［出～］用をたす ③(G-)姓

【恭贺】gōnghè [動]謹んで祝う〖～新禧 xǐ〗恭賀新年

*【恭敬】gōngjìng [形]うやうやしい，礼儀正しい

【恭桶】gōngtǒng [名]便器，おまる [同][马桶]

【恭维(恭惟)】gōngwei/ gōngwéi [動]おべっかを使う，へつらう

【恭喜】gōngxǐ [動]《挨》おめでとう〖～～〗同前〖～发财〗お金もうけができますように(商売繁昌おめでとう)

〖龚(龔)〗gōng ⊗(G-)姓

〖肱〗gōng ⊗ひじから肩の部分，上膊［股～］《書》頼りになる人

【宫(宮)】gōng [名]①宮殿〖皇上要回～了〗帝が皇居にお戻りになります［皇～］皇居，王宮［龙～］龍王の宮殿 ②寺廟の名［雍和～］雍和宮 ♦北京にあるラマ教寺院 ③文化娯楽の場所［文化～］文化館［少年～］児童·少年文化センター
⊗①宮刑 ②古代音楽の五音のひとつ ③(G-)姓

【宫灯】gōngdēng [名]〔盏〕八また六角形の絹張り(ガラス張り)のランタン ♦祝日に軒下につるす

*【宫殿】gōngdiàn [名]〔座〕宮殿

【宫廷】gōngtíng [名]①宮廷，王宮 ②宮廷内の統治集団［～政变］宮廷クーデター

【宫刑】gōngxíng [名]宮刑 ♦男子の生殖器を除去する古代の刑 [同][腐刑]

〖觥〗gōng ⊗古代の酒器［～筹交错］酒席がにぎやかだ

〖巩(鞏)〗gǒng ⊗①強固な，確固たる ②(G-)姓

*【巩固】gǒnggù [形]強固な，揺るぎない ━[動]強固にする，強化する〖～基础知识〗基礎知識を固める

【汞(*銾)】gǒng [名]〖化〗水銀［～电池］水銀電池［～灯］水銀灯［～污染］水銀汚染［～溴 xiù 红］マーキュロクロム

【拱】gǒng [動]①胸の前で手を組み合わせる ②めぐらす，囲む ③肩をすくめる，体を曲げる ④(手以外の)体をぶつけて開ける，障害物を押しのける〖用肩膀把门～开〗肩でドアを押し開ける ⑤(植物が)土を押し上げる(芽を)出す
⊗アーチ(式)

【拱门】gǒngmén [名]アーチ形の門やドア

【拱桥】gǒngqiáo [名]〔座〕アーチ形の橋

【拱手】gǒng▼shǒu [動]拱手する，(左手のこぶしを右手で包み)両手を胸の前で組み合わせてお辞儀する

【拱卫】gǒngwèi [動]取り囲む〖～京师〗(山などが)都を守るように取り囲む

【共】gòng [副]全部で，合わせて〖～收十卷〗全部で10巻を収める
⊗①共に，一緒に〖～进晚餐〗夕食を共にする ②共にする，共有する ③共通の ④《略》'共产党'［中～］中国共産党

【共产党】gòngchǎndǎng [名]共産党

【共产国际】Gòngchǎn Guójì [名]コミンテルン [同][第三国际]

【共产主义】gòngchǎn zhǔyì [名]共産主義［～青年团］中国共産主義青年団(略は'共青团'，中国共産党の青年組織)

【共处】gòngchǔ [動]共存する［和平～］平和共存(する)

【共存】gòngcún [動]共存する，ともども生きる

【共犯】gòngfàn [名]①共犯，2人以上による犯罪 ②共犯者

【共和】gònghé [名]〘多く定語として〙共和(制)

*【共和国】gònghéguó [名]共和国

*【共计】gòngjì [動]①合計する〖～100本〗合計100冊 ②協議する

【共居】gòngjū [動](多く抽象的事物について)同時に存在する

*【共鸣】gòngmíng [動]共鳴する，共感する〖引起群众的～〗大衆の共感を喚起する

【共青团】gòngqīngtuán [名]《略》'共产主义青年团'

【共生】gòngshēng [名]〖生〗共生

【共时】gòngshí [形]〘定語として〙共時的な [反][历时]

【共识】gòngshí [名]共通認識，コンセンサス

【共事】gòng▼shì [動]共に仕事をする

【共通】gòngtōng [形]〘多く定語として〙共通の，いずれにも当てはまる〖～的道理〗共通の道理

**【共同】gòngtóng [形]〘多く定語として〙共通する，共同の〖～的目标〗共通の目標［～点］共通点［～语］共通語 ━[副]皆共に，一緒に〖～努力〗一緒に頑張る

【共性】gòngxìng [名]共通性，普遍性 [反][个性]

【共振】gòngzhèn [名]〖理〗共振，共

G

鸣

【供】gòng 動 ①（神仏に）供える〖把祭品～在佛像前〗お供え物を仏像の前に並べる ②自白する〖～出了罪行〗犯行を自白する ⊗①お供え〖～品〗同前 ②供述,自白〖诱～〗自供を誘い出す
⇨gōng

【供词】gòngcí 図供述,自白内容
【供认】gòngrèn 動自白する,供述する〖～不讳〗洗いざらい白状する
【供养】gòngyǎng 動（神仏・祖先に）お供えする,供養する〖～祖先〗祖先を祀る
【供职】gòngzhí 動勤務する

【贡(貢)】gòng ⊗①貢ぎ物,献上品〖进～〗貢物を献上する ②(G-)姓
【贡品】gòngpǐn 図貢ぎ物,献上品
*【贡献】gòngxiàn 動〖对体坛作出～〗体育界に貢献する 图貢献,寄与,ささげる〖～力量〗力を尽くす

【勾(*句)】gōu 動①（線を引いたりチェックして）取り消す,削除する〖～去了三个字〗3字削除した ②線で輪郭をとる,ふちどる ③（セメント等で）建物の透き間を埋める〖～墙缝〗壁の透き間をふさぐ ④引き起こす,引き出す〖～起回忆〗過去の記憶を呼び戻す ⑤(G-)姓
⊗結託する
⇨gòu

【勾搭】gōuda 動〖貶〗①誘惑する〖～上了坏女人〗悪い女を引っ掛けた ②ぐるになる,手を組む ◆①②とも'勾勾搭搭'の形もとる
【勾画】gōuhuà 動（線または短い文で）描き出す
*【勾结】gōujié 動ぐるになる,結託する〖～恶势力〗悪い勢力と結託する
【勾勒】gōulè 動①（輪郭を）描く〖～出一幅人物画的轮廓〗人物画の輪郭を描き出す ②（短い語句や文で）描き出す
【勾通】gōutōng 動 気脈を通じる,ひそかに結託する〖～敌人〗敵と内通する
【勾销】gōuxiāo 動 取り消す,抹消する〖一笔～〗一切帳消しにする〖～了对他的怨恨〗彼への恨みを消し去った
【勾引】gōuyǐn 動〖貶〗誘惑する,（悪事に）引き込む

【沟(溝)】gōu 図〖条・道〗①（人工の）みぞ,水路〖开了一条沟〗水路を作った〖暗～〗暗渠 ②（～儿）みぞ型のくぼみ〖开～播种〗みぞをきって種をまく ③（～儿）谷川,小川

【沟壑】gōuhè 図谷間,山峡⊕〖山沟〗
【沟渠】gōuqú 図（灌溉や排水のための）水路,溝
:【沟通】gōutōng 動通じさせる,道をつける〖～南北〗南北をつなぐ〖～信息〗情報を疎通させる
【沟沿儿】gōuyánr 図水路の両岸,溝の両側

【钩(鉤)】gōu 図（～儿）①（引っ掛ける）かぎ〖钓鱼～〗釣り針 ②（照合・採点のときの）チェックマーク(✓) ③漢字の筆画の一（亅,乛,乚,しなど）④動①かぎ状のもので引っ掛ける ②かぎ針で編む
⊗(G-)姓

【钩虫】gōuchóng 図〖条〗鉤虫,十二指腸虫〖～病〗十二指腸虫病
【钩(勾)心斗角】gōu xīn dòu jiǎo 〖成〗相手を排斥すべくあれこれ計略をめぐらす
【钩子】gōuzi 図（物を引っ掛ける）かぎ,フック〖火～〗火掻き

【句】Gōu 図人名・地名に用いる〖～践〗句践〖高～骊 lí〗高句麗
⇨jù

【佝】gōu ⊗以下を見よ
【佝偻】gōulou/gōulóu 動（口）（背を）曲げる〖～着腰〗腰を曲げる〖～病〗くる病〖軟骨病〗

【缑(緱)】gōu ⊗①刀の柄に巻く縄 ②(G-)姓

【篝】gōu ⊗かご
【篝火】gōuhuǒ 図かがり火,キャンプファイヤー〖生～〗かがり火をたく

【鞲】gōu 図〖～鞴 bèi〗（旧）ピストン

【苟】gǒu 形①いい加減にする,無とんちゃくな〖一丝不～〗少しもゆるがせにしない ②一時的に,かりそめに ③仮に,もし
動 結びつく,野合する
【苟合】gǒuhé 動〖書〗（男女が）私通する,野合する
【苟活】gǒuhuó 動一時的に生き延びる,いい加減に生きる
【苟且】gǒuqiě 形 ①いい加減な〖～偷安〗目先の安逸をむさぼる ②（男女の関係について）いかがわしい〖～之事〗いかがわしいこと
【苟延残喘】gǒu yán cán chuǎn 〖成〗辛うじて余命を保つ,虫の息で生命をつなぐ

【狗】gǒu 図〖条・只〗犬〖～粮〗ドッグフード〖野～〗野犬,野良犬〖走～〗（悪人の）手先
【狗急跳墙】gǒu jí tiào qiáng 〖成〗

(追いつめられると犬は塀を跳び越える>)【窮鼠】猫をかむ

【狗屁】gǒupì 图 (話や文章が) 下らぬこと, ばかげたこと (罵語として使う) [～不通] 下らないたわごとに

【狗屎堆】gǒushǐduī 图 犬の糞の山;〈転〉下らぬ奴, 見下げ果てた奴

【狗腿子】gǒutuǐzi 图〈口〉(悪徳ボスの) 手先, 取り巻き 働[走狗]

【狗尾草】gǒuwěicǎo 图【植】ネコジャラシ, エノコログサ

【狗熊】gǒuxióng 图 [只·头] ツキノワグマ

【狗血喷头】gǒuxuè pēn tóu《成》罵詈雑言を浴びせる [骂得～] 口を極めて罵る

【狗仗人势】gǒu zhàng rén shì《成》(犬が主人の勢力を笠に人をいじめる, 虎の威を借る 働[狐假虎威]

【狗嘴长不出象牙】gǒu zuǐ zhǎngbuchū xiàngyá《俗》(犬の口に象牙は生えぬ>) 悪人の口から立派な言葉が出る訳がない

【枸】 gǒu ⊗[～杞 qǐ]【植】クコ ♦実が漢方薬になる. '枸橘'(カラタチ) は gōujú と発音

【勾】(*句) gòu ⊗① 以下を見よ ② (G-) 姓
⇨ gōu

【勾当】gòudang/gòudàng 图 (よくない) こと, 仕事 [干了见不得人的～] 人に言えないようなことを仕出かした

【构】(構) gòu ⊗① 組み立てる, 作り上げる, 構える [虚～] でっちあげる, フィクションで書く ② 文芸作品 ③【植】コウゾ

*【构成】gòuchéng 動 構成する, 組み立てる [由三个部分～] 3つの部分から成る

【构件】gòujiàn 图【建】構材, 部材,【機】部材

【构思】gòusī 動 構想する, 腹案を作る (働[构想])[～一篇论文] 論文の構想を練る

【构图】gòutú 图【美】構図, 画面構成

【构造】gòuzào 图 構造 (働[结构])[句子的～] 文の構造

【构筑】gòuzhù 動 (多く軍事施設を) 構築する

【购】(購) gòu 動 買う [采～] 買い付ける [赊～] 付けで買う

【购并】gòubìng 動 買収合併をする

【购买】gòumǎi 動 購入する, 仕入れる [～欲] 購買欲

*【购物】gòuwù 動 買い物をする [～中心] ショッピングセンター

【购销】gòuxiāo 图 購入と販売

【购置】gòuzhì 動 (耐久品を) 購入する 働[购办]

【诟】(詬) gòu ⊗① 恥辱, 屈辱 ② 辱める, 罵倒する

【诟骂】gòumà 動《書》辱める, 激しく罵る

【垢】 gòu ⊗① 汚い, 汚れた ② 汚れたもの, あか [牙～] 歯垢 ③ 恥辱, 屈辱

【够】(夠) gòu 動 ① 足りる, 充分に足りる [有三个人就～了] 3人いれば十分だ [时间不一用] 時間が足りない [一三天吃] 食べるのは3日分は十分ある ② 達する, 届く [～标准] 規準に達している ③ あきる [听～了] 聞きあきた 一 圖 [·的, ·了を伴って] 充分に, たっぷり [～累的] くたくただ [～快了] 実に早い

【够本】gòuběn 動 (～儿) 元がとれる, 損得なしになる ②〈転〉得失が引き合う

【够不上】gòubushàng 動 (ある基準に) 達しえない, 届かない 反[够得上]

【够不着】gòubuzháo 動 (位置が離れていて手が) 届かない 反[够得着]

【够格】gòu'gé 動 (～儿) ある基準や条件を満たす, 資格をそなえる

【够劲儿】gòujìnr 形〈口〉① もう十分だ, あんまりだ ② 程度が強い [这茅台酒真～] このマオタイ酒はほんとに強い

【够朋友】gòu péngyou 動 友達甲斐がある 働[够交情]

【够呛(够戗)】gòuqiàng 形《方》(耐えがたい程度にまで) ひどい, たまらない [热得真～] 暑くてたまらない

【够受的】gòushòude 形 耐えられない, たまらない [累得～] もうくたくただ

【够味儿】gòuwèir 形〈口〉味がある, なかなか面白い

【够意思】gòu yìsi 形〈口〉① なかなかのものだ, けっこういける [他写得可真～] 彼の書くものは実にいいね ②⇨[够朋友]

【媾】 gòu ⊗① 交わる, 結び付く ② 婚姻する ③ 性的に交わる [交～] 性交する

【媾和】gòuhé 動 講和する

【觏】(覯) gòu ⊗ 出会う

【彀】 gòu ⊗ 弓を引く [～中]《書》弓の射程範囲, ワナ

【估】 gū 動 見積もる, 評価する ♦'估衣'(古着) は gùyī と発音 [低～] 低く評価する

【估计】gūjì 動 見積もる, 推量する

【估价】gū'jià 動 (商品を) 評価する, 値ぶみする [请你估估价] ちょっと

値をつけて下さい
—— gūjià [動](人物や事物を)評価する〚正确地～历史人物〛歴史上の人物を正しく評価する
【估量】gūliang [動]見積もる, 見当をつける〚你～一下这个有多重〛これの重さを当ててみて
【估摸】gūmo [動]《口》…と思う, 見当を付ける〚我～着他不会来〛(私が見るところ)彼は来ないと思う
【沽】gū ⊗①買う［～酒］酒を買う ②売る ③(G-)天津の別称
【咕】gū [擬]めんどりや鳩などの鳴き声
【咕咚】gūdōng [擬]①(重い物が落ちる音の形容) ごとん ②(物が揺れた音の形容)がたんがたん
【咕嘟】gūdū [擬]①(わき水がわいたり, 湯がたぎるさまの形容)こんこん, ぐらぐら ②(水などを飲むときの音の形容)ごくごく
—— gūdu [動]①ぐつぐつ煮る〚～嘟地斟满白酒〛どくどくと'白酒'を杯いっぱいについだ〚～了半天〛ーしきりぐつぐつと煮た ②《方》(口を)とがらす〚～着嘴〛口をとがらしている
【咕唧(咕叽)】gūjī [擬](水音の形容)ぴちゃぴちゃ
—— gūji [動]ひそひそささやく, ぶつぶつ独り言を言う
【咕噜】gūlū [擬]①(空腹で腹の鳴る音の形容) ぐうぐう ②(物が転がる音の形容) ごろごろ ③(小声でつぶやく音の形容)ぶつぶつ
—— gūlu [動]ぶつぶつ言う, つぶやく
【咕哝】gūnong [動](不満で独り言を) ぶつぶつ言う, つぶやく〚你～什么?〛なにをぶつぶつ言っているんだ
【姑】gū [名](～儿)父の姉妹 [同][姑姑]
⊗①夫の姉妹［小～儿］夫の妹 ②未婚の女子［村～］村のむすめ ③尼(あま)［尼～］同前 ④しばらく, 暫時
【姑夫(姑父)】gūfu [名]父の姉妹の夫
★★【姑姑】gūgu [名]《口》父の姉妹, おばさん
【姑妈】gūmā [名]《口》父の(既婚の)姉妹, おばさん
【姑母】gūmǔ [名]父の姉妹, おばさん
【姑奶奶】gūnǎinai [名]《口》①嫁いだ娘(実家がいう呼称) ②父の'姑母(おば)'
★★【姑娘】gūniáng [名]《方》①[同]《普》[姑母] ②夫の姉妹
—— gūniang [名]①未婚の女子［小～］小娘, 娘さん ②《口》(親族名称としての) 娘［大～］一番上の娘, 長女
★【姑且】gūqiě [副]しばらく, ひとまず〚～不提〛(この話は)ひとまず措(お)く
【姑妄听之】gū wàng tīng zhī《成》(信じる信じないにかかわらず)聞くだけ聞いておく
【姑息】gūxī [動]《貶》甘くする, 大目にみる［～养奸］悪人や悪事を(甘い顔をして)のさばらせる
【菇】gū ⊗キノコ［蘑～ mógu］同前［香～］シイタケ
【轱(軲)】gū ⊗以下を見よ
【轱辘(轱轳·毂辘)】gūlu [名]《口》車輪［～鞋］ローラースケート靴 — [動]ごろごろ転がる〚木桶～过来了〛桶が転がってきた
【蛄】gū ⊗→[蝼 lóu ～]
【孤】gū ⊗①みなし子, 孤児［～儿］孤児 ②独り, 単独の ③古代の王侯の自称
【孤傲】gū'ào [動]《貶》超然として傲慢な, 孤高づらをした
【孤本】gūběn [名]《書》1冊しか現存しない珍しい書籍
★★【孤单】gūdān [形]①(身寄りもなく)独りぼっちの ②力が弱い, 無力な, 手薄な
★【孤独】gūdú [形]独りぼっちの, 孤独な〚感到很～〛孤独で寂しい思いをする
【孤独症】gūdúzhèng [名]自閉症
【孤儿】gū'ér [名]①孤児, みなし子 ②父を失った子
【孤芳自赏】gū fāng zì shǎng《成》孤高をもって自ら任じ, 自分自身に酔いしれる
【孤高】gūgāo [形]《書》独り超然としている, 孤高の
【孤寡】gūguǎ [名]父を失った子と夫に先立たれた女, 孤児と寡婦 — [形]孤独な, 身よりのない [同][孤独]
【孤寂】gūjì [形]《書》孤独で寂しい
【孤军】gūjūn [名]孤軍［～奋战］孤軍奮闘する
【孤老】gūlǎo [名]身寄りのない老人, 独り残された年寄り — [形]老いて孤独な, 年老いて身寄りのない
★【孤立】gūlì [形]孤立した, 単独の — [動]孤立させる〚～敌人〛敵を孤立させる［～案件］(他と関わりのない)単独の事件
【孤立语】gūlìyǔ [名]〚語〛孤立語('汉语'はその代表的言語) [同][词根语]
【孤零零】gūlínglíng [形](～的)独りぽつんとした
【孤孀】gūshuāng [名]寡婦, やもめ
【孤掌难鸣】gū zhǎng nán míng《成》(片手では手をたたけない>)一人では何もできない

gǔ

【孤注一掷】 gū zhù yí zhì《成》最後のかけに出る,一か八かの勝負に出る

【觚】 gū ⊗ ① 古代の酒器 ② 文字を書く木製の多角柱

【骨】 gū ⊗ 以下を見よ ⇨ gú, gǔ

【骨朵儿】 gūduor ⊗《口》(花の)つぼみ

【骨碌】 gūlu 動 ころころ転がる〖皮球在地上～着〗ゴムボールが地面を転がっている

【辜】 gū ⊗① 罪〖无～〗罪のない ②(G-)姓

*【辜负(孤负)】** gūfù 動（好意・期待などを）無にする,背く〖～期望〗期待に背く

【箍】 gū 動 たがをはめる,固くつなぎ止める〖～桶〗桶のたがをはめる ― ⊗（～儿）たが

【骨】 gú ⊗ gǔ の旧読 ⇨ gū, gǔ

【古】 gǔ 形 古びた,年を経た（働[旧]）〖这座庙～得很〗この寺は古めかしいいにしえ,昔［仿～〗古代の(芸術)作品をまねる

【古板】 gǔbǎn 形 かたくなな,頭が固い

【古刹】 gǔchà ⊗ 古刹,古い寺

*【古代】** gǔdài ⊗ 古代 ♦ 中国ではアヘン戦争以前の時代を総称している

*【古典】** gǔdiǎn ⊗① 古典〖～音乐〗クラシック音楽 ② 典故

*【古董(骨董)】** gǔdǒng ⊗（～儿）① 骨董,古物 ②(転)時代おくれの物,頑固者

【古尔邦节】 Gǔ'ěrbāngjié ⊗ クルバン節 ♦ イスラム教徒の犠牲祭,イスラム暦12月10日に行われる

*【古怪】** gǔguài 形 奇怪な,風変わりな〖脾气～〗性格が変わっている

【古话】 gǔhuà ⊗ 昔の人の言葉〖～说,…〗昔から…と言い継がれている

【古籍】 gǔjí ⊗ 古代の書籍

【古迹】 gǔjì ⊗ 旧跡,遺跡［名胜～〗名勝旧跡

【古今】 gǔjīn ⊗ 古今,昔から今まで［～中外〗古今東西

【古柯碱】 gǔkējiǎn ⊗ コカイン働[可卡因]

【古来】 gǔlái ⊗ 古来,昔から

【古兰经】 Gǔlánjīng ⊗《宗》コーラン（イスラム教の経典）働[可兰经]

*【古老】** gǔlǎo 形 古めかしい,長い年月を経た

【古老肉】 gǔlǎoròu ⊗ 酢豚

【古色古香】 gǔ sè gǔ xiāng《成》古くて優雅な趣がただよう

【古书】 gǔshū ⊗ 昔の本,古籍

【古玩】 gǔwán ⊗ 骨董

【古往今来】 gǔ wǎng jīn lái《成》昔からあらゆる時代にわたる

【古为今用】 gǔ wéi jīn yòng《成》古い文化遺産を（批判的に）継承し,精髄だけを吸収して〉現代のために生かそうという政策や姿勢

【古文】 gǔwén ⊗① 文言文（狭義には骈儷文に対する古文）②《語》古文（隷書すなわち今文に対し先秦のある種の字体を指す）

【古物】 gǔwù ⊗ 古美術品,古文物

【古稀】 gǔxī ⊗ 古稀,70歳〖年已～〗古稀となった

【古雅】 gǔyǎ 形（器物について）古めかしく優雅な,古風で上品な

【古谚】 gǔyàn ⊗ 古くからの諺

【古拙】 gǔzhuō 形 古拙だ,古くて技巧は拙いが趣がある

【诂(詁)】 gǔ ⊗ 現代の用語で古語を解釈する［训～〗訓詁

【牯】 gǔ ⊗ 雄牛［～牛〗同前

【钴(鈷)】 gǔ ⊗《化》コバルト［～线疗法〗コバルト照射療法

【罟】 gǔ ⊗ 魚網

【嘏】 gǔ/jiǎ 福,幸い

【汩】 gǔ ⊗ 水が流れるさま

【汩汩】 gǔgǔ 擬 水が流れる音

【汩没】 gǔmò 動《書》埋もれる,埋没する

【谷】 gǔ ⊗① 谷［山～〗谷 ② 窮まる［进退维～〗進退窮まる ③(G-)姓 ⇨ yù

【―(穀)】 ⊗① アワ［～子〗同前 ②《方》稲,籾,米 ③ 穀物［五～〗五穀 ♦「良」の意の文語は「穀」と表記

【谷草】 gǔcǎo ⊗① アワのわら ②《方》稲わら働[普][稻草]

【谷地】 gǔdì ⊗ 谷

【谷歌】 Gǔgē ⊗ グーグル ♦ 検索エンジンの一

【谷类作物】 gǔlèi zuòwù ⊗ 穀類 ♦ 稲・麦・アワ・コーリャン・トウモロコシをいう

【谷物】 gǔwù ⊗ 穀物

【谷雨】 gǔyǔ ⊗ 二十四節気の一,穀雨 ♦ 太陽暦4月19日から21日頃に当たる働[二十四节气]

【谷子】 gǔzi ⊗ アワ,籾よりも前のアワの実 ♦ 文語は「粟」脱穀したあとは「小米」という

【股】 gǔ ⊗①（～儿）出資金,株［～价〗株価 ②（～儿）(ひも・縄の)縒り〖把线捻成～儿〗糸を縒ってひもにする［三～绳〗三つよりの縄 ― 量（～儿）① 糸状に長いもの〖一～线〗一筋の糸〖两

～小道〗二筋の小道 ②におい·気体·力などを数える〖一～书生味儿〗書生っぽさ ③人の集団〖一～土匪〗一団の匪賊

⊗①(役所·団体の) 係［人事～］人事係 ②股, ふともも

【股本】gǔběn [名](株式会社や共同経営事業の)資本, 資本金

★【股东】gǔdōng [名]株主, 共同出資者［～大会］株主総会［大～］大株主

★【股份(股分)】gǔfèn [名]株［～公司］株式会社［～红利］(株の) 配当

【股肱】gǔgōng [名]《書》頼りとなる人, 片腕

【股骨】gǔgǔ [名]大腿骨

【股金】gǔjīn [名]出資金, 株金

★★【股票】gǔpiào [名]株券

【股市】gǔshì [名]('股票市场'の略) 株式市場, 証券市場

【股息】gǔxī [名]株配当, 株式利息 [同][股利]

【股子】gǔzi [名]株, 持株 —[量]におい·気体·力などを数える

〖骨(骨)〗gǔ ⊗①骨［接～］接骨(する)［～髓 suǐ］骨髄 ②骨状のもの, 骨組［钢～］鉄筋, 鉄骨 ③気概, 人間の品性［媚～］人にこびる性格

⇨gū, gú

【骨董】gǔdǒng [名]骨董 [同][古董]

★【骨干】gǔgàn [名]①〖生〗骨幹 ②中心的役割を果たす人(事物), 中核, 基幹〖起～(的) 作用〗中核的役割を果たす

【骨骼】gǔgé [名]骨格

【骨灰】gǔhuī [名]①(火葬後の)遺骨 ②動物の骨灰(肥料)

【骨架】gǔjià [名]骨組み〖高楼的～〗ビルの骨組み

【骨力】gǔlì [名]雄渾な筆力, 毛筆文字の力強さ

【骨牌】gǔpái [名]骨牌 ♦骨·象牙·竹製などの32枚のパイから成る

【骨牌效应】gǔpái xiàoyìng [名]ドミノ効果

【骨气】gǔqì [名]①気骨, 気概 ②毛筆の力強い筆勢〖他很有～〗あいつはじつに骨っぽい

【骨肉】gǔròu [名]骨肉, 肉親［亲生～］血のつながった肉親［～相残］骨肉の争い

【骨殖】gǔshi [名]骸骨

【骨瘦如柴】gǔ shòu rú chái《成》枯れ木のごとくに痩せている, がりがりに痩せた

★★【骨头】gǔtou [名]①骨 ②気骨, 気概［硬～］骨のある男 ③《方》言葉に含まれる皮肉や嫌味, とげ

【骨血】gǔxuè [名]骨肉, 肉親 ♦多く子女をいう

【骨折】gǔzhé [動]骨折する〖右臂～了〗右腕を骨折した

【骨子】gǔzi [名]骨組み, フレーム［伞～］傘の骨［扇～］扇の骨［～里］《転》心の中, 実質

〖贾(賈)〗gǔ ⊗①店舗を構えた商人(これに対し'商'の本義は行商人)［商～］《書》商人(総称) ②商う ③買う ④《書》売る

⇨jiǎ

〖蛊(蠱)〗gǔ ⊗伝説上の毒虫

【蛊惑】gǔhuò [動](人の心を) むしばむ, 惑わせる

〖鹄(鵠)〗gǔ ⊗弓の的(口語は'箭靶子')［中～］《書》命中する, 的を射る

⇨hú

【鼓】gǔ [名]〔面〕鼓〖敲～〗太鼓を打つ —[動]①(楽器などを) たたく, 弾く ②奮い起こす, 元気づける〖～起勇气〗勇気を奮い起こす ③(ふいごなどで) 風を送る〖～了一阵子风〗一しきり風を送り込む ④膨らます〖～着嘴〗膨れっ面をする —[形]膨らんだ〖书包装得～～的〗詰め込みすぎでカバンが膨らんでいる

【鼓板】gǔbǎn [名]一種の拍子木 [同][拍板]

【鼓吹】gǔchuī [動]①鼓吹する, 宣伝する ②《貶》ほらを吹く〖～自己的成绩〗自分の成績を誇大に宣伝する

【鼓点子】gǔdiǎnzi [名]①太鼓のリズム ②(伝統劇の伴奏で) 他の楽器をリードする'板子'(カスタネットに似た楽器)のリズム

★【鼓动】gǔdòng [動]奮い立たせる, 扇動する ♦悪い意味にも使う〖～大家前进〗皆を励まし前進させる

【鼓风机】gǔfēngjī [名]〔台〕送風機

【鼓鼓囊囊】gǔgunāngnāng (gúgu- と発音) [形](～的) ぱんぱんに膨れた, 膨れあがった

【鼓劲】gǔ▼jìn [動](～儿) 元気付ける, 奮起させる

★★【鼓励】gǔlì [動]励ます, 激励する〖～他进行试验〗彼を励まして実験を行わせる

【鼓楼】gǔlóu [名]鼓楼 ♦太鼓で時刻を知らせる

【鼓膜】gǔmó [名]鼓膜〖～穿孔〗鼓膜が破れる

【鼓手】gǔshǒu [名]太鼓打ち, ドラマー

【鼓书】gǔshū [名]小太鼓を打ちながら韻文の物語をうたう演芸の一種 [同][大鼓]

★★【鼓舞】gǔwǔ [動]奮い立たせる, 元気付ける〖～人心〗人心を鼓舞する

— [形] 奮起した, 興奮した

★★【鼓掌】gǔ▾zhǎng [動] 拍手する, 手をたたく 〘～欢迎〙拍手で迎える

【鼓胀】gǔzhàng [動] (体の一部が) ふくれる

〖瞽〗gǔ ⊗ 目が見えない, 識別能力がない [～者]《書》盲人 [～说]《書》でたらめな言説

〖毂(轂)〗gǔ ⊗ こしき, 車軸の中心

〖固〗gù ⊗ ① 固い, 固める ② 丈夫な, しっかりした [牢～] しっかりしている ③ きっぱりと, 断固として [～辞]《書》固辞する ④ もともと [～有] もとからある ⑤ もとより, むろん ⑥ (G-)姓

★★【固定】gùdìng [形] 固定した, 不変の [～节目] 定時番組 [～汇率] 固定為替レート [～资金] 固定資本 — [動] 固定させる, 定着させる

【固陋】gùlòu [形]《書》見聞が狭くかたくなな

★【固然】gùrán [副] むろん, 確かに ♦ 後に反転する言葉が続く 〘这个办法～好, 但目前还实行不了〙この方法は確かにいいが, いまはまだ実行できない

【固沙林】gùshālín [名] (砂漠などの) 砂防林

【固守】gùshǒu [動] ① 固守する, 守り抜く ② 固執する

★★【固体】gùtǐ [名] 固体

★【固有】gùyǒu [形]〔定語として〕固有の, もとからある 〘～的矛盾〙もとからある矛盾

★【固执】gùzhi [動] 固執する, こだわる — [形] かたくなな, 片意地な 〘性情～〙性格がかたくなだ

【固执己见】gù zhí jǐ jiàn《成》自分の意見に固執する

〖痼〗gù ⊗ いつまでも直らない, 長く染みついてしまった [～疾 jí] 持病 [～习] 根深い悪習

〖锢(錮)〗gù ⊗ ① 溶かした金属で透き間をふさぐ ② 閉じ込める, 監禁する [禁～] 禁錮

〖故〗gù ⊗ ① 意外な事, 事故 [变～] 変事 ② 原因, わけ [无缘无～] 何の理由もなく ③ 友人, 旧知 [一见如～] 初対面で旧知のごとくに打ち解ける ④ 死ぬ, 世を去る [病～] 病死(する) ⑤ 過去の, もとの, 古い [～交]《書》親友 ⑥ 故意に, わざと ⑦ だから, それゆえに

【故步自封(固步自封)】gù bù zì fēng《成》現状に甘んじて進歩を求めない [同][墨守成规]

【故地】gùdì [名] かつて住んだ土地 [～重游] 想い出の地を再訪する

【故都】gùdū [名] 古都

【故宫】gùgōng [名] 昔の皇宫(特に北京の紫禁城)

【故旧】gùjiù [名]《書》旧友, 旧知 [～不弃] 昔の友を忘れてはならぬ

【故居】gùjū [名] 旧居, かつての住い ([同][旧居]) 〘茅盾(的)～〙(小説家の) 茅盾(マオトン)の旧居

【故去】gùqù [動] (年長者が) 亡くなる

【故人】gùrén [名] ① 旧友 [同][故交] ② 故人

【故杀】gùshā [動] 故意に人を殺す, 故殺(こさつ)する

★★【故事】gùshì [名] 慣行, ならわし —— gùshi [名] 物語, 話, 事の筋 〘讲～〙物語を話す [民间～] 民話 [～片] 劇映画

【故土】gùtǔ [名]《書》故郷

★【故乡】gùxiāng [名] 故郷([同][家乡][老家]) 〘怀念～〙ふるさとを懐しむ

★★【故意】gùyì [副] 故意に([同][有意]) 〘～作对〙ことさらに逆らう 〘不是～的〙わざとやったのではない — [名]〘法〙故意

【故友】gùyǒu [名] ① 亡くなった親友, 亡き友 ② 旧友

★【故障】gùzhàng [名] (機械器具の) 故障([類][毛病]) 〘出～〙故障が起きる

〖顾(顧)〗gù [動] 配慮する, 気を配る 〘不～别人〙他人のことを気に掛けない 〘～不上关门〙ドアを閉じる余裕もない ⊗ ① 振り返る, 見る [回～] 顧みる ② 訪問する, 訪れる [光～] ご来駕(が) ③ 商いの客 [主～] お得意さん ④ しかし, ただ ⑤ (G-)姓

【顾此失彼】gù cǐ shī bǐ《成》こちらを立てればあちらが立たず

【顾及】gùjí [動] …にまで気を配る 〘～别人的利益〙他人の利益にも気を配る [无暇～] 顧みる暇がない ♦ '顾不及' (気を配るゆとりがない) の形もある

【顾忌】gùjì [動] はばかられる, (気がとがめて) ためらう 〘无所～〙何らはばかるところがない

【顾家】gù▾jiā [動] 家庭のことを気に掛ける, 家族を扶養する

★★【顾客】gùkè [名] 顧客, 買物客 〘～盈门〙客が大入りである

【顾脸】gù▾liǎn [動] メンツにとらわれる, 体面にこだわる

【顾恋】gùliàn [動] 気に掛ける, 心をひかれる [同][顾念][留恋]

★【顾虑】gùlǜ [動] 危惧する, 心配する 〘他～上不好课〙彼は授業がうまくできないことを恐れる 〘～重重〙心配事が多い

【顾名思义】gù míng sī yì《成》（事物の）名を聞いて内容の見当を付ける
【顾全】gùquán [動] 不利にならぬよう気を配る〚～大局〛全体の利益に配慮を払う
*【顾问】gùwèn [名] 顧問〚当～〛顧問となる
【顾惜】gùxī [動]（損なわれないよう）大切にする〚～身体〛体をいたわる
【顾影自怜】gù yǐng zì lián《成》自分の影を見て我が身をいとおしむ ♦ 孤独を嘆く意と自己陶酔の意がある

〖梏〗gù ⊗ 手かせ［桎 zhì～］《書》足かせと手かせ，桎梏(しっこく)

【雇(僱)】gù [動] 雇う〚～保姆〛お手伝いさんを雇う〚～车〛車を雇う
【雇工】gù▼gōng [動] 人手を雇う —— gùgōng [名] 雇い人，農村の日傭(ひよう)取り
【雇农】gùnóng [名] 雇農，作男 ♦'长工，月工，零工'の別がある
**【雇佣】gùyōng [動]〔多く定語として〕雇用する，雇う［～观点］雇われ人根性
【雇用】gùyòng [動] 雇う

【瓜(瓜)】guā [名] ウリ［西～］スイカ［黄～］キュウリ［南～］カボチャ［种～得～］ウリの蔓(つる)にナスビはならぬ
【瓜分】guāfēn [動]（物や領土を）分割する
【瓜葛】guāgé [名]（ウリやクズの蔓がからまるように）互いにかかわりあうこと，相互関連〚有～〛繋がりがある
【瓜皮帽】guāpímào [名]（～儿）〔顶〕おわん帽（スイカを半切りした形に似る）
【瓜熟蒂落】guā shú dì luò《成》（ウリが熟すとへたから落ちる＞）条件が整えば事は自然に成就する [同]［水到渠成］
【瓜田李下】guātián lǐxià《成》（「瓜田に履(くつ)をいれず，李下に冠を正さず」の句から）人の嫌疑を受けやすい場所
【瓜蔓】guāwàn [名] ウリの蔓(つる)
【瓜子】guāzǐ [名]（～儿）〔颗〕（塩煎りした）カボチャあるいはスイカの種〚嗑 kè～〛（おやつに）種をかじる
【瓜子脸】guāzǐliǎn [名]〔张〕瓜実(うりざね)顔

〖呱〗guā ⊗ 以下を見よ
【呱嗒】guādā [擬] 硬いもの同士がぶつかる音
【呱呱】guāguā [擬] ①アヒルや蛙の声がぁーがぁー，ぐわっぐわっ ②赤ちゃんの泣き声
【呱呱(刮刮)叫】guāguājiào [形]《口》飛び切り上等の，最高の

【刮】guā [動] ①刃物などで表面のものを削る，削ぎ落とす〚～胡子〛ひげを剃る〚～皮〛皮をむく ②（のりなどを）塗り付ける〚～石灰〛石灰を塗る ③（財物を）搾り取る，かすめ取る
【—(颳)】[動]（風が）吹く
【刮地皮】guā dìpí [動] 民百姓から搾り取る，やたら収奪する
**【刮风】guā▼fēng [動] 風が吹く
【刮脸】guā▼liǎn [動] 顔を当たる，ひげを剃る［～刀］かみそり
【刮脸皮】guā liǎnpí [動]《方》人差指で自分の頬を軽くこする ♦ 相手をさげすむ動作で，同時に口で'羞 xiū 羞羞！'（恥ずかしくないのか）と言うことも多い
【刮目相看】guā mù xiāng kàn《成》（先入観を捨てて）期待の目で人に対する，人を見直し高く評価する [同]［刮目相待］
【刮痧】guāshā [名] 民間療法の一，銅貨などに水や油をつけて患者の胸や背中をこすり，皮膚を充血させて，内部の炎症を軽減する

〖鸹(鴰)〗guā ⊗ →［老 lǎo～］

【剐(剮)】guǎ [動] 鋭利なもので裂く，引っかく ⊗（刑として）体を切り刻む［千刀万～］同前

〖寡〗guǎ ⊗ ①少ない，欠ける［～不敌众］衆寡敵せず［多～不等］多い少ないがある ②やもめ（の）［～妇 fù］やもめ，寡婦，未亡人
【寡廉鲜耻】guǎ lián xiǎn chǐ《成》強欲で恥知らず
【寡情】guǎqíng [形] 薄情な，情け知らずの［～薄义］情義を欠いた
【寡头】guǎtóu [名] 一握りのボス，少数独裁者［～政治］寡頭政治
【寡味】guǎwèi [形] 味気ない，面白くない［索然～］無味乾燥な
【寡言】guǎyán [形] 寡黙(かもく)な，口数の少ない

〖诖(註)〗guà ⊗ だます
【诖误(罣误)】guàwù [動]《書》連座する，巻添えをくう〚为人～〛人の罪に連座する

【卦】guà [名] 易(えき)の卦(け)，八卦〚占了一～〛易を立てる

【褂】guà [名]（～儿）〔件〕中国式ひとえ上衣［～子］同前［大～子］同前の長いもの［小～儿］短いひとえの上衣

【挂(掛)】guà [動] ①掛ける，つるす〚～地图〛地図を掛ける〚～灯笼〛ちょう

ちんをつるす ②電話を切る，受話器を置く〖別～电话〗電話を切らないで ③電話をかける(普通'打'を使う)〖～长途〗長距離電話をかける ④引っ掛ける〖衣服被钉子～上了〗服がくぎに引っ掛かった ⑤登録する，受付に申し込む〖～内科〗内科の診察を申し込む ⑥《方》(心に)掛かる，案じる ⑦《方》(表面に)付着する〖～油〗油が付く — [量]一そろい，また一繋がりのもの〖十多～鞭炮〗十数連の爆竹

【挂碍】guà'ài [名]気掛かり，懸念

【挂彩】guà'cǎi [動](祝い事で) 赤い絹布を掛ける；《転》戦闘で負傷する〖肩膀上～了〗肩を負傷した

【挂齿】guàchǐ [動]口にする，言及する［何足～］取り立てて言うほどのことはない

【挂灯】guàdēng [名]つり下げた灯火

【挂钩】guà'gōu [動]①(列車を) 連結する ②わたりをつける，リンクする〖跟工厂挂好了钩〗工場と繋がりをつけた

【挂果】guà'guǒ [動]果実がなる，実を結ぶ [同][结果]

★★【挂号】guà'hào [動]①申し込む，登録する〖请排队～〗並んで手続きして下さい ②書留にする［～信］書留郵便

【挂花】guà'huā [動]戦闘で負傷する [同][挂彩]

【挂记】guàji/guàjì [動]気に掛ける，心配する [同]《方》[记挂]

【挂累】guàlěi [動]巻添えにする([同][连累])〖别～他〗彼を巻添えにするな

【挂历】guàlì [名]壁掛けカレンダー

【挂零】guàlíng [動](～儿)端数がつく，…を少し上回る〖四十～〗40あまり

【挂虑】guàlǜ [動]気に掛ける，心配する [同][挂念]

【挂面】guàmiàn [名]乾麺，干しうどん [関][切面]

【挂名】guà'míng [動](～儿)名前だけ連ねる，(実務を伴わず) 肩書きだけをもつ

【挂念】guàniàn [動]気に掛ける [同][挂心]

【挂牌】guà'pái [動]看板を掲げる，開業する〖～行医〗医者として開業する

【挂失】guà'shī [動](小切手や証券などの)紛失届を出す，無効を発表する

【挂帅】guà'shuài [動]全体の指揮をとる，すべてを統括する

【挂图】guàtú [名]〔张·幅〕掛け図

【挂相】guà'xiàng [動](感情を) 顔に出す，顔色を変える

【挂孝】guà'xiào [動]喪服を着る，喪に服す [同][带孝]

【挂羊头卖狗肉】guà yángtóu mài gǒuròu《成》(羊頭をかかげて狗肉(くにく)を売る＞) 立派な看板を掲げるものの内容が伴わない

【挂一漏万】guà yī lòu wàn《成》遺漏が多い，あれこれ手抜かりがある

【挂钟】guàzhōng [名]〔座·只·台〕掛け時計

【挂轴】guàzhóu [名](～儿)掛け軸

【乖】

guāi [形]①(子供が) おとなしい，素直な〖这孩子真～〗この子は本当に素直だ ②賢い，利口な［～觉］機敏で賢い
⊗①非常識な，道にもとる［～舛］間違った ②ひねくれた

【乖乖】guāiguāi [形](～儿的)おとなしい，ききわけがよい〖～地呆在家里〗おとなしく家にいる
—— guāiguai/guāiguāi [名](幼児に対して)いい子，お利口さん

【乖戾】guāilì [形]ひねくれた，つむじ曲がりの

【乖僻】guāipì [形]偏屈な，風変わりな〖性情～〗性格がねじけている

【乖巧】guāiqiǎo [形]①人に好かれる ②賢い，頭のめぐりが早い

【掴(摑)】

guāi/ guó [動]平手でたたく〖～对方一巴掌〗相手に平手打ちを食らわせる

【拐】

guǎi [動]①曲がる〖向左～〗左へ曲がる ②かどわかす，持ち逃げする〖～小孩子〗子供を誘拐する［～骗］誘拐する ③びっこをひく，足を引きずる〖走路一瘸一～〗足を引きずって歩く — [名]'七'の別の呼び方

【―(柺)】

[名]杖，松葉杖［～杖］同前［丁字～］松葉杖

【拐带】guǎidài [動]誘拐する，人さらいを働く〖～妇女〗婦女を誘拐する

【拐棍】guǎigùn [名](～儿)〔根〕柄の曲がった杖，ステッキ；《転》手助け〖拄～〗杖をつく

【拐角】guǎijiǎo [名](～儿)曲がり角〖往左拐的～〗左に曲がる角

【拐卖】guǎimài [動](人を) さらってきて売り飛ばす〖～人口〗人をさらい売りとばす

【拐骗】guǎipiàn [動]騙し取る，誘拐する

★★【拐弯】guǎi'wān [動](～儿)角を曲がる，方向を変える〖由这儿～〗ここから曲がる
—— guǎiwān [名](～儿)曲がり角 [同][拐角]

【拐弯抹角】guǎi wān mò jiǎo《成》①くねくね曲がる，遠回りする ②回りくどい，遠回しに言う

★【拐杖】guǎizhàng [名]〔根〕柄の曲がった杖，ステッキ([同][拐棍])〖拄

~〛杖をつく
【拐子】guǎizi 图 ①くるぶし ②びっこ ③人さらい, 持ち逃げ犯 ④糸巻き(道具)

【夬】guài ⊗六十四卦のひとつ

【怪(*恠)】guài 形 ①奇妙な, 変な〚脾气很~〛性格が変わっている〚奇~〛奇妙な ②とがめる, 責める〚不要~别人〛人を責めるな —副(口)たいへん, とても〚~不错的〛なかなかのものだ
⊗①驚く, いぶかる ②怪しいもの(こと) [鬼~]妖怪, お化け〚大惊小~〛小さな事で大騒ぎする

★【怪不得】guàibude 副 道理で, それもそのはず〚下雪了, ~这么冷〛雪が降ってきた, 道理でこんなに寒いはずだ —動 とがめることができない〚~他〛彼を責められない
【怪诞】guàidàn 形 怪しげな, 奇怪な
【怪话】guàihuà 图 奇妙な話, でたらめな議論, 不平不満〚说~〛めちゃを言う
【怪模怪样】guài mú guài yàng (成)(~儿的) 変な格好の, グロテスクな
【怪癖】guàipǐ 图 奇癖, 変な癖
【怪僻】guàipì 形 偏屈な, ひねくれた
【怪事】guàishì 图〔件〕奇怪なこと, 不思議
【怪物】guàiwu 图 ①妖怪, 怪物 ②変人, 変わり者
【怪异】guàiyì 形 奇怪な, 怪しい —图(書)不思議な出来事, 怪奇現象
【怪怨】guàiyuàn 動 恨む, とがめる ([怪罪])〚~别人〛人に文句を言う

【关(關 *関)】guān 動 ①閉める, 閉じる〚~门〛ドアを閉める〚~收音机〛ラジオを消す ②閉じ込める, 幽閉する〚~在监牢里〛牢に入れる ③倒産する, 店じまいする ④かかわる, 関連する〚不~你的事〛君に関係のない事だ ⑤(旧)(給与を)支給する, 受け取る〚~饷〛(兵隊が)俸給を受け取る —图 関門, 関所〚突破这一~〛この難関を突破する〚海~〛税関
⊗①事物を繋いだり方向を転換したりする部分[机~]〔機械の〕装置[~节]関節 ②(G-)姓

★【关闭】guānbì 動 ①閉める, 閉じる (⇄[开放]) ②休業する, 店じまいする
【关东】Guāndōng 图 山海関以東の地 ♦[关外]
【关东糖】guāndōngtáng 图 東北地方産の麦芽糖, 白あめ ♦旧暦歳末のかまど祭りなどに珍重する
【关怀】guānhuái 動 (多く上位の人が)気遣う, 心配りをする ♦ふつう否定形は使わない〚~青少年的成长〛青少年の成長を心から気遣う
【关键】guānjiàn 图(物事の)キーポイント —形 かなめな, 決定的な意味をもつ〚这一点很~〛この点は重要だ [~词]キーワード
【关节】guānjié 图 ①(身体の)関節 ②要所, かなめ ③(旧)賄賂
【关口】guānkǒu 图〔个〕要衝, 関所 ②転機, 決定的な時機 (也)[关头]
【关联】guānlián 動 関連する〚这些问题互相~着〛これらの問題は互いに関連しあっている
【关门】guānmén 图 関門, 関所の通行口
—— guān'mén 動 ①閉店する, 廃業する ②門を閉ざす〚~主义〛閉鎖主義 ③(転)協議を打切る, 相談の余地をなくする
【关内】Guānnèi 图 山海関以西または嘉峪関以東の地 ♦長城の東端が山海関, 西端が嘉峪関である (⇄)[关里](⇄)[关外]
【关卡】guānqiǎ 图 ①(徴税や警備のための)関所, 検問所〚设立~〛検問所を設ける ②(製品や作品の審査における)関門
【关切】guānqiè 形 思いやり深い, 配慮の行き届いた〚对这件事非常~〛この事をたいへん気遣っている —動 気遣う, 心を寄せる〚这么~着我〛こんなに私のことを心配してくれる
【关涉】guānshè 動〈'~到'の形で〉…に関連する, …にかかわる
【关税】guānshuì 图〔项〕関税〚征收~〛関税を徴収する
【关停并转】guān tíng bìng zhuǎn 图 経営不振の企業や工場に対する4つの措置, 閉鎖・営業停止・合併・事業転換
【关头】guāntóu 图 重大な時機, 転機〚紧要~〛運命の時
【关外】Guānwài 图 ① (也)[关东] ②嘉峪関以西の地
【关系】guānxi/guānxì 图 ①関係, 間柄〚一~户〛互いにコネでつながる団体や個人 ②影響, 重要性〚没(有)~〛大したことはない ③原因〚由于时间的~〛時間の都合による —動〈'到'・'着'を伴って〉…にかかわる〚~到全局〛全体にかかわる
★【关心】guān'xīn 動 気遣う, 関心をもつ〚~孩子〛子供のことに気を配る
【关押】guānyā 動(獄に)収監する, 牢に入れる〚~犯人〛犯人を獄に入れる

★【关于】guānyú 介 …に関する,関する,…について(の) 〚~这个问题,我没什么意见〛この問題について,私は何も異議がない
【关张】guānzhāng 動 閉鎖する,休業する 〚铺子~了〛店を畳んだ
★【关照】guānzhào 動 ①世話をする,面倒を見る 〚请多~〛どうぞよろしくお願いします ②(口頭で)知らせる 〚~他明天早点来〛明日早めに来てくれるよう彼に言っておきなさい
【关中】Guānzhōng 名 関中,陝西省一帯
【关注】guānzhù 動 注意を払う,関心をもつ 〚~着事态的发展〛事態の発展に注目する

【观(觀)】guān ⊗ ①見る 〚坐井~天〛(井戸の中から天を見る>)視野が狭い ②景観,眺め 〔外~〕外見 ③見解,認識 〔世界~〕世界観 ⇨guàn

【观测】guāncè 動 観測する,(情況を)探る
★【观察】guānchá 動 観察する,(動きや変化を)見守る 〚~现场〛現場を観察する 〔~家〕(国際問題などの)ウォッチャー 〔~员〕(会議の)オブザーバー
【观潮派】guāncháopài 名 傍観者,岡目八目気取りの人 ◆貶される語感を伴う
★【观点】guāndiǎn 名 観点,視点,(政治的)立場 〚阐明~〛見解を明らかにする
【观风】guān'fēng 動 見張る,目を光らせる
【观光】guānguāng 動 観光する 〔~团〕観光団
【观看】guānkàn 動 参観する,観察する 〚~球技〛球技を観る
【观摩】guānmó 動 相互に研究し学び合う 〚~演出〛同上のための公演,試演
★【观念】guānniàn 名 観念,考え 〔~形态〕【哲】イデオロギー(〖意识形态〗とも)
【观赏】guānshǎng 動 観賞する,見て楽しむ 〔~植物〕観賞用植物
【观望】guānwàng 動 ①成り行きを見守る,静観する ②見渡す 〚~远山景色〛遠くの山々を眺める
【观象台】guānxiàngtái 名 観測所 ◆天文台・気象台・地震観測所などもいう
【观音】Guānyīn 名 〖略〗観世音,観音さま('观世音'の略) 〔~土〕飢饉のとき飢えをしのいで食べた白土
【观战】guānzhàn 動 (戦争やスポーツ競技について)観戦する
【观众】guānzhòng 名 観衆,観客

【官】guān 名 (~儿)官,役人 〚当~〛役人になる 〚罢~〛免官にする 〔外交~〕外交官
⊗ ①お上の,公の 〔~办〕国営の ②器官 〔五~〕五官 ③(G-)姓
【官兵】guānbīng 名 将兵,将校と兵士
【官场】guānchǎng 名 〖旧〗官界,役人世界 ◆貶していう語感がつよい
【官邸】guāndǐ 名 〔所〕官邸 ◆多くは外交官の住居をいう 反〖私邸〗
★【官方】guānfāng 名 〖多く定語として〗政府側,当局側 〔代表~〕政府側を代表する 〚~(的)消息〛政府筋からのニュース
【官府】guānfǔ 名 〖旧〗(地方の)役所
【官官相护】guān guān xiāng hù 〖成〗役人同士はかばい合う 四〖官官相卫〗
【官话】guānhuà 名 ①'普通话'(共通語)の旧称,マンダリン ②お役所言葉 〔別说~〕役人口調でしゃべるな ③北方方言の下位区分 ◆'北方官话''西北官话''西南官话''江淮官话'の4種
【官架子】guānjiàzi 名 〔副〕役人風,官僚の気取り 〚摆~〛役人風を吹かす
【官吏】guānlì 名 〖旧〗官吏の総称
【官僚】guānliáo 名 官僚 〚耍~〛官僚風を吹かす 〔~主义〕官僚主義 〔~资本〕官僚資本
【官名】guānmíng 名 ①〖旧〗(幼名に対して)正式の名前 四〖普〗〔学名〕 ②官職名
【官能】guānnéng 名 感覚能力 〔~症〕機能障害
【官气】guānqì 名 〔股〕官僚臭,役人風 〚~十足〛官僚臭ふんぷんの
【官腔】guānqiāng 名 役人口調 〚打~〛同上で話す ◆規制を盾にあれこれ言う場合などにいう
【官商】guānshāng 名 ①政府と民間企業家,役所と商人 ②国営(公営)の商業 ③役人風を吹かす,官僚的サービス精神のない商業活動
【官署】guānshǔ 名 〖旧〗官庁,役所
【官司】guānsi 名 〔场〕訴訟,裁判沙汰 〚打~〛訴えを起こす
【官厅】guāntīng 名 〖旧〗官庁
【官样文章】guānyàng wénzhāng 〖成〗形式ばって内容のない文章,お役所の文章
【官员】guānyuán 名 官員,(上級)公務員 ◆今日では多く外交官についていう
【官职】guānzhí 名 〖旧〗官職

【倌】guān ⊗〖旧〗①家畜の世話係 〔牛~儿〕牛飼い

②飲食店の給仕［堂～儿］ボーイ

【棺】 guān ⊗ひつぎ，棺桶［盖～论定］《成》人の評価は死後に定まる

【棺材】 guāncai [名]〔口·具〕棺おけ

【棺木】 guānmù [名] [同]［棺材］

【冠】 guān ⊗冠(かんむり)，帽子，冠状のもの［怒发冲～］怒りで髪が冠を突き上げる，怒髪天を衝く［免～照片］無帽の写真［鸡～］鶏のとさか

⇨guàn

【冠冕堂皇】 guānmiǎn tánghuáng 《成》(外面は) 荘厳で堂々としている，仰々しい

【冠子】 guānzi [名]（鳥の）とさか［鸡～］鶏のとさか

【鳏(鰥)】 guān ⊗男やもめ［～寡］連れ合いを失った男と女

【鳏夫】 guānfū [名] 男やもめ [反]［寡妇］

【馆(館)】 guǎn ⊗①公共的建物，施設［图书～］図書館［大使～］大使館 ②サービス関係の店［旅～］旅館［照相～］写真店 ③私塾

【馆藏】 guǎncáng [名]（図書館·博物館等の）館蔵品，収蔵物 ━ [動] 館蔵する，館で収蔵する

【馆子】 guǎnzi [名]〔家〕料理屋，レストラン〚下～〛料理屋へ食べに行く

【管】 guǎn [名]（～儿）〔根〕管，管状の物，パイプ［铜～］鋼管［笔～］筆の軸［电子～］電子管 ━ [量] 管状の物を数える〚一～笛〛1本の笛 ━ [動] ①管理する，とりしきる〚～仓库〛倉庫を管理する〚中央直接～三个城市〛中央政府が3つの都市を直轄する ②口出しする，かまう，しつける〚～孩子〛子供をしつける〚别～我〛ほっといてくれ ③保証する，提供を請け合う〚～吃～住〛食住面は提供する ━ [介]〖'叫'と呼応して〗…を…(と呼ぶ)〚～他叫大哥〛彼を兄貴と呼ぶ ━ [接]《口》…にかかわらず([同]［不管］)〚～你说什么…〛君が何と言おうと…

⊗①管楽器［单簧～］クラリネット ②(G-)姓

【管保】 guǎnbǎo [動] 保証する，自信をもって言う〚～你吃个够〛腹一杯になること請け合いだ

【管材】 guǎncái [名]（鋼管，ポリ管などパイプ状の工業材料

【管道】 guǎndào [名]〔根·段〕パイプ，導管［煤气～］ガス管［～工］配管工

【管风琴】 guǎnfēngqín [名]〔架〕パイプオルガン〚弹～〛パイプオルガンを弾く

【管家】 guǎnjiā [名]①《旧》(お屋敷の)執事，使用人頭 ②(集団や家庭の)切盛り役，会計役

【管见】 guǎnjiàn [名]《謙》狭い見識，管見〚容陈～〛愚見を述べさせていただくなら

【管教】 guǎnjiào [動] しつける，規律に従わせる〚～小孩学好〛子供がちゃんと勉強するようしつける［～所］(少年)刑務所

【管井】 guǎnjǐng [名] 地下水にパイプを通した井戸

【管窥蠡测】 guǎn kuī lí cè 《成》(竹の管から天をのぞき，貝殻で海を測る>)見識が狭い

★**【管理】** guǎnlǐ [動]①管理する，切り回す〚～图书〛図書を管理する ②保護下におく〚～牲口〛家畜の面倒をみる

【管事】 guǎn▾shì [動]①担当する，切盛りする ②(～儿)《口》役に立つ [同]［管用］

【管束】 guǎnshù [動] 拘束する，締め付ける

★**【管辖】** guǎnxiá [動] 管轄する〚～几个县〛数県を管轄する［～权］管轄権

【管弦乐】 guǎnxiányuè [名] 管弦楽，オーケストラ［～队］管弦楽団

【管线】 guǎnxiàn [名] 管状の物の総称 ♦水道管，地下ケーブル，電線など

【管用】 guǎn▾yòng [動] 役に立つ

【管乐器】 guǎnyuèqì [名] 管楽器

【管制】 guǎnzhì [動]①管制する〚～灯火〛燈火管制を敷く ②(身柄を)拘束する〚～罪犯〛犯人の身柄を拘束する ━ [名] 規制［交通～］交通規制

【管中窥豹】 guǎn zhōng kuī bào 《成》(管の中から豹を見る>)①見識が狭い ②一斑を見て全体を知る

★**【管子】** guǎnzi [名]〔根〕管，筒，パイプ

【观(觀)】 guàn [名] 道教の寺院［道～］同前

⊗(G-)姓

⇨guān

【贯(貫)】 guàn ⊗①貫く，突き通す ②繋ぐ，連結する［鱼～］続々つづく ③1千文を単位とする旧時の量詞 ④(G-)姓

★**【贯彻】** guànchè [動] 貫徹する，やり抜く〚～方针〛方針を貫く

【贯穿】 guànchuān [動]①貫通する，通り抜ける〚～全县的水渠〛県全体を貫流する水路 ②[同]［贯串］

【贯串】 guànchuàn [動]（多く抽象的な事柄について）貫く，一貫している〚这部电影里～着一个基本思想〛この映画はある思想に貫かれている

【贯通】guàntōng ①（広範囲にわたり）精通する『～中西医学』中国と西洋の医学に通暁する ②連結する,貫く『～南北』南北を繋ぐ『～伤口』貫通創
【贯注】guànzhù ①（精神を）集中する,（全力を）注ぎ込む『～全部精力』全精力を注ぎ込む ②（文意などが）一貫している,連続する

【惯】(慣) guàn 動 ①慣れる ②〔結果補語として〕…し慣れる『写～』書き慣れる ③甘やかす,気ままを許す『～孩子』子供を甘やかす『～坏』甘やかして駄目にする
【惯犯】guànfàn 名 常習犯
【惯技】guànjì 名〔貶〕常套手段,いつもの手口
*【惯例】guànlì 名 慣例,通例『违background~』慣例に背く
【惯窃】guànqiè 名 窃盗常習者 ⇔[惯偷][惯盗]
【惯性】guànxìng 名〔理〕慣性
【惯用】guànyòng 動 常用する,使い慣れる ♦通常貶にひびきをもつ『～手法』手慣れたやり口
【惯于】guànyú 動 …することに慣れている『～夜间工作』夜働くのに慣れている
【惯纵】guànzòng 動 甘やかす,わがままに育てる ⇔[娇惯]

【掼】(摜) guàn 動〔方〕①投げる,放りだす『～纱帽』(官職帽を投げる＞)怒って辞職する ②つまずく,転ぶ

【冠】 guàn 動 冠する,最初に置く『～上职称』職名を冠する
⊗①第一位（となる）『～于天下』天下第一となる ②(G-)姓
⇨guān
*【冠军】guànjūn 名 優勝者,チャンピオン(⇔[亚军])『赢得～』チャンピオンの座につく
【冠军赛】guànjūnsài 名〔场〕トーナメント,選手権大会 ⇔[锦标赛]

【盥】 guàn ⊗洗う『～漱』顔を洗い口をすすぐ『～洗室』化粧室

【灌】 guàn 名 ①（液体・気体・粒状のものを）注ぐ,流し込む『～酒』酒を流し込む；（転）酒をむりやり飲ませる ②灌漑する,水をやる『～田』田に水を引く ③（レコードに音を)吹き込む
【灌肠】guàn cháng 動 灌腸する
【灌肠】guànchang/guàncháng 名〔根〕ソーセージの一種 ⇔[香肠]
*【灌溉】guàngài 動 灌漑する『～农田』田畑を灌漑する
【灌米汤】guàn mǐtāng 動 甘言で人を惑わす,甘い言葉でたらし込む
【灌木】guànmù 名 灌木だ
【灌区】guànqū 名（ある水路の）灌漑区域
【灌输】guànshū 動 ①（灌漑のため）水を引く ②（思想・知識などを）注ぎ込む
【灌音】guàn'yīn （レコードに）音を吹き込む
【灌注】guànzhù 動 注ぎ込む,流し込む『～混凝土』コンクリートを流し込む

【鹳】(鸛) guàn ⊗[白～]コウノトリ

【罐】(*罐) guàn 名 ①（～儿）びん,つぼ,缶『我要一儿的』缶入りのがほしい『茶～』茶缶 ②（炭鉱の）石炭運搬トロッコ
【罐车】guànchē 名〔辆〕タンクローリー
*【罐头】guàntou 〔听〕缶詰め『牛肉～』缶詰めの牛肉
【罐子】guànzi 名 缶,びん,かめ,つぼ

【光】 guāng 名〔道〕光,光線『～的传播速度』光の伝わる早さ 一 形 ①〔多く結果補語として〕何もない,少しも残らない『烧～』焼き尽くす ②滑らかな,すべすべした『油～』つやつやした 一 動（身体を）むき出しにする,さらす『～脚』素足になる 一 副 ただ…だけ,ばかり(⇔[只][单])『～顾谈话』話にかまける『不～』…のみならず ⊗①景色『风～』風景 ②輝き,名誉『争～』栄光を勝ち取る ③輝かす ④(G-)姓
【光标】guāngbiāo 名（コンピュータの）カーソル
*【光彩】guāngcǎi 名 光彩,色彩と光沢『～夺目』目もあやな 一 形 名誉ある,晴れがましい
【光赤】guāngchì 動（身体を）むき出しにする,裸体になる
【光电池】guāngdiànchí 名 光電池
【光度】guāngdù 名〔理・天〕光度
【光风霁月】guāng fēng jì yuè《成》雨あがりのすがすがしいさま,晴れやかな心境,一点のくもりもない境地
【光复】guāngfù 動（国家,領土を）回復する,取り戻す『～失地』失地を回復する
【光顾】guānggù 動〔敬〕ご来顧下さる
【光怪陆离】guāngguài lù lí《成》色や形がきらびやかな様子
【光棍】guānggùn 名 ①ごろつき,ちんぴら ②〔方〕賢い人
【光棍儿】guānggùnr 名〔条〕男の独身者(⇔[单身汉])『打～』独身生活をする
【光合作用】guānghé zuòyòng 名

光合成
★★【光滑】guānghuá [形] 滑らかな，すべすべした [反][粗糙]
【光环】guānghuán [名]（土星などの）輪，惑星のリング，（聖像の）光輪
★【光辉】guānghuī [名] 光輝，輝き — [形] 輝かしい，光まばゆい
【光洁】guāngjié [形] ぴかぴかの，つややかで汚れのない［～工］研磨工
【光景】guāngjǐng [名] ① 光景，情景 ② 生活状態〖好～〗よい暮らし ③（時間や数量について）…ぐらい，…ほど〖有五公里～〗5キロメートルぐらいだ — [副]《方》どうやら，おそらく
【光亮】guāngliàng [形] 明るく光沢のある
【光疗】guāngliáo [名]〘医〙光線療法〖施行～〗同前を施す
★★【光临】guānglín [動]《敬》ご来訪くださる〖敬请～〗ご光臨をお願い致します
【光溜】guāngliu [形]《口》つるつるした，滑らかな
【光溜溜】guāngliūliū [形]（～的）① すべすべした，つるつるの ② むき出しの，露出した
★【光芒】guāngmáng [名] 光芒，光の矢〖发出～〗光芒を放つ［～万丈］四方に光を放つ
【光面】guāngmiàn [名] 具の入っていない麺，素うどん
★★【光明】guāngmíng [名] 光明，希望の光 — [形] ① 輝かしい，明るい ② 心に曇りのない，公明な［～正大］公明正大な
【光年】guāngnián〘天〙光年
★★【光盘】guāngpán [名]〔张〕CD（ROM）[同][光碟]
【光谱】guāngpǔ [名]〘理〙スペクトル［～分析］スペクトル分析
【光圈】guāngquān [名]（カメラの）絞り [同][光孔]
★★【光荣】guāngróng [形] 光栄ある，名誉の［～榜］表彰掲示板
【光润】guāngrùn [形]（肌が）すべすべした，つやつやした
【光速】guāngsù [名]〘理〙光速
【光天化日】guāng tiān huà rì《成》白昼，真っ昼間の人々の面前
【光头】guāngtóu [名] ① 丸坊主，坊主頭 ② はげ頭
—— guāng▾tóu [動] 頭をむき出しにする，無帽にする
【光秃秃】guāngtūtū [形]（～的）（山や頭が）はげ上がった，つるっぱげの
【光纤】guāngxiān [名]《略》光ファイバー（[同][光导纤维]）［～通信］光ファイバー通信
【光线】guāngxiàn [名]〔道・条〕光線，光
【光学】guāngxué [名] 光学［～玻璃］光学ガラス
【光耀】guāngyào [名] 輝き，まばゆい光 — [形] 光栄ある，栄光の — [動] 輝かせる〖～门庭〗家門に栄誉をそえる
【光阴】guāngyīn [名] 光陰，時間［～似箭］光陰矢のごとし
【光源】guāngyuán [名] 光源
【光泽】guāngzé [名] 光沢，輝き〖失去～〗輝きを失う
【光照】guāngzhào [名] 光の照射，照明
【光宗耀祖】guāng zōng yào zǔ《成》功績を立てて祖先の名をあげる

〖胱〗
guāng ⊗ →［膀～ pángguāng］

【广（廣）】
guǎng [形]（面積，範囲が）広い，大きい〖流传得很～〗広く伝わる［地～人稀］土地が広く人口が少ない — [名] 幅，間口 [関][宽]
⊗ ① 拡充する，広げる［推～］おし広める ② 多い，沢山の ③（G-）姓 ④（G-）広東省，広州の略称
★★【广播】guǎngbō [名][動] 放送（する）〖～新闻〗ニュースを放送する〖听～〗放送を聞く［～电台］放送局［～剧］ラジオドラマ［～体操］ラジオ体操［～员］アナウンサー
【广博】guǎngbó [形] 博学な，博識な〖学识～〗学識豊かな
★★【广场】guǎngchǎng [名]〔片〕広場［天安门～］天安門広場
★★【广大】guǎngdà [形] ① 広大な，広範な〖多么～〗なんと広いのだろう〖～农村〗広大な農村 ②〔主に定語として〕人数の多い〖～群众〗広範な大衆
★★【广泛】guǎngfàn [形] 広範囲な〖～宣传〗広く宣伝する
★★【广告】guǎnggào [名] 広告〖做～〗広告する〖登～〗広告を載せる
【广角镜头】guǎngjiǎo jìngtóu [名] 広角レンズ [同][广角透镜]
★【广阔】guǎngkuò [形] 広大な，広々とした〖～天地〗広大な天地〖前途～〗前途は広々としている
【广漠】guǎngmò [形]〔多く定語として〕広漠たる，広大無辺の
【广谋从众】guǎng móu cóng zhòng《成》大勢の人と相談し多数意見に従う
【广土众民】guǎng tǔ zhòng mín《成》土地が広く人口が多い
【广义】guǎngyì [名] 広義（[反][狭义]）〖～地说〗広い意味で言う
【广域网】guǎngyùwǎng [名] 広域ネットワーク

〖犷（獷）〗
guǎng ⊗ 粗野な［～悍］粗野で荒っぽい

【逛】
guàng [動] ぶらつく，当てもなく歩く〖～大街〗繁

華街をぶらつく

【逛荡】guàngdang 動《貶》ぶらぶらする, のらくらして過ごす

【归(歸)】guī 動 ① まとめる, 一点に集中する〖把书～在一起〗本を一箇所にまとめる ② …に属する, …(の所有)に帰する〖房子～了哥哥〗家屋は兄のものとなった 一(責任の所在を示して) …により〖～你管〗君にまかせる ⊗① 帰る, 戻す〖无家可～〗帰る家がない〖物～原主〗物が元の持主に返る ②(G-)姓

【归案】guī'àn 動 (犯人を) 司法機関に引き渡す, 法の裁きにかける

【归并】guībìng 動 合併する, 合わせる〖～到一起〗1つにまとめる

【归程】guīchéng 图 (旅の) 帰路, 帰り旅

【归队】guīduì 動 ①〖軍〗原隊に復帰する ⊗〖离队〗 ②(転) 元の部署に戻る, 本来の職業に復帰する

【归附】guīfù 動 帰順する

【归根到底】guī gēn dào dǐ〖成〗結局, 詰まるところ ⓓ[归根结底][归根结柢][归根结蒂]

【归功】guīgōng 動〖'～于'の形で〗功績を…に帰する, …の手柄にする

*【归还】guīhuán 動 返却する, 返還する〖要按时～〗期日通りに返却すること〖～原处〗元の場所に返す

【归回】guīhuí 動 帰る, 戻す ⓓ[返回]

【归结】guījié 動 締めくくる, 総括する 一 图 結末 ⓓ[结局]

【归咎】guījiù 動〖'…于'の形で〗…のせいにする, …に罪を着せる〖～于别人〗人のせいにする

*【归纳】guīnà 動 帰納する (⊗[演绎])〖～大家的意见〗皆の意見を集約する

【归期】guīqī 图 帰りの日取り

【归侨】guīqiáo 图 ([归国华侨]の略)帰国華僑

【归属】guīshǔ 動 帰属する, 所属する〖～中央机关〗中央機関に属する

【归天】guītiān 動 昇天する, 死ぬ ⓓ[归西]

【归田】guītián 動〖書〗職を辞して帰郷する, 郷里に隠棲する

【归途】guītú 图〖書〗帰途, 復路 (ⓓ[归路])〖踏上～〗帰途につく

【归向】guīxiàng 動 (政治上望ましい方向に)向かう, 近づく

【归心似箭】guī xīn sì jiàn〖成〗帰心矢の如し

【归(皈)依】guīyī 動 帰依する

【归于】guīyú 動 ① …に帰属する, 所属する〖～另一范畴〗別の範疇に入る ② …に向かう〖～趋向于〗〖逐渐～平静〗次第に鎮静に向かう

【归着】guīzhe 動 ⓓ[归置]

【归置】guīzhì 動〖口〗片付ける, 整頓する〖～屋子〗部屋を片付ける

【归罪】guīzuì 動 罪を着せる, …のせいにする ⓓ[归咎]

【圭】guī ⊗① 古代の玉器 ② 古代の天文計器 [～表] 同前 [～臬niè]〖書〗基準

【邦】guī 图 ①[下～]下邦 (陝西省) ②(G-)姓

【闺(閨)】guī 图 ① 小門 ② 婦人の居室 [深～] 婦人の私室

【闺房】guīfáng 图 婦人の私室 ⓓ[闺房]

【闺女】guīnü 图 ① 未婚の女子, 娘さん ②〖口〗(親族名称として)娘

【硅】guī 图〖化〗ケイ素, シリコン

【硅肺】guīfèi 图〖医〗珪肺(症)

【硅钢】guīgāng 图 珪素鋼

【硅谷】Guīgǔ 图 (アメリカの) シリコンバレー

【硅藻土】guīzǎotǔ 图 珪藻土

【硅砖】guīzhuān 图〖块〗珪石れんが(耐火れんがの一)

【鲑(鮭)】guī ⊗〖魚〗サケ [～鱼] サケ ('大麻哈鱼' ともいう)

【龟(龜)】guī 图〔只〕カメ [乌～] 同前 [海～] ウミガメ ⇨ jūn, qiū

【龟趺】guīfū 图 石碑を支える亀形の台座

【龟甲】guījiǎ 图 亀の甲

【龟缩】guīsuō 動 (亀が首を甲らにすくめるように) 隠れひそむ, 縮こまる

【妫(嬀)】Guī ⊗ 姓

【规(規)】guī ⊗①コンパス [圆～] 同前 ② 規則, 規定 [犯～] 反則 ③諭す, たしなめる ④ 決める, プランを作る

【规程】guīchéng 图 (条文化した) 規則, 規定

*【规定】guīdìng 動 規定する, 定める 一 图〖项·条〗規定, 決められた内容〖按～办手续〗規定に従って手続する

【规范】guīfàn 图 規範 [～化] 規範化する 一 厖 規範に合った, 標準的な

*【规格】guīgé 图 規格, 基準〖不合～〗規格に合わない

*【规划】guīhuà 图〖项〗長期の計画〖作出～〗プランを作る [生产～] 生産計画 一 動 企画する, 案を練る〖～城市建设〗都市建設のプランを

練る

*【規矩】guīju 图〔条〕決まり, 基準, 紀律〖立~〗決まりを立てる ― 形 (振舞いが)きちんとした, 折り目正しい

*【規律】guīlǜ 图〔条〕① 法則, 定律 (㊥[法则]) 〖客观~〗客観法則 ②(日常の) 規律, 秩序〖有~的生活〗規律正しい正活

*【規模】guīmó 图 規模〖缩小~〗規模を縮小する〖大~的起义〗大規模な蜂起

【規勧】guīquàn 動 忠告する, 戒める〖~他放弃这种权力〗そんな権力を放棄するよう彼に忠告する

【規約】guīyuē 图 規約, 取り決め

*【規則】guīzé 图〔项〕規則, ルール〖制定~〗規則を作る ― 形 規則的な, 整然とした〖脉搏不~〗脈搏が不規則だ

*【規章】guīzhāng 图 (書面化された) 規則, 規定〖~制度〗規則と制度

【瑰】guī ⊗ 珍しい〖~宝〗貴重な宝〖~丽〗非常に美しい〖玫~〗バラ

【軌(軌)】guǐ ⊗ ① 軌道, レール〖双~〗複線〖脱~〗脱線する ② 人の道, 法〯〖常~〗常軌

*【軌道】guǐdào 图〔条〕①《交》《天》《理》軌道 ②(転)正常な道, コース〖偏离~〗道をそれる

【軌跡】guǐjì 图《数》軌跡;《天》軌道

【軌轍】guǐzhé 图 わだち, 車輪の跡;(転)他人の経験, 先人の歩んだ道

【軌枕】guǐzhěn 图 枕木

【庋】guǐ ⊗① 棚 ② 置く〖~藏〗(書)保存する

【詭(詭)】guǐ ⊗① ずるい, 偽りの ② 奇妙な, 怪しい〖~异〗謎めいた

【詭辯】guǐbiàn 图 詭弁ᵧᵧ〖进行~〗詭弁を弄する ― 動 まやかしの議論をする

【詭怪】guǐguài 形 怪しげな, 奇怪な

【詭計】guǐjì 图 詭計, トリック, 策略〖~多端〗あれこれ術策を弄する

【詭秘】guǐmì 形 (行動や態度が) とらえ難い, 秘密めいた

【詭詐】guǐzhà 形 ずるい, 悪賢い (㊥[狡诈])

【鬼(鬼)】guǐ 图 ① 亡者, 幽霊〖闹~〗お化けが出る〖恶~〗悪鬼 ②(好ましからぬ物への蔑称として)かやつ ◆親しみを込める場合もある〖酒~〗飲み助〖懒~〗怠け者〖色~〗すけべえ〖小~〗ちび, がき ③ やましいこと, 悪巧み〖心里有~〗心にやましいところがある〖搗~〗こそこそやる

― 形 ①〖定語として, 直接名詞を修飾する〗いまいましい, ひどい〖~天气〗いやな天気 ②《口》すばしこい, 利口な

⊗ 陰険な, 人目をはばかる

【鬼把戲】guǐbǎxì 图 悪巧み, からくり, いんちき〖耍~〗詭計を弄する

【鬼斧神工】guǐ fǔ shén gōng (成) (建築や彫刻などについて) 神業さながら, 入神の技の冴え (㊥[神工鬼斧])

【鬼怪】guǐguài 图 妖怪 (㊥[鬼魔])

【鬼鬼祟祟】guǐguǐsuìsuì〖(~的)〗こそこそした, 後ろ暗い

【鬼話】guǐhuà 图 うそ, でたらめ〖谁相信他的~〗誰が彼のでたらめを信じるか

【鬼混】guǐhùn 動 ① ぶらぶらと暮らす, 目的もなく生きる ② まともでない生活をする, 世の裏の街道に生きる

【鬼臉】guǐliǎn 图 (~儿) ①〔张〕お面, おもちゃの仮面 ② おどけ顔〖扮~〗おどけた顔をする

【鬼迷心竅】guǐ mí xīn qiào (成) 魔がさす

【鬼祟】guǐsuì 形 こそこそした, 後ろ暗い

【鬼胎】guǐtāi 图 悪巧み, 下心〖心怀~〗やましい考えをいだく

【鬼頭鬼脳】guǐ tóu guǐ nǎo (成) こそこそ立ち回る

【鬼蜮】guǐyù 图《書》禍をもたらすもの, 妖怪

【鬼子】guǐzi 图 侵略者を罵る語〖日本~〗日本のやつら〖~兵〗侵略兵〖洋~〗毛唐ᵧ

【癸】guǐ ⊗ 十干の第十, みずのと

【晷】guǐ ⊗① 日影, 時間 ② 日時計

【柜(櫃)】guì 图 ① (~儿) 戸だな, たんす〖书~〗本箱〖橱~〗茶だんす ② カウンター, 商店〖~上〗帳場, 店

【柜房】guìfáng 图 商店の帳場, 経理室

*【柜台】guìtái 图〔张〕(商店の) カウンター〖站~〗カウンターに立つ(働く)

【柜子】guìzi 图 戸だな, たんす

【刽(劊)】guì ⊗ 切り落とす, 切断する〖~子手〗首切り役人

【桧(檜)】guì ⊗ ヒノキ, イブキ, ビャクシン ◆南宋の人'秦桧'の'桧'は huì と発音する

【貴(貴)】guì 形 ① 値段が高い, 高価な (㊥[便宜][贱])〖三毛一斤不~〗1斤で30銭なら高くない

⊗① 貴い, 身分が高い, 貴重な〖名

～］貴重な［～族］貴族 ②接頭辞的に使って相手への敬意を示す［～公司］貴社 ③貴ぶ ④(G-)姓
【贵宾】guìbīn [名]貴賓，特別待遇の客 ♦多く外国からの客をいう
【贵庚】guìgēng [名]《挨》あなたのお年 ♦相手の年齢をきく丁寧な表現〚您～？〛お幾つでいらっしゃいますか
【贵金属】guìjīnshǔ [名]貴金属
【贵姓】guìxìng [名]《挨》あなたの姓 ♦相手の姓をきく丁寧な表現〚您～？〛お名前は何とおっしゃいますか
【贵重】guìzhòng [形]貴重な，珍重すべき
*【贵族】guìzú [名]貴族

〖桂〗guì ⊗①モクセイ ②ニッケイ［肉～］同前 ③(G-) 広西の別称［～剧］桂劇(広西の地方劇) ④(G-)姓
【桂花】guìhuā [名]モクセイの花［～陈酒］ぶどう酒にモクセイの花の香りをつけた酒
【桂皮】guìpí [名]①桂皮(けいひ)，ニッケイの皮 ♦薬用，香料とする ②ニッケイの木 [同][锡兰肉桂]

【跪】guì [動]ひざまずく(片膝または両膝を地につける)〚～在地上〛地面にひざまずく
【跪拜】guìbài [動]膝をつき頭を地につけて拝む，叩頭(こうとう)する

〖鳜(鱖)〗guì ⊗〚魚〛ケツギョ，ケイギョ［～鱼］同前

〖衮(袞)〗gǔn ⊗古代君主の礼服［～服］同前

【滚】gǔn [動]①転がる〚乱～〛あちこち転がる ②(命令的に使って)出る，去る〚～出去！〛出て失せろ ③(湯が) たぎる，(水が) 逆巻く〚壶里的水～了〛やかんの湯がたぎった ④[同][绲]
【滚蛋】gǔn'dàn [動](叱りののしる際に使って)出て失せる，立ち去る〚你快～〛とっとと消えろ
【滚动】gǔndòng [動]転がる〚～着泪珠〛涙をたたえている
【滚杠】gǔngàng [名]ローラー，ころ，転がし棒
【滚瓜烂熟】gǔn guā làn shú《成》(読書や暗誦の面で) 大変こなれている〚背 bèi 得～〛すらすらと暗誦する
【滚滚】gǔngǔn [形](流動しうるものが) 激しく動きまわるさま〚波涛～〛波が沸き立つ〚～的黄沙〛激しく舞い立つ黄塵
【滚开】gǔnkāi [動](液体が) ぐらぐら沸きたつ，煮えたぎる〚滚不开〛沸騰できない
—— gǔnkāi [動][同][滚蛋]
【滚热】gǔnrè [形](飲み物や体温が) ひどく熱い，焼けつくような [同][滚烫]
【滚水】gǔnshuǐ [名]沸きたぎる熱湯，煮え湯
【滚淌】gǔntǎng [動](汗や涙が) ぼろぼろこぼれ落ちる，だらだら流れ落ちる
【滚烫】gǔntàng [形][同][滚热]
【滚梯】gǔntī [名]エスカレーター
【滚雪球】gǔn xuěqiú [動]雪球を転がす，雪だるま式に増大してゆく
【滚圆】gǔnyuán [形]真ん丸な
【滚珠】gǔnzhū [名]〔颗〕〚機〛鋼の玉 ([同][钢珠])［～轴承］ボールベアリング

【磙】gǔn [動]ローラーをかける〚～地〛地面にローラーをかける
⊗ローラー［～子］同前［石～］(脱穀·地ならし用の)石製ローラー

【绲(緄)】gǔn [動]衣服にへりをつける〚～花边〛レースの縁をつける
⊗帯，ひも

〖辊(輥)〗gǔn ⊗以下を見よ
【辊子】gǔnzi [名]〚機〛ローラー [同][罗拉]

〖鲧(鯀 *鮌)〗Gǔn ⊗夏王朝，禹(う)の父の名

【棍】gùn [名](～儿)〔根〕棒［木～］木の棒［三节～］(武術)三節棒
⊗ごろつき，悪人［恶～］悪党［土～］地元のならず者
*【棍棒】gùnbàng [名]①武術用のこん棒 ②器械体操用の棒
【棍子】gùnzi [名]〔根〕棒

〖过(過)〗Guō ⊗姓
⇨guò

〖郭〗guō ⊗①城壁のさらに外側に巡らせた土壁［城～］城郭(二重の城壁) ②(G-)姓

〖聒〗guō ⊗音がうるさい，耳ざわりな［絮～］口うるさくする
【聒噪】guōzào [形]《方》やかましい，騒々しい

【锅(鍋)】guō [名]〔口〕なべ［沙～］土鍋［压力～］圧力鍋
⊗鍋状の部分［烟袋～儿］キセルの雁首(がんくび)
【锅巴】guōbā [名]おこげ
【锅饼】guōbing [名]厚くて大きい'烙饼'
【锅炉】guōlú [名]〔座〕ボイラー〚烧～〛ボイラーをたく
【锅台】guōtái [名]かまどの上の物が置ける平らな所

G

【锅贴儿】guōtiēr [名] 焼きギョーザ [関][饺子]
【锅子】guōzi [名] ① しゃぶしゃぶ([同][火锅]) 〚涮～〛(羊肉の) しゃぶしゃぶ ② なべ状をした部分 [烟袋～] キセルの雁首 ③《方》なべ

〖蝈(蟈)〗guō ⊗ 以下を見よ
【蝈蝈儿】guōguor [名]〔只〕キリギリス

【国(國)】guó [名] 国, 国家 〚哪～〛どの国
⊗ ① 自国の [～产] 国産 ② 国家の, (その) 国を表わす [～旗] 国旗 ③ (G-) 姓
【国宾】guóbīn [名] 国賓 [～馆] 迎賓館
【国策】guócè [名]〔项〕国策
【国耻】guóchǐ [名] 国辱, 国の恥 〚洗雪～〛国家の恥辱を雪そそぐ
【国粹】guócuì [名] 国粋, 一国の固有文化の粋 ♦貶けなす意を含む
【国度】guódù [名]《書》(区域としての) 国
【国法】guófǎ [名] 国法 〚为～所不容〛国法の許さざるところである
★【国防】guófáng [名] 国防 〚巩固～〛国防を強化する [～力量] 防衛力
【国歌】guógē [名]〔首〕国歌
【国故】guógù [名] 一国固有の文化, 古典, 文化遺産 〚整理～〛古典を分析的に評価しなおす
【国号】guóhào [名] 国号 (唐, 宋など)
【国徽】guóhuī [名] 国章, 国家の紋章 ♦中国の国章は中央が五星に輝く天安門, 周囲に稲穂と歯車を配する
【国会】guóhuì [名] 国会, 議会
★★【国籍】guójí [名] 国籍
★★【国际】guójì [名]〘多く定語として〙国際 〚～上〛国際的に [～儿童节] (G-) 国際児童節 (6月1日) [～妇女节] (G-) 国際婦人デー (3月8日) [～歌] (G-) インターナショナル (歌) [～公制] メートル法 [～劳动节] (G-) メーデー (5月1日) [～联盟] (G-) 国際連盟 [～日期变更线] 日付け変更線 [～象棋] チェス [～音标] 国際音声記号
【国计民生】guó jì mín shēng《成》国家経済と人民の生活
★★【国家】guójiā [名] ① (機構としての) 国家 ② (区域としての) 国
【国家裁判】guójiā cáipàn [名]〘体〙国家認定の一級審判員 ('国家级裁判员' の略)
【国脚】guójiǎo [名]〔名〕国家代表サッカーチームの選手
【国界】guójiè [名] 国境, 国境線
【国境】guójìng [名] ① 国境 [～线] 国境線 [～站] 国境の駅 ② 国の領土範囲
【国库券】guókùquàn [名]〔张〕国債, 政府証券 〚发行～〛国債を発行する
【国民】guómín [名] 国民 [～收入] 国民所得 [～生产总值] 国民総生産, GNP
【国民党】Guómíndǎng [名] 国民党 ♦1919年孫文指導下にこの名称で新発足. 正式には'中国～'という
【国难】guónàn [名] 国難 (特に外国からの侵略によるものをいう) 〚发～财〛国難に乗じて荒稼ぎする
【国旗】guóqí [名]〔面〕国旗 〚升～〛国旗を掲揚する
【国情】guóqíng [名] 国情
【国庆】guóqìng [名] 建国記念日
★★【国庆节】Guóqìngjié [名] 国慶節 (10月1日)
【国史】guóshǐ [名]《書》① 一国または一王朝の歴史 ② 古代の史官
【国是】guóshì [名]《書》国家の大計, 根本方針
【国书】guóshū [名] (大使などの) 信任状 〚呈递～〛信任状を呈上する
【国体】guótǐ [名] ① 国家体制 ② 国家の名誉 〚有损～〛国家の体面を損なう
【国统区】guótǒngqū [名] 抗日戦争・解放戦争期の国民党支配地区 [関][边区][解放区]
【国土】guótǔ [名] 国土, 領土 〚捍卫～〛国土を防衛する
【国王】guówáng [名] 国王
【国文】guówén [名]《旧》国語国文
【国务】guówù [名] 国務, 国事 [～委员] 国務委員 (閣僚のメンバーに当たる)
【国务卿】guówùqīng [名] (アメリカの) 国務長官
★【国务院】guówùyuàn [名] 国務院 (中国の中央政府)
【国宴】guóyàn [名] 外国の元首クラスをもてなす国 (または政府) 主催の宴会
【国营】guóyíng [形]〘定語として〙国営の ([反][私营]) [地方～] 地方政府経営の
【国有】guóyǒu [動] 国家が所有する ([反][私有]) [～化] 国有化する
【国语】guóyǔ [名]《旧》① 標準語 ([同]《普》[普通话]) ♦台湾では今もこの語を用いる ② (教科としての) 国語
【国葬】guózàng [名] 国葬
【国贼】guózéi [名] 国賊, 売国奴
【国债】guózhài [名] ① 国が抱える負債, 国家の債務 ② 国債 [同][国库券]

〖帼(幗)〗guó ⊗ 古代の婦人の髪飾り→[巾

jīn ～]

【虢】 Guó ⊗①周代の国名 ②姓

【馘】 guó ⊗(敵の)耳を切る

【果】 guǒ ⊗①果実［水～］果物 ②結果，結末［因～］因果 ③果たして，案の定［～如所料］果たして予想通り ④きっぱり，断固として ⑤(G-)姓

【果冻】guǒdòng [名](～儿)ゼリー

★【果断】guǒduàn [形]きっぱりした，断固とした

【果脯】guǒfǔ [名]桃，アンズ，ナツメなどの砂糖漬

【果干儿】guǒgānr [名]干した果実，乾燥果実

【果敢】guǒgǎn [形]果敢な，決断力がある

【果酱】guǒjiàng [名]ジャム([同]［果子酱］)〖抹上～〗ジャムを塗る

【果决】guǒjué [形]決断の早い，思い切りのよい

【果料儿】guǒliàor [名]菓子の上にまぶすもの(松の実，干しぶどう，'青丝' '红丝'など)

【果木】guǒmù [名](総称としての)果樹［～园］果樹園

【果农】guǒnóng [名]果樹農家

【果品】guǒpǐn [名](干したものを含めた)果物類［干鲜～］乾燥果肉と生の果物

★★【果然】guǒrán [副]果たして，案の定〖～名不虚传〗果たせるかなその名に恥じない — [接]〘多く主文の'就'と呼応して〙もし本当に…なら

★★【果实】guǒshí [名]①果実〖结～〗実がなる ②成果，収穫

【果树】guǒshù [名]〔棵〕果樹

【果园】guǒyuán [名]〔片〕果樹園

【果真】guǒzhēn [副]果たして，たしかに — [接]〘多く主文の'就'と呼応して〙もし本当に…なら

★★【果汁】guǒzhī [名](～儿)果汁，ジュース〖压榨～〗果汁をしぼる

【果子】guǒzi [名]①果物，果実〖结～〗実がなる［～酱］ジャム［～酒］果実酒［～狸］ハクビシン ②[同]［馃子］

【馃(餜)】 guǒ ⊗以下を見よ

【馃子】guǒzi [名]①小麦粉をこねて油で揚げた食品 ②《方》'点心'の総称

【裹】 guǒ [動]①(紙や布で)くるむ，包む，巻く〖～行李卷儿〗旅行用ふとん巻き荷物を作る［～扎 zā］巻いて縛る ②(人をある事態に)巻き込む〖别把我～进去〗僕を巻き込まないでくれ

【裹脚】guǒ'jiǎo [動]纏足(てんそく)する
—— guǒjiao (guójiao と発音) [名]纏足用の細長い布 [同]［～布］

【裹腿】guǒtui (guótui と発音) [名]巻脚絆(きゃはん)，ゲートル〖缠～〗ゲートルを巻く

【裹胁】guǒxié [動]脅して従わせる

【裹足不前】guǒ zú bù qián《成》たじろぐ，ひるむ，足が前に進まない [反]［勇往直前］

【蜾】 guǒ ⊗［～蠃 luǒ］〖虫〗ジガバチ

【椁(槨)】 guǒ ⊗柩を収納する外棺

【过(過)】 guò [動]①渡る，通る，横切る〖～桥〗橋を渡る〖～马路〗大通りを横断する ②(時間を)経る，過ごす，暮らす〖～几个月〗数か月経つ〖～生日〗誕生日を過ごす(祝う) ③(境界，限界を) 越える〖～下班时间〗退勤時間をオーバーする［～劳死］過労死 ④ある処理を経る〖～秤〗はかりにかける〖～油〗(料理で)油通しする
⊗過ち，過失［改～］過ちを改める［记～］(人事記録に)過失の事実を記載する
—— -guò/-guo [動]〘方向補語として〙①一方から一方へ移る，動く〖递～毛巾〗タオルを渡してよこす〖回～头〗(顔を)振り向ける ②(適当な段階を) 越える〖睡～了时间〗寝過ごした ③勝(まさ)る〖能说～他〗彼を言い負かすことができる
⇨Guō

【过半数】guòbànshù [名]過半数

【过不去】guòbuqù [動]([反]［过得去］) ①(障害があって) 通れない ②困らせる，たてつく〖老跟他～〗いつも彼にたてをつく ③すまなく思う〖心里有点儿～〗ちょっと申し訳ない気持ちだ

★★【过程】guòchéng [名]過程，プロセス([類]［历程］)［全～］全過程

【过错】guòcuò [名]過失，誤り [同]［过失］

【过道】guòdào [名]〔条〕(建物内の)通路，廊下

【过得去】guòdeqù [動]①通れる〖卡车～〗トラックが通れる ②まずまずいける，まあまあ満足できる〖身体还～〗体調はまあまあだ ③(多く反語に用いて)負い目を感じないで済む〖怎么～〗どうして平気でいられよう

★【过度】guòdù [形]度を越した，ゆき過ぎた〖饮酒不能～〗酒は飲みすぎてはいけない［～疲劳］過労

★【过渡】guòdù [動]移行する〖从终身制～到退休制〗終身雇用制から定年退職制に移行する — [形]〘定語として〙過渡的な［～时期］過渡期

★★【过分】guò'fèn [動]行き過ぎる〖～的要求〗法外な要求 — [副]過分に

〚～客气了〛あまりに遠慮しすぎだ
【过风儿】guòfēngr [動]《口》風が通る，空気がよく流れる [同][通风]
【过关】guò▼guān [動] ①税関，検問所などを通過する［～手续］通関手続き ②《転》関門を通り過ぎる，パスする，クリアーする〚过技术关〛技術の難関を突破する
【过过风儿】guòguofēngr [動]風に吹かれる，涼む [同][乘凉]
【过河拆桥】guò hé chāi qiáo《成》（川を渡ってから橋を壊す＞）恩を仇で返す

【过后】guòhòu [副]その後，のちほど
【过活】guòhuó [動]生活する，暮らしを立てる〚靠送报～〛新聞配達をして暮らす
【过火】guò▼huǒ [動]（言動が）度を越す，オーバーになる〚话说得太～了〛言い過ぎだよ
【过激】guòjī [形]過激な，極端な
【过家家儿】guòjiājiar [動]（子供が）ままごとをして遊ぶ [同][过家景]
★【过奖】guòjiǎng [動]ほめすぎる；《挨》（ほめられて謙遜し）とんでもない，過分なお言葉です〚你～了〛ほめすぎです
【过街老鼠】guò jiē lǎoshǔ [名]皆の嫌われ者，憎まれっ子，恨みの的
【过街楼】guòjiēlóu [名]（下が通りになる）街路や路地にまたがった建物
【过街天桥】guò jiē tiānqiáo [名]歩道橋
【过节】guò▼jié [動]祝祭日を過ごす（祝う）
【过景】guò▼jǐng [動]時機を逸する，流行に遅れる
【过客】guòkè [名]旅人，よそから来て通りがかった人
【过来】guòlai/guòlái [動]①あちらからこちらに来る〚快～吧〛早くこっちへ来いよ〚过不来〛こちらへ来られない ②（日を）過ごしてくる，（試練などを）経てくる
—— -guòlai/-guolai/-guòlái [動]〘方向補語として〙①あちらからこちらへ移ってくる，動いてくる〚跑～〛駆け寄ってくる〚跳过沟来〛水路を跳び越えてくる〚回过头来〛振り返る ②正常な状態に戻る〚醒～〛目ざめる ③〘'得''不'を伴って〙「もれなく…できる，できない」ことを表わす〚照顾不～〛世話しきれない
【过来人】guòláirén/guòlairén [名]（その道の）経験者
【过量】guò▼liàng [動]（飲酒などで）量（度）を越す，多くなりすぎる
【过路】guòlù [動]通りかかる〚～的人〛通りがかりの人
【过虑】guòlǜ [動]余計な心配をする，思い過ごしをする
★【过滤】guòlǜ [動]濾過する，濾す〚用纱布～汤汁〛ガーゼで（漢方薬の）汁を濾す
【过门】guò▼mén [動]（～儿）嫁入りする，嫁ぐ
【过门儿】guòménr [名]〚音〛（歌の）出だしまたは間奏部
★★【过敏】guòmǐn [名]アレルギー［～性反应］アレルギー症状 —[形]過敏な〚你太～了〛神経質すぎるよ
【过目】guò▼mù [動]目を通す，点検する［～成诵］一読して暗誦できる（記憶力の良いことをいう）
【过年】guò▼nián [動]（主に旧正月について）年を越す，新年を祝う
—— guònian/guònián [名]《口》来年 [同]《普》[明年]
★★【过期】guò▼qī [動]期日が過ぎる，切れる〚～作废〛期限が切れると無効になる
★★【过去】guòqù [名]過去（[反][现在][将来]）〚回顾～〛過去を振り返る
【过去】guòqu/guòqù [動]①こちらからあちらへ行く，通り過ぎる〚我～看看〛ちょっと行って見てくる〚过不去〛あちらへ行けない ②（時間が）過ぎ去る，（ある状態が）消えゆく〚半年～了〛半年が過ぎた ③〘'了'を伴って〙亡くなる，世を去る
—— -guòqu/-guoqu/-guòqù [動]〘方向補語として〙①こちらからあちらへ移ってゆく，動いてゆく〚飞～〛飛んで行く〚转过身去〛くるりとむこう向きになる〚翻～〛裏返す ②正常な状態から遠ざかる〚昏～〛気を失う ③（動作を）やり通す〚瞒不～〛だまし通せない ④〘'得''不'と結び付いて〙ある状況を超えることができる（できない）〚高不过富士山去〛富士山より高いはずがない
【过人】guòrén [形]人並みすぐれた，抜きんでた
【过日子】guò rìzi [動]生活する，暮らす
【过筛子】guò shāizi [動]（粉や砂などを）篩にかける；《転》細かに選択する，篩にかける
【过山车】guòshānchē [名]ジェットコースター
【过剩】guòshèng [動]過剰になる，あり余る〚～的商品〛過剰になった商品［生产～］生産過剰
★【过失】guòshī [名]過失，ミス［～杀人］過失致死
【过时】guò▼shí [動]①時代（流行）に遅れる ②（約束の）時間に遅れる［～不候］時間を過ぎると待たない，時間厳守だ
【过世】guò▼shì [動]死ぬ，世を去る [同][去世]
【过手】guò▼shǒu [動]（金銭を）取り扱う，出し入れする
【过堂】guò▼táng [動]《旧》法廷に出

て裁きをうける, 審問に引出される
【过厅】guòtīng 名 通り抜けのできる広間
【过头】guò'tóu 動 (~儿)限度を越える, 度を越す〖你说得~了〗君は言い過ぎだ
【过屠门而大嚼】 guò túmén ér dà jué 〖俗〗(肉屋の前を通って盛んに噛むまねをする〗かなわぬ願いをごまかしてわが身を慰める
【过望】guòwàng 動〖書〗本来の望みを越える, 望外の結果を得る〖大喜~〗望外の喜びだ
*【过问】guòwèn 動 関与する, 口出しする〖无人~〗誰も関心をもたない〖~女儿的婚事〗娘の縁談に口出しする
【过细】guòxì 形 綿密な, 細かな
【过眼云烟】guò yǎn yúnyān〖成〗あっという間に消え去る, うたかたと消える
【过氧化氢】guòyǎnghuàqīng 名〖化〗過酸化水素(漂白剤や消毒剤に用いる)
【过夜】guò'yè 動 ① 夜を過ごす, 外で一泊する ② 一晩過ぎる, 宵を越す
【过意不去】guòyìbúqù 動 すまなく思う, 恐縮に思う
*【过瘾】guò'yǐn 動 十分に満足する, 堪能する
【过硬】guòyìng 形 厳しい試練に耐えた, 厳正な検査を経た
【过犹不及】guò yóu bù jí〖成〗過ぎたるはなお及ばざるがごとし
*【过于】guòyú 副〖多く2音節形容詞を修飾して〗過度に, あまりに…すぎる〖~激烈〗激しすぎる
【过逾】guòyu 形〖方〗度が過ぎる, 法外な ⇒〖过分〗
【过载】guòzài 動 ① (貨物を) 積み替える ◆'过傤'とも ② 荷を積みすぎる, 超荷重となる ⇒〖超载〗
【过账】guò'zhàng 動 帳簿の転記をする, 記帳する
【过招】guò'zhāo 動 力較べをする
【过重】guò'zhòng 動 (荷物や郵便物が)重量オーバーとなる, 制限重量を超える ⇒〖超重〗

H

【H股】H gǔ 名 香港市場に上場されている中国企業株 ◆中国国内投資家以外の投資家も投資可能. 香港ドルによって売買される
【HSK】名 HSK ⇒〖汉语水平考试〗

【哈】 hā 動 息を吹き掛ける〖~一口气〗ひと息はく — 擬 笑い声を表わす(ふつう重ねて使う)〖~~大笑〗わははと大笑いする — 擬 得意や満足の気分を表わす(ふつう重ねて使う)

【一(*貇)】 ⊗→〖~腰〗 ⇒hǎ

【哈哈镜】hāhājìng 名 マジックミラー
【哈喇】hāla 形〖口〗(食用油の)味が変わる〖这瓶油~了〗この油は味がおかしくなった
【哈雷彗星】Hāléi huìxīng 名〖天〗ハレー彗星
【哈密瓜】hāmìguā 名 ハミ瓜 ◆新疆産の楕円柱状の甘い瓜
【哈尼族】Hānízú 名 ハニ族 ◆中国少数民族の一, 雲南省に住む
【哈欠】hāqian 名 あくび〖打~〗あくびする
【哈日族】hārìzú 名 熱狂的な日本ファン
【哈萨克族】Hāsàkèzú 名 ① カザフ族 ◆中国少数民族の一, 新疆に住む ② ロシアのカザフ(カザーク)族
【哈腰】hā'yāo 動〖口〗① 腰を折る, かがむ ⇒〖弯腰〗② 軽くお辞儀をする

【蛤】 há ⊗ 以下を見よ ⇒gé

【蛤蟆(虾蟆)】háma/hámá 名 カエルとガマガエルの総称〖癞~〗ガマガエル
【蛤蟆跳井】háma tiào jǐng〖俗〗(カエルが井戸に飛び込む;その音 pūtōng は bùdǒng(不懂)に通じて)わからない

【哈】 hǎ 動〖方〗叱りつける, どなりつける〖~他一顿〗彼を一度叱る
⊗ (H-)姓
⇒ hā

【哈巴狗】hǎbagǒu 名 ①(~儿)チン, ペキニーズ ⇒〖狮子狗〗〖巴儿狗〗② 《転》おべっか使い, 追従者

【咍】 hāi ⊗ ① あざ笑う ② 喜び笑う

【咳(*哈)】 hāi 嘆 後悔, いぶかしさ, あるいは滅入った気分を表わす〖~, 我怎

么这么糊涂』ちくしょう,俺ってなんでこんなにばかなんだ
⇨ké

【嗨】 hāi ⊗以下を見よ

【嗨哟】 hāiyō 嘆 集団で重労働するときの掛け声,えーんやこーら,それ,よいしょの類

【还(還)】 hái 副 ① なお,依然として『~在工作』まだ働いている ② さらに,その上『今天比昨天~冷』今日は昨日よりもっと寒い ③ (程度が) まずまず,けっこう『收拾得倒~干净』けっこうきれいに片付けている ④ (後に反問の句を伴って)…でさえ『你~赶不上,何况我呢』君でさえ追いつけないのに,他人なんてとうてい無理さ ⑤ 意外・驚き・自慢の気持ちなどを表わす『他~真有办法』あいつ大したやり手なんだなあ
⇨ huán

★【还是】 háishi 副 ① 依然として,なおも ② 「…するほうがよい」という希望・勧告を表わす『~少吃点儿吧』あまり食べないほうがいいよ ③ さすがに,やはり 一圏(あれかこれかを選択して) それとも『你去~他去?』君が行くの,それとも彼が行くの『不论天冷~不冷』寒い暖かいにかかわらず…

【孩】 hái 图 (~儿)子供『小~儿』子供『女~儿』女の子

【孩提】 háití 图〔書〕幼年期,幼い頃
【孩童】 háitóng 图 児童,子供
★【孩子】 háizi 图 ① 子供,児童 [小~] ② 子女,息子や娘
【孩子气】 háiziqì 图 子供っぽさ,あどけなさ 一圏 子供っぽい『别这么~』そんな子供みたいなことを言うなよ
【孩子头】 háizitóu 图 (~儿) 嘆 [孩子王] ① ガキ大将 ② 子供と遊びたがる大人

【骸】 hái 图 ⊗ ① 骨『~骨』骸骨『骨~』② 体『形~』人の体『遗~』死体

【海】 hǎi 图 ① 海『出~』海に出る『黄~』黄海 ② (海の様に)大きな湖『青~』青海 ⊗ ① 同種の物の沢山の集まり『火~』火の海『人~』人波 ② (容量が)きわめて大きい ③ (H-)姓

【海岸】 hǎi'àn 图 海岸 [~线] 海岸線
★【海拔】 hǎibá 图 海抜,標高 嘆 [拔海]
【海报】 hǎibào 图〔张〕ポスター
【海豹】 hǎibào 图〔只〕アザラシ
★【海滨】 hǎibīn 图 海辺,浜辺
【海菜】 hǎicài 图 食用になる海藻,昆布,ワカメなど
【海产】 hǎichǎn 图 海産物 [~植物] 海の植物
【海潮】 hǎicháo 图 潮,潮の干満
【海带】 hǎidài 图 昆布
【海胆】 hǎidǎn 图 ウニ
【海岛】 hǎidǎo 图〔个・座〕(海の)島
【海盗】 hǎidào 图 海賊 [~版] 海賊版
【海底】 hǎidǐ 图 海底 [~电缆] 海底ケーブル [~油田] 海底油田
【海底捞月】 hǎi dǐ lāo yuè (成) (海中から月を掬う>)無駄骨を折るだけで,実現不可能な試み 嘆 [水中捞月]
【海底捞针】 hǎi dǐ lāo zhēn (成) (海の底から針を拾う>)とうてい見つけられそうもないこと 嘆 [大海捞针]
【海防】 hǎifáng 图 海の守り,沿岸防備 [~部队] 沿岸防衛隊
【海港】 hǎigǎng 图 (海の)港
【海沟】 hǎigōu 图 海溝
【海狗】 hǎigǒu 图〔只〕オットセイ 嘆 [海熊] [腽肭獣]
★【海关】 hǎiguān 图 税関 [通过~检查] 税関の検査を通る
【海龟】 hǎiguī 图〔只〕① ウミガメ ② アオウミガメ
【海涵】 hǎihán 動 (敬) お許し下さる
【海疆】 hǎijiāng 图 沿岸部,沿海地方
【海禁】 hǎijìn 图〔史〕鎖国令
【海军】 hǎijūn 图 海軍 [~陆战队] 海兵隊,海軍陸戦隊
【海口】 hǎikǒu 图 ① 湾内の港 ② ほら,大ぶろしき [夸~] 大口をたたく
【海枯石烂】 hǎi kū shí làn (成) 海が涸れ石が朽ちはてようとも… ♦多く永遠不変の誓いの場で使う
【海阔天空】 hǎi kuò tiān kōng (成) ① 広大な大自然の形容;(転)話や想像が限りなく広がる
【海里】 hǎilǐ 量 海上の距離の単位,海里(1852メートル)
【海量】 hǎiliàng 图 ① (敬)(相手の)寛大な度量『望您~包涵』どうぞご寛恕下さいますよう ② 大酒飲み,酒豪
【海流】 hǎiliú 图 海流
【海轮】 hǎilún 图〔只・艘〕外洋汽船
【海螺】 hǎiluó 图 ホラガイ
【海洛因】 hǎiluòyīn 图 ヘロイン ♦麻薬としては'白面儿'という
【海马】 hǎimǎ 图 タツノオトシゴ
【海米】 hǎimǐ 图 剥いて乾かした小エビ 嘆 [虾米]
【海绵】 hǎimián 图 ① 海綿 ② 海綿の骨格 ③ (化学製品の)スポンジ [~底鞋] スポンジ底の靴
【海面】 hǎimiàn 图 海面
【海难】 hǎinàn 图 海難 [~信号]

エスオーエス
【海内】hǎinèi 图 国内, 四海しの内
【海鸥】hǎi'ōu 图 カモメ
【海派】hǎipài 图 上海派 ♦京劇・文学などの分野で,上海在住の人々の傾向や特徴を一つの流派としてとらえた呼称 ⑱[京派]
【海参】hǎishēn 图 ナマコ
【海深不怕鱼大】hǎi shēn bú pà yú dà 《俗》(海が深ければ魚がどんなに大きかろうと平気だ>)人間の度量が大きいさまをいう
【海狮】hǎishī 图〔只・头〕アシカ
【海市蜃楼】hǎishì shènlóu 图 ①蜃気楼 ⑱[屋景] ②幻のように実体のない事柄
【海事】hǎishì 图 ①海事 ②船舶事故, 海難
【海誓山盟】hǎi shì shān méng《成》男女の愛の誓い ♦海や山のごとく永遠に変わらないことを表わす ⑱[山盟海誓]
【海损】hǎisǔn 图 海損 [共同～]共同海損 [～理算]海損精算
【海獭】hǎitǎ 图 ラッコ ⑱[海龙]
【海滩】hǎitān 图 浜辺, 砂浜
【海棠】hǎitáng 图〖植〗①カイドウ ②カイドウの実
【海塘】hǎitáng 图 防潮堤
【海图】hǎitú 图 海図
【海豚】hǎitún 图〔只〕イルカ ⑱[海猪]
【海豚泳】hǎitúnyǒng 图〖体〗ドルフィンキック泳法, バタフライ ⑱[蝶泳]
【海外】hǎiwài 图 国外, 海外 [～奇谈] とてつもないでたらめ話
【海湾】hǎiwān 图 湾
【海碗】hǎiwǎn 图 大碗な, どんぶり鉢
【海王星】hǎiwángxīng 图 海王星
【海味】hǎiwèi 图 海産の珍味, 海の幸 [山珍～]海の幸山の幸
【海峡】hǎixiá 图 海峡
*【海鲜】hǎixiān 图 新鮮な海の魚介類, シーフード
【海象】hǎixiàng 图〖動〗セイウチ
【海啸】hǎixiào 图 津波
【海蟹】hǎixiè 图 (海の)カニ
【海星】hǎixīng 图 ヒトデ
【海盐】hǎiyán 图 海水から作った塩 ⑱[井盐][岩盐]
【海燕】hǎiyàn 图 ①ウミツバメ ②イトマキヒトデ
*【海洋】hǎiyáng 图 海洋 [～生物]海洋生物 [～性气候]海洋性気候
【海域】hǎiyù 图 海域
【海员】hǎiyuán 图 (外洋船の) 船員, 船乗り [～俱乐部]海員クラブ
【海月水母】hǎiyuè shuǐmǔ 图 ミズクラゲ
【海运】hǎiyùn 图 海運 ⑱[陆运]
【海葬】hǎizàng 图 水葬
【海藻】hǎizǎo 图 海藻, 海草
【海战】hǎizhàn 图 海戦
【海蜇】hǎizhé 图 クラゲ(食用にする)

【醢】hǎi ⊗ ひしお
【亥】hài ⊗ 十二支の最後(い, いのしし) [～时]亥の刻ど(夜の9時から11時)
【骇(駭)】hài ⊗ 驚く, ぎょっとする [惊～]《書》慌ておびえる
【骇怪】hàiguài 動《書》驚きいぶかしむ
【骇人听闻】hài rén tīngwén《成》聞く人を驚かす, ショッキングな ♦多く社会の不祥事についていう
【氦】hài 图〖化〗ヘリウム(普通'～气'という)
【害】hài 動 ①人に害を及ぼす ②殺す [～了三条人命] 3人の命を奪った [遇～]殺される ③病気にかかる, 病む [～了急性病]急病にかかった ④落ち着かない気分にかられる→[～怕][～羞] ⊗(⑱'益')①災い, 害 [虫～]虫害 ②有害な [～鸟]害鳥
【害病】hài'bìng 動 病気になる, 病む
【害虫】hàichóng 图 害虫 ⑱[益虫]
【害处】hàichù 图 不利な点, 弊害 ⑱[益处][好处]
【害鸟】hàiniǎo 图 害鳥 ⑱[益鸟]
【害怕】hàipà 動 恐れる, おびえる [～考试不及格] 試験で不合格になるのを恐れる
【害群之马】hài qún zhī mǎ《成》仲間に害を及ぼす者, 狮子身中の虫
【害人虫】hàiréncóng 图 民衆の敵, 社会の毒虫 ♦集団的にもいう
【害人之心不可有, 防人之心不可无】hài rén zhī xīn bù kě yǒu, fáng rén zhī xīn bù kě wú《成》他人を陥れようなどと考えてはならないが, 他人から陥れられないよう警戒心を失ってはならない
【害臊】hài'sào 動 恥ずかしがる, 恥じる
【害兽】hàishòu 图 (狼, ヒグマなど)人間に有害なけもの
【害喜】hài'xǐ 動 つわり(悪阻)になる
*【害羞】hài'xiū 動 恥じる, 恥じらう
【害眼】hài'yǎn 動 目を患う

【嗐】hài 嘆 (同情や悲しい気分を表わす)やれやれ, 何てこったい

【顸(頇)】hān 形《方》太い

【鼾】hān ⊗ いびき [打～]いびきをかく [～睡]高いびきで寝る

【鼾声】hānshēng 图 いびき(の音) [～如雷]
【蚶】hān 図 [～子][貝] アカガイ
【酣】hān 図 ① 十分に酔った [半～] なま酔い [～饮] 心ゆくまで飲む ② たけなわの, 真っ最中の ③ 心ゆくまで, 存分に [～战] 存分に戦う
【酣梦】hānmèng 图 甘やかな夢
【酣睡】hānshuì 動 ぐっすり眠る, 熟睡する
【憨】hān 形《方》愚かな, 愚鈍な
 ⊗ 純朴な, 真っ正直な [～态可掬] 無邪気さのあふれる姿
【憨厚】hānhòu 形 純朴な, 実直な
【憨笑】hānxiào 動 ① 無邪気な笑いを浮かべる ② 愚鈍なにたにた笑いをする
【邗】Hán ⊗ [～江] 邗江 (江蘇省)
【邗】hán ⊗ '可～ kèhán' の略称 ⇒hàn
【邯】hán ⊗ 以下を見よ
【邯郸】Hándān 图 河北省南部の市名および県名
【含】hán 動 ① 口に含む〖嘴里～着一块糖〗口にあめを含む ② 含有する, 内蔵する ③ (感情や気持ちを)胸に抱く
【含苞】hánbāo 動《書》つぼみを持つ, つぼみを膨らませる
*【含糊(含胡)】hánhu 形 ① あいまいな, はっきりしない〖话说得很～〗話し方があいまいだ [～其辞] 言辞をあいまいにする ② いい加減な, ふまじめな ③《多く否定形で》弱みのある, 弱腰の〖不～〗弱みを見せない, (腕前が)素晴らしい
【含混】hánhùn 形 あいまいな, はっきりしない (⊗[清晰]) [言辞～] 言葉があいまいだ
【含量】hánliàng 图 含有量
【含怒】hánˇnù 動 怒気を含む, 忿懣を かかえる
【含沙射影】hán shā shè yǐng《成》 暗に誹謗中傷する, それとなく悪口を言う 働[暗箭伤人]
【含漱剂】hánshùjì 图 うがい薬 ⓑ [含漱药]
【含笑】hánˇxiào 動 笑みを浮かべる, ほほえむ〖含着笑说话〗ほほえみながら話す
【含辛茹苦】hán xīn rú kǔ《成》苦労に耐える, 艱難辛苦を耐え忍ぶ ⓑ [茹苦含辛][千辛万苦]
【含羞】hánˇxiū 動 はにかむ, 恥じらう [～草] オジギソウ, ネムリソウ
【含蓄(涵蓄)】hánxù 形 ①(言葉や詩文について) 言外の意味を持った, 含蓄のある ②(思想感情を)内に秘めた, 顔に出さない
【含血喷人】hán xuè pēn rén《成》でたらめを言い触らして人を陥れる, 根も葉もない言い掛かりをつける
*【含义(涵义)】hányì 图(語句の)含意, 意味, 含蓄
【含意】hányì 图(詩や言葉の)含意
【含冤】hánˇyuān 動 いわれのない被害を受ける, 無実の罪に泣く

【函(*圅)】hán 量 ケースや帙などに入ったものを数える
 ⊗ ① 箱, 帙, ケース ② 手紙, 通信 [来～] 貴信
【函购】hángòu 通信販売で買う
【函件】hánjiàn 图 手紙, 郵便物 ⓑ [信件]
【函授】hánshòu 動 通信教育をする
【函售】hánshòu 動 通信販売する
【函数】hánshù 图《数》函数

【涵】hán ⊗ ① 含む, 中にもつ ② 暗渠, 地下水路 [～洞] (道路や鉄道を横切る) 地下用水路
【涵盖】hángài 動 (広い範囲を)おおう, 含む
【涵容】hánróng 動《書》寛大に許す, 大目に見る (⊗[包容][包涵]) [尚望～] お目こぼしを願いたい
【涵养】hányǎng 图 ① 修養, 自制心〖很有～〗心が練れている ② (水を) 蓄積・保存する〖～水源〗水源を保全する

【寒】hán ⊗ ① 寒い [受～] かぜをひく ② おびえる, おののく [心～] がっくりする ③ 貧しい [贫～] 貧乏な ④ (謙遜して) みすぼらしい [～舍] 拙宅
【寒潮】háncháo 图《天》寒波 ⓑ [寒流]
【寒碜(寒伧)】hánchen 動 恥をかかせる, 笑いものにする〖让人～了一顿〗人から笑いものにされた — 形 ① 醜い, 不体裁な ② 面汚しの, 恥ずかしい
【寒带】hándài 图 寒帯
【寒冬】hándōng 图 厳冬, 真冬 [～腊月] 同前
【寒风】hánfēng 图 寒風, 北風
*【寒假】hánjià 图 冬休み(⊗[暑假])〖放～〗冬休みになる
【寒噤】hánjìn 图 身震い(ⓑ[冷战]) [打了个～] ぶるっと震えた
【寒苦】hánkǔ 形 貧困の, 貧しい
【寒冷】hánlěng 形 寒冷な, 寒い(ⓑ[冷])〖气候～〗気候が寒冷である
【寒流】hánliú 图 ① 寒流(⊗[暖流]) ② 寒波 ⓑ [寒潮]
【寒露】hánlù 图 寒露 ◆二十四節気

の一. 陽暦の10月8·9日頃に当たる
【寒毛】hánmao/hánmáo [名]〔根〕うぶ毛 [同][汗毛]
【寒气】hánqì [名] 寒気, 寒さ
【寒秋】hánqiū [名] 晩秋 [同][深秋]
【寒热】hánrè [名]（漢方医学で）悪感と発熱の症状〖～往来〗悪感に震えたりかっかと火照ったりを繰り返す
【寒色】hánsè [名] 寒色 [同][冷色] [反][暖色]
【寒食】Hánshí [名] 節句の一, 寒食節 ♦清明節の前日. 昔はこの日から3日間食事に火を使わなかった
【寒暑表】hánshǔbiǎo [名]〔只〕寒暖計
【寒酸】hánsuān [形] みすぼらしい, 貧相な［～相］（貧乏書生のような）みすぼらしい様子
【寒微】hánwēi [形]《書》（出身や身分が）卑しい, 社会的地位が低い
【寒心】hán'xīn [動] ① がっくり落ち込む, ひどく落胆する ② おびえる
★【寒暄】hánxuān [動] 日常のあいさつを交わす, 暑い寒いのあいさつをする〖～了几句〗二言三言あいさつを交した［～话］あいさつの言葉
【寒衣】hányī [名] 冬服, 防寒着
【寒战(寒颤)】hánzhàn [名] 身震い（[同][寒噤]）〖打了几个～〗ぶるぶるっと震えた

〖韩(韓)〗 Hán [×] ① 戦国時代の国名 ♦河南省から山西省にかけて位置した ②‘韩国’（韓国）の略［～流］韓流(ハン) ③ 姓

〖罕〗 hǎn [×] ① ごく少ない, 珍しい［稀～］珍しい ②（H-）姓
★【罕见】hǎnjiàn [形] めったにない, まれな

【喊】 hǎn [動] ① 叫ぶ〖～口号〗スローガンを叫ぶ ②（人を）呼ぶ〖～他进来〗（部屋に）入るよう彼に声を掛ける
【喊叫】hǎnjiào [動] 叫ぶ, わめく

〖汉(漢)〗 hàn [×] ①（H-）漢(かん)（前漢と後漢, B. C. 206-A. D. 220）［～朝］漢王朝［西～］前漢［东～］後漢 ♦五代の後漢は‘后～’（A. D. 947-950）②（H-）漢族 ③ 男子［老～］老人 ④ 銀河［银～］銀河
【汉白玉】hànbáiyù [名] 白大理石
【汉堡包】hànbǎobāo [名] ハンバーガー
【汉奸】hànjiān [名] 売国奴 ♦侵略者の手先となって中国の利益を損なう者をいう
【汉人】Hànrén [名] ① 漢族, 漢族人 ② 漢代の人
【汉姓】hànxìng [名] ① 漢族の姓 ② 漢族以外の人が使う漢族の姓
【汉学】hànxué [名] ① 中国の伝統的学問, すなわち経史の学, 小学, 考証学など ② 外国人による中国研究, 中国学, シノロジー
★★【汉语】Hànyǔ [名] 漢語,（一般にいう）中国語［～拼音方案］漢語のローマ字表記法
【汉字】Hànzì [名] 漢字
【汉子】hànzi [名] ①〔个·条〕男, 男子 ②《方》夫, 亭主
【汉族】Hànzú [名] 漢族

【汗】 hàn [名] 汗〖出一身～〗大汗を流す［～马功劳］汗馬の労
⇨hán
【汗背心】hànbèixīn [名]〔件〕ランニングシャツ, 袖なし肌着
【汗碱】hànjiǎn [名] 汗のしみ [同][汗斑]
【汗孔】hànkǒng [名] 毛穴 [同][毛孔]
【汗流浃背】hàn liú jiā bèi《成》（恐れや恥ずかしさで）ぐっしょり汗をかく, 冷汗三斗
【汗牛充栋】hàn niú chōng dòng《成》蔵書の量がおびただしいことをいう
【汗衫】hànshān [名]〔件〕① 肌着のシャツ, Tシャツ ②《方》ワイシャツ
【汗水】hànshuǐ [名]（たっぷりかいた）汗〖～湿透了衣衫〗汗でシャツがぐっしょりだ
【汗腺】hànxiàn [名]〖生〗汗腺(かんせん)
【汗颜】hànyán [動]《書》恥ずかしく汗をかく;《転》恥じる, 恥じ入る
【汗珠子】hànzhūzi [名]〔颗·滴〕汗の玉, 汗のしずく [同][汗珠儿]

〖扞〗 hàn [×] ①［～格］《書》抵触する ②‘捍’と通用
⇨gǎn

【旱】 hàn [形] 日照りの, 雨の降らない（[反][涝 lào]）〖这冬天太～了〗この冬は特に雨が少ない［抗～］旱魃(かんばつ)対策を講ずる
[×] ① 水と無縁の ② 陸地の, 水のない場所［起～］陸路をゆく
【旱魃】hànbá [名]《書》日照りの神
【旱船】hànchuán [名] ① 民間の踊り‘跑～’に使う船の模型 ②《方》船に似た水辺の庭園建築
【旱稻】hàndào [名] 陸稲, おかぼ
【旱地】hàndì [名]（[反][水地]）① 畑 ② 水利の届かない耕地
【旱季】hànjì [名] 乾期 [反][雨季]
【旱井】hànjǐng [名]〔口·眼〕①（日照りに備えた）雨水をためる井戸 ② から井戸（冬の野菜貯蔵用）
【旱路】hànlù [名] 陸路〖走～〗陸路を行く
【旱桥】hànqiáo [名] 陸橋, 高架橋
【旱情】hànqíng [名] 旱魃(かんばつ)の被害状況
【旱伞】hànsǎn [名]〔把〕日傘, パラ

ソル([同][阳伞])〖打～〗日傘をさす
【旱田】hàntián [名] ①畑 [反][水田] ②水利の届かない耕地
【旱烟】hànyān [名] キセルで吸うタバコ，刻みタバコ［～袋］キセル
【旱鸭子】hànyāzi [名] かなづち(泳げない人)
【旱灾】hànzāi [名] 旱魃，日照り
【悍】hàn ⊗①勇猛な，大胆な［强～］［～勇］勇猛果敢な ②凶暴な，荒っぽい［凶～］狂暴な
【悍然】hànrán [副] 横暴にも〖～入侵〗無法にも侵攻する
【捍(扞)】hàn ⊗守る，防ぐ
⇨'扞'についてはgǎn
*【捍卫】hànwèi [動] 防衛する，護衛する〖～人权〗人権を守る
【焊(銲*釬)】hàn [動] 溶接する，はんだ付けする〖～水管〗水道管を溶接する［气～］ガス溶接［电～］電気溶接
【焊工】hàngōng [名] ①溶接，はんだ付け ②溶接工
【焊接】hànjiē [動] 溶接する，はんだ付けする
【焊枪】hànqiāng [名]〖機〗溶接トーチ，溶接ガン
【焊锡】hànxī [名] はんだ
【菡】hàn ⊗［～萏 dàn］《書》ハスの花
【颔(頷)】hàn ⊗①あご ②頷く
【翰】hàn ⊗羽毛；《転》毛筆・文字・書簡など［～墨］《書》筆と墨，文章や書画［华～］《書》貴信
【翰林】hànlín [名]〖史〗翰林学士［～院］翰林院(唐中期以降の役所で皇帝に直属して詔書の起草などに当たった)
【瀚】hàn ⊗広大な［～海］《書》大砂漠［浩～］広大な，おびただしい種類の
【憾】hàn ⊗無念(な)，心残り(な)［遗～］心残りの，遺憾な
【憾事】hànshì [名] 残念な事柄
【撼】hàn ⊗揺さぶる，揺らす［摇～］揺さぶる［蚍蜉～大树］羽アリが大木を揺さぶろうとする(あまりに身のほどを知らないこと)
【撼动】hàndòng [動] 揺さぶる，震動させる〖～大树〗大樹を揺さぶる
【夯(*⿰石夅)】hāng [名] 土を突き固める道具 ━ [動] ①(同前を用いて) 地固めする〖～地〗地固めする［～实］突き固める［打～机］地固めの機械，ランマー ②《方》強く打ちつける〖用大板来～〗板でバンバン打つ
【夯歌】hānggē [名] よいとまけの歌
【行】háng [名] ①(人や物の)列〖～和～之间〗列と列の間 ②職，職種〖干一～，爱一～〗これと決めた自分の職業を大切にする［～～出状元］どんな職種にもその道の大家がいるものだ ━ [動] 兄弟姉妹の年令順を表す〖我～三〗私は3番目の子供です ━ [量] 列や行を数える〖排成两～〗2列に並ぶ〖一～树〗一列に並んだ樹木［十四～诗］ソネット
⊗商店，会社［银～］行［分～］支店
⇨xíng
【行帮】hángbāng [名] 旧時の同業組合〖结～〗同前をつくる
【行辈】hángbèi [名] 家族あるいは一族の系譜の中での世代 ♦例えば兄弟，姉妹，いとこ，はとこは同じ'～'に，伯父，叔母の世代は1代上の'～'に属する [関][辈分]
【行当】hángdang [名] ①《口》(～儿)職業，商売 ②伝統劇の役柄('丑'(道化)'旦'(女形)など)
【行东】hángdōng [名]《旧》商店主や作業所の持ち主
【行贩】hángfàn [名](～儿)小商人，行商人 [同][小贩]
【行话】hánghuà [名] 業者間の専門語，隠語 [同][行业语]
【行会】hánghuì [名] 旧時の都市におけるギルド［～制度］ギルド制度
【行货】hánghuò [名] ①商品 ②粗悪品
【行家】hángjia [名] くろうと，通 [同][内行] ━ [形]《方》精通している，くろうとである
【行间】hángjiān [名] 行間，列と列の間，畝と畝の間など
*【行列】hángliè [名] 列，行列〖排成～〗一列に並ぶ
【行情】hángqíng [名] 相場，市況([同][行市])［～表］相場表
【行市】hángshi [名] 相場，市況［外汇～］外国為替相場
**【行业】hángyè [名] 業種，職業
【行业语】hángyèyǔ [名] [同][行话]
【行栈】hángzhàn [名] 倉庫業を兼ねる仲買業
【行长】hángzhǎng [名] 銀行の頭取
【绗(絎)】háng [動] とじ縫いをする〖～被子〗掛け布団をとじつける
【吭】háng ⊗のど，声［引～高歌］高らかに歌う
⇨kēng
【杭】Háng ⊗①浙江省杭州［～州］杭州 ②姓
【杭纺】hángfǎng [名] 杭州産の緞子

【杭育】hángyō 嘆(みんなで)力を出すときの掛け声、よーいしょ、こらしょ、えーんやこら

【航】háng ⊗① 船 ② 航行する

*【航班】hángbān 图(飛行機の)フライト、船の運行[~公司]船会社[~保险]航空保険
【航标】hángbiāo 图航路標
【航程】hángchéng 图航程
【航船】hángchuán 图(国内の)定期船 ◆特に江蘇浙江一帯を運航する木造船
【航次】hángcì 图① 船や飛行機の出航順、フライトナンバー ② 船あるいは飛行機の航行回数
【航道】hángdào 图〔条〕航路
【航海】hánghǎi 图航海[~日志]航海日誌
*【航空】hángkōng 图① 航空[~保险]航空保険[~工程]航空工学[~母舰]航空母艦('航母'とも) ② 航空便[寄~]航空便で送る
【航空信】hángkōngxìn 图航空郵便[寄~]エアメールを出す
【航路】hánglù 图〔条〕(海や川の)航路[~标志]航路標識
【航模】hángmó 图飛行機や船の模型
*【航天】hángtiān 图宇宙飛行[~飞机]スペースシャトル[~舱]宇宙船カプセル[~站]宇宙ステーション[~员]宇宙飛行士
【航务】hángwù 图航海業務、水上運輸にかかわる業務
【航线】hángxiàn 图(水上および空の)航路[内河~]内陸航路
【航向】hángxiàng 图針路、コース(比喩的にも使う)[改变~]コースを変更する
*【航行】hángxíng 动航行する[~权]航行権[~灯]航行灯
【航运】hángyùn 图水上運輸[~公司]船会社[~保险]船荷保険

【沆】hàng ⊗ 大水の形容[~瀣]夜の露、夜霧
【沆瀣一气】hàng xiè yí qì《成》ぐるになる、結託する

【巷】hàng ⊗ 以下を見よ ⇒xiàng
【巷道】hàngdào 图(鉱山の)坑道

【蒿】hāo ⊗ ヨモギ
【蒿子】hāozi 图ヨモギ

【嚆】hāo ⊗[~矢]《書》かぶら矢;物事の始まり、嚆矢

【薅】hāo 动① 手で引っこ抜く、むしる[~草]草むしりをする ②(方)つかむ、握る
【薅锄】hāochú 图除草ぐわ

【号】(號) háo ⊗① 吼ほえる、叫ぶ[哀~]よよと泣く ⇒hào
【号叫】háojiào 动叫ぶ◆同音の'嗥叫'は山犬などが吠えるの意
【号哭】háokū 动泣き叫ぶ
【号丧】háo•sāng 动(旧時の葬儀の際、遺族や弔問客が)死者の前で泣き声をあげる
—— háosang 动《方》《貶》泣きわめく[~鬼]泣き虫
【号啕(号咷、嚎啕、嚎咷)】háotáo 动〔多く状語として〕号泣する、おいおい泣く[~痛哭]

【蚝】(蠔) háo 图 '牡蛎 mǔlì(カキ)'の別称[~壳]カキがら
【蚝油】háoyóu 图オイスターソース、カキ油

【毫】háo 量 長さ・重量の単位、'厘'の10分の1 ⊗① ほんのわずか[~发 fà][~厘]《書》同前 ② 動物の細く長い毛[羊~笔]羊の毛の筆 ③ 筆[挥~]《書》書や画をかく ④ ある単位の千分の一を表わす
【毫不】háobù 副少しも…でない[~利己]少しも利己的でない
【毫克】háokè 量ミリグラム
【毫毛】háomáo 图〔根〕うぶ毛、細毛;(転)ほんのわずかな量[无损于我一根~]私には毛ほどもこたえない、屁~とも思わない
*【毫米】háomǐ 量ミリメートル
【毫末】háomò 图《書》細い毛の先っぽ;(転)ごく小さいもの、ごくわずかの量
【毫升】háoshēng 量ミリリットル
【毫微米】háowēimǐ 量ミリミクロン 旧[微米]
*【毫无】háowú 副少しも…がない、全く…でない[~二致]寸分の違いもない

【貉】háo ⊗[~子]タヌキ ⇒hé

【豪】háo ⊗① 傑出した人[文~]文豪 ② 豪快な、気迫雄大な[~语]勇ましい言葉 ③ 横暴な、権勢ずくの
【豪放】háofàng 形豪放な
【豪富】háofù 图《旧》金も力もある(人)
【豪横】háohèng 形(力を頼んで)横暴な、悪どい
*【豪华】háohuá 形豪華な、ぜいたくな 反[简朴]
【豪杰】háojié 图英雄的人物、傑出した人物[英雄~]英雄豪傑
*【豪迈】háomài 形気概あふれた、豪胆な
【豪门】háomén 图《旧》財力、勢力

を誇る家, 家族 ◉[豪家]
【豪气】háoqì 图英герの気概
【豪强】háoqiáng 图悪徳ボス, 力で人を苦しめる者
【豪情】háoqíng 图 大いなる気概〖满怀~〗闘志にあふれる, 闘志を燃やす
【豪爽】háoshuǎng 形豪快な, 豪放磊落な
【豪侠】háoxiá 形图義に厚い(人), 侠気に富む(人)
【豪言壮语】háo yán zhuàng yǔ 気概あふれる言葉, 勇ましい発言
【豪壮】háozhuàng 形勇壮な, 雄々しい

【壕】háo ⊗ ① 都市や城を囲む堀 ◆'濠'とも書く ② 壕〖防空~〗防空壕〖掘~〗壕を掘る
【壕沟】háogōu 图〔条〕① 塹壕 ② 溝, 用水路

【嚎】háo 動 大声で叫ぶ〖狼~〗オオカミが吼える ⊗ 泣き叫ぶ
【嚎啕(嚎咷)】háotáo 動◉[号啕]

【濠】háo ⊗ 堀→[城~]

【好】hǎo 形 ① よい, 好ましい〖~孩子〗よい子〖唱得很~〗歌がうまい〖你还是不去的~〗やはり行かないほうがいいよ ② 構わない, 差し支えない〖让我看看, ~不~?〗ちょっと見せてくれませんか〖这样也~吧〗これでもいいでしょう ③ 健康な〖他的病~了〗彼は病気が直った ④ 仲がよい, 友好的な〖~朋友〗親友〖又~起来了〗また仲良しになった ⑤〔結果補語として〕ちゃんと…し終える ◆動作の完成を示す〖吃~了〗食べ終わった ⑥〔動詞の前に置いて〕そうするのに好都合であること, そうするのがたやすいことを示す〖路不~走〗道が悪い〖别忘了留地址, 回头我~联系〗あとで連絡がとれるように, ちゃんと住所を書いておいてね ⑦〔主に感覚的な動詞の前に置いて〕満足度が高いことを示す〖~闻〗いい香りだ 一图(~儿)① 恩恵 ② 利点 ③〖よろしく〗との言葉 一副〖'多''久''儿'などの前で〗数が多いこと, 時間が長いことを強調する〖~几个人〗いく人もの人〖~一会儿〗長い間 ② 程度が大きいことを感嘆を込めて示す〖~冷啊〗寒いなあ〖~忙了一阵〗目の回る忙しさだった 一國 ① 同意や賛成の語気を示す〖~, 就这么办吧〗よし, そうしよう ② 終了・打切りの語気を示す〖~了, 别再说了〗わかった, それ以上言うな ③〔反語として〕不満の語気を示す〖~, 这一下可麻烦了〗

やれやれ, 厄介なことになった
⇨hào

【好办】hǎobàn 形やりやすい, 処理がたやすい〖这事不~〗これは簡単にはゆかない
【好半天】hǎobàntiān 图(主観的に) 長い時間〖等了~〗ずいぶん待った
【好比】hǎobǐ 動…に例えられる, ちょうど…のようなものだ〖~鱼和水的关系〗ちょうど魚と水の関係にある
【好不】hǎobù 副なんと, どんなにか ◆2音節の形容詞の前に置き, 感嘆の語気を伴う. 大体の場合'好'と置き替えてもよい〖~热闹〗なんともにぎやかだ
【好不容易】hǎobùróngyì 副 やっとのことで, ようやく(◉[好容易])〖~オ找到他〗やっとのことで彼を探しあてた
※【好吃】hǎochī 形うまい, おいしい
♦飲み物の場合は'好喝'
※【好处】hǎochù 图 ① 利点, 益するところ〖对我没有~〗私には何の益もない ② 利益, 得〖得不到任何~〗何の利益も得られない
【好歹】hǎodǎi 图 ① 善し悪し〖不知~〗是と非がわからない, 分別を欠く ②(~儿)万が一のこと, 生命の危険〖万一我有个~〗私にもしもの事があったら 一副 ① どうにか, なんとか〖~吃点儿就得了〗ありあわせの物を食べればそれでよい ② いずれにせよ, どうであれ〖~试试看〗とにかくやってみよう
【好端端】hǎoduānduān 形(~的)とても立派な, ごく良好な
【好多】hǎoduō 図沢山, 多量〖来了~~人〗本当に大勢の人が来た〖瘦了~〗随分やせた 一代(方)(数量を尋ねて)どれほど
【好感】hǎogǎn 图よい印象〖对他有~〗彼に好感をもつ
【好过】hǎoguò 形 ① 暮らし向きが楽な ② 体の具合や気分が楽な
【好汉】hǎohàn 图〔条〕立派な男〔英雄=〕英雄豪傑〖~不吃眼前亏〗できる男は不利とわかっては避けて通る
【好儿】hǎohāor 形(~的)立派な, 具合のよい 一副(~地)しっかりと, 存分に
【好好先生】hǎohǎo xiānsheng 图事なかれ主義の人
【好话】hǎohuà 图〔句〕① ためになる言葉〖~不留情(,留情没~)〗本当にためになる言葉は手心を加えたりしない ② 耳に心地よい言葉
【好家伙】hǎojiāhuo 國やるもんだなあ, すごいなあ ◆人の行為や成果についての驚嘆・賛嘆を表わす

【好景不长(好景不常)】 hǎojǐng bù cháng《成》月にむら雲花に風，得意の時期はすぐに去る

【好久】hǎojiǔ [名]（主観的に）長い間〘～没见了〙ごぶさたしました

【好看】hǎokàn [形] ① 美しい，きれいな ② 引き立つ，見栄えのする ③〘多く‘要……的～’の形で〙みっともない，困り果てた〘你让我上台讲话，不是要我的～吗？〙壇上で話をさせるなんて私に恥をかかせようというのか

【好了伤疤忘了疼】 hǎole shāngbā wàngle téng《俗》のどもと過ぎれば熱さ忘れる [同]［好了疙瘩忘了疼］

【好马不吃回头草】 hǎomǎ bù chī huítóu cǎo《俗》（立派な馬は後ろを向いて自分が踏んだ草を食べたりしない>）人たるもの過ぎたことに未練を残すな

【好评】hǎopíng [名] 好評〘获得～〙好評を博す

【好气儿】hǎoqìr [名]《口》〘多く否定文の中で〙よい気分〘一看见他我就没有～〙彼を一目見ただけで胸がむかつく

【好人】hǎorén [名] ① 立派な人 [反]［坏人］② おひとよし，好人物 ③ 健康な人

【好容易】hǎoróngyì [副] やっとのことで，ようやく [同]［好不容易］

【好肉上生蛆】hǎoròu shang shēng qū《俗》（上肉に蛆(うじ)をわかせる>）いわれのない中傷をして立派な人に疵(きず)をつける

【好生】hǎoshēng [副] ①（多く旧白話で）非常に，極めて ②《方》しっかりと，思い切り

【好事不背人，背人没好事】 hǎoshì bú bèi rén, bèi rén méi hǎoshì《俗》（よい事は人に隠れてやらぬもの，人に隠れてやる事にろくな事はない>）事はすべからく堂々と行うべし

【好事不出门，坏事传千里】 hǎoshì bù chū mén, huàishì chuán qiānlǐ《俗》好事門を出でず，悪事千里を走る [同]［好事不出门，恶事行千里］

【好事多磨】hǎoshì duō mó《成》好事魔多し [同]［好事多磨难］

【好手】hǎoshǒu [名]〔把〕名手，上手者

【好受】hǎoshòu [形] 体や気持ちが楽な，快適な〘～多了〙大分楽になった

【好说】hǎoshuō [形] ① 話しやすい，相談しやすい〘价钱～〙値段は相談に応じましょう ②《挨》（謙遜して）どういたしまして，とんでもない ♦普通二度重ねて使う

【好说歹说】hǎo shuō dǎi shuō《成》言葉を尽くして頼む，説得する

【好死不如赖活】 hǎosǐ bùrú làihuó《俗》（格好よく死ぬより惨めに生きるがまし>）死んで花実が咲くものか

【好似】hǎosì [動] まるで…のようだ

【好天儿】hǎotiānr [名] よい天気

【好听】hǎotīng [形] ①（声や音が）美しい，聞いて楽しい ②（言葉が）巧みな，心をくすぐる

【好玩儿】hǎowánr [形] 面白い，楽しい，おかしい

【好戏在后头】 hǎoxì zài hòutou《俗》（面白い芝居はあとにある>）事はまだ済んではいない，勝負はこれからだ，この後が見ものだ

★★【好像(好象)】hǎoxiàng [動] まるで…のようだ〘～晚上明媚的月亮〙まるで夜の明るい月のようだ ━ [副] どうやら（…のようだ）〘他的病～很重〙彼の病気はどうもかなり重いらしい ♦動詞，副詞とも文末に‘似的 shìde’を呼応させることができる

【好笑】hǎoxiào [形] おかしい，滑稽(こっけい)な

【好些】hǎoxiē [数] 沢山，多数，多量（[同]［好些个］）〘～书〙大量の本〘胖了～〙随分太った

【好心】hǎoxīn [名]〔片〕好意，親切

【好心不得好报】hǎoxīn bù dé hǎobào《俗》恩を仇(あだ)で返す（返される）

【好心当成驴肝肺】 hǎoxīn dàngchéng lǘ gānfèi《俗》（上等の心臓をロバの肝や肺だとみなす>）好意が悪意に受け取られる

【好样儿的】hǎoyàngrde [名]《口》見上げた人間，硬骨漢

【好一句，歹一句】 hǎo yí jù, dǎi yí jù《俗》なだめたりすかしたりする [同]［好说歹说］

【好意】hǎoyì [名]〔番〕親切，好意［好心～］親切心（の）

【好意思】hǎoyìsi [動]（…しても）平気である，恥ずかしいと思わない ♦詰問の語気を帯びる場合や‘不～’の形で使われる場合が多い〘亏他还～说呢〙あいつよくもぬけぬけと言えるもんだ〘我们～拒绝吗？〙平気で断われるか

【好在】hǎozài [副] 幸い，折良く

【好转】hǎozhuǎn [動] 好転する〘形势～〙形勢が好転する

〖郝〗 Hǎo ⊗姓

【号(號)】 hào [名] ① 号(ごう)〘五柳先生是陶潜的～〙五柳先生とは陶淵明の号だ ② ラッパ〘吹～〙ラッパを吹く［小～］トランペット ③（～儿）信号，記号，目じるし［暗～］合図 ④（～儿）番号，順番〘挂～〙番号を登録する，書留にする ⑤（～儿）サイズ［中～］Mサイズ ⑥ 日付け〘三月八～〙3月8日 ━ [動] ① 番号を付ける，印を付ける ② 脈を診(み)る

〖～脉〗脈をとる 一 [量] ①人を数える〖有多少～人？〗何人いるか ②(～儿)取り引きの回数を数える ③人や物を軽蔑をこめて分類するのに使う〖像他这～儿人〗あいつのような手合い
⊗①名称［国～］国名［绰～］あだ名 ②命令［～令］号令 ③商店［分～］支店 ④集団の中の人を表わす［病～］病人, 病欠者［彩～］戦傷者
⇨háo

【号兵】hàobīng [名]〖軍〗ラッパ手 [同][号手]

【号称】hàochēng [動]①…として有名である, …とうたわれる ②表向き…と称する, 豪語する〖～五十万大军〗公称50万の大軍とはいえ…

【号角】hàojiǎo [名]昔の軍隊で使ったラッパ, ラッパによる信号〖冲锋的～〗突撃ラッパ

【号令】hàolìng [名]号令〖发布～〗号令を発する 一 [動]《書》号令する

★★【号码】hàomǎ [名](～儿)番号［电话～］電話番号［～牌］ナンバープレート［～机］ナンバリング

【号手】hàoshǒu [名][同][号兵]

★【号召】hàozhào [動](広く大衆に)呼び掛ける, アピールする〖～大家发展生产〗生産を高めるようみんなに呼び掛ける［～书］呼び掛け, アピール(の文書) 一 [名]アピール(の言葉や文書)

【号子】hàozi [名]①大勢で働くときの仕事うたや掛け声 ♦音頭取りの歌に唱和する〖喊～〗掛け声を掛ける［打夯～］よいとまけの歌 ②《方》目じるし, 記号

【好】hào [動]①(…するのを)好む, (…の状態が)好きである〖～管闲事〗おせっかいをやきたがる［～色］好色だ ②よく…する, とかく…しがちである〖～伤风〗よくかぜをひく
⇨hǎo

【好高务远(好高骛远)】hào gāo wù yuǎn《成》高望みする, 身の程知らずに理想ばかりを追い掛ける

★【好客】hàokè [形]客好きの

★★【好奇】hàoqí [形]好奇心が強い, もの好きだ［～心］好奇心

【好强】hàoqiáng [形]向上心が強い, 頑張り屋の

【好胜】hàoshèng [形]負けず嫌いの, 向こうっ気が強い

【好事】hàoshì [形]もの好きな, おせっかいな［～之徒］おせっかい屋

【好恶】hàowù [名]好き嫌い, 好み

【好逸恶劳】hào yì wù láo《成》楽をしたがる, 労を逃れたがる

〖昊〗hào ⊗①果てしなく広い ②空

【耗】hào [動]①費やす, 無駄に使う ②《方》時間を引き延ばす, ぐずぐず手間取る
⊗悪い知らせ［噩 è～］(身近な人や敬愛する人の)死亡の知らせ

★【耗费】hàofèi [動]消費する, 浪費する〖～精力〗精力を消耗する

【耗损】hàosǔn [動]消耗する, ロスを出す〖减少～〗ロスを減らす

【耗子】hàozi [名]《方》ネズミ([同]《普》［老鼠］)［～药］ねこいらず

〖浩〗hào ⊗①広大な, 大規模な ②多い, 沢山の

【浩大】hàodà [形]①大規模な, 巨大な ②勢い盛んな, 盛大な

【浩荡】hàodàng [形]広大で力強い, 大規模で勢いさかんな〖～的长江〗滔々と流れる長江

【浩瀚】hàohàn [形]《書》①広大な〖～的沙漠〗広大な砂漠 ②おびただしい, 数多い〖典籍～〗書物が途方もなく多い

【浩劫】hàojié [名]大規模な災害, 広範囲にわたる災禍［十年～］10年にわたる災禍(文化大革命をいう)

【浩然之气】hàorán zhī qì [名]浩然の気

【浩如烟海】hào rú yān hǎi《成》書物や資料が無数にあるさま

〖皓(*皜)〗hào ⊗①白い［～首］《書》白髪頭 ②明るい［～月］明月

〖镐(鎬)〗Hào ⊗［～京］鎬京(西周の都, 今の西安市付近)
⇨gǎo

〖颢(顥)〗hào ⊗白く光る

【呵】hē [動]息を吹き掛ける, ぷっと吹く〖～手〗手に息を吹き掛ける 一 [嘆][同][嗬 hē]

〖一(訶)〗⊗叱る, なじる

【呵斥(呵叱)】hēchì [動]大声でなじる, がみがみ叱る

【呵呵】hēhē [擬]笑い声を表わす, ははは, ほほほ〖～大笑〗わははと笑う

【呵护】hēhù [動]大切に守る

【呵欠】hēqian [名]あくび([同]［哈欠］)〖打～〗あくびする

【喝(*欱)】hē [動]①飲む〖～茶〗お茶を飲む ②酒を飲む〖爱～〗酒好きだ〖～醉〗酒に酔う
⇨hè

【喝了迷魂汤】hēle míhúntāng《俗》(迷い薬を飲まされた>)判断力を失った様子, 目をくらまされているさま

【喝凉水塞牙缝】hē liángshuǐ sāi yáfèng《俗》(水ですら歯にはさまる>)不運もここに極まれりという状況

をいう [同][吃豆腐塞牙缝]
【喝水不忘掘井人】hē shuǐ bú wàng jué jǐng rén《俗》(水を飲むとき，井戸を掘った人を忘れてはならぬ>) 幸せのもとを作った人の恩を忘れてはならぬ [同][过河不忘修桥人]
【喝西北风】hē xīběifēng《俗》(真冬にからっ風を飲む>) 食うに事欠くこと，飢えに苦しむこと
【嗬(*呵)】hē [嘆] 驚きを表わす，ほうっ，ありゃあ
〖禾〗hé ⊗① 穀類の苗 ②稲 ③(古書で)粟
【禾苗】hémiáo [名] 穀物の苗
【和】hé [名]〖数〗和ゎ([同][～数])〖两数之～〗2つの数の和 — [動] 引き分ける〖～了〗勝負なし — [介] 動作や比較の対象を示す([同][跟][同])〖他～你一样高〗彼は身長が君と同じくらいだ〖～他一起去〗彼と一緒に行く — [接] 語と語，句と句が並列でつながることを示す〖城市～农村〗都市と農村〖狗～猫〗犬と猫
⊗①(H-)姓 ②(H-)日本 [～文] 日本文 ③…もろとも，…ごと [～衣而卧] 服を着たまま寝る ④争いをやめる [讲～] 講和する [说～] 仲裁する ⑤穏やかな，和やかな ⑥仲むつまじい，よく調和がとれた ♦④⑤⑥は古代'龢'とも書いた
⇨hè, hú, huó, huò
*【和蔼】hé'ǎi [形] (人柄，態度などが) 和やかな，優しい([同][和气]) [～可亲] (人柄が)和やかで親しみやすい
【和畅】héchàng [形] (風が) 穏やかな，のどかな
【和风】héfēng [名] そよ風，のどかな風 [～细雨] そよ風や小ぬか雨のように穏やかなやり方
【和光同尘】hé guāng tóng chén《成》目立たず角を立てず世間とうまく折り合ってゆく(処世態度) [同][和光混俗]
【和好】héhǎo [動] 仲直りする [～如初] 仲直りする [反][翻脸]
【和会】héhuì [名] 講和会議，平和会議
*【和解】héjiě [動] 和解する，仲直りする
【和局】héjú [名] (球技や碁などで) 引き分け〖打成～〗引き分ける
*【和睦】hémù [形] 仲むつまじい，融和した〖～相处〗仲むつまじく暮らす〖民族～〗民族同士融和する
【和盘托出】hé pán tuō chū《成》洗いざらい言う，すべてをさらけ出す
**【和平】hépíng [名] 平和(な)〖～解决〗平和的に解決する〖～利用原子能〗原子力を平和利用する [～谈判] 和平交渉 — [形] 穏やかな，おとなしい〖～抵抗〗非暴力による抵抗をする
【和平共处】hépíng gòngchǔ《成》(国際間で) 平和共存(する)，(個人や団体の間で) 互いに仲良くやってゆく
【和平共处五项原则】hépíng gòngchǔ wǔ xiàng yuánzé [名] 平和五原則 ♦相互間の(i) 主権の尊重と領土の保全.(ii)不可侵.(iii)内政不干渉.(iv)平等互恵.(v)平和共存
*【和气】héqi [形] ①和やかな，穏やかな([同][和蔼])〖说话～〗言葉遣いが穏やかだ ②仲むつまじい [同][和睦] — [名] 親しさ，仲のよさ〖伤～〗気まずくなる
【和亲】héqīn [動] 和親政策を行う [～政策] 和親政策
【和善】héshàn [形] 和やかな，人なつこい [同][和蔼]
【和尚】héshang [名] 僧侶，坊さん
【和尚打伞(无法无天)】héshang dǎ sǎn (wú fǎ wú tiān)《俗》(坊主が傘をさす) むちゃくちゃをやる，やりたい放題にやる ♦'无发无天'(髪が無く空が見えない)との音通に基づく
【和尚没儿孝子多】héshang méi ér xiàozǐ duō《俗》(坊主は息子がいなくても，孝子(供物を奉げてくれる信徒) が多い>) 困ったときに助けてくれる人がいる
【和事老】héshìlǎo [名] もめ事の仲裁人，調停役
【和数】héshù [名]〖数〗和
【和谈】hétán [名] 和平交渉，平和会談 [同][和平谈判]
*【和谐】héxié [形] 調和のとれた，よく息の合った([同][协调]) [～社会] 調和のとれた社会
【和颜悦色】hé yán yuè sè《成》表情のにこやかなさま，和やかなさま
【和约】héyuē [名] 平和条約，講和条約〖订立～〗同前を結ぶ
【和衷共济】hé zhōng gòng jì《成》一致協力する，心を一つに助け合う [同][同心协力][同舟共济]
【合】hé [動] ①閉じる，閉める〖～上书〗本を閉じる ②合わせる，一つに集める([反][分])〖临时～一个班〗臨時に一つのクラスにまとめる [～办] 共同経営する ③合致する，適合する〖～胃口〗好みに合う ④相当する，総計…になる〖一米～三市尺〗1メートルは3尺に当たる — [名] 中国民族音楽の音階の一 — [量] (旧白話で) 交戦の回数を数える
⊗①…すべきである [理～如此] かくあるべきだ ②すべての [～村] 村を挙げて
⇨gě

【合并】hébìng 動 ① 合併する, 一つにまとめる [〜成一个大班] 大きなクラスの形にまとめる [〜讨论] まとめて議論する ② 併発する [〜症] 合併症

【合不来】hébulái 動 気が合わない, 一緒にやって行けない (⇔[合得来]) [我和他总〜] あいつとはどうにもうまく行かない

【合不上嘴】hébushàng zuǐ 《俗》(口が閉じられない＞) 嬉しくてたまらないさま

*【合唱】héchàng** 動 合唱する [〜队] 合唱団

*【合唱一台戏】hé chàng yì tái xì** 《俗》(一緒に芝居を演じる＞) ぐるになって悪いことをする喩え

*【合成】héchéng** 動 ① 構成する, 組合わせて作る [〜词] 複合語 ② 化学合成する [〜洗涤剂] 合成洗剤 [〜纤维] 合成繊維 [〜橡胶] 合成ゴム

【合穿一条裤子】hé chuān yì tiáo kùzi 《俗》(一本のズボンを一緒に穿く＞) 一心同体の仲である

【合得来】hédelái 動 気が合う, 伸くやって行ける (⇔[合不来])

*【合法】héfǎ** 形 合法的な, 法にかなった [〜权益] 合法的な権益

*【合格】hégé** 動 ① 規格に合う, 基準に達する [产品〜] 製品が合格する ② 試験に合格する, 及第する ⇨[及格]

【合股】hégǔ 動 [多く状語的に] 資本を出し合う [〜经营] 資本を出し合って経営する [〜公司] 合資会社

【合计】héjì 動 合計する, 合わせて…になる [〜90人] 合計90人になる —— héji ① 思案する, (対応策を) あれこれ考える (⇨[盘算]) [心里〜着孩子留学的事] 子供の留学の事であれこれ考える ② 相談する, 協議する ⇨[商量]

【合金】héjīn 图 合金 [〜钢] 合金鋼

*【合理】hélǐ** 形 合理的な, 理にかなった [〜的价格] 合理的な値段 [〜解决] 合理的に解決する [〜化] 合理化する

【合流】héliú 動 ① (川が) 合流する ② (思想, 行動面で) 一致に向かう, 協力する ③ 異なる学派や流派が一つにまとまる

【合龙】hélóng 動 堤防や橋梁などの工事で, 両端から伸びてきたものが中間で接合する

【合拢】hélǒng 動 一まとめにする [合不拢嘴] 開いた口がふさがらない

【合情合理】hé qíng hé lǐ 〈成〉情理にかなった, 理に適った

*【合身】héshēn** 形 (〜儿)(衣服が) 体にぴったり合う, フィットした

*【合适】héshì** 形 適切な, 都合のよい, (サイズなどが) ぴったりの

*【合算】hésuàn** 形 採算が合う, 割に合う — 動 あれこれ考える

*【合同】hétong / hétóng** 图 契約 [订〜(签订〜)] 契約する [暂行〜] 仮契約

【合页(合页)】héyè 图 蝶つがい [弹簧〜] バネ入り蝶つがい

【合议】héyì 動 ① 合議する [〜制] 合議制 (裁判) ② 協議する

*【合营】héyíng** 動 共同経営する ◆特に国家と個人との共同経営'公私〜'を指すことが多い

*【合影】héyǐng** 图 [张] (2人以上で) 一緒に撮った写真 —— hé yǐng 動 (2人以上で) 一緒に写真を撮る [〜留念] 記念撮影する ⇨[合照]

【合用】héyòng 動 共同で使用する, 一緒に使う — 形 使用に手ごろな, 便利な

【合于】héyú 動 …に合致する

【合辙】hézhé 動 (〜儿) ① 一致する ② 韻を踏む

【合奏】hézòu 動 合奏する

*【合作】hézuò** 動 協力する, 提携する [技术〜] 技術協力 [〜化] 協同組合化する, (特に農村で) 合作社に組織がえする

【合作社】hézuòshè 图 ① 協同組合 [消费〜] 生協, 学校などの購買部 ② 特に農漁村における'生产〜' ◆'人民公社' の前段階

【盒】hé 图 (〜儿) 小さな箱, 小箱型の容器 [铅笔〜儿] 筆箱 [墨〜] 墨つぼ — 量 マッチ・タバコなど小箱に入ったものを数える

【盒饭】héfàn 图 (販売用) 弁当

【盒式录音机】héshì lùyīnjī 图 カセットテープレコーダー

*【盒子】hézi** 图 ① 小さな箱, 小箱型の容器 ② 花火の一種 ③ モーゼル拳銃 ⇨[〜枪]

【盒子枪】héziqiāng 图 [把·支] モーゼル拳銃 ⇨[驳壳枪]

【颌(頜)】hé ⊗ あご [上〜] 上あご [下〜] 下あご

〖纥(紇)〗hé ⊗ →［回～Huíhé］

〖何〗hé ⊗①なに［～人］だれ, なに者〚有～见教〛どういうご用件でしょうか ②どこ〚～往〛いずこへ行くのか ③〔疑問と反問の両方に使って〕なぜ, どうして, なんで〚有～不可〛なにが不都合なものか〚于心～忍〛どうして我慢できよう ④(H-)姓

★【何必】hébì [副]〔ふつう文末に'呢'を伴って〕どうして…する必要があろうか〚～当真呢〛本気にすることないじゃないか

【何不】hébù [副] なぜ…しないのか, …してみようではないか〚～早说？〛なんで早く言わないんだ

【何尝】hécháng [副] どうして…であるものか([同][何曾])〚～不想去〛行きたいのはやまやまです〚～不是呢〛そうですとも

【何等】héděng [代] いかなる, どのような〚～人物〛どういう人物 ― [嘆] なんと, いかに…であることか([同]《口》[多么])〚～幸福！〛なんと幸福なことか

【何妨】héfáng [副]《書》…すればよいではないか, …しない手はなかろう〚～试试〛やってみることだよ

【何苦】hékǔ [副] わざわざ…することはない, なぜわざわざ…するのか〚～这样担心呢？〛そんなに心配することはないだろう〚花那么多钱请客, ～呢？〛大枚はたいて人に御馳走するなんて, よせよせ

★【何况】hékuàng [接] まして, いわんや〚连小伙子都累坏了, ～老人呢？〛若者でさえ疲れ果ててしまうのに, まして老人ではね

【何乐而不为】hé lè ér bù wéi《成》やらない手があるものか, 喜んでやるとも [同][何乐不为]

【何如】hérú [代]《書》①どのようであるか, どうか〚你来做一下, ～？〛君がやるというのはどうだね ②どんな〚～人〛どんな人 ― [副]《書》…するほうがよいではないか〚与其你来, ～我去〛君が来るより私がそちらに行くほうがよいのでは

【何首乌】héshǒuwū [名]〚植〛ツルドクダミ, カシュウ ♦漢方薬の材料

【何谓】héwèi [動]《書》①…とは何か〚～人生？〛人生とは何か ②〔後に'也'を伴って〕どういう意味か, 何のことか〚此～也？〛これはいかなる意味か

【何以】héyǐ [副]《書》①いかにして, 何によって〚～教我？〛どのようにお教え下さいますか ②なぜ, どうして〚～见得？〛どうして分かるのですか

【何止】hézhǐ [動]《書》とても…にとどまらない, …どころかもっとある([同][何啻 chì])〚例子～这些？〛例はこのほかまだまだある

〖荷〗hé ⊗①(H-) オランダ('～兰 lán')の略称［～兰牛］ホルスタイン ②ハス［～塘］ハス池
⇨hè

【荷包】hébao/hébāo [名] ①小さな袋, ポシェット, 巾着(きんちゃく)の類［烟袋～］タバコ入れ［～蛋］(調理した)アヒルの玉子 ②ポケット, かくし

【荷尔蒙】hé'ěrméng [名] ホルモン [同][激素]

【荷花】héhuā [名] ①ハス ②ハスの花([同][君子花])［～池］ハス池

【荷叶】héyè [名] ハスの葉

〖河〗hé [名]〔条·道〕川, 水路, 壕(ほり)
⊗①(宇宙の)銀河系 ②(H-)黄河

【河北梆子】Héběi bāngzi [名] 河北省一帯に行われる地方劇の一

【河槽】hécáo [名] 川床(かわどこ) [同][河床][河身]

【河川】héchuān [名](総称として)川, 河川

【河床】héchuáng [名] 川床, 河床(かしょう) [同][河槽][河身]

【河道】hédào [名]〔条〕川筋 ♦一般に船が航行できる川をいう

【河防】héfáng [名] ①治水, 水害防止の事業 ♦特に黄河の治水をいう［～工程］治水工事 ②黄河の軍事的防衛

【河谷】hégǔ [名] 川と川べり ♦両岸の斜面を含めて, 平地より低い部分をいう

【河汉】héhàn [名]《書》①銀河, 天の川 ②大ぼら, 大うそ

【河口】hékǒu [名] 川口, 河口

【河狸】hélí [名]〔只〕ビーバー

【河流】héliú [名]〔条·道〕河川, 川

【河马】hémǎ [名]〔只〕カバ

【河漫滩】hémàntān [名] 河川敷

【河南坠子】Hénán zhuìzi [名] 河南で生まれ北方各地に広まった大衆芸能の一 ♦胡弓の伴奏で定形の語り物をうたう

【河清海晏】hé qīng hǎi yàn《成》(黄河の水が澄み, 大海の波が静まる>) 天下太平である [同][海晏河清]

【河渠】héqú [名] 水路, 川や用水

【河山】héshān [名] ①山河 ②国土, 祖国の領土［锦绣～］美わしき祖国の山河

【河滩】hétān [名] 河原, 川の砂州 ♦季節により水没したり現われたりする部分をいう

【河套】hétào [名] ①大きく弧を描いて蛇行する川筋, また, その弧に囲まれた地域 ②(H-) 黄河が甘粛から寧夏, 内蒙古を経, 陝西にかけて大

H

きく曲がっている地域一帯, オルドス地方
【河豚】hétún 名 フグ ⇒[鲀 tún]
【河网】héwǎng 名 水路網
【河蟹】héxiè 名 川ガニ ⇒[海蟹]
【河心】héxīn 名 川の流れのまんなか
【河沿】héyán 名（～儿）川沿い, 川辺
【河运】héyùn 名 河川による運送, 内河運輸 ⇒[海运][水运][航运]

【劾】hé ⊗ 罪状を暴く [弹～]弹劾する

【阂】(閡) hé ⊗ 隔絶する [隔～]隔たり

【核】hé 名 ① 果実の種 [桃～]桃の種 ② 中核, 中心をなすもの [细胞～]細胞核 ③ 原子核および原子核に関連するもの [～电站]原子力発電所 [～裁军]核軍縮 [～讹诈]核兵器による脅し [～辐射]原子核放射

【─(*覈)】⊗ 照合する, 細かく対照する
⇒hú

【核弹头】hédàntóu 名 核弾頭
【核导弹】hédǎodàn 名〔枚・颗〕核ミサイル
【核对】héduì 動 照合する, 細かく突き合わせる [～账目] 帳簿を照合する
【核反应堆】héfǎnyìngduī 名〔座〕原子炉 ⇨[原子反应堆]
【核计】héjì 動 見積もる, 算出する [～成本]原価を計算する
【核减】héjiǎn 動 照合審査のうえ削減する, 細かく調べて削る
【核能】hénéng 名 原子力エネルギー ⇨[原子能]
【核潜艇】héqiántǐng 名〔只・艘〕原子力潜水艦
【核实】héshí 動 点検確認する, 調べて事実を確かめる, チェックする
【核算】hésuàn 動 見積もる, 算出する [成本～]原価計算 [独立～]独立採算
【核桃】hétao 名 (⇨[胡桃])①〔颗〕クルミ ②〔棵〕クルミの木
【核武器】héwǔqì 名 核兵器
【核销】héxiāo 動 審査照合のうえ帳簿から消す, なかったものとして処理する
*【核心】héxīn 名 中心, 核心 [问题的～]問題の核心 [～作用]中心的役割
【核准】hézhǔn 動 審査認可する

【曷】hé ⊗ ① どうして ② いつ

【盍】(*盇) hé ⊗ なぜ…しないのか

【阖】(闔 *閤) hé ⊗ ① 閉じる, 口を閉ざす ② すべて, 全部 [～家]一家全員

【涸】hé ⊗ 水がかれる, 干あがる

【涸辙之鲋】hé zhé zhī fù《成》（水たまりが干上がって苦しんでいるフナ）危急の状況で助けを求めている人, 轍鮒の急

【貉】hé ⊗〔動〕タヌキ→[貉子][一丘之～]同じ穴のムジナ
⇒háo

【翮】hé ⊗ ① 鳥の羽の茎 ② 翼

【吓】(嚇) hè 嘆 不満な気持ち, 舌打ちする気分を示す
⊗ 脅す [恐～]恫喝する
⇒xià

【和】hè 動 (他人の詩歌に)和する ◆中国文言詩の作法の一つで, 他人の題材, 形式, 韻に合わせて詩を作ることをいう [[～韵]](人の詩に) 韻を合わせて詩を作る [[～了一首诗]]和韻詩を一首作った
⊗ 唱和する, ついて歌う
⇒hé, hú, huó, huò

【贺】(賀) hè ⊗ ① 祝う, 祝いの辞を述べる [道～]お祝いを言う ② (H-)姓
【贺词】hècí 名 祝いの言葉 [[致～]]祝辞を述べる
【贺电】hèdiàn 名〔封〕祝電
【贺函】hèhán 名〔封〕祝いの手紙, 祝い状 ⇨[贺信]
【贺礼】hèlǐ 名〔个・件〕祝いの品, 祝賀の進物
【贺年】hèˈnián 動 新年の祝いを言う [～片]年賀状
【贺喜】hèˈxǐ 動 祝いを述べる, おめでとうと言う ⇨[道喜]

【荷】hè ⊗ ① かつぐ, になう ② 負担, 責任 ③ (書簡文で) 恩にきる, 有難く思う [为～](…して頂けると)幸甚が
⇒hé

【喝】hè ⊗ 大声で叫ぶ [吆～ yāohe]同前 [大～一声]大喝する
⇒hē

【喝彩】hèˈcǎi 動 喝彩する [[齐声～]]やんやの喝采を送る [[博得全场～]]満場の喝采を浴びる
【喝倒彩】hè dàocǎi 動 やじる ⇨[喊倒好儿]

【褐】hè ⊗ ① 粗い布, 粗い布で作った衣服 ② 褐色 [～煤]亜炭
【褐色】hèsè 名 褐色

【赫】hè ⊗ ① 名高い, 盛んな [显～]権勢かくれもない ② ヘルツ ('～兹'の略) [千～]キロ

ヘルツ ［兆～］メガヘルツ ③(H-)姓

【赫赫】hèhè [形] 名高い，かくれもない 〖～战功〗赫赫(かくかく)たる戦功 ［～有名］非常に名高い

【赫哲族】Hèzhézú [名] ホジェン族 ♦中国少数民族の一，黒龍江省に住む

【赫兹】hèzī [量]〖理〗ヘルツ

〖鹤(鶴)〗hè ⊗ ツル ［仙～］ツル ［丹顶～］タンチョウヅル

【鹤发童颜】hè fà tóng yán《成》白髪童顔(老人の血色のよさをいう)

【鹤立鸡群】hè lì jī qún《成》鶏群の一鶴，はきだめの鶴

【鹤嘴镐】hèzuǐgǎo [名]〔把〕つるはし [同][洋镐]

〖壑〗hè ⊗ 谷間，山あいの池 ［千山万～］重なり連なる山と谷

【黑】hēi [形] ①黒い([反][白]) ［～发］黒髪 ②暗い 〖天～了〗日が暮れた ③あくどい，腹ぐろい 〖他的心很～〗彼は腹黒い ― [動] ハッカー行為をする

⊗①秘密の，非合法の，やみの ［～市］ブラックマーケット ②(H-)黒龍江省('黑龙江')の略 ③(H-)姓

【黑暗】hēi'àn [形] ①暗い 〖～的角落〗暗い片隅 ②(社会や政治面で)暗黒の，救いのない ［～势力］暗黒勢力

【黑白】hēibái [名] ①黒と白 ［～电视］白黒テレビ ②善と悪，正と邪 〖颠倒～〗黒を白と言いくるめる

【黑白片】hēibáipiàn [名]〔部〕白黒映画('黑白片儿 hēibáipiānr' ともいう) [反][彩色片]

【黑斑】hēibān [名] 黒斑(こくはん) ［～蚊］シマ蚊 ［～病］黒斑病

★★【黑板】hēibǎn [名]〔块〕黒板

【黑板报】hēibǎnbào [名] 黒板新聞 ♦黒板に白墨で簡潔に情報を記した壁新聞のごときもの．延安時代に始まる

【黑帮】hēibāng [名] ①反社会的秘密組織 ②反動的政治集団，またそのメンバー

【黑沉沉】hēichénchén [形](～的)(空の色が)どんより暗い

【黑道】hēidào [名](～儿) ①真っ暗な夜道 〖走～〗暗がりを行く ②悪の道，どろぼう稼業 〖走～〗盗みを働く

【黑地】hēidì [名] ①隠し田(畑) [同][黑田] ②(～儿)黒地(くろじ)，黒無地

【黑洞洞】hēidòngdòng/hēidōngdōng [形](～的)真っ暗やみの [同][黑漆漆]

【黑洞】hēidòng [名]〖天〗ブラックホール [同][坍缩星]

【黑更半夜】hēigēng-bànyè [名](～的)真夜中，夜の夜中(よなか)

【黑咕隆咚】hēigulōngdōng [形](～的)《口》真っ暗な，やみに包まれた

【黑光】hēiguāng [名] 紫外線 [同][紫外线]

【黑乎乎(黑糊糊)】hēihūhū [形](～的) ①真っ黒な，黒く汚れた ②真っ暗な，暗がりの ③(沢山集まっているものが)遠くてはっきりしない，黒くぼやけた

【黑货】hēihuò [名] やみ物資(脱税品や密輸品など)

【黑客】hēikè [名] ハッカー

【黑马】hēimǎ [名] ダークホース

【黑名单】hēimíngdān [名] ブラックリスト

【黑幕】hēimù [名] 内幕，陰の政策など 〖揭穿～〗内幕を暴く

【黑钱】hēiqián [名] 悪銭，不正に得た金 ♦多く賄賂(わいろ)をいう

【黑人】hēirén [名] ①(H-)黒人 ②やみ人口，戸籍に登録されていない人

【黑色】hēisè [名] 黒 ［～火药］黒色火薬 ［～素］メラニン

【黑色金属】hēisè jīnshǔ [名] ①鉄，マンガン，クロムの総称 ②鉄合金 [同][铁金属] [反][有色金属]

【黑色收入】hēisè shōurù [名] 闇の収入，裏金

【黑社会】hēishèhuì [名] 反社会的組織，暴力団

【黑市】hēishì [名] ブラックマーケット，やみ取り引き ［～价格］やみ相場

【黑死病】hēisǐbìng [名] ペスト，黒死病 [同][鼠疫]

【黑穗病】hēisuìbìng [名]〖農〗黒穂病 [同][黑粉病][黑疸]

【黑桃】hēitáo [名](トランプの)スペード

【黑陶】hēitáo [名]〖史〗(新石器時代の)黒陶 ［～文化］黒陶文化

【黑箱】hēixiāng [名] ブラックボックス

【黑心】hēixīn [名] 悪心，邪悪な根性 〖起～〗悪い了見を起こす ― [形] 陰険な，腹黒い

【黑信】hēixìn [名]〔封〕匿名の手紙(密告書など)

【黑猩猩】hēixīngxing [名]〔只〕チンパンジー

【黑熊】hēixióng [名]〔头·只〕ツキノワグマ [同][狗熊][黑瞎子]

【黑魆魆】hēixūxū [形](～的)真っ暗な，真っ黒な

【黑压压】hēiyāyā [形](～的)黒山のような，びっしり集まった ♦人や物が密集したさまをいう

【黑眼珠】hēiyǎnzhū [名](～儿)黒目，黒い瞳(ひとみ) [反][白眼珠]

【黑夜】hēiyè [名] やみ夜，暗夜

H

【黑油油】 hēiyóuyóu / hēiyōuyōu [形] (～的) 黒光りした, (髪などが) 黒くつややかな
【黑黝黝】 hēiyǒuyǒu / hēiyōuyōu [形] (～的) ①[同][黑油油] ②真っ暗な [同][黑幽幽]
【黑种】Hēizhǒng [名] 黒色人種 [関][黄种]
【黑子】hēizǐ [名] ①ほくろ, 黒あざ [同][黑痣] ②太陽の黒点 ③(～儿) 碁の黒石 [反][白子儿]
【嘿(*嗨)】hēi [嘆] ①(呼び掛けたり注意をうながして) おいおい, よう〖～, 快走吧!〗さあ, 急ぐんだ ②(得意な気持ちを表わして) どうだい ③(驚きの気持ちを表わして) ややっ, ほほう〖～, 下雪了〗ありゃありゃ, 雪になったぜ
【嘿嘿】hēihēi [擬] (笑い声を表わして) へっへっへ, うふふ
【痕】hén ⊗痕跡(こんせき), あと [泪～] 涙のあと [伤～] 傷あと
*【痕迹】hénjì [名] ①あと, 痕跡〖轮子的～〗車輪の跡 ②過去の面影, 名残り〖留下～〗跡を残す, 名残りを留める
【很】hěn [副] ①とても, 大変に ♦'他～好'のような肯定形の単純な形容詞述語文においては, 程度の大きいことを表わす働きをほとんど失う〖～有道理〗いかにももっともだ〖不～好〗余りよくない〖～不好〗とてもよくない ②〔'得'を伴う補語として〕とても, 大変に〖好得～〗大いに結構だ
【狠】hěn [形] ①残忍な, むごい ②〔多く補語や状語として〕断乎たる, 厳しい〖～～地批评他〗彼をきつく批判する ━[動] 腹をくくる, 感情を抑える〖～着心…〗心を鬼にして…する
【狠毒】hěndú [形] 残忍な, 悪らつな
【狠狠】hěnhěn [副] (～地) 憎々しげに, 情け容赦なく
【狠命】hěnmìng [副] 全力で, 懸命に〖～地洗了一天衣服〗一日中必死に洗濯した
*【狠心】hěn▾xīn [動] 心を鬼にする, 情を捨てる
── hěnxīn [形] 残忍な, むごい
【恨】hèn [動] 憎む, 恨む〖我真～自己太粗心〗自分の粗忽が恨めしい [～入骨髓] [～之入骨] 恨み骨髄に徹す
⊗悔やむ, 残念に思う [悔～] 残念がる
*【恨不得】hènbude [動] …できないのが残念でならない, …したくてならない ([同][恨不能])〖～马上见到她〗すぐにも彼女に会いたい〖～长翅膀〗翼のないのが恨めしい〖～一口吞下去〗ひと飲みに飲んでやりたい (好きなものや憎いものに対して言う)
【恨铁不成钢】hèn tiě bù chéng gāng《成》(鉄が鋼にならないことが恨めしい>) 期待をかけた人間が進歩しないことにいら立つ
【亨】hēng ⊗①順調にゆく ②(H-)姓
【亨通】hēngtōng [形] 順調な, すらすら運ぶ〖万事～〗すべてが順調に進む
【哼】hēng [動] ①うなる, 鼻で声を出す('～～ hēngheng' とも) ②鼻歌をうたう, (詩を) 吟じる〖～着唐诗〗唐詩を吟じる
⇨hng
【哼哧】hēngchī [擬] (荒い息づかいや苦しげな息を表わして) はあはあ, ふうふう ♦普通 '～～' と重ねて使う
【哼唧】hēngji [動]〔賓語なしで〕低い声で話す(歌う), ぼそぼそしゃべる〖～～地读〗ぼそぼそ低い声で読む
【哼唷】hēngyō [嘆] (集団で力仕事をするときの掛け声) よいしょ, こらしょ ♦普通 '～～' と重ねて使う
【恒】héng ⊗①恒心, 不変の志 ②永遠の, 変わることのない ③ふだんの, 平生の ④(H-)姓
【恒产】héngchǎn [名] 恒産(こうさん), 不動産 [同][不动产]
【恒齿】héngchǐ [名]〔颗〕永久歯 [同][恒牙] [関][乳齿]
【恒久】héngjiǔ [形] 永遠の, いつまでも変わらない〖～的友谊〗永遠の友情 [～不变] 永久に変わることがない
【恒温】héngwēn [名] 定温, 恒温 [～器] サーモスタット [～动物] 温血動物
【恒心】héngxīn [名]〔条〕恒心〖有～〗不変の志を持つ
【恒星】héngxīng [名]〔颗〕恒星 [～年] 恒星年
【桁】héng ⊗桁(けた) [同][檩]
【桁架】héngjià [名]〖建〗トラス, 橋梁や家屋の桁, 骨組み
【衡】héng ⊗①(重さをはかる) 秤(はかり), さお秤 ②目方をはかる [～器] 秤 ③考慮する, 判定する ④(H-)姓
【衡量】héngliáng [動] ①評定する, 価値をはかる〖～得失〗損と得をはかりにかける ②考慮する, 思案する
【横】héng [形] ①(縦に対して) 横の, 横方向の ([反][竖] [直] [纵])〖我画的线是～的〗僕の書いたのは横の線だ〖～写〗横書

H

【横】(成)苛敛诛求ホネミュゥする、むちゃくちゃに税を取る ⑩[苛捐杂税]

hèng 形 荒っぽい、粗暴な
⊗思い掛けない、不吉な
⇨héng

【横暴】hèngbào 形 乱暴な、横暴な
【横财】hèngcái 名〔笔〕不正なもうけ、悪銭ミネミ ⑩[发～]汚れた金をつかむ
【横祸】hènghuò 名 思わぬ災難、突然の不幸 ⑩[横灾]
【横死】hèngsǐ 动 横死する、不慮の死を遂げる

【嗨】hm 叹(不満や叱責の語気の)ふん
【哼】hng 叹(不満・不信や相手にせぬ気持ちを示して)ふん、へへん
⇨hēng

【轰】(轟) hōng 动 ①雷が鳴る、②(大砲や爆弾などで)爆破する ― 巨大な爆発音、ドカン

【―】(*撉) 动 追い払う、追う［～麻雀］スズメを追い払う

*【轰动】(哄动) hōngdòng 动 世間を驚かす、センセーションを巻き起こす［～全国］全国的話題となる［～一时］世を騒がせる
【轰轰】hōnghōng 形 轟々ホネッネと音が大きい形容 ◆
【轰轰烈烈】hōnghōnglièliè 形 天をつく勢いの、地を揺るがすような［～的政治运动］激しく大規模な政治運動
【轰隆】hōnglōng 擬(爆発音・雷鳴・機械音などを表わす) どかーんどかーん、ごうごう
【轰鸣】hōngmíng 动(爆発音や機械音など)激しい音をたてる、轟々ホネッネとうなりをたてる
【轰响】hōngxiǎng 动(爆発音や機械音など) 激しく鳴り響く、どかんどかん(ごうごう)と響きわたる
【轰炸】hōngzhà 动 爆撃する［～城市］都市を爆撃する［～机］爆撃機

【哄】hōng 形 大勢の人が大笑いしたり騒いだりする声［～的一声笑了起来］どっと笑い声があがった
⊗どっと騒ぐ、一斉に声をあげる
⇨hǒng, hòng
【哄动】hōngdòng 动 ⑩[轰动]
【哄然】hōngrán 形 大勢が騒ぐさま
【哄堂大笑】hōng táng dà xiào(成)(部屋中に)どっと笑いの渦が起こる

【烘】hōng 动(火で)暖める、乾かす［把衣服～干］服を火に当てて乾かす［～箱］(主に

工業用の)乾燥機
⊗際立たせる,引き立たせる
【烘焙】hōngbèi 動(茶やタバコなどを)火で乾燥させる
【烘篮】hōnglán 图小さな火鉢を入れた竹かご,手あぶり
【烘托】hōngtuō 動❶引き立てる,際立たせる ⇨[陪衬][烘衬]――图中国画の技法の一 ◆輪郭を水墨や色彩で際立たせる

【訇】hōng 擬声や音が大きい形容
⊗→[阿～ āhōng]

【薨】hōng ⊗薨ずる

【弘】hóng ⊗❶広げる,拡大する ❷雄大な,壮大な ❸(H-)姓
【弘扬(宏扬)】hóngyáng 動大いに発揚する

【泓】hóng ⊗❶水が深くて広い ❷澄んだ水の流れや広がりの単位

【红(紅)】hóng 形❶色が赤い ❷大人気の,順調な[～人(儿)]人気者,寵児 ❸(マルクス主義の立場から)革命的な ―― 動赤くする[～了脸]顔を赤らめた
⊗❶配当,ボーナス[分～]配当を分ける ❷めでたさを象徴する赤い布[披～](赤い布を掛けて)祝う,栄光をたてる ❸めでたい,慶祝ごとの[一事]婚礼など '女红'(針仕事)は nǚgōng と発音
【红白喜事】hóng bái xǐshì 图結婚と葬儀,祝儀不祝儀 ⇨冠婚葬祭 ⇨[红事]
【红榜】hóngbǎng 图〔张〕❶表彰される人々を発表する掲示板 ⇨[光荣榜] ❷合格者発表の掲示板
*【红包】hóngbāo 图ご祝儀
【红宝石】hóngbǎoshí 图〔颗·块〕ルビー
【红茶】hóngchá 图紅茶
【红蛋】hóngdàn 图赤卵 ◆赤く染めた卵で,旧俗では,子供が生まれて3日目に親しい人に配る
【红豆】hóngdòu 图❶トウアズキ ◆亜熱帯産の木になる赤い豆で,古典では恋の象徴として使われる ⇨[相思豆] ❷トウアズキの木
【红火】hónghuo 形生気盛んな,にぎやかな
【红角】hóngjué 图(～儿)人気俳優
【红军】Hóngjūn 图❶紅軍 ◆中国人民解放軍の前身で,国内革命戦争に勝利した軍隊,'中国工农～'の略称 ❷同前の将兵 ❸ソ連の赤軍
【红利】hónglì 图❶(出資金に対する)配当 ❷ボーナス,賞与
【红脸】hóng'liǎn 動❶(恥ずかしくて)顔を赤らめる,赤面する ❷(怒りで)紅潮する,顔面を朱に染める ―― hóngliǎn 图❶(赤く塗った)京劇の忠誠の人物の役(⇨[红净])[唱～]同前を演じる
【红领巾】hónglǐngjīn 图〔条〕❶赤いネッカチーフ ❶少年先鋒隊(ピオニール)の象徴 ❷少年先鋒隊員
【红绿灯】hónglǜdēng 图交通信号灯
【红模子】hóngmúzi 图(子供用の)習字用紙 ◆赤く印刷した文字の上を筆でなぞって練習する
【红木】hóngmù 图マホガニー
【红男绿女】hóng nán lǜ nǚ 图美しく着飾った青年男女
【红娘】hóngniáng 图❶(H-)縁結びの神,仲人 ◆'西厢记'で縁結びに尽力する女性の名から ❷テントウムシ ⇨[红娘虫][红娘子][花大姐]
【红牌】hóngpái 图〔张〕❶(サッカーなどの)レッドカード ❷営業停止命令
【红扑扑】hóngpūpū 形(～的)顔が真っ赤な
【红旗】hóngqí 图〔面〕❶赤旗 ❷(社会主義建設期の)生産競争などの優勝旗 ❸建設期の建設の模範[～手]同前の人物や団体
【红青】hóngqīng 形〔定語として〕赤味をおびた黒の ⇨[绀青]
【红壤】hóngrǎng 图紅土,ラテライト ⇨[红土]
【红润】hóngrùn 形(皮膚が)バラ色をした,赤くつやややかな
【红色】hóngsè 图❶赤 ❷(マルクス主義の立場から)革命的であること[～政权]赤色政権
【红烧】hóngshāo 動料理法の一 ◆肉や魚に油と砂糖を加えて炒め,醤油で煮込む
【红十字】hóngshízì 图赤十字[～会]赤十字社[～章]赤十字章
【红薯】hóngshǔ 图サツマイモ ⇨[甘薯][白薯]
【红树林】hóngshùlín 图〔植〕マングローブ
【红糖】hóngtáng 图黒砂糖
【红通通】hóngtōngtōng 形(～的)真っ赤な
【红彤彤】hóngtóngtóng/hóngtōngtōng 形(～的)真っ赤な,赤々とした
【红土】hóngtǔ 图❶⇨[红壤] ❷ベンガラ(赤い顔料) ⇨[铁丹]
【红外线】hóngwàixiàn 图赤外線(⇨[红外光])[热线])[～照片]赤外線写真
【红卫兵】Hóngwèibīng 图紅衛兵

♦文化大革命初期の中高生を主体とした組織
【红小豆】hóngxiǎodòu [名] アズキ
【红心】hóngxīn [名]（トランプの）ハート
【红星】hóngxīng [名] 赤い星 ♦中国人民革命の象徴 ［～帽徽］赤い星の帽章（軍帽など）
【红血球】hóngxuèqiú [名] 赤血球 [同]［红细胞］ [反]［白血球］
【红眼病】hóngyǎnbìng [名] ① 人を羨しがること ② 結膜炎（による赤目）
【红艳艳】hóngyànyàn [形]（～的）目のさめるように赤い，赤く鮮やかな
【红样】hóngyàng [名] 赤を入れたゲラ（校正刷）
【红药水】hóngyàoshuǐ [名]〚薬〛赤チン，マーキュロクロム溶液
【红叶】hóngyè [名] 紅葉（こうよう）
【红运（鸿运）】hóngyùn [名] 好運，つき〚走～〛好運に恵まれる
【红晕】hóngyùn [名]（顔に浮かぶ）赤み〚脸上泛出～〛顔がぽっと赤らむ
【红肿】hóngzhǒng [動] 赤く腫れ上がる
【红装（红妆）】hóngzhuāng [名]《書》① 女性の華やかな服装 ② 若い女性

〖虹〗 hóng [×] 虹（にじ）［彩～］虹 ⇨jiàng
【虹吸管】hóngxīguǎn [名] サイフォン

〖宏〗 hóng [×] ①（H-）姓 ② 広大な，壮大な［宽～］度量が大きい［～愿］大きな夢
【宏大】hóngdà [形] 巨大な，雄大な
*【宏观】hóngguān [名] マクロ，巨視的な見方（[反]［微观］）［～世界］マクロコスモス
【宏论（弘论）】hónglùn [名] 知性豊かな見解，教養に満ちた言論
【宏图（弘图）】hóngtú [名] 雄大な計画，遠大な志 [同]［鸿图］
*【宏伟】hóngwěi [形] 雄大な，壮大な〚～的计划〛壮大な計画
【宏旨（弘旨）】hóngzhǐ [名] 主旨

〖闳（閎）〗 hóng [×] ① 町の門 ② 広大な ③（H-）姓

〖洪〗 hóng [×] ① 洪水［防～］洪水防止 ② 大きな［～钟］つり鐘［～大］（音が）大きい ③（H-）姓
【洪帮】Hóngbāng [名] 旧時の秘密結社の一，洪幇（ホンパン）
【洪峰】hóngfēng [名]〔次〕①（河川・洪水の）増水のピーク ② 河川が増水し始めてから元に戻るまでの過程
【洪亮（宏亮）】hóngliàng [形]（声が）大きくてよく透る，朗々たる
【洪量（宏量）】hóngliàng [名] ① 寛大さ，大きな度量 ② 大酒飲み，酒量がすごいこと
【洪流】hóngliú [名]〔股〕大きな流れ，巨大な水流〚时代的～〛時代の大潮流
*【洪水】hóngshuǐ [名]〔次・场〕洪水
【洪水猛兽】hóng shuǐ měng shòu《成》洪水と猛獣，すさまじい災禍の喩え
【洪灾】hóngzāi [名] 水害，洪水の被害

〖鸿（鴻）〗 hóng [×] ① オオカリ，ヒシクイ ② 手紙，書信［来～］《書》おたより ③ 大きな，雄大な［～儒］《書》大学者 ④（H-）姓
【鸿沟】hónggōu [名]〔条〕大きな水路；《転》明確な境界線
【鸿鹄】hónghú [名]《書》白鳥（[反]［燕雀］）［～之志］青雲の志
【鸿毛】hóngmáo [名]《書》オオカリの毛；《転》取るに足りないつまらぬもの
【鸿雁】hóngyàn [名]〔只〕オオカリ，ヒシクイ [同]［大雁］

〖黉（黌）〗 hóng [×]［～门］《書》学校

【哄】 hǒng [動] ① だます ② あやす，機嫌をとる〚～孩子睡觉〛子供をあやして寝かす ⇨hōng, hòng
【哄骗】hǒngpiàn [動] だます，ぺてんにかける

〖讧（訌）〗 hòng [×] いさかい，混乱［内～］内紛

【哄（鬨）】 hòng [動] 騒ぐ，からかう［起～］大騒ぎする ⇨hōng, hǒng

【齁】 hōu [形]（甘すぎて，または塩からすぎて）のどが不快な ━[副]《方》とても，やけに [×] 鼻息［～声］いびき

〖侯〗 hóu [×] ① 侯爵（こうしゃく）［～爵］同前 ② 高官，貴人 ③（H-）姓 ♦福建の地名'闽侯'では hòu と発音

〖喉〗 hóu [×] のど［白～］ジフテリア［咽～］咽喉（いんこう）［～结］のどぼとけ
*【喉咙】hóulong/hóulóng [名] のど〚～里冒烟〛（煙が出るほど）のどがからからだ
【喉头】hóutóu [名] のど，喉頭（こうとう）

【猴】 hóu [名] ①（～儿）猿 [同]［猴子］ ②《転》賢い人 ━[動]《方》猿のような姿勢でしゃがむ ━[形]《方》（子供が）よく知恵がまわる，賢い [同]［猴儿精］
【猴戏】hóuxì [名] 猿芝居，猿まわし（[同]［猴把戏］）〚耍～〛同前をする
**【猴子】hóuzi [名]〔只〕猿

【吼】 hǒu [動] ①ほえる，いななく ②(人が) 大声で叫ぶ，怒鳴る ③(風や大砲などが) とどろく，うなる

【吼叫】 hǒujiào [動] 怒鳴る，雄叫びをあげる

【吼声】 hǒushēng [名] 雄叫び

【后(後)】 hòu [名]〔介詞句の中で〕後ろ，あと『朝～看』後方を見る→[～边] — [形] ①〔定語として〕(順序について) あとの，後ろの([反][前])『～五名』あと(次) の5名 [～现代] ポストモダン ②〔ふつう状語として〕(時間について) あとの『他是～到的』彼はあとに来たのだ
⊗①…の後ろ，…のあと『吃饭～』食事したあと [门～] 戸の後ろ [事～] 事後 ②子孫，後継ぎ [无～] 後継ぎがない

【―】 hòu ⊗①皇后，きさき ②(H-)姓

【后半夜】 hòubànyè [名] 真夜中から夜明けまでの時間 [同][下半夜] [反][前半夜]

【后备】 hòubèi [名] ①予備(の人や物)，保留分『留有～』予備をとっておく [～军] 予備役 [～金] 準備金 ②補欠，後づめ

【后背】 hòubèi [名] 背中『挠 náo ～』背中を搔く

【后辈】 hòubèi [名] ①子孫 ②後の世代 [反][先辈] ③後輩 [反][前辈]

【后边】 hòubian [名] (～儿) ([同][后面][后头]) ①(空間的に) 後ろ『车～』車の後ろ『～的车』後ろの車 ②(時間や順序の) あと，のちほど『～还要谈谈』(文章や話などの) あとでまた触れます

【后尘】 hòuchén [名]《書》後塵 [步人～] 他人の後塵を拝する

***【后代】** hòudài [名] ①後世，後の時代 ②子孫，後世の人々『没有～』後継ぎがいない

【后盾】 hòudùn [名] 後ろ盾

【后方】 hòufāng [名] ①後方([反][前线]) [～勤务] 後方勤務 ②後ろ

【后跟】 hòugēn [名] (～儿) 靴や靴下のかかと [鞋～] 靴のかかと

【后顾】 hòugù [動]《書》①(他人を気づかって) 振り返る ②過去を振り返る，回顧する

***【后顾之忧】** hòugù zhī yōu《成》後顧の憂い

****【后果】** hòuguǒ [名] 最終的な結果(一般に悪い結果をいう)『承担～』結果について責任を負う

【后汉】 Hòu Hàn [名]『史』①→[东汉] ②→[五代][汉]

【后患】 hòuhuàn [名] 後々の禍い，将来の禍根『根除～』禍根を取り除く

****【后悔】** hòuhuǐ [動] 後悔する『～自己迟到』自分が遅刻したことを悔やむ [～莫及] 後悔先に立たず

【后记】 hòujì [名] 後記，あと書き

【后进】 hòujìn [名] ①後進，後輩 ②遅れている人や団体

【后劲】 hòujìn [名] ①じわりじわりと効いてくる力，後になって出てくる効果 ②後半ないし最後に残しておく力

【后景】 hòujǐng [名] 背景，遠景

****【后来】** hòulái [副] (過去の事について) そのあと，それから『～怎么样？』それで，どうなった — [形]〔定語として〕①そのあとの『～的事情』その後の事 ②遅れてきた，あとから成長した [～人] 次の世代，後継者

【后来居上】 hòu lái jū shàng《成》後の雁が先になる，後進が先輩を追い越す

【后浪推前浪】 hòulàng tuī qiánlàng《成》(後の波が先の波を押す>) 人材の新陳代謝を怠らず前進を続ける

【后路】 hòulù [名]〔条〕①退路 ②(～儿) 融通をきかせる余地

【后妈】 hòumā [名] まま母 [同]《方》[后娘]

【后门】 hòumén [名] (～儿) ①裏門，裏口 ②コネ，裏取引『走～』コネに頼る

****【后面】** hòumian [名] (～儿) [同][后边]

【后母】 hòumǔ [名] 継母，まま母 [同][继母]

【后脑勺儿】 hòunǎosháor [名]《口》後頭部(のつき出た部分) [同][后脑勺子]

【后脑勺长眼】 hòunǎosháo zhǎng yǎn《俗》頭の後ろに目がついている

【后年】 hòunián [名] 再来年

【后期】 hòuqī [名] 後期 [反][前期]

【后起】 hòuqǐ [形]〔定語として〕後から現われた，新進の [～之秀] 優れた新人

***【后勤】** hòuqín [名] 後方勤務，後方活動 [～基地] 後方基地

【后人】 hòurén [名] ①後世の人々 [反][前人] ②子孫，後裔

【后晌】 hòushǎng [名]《方》午後
—— hòushang [名]《方》夜，晩

【后身】 hòushēn [名] ①(～儿) 後ろ姿 ②(～儿) 建物などの裏手，背後 ③(～儿) 衣服の背後の部分，後ろみごろ [反][前身(儿)] ④後身，生まれ変わり;《転》(機構などの) 後身 [反][前身]

【后生】 hòusheng / hòushēng [名]《方》若者 — [形] (見た目が) 若い

【后生可畏】 hòushēng kě wèi《成》後生恐るべし，若い人はたやすく先

辈を超えてしまう
【后世】hòushì [名] 後世，後の時代
【后台】hòutái [名] ① 舞台裏 ② 黒幕，背後で糸をひく者 ［～老板］黒幕
【后天】hòutiān [名] ① あさって，明後日 ［大～］しあさって ②〖多く状語として〗後天的であること，生まれおちた後（[反]［先天］）〘～获得的〙後天的に得るもの
【后头】hòutou [名] ①（空間的に）後ろ，後方 〘车站～〙駅の後ろ ②（時間的に） あと，のちほど — [副] その後 [同]［后来］
【后退】hòutuì [動] 後退する，後戻りする ♦比喩的にも使う 〘～了四里〙2キロメートル後退した
【后卫】hòuwèi [名]（[反]［前卫］） ①〖軍〗後衛，しんがり ②（スポーツで）バックス
【后学】hòuxué [名]《謙》後学
【后遗症】hòuyízhèng [名] 後遺症 ♦比喩的にも使う
【后裔】hòuyì [名] 子孫，後裔
【后影】hòuyǐng [名]（～儿）後ろ姿
【后账】hòuzhàng [名] 裏帳簿
【后者】hòuzhě [名] 後者 [反]［前者］
【后肢】hòuzhī [名]（脊椎動物や昆虫の）後肢 [反]［前肢］
【后缀】hòuzhuì [名] 接尾辞 ♦'椅子' の '子'，'科学家' の '家' のように，語根の後ろについて単語を構成する要素 [同]［词尾］

〖逅〗 hòu ⊗［邂～ xièhòu］巡り会う

【厚】 hòu [形] ① 厚い（[反]［薄 báo］）〘～木板〙厚板 ② 思いが深い 〘交情很～〙心が通い合っている ③ 味が濃い，こくのある ④ 値打ちのある，巨額の — [名] 厚さ 〘一尺～的雪〙一尺積もった雪
⊗ ① 重視する ［～待］大切に扱う ② 誠実な ③（H-）姓
【厚薄】hòubó [名] 厚さ [同]［厚度］
【厚此薄彼】hòu cǐ bó bǐ《成》えこひいきする，不公平な扱いをする
【厚道】hòudao [形] 優しい，誠実な 〘为人～〙人柄が誠実だ
【厚度】hòudù [名] 厚さ [同]［厚薄］
【厚古薄今】hòu gǔ bó jīn《成》（学術研究の分野で） 古い時代ばかりを重視して現代を軽視する [反]［厚今薄古］
【厚颜】hòuyán [形] あつかましい，面の皮が厚い ［～无耻］厚顔無恥な
【厚意】hòuyì [名] 厚意，親切 〘多谢你的～〙ご厚情感謝にたえません
【厚谊】hòuyì [名] 厚情，情誼

【候】 hòu [動] 待つ ♦多く他の単音節語と連用 〘请稍～〙少々お待ち下さい
⊗ ① とき，時候 ［季～］季節 ② 加減，具合 ［火～］火加減 ③ あいさつする，ご機嫌を伺う ［问～］ご機嫌を伺う
【候补】hòubǔ [動]〔多く定語として〕（定数のある委員などの） 補欠となる，候補となる ［～委员］候補委員 ［～军官］士官候補生
【候车】hòuchē [動] 汽車やバスを待つ ［～室］駅の待合室
【候鸟】hòuniǎo [名] 渡り鳥 [反]［留鸟］
*【候选】hòuxuǎn [動] 選ばれるのを待つ
【候选人】hòuxuǎnrén [名]〔名〕選挙の候補者 ［～名单］候補者名簿
【候诊】hòuzhěn [動] 診察を待つ ［～室］病院の待合室

【鲎(鱟)】 hòu [名] ①〖動〗カブトガニ ［～鱼］同前 ②《方》虹

〖乎〗 hū ⊗ ① 文語の助詞 ♦疑問，推測，感嘆などを表わす ② 動詞，形容詞，副詞につく接尾辞 ［出～意料］意表に出る ［确～］確かに ［似～］…らしい

【呼】 hū [動] ① 息をはく（[反]［吸］）〘～一口气〙ひと息はく ②（よく響く声で） 叫ぶ 〘～口号〙スローガンを叫ぶ ③（携帯電話などで相手を）呼ぶ — [擬] ひゅー，ふー ♦風の音・息の音など
【呼哧(呼蚩)】hūchī [擬] はあはあ，ぜいぜい ♦荒い息づかい，あえぐ息など 〘～～地直喘〙ぜいぜいとあえぐ
【呼喊】hūhǎn [動] 叫ぶ，大声を出す 〘～着口号〙スローガンを叫ぶ
【呼号】hūháo [動] 号泣する，助けを求めて泣き叫ぶ
—— hūhào [名] ① コールサイン ②（組織の）スローガン，合言葉
【呼呼】hūhū [擬] ひゅーひゅー，ぐーぐー ♦強い風，いびきなどの音 〘～直响〙ひゅーひゅーと鳴る
【呼唤】hūhuàn [動] 呼び掛ける（[同]［召唤］）〘时代在～我们前进〙時代が我々に更なる前進を呼び掛けている
【呼救】hūjiù [動] 助けを呼ぶ
【呼噜】hūlū [擬] ぐるぐる，ぐうぐう ♦鼻やのどの音 [同]［～噜］
—— hūlu [名]《口》いびき 〘打～〙いびきをかく
【呼哨(唿哨)】hūshào [名] 指笛，口笛，ひゅーっというううなり 〘打～〙指(口)笛を吹く
【呼声】hūshēng [名] ① 叫び声 〘千万人的～〙大群衆の歓呼の声 ② 世論，民衆の声
【呼天抢地】hū tiān qiāng dì《成》（天に呼び掛け地に頭をぶつける>）悲嘆に暮れる

H

忽惚糊囫狐弧和胡

【呼吸】 hūxī 動 呼吸する〚～新鮮空气〛新鮮な空気を吸う

【呼啸】 hūxiào 動 (風や弾丸などが)ひゅーっと鋭いうなりをあげる

【呼延】 Hūyán 姓

【呼应】 hūyìng 動 呼応する〚与上文～〛前の文と呼応する

【呼吁】 hūyù 動 アピールする,(正義や支援などを)訴え掛ける〚～大家团结〛皆に団結を呼び掛ける

【呼之欲出】 hū zhī yù chū《成》呼べば出てきそうだ ⇨多く肖像画や小説中の人物についていう

【忽】 hū ⊗①にわかに,いきなり〚～听〛ふと聞こえる ②(二者が呼応して)…したかと思うとたちまち…〚～冷～热〛急に寒気がするかと思えば,こんどはかっかと熱くなる ③ゆるがせにする,おろそかにする

【忽地】 hūdì 副 いきなり,突然

【忽而】 hū'ér 副 にわかに,急に ◆二つのよく似た意味あるいは相反する意味の動詞または形容詞の前に置かれて,二つの動作や状態がくるくる入れ替わることを示す〚～主张这个,～主张那个〛いまこう言ったかと思うと,こんどはああ言う

【忽忽】 hūhū 形《書》(時間のたつのが)速い,たちまち過ぎる〚时光～〛時の流れは速い

*【忽略】 hūlüè 動 見落とす,なおざりにする

【忽然】 hūrán 副 急に,ふと

【忽闪】 hūshǎn 形〖多く状語として〗ピカッ(と輝く),キラリ(と光る)〚天上的星星～～地眨着眼睛〛空の星がきらきらとまばたく
── hūshan 動 ぴかぴか輝く,きらきら光る〚～着大眼睛〛大きな目をきらきらさせる

*【忽视】 hūshì 動 軽視する,見過ごす〚～锻炼身体〛健康のための運動を軽んずる

【忽悠】 hūyou 名 詐欺師 ── 動 ①揺れ動く ②人をペテンにかける

【惚】 hū ⊗→【恍 huǎng～】

【糊】 hū 動 のり状の液を塗りつける(穴や透き間を塗でふさぐ)〚～一层灰〛石灰を塗る ⇨ hú, hù

【囫】 hú ⊗ 以下を見よ

【囫囵】 húlún 形〖多く状語として〗まるごとの〚～吞下去了〛まるまるすっぽり呑み込んだ

【囫囵吞枣】 húlún tūn zǎo《成》(ナツメを種ごとまる呑みする＞)聞いたことや読んだことなど,情報をまるまる鵜吞みにすること

【狐】 hú ⊗①キツネ[赤～]アカギツネ

【狐步】 húbù 名(ダンスの)フォックストロット〚跳～(舞)〛同前を踊る

【狐臭(胡臭)】 húchòu 名 わきが(⑪[狐腺])〚患～〛わきががある

【狐假虎威】 hú jiǎ hǔ wēi《成》虎の威を借る狐 ⑪[狗仗人势]

【狐狸】 húli 名〖只〗キツネ[～精]男をたぶらかす女[～尾巴](悪いやつの)正体(本性)

【狐媚】 húmèi 動(書)甘い言葉でたぶらかす,お世辞でだます

【狐群狗党】 hú qún gǒu dǎng《成》悪人集団,悪&の一味 ⑪[狐朋狗党]

【狐疑】 húyí 動 あれこれ疑う,猜疑心を働かせる〚～的眼光〛疑いのまなざし

【弧】 hú 名 弧〚[括～]丸かっこ[～度]《数》ラジアン

【弧光】 húguāng 名《理》アークライト[～灯]アーク灯

【弧形】 húxíng 名 弧状,弓形曲線

【和】 hú 動(マージャンなどで)上がる ⇨ hé, hè, huó, huò

【胡】 hú ①むやみに,でたらめに ②北方および西方の少数民族にまつわる古称 ③北方および西方の少数民族の地域,さらには広く国外渡来物であることを示す接頭辞[～桃]クルミ[～琴]胡弓 ④なにゆえ,なんぞ ⑤(H-)姓

【──(鬍)】 ⊗ひげ(→[～子])[～茬]無精ひげ

【胡扯】 húchě 動 あれこれおしゃべりをする,でたらめを言う〚～！〛そんな馬鹿な

【胡蝶】 húdié 名 ⑪[蝴蝶]

【胡蜂】 húfēng 名〖只〗スズメバチ(ふつう'马蜂'という)

【胡话】 húhuà 名〚通 tòng〛うわ言,たわ言

【胡椒】 hújiāo 名 コショウ[～粉][～面儿]コショウの粉

【胡搅】 hújiǎo 動 ①やたらふざける,場をかき乱す ②むちゃを言う,強弁する

【胡搅蛮缠】 hú jiǎo mán chán《成》むちゃを言って邪魔をする

【胡来】 húlái 動 ①(手順を無視して)でたらめにやる ②騒ぎを起こす,むちゃをしでかす ⑪[胡闹]

【胡里胡涂】 húlihútu 形 ⑪[糊里糊涂]

*【胡乱】 húluàn 形〖多く状語として〗①(身を入れず)いい加減な,ふまじめな ②自分勝手な,でたらめな

【胡萝卜】 húluóbo 名(根)ニンジン

【胡闹】 húnào 動 でたらめをやる,筋

の通らぬ騒ぎを起こす
★【胡说】húshuō [動] いい加減なことを言う，むちゃくちゃを言う [同][瞎说] — [名] 馬鹿げた話，でたらめ
【胡说八道】húshuō bādào《成》でたらめを言う，出まかせ放題を言う
【胡思乱想】hú sī luàn xiǎng《成》あれこれでたらめに考えを巡らす
★【胡同(衚衕)】hútòng [名]（～儿）〔条〕路地，横町 ♦町名の場合は hútong（儿化しない）
【胡涂】hútu [形] [同][糊涂]
★【胡须】húxū [名] ひげ ♦顔面のひげすべてを含み，'胡子' より長い感じがある
【胡言乱语】hú yán luàn yǔ《成》でたらめ(を言う)，たわごと(を吐く)
【胡子】húzi [名] ①〔根・把・撮 zuǒ〕ひげ ♦鼻下，あご，ほほ，すべてのひげを含む ②《方》匪賊，野盗集団
【胡子拉碴】húzilāchā [形]（～的）ひげもじゃの，ひげぼうぼうの
【胡作非为】hú zuò fēi wéi《成》散々悪事を働く，非道の限りを尽くす

【湖】
hú [名] みずうみ
⊗（H-）①湖南・湖北両省をいう ②湖州(呉興)をいう
【湖滨】húbīn [名] 湖畔，湖岸
【湖广】Húguǎng [名] 湖南・湖北両省 ♦もともとは明代の省名
★【湖泊】húpō [名] 湖の総称
【湖田】hútián [名]（一般に周りを堤で囲った）湖の周辺に開拓した水田
【湖泽】húzé [名] 湖沼
【湖沼】húzhǎo [名] 湖沼

〖葫〗
hú ⊗以下を見よ
【葫芦】húlu [名] ヒョウタン ［～头］つるつる頭 ［～嘴］おちょぼ口
【葫芦里卖的是什么药】 húluli mài de shì shénme yào《俗》(ヒョウタンに詰めて売っているのはどんな薬か>)一体何を企んでいるのか

【煳】
hú [動] 焦げる 〖饭～了〗飯が焦げた

〖瑚〗
hú ⊗→[珊～ shānhú]

【糊】
hú [動] ①のりづけする，貼りつける 〖～窗户〗格子窓に紙を貼る ②[同][煳]
⊗のり→[糨～ jiànghu]
⇨hū, hù

【一(*餬)】
⊗かゆ
【糊口】húkǒu [動] なんとか食いつなぐ，辛うじて食ってゆく
【糊里糊涂】húlihútu [形] 愚かしい，余りに物がわからぬ
★【糊涂(胡涂)】hútu [形] ①愚かしい，間の抜けた ［～虫］間抜け ②内容がでたらめな，いい加減な
【糊涂人算糊涂账】 hútu rén suàn hútuzhàng《俗》(馬鹿がこんがらがった勘定を整理する>)愚かな人間には愚かな考えしか浮かばない

〖蝴〗
hú ⊗以下を見よ
★【蝴蝶(胡蝶)】húdié [名]〔只〕チョウ ［～结］蝶結び
【蝴蝶花】húdiéhuā [名] 三色スミレ [同][三色堇][猫脸花]

【壶(壺)】
hú [名]〔把〕ポットやきゅうすの類 ♦金属や陶製の，口と取っ手ないしつるが付いた液体入れ ［暖～］ポット ［水～］やかん ［夜～］しびん
⊗（H-）姓 — [量] 壺に入った液体を数える 〖一～酒〗酒一本

【核】
hú [名]（～儿）《口》果実の種
⇨hé

〖斛〗
hú ⊗古代の升

〖鹄(鵠)〗
hú ⊗白鳥(口語は'天鹅') ［～立］鶴首して待つ
⇨gǔ

〖鹘(鶻)〗
hú ⊗ハヤブサ ♦'鹘鸼'(鳥の名)は gǔzhōu と発音

〖縠〗
hú ⊗(絹織物の)ちぢみ

【虎】
hǔ [名]〔只〕トラ [同][老虎] — [動] ①《方》恐ろしい形相になる 〖～着脸〗恐ろしい顔をする ②《口》[同][唬]
⊗①勇ましい ［～威］威風 ②（H-）姓 ♦'虎不拉'(百舌鳥)は hùbulǎ と発音
【虎符】hǔfú [名]〖史〗虎符 ♦虎の形をした銅製の割符
【虎骨酒】hǔgǔjiǔ [名] 虎の骨を浸した薬酒 ♦リューマチ等に効くという
【虎将】hǔjiàng [名]〔名・员〕勇将，猛将
【虎踞龙盘】hǔ jù lóng pán《成》(虎や竜が陣取る>)地勢が極めて険しい
【虎口】hǔkǒu [名] ①危地，虎口（[同][虎穴]）［～脱生］虎口を脱する ［～余生］九死に一生を得る ②親指と人差し指の間のふくらむ部分 ♦鍼のつぼの一
【虎口拔牙】hǔ kǒu bá yá《成》(虎の口から牙を抜く>)猫の首に鈴を付ける
【虎狼】hǔláng [名] トラとオオカミ；《転》残虐な人間 ［～世界］むごい世の中
【虎视眈眈】hǔ shì dāndān《成》虎視眈眈
【虎头虎脑】hǔ tóu hǔ nǎo《成》(主

に子供の)無邪気で元気一杯の様子
【虎头蛇尾】hǔ tóu shé wěi《成》(頭は虎で尾が蛇>)尻まひまで終わる ⇨[龙头蛇尾]
【虎穴】hǔxué 图 危地, 虎穴ᵏᵉⁿ.⇨[虎口][不入～, 焉得虎子]虎穴に入らずんば, 虎子を得ず

【唬】(*虎) hǔ 動《口》(虚勢で) おどかす, ごまかす

【琥】hǔ ⊗ 以下を見よ
【琥珀(琥魄)】hǔpò 琥珀ᵏᵘ.

【浒】(滸) hǔ ⊗ 水辺 [水～传]江蘇省の地名 '浒墅关' '浒浦' では xǔ と発音

【户】hù 图 ①《量詞的に》世帯, 一家 [三十～] 30戸[家家～～] 各家庭 [用～] ユーザー [农～] 農家 ②(銀行などの) 預金者, 口座(⇨[户头])[开～] 口座を開く ⊗①とびら, 出入口 [足不出～] たえて外出しない ②家柄 [门当～对](縁談など)家柄がつりあう
【户口】hùkǒu 图 ① 戸籍 [报～] 戸籍をつくる, 入籍する ⇨[户籍] ② 世帯と人口の総称
【户口簿】hùkǒubù 图 戸籍簿, 住民簿 ♦住人の姓名・原籍・年齢のほか職業も記されている
【户枢不蠹】hù shū bú dù《成》→ [流水不腐]...
【户头】hùtóu 图 (銀行などの) 取引先, 預金口座 [开～] 口座を開く
【户型】hùxíng 图 間取り ⇨[房型]
【户主】hùzhǔ 图 世帯主, 戸主

【沪】(滬) Hù ⊗ 上海の別名 [～宁杭地区] 上海・南京・杭州地区
【沪剧】hùjù 图 滬ᵏᵒ劇 (上海を中心とする地方劇)

【护】(護) hù 動《多く '着'を伴い》かばう, ひいきする [别～着孩子] 子供をかばうんじゃない ⊗守護する, 保護する [爱～] 愛護する
【护岸】hùàn 图 護岸施設, 堤防など [～林] 護岸林
【护城河】hùchénghé 图〔条・道〕城壁を巡って流れる川, 外堀ᵍᵃⁱ
【护短】hùduǎn 動 言い訳をする, 欠点をかばう
【护耳】hù'ěr 图〔个・副〕(防寒用の) 耳当て [戴～] 同前を付ける
【护理】hùlǐ 動 ① 看護する, (病人の) 世話をやく ② 保護管理する [～庄稼] 作物の手入れをする
【护路】hùlù 動 ① 道路や鉄道を警護する ② 道路を維持管理する [～林] (道路の両側の) 保安林
【护目镜】hùmùjìng 图 ゴーグル, 防護眼鏡 [戴～] 同前を掛ける
【护身符】hùshēnfú 图 ① 護符ᶠᵘ, お守り ② 後ろ盾, 保護者 ⇨[护符]
:【护士】hùshi 图 看護人(ふつう看護婦を指す)[男～] 看護士 [～长 zhǎng] 婦長
【护送】hùsòng 動 (武装して) 護送する, 安全に送り届ける [～学生过马路] 生徒たちが安全に道を渡るよう助ける
【护田林】hùtiánlín 图 (防風林・防砂林など) 農地保安林
【护膝】hùxī 图 ひざ当て, ひざパッド [戴～] 同前を付ける
【护照】hùzhào 图〔本・册〕① 旅券, パスポート [发给～] 発給する ②《旧》出張・旅行・貨物輸送に際しての証明書か許可証

【戽】hù 動 '戽斗' で水を送る
【戽斗】hùdǒu 图 小さな桶型の灌漑用農具 ♦水車にたくさん取り付けて田に水を送る

【扈】hù ⊗ ① 随行する ② →[跋 bá～]

【互】hù ⊗ たがいに [～换] 交換する
【互动】hùdòng 動 互いに影響しあう [～电视] インタラクティブテレビ ('交互式电视' とも)
【互惠】hùhuì 動《多く定語として》互いに利益を与え合う, 互恵的な [～关税] 互恵関税 [～待遇] 互恵待遇
【互利】hùlì 動 互いに利益を得る [平等～] 平等互利
:【互联网】hùliánwǎng 图 インターネット ⇨[互联网络][因特网]
【互让】hùràng 動 譲り合う
【互相】hùxiāng 副 互いに [～帮助] 助け合う, 相互に援助する [～之间] 互いの間
【互助】hùzhù 動 助け合う [～了很长时期] 長い間助け合った
【互助组】hùzhùzǔ 图 ① (仕事や学習など) 互いに助け合うグループ, 互助会 ②('农业生产～' の略) 互助組ᵏᵘ ♦農業協同化の初期形態

【冱】hù ⊗ ① 凍える ② ふさがる

【怙】hù ⊗ 依る, 頼る [～恶不悛 quān] 悔い改めることなく悪事を続ける

【祜】hù ⊗ 福, 幸い

【瓠】hù ⊗ [～子]《植》ユウガオ

【糊】hù 图 かゆ状のどろどろした食物 [玉米～] トウモロコシ粥

⇨hū, hú
【糊弄】hùnong [動]《方》①だます，ごまかす〖别～人〗ごまかすんじゃない ②いい加減にやる，適当に済ませる [同]《普》[将就]

【化】huā [動]（金や時間などを）使う，消費する [同][花]
⇨huà
【化子】huāzi [名] 乞食(こじき)，物乞い [同][叫～]

【花】huā [名]①（～儿）〔朵〕花〖养～〗花を育てる ②（～儿）紋様，柄(がら) ③綿花〖弹～〗綿打ちをする — [動]①（金や時間を）費やす，消費する [同][化 huā] ②《方》だます — [形]①まだらの，色とりどりの〖这块布太～〗この布はカラフルすぎる［～猫］三毛猫 ②（目が）かすんだ，ぼんやりした
⊗①花に似たもの［浪～］波しぶき ②天然痘，疱瘡(ほうそう)［种～］種痘をする ③戦傷［挂～］（戦場で）負傷する ④花火の一種［礼～］祝賀花火 ⑤妓女（に関する）［～街柳巷］花柳の巷 ⑥（H-）姓
【花白】huābái [形]（ひげや髪が）ごましおの，黒白半ばする
★【花瓣】huābàn [名] 花弁，花びら
【花苞】huābāo [名] つぼみ
【花边】huābiān [名]（～儿）①飾り縁(ふち)取り，ぎざぎざの縁 ②レース（編み物や刺繍）〖镶 xiāng ～〗レースで縁取りする ③《印》飾り罫(けい)
【花不棱登】huābulēngdēng [形]《口》（～的）色がごたごたしている，ごてついた色の
【花草】huācǎo [名]①（鑑賞用の）花と草 ②《方》レンゲ
【花茶】huāchá [名] 花の香をたきこめた緑茶（[同][香片]）［茉莉～］ジャスミン茶
【花车】huāchē [名]（慶祝行事や貴賓送迎用の）花や布で飾りたてた乗物
【花池子】huāchízi [名] 花壇
【花丛】huācóng [名] 花咲く茂み，群がり咲く花
【花旦】huādàn [名] 伝統劇（京劇など）の色女形で，元気のよい若い娘役
【花灯】huādēng [名]〔盏〕飾り提灯(ちょうちん) ♦多く元宵節（旧暦1月15日）に眺めて楽しむ〖闹～〗同前を楽しむ
【花雕】huādiāo [名] 紹興酒 ♦'老酒'の一種．上質の酒で花模様を彫ったかめに貯蔵するのでこう呼ぶ
【花朵】huāduǒ [名]（総称としての）花
【花房】huāfáng [名] 花用の温室
【花费】huāfèi [動] 費やす，使う〖～金钱〗金を使う
—— huāfei [名] 費用，経費〖要不少～〗ずいぶん金が掛かる
【花粉】huāfěn [名] 花粉
【花岗岩】huāgāngyán [名] 御影石，花崗岩（ふつう'花岗石'という）［～脑袋］石あたま，頑固もの
【花糕】huāgāo [名] 菓子の一種 ♦米や小麦の粉で作った皮の間に砂糖をつけ，干した果実をはさむ
【花骨朵儿】huāgūduor [名] つぼみ [同][花蕾]
【花鼓戏】huāgǔxì [名] 湖北·湖南·安徽地方で行なわれる地方劇
【花好月圆】huā hǎo yuè yuán《成》花かおり月みちる ♦夫婦の素晴らしい和合，至上の幸せを象徴する言葉．新婚への祝辞に多く使う
【花花公子】huāhuā gōngzǐ [名] 道楽息子，プレイボーイ
【花花绿绿】huāhuālǜlǜ [形]（～的）色とりどりの，色入り乱れた
【花环】huāhuán [名] 花輪，レイ ♦葬儀用の花輪は'花圈'
【花卉】huāhuì [名]①（鑑賞用の）草や花 ②草花を描いた中国画
【花会】huāhuì [名]①旧正月に行なわれる賑やかな祭 ②春に行なわれる花市
【花甲】huājiǎ [名] 還暦，満60歳［年逾～］還暦を過ぎた
【花椒】huājiāo [名] サンショ（山椒）
【花轿】huājiào [名]〔乘·顶〕（旧時の）花嫁かご ♦全体が赤い色で飾られている [同][彩轿]
【花镜】huājìng [名] 老眼鏡
【花卷】huājuǎn [名]（～儿）'馒头'の一種，飾りマントウ ♦発酵させたリボン状の小麦粉を丸くまとめる
【花魁】huākuí [名] 名花の中の名花（多く梅の花）;《転》名の売れた遊女
【花蕾】huālěi [名]〔朵〕つぼみ [同][花骨朵]
【花脸】huāliǎn [名] 伝統劇（京劇など）で特殊な隈取りをする役 ♦一般に激しい性格や粗暴な人物を演ずる
【花柳病】huāliǔbìng [名] 性病 [同][性病]
【花蜜】huāmì [名] 花の蜜
【花面狸】huāmiànlí [名]〔只〕ハクビシン [同][果子狸]
【花名册】huāmíngcè [名]〔本〕名簿，人名録
【花木】huāmù [名]（鑑賞用の）花や木
【花鸟】huāniǎo [名]①花と鳥 ②〔幅〕花鳥画（花や木に鳥を配した中国画）
【花农】huānóng [名] 花作り農家，園芸農家
【花炮】huāpào [名] 花火（爆竹を含む）
【花盆】huāpén [名]（～儿）植木鉢
【花瓶】huāpíng [名]（～儿）〔个·只〕花びん ♦旧時は飾り物同前の女性

をこう呼んだ
【花圃】huāpǔ [名] 花畑
【花期】huāqī [名] 開花期
【花墙】huāqiáng [名] 飾り塀(へい) ♦上部をレンガや瓦で透かし模様に仕立てた塀
【花圈】huāquān [名] 葬儀用の花輪 〚送～〛花輪を贈る
【花儿洞子】huārdòngzi [名] 半地下式の温室，花むろ
【花儿匠】huārjiàng [名] ① 園芸家，花作りの職人 ② 造花職人
【花儿针】huārzhēn [名]〔根〕刺繍(ししゅう)針
【花蕊】huāruǐ [名] 花のしべ
【花色】huāsè [名] ① 色と紋様，柄(がら)と色 ②（同一品目について）デザイン・サイズ・色などの区分，また種類〚～繁多〛様々な品がある
【花哨】huāshao [形] 派手な，カラフルな
★【花生】huāshēng [名] 落花生，南京豆 [同][落花生]
【花生米】huāshēngmǐ [名] 殻(から)をむいた落花生，ピーナッツ [同][花生仁儿]
【花生油】huāshēngyóu [名] 落花生油 ♦食用のほか石けんや化粧品の原料
【花市】huāshì [名] 花の市
【花束】huāshù [名]〔把〕花束，ブーケ
【花坛】huātán [名]〔处・座〕花壇
【花天酒地】huā tiān jiǔ dì《成》飲む・打つ・買うに明け暮れる
【花纹】huāwén [名]（～儿）紋様，模様
【花销（花消）】huāxiao [名] ① 費用，経費 ②《旧》取引手数料や税金
【花押】huāyā [名] 花押(かおう)，書き判〚画～〛花押を書く
【花言巧语】huā yán qiǎo yǔ《成》甘い言葉，巧みな口車〚别再～了〛これ以上巧言(こうげん)を弄(ろう)さないでくれ
【花眼】huāyǎn [名] 老眼 [同][老花眼][老视眼]
—— huā'yǎn [動] 目がかすむ
【花样】huāyàng [名]（～儿）① 柄(がら)，模様の種類［～滑冰］フィギュアスケート ② いんちき，トリック〚玩儿～〛だましの手を使う
【花椰菜】huāyēcài [名] カリフラワー（ふつう'菜花'という）
★【花园】huāyuán [名]（～儿）〔座・处〕（花や木のある）庭園（[同][花园子]）〚逛～〛庭を散歩する
【花账】huāzhàng [名]〔本・笔〕二重帳簿，水増し勘定〚开～〛水増しの勘定をする
【花招（花着）】huāzhāo [名]（～儿）① 武術や芸を上手に見せるための小細工，飾りで入れる動き ② いんちき〚要～〛小細工をする
【花枝招展】huāzhī zhāozhǎn《成》（花咲く枝が風に揺れる＞）婦人の装いが目もあやに美しい
【花烛】huāzhú [名]（旧風の）婚礼の際にともす赤いろうそく ♦竜や鳳凰(ほうおう)などの模様がついている［洞房～夜］新婚の夜
【花子（化子）】huāzi [名] 乞食(こじき) [同][乞丐]

【哗（嘩）】huā [擬]（大きな水音，物がぶつかる音など）がしゃん，ざあざあ
⇨huá
【哗哗】huāhuā [擬] ざあざあ，がらがら ♦水の音や物がぶつかるにぎやかな音を形容
【哗啦】huālā [擬] がらがら，ずしーん，ざあざあ ♦大きく響く音を形容

【划】huá [動] ① 水をかく，漕ぐ［～子］ボート ② 損得勘定が合う，割りが合う〚～得来〛引き合う

【—（劃）】[動] 鋭く引っかく，傷をつける〚～火柴〛マッチを擦る
⇨huà
★【划船】huá'chuán [動] 舟を漕ぐ
【划拳（豁拳・搳拳）】huá'quán [動] ①（酒席で）拳(けん)を打つ ♦負けた方が一杯飲む ② じゃんけんをする
【划算】huásuàn [動] ① そろばんをはじく，考慮する〚不止一次～过这件事〛この事について一度ならず思案した ② 割りが合う，引き合う [同][合算]
【划艇】huátǐng [名]〚体〛カヌー

〚华（華）〛huá ⊗ ① 精華，最良のもの［才～］才能 ②（H-）中国［中～］中華［～语］中国語［访～团］訪中団 ③（H-）姓 ♦本来は Huà と読む ④ まばゆい，きらびやかな ⑤ 勢い盛んな，繁栄した ⑥ 派手な，贅沢(ぜいたく)な ⑦ 白髪まじりの［～发 fà］《書》ごましお頭 ⑧ 相手を敬って加える接頭辞［～翰］貴信
⇨huà
【华北】Huáběi [名] 華北 ♦河北・山西・河南・北京・天津一帯をいう
【华表】huábiǎo [名]〔个・座〕華表(かひょう) ♦宮殿や陵墓などの前に立つ装飾用の大石柱
【华达呢】huádání [名]〚衣〛ギャバジン [同][斜纹呢]
【华灯】huádēng [名]〔盏〕飾り提灯(ちょうちん)，きらびやかでまばゆい明かり
【华东】Huádōng [名] 華東 ♦山東・江蘇・浙江・安徽・江西・福建・台湾・上海の七省一市をいう
【华而不实】huá ér bù shí《成》（花は咲いても実はならない＞）外見はよくても中味がない，利口そうに見えて

【华尔街】Huá'ěr Jiē 图（ニューヨークの）ウォール街

【华尔兹】huá'ěrzī 图 ワルツ（の踊り）《[圆舞曲]》[跳～]ワルツを踊る

【华里】huálǐ 圈 長さの単位，華里『♦'一～'は500メートル，日常的には単に'里'という《[公里]》

*【华丽】huálì 图 華麗な，きらびやかな

【华美】huáměi 图 《[华丽]》

【华南】Huánán 图 華南 ♦ 広東・広西地方をいう

*【华侨】huáqiáo 图 華僑『[旅日～]在日華僑』

【华人】Huárén 图 華人『[美籍～]中国系アメリカ人（アメリカ籍をもつ中国人）』

【华氏温度表】Huáshì wēndùbiǎo 图 華氏温度計

【华西】Huáxī 图 華西 ♦ 長江上流から四川一帯の地域をいう

【华夏】Huáxià 图 中国の古称

*【华裔】Huáyì 图 ① 中国およびその周辺諸国 ② 華僑の子孫でその国の国籍をもつ者，中国系二世三世など

【华中】Huázhōng 图 華中 ♦ 湖北・湖南一帯をいう

【哗（嘩*譁）】huá ⊗ ① ② がやがやうるさい [～变] 軍隊の反乱 [～众取宠] 民衆に迎合して支持を得る，人気取りをする
⇒huā

【哗然】huárán 图 がやがや騒がしい『[舆论～]世論の厳しい声がある』

【铧（鏵）】huá 图〔张〕犁『～の刃《[犁*]》』[双～犁] 2枚刃の犁

【滑（滑）】huá 動 すべる『[～滑梯] すべり台を滑る』— 圈 ① つるつるの，すべすべの，なめらかな ② 狡猾な『[办事～得很] やり方がとてもずるい [耍～] ずるい手を使う
⊗ (H-) 姓

【滑板】huábǎn 图 スケートボード [～滑雪] スノーボード

*【滑冰】huá'bīng 動 ① 氷上を滑る ② スケートをする [速度～] スピードスケート [～场] スケート場

【滑车】huáchē 图 滑車 零 《[滑轮]》

【滑动】huádòng 動 なめらかに滑る

【滑稽】huájī/huájí （文言では gǔjī と発音）圈 滑稽な，おかしい [～片] 喜劇映画 — 图 上海一帯の寄席芸能

【滑熘】huáliū 動 くず煮にする（肉や魚の料理法の一）

【滑溜】huáliu 圈《口》すべすべした，つるつるの

【滑轮】huálún 图 滑車 零 [滑车]

【滑腻】huánì 圈（皮膚が）すべすべで肌理が細かい

【滑坡】huápō 图 地滑り，山崩れ — 動 《転》（経済などについて）地滑りを起こす

【滑梯】huátī 图〔架〕滑り台

【滑头】huátóu 图 狡猾な（人間），信用ならない（やつ）

【滑头滑脑】huá tóu huá nǎo《成》狡猾で信用ならない

【滑翔】huáxiáng 動 滑空する

【滑翔机】huáxiángjī 图〔架〕グライダー

【滑行】huáxíng 動 ① 滑る，滑走する [～下坡] 坂道を滑りおりる ② （自動車など）エンジンが空回り状態で進む

【滑雪】huá'xuě 動 スキーを滑る [～板] スキー板 [～站][～场] スキー場

【猾（猾）】huá ⊗ ずるい，悪賢い [狡～] 悪賢い

【化】huà 動 ① 溶ける，溶かす『[冰～了] 氷が溶けた [～了十吨生铁] 10トンの銑鉄を溶かした』 ② （食物を）消化する，（体から）取り除く
⊗ 尾 ① （性質や状態の転化を示す）…化する [简～] 簡略化する [绿～] 緑化する ② 変わる，変える『[～悲痛为力量] 悲しみを力に変える』 ③ 感化する，教化する ④ 火で焼く [火～] 火葬にする ⑤ （仏教・道教で）死ぬ [羽～] 道士が亡くなる ⑥ '化学'の略 [理～] 物理と化学
⇒huā

【化肥】huàféi 图《略》化学肥料 零《[化学肥料]》

【化工】huàgōng 图《略》化学工業 零《[化学工业]》[～厂] 化学工場

【化合】huàhé 動 化合する『[氧和铁～成氧化铁] 酸素と鉄は化合して酸化鉄となる』

【化合物】huàhéwù 图 化合物

【化疗】huàliáo 動 化学療法を施す

【化名】huàmíng 图 偽名，変名 — huà'míng 動 偽名を使う

【化脓】huànóng 動 化膿する

【化身】huàshēn 图 ① 権化，典型『[智慧和勇敢的～] 知恵と勇気の権化』 ② 化身，（神仙の）生まれ変わり

*【化石】huàshí 图 化石

【化外】huàwài 图《書》文化果つる所，化外の地

【化纤】huàxiān 图《略》化繊，化学繊維 零《[化学纤维]》

*【化学】huàxué 图 ① 化学 [～变化] 化学変化 [～反应] 化学反応

[～符号] 化学記号 [～肥料] 化学肥料 [～工业] 化学工業 [～式] 化学式 [～纤维] 化学繊維 [～武器] 化学兵器 ②セルロイド('赛璐珞')の俗称

*【化验】huàyàn [動] 化学分析(検査)をする〖～血液〗血液を検査する [～单] 化学分析表, 化学検査報告

*【化妆】huà▼zhuāng [動] 化粧する [～品] 化粧品

【化装】huà▼zhuāng [動] ①(俳優が)メーキャップする, 顔をつくる〖～成关羽〗関羽に扮する [～师] 化粧係 ②仮装する, 変装する

【华(華)】huà ⊗①(H-)姓 ◆近年は Huá と名乗る人もいる ②地名 [～山] 華山(陝西の名山)
⇨huá

【桦(樺)】huà ⊗〖植〗カバノキ科の木 [白～] シラカバ

【桦树】huàshù〔棵〕[名] カバノキ科の木

【划(劃)】huà [動] ①区切る, 分割する〖～地界〗境界を決める ②分け与える, 移譲する ③線を引く, 印を付ける [同][画] — [名] 漢字の筆画 [同][画]
⊗計画する [筹～] 計画を立てる
⇨huá

【划策(画策)】huàcè [動] 対策を練る

*【划分】huàfēn [動] ①分割する, 区画する ②区別する, 識別する

【划清】huàqīng [動] 区切りを明確にする〖跟他～界线〗あの男とははっきり一線を画す〖划不清〗画然と区別できない

【划时代】huàshídài [形]〔多く定語として〕時代を画する〖～的作品〗画期的な作品

【划一不二】huà yī bú èr《成》画一的な, 変動不可能な〖价钱～〗定価販売, 値引き一切お断わり

【话(話)】huà [名](～儿)〔句·段〕言葉 ◆しゃべる言葉と記録した文字の両方を含む〖说～〗ものを言う, しゃべる [土～] 土着の方言 [～里有～] いわくありげに話す
⊗話す, 語る [～别] 別れを前に語り合う [～家常] 世間話をする

【话本】huàběn [名] 話本(わほん) ◆宋元時代に始まった講談の記録ないし台本

【话柄】huàbǐng [名] 笑いぐさ, 話の種 [同][话把儿]

【话茬儿(话碴儿)】huàchár [名]《方》①話の糸口, つぎ穂〖接上～〗話をつなぐ ②話振り

【话旧】huàjiù [動] 思い出を語る, 懐旧談にふける

【话剧】huàjù [名]〔出〕新劇, 話劇

**【话题】huàtí [名] 話題〖转～〗話題を変える〖成为～〗話題になる

*【话筒】huàtǒng [名] ①メガホン [同][传声筒] ②マイクロホン [同][微音器] ③電話の受話器

【话头】huàtóu [名](～儿) 話の糸口, つぎ穂〖打断～〗話をさえぎる, 話の腰を折る

【话务员】huàwùyuán [名] 電話交換手, オペレーター

【话匣子】huàxiázi [名]《方》①(昔の) 蓄音機 [同]《普》[留声机] ②ラジオ ③おしゃべり, 話し好き〖打开～〗しゃべり始める

【话音】huàyīn [名](～儿) ①話している声 [～未落] まだ言い終わらぬうちに ②《口》口振り, 話し振り〖听他的～…〗あの口振りからすると…

【话语】huàyǔ [名] 口にする言葉([同][言语])〖～不多〗口数が少ない

【画(畫)】huà [動] ①絵をかく, 描く ②(筆などで) 線または印となる文字をかく([同][划 huà])〖～出一条线〗線を1本かく [～到] 出席の記名をする — [名] ①(～儿)〔张·幅〕絵, 絵画〖～～儿〗絵をかく [油～儿] 油絵 ②漢字の筆画([同][划 huà])〖'人'字两～〗「人」は2画である
⊗絵画で飾った [～屏] 絵屏風(えびょうぶ)

【画板】huàbǎn [名] 画板

【画报】huàbào [名]〔本〕グラフ, 画報, 写真を主にした新聞雑誌

【画笔】huàbǐ [名]〔枝〕絵筆

【画饼充饥】huà bǐng chōng jī《成》(絵に描いた'饼'で空腹を満たす＞) 根拠のない幻想で自分を慰める

【画布】huàbù [名] 画布, キャンバス

【画册】huàcè [名]〔本〕画集, 画帳

【画稿】huàgǎo [名](～儿)〔张·幅〕画稿, 下絵〖留～〗下絵を残す

【画虎类狗】huà hǔ lèi gǒu《成》(虎を描いて犬に似る＞) 高望みをしたあげく, 物笑いの種になる [同][画虎类犬][画虎不成反类犬]

【画家】huàjiā [名] 画家, 絵かき

【画架】huàjià [名] イーゼル

【画卷】huàjuàn [名] 絵巻(えまき), 巻物(まきもの)になった絵;《転》息をのむような大自然の光景や胸をうつ合戦の場面

【画廊】huàláng [名] ①飾り絵の描かれた廊下や回廊 ②画廊, ギャラリー

【画龙点睛】huà lóng diǎn jīng《成》(竜を描いて目をかき入れる＞) 最後に一つ手を加えて完璧(かんぺき)なものにする(文章や演説など)

【画面】huàmiàn [名](絵画の) 画面, (映画等の)映像

【画皮】huàpí [名](妖怪が美女に化けるための)人間の皮;《転》偽装，仮面〖剥～〗化けの皮を剥ぐ
【画片】huàpiàn(‘画片儿 huàpiānr’ともいう)[名]〔张〕印刷した小さな絵，絵画カード
*【画蛇添足】huà shé tiān zú《成》(蛇を描いて足をつけたす＞)蛇足(だそく)を加える，余計なことをして事をぶちこわす
【画师】huàshī [名]絵師，画家
【画十字】huà shízì [動]①(キリスト教徒が)十字を切る ②(文字を知らない人がサイン代わりに)‘十’を書く
【画室】huàshì [名]〔间〕アトリエ
【画图】huà▾tú [動]図形や地図をかく —— huàtú [名](多く比喩としての)絵，画像〖一幅山地生活的～〗山の暮らしを描く一幅の絵(というべき文章)
【画像(画象)】huàxiàng [名]〔张・幅〕肖像画，似顔絵［自～］自画像 —— huà▾xiàng [動]肖像画をかく
【画页】huàyè [名]グラビアページ
【画展】huàzhǎn [名]絵画展〖举办～〗絵画展を開く
【画轴】huàzhóu [名](絵の)掛軸
【怀(懷)】huái [名]胸，ふところ〖抱在～里〗胸中に抱く — [動]①胸中にもつ，(考えを)抱く〖～着极大的兴趣〗大きな興味をもつ ②身ごもる，はらむ［～胎］身ごもる
⊗①思い，胸のうち［开～］打ち解ける ②懐(なつ)かしむ，偲(しの)ぶ ③(H-)姓
【怀抱】huáibào [名]胸，ふところ — [動]①胸に抱く ②胸中にもつ，(考えを)抱く〖～着理想〗理想を抱く
【怀表】huáibiǎo [名]〔块・只〕懐中時計 [関][手表]
【怀鬼胎】huái guǐtāi [動]悪事をたくらむ，胸中に後ろ暗い事がある
【怀恨】huái▾hèn [動]恨みをもつ〖～别人〗他人を恨む
【怀旧】huáijiù [動]《書》昔を懐しむ，思い出にひたる
**【怀念】huáiniàn [動]懐しむ，恋しく思う〖～故乡〗ふる里を恋う
【怀柔】huáiróu [動]懐柔する，手なずける［～政策］懐柔政策
**【怀疑】huáiyí [動]①疑う，怪しむ([同][疑惑])〖～她的能力〗彼女の能力を疑う〖引起～〗疑念をもたせる ②推測する [同][猜测]
*【怀孕】huái▾yùn [動]妊娠する，身ごもる [同][怀胎]
【徊】huái ⊗→[徘 pái ～] ⇨huí
【淮】Huái ⊗淮河(わいが)［～河］淮河 ♦河南から安徽を経て江蘇にいたる大河
【淮北】Huáiběi [名]淮北(わいほく)地方 ♦淮河以北の地域，特に安徽省の北部をいう
【淮海】Huái-Hǎi [名]淮海(わいかい)地方 ♦淮河以北，徐州市から連雲港市にかけての地域をいう
【淮剧】huáijù [名]淮(わい)劇 ♦江蘇省淮陰・塩城一帯の地方劇
【淮南】Huáinán [名]淮南(わいなん)地方 ♦淮河と長江にはさまれた地域，特に安徽省中部をいう
【槐】huái ⊗①エンジュ［～豆］エンジュの実［洋～］アカシア ②(H-)姓
【槐树】huáishù [名]〔棵〕エンジュ
【踝】huái ⊗くるぶし［～子骨］同前
【坏(壞)】huài [形]([反][好])①悪い〖他脾气～〗彼は性格がよくない ②悪質な，害になる［～事］悪事 — [動]①悪くなる，こわれる〖鱼～了〗魚が腐った ②〖賓語を伴い〗悪くする〖～了肚子〗お腹をこわす ③〖補語として〗心身が極限状態になる〖忙～了〗目がまわるほど忙しい〖乐～了〗有頂天になる — [名]〖多く賓語として〗よからぬ考え，不正な方策〖使～〗汚い手を使う
【坏处】huàichù [名](他に対する)害，欠点 [反][好处]
【坏蛋】huàidàn [名]《口》(人をののしって)ろくでなし，悪(わる)
【坏分子】huàifènzǐ [名](盗み・殺人などの)悪質分子 ♦かつては政治的身分の一つ
【坏话】huàihuà [名]〔句〕悪口
【坏人】huàirén [名]①悪人，悪いやつ ②[同][坏分子]
【坏死】huàisǐ [動]《医》壊死(えし)する
【坏血病】huàixuèbìng [名]壊血病
【欢(歡 *懽)】huān [形]《方》〖多く補語として〗勢い盛んな，元気な〖庄稼长得正～〗作物がよく育っている ⊗喜ぶ，楽しむ［～心］喜び好む気持ち
【欢蹦乱跳】huān bèng luàn tiào《成》元気はつらつ，元気にとびはねている
【欢度】huāndù [動]楽しく過ごす〖～佳节〗祝日を楽しく過ごす
【欢呼】huānhū [動]歓呼の声をあげる〖～万岁〗バンザイを叫ぶ
【欢快】huānkuài [形]心弾むような，陽気で軽やかな
*【欢乐】huānlè [形]うきうき楽しい
【欢声】huānshēng [名]歓呼の声〖～雷动〗歓声が天をどよもす
【欢送】huānsòng [動]歓送する〖～外宾〗外国からの客を見送る［～会］歓送会
【欢腾】huānténg [動]喜びに沸く

H

〖举国～〗国中が喜びに沸き返る
【欢天喜地】huān tiān xǐ dì〘成〙有頂天になって大喜びするさま
【欢喜】huānxǐ [形] 嬉しい，楽しい [同][快乐] ━ [動]〘方〙好む [同]〘普〙[喜欢]
【欢笑】huānxiào [動] 楽しげに笑う
【欢欣】huānxīn [形] 嬉しさ一杯の［～鼓舞］喜びに舞いあがる，踊りあがって喜ぶ
★★【欢迎】huānyíng [動] ① 歓迎する，喜んで迎える〖夹道～〗道に並んで出迎える ② 喜んで受け入れる〖～你提出意见〗ぜひ意見を聞かせて下さい

【獾】huān ⊗［猪～］［狗～］アナグマ

【还(還)】huán [動]（借りたものを）返す〖～他十块钱〗彼に10元返す
⊗①（もとの状態，場所に）戻す，帰る［～乡］故郷に戻る ② お返しをする，仕返しする［以牙～牙］歯には歯を ③ (H-)姓
⇨hái
【还本】huán▾běn [動] 元金を返済する〖～付息〗借金を利息をつけて返す
【还击】huánjī [動] 反撃する [同][回击][反击]
【还价】huán▾jià [動]（～儿）値切る［讨价～］（売り手と買い手が）値段を駆け引きする
【还手】huán▾shǒu [動] 殴り返す，やり返す，手向かいする
【还席】huán▾xí [動]（宴会に招かれたあと）返礼の宴会をする [同][回席]
★【还原】huán▾yuán [動] ① もとの状態に戻る，原状に復す ②〖化〗還元する［～剂］還元剤
【还愿】huán▾yuàn [動] ①（願いがかなったあと神仏に）お礼参りする，願ほどきする [関][许愿] ② 約束を履行する
【还债】huán▾zhài [動] 借金を返す，負債を返済する [反][借债]
【还嘴】huán▾zuǐ [動] 口答えする

【环(環)】huán [名]（～儿）輪，輪状のもの［耳～］イヤリング ━ [量] 射撃やアーチェリーなどの得点を表わす単位〖命中九～〗9点(の輪)に命中した
⊗① 連鎖の一環，関連しあったものの中の一部［一～］一環，一部分 ② 囲む，取り巻く［四面～山］四方を山に囲まれている ③ (H-)姓
【环靶】huánbǎ [名]（弓や射撃などの）同心円をいくつか画いた的(まと)，丸い標的
【环保】huánbǎo [名]〘略〙環境保護
【环抱】huánbào [動]（山などの自然が）囲む，取り巻く〖群山～着主峰〗山々が主峰を取り巻く
【环顾】huángù [動]〘書〙見回す〖～四周〗四方を見渡す
★【环节】huánjié [名] ① 重要な一環，繋がりあうものの中の大事な一部分（[同][关键]）［主要～］キーポイント ②〖生〗環節(かんせつ)［～动物］環節動物
★★【环境】huánjìng [名] 環境，周囲の状況〖保护～〗環境を護る［～保护］環境保護［～标志］エコマーク［～激素］環境ホルモン［～污染］環境汚染
【环球】huánqiú [名] 全地球，全世界 [同][寰球] ━ [動]〔多く状語として〕地球を一周する，世界を巡る［～旅行］世界一周旅行
【环绕】huánrào [動] 取り巻く，周りを回る（[同][围绕]）〖～地球一圈〗地球を一回りする
【环食】huánshí [名]〖天〗金環食 [同][日～]
【环视】huánshì [動] ぐるりと見回す
【环行】huánxíng [動] 周りを回る，輪状のコースを進む［～电车］環状線
【环形】huánxíng [形] 輪状の，環状の［～山］月のクレーター
【环子】huánzi [名] 輪，環状のもの［门～］門扉に取りつける金属製で輪状のノッカー

【洹】Huán ⊗ 河南省の川の名

【桓】Huán ⊗ 姓

【寰】huán ⊗ 広域［人～］〘書〙人の世［～海］四方の海
【寰球(环球)】huánqiú [名] 全地球，全世界 [同][寰宇]

【缳(繯)】huán ⊗① ひもや縄で結んだ輪［投～］〘書〙首をつる ② 絞め殺す［～首］〘書〙絞首刑に処す

【鹮(䴉)】huán ⊗［朱～］トキ

【鬟】huán ⊗ 丸髷(まるまげ)

【缓(緩)】huǎn [動] ① 遅らせる，先に延ばす〖～几天〗二三日延ばす ② 蘇生する，元気を取り戻す〖蔫 niān 了的苗又～过来了〗しおれた苗がまた元気になった
⊗① ゆっくりした，ゆるやかな［～不济急］遅い動作は急場の用に間に合わない，泥縄式では間に合わぬ ② 緊張が解かれた
【缓冲】huǎnchōng [動] 衝突を和らげる［～剂］緩衝剤［～地带］緩衝地帯［～作用］ショックを和らげる働き，緩衝効果
★【缓和】huǎnhé [動] 和らぐ(らげる)，緩和する(させる)（[同][和缓]）〖～空

【气】その場の空気を和らげる『风势慢慢~下来了』風は次第に収まってきた

【缓缓】huǎnhuǎn 形〔多く状語として〕ゆるゆるとした,ゆっくりした『~地散步』ゆっくり散歩する

【缓急】huǎnjí 名①緩と急,穏やかな状況と切迫した状況[轻重~]事柄の軽重と緩急 ②緊急事態,急場

★【缓解】huǎnjiě 動 緩和する

【缓慢】huǎnmàn 形 のろい,緩慢な

【缓期】huǎnqī 動 延期する,日延べする『~三年执行』執行猶予3年『~付款』支払いを延期する

【缓气】huǎnqì 動 ほっとひと息つく,(休んで)息を整える『缓了一口气』ほっとひと息ついた

【缓刑】huǎnxíng 動 執行猶予とする『判~』同前の判決をする

【缓征】huǎnzhēng 動 徴発や徴税を延期する

【幻】huàn ⊗①不思議な変化をする『风云变~』天下の情勢が目まぐるしく動く ②幻の,実体のない[~影]幻の光景

【幻灯】huàndēng 名 幻灯『放~』幻灯を映す[~片]スライドフィルム ②[台]スライドプロジェクター 簡[~机]

【幻景】huànjǐng 名 幻の光景,幻影 簡[幻影]

【幻境】huànjìng 名 幻想の世界『走进~』夢の国に踏み込む

【幻觉】huànjué 名 幻覚,幻想

【幻灭】huànmiè 動 幻滅する,(希望が)夢まぼろしと消え失せる

★【幻想】huànxiǎng 名 幻想,空想『抱有~』幻想を抱く ― 動 幻想する,夢見る

【幻象】huànxiàng 名 幻影,幻覚

【宦】huàn ⊗①役人,官吏 ②宦官豫 ③役人になる,官途につく[仕~]《書》同前 ④(H-)姓

【宦官】huànguān 名 宦官豫 簡[太监 tàijiàn]

【宦海】huànhǎi 名 官界,役人の世界

【涣】(渙) huàn ⊗ 消え失せる[~然冰释](疑惑などが)きれいさっぱり氷解する

【涣散】huànsàn 形(士気や規律が)たるんだ,だらけた

【换】(換) huàn 動①交換する『以西瓜~大米』スイカを米と交換する ②取り替える『~车』乗り換える『~衣服』着替える ③両替えする

【换班】huàn'bān 動①(時間交替制で)勤務を交替する,交替で勤務につく ②(転)(多く指導層が)世代交替する

【换工】huàn'gōng 動 農家同士が労働力を交換する ◆人と人,牛と牛,人と牛等の労働交換がある 簡[变工]

【换钱】huàn'qián 動①両替えをする ②(売って)金に換える,換金する

【换取】huànqǔ 動 交換する,引き替えに受け取る『用画儿~书』絵を本と取り替える

【换算】huànsuàn 動 換算する『用日元~人民币』日本円を人民元に換算する

【换汤不换药】huàn tāng bú huàn yào《俗》二番煎じ ◆形式だけ変えて内容を変えないことを例える

【换文】huànwén 名(国家間の)交換公文
―― huàn'wén 動 文書を取り交わす

【换洗】huànxǐ 動(衣服やシーツなどを)取り替えて洗う『~的衣服』洗い替え

【换牙】huàn'yá 動 歯が生えかわる

【唤】(喚) huàn 動 大声で呼ぶ,叫ぶ ◆相手を呼んだり注意を喚起したりする『~狗』犬を呼ぶ[呼~]呼び掛ける

【唤起】huànqǐ 動①元気づける,奮い立たせる ②(注意や記憶を)呼び起こす,喚起する

【唤醒】huànxǐng 動 呼び醒ます『~群众起来斗争』大衆を闘争に立ち上がらせる

【焕】(煥) huàn ⊗ 明るい,輝かしい[~然一新]面目を一新する

【焕发】huànfā 動①光り輝く,きらめく『容光~』健康美に輝く ②奮い起こす,かきたてる『~青春的活力』青春の活力を奮い起こす

【痪】(瘓) huàn ⊗ → [瘫 tān ~]

【浣】(*澣) huàn ⊗①洗う[~熊]アライグマ ②ひと月を三分する古代の単位[上~]上旬

【鲩】(鯇) huàn ⊗[~鱼]ソウギョ

【患】huàn 動 患う,病気になる『~肝炎』肝炎にかかる
⊗①災難,禍ぎぃ[水~]水害 ②気に病む,心配する

【患病】huàn'bìng 動 患う,病気にかかる

【患处】huànchù 名 患部

【患得患失】huàn dé huàn shī《成》個人の利害得失に汲汲ときゅとする

*【患者】huànzhě [名] 患者，病人

〖逭〗 huàn ⊗ 逃げる

〖豢〗 huàn ⊗ 以下を見よ

【豢养】huànyǎng [動]（家畜を）飼育する；《転》（手先となる人間を）飼う，養う

〖肓〗 huāng ⊗ →［病入膏 gāo ～］

【荒】 huāng [動] ①（土地が）荒れる，草ぼうぼうになる〖～了几十亩地〗何十ムーもの土地が荒れ果てた ②（技術や学業が）鈍る，荒れる
⊗①荒地，耕されていない土地［开～］未開の土地を開墾する ②作柄の悪い，不作の［备～］凶作に備える ③ひどく足りない［房～］深刻な住宅難 ④理にもとる，でたらめな ⑤野放図な，気ままな

【荒诞】huāngdàn [形] でたらめな，常軌を逸した［～无稽］［～不经］荒唐無稽な［～文学］不条理の文学

【荒地】huāngdì [名]〔块·片〕荒れ地，耕作されていない土地

【荒废】huāngfèi [動] ①土地を（耕さずに）放っておく ②（技術や学業が）鈍る，荒れる（[同]［荒疏］）〖～了学业〗学業をおろそかにした ③利用せずに放っておく，（時間を）無駄にする

*【荒凉】huāngliáng [形] さびれた，もの寂しい〖一片～〗荒涼たる光景

*【荒谬】huāngmiù [形] でたらめ極まる，余りに非常識な

【荒漠】huāngmò [名] 砂漠，荒野［～化］砂漠化する — [形] 荒漠たる

【荒年】huāngnián [名] 凶作の年，饑饉の年 [反]［丰年］

【荒僻】huāngpì [形] 辺鄙な

【荒歉】huāngqiàn [形]〔多く定語として〕凶作の，飢饉の〖～的年头儿〗凶作の年

*【荒唐】huāngtang/ huāngtáng [形] ①（言動が）ばかげた，むちゃくちゃな ②（行ないが）だらしない，締まりがない

【荒无人烟】huāng wú rényān《成》住む人もなく荒涼たるさま

【荒芜】huāngwú [形]（田畑が）草ぼうぼうの，荒れるにまかせた

【荒野】huāngyě [名]〔片〕荒れ地，荒野

【荒淫】huāngyín [形] 酒色におぼれた，放蕩三昧の

【荒原】huāngyuán [名] 荒野，未墾地

【慌】 huāng [形] 慌てた，落ち着かない，浮足立った — [動] 慌てさせる〖～了手脚〗ばたばたと慌てる〖～了神儿〗うろたえる
—— huang [形]《口》〔'…得～'の形で補語として〕耐え難いほど…である〖累得～〗ぐったり疲れた

【慌里慌张】huāngli huāngzhāng [形] 慌てふためいている，取り乱した

【慌乱】huāngluàn [形] あたふた慌てる，取り乱した

*【慌忙】huāngmáng [形] 慌ただしい（[同]［急忙］）〖～赶到车站〗急いで駅に駆けつける

**【慌张】huāngzhang/ huāngzhāng [形] 心が落ち着かない，あたふたしている [反]［沉着］

〖皇〗 huáng ⊗①皇帝，君主［女～］女帝 ②盛んな ③（H-）姓

【皇朝】huángcháo [名]（自分が生きているときの）王朝，朝廷

**【皇帝】huángdì [名] 皇帝

【皇甫】Huángfǔ [名] 姓

【皇宫】huánggōng [名]〔座〕皇居，宮殿

**【皇后】huánghòu [名] 皇后

【皇家】huángjiā [名] 皇室，皇帝の家族 [同]［皇室］

【皇上】huángshang [名]《口》皇帝陛下

【皇太子】huángtàizǐ [名] 皇太子

【皇子】huángzǐ [名] 皇子，皇帝の男子

〖隍〗 huáng ⊗ 城壁を取り巻く空堀

〖凰〗 huáng ⊗ →［凤 fèng ～］

〖徨〗 huáng ⊗ →［彷 páng ～］

〖惶〗 huáng ⊗ 恐れる，不安がる［惊～］浮足立つ

【惶惶(皇皇)】huánghuáng [形]《書》おどおどしている，びくびく落ち着かない［～不可终日］終日不安におびえている

【惶惑】huánghuò [形]（事情が分からなくて）ひどく不安な，心まどう〖～的心情〗不安な気持ち［～不安］落ち着かないことおびただしい

【惶恐】huángkǒng [形] ひどく恐縮した，恐れあわてた〖神色十分～〗恐縮した表情をしている［～万状］恐れおののく

〖遑〗 huáng ⊗ ひま［不～…］…する暇がない［何～…］どうして…していられよう［～～］慌ただしく

〖煌〗 huáng ⊗ 明るい［辉～］輝かしい

【煌煌】huánghuáng [形]《書》輝かしい，きらきらまばゆい〖明星～〗星がきらめく

〖蝗〗 huáng ⊗ イナゴ［飞～］ハネナガイナゴ［灭～］イナゴ退治

て裁きをうける,審問に引出される
【过厅】guòtīng 名 通り抜けのできる広間
【过头】guò'tóu 動 (~儿) 限度を越える,度を越す〖你说得~了〗君は言い過ぎだ
【过屠门而大嚼】guò túmén ér dà jué《俗》(肉屋の前を通って盛んに噛むまねをする>)かなわぬ願いをごまかしてわが身を慰める
【过望】guòwàng 動《書》本来の望みを越える,望外の結果を得る〖大喜~〗望外の喜びだ
*【过问】guòwèn 動 関与する,口出しする〖无人~〗誰も関心をもたない〖~女儿的婚事〗娘の縁談に口出しする
【过细】guòxì 形 綿密な,細かな
【过眼云烟】guò yǎn yúnyān《成》あっというまに消え去る,うたかたと消える
【过氧化氢】guòyǎnghuàqīng 名《化》過酸化水素(漂白剤や消毒剤に用いる)
【过夜】guò'yè 動 ①夜を過ごす,外で一泊する ②一晩過ぎる,宵を越す
【过意不去】guòyìbúqù 動 すまなく思う,恐縮に思う
*【过瘾】guò'yǐn 動 十分に満足する,堪能する
【过硬】guòyìng 形 厳しい試練に耐えた,厳正な検査を経た
【过犹不及】guò yóu bù jí《成》過ぎたるはなお及ばざるがごとし
*【过于】guòyú 副〔多く2音節形容詞を修飾して〕過度に,あまりに…すぎる〖~激烈〗激しすぎる
【过逾】guòyú 動《方》度が過ぎる,法外な ⇨[过分]
【过载】guòzài 動 ①(貨物を) 積み替える ◆'过儎'とも ②荷を積みすぎる,超荷重となる ⇨[超载]
【过账】guò'zhàng 動 帳簿の転記をする,記帳する
【过招】guò'zhāo 動 力較べをする
【过重】guò'zhòng 動(荷物や郵便物が)重量オーバーとなる,制限重量を超える ⇨[超重]

H

【H股】H gǔ 名 香港市場に上場されている中国企業株 ◆中国国内投資家以外の投資家も投資可能.香港ドルによって売買される

【HSK】名 HSK⇨[汉语水平考试]

【哈】hā 動 息を吹き掛ける〖~一口气〗ひと息はく 一 擬 笑い声を表わす(ふつう重ねて使う)〖~~大笑〗わははと大笑いする 一 嘆 得意や満足の気分を表わす(ふつう重ねて使う)

【一(*躬)】⊗→[~腰] ⇨hǎ

【哈哈镜】hāhājìng 名 マジックミラー

【哈喇】hāla 形《口》(食用油の)味が変わる〖这瓶油~了〗この油は味がおかしくなった

【哈雷彗星】Hāléi huìxīng 名《天》ハレー彗星

【哈密瓜】hāmìguā 名 ハミ瓜 ◆新疆産の楕円体状の甘い瓜

【哈尼族】Hānízú 名 ハニ族 ◆中国少数民族の一,雲南省に住む

【哈欠】hāqian 名 あくび〖打~〗あくびする

【哈日族】hārìzú 名 熱狂的な日本ファン

【哈萨克族】Hāsàkèzú 名 ①カザフ族 ◆中国少数民族の一,新疆に住む ②ロシアのカザフ(カザーク)族

【哈腰】hā'yāo 動《口》①腰を折る,かがむ ⇨[弯腰] ②軽くお辞儀する

【蛤】há ⊗ 以下を見よ ⇨gé

【蛤蟆(虾蟆)】háma/hámá 名 カエルとガマガエルの総称［癞~］ガマガエル

【蛤蟆跳井】háma tiào jǐng《俗》(カエルが井戸に飛び込む;その音 pūtōng は bùdǒng(不懂)に通じて)わからない

【哈】hǎ 動《方》叱りつける,どなりつける〖~他一顿〗彼を一度咜る ⊗(H-)姓 ⇨hā

【哈巴狗】hǎbagǒu 名 ①(~儿)チン,ペキニーズ ⇨[狮子狗]〖巴儿狗〗 ②《転》おべっか使い,追従者

【哈】hāi ⊗① あざ笑う ②喜び笑う

【咳(*哈)】hāi 嘆 後悔,いぶかしさ,あるいは滅入った気分を表わす〖~,我怎

么这么糊涂』ちくしょう,俺ってなんでこんなにばかなんだ
⇨ké

【嗨】hāi ⊗ 以下を見よ

【嗨哟】hāiyō 嘆集団で重労働するときの掛け声,えーんやこーら,それ,よいしょの類

【还(還)】hái 副 ① なお,依然として〖～在工作〗まだ働いている ② さらに,その上〖今天比昨天～冷〗今日は昨日よりもっと寒い ③ (程度が) まずまず,けっこう〖收拾得倒～干净〗けっこうきれいに片付いている ④ (後に反問の句を伴って)…でさえ〖你～赶不上,何况我呢〗君でさえ追いつけないのに,僕なんかとうてい無理さ ⑤ 意外・驚き・自慢の気持ちなどを表わす〖他～真有办法〗あいつ大したやり手なんだなあ
⇨huán

*【还是】háishi 副 ① 依然として,なおも ② 「…するほうがよい」という希望・勧告を表わす〖少吃点儿吧〗あまり食べないほうがいいよ ③ さすがに,やはり ― 接(あれかこれかを選択して) それとも〖你去～他去?〗君が行くの,それとも彼が行くの〖不论天气冷～不冷~〗寒い暖かいにかかわらず…

【孩】hái 名 (～儿)子供〖小～儿〗子供〖女~〗女の子

【孩提】háití 名〔書〕幼年期,幼い頃
【孩童】háitóng 名児童,子供
*【孩子】háizi 名 ① 子供,児童〖小~〗子供 ② 子女,息子や娘
【孩子气】háiziqì 名 子供っぽさ,あどけなさ ― 形 子供っぽい〖别这么~〗子供っぽいことを言うな
【孩子头】háizitóu 名 (~儿) 噢〖孩子王〗① ガキ大将 ② 子供と遊びたがる大人

【骸】hái ⊗ ① 骨〖~骨〗骸骨 ② 体〖形~〗人の体〖遺~〗死体

【海】hǎi 名 ① 海〖出~〗海に出る〖黄~〗黄海 ― 大きな湖〖青~〗青海 ⊗ ① 同種の物の沢山の集まり〖火~〗火の海〖人~〗人波 ② (容量が)きわめて大きい ③ (H-)姓
【海岸】hǎi'àn 名 海岸〖～线〗海岸線
*【海拔】hǎibá 名 海抜,標高 噢〖拔海〗
【海报】hǎibào 名〔张〕ポスター
【海豹】hǎibào 名〔只〕アザラシ
*【海滨】hǎibīn 名 海辺,浜辺
【海菜】hǎicài 名 食用になる海藻,昆布,ワカメなど

【海产】hǎichǎn 名 海産物〖~植物〗海の植物
【海潮】hǎicháo 名 潮,潮の干満
【海带】hǎidài 名 昆布
【海胆】hǎidǎn 名 ウニ
【海岛】hǎidǎo 名〔个・座〕(海の)島
【海盗】hǎidào 名 海賊〖~版〗海賊版
【海底】hǎidǐ 名 海底〖~电缆〗海底ケーブル〖~油田〗海底油田
【海底捞月】hǎi dǐ lāo yuè (成) (海中から月を掬う>)無駄骨を折るだけで,実現不可能な望み 噢〖水中捞月〗
【海底捞针】hǎi dǐ lāo zhēn (成) (海の底から針を拾う>)とうてい見つけられそうもないこと 噢〖大海捞针〗
【海防】hǎifáng 名 海の守り,沿岸防備〖~部队〗沿岸防衛隊
【海港】hǎigǎng 名 (海の)港
【海沟】hǎigōu 名 海溝
【海狗】hǎigǒu 名〔只〕オットセイ 噢〖海熊〗〖腽肭獣〗
*【海关】hǎiguān 名 税関〖通过~检查〗税関の検査を通る
【海龟】hǎiguī 名〔只〕① ウミガメ ② アオウミガメ
【海涵】hǎihán 動(敬)お許し下さる
【海疆】hǎijiāng 名 沿岸部,沿海地方
【海禁】hǎijìn 名〔史〕鎖国令
【海军】hǎijūn 名 海軍〖～陆战队〗海兵隊,海軍陸戦隊
【海口】hǎikǒu 名 ① 湾内の港 ② ほら,大ぶろしき〖夸~〗大口をたたく
【海枯石烂】hǎi kū shí làn (成) 海が涸れ石が朽ちはてようとも… ◆多く永遠不変の誓いの場で使う
【海阔天空】hǎi kuò tiān kōng (成) 広大な大自然の形容;(転)話や想像が限りなく広がる
【海里】hǎilǐ 量 海上の距離の単位,海里(1852メートル)
【海量】hǎiliàng 名 ① (敬)(相手の)寛大な度量〖望您~包涵〗どうぞご寛恕下さいますよう ② 大酒飲み,酒豪
【海流】hǎiliú 名 海流
【海螺】hǎiluó 名 ホラガイ
【海洛因】hǎiluòyīn 名 ヘロイン ◆麻薬としては'白面儿'という
【海马】hǎimǎ 名 タツノオトシゴ
【海米】hǎimǐ 名 剥いて乾かした小エビ 噢〖虾米〗
【海绵】hǎimián 名 ① 海綿 ② 海綿の骨格 ③ (化学製品の)スポンジ〖~底鞋〗スポンジ底の靴
【海面】hǎimiàn 名 海面
【海难】hǎinàn 名 海難〖~信号〗

【挥毫】huīháo [動]《書》揮毫する

*【挥霍】huīhuò [動]《貶》湯水のごとくに金を使う — [形]《書》洒脱な

【挥手】huī▾shǒu [動] 手を振る〖他一～, 把猫打下桌子〗彼は手を振ってて猫をテーブルからはたき落とした

【挥舞】huīwǔ [動]（手にした物を）振る, 振りかざす〖～花束〗花束を振る

〖晖(暉)〗huī ⊗陽光, 日の光［朝～］朝の光

〖辉(輝)〗huī ⊗①輝き, 光 ②照り輝く

*【辉煌】huīhuáng [形] 輝かしい〖～的文化〗壮麗な文化〖灯火～〗灯火まばゆい

【辉映(晖映)】huīyìng [動] 照り輝く, 照らし合う［交相～］(灯などが) 輝きあっている

〖麾〗huī ⊗①昔の軍の指揮用の旗［～下］《書》部下 ②軍隊を指揮する

〖徽〗huī ⊗①集団の標識, 印(しるし)［校～］校章 ②美しい, 素晴らしい［～号］立派な称号 ③(H-)徽州(現在の安徽省歙県)の略称

【徽记】huījì [名]（組織や団体の）マーク, 標識 [同][标记]

【徽剧】huījù [名] 徽劇(きげき) ♦安徽一帯の地方劇, '徽调' ともいう

【徽墨】huīmò [名] 徽州産の墨 ♦墨の中では代表的な製品とされる

【徽章】huīzhāng [名]〔颗・枚〕記章, バッジ〖佩带～〗バッジを付ける

【回(*囘 囬)】huí [動] ①帰る, 戻る〖～家〗帰宅する ②向きを変える〖～过身来〗こちらに向き直る ③（行為を）返す, 答える ④断わる, キャンセルする ⑤〔方向補語として(軽声になることも)〕本来の場所(有利な状況) に戻す, 戻る(→［～来］［～去］)〖放～原处〗もとの場所に戻す — [量] ①事柄や動作の回数を数える〖去过三～〗3度行った〖这是怎么～事？〗これはどういうことだ ②講談の区切りや旧小説の章を数える〖这部小说有七十～〗この小説は70回本だ
⊗①(H-)回族の略称 ②(H-)姓

〖—(迴 *廻)〗⊗めぐる, ぐるぐる曲がる［巡～］巡回する

【回拜】huíbài [動]（多く下位の者が上位の者を）答礼訪問する

*【回报】huíbào [動] ①復命する, 任務に関して報告する ②報いる, 恩返しする [同][报答] ③仕返しする, 報復する [同][报复]

*【回避】huíbì [動] ①よける, 回避する ②〖法〗回避する

【回驳】huíbó [動] 反駁(はんばく)する

【回肠荡气】huí cháng dàng qì《成》（文章や楽曲などが）心を揺さぶる, 感動を誘う [同][荡气回肠]

【回潮】huí▾cháo [動] ①（いったん乾燥していた物が）再び湿る ②（悪癖などが）ぶり返す,（旧習などが）息を吹き返す

【回车键】huíchējiàn [名] リターンキー, エンターキー

【回程】huíchéng [名] 帰路, 旅の帰り [反][去程]

【回春】huíchūn [動] ①春が戻ってくる〖大地～〗春ふたたび ②（医術や医薬が）重病人を蘇(よみがえ)らせる, 生き返らせる［妙手～］神業のごとき医術で瀕死の病人を蘇らせる

**【回答】huídá [動] 回答する, 返答する〖请～我一个问题〗一つ質問に答えて下さい

【回电】huídiàn [名]〔封〕返電
—— huí▾diàn [動] 電報で返事を伝える, 返電を打つ

【回跌】huídiē [動]（価格が一度上がったあと）また下落する〖物价～〗物価が再び下落する

【回访】huífǎng [動] 答礼訪問する

【回复】huífù [動] ①（多く書信によって）返事する, 回答する ②原状に戻る, 回復する [同][恢复]

*【回顾】huígù [動] 回顧する〖～我这一辈子〗私の生涯を振り返る

【回光返照】huíguāng fǎnzhào《成》（日が沈んだ直後の照り返し>）滅びる寸前のつかの間の隆盛や死の直前のつかの間の元気を例える

【回光镜】huíguāngjìng [名] 反射鏡

【回归】huíguī [動] ①後退する, 逆戻りする ②復帰する〖～祖国〗祖国に復帰する

【回归线】huíguīxiàn [名] 回帰線［北～］北回帰線

【回锅】huí▾guō [動] 煮なおす, 再加熱する［～肉］四川料理の一(いったん塊で煮た豚肉を切って油で炒める)

【回合】huíhé [名] 試合の手合せ

【回纥】Huíhé [名]〖史〗回紇(かいこつ) ♦古代の民族名. のちの '维吾尔族'(ウイグル族)と関係 [同][回鹘 hú]

【回话】huíhuà [名]（～儿）（人を介しての）返答, 返事の言葉〖请你给他带个～〗彼に返事を伝えといてよ
—— huí▾huà [動] 返答する,（目上に対して）お答えする

【回击】huíjī [動] 反撃する, やり返す（[同][还击]）〖～敌人的进攻〗敵の進攻に反撃する

【回见】huíjiàn [動]《挨》ではまた後刻お目にかかりましょう, じゃあまた後で [同][回头见]

【回教】Huíjiào [名]《旧》イスラム教,

回教 ⑧《普》[伊斯兰教]
【回敬】huíjìng 動①あいさつや礼を返す〚~你一杯酒〛君には返杯しよう ②やり返す,仕返しする〚~一拳〛ぽかり一発お返しする
【回绝】huíjué 動 断る,拒否回答する〚~别人的邀请〛他人の招きを断る
【回扣】huíkòu 名〚筆〛リベート
【回馈】huíkuì 動(社会に)フィードバックする ⑧[反馈]
【回来】huílái 動 帰ってくる〚从上海~〛上海から帰ってくる〚回家来了〛家に帰ってきた〚回不来〛戻ってこられない
── -huílai/ -huilai/ -huílái 動〚方向補語として〛本来の場所に戻ってくる〚叫~〛呼び戻してくる〚买~一本词典〛辞書を買って帰ってきた〚拿回家来〛家に持って帰ってくる〚带不~〛持ち帰ってこられない
【回廊】huíláng 名 回廊,折れ曲がった廊下
【回礼】huí′lǐ 動①答礼する,敬礼やあいさつに答える〚向门卫~〛守衛の敬礼に答える ②(物を贈られて)お返しする,返礼する
── huílǐ 名 返礼の品
【回历】Huílì 名 イスラム暦,回教暦 ◆西暦622年7月16日から起算
【回路】huílù 名 (電流の)回路
【回落】huíluò 動(水位や物価等が上がったあと)また下がる,反落する ⑧[回跌] ⑧[回涨]
【回门】huí′mén 動(新婚夫婦が妻の実家に)里帰りする◆多くは挙式から3日目,遅くても1ヶ月以内
【回民】Huímín 名 回族の人
【回暖】huínuǎn 動(寒かった天気が)また暖かくなる
【回请】huíqǐng 動(招待された)お返しに招待する ⑧[还席]
【回去】huíqù 動 帰って行く〚从北京~〛ペキンから帰って行く〚回宿舍去了〛寮に帰って行った〚回不去〛戻って行けない
── -huíqu/ -huiqu/ -huíqù 動〚方向補語として〛本来の場所に戻って行く〚寄~〛(差出人に)返送する,故郷などに郵送する〚飞回北方去了〛北へと飛び帰って行った
【回升】huíshēng 動(生産・温度等が一度下がって)また上がる
【回生】huíshēng 動①(一度身につけた技や知識を)忘れる,元の状態や水準に後戻りする ②生き返る,蘇生する→〚起死~〛
【回声】huíshēng 名 こだま,エコー
【回师】huíshī 動《書》部隊を戻す,軍を返す〚~中原〛中原に軍を戻す
*【回收】huíshōu 動(廃物等を)回収する〚~废纸〛反故紙を回収する〚~站〛廃品回収所
【回手】huíshǒu 動①〘多く状語的に〙手を後ろに伸ばす,振り向いて手を伸ばす〚~关灯〛振り向きがてら電灯を消す ②殴り返す,仕返しする ⑧[还手]
【回首】huíshǒu 動《書》①振り向く,振り返る ②回想する〚~往事〛昔を回顧する
【回填】huítián 動〚建〛(掘り返した土を)埋め戻す
【回条】huítiáo 名(~儿)(使いの者に手渡す手紙や荷物の)受け取り,受領メモ ⑧[回单儿]
【回头】huítóu 副 あとで,後ほど〚~再谈吧〛あとでまた話そう
── huí′tóu 動①振り向く,振り返る〚回过头来看看吧〛振り返って見てごらん〚~客〛リピーター ②改心する,非を悔いる〚现在~还不晚〛改めるなら今からでも遅くはない
【回味】huíwèi 名 あと味 ── 動 思い出して熟考する〚~她说的话〛あの人の言葉をじっくりかみしめる
【回响】huíxiǎng 名①こだま ②反応,反響 ── 動 こだまする,反響する〚总不断地~在我的耳边〛いつも私の耳元に聞こえてくる
【回想】huíxiǎng 動 回想する,思い起こす
【回心转意】huí xīn zhuǎn yì(成)機嫌を直す,(よい方に)気が変わる
【回信】huíxìn 動①(封)返信,返事〚写~〛返事を書く ②(~儿)(口頭での)返事,答え〚办完了,给我个~儿吧〛終ったらそう言ってくれ
── huí′xìn 動 返事を書く,返信を出す〚回了他一封信〛彼に返事を出した
【回旋】huíxuán 動①旋回する,ぐるぐる巡る〚~曲〛ロンド ②変動ないし調整できる(余地がある),(縛られずに)動ける〚还有~的余地〛まだ相談の余地がある
*【回忆】huíyì 動 思い出す,回想する ⑧[回想]〚~过去〛昔を思い出す〚引起~〛思い出を誘う〚~录〛回想録
【回音】huíyīn 名①こだま,エコー ⑧[回声] ②返信,返事〚等候~〛返事を待ちうける
【回涨】huízhǎng 動(水位や物価等が一度下がったあと)また上がる ⑧[回落]
【回转】huízhuǎn 動①向きを変える〚~马头〛馬の向きを変える ②回転する〚~仪〛ジャイロスコープ
【回族】Huízú 名 回族 ◆中国少数民族の一.華北・西北を中心として全国に住む.イスラム教を信仰

【回嘴】huí'zuǐ [動] 口答えする，ののしり返す

〖徊(*回)〗huí ⊗［低～］《書》去りがたく歩き回る
⇨huái

〖洄〗huí ⊗ 水流がぐるりと回る

【洄游(回游)】huíyóu [動] 回遊する［产卵～］産卵回遊

〖茴〗huí ⊗ 以下を見よ

【茴香】huíxiāng [名]〖植〗ウイキョウ ♦茎と葉は食用に，実は香料と薬用に供する

〖蛔(*蚘 蛕)〗huí ⊗ 回虫［～虫］同前

〖悔〗huǐ ⊗ 後悔する，悔いる［～罪］罪を悔いる［～之无及］後悔しても遅い

【悔改】huǐgǎi [動]〖ふつう賓語なしで〗悔い改める

【悔过】huǐguò [動] 過ちを悔いる［～书］始末書

*【悔恨】huǐhèn [動] ひどく悔やむ，深く後悔する〖他～得罪了朋友〗友人の機嫌をそこねたことを悔やむ

【悔婚】huǐ'hūn [動]（一方から）婚約を解消する [同][悔亲]

【悔悟】huǐwù [動]（自分の）誤りに気づき悔いる

【毁】huǐ [動] ①破壊する，駄目にする〖这场大雨把麦子～了〗今度の雨で小麦がやられてしまった ②《方》仕立て直す，改造する

〖—(燬)〗⊗ 焼く，燃やす［焚～］焼き払う

〖—(譭)〗⊗ 中傷する，そしる［诋～］誹謗する

【毁谤】huǐbàng [動] 誹謗する([同][诽谤])〖对我的～〗私に対する誹謗

【毁坏】huǐhuài [動] 壊す，悪くする〖一个引擎已～了〗一方のエンジンはもう駄目になった〖～名誉〗名誉を損なう

*【毁灭】huǐmiè [動] 壊滅させる，消滅させる〖～罪证〗犯罪の証拠を(徹底的に)隠滅する［～性打击］壊滅的打撃

【毁伤】huǐshāng [動] 壊す，傷つける〖～名誉〗名誉を傷つける

【毁损】huǐsǔn [動] 損傷する，破損する〖～古代建筑〗古代の建築物を破損する

【毁誉】huǐyù [名] 毀誉(きよ)，好評と悪評〖不计～〗世評に惑わされない

【汇(匯 *滙)】huì [動] ①為替を組む，(銀行や郵便局から)送金する〖给儿子～点儿钱〗息子に送金する［电～］電報為替 ②一つに集まる〖～成巨流〗細流が集まって大河となる

〖—(彙)〗⊗①集める，一つにまとめる ②まとめられたもの，集合物［词～］語彙

*【汇报】huìbào [動]（資料をまとめて）報告する〖向委员会～调查结果〗委員会に調査結果を報告する

【汇兑】huìduì [動] 為替を組む，為替で送金する

【汇费】huìfèi [名] 送金手数料([同][汇水])〖收～〗同前を取る

【汇合】huìhé [動] 一つにまとまる，(川が)合流する

【汇集】huìjí [動] 集める，集まる〖～资料〗資料を集める〖～东京〗東京に集まる

【汇款】huìkuǎn [名]〔笔〕送金〖收到一笔～〗(為替)送金を受け取る
—— huì'kuǎn [動]（為替などで）送金する

⁑【汇率】huìlǜ [名] 為替相場，外貨交換レート([同][汇价])［固定～］固定レート

【汇票】huìpiào [名]〔张〕為替手形([同][汇单])［邮政～］郵便為替

〖卉〗huì ⊗（観賞用の）草［花～］花卉(かき)，草花［奇花异～］珍しい草花

〖讳(諱)〗huì ⊗①忌み避ける事柄や言葉，タブー［犯～］忌諱(きき)に触れる ②諱(いみな) ③忌む，忌諱する［～言］口に出すのを憚る

【讳疾忌医】huì jí jì yī《成》(病気がばれるのが嫌で医者にかからない>)欠点を自覚しながら直そうとしない

【会(會)】huì [名] ①会合，集まり〖开～〗会議を開く ②縁日〖赶～〗('庙'の)縁日に行く ③《旧》頼母子(たのもし)講，無尽(むじん) ④短い時間→［～儿］ — [動] ①集まる ②会う，会見する ③熟達する，巧みにできる〖～英文〗英語ができる ④理解する，分かる ⑤支払う — [能] ①(訓練を積んだ結果) できる〖～开车〗車を運転できる ②巧みである〖～写文章〗文章がうまい ③…にちがいない，…するはずである〖他不～来〗彼は来るはずがない
⊗①団体［工～］労働組合［香～］山登りの講(こう) ②都会［省～］省都 ③時機，潮どき［适逢其～］チャンスにめぐり会う ④ちょうど
⇨kuài

【会餐】huì'cān [動] 会食する

【会场】huìchǎng [名] 会場，会議場

【会党】huìdǎng [名]〖史〗会党(かいとう) ♦反清秘密結社'哥老会''三合会'などの総称

【会的不忙，忙的不会】huì de bù máng, máng de bú huì《俗》できる人は落ち着いている，じたばたするのはできない人

【会馆】huìguǎn 图《旧》大都市にあった同郷人・同業者の会合や宿泊用の施設

【会合】huìhé 動 集まる，合流する

【会话】huìhuà 動（多く外国語学習の一環として）会話をする（⇔[对话][谈话]）［用英语～］英語で会話する

【会见】huìjiàn 動（多く外交の場で）会見する，面会する

【会聚(汇聚)】huìjù 動（多く人が）集まる

【会客】huì'kè 動 客に会う ［～室］応接室 ［～时间］面会時間

【会面】huì'miàn 動 会う ⇔[见面]

【会儿】huìr/huǐr 图 ごく短い時間，ほんの一とき（⇔[一～]）［等～］ちょっと待って

【会商】huìshāng 動（集まって）協議する，談合する

【会师】huì'shī 動 ①（独立に行動していた部隊どうしが）合流する ②（共通の目的，共同の事業のために，多くの人が）結集する，寄り集まる

【会水】huì'shuǐ 動 泳げる，泳ぎがうまい

【会谈】huìtán 動 会談する ［两国～］2国間の会談

【会同】huìtóng 動（関連部門と）合同で…する ［～办理］合同で処理する

*【会晤】huìwù 動《書》（外交などの場で）会う，面談する

【会心】huìxīn 動（言外の意味を）悟る，理解する（⇔[会意]）［～的微笑］（相手の意を）了解したことを示すほほえみ

【会意】huìyì 图《語》会意する ◆漢字のでき方の分類の一 ⇔[六书] ― 動（言外の意味を）悟る，理解する ⇔[会心]

*【会议】huìyì 图 ①《次》会議 ［召开～］会議を催す ②常設の協議機構 ［中国人民政治协商～］中国人民政治協商会議

【会员】huìyuán 图 会員

【会战】huìzhàn 動 ①会戦する ［台儿庄～］台児荘会戦 ②力を結集して一気に事業を成しとげる，大規模な生産事業に総力をあげる ［石油大～］油田開発大作戦

【会长】huìzhǎng 图 会長 ［任第一届～］第一期会長を務める

【会账】huì'zhàng 動（料理屋，飲み屋などで）勘定を払う ◆多く，みんなの分を一人で払うことをいう

【荟(薈)】huì ⊗ 草木が繁る ［～萃 cuì］（すばらしい人や物が）集まる

【绘(繪)】huì ⊗ 絵をかく ［～声～色］真に迫った，描写が生きている

【绘画】huìhuà 图［幅］絵，絵画 ― 動 絵をかく

【绘图】huìtú 動 製図する，図面を引く ⇔[制图]

【绘制】huìzhì 動（青写真を）描く，作図する ［～设计图］設計図を作る

【烩(燴)】huì 動《食》①材料をいためたあと，少量の水と片栗粉を溶いた汁で煮る ②米飯などに肉や野菜を加えて煮込む

【诲(誨)】huì ⊗ 教え導く ［～人不倦］倦まずたゆまず指導する

【诲淫诲盗】huì yín huì dào（成）人を色ごとや盗みに誘いこむ，悪の道に引きこむ

【晦】huì ⊗ ①陰暦の毎月の最後の日，みそか ②夜，暗夜 ③暗い，ぼんやりとした ［隐～］不明瞭な

【晦暝(晦冥)】huìmíng 形《書》暗い，すわる

【晦气】huìqi/huìqì 形 ついていない，不運

【晦涩】huìsè 形（文学や音楽が）難解で，晦渋な ［～难懂］チンプンカンプンだ

【贿(賄)】huì ⊗ ①財貨 ②賄賂 ［行～］賄賂を贈る ［受～］賄賂を受ける

【贿赂】huìlù 動 賄賂を贈る ［～当事人］当事者に賄賂を贈る ― 图 賄賂

【贿选】huìxuǎn 動 選挙で買収する ［进行～］買収運動をする

【恚】huì ⊗ 怨む ［～恨］《書》同前

【彗(篲)】huì（旧読 suì）⊗ ほうき（箒）

【彗星】huìxīng 图［颗］彗星ホシ、ほうき星（一般に'扫帚星'という）

【慧】huì ⊗ 聡明な，利口な ［智～］智恵 ［～心］智恵

【秽(穢)】huì ⊗ ①汚い，汚れた ［污～］同前 ②醜い，醜悪な

【秽土】huìtǔ 图 ごみ

【秽闻】huìwén 图《書》悪名 ◆多く淫乱による悪評

【秽行】huìxíng 图《書》（多く淫乱行為などの）醜行，汚らわしい行為

【惠】huì ⊗ ①恵み，恩恵 ［受～］世話になる，恩恵を蒙る ②恵む，恩恵を与える ［互～］相互に利益を与えあう ③相手の自

分に対する行為への敬辞［～鉴］ご高覧を乞う［～赠］お贈り下さる［～顾］ご来顧下さる［～书］お手紙 ④(H-)姓

【惠存】huìcún [動]《敬》長くお留め下さいますよう ♦本や写真などを贈るときに記す言葉

【惠临】huìlín [動]《敬》ご光臨下さる〖敬请～〗どうぞご来臨賜りますよう

〖蟪〗huì ⊗［～蛄gū］〖虫〗ニイニイゼミ

〖喙〗huì ⊗①鳥獣の口 ②人の口［不容置～］口出しを許さない

〖溃(潰 *殨)〗huì ⊗［～脓］化膿する

⇨kuì

【昏】hūn [動]①目を回す，意識を失う〖～过去了〗気を失った ②頭が混乱した，意識がぼやけた［发～］正気を失う

⊗①たそがれ，夕闇［黄～］たそがれ ②暗い，(暗くて)ぼやけた

【昏暗】hūn'àn [形]薄暗い

【昏沉】hūnchén [形]①薄暗い ②頭がぼやけた，意識が乱れた [同]［昏乱］

【昏黑】hūnhēi [形]薄暗い，暗くどんよりした

【昏黄】hūnhuáng [形](空や灯火が)ほの暗い，ぼんやりした

【昏厥】hūnjué [動]気絶する [同]［晕厥］

【昏乱】hūnluàn [形]①意識が乱れた，朦朧(もうろう)とした ②《書》(社会が)乱れに乱れた，混乱した

*【昏迷】hūnmí [動]昏迷する，意識が遠のく [反]［苏醒］

【昏死】hūnsǐ [動]気を失う，失神する

【昏天黑地】hūn tiān hēi dì《成》①(光がなくて) 暗い，真っ暗闇の ②意識がぼやけた，目まいのする ③(世の中が) 乱れきった，光明のない ④(生活が)すさんだ，荒廃しきった

【昏头昏脑】hūn tóu hūn nǎo《成》頭が混乱した，思考力を失った状態の

【昏庸】hūnyōng [形]暗愚な，間抜けな [反]［贤明］

【昏晕】hūnyūn [動]目が回る，意識が遠のく

〖婚〗hūn ⊗①婚姻［订～］婚約する ②結婚する［～纱］ウェディングドレス

**【婚礼】hūnlǐ [名]結婚式〖举行～〗挙式する［～蛋糕］ウエディングケーキ

【婚龄】hūnlíng [名]①(法定の) 結婚年齢 ♦現行の婚姻法では男子22歳，女子20歳〖到～〗結婚年齢に達する ②適齢期，年ごろ

【婚期】hūnqī [名]結婚の日，挙式の日取り〖～定于五月三日〗挙式は5月3日と決まった

【婚事】hūnshì [名]①縁談，縁組み ②結婚式その他結婚をめぐる諸行事〖安排～〗婚礼の手筈を決める

【婚外恋】hūnwàiliàn [名]不倫，婚外の情事

**【婚姻】hūnyīn [名]婚姻，夫婦関係［买卖～］売買婚［～介绍所］結婚紹介所

【婚姻法】hūnyīnfǎ [名]〖法〗婚姻法

【婚约】hūnyuē [名]婚約〖解除～〗婚約を破棄する

【荤(葷)】hūn [名]①なまぐさ物，肉や魚(の料理)([反]［素］)〖吃～〗なまぐさ物を食べる ②(ニラ·ニンニクなど) 匂いの強い野菜

【荤菜】hūncài [名]なまぐさ料理，肉や魚を使った料理 [反]［素菜］

【荤油】hūnyóu [名]ラード

【浑(渾)】hún [形]([同]［混hún］) ①濁った，混濁した ②愚かな，ばかげた

⊗①天然の，自然のままの ②まるごとの，全体の ③(H-)姓

【浑蛋(混蛋)】húndàn [名](罵倒に使って)ばかもん，間抜け野郎

【浑厚】húnhòu [形]①(人柄が) 純朴誠実な，温かさのにじみ出た ②(書画などが)素朴で力強い，小細工のない

【浑浑噩噩】húnhún'è'è [形]まるで物を知らない，無知蒙昧(もうまい)な

【浑然】húnrán [形]まるごと一体の，欠けるところのない［～一体］渾然一体とした — [副]まったく，完全に［～无成］何一つ成果がない

*【浑身】húnshēn [名]全身〖～上下〗頭のてっぺんから足の先まで［～是胆］勇気の塊だ

【浑身是嘴说不清】húnshēn shì zuǐ shuō bu qīng《俗》(全身が口であってもはっきり説明できない>)どう弁明しても濡れ衣を晴らせない

【浑水摸鱼(混水摸鱼)】hún shuǐ mō yú《成》(水の濁りに乗じて魚を捕まえる>)火事場どろぼうを働く [同]［浑水摸泥鳅］

【浑圆】húnyuán [形]真ん丸い

【浑浊】húnzhuó [形]濁った，混濁した [同]［混浊 hùnzhuó］

【混】hún [形][同]［浑 hún］

⇨hùn

〖馄(餛)〗hún ⊗以下を見よ

【馄饨】húntun [名]ワンタン

【魂】hún [名]①(～儿)霊魂，たましい([同]［灵魂］)［招～］死者の魂を呼び寄せる ②心，精神〖吓掉了～〗胆(きも)をつぶす

⊗国家民族の精神［民族～］民族

の魂

【魂不附体】hún bú fù tǐ《成》胆をつぶす，震え上がる [同][魂飞魄散]

【魂不守舍】hún bù shǒu shè《成》①抜けがらのようにぼんやりしている，心ここにあらずの状態でいる ②恐れおののく，震え上がる

【魂魄】húnpò [名] 魂魄，たましい

【诨(諢)】hùn ⊗お笑い，冗談 [打～]（芝居で即興の）ギャグを入れる

【诨号】hùnhào [名] あだ名，ニックネーム [同][诨名][绰号]

【混】hùn [動] ①混ぜる，ごっちゃにする〖～在一起〗混同する ②（偽物を）つかませる，ごまかす ③無為に生きる，適当に暮らす〖～日子〗いい加減に暮らす ④（よからぬ）つき合いをする，仲間になる〖和他们～得很熟〗彼らと仲よくやっている
⇨hún

【混沌】hùndùn [名] 混沌，カオス — [形] 何も知らない，無知蒙昧な

【混纺】hùnfǎng [名] 混紡生地 [～织物] 混紡織物

*【混合】hùnhé [動] ①〖化〗混合する（[関][化合]）[～物] 混合物 ②混合する，混ぜ合わせる [～菌苗] 混合ワクチン [～动力汽车] ハイブリッドカー

【混进】hùnjìn [動]（団体や地域に）もぐり込む，まぎれ込む

*【混乱】hùnluàn [形] 混乱した〖引起～〗混乱を引き起こす〖陷入～〗混乱に陥る

【混凝土】hùnníngtǔ [名] コンクリート [～搅拌机] コンクリートミキサー [钢筋～] 鉄筋コンクリート

【混事】hùn'shì [動]（食うために）何とか働く [同][混饭]

【混同】hùntóng [動] 混同する，ごっちゃにする〖把大米和小米～起来〗米と粟を混同する

【混为一谈】hùn wéi yì tán《成》同日に論じる，（まるで異なる事柄を）一緒にして扱う

*【混淆】hùnxiáo [動]（異質なものを）ごっちゃにする，混淆する〖～是非〗是非善悪を混同する

【混血儿】hùnxuè'ér [名] 混血児

【混杂】hùnzá [動] 混ざり合う，混ぜ合わせる，ごっちゃになる（する）（[同][搀杂]）〖大米里～着很多沙子〗米の中に沢山の砂がまざっている

【混战】hùnzhàn [名]〔场〕混戦，もつれた戦い — [動] 混戦する

【混账】hùnzhàng [形]（罵倒に使って）恥知らずな〖～东西！〗このろくでなし

*【混浊(溷浊)】hùnzhuó [形] 濁った，混濁した（[反][澄彻]）〖眼珠～〗目が濁っている

【溷】hùn ⊗①便所 ♦'圂'とも書く ②濁った，混乱した

【溷厕】hùncè [名]《書》便所，はばかり

【嚄】huō [嘆] 驚きを表わす，ほうっ，ややっ〖～！你也来啦！〗ありゃりゃ，君まで来たのか
⇨ǒ

【豁】huō [動] ①裂ける，割れ目ができる〖～口子〗割れ目ができる ②（腹をくくって）捨て去る，犠牲にする〖把生命都～出去〗命さえ投げ出す
⇨huò

【豁出去】huōchuqu [動] いかなる犠牲も惜しまずにやる，捨て身でかかる

【豁口】huōkǒu [名]（～儿）欠けた所，ぽっかり開いた口〖碗边上的～〗茶碗の欠けたところ

【豁子】huōzi [名]《方》①欠けた所 ②三つ口の人

【豁嘴】huōzuǐ [名]（～儿）①《口》三つ口 [同]《普》[兔唇] ②三つ口の人

【和】huó [動]（粉末に水を加えて）こねる，かき混ぜる〖～面〗メリケン粉をこねる
⇨hé, hè, hú, huò

【活】huó [動] ①生きる，生存する（[反][死]）②命を救う，死から引き戻す — [形] ①生き生きとした，活発な〖脑子很～〗頭が切れる ②取りはずしのきく，移動可能な — [名]（～儿）①仕事，作業 ♦主に力仕事をいう〖干～儿〗（身体を使って）働く ②製品，生産品 [铁～儿] 鉄製品

【活报剧】huóbàojù [名] ニュース劇，時事劇 ♦街角あるいは劇場で演じる大衆工作のための劇

【活到老，学到老】huó dào lǎo, xué dào lǎo《俗》人間死ぬまで勉強だ，命ある限り学び続ける

【活地狱】huódìyù [名] 生き地獄

**【活动】huódòng [名]〔项〕活動，催し〖参加～〗活動に加わる — [動] ①動く（かす），動き回る（らせる）〖出去～～〗外に出て体を動かす ②ぐらつく，がたがた動く ③（コネ，袖の下などで）働き掛ける，裏工作する — [形] 取り外しのきく，固定されていない [～舞台] 回り舞台

【活动断层】huódòng duàncéng [名] 活断層

【活泛】huófan [形] ①機敏で融通のきく ②（経済的に）余裕がある

*【活该】huógāi [形]《口》（ひどい目に遭っても）当然な〖～！〗ざまあ見ろ

【活话】huóhuà [名]（～儿）不確かな約束，本決まりでない話

【活活】huóhuó [形]〖多く状語とし

て〗生きながらの，(生きているものを)みすみす〖～地被打死了〗むざむざ殴り殺された ━[副]まるで(…だ)
【活火山】huóhuǒshān [名]〔座〕活火山 [関][死火山]
【活计】huóji [名]①手仕事，職人仕事［针线～］針仕事 ②細工物，手工芸品 ③力仕事，肉体労働
【活结】huójié [名](蝶結びなどの)引き結び，引けばすぐ解ける結び方([同][活扣儿] [反][死结])〖系 jì ～〗引き結びにする
【活口】huókǒu [名]①(殺人事件で生き残った)生き証人 ②(捕虜や犯罪者の中の)情報提供者 ③不確かな口振り，あいまいな話し方 [同][活话] ━[動]食いつなぐ，暮らしを維持する
★【活力】huólì [名]活力，生命力〖恢复(失去)～〗元気を取り戻す(失う)
【活灵活现】huó líng huó xiàn《成》真に迫った，目の前に見るような [同][活龙活现]
【活路】huólù [名]①生きる手だて，生活の手段〖找～〗生計の道をさがす ②有効な方法，うまい解決策
—— huólu [名]力仕事，肉体労働
【活埋】huómái [動]生き埋めにする
【活门】huómén [名]バルブ('阀 fá'の通称)〖开(关)～〗バルブを開く(閉じる)
【活命】huó'mìng [動]①生きる，食いつなぐ〖靠卖文～〗物書きで食いつなぐ ②《書》命を救う，命が助かる
—— huómìng [名]生命，命 [同][性命]
★★【活泼】huópo/huópō [形]①元気のよい，生き生きとした ②〖化〗反応しやすい，化合しやすい
【活期】huóqī [形]〘定語として〙定期でない，当座の［～存款］普通預金
【活气】huóqì [名]活気，溌剌(はつらつ)とした空気〖充满一片～〗活気がみなぎる
【活塞】huósāi [名]ピストン(旧称'鞲鞴 gōubèi')［～运动］ピストン運動
【活生生】huóshēngshēng [形](～的)①現実にある，生々しい〖～的例子〗実際の例 ②〘多く状語として〙生きながらの，(生きているものを)みすみす [同][活活]
【活现】huóxiàn [動]生き生きと表現する，生けるがごとくに現われる
【活像】huóxiàng [動]そっくりである，酷似した([同][活似])〖～真的一样〗本物そっくりだ
【活性】huóxìng [名]〖化〗活性［～炭］活性炭［～染料］活性染料
【活页】huóyè [名]ルーズリーフ［～夹］ルーズリーフ用のバインダー
★★【活跃】huóyuè [形]活発な，活気あふれる ━[動]①活発にする，活気を与える〖～经济〗経済を活性化する ②精力的に活動する
【活着干，死了算】huózhe gàn, sǐle suàn《俗》生きている限り働き続ける
【活捉】huózhuō [動](主に敵兵を)生け捕りにする
【活字】huózì [名]活字 [関][铅字]
【活字典】huózìdiǎn [名]生き字引
【活罪】huózuì [名]生きながら味わう苦しみ，苦難〖受尽～〗辛酸をなめる

【火】

huǒ [名]①火〖生～〗火をたく［文～］とろ火 ②(～儿)怒り，かんしゃく〖动～儿〗腹を立てる ━[動](～儿)怒る，立腹する
⊗①銃砲，弾薬［开～］火ぶたを切る ②真っ赤な，燃えるような色の ③緊急の，火急の ④(漢方でいう)のぼせ［上～］熱を伴い，鼻腔，口腔などに炎症を起こす症状
【火把】huǒbǎ [名]たいまつ〖点～〗たいまつをともす
★★【火柴】huǒchái [名]〔根〕マッチ([同][洋火])〖擦～〗マッチをする
【火场】huǒchǎng [名]火事場，火災の現場
【火车】huǒchē [名]〔列·辆〕汽車，列車〖坐～〗汽車に乗る
【火车头】huǒchētóu [名]①〔台〕機関車 [同][机车] ②《転》牽引車，先頭に立って引っぱる人
★★【火车站】huǒchēzhàn [名](列車の)駅
【火成岩】huǒchéngyán [名]火成岩
【火电】huǒdiàn [名]《略》火力発電 [同][火力发电] [関][水电]
【火毒】huǒdú [形]火のように激しい，焼けつくような〖～的太阳〗灼熱の太陽
【火堆】huǒduī [名]たき火，積み上げた燃料が燃える火
【火攻】huǒgōng [名]火攻め〖向…发起～〗…に火攻めを仕掛ける
【火光】huǒguāng [名]炎の輝き，火の光〖～冲天〗炎が天を灼く
【火锅】huǒguō [名](～儿)火鍋(フォークオ) ♦下部に炭火をたく釜のついた鍋，なべ物やシャブシャブ用
【火海】huǒhǎi [名]〔片〕火の海，大火災〖闯进～〗火の海に躍り込む
【火红】huǒhóng [形]真っ赤な，火のように赤い〖～的晚霞〗燃えるような夕焼け〖～的年代〗(社会全体が)燃えあがる時代
【火候】huǒhou [名]①火加減，火の回り具合 ②修練の程度(の高さ) ③大切な時機
【火花】huǒhuā [名]①火花(ひばな)〖打出

~〗(物をたたいて) 火花を飛ばす ②マッチのレッテル

【火化】huǒhuà [動] 火葬にする [同][火葬]

【火鸡】huǒjī [名]〖鳥〗シチメンチョウ [同][吐绶鸡]

【火急】huǒjí [形] (多く通信用語として)火急の [十万~] 緊急事態の

*【火箭】huǒjiàn [名]〔枚〕ロケット 〖发射~〗ロケットを打ち上げる [~筒] バズーカ砲

【火箭炮】huǒjiànpào [名]〔门·座〕ロケット砲

【火井】huǒjǐng [名] 天然ガス噴出坑

【火镜】huǒjìng [名] 凸レンズ [同][凸透镜] [反][凹透镜]

【火炬】huǒjù [名] たいまつ [同][火把]

【火坑】huǒkēng [名]《転》この世の地獄, 苦界 〖跳出~〗生き地獄から抜け出す

【火筷子】huǒkuàizi [名]〔双〕火ばし

【火辣辣】huǒlàlà [形] (~的) ①(太陽や気温が) 焼けるように暑い, かっかと熱い ②(やけどや打撲で)ひりひりする, ずきずき痛い ③(焦りや羞恥などで) いても立ってもいられない, 平静ではいられない

【火力】huǒlì [名] ①(石炭や石油による) 火力 [~发电] 火力発電 ②火薬の破壊力, 火器の殺傷力 〖集中~〗砲火を集中する

【火镰】huǒlián [名] 火打ちがね ♦鎌に似た形をした鋼製の火打ち石

【火龙】huǒlóng [名]〔条〕火の龍 ♦農道上の万灯や高炉から流れ出す鉄などを例えていう

【火炉】huǒlú [名] (~儿) ストーブ, こんろ [同][火炉子][炉子]

【火冒三丈】huǒ mào sān zhàng 《成》烈火のごとく怒る, 湯気を立てて怒る

【火煤(火媒)】huǒméi [名] (~儿) たきつけ, つけ木などの引火材

【火苗】huǒmiáo [名] (~儿) 炎, 火焰 [同][火苗子]

【火磨】huǒmò [名] 動力で動く碾臼(ひきうす), 電動製粉機

【火盆】huǒpén [名] 火ばち

【火气】huǒqì [名] ①怒り, かんしゃく 〖消除~〗怒りを鎮める ②(漢方で)炎症や腫れものなどの原因

【火器】huǒqì [名] 火器, 銃砲

【火枪】huǒqiāng [名]〔枝·条〕旧式銃, 火縄銃

【火热】huǒrè [形] 火のような, 白熱した 〖~的心〗熱く燃える心

【火山】huǒshān [名]〔座〕火山

【火伤】huǒshāng [名] 火傷(やけど)

【火上加油】huǒ shàng jiā yóu 《成》(火に油を注ぐ>) 事態をいっそう悪くする [同][火上浇jiāo油]

【火烧眉毛】huǒ shāo méimao 《成》焦眉の急の, 尻に火のついた [同][火烧屁股]

【火烧云】huǒshāoyún [名] 夕焼け, 朝焼け, 茜(あかね)雲

【火舌】huǒshé [名] 高くのびる炎, 火焰 〖吐着红红的~〗紅蓮(ぐれん)の炎を吐き出している

【火绳】huǒshéng [名] ①(点火用の)火縄 ②蚊いぶし用の縄 ♦ヨモギ等をよって作り, 煙でいぶす

【火石】huǒshí [名] ①火打ち石 ♦'燧suì石' の通称 ②(ライター等に内蔵する)火打ち金

【火势】huǒshì [名] 火勢, 火の燃え具合 〖控制~〗火勢を抑える

【火速】huǒsù [副] 大至急, 緊急に 〖~办理〗緊急に対処する

【火头】huǒtóu [名] ①(~儿) 炎, 火焰 ②(~儿) 火加減, 火の回り具合([同][火候]) 〖看~儿〗火加減を見る ③(~儿) 怒り, 腹立ち 〖压~儿〗怒りを抑える ④(火事の) 火元(ひもと), 火を出した家 [同][火主]

【火头上】huǒtóushang/-shàng [名] 腹立ちの真っ最中 [同][气头上]

【火腿】huǒtuǐ [名] ハム

【火险】huǒxiǎn [名] 火災保険 〖加入~〗火災保険に入る

【火线】huǒxiàn [名] 砲火を交える最前線, 火線

【火星】huǒxīng [名] ①火星 [~探测器] 火星探査ロケット ②(~儿) 火花, スパーク 〖打出~儿〗(たたいて)火花を散らす

【火性】huǒxìng [名] 短気, 怒りっぽさ 〖~很大〗すぐかっとなる —[形] 怒りっぽい, かっとなりやすい

*【火焰】huǒyàn [名] 炎, 火焰 ♦一般に'火苗' という 〖~冲天〗炎が天を焦がす

*【火药】huǒyào [名] 火薬, 爆薬 〖~爆炸了〗火薬が爆発した

【火印】huǒyìn [名] 焼印(やきいん) 〖烙lào~〗焼印を押す

【火灾】huǒzāi [名]〔次·场〕火災 [~报警器] 火炎報知器

【火葬】huǒzàng [動] 火葬にする [~场] 火葬場

【火中取栗】huǒ zhōng qǔ lì 《成》(火中の栗を拾う>) だまされ利用されて危険を冒す

【火种】huǒzhǒng [名]〔颗〕火種(ひだね) 〖留下~〗火種を残す

【火主】huǒzhǔ [名] 火元(ひもと), 火事を出した家 [同][火头]

【火砖】huǒzhuān [名]〔块〕耐火れんが [同][耐火砖]

【伙(*火夥)】huǒ [量] グループや人の群を数える 〖一~人〗一群の人 ⊗①仕事仲間, 相棒 [大~儿] みんな ②仲間で作る組, グループ

［散 sàn ～］グループを解散する ③仲間になる，グループを組む

〖一（*火）〗 [×] 定額を出し合う共同炊事，給食［包～］月ぎめで食事を供する［入～］共同炊事の仲間に入る

【伙伴（火伴）】 huǒbàn [名]（～儿）相棒，仕事仲間

【伙房】 huǒfáng [名]（学校など集団の）炊事場

【伙计】 huǒji [名] ①《旧》（見習いを終えた） 店員，職人 ②相棒，共同事業の仲間

【伙食】 huǒshi/huǒshí [名] 給食，集団に提供する食事［～费］（寮などでの）食費

【伙同】 huǒtóng [動] 結托けったくする，集団を組む〖～他们〗彼らとぐるになる

〖夥〗 huǒ [×] ①多い，おびただしい ②[同]［伙 huǒ］

〖或〗 huò [×] ①あるいは…かもしれない，たぶん〖～可出国〗海外に行けるかもしれない ②あるいは，もしくは〖诗～小说都行〗詩または小説のいずれでもよい ③ある者〖～曰〗ある人は言う ④少しばかり，些か〖不可～忽〗些かの油断も許されない

【或是】 huòshì [副][同]［或许］ — [接][同]［或者］

****【或许】** huòxǔ [副] あるいは…かもしれない（[同]［也许］）〖他～不能来〗彼は来られないかもしれない

【或者】 huòzhě [副][同]［或许］ — [接] あるいは，もしくは〖坐火车去～坐船去都行〗汽車で行ってもよいし船で行ってもよい

〖惑〗 huò [×] ①惑う，疑いにかられる［疑～］疑う ②惑わす［诱～］誘惑する

【和】 huò [動]（粉状・粒状の物を）かき混ぜる，（水を加えて） かき回す〖饺子馅儿里～点儿盐〗ギョーザの具ぐに塩を少し混ぜる — [量] ①洗濯ですすぎをする回数を数える〖洗了三～〗3度すすいだ ②（漢方で） 同じ薬を煎じる回数を数える〖二～药〗二番煎じ

⇨hé, hè, hú, huó

【货（貨）】 huò [名] ①〔批〕商品，貨物〖交～〗納品する ②（ののしって） 人，野郎［笨～］とんま野郎

[×] ①貨幣，かね［通～］通貨 ②（物を）売る

****【货币】** huòbì [名] 貨幣，かね［～升值］平価切り上げ

【货舱】 huòcāng [名]（船や飛行機の）貨物室

【货车】 huòchē [名] ①〔列〕貨物列車 ②貨車 ③〔辆〕トラック，運送車

【货船】 huòchuán [名]〔只・艘〕貨物船

【货机】 huòjī [名]〔架〕貨物輸送機

【货架子】 huòjiàzi [名] ①商品棚 ②（自転車の）荷台

【货款】 huòkuǎn [名] 商品代金〖交付～〗購入代金を支払う

【货郎】 huòláng [名] 日用品の行商人，かつぎの小間物屋 ♦農山村や都会の路地を売り歩いた［～鼓］（行商人が呼び声代わりに使う）でんでん太鼓

【货轮】 huòlún [名]〔只・艘〕貨物船 [同]［货船］

【货色】 huòsè [名] ①商品の種類と品質［好～］上もの［上等～］一級品 ②《貶》（人柄・思想言動などを念頭に置きながら） 人間，手合い〖他是什么～？〗あいつはどういう人間なんだ

【货声】 huòshēng [名]（物売りなどの）呼び声，売り声

【货物】 huòwù [名] 商品，貨物〖运输～〗商品を運送する

【货箱】 huòxiāng [名] コンテナ [同]［货运集装箱］

【货样】 huòyàng [名] 商品見本，サンプル

【货运】 huòyùn [名] 貨物運送，輸送［～机］貨物輸送機［～公司］運送会社

【货栈】 huòzhàn [名]〔家〕（貸し） 倉庫

〖获（獲）〗 huò [×] ①捕える，捕獲する［捕～］つかまえる ②獲得する，勝ち取る［～释］釈放される

〖一（穫）〗 [×] 収穫する，取り入れする［收～］収穫する

【获得】 huòdé [動]（多く抽象的に）取得する，獲得する（[反]［丧失］）〖～成功〗成功を勝ち取る

【获奖】 huòjiǎng [動] 受賞する，入賞する［～作品］受賞作品

【获救】 huòjiù [動] 救われる，助かる [同]［得救］

【获取】 huòqǔ [動] 獲得する，手に入れる [同]［取得］

【获悉】 huòxī [動]《書》（通信や報道で） 承知する，聞いて知る〖从报纸上～〗新聞で知る

【获准】 huòzhǔn [動] 許可を得る，認可される

【祸（禍）】 huò [名]〔场〕災難，災害（[反]［福］）〖惹～〗禍いを引き起こす［车～］交通事故

[×] 災禍をもたらす，損なう

【祸不单行】 huò bù dān xíng《成》（災いは単独ではやってこない＞）悪いことは重なるもの

H

【祸从口出】huò cóng kǒu chū《成》〈災いは口から出る〉口は災いのもと ◆ときに'病从口入（病は口から入る）'を後に続ける 働[祸从口生]
【祸根】huògēn 图 禍根，災いのもと 『铲除～』禍根を絶つ
【祸国殃民】huò guó yāng mín《成》〈国を損ない民を苦しめる＞〉天下国家に災禍をもたらす
【祸害】huòhai 图 ① 災害，災禍 『引起～』災いをもたらす ② 災害のもと，元凶 働[祸种] — 動 損害を与える，災いをもたらす 『～庄稼』作物を荒らす
【祸患】huòhuàn 图 災難，災害
【祸起萧墙】huò qǐ xiāoqiáng《成》〈災いは塀の中で起こる〉争いが内部で起こる
【祸首】huòshǒu 图 元凶，主犯
【祸祟】huòsuì 图 天罰，祟り
【祸殃】huòyāng 图 災害，災難

【霍】huò ⊗ ① さっと，いきなり [～地 dì] いきなり ② (H-) 姓

【霍乱】huòluàn 图 ① コレラ [～菌苗] コレラワクチン ② (漢方で) 下痢・嘔吐・腹痛を伴う胃腸痛の総称
【霍然】huòrán 形《書》(病が) さっと消える，たちまちに治る — 副 突然に，いきなり 『～大怒』いきなり怒りだす

【藿】huò ⊗ 豆類の葉

【嚯】huò 嘆 (驚きや感嘆を表わす) ほうっ，あれえ

【豁】huò ⊗ ① (税などを) 免除する，許す [～免] 免除する ② 心の広い，わだかまりのない
⇨ huō
【豁达】huòdá 形 ① 明けっ広げな，明朗な ② 度量の大きい，心の広い
【豁亮】huòliàng 形 ① (場所が) 広くて明るい ② (声が) よく通る，朗々とした
【豁然】huòrán 形 ① わだかまりのない，晴ればれとした ② 〖状語として〗目の前がぱっと開けるような，豁然たる 『～贯通』はっとすべてを悟る

【镬(鑊)】huò ⊗ 鍋

【蠖】huò ⊗ →[尺 chǐ～]

I

【IP电话】IP diànhuà 图 IP 電話 働[网络电话]

J

【几】jī ⊗ 小机，低くて小さいテーブル [茶～儿] 茶卓
【一(幾)】jī ⊗ ほとんど，ほぼ 『～达百次』ほぼ100回に達する
⇨ jǐ
*【几乎】jīhū 副 ① ほとんど，ほぼ (…に近い) 『～有三万人』3万人近くいる ② もう少しで，すんでのところで (働[几儿乎]) 『～(没) 摔倒』危うく転ぶところだった

【讥(譏)】jī ⊗ 嘲ける，皮肉をいう [～刺]《書》同前
【讥讽】jīfěng 動 皮肉る，嘲ける
【讥诮】jīqiào 動 辛辣 xīnlà に皮肉る，そしる
*【讥笑】jīxiào 動 笑いものにする，嘲けりそしる 『别～初学者』初心者を笑ってはいけない

【机(機)】jī ⊗ ① 機械 [电视～] テレビ ② 飛行機 [客～] 旅客機 ③ 機会，チャンス [乘～] 機をのがさず ④ 変化の要 yào，決定的な部分 [转～] 転機 ⑤ 生きる機能 [有～体] 有機体 ⑥ 機敏な，素早い
【机舱】jīcāng 图 ① 船の機械室 ② 飛行機の客室および貨物室
*【机场】jīchǎng 图 空港，飛行場 [～费] 空港使用料
【机车】jīchē 图 [辆・台] 機関車 ◆一般に '火车头' という [电力～] 電気機関車
【机床】jīchuáng 图 ① 工作機械 ② 金属切削機械 (旋盤など)
【机电】jīdiàn 图 機械と電力設備
*【机动】jīdòng 形 ①〖定語として〗機械で動く，機械じかけの [～船] モーターボート ②〖多く定語・状語として〗機動的な，臨機の 『～处理』臨機に対応する ③〖定語として〗予備の，緊急用の [～费] 予備費
【机帆船】jīfānchuán 图 [只] 機帆船
【机耕】jīgēng 動〖多く定語として〗機械耕作をする [～地] 機械耕作の田畑 [～船] 水田用トラクター
*【机构】jīgòu 图 ① 機械の内部構造 ② 組織，機構 [宣传～] 宣伝機関

③組織，内部構造
★【机关】jīguān [名] ①機関，役所［行政～］行政機関 ②ギア，伝導装置 ③からくり，陰謀〖识破～〗からくりを見破る ━ [形]〘定語として〙機械仕掛けの
【机关报】jīguānbào [名] 機関紙
【机关刊物】jīguān kānwù [名] 機関誌
【机关枪】jīguānqiāng [名]〔挺〕機関銃（[同][机枪]）［高射～］対空機銃
★★【机会】jīhuì [名] チャンス，時機〖抓住～〗チャンスをつかむ
【机会主义】jīhuì zhǔyì [名] 日和見(ひよりみ)主義，オポチュニズム
【机井】jījǐng [名] モーターで汲み上げる井戸
【机警】jījǐng [形]（危険や情況の変化に）敏感な，反応が素早い
【机具】jījù [名] 機械と道具，機器
★【机灵（机伶）】jīling [形] 頭がよい，利口な〖～的眼睛〗賢そうな目
★【机密】jīmì [名] 機密〖保守～〗機密を守る ━ [形]〘多く定語として〙機密の
【机敏】jīmǐn [形] 機敏な，素早い
【机能】jīnéng [名]（生物の器官や社会組織の）機能，作用
【机票】jīpiào [名]〔张〕航空券
★★【机器】jīqi/jīqì [名] ①〔架・台〕機械〖安装～〗機械を据え付ける［～人］ロボット ②機関，機構
【机枪】jīqiāng [名]〔挺〕機関銃（[同][机关枪]）［轻～］軽機関銃
【机巧】jīqiǎo [形] 賢く器用な〖这个机器人非常～〗このロボットはとても賢い
【机体】jītǐ [名] ①有機体 ②（飛行機の）機体
★【机械】jīxiè [名] 機械，装置［～工程学］機械工学［～人］ロボット ━ [形] 機械的な〖～地摹仿〗機械的にまねをする
【机械化】jīxièhuà [動] 機械化する〖农业～〗農業の機械化をする ━ [形]（思考や行動が）機械的な
【机械手】jīxièshǒu [名] マジックハンド，自動操縦装置
【机要】jīyào [形]〘多く定語として〙機密の，内密を要する［～文件］機密文書
【机宜】jīyí [名] 対処法，対策〖面授～〗対処法を授ける
【机油】jīyóu [名] エンジンオイル，マシンオイル
★【机遇】jīyù [名] チャンス，機会
【机缘】jīyuán [名] 機縁(きえん)，巡り合わせ
【机制】jīzhì [名] 構造，メカニズム，システム
★【机智】jīzhì [形] 機知に富んだ，機転がきく
【机子】jīzi [名]《口》①機械 ♦電話や織機など ②（銃の）引き金
【机组】jīzǔ [名] ①飛行機の乗員チーム，フライトクルー ②セットになった機械装備，ユニット

〖叽（嘰）〗jī [擬] 小鳥の声や話し声などを表わす〖小鸡～～地叫着〗ひよこがぴよぴよ鳴いている
【叽咕（唧咕）】jīgu [動] ひそひそ話す
【叽叽（唧唧）嘎嘎】jījigāgā [擬]（にぎやかに談笑する声など）がやがや，わいわい
【叽里旮旯儿】jīligālár [名] 隅々，至る所
【叽里咕噜】jīligūlū [擬] ①（よく聞き取れない他人の声など）がやがや，ぺちゃぺちゃ ②物が転がる音，ごろごろ

〖饥（飢）〗jī ⊗ ひもじい，空腹の［如～似渴］むさぼるように
〖━（饑）〗⊗ 饑饉(ききん)，凶作［大～］大饑饉
【饥不择食】jī bù zé shí《成》（ひもじい時には何でも食う＞）緊急の際にはあれこれ選んでいられない [同]［～，寒不择衣］
★【饥饿】jī'è [形] ひもじい，空腹の〖受～〗餓えに苦しむ
【饥寒】jīhán [名] 飢えと寒さ［～交迫］貧苦にあえぐ
【饥荒】jīhuang [名] ①〔场〕饑饉，凶作 ②《口》貧窮(ひんきゅう)，食ってゆけないこと〖家里闹～〗一家が干乾しになる ③《口》食うための借金〖拉～〗同前をする
【饥馑】jījǐn [名]《書》饑饉，凶作
【饥民】jīmín [名] 食料欠乏に苦しむ人びと，饑饉による難民
【饥者易为食，寒者易为衣】jīzhě yì wéi shí, hánzhě yì wéi yī《成》（空腹に苦しむ者に食事を供するのはたやすく，寒さにふるえる者に着物を供するのはたやすい＞）切羽つまれば人はたやすく満足してしまう

〖肌〗jī ⊗ 筋肉［随意～］随意筋［～注］筋肉注射
【肌理】jīlǐ [名]《書》きめ〖～细腻〗肌(はだ)がきれいだ
★★【肌肉】jīròu [名] 筋肉（[同][筋肉]）［～萎缩症］筋ジストロフィ
【肌体】jītǐ [名] ①からだ ②《転》組織機構〖党的～〗党の組織

〖矶（磯）〗jī ⊗ 水辺の岩場，水辺に突き出した岩 ♦多く地名に使う

〖击（擊）〗jī ⊗ ①たたく，打つ ②攻撃する［袭 xí～］襲撃する ③触れる，ぶつかる［目～］目撃する
【击败】jībài [動] 打ち負かす，撃退す

【击毙】jībì 動 (銃で)射殺する
【击沉】jīchén 動 撃沈する
【击毁】jīhuǐ 動 打ち砕く,撃破する
【击剑】jījiàn 図 フェンシング(をする)
【击溃】jīkuì 動 (敵を)潰滅させる,総くずれにする
【击落】jīluò 動 撃墜する,打ち落とす〖—一架敌机〗敵機を撃墜する
【击破】jīpò 動 打ち負かす〖各个~〗各個撃破する
【击球】jīqiú 動 (球技で)ボールを打つ,バッティングをする〖~员〗打者,バットマン
【击乐器】jīyuèqì 图 打楽器,パーカッション
【击掌】jīzhǎng 動 拍手する,手をたたく ⇨〖鼓掌〗〖拍手〗

【圾】jī ⊗ →〖垃 lā ~〗
【芨】jī ⊗〖白~〗〖植〗シラン ♦止血剤として使われる
【乩】jī ⊗〖扶 fú~(扶箕)〗道教の占いの方法の一(砂と棒を使う)

【鸡(雞*鷄)】jī 图〔只〕鶏(⇨〖家鸡〗)〖公~〗オンドリ〖母~〗メンドリ
【鸡巴】jība 图(口)〔根〕男根,ちんぽこ
★【鸡蛋】jīdàn 图 鶏卵,たまご〖~黄〗黄身〖~糕〗ケーキ,カステラ
【鸡蛋里挑骨头】jīdànli tiāo gǔtou《俗》(卵の中に骨を探す>)ありもせぬ欠点を見つけようとすること,あら探しをする
【鸡蛋碰石头】jīdàn pèng shítou《俗》(卵で岩を打つ>)はるかに強い相手に攻撃しかけて自滅する,蟷螂の斧 ⇨〖鸡蛋往石头上碰〗
【鸡飞蛋打】jī fēi dàn dǎ《成》(鶏は飛んで逃げ,卵は割れる>)元も子もなくなる,すべてがふいになる ⇨〖鸡也飞了,蛋也打了〗
【鸡飞狗跳墙】jī fēi gǒu tiào qiáng《俗》(鶏が飛び立ち犬が垣根を跳び越える>)驚き慌てるさまをいう
【鸡公车】jīgōngchē 图《方》(四川地方の)手押し一輪荷車
【鸡冠】jīguān 图 とさか(⇨〖~子〗)〖~花〗ケイトウ
【鸡奸(雞奸)】jījiān 動 男色にふける
【鸡叫三遍天大亮】jī jiào sān biàn tiān dà liàng《俗》すっかり夜が明けきったことをいう
【鸡口牛后】jī kǒu niú hòu《成》鶏口となるとも牛後となるなかれ ⇨〖鸡尸牛从〗
【鸡肋】jīlèi 图《書》(鶏肋ケイロク, 鶏の肋骨>)捨てるには惜しいが,あったとしても役には立たないもの
【鸡毛掸子】jīmáo dǎnzi 图 鶏の羽根で作ったはたき
【鸡毛飞不上天】jīmáo fēibushàng tiān《俗》(鶏の毛は天までは昇れない>)無能な人間が大事をなしうるものではない
【鸡毛蒜皮】jīmáo suànpí 图 鶏の毛やニンニクの皮;(転)取るに足りない小事,つまらぬ物
【鸡毛信】jīmáoxìn 图 旧時の急ぎの手紙や緊急の公文書 ♦鶏の毛を手紙の肩にさして火急の印とした
【鸡皮疙瘩】jīpí gēda 图〖起~〗鳥はだが立つ
【鸡舍】jīshè 图 とり小屋,鶏舎
【鸡尾酒】jīwěijiǔ 图 カクテル〖~会〗カクテルパーティー
【鸡窝里出凤凰】jīwōli chū fènghuáng《俗》(鶏の巣から鳳凰が生まれる>)劣悪な環境の中からすぐれた人物が出る
【鸡心】jīxīn 图 ①鶏の心臓 ②ハート型〖~领〗Vネック ③ハート型の装身具
【鸡眼】jīyǎn 图 うおの目〖~膏〗同前用の塗り薬
【鸡一嘴鸭一嘴】jī yì zuǐ yā yì zuǐ《俗》てんでに口を出す,勝手に発言して収拾がつかない
【鸡杂】jīzá 图(~儿)鳥もつ
【鸡子儿】jīzǐr 图《口》鶏卵, 卵 ⇨《普》〖鸡蛋〗

【奇】jī ⊗①奇数 ⇔'偶' ②端数はした〖三十有~〗30いくつか
⇨ qí
【奇数】jīshù 图 奇数 ⇨〖单数〗⇔〖偶数〗

【剞】jī ⊗〖~劂 jué〗《書》(書籍の)版刻

【犄】jī ⊗ 以下を見よ
【犄角】jījiǎo 图(~儿)《口》①隅すみ〖屋(的)~儿〗部屋の隅 ②角かど〖桌子(的)~儿〗テーブルの角
—— jījiao 图《口》〔对〕つの〖牛~〗牛のつの

【畸】jī ⊗①端数はした ②アブノーマルな,正常ならざる ③偏った
【畸形】jīxíng 图 奇形の, 奇形の〖~现象〗アブノーマルな現象

【积(積)】jī 動 積む,集積する〖~了好多钱〗沢山の金をためた —— 图《数》積〖乘~〗同前
⊗①積もりつもった,多年にわたる ②(漢方で)子供の消化不良
【积弊】jībì 图 積弊セキヘイ〖除去~〗積弊を一掃する

【积储】jīchǔ 蓄える，貯める 働[积存]
【积存】jīcún 蓄える，貯める〘～钢材〙鋼材を蓄える
【积肥】jī'féi 堆肥作りを作る
【积分】jīfēn 图①积分（働[微分][～方程]积分方程式）②合計点，ポイント〘～卡〙ポイントカード
*【积极】jījí 形（反[消极]）①肯定されるべき，建設的な〘作出～贡献〙たしかな貢献をする ②熱心な，積極的な〘～工作〙熱心に働く
【积极分子】jījí fènzǐ 图①(政治面での）活動家 ②(文化スポーツ面での)愛好家，マニア
【积极作用】jījí zuòyòng 图 プラス効果
【积聚】jījù 動 こつこつ貯める，蓄積する 働[积攒 zǎn]〘～资金〙資金を蓄える
*【积累】jīlěi 图 資本の蓄積 — 動 蓄積する，蓄える〘～经验〙経験を積む
【积木】jīmù 图〔套〕積木ぎ
【积年累月】jī nián lěi yuè《成》長い年月がたつ
【积欠】jīqiàn 图 未払い金，多年の借金〘还清～〙多年の借りをを清算する — 動 借金をためる，滞納を重ねる
【积习】jīxí 图 長年の(よからぬ)習慣，くせ〘～难改〙多年のくせは直らぬもの
【积蓄】jīxù 图 蓄え，預貯金 — 動 貯金をする，蓄積する〘～了一笔钱〙かなりの金をためた
【积压】jīyā 動 長期間手付かずにしておく，寝かせておく
【积羽沉舟】jī yǔ chén zhōu《成》(羽毛でも積み上げれば船を沈める重さになる）みんなが心を一つにすれば，とてつもない力が生まれる
【积重难返】jī zhòng nán fǎn《成》悪習は改め難し

【屐】jī 图①木靴［木～］木靴，下駄 ②靴〘～履〙《書》はきもの

【姬】jī 图①女性の美称 ②(J-)姓

【笄】jī 图 髪を結うかんざし

【唧】jī 動（液体を）噴射する，吹き出す〘～他一身水〙(ホースなどで）彼がけて水をあびせる — 副 細く小さい声を表わす〘秋虫～～～地叫着〙秋の虫がか細く鳴いている

【唧唧喳喳】jījizhāzhā 擬 虫や小鳥の叫びの細く小さい声が入り混じった声を表わす，ちいちいぴいぴいなど

【唧哝】jīnong 動 小声で話す

【唧筒】jītǒng 图〔台〕ポンプ 働[泵]

【基】jī ⊗①基礎，土台［路～］路盤 ②もとになる，基本の［～数］③〘化〙基き，根〘氢氧～〙水酸基

*【基本】jīběn 图 基本，大もと — 形 ①〘定语として〙基本的な，基礎的な ②主要な，主だった — 副 だいたい，ほぼ〘工作～结束了〙仕事がほとんど片付いた

【基本功】jīběngōng 图 基礎的な知識や技能〘练～〙同前の習得に努める

【基本粒子】jīběn lìzǐ 图 素粒子

【基本上】jīběnshang/ -shàng 副 ①基本的に，主として ②だいたい，一応

【基层】jīcéng 图 組織の末端，最下部〘～干部〙末端組織の幹部

*【基础】jīchǔ 图 建物の土台，物ごとの基礎〘奠定～〙基礎を固める〘经济～〙下部構造

【基础课】jīchǔkè 图 基礎科目

【基地】jīdì 图 基地

【基点】jīdiǎn 图①（活動の）基点 ②物ごとの基礎

【基调】jīdiào 图①基調，主旨 ②〘音〙主調音，基音

【基督教】Jīdūjiào 图 キリスト教 ♦一般に新教（'耶苏教'とも）を指す．旧教は'天主教'

【基尔特】jī'ěrtè 图〘訳〙ギルド

【基肥】jīféi 图〘農〙本肥もと〘底肥〙働[追肥]

【基干】jīgàn 图①中軸，基幹 ②中堅幹部，中核幹部

【基建】jījiàn 图（'基本建设'の略）基本建設♦国民経済の各部門における固定資産の再生産

*【基金】jījīn 图 基金，ファンド

【基诺族】Jīnuòzú 图 ジーヌオ族♦中国少数民族の一，雲南に分布

【基尼系数】jīní xìshù 图 ジニ係数

【基期】jīqī 图（統計指数などの）基準時♦指数を100とする時期

【基石】jīshí 图 礎石き，礎〘～比喩に使われることが多い〘奠下～〙礎を築く

【基数】jīshù 图①基数♦序数と区別していうふつうの整数 ②計算の基準となる数字

*【基因】jīyīn 图〘生〙遺伝子〘～工程〙遺伝子工学〘～组〙ゲノム

【基于】jīyú 動…にもとづく，根拠にする〘～这三个理由…〙以上3つの理由から…

【基准】jīzhǔn 图 基準，標準

【箕】jī ⊗①箕み，ちりとり ②箕の形の指紋 ③二十八宿の一 ④(J-)姓

【稽】 jī ⊗ 姓

【稽】 jī ⊗
① 調べる, 検査する [~查] 同前 ② 留まる, 留める [~迟不进] いっこうに先に進まない ③ 引き延ばす, 遅らせる [~延时日] 期日を延ばす ④ 言い争う ⑤ (J-) 姓
⇨ qǐ

【稽核】 jīhé 動 (帳簿類を) 突き合せる, 検査する

【缉(緝)】 jī ⊗
犯罪者を捕える [通~] 指名手配する
⇨ qī

【缉查】 jīchá 動 捜査する [挨户~] しらみつぶしに捜査する

【缉拿】 jīná 動 (捜査の結果) 逮捕する (◉[缉捕]) [~凶犯] 殺人犯を逮捕する

【缉私】 jīsī 動 密輸などを取り締まる, 密売人を捕らえる

【赍(齎)】 jī ⊗
① (気持ちを) 抱く ② (物を) もたらす

【跻(躋)】 jī ⊗
登る [~身]〈書〉身を置く

【畿】 jī ⊗ 都の周辺地区

【激】 jī
動 ① たかぶらせる, 興奮させる [拿话~他] 言葉で彼をあおる [~他说这句话] 彼をたきつけてその言葉をいわせる [~活] 活性化させる ② 冷たい雨や水で身体をこわす [被大雨~着 zháo 了] 大雨にぬれて病気になった ③ 水が (物にぶつかって) はね上がる, ふき上がる [~起浪花] 波しぶきを上げる ④〈方〉冷たい水で冷やす
⊗ ① 感情がたかぶる, 興奮する [感~] ② 激する, 強烈な [~剧] 激しい, 急劇な

【激昂】 jī'áng 形 激昂する, エキサイトする

【激荡】 jīdàng 動 ① うねる, 波うつ ◆心の状態にも使う ② うねらせる, 波うたせる [暴风~着湖水] 暴風が湖面を激しく波うたせる

*【激动】 jīdòng 動 ① 心を揺さぶる, 奮い立たせる [~人心] 人の心を揺さぶる ② 感情がたかぶる

*【激发】 jīfā 動 発奮させる, 心を燃え立たせる [~大家加倍努力] 一層努力するようみんなを奮い立たせる

【激光】 jīguāng 名 レーザー光線 (◉[莱塞 sè]) [~束] レーザービーム [~打印机] レーザープリンタ [~视盘] VCD

【激化】 jīhuà 動 激化する (させる)

【激浪】 jīlàng 名 激しい波

*【激励】 jīlì 動 激励する, 白熱する

*【激烈】 jīliè 形 激しい, 熱した

【激流】 jīliú 名 [股] 急流, 激流

【激怒】 jīnù 動 怒らせる

*【激情】 jīqíng 名 [股] 激情, 情熱 [满怀~] 情熱をもやす

【激素】 jīsù 名 ホルモン [性~] 性ホルモン [生长~] 生長ホルモン

【激战】 jīzhàn 名 激戦 — 動 激戦を展開する, 激しく戦う

【激浊扬清】 jī zhuó yáng qīng〈成〉(汚れた水を押し流して, きれいな水を引き入れる>) 悪い人間や事柄を排除して, 正しい人間や事柄を奨励する (◉[扬清激浊])

【羁(羈)】 jī ⊗
① 馬のおもがい, つなぎとめる [~押] 拘留する ② 束縛する, 留まる, 留める [~留] 滞在する ③

【羁绊】 jībàn 動〈書〉つきまとう, 束縛する [挣脱~] 束縛をのがれる

【羁旅】 jīlǚ 動〈書〉他郷に長く逗留する [~他乡] 異郷に暮らす

【及】 jí ⊗
① および, 並びに [电视~电影明星] テレビおよび映画のスター ② 達する, 及ぶ [力所能~] 力の及ぶ限り ③ 間に合う [来不~] 間に合わない ④ (J-) 姓

*【及格】 jí'gé 動 合格する, 及第する [英语~了] 英語で合格点を取った [~赛] 予選

【及时】 jíshí 形 時宜にかなった, タイムリーな [~雨] 恵みの雨 — 副 即刻, ただちに [~汇报] 即時報告されたい

【及早】 jízǎo 副 早めに, 手遅れにならないうちに

【及至】 jízhì 接〈書〉…になってから, …の段階に及んで [~三点比赛开始] 3時になってようやく試合が始まった

【汲】 jí (旧読 jī) 動 水を汲みあげる [~水] 同前
⊗ (J-) 姓

【汲汲】 jíjí 形〈書〉汲汲とした, …に必死の [~于利益] 利益ばかりを追いかける

【汲取】 jíqǔ 動 汲みとる, 消化吸収する [~教训] 教訓を汲みとる

【岌】 jí ⊗
山の高いさま [~~可危] 累卵の危きにある

【级(級)】 jí
名 ① 等級, レベル [我们的工资是一个~的] 私たちの給料は同じ等級だ [初~] 初級 [科~] 課長クラス ② 学年 (→[年 nián~]) [同~不同班] 同学年だがクラスは違う [留~] 留年する — 量 階段の段数, 等級・段階などを数える [走上十三~台阶] 13段の階段をのぼる [多~火箭] 多段式ロケット
⊗ 階段 [石~] 石段

*【级别】 jíbié 名 等級の区分, 職務上

の等級 [工资～] 給与の等級
【级任】jírèn [名]《旧》クラス担任（現在は'班主任'という）
【级数】jíshù [名]〖数〗級数 [等差～] 算術級数 [等比～] 幾何級数

【极（極）】jí [副] 極めて，この上なく ♦'～了'の形で補語ともなる〖～快〗極めて速い〖～有成效〗とても効き目がある〖好～了〗非常に良い
[⊗]①極(きょく)，頂点 [北～] 北極 [阴～] 陰極 ②極める，極まる
【极地】jídì [名]〖地〗極地
【极点】jídiǎn [名] 極度，限界〖感动到了～〗この上なく感動した
【极度】jídù [名]〔多く定語として〕極度，最高度〖～的困乏〗極度の困窮 — [副] この上なく，極度に〖～疲劳〗疲れ果てる
*【极端】jíduān [名] 極端〖走到另一个～〗もう一方の極端に走る — [形] 極端な，この上ない〖～的个人主义〗極端な個人主義〖～腐败〗腐りきる
【极光】jíguāng [名] オーロラ，極光
【极乐世界】jílè shìjiè [名] 極楽 [同][西天]
【极力】jílì [副] 極力，できる限り〖～避免发生事故〗事故防止に全力を尽くす
【极目】jímù [副] 目の届く限り，見渡す限り〖～远望〗はるかかなたまで見渡す
**【极其】jíqí [副]〔2音節語を修飾して〕極めて，この上なく [同][极为]
【极圈】jíquān [名] 極圏 [北～] 北極圏 [南～] 南極圏
*【极限】jíxiàn [名]①極限，限界〖达到～〗限界に達する ②〖数〗極限
【极刑】jíxíng [名] 極刑，死刑〖处以～〗極刑に処する

【笈】jí [⊗] 本を入れて背負う箱 [负～从师] 異郷へ遊学する

【吉】jí [⊗]①めでたい，幸いな（[反]'凶'）[凶多～少] まず望みはない，嫌な結果となりそうだ ②（J-）姓
【吉卜赛人】Jíbǔsàirén [名] ジプシー（'茨冈人'ともいう）
【吉利】jílì [形] めでたい，験(げん)のよい
【吉普】jípǔchē [名]〔辆〕ジープ [同][吉普车]
【吉期】jíqī [名] 吉日，結婚の日
【吉人自有天相】jírén zì yǒu tiānxiàng《俗》善人には天の助けがある，正直の頭(こうべ)に神宿る [同][吉人天相]
【吉他】jítā [名] ギター（[同][六弦琴]）〖弹～〗ギターをひく
*【吉祥】jíxiáng [形] めでたい，縁起(えんぎ)のよい [～话] 縁起のよい言葉 [～物] マスコット
【吉凶】jíxiōng [名] 吉凶，運のよし悪し [～未卜] 吉と出るか凶と出るか
【吉兆】jízhào [名] 吉兆(きっちょう)，めでたい前ぶれ [同][吉征] [反][凶兆]

【佶】jí [⊗] 健やかな，丈夫な
【佶屈聱牙（诘屈聱牙）】jíqū áoyá《成》（文章が）ごつごつして読みづらい，舌をかみそうな書き方の

【姞】jí [⊗] 姓

【即】jí [⊗]①すなわち…である，…にほかならない〖李世民～(是) 唐太宗〗李世民が唐の太宗である ②ただちに，すぐに〖两天～可见效〗2日もすれば効き目が現われる ③たとえ…であろうとも ④近づく，触れる [不～不离] つかず離れず ⑤地位につく，役割を引き受ける [～位] 即位する
*【即便】jíbiàn [接] たとえ…であろうとも，仮に…でも（[同][即使]）〖～如此〗たとえそのようであっても…
*【即将】jíjiāng [副]《書》ほどなく，すぐにも
【即景】jíjǐng [動]《書》眼前の光景に即して詩や文を書き，あるいは絵を描く [～诗] 同前の詩
【即刻】jíkè [副] ただちに，すぐさま〖～开始〗ただちに始める
【即令】jílìng [接]《書》たとえ…であろうとも，仮に…でも [同][即便]
【即日】jírì [名]①即日，その日のうち〖自～起生效〗即日発効する ②近日中
【即时】jíshí [副] ただちに，即刻 [同][立即]
**【即使】jíshǐ [接]〔通常後に'也''都'が呼応して〕たとえ…であろうとも，仮に…でも（[同][就是][即便]）〖～下雨，我们也去〗雨が降っても出かけます
【即席】jíxí《書》[動] 席につく，着座する [同][入席] — [副] その場で，即席で〖～讲话〗即席でスピーチをする
【即兴】jíxìng [動] 興に乗る〖～表演〗即興で演じる [～曲] 即興曲

【亟】jí [⊗] 緊急に，さし迫って，心底から〖～待解决〗早急に解決を要する
⇨qì

【急】jí [動]①焦る，逸(はや)る〖别～〗落ち着けよ〖～着要见〗しきりに会いたがる ②焦らせる，気をもませる〖他真～死人〗まったく気をもませるやつだ — [形]①せっかちな，怒りっぽい〖脾气很～〗性格がせっかちだ ②速く激しい，せわしない〖水流很～〗水の流れが急だ ③緊急の，切迫した [～事] 急用

J

⊗① 緊急事態, 急を要する事柄〖救~〗急場を救う ②人の難儀を急いで助ける〖~人之难〗災難に見舞われた人々を緊急援助する

【急赤白脸】jí chì bái liǎn《成》(~的)青筋を立てる

【急促】jícù 形 ①慌ただしい, せきたてるような〖~的敲门声〗慌ただしく戸をたたく音 ②時間が迫っている

【急电】jídiàn 名 至急電報〖发~〗同前を打つ

【急风暴雨】jífēng bàoyǔ《成》ふき荒れる風雨, 激しい革命運動などを形容する〖经历~的考验〗嵐のごとき試練を経る

【急公好义】jí gōng hào yì《成》公益を増進し, 積極的に人びとを援助する〖见利忘义〗

*【急功近利】jí gōng jìn lì《成》すぐにも功や利を得ようと焦る

【急进】jíjìn 形 急進的な(⊗〖稳健〗)〖~派〗急進派

【急救】jíjiù 動 緊急治療する〖须要~〗緊急治療が必要だ〖~站〗救急センター

【急救包】jíjiùbāo 名 救急袋

【急就章】jíjiùzhāng 名〖篇〗やっつけ仕事, にわかに間に合わせ(の作品) ♦本来は漢代の書名で, 漢代に編まれた初等教科書. '急就篇'ともいう

*【急剧】jíjù 形〖多く状語として〗急速な, 急激な〖~恶化〗急速に悪化する

【急流】jíliú 名〖股·条〗急流

【急流勇退】jí liú yǒng tuì《成》①最も華やかな時に引退する ②複雑な争い事から身を引く

*【急忙】jímáng 形 慌ただしい, 大急ぎの〖~吃饭〗あたふたと飯をかっこむ

【急迫】jípò 形 切迫した, 急を要する ⊗〖紧迫〗

【急起直追】jí qǐ zhí zhuī《成》素早く行動を起こして先進的レベルに追いつくこと

*【急切】jíqiè 形 ①切迫した, のどから手が出るほどの(⊗〖迫切〗)〖~的目光〗すがるようなまなざし ②慌ただしい, 急場の ⊗〖仓促〗

【急速】jísù 形 急速な, ハイスピードの

【急弯】jíwān 名 ①(道路の)急カーブ, 突然の曲がり角〖前有~〗前方に急カーブあり ②(飛行機や船などの)急ターン, 突然の方向変換〖拐个~〗急ターンする

【急务】jíwù 名 急務〖当前(的)~〗当面の急務

【急先锋】jíxiānfēng 名 急先鋒(となる人)〖运动的~〗運動の推進者

【急性】jíxìng 名 (~儿)せっかち, 短気者 働〖~子〗― 形〖定語として〗急性の(⊗〖慢性〗)〖~病〗急性の病気

【急性子】jíxìngzi 名 形 せっかち(な), 短気(な) ⊗〖慢性子〗

【急需】jíxū 動 緊急に必要とする〖~住院治疗〗緊急の入院治療が必要だ〖应~〗緊急の需要を満たす

【急于】jíyú 動〖後に動詞を伴って〗…しようとして焦る, 急いで…しようとする

*【急于求成】jíyú qiú chéng《成》成果を出そうと焦る

【急躁】jízào 形 ①せっかちで怒りっぽい ②性急な, 逸りたつ

【急诊】jízhěn 名 急診〖看~〗急診にかかる ― 動 急診にかかる

【急症】jízhèng 名 急病 ⊗〖急病〗

【急中生智】jí zhōng shēng zhì《成》急場によい手を思いつく, とっさの場面で知恵が湧く

【急骤】jízhòu 形 速い, せわしげな〖~的脚步声〗せわしげな足音

【急转直下】jí zhuǎn zhí xià《成》急転直下

【疾】jí ⊗①病気〖积劳成~〗無理がたたって病に倒れる〖眼~〗眼病 ②苦しむ, 痛む〖~首蹙 cù 额〗心を痛め眉をしかめる ③憎む, 怨む〖~恶如仇〗 ④速い, 激しい〖~驰而过〗風のごとく過ぎ去る

*【疾病】jíbìng 名 病気〖防治~〗病気を予防し, 治療する

【疾恶如仇】jí è rú chóu《成》仇敵のごとくに悪を憎む, 正義の一念に燃える

【疾风】jífēng 名 激しい風, 強風

【疾风劲草】jí fēng jìng cǎo《成》〈強風が吹きあれるとき, はじめて強い草がわかる〉苦境におかれてはじめて人の真価があらわれる

【疾苦】jíkǔ 名 生活上の困難, 苦労

【疾言厉色】jí yán lì sè《成》荒々しい言葉と厳しい表情, 怒りの形相をいう

【蒺】jí ⊗以下を見よ

【蒺藜(蒺蔾)】jíli 名〖植〗ハマビシ〖~丝〗有刺鉄線

【嫉】jí ⊗①妬たむ, 羨ましやむ ②憎む, 忌み嫌う

*【嫉妒】jídù 動 妬む, やきもちを焼く(⊗〖妒忌〗〖忌妒〗)〖~他的成功〗彼の成功を妬む

【嫉恨】jíhèn 動 妬んで憎む

【瘠】jí ⊗①身体がひよわな, やせこけた ②地味がやせた

【瘠薄】jíbó 形 地味がやせた, 養分のない ⊗〖肥沃〗

【瘠田】jítián 名 やせた田畑

【鹡(鶺)】 jí ⊗以下を見よ
【鹡鸰】jílíng 图〔只〕セキレイ

【棘】 jí ⊗①サネブトナツメ⑩[酸枣] ②針のようなとげ[荆～]いばら
【棘刺】jícì 图針のようなとげ
【棘手】jíshǒu 厖手のやける,一筋縄ではゆかない⑩[辣手]

【集】 jí 图市 ♦農村地域で定期的に開かれる市場〖到～上去卖〗市へ行く — 圖書物やテレビドラマなどを幾つかに分けた一部,段落〖分为上下两～〗上下2集に分ける ⊗①集める,集まる〖收～〗収集する ②著作や作品を集めて本にしたもの,アンソロジー〖诗～〗詩集 ③(J-)姓
【集成电路】jíchéng diànlù 图【電】集積回路, IC
【集大成】jí dàchéng 動集大成する〖集文人画之大成〗文人画を集大成する〖～者〗集大成者
*【集合】jíhé 图【数】集合 — 動集まる,集める〖～队伍〗隊列を集合させる〖～!〗集合!
【集会】jíhuì 動集会を開く,会合する〖人们纷纷～〗人々があちこちで集会を開く — 图集会〖举行～〗集会を催す
【集结】jíjié 動(軍隊などの集団について)集結する,集合する〖～兵力〗兵力を集結する
【集锦】jíjǐn 图絵画や詩文の精粋を集めた書物,傑作集 ♦一般に本の表題に使う
【集聚】jíjù 動集まる,集める〖～钱财〗金銭財物を集める
【集刊】jíkān 图学術機関や団体が出す逐次刊行物または論文集
【集权】jíquán 图中央集権
【集市】jíshì 图〈農村地域の〉定期市
【集思广益】jí sī guǎng yì 〈成〉〈衆人の英知を集めてより大きな成果を得る〉三人寄れば文殊の知恵
*【集体】jítǐ 图集団,団体(⑩[个人][个体])〖～经济〗集団経済
【集体所有制】jítǐ suǒyǒuzhì 图集団所有制 ⑩[个体所有制][全民所有制]
*【集团】jítuán 图集団〖统治～〗支配集団〖贸易～〗貿易グループ
【集训】jíxùn 動集団訓練をする,合宿練習する〖把他们～一下〗彼らを集めて訓練しよう
【集腋成裘】jí yè chéng qiú 〈成〉〈キツネの脇の下の皮を何枚も集めると一枚の着物が作れる〉塵も積もれば山となる
【集邮】jí yóu 動切手を収集する

[～家]切手マニア [～簿]切手アルバム
【集约】jíyuē 厖【農】集約的な(⑩[粗放])〖～农业〗集約農業
【集镇】jízhèn 图町
*【集中】jízhōng 動集める,まとめる〖～力量〗力を結集する — 厖集中した〖这一带书店非常～〗この辺は書店が集中している
【集中营】jízhōngyíng 图〔座〕(政治犯などの)収容所〖被关在～〗同前に入れられる
【集装箱】jízhuāngxiāng 图コンテナー(⑩〈方〉[货柜])〖～运输〗コンテナー輸送
【集资】jízī 動〈多く状語的に〉資金を集める〖～创办一座工厂〗資金を集めて工場を始めた
【集子】jízi 图〔本·套〕文集,詩集など

【楫】 jí ⊗ 櫂, オール [舟～]〈書〉船

【辑(輯)】 jí 量 集〜 ♦書籍や資料などを区分した際の各部分〖第一～〗第一集 ⊗ 編集する,資料を収集する〖编～〗編集する
【辑录】jílù 動(集めて)書物にまとめる,(資料などを)収録する

【蕺】 jí ⊗ [～菜]ドクダミ

【藉】 jí ⊗① (J-) 姓 ②→[狼láng～] ⇨ jiè(借)

【籍】 jí ⊗①書籍, 本 [书～]同前 ②戸籍, 原籍, 学籍など [党～]党籍 ③(J-)姓
*【籍贯】jíguàn 图本籍地, 父祖の地

【几(幾)】 jǐ 代 疑問の代詞で, ほぼ1桁ほどと予想される数を尋ねる. '亿, 万, 千, 百, 十'などの前や'十'のあとにも使う.(⑩[多少])〖来了～年了？〗こちらに来て何年になりますか〖有～百个？〗何百個ありますか — 1桁の不定数を示す〖～个人〗数人〖十～个人〗10数人
⇨ jī

【几何】jǐhé 图幾何学〖～学〗幾何学〖～级数〗幾何級数 — 代〈書〉〈数量を尋ねて〉いくら, いかほど⑩[多少]
【几儿】jǐr 代〈口〉日付け, 日取りを尋ねる, いつ, 何日〖今儿是～？〗今日は何日か
【几时】jǐshí 代いつ(⑩〈口〉[什么时候])〖你～走？〗いつお立ちですか
【几十年如一日】jǐ shí nián rú yí rì 〈成〉〈数十年一日のごとし〉倦まずたゆまず, 一つの仕事に長年励み続ける

【虮】(蟣) jǐ ⊗ [~子 zi] シラミの卵

【己】 jǐ ⊗ ①十干の6番目，つちのと ②自分，おのれ [~见]自分の意見 [~任]自らの務め

【纪】(紀) jǐ ⊗ 姓 ♦ Jì と発音することも多い ⇨ jì

【济】(濟) jǐ ⊗ むかしの川の名 [~水]済水 ♦現在の黄河の下流が'~水'の名の川すじ [~南]済南(山東省の省都) ⇨ jì

【济济】jǐjǐ 〖書〗おおぜいいる，人がいっぱいの〖人才~〗多士済済

【挤】(擠) jǐ 〖形〗①(人や物が)ひしめきあった，混んでいる [~得要死]混んで身動きがとれない ②(事柄が)'~'に集中した — 〖動〗①ひしめきあう，混みあう ②(混んだ中に)押しのけて入る，割り込む〖人太多，~不进去〗人が多くて入り込めない ③絞り出す [~牛奶]牛乳をしぼる ④(絞るように)ひねり出す〖~出一点儿钱〗お金を無理にひねり出す

【挤鼻子弄眼睛】jǐ bízi nòng yǎnjing (俗)(鼻にしわをよせ目をぱちぱちさせる>)ふざけた顔をし，不まじめな態度を取る

【挤兑】jǐduì 〖動〗(預金者が)取り付け騒ぎを起こす

【挤对】jǐduì 〖動〗(方)①無理に言うことを聞かせる ②いじめる，締め出す

【挤压】jǐyā 〖動〗(外側から)圧力を加える [~心脏]心臓マッサージをする

【挤牙膏】jǐ yágāo 〖動〗(チューブ歯みがきを絞り出す>)追及されてぼつりぽつり語る

【挤眼】jǐˇyǎn 〖動〗(~儿)目くばせする

【给】(給) jǐ ⊗ ①供給する，提供する [自~自足]自給自足 [~水]給水する ②満ちたりた，豊かな ⇨ gěi

【给养】jǐyǎng 〖名〗軍隊における糧秣 ^{りょうまつ} など

*【给予】(给与) jǐyǔ 〖動〗〖書〗与える ♦直後の客語は多く動詞〖~我们很大的支持〗私たちに力強い支援を与えてくれる

【脊】 jǐ(旧読 jí) ⊗ ①背骨，脊柱 ^{せきちゅう} [~椎]脊椎 ^{せきつい} ②脊柱状に盛り上がっている部分 [山~]尾根 [屋~]棟 ^{むね}

【脊背】jǐbèi 〖名〗背中 ^{せなか}

【脊梁】jǐliang (旧読 jíliang) 〖方〗背中

【脊梁骨】jǐlianggǔ (旧読 jíliang-gǔ) 〖方〗背骨，脊柱

【脊髓】jǐsuǐ 〖名〗脊髄 ^{せきずい} [~灰质炎]小儿麻痺 [~炎]脊髄炎

【脊柱】jǐzhù 〖名〗背骨，脊柱

【掎】 jǐ ⊗ ①引く，引きとめる ②支える

【戟】 jǐ ⊗ 古代の武器(矛に似たもの)

【计】(計) jì 〖動〗①(介詞'按''以'と呼応して)計算する，数える〖以每人五元出すものとして計算すると…②…の数や内容がある〖参観者~十万人次〗参観者数は延べ10万を数えた ③〖多く否定形で〗こだわる〖不~个人得失〗個人の得失を気にかけない ④〖'为…~'の形で〗…のためを考える ⊗①計略，方策 [脱身之~]脱け出す方策 [三十六~走为上~]三十六計逃げるにしかず ②計器，メーター類 [雨量~]雨量計 ③(J-)姓

【计步器】jìbùqì 〖名〗万歩計

【计策】jìcè 〖名〗策略，計画

*【计划】jìhuà 〖名〗計画，プロジェクト [~生育]育児制限 [五年~]五か年計画 — 〖動〗(…することを)計画する〖~盖一栋七层楼房〗7階建ビルの建設を計画する

【计划经济】jìhuà jīngjì 〖名〗計画経済

【计件工资】jìjiàn gōngzī 〖名〗出来高払い，能率給

*【计较】jìjiào 〖動〗①計算高くする，損得にこだわる〖不~利害〗利害にとらわれない ②言い争う，論争する な[争论] [~跟他~]彼と言い争う — 〖名〗(方)考え，計画〖作~〗思いめぐらす

【计量】jìliàng 〖動〗①計測する，計る ②算定する，見積る

【计谋】jìmóu 〖名〗策略，術策

【计时工资】jìshí gōngzī 〖名〗時間給

*【计算】jìsuàn 〖動〗①計算する，算出する〖~面积〗面積を計算する [~中心]電算センター ②人をはめる，陰謀で陥れる〖~别人〗他人を陥れる — 〖名〗もくろみ，計画〖做事不能没个~〗プランもなしに始めてはいけない

【计算尺】jìsuànchǐ 〖名〗[把]計算尺

【计算机】jìsuànjī 〖名〗計算機 [电子~]コンピュータ('电脑'とも) [微型~]マイコン

【计议】jìyì 〖動〗協議する，相談する [~下周的工作]次週の仕事について協議する

【记】(記) jì 〖動〗①記憶する，覚える〖~公式〗公式を覚える〖~起来〗想い出す

②書き記す，書き入れる〖～日记〗日記を付ける ━ [名] ①あざ〖脸上有一块～〗顔にあざがある ②(～儿) 目じるし，記号 ━ [量]《方》人をぶつ回数を数える〖打一～耳光〗びんたを一つ食らわす
⊗書物や文章(題名に使う)
【记吃不记打】jì chī bú jì dǎ《俗》(食うことだけを覚えていて，殴られたことを覚えていない＞) 利益を追うことだけを考えて，痛い教訓を忘れている
【记仇】jì▾chóu [動] 根にもつ
★★【记得】jìde [動] 覚えている，記憶している〖～很清楚〗はっきり覚えている
【记分】jì▾fēn [動] (～儿) スコアをつける，点数を記入する
【记功】jì▾gōng [動] (褒賞の一形式として) 功績を(人事)記録に残す
【记过】jì▾guò [動] (処分の一形式として) 過失を(人事)記録に残す
【记号】jìhao [名] マーク，印〖做～〗印をつける
【记恨】jìhen/jìhèn [動] 根にもつ〖谁也不～谁〗誰もお互いに根にもたない
★★【记录(纪录)】jìlù [名] ①記録［会议～］議事録 ②記録係 ③〔项〕最高の成績，記録〖打破世界～〗世界記録を破る ━ [動] 記録する，記録に残す〖～了代表们的发言〗代表たちの発言を記録した
【记录片(纪录片)】jìlùpiàn [名]〔部〕記録映画，ドキュメンタリー
【记取】jìqǔ [動] (教訓などを) しっかり記録する，肝に銘ずる〖～嘱咐〗言い付けを肝に銘ずる
【记事儿】jìshìr [動] 物心がつく
★【记性】jìxing [名] 記憶力，物覚え〖～好〗物覚えがよい
【记叙】jìxù [動] 記述する，(文字で) 述べる [同][记述]
★★【记忆】jìyì [名][動] 記憶(する)［～犹新］記憶になお新しい［～力］記憶力
★【记载】jìzǎi [動] (文章の形で) 記録する ━ [名] 記載，記録文
★★【记者】jìzhě [名] 記者［随军～］従軍記者［～招待会］記者会見

【纪(紀)】jì ⊗①規律［风～］風紀 ②年代［世～］世紀 ♦昔は12年を'一～'といった ③記す［～元］紀元
⇨jǐ
★★【纪录】jìlù [名][動] [同][记录]
★★【纪律】jìlǜ [名] 規律，風紀〖遵守～〗規律を守る
★★【纪念(记念)】jìniàn [名] 記念の品，記念の日〖做个友谊的～〗友情の記念とする〖三十周年～〗30周年記念 ━ [動] 記念する〖～创刊二十周年〗創刊20周年を記念する［～册］記念アルバム
【纪念碑】jìniànbēi [名]〔座〕記念碑〖建立～〗同前を立てる
【纪念日】jìniànrì [名] 記念日
【纪实】jìshí [名] 事実そのままを記した文章［～小说］ノンフィクション小説
【纪行】jìxíng [名] 紀行文，旅行記
★【纪要(记要)】jìyào [名] 要約，要旨［会谈～］会談要録
【纪传体】jìzhuàntǐ [名] 紀伝体 ♦歴史記述の伝統的な形態の一

【忌】jì [動] ①(悪習などを) 絶つ，やめる([同][戒])〖～烟〗禁煙する ②忌む，避ける〖这种病～辛辣〗この病気は辛いものを避ける［～嘴］［～口］食べ合わせを避ける
⊗①妬む，憎む［猜～］邪推する ②恐れる，おびえる［顾～］はばかる［肆无～惮］少しもはばかるところがない
【忌妒】jìdu [動] 妬む，嫉む〖非常～他〗とても彼を妬む
★【忌讳】jìhui/jìhuì [名] (社会的および私的な) タブー，禁忌〖犯～〗タブーを破る ━ [動] ①タブーとする，忌み避ける〖最～这件事〗この事が一番のタブーだ ②(ためにならない事であるから) 避ける
【忌刻(忌克)】jìkè [形]《書》嫉妬深い，意地が悪い
【忌食】jìshí [動] ①(宗教上の理由で) 食べない，(特定の食品を) タブーとする ②(健康上の理由で) 食べない，(特定の食品を) 避ける〖明天开刀，今天要～一天〗あしたは手術なので今日は絶食だ

【伎】jì ⊗①技能，わざ [同]'技' ②むかしの歌姫，舞姫
【伎俩】jìliǎng [名] インチキ，騙しの手〖惯用的～〗いつもの手口

【技】jì ⊗技能，腕前［绝～］比類ない技
【技法】jìfǎ [名] (絵画彫刻などの) 技法
【技工】jìgōng [名] 技術工，熟練労働者
★【技能】jìnéng [名] 技能，腕前
★【技巧】jìqiǎo [名] 技巧，テクニック〖掌握～〗技巧を身に付ける
【技师】jìshī [名] 技師 ♦技術系の職称の一つで，'初级工程师'や'高级技术员'に相当する
【技士】jìshì [名] 技師補 ♦技術系の職称の一つで，'工程师'の下位
★★【技术】jìshù [名] ①技術［科学～］科学技術［～水平］技術水準 ②機器設備
【技术革新】jìshù géxīn [名] 技術革新 [同][技术改革]

【技术员】jìshùyuán 图技術員 ◆技術系の職務の一,'工程师'の下で技術的な仕事をする
【技痒】jìyǎng 动腕が鳴る,技をふるいたくてむずむずする
【技艺】jìyì 图すぐれた芸,たくみな技

【妓】jì ⊗娼妓,遊女 [娼～] [～女]同前 [～院]妓楼

【芰】jì ⊗菱

【际(際)】jì ⊗①'之'のあとで…の時,…の頃 [临别之～]別れの時 [秋冬之～]秋から冬に移る頃 ②…に際して,…の時に当たって [～此典礼…]この式典に際し…
⊗①端,際 [一望无～]一望限てなし ②中,内がわ [脑～]頭の中 ③間 [国～]国際 ④めぐり合わせ,運 [一遇]⑤同前
【际会】jìhuì 图 遭遇,めぐり会い [风云～]動乱の最中でのめぐり会い

【系(繫)】jì 动繋ぐ,結ぶ [～鞋带]靴の紐を結ぶ [*～领带]ネクタイを締める
⇨xì

【剂(劑)】jì 量幾種類かの薬を調合した薬の量に使う(多[服]) [一～药]1回分の煎じ薬
⊗①薬剤,薬 [麻醉～]麻酔薬 ②化学的ないし物理的変化を起こす物質 [杀虫～]殺虫剤
【剂量】jìliàng 图①薬名の使用量 ②医療用放射線の使用量
【剂子】jìzi 图マントウやギョウザを作る際,こねて棒状にのばした粉から1個分ずつちぎったもの

【济(濟)】jì ⊗①川や海を渡る [同舟共～]運命を共にする ②救う,援助する [行医～世]医業を通じて世人を救う ③役に立つ,成就する [无～于事]何らの役に立たない
⇨jǐ
【济贫】jìpín 动貧窮者を救済する [劫富～]金持ちから財物を奪い貧者を救う
【济事】jìshì 动(多く否定形で)役に立つ,事を成しうる [不～]役に立たない

【荠(薺)】jì ⊗《植》ナズナ [～菜]同前
⇨qí

【霁(霽)】jì ⊗①雨や雪がやんで空が晴れる [雪～]⑤雪がやんで青空になる ②怒りが消える [～颜]⑥怒りの去った穏やかな顔

【霁色】jìsè 图⑤雨上がりの空のような青色

【季】jì 图[量詞的に]①季節 [一年有四～]1年には季節が4つある [春夏两～]春夏の2季 [春～]春季 ②作物の収穫の時節 [种两～]二期作をする ③(～儿)時期 [这一～儿很忙]この時期は忙しい
⊗①末,最後 [清～]清朝末期 [～秋]陰暦九月 ②兄弟の順で末の [～弟]末弟 ⑥'伯''孟' ③(J-)姓
*【季度】jìdù 图四半期 ◆3か月を単位とする区切り [(第)二～]第二四半期
【季风】jìfēng 图季節風,モンスーン ⑥[季候风]
*【季节】jìjié 图季節 [农忙～]農繁期 [～工]季節労働者
【季军】jìjūn 图順位戦の第3位 ⑥[冠guàn军][亚军]
【季刊】jìkān 图季刊誌

【悸】jì ⊗心臓がドキドキする,動悸がする [～动]心臓がどきどきしてドキドキする [心有余～](恐怖が去っても)まだ胸の動悸がおさまらない

【既】jì 圖後に'又''也'などが呼応して,二つの状況が同時に存在することを示す [～聪明又漂亮]頭がよくて(そのうえ)きれいだ [～馋且懒]食いしん坊でなまけ者だ
一圈…である以上,…であるからには [～要成功,就要学习]成功を望むなら勉強しなくてはいけない
⊗すでに,もはや [～得权利]既得権 [～定方针]既定方針
*【既然】jìrán 圈 [後に'就'や'还'などの副詞が呼応して]…であるからには,…である以上 [你～不愿意,我也不勉强你]君が嫌いだという以上,私も無理強いはしない
【既是】jìshì 圈⇨[既然]
【既往】jìwǎng 图⑤①過去,従来 ②過ぎたこと,過去のあやまちなど [～不咎]過ぎたことは咎めない

【暨】jì ⊗①…と,および ②到る,及ぶ [～今]⑤今日まで ③(J-)姓

【迹(跡*蹟)】jì (旧読 jī) ⊗①あと [血～]血痕 ②遺跡,遺物 [古～]旧跡 ③形跡,徴候
*【迹象】jìxiàng 图徴候,示唆するものや事柄 [有～表明…]…と思われるふしがある

【洎】jì ⊗至る

【继(繼)】jì ⊗①['～…之后'の形で]…に引き続き ②引きつぐ,受けつぐ [～子]養子

- **继承** jìchéng 動 ①（遺産を）相続する 〚～遺産〛遺産を相続する〚～権〛相続権 ②（事業を）引きつぐ，受けつぐ
- **继承人** jìchéngrén 名 ① 相続人 ② 王位(皇位)継承者
- **继而** jì'ér 副 すぐ続いて，つぎに
- **继父** jìfù 名 継父，まま父
- **继母** jìmǔ 名 継母，まま母
- **继配** jìpèi 名 後添い，後妻
- **继往开来** jì wǎng kāi lái〈成〉先人の事業を受けつぎ，さらに前途を開拓する
- **继续** jìxù 動 継続する，休まず続ける〚～试验〛実験を続ける〚～提高质量〛質を高め続ける — 名 継続事業，引きつぐ事柄

【**勣**(勣)】jì ⊗ 功績

【**绩**(績)】jì（旧読 jī）⊗ ① 功績，業績〚成～〛成果 ②（麻糸を）紡ぐ〚纺～〛紡績

【**觊**(覬)】jì ⊗（ほしいと）望む〚～觎 yú〛〈書〉ほしがる

【**寂**】jì ⊗ ① 静かな，ひっそりとした〚～无一人〛人っ子一人いない ② 寂しい，わびしい
- **寂静** jìjìng 形 静まりかえった，物音一つない〚～无声〛同前
- **寂寞** jìmò 形 ① 寂しい，孤独な ② 静まりかえった，ひっそりとした
- **寂然** jìrán 形〈書〉〘多く状語として〙静まりかえった，音の途絶えた

【**寄**】jì 動 ① 郵送する，託送する〚～他一个包裹〛彼に小包を送る ② 託する，預ける〚～希望于下一代〛次の世代に希望を託す
⊗ ① 依存する，くっつく〚～食〛寄食する〚～人篱下〛(自立できずに)人の世話になる ② 義理の(親族) ◆ 杯を交わすなどして結んだ擬似親族関係をいう〚～父〛誓いをたてて親子関係を結んだ父
- **寄存** jìcún 動 預ける(⇔[寄放])〚行李～处〛手荷物預り所
- **寄放** jìfàng 動 一時的に預ける〚把行李～在他家里〛荷物を彼の家に預ける
- **寄居** jìjū 動(⇔[寄住])① 寄留する，身を寄せる〚～蟹〛ヤドカリ ② 異郷に暮らす〚～广州〛広州に寄寓する
- **寄卖** jìmài 動 委託販売する ◆これを行う店は"信托商店"・"～商店"(⇔[寄信][寄信])
- **寄生** jìshēng 動 ①（動物が）寄生する ②〘多く定語として〙（人間が）寄生する，他人を絞りとって生きる〚～生活〛寄生生活
- **寄生虫** jìshēngchóng 名 ① 寄生虫 ② 社会の寄生虫，世間のダニ
- **寄宿** jìsù 動 ① 宿を借りる，滞在する ②（学生が）学校の寮に居住する(⇔[走读])〚～生〛寄宿生
- **寄托** jìtuō 動 ① 預ける，委託する ②（思いを）託する〚希望～在你们身上〛希望は君たちに託されている
- **寄养** jìyǎng 動 他人に預けて育ててもらう，里子に出す〚把女儿～在朋友家〛娘を友人の家で預かってもらう
- **寄予**(寄与) jìyǔ 動 ①（思いを）託する(⇔[寄托])〚～希望〛希望を託す ② 寄せる，与える〚～同情〛共感を寄せる
- **寄主** jìzhǔ 名（寄生物の）宿主(⇔[宿主])

【**祭**】jì 動 天や神などを祭る ◆供物を捧げて祈る〚～祖宗〛祖先を祭る〚～器〛祭器
⊗ 死者への追悼の儀式〚公～〛公けの機関が主催する追悼式 ◆姓はZhàiと発音
- **祭奠** jìdiàn 動 死者を祭る
- **祭礼** jìlǐ 名 ① 祭りの儀式，追悼の儀式 ② 供物
- **祭祀** jìsì 動 天，神，祖先などを祭る，祭祀ⁿを行う〚～祖先〛先祖を祭る
- **祭坛** jìtán 名 祭壇，供物壇
- **祭灶** jìzào 動（旧習）かまどの神を祭る ◆陰暦12月23日の祭りで，この日，かまどの神が天に昇って一家の状況を天帝に報告するという

【**穄**】jì ⊗〚～子〛ウルチ黍ᵇ

【**偈**】jì ⊗（仏教の）偈ᵍ

【**蓟**(薊)】jì ⊗〚植〛アザミ〚大～〛同前

【**稷**】jì ⊗ ① キビあるいはアワの古名 ② 五穀の神〚社～〛国家

【**鲫**(鯽)】jì ⊗ フナ〚～鱼〛同前

【**髻**】jì ⊗ まげ〚发 fā～〛まげ〚绾 wǎn ～〛まげを結う

【**冀**】jì ⊗ ① 願う〚～望〛〈書〉希望する ②（J-）河北省の別称 ③（J-）姓

【**骥**(驥)】jì ⊗ ① 良馬，千里の馬 ② 賢能，優秀な人材〚附～〛驥尾ᵇに付す

【**罽**】jì ⊗ 毛織の絨毯

【**加**】jiā 動 ① 加える，足す〚三一四等于七〛3足す4は7だ ② 増やす，程度を強める〚～工资〛給与を上げる〚～快速度〛スピードアップする ③（何もない所に）つけ加える，入れる〚～上果

名〗罪名をかぶせる ④動作を加える〖不～考虑〗考慮しない
⊗(J-)姓

★【加班】jiā▾bān [動] 超過勤務する［～费］超勤手当

【加倍】jiā▾bèi [動] 倍増する，2倍にする
—— jiābèi [副] 旧に倍して〖～努力〗旧に倍して頑張る

【加点】jiā▾diǎn [動] 残業する

【加法】jiāfǎ [名] 足し算，加法 [反]［减法］

★【加工】jiā▾gōng [動] 加工する，手を加える

【加号】jiāhào [名] プラス記号《＋》 [反]［减号］

【加紧】jiājǐn [動] 加速する，強化する〖～复习功课〗復習に力を入れる

【加劲】jiā▾jìn [動] 頑張る，いっそう努力する〖加把劲儿！〗がんばれ！

★【加剧】jiājù [動] 悪化する(させる)，深刻化する(させる)

【加快】jiākuài [動] 促進する，加速する〖～脚步〗足を速める［～轴］(自転車の)変速ギア

【加仑】jiālún [量] ガロン

【加强】jiāqiáng [動] 強める，効果を高める〖～教育〗教育を強化する

【加热】jiā▾rè [動] 加熱する［～器］ヒーター

【加入】jiārù [動] ①加える，繰り入れる〖～蜂蜜〗蜂蜜を入れる ②加入する〖～工会〗組合に加入する

【加塞儿】jiā▾sāir [動]《口》行列に割り込む

【加上】jiāshàng [接]〔前の文を受けて〕そのうえ，加えて

【加深】jiāshēn [動] 深める(深まる)〖～矛盾〗矛盾を深める

【加速】jiāsù [動] 加速する，促進する〖～能源的开发和利用〗エネルギー源の開発と利用を促進する［回旋～器］サイクロトロン

【加压釜】jiāyāfǔ [名]〖工〗圧力釜，加圧釜 [同]［热压釜］［高压釜］

【加以】jiāyǐ [動] 動作を加える ♦複音節の動詞ないし動詞から転じた名詞を伴う〖～修改〗修正を加える — [接] そのうえ，加えて

【加意】jiāyì [副] よく気をつけて，注意深く

【加油】jiā▾yóu [動] ①給油する，油をさす ②(～儿)頑張る，さらに努力する〖～，～〗がんばれ，がんばれ［～队］応援団

【加油添醋】jiā yóu tiān cù《俗》話に尾ひれをつける [同]［加油加醋］

★【加油站】jiāyóuzhàn [名] ガソリンスタンド

【加之】jiāzhī [接]〔前の文を受けて〕そのうえ，それだけでなく

【加重】jiāzhòng [動] 重くする(なる)，ひどくなる(する)〖～语气〗語気を強める

〖茄〗 jiā ⊗→［雪～xuějiā］
⇨qié

〖迦〗 jiā ⊗音訳用字

〖枷〗 jiā ⊗首かせ［～板］首かせ

【枷锁】jiāsuǒ [名]《転》束縛，抑圧〖摆脱～〗抑圧からのがれる

〖痂〗 jiā [名] かさぶた〖结～〗かさぶたとなる

〖笳〗 jiā ⊗［胡 hú ～］(古代北方民族の)笛の一種

〖袈〗 jiā ⊗以下を見よ

【袈裟】jiāshā [名]〔件〕袈裟(けさ)

〖嘉〗 jiā ⊗①讃える，ほめる ②素晴らしい，すぐれた ③(J-)姓

★【嘉宾(佳宾)】jiābīn [名] ゲスト，貴賓

【嘉奖】jiājiǎng [名] ほうび，褒賞 — [動] ほめ讃える，ほめ励ます

【嘉言懿行】jiā yán yì xíng《成》みんなの手本となるすぐれた言行

【夹(夾)】 jiā [動] ①はさむ〖～在中间〗間にはさむ〖～菜〗料理を箸で取る〖～着尾巴逃走〗しっぽを巻いて逃げる ②脇の下にかかえる ③混じる，混ぜる — [名](～儿)物をはさむ道具，クリップ，フォルダーの類［文件～］フォルダー［发 fà ～］ヘアピン
⇨gā, jiá

【夹板】jiābǎn [名] ①〖医〗〔块〕副木(そえぎ)〖上～〗副木をあてる ②物をはさむ板〖受～气〗板挟みになって苦しむ

【夹壁墙】jiābìqiáng [名] 二重壁(間に物を隠すことができる) [同]［夹壁］［夹墙］

【夹层玻璃】jiācéng bōli [名](破片が飛散しないよう加工した)安全ガラス

【夹带】jiādài [動] ひそかに持ち込む — [名] カンニングペーパー

【夹道】jiādào [名](～儿)壁や塀にはさまれた狭い道 — [動] 道の両側に並ぶ〖～欢迎〗道の両側に並んで迎える

【夹缝】jiāfèng [名](～儿)隙間(すきま)，はざま

【夹攻】jiāgōng [動] 挟み撃ちにする，両面から攻撃する [同]［夹击］

【夹克(茄克)】jiākè [名]〔件〕ジャンパー，ブルゾン

【夹七夹八】jiā qī jiā bā《俗》話の筋が通らない，こんがらがった

【夹生】jiāshēng [形] ①生煮えの［～饭］生煮え飯 ②未熟な，中途半端(はんぱ)な

【夹丝玻璃】jiāsī bōli [名] 網入りガラ

【夹馅】jiāxiàn 形〔定語として〕餡a入りの〔~馒头〕餡入りマントウ

*【夹杂】jiāzá 動 混じる,混ぜる〔心里没有一丝邪念〕少しの邪念も持たない

【夹竹桃】jiāzhútáo 名〔棵〕キョウチクトウ

【夹注】jiāzhù 名 割り注〔~号〕同前用のかっこ（〔 〕〈 〉など）

*【夹子】jiāzi 名 ① クリップ類〔头发~〕ヘアピン〔弹簧~〕クリップ ② 物挟み〔点心~〕菓子挟み ③ 紙挟み,フォルダー,札入れの類〔皮~〕皮の札入れ

【浃(浹)】jiā ⊗（水が）しみ透る→〔汗流~背〕

【佳】jiā ⊗ ① 良好な,素晴らしい〔学业甚~〕学業がとても良好である ② 美しい〔~丽〕美麗な,麗人

【佳话】jiāhuà 名 ① 広く知られた美談 ② 話題をよんだ面白い話

【佳境】jiājìng 名 佳境〔渐入~〕次第に佳境に入る

【佳偶】jiā'ǒu 名〔書〕琴瑟きん相和した夫婦,幸せなカップル

【佳人】jiārén 名〔書〕佳人じん,美しい女性〔才子~〕才子佳人

*【佳肴】jiāyáo 名 素晴らしい料理,ご馳走〔~美酒〕うまい料理とうまい酒

【家】jiā 名 家庭,家（⇔〔房子〕）回 ⇒〔回〕家に帰る 動〔方〕〔多く補語として〕飼いならされた〔养~了〕飼いならした 量 商店・会社などを数える〔一~医院〕一軒の病院 ⊗ ① ある業種に従事する人や家族〔船~〕船乗り ② 専門家〔科学~〕科学者 ③ 学術流派〔儒~〕儒家 ④〔謙〕年長の親族名称につく接頭辞〔~父〕うちの父 ⑤ 飼育された〔~鸭〕アヒル ⑥〔J-〕姓 ── jia 尾〔口〕① その類に属することを示す〔小孩子~〕子供 ② 男の名の後に加えてその妻を表わす〔大珠~〕大珠のかみさん

【家蚕】jiācán 名 カイコ（⇔〔桑蚕〕）

【家产】jiāchǎn 名 一家の財産,家産〔荡尽~〕家産をつぶす

*【家常】jiācháng 名 家庭の日常のこと,ふだんの暮らし〔拉~〕世間話に興じる〔~便饭〕ふだんの家庭の食事

【家丑】jiāchǒu 名 家の恥,家の中のもめごと〔~不可外扬〕内部の紛糾は外部に漏らすな

【家畜】jiāchù 名 家畜

【家底】jiādǐ 名（~儿）（長い間に積上げてきた）財産〔~厚〕財産が多い

【家访】jiāfǎng 動 家庭訪問をする

【家伙(傢伙)】jiāhuo 名〔口〕①〔把〕道具,武器 ②（軽蔑,からかい,親しみなどの感情を含めて）やつ,野郎〔你这个~〕お前ってやつは ③ 家畜

【家计】jiājì 名〔書〕家計

【家家户户】jiājiāhùhù 名 各戸,家ごと〔~都有电视〕どこの家にもテレビがある

【家景】jiājǐng 名 暮らしむき,家の経済状態（⇔〔家境〕）〔~困难〕暮らしが苦しい

【家居】jiājū 動（職につかず）家でぶらぶらする,閑居する ⇔〔闲居〕

*【家具(傢具)】jiājù 名〔件〕家具,家財道具〔置几件~〕幾つか家具を買う

【家眷】jiājuàn 名 ① 妻子,家族 ② 妻

【家懒外头勤】jiā lǎn wàitou qín 〔俗〕家ではぐうたら外では勤勉

【家累】jiālěi 名 家族のための負担,家の中の悩みごと

【家里】jiāli 名 ① 家の中,家庭〔~有客〕家に客が来る〔~事~了liǎo〕内部の問題は内部で処理する ② 女房,家内 ③〔口〕（出張先で言う自分の会社,団体など）うち,わたしの所

【家谱】jiāpǔ 名 系図,系譜

【家禽】jiāqín 名 家禽かん ⇒ 鶏,アヒル,ガチョウなど

【家事】jiāshì 名 ① 家庭内の事柄 ②〔方〕暮らしむき

*【家属】jiāshǔ 名（世帯主以外の）家族〔军人〕軍人の家族

【家私】jiāsī 名〔口〕家産,身代

【家庭】jiātíng 名 家庭,世帯〔成立~〕世帯を構える〔~妇女〕専業主婦〔~作业〕宿題〔~影院〕ホームシアター〔~园艺〕ガーデニング

【家务】jiāwù 名 家事〔做~〕家事をする

*【家乡】jiāxiāng 名 郷里,いなか（⇔〔故乡〕）〔~话〕国言葉

【家小】jiāxiǎo 名〔口〕① 妻子 ② 妻

【家信】jiāxìn 名〔封〕家族からの,および家族への手紙 ⇔〔家书〕

【家燕】jiāyàn 名〔只〕ツバメ（軒下に巣を作る種類）⇔〔燕子〕

【家业】jiāyè 名 家産,身代（⇔〔家产〕）〔家私〕

【家用】jiāyòng 名 一家の生活費,生計費 ─ 形〔定語として〕家庭用の,家で使う

*【家喻户晓】jiā yù hù xiǎo〔成〕世間の誰もが知っている,知らぬ者のない

【家长】jiāzhǎng 图①世帯主, 家長 [～制]家父长制 ②児童生徒の保護者, 父兄 [～会]父兄会
【家族】jiāzú 图一族, 同族
【夹】(袷*夾袷) jiá 图〔定語として〕あわせの [～袄](中国風の)あわせの上着 ⇒gā, jiā
【荚】(莢) jiá 图豆類のさや [豆～]豆のさや
【铗】(鋏) jiá 图①金ばさみ ②剣
【颊】(頰) jiá 图ほお [两～]両のほほ [面～]ほっぺ
【蛱】(蛺) jiá 图[～蝶]アゲハチョウ
【戛】(*憂) jiá 图そっとたたく [～然而止]はたと音が止む [～然长鸣](鳥の)鳴き声が響きわたる
【甲】jiǎ 图(動物の)甲殻 [乌龟的～]カメの甲羅 [龟～]亀甲
图①十干の第一, きのえ ②一位の座を占める, 首位にある [～天下]天下第一である ③手足のつめ [指～](手の)つめ ④よろい [～胄](書)よろいかぶと [装～车]装甲車 ⑤旧時の保甲制度における100戸 [保～]保甲制 ⑥(J-)姓
【甲板】jiǎbǎn 图甲板欸, デッキ
【甲虫】jiǎchóng 图〔只〕カブトムシ, コガネムシの類
【甲醇】jiǎchún 图メチルアルコール, メタノール 働[木精]
【甲骨文】jiǎgǔwén 图甲骨ぷ文字 働[龟甲文]
【甲壳】jiǎqiào 图カニ等の甲殻欸 [～动物]甲殻動物
【甲烷】jiǎwán 图メタンガス
【甲午战争】Jiǎwǔ Zhànzhēng 图(1894年の)日清で戦争
【甲型肝炎】jiǎxíng gānyán 图A型肝炎
【甲鱼】jiǎyú 图スッポン 働[鳖]
【甲状腺】jiǎzhuàngxiàn 图甲状腺
【甲子】jiǎzǐ 图①十干と十二支 60年 ♦十干と十二支の組合わせは60年で一巡し, その一巡を「一个～」という ③(十干十二支の)きのえね
【岬】jiǎ 图①岬ぎ [～角]同前 ②狭い谷間
【胛】jiǎ 图[～骨]肩胛骨ぎぎ 働[肩胛骨]
【钾】(鉀) jiǎ 图カリウム [～肥]カリ肥料
【贾】(賈) jiǎ 图(J-)姓 ⇒gǔ
【槚】(檟) jiǎ 图ヒサギ ♦'榎'とも書く

【假】jiǎ 圏にせの, うその [一点也不～]少しもうそがない [～积极]積極的なふりをする [～话]うそ [～腿]義足
⊗①借りる [不～思索]考えるまでもない ②仮に, もしも ⇒jià
【假扮】jiǎbàn 働変装する, 仮装する [～老人]年寄に化ける
【假钞】jiǎchāo 图にせ札 働[伪钞]
【假充】jiǎchōng 働なりすます, ふりをする(働[冒充]) [～好人]善人のふりをする
【假道学】jiǎdàoxué 图えせ君子, にせ紳士 働[伪君子]
【假定】jiǎdìng 图[假设] — 働仮定する, 想定する, 仮に…だとする ♦接続詞的にも使う [～这是真的]これが本当だと仮定すると…
【假公济私】jiǎ gōng jì sī〈成〉公事の名を借りて私利を化する
【假借】jiǎjiè 图〈語〉六書氏の一の仮借がく[六书] — 働かこつける, ことよせる [以～公司的名义…]会社の名にかこつけて…
【假冒】jiǎmào 働なりすます [～商品]にせ商品
【假寐】jiǎmèi 働〈書〉うたた寝する, 仮眠する [闭目～]目を閉じてうとうとする
【假面具】jiǎmiànjù 图〔副〕(働[假面])①芝居の仮面, 玩具の面 ②偽りの姿, 仮面 [戴～]仮面をかぶる
*【假如】jiǎrú 圈もしも, 仮に 働[假若][假使]
【假嗓子】jiǎsǎngzi 图裏声, 作り声
【假山】jiǎshān 图〔座〕(主に岩を積み上げた)築山ぎ
*【假设】jiǎshè 图仮説, 仮定 — 働仮定する, 仮に…だとする ♦接続詞的にも使う
*【假使】jiǎshǐ 圈 働[假如]
【假释】jiǎshì 働仮釈放する
【假说】jiǎshuō 图仮説, 仮定 [假设]
【假死】jiǎsǐ 働①仮死状態になる, 人事不省になる ②死んだふりをする
【假托】jiǎtuō 働①かこつける, 口実にする(働[推托]) [～有病不来上班]病気を口実に出勤してこない ②他人の名を使う, なりすます 働[假язык] ③仮託する, ことよせる 働[凭借] [～故事来说明]物語に託して説く
【假想】jiǎxiǎng 働〔多く定語として〕仮想する, 想像する [～的对手]仮想の相手 [～敌]仮想敵
【假惺惺】jiǎxīngxīng 圈〔状語・定語として〕おためごかしの, わざとらし

い

【假牙】jiǎyá [名] 入れ歯（[同]［义齿］）〚镶～〛入れ歯をする［全口～］総入れ歯

【假造】jiǎzào [動] ① 捏造（ねつぞう）する，でっちあげる [同]［捏造］② 偽造する

★★【假装】jiǎzhuāng [動] 見せかける，ふりをする〚～不知道〛知らないふりをする

〖斝〗jiǎ ⊗ 古代の酒器（三足）

【价（價）】jià [名]（～儿）価格，値段〚不值这个～〛この値段に値しない［物美～廉］品がよくて値が安い
⊗ ① 価値，値うち［评～］評価する ②〚化〛'原子～'（原子価）の略
⇨jie

★★【价格】jiàgé [名] 価格，値段［零售～］小売り価格［批发～］卸売り価格

【价码】jiàmǎ [名]（～儿）《口》表示価格（[同]［价目］）〚开个～〛値段を表示する

【价钱】jiàqian/jiàqián [名] 価格，値段

★★【价值】jiàzhí [名] 価値，値うち［～观念］価値観［交换～］交換価値

【架】jià [名]（～儿）棚（たな），…掛け，骨組み［书～］本だな
— [動] ① 組立てる，組上げる〚～桥〛橋をかける ② 支える，持ちこたえる
— [量] 支柱のあるものや機械類に使う〚一～飞机〛飛行機一機〚这～梯子〛このはしご
⊗ ① なぐり合う，言い争う［打～］けんかする［劝～］仲裁する ② 誘拐（ゆうかい）する［绑～］人をさらう

【架不住】jiàbuzhù [動]《方》（[反]［架得住］）① 支えきれない，持ちこたえられない ② かなわない，及ばない

【架空】jiàkōng [動] ①（建物などを）支柱で持ち上げる，脚柱で支える ②《転》根拠を持たない〚～的东西〛架空のもの ③《転》（実質を）骨抜きにする，実権のない飾りものにする

【架设】jiàshè [動] 架設する，（支柱を立てて空中に）かけわたす

【架势（架式）】jiàshi [名]《口》姿勢，ポーズ〚摆出老虎的～〛トラの格好をする

【架子】jiàzi [名] ①（物をのせる） 枠，棚 ②（事業や作品の）枠組み，大綱〚搭～〛大枠を作る ③ 尊大ぶり，威張りかえる態度〚摆～〛えらぶる ④ 姿勢，ポーズ

【架子车】jiàzichē [名]〔辆〕（人力の）荷車（大八車に似ている）

【驾（駕）】jià [動] ①（牛馬に車や農具を） 引かせる，つなぐ〚～牛耙 pá 地〛牛に農具をつけて畑をならす ② 操縦する，運転する
⊗「乗物」の意から転じて敬意を表わす［劳～］恐れいりますが…［～临］御光臨下さる

【驾轻就熟】jià qīng jiù shú《成》（軽い車を走らせて慣れた道を行く>）手慣れた仕事でたやすく処理できる

★★【驾驶】jiàshǐ [動]（自動車・船などを）操縦する，運転する〚～飞机〛飛行機を操縦する［～员］操縦士，運転手［～盘］自動車のハンドル［～执照］［～证］運転免許証（'驾照'とも）

【驾御（驾驭）】jiàyù [動] ①（馬車などを）御（ぎょ）する，走らせる ② 服従させる〚～自然〛自然界を制御する

【假】jià [名] 休暇，休日［请～］休暇をとる［放～］休みに入る［暑～］夏休み
⇨jiǎ

【假期】jiàqī [名] 休暇期間

【假日】jiàrì [名] 休日，休暇をとった日〚虚度～〛休日を無為に過ごす

【假条】jiàtiáo [名]（～儿）〔张〕休暇願（届），欠席（勤）届

【嫁】jià [動] 嫁（とつ）ぐ（がせる）（[反]［娶］）〚她～了个上海人〛彼女は上海の人と結婚した
⊗ 転嫁する，他人に押しかぶせる［转～］同前［～祸于人］災いを他人に押し付ける

【嫁接】jiàjiē [動] つぎ木する

【嫁人】jià'rén [動] 嫁ぐ，嫁入りする

【嫁妆（嫁装）】jiàzhuang [名]〔件・套〕嫁入り道具，花嫁の荷物（[同]［嫁奁］）〚办～〛同前を準備する

〖稼〗jià ⊗ ① 穀物［庄～］作物（さくもつ） ② 作付ける，穀物を栽培する

【稼穑】jiàsè [名]《書》農事，農作業

【尖】jiān [形] ① 尖（とが）った，先の鋭い ② 声がかん高い，きんきん声の ③（目や耳が）さとい，感覚が鋭い — [動] 声をかん高くする〚～着嗓子喊〛きんきん声を張り上げる — [名]（～儿） ① 尖った先端［针～儿］針の先 ② 抜きんでた人や物〚三个里头就数他是个～儿〛3人の中で彼がとびぬけて優秀だ［～儿货］特上品

【尖兵】jiānbīng [名] ① 尖兵（せんぺい） ②《転》事業の先鋒（せんぽう），道ならし役

【尖刀】jiāndāo [名] ① 鋭い刃物 ②《転》敵陣に突入すること

★【尖端】jiānduān [名] 切っ先，尖った先っぽ — [形]〘多く定語として〙（科学技術などの）最先端をゆく，最も進んだ［～技术］先端技術

【尖刻】jiānkè [形]（言葉が） 辛辣（しんらつ）な，骨に刺さるような

【尖利】jiānlì [形] 鋭い，ぐさり突きさ

J

jiān

すような〘～的叫声〙絹を裂くような悲鳴

【尖脐】jiānqí 图 オス蟹 ♦オス蟹は腹の甲羅がとがっていることから 反[团脐]

☆【尖锐】jiānruì 形 ①(刃物などが)鋭く、よく尖った ②(物事を見る目が)鋭い、鋭敏な ③(声が)鋭い、耳をさすような ④(議論や争いが)激しい、尖鋭な〘～的批评〙鋭い批判

【尖酸】jiānsuān 形(言葉が)とげとげしい、辛辣な〘～刻薄〙辛辣で容赦のない

【尖子】jiānzi 图 ①尖った先端 ②抜きんでた人や物 ③芝居で急に声を高くしている部分

【尖嘴薄舌】jiān zuǐ bó shé（成）物言いが辛辣きわまる、皮肉たっぷり嫌味たっぷりの

【奸】jiān 形 ずるい、身勝手な〘这个人真～〙こいつは本当にずるい

⊗①売国奴、国家民族の裏切者[内～]内通者 ②不忠の、国や君主に有害な[～臣]奸臣ホシん ③腹黒い、陰険な

【一(姦)】 ⊗ 姦淫カンする[通～]姦通カンする

【奸夫】jiānfū 图 不倫相手の男、間男 反[奸妇]

【奸猾(奸滑)】jiānhuá 形 悪賢い、腹黒い 同[奸狡]

【奸计】jiānjì 图 悪だくみ、奸計

【奸佞】jiānnìng 图〘書〙腹黒い追従者 一 形 腹黒いおべっか使いの、悪賢く諂コびへつらいのうまい

【奸商】jiānshāng 图 奸商カショ、悪徳商人

【奸私】jiānsī 图 不正な隠し事、ひそかな不正〘揭发～〙同前をあばく

【奸污】jiānwū 動 強姦ゴッカンする、レイプする〘～妇女〙婦女を強姦する

【奸细】jiānxì 图 回し者、スパイ

【奸雄】jiānxióng 图 悪知恵にたけた豪傑、奸雄カンュ

【奸淫】jiānyín 動 ①姦淫する、不倫する ②強姦する

【奸诈】jiānzhà 形 腹黒い、ずる賢い

【间(間*閒)】 jiān 圉 部屋数に使う〘两～卧室〙寝室ふた部屋
⊗①あいだ、中間〘父子之～〙父と子の間 ②(ある時間あるいは空間の)なか、あいだ[人～]世の中 ③部屋、屋内[房～]部屋
⇒ jiàn, xián (閒)

【间不容发】jiān bù róng fà（成）(間に髪の毛を入れるだけの隙間もない)情勢が逼迫ᴫッハクして一刻の猶予も許されない

【歼(殲)】 jiān ⊗ 殲滅ゼッする〘～击〙打ち滅ぼす

【歼击机】jiānjījī 图〔架〕戦闘機

【歼灭】jiānmiè 殲滅する〘～敌人〙敵を殲滅する

【坚(堅)】 jiān ⊗ ①堅くて壊れないもの、不落の陣地 ②硬い、堅固な ③断固たる、揺るぎない ④(J-)姓

【坚壁清野】jiān bì qīng yě（成）焦土籠城作戦 ♦城壁内の防御をかため、城壁周辺の家屋や作物を焼き払って、一切残さない作戦

【坚持】jiānchí 動（方針や見解などを）堅持する、断固行い続ける〘～原则〙原則を堅持する

【坚定】jiāndìng 形（意志、主張などが）揺るぎない、確固たる 一 動 不動にする、確固たるものにする〘～决心〙決心を不動のものとする

【坚固】jiāngù 形 堅固な、丈夫な（同[牢固]）〘结构～〙構造が堅固である

【坚决】jiānjué 形 断固たる、きっぱりとした〘态度很～〙態度がきっぱりとしている〘～要求〙断固として要求する

【坚苦卓绝】jiānkǔ zhuójué（成）堅忍不抜ケシシンフバッの、どんな苦労にもめげない

【坚牢】jiānláo 形 堅固な、頑丈な 同[坚固][牢固]

☆【坚强】jiānqiáng 形 強固な、確固たる 反[软弱] 一 動 強化する、揺るぎなくする

【坚忍不拔】jiān rěn bù bá（成）堅忍不抜の 同[坚韧不拔]

【坚韧】jiānrèn 形 強靱キョッジな、粘りづよい

☆【坚实】jiānshí 形 ①しっかりとした、堅実な ②丈夫な、元気な

【坚信】jiānxìn 動 確信する〘～能够胜利〙勝利できると確信する

【坚毅】jiānyì 形 毅然キョンとした、断固たる

☆【坚硬】jiānyìng 形 硬form

【坚贞】jiānzhēn 形 節操が固い、節ュを曲げない〘～不屈〙同前

【鲣(鰹)】 jiān ⊗ カツオ〘～鱼〙同前

【肩】jiān 图 肩〘挑在～上〙肩にかつぐ〘左～〙左肩[并～]肩を並べて
⊗担う、請け負う〘身～重任〙重責を担う

☆【肩膀】jiānbǎng 图（～儿）肩

【肩不能挑,手不能提】jiān bù néng tiāo, shǒu bù néng tí〘俗〙（肩は物をかつげず、手は物を提げない＞）箸より重たい物が持てない

【肩负】jiānfù 動 担う（同[担负]）〘～重任〙重任を担う

【肩胛骨】jiānjiǎgǔ 图 肩胛骨

【肩摩毂击】jiān mó gǔ jī《成》(肩が擦れあい車がぶつかりあう＞)人や車の往来が激しいさまをいう [同][摩肩击毂]
【肩头】jiāntóu [名] ①《書》肩の上，肩さき ②《方》肩
【肩章】jiānzhāng [名]〔副〕肩章(けんしょう)

〖艰(艱)〗jiān ⊗ 難しい，困難な
**【艰巨】jiānjù [形] 困難きわまる，恐ろしく骨の折れる〚～的任务〛重大かつ困難な任務
**【艰苦】jiānkǔ [形] 苦労にみちた，困難きわまる〚～的生活〛苦労にみちた生活
*【艰难】jiānnán [形] 困難な，難しい〚行动～〛体を動かすのに骨が折れる
【艰涩】jiānsè [形]（文章などが）難解な，晦渋(かいじゅう)な [同][晦涩]
【艰危】jiānwēi [形]（国家民族が）艱難(かんなん)の危機にある
【艰辛】jiānxīn [名] 艱難辛苦〚历尽～〛艱難辛苦をなめつくす

【兼】jiān [動] 兼ねる，同時に…する〚他是党委书记～校长〛彼は党委員会の書記と校長の職を兼任している［～听则明］いろいろな意見を聞けば正しい判断ができる
⊗2倍の［～旬］《書》20日間
【兼并】jiānbìng [動] 兼併(けんぺい)する，併呑(へいどん)する
【兼顾】jiāngù [動]（複数の事柄に）同時に気を配る，あわせて配慮する〚～劳资双方〛労資双方に気を配る
【兼课】jiān▾kè [動]（教師が）授業を兼担する，(本務校の外に) かけ持ちする
【兼任】jiānrèn [動] 兼任する，兼務する ━ [形]〔定語として〕兼任の，非常勤の［～教员］非常勤講師
*【兼职】jiānzhí [形]〔定語として〕兼任の，かけ持ちの
—— jiān▾zhí [動] 兼務する，兼職する

【搛】jiān [動]（料理を）箸で取る [同][夹jiā]
〖蒹〗jiān ⊗［～葭jiā］《書》アシやヨシの類
〖缣(縑)〗jiān ⊗ きめ細かな上質の絹
【缣帛】jiānbó [名] 古代のうす絹 ♦紙のない時代はこれに字を書いた

〖监(監)〗jiān ⊗① 牢屋，監獄［收～］収監する ② 監視する，見張る［～考］試験監督(をする)
⇨jiàn
【监测】jiāncè [動]（機器を使って）監視観測する〚～卫星〛衛星を追跡する［污染～］汚染監視
【监察】jiānchá [動] 監察する，監査する
*【监督】jiāndū [動] 監督する，指揮管理する〚～犯人劳动〛囚人の労働を監督する ━ [名] 監督者，管理者
【监犯】jiānfàn [名] 囚人，刑務所内の罪人
【监工】jiān▾gōng [動] 作業を監督する，現場で監視する
—— jiāngōng [名] 現場監督，作業監視人
【监管】jiānguǎn [動]（罪人を）監督管理する〚～犯人〛囚人を管理する
【监禁】jiānjìn [動] 拘禁する，拘置する [同][监押]
【监牢】jiānláo [名]《口》牢獄，刑務所〚坐～〛牢獄に入る
*【监视】jiānshì [動] 監視する，見張る
*【监狱】jiānyù [名] 刑務所，監獄 [同][监房]

〖渐(漸)〗jiān ⊗ 流れこむ，浸みこむ［西学东～］西洋の学術が東洋に流入する
⇨jiàn
【渐染】jiānrǎn [動]《書》じわじわ影響されてゆく，徐々に染まる〚～了不良习惯〛悪い習慣に染まった

〖笺(箋)〗jiān ⊗ 注釈を加える［～注］古典の注釈
〖—(*牋)〗⊗① 書簡箋，便箋(びんせん)［信～］同前 ② 書簡，手紙［～札］《書》同前

〖菅〗jiān ⊗①〖植〗カルカヤ→［草 cǎo～人命］②(J-)姓
〖湔〗jiān ⊗ 洗う，そそぐ［～雪］《書》(冤罪を)晴らす

【煎】jiān [動] ① 油で焼く，いためる ♦鍋に少量の油を入れて，こんがり焦げる程度にいためる〚～鱼〛魚を油でいためる［～面包］フレンチトースト ② 煎(せん)じる，ゆでる〚～药〛薬を煎じる ━ [量] 漢方薬を煎じる回数を示す〚吃两～药〛薬を2回ほど煎じて飲む［二～］二番煎じ
【煎熬】jiān'áo [動] さいなむ
【煎饼】jiānbing [名] 穀物の粉を水にといて，薄く平たく焼きあげたもの
【煎迫】jiānpò [動] 追いつめる，迫る（[同][煎逼]）〚贫困～〛貧乏に追いつめられる

〖缄(緘)〗jiān ⊗ 閉じる，封をする ♦多く封筒の差出人のあとに使う〚上海李～〛上海の李より［～口］《書》口を結ぶ
【缄默】jiānmò [動] 押し黙る，沈黙する

〖犍〗jiān ⊗ 去勢した雄ウシ
⇨qián
【犍牛】jiānniú [名]〔头〕去勢した雄

ウシ ♦おとなしくて使役しやすい

〖囝〗 jiǎn ⊗《方》①息子，せがれ ②息子と娘，子供

【拣(揀)】 jiǎn [動]①選ぶ([同][挑])［～选］選ぶ ②拾う，拾い集める [同][捡]

〖柬〗 jiǎn ⊗書簡，名刺などの総称

【茧(繭)】 jiǎn [名]繭(まゆ)『结～』繭を作る［蚕～］(カイコが作る)繭
⊗皮膚にできるたこ [同]'趼'

【茧子】jiǎnzi [名]①《方》繭(まゆ) ②〔块·层〕(皮膚にできる)たこ，まめ('趼子'とも書く)

〖俭(儉)〗 jiǎn ⊗つましい，倹約家の［省吃～用］暮らしを切りつめる

【俭朴】jiǎnpǔ [形]質素な，飾らない

【俭省】jiǎnshěng [動]倹約する，むだを省く

【俭约】jiǎnyuē [形]《書》つましい，(生活が)質素な

【捡(撿)】 jiǎn [動]拾う，拾い集める([同][拣])『～贝壳』貝殻を拾う『～破烂儿』屑拾いをする

【捡漏】jiǎnlòu [動]雨もりを調べて直す

〖检(檢)〗 jiǎn ⊗①調べる，点検する ②身を慎しむ，言動に注意する ③(J-)姓

★★【检查】jiǎnchá [動]①検査する，点検する『～身体』健康診断をする ②調査する，究明する [同][查考] ③自己点検する，自己批判する [同][检讨] 一[名]〔份〕自己批判の文

【检察】jiǎnchá [動]検挙された犯罪事実を審理する［～员］検事

【检察院】jiǎncháyuàn [名]検察院(日本の検察庁に相当)

【检点】jiǎndiǎn [動]①点検する，チェックする ②言動に注意する，気をつける『～自己的言行』自分の言動に注意する

【检定】jiǎndìng [動]検定する

【检举】jiǎnjǔ [動]告発する，摘発する『～了科长的贪污行为』課長の汚職を告発した

【检视】jiǎnshì [動]検査する，調べる『～飞机』飛行機を点検する

【检试】jiǎnshì [動](性能を)テストする，試験する

【检索】jiǎnsuǒ [動]検索する

★【检讨】jiǎntǎo [動]①自己点検する，自己批判する ②《書》検討する，研究する 一[名]〔份〕自己批判の文

【检修】jiǎnxiū [動]点検修理する，オーバーホールする

★【检验】jiǎnyàn [動](品質，規格などを)検査する，検証する

【检疫】jiǎnyì [動]検疫する『进行～』検疫を行う［～站］検疫所

【检阅】jiǎnyuè [動]①観閲する，閲兵する ②《書》(書籍や文書を)あちこちめくって調べる

〖硷(礆*鹼)〗 jiǎn ⊗[碱]に同じ

〖睑(瞼)〗 jiǎn ⊗→[眼 yǎn～]

【睑腺炎】jiǎnxiànyán [名]《医》ものもらい [同][麦粒肿][针眼]

〖笕(筧)〗 jiǎn ⊗筧(かけい)

【剪】 jiǎn [動]はさみで切る
⊗①はさみ ②はさみ状の道具［火～］火ばさみ ③除去する，根絶させる

【剪裁】jiǎncái [動]①(生地を)裁断する，裁(た)つ ②《転》(文章を書く際)材料を取捨選択する

★【剪彩】jiǎn▼cǎi [動](開幕式などで)テープカットする

【剪除】jiǎnchú [動](悪人などを)根絶させる，全滅させる [同][剪灭]

★★【剪刀】jiǎndāo [名]〔把〕はさみ

【剪辑】jiǎnjí [名]編集した映画フィルムや録音テープ，モンタージュ 一[動](選択，裁断した材料を)つなぎ合わせて編成する，編集する

【剪票】jiǎn▼piào [動]キップを切る，キップにパンチを入れる［～处］改札口

【剪贴】jiǎntiē [名](子供の)切紙細工，貼り絵 一[動]切りぬきを作る『～了不少资料』沢山の資料を切りぬいた［～簿］スクラップブック

【剪纸】jiǎnzhǐ [名](中国の民間工芸の)切紙細工［～片］切紙によるアニメーション映画

【剪子】jiǎnzi [名]〔把〕はさみ([同][剪刀])『～，石头，布』(じゃんけんの)チョキ，グー，パー

〖谫(譾)〗 jiǎn ⊗浅薄な［～陋］《書》(見識·学識が)浅く乏しい

〖翦〗 Jiǎn ⊗姓

【减(減)】 jiǎn [動]減らす，引く([反][加])『五～三等于二』5引く3は2［～价］値引きする
⊗衰える，下が(げ)る［不～当年］昔に劣らない

【减产】jiǎn▼chǎn [動]減産する，生産が下がる [反][增产]

【减低】jiǎndī [動]下が(げ)る，減る(らす)([同][降低])『～了百分之五』5% 下がった

★★【减肥】jiǎn▼féi [動]ダイエットする

【减号】jiǎnhào [名]マイナス記号《－》[反][加号]

【减轻】jiǎnqīng [動]軽減する，減る

〚～负担〛負担を減らす
【减弱】jiǎnruò [動] 弱まる，衰える〚风势～〛風が弱まる
【减色】jiǎnsè [動] 精彩を欠く，輝きを失う
★★【减少】jiǎnshǎo [動] 減る，減らす〚～财政赤字〛財政赤字を減らす
【减退】jiǎntuì [動] 減退する，程度が下がる
【减薪】jiǎnˇxīn [動] 減給する，賃金を下げる［裁员～］人員を整理し賃金を引き下げる
【减刑】jiǎnˇxíng [動] 減刑する

【碱（*鹼 堿）】jiǎn [名] ① アルカリ［～土］アルカリ土壌 ② ソーダ，炭酸ナトリウム ━ [動] アルカリに侵蝕される ♦金属が腐ったり，レンガの表面が剥げ落ちたりする〚围墙都～了〛塀がアルカリでだめになった
【碱荒】jiǎnhuāng [名] アルカリ土壌の荒地

〖趼（*䶥）〗jiǎn ⊗ 手や足のたこ，まめ
【趼子（茧子）】jiǎnzi [名] 手や足のたこ，まめ [同]［老趼］

〖简（簡）〗jiǎn ⊗ ① 竹簡［～册］同前の本 ② 書簡，手紙［书～］同前 ③（人材を）選ぶ［～拔］《書》選抜する ④ 簡素化する，単純化する ⑤ 簡素な，簡単な ⑥（J-）姓
【简报】jiǎnbào [名] 簡報，短い報道［新闻～］簡略なニュース報道
【简便】jiǎnbiàn [形] 簡便な，手軽な
【简称】jiǎnchēng [名][動] 略称（する）
★★【简单】jiǎndān [形] ① 単純な，簡単な（[反]［复杂］）［～再生产］単純再生産 ②（能力などが）平凡な，並みの ♦多く否定形で使う〚他真不～〛やつは只者じゃない ③ 大ざっぱな，軽率な
【简单劳动】jiǎndān láodòng [名] 単純労働 [反]［复杂劳动］
【简短】jiǎnduǎn [形] 簡潔な，簡単で短い
★【简化】jiǎnhuà [動] 簡素化する，単純化する〚～手续〛手続を簡素化する
【简化汉字】jiǎnhuà Hànzì [動] 漢字を簡略化する ━ [名] 簡体字 ♦今日の中国で日常に使われている漢字．1950年代に始まる文字改革で制定された [同]［简体字］
【简洁】jiǎnjié [形] 簡潔な，短く要領をえた [同]［简要］
【简捷（简截）】jiǎnjié [形] 直截な，ずばり表現した [同]［直截了当］
【简介】jiǎnjiè [動] 簡単な内容紹介をする ♦多く書名などに使う［事业～］事業案内
★★【简历】jiǎnlì [名] 略歴
【简练】jiǎnliàn [形] 簡潔な，よく練れた
★【简陋】jiǎnlòu [形]（家屋や設備が）粗末な，足りないだらけの
【简略】jiǎnlüè [形]（文章などが）簡略な
【简明】jiǎnmíng [形] 簡明な，短く要領をえた
【简谱】jiǎnpǔ [名]〖音〗略譜 ♦音譜をアラビア数字に置きかえた楽譜．例えばド，レ，ミ…を1，2，3…のように，長短は数字の上下に直線を加えて示す
【简朴】jiǎnpǔ [形] 質素な，素朴な
★【简体字】jiǎntǐzì [名] 簡体字 [类]［简化汉字］[反]［繁体字］
【简讯】jiǎnxùn [名]〔则・条〕短信，短いニュース
★【简要】jiǎnyào [形] 簡潔な，短く要をえた [同]［简洁］
【简易】jiǎnyì [形] 簡易な，速成の
【简章】jiǎnzhāng [名] 略則，簡略規定［招生～］学生募集要項
★★【简直】jiǎnzhí [副] ① まったく，じっさい ②《方》いっそのこと [同]《普》［索性］

〖蹇〗jiǎn ⊗ ① 順調でない［时乖运～］時運にめぐまれない ②（J-）姓

【见（見）】jiàn [動] ① 見る，目にする ② 会う，面会する ③ 触れる，でくわす〚～风〛風に当たる ④ 明らかになる，現われる［～好］よくなる ⑤ …に出ている，…を参照せよ．（[同]［见于］）〚～《庄子》〛『荘子』に見える
―― -jiàn/-jian [動]〘結果補語として〙感覚の出現を表わす〚看～〛見える，目に入る〚听不～〛聞こえない
⊗ ① 動詞の前に置いて受身を示す［～问］問われる ② 動詞の前に置いて敬語的表現を作る［～教］御教示くださる［～谅］お許し下さる ③ 見解，意見［成～］先入観
【见报】jiànˇbào [動] 新聞に載る
【见不得】jiànbude/jiànbudé [動] ① 出会ってはならない，接触するのはまずい〚冰～热〛氷は熱にひとたまりもない ② 人前に出せない，人に見せられない ③ 顔むけできない〚～人〛人前に出られない
【见得】jiàndé [動] わかる，間違いなしと見定めうる ♦否定文および疑問文にのみ使う〚何以～〛何故わかるのか
【见地】jiàndì [名] 見解，見地（[同]［见解］）〚很有～〛なかなかの見識だ
★【见多识广】jiàn duō shí guǎng《成》経験豊富で知識が広い
【见方】jiànfāng [名] 平方〚3米～〛3メートル平方

【见风使舵】jiàn fēng shǐ duò《成》《貶》(風向きを見て舵をとる＞) 情勢次第で態度を変える, 風見鶏をきめこむ [同][见风转舵][看风使舵]
【见风是雨】jiàn fēng shì yǔ《俗》(風がくれば雨だと騒ぐ＞) 早とちりする, 先走りの判断をする
【见缝插针】jiàn fèng chā zhēn《俗》(隙あれば針をさす＞) あらゆる空間(時間)を(も)利用する
【见怪】jiànguài [動] とがめる (とがめる対象はふつう'我'), 悪く思う〚请不要～〛悪く思わないでください
【见鬼】jiàn▾guǐ [動] ①《口》信じがたい事に出会う, とんでもない目にあう〚真～〛そんなばかな ②(軽蔑の意をこめて)死ぬ, 滅びる
【见好】jiànhǎo [動](病状が) 好転する, よくなる
*【见解】jiànjiě [名] 見解, 見方 [同][见地]
☆【见面】jiàn▾miàn [動] 会う, 顔を合わせる〚跟他～〛彼と会う [～礼] 初対面の際の贈り物
【见情】jiàn▾qíng [動] 恩に着る, 厚意に感謝する
【见世面】jiàn shìmiàn [動] 世間を知る, 世の中の経験を積む
【见识】jiànshi [名] 見識, 見聞〚长～〛見聞を広める — [動] 見聞を広める, (新事物に触れて) 知識を増す
【见天】jiàntiān [名](～儿)《口》毎日
【见外】jiànwài [動] 他人行儀に振舞う, よそよそしくする
【见微知著】jiàn wēi zhī zhù《成》一を聞いて十を知る, 一を以って万を察す
*【见闻】jiànwén [名] 見聞〚增长～〛見聞を広める
【见效】jiànxiào [動] 効いてくる, 効果が現われる ([同][见功])〚一吃就～〛飲めばたちまち効く
【见笑】jiànxiào [動] ①《謙》笑われる〚～～〛お恥ずかしいことで ②(私を)笑う〚您可别～〛どうか笑わないください
【见异思迁】jiàn yì sī qiān《成》(違ったものを見るとたちまち気が変わる＞) 移り気である, 意志が定まらぬ
*【见义勇为】jiàn yì yǒng wéi《成》正しい事なら敢然と行う
【见证】jiànzhèng [名] 目撃証人, 物証 — [動](目撃して)証言できる [～人] 証人

【舰(艦)】jiàn ⊗ 軍艦 [军～] 軍艦 [～只 zhī] 艦隻
【舰队】jiànduì [名]〔支〕艦隊
*【舰艇】jiàntǐng [名]〔艘·只〕艦艇

【件】jiàn [量] 事柄, 衣服, 文書, 書信に使う〚一～小事〛小さな出来事〚三～毛衣〛セーター3枚
⊗① (～儿) 数えることのできる事物 [零～儿] 部品 ② 文書, 書類 [密～] 秘密書類

【间(間 *閒)】jiàn [動] (苗を) 間引く〚～秧苗〛苗を間引く
⊗① 隙間, 間 [乘～] 隙をつく ② 引離す, 隔てる ③ 離間する, 仲違いさせる
⇨jiān, xián (閒)
【间壁】jiànbì [名] 隣家, 壁隣り [同][隔壁]
*【间谍】jiàndié [名] スパイ, 間諜 [～网] 諜報網 [～卫星] スパイ衛星
【间断】jiànduàn [動] とぎれる, 中断する〚一刻也没有～过〛一瞬も中断したことはない
*【间隔】jiàngé [名] 間隔, 隔たり — [動] 間隔をおく, 間をとる〚每行～一厘米〛行間を1センチとる
【间或】jiànhuò [副]《書》時おり, たまに
*【间接】jiànjiē [形]〔多く定語·状語として〕間接の ([反][直接]) [～税] 間接税 [～选举] 間接選挙
【间苗】jiàn▾miáo [動] 苗を間引く
【间色】jiànsè [名] 間色, 中間色 [反][原色]
【间隙】jiànxì [名] 隙間, 間隙 ([同][空隙])〚利用工作的～〛仕事の合い間を利用する
【间歇】jiànxiē [動] 一定の時間でとぎれる [～泉] 間歇泉 [～热] 間歇熱
【间作】jiànzuò [動] 間作する ([同][间种])〚～豌豆〛エンドウを間作する

【涧(澗)】jiàn ⊗ 谷川 [溪～] 渓流 [山～] 谷川

【饯(餞)】jiàn ⊗① 送別の宴をはる ② 果実を(蜜などに) 漬ける [蜜～] 果実の砂糖漬け
【饯行】jiànxíng [動] 送別の宴をはる, 旅立つ人を一杯やって送り出す ([同][饯别])〚为他～〛彼の歓送会をする

【贱(賤)】jiàn [形] ① 値が安い ([同][便宜] [反][贵])〚水果～了〛果物が安くなった [～卖] 安売りする ② げびた, 唾棄すべき〚行为太～〛やり方が汚い [～脾气] 下司根性
⊗① 身分が低い ([反]'贵') [卑～] 卑賤な ② 旧時の謙譲の接頭辞 [～内] 愚妻
【贱骨头】jiàngǔtou [名] くず野郎, ろくでなし
【贱货】jiànhuò [名] ① 安物 ② 下司

野郎, ろくでなし

【溅(濺)】jiàn 動 (液体が)はねる, とびちる〖～了一身泥〗全身に泥がはねた〖～落〗(宇宙船などが予定通りに)着水する

【践(踐)】jiàn ⊗ ① 踏む ② 実行する, 履行する〖实～〗実践する

*【践踏】jiàntà 動 踏みつぶす, 踏みつける(⓬[踩])〖请勿～草地〗芝生を踏み荒らさないでください; (転)踏みにじる〖～主权〗主権を踏みにじる

【践约】jiàn'yuē 動 (面会などに関する)約束を履行する

【建】jiàn 動 ① 建てる, 築く〖～大楼〗ビルを建てる ② 設立する, 創設する〖新～了两个小组〗新たにふたつの班を設けた〖～都〗都を置く ⊗ ① 提起する, 提唱する ② (J-) 福建省〖～漆〗福建産の漆およびその漆器

【建材】jiàncái 名 建築材料

【建功】jiàn'gōng 動 手柄を立てる, 功績をあげる

【建交】jiànjiāo 動 国交を開く

*【建立】jiànlì 動 ① 建設する, 開設する〖～工业基地〗工業基地を建設する ② 樹立する, 形成する〖～友谊〗友情を結ぶ

*【建设】jiànshè 動 建設する, 作りあげる〖～工厂〗工場を作る〖～性意见〗建設的意見

【建议】jiànyì 動 建議する, 提案する — 名〔条〕建議, 提案

【建造】jiànzào 動 建造する, 建てる

【建筑】jiànzhù 動 建築する, 築く — 名 建物, 建造物(⓬[建筑物])〖上层～〗上部構造〖～学〗建築学

【建筑物】jiànzhùwù 名 建物, 建造物 ⓬[建筑]

【健】jiàn 形 ① 丈夫にする, 健康にする ② 丈夫な, 健康な ③ …にすぐれた, 程度の高い

【健将】jiànjiàng 名 ① 闘将, 第一人者 ② スポーツマスター ♦ 国家から運動選手に授与される最高の称号

*【健康】jiànkāng 形 ① 健康な〖注意～〗健康に気をつける ② 健全な, 正常な

【健美】jiànměi 形 健やかで美しい — 名 エアロビクス 動[～操]

*【健全】jiànquán 形 健全な — 動 健全化する, 欠陥をなくする

*【健身房】jiànshēnfáng 名 スポーツジム, トレーニング室

【健谈】jiàntán 形 よくしゃべる, 話しずきな

【健忘】jiànwàng 形 忘れっぽい

【健旺】jiànwàng 形 丈夫な, 元気なかんな

【健在】jiànzài 動 (一般に年配者が)健在である, 元気で暮らしている

【健壮】jiànzhuàng 形 丈夫な, 壮健な

【腱】jiàn 名 腱〖～肌〗同前〖～子〗ふくらはぎ〖阿基里斯～〗アキレス腱〖～鞘 qiào 炎〗腱鞘炎

【毽】jiàn 名 (～儿) ⓬[毽子]

【毽子】jiànzi 名 日本の蹴鞠 に似た遊び道具で, 銅銭あるいは金属片を布で包み, 鶏の羽をさして作る. 足でぽんぽんと連続的に蹴り上げて遊ぶ〖踢～〗同前で遊ぶ

【键(鍵)】jiàn 名 ① ピアノやコンピュータ等のキー〖黑～〗黒鍵〖回车～〗エンターキー ② (シャフトと車輪を固定させる) くさび, シャフトキー〖轴～〗同前 ③〖化〗ボンド ♦ 構式中の元素の原子価を表わす短い線

*【键盘】jiànpán 名 鍵盤 , (コンピュータの) キーボード〖～乐器〗鍵盤楽器

【荐(薦)】jiàn ⊗ ① 推薦する, 推挙する〖引～〗(書)推挙する ② 草 ③ むしろ, ござ〖草～〗ベッドに敷くござ

【荐举】jiànjǔ 動 推薦する, 推挙する ⓬[推荐]

【剑(劍, *劒)】jiàn 名〖把·口〗剣, つるぎ〖～柄〗剣の柄 〖～鞘 qiào〗剣の鞘

【剑拔弩张】jiàn bá nǔ zhāng《成》(剣は抜き弓は矢をつがえた>)情勢が極度に緊迫し, 一触即発の状況にある

【剑侠】jiànxiá 名 剣客, 剣俠 ♦ 弱きを助け正義を守る義俠の剣士

【监(監)】jiàn ⊗ ① 昔の役所の名〖国子～〗国子監 ♦ 王朝時代の最高学府〖～生〗(明清時代の)国子監生 ② (J-) 姓
⇨jiān

【槛(檻)】jiàn ⊗① 手すり, 欄杆 ② 動物を閉じこめる檻〖～车〗昔の囚人護送車
⇨kǎn

【谏(諫)】jiàn ⊗ 諫める, 諫言する〖进～〗〖劝～〗(書)同前

【谏诤】jiànzhèng 動 (書)直諫する, ずばずばと諫める

【渐(漸)】jiàn ⊗ 次第に, だんだん〖日～〗日に日に
⇨jiān

【渐渐】jiànjiàn 副 次第に、だんだん
♦'~儿 jiànjiānr' とも
【渐进】jiànjìn 動 漸進する、少しずつ前進する

【鉴(鑒鑑)】jiàn ⊗ ① (昔の銅製の)鏡 ② 教訓、戒め ③ じっくり観察する、細かに点検する ④ (鏡などに)姿をうつす ⑤《書》〔'台~''钧~''惠~'の形で〕冒頭の相手の名の後に加えて「ご高覧を乞う」の意を示す 〚○○公司台~〛○○会社殿

*【鉴别】jiànbié 動 鑑別する、弁別する
*【鉴定】jiàndìng 動 鑑定する、検定する〔~人〕鑑定人 ━ 图 鑑定書、評定書
【鉴戒】jiànjiè 戒め、教訓〚把他的失败引为~〛彼の敗北を自らの戒めとする
【鉴赏】jiànshǎng 動 鑑賞する〚~书法〛書を鑑賞する
*【鉴于】jiànyú 接〔従文の冒頭に置き〕…であることにかんがみて、…であることを考慮して〚~她平时表现不错~〛彼女の日頃の態度がよいことにかんがみて… ━ 介 …にかんがみて〚~这种情况…〛このような状況にかんがみて…

【僭】jiàn ⊗ 本分を越える、下級者が上級者の名義などを使う〔~越〕本分を越えて非礼をおかす

【箭】jiàn 图〔支〕矢〚射了三支~〛3本射た〔光阴似~〛光陰矢のごとし〔火~〕ロケット
【箭靶子】jiànbǎzi 图 (弓の)的
【箭步】jiànbù 图〔通常'一个'を前に置いて〕すばやい歩み、一気に駆けぬける足取り〚一个~冲上去了〛矢のように突進していった
【箭楼】jiànlóu 图 箭楼 ♦ 城楼の外側に築かれたもう一つの城楼で、戦時に備えて弓射用の四角い窓が並ぶ
【箭头】jiàntóu 图 (~儿) ① 矢じり ② (方向を示す)矢印
【箭在弦上】jiàn zài xián shàng《成》(矢はつがえられた>) すでにのっぴきならない段階に入って、後戻りがきかない

【江】jiāng 图〔条·道〕大きな川
⊗① 長江、揚子江〔~河〕長江と黄河 ② (J-)姓
【江河日下】jiāng hé rì xià《成》(川の水は日に日に下流に下る>) 物ごとが日ごとに衰える、状況が日ごとに悪くなる
【江湖】jiānghú 图 ① 天下各地、広い世間〚走~〛世の中を渡り歩く ② 諸方をさすらう芸人、香具師や薬売りなど、およびその仕事
【江湖骗子】jiānghú piànzi 图 ぺてん師、詐欺師
【江轮】jiānglún 图〔条·艘〕河川を航行する汽船
【江米】jiāngmǐ 图 もち米 ⇒〔糯米〕
【江南】Jiāngnán 图 ① 江南灬 ♦ 長江下流の南側一帯、江蘇、安徽、浙江省にまたがる穀倉地帯をいう ② 長江以南の地域
【江山】jiāngshān 图 山河、国土〚打~〛天下を取る
【江山易改,本性难移】jiāngshān yì gǎi, běnxìng nán yí《成》(山河の形はたやすく変わるが、持って生まれた性分は変わるものではない>) 三つ子の魂百まで
【江豚】jiāngtún 图〔動〕スナメリ ♦ 長江に棲む川イルカ ⇒〔江猪〕
【江珧柱】jiāngyáozhù 图 タイラギの貝柱鷽し、乾燥貝柱

【江】jiāng ⊗〔~豆〕〔植〕ササゲ

【姜(薑)】jiāng 图〔块〕ショウガ〔~是老的辣〕(ショウガは長く土中にあった方がからい>) 亀の甲より年の功
━ ⊗ (J-)姓

【姜太公钓鱼】Jiāng tàigōng diào yú《俗》(太公望が魚を釣る>) 自分から望んで釣られてくる

【将(將)】jiāng 動 ① 挑発する、たきつける〔拿话~他一下〕言葉で彼を刺激する ② (将棋で) 王手をかける ③ 《方》(家畜が)子を生む ━ 副 まもなく…しようとする、近く…なる ━ 介 目的語を前に引き出す働きをする、…を〈⇔《口》〔把〕〉〚~书拿出来〛本を取り出す
⊗①(J-)姓 ② 休める、養生する ③ 引き連れる、案内する ④ 行う、事をはかる ⑤ …をもって(手段を表す)
⇨ jiàng
【将功补过】jiāng gōng bǔ guò 功績を立てて以前の失敗を帳消しにする
【将计就计】jiāng jì jiù jì《成》相手の策を逆手にとる、裏をかく
【将将】jiāngjiāng 副 ようやく、なんとか
*【将近】jiāngjìn 副 (数量について)ほぼ、…に近い〚~一百年的历史〛百年近い歴史
【将就】jiāngjiu 動 なんとか間に合わせる、我慢して…する
【将军】jiāngjūn 图 ① (軍人の)将官 ⇒〔将官〕② 高級軍人 ⇒〔将领〕
━━ jiāng'jūn 動 ① (将棋で)王手

【将来】 jiānglái 图 将来〖在不远的～〗遠からず

【将心比心】 jiāng xīn bǐ xīn《成》他人の身になって考える

【将信将疑】 jiāng xìn jiāng yí《成》半信半疑

【将养】 jiāngyǎng 動 休息する,養生する〖～身体〗体を休める

【将要】 jiāngyào 副 まもなく,もうすぐ

【浆(漿)】 jiāng 图 濃い液体〖豆～〗豆乳 — 動（布地や衣類に）糊っづけする〖～衣服〗服に糊をする ⇒jiàng(糨)

【僵】 jiāng 動《方》面'も'を改める,表情をひきしめる — 形 膠着状態の,にっちもさっちもゆかない

【―(殭)】 形 硬直した,こわばった〖手冻～了〗手がかじかんだ

【僵持】 jiāngchí 動 相譲らない,がっぷり四つで互いに譲らない

【僵化】 jiānghuà 動 柔軟性を失う,進歩がなくなる

【僵局】 jiāngjú 图 膠着状態,手づまりの局面〖陷入(打破)～〗同前に陥る(を打破する)

【僵尸】 jiāngshī 图〔具〕硬直した死体(比喩的にも使う)

*****【僵硬】** jiāngyìng 形①(身体が)こわばった,自由がきかない ②融通がきかない,硬直した

【僵滞】 jiāngzhì 形 (本来滑らかに動いているものが)動きがない,生気がない〖舌头变得～了〗舌が回らなくなった

【缰(韁*韁)】 jiāng 图 手綱'な'〖～绳 sheng/shéng〗同前

【疆】 jiāng 图①境界,国境〖边～〗辺境 ②極限,果て

【疆界】 jiāngjiè 图 国境,境界

【疆土】 jiāngtǔ 图 領土,国土

【疆域】 jiāngyù 图 (特に面積を意識して)領土,国土

【讲(講)】 jiǎng 動①話す,語る〖～故事〗物語を話す ②解釈する,説明する ③重んじる,追求する〖～卫生〗衛生に注意する ④協議する,交渉する〖～价钱〗値段を交渉する ⑤…について言えば,…に関しては〖～棒球谁都不中呢〗野球にかけちゃあいつが不かなう者はいないさ — 图〔量詞的に〕講座や講話の回数を示す〖第一～〗第一講

【讲法】 jiǎngfa/jiǎngfǎ (jiángfa と発音) 图①話し方 ②言い分,意見

【讲稿】 jiǎnggǎo (～儿) 講義や講演などの原稿,話の下書き

【讲和】 jiǎng'hé 動 講話する,和解する

【讲话】 jiǎng'huà 動 演説する,スピーチをする
— jiǎnghuà 图①演説,スピーチ,講演 ②書名に用いて入門書,概説書であることを示す〔新文学史～〕新文学史概説

【讲解】 jiǎngjiě 動 解説する,説明する〖～员〗説明係

*****【讲究】** jiǎngjiu 動①重んじる,追求する ②凝る,こだわる〖不吃不穿〗衣食にこだわらない ③嘟咐ずする,あれこれ言う — 形 凝った,洗練された — 图①(～儿) 追求すべき点,凝るだけの内容 ②意味,道理〖有什么～〗いったい何の意味があるのか

【讲课】 jiǎng'kè 動 授業をする,講義をもつ

【讲理】 jiǎng'lǐ 動①道理に従う,常識を守る ②道理を主張する,白黒をつける

【讲情】 jiǎng'qíng 動 (人のために)取りなしをする,情に訴え許しを乞う⇨[说情儿]

【讲求】 jiǎngqiú 動 追求する,重んじる ⇨[讲究]

【讲师】 jiǎngshī 图 講師 ◆一般に大学の専任講師をいう

【讲述】 jiǎngshù 動 (まとまった内容の話を)述べる,語る ⇨[讲叙]

【讲台】 jiǎngtái 图 ステージ,教壇

【讲堂】 jiǎngtáng 图 教室,講義室

【讲习】 jiǎngxí 動 講習する〖～所〗講習所

【讲学】 jiǎng'xué 動 講義する,学術講演する

【讲演】 jiǎngyǎn 動 講演する〖作～〗講演をする

【讲义】 jiǎngyì 图 講義プリント,テキスト

*****【讲座】** jiǎngzuò 图 講座〖听日语广播～〗ラジオ日本語講座を聞く

【奖(獎)】 jiǎng 图 賞,褒美'ほう'〖得(发)～〗賞を受ける(出す)〖领～台〗表彰台
— 動 奨励する,褒めなしする〖～了他一千块钱〗賞として彼に1000元を与えた

【奖杯】 jiǎngbēi 图〔只〕カップ,賞杯

【奖惩】 jiǎngchéng 图 賞罰

【奖金】 jiǎngjīn 图 報奨金,賞与〖～刺激〗報奨金で意欲を誘いだすこと

*****【奖励】** jiǎnglì 動 (名誉や金銭などを与えて)奨励する,表彰する

【奖牌】 jiǎngpái 图〔枚〕(賞として

の)メダル
【奖品】jiǎngpǐn [名] 賞品
★【奖赏】jiǎngshǎng [動] 表彰する，賞を与える
【奖台】jiǎngtái [名] 表彰台 [同][领奖台]
【奖学金】jiǎngxuéjīn [名] 奨学金 ♦成績優秀者への賞金的意味合いを持つ [類][助学金]
【奖章】jiǎngzhāng [名]〔枚〕勲章，メダル，褒章など受賞の印『佩带～』同前をつける
【奖状】jiǎngzhuàng [名]〔张〕賞状，表彰状

【桨(槳)】jiǎng [名]〔双·支〕櫂(かい)，オール『划～』オールを漕ぐ

【蒋(蔣)】Jiǎng ⊗ 姓

【耩】jiǎng [動]'耧 lóu'(種まきすき)で種をまく

【膙】jiǎng ⊗ 以下を見よ
【膙子】jiǎngzi [名]《方》(手足にできる)まめ，たこ([同][趼子])『起～』同前ができる

【匠】jiàng ⊗ ①職人［木～］大工 ②その道の大家，達人［名～］名人 ③技の巧みさ［意～］意匠［别具～心］(文学芸術作品などが)独創性に富んでいる
【匠人】jiàngrén [名]《旧》職人，技能労働者

【降】jiàng [動]([反][升]) ①下がる，くだる『体温～了』体温が下がった ②下げる，おろす『～他一级工资』彼の給料を一級下げる［～格］降格する
⊗(J-)姓
⇨xiáng
★★【降低】jiàngdī [動] ①下がる，下降する([反][升高])『物价～了』物価が下がった ②下げる，低める([反][提高])『～质量』質を落とす
【降价】jiàng▼jià [動] 値下げする『～处理』割引き大処分
★【降临】jiànglín [動] ①(天から地上に)やってくる ②(賓客が)おいでになる [同][光临]
★★【降落】jiàngluò [動] ①着陸する，舞い下りる [反][起飞] ②下がる，低下する
【降落伞】jiàngluòsǎn [名] 落下傘，パラシュート [類][跳伞]
【降旗】jiàng▼qí [動] 旗を下ろす [反][升旗]
【降水量】jiàngshuǐliàng [名] 降水量
【降温】jiàng▼wēn [動] ①(作業場などの)温度を下げる ②気温が下がる

【绛(絳)】jiàng ⊗ 濃い赤，深紅(しんく)［～紫(酱紫)］紫紺(しこん)

【虹】jiàng [名]《口》〔条〕にじ
⇨hóng

【将(將)】jiàng [名]（将棋の）王 ♦相手の王は'帅'
⊗①将官 ♦'大～，上～，中～，少 shào～'の4ランクある［～官］同前［～帅］高級指揮官 ②統率指揮する［～兵］兵をひきいる
⇨jiāng
【将领】jiànglǐng [名] 将官，将軍 [同][将官]
【将士】jiàngshì [名] 将兵 ♦指揮官とその配下の兵を総括していう
【将校】jiàngxiào [名] 将官と佐官，高級将校 ♦'将官'と'校官'を一語に合わせたもの，日本でいう将校ではない

【酱(醬)】jiàng [名] ①味噌(みそ) ②(野菜の)味噌漬け，醤油漬け，(肉の)醤油煮 — [動] 野菜を味噌や醤油漬けにする
⊗味噌状，糊状の食品［果～］ジャム
【酱菜】jiàngcài [名] 野菜の味噌漬けや醤油漬け
【酱坊】jiàngfáng [名] [同][酱园]
★★【酱油】jiàngyóu [名] 醤油『放～』(料理に)醤油を入れる
【酱园】jiàngyuán [名]〔家〕味噌·醤油·味噌漬け·醤油漬けの製造所および販売店 [同][酱坊]

【强(*強 彊)】jiàng ⊗ 片意地な，強情な［倔 jué～］同前
⇨qiáng, qiǎng
【强嘴(犟嘴)】jiàng▼zuǐ [動] 口答えする，へりくつをこねる [同][强辩]

【犟(*勥)】jiàng [形] 片意地な，強情な
【犟劲】jiàngjìn [名] 頑固さ，意地っぱりぶり

【糨(*漿 粡)】jiàng [形]（粥などが）粘っこい，ねっとりした
⇨jiāng (浆)
【糨糊】jiànghu [名]（メリケン粉等から作った）糊(のり) [同][糨子]
【糨子】jiàngzi [名]《口》糊『打～』糊を作る

【交】jiāo [動] ①引き渡す，納める『～税』納税する ②任せる，移管する『～给他一项任务』彼に一つの任務を与える ③時が変わる，ある時になる『明天就～中秋了』明日はもう中秋だ ④交差する，交わる ⑤交際する，往来する『～朋友』友人づきあいする — [名] ①かわり目，つながっている所『三省之～』3省が接する場所 ②[同][跤 jiāo]
⊗①交際［一面之～］一面識(しかない人) ②性交する［～媾］同

【交白卷】jiāo báijuàn 動（～儿）(試験で)白紙答案を提出する;(転)何らの成果なく終わる,お手上げに終わる
【交班】jiāo[`]bān 勤務を交替する,役目を次の人に引きつぐ
*【交叉】jiāochā 動①交差する ②ふたつの動作を交互に進める
【交差】jiāo[`]chāi 動(任務を終えて)復命する,報告する
【交错】jiāocuò 動錯綜する,交錯する〖犬牙～〗境界が(犬の歯のように)複雑に入り組む
*【交代】jiāodài ①交替する,次に引きつぐ〖～工作〗仕事を引きつぐ ②命じる,言いつける〖～他一件事〗彼に仕事を申しつける ③話して聞かせる,説明する ④(罪や誤りを)告白する
【交道】jiāodào 名交際,付き合い〖打～〗付き合う,交際する
【交付】jiāofù 動①支払う,渡す〖～租金〗借り賃を払う ②ゆだねる,引き渡す
【交感神经】jiāogǎn shénjīng 名〖生〗交感神経
【交割】jiāogē 動決済する,取り引きを完了する
【交工】jiāo[`]gōng 動(工事を完成して注文主に)引き渡す
【交互】jiāohù 副①交互に,互いに,インタラクティブに 働〖互相〗 ②互い違いに,交代に
【交还】jiāohuán 動返還する,返却する
*【交换】jiāohuàn 動交換する,取り替える
【交换机】jiāohuànjī 名〖架〗電話交換台
【交火】jiāo[`]huǒ 動交戦する,砲火を交える 働〖書〗〖交兵〗
【交集】jiāojí 動(いろいろな感情や事柄が)一度にやってくる,どっと押しかけてくる〖百感～〗万感胸にせまる
*【交际】jiāojì 動交際する,コミュニケーションをとる〖～舞〗社交ダンス
【交际花】jiāojìhuā 名〈貶〉社交場の花,社交界のヒロイン
【交加】jiāojiā 動〈書〉(二つの事物が)同時に現われる,いっしょになる〖拳足～〗殴る蹴るの乱暴をする
【交接】jiāojiē 動①つながる,連結する 働〖连接〗 ②引き継ぐ,引き渡す ③交際する,付き合う 働〖结交〗
【交界】jiāojiè 動境を接する〖三省～的地方〗3省の境界が接するところ
【交卷】jiāo[`]juàn 動（～儿）(試験で) 答案を提出する;(転)任務を果たす
【交口】jiāokǒu 副口々に〖～称誉〗口々にほめそやす
—— jiāo[`]kǒu 口をきく,話を交わす
*【交流】jiāoliú 動交流する〖～经验〗経験を出し合う〖文化～〗文化交流
【交流电】jiāoliúdiàn 名〖電〗交流 ⊗〖直流电〗
【交纳】jiāonà 動納入する,支払う 働〖缴纳〗〖～会费〗会費を払う
【交配】jiāopèi 動交配する
【交情】jiāoqing 名友情〖讲～〗友情を重んじる
*【交涉】jiāoshè 動交渉する,折衝する
【交谈】jiāotán 動語り合う,会話を交わす
【交替】jiāotì 動交替する,入れ替わる ——副かわるがわる,交代で
*【交通】jiāotōng 名①交通〖妨碍～〗交通を妨げる ②(日中戦争および解放戦争の時期の)通信連絡業務〖～员〗地下連絡員 ——動〈書〉①(道が)通じあう ②取り入る,近づきになる 働〖勾结〗〖～敌国〗敵国と通じる
【交通工具】jiāotōng gōngjù 名交通機関
【交头接耳】jiāo tóu jiē ěr〈俗〉互いにひそひそ話をする,内緒話をする
*【交往】jiāowǎng 動互いに往き来をする,人づきあいをする
【交尾】jiāowěi 動交尾する,交配する
【交相辉映】jiāo xiāng huī yìng〈成〉五色の光がまばゆく輝くさまをいう
【交响诗】jiāoxiǎngshī 名〖音〗交響詩
【交响乐】jiāoxiǎngyuè 名〖音〗交響楽,交響曲 働〖交响曲〗
【交易】jiāoyì 名〖笔·宗〗取り引き,商い〖做～〗同前をする ——動(商品の)取り引きをする
【交易所】jiāoyìsuǒ 名取引所〖证券～〗証券取引所
【交战】jiāozhàn 動交戦する,戦火を交える 働〖書〗〖交兵〗
【交账】jiāo[`]zhàng 動①帳簿を引き渡す,会計事務を次に引き継ぐ ②責任をとる,(自分がやったことに関して)報告する
【交织】jiāozhī 名交織,混ぜ織り ——動入り混じる,錯綜する

【郊】jiāo ⊗郊外,都市周辺〖西～〗西の郊外
*【郊区】jiāoqū 名郊外地区 ♦行政区画上は市に属する 働〖市区〗
【郊外】jiāowài 名郊外

【郊游】jiāoyóu 動(郊外へ) 遠足に行く, ピクニックをする『去~』ピクニックに出かける

【茭】jiāo ⊗『~白』『植』マコモダケ

【胶(膠)】jiāo 图 ニカワ『~原病』膠原病 ― 動 ニカワで貼り付ける ⊗① 植物ゴム, 樹脂『橡~』ゴム ② ねばねばした, よく粘る

【胶版】jiāobǎn 图 オフセット印刷の底版, ゴムブランケット 哋『橡皮版』
【胶布】jiāobù 图 ① ガムテープ, ビニールテープ ②(口)絆創膏哋『橡皮膏』
【胶合板】jiāohébǎn 图 ベニヤ板
【胶结】jiāojié 動 のりがくっつく, 膠結する
【胶卷】jiāojuǎn 图 (~儿)〔卷・盒〕フィルム ◆ ロール状になったもの
【胶囊】jiāonáng 图『薬』カプセル
【胶皮】jiāopí 图 ① ゴム ②『方』人力車(天津地方での旧称)
【胶片】jiāopiàn 图 (未使用の)フィルム 哋『软片』
*【胶水】jiāoshuǐ 图 (~儿)(液状の)のり 哋『糨糊』
【胶鞋】jiāoxié 图『只・双』ゴム靴, ゴム底の靴 哋『橡皮鞋』
【胶靴】jiāoxuē 图『只・双』ゴム長靴, ゴムブーツ
【胶印】jiāoyìn 图 オフセット印刷
【胶原病】jiāoyuánbìng 图 膠原病
【胶原蛋白】jiāoyuán dànbái 图 コラーゲン
【胶柱鼓瑟】jiāo zhù gǔ sè《成》(琴柱をニカワで固定して瑟を弾く>)一つの方式に固執して, まったく融通がきかない, 変化に対応できない
【胶着】jiāozhuó 動 膠着する, 動きがとれなくなる『~状态』膠着状態

【蛟】jiāo ⊗ ミズチ, 蛟竜

【蛟龙】jiāolóng 图 ミズチ, 蛟竜 ◆ 伝説上の動物で, 波をうねらせ, 洪水を起こすことができる竜だという

【跤(*交)】jiāo 图 転ぶこと『摔 shuāi 了一~』すてんと転んだ

【鲛(鮫)】jiāo ⊗ サメ ◆ 一般に『沙(鲨)鱼』という

【浇(澆)】jiāo 動 ① ふりかける, まく『~撒~ sā 点水』水をまく ② 灌漑する, 田畑に水をやる ③ 型に流し込む『~铅字』紙型に鉛を流し込む ⊗ 薄情な, 冷たい『~薄』同前

【浇灌】jiāoguàn 動 ① 型に流し込む ② 灌漑する, 田畑に水をやる
【浇冷水】jiāo lěngshuǐ 冷水を浴びせる, 水をさす ◆ やる気をそぐ行為を例える
【浇头】jiāotou 图《方》メンやご飯にかける具
【浇筑】jiāozhù 動(土木建築で) コンクリートを流しこんで所定の形に作りあげる『~纪念碑』コンクリートで記念碑を作る

【娇(嬌)】jiāo 動 甘やかす, 猫かわいがりにする『~坏孩子』子供を甘やかして駄目にする ― 形 わがままな, 気難しい ⊗ ① 愛くるしい ② 虚弱な

【娇滴滴】jiāodīdī 形〔多く定語・状語として〕みずみずしくて愛らしい
【娇惯】jiāoguàn 動 甘やかす, 過保護に育てる『~孩子』子供を甘やかす
【娇贵】jiāoguì/jiāoguì 形 ①(甘やかされて) 弱々しい, ちょっとした苦労にも耐えられない ② もろい, すぐ壊れる
【娇丽】jiāolì 形 色鮮やかで美しい
【娇绿】jiāolǜ 形 みずみずしい緑の, 緑あざやかな
【娇媚】jiāomèi 形 ① なまめかしい, あでやかな 哋『妩媚』 ② 色気たっぷりの, 媚びをふりまく
【娇嫩】jiāonèn 形 もろい, 弱々しい 哋『柔嫩』
【娇娜】jiāonuó 形 (若い女性が) たおやかな, 美しくかわいらしい
*【娇气】jiāoqi/jiāoqì 形 甘ったれた, お坊ちゃん風な
【娇柔】jiāoróu 形 あでやかでやさしい
【娇生惯养】jiāo shēng guàn yǎng《成》さんざん甘やかされて育つ, 蝶よ花よと育てられる
【娇小玲珑】jiāoxiǎo línglóng《成》小柄で利発な, 美しく愛らしい
【娇艳】jiāoyàn 形 あでやかな, なまめいた
【娇纵】jiāozòng 動 甘やかして放任する, (子供を)わがまま気ままに育てる

【骄(驕)】jiāo ⊗ ① うぬぼれる, 驕る ② 激しい, 猛烈な

*【骄傲】jiāo'ào 图 誇り(とすべき人物), 自慢(の事物)『他是我们家乡的~』あの方は我々郷土の誇りだ ― 形 ① うぬぼれた, 思い上がった『~『虚心』② 誇らしい, 自慢したい 哋『自豪』
【骄气】jiāoqi/jiāoqì 图 増上慢, うぬぼれ
【骄奢淫逸】jiāo shē yín yì《成》贅沢三昧にやりたい放題
【骄阳】jiāoyáng 图《書》烈日, 酷暑の太陽
【骄子】jiāozǐ 图 寵児『时代的

― jiāo 283

~]時代の寵児
【骄纵】jiāozòng 形 思い上がって我がまま気ままな、うぬぼれて手の付けられない

【教】jiāo 動 教える [~儿子下棋] 息子に将棋を教える
⇨jiào
【教书】jiāo'shū 動 教師をする、学校で教える 回[念书][读书]

【椒】jiāo ⊗ぴりりとする実がなる植物 [花~] サンショ [胡~] コショウ [辣~] 唐辛子

【焦】jiāo 图 コークス [炼~] コークスを作る [煤~] コークス ― 形 焦げた、かりかりになった
⊗①焦る、苛立つ ②(J-) 姓
*【焦点】jiāodiǎn 图 焦点、核心 [问题的~] 問題の核心
【焦干】jiāogān 形 からからに乾いた、干上がった
【焦糊糊】jiāohūhū 形 (~的)黒こげの
*【焦急】jiāojí 形 焦る、苛立つ [~万分] 居ても立ってもいられない
【焦距】jiāojù 图 焦点距離
【焦渴】jiāokě 形 のどがからからの、渇きに渇いた
【焦虑】jiāolǜ 形 ひどく心配する、じりじり気をもむ
【焦念】jiāoniàn 動 ひどく心配する、心配でやきもきする
【焦思】jiāosī 動 気をもむ、肝を砕く 回[焦虑]
【焦炭】jiāotàn 图 コークス
【焦头烂额】jiāo tóu làn é 〈成〉さんざんな目に会う、打ちのめされる
【焦土】jiāotǔ 图 焦土 ど ♦特に戦火に焼かれた情景をいう
【焦忧】jiāoyōu 動 肝を砕く、ひどく心配する 回[焦虑][焦愁]
【焦油】jiāoyóu 图 タール ♦コールタールと木タールの総称
【焦躁】jiāozào 形 いらいらやきもきする、居ても立ってもいられない
【焦灼】jiāozhuó 形 焦慮にかられた

【蕉】jiāo ⊗ バショウのような葉の大きい植物 [香~] バナナ [美人~] カンナ
⇨qiáo
【蕉麻】jiāomá 图 マニラ麻 回[马尼拉麻]

【礁】jiāo ⊗ ①暗礁 [~石] 同前 [触~] 座礁する
②サンゴ礁

【鹪(鷦)】jiāo ⊗ [~鹩 liáo][鸟] ミソサザイ

【嚼】jiáo 動 かむ、かみ砕く ♦'倒嚼'(反芻 はんすう する) は dǎojiào と発音
⇨jué
【嚼裹儿】jiáoguor 图《方》食いぶち、生活費
【嚼舌】jiáoshé 動(回[嚼舌头][嚼舌根])①出まかせを言う、つまらぬ口をきく ②下らないおしゃべりをする、つまらぬことで言い争う

【角】jiǎo 图 ①[只·对]動物のつの[鹿的~] シカの角 ②(~儿)かど、すみ[四个~] 4 かど[拐~儿]かどを曲がる[眼~儿]目じり ③角 ^ラ[锐~] 鋭角 ― 量 貨幣単位で'元'の10分の1 回〈口〉[毛]
⊗①昔の軍隊で使ったラッパ [号~] 同前 ②角 ^ラ状の物[菱~] ヒシの実 ③岬 ^{さき}(地名用字)
⇨jué
【角尺】jiǎochǐ 图[把] かね尺、さしがね 回[曲尺][矩尺]
*【角度】jiǎodù 图 ①角度 ②視点、観点
【角钢】jiǎogāng 图 L 形鋼、山形鋼 回[角铁]
【角楼】jiǎolóu 图 城壁の角に設けた望楼、隅櫓 すみやぐら
*【角落】jiǎoluò 图 ①(屋内や部屋の)隅 ②辺鄙な土地、世間の片隅
【角膜】jiǎomó 图 角膜
【角票】jiǎopiào 图 '角'札 ♦額面が'角'単位の紙幣で, 1, 2, 5角の3種がある 回[毛票]
【角球】jiǎoqiú 图 [体] コーナーキック
【角质】jiǎozhì 图 [生] 角質 かくしつ

【佼】jiǎo ⊗すばらしい [~~者] 特に秀でた人
【狡】jiǎo ⊗ずるい、悪賢い
【狡辩】jiǎobiàn 動 詭弁 きべん を弄する、言葉巧みに言いぬける
*【狡猾(狡滑)】jiǎohuá 形 ずるい、悪賢い
【狡计】jiǎojì 图 奸計、ずるい計略
【狡兔三窟】jiǎo tù sān kū 〈成〉(ずるいウサギは巣を3つ持っている>)逃げ道をいくつもつくり用意周到である
【狡诈】jiǎozhà 形 悪賢い、狡猾 こうかつ きわまる

【饺(餃)】jiǎo ⊗ ギョウザ [水~儿] ゆでギョウザ
*【饺子】jiǎozi 图 ギョウザ ♦一般に'水~'のこと. 焼いたギョウザは'锅贴儿'という [包~] ギョウザを作る

【绞(絞)】jiǎo 動 ①纏 ^{まと}う、(縄などを)綯 ^なう ②ねじる、絞る [~毛巾] タオルを絞る ③(シャフトを回転させて)巻き上げる、ワイヤを巻きとって物を持ち上げる ④(金属を)リーマーで削

る 一[量]毛糸や綿糸を数える〚一〜毛线〛毛糸ひとかせ
⊗くびり殺す，絞首刑にする［〜索］絞首台のロープ
【绞车】jiǎochē [名]〚機〛ウインチ，巻上げ機 [同][卷扬机]
【绞架】jiǎojià [名]絞首台，死刑台
【绞脑汁】jiǎo nǎozhī [動]知恵を絞る，頭を使う [同][费思虑][费脑筋]
【绞杀】jiǎoshā [動]絞殺する，ひもで締め殺す
【绞痛】jiǎotòng [動]（内臓の）締めつけられるような痛みがある，差し込みがする［心〜］狭心症
【绞刑】jiǎoxíng [名]絞首刑

〖皎〗jiǎo ⊗①（J-）姓 ②まっ白い，白く輝く
【皎皎】jiǎojiǎo [形]白く輝く〚〜的月光〛冴えわたる月の光
【皎洁】jiǎojié [形]（月が）照り輝いている，皓皓(こうこう)たる [同][皎白]

【铰(鉸)】jiǎo [動]①はさみで切る ②（金属を）リーマーで削る

〖侥(僥)〗jiǎo ⊗以下を見よ
【侥幸(儌幸·儌倖)】jiǎoxìng [形]思いがけない幸運に恵まれた〚〜获胜〛つきに恵まれて勝った〚〜心理〛僥倖(ぎょうこう)を願う気持ち

〖矫(矯)〗jiǎo ⊗①正す，矯正する ②かこつける，偽る ③たくましい，勇ましい ④（J-）姓 ♦'矫情'（無理をいう）はjiáoqingと発音
【矫健】jiǎojiàn [形]力強い，たくましい
【矫揉造作】jiǎo róu zào zuò《成》わざとらしさが過ぎること，過度に大げさに振舞うこと
【矫饰】jiǎoshì [動]外面(そとづら)を作って内心を隠す，（本心が見えないように）芝居をする〚〜内心的虚弱〛心の弱みを隠す
【矫枉过正】jiǎo wǎng guò zhèng《成》悪い点を直そうとしてやり過ぎることをいう
【矫正】jiǎozhèng [動]矯正する，誤りを正す

【脚(腳)】jiǎo [名]〔只·双〕①足 ♦足首から先の部分をいい，足首から上は'腿 tuǐ' ②物の最下部〚桌子的〜〛机の足［山〜］山のふもと 一[量]足の動作に使う〚踢了他一〜〛彼を蹴った
⊗荷担ぎ，担ぎ人［〜力］旧時の荷担ぎ人
【脚背】jiǎobèi [名]足の甲 [同][脚面]
【脚本】jiǎoběn [名]脚本，シナリオ，台本
【脚步】jiǎobù [名]①歩み，足どり〚加快〜〛足を早める〚赶不上时代的〜〛時代の歩みについてゆけない ②歩幅
【脚灯】jiǎodēng [名]〚演〛フットライト
【脚夫】jiǎofū [名]《旧》①荷担ぎ人 ②馬，牛，ロバ等の引く車もろともに雇われた運送屋
【脚跟(脚根)】jiǎogēn [名]かかと〚站稳〜〛しっかりと立つ [同][脚后跟]
【脚踝】jiǎohuái [名]くるぶし
【脚迹】jiǎojì [名]足あと〚留下〜〛足あとを残す [同][脚印]
【脚尖】jiǎojiān [名]（〜儿）爪さき，足の先端〚踮着〜跳舞〛爪先立ちで踊る
【脚镣】jiǎoliào [名]〔副〕足枷(あしかせ)〚戴〜〛同前をかける
【脚轮】jiǎolún [名]キャスター
【脚蹼】jiǎopǔ [名]スキンダイビング用の足ひれ〚戴〜〛同前をつける
【脚气】jiǎoqì [名]①脚気(かっけ) ②《口》水虫(みずむし)〚生〜〛水虫ができる
【脚手架】jiǎoshǒujià [名]（建築現場の）足場〚搭〜〛同前を組む
【脚踏车】jiǎotàchē [名]《方》自転車 [同]《普》[自行车]
【脚踏两只船】jiǎo tà liǎng zhī chuán《俗》ふた股かける [同][脚踩两只船]
【脚踏实地】jiǎo tà shídì《成》堅実な，地に足のついた
【脚腕子】jiǎowànzi [名]足首 [同][脚腕儿]《方》[脚脖子]
【脚心】jiǎoxīn [名]土ふまず
【脚癣】jiǎoxuǎn [名]水虫 [同]《口》[脚气]
【脚丫子(脚鸭子)】jiǎoyāzi [名]《方》足（足首から先の部分）
【脚印】jiǎoyìn [名]（〜儿）足あと，足跡(そくせき) [同][脚踪][脚痕][脚迹]
【脚掌】jiǎozhǎng [名]足の裏
【脚趾】jiǎozhǐ [名]足の指 [同]《口》[脚指头]
【脚指头】jiǎozhǐtou/jiǎozhítou [名]《口》足の指
【脚注】jiǎozhù [名]〔条〕脚注(きゃくちゅう)

【搅(攪)】jiǎo [動]①かきまわす，攪拌(かくはん)する〚〜匀〛均等にかきまぜる ②かき乱す，邪魔をする〚你不要再〜〛これ以上うるさくしないでくれ［〜闹］騒ぎたてる
*【搅拌】jiǎobàn [動]かきまわす，攪拌する
【搅拌机】jiǎobànjī [名]ミキサー［混凝土〜］コンクリートミキサー
【搅缠】jiǎochán [動]うるさくつき纏(まと)う，纏わりついて離れない
【搅和】jiǎohuo [動]《口》①混ぜ合わす（さる），入り混じる ②かき乱す，

J

jiǎo — jiào

混乱させる

【搅局】 jiǎo'jú 動 (すべてにお膳立ての済んでいる事を)ぶちこわす、ひっかきまわす

【搅乱】 jiǎoluàn 動 ①事をぶちこわす、台なしにする 〓[揭乱] ②混乱させる〖～秩序〗秩序をかき乱す

【搅扰】 jiǎorǎo 動 (人の心を)かき乱す、(うるさくして)邪魔をする

【湫】 jiǎo ⊗ 地勢が低い ◆「池」の意の文語では qiū と発音

【剿】(*勦) jiǎo ⊗ 討伐する、討ち滅ぼす〖～匪〗匪賊を討伐する〖围～〗包囲討伐する ◆「掠め取る」の意の文語は chāo と発音

【剿灭】 jiǎomiè 動 全滅させる、平らげる 〓[剿除]

【缴】(繳) jiǎo 動 ①渡す、納入する〖～学费〗学費を納める〖～税〗税を納める〖上～〗上納する ②(武器を)差し出させる、取り上げる〖～枪〗(投降などに際し)武器を差し出す ⇒zhuó

【缴获】 jiǎohuò 動 (武器や凶器を)取り上げる、捕獲する

***【缴纳】** jiǎonà 動 納入する、納める(⊕[缴付][交纳])〖～学费〗授業料を納める

【缴销】 jiǎoxiāo 動 (免許や鑑札などを)返納し廃棄する、返納し無効手続きをする

【缴械】 jiǎo'xiè 動 ①武装解除する、武器を差し出させる ②(敵が)武器を差し出す、投降する

【皎】 jiǎo 動 ①(玉が)白く光る、清らかな ②(J-)姓

【叫】 jiào 動 ①叫ぶ、大声をあげる、(動物や昆虫が)鳴く ②声をかける、呼ぶ ③注文する、オーダーする〖～菜〗料理を注文する ④名を…という、…と称する〖～我叔叔〗ぼくをおじさんと呼びなさい〖你～什么名字？〗あなたの名前は何というの？〖这真～好〗これこそ素晴らしいってもんだ ⑤⊕[让]〖使役を示して〗…させる、…するよう命じる ◆通常「～＋動作をするもの＋動詞」の形をとるが、動作をするものがすでに明らかな場合は、'叫'が直接動詞に結びつくこともある〖～他快点走〗あの子をさっさと歩かせろ〖连电视也不～看〗テレビさえ見させない — 囲 (⊕[被])〖受身を示して〗…される ◆「～＋動作をするもの＋動詞」の形と「～＋動作をするもの＋给＋動詞」の形の両方が可能で、意味は変わらない〖～蚊子咬了〗蚊に刺された〖～猫给吃了〗猫に食われた

【叫喊】 jiàohǎn 動 叫ぶ、わめく

【叫好】 jiào'hǎo (～儿) 喝采を送る、賞讃の掛け声をかける ◆観客は口々に'好 hǎo'と叫んで感動を表わす

【叫吼】 jiàohǒu 動 吼える、空気をつんざく音を出す

【叫花子(叫化子)】 jiàohuāzi 名 (口)乞食ホゥ、物乞い ⊕[花子(化子)]

【叫唤】 jiàohuan 動 ①(人が)叫ぶ、わめく ②(動物が)鳴く、吠える

【叫绝】 jiào'jué 動 絶讃する、喝采する ⊕[叫好]

【叫苦】 jiào'kǔ 動 泣き言をいう、弱音を吐く〖暗暗～〗人知れず苦しむ

【叫骂】 jiàomà 動 どなりつける、大声で罵ⁿする

【叫卖】 jiàomài 動 呼び声を上げながら売る、(販売人が)声を張り上げて客を引きよせる

【叫屈】 jiào'qū 動 身の被害を人に訴える、いわれなくひどい目に会った口惜しさを訴える

【叫嚷】 jiàorǎng 叫ぶ、わめく ◆'叫叫嚷嚷'の形も可能

【叫嚣】 jiàoxiāo 動 (貶)大声で騒ぐ、わめき立てる

【叫做(叫作)】 jiàozuò 動 (名を)…という、…と称する(⊕[称为])〖这就～现代主义〗これをモダニズムという

【觉】(覺) jiào 名 (1回分の) 眠り、睡眠 ◆ふつう動詞'睡'と呼応する〖睡了一～〗ひと眠りする〖午～〗昼寝 ⇒jué

【校】 jiào 動 訂正する、校正する〖～稿子〗原稿を見直す〖～注〗校訂し注をつける ⇒xiào

【校点】 jiàodiǎn 動 校訂し標点を施す

【校订】 jiàodìng 動 校訂する

【校对】 jiàoduì 動 ①原稿と突き合わせる、校正する ②(基準に合っているかどうか)点検する、検査する — 名 校正員

【校勘】 jiàokān 動 校勘ネミする

【校样】 jiàoyàng 名〔篇〕ゲラ刷り、校正刷り

【校阅】 jiàoyuè 動 校閲ネミする

【校正】 jiàozhèng 動 ①校正する ②点検修正する、正しい位置に直す

【珓】 jiào ⊗ 占い用具 ◆合わせた貝のような形、'杯～'ともいう

【较】(較) jiào 囲 …と比べて ⊕[比] — 副 比較的、多少とも ⊕[较为][比较] ⊗ ①言い争う、やりあう ②明らかな(に)

【较劲(叫劲)】jiào'jìn 動 (～儿)①力くらべをする ②いやがらせする,たてつく ③力を発揮する

*【较量】jiàoliàng 動 ①(能力を)争う,競う ②言い争う,口論する

【较真(叫真)】jiàozhēn 形 (～儿)〈方〉まじめな

【轿(轎)】jiào 图 (中国風の) 駕籠,輿 [抬～]同前を担ぐ [花～]花嫁駕籠

【轿车】jiàochē 图〔輛〕①乗用車,セダン[坐～]同前に乗る ②旧時の乗用馬車など

【轿子】jiàozi 图〔頂·乘〕(中国風の) 駕籠,輿 [坐～]同前に乗る [抬～]同前を担ぐ

【教】jiào 介 (使役の動詞)…させる 働[叫] — 介(受身の介詞)…される 働[叫] ⊗①教え(る),指導(する) [请～]教示を仰ぐ ②宗教[信～]宗教を信じる ③(J-)姓
⇨ jiāo

【教案】jiào'àn 图 (授業のための)教案,授業プラン

*【教材】jiàocái 图 教材

【教程】jiàochéng 图 (ある分野の)教学課程 (一般に書名に使う)

【教导】jiàodǎo 動 教える,指導する[～学生要珍惜时间]時間を大切にするよう学生を指導する [在老师的～下]先生の指導のもとに [～员]政治指導員

【教规】jiàoguī 图 宗教規律

【教皇】jiàohuáng 图 (カトリックの) 法王,ローマ教皇

【教会】jiàohuì 图 (組織としての)キリスト教会

【教诲】jiàohuì 動〈書〉教え諭す,教授する

【教具】jiàojù 图〔套〕教育器材

【教科书】jiàokēshū 图〔本〕教科書 働[课本]

*【教练】jiàoliàn 動 コーチする,技を教える [～兼队员]プレーイングコーチ [～机]練習機 — 图 コーチ,インストラクター,技術分野の教員

【教师】jiàoshī 图 教員,教師

【教室】jiàoshì 图〔间·个〕教室

【教士】jiàoshì 图 (キリスト教の) 宣教師 働[传教士]

*【教授】jiàoshòu 图 教授 [副～]助教授 [客座～]客員教授 — 動 教授する,教える

【教唆】jiàosuō 動 教唆(きょうさ)する,唆(そそのか)す [～小孩去偷窃]子供に盗みを唆す

【教坛】jiàotán 图 教育界

【教堂】jiàotáng 图 (キリスト教の)教会,聖堂

【教条】jiàotiáo 图 ①(宗教上の)教義,ドグマ ②無批判に盲従する原理原則 [～主义]教条主義

【教徒】jiàotú 图 信者,教徒

【教务】jiàowù 图 教務,教学事務

【教学】jiàoxué 图 ①教育,教えること [～大纲]シラバス ②教育と学習 ♦'jiāoxué'は「教える」の意

【教学相长】jiào xué xiāng zhǎng (成) 教える過程を通して,学生はもとより教師自身も向上することをいう

【教训】jiàoxun/jiàoxùn 图 教訓,教え [吸取～]教訓を汲みとる — 動 ①教え諭[さと]す,説教する [～孩子不要浪费时间]時間を無駄にしないよう子供を諭す ②こらしめる

【教研室】jiàoyánshì 图 ①教研室 ♦教育部門や学校での教育問題研究組織 ②研究室,教員室

*【教养】jiàoyǎng 图 教養,文化的素養 働[文化] — 動 (次の世代を)育てる,養成する

【教义】jiàoyì 图 教義

【教益】jiàoyì 图 (指導されて得る) 教訓,身に付く知識や知恵 [得到～]啓発される

*【教育】jiàoyù 图 (主として) 学校教育 [电化～]視聴覚教育 — 動①教育する ②教え諭す,啓発する[用事实～]事実をもってわからせる[接受～]教訓を受け入れる

【教员】jiàoyuán 图 教員,教師 働[教师]

【教职员】jiàozhíyuán 图 教職員

【窖】jiào 图 貯蔵用の穴倉,むろ — 動 むろに入れる,穴倉に貯蔵する [～冰]氷をむろに貯蔵する

【酵】jiào ⊗ 発酵(はっこう)する [发～]同前 [～素]酵素

【酵母】jiàomǔ 图 酵母(こうぼ)働[酵母菌] 酿母菌

【斠】jiào ⊗①マスをならす用具 ②校訂する

【噍】jiào ⊗ 噛む,食べる [～类]〈書〉人間

【醮】jiào ⊗ ①古代の婚礼の儀式の一 [再～]〈書〉再嫁する ②道教の儀式 [打～]道士が法事を行う

【藠】jiào ⊗ [～头]〔植〕ラッキョウ

【节(節)】jiē ⊗ 以下を見よ ⇨ jié

【节骨眼】jiēguyǎn 图 (～儿)〈方〉決定的な時機,(物事の) 急所 [抓住～]勘所(かんどころ)を押さえる

【节子】jiēzi 图 材木の節(ふし)

【疖(癤)】jiē ⊗ 以下を見よ

【疖子】jiēzi 图 吹出物,腫物(はれもの) [生

【阶(階 *堦)】 jiē ⊗ ① 階 (門前などの) 階段 ② 等級 [军~] 軍隊における階級
*【阶层】 jiēcéng 图 階層
*【阶段】 jiēduàn 图 段階 [过渡~] 移行段階
【阶级】 jiējí 图 階級 [资产~] ブルジョワジー [无产~] プロレタリアート [~斗争] 階級闘争
【阶梯】 jiētī 图 ① 階段と梯子 [~教室] 階段教室 ② (転)(出世などのための)踏み台,足がかり

【结(結)】 jiē 動 (植物が) 実を結ぶ,結実する 〚~果儿〛実がなる 〚~子儿〛種ができる ⇨jié
【结巴】 jiēba 图 どもり,吃音者 一 形 どもりの ⑩ [口吃]
*【结实】 jiēshi 形 ① 頑丈な,丈夫な ② (身体が)たくましい,タフな

【秸(*稭)】 jiē ⊗ 脱穀した後の作物の茎 [~秆] 同前 [麦~] 麦わら [豆~] 豆がら

【皆】 jiē ⊗ すべて,みな [人人~知] 誰もがみんな知っている

【喈】 jiē ⊗ [~~](书) ① 調和のとれた音 ② 鳥の鳴き声

【接】 jiē 動 ① つながる,つなぐ 〚~电线〛電線をつなぐ ② 受け止める,つかむ 〚把球~住了〛ボールを受け止めた ③ 受け取る 〚~电话〛電話に出る ④ 迎える 〚~朋友〛友人を出迎える ⑤ 引き継ぐ,交替する ⊗ ① 近づく,触れる [~壤 rǎng] 境を接する ② (J-)姓
【接班】 jiēʼbān 動 (~儿) ① 勤務を交替する,業務を引き継ぐ ② (転)(社会的な,国家的な使命をこめて)後を継ぐ
【接班人】 jiēbānrén 图 後継者 ◆本来は勤務交替者の意.比喩的の用法が一般化した 〚培养农业的~〛農業の後継者を養成する
【接茬儿】 jiēʼchár 動《方》① 話の穂をつぐ ② 引き続き他の事をする
*【接触】 jiēchù 動 ① 触れる,接触する ② (人と人が)付き合う,触れ合う ③ (軍事的に)衝突する
*【接待】 jiēdài 動 もてなす,迎える [~室] 応接室 [~站] (集会などの)受付
【接地】 jiēdì 图 ① [电] アース ② [航] 着地,接地 一 動 アースをつける
【接二连三】 jiē èr lián sān 《成》(~地) 次から次へと,続々と
【接风】 jiēfēng 動 遠来の客や旅を終えた人にご馳走する
【接合】 jiēhé 動 接合する,つなぎ合わせる
【接济】 jiējì 動 (物質的に) 援助する,救済する 〚~物资〛援助物資を送る [~粮食] 救援食糧
【接见】 jiējiàn 動 客に会う,(来訪者と)会見する
*【接近】 jiējìn 動 近づく,接近する (⑩[靠近]) 〚不容易~的人〛近よりがたい人物 一 形 近い,すぐそばの 〚他们俩脾气很~〛あの二人は性格が似ている
【接境】 jiējìng 動 隣接する,境を接する ⑩[交界] [接界]
【接口】 jiēʼkǒu ① 他人の発言にすぐ続いて発言する ⑩[接腔] ② 接合する,つながる
【接力】 jiēlì 動 リレーする,次々引き継ぐ [~赛跑] リレー競走 [八百米~] 800メートルリレー
【接力棒】 jiēlìbàng 图 [根] (リレー競走の) バトン
*【接连】 jiēlián 続けざまに,連続して 〚~好几天〛何日もの間
【接纳】 jiēnà 動 (組織や団体への加入を) 承諾する,受け入れる 〚~新会员〛新会員の加入を認める
【接洽】 jiēqià 動 打ち合わせる,手配する
【接任】 jiērèn 動 (地位や職務を) 引き継ぐ,後任となる 〚~总经理〛社長の座を継ぐ
【接三】 jiēsān 图《旧》人が死んだ3日目に死者の成仏を祈る ⑩[送三]
【接生】 jiēʼshēng 動 赤ん坊を取り上げる,出産を助ける [~员] 助産婦
【接收】 jiēshōu 動 ① 受け取る,受領する ⑩[收受] ② 接収する ③ (加入を) 承諾する,受け入れる ⑩[接纳]
【接手】 jiēʼshǒu 動 (仕事を) 引き継ぐ,交替する
*【接受】 jiēshòu 動 受け入れる,受容する 〚~批评〛批評を受け入れる
【接替】 jiētì 動 (仕事を) 交替する,取って代わる ⑩[代替]
【接头】 jiēʼtóu 動 ① (二つの物体を)接合する,つなぐ ② 打ち合わせる,連絡協議する ③ 内情に通じる,熟知する
【接头儿】 jiētóur/ jiētour 图 継ぎ目,接合部
【接吻】 jiēʼwěn 動 キスする,口づけする ⑩[亲嘴]
【接线】 jiēxiàn 图 電気コード —— jiēʼxiàn 動 ① 配線する 〚接一根线〛コードを1本つなぐ [~图] 配線図 ② (交換台で) 電話をつなぐ

【接线员】jiēxiànyuán [名] 交換手 [同] [话务员]

★★【接着】jiēzhe [動]（投げられた物を）手で受ける，キャッチする — [副] 引き続いて，すぐ後に

【接踵】jiēzhǒng [動]《書》踵(きびす)を接する，引きも切らずに（人が） 来る［～而来］陸続(りくぞく)と現われる

【接种】jiēzhòng [動]〖医〗接種する〖～疫苗〗ワクチンを接種する

【揭】jiē [動] ① はがす〖～下墙上的画儿〗壁の絵をはがす ②（覆いを） 開く，あける〖～开锅盖〗鍋のふたをあける ③ 暴露(ばくろ)する，摘発する［～底儿］内幕をばらす

⊗ ① 掲(かか)げる，かざす ②（J-）姓

【揭不开锅盖】jiēbukāi guōgài《俗》（鍋のふたが開けられない＞）食ってゆけない

【揭穿】jiēchuān [動]（にせの姿やぺてんを）暴き出す〖～谎言〗うそを暴き出す

★【揭发】jiēfā [動]（人の悪事を）暴露する，摘発する

【揭锅】jiē'guō [動] ① 鍋のふたを取る，料理した食物を取り出す ② 公開する，発表する

★【揭露】jiēlù [動]（真相や本質を）明るみにする，（人の悪事を）暴露する，摘発する

【揭幕】jiēmù [動] ① 除幕する［～式］除幕式 ②《転》（大事件の） 幕があく，始まりを告げる

【揭破】jiēpò [動]（真相を）明らかにする，暴き出す

【揭示】jiēshì [動] ① 掲示する，公示する［～牌］掲示板 ② 明らかにする，明快に示す

【揭晓】jiēxiǎo [動] 公開発表する，人々に知らせる

【嗟】jiē（旧読 juē） ⊗ 嘆息する，吐息をもらす［～叹］同前

【嗟来之食】jiē lái zhī shí《成》無礼な施(ほどこ)し，くれてやる式の救済〖不吃～〗人の施しは受けぬ

【街】jiē [名] ①〔条〕街路，街(まち)〖上～〗街へ出る ②《方》市(いち)（[同]［集］）［赶～］市へ行く

★★【街道】jiēdào [名] ①〔条〕街路，通り ② 町内（都市における‘区’の下の行政単位）［～办事处］（行政機能をもつ）町会事務所

【街灯】jiēdēng [名] 街灯

【街坊】jiēfang [名]《口》近所の人，隣人［～邻居］隣り近所

【街门】jiēmén [名]（屋敷の通りに面した）門

【街谈巷议】jiē tán xiàng yì [名] 世間のうわさ，巷(ちまた)のゴシップ

【街头】jiētóu [名] 街角，通り［十字～］十字路

【街头巷尾】jiētóu xiàngwěi [名] 通りという通り，すべての通りと路地（[同]［大街小巷］）〖～都是人〗通りも路地も人また人

【孑】jié ⊗ 孤独な，ひとりぼっちの［～然］《書》同前［～立］《書》孤立無援の

【孑孓】jiéjué [名] ボウフラ [同]［跟头虫］

【孑遗】jiéyí [名]《書》（大災害後に）生き残った少数者［～生物］生きた化石

【节（節）】jié [名]（～儿）節(ふし)，つなぎ目［竹～］竹の節 — [量] 区切りのあるものに使う〖上三～课〗3コマ授業に出る〖第四～〗第4節

⊗ ① 段落，まとまり［音～］シラブル ② 祝祭日，記念日，節気［国庆～］建国記念日［过～］祭日を楽しむ ③ 事柄，事項［不拘小～］小節に拘わらない ④ 節操，操(みさお)［变～］変節する ⑤（余計な部分を）削除する，省略する［删～本］節録本 ⑥ 節約する，切りつめる［～能］エネルギーを節約する［～电］節電する ⑦（J-）姓

⇨ jiē

【节减】jiéjiǎn [動] 切りつめる，節減する

【节俭】jiéjiǎn [形] つましい

【节录】jiélù [名] 抜き書き，要録 — [動] 重要部分を抜き書きする，要所を抜き出す

★★【节目】jiémù [名] ① 演目，番組〖下一个～〗次の出し物［～单］プログラム ② 項目，事項

【节气】jiéqi/jiéqì [名] 節気(せっき) ♦中国の伝統的暦法による時の区分で，1年が24節気に分かれる [関]［二十四～］

★★【节日】jiérì [名] 記念日，祝祭日

★★【节省】jiéshěng [動] 節約する，切りつめる [同]［节约］[反]［浪费］

【节食】jiéshí [動] 節食する，減食する［～减肥］ダイエットする

【节育】jiéyù [動]（‘节制生育’の略）産児制限をする，計画出産をする

★★【节约】jiéyuē [動] 節約する，切りつめる [同]［节省］

【节肢动物】jiézhī dòngwù [名] 節足動物

★【节奏】jiézòu [名] リズム〖有～的脚步声〗リズミカルな足音

【讦（訐）】jié ⊗ 他人の過失を責める［攻～］《書》同前

【劫（*刦刧刼）】jié ⊗ ① 災難，災害［十年浩～］10年にわたる大災害（文化大革命のこと） ② 強

奪する［打～］同前 ③無理やり迫る，脅迫する［～机］ハイジャックする

【劫持】jiéchí [動]脅して奪う

【劫道】jié▼dào [動]道をふさいで強奪する，辻強盗を働く [同][截道]

【劫夺】jiéduó [動]（武力で） 強奪する，強盗を働く

【劫匪】jiéfěi [名]匪(ひ)賊

【劫掠】jiélüè [動]強奪する，略奪する

【劫难】jiénàn [名]災難，災厄 [同][灾难][灾祸]

【劫数】jiéshù [名]運命付けられていた災難，逃がれられぬ非運

〖诘(詰)〗jié ⊗詰問する，なじる［～责］難詰する

【诘问】jiéwèn [動]《書》詰問する，なじる

〖洁(潔)〗jié ⊗清潔な，すっきりとした［整～］きちんと片付いた

【洁白】jiébái [形]真っ白な，汚れのない

【洁净】jiéjìng [形]汚れのない，清潔な [同][干净]

【洁癖】jiépǐ [形]潔癖な，きれい好き過ぎる

【结(結)】jié [動]①結び目を作る，（ひもを） 結ぶ ②終結する，結着をつける〖这事儿不～了吗？〗この事はそれでいいじゃないか ③凝結する(させる)，作り出す〖～冰〗氷が張る — [名]結び目〖打一个～〗結び目を作る［死～］丸結び

⊗結びつく，ある関係を作る［～社］団体を結成する

⇨jiē

【结案】jié▼àn [動]判決を下す，結末をつける

【结伴】jié▼bàn [動]（～儿）〔多く状語的に〕連れ立つ，道連れになる〖～出国〗連れ立って外国へ行く

【结彩】jié▼cǎi [動]（花やリボン等で）飾りつけをする，装飾を施す

【结仇】jié▼chóu [動]仲違いする，仇同士となる [同][结怨]

【结党营私】jié dǎng yíng sī《成》徒党を組んで私利をはかる，派閥を作って利をあさる

★★【结构】jiégòu [名]①構造，構成［经济～］経済構造［～式］構造式［～工资］基本給，職務給，経験給，奨励給の4要素から成る給与 ②建築構造［钢筋混凝土～］鉄筋コンクリート構造

★★【结果】jiéguǒ [名]結果，結着 [反][原因] — [動]〔多く旧白話で〕（人を）殺す，ばらす ♦jiē▼guǒ は「実がなる」の意 — [副]けっきょく，そのあげくに

★★【结合】jiéhé [動]①結びつく（つける），結合する(させる) ②夫婦となる，結ばれる

【结核】jiéhé [名]①結核［～菌素］ツベルクリン ②〖鉱〗団塊

★★【结婚】jié▼hūn [動]結婚する，夫婦になる([反][离婚])〖跟她～〗彼女と結婚する

【结伙】jié▼huǒ [動]仲間になる，集団を組む ♦多く貶義

【结交】jié▼jiāo [動]交際する，交わりを結ぶ

★【结晶】jiéjīng [名]①結晶([同][晶体])［～体］同前 ②《転》(貴重な成果，努力の賜物を表わし）結晶 — [動]結晶する

★【结局】jiéjú [名]最終局面，結末〖小说的～〗小説の結末

★★【结论】jiélùn [名]結論，最終判断〖下～〗結論を下す

【结盟】jié▼méng [動]同盟を結ぶ

【结膜炎】jiémóyán [名]結膜炎

【结幕】jiémù [名]（芝居の）終幕，最後の一幕；《転》クライマックス，最後の盛り上り

【结亲】jiéqīn [動]①結婚する，夫婦になる ②姻戚関係になる

【结球甘蓝】jiéqiú gānlán [名]キャベツ，甘藍(かんらん) [同][圆白菜]《方》[卷心菜]

【结舌】jiéshé [動]（恐怖や緊張で）舌がこわばる，物が言えなくなる

【结石】jiéshí [名]〖医〗結石

【结识】jiéshí [動]知り合いになる，近付きになる〖～了许多著名人物〗多くの有名人と知り合った

★★【结束】jiéshù [動]終わる，終わらせる([反][开始])〖告～〗終了を告げる〖～发言〗発表を終える

★【结算】jiésuàn [動]決算する，清算する

【结尾】jiéwěi [名]結末，締め括り — [動]終わる

【结业】jié▼yè [動]（短期研修などの）学習を終える，コースを修了する

【结余】jiéyú [名][動]剰余残高(が出る) [同][结存] [反][超支]

【结语】jiéyǔ [名]まとめ，結語 [同][结束语]

★★【结账】jié▼zhàng [動]勘定をする，決算する，帳簿を締める

【结子】jiézi [名]結び目

〖拮〗jié ⊗［～据 jū］手元不如意な

〖桔〗jié ⊗［～梗 gěng］〖植〗キキョウ［～槔 gāo］（井戸の）はねつるべ

⇨jú

〖杰(傑)〗jié ⊗①傑物，英雄［俊～］英傑 ②傑出する，抜きん出る

★【杰出】jiéchū [形]傑出した，とび抜けた

J

桀

【桀】 Jié ⊗桀⑪ ♦夏王朝最後の君主で, 中国古代の最大の暴君と伝えられる

【桀犬吠尧】 Jié quǎn fèi Yáo 《成》(暴君桀の飼犬は堯にほえつく>) 子分がひたすら親分のために尽くす ♦堯は古代の代表的聖王

【桀纣】 Jié Zhòu 图 桀紂⑪ ♦桀は夏王朝最後の君主. 二人とも代表的な暴君で, 悪虐無道の支配者の代名詞

捷

【捷】(*捷) jié ⊗①戦勝, 勝利 [报～] 勝利を伝える ②敏速な, すばやい [敏～] 機敏な

【捷报】 jiébào 图 勝利の知らせ, 成功の報告 〖～频传 chuán〗同前が次々届く

【捷径】 jiéjìng 图 近道, 便利な方法 〖走～〗近道を行く

睫

【睫】 jié ⊗ まつ毛 [目不交～] 寝もやらぬ

【睫毛】 jiémáo 图〔根〕まつ毛

截

【截】 jié 動①(細長い物を)切断する, 断ち切る 〖～开木料〗木材を切る ②阻止する, 留める 一量 (～儿) 区切りや段落を数える
⊗時を区切る, 締切る→ [～至]

【截长补短】 jié cháng bǔ duǎn 《成》 長所によって短所を補う, 弱点を補いあう

【截断】 jiéduàn 動①切断する, 断ち切る 〖～钢骨〗鉄骨を切断する 〖～退路〗退路を絶つ 〖截不断〗断ち切れない ②(人の動作を)遮る, 中断する 〖打断〗

【截夺】 jiéduó 動 追剥ぎを働く, 路上で強奪する

【截门】 jiémén 图 バルブ

【截然】 jiérán 副 はっきりと, 完全に

【截瘫】 jiétān 動[医](全体あるいは部分的に)下肢が麻痺している

【截止】 jiézhǐ 動 締切る, 期限を切る 〖到二月底～〗2月末に締切る

*【截至】 jiézhì 尻(期日を) …まで(と)する,(時間で)…までで区切る) 〖～今天为止〗きょうまでとする

竭

【竭】 jié ⊗ 尽きる, 尽くす [精根力～] 精根尽き果てる [尽心～力] 精根こめる

*【竭尽全力】 jiéjìn quánlì 《成》 全力を尽くす

【竭力】 jiélì 副 力を尽くして, 全力で 〖～反对〗極力反対する

【竭泽而渔】 jié zé ér yú 《成》(池を干して魚を取る>) 目先の利益をあさって, 長期的利益を失う

碣

【碣】 jié ⊗ 石碑, いしぶみ [墓～]墓石

羯

【羯】 jié ⊗①(J-)中国古代民族の一 ♦山西省東南部に住み, 4世紀に後趙国を建てた ②去勢した羊 [～羊] 同前

姐

【姐】 jiě 图 姉 [大～] 長姉
⊗①同じ世代で自分より年上の女性の親類に対する呼称 [表～] 母方の従姉 ②年長の女性に対する親しみと尊敬をこめた呼称 [江～] 江ねえさん ③若い女性に対する呼称

【姐夫】 jiěfu 图 姉の夫 働[姐丈]

【姐姐】 jiějie 图①姉, 姉さん ②同じ世代で自分より年上の女性に対する呼称

【姐妹】 jiěmèi 图①姉妹, 姉と妹 ♦ 当人を含む場合と含まぬ場合と両方可能 ②兄弟姉妹, はらから

解

【解】(*解) jiě 動①(縛ったものなどを)解く, ほどく 〖～扣子〗ボタンをはずす ②方程式を解く, 答えを求める 〖～不出这道题〗この問がどうしても解けない 一图 (方程式の)解
⊗①分離する, 分解する [瓦～] 瓦解する ②説明する, 解釈する ③理解する, わかる [不～] わからない ④大小便をする [大(小)～] 大(小)便をする
⇨ jiè, xiè

【解除】 jiěchú 動 取り除く, 解除する 〖～职务〗解任する

【解答】 jiědá 動 解答する, 答えを出す

【解冻】 jiědòng 動①雪や氷が解ける, 雪解けの時節になる [～季节] 雪解け時分 ②(資金などの)凍結を解除する

【解读】 jiědú 動①解読する 〖～易经〗易経を読みとく ②分析する ③理解する

【解毒】 jiědú 動①毒を消す, 解毒する (⊗[中毒]) [～药] 解毒剤 ②(漢方医学で)のぼせや熱を取り除く

*【解放】 jiěfàng 動①(束縛から)解放する, 自由にする ②(政治的に)解放する ♦特に共産党による解放, 中華人民共和国の成立を指すことが多い

【解放军】 jiěfàngjūn 图 解放軍, (特に)中国人民解放軍

【解放区】 jiěfàngqū 图 解放区 ♦日中戦争期およびそれに続く国共内戦期に, 中国共産党指導下に人民政権を樹立した地域をいう

*【解雇】 jiěgù 動 解雇する, クビを切る

【解恨】 jiěhèn 動 憎しみを解消する, 恨みを晴らす

【解救】 jiějiù 動 救う, 助け出す 働[挽救]

★★【解决】jiějué [動] ① 解決する，結着をつける ②《口》(敵を) 壊滅する，片づける

【解开】jiěkāi [動] ① ほどく，外す〚解不开〛ほどけない〚～上衣〛上着のボタンをはずしてくつろぐ ②(心のつかえ等を)解消する，取り除く〚～疙瘩〛わだかまりを解く

【解渴】jiě▾kě [動] ① 渇きをいやす，のどを潤す ② 満足する，気が晴れる

【解铃系铃】jiě líng jì líng《成》((虎の首に) 鈴を結びつけた者に鈴を解かせよ＞) 種を播いた者に刈り取らせよ

【解闷】jiě▾mèn [動] (～儿) 憂さを晴らす，退屈をまぎらす

【解囊】jiěnáng [動] (人のために) 金を使う，ポケットマネーをぽんと出す〚慷慨～〛気前よく金を出す［～相助］人助けに金を使う

【解聘】jiě▾pìn [動] 解雇する，解任する [反][招聘]

★【解剖】jiěpōu [動] 解剖する［活体～］生体解剖［～学］解剖学

【解劝】jiěquàn [動] 慰める，なだめる

【解任】jiě▾rèn [動]《書》解任する，免職する [同][解职]

★【解散】jiěsàn [動] ①(人の群れが) 解散する，ちりぢりになる [反][集合] ②(団体や集会を) 解散させる，つぶす [同][遣散]

★★【解释】jiěshì [動] ① 解明する，解釈する ② 弁明する，説明する

【解手】jiě▾shǒu [動] (～儿) 大小便をする，用を足す〚解小手儿〛小便をする

★★【解说员】jiěshuōyuán [名] 解説者，コメンテーター

★【解体】jiětǐ [動] ばらばらになる，崩解する

【解围】jiě▾wéi [動] ① 敵軍に包囲を解かせる，包囲から救い出す ② 苦境から救う，助け舟を出す

【解析几何】jiěxī jǐhé [名] 解析幾何学

【解约】jiě▾yuē [動] 解約する，キャンセルする

【解职】jiě▾zhí [動] 解任する，免職する [同][解任]

〖介〗jiè ⓧ ① 二つのものの間に位置する，介在する［媒～］媒介する ② 気にかける，気にする ③ 気骨がある，剛直な ④(伝統劇の)しぐさ ⑤(J-)姓

【介词】jiècí [名]〚語〛介詞(かいし)，前置詞 ♦'在，从，把'等々，名詞や代名詞の前に置かれて方向や場所，時間，対象，目的などを示す語．多く動詞に由来

【介入】jièrù [動] 介入する，首をつっこむ〚～这场纠纷〛このもめ事にかかわる

★★【介绍】jièshào [動] ①(人を) 紹介する，引き合わせる ② 導入する，引き入れる〚～一个朋友入会〛友人を一人入会させる ③ 説明する，話して聞かせる

【介意】jiè▾yì [動]〔多く否定形で〕気にする，意に介する〚毫不～〛まったく気にしない

【介质】jièzhì [名]〚理〛媒質(ばいしつ)

〖芥〗jiè ⓧ カラシ菜［～子］カラシ菜の種［～子气］イペリットガス

【芥菜】jiècài [名] カラシ菜 ♦'gàicài'と読めばカラシ菜の一変種

【芥末】jièmo [名] 辛子(からし)の粉，粉辛子〚搽～〛辛子をぬる

【疥】jiè [名] 疥癬(かいせん)［～疮］同前［～虫］［～螨 mǎn］カイセンダニ

〖界〗jiè ⓧ ①〚動·植·鉱〛界(かい)［动物～］動物界 ②〚地〛界［古生～］古生界 ③ 境界，区切り目［国～］国境［交～］境を接する ④ 範囲，領域［眼～］視界 ⑤ 社会，分野［戏剧～］演劇界

【界碑】jièbēi [名]〔块〕界標(かいひょう) ♦境界を示す碑

【界河】jièhé [名] 境界となっている川

【界划】jièhuà [動] 区切る，境界線を引く

【界面】jièmiàn [名] インターフェース

★【界限】jièxiàn [名] ① 境界，区切り〚划清～〛一線を画す ② 限界，限度

【界线】jièxiàn [名] ① 境界線，仕切り線 ② 境界，区切り [同][界限] ③ 周縁，ふち

【界约】jièyuē [名] 国境条約

【戒】jiè [動] (嗜好やくせを) 断つ，やめる
ⓧ ① 指輪［钻 zuàn～］ダイヤの指輪 ②(仏教の) 戒律 ③ 教訓，戒(いまし)め ④ 禁止事項［破～］禁を犯す ⑤ 警戒する，備える ⑥ 戒める，警告する ⑦ '诫 jiè' に同じ

★【戒备】jièbèi [動] 警戒する，用心する〚～十分森严〛警戒が厳重だ

【戒除】jièchú [動] (悪いくせを) やめる，断つ [同][戒绝]

【戒惧】jièjù [動] 警戒し不安にかられる，びくびく用心する

【戒律】jièlǜ [名]〔条·项〕戒律 [同][戒条]

★★【戒烟】jiè▾yān [動] 禁煙する

【戒严】jiè▾yán [動] 戒厳体制をしく，戒厳令を施行する〚宣布～〛戒厳令を発する

★★【戒指】jièzhi [名] (～儿)〔只·枚〕指輪〚戴上～〛指輪をはめる

〖诫(誡)〗jiè ⓧ 警告する，戒める［告～］警告する［十～］(キリスト教の)十誡

【届】(屆) jiè

图 定期的な行事などの開催『第十三—三中全会』第13期第3回中央委員会総会『本~联大』今期国連総会
⊗ (時が) 到達する『~期』その日時になる

【届满】 jièmǎn 動 任期満了となる,任期が切れる

【届时】 jièshí 副 その時になって

【借】 jiè

動 ①借りる,借用する『~了他一本书』彼に本を借りた『跟他~三百块』彼に300元借りる ②貸す,貸与する『~了他一本书』彼に本を貸した『~给他三百块』彼に300元貸す

──(藉) 動 利用する,乗じる『~此机会』この機会に
⊗ かこつける,口実にする
⇨ jí(藉)

【借刀杀人】 jiè dāo shā rén 〈成〉(人の刀を借りて人を殺す＞) 自分は表面に出ず,他人を操って, 目指す相手を害する

【借调】 jièdiào 動 (よそからこちらに) 出向させる,人を借りる

【借风使船】 jiè fēng shǐ chuán 〈成〉(風を借りて船を出す＞) 他人の力を利用して自分の目的を達する ⑨『借水行舟』

【借古讽今】 jiè gǔ fěng jīn 〈成〉昔の事にかこつけて現在の問題を批判する

【借故】 jiègù 口実をもうけて,事にかこつけて『~拖延』口実をもうけて引き延ばす

【借光】 jiè'guāng 動〈口〉①おかげを蒙る,助けにあずかる『借你的光』あなたのおかげです ②〈挨〉ちょっとすみません,はいごめんよ ♦ものを尋ねたり,道を通してもらうときなどのあいさつ

【借花献佛】 jiè huā xiàn fó 〈成〉もらい物をそのまま返礼する

【借记卡】 jièjìkǎ 图 デビットカード

*【借鉴】 jièjiàn 動 (他人の経験から) 教訓を得る,参考にする『~别人的长处』他人の長所を参考にする

【借据】 jièjù 图『张』借用証,証文 (⑨『借字儿』)『立~』借用証を書く

*【借口】 jièkǒu 图 口実,言い訳『拿远你做~』遠いことを口実にする ── 動 口実にする,言い訳にする『~美元贬值』ドル安を口実にする

【借款】 jièkuǎn 图『笔』借入金,ローン『偿还~』借金を返済する ── jiè'kuǎn 動 ①借金する,融資を受ける ②金を貸す,融資する

【借契】 jièqì 图 借用契約書,貸借契約書(⑨『借约』)『立~』同前を書く

【借宿】 jiè'sù 動 宿を借りる,泊めてもらう『~一夜』一晩厄介になる

【借题发挥】 jiè tí fāhuī〈成〉他の話題に託して真意を示す

【借以】 jièyǐ 圖〔前の文を受けて〕それによって,それを根拠にして

【借用】 jièyòng 動 ①借用する,借りて使う ②転用する,流用する

【借债】 jièzhài 動 借金する,借金を作る ⑨『借钱』『借账』

【借支】 jièzhī 動 ①(給料を) 前借りする ②(給料を) 先払いする

*【借助】 jièzhù 動 ①助けを借りる,頼る『~于望远镜』望遠鏡の助けを借りる ②金銭的に援助する,金を貸して苦境を救う

【解】(*觧) jiè

動 護送する ⇨ jiě, xiè

【解送】 jièsòng 動 (犯人や財物を) 護送する ⑨『押送』

【价】(價) jie

助〈方〉多く否定副詞に後置され語気を強める『别~』やめなさいよ
⊗ 尾 いくつかの副詞の要素となる('家'とも書く)『成天~』一日中
⇨ jià

【巾】 jīn

⊗ 布きれ,小布『手~』手ぬぐい『餐~』ナプキン

【巾帼】 jīnguó 图 婦人,女性 ♦'帼'は昔の女性のかぶり物『~丈夫』男まさり

【今】 jīn

⊗ ①今,現在『当~』同前 ②今の,さしあたり『~秋』今秋『~晚』今夜

【今后】 jīnhòu 图 今後,これから『~的计划』今後の計画

【今年】 jīnnián 图 今年,本年

【今儿】 jīnr 图〈方〉きょう,本日『~个』

【今人】 jīnrén 图 現代の人,当代の人 ⊗『古人』

【今日】 jīnrì 图 本日,きょう ⑨〈口〉『今天』

【今日有酒今日醉】 jīnrì yǒu jiǔ jīnrì zuì〈俗〉(きょう酒があればきょう酔う＞) 明日は明日の風が吹く ⑨『今朝有酒今朝醉』

*【今天】 jīntiān 图 ①きょう,本日 ②現在,今日こん『~的兴旺』今日の繁栄

【今昔】 jīnxī 图 今と昔,現在と過去

【今译】 jīnyì 图 古典の現代語訳 ♦『诗经~』のように書名に使われることが多い

【衿】 jīn

⊗ ①'襟'と通用 ②衣帯

【矜】 jīn

⊗ ①哀れむ,不憫ふびんがる ②いばる,偉えらぶる『~骄』『骄~』〈書〉傲慢 ③慎み深い,打ち解けない

【矜持】 jīnchí 形 打ち解けない,控え

目な〖举止有点～〗動きが少々かたい

【矜夸】jīnkuā [動]《書》驕り高ぶる，己れを誇る

【斤】jīn [量] 斤 ♦1～は500グラム，旧制は597グラム［公～］キログラム
⊗①'～'で数える物の後について，その物の総称とする［煤～］石炭 ②手斧(ちょうな)

【斤斤】jīnjīn [形]《書》瑣末(さまつ)な事にこだわるさま，小さな事に目くじら立てるさま〖～于形式〗形式にとらわれる［～计较］重箱の隅をつつく

【斤两】jīnliǎng [名] ①重量，目方 ②《転》重み，確かな内容〖他的话很有～〗あの人の言葉はずっしり重い

【金】jīn [名] 金（[同]［金子］［黄金］）［～币］金貨［～银财宝］金銀財宝［～牌］金メダル
⊗①金属［五～］金属 ②金銭［奖～］奨励金 ③昔の金属製打楽器［～鼓］鐘と太鼓 ④貴重な，貴い ⑤金色の ⑥(J-)姓 ⑦(J-)王朝名［～朝］金(きん)(A.D.1115-1234)

【金镑】jīnbàng [名]（イギリス等の貨幣の）ポンド [同]［镑］

【金碧辉煌】jīnbì huīhuáng《成》（建築物が）きらびやかな，絢爛(けんらん)たる

【金箔】jīnbó [名] 金箔(きんぱく)

【金灿灿】jīncàncàn [形] 光まぶしい，金色きらめく

【金蝉脱壳】jīnchán tuō qiào《成》（セミが殻を脱ぐ>）相手を欺いてこっそり逃げ出す，もぬけのから

【金额】jīn'é [名] 金額

【金刚石】jīngāngshí [名]〔块·颗〕ダイヤモンド，金剛石 ♦研磨したものは'钻石 zuànshí'［～婚］ダイヤモンド婚

【金工】jīngōng [名] 金工，金属加工

【金龟子】jīnguīzi [名]〔只〕コガネムシ ♦地方により'金壳郎'という

【金贵】jīngui/jīnguì [形]《口》貴重な，得難い

【金合欢】jīnhéhuān [名]〖植〗アカシア

【金煌煌】jīnhuánghuáng [形]（～的）黄金(こがね)色の，金色にぴかぴか光る [同]［金晃晃 huǎng］

【金黄】jīnhuáng [形] 黄金色の，金色にまばゆい

【金婚】jīnhūn [名] 金婚

【金科玉律】jīn kē yù lǜ [名] 金科玉条

【金库】jīnkù [名] 国庫 [同]［国库］

【金块】jīnkuài [名] 金塊，金の地金

【金铃子】jīnlíngzǐ [名]〔只〕鈴虫

【金木犀】jīnmùxi [名] キンモクセイ

【金牛座】jīnniúzuò [名] おうし座

【金钱】jīnqián [名] 貨幣，お金

【金枪鱼】jīnqiāngyú [名]〖魚〗〔条〕マグロ

*【金融】jīnróng [名] 金融［～资本］金融資本

**【金属】jīnshǔ [名] 金属［有色～］非鉄金属［～探伤］非破壊検査

【金丝猴】jīnsīhóu [名]〖動〗〔只〕キンシコウ，コバナテングザル

【金丝雀】jīnsīquè [名]〔只〕カナリヤ [同]［黄鸟］

【金丝燕】jīnsīyàn [名]〔只〕アナツバメ ♦その巣が高級料理の材料'燕窝 yànwō'となる

【金条】jīntiáo [名]〔根·块〕金の延棒(のべぼう)

【金文】jīnwén [名] 金文(きんぶん) ♦古代青銅器に鋳込まれた文字，甲骨文に次いで古い [同]［钟鼎文］

【金星】jīnxīng [名] ①金星(きんせい) ②金色の星形 ③目まいがするとき目の前に散乱する点々〖冒～〗星が飛ぶ

【金钥匙】jīnyàoshi [名]《転》〔把〕（万能の）鍵，有効な方法

【金鱼】jīnyú [名]〔条〕金魚〖养～〗金魚を飼う

【金玉良言】jīnyù liángyán《成》貴重な教え，得難い忠告 [同]［金玉之言］

【金元】jīnyuán [名] ①金銭 ②米ドル [同]［美圆］［美金］

【金针】jīnzhēn [名] ①《書》裁縫や編物用の針 ②〔根〕鍼灸(しんきゅう)治療用の針 [同]［毫针］ ③'金针菜'の花（食用）

【金针菜】jīnzhēncài [名] ユリ科のカンゾウ，キスゲ類の総称 ♦開花前の蕾を蒸してから乾燥し，食用とする

【金枝玉叶】jīn zhī yù yè《成》高貴な家柄の子女

【金砖五国】Jīnzhuān wǔguó [名]（経済発展の著しい）BRICS，すなわちブラジル·ロシア·インド·中国·南アフリカ

【金字塔】jīnzìtǎ [名] ①〔座〕ピラミッド ②《転》不滅の業績，金字塔〖树立～〗同前を打ち立てる

【金子】jīnzi [名] 金，黄金

【津】jīn ⊗①つば，唾液(だえき)［～液］《書》同前 ②汗 ③渡し場，渡船場［～渡］同前 ④(J-)天津の略称 ⑤潤(うる)おった，水気のある

【津津】jīnjīn [形] ①〔状語として〕おもしろい ②（汗や水が）あふれるさま，流れるさまの形容〖浑身汗～的〗全身汗びっしょりだ

*【津津有味】jīnjīn yǒu wèi《成》興味あふれる

【津梁】jīnliáng [名]《書》道案内（となる物や手段）

【津贴】jīntiē [名]（本給以外の） 手

当,ボーナス 一 動同前を支給する〖~他一些钱〗彼にいくらか手当を出す

【筋】(*勱) jīn 图〖根・条〗①(~儿)(口)腱ᵗᵉⁿ,靱帯ᵛᶠᵗᵃⁱ,筋ᵏⁱⁿ ②(口)皮下静脈血管,青筋 ⊗①'肌'の旧称,筋肉 ②腱や筋に似たもの〖叶~〗葉脈〖钢~〗鉄筋

【筋斗】jīndǒu 图〖方〗(働(普)〖跟头〗)①とんぼ返り,でんぐり返り ②転倒,転ぶこと〖摔了个~〗すっころんだ

【筋骨】jīngǔ 图 筋骨ᵏⁱⁿᶜᵒᵗᵘ,体格〖锻炼~〗体を鍛える

【筋疲力尽】jīn pí lì jìn〖成〗疲労困憊ᵏᵒⁿᵖᵃⁱする,疲れ果てる 働〖精疲力竭〗

【筋肉】jīnròu 图 筋肉 働〖肌肉〗

【禁】jīn 動 耐える,凌ᵗˢⁱₒする〖~洗〗何度も洗濯がきく ⊗我慢する,忍ぶ〖不~〗思わず ⇨jìn

【禁不住】jīnbuzhù 動 耐えられない,踏みこたえられない(働〖禁不起〗) ⊗〖禁得住〗〖别人提意见〗他人の批評に耐えられない 一 動思わず,こらえきれず

【禁得住】jīndezhù 動 耐えうる,踏みこたえうる 働〖禁得起〗⊗〖禁不住〗

【襟】jīn ⊗ ①〖衣〗前身ごろ,服の前ボタンの並ぶ部分〖对~〗前ボタン式の上衣 ②婿ᵐᵘᵏᵒ同士〖连~儿〗同前(姉妹の夫同士)〖~兄〗妻の姉の夫

【襟怀】jīnhuái 图 胸の内,度量 働〖胸怀〗

【仅】(僅) jǐn ⊗ ただ単に,わずかに〖不~如此〗そればかりか ◆'近い'の意の古語は jìn と発音

【仅仅】jǐnjǐn 副 たった,わずかに〖~三天就看完了〗たった3日で読んでしまった

【尽】(盡) jǐn 動〖多く'~着'の形で〗①限度内にすませる,範囲内におさめる ②優先する,まず先にする〖老人上车~〗老人を真っ先に乗車させる ③最大限にする,尽くす〖~着力气〗力いっぱい ④〖方〗継続する,やり続ける〖~着干〗やり続ける 一 形①〖方位詞の前に置いて〗最も〖~底下〗いちばん下 ②〈全〉いつまでも ⇨jìn

*【尽管】jǐnguǎn 副①気がねなく,思うままに ②〖方〗いつも,いつまでも 一 接 …ではあっても,…ではあるが,しかし ◆後に'但是''然而'などに対応することが多い

【尽可能】jǐnkěnéng 副 できる限り,最大限に

*【尽快】jǐnkuài 副〖時に'~地'を伴って〗できるだけ速く

【尽量】jǐnliàng 副 できる限り,せいいっぱい ◆'jìnliàng'と発音する人も多い ⇨jìnliàng

【尽先】jǐnxiān 副 まず先に,優先的に

【尽早】jǐnzǎo 副 できるだけ早期に

【紧】(緊) jǐn (⊗〖松〗) 動 きつくする,引き締める〖~一~腰带〗ベルトを締める 一 形①ピンと張った,たるみのない ②固定した,ゆるがない ③ぴったりついた,隙間なᵐᵃのない ④金づくりの,手もとが苦しい ⑤(時間的に) 切れ目のない,切迫した〖抓~时间〗寸刻を惜しむ

【紧绷绷】jǐnbēngbēng 形(~的) ①(縛り方が)きつい,固く縛った 働〖紧梆梆〗②(表情が)固い,緊張した

【紧凑】jǐncòu 形 無駄のない,まとまりのよい

【紧促】jǐncù 形 切迫した,さし迫った〖呼吸~〗呼吸がはやい

【紧箍咒】jǐngūzhòu 图 泣き所,他人の手に握られた致命的弱点〖念~〗締めつけを行う

*【紧急】jǐnjí 形 緊急の,切迫した

*【紧密】jǐnmì 形 ①緊密な,密接な ②頻繁な,集中的な

【紧迫】jǐnpò 形 緊迫した,切迫した

【紧身】jǐnshēn 形(~儿)(衣服が)ぴったり身を包んだ,ぴっちりした

【紧缩】jǐnsuō 動 縮小する,削減する

【紧严】jǐnyán 形 ぴったり閉じた,隙間のない

【紧要】jǐnyào 形 重大な,決定的な〖无关~〗どうということはない

【紧张】jǐnzhāng 形 ①(精神状態が) 固くなった,緊張した〖不要~〗気楽にいけよ ②張りつめた,緊迫した〖日程很~〗スケジュールがぴっしりだ ③物不足の,金づくりの

【堇】jǐn ⊗ スミレ〖~菜〗スミレ〖~色〗スミレ色

【谨】(謹) jǐn ⊗ ①謹んで…する,厳粛に…を行う〖~向您表示感谢〗謹んで感謝の意を表わします ②用心深い,慎重な〖勤~〗勤勉な

【谨防】jǐnfáng 動 用心する,十分注意する〖~扒手〗スリにご用心

【谨慎】jǐnshèn 形 慎重な,注意深い〖说话~〗言葉に気をつける

【谨严】jǐnyán 形 厳密な,正確な

【馑(饉)】jǐn ⊗→[饥jī～]

【槿】jǐn ⊗ムクゲ［木～］同前

【瑾】jǐn ⊗美しい玉

【锦(錦)】jǐn ⊗①錦(にしき) ②あでやかな，色あざやかな

【锦标】jǐnbiāo [名]（優勝旗，カップ，メダル等）優勝者のしるし

【锦标赛】jǐnbiāosài [名]（スポーツの）選手権大会

【锦纶】jǐnlún [名]ナイロン [同]《旧》［尼龙］

【锦囊妙计】jǐnnáng miàojì [名]起死回生の妙手，即効の秘策

【锦旗】jǐnqí [名]〔面〕（厚い絹地の）旗，ペナント類 ♦表彰，感謝や表敬に使う〖送～〗同前を贈る

【锦上添花】jǐn shàng tiān huā《成》錦上(きんじょう)花を添(そ)える

【锦绣】jǐnxiù [名]錦織(にしきおり)，金襴緞子(きんらんどんす) — [形]〔定語として〕麗(うるわ)しい，素晴らしい

*【锦绣前程】jǐnxiù qiánchéng《成》耀かしい前途

【尽(盡)】jìn [動]①尽きる，無くなる〖油～了〗（灯の）油が尽きた ②使いきる，やり尽くす［一言难～］一言では語れない ③全うする，達成する〖～责任〗責任を果たす — [副]すべて，ことごとく〖～说废话〗無駄話ばかりだ

⊗究極まで行く，極限に達する

⇨jǐn

**【尽力】jìn▾lì [動]全力をあげる〖～帮助你〗極力君を助ける［～而为wéi］ベストを尽くす

【尽量】jìnliàng [動]（酒食の量が）限界に達する，いっぱいになる

⇨jǐnliàng

【尽情】jìnqíng [副]心ゆくまで，思いきり〖～歌唱〗心ゆくまで歌う

【尽人皆知】jìn rén jiē zhī《成》すべての人が知っている

【尽人事】jìn rénshì [動]人事を尽くす，あらゆる努力をする

【尽善尽美】jìn shàn jìn měi《成》非の打ちどころのない，完璧(かんぺき)な

【尽数】jìnshù [副]すべて，欠けることなく〖～归还〗完済する

【尽头】jìntóu [名]果て，終点

【尽心】jìn▾xīn [動]心を尽くす

【尽兴】jìnxìng [動]存分に楽しむ，歓を尽くす [同]［尽欢］

【尽意】jìnyì [動]①意を尽くす，十分に心意を表わす ②存分に楽しむ，歓を尽くす [同]［尽兴］［尽欢］

【尽职】jìn▾zhí [動]職責を全うする，職務を果たす

【烬(燼)】jìn ⊗燃えかす，燃え残り［余～］余燼［～余］災害のあと

【进(進)】jìn [動]①（中に）入る，踏み込む（[反]［出］）〖～大学〗大学に入る ②（サッカー等で）ゴールする，球が入る〖～了！〗ゴール！ ③進む，前に動く [反]［退］ ④受け取る，入れる〖～货〗仕入れる

⊗①飲食する，口に入れる［共～晚餐］夕食を共にする ②呈上する，差し上げる［～言］進言する — [量]旧式の屋敷を構成する'院子'の数を数える

—— -jìn/-jin [動]〔方向補語として〕動作が外から中に移ることを示す〖走～教室〗教室に歩み入る

**【进步】jìnbù（[反]［落后］）[動]進歩する，向上する — [形]進歩的な，先進的な

【进程】jìnchéng [名]過程，プロセス

【进出】jìnchū [名]資金の回転，収入と支出 — [動]出入りする

【进出口】jìnchūkǒu [名]①輸出入［～公司］貿易商社 ②出入口

【进度】jìndù [名]①進度，進み具合〖加快～〗ペースを早める ②進行計画，スケジュール

*【进而】jìn'ér [副]一歩進んで，その上さらに

【进发】jìnfā [動]発進する，歩み出す

【进犯】jìnfàn [動]（敵軍が）侵犯する，侵攻する [同]［侵犯］

*【进攻】jìngōng [動]①進攻する，敵陣を攻める [反]［退却］ ②《転》攻勢をかける，攻めにまわる [反]［退守］

*【进化】jìnhuà [動]進化する（[反]［退化］）［～论］進化論

【进军】jìnjūn [動]進軍する，進撃する（多く比喩的に使われる）〖向现代化～〗近代化を目指して進撃する

**【进口】jìnkǒu [名]入口 [反]［出口］

—— jìn▾kǒu [動]（[反]［出口］）①（船が）港に入る，入港する ②輸入する〖～汽车〗自動車を輸入する［～货］輸入品

【进款】jìnkuǎn [名]《口》収入，実入り

【进来】jìnlai/jìnlái [動]入ってくる（[反]［出去］ [関]［进去］）〖请～〗どうぞお入りください〖进不来〗入ってこられない

—— -jìnlai/-jinlai/-jìnlái [動]〔複合方向補語として〕中にいる話し手から見て，動作が外から行われることを示す〖跑～了〗駆け込んできた〖搬进教室来〗教室に運び入れる

【进路】jìnlù [名]進路，行く手（[反]［退路］）〖阻挡～〗進路を阻む

【进门】jìn▾mén [動]①門を入る，入口から入る ②初歩を学ぶ，学び始

める ③嫁ぐ, 嫁入りする
【进前】jìnqián [動] ①近づく, 歩み寄る ②進み出る, 歩み出る
【进取】jìnqǔ [動] 向上を目指す［～心］進取の精神
【进去】jìnqu/jìnqù [動] 入ってゆく（[反]［出来］[関]［进来］）［进得去］入ってゆける
—— -jìnqu/-jinqu/-jìnqù [動]〘複合方向補語として〙外にいる話し手の目から見て, 動作が外から中に向かって行われることを示す（[関]［进来］）〘扔～〙（外から）投げ込む〘搬进屋子去〙（外から）部屋に運び込む
【进入】jìnrù [動]（ある範囲や段階に）入る, 踏みこむ〘～新的发展时期〙新たな発展段階に入る
【进食】jìnshí [動] 食事をとる, 飯を食う
【进士】jìnshì [名]〘史〙進士 ♦科挙の最終試験(殿試)の合格者
【进退维谷】jìn tuì wéi gǔ《成》進退きわまる, 動きがとれない [同]［进退两难］[反]［进退自如］
【进项】jìnxiang/jìnxiàng [名]〔笔〕収入, 実入り [同]［进款］
★★【进行】jìnxíng [動] ①（持続的あるいは正式な行為を） 行う, 実施する〘～访问〙（公的に） 訪問する ②行進する［～曲］行進曲
【进修】jìnxiū [動] 研修を受ける（する）〘～外语〙外国語の研修を受ける［业务～］業務研修
【进一步】jìnyíbù [形] 一歩進んだ, さらに踏みこんだ〘～的打算〙一歩進んだもくろみ〘～研究〙さらに深く研究する
★【进展】jìnzhǎn [動] 進展する, 前進する [反]［停顿］
【进账】jìnzhàng [名] 収入 [同]［收入］[反]［出账］

【近】jìn [形] ①近い（[反]［远］）［～的臭, 远的香］身近な者は欠点ばかりが目につく ②親しい, 関係深い 一 [動] 近づく, 迫る〘年～六十〙60歳近い ⊗わかりやすい, 平易な
★★【近代】jìndài [名] 近代 ♦1840年のアヘン戦争から1919年の五四運動までの時期
【近道】jìndào [名]（他と比べて） より近い道, 早道（[同]［近路］）〘走～〙近道を行く
【近东】Jìndōng [名] 近東 ♦アラビア半島, トルコからアフリカ東北部にかけての地域 [関]［远东］
【近古】jìngǔ [名] 近古 ♦一般には宋から清, 11世紀終盤から19世紀中葉まで
【近海】jìnhǎi [名] 近海（[反]［远洋］）［～渔业］近海漁業
【近郊】jìnjiāo [名] 近郊, 郊外
【近景】jìnjǐng [名] ①近景, 近くの光景 ②〘映〙クローズアップ, 大写し ③当面の状況, 見通し
【近况】jìnkuàng [名] 近況, 最近の様子〘不知～如何？〙いかがお過ごしでしょうか
★【近来】jìnlái [名] 最近, 近ごろ
【近邻】jìnlín [名] 隣人, 隣り近所［远亲不如～］遠くの親戚より近くの他人
【近年】jìnnián [名] 近年, この数年［～来］近年来
【近旁】jìnpáng [名] 近く, そば [同]［附近］［旁边］
【近期】jìnqī [名] 近いうち, 近日（[反]［远期］）［～预报］短期予報
【近亲】jìnqīn [名] 近親, 血縁の近い親族 [反]［远亲］
★【近视】jìnshì [名] 近視, 近眼［～眼］同前［～眼镜］近眼メガネ
【近水楼台先得月】jìn shuǐ lóutái xiān dé yuè《成》(水辺の建物ではよそより先に月が見られる＞) 有利な位置にいる, 近くにいる(ある) ために得をする
【近似】jìnsì [形] よく似た, 近似の［～值］近似値
【近因】jìnyīn [名] 近因 [反]［远因］
【近朱者赤, 近墨者黑】jìn zhū zhě chì, jìn mò zhě hēi《成》朱に交われば赤くなる

【靳】Jìn ⊗姓

【劲(勁)】jìn [名]〔把・股〕①（～儿）力〘加～儿〙頑張る ②（～儿）活力, 元気〘鼓虚～儿〙から元気を出す ③おもしろ味, 興趣〘没～〙つまらない ④（～儿）態度, 表情, 外への現われ具合を表わす［高兴～儿］喜びよう［苦～儿］苦さ
⇨jìng
★【劲头】jìntóu [名]（～儿）《口》〔股〕①力, 強さ ②やる気, 積極性

【妗】jìn ⊗母の兄弟の妻, おば［～子］同前

【晋(晉)】Jìn ⊗①（春秋時代の一国） 晋 ②（3～5世紀の王朝） 晋→［西 Xī～］［东 Dōng～］③五代の後晋（A. D. 936-946） ④山西省の別称 ⑤姓 ⑥(j-) 進む, 前に出る［～见］（指導者に)面会する
【晋级】jìnʼjí [動] 昇進する, ランクが上がる [反]［降级］
【晋剧】jìnjù [名] 晋劇 ♦山西省中部で盛んな地方古典劇 [同]［山西梆子］［中路梆子］
★【晋升】jìnshēng [動] 昇進する, 職務上の地位が上がる

J

〖缙(縉)〗 jìn ⊗赤い絹［～绅］《書》官僚及び郷紳

【浸】 jìn [動]①浸す, ふやかす ②(液体が)染みる, 染み込む

【浸渐】jìnjiàn [副]《書》次第に, 漸次

*【浸泡】jìnpào [動](液体につけて) ふやかす, 浸す

【浸染】jìnrǎn [動]①(悪いものに) じわじわ染まる, 汚染される〖～上了不良习气〗悪い風習に染まった ②(液体が)染み込む, 浸透する

【浸透】jìntòu [動]①ぐっしょり濡らす, びしょびしょにする ②染み通る, 浸透する ③《転》(考え方, 感じ方などが)ゆきわたる, 染みわたる

【浸种】jìnˇzhǒng [動](発芽を早めるために)種を水などに浸す

【浸渍】jìnzì [動]浸す, ふやかす

〖祲〗 jìn ⊗妖気

【禁】 jìn [動]禁止する, 差しとめる

⊗①禁止事項, 禁令［犯～］禁を犯す ②皇居, 宮中［紫～城］紫禁城 ③閉じ込める, 監禁する

⇨jīn

【禁闭】jìnbì [動](罰として) 禁固する, 幽閉する — [名]禁固刑〖关～〗禁固刑に処す

【禁地】jìndì [名]立入り禁止区域

【禁忌】jìnjì [動]タブーとして嫌う, 忌む — [名]①タブー, 禁忌 ②〖医〗禁忌

【禁例】jìnlì [名]禁止条例, 禁令

【禁令】jìnlìng [名]〔道·条〕禁令

【禁区】jìnqū [名]①立入り禁止区域 ②《転》(政治的, 社会的) 聖域, タブー［犯～］(社会的) タブーを犯す ③自然保護地区 ④〖医〗手術や針治療をしてはならない部位 ⑤〖体〗サッカーのペナルティエリアなどの制限区域

【禁书】jìnshū [名]発禁図書, 禁書

【禁物】jìnwù [名]禁制品, 禁令違反の品

【禁押】jìnyā [動]拘禁する, 拘留する

【禁运】jìnyùn [動](ある国に対して)禁輸措置をとる, 輸出入を禁止する

**【禁止】jìnzhǐ [動]禁止する, 差し止める([反][准许])〖～吸烟〗禁煙

【禁制品】jìnzhìpǐn [名]禁制品

〖噤〗 jìn ⊗①(寒さからくる) 身震い［寒～］ぶるっとくる震え ②口を噤む, 押し黙る

【噤若寒蝉】jìn ruò hánchán《成》(寒冷期のセミのごとくに黙し通す＞)押し黙ったまま声一つ立てられないさま

〖觐(覲)〗 jìn ⊗(君主に)拝謁する

〖京〗 jīng ⊗①都, 首都［～师］《書》同前［进～］上京する ②(J-) 北京 ③(昔の数の単位で)1千万 ④(J-)姓

【京城】jīngchéng [名]《旧》国都, 首都

**【京剧】jīngjù [名]京劇

【京派】jīngpài [名]①京派, 北京派 ♦京劇の一派で, 北京の芸風が特長. '海派'(上海派) と対比される ②(文学史上で) 北京派 ♦30年代, 北京の傾向の似た沈従文, 蕭乾, 廃名などの作家たちの総称

【京戏】jīngxì [名]《口》京劇

【京族】Jīngzú [名]京族 ♦中国少数民族の一, 広西に住む

【惊(驚)】 jīng [動]①驚く, ぎょっとする ②驚かす, 脅えさせる〖别～了孩子〗子供を驚かしちゃいけない ③(馬やラバが)脅えて暴れる, 狂奔する

【惊诧】jīngchà [動]驚き怪しむ, びっくりする

*【惊动】jīngdòng [動]驚かす, 安静を乱す

【惊愕】jīng'è [動]《書》驚愕する, あっけにとられる [同][惊呆]

【惊弓之鸟】jīng gōng zhī niǎo [名](弓音に脅える鳥＞)1度の失敗に懲りて, ちょっとした事にもびくびく脅える人

【惊怪】jīngguài [動]不思議さにおののく, 驚き怪しむ [同][惊讶][惊异]

【惊慌】jīnghuāng [形]慌てふためいた, おろおろした

【惊惶】jīnghuáng [形]不安にかられた

【惊叫】jīngjiào [動]驚き叫ぶ, ぎゃあっと声をあげる [同][惊呼]

【惊恐】jīngkǒng [形]恐れおののく, 恐怖に脅えた [同][惊惧]

*【惊奇】jīngqí [形]あっけにとられた, 驚嘆すべき

【惊扰】jīngrǎo [動](人心を) 騒がせる, かき乱す [同][惊搅]

【惊人】jīngrén [形]驚異の, 驚くべき

【惊叹】jīngtàn [動]驚嘆する［～号］感嘆符《！》

【惊涛骇浪】jīng tāo hài làng《成》①さかまく怒濤, うねりくる激浪 ②《転》きびしい状況, 苦しい環境 [同][惊风骇浪]

【惊天动地】jīng tiān dòng dì《成》驚天動地の, 天地を揺るがすほどの

【惊悟】jīngwù [動]はっと気付く, 愕然と悟る

【惊喜】jīngxǐ [動]驚喜する, とび上がって喜ぶ

【惊险】jīngxiǎn [形]スリルに満ちた, はらはらどきどきさせる［～小说］ス

リラー小説

【惊心动魄】jīng xīn dòng pò《成》魂を揺さぶるような、深い感動を誘う

【惊醒】jīngxǐng 動 はっと目覚める（させる）、突然眠りを破る（られる）⇨[惊觉]
── jīngxing 形 眠りが浅い、目ざとい

*【惊讶】jīngyà 動（不思議さに）まさかと思う、仰天する ⇨[惊异]

【惊疑】jīngyí 驚き怪しむ、ひどくとまどう

【惊异】jīngyì 動 ⇨[惊讶]

【惊蛰】jīngzhé 名 啓蟄 ♦二十四節気の一。新暦の3月6日前後に当たる ⇨[二十四节气]

【鲸（鯨）】jīng ⊗ 鯨 [~鲵][~须] ナガスクジラのひげ

【鲸吞】jīngtūn 動 (転)（領土や財産を）併呑する、呑みこんでしまう

【鲸鱼】jīngyú [条・头]鯨

【泾（涇）】Jīng ⊗ ① 涇河 （寧夏 に発して陝西 に流れる） ② （安徽 省の）涇県

【泾渭分明】Jīng Wèi fēnmíng《成》境界がはっきりしている、区分が明確である ♦澄んだ涇水と濁った渭水の合流のさまから

【茎（莖）】jīng 名 くき ── 量《書》細いすじ状のものに使う〖数~白发〗数本の白髪 ⊗ くき状の物〖刀~〗刀の柄

【经（經）】jīng 動 ① 経過する、通りすぎる ② 経験する ③ 耐える、持ちこたえる〖~不住〗耐えきれない [~放] 日持ちする ── 介 …を経て、…の結果〖~专家鉴定…〗専門家の鑑定の結果… ⊗ ① 織物のたて糸 ⇨'纬' ② 経度 [东~] 東経 ③ （漢方医学の）経絡 ④ 管理する、経営する ⑤ 不変の、正常な〖荒诞不~〗荒唐無稽の ⑥ 経典 ⑦ 月経、メンス ⑧ (J-) 姓 ♦'たて糸を準備する'の意では jìng と発音

*【经常】jīngcháng 副 しょっちゅう、常々 ── 形 日常的な、ふだんの [~费] 経常費

*【经典】jīngdiǎn 名 ①（宗教上の）経典 ② 経書 ♦ 権威をもつ古典 ── 形《多く定語として》（人や著作について）権威ある、規範となるような

【经度】jīngdù 名 経度 ⇨[纬度]

【经费】jīngfèi 名 経費、費用

*【经过】jīngguò 動 通り過ぎる、経る ── 名 …を通じて、…を経て [经过、过程〖事情的~〗事のなりゆき

*【经济】jīngjì 名 ① 経済 [~规律] 経済法則 [~特区] 経済特区 ② 個人の経済状態、家計 ── 形 経済的な、効率のよい [~实惠] お買い得な

【经济基础】jīngjì jīchǔ 名《経》下部構造 ⇨[上层建筑]

【经济危机】jīngjì wēijī 名 経済恐慌、パニック ⇨[经济恐慌]

【经济作物】jīngjì zuòwù 名 工業材料用農作物、現金収入になる農作物 ♦ 綿花・タバコ・麻・菜種等 ⇨[技术作物]

【经纪】jīngjì 仲買人、ブローカー ⇨[经纪人] ── 動《書》① 経営する、運営する ②《書》切盛りする、処理する

【经见】jīngjiàn 動 ① 自分の目で見る、身を持って体験する ② ふだんに現われる、しょっちゅう見かける

【经久】jīngjiǔ 形 長持ちする、耐久性を持つ ── 動《多く状語として》長時間に亙る〖掌声~不息〗拍手が鳴りやまない

【经理】jīnglǐ 名 支配人、経営者 [总~] 社長 ── 動《書》経営管理する

*【经历】jīnglì 名 経歴、経験 ── 動 経験する、身を持ってくぐり抜ける

【经络】jīngluò 名《医》経絡

【经商】jīngshāng 動 商売をする、商業活動をする

【经史子集】jīng shǐ zǐ jí 名《図》経史子集 ♦ 漢籍の伝統的な四部分類法

【经手】jīngshǒu 動 手を経る、扱う

【经受】jīngshòu 動 よく耐える、持ちこたえる（⇨[禁受]）[~考验] 試練に耐える

【经售】jīngshòu 動 発売を扱う、次次販売する ⇨[经销]

【经书】jīngshū 名 経書 ♦ 詩経、書経、論語など儒教の基本テキスト

【经纬】jīngwěi《書》① たて糸と横糸 ② 規範

【经纬度】jīngwěidù 名 経度と緯度

【经线】jīngxiàn 名 ① 織物のたて糸、経糸 ⇨[纬线] ②《地》経線、子午線

【经销】jīngxiāo 動 取次ぎ販売する、発売を扱う ⇨[经售]

【经心】jīngxīn 動 気にとめる、注意を払う ⇨[在意][留心][经意]

【经学】jīngxué 名 経学

【经验】jīngyàn 名 経験（する）[~主义] 経験主義

*【经营】jīngyíng 動 ① 経営する [~项目] 営業品目 ②（計画、組織、進行を）運営する

【经用】jīngyòng 形 長持ちする、耐久性を持つ ⇨《書》常用する、ふ

【经由】jīngyóu 回 経由して

【荆】jīng ⊗① イバラ ②(J-)姓

【荆棘】jīngjí 图 イバラ(トゲをもつ小灌木の総称)[～载途]苦難に満ちている

【荆条】jīngtiáo 图 (かご等を編む)イバラの枝

【旌】jīng 图 旌旗 ♦昔の旗で竿の先に五色の羽毛を飾る

【旌旗】jīngqí 图 (さまざまな)旗

【菁】jīng ⊗《多く重ねて》草木の茂るさま [～华] 精华, エッセンス

【腈】jīng 图『化』ニトリル [～纶] アクリル

【睛】jīng ⊗ 目の玉, 眼球 [目不转～] まばたきもせずに見つめる [眼～jing] 目

【精】jīng 形 ① 聡明な, 賢い ② 精通した, 詳しい ③ きめこまやかな, 精選された ⊗① 精華, エッセンス [酒～] アルコール ② 精神, 精力 ③ 精子, 精液 [受～] 受精する ④ お化け, 妖怪 ⑤ 最良の, 非の打ちどころのない ⑥ 非常に, 極めて [～薄] 薄っぺらな

【精兵简政】jīng bīng jiǎn zhèng《成》機構と人員の削減

*【精彩】jīngcǎi 形 素晴らしい, 見事な [～的节目] 出色の出し物

【精打细算】jīng dǎ xì suàn《成》(人や物を使う上で) 細かく計算する, 事細かに算盤をはじく

【精到】jīngdào 形 (目配りや気配りが) ゆき届いた, きめ細かな

【精读】jīngdú 動 精読する, 熟読する 回[熟读]

【精度】jīngdù 图 精度, 精確さ

【精干】jīnggàn 形 有能な, やり手の 回[精悍]

【精光】jīngguāng 形 ① すっからかんの, 無一物の [卖得～] きれいさっぱり売り切れた ② ぴかぴかの, 一点の曇りもない 回[光洁]

【精悍】jīnghàn 形 ①(人が) 有能な, やり手の 回[精干] ②(文章が) 鋭い, 犀利な

*【精华】jīnghuá 图 精華, エッセンス 回[精英] ⊗[精粕]

*【精简】jīngjiǎn 動 無駄を省く, 簡素化する [～会议] 会議を減らす

【精绝】jīngjué 形 みごとな, 技をこらした 回[绝妙]

*【精力】jīnglì 图 (気力と体力を合わせた) 活力, 精力 [集中～] 全力を注ぐ

【精练】jīngliàn 形 (文章や話に) 無駄がない, 簡潔な

【精灵】jīnglíng/jǐnglíng 图 お化け [宠物小～] ポケモン — 形 《方》かしこい

【精美】jīngměi 形 精美な, 精巧美麗な

【精密】jīngmì 形 精密な, 綿密な [～度] 精度

【精明】jīngmíng 形 聡明な, 明敏な

【精囊】jīngnáng 图 精嚢

【精疲力竭】jīng pí lì jié《成》精根つき果てる, くたくたになる 回[精疲力尽][筋疲力尽]

【精辟】jīngpì 形 (見解や理論が) 鋭い, 洞察の深い

【精品】jīngpǐn 图 傑作, 入魂の作品

【精巧】jīngqiǎo 形 精巧な, 精妙な

*【精确】jīngquè 形 精確な, 誤りのない

【精锐】jīngruì 形『軍』戦闘力抜群の, 精鋭を集めた [～部队] 精鋭部隊

【精神】jīngshén 图 ① 精神, 意識 [作好～准备] 心構えをする ② 主旨, 眼目 [传达文件的～] 文書の主旨を伝える
—— jīngshen 图 元気, 活力 (回[精气神儿])[振作～] 元気を出す — 形 生き生きとした, 活気あふれる

【精神病】jīngshénbìng 图 精神病 [～医生] 精神科医

*【精瘦】jīngshòu 形 ひどく痩せた, がりがりの

*【精通】jīngtōng 動 精通する

【精卫填海】jīngwèi tián hǎi《成》深い恨みを抱いて復讐を目ざすこと, 困難にたじろがず奮闘努力することの喩え

【精细】jīngxì 形 細工が細かい, 緻密な

【精详】jīngxiáng 形 綿密な, 緻密な, 周到な

*【精心】jīngxīn〘多く状語として〙精根込めた, 念入りな [～培植] 心を込めて栽培する

【精选】jīngxuǎn 動 精選する

【精液】jīngyè 图 精液

*【精益求精】jīng yì qiú jīng《成》あくなき進歩を目指す, どこまでも精進を続ける

【精英】jīngyīng 图 ① 精華, エッセンス 回[精华] ② 俊英, 優秀な人物

【精于】jīngyú 動(…に) 精通する [～管理] 管理を得意とする

*【精致】jīngzhì 形 精緻な, 技をこらした 回[精工]

【精制】jīngzhì 動 精製する ⊗[粗制]

【精装】jīngzhuāng 图 (書籍の)ハードカバー 回[平装]

【精子】jīngzǐ 图 精子 [～库] 精子バンク

【晶】jīng ⊗ ① 水晶 [～状水晶]水晶体 [墨～]黒水晶 ② 結晶体 [结～]結晶 ③ きらきら光る, 輝いている
【晶亮】jīngliàng 形 きらきら光った, 光をたたえた 囫[晶明]
【晶体】jīngtǐ 图 結晶体 囫[结晶]
【晶体管】jīngtǐguǎn 图 トランジスター [硅～]シリコントランジスタ
【晶莹】jīngyíng 形 きらきら光って透明な, きらめき輝く

【粳(*粳秔)】jīng ⊗ ウルチ米 [～米]ウルチ米

【兢】jīng ⊗ 以下を見よ
*【兢兢业业】jīngjīngyèyè 形 注意深い, 落度のないよう慎重な

【井】jǐng 图〔口・眼〕井戸 [打～]井戸を掘る ⊗ ① 井戸に似たもの [油～]油井 ② 整然とした, きちんと片付いた [～然]〈书〉整然たる ③ [J-]姓
【井底之蛙】jǐng dǐ zhī wā〈成〉井の中の蛙 囫〈俗〉[井里蛤蟆(没见过多大天)]
【井井有条】jǐngjǐng yǒu tiáo 形 整然とした, 秩序立った
【井绳】jǐngshéng 图 つるべ縄 [一遭被蛇咬, 十年怕～](一度蛇に咬まれると 10 年も縄をこわがる) 羹に懲りて膾を吹く
【井水】jǐngshuǐ 图 井戸水 [打～]井戸水を汲む
【井水不犯河水】jǐngshuǐ bú fàn héshuǐ〈成〉(井戸の水は川の水の領分を侵さない) 互いに相手に干渉しない
【井盐】jǐngyán 图 井塩 ♦ 塩分の濃い井戸水を汲上げ, 煮つめて作る塩. 四川, 雲南地方に多い

【阱(*穽)】jǐng ⊗〈獣を捕える〉落とし穴, わな [陷～]同前

【刭(剄)】jǐng ⊗ 刀で首を切る

【颈(頸)】jǐng ⊗ 首, のど [长～鹿]キリン ♦ '脖颈儿'(首筋) は bógěngr と発音
【颈项】jǐngxiàng 图 のど, 首 囫[脖子]
*【颈椎】jǐngzhuī 图 頸椎

【景】jǐng 图 (劇一幕中の) 場 [第一幕第一～]第 1 幕第 1 場 ⊗ ①(～儿) 風景, 眺め [夜～]夜景 ②(映画, 劇の) 背景, 道具立て ③ 状況, 情勢 [好～不长]よい事ばかりは続かない ④ 慕う, 尊敬する [～慕]〈书〉同前 ⑤ [J-]姓
【景点】jǐngdiǎn 图 観光スポット
【景况】jǐngkuàng 图 状況, 景気
【景颇族】Jǐngpōzú 图 景頗 (チンポー) ♦ 中国少数民族の一, 主に雲南省に住む (カチン族ともいう)
【景气】jǐngqì 形 (経済が) 繁栄した, 景気の良い [不～]不景気な 一图 風景, 光景
【景区】jǐngqū 图 風致地区, 景勝地
*【景色】jǐngsè 图 景色, 眺め 囫[景致]
【景泰蓝】jǐngtàilán 图 七宝 (焼き)
【景物】jǐngwù 图 見もの, 光景
【景象】jǐngxiàng 图 場面, 情景 [呈现出欢乐的～]喜びにわく情景が現われる
【景仰】jǐngyǎng 動 敬う, 慕う 囫[仰慕][景慕]
【景致】jǐngzhì 图 風景, 景色 囫[景色]

【憬】jǐng ⊗ 悟る, 覚醒する [～悟]同前
【儆】jǐng ⊗ 戒めとする

【警】jǐng ⊗ ① 警察官 [交通～]交通警官 ② 緊急事態, 危険情報 [火～]火事 ③ 警戒させる, 注意を促す ④ 警戒する, 警備する ⑤ 勘が鋭い, 鋭敏な
【警报】jǐngbào 图 警報, サイレン [解除～]警報を解除する
*【警察】jǐngchá 图 ① 警察 ② 警官 [女～]婦人警官
【警车】jǐngchē 图〔辆〕パトカー
*【警告】jǐnggào 图 警告処分 ♦ 行政処分の軽いもの [给与～处分]警告処分に処する 一 動 ① 注意を促す [～大家不可在昏暗的光线下看书]暗いところで読書しないようみんなに注意する ② 警告する
【警官】jǐngguān 图 上級警察官, 警察幹部 ♦ 軍隊の将校に相当する, キャリア組
【警棍】jǐnggùn 图〔根〕警棒
【警戒】jǐngjiè 動 ①(軍隊が) 警戒する, 警備する ② 警告する, 注意を促す 囫[警诫][儆戒]
【警句】jǐngjù 图 警句, 金言 囫[警语]
【警觉】jǐngjué 图 (危険や変化に対する) 鋭い勘, 鋭敏な警戒心 [引起～]警戒心を引き起こす 一 動 鋭敏に感じる
【警铃】jǐnglíng 图 非常ベル
【警犬】jǐngquǎn 图〔只・条〕警察犬
*【警惕】jǐngtì 動 警戒する, 用心する [提高～]警戒心を高める
【警卫】jǐngwèi 图 警備員, 護衛 一 動 警護する, 護衛する
【警钟】jǐngzhōng 图 (比喩的に使って) 警鐘 [敲～]警鐘を鳴らす

【劲(勁)】jìng ⊗ 力強い, 頑強な [～旅]強い軍隊 → [疾 jí 风～草]

径 胫 痉 净 竞 竟 境 镜 靓 靖 静 — jìng

⇨ jìn
【劲敌】jìngdí 图 強敵
【劲风】jìngfēng 图 強風, 激しい風
【劲射】jìngshè 動 〖体〗強烈なシュートを放つ, 力を込めてシュートする

【径(徑)】jìng ⊗ 直径〖直～〗直径〖半～〗半径

【—(徑*逕)】⊗ ① 直接, じかに〖～向对方联系〗直接相手と連絡をとる ② 小道, せまい道;〈転〉早道, 効果的方法

【径赛】jìngsài 图〖陸上競技の〗トラック競技 ⇨〖田赛〗
【径庭】jìngtíng (旧読 jìngtìng) 图〈書〉大きな隔たり, 径庭 _{けいてい}〖大相～〗差異が甚しい
【径直】jìngzhí 副 ① (寄り道せずに)直接, まっすぐ ② (準備なしに)ぶっつけで, じかに
【径自】jìngzì 断りなしに, 無断で

【胫(脛)】jìng ⊗ 下肢 ⇨〖小腿〗〖～骨〗脛骨_{けいこつ}

【痉(痙)】jìng ⊗ 以下を見だ
【痉挛】jìngluán 動 痙攣_{けいれん}する, ひきつる ⇨〖抽搐〗

【净(淨*浄)】jìng 形【多く補語として】① 清潔な, 汚れのない〖洗～〗洗い清める ② すっからかんの, 何も残らない〖喝～〗飲みつくす — 動 清潔にする〖～～身子〗体をきれいにする — 副 ① ただ…だけ, …ばかり〖这几天～下雨〗このところ雨ばかりだ ② 純粋に, 正味〖～赚三万元〗正味3万元もうかった
【净化】jìnghuà 動 浄化する, 清浄にする
【净价】jìngjià 图 正味の値段 ◆販売マージンなどを除いた価格
【净利】jìnglì 图 純益
【净重】jìngzhòng 图 正味の重量 ⇨〖毛重〗

【竞(競)】jìng ⊗ ① 競う, 競争する ② 強毅_{きょうき}な, 力強い
【竞渡】jìngdù 動 競漕する, 競泳する
【竞技体操】jìngjì tǐcāo 图 (競技種目としての)体操
*【竞赛】jìngsài 動 競争する, 試合をする (⇨〖比赛〗)〖田径～〗陸上競技
【竞选】jìngxuǎn 動 (選挙に) 立候補する〖～会长〗会長選に打って出る
*【竞争】jìngzhēng 動 (経済活動などで) 競争する, 競い合う〖可以自由～〗自由に競争してよい
【竞走】jìngzǒu 图〖体〗競歩

【竟】jìng 副 ① なんと, 驚いたことに〖他～会做菜〗なんと, あいつ料理ができるんだ ② ただ…だけ ⇨〖净〗
⊗ ① 終了する, 完成する ② まるごと, すべて〖～日〗終日 ③ ついに, 結局のところ
*【竟然】jìngrán 副 なんと, 驚いたことに (⇨〖竟自〗〖竟而〗)
【竟自】jìngzì 副 ⇨〖竟然〗

【境】jìng ⊗ ① 境界, 境目〖越～〗越境する ② 区域, 場所〖环～〗環境 ③ 境遇, 状況〖苦～〗苦境
【境地】jìngdì 图 状況, 境遇 ⇨〖处境〗〖陷入悲惨的～〗悲惨な状況に陥る
*【境界】jìngjiè 图 ① (土地の)境界, 境目 ② 境地, レベル〖达到理想～〗理想の境地に達する
【境域】jìngyù 图 ① 状況, 境遇 ⇨〖境地〗 ② 領分, 領域
【境遇】jìngyù 图 境遇

【镜(鏡)】jìng ⊗ ① 鏡_{かがみ} ② レンズ〖眼～〗めがね〖墨～〗サングラス
【镜花水月】jìng huā shuǐ yuè〈成〉(鏡に映った花や水に映った月>) 絵にかいた餅, 実体のないもの ⇨〖空中楼阁〗
【镜框】jìngkuàng 图 (～儿) ① ガラスをはめた額縁_{がくぶち} ② メガネのフレーム
【镜片】jìngpiàn 图〖块·片〗レンズ
【镜台】jìngtái 图〖架〗鏡台
*【镜头】jìngtóu 图 ① カメラや映写機のレンズ〖远摄～〗望遠レンズ ② (映画の) シーン, 場面〖特技～〗特撮シーン ③ 写真の画面, ショット
*【镜子】jìngzi 图〖面·块〗鏡 ②〈口〉〖副〗メガネ ⇨〖眼镜〗

【靓(靚)】jìng ⊗ よそおう〖～妆〗〈書〉美しいよそおい
⇨ liàng

【靖】jìng ⊗ ① (J-) 姓 ② 平定する, 安定させる ③ 安らかな, 平和な

【静(靜)】jìng 形 静かな, 音のしない (⇨〖安静〗)〖～了下来〗静かになった — 動 落ち着く, 静かになる〖～下心来〗心を落ち着ける
⊗ (J-) 姓
【静电】jìngdiàn 图 静電気〖～计〗電気計〖～感应〗静電誘導
【静脉】jìngmài 图 静脈 (⇨〖动脉〗)〖～注射〗静脈注射
【静默】jìngmò 動 ① 沈黙する, 押し黙る ② 黙祷_{もくとう}する

【静穆】jìngmù 形 静粛な、厳粛で静まり返った
【静悄悄】jìngqiāoqiāo 形（～的）静まり返った、ひっそりとした
【静物】jìngwù 名 静物〘画～〙静物を描く
【静心】jìng·xīn 動 心を静める
【静养】jìngyǎng 動 静養する
【静止】jìngzhǐ 動 静止する、じっとしている ⇔[运动]
【静坐】jìngzuò 動 ① 静座する ♦ 目をつぶり、何も考えずにじっと座る ② 座りこみをする〘～示威〙座りこみ(をする)

【敬】jìng 動 差し上げる、献じる〘～你一杯酒〙一献差し上げたい
⊗① 尊敬する、敬意をいだく〘致～〙敬意を表わす ② うやうやしく、敬意を込めて〘～请〙どうか…して頂けますよう

*【敬爱】jìng'ài 動 敬愛する
【敬辞】jìngcí 名 ていねい語、敬語
【敬而远之】jìng ér yuǎn zhī（成）敬して遠ざける、敬遠する
【敬奉】jìngfèng 動（敬）献ずる、差し上げる(⇔[敬献])〘兹一册〙こに 1 冊お贈り申し上げます
*【敬礼】jìng·lǐ 動 ① 敬礼する〘向团长～〙連隊長に対して敬礼する ②（書）手紙の最後に記すあいさつ〘此致～〙敬具
【敬佩】jìngpèi 動 敬服する ⇔[敬服][钦佩]
【敬仰】jìngyǎng 動 敬慕する、敬い慕う ⇔[敬慕][景仰]
【敬意】jìngyì 名 敬意、尊敬の念〘表示衷心的～〙心から敬意を表わします
【敬语】jìngyǔ 名 敬語〘讲～〙敬語を使う
【敬重】jìngzhòng 動 敬い大切にする、敬愛する

【扃】jiōng ⊗① (外からの) かんぬき ② 門(を閉ざす)

【囧】jiǒng ⊗ (窓の) 光 ♦ メールなどで'窘'の意の顔文字として使われる

【迥】jiǒng ⊗ かけ離れた、差異の大きな〘～别〙〘～异〙甚だ異なる
【迥然】jiǒngrán 副 甚だ異なって〘～不同〙まるっきり異なる

【炯】jiǒng ⊗ 以下を見よ
【炯炯】jiǒngjiǒng 形〘書〙(目が)きらきら光った、炯炯にぃ ⇔[炯然]

【窘】jiǒng ⊗① 貧しい、生活が苦しい ② 困惑した、動きがつかない〘～境〙苦境 — 動 困らせる、窮地に立たせる
【窘况】jiǒngkuàng 名 苦境、窮地 ⇔[窘境]
【窘迫】jiǒngpò 形 (⇔[窘急])① ひどく貧しい、窮迫した ② 困りきった、動きがとれない
【窘态】jiǒngtài 名 困惑しきった表情、困りきった様子 ⇔[窘相]

【纠(糾)】jiū ⊗① 纏きいつく、足手まといになる ② 人を集める、糾合する ③ 正す、改める
【纠察】jiūchá 動 (大衆運動の)秩序維持に当たる、スト破りを監視する〘～线〙ピケットライン — 名 (大衆運動の際の)秩序維持係、ピケ要員
【纠缠】jiūchán 動 ① もつれる、混乱する ② じゃまをする、つきまとう
*【纠纷】jiūfēn 名 紛争、争いごと
【纠葛】jiūgé 名 もめ事
【纠合(鸠合)】jiūhé 動（多く貶なす意味で)糾合する、仲間を集める
【纠偏】jiū'piān 動 偏りを正す
*【纠正】jiūzhèng 動 (欠点や誤りを)改める、正す ⇔[改正]

【赳】jiū ⊗〘雄～～〙勇ましいさま

【究】jiū ⊗① 探求する、調査する〘研～〙研究する ② 結局、つまるところ
【究竟】jiūjìng 名 最終局面、結着に到るまでのいきさつ〘问个～〙問いつめる — 副 ①〘疑問文に用いて〙結局のところ、つまるところ ♦ 是非疑問文には使わない〘他～去不去？〙結局彼は行くのか行かないのか ② 何といっても、しょせんは ⇔[到底][毕竟]
【究问】jiūwèn 動 問いただす、つっこんで尋ねる

【鸠(鳩)】jiū ⊗ ハト〘雉～〙キジバト〘山～〙ヤマバト

【阄(鬮)】jiū ⊗ 籤ξ〘抓～儿〙籤をひく

【揪】jiū ⊗ つかむ、引っぱる〘～绳子〙ひもを引っぱる
【揪辫子】jiū biàn·zi（転）弱味につけこむ、弱点をにぎる ⇔[抓辫子]
【揪痧】jiū'shā 動 充血斑を作る ♦ 民間療法の一つ

【啾】jiū ⊗〘～～〙小鳥たちのさえずりや亡者の凄惨な声を表す
【啾啾】jiūjiū 擬 ① 多くの小鳥が同時にさえずる音、ちゅんちゅん ② 絹をさくような悲鳴、ひーっ、ぎゃーっ

【九】jiǔ 数 9〘～～歌〙九九〘— 图〙冬至から起算した 81 日間を 9 分として、一 9 ごとに '一 9'・'二 9'…'九 9' と呼ぶ〘数 shǔ～〙冬になる
⊗ 多くの数、多くの回数を表わす

【90后】jiǔlínghòu 图 1990年代に生まれた世代 ◆改革開放政策の成果が現れ、情報化社会への急速な発展期に出生し育っている世代

【九流三教】jiǔ liú sān jiào 图 三教九流 ◆儒教・道教など古代のさまざまな思想流派の総称。後に転じて、宗教・学術、さらには各種業界の多様な流派を指す 回[三教九流]

【九牛二虎之力】jiǔ niú èr hǔ zhī lì《成》(9頭の牛と二頭の虎を合わせた力〉とてつもなく強い力

【九牛一毛】jiǔ niú yī máo《成》九牛の一毛、取るに足りない小さなこと 回[沧海一粟]

【九死一生】jiǔ sǐ yì shēng《成》九死に一生を得る 回[死里逃生]

【九霄云外】jiǔ xiāo yún wài《成》空のかなた、天空の果て

【九一八事变】Jiǔ-Yībā shìbiàn 图 満洲事変 ◆1931年9月18日、日本軍が中国東北部へ武力侵攻を開始した事件

【九州】jiǔzhōu 图 中国の別称 ◆伝説の時代の中国が9州から成っていたとされることから

【久】jiǔ 形 時間が長い、久しい — 图 時間の長さ〖住多~?〗どれくらい滞在するの

【久别】jiǔbié 動 長期にわたって別れる(回[久阔])〖~重逢〗久方ぶりに再会する

【久等】jiǔděng 動 長いこと待つ〖叫你~了〗お待たせしました

【久而久之】jiǔ ér jiǔ zhī《成》月日が経つうちに、長時間を経るにつれ

【久经】jiǔjīng 動 多年に亘って…を経験した、長時間…を経る

【久久】jiǔjiǔ 副 長いこと、いつまでも

【久违】jiǔwéi 動(挨)お久しぶりです、暫くでした ◆ふつうには'好久没见'という

【久仰】jiǔyǎng 動(挨)(初対面のとき)かねてからお会いしたいと思っていました〖~~〗〖~大名〗ご高名はかねがねうかがっていました

【久远】jiǔyuǎn 形 長い間の、久しい 回[长久]

【灸】jiǔ 動 灸をすえる〖用艾火~一下〗もぐさで灸をすえる〖针~〗鍼灸〖~治〗灸治療

【玖】jiǔ 〖数〗'九'の大字

【韭(*韮)】jiǔ ⊗ ニラ〖~黄〗冬ニラ

【韭菜】jiǔcài 图 ニラ

【酒】jiǔ 图 酒〖喝~〗酒を飲む〖酿~〗酒を造る ⊗(J-)姓

*【酒吧】jiǔbā 图 バー、酒場 回[酒吧间]

【酒菜】jiǔcài 图(回[酒肴]) ① 酒と料理 ② 酒のさかな

【酒馆】jiǔguǎn 图[家]居酒屋

【酒鬼】jiǔguǐ 图(悪口として使い)大酒呑み、呑み助

【酒会】jiǔhuì 图 酒つきのパーティー、カクテルパーティー、ビアパーティーなど

*【酒精】jiǔjīng 图 アルコール(特にエチルアルコール)

【酒量】jiǔliàng 图 酒量(回[酒力])〖~很大〗いける口

【酒囊饭袋】jiǔ náng fàn dài《成》〈酒や飯の入れ物〉無駄飯食い、無能な人間

【酒器】jiǔqì 图 酒器

【酒色】jiǔsè 图 ① 酒色〖沉溺于~〗酒色に溺れる ② 酒の色 ③〔書〕酔った様子、酩酊の表情

【酒食】jiǔshí 图 酒と食事、酒食

【酒徒】jiǔtú 图 酒好き、呑み助

【酒窝(酒涡)】jiǔwō 图(~儿)えくぼ(回[酒坑儿])〖露出~〗えくぼが出る

【酒席】jiǔxí 图〔桌儿〕宴席、酒席 ◆酒とテーブルに並んだ料理をいう。(回[酒筵][酒宴])〖摆了四桌儿~〗四卓の宴席を設けた

【酒意】jiǔyì 图 ほろ酔い気分、微醺〖已有几分~了〗ちょっぴり酒が回ったな

【酒糟】jiǔzāo 图 酒粕

【酒盅(酒钟)】jiǔzhōng 图 酒杯、おちょこ

【酒醉】jiǔzuì 图 ① 酒に酔う、酔っぱらう ②(料理法の一つとして食品を)酒に漬ける

【旧(舊)】jiù 形(⊗[新])① 時を経た、古い ② 時代遅れの、過去の ⊗ 旧友、長い友情〖~友〗旧友

【旧病】jiùbìng 图 持病 回[宿疾]

【旧的不去，新的不来】jiù de bú qù, xīn de bù lái(俗)(物を失ったり壊したりした人を慰め)古いのが無くならなければ、新しいのは手に入らない

【旧调重弹】jiù diào chóng tán《成》〈昔の調べをもう一度奏でる〉時代遅れの理屈をむし返す 回[老调重弹]

【旧都】jiùdū 图 古都、かつての国都

【旧交】jiùjiāo 图 旧友、昔の仲間 回[老朋友] 回[旧好]

【旧教】jiùjiào 图 旧教、カトリック 回[天主教] 回[基督教]

【旧居】jiùjū 图[所・座]旧居 回[故居]

【旧历】jiùlì 图 旧暦、陰暦 回[农历][夏历]

【旧例】jiùlì 图 前例、過去の事例

【旧瓶装新酒】jiù píng zhuāng xīn

jiǔ《俗》(古い酒がめに新酒を入れる)旧形式を利用して新しい内容を表現する

【旧诗】jiùshī 图〔首〕旧詩,文言詩 ◆絶句・律詩など古典形式による文語詩 ⇄[新诗]

【旧时】jiùshí 图 昔,かつての時代 ⇄[从前]

【旧事】jiùshì 图〔件〕昔の出来事,過ぎた事柄 ⇄[往事]

【旧书】jiùshū 图〔本〕① 古書,古典籍,古本 ② 古典籍の本,昔の本 ⇄[古书]

【旧俗】jiùsú 图 旧習,古い風俗習慣

【旧套】jiùtào 图 古いあり方,旧套 ⇒〖摆脱〗旧套を脱する

【旧闻】jiùwén 图 旧聞,過去の話

【旧址】jiùzhǐ 图 かつての所在地,旧址

【臼】jiù ⊗ ① 臼 〖石~〗石臼 ② 形が臼に似たもの 〖~齿〗臼歯 ③ 関節 〖脱~〗脱臼

【舅】jiù ⊗ ① 母の兄弟,おじ 〖大~〗一番上のおじ ② 妻の兄弟 〖小~子〗妻の弟 ③ 夫の父,舅

【舅父】jiùfù 图 母の兄弟,母方のおじ

★【舅舅】jiùjiu 图《口》母方のおじ ◆呼びかけにも使う

【舅母】jiùmu 图 '舅父'の妻,おば ⇄《口》[舅妈]

【咎】jiù ⊗ ① 過ち,罪 ② 咎める,責める ③ 凶

【咎由自取】jiù yóu zì qǔ〈成〉自業自得,自分で播いた種

【疚】jiù ⊗ 疚しく思う,忸怩たる思いを抱く 〖~痛〗同病 〖~歉〗後ろめたい思い

【柩】jiù ⊗ 柩,棺桶 〖灵~〗柩 〖~车〗霊柩車

【厩】(*廄廐) jiù ⊗ 馬屋,家畜小屋

【厩肥】jiùféi 图 厩肥 ⇄〖圏 juàn 肥〗

【救】jiù 動 救う,助ける 〖~~我！〗助けて！

【救兵】jiùbīng 图 援軍,救援隊

【救国】jiùˇguó 動(滅亡から)国を救う 〖抗日~运动〗抗日救国運動

【救护】jiùhù 動(生命が危い傷病者を)救護する 〖~所〗救護所

★【救护车】jiùhùchē 图〔辆〕救急車

【救荒】jiùˇhuāng 動(水害,旱魃等に際し)飢饉対策を講ずる,飢饉を救済する

【救火】jiùˇhuǒ 動 火事を消す,消火活動をする 〖~车〗消防車

【救急】jiùˇjí 動 急場を救う,緊急援助(救急)する

★【救济】jiùjì 動 救済する,救援する 〖~灾区〗災害地を救済する 〖~

粮〗救援食糧

【救命】jiùˇmìng 動 命を助ける,人命を救う 〖~恩人〗命の恩人

【救难】jiùˇnàn 動 危難を救う 〖~船〗救難船

【救生】jiùshēng 動《多く定語として》命を救う 〖~衣〗ライフジャケット 〖~圈〗救命ブイ 〖~艇〗救命ボート

【救亡】jiùwáng 動 国を滅亡から救う,亡国の危機を救う 〖~运动〗救国運動

【救星】jiùxīng 图〔颗〕救いの星,大恩人

【救援】jiùyuán 動 救援する,救済する ⇄[救应 ying]

【救灾】jiùˇzāi 動 ① 罹災者(地)を救済する ② 災害を片付ける

【救治】jiùzhì 動 患者を救う,治療を施す

【救助】jiùzhù 動 救助する,救援する

【就】jiù 動 つけ合わせて食う,あるいは飲む 〖咸菜~稀粥〗漬物で粥を食う ― 圖 ① すぐに,ほどなく 〖我~看完〗すぐ読み終ります ② すでにもう,早くも 〖二十岁~成家了〗20歳でもう所帯を持った ③ …したら(すぐ)…,…すればただちに… 〖吃了早饭~走〗朝食をとったらすぐ出かける ④ 〖一看~生气〗見るなり怒りだす ④ まさしく,ほかでもない 〖他~在这儿死的〗かれはまさにここで死んだのです ⑤ あくまで,断固として 〖不给,~不给〗いやだ,やるもんか ⑥ ただ,わずかに,…だけ 〖村里~那几个人〗村にはその数人だけだった 〖他~跑了一公里…〗かれは1キロメートルしか走らず… ⑦ こんなにも(多く) 〖他~跑了三公里〗かれは3キロメートルも走って… 〖一写~几封〗書くとなったら何通も書く ⑧（仮定や既定の条件,因果関係などを示す文の中で結論を導いて）それならば,そういうわけで 〖如果你去, 我们~不去了〗君が行くなら,ぼくら行かないことにするよ ― 囧 ① …について,…をめぐって 〖~农业而论〗農業について言えば ② …にとっては,…からすれば 〖~他们来说〗彼らにしてみれば ③ …に近づいて,…を借りて 〖~着油灯打袜子〗灯明のそばで靴下を編む ◆後に多音節の目的節がくるときは '~着' となる ④ …に乗じて,…を利用して 〖~着战争发横财〗戦争に乗じて汚い金を儲ける ― 圈《主文に'也'が呼応して》たとい…であろうとも,かりに…でも(⇄[就是][即使]) 〖你~不去, 我也去〗君が行かなくても,ぼくは行くよ

【就便】jiùˇbiàn 圖(～儿)ついでに

【就便】⑩[順便]
【就此】jiùcǐ 副 ここで，この場で，この段階で
【就地】jiùdì 副 その場で，現地で
【就范】jiùfàn 動 服従する，屈服する
【就教】jiùjiào 動（相手に）教えを乞う，教えてもらう〖向大家～〗皆さんにお教えいただきたい
*【就近】jiùjìn 副 すぐそばで，近辺で
【就聘】jiù'pìn 動（あるポストの）招請に応ずる，迎えられる
【就寝】jiùqǐn 動 就寝する，床につく ⑩[就枕]
【就是】jiùshì 副 ① まさしく，ほかでもない ② あくまで，断固として ③ ただ，わずかで，…だけ ④ こんなにも（多く）— 形 同意を示す，そうだ，その通りだ〖～，～，真是我不该〗その通りだ，いかにも私が間違えない — 圏〖主文に'也'が呼応して〗たとい…であろうとも，かりに…としても〖～下雪，我们也去〗たとい雪でも出かけます — 助〖文末に置かれ，かつ'了'を伴って〗① …すればよい，それでよい〖我一定按期完成，你放心～了〗必ず期限どおり完成するから，心配しなくていいよ ②〖'只是''不过'と対応して〗ただ…だけのこと（⑩[罢了]）〖不过问问～了〗ただ聞いてみただけだよ
【就势】jiùshì 副（ある動作をして）そのまま，その勢いで
【就事论事】jiù shì lùn shì《成》事実に即して議論する，事柄のあるままを土台に考える
【就手】jiù'shǒu 副（～儿）〖多く状語的に〗動作の流れに従う（⑩[顺手]）〖～把门锁上〗ついでにドアを閉める
【就算】jiùsuàn 圏〖口〗〖後に'也'が呼応して〗かりに…でも，たとい…でも ⑩[即使]〖就是]
【就席】jiù'xí 動（会か式で）席につく
【就绪】jiùxù 動 目鼻がつき，準備が整う
*【就业】jiù'yè 動 就職する，仕事につく
*【就义】jiùyì 動 正義のために命を落とす
【就诊】jiù'zhěn 動 医者に見てもらう，治療を受ける
*【就职】jiù'zhí 動（高いポストに）就任する，地位に就く ⑩[就任]
【就中】jiùzhōng 副 ① 間に立って，中に入って ② 中でも，取りわけ

【僦】 jiù ⊗（有料で）借りる

【鹫】(鷲) jiù 名〖鳥〗ワシ

【车】(車) jū 名（中国将棋の駒の一つ）車 ◆ 日本将棋の飛車とほぼ同じ動きをする
⇨chē

【狙】 jū ⊗ ① 猿の一種 ② 機を伺う，隙をねらう
【狙击】jūjī 動 狙撃する，狙い撃つ〖～手〗狙撃兵

【苴】 jū ⊗〖～麻〗アサの雌株

【雎】 jū ⊗ ある種の猛禽類の古名（多く人名に使う）

【拘】 jū ⊗ ① 逮捕する，拘留する ② 制約する，しばる ③ 固執する，とらわれる
【拘捕】jūbǔ 動 逮捕する ⑩[逮捕][拘拿]
【拘谨】jūjǐn 形 堅苦しい，謹厳な
【拘禁】jūjìn 動 拘禁する，拘置する ⑩[拘押]
*【拘留】jūliú 動 拘留する，留置する
【拘泥】jūnì 動 とらわれる，拘泥する（⑩[拘执]）〖～于形式〗形式にとらわれる
*【拘束】jūshù 動 制約する，束縛する〖受～〗束縛される — 形 堅苦しい，堅くなった
【拘押】jūyā 動 拘禁する，拘置する ⑩[拘禁]
【拘执】jūzhí 動 拘泥する，とらわれる ⑩[拘泥]

【驹】(駒) jū 名（～儿）1歳未満の馬，ロバ，ラバ（⑩[驹子]）〖怀～〗（馬等が）子を孕む ⊗ 若くて元気な馬〖千里～〗千里の馬

【居】 jū ⊗ ① 住居，居宅〖迁～〗転居する ② 住む，居住する ③ 位置する，場所を占める ④ 自任する，…を気取る→〖自～〗 ⑤ 蓄える，ストックする ⑥ 留まる，固定する ⑦ (J-) 姓
【居安思危】jū ān sī wēi《成》（安きに居て危うきを思う）平穏な状況下でもたえず危機に対処する心構えをもつ
【居多】jūduō 動 多数を占める
【居高临下】jū gāo lín xià《成》高い所から下を見る，有利な位置を占めている
【居功】jūgōng 動 功面をする，手柄を鼻にかける
【居留】jūliú 動 居留する，寄留する〖～权〗居留権
【居民】jūmín 名 住民
*【居然】jūrán 副 なんと，驚いたことに（⑩[竟然]）〖她～考中了〗あの娘なんと合格しちゃったよ
【居首】jū'shǒu 動 首位を占める，トップに立つ
【居心】jūxīn 動 企む，魂胆がある〖～不良〗よからぬ企みをする
【居于】jūyú 動（ある地位，ポスト

【居中】jūzhōng 图真ん中 —圖間に立って,中に入って
【居住】jūzhù 動住む,居住する
【琚】jū ⊗古代の佩玉 ♦身につける装飾用の玉
【裾】jū ⊗すそ,前身ごろ
【掬(*匊)】jū ⊗两手ですくう,(表情や様子が)手に取るようだ [~诚相待]誠意を尽くして応待する
【鞠】jū ⊗①昔の鞠 ②(J-)姓 ③養育する
*【鞠躬】jū'gōng 動おじぎをする,最敬礼する〖深深地鞠了个躬〗深々とお辞儀をした
【鞠躬尽瘁】jūgōng jìn cuì 《成》全力をあげて任務を遂行する,一身を捧げて使命達成に尽くす
【锔(鋦 *鋸)】jū 動かすがいで接合する [~子]かすがい
【鞫】jū ⊗審問する [~问]《書》同前
【局】jú 图(機関の一単位の)局 [~长]局長 —圖碁,将棋や試合の回数,セットを数える〖下一~棋〗1局囲む ⊗①碁盤,将棋盤 ②形勢,状況 [战~]戦局 ③人間の大きさ,器量 ④旧時のある種の集まり [赌~]賭場 ⑤ある種の機構 [邮~]郵便局 ⑥わな,計略 [骗~]ペテン ⑦部分を制約する,束縛する
【局部】júbù 图一部分,局部
【局促(侷促・跼促)】júcù 形①狭苦しい [~狭小] ②《方》慌ただしい,時間がない ③ぎこちない,堅苦しい
*【局面】júmiàn 图局面〖打开~〗局面を打開する
*【局势】júshì 图(政治,軍事的な)情勢,局面 [国际~]国際情勢
【局外人】júwàirén 图局外者,部外者 ⊗[局内人]
【局限】júxiàn 動限定する,範囲を狭く設定する
【局域网】júyùwǎng 图ローカルエリアネットワーク,LAN
【焗】jú 動[食]《方》蒸す
【跼】jú ⊗腰が曲がった,背中が丸まった [~踏jí]《書》おどおどした
【鵙(鶪)】jú ⊗[鳥]モズ ♦口語では'伯劳 bó-láo'
【桔】jú ⊗'橘'の俗字 ⇨jié
【菊】jú ⊗①キク [~花]同前 ②(J-)姓

【橘】jú ⊗ミカン [~树]ミカンの木 [~农]ミカン農家
*【橘黄】júhuáng 形《多く定語として》ミカン色の,オレンジ色の
*【橘子】júzi 图ミカン
【沮】jǔ ⊗①阻む,邪魔立てする ②しょげる,がっくりする ♦古語'沮洳'(沼の一種)はjù-rùと発音
【沮丧】jǔsàng 動①しょげ返る,気元気を失う ②意気消沈させる,気を萎えさせる
【咀】jǔ ⊗よく噛む,噛んで味わう
*【咀嚼】jǔjué 動①(食物を)咀嚼しゃくする,よく噛む ②思い巡らす,(頭の中で)噛みしめる
【龃(齟)】jǔ ⊗以下を見よ
【龃龉(龃龉)】jǔyǔ 動《書》齟齬そごを生じる
【举(舉 *擧)】jǔ 動①上にあげる,高く差しあげる ②推薦する,推挙する [~他作代表]彼を代表に推す ③提起する,提示する〖~个例子〗例を挙げる
⊗①行動,行為 [义~]義挙 ②行動を起こす,始める ③子供を生む ④すべての,まるごとの [~国]全国,国全体
【举办】jǔbàn 動開催する,実行運営する〖~学术讲座〗学術講座を開く
【举措】jǔcuò 图振舞い,行動
*【举动】jǔdòng 图行動,活動
【举发】jǔfā 動告発する,摘発する 動[揭发]
【举荐】jǔjiàn 動推薦する,推挙する
【举例】jǔ*lì 動例を挙げる
【举棋不定】jǔ qí bú dìng 《成》(手にした碁石(将棋の駒)をどこに打つかが決まらない>)なかなか決断がつかない
【举人】jǔrén 图挙人きょじん ♦科挙の試験の'乡试'(省の試験)の合格者 圆[秀才][进士]
【举世】jǔshì 图全世界,世の中全体 [*~闻名]世界に知れわたっている
【举世瞩目】jǔshì zhǔmù《成》世界中が注目する
【举手】jǔ*shǒu 動手を挙げる,挙手する〖~表决〗挙手で決める
*【举行】jǔxíng 動挙行する,開催する〖~表演〗公演を行う
【举一反三】jǔ yī fǎn sān《成》一を聞いて十を知る
【举止】jǔzhǐ 图挙措きょそ,態度,物腰
【举重】jǔzhòng 图重量挙げ,ウエイトリフティング
*【举足轻重】jǔ zú qīng zhòng《成》

(その人の) 一挙手一投足が全局面を左右する

【榉(欅)】jǔ ⊗[光叶〜] ケヤキ [山毛〜] ブナ

【矩(*榘)】jǔ ⊗①定規(じょうぎ) [〜尺] 曲尺(かねじゃく) ②規則, 決まり [规〜ju] 決まり

【矩形】jǔxíng [名] 矩形(くけい), 長方形, 長四角

【莒(莒)】Jǔ ⊗莒(きょ)県(山東省)

【蒟】jǔ ⊗以下を見よ

【蒟蒻】jǔruò [名] コンニャクイモ

【巨(*鉅)】jù ⊗大きい, 巨大な [〜款] 巨額の金

【巨变】jùbiàn [名] 激変, 大きな変化

【巨擘】jùbò [名]《書》親指;《転》大物, 大人物

★★【巨大】jùdà [形] 巨大な, とてつもなく大きな

【巨额】jù'é [形]〔定語として〕巨額の 〖〜逆差〗膨大(ぼうだい)な貿易赤字

【巨富】jùfù [名] ①巨大な富, 莫大な財産 ②大富豪, 大金持ち

【巨匠】jùjiàng [名]《書》巨匠, 大家(たいか)

【巨流】jùliú [名] ①大河 ②抗し難い時代の潮流, 時代のうねり

【巨轮】jùlún [名] ①(比喩で言う) 巨大な車輪, 大きな歯車 〖历史的〜〗歴史の歯車 ②大型汽船

【巨人】jùrén [名] (童話などの) 大男, ジャイアント;《転》偉人, 巨人

【巨商】jùshāng [名] 豪商, 大商人 [同][巨贾]

【巨头】jùtóu [名] 巨頭, 大物

【巨万】jùwàn [形]《書》巨万の, 莫大(ばくだい)な

【巨蟹座】jùxièzuò [名] かに座

【巨著】jùzhù [名]〔部〕大著, 名著

【讵(詎)】jù ⊗いずくんぞ, どうして

【苣】jù ⊗→[莴 wō 〜]

【拒】jù ⊗①阻む, 抵抗する [抗〜] 同前 ②拒否する, 拒む [〜载] 乗車拒否する

【拒谏饰非】jù jiàn shì fēi《成》忠告を拒否して己れの誤りを正当化する

★★【拒绝】jùjué [動] 拒否する, 拒絶する

【炬】jù ⊗松明(たいまつ) [火〜] 同前

【钜(鉅)】jù ⊗①鉄 ②鉤 ③'巨'と通用

【距】jù ⊗①離れる, 距離をとる 〖〜今已有十载〗今からもう10年前のことだ ②間隔, 隔たり

★★【距离】jùlí [名] 距離, 隔たり — [動] (時間的空間的に) 隔たる, 距離がある

【句】jù [量] ことばを数える 〖一〜话〗一言 〖听了一〜就明白〗一言聞けばわかる
⊗文, センテンス [疑问〜] 疑問文
⇨Gōu

【句法】jùfǎ [名] ①文の構造, センテンスの作り方 ②〖語〗シンタックス, 統語論

【句号】jùhào [名] 句点, ピリオド

★★【句子】jùzi [名]〖語〗文, センテンス

【具】jù [量] 棺桶, 死体その他器物に使う 〖三〜尸体〗三体の屍(しかばね)
⊗①用具, 道具 ②具(そな)える, 有する ③供する, 用意する

★★【具备】jùbèi [動] 有する, 具え持つ

【具领】jùlǐng [動] 受け取る, 受領する 〖〜稿费〗原稿料を受け取る

【具名】jù'míng [動] 書類にサインする, 署名する

★★【具体】jùtǐ [形] ①具体的な, 曖昧(あいまい)さのない [反][抽象] ②特定の, はっきりした 〖〜的日程〗具体的な日程 — [動]〔'到'を伴って〕(理論や方針を) 具体的事物に結びつける, 具体化する

【具文】jùwén [名] 死文, 空文

【具有】jùyǒu [動] (多く抽象的事柄について) 具え持つ, 有する

【俱】jù ⊗すべて, 全部 [〜全] すべてがそろう ♦姓は Jū と発音

★★【俱乐部】jùlèbù [名]《訳》クラブ (団体と場所の両方に使う)

【惧(懼)】jù ⊗恐れる, 脅える [恐〜] 同前 [〜内]《書》かかあ天下 [面无〜色] 臆した色がない

【惧怕】jùpà [動] 恐れる, 脅える [同] [惧怯]

【飓(颶)】jù ⊗以下を見よ

【飓风】jùfēng [名] ハリケーン [関][台风]

【倨】jù ⊗傲慢な [〜傲] 同前

【剧(劇)】jù ⊗①劇, 芝居 ([関][戏]) [话〜] 新劇 ②(J-) 姓 ③激しい, 猛烈な [加〜] いっそうひどくなる [〜变] 劇変する [〜增] 急増する

★【剧本】jùběn [名] 脚本, 台本

【剧场】jùchǎng [名]〔家·座〕劇場, 芝居小屋

【剧毒】jùdú [名] 猛毒, 激しい毒性

★【剧烈】jùliè [形] 激しい, 猛烈な

【剧目】jùmù [名] 劇の題名リスト, 外題(げだい)一覧 [保留〜] レパートリー

【剧情】jùqíng [名] 劇の筋書き, ストーリー

J

【剧坛】jùtán [名] 演劇界，芝居の世界
【剧团】jùtuán [名] 劇団
【剧院】jùyuàn [名] 劇場(劇団の名称としても) [同][剧场]
【剧照】jùzhào [名]〔张〕舞台写真，スチール写真

【据(據)】jù [介] …に従って，…に基づいて〖～他说〗彼の話だと〖～报道〗報道によれば
⊗① 証拠，拠り所［收～］領収書 ② 占拠する，占有する［割～］割拠する ③ 依存する，頼みとする ♦'拮据'(手元不如意な)は jiéjū と発音
【据点】jùdiǎn [名]〔处〕拠点，砦(とりで)〖安～〗拠点を構える
【据实】jùshí [副] 事実に基づいて，ありのままに([同][据情])〖～报告〗ありのままに報告する
★★【据说】jùshuō [動] 聞くところによると，…とのことだ〖～他已经好了〗あの人もう治ったんだって
★【据悉】jùxī [動] 情報により(次のことが)わかる

【锯(鋸)】jù [名]〔把〕鋸(のこぎり)([同][锯子])〖用～拉 lá〗鋸で切る［电～］電動鋸［链～］チェーンソー — [動] 鋸を引く，鋸で切る ♦木工用金工用とも押すときに力を入れる〖～木头〗鋸で木材を切る
【锯齿】jùchǐ [名](～儿) 鋸の歯［～形］ぎざぎざ
【锯末】jùmò [名] おがくず [同][锯屑]
【锯木厂】jùmùchǎng [名] 製材所，材木工場

【踞】jù ⊗① 蹲(うずくま)る，腰を下ろす ② 不法占拠する［盘～］同前

【聚】jù [動] 集まる，集める〖～在一起〗一緒に集まる
【聚变】jùbiàn [動]〖理〗核融合が起こる［～反应］核融合反応
【聚餐】jù▾cān [動] 会食する，ディナーパーティを開く
【聚光灯】jùguāngdēng [名]〔盏〕スポットライト
【聚合】jùhé [動] ① 集まる，集める ②〖化〗集合する［～物］重合体
★★【聚会】jùhuì [動](人が) 寄り合う，会合する
【聚伙】jùhuǒ [動] 徒党を組む，グループを作る
【聚积】jùjī [動] 少しずつ積上げる，蓄積する
【聚集】jùjí [動] 集まる，集める [同][集合]
【聚焦】jùjiāo [動] 光などを一点に集める
★【聚精会神】jù jīng huì shén《成》精神を集中して，一心不乱に [反][心不在焉]
【聚居】jùjū [動] 群れて住む，一か所に集まって住む
【聚敛】jùliǎn [動]《書》(民衆の富を) 収奪する，重税で吸い上げる
【聚落】jùluò [名]《書》集落，村落
【聚齐】jùqí [動](指定の場所に) 集合する，顔をそろえる〖聚不齐〗顔ぶれがそろわない
【聚乙烯】jùyǐxī [名] ポリエチレン
【聚议】jùyì [動] 集まって相談する，合議する

【遽】jù ⊗① 慌てふためく，おろおろする［惶～］《書》同前 ② あたふたと，慌てて［匆～］《書》同前
【遽然】jùrán [副]《書》突然に，にわかに〖～变色〗さっと顔色を変える

【醵】jù ⊗ 拠金(きょきん)する，拠出する［～金］同前

【涓】juān ⊗ 小さな水流，ちょろちょろ流れる水［～～］《書》水がちょろちょろ流れるさま
【涓埃】juān'āi [形]《書》ささやかな，僅かばかりの〖～之力〗微力
【涓滴】juāndī [名]《書》① ほんの一滴の水(または酒)〖～不饮〗一滴の酒も飲まない ②《転》一文の金，僅少の品

【捐】juān [動] 寄附する，カンパする〖～一笔钱〗お金を寄附する［～资］資金や物資を寄附する［募～］寄附を募る
⊗①(旧時の) 税金［车～］車両税［苛～杂税］さまざまな名目の過酷な税金 ② 捨てる，放棄する［～生］命を投げ出す
【捐款】juānkuǎn [名]〔笔・项〕寄附金，奉加金
—— juān▾kuǎn [動](金を) 寄附する，カンパする
【捐躯】juānqū [動] 生命を捧げる，わが身を犠牲にする
【捐税】juānshuì [名]《旧》租税，賦課金
【捐赠】juānzèng [動](国や団体に) 献納する，寄附する [同][捐献]
【捐助】juānzhù [動] カンパする，(金銭や物で) 援助する

【娟】juān ⊗ 美しい，麗しい［～秀］《書》麗しい

【鹃(鵑)】juān ⊗ →［杜 dù ～］

【圈】juān [動] ①(家畜を) 柵で囲う ②《口》犯人を拘禁する，ぶち込む
⇨juàn, quān

【镌(鐫)】juān ⊗ 刻む，彫る［～刻］同前

【蠲】juān ⊗ 免除する［～免］《書》同前

jué

【卷(捲)】 juǎn 動①筒形に巻く, ぐるぐる輪に巻く ②巻きこむ(まれる), 巻き上げる(られる) ― 图(〜ル)筒形に丸めたもの [裹成〜ル](平たい物を)筒形に丸める ― 图(〜ル)筒形に巻いた物に使う [1〜ル手紙]トイレットペーパー1巻き
⇨ juàn, quān

― (*餶) 图(〜ル)→[〜子] ◆'银丝〜ル' '花〜ル'など
⇨ juàn

【卷尺】 juǎnchǐ 图巻尺まきじゃく

【卷发】 juǎnfà 图巻毛まきげ

【卷铺盖】 juǎn pūgai 動ふとんを巻く;(転)くびになる, 職を離れる

【卷入】 juǎnrù 動巻きこまれる, 飲みこまれる [〜漩涡]渦に呑まれる

【卷逃】 juǎntáo 動金目の物を洗いざらい持ち逃げする

【卷土重来】 juǎn tǔ chóng lái《成》捲土重来けんどちょうらい, 敗者が再び勢いを盛り返す 類[东山再起]

【卷心菜】 juǎnxīncài 图《方》キャベツ 類[普][圆白菜]

【卷烟】 juǎnyān 图[支・根] ①巻きタバコ 類[烟卷儿][香烟] ②葉巻き, シガー [〜雪茄]

【卷扬机】 juǎnyángjī 图起重機, ウインチ, 巻上げ機

【卷子】 juǎnzi 图メリケン粉をこねて薄くのばし, 加工し, くるくる巻いて作る食品
⇨ juànzi

【卷】 juàn 图(〜ル)答案, 解答用紙 [交〜ル]答案を出す [白〜]白紙答案 ― 图 書籍の巻数をいう [第三〜]第三卷 ⊗①書画の巻物, 書籍 [披〜]本を開く ②機関に分類保存された書類や記録 [案〜]同前
⇨ juǎn

【卷轴】 juànzhóu 图《書》巻軸かんじく, 巻物仕立ての書籍や書画

【卷轴装】 juànzhóuzhuāng 图巻軸装 ◆図書を巻物に仕立てる装訂法

【卷子】 juànzi 图①[份・张]答案, 解答用紙 [交〜ル]答案を提出する ②巻物形式の古抄本こしょうほん
⇨ juǎnzi

【卷宗】 juànzōng 图①(役所の)分類済みの保存文書 ②文書保存用のファイル

【倦】 juàn ⊗①疲れる, くたびれる [疲〜]同前 ②飽きる, 倦うむ [厌〜]同前

【倦容】 juànróng 图くたびれた表情, 疲れた色 類[倦色]

【圈】 juàn 图(小屋と柵囲いのある)家畜小屋 [猪〜]豚小屋
⊗(J-)姓
⇨ juān, quān

【圈肥】 juànféi 图厩肥きゅうひ, うまやごえ 類[厩肥]

【圈养】 juànyǎng 動(家畜を) 小屋の中で飼う

【桊】 juàn 图(〜ル)牛の鼻輪 [穿〜ル]牛に鼻輪をつける

【眷】 juàn ⊗親族, 家族 [家〜]家族

【― (*睠)】 ⊗思いやる, 気にかける [〜注]《書》思いやる

【眷恋】 juànliàn 動《書》強く惹ひかれる, 愛着を覚える

【眷念】 juànniàn 動懐かしむ 類[想念][怀念]

【眷属】 juànshǔ 图家族, 親族

【狷(*獧)】 juàn ⊗①せっかちな, 気短かな [〜急]《書》同前 ②狷介けんかいな, 人と折合わない [〜介]《書》同前

【绢(絹)】 juàn 图薄く丈夫な絹織物, シルク [手〜ル]ハンカチ [〜花]絹の造花

【绢本】 juànběn 图絹本けんぽん(絹にかいた書画)

【隽(雋)】 juàn ⊗①(言葉や詩文の)意味が深い [〜永]《書》同前 ②(J-)姓

【鄄】 Juàn 图[〜城]鄄けん城(山東省)

【撅】 juē 動①ぴんと立てる, 尖らせる [〜尾巴]しっぽを立てる ②けんつくを食らわす, ひどく逆らう

【― (*撧)】 動(口)ぽきっと折る [〜成两段]二つに折る

【噘】 juē 動(口)を尖らせる

【噘嘴】 juēzuǐ 動(不満で)口を尖らせる

【孑】 jué ⊗→[孑〜 jiéjué]

【决(決)】 jué 副[否定詞の前で]決して, 絶対に [〜不后退]決して後退しない ⊗①決定する, 決断する ②最終的な勝敗を決する ③死刑を執行する [枪〜]銃殺する ④決壊けっかいする [溃〜]同前

***【决策】** juécè 動決定済みの政策戦略 ― 動 政策を決める, 方策を決定する

【决雌雄】 jué cíxióng 動 雌雄しゆうを決する, 勝敗の片を付ける

***【决定】** juédìng 動①決定する, 決心する ②規定する, 決定する ― 图[项]決定(されたこと), 決定内容

【决定论】juédìnglùn 名〖哲〗决定论
【决定性】juédìngxìng 形〖定語として〗決定的な
【决断】juéduàn 動決断する,決定を下す ━名決断力
【决计】juéjì 動決意を固める,決心する ━副〖強い肯定の気分を込めて〗必ず,きっと
【决口】jué'kǒu 動(堤防が)決潰する
【决裂】juéliè 動決裂する,袂を分かつ
【决然】juérán ①きっぱりと,決然と ②きっと,必ず
【决赛】juésài 名〖体〗決勝戦を行う,優勝決定戦を〖半~〗準決勝〖四分之一~〗準々决勝
【决死】juésǐ 形〖定語として〗決死の,死ぬか生きるかの
【决算】juésuàn 名決算(⊗〖预算〗)〖年度~〗年度決算
【决心】juéxīn 名决心,决意〖下定~〗决意を固める ━動決心する〖~不休息〗決して休まないぞ
【决疑】juéyí 動〖書〗疑惑を解く,疑いを晴らす
【决意】juéyì 動决意する,决心する〖~辞职〗辞職を決意する
【决议】juéyì 名決議〖联合国~〗国連決議
【决战】juézhàn 名决战,天下分け目の戦い

【诀(訣)】jué ⊗①ある内容を唱えやすく覚えやすい歌の形に綴った言葉〖歌~〗歌の形の口訣 ②秘訣,こつ〖~竅 qiào〗秘~〗同様 ③別れる〖永~〗永遠の別れを告げる
【诀别】juébié 動別れる,別れを告げる ♦一般に再会が難しい別れに使う

【抉】jué ⊗剔出 tīchū する,抉り出す
【抉择】juézé 動〖書〗選択する,選び出す

【玦】jué ⊗半環形の玉器

【駃(駃)】jué ⊗〖鳥〗モズ〖~舌〗〖書〗理解しがたい言語の喩え

【觖】jué ⊗不満な

【角】jué 名(~儿)①(芝居の)役,人物〖主~〗主役 ②俳優,役者〖名~〗名優 ③劇中人物の性格,類型〖丑~〗道化 ⊗①古代の酒器 ②古代音楽の五音のひとつ ③競う,争う〖口~〗言い争う ④(J-)姓
⇨jiǎo
【角力】juélì 動強さを競う,(力を競って)格闘する
*【角色】juésè 名劇中の人物,役
【角逐】juézhú 動武力で争う,角逐 かくちく する

【觉(覺)】jué 動感じる,感知する〖~出滋味来了〗苦みを感じた〖听~〗聴覚〖不知不~〗知らず知らずに
⊗①覚める ②自覚する
⇨jiào
【觉察】juéchá 動察知する,見てとる ⊕〖发觉〗
*【觉得】juéde 動①感じる〖~咸点儿〗ちょっとしょっぱいようだな ②思う,判断する〖你~怎么样?〗どう思いますか
【觉悟】juéwù 名意識,自覚〖提高~〗意識を高める ━動悟る,はっきり認識する
*【觉醒】juéxǐng 動悟る,迷いから覚める

【绝(絕)】jué 形①最高の,腕前の,他を寄せつけぬ〖你这个办法真~〗君のこの方法は素晴らしい ②〖多く結果補語として〗尽きた,極めた〖杀~了〗皆殺しにした ━副〖否定詞の前で〗絶対に,決して〖~不让步〗絶対に譲歩しない
⊗①絶つ,断ち切る〖根~〗根絶する ②行き止まりの,出口のない ③最も,きわめて〖~好〗絶好の ④絶句〖七~〗七言絶句
【绝版】jué'bǎn 動絶版にする
【绝笔】juébǐ 名絶筆,最後の文字
【绝壁】juébì 名絶壁,断崖
【绝唱】juéchàng 名絶唱〖千古~〗古今の絶唱
【绝倒】juédǎo 動〖書〗大笑いする〖令人~〗抱腹絶倒させる
*【绝对】juéduì 形①〖多く定語として〗絶対的の,無条件の(⊗〖相对〗) ②〖理〗ある条件を唯一の基準にした〖~温度〗絶対温度 ━副①全く,絶対に〖要~保密〗絶対に秘密だ ②最も,きわめて
【绝对值】juéduìzhí 名〖数〗絶対値
【绝后】jué'hòu 動子孫が絶える,血筋を絶やす ⊕〖绝根儿〗 ②今後二度と現われない,後にも先にもこれきりの〖空前~〗空前絶後の
【绝迹】jué'jì 動跡を断つ,絶滅する
【绝技】juéjì 名卓絶した技,至芸
【绝交】jué'jiāo 動絶交する,断交する
【绝境】juéjìng 名①行きづまりの状態,絶望的な状況 ②世間と隔絶された状態
【绝句】juéjù 名〖首〗絶句 ♦4句から成る近体詩(⊕〖律诗〗)〖五言~〗五言絶句
【绝口】juékǒu 動①〖'不~'の形で〗

黙る,話をやめる[骂不~]口をきわめて悪口を言う ②口を閉ざす,言及を避ける
【绝路】juélù 图〔条〕破滅への道,行き止まりの道 囫[死路]
—— jué'lù 動活路を失う,道が絶える
【绝门】juémén 图 ①子孫のとだえた家,跡継ぎのいない家 ②(~儿)後継者のいない仕事 —— 形(~儿)桁はずれの,途方もない
【绝密】juémì 图最高機密に属する,極秘の
【绝妙】juémiào 形絶妙の,素晴らしい
【绝灭】juémiè 動絶滅する,消滅する 囫[灭绝]
【绝品】juépǐn 图(一般に美術品として)絶品,無二の佳品
【绝群】juéqún 形抜群の,比類のない 囫[超群][绝伦]
【绝热】juérè 動断熱する,熱を遮る[~材料]断熱材
【绝食】jué'shí 動(抗議のため)食を断つ,ハンガーストライキをする
【绝收】juéshōu 形(災害などで農業の)収穫ゼロの,何ひとつ収穫できない
*【绝望】jué'wàng 動絶望する,望みを捨てる
【绝无仅有】jué wú jǐn yǒu《成》二つとない,他には見られぬ
【绝响】juéxiǎng 图《书》失われた音楽,伝承のとだえた事物
【绝艺】juéyì 图卓越した技,至芸
【绝育】jué'yù 動不妊にする,断種する
【绝缘】juéyuán 動 ①絶縁する,接触を断つ ②〔理〕絶縁する,電流を遮断する[~体]絶縁体[~子]碍子ガイシ
【绝招儿(绝着儿)】juézhāor 图 ①絶妙の技,至芸 囫[绝技] ②奇想天外の方策,あっと驚く手
【绝种】juézhǒng 動(生物の)種が滅びる,絶滅する

【倔】 jué 形 偏屈な,ぎすぎすした ⇨juè

【倔强(倔犟)】juéjiàng 形頑固な,打ち解けない

【掘】 jué 動掘る〖~井〗井戸を掘る[发~]発掘する

【掘进】juéjìn 動掘鑿クッサクする,坑道を掘り進む
【掘土机】juétǔjī 图〔台〕パワーシャベル,掘鑿機 囫[电铲]

【崛】 jué ⊗以下を見よ

【崛起】juéqǐ 動《书》①(山などが)にょっきり聳える,(平地から急に)高く盛り上る ②興オコる,立ち上る〖新制度正在~〗新しい体制が興りつつある

【厥】 jué ⊗①気を失う[昏~][晕yūn~]同前 ②(文語の指示詞)その,彼の

【蕨】 jué ⊗ワラビ[~菜]ワラビ(食用になる部分)

【獗】 jué ⊗→[猖chāng~]

【橛(*橜)】 jué ⊗木製のくい,くさび[~子][木~儿]同前

【蹶(*蹷)】 jué ⊗①転ぶ,ひっくり返る ②(転)失敗する,挫折する ⇨juě

【谲(譎)】 jué ⊗だます,ぺてんにかける

【谲诈】juézhà 图《书》ずる賢い,悪知恵の働く 囫[奸诈]

【爵】 jué ⊗①(3本足の)古代の酒器 ②爵位

【爵禄】juélù 图《书》爵禄シャクロク
【爵士乐】juéshìyuè 图ジャズ,ジャズ音楽〖奏~〗ジャズを演奏する
【爵位】juéwèi 图爵位シャクイ

【嚼】 jué ⊗(食物を)噛む[咀~]咀嚼ソシャクする ⇨jiáo

【矍】 jué ⊗まじまじと見るさま,驚きの目で見るさまをいう

【矍铄】juéshuò 形《书》かくしゃくたる,老いてなお元気さかんな

【攫】 jué ⊗つかむ,捕える

【攫取】juéqǔ 動奪い取る,強奪する

【镢(钁)】 jué ⊗[~头tou]《方》つるはしに似た農具

【蹶】 juě ⊗以下を見よ ⇨jué

【蹶子】juězi 图馬やラバが後足を蹴り上げる動作[尥liào~]同前の動作をする

【倔】 juè 形偏屈ヘンクツな,頑固な ⇨jué

【倔头倔脑】juè tóu juè nǎo《成》言動が角ばったさま,ぎすぎすすして協調を欠くさまをいう

【军(軍)】 jūn 图軍(数個師団から成る軍隊の編制単位)〖两个~〗2個軍団〖第三~〗第三軍 ⊗軍事,軍隊[我~]わが軍[裁~]軍縮する

【军备】jūnbèi 图軍備
*【军队】jūnduì 图〔支〕軍隊
【军阀】jūnfá 图軍閥バツ[北洋~]北洋軍閥
【军法】jūnfǎ 图軍法,軍の刑法[~审判]軍法会議

【军费】jūnfèi [名] 軍事費
【军服】jūnfú [名]〔件·套〕軍服 [同][军装]
【军港】jūngǎng [名]〔座〕軍港
【军官】jūnguān [名] 将校，士官 [関][军士][兵]
【军国主义】jūnguó zhǔyì [名] 軍国主義
【军号】jūnhào [名] 軍用ラッパ
【军婚】jūnhūn [名] 一方が軍人である者の結婚 ♦法的に有利な保護を受ける
【军火】jūnhuǒ [名]〔批〕武器弾薬，兵器［～商］武器商人
【军机】jūnjī [名] ① 軍事機密 ② 軍事計画，軍事方針
【军籍】jūnjí [名] 軍籍，軍人身分〖开除～〗軍籍から除名される
【军纪】jūnjì [名]〔条·项〕軍規（[同][军规]）〖遵守～〗軍規を守る
【军舰】jūnjiàn [名]〔艘·条〕軍艦
【军粮】jūnliáng [名] 軍隊の糧食
【军龄】jūnlíng [名] 軍隊における在職年数〖我有十年～了〗軍務について10年になる
【军令】jūnlìng [名] 軍事命令，軍令［～如山］軍令は絶対である
【军民】jūnmín [名] 軍隊と民衆
【军旗】jūnqí [名]〔面〕軍旗〖～飞扬〗軍旗はためく
【军情】jūnqíng [名] 軍事情勢，軍事情報〖刺探～〗同前をひそかに探る
【军区】jūnqū [名] 軍区 ♦中国全土に七つの‘大～’がある
【军人】jūnrén [名] 軍人
【军士】jūnshì [名] 下士官 [関][兵][军官]
★★【军事】jūnshì [名] 軍事
【军事法庭】jūnshì fǎtíng [名] 軍事法廷［远东国际～］東京裁判
【军属】jūnshǔ [名] 現役軍人の家族
【军统】Jūntǒng [名] 軍統 ♦‘国民政府军事委员会调查统计局’の略．蒋介石政権下の，‘中统’と並ぶ特務組織
【军务】jūnwù [名] 軍務
【军衔】jūnxián [名] 軍隊の階級［～制］階級制
【军校】jūnxiào [名]〔所〕軍幹部養成学校 [同][军事院校]
【军需】jūnxū [名] 軍需［～工厂］軍需工場 [同][军资]
【军训】jūnxùn [名] 軍事訓練
【军医】jūnyī [名] 軍医
【军用】jūnyòng [形] 軍用の，軍事用の
【军援】jūnyuán [名] 軍事援助
【军政】jūnzhèng [名] ① 軍事と政治 ② 軍事行政 ③ 軍隊と政府
【军种】jūnzhǒng [名] 軍の類別 ♦一般に陸軍，海軍，空軍の三つ
【军装】jūnzhuāng [名]〔件·套〕軍服 [同][军服]

〖皲（皸 *皹）〗jūn ⊗ 以下を見よ
【皲裂】jūnliè [動]《書》ひびができる，あかぎれになる [同][龟裂]

〖均〗jūn ⊗ ① すべて，こぞって〖～已收到〗すべて受け取りました ② 均等な，ばらつきのない
【均分】jūnfēn [動] 均等に配分する，平等に分ける
【均衡】jūnhéng [形] 均衡を保った，バランスのとれた
【均势】jūnshì [名] 力の均衡，勢力バランス〖保持～〗均衡を保つ
【均摊】jūntān [動] 均等に負担する〖按人～〗頭割りにする
【均一】jūnyī [形] 均一の，均質の
★★【均匀】jūnyún [形] 平均している
【均值】jūnzhí [名] 平均値

〖钧（鈞）〗jūn ⊗ ① 古代の重量単位 ♦‘一～’は‘三十斤’ ②（接頭辞的に）尊敬を表わす

〖龟（龜）〗jūn ⊗ 以下を見よ
⇨ guī, qiū
【龟裂】jūnliè [動] ① [同][皲裂] ②（地面に）亀裂が走る，縦横にひびが入る

〖君〗jūn ⊗ ① 君主，殿様 ② 尊称の一［诸～］皆さん方
【君主】jūnzhǔ [名] 君主，国王や皇帝
【君主立宪】jūnzhǔ lìxiàn [名] 立憲君主制
【君主制】jūnzhǔzhì [名] 君主制
【君子】jūnzǐ [名] 君子（[反][小人]）［～协定］紳士協定
【君子动口不动手】jūnzǐ dòng kǒu bú dòng shǒu《俗》（君子は口論はしても，殴り合うことはない>）紛争は議論を通して解決すべきである

【菌】jūn [名] 菌［细～］細菌［～肥］細菌肥料
⇨ jùn

【俊（*儁）】jùn [形] 美貌の，顔のきれいな
〖—（*隽）〗⊗ 才知あふれる，才能豊かな
⇨ juàn（隽）
【俊美】jùnměi [形] 美貌の，見目うるわしい [同][俊秀]
【俏俊】jùnqiào [形]《口》ハンサムな，美人の
【俊秀】jùnxiù [形] 美貌の，容貌すぐれた

【浚（*濬）】jùn [動] 浚渫する，水の流れ道をつける〖～渠〗水路をさらう［～泥船］浚渫船 ♦河南省の‘浚县’ではXùnと発音

K

【峻】 jùn ⊗ ① (山が) 険しい, そそり立った [～拔] 同前 ② 厳しい, 峻厳な [严～] 同前

【峻峭】 jùnqiào 形 (山が) 高く険しい, 峻険な 同[峻拔]

【骏(駿)】 jùn ⊗ よい馬, 良馬 [～马] 駿馬

【竣】 jùn ⊗ 完成する, 完了する

【竣工】 jùngōng 動 竣工する, 工事が完成する

【郡】 jùn ⊗ 郡 ◆古代の行政単位 [～县制] 郡県制

【捃(*攗)】 jùn ⊗ 拾う

【菌】 jùn ⊗ [～子] (方) キノコ ⇨jūn

【K歌】 K gē 名 カラオケでよく歌われる歌, カラオケヒット曲 ◆Kは '卡拉OK' の略

【K金】 K jīn 名 金を含む合金 同[开金]

【K线】 K xiàn 名 (株式の) 罫線

【KTV】 名 カラオケテレビ ◆音だけでなく画像つきのカラオケ

【咔】 kā 擬 堅い物が触れる音, かちゃっ, がちっ, など

【咔嚓(喀嚓)】 kāchā 擬 物が折れたり割れたりする音, がちゃっ, ばきっ, など

【咔哒(喀哒)】 kādā 擬 堅い物が触れる音, かたん, がちゃり, など

【咖】 kā 以下を見よ ⇨gā

***【咖啡】** kāfēi 名 コーヒー [喝～] 同前を飲む [～馆] 喫茶店 [～树] コーヒーの木 [～色] 褐色

【咖啡因】 kāfēiyīn 名 カフェイン 同 [咖啡碱] [茶素]

【喀】 kā 擬 せきの音, 嘔吐の音など

【卡】 kǎ 名 [张] 磁気カード —— 動 人や物を取り押さえる, 阻む [～住退路] 退路をたつ —— 量 カロリー ◆ '卡路里' の略称 ⊗ 音訳用字として (カード, カセットなど) [～拉OK] カラオケ ⇨qiǎ

【卡宾枪】 kǎbīnqiāng 名 カービン銃

***【卡车】** kǎchē 名 [辆] トラック

【卡路里】 kǎlùlǐ 量 (訳) カロリー

【卡那霉素】 kǎnàméisù 名 [薬] (抗生物質の一) カナマイシン

【卡片】 kǎpiàn 名 [张] カード

【卡钳】 kǎqián 名 [工] カリパス

【卡特尔】 kǎtè'ěr 名 カルテル [～协定] カルテル協定

***【卡通】** kǎtōng 名 (訳) ① 動画, アニメーション ② 漫画

【佧】 kǎ ⊗ 以下を見よ

【佧佤族】 Kǎwǎzú 名 '佤族' (ワ族) の旧称

【咯】 kǎ 動 せきをして吐き出す [～痰 tán] 痰を吐く ⇨gē, lo

【咯血】 kǎ`xiě 動 咯血する

【开(開)】 kāi 動 ① 開く, あける [～锁] 錠を開ける ② 切り開く, 開削する [～水田] 水田を開拓する ③ (くっついている物が) ばらばらになる, 離れる [扣儿～了] ボタンが外れた [～线] 縫目がほどける ④ 氷がとける,

解凍する ⑤(軍が) 出発する ⑥(機械類が) 作動する(させる), 運転する『～车』車を運転する『～枪』発砲する ⑦開設する『～工厂』工場をつくる ⑧始める『～先例』先例を開く ⑨催す, 開催する『～舞会』ダンスパーティーを催す ⑩伝票や書類を書く『～药方』処方箋を書く ⑪支払う, 支給する『～工钱』労賃を払う ⑫沸騰する, 沸く, 沸かす『水～了』湯が沸いた ⑬十等分して比例配分する『三七～』三七(3割と7割) に分ける ⑭(料理を) 並べて食べる『～了六桌』6テーブル分料理を並べた — [量] ①金合金中の金の含有量を示す単位(カラット)『十四～金』14金 ②印刷用紙の全紙の何分の1かを表わす単位『三十二～』全紙の32分の1の大きさ, 32ページがけ

—— -kāi/-kai [動]〔結果補語として〕①もとの場所から離れることを示す『躲～』よける『拉～』(戸などを) 引きあける ②収容しうることを示す『人多了坐不～』人数が多いと座りきれない ③広がること, 広まることを示す『传～』(うわさが) 広がる ④始まることを示す『干gàn～』やり始める

⊗解く, 解除する［～禁］禁令を解く［～释］釈放する

【开办】kāibàn [動] 設立する, 開業する『～医院』病院を始める

【开本】kāiběn [名] 印刷物の判型の大きさ, 全紙の何分の1かを示す『三十二～』32ページがけ(の判型の書籍)

【开标】kāi'biāo [動] 入札を開票する

★【开采】kāicǎi [動] 採掘する

【开场】kāichǎng [動] 開幕する, 開演する［～铃］開演のベル

【开场白】kāichǎngbái [名] ①芝居などの前口上(まえこうじょう) ②文章や演説の前置き

【开场锣鼓】kāichǎng luógǔ《成》(芝居の幕開けの前に打ちならすドラ太鼓＞) 事件や運動などの序章, 発端

【开诚相见】kāi chéng xiāng jiàn《成》誠意を込めて人に接することをいう

【开秤】kāi'chèng [動] (季節ものについて)買い付けを始める

★【开除】kāichú [動] 除名する, くびにする, 退学処分にする『～党籍』党から除名する

【开创】kāichuàng [動] 創立する, 創業する『～新纪元』新時代を創り出す

【开春】kāi'chūn [動] (～儿) 春になる ♦一般に旧正月あるいは立春のころについていう

【开裆裤】kāidāngkù [名] しゃがむと尻が開く子供用のズボン

【开刀】kāi'dāo [動] ①手術する ②まず槍玉にあげる, 血祭りにあげる『拿他～』あいつをまずやっつけよう

【开导】kāidǎo [動] 言って聞かせる, 教え導く『耐心～』辛抱づよく教え導く

【开倒车】kāi dàochē [動] 歴史に逆らう, 後戻りする

【开顶风船】kāi dǐngfēng chuán《俗》(逆風をついて船を出す＞) 困難に立ち向かうこと, 苦難を承知で挑戦すること

【开动】kāidòng [動] ①運転する, 作動させる『～机车』機関車を動かす『～脑筋』頭を働かす ②(ある場所から)出発する, 前進する

【开端】kāiduān [名] 発端, 始まり

★★【开发】kāifā [動] 開発する, 開拓する『～油田』油田を開発する

—— kāifa [動] 支払う, 支出する『～车钱』(個人が立替えた) バス代(タクシー代)を支払う

【开饭】kāi'fàn [動] ①食事を並べる ②食堂で食事を出し始める『～了』ご飯ですよ

【开方】kāi'fāng [動] ①(～儿) 処方箋を書く ②平方根を開く

★★【开放】kāifàng [動] ①花が開く ②開放する, 禁令や封鎖を解く ③閉鎖を解く, 一般利用に供する『每天～』毎日開いている［～时间］利用時間

【开革】kāigé [動] 除名する, くびにする

【开工】kāi'gōng [動] ①(工場が) 操業を始める［～率］稼働率 ②着工する, 工事を始める

【开弓不放箭】kāi gōng bú fàng jiàn《俗》(弓を引いて矢を放たない＞) 格好だけで実行しない

【开关】kāiguān [名] ①スイッチ『开～』スイッチを入れる ②バルブ, コック『关～』バルブを閉める

【开国】kāiguó [動]〔多く定語として〕新国家を建てる

【开航】kāi'háng [動] ①(船や飛行機が新たな航路で) 航行を始める ②出航する

【开河】kāi'hé [動] ①河道(運河) を切り開く ②川の氷がとける

【开户】kāi'hù [動] 銀行に口座を開く

【开花】kāi'huā [動] (～儿) ①花が咲く, 花を咲かせる ②はじける, 破裂する『炮弹～』砲弾がさく裂する ③事業が栄える

【开化】kāihuà [動] ①開化する, 開ける ②《方》凍っていた川や大地がとける

【开怀】kāihuái [動] いい気分になる, あけっぴろげになる『～畅饮』心ゆく

まで酒を飲む

【开怀儿】kāi**ˊ**huáir 動《口》婦人が初めて子を生む

【开荒】kāi**ˊ**huāng 動 荒地を開墾する

【开会】kāi**ˊ**huì 動 会議あるいは集会を開く,会議あるいは集会に出席する『他─去了』彼は会議に出掛けた『开了三天会』3日に渡って会議が開かれた

【开火】kāi**ˊ**huǒ 動(～儿)① 火ぶたをきる,戦端をひらく ② 発砲する,発射する

【开豁】kāihuò 形 ① 広々としている ② 心が広い

【开价】kāi**ˊ**jià 動(～儿)値段を決める

【开架式】kāijiàshì 名 開架式

【开讲】kāijiǎng 動 講義を始める,講談を語り始める

【开交】kāijiāo 動〔通常否定形で〕けりをつける,解決する『忙得不可～』手の打ちようがないほど忙しい

【开解】kāijiě 動(悲嘆にくれている人を)慰める

【开掘】kāijué 動 掘る,開削する『～机』井戸掘り機,鑿井機

【开课】kāi**ˊ**kè 動 ① 授業が始まる(を始める) ② (大学の)講義を担当する

【开垦】kāikěn 動 開墾する『～荒地』荒地を開く

【开口】kāi**ˊ**kǒu 動 ① 口に出して言う,話す ② 刃をとぐ ⇨[开刃儿]

【开口子】kāi kǒuzi 動 ① 堤防が決潰する ② あかぎれが切れる

【开快车】kāi kuàichē 動 ① 機械のスピードを上げる ② 仕事を急ぐ,作業のピッチを速める

*【开阔】kāikuò 形(⇦[狭窄])① 広々とした『～的天空』広い大空 ② 心が広やか ⼀動 広くする『～眼界』視野を広げる

*【开朗】kāilǎng 形 ① 広々として明るい ②(人物が)からりとした,のびのびと明るい『～性情』気性が明るい

【开犁】kāi**ˊ**lí 動 ① その年の耕作を始める,春の最初の鋤を入れる ② 田畑を耕す際,耕す方向を示す基準として,初めに全面で一すじみぞを作ることをいう ⇨[开墒 shāng]

【开例】kāi**ˊ**lì 動 前例を作る,先例を開く

【开镰】kāi**ˊ**lián 動 刈入れを始める

【开路】kāilù 動 ① 道路を切り開く,道をつける ② 先導する

【开门】kāi**ˊ**mén 動(⇦[关门])① 戸(ドア)を開ける ② 門戸を開く ③ 店を開ける,営業を始める

出す ⇨[直截了当]

【开门揖盗】kāi mén yī dào《成》(戸を開けて強盗を招き入れる>)悪人を引入れて災いを招く

*【开明】kāimíng 形 思想が開けた,時代に目ざめた『～人士』開明的知識人

【开幕】kāi**ˊ**mù 動(芝居・会議・事業などが)始まる,幕を開ける(⇦[闭幕])『～词』開会の辞

【开幕式】kāimùshì 名 開会式

【开盘】kāi**ˊ**pán 動(～儿)《経》寄り付く(⇦[收盘])『～汇率』寄り付きレート

【开炮】kāi**ˊ**pào 動 ① 大砲を撃つ ② 厳しく批判する,非難をあびせる

*【开辟】kāipì 動 開拓する,切り開く『～新领域』新しい領域を開拓する

【开票】kāi**ˊ**piào 動 ① 開票する ② 領収書(伝票類)をきる

【开启】kāiqǐ 動 開く『自动～』自動的に開く

【开腔】kāi**ˊ**qiāng 動 口を開く,しゃべる

【开窍】kāi**ˊ**qiào 動(～儿)① 納得がゆく,道理が飲み込める ②(子供に)知恵がつき始める,世間がわかりだす

【开山】kāi**ˊ**shān 動 ① 山を切り開く ② 立入禁止の山を一時的に開放する ③《宗》寺院を創始する

【开山祖师】kāishān zǔshī 名(⇨[开山])①《宗》開基,開山 ② 学派・流派・事業の創始者,開祖,元祖

【开设】kāishè 動 ①(事業体を)設立する,開設する ②(課程を)設置する

*【开始】kāishǐ 動 ① 始まる,始める『～生效』効き始める ② 着手する『～新事业』新たな事業を始める ⼀名 始めのうち,最初の段階

【开市】kāi**ˊ**shì 動 ① 一日の最初の商いが成立つ,口あけの取引きをする ②(商店や作業所が)営業を再開する

【开涮】kāishuàn 動《方》からかう,冗談をいう

【开水】kāishuǐ 名 湯,熱湯『温～』ぬるい湯『凉～』湯ざまし

【开司米】kāisīmǐ 名《衣》(訳)カシミヤ

【开天窗】kāi tiānchuāng 動 ① 梅毒で鼻が欠ける ② 検閲による記事削除で,新聞紙面に空白が残る(を残す)

【开天辟地】kāi tiān pì dì《成》開闢以来,天地始まってこの方『～第一回』有史以来初めてだ

【开庭】kāi**ˊ**tíng 動 開廷する

【开通】kāitōng 動 ① 開通する(させる)『航线～了』航路が通じた ②(閉鎖的な気風などの)壁をやぶる,

開けたものにする
—— kāitong [形] 開けた，進んだ

【开头】kāi▾tóu [動]（～儿）始まる，緒につく
—— kāitóu [名]（～儿）始めのうち，最初の段階〚万事～难〛何事でも始めが難しい

【开脱】kāituō [動]（罪や責任を）免除する，赦免する，見逃してやる〚～罪责〛罪を許してやる

★【开拓】kāituò [動] ①開拓する，拡大発展する ②鉱山採掘のための施設を整備する

【开外】kāiwài [助]〔数量詞のあとで〕…以上〚七十～〛70歳以上

★★【开玩笑】kāi wánxiào [動] ①からかう，冗談を言う〚跟他～〛彼をからかう ②ふざける，冗談ごとにする

【开往】kāiwǎng [動]（汽車や船などが）…に向かう〚～上海的特快〛上海ゆき特急

【开胃】kāiwèi [動] ①食欲が出る ②《方》からかって楽しむ

【开销】kāixiao/kāixiāo [名]〔笔〕出費，費用〚日常的～〛経常費，生活費 — [動] 支払う

【开小差】kāi xiǎochāi [動]（～儿）①（兵隊が）脱走する ②サボる，ずらかる ③気が散る，精神集中を欠く〚思想～〛心はうわの空だ

★★【开心】kāixīn [形]（気持ちが）晴れ晴れした，愉快な — [動] からかって楽しむ〚拿人家～〛人をからかう

【开学】kāi▾xué [動] 学期が始まる

【开演】kāiyǎn [動] 開演する

【开眼】kāi▾yǎn [動] 視野を広める，見聞を広げる

【开夜车】kāi yèchē [動]（仕事や勉強で）夜業をする，寝ずに頑張る

【开业】kāi▾yè [動]（個人が）開業する，（事業体が）営業を始める [反]〔停业〕

【开源节流】kāi yuán jié liú《成》（収支について）入るを計り出ずるを制する

【开凿】kāizáo [動]（川やトンネル等を）掘る，開削する〚～隧 suì 洞〛トンネルを掘る

【开斋】kāi▾zhāi [動] ①精進落としをする ②（イスラム教徒が）断食を終える〔～节〕イスラム教の断食（ラマダン）あけの祭日

★【开展】kāizhǎn [動] 展開する，発展する（させる）[類]〔展开〕 — [形]（心が）からりとした，素直で明るい

【开战】kāi▾zhàn [動]（[同]〔开仗〕）①開戦する ②（比喩的に）戦いを仕掛ける〚向自然界～〛大自然に戦いを仕掛ける

【开绽】kāizhàn [動] ほころびる

【开张】kāizhāng [動] ①（商店等が）開業する，創業する ②商店の一日の最初の商いが成立つ [同]〔开市〕 ③（物事が）始まる ④《書》開放する — [形] 雄大な，堂々たる

【开账】kāi▾zhàng [動] ①勘定書きを作る，請求書を書く ②（料理店や宿屋などで）勘定を支払う

★【开支】kāizhī [動] ①支払う，支出する（[同]〔开销〕）〚由我方～〛当方から支払う ②《方》給料を支払う — [名] 支払い（の費用）〚节省～〛出費を抑える

【开宗明义】kāi zōng míng yì《成》文章や発言の冒頭で主旨を明らかにすることをいう〚～第一章〛冒頭部分

【揩】kāi [動]《方》拭く，ぬぐう [同]《普》〔擦〕

【揩油】kāi▾yóu [動]（公金などを）くすねる，うまい汁を吸う〚揩公司的油〛会社の金をごまかす

〖凯（凱）〗kǎi ⊗ ①勝利の楽曲，凱歌 ②音訳用字として〔～蒂〕〔～迪〕（ハロー）キティ

【凯歌】kǎigē [名]〔阵·曲〕凱歌

【凯旋】kǎixuán [動] 凱旋（がいせん）する

〖剀（剴）〗kǎi ⊗〔～切 qiè〕《書》適合した，適切な

【恺（愷）】kǎi ⊗ ①楽しい ②音訳用字として〔～撒〕（ローマの）カエサル

〖铠（鎧）〗kǎi ⊗ よろい〔铁～〕鉄製のよろい

【铠甲】kǎijiǎ [名] よろい

〖慨〗kǎi ⊗ ①憤る〔愤～〕憤慨する ②心を揺さぶられる〔感～〕感慨をもよおす ③気前がよい〔～允〕快諾する

【慨然】kǎirán [副] ①感慨を込めて ②気前よく，快く〚～相赠〛気前よくプレゼントする

【慨叹】kǎitàn [動] 感慨深げにため息をつく〚～身世〛身の上を嘆く

〖楷〗kǎi ⊗ ①手本，模範 ②楷書〔正～〕楷書

【楷模】kǎimó [名] 模範，手本 [同]〔模范〕〔榜样〕

【楷书】kǎishū [名] 楷書 [同]〔楷体〕

〖锴（鍇）〗kǎi ⊗ 良質の鉄

〖忾（愾）〗kài ⊗ 怒る，憎む〔敌～〕《書》敵への憎しみ，敵愾心

〖刊〗kān ⊗ ①雑誌，定期刊行物〔月～〕月刊誌 ②版木や石に彫る ③印刷出版する〔创～〕創刊する ④削除修正する〔～误〕校正する

★【刊登】kāndēng [動] 掲載する（[同]〔刊载〕）〚～广告〛広告を載せる

★【刊物】kānwù [名] 雑誌，定期または

不定期の継続刊行物［文芸～］文芸雑誌

【刊行】kānxíng 動 刊行する

【刊載】kānzǎi 動 掲載する（＝[刊登]）［～散文］随筆を載せる

【看】kān 動 ① 見守る, 世話をする ② 監視する［～俘房］捕虜を見張る
⇨ kàn

【看管】kānguǎn 動 ① 監視する, 監督する［～犯人］囚人を監視する ② 番をする, 見守る［～行李］荷物の番をする

【看护】kānhù 動 看護する, 世話をする［～病人］病人を介抱する

【看家】kān'jiā 動 留守番をする, 門番をする［～狗］番犬, 役人や地主の家の執事
—— kānjiā 図 得意技, 十八番［～戏］役者や劇団の十八番の演目［～本領］個人の得意技

【看门】kān'mén 動 ① 出入口を守る, 門番をする［～的］門番 ② 家の番をする

【看青】kān'qīng 動（作物が実るころに）田畑の見張りをする

【看守】kānshǒu 図 看守, 牢番 —— 動 ① 守る, 番をする［～仓库］倉庫番をする［～内閣］選挙管理内閣 ② 囚人を監視管理する［～所］留置場

【看押】kānyā 動 留置する, 拘留する［～嫌疑犯］容疑者を拘留する

【龛(龕)】kān ⊗ 神仏を祭る厨子状のもの, 仏壇や棚の類［佛～］仏龕ぶつがん

【堪】kān ⊗ ① …できる［～当重任］重責を担いうる［～称］…と称するに値する ② 我慢できる, 支えうる［难～］忍びがたい［不～一击］一発でつぶれてしまう

【勘】kān ⊗ ① 校訂する, 突き合わせる［校 jiào～］校正する ② 実地調査する

【勘測】kāncè 動（地形地質などの）調査と測量をする

【勘察(勘查)】kānchá 動（地形・地質・資源などを）事前に探査する

*【勘探】kāntàn 動（地下資源や地質などを）踏査する, 探鉱する［～队］資源探査団［～船］石油探査船

【勘误(刊误)】kānwù 動 校正する, 誤字を正す［～表］正誤表

【戡】kān ⊗ 征伐する［～乱］反乱を平定する

【坎】kǎn ⊗ ① 坎かん（八卦の一, 水を表わす） ② 階段状の土地［田～］あぜ

【—(*埳)】˘土地の窪み, 穴

【坎肩】kǎnjiān 图（～儿）（中国風の）チョッキ, 袖なし ♦ あわせ, 綿入れ, 毛糸のもの等がある

【坎坷(轗軻)】kǎnkě 図 ①（道や土地が）でこぼこの［～不平］でこぼこがひどい ②（書）失意の, 不遇のこと［～一生］失意の一生

【坎壈】kǎnlǎn 図（書）生活が苦しい

【坎儿井】kǎnrjǐng 图 カレーズ ♦ 新疆地方の灌漑用水路で, 横穴によって井戸をつなぎ, 山の雪解水を乾燥した平地に引入れる

【砍】kǎn 動 ①（斧など重い刃物で）たたき切る［～柴］たき木を切る ②（方）物を投げつける

【砍大山】kǎn dàshān 動 ＝[侃大山]

【砍刀】kǎndāo 图［把］なた

【砍伐】kǎnfá 動（樹木・枝を）切り倒す, 伐採する

【砍价】kǎn'jià 動 値切る

【侃】kǎn ⊗ ① 剛直な ② 仲むつまじい

【侃侃】kǎnkǎn 図（書）筋道立てて堂々と物を言う様子をいう［～而谈］堂々と議論を展開する

【侃大山(砍大山)】kǎn dàshān 動（方）大いにおしゃべりする

【侃儿(砍儿)】kǎnr 图《方》隠語［调 diào～］隠語で話す

【檻(檻)】kǎn ⊗ しきい（門や戸口のまたいで入る部分）［门～］同前
⇨ jiàn

【看】kàn 動 ① 見る, 読む［～电视］テレビを見る［～书］本を読む ② 観察する［～清形势］情勢をよく見わめる ③ 訪れる［～朋友］友人を訪問する ④ 診察治療する［～急诊］急患を見る ⑤ 世話を焼く, 面倒を見る ⑥ …如何による, …で決まる［要～天气］天気次第で ⑦ 気を付ける, 注意する（相手の注意を喚起し, 命令の口調を帯びる）［别跑, ～车］走るんじゃない, 車が来るよ ⑧ 判断する, 考える［你～怎么样］どう思うね —— 動［重ねた動詞の後に付いて］「やってみる」意を示す《你先尝尝～》まず食べてごらんよ
⇨ kān

【看病】kàn'bìng 動 ①（医師が）診療する ②（患者が）診療を受ける

【看不惯】kànbuguàn 動 目ざわりに思う, 我慢ならない

*【看不起】kànbuqǐ 動《口》軽視する, ばかにする ＝[瞧不起] ⊗ [看得起]

【看菜吃饭, 量体裁衣】kàn cài chī fàn, liàng tǐ cái yī《俗》（おかずに合わせて飯を食い, 身体を計って服を作る＞具体的状況に合わせて事

【看成】kànchéng 動 …と見なす(⇔[看做])[你把我~什么人了?]おれを何者だと思ってるんだ
【看穿】kànchuān 動 見抜く,見破る(⇔[看透][看破])[~诡计]いんちきを見破る[看不穿]見抜けない
*【看待】kàndài 動 扱う,遇する(⇔[对待])[一律~]一律に扱う
【看得起】kàndeqǐ 動《口》(人物を)高く買う,敬意を払う⇔[看不起]
【看点】kàndiǎn 图 見どころ,ハイライト
*【看法】kànfa/kànfǎ 图 見方,見解
【看风使舵】kàn fēng shǐ duò《成・貶》(風向きに応じて方向を変える>)情勢に応じてころころと姿勢を変える⇔[见风转舵][看风驶船]
【看顾】kàngù 動 介抱する,世話をする[~孩子]子供の面倒を見る
【看见】kànjiàn 動 見掛ける,目に入る[~他了吗?]彼を見掛けたか[看不见]見えない
*【看来】kànlai 慣 見たところ[~他不来了]彼は来たくなくなったようだ
【看破】kànpò 動 ① 見破る,見抜く(⇔[看穿][看透])[看不破]見抜けない ② 見切りを付ける,諦め(の境地に)なる[~红尘]現世の虚しさを悟る
【看齐】kànqí 動 ①(整列のとき)基準に合わせてまっすぐ並ぶ[向右~!]右へならえ ② 見ならう,手本にする[向他~]彼に見ならう
【看轻】kànqīng 動 軽視する
【看上】kànshàng 気に入る[看不上]好きになれない
【看台】kàntái 图 観覧席,スタンド
【看透】kàntòu 動 ① 見破る,見抜く(⇔[看穿][看破])[看不透]見抜けない
【看图识字】kàn tú shí zì 動 絵を見て字をおぼえる(識字教材の題名ともなる)
*【看望】kànwàng (目上や友人などを)訪問する,見舞う
【看相】kàn*xiàng 動 人相を見る[~的]人相見,手相見
【看中】kànzhòng 気に入る,目を付ける,「これだ」と決める(⇔[看上])[看不中]気に入らない
【看重】kànzhòng 動 重んじる,重要視する⇔[重视]

【阚】(闞) kàn ⊗ 姓

【瞰】 kàn ⊗ 見下ろす,俯瞰する[鸟~]鳥瞰する

【康】 kāng ⊗ ① 安らかな,健やか ②(K-)姓

【康拜因】kāngbàiyīn 图《機》《訳》コンバイン⇔[联合收割机]

【康采恩】kāngcǎi'ēn 图《経》コンツェルン('康采因'ともいう)

【康复】kāngfù 動 健康を回復する

【康乐】kānglè 形 楽しく安らかな,平和中で幸せな

【康乃馨】kāngnǎixīn 图《植》カーネーション

【康庄大道】kāngzhuāng dàdào 图〔条〕広く平らかな道,幹線道路

【慷】 kāng ⊗ 以下を見よ

*【慷慨】kāngkǎi 形 ① 意気盛んな,気概に燃える[~激昂]熱情あふれるさま,気概に燃えるさまをいう ② 気前がよい,物惜しみしない[~解囊]人助けのために気前よく金を出す ③ 胆がすわった

【糠】(*穅) kāng 图 ①(イネ,ムギ,アワ等の)糠ぬか,ふすま ②(同じく)もみ殻 一 形(主に大根について)すかすかになった,すが通った[萝卜~了]大根にすが通った

【糠秕】kāngbǐ 图(⇔[秕糠]) ① 糠,ふすま,しいな ② 役に立たぬもの,くず

【鳒】(鰜) kāng ⊗ → [鮟 ān~]

【扛】 káng 動 ① 肩でかつぐ ②(責任や任務を)引受ける,担当する ⇒gāng

【扛长工】káng chánggōng 動(年決めで)作男として働く⇔[扛活][扛长活]

【亢】 kàng ⊗ ① 高い[高~]声だかに響く ② 傲慢な[不卑不~]傲慢でもなく卑屈でもない ③ 過度の,極端な ④(K-)姓

【亢旱】kànghàn 图 大干ばつ

【亢进】kàngjìn 動《医》亢進する[心悸~]心悸亢進

【伉】 kàng ⊗ ①(配偶者が)似つかわしい ② 高大な ③(K-)姓

【伉俪】kànglì 图《書》[対]夫婦

【抗】 kàng 動 ① 抵抗する,反抗する[~癌药]抗癌剤 [~灾]災害とたかう ② 拒否する,はねつける[~税]納税拒否 ③ 対等に争う,対抗する

【抗辩】kàngbiàn 動 抗弁する

【抗毒血清】kàngdú xuèqīng 图 免疫血清[白喉~]ジフテリア血清

【抗旱】kàng*hàn 動 干ばつに対処する,干ばつに耐える[~措施]干ばつ対策 [~品种]水不足に強い品種

【抗击】kàngjī 動 抵抗し反撃する,迎え撃つ[~敌人]敵を迎え撃つ

【抗拒】kàngjù 動 拒否する,逆らう

kàng – kào

【抗菌素】kàngjūnsù 图 '抗生素'の旧称
【抗菌血清】kàngjūn xuèqīng 图 抗菌性血清
【抗命】kàngmìng 動 命令に逆らう,命令を拒否する
【抗日战争】Kàng Rì Zhànzhēng 图 抗日戦争. (⇔[抗战]) ◆1937年7月—45年8月の日中全面戦争をいう
【抗生素】kàngshēngsù 图 抗生物質
【抗体】kàngtǐ 图【医】抗体
【抗药性】kàngyàoxìng 图 薬物への耐性,抵抗力
*【抗议】kàngyì 動 抗議する 〖~欺压弱小国家〗弱小国への威圧行為に抗議する 〖提出~〗抗議をする
【抗原】kàngyuán 图【生】抗原
【抗战】kàngzhàn 動 侵略に抵抗して戦う — 图 ⇔[抗日战争]
【抗震】kàngzhèn 動 ①耐震性を持つ 〖~结构〗耐震構造 ②地震災害に対処する 〖~救灾〗地震災害救援活動

【炕】kàng 图 (中国風)オンドル — 動 (方)あぶる,焼く
【炕桌儿】kàngzhuōr 图〖张〗オンドルの上で使う低いテーブル

【尻】kāo ⊗ 尻 〖~子〗(方) 同前

【考】(攷) kǎo 動 試験する,試験を受ける 〖~数学〗数学の試験をする(がある)〖~大学〗大学を受験する 〖~分fēn〗学年末試験 〖~期〗試験日程 ⊗ ①点検する,調べる ②研究する,推理を進める

【一】⊗ 亡父,先父 〖先~〗同前 〖~妣bǐ〗亡父母
*【考察】kǎochá 動 ①視察する,実地調査する ②綿密に観察する
【考查】kǎochá 動 考査する,試験する
*【考古】kǎogǔ 動 考古学の研究をする
【考古学】kǎogǔxué 图 考古学
*【考核】kǎohé 動 (人物や能力などを)査定する,審査する 〖技术~制度〗技術評定制度
【考绩】kǎo'jì 動 勤務評定する
【考究】kǎojiu 動 ①研究する,調査する ②選る,選り好みする — 形 凝った,精巧で美しい
【考据学】kǎojùxué 图 考証学
【考卷】kǎojuàn 图〖份・张〗試験の答案 ⇔[试卷]
【考拉】kǎolā 图〖只〗コアラ ⇔[树袋熊]
*【考虑】kǎolǜ 動 考慮する,思案する 〖~不周〗配慮が足りない 〖让我~一下〗ちょっと検討させてください
【考勤】kǎoqín 動 出勤状況を点検する,勤務評定をする
【考取】kǎoqǔ 動 試験をして採用する(される),入学試験・採用試験に合格する 〖~大学〗大学に合格する 〖考不取〗合格できない
【考生】kǎoshēng 图 受験生
*【考试】kǎo'shì 動 試験をする(受ける),テストを行なう(⇔[口试][笔试]) 〖明天~〗あしたテストがある 〖入学~〗入学試験
【考题】kǎotí 图〖道〗試験問題(⇔[试题]) 〖出~〗出題する
【考验】kǎoyàn 動 試練を与える,(人を)テストする 〖久经~〗長い試練に耐えてきた
【考证】kǎozhèng 動 考証する

【拷】kǎo ⊗ (刑として)たたく,打つ
【拷贝】kǎobèi 图《訳》①映画のプリント ⇔[正片] ②コピー,複写 〖~机〗複写機,コピー機 〖~纸〗コピー用紙 — 動 コピーする ⇔[复印]
【拷打】kǎodǎ 動 拷問する
【拷问】kǎowèn 動 拷問にかけて訊問する

【烤】kǎo 動 火であぶる,火にあたる 〖~肉〗肉をあぶる 〖~面包〗パンを焼く 〖~煳了〗焼きこがした
【烤火】kǎo'huǒ 動 火にあたる 〖围炉~〗ストーブを囲んで暖を取る
【烤炉】kǎolú 图 オーブン,天火
【烤面包】kǎomiànbāo 图 トースト
【烤肉】kǎoròu 图 あぶり肉,焼肉
【烤箱】kǎoxiāng 图 オーブン
*【烤鸭】kǎoyā 图 炉の上に吊して焼いたアヒル 〖北京~〗北京ダック

【栲】kǎo 图 マングローブ 〖~树〗同前
【栲栳(笸筥)】kǎolǎo 图 柳の枝で編んだじょうご型のかご ⇔[笆斗]

【铐】(銬) kào 動 手錠をかける ⊗ 手錠 〖手~〗同前

【犒】kào ⊗ 酒食や賞金でねぎらう 〖~师〗部隊を慰労する
【犒劳】kàolao/kàoláo 動 酒食を供して慰労する
【犒赏】kàoshǎng 動〖書〗(戦勝部隊などに)賞金を与えて労をねぎらう

【靠】kào 動 ①立てかける,もたせかける ②もたれる,寄りかかる ③近寄る 〖~右边走〗右側を通行する ④近くにいる,そばにある 〖~海〗海辺にある ⑤依存する,頼る 〖~文笔生活〗文筆で食う ⑥信頼する
【靠背】kàobèi 图 椅子のもたれ 〖~

椅]もたれのある椅子
【靠边】kào'biān ①(~儿)端に寄る〖~!~!〗どいた、どいた ②《方》道理にかなう、すじが通る
【靠边儿站】kàobiānr zhàn 動 わきに立つ；(転)主流を外れる、窓際に退く
【靠不住】kàobuzhù 動 当てにならない、信頼できない ⇔[靠得住]
【靠得住】kàodezhù 動 頼りになる、信用できる
【靠垫】kàodiàn 名 背もたれ、ソファーのクッションなど
【靠近】kàojìn 動 ①近づく、接近する〖⇨[挨近][靠拢]〗〖~码头〗波止場に近づく ②隣接する、近くにいる(ある)〖坐得太~了〗座り方が近すぎる
*【靠拢】kàolǒng 動 ①近づく、歩み寄る〖靠不拢〗近づけない ②詰める、密集する〖向前~〗前に詰める
【靠旗】kàoqí 名 伝統劇で武将が背中に挿している三角の旗
【靠山】kàoshān 名 後押し、後ろ立て、バック、パトロン
【靠山吃山,靠海吃海】kào shān chī shān, kào hǎi chī hǎi《俗》(山に近ければ山で、海に近ければ海で生計を立てる>)地の利を活かした生活をする ♦前半は'靠山烧柴'、後半は'靠水吃水'ともいう
【靠手】kàoshǒu 名 椅子のひじかけ

【苛】kē 形 過酷な、厳しい〖待人太~〗人あしらいがひどすぎる ⊗わずらわしい、煩瑣な

【苛待】kēdài 動 (人に)ひどいあしらいをする
【苛捐杂税】kējuān záshuì《成》多岐にわたる賦課徴税、あれやこれやと雑多な税金
【苛刻】kēkè 形 あまりに厳しい、ひどすぎる〖~的条件〗過酷な条件
【苛求】kēqiú 動 過度に要求する、注文をつけすぎる〖别再~他〗これ以上彼に無理な注文をするな
【苛责】kēzé 動 手ひどく批判する、あまりに厳しく叱責する
【苛政】kēzhèng 名 暴政、苛酷な政治〖~猛于虎〗苛政は虎より猛なり

【珂】kē ⊗①'玉'に似た石 ②馬のくつわの飾り

【珂罗版(珂㻁版)】kēluóbǎn 名《印》コロタイプ⇨[玻璃版]

【柯】kē ⊗①草木の茎や枝 ②斧の柄 ③(K-)姓

【柯尔克孜族】Kē'ěrkèzīzú 名 キルギス族 ◆中国少数民族の一、主に新疆に住む

【轲(軻)】kē ⊗ 人名に使われる字、例えば'孟~(孟子)'、'荆~(荆軻)'など

【疴】kē ⊗ 病気

【科】kē 名 ①(学術,専門分野の)科〖理~〗理科〖眼~〗眼科 ②(機関の)課〖财务~〗財務課 ③(生物分類の)科〖猫~〗ネコ科 ④(伝統劇の)しぐさ〖做饮酒~〗酒を飲むしぐさをする ⊗科す〖~以罚金〗罰金を科す〖~处 chǔ〗(刑)に処する

【科白】kēbái 名 芝居のしぐさとせりふ ⇨[做白]
【科班出身】kēbān chūshēn 名 正規の教育を受けた者
【科幻】kēhuàn 名([科学幻想]の略)SF
【科技】kējì 名([科学技术]の略)科学技術
【科教片】kējiàopiàn 名([科学教育影片]の略)科学教育映画
【科举】kējǔ 名 科挙
*【科目】kēmù 名 ①学科目 ②勘定科目
【科普】kēpǔ 名([科学普及]の略)科学普及〖~读物〗科学知識啓蒙書
【科学】kēxué 名 科学〖社会~〗社会科学(人文科学を含んでいう)〖~家〗科学者〖~幻想小说〗SF小説 ― 形 科学的な〖不~〗科学的でない
【科学院】kēxuéyuàn 名 ①科学院 ♦中央と地方に種々ある ②アカデミー,学士院
【科研】kēyán 名([科学研究]の略)科学研究〖~考察船〗観測船

【蝌】kē ⊗ 以下を見よ

【蝌蚪(科斗)】kēdǒu 名〔条〕オタマジャクシ(⇨[口][蛤蟆骨朵])〖~文〗周代の文字

【颏(頦)】kē ⊗ あご、下顎〖下~〗〖下巴~儿〗あご ♦'红点颏'(こまどり)などの'颏'はké

【棵】kē 量 植物を数える〖一~草〗1本の草〖三~松树〗3本の松

【稞】kē ⊗〖~麦〗〖青~〗〖植〗ハダカムギ

【窠】kē 名 巣、ねぐら(⇨[窝])〖做~〗巣をつくる

【窠臼】kējiù 名《書》〈貶〉(文章や芸術作品について)紋切り型、旧来のパターン〖不落~〗枠にはまらない

【颗(顆)】kē 量 '珠子''红豆''炸弹''星星'など粒状のもの、および球状のものを数える ♦'粒'より大きいものに使う

*【颗粒】kēlì 名 ①顆粒 liù、つぶつぶ ②穀物の一粒一粒〖~无收〗一粒の収穫もない

kě

【磕】 kē 動 ① 硬いものにぶつける、こんとつける〖～破了皮〗ぶつかって擦りむいた ②(付着している物を取除くため)ごつごつ打ち付ける、はたく〖～烟袋〗キセルをはたく

【磕打】 kēda 動 (容器の類を硬いものに)とんとん打ち付けて中の物をはたき落とす

【磕磕绊绊】 kēkebànbàn 形 (～的) ①道がでこぼこしている ②(足が悪くて)足もとがおぼつかない、よろめき歩きの

【磕磕撞撞】 kēkezhuàngzhuàng 形 (～的)、足もとがふらふらした、千鳥足

【磕碰】 kēpèng 動 ①(物と物が)ぶつかる ②言い争う、衝突する〖出现一些～〗いさかいが生じる ③(方)(人と物とが)ぶつかる

【磕头】 kē~tóu 動 叩頭する(⇨[叩头])[～虫]ぺこぺこ頭を下げてばかりいる手合、米つきバッタ

【磕头碰脑】 kē tóu pèng nǎo 《俗》人や物がすべて、人と人、人と物がやたらぶつかり合うさまをいう

【瞌】 kē ⊗ 以下を見よ

【瞌睡】 kēshuì 動 居眠り状態になる[打～]居眠りする

【壳(殼)】 ké 名 (口)(～儿)殻ホポ、堅い外皮[鸡蛋～儿]卵の殻 ⇨qiào

【咳】 ké 動 せきをする〖～了几声〗何回かせきをした[百日～]百日ぜき ⇨hāi

【咳嗽】 késou 動 せきをする〖～糖浆〗せき止めシロップ

【可】 kě 副〖強調の語気を示して〗まったく、実に〖～不简单〗一すじ縄ではいかない〖～上哪儿去打听啊?〗いったいどこへ探しに行けばいいんだ〖你～不能粗心大意啊〗くれぐれもポカはいけないよ — 接 しかし、けれども (⇨[可是]) — 動 適合する、よく合う〖～了他的心[体][～身]〗体によく合う — 形・す るに値する、する〖没什么～介绍的〗説明するほどのことはない〖～看的东西〗一見の価値あるもの ⊗ ①…してよい、…できる[牢不可破]びくともしない ②〘単音節動詞に前置され〙心理活動を表わす形容詞を作る[～怕]こわい ③ (K-)姓 ⇨kè

*【可爱】 kě'ài 形 ①愛くるしい、かわいい ②敬愛するに足る、人をひきつける

【可鄙】 kěbǐ 形 いやしい、軽蔑すべき〖行为～〗やり方が汚い

【可乘之机】 kě chéng zhī jī 名 乗ずる隙、チャンス

【可持续发展】 kě chíxù fāzhǎn 動 持続可能な発展をする

【可耻】 kěchǐ 形 恥ずかしい、不面目な〖～的失败〗恥ずべき敗北

【可歌可泣】 kě gē kě qì《成》感動的な、心が揺さぶられるような

*【可观】 kěguān 形 ①一見の価値がある、見るべきものがある ②(数値や程度が)相当な、たいした

【可贵】 kěguì 形 貴い、ありがたい

【可好】 kěhǎo 副 折よく、タイミングよく〖～你来了〗ちょうどよいところへ来てくれたよ

【可恨】 kěhèn 形 憎い、恨めしい

【可见】 kějiàn 接〘主文に前置して〙してみれば…だ、…であることがよくわかる — 動 わかる、想像がつく〖由此～…〗ここから明らかなように…だ

【可见光】 kějiànguāng 名 可視光線

【可卡因】 kěkǎyīn 名 (訳)コカイン(⇨[古柯碱]

*【可靠】 kěkào 形 ①頼りになる、信頼できる ②確かな、間違いない〖～的消息〗確かなニュース、信頼すべき情報

【可可】 kěkě 名 (訳)ココア

*【可口】 kěkǒu 形 (～儿)口に合う、おいしい〖这盘菜很～〗これはうまい料理だ

【可乐】 kělè 名〔瓶・听〕コーラ

*【可怜】 kělián 形 ①かわいそうな、気の毒な[～虫]哀れなやつ(貶す語気) [～巴巴](口)本当に気の毒な様子 ②(少なくとも、本当は安っぽくて)まるで話にならない、論外の — 動 憐れむ、同情する

*【可能】 kěnéng 名 可能性(⇨[～性])〖没有这种～〗そうなる見込みはない — 形 可能な、ありうる〖不～〗ありえない — 副 たぶん、～かもしれない(⇨[也许][或许])〖他～不来〗彼はたぶん来ないよ

【可逆反应】 kěnì fǎnyìng 名〖化〗可逆反応 ⊗[不～]

【可怕】 kěpà 形 こわい、恐ろしげな

【可巧】 kěqiǎo 副 ①折よく、タイミングよく ②折悪しく、間の悪いことに

【可取】 kěqǔ 形 好ましい、取入れてよい〖有～之处〗長所をそなえている

【可燃冰】 kěránbīng 名 メタンハイドレート (⇨[甲烷水合物])

【可是】 kěshì 接〘主文に前置されて〙しかし、けれども (⇨[但是])

【可塑性】 kěsùxìng 名 ①塑性ネボ、可塑性 ②〖生〗適応性、順応性

【可望而不可即】kě wàng ér bù kě jí〈成〉(眺めることはできるが近づくことができない>) 高嶺の花, 絵にかいた餅 ⑩[可望不可即][可望不可亲]
*【可恶】kěwù 形 憎い, 憎むべき
*【可惜】kěxī 形 惜しい, 残念な
【可喜】kěxǐ 形 喜ばしい, 嬉しい
【可笑】kěxiào 形 おかしい, こっけいな, ばかばかしい ⑩[好笑]
【可信度】kěxìndù 名 信頼度
【可行】kěxíng 動 やってよい, 実行可能な 〖是否~〗やれるかどうか
【可行性】kěxíngxìng 名 実行可能性 〖~报告〗フィージビリティリポート 〖~调查〗フィージビリティスタディ
【可疑】kěyí 形 怪しい, 疑わしい
*【可以】kěyǐ 能(⑩[能][会]) ①…できる, 可能である ◆否定は '不能' ②…してよい, 許される ◆否定は '不~' '不能' 〖这儿~打球〗ここではボール遊びをしてもよい ③…するに値する ◆否定は '不值得' —形〖口〗①けっこうな, なかなかよい 〖写得~〗なかなかうまく書けている ②ひどい 〖忙得真~〗忙しくて目が回る
【可意】kěyì 形 気に入った, 満足のゆく
【可有可无】kě yǒu kě wú〈成〉あっても無くてもよい, 無くても差支えない

【坷】kě ⊗→[坎~ kǎnkě]

【岢】kě ⊗ 〖~岚〗岢ᄂ嵐(山西省の地名)

【渴】kě 形 のどが乾いた 〖~坏了〗のどがからからだ 〖解~〗渇きをいやす
⊗ 切に, 心底から 〖~念〗思い慕う, 心から案じる
【渴慕】kěmù 動 心から慕う
【渴求】kěqiú 動 心底から願う
*【渴望】kěwàng 動 切望する 〖~战争早日结束〗戦争の早期終結を切に願う
【渴想】kěxiǎng 動 心から懐かしむ, 痛切に会いたく思う

【可】 kè ⊗ 以下を見よ
⇨ kě
【可汗】kèhán 名〈史〉カーン ◆かつてのモンゴル, ウイグル, 突厥などの諸民族の最高支配者の称号

【克】 kè 量 グラム ⑩[公分]
⊗ ① 克服する, 抑制する ② …できる

【—(*剋 尅)】 ⊗ ① 戦いに勝つ, 攻め落とす 〖攻必~〗攻めれば必ず勝つ ② 消化する ③ 厳しく期限をきる 〖~期(刻期)〗〖~日(刻日)〗限をきる
⇨ kēi(剋)

【克服】kèfú 動 ① 克服する, 打ち勝つ 〖~困难〗困難に打ち勝つ ② (口)苦労に耐える, 抑制する
【克复】kèfù 動〈被占領地を〉奪回する, 奪い返す 〖~失地〗(武力で)失地を回復する
【克格勃】Kègébó 名〈訳〉旧ソ連の秘密情報機構 KGB
【克己】kèjǐ 動〈書〉己れに打ち勝つ, 私心を抑える 〖~奉公〗滅私奉公する —形 ① つましい, 倹約家の ②(旧)(値段を)安くおさえた
【克扣】kèkòu 動 ピンはねする, 上前をはねる
【克拉】kèlā 量 カラット
【克里姆林宫】Kèlǐmǔlín Gōng 名 (モスクワの)クレムリン宮殿
【克隆】kèlóng 動 クローンを作る
【克食】kèshí 動 消化を助ける 〖山楂能~〗サンザシは消化をもたらす
【克星】kèxīng 名 災いをもたらす人
【克制】kèzhì 動(感情を) 抑制する 〖~自己的感情〗自分の感情を抑える

【刻】kè 動 刻きむ, 彫ᄂる 〖~图章〗はんこを彫る — 量 時間の15分 〖三点一~〗3時15分 〖三一钟〗45分間
⊗ ① 刻まれ, 彫られた字や絵 〖木~〗木版画 〖石~〗石彫 ② 時, 時間 〖立~〗ただちに 〖此~〗今この時 ③ 程度がきわめて大であるさまをいう 〖深~〗(内容が)深い ④ 非情な, 冷酷な 〖苛~〗むごい, 無慈悲な
【刻本】kèběn 名〈図〉木版本, 刻本
【刻薄】kèbó 形 不人情な, 薄情な 〖为人~〗性格が冷酷だ
*【刻不容缓】kè bù róng huǎn〈成〉一刻の猶予も許さない, 寸刻を争う
【刻刀】kèdāo〖把〗彫刻刀
【刻毒】kèdú 形 悪意に満ちた, 悪らつな 〖~的语言〗毒のある言葉
【刻骨】kègǔ 形 肝に銘じた, 骨髄までの 〖~的仇恨〗骨の髄までの憎しみ 〖~铭心〗肝に銘じる, 終生忘れない
【刻画】kèhuà 動(人物像を文字や芸術形式で)描き出す, 表現する
*【刻苦】kèkǔ 形 ① ひたすらに努力する, 勤勉この上ない 〖~钻研〗ひたすら研究に没頭する ② 質素な, つましい 〖~的生活〗質素な暮らし
【刻意】kèyì 副 心を尽くして
【刻舟求剑】kè zhōu qiú jiàn〈成〉(船から剣を落とすとき, 船ばたに印をつけて探すときの目印とする>) 情勢の変化に対応するすべを知らない, 旧来の方法にしがみつく

kěn　323

【课(課)】 kè 图 ① 〔节・间〕授業,授業時間 〖上～〗授業をする,授業に出る 〖有三节～〗3コマ授業がある 〖～时〗(授業の)コマ ②〔门〕授業科目 〖第三～〗第3課 〖两～课文〗2課分の本文 ─ 動〔旧〕課する,徴収する 〖～税〗税金を取る Ⓧ占いの一種 〖起～〗占いをする

【课本】 kèběn 图〔本・册〕教科書
*【课程】 kèchéng 图 カリキュラム,課程 〖～表〗時間割
【课堂】 kètáng 图 教室,教場
*【课题】 kètí 图 ①(解决を要する)課題 ②〔讨论や研究の〕主題
【课外】 kèwài 图 課外,授業外の時間 〖～作业〗宿題 〖～辅导〗補習
【课文】 kèwén 图〔课・篇〕教科書の本文
【课业】 kèyè 图 学業,勉強
【课余】 kèyú 图 課外,学業の余暇

【锞(錁)】 kè ⊗〖～子〗小型の金塊・銀塊

【客】 kè 图〔位〕①客(来訪者)(普通'～人'という)(⊗〔主〕)〖来～了〗客が来た 〖会～〗客に会う 〖请～〗宴に招く,おごる ②(消費者,顾客など)〖房～〗間借人,借家人 〖～满〗満席,大入り ─ 量〔方〕飲食品の一人前をいう 〖三～客饭〗定食3つ Ⓧ ②旅客 ②行商人,渡り職人 ③特殊な分野に従事する人 〖政～〗政客 〖刺～〗刺客,テロリスト ④異郷に滞在あるいは寄留する(人)〖～居〗異郷に暮らす 〖～场 chǎng〗アウェー(の試合) ⑤意識の外に独立存在する 〖～体〗客体

【客车】 kèchē 图〔辆・列〕①客車 ♦食堂車や郵便車,小荷物車なども含む ②〔辆〕バス,マイクロバス ⑯〔货车〕
【客船】 kèchuán 图〔只・艘〕客船
【客串】 kèchuàn 動 ゲスト出演する
【客店】 kèdiàn 图〔家〕宿屋,木賃宿 〖住～〗宿屋に泊まる
【客队】 kèduì 图 ビジター(チーム) ⑯〔主队〕
【客房】 kèfáng 图〔间〕客室
*【客观】 kèguān 图 客観(的な)(⑯〔主观〕)〖～规律〗客観的な法則 〖～真理〗客観的真理
【客观主义】 kèguān zhǔyì 图 客観主義 ⑯〔主观主义〕
【客户】 kèhù 图 得意先,顧客
【客货船】 kèhuòchuán 图〔只・艘〕貨客船 ⑯〔客货轮〕
【客机】 kèjī 图〔架〕旅客機
【客籍】 kèjí 图 ①(原籍を離れている人の)寄留先,現住地 ⑯〔原籍〕 ②寄留者,よそ者
【客家】 Kèjiā 图 客家 ♦黄河流域から南方に移住してきたといわれる漢族の一派 〖～话〗〖～方言〗客家方言(中国七大方言の一)
【客轮】 kèlún 图〔只・艘〕客船 ⑯〔客船〕〔货轮〕
【客满】 kèmǎn 图 満員の,満席の
【客票】 kèpiào 图〔张〕①乗物のキップ,乗車券,乗船券,搭乗券など ②劇場の無料優待券
【客气】 kèqi 形 ①礼儀正しい,ていねいな ②遠慮深い,へり下った 〖不要～〗(主人から) ご遠慮なく,(客から)おかまいなく 〖～话〗謙んした言葉 ─ 動 遠慮する,慎み深く振舞う
【客人】 kèren/kèrén 图 ①客,来訪者 ⑯〔主人〕 ②旅客,宿泊客 ③旅商人
【客商】 kèshāng 图 旅商人
【客套】 kètào 图 他人行儀なあいさつ 〖用不着讲～〗あいさつはいらない ─ 動 紋切り型のあいさつをする
【客套话】 kètàohuà 图〔句〕あいさつ語 ♦'劳驾'(ちょっとすみません),'慢走'(お気を付けてお帰りください)の類
【客厅】 kètīng 图〔间〕応接室,客間
【客土】 kètǔ 图 ①〔農〕客土 ②〔書〕寄留先,異郷 ⑯〔客地〕
【客运】 kèyùn 图 旅客運輸 〖～列车〗旅客列車
【客栈】 kèzhàn 图〔家〕粗末な宿屋 ⑯〔客店〕

【恪】 kè ⊗ 謹しみ畏まる 〖～守〗〔書〕厳格に遵守する

【缂(緙)】 kè ⊗〖～丝(刻丝)〗色糸で模様を織り出した織物

【嗑】 kè 動(前歯で)咬み割る 〖～瓜子儿〗'瓜子儿'をかじる ♦'话'の意(の方言)では kē と発音

【溘】 kè ⊗ 忽然と 〖～逝〗〔書〕急逝する

【剋(*尅)】 kēi 動(口)①(けんかで)ぶつ,なぐる ②罵る,叱る ⇨kè(克)

【肯】 kěn 能 ①自分の意志で…すること,(要望を受け入れて)…する気になることを示す 〖不～说〗言おうとしない 〖他オ～了〗彼はやっとうんと言った ♦反語文や否定文の中では形容詞とも結び付く 〖不～马虎〗ずぼらなことはしない ②〔方〕…しやすい Ⓧ ①骨に近い筋肉 ②かなめ,要点 〖中 zhòng～〗勘所どころをつく

★★【肯定】kěndìng [動] 肯定する，認める（[反][否定]）〖～成绩〗成果を評価する —[形] ①肯定的な，承認するような [反][否定] ②明確な，確実な〖～的回答〗確かな返事 —[副] 確実に，きっと〖～有〗必ずあるはずだ

【肯綮】kěnqìng [名]《書》物事の急所，勘所 ♦本来は骨と肉がつながる所の意

【啃】kěn [動] かじる〖～骨头〗骨をかじる〖～书本〗机にかじりつく，本ばかり読む［～老族］親のスネをかじる者たち

【垦(墾)】kěn ⊗ 土を掘り返す，開墾する［～户］入植者

【垦荒】kěnhuāng [動] 荒地を開拓する

【垦殖】kěnzhí [動] 開墾して耕作する

【恳(懇)】kěn ⊗①頼む，願う［敬～］謹んでお願い申し上げる ②真心こもった，ねんごろな［勤～］勤勉誠実な

★【恳切】kěnqiè [形] ねんごろで親切な，やさしくていねいな

【恳求】kěnqiú [動] 懇願する，ひたすら頼みこむ（[同][恳请]）〖～领导批准〗指導層に対し承認を懇請する

【掯】kèn [動]《方》押さえつける

【裉(*褃)】kèn ⊗〖衣〗袖付け部分

【坑】kēng [名]（～儿）穴，くぼみ〖挖～〗穴を掘る［水～］水たまり —[動]（人を）陥れる〖～人〗人をだます［～骗］ぺてんにかける

⊗①地下道，ほら穴［矿～］坑道 ②生埋めにする［焚书～儒］焚書坑儒

【坑道】kēngdào [名]〔道·条〕①坑道 ②（軍事用などの）地下道［～战］地下道戦

【坑井】kēngjǐng [名] 坑道と竪坑

【坑坑洼洼】kēngkēngwāwā [形]（～的）でこぼこした，穴ぼこの多い

【吭】kēng [動] ものを言う，声を出す〖一声也不～〗もの一つ言わない

⇨háng

【吭气】kēng▾qì [動]（～儿）〔多く否定形で〕ものを言う，声を出す〖不～〗押し黙る

【吭声】kēng▾shēng [動]（～儿）〔多く否定形で〕ものを言う，声を出す〖不～〗押し黙る

【铿(鏗)】kēng [擬]「こーん」，「かちーん」など澄んでよく響く音を表わす〖～～地响〗かんかんと響く［～然］《書》力強く響くさま

【铿锵】kēngqiāng [擬] リズミカルに響き渡る音を表わす［～有力］力強く響き渡る

【空】kōng [形] 空の，内容のない，空虚な —[動] 空にする〖～着手去〗手ぶらで出掛ける —[副] 無駄に，空しく（[関][白]）〖～忙〗無駄骨を折る

⊗空，空中［天～］大空

⇨kòng

【空包弹】kōngbāodàn [名] 空包 [反][实包弹]

【空城计】kōngchéngjì [名] 空城の計 ♦自分に力がないのにあるように見せかけて，相手をだます策略〖演～〗空城の計を使う

【空挡】kōngdǎng [名]〖機〗ニュートラル（ギア）

【空荡荡】kōngdàngdàng [形]（～的）がらんとした，（広い場所に何もなくて）もの寂しい

★【空洞】kōngdòng [名]（物体内部の）空洞［肺～］肺結核の空洞 —[形] 内容のない，空虚な〖写得很～〗無内容な文だ

【空泛】kōngfàn [形] 内容がない，空虚な（[同][空虚] [反][充实]）〖～的议论〗空しい議論

【空谷足音】kōng gǔ zú yīn《成》（人跡まれな谷間で聞く足音>）得がたい便りや見解など

【空喊】kōnghǎn [動] から念仏をとなえる，大口をたたくばかりで実行しない [同][空唤][空嚷]

【空话】kōnghuà [名] から念仏，中味のない話（[同][空论]）〖说～〗空論を並べる

【空架子】kōngjiàzi [名]（文章や組織機構などについて）形ばかりで実質のないもの，見かけ倒し，こけおどし〖成了个～〗見かけ倒しとなる

★★【空间】kōngjiān [名] ①空間 ②宇宙（[関][航天]）［～站］宇宙ステーション

【空降】kōngjiàng [動] 空中投下する，落下傘で下ろす［～兵］落下傘兵〖～救灾物资〗救援物資を落とす

【空军】kōngjūn [名] ①〔支〕空軍（[関][海军][陆军]）［～基地］空軍基地 ②空軍の軍人

【空口说白话】kōngkǒu shuō báihuà《俗》①出まかせの口約束をする，空手形を切る ②証拠も出さずにやっていないと言い張る

【空口无凭】kōngkǒu wú píng《成》口先で言うばかりで確かな証拠がない，口約束だけで書面がない

【空旷】kōngkuàng [形] 広々とした，（遮る物がなく）だだっ広い（[同][空阔]）〖～的草原〗広い草原

【空阔】kōngkuò [形] [同][空旷]

【空廓】kōngkuò [形] 広々とした，だだっ広い〖～的大厅〗広いホール

【空论】kōnglùn [名] 空論，中味のない言辞（[同]［空话］）〚发了一通～〛ひとしきり空論を述べた

★★【空气】kōngqì [名] ① 空気〚呼吸新鲜～〛新鮮な空気を吸う［～污染］大気汚染 ② 雰囲気（[同]［气氛］）〚～紧张〛空気が張りつめる

【空前】kōngqián [形] 空前の，いまだかつてない〚～的发展〛空前の発展〚盛况～〛前代未聞の盛況ぶり

★【空前绝后】kōng qián jué hòu《成》空前絶後の，非凡きわまる

【空勤】kōngqín [名] 空中勤務（[反]［地勤］）［～人员］フライトクルー

【空疏】kōngshū [形]《書》（文章·学問·議論などが）空疎な，内容に乏しい

【空谈】kōngtán [名] 空論，現実ばなれした言論［纸上～］紙上の空論 — [動] 空論にふける，から念仏をとなえる

★★【空调】kōngtiáo [名] エアコン

【空头】kōngtóu [名]（株式取引の）から売り，思惑売り（[同]［多头］）〚做～〛同前をする — [形]〔定語として〕名ばかりの，いかさまの

【空头支票】kōngtóu zhīpiào [名] ① 空手形，不渡り小切手 ②（比喩的に）空手形，口先だけの約束〚开～〛空手形を出す

【空投】kōngtóu [動] 空中投下する〚～物资〛物資を投下する

【空文】kōngwén [名] 空文［一纸～］一片の紙きれ（無視された協約，条約等）

【空袭】kōngxí [動] 空襲する〚～了敌人的基地〛敵の基地を空襲した〚第二轮～〛2回目の空襲

★【空想】kōngxiǎng [名] 空想，現実ばなれした考え［～社会主义］空想的社会主義 — [動] 根拠もなしに考える，空想する〚～出一个计划〛現実ばなれしたプランを考え出す

【空心】kōng'xīn [動] 樹木の幹や野菜のしんが空洞になる〚大白菜空了心了〛白菜のしんがすかすかだ

—— kōngxīn [形]〔定語として〕物の内部がからの，中空の [反]［实心］

【空心砖】kōngxīnzhuān [名] コンクリートブロック，空洞れんが

★【空虚】kōngxū [形]（[反]［充实］）① 空虚な，内容がない [同]［空洞］ ② 手うすな，充実していない

【空穴来风】kōngxué lái fēng《成》（透き間があるから風が入る＞）火のないところに煙は立たぬ

【空运】kōngyùn [名] 空輸（する）（[関]［陆运］［海运］）〚～救灾物资〛救援物資を空輸する［～货物］航空貨物

【空中】kōngzhōng [名] 空中［～小姐］スチュワーデス（略は'空姐'）［～服务员］キャビンアテンダント［～加油］空中給油

【空中楼阁】kōngzhōng lóugé《成》空中楼閣，砂上の楼閣

【空竹】kōngzhú [名] 鼓型の玩具 ♦2本の棒と紐を使って中空で回す [同]［空钟 zhong］

〖箜〗 kōng ⊗［～篌 hóu］箜篌（ハープに似た古代の楽器）

【孔】 kǒng [名] 穴，穴状のもの［鼻～］鼻の穴 — [量]《方》'窑洞'（黄土地帯の横穴式住居）を数える

⊗（K-）姓

【孔道】kǒngdào [名] ①〔条〕交通の要路，要衝 ②（K-）孔子の教え

【孔洞】kǒngdòng [名]（器具類についている）穴

【孔方兄】kǒngfāngxiōng [名]《俗》金 ♦ふざけた言い方〚～不爱我〛文なしのぴいぴいだ

【孔夫子搬家（净是书）】Kǒng fūzǐ bān jiā (jìng shì shū)《俗》（孔子が引越しをする＞本ばかりだ＞'书'が'输（勝負ごとに負ける）'と同音であることから＞）負けてばかり

【孔夫子唱戏（出口成章）】Kǒng fūzǐ chàng xì (chū kǒu chéng zhāng)《俗》（孔子が芝居を演じる＞口から出る言葉が立派な文章になる＞）話がうまくて文才豊かだ

【孔雀】kǒngquè [名]〔只〕クジャク

【孔隙】kǒngxì [名] 小さな穴，隙間

【孔穴】kǒngxué [名] 穴，隙間

【孔子学院】Kǒngzǐ xuéyuàn [名] 孔子学院 ♦中国政府が中国語普及のために各国で開設している中国語教育施設

〖恐〗 kǒng ⊗ ① おそらく，たぶん〚～另有原因〛おそらく他に原因があるのだろう ② 恐れる，おびえる［惊～］恐れおののく ③ 脅かす，怖がらせる

★★【恐怖】kǒngbù [形] 恐怖の，恐ろしげな〚我心里～极了〛恐ろしくてたまらない［～统治］恐怖政治［～行动］テロ［白色～］白色テロ

★【恐吓】kǒnghè [動] 脅迫する，脅かす［～信］脅迫状

【恐慌】kǒnghuāng [形] 恐慌状態にある，パニック状態の〚经济十分～〛経済が恐慌状態だ

★【恐惧】kǒngjù [動] 恐れる，不安におののく〚感到～〛恐れを感じる

【恐龙】kǒnglóng [名] 恐竜

★★【恐怕】kǒngpà [動]（…するのではないかと）心配する，不安に思う〚～遭人暗算〛人の毒牙にかかるのを恐れる — [副] ① 恐らく，…ではあるまいか〚～不行〛だめなんじゃないかなあ〚～要下雨〛雨になりそうだ ②

(多く数量について) だいたい, およそ 〖~有二十公斤吧〗約20キログラムほどありそうだ

【恐水病】kǒngshuǐbìng [名] 狂犬病 [同][狂犬病]

【倥】kǒng ⊗ [~偬 zǒng] 《書》緊迫·困窮のさま

【空】kòng [名] (~儿) 空いている時間や場所 〖今天没~〗きょうは暇がない 〖下脚的~〗脚の踏場 — [動] 場所を空ける, からにする 〖每段开头要~两格〗段落の始めは2字空けなさい [~格键] スペースキー — [形] 使われていない, 空いている 〖车厢很~〗客車の座席がガラガラだ [~房] 空き家 [~地] 空き地

⇨kōng

★【空白】kòngbái [名] 〔块·处〕空白 〖填补科技上的~〗科学技術上の空白を埋める [~支票] 未記入の小切手

【空额】kòng'é [名] 欠員, 不足額 〖~已经补上〗欠員はすでに補充した

【空缺】kòngquē [名] 空席, 欠員

★【空隙】kòngxì [名] ①すき間 ②空き時間([同][空闲]) 〖利用战斗~〗戦闘の合い間を縫って

★★【空闲】kòngxián [名] 暇, 空き時間 [同][闲暇] — [形] 暇な, 空いている([同][空余]) 〖~的时候〗暇な時 〖~的机器〗遊んでいる機械

【空子】kòngzi [名] ①すき間, 空き時間 〖抽个~〗暇を見つけて ②(乗ずべき) 隙, 好機 〖钻 zuān ~〗隙につけこむ

【控】kòng [動] ①身体や身体の一部を宙に浮かせる, 支えを失った状態におく ②(容器などを) 逆さにする 〖把瓶子~一~〗びんを空にする

⊗①告発する, 告訴する [被~] 告発される ②制御する, 支配する [遥~] リモートコントロールする

【控告】kònggào [動] (国家機関や司法機関に) 告発する, 告訴する 〖向法院~了他的罪行〗彼の犯罪行為を裁判所に訴えた

【控股】kòng▾gǔ [動] 支配できる一定量の株式を保有する [~公司] 持ち株会社

【控诉】kòngsù [動] (関係機関や公衆に向かって) 告発する, 被害を訴える

★★【控制】kòngzhì [動] 支配下におく, 操作する, 制御する 〖~险要〗要衝を押さえる 〖~不住自己的感情〗感情の抑えがきかない

【控制论】kòngzhìlùn [名] 〖理〗サイバネティクス

【抠(摳)】kōu [動] ①ほじくる ②(紋様を) 彫りつける ③過度に詮索する, 小さなことを深追い探求する — [形] 《方》けちな, 物惜しみがひどい

【抠搜】kōusou [動] 《口》ほじくる — [形] ①けちけちした ②のろい, スローモーな

【抠字眼儿】kōu zìyǎnr [動] 一字一句をあげつらう, 一字一字の意味にこだわる

【眍(瞘)】kōu [動] 目が落ちくぼむ([同][~䁖 lou]) 〖眼睛~进去了〗目が落ちくぼんだ

【口】kǒu [名] ①口(主に言葉をしゃべる道具としての口) ([関][嘴]) 〖开~〗ものを言う ②(~儿) 容器の口 [瓶~儿] びんの口 ③(~儿) 出入口, 関門 [胡同~儿] 路地の入口 ④(~儿)〔条〕裂け目, 切れ目 〖收~儿〗傷口がふさがる [创 chuāng ~儿] 傷口 ⑤刃物の刃 [开~] 刃を立てる [卷~] 刃がつぶれる ⑥馬, ロバ等の年齢 〖这匹马~还轻〗この馬はまだ若い — [量] ①家族の人数に使う 〖一家三~〗一家3人 [小两~儿] 若夫婦 ②豚に使う 〖四~猪〗4頭の豚 ③口のある物('井''锅''缸' など) ④口に入れたもの, 口から出したもの 〖喝一~水〗水を一口飲む 〖叹~气〗ため息をつく ⑤刃物に使う 〖一~刀〗一振りの刀

⊗①万里の長城の関所(多く地名に使われる) ②張家口の略称 [~外] 張家口の北(内蒙古)

【口岸】kǒu'àn [名] 港 [同][港口]

【口碑】kǒubēi [名] 世間で称揚されること [~载 zài 道] 世間で褒めそやされる

【口北】Kǒuběi [名] 張家口の北, 河北省の長城以北と内蒙古中部 [同][口外]

【口吃】kǒuchī [動] どもる([関][结巴]) 〖他说话有点~〗彼は少しどもる

【口齿】kǒuchǐ [名] ①歯切れ, 発音 〖~清楚〗歯切れがよい ②話す能力 〖~伶俐〗弁が立つ

【口臭】kǒuchòu [名] 口臭 〖除~〗口臭を取る

【口传】kǒuchuán [動] 口頭で伝授する [同][口授]

【口袋】kǒudai [名] (~儿) ①ポケット([同][衣兜]) 〖有四个~儿的制服〗4つポケットの人民服 ②ふくろ [纸~儿] 紙袋 [面~儿] 小麦粉袋

【口福】kǒufú [名] うまい物にありつける幸せ, 食運のよさ([関][眼福]) 〖有~〗ごちそう運に恵まれる

【口腹】kǒufù [名] 《書》飲食 〖~之欲〗食い意地 [不贪~] 食い物に執着がない

【口供】kǒugòng [名] 〔句·份〕自供, 供述

K

【口号】kǒuhào 名〔句・个〕(口で叫ぶ)スローガン(⑧[标语])[喊～]スローガンを叫ぶ
【口红】kǒuhóng 名 口紅,ルージュ[抹 mǒ ～]口紅をぬる
【口技】kǒujì 名 声帯模写,声色
【口角】kǒujiǎo 名 口もと,口角[～流涎 xián](よだれを垂らして)羨ましがる[～炎]口角炎,カラスのお灸
 ⇨kǒujué
【口紧】kǒujǐn 形 口が固い,物言いが慎重な
【口径】kǒujìng 名 ①口径[小～步枪]小口径ライフル ②規格,仕様[～不合]規格に合わない ③筋書き,口裏[对～]口裏を合わせる
【口诀】kǒujué 名 事柄の要所を伝える,覚えやすい文句 ◆算数の'九九'など
【口角】kǒujué 動 言い争う,口論する
 ⇨kǒujiǎo
【口口声声】kǒukoushēngshēng (kóukou…と発音) 副 口々に
【口粮】kǒuliáng 名 ①軍隊で各人に支給される食糧 ②個人の日常の食糧
【口令】kǒulìng 名 ①号令[发～]号令を掛ける ②合言葉
【口蜜腹剑】kǒu mì fù jiàn《成》(口には蜜,腹には剣>)口ではうまいことを言いながら,腹の中では相手を陥れる策を講じている ⑧[笑里藏刀]
*【口气】kǒuqì 名 ①口調,言葉つき(⑧[口吻])[严肃的～]厳しい口調 ②口振り(言葉ににじむ暗示),含み[听他的～,好象…]あの口振りだと,どうやら…
*【口腔】kǒuqiāng 名 口腔[～科]歯科[～炎]口内炎
【口琴】kǒuqín 名 ハーモニカ[吹～]同音を吹く
【口轻】kǒuqīng 形 ①味が薄い,塩気が足りない(⑧[口重])②薄味が好きな(⑧[口重])③馬,ロバ等が若い(⑧[口小])[～的骡子]若いラバ
【口若悬河】kǒu ruò xuán hé《成》立板に水 ⑧[滔滔不绝]
【哨儿】kǒushàor 名 口笛,指笛[吹～]口笛を吹く
【口舌】kǒushé 名 ①(言葉の行違いが引き起こす)いさかい,いざこざ[发生～]いさかいが生じる ②論争,交渉などで費やす言葉(⑧[笔墨])[费～]言葉を費す
【口实】kǒushí 名〔书〕口実,うわさの種[贻 yí 人～]人に口実を与える
【口试】kǒushì 名 口頭試問(をする),面接試験(をする) ⑧[笔试]

【口是心非】kǒu shì xīn fēi《成》(口ではイエス,心はノー>)言うことと考えることとが違う ⑧[阳奉阴违]
【口授】kǒushòu 動 ①口頭で伝授する(⑧[口传])②口述筆記させる
【口水】kǒushuǐ 名 ①つば,唾液(⑧[唾沫])②よだれ[流～]よだれを垂らす[～有三尺长]他人の物を羨しがるさま
【口蹄疫】kǒutíyì 名《動》口蹄疫 ◆牛・豚・羊等の伝染病
【口条】kǒutiáo/kǒutiao 名(食用の)牛や豚の舌,タン
*【口头】kǒutóu 名 ①口頭(⑧[书面])[～翻译]通訳する[～通知]口頭で通知する ②口先,言葉[～革命派]口先だけの革命派
【口头禅】kǒutóuchán 名 口ぐせ,決まり文句 ⑧[口头语]
【口头语】kǒutóuyǔ 名 ①(～儿)口ぐせ,決まり文句 ②口頭語,話しことば(⑧[口语])
【口外】kǒuwài 名 ⑧[口北]
*【口味】kǒuwèi 名(～儿)①味,風味[湖南～]湖南の味(料理)②自分の味,好み[合～]好みに合う
【口吻】kǒuwěn 名 ①口振り,口調(⑧[口气])②魚などの口まわり
【口香糖】kǒuxiāngtáng 名〔块〕チューインガム
【口信】kǒuxìn 名(～儿)伝言,言付け(⑧[书信])[捎个～]伝言を伝える
【口译】kǒuyì 動 通訳する ⑧[笔译]
*【口音】kǒuyīn/kǒuyin 名 ①発音,声音[是他的～]あの人の声だ ②なまり,地方音[带口山东～]山東なまりがある
【口语】kǒuyǔ 名 口語,話し言葉 ⑧[书面语]
【口罩】kǒuzhào 名 マスク[戴～]マスクをかける
【口重】kǒuzhòng 形(⑧[口轻])①塩気が強い,味が濃い ②辛いのが好きな
【口子】kǒuzi 名 ①(谷や川といった)大きな裂け目 ②表面のひび,割れ目,傷口[手上拉 lá 了个～]手の皮が破られた ③(口)連れあい,夫あるいは妻[我家那～]うちの亭主(女房)—量 人数を数える[你家有几～?]お宅は何人家族?

【叩】kòu ⊗ ①こつこつたたく[～打]同前[～门]ドアをたたく ②叩頭する[～拜]叩頭のお辞儀をする ③尋ねる,問う
【叩头】kòu·tóu 動 叩頭する ⑧[叩首]/磕头
【叩头虫】kòutóuchóng 名(⑧[磕头虫])①コメツキムシ ②ぺこぺこする人物,米つきバッタ

【扣】kòu 图（~儿）①ボタン ◆'釦'とも書いた［衣~儿］衣服のボタン ②結び目［系~儿］結び目をつくる — 動①（ボタンや掛け金の類を）掛ける,留める［~扣子］ボタンを掛ける［把门~上］ドアに掛け金を掛ける ②容器を伏せる,かぶせる ③拘留する,差し押さえる［~发］給付・発行をやめさせる ④差し引く［~工资］給料から差し引く ⑤（ピンポンやバレーボールで）強打する,スマッシュする,スパイクする — 量①ねじの山を数える ②割合を表わす［打九~］1割値引きする,九掛けにする
【扣除】kòuchú 動 差し引く［~伙食费］食費を差し引く
【扣留】kòuliú 動 拘留する,差し押さえる［~行车执照］運転免許証を取り上げる
【扣帽子】kòu màozi 動（調査も根拠もなしに）人にレッテルを貼る
【扣杀】kòushā 图（球技で）スマッシュ（する）
【扣押】kòuyā 動 ①拘留する,留置する ②差し押さえる
【扣子】kòuzi 图①結び目 ②ボタン（@[纽扣]）［扣~］ボタンを掛ける ③旧小説や講談で,山場を迎えていきなり話を打ち切る所

【筘】(簆) 图《機》織機の筬 @[杼 zhù]

【寇】kòu ⊗①侵略者,強盗［海~］海賊［敌~］侵略してきた敵 ②敵が侵略する［入~］敵が攻めこむ ③(K-)姓

【蔻】kòu ⊗[~丹 dān] マニキュア（'指甲油'とも）

【刳】kū 動 えぐり削る,くり抜く［~木为舟］木をくり抜いて舟にする

【枯】kū 形①（植物が）枯れた［草~了］草が枯れた［~叶］枯葉 ②（川や井戸が）涸れる［~井］涸れ井戸 ⊗①（方）絞りかす［菜~］菜種の絞りかす ②おもしろみない,退屈な
【枯肠】kūcháng 图《書》乏しい思考,貧弱な頭［搜索~］（詩文の言葉を求めて）無い知恵を絞る
【枯槁】kūgǎo 形①枯れしぼんだ,ひからびた ②やつれた,憔悴した
【枯黄】kūhuáng 形 枯れて黄ばんだ
*【枯竭】kūjié 形 涸れた,枯渇した
【枯井】kūjǐng 图〔口〕涸れ井戸
【枯木逢春】kūmù féng chūn（成）（枯れ木に花が咲く＞）絶体絶命の状況から蘇る @[枯树生花]
【枯水期】kūshuǐqī 图 渇水期
【枯萎】kūwěi 形 枯れしぼんだ,干からびた
*【枯燥】kūzào 形（文章や話,あるいは生活が）退屈な,無味乾燥な

【骷】kū ⊗ 以下を見よ
【骷髅】kūlóu〔副・具〕①頭蓋骨,しゃれこうべ ②骸骨,白骨体

【哭】kū 動 泣く（@[笑]）［放声~］おいおいと泣く
【哭哭啼啼】kūkūtítí いつまでも泣き続ける,めそめそする
【哭泣】kūqì 動 むせび泣く,すすり泣く
【哭丧着脸】kūsāngzhe liǎn 動 しけた面をしている,泣きっ面でいる
【哭诉】kūsù 動 涙ながらに訴える,泣きごとを言う
【哭天抹泪】kū tiān mǒ lèi（成）（貶）いつまでもめそめそするさま,泣きの涙でいるさま
【哭笑不得】kū xiào bù dé（成）（泣くにも泣けず笑うにも笑えず＞）対応に窮する @[哭不得笑不得]

【窟】kū ⊗①洞窟,横穴［石~］岩穴 ②悪人のたまり場［赌~］賭場
【窟窿】kūlong 图 ①穴（@[洞]）［耗子~］ねずみ穴［挖~］穴を掘る ②欠損,あな（@[亏空]）［捅~］穴を空ける
【窟窿眼儿】kūlongyǎnr 图 小穴

【苦】kǔ 形 ①苦い（@[甜]）②苦しい,つらい — 副 懸命に,辛抱強く［~劝］ことばを尽くして忠告する — 動 苦しめる,苦労をかける［可~了你了］苦労をかけたなあ ⊗…に苦しむ
【苦差】kǔchāi 图 割に合わない仕事,つらい役目
【苦楚】kǔchǔ 图（苦しい境遇がもたらす）苦しみ,苦労
【苦处】kǔchù 图 つらさ,苦痛
【苦功】kǔgōng 图 苦しい努力,丹誠［下~］努力を傾ける
【苦瓜】kǔguā 图《植》ニガウリ
【苦海】kǔhǎi 图 苦難の底,苦しい境遇［脱离~］地獄から抜け出す
*【苦尽甘来】kǔ jìn gān lái（成）苦あれば楽あり,嵐のあとに凪あり
【苦境】kǔjìng 图 苦境,逆境
【苦口婆心】kǔ kǒu pó xīn（成）（親切心から）くどくどと忠告する @[苦口相劝]
【苦力】kǔlì 图《旧》クーリー
【苦闷】kǔmèn 形 苦悩に満ちた,くよくよとふさぎこんだ
【苦命】kǔmìng 图 つらい運命［~人］不幸な人
【苦难】kǔnàn 图 苦難,悲惨な境遇［遭受~］苦難に見舞われる
【苦恼】kǔnǎo 形 苦悩に満ちた,思い悩んだ

【苦涩】kǔsè [形] ①(味が)苦くて渋い ②苦渋に満ちた, つらい
【苦水】kǔshuǐ [名] ①苦い水, 飲用にならない硬水 [反][甜水] ②(病気で) 込みあげてきた胃液やへど ③苦痛, 苦難 〖吐～〗苦しい思いを吐露する
【苦痛】kǔtòng [名] 苦痛 [同][痛苦]
【苦头】kǔtóu [名](～儿) 苦味
—— kǔtou/kǔtóu [名](～儿) 苦しみ, 苦難 〖吃尽～〗数々の苦難をなめる
【苦夏】kǔxià [動] 夏負けする, 夏ばてする
【苦笑】kǔxiào [動] 苦笑する
【苦心】kǔxīn [名] 苦心 [煞 shà 费～] 苦心惨憺(さんたん)する
【苦心孤诣】kǔ xīn gū yì 《成》 ①ひたすら研鑽(けんさん)を積んで独自の境地を開拓する ②苦心を重ねて運営に当たる
【苦于】kǔyú [動] …に苦しむ, …に悩む 〖～时间紧〗時間不足に悩む — [形] …より苦しい
【苦雨】kǔyǔ [名] じとじと降り続く雨, 被害をもたらす長雨
【苦战】kǔzhàn [動] 苦闘する, 奮闘努力する
【苦衷】kǔzhōng [名] 苦衷, 苦しい胸の内 〖体谅～〗苦衷を察する

〖库(庫)〗kù ⊗ ①倉, 貯蔵庫 [水～] ダム [汽车～] 車庫 [入～] 国庫に入れる, 倉庫に入れる ②(K-)姓
【库藏】kùcáng [動] 倉庫に貯蔵する 〖～图书三十万册〗蔵書 30 万冊を数える
⇨kùzàng
【库存】kùcún [名] 在庫, ストック, 現金残高 [～量] 在庫量
【库房】kùfáng [名]〔座·间〕倉庫, 貯蔵室
【库藏】kùzàng [名]《書》倉(の貯蔵品)
⇨kùcáng

〖裤(褲 *袴)〗kù ⊗ ズボン [短～] 半ズボン [棉～] 綿入れズボン [毛～] 毛糸のズボン下 [游泳～] 水泳パンツ
【裤衩】kùchǎ [名](～儿)〔件〕パンツ, 短パン [三角～] ブリーフ
【裤裆】kùdāng [名] ズボンのまち
【裤脚】kùjiǎo [名](～儿) ①ズボンのすそ ②《方》ズボンの筒
【裤腿】kùtuǐ [名](～儿) ズボンの筒
【裤腰】kùyāo [名] ズボンのウエスト
★★【裤子】kùzi [名]〔条〕ズボン

〖绔(絝)〗kù ⊗もと '裤' に同じ →[纨 wán～]

【酷】kù [形]《口》かっこいい, すばらしい
⊗①残酷な, むごい [～吏] 酷吏(こくり) ②ひじょうに, ひどく [～似] 本物そっくりである
【酷爱】kù'ài [動] 大好きである
【酷热】kùrè [形] ひどく暑い, 酷熱の 〖天气～〗暑さが厳しい
【酷暑】kùshǔ [名] 酷暑, 酷熱の夏
【酷刑】kùxíng [名] むごい処罰, 酷刑

【夸(誇)】kuā [動] ①誇張する, 大げさに言う [～嘴] [～海口] 大ぶろしきを広げる ②褒める, 持ち上げる 〖～他聪明〗彼の賢さを褒める [～赞] 称賛する
【夸大】kuādà [動] 誇張する, 大げさに言う 〖～成绩〗成果を大仰に言い立てる
【夸奖】kuājiǎng [動] 褒める, 称賛する 〖～他唱得好〗彼の歌のうまさを褒める
【夸克】kuākè [名]〖理〗(素粒子のグループのひとつ)クォーク
【夸口】kuā▾kǒu [動] ほらを吹く, 大ぶろしきを広げる [同][夸嘴]
【夸夸其谈】kuākuā qí tán 《成》派手な空論を並べ立てる
【夸示】kuāshì [動] 見せびらかす, ひけらかす
【夸饰】kuāshì [動] 誇張して描く
【夸耀】kuāyào [動](主に言葉により) 自分をひけらかす, 自慢する [関][炫耀]
【夸张】kuāzhāng [名](修辞としての)誇張 — [動] 誇張する, 大げさに言う

【侉(*咵)】kuǎ [形]《方》①発音が土地の言葉と違う, なまりがある ②でかい, かさばって不格好な

【垮】kuǎ [動] 崩れる, 倒れる, ふいになる 〖这堵墙要～了〗塀が崩れそうだ 〖累～身体〗過労で倒れる [打～] 打ち倒す
【垮台】kuǎ▾tái [動] 瓦解する, 崩壊する, 失脚する

【挎】kuà [動] ①腕にかける 〖～胳膊〗腕を組む 〖～篮子〗かごを腕に提げる ②肩や首から提げる
【挎包】kuàbāo [名](～儿) ショルダーバッグ, 肩から提げる袋

〖胯〗kuà ⊗ 股間, また [～骨] 寛骨(かんこつ) [～股] また

【跨】kuà [動] ①またぐ, 大きく踏み出す 〖～进大门〗門を入る 〖～过小沟〗小川をまたぐ ②またがる 〖～马〗馬にまたがる ③(時間·数量·地域の) 境界を越える [～国公司] 多国籍企業, 世界企業

【跨度】kuàdù 名【建】径間はば, スパン(支柱間の距離)
【跨栏】kuà lán 動 ハードルを越える [~赛跑] ハードル競争
【跨年度】kuà niándù 動 年度をまたがる, 翌年度にまたがる [~工程] 同前の工事
【跨越】kuàyuè 動 (時期や地区の)境界を越える, またがる

【扤(搊)】kuǎi 動《方》① 爪で掻く ② 腕にかける ③ 汲む

【蒯】kuǎi ⊗ ①【植】アブラガヤ [~草] 同前 ② (K-)姓

【会(會)】kuài ⊗ 合計する ⇨ huì

**【会计】kuàiji/kuàijì 名 ① 会計(業務) [~年度] 会計年度 ② 会計(担当者)

【会计师】kuàijìshī 名 ① (公認)会計士 ② 機関や企業の高級会計人員

【侩(儈)】kuài ⊗ ブローカー, 仲買人 [市~] 同前

【郐(鄶)】Kuài ⊗ ① 周代の小国名 ② 姓

【狯(獪)】kuài ⊗ [狡 jiǎo ~]《書》狡猾な

【脍(膾)】kuài ⊗ ① 細かく切った肉や魚。なます ② 魚や肉を薄切りにする

【脍炙人口】kuài zhì rén kǒu(成) 人口に膾炙かいしゃする, 広く世に知れ渡る

【块(塊)】kuài 名 (~ル) かたまり [切成~ル] かたまり状に切る [糖~ル] あめ玉 一 量 ① かたまり状のもの, 区切られた平面状のものを数える [一~面包] パン一切れ [一~田] 畑一枚 ② (口) 貨幣単位で'元'に同じ [两~二毛二] 2.22元 [~ル er 八毛] 1元そこそこの金

【快】kuài 形 ① (スピードが)速い, 急な (⇨[慢]) [跑得很~] 足が速い [你~点儿早くしろよ [我的表~五分钟] 僕の時計は5分進んでいる [~讯] ニュース速報 ② 機敏な, 反応がすばやい [脑子~] 頭がきれる ③ (刃物が)よく切れる, 鋭利な (⇨[钝]) [菜刀不~] 包丁が切れなくなった 一 副《多く文末の'了'と呼応して》まもなく…する, もうすぐ…になる [天~黑了] もうすぐ日が暮れる [~三年了] やがて3年になる [~到站的时候] まもなく駅に着く頃 ⊗ ① さっぱりとした, 率直な ② 愉快な, 快い [大~人心] みんなの心を楽しくする

【快板儿】kuàibǎnr 名【演】大衆芸能の一, 竹板を打って拍子を取りつつ語る韻文形式の語り物
【快报】kuàibào 名 速報(刷り物や壁新聞)
【快餐】kuàicān 名 ファーストフード
【快车】kuàichē 名 (列車やバスの)急行 (⇨[慢车]) [特别~] 特急
【快刀斩乱麻】kuàidāo zhǎn luànmá (成) 快刀乱麻を断つ
【快感】kuàigǎn 名 快感, 喜び
*【快活】kuàihuo 形 心はずむ, 愉快な
*【快乐】kuàilè 形 (幸福感・満足感があって)楽しい, うれしい ⇨[高兴]
【快慢】kuàimàn 名 速度, スピード
【快门】kuàimén 名 (カメラの)シャッター [按~] 同前を切る
【快速】kuàisù 形〔定語として〕高速度の, 迅速な [~照相机] ポラロイドカメラ
【快信】kuàixìn 名 速達便 [寄~] 速達を出す
【快讯】kuàixùn 名 ニュース速報
【快要】kuàiyào 副《多く文末の'了'と呼応して》もうすぐ, まもなく [~结束了] まもなく終わる
【快意】kuàiyì 形 快適な, 快い [觉得非常~] とても快く感じる
【快嘴】kuàizuǐ 名 おしゃべり, 口の軽い人

【筷】kuài ⊗ 箸はし [牙~] 象牙の箸
【筷子】kuàizi 名〔双〕箸

【宽(寬)】kuān 形 ①(幅や面積が)広い (⇨[窄]) [眼界~] 見晴らしがよい ⇨[严] ② 寛大な, 度量の大きい (⇨[严]) ③ (経済的に)豊かな, 金まわりのよい (⇨[紧]) [手头~] 懐が暖かい 一 名 横幅, 広さ [有十米~] 10メートルの幅がある 一 動 ゆるめる, 広げる [限期不能再~] これ以上期限は延ばせない

【宽畅】kuānchàng 形 心のどかな
*【宽敞】kuānchang 形 面積が広い, 広々とした [~的房子] 広々とした家
【宽绰】kuānchuo 形 ① 広々とした ② ほっとした, 緊張のない ③ 懐が豊かな, 金まわりのよい ⇨[宽裕]
【宽大】kuāndà 形 ① 面積が広い, (空間が)ゆったりした (⇨[窄小]) ② 寛大な, 度量の大きい (⇨[苛严]) 一 動 (犯罪者などを)寛大に扱う, 温情を示す
【宽带】kuāndài 名 広帯域(ブロードバンド)
【宽待】kuāndài 動 寛大に扱う
【宽度】kuāndù 名 広さ, 幅
【宽泛】kuānfàn 形 意味が広い, 広い範囲にわたる

【宽广】kuānguǎng 形 広々とした, 広大な 〖~的田野〗広い野原 〖心胸~〗度量が大きい
【宽宏(宽洪)】kuānhóng 形 心の広い [~大度][~大量] 度量が大きい
【宽厚】kuānhòu 形 ① 広くて厚い [~的胸膛] ぶあつい胸板 ② 寛大な, 親切な(⊗[刻薄]) [~待人] 温く人を遇する
【宽解】kuānjiě 動 (人の) 心をほぐし, 落ち着かせる
【宽阔】kuānkuò 形 広い, 広々とした [~的林阴道] 広い並木道
【宽容】kuānróng 動 寛大に許す, 大目に見る [~自己] 自分に対して甘い
【宽恕】kuānshù 動 寛大に許す, 目こぼしする [~恶人] 悪人を許す
【宽松】kuānsong/kuānsōng 形 ① (空間が)ゆったりした ② 気が楽な
【宽慰】kuānwèi 動 慰める, 気を楽にさせる [~她几句] 彼女に慰めの言葉を掛ける
【宽限】kuān'xiàn 動 期限を延ばす [~一星期] 一週間の猶予を与える
【宽心】kuān'xīn 動 落ち着かせる, 安心させる [宽她的心] 彼女を安心させる [~话] 慰めの言葉
【宽心丸儿】kuānxīnwánr 名 慰めの言葉, 気の晴れる言葉 [让他吃~] あいつの気分を晴らしてやれる
【宽银幕】kuānyínmù 名 ワイドスクリーン [~电影] シネマスコープ
【宽裕】kuānyù 形 ゆとりがある, 豊かな [时间很~] 時間はたっぷりある [生活~] 暮らしが豊かだ
【宽窄】kuānzhǎi 名 (~儿) 広さ, 縦横のサイズ [~正合适] 大きさがぴったりだ
【宽纵】kuānzòng 動 放任する, 気ままにさせる [~自己] 自分を甘やかす

【髋(髖)】kuān ⊗ [~骨] 寛骨(ふつうは'胯 kuà 骨'という)

【款】kuǎn 名 ① 法令・規約などの条文中の下位項目 〖第三条第一~〗第3条第1項 ② 金銭, 経費 〖汇一笔~〗送金する [公~] 公金 ③ (~儿) 書画に記す名 [落~] 落款 ⊗ ① 款待する [~客] 客をもてなす ② 誠実な, 心からの [~留] (客を)心から引きとめる ③ ゆっくりとした, 緩やかな [~步] 落ち着いた足どり
*【款待】kuǎndài 動 歓待する, 心からもてなす 〖盛情~〗真心込めて歓待する
*【款式】kuǎnshì 名 デザイン, 様式 ⓔ [式样]
【款项】kuǎnxiàng 名 ① [笔] (機関団体等の大きな) 経費, 費目 ② (法令, 規約等の) 条項
【款识】kuǎnzhì 名 ① 青銅器類に刻まれた文字 ② 落款
【款子】kuǎnzi 名 経費, 金銭 [来一笔~] まとまった金を送ってくる

【窾】kuǎn ⊗ 空の

【匡】kuāng ⊗ ① 誤りを正す [~谬][~书]同前 ② 助ける, 手伝う [~助][~书]同前 ③ ざっと見積もる, 概算する ④ (K-)姓
【匡救】kuāngjiù 動 正しい道に引き戻す, 迷いや混乱から助け出す
【匡正】kuāngzhèng 動 誤りを正す, 改める

【诓(誆)】kuāng 動 (方)だます, ぺてんにかける [~人] 人をだます
【诓骗】kuāngpiàn 動 だます

【哐】kuāng 擬 ぶつかって響く音, かーん, がーんの類
【哐啷】kuānglāng 擬 物がぶつかる音, がちゃん, ばたんの類

【筐】kuāng (~儿) (竹, 柳の枝などで編んだ) かご [竹~儿] 竹かご
【筐子】kuāngzi 名 小さめのかご [菜~] 野菜かご

【狂】kuáng 形 ひどく高慢な [说得太~] 思い上がった言い草だ [~言] たわごと ⊗ ① 気の狂った, 精神の異常な(⊕[疯]) [~发] 発狂する ② 激しい, 猛烈な [~跌] 暴落する
【狂暴】kuángbào 形 凶暴な, 猛り狂った [~的山洪] 凄まじい鉄砲水
【狂飙】kuángbiāo 名 あらし, 暴風;(転)激しい運動や力 [~运动] 18世紀ドイツの疾風怒濤の時代
【狂放】kuángfàng 形 わがまま放題の, 野放しの
【狂风】kuángfēng 名 [场]暴風, あらし [~暴雨] 激しいあらし
【狂欢】kuánghuān 動 ばか騒ぎをする, お祭り騒ぎをする [~节] カーニバル
【狂澜】kuánglán 名 荒波;(転)激動する局面, 激しい時代の潮流
【狂犬病】kuángquǎnbìng 名 狂犬病 ⓔ [恐水病]
【狂热】kuángrè 形 熱狂的な, 狂信的な [~的信徒] 狂信者
【狂人】kuángrén 名 ① 狂人, 精神異常者 ② 異常に思い上がった輩, 高慢ちき
【狂妄】kuángwàng 形 身の程知らずの, 思い上がった [~的野心] 身の程知らずの野望
【狂喜】kuángxǐ 形 狂喜する

【狂想曲】kuángxiǎngqǔ [名]〖音〗ラプソディ，狂詩曲
【狂笑】kuángxiào [動] 激しく笑う，大笑いする
〖诓(誆)〗kuáng ⊗ だます ♦単用する方言もある
〖夼〗kuǎng ⊗《方》低地
〖邝(鄺)〗Kuàng ⊗姓
〖圹(壙)〗kuàng ⊗①墓穴［打～］墓穴を掘る ②原野
【旷(曠)】kuàng [形] ①広々とした〖这个地方太～了〗だだっぴろい ②だぶだぶの，サイズが大きすぎる ━[動] さぼる，怠る
⊗気持ちがのびやかな［心～神怡］心がゆったりとする
【旷费】kuàngfèi [動] 浪費する，無駄にする〖～时间〗時間を無駄にする
【旷工】kuàng▾gōng [動] 無断で仕事を休む，仕事をさぼる
*【旷课】kuàng▾kè [動]（学生が）授業をさぼる〖旷三天课〗学校を3日さぼる
【旷日持久】kuàng rì chíjiǔ《成》だらだらと時間を費す，やたら長引かせる〖～的谈判〗埒(らち)の明かない交渉
【旷野】kuàngyě [名] 荒野，広大な原野
【旷职】kuàng▾zhí [動]（職員が）無断欠勤する，仕事をさぼる
【矿(礦 *鑛)】kuàng [名] ①鉱床，鉱石〖挖了十年～〗鉱山で10年働いた〖采～〗（鉱石や石炭を）採掘する ②鉱山，鉱坑〖到～上去〗鉱山へ行く［煤～］炭坑
【矿藏】kuàngcáng [名] 地下資源
【矿产】kuàngchǎn [名] 鉱産物
【矿尘】kuàngchén [名] 鉱石粉塵，炭塵
【矿床】kuàngchuáng [名] 鉱床（[同]［矿体］）［海底～］海底鉱床
【矿灯】kuàngdēng [名] キャップライト，坑内灯
【矿工】kuànggōng [名] 坑夫，鉱山労働者
【矿井】kuàngjǐng [名] 坑道，竪(たて)坑・斜坑の総称［～火灾］坑内火災
【矿脉】kuàngmài [名] 鉱脈
【矿泉】kuàngquán [名] 鉱泉
**【矿泉水】kuàngquánshuǐ [名] ミネラルウォーター
【矿山】kuàngshān [名]〔座〕鉱山
【矿石】kuàngshí [名] ①鉱石 ②鉱石ラジオ用の鉱石［～收音机］鉱石ラジオ（一般に'～机'という）
【矿物】kuàngwù [名] 鉱物［～棉］石綿
【矿业】kuàngyè [名] 鉱業
〖况(況)〗kuàng ⊗①様子，状態［情～］状況 ②例える，比べる［以古～今］昔を今に例える ③まして，いわんや ④(K-)姓
*【况且】kuàngqiě [接] その上，まして
〖贶(貺)〗kuàng ⊗贈る
【框】kuàng [名] ①(～儿)門や窓の枠(わく) ♦扉や窓を取り付けるために壁にはめ込んだ枠 ②(～儿)(器物の）枠，縁(ふち)［镜～儿］額縁［无～眼镜］ふちなし眼鏡 ③(旧読 kuāng) [名]（活動を制約する）枠(わく)，(文字や図を囲む）囲み ━[動] (旧読 kuāng) ①枠で囲む〖用红线～起来〗赤線で囲む ②(思想や行動を)制約する，枠をはめる〖～得太死〗厳しく縛りすぎる
*【框架】kuàngjià [名] 枠，枠組
【框框】kuàngkuang（旧読 kuāngkuang）[名] ①(字や図を囲む）枠〖画～〗枠で囲む ②(制約する）枠組［老～］旧来の枠
【框子】kuàngzi [名] 小さめの枠，縁［眼镜～］めがねのフレーム
〖眶〗kuàng ⊗目の縁(ふち)［眼～子］同前［夺～而出］(涙が)どっとあふれ出る
【亏(虧)】kuī [動] ①損をする，欠損を出す〖～了二百元〗200元損した ②欠く，不足する［理～］道理を欠く，筋が通らない ③そむく，苦しめる〖～不了 liǎo 你〗君をだましたりするもんか ━[名] 損失［吃～］損をする［盈～］満ち欠け，利益と損失 ━[副] ①さいわい，…のおかげで〖～你提醒了我〗君が注意してくれたおかげで… ②(冷やかし，あきれた感情を示して）よくもまあ〖～你说得出口〗よくそんなことが言えたもんだ
【亏本】kuī▾běn [動] 元手を割る，欠損を出す（[同]［赔本］）〖～订货〗出血受注(をする)
*【亏待】kuīdài [動] 冷遇する，意地悪する
【亏得】kuīde [副] ①さいわい，…のおかげで（[同]［多亏］）〖～大家帮忙〗さいわいみんなが手伝ってくれたんで… ②(冷やかし，あきれた感情を示して）…のくせに，よくもまあ〖～你长这么大〗いい年をしながら…
【亏负】kuīfù [動]（恩，期待，好意などに）そむく，義理を欠く，不満を与える
【亏空】kuīkong [名] 赤字，借金〖拉～〗借金をつくる〖弥补～〗赤字を埋める ━[動] 赤字を出す，借金をつくる

K

【亏累】kuīlěi [動] 赤字を重ねる，欠損を続ける〖～了十万元〗累計赤字が10万元となった
【亏折】kuīshé [動] 欠損を出す〖～本钱〗元手を割る
【亏蚀】kuīshí [動] ① 月食が起こる，日食が起こる ② 欠損を出す，元手を割る
*【亏损】kuīsǔn [動] ① 欠損を出す，赤字になる [反][赢利] ② 身体をこわす，虚弱になる
【亏心】kuī▼xīn [動] 気がとがめる，やましく思う［～事］うしろめたい事柄
〖岿(巋)〗kuī ⊗［～然］《書》高くそびえるさま
〖盔〗kuī ⊗かぶと，ヘルメット［钢～］鉄かぶと［帽～］おわん帽
【盔甲】kuījiǎ [名]〔身・副〕甲冑(かっちゅう)，よろいかぶと
〖窥(窺 *闚)〗kuī ⊗のぞき見る，ひそかにうかがう
【窥测】kuīcè [動]《貶》ひそかに探る
【窥见】kuījiàn [動] 見てとる，うかがい知る
【窥伺】kuīsì [動]《貶》(動静などを) ひそかにうかがう
【窥探】kuītàn [動] スパイする，ひそかに探る〖～军事秘密〗軍事機密を探る
〖奎〗kuí ⊗① 二十八宿の一，奎(けい)宿(とかき星) ② (K-) 姓
【奎宁】kuíníng [名]〖薬〗キニーネ [同][金鸡纳霜]
〖逵〗kuí ⊗道路
〖馗〗kuí ⊗'逵'に同じ，多く人名に用いる
〖葵〗kuí ⊗① ヒマワリ［向日～］同前 ② アオイ［蜀～］タチアオイ
【葵花】kuíhuā [名] ヒマワリ [同][向日葵]
【葵花子】kuíhuāzǐ [名]（～儿）ヒマワリの種 ♦庶民の日常的なおやつ
〖揆〗kuí ⊗推測する［～度 duó］《書》推し量る
〖暌〗kuí ⊗隔たる，離れる［～别］［～离］別れる
【暌违】kuíwéi [動]《書》遠く離れる，離れて暮らす〖～数载〗一別以来数年がたちました
〖睽〗kuí ⊗① たがえる ② →［众 zhòng 目～～］
〖魁〗kuí ⊗① 第一人者，首座にある者［罪～］元凶 ② 身体が大きい
【魁首】kuíshǒu [名] 第一人者，最も才能すぐれた者［文章～］文豪
【魁伟】kuíwěi [形] 身体が大きく背が高く強そうな，魁偉(かいい)な
【魁梧】kuíwu [形] [同][魁伟]
〖夔〗Kuí ⊗① 姓 ② 夔(き)州（現在の四川省奉節県一帯）
〖傀〗kuǐ ⊗以下を見よ
【傀儡】kuǐlěi [名] 人形芝居の人形；《転》操り人形，傀儡(かいらい)
【傀儡戏】kuǐlěixì [名] 人形芝居 [同][木偶戏]
〖跬〗kuǐ ⊗半歩［～步］《書》同前(多く比喩として)
〖匮(匱)〗kuì ⊗不足する［～乏］欠乏する
〖溃(潰)〗kuì ⊗①（水が堤防を）突き崩す［～堤］決壊する ②（包囲を）突破する［～围］《書》包囲を突破する ③（部隊が）敗れて散り散りになる，壊滅する［～败］総崩れとなる ④（身体の組織が）ただれる，腐る
⇨huì
【溃决】kuìjué [動] 決壊する
【溃烂】kuìlàn [動] 化膿する，潰瘍(かいよう)になる
【溃灭】kuìmiè [動]（部隊が）全滅する，壊滅する
【溃散】kuìsàn [動]（部隊が）敗れて散り散りになる
【溃疡】kuìyáng [名] 潰瘍(かいよう)［胃～］胃潰瘍
〖馈(饋 *餽)〗kuì ⊗贈り物をする
【馈赠】kuìzèng [動] 贈り物をする [同][馈送]
〖篑(簣)〗kuì ⊗もっこ，土運びかご［功亏一～］九仞の功を一簣(いっき)に欠く
〖聩(聵)〗kuì ⊗耳が聞こえない
〖愧(*媿)〗kuì ⊗恥じる，良心に責めたてられる［～汗］《書》汗顔の至りだ［羞～］恥じ入る
【愧恨】kuìhèn [動] 自分を恥じ悔む
【愧疚】kuìjiù [形]《書》やましい，忸怩(じくじ)たる
【愧色】kuìsè [名] 慚愧(ざんき)の表情，恥じ入る風［面有～］恥じ入った面持(おもも)ちを浮かべる
〖喟〗kuì ⊗嘆息する［～然长叹］長いため息をつく
【喟叹】kuìtàn [動]《書》慨嘆する
〖坤〗kūn ⊗① 坤(こん)（八卦(はっけ)の一，地を表わす）♦人名で'堃'と書くことも ② 女性［～表］婦人用時計［～角儿 juér］旧時の芝居の女優
〖昆〗kūn ⊗① 兄［～弟］《書》兄弟 ② 子孫，跡継

ぎ [后~] 跡継ぎ
*【昆虫】 kūnchóng 图〔只〕昆虫
【昆曲】 kūnqǔ 图 地方劇の一, 昆曲
【昆仲】 kūnzhòng 图《敬》(他人の)兄弟

【崑】 Kūn ⊗ [~苍 lún]崑崙 ㊂山脈(今は'昆仑'と書く)

【琨】 kūn ⊗ 美しい玉

【鲲(鯤)】 kūn ⊗ 古代伝説の中の巨大な魚, 鯤
【鲲鹏】 kūnpéng 图 伝説中の巨大な魚と巨大な鳥

【髡】 kūn ⊗ 古代の刑罰のひとつ ◆男子の髪を剃る

【捆(*綑)】 kǔn 動 束ねる [~麦子]麦を束ねる 〖~行李〗荷物を縛る — 圖 薪など束になったもの, 縛ったものを数える
*【捆绑】 kǔnbǎng 動 (人を)縛る
【捆扎】 kǔnzā 動 (物を)一つに縛る, 束ねる

【悃】 kǔn ⊗ 真心の [~谢~]《書》心からの謝意

【阃(閫)】 kǔn ⊗ ① 敷居 ② 女性の部屋

【困】 kùn 動 ① 困る, 窮する [~在外地]異郷中で困り果てる ② 困らせる, 苦しめる [为病所~]病気に苦しむ ③ 包囲する, 囲いこむ [~守](包囲の中で)死守する

【—(睏)】 動《方》眠る [~觉 jiào]眠る — 形(疲れて) 眠い 〖~死我了〗眠くてたまらない [发~]眠くなる
【困惫】 kùnbèi 形《書》くたびれ果てた, 疲労困憊した
【困处】 kùnchǔ 動 動きがとれずにいる, 困難な状況下にある [~一隅]にっちもさっちも行かない状態でいる
【困顿】 kùndùn 形 ① くたびれ果てた, 死ぬほど疲れた ② 生活が苦しい, よくよく困った
【困乏】 kùnfá 形 ① 疲れた ② 暮らしが苦しい
【困惑】 kùnhuò 動 困惑する, とまどう 〖~不解〗わけがわからない
【困境】 kùnjìng 图 苦境, 苦しい立場 〖陷入~〗苦境に陥る
【困倦】 kùnjuàn 形(疲れて)眠い
【困苦】 kùnkǔ 形 生活が苦しい
**【困难】 kùnnan 图 困難, 難儀 〖克服~〗困難を克服する — 形 ① 困難な, 難しい ② 貧しい, 暮らしが苦しい
【困扰】 kùnrǎo 動 困らしめる
【困兽犹斗】 kùn shòu yóu dòu《成》(動物が追いつめられてもなお歯向か う>) 追いつめられての悪あがき

【扩(擴)】 kuò ⊗ 拡大する, 広げる
*【扩充】 kuòchōng 動 拡充する 〖~设备〗設備を拡充する
*【扩大】 kuòdà 動 拡大する (⇔[缩小]) 〖~范围〗範囲を広げる
【扩建】 kuòjiàn 動 (事業施設を)拡張する 〖~校舎〗校舎を拡張する [~工程]拡張工事
【扩军】 kuòjūn 動 軍備を拡充する
【扩散】 kuòsàn 動 大分散する, 拡散する [~谣言]デマをまき散らす
【扩胸器】 kuòxiōngqì 图〖体〗エキスパンダー ㊂[拉力器]
【扩音机】 kuòyīnjī 图〔台·只〕拡声機, ラウドスピーカー
【扩展】 kuòzhǎn 動 拡大する, 拡張する ㊂〖收缩〗
*【扩张】 kuòzhāng 動 (領土·勢力等を)拡大する, 拡張する 〖~势力〗勢力を広げる [~主义]領土拡張主義

【括】 kuò ⊗ 包括する, 一つにまとめる [总~]総括する
【括号】 kuòhào 图 ①〖数〗かっこ, ◆( )[ ]{ } の3種 ②〖語〗かっこ, ブラケット ◆( )[ ]など
【括弧】 kuòhú 图 ① 丸がっこ ②〖語〗㊂[括号]
【括约肌】 kuòyuējī 图〖生〗括約筋 ㊂[括约筋]

【蛞】 kuò ⊗ 以下を見よ
【蛞蝓】 kuòyú 图〔只〕ナメクジ ㊂[鼻涕虫]

【阔(闊*濶)】 kuò 形 豊かな, 金のある, 豪勢な ⊗ ① 広い [辽~]広々とした ② 時間·距離が長い
【阔别】 kuòbié 動 長く別れる 〖~多年〗一別以来はや幾歳
【阔步】 kuòbù 動 闊歩ホする, 大またに歩く [昂首~]胸を張って歩く
【阔气】 kuòqi 形 豪勢な, ぜいたくな 〖摆~〗金持ちをひけらかす
【阔少】 kuòshào 图 金満家の子弟, 金持ちのお坊ちゃま
【阔叶树】 kuòyèshù 图〖植〗広葉樹 ㊂[针叶树]

【廓】 kuò ⊗ ① 物のへり, ふち [轮~]輪郭 ② 広々とした
【廓落】 kuòluò 形《書》広々として静まり返った, がらんとした
【廓清】 kuòqīng 動 ①(混乱状態を)粛正する ②(事実などを)はっきりさせる

L

〖垃〗 lā ⊗以下を見よ

【垃圾】lājī [名]ごみ，塵芥〚倒 dào～〛ごみを捨てる［～邮件］スパムメール

★★【垃圾桶】lājītǒng [名]ごみ箱 [同]［垃圾箱］

【拉】 lā [動]①引き寄せる，引きつける ②荷車で運ぶ ③部隊などを引率して移動する ④（胡弓，アコーディオンなどを）奏でる〚～小提琴〛バイオリンを演奏する ⑤引き伸ばす ⑥巻き添えにする ⑦手助けをする〚要～他一把〛彼に救いの手を ⑧人を引き込む，コネをつける〚～买卖〛顧客をつくる ⑨大便をする［～屎］同前
⇨lá

【拉扯】lāche [動]①《口》引き留める ②苦労して育てる〚把他～大了〛彼を育てあげた ③結託する，仲間に引き入れる ④世間話をする ⑤巻き添えにする ⑥引き立てる，援助する

【拉倒】lādǎo [動]《口》打ち切る，ご破算にする

【拉丁】Lādīng [名]《訳》ラテン［～美洲］ラテンアメリカ［～字母］ローマ字

【拉肚子】lā dùzi [動]《口》腹を下す

【拉钩】lā▼gōu [動]指切りする

【拉关系】lā guānxi [動]〘一般に悪い意味で〙近づきになる，コネをつける

【拉后腿】lā hòutuǐ [動]足を引っぱる，お荷物になる

【拉祜族】Lāhùzú [名]ラフ族 ♦中国少数民族の一，雲南省に住む

【拉家带口】lā jiā dài kǒu《成》一家を抱えて苦労する

【拉交情】lā jiāoqing [動]取り入る，懇意になろうとする

【拉脚】lā▼jiǎo [動]荷車で人や物を運ぶ

【拉锯】lā▼jù [動]①（二人用の）のこぎりを引く（一人が押すときもう一人が反対側で引っぱる）②双方で取ったり取られたり（押したり押されたり）を繰り返す［～战］シーソーゲーム

【拉拉队】lālāduì [名]〔支〕応援団

【拉力】lālì [名]①〖理〗引っぱり強さ ②物にかかる引っぱる力［～器］エキスパンダー

【拉链】lāliàn [名]ファスナー，チャック（[同]［拉锁］）〚拉开（扣上）～〛チャックを開ける（閉める）

【拉拢】lālong/lālǒng [動]《貶》仲間に引き込む

【拉平】lāpíng [動]平均する，（得点などが）均等になる〚拉不平〛均等にできない

【拉纤】lā▼qiàn [動]①船を岸から綱で引く（主に川を溯るとき）②仲介する，斡旋する

【拉手】lā▼shǒu [動]①握手する ②手を結ぶ

—— lāshou [名]（ドアなどの）取っ手

【拉锁】lāsuǒ [名]（～儿）ファスナー，チャック [同]［拉链］

【拉稀】lā▼xī [動]腹を下す

【拉下脸】lāxià liǎn [動]①《口》情実をはさまない，他人の気持ちを顧みない ②不機嫌な顔をする，仏頂面をする

【拉洋片】lā yángpiān [動]のぞき眼鏡を見せる ♦民間の娯楽の一

【拉杂】lāzá [形]まとまりがない，乱雑である〚拉拉杂杂谈了很多〛よもやま話をした

〖啦〗 lā ⊗→［哩哩～～ līlilālā］
⇨la

〖邋〗 lā ⊗［～遢 ta］だらしない，きびきびしていない

〖旯〗 lá ⊗→［旮 gā～儿］

【拉（*剌）】 lá [動]（刃物で）割くように切る，切り傷をつける
⇨lā

〖喇〗 lǎ ⊗以下を見よ

★【喇叭】lǎba [名]①ラッパ〚吹～〛ラッパを吹く ②ラウドスピーカー［～筒］メガホン

【喇叭花】lǎbahuā [名]アサガオ

【喇嘛】lǎma [名]〖宗〗ラマ教の僧侶

【喇嘛教】Lǎmajiào [名]〖宗〗ラマ教，チベット仏教 ♦正式には‘藏 zàng 传佛教’という

〖剌〗 là ⊗（性格などが）ひねくれた［～戾］同前

〖瘌〗 là ⊗［～痢 lì/li］《方》しらくも（白癬）

〖蝲〗 là ⊗［～蛄 gǔ］ザリガニ［～～蛄（拉拉蛄）］ケラ

【落】 là [動]①言い落とす，書き落とす ②置き忘れる ③遅れる〚别～下〛落伍するなよ
⇨lào, luò

〖腊（臘）〗 là ⊗①旧暦12月の別称 ②冬（多くは旧暦12月）につくった魚，豚肉，鳥肉等の干物や薫製 ③（L-）姓

【腊八】Làbā [名]（～儿）旧暦12月8日のこと ♦旧暦による生活ではこの日から歳末が始まる

【腊八粥】làbāzhōu [名]〖食〗米や豆などの穀類とナツメ，クリ，ハスの実などを煮て作った粥〚喝～〛‘腊八粥’を食べる

L

【腊肠】làcháng 名 ソーセージ, 腸詰
【腊梅】làméi 名〔植〕臘梅蠟梅
【腊月】làyuè 名 旧暦の12月

【蜡(蠟)】là 名 ①蠟(動物性, 植物性両方を含む) 〔～人〕蠟人形 ②〔支〕ろうそく

【蜡版】làbǎn 名 ガリ版用の切り終えた原紙
【蜡笔】làbǐ 名〔支・根〕クレヨン
【蜡黄】làhuáng 形 土気色の(顔色など), 淡い黄色の(琥珀など)〔脸色～～的〕顔が土気色だ
【蜡疗】làliáo 名〔医〕パラフィン療法
【蜡扦】làqiān 名(～儿)ろうそく立て
【蜡染】làrǎn 名 ろうけつ染め
【蜡纸】làzhǐ ①名 パラフィン紙 ②ガリ版用原紙
*【蜡烛】làzhú 名〔支〕ろうそく〔点上～〕ろうろくをともす

【辣】là 形 ①味がぴりぴり辛い ②辛くて(口や鼻などが)ひりひりする ③残忍な, 無情な

【辣乎乎】làhūhū 形(～的) ①焼けるように辛い ②焦りや心配でじりじりする
【辣酱】làjiàng 名 辛子味噌
*【辣椒】làjiāo 名 唐辛子
【辣手】làshǒu ①名 むごいやり方, あくどい仕掛け〔下～〕悪辣な手を使う 一 形(方)手にあまる,(対処するのが)厄介きわまる
【辣子】làzi 名 唐辛子

【镴(鑞*鎯)】là 名〔工〕はんだ(通常'锡'= xiā,'焊锡 hànxī'という)

【啦】la 助 語気助詞の'了 le'と'啊 a'が複合したもの, 状況の変化の語気に親しみ, 感嘆, 疑問などの語気が加わる. また列挙する場合にも使う〔着火～！〕火事だ！〔书～, 报纸～, 杂志～…〕本やら新聞やら雑誌やら…

⇨ lā

【鞡】la 名〔靴 wù～〕防寒靴〔乌 wù 拉〕

【来(來)】lái 動 ①来る〔～[去]〕〔～日本〕日本にある 〔～客人了〕客がホラに ②(問題や事柄が)生じる ③具体的な動作を表わす動詞の代わりをする〔又～了〕(いつもの癖が)また始まった〔再～一个〕もう一丁, アンコール ④〔他の動詞の前で〕積極的にある事をしようとする姿勢を表わす〔大家～想办法〕みんなで知恵を絞ろう ⑤〔他の動詞句の後で〕その動詞句の動作をするために来たことを示す〔我们报喜～了〕いい知らせを持ってきたよ ⑧①理由を列挙する〔一～…二～…〕一つには…のため, 二つには…のため ②(L-)姓

—— -lái/-lai 動 ①〔方向補語として〕話し手に近づく動作を示す〔过～〕こっちへおいで〔进教室～〕教室に入ってくる〔借～一本书〕本を一冊借りてくる ②〔"…来…去"の形で〕動作の反復を表わす〔飞～飞去〕飛びかう ③〔結果補語として〕「…してみると」の意を表わす〔说～话长〕話せば長いことになる ④〔可能補語として〕能力があるか否か, また感情的に打ち解けうるか否かを示す〔唱不～〕歌えない〔谈得～〕話が合う

【来宾】láibīn 名〔位〕来賓, 招待客
【来不得】láibude 動 …てはならない, 許されない〔～半点的虚伪〕いささかの虚偽も許されない
【来不及】láibují 動 (時間的に)間に合わない〔已经～了〕もう間に合わないよ〔～坐车了〕バスに間に合わない
【来潮】lái‧cháo 動 ①潮が満ちてくる ②月経が始まる
【来到】láidào 動 到着する, やって来る〔你们终于～了〕やあ, とうとう来たね
【来得及】láidejí 動〔多く '还, 都, 也' を前置して〕(時間的に)間に合う
【来复枪】láifùqiāng 名〔支〕ライフル銃
【来函】láihán 名〔書〕貴信, お手紙
【来亨鸡】láihēngjī 名〔鳥〕レグホン種の鶏(産卵用に飼う)
【来回】láihuí 動 ①往復する ②何度も行き戻りする 〜 名(～儿)往復〔每天打两个～儿〕毎日2往復する
【来回来去】lái huí lái qù 動 同じ動作や言葉を繰り返す〔～地说〕同じことをくどくどと言う
【来回票】láihuípiào 名 往復切符 ⇔〔往返票〕⇔〔单程票〕
【来劲儿】lái‧jìnr 動(方)勢いづく, 調子が出る
*【来历】láilì 名 人の経歴や素性, 事物の歴史や背景, いわく, 来歴〔～不明〕素性が知れない
【来临】láilín 動 やって来る
【来龙去脉】lái lóng qù mài (成) 事のてんまつ, 詳しいいきさつ
【来路】láilù 名 ①こちらへ来る道筋 ②物の出どころ
—— láilu 名 来歴, 素性〔～不明〕素性が知れない, 怪しい
【来年】láinián 名 来年 ⇔〔明年〕
【来人】láirén 名 (話し手が派遣した)使いの者
【来日方长】láirì fāng cháng (成) まだ先は長い ♦事を成すに十分な時

【来势】láishì 図勢い
【来头】láitou 図①(~儿)経歴や背後の力〖~不小〗強いバックがついている ②(発言などの背後にある)動機や原因 ③(~儿)おもしろ味
【来往】láiwǎng 動①往来する,通行する ②交際する,接触を持つ
【来信】láixìn 図〔封〕よそから来た手紙
—— lái·xìn 手紙を寄こす
【来意】láiyì 図来意,用向き
【来由】láiyóu 図原因,理由
*【来源】láiyuán 図来源,出どころ — 動〖'~于'の形で〗~に起源がある
【来者不善, 善者不来】lái zhě bú shàn, shàn zhě bù lái〖成〗やって来たのはろくな用向きじゃない♦借金取りや苦情の申し入れなど,話し手に不都合な来訪者があった場面に使う
【来着】láizhe 助〖文末に置いて回顧の気分を示し〗…であった,…していた〖那时他们怎么受苦~〗あの頃彼らはどんなに苦労していたことか
【来之不易】lái zhī bú yì〖成〗(この成果は)あだな辛苦で手に入れたのではない
*【来自】láizì 動〖出発点を表わす名詞を伴い〗…から来る〖~上海〗上海より到来

【莱(萊)】 lái 図以下を見よ
【莱塞】láisài 図《訳》レーザー光線♦今は'激光'という

【徕(徠)】 lài ✕労をねぎらう♦'招徕'(招き寄せる)では lái と発音

【赉(賚)】 lài ✕賜る

【睐(睞)】 lài ✕見る→[青 qīng 睐]

【赖(賴)】 lài 動①居据わる,その場にへばりつく ②責任逃れをする,ミスを認めない ③言いがかりをつける,誣言する ④責める,叱る — 形〖口〗悪い〖味道也不~〗味もなかなかだ ✕①頼る,依存する ②(L-)姓
【赖皮】làipí 図やくざな行為,恥知らずな手口〖耍~〗ごろつきじみた真似をする
【赖账】lài·zhàng 動①借金を踏み倒す ②否認する,前言を翻す

【濑(瀨)】 lài ✕早瀬

【癞(癩)】 lài 図〖医〗①らい病 ②〔方〕しらくも〖癞痢〗
【癞蛤蟆】làiháma 図〖動〗〔只〕ガマ

【癞蛤蟆想吃天鹅肉】làiháma xiǎng chī tiān'é ròu〖俗〗(ガマが白鳥の肉を食いたがる>)身のほど知らずの野望を起こす
【癞皮狗】làipígǒu 図〔条・只〕①疥癬かきの犬 ②鼻持ちならぬ奴,恥知らず

【籁(籟)】 lài ✕①古代の管楽器の一 ②音(主に穴を通して出る)〖天~〗風の音

【兰(蘭)】 lán 図〖植〗ラン
【兰草】láncǎo 図〖植〗①フジバカマ ②シュンラン(春蘭)の俗称
【兰花】lánhuā 図〖植〗①シュンラン(春蘭) ②スルガラン

【拦(攔)】 lán 動阻む,遮る〖把他~住〗彼の行く手を阻む
【拦道木】lándàomù 図遮断機,通行止めの横棒
【拦柜】lánguì 図営業カウンター,ショーケース
【拦河坝】lánhébà 図〔道・座〕(川に築いた)ダム
【拦截】lánjié 動通過を阻む,途中でくい止める
【拦路】lán·lù 通行を遮る
【拦路虎】lánlùhǔ 図①追いはぎ ②前進・進歩を阻むもの,障害物
【拦网】lánwǎng 動(バレーボールで)ブロックする
【拦鱼栅】lányúzhà 図生け簀の囲い
【拦阻】lánzǔ 動阻む,遮る

【栏(欄)】 lán 図〖量詞的〗新聞雑誌の欄,表や書類の欄〖第一版共分六~〗第1面は6個の欄に分かれている〖广告~〗広告欄〖专~〗コラム ✕①欄干,手すり,ハードル ②家畜を囲う柵
【栏杆】lángān 図〔副・排〕欄干,手すり
【栏柜】lánguì 図営業カウンター 働[拦柜]
*【栏目】lánmù 図新聞雑誌の欄

【岚(嵐)】 lán ✕山中の霧,霞かす,靄も〖晓~〗朝もや

【婪】 lán ✕→[贪 tān ~]

【阑(闌)】 lán ✕①(1年や1日などの時の区切りの)終わりに近い,遅い ②欄干 ③遮る
【阑珊】lánshān 形〖書〗尽きる寸前の,衰えがひどい
【阑尾炎】lánwěiyán 図〖医〗盲腸炎 働〖口〗[盲肠炎]

lán 一

【谰(讕)】 lán ⊗ ①誣いる,誹謗ばbぅする ②しらを切る

【澜(瀾)】 lán ⊗ 大波,波浪 [力挽狂~]危機的状況を立て直す

【斓(斕)】 lán ⊗ →[斑 bān ~]

【襕(襴)】 lán ⊗ (古代の)上下ひとつながりの服

【蓝(藍)】 lán 厖 青色の 一图 [植]アイ ⊗ (L-)姓

【蓝宝石】lánbǎoshí 图[鉱]サファイヤ
【蓝本】lánběn 图《文》藍本,底本
【蓝点颏】lándiǎnké 图[鸟]オガワコマドリ ♦雄は特に美しい,一般に'蓝靛颏儿'という
【蓝靛】lándiàn 图 ①藍色の染料 '靛蓝'の通称 ②藍色
【蓝光】lánguāng 图 ブルーレイ (Blu-ray)
【蓝皮书】lánpíshū 图[份]青書(イギリス議会などのブルーブック)⇔[白皮书]
【蓝色】lánsè 图 青色
【蓝田猿人】Lántián yuánrén 图《考》藍田人 ♦シナントロプス・ランティエンシス,陕西省藍田県で化石が発見された
【蓝图】lántú 图 ①[张·份]青写真,青焼き ②[幅]建設プラン ③未来の構想
【蓝牙】lányá 图 ブルートゥース (Blue tooth)

【褴(襤)】 lán ⊗ 以下を見よ

【褴褛(蓝缕)】lánlǚ 厖《書》(衣服が)おんぼろである [~不堪]ぼろほろの身なりをしている

【篮(籃)】 lán ⊗ ①手かご [菜~儿]買物かご ②バスケットボールのゴールネット [投~儿]シュートする

【篮球】lánqiú 图《体》バスケットボール
【篮子】lánzi 图 手かご

【览(覽)】 lǎn ⊗ 見る [游~]遊覧する

【揽(攬)】 lǎn 動 ①抱き寄せる [怀里一着孩子]子供を胸に抱く ②(一つに)しばる ③引き受ける [~生意]注文を取ってくる [~活儿]仕事を引き受ける ④掌握する,独占する [~权]権力を握る

【缆(纜)】 lǎn ⊗ ①[条·根]ともづな,係留ロープ [解~]ともづなを解く ②ケーブル 一動 ロープで係留する

【缆车】lǎnchē 图[辆]ケーブルカー

【榄(欖)】 lǎn ⊗ →[橄 gǎn ~]

【漤】 lǎn 動 ①(生の魚,肉,野菜を)塩などに加えてかきまぜる ②(柿を石灰水につけて)渋抜きする

【罱】 lǎn 图 魚や川底の泥,また水草をすくう網(交差した2本の竹竿の先に網が取り付けてあり,両手で操作する) 一動 同上の網ですくう [~河泥]'罱'で川底の泥をすくう

【罱泥船】lǎnníchuán 图 川底の泥すくいに使う船 ♦泥は肥料にする

【懒(懶*嬾)】 lǎn 厖 ①怠惰な,無精な ②だるい,ものうい

【懒虫】lǎnchóng 图《口》怠け者
【懒得】lǎnde 動《動詞の前で》…するのがおっくうだ [~出去]外出がおっくうだ
*【懒惰】lǎnduò 厖 怠惰な,無精な
【懒汉】lǎnhàn 图 怠け者,無精者
【懒婆娘的裹脚布(,又臭又长)】lǎnpóniáng de guǒjiǎobù(, yòu chòu yòu cháng) 《俗》(ぐうたら女の纏足布 < さくて長い >)(話や文章が)長くておまけにくだらない
【懒散】lǎnsǎn 厖 だらけた
【懒洋洋】lǎnyángyáng 厖(~的)元気がない,だらだらしている

【烂(爛)】 làn 動 腐る 一厖 ①(煮すぎ,あるいは水を吸って)ふにゃふにゃの ②おんぼろの ③乱雑な

【烂漫(烂熳)】lànmàn 厖 ①色美しく輝いている(人柄が)飾り気がない [天真~]天真爛漫な
【烂泥】lànní 图 どろ
【烂熟】lànshú 厖 ①よく煮えている ②よく知っている,熟達している
【烂摊子】làntānzi 图 めちゃめちゃでどうしようもない状態(あるいは会社など)
【烂醉】lànzuì 厖 へべれけに酔った

【滥(濫)】 làn 厖 度を越えている,決まりがない ⊗ 氾濫する

【滥调】làndiào 图(~儿)浮ついて中味の乏しい言辞や論調
【滥觞】lànshāng 《書》图 物ごとの始まり,起源 ♦本来は河川の源の意 一動《'~于'の形で》…に起源する [~于唐]唐代に始まる
【滥用】lànyòng 動 乱用する
【滥竽充数】làn yú chōng shù《成》素人が専門家集団にまぎれ込んだり,不良品を上製品に混入したりして,員数を合わせること ♦斉の宣王のとき,南郭先生が竽(楽器の一種)を吹けないのに楽隊に加わって人員

láo

【啷】lāng ⊗ →［哐 kuāng～］

【郎】láng ⊗ ① 女性から夫や恋人に対する旧時の呼称 ◆伝統劇や俗曲の中では単用 ② 若い人に対する旧時の呼称［牛～］牛飼い［女～］若い女性 ③ 昔の官名［礼部侍～］礼部侍郎 ④（L-）姓 ◆'屎壳郎（センチコガネ）'は shǐke-làng と発音することも

【郎才女貌】láng cái nǚ mào《成》男は才能、女は美貌；似合いのカップル

【郎当】lángdāng 形 ① 服が身体に合わない ② しょぼくれている — 擬 金属がぶつかる音を表わす（'锒铛'とも書く）

【郎猫】lángmāo 名（口）雄猫

【郎中】lángzhōng 名《方》漢方医

【廊】láng ⊗ 屋根のある通路［走～］廊下

【廊子】lángzi 名 軒下の通路、屋根のある通路

【榔】láng ⊗ 以下を見よ

【榔槺】lángkang 形《方》（器物が）重くてかさばる

【榔头（鄉头）】lángtou 名 とんかち、金づち

【螂】láng ⊗ →［螳 táng～］［蟑 zhāng～］［蜣 qiāng～］

【狼】láng 名［条・只］オオカミ

*【狼狈】lángbèi 形 動きがとれない、困り切っている

【狼狈为奸】lángbèi wéi jiān《成》結託して悪事をはたらく

【狼奔豕突】láng bēn shǐ tū《成》（悪い連中が）さんざん乱暴する

【狼毫】lángháo 名《支》イタチの毛で作った毛筆

【狼藉（狼籍）】lángjí 形《書》乱雑きわまる

【狼吞虎咽】láng tūn hǔ yàn《成》がつがつむさぼり食う、貪欲に領地や財宝を奪う

【狼心狗肺】láng xīn gǒu fèi《成》心根が陰険残忍きわまりない

【狼烟四起】lángyān sì qǐ《成》（のろしが四方からあがる＞）あちこちで戦雲が急を告げる

【狼子野心】lángzǐ yěxīn《成》（オオカミは子供でも野獣の本性を持つ＞）悪人の凶悪な本性は改まらない

【琅（瑯）】láng ⊗［～玕 gān］《書》美しい石 →［琳 lín～］

【朗】lǎng ⊗ ① 明るい、光が満ちている ② 声がよく通

*【朗读】lǎngdú 動 朗読する

【朗诵】lǎngsòng 動 朗誦する — 朗 形 明朗な

【烺】làng 動《方》明朗な

【浪】làng 動《方》《貶》あちこちぶらつく ⊗ ① 波浪［波～］波 ② 波浪状に起伏するもの ③ 拘束されない、放埒ほうらつ気ままな

【浪潮】làngcháo 名 社会的気運、大衆行動の高まり

【浪荡】làngdàng 動 ぶらぶら暮らす、遊びほうける — 形 だらしない、勝手気ままである

*【浪费】làngfèi 動 浪費する

【浪花】lànghuā 名 ① 波しぶき ② 生活の中で起こる波風

【浪迹】làngjì 動《書》漂泊する

*【浪漫】làngmàn 形 ① ロマンチックである ② 男女関係がだらしない

【浪漫主义】làngmàn zhǔyì 名 ロマンチシズム、浪漫主義

【浪涛】làngtāo 名 大波、波濤とう（＝［波涛］）［～滚滚］怒濤さかまく

【浪头】làngtou 名 ①（口）波浪 ② 社会の風潮、潮流［赶～］流行を追う

【浪游】làngyóu 動 あちこち遊び回る

【浪子】làngzǐ 名 不良息子、放蕩児

【浪子回头金不换】làngzǐ huí tóu jīn bú huàn《俗》放蕩息子の改心は金に換え難い

【阆（閬）】Làng ⊗［～中］閬ろう中（四川省）

【捞（撈）】lāo 動 ①（水その他の液体から）すくう ② 不正に得る［～一把］不正にひと儲けする ③《方》ついでに（手に）取る

【捞本】lāoběn 動（～儿）① 賭博で負けを取り返す ② 手段を弄して損失を埋め合わせる

【捞稻草】lāo dàocǎo 動《貶》わらにすがる、最後のあがきをする

【牢】láo ⊗ 監獄、牢屋［关进～里］牢に入れる［坐～］牢につながれる — 形 長持ちする、しっかりしている［～～记住］しっかり記憶する ⊗ 家畜の囲い

【牢不可破】láo bù kě pò《成》牢固として破りがたい

【牢房】láofáng 名［间・座］牢屋、監獄

*【牢固】láogù 形 堅固である、揺るぎない

【牢记】láojì 動 銘記する、しっかり覚える

【牢靠】láokào 形 ① しっかりできている、頑丈である ② 危なげない、信頼してよい

【牢笼】láolóng 图① 鳥獣用の檻,かご.(転)因習や通念など人をそくばくするもの ②わな〖堕入~〗わなにはまる ― 動〖書〗① 束縛する ② 籠絡する,丸め込む
*【牢骚】láosao/láosāo 图 むしゃくしゃした気分(を吐き出す),不平不満(を言う)〖发~〗ぐちをこぼす
【牢狱】láoyù 图〔所・座〕牢屋,監獄

【劳(勞)】 láo 動〖挨〗煩わせる〖~你帮个忙〗ちょっと手伝ってくれないか ⊗① 働く ② 労苦 ③ 功労,貢献 ④ (L-)姓

【劳保】láobǎo 图［劳动保险］の略
【劳瘁】láocuì 形〖書〗くたびれている,過労状態にある
*【劳动】láodòng 動① 労働(する) ② 肉体労働(をする)
【劳动保险】láodòng bǎoxiǎn 图 労働保険(失業,疾病,養老等の保険を含めていう)
【劳动改造】láodòng gǎizào 图 労働と教育を通じて受刑者を更生させる制度
【劳动节】Láodòng Jié 图 メーデー(中国では祝日)⑱［五一］［五一劳动节］
【劳动力】láodònglì 图① 労働能力 ②(おとな一人の)労働力,人手〖~不足〗人手が足りない
【劳动模范】láodòng mófàn 图 労働模範(業務成績が優秀な人物に与えられる称号)
【劳动日】láodòngrì 图① 働く日,出勤日 ⑱［休息日］ ② 就業日数,労働日(労働時間の計算単位で,一般に8時間)
【劳乏】láofá 形 くたびれている,過労でけだるい
【劳方】láofāng 图 (労使関係の)労働者がわ ⑱［资方］
【劳改】láogǎi 图〖略〗［劳动改造］
*【劳驾】láo•jià 動〖挨〗(「御足労を願う」の意から)お手数ですが…,ご苦労さん〖~,请让让路〗すみません,ちょっと道をあけてください
【劳军】láo•jūn 動 軍隊を慰労する
【劳苦】láokǔ 形 疲れてつらい
【劳累】láolèi 形 過労でぐったりの
【劳力】láolì 图① 労働力,人手 ② 労力〖省 shěng~〗労力を省く
【劳碌】láolù 動 あれやこれやに追い回される,忙殺される
【劳民伤财】láo mín shāng cái〈成〉民を苦しめ財貨を涸らす,金と労働力を浪費する
【劳模】láomó 图〖略〗［劳动模范］
【劳神】láo•shén 動 気を遣う,頭を悩ませる
【劳役】láoyì 图 労役〖服~〗労役に服す ― 動 (牛馬などを)使役する〖这匹马还能~一两年〗この馬あと1,2年は使える
【劳资】láozī 图 労働者と資本家,労働者がわと使用者がわ〖~关系〗労使関係
【劳作】láozuò 動 体を動かして働く,肉体労働をする ― 图〖旧〗(小学校の課目の)手芸,工作

【唠(嘮)】 láo ⊗ 以下を見よ ⇨lào

【唠叨】láodao 動 ぺちゃくちゃしゃべる,くどくど話す

【崂(嶗)】 Láo ⊗ 以下を見よ

【崂山(劳山)】Láoshān 图 山東省青島近くにある山〖~水〗'崂山'から湧く良質のミネラルウォーター

【痨(癆)】 láo ⊗ 結核〖肺~〗肺結核〖肠~〗腸結核

【痨病】láobìng 图 (中国医学で)結核

【醪】 láo ⊗ 濁り酒

【老】 lǎo 形① 年をとっている ⑱［年轻］ ②(古くからあって,年季が入って)価値が増す(⑱［新］)〖~朋友〗親友 ③ 古いことで価値が落ちる,古くさい,古びている(⑱［新］)〖~脑筋〗硬化した頭 ④(野菜が)育ち過ぎている ⑱［嫩］ ⑤ 火かげんが強い〖炒得太~〗炒め過ぎる ⑥ 兄弟順が一番年下の〖~儿子〗末っ子〖~姑娘〗末娘 ― 副① 長いあいだ〖~没见他了〗久しく彼に会わない ② いつも,しじゅう〖~惦念着你们〗いつも君たちの身を案じている ③〖方〗非常に,大変 ―（口）〖"~了"の形で〗なくなる,死ぬ ⊗① 圓 姓,兄弟姉妹の順や一部の動植物名の前に加える〖~赵〗趙さん〖~大〗長男または長女 ② 老人 ◆ 姓に後置すると敬意を帯びる ③ (L-)姓
*【老百姓】lǎobǎixìng 图〖口〗民衆,一般大衆
*【老板】lǎobǎn 图 商店や工場など私企業の所有者,また経営者
【老板娘】lǎobǎnniáng 图 '老板'の妻,おかみさん
【老伴】lǎobàn 图 (~儿)老年夫婦の一方,連れ合い
【老辈】lǎobèi 图 年長者,老世代の人 ⑱［长辈］⑱［晚辈］
【老本】lǎoběn 图 (~儿) 元手〖输光~〗すってんてんに元手をする
【老鼻子】lǎobízi 形〖方〗〖"~了"の形で〗とても多い
【老兵】lǎobīng 图 古参兵,ベテラン,年季の入った人

【老病】lǎobìng 图 持病
【老巢】lǎocháo 图 ① 鳥の古巣 ② 匪賊などの根じろ
【老成】lǎochéng 形 老成している,落ち着きがある
【老搭档】lǎodādàng 图 多年の同僚,気心知れた仕事仲間
【老大】lǎodà 图 ① 総領,長子(男女を問わない) ②《方》(木造船の)船頭 —形《書》年老いている
【老大哥】lǎodàgē 图 兄貴 ◆同年代の年長の男子に対する親しみ敬称
【老大娘】lǎodàniáng/ lǎodàniang 图《口》(多く知り合いでない老婦人への尊称)おばあさん,ご隠居さん
【老大爷】lǎodàye 图《口》(多く知り合いでない老人男子への尊称)おじいさん,ご隠居さん
【老旦】lǎodàn 图 伝統劇のふけ女形
【老当益壮】lǎo dāng yì zhuàng《成》老いてますます盛ん
【老底】lǎodǐ 图(～儿)個人の内情,後ろ暗い事,事の内幕
【老弟】lǎodì 图 ① 年下の男子に対する親しみを込めた呼称 ②《方》弟
【老调】lǎodiào 图 聞きあきた議論,決まり切った文句
【老调重弹】lǎo diào chóng tán《成》(古い調べの弾き直し＞)古くさい理論や主張を再び持ち出す 旧[旧调重弹]
【老掉牙】lǎodiàoyá 形 ① 古くさい,時代遅れの,古ぼけた ② 老いぼれた
【老豆腐】lǎodòufu 图(にがりで固めたふつうの)とうふ
【老公】lǎogōng 图《方》夫
【老古董】lǎogǔdǒng(lǎogúdǒngと発音)图 骨董品,古物;(転)時代遅れの石頭
【老鸹】lǎogua 图《方》〔只〕カラス 普[乌鸦]
【老鸹窝里出凤凰】lǎoguā wō lǐ chū fènghuáng《俗》(カラスの巣から鳳が生まれる＞)トンビがタカを生む
【老汉】lǎohàn 图 ① 年をとった男 ② 老年男子の自称
【老好人】lǎohǎorén 图《口》お人好し
【老狐狸】lǎohúli 图 ずる賢い人,たぬき
*【老虎】lǎohǔ 图〔只〕トラ
【老虎凳】lǎohǔdèng 图《旧》長い腰かけ型の拷問道具
【老虎钳】lǎohǔqián 图 ①〖機〗万力 旧[台钳][虎钳] ②〔把〕ペンチ
【老虎嘴里拔牙】lǎohǔ zuǐ lǐ báyá《俗》(虎の口から歯を抜く＞)きわめて危険な状態にある 旧[老虎嘴上拔毛]
【老花眼】lǎohuāyǎn 图 老眼 旧[老视眼]

【老化】lǎohuà 動 ①〖化〗(ゴムやプラスチックなどが)老化する,劣化する ② 老朽化する
【老话】lǎohuà〔句〕① 言い伝えられた言葉 ②(～儿)(聞きあきた)昔のこと,古い話
【老黄牛】lǎohuángniú 图(転)ひたすら世のため人のために尽くす人
【老几】lǎojǐ 图 '排行'の何番子 ◆多く相手を軽蔑する場合に使う『你算～啊?』何様だと思っているんだ
【老骥伏枥】lǎo jì fú lì《成》(名馬は老いて馬小屋に伏せっていても,なお千里を駆ける意気込みでいる＞)年はとっても雄志を失わない
【老家】lǎojiā 图 ① 故郷の実家 ② 原籍
【老奸巨猾】lǎo jiān jù huá《成》老練でずるがしこい(人)
【老趼(老茧)】lǎojiǎn 图(皮膚にできる)まめ,たこ 旧[胼子]
【老茧】lǎojiǎn 图⇒[老趼]
【老江湖】lǎojiānghú 图 広く世間を渡り歩いて世故にたけた人(マイナス義を持つこともある)
【老境】lǎojìng 图 老境,老年期
【老酒】lǎojiǔ 图《方》酒,特に紹興酒
【老辣】lǎolà 形 老練で悪どい
【老姥】lǎolao 图 旧[姥姥]
【老脸】lǎoliǎn 图 ①(老人が言う)自分の体面,メンツ ② 厚顔,面厚かましさ 旧[老脸皮][老面皮]
【老练】lǎoliàn 形 老練な
【老妈子】lǎomāzi 图 女中(軽んじるひびきがある)旧[老妈儿]
【老马识途】lǎo mǎ shí tú《成》(老馬は道を知っている＞)経験者は後進をうまく指導できる
【老迈】lǎomài 形 老いぼれた,老けこんだ
【老谋深算】lǎo móu shēn suàn《成》深慮遠謀,老練で抜け目がない
【老奶奶】lǎonǎinai 图 ① 父方の曽祖母,ひいおばあさん ② おばあさん(子供が老婦人を呼ぶ敬称)
【老年】lǎonián 图 老年(一般に六,七十歳から上をいう)〔～人〕老人 [～痴呆症]老年性認知症
【老娘】lǎoniáng 图 ① 年老いた母 ②《方》既婚の中年ないし老年の婦人の自称
【老牛破车】lǎo niú pò chē《成》老いた牛がぼろ車をひくように,仕事が遅々として進まない 旧[老牛拉破车]
【老农】lǎonóng 图 年老いて経験豊かな農夫
【老牌】lǎopái 形(～儿)〖多く定語として〗① 老舗として名高い,ブランドの ② 年季の入った『～特务』年季の入ったスパイ

【老婆】lǎopo [名]《口》女房，おっかあ [関][妻子][爱人]

【老婆儿】lǎopór [名]（親しみを込めて）年をとった婦人，おばあちゃん

【老婆子】lǎopózi [名]①（嫌悪の情を込めて） 年とった婦人，ばばあ ②ばあさん（老夫婦の夫が妻をいう呼称）

【老气】lǎoqi/lǎoqì [形]①老成した ②（服装などが） 年寄りじみた，地味な

【老气横秋】lǎo qì héng qiū《成》①老輩風を吹かせて偉そうに振舞うさま ②活気がなく年寄りじみているさま

【老前辈】lǎoqiánbèi [名]大先輩（経験豊かで年配の同業者への敬称）

【老人】lǎorén/lǎoren [名]①老人，年寄り ②老いた親ないし祖父母，うちの年寄り

【老人家】lǎorenjia [名]《口》①ご隠居さん，ご老体（老人への敬称） ②自分あるいは相手の親

【老少】lǎoshào [名]年寄りと若者

【老生】lǎoshēng [名]〖演〗伝統劇の男のふけ役

【老生常谈】 lǎo shēng cháng tán《成》新味のない見解，ありふれた話

★★【老师】lǎoshī [名]〔名·位〕先生，師と仰ぐ人

【老式】lǎoshì [形]（～儿）〘定語として〙旧式の，古風なつくりの [同][旧式] [反][新式]

★★【老实】lǎoshi [形]①誠実だ，正直だ〖～说〗正直に言う ②おとなしい，行儀がよい ③（婉曲に） だまされやすい，頭が弱い

【老实巴交】lǎoshibājiāo [形]きまじめな

【老是】lǎoshi/lǎoshì [副]いつでも，常に〖～说那句话〗いつもその言葉を言う

【老视】lǎoshì [名]老眼 [同][老花眼][花眼]

【老手】lǎoshǒu [名]（～儿）ベテラン，熟練者〖开车的～〗ベテランドライバー

★★【老鼠】lǎoshǔ [名]〔只〕ネズミ（一般に家ネズミ）

【老鼠过街(，人人喊打)】lǎoshǔ guò jiē (，rénrén hǎn dǎ)《俗》（ネズミが通りをよぎる＞みんながやっつけろと叫ぶ＞）みんなに憎まれる，非難の的になる

【老太婆】lǎotàipó [名]老婆，おばあさん

【老太太】lǎotàitai [名]①ご隠居さま（老婦人への敬称） ②他人の母への敬称，お母上 ③（他人に対して言う自分の）母，しゅうとめ

【老太爷】lǎotàiyé [名]①ご老体，ご隠居さま（老年男子への敬称） ②ご尊父，お父上（他人の父への敬称） ③（他人に対していう自分の） 父，しゅうと

【老天爷】lǎotiānyé [名]神さま，お天道さま（[同][老天]）［～有眼］（お天道さまはちゃんと見ている＞）この世は結局悪が滅び，善が栄える

【老头儿】lǎotóur [名]じいさん，おやじさん（老年男子への親しみを込めた呼称）

【老头子】lǎotóuzi [名]①（嫌悪の情を込めて）年とった男，じじい，おやじ ②じいさん（老夫婦の妻が夫をいう呼称）

【老外】lǎowài [名]①しろうと ②外国人

【老顽固】lǎowángù [名]旧弊のこりかたまり，時代遅れの石あたま

【老王卖瓜(，自卖自夸)】Lǎo Wáng mài guā (，zì mài zì kuā)《俗》（王さんが瓜を売る＞自分で売りつつ自分で褒める＞）自画自賛する，手前味噌を並べる

【老翁】lǎowēng [名]《書》〔位〕年老いた男子

【老乡】lǎoxiāng [名]①同郷人 ②名前のわからない農民への呼称，「おじさん」「もしもし」などに相当

【老小】lǎoxiǎo [名]①老人と子供 ②老人から子供までを含む全員〖全村～〗村中の老若男女

【老兄】lǎoxiōng [名]親しい男性どうし相互の尊称

【老朽】lǎoxiǔ [形]老いぼれた，よぼよぼの — [名]《謙》老人の自称，老いぼれ

【老鸦】lǎoyā [名]《方》〔只〕カラス [同]《普》[乌鸦]

【老爷】lǎoye [名]①《旧》旦那さま（役人や旦那衆に対して） ②《旧》旦那さま（使用人が主人に対して） ③《方》母方の祖父 [関][姥姥]

【老爷爷】lǎoyéye [名]①おじいさん（子供が老年男子をよぶ敬称） ②曽祖父

【老爷子】lǎoyézi [名]《方》①じいさま，とっつぁま（老年男子に対する敬称） ②自分あるいは相手の年老いた父

【老一辈】lǎoyíbèi [名]古い世代，上の世代

【老一套】lǎoyítào [名]相も変わらぬやり方，ワンパターン（の方法）

【老鹰】lǎoyīng [名]〔只〕トンビ［～抓小鸡］（トンビがひよこを捕まえる＞）むりやり連れ去る

【老营】lǎoyíng [名]《旧》①軍隊の駐屯地 ②盗賊などの根城

【老油子】lǎoyóuzi [名]海千山千，世故にたけたずるい人間，世渡りのうまい人間 [同][老油条]

【老账】lǎozhàng [名]〔笔〕①古い借金，長い間のつけ ②昔の出来事

［翻～］昔の事をむし返す
【老者】lǎozhě [名] 年老いた男子
【老着脸皮】lǎozhe liǎnpí [動] 恥ずかしげもなく，面厚かましく
【老资格】lǎozīge [名] ベテラン，その道の練達の人
【老子】lǎozi [名]《口》①おやじ，父親 ②おれさま，我輩(怒ったとき，あるいはふざけた際の自称)
【老子英雄儿好汉】lǎozi yīngxióng ér hǎohàn《俗》(親が英雄なら息子も立派>) 蛙の子は蛙
【老总】lǎozǒng [名] ①《旧》軍人，兵士に対する敬称 ②人民解放軍の一部の高級指導者に対する敬称(今は社長などにも)〖朱～〗朱将軍(朱徳のこと)

〖佬〗lǎo ⊗《貶》(主におとなの)男 ［阔～］金持ちの旦那方

〖姥〗lǎo ⊗以下を見よ ♦mǔ と読めば老婆の意の古語
☆【姥姥(老老)】lǎolao [名] ①《口》母方の祖母 ②《方》産婆 [同]《普》［收生婆］

〖栳〗lǎo ⊗→［栲～ kǎolǎo］

〖络(絡)〗lào ⊗［～子］小さな網袋
⇨luò

【烙】lào [動] ①アイロンや火のしをかける ②焼印を押す〖～上了一个印〗焼印を一つ押した ③パン類を焼く ♦古代の酷刑‘炮～’は páoluò と発音
【烙饼】làobǐng [名]〔张〕小麦粉をこねて薄くのばし，油をぬった鉄板などで焼いたもの ♦北方の常食の一
—— lào'bǐng [動]‘烙饼’を焼く
【烙铁】làotie [名]〔只〕①火のし，焼きごて ②〔把〕はんだごて
【烙印】làoyìn [名] ①焼印〖烫～〗焼印を押す ②《転》消し難い痕跡や印象

【落】lào [動]《口》〔特定の語に使われて〕落ちる，落とす ［～价儿］値引きする
⇨là, luò
【落色】lào'shǎi [動] 衣料の色が落ちる [同]［退色］
【落枕】lào'zhěn [動] 寝違える

〖酪〗lào ⊗①牛，羊，馬の乳を半ば凝固させた食品 ［干～］チーズ ②果実やその種の核をのり状に煮た食品

【涝(澇)】lào [動] 水びたしになる([反]［旱］)〖庄稼～了〗作物が冠水した
⊗雨が多すぎて田畑にたまった水 ［排～］冠水農地から排水する
【涝害】làohài [名] 冠水による被害
【涝灾】làozāi [名] 冠水による農業災害

【唠(嘮)】lào [動]《方》話す，おしゃべりする ［～嗑 kē］話をする
⇨láo

〖仂〗lè ⊗［～语］〖語〗フレーズ，連語

〖叻〗lè ⊗地名漢字 ［石～］［～埠］シンガポール(現在はふつう‘新加坡’)［～币］シンガポール貨幣

〖泐〗lè ⊗①石が筋に沿って割れる ②書写する ③彫る

【勒】lè [動] 手綱を絞る，引き留める〖～住了牲口〗(あばれる)家畜を手綱で抑えた
⊗①彫る，刻みつける ②強制する，無理やり…させる
⇨lēi
【勒克司】lèkèsī [名]《訳》〖理〗ルックス ♦‘勒’と略す
【勒令】lèlìng [動] 命令する，強制的に…させる〖～(他)检查〗(彼に)検査を命令する
【勒索】lèsuǒ [動] 脅して奪う，ゆすり取る
【勒抑】lèyì [動] 脅して値切る

【乐(樂)】lè [形] 楽しい，うれしい — [動]《口》笑う，うれしがる — [名] (L-) 姓 ♦同じ字の姓 Yuè とは別
⇨yuè
【乐不思蜀】lè bù sī Shǔ《成》楽しくて帰ることを忘れてしまう，他事に浮かれて本業を忘れてしまう [同]［乐而忘返］
【乐得】lèdé [動] 喜んで…する
☆【乐观】lèguān [形] 楽観的な
【乐呵呵】lèhēhē [形] (～的) にこにこ楽しげな，上機嫌な
【乐极生悲】lè jí shēng bēi《成》楽は苦の種，楽しみ尽きて悲しみ来たる [反]［苦尽甘来］
★【乐趣】lèqù [名] 楽しみ，喜び
【乐天】lètiān [形] のんきな，悩み知らずの，楽天的な ［～派］楽天家
★【乐意】lèyì [動]〔多く動詞句を賓語にとり〕喜んで…する〖～帮忙〗喜んで手助けする — [形] 満足な，心楽しい
【乐于】lèyú [動]〔動詞句を賓語にとり〕…することを楽しむ，喜んで…する
【乐园】lèyuán [名] 楽園，パラダイス
【乐滋滋】lèzīzī [形]《口》(～的) うれしくてたまらない様子

【了】le [助] ①〔アスペクト助詞として〕動詞や形容詞の後について，動作なり変化なりの完了を表わす ♦動作あるいは変化がすでに完了した場合と，未来あるいは仮定

の中で完了する場合と両方ある〖吃～三碗饭〗ご飯を3杯食べた〖他来～我就走〗彼が来たら出掛けます〖低～两米〗2メートル低くなった ②《語気助詞として》文末の句末について、変化が生じたこと, 新たな状況が生じたこと, ある状況が必ず生じることを表わす〖脸红～〗顔が赤くなった〖你也是爸爸～〗お前ももう父親だ〖我不去～〗行くのはやめだ〖我走～〗もう行かなくては ③《アスペクト助詞と語気助詞が併用されて》動作の完了と新たな状況の発生を同時に示す ◆ただし以上のことを文末の'了'ひとつで表わす場合もある〖吃～三碗饭〗(現時点で)ご飯を3杯食べたところだ〖上～当 dàng～(上当~)〗だまされてしまった〖他走～〗彼は行ってしまった ◆否定は'他没有走' ④催促, 禁止の語気を表わす〖别说话～〗お静かに ⑤強い肯定の語気を表わす〖那太好～〗そいつはすばらしい〖热极～〗なんとも暑い
⇨liǎo

【勒】lēi ⒹひもT等できつく縛る, しめる〖～紧裤腰带〗ベルトをきつくしめる(空腹に耐える)
⇨lè

【累(纍)】léi Ⓧ以下を見よ
⇨lěi, lèi

【累累】léiléi ㊋《書》①げっそりやつれた, がっくりしょげた ②鈴なりにつながった[硕果～]実がたわわになる(大きな成果がある)
⇨lěilěi

【累赘】léizhui ㊋①煩わしい, じゃまな ②(文章が)くどい, 冗長な 一 ⒹⒼ煩わせる[太～你们了]ずいぶんお手数をかけました 一 Ⓝ荷やっかい, 余計なお荷物

【雷】léi Ⓝかみなり〖打～〗雷が鳴る
Ⓧ①爆破兵器[布～]地雷や機雷を仕掛ける ②(L-)姓

*【雷达】léidá Ⓝ《訳》〔座〕レーダー
【雷电】léidiàn Ⓝ雷と稲妻
【雷公】léigōng Ⓝ雷神, かみなりさま
【雷汞】léigǒng Ⓝ《化》雷酸水銀, 雷汞 ⓒ[雷酸汞]雷酸水銀
【雷管】léiguǎn Ⓝ《工》雷管
【雷击】léijī Ⓓ落雷する〖遭到～〗落雷の被害に遭う
【雷厉风行】léi lì fēng xíng (成)(雷のごとく厳しく風のごとく速い>)政策や法などを厳格かつ迅速に執行する
【雷鸣】léimíng Ⓓ①雷が鳴る ②(拍手が)鳴りひびく
【雷鸟】léiniǎo Ⓝ《鳥》[只]雷鳥
【雷声大, 雨点小】léishēng dà, yǔdiǎn xiǎo 《俗》(雷鳴激しく雨わずか>)掛け声ばかりで実行を伴わない ⓒ[雷声甚大, 雨点全无]
【雷霆】léitíng Ⓝ《書》①かみなり ②(転)激しい怒り[大发～]激怒する
【雷同】léitóng Ⓓ①附和雷同する ②(文章などが)類型に堕する
【雷雨】léiyǔ Ⓝ〔场〕雷雨

【擂】léi Ⓓ(太鼓などを)たたく〖～鼓〗太鼓をたたく
⇨lèi

【镭(鐳)】léi Ⓝ《化》ラジウム
【镭疗】léiliáo Ⓝ《医》ラジウム療法

【羸】léi Ⓧ①瘦せた ②疲れた

【罍】léi Ⓧ古代の酒器

【耒】léi Ⓧ古代の農具

【诔(誄)】lěi Ⓧ死者へのしのびごと

【垒(壘)】lěi Ⓓれんがや石を積み上げて(壁や囲いを)つくる〖～墙〗壁を積み上げる 一 Ⓝ《体》ベース[二～]2塁 ⒹⒼ軍事用の防御壁, とりで

【垒球】lěiqiú Ⓝソフトボール(競技とボール両方をいう)

【累(*纍)】lěi Ⓓ巻き添えになる(する), 連座する(させる)[～你受罪了]君を巻き添えにしてしまった
Ⓧ①積み重ねる ②幾度も繰り返す, 連続する[～次]繰り返し, 何度も[～犯]累犯
⇨léi, lèi

【累积】lěijī Ⓓ累積する, 積み上げる[～了不少资料]資料がかなりたまった
【累及】lěijí Ⓓ累を及ぼす, 巻き添えにする[～他人]他人を巻き添えにする
【累计】lěijì Ⓓ累計する
【累进】lěijìn Ⓓ累進する[～税]累進課税
【累累】lěilěi ㊋《書》おびただしい, 数えきれない 一 ㊊《書》繰り返し繰り返し
【累卵】lěiluǎn Ⓝ《書》積み上げた卵;(転)不安定きわまりない情勢[危如～]累卵の危うさ
【累年】lěinián ㊊年々, 毎年

【磊】lěi Ⓧ以下を見よ

【磊落】lěiluò ㊋さっぱりとしてこだわりがない[胸怀～]気が大きく朗らかである

【蕾】léi Ⓧ花のつぼみ

【蕾铃】lěilíng Ⓝ綿のつぼみと実

【儡】 lěi ⊗→[傀～ kuǐlěi]

【肋】 lèi ⊗胸の両わき，あばら

【肋骨】 lèigǔ [名]〔根·对〕肋骨(ろっこつ)，あばら骨

【肋膜炎】 lèimóyán [名]〖医〗肋膜炎 [同][胸膜炎]

【泪(淚)】 lèi ⊗涙 [眼～] 同前 [流～] 涙を流す

【泪痕】 lèihén [名]〔道〕涙のあと

【泪花】 lèihuā [名]（～儿）瞼(まぶた)にたまってこぼれ落ちそうな涙

【泪水】 lèishuǐ [名]〔滴〕涙〖擦～〗涙をぬぐう

【泪汪汪】 lèiwāngwāng [形]（～的）目が涙にぬれている，涙をいっぱいたたえている

【泪腺】 lèixiàn [名]〖生〗涙腺

【泪珠】 lèizhū [名]（～儿）〔滴·串〕涙の粒，涙のしずく

【类(類)】 lèi [名] 類，種類〖按～分别〗類別する〖几～书〗何種類かの本 ⊗似る

【类比】 lèibǐ [名]〖哲〗類推(する)

【类别】 lèibié [名] 類別

【类毒素】 lèidúsù [名]〖医〗変性毒素，トキソイド

【类人猿】 lèirényuán [名] 類人猿

【类书】 lèishū [名]〖図〗類書

*【类似】 lèisì [形] 類似の，同じような〖形状～猫〗形が猫に似ている〖跟他～〗彼と似ている

【类推】 lèituī [動] 類推する

【类型】 lèixíng 類型

【累(*纍)】 lèi [形] 疲れた〖～死了〗(疲れて) クタクタだ — [動] ①疲れさせる〖～坏了身体〗疲労で体をこわした ②苦労する，辛い労働をする ⇨léi, lěi

【擂】 lèi ⊗(太鼓などを)たたく ⇨léi

【擂台】 lèitái [名](武芸くらべの台から転じて) スポーツの試合や競争の場 [打～] 試合に参加する [摆～] 試合を挑む

【嘞】 lei [助]〖語気助詞として〗軽く注意を喚起する語気を表わす

【棱(*稜楞)】 léng [名]（～儿） ①稜(りょう)，物のかど ②(幾すじも並んだ)線状の突起

【棱角】 léngjiǎo [名] ①(多面体などの) 稜と角，物のかど ②人柄や言葉のかど，鋭さ，辛辣(しんらつ)さ〖露～〗かどを立てる〖有～〗ひねくれている

【棱镜】 léngjìng [名]〖理〗プリズム [同][三～][三角镜]

【棱柱体】 léngzhùtǐ [名]〖数〗角柱

【棱锥】 léngzhuī [名]〖数〗角錐

【冷】 lěng [形] 寒い，冷たい [反][热] — [動]〖方〗冷やす，さます [同]〖普〗[凉 liàng] ⊗①冷淡な，冷ややかな ②人けがない，ひっそりした ③人気がない，顧みられない ④不意打ちの，だしぬけの ⑤(L-)姓

【冷冰冰】 lěngbīngbīng [形]（～的） ①冷ややかな ②(物が)冷たい

【冷布】 lěngbù [名]〖織〗紗，ガーゼ状の布 ♦夏に窓にはり付けて網戸にする

【冷不防】 lěngbufáng [副] 出し抜けに，思いがけず [同]〖方〗[冷不丁][冷丁]

【冷藏】 lěngcáng [動] 冷蔵する [～库] 冷蔵倉庫

【冷嘲热讽】 lěng cháo rè fěng〖成〗辛辣(しんらつ)に嘲(あざけ)りかつ皮肉ることをいう [同][冷讽热嘲]

*【冷淡】 lěngdàn [形] ①さびれた，活気のない ②冷淡な，無関心な — [動] 冷遇する，すげなくする

【冷冻】 lěngdòng [動] 冷凍する [～厂] 冷凍工場 [～干燥] 凍結乾燥

【冷风】 lěngfēng [名] 寒風；〖転〗背後でふりまく中傷や批判，冷水を浴びせるような言論 [吹～] 冷水をかける，非難や中傷を流す

【冷锋】 lěngfēng [名]〖天〗寒冷前線

【冷汗】 lěnghàn [名] 冷や汗〖出～〗冷や汗をかく

【冷荤】 lěnghūn [名]〖食〗冷たいままで食べるなまぐさ料理

【冷货】 lěnghuò [名] 不人気商品，売れ行きの悪い品

【冷箭】 lěngjiàn [名]〖転〗暗夜のつぶて，闇打ち [放～] 闇打ちをかける

**【冷静】 lěngjìng [形] ①冷静な，沈着な ②〖方〗人けのない，静かな

【冷库】 lěngkù [名] 冷蔵倉庫 [同][冷藏库]

*【冷酷】 lěngkù [形] 冷酷な，無情な

【冷落】 lěngluò [形] さびれた，閑散とした — [動] 冷遇する，すげなくする

【冷门】 lěngmén [名]（～儿） ①日の当たらぬ部門や分野，時流に外れた仕事 ②番狂わせ，予期せぬ勝利者〖出～〗番狂わせを演じる

【冷漠】 lěngmò [形] 冷淡な，無関心な

【冷盘】 lěngpán [名] 中華料理のオードブル，'凉菜'の盛り合わせ

【冷僻】 lěngpì [形] ①辺鄙な ②(字や典故などが)見なれない

【冷气】 lěngqì [名] ①冷却空気 ②冷房設備〖开～〗クーラー(のスイッチ) をつける [～机] クーラー ③〖転〗消極的な言論

【冷气团】 lěngqìtuán [名]〖天〗寒気

团
【冷枪】lěngqiāng 图 物かげから不意にとんでくる銃弾；(転)闇夜のつぶて［打~］不意打ちを食わせる
【冷清】lěngqing 圈 ものさびしい，人けのない，さびれた
【冷清清】lěngqīngqīng 圈（~的）ひっそりとした，ものさびしい
*【冷却】lěngquè 動 冷える，冷やす［~剂］冷却剂
【冷若冰霜】lěng ruò bīng shuāng（成）① 人あしらいが冷たい様子 ② 態度が厳しくて近寄り難い様子
【冷森森】lěngsēnsēn 圈 ひんやりした，ぞくぞくする様子
【冷食】lěngshí 图（アイスクリームやアイスキャンデーなど）冷たい食品
【冷水】lěngshuǐ 图（⇔[凉水]）［泼~］冷水を浴びせる；(転)水をさす ② なま水
【冷飕飕】lěngsōusōu 圈（~的）風が冷たい
【冷烫】lěngtàng 動 コールドパーマをかける（⇔[电烫]）
【冷笑】lěngxiào 動 冷笑する
【冷血动物】lěngxuè dòngwù 图 ① [動] 冷血动物（⇔[变温动物]） ② 冷酷な人，冷血漢
【冷言冷语】lěng yán lěng yǔ（成）冷ややかな皮肉や嘲り
【冷眼旁观】lěng yǎn páng guān（成）冷ややかに眺める，高見の見物をきめこむ
【冷饮】lěngyǐn 图（ジュース，サイダーなど）冷たい飲みもの
【冷遇】lěngyù 图 冷遇，冷たいあしらい［遭到~］すげなくされる，冷たくあしらわれる
【冷战】lěngzhàn 图 冷たい戦争［热战］
—— lěngzhan 图《口》(寒さや恐怖による突然の)身震い（⇔[哆嗦]）［打了个~］ぶるっと震えた

【愣】lèng 動 呆然となる，我を失う［別~在那儿］そんなところでぼけっとしていないで —— 圈《口》後先を考えない，乱暴な
【愣头愣脑】lèng tóu lèng nǎo（俗）無鉄砲な，向こう見ずな，がさつな

【睖】lèng ⊗ 以下を見よ
【睖睁（愣怔）】lèngzheng 動 ぽかんとなる，呆然とする

【哩】lī ⊗ 以下を見よ ⇨ lǐ, li
【哩哩啦啦】līlilālā 圈（多く状語として）ばらばらな，途切れ途切れの

【丽（麗）】lí ⊗ ① 浙江省の県，'~水'のこと ② 朝鮮の王朝'高~'のこと ⇨ lì

【骊（驪）】lí ⊗ 黒い馬

【鹂（鸝）】lí ⊗ →[黄 huáng ~]

【鲡（鱺）】lí ⊗ →[鳗 mán ~]

【厘（釐）】lí 量 ① 長さ，重量，地積量単位の一（'毫'の10倍，'分'の10分の1） ② 利率の単位（'分'の10分の1）［年利一~］年利1パーセント［月利一~］月利0.1パーセント ③ 一部計量単位の100分の1を示す［~升］センチリットル(10cc)
⊗ きっちり整理する，正しく管理する［~定］整理して決める
*【厘米】límǐ 量 センチメートル（⇔[公分]）
【厘米波】límǐbō 图《理》センチ波（波長10センチメートルから1センチメートルまでの電波）

【狸】lí ⊗［~子皮］ヤマネコの毛皮［花面~]ハクビシン［狐~ húli]キツネ
【狸猫】límāo 图《只》ヤマネコ（⇔[豹猫]）

【喱】lí ⊗ → [咖 gā ~]

【离（離）】lí 動 ① はなれる，別れる（→[~开]）［~家］家を出る，故郷をはなれる ② 欠く［这项工作~不了你]この仕事には君が欠かせない —— 介 距離や時間の長短をいうときの起点を示す，…から，…まで［~车站很近]駅から近い［~比赛只有三天了]試合までもう3日しかない
⊗ 卦°，八卦の一
【离岸价格】lí'àn jiàgé 图《商》FOB価格，本船渡し値段
【离别】líbié 動 別れる，離れる［~父母]親もとを離れる
【离队】lí'duì 動 隊列を離れる，任務を離れる
【离格儿】lí'gér 動（発言や行動が）妥当を欠く，ルールを外れる
【离宫】lígōng 图《座》離宫
【离合器】líhéqì 图《機》クラッチ，接合器
*【离婚】líhūn 動 離婚する
【离间】líjiàn 動 仲たがいさせる，仲を裂く［挑拨~]仲たがいするようそそのかす［~我们的关系]我々の仲に水をさす
*【离开】líkāi 動 はなれる，別れる［~本题]本題を外れる［离不开手儿]仕事の手が抜けない
【离谱儿】lí'pǔr 動 ⇨[离格儿]
【离奇】líqí 圈 風変わりな，とっぴな［~的故事]不思議な物語
【离散】lísàn 動（多く親族が）離散する，離ればなれになる

【离弦走板儿】lí xián zǒu bǎnr《俗》(歌が調子っぱずれになる＞) 発言や仕事のやり方がピントを外れる
【离乡背井】lí xiāng bèi jǐng《成》(戦火, 迫害などのため) 故郷を遠く離れて異郷で暮らす [同][背井离乡]
【离心机】líxīnjī [名]〖機〗遠心分離機
【离心力】líxīnlì [名]〖理〗遠心力 [反][向心力]
【离休】líxiū [動](革命に貢献した幹部が) 退職する, 引退する ♦現職なみの給与と待遇を受ける [関][退休]
【离辙】lí▾zhé [動]《口》道筋を外れる, 本題からそれる
【离职】lí▾zhí [動] ①一時的に職を離れる, 休職する ②職を去る
【离子】lízǐ [名]〖化〗イオン [正～][阳～] 陽イオン [负～][阴～] 陰イオン, マイナスイオン
【离子交换】lízǐ jiāohuàn [名]〖化〗イオン交換 [～树脂] イオン交換樹脂

〖漓〗lí ⊗→[淋～ línlí]

〖—(*灕)〗Lí ⊗ 漓ʳ江(広西にある川)

〖璃(瓈)〗lí ⊗→[玻～ bōli][琉～ liúli]

〖篱〗lí ⊗→[笊 zhào～]

〖—(籬)〗⊗ 垣根 [绿～] 生垣
【篱笆】líba [名]〔道·圈〕(竹や木の枝を編んで作った)垣根, 囲い

【梨(*棃)】lí [名] ①〔棵〕ナシの木 ②ナシの実
【梨膏】lígāo [名]〖薬〗ナシの絞り汁に砂糖を加えて煮つめたもので, 咳止めの薬
【梨园】líyuán [名] 伝統劇の劇場や劇団の別称 ♦唐代玄宗のときの史実に由来

【犁】lí [名]〖農〗〔把·张〕すき, プラウ — [動] すきで耕す, 鋤ₛₖすく
【犁铧】líhuá [名]〖農〗すきの刃

〖蜊〗lí ⊗→[蛤～ gélí]

〖黎〗lí ⊗ ①民衆, 大衆 ②(L-)姓
【黎民】límín [名]《書》民衆, 庶民
★【黎明】límíng [名] 夜明け, 黎明
【黎族】Lízú [名] リー族 ♦中国少数民族の一, 海南島に住む

【藜】lí [名]〖植〗アカザ [～藿 huò] 粗末な食事

〖黧〗lí ⊗黒い

〖犛〗lí ⊗ ヤク→[牦 máo 牛]

〖罹〗lí ⊗(災難や病気などに) 見舞われる, 遭遇する
【罹难】línàn [動]《書》不慮の災難で死ぬ, 殺される

〖蠡〗lí ⊗ ①貝がら ②貝がらで作ったひしゃく
⇨lǐ
【蠡测】lícè [動]《書》浅薄な考えで物ごとを判断する

【礼(禮)】lǐ [名] ①礼儀, エチケット [行～] お辞儀する ②〔份〕贈りもの, プレゼント〖送～〗プレゼントする, 贈りものをする
⊗儀礼, 儀式
【礼拜】lǐbài [名] 礼拝(する) — [名] ①週([同][星期]) [上～] 先週 ②(数字や'天''日'と結びついて)曜日 [～日] 日曜日 [～一] 月曜日 ③日曜日
【礼拜寺】lǐbàisì [名] 回教寺院 [同][清真寺]
【礼拜堂】lǐbàitáng [名] キリスト教の礼拝堂 [同][教堂]
★★【礼拜天】lǐbàitiān [名] 日曜日 [同][礼拜日][星期天]
【礼服】lǐfú [名]〔件·套〕礼服, 式服
【礼花】lǐhuā [名] 慶祝の花火〖放～〗慶祝の花火をあげる
【礼教】lǐjiào [名](封建社会の) 儒教的倫理, 礼節, 道徳
★【礼节】lǐjié [名] 礼節, 礼儀
【礼金】lǐjīn [名] 祝い金, 現金の贈りもの
★★【礼貌】lǐmào [名] 礼儀, マナー〖有～〗礼儀正しい — [形] 礼儀正しい
【礼炮】lǐpào [名]〔响〕礼砲, 祝砲〖鸣～〗礼砲を撃つ
【礼让】lǐràng [動](礼節を考え深く思慮して)譲る, 相手を立てる — [名] 礼譲, 礼儀 [国际～] 国際礼譲
【礼尚往来】lǐ shàng wǎnglái《成》(礼は往来をたっとぶ＞) ①日頃の交際には贈答やもてなしも大切だ ②相手の非難, 攻撃などに同様の手でやり返す
【礼俗】lǐsú [名] 冠婚葬祭の儀礼
【礼堂】lǐtáng [名]〔个·座〕講堂
★★【礼物】lǐwù [名]〔件·份〕贈りもの, プレゼント([同][礼品])〖送～〗贈りものをする
【礼遇】lǐyù [名] 礼遇, 特別待遇

〖李〗lǐ ⊗ ①スモモ ②(L-)姓
【李子】lǐzi [名] ①〔棵〕スモモの木 ②スモモの実

【里】lǐ [量] 長さの単位(500メートル) [公～] キロメートル
⊗ ①郷里 ②居住地のある一角, 町内 ③(L-)姓

【―(裡*裏)】
lǐ 名 ①〔介詞〕がわ,内部(⑧'外') [往~走] 中へと行く [~屋] 奥の部屋 [手~] 手の中 ②(~儿) 衣服などの裏 ⊗〔指示詞の後について〕その場所を表わす [这~] ここ [哪~] どこ

【里边】lǐbian 名 (~儿)(ある時間・空間・範囲の)中,内側(⑩[里面][里头] ⑧[外边])[~的屋子] 奥の部屋 [屋子~] 部屋の中 [一年~] 1年のあいだ

【里程】lǐchéng 名 ① 道のり ② 発展の道筋

*【里程碑】lǐchéngbēi 名〔块〕里程標,マイルストーン;(転)歴史発展の指標となる出来事

【里出外进】lǐ chū wài jìn〈成〉物の表面や列がそろわないで,でこぼこしている

【里脊】lǐji 名 牛,豚,羊のヒレ肉

【里间】lǐjiān 名 奥部屋 ◆外への出入りは'外间'を通る ⑩[里屋] ⑧[外间][外屋]

【里弄】lǐlòng 名 (方) ①〔条〕路地,横町(南方での名称,北方の'胡同'に相当) ② 都市の最小の行政区画,町内

【里面】lǐmiàn 名 ⑩[里边] ⑧[外面]

【里手】lǐshǒu 名 ①(~儿)(運転者の座席位置から見て)車や機械の左がわ ⑧[外手] ②(方) くろうと,専門家 ⑩[普][内行]

【里头】lǐtou 名 里がわ,中

【里外】lǐwài 名 ① 中と外 [院子~] 屋敷の内外ᙎ ② 概数を表わす,…くらい,程度 [三十岁~] ほぼ30歳

【里屋】lǐwū 名 ⑩[里间]

【里巷】lǐxiàng 名〈書〉路地,横町

【里应外合】lǐ yìng wài hé〈成〉内外呼応する(他者の呼び掛けに応じて共同步調をとる場合にも使う)

【里子】lǐzi 名 衣服などの裏

【俚】
lǐ ⊗ 通俗的な,庶民の

【俚俗】lǐsú 形 俗っぽい,野卑な

【俚语】lǐyǔ 名〔句〕スラング,俗語

【浬】
lǐ/hǎilǐ 量 海里がの古い用法 ◆ 1海里は1852メートル.今は'海里'を使う

【哩】
lǐ 量 マイル(現在は[英里]と書く)
⇨li, li

【娌】
lǐ ⊗ →[妯~zhóulǐ]

【理】
lǐ 名 道理,事の筋 [~在他那边] 理は彼にある(彼が正しい) — 動 ① 整理する ②〔一般に否定形で〕他人の言動に注意を払う [别~他] 彼にかまうな [置之不~] 放っておく,取りあわない ⊗ ① 自然科学,特に物理学 ② きめ [木~] 木目 ③ 管理する,取りしきる ④ (L-) 姓

【理财】lǐ'cái 動 財政・財務を管理する ◆「財テク」の意も

*【理睬】lǐcǎi 動〔一般に否定の形で〕注意を払う,関心を示す

【理发】lǐ'fà 動 髪を刈る,理髪する [~店] 床屋 [~师] 理髪師

【理化】lǐhuà 名 物理と化学

【理会】lǐhuì 動 ① わかる,理解する ②〔一般に否定の形で〕留意する,かまう

【理货】lǐhuò 動 (税関で積荷を)検査する,照合する [~员] 検査係

【理解】lǐjiě 動 わかる,理解する

【理科】lǐkē 名 (教科,学問分野としての)理科

【理疗】lǐliáo 名〔医〕物理療法 — 動 物理療法で治す

【理路】lǐlù 名 ① 理路,思考の筋道 [~不清] 話の筋がつながらない ②(方) 道理

【理论】lǐlùn 名 理論

【理念】lǐniàn 名 理念

【理事】lǐshì 名 理事 ⑩[董事]

【理所当然】lǐ suǒ dāng rán〈成〉理の当然である [~的要求] 当たり前の要求

*【理想】lǐxiǎng 名 理想 — 形 申し分のない,満足のゆく [最~的环境] 最も理想的な環境

【理性】lǐxìng 名 理性 ⑧[感性]

【理应】lǐyīng 助 当然…すべきである [~帮助] 当然援助すべきである

*【理由】lǐyóu 名 理由,論拠,原因 [毫无~] まるで理由がない

*【理直气壮】lǐ zhí qì zhuàng〈成〉正当な理由(正しい道理)を備えているため言動が堂々としているさま

【理智】lǐzhì 名 理知,理性 [丧失~] 理性を失う,分別を失う

【锂(鋰)】
lǐ 名〔化〕リチウム

【锂离子电池】lǐlízǐ diànchí 名 リチウムイオンバッテリー

【鲤(鯉)】
lǐ ⊗ コイ

【鲤鱼】lǐyú 名〔条〕コイ [~跳龙门](コイが竜門を飛び越える>) 難関を突破する,一大出世する

【澧】
lǐ ⊗ [~水] 澧ᙎ水(湖南省)

【醴】
lǐ ⊗ 甘酒

【蠡】
lǐ ⊗ ① 人名に使う(例えば'范~') ②(L-) 河北省の'~县'
⇨lí

【力】
lì 名 (物理的な)力
⊗ ① 能力,力量 [人~] 人力 [说

服～］説得力 ②体力，筋肉の力［用～］力を出す ③努力する，力を尽くす ④(L-)姓

【力不从心】lì bù cóng xīn《成》心はやれど力及ばず

【力畜】lìchù [名]役畜．牛，馬のほかラバ，ロバ，ラクダ，ヤクなど

【力点】lìdiǎn [名]〖理〗力点 [関][作用点][支点]

【力竭声嘶】lì jié shēng sī《成》声を涸らして必死に呼ぶ [同][声嘶力竭]

★★【力量】lìliang/lìliàng [名]①力 ②能力 ③効力，働き

【力偶】lì'ǒu [名]〖理〗偶力

★★【力气】lìqi [名]腕力，体力〖卖～〗肉体労働で稼ぐ［～活儿］力仕事

【力求】lìqiú [動]〔動詞句を賓語に〕…するよう極力務める，懸命に努力する

★【力所能及】lì suǒ néng jí《成》力の及ぶ限り

★【力图】lìtú [動]〔動詞句を賓語に〕…するよう懸命に努力する，極力務める

【力行】lìxíng [動]《書》努力する，しっかり努める

【力学】lìxué [名]力学

【力战】lìzhàn [動]必死に戦う

★【力争】lìzhēng [動]①(…を達成すべく)全力で取り組む ②懸命に論争する，激しく言い争う

〖历(歷)〗lì ⊗①経る ②一つひとつ，あまねく〖～访各国〗各国を歴訪する ③過去の各回全て

〖—(曆*厤歷)〗⊗①暦法［阳～］太陽暦 ②カレンダー，こよみ［日～］日めくりカレンダー

【历程】lìchéng [名]歴程，経てきた歩み〖战斗的～〗戦いの過程

【历次】lìcì [形]〔定語として〕過去の各回の〖～比赛〗過去の全ての試合

★【历代】lìdài [名]過去の各王朝，歴代〖～名画〗歴代名画

【历法】lìfǎ [名]暦法

★【历来】lìlái [形]従来の，これまでの

【历历】lìlì [形]〔多く状語として〕はっきりとした，くっきり見分けられる［～可数］一つひとつはっきり数えられる［～在目］ありありと目に浮かぶ

【历年】lìnián [名]歴年

【历时】lìshí [動]時日を経過する，時を費やす〖～六十天的战役〗60日にわたる戦役 — [形]〔定語として〕通時的な [関][共时]

★★【历史】lìshǐ [名]①歴史(発展の過程，過去の事実及びその記録) ②個人の経歴 ③(学科としての)歴史

【历史剧】lìshǐjù [名]〔出〕史劇，時代劇

【历史唯物主义】lìshǐ wéiwù zhǔyì [名]〖哲〗史的唯物論，唯物史観

【历书】lìshū [名]〔本〕本の形になった暦

【沥(瀝)】lì [動]濾(こ)す ⊗滴らす［～血］血を滴らす

【沥青】lìqīng [名]〖化〗アスファルト([同][柏油])〖铺～〗アスファルトで舗装する［～路］アスファルト道路

【沥水】lìshuǐ [名]雨のあとの水溜り

〖枥(櫪)〗lì ⊗馬のかいば桶

〖雳(靂)〗lì ⊗→［霹～ pīlì］

【立】lì [動]①立つ [関][站] ②立てる，立て掛ける〖把竹竿～起来〗竿を立てる ③樹立する，定める，設立する〖～合同〗契約書を作る

⊗①生きる，一本立ちする［自～］自立する ②たちまち，すぐさま ③(L-)姓

【立案】lì▾àn [動]①機関に登録する，登記する ②〖法〗捜査訴追すべき案件とする

★【立场】lìchǎng [名]立場，視点〖丧失～〗自己の立場を見失う

【立春】lìchūn [名]〖天〗立春 ♦'二十四节气'の一つで，2月3～5日ころに当たる

—— lì▾chūn [動]立春になる

【立地】lìdì [副]直ちに，即座に

【立冬】lìdōng [名]〖天〗立冬 ♦'二十四节气'の一つで，11月7，8日ころに当たる

—— lì▾dōng [動]立冬になる

【立法】lì▾fǎ [動]法律を制定あるいは修正する［～机关］立法機関

★★【立方】lìfāng [名]①〖数〗立方［～根］立方根 ②立方体の略称 — [量]立方メートル

【立方体】lìfāngtǐ [名]立方体 [同][正方体]

【立竿见影】lì gān jiàn yǐng《成》(竿を立てればすぐ影が生じる＞)ある措置がたちまち効果を生む

【立功】lì▾gōng [動]手柄を立てる，功績を上げる

【立功赎罪】lì gōng shú zuì《成》手柄を立てて罪をあがなう，功績を上げて失敗を帳消しにする [同][立功自赎]

【立户】lì▾hù [動]①世帯を持つ，戸籍をつくる ②銀行に口座をつくる

★★【立即】lìjí [副]直ちに，すぐさま

★【立交桥】lìjiāoqiáo [名]('立体交叉桥'の略)立体交差

【立脚点】lìjiǎodiǎn [名]①立脚点，立場 ②生きる足場，確たる地位 [同][立足点]

★★【立刻】lìkè [副] 直ちに，即刻 [同]《方》[立马]
【立克次体】lìkècìtǐ [名]〖医〗リケッチア
【立论】lìlùn [動] 立論する，見解を提示する
【立面图】lìmiàntú [名]〖建〗立面図，正面図 〚画～〛立面図をかく
【立秋】lìqiū [名]〖天〗立秋 ♦'二十四节气'の一つで，8月7～9日ころに当たる
—— lìˇqiū [動] 立秋になる
【立时】lìshí [副] 直ちに，即刻
★【立体】lìtǐ [名] 立体 ［～电影］立体映画 ［～交叉］立体交差 ［～图］立体図
【立体声】lìtǐshēng [名] ステレオ，立体音響 [同][立体音响] [関][音响]
【立夏】lìxià [名]〖天〗立夏 ♦'二十四节气'の一つで，5月5～7日ころに当たる
—— lìˇxià [動] 立夏になる
【立宪】lìxiàn [名] 立憲制 ［君主～］立憲君主制 ［～政体］立憲政体
【立正】lìzhèng [動] 直立する，不動の姿勢をとる 〚～！〛(号令として) 気をつけ
【立志】lìˇzhì [動] 志を立てる，決意を固める
【立轴】lìzhóu [名] ①(縦長の) 掛け軸 ②〖機〗垂直シャフト
【立锥之地】lì zhuī zhī dì《成》〘一般に否定の形で〙錐(きり)を立てるほどの極めて小さな場所 〚无～〛立錐の余地もない
★【立足】lìzú [動] 立脚する 〚～市场〛市場に軸足を置く
【立足点】lìzúdiǎn [名] [同][立脚点]

【粒】lì [量] 粒状のものを数える [関][颗] 〚一～麦子〛一粒の麦
⊗小さな粒状のもの ［豆～儿］豆粒
【粒选】lìxuǎn [名]〖農〗種子の選り分け ♦大豆，トウモロコシ，棉花など粒の大きな作物の場合にいう
【粒子】lìzǐ [名]〖理〗素粒子
—— lìzi [名]〔颗〕粒 — [量] [同][粒]

【笠】lì ⊗笠 ［竹～］竹で編んだ笠(かさ) ［草～］麦わらや草で編んだ笠

【莅（*蒞 涖）】lì ⊗到る，臨む，列席する
【莅临】lìlín [動]《書》(一般に貴賓が) 臨席する

【厉（厲）】lì ⊗①厳格な，厳しい ②厳粛な，いかめしい ③激しい，猛々しい ④(L-)姓
★★【厉害】lìhai [形] 耐え難い，激しい，ひどい ([同][利害]) 〚这个人可～〛本当にひどい人だ
【厉声】lìshēng [副] 声を張り上げて，厳しい声で 〚～呵斥〛声を荒らげて叱る
【厉行】lìxíng [動] 励行する，厳格に実施する 〚～节约〛節約を励行する

【励（勵）】lì ⊗①はげむ，努力する ②(L-)姓
【励精图治】lì jīng tú zhì《成》心をふるい立たせてよりよい国政に務める

【疠（癘）】lì ⊗疫病

【砺（礪）】lì ⊗①砥石(といし) ②とぐ

【蛎（蠣）】lì ⊗→［牡～ mǔlì］

【吏】lì ⊗①旧時の小役人 ［胥～］小役人 ②官吏，役人 ［贪官污～］汚職役人

【丽（麗）】lì ⊗美しい ［～人］《書》美女，麗人 ［风和日～］うららかな
⇨Lí

【俪（儷）】lì ⊗①対(つい)になった，ペアの ②夫婦 ［伉～］《書》夫妻 ［～影］夫婦並んで写した写真

【郦（酈）】Lì ⊗姓 ♦漢の酈食其(れいいき)は Lì Yìjī と発音

【利】lì ⊗①利益 ［～令智昏］欲に目がくらむ ②利息，利潤 ③利する，利益をもたらす ④(刃物が) よく切れる，鋭い ⑤有利な，順調な ⑥(L-)姓
【利弊】lìbì [名] 有利な点と不利な点，利害 〚权衡～〛利害損失を秤(はかり)にかける
★【利害】lìhài [名] 利益と損害，利害 ［～关系］利害関係
—— lìhai [形] 耐え難い，激しい，ひどい ([同][厉害]) 〚天热得很～〛暑くてやりきれない
【利己主义】lìjǐ zhǔyì [名] 利己主義，エゴイズム
★【利率】lìlǜ [名] 利率，金利
【利落】lìluo [形] ①きびきびした，敏捷な ②きちんとした，よく整った 〚干净～〛清潔できちんとしている ③始末がついた，片づいた
【利尿剂】lìniàojì [名]〖薬〗利尿剤
【利权】lìquán [名] 経済的権益，利権 〚挽回～〛利権を取り戻す
★★【利润】lìrùn [名] 利潤，営業利益 〚取得～〛利潤を収める
【利索】lìsuo [形] [同][利落]
★★【利息】lìxī [名]〔笔〕利息，利子 [同]《口》[利钱]
★★【利益】lìyì [名] 利益
★★【利用】lìyòng [動] ①活用する，有効に使う 〚～废料〛廃品材料を生かして使う ②利用する，都合よく奉仕

させる〖～职权〗職権を利用する

【利诱】lìyòu [動] 利益で勧誘する，甘い汁で誘う

【利于】lìyú [動] …の役に立つ，有利に働く

【利欲熏心】lì yù xūn xīn《成》欲に目がくらむ，欲に惑わされて物が見えない

〖俐〗lì ⊗→[伶 líng ～]

〖莉〗lì ⊗→[茉 mò ～]

〖痢〗lì ⊗下痢を伴う伝染病 [赤～] 赤痢

【痢疾】lìji [名] 下痢を伴う伝染病 [阿米巴～] アメーバ感染による伝染病

〖戾〗lì ⊗①罪，とが [罪～]《書》罪過，罪悪 ②不当な，ひねくれた [暴～]《書》凶悪無残な

〖唳〗lì ⊗鳥が鳴く→[风声①]

【例】lì [名]〔量詞的に〕事例〖十五～中，八～有…〗15例のうち8例は…
⊗①例(→[～子]) [举～] 例を挙げる ②先例，前例 [援～] 前例を引く ③規則，決まり ④定例の

【例会】lìhuì [名]〔次〕例会

【例句】lìjù [名] 例文

★★【例如】lìrú [動] 例えば… [同][比如][譬如]

★【例外】lìwài [名] 例外 — [動]〔一般に否定に使い〕例外になる，例にはずれる〖谁都不能～〗誰であれ例外ではありえない

【例言】lìyán [名]〖図〗例言，凡例

【例证】lìzhèng [名] 例証

【例子】lìzi [名] 例〖举个～〗例を挙げる

〖隶(隸 *隷)〗lì ⊗①所属する ②旧社会の奴隷 ③旧時の役所の下っ端 ④隷書(漢字の書体の一)

【隶书】lìshū [名] 隷書 [同][隶字]

【隶属】lìshǔ [動] 管轄下に入る，従属する〖～国务院〗国務院の管轄下にある

〖荔〗lì ⊗以下を見よ

【荔枝】lìzhī [名] ①〔棵〕荔枝(れいし)の木 ②〔颗〕荔枝の実，ライチ

〖栎(櫟)〗lì ⊗クヌギ(ふつう'麻栎''柞 zuò 树'という) ♦陕西省の地名'栎阳'ではYuè と発音

〖砾(礫)〗lì ⊗小石，細かく砕けた石 [～岩] 礫(れき)岩

【砾石】lìshí [名] 水流で角のとれた砂利 [～路] 砂利道

〖栗〗lì ⊗クリ→[～子]

〖—(慄)〗⊗ふるえる [战～] 戦慄が走る，恐れで身震いする

【栗然】lìrán [形]〔多く状語として〕恐れおののくさま，慄然たる

【栗色】lìsè [名] クリ色

【栗子】lìzi [名] ①〔棵〕クリの木 ②〔颗〕クリの実 [糖炒～] 甘栗

〖傈〗lì ⊗以下を見よ

【傈僳族】Lìsùzú [名] リス族 ♦中国少数民族の一，雲南，四川省に住む

〖溧〗Lì ⊗溧(り)水(江蘇省の地名)

〖詈〗lì ⊗罵る [～辞]《書》罵語

【哩】li [助]《方》①普通話の'呢'にほぼ同じ，ただし疑問文には使わない ②列挙する場合に使う([同]《普》[啦])〖碗～，筷子～，…〗茶碗だの箸だの，…
⇨ lī, lǐ

【俩(倆)】liǎ [数]《口》ふたつ(2, 3個)，二人(2, 3人)('两个'の縮約形)〖咱～〗おれ達二人〖这么～人〗これっぽっちの人数
⇨ liǎng

〖奁(奩 *匳匲籢)〗lián ⊗昔の婦人の化粧箱

【连(連)】lián [動] つなぐ，連なる〖心～着心〗心と心がつながっている〖～成一片〗一つながりにする — [副]〔単音節の動詞の前で〕連続して〖～发三封电报〗続けざまに3通の電報を打った — [介]①〔後置の'也''都'と呼応して〕…でさえも〖～他也笑了〗あの人まで笑った〖～小孩子都知道〗子供でさえ知っている ②…も含め〖～皮三十斤〗風袋ともで15キログラム — [名]〖軍〗中隊 [～长] 中隊長
⊗(L-)姓

【连鬓胡子】liánbìn húzi [名]〔口〕頬ひげ [同][络腮胡子]

【连词】liáncí [名]〖語〗接続詞

【连…带…】lián…dài… ①…から…まで含めて〖～人～马〗人馬もろともに〖～老～小〗老弱まとめて ②…したり…したり〖～蹦～跳〗跳んだりはねたり〖～说～比划〗身振り手振りを交えて話す

【连裆裤】liándāngkù [名]〔条〕股が開いていないズボン [反][开裆裤]

【连队】liánduì [名]〖軍〗中隊，あるいは中隊に相当する部隊

【连个屁也不放】lián ge pì yě bù fàng《俗》(屁一つひらない＞)文句

L

【连贯(連貫)】liánguàn 動 ① つながる, つなぐ 〚~东西〛東西をつなぐ ② 筋が通る, 首尾一貫する
【连环画】liánhuánhuà 图〔中国風の〕劇画, 子供向きの絵物語
【连枷(槤枷)】liánjiā 图〔農〕殻竿 からさお, くるり棒
【连接(連接)】liánjiē 動 つながる, つなぐ
【连累】liánlei 動 巻き添えにする, 累を及ぼす 〚~你受罪了〛僕のせいで君をひどい目に遭わせてしまった
【连连】liánlián 副 しきりに, 続けざまに
*【连忙】liánmáng 副 大急ぎで, 直ぐさま 〚~道歉〛急いで謝る
【连绵(聯綿)】liánmián 動 どこまでも続く, いつまでも止まない 〚阴雨~〛いつまでもうっとうしい雨が止まない
*【连年】liánnián 形〔多く状語として〕連年の, いく年も続く 〚~干旱〛連年の干ばつに見舞われる
【连篇】liánpiān 图 ① 一編また一編と文を連ねた 〚~累牍〛長ったらしい(あるいは大量の)文章を綴るさま ② 全編にあふれている 〚空话~〛全篇ほらばかり
【连翩】liánpiān 形 ⇨〔联翩〕
【连任】liánrèn 動 再任する, 重任する 〚~了两届主席了〛2回続けて議長に選ばれた
【连日】liánrì 图 連日
【连声】liánshēng 副 続けざまに言葉を発して 〚~称赞〛しきりに褒めそやす
*【连锁】liánsuǒ 形〔多く定語として〕(鎖状に)つながった
【连锁反应】liánsuǒ fǎnyìng 图 連鎖反応 ⇨〔链式反应〕
【连锁商店】liánsuǒ shāngdiàn 图 チェーン店 ⇨〔连锁店〕
【连天】liántiān 形 天に達する, 天に連なる 一 副 連日 〚~下雨〛連日の雨だ
*【连同】liántóng 介 …を含めて, ともに 〚把译稿~原文一起寄到编辑部〛訳を原文と一緒に編集部に送る
【连续】liánxù 動 連続する, 途切れずに 〚~几天刮大风〛数日続けて大風が吹く 〚~翻了几个跟斗〛続けざまに数回とんぼをきった
【连续光谱】liánxù guāngpǔ 图〔理〕連続スペクトル
*【连续剧】liánxùjù 图 連続ドラマ
【连夜】liányè 副 ① その夜のうちに ② 連夜, いく晩も続けて
【连衣裙】liányīqún 图〔套・件〕女性用ワンピース ⇨〔连衫裙〕
【连载】liánzǎi 動 連載する 〚分期~这篇小说〛何期かに分けてこの小説を連載する
【连长】liánzhǎng 图 中隊長
【连珠】liánzhū 图 じゅず状に連なったたま ◆ 切れめなく続く音や声などを例える 〚~炮〛連射砲
【连缀】liánzhuì 動 連結する, 一つにつなぐ
【连坐】liánzuò 動 連座する 〚全家~〛一家族全員が連座する
【连作】liánzuò 图〔農〕連作する ⇨〔连种 zhòng〕

涟(漣)

lián ⊗ ① さざ波 ② 涙がとまらないさま 〚~~〛同前
【涟漪】liányī 图〔書〕さざ波, 波紋

莲(蓮)

lián ⊗ ハス
【莲花】liánhuā 图〔朵〕ハスの花 ⇨〔荷花〕〔芙蓉〕
【莲花落】liánhuālào 图 竹板を打って拍子を取りつつ唱う大衆芸能
【莲蓬】liánpeng 图 ハスの実を包む円錐状の花托
【莲蓬头】liánpengtóu 图〔方〕シャワーやじょうろの先端部分, ノズル
【莲子】liánzǐ 图〔颗・粒〕ハスの実

褳(褳)

lián ⊗ →〔褡~ dālian〕

鲢(鰱)

lián ⊗ レンギョ, ハクレン 〚~鱼〕〔白~〕同前

帘(簾)

lián 图(～儿)〔张・挂〕カーテン, すだれ, みす 〚窗~〕窓辺のカーテン 〚门~〕冬季, 入口に垂らす防寒用の厚い幕, または暖簾のれん ⊗ 店の目印の旗 ⇨〔望子〕
【帘子】liánzi 图〔张・挂〕カーテン, すだれ, みす 〔竹~〕竹すだれ

怜(憐)

lián ⊗ ① 哀れむする ② いとおしむ, 愛する
【怜爱】lián'ài 動 かわいがる, いとおしむ ⇨〔疼爱〕
【怜悯】liánmǐn 動 哀れむ, 同情する
【怜惜】liánxī 動 哀惜する, 同情して守ろうとする
【怜恤】liánxù 動 哀れむ, 同情する

联(聯)

lián ⊗ ① 対句, 聯 〚对~〕同前 〚喜~〕結婚のときに使う'对联' ② 連合する, 結合する 〚~办〕共催する
【联邦】liánbāng 图 連邦 〚~政府〕連邦政府 〚英~〕イギリス連邦
【联播】liánbō 動 ネットワークによりラジオ, テレビ放送をする 〚~节目〕ネットワーク番組
【联电】liándiàn 图 電名による通電 ◆ 報道手段が未発達の時代に多用された
【联贯】liánguàn 動 ⇨〔连贯〕

【联合】 liánhé 動 連合する,団結する,手を結ぶ ━ 形《定語・状語として》合同の,連合した [～公报] 共同コミュニケ [～政府] 連立内閣,連合政府 [～战线] 統一戦線

【联合国】 Liánhéguó 名 国連

【联合收割机】 liánhé shōugējī 名 (農業用)コンバイン ®[康拜因]

***【联欢】** liánhuān 動 みんなで交歓する [～会] 交歓会,コンパ [～节] みんなで楽しむフェスティバル

【联机】 liánjī 動 オンライン接続する ®[在线]

【联接】 liánjiē 動 ®[连接]

【联结】 liánjié 動 結び付ける,つなぐ [～这两点] この2点を結ぶ

【联军】 liánjūn 名 連合軍

【联立方程】 liánlì fāngchéng 名 連立方程式

***【联络】** liánluò 動 連絡をとる,接触する,連絡する [联系] [～感情] 親しくなる [～处] 連絡所 [～网] 連絡網

【联盟】 liánméng 名 (国家,団体,個人などのレベルの)同盟,連盟

【联绵】 liánmián 形 ®[连绵]

【联翩(连翩)】 liánpiān 形《書》絶え間がない [浮想～] 次から次へと思いがわく

【联赛】 liánsài 名 リーグ戦

***【联系】** liánxì 動 関係づける,結びつける,連絡する [理论～实际] 理論を実際と結びつける [取得～] 関係をつける [保持～] 接触を保つ [跟他～] 彼と連絡する

***【联想】** liánxiǎng 動 連想する [～到那次水灾] あの時の洪水を思い出した

【联运】 liányùn 名《交》連絡輸送 [～票] (汽車と船,AとBの社線などの)連絡キップ

【廉】 lián ⊗ ① 廉潔な [清～] 清く正しい ② 値段が安い ③ (L-) 姓

【廉耻】 liánchǐ 名 廉恥,清い行いと恥を知る心

【廉价】 liánjià 形《定語・状語として》値が安い,安価な [～出售] 安売りする

***【廉洁】** liánjié 形 清廉な,公正な

【廉正】 liánzhèng 形 廉直な,清廉公正な [～无私] 廉直で私心を持たない

【濂】 Lián ⊗ ① 濂江(江西省) ② 姓

【臁】 lián ⊗ 脛ţの両側

【镰(鎌)】 lián ⊗ 鎌ţ [开～] 刈り入れを始める

【镰刀】 liándāo 名[把] 鎌

【敛(斂)】 liǎn ⊗ ① 引っ込める [收～] (笑顔などを) おさめる ② 集める,取り立てる

【敛财】 liǎn'cái 動 財貨を収奪する

【敛迹】 liǎnjì 動《書》身を隠す,隠れておとなしくする

【敛容】 liǎnróng 動《書》笑顔をおさめる,表情を引き締める

【脸(臉)】 liǎn 名 ①(～儿)〔张〕顔 ②(～儿) 表情 [笑～] 笑顔 ③ 体面,メンツ [丢～] 面目を失う ④(～儿) 物の前の部分

【脸蛋儿】 liǎndànr 名 (多く子供の) ほっぺた,顔 ®[脸蛋子]

【脸红脖子粗】 liǎn hóng bózi cū《俗》(顔が赤く首が太い＞) いきり立ち,がなり立てる

【脸颊】 liǎnjiá 名 ほっぺた,頬

【脸面】 liǎnmiàn 名 ① 顔 ② メンツ,面目 [看我的～…] 私に免じて…

【脸盘儿】 liǎnpánr 名〔张〕顔立ち

【脸庞】 liǎnpáng 名 面ざし,顔立ち ®[脸盘儿]

【脸盆】 liǎnpén 名 洗面器 ®[洗～]

【脸皮】 liǎnpí 名 ① 情実,メンツ ② つらの皮,羞恥心の程度 [～厚] つらの皮が厚い,厚かましい [～薄 báo] 恥ずかしがり,内気な

【脸谱】 liǎnpǔ 名 伝統劇の役者の隈どり [勾～] 隈どりを描く

【脸色】 liǎnsè 名 ① 顔色,血色 ② 表情

【脸膛儿】 liǎntángr 名《方》① 顔 [黑～] 色黒の顔 ② 顔立ち [四方～] 四角い顔立ち

【脸子】 liǎnzi 名《方》① 容貌(一般に美貌を軽い口調で言う) ② 不快な表情,いやな顔

【琏(璉)】 liǎn ⊗ 古代の宗廟でキビなどを盛る器

【练(練)】 liàn 動 ① 練習する,鍛える [～字] 習字をする ② 生糸や麻を練る ⊗ ① 白絹 ② 経験豊かな,年季の入った [～达] 熟達する ③ (L-) 姓

【练兵】 liàn'bīng 動 ① 兵隊を訓練する ② (一般的に)訓練する

【练功】 liàn'gōng 動 練習する,技を練る [～房] けいこ場

***【练习】** liànxí 名 学校の練習問題 [做～] 練習問題をする [课外～] 宿題 ━ 動 練習する [～唱歌] 歌をけいこする

【炼(煉*鍊)】 liàn 動 ① (加熱して)精製する,精錬する ② 焼く ⊗《文や言葉を》練る

【炼丹】 liàn'dān 動 (道士が) 丹薬を練る,不老長寿の薬をつくる

【炼钢】liàn'gāng 動 鋼鉄をつくる [～厂] 製鋼所
【炼乳】liànrǔ 名 練乳, コンデンスミルク 〔＝[炼奶]
【炼油】liàn'yóu 動 ① 石油を分留する ② 油を含む物質から加熱して油を分離する ③ 動植物油を加熱して食用油に仕上げる
【炼制】liànzhì 動 精製する, 精練する

【恋(戀)】liàn ⊗ ① 恋 [初] がる, 別れがたく思う [～家] 家を恋う, ホームシックにかかる [～情] 恋心
*【恋爱】liàn'ài 名動 恋愛(する) [谈～] 恋愛する
【恋歌】liàngē 名 恋歌
【恋恋不舍】liànliàn bù shě 《成》名残り尽きない, 去り難い
【恋慕】liànmù 動 恋い慕う

【殓(殮)】liàn ⊗ 納棺する [入～] 納棺する

【楝】liàn ⊗ オウチ, センダン

【鲢(鰱)】liàn ⊗ ニシン～ [鲱 fēi]

【链(鏈)】liàn 名 ① (～儿) [条・根] くさり [项～] ネックレス ② 海洋上の距離の単位の一(1海里の10分の1)
【链轨】liànguǐ 名 キャタピラ 〔＝[履带]
【链接】liànjiē 動 リンクする
【链锯】liànjù 名 チェーンソー
【链霉素】liànméisù 名 《薬》ストレプトマイシン
【链球】liànqiú 名 《体》ハンマー投げ (競技と用具をともにいう) [掷 zhì ～] ハンマーを投げる
【链式反应】liànshì fǎnyìng 名 《理・化》連鎖反応 〔＝[连锁反应][链反应]
【链条】liàntiáo 名 [条・根] (自転車その他大型機械の)チェーン
【链子】liànzi 名 [条・根] ① くさり ② 《口》(自転車やオートバイの)チェーン

【潋(瀲)】liàn ⊗ [～滟 yàn] 《書》水が満ちあふれるさま, 波がたゆたうさま

【良】liáng ⊗ ① よい, 優れた ② 良民, 善人 ③ 非常に, 大変 ④ (L-) 姓
*【良好】liánghǎo 形 良好な, 満足のゆく
【良久】liángjiǔ 形 《書》ずいぶんと久しい, 長きに渡る
【良善】liángshàn 形 《書》善良な人, 良民 [欺压～] 良民をいじめる 一 形 善良な
【良师益友】liáng shī yì yǒu 《成》よき師よき友
*【良心】liángxīn 名 良心 [没～] 破廉恥な [～话] 公平な言葉
【良药】liángyào 名 良薬 (多くの忠言の比喩としていう)〔～苦口利于病, 忠言逆耳利于行] 《成》良薬は口に苦く, 忠言は耳に逆らう
【良友】liángyǒu 名 よき友
【良莠不齐】liáng yǒu bù qí 《成》善人悪人入り交じる, 人さまざま
【良种】liángzhǒng 名 (家畜や作物の)優良品種 [～马] 優良馬

【粮(糧)】liáng 名 食糧, 穀物類 [缺～] 食糧が不足する [～仓] 穀物倉 ⊗ 農業税として納める食糧 [征～] 同前を徴収する
【粮草】liángcǎo 名 軍用の食糧と飼料
【粮库】liángkù 名 食糧倉庫
【粮秣】liángmò 名 〔＝[草]
【粮票】liángpiào 名 食糧切符, 主食用クーポン券
*【粮食】liángshi 名 [包・袋] 食糧 (穀類, 芋類を含む)
【粮税】liángshuì 名 食糧で納める農業税 [交～] 同前を納める
【粮站】liángzhàn 名 食糧の管理と配分に当たる下級機関, 食糧事務所
【粮栈】liángzhàn 名 [家] 食糧問屋, 食糧倉庫

【凉(涼)】liáng 形 ① (気候が)はだ寒い, (水が)冷たい, (料理などが)冷めた 〔＝[冷] ② がっかりする, 気が滅入る [～了半截儿] がっくりきた
⇒liàng
【凉拌】liángbàn 動 冷たい食品で和え物料理を作る [～菜] 和え物
【凉菜】liángcài 名 冷たいままで食べる料理, 前菜
【凉碟】liángdié 名 (～儿) 皿に盛った'凉菜', 前菜
【凉粉】liángfěn 名 (～儿) 緑豆の粉から作る食品 ◆ところてん状に切り, 酢や唐辛子をまぶして食べる
*【凉快】liángkuai 形 涼しい 一 動 涼む [～一下身子] 体を涼しくする
【凉棚】liángpéng 名 ① 夏の庭や路上に組み上げるアンペラ等を張った日よけ(〔＝[天棚]) [搭～] 同上をたてる ② (転)(ひたいの前にかざす)小手 [手搭～] 小手をかざす
【凉爽】liángshuǎng 形 涼しい
【凉水】liángshuǐ 名 (〔＝[冷水]) ① (多く飲用の)冷たい水 ② 生水
【凉丝丝】liángsīsī 形 (～的) スーッと涼しい
【凉飕飕】liángsōusōu 形 (～的) ① 風が冷たい ② 薄ら寒い
【凉台】liángtái 名 テラス, バルコ

ニー
【凉亭】liángtíng [名] 亭，あずまや
【凉席】liángxí [名]〔张〕夏用の寝ござ ♦竹ひごや葦を編んだものが多い
【凉鞋】liángxié [名]〔双〕サンダル
【椋】liáng ⊗［灰～鸟］ムクドリ
【梁(*樑)】liáng [名]〔根〕梁(はり)〘架～〙梁を渡す
⊗①橋 ②物の真ん中の長く盛り上がった部分［鼻～］鼻筋［山～］尾根
【—】⊗(L-) ①戦国時代の国名 ②王朝の名［～朝］梁(りょう)(A. D. 502–557)［后～］後梁(こうりょう)(A. D. 907–923) ③姓
【梁上君子】liáng shàng jūnzǐ《成》(梁上の君子＞)こそ泥
【粱】liáng ⊗①優良品種の粟(あわ) ②上等な穀物［膏～］御馳走，美食
【量】liáng [動]計測する，はかる〘～地〙測量する〘～体温〙体温を計る〘～米〙米を(計りで)買う［～具］計量具
⊗推測する，見積もる
⇨liàng
【量杯】liángbēi [名]計量カップ，メスシリンダー，メートルグラス
【量度】liángdù [動]測定する，計測する
【量角器】liángjiǎoqì [名]分度器 [同]［量角规］［分度规］
【量瓶】liángpíng [名]計量フラスコ
【量热器】liángrèqì [名]熱量計
【量筒】liángtǒng [名]メスシリンダー，計量カップ
【量雨筒】liángyǔtǒng [名]雨量計
【两(兩)】liǎng [数]①2，二 ♦量詞及び数詞‘半，百，千，万，亿’と結びつけて使う．([関]［二 èr］)〘～只猫〙2匹の猫〘分成～半儿〙ふたつに分ける〘～百〙200(‘二百’とも)〘～千块〙2千元〘～万块〙2万元(ただし2万2千元は‘～万二千块’) ②2から5程度の不定の数〘过～天再说〙2，3日してからのことにしよう — [量]重量の一単位(50グラムに相当)♦‘十钱 qián’が‘一～’，‘十～’が‘一斤 jīn’，なお旧制では‘一～’は31.25グラムで‘十六～’が‘一斤’に相当
⊗双方［势不～立］両雄並び立たず［～便］双方に都合の良い
【两败俱伤】liǎng bài jù shāng《成》争いの双方ともに傷を負う，両方互いに痛い目に遭う
【两边】liǎngbiān [名]①両側，二つの場所 ②両端 ③双方
【两边倒】liǎngbiāndǎo [形]風の吹くまま右ひだり ♦板挟みにあって自分の立場や主張が定まらないことをいう [関]［一边倒］
【两抵】liǎngdǐ [動]相殺する〘收支～〙収支が差し引きゼロになる
【两广】Liǎng Guǎng [名]広東(カントン)と広西(カンシー)を合わせた呼称
【两汉】Liǎng Hàn [名]〘史〙‘西汉’と‘东汉’を合わせた呼称，両漢
【两湖】Liǎng Hú [名]湖北省と湖南省を合わせた呼称
【两回事】liǎnghuíshì [名]全く別の事柄
【两极】liǎngjí [名]①地球の南極と北極 ②電池の陰極と陽極 ③磁石の南極と北極 ④両極端，鋭く対立する両側
【两江】Liǎng Jiāng [名]江蘇省·安徽省と江西省を合わせた呼称
【两可】liǎngkě [形]どっちつかずの，どちらでもかまわない〘在～之间〙いずれともつかない〘～的态度〙どっちつかずの態度
【两口子】liǎngkǒuzi [名]夫婦ふたり([同]［两口儿］)［小～］若夫婦
【两面】liǎngmiàn [名]①事物の両面，裏おもて ②両側
【两面派】liǎngmiànpài [名]①裏おもてを使い分ける人物 ②対立する双方とうまくやっている人物，二股膏薬
【两面性】liǎngmiànxìng [名]二面性
【两难】liǎngnán [形](二つの選択肢の)どちらを取るのも難しい，ジレンマに陥った〘～的境地〙にっちもさっちもゆかない［进退～］進みも退きもできない
【两旁】liǎngpáng [名]左右両側
【两栖】liǎngqī [動]〘多く定語として〙水中と陸上の両方に住む［～动物］両棲動物［～作战］水陸両面作戦
【两讫】liǎngqì [動]〘商〙商品引き渡しと代金支払いの両方が済む
【两全】liǎngquán [動]双方を満足させる，両方ともによい結果を得させる
【两全其美】liǎng quán qí měi《成》双方に花を持たせる，両方を満足させる
【两手】liǎngshǒu [名]①両手，双手(もろて) ②腕前，技量〘露 lòu～〙腕前のほどを見せる
【两头】liǎngtóu [名](～儿) ①両はし ②当事者の双方
【两下里】liǎngxiàli [名]①双方 ②2箇所
【两下子】liǎngxiàzi [名]優れた能力，技量〘他真有～〙あいつは全くのやり手だぜ
【两相情愿】liǎng xiāng qíngyuàn《成》双方が望む，互いに納得ずくである
【两袖清风】liǎng xiù qīng fēng《成》(両袖を清らかな風が吹き抜け

る>)役人が清廉であるさま ♦昔賄賂を袖に入れたから
【两样】liǎngyàng [形] 異なった〖没什么～〗何も違うところはない
【两用】liǎngyòng [動] 両用する, 二つの用途を持つ［～雨衣］リバーシブルのレインコート
【两用机】liǎngyòngjī [名]〔架〕('收录～'の略)ラジカセ
【两院制】liǎngyuànzhì [名] 二院制
【两造】liǎngzào [名] 原告と被告 [同]［两曹］

〖俩(倆)〗liǎng ⊗→［伎～ jìliǎng］
⇨ liǎ

〖魉(魎)〗liǎng ⊗→［魍～ wǎngliǎng］

【亮】liàng [形] ①明るい, ぴかぴかしている [反]［暗］ ②(胸の内, 考え方などが)からりとしている ━[動] ①光る〖还～着灯〗まだ明かりがついている ②(声を)高める〖～起嗓子〗声を高める ③明らかにする, はっきり見せる〖～杯底〗(乾杯して)酒杯の底を見せる
⊗(声や音が) よく響く［洪～］朗々と響く
【亮底】liàng▾dǐ [動] ①手の内を見せる ②結果を出す
【亮点】liàngdiǎn [名] ①特に注目を集める人や事物 ②際立つ長所
【亮度】liàngdù [名]〖理〗輝度, 明るさ
【亮光】liàngguāng [名](～儿)〔道〕①光線, 光の条 ②暗闇の中の光
【亮晶晶】liàngjīngjīng [形](～的) きらきら光っている
【亮儿】liàngr [名] ①灯火, 明かり〖拿个～来〗明かりを持って来てくれ ②光〖一点～〗かすかな光
【亮堂堂】liàngtángtáng [形](～的) 昼のように明るい
【亮堂】liàngtang [形] ①明るい ②(胸の内, 考え方が) からりとしている, 迷いがない
【亮相】liàng▾xiàng [動] ①芝居で見得をきる ②態度(見解)を表明する ③姿を見せる
【亮铮铮】liàngzhēngzhēng [形](～的)きらきら光る, ぴかぴかの

〖喨〗liàng ⊗→［嘹 liáo～］

【凉(涼)】liàng [動] 冷ます〖～一盆开水〗容器1杯分の湯冷ましを作る
⇨ liáng

〖谅(諒)〗liàng ⊗①思うに, おそらく〖～你不敢〗おそらく君には実行できないだろう ②許す, 了解する［～察］了察する
*【谅解】liàngjiě [動] 了解する, 理解して許す

【晾】liàng ①日に干す〖～衣服〗服を干す ②陰干しにする ③[同]［凉 liàng］

【辆(輛)】liàng [量] 車両類を数える〖一～公共汽车〗バス1台〖三～自行车〗自転車3台

〖量〗liàng ⊗①容量の限度［气～］度量 ②数量［产～］生産高 ③評価する, 計る［～力而行］おのれの能力をわきまえて事を進める
⇨ liáng
【量变】liàngbiàn [動]〖哲〗〔多く定語·賓語として〕量的変化を起こす [反]［质变］
【量词】liàngcí [名]〖語〗量詞, 助数詞, 単位名詞
【量力】liànglì [動] おのれの能力を正しくはかる, 身の程を知る［不自～］おのれを過信する, 身の程を知らない
【量入为出】liàng rù wéi chū《成》収入の額に合わせて支出の限度を設定する
【量体裁衣】liàng tǐ cái yī《成》(身体に合わせて服をつくる>) 実情に合わせて事をはかる
【量子】liàngzǐ [名]〖理〗量子［～力学］量子力学

【靓(靚)】liàng [形]《方》美しい［～妹］美しい娘
⇨ jìng

〖踉〗liàng ⊗以下を見よ
【踉跄(踉蹌)】liàngqiàng [形] 足がふらついた, よろよろした

【撩】liāo [動] ①からげる, まくりあげる〖～长裙〗長いスカートをからげる ②手ですくって水をまく
⇨ liáo

【蹽】liāo [動]《方》①思いきり走る ②こっそり逃げ出す

〖辽(遼)〗liáo ⊗①遠い ②(L-) 王朝名［～朝］遼(A. D. 907-1125) ③(L-)遼寧省の略称
⊗遠い
【辽东】Liáodōng [名] 遼東, 遼寧省の遼河以東
*【辽阔】liáokuò [形] 広大な, 果てしなく広い
【辽远】liáoyuǎn [形] 果てしなく遠い〖～的天空〗遙かなる空

〖疗(療)〗liáo ⊗治療する［理～］物理療法［医～］医療
【疗法】liáofǎ [名] 治療法［物理～］物理療法
【疗效】liáoxiào [名] 治療効果
【疗养】liáoyǎng [動] 療養する［～

【聊】 liáo
動(口)おしゃべりする、雑談する
×①しばらく、差し当たり[~以自慰]いささか自らを慰める[~且](書)とりあえず ②わずかに ③頼りにする[~赖]頼る ④(L-)姓

【聊胜于无】 liáo shèng yú wú《成》ないよりはまし

★**【聊天儿】** liáo'tiānr 動 世間話をする、無駄話をする、チャットをする

【聊以卒岁】 liáo yǐ zú suì《成》どうにかこうにか暮らしが立つ

【寥】 liáo
×① 僅かしかない、ごく少ない ②寂しい、がらんとしている

【寥寥】 liáoliáo 形《書》極めて少ない[~无几]数えるほどしかない

【寥落】 liáoluò 形《書》ごく少ない、まばらにしかない

【寥若晨星】 liáo ruò chén xīng《成》夜明けの星ほどに数が乏しい

【僚】 liáo
×①官吏、役人 ②同じ役所で働く官吏[同~]同僚[官~]官僚

【漻】 liáo(旧読 lǎo) × 以下を見よ ◆「大雨による水たまり」の意では lǎo と発音
⇨liáo

【潦草】 liáocǎo 形①(文字が)乱雑な[字迹~]文字が乱れている ②(仕事振りなどが)さつな、いい加減な

【撩】 liáo
× 挑発する[~逗 dòu][~拨 bō]同前
⇨liāo

【嘹】 liáo
× 以下を見よ

【嘹亮(嘹喨)】 liáoliàng 形(音声が)よく透る、よく響く

【獠】 liáo
× (面相が)獰猛どうな、凶悪な

【獠牙】 liáoyá 名 むきだしの牙[青面~]恐ろしい面相

【寮】 liáo
× 小さな家

【缭(繚)】 liáo
動(縁を)まつる、かがる[~贴边]縁をかがる
× 絡みつく、まつわる

【缭乱(繚乱)】 liáoluàn 形《書》入り乱れた[心绪~]心が千々に乱れている

【缭绕】 liáorào 動 ぐるぐる回るように昇る、周りを巡る[歌声~]歌声がこだまする

【燎】 liáo
× 焼く、延焼する

【燎泡】 liáopào 名 やけどによるふくれ、火ぶくれ 働[烫泡][燎浆泡]

【燎原】 liáoyuán 動(書)野火が盛んに燃え広がる[星火~]小さな力が天下を揺るがす勢力に発展する

【了】 liǎo
① 終わる、終える[~手续]手続きを終える ②(可能補語として)動作、事態が完成段階まで達しうるか否かを表わす[来不~]来られない[干 gān 不~](服などが)乾ききらない
×〔否定の形で〕全く、少しも[~无惧色]毫ごうも臆する色がない

一(瞭) ×
よく分かる[明~]明らかだ[一目~,一目瞭然]不甚~~]あまりよく分からない
⇨le

【了不得】 liǎobude/liǎobudé 形①程度が尋常でない、とび抜けた[真~!]全く大したもんだ ②(事態が)ひどい、深刻な[可~]大変だ[没什么~]大変なことはない

★**【了不起】** liǎobuqǐ 形 素晴らしい、ただものでない

【了得】 liǎode/liǎodé 形〔'还~'の形で〕大変だ、取り返しがつかない[你竟然打老师,这还~]先生を殴るなんて大変だよ

【了结】 liǎojié 動 解決する、片付ける

★**【了解】** liǎojiě 動 ①理解する、のみこむ ②実地に調べる、人に尋ねる

【了然】 liǎorán 形《書》明瞭な、はっきりした[~于胸]よくわかっている

【了如指掌】 liǎo rú zhǐ zhǎng《成》掌を指すがごとくに熟知している

【了事】 liǎo'shì 動(中途はんぱに、あるいはやむを得ず)事を終わらせる[含糊~]うやむやに幕を引く

【了账】 liǎo'zhàng 動(転)おしまいとする、終える

【蓼】 liǎo
×《植》タデ

【蓼蓝】 liǎolán 名《植》アイ(青色染料をとる)働[蓝]

【潦】 liǎo
× liáo の旧読
⇨liáo

【燎】 liǎo
動(毛などを)火に近づけて焼く
⇨liáo

【尥】 liào
× 以下を見よ

【尥蹶子】 liào juězi 動(ラバや馬が)後ろ足をはね上げて蹴る

【钌(釕)】 liào
× [~铞儿diàor](一方が輪の形の)掛けがね

【料】 liào
名①(~儿)[块]材料、原料;(転)人材[不是块当领袖的~]指導者のガラではない ②家畜の飼料 ③ガラス製品や燃料の原料 一量①漢方丸薬の一度にする調剤量 ②(旧)木材の単位
×予測する、推定する[不出所~]予想を外れない

【料到】liàodào [動] 予測する, 見越す 〖没～的困难〗予期せぬ困難 〖料不到〗予測できない
【料定】liàodìng [動] 予測し断定する
【料及】liàojí [動]《書》予測する
【料酒】liàojiǔ [名] 料理用の'黄酒'
【料理】liàolǐ [動] 処理する, 取り仕切る 〖～丧事〗葬儀の段取りをする
【料器】liàoqì [名] 色ガラス工芸品
【料想】liàoxiǎng [動] 予測する, 見越す, 考える 〖～不到的事情〗思い掛けないこと
【料子】liàozi [名] ① 〔块·段〕服地生地 (地方によってはウール地をいう) ② 木材 ③《口》〔块〕適任の人材, ぴったりの人物 [同][料]

〖廖〗 Liào [×] 姓

【撂(*撩)】 liào [動]《口》① 置く 〖把书～在桌子上〗本を机の上に置く ② 倒す, 引っ繰り返す ③ 捨てる, 投げる 〖～在脖子后头〗(首の後ろに捨て去る＞) きれいさっぱり忘れる
【撂手】liào'shǒu [動] 手を退く, (途中で) 投げ出す
【撂挑子】liào tiāozi [動] 仕事を途中で投げ出す [同][撩担子]

〖镣(鐐)〗 liào [×] 足かせ [脚～] 足かせ
【镣铐】liàokào [名] 足かせと手かせ (手錠) 〖带上～〗同前をはめる

【瞭】 liào [動] 高みから眺める, 遠望する
⇨liǎo (了)
【瞭望】liàowàng [動] 高所あるいは遠くから眺める 〖～敌人的动静〗敵の動きを見張る [～台] 見張り台, 展望台

〖咧〗 liē [×] 以下を見よ
⇨liě, lie
【咧咧】liēlie [動]《方》① しゃべりまくる ② 子供が泣きじゃくる

【咧】 liě [動] 口をゆがめる 〖～着嘴笑〗にやりとする
⇨liē, lie

【裂】 liě [動]《方》両側に開く 〖～着怀〗(服の) 胸がはだけている
⇨liè

【列】 liè [動] ① 並べる, 連ねる 〖～队〗隊列をつくる 〖～出理由〗理由を述べたてる ② ある部類に入れる, 組み込む 〖～为重点项目〗重点プロジェクトの一つとする
— [量] 列になったものを数える 〖一～火车〗ひと列車
[×] ① 列 [行～] 列, 隊列 ② めいめいの, 多くの [～国] 列国 ③ (L-) 姓
【列车】lièchē [名] 〔次·趟〕列車 [～长 zhǎng] (列車の) 車掌 [上行～] 上り列車 [直达～] 直通列車
【列车员】lièchēyuán [名] 旅客列車乗務員, 乗客係
【列岛】lièdǎo [名] 列島
*【列举】lièjǔ [動] 列挙する
【列宁主义】Lièníng Zhǔyì [名] レーニン主義 [関][马列主义]
【列强】lièqiáng [名] 列強
【列入】lièrù [動] 組み入れる, (ある部類に) 含める 〖～日程〗スケジュールに加える
【列席】liè'xí [動] オブザーバーとして会議に出席する
【列传】lièzhuàn [名]〖史〗列伝

〖冽〗 liè [×] 寒い [～风]《書》寒風 [凛 lǐn～] 身を切るほどに寒い

〖烈〗 liè [×] ① 激しい, 強烈な [～酒] きつい酒 ② 剛直な, 厳正な ③ 正義や革命に殉じた [～士] 烈士
【烈度】lièdù [名] 強度, 激しさ
【烈火】lièhuǒ [名] 烈火, 猛火 〖斗争的～〗闘争の炎
【烈火见真金】 lièhuǒ jiàn zhēnjīn《成》(猛火に焼かれて初めて本当の黄金かどうかわかる＞) 厳しい試練を経て初めて人の真価がわかる
【烈日】lièrì [名] 焼けつく太陽
【烈士】lièshì [名] 烈士, 戦死者
【烈属】lièshǔ [名] 烈士の遺族 ♦戦死者, 殉死者の遺族をいい, 優遇措置がとられている
【烈性】lièxìng [形]〔多く定語として〕① 気性が激しい, 勝ち気な [～汉子] 気性の激しい男 ② 強烈な, きつい [～酒] きつい酒

【裂】 liè [動] 裂ける, 割れる 〖杯子～了〗コップにひびが入った
⇨liě
【裂变】lièbiàn [名]〖理〗核分裂
【裂缝】lièfèng [名] (～儿) 〔条·道〕ひび, 割れ目 〖走～〗ひびが入る
—— liè'fèng [動] (～儿) ひびが入る, 割れ目ができる 〖裂了一条缝〗ひと筋ひびが入った
【裂痕】lièhén [名] 〔道〕器物のひび, 人間関係のひび 〖他们之间的～消除了〗彼らの間のひびは解消された
【裂口】lièkǒu [名] (～儿) 裂け目, 割れ目
—— liè'kǒu [動] (～儿) 裂け目ができる 〖冻得～了〗あかぎれができた
【裂璺】lièwèn [名] 〔道〕(器物の) ひび, 割れ目
—— liè'wèn [動] ひびが入る
【裂隙】lièxì [名] 〔道〕ひび, 割れ目

〖趔〗 liè [×] [～趄 qie] (体が) よろめく

〖劣〗 liè [×] 悪い, 劣る ([反]'优') [恶～] あくどい, 劣悪な

— lín

- 【劣等】lièděng 形 低級な, 劣等の〖成績～〗成績が悪い
- 【劣根性】liègēnxìng 名 骨までしみこんだ悪習, 腐った性根
- 【劣迹】lièjì 名 悪事, 醜行 〖～昭彰〗悪事が世に知れ渡る
- 【劣绅】lièshēn 名 品行よからぬ'绅士'〖土豪～〗旧中国の農村における悪質地主たち
- 【劣势】lièshì 名 劣勢, 不利な状況 (反〖优势〗)〖处于～〗劣勢に立とう
- 【劣种】lièzhǒng 名 ①〖農〗家畜や作物の不良品種 (反〖良种〗) ② 悪いやつ, 不良

【埒】liè ⊗ ① 等しい ② 畔などの低い境界

【猎】(獵) liè ⊗ ①〔只〕狩猟をする〖～虎〗虎狩りをする〖打～的〗猟師 ② 狩猟用の〖～枪〗猟銃

- 【猎豹】lièbào 名〔只〕チーター
- 【猎刀】lièdāo 名〔把〕狩猟刀
- 【猎狗】liègǒu 名〔只・条〕猟犬 囲〖猎犬〗
- 【猎户】lièhù 名 猟師(の家)
- 【猎奇】lièqí 動 奇妙なもの(尋常でないもの)を追い求める
- 【猎潜艇】lièqiántǐng 名〖軍〗潜水艦駆逐艇 囲〖驱潜艇〗
- 【猎枪】lièqiāng 名〔枝〕猟銃
- 【猎取】lièqǔ 動 ① 狩猟で仕留める ②〖貶〗奪い取る〖～名利〗名利を手に入れる
- 【猎人】lièrén 名 猟師, 狩人
- 【猎手】lièshǒu 名 ハンター, 狩人
- 【猎物】lièwù 名 獲物

【埒】liè ⊗ 向きを変える〖转～点〗転換点

【躐】liè ⊗ ①〖書〗順序を守らない ② 踏む

【咧】lie 助〖方〗語気助詞の'了''啦'と同じように使われる〖好～〗よっしゃ〖来～〗ほいきた
⇨ liē, liě

【拎】līn 動〖方〗手に提げる〖～着桶去打水〗バケツを提げて水汲みにゆく
⇨ līng

【邻】(鄰*隣) lín ⊗ ① 近所, 隣人〖近～〗近隣, 近所の人 ② 隣接した, 隣接の〖～家〗隣の家

- 【邻邦】línbāng 名 隣国
- 【邻接】línjiē 動 隣接する〖中国的东北部～着朝鲜〗中国の東北部は朝鮮と隣接している
- 【邻近】línjìn 名 近辺, 付近〖～没有医院〗近くには病院がない — 動 隣り合う, 隣接する〖跟中国～〗中国と隣り合っている
- ★【邻居】línjū 名 ① 隣人 ② 近隣
- 【邻舍】línshè 名〖方〗近隣

【林】lín ⊗ ①〔树～〕同前〔竹～〕竹やぶ ②〖略〗林業 ③ 同類の人や事物の集合体〔碑～〕碑林rín(西安市にある)〔博物館〕 ④ (L-) 姓

- 【林产】línchǎn 名 林業生産物 ♦ 山林でとれる動植物を広い範囲に渡って含む
- 【林场】línchǎng 名 ① 国営の営林機構, 林場 ② 造林地
- 【林地】líndì 名 森林地域, 林地
- 【林海】línhǎi 名 広大な森林, 樹海
- 【林立】línlì 動 林立する
- 【林木】línmù 名 ① 森林 ② 林木
- 【林区】línqū 名 森林地帯, 山林地域
- 【林业】línyè 名 林業
- 【林荫道 (林阴道)】línyīndào 名〔条〕並木道 囲〖林阴路〗
- 【林子】línzi 名〖口〗〔片〕林, 森, 木立

【淋】lín 動 水を掛ける, びしょぬれにする〖浑身都～湿了〗全身びしょぬれた
⇨ lìn

- 【淋巴】línbā 名 リンパ液 (囲〖～液〗)〖～结〗リンパ腺
- 【淋漓】línlí 形 ① ぬれて滴るさま〖大汗～〗汗がぽたぽた垂れている ② 心のびやかなさま〖痛快～〗晴れ晴れとした気分だ
- 【淋漓尽致】línlí jìn zhì〖成〗文章や談話が意を尽くしていること, あるいは余す所なく暴露していることをいう
- 【淋浴】línyù 名 シャワー〖洗～〗シャワーを浴びる

【琳】lín ⊗ 以下を見よ

- 【琳琅】línláng 名〖書〗美玉; (転) 美しく貴重な品〖～满目〗(一般に書籍や工芸品が) 逸品ぞろいだ, 素晴らしい物が集まっている

【霖】lín ⊗ 長雨〖甘～〗(日照りの後の) 恵みの雨〖秋～〗秋の長雨

- 【霖雨】línyǔ 名〔场〕長雨

【临】(臨) lín ⊗ ① 向き合う, 近くにいる〖～河〗川に臨む〖面～〗直面する ②〖書画を〗模写する〖～画〗絵を模写する〖～帖 tiè〗手本通りに練習する — 副 …しようとして, まもなく…する時に〖～睡〗寝る前に〖～开车时〗車が出ようとする時 ⊗ ① 来る, 到る〖亲～现场〗自ら現場に臨む ④ (L-) 姓

- 【临本】línběn 名 (書画の) 模写品
- 【临别】línbié 動〖多く定語・状語として〗別れに臨む〖～纪念〗別れの記念
- ★【临床】línchuáng 動 臨床医の仕事

をする［～教学］臨床教育［～医生］臨床医
【临机】línjī [動]〘多く状語的に〙場面に応ずる［～应变］臨機応変［～立断］事態に応じて即断する
【临界点】línjièdiǎn [名]〖理〗臨界点
【临近】línjìn [動]近づく，近くにいる〖～黎明〗夜明けが近い
【临渴掘井】lín kě jué jǐng《成》(のどが渇いてから井戸を掘る＞)泥縄式のやり方をする
【临了】línliǎo [副]《口》結局，最後に([同][临末了儿])〖～只好由他决定〗結局やむなく彼が決めた
【临摹】línmó [動]模写する ♦'临'は実物をまねて，'摹'は実物の上に薄紙を置いてなぞること
【临盆】línpén [動]出産する，分娩する
★★【临时】línshí [副]いざとなって，その期に及んで〖～着急〗いざとなって慌てる — [形]〘多く定語として〙臨時の，一時的な〖～借用一下〗とりあえず借りておく［～工］臨時工［～住宅］仮設住宅
【临时抱佛脚】lín shí bào fójiǎo《俗》→[平时不烧香，～]
【临死】línsǐ [動]死に臨む，死を迎える([同][临终])〖～的时候〗死ぬ間際に
【临危】línwēi [動]①危篤に陥る ②生命の危険にさらされる
【临危授命】lín wēi shòu mìng《成》危急存亡の際に勇んで生命を投げ出す
【临渊羡鱼】lín yuān xiàn yú《成》(水辺に立って魚を欲しがる＞)望むばかりで実行しない
【临月】línyuè [動](～儿)臨月となる
【临阵磨枪】lín zhèn mó qiāng《成》(戦場へ来てから武器をみがく＞)泥縄式でやる
【临阵脱逃】lín zhèn tuō táo《成》(軍人が戦さを前に逃走する＞)大事な場面で逃げ出す
【临终】línzhōng [動]死に臨む，臨終を迎える［～遗言］臨終の遺言
〖潾〗lín ⊗［～～］《書》清らかな水を形容
〖嶙〗lín ⊗［～峋 xún］《書》山や岩のゴツゴツしたさま，痩せているさま
〖遴〗lín ⊗慎重に選ぶ［～选］(人材などを)選ぶ
〖璘〗lín ⊗玉の光
〖辚(轔)〗lín ⊗［～～］《書》車の音
【磷(*燐)】lín [名]〖化〗リン［黄～］黄リン
【磷肥】línféi [名]リン酸肥料
【磷火】línhuǒ [名]鬼火，ひとだま，火の玉 [同][鬼火]
【磷酸】línsuān [名]〖化〗リン酸
【鳞(鱗)】lín [名]〔片〕うろこ([同][鳞片])［鱼～］魚のうろこ
⊗うろこ状の［遍体～伤］全身傷だらけ
【鳞次栉比】lín cì zhì bǐ《成》(魚のうろこや櫛(くし)の歯のようにびっしり並ぶ＞)家屋などが密集している
【鳞伤】línshāng [名]魚のうろこのような身体中の傷
【鳞爪】línzhǎo [名]《成》うろこと爪 ♦事柄のごく一部，断片を例える
〖麟〗lín ⊗麒麟(きりん)のめす(おすは'麒')［～凤龟龙］世に仰がれる人びと［凤毛～角］貴重至極な品
〖凛(凜)〗lǐn ⊗①寒い ②厳しい，厳格な ③心配している，おびえている ♦②③は'懔'とも書く
【凛冽】lǐnliè [形]身を切るように寒い
【凛凛】lǐnlǐn [形]①(風が)寒い〖寒风～〗風が身を切る ②厳しい，いかめしい〖威风～〗威厳に満ちている
【凛然】lǐnrán [形]厳粛な，いかめしい
〖廪(廩)〗lǐn ⊗①穀物倉 ②食糧
【檩(檁)】lǐn [名]〖建〗〔根・条〕けた(桁) [同][檩条]
【檩子】lǐnzi [名]《方》〖建〗けた
〖吝〗lìn ⊗けちな，しみったれた
★【吝啬】lìnsè [形]けちくさい，しみったれた［～鬼］けちん坊，守銭奴
【吝惜】lìnxī [動](自分の力や物を)出ししぶる，けちる
【赁(賃)】lìn [動]賃借りする，賃貸しする([関][租])［～费］借り賃［出～］賃貸しする［租～］借りる，貸す
【淋】lìn [動]濾過する，濾(こ)す〖用纱布～一下〗ガーゼで濾す
⇨lín
【淋病】lìnbìng [名]淋病
〖蔺(藺)〗Lìn ⊗姓
〖躏(躪)〗lìn ⊗→［蹂 róu～］
【拎】līng [動]līnの旧読
⇨līn
【〇】líng [数]ゼロ，零(れい)(多く漢数字の中で使う)([関][零])〖公历二〇〇〇年〗西暦2000年
〖伶〗líng ⊗旧時の役者，俳優［～人］同前
【伶仃(零丁)】língdīng [形]独りぼっちの，孤独な［孤苦～］天涯孤独で

L

ある
*【伶俐】línglì/línglì 形 賢い, 頭が切れる 〖口齿~〗弁が立つ

【泠】líng ⊗ ① 涼やかな ② (L-) 姓

【苓】líng ⊗ →[茯~ fúlíng]

【囹】líng ⊗ 以下を見よ
【囹圄(囹圉)】língyǔ 名《書》監獄 〖身陷~〗獄中の人となる

【珨】líng ⊗ 以下を見よ
【玲珑】línglóng 形 〔多く他の二音節語と複合して〕 ① 細工が細かく美しい 〖小巧~〗精巧で美しい ② 敏捷で頭が切れる

【铃(鈴)】líng 名 ①(~儿) すず ② ベル 〖门~〗入口のベル ⊗ ① 鈴状のもの〖哑~〗ダンベル ② 綿の実
【铃虫】língchóng 名〔只〕鈴虫 ⑧[金钟儿]
【铃铛】língdang 名 すず
【铃兰】línglán 名 スズラン

【鸰】líng ⊗ →[鹡 jí ~]

【羚】líng ⊗ ① カモシカ ② カモシカの角(漢方薬の材料にする)
【羚羊】língyáng 名〔只〕カモシカ ◆一般に新疆の'赛加~'(サイガ)をいう

【翎】líng ⊗ 〔鳥の翼や尾の長い〕羽根〖~子〗同前
【翎毛】língmáo 名 ①〔根〕(大きな)羽根 ②〔幅〕鳥類を題材とした中国画

【聆】líng ⊗ 拝聴する, 話を伺う〖~教 jiào〗《書》ご高説を伺う
【聆听】língtīng 動《書》拝聴する

【蛉】líng ⊗ →[蜻 míng ~]

【零】líng 数 ① ゼロ〖三减三等于~〗3−3=0 ② 大きな位の数の後にとんで小さな位の数がつくことを示す印〖一百~一〗101〖一千~三个人〗1003人 ― 名 ③〔端数〕〖二十挂~儿〗20とちょっと ― 形 ③〔多く単音節動詞の前で〕まとまっていない, 小口の ⑧[整]
⊗ 枯れ落ちる, 衰える
【零点】língdiǎn 名 夜の12時, 零時
【零工】línggōng 名 ① 日雇い仕事〖打~〗日雇いに出る, 臨時工になる ② 臨時工, 日雇い取り
【零花】línghuā 動 (金を) 小出しに使う, 小遣い銭にする ― 名(~儿) 小遣い銭

【零活儿】línghuór 名〔件〕雑用, こまごました仕事〖做~〗同前をする
【零件】língjiàn 名 部品, パーツ
【零落】língluò 動 ① 花や葉が枯れ落ちる ② 事物が衰退する, すたれる ― 形 まばらな〖~的枪声〗まばらな銃声
【零卖】língmài 名 (⑧[零售]) ① 小売りする ② ばら売りする
【零七八碎】língqībāsuì 形 (~的) こまごました, 細かく雑然とした ― 名 (~儿) こまごまとして脈絡もない事柄, 役に立たない物
【零钱】língqián 名 ① 小銭 ② 小遣い銭
【零敲碎打】líng qiāo suì dǎ《成》ちびりちびり断続的に事を行う, 五月雨式的にやる
【零散】língsan/língsǎn 形 散らばった, ばらばらな
【零食】língshí 名 おやつ, 間食
【零售】língshòu 動 ① 小売りする(⑧[批发])〖~店〗小売店〖~价格〗小売価格 ② ばら売りする
【零数】língshù 名 端数, はした(⑧[零头])〖抹 mǒ 去~〗端数を切り捨てる
【零碎】língsuì 形 こまごました, まとまりのない〖~活儿〗雑務 ― 名(~儿) こまごました事物〖拾掇~儿〗小物を片付ける
【零头】língtou/língtóu 名 (~儿) ① 端数, はんぱ〖剩下三斤~儿〗3斤の余りが出た ② 材料の余り〖~布〗端ぎれ
【零下】língxià 名 零下〖降 jiàng 到~十五度〗零下15度まで下がる
【零星】língxīng 形〔定语・状语として〕 ① わずかな, ばらばらな〖~材料〗断片的な材料 ② まばらな, 分散した〖~的战斗〗まばらな戦闘
【零用】língyòng 動 (金を) 小出しに使う, 細かな費用に使う ― 名 小遣い銭, 雑費

【龄(齡)】líng ⊗ ① 年齢〖年~〗年齢 ② 年数〖工~〗在職年数

【灵(靈)】líng 形 ① 機能が優れている〖耳朵很~〗耳ざとい〖失~〗故障を起こす ② 賢い, 頭がよく回る ③ よく効く, 効果が大きい〖~药〗妙薬
⊗ ① 精神, 魂 ② 神仙 ③ ひつぎ, 死者にかかわるもの
【灵便】língbian 形 ①(手足や五官の)働きがよい〖手脚~〗手足がきびきび動く〖耳朵不~〗耳がよく聞こえない ②(道具が)便利である
【灵车】língchē 名〔辆〕霊柩車
【灵丹妙药】líng dān miào yào《成》万能の妙薬; (転)あらゆる問題を解決しうる妙策 ⑧[灵丹圣药]

【灵感】 línggǎn 图 インスピレーション, 霊感

【灵魂】 línghún 图 ①たましい, 魂魄 ②（精神的な意味での）霊魂, 良心 [纯洁的～] 汚れなき魂 [出卖～] 魂を売る ③（転）指導的, 決定的な働きをする要因

【灵活】 línghuó 形 ①働きがよい, 動きが速い [脑筋～] 頭の回転が早い ②柔軟性や融通性に富む [～运用] 弾力的に運用する

【灵机】 língjī 图 突然の霊感, 心のひらめき [～一动, 计上心来] はたとひらめいて良い考えが浮かんだ

【灵柩】 língjiù 图〔个・副〕遺体を納めた柩

【灵敏】 língmǐn 形 敏感な, 鋭敏な [反应～] 反応が速い [～度] 感度

【灵巧】 língqiǎo 形 ①精妙な, 手際のよい [～的手] 器用な手 ②発想の優れた [心思～] 着想が豊かだ

【灵堂】 língtáng 图 ①柩を安置した部屋 ②位牌や遺影が飾ってある部屋

【灵通】 língtōng 形 ①耳が早い, 消息通である [他消息特别～] 彼は格別情報が早い ②（方）役に立つ, 使いものになる

【灵位】 língwèi 图 位牌 ⇒[灵牌]

【灵性】 língxìng 图 動物の利口さ

【灵验】 língyàn 形 ①効果が大きい, よく効く ②（予言などが）よく当たる

【灵长目】 língzhǎngmù 图〔動〕霊長目

【灵芝】 língzhī 图〔植〕マンネンタケ, ヒジリタケ ◆漢方薬の貴重な材料 ⇒[～草]

【棂】(欞) líng ⊗ 窓の格子 [窗～] 同前

【棂子】 língzi 图 窓格子 [窗～] 同前

【凌】 líng 图（方）氷 [冰～] つらら [冰激～] アイスクリーム

【—】(*凌) ⊗ ①侮る, 威圧する ②近づく, 迫る ③高くのぼる, 舞い上がる [～霄] 雲に届く ④(L-)姓

【凌晨】 língchén 图 夜明け前, 早朝

【凌驾】 língjià 動 しのぐ, 圧倒する [～一切] すべてを圧倒する

【凌空】 língkōng 動 天空にそびえる, 天空に舞い上がる [飞机一而过] 飛行機が空高く飛んで行く

【凌乱】 língluàn 形 乱れた, 無秩序な [～的脚步声] 入り乱れた足音

【凌虐】 língnüè 動〔書〕虐待する, 侮辱する

【凌辱】 língrǔ 動 辱める, 凌辱する

【凌霄花】 língxiāohuā 图〔植〕ノウゼンカズラ ⇒[紫葳 wēi]

【凌汛】 língxùn 图 河川の氷が溶けて起こる洪水

【凌云】 língyún 動 雲に届く [壮志～] 大志を抱く

【陵】 líng 图 ①丘陵 ②陵墓 [十三～] 十三陵（北京北郊にある明朝諸帝の陵墓）

【陵墓】 língmù 图 ①陵墓, みささぎ ②革命烈士や指導者の墓

【陵替】 língtì 動〔書〕①綱紀が緩む, たるむ ②衰える, 没落する

【陵园】 língyuán 图 '陵墓'を主体とした園林

【菱】 líng 图 ①ヒシ ②ヒシの実

【菱角】 língjiǎo 图 ヒシの実

【菱镁矿】 língměikuàng 图〔鉱〕マグネサイト

【菱锌矿】 língxīnkuàng 图〔鉱〕菱亜鉛鉱 ◆漢方医学では'炉甘石'という

【菱形】 língxíng 图 ひし形

【绫】(綾) líng ⊗ あや絹 [～被] あや絹の布団

【绫罗绸缎】 líng luó chóu duàn 图 上等絹織物の総称

【绫子】 língzi 图〔尺・段・匹〕あや絹, 綸子

【鄌】 Líng ⊗ [～县] 鄌か県（湖南省）

【令】 líng 量〔訳〕連ん, 印刷用紙を数える ◆'一～'は全紙500枚
⇒lìng

【岭】(嶺) líng 图〔道〕峰, 尾根 [那～上有人家住] あの尾根には人が住んでいる
⊗ 山脈 [五～] 五嶺（湖南・江西と広東・広西の境に位置する5つの高峰）

【岭南】 Lǐngnán 图 嶺南 ◆五嶺以南の地域, すなわち広東, 広西一帯をいう

【领】(領) lǐng 图 ①(～儿) 服のえり, カラー ②えりがつく, 首回り [尖～儿] Vネック —量 衣服, ござなどを数える [一～席子] ござ一枚 —動 ①率いる, 引き連れる [～道] 道案内をする ②受け取る [～工资] 給料を受け取る [你的心意我～了] お気持ち（厚意）ありがたく頂きます
⊗ ①首, うなじ ②要点, 大綱 [不得要～] 要領を得ない ③指導者 ④領有する [占～] 占領する ⑤受ける, わかる, 理解する

【领带】 lǐngdài 图〔条〕ネクタイ [～系 jì～] ネクタイを結ぶ

【领导】 lǐngdǎo 動 指導する, 先頭に立ってみんなをある方向に導く [～

我们走向胜利〗我々を勝利へと導く［～权］指導権［集体～］集団指導 — [名] 指導者，指導部，管理職

【领队】lǐngduì [動] 隊列·集団を引率する — [名] ①引率者 ②隊長 ③チームの監督

【领港】lǐnggǎng [動] 水先案内をする — [名] パイロット，水先案内人［～员］同前［～船］水先案内船，パイロットボート

【领海】lǐnghǎi [名] 領海 [反][公海]

【领航】lǐngháng [動]（船や航空機の）進路を導く — [名] 航空士，ナビゲーター，航海士 [同][～员]

★【领会】lǐnghuì [動] 理解する，のみこむ（[関][体会]）〖～文件的精神〗文献の主旨をよく理解する

【领江】lǐngjiāng [動] 河川航行の水先案内をする — [名] 河川航行の水先案内人，内陸航路のパイロット

【领教】lǐngjiào [動] ①教えを乞う〖有点小事向您～〗ちょっとお教えいただきたいのですが ②《挨》勉強させていただく（いただいた）〖你说得很对，～～！〗いかにもおっしゃる通りで，勉強になりました

【领巾】lǐngjīn [名]〔块·条〕ネッカチーフ，スカーフ〖带～〗ネッカチーフをつける［红～］赤いネッカチーフ（少年先鋒隊員の印）

【领空】lǐngkōng [名] 領空〖侵犯～〗領空を侵犯する

【领路】lǐng▾lù [動] 道案内する [同][带路][领道儿]

【领略】lǐnglüè [動]（感覚的に）理解する，（味わいなどが）わかる

【领情】lǐng▾qíng [動] 厚意を有難く思う

【领取】lǐngqǔ [動]（支給·発給される物を）受領する，受け取る〖～护照〗パスポートを受け取る

【领事】lǐngshì [名] 領事

★【领事馆】lǐngshìguǎn [名] 領事館

【领受】lǐngshòu [動]（人の厚意を）有難く受ける

【领头】lǐng▾tóu [動]（～儿）《口》音頭をとる，先頭に立って引っぱる [同][带头]

★【领土】lǐngtǔ [名] 領土

★【领悟】lǐngwù [動] 理解する，のみこむ [同][领会]

★【领先】lǐng▾xiān [動] 先頭を切る，リードする〖客队～五分〗ビジターが5点リードしている

★【领袖】lǐngxiù [名]〔位〕指導者［国家～］国家指導者

【领养】lǐngyǎng [動] 他人の子を引き取り，自分の子として育てる

★★【领域】lǐngyù [名] ①主権の及ぶ区域 ②（専門の）領域，分野［科学～］科学の分野

【领子】lǐngzi [名] 衣服のえり，カラー

【另】 lìng [副]〔多く単音節動詞の前で〕他に，別に〖～想办法〗他に手を考える — [代] 他の，別の〖～一个人〗別の一人

【另寄】lìngjì [動] 別便で送る

【另类】lìnglèi [名] 独特の性格を持つ人や事物

【另起炉灶】lìng qǐ lúzào《成》〈別にかまどを築く〉①一から出直す，新規まき直しでやる ②独立して一家を構える，独自に事を行う

★★【另外】lìngwài [代] 他の，それ以外の〖～的事情〗その他の事 — [副]〔多くあとに'再，又，还'などを伴い〕他に，別に〖～再找时间谈吧〗他に時間を見つけて話そう — [接] その他

【另行】lìngxíng [動]〔二音節動詞の前で〕別に…を行なう

【另眼相看】lìng yǎn xiāng kàn《成》特別の目で見る，別扱いする ♦敬意を込めて遇する場合と蔑視する場合と両方を含む

【令】 lìng [動] …に…させる（[同]《口》[叫][让]）〖～人喷饭〗噴飯ものだ〖～人深思〗考えさせられる

⊗①命令［下～］命令を下す［口～］合言葉［法～］法令 ②古代の官名［县～］県令 ③時候，季節［夏～时间］サマータイム ④酒令（酒席の遊びで負けた方が一杯飲む） ⑤立派な，優れた［～名］ご高名 ⑥相手の家族に対する敬称の接頭辞 ♦二字姓'令狐'はLínghúと発音

⇨lǐng

【令爱（令嫒）】lìng'ài [名] お嬢さん（相手の娘への敬称）

【令箭】lìngjiàn [名]〖史〗軍隊で伝令に持たせた矢形の印

【令郎】lìngláng [名] 坊ちゃん，ご子息（相手の息子への敬称）

【令堂】lìngtáng [名] お母上，ご母堂（相手の母への敬称）

【令尊】lìngzūn [名] お父上，ご尊父（相手の父への敬称）

【溜】 liū [動] ①滑る，滑るように動く ②抜け出す，ずらかる

⊗すべすべの，滑らかな

⇨liù

【溜冰】liū▾bīng [動] アイススケートをする，ローラースケートをする

【溜达】liūda [動]《口》散歩する，ぶらぶら歩く

【溜号】liū▾hào [動]（～儿）《方》ずらかる，さぼって抜け出す

【溜须拍马】liū xū pāi mǎ《俗》ご機嫌取りをする，ごまをする

【熘（*溜）】 liū [動]〖食〗あんかけ炒めにする

L

[～肝尖] あんかけレバー炒め

【刘】(劉) liú ㊈ (L-) 姓

【刘海儿】liúhǎir ㊈ (婦人や子供が)額の前に垂らした前髪 [留～] 前髪を垂らす

—— Liú Hǎir ㊈ 伝説中の仙童(前髪を垂らしていた)

【浏】(瀏) liú ㊈ 水が清い

★【浏览】liúlǎn ㊊ ざっと目を通す [～器] ビューア (viewer)

【流】 liú ㊊ ① 流れる,流す [水往下～] 水が下へと流れる [人才外～] 人材が外国へと流出する ② 悪い方に変わる [～于形式] 形式に流れる —— ㊉ 等級を示す [第一～产品] 一級品 ㊈ ① (水などの) 流れ [河～] 川の流れ [电～] 電流 ② 流動する [～通] 伝わる,広まる [～芳] 名声が広がる ④ 流派や学派 ⑤ 流刑

【流布】liúbù ㊊ 流布する

【流产】liúchǎn ㊊ ① 流産する ㊉ [小产] ② (事業が) お流れになる,計画倒れに終わる

【流畅】liúchàng ㊋ (多く文章が) 滑らかである,よどみない

【流程】liúchéng ㊈ ① 生産工程 ② 河川の水の流れる距離

★【流传】liúchuán ㊊ (作品や事蹟が) 伝わる,広まる

【流荡】liúdàng ㊊ ① 流浪する,さすらう [～四方] 各地を放浪する ② 移ろう,流動する

【流动】liúdòng ㊊ ① (液体や気体が) 流れる ② 絶えず移動する [～人口] 流動人口 [～图书馆] 移動図書館 [～资金] 流動資金

【流毒】liúdú ㊈ 悪影響,弊害 [中zhòng拜金主义的～] 拝金思想に毒される —— ㊊ 毒する,悪影響を与える

【流放】liúfàng ㊊ ① 原木を川に流して運ぶ [～木材] 木材を筏に組んで運ぶ ② 流刑にする,追放する

【流感】liúgǎn ㊈ 流感,はやり風邪

【流会】liúhuì ㊊ 流会になる

【流寇】liúkòu ㊈ 流賊,移動を繰り返す匪ºpǐ賊

★【流浪】liúlàng ㊊ 放浪する,さすらう [～者] 流れ者,さすらい人

★【流泪】liúlèi ㊊ 涙が出る,涙を流す

【流离】liúlí ㊊ [書] (災害や戦乱で)離散放浪する [～失所] 離散し家を失う

【流丽】liúlì ㊋ (詩文や文字が) よどみなく美しい,流麗な

★【流利】liúlì ㊋ ① (文章や会話が) 滑らかな [～的英语] 流暢ちょうな英語 ② 動きが滑らかな

【流连忘返】liúlián wàng fǎn 《成》名残り惜しくて去り難い

【流量】liúliàng ㊈ ① 流量 [管道的～] パイプの流量 ② 交通量

★【流露】liúlù ㊊ 発露する,無意識に外に現われる [～出内心的喜悦] 胸の内の喜びが現われる

【流落】liúluò ㊊ うらぶれて流浪する [～他乡] 食いつめて異郷をさすらう

★【流氓】liúmáng ㊈ ① ごろつき,ちんぴら ② 不良じみた振舞い,ぐれた格好 [耍～] 与太者風を吹かす,ぐれたまねをする

【流民】liúmín ㊈ 難民

【流明】liúmíng ㊈ ルーメン

【流派】liúpài ㊈ 学派,流派

【流沙】liúshā ㊈ ① 砂漠の流砂 ② 川底や川口に堆積した砂 ③ 地下水に運ばれる砂

【流失】liúshī ㊊ 流失する [～了大量原油] 大量の原油が流れ出た

【流食】liúshí ㊈ 流動食

【流逝】liúshì ㊊ (歳月が) 瞬くまに消え去る,つかの間に過ぎ去る

【流水】liúshuǐ ㊈ ① 流れる水 ② (転)(流れる水のように) 休みなく続けられる事柄 [～作业] 流れ作業 [～线] (流れ作業の) 組立てライン ③《旧》商店の売り上げ高 [做了一万元的～] 1万元の売り上げがあった

【流水不腐, 户枢不蠹】liúshuǐ bù fǔ, hùshū bú dù《成》(流れる水は腐らず,戸の枢は虫がつかない>)活動を続けるものは腐敗することがない

【流水席】liúshuǐxí ㊈ 客が勝手に来て勝手に食い,そして勝手に帰る方式の宴会

【流水账】liúshuǐzhàng ㊈ ① 旧式の出納簿 ♦ 現金や商品の日ごとの出入りを分類仕分けなしに記す ② (転) 単に現象を羅列しただけの記述あるいは陳述

【流俗】liúsú ㊈《貶》世間の風習,流行の風俗

【流速】liúsù ㊈ 流速 [～表] 流速計

【流体】liútǐ ㊈ 流体 [～力学] 流体力学 [～控制] 流体制御

★【流通】liútōng ㊊ 流通する [空气～] 空気がよく通る [～货币] 通貨 [～手段] 流通メディア

【流亡】liúwáng ㊊ (災害や政治的理由で) 異郷に逃げる,亡命する [～政府] 亡命政府

【流线型】liúxiànxíng ㊈ 流線型 [做成～] 流線型につくる

【流星】liúxīng ㊈ [颗] 流れ星 [～群] 流星群 [～雨] 流星雨

【流行】liúxíng ㊊ 流行する [街上～红裙子] 町では赤いスカートがは

やっている［～歌曲］流行歌
【流行病】liúxíngbìng [名] 流行病，急速に広がる伝染病［～学］疫学
【流行性】liúxíngxìng [形]〖定語として〗流行性の［～感冒］インフルエンザ（[同]［流感］）［～脑脊髓膜炎］脳膜炎（[同]［流脑］）［～腮腺炎］おたふくかぜ（[同]［痄腮 zhàsai］）［～乙型脑炎］日本脳炎（[同]［乙脑］）
【流血】liúxuè [動]（運動や闘争のために）血を流す［～斗争］流血の闘争
【流言】liúyán [名] 流言，デマ〚散布～〛デマを飛ばす［～飞语］流言飛語
【流域】liúyù [名] 流域〚黄河～〛黄河流域［～面积］流域面積
【流质】liúzhì [名]〘医〙流動食，液体食品［半～膳食］半流動食
【流转】liúzhuǎn [動] ①流転する，さすらう ②（商品や資金が） 流通する，循環する

〖鎏〗 liú ⊗①純度の高い金 ♦‘镠’とも書く ②金メッキする

〖琉（*瑠）〗 liú ⊗以下を見よ
【琉璃】liúli [名] うわぐすりの名．アルミニウムとナトリウムの珪酸化合物を焼いて作る
【琉璃瓦】liúliwǎ [名] 琉璃瓦 ♦色は緑と黄金色の2種で宮殿等に使う

【硫】 liú [名] 硫黄（一般に‘～磺’という）
【硫化橡胶】liúhuà xiàngjiāo [名] 硫化ゴム ♦通常にいうゴム．一般に‘橡皮’‘胶皮’という
【硫黄（硫磺）】liúhuáng [名] 硫黄［～泉］硫黄泉
【硫酸】liúsuān [名] 硫酸
【硫酸铵】liúsuān'ǎn [名] 硫安（俗に［肥田粉］という）

【留（*畱）】 liú [動] ①ある場所や地位に留まる〚～在原单位〛もとの職場に残る ②引留める，とどめる〚～他吃饭〛彼を引留めてご馳走する〚～他做徒弟〛彼を弟子にする ③取っておく，残しておく，保持する〚～头发〛髪を伸ばす〚～底稿〛下書きを取っておく［～一手］（伝えるべき）技能を一部出しおしみする
⊗①留学する［～美学生］アメリカ留学生 ②（L-）姓
【留步】liúbù [動] その場に留まる ♦見送ろうとする主人に客が言う挨拶語〚请～〛どうぞそのまま（お見送りには及びません）
【留传】liúchuán [動]（後の世に）伝える〚祖先～下来的〛先祖から伝えられたもの
【留存】liúcún [動] ①（多く他人のために） 取っておく〚～资料〛資料を保存する ②現存する，残存する
【留得青山在，不怕没柴烧】liú dé qīngshān zài, bú pà méi chái shāo《俗》（青山さえ残っていれば，たき木の心配はいらない＞）力を残しておきさえすれば，将来かならず目標を達成できる [同]［留得青山在，依旧有柴烧］
【留后路】liú hòulù [動]（～儿）（失敗に備えて）退路を残しておく，逃げ道を考えておく
【留后手】liú hòushǒu [動]（～儿）（将来の困難を避けるため）余裕のある措置をとる，さらに手を打つ余地を残しておく
【留话】liú▾huà [動]（～儿）伝言を残す，言づてを託しておく
【留级】liú▾jí [動] 留年する
★【留恋】liúliàn [動] ①名残り惜しく思う，未練を残す ②懐かしむ，懐旧の情にかられる〚～过去〛昔を懐かしむ
★【留念】liú▾niàn [動] 記念に残す ♦別れに際して贈り物をするときに多く使う。
【留情】liú▾qíng [動] 情をかける，仏心を出す〚毫不～〛いささかも容赦しない
【留任】liúrèn [動] 留任する
★【留神】liú▾shén [動] 気をつける，注意する〚～汽车〛自動車に注意する
【留声机】liúshēngjī [名]〔台·架〕蓄音機 [関]［唱机］
【留守】liúshǒu [動]（部隊や機関で）留守を預かる［～处］留守部隊事務所
【留心】liú▾xīn [動] 気をつける，注意を払う〚～路滑〛滑らぬように気をつける
★★【留学】liú▾xué [動] 留学する〚在中国留了两年学（～两年）〛中国に2年間留学した［～生］留学生
【留言】liú▾yán [動]（書面で） 伝言する，書き置きを残す［～牌］伝言板
【留意】liú▾yì [動] 気をつける，用心する〚～他的一举一动〛彼の挙動に注意する〚～听讲〛まじめに講義を聞く
【留影】liú▾yǐng [動]（景色や物を背景にして）記念写真を撮る
【留种地】liúzhǒngdì [名] 種子用の作物を育てる畑 [同]［种子地］
【留驻】liúzhù [動] 駐留する〚～原地〛元の場所に駐留する

〖遛〗 liú ⊗→［逗 dòu～］
⇨liù

〖馏（餾）〗 liú ⊗ →［蒸 zhēng～］
⇨liù

〖榴〗 liú ⊗ザクロ［石～］ザクロ［～弹炮］曲射砲

【镏(鎦)】liú ⊗以下を見よ ♦'镏子'(《方》指輪)はliùziと発音

【镏金】liújīn [動](中国伝統の方法で) 金メッキする, 金で塗装する [同][镀金]

【瘤】liú [名](～儿)こぶ, 腫れもの『长 zhǎng～』こぶができる［毒～］悪性腫瘍［～牛］こぶ牛

【瘤子】liúzi [名]《口》こぶ, 腫れもの

【柳】liǔ ⊗①柳［～树］柳 ②二十八宿の一 ③(L-)姓

【柳罐】liǔguàn [名]柳の枝で編んだ釣瓶桶

【柳眉】liǔméi [名]女性の細くて長い眉, 柳眉([同][柳叶眉])［～倒竖］柳眉を逆立てる

【柳条】liǔtiáo [名](～儿)〔根·枝〕柳の枝, 特に'杞柳(イヌコリヤナギ)'の枝(かごなどを編む)［～箱］柳行李

【柳条帽】liǔtiáomào [名]〔顶〕柳の枝で編んだヘルメット

【柳絮】liǔxù [名]柳絮, 柳の種子の綿毛

【绺(綹)】liǔ [量]糸, 頭髪, ひげなどの糸状のものの束を数える『一～头发』髪の毛ひと筋

【六】liù [数]①6『～本书』本6冊『第～本书』6冊目の本 ②民族音楽の音階符号の一

【六朝】Liù Cháo [名]①六朝 ♦3世紀から6世紀にかけて建康(今の南京)に都を置いた六つの王朝すなわち呉, 東晋, 宋, 斉, 梁, 陳の総称 ②南北朝時代(4-6世紀)

【六畜】liùchù [名]豚, 牛, 羊, 馬, 鶏, 犬の総称［～不安］口論がすさまじい

【六腑】liùfǔ [名](漢方医学で) 胃, 胆, 三焦(舌の下から腹腔にいたる部分), 膀胱, 大腸, 小腸の総称

【六六六】liùliùliù [名]『薬』BHC(殺虫剤の一種)

【六亲不认】liù qīn bú rèn《成》きわめて非情な

【六神无主】liù shén wú zhǔ《成》呆然自失の

【六书】liùshū [名]『語』六書. 後漢の許慎が定めた漢字分類法で, 指事, 象形, 形声, 会意, 転注, 仮借の6つをいう

【六仙桌】liùxiānzhuō [名]〔张〕6人用の真四角のテーブル('八仙桌'より小さく'四仙桌'より大きい)

【六弦琴】liùxiánqín [名]ギター [同][吉他]

【六一儿童节】Liù-Yī Értóng Jié [名]国際児童デー(6月1日)

【陆(陸)】liù [数]'六'の大字 ⇨lù

【溜】liù [名]①急流 ②(～儿)近辺, 周辺『这～』このあたり ━[動]《方》目貼りする, 透き間をふさぐ ━[量](～儿)並んでいるもの, 列になっているものを数える『一～树』一列の並木

【━(*霤)】⊗①雨垂れ, 軒から落ちる雨水［檐～］同前 ②雨どい［水～］同前

⇨liū

【遛】liù [動]①そぞろ歩く, 散歩する『～大街』大通りをぶらつく ②馬や小鳥などを伴ってそぞろ歩く

⇨liú

【遛马】liù'mǎ [動]馬を引いてぶらぶら歩く ♦馬の疲れをとったり病気を軽くしたりする

【遛鸟】liù'niǎo [動]小鳥を連れて静かな場所を散歩する

【遛弯儿(蹓弯儿)】liù'wānr [動]散歩する

【馏(餾)】liù [動]蒸しなおす ⇨liú

【碌】liù ⊗以下を見よ ⇨lù

【碌碡(磟碡)】liùzhou [名]『農』石製のローラー [同][石磙]

【咯】lo [助]文末に置いて変化や新しい状況の出現を示す. 同じ用法の'了'よりも語気がやや強い『当然～』当り前さぁ ⇨gē, kǎ

【龙(龍)】lóng [名]〔条〕(想像上の)竜 ⊗①帝王の象徴として帝王の使う物の名称に加える［～袍］帝服 ②恐竜 ③(L-)姓 ♦地名などで'竜'の字体を使うことも

【龙船】lóngchuán [名]〔只·条〕船首に竜頭を飾った船, ペーロン(端午の節句にこれで競漕する) [同][龙舟]

【龙胆】lóngdǎn [名]リンドウ

【龙灯】lóngdēng [名]竜の形をした張り子の提灯 ♦幾つもの繋ぎ目ごとについた棒を幾人もで支えつつ踊る

【龙宫】lónggōng [名]〔座〕竜宮 [同][水晶宫]

【龙骨车】lónggǔchē [名]竜骨車 ♦水田に水を揚げる一種の水車

【龙睛鱼】lóngjīngyú [名]『魚』出目金

【龙井】lóngjǐng [名]ロンジン茶 ♦浙江省の竜井一帯で産する上質の緑茶

【龙卷】lóngjuǎn [名]竜巻 [同][～风]

【龙门吊】lóngméndiào [名]『機』門形クレーン [同][桥式吊车]

L

【龙山文化】Lóngshān wénhuà 名〖史〗竜山文化,黒陶文化 ◆新石器時代後期

【龙舌兰】lóngshélán 名〖植〗リュウゼツラン

【龙潭虎穴】lóng tán hǔ xué《成》(竜か虎の巣窟のように)危険きわまりない場所

【龙腾虎跃】lóng téng hǔ yuè《成》雄壮で生き生きと活動するさま

【龙头】lóngtóu 名① 水道の蛇口(⇔[水龙头])[打开(关上)~]蛇口を開く(閉める)②《方》自転車のハンドル

【龙虾】lóngxiā 名〖只〗イセエビ,ロブスター

【龙眼】lóngyǎn 名〖植〗竜眼リュウガン(⇔[桂圆])

【龙争虎斗】lóng zhēng hǔ dòu《成》竜虎相打つ,両雄の死闘

【龙钟】lóngzhōng 形〖書〗よぼよぼの[老态~]老いさらばえた

【泷(瀧)】 lóng ⊗ 早瀬(多く地名用字) ◆広東の地名 '泷水' では Shuāng と発音

【咙(嚨)】 lóng ⊗→[喉~]hóulong

【珑(瓏)】 lóng ⊗以下を見よ

【珑玲】lónglíng 《書》❶ 金属や玉石がぶつかる澄んだ音(ちんちん,こんこん等) — 形 明るい,輝いている

【昽(曨)】 lóng ⊗→[曚méng~]

【胧(朧)】 lóng ⊗→[朦méng~]

【砻(礱)】 lóng 名〖副〗籾すり器 ◆多く木製で石臼に似た — 動 同前で籾すりをする

【砻糠】lóngkāng 名籾がら

【眬(矓)】 lóng ⊗→[蒙méng~]

【聋(聾)】 lóng 形 耳が聞こえない,耳が遠い[耳朵~了]耳が聞こえなくなった

*【聋哑】lóngyǎ 形《定語として》聾唖ロウアの[~人]聾唖者[~学校]聾唖学校

【聋子】lóngzi 名 耳の聞こえない人(⇔[聋人])

【笼(籠)】 lóng 動《方》両手を袖口に入れる ⊗① 鳥かご,虫かご[~中鸟]かごの中の鳥 ② 蒸籠セイロ[出~]蒸籠から出す
⇨lǒng

【笼屉】lóngtì 名〖副・格〗蒸籠

【笼子】lóngzi 名 鳥かご,虫かご ◆'lǒngzi'は大きめの衣裳箱

【笼嘴】lóngzui 名 おもがい(⇔[笼头])[戴上~]同前をはめる

【隆】 lóng ⊗① 膨らむ,高まる[~胸]豊胸 ② 盛大な,壮大な ③ 勢い盛んな[兴~]栄えている ④ 深い[~情]厚情

【隆冬】lóngdōng 名真冬,厳冬

【隆隆】lónglóng 擬 激しい震動音を表わす[雷声~]雷がごろごろ鳴る

【隆起】lóngqǐ 動隆起する

*【隆重】lóngzhòng 形 盛大かつ壮重な[~的典礼]壮重な式典

【窿】 lóng 名〖方〗炭鉱の坑道[废~]廃坑

【陇(隴)】 Lǒng ⊗① 甘粛省の別称 ②〖陝西,甘粛省境に位置する〗隴ロウ山

【垄(壟*壠)】 lǒng 名 畑のうね ⊗① あぜ ② うねに似たもの[瓦~]甍いらかの波

*【垄断】lǒngduàn 動 独占する,一手に操る[~市场]市場を独占する[~价格]独占価格

【垄断资本】lǒngduàn zīběn 名 独占資本(⇔[独占资本])

【拢(攏)】 lǒng 動 ① 合わせる,まとめる[笑得~不上嘴]笑いで口がしまらない[~账]帳簿をしめる ② 離れないようにする,一つに集める[~柴火]薪を束ねる ③(髪を)とかす[~头发]髪をとかす ④ 到着する,近づく

【拢岸】lǒng'àn 動(船が)岸に着く,岸に着ける

【拢子】lǒngzi 名〖把〗歯の細かい櫛くし

【拢总】lǒngzǒng 動【多く状語として】合計する(⇔[拢共])[~只有十个人]全部で10人しかいない

【笼(籠)】 lǒng ⊗① 大きめの衣裳箱[~子]同前 ② 覆う,包み込む
⇨lóng

【笼络】lǒngluò 動 丸め込む[~人心]人心を籠ロウ絡する

【笼统】lǒngtǒng 形 具体性がない,漠然とした[说得非常~]話が全く曖昧だ

*【笼罩】lǒngzhào 動 すっぽり覆う[暮色~着大地]暮色が大地を包み込む

【弄】 lòng ⊗〖方〗路地,横町.多く路地の名に使う
⇨nòng

【弄堂】lòngtáng 名〖方〗〖条〗路地,横町(⇔〖普〗〖胡同〗)[~口]路地の入口

【搂(摟)】 lōu 動 ①(手や道具で)かき集める[~柴火]たきぎを集める ②(金などを)収奪する ③《方》(銃の)引き金を引く
⇨lǒu

【瞜】(瞜) lōu ⊗《方》見る

【娄】(婁) lóu 形《方》体が弱い
⊗①二十八宿の一 ②もめ事,騒ぎ[出~]問題を起こす ③(L-)姓

【偻】(僂) lóu ⊗①→[佝 gōu~] ②→[喽 lóu 罗(~啰)]

【喽】(嘍) lóu 以下を見よ ⇨lou

【喽罗(嘍囉)】lóuluó 名〔旧〕悪い奴の手先,山賊や海賊の子分

【楼】(樓) lóu 名①〔座・栋〕2階建て以上の建物 [办公~]事務棟 ②建造物の上にさらに加えた建物 [城~]城門のやぐら 一量建物の階数を数える [二~]2階
⊗(L-)姓

【楼房】lóufáng 名〔座〕2階以上の建物
【楼盘】lóupán 名 分譲住宅
【楼上】lóushàng 名(2階建ての)2階,階上 ⊗[楼下]
【楼梯】lóutī 名〔级〕(建物の中の)階段 [~平台](階段の)踊り場
【楼下】lóuxià 名 1階,階下

【耧】(耬) lóu 名 種まきせこ◆家畜に引かせて,溝を切りながら同時に種をまく 働[耧子 jiǎngzi]

【耧播】lóubō 動 '耧'で種をまく

【蝼】(螻) lóu ⊗《虫》ケラ;[~蚁]ケラとアリ;(転)取るに足らぬ人物

【蝼蛄】lóugū《虫》〔只〕ケラ(一般には'蝲蝲蛄làlàgǔ'と呼ぶ)

【髅】(髏) lóu ⊗→[髑 dú~] [骷 kū~]

【搂】(摟) lǒu 動 腕に抱く,抱き締める [~在怀里]胸に抱く 一量 大木などの太さを表わすのに使う [两~粗]ふたかかえもある
⇨lōu

【搂抱】lǒubào 動 抱き締める

【篓】(簍) lǒu 名 ⊗ 深いかご [字纸~儿]くずかご [鱼~]びく

【篓子】lǒuzi 名(深い)かご

【陋】lòu ⊗①みにくい,みっともない [丑~]同前 ②狭苦しい,みすぼらしい [~室]粗末な部屋 ③不合理な,非文化的な [~习]よからぬ風習 ④見聞が狭い [~见]浅薄な見解

【陋俗】lòusú 名 よからぬ風俗

【漏】lòu 動①(液体や気体が)漏れる,漏る [水~光了]水が漏れて空になった [房子~了]雨漏りするようになった ②(情報などが)漏れる,漏らす [~风声]消息を漏らす [走~](情報を)漏らす [~嘴]口を滑らす ③抜け落ちる,見落とす [~了两个字]2字脱落がある
⊗ 漏壶(昔の水時計),時刻の意を表わす

【漏电】lòu diàn 動 漏電する ⑱[跑电][走电]
【漏洞】lòudòng 名①ものが漏れる穴,透き間 ②(仕事,談話,計画などの)ずさんな点,手抜かり,あな
【漏斗】lòudǒu 名 じょうご
【漏风】lòu fēng 動①透き間風が入る,ふいごの風が漏れる ②(歯が抜けていて)しゃべるとき息が漏れる ③秘密が漏れる
【漏勺】lòusháo 名 穴あき杓子
【漏税】lòu shuì 動 脱税する
【漏网】lòu wǎng 動(犯罪者などが)網を逃れる [~之鱼]網を逃れた魚(逮捕を免れた犯罪者)
【漏子】lòuzi 名①〔口〕じょうご ②ずさんな点,あな

【镂】(鏤) lòu ⊗ 彫る,刻みつける [~空]透し彫りにする [~花]模様を刻む

【镂骨铭心】lòu gǔ míng xīn《成》肝に銘ずる,深く感銘する ⑱[刻骨铭心]

【瘘】(瘻) lòu ⊗[~管] 痔瘻

【露】lòu 動(口)表わす,現われる,あらわにする(なる) [~在外边]外に現われる [~一手]腕前を見せる
⇨lù

【露底】lòu dǐ 動 内情を漏らす,内幕をばらす
【露马脚】lòu mǎjiǎo 動 馬脚を現わす,ぼろを出す
【露面】lòu miàn 動(~儿)姿を見せる,人前に出る
【露苗】lòu miáo 動(地表に)芽が出る(芽を出す) ⑱[出苗]
【露怯】lòu qiè 動《方》(知識不足で)恥をさらす,ぼろを出す
【露头】lòu tóu 動(~儿)①(隠れていて)頭をのぞかせる ②兆しが現われる,新たに生じる
【露馅儿】lòu xiànr 動 ぼろが出る,底が割れる
【露一手】lòu yìshǒu 動 腕前を披露する

【喽】(嘍) lou 助('了'の変種)①《アスペクト助詞として》予期した動作あるいは仮定の動作に使う [吃~饭就走]食事がすんだらすぐ出掛ける ②《語気助詞として》注意を喚起する語気を持つ [水开~]湯がわいたぞー
⇨lóu

【卢(盧)】 lú ⊗ (L-)姓

【卢比】 lúbǐ 量 ルピー(インド・パキスタン等の諸国の貨幣単位)
【卢布】 lúbù 量 ルーブル(ロシアの貨幣単位)

【泸(瀘)】 Lú ⊗ [~州] 瀘州(四川省)

【坊(壚)】 lú ⊗ 黒色土壌, 腐食土 [~土] 同前 [~垆 mǔ] ローム

【—(壚*罎)】 lú ⊗ 酒屋で土を盛り上げて作った酒がめ置場;(転)酒屋 [当~] 酒を売る

【胪(臚)】 lú ⊗ 並べる, 列挙する

【栌(櫨)】 lú ⊗ →[黄~]

【轳(轤)】 lú ⊗ →[辘~ lù-lu]

【鸬(鸕)】 lú ⊗ 以下を見よ

【鸬鹚】 lúcí 名 [鸟][只] ウ(一般に'鱼鹰 yúyīng'という)

【颅(顱)】 lú ⊗ 頭蓋 [~骨] 頭蓋骨

【舻(艫)】 lú ⊗ →[舳 zhú ~]

【鲈(鱸)】 lú ⊗ 〖魚〗スズキ [~鱼] 同前

【芦(蘆)】 lú ⊗ 〖植〗① アシ, ヨシ →[~苇] ② (L-)姓
⇨lú

【芦柴】 lúchái 名 アシ(葦)の茎
【芦根】 lúgēn 名 アシの地下茎(漢方で利尿剤や解毒剤に使う)
【芦花】 lúhuā 名 アシの花(密生した白い毛で, 薬用になる)
【芦荟】 lúhuì 名 アロエ
【芦笋】 lúsǔn 名 アスパラガス ⑩[石刁柏]
【芦苇】 lúwěi 名 [根・株] アシ ⑩[苇子]
【芦席】 lúxí 名 [张・领] アシで編んだ敷物

【庐(廬)】 lú ⊗ ① 粗末な家 ② (L-)姓

【庐山真面目】 Lú Shān zhēn miànmù (成)(江西の名山廬山の本当の姿>)事柄の本質, 人の本来の姿 ⑩[庐山真面]

【炉(爐)】 lú ⊗ こんろ, ストーブ, 炉 [电~] 電気ストーブ, 電気こんろ

【炉箅子】 lúbìzi 名 (こんろやストーブなどの)火格子
【炉衬】 lúchèn 〖工〗溶鉱炉の内壁
【炉火】 lúhuǒ 名 (暖炉, ボイラー, 溶鉱炉など)炉で燃える火
【炉火纯青】 lúhuǒ chúnqīng (成)学術, 芸術, 技術などの最高の水準, 完成の域 [达到~的地步] 同前の域に達する
【炉台】 lútái 名 (~儿)ストーブなどの上部の物を置く平たい部分
【炉膛】 lútáng 名 (~儿)ストーブ・かまど・炉などの火の燃える部分
*【炉灶】 lúzào 名 かまど, レンジ
【炉渣】 lúzhā 名 ①〖工〗鉱滓, スラグ ② 石炭がら
【炉子】 lúzi 名 [座・个]こんろ, かまど, ストーブ, 炉など

【芦(蘆)】 lǔ ⊗ →[油葫~ yóuhúlǔ]
⇨lú

【卤(鹵*滷)】 lǔ 名 ① にがり ② 〖化〗ハロゲン ⑩[~族] [~素] ③ 〖食〗肉や卵のスープにでんぷんを加えた, どろりとした液 [打~面] 具入りあんかけうどん ④ (~儿)濃い飲料 [茶~儿] 濃い茶 — 動 〖食〗(丸ごとの鶏, アヒルなど, また肉塊を)香料を加えた塩水や醤油で煮る
【卤莽】 lǔmǎng 形 そそっかしい, 軽率な ⑩[鲁莽]
【卤水】 lǔshuǐ 名 ① にがり ② 塩水から取った塩水
【卤味】 lǔwèi 名 '卤'の方法で煮た前菜 ⑩[卤菜]

【房(虜)】 lǔ ⊗ ① 捕虜 [俘~] 同前 ② 昔の奴隷 ③ 昔漢族が北方民族を呼んだ蔑称 ④ 捕虜にする [~获] 同前

【掳(擄)】 lǔ ⊗ 人をさらう, 誘拐する

【掳掠】 lǔlüè 動 人をさらい物を奪う, 略奪する

【鲁(魯)】 lǔ ⊗ ① 愚かしい, のろくさい [~钝] 間抜けな ② そそっかしい, 荒っぽい ③ (L-)春秋戦国期の国名 ④ (L-)山東省の別称 ⑤ (L-)姓

【鲁班门前弄大斧】 Lǔbān ménqián nòng dàfǔ (成)→[班门弄斧]
【鲁莽(卤莽)】 lǔmǎng 形 そそっかしい, 軽率な
【鲁鱼亥豕】 lǔ yú hài shǐ (成)(鲁を魚と書き亥を豕と書く>)写したり印刷したりする過程で, 文字を間違える ⑩[鸟焉成马]

【橹(櫓*樐艪艣)】 lǔ 名 〔支〕櫓ろ [摇~] 櫓をこぐ

【甪】 Lù ⊗ [~直] 甪直ろくちょく(江蘇省)

【陆(陸)】 lù ⊗ ① 陸地 [登~] 上陸する ② (L-)姓
⇨liù

【陆稻】 lùdào 名 陆稻, おかぼ ⑩[旱稻] ⑩[水稻]

【陆地】lùdì 名 陸地

【陆军】lùjūn 名〔支〕陸軍

【陆离】lùlí 形 色どりまばゆい［光怪～］色入り乱れて華やかな

【陆路】lùlù 名〔回〕[旱路]［水路］[走～] 陸路を行く［～交通］陸上交通

*****【陆续】**lùxù 副 続々と,次々と『～发表意见』何も次つぎに意見をのべる

【陆运】lùyùn 名 陸上運送する（回）[水运][海运][空运]

【陆战队】lùzhànduì 名〔海军〕陸戦隊,海兵隊

【录(錄)】 lù 名 ①書き記す,記録する ②録音する,録画する ③（人員を）採用する ④事実を記録した書物［回忆～］回想録［备忘～］覚え書き

【录供】lùgòng 動〔法〕尋問調書をとる

*****【录取】**lùqǔ 動 採用する,合格させる［～通知书］採用通知,合格通知

【录像(录相)】lùˇxiàng 動 録画する,ビデオにとる［～机］ビデオレコーダー［～带］ビデオテープ
—— lùxiàng 名 録画（されたもの）［看～］ビデオを見る

*****【录音】**lùˇyīn 動 録音する,吹き込む［～机］テープレコーダー［盒式～带］カセットテープ
—— lùyīn 名 録音（されたもの）

【录用】lùyòng 動 雇用する,任用する［量 liàng 材～］能力に応じて任用する

【逯】 Lù 名 姓

【绿(綠)】 lù 以下を見よ ⇨lǜ

【绿林】lùlín 名 山賊集団,山にたてこもる反乱集団［～好汉］山寨の好漢達

【禄】 lù 名 ①昔の役人の俸給［高官厚～］高い地位と高い俸給 ②(L-)姓

【碌】 lù 形 ①（人間が）平凡な,凡庸な［庸～］同前 ②やたら忙しい［忙～］同前 ⇨liù

【碌碌】lùlù 形〔书〕①凡庸な,取りえのない［～无能］およそ役に立たない ②やたら忙しい

【箓(籙)】 lù 名〔符～］道教のお札

【赂(賂)】 lù 名 →［贿 huì ～］

【鹿】 lù 名〔只〕シカ［公～］雄ジカ
名 (L-)姓

【鹿角】lùjiǎo 名 ①シカの角,特に雄ジカの角（漢方薬につかう）②バリケード,鹿砦⻆⻆ 回[鹿砦]

【鹿茸】lùróng 名〔药〕鹿茸ロクジョウ

【漉】 lù 動 濾こす［～酒］酒を濾す

【辘(轆)】 lù ⊗以下を見よ

【辘轳】lùlu 名 ろくろ ♦一般に井戸に取りつけ釣瓶を上下させるものをいう

【篚】 lù ⊗①竹の箱 ②〈方〉（円筒形の）かご

【麓】 lù 名 山のふもと［山～］同前

【路】 lù 名 ①〔条〕道［你走哪条～？］君はどの道を行くの？［公～］幹線道路 ②道のり『走了十里～』10キロメートル歩いた ——⊗ ①バス等のコース番号に使う［坐六～公共汽车］6番コースのバスに乗る ②種類,等級に使う［头～货］一級品『哪一～病？』どういう病気？
⊗①筋道,条理［思～］思考の筋 ②地区,方面［外～人］よそ者 ③手段,方法［生～］活路 ④(L-)姓

【路标】lùbiāo 名 ①交通標識,道しるべ ②〔军〕行軍コース上の連絡標識

【路不拾遗】lù bù shí yí〈成〉((路に拾わず)道に落ちているものをネコババしない>)優れた政治が行われた結果,社会がきわめて健全であることを例える 回[道不拾遗] 回[夜不闭户]

【路程】lùchéng 名〔段〕道のり,行程『三天～』3日の行程

【路灯】lùdēng 名〔盏・排〕街灯

【路费】lùfèi 名〔笔〕旅費 回[旅费]

【路轨】lùguǐ 名 レール,軌道 回[铁路]

【路过】lùguò 動（途中ある場所を）通り過ぎる『～上海』(途中) 上海を通る

【路径】lùjìng 名 ①道筋,（目的地までの）道 ②手順,筋道

【路局】lùjú 名 鉄道や道路の管理機構

【路口】lùkǒu 名（～儿）交差点,分かれ道［十字～］十字路［三岔～］三叉路

【路矿】lùkuàng 名 鉄道と鉱山を合わせた呼び方

【路面】lùmiàn 名 路面

【路人】lùrén 名 ①通行人 ②関わりのない人［视若～］部外者扱いする

【路上】lùshang 名 ①路上 ②道中『～不要耽搁』道中手間取らないように

【路数】lùshù 名 ①方法 ②内情 ③回[着 zhāo 数]

【路途】lùtú [名] ①道路，道筋 ②道のり，行程〚～遥远〛道は遙かに遠い

【路线】lùxiàn [名] ①コース，ルート〚旅行的～〛旅行コース ②政治，事業等の方針，路線［～斗争］路線闘争

【路由器】lùyóuqì [名] ルーター

【路子】lùzi [名] ①手づる，コネ ②方法，手順〚～不对〛手段を間違う

〖潞〗Lù ⊗地名用字

〖璐〗lù ⊗美しい玉

〖鹭(鷺)〗lù ⊗サギ［白～］シラサギ［朱～］トキ

【鹭鸶】lùsī [名]〔只〕シラサギ [同]［白鹭］

【露】lù [動] あらわにする，露呈する〚～出原形〛正体を現わす
⊗①露→［～水］②果実酒やシロップ類の呼称［枇杷～］ビワから作ったのどの薬の名 ③むき出しの，屋根のない［～营］キャンプ(する)，露営(する)
⇨lòu

【露骨】lùgǔ [形] 露骨な

【露水】lùshui [名]〔滴〕露〚下～〛露が降りる

【露宿】lùsù [動] 野宿する

【露天】lùtiān [名] 屋外〚放在～里〛屋外に出す［～剧场］屋外劇場［～浴池］露天風呂

【露天矿】lùtiānkuàng [名] 露天掘り鉱山

【露头角】lù tóujiǎo [動] 頭角を現わす

【露珠】lùzhū [名]〔滴·颗〕露の玉

〖戮〗lù ⊗殺す［杀～］殺戮(りく)する

〖—(*勠)〗⊗協力する，団結する［～力同心］一致協力する

【驴(驢)】lǘ [名]〔头〕ロバ［～条子］ロバの子［～肺肝］鼻持ちならないやつ［～脸］馬づら

【驴唇不对马嘴】lǘchún bú duì mǎzuǐ《成》(ロバの口は馬の口に合わない>)(話などが) つじつまが合わない [同]［牛头不对马嘴］

【驴打滚】lǘdǎgǔn [名] (～儿) ①《旧》雪だるま式にふくらむ高利の金〚放～的账〛(短期複利で) 高利貸しをする ②北方の食品の一種 ♦キビの粉に砂糖を加えて蒸し，黄な粉をまぶしたもの

【驴骡】lǘluó [名]〔头〕牡馬と牝ロバとの間に生まれたラバの一種 [同]［𫘝𫘨 juétí］

【驴子】lǘzi [名]《方》ロバ

〖闾(閭)〗lǘ ⊗①路地の入口の門［依～而望］路地の入口にもたれて(帰りを)待ちわびる ②路地，近隣 ③(25戸より成る)昔の行政単位

【闾里】lǘlǐ [名]《書》郷里

【闾巷】lǘxiàng [名]《書》路地，小路

〖榈(櫚)〗lǘ ⊗→［棕～ zōnglǘ］

〖吕(呂)〗lǚ ⊗①→［律 lǜ～］②(L-)姓

〖侣(侶)〗lǚ ⊗仲間，連れ［情～］恋人［伴～］連れ，伴侶

【铝(鋁)】lǚ [名] アルミニウム [同]［钢精］［钢钟］

【铝箔】lǚbó [名] アルミ箔，アルミホイル

【铝锅】lǚguō [名] アルミ鍋

【铝土矿】lǚtǔkuàng [名]〚鉱〛ボーキサイト [同]［铝土岩］［铝矾土］

【旅】lǚ [名]〚軍〛旅団［～长］旅団長
⊗①軍隊［强兵劲～］強力な軍隊 ②旅をする ③一緒に

【旅程】lǚchéng [名] 旅程，旅行コース

【旅店】lǚdiàn [名]〔家〕旅館，宿屋

【旅费】lǚfèi [名]〔笔〕旅費，路銀

【旅馆】lǚguǎn [名]〔家〕旅館，宿屋

【旅居】lǚjū [動] 他郷に住む，異郷に滞在する〚～海外〛海外に居住する

【旅客】lǚkè [名] 旅行客，旅人

【旅社】lǚshè [名]〔家〕旅館，宿屋 ♦多く旅館名に使う

【旅途】lǚtú [名] 道中，旅の途次

【旅行】lǚxíng [動] 旅行する，遠出する〚去中国～〛中国旅行に出掛ける［春季～］春の遠足，春の旅行［～社］旅行社

★【旅游】lǚyóu [動] 観光に出掛ける〚到香港～了一趟〛香港観光に行った［～事业］観光事業

〖膂(*膐)〗lǚ ⊗背骨

【膂力】lǚlì [名]《書》体力，腕力［～过人］抜きん出た体力を持つ

【捋】lǚ [動] 指でなでつける，なでて伸ばす〚把纸～平〛紙を平らに伸ばす〚～胡子〛ひげをなでる
⇨luō

〖屡(屢)〗lǚ ⊗たびたび，何度も［～战～胜］連戦連勝

★【屡次】lǚcì [副] 何度も，たびたび〚～打破全国记录〛何度も国内記録を破る

【屡次三番】lǚ cì sān fān [副] 何度も何度も，繰り返し繰り返し〚～提醒他〛彼にくどいほど注意した

L

【屡见不鲜】lǚ jiàn bù xiān《成》(よくある事で) 珍しくもない [同][数shuò见不鲜]
【屡教不改】lǚ jiào bù gǎi《成》何度教え諭しても悔い改めない [同][累教不改]
【屡试不爽】lǚ shì bù shuǎng《成》テストするたびに結果は上々である

【缕(縷)】lǚ [量]'麻''炊烟''头发'などすじ状のものを数える〖几～头发〗数本の髪の毛
⊗①糸 [不绝如～] 音が細く長く続く [金～玉衣] 金縷玉衣(漢代の帝王級の葬服) ②詳細に, 一すじ一すじ
【缕缕】lǚlǚ [形] 次から次と絶え間ない〖炊烟～上升〗炊煙が立ちのぼる
【缕述】lǚshù [動]《書》詳しく述べる

【褛(褸)】lǚ ⊗ → [褴～ lánlǚ]

【履】lǚ ⊗①靴, はき物 [削足适～] (足を削って靴に合わせる>) 無理やりつじつまを合わせる ②歩み, 歩行 [步～艰难] 歩行が困難である ③歩む, 踏む [如～薄冰] 薄氷を踏む思い ④履行する, 実行する
【履带】lǚdài [名]〔条〕キャタピラ, 無限軌道 [同][链轨]
【履历】lǚlì [名] ①履歴, 経歴 ②〔份〕履歴書([同][～表][～书])〖填～〗履歴書に記入する
★【履行】lǚxíng [動](契約, 約束, 義務などを)履行する, 実践する〖～合同〗契約を履行する

【律】lǜ ⊗①法律, 規則 [规～] 法則 ②律詩 [七～] 七言律詩 ③律する, 規制する [严以～己] 厳しく己を律する
【律吕】lǜlǚ [名]《書》音律
★★【律师】lǜshī [名] 弁護士
【律诗】lǜshī [名] 律詩 ♦文言詩の一形式で五言あるいは七言の八句から成る

【虑(慮)】lǜ ⊗①考える, 思案する [深思熟～] じっくりと思案をめぐらす ②心配する, 憂慮する [过～] 気にしすぎる

【滤(濾)】lǜ [動] 漉す, 濾過する〖用纱布～一下〗ガーゼで濾す [过～] 濾過する
【滤器】lǜqì [名] 濾過器
【滤色镜】lǜsèjìng [名](レンズの)フィルター [同][滤光镜]
【滤纸】lǜzhǐ [名]〔张〕濾過紙

【率】lǜ ⊗比率, 率 [出勤～] 出勤率 [废品～] 製品の不合格率
⇨shuài

【绿(綠)】lǜ [形] 緑色の〖树都～了〗木々が緑になった [～叶] 緑の葉 [嫩～] さみどり
⇨lù
【绿宝石】lǜbǎoshí [名] エメラルド
【绿茶】lǜchá [名] 緑茶(中国では'龙井'が代表的) [関][乌龙茶]
【绿灯】lǜdēng [名] ①青信号 ②《転》許可, 便宜をはかること〖开～〗ゴーサインを出す
【绿豆(菉豆)】lǜdòu [名]〔粒・颗〕緑豆 ♦大豆の一種で, 食用および酒の原料
【绿肥】lǜféi [名] 緑肥 [～作物](レンゲ, クローバーなど)緑肥作物
【绿化】lǜhuà [動] 緑化する〖～校园〗学校内の緑化に努める
【绿卡】lǜkǎ [名] グリーンカード, 外国人永住許可証
【绿篱】lǜlí [名]〔排・道〕生け垣
【绿内障】lǜnèizhàng [名] 緑内障 [同][青光眼][青盲]
【绿茸茸】lǜrōngrōng [形](～的) 緑の草や作物がびっしり生えているさま
【绿色】lǜsè [名] 緑色 [～标志] エコマーク
【绿松石】lǜsōngshí [名] トルコ石
【绿阴】lǜyīn [名]〔片〕緑陰, 緑の木かげ
【绿莹莹】lǜyíngyíng [形](～的) 緑鮮やかなさま
【绿油油】lǜyóuyóu/ lǜyōuyōu [形](～的) 緑濃くつややかなさま
【绿洲】lǜzhōu [名]〔块・处〕オアシス

【氯】lǜ [名]〖化〗塩素 [同][～气]
【氯丁橡胶】lǜdīng xiàngjiāo [名] クロロプレンゴム(合成ゴムの一種)
【氯仿】lǜfǎng [名]〖化〗クロロフォルム [同][哥罗仿]
【氯化铵】lǜhuà'ǎn [名] 塩化アンモニウム(天然産のものは'硇砂 náoshā')
【氯纶】lǜlún [名] ポリ塩化ビニール
【氯霉素】lǜméisù [名]〖薬〗クロロマイセチン(抗生物質の一)

【娈(孌)】luán ⊗美しい

【峦(巒)】luán ⊗連山, 連なる峰々 [峰～] 同前

【孪(孿)】luán ⊗双子, 双生児([関][双胞胎]) [～子] 同前
【孪生】luánshēng [形]〖多く定語として〗双子の, 一緒に生まれた〖～姐妹〗双子の姉妹

【挛(攣)】luán ⊗曲がったまま伸びない [痉～] 痙攣(する) [～缩] 痙攣して縮む

〖栾(欒)〗 luán ⊗①〖植〗［～树］モクゲンジ ②(L-)姓

〖滦(灤)〗 Luán ⊗［～河］灤河(らんが)(河北省)

〖圂(圞*圝)〗 luán ⊗［团～ tuán-luán］①月の丸いさま ②家族が集まる

〖鸾(鸞)〗 luán ⊗(鳳凰に似た)伝説中の鳥

〖脔(臠)〗 luán ⊗こま切れの肉

〖銮(鑾)〗 luán ⊗鈴

【卵】 luǎn 〖生〗①卵細胞，卵子 [同]［卵子 zǐ］②受精卵

⊗①(動物や昆虫の)卵 [関]［蛋］②睾丸，きんたま

【卵巢】luǎncháo [名]卵巣

【卵石】luǎnshí [名]栗石(くりいし)，丸石 ♦風化あるいは水流に削られ丸くなった小石で，建築材料や道路舗装に使う

【卵翼】luǎnyì [動]《書》①鳥が卵を抱いてひなをかえす ②庇護し育てる

【卵子】luǎnzǐ [名]卵子(らんし)

—— luǎnzi [名]《方》きんたま

【乱(亂)】 luàn [形]①乱れている，無秩序な〖屋里很～〗部屋の中が散らかっている［～杂］乱雑な ②情緒不安定な，頭が混乱している〖心里很～〗心が落ち着かない 一[副]むやみに，勝手に〖～讲〗いい加減なことを言う〖～作决定〗気まぐれに事を決める 一[動]乱す〖不要～了队伍〗隊列を乱すな［～纪］規律を乱す

⊗戦乱，騒乱［内～］内乱［作～］反乱を起こす

【乱纷纷】luànfēnfēn [形](～的)入り乱れた，混乱している〖心里～的〗心が乱れに乱れている

【乱哄哄】luànhōnghōng [形](～的)がやがや騒がしい，わいわいうるさい

【乱离】luànlí [動]《書》戦火に追われて離散する

【乱伦】luànlún [動]人倫を乱す行為をする，近親相姦をする

【乱码】luànmǎ [名]文字化け

【乱蓬蓬】luànpéngpéng/luànpēngpēng [形](～的)髪やひげ，あるいは草がぼうぼうに生えているさま

【乱七八糟】luànqībāzāo [形]乱れに乱れているさま〖文章写得～〗文の書き方がめちゃめちゃだ

【乱世】luànshì [名]乱世

【乱弹琴】luàntánqín [動]でたらめを言う，むちゃくちゃをする

【乱套】luànᵛtào [動](整然たる状態が乱れて)めちゃめちゃになる，混乱する

【乱腾腾】luànténgténg/ luàntēngtēng [形](～的)混乱した，騒然とした〖心里～的〗心がひどく乱れている

【乱葬岗子】luànzàng gǎngzi [名]無縁墓地 ♦誰でも勝手に埋葬してよい [同]［乱坟岗］

【乱糟糟】luànzāozāo [形](～的)ひどく乱れているさま〖屋子里～的〗部屋の中がひどく散らかっている

【乱子】luànzi [名]騒ぎ，ごたごた〖闹～〗騒ぎを引き起こす

【掠】 lüè [動]かすめて過ぎる，かるくなでる〖燕子～过树梢〗ツバメが梢をかすめる［凉风～面］涼風がほおをなでる

⊗①略奪する，かすめ取る ②責め打つ ♦「ついでに取る」の意では lüě と発音(方言)

*【掠夺】lüèduó [動]略奪する，奪い取る〖～资源〗資源を略奪する

【掠美】lüèměi [動]他人の功名を横取りする

【掠取】lüèqǔ [動]強奪する，略奪する

〖略〗 lüè ⊗①わずかに〖～高一些〗ほんの少し高い［～胜一筹］わずかに勝っている［～知一二］少しは知っている ②簡単な，簡単に［～述］略述する ③概略［史～］歴史の概略 ④省く［～去］省略する ⑤(領地を)奪取する［～地］(他国の)領土を占拠する

【略略】lüèlüè [副]〖後に'点''几'など少量を表わす要素を伴って〗少しばかり，わずかに〖～听了几句〗ほんの少し聞いただけだ〖～修改一下〗ほんの少し直す

【略图】lüètú [名]略図

*【略微】lüèwēi [副]〖後に'点''几'など少量を表わす要素を伴って〗少しばかり，わずかに [同]［略为］〖～有点儿感冒〗少々風邪気味だ

【略语】lüèyǔ [名]略語

【抡(掄)】 lūn [動](力を込めて)振り回す〖～起大铁锤〗ハンマーを振るう〖～拳〗拳を振り回す ♦「選ぶ」の意の文語は lún と発音

〖仑(侖)〗 lún ⊗条理

〖论(論)〗 Lún ⊗［～语］論語

⇨lùn

〖伦(倫)〗 lún ⊗①人倫，人の道［五～］五倫 ②条理，筋道 ③同類，同等のもの［绝～］《書》無比，無類［不～不类］さまにならない

【伦巴】lúnbā [名]〖音〗《訳》ルンバ〖跳～(舞)〗ルンバを踊る

L

【伦常】lúncháng [名]（封建社会における） 人の守るべき道 ♦特に君臣，父子，夫婦，兄弟，朋友間の五つの関係を‘五伦’‘五常’と呼んで強調した
【伦次】lúncì [名]筋道，論理性［语无～］話の筋がつながらない
【伦理】lúnlǐ [名]倫理，道徳原理［～学］倫理学

【沦(淪)】lún ⊗ ①沈む［沉～］堕落する ②没落する，（不本意な状態に）落ちる
【沦落】lúnluò [動]落ちぶれる，零落する〖～街头〗落ちぶれて街をさまよう（乞食，街娼などをすること）
【沦亡】lúnwáng [動]国が滅びる，滅亡する
【沦陷】lúnxiàn [動]陥落する，占領される〖～于敌手〗敵の手に落ちる［～区］被占領地区

【囵(圇)】lún ⊗→［囫 hú～］

【纶(綸)】lún ⊗ ①黒い絹のひも ②釣り糸 ③合成繊維の名称に使う［锦～］ナイロン［涤～］ダクロン ♦‘纶巾’（頭巾の一種）は guānjīn と発音

【轮(輪)】lún [名]（～儿）車輪，車輪状に回転するもの［飞～儿］はずみ車［齿～儿］歯車 ━[動]順に巡る，順番が回る〖下一个就～到你了〗次は君の番だ ━[量]①（～儿）順次行われるものの回数を数える〖头～影片〗封切り映画〖第一～比赛〗一回戦 ②太陽や満月を数える〖一～明月〗一輪の明月
⊗①汽船［江～］河川を航行する汽船［客～］客船 ②丸い輪になったもの［年～］年輪［光～］光輪
【轮唱】lúnchàng [名]〖音〗輪唱
*【轮船】lúnchuán [名]〔只·条〕汽船
【轮带】lúndài [名] [同][轮胎]
【轮渡】lúndù [名]フェリーボート，連絡船［火车～］列車乗り入れの連絡船
【轮番】lúnfān [副]順番に，かわるがわる [同][轮流]
【轮换】lúnhuàn [副]（～着） 交代で，かわるがわる〖～着看护病人〗交代で病人の世話をする
【轮回】lúnhuí [動]〖宗〗輪廻(りんね)する
*【轮廓】lúnkuò [名]①輪郭〖画～〗輪郭を描く ②概況，アウトライン
**【轮流】lúnliú [副]順番に，かわるがわる〖～值夜班〗交代で夜勤につく
*【轮胎】lúntāi [名]タイヤ，タイヤとチューブ [同][车胎][轮带]
【轮休】lúnxiū [動]①交代で休む ②（地力回復のため） 田畑を順次休耕する
【轮训】lúnxùn [動]交代で訓練を受ける〖～干部〗幹部たちに順次訓練を施す
【轮椅】lúnyǐ [名]車椅子〖推～〗車椅子を押す
【轮值】lúnzhí [動]交代で担当する，かわるがわる務める
【轮轴】lúnzhóu [名]①車軸，シャフト ②車軸と車輪
【轮子】lúnzi [名]車輪
【轮作】lúnzuò [名]輪作 [同]［轮栽］［轮种］［倒茬 dǎochá］

【论(論)】lùn [介]①〔量詞を目的語にとり〕…によって，…に応じて〖～斤卖〗1斤いくらで売る〖～天付利息〗1日いくらで利子を払う ②〔名詞や動詞を目的語にとり〕…について言えば〖～力气，要数小张最大〗腕っぷしと言えば何と言っても張君が一番強い
⊗①議論する，論ずる［讨～］討論する［相提并～］同列に論ずる ②判定する ③学説，理論［进化～］進化論 ④意見，見解［社～］社説［高～］ご意見 ⑤（L-）姓
⇨Lún
【论处】lùnchǔ [動]判定し処分する〖以违反纪律～〗規律違反で処分する
【论点】lùndiǎn [名]論点
【论调】lùndiào [名]《貶》見解，議論の傾向〖过分乐观的～〗あまりに甘い見方
【论断】lùnduàn [名]論断，命題〖作出～〗判断を引き出す
【论据】lùnjù [名]論拠〖～不足〗論拠が弱い
【论理】lùnlǐ [副]ものの筋道から言えば，本来なら（[同][论说]）〖～我不该来…〗本当は来るべきではないのだが… ━[名]論理 [関][逻辑]
—— lùnˇlǐ [動]道理を主張する，理非をただす，黒白をはっきりさせる〖跟他～〗彼と言葉で決着をつける
【论难】lùnnàn [動]論難する〖互相～〗論難し合う
【论述】lùnshù [動]論述する〖～这次运动的特点〗今回の運動の特長について論述する
*【论坛】lùntán [名]論壇，意見を論述する場（会議，新聞など），フォーラム
**【论文】lùnwén [名]〔篇〕論文
【论战】lùnzhàn [名]〔场·次〕論戦，論争〖挑起～〗論争を引き起こす ━[動]論争する
【论争】lùnzhēng [動]論争する，議論する〖～得十分激烈〗激しく論争する
*【论证】lùnzhèng [名]①論証 ②論拠 ━[動]論証する
【论著】lùnzhù [名]〔本·部〕研究書，

学問的著作

【论资排辈】lùn zī pái bèi《成》年功序列

【论罪】lùnˇzuì [動] 罪状を判定する〖按暴乱～〗暴動の罪に問う

【捋】luō [動] しごく([同]《方》[撸 lū])〖～掉叶子〗葉をしごき落とす〖～起袖子〗袖をたくしあげる
⇨lǚ

【捋胳膊】luō gēbo [動] 袖をたくしあげて腕をむき出す ♦腕をさすって身構えること，そういう意気込みを例える

【捋虎须】luō hǔxū [動]（虎のひげをしごく＞）危険をおかす

【啰(囉)】luō ⊗ 以下を見よ
⇨luo

*【啰唆(啰嗦)】luōsuo [形] ①くどくどしゃべる，話が長たらしい〖他说话太～〗あいつは話がくどすぎる ②煩雑な，煩わしい〖手续真～〗手続きが全く厄介だ

【罗(羅)】luó [名] 篩(ふるい)〖过～〗篩にかける［绢～］絹の篩 — [動] 篩にかける〖～面〗粉を篩にかける — [量] グロス
⊗①絽(ろ)，うす絹［～扇］うす絹の扇 ②鳥を捕る網 ③網をはって鳥を捕る，人材や物を広く集める ④並べる，ひろげる ⑤（L-）ルーマニア（'～马尼亚'），ローマなどの略称 ⑥（L-）姓

【罗锅】luóguō [名]（～儿）せむし，猫背の人 [同]［～子］ — [形] ①（～儿）背中が曲がった，猫背の ②アーチ型の［～桥］アーチ型の橋
—— luóguo [動]（腰を）曲げる〖～着腰走路〗腰を曲げて道を歩く

【罗汉】luóhàn [名] 羅漢(らかん)［～松］イヌマキ

【罗汉豆】luóhàndòu [名]《方》空豆 [同]《普》[蚕豆]

【罗列】luóliè [動] ①並ぶ，分布する〖～在山坡上〗丘に立ち並んでいる ②列挙する，羅列する〖～事实〗事実を並べる

【罗马】Luómǎ [名] ローマ［～数字］ローマ数字［～字］ローマ字［～教皇］ローマ法王

【罗曼语族】Luómànyǔzú [名]〖語〗ロマンス語派

【罗曼史】luómànshǐ [名]《訳》〔段〕ロマンス，愛情物語，冒険物語 [同][罗曼司]

【罗盘】luópán [名] 羅針盤，コンパス [同][罗盘仪] [関][指南针]

【罗圈腿】luóquāntuǐ [名] がにまた

【罗网】luówǎng [名]〔张〕①鳥を捕る網と魚を捕る網 ②わな，計略〖陷在～里〗計略にひっかかる［自投～］自分からわなにはまる

【罗致】luózhì [動]（主に人材を）探し求める，招聘する〖～人材〗人材を集める

【逻(邏)】luó ⊗ 見回る［巡～］パトロールする

*【逻辑】luóji/luójí [名] 論理，ロジック〖～上的错误〗論理的誤り［～思维］論理的思考［～学］論理学

【萝(蘿)】luó ⊗ 蔓性植物［藤～］フジ［茑～］ツタ

【萝卜(萝蔔)】luóbo [名]〔棵・根〕大根［～丝］大根の千切り［胡～］ニンジン［～泥］大根おろし

【锣(鑼)】luó [名]〔面〕銅鑼(どら)〖敲～〗銅鑼をたたく［～槌］銅鑼のばち

【锣鼓】luógǔ [名] 銅鑼と太鼓

【箩(籮)】luó [名]〔只〕竹かご ♦底が四角で口が丸い，一般に大きいものは穀物入れに，小さいものは米とぎに使う

【箩筐】luókuāng [名]〔只〕竹あるいは柳の枝で編んだかご

【觇(覼)】luó ⊗［～缕 lǚ］詳述する

【脶(腡)】luó [名]（手の）指紋

【骡(騾 *驘)】luó ⊗ ラバ［～马］ラバと馬

【骡子】luózi [名]〔匹〕ラバ

【螺】luó ⊗①マキガイ，ニナ，サザエなど螺旋状の殻を持つもの［田～］タニシ［海～］ホラガイ ②指紋［～纹(罗纹)］指紋

【螺钿(螺甸)】luódiàn [名] らでん［～漆盘］らでんの皿

【螺钉】luódīng [名]〔根・个〕雄ねじ，ねじ釘([同][螺丝钉])［木～］木ねじ

【螺号】luóhào [名] ほら貝〖吹～〗ほら貝を吹く

【螺母】luómǔ [名]（ボルトに対する）ナット，めねじ [同][螺帽][螺丝母][螺丝帽]

【螺栓】luóshuān [名] ボルト，雄ねじ

【螺丝】luósī [名] 雄ねじ，ねじ釘([同][～钉])［～刀］［～起子］ドライバー［～帽］［～母］ナット

*【螺丝钉】luósīdīng [名] 雄ねじ，ねじ釘

【螺旋】luóxuán [名] ①らせん［～形］らせん形［～梯］らせん階段 ②ねじの原理による(金属) 器具の総称(ボルト，ナット，ジャッキなど)［阳～］ボルト［阴～］ナット ③[同][～桨]

【螺旋桨】luóxuánjiǎng [名] スクリュー，プロペラ [同][螺旋推进器]

〖**裸**(*躶)〗 luǒ ⊗ 裸の，剥きだしにする［赤～～］真っ裸の［～照］ヌード写真

【裸露】luǒlù [動] 露出する，剥き出しになる〖～的煤层〗剥きだしの炭層

【裸体】luǒtǐ [名] 裸体，はだか［～舞］ストリップショー

【裸线】luǒxiàn [名] 裸線

〖**蓏**〗 luǒ ⊗ 瓜

〖**洛**〗 Luò ⊗①川の名［～水］洛水［～河］洛河 ②姓 ♦①②ともに'雒'と書くことも

【洛阳纸贵】Luòyáng zhǐ guì《成》(洛陽で紙が値上がりする＞) 書物が飛ぶように売れる

〖**骆**(駱)〗 luò ⊗①ラクダ ②(L-)姓

【骆驼】luòtuo [名]〔匹〕ラクダ［单峰～］ひとこぶラクダ［双峰～］ふたこぶラクダ［～队］キャラバン，隊商

【骆驼绒】luòtuoróng [名] ラクダ色の毛織物

【**络**(絡)】 luò [動] ①網状のもので包む，網をかぶせる〖用发网～住头发〗髪をネットで包む ②からむ，まといつく

⊗①(漢方医学で) 絡［经～］経絡 ②網状のもの［丝瓜～］ヘチマの筋［橘～］ミカンの筋

⇨lào

【络腮(落腮)胡子】luòsāi húzi [名] 頰ひげ [同]［连鬓胡子］

*【络绎不绝】luòyì bù jué《成》(人，車，船などの流れが) 絶え間なく続く，途絶えることがない [同]［络绎不断］

〖**珞**〗 luò ⊗ 以下を見よ

【珞巴族】Luòbāzú [名] ロバ族 ♦中国少数民族の一，チベットに住む

【**落**】 luò [動] ①落ちる，落下する〖帽子～在地上了〗帽子が地面に落ちた ②下がる，下降する〖水位～下来了〗水位が下がった ③とり残される，人より遅れる〖～在群众后头〗大衆に取り残される ④留まる，留める，残す ⑤…の手に入る，…のものになる〖～在他们手里了〗彼らの手中に握られた ⑥得る，受け取る〖～褒贬〗あれこれ言われる

⊗①集落 ②衰える，落ちぶれる［衰～］衰える

⇨là, lào

【落笔】luòbǐ [動] 書き始める，描き始める，筆をおろす

【落膘】luò▾biāo [動] (～儿) (家畜が) 痩せる

【落泊】luòbó [形]《書》①落ちぶれた，失意の ②豪放磊落な

【落差】luòchā [名] 水位の差，落差

【落潮】luò▾cháo [動] 潮が引く [同]［退潮］

*【落成】luòchéng [動] 落成する，竣工する［～典礼］落成式

【落得】luòde [動]《貶》…の結果に終わる，…という始末になる〖～一场空〗すべてが夢と消える

【落地】luò▾dì [動] ①床や地面に落ちる ②子供が生まれる ③(飛行機が) 着地する ━ [形]〔定語として〕床まで届く

【落发】luò▾fà [動] 剃髪する，出家する

**【落后】luò▾hòu [動] 遅れる，引き離される〖思想～于现实〗思想が現実より遅れている〖～一分〗1点リードされている ━ [形] 立ち遅れている([反]［进步］)〖～的工具〗時代遅れの道具［～地区］後進地区

【落户】luò▾hù [動] 異郷に住みつく，定住する〖在农村～〗農村に住みつく

【落花流水】luò huā liú shuǐ《成》さんざんな目に遭わされる(遭わせる) さまを例える〖被打得～〗さんざんに打ちのめされる

【落花生】luòhuāshēng [名] ①〔棵・株〕落花生 ②〔颗・粒〕落花生の実，ピーナッツ

【落价】luò▾jià [動] 値段が下がる [同]［降价］

【落脚】luò▾jiǎo [動] (～儿) 滞在する，宿をとる〖在客店～〗宿屋に泊まる

【落井下石】luò jǐng xià shí《成》(人が井戸に落ちたとき上から石を投げ落とす＞) 人の落ち目につけこんで苦しめる [同]［投井下石］

【落空】luò▾kōng [動] 無に帰する，ふいになる〖一年的辛苦～了〗一年の苦労が水の泡になった

【落款】luò▾kuǎn [動] (～儿) 落款を書き入れる

【落雷】luòléi [名] 落雷 [同]［霹雳］

【落泪】luò▾lèi [動] 涙をこぼす

【落难】luò▾nàn [動] 災難に遭う，危難に陥る

【落魄】luòpò [形] [同]［落泊］

【落日】luòrì [名] 夕陽，落日

*【落实】luòshí [動] ①確実にする，確定する，決める〖日期还没～〗日取りは未定だ ②実行する，実現させる；実際的である〖～政策〗政策を実行する ━ [形]《方》心が落ち着いている

【落水】luò▾shuǐ [動] ①水に落ちる［～擒水泡］溺れる者はわらをもつかむ ②堕落する

【落水狗】luòshuǐgǒu [名]〔只・条〕(水に落ちた犬＞) 勢力を失った悪玉

【落汤鸡】luòtāngjī [名]〔只〕(熱湯に

落ちた鶏＞）全身ずぶぬれ，ぬれねずみ
- 【落拓】luòtuò 形〔書〕⇨〔落泊〕
- 【落网】luò°wǎng 動（犯罪者が）網にかかる，捕らえられる
- 【落伍】luò°wǔ 動 ① 落伍する，隊列から遅れる ②（考え方や物事が）時代に取り残される
- 【落选】luò°xuǎn 動 選挙に落ちる，選にもれる ⊗〔当选〕〔入选〕
- 【落叶】luòyè 名〔片〕落葉
  ──── 動 葉が落ちる〔～树〕落葉樹〔～松〕カラマツ
- 【落照】luòzhào 名 落日の輝き
- 【落座】luòzuò 動 着席する，座る

【摞】 luò 動 積み上げる，積み重ねる〔把砖～起来〕れんがを積む ── 量 積み重ねられた物（皿や本など）を数える

【漯】 Luò ⊗〔～河〕漯河（河南省）♦ 山东省の同表記の川は Tàhé と発音

【啰(囉)】 luo 助〔語気助詞として〕軽く肯定する語気を表わす ⇨ luō

M

【呒(嘸)】 m̌ 動〔方〕ない（⇔〔普〕〔没有〕）〔～啥 shá〕何もない，何でもない

【嗯】 ń 嘆（いぶかって）うん？ ⇨ m̌

【嗯】 m̀ 嘆（承諾して）うん ⇨ ń

【妈(媽)】 mā 名〔口〕母さん
⊗ 上の世代または年上の既婚女性に対する呼称〔姑～〕おばさん（父の姉妹）〔姨～〕おばさん（母の姉妹）
- 【妈妈】māma 名〔口〕お母さん（⇔〔母亲〕）
- 【妈祖】māzǔ 名 中国東南部で信仰される海の女神

【蚂(螞)】 mā ⊗〔～郎 lang〕〔方〕トンボ ⇨ mǎ, mà

【抹】 mā 動 ふく（⇔〔擦〕）〔～柜台〕カウンターをふく ⇨ mǒ, mò

──（*擵）動 下へずらす〔～袖子〕（まくった）袖をおろす ⇨ mǒ, mò

- 【抹布】mābù 名〔条・块〕ぞうきん，ふきん〔用～擦〕ぞうきんでふく
- 【抹脸】mā°liǎn 動〔口〕表情をこわばらせる

【吗(嗎)】 má 代〔方〕なに，どんな（⇔〔普〕〔什么〕）〔你干～来了？〕君は何をしに来たのだ ⇨ mǎ, ma

【麻】 má 動 しびれる，まひする ♦ '痳' とも書く ── 形（表面が）ざらざらの，あばたの ⊗（M-）姓

──（*蔴）名〔植〕麻
⊗ ゴマ〔芝～ zhīma〕同前

*【麻痹(痳痹)】 mábì 名 まひ ── 動 ①（身体，精神的に）まひする，無感覚になる〔～大意〕油断する ② まひさせる〔～大家的思想〕皆の思想をまひさせる
- 【麻布】mábù 名 麻布，リンネル
- 【麻袋】mádài 名 麻袋
*【麻烦】máfan 形 面倒だ，煩わしい〔～事儿〕面倒な一件 ── 動 面倒をかける，煩わす〔～别人〕人に面倒をかける〔～你〕お手数をかけます ── 名 面倒〔添～〕迷惑をかける
- 【麻风(麻风)】máfēng 名〔医〕ハンセン病
- 【麻花】máhuā（～儿）名 ねじりカリントウ ♦ 小麦粉をこね，ねじり合わせ

て油で揚げた菓子 — [形]《方》衣服がすりきれている
【麻将】májiàng [名] マージャン〚打～〛マージャンをする
【麻酱】májiàng [名] ゴマみそ [同][芝麻酱]
【麻利】máli [形] 動きが速い，手際がよい
【麻脸】máliǎn [名] あばた面
【麻麻黑】mámahēi/《口》māmahēi [形]《方》夕暮になる
*【麻木】mámù [形]（身体，精神的に）しびれた，無感覚になった
【麻木不仁】mámù bù rén《成》無感覚(無関心)である
【麻雀】máquè [名] ①〔只〕スズメ ② マージャン [同][麻将]
【麻纱】máshā [名] ① 麻糸 ② 薄地の麻布
【麻绳】máshéng [名] 麻ひも，麻縄
【麻酥酥】másūsū [形]（～的）ちょっとしびれる
【麻线】máxiàn [名]（～儿）麻糸
【麻药】máyào [名] 麻酔剤
【麻油】máyóu [名] ゴマ油
【麻疹(痲疹)】mázhěn [名] はしか [同][疹子]
【麻子】mázi [名] ① あばた ② あばたのある人
*【麻醉】mázuì [名]〚医〛麻酔［～药］麻酔剤 — [動] 麻酔をかける，まひさせる

〖蟆(*蟇)〗má ⊗→[蛤～ hámá]

【马(馬)】mǎ [名] ①〔匹〕馬〚骑～〛馬に乗る ② 中国将棋の駒の一 ⊗(M-)姓
【马鞍子】mǎ'ānzi [名] 馬の鞍
【马帮】mǎbāng [名] 荷馬隊，キャラバン
【马表】mǎbiǎo [名] ストップウォッチ [同][跑表][停表]
【马鳖】mǎbiē [名]〚動〛〔只〕ヒル [同][蚂蟥][水蛭]
【马车】mǎchē [名]〔辆〕馬車，荷馬車
【马达】mǎdá [名]〚機〛〔台〕モーター
【马大哈】mǎdàhā [形]《口》軽率な，ぞんざいな — [名] 間抜け，いいかげんな人 [同][糊涂虫]
【马刀】mǎdāo [名] サーベル
【马到成功】mǎ dào chénggōng《成》(馬で駆けつければたちまち勝つ＞)着手すれば直ちに成果をあげる
【马灯】mǎdēng [名] 手提げ用石油ランプ，カンテラ
【马镫】mǎdèng [名] あぶみ(鐙)
【马店】mǎdiàn [名]《旧》荷馬隊用のはたご屋
【马粪纸】mǎfènzhǐ [名] ボール紙
【马蜂(蚂蜂)】mǎfēng [名]〔只〕スズメバチ [同][胡蜂]
【马夫】mǎfū [名]《旧》馬丁，馬方
【马褂】mǎguà [名]（～儿）(男子の)長衣の上に着る袖長の上着 ♦礼服用
【马锅头】mǎguōtóu [名] 荷馬隊のリーダー
【马赫数】mǎhèshù [名]〚理〛マッハ
【马后炮】mǎhòupào [名]（将棋用語から）後の祭り
★★【马虎(马糊)】mǎhu [形] いい加減だ，そそっかしい，まあまあだ ♦重ね型の'马马虎虎'は mǎmǎhūhū と発音
【马脚】mǎjiǎo [名] 馬脚，はたん〚露出～〛馬脚を現わす
【马厩】mǎjiù [名] 馬小屋
【马驹子】mǎjūzi [名]《口》子馬
【马克思主义】Mǎkèsī zhǔyì [名] マルクス主義
【马裤】mǎkù [名] 乗馬ズボン
【马拉松】mǎlāsōng [名]《訳》〚体〛マラソン［～赛跑］同前
【马力】mǎlì [名]〚理〛馬力
【马列主义】Mǎ-Liè zhǔyì [名] マルクスレーニン主義
【马铃薯】mǎlíngshǔ [名] ジャガイモ [同][土豆儿][山药蛋]
【马路】mǎlù [名]〔条〕大通り，自動車道路
【马骡】mǎluó [名]〔匹〕ラバ
【马尼拉麻】mǎnílāmá [名]〚植〛マニラ麻 [同][蕉麻]
【马匹】mǎpǐ [名] 馬の総称
【马前卒】mǎqiánzú [名]（将棋用語から）お先棒，手先
【马枪】mǎqiāng [名] 騎兵銃
【马球】mǎqiú [名]〚体〛ポロ
【马赛克】mǎsàikè [名]《訳》モザイク(タイル)
★★【马上】mǎshàng [副] 直ちに，今すぐ〚～就回来〛すぐに戻る
【马勺】mǎsháo [名]（ご飯や粥をつぐ）大きめのしゃもじ
【马术】mǎshù [名] 馬術
【马蹄】mǎtí [名] ① 馬のひづめ ②〚植〛クログワイ [同][荸荠]
【马蹄铁】mǎtítiě [名] 蹄鉄(ていてつ)
【马蹄形】mǎtíxíng [名] 馬蹄形
【马桶】mǎtǒng [名]〔只〕(ふた付き)便器，おまる
【马戏】mǎxì [名] サーカス［～团］曲馬団
【马靴】mǎxuē [名] 乗馬靴
【马扎(马劄)】mǎzhá [名]（～儿）折りたたみ式の携帯用腰かけ
【马掌】mǎzhǎng [名] ① 馬のひづめ ② 蹄鉄
【马桩】mǎzhuāng [名] 馬をつなぐ柱
【马鬃】mǎzōng [名] 馬のたてがみ

〖吗(嗎)〗mǎ ⊗以下を見よ ⇨má, ma

【吗啡】mǎfēi [名]〚薬〛モルヒネ

M

【玛】(瑪) mǎ ⊗ 以下を見よ

【玛瑙】 mǎnǎo 图 めのう

【码】(碼) mǎ 量 ① 事柄を数える〖两～事〗別の事柄 ② ヤード(長さの単位) ― 動 (口) 積み重ねる ⊗ 数字を表わす〖号～〗番号〖数～〗数字〖~子〗数を表わす符号

*【码头】mǎtou/mǎtóu 图〘座〙波止場, 港

【蚂】(螞) mǎ ⊗ 以下を見よ
⇨ mā, mà

【蚂蟥】 mǎhuáng 图《虫》〘只〙ヒル 回《水蛭》〖马鳖〗

【蚂蚁】 mǎyǐ 图《虫》〘只〙アリ〖～搬家〗(アリが泰山を動かす＞)小さな力が合わさって大きな事ができる〖～啃 kěn 骨头〗(アリが骨をかじる＞)こつこつ努力して事を成就せる

【蚂】(螞) mà ⊗ 以下を見よ
⇨ mā, mǎ

【蚂蚱】 màzha 图《方》《虫》イナゴ 回《普》〖蝗虫〗

【骂】(罵) mà 動 ののしる, 叱る〖～孩子〗子供を叱る

【骂架】 màˈjià 動 口げんかする

【骂街】 màˈjiē 動 路上でさんざん悪口を言う, ののしり散らす

【骂名】 màmíng 图 悪名, 汚名

【吗】(嗎*么) ma 動 ① 文末に用いて疑問を表わす〖你是学生～?〗君は学生ですか〖有什么消息～?〗何か知らせがあるか ② 文中に用いてポーズを置き話題を提起する〖特殊情况～,还得特殊对待〗特殊な状況ではね, 特殊な対処法をとらなければならないのだ
⇨ má, mǎ

【嘛】(*么) ma 動 ① 文末に用いて明らかな道理である語気を表わす〖该做的就做～〗やるべき事はやりなさいよ〖有意见可以提～〗意見があれば言えばいいじゃないか ② 文中に用いてポーズを置く働きをする

【埋】 mái 動 埋める, 隠す〖～地雷〗地雷を埋める〖～在树底下〗木の下に埋める
⇨ mán

【埋藏】 máicáng 動 埋蔵する, 隠す〖～着仇恨〗恨みを胸に内に隠している

【埋单】 máidān 動《方》(勘定を)支払う 回〖买单〗

【埋伏】 máifu/máifú 動 待ち伏せする〖设下～〗〖在丛林中～〗林の中で待ち伏せする

*【埋没】máimò 動 ① うずめる〖～在沙漠中了〗砂漠の中に埋まった ② (人材などが)埋没する, 埋もれる〖不要～人才〗人材を埋もれさせてはならない

【埋汰】 máitai《方》形 汚い ― 動 皮肉る

【埋头】 máitóu 動 没頭する, 打ち込む〖～读书〗読書に没頭する〖～于改革〗改革に専念する

*【埋葬】máizàng 動 埋葬する〖～封建王朝〗封建王朝を葬る

【霾】 mái ⊗ (土曇りの)もや, 煙霧

【买】(買) mǎi 動 買う(⊗〖卖〗)〖～票〗切符を買う〖～一件衣服〗服を一着買う〖～一送一〗おまけをつける ⊗ (M-)姓

【买办】 mǎibàn 图 買弁 bǎn ♦旧中国で外国企業に雇われた代理人

【买椟还珠】 mǎi dú huán zhū《成》(箱を買って中の珠玉を返す＞)見る目がない

【买方】 mǎifāng 图《経》買い手

【买关节】 mǎi guānjié 動 買収する

【买好儿】 mǎiˈhǎor 動 取り入る, ご機嫌をとる

【买空卖空】 mǎi kōng mài kōng 動 空売空買する, 投機的売買をする

【买卖】 mǎimai 图 商い, 商売〖今天～怎么样?〗今日の商売はどうだ〖这笔～挺合算〗この商売は大いに採算に合う〖～人〗商人

【买通】 mǎitōng 動 買収する

【买账】 mǎiˈzhàng 動《多く否定文に用いて》相手の長所や能力を認める〖不买他的账〗あいつなんか認めない

【买主】 mǎizhǔ 图 買い手 ⊗〖卖主〗

【迈】(邁) mài 動 足を踏み出す〖门坎太高,～不过去〗しきいが高過ぎてまたげない〖～步〗歩を進める ― 量 マイル(約1.6キロメートル) ⊗ 老いる〖老～〗老けこむ

【迈进】 màijìn 動 突き進む, 邁進する〖向前～了一大步〗大きく前進した

【麦】(麥) mài ⊗ ①《植》麦〖小～〗小麦〖大～〗大麦〖黑～〗ライムギ ② (M-)姓

【麦茬】 màichá 图 麦の切り株〖～地〗麦の後作の畑

【麦秸】 màijiē 图 麦わら

【麦精】 màijīng 图 麦芽エキス

*【麦克风】màikèfēng 图《訳》マイクロホン

【麦浪】 màilàng 图 麦の穂波

【麦粒肿】 màilìzhǒng 图《医》˙瞼腺

炎'(ものもらい)の旧称
【麦片】màipiàn 名 ひき割りカラスムギ,オートミール用のムギ〔~粥〕オートミール
【麦秋】màiqiū 名 麦秋,麦の収穫期(夏季)
【麦收】màishōu 名 麦の収穫
【麦芽糖】màiyátáng 名 麦芽糖
【麦子】màizi 名 麦

【卖(賣)】mài 動 ① 売る(反[买])〔~光了〕売り切れた ② 裏切る〔~友〕友人を裏切る ③ 力を出す〔~劲儿〕精を出す
⊗ 見せびらかす〔~功〕手柄をひけらかす
【卖唱】mài chàng 動 歌を歌って生計をたてる〔~的〕歌い手
【卖点】màidiǎn 名 セールスポイント
【卖狗皮膏药】 mài gǒupí gāoyao (俗)うまい口でぺてんにかける
【卖乖】mài guāi 動 利口ぶる
【卖关子】mài guānzi 話などをいいところで打ち切り相手をじらす
【卖国】mài guó 動 国を売る〔~贼〕売国奴
【卖好】mài hǎo 動 いいところを見せる,こびを売る
【卖力气】mài lìqi 動 労を惜しまず働く(同[卖劲儿])
【卖命】mài mìng 動 (生活のため,あるいは命令されて)命がけで働く,しゃにむに働く
【卖弄】màinong 動 ひけらかす,自慢する〔喜欢~自己的才气〕自分の才気をひけらかしたがる
【卖俏】mài qiào 動 こびを見せる,しなをつくる
【卖艺】mài yì 動 芸で生計をたてる〔~的〕芸能人
【卖淫】mài yín 動 売春をする 同[卖春]
【卖主】màizhǔ 名 売り手 反[买主]
【卖座】mài zuò 動 (〜儿)(劇場,飲食店などで)入場券を売る〔~不佳〕客の入りがよくない — 形 客の入りがよい

【脉(脈*衇)】mài 名 ① 脈 ② 脈拍〔号~〕脈をとる
⊗ 脈状のもの〔叶~〕(植物の)葉脈〔山~〕山脈
⇨mò
*【脉搏】màibó 名 脈拍
【脉动】màidòng 動 脈打つ
【脉络】màiluò 名 ①〔医〕脈絡 ◆静脈と動脈 ② 筋道

【颠(顚)】mān hān ⊗〔~预〕ぼけっとして馬鹿な

【埋】mán ⊗ 以下を見よ ⇨mái

【埋怨】mányuàn 動 不平を言う,ぐちをこぼす,恨む〔~领导〕指導者に不満を持つ〔他自己不小心,还~别人〕自分が不注意だったくせに,人に文句を言う

【蛮(蠻)】mán 形(方)とても,非常に(同[普][很])〔挺〕〔~聪明〕とても賢い
⊗ ① 粗野な,荒々しい〔~劲〕ものすごい力 ② 南方の異民族
【蛮不讲理】mán bù jiǎng lǐ(成)道理をわきまえない,理不尽だ
【蛮干】mángàn 向う見ずにやる,やみくもにやる〔不能~〕考えもなしにやってはならない
【蛮横】mánhèng 形 横暴な,理不尽な〔~的态度〕横暴な態度〔他~地骂了起来〕彼はむちゃくちゃにわめき出した

【馒(饅)】mán ⊗ 以下を見よ
*【馒头】mántou 名 マントウ,中国式蒸しパン ◆主食とする,あんは入っていない 同[包子]

【蔓】mán ⊗〔~菁 jing〕〔植〕カブ,カブラ ⇨màn, wàn

【鳗(鰻)】mán ⊗ ウナギ〔~鲡 lí〕〔~鱼〕同前

【鬘】mán ⊗ 髪の美しさの形容

【瞒(瞞)】mán 動 隠す,ごまかす〔~了他一件事〕彼に一つ隠し事がある〔不~你说〕本当のことを言うと〔什么事也~不住她的眼睛〕何事も彼女の目をごまかせない
【瞒哄】mánhǒng 動 だます,欺く
【瞒上欺下】mán shàng qī xià(成)上をだまし下をしいとげる

【鞔】mán 動 革や布で包み込む

【满(滿)】mǎn 形 ① いっぱいの,満ちている〔放了水〕水をいっぱいに入れた ②〔定語として〕全ての〔一脸大汗〕顔中汗まみれだ〔~身是泥〕体中泥だらけの — 動 満たす,限度に達する〔不~一年〕1年に満たない — 副 とても〔~不错〕なかなかよい
⊗ ① 満足する〔不~〕不満の ②(M-)満洲族〔~族〕同前 ③(M-)姓
【满不在乎】mǎn bú zàihu(成)全く気にしない
【满城风雨】mǎn chéng fēng yǔ(成)町中のうわさになる ◆多く貶ẽ す意に用いる〔闹出~的事〕大騒ぎを引き起こす
【满分】mǎnfēn 名 満点〔得~〕満

点をとる
【満額】mǎn'é 動 定員に達する〖招生已经～了〗新入生募集はもう定員に達した
【満腹】mǎnfù 動 胸(や腹)が一杯となる〖牢骚～〗不平不満で一杯だ〖～经纶〗政治的才能(或いは学問)が胸に満ちている
【満懐】mǎnhuái 動 胸にあふれる〖～信心〗自信に満ちている ━ 名 胸全体〖撞了个～〗真正面からぶつかった
【満坑満谷】mǎn kēng mǎn gǔ〖成〗至る所に満ちている
【満口】mǎnkǒu 名 ① 口全体 ② 話全部 ━ 副〖～谎言〗言うことでたらめばかりだ
【満面】mǎnmiàn 動 顔にあふれる 📖[满脸]
【満面春風】mǎnmiàn chūnfēng《成》満面に笑みを浮べる〖～地回到家里〗ご機嫌で帰宅した
【満腔】mǎnqiāng 動 胸にあふれる〖～热忱〗あふれんばかりの情熱を持つ
【満堂】mǎntáng 名 会場全体(の人) ━ 動(人や物で)広間や会場が一杯になる
【満心】mǎnxīn 副 胸いっぱいに〖～欢喜〗喜びで胸が一杯だ
【満眼】mǎnyǎn 名 ① 目の中全部〖～红丝〗目がすっかり充血している ② 視野全体
★★【満意】mǎnyì 満足する〖不～这件事〗この事には不満だ〖你到底～不～?〗君は一体満足なのか不満なのか
【満員】mǎn'yuán 動 満員になる
【満月】mǎnyuè 名 満月 ━ mǎn'yuè 動 赤ん坊が誕生して満一か月になる
【満載】mǎnzài 動 満載する〖～粮食的卡车〗食糧を満載したトラック〖～而归〗満載して帰る(収穫が多いことをいう)
【満洲】Mǎnzhōu 名《旧》① 満洲族 ② 中国東北地区
【満足】mǎnzú 動 ① 満足する〖～已有的成绩〗これまでの成果に満足する ② 満たす〖～希望〗希望を満たす〖～条件〗条件を満たす
【満族】Mǎnzú 満洲族 ◆ 中国少数民族の一,主に東北や河北に住む
【満座】mǎn'zuò 動(～儿)満席になる

【螨(蟎)】 mǎn 名 節足動物の一種 ◆ 疥癬ダニなど 📖[～虫]

【曼】 màn ⊗ ① 優美な〖～舞〗優雅に踊る ② 引き伸ばした,長い

【曼徳琳】 màndélín 名《訳》《音》マンドリン 📖[曼陀铃]

【曼荼羅】màntúluó 名《宗》マンダラ

【曼延】mànyán 動 長々と続く〖～曲折的小路〗延々と続く曲がりくねった小道〖～滋长〗広くはびこってゆく

【漫(謾)】 màn ⊗ 無礼な ◆「欺く」の意では mán と発音

【謾罵】mànmà 動 あなどり罵る

【漫】 màn 動 あふれ出る,ひたす〖水～出来了〗水があふれ出た
⊗ ① いたるところ〖～天〗空一面の
② とらわれない,気ままな〖散 sǎn ～〗締まりがない

【漫筆】mànbǐ 名 漫筆,随筆
【漫歩】mànbù 動 そぞろ歩きする〖～林间〗林を散策する
【漫不経心】màn bù jīngxīn《成》無とんちゃくだ,少しも気にしない〖装做～的样子〗少しも気にしない振りをする
【漫長】màncháng 形(時間,道路が)果てしなく長い〖～的岁月〗きわめて長い歳月〖前面的道路多么～〗前途の道のりは長いことか
【漫反射】mànfǎnshè 名《理》乱反射
*【漫画】mànhuà 名〔幅・张〕漫画 📖[卡通]
【漫漶】mànhuàn 形(字や絵が)年を経てかすれた
【漫罵】mànmà 動 わめき散らす,さんざん悪口を言う〖满口～〗さんざん罵り散らす
【漫漫】mànmàn 形(時間,空間が)果てしない〖～白雪,一望无际〗見渡すかぎり雪が積もっている
【漫山遍野】màn shān biàn yě《成》野山一面に広がる,至る所〖～都是映山红〗山一面にツツジの花が咲いている
【漫談】màntán 動 自由に話し合う,放談する〖～国际形势〗国際情勢について自由に話し合う
【漫天】màntiān 形 ① 空いっぱいの〖～大雪〗降りしきる大雪 ② 《多く状語・定語として》途方もない〖这简直是～大谎〗それは全くとんでもない大うそだ
【漫無辺際】màn wú biānjì《成》① 果てしなく広い ② 話に締まりがない,とりとめない
【漫溢】mànyì 動《書》あふれる
【漫遊】mànyóu 動 気ままに遊覧する〖～全国各地〗全国各地を遊覧する

【慢】 màn 形 ① (速度が)遅い,のろい(⊗[快])〖钟～了〗時計が遅れている〖动作～得要

命〗動作がおそろしくのろい ②余裕のある, ゆったりした〖～点儿告诉他, 免得他担心〗彼に心配させないよう, 知らせるのは後にしよう
⊗①冷淡な, 横柄な [傲～] 傲慢な ②…してはならぬ, するなかれ

【慢车】mànchē [名]〔列·辆〕普通列車, 鈍行 [関][快车]

【慢待】màndài [動]冷たくあしらう

【慢慢】mànmàn [形](～的)ゆっくりと, 次第に ◆'～儿'は mànmānrと発音〖别着急, ～说〗あわてないで, ゆっくり話しなさい

【慢慢腾腾】mànmantēngtēng [形](～的)ゆっくりと, のろのろ([同][慢慢吞吞])〖他～地走进屋来〗彼はゆっくりと部屋に入ってきた

【慢坡】mànpō [名]ゆるやかな坂, だらだら坂

【慢腾腾】màntēngtēng [形](～的)ゆっくりと, のんびり([同][慢吞吞])〖你这么～的, 什么时候能做完呢?〗そんなにのろのろやっていて, いつになったら終われるんだね

【慢条斯理】màntiáo sīlǐ《成》ゆっくりした, 落ち着いた様子〖一字一句～地读起来〗一字一句ゆっくりと読み始める

*【慢性】mànxìng [形]〔定語·状語として〕慢性の [～病] 慢性病

【慢性子】mànxìngzi [名]ぐずな人, のんびり屋

【慢悠悠】mànyōuyōu [形](～的)ゆったりした, 悠然とした([同][慢慢悠悠])

【慢走】mànzǒu [動]①ゆっくり歩く ②〔命令形で〕ちょっと待て ③《挨》(客を見送るとき)お気をつけて

【蔓】 màn ⊗以下を見よ
⇨mán, wàn

【蔓草】màncǎo [名]つる草

*【蔓延】mànyán [動]広がる, はびこる〖野草～〗野草がはびこる

【幔】 màn ⊗幕, カーテン [～子]《方》カーテン

【幔帐】mànzhàng [名]〔条〕(仕切りの)幕, カーテン

【镘(鏝)】 màn ⊗(左官の)コテ→[抹mǒ子]

【牤(𤛘)】 māng ⊗以下を見よ

【牤牛】māngniú [名]《方》雄牛 [同]《普》[公牛]

【邙】 máng ⊗[北Běi～] 河南省洛陽にある山の名

【忙】 máng [形]忙しい〖你最近～不～?〗最近忙しいですか [大～] 大いに忙しい — [動]せわしくする, 忙しい思いをする〖～什么?〗何をばたばたしているの〖～了一天〗1日せわしく働いた〖白天～工作, 晚上～家务〗昼間は仕事, 夜は家事で忙しい [～活儿] 急いで仕事をする

【忙活】mánghuó [名](～儿)急ぎの仕事
—— mángʼhuó [動](～儿)忙しく仕事をする

【忙里偷闲】mánglǐ tōuxián《成》忙しい中から時間を見つける

*【忙碌】mánglù [形]忙しい

【忙乱】mángluàn [形]ばたばたと忙しい〖工作～极了〗仕事がやたらに忙しい

【忙于】mángyú [動]…に忙しい, …に没頭する

【芒】 máng [名](～儿)〖植〗のぎ [～草] ススキ
⊗のぎ状のもの [光～] 光芒

【芒刺在背】máng cì zài bèi《成》(背中にのぎやとげがささる>)いらいらと落ち着かない

【芒果(杧果)】mángguǒ [名]〖植〗マンゴー

【芒种】mángzhòng [名]芒種(ぼうしゅ) ◆二十四節気の一. 穀物を播く時期, 陽暦6月6日頃

【杧】 máng ⊗[～果(芒果)]〖植〗マンゴー

【盲】 máng ⊗目が見えない [～人] 盲人 [文～] 読み書きができない(人) [～打] ブラインドタッチ

【盲肠炎】mángchángyán [名]〖医〗盲腸炎 [同][阑尾炎]

【盲从】mángcóng [動]言われるままに従う〖要认真思考, 不应该～〗真剣に考えなければならず, 盲従すべきではない

【盲点】mángdiǎn [名]〖生〗(網膜上の)盲点, 盲斑

【盲动】mángdòng [動]是非の分別なく行動する

【盲干】mánggàn [動]やみくもにやる

*【盲目】mángmù [形]〔多く定語·状語として〕目が見えない〖～的行动〗無批判な行動

【盲棋】mángqí [名]盤面を見ずに口頭で指す将棋

【盲人摸象】mángrén mō xiàng《成》(群盲象をなでる>)一部の事で全体を判断する

【盲人骑马】mángrén qí mǎ《成》(盲人が馬に乗る>)極めて危険なこと

【盲文】mángwén [名]点字, 点字の文章

【盲字】mángzì [名]点字

【氓】 máng ⊗→[流～ liúmáng]
⇨méng

【茫】 máng ⊗①果てしない [苍～] 広々とした ②何も知らない

【茫茫】mángmáng 形 果てしなく広い〘～草原〙茫々たる草原

【茫然】mángrán 形 事情が全くわからない〘～不知所措〙どうしてよいか全くわからない〘～若失〙茫然として自失する

【茫无头绪】máng wú tóuxù（成）何から手をつけていいのかわからない

【硭】máng ⊗ 以下を見よ

【硭硝】mángxiāo 名〔化〕硫酸ナトリウム◆下剤として漢方薬に用いる

【莽】mǎng ① 軽率な ② はびこる草〘丛～〙草むら ③（M-）姓

【莽苍】mǎngcāng 形（原野の）景色がぼうっとかすむ ━〔書〕原野

【莽汉】mǎnghàn 名 がさつな男

【莽原】mǎngyuán 名 草が繁茂する原野

【莽撞】mǎngzhuàng 形 無分別な,がさつな〘～的性格〙がさつな性格〘他做事很～〙彼はやることが無鉄砲だ

【蟒】mǎng ⊗ ウワバミ,大蛇

【蟒蛇】mǎngshé 名〔条〕大蛇,ニシキヘビ ⑩〔蚺蛇〕

【猫】(貓) māo 名〔只〕猫〘～捉老鼠〙ネズミをつかまえる〘～粮〙キャットフード〘山～〙ヤマネコ〘波斯～〙ペルシャネコ ━ 動〔方〕隠れる

【猫儿腻】māornì 名〔方〕うしろめたい事

【猫儿眼】māoryǎn 名 ① 猫目石,キャッツアイ ⑩〔猫睛石〕② 猫の目〘～,时时变〙猫の目のようにころころ変わる

【猫头鹰】māotóuyīng 名〔只〕フクロウ

【猫熊】māoxióng 名〔只〕パンダ ⑩〔熊猫〕

【毛】máo 名 ① 〔根〕毛〘奶～〙うぶ毛〘羽～〙羽毛 ② かび〘长 zhǎng ～〙かびが生える ━ うろたえた,ろうばいした〘发～〙びくびくする ━ 動〔方〕怒る ━ 量〔口〕1元の10分の1 ⑩〔角〕⊗ ① 小さい〘～孩子〙がき ② 総体の,グロス〘～利〙粗利益 ③ 粗い,未加工の〘～铁〙銑鉄 ④ （M-）姓

【毛笔】máobǐ 名〔支・枝・管〕毛筆

【毛边纸】máobiānzhǐ 名 竹が原料の毛筆用の紙

*【毛病】máobìng/máobing 名 ① 故障〘汽车又发生～了〙車がまた故障した ② 欠点,弱点〘克服～〙欠点を克服する ③〔方〕病気

【毛玻璃】máobōli 名 くもりガラス ⑩〔磨砂玻璃〕

【毛糙】máocao 形 粗い,ぞんざいな

【毛虫】máochóng 名 毛虫 ⑩〔毛毛虫〕

【毛豆】máodòu 名 枝豆

【毛发】máofà 名 毛髪

【毛骨悚然】máo gǔ sǒngrán（成）身の毛がよだつ〘令人～〙ぞっとさせられる

【毛烘烘】máohōnghōng 形（～的）毛がふさふさした

【毛巾】máojīn 名〔条〕タオル〘～被〙タオルケット

【毛举细故】máo jǔ xì gù（成）細かな点まであげつらう

【毛孔】máokǒng 名 毛穴 ⑩〔汗孔〕

【毛料】máoliào 名 毛織物

【毛驴】máolǘ 名〔头〕小さいロバ

【毛毛虫】máomaochóng 名 毛虫 ⑩〔毛虫〕

【毛毛雨】máomaoyǔ 名 細かい雨,霧雨 ◆'毛毛细雨'ともいう

【毛南族】Máonánzú 名 マオナン族 ◆中国少数民族の一,広西に住む

【毛坯】máopī 名 未加工品,半製品〘～房〙コンクリート打ち抜きのままの部屋

【毛茸茸】máoróngróng 形（～的）（細い毛が）ふわふわした

【毛瑟枪】máosèqiāng 名 モーゼル銃

【毛手毛脚】máo shǒu máo jiǎo（成）そそっかしい,いい加減だ〘做事要认真,不能～〙仕事はまじめにやらなければならず,いい加減にやってはいけない

【毛遂自荐】Máo Suì zì jiàn（成）自薦する,まず自分が名乗りを上げる

【毛笋】máosǔn 名（孟宗竹の）タケノコ

【毛桃】máotáo 名 野生の桃

【毛细管】máoxìguǎn 名 毛細管,毛細血管

【毛细现象】máoxì xiànxiàng 名 毛細（管）現象

【毛线】máoxiàn 名 毛糸〘～活儿〙編み物〘～针〙編み棒

【毛腰】(猫腰) máo•yāo 動〔方〕腰を曲げる

【毛衣】máoyī 名〔件〕セーター

【毛躁】máozào 形 ① 気が短い ② そそっかしい

【毛织品】máozhīpǐn 名 毛織物,ニットウエア

【毛重】máozhòng 名 風袋込みの重量,総重量 ⑩〔净重〕

【毛猪】máozhū 名（売り物としての）生きたままの豚

【毛竹】máozhú 名 孟宗竹

【毛装】máozhuāng 名（書籍の）化粧裁ちをしない装丁

máo —

【牦】(犛) máo ⊗以下を見よ

【牦牛】máoniú 图【動】[头]ヤク ◆主に青蔵高原に生きる役畜

【旄】 máo ⊗ヤクの尾を飾りとした古代の旗 ⇨[牦]

【酕】 máo ⊗[～醄 táo]《書》ひどく酒に酔ったさま

【矛】 máo ⊗古代の武器の一、ほこ

*【矛盾】máodùn 图 動 矛盾(する)〖一切事物都存在着～〗事物はすべて矛盾を含んでいる〖自相～〗自己矛盾

【矛头】máotóu (攻撃の)ほこ先

【茅】 máo ⊗① カヤ、チガヤ〖白～〗同前〖～塞 sè 顿开〗目からうろこが落ちる ②(M-)姓

【茅草】máocǎo 图 チガヤ

【茅厕】máoce/《方》máosi《方》便所

【茅房】máofáng 图《口》かわや、便所

【茅坑】máokēng 图① 便つぼ ②《方》便所

【茅庐】máolú 图《書》茅屋ぼうおく、かやぶきの家

【茅棚】máopéng かやぶき小屋

【茅台酒】máotáijiǔ 图 マオタイ酒. 贵州省仁懐県茅台鎮産の'白酒'

【茅屋】máowū 图[间]かやぶき小屋、粗末な家 ⇨[草屋]

【蝥】 máo ⊗根を食う虫

【蝥贼】máozéi 图 国や人民に有害な人物

【锚】(錨) máo 图 錨いかり〖抛～〗錨をおろす

【卯】 mǎo 图(～儿)ほぞ穴〖～眼〗同前
⊗卯ぅ,十二支の第四〖～时〗卯の刻

【卯榫】mǎosǔn 图(部材を接合するための)ほぞの突起と穴

【昴】 mǎo ⊗二十八宿の一、すばる

【铆】(鉚) mǎo 動 リベットを打つ

【铆钉】mǎodīng 图 リベット〖铆～〗リベットを打つ〖～枪〗リベット打ち機

【铆接】mǎojiē 動 リベットでつなぐ

【茂】 mào ⊗① 茂る ② 豊か

【茂密】màomì 形 (草木が)びっしり茂っている〖～的树林〗うっそうとした林

【茂盛】màoshèng 形 繁茂した、よく茂った〖～的枝叶〗よく茂った枝葉

【冒】 mào 動 ①(煙、汗、泡などが)出る、噴き出す、立ち昇る〖～出一身汗〗全身に汗が出る ②(危険などを)冒す〖～雨前进〗雨をものともせず前進する⊗①かたる、偽る ②そそっかしい ③(M-)姓 ◆古代匈奴の単于の名'冒顿'(ボクトツ)はMòdúと発音

*【冒充】màochōng 動 (本物だと)偽る、見せかける〖～好人〗善人振る〖～学者〗学者の振りをする

【冒犯】màofàn 動 無礼を働く、感情を害する〖～上司〗上司に無礼を働く

【冒号】màohào 图《語》標点符号のコロン(:)

【冒火】mào'huǒ 動 (～儿)かっとなる、腹が立つ

【冒尖】màojiān 動 ①山盛りになる、一定の数量を少し超過する〖仓里的粮食已经～了〗倉庫の穀物はもう満杯になった〖十斤稍～〗10斤を少しオーバーする ② 現われる、兆しが出る〖问题一～，就要及时地解决〗問題が出たら直ちに解決しなければならない ③ずば抜ける〖他的成绩最～〗彼の成績は誰よりも抜きん出ている

【冒进】màojìn 動 やみくもに進む、早まって行う

【冒昧】màomèi 形《謙》礼をわきまえない、ぶしつけである〖请原谅我的～〗失礼をお許しください〖～地拜访〗いきなりお訪ねする

【冒名】mào'míng 動 名をかたる、偽称する

【冒牌】mào'pái 動 (～儿)商標を盗用する、にせブランドをつける

【冒失】màoshi 形 そそっかしい、軽率な〖～鬼〗そこつ者、慌てん坊

*【冒险】mào'xiǎn 動 危険を冒して行う〖不要～〗危険なことをしないように〖～主义〗冒険主義

【帽】 mào 图 ①(～儿)帽子〖戴～〗帽子をかぶる〖礼～〗礼装用帽子 ②(～儿)帽子状のもの，キャップ〖钢笔～〗万年筆のキャップ〖钉～〗くぎの頭

【帽徽】màohuī 图 帽子の記章

【帽舌】màoshé 图 帽子のひさし

【帽檐】màoyán 图(～儿)帽子のふち，つば

*【帽子】màozi 图[顶] ①帽子〖戴～〗帽子をかぶる ②《転》レッテル、(政治面の)罪名〖扣 kòu～〗レッテルを貼る〖～戏法〗(サッカーの)ハットトリック

【瑁】 mào →[玳～dài-mào]

【贸】(貿) mào ⊗①財物を交換する〖外～〗外国貿易 ②軽率な

【贸然】màorán 形 軽率な,無分別な

*【贸易】màoyì 名 交易,(国内,外国)貿易

【耄】mào ⊗ 老齢の,8,90歳の年齢［老～］老いぼれる

【袤】mào ⊗ (南北の)長さ

【貌】mào ⊗ ① 容貌,顔つき［美～］美貌 ② 様相,外観［全～］全貌

【貌合神离】mào hé shén lí 成 表面上は一致していても内心は離れている

【懋】mào ⊗ ① 励ます ② 盛んな

【么（麼*末）】me 助 ① 前半の文の後に置いてポーズをとる［要去～,就赶快去］行きたいなら早く行け ② 歌詞の口調をそろえる ⊗ 代词の接尾辞［什～］なに［怎～］どのように ⇨ mó（麼）

【没】méi（[没有]）動 ① ない,持っていない［～钱］金がない［屋里～人］部屋に誰もいない ② 達しない,及ばない［事情～那么容易］事はそれほどたやすくない 一副 (まだ)していない,しなかった［天还～亮］まだ夜が明けていない ⇨ mò

*【没关系】méi guānxi 動 《挨》構わない,差し支えない,大丈夫だ

【没好气】méi hǎoqì 形 (～儿)不機嫌な,むしゃくしゃした

【没精打采】méi jīng dǎ cǎi 成 意気消沈した,しょげかえった 同［无精打采］

【没脸】méi liǎn 動 顔が立たない,面目ない［～见他］彼に会わせる顔がない

【没…没…】méi…méi… ① 〔類似の二形態素を並べて〕意味を強調する［没着 zhuó 没落］落ち着きがない［没完没了 liǎo］切りがない ② 〔対立する二形態素を並べて〕その区別もないことを示す［没死没活］命がけだ［没日没夜］夜も昼もない

【没门儿】méi ménr 動《方》① すべがない,不可能だ ② 絶対だめだ,許されない

【没命】méi mìng 動〔多く状語として〕命がない,命がけで…する［～逃跑］懸命に逃げる［玩儿起来～］遊び出すと見境がない

【没谱儿】méi pǔr 動《方》(心に)何のあてもない

【没趣】méi qù 形 不面目な,恥じ入る,面白くない［自讨～］自分でばかを見る

【没什么】méi shénme 動 何もない;《挨》何でもない,構わない,どういたしまして

【没事】méi shì 動 (～儿)用がない;《挨》大したことはない［～找事］余計な事をする

【没戏】méi*xì 動《方》見込みがない

【没有】méiyou/ méiyǒu 動 ① ない,持っていない［家里有～人？］家に誰かいますか［我～空儿］私は暇がない［不透风的墙］(風を通さぬ壁はない＞)必ずばれるものだ ②(ある数量,程度に)達していない［还～三天］まだ3日たたない［～这么热］こんなに暑くはない 一副 …しなかった,(まだ)…していない［我～去］私は行かなかった［他回来了～？］彼は帰ってきたか

【没有说的】méiyǒu shuōde 動 申し分ない,言うまでもないことだ,問題にならない 同［没说的］［没的说］

*【没辙】méi*zhé 動 お手上げだ,万事休す

【没治】méizhì 形《方》① 挽回の余地がない ② どうしようもない［我真拿你～］君にはお手あげだ ③ とてもすばらしい

【没准儿】méi*zhǔnr 動 はっきり言えない,当てにならない,…かも知れない

【枚】méi 量 (バッジやコインなど)小さくて丸い物を数える ◆ミサイルなども［一～纪念章］1個の記念バッジ［三～硬币］コイン3枚 ⊗(M-)姓

【玫】méi ⊗ 以下を見よ

【玫瑰】méigui 名［植］バラ,ハマナス

【眉】méi ⊗ ① まゆ［愁～］愁いでひそめた眉 ② 本のページ上部の余白［书～］同前

【眉飞色舞】méi fēi sè wǔ 成 喜色満面だ

【眉峰】méifēng 名 まゆ,眉根

【眉睫】méijié 名《書》目と睫 jié;(転)目前

【眉开眼笑】méi kāi yǎn xiào 成 にこにこうれしそうな顔をする

【眉来眼去】méi lái yǎn qù 成 互いに目配せする,流し目をおくる

*【眉毛】méimao 名［道·双］まゆ毛

【眉目】méimù 名 ① 容貌［～清秀］眉目秀麗 ② 文脈,筋道 —— méimu 名 糸口,見通し［计划有了～］計画に目鼻がついた

【眉梢】méishāo 名 眉尻

【眉头】méitóu 名 眉根［～一皱,计上心来］ちょっと眉間ｹﾝに寄せると,名案が浮かぶ

【眉眼】méiyǎn 名 眉目ﾓｸ,容貌

【眉宇】méiyǔ 图《书》まゆのあたり

【嵋】méi ⊗ [峨É~] 峨嵋山(四川省の名山)

【湄】méi 图 岸辺，水辺

【楣】méi ⊗ 門や扉の上に渡した横木 [门~] 同前

【莓(*苺)】méi ⊗ イチゴ [草~] 同前

【嫫】méi ⊗ 人名用字

【梅(*楳 槑)】méi ⊗ ① ウメ [~花儿] ウメの花 [腊~] ロウバイ ② (M-)姓

【梅毒】méidú 图《医》梅毒
【梅花】méihuā 图 (トランプの)クラブ
【梅花鹿】méihuālù 图 ニホンジカ
【梅雨(霉雨)】méiyǔ 图 梅雨⇨[黄梅雨]
【梅子】méizi 图 ① 梅の木 ② 梅の実

【酶】méi 图《生》酵素

【霉】méi 動 かびる，かびて腐る [倒~] 運が悪い，ついていない

【─(黴)】图 かび [~菌] 同前
【霉烂】méilàn 動 かびで腐る
【霉雨(霉雨)】méiyǔ 图 梅雨

【媒】méi ⊗ ① 仲人 [做~] 仲人をする ② 仲立ちする
*【媒介】méijiè 图 媒介，媒介するもの
【媒婆】méipó 图 (~儿) 仲人業の女
【媒人】méiren 图 仲人
*【媒体】méitǐ 图 メディア

【煤】méi ⊗ [块] 石炭 [泥~] 泥炭
【煤尘】méichén 图 煤塵
【煤焦油】méijiāoyóu 图 コールタール ⇨[煤黑油]
【煤气】méiqì 图 ① 石炭ガス，ガス ② 石炭の不完全燃焼によって発生する一酸化炭素 ⇨[煤气]
【煤球】méiqiú 图 (~儿) 豆炭，たどん
【煤焦】méitǎ 图 コールタール ⇨[煤焦油]
*【煤炭】méitàn 图 [块] 石炭
【煤田】méitián 图 炭田
【煤烟子】méiyānzi 图 煤煙，すす
【煤油】méiyóu 图 灯油
【煤渣】méizhā 图 (~儿) 石炭の燃えがら
【煤砟子】méizhǎzi 图 細かく割った石炭

【每】měi 代 おのおの，一つ一つ [~次] 毎回 [~年] 毎年 [~个月] 毎月 [~个星期] 毎週 [~天] 毎日 ─ 副 …ごとに [~隔五米种一棵树] 5メートルごとに木を植える [~当] [~逢] …のたびに
【每况愈下】měi kuàng yù xià《成》情況がますます悪くなる
【每每】měiměi 副 いつも(ふつう恒常的に行われたことについている) [他埋头钻研，~工作到深夜] 彼は研究に打ち込んで，いつも夜中まで仕事をした

【美】měi 形 ① 美しい [这里的风景真~] ここの景色は本当に美しい ② よい，素晴らしい [味道很~] 味が素晴らしい [~酒] 美酒 ③ (方)得意がる [~得不得了] 有頂天になる
⊗ ① 美しくする [~容] 美容 ② (M-)アメリカ [~洲](南北)アメリカ [~国] アメリカ合衆国
【美差】měichāi 图 お得な出張
【美德】měidé 图 美徳
【美感】měigǎn 图 美に対する感覚，審美観 [~人人都有~] 誰にもその人の美に対する感覚がある
【美工】měigōng 图 ① 映画製作等の美術(セット，道具，衣裳など) ② 美術スタッフ
*【美观】měiguān 形 (様式が) 美しい，目を楽しませる [~的家具] きれいな家具
【美好】měihǎo 形 (前途や生活などが) うるわしい，素晴らしい [~的将来] 輝かしい未来
【美化】měihuà 動 美化する [~自己] 自分を美化する
*【美丽】měilì 形 (容貌，景色，心情などが) 美しい，うるわしい [非常~的仙女] とても美しい仙女 [~的城市] 美しい都市
*【美满】měimǎn 形 幸せな，満足な [~的生活] 幸福な暮らし
【美貌】měimào 图 美貌
*【美妙】měimiào 形 美素晴らしい，見事な [~的青春] 素晴らしい青春 [~的诗句] 美しい詩句
【美女】měinǚ 图 美女
【美人】měirén 图 (~儿) 美人 [~计] 美人局
【美人蕉】měirénjiāo 图《植》カンナ
【美容】měiróng 動 容姿を美しくする [~师] 美容師 [~院] 美容院
【美食家】měishíjiā 图 グルメ
*【美术】měishù 图 美術，造形芸術，絵画 [~片] アニメーション映画 [~明信片] 絵はがき [~字] 図案文字，装飾文字
【美味】měiwèi 图 おいしい料理
【美学】měixué 图 美学
【美言】měiyán 動 ほめ言葉を言う [~我几句吧] 僕のことをほめておい

てね ― [名]《書》美言
【美意】měiyì [名]《書》ご好意, 厚情
【美育】měiyù [名]美術教育, 情操教育
【美元(美圓)】měiyuán [名]米ドル
【美中不足】měi zhōng bù zú《成》玉に瑕きず
【美洲虎】měizhōuhǔ [名]〖動〗ジャガー
【美洲狮】měizhōushī [名]〖動〗ピューマ
【美滋滋】měizīzī [形](～的)うれしくて浮き浮きする

【镁(鎂)】měi [名]〖化〗マグネシウム
【镁光】měiguāng [名]マグネシウムの光, (写真の) フラッシュ([同][闪光]) 〖点～〗フラッシュをたく
【镁砂】měishā [名]マグネシア

〖浼〗měi [×]①汚す ②頼む

〖妹〗mèi [×]妹, 年下の女性 [姊～]姉妹 [表～]従妹いとこ
【妹夫】mèifu [名]妹の夫
★【妹妹】mèimei [名]①妹 ②年下のいとこの女子
【妹子】mèizi [名]《方》①妹 ②女の子

〖昧〗mèi [×]①隠す [～良心]良心に背く ②暗い, 愚かな [暗～]はっきりしない, 愚かな
【昧心】mèixīn [動]良心に背く

〖寐〗mèi [×]眠る [梦～以求]寝ても覚めても慕い求める

〖魅〗mèi [×]化け物, 妖怪 [魑 chī～]《書》魑魅ちみ, 山林に棲む妖怪
★【魅力】mèilì [名]魅力 〖产生～〗魅力を生む 〖文学的～〗文学の魅力

〖袂〗mèi [×]袖そで [分～]たもとを分かつ

〖谜(謎)〗mèi [×]以下を見よ
⇨mí
【谜儿】mèir [名]《方》なぞなぞ [猜～]なぞなぞを解く

〖媚〗mèi [×]①こびる, へつらう [狐～]惑わす ②美しい, うっとりする
【媚骨】mèigǔ [名]こびへつらう様子
【媚外】mèiwài [動]外国にこびる

【闷(悶)】mēn [形]①通気が悪い, うっとうしい, 蒸し暑い([同][～气]) 〖又～又热〗むしむしして暑い ②(声が)くぐもっている, はっきりしない ― [動]①蒸らす, しっかり蓋をする 〖茶刚泡 pào 上, 要～一会儿再喝〗お茶はいれたばかりだから, ちょっと蒸らしてから飲みなさい ②(部屋に) 閉じこもる 〖老～在家里看书〗家に閉じこもって本ばかり読んでいる
⇨mèn
【闷气】mēnqi [形]通気が悪くうっとうしい
【闷热】mēnrè [形]蒸し暑い 〖今天～得要命〗今日は蒸し暑くてたまらない
【闷头儿】mēnˈtóur [動]わき目もふらず行う, 黙々と努力する 〖～干〗黙々と働く

【门(門)】mén [名]①(～儿)〔扇·道〕出入口, 門, ドア [大～]表門 [便～]通用門 [后～]裏口 [车～]車のドア ②(～儿)装置, 器物の開閉部 [水～]水門, コック [快～](カメラの) シャッター ③(～儿)方法 [窍～]こつ, 妙案 ④(生物分類上の区分)門 ― [量]①大砲を数える 〖一～大炮〗大砲一門 ②科目, 技術を数える 〖一～功课〗一科目 [×]①宗教, 学術上の流派 ②(M-)姓
【门巴族】Ménbāzú [名]メンパ族 ♦中国少数民族の一, チベット南部に住む
【门板】ménbǎn [名]〔块〕(農家の) 入口の扉, 戸板 ♦取り外しができる
【门钹】ménbó [名](ドアの)ノッカー
【门插关儿】ménchāguānr [名](門戸の) かんぬき 〖插上～〗かんぬきをかける
【门齿】ménchǐ [名]門歯 [同][门牙]
【门当户对】mén dāng hù duì《成》(縁談で)家柄が釣り合っている
【门第】méndì [名]家柄, 門地
【门洞儿】méndòngr [名]表門の出入口の通路(奥行が深くトンネル状になっている)
【门墩】ménduūn [名](～儿)門の回転軸を支える木や石の土台 ♦一般に装飾を兼ねる
【门房】ménfáng [名](～儿) ①門番小屋, 守衛室 ②門番, 門衛
【门岗】méngǎng [名]衛兵, 門衛
【门户】ménhù [名]①門 〖看守～〗留守番をする ②出入り口, 関門 〖对外交往的～〗外国との交流の出入口 [～开放]門戸開放 ③家柄 ④流派 [～之见]党派的見解
【门环】ménhuán [名]ドアノッカー [同][～子]
【门禁】ménjìn [名]門の警備
【门警】ménjǐng [名]出入り口警備の警官や警備員
【门径】ménjìng [名]解決の手掛かり, 糸口 〖找到～〗糸口をつかむ
【门槛(门坎)】ménkǎn [名](～儿) ①敷居 ②《方》こつ, 勘所 [同]《普》[窍门]
【门可罗雀】mén kě luó què《成》

M

(門の前に網を張れば雀が捕れる>)ろくな人が訪ねて来ない,門前雀羅じゃくらを張る

【门口】ménkǒu 图(～儿)出入り口,戸口,玄関
【门框】ménkuàng 图 門やドアの木枠,かまち
【门类】ménlèi 图 部門別の類
【门帘】ménlián 图(～儿)[挂]部屋の出入口に掛ける垂れ幕 ◎[门帘子]
【门联】ménlián 图(～儿)[副·对]入口の左右に張る対句
【门铃】ménlíng 图 入口·玄関のベル,ブザー
【门楼】ménlóu 图(～儿) ①門の上についた屋根 ②城門のやぐら
【门路】ménlu 图 ①こつ,秘訣[打通～]こつがわかる ②コネ,ひき[走～]つてを頼る
【门面】ménmian 图 ①商店の表側,店口がち ②外見,上辺[～话]上辺だけの言葉,リップサービス
【门牌】ménpái 图 表札,番地札 ◆家屋番号(番地)を記したプレート。住人の名は記さない[你家～几号？]お宅は何番地ですか
【门票】ménpiào 图[张]入場券
【门球】ménqiú 图 ゲートボール
【门神】ménshén 图 旧正月に門に張る魔除けの神像
【门市】ménshì 图 店頭,小売り[～部]売店,小売り部門
【门闩(门栓)】ménshuān 图 門のかんぬき
【门厅】méntīng 图 玄関内の広間,ロビー
【门庭若市】mén tíng ruò shì〔成〕門前市をなす,訪れる人が多い
【门外汉】ménwàihàn 图 門外漢,素人
【门卫】ménwèi 图 門衛,守衛
【门牙】ményá 图 前歯 ◎[门齿]
*【门诊】ménzhěn 動 外来の診察をする[看～]外来患者を診る[～部](病院の)外来診療部[～时间]外来診察時間

【扪(捫)】mén 動 手を当てる,押さえる
【扪心自问】mén xīn zì wèn〔成〕胸に手を当てて反省する

【闷(悶)】mèn 厖 ①退屈だ,気がふさぐ,くさくさする[～得慌]退屈でたまらない[～～不乐]鬱々として楽しめない ②密閉している[～子车]有蓋貨車
⇨mēn
【闷葫芦】mènhúlu 图 ①なぞ,不可解なこと[～罐儿]（口）貯金用の素焼きのつぼ ②無口な人
【闷酒】mènjiǔ 图 うさ晴らしの酒,やけ酒
【闷气】mènqì 图 うっぷん[生～]むかつく
⇨mēnqì

【焖(燜)】mèn 動 ふたをしたままとろ火で煮る[～饭]ご飯をたく[～牛肉]ビーフシチュー

【懑(懣)】mèn ⊗ →[愤fèn～]

【们(們)】men ⊗ 尾 人称代詞や名詞の後について複数を表わす(具体的な数量があるときはつけない)[我～]我々[孩子～]子供たち ◆吉林の地名'图们'は Túmén

【蒙(矇)】mēng ㊒ ぼうっとする[脑袋～]頭がぼうっとなった
⇨méng, Měng

【—】動 ①だます,ごまかす[别想～人]人をだまそうなんて考えるな ②当てずっぽうで言う[别瞎～]当てずっぽうを言うな
【蒙蒙亮】mēngmēngliàng 厖(～儿)(夜が明けきらず)空がぼんやり明るい
【蒙骗】mēngpiàn 動 だます,ごまかす[～群众]大衆をだます
【蒙头转向】mēng tóu zhuàn xiàng 動 頭がぼうっとして方向がわからない

【龙】méng ⊗ 以下を見よ ◆「むく毛の犬」の意の古語は máng と発音
【龙茸】méngróng 厖〔書〕(毛が)ふわふわしている

【氓(*甿)】méng ⊗ 一般の民[愚～]愚かな人
⇨máng

【虻(*蝱)】méng 图[虫]アブ[牛～](ウ)シ)アブ

【萌】méng ⊗ 芽が出る,始まる
【萌发】méngfā 動 芽が出る[～幼芽]若い芽が出る
【萌生】méngshēng 動 芽生える,生じる[～邪念]邪念が起こる
*【萌芽】méng'yá 動 芽を出す[文字在人民间～]文字は人民の中から芽生えた
—— méngyá 图 萌芽,物事の始まり

【盟】méng 图 盟(内蒙古自治区の行政単位)
⊗ ①(国家,集団の) 盟約[联～]同盟 ②義兄弟の契りを結んだ間柄[～兄弟]義兄弟 ③(旧読 míng)誓う[～誓]同前
⇨míng
【盟邦】méngbāng 图 同盟国

【盟友】méngyǒu 图 誓いあった友, 盟友

【盟约】méngyuē 图 盟約

【盟主】méngzhǔ 图 盟主, 同盟の領袖

【蒙】méng 動 (物に)覆いをする, かぶせる 〖～头〗頭を覆いかくす ⊗ ①無知, 無学 [启～]啓蒙 ②受ける, 被る [～受]同前 ③(M-)姓
⇨ mēng, Měng

【蒙蔽】méngbì 動 (真相を隠して人を欺く 〖～人〗人を欺く

【蒙哄】ménghǒng 動 ぺてんにかける, 惑わす

【蒙混】ménghùn 動 ごまかす, 欺く

【蒙眬(矇眬)】ménglóng 形 朦朧とした, ぼんやりした

【蒙昧】méngmèi 形 未開だ, 愚かな 〖～落后〗無知で立ち後れている 〖～的社会〗未開社会

【蒙蒙(濛濛)】méngméng 形 霧雨が降るさま 〖水雾～〗もやが深い 〖～细雨〗しとしと降る

【蒙受】méngshòu 動 受ける 〖～耻辱〗恥辱を受ける 〖～恩惠〗恩恵を被る

【蒙太奇】méngtàiqí 图(訳)(映画の)モンタージュ

【蒙药】méngyào 图(口)麻酔剤

【蒙在鼓里】méng zài gǔli 動 実情を知らない状態にある

【檬】méng ⊗ →[柠 níngméng]

【朦】méng ⊗ 以下を見よ

【朦胧】ménglóng 形 ①(月が)おぼろだ 〖月色～〗月の光がおぼろだ ②ぼんやりした, 光沢のにぶい [～诗]朦朧詩(1980年代舒婷らの詩に付けられた名称)

【曚】méng ⊗ [～昽 lóng] (書)日が薄暗い

【礞】méng ⊗ [青～石]鉱石の一種(薬用される)

【猛】měng 形 激しい, すさまじい 〖火力很～〗火力が強い — 副 突然, いきなり 〖～地站起来〗突然立ち上がる

【猛不防】měngbufáng 副 ふいに, 出し抜けに 〖～背后有人打了他一掌〗いきなり背後から誰かにどんとたたかれた

【猛劲儿】měngjìnr 图(口)強い力, 激しい勢い 〖他干活有股子～〗彼は仕事をするとき猛烈に取り組む — 動 力を込める

*【猛烈】měngliè 形 猛烈な, すさまじい 〖～的泥石流〗すさまじい土石流 〖～地冲击〗激しく突撃する

【猛犸】měngmǎ 图〔动〕マンモス象 ⑩[毛象]

【猛然】měngrán 副 いきなり, 突然 〖汽车～停住〗車が突然止まった

【猛士】měngshì 图 勇士

【猛兽】měngshòu 图 猛獣

【猛醒(猛省)】měngxǐng 動 はっと気がつく

【锰(錳)】měng 图〔化〕マンガン [～钢]マンガン鋼

【蒙】Měng ⊗ モンゴル族の略称 〖～古〗モンゴル, モンゴル国 [～语]モンゴル語
⇨ mēng, méng

【蒙古包】Měnggǔbāo 图 パオ, ゲル
◆モンゴル人など遊牧民の移動式住居

【蒙古人种】Měnggǔ rénzhǒng 图 モンゴロイド

【蒙古族】Měnggǔzú 图 モンゴル族 ◆中国少数民族の一, 内蒙古自治区の他, モンゴル国, シベリア等に住む

【蠓】měng ⊗ [～虫儿] (蚊より小さな)ヌカカ ◆文語で'蠛 miè～'という

【懵(*懜)】měng ⊗ ぼんやりしている, 無知だ 〖～懂〗同前

【孟】mèng ⊗ ①四季の最初の月 〖～春〗春の最初の月(陰暦 1 月) ②兄弟姉妹の一番上 ◆'孟仲季'の順 ⑩'伯' ③(M-)姓

【孟德尔主义】Mèngdé'ěr zhǔyì 图 メンデリズム, メンデルの法則

【孟加拉】Mèngjiālā 图 ベンガル [～国]バングラデシュ

【梦(夢)】mèng 图〔场〕夢 〖我做了一个～〗夢を一つ見た [～遗]夢精 ⊗ 夢に見る [～见]同前

【梦话】mènghuà 图 ①寝言 〖说～〗寝言を言う ②(転)空言

【梦境】mèngjìng 图 夢の世界

【梦寐以求】mèngmèi yǐ qiú(成) 夢の中でも追い求める, 切望する

【梦乡】mèngxiāng 图 夢の国, 夢路 〖进入～〗夢路に入る

*【梦想】mèngxiǎng 動 夢想する, 渇望する 〖这是～不到的事〗これは夢想だにしなかったことだ — 图 夢物語, 妄想 〖不能实现的～〗実現できない夢物語

【梦行症】mèngxíngzhèng 图 夢遊病

【梦魇】mèngyǎn 图 夢でうなされること

【梦呓】mèngyì 图 寝言, たわ言

【咪】mī ⊗ 以下を見よ

【咪咪】mīmī 擬 猫の鳴き声

【眯(瞇)】mī [動] ①目を細める〖～着眼瞧〗目を細めて見る ②《方》うとうとする
⇨mí
【眯缝】mīfeng [動] 目を細める〖她是近视眼，老是～着眼睛瞧人〗彼女は近視で，いつも目を細めて人を見る
〖弥(彌)〗mí ⊗①満ちる，満たす［～天］天に満ちる，前代未聞の ②いっそう，更に ③(M-)姓
★【弥补】míbǔ [動] 補う，(欠陥を)埋める〖～损失〗損失を埋める
【弥缝】míféng [動] (失敗，欠点を)取り繕う
【弥勒】Mílè [名]〖宗〗弥勒(みろく)菩薩
★【弥漫(瀰漫)】mímàn [動] 一面に満ちる〖山上雾气～〗山に霧が立ち込める〖歌声～整个广场〗歌声が広場全体に広がる
【弥撒】mísa [名]〖宗〗《訳》ミサ
【弥陀】Mítuó [名]〖宗〗阿弥陀仏
〖祢(禰)〗Mí ⊗姓
〖猕(獼)〗mí ⊗以下を見よ
【猕猴】míhóu [名]〖動〗アカゲザル［～桃］キウイフルーツ
【迷】mí [動] ①迷う，判断力を失う〖千万别～了方向〗決して方向を見失ってはならない ②やみつきになる，熱中する［入～］同前 ③迷わす〖被人～住了〗うっとりさせられた
⊗①マニア，ファン，熱狂者［影～］映画マニア ②意識を失う［昏～］気を失う
【迷航】míháng [動] (航空機や船が)航路を見失う
【迷糊】míhu [形] (意識や目が) ぼんやりする〖醉得～了〗酔って意識がはっきりしなくなった
【迷魂汤】míhúntāng [名] 人を惑わす言葉や行為，殺し文句〖灌～〗甘い言葉で人を惑わす
★【迷惑】míhuo/míhuò [動] 当惑する，惑う，惑わす〖～群众〗大衆を惑わす
【迷离】mílí [形] ぼんやりしている〖睡眼～〗寝ぼけまなこだ
【迷恋】míliàn [動] 夢中になる，うつつを抜かす〖～音乐〗音楽に夢中になる
★★【迷路】mí▼lù [動] 道に迷う
—— mílù [名]〖生〗内耳
【迷漫】mímàn [動] (霧や煙などが) 立ちこめる，一面に満ちる
【迷茫】mímáng [形] 広々と果てしない，茫漠としている〖～的烟雾〗もうもうたる煙霧〖迷迷茫茫的大雪〗果てしなく広がる雪原
【迷你】mínǐ [形]〔定語として〕小型の，ミニ［～裙］ミニスカート［～计算机］小型計算機
★【迷人】mí▼rén [動] 人をうっとりさせる
★【迷失】míshī [動] 見失う〖～道路〗道に迷う〖～了方向〗方向を見失った
【迷惘】míwǎng [形] 途方に暮れる，困惑する〖～的神情〗とまどった表情
【迷雾】míwù [名]〔片〕濃霧；《転》方向や判断を迷わせるもの
★【迷信】míxìn [名] 迷信〖相信～〗迷信を信じる — [動] ①迷信を信じる ②盲信する〖～权威〗権威を盲信する〖不要～外国〗無批判に外国を信じてはならない
【谜(謎)】mí [名] ①〔道·条〕なぞなぞ［猜～］なぞなぞを解く ②謎，不可解なこと〖这是一个～〗これは一つの謎だ
⇨mèi
【谜底】mídǐ [名] なぞなぞの答，真相
★★【谜语】míyǔ [名]〔道·条〕なぞなぞ，判じ物
【醚】mí [名]〖化〗エーテル［乙～］エチルエーテル
【眯(瞇)】mí [動] (ほこりなどが)目に入る
⇨mī
〖麋〗mí ⊗〖動〗シフゾウ，ヘラジカ
【麋鹿】mílù [名]〖動〗シフゾウ [同]［四不像］
〖糜〗mí ⊗①かゆ(粥) ②ただれる ③浪費する ④(M-) 姓 ♦'糜子'(キビの一種) は méizi と発音
【糜费(靡费)】mífèi [動] 浪費する
【糜烂】mílàn [動] ただれる
〖縻〗mí ⊗つなぐ［羁 jī～］《書》籠絡する
【米】mǐ [名]〔粒〕コメ — [量] メートル [同]《旧》［公尺］
⊗①もみ殻や外皮を取り去った穀物や実［大～］米［小～］アワ［花生～］ピーナッツ［虾～］むきエビ ②音訳用字として［～妮］ミニー［～奇］［～老鼠］ミッキーマウス ③(M-)姓
【米波】mǐbō [名] 超短波
【米醋】mǐcù [名] (米やアワを原料として造った)酢
★★【米饭】mǐfàn [名] 米やアワの飯(ふつうは米飯を指す)
【米粉】mǐfěn [名] ①米の粉，しんこ［～肉］下味をつけた豚肉に米の粉をまぶして蒸した料理 ②ビーフン
【米泔水】mǐgānshuǐ [名] 米のとぎ汁
【米酒】mǐjiǔ [名] もち米やもちアワで

【米糠】mǐkāng 图米ぬか
【米色】mǐsè 图黄色がかった白、クリーム色
【米汤】mǐtang/mǐtāng 图①重湯②かゆ
【米珠薪桂】mǐ zhū xīn guì（成）(米は珠、薪は桂のように高価だ>)物価が高く、生活が苦しい

【敉】mǐ ⊗安んずる［〜平］《書》平定する

【咩】mǐ ①羊の鳴き声②(M-)姓

【弭】mǐ ⊗①止む、なくす［〜兵］《書》戦いをやめる②(M-)姓

【靡】mǐ ⊗①風に靡く②美しい③ない◆「浪費する」の意の文語では mí と発音

【靡靡之音】mǐmǐ zhī yīn（成）退廃的な音楽

【汨】mì ⊗以下を見よ

【汨罗】Mìluó 图湖南省にある地名［〜江］汨羅〜江

【宓】mì ⊗①静かな②(M-)姓

【泌】mì ⊗分泌する［〜尿器］泌尿器◆河南省の地名'泌阳'では Bì と発音

【秘】(*祕) mì ⊗①秘密の②［奥〜］神秘 ③秘密にする③秘書の略◆国名'秘鲁'(ペルー)は Bìlǔ と発音

【秘方】mìfāng 图秘方
【秘籍】mìjí 图珍しい書籍
【秘诀】mìjué 图秘訣、こつ［应考的〜］受験のこつ
*【秘密】mìmì 图形秘密(の)［〜任务］秘密の任務［泄露〜］秘密を漏らす
*【秘书】mìshū 图秘書［〜长］事務長、幹事長

【密】mì 形密である、透き間がない［茂〜］びっしり茂った
⊗①関係が密な［亲〜］親密な②精密な［周〜］綿密な③秘密(の)［保〜］秘密を守る［绝〜］極秘(文書)［〜报］密告する④(M-)姓

【密闭】mìbì 動密閉する、密封する
【密布】mìbù 動透き間なく広がる［阴云〜］黒雲が広がる［工厂〜］工場がびっしり建っている
*【密度】mìdù 图密度［控制〜］密度をコントロールする［人口〜］人口密度
*【密封】mìfēng 動密封する［〜的文件］密封した文書
【密告】mìgào 動秘かに報告する◎［密报］◎［告密］

【密集】mìjí 動密集する、集中する［小蚂蚁〜在一起］小さなアリが一箇所にびっしり集まっている［〜轰炸］集中爆撃
【密件】mìjiàn 图機密書類
【密令】mìlìng 图秘密の命令や指令
*【密码】mìmǎ 图①暗証番号、パスワード②(電報用の)暗号(◎[明码])［〜电报］暗号電報
【密密层层】mìmicéngcéng 形（〜的)密集している、幾重にも重なる［〜的人群］ぎっしり集まった人の群れ
【密密麻麻】mìmìmámá 形（〜的)小さなものがびっしりと並んでいる［停满了〜的船只］びっしりと船が停泊している
【密密匝匝】mìmizāzā 形（〜的)びっしり詰まっている ◎[密匝匝]
【密谋】mìmóu 图陰謀、秘密のはかりごと —動ひそかに企む
*【密切】mìqiè 形①密接な（⇔［疏远］)［关系很〜］関係が深い②仔細な［〜注意］細かく注意を払う —動密接にする［〜军民关系］軍と民衆の関係を親密にさせる
【密实】mìshi 形細密な、びっしりとした
【密探】mìtàn 图(旧)スパイ、密偵
【密友】mìyǒu 图親友
【密植】mìzhí 動密植する

【蜜】mì 图①ハチミツ②(口)女（愛人など）[小〜]若い愛人
⊗甘い、甘いもの［甜〜］甘い、幸せな
【蜜蜂】mìfēng 图〔只〕ミツバチ
【蜜柑】mìgān 图(植)ミカンの一種
【蜜饯】mìjiàn 動蜜漬けまたは砂糖漬けにする —图同前の果物
【蜜月】mìyuè 图ハネムーン［〜度〜］ハネムーンを過ごす

【谧】(謐) mì ⊗静かな、安らかな

【觅】(覓 *覔) mì ⊗捜す、求める［〜求］同前

【幂】(羃) mì 图〖数〗冪
⊗物を覆う布

【眠】mián 動(動物が)休眠する［冬〜］冬眠する
⊗眠る［睡〜］睡眠［失〜］不眠

【绵】(綿 *緜) mián ①真綿［丝〜］同前②長々と続く［连〜］同前［缠〜］つきまとう③柔らかい［软〜〜］ふわふわした

【绵绸】miánchóu 图つむぎ
【绵亘】miángèn 動(山脈などが)連綿と続く［喜马拉雅山〜在中国西部边境］ヒマラヤ山脈が中国の西部

【绵里藏针】mián lǐ cáng zhēn〔成〕(真綿に針を隠す＞) 表面は柔らかだが内心は毒がある
【绵密】miánmì 形 綿密
【绵绵】miánmián 動 長く続く〚秋雨～〛秋雨が長く続く
【绵软】miánruǎn 形 ① 柔らかい〚～的羊毛〛ふわふわした羊毛 ② 弱々しい
【绵延】miányán 動 延々と続く〚～的海岸线〛延々と続く海岸線〚～不断〛いつまでも続く
【绵羊】miányáng 名〔只〕羊，メンヨウ

【棉】 mián 名 綿ミ，綿ミ〚草～〛綿花〚木～〛ワタノキ，パンヤ
【棉袄】mián'ǎo 名〔件〕綿入れの上着
【棉布】miánbù 名〔块・匹〕綿布，木綿
【棉纺】miánfǎng 名 綿糸紡績
【棉猴儿】miánhóur 名 フード付きの綿入れ上着，アノラック
【棉花】miánhuā/ miánhuā 名 ①〔棵〕綿花 ②〔朵・团〕綿ミ
【棉裤】miánkù 名〔条〕綿入れズボン
【棉农】miánnóng 名 綿花栽培農民
【棉纱】miánshā 名 綿糸
【棉桃】miántáo 名 ワタの実
【棉套】miántào 名 (保温用の) 綿入れカバー
【棉线】miánxiàn 名 木綿糸
【棉鞋】miánxié 名〔双〕綿入れ布靴
【棉絮】miánxù 名 ① 綿花の繊維 ② 衣類などに詰める綿，詰め物
【棉衣】miányī 名〔件・套〕綿入れ服，木綿の衣服

【免】 miǎn 動 ① 除く，免じる〚俗礼一概都～了吧〛堅苦しい礼儀は抜きにしよう〚～试〛試験を免除する ② 免れる〚难～〛免れない〚幸～〛運よく免れる，除する
⊗ …してはいけない〚闲人～进〛部外者立入るべからず
【免不了】miǎnbuliǎo 動 避けられない 働〔免不得〕
【免除】miǎnchú 動 ① 起こらないようにする，避ける〚兴修水利，～水旱灾害〛水害や干害が起こらないように水利工事を興す ② 免除する〚～处分〛処分を免除する
*【免得】miǎnde 動 免れる，…しないですむ〚到了就来信，～我担心〛心配させないよう，着いたら手紙を寄越しなさい
*【免费】miǎn'fèi 動 無料にする，ただにする〚～入场〛入場無料
【免票】miǎnpiào 名 無料券，フリーパス ━ 動 無料にする〚～入园〛入園無料
【免税】miǎn'shuì 動 免税にする〚～货物〛免税商品
【免验】miǎnyàn 動 検査を免除する〚～产品〛検査免除の製品
*【免疫】miǎnyì 動 免疫になる
【免职】miǎn'zhí 動 免職にする
【免罪】miǎn'zuì 動 罪を免ずる

【勉】 miǎn ⊗ ① 努力する〚勤～〛勤勉だ ② 励ます〚劝～〛激励する ③ 力量以上のことに努める〚～为其难〛力は及ばないが引き受ける
【勉励】miǎnlì 動 励ます，激励する〚～学生努力学习〛よく勉強するよう学生を励ます
*【勉强】miǎnqiǎng 動 無理強いする，むりやりする〚不要～他〛彼に無理強いしてはいけない ━ 形 ① しぶしぶ，気が進まない〚～同意〛しぶしぶ同意する ② 無理だ，納得しにくい〚你的理由很～〛君の理由はこじつけだ

【娩】(*挽) miǎn ⊗ 分娩する〚分～〛同前

【冕】 miǎn ⊗ 冠ミ〚加～礼〛戴冠式

【沔】 Miǎn ⊗〔～水〕沔ミ水 (陕西省)

【眄】 miǎn/miàn ⊗ 横目で見る

【渑】(澠) Miǎn ⊗〔～池〕渑ミ池 (河南省の地名) ◆古代山東の川 '渑'(じょう) は Shéng と発音

【湎】 miǎn ⊗〔沉～〕(書)(酒色などに)溺れる

【勔】 miǎn ⊗ ① 思う ② 勤勉な

【缅】(緬) miǎn 形 ① 遙かな ②〔～甸 diàn〕ミャンマー
【缅怀】miǎnhuái 動 遙かに偲ぶ〚～革命先烈〛革命のため犠牲になった烈士を偲ぶ

【腼】 miǎn ⊗ 以下を見よ
【腼腆】miǎntiǎn ('覥覥' とも書く) 形 恥ずかしがりの，内気な〚～的小伙子〛はにかみや若者

【面】(*面) mián 名 ①〔～儿〕表面，面ミ ②〔数〕面ミを数える〚一～旗子〛1枚の旗〚两～镜子〛2面の鏡 ② 人と会う回数〚见过一～〛1度会ったことがある
⊗ ① 方位詞につく接尾辞〚前～〛前〚上～〛上〚顔〛〚出头露～〛顔出しする ③ 向かう，面と向かう〚～壁〛壁に向かう〚～谈〛面談する

【―(麵*麪)】 图 ❶穀物をひいた粉, 小麦粉［白~］小麦粉［玉米~］トウモロコシの粉 ❷(~儿)粉末［胡椒~］こしょうの粉 ❸めん類［~食］小麦粉食品(うどん, そばのほかマントウなども含む)［挂~］乾めん［切qiē~］生うどん［汤~］タンメン ━一 图(方)(食物で)繊維が少なく柔らかい

*【面包】miànbāo 图〔块・片〕パン［烤~］パンを焼く［烤~］トースト［~炉］トースター［~圈儿］ドーナッ［~车］マイクロバス
【面部】miànbù 图顔, 顔面
*【面对】miànduì 動 直面する『应该~现实』現実に正面から向かうべきだ『任何困难都没有动摇过』どんな困難に直面しても動揺したことがない
【面额】miàn'é 图 額面価格(貨幣の1単位名)『各种~的纸币』各額面の紙幣
【面坊】miànfáng 图 粉ひき屋
【面粉】miànfěn 图 小麦粉
【面红耳赤】miàn hóng ěr chì《成》(羞恥や怒りで)顔を真っ赤にする
【面糊】miànhù 图 ❶小麦粉を練ったのり, ペースト ❷(方)のり ━一 miànhu 形 (食物が)柔らかくふっくらしている
【面黄肌瘦】miàn huáng jī shòu《成》顔色悪くやつれている
*【面积】miànjī 图 面積『测量~』面積を測量する［耕地~］耕地面積
【面颊】miànjiá 图 ほお
【面筋】miànjin 图 生麩ᄡ
【面具】miànjù 图 ❶顔にかぶるマスク, お面『戴~』お面をかぶる ❷(比喩としての)仮面 ⇨[假面具]
【面孔】miànkǒng 图〔副〕顔, 顔つき(⇨[普])[脸]『绷着~』顔をこわばらせる『冰冷的~』氷のように冷やかな顔つき
*【面临】miànlín 動 直面する, 面している『~困境』苦境に立つ『~倒闭』破産にひんする
*【面貌】miànmào 图 ❶顔つき, 容貌『~端正』容貌が端正だ ❷様相, 状況『改变落后的~』立ち後れた状況を変える
【面面相觑】 miàn miàn xiāng qù《成》(判断がつかず)互いに顔を見合わす
【面目】miànmù 图 ❶顔つき ❷様相, 面目『真正的~』本当の姿［~一新］面目一新する［~全非］見る影もなくなる
【面庞】miànpáng 图 顔立ち, 顔の形『圆圆的~』真ん丸な顔
【面盆】miànpén 图(方)洗面器 ⇨(普)[脸盆]

【面洽】miànqià 動(書)面談する
【面前】miànqián 图 面前, 目の前『我们~的任务是十分艰巨的』我々の前にある任務は並大抵ではない
【面容】miànróng 图〔副〕顔つき, 容貌『疲倦的~』疲れた顔つき
【面色】miànsè 图〔副〕顔色『~红润』ほおが赤みを帯び健康そうだ
【面纱】miànshā 图(顔をおおう)ネット, ベール
【面善】miànshàn 形 ❶見覚えのある ❷面差しの優しい
【面商】miànshāng 動 じかに相談する
【面生】miànshēng 形 面識がない ⇔[面熟]
【面世】miànshì 動(作品・商品などが)世に出る
【面试】miànshì 動 面接試験をする［口试］
【面熟】miànshú 形 顔に見覚えがある ⇔[面善]
【面塑】miànsù 图 しんこ細工
【面汤】miàntāng 图 うどんのゆで汁 ━一 miàntang 图(方)タンメン
【面条】miàntiáo 图(~儿)うどん, そば, めん類
【面无人色】miàn wú rén sè《成》(恐怖で)顔に血の気がなくなる
【面向】miànxiàng 動 ❶顔を向ける ❷(…の)要求を満たす
【面誉背毁】miàn yù bèi huǐ《成》面と向かってほめ, 陰ではけなす
【面罩】miànzhào 图 顔の防具, マスク
*【面子】miànzi 图 ❶物の表面『大衣的~』オーバーの表地 ❷体面, メンツ, 知名度『爱~』体裁にこだわる『丢~』顔をつぶす［~大］顔が広い『顾~』顔を立てる, 体面にこだわる ❸(方)粉末

【喵】miāo 擬(多く重ねて)猫の声を表わす, ニャー
【苗】miáo 图 ❶(~儿)苗, 新芽［秧~］(水稲の)苗［豆~］(エンドウの)新芽［蒜~］ニンニクの若い茎 ❷子孫 ⊗❶(~儿)苗状のもの［灯~］ランプの炎 ❷幼いもの［鱼~］稚魚 ❸(M-)姓
【苗床】miáochuáng 图 苗床ᄡ
【苗木】miáomù 图 苗木
【苗圃】miáopǔ 图 苗木畑
*【苗条】miáotiao 形(女性が)ほっそりした, きゃしゃな『身材~』すらりとして美しい
【苗头】miáotou 图(~儿)兆し, 傾向, 端緒『有物价飞涨的~』インフレの兆しが見える
【苗族】Miáozú 图 ミャオ族 ◆中国

少数民族の一,貴州・雲南・湖南などに住む

【描】 miáo 動①敷き写す,模写する〖～花样〗下絵を写す〖～红模子〗習字の手本を写す〖～红〗同前〖～金〗蒔絵にするの ②なぞる

【描绘】 miáohuì 動描く〖～大自然〗大自然を描く ⇒[描画]

【描摹】 miáomó 動模写する,描写する

【描述】 miáoshù 動叙述する〖～战争的经过〗戦争の経過を叙述する

*【描写】 miáoxiě 動描写する〖～风景〗風景を描く

【瞄】 miáo 動ねらう,ねらいをつける

【瞄准】 miáozhǔn 動(～儿)照準を合わせる〖把枪口～敌人〗銃口をぴったり敵に合わせる〖瞄不准〗照準が合わない

【杪】 miǎo ⊗①こずえ ②年月や季節の末尾

【秒】 miǎo 图秒〖一～钟〗1秒間〖～表〗ストップウォッチ

【秒针】 miǎozhēn 图秒針

【渺】 miǎo ⊗①果てしなく広い〖～～〗遙かに遠い ②ささいな

【渺茫】 miǎománg 形①遙かに遠い,ぼんやりしてはっきりしない〖～的烟雾〗遙かにかすむ煙霧 ②見通せない〖希望～〗余り希望が持てない

*【渺小】 miǎoxiǎo 形ちっぽけな,つまらぬ〖～得不值一提〗ちっぽけで取るに足らない

【淼】 miǎo ⊗水面が果てしない〖～茫〗果てもなく広い

【藐】 miǎo 形①小さい,ささいな ②軽視する

【藐视】 miǎoshì 動軽視する,あなどる〖～敌人〗敵をあなどる

【藐小】 miǎoxiǎo 形ちっぽけな ⇒[渺小]

【邈】 miǎo ⊗遙か遠くの〖～远(渺远)〗同前

【妙】 miào 形①素晴らしい,すてきな,美しい〖不～〗まずい,芳しくない〖～龄〗妙齢の〖美～〗麗しい ②見事な,巧みな〖这机器人～极了〗このロボットは実に見事だ〖绝～〗絶妙な〖～计〗巧妙な策〖莫名其～〗何が何だかわからない

【妙诀】 miàojué 图巧妙なやり方,妙策,こつ

【妙趣横生】 miào qù héng shēng《成》(言語,文章,美術品などについて)とても味わいがある

【妙手】 miàoshǒu 图達人,名人〖～回春〗名医の腕で健康を回復する

【妙药】 miàoyào 图妙薬〖灵丹～〗万能薬

【妙语】 miàoyǔ 图気の利いた言葉,警句

【庙(廟)】 miào 图〖座〗①廟,祖先の霊を祭る所〖宗～〗皇帝,諸侯の祖廟 ②神仏や人物を祭る所,寺〖圣～〗〖文～〗孔子廟〖武～〗関羽(または関羽と岳飛)を祭る廟 ⊗縁日〖赶～〗縁日に行く

【庙会】 miàohuì 图寺の縁日

【缪(繆)】 Miào 图姓 ♦'绸缪'(情緒纏綿たる)は chóumóu,'纰缪'(誤り)は pīmiù と発音

【乜】 miē ⊗以下を見よ ♦姓では Niè と発音

【乜斜】 miēxie 動①(不満げに)横目で見る ②(眠くて)目が半ば閉じる

【咩(*哶)】 miē 擬羊の鳴き声

【灭(滅)】 miè 動①(火や明かりが)消える,消す〖灯～了〗明かりが消えた〖～火〗火を消す ②消滅する,なくす,滅ぼす〖～蚊子〗蚊を退治する〖～良心〗良心を失う ⊗水中に埋没させる

【灭顶之灾】 miè dǐng zhī zāi《成》死を招く災厄 ♦'灭顶'は溺死のこと

【灭火器】 mièhuǒqì 图消火器

【灭迹】 miè'jì 動(悪事の)痕跡をなくす

【灭绝】 mièjué 動①絶滅する〖～的动物〗絶滅した動物 ②完全に失う〖～人性〗全く人間性を失った,非人間的な

【灭口】 miè'kǒu 動秘密が漏れないよう人を殺して口止めする

*【灭亡】 mièwáng 動滅亡する,滅ぼす〖脱不了～的命运〗滅びる運命から逃れられない〖自取～〗自ら滅亡を招く

【蔑】 miè ⊗①小さい,取るに足りない ②ない

【─(衊)】 ⊗→[诬 wū ～]

*【蔑视】 mièshì 動軽視する

【篾】 miè 图(～儿)竹ひご,アシやコウリャンの茎を細く裂いたもの(⇒[篾子])〖～条〗細長いひご〖～席〗ひごで編んだむしろ

【篾匠】 mièjiàng 图竹細工師

【民】 mín 图①民,庶民,人民〖公～〗公民 ②民族,職業,居住地などで分類された成員〖回～〗回族の人〖牧～〗牧民〖居～〗住民 ③(軍や公的なも

のに対し） 民間 [～歌] 民謡, 民営 [～航空～歌] 民歌, 民謡 [～营] 民営

【民办】 mínbàn 動 民間で運営する [～企业] 民営企業 [～小学] 村営(町営)小学校

【民变】 mínbiàn 图 民衆暴動

【民兵】 mínbīng 图 民兵

【民不聊生】 mín bù liáo shēng《成》(社会不安で)人民が安心して暮らせない

【民法】 mínfǎ 图《法》民法

【民房】 mínfáng 图 民家

【民工】 míngōng 图 ① 公共の土木工事や軍の仕事に動員される民間人 ② 都会に出稼ぎに来る農民

*【民间】** mínjiān 图 民間, 大衆に伝承されているもの [～贸易] 民間貿易 [～文学] 民間文学(主に口承文芸) [～音乐] 民間音楽

【民警】 mínjǐng 图 人民警察

【民力】 mínlì 图 人民の財力

【民情】 mínqíng 图 ① 人民の生活状態 ② 民心

【民生】 mínshēng 图 人民の生活 [国计～] 国家経済と人民の生活

【民事】 mínshì 图《法》民事 [～诉讼] 民事訴訟

【民俗学】 mínsúxué 图 民俗学

【民团】 míntuán 图(解放前の地主による)自警団

【民校】 mínxiào 图 ① 成人学校 ② 民間経営の学校

【民心】 mínxīn 图 人心 [[～不可侮]] 民心は侮れない

【民谣】 mínyáo 图[首・支] 民謡

【民意】 mínyì 图 民意, 世論 [反映～] 民意を反映する [～测验] 世論調査

*【民用】** mínyòng 形《定語として》(軍用に対する)民用の, 民間の [～机场] 民間飛行場

【民政】 mínzhèng 图 民政 [～机关] 民政関係の役所

【民众】 mínzhòng 图 民衆(®[群众]) [[为广大～服务]] 広汎な民衆のために奉仕する

*【民主】** mínzhǔ 图 民主, デモクラシー [～改革] 民主的改革 [～集中制] 民主集中制 — 形 民主的な [[我们校长的作风～得很]] 我々の校長のやり方はとても民主的だ

【民主党派】 mínzhǔ dǎngpài 图 民主諸党派

*【民族】** mínzú 图 民族 [～区域自治] 民族地域の自治 [～主义] 民族主義 [～同化] 民族同化 [～风味] 民族の味わい

【岷】 Mín ⊗[～山] 四川省と甘粛省境の山名 [～江] 四川省にある川の名

【珉】 mín ⊗玉に似た石

【缗(緡)】 mín ⊗① 貫, 銭貨の単位でひもに通した1千文の銅銭 ② 銅銭を通すひも

【旻】 mín ⊗(秋の)空

【忞】 mín ⊗勉める

【皿】 mǐn ⊗容器 [器～] 日常用いる食器類

【闵(閔)】 mǐn ⊗① ®'悯' ② (M-) 姓

【悯(憫*愍)】 mǐn ⊗① 哀れむ [怜 lián～] [～恤 xù] 哀れみ同情する ② 憂える

【泯】 mǐn ⊗消失する, 喪失する

【泯灭】 mǐnmiè 動 消滅する

【泯没】 mǐnmò 動 消え失せる

【抿】 mǐn ⊗① (髪を)なでつける [～子(筅子)] 小さなヘアブラシ ② (口や翼などを)すぼめる, たたむ [～着嘴笑] 口をすぼめて笑う [～一口酒] 酒を一口飲む

【黾(黽)】 mǐn ⊗[～勉(僶俛)]《書》努める

【闽(閩)】 Mǐn ⊗福建省の別称 [～剧] 福建劇 [～北] 福建省東北の地方劇 [～江] 福建省にある川の名 [～语] 閩方言(中国七大方言の一)

【敏】 mǐn ⊗① 素早い, 敏感 [机～] 機敏な [灵～] 敏感な ② (M-)姓

【敏感】 mǐngǎn 形 敏感な [[狗是十分～的动物]] 犬はとても敏感な動物だ

【敏捷】 mǐnjié 形 (動作が)素早い, すばしこい [[～得像只猴子]] 猿のようにすばしこい

【敏锐】 mǐnruì 形 感覚が鋭い [～的听觉] 鋭い聴覚

【名】 míng 图①(～儿)名, 名前 [给孩子取个～儿] 子供に名前をつける [点～] 点呼をとる [笔～] ペンネーム ② 名目, 口実 [以参观为～] 参観を名目にする ③ 名声, 名誉 [出～] 有名になる — 動 …という名だ [姓李~白] 姓は李, 名は白だ — 量①人数を数える [[三十多～]] 30数名 ② 順位を表わす [第二～] 第2位 ⊗① 名高い [～人] [～流] 名士 [～句] 名文句 ② 表明する [莫～其妙] 訳がわからない ③ (M-)姓

【名不副实】 míng bú fù shí《成》名実相伴わない, 名ばかりだ ®[名不符实] ®[名副其实]

【名不虚传】 míng bù xū chuán《成》その名に背かぬ

【名册】míngcè 图〔本〕名簿〔学生~〕学生名簿
【名产】míngchǎn 图 名产,有名な産物〖大理石是云南的~〗大理石は雲南省の有名な産物だ
【名称】míngchēng 图 名称〖专用的~〗特定の名称
【名词】míngcí 图① 〔语〕名詞 ② 術語,用語〖新~〗新語,流行語
*【名次】míngcì 图 名前の順序,序列〖我们参加比赛不是为了争~〗我々が試合に参加するのは順位を競うためではない
【名存实亡】míng cún shí wáng (成) 名ばかりで実体を失っている,有名無実だ
【名单】míngdān 图(~儿)〔份·张〕名簿,リスト〖候选人~〗立候補者名簿〖黑~〗ブラックリスト
*【名额】míng'é 图 定員,定数〖~有限〗定員が制限されている
*【名副其实】míng fù qí shí (成) 名実相伴う,その名に恥じない〖他决心做一个~的好医生〗彼はその名に恥じない立派な医者になる決意だ
【名贵】míngguì 形 有名で高価な,貴重な〖非常~的药材〗高価な生薬
【名家】míngjiā 图① 名家,著名人 ②(M-)(諸子百家の)名家
【名将】míngjiàng 图 名将,ヒーロー〖足球~〗サッカーの花形選手
【名教】míngjiào 图 儒家に基づく名分を明らかにする教え,名教$_{きょう}$
【名利】mínglì 图 名利$_{みょうり}$,名誉と利益〖追求~〗名利を求める
【名列前茅】míng liè qiánmáo (成)(合格者や候補者の)席次が前の方にある
【名落孙山】míng luò Sūn Shān (成) 試験に落第する
【名目】míngmù 图 事物の名称,種目〖~好听〗名目は立派だ〖酬金的~〗謝礼金の名目
*【名牌】míngpái 图① 有名ブランド〖~产品〗ブランド製品 ② 名札,タグ
*【名片】míngpiàn 图(~儿)〔张〕名刺〖留下了一张~〗名刺を一枚置いてきた
【名气】míngqi 图〔口〕名声,評判〖~很大〗名声が高い
【名声】míngshēng 图 評判,名声〖~很好〗評判がいい〖败坏~〗名声を傷つける
【名胜】míngshèng 图 名勝,名所〖参观了一鼓楼〗名勝の'鼓楼'を見物した
*【名胜古迹】míngshèng gǔjì (成) 名所旧跡
【名手】míngshǒu 图 名手,達人
【名堂】míngtang 图① 名目,種類,事柄〖搞什么~?〗何をしでかすのか ② 成果,結果〖什么~也搞不出来〗なんの成果も出せない ③ 道理,内密〖他的话什么~也没有〗彼の話にはなんの道理もない
【名望】míngwàng 图 名声,人望〖~很大〗人望が高い
【名言】míngyán 图 名言
【名义】míngyì 图 名義,名目〖~上的夫妻〗名義上の夫婦〖~工资〗名目賃金
【名誉】míngyù 图 名誉〖保护~〗名誉を大事にする〖~会长〗名誉会長
【名正言顺】míng zhèng yán shùn (成) 名分が正しければ道理も通る
【名著】míngzhù 图〔本〕名著
【名状】míngzhuàng 動 言葉で形容する〖难以~〗形容しがたい
*【名字】míngzi 图① 名前,姓名〖你叫什么~?〗あなたのお名前は何ですか ②(事物の)名称

【茗】míng ⊗ 茶〖品~〗(書) 茶を味わう

【铭】(銘) míng ⊗① 器物や石に刻んだ文字〖碑~〗碑文 ② 器物に文字を刻む,銘記する〖~心〗心に刻む
【铭记】míngjì 動 銘記する,深く心に刻む〖永远~在心〗永遠に肝に銘じる
【铭刻】míngkè 動① 器物に銘文を彫る ② 銘記する
【铭文】míngwén 图 銘文,器物に記された文字
【铭心】míngxīn 動 胸に刻む〖~刻骨〗〖刻骨~〗感激や恨みを胸に刻みつける

【明】míng 形① 明るい,明るく輝いている(⇔〔亮〕)(反〔暗〕)〖天~了〗夜が明けた〖~月〗明月 ② 明白な〖去向不~〗行方不明 ③ 公開の,あからさまな〖~说〗ずばりと言う〖~枪暗箭〗正面からと陰からの攻撃〖~着zhe抢〗乱棒を引ったくりをする ⊗① 目ざとい,さとい〖聪~〗賢い ② わかる,理解する〖~视〗失明する〖失~〗失明する ④ 次の〖~天〗明日 ⑤ (M-) 王朝名〖~朝〗明$_{みん}$(A. D. 1368-1644) ⑥ 姓

*【明白】míngbai 形① 明白な,はっきりしている,率直な〖这段话的意思很~〗このくだりの意味ははっきりしている〖跟他讲~〗彼にはっきり話す ② 道理をわきまえた〖~人〗物わかりのいい人 ━ わかる,理解する〖~你的意思〗君の考えはわかる
【明摆着】míngbǎizhe 動(事実が)ありありとしている〖事情已经~〗事はもう明白だ

【明辨是非】míng biàn shì fēi《成》白黒をはっきりさせる

【明察秋毫】míng chá qiū háo《成》どんなささいなことも見逃さない

【明畅】míngchàng 形 言語が明解でよどみがない

【明澈】míngchè 形 澄みきっている〖～的湖水〗清く澄んだ湖水

【明处】míngchù 名 明るい所、公開の場

【明达】míngdá 形 道理をわきまえている

【明断】míngduàn 動 明快公正に裁く

【明矾】míngfán 名 明礬みょうばん

【明晃晃】mínghuǎnghuǎng 形〔～的〕ぴかぴか光る

【明胶】míngjiāo 名 ゼラチン

【明教】míngjiào 名《敬》ご教示、ご指導〖恭请～〗ご教示のほどよろしく

【明净】míngjìng 形 明るく澄んでいる〖～的天空〗澄み渡った空〖～的橱窗〗明るくきれいなショーウィンドウ

【明快】míngkuài 形 ①(言葉や文章が)明快な、軽快な ②(性格が)さわやかだ、朗らかだ〖～的性格〗さっぱりした性格

【明来暗往】míng lái àn wǎng《成》公然あるいはひそかに接触する

【明朗】mínglǎng 形 ①明るい〖～的天空〗明るい空 ②(態度などが)はっきりした、明らかな ③朗らかな

【明丽】mínglì 形 (景色が)明るく美しい〖～的春光〗明るく美しい景色

【明亮】míngliàng 形 ①(光が満ちて)明るい〖～的房间〗明るい部屋 ②輝いている〖清澈～的大眼睛〗澄んできらきら光る大きな目

【明了】míngliǎo 動 わかる、はっきりする〖这些道理我都～〗私はそういう道理はよくわかっている ━ 形 明瞭な、はっきりした〖简单～〗簡単明瞭だ

【明令】mínglìng 名 明文による命令

【明媒正娶】míng méi zhèng qǔ《成》(仲人、結納など)正規の手続を経て結婚する

【明媚】míngmèi 形 清らかで美しい〖～的河山〗美しい山河〖风光～〗風光明媚である

*【明明】míngmíng 副 (多く相手の意見に反駁するときに) 明らかに、はっきり〖这事～是他干的〗これは明らかに彼がやったことだ

【明目张胆】míng mù zhāng dǎn《成》(悪事や途方もないことを) 公然と(やる)、大っぴらな〖～的迷信活动〗大っぴらな迷信活動

【明年】míngnián 名 来年

【明器(冥器)】míngqì 名 副葬品

【明枪易躲, 暗箭难防】míngqiāng yì duǒ, ànjiàn nán fáng《成》正面からの攻撃は避け易いが, 不意打ちは防ぐすべがない

*【明确】míngquè 形 明確な〖～的方针〗明確な方針 ━ 動 明確にする〖～自己的态度〗自分の態度をはっきりさせる

【明儿】míngr 名《口》あす 同〔明天〕

【明日】míngrì 名 明日〖～黄花〗(盛りを過ぎた菊>)新鮮味のない事物, 古ネタ

*【明天】míngtiān 名 ①あす ②近い将来〖光辉灿烂的～〗明るく輝く将来

【明文】míngwén 名 (法令、規則の)明文〖～规定〗明文で規定する

【明晰】míngxī 形 明晰な、はっきりした

【明显】míngxiǎn 形 はっきりしている、明白な〖～的效果〗明らかな効果〖～地改善〗明らかに改善される

*【明信片】míngxìnpiàn 名〔张〕郵便はがき〖寄～〗はがきを出す

*【明星】míngxīng 名 ①金星 ②スター〖电影～〗映画スター

【明眼人】míngyǎnrén 名 見識のある人

【明喻】míngyù 名 直喩

【明月】míngyuè 名〔轮〕明るい月

【明哲保身】míng zhé bǎo shēn《成》世故に長たけ保身をはかる〖我们应该反对～〗我々は保身をはかる態度に反対すべきだ

【明争暗斗】míng zhēng àn dòu《成》陰に陽に戦う

【明证】míngzhèng 名 明らかな証拠

【明知】míngzhī 動〔後に逆説の表現を伴って〕はっきり知る〖你～他不会来, 为什么还去问他？〗彼が来るはずがないことを知っていながら, なぜ呼びに行くのか〖～故问〗わかっていながらわざわざ聞く

【明珠】míngzhū 名《転》寵愛する人, 素晴らしい事物〖掌上～〗掌中の珠, 寵愛する娘〖～暗投〗善人から悪党に転じる, 立派な人物が世に認められない

【盟】 míng ⊗ méngの旧読 ⇨méng

【鸣(鳴)】 míng 動 ①(鳥獣や虫が)鳴く〖秋虫夜～〗秋の虫が夜鳴く ②鳴る〖汽笛～了三声〗汽笛が3回鳴った〖耳～〗耳鳴りがする ⊗ 表明する, 言葉に表わす〖～不平〗不平を鳴らす〖百家争～〗百家争鳴, 各学派が主張を競いあう

【鸣镝】míngdí 名 かぶら矢

【鸣放】míngfàng 動 ①(銃弾, 爆竹

冥 míng

【鸣叫】míngjiào 動 (鳥や虫が)鳴く〚秋蝉〜〛秋ゼミが鳴く

【鸣锣开道】míng luó kāi dào《成》(ドラを鳴らして行列の先導をする>)(新事物のために)世論づくりをする

【冥】 míng ⊗ ① 暗い〚幽〜〛薄暗い ② 奥深い〚〜思苦索〛沈思黙考する ③ 愚かな〚〜顽〛頑迷だ ④ あの世〚〜府〛冥土

【冥钞】míngchāo 图（死者のために燃やす）紙銭
【冥器】míngqì 图 副葬品 ⇨[明器]
【冥想】míngxiǎng 動 冥想する、心の奥深く思う

【溟】 míng ⊗ 海

【溟濛(溟蒙)】míngméng 形《書》くもって暗い

【暝】 míng ⊗ ① 日が落ちる、暮れる〚天已〜〛すでに日が暮れた ② たそがれ

【瞑】 míng ⊗ 目を閉じる

【瞑目】míngmù 動 目を閉じる、安らかに死ぬ〚死不〜〛死んでも死にきれぬ

【螟】 míng ⊗〚虫〛ズイムシ、メイチュウ◆髄に食い入る害虫〚〜虫〛虫

【螟害】mínghài 图（稲やトウモロコシを食う）メイチュウの害
【螟蛉】mínglíng 图《書》養子〚〜之子〛同前

酩 mǐng ⊗ 以下を見よ

【酩酊】mǐngdǐng 動 酩酊 %%%する〚〜大醉〛へべれけに酔う

【命】 mìng 图 ① 〚条〛命〚饶〜〛助命する〚人〜〛の生命 ② 運命〚他的〜真苦〛彼は本当に悲運だ〚算〜〛運勢を占う ― 動 ① 命じる ② 命名する〚〜名〛同前 ⊗ 命令〚抗〜〛命令に逆らう〚受〜〛命令を受ける

【命案】mìng'àn 图〚件・起〛殺人事件
【命根】mìnggēn 图 命の綱、何より大切なもの ⇨[〜子]
*【命令】mìnglìng 動 命令する〚〜他们听从指挥〛指揮に従うよう彼らに命令する〚〜的口气〛命令的な口調 ― 图〚道・条〛命令〚下达〜〛命令を下へ伝達する
【命脉】mìngmài 图 命脈、重要な要かなめ〚〜切断了〛命脈を断たれた〚交通〜〛交通の要
*【命名】mìng'míng 動 命名する〚〜仪式〛命名式
【命题】mìngtí 動 題目を出す ― mìngtí 图 命題、テーマ
*【命运】mìngyùn 图 運命〚占卜自己的〜〛自分の運命を占う
【命中】mìngzhòng 動 命中する〚〜率〛命中率

【谬(謬)】 miù ⊗ 誤り〚荒〜〛でたらめだ〚乖〜〛まともでない〚大〜不然〛大間違いだ

【谬论】miùlùn 图 誤った議論〚批驳敌人的〜〛敵の謬%%%論に反駁する
【谬误】miùwù 图 誤り、間違い〚纠正〜〛誤りを正す
【谬种】miùzhǒng 图 ① でたらめな言論（またはそれを流す連中）② ろくでなし

【摸】 mō 動 ① 触る、なでる〚〜孙女的头发〛孫娘の髪をなでる〚勿〜展品〛展示物に触れないで下さい ② 探る、手探りする、手探りで取る〚〜口袋〛ポケットを探る〚〜鱼〛手探りで魚を捕る〚从兜里〜出十块钱〛ポケットから10元を取り出す ③（情況を）探る、探ってみる〚他的想法我都〜来了〛彼の考え方はすっかりつかんだ〚〜不着zháo头脑〛さっぱりわからない ④ 暗闇の中で行動する〚〜黑儿〛暗闇で手探りする

【摸底】mōdǐ 動 詳しく知る、内情を探る〚你们的想法, 我都〜〛君たちの考え方はみなよく知っている
*【摸索】mōsuo/mōsuǒ 動 ① 手探りする〚在黑暗中〜着往前走〛暗闇の中を手探りで進む ② 模索する〚在实践中〜出了一个经验〛実践の中から模索して一つの経験を得た

【谟(謨)】 mó ⊗ 計略、はかりごと

【馍(饃、饝)】 mó 图《方》マントウ《⇨[馍馍]》〚蒸〜〛マントウをふかす

【模】 mó ⊗ ① 型、規範、標準〚规〜〛規模〚航〜〛飛行機や船の模型 ② 範範〚劳〜〛模範労働者 ③ モデル〚名〜〛有名モデル ④ まねる〚〜仿〛模倣する ⇨ mú

*【模范】mófàn 图 模範、手本〚〜教师〛模範的な教師〚〜行为〛模範的な行い
*【模仿(摹仿)】mófǎng 動 まねる、模倣する〚〜外国人的动作〛外国人のジェスチャーをまねる
*【模糊(模胡)】móhu 形 ぼんやりした、はっきりしない〚记得有点儿〜〛記憶がちょっとぼやけている〚轮廓〜〛輪郭がぼやけている ― 動 ぼやかす〚〜历史内容〛歴史の内容をあいまいにする

【模棱两可】móléng liǎngkě 《成》(態度が)どっちつかずの, 曖昧な
【模拟(摹拟)】mónǐ 動 まねる, 模倣する [~鸟叫的声音] 鳥の鳴き声をまねる [~试验] 模擬テスト
【模式】móshì 名 モデル, パターン [摆脱~] 類型化を脱する [公文~] 公文書の様式
【模特儿】mótèr 名《訳》(美術や文学の作品の) モデル,(ファッション)モデル
【模型】móxíng 名 ① 模型 [轮船的~] 汽船の模型 ② 鋳型 [做零件的~] 部品の鋳型を作る

【摹】mó ⊗ まねる, なぞる [临~] 臨写する, まねて書く [描~] 模写する

【摹仿】mófǎng 動 ⇨[模仿]
【摹写(模写)】móxiě 動 模写する, 描写する [~景物] 風物を描く
【摹状】mózhuàng 動 模写する, 敷き写しする ⇨[描寫]

【膜】mó 名 (~儿) 膜 [耳~] 鼓膜 [黏~] 粘膜 ⊗ 薄皮, 膜状のもの [笛~] 笛のリード

【麽】mó ⊗ [幺 yāo ~]《書》ちっぽけな
⇨me (么)

【嬤】mó ⊗ [嬤嬤 mómo]《方》① おばあさん ② (父方の)祖母

【摩】mó ⊗ ① こする, 触る [抚~] なじる ② 探求する, 研究する [揣 chuǎi ~] 推測する

*【摩擦(磨擦)】mócā 動 ① 摩擦する [~双手] 両手をこすりあわせる ② 軋轢ホキツが起こる
【摩登】módēng 形 モダンな 働 [时髦]
【摩抚】mófǔ 動 なでる ⇨[抚摩]
【摩肩接踵】mó jiān jiē zhǒng《成》肩が触れ足がぶつかる, 人が込み合う
【摩羯座】mójiézuò 名 やぎ座
【摩拳擦掌】mó quán cā zhǎng《成》手ぐすねをひいて待ちかまえる
【摩挲】mósuō 動 手でこすれる ♦ māsā／masa と発音することも
【摩天】mótiān 形《多く定語として》天に達するほど(高い) [~楼] 摩天楼
【摩托】mótuō 名《訳》モーター (働[马达]) [~艇] モーターボート
*【摩托车】mótuōchē 名〔辆〕オートバイ
【摩崖】móyá 名 崖ᷨに刻んだ文字や仏像

【磨】mó 動 ① 摩擦する, こする, 研ぐ, 磨ぐ [~嘴皮子] 口をすっぱくして説く [~剪子] はさみを研ぐ [~玻璃] ガラスを磨く ② 苦しめる [这病很~人] この病気は人を苦しめる [~瘦了] やつれた ③ つきまとう, ねだる, ぐずる [~妈妈] お母さんにまといつく ④ 時間を空費する, 遅らせる [~洋工] 仕事をサボタージュする ⊗ 磨滅する [消~] 消耗する
⇨mò

【磨擦】mócā 動 ⇨[摩擦]
【磨蹭】móceng 動 ① こすりつける ② ぐずぐずする [别~了] ぐずぐずするな [~得真急我] ぐずぐずで本当にいらいらする ③ まつわりつく, ねだる [~也没用] ごねても無駄だ
【磨床】móchuáng 名〔機〕研削盤, グラインダー [平面~] 平面研削盤
*【磨合】móhé 動 ① 磨きならす ② (考えを)磨り合わせる
【磨砺】mólì 動《書》磨きあげる, 錬磨する
【磨炼(磨练)】móliàn 動 錬磨する [社会~人] 社会が人を鍛える
【磨灭】mómiè 動 磨滅する [他的功绩是不可~的] 彼の功績は不滅だ
【磨难(魔难)】mónàn 名 苦難
【磨损】mósǔn 動 磨損する, すり減る [齿轮~了] 歯車すり減った

【蘑】mó ⊗ キノコ [口~] (中国北方草原に産する) シメジ, モウコシメジ

【蘑菇】mógu 名 キノコ [~云] キノコ雲 一 動 からむ, ぐずる

【魔】mó ⊗ ① 悪魔, 魔物, 魔力 [病~] 病魔 [入~] やみつきになる [睡~] 睡魔 ② 魔術的な, 不思議な [~法] 妖術
*【魔鬼】móguǐ 名 妖怪, 悪魔
【魔力】mólì 名 魔力, 魅力
【魔术】móshù 名 奇術
【魔王】mówáng 名 魔王;《転》暴君, 専制君主
【魔掌】mózhǎng 名 悪魔の手, 魔手 [逃出敌人的~] 敵の魔手から逃れる
【魔爪】mózhǎo 名 魔の手, 悪の爪 [斩断~] 魔の手を断ち切る

【抹】mǒ 動 ① 塗る [~口红] 口紅を塗る ② ぬぐう [~眼泪] 涙をふく [用抹 mā 布~桌子] 雑巾でテーブルをふく ③ 消す, 切り捨てる [~去两个字] 2文字を抹消する
⇨mā, mò

【抹脖子】mǒ bózi 動 首を切る;《転》自殺する
【抹黑】mǒ'hēi 動 顔をつぶす, 中傷する [给父亲脸上~] 父の顔に泥を塗る
*【抹杀(抹煞)】mǒshā 動 抹殺する [他的贡献是谁也~不了的] 彼の貢献は誰も否定できない

【抹一鼻子灰】mǒ yī bízi huī《成》御機嫌をとろうとして却って白けた結果となる

【抹子】mǒzi 図（左官の）こて⇨[抹刀]

【末】mò 図①（～儿）粉末（⇨[～子]）[芥～]からし粉 [茶叶～儿]粉茶 [肉～]ひき肉 ②伝統劇で中年の男を演じる役 ⊗①先端，末端，微小 [～梢]先っぽ [本～倒置]本末転倒 ②末尾，最後 [～班车]終列車，最終バス [周～]週末

【末班车】mòbānchē 図 終列車，終電，終バス ⇨[末车]

【末伏】mòfú 図 末伏記 ✦'三伏'の一，立秋後最初の庚の日（またはその日からの10日間）

【末后】mòhòu 図 最後，終わり

【末了】mòliǎo 図（～儿）最後，大詰め（⇨[末末了了]）[～不了了之]結局はうやむやにしてしまう

【末路】mòlù 図 末路 [穷途～]落ちぶれた末路

【末年】mònián 図 末年 [明朝～]明朝の末年

【末期】mòqī 図 末期，終期 [十八世纪～]18世紀末葉

【末日】mòrì 図 世界末日の日，死亡あるいは滅亡する日 [～审判]（キリスト教の）最後の審判

【末世】mòshì 図《書》ある時代の最終段階，晩期 [封建～]封建時代の晩期

【末尾】mòwěi 図 末尾，終わり [排在队伍的～]隊列の尻に並ぶ

【末叶】mòyè 図 終わりの頃，末葉 [十三世纪～]13世紀末葉

【妹】mò ⊗[～喜]妹喜（ばっき）（夏の桀王の妃）

【沫】mò 図（～儿）泡 [～子]同前 [唾～]つば [白～]白い泡 [啤酒～]ビールの泡

【茉】mò ⊗以下を見よ

【茉莉】mòli/mòlì 図《植》マツリカ，ジャスミン [～花茶]ジャスミン茶

【抹】mò 動①（泥や塗料を）塗りつける [～墙]壁を塗る [～水泥]セメントを塗る ②（角を）曲がる（⇨[拐]）[～个角]角を曲がる ⇨mā, mǒ

【秣】mò ⊗①まぐさ，かいば [粮～]兵糧とまぐさ ②家畜に餌をやる

【靺】Mò ⊗[～鞨 hé]靺鞨（まっかつ）（古代東方の民族）

【没】mò 動①没する，沈む [～在水中]水の中にもぐっている [出～]出没する ②水が浸す，(水かさが）越える [～到脖子]首まで埋まる [几乎～顶]背丈が隠れるほどだ ⊗①没収する ②終わる [～世]一生 ③死ぬ（'殁'とも書く）⇨méi

【没齿不忘】mò chǐ bú wàng《成》生涯忘れない ⇨[没世不忘]

【没落】mòluò 動 没落する [～的贵族]没落貴族

【没奈何】mònàihé 図 やむなく，どうしようもなく ⇨[无可奈何]

【没收】mòshōu 動 没収する [～现款]現金を没収する

【陌】mò ⊗あぜ道 [阡 qiān～]同前

【陌路】mòlù 図《書》路上で出会う人，見知らぬ人 ⇨[陌路人]

*【陌生】mòshēng 圏 よく知らない，なじみがない [～的街道]不案内な大通り [～人]見知らぬ人

【貊】Mò ⊗ 貊(古代東方の民族)

【脉】(脈) mò ⊗[～～（脉脉)]黙って（目などで)気持ちを伝えようとするさま ⇨mài

【莫】mò ⊗①…するなかれ [请～见笑]お笑い下さるな [闲人～入]無用の者入るべからず ②…でない [一筹～展]手も足も出ない ③一つもない [～不]…でないものはない ④推測や反語に用いる [～是]まさか ⑤（M~)姓

【莫不是】mòbúshì 副（⇨[莫非]）①多分…に違いない ②まさか…ではなかろうか

【莫大】mòdà 圏《定語として》この上ない，最高の [～的光荣]無上の光栄

【莫非】mòfēi 副（推測・疑いの意味で）…ではないだろうか，(反語に用いて)まさか…ではあるまい [～他生病了]ひょっとして彼は病気になったのかな [～是我错了不成]まさか私が間違ったのじゃないだろうな

【莫过于】mòguòyú 動《書》…に勝るものはない

*【莫名其妙】mò míng qí miào《成》訳がわからぬ [感到有些～]なんだか訳がわからない感じだ [她～地笑起来了]彼女はなんの訳もなく笑い出した

【莫逆之交】mò nì zhī jiāo《成》莫逆説の交わり，極めて親密な間柄

【莫如】mòrú 副 …には及ばない，…に越したことはない（⇨[莫若]）[与其去，～他来]君が行くより，彼が来るほうがいい

【莫须有】mòxūyǒu《成》根拠のない，でっち上げの [～的罪名]同前

の罪名
【莫衷一是】mò zhōng yí shì《成》一致した結論が出せない
〖漠〗mò ⊗① 砂漠［沙～］同前［大～］大砂漠 ② 無関心な［冷～］冷淡な
【漠不关心】mò bù guānxīn《成》全く無関心である
【漠然】mòrán [形]《書》冷ややかな，無関心な［～置之］冷淡に放置する
【漠视】mòshì [動] 冷淡に対処する，無視する〖～的态度〗無視する態度
〖寞〗mò ⊗ 静かだ，寂しい［寂～］寂しい［落～］物寂しい
〖蓦(驀)〗mò ⊗ 突然，いきなり
【蓦地】mòdì [副] 突然，いきなり（[同]［蓦然］）〖她的脸～变红了〗彼女の顔は突然赤くなった
〖瘼〗mò ⊗ 病，困苦
【貘(*獏)】mò [名]〖動〗バク
【墨】mò [名]〔块・锭〕墨［翰～］筆と墨，文章や書画 ⊗① 書画の顔料，インク［～汁］墨汁［红～水］赤インク ② 黒い［～菊］花弁が赤紫色の菊 ③ 教養，学問 ④ 書画［～宝］貴重な書画 ⑤（M-）墨家，墨子学派 ⑥（M-）'墨西哥'（メキシコ）の略 ⑦（M-）姓
【墨斗】mòdǒu [名]（大工の） 墨つぼ [同]［黑线斗子］
【墨斗鱼】mòdǒuyú [名] イカ [同]［墨鱼］［乌贼］
【墨盒】mòhé [名]（～儿）毛筆用の墨つぼ
【墨迹】mòjì [名] ① 筆の跡 ② 肉筆の書や絵画
【墨家】Mòjiā [名] 墨家 ♦諸子百家の一つで兼愛説を説いた学派
【墨镜】mòjìng [名]〔副〕サングラス，黒めがね
【墨绿】mòlǜ [形]〖多く定語として〗深緑色の
【墨守成规】mò shǒu chéng guī《成》古い習慣を固く守る，融通がきかない
*【墨水】mòshuǐ [名]（～儿） ① 墨汁 ② インク［～池］インクスタンド ③《転》学問，知識
【墨线】mòxiàn [名]（大工仕事の）墨なわ，墨糸
【墨鸦】mòyā [名]〖鳥〗カワウ [同]［鸬鹚 lúcí］
【墨鱼】mòyú [名]〔只・条〕イカ [同]［墨斗鱼］［乌贼］
【默】mò [動] 何も見ず記憶で書く［～写］同前 ⊗① 黙る，声を出さない［沉～］沈黙（する）［～不作声］うんともすんとも言わない ②（M-）姓
【默哀】mò'āi [動] 黙禱する
【默祷】mòdǎo [動] 心の中で祈る，黙禱する
*【默默】mòmò [副] おし黙って，黙々と〖～告别〗無言のまま別れる〖低着头，～地坐着〗うつむいたままじっと座っている［～无闻］黙々と誰に知られることもない
【默契】mòqì [名] 秘密の条約，黙約〖～打成了〗秘密の約束が成立した ― [形] 互いに理解しあっている，心が通じる〖～地合作〗心を合わせ協力しあう
【默然】mòrán [副] 黙ったまま，無言で［～无语］黙ったままものを言わない
【默认】mòrèn [動] 黙認する
【默想】mòxiǎng [動] 思いにふける，黙考する
【默许】mòxǔ [動] 黙認する〖～婚事〗婚姻を黙認する
【磨】mò [名]〔盘・眼〕臼［石～］石臼〖推～〗臼でひく ― [動] ① 臼でひく〖～面〗粉をひく ② 方向を変える〖～过脸来〗顔を振り向ける
⇨mó
【磨不开(抹不开)】mòbukāi [動] ① ばつの悪い思いをする ②《方》行き詰まる
【磨坊】mòfáng [名] 粉ひき場
【磨盘】mòpán [名] ひき臼の台
【哞】mōu [擬] 牛の鳴き声
〖牟〗móu ⊗① 得ようとする，むさぼる［～利］利益をむさぼる ②（M-）姓 ♦地名'牟平''中牟'では mù と発音
【牟取】móuqǔ [動] むさぼり取る〖～暴利〗暴利をむさぼる
〖侔〗móu ⊗ 等しい
〖眸〗móu ⊗ ひとみ，目［～子］同前［凝～］《書》目をこらす
【谋(謀)】móu [動] 図る，求める〖～利益〗利益を図る［～职］職を求める ⊗① もくろみ，計略，はかりごと［阴～］陰謀［计～］計略 ② 相談する［不～而合］はからずも意見が一致する
【谋反】móufǎn [動] 反乱を企てる
【谋害】móuhài [動]（たくらんで）殺害する，陥れる〖妄图～要人〗要人の殺害をたくらむ
【谋划】móuhuà [動] 計画する，手筈を考える
【谋略】móulüè [名] 策略

- **【谋求】** móuqiú 動 追求する, 図る 〖～出路〗活路を求める 〖～两国关系正常化〗両国関係の正常化を図る
- **【谋取】** móuqǔ 動 獲得しようとする 〖～利益〗利益を獲得しようとはかる
- **【谋杀】** móushā 動 (たくらんで) 殺害する
- **【谋生】** móushēng 動 生活の道を求める 〖～的能力〗生計を立てる能力
- **【谋事】** móushì 動 ① 事を計画する ② 職を求める
- **【鍪】** móu ⊗ [兜 dōu～]《書》かぶと
- **【某】** mǒu 代 ① 某, なにがし 〖赵～〗趙なにがし ② ある… 〖～～工厂〗ある工場 〖～人〗ある人 ③《姓の後に置き》自称として 〖我王～〗私王?は…
- **【某些】** mǒuxiē 代 幾つかの 〖～地方〗幾つかの箇所
- **【模】** mú ⊗ 型, 鋳型 〖字～儿〗活字の母型
  ⇨ mó
- **【模板】** múbǎn 图〖建〗コンクリートを流し込む枠, 堰板
- **【模具】** mújù 图 物を作る時の模型, 型
- ***【模样】** múyàng 图 (～儿) ① 顔形, 容貌 〖～漂亮〗容貌が美しい ② 格好, 様子 〖学生～〗学生風の人 ③ (年齢や時間について) 頃あい 〖一个五岁～的孩子〗5歳ぐらいの子供 〖大概半小时～〗約半時間ほど
- **【模子】** múzi 图 型, 鋳型
- **【母】** mǔ 形〖定語として〗(動物の) 雌の 〖～猪〗雌豚 〖～鸡〗めんどり
  ⊗ ① 母親 〖父～〗父母 〖后～〗継母 〖～乳〗母乳 ② 上の世代の女性 〖姑～〗父の姉妹 〖岳～〗妻の母 ③ 何かを生み出すもと, 物事の源 〖～校〗母校 ④ はめ込むときの凹部のもの 〖螺～〗ナット ⑤ (M-) 姓
- **【母机】** mǔjī 图〖機〗工作機械
- **【母女】** mǔnǚ 图 母と娘
- ***【母亲】** mǔqin/mǔqīn 图 母, 母親 (呼び掛けには '妈''妈妈') 〖～节〗母の日 〖～河〗母なる河
- **【母权制】** mǔquánzhì 图 母権制度
- **【母体】** mǔtǐ 图 (人や動物の) 母体
- **【母系】** mǔxì 图 ① 母方の (⇔[父系]) 〖～亲属〗母方の親戚 ② 母系 〖～社会〗母系社会
- **【母性】** mǔxìng 图 母性
- ***【母语】** mǔyǔ 图 ① 母語 ② 祖語, 共通基語
- **【母子】** mǔzǐ 图 母子
- **【姆】** mǔ ⊗ → [保～]
- **【拇】** mǔ ⊗ 親指
- **【拇指】** mǔzhǐ 图 親指 (⊗[口][大拇指]) [外翻～] 外反母趾
- **【亩 (畝)】** mǔ 量 ⊗ (土地面積の単位. 1'亩'は 6.667 アール) [公～] アール
- **【牡】** mǔ 形 雄の (⊗'牝') [～牛] 雄牛
- **【牡丹】** mǔdan 图〖植〗ボタン, ボタンの花
- **【牡蛎】** mǔlì 图〖貝〗カキ ⊛[蚝] [海蛎子]
- **【木】** mù 形 しびれている, 無感覚な 〖发～〗しびれる
  ⊗ ① 樹木, 木材, 木製 〖花～〗観賞用の花と木 [伐～] 木を切る 〖～器〗マホガニー [枕～] (鉄道の) 枕木 [棺～] 棺おけ ② (M-) 姓
- **【木板】** mùbǎn 图 ① 板 〖～房〗板張りの家 ② 木刻
- **【木版】** mùbǎn 图 木版 〖～画〗木版画
- **【木菠萝】** mùbōluó 图〖植〗パラミツ, ハラミツ ⊛〖菠萝蜜〗
- **【木材】** mùcái 图 木材, 材木
- **【木柴】** mùchái 图 たきぎ, 柴
- **【木耳】** mù'ěr 图〖植〗キクラゲ 〖黑～〗クロキクラゲ 〖白～〗シロキクラゲ
- **【木筏】** mùfá 图 いかだ ⊛〖木筏子〗
- **【木工】** mùgōng 图 木工, 木工士師, 建具師
- **【木瓜】** mùguā 图〖植〗① ボケ, ボケの実 ② カリン ③ 〖口〗パパイア
- **【木屐】** mùjī 图〖双〗下駄
- **【木匠】** mùjiang/mùjiàng 图 大工
- **【木焦油】** mùjiāoyóu 图〖化〗木タール (木材防腐剤) ⊛〖木溚 tǎ〗
- **【木槿】** mùjǐn 图〖植〗ムクゲ
- **【木刻】** mùkè 图 木版画, 木刻
- **【木兰】** mùlán 图〖植〗モクレン ⊛[辛夷] [木笔]
- **【木料】** mùliào 图 木材, 板材
- **【木马】** mùmǎ 图〖体〗木馬, (遊戯用) 木馬 [～计] トロイの木馬
- **【木棉】** mùmián 图 ① インドワタノキ ⊛[红棉] ② パンヤ, カポック
- **【木乃伊】** mùnǎiyī 图 ミイラ
- **【木偶】** mù'ǒu 图 木偶子 〖～戏〗人形芝居
- **【木排】** mùpái 图 いかだ
- **【木器】** mùqì 图 木製家具, 木製品
- **【木然】** mùrán 形 呆然とした, あっけにとられた
- **【木炭】** mùtàn 图〖块〗木炭
- ***【木头】** mùtou 图〖块・根〗木, 木ぎれ, 丸太
- **【木樨 (木犀)】** mùxi 图 ①〖植〗モクセイ ⊛[桂花] ② 炒り卵料理 〖～汤〗卵スープ 〖～肉〗卵, 肉, キクラゲを炒めた料理
- **【木星】** mùxīng 图〖天〗木星

沐目苜仏牧募墓幕慕暮 — mù

【木已成舟】mù yǐ chéng zhōu（成）〈木はすでに舟となる〉事柄はすでに定まった

【木贼】mùzéi 图〖植〗トクサ

【木桩】mùzhuāng 图 木のくい

【沐】mù ⊗① 髪を洗う ② (M-) 姓

【沐猴而冠】mùhóu ér guàn（成）〈冠をかぶった猿〉見せ掛けばかりで実体がない

*【沐浴】mùyù 動〖書〗① 入浴する ② 浴びる, (恩恵を) 受ける〖花草树木都～在阳光里〗花草樹木が太陽の恵みを受けている ③ ひたる〖大家都～在节日的欢乐中〗みんな祭日の喜びにひたっている

【目】mù ⊗① 目 (⊕〖眼睛〗) 〖闭～〗目を閉じる 〖一～了然〗一目瞭然 ③ 項目, 目録〖节～〗プログラム〖题～〗表題, テーマ

*【目标】mùbiāo 图 ①（射撃, 攻撃の）目標, 的〖瞄准～的〗的にねらいを定める〖军事～〗軍事目標 ②（到達すべき）目標, ゴール〖达到～〗目標に到達する

【目不识丁】mù bù shí dīng（成）全く文字を知らない

【目不转睛】mù bù zhuǎn jīng（成）目をこらす, まばたきもしない〖～地注视着窗外〗まばたきもせず窓の外に目をこらす

【目瞪口呆】mù dèng kǒu dāi（成）呆然として口もきけない, あっけにとられる

*【目的】mùdì 图 目的〖我们的～可以达到〗我々の目的は達成できる

【目睹】mùdǔ 動 目撃する〖亲眼～〗自分の目で見る

*【目光】mùguāng 图 眼光, 見識, 視線〖期待の～〗期待のまなざし〖～狭隘〗視野が狭い〖～如炬〗見識が高い

【目击】mùjī 動 目撃する

【目见】mùjiàn 動 目で見る〖耳闻不如～〗耳で聞くより目で見るにしたことはない

【目空一切】mù kōng yíqiè（成）一切眼中にない, おごり高ぶっている

*【目录】mùlù 图 目録, 目次

【目视飞行】mùshì fēixíng 图 有視界飛行

*【目前】mùqián 图 目下, 現在〖到～为止〗今までのところ〖～的形势非常好〗現在の情勢は非常によい

【目送】mùsòng 動 目を離さず見送る, 目送る

【目无法纪】mù wú fǎjì（成）法律を無視する

【目无全牛】mù wú quán niú（成）技術がきわめて熟達している

【目眩】mùxuàn 動 目がくらむ〖令人～〗目がくらむ

【目语】mùyǔ 動〖書〗目で語る

【目中无人】mù zhōng wú rén（成）眼中に人なし ⊕〖目无余子〗

【苜】mù ⊗ 以下を見よ

【苜蓿】mùxu 图〖植〗ムラサキウマゴヤシ, アルファルファ

【仏】mù ⊗ 以下を見よ

【仏佬族】Mùlǎozú 图 ムーラオ族 ◆ 中国少数民族の一, 広西に住む

【牧】mù ⊗① 放牧する〖～羊〗羊を放牧する〖游～〗遊牧 ② (M-) 姓

【牧草】mùcǎo 图 牧草

【牧场】mùchǎng 图〖块·片〗牧場

【牧放】mùfàng 動 放し飼いする

【牧民】mùmín 图 牧畜民

【牧师】mùshī 图 牧師

【牧童】mùtóng 图 牧童

【牧畜】mùxù 图 牧畜

【牧业】mùyè 图 牧畜業

【募】mù ⊗ 募集する, 募る〖招～〗(人員を) 募集する〖应～〗応募する〖～款〗募金

【募集】mùjí 動 募集する〖～捐款〗寄附金を募る

【募捐】mù juān 動 募金する, 寄附金を募る

【墓】mù 图〖座〗墓〖坟～〗墓, 墳墓〖公～〗共同墓地〖扫～〗墓参り

【墓碑】mùbēi 图〖块·座〗墓碑

【墓地】mùdì 图 墓地 ⊕〖坟地〗

【墓葬】mùzàng 图（考古学での）墓, 古墳

【墓志】mùzhì 图〖～铭〗墓誌銘

【幕】mù 图 ① 幕, スクリーン〖～已拉开〗幕が開いた〖揭～〗幕を切って落とす〖张～〗天幕, テント〖银～〗スクリーン〖谢～〗カーテンコールに応える〖内～〗内幕 ②（芝居の）一幕〖独～剧〗一幕劇

【幕布】mùbù 图〖块·幅〗舞台の幕, カーテン

【幕后】mùhòu 图 舞台裏〖～操纵〗陰で操る

【幕友】mùyǒu 图（明清時代の）地方官の私的輔佐役

【慕】mù ⊗① 羨む, 慕う〖～名〗名を慕う〖羡～〗羨む ② (M-) 姓

【暮】mù ⊗①（日が）暮れる, 〖～暮れ〗 ②〖朝三～四〗朝三暮四 ② 末に近い頃〖岁～〗〖書〗年の暮れ〖垂～之年〗老年

【暮霭】mù'ǎi 图 夕もや〖～沉沉〗夕もやが立ちこめる

【暮春】mùchūn 图 晚春

【暮年】mùnián 图晚年
【暮气】mùqì 图無気力, 意欲がない様子 〖~沉沉〗ひどく無気力だ
【暮色】mùsè 图暮色, 夕暮れ 〖~昏暗〗夕闇が迫って暗くなる
【睦】mù ⊗① むつまじい〔和~〕同前 ②(M-)姓
【睦邻】mùlín 图善隣 〖~友好政策〗善隣友好政策
【穆】mù ⊗① うやうやしい, 厳かだ〔静~〕静かで厳かな ②(M-)姓
【穆斯林】mùsīlín 图 [宗] ムスリム, イスラム教徒

N

【嗯】(*唔) ń/ńg 嘆(疑問の気持ちを表わして) えっ
【―】(*吘) ň/ňg 嘆(意外, 驚きの気分を表わして) おや
【―】(*吶) ǹ/ǹg 嘆(承諾した気分を表わして) うん
【拿】(*拏) ná 動① 手に持つ, 取る, 受け取る 〖~茶杯〗湯飲みを手に取る 〖~工资〗給料を受け取る 〖手里~着两本书〗手に 2 冊の本を持っている ② 捕まえる, つかむ 〖猫~耗子〗猫がネズミを捕まえる ③ 掌握する, 考え出す, 決める 〖~权〗権力を握る 〖~不出好主意来〗よい考えが思いつかない ④ 困らせる, つけいる 〖他~了我一把〗彼は私の弱みにつけこんだ 〖别~把〗出し惜しみするな ― 囧①(道具・材料・方法等)…で, …を用いて 〖~眼睛看〗目で見る 〖~刀削〗ナイフで削る ②…を, …に対して 〖~他开玩笑〗彼をからかう 〖~他没有办法〗彼にはお手上げだ
【拿大】ná‧dà 動〘方〙威張る, お高くとまる
【拿获】náhuò 動(犯人を)逮捕する
【拿架子】ná jiàzi 動威張る, 気取る 俚 [摆架子]
【拿乔】ná‧qiáo 動もったいぶる
【拿人】ná‧rén 動 人を困らせる, つけこむ
【拿事】ná‧shì 動 事をさばく, 取りしきる 〖父母去世后, 家里没有~的人〗両親が死んでから, 家を取りしきる人がいない
*【拿手】náshǒu 图確信, 自信 〖有~〗自信がある ― 形 得意な 〖唱民歌他很~〗民謡を歌うのは彼のおはこだ 〖~好戏〗お得意の演目
【拿主意】ná zhǔyì 動 考えを決める 〖你自己~吧〗自分で決めなさい 〖拿不定主意〗考えが決められない
【镎】(錼) ná 图 〘化〙ネプツニウム
【哪】nǎ 代 ①〔疑問を表わして〕どの, どれ 〖~本书〗どの本 〖~天〗どの日, いつ ②〔不特定のものを表わして〕どれかの 〖~天到游乐园去玩儿〗いつか遊園地へ遊びに行く ③〔任意の指示を表わして〕どれ(でも) 〖~个都行〗どれでもいい ④〔反語を表わす〕どうして 〖~~有这样的事的?〗そんな事があろうか
⇨ na, nǎi, něi(中国神話の神 '

吒' はNézhaと発音)
【哪个】nǎge/něige [代] どれ，どの (同[哪一个])〚～人〛どの人
【哪会儿】nǎhuìr/něihuìr [代] ①いつ〚那是～的事？〛それはいつの事？ ②いつでも
【哪里】nǎli(náliと発音)/nǎlǐ [代] ①(場所) どこ〚他是～人？〛彼はどこの人ですか〚他住～？〛彼はどこに住んでいますか ②どこか，どこでも〚无论到～，他都给我写信〛どこへ行っても彼は私に手紙を書く ③〔反語として〕どうして…であろうか ④《挨》〚～～〛どういたしまして
【哪门子】nǎ ménzi/ něi ménzi [代]《方》〔いわれのないことを反語で表わして〕なに事，どうして…なんだ〚你说～话？〛何を言ってるんだ
★★【哪怕】nǎpà [接]〔後に'都''也''还'などが呼応して〕たとえ…でも，いくら…でも〚～是一粒米也不应该浪费〛一粒の米も浪費してはならない
★★【哪儿】nǎr [代]《口》(同[哪里]) ①どこ〚你到～去？〛どこへ行くのですか〚你想去～，就去～〛行きたいところへ行きなさい ②〔反語用法で〕どうして…だろうか〚我～知道〛私がなんで知っているんだ
【哪些】nǎxiē/něixiē [代] どれら(の) (同[哪一些])〚～是你的？〛どれらが君のですか
【哪样】nǎyàng/něiyàng [代] (～儿) どんな，どのような〚你喜欢～颜色的？〛君はどんな色のものが好きですか〚～都行〛どんなのでもいい

【那】 nà(口語で nè とも) [代] (比較的遠い人·時間·場所·事物などを指示して) あの，その，あれ，それ〚～是谁？〛あれは誰ですか〚～只猫〛その猫(量詞の前ではnèiとも発音) — [接] それなら，それでは 同[那么] ♦姓はNāと発音 ⇨nèi
【那边】nàbiān/nèibiān [代] (～儿) そこ，あそこ，向こう側〚放在～吧〛あちらに置きなさい〚山～〛山の向こう側
【那程子】nàchéngzi/ nèichéngzi [名]《方》そのころ，あのころ
【那达慕】nàdámù [名] ナーダム(モンゴル語で遊び，娯楽の意味) ♦モンゴル族の年1度夏に行われる祭り．競馬，相撲，弓射などの競技や物産品交易会が開かれる
【那个】nàge/nèige [代] ①あの，その，あれ，それ〚～人〛あの人〚～比这个便宜〛あれはこれより安い〚他～人可不好惹〛あの人はなかなか手に負えない ②〔動詞，形容詞の前に置いて〕誇張を表わす〚大伙儿喝得～高兴啊〛みんななんと楽しく飲んでることか ③名詞の代わりに事物，情況，原因などを指す〚～你甭担心〛あのことは心配しなくていい ④あからさまに言わないときの形容詞の働きをする〚你刚才的态度也太～了〛君のさっきの態度はちょっとなあ
【那里】nàli/nàlǐ [代] (比較的遠い所を指して) あそこ，そこ〚他不在～〛彼はそこにはいない
【那么(那末)】nàme/nème [代] (性質·状態·方式·程度を表わし) あんなに，そんなに〚你不该～做〛君はそのようにしてはいけない〚我没有你～傻〛私は君ほどばかではない〚～一种人〛そんなタイプの人〚～点儿〛それっぽっち [～些] あれだけの — [接] それでは，それなら〚～你为什么干这种事〛それなら君はどうしてこんなことをしたんだ
【那么着】nàmezhe [代]〔動作や方式を指して〕そういうふうに(する)，あんなふうに(する)〚我看你还是～好〛君はやはりあんなふうにしたほうがいいと思うよ〚好，就～吧〛よし，そういうことにしよう
★★【那儿】nàr [代] ①《口》そこ，あそこ 同[那里] ②〔介詞'打''从''由'の後に用いて〕その時，あの時〚打～起〛その時から
【那些】nàxiē/nèixiē [代] それら(の)，あれら(の)〚～人〛あれらの人〚～事〛あれらの事
【那样】nàyàng/nèiyàng [代] (～儿) そんな，あんな，そのよう(である)，あのよう(である)〚～的人〛そのような人〚～疼她行吗?〛そんなに彼女を可愛がって大丈夫？〚他不像你～胆小〛彼は君のように臆病じゃない〚别～〛そのようにしないで

【娜】 nà [⊗] 人名に用いる〚安～〛アンナ ⇨nuó

【呐】 nà [⊗] 以下を見よ
【呐喊】nàhǎn [動] 叫ぶ，大声を上げる〚大声～〛大声で叫ぶ

【纳(納)】 nà [動] 刺子(さしこ)に縫う〚～鞋底子〛布靴の底を刺し縫いする [⊗] ①入れる，受け取る [出～] 出納(する) ②納める [～税] 税金を納める ③(N-)姓
【纳粹】Nàcuì [名]《訳》ナチス，ナチ
【纳福】nàfú [動]《旧》安楽に暮らす
【纳罕】nàhǎn [動] いぶかる，意外に思う
【纳贿】nà'huì [動] ①賄賂(わいろ)を取る ②賄賂を贈る
【纳凉】nàliáng [動] 涼をとる，涼む (同[乘凉])
★【纳闷儿】nà'mènr [動]《口》いぶかる，頭をひねる〚心里很～〛腑(ふ)に落ちない

N

【纳米】nàmǐ 量 ナノメートル［～技术］ナノテクノロジー

【纳入】nàrù 动 (ある計画や方針に)入れる，組み込む［～计划］計画に組み込む

【纳税】nà'shuì 动 納税する 例［上税］

【纳西族】Nàxīzú 名 ナシ族 ◆中国少数民族の一，主に雲南，四川に住む

【纳降】nàxiáng 动 投降を受け入れる

【纳新】nàxīn 動 新しい空気を入れる，新人を入れる

【衲】nà ⊗ ①つぎをあてる［百～衣］襲裟 ② 僧衣，僧の自称

【钠】(鈉) nà 名［化］ナトリウム

【捺】nà 动 押さえる，抑制する［～住心头的怒火］込み上げる怒りをこらえる ― 名 (～儿) 漢字筆画の右払い(乀)

【哪】(*吶) na 助 '啊'に同じ ◆前の字の韻尾nの同化による［天～！］ああ神様 ⇨nǎ, nǎi, něi

【乃】(*廼迺) nǎi ⊗ ① すなわち ②汝［～父］汝の父 ③そこで ④初めて

【乃尔】nǎi'ěr 代［書］かくのごとくである

【乃至】nǎizhì 接［書］ひいては，更には［他在文学，历史学…心理学都有丰富的学识］彼は文学・歴史学更には心理学にも豊かな学識がある

【艿】nǎi ⊗ →［芋～yùnǎi］

【奶】(*嬭) nǎi 名 ① 乳［牛～］牛乳［羊～］羊の乳［喂～］乳をやる［吃～的劲儿都拿出来了］全力を出しきった ② 乳房 ― 动 子供に乳を飲ませる［～孩子］同前

【奶茶】nǎichá 名 乳茶 ◆固形の'砖茶'を砕いて鍋で煮出してから塩を入れ，牛や羊の乳をまぜた茶．主にモンゴル族が好んで飲む

【奶疮】nǎichuāng 名［俗］乳腺炎

【奶粉】nǎifěn 名 粉ミルク

【奶酒】nǎijiǔ 名 馬乳酒，クミス ◆乳酸発酵させた酒，'奶子酒'とも．モンゴル族など遊牧民が愛飲する

【奶酪】nǎilào 名 ① チーズ ② ヨーグルト

【奶妈】nǎimā 名 乳母 例［奶娘］

【奶名】nǎimíng 名 (～儿) 幼名

*【奶奶】nǎinai 名 ①おばあさん(父方の祖母) ②おばあさん(年取った婦人)

【奶牛】nǎiniú 名［头］乳牛

【奶皮】nǎipí 名 (～儿) 牛乳を沸かしたとき表面に出来る膜，乳皮 ◆'奶皮子'ともいう．干して保存用にもなる

【奶水】nǎishuǐ 名《口》ミルク

【奶头】nǎitóu 名 (～儿) ① 乳首 ② (哺乳瓶の) 乳首 例［奶嘴］

【奶牙】nǎiyá 名 乳歯

【奶羊】nǎiyáng 名 搾乳用の羊

【奶油】nǎiyóu 名 ① クリーム ② バター 例［黄油］

【奶罩】nǎizhào 名 ブラジャー 例［乳罩］

【奶子】nǎizi 名 ①《口》ミルク ②《方》乳房

【奶嘴】nǎizuǐ 名 (～儿) (哺乳瓶の) 乳首

【氖】nǎi 名［化］ネオン［～灯］ネオンサイン 例［霓红灯］

【哪】nǎi ⊗ '哪 nǎ'の口語音 ⇨nǎ, na, něi

【奈】nài ⊗ どのように［怎～］［无～］いかんせん

【奈何】nàihé 动［書］どうするか［无可～］どうしようもない

【萘】nài 名［化］ナフタリン

【柰】nài《書》リンゴの一種

【耐】nài 动 耐える，持ちこたえる［～穿］(衣服や靴などが) 持ちがいい，丈夫だ［～寒］(植物などが) 寒さに強い

【耐烦】nàifán 形 我慢強い［不～的口气］うんざりした口振り

【耐火】nàihuǒ 形 火に強い，耐火性の［～砖］耐火煉瓦

【耐久】nàijiǔ 形 長持ちする［结实～的鞋］丈夫で長持ちする靴

【耐劳】nàiláo 动 労苦に耐える［吃苦～］苦しみに耐える

【耐力】nàilì 名 耐久力，スタミナ

【耐人寻味】nài rén xún wèi《成》味わい深い，大いに味わえる

【耐心】nàixīn 形 我慢強い，辛抱強い［～地等待］辛抱強く待つ ― 名 我慢強い性格［有极大的～］きわめて我慢強い

【耐性】nàixìng 名 我慢強い性格，根気［缺乏～］忍耐力に欠ける［需要～的］忍耐心が必要な仕事

*【耐用】nàiyòng 形 持ちがよい，丈夫だ［十分～的材料］とても長持ちする材料

【鼐】nài 名 大きな鼎$_{かなえ}^{てい}$

【囡】(*囝) nān ⊗《方》子供 ⇨ jiǎn 同前

【囡囡】nānnān 名《方》子供に対する愛称

【男】nán 形［定語として］男の，男性の［～孩儿］男

の子［～的］男
[文]①男 ②息子［长 zhǎng～］長男 ③男爵
【男儿】nán'ér [名] 男子，男らしい男 [同]［男子汉］
【男方】nánfāng [名] 男性側，花婿側
【男工】nángōng [名] 男性労働者
【男家】nánjiā [名] 新郎または夫側の家族
【男男女女】nánnánnǚnǚ [名] 男も女もみな
【男女】nánnǚ [名] 男性と女性［～平等］男女平等
★★【男人】nánrén [名] 男，男性
—— nánren [名]《口》夫，亭主
【男生】nánshēng [名] 男子学生 [反]［女生］
【男声】nánshēng [名]〖音〗男声［～合唱］男声合唱
【男性】nánxìng [名]（性別としての）男性
【男子】nánzǐ [名] 男子
【男子汉】nánzǐhàn [名] 一人前の男，男らしい男［～大丈夫］強くたくましい男，ますらお

【南】nán [名]〔介詞句の中で〕南〖汽车往～开〗自動車は南へ向かう［～边］南［指～］指針
[文]（N-）姓 ♦仏教用語の'南无'は nāmó と発音
【南半球】nánbànqiú [名] 南半球
【南北】nánběi [名] 南北［～朝］南北朝（4世紀末から6世紀末まで）
【南边】nánbiān [名]（～儿）南，南の方，南側
【南昌起义】Nánchāng Qǐyì [名] 南昌蜂起 ♦1927年8月1日中国共産党軍の武装蜂起，8月1日は建軍記念日になっている
【南朝】Nán Cháo [名] 南朝 ♦宋，齐，梁，陳の四朝（A. D. 420-589）
【南方】nánfāng [名] 南の方，南部地方
【南瓜】nángua/ nánguā [名] カボチャ [同]《方》［北瓜］［倭瓜］
【南国】nánguó [名]《書》中国の南部地方
【南寒带】nánhándài [名] 南半球の寒帯
【南胡】nánhú [名]〖音〗二胡の別名
【南回归线】nánhuíguīxiàn [名] 南回帰線
【南货】nánhuò [名] 南方の特産品 ♦海産物，干し竹の子，ハムなど
【南极】nánjí [名] 南極［～光］南極のオーロラ
【南柯一梦】Nánkē yí mèng《成》南柯(なんか)の夢，はかないこと
【南面】nánmiàn [名]（～儿）南側
【南齐】Nán Qí [名]〖史〗（南朝の）斉(せい)（A. D. 479-502）
【南腔北调】nán qiāng běi diào《成》あちこちの方言が混じっている
【南式】nánshì [形]〔定語として〕（中国国内の）南方風の，南方スタイルの
【南宋】Nán Sòng [名] 南宋（A. D. 1127-1279）
【南天竹】nántiānzhú [名]〖植〗南天
【南纬】nánwěi [名] 南緯
【南味】nánwèi [名] 南方風の味
【南洋】nányáng [名] ①南洋諸地域 ②清末では江蘇，浙江，福建，広東などの沿海地区を指した
【南辕北辙】nán yuán běi zhé《成》（轅(ながえ)は南に車は北に＞）行動と目的が相反する

〖喃〗nán [文]以下を見よ
【喃喃】nánnán [擬]（話し声が）ぶつぶつ，ひそひそ［～自语］ぶつぶつ独り言を言う

〖楠(*枏)〗nán [文]以下を見よ
【楠木】nánmù [名]〖植〗クスノキ

【难(難)】nán [形] ①難しい〖解决问题很～〗問題解決は難しい ②…しにくい，容易でない〖很～说明〗説明しにくい〖～对付〗扱いにくい ③感じがよくない，…しづらい［～听］聞きづらい，耳障りだ — [動] 困らせる〖把我～住了〗私は（それには）困ってしまった
⇨nàn
【难保】nánbǎo [形] 保証し難い，…とも限らない〖这班车～不误点〗このバスは遅れないとは保証できない
【难产】nánchǎn [形] 難産である
【难处】nánchǔ [動] 付き合いにくい
—— nánchù [名] 困難，難点
★★【难道】nándào [副]〔多く文末に'吗''不成'を置いて〕まさか…ではあるまい〖这～还不明白吗？〗これがまだわからないというわけじゃあるまいね
★【难得】nándé [形] 得難い，貴重な〖～的好机会〗貴重なチャンス — [副] めったにない〖我们～见面〗我々はめったに会えない
【难点】nándiǎn [名] 難点，難事
【难度】nándù [名] 難度，困難の程度〖降低～〗難度を下げる
★★【难怪】nánguài [副]（原因が明らかになったときに用いて）道理で，…なのも無理はない（[同]［怪不得］）〖～这么热〗こんなに暑いのも当然だ — [形]〔述語として〕もっともだ，不思議じゃない
【难关】nánguān [名]〔道〕難関，障壁〖闯过～〗難関を突破する
★★【难过】nánguò [形] ①生活が苦しい（[反]［好过］）〖～的日子〗苦しい暮らし ②つらい，悲しい〖不要～〗気を落とさないで〖我们心里非常

N

~]]我々は内心とても悲しい
*【难堪】nánkān 形 ① 耐えられない,我慢できない〖几秒钟~的沉默〗数秒間の耐え難い沈黙 ② 恥ずかしい〖面子~〗体裁が悪い
*【难看】nánkàn 形 ① みにくい,みっともない(⑱[好看])〖这座楼房很~〗この建物はみっともない〖脸色~〗顔色が悪い ② 体裁が悪い,恥ずかしい
【难免】nánmiǎn 避け難い,免れない,…しがちだ〖犯错误是~的〗間違いは避けられない〖我~要和他见面〗彼と顔を合わせないわけにはいかない
【难能可贵】nán néng kě guì《成》困難な事をよくやった,大したものだ
【难人】nánrén 图 厄介な,難な〖这种~的事,你办得了吗?〗こういう厄介な事が君にできるか ― 图 厄介な事を背負わされた人
【难色】nánsè 图 難色,困難な表情〖面有~〗困惑した表情だ
*【难受】nánshòu 形 ①(体調が悪く) つらい ②(心理的に) つらい,不快だ〖听了非常~〗それを聞いてやりきれなかった
【难说】nánshuō 形 言いにくい,断言できない〖谁对谁不对很~〗どちらが正しくどちらが間違っているか言いにくい
【难题】nántí 图〔道〕難題〖遇上~〗難題に出くわす
【难听】nántīng 形 聞き苦しい,耳障りだ〖这首歌真~〗この歌はとても聞き苦しい
【难为】nánwei 動 ① 困らせる〖他既然不想去,你就别~他了〗彼は行きたくないのだから,無理を言うなよ ②(挨)苦労を掛ける,手数を煩わせる〖这么远的路~您来〗遠路はるばるお越しいただき恐れ入ります
【难为情】nánwéiqíng 形 恥ずかしい,気まりが悪い〖别~〗恥ずかしがることはない
【难兄难弟】nán xiōng nán dì《成》〈兄たり難く弟たり難し〉 似たり寄ったりだ ⇨ nàn xiōng nàn dì
【难言之隐】nán yán zhī yǐn《成》人に言えない内情
【难以】nányǐ 副〔後に二音節の動詞を取り〕…するのが難しい〖~想像〗想像しにくい
【难于】nányú 副 …するのが難しい〖~收效〗効果を収めるのが難しい

【赧】(*赦) nǎn 形 赤面する〖~然〗(書)恥じるさま〖~颜〗(書)恥じて顔を赤らめる

【腩】 nǎn ⊗→[牛~]

【蝻】 nǎn ⊗ イナゴの幼虫〖~子〗(蝗~)同前

【难】(難) nàn ⊗ ① 災い,災難〖灾~〗同前〖患~〗苦難〖危~〗危難 ② 責める,なじる〖责~〗非難する〖非~〗同前(する)
⇨ nán
【难胞】nànbāo 图 難民となっている同胞
【难民】nànmín 图 難民
【难兄难弟】nàn xiōng nàn dì《成》苦難を共にした仲間 ⇨ nán xiōng nán dì
【难友】nànyǒu 图 受難者同士,罹災者仲間

【囊】 nāng ⊗ 以下を見よ
【囊膪(囊揣)】nāngchuài 图 豚のバラ肉

【囔】 nāng ⊗ 以下を見よ
【囔囔】nāngnāng 動 ぶつぶつ言う

【囊】 náng 图 ① 袋〖革~〗皮製の袋 ② 袋状の物〖气~〗(鳥類の)気嚢〖智~〗知恵袋
⇨ nāng
【囊空如洗】náng kōng rú xǐ《成》囊の中何物もなし,すっからかんだ
【囊括】nángkuò 動 すべてを取り込む,包括する〖~天下〗天下を統一する
【囊中物】nángzhōngwù 图 たやすく手に入れられる物,袋の中の物
【囊肿】nángzhǒng 图〔医〕嚢腫

【馕】(饢) náng 图 ナン◆ウイグル,カザフ族やイラン文化圏の主食,発酵させた小麦粉を平たい円盤状にまとめ,熱したかまどの内壁に貼りつけて焼いたパン ◆「食物をほおばる」の意ではnǎngと発音

【曩】 nǎng ⊗ 昔,以前

【攮】 nǎng 動 (刃物で) 刺す〖~了一刀〗刃物で刺した
【攮子】nǎngzi 图 あいくち

【齉】(齈) nàng 形 鼻声になる〖发~〗同前
【齉鼻儿】nàngbír 動 鼻声になる

【孬】 nāo 形《方》① 悪い,よくない ② 臆病だ〖~种〗〖~包〗臆病者,意気地なし

【譊】(譊) náo ⊗ 言い争う

【挠】(撓) náo 動 掻く〖~痒痒〗かゆいところを掻く ⊗ ① たわむ〖不屈不~〗不撓不屈 ② 妨げる〖~乱〗騒がす
【挠度】náodù 图〔建〕たわみ

【挠钩】náogōu [名] とび口，柄のついた鉤（かぎ）

【挠头】náotóu [動] 頭を掻く，てこずる，苦慮する〖这可是～的事〗これはとても厄介な事だ

〖铙（鐃）〗 náo ⊗ ① 鐃鈸（にょうはち） ♦シンバル状の打楽器 [～钹] 大型の鈸，シンバル ②（N-）姓

〖蛲（蟯）〗 náo ⊗ 以下を見よ

【蛲虫】náochóng [名]〖虫〗ギョウチュウ

〖呶〗 náo ⊗ 騒ぐ

【呶呶】náonáo [動]《書》いつまでもしゃべる [～不休] くどくどしゃべり続ける

〖硇〗 náo ⊗ [～砂] 天然の塩化アンモニウム

〖猱〗 náo ⊗ 猿の一種 ♦'夒' とも書く

【恼（惱）】 nǎo [動] ① 怒る〖又急又～〗いらいらするやら腹が立つやら [惹～] 怒らせる ② 怒らせる

⊗ 悩む [烦～] 悩み，思い悩む

【恼恨】nǎohèn [動] 恨む，不快に思う〖你别～他〗彼のことを悪く思うな〖他非常～儿子懒得用功〗彼は息子が勉強したがらないことに腹を立てている

*【恼火】nǎohuǒ [動] かっとなる，怒る〖干吗动不动就～〗どうしてちょっとしたことで腹を立てるんだ

【恼怒】nǎonù [動] 怒る，腹を立てる〖～地走开〗腹を立てて立ち去る

【恼人】nǎo▾rén [形] いらだたしい，悩ましい

【恼羞成怒】nǎo xiū chéng nù《成》恨みと恥ずかしさで怒りだす

【脑（腦）】 nǎo [名] 脳，頭の働き [大～] 大脳 [电～] コンピュータ

⊗ ① 脳みそに似たもの [豆腐～儿] 柔らかい豆腐の食品 ② 主要なもの [首～] 首脳

**【脑袋】nǎodai [名]《口》① 頭〖耷拉 dāla 着～〗頭を垂れている ② 頭脳 [同][脑筋]

【脑电波】nǎodiànbō [名] 脳波

【脑瓜儿】nǎoguār [名]《方》頭 [同][脑瓜子][脑袋瓜儿]

【脑海】nǎohǎi [名] 脳裏〖掠过～〗脳裏をかすめる

【脑积水】nǎojīshuǐ [名]〖医〗脳水腫

【脑际】nǎojì [名] 脳裏〖浮上～〗脳裏に浮かぶ

【脑浆】nǎojiāng [名] 脳漿（のうしょう）

【脑筋】nǎojīn [名]（知的活動の）頭，頭脳〖动～〗頭を使う〖～聪明〗頭がいい〖～僵化了〗頭が硬化している

【脑壳】nǎoké [名]《方》頭

【脑力】nǎolì [名] 頭脳の働き [～劳动] 頭脳労働

【脑满肠肥】nǎo mǎn cháng féi《成》（脳は満ち足り腸は太る＞）不労飽食のぼて腹

【脑门儿】nǎoménr [名]《口》ひたい [同][脑门子]

【脑门子】nǎoménzi [名]《口》ひたい

【脑膜】nǎomó [名] 脳膜 [～炎] 脳膜炎

【脑勺】nǎosháo [名]《方》後頭部 [后～] 同前

【脑神经】nǎoshénjīng [名] 脳神経

【脑死亡】nǎosǐwáng [名] 脳死

【脑髓】nǎosuǐ [名] 脳髄

【脑炎】nǎoyán [名]〖医〗脳炎 [同][大脑炎]

【脑溢血】nǎoyìxuè [名]〖医〗脳溢血 [同][脑出血]

【脑汁】nǎozhī [名] 脳みそ〖绞～〗脳みそを絞る

【脑肿瘤】nǎozhǒngliú [名]〖医〗脳腫瘍

【脑子】nǎozi [名]《口》脳，頭脳〖没～〗頭が悪い〖他～真好〗彼は本当に頭がいい

〖瑙〗 nǎo ⊗ →[玛～ mǎnǎo]

【闹（鬧）】 nào [形] 騒がしい〖这房间太～〗この部屋はとても騒がしい〖音乐～得要命〗音楽がやかましくてたまらない

— [動] ① 騒ぐ，うるさくする〖他喝醉了酒就～〗彼は酔っ払うと騒ぐ ②（感情を）漏らす，発する〖～脾气〗かんしゃくを起こす ③（病気，災害が）起こる〖～病〗病気になる〖～地震〗地震が起きる〖～矛盾〗対立する ④ やる，する〖～罢工〗ストライキをやる〖把问题～清楚〗問題を明らかにする

【闹别扭】nào bièniu [動] 仲たがいする，いやがらせする，へそをまげる〖你为什么尽跟他～？〗君はどうして彼と悶着ばかり起こしているの

【闹肚子】nào dùzi [動] 下痢をする，腹を下す

【闹房】nào▾fáng [動] 新婚の夜，友人たちが新居で新婚夫婦をからかい祝福する [同][闹新房]

【闹鬼】nào▾guǐ [動] ① お化けが出る，幽霊が出る ② 陰で悪事を働く

【闹哄】nàohong [動] 騒ぎたてる，わいわい騒ぐ〖有话好好儿说，～什么！〗言いたいことがあるならちゃんと言え，なにを騒いでいるんだ

【闹哄哄】nàohōnghōng [形]（～的）騒々しい〖～的人声〗がやがや騒がしい人声

【闹饥荒】nào jīhuang [動] ① 飢饉に

N

見舞われる ②《方》経済的に困窮する，金に困る
【闹架】nào▾jià [動]《方》けんかする
【闹剧】nàojù [名] ①どたばた喜劇 [同][趣剧][笑剧] ②《転》茶番，お笑いぐさ
【闹乱子】nào luànzi [動] トラブルを起こす，事故を起こす
【闹气】nào▾qì [動]（～儿）《方》人とけんかする
【闹情绪】nào qíngxù [動] 気分を悪くする，不満を抱く〖情绪闹得很厉害〗ひどく気分を損なっている
【闹嚷嚷】nàorāngrāng [形]（～的）騒々しい〖外面～的，什么事呀？〗外が騒々しいが，何事だろう
【闹市】nàoshì [名] 盛り場，繁華街
【闹事】nào▾shì [動] 騒動を起こす
【闹腾】nàoteng [動] ①騒ぐ〖他瞎～了很久，可是谁也没理他〗彼は長いこと騒ぎまくっていたが，誰も相手にしなかった ②ふざける，興じる〖他们又唱又跳～得挺欢〗彼らは歌ったり踊ったりとても楽しそうに騒いだ
【闹笑话】nào xiàohua [動]（～儿）へまをして笑われる，しくじる [同][出洋相]
【闹意见】nào yìjiàn [動] 意見が合わず互いに不満を持つ，折り合いが悪くなる
【闹灾】nàozāi [動] 災害が起こる
【闹着玩儿】nàozhe wánr [動] 冗談でやる，ふざける〖这可不是～的〗これは冗談事じゃない
【闹钟】nàozhōng [名]〔只·座〕目覚まし時計

〖淖〗 nào ⊗泥

〖讷(訥)〗 nè ⊗言葉が重苦しい［木～］質朴だ［～～］《書》口が重い，訥々(とつとつ)と(話す)

【呢(*呐)】 ne [助] ①疑問の気分を表わす〖谁去～？〗誰が行くんだね〖我的皮包～？〗私のかばんはどこ？ ②確認，誇張の語気を表わす〖时间早得很～〗時間は早いよ ③持続，進行を表わす〖他们上课～〗彼らは授業中だ ④文中にポーズを置くときに用いる〖现在～，跟从前不相同了〗いまはね，以前とは違うんだ
⇨ní

【哪】 něi [代] '哪 nǎ' の口語音〖～本书是你的？〗どの本が君のだ［～个］どれ
⇨nǎ, na, nǎi

〖馁(餒)〗 něi ⊗①飢える ②気落ちする，しょげる［气～］弱気になる［胜不骄，败不～］勝っておごらず，負けて気落ちせず ③魚が腐る

〖内〗 nèi ⊗①内側，内部〖请勿入～〗中に立ち入らないで下さい［海～］国内 ②妻または妻の親族
【内部】nèibù [名] 内部，内側［～消息］内部情報［～刊物］（非公開の）内部刊行物
【内出血】nèichūxuè [名]〖医〗内出血
【内存】nèicún [名] ①内部メモリ [同][内存储器] ②内部メモリ容量
【内地】nèidì [名] 奥地，内陸
【内弟】nèidì [名] 妻の弟
【内定】nèidìng [動]（人事が）内定する
【内耳】nèi'ěr [名]〖生〗内耳
【内分泌】nèifēnmì [名]〖生〗内分泌
【内服】nèifú [動] 内服する
【内阁】nèigé [名] 内閣
【内功】nèigōng [名] 身体の内部器管を鍛練する武術や気功 [反][外功]
【内果皮】nèiguǒpí [名]〖植〗内果皮，種子を包む果皮
【内海】nèihǎi [名] 内海，領海
*【内涵】nèihán [名]〖論〗内包 [反][外延]
【内行】nèiháng（[反][外行]）[名] 玄人 — [形] 精通している〖对种稻子很～〗稲作りには詳しい
【内河】nèihé [名] 国内河川
【内讧】nèihòng [名] 内部抗争，内乱 [同][内争]
【内奸】nèijiān [名] 内部の裏切者，敵の回し者
【内景】nèijǐng [名]（映画，テレビの）セット，（舞台の）室内場面
【内镜】nèijìng [名]〖医〗内視鏡 [同][内窥镜]
【内疚】nèijiù [形] やましい〖感到有些～〗いささかやましさを感じる
**【内科】nèikē [名]〖医〗内科［～医生］内科医
【内力】nèilì [名]〖理〗内力 [反][外力]
【内陆】nèilù [名] 内陸［～国］内陸国［～河］内陸河川
【内乱】nèiluàn [名] 内乱
*【内幕】nèimù [名] 内幕，内情
【内亲】nèiqīn [名] 妻側の親戚
【内勤】nèiqín [名] 内勤(者)
【内情】nèiqíng [名] 内情，内部事情
【内燃机】nèiránjī [名] 内燃機関［～车］ディーゼル機関車
【内人】nèiren/nèirén [名]《旧》(人に対して言うとき)自分の妻 [同][内子]
**【内容】nèiróng [名] 内容〖这本书的～非常丰富〗この本の内容はとても豊かだ［～提要］（記事の）リード，（書籍の）要点紹介
【内伤】nèishāng [名]〖医〗内部器官の傷，内臓の障害
【内胎】nèitāi [名] タイヤ内のチューブ [同][里胎]

N

【内外】nèiwài 图 ① 内部と外部〔~交涉〕内外で苦境に直面する ② 概数〔五十年~〕50年前後
【内务】nèiwù 图 ① 国内の政務,民政 ② 軍隊など集団生活における日常の仕事(掃除,整頓,衛生など)
【内线】nèixiàn 图 ① 間諜,スパイ ②〖軍〗敵包囲下の戦線 ③ (電話の)内線
【内详】nèixiáng 動〖翰〗委細は中に
【内向】nèixiàng 形 内気な,内向的な
【内心】nèixīn 图 ① 心のうち〔~的打算〕内心のもくろみ〔~深处〕心の奥〔~世界〕内心世界 ②〖数〗内心
【内兄】nèixiōng 图 妻の兄
【内衣】nèiyī 图 下着,肌着〔换~〕下着を換える
【内因】nèiyīn 图 内因 ⇔〖外因〗
【内应】nèiyìng 图 内応(者)
【内忧外患】nèi yōu wài huàn《成》内憂外患
*【内在】nèizài 形〘多く定語として〙内在の,固有の〔~因素〕内在的な要因〔~矛盾〕内在的な矛盾
【内脏】nèizàng 图 内臓
【内宅】nèizhái 图〘旧〙屋敷の後方の居室,女たちの部屋
【内战】nèizhàn 图 内戦
【内政】nèizhèng 图 内政〔互不干涉~〕相互内政不干涉(の原則を守る)
【内侄】nèizhí 图 妻の甥〔~女〕妻の姪
【内中】nèizhōng 图 内部,裏面〔~必有道理〕内部には必ず道理がある
【内助】nèizhù 图〖書〗妻

【那】nèi 代〖那nà〗の口語音 ⇒nà

【恁】nèn 代〖方〗① その〔~时〕その時 ② そんなに,あんなに〔~大〕そんなに大きい〔~一般〕そのような〔~地 di〕そんなに

【嫩】nèn 形 ① (植物などが)若い,柔らかい(⇔〖老〗)〔鲜~的黄瓜〕新鮮でみずみずしいキュウリ〔~叶〕若葉〔~姜〕新ショウガ ② 料理が半熟で柔らかい〔肉要炒得~些,不要炒老了〕肉はもっと柔らかく炒めること,火を通しすぎてはいけない ⊗ (色が)浅い〔~绿〕浅緑
【嫩黄】nènhuáng 形〘多く定語として〙浅黄色の
【嫩手】nènshǒu 图 新米,未熟者

【能】néng 图 エネルギー(⇔〖能量〗)〔热~〕熱エネルギー〔太阳~〕太陽エネルギー〔原子~〕原子力 一圖 ① (能力があって)できる〔~看中文书〕中国語の本が読める〔~游一百米〕100メートル泳げる〔~说会道〕口が達者だ ② (条件・環境の上から) できる〔明天不~去〕あすは行けない ③ 許される〔不~动〕動いてはいけない〔这儿~吸烟吗?〕ここでタバコを吸っていいですか ④ 可能性がある〔他~不知道吗?〕彼が知らないことがあろうか
⊗ ① 能力,才能〔无~〕無能な〔一专多~〕一つの専門を持つほか多くの才能がある ② 有能な〔~人〕才能のある人
【能动】néngdòng 形 能動的な,積極的な〔~地争取胜利〕積極的に勝利を勝ち取る
*【能干】nénggàn 形 有能だ〔~的小伙子〕有能な若者〔她~得很,什么都能做〕彼女はとてもやり手で,どんな事でもできる
【能工巧匠】néng gōng qiǎo jiàng《成》腕のいい職人,名工
【能够】nénggòu 動 ① (能力があって) できる ② (条件・環境の上から) できる〔不~答应〕承諾できない ③ 許される
【能级】néngjí 图〖理〗エネルギー準位
【能见度】néngjiàndù 图 可視度,視程
【能力】nénglì 图 能力〔~太差〕能力がひどく劣る〔提高~〕能力を高める
【能量】néngliàng 图 エネルギー
【能耐】néngnai 图〘口〙技能,腕前〔有~〕腕がいい〔说谎的~〕うそつきの腕前
【能事】néngshì 图〖書〗能力,手腕〔竭尽挑拨离间之~〕あらゆる手を使って相手の仲間割れをする
【能手】néngshǒu 图 やり手,名手〔围棋~〕囲碁の名手〔节约的~〕節約の名人
【能说会道】néng shuō huì dào《成》口達者な
*【能源】néngyuán 图 エネルギー源〔节约~〕エネルギーを節約する〔~危机〕エネルギー危機〔天然气~〕天然ガスエネルギー

【嗯】(*唔) ńg 嘆 ⇒ń
【嗯】(*呣) ňg 嘆 ⇒ň
【嗯】(*吣) ǹg 嘆 ⇒ǹ

【妮】nī 图〖方〗(~儿)女の子〔~子〕同前

【尼】ní ⊗尼,尼僧
【尼姑】nígū 图 尼,尼僧
【尼古丁】nígǔdīng 图 ニコチン

【尼龙】nílóng [名]ナイロン（今はふつう'锦纶'という）［～袜］ナイロン靴下

【泥】ní [名]泥［～娃娃］泥人形
[文]泥状の半固体物［印～］印肉［蒜～］ニンニクのすりつぶし
⇨nì

【泥大佛也大】ní dà fó yě dà《俗》（泥が多ければ仏像も大きい>）人手が多ければ大きな仕事ができる

【泥工】nígōng [名]《方》左官 [同]［瓦工］［泥水匠］

【泥浆】níjiāng [名]泥水，マッド［～泵］泥水ポンプ

【泥金】níjīn [名]（書画用）金泥

【泥坑】níkēng [名]泥沼;《転》苦境〚陷在～里〛泥沼に陥る

【泥淖】nínào [名]泥沼，沼地

【泥泞】nínìng [名]ぬかるみ〚轱辘陷在～里〛車輪がぬかるみにはまる — [形]ぬかっている〚～的路面〛ぬかるんだ路面

【泥牛入海】ní niú rù hǎi《成》（泥で作った牛が海に入る>）二度と戻らぬ

【泥菩萨过河，自身难保】ní púsà guò hé, zìshēn nán bǎo《俗》（泥で作った菩薩が川を渡るようなもので，（とけて）自分の身が危ない>）他人のことなどかまっておられない

【泥鳅】níqiu [名]〔条〕ドジョウ

【泥人】nírén [名]（～儿）土人形，泥人形

【泥沙】níshā [名]①泥と砂，土砂 ②沈泥

【泥石流】níshíliú [名]土石流

【泥水匠】níshuǐjiàng [名]左官 [同]［泥瓦匠］

【泥塑】nísù [名]土人形，泥人形［～木雕］（泥人形と木彫り人形>）人形のように表情がない

【泥胎】nítāi [名]色付け前の泥人形

【泥潭】nítán [名]泥沼

【泥炭】nítàn [名]泥炭 [同]［泥煤］

【泥塘】nítáng [名]泥沼，沼地

【泥土】nítǔ [名]土壌，粘土

〖怩〗ní [文]→［忸～ niǔní］

〖呢〗ní [文]毛織物［～子］ラシャ［～料］ラシャの服地，毛織物
⇨ne

【呢绒】níróng [名]毛織物，ウール

【铌（鈮）】ní [名]〚化〛ニオブ，ニオビウム

〖倪〗ní [文]①端，際［端～］糸口，暗示 ②（N-）姓

〖霓（*蜺）〗ní [文]〚天〛副虹，外がわの虹

【霓虹灯】níhóngdēng [名]ネオン，ネオンサイン

〖鲵（鯢）〗ní [文]〚動〛サンショウウオ（[同]［娃娃鱼］）［大～］オオサンショウウオ

【拟（擬）】nǐ [動]①起草する，立案する［～稿］草稿を書く ②（…する）つもりである，予定である〚～于下周前往南京〛来週南京に行く予定だ
[文]なぞらえる［模～］模擬［～声词］擬声語

【拟订】nǐdìng [動]案を作る，立案する

*【拟定】nǐdìng [動]作成する，制定する〚～计划〛計画を立てる〚～条文〛条文を作成する

【拟古】nǐgǔ [動]古代のスタイルを模倣する

【拟人】nǐrén [名]〚語〛擬人法

【拟态】nǐtài [名]擬態［～词］擬態語

【拟议】nǐyì [名]もくろみ，計画，提議〚这个～提得很及时〛この計画はタイミングよく提出された — [動]起草する

【拟于不伦】nǐ yú bù lún《成》比較できない物で比べる

【拟作】nǐzuò [名]他人を模倣した作品，模作

【你（*儞）】nǐ [代]①あなた，君，おまえ〚～爸爸〛あなたのお父さん ②任意の人〚～追我赶〛互いに追いかける

【你好】nǐ hǎo《挨》こんにちは

【你们】nǐmen [代]あなたたち，君たち〚～大学〛君たちの大学

【你死我活】nǐ sǐ wǒ huó《成》生きるか死ぬかの激烈な（戦い）

【泥】nì [動]（泥やパテを）塗る〚～墙〛壁を塗る
[文]固執する［拘～］拘泥する［～古］古いものに固執して，融通がきかない
⇨ní

【泥子（腻子）】nìzi [名]パテ

〖昵（*暱）〗nì [文]親しい［～称］愛称

【逆】nì [動]逆らう〚～时代潮流而动〛時代に逆らって動く〚～着风走〛向かい風の中を行く［忠言～耳］忠言耳に逆らう
[文]①逆の［～风］逆風 ②反逆（者）［叛～］同前 ③事前の［～料］予測する

【逆差】nìchā [名]輸入超過，逆ざや（[反]［顺差］）［贸易～］貿易赤字

【逆产】nìchǎn [動]逆子で生む [同]［倒 dào 产］

【逆定理】nìdìnglǐ [名]〚数〛逆定理

【逆耳】nì'ěr [形]耳に逆らう，聞いて不愉快な

【逆光】nìguāng [名]逆光

【逆境】nìjìng [名]逆境

【逆来顺受】nì lái shùn shòu《成》逆境や抑圧におとなしく従う
【逆流】nìliú [名]逆流 ━[動]流れに逆らう〚～而上〛流れに逆らって進む
【逆水】nì'shuǐ [動]流れに逆らう［～行舟］流れに逆らって舟を進める(‘不进则退’と続き，努力しなければ後退する意を表わす)
【逆行】nìxíng [動]逆行する〚单行道，不得～〛一方通行の道では逆方向に進むことはできない
【逆转】nìzhuǎn [動](情勢が)悪化する〚局势～〛情勢が引っ繰り返る
【逆子】nìzǐ [名]親不孝の息子

【匿】 nì ⊗隠す，隠れる［逃～］逃げ隠れる
【匿迹】nìjì [動]姿を隠す，痕跡を消す
【匿名】nìmíng [動]名を隠す［～信］匿名の手紙
【匿影藏形】nì yǐng cáng xíng《成》姿をくらます，存在を隠す

【溺】 nì ⊗①溺れる［～死］溺死する ②ふける［～爱］溺愛する

【睨】 nì ⊗横目で見る［～视］《書》同前

【腻(膩)】 nì [形]①脂っこい〚汤太～了〛スープは脂っこすぎる［油～］同前［肥～］脂っこい，しつこい ②飽き飽きする，うんざりだ〚听～了〛聞き飽きた ③ねばねばする；《転》親しい［～友］親友
⊗①細かい［滑～］すべすべしている ②垢(あか)
【腻虫】nìchóng [名]〚虫〛アブラムシ，アリマキ
【腻烦】nìfan [形]《口》飽き飽きする〚不觉得～〛飽きない〚阴雨连绵，真叫人～〛長雨が続いて全くうんざりする ━[動]嫌う，うんざりする〚我真～这个曲调〛私はこのメロディーは本当に嫌いだ
【腻味】nìwei [形]《方》飽き飽きする [同]［腻烦］

【拈】 niān [動]つまむ，指先ではさむ〚～阄儿〛くじを引く〚～花〛花を摘む［～香］(お寺で)香を焚く
【拈轻怕重】niān qīng pà zhòng《成》苦しい仕事を避け楽な仕事を選ぶ

【蔫】 niān (～儿)[動]しおれる〚菠菜～了〛ホウレンソウがしおれた ━[形]元気がない，活気がない〚他今天有点儿～〛彼は今日ちょっと元気がない
【蔫不唧】niānbujī [形](～儿的)《方》元気がない，黙ったままの〚他今天～的，不知怎么回事〛彼は今日元気がない，どうしたんだろう
【蔫呼呼】niānhūhū [形](～的)はきはきしない
【蔫儿坏】niānrhuài [形]《方》腹黒い

【年(*秊)】 nián [名]①(単位としての)年〚十～〛10年間〚六四五～〛A. D. 645年［去～］去年［～报］年刊，年報 ②新年〚过～〛新年を祝う
⊗①時期，時代，年齢［往～］往年，昔［童～］幼年 ②1年の収穫［荒～］凶作年 ③(N-)姓
【年表】niánbiǎo [名]年表
【年成】niáncheng/niánchéng [名]1年の収穫，作柄〚今年又是个好～〛今年もいい作柄だ
【年初】niánchū [名]年の初め
★★【年代】niándài [名]年代，時代〚久远的～〛古い年代〚太平的～〛太平の時代〚五十～〛50年代
【年底】niándǐ [名]年末，年の暮れ
★【年度】niándù [名]年度［财政～］財政年度［会计～］会計年度
【年份】niánfèn [名]年，年度〚那两次大地震发生在一个～〛その2度の大地震は同じ年に発生した
【年富力强】nián fù lì qiáng《成》若くて力がある，働き盛りだ
【年高德劭】nián gāo dé shào《成》高齢で徳が高い
【年糕】niángāo [名]もち米の粉を蒸した食品(春節に調理して食べる)
【年庚】niángēng [名]生まれた年，月，日，時
【年关】niánguān [名]年の瀬，年の暮れ，♦借金の返済に追われる年末を関門に例えた〚过～〛年の瀬を越す
【年号】niánhào [名]年号，元号〚洪武是明太祖的～〛洪武は明の太祖の年号である
【年华】niánhuá [名]《書》年月，年齢〚美好的～〛素晴らしい年月〚浪费～〛歳月を無駄にする
【年画】niánhuà [名]年画(春節のとき室内に貼る縁起のいい絵)
【年货】niánhuò [名]正月用品，年越し用の品物 ♦菓子，年画，爆竹など
★★【年级】niánjí [名]学年〚一yī～〛1年生
【年集】niánjí [名]年末の市〚赶～〛年の市に行く
★★【年纪】niánjì [名]年齢([同]［岁数］)〚上了～〛年をとった〚多大～？〛年齢はお幾つですか〚很轻的～〛若い年ごろ
【年鉴】niánjiàn [名]年鑑
【年景】niánjǐng [名]①その年の収穫，作柄 [同]［年成］ ②正月風景
【年酒】niánjiǔ [名]新年の祝い酒，新年会
【年历】niánlì [名](1年分が1枚に印刷された)カレンダー［～卡］カレンダーを刷ったカード
★★【年龄】niánlíng [名](人や動植物の)

年齢〖性別和～〗性別と年齢［～限制］年齢制限
【年轮】niánlún [名]〖植〗年輪
【年迈】niánmài [形] 老齢の，高齢である［～力衰］年をとり力が衰える
【年貌】niánmào [名] 年齢と容貌
【年年】niánnián [名]（～儿）毎年，年々〖～获奖〗毎年賞を受ける
【年谱】niánpǔ [名] 年譜
【年青】niánqīng [形]（青少年の時期で）年が若い［～人］若者
★★【年轻】niánqīng [形]（相対的に）年が若い〖～的姑娘〗若い娘〖～的一代〗若い世代
【年三十】niánsānshí [名] 大晦日 [同]［大年三十］
【年收】niánshōu [名] 年収 [同]［年薪］
【年岁】niánsuì [名] ①年齢〖他～虽然大了，可是眼力还是好的〗彼は年をとっているけれども，視力はまだいい ②年月〖～久远〗長い年月がたっている
【年头儿】niántóur [名] ①年数〖三个～〗3年 ②多年 ③時代〖那大灾荒的～〗あの大飢饉のころ ④作柄〖今年的～不大好〗今年の作柄はあまりよくない ⑤年初
【年息】niánxī [名] 年利
【年限】niánxiàn [名] 年限［修业～］修業年限
【年宵】niánxiāo [名] [同]［年夜］
【年夜】niányè [名] 大晦日の夜
【年月】niányuè [名] ①年月 ②時代
【年终】niánzhōng [名] 年末〖～评比〗年末の成績評定〖进行～结账〗年末決算を行う
【年尊】niánzūn [形]《書》年長の

〖粘〗 Nián ⊗姓
⇨zhān

【黏(*粘)】 nián [形] 粘っこい，ねばねばする［～米］もち米，もちアワ〖这浆糊不～〗この糊はくっつかない
【黏度】niándù [名] 粘度
【黏附】niánfù [動] 粘着する
【黏合剂】niánhéjì [名] 粘着剤
【黏糊】niánhu [形] ①粘りけがある〖这大米粥又～又好吃〗このお米のかゆは粘りけがあっておいしい ②はきはきしない
【黏结】niánjié [動] 接着する［～力］粘着力
【黏米】niánmǐ [名] もち米，もちアワ
【黏膜】niánmó [名] 粘膜
【黏土】niántǔ [名] 粘土
【黏液】niányè [名] 粘液
【黏着】niánzhuó [動] 粘着する［～力］粘着力［～语］〖語〗膠着語

〖鲇(鮎 *鯰)〗 nián ⊗ナマズ［～鱼］同前

【捻(撚)】 niǎn [動] 指でひねる，なう〖～绳子〗なわをなう〖～纸捻儿〗こよりを作る〖～针〗鍼(はり)をひねる 一[名]（～儿）紙や布でよったもの［纸～］こより［灯～］灯心［火～］火付け用こより
【捻军】Niǎnjūn [名]〖史〗捻軍(ねんぐん)（清末の農民蜂起軍）
【捻子】niǎnzi [名] こより

〖辇(輦)〗 niǎn ⊗輦(れん) ♦天子が乗る車

【撵(攆)】 niǎn [動] ①追い払う〖把人～走〗人を追い払う〖我被他们～出了门〗私は彼らに外へ追い出された ②《方》追いかける

【碾(*輾)】 niǎn [動] 臼でひく〖～米〗精米する〖～玉米〗トウモロコシをひく〖～成粉〗臼でひいて粉にする
⊗臼，ローラー［石～子］石臼［药～子］薬研(やげん)
【碾坊】niǎnfáng [名] 精米所，精粉所
【碾磙子】niǎngǔnzi [名] 石臼のローラー [同]［碾砣 tuó］
【碾米机】niǎnmǐjī [名] 精米機
【碾盘】niǎnpán [名] ローラーを受ける石臼の平面部分，臼台 [同]［碾台］
【碾子】niǎnzi [名] ひき臼 ♦家畜を使ってローラーを回す [同]［石碾子］

【廿】 niàn [数] 20

【念】 niàn [動] 心にかける，懐かしく思う［怀～］しのぶ 一[名] 20の大字
⊗①考え［邪～］邪念［私心杂～］私心，雑念 ②（N-）姓

【一(*唸)】 [動] ①音読する〖把这封信～给妈妈听〗この手紙をお母さんに読んで聞かせる ②学校で勉強する〖～小学〗小学校で勉強する〖～过大学吗？〗大学を出ていますか
【念白】niàn▾bái [動] せりふを言う
【念叨(念道)】niàndao [動] ①いつも口にする，よく話題にする〖她就是我们常～的李大妈〗彼女がいつもおうわさしている李おばさんです ②《方》話す
【念佛】niànfó [動] 仏の名を唱える［吃斋～］精進潔斎して念仏する
【念经】niàn▾jīng [動] お経を読む
【念旧】niànjiù [動] 旧交を忘れない，昔のよしみを重んじる
【念念不忘】niànniàn bú wàng《成》いつも心に留めている
【念念有词】niàn niàn yǒu cí《成》口のなかでぶつぶつつぶやく，呪文を唱える
【念书】niàn▾shū [動] ①本を読む ②（学校で）勉強する，学問をする〖他

现在是～呢，还是工作呢？〛彼はいま学校で勉強しているのですか，それとも仕事に就いているのですか
【念头】niàntou [名] 考え，心づもり〚可怕的～〛恐ろしい考え〚打消这个～〛その考えを捨てる
【念想儿】niànxiangr [名]《方》①想い出(の品) [同][念物] ②思い，考え
【念珠】niànzhū [名]（～儿）〔串〕数珠(じゅず)

【埝】niàn [名] 田畑の畔(あぜ)

【娘(*孃)】niáng [名]《口》母親，お母さん［爹～］父母
⊗①世代が上の女性［大～］伯母，おばさん［老大～］おばあさん ②若い女性［新～］花嫁［姑～］娘さん
【娘家】niángjia/niángjiā [名]（嫁の）里，実家([関][婆家])〚回～去了〛里帰りしている
【娘舅】niángjiù [名]《方》おじさん，母の兄弟 [同][舅父]
【娘娘】niángniang [名] ①皇后 ②（子授けの）女神［～庙］同前をまつる廟
【娘娘腔】niángniangqiāng [名] 女っぽい口調
【娘儿】niángr [名] 上の世代の女性と下の世代の男女との組み合わせをいう，例えば母とその子，おばと甥・姪など〚～俩〛母と子ふたり
【娘儿们】niángrmen [名] ①[同][娘儿] ②《方》《貶》女 ♦単数にも複数にも使う ③《方》女房
【娘胎】niángtāi [名] 母胎
【娘姨】niángyí [名]《方》保母
【娘子】niángzi/niángzǐ [名] ①《方》妻，女房 ②年少または中年の婦人に対する敬称［～军］女性部隊

【酿(釀)】niàng [動] ①かもす，醸造する〚～黄酒〛'黄酒'を造る ②醸成する，次第に形成する〚小错不改就会～成大错〛小さな誤りを正さないと大きな誤りを招く
⊗酒［佳～］美酒
【酿热物】niàngrèwù [名]〚農〛発酵によって熱を発する有機物
【酿造】niàngzào [動] 醸造する

【鸟(鳥)】niǎo [名]〔只〕鳥〚养～〛鳥を飼う［候～］渡り鳥［水～］水鳥 ♦diǎo と発音すると罵語となる
【鸟尽弓藏】niǎo jìn gōng cáng《成》(鳥がいなくなれば弓をしまい込む＞）事が成就すれば功労者をないがしろにする
【鸟瞰】niǎokàn [動] 鳥瞰(ちょうかん)する，高みから見渡す［～图］鳥瞰図
【鸟枪】niǎoqiāng [名]〔枝・杆〕①鳥銃，猟銃［～换炮］《転》悪条件などが大きく改善される ②空気銃 [同][气枪]
【鸟雀】niǎoquè [名] 鳥類
【鸟语花香】niǎo yǔ huā xiāng《成》鳥がさえずり花が香る，麗しい春景色 [同][花香鸟语]

【茑(蔦)】niǎo ⊗〚植〛ツタ［～萝］ルコウソウ（メキシコ原産の花）

【袅(裊 *嫋嬝)】niǎo ⊗か細い，弱々しい
【袅袅】niǎoniǎo [形] ①（煙などが）ゆるゆる立ち昇っている［～腾腾］同前 ②しなやかに揺れている〚垂杨～〛しだれ柳がたおやかに揺れている ③音が長く響いて絶えない〚歌声～〛歌声がいつまでも続く
【袅娜】niǎonuó（旧読 niǎonuǒ）[形]《書》①（草木が）しなやかな ②（女性の姿が）たおやかな

【嬲】niǎo ⊗①なぶる，からかう ②からむ

【尿(*溺)】niào [名] 尿，小便〚这儿不准撒～〛ここで小便をするな［～性］意気地なし ━ [動] 小便をする〚～尿 suī (niào とも)〛おしっこをする
⇨suī
【尿崩症】niàobēngzhèng [名]〚医〛尿崩(にょうほう)症
【尿布】niàobù [名]〔块〕おしめ，おむつ
【尿床】niào▾chuáng [動] 寝小便をする〚小孩子又～了〛子供がまた寝小便した
【尿道】niàodào [名]〚生〛尿道
【尿毒症】niàodúzhèng [名]〚医〛尿毒症
【尿炕】niào▾kàng [動]（'炕'（オンドル）の上で）寝小便をする
【尿盆】niàopén [名]（～儿）しびん
【尿素】niàosù [名]〚化〛尿素 [同][脲 niào]
【尿酸】niàosuān [名] 尿酸

【捏(*揑)】niē [動] ①指先でつまむ，はさむ〚手里～着一枝笔〛手に筆を持つ ②指でつまんで作る〚～饺子〛餃子を作る〚泥人～得很像〛泥人形は本物みたいにできている ③でっち上げる，捏造(ねつぞう)する
【捏合】niēhé [動] ①寄せ集める ②仲介する ③でっち上げる
【捏一把汗】niē yì bǎ hàn [動]（心配や緊張で）手に汗を握る，はらはらする
【捏造】niēzào [動] 捏造(ねつぞう)する〚～罪证〛犯罪の証拠をでっち上げる〚～的谣言〛捏造されたうわさ

N

【苶】
nié 形〈方〉元気がない, 疲れている［发～］ぐったりする

【聂】(聶)
Nià ⊗姓

【嗫】(囁)
niè ⊗以下を見よ

【嗫嚅】nièrú 形〈书〉口ごもるさま

【镊】(鑷)
niè 動（ピンセットで）挟む

【镊子】nièzi 名［把］ピンセット,毛抜き

【颞】(顳)
niè ⊗以下を見よ

【颞骨】niègǔ 名 側頭骨
【颞颥】nièrú 名 こめかみ

【蹑】(躡)
niè 動 そっと足を運ぶ［～着脚步走出去］足を忍ばせて出て行く ⊗①跡をつける［～踪］〈书〉追跡する ②足を踏む

【蹑手蹑脚】niè shǒu niè jiǎo〈成〉(～的) 抜き足差し足

【臬】
niè ⊗①(弓の) 標的 ②(日時計の棒の意から) 標準, 基準

【镍】(鎳)
niè 名〈化〉ニッケル

【臲】
niè ⊗［～卼(臬兀)］〈书〉危うい, 不安定な

【涅】(*湼)
niè ⊗①〈书〉黒色染料になるミョウバン石 ②黒く染める

【涅槃】nièpán 名〈宗〉涅槃ねはん

【啮】(嚙 *齧)
niè 動 かじる, かむ［～合］かみ合う

【孽】(*孼)
niè ⊗①邪悪［妖～］妖怪 ②罪悪［造～］悪事を働く［冤～］罪業

【孽障】nièzhàng 名 罰あたり, 罪業

【蘖】
niè ひこばえ

【您】
nín 代 あなた ('你'の敬称)［老师, ～早］先生, おはようございます

【宁】(寧 *甯)
níng ⊗①安らかである［安～］穏かだ, 安泰だ ②(N-) 南京の別称 ③(N-) 宁夏回族自治区の略称 ⇨ning

【宁靖】níngjìng 形〈书〉(治安が) 安定している
【宁静】níngjìng 形①(環境が) 静かだ［～的草原］静かな草原 ②心安らかだ［心情十分～］気持ちはとても安らかだ

【拧】(擰)
níng 動 ①絞る, ねじる［～毛巾］タオルを絞る［～麻绳］麻なわをな

う ②つねる［～耳朵］耳をつねる［～屁股］尻をつねる
⇨ nǐng, nìng

【狞】(獰)
níng ⊗ 性質が悪い［狰～］凶悪な

【狞笑】níngxiào 動 ぞっとするような笑い方をする［歪着嘴巴～］口元をゆがめてにたっと笑う

【柠】(檸)
níng ⊗ 以下を見よ

【柠檬】níngméng 名〈植〉レモン［～酸］クエン酸

【凝】
níng 動 固まる, 凝固する
⊗ 注意を集中する

【凝固】nínggù 動 凝固する, 固まる［水泥都～了］セメントが固まった［血液的～］血液の凝固［～点］凝固点［～汽油弹］ナパーム弾［～剂］凝固剤
【凝集】níngjí 動 (液体や気体が) 凝集する
【凝结】níngjié 動 凝結する, 固まる［水蒸气～成露珠］水蒸気が凝結して露になる
【凝聚】níngjù 動 凝集する［～成团］丸く固まる［～着时代的精神］時代の精神を凝集している
【凝练】nínglià 形 簡潔でこなれている
【凝神】níngshén 動 精神を集中する［～倾听］精神を集中して耳を傾ける［～思考］一心に考える
【凝视】níngshì 動 凝視する［～远方］遠くを見つめる［出神地～着天空］うっとりして大空を見つめている
【凝思】níngsī 動 じっと考える
【凝望】níngwàng 動 じっと眺める［～美丽的星星］美しい星をじっと眺める
【凝滞】níngzhì 動 滞って動かない［～的目光］じっと動かない視線

【拧】(擰)
nǐng 動 ①ねじる［～开瓶盖］瓶のふたを開ける［～笔帽］ペンのキャップを回してとる ②逆にする, あべこべにする［说～了］あべこべに言った ③仲たがいする, こじれる
⇨ níng, nìng

【宁】(寧 *甯)
nìng ⊗ ①むしろ, いっそ ②どうして…であろうか
⇨ níng

*【宁可】nìngkě 副 むしろ…のほうがよい［不如］〈宁肯〉［与其在这儿等公共汽车, ～走着去］ここでバスを待つより, むしろ歩いて行ったほうがいい［～少睡点觉, 也要把这本书看完］睡眠時間を減らしてでもこの本を読み終わるつもりだ
*【宁肯】nìngkěn 名〈口〉〈宁可〉
【宁缺毋滥】nìng quē wú làn〈成〉

いたずらに量が多いよりむしろ欠けているほうがよい

【宁死不屈】nìng sǐ bù qū〈成〉屈服するならむしろ死を選ぶ

*【宁愿】nìngyuàn 副 いっそ…したい〖我一回去，也不愿留着受辱〗ここにいにされるより帰ってしまいたい

【泞】(濘) nìng ⊗ 泥〖泥～〗ぬかるみ

【拧】(擰) nìng 形〈方〉強情な，つむじ曲がりの〖～脾气〗ひねくれた性格
⇨ níng, nǐng

【佞】nìng ⊗ ① 口先がうまい，人にへつらう〖～人〗同前の人 ② 才知がある〖不～〗〈謙〉わたくし

【甯】Nìng ⊗ 姓

【妞】niū 图(～儿)〈口〉女の子〖～子〗同前

【妞妞】niūniu/niūniū 图〈方〉女の子

【牛】niú〔头・条〕牛〖黄～〗赤牛 一 形 ① 頑固な ②〈口〉(腕まえが)すごい ⊗ ① 二十八宿の一 ② (N-)姓

【牛蒡】niúbàng 图〈植〉ゴボウ('黑萝卜'とも)

【牛鼻子】niúbízi 图〈転〉(物事の)かなめ〖牵住～〗かなめをおさえる

【牛刀】niúdāo 图 牛刀，牛を切る刃物〖割鸡焉用～〗(鶏を割くのにどうして牛刀を用いるのか>)小さな事を大がかりにやるのは無駄だ

【牛痘】niúdòu 图〈医〉牛痘

【牛犊】niúdú 图 子牛

【牛倌】niúguān 图〈口〉牛飼い

【牛鬼蛇神】niú guǐ shé shén〈成〉妖怪変化

【牛黄】niúhuáng 图〈薬〉(生薬の)牛黄

【牛角】niújiǎo 图 牛の角

【牛角尖】niújiǎojiān 图(～儿) ① ささいな問題，取るに足らぬ事柄 ② 解決できない問題，厄介きわまる事柄

【牛劲】niújìn 图(～儿) ① 大きな力，苦労 ② 強情

【牛郎星】niúlángxīng 图 牵牛星，彦星，アルタイル

【牛毛细雨】niúmáo xìyǔ 图 霧雨，こぬか雨

【牛虻】niúméng 图〈虫〉〔只〕アブ

*【牛奶】niúnǎi 图 牛乳

【牛腩】niúnǎn 图〈方〉牛の腰肉の一部，サーロイン

【牛排】niúpái 图 厚めに切った牛肉，ビフテキ

【牛棚】niúpéng 图 ① 牛小屋 ② (文革時代の)牢

【牛皮】niúpí 图 ① 牛の皮 ② 柔軟で強いもの〖～纸〗クラフト紙，ハトロン紙 ③ ほら〖吹～〗ほらを吹く

【牛脾气】niúpíqi 图 強情な性格

【牛肉】niúròu 图 牛肉〖～干儿〗味付けした干し牛肉

【牛市】niúshì 图 (株式の)上げ相場 ⊗〈熊市〉

【牛头不对马嘴】niú tóu bú duì mǎ zuǐ〈俗〉つじつまが合わない

【牛头马面】Niútóu Mǎmiàn〈成〉閻魔の二人の手下，反動的な人物，醜悪な人物

【牛蛙】niúwā 图 ウシガエル，食用ガエル

【牛瘟】niúwēn 图 牛痘

【牛膝】niúxī 图〈薬〉イノコズチ，牛膝

【牛性】niúxìng 图 頑固な性質

*【牛仔裤(牛崽裤)】niúzǎikù 图〔条〕ジーパン

【忸】niǔ ⊗ 以下を見よ

【忸怩】niǔní 形〈書〉恥じ入る，きまりが悪い

【扭】niǔ 動 ① 向きを変える〖～身子〗身体をねじる〖～头〗振り返る ② ねじる，ひねる〖～断〗ねじり切る ③ くじる，筋を違える〖脚～了〗足をくじいた〖～伤〗捻挫する ④ 身体を揺する〖～屁股〗尻を振る〖～摆〗くねらせる ⑤ つかむ〖～在一起〗つかみ合いをする

【扭搭】niǔda 動〈口〉身体を揺すって歩く

【扭动】niǔdòng 動 身体を左右に揺する

【扭结】niǔjié 動 (糸などが) もつれる，こんがらがる

【扭捏】niǔnie 動 もじもじする〖别扭扭捏捏niǔniǔniēniē 的啦，有话干脆说吧〗もじもじしないで，言いたいことがあるなら，さっさと言いなさい

【扭秧歌】niǔ yāngge 動 ヤンコ踊りを踊る

*【扭转】niǔzhuǎn 動 ① 向きを変える，回す〖～身子〗体の向きを変える ② 情況を転換する〖～历史车轮〗歴史の歯車を転換する

【狃】niǔ ⊗ なじむ，こだわる〖～于成见〗先入観にとらわれる

【纽】(紐) niǔ ⊗ ① つまみ，取っ手〖秤 chèng ～〗竿ばかりのひも ② ボタン〖衣 ～〗同前 ③ ひも，かなめ

【纽带】niǔdài 图 ① 紐帯，二つを結びつけるもの〖成为～〗きずなとなる ② 帯ひも

*【纽扣】niǔkòu 图〔颗・粒〕(～儿) ボタン〖～式电池〗ボタン型電池

【纽襻】niǔpàn 图(～儿) 中国服の

布製ボタンを留める輪
【纽子】niǔzi [名] ボタン [同][纽扣]
〖钮(鈕)〗niǔ [×]①→[电diàn～] ②(N-)姓
【拗(*抝)】niù [形] 頑固な, 意固地な『脾气很～』性格がひねくれている
⇨ào
【拗不过】niùbuguò [動] 説得できない, (相手の)気持ちを変えさせられない [反][拗得过]
〖农(農 *辳)〗nóng [×]① 農業 ② 農民 ③(N-)姓
【农产】nóngchǎn [名] 農業生産［～品］農産物
【农场】nóngchǎng [名]〔所〕農場［国营～］国営農場
★★【农村】nóngcūn [名] 農村
【农贷】nóngdài [名] 農民への貸し付け
【农夫】nóngfū [名]《旧》農夫
【农妇】nóngfù [名] 農婦
【农工】nónggōng [名] ① 農民と労働者 ② 農業労働者の略
【农户】nónghù [名] 農家
【农会】nónghuì [名] 農民協会
【农活】nónghuó [名] 野良仕事, 農作業
【农机】nóngjī [名] 農業機械［～厂］農機工場
【农家】nóngjiā [名] 農家［～活儿］農作業
【农具】nóngjù [名] 農具, 農機具
★【农历】nónglì [名] 旧暦, 陰暦 [同][夏历][阴历]
【农忙】nóngmáng [名] 農繁(期)
【农贸市场】nóngmào shìchǎng [名] 自由市場 [同][自由市场]
★★【农民】nóngmín [名] 農民
【农牧业】nóngmùyè [名] 農業と牧畜業
【农奴】nóngnú [名] 農奴
【农时】nóngshí [名] 農作業時期
【农事】nóngshì [名] 農業の仕事
【农田】nóngtián [名]〔片・块〕農地
【农闲】nóngxián [名] 農閑(期)
【农学】nóngxué [名] 農学
【农谚】nóngyàn [名] 農業に関する諺
【农药】nóngyào [名] 農薬
★★【农业】nóngyè [名] 農業［～工人］(農場で働く)農業労働者［～机械］農業用機械［～户口］農業者戸籍［～税］農業税
【农艺】nóngyì [名] 農芸［～师］農芸師, 農業技術者
【农作物】nóngzuòwù [名] 農作物
【侬(儂)】nóng [代]①《方》あなた [同]《普》[你] ② 私(旧詩文の自称)
[×](N-)姓
【浓(濃)】nóng [形]([反][淡]) ① 濃い『这杯茶太～』この茶は濃すぎる［～云］厚い雲 ② 濃厚だ, 程度が強い『香味很～』香りが強い『兴趣很～』興味が深い
【浓淡】nóngdàn [名] 濃淡, 濃さ
【浓度】nóngdù [名] 濃度
★【浓厚】nónghòu [形] 濃い, 濃厚な『～的雾气』濃い霧『带有～的地方色彩』濃厚な地方色がある
【浓眉】nóngméi [名] 濃い眉毛
【浓密】nóngmì [形] 濃密な, びっしりの『～的枝叶』びっしり茂った枝葉『头发很～』髪の毛が多い
【浓缩】nóngsuō [動] 濃縮する［～铀yóu］濃縮ウラン
【浓艳】nóngyàn [形](色彩が)濃くて鮮やかだ
【浓郁】nóngyù [形] 濃厚だ, 濃い, 程度が強い『发出～的茶香』濃いお茶の香りを放つ
【浓重】nóngzhòng [形](煙・霧・香り・色などが)濃い『夜色～』夜の気配が深い『一口～的上海口音』強い上海なまり
〖哝(噥)〗nóng [×] つぶやく［嘟～dūnong］同前
【哝哝】nóngnong [動] つぶやく
〖脓(膿)〗nóng [名] 膿［化～］化膿(する)
【脓包】nóngbāo [名] ①《医》おでき, 膿疱 ② 役立たず, 能なし
【脓肿】nóngzhǒng [名]《医》膿腫, はれ物
〖秾(穠)〗nóng [×] 草木が茂っている様子
【弄】nòng [動] ① いじる『孩子爱～沙土』子供は砂いじりが好きだ ② する, やる, つくる『～饭』ご飯をつくる『我不会～鱼』私は魚をさばけない『～坏』壊す『～明白』はっきりさせる ③ 手に入れる『想办法～点儿钱』なんとか金を工面する ④ もてあそぶ『～手段』手段を弄する［舞文～墨］字句をいじくり回す, 文章を曲げる
⇨lòng
【弄鬼】nòng'guǐ [動]《方》いんちきをする [同][捣鬼]
【弄假成真】nòng jiǎ chéng zhēn《成》うそから出たまこと
【弄巧成拙】nòng qiǎo chéng zhuō《成》うまくやろうとしてかえってへまをする
【弄虚作假】nòng xū zuò jiǎ《成》欺まん行為をする, 人をだます
〖耨(*鎒)〗nòu [×]① 除草する ② 除草用農具

【奴】nú ⊗ ① 奴隷, しもべ [～隷] 農奴 [亡国～] 亡国の民 [洋～] 無批判な外国崇拝者 ② 奴隷のように扱う ③《旧》わたくし(若い女性の自称)

【奴才】núcai 图 ① 卑屈な追随者, 悪の手先 ②《旧》明, 清代の宦官が皇帝に対する自称, あるいは清代の満族と武官の自称

【奴化】núhuà 動 奴隷化する [～教育] 奴隷化教育

*【奴隷】núlì 图 奴隷 [権力的～] 権力の奴隷 [～社会] 奴隷社会

【奴仆】núpú 图 奴僕, しもべ

【奴颜婢膝】nú yán bì xī《成》卑屈に追随するさま 働[奴顔媚骨]

【奴役】núyì 動 奴隷のようにこき使う [～士兵] 兵士を奴隷のように酷使する

【孥】nú ⊗ ① 子女 ② 妻と子供

【驽(駑)】nú ⊗ ① 駑馬, 歩みののろい馬 ② 駑才, 才の鈍い人

【努(*呶 呶)】nǔ 動 力を入れすぎて体を傷める ⊗ 力を出す, 精を出す [～劲儿] 努力する

【―(*拗)】nǔ 動 突き出す [～着眼睛] 目を見張る

*【努力】nǔlì 形 一生懸命な [学习很～] 一生懸命に勉強する

―― nǔ·lì 動 努力する

【努嘴】nǔ zuǐ 動 (～儿) 口をとがらせて合図する [我向他努努嘴, 让他先发言] 私は口を突き出して合図し, 彼に先に発言させた

【弩】nǔ ⊗ 弩, 大弓 [～弓] 同前

【怒】nù ⊗ ① 怒る [动～] [发～] 腹を立てる, かんしゃくを起こす [迁～] 当たりちらす ② 勢いが強い [狂风～号] 強風が吹きすさぶ [百花～放] 様々な花が勢いよく咲き出す

【怒不可遏】nù bù kě è《成》怒りを抑えられない [他～地责问妻子] 彼は腹にすえかねて妻をなじった

【怒潮】nùcháo 图 怒れる潮流; (転) 激しい抵抗運動

【怒冲冲】nùchōngchōng 形 (～的) かんかんに怒っている

【怒发冲冠】nù fà chōng guān《成》怒髪天を衝く, 激しい怒りの形相

【怒号】nùháo 動 怒号する, 大声で叫ぶ

【怒吼】nùhǒu 動 ① 猛獣がほえる [传来野兽的～声] 野獣がほえる声が聞こえてくる ② 風音や怒号がとどろく [～的狂风] 吹きすさぶ強風

【怒火】nùhuǒ 图 怒りの炎 [燃起～] 怒りの炎を燃やす [满腔～] 胸いっぱいの怒り

【怒骂】nùmà 動 怒ってののしる

【怒目】nùmù 動 目を怒らす [～横眉] 目を怒らせ眉をつり上げる [～而视] 目を怒らせてにらむ

【怒气】nùqì 图 怒りの気持ち [～冲天] かんかんに怒る

【怒容】nùróng 图 怒りの顔付き [～满面] 顔じゅうに怒りを表わす

【怒色】nùsè 图 怒りの表情

【怒视】nùshì 動《書》怒りの目でにらむ

【怒涛】nùtāo 图 怒濤 [～澎湃] 怒濤逆巻く, 盛んな勢いで起こる

【怒族】Nùzú 图 ヌー族 ◆ 中国少数民族の一, 雲南に住む

【女】nǚ 形《定語として》女の, 女性の [～的] 女 ⊗ ① 女, 女性 [男～] 男女 [妇～] 婦人 ② 女の子, 娘 [独生～] 一人娘 [侄～] めい ③ 二十八宿の一, 女宿

【女大十八变】nǚ dà shíbā biàn《成》女は成長するまでに度々変わる

【女低音】nǚdīyīn 图《音》アルト

*【女儿】nǚ'ér 图 (親族名称の) 娘 [大～] 長女 働[儿子]

【女方】nǚfāng 图 女の側, 花嫁側 ⊗[男方]

【女高音】nǚgāoyīn 图《音》ソプラノ

【女工】nǚgōng 图 ① 女性労働者 ②《旧》女性の仕事('女红'とも書く)

【女孩儿】nǚháir 图 女の子, 娘 働[女孩子]

【女眷】nǚjuàn 图《書》女性の身内

【女郎】nǚláng 图 若い女性 [赛车～] レースクイーン

【女流】nǚliú 图《貶》女ども [～之辈] 女のやから

【女仆】nǚpú 图 メイド [～咖啡厅] メイド喫茶

【女墙】nǚqiáng 图 凸凹型の城壁, ひめ垣

*【女人】nǚrén 图 (成人の) 女, 女性 [～家] 女たち

―― nǚ·ren 图《口》女房, 妻

【女色】nǚsè 图 女の魔力, 色香

【女神】nǚshén 图 女神

【女生】nǚshēng 图 女子学生, 女生徒

【女声】nǚshēng 图《音》女声 [～合唱] 女声コーラス

【女史】nǚshǐ 图《旧》女史

*【女士】nǚshì 图 女史(婦人に対する敬称, 特に外国人に対して) [～们, 先生们] 淑女, 紳士のみなさん

【女王】nǚwáng 图 女王

【女性】nǚxìng 图 女性 [～激素] 女性ホルモン

【女婿】nǚxu [名] ①娘婿 ②《口》夫
【女佣】nǚyōng [名] 女性使用人，女中
【女真】Nǚzhēn [名] 女真(じょしん) ♦古代東北の民族，のちの満洲族と関係
【女中音】nǚzhōngyīn [名]〖音〗メゾソプラノ
【女主人】nǚzhǔren/ nǚzhǔrén [名] 奥さん(主婦に対する客の敬称)
【女子】nǚzǐ [名] 女子，女性［～单打］女子シングルス［～双打］女子ダブルス

〖衄(衂)〗nǜ ⊗ ①出血する，鼻血が出る［鼻～］同前 ②戦に敗れる［败～］同前

【暖(*煖煗暝)】nuǎn [形] ①暖かい［温～］暖かい，温かい［取～］暖まる ②暖める，温める〖～酒〗酒を温める〖～手〗手を暖める
【暖房】nuǎnˇfáng [動] 新婚(または新居)祝いをする ━[名] 温室
【暖锋】nuǎnfēng [名]〖天〗温暖前線 [反]［冷锋］
【暖烘烘】nuǎnhōnghōng [形]（～的）ぽかぽか暖かい
【暖壶】nuǎnhú [名] ①魔法瓶，ポット [同]［暖水瓶］［暖瓶］ ②綿などのカバーで保温する水筒 ③湯たんぽ [同]［汤壶］
★【暖和】nuǎnhuo [形]（気候や環境が）暖かい〖～的阳光〗暖かい日ざし〖心里～〗胸の中が暖かい〖～的被子〗暖かい布団 ━[動] 暖める〖～一下〗ちょっと暖まる
【暖帘】nuǎnlián [名]（防寒用に入口に掛ける）綿入れのカーテン
【暖流】nuǎnliú [名] 暖流，（胸に込み上げる）熱いもの〖心里涌起一股～〗胸に熱いものが込み上げてくる
【暖瓶】nuǎnpíng [名] 魔法瓶，ポット [同]［暖水瓶］［暖壶］
【暖气】nuǎnqì [名] ①スチーム，暖房設備 ②〖天〗暖気［～团］暖気団
【暖色】nuǎnsè [名] 暖色(赤，だいだい色など)
【暖水瓶】nuǎnshuǐpíng [名] 魔法瓶，ポット [同]［热水瓶］
【暖洋洋】nuǎnyángyáng [形]（～的）ぽかぽかと暖かい

〖疟(瘧)〗nüè ⊗〖医〗おこり，マラリア［～疾 nüèji］同前
⇨yào

〖虐〗nüè ⊗むごい，非道な［凶～］凶暴な［助桀为～］悪人を助けて悪事を働く
★【虐待】nüèdài [動] 虐待する，残酷に扱う〖～小孩儿〗子供を虐待する
【虐杀】nüèshā [動] 虐殺する
【虐政】nüèzhèng [名] 虐政，苛政

【挪】nuó [動]（物を）動かす，（場所を）移動する〖往那边～～〗そちらへ場所を移そう
⊗音訳用字として［～威］ノルウェー［～亚方舟］ノアの箱舟('诺亚方舟'とも)
【挪动】nuódòng [動] 移動する，場所を移す〖请把椅子～一下〗椅子をちょっと動かして下さい
【挪用】nuóyòng [動] ①流用する ②私用に使う〖公款可～不得〗公金は私用に使ってはならぬ

〖娜〗nuó ⊗→［婀 ē～］［袅 niǎo～］
⇨nà

〖傩(儺)〗nuó ⊗追儺(ついな)，悪鬼を払う儀式［～神］悪疫を払う神

〖诺(諾)〗nuò ⊗①承諾する，許す［应 yìng～］承諾する［允～］承知する，引き受ける ②承諾の言葉［唯唯～～］はいはいと言いなりになる
【诺贝尔奖金】Nuòbèi'ěr jiǎngjīn [名] ノーベル賞 [同]［诺贝尔奖］
【诺言】nuòyán [名] 約束，約定〖遵守～〗約束を守る〖不能违背自己的～〗自分が約束したことに背いてはならない

【喏】nuò [嘆]《方》(人に注意を促して）ほら，ねえ ♦'唱喏'（発声しつつ拱手の礼をする）では rě と発音

【锘(鍩)】nuò [名]〖化〗ノーベリウム

〖搦〗nuò ⊗①持つ，握る［～管］《書》筆を執る ②挑む［～战］挑戦する

〖懦〗nuò ⊗臆病な［怯～］気が弱い
【懦夫】nuòfū [名] 臆病者，意気地なし［～懒汉］意気地なしや怠け者
【懦弱】nuòruò [形] 意気地がない，軟弱な〖～的性格〗軟弱な性格

〖糯(*穤稬)〗nuò ⊗粘りけのある(穀類)［～谷］もちアワ
【糯稻】nuòdào [名] もち米の稲
【糯米】nuòmǐ [名] もち米('江米'とも)［～纸］オブラート

O

【OLED】有机 EL ◉[有机发光二极管]

【噢】ō（相手の意図や事情がわかって）ああ，そうか（'喔'とも）〖～, 原来是他！〗ああ，彼だったのか

【哦】ó（はてなという気持ちで）えっ，へえ〖～, 这件事是他做的？〗へえ，これはあの人がやったの？
⇨é, ò

【嚄】ǒ 嘆（いぶかる気持ちで）おや，へえ
⇨huō

【哦】ò 嘆（事情がわかったり，思い当たったりして）ああ，思い当たったよ〖～, 想起来了〗ああ，思い出したよ
⇨é, ó

【区(區)】Ōu ⊗姓
⇨qū

【讴(謳)】ōu ❶歌う〖～歌〗謳歌する ❷民謡〖吳～〗呉地方の民謡

【瓯(甌)】ōu ⊗❶[方]碗〖茶～〗湯飲み ❷(O-)姓

【欧(歐)】Ōu ⊗❶ヨーロッパ〖～洲〗同前〖～元〗ユーロ〖西～〗西欧 ❷姓

【欧化】ōuhuà 動欧化する
【欧椋鸟】ōuliángniǎo 名[鳥]ムクドリ
【欧盟】Ōuméng 名欧州連合, EU
【欧姆】ōumǔ 名[理]オーム
【欧体】Ōutǐ 名[字]唐の欧陽詢の書体
【欧阳】Ōuyáng 名欧陽(複姓の一)

【噢(嗷)】ōu 嘆（驚き·感嘆などの）ああ, おお
◆状況により óu, ǒu, òu とも — 動（多く重ねて）泣き声を表わす

【殴(毆)】ōu 動 殴る〖斗 dòu～〗殴り合いをする〖～伤〗殴って負傷させる
【殴打】ōudǎ 動 殴る〖被人～〗人に殴られる〖～小偷儿〗こそ泥を殴る

【鸥(鷗)】ōu ⊗[鳥]カモメ〖海～〗同前

【呕(嘔)】ǒu ⊗吐く〖～血 xuè〗吐血する〖作～〗吐き気がする(ほど憎む)
*【呕吐】ǒutù 動 嘔吐ǒっする
【呕心沥血】ǒu xīn lì xuè〖成〗心血を注ぐ

【怄(慪)】ǒu 動 ❶（薪などが燃えにくくて）大量の煙を出す ❷（ヨモギなどの）煙で虫を追い払う

【偶】ǒu ⊗❶人形〖木～〗木彫り人形 ❷偶数, 対のもの〖无独有～〗単独ではなく同類の者がいる〖佳～〗よき伴侶 ❸偶然, たまたま〖～一为 wéi 之〗たまに一度やる

*【偶尔】ǒu'ěr 副 ❶たまに, ときたま ❷たまたま〖昨天～遇见了老朋友〗昨日たまたま親友に出会った
【偶发】ǒufā 形〖定語として〗偶発的な〖～事件〗偶発事件
【偶合】ǒuhé 動 符合する, 暗合する
*【偶然】ǒurán 形 偶然の, たまたまの〖～的巧合〗偶然の一致〖这可不是～的事〗それは決して偶然のことではない〖～性〗偶然性
【偶数】ǒushù 名 偶数 ◉[双数]
【偶蹄目】ǒutímù 名[動]偶蹄ɡ̌類, ウシ目
【偶像】ǒuxiàng 名 偶像〖崇拜～〗偶像を崇拝する

【耦】ǒu ⊗二人が並んで耕す

【耦合】ǒuhé 名[理]カップリング, 結合

【藕(*藉)】ǒu 名[植]レンコン

【藕断丝连】ǒu duàn sī lián〖成〗（レンコンはちぎっても糸がつながっている）（男女が）別れたのになお関係を断ち切れずにいる
【藕粉】ǒufěn 名 レンコンの澱粉 ◆くず湯のように溶いて食べる
【藕荷(藕合)】ǒuhé〖定語として〗赤みがかった淡紫色の
【藕节儿】ǒujiér 名 レンコンの節 ◆黒くてひげがあり漢方薬になる
【藕色】ǒusè 名 赤みがかった灰色

【沤(漚)】òu 動 長時間水に漬けて変質させる（'泡'の意では ōu と発音）〖～麻〗（繊維を取るために）麻を水に漬ける
【沤肥】òuféi 名 水肥 ◆雑草, わら, 葉っぱ, 糞尿などを水に浸し分解発酵させた肥料

【怄(慪)】òu 動[方] ❶むしゃくしゃする, いらいらする ❷怒らせる, いらいらさせる

【怄气】òu'qì 動 腹を立てる, むしゃくしゃする〖不要～〗そうふくれるな

P

【POS机】POS jī [名]POSシステム
【PPI】[名]生産者物価指数 [同]［工业品出厂价格指数］
【PSC】[名]普通話水平測試 ♦中国人の母語力試験 [同]［普通话水平测试］

【趴】pā [動]①腹ばいになる，うつ伏せる〖～在地上看书〗床に腹ばいになって本を読む ②（前にかぶさるように）もたれる（[同]［伏］）〖～在桌子上看地图〗テーブルに身を乗り出して地図を見る

【啪】pā [擬]ぱん，ぱたん（鉄砲，拍手などの音）
【啪嚓】pāchā [擬]がちゃん（物が落ちたり，ぶつかったり，割れたりする音）
【啪嗒】pādā [擬]ばたり，ぽとん（物が落ちたり，ぶつかったりする音）〖～～地跑下去〗ばたばたと駆け下りた
【啪啦（啪喇）】pāla [擬]ぐしゃ，がちゃん（器物にひびなど入ったときの音）

【葩】pā ⊗花［奇～异草］美しい花と珍しい草

【扒】pá [動]①（手や熊手で）かき集める，かき寄せる〖～草〗草をかき寄せる ②《方》（かゆい所を手で）かく〖～痒〗かゆい所をかく ③とろ火で長時間煮る，ぐつぐつ煮こむ［～羊肉］羊のシチュー ④掏る
⇨bā
【扒糕】págāo [名]そば粉に砂糖を加えて蒸した菓子
【扒灰】pá▾huī [動][同]［爬灰］
【扒拉】pála [動]《方》（箸で）飯をかきこむ〖往嘴里～饭〗飯を口へとかきこむ ♦bāla と発音すると「はじく」の意
【扒犁（爬犁）】páli [名]《方》雪ぞり [同]《普》［雪橇］
【扒窃】páqiè [動]掏る，掏りとる
【扒手（掱手）】páshǒu [名]すり（[同]《方》［三只手］）〖谨防～〗すりにご注意

【杷】pá ⊗→［枇～ pípa］

【爬】pá [動]①（動・植物や人などが）はう，はい上がる ②何かにつかまって登る，よじ登る ③起き上がる
【爬虫】páchóng [名]爬(は)虫類の旧称
【爬得高，跌得重】páde gāo, diēde zhòng《俗》高い地位にあるほど，失脚すればみじめである
【爬灰（扒灰）】pá▾huī [動]（灰の上をはう＞膝を汚す＞）舅(しゅうと)が息子の妻を犯す，息子の嫁と通じる ♦'膝 xī'と'媳 xí'の音通による
【爬犁（扒犁）】páli [名]《方》〔副〕雪ぞり [同]《普》［雪橇］
★★【爬山】pá▾shān [動]山に登る
【爬山虎】páshānhǔ [名]①〖植〗〔根〕ツタ ②《方》（2本の竿に椅子をくくりつけた）山道用のかご
【爬行】páxíng [動]①はう，はって移動する（[同]［匍匐 púfú］）［～动物］爬虫類 ②《転》（旧来のやり方を固守して）のろのろと行う，牛の歩みを続ける［～主义］人の後からのろのろついてゆく姿勢
【爬泳】páyǒng [名]クロール [同]［自由泳］

【耙（*鈀）】pá [動]（まぐわで）かき集める，かきならす〖～地〗地面をならす
⊗まぐわ，熊手［钉～］鉄の歯のついたまぐわ
⇨bà
【耙子】pázi [名]〔把〕熊手，まぐわ

【琶】pá ⊗→［琵～ pípa］

【筢】pá ⊗以下を見よ
【筢子】pázi [名]〔把〕（多くは竹製の）熊手，落葉かき

【怕】pà [動]①恐れる，怖がる〖～老婆〗女房が恐い ②耐えられない，禁物である〖～水〗湿気が禁物である ③心配する，案じる〖我～打扰你…〗おじゃましてはいけないので… —[副]多分，おそらく〖他～不来了〗多分彼は来ないだろう
【怕人】pàrén [動]①人を恐がる ②人を恐がらせる
【怕生】pàshēng [動]（子供が）人見知りする [同]［认生］
【怕事】pà▾shì [動]もめ事を起こすのを恐れる，小心翼々とする〖胆小～〗気が小さく，事なかれ主義だ
【怕死鬼】pàsǐguǐ [名]《貶》弱虫，臆病者
【怕羞】pà▾xiū [動]恥ずかしがる，はにかむ [同]［害臊］

【帕】pà ⊗顔や手をふいたり頭を包んだりする布［手～］ハンカチ
【帕金森病】pàjīnsēnbìng [名]パーキンソン病 [同]［帕金森氏病］［震颤麻痹］
【帕斯卡】pàsīkǎ [量]（圧力の単位）パスカル

【拍】pāi [動]①手で軽くたたく〖～～肩膀〗ぽんと肩をたたく ②撮影する，カメラに収める〖～照片〗写真をとる［～戏］映画やテレビドラマを撮る ③（電報等を）打つ，発する〖～电报〗電報を

P

打つ ④《俗》ごまをする，お世辞を言う『吹У〜〜』ほらを吹きごまをする ― 图①(〜ル)物をたたく道具 [蝇〜ル] ハエたたき ②リズム，拍子 [二分之一〜] 2分の1拍子

【拍案】 pāi'àn （怒り，驚き，賞賛などで）テーブルをたたく『〜称快』テーブルをたたいて快哉を叫ぶ

【拍板】 pāi'bǎn 動①打楽器をたたいて拍子をとる ②《商》（かつての競売で）買い手の決定を木板をたたいて知らせる;《転》最終決断を下す『这事儿得由他来〜』この件は彼が最後の決断を下さねばならない

【拍打】 pāida/pāidǎ 動軽くはたく，ぱたぱたと打つ

【拍发】 pāifā 動 (電報を) 打つ『〜电报』

【拍马屁】 pāi mǎpì 動《俗》ごまをする，お世辞を言う（⇔[拍马]）『拍他的马屁』彼にごまをする

【拍卖】 pāimài 動①競売する，オークションにかける[〜价]競売価格('拍价'とも) ②たたき売りする，投げ売りをする（⇔[甩卖]）

【拍摄】 pāishè 動撮影する，写真にとる『〜影片』映画を撮る

【拍手】 pāi'shǒu 動拍手する，手をたたく『〜叫好』拍手喝采する

【拍照】 pāi'zhào 動写真をとる（⇔[照相]）

【拍纸簿】 pāizhǐbù 图 一ページごとにはぎとって使うノート，便箋，レポート用紙の類 ♦'拍'は英語 pad の音訳

【拍子】 pāizi 图①物をたたく道具，ラケット[羽毛球〜]バドミントンのラケット ②拍子，リズム『打〜』拍子をとる

【俳】 pái ㊂② ①昔の滑稽芝居の名称[〜优]同前の役者 ②滑稽な，ユーモラスな

【俳谐】 páixié 形《書》風刺，諧謔味のある

【排】 pái 图① 列 [后〜] 後列 ②《軍》小隊 ― 動①列を作る，並べる『把酒杯〜整齐』グラスを整然と並べる ②リハーサル（稽古）をする ③排除する，押しのける『把水〜入河里』水を川に押し流す ④押し開ける『〜门而出』ドアを押し開けて出る ― 量列になったものを数える『一〜汽车』一列に並んだ自動車 ⊗《食》パイ状のもの [苹果〜] アップルパイ [牛〜] ステーキ

【─(*簰)】 ⊗ 筏ば，筏に組んだ木材や竹
⇨ pǎi

【排版】 pái'bǎn 動《印》組版をする

【排笔】 páibǐ 图数本の筆を一列に並べてくくった刷毛状の筆，刷毛

【排比】 páibǐ 图 類似した語句を繰り返し用いる修辞法 ♦一句ごとに印象を強め深めてゆく ― 動 並べる

【排场】 páichang/ páichǎng 图 見栄，体裁『讲〜』体裁にこだわる ― 形 見栄を張った，体裁を飾った『阔气』見栄を張り豪勢にする

*【排斥】** páichì 動排斥する『〜异己』異分子を排斥する

*【排除】** páichú 動 取除く，排除する『〜万难』万難を排する

【排挡】 páidǎng 图車のギア（⇔[挡]）

*【排队】** pái'duì 動 列を作る，順に並べる『〜等车』行列してバスを待つ

*【排筏】** páifá 图 木や竹を並べて作った筏

*【排放】** páifàng 動 (排気，廃水など)排出する，放出する『〜废水』廃液をたれ流す

【排风扇】 páifēngshàn 图 換気扇（⇔[换气扇]）

*【排骨】** páigǔ 图 スペアリブ，骨付き肉 [〜牛] 痩せて骨ばかりの牛

【排灌】 páiguàn 图 排水と灌漑

【排行】 páiháng 動 兄弟姉妹の順序に並べる『〜第几?』兄弟順は何番目ですか『我〜老二』私は2番目の子供です

【排号】 páihào 動《口》番号札で順番を決める

【排挤】 páijǐ 動 (競争相手等を)押しのける，締め出す，追い落とす『互相〜』互いに追い落としをはかる

【排解】 páijiě 動①和解させる，調停する（⇔[调解]）②（⇔[排遣]）

【排涝】 pái'lào 動 (田畑の冠水を)排水する，水を退ひかせる

【排练】 páiliàn 動 稽古する，リハーサルをする

*【排列】** páiliè 图《数》順列 ― 動 順序に従って並べる，列を作る『按大小次序〜』大きい順に並べる

【排卵期】 páiluǎnqī 图《生》排卵期

【排难解纷】 pái nàn jiě fēn《成》もめ事を調停する，仲裁して事を収める

【排炮】 páipào 图①同じ目標に向かう一斉砲撃 ②(山などを切りひらくための)一斉連続爆破

【排遣】 páiqiǎn 動 寂しさや憂いを晴らす，気を紛らす

【排枪】 páiqiāng 图 (銃の)一斉射撃『放〜』一斉射撃をする

*【排球】** páiqiú 图《体》①バレーボール，排球『打〜』同前をする ②バレーボール用ボール

【排山倒海】 pái shān dǎo hǎi《成》(山を押しのけ，海をひっくり返す>)勢いがすさまじい

【排水】 pái'shuǐ 動①(物体の体積によって)水を排除する，水を押しのける ②(汚水，排水，たまり水など

徘牌迫排派湃潘攀

を)排水する, よそへ流す [～泵] 排水ポンプ
【排水量】 páishuǐliàng 图 ① 船舶の排水量 ② 河川の流水量
【排他性】 páitāxìng 图 排他性
【排头】 páitóu 图 列の先頭の人〔向～看齐〕前へならえ
【排外】 páiwài 動 外国や外部の者を排除する
【排尾】 páiwěi 图 列の後尾の人, しんがり ⑧[排头]
【排泄】 páixiè 動 ① 雨水や汚水を流す, 排水する〔～泵〕排水ポンプ ② 排泄する
【排演】 páiyǎn 動 舞台げいこする, リハーサルする
【排印】 páiyìn 動〔印〕版に組む, 印刷する
【排长】 páizhǎng 图〔軍〕小隊長

【徘】 pái ⊗ 以下を見よ

*【徘徊】 páihuái 動 ① 同じ場所を行ったり来たりする, うろうろ動きまわる ②(転) ああだこうだと迷う, 決断を先へ先へと延ばす〔～歧路〕岐路に踏み迷う

【牌】 pái 图(～儿) ① 看板, 表札, プレート〔自行车～〕自転車のナンバープレート ② ブランド, 商標〔冒～儿〕偽ブランド品 ③ 札, 牌〔扑克～〕トランプ ④ (古典の) 詞や曲の調子
【牌匾】 páibiǎn 图〔块〕① 横書きの看板 ② 横額, 扁額 ㊂(⑨[牌匾])[挂～]扁額を掛ける
【牌坊】 páifang/páifāng 图〔座〕旧時, 孝子や貞女などを顕彰して建てた鳥居状の門
【牌号】 páihào 图(～儿) ① 商店の屋号 ② 商標, トレードマーク
【牌价】 páijià 图 公布された価格, 正札値〔外汇～〕外貨の売買価格
【牌楼】 páilou 图 ① 旧時, 街の中心や名勝地に建てられた, 2本または4本の柱の上にひさしがある建物 ② 慶祝行事用のアーチ
【牌位】 páiwèi 图 位牌
【牌照】 páizhào 图 ① 自動車などの鑑札, ナンバープレート ② 営業許可証
【牌子】 páizi 图 ①〔块〕看板, 札 ② 商標, ブランド(⑨[商标])〔老～〕有名ブランド ③ (古典の) 詞曲の調子
【牌子曲】 páiziqǔ 图〔演〕既成の民謡などを用い, 幾つかの組曲を作り, 歌詞をつけて歌う語り物

【迫】 pǎi ⊗ 以下を見よ ⇨ pò

【迫击炮】 pǎijīpào 图〔軍〕〔门〕迫撃砲〔放～〕迫撃砲を撃つ

【排】 pǎi 動〔方〕(足に合うように) 靴型で靴皮を広げる〔把这双鞋～一～〕この靴を靴型で少し広げてくれ ⇨ pái
【排子车】 pǎizichē 图〔辆〕人力で引く荷車, 大八車 ⑨[大板车]

【派】 pài 图 派閥, 流派〔分成好几～〕幾つもの党派に分かれる〔党～〕党派 一 圏 ① 流派, 派〔三～学者〕3つの派の学者 ② ['一～'の形で] 景色, 情勢, 言葉などに用い, 意味を強める〔一～春色〕一面の春景色〔一～胡言乱语〕全くのでたらめ 一 動 ① (仕事を) 割り当てる, 派遣する〔～他出席〕彼を出席させる ② (他人の過失を) 数え立てる, 指摘する ◆ 派司 (通過する, 通行証) は pāsiと発音
⊗ ① やり方, 気風〔气～〕気風 ② 川の支流
【派别】 pàibié 图 派閥, 流派, 党派〔～斗争〕派閥争い
【派不是】 pài búshi 動 (他人の) 過ちを数え立てる, ミスを言い立てる
【派差】 pàichāi 動 公務出張させる, 公用で派遣する
【派出所】 pàichūsuǒ 图 警察署 ◆ 戸籍管理も担当する
【派对】 pàiduì 图〔訳〕パーティー
【派活】 pài huó 動(～儿) 仕事(主に肉体労働)を割り当てる
【派遣】 pàiqiǎn 動 派遣する
【派生】 pàishēng 動 派生する, 分かれ出る〔～词〕派生語
【派头】 pàitóu 图(～儿)《貶》気取り, 偉ぶった態度〔耍～〕もったいぶる, 気取る
【派系】 pàixì 图 (政治集団内の) 派閥, セクト〔～斗争〕派閥争い
【派性】 pàixìng 图 派閥性, 分派性〔闹～〕党利党略に走る

【湃】 pài ⊗ →[澎 péng ～]

【潘】 Pān ⊗ 姓

【攀】(*扳) pān 動 ① よじ登る〔～树〕木によじ登る〔～岩〕ロッククライミング ② (上位の人に) 関係を結ぶ〔～交情〕取り入って懇意になる ③ 引き込む, 巻き添えにする
【攀缠】 pānchán 動 つきまとう, からみつく
【攀扯】 pānchě 動 引っ張りこむ, 巻き添えにする〔把他也～上了〕彼を巻き添えにした
*【攀登】 pāndēng 動 よじ登る〔～峭壁〕切り立ったがけをよじ登る
【攀高枝儿】 pān gāozhīr 動 地位の高い人と友人あるいは姻戚関係を結

片胖盘磐蹒磻蟠 — pán

【攀龙附凤】pān lóng fù fèng《成》権力者に取り入って出世する ⇨[趨炎附勢]
【攀亲】pān⁺qīn 動 ①(身分の高い人と)姻戚関係を結ぶ ②婚約する,縁談を進める
【攀谈】pāntán 動 話し込む,雑談に興じる
【攀缘(攀援)】pānyuán 動 ①よじ登る ⇨[攀爬] ②(転)実力者に取り入って出世しようとする
【攀折】pānzhé 動 (草木を)引っ張って折る,引きちぎる〚请勿～花木〛花や木を折らないで下さい

【片】pán 图《方》①田畑の一区画をいう ②商店,工場などを数える ⊗竹や木のかけらに割った一片〚柴～〛《方》薪ぎ

【胖】pán ⊗ゆったりと快適なさま →[心 xīn 广体～] ⇨pàng

【盘(盤)】pán 图〔只〕大皿,盆さら 動 ①大きく回転する,ぐるぐる回る〚～杠子〛鉄棒で回転をする ②(オンドル,かまどを)築く〚～炕〛オンドルを築く ③(商品や帳簿を)細かく調べる〚～货〛棚卸しをする ④運ぶ,移す ⑤(旧)(店や工場を)譲渡する[出～]店を売りに出す 一量 ①機械を数える〚一～机器〛一台の機械 ②ゲーム,試合を数える〚一～棋〛一局の碁 ③盤状のものを数える〚一～石磨〛石臼一つ ④皿一杯の量を示す〚两～菜〛2皿の料理 ⊗①形や用途が盆に似たもの,皿状の物〚算～〛そろばん ②商品相場,交易市場〚开～儿〛寄りつき〚平～儿〛持ち合い ③(P-)姓
【盘剥】pánbō 動 (金を貸して)搾取する,搾り取る〚重利～〛高い利子で搾取する
【盘查】pánchá 動 検査尋問する〚～行人〛通行人を検問する
【盘缠】pánchán 動 ぐるぐる巻きつく(つける)
—— pánchan 图《口》旅費,路銀ぎん ⇨[盘费]
【盘秤】pánchèng 图〔杆〕皿秤さら
【盘川】pánchuān 图《方》旅費,路銀
【盘存】páncún 動《商》棚卸し検査を行う
【盘错】páncuò 動 ①木の根や節がからまり合う ②(転)事柄が複雑に入り組む ⇨[盘根错节]
【盘道】pándào 图〔条〕曲がりくねった(山)道
【盘费】pánfei/pánfèi 图《口》旅費,路銀

【盘根错节】pán gēn cuò jié《成》(木の根や枝が複雑にからみ合う>)事態が複雑で入り組んでいる
【盘根问底】pán gēn wèn dǐ《成》根掘り葉掘り尋ねる ⇨[盘根究底]〔刨 páo 根问底儿〕
【盘古】Pángǔ 盤古ばん ♦中国の神話における天地創造者
【盘桓】pánhuán 動《書》①滞在する,逗留する ②歩き回る,徘徊する ③うねる,曲がりくねる
【盘货】pán⁺huò 動 棚卸しをする
【盘诘】pánjié 動 (容疑者を)尋問追及する,問い詰める
【盘踞(盘据)】pánjù 動 不法占拠する,巣食う
【盘库】pán⁺kù 動 (倉庫の)在庫品を調べる,棚卸しする
【盘儿菜】pánrcài 图《分》総菜セット(すぐ調理できるよう盛り合わせた副食品)
【盘绕】pánrào 動 からまる,巻きつく
【盘算】pánsuan 動 (腹の中で)計算する,思案を練る
【盘梯】pántī 图 らせん階段
【盘腿】pán⁺tuǐ 動 足を組む,あぐらをかく ♦'炕'の上などで,胡人もこの姿勢で座る〚～坐〛足を組んで座る
【盘问】pánwèn 動 尋問する,問い詰める ⇨[查问]
【盘香】pánxiāng 图 渦巻き線香
*【盘旋】pánxuán 動 ①旋回する,ぐるぐる回る〚鸽子在天上～〛鳩が上空を旋回する ②留まる,ぶらぶらする
【盘羊】pányáng 图 華北や西北で産する野生の羊の一種 ♦太く湾曲した形の角を持つ
【盘账】pán⁺zhàng 動 帳簿を点検する
*【盘子】pánzi 图 ①皿,盆〚耍～〛皿回し(をする) ②(旧)商品相場,市況

【磐】pán ⊗以下を見よ
【磐石(盤石)】pánshí 图 厚くて大きな岩〚坚如～〛磐石のごとく揺るぎない

【蹒(蹣)】pán ⊗以下を見よ
【蹒跚(盘跚)】pánshān 厖 (足元が)よろよろおぼつかない,千鳥足の

【磻】pán ⊗〚～溪〛磻渓ばん(浙江省)

【蟠】pán ⊗曲がりくねる,とぐろを巻く〚龙～虎踞〛竜虎がうずくまる ♦地勢が険しく堅固な都市(特に南京)の形容
【蟠桃】pántáo 图 ①水蜜桃の一種 ②3千年に一度結実するという西王母の桃(食べると不老長寿になるとい

う)⑪[寿桃]

【判】 pàn 動 ① 評定する,判定する〚~卷子〛答案を採点評価する ② 判決を下す〚他被～五年徒刑〛彼は懲役5年の判決を受けた Ⓧ① 区別する,見分ける ② 違いが歴然としている〚~若两人〛まるで別人のようだ

【判别】 pànbié 動 違いを区別する,識別する〚~真假〛真偽を見分ける

【判处】 pànchǔ 動 刑を言い渡す,有罪判決を下す〚~徒刑三年〛懲役3年の刑に処する

【判定】 pàndìng 動 判定する,判断する

★★【判断】 pànduàn 名《哲》判断 —動 判断する,判定する〚~是非〛是非を判断する

【判罚】 pànfá 名《体》(球技で)ペナルティーを科す,反則をとる

★【判决】 pànjué 動 判決を下す〚~无罪〛無罪判決を下す —名《体》判定,ジャッジ

【判例】 pànlì 名《法》判例

【判明】 pànmíng 動 明らかにする〚~是非〛是非を明らかにする

【判若云泥】 pàn ruò yún ní《成》雲泥の差がある,違いが甚だしい ⑪[判若天渊]

【判罪】 pàn'zuì 動 有罪判決を下す〚被判有受贿罪〛収賄で有罪を言い渡される

【泮】 pàn Ⓧ 学校 ◆清代,科挙にて秀才(生員)となることを'入~'と称した
Ⓧ① 分散する,分解する ②(P-)姓

【叛】 pàn Ⓧ 背く,裏切る〚众~亲离〛大衆も側近も離反する

【叛变】 pànbiàn 動 (自分の属する国や集団を)裏切る,寝返る

【叛匪】 pànfěi 名 反逆者,賊徒

【叛军】 pànjūn 名 反乱軍,賊軍

【叛离】 pànlí 動 離反する,(主義などに)背反する

【叛乱】 pànluàn 動 武装反乱を起こす,蜂起する〚煽动~〛謀反をあおりたてる

【叛卖】 pànmài 動 敵から利益を提供されて(祖国や革命を)裏切る

【叛逆】 pànnì 名 反逆者,裏切り者 —動 反逆する,謀反を起こす

【叛徒】 pàntú 名 (主に祖国や革命への)裏切り者,逆賊〚揭发~〛裏切り者を摘発する

【袢】 pàn Ⓧ →[袷 qiā ~]

【畔】 pàn Ⓧ ① ほとり,へり〚河~〛川のほとり ② 田畑のあぜ,境

【拚】 pàn 動 棄てて顧ない

【盼】 pàn 動 ① 切望する,焦がれる〚切~〛切望する ② 見る〚左顾右~〛左右を見回す

【盼头】 pàntou 名 見込み,望み〚这事有~了〛これは見込みが出てきた

【盼望】 pànwàng 動 待ち焦がれる,希う ⑪[祈望]

【襻】(*袢) pàn 名 (~儿) ①'旗袍'などの中国服のボタン留めの輪(布製)〚纽~儿〛同前のボタン留め ② 形や機能がボタン留めに似たもの〚鞋~儿〛靴ひも —動 (ひもで)留める,かがる〚~上几针〛何針かかがる

【乓】 pāng 擬 銃声,ドアの閉まる音,物の割れる音などの形容〚门~地一声关上了〛ドアがばたんと閉まった〚乒~球〛ピンポン

【滂】 pāng Ⓧ 水の湧き出るさま

【滂沱】 pāngtuó 形 (雨が)どしゃ降りの,(涙が)ぼたぼた流れる〚涕泗~〛泣いて顔がぐしゃぐしゃにぬれる

【膀】(*髈) pāng 動 むくむ〚~肿〛同前
⇨bǎng, páng

【彷】(傍) páng Ⓧ 以下を見よ
⇨fǎng

【彷徨】(旁皇) pánghuáng 動 (どちらへ行くか)うろうろ迷う,道の選択にとまどう〚~歧路〛分かれ道でためらう

【旁】 páng 名 (~儿) 漢字の偏〚立人~儿〛にんべん —形 その他の〚没有~的话〛他に言うことはない
Ⓧ かたわら,そば〚路~〛道端〚窗~〛窓ぎわ

【旁白】 pángbái 名《演》傍白ほうはく

★【旁边】 pángbiān 名 (~儿) かたわら,そば〚邮局~儿〛郵便局のそば

【旁观】 pángguān 動 傍観する〚袖手~〛高見の見物を決め込む

【旁观者清】 páng guān zhě qīng《成》傍観者の方が事態をよく見ている,岡目八目 ◆'~,当局者迷'ともいう

【旁及】 pángjí 動 ① …にまで関わりをもつ,…にも及ぶ〚他写小说,~评论〛彼は小説を書き,評論まで手がけている ② 巻き添えにする,とばっちりを食わせる

【旁门】 pángmén 名 (~儿) 横門,通用門

【旁敲侧击】 páng qiāo cè jī《成》婉曲な言い回しで当てこする,皮肉を言う ⑪[指桑骂槐]

【旁人】 pángrén 名 他人,他の人

【旁若无人】páng ruò wú rén《成》傍若無人な，人もなげな
【旁听】pángtīng [動]①（会議に）オブザーバーとして出席する，傍聴する ②聴講する［～生］聴講生
【旁系亲属】pángxì qīnshǔ [名]傍系の親族（兄弟姉妹，おじおばなど）
【旁征博引】páng zhēng bó yǐn《成》博引傍証する [関]［引经据典］
【旁证】pángzhèng [名]傍証〖充实～〗傍証を固める
【旁支】pángzhī [名]傍系 [反]［正支］
〖膀〗páng [×]以下を見よ ⇨bǎng, pāng
【膀胱】pángguāng [名]膀胱 [同]《方》［尿脬 suīpao］
〖磅〗páng [×]以下を見よ ⇨bàng
【磅礴】pángbó [動]満ち渡る，みなぎる —[形]勢い盛んな
〖螃〗páng [×]以下を見よ
【螃蟹】pángxiè [名]〔只〕カニ〖他属～〗あいつはカニ年の生まれだ（とかく横車を押す）
〖鳑(鰟)〗páng [×]［～鲏 pí］フナに似た淡水魚
〖庞(龐)〗páng [×]①顔［面～］顔 ②（P-）姓
〖—(龐厖)〗[×]①（形や数字が）やたらに大きい，厖大な ②多くて乱雑な［～杂］同前
*【庞大】pángdà [形]ばかでかい，不相応に大きい〖机构～〗機構が肥大化している
【庞然大物】páng rán dà wù《成》独活の大木，見てくれだけの大物
〖逄〗Páng [×]姓
【耪】pǎng [動]鍬で耕す，（畑，土を）こなす
【髈】pǎng [名]《方》腿
【胖(*肨)】pàng [形]（人間が）太った，肉づきのよい [反]［瘦］ [関]［肥］
⇨pán
【胖墩墩】pàngdūndūn [形]（～的）ずんぐりした，背が低くでっぷりした
【胖乎乎】pànghūhū [形]（～的）（主に子供が）ぽっちゃりした，丸々と太った
【胖头鱼】pàngtóuyú [名]‘鳙鱼 yōngyú’の俗称 ♦長江流域で多くとれる淡水魚，頭が大きく脂肪分に富む
【胖子】pàngzi [名]太った人，でぶ
【抛(拋)】pāo [動]①投げる，ほうる（[同]［扔］）〖～球〗球を投げる ②捨て去る，置き去りにする〖～下妻子儿女〗妻子を捨て去る
[×]投げ売りする
【抛光】pāoguāng [動]つや出しをする，研磨する
【抛荒】pāohuāng [動]①耕作せず農地が荒れるにまかせる ②（学業，仕事を）おろそかにする，怠る
【抛锚】pāo▾máo [動]①投錨する，いかりをおろす [反]［拔锚］ ②（自動車が）エンストする，路上で立往生する ③《方》（事業などが）途中で中止となる
*【抛弃】pāoqì [動]放棄する，見捨てる〖被妻子～〗妻に捨てられる
【抛却】pāoquè [動]捨て去る，投げ捨てる〖～幻想〗幻想を捨てる
【抛售】pāoshòu [動]投げ売りする，ダンピングする
【抛头露面】pāo tóu lù miàn《成》①《旧》女性が人前に顔を出す ②《貶》でしゃばる，顔をさらす
【抛物线】pāowùxiàn [名]〔条〕放物線
【抛掷】pāozhì [動]《書》投げる，ほうる
【抛砖引玉】pāo zhuān yǐn yù《成》《謙》（れんがを投げて玉を引き出す＞）自分のつまらぬ意見から相手の素晴らしい意見を引き出す
【泡】pāo [名]（～儿）柔らかくふくらんだもの［眼～儿］上まぶた —[形]《方》ふかふかした，すかすかの —[量]大小便の回数を数える（[同]［脬］）〖拉一～屎〗糞をたれる
[×]《方》小さな湖（主に地名に用いられる）［莲花～］黒竜江省の地名
⇨pào
【泡桐】pāotóng [名]桐
【泡子】pāozi [名]《方》小さな湖（地名に多く用いる）♦「電球」の意味では pàozi と発音
【脬】pāo [量]大小便の回数を数える（[同]［泡］）〖撒一～尿〗さぁっと放尿する
[×]膀胱［尿 suī～］《方》膀胱
【刨】páo [動]①掘る ♦鍬で掘るときのように，前方からこちらの方向に力が働く（[関]［挖］）〖～坑儿〗穴を掘る ②《口》引く，除く〖～去三个，还剩下六个〗3個減ってもまだ6個残る
⇨bào
【刨除】páochú [動]引く，減じる
【刨分儿】páo▾fēnr [動]（試験などで）減点する〖刨五分儿〗5点引きにする
【刨根儿】páo▾gēnr [動]根掘り葉掘り尋ねる，とことん問い詰める ♦‘刨根问底儿’ともいう

P

【咆】 páo ⊗ 猛獣がほえる

【咆哮】 páoxiào 動①猛獣がほえる；(転)怒号する，どなる ②(転)水がごうごうと流れる

【狍(麅)】 páo ⊗【動】ノロジカ［～子］同前

【庖】 páo ⊗①台所，調理場 ②調理師，コック［～丁］料理人

【庖厨】 páochú 图〔書〕台所，調理場

【庖代】 páodài 動〔書〕代理で物事を処理する，身代わりをつとめる

【炮】 páo 動〔薬〕生薬を鉄鍋でいためる(漢方薬の製法の一)［～姜］同前の方法で作るショウガ
⇨ pào（「火でいためる，あぶる」の意ではbāoと発音）

【炮烙】 páoluò（旧読 páogé）图 古代の酷刑の一

【炮制】 páozhì 動①薬草から漢方薬を製剤する ②〔貶〕(論文，文書等を)でっちあげる，こねあげる…

【袍】 páo 图（～儿）中国の長衣［旗～儿］チャイナドレス

【袍笏登場】 páo hù dēng chǎng（成）〔貶〕(衣冠束帯を身にまとい登場する>）権力者となる

【袍泽】 páozé 图〔書〕軍隊の同僚［～同僚］戦友

【袍子】 páozi 图〔件〕中国式の長衣

【匏】 páo ⊗ 以下を見よ

【匏瓜】 páoguā 图【植】ユウガオの変種 ◆果実を二つ切りにして柄杓を作る

【跑】 páo 動 動物が足で地面を掘る［虎～泉］杭州の地名
⇨ pǎo

【跑】 pǎo 動①走る，駆ける ②逃げる［老虎～了］虎が逃げた ③〔方〕歩く ④奔走する，駆けずり回る［～了五家商店，才…］店を5軒回ってやっと… ⑤漏れる，抜け出る［～气］空気が抜ける ⑥(液体が)揮発する［汽油都～了］ガソリンが全部揮発した ⑦〔結果補語として〕元の場所から離れることを表わす［给大水冲～了］大水に押し流される
⇨ páo

【跑表】 pǎobiǎo 图〔块〕ストップウォッチ(働［马表］)［揿～］ストップウォッチを押す

＊【跑步】 pǎo'bù 動 駆け足で進む，走る［～走！］駆け足，進め(号令)

【跑车】 pǎochē 图①レース用自転車，バイク，自動車 ②木材切り出し用の車両
—— pǎo'chē 動①(坑道内の事故で)車両が暴走する ②列車乗務員が車中勤務につく，車内で働く

【跑道】 pǎodào 图①滑走路［～视程］滑走路の視界 ②運動場のトラック，スケートリンク

【跑电】 pǎo'diàn 動 漏電する（働［漏电］）

【跑调儿】 pǎo'diàor 動(歌の)調子がはずれる（働［走调儿］）

【跑江湖】 pǎo jiānghú 動〔旧〕流しの芸人が各地を渡り歩く，渡り鳥の暮らしをする

【跑警报】 pǎo jǐngbào 動 空襲警報を聞いて(防空壕に)避難する

【跑了和尚跑不了庙】 pǎo le héshàng pǎobuliǎo miào（俗）(坊主は逃げられても，寺までは逃げられない＞)どうしたって逃げられない（働［走了和尚走不了庙］）

【跑龙套】 pǎo lóngtào 動①〔演〕(竜の模様の衣装で)従卒役や端役を務める ②(転)(人の下で)陣笠を務める，どうでもいい役割を受け持つ

【跑马】 pǎo'mǎ 動①馬を走らせる，馬に乗って走る ②〔旧〕馬を競走させる，競馬をする（働［赛马］）

【跑买卖】 pǎo mǎimai 動 あちこち商売して回る，旅行商する（働［跑生意］）

【跑跑颠颠】 pǎopǎodiāndiān 形（～的）忙しく駆け回る，こまネズミのような

【跑堂儿的】 pǎotángrde 图（旧）(食堂，レストランの)給仕人，ウエイター

【跑腿儿】 pǎotuǐr 動〔口〕使い走りする，雑用仕事を務める

【跑外】 pǎowài 動(営業で)外回りする［～的］外交員

【跑鞋】 pǎoxié 图 競走用スパイクシューズ

【泡】 pào 图（～儿）泡沫［冒～儿］泡立つ［肥皂～儿］シャボン玉 ②泡に似た物［灯～儿］電球［起～］マメができる 一動①液体にひたす，ふやかす［用开水～茶］熱湯でお茶をたてる ②時間をつぶす，油を売る
⇨ pāo

【泡菜】 pàocài 图 漬物の一種 ◆キャベツ，大根などを塩，酒，唐辛子で漬けこむ［朝鲜～］[韩国～]キムチ

【泡饭】 pàofàn 图 スープや熱湯にひたした飯，おじや
—— pào'fàn 動 米飯にスープや湯をぶっかける

【泡蘑菇】 pào mógu 動①ごねて時間を引き延ばす，からみ粘る［你再这么～的话，那就不管了］まだごねるのなら，勝手にしろ ②サボる［在

- 【泡沫】pàomò 图 泡沫，あぶく [啤酒～] ビールの泡 [～经济] バブル経済
- 【泡泡糖】pàopàotáng 图 風船ガム
- 【泡汤】pào‧tāng 動 水の泡になる，ふいになる 働[落空]
- 【泡影】pàoyǐng 图〈転〉水の泡，画餅 [希望已成为～] 希望はもはや水泡に帰した

【炮】(砲 *礮) pào 图 ①〔门〕大砲 [大～] 大砲 [高射～] 高射砲 ②爆竹 [鞭～] 爆竹 ③発砲はっぽう ⇨páo

- 【炮兵】pàobīng 图 砲兵
- 【炮弹】pàodàn 图〔颗〕砲弾
- 【炮灰】pàohuī 图 砲火のえじき ◆義のない戦いに駆り出されて落命した兵士をたとえる
- 【炮火】pàohuǒ 图 砲火 [冒着～前进] 砲火を冒して前進する
- 【炮击】pàojī 動 砲撃する
- 【炮舰】pàojiàn 图〔只・艘〕砲艦 [～外交] 砲艦外交
- 【炮楼】pàolóu 图〔座〕四方を展望できる砲塔，砲を備えたやぐら
- 【炮手】pàoshǒu 图 砲手
- 【炮塔】pàotǎ 图（戦車，軍艦などの）砲塔
- 【炮台】pàotái 图〔座〕砲台
- 【炮艇】pàotǐng 图 小型の砲艦，砲艇
- 【炮筒子】pàotǒngzi 图〈転〉せっかちでぽんぽんものを言う人
- 【炮位】pàowèi 图 ①砲座，砲床 ②（戦闘または演習時の）火砲の位置
- 【炮眼】pàoyǎn 图 ①（トーチカなど）大砲発射口，砲眼 ②岩石などに爆薬を仕掛ける穴
- 【炮衣】pàoyī 图 大砲の覆い
- 【炮仗】pào‧zhang 图 爆竹（働[爆竹]）[放～] 爆竹を鳴らす

【疱】(皰) pào 图 皮膚にできた水ぶくれ，まめ

- 【疱疹】pàozhěn 图〔医〕疱疹ほうしん，ヘルペス [带状～] 帯状ヘルペス

【呸】 pēi 嘆（軽蔑，叱責を示して）ふん，ちぇっ

【胚】(*肧) pēi 图〔生〕胚芽はいが，胚子

- 【胚层】pēicéng 图〔生〕胚葉 働[胚叶]
- 【胚胎】pēitāi 图 ①妊娠初期の胎児 ②〈転〉事物の始まり，萌芽
- 【胚芽】pēiyá 图 ①〔植〕胚芽 ②事物の萌芽
- 【胚珠】pēizhū 图〔植〕胚珠

【醅】 pēi ⊗ 漉していない酒，もろみ

【陪】 péi 動 伴をする，付き添う [～病人] 病人に付き添う [～外宾参观] 外国からの客のお伴をして参観に行く [～酒] 酒の伴をする ⊗ 傍らで助ける

- 【陪伴】péibàn 動 同行する，伴をする [～太太去看画展] 奥方に付き合って絵画展に出向く
- 【陪绑】péibǎng 動（自白に追い込むため，死刑に該当しない犯人を）死刑囚と一緒に刑場へ連行する；〈転〉巻き添えにされる，連座して処分される
- 【陪衬】péichèn 图 添え物，色どり ── 動 引き立たせる，目立たせる（働[村托]）[绿叶～着红花] 赤い花を緑の葉が引き立てている
- 【陪嫁】péijià 图 嫁入り道具 働[嫁妆]
- 【陪客】péikè 图 主賓へのもてなしとして招かれた客，陪席の客 ── péi‧kè 動 客の伴をする，客に付き合う
- 【陪审】péishěn 動（裁判の）陪審員を務める，陪審に加わる [～员] 陪審員
- 【陪送】péisong〈口〉图 嫁入り道具 働[嫁妆] ── 動 実家が花嫁に（嫁入り道具を）持たせる ── péisòng 動（帰る人，旅立つ人などを）送ってゆく
- 【陪同】péitóng 動（活動に）付き添う
- 【陪葬】péizàng 動 ①殉死者や副葬品を死者といっしょに葬る 働[殉葬] ②臣下や妻妾の棺を帝や夫の傍らに葬る

【培】 péi 動 ①（植物や堤防の根元に）土を盛り上げる ②（人材を）養成する，育成する [～干] 幹部を養成する

- 【培土】péitǔ 動（農作物の根元に）土を盛る 働[壅土]
- 【培修】péixiū 動（堤防などに）土を盛り固めて補強する [～堤坝] 堤防を補強する
- 【培训】péixùn 動（専門分野の人材を）養成する，訓練する [作家～班] 作家養成の研修コース
- 【培养】péiyǎng 動 ①培養する [～酵母] イースト菌を培養する ②養成する，訓練育成する [～他当教师] 彼を教員に養成する
- 【培育】péiyù 動 育てる，大きくする [～新品种] 新品種を育てる [～人材] 人材を育てる
- 【培植】péizhí 動 ①栽培する，植え育てる 働[培种] ②（人材，勢力を）育成する，養う

【赔】(賠) péi 動 ①弁償する，償う ②（商売で）損をする，赤字を出す（⊗[赚]）[～本] 元手をする

【赔不是】péi búshi [動] 詫びる, 謝る([同][赔罪])〚你先给她赔个不是吧〛あの人に君からまず謝りなさい

★★【赔偿】péicháng [動] 弁償する, 償う

【赔还】péihuán [動] (借金を) 返す, 償還する〚～欠债〛借金を返済する

【赔款】péikuǎn [名] 賠償金, 弁償金 —— péi▾kuǎn [動] (敗戦国が) 賠償する, (個人が) 弁償する

【赔礼】péi▾lǐ [動] 陳謝する, 詫びる〚向客人～道歉〛客に詫びる

【赔钱】péi▾qián [動] ① 元手を食い込む, 欠損を出す [同][赔本] ② (与えた損害を) 金銭で弁償する, 補償金を払う

【赔笑】péi▾xiào [動] 笑顔で対応する, 愛想笑いする [同][赔笑脸]

【赔罪】péi▾zuì [動] 陳謝する, 詫びる [同][赔礼]

【锫(錇)】péi [名]〚化〛バークリウム(放射性元素の一)

〘裴〙péi ⊗ ① (P-) 姓 ② 長衣がだらりと垂れた

〘沛〙pèi ⊗ 盛んな, 勢いのよい [～然] 沛然と(雨が降る)

〘霈〙pèi ⊗ ① 大雨, 豪雨 ② 雨の激しい, 雨降りしきる

〘旆(*斾)〙pèi ⊗ ① 末端がツバメの尾のように割れた旗 ② 旗の総称

〘帔〙pèi ⊗ 古代の女性の刺繍(ししゅう)つきの肩掛け

【佩】pèi [動] (腰に結んで) 携帯する, 腰にさげる〚腰～手枪〛腰に拳銃を携える [～剑] (フェンシングの) サーブル

⊗ 敬服する, 感服する〚十分可～〛見上げたものだ

〘—(珮)〙⊗ 昔衣服の腰につけた玉飾り

【佩带】pèidài [動] (バッジなどを) 身につける, (武器を) 身に帯びる

★★【佩服】pèifu/pèifú [動] 敬服する, 感服する〚我真～他的才华〛彼の才能にはほとほと感心する

【配】pèi [動] ① 結婚する, 男女が結ばれる [许～] (女子の) 婚約が整う ② (家畜を) 交配させる ③ 適切に調和させる, 取り合わせる〚药～好了〛薬が調合できた ④ (計画的に) 配備する, 配分する [～售] 配給販売する ⑤ 欠けている物を補う〚纽扣～了〛ボタンは取りつけた ⑥ 効果的な取り合わせとなる, 引き立てる〚颜色不～〛色が合わない ⑦ (人が) …に値する, …する資格がある〚她不～当一名代表〛彼女は代表たるにふさわしくない

⊗ 犯罪者を流刑にして軍務につかせる [刺～]〚史〛入墨を施したうえで流刑にする

★【配备】pèibèi [名] 装備, 設備〚现代化的～〛近代化された装備 — [動] ① (人材, 物資を) 配分供給する〚～教师〛教員を割り当てる ② (兵力を) 配置する

【配比】pèibǐ [名] 成分比, 成分の混合比率

【配餐】pèicān [名] (機内食やモーニングセットのように) 組合わせになった食品

【配搭】pèidā [動] (主要なものと組んで) 補助的役割を務める, (調和のある) 組合わせを作る〚他们俩～得很和谐〛あの二人はよく息が合っている

【配搭儿】pèidar [名] 引き立て役, 添え物 [同][陪衬]

【配殿】pèidiàn [名] (宮殿や寺院の本殿や本堂の) 両わきの建物

【配对】pèi▾duì [動] ① (～儿) 対(つい)にする(なる)〚把袜子配成对儿〛靴下を1足にそろえる ②《口》(動物が) 交尾する

【配方】pèifāng [名] ①〚薬〛処方 [同][药方] ② 化学製品の薬剤調合法 [同][方子]

—— pèi▾fāng [動]〚薬〛処方箋により調合する

★★【配合】pèihé [動] ① 分業して協力する, 組んで効果を上げる〚由双方～〛両者で呼吸を合わせて…〚色彩～得很好〛色の取り合わせがいい ② (部品などが) 一つに繋がる, 組合わさる

—— pèihe [形] (取り合わせが) 似合う, マッチした

【配件】pèijiàn [名] ①〔套〕部品, パーツ ② (～儿) 取り換え部品

【配角】pèijué [名] (～儿) ① わき役, 助演俳優 ②《転》補助的な役割をする人

—— pèi▾jué [動] (主役級で) 共演する, コンビを組む

【配料】pèi▾liào [動] 原料を配合する

★【配偶】pèi'ǒu [名]〚法〛配偶者

【配曲】pèiqǔ [動] (歌詞に合わせて) 曲をつける, 作曲する [同][谱曲]

【配色】pèisè [動] 色彩を取り合わせる, 配色をこらす ♦'～儿' は pèishǎir と発音

★【配套】pèi▾tào [動] 1セットにまとめる, 一つに組合わせる〚～成龙〛組み立てて完成品にする

【配伍】pèiwǔ [動]〚薬〛2種以上の薬品を併用する [～禁忌] 併用不適合

【配戏】pèi▾xì [動] 主役と共演する, わき役を演じる

【配演】pèiyǎn [名] わき役, 助演 — [動] わき役として演じる, 助演する〚在《骆驼祥子》里～小福子〛『ラク

P

ダ祥子』』』』』』』』』』』』』』』』の中でわき役小福子を演じる

【配药】pèi"yào 動〖薬〗処方箋に従い調剤する

【配音】pèi"yīn 動〖演〗①(映画などの) 吹き替えをする ②アフレコをする

【配乐】pèi"yuè 動 バックグランドミュージックをつける,音響効果を加える

【配制】pèizhì 動 (薬などを) 調合する,混ぜ合わせて作る 〖～颜料〗絵の具を混ぜる

【配置】pèizhì 動 配備する,配置する

【配种】pèi"zhǒng 動 (動物を) 交尾させる,種つけする 〖～站〗種つけ場

【配子】pèizǐ 图〖生〗生殖細胞(精子や卵子),配偶体

【辔(轡)】pèi ⊗ くつわと手綱 〖～头〗同前

【喷(噴)】pēn 動 ①噴き出す,ほとばしり出る 〖血从伤口～出来了〗血が傷口からほとばしり出た ②(液体を) 吹き掛ける,振り掛ける 〖给花～水〗花に水をやる
⇨ pèn

【喷薄】pēnbó 形 (勢い激しく) ほとばしり出る,噴出する 〖～而出〗どっと流れ出る

【喷灯】pēndēng 图〖機〗バーナー

【喷饭】pēnfàn 動 (食事中に笑って) 口の中のものを吹き出す 〖令人～〗噴飯ものだ

【喷灌】pēnguàn 图 スプリンクラーによる散水 〖～器〗スプリンクラー

【喷壶】pēnhú 图 じょうろ ◉《方》〖喷桶〗

【喷火器】pēnhuǒqì 图 火炎放射器

【喷漆】pēnqī 图 ラッカー —— pēn"qī 動 吹きつけて塗装をする 〖～器〗塗装用スプレー

【喷气】pēnqì 動 気体を噴射する 〖～(式)飞机〗ジェット機 〖～(式)发动机〗ジェットエンジン

【喷泉】pēnquán 图〖眼〗噴泉,噴水

【喷洒】pēnsǎ 動 (ノズルから) 散布する,振りまく 〖～农药〗農薬を散布する 〖～器〗スプリンクラー

【喷射】pēnshè 動 噴射する,噴き出させる(◉〖喷放〗) 〖～泵〗ジェットポンプ

【喷水】pēnshuǐ 動 水を噴き出す,散水する 〖～车〗散水車 〖～池〗噴水池

【喷嚏】pēntì 图 くしゃみ (◉〖嚏喷〗) 〖打～〗くしゃみをする

【喷头】pēntóu 图 シャワー,スプリンクラー ◉《方》〖莲蓬头〗

【喷雾器】pēnwùqì 图 噴霧器,スプレー

【喷子】pēnzi 图 スプレー,噴霧器

【喷嘴】pēnzuǐ 图〖機〗噴霧器やスプリンクラーなどのノズル

【盆】pén 图 (～儿)たらい,ボウル,鉢 〖脸～〗洗面器 〖～花〗鉢植えの花 〖～浴〗湯船につかる入浴

*【盆地】péndì 图 盆地 〖吐鲁番～〗トルファン盆地

【盆景】pénjǐng 图 (～儿)盆栽,箱庭

【盆汤】péntāng 图 バスタブのある一人用の浴室(◉〖盆塘〗◉〖池汤〗〖淋浴〗) 〖洗～〗湯船のふろに入る

【盆栽】pénzāi 图 鉢植えの花や木,盆栽 —— 動 鉢植えする

【盆子】pénzi 图 たらい,ボウル,鉢

【濆】pén ⊗ 水が湧きあがる

【喷(噴)】pèn 图 (～儿) 生鮮食品の盛り,旬だ 〖正在～儿上〗今が旬だ —— 量 実をつける回数やその収穫の回数を数える 〖头～棉花〗初摘みの綿花
⇨ pēn

【喷香】pènxiāng 形 うまそうな匂いのする 〖饭菜～〗料理のうまそうな匂いがする

【怦】pēng 擬〈胸が〉どきどき,どきんどきん 〖心～～地跳着〗心臓がどきどきんと跳びはねている

【抨】pēng ⊗ 批判する,弾劾する

【抨击】pēngjī 動 批判する,糾弾する 〖在报纸上受到～〗新聞紙上で攻撃される

【砰】pēng 擬 ばたん,どしん(物がぶつかる音,重い物が落ちる音)

【烹】pēng 動 油で少し炒めてから手早く調味料を加える ⊗ (茶や食物を)煮る

*【烹饪】pēngrèn 動 料理する 〖～学校〗料理学校

【烹调】pēngtiáo 動 調理する,料理する 〖日本菜～法〗日本料理の作り方

【嘭】pēng 擬〈多く重ねて〉とんとん(ドアをたたく音)など

【澎】pēng 動《方》(水や泥が)はね散る,はねかける(◉《普》〖溅〗) 〖～了一身泥〗全身に泥をはね上げた
⇨ péng

【朋】péng ⊗ ①友人,仲間 ②結党結社 ③匹敵する,肩を並べる

【朋比为奸】 péng bǐ wéi jiān《成》徒党を組んで悪事を働く

【朋党】 péngdǎng 图派閥,党派

＊【朋友】 péngyou 图①友人〖交～〗友人づきあいする ②恋人〖谈～〗恋人ととつきあう〖男～〗ボーイフレンド

【棚】 péng 图①(～儿)日差し,雨風を避ける棚〖凉～〗日よけ棚 ②粗末な家,掘建小屋〖搭～〗小屋を建てる

【棚子】 péngzi 图粗末な小屋,バラック〖草～〗茅ぶき小屋

【硼】 péng 图《化》ホウ素

【硼砂】 péngshā 图硼砂 ◆漢方薬の一種としても使い,解熱,解毒,せき止めなどに効く

【硼酸】 péngsuān 图硼酸

【鹏(鵬)】 péng ⊗伝説上の最も大きい鳥

【鹏程万里】 péng chéng wàn lǐ《成》前途洋々〖前途似锦〗

【彭】 Péng ⊗姓

【澎】 péng ⊗以下を見よ ⇨pēng

【澎湖列岛】 Pénghú lièdǎo 图台湾海峡にある列島

【澎湃】 péngpài 形①大波がぶつかりあうさま ②勢い激しい,たぎるような〖心潮～〗ふつふつと胸がたぎる

【蟛】 péng ⊗以下を見よ

【蟛蜞】 péngqí 图《动》ベンケイガニ

【膨】 péng ⊗膨れる

【膨大】 péngdà 動膨張する,膨らむ

【膨胀】 péngzhàng 動①《理》膨脹する(⇔收缩)〖线～〗線膨脹 ②《转》拡大する,増大する〖机构～〗機構が膨らむ

【蓬】 péng 動散り乱す〖～着头〗髪振り乱して〖～乱〗(草や髪が)伸びすぎて乱れた 一图草花の茂みを数える〖一～菊花〗かたまりの菊 ⊗〖植〗ヤナギヨモギ〖飞～〗同前

【蓬勃】 péngbó 形活気あふれる,勢い盛んな〖正在～开展〗力強く進展中である

【蓬蒿】 pénghāo 图①《方》〖植〗シュンギク ②草ぼうぼうの野原

【蓬莱】 Pénglái 图蓬莱 ◆神話で仙人が住むとされる山

【蓬松】 péngsōng 形(草花,頭髪などが)ぼさぼさの,ぼうぼうの〖～的头发〗ぼさぼさ頭

【蓬头垢面】 péng tóu gòu miàn《成》髪は乱れ顔は垢だらけの

【篷】 péng 图①(～儿)(車や船などで使う)おおい,日よけ〖雨～〗(駅などの)雨よけ屋根 ②船の帆〖手～〗防水シート〖扯(落)～〗帆を上げる(下ろす)

【篷车】 péngchē 图①有蓋貨車 ②〖辆〗幌つきのトラック

【篷帐】 péngzhàng 图テント〖过～生活〗テント暮らしをする

【捧】 pěng 動①両手でささげ持つ〖手～奖杯〗手に賞杯をささげ持つ ②おだてる,持ち上げる〖～他当演员〗彼をおだてて役者にした 一量両手ですくったものを数える〖一～枣儿〗ひとすくいのナツメ

【捧场】 pěng'chǎng 動おだてる,持ち上げる〖警惕～吧〗おだてに気をつけろよ

【捧臭脚】 pěng chòujiǎo 動《口》お世辞たらたら持ち上げる

【捧腹】 pěngfù 動腹を抱えて笑う〖令人～〗なんともおかしい

【捧哏】 pěng'gén 動(掛合漫才で)突っ込みを引き立て人を笑わせる,ぼけを演じる

【碰(*撞踫)】 pèng 動①ぶつかる,つける〖头～在门上〗ドアに頭がぶつかった〖～伤〗打撲傷 ②偶然に出会う,出くわす〖～过两次〗2度出会ったことがある ③試しにやってみる,当たってみる〖～～运气〗運試しにやってみる

【碰杯】 pèng'bēi 動(乾杯のとき)グラスを軽くかち合わせる

【碰壁】 pèng'bì 動壁にぶつかる,困難に遭遇する

【碰钉子】 pèng dīngzi 動出鼻をくじかれる,断られる

＊【碰见】 pèngjiàn 動出くわす,偶然出会う〖我在医院～他〗彼に病院でばったり会った〖碰不见〗出会えそうにない

【碰面】 pèng'miàn 動(人に)会う,面会する

【碰巧】 pèngqiǎo 副偶然にも,折く(⇔凑巧)〖～你来了〗(…していたところへ)折よく君が来たんだ

【碰头】 pèng'tóu 動顔を合わせる,出会う(⇔碰面)〖决定下次～的时间〗次回顔合わせの日取りを決める

【碰头会】 pèngtóuhuì 图簡単な打ち合わせや情報交換の会合,短いミーティング

【碰一鼻子灰】 pèng yì bízi huī《俗》冷たく断られる,ひじ鉄をくう

【丕】 pī ⊗巨大な,偉大な〖～业〗《书》偉業

【邳】 Pī ⊗①〖～县〗邳県(江蘇省) ②姓

【坯(*坏)】 pī 图①(れんがや陶器の)火入れ

前の)白地(しらじ) [砖～] れんがの生地(きじ) ②泥れんが 〚打～〛型にはめて泥れんがを作る 〚脱～〛泥れんがを型から取り出す

【坯布】pībù [名]未加工の布

【坯子】pīzi [名]①れんがや陶器の白地 ②(工業の)半製品

【批】pī [動]①下級からの提出書類に指示を記す，答案や文章にコメントを記す〚我可～不了〛私では決裁しかねる〚你的申请～下来了〛君の申請は認可された ②批判する〚～他的错误〛彼の誤ちを批判する ━[名](～儿) ①指示，コメント〚在文后加了一条小～儿〛文末に寸評を記した ②まだ紡ぎあげていない麻や綿 ━[量]大量の人や商品を数える〚一～学生〛一団の学生

⊗①平手で殴る〚～颊〛びんたを食らわす ②大量に，卸売りで

【批驳】pībó [動]①(下級部門の要請を) 却下する，否決する〚提案遭到～〛提案は否決された ②論駁(ばく)する，批判する [関][批评]

【批点】pīdiǎn [動]文章に圏点を打ったり，書き込みや寸評を加えたりする

【批斗】pīdòu [動]批判闘争にかける ♦文革期には特に暴力を伴うつるし上げとなった

*【批发】pīfā [動](一括して大量に) まとめ売りする，卸売りする([同][批销] [関][零售]) [～价格] 卸値

【批复】pīfù [動]下級部門から上がってきた書類に意見や指示を書き記して返す [同][批答]

【批改】pīgǎi [動](作文や宿題などに)添削し，短評を記す

*【批判】pīpàn [動]批判する([関][批评]) 〚～错误思想〛誤った考えを批判する [～现实主义] 批判的リアリズム

**【批评】pīpíng [動]①(欠点や誤ちを) 批判する，叱る ♦主として日常生活上の誤ちに対して用い，思想的に重大な誤ちには'批判''批驳'を用いる ([反][表扬]) 〚被爸爸～了〛お父さんに叱られた ②長所と短所を指摘する，批評する 〚用～的眼光去研究〛批判的に研究する

【批示】pīshì [名][動]〔句·条〕(上級部門から下級部門に) 公文書による指示(を与える)，見解(を示す) 〚遵照市长的～〛市長の(書面) 決裁に従う

【批条】pītiáo [名](～儿) (長(ちょう)や主管者が発行する簡単な) 指示書，命令書

【批条子】pī tiáozi [動]'批条'を発行する，指示書を振り出す ♦コネを使って物品を入手したり，就職させたりする場合に使われることが多い

【批语】pīyǔ [名]〔句·条〕①(文章に対する) 寸評，所見 ②(公文書に記入された) 上級部門からの指示，意見 [同][批示]

【批阅】pīyuè [動]文書に訂正，指示やコメントを書き込む

【批注】pīzhù [名][動]評語と注釈(を書き加える)

【批转】pīzhuǎn [動]'批示'したあと文書を関連部門に回す

**【批准】pīzhǔn [動]上級部門が認可する，承認する，批准する〚已经～的工程〛すでに許可済みの事業〚～条约〛条約を批准する〚批不准〛許可できない

【纰(紕)】pī [動]布や糸がぼろぼろになる，ほつれる

【纰漏】pīlòu [名]不注意による過失，小さなミス〚出～〛ささいなミスを仕出かす

【纰缪】pīmiù [名]《書》誤ち，過失

〖砒〗pī ⊗①ヒ素 ②亜ヒ酸

【砒霜】pīshuāng [名]亜ヒ酸 [同][红矾][信石]

【披】pī [動]①背に掛ける，羽織る〚～一件黑大衣〛黒のオーバーを羽織る ②裂ける，割れる〚木板～了〛板が割れた

⊗開く，ばらばらにする [～卷]《書》書物を開いて読む

【披风】pīfēng [名]〔件〕マント，袖なし外套 [同][斗篷]

【披肝沥胆】pī gān lì dǎn《成》胸の内をさらけ出す，真心を尽くす [同][开诚相见] [反][勾心斗角]

【披挂】pīguà [名][動](旧白話で) よろいかぶと(を身につける)

【披红】pīhóng [動]赤い絹地を人の肩に掛ける(祝賀や表彰を表わす) [～戴绿] 派手に着飾る

【披肩】pījiān [名]〔件〕肩掛け，ショール，ケープ

【披坚执锐】pī jiān zhí ruì《成》(よろいを身につけ武器を持つ＞) 戦場に赴く

【披荆斩棘】pī jīng zhǎn jí《成》茨(いばら)の道を切り開く，さまざまな障害や困難を克服して進む

【披露】pīlù [動]①公表する，披露する [同][公布] ②(心中を)吐露する，披瀝する

【披靡】pīmǐ [動]①(草木が)風になびく，吹き倒される ②(軍隊が) 潰(かい)走する，総崩れになる

【披散】pīsan [動](髪の毛が) 乱れて垂れる，ばさばさに垂らす〚～头发〛ざんばら髪を垂らす

【披沙拣金】pī shā jiǎn jīn《成》(砂利の中から砂金を選(よ)る＞) 多くの物の中から良い物を選ぶ

【披头散发】pī tóu sàn fà《成》長い髪を振り乱した，ざんばら髪の
【披星戴月】pī xīng dài yuè《成》(朝は星を戴(いただ)き夜は月光を浴びる>) 朝から夜まで働きに働く，朝から夜まで苦しい道中を続ける
【披阅】pīyuè [動] 書物をひもとく([同][披览])〖～群书〗群書に目を通す

【辟(闢)】pī ⊗以下を見よ
⇨bì, pì
【辟头(劈头)】pītóu [副] 真っ先に，冒頭に

【劈】pī [動] ① 刀や斧で割る〖～成两半〗二つに割る〖～出一条路〗道を一すじ切り開く ② 雷が襲う(動物や樹木が死ぬ)〖老牛被雷～死了〗牛が雷に打たれて死んだ
⊗① くさびのようなもの［刀～］刀身［尖～］くさび ② (顔や胸を) 目がけて，真正面から
⇨pǐ
【劈刺】pīcì [動] 軍刀で斬る，銃剣で刺す
【劈刀】pīdāo [名] ①〔把〕なた ② 剣技，刀による闘い
【劈里啪啦(噼里啪啦)】pīlipālā [擬] 小さな爆発や拍手が連続して鳴る音，ぱんぱん，ぱちぱち
【劈脸】pīliǎn [副] 顔を目がけて，真っ向から〖～就是一巴掌〗いきなり顔に平手打ちがとんだ
【劈啪(噼啪)】pīpā [擬] 物をたたく音やはじける音，ぱんぱん，ぱちぱち〖劈劈啪啪的枪声〗ぱんぱんという遠くの銃声
【劈山】pīshān [動] (人力や爆破で) 山を切り開く〖～改河〗山を崩し川筋を変える
【劈手】pīshǒu [副] すばやく(手を出す)〖～抢来〗さっとひったくる
【劈头(辟头)】pītóu [副] ① 最初に，冒頭に〖一进门～就问〗入ってくるなり尋ねた ② 出会い頭に，真正面から〖～就打〗いきなりなぐりかかる
【劈头盖脸】pī tóu gài liǎn《成》真っ向から，頭を目がけて〖～地骂〗真っ向から罵声を浴びせる
【劈胸】pīxiōng [副] (いきなり) 胸ぐら目がけて，胸板をねらって

【噼】pī ⊗はじけるような音の表現に使う［～里啪啦 pīlipālā］ぱちぱち，ぱらぱら
【噼啪(劈啪)】pīpā [擬] 手でたたいたり物がはじけたりする音，ぱちぱち，ぱらぱら

【霹】pī ⊗以下を見よ
【霹雳】pīlì [名]〔声〕雷，落雷［晴天～］晴天の霹靂(へきれき)

【皮】pí [名] ① 皮膚，(果実などの) 皮〖擦破一块～〗肌をすりむいた ② 皮革，なめし革［～鞋］革靴 ③ (～儿) 包むもの，カバー［书～儿］本のジャケット ④ (～儿) 表面，上っ面［地～］地表 ⑤ (～儿) 薄片状のもの［铅～］トタン板 ── [形] ① 弾力のある ② (湿気を帯びて食物が) 軟らかい，ふやけた ③ やんちゃな，わんぱくな ④ (叱られることに慣れて) 面の皮が厚い，図太い
⊗① ゴム［橡～］同前 ② (P-)姓
【皮袄】pí'ǎo [名]〔件〕毛皮を裏地に使った中国式の上着
【皮包】píbāo [名] 革鞄［～公司］ペーパーカンパニー，幽霊会社
【皮包骨】pí bāo gǔ《成》〔多く補語として〕がりがりに痩(や)せた〖瘦得～了〗痩せて骨と皮になってしまった
【皮层】pícéng [名]〖生〗① 皮層，皮質 ②《略》大脳皮質
【皮尺】píchǐ [名]〔根〕巻き尺，メジャー
【皮带】pídài [名]〔根・条〕① (機械の力を伝導する) ベルト([同][传动带])［～运输机］ベルトコンベア［～轮］プーリー ② 皮ベルト，帯皮
【皮蛋】pídàn [名]〖食〗ピータン [同][松花]
【皮筏】pífá [名] 牛や羊の皮を縫い合わせて作る筏(いかだ)
★★【皮肤】pífū [名] 皮膚
★【皮革】pígé [名] 皮革，なめし皮
【皮猴儿】píhóur [名]〔件〕フード付きオーバー ♦一般に裏が毛皮，なお綿入れのそれは'棉猴儿'という
【皮黄(皮簧)】píhuáng [名]〖演〗京劇等の伝統劇の主要な旋律'西皮''二黄'の合称 ♦'西皮'は喜びや怒りなどの激しい感情を，'二黄'は悲しみなどの静かな感情を表現する
【皮货】píhuò [名] 毛皮，毛皮製品
【皮夹子】píjiāzi [名] 皮製の小物入れ，札入れなど [同][皮夹儿]
【皮匠】píjiang/ píjiàng [名] ①《旧》靴職人 ② 皮細工職人，なめし職人
【皮筋儿】píjīnr [名]《口》ゴムひも([同][猴皮筋儿])〖跳～〗(女児の遊び) ゴムとび
【皮毛】pímáo [名] ① 毛皮の総称 ②《転》浅薄な知識，通りいっぺんの心得〖略知～〗上っ面の心得しかない
【皮棉】pímián [名] (種を取っただけで)未加工の綿花，繰り綿 [同][皮花]
【皮囊】pínáng [名] ([同][皮袋]) ① 皮袋 ②《貶》人間の体［臭～］いやな奴
【皮球】píqiú [名] ゴムまり〖拍～〗ゴムまりをつく
【皮软骨头硬】pí ruǎn gǔtou yìng《俗》やさしい顔はしているが実は手ごわい，外柔内剛
【皮实】píshi [形] ① (身体が) 丈夫な，

頑健な ②(器物が) 丈夫な, 長持ちする

【皮桶子】pítǒngzi [名] (オーバーやジャケットなどの裏地にする) 1着分の毛皮 [同][皮桶儿]

【皮线】píxiàn [名] ゴムで包んだ電気コード, 被覆電線 [同][橡皮线]

【皮箱】píxiāng [名] トランク

【皮相】píxiàng [形]〖多く定語として〗上っ面の, 表面的な [～评价] 表面だけを見た評価

【皮笑肉不笑】pí xiào ròu bú xiào《成》作り笑いする, 腹に一物ある

★★【皮鞋】píxié [名]〔双〕革靴

【皮影戏】píyǐngxì [名]〖演〗影絵芝居 ♦人形の材料は牛やロバの皮

【皮张】pízhāng [名] (皮革製品の原材料となる) 毛皮, 獣皮

【皮疹】pízhěn [名]〖医〗皮疹(しん), 発疹〖出～〗発疹が出る

【皮之不存, 毛将焉附】pí zhī bù cún, máo jiāng yān fù《成》(皮がなくて毛はどこに付こうか>) 物事は土台なしでは成りたたぬ

【皮脂腺】pízhīxiàn [名]〖生〗皮脂腺

【皮质】pízhì [名]〖生〗([同][皮层]) ①皮質 ②大脳皮質の略称

【皮重】pízhòng [名] 風袋(ふうたい), 包装の重量

【皮子】pízi [名] 毛皮, 皮革

〖陂〗pí ⊗[黄～] 黄陂(ひ)(湖北省) ♦「池」「坂」の意では bēi, '陂陀' (平らでない) は pōtuó と発音

〖疲〗pí ⊗疲れる, くたびれる [筋～力尽] 疲れ果てる

★【疲惫】píbèi [動] 疲れさせる, 消耗させる ━[形] 非常に疲れた, くたくたの

【疲敝】píbì [形] 疲弊した, 人も物も不足した

【疲乏】pífá [形] 疲れた, くたびれた([同][疲怠])〖感到～〗ひどく疲れを覚える

★【疲倦】píjuàn [形] 疲れた, だるい〖拖着～的步子〗疲れた足をひきずって…

★★【疲劳】píláo [形] くたびれた, 疲れた, 疲労した [肌肉～] 筋肉疲労 [金属～] 金属疲労

【疲软】píruǎn [動]《旧》相場が下がる, 価格が低落する〖日元～〗円安になる ━[形] 疲れてだるい

【疲塌(疲沓)】píta [形] だれた, たるんだ

【疲于奔命】pí yú bēn mìng《成》奔命に疲れる, 駆けずり回ってぐったりとなる

【铍(鈹)】pí [名]〖化〗ベリリウム ♦「針」「矛」の意では pī と発音

〖枇〗pí ⊗以下を見よ

【枇杷】pípa [名] ビワの木, ビワの実

〖毗(*毘)〗pí ⊗①隣接する, 連なる ②助ける, 補助する

【毗连】pílián [動] 隣接する, 境を接する

〖蚍〗pí ⊗以下を見よ

【蚍蜉】pífú [名]〔只〕大アリ

【蚍蜉撼大树】pífú hàn dà shù《成》(アリが大木を揺り動かそうとする>) 身の程知らず [同][螳臂当车]

〖琵〗pí ⊗以下を見よ

【琵琶】pípa [名] 琵琶(びわ)〖弹～〗琵琶を弾く [～骨]《方》肩甲骨

〖郫〗Pí ⊗[～县] 郫(ひ)県(四川省)

〖啤〗pí ⊗以下を見よ

★★【啤酒】píjiǔ [名] ビール〖酿～〗ビールを仕込む [～花] ホップ

【脾】pí [名]〖生〗脾臓(ひぞう) [同][脾脏]

★★【脾气】píqi [名] ①性格, 気性〖～暴躁〗気性が荒々しい ②かんしゃく〖发～〗かんしゃくを起こす

【脾脏】pízàng [名]〖生〗脾臓

〖裨〗pí ⊗(正に対する) 副の [～将 jiàng] (昔の軍制の) 副将 ♦'裨益' (裨益(ひえき)する) は bìyì と発音

【蜱】pí [名] ダニ [同][壁虱]

〖鼙〗pí ⊗昔の軍隊が馬上で用いた鼓 [～鼓] 同前

〖罴(羆)〗pí ⊗ヒグマ→[棕zōng熊]

〖貔〗pí ⊗中国伝説上の熊に似た野獣 [～子]《方》イタチ

【貔貅】píxiū [名] ①中国伝説上の熊に似た野獣 ②《転》勇猛な軍隊 [同][貔虎]

【匹】pǐ [量] 馬, ロバなどを数える〖两～驴〗ロバ2頭 ⊗①匹敵する, 比肩しうる ②ひとりきりの, 単独の

【━(疋)】[量] 絹や綿の生地を数える〖一～布〗木綿一匹

【匹敌】pǐdí [動] 匹敵する, 伯仲する〖没有人能与他～〗彼と肩を並べうる者はいない

【匹夫】pǐfū [名] ①一介の庶民, ただの人 [～匹妇] ふつうの人々 ②《贬》(白話で) 無学, 無知の徒 [～之勇] 匹夫の勇

【匹马单枪】pǐ mǎ dān qiāng《成》単騎出陣する, 単独行動をとる [同][单枪匹马]

【匹配】pǐpèi [動]《書》婚姻を結ぶ, 夫

P

婦になる

【圮】pǐ ⊗壊れる，崩れる

【仳】pǐ ⊗以下を見よ

【仳离】pǐlí [動]《書》夫婦が別れる，特に妻が夫に捨てられる

【否】pǐ ⊗①悪い，悪質な ②非難する，酷評する［臧～人物］人物の優劣を論じる
⇨fǒu

【否极泰来】pǐ jí tài lái《成》(不運が極みに達すれば，次は好運がめぐってくる＞)嵐のあとには凪(なぎ)がくる ♦'否，泰'は易(えき)の卦(け)の名称

【痞】pǐ ⊗①ごろつき，不良［地～］土地のごろつき ②腹中にできる硬いしこり

【痞块】pǐkuài [名](漢方で)腹中にできた硬いしこり

【痞子】pǐzi [名]ごろつき，不良

【嚭】pǐ ⊗大きい

【劈】pǐ [動]①分ける，分割する ②ちぎり取る，もぎとる [同][擗] ③足や指の股を裂けるほどに開く
⇨pī

【劈叉】pǐchà [動]〖体〗両足を開いて尻を地面につける，股割りをする

【劈柴】pǐchai/pǐchái [名]たきぎ，薪(まき)〖劈pī～〗薪を割る

【擗】pǐ [動]ちぎり取る，もぎ取る〖～白菜叶子〗白菜の葉をはがす
⊗(悲しみで) 胸を手で打つ［～踊顿足］胸をたたき地団太を踏む

【癖】pǐ ⊗病的なほどのくせ

【癖好】pǐhào [名](のめり込んでいる)趣味，愛好

【癖性】pǐxìng [名](個人の)愛好，性癖

【屁】pì [名]屁(へ)，おなら〖放～〗屁をひる
⊗①尻(しり)［拍马～］へつらう［～眼］尻の穴 ②下らぬ(もの)，取るに足らぬ(こと)［～事］ほんのささいな事柄

★【屁股】pìgu [名]①《口》尻［～眼］尻の穴 ②(動物の)尻 ③《転》物の末端，端っこ［报～］新聞のべた記事

【屁股蹲儿】pìgudūnr [名]《方》尻もち〖摔了个～〗尻もちをつく

【屁滚尿流】pì gǔn niào liú《成》あわてふためくさま

【屁话】pìhuà [名]ばかげた言い草，ろくでもない話

【睥】pì ⊗以下を見よ

【睥睨】pìnì [動]《書》睥睨(へいげい)する，横目で見る(ながら形勢をうかがう)

【媲】pì ⊗比肩する，匹敵する

【媲美】pìměi [動]美しさを競う，同じように素晴らしい〖与名牌货相～〗ブランド品にひけを取らない

【辟(闢)】pì [動]開拓する，開始する〖新～了一块菜地〗新たに野菜畑を作った［开～］切り開く
⊗①(デマや邪説を) 排除する，退ける ②理解の深い，洞察の鋭い

【—】⊗刑法［大～］《書》死刑
⇨bì, pī

【辟谣】pì'yáo [動]デマを退ける，中傷に論駁する

【僻】pì ⊗①人里離れた，辺鄙(ぴ)な［偏～］辺鄙な ②偏屈な，一風変わった［性～］偏屈な ③(主に文字が)めったにない，珍しい［～字］珍しい文字

【僻静】pìjìng [形]辺鄙な，人けのない

【僻壤】pìrǎng [名]辺鄙な所，僻地 [同][僻地]

【䴙(鷿)】pì ⊗［～䴘 tī］〖鳥〗カイツブリ

【譬】pì ⊗たとえ，比喩

★【譬如】pìrú [動]①(例を挙げて) 例える([同][例如][比如])〖～茅盾、巴金〗例えば茅盾，巴金は〖～说吧〗例を挙げよう ②(比喩を示して仮定する)例えば…だとする，仮に…だとする([同][比如])〖～我是猴子〗例えば私が猿だとして

【譬喻】pìyù [名]比喩，たとえ([同][比喻])〖打个～〗たとえ話をする

【片】piān ⊗フィルム，写真など［大～(儿)］大作映画
⇨piàn

【片儿】piānr [名]平たく薄いもの

【片子】piānzi [名]〔部〕①映画フィルム，映画〖换～〗上映映画が変わる ②〖医〗X線フィルム〖拍～〗X線写真を撮る ③〔张〕レコード [同][唱片]
⇨piànzi

【扁】piān ⊗小さな［～舟］小船
⇨biǎn

【偏】piān [動]①傾く，横を向く〖～过头去〗そっぽを向く〖中间～右〗中央の右寄り ②《挨》〘多く'了'を伴って〙先に食事等を済ませる〖我～过了，…〗お先に済ませましたから… ─[形]①偏った，偏向した ②傾いた，ずれた [反][正] ─[副](我(が)を張って)どうしても，あくまで([同][偏偏])〖干吗～问他〗何だってわざわざあいつに尋ねるんだ(他に人はいるのに)

【偏爱】piān'ài [動]偏愛する，えこひ

P

いきする [反][博爱]

*【偏差】piānchā [名] ① ずれ，誤差〖～减为一毫米〗誤差が1ミリに減る ② 仕事上の偏向，行き過ぎ〖出～〗偏向を生じる

【偏待】piāndài [動] 一方だけを優遇する，えこひいきの待遇をする

【偏方】piānfāng [名]（～儿）漢方薬の民間処方

【偏废】piānfèi [動] 一事のみを重んじて他をおろそかにする

【偏护】piānhù [動] えこひいきする

【偏激】piānjī [形]（意見などが）過激な，極端な [同][过火]

*【偏见】piānjiàn [名] 偏見，偏った考え（[同][成见]）〖抱～〗偏見を抱く

【偏枯】piānkū [動]〖医〗（漢方で）半身不随となる — [形]《転》（発展などが）均衡を欠いた，偏った

【偏劳】piānláo [動]《挨》お手数を掛ける，ご苦労をお掛けする（人に用事を頼んだり礼を言う時に用いる）〖请你～吧〗お手数ですがお願いします

【偏离】piānlí [動] 逸脱する，ずれる〖～航向〗針路をそれる

【偏门】piānmén [名] ① 通用門，わき門 [同][旁门] ② 不正なルート，コネ

【偏旁】piānpáng [名]（～儿）漢字の偏(へん)と旁(つくり)

*【偏僻】piānpì [形] 辺鄙(へんぴ)な，人里離れた

*【偏偏】piānpiān [副] ①（我を張って）あくまで，どうしても ② あいにく，折りあしく〖～我出差了〗あいにく私は出張していた ③（よりによって）…だけ〖为什么～你不来？〗どうして肝心の君が来ないんだ

【偏颇】piānpō [形]《書》一方に偏した，公平を欠いた [反][公正]

【偏巧】piānqiǎo [副] ① 折よく，うまい具合に（[同][恰巧]）〖～他来了〗（彼を捜しているところへ）ちょうど彼が来た ② あいにく，折り悪しく（[同][偏偏]）〖刚要出门，～下雨了〗出掛けようとしたとき，あいにくの雨が降ってきた

【偏衫】piānshān [名] 袈裟(けさ)

【偏食】piānshí [名] ①〖天〗部分日食，部分月食の総称［月～］部分月食 ② 偏食

【偏瘫】piāntān [動]〖医〗半身不随となる [同][半身不遂 suí]

【偏听偏信】piān tīng piān xìn《成》一方の言い分ばかりを鵜呑みにする

【偏狭】piānxiá [形] 偏狭な，了見の狭い [反][宽容]

【偏向】piānxiàng [名]（政策などの）偏向，（仕事での）偏重〖纠正～〗偏向を正す — [動] えこひいきする〖～自己的儿子〗自分の息子の肩を持つ

【偏心】piānxīn [動] えこひいきする〖对他～〗彼にひいきする

【偏远】piānyuǎn [形] 辺鄙(へんぴ)で遠い

【偏振光】piānzhènguāng [名]〖理〗偏光（[同][偏光]）［～显微镜］偏光顕微鏡

【偏执】piānzhí [形] 偏狭で頑固な

【偏重】piānzhòng [動] 偏重する

【偏转】piānzhuǎn [動]〖理〗（磁針計器の針が）ぶれる，揺れる

〖犏〗 piān ⊗ 以下を見よ

【犏牛】piānniú [名]‘黄牛’（赤牛）の雄と‘牦牛’（ヤク）の雌との雑種 ♦ヤクより従順で，赤牛より力が強い

〖篇〗 piān [名] ① 篇(へん)，ひとまとまりの文章 ②（～儿）とじていない紙片で，文字などが記されているもの［单～儿讲义］1枚のプリント教材 — [量]（～儿）文章，紙，本の1枚（2ページ）を数える〖三～小说〗3編の小説

【篇幅】piānfu/piānfú [名] ① 文章の長さ，記事の分量〖你的论文～太长〗君の論文は長すぎる ② 本や雑誌のスペース〖节省～〗紙面を節約する

【篇目】piānmù [名] ① 掲載された文章の題目，篇の題名 ② 題目の目録，目次

【篇章】piānzhāng [名] ① 篇と章，文章 ②《転》歴史的な事業〖写下灿烂的～〗（歴史に）輝かしい1ページを書き加える

〖翩〗 piān ⊗ 速く飛ぶ

【翩翩】piānpiān [形] ① ステップも軽やかな，（鳥などが）ひらひらと舞う ②《書》（青年の）立居振舞いが垢(あか)抜けした，挙措(きょそ)の落ち着いた

【翩然】piānrán [形]《書》足取りの軽やかな，動きが軽快な

〖骈（駢）〗 pián ⊗ 並列の，対(つい)になった［～句］対句

【骈俪】piánlì [名] 文章の対偶句法，駢儷(べんれい)

【骈体】piántǐ [名] 文章に対偶句法を用いた文体（[反][散体]）［～文］四六駢儷文

【骈文】piánwén [名] 四六駢儷文

【骈枝】piánzhī [名]《書》‘骈拇’（親指と第2指がくっついた足）や‘枝指’（6本の指がある手）

〖胼〗 pián ⊗ 以下を見よ

【胼胝（跰胝）】piánzhī [名]（手足にできる）たこ（[同][趼子]）〖磨起～〗たこができる

〖便〗 pián ⊗ 以下を見よ ⇨biàn

**【便宜】piányi [形] 値が安い（[同][贱] [反][贵]）［～货］安物 — [名] けちな

利益,小ずるい得〚占～〛甘い汁を吸う 一動 見逃してやる,得をさせる〚这次～了你〛今度は勘弁してやる
⇨biànyí

【梗】pián ⊗人名用字

【踾】pián ⊗足取りがふらついた,千鳥足の

【踾跹】piánxiān 形《書》くるくると舞う,《踊る姿の》軽やかな

【片】piàn 名①(～儿)平たく薄いもの〚明信～儿〛はがき ②(～儿)大きな地区を区切った小地区 一動(肉なとを)薄切りにする,スライスする〚～鱼片儿〛魚を薄切りにする 一量①平たく薄いものを数える〚一～树叶〛ひとひらの木の葉〚三～儿药〛丸薬3錠 ②広く広がった土地や水に用いる〚一～荒地〛一面の荒れ地 ③情景,音声,気持ちに用いる〚四周一～沉寂〛あたりは静まりかえっている ⊗不完全な,わずかな〚只zhī言一语〛片言隻語
⇨piān
【片段(片断)】piànduàn 名《文章,生活の》一こま,一段落
*【片断】piànduàn 形《定語として》こまごまとした
*【片刻】piànkè 名 わずかな時間,ひととき(⇦[片时])〚休息～〛ひと息入れる
*【片面】piànmiàn 形①一方の,一方的な〚～之词〛一方的な言い分 ②偏った,一面的な(⇦[全面])〚～的看法〛一面的な見方
【片儿警】piànrjǐng 名 おまわりさん
【片儿汤】piànrtāng 名 小麦粉をこねたものを小さな薄片に切ってゆで,汁といっしょに食べる料理
【片时】piànshí 名 ⇦[片刻]
【片瓦无存】piàn wǎ wú cún《成》(まともな瓦が一枚も残らぬ>)家屋が全壊する
【片言】piànyán 名 わずかな言葉,片言〚～九鼎〛一言が千鈞の重みを持つ
【片纸只字】piàn zhǐ zhī zì《成》文書の切れ端,小さなメモや手紙など(⇦[片言只字])
【片子】piànzi 名①平たく薄いもの〚铁～〛鉄片 ②名刺(⇦[名片])
⇨piānzi

【骗】(騙) piàn 動①だます,ぺてんにかける〚受～〛だまされる ②だまし取る,詐取する〚了他五只鸡〛彼から鶏を5羽だまし取る〚～取〛だまし取る
【骗局】piànjú 名 詐欺,ぺてん〚揭穿～〛ぺてんを暴く
【骗术】piànshù 名 詐欺,だまし〚施行～〛詐欺を仕組む
【骗子】piànzi 名 詐欺師,ぺてん師(⇦《方》[骗子手])

【剽】piāo 動①奪う,略奪する ②機敏な,敏捷な
【剽悍(慓悍)】piāohàn 形 敏捷で荒々しい,剽悍な
【剽窃】piāoqiè 動 他人の文章を盗用する,剽窃する

【漂】piāo 動 水に浮ぶ,漂う〚一洋过海〛海を隔てた遠い異国に行く
⇨piǎo, piào
【漂泊(飘泊)】piāobó 動 流浪する,さすらう
*【漂浮(飘浮)】piāofú 動(水に)浮ぶ,ただよう 一形(仕事振りが)浮ついた,頼りない
【漂流(飘流)】piāoliú ①漂流する,水に漂う ②⇦[漂泊]
【漂移】piāoyí 動 水に漂う

【飘】(飄*飃) piāo 動 風にたなびく,ひらひら舞う〚外面一着小雪〛外は雪が散らついている
【飘尘】piāochén 名 浮遊塵芥ふん,大気中のほこり〚～污染〛塵芥による大気汚染
【飘荡】piāodàng ①風にたなびく,流れにただよう(⇦[飘动])〚迎风～〛風にたなびく ②さすらう,さまよう(⇦[漂泊])
【飘忽】piāohū 動①(風や雲が)流れてゆく ②揺れ動く,漂う〚～不定〛ゆらゆら漂う
【飘零】piāolíng 動①(花びらなどが)ひらひら落ちる,散る ②うらぶれさまよう,失意のままさすらう〚～外乡〛異郷をさすらう
【飘渺(缥缈)】piāomiǎo 形 ほんやりとかすかな,有無がはっきりしない
【飘飘然】piāopiāorán 形《貶》いい気の,有頂天の〚夸他几句,他就～了〛ちょっとほめたら彼は有頂天になった
【飘然】piāorán 形 ひらひらした,風に浮よぶうな〚～而下〛ゆったりと下りてくる
【飘洒】piāosǎ 風に舞う,空を舞う 一形 振舞いが自然な,洒脱だっな
【飘散】piāosàn 動(気体や香りが)ただよう,風に乗って広がる
【飘舞】piāowǔ 動 風になびく,そよぐ(⇦[飘曳])
*【飘扬(飘颺)】piāoyáng 動 空にはためく,風にひるがえる
【飘摇(飘飖)】piāoyáo 動 風に揺れる,風になびく
【飘溢】piāoyì 動(香りなどが)一面に漂う,満ちあふれる

【飘逸】piāoyì [形] 飘逸ひょういつな, 洒脱な — [動] 風に散る, 漂う

〖螵〗 piāo ⊗ [～蛸 xiāo] カマキリの卵

〖朴〗 piáo ⊗ 姓
⇨ pō, pò, pǔ

【嫖（*闞）】 piáo [動] 妓女ぎじょと遊ぶ, 女郎買いをする 〚～妓女〛 同前 [～客] 遊廓で遊ぶ男

【瓢】 piáo [名] (～儿) ひしゃく (フクベや木で作る)

【瓢虫】piáochóng [名]〔只〕テントウ虫

【瓢泼】piáopō [形] 土砂降りの, 車軸を流す 〚～大雨〛 土砂降りの雨

〖殍〗 piǎo ⊗ [饿～]《書》餓死した人

【漂】 piǎo [動] ① さらす, 漂白する [～白] 漂白する ② 水ですすぐ, ゆすぐ [～洗] すすぎ洗いをする
⇨ piāo, piào

〖缥（縹）〗 piǎo ⊗ 薄い藍色 ♦'缥缈' (ぼんやりとかすかな) は piāomiǎo と発音

【瞟】 piǎo [動] 横目で見る

【票】 piào [名]〔张〕 ① 切符や証書の類 [支～] 小切手 [车～] 乗車券 [股～] 株券 [邮～] 郵便切手 ② (～儿) 紙幣, 通貨 [零～儿] 小額紙幣 ③ (～儿) 誘拐された人質 [绑～儿] 金銭目的の人さらい ④ (投票の) 票 〚投反对～〛 反対票を投じる — [量]《方》取り引きを数える 〚一～生意〛 1回の取り引き
⊗ (京劇など伝統劇の) 素人芝居

【票额】piào'é [名] 額面金額

【票贩子】piàofànzi [名] ダフ屋

【票房】piàofáng [名] ① (～儿)《口》(劇場, 駅などの) 切符売場 ② (～儿)《旧》素人芝居の稽古場

【票匪】piàofěi [名] 金銭目当ての誘拐犯 [同] [绑匪]

【票根】piàogēn [名] 小切手や領収証などの控え, 入場券などの半券

【票价】piàojià [名] (鉄道, 劇場などの) 切符代金, 入場料

【票据】piàojù [名]〔张〕 ① 小切手, 手形など ② 領収書, 貨物などの控え伝票

【票面】piàomiàn [名] 紙幣や証券などに記された金額, 額面金額 〚小～的钱〛 小額紙幣

【票戏】piàoxì [名] '票友' による芝居

【票友】piàoyǒu [名] 素人で自ら演じる芝居好き, 素人役者

【票子】piàozi [名]〔张·叠〕紙幣, 札さつ

【漂】 piào [動]《方》おじゃんになる, お流れになる
⇨ piāo, piǎo

★【漂亮】piàoliang [形] ① 美しい, きれいな 〚衣服穿得很～〛 服がいかにも美しい ② (行為や技が) 見事な, 鮮やかな 〚字写得很～〛 字が実に見事だ

〖骠（驃）〗 piào ⊗ ① (馬が) 速い, 飛ぶような ② 勇ましい, 勇壮な [～勇] 勇敢な ♦'黄骠马' (栗毛ぶちの馬) は huángbiāomǎ と発音

【撇】 piē [動] ① 捨て去る, 放置する 〚～下妻子儿女〛 妻子を捨てて顧みない ② 液体の表面をすくう 〚～去泡沫 pàomò〛 泡をすくいとる
⇨ piě

【撇开】piēkai/piēkāi [動] 捨て置く, 差し置く 〚先～这个问题〛 この問題はあと回しにしよう 〚撇不开〛 捨て置けない

【撇弃】piēqì [動] 投げ捨てる, 放りだす 〚～家庭〛 家庭を捨てて顧みない

【瞥】 piē [動] ちらりと見る, 視線を投げる 〚～了我一眼〛 私をちらっと見た

【瞥见】piējiàn [動] ちらりと見掛ける, ふと目に入る 〚在机场～了他〛 空港で彼を見掛けた

〖苤〗 piě ⊗ 以下を見よ

【苤蓝】piělan [名]〚植〛コールラビ, キュウケイカンラン (特にその茎は食用) [酱～] 同前の茎の漬物

【撇】 piě [名] 漢字の左へはらう筆形《ノ》 — [動] 力いっぱい (前方に) 投げる — [量] (～儿) 漢字のはねに似た形のもの, ひげなどに用いる 〚两～儿黑胡子〛 2本の黒ひげ
⇨ piē

【撇嘴】piě'zuǐ [動] 口をへの字にする

【拼（*拚）】 pīn [動] ① 一まとめにする, 寄せ集める [七～八凑] あれこれ寄せ集める ② 死に物狂いに行う, 懸命になる 〚我跟他～了〛 あいつとはとことん争うぞ

【拼板】pīn'bǎn [動] 組版する, 製版する

★【拼搏】pīnbó [動] 必死に戦う

【拼刺】pīncì [動] ①〚軍〛(訓練で) 木銃で突き合う ② 白兵戦を演じる, 銃剣で死闘する

【拼凑】pīncòu [動] 寄せ集める, 一つにまとめる 〚～一笔款子〛 金をかき集める

★【拼命】pīn'mìng [動] 命を投げ出す, 命がけで取り組む 〚～救出孩子〛 必死で子供を救い出す — [副] 一所懸命に, 精魂込めて 〚～用功〛 必死に勉強する

P

【拼盘】pīnpán [名]（～儿）前菜，オードブル
【拼死】pīnsǐ [動] 命をかける，死に物狂いでやる『～干活』必死で働く［～拼活］死に物狂いで
【拼写】pīnxiě [動]‘拼音’で発音を記す
【拼音】pīnyīn [動] 子音や母音を組み合わせて音節につづる［～字母］アルファベットなどによる表音文字，特に現行の中国式表音ローマ字

〖姘〗 pīn ⊗ 男女が野合する，同棲する
【姘居】pīnjū [動] 同棲する，内縁の暮らしをする
【姘头】pīntou [名] 内縁関係の男女，あるいは，その一方

【贫(貧)】 pín [形]《方》話がくどい『他的嘴真～』あの人は本当に話がくどい
⊗① 貧しい [反]‘富’ ② 足りない，乏しい
*【贫乏】pínfá [形] ① 貧しい，貧乏な ② 足りない，乏しい [反][丰富]
【贫寒】pínhán [形] 貧しい，困窮した
【贫瘠】pínjí [形] 土地がやせた，地味の乏しい［～地］やせ地
【贫贱】pínjiàn [形] 貧しく地位が低い『～之交』貧乏時代の仲間
【贫苦】pínkǔ [形] 貧しい，貧乏な
*【贫困】pínkùn [形] 貧しい，窮迫した
【贫民】pínmín [名] 貧民［～窟］スラム
【贫农】pínnóng [名] 小作農，貧農
【贫穷】pínqióng [形] 貧しい，困窮した [同][贫困] [反][富裕]
【贫弱】pínruò [形]（国家や民族が）衰えた，活力のない [反][富强]
【贫下中农】pín-xiàzhōngnóng [名]‘贫农’と‘下中农’を合わせた呼称，すなわち解放前に貧農，下層中農であった人々 ♦解放後の土地改革の際に各世帯の所属区分を決めた
【贫血】pínxuè [名] 貧血『患～』貧血を患う［脑～］脳貧血
【贫嘴】pínzuǐ [形] 減らず口の好きな，口数の多い『耍～』減らず口をたたく『斗 dòu ～』同前
【贫嘴薄舌】pín zuǐ bó shé《成》やたら憎まれ口をたたく，いやがらせを言う [同][贫嘴贱舌]

〖频(頻)〗 pín ⊗① 振動数，周波数［声～］可聴周波数 ② しきりに，頻繁に［～发］頻発する
【频次】píncì [名] 頻度
**【频道】píndào [名] テレビのチャンネル
*【频繁】pínfán [形] 頻繁な
*【频率】pínlǜ [名] ①『理』周波数（[同][周率]）② 頻度『～高』頻度が高い
【频频】pínpín [副] 頻繁に，しきりに

〖蘋(蘋)〗 pín ⊗ 水草の一種

〖颦(顰)〗 pín ⊗ 眉をひそめる［效～］《書》颦(ひそ)みにならう
【颦蹙】píncù [動]《書》（愁いのために）眉をひそめる，眉根をとざす

〖嫔(嬪)〗 pín ⊗① 宮廷の女官 ② 皇帝の側室

【品】 pǐn [動] ① 優劣を見分ける，品評する『～茶』茶の品定めをする ②《書》管楽器（主に簫(しょう)）を吹く
⊗① 物品，製品［产～］製品 ② 等級，ランク［上～］上等 ③ 性質，品性［人～］人柄 ④ 種類 ⑤（P-）姓
*【品尝】pǐncháng [動] 味をよく吟味する，しっかり味わう [同][品味]
*【品德】pǐndé [名] 品性，人格『培养～』品性を高める
【品格】pǐngé [名] ① 品格，品行 ② 文学，芸術作品の質，作風『～高雅（粗俗）』上品な（品のない）作品だ
【品红】pǐnhóng [形]〘多く定語として〙やや薄い赤色の
【品级】pǐnjí [名] ① 王朝時代の官吏の位階 ② 製品，商品の等級，グレード
【品酒】pǐn'jiǔ [動] 利き酒をする，酒の味を鑑定する
【品蓝】pǐnlán [形]〘多く定語として〙やや赤みがかった青色の
【品类】pǐnlèi [名] 種類，部類
【品绿】pǐnlǜ [形]〘多く定語として〙新緑の，草色の
【品貌】pǐnmào [名] ① 容貌『～端正』整った顔をしている ② 人品骨柄(こつがら)，人柄と容貌
【品名】pǐnmíng [名] 物品の名称，品名
【品牌】pǐnpái [名] ブランド（品）
【品评】pǐnpíng [動] 品定めする，品評する
【品头论足】pǐn tóu lùn zú《成》（[同][评头论足]）① 女性の容姿について品定めをする ② ささいなことにもけちをつける，粗探しをする
【品位】pǐnwèi [名]『鉱』品位
【品味】pǐnwèi [動] [同][品尝]
*【品行】pǐnxíng [名] 品行，行い『～端正（恶劣）』品行方正（不良）
【品性】pǐnxìng [名] 人格，品性『陶冶～』品性をみがく
【品月】pǐnyuè [形]〘多く定語として〙薄青色の
*【品质】pǐnzhì [名] ① 人の資質，品性『政治～』政治的資質 ② 商品の質，品質『提高～』質を高める
**【品种】pǐnzhǒng [名] ① 植物，家畜

P

などの品種 ②銘柄, 種類

【牝】pìn ⊗鳥獣の雌ﾒｽ(⇔'牡') [～牛] 雌牛

【牝鶏司晨】pìn jī sī chén《成》(牝鶏ﾋﾝｹｲ時を告ぐる>) 女が天下を取る 囫[母鶏报晓]

【聘】pìn 動①招く, 招聘ｼｮｳﾍｲする [～他为顾问] 彼を顧問に招く [待～] 採用を待つ ②《口》嫁にゆく, 嫁がせる [～姑娘] 娘を嫁がせる ③婚約する, 縁組を決める [定～] 正式に婚約する ⊗使節として友好国を訪問する

【聘请】pìnqǐng 動招聘する [～他当经济顾问] 彼を経済顧問に迎える

【聘用】pìnyòng 動招聘任用する

【乓】pīng 擬ぽん, ぱん, さく裂する音 ⊗卓球, ピンポン [～赛] 卓球の試合 [～坛] 卓球界

【乒乓】pīngpāng 图卓球, ピンポン — 擬ぽんぽん, ぱんぱん

*【乒乓球】pīngpāngqiú 图①卓球, ピンポン [打～] 卓球をする [～台] 卓球台 ②ピンポンの球

【娉】pīng ⊗以下を見よ

【娉婷】pīngtíng 形《書》(婦人の姿や振舞いが)優雅な, 美しい

【平】píng 形 — 動①平らな, 平坦な — 動①平坦にする, 平たくする ②同じ高さに達する, 優劣がなくなる [～亚洲记录] アジアタイ記録を出す ③怒りを抑える, 感情を静める ⊗①同点, 引き分け [打成三～] 3対3になる ②《古漢語の》平声ﾋﾖｳｼｮｳ (武力で) 平定する, 鎮圧する [扫～] 平定する ④公平な, 偏りのない ⑤落ち着いた, 平穏な [和～] 平和な ⑥普通の, 一般的な

【平安】píng'ān 形安らかな, 平穏無事な [一路～] (挨)道中御無事で

【平板】píngbǎn 形平板な, 単調な — 图《機》平板, プレート

【平板电脑】píngbǎn diànnǎo 图タブレット端末

【平辈】píngbèi 图自分と系図上の世代が同じ親戚(いとこなど)

【平步青云】píng bù qīng yún《成》一足跳びに高い地位を得る 囫[平步登天]

【平产】píngchǎn 動平年並みの収穫をあげる

*【平常】píngcháng 图ふだん, 平時 [～很少用] ふだんほとんど使わない — 形ありふれた, 普通の

【平川】píngchuān 图平野, 平地 囫[平川地]

【平淡】píngdàn 形(事物, 文章が)平凡な, 変哲のない [～无味] 味もそっけもない

*【平等】píngděng 形平等な [～互利] 平等互恵

【平地】píngdì 图①平地, 平坦な地域 ②何事もない所, 平穏な場所 [～风波] 平地に乱を起こす
—— píng'dì 動土地を平らにする

【平定】píngdìng 動①落ち着く, 静まる ②反乱を鎮める, 平定する 囫[平息]

*【平凡】píngfán 形平凡な, ありふれた 囵[不凡]

【平反】píngfǎn 動(多く個人に対する)誤った政治的決定や冤ｴﾝ罪を正し名誉を回復する ◆例えば右派分子, 反革命分子などの判定についていう

【平方】píngfāng 图《数》平方, 2乗 [～米] 平方メートル [～根] 平方根

【平房】píngfáng 图①平屋, 1階建ての建物 ②《方》[平屋] ②《方》平屋根の家

【平分】píngfēn 動均等に分配する, 平等に分ける

【平分秋色】píngfēn qiūsè《成》(秋の景色を平等に分ける>) 折半する

【平复】píngfù 動①落ち着きを取り戻す, 平穏に戻る ②病気やけがが治る, 回復する

【平光】píngguāng 形(眼鏡, レンズが)度のない, 素通しの

【平和】pínghé 形①(性格が) 温和な, おとなしい ②(薬物の) 作用が穏やかな, 刺激の少ない

【平衡】pínghéng 形バランスのとれた, 均衡を保った [保持～] 平衡を保つ [收支～] 収支のバランスがとれている [～木] (体操の) 平均台 — 動バランスをとらせる

【平滑】pínghuá 形平らで滑らかな

【平话(评话)】pínghuà 图 ◆主に歴史を題材とした語り物で, 宋代に流行した

【平缓】pínghuǎn 形①(地勢が) 平坦な ②(気持ちが) 落ち着いた, (語気が) 穏やかな ③(動きが) 緩やかな, ゆったりとした

【平价】píngjià 图①通常の価格, 公定価格 ②《経》平価 — 動インフレを抑止する, 値上がりを抑える

*【平静】píngjìng 形(動きがなく) 穏やかな, 落ち着いた

【平局】píngjú 图(球技, 碁などの) 引き分け, 互格の勝負 [打成～] 引き分ける

*【平均】píngjūn 動平均する [～值] 平均値 — 形均等な [～发展] 均等に発展する

【平列】píngliè 動(一律に) 並べる, 同列に扱う

【平流层】píngliúcéng 图《天》成層圏 囫[对流层]

【平炉】pínglú [名]〖工〗平炉，マーティン炉 [関][转炉]
【平落】píngluò [動] 物価高が沈静する，通常の値段まで下がる
*【平面】píngmiàn [名] 平面〖～测量〗平面測量［～镜］平面鏡
【平面图】píngmiàntú [名] 平面図，投影図
【平民】píngmín [名] 平民，庶民
【平年】píngnián [名] ① 閏(うるう)年でない年，平年 [関][闰年] ② 収穫量が例年通りの年，平年
【平平】píngpíng [形] 可もなく不可もない，並みの〖成绩～〗成績がパッとしない
【平铺直叙】píng pū zhí xù《成》簡明直截(せつ)に書く(話す)，飾らずストレートに書く(話す)
【平起平坐】píng qǐ píng zuò《成》地位や権力が対等な
【平日】píngrì [名] 平日，ウィークデー [関][节日][假日]
【平生】píngshēng [名] ① 一生，生涯 ② 日常，ふだん〖他～不吃药〗彼はふだん薬を飲まない
【平声】píngshēng [名]〖語〗平声(へいせい) ♦古漢語の四声の一，現在の'普通话'の一声と二声に分化した
**【平时】píngshí [名] ① ふだん，平生(へいぜい) ②(戦時や非常時に対しての)平時
【平时不烧香，临时抱佛脚】píngshí bù shāo xiāng, lín shí bào fójiǎo《俗》(ふだん線香も上げないで，いざとなると仏の足にすがる>) 苦しいときの神頼み
【平手】píngshǒu [名](～儿)引き分け〖打成～〗引き分けに終わる
【平顺】píngshùn [形] 順調な，平穏な
【平素】píngsù [名] 日頃，ふだん
【平台】píngtái [名] ① 屋上の物干台 [同][晒台] ②《方》平屋根の家 [同][平房] ③〖工〗作業台，プラットホーム ④(ある活動を進めるのに必要な)環境・条件
*【平坦】píngtǎn [形](主に地勢が) 平坦な，起伏のない [反][坎坷]
【平头】píngtóu [名](男性の髪型の)角刈り〖留～〗角刈りにする — [形]《方》〔数字の前に置いて〕ぴったりの，端数のない〖～四十岁〗40歳ちょうど
【平头百姓】píngtóu bǎixìng [名] 普通の人々，庶民
【平稳】píngwěn [形] 平穏な，安定した〖物价～〗物価は安定している
【平西】píngxī [動](太陽が)西に傾く
【平昔】píngxī [名] きょうまでの日常，過ぎた日々〖～很少去他家〗平素ほとんど彼の家に行っていない
【平息】píngxī [動] ①(紛争，感情，暴風などが) 静まる，鎮静する ② 武力で鎮める，鎮圧する
【平心而论】píng xīn ér lùn《成》冷静に論ずる，公平に言う
【平心静气】píng xīn jìng qì《成》心穏やかな，冷静な
【平信】píngxìn [名] 普通郵便 [関][挂号信][快信]
*【平行】píngxíng [動] 平行する［～线］平行線 — [形]〔定語として〕① 同等の，対等な［～机关］同格の機関 ② 同時進行の，並行した〖～施工〗同時に施工する
【平野】píngyě [名] 平原，平野
【平抑】píngyì [動] 抑制する，落ち着かせる〖～物价〗物価を安定させる
【平易】píngyì [形] ①(人柄が) 親しみやすい，和やかな ②(文章が) 平易な，わかりやすい
【平易近人】píngyì jìn rén《成》①(人柄が) 和やかで近づきやすい [同][和蔼可亲] ②(文章が)平易でわかりやすい
【平庸】píngyōng [形] 平凡な，凡庸な [反][不凡]
*【平原】píngyuán [名] 平原
【平月】píngyuè [名] 平年の(28日しかない)2月
【平仄】píngzè [名] 平仄(ひょうそく) ♦古漢語における平声と仄声(上声，去声，入声)，また文言詩文の韻律をいう．'普通话'の第1·2声(古入声を除く)が平声，第3·4声が仄声に対応
【平展】píngzhǎn [形] ①(地勢が) 平らで広い ② しわのない，平らに広がった
【平整】píngzhěng [動] 整地する，平らにする〖～土地〗地ならしする — [形](形が) きっちり整った，(土地が)きれいに整地された
【平正】píngzheng [形] 歪(ゆが)みのない，整然とした
【平装】píngzhuāng [名](書籍の) 紙装，ペーパーバック([関][精装])［～本］ペーパーバックの書籍

【评(評)】

píng [動] ① 評定する，判定する〖你来～～谁写得好〗誰の文章がよく書けているか判定してくれよ ② 評論する，批評する［短～］寸評
【评比】píngbǐ [動](比較して優劣を) 判定する，評定する〖～技术〗技術を評定する
【评定】píngdìng [動](審査して優劣を)査定する，評定する〖～级别〗ランクを評定する
【评断】píngduàn [動](検討して) 判断する，決着をつける
【评分】píng'fēn [動](～儿)(仕事，学習，運動等の成績に) 点をつける，採点する〖给试卷～〗試験の答案を採点する — [名] 点数
【评工】píng'gōng [動] 労働点数をつける，仕事を点数で評価する ♦特に

P

【评功】píng'gōng 功績を評定する〖～授奨〗勲功を評定して表彰する
*【评估】pínggū 動評価する
【评话】pínghuà 图①⇨[平话] ②大衆芸能の一で，方言による講釈
【评级】píngjí 動(給料，待遇などの)等級を査定する
*【评价】píngjià 图評価〖对作品中的人物给以很高的～〗作中人物に高い評価を与える —動 値踏みする，評価する
【评奖】píng'jiǎng 動(評定を経て)表彰する
【评介】píngjiè 動批評を書いて紹介する〖新书～〗新刊書評
【评剧】píngjù 图 評劇》(華北，東北で行われる地方劇) ⇨[评戏]
【评理】pínglǐ 動 どちらが正しいか判定する，是非を決める
*【评论】pínglùn 图動 論評(する)，評論(する)〖不加～〗論評を加えない〖写～〗評論を書く
【评判】píngpàn 動(勝敗，優劣を)判定する，審査する〖～员〗審判(査)員
【评书】píngshū 图 主に歴史を題材とした語り物，講談〖表演～〗講談を語る
【评弹】píngtán 图①江蘇，浙江省一帯で盛んな語り物(歌と語りを合わせ持つ) ②'评话'と'弹词'の合称; ⇨[弹词]
【评头论足】píng tóu lùn zú〈成〉婦人の品定めをする，取るに足らぬ粗を探す ⇨[品头论足][评头品足]
【评选】píngxuǎn 動 比較評定して選抜する〖被～为最佳九人〗ベストナインに選ばれる
【评议】píngyì 動 協議のうえ評定する〖请大家～一下〗皆さんで評定していただきましょう
【评语】píngyǔ 图 評語，コメント〖作简短的～〗寸評を述べる
【评阅】píngyuè 動(答案や作品を)読んで評価する，判定する
【评注】píngzhù 動 批評と注釈を加える〖～杜诗〗杜甫の詩に評注を加える
【评传】píngzhuàn 图〔篇〕評伝

【坪】píng ⊗平地(もともと山間部や黄土高原の平地をいい，多く地名に用いる)〖草～〗芝生〖停机～〗(空港の)駐機場
【坪坝】píngbà 图〔方〕平坦な空地

【苹】(蘋) píng ⊗以下を見よ
*【苹果】píngguǒ 图 リンゴ〖～酱〗リンゴジャム〖～树〗リンゴの木

【萍】(*蓱) píng 图〖植〗ウキクサ〖浮～〗同前
【萍水相逢】píng shuǐ xiāng féng〈成〉(浮き草が漂いつつ触れ合う>)偶然に見ず知らずの者が出会う
【萍踪】píngzōng 图〔書〕浮き草の足取り(行方定めぬことの比喩)〖～无定〗定めなくさすらう

【鲆】(鮃) píng ⊗〖魚〗ヒラメ〖牙～〗同前

【冯】(馮) píng ⊗→〖暴虎～河 bào hǔ píng hé〗
⇨Féng

【凭】(憑*凴) píng 動①寄りかかる，もたれる ②頼る，すがる〖只～双手来办〗2本の腕だけを頼りに行う —介 …を根拠として，…に基づいて〖～常识判断〗常識で判断する〖就～着这一点线索…〗このささいな手掛かりから… ◆後続の名詞が比較的長い時は，'着'をつけてもよい —匯〔必ず疑問詞を伴って〕例え…でも，どんなに…でも(⇨[任凭])〖～我怎样说动…〗私がどんなに言って聞かせても
⊗証拠，証明〖口说不足为～〗口先の言葉だけでは当てにならない〖文～〗卒業証書
【凭单】píngdān 图証書，引き換え伝票〖支付～〗支払い伝票
【凭吊】píngdiào 動(遺跡，墓の前で故人や往時を)しのぶ，慰霊する〖～古战场〗古戦場で往時をしのぶ
【凭借】píngjiè 動 依存する，頼る(⇨[依靠])〖～想象力〗想像力に頼る
【凭据】píngjù 图 証拠品，証明となる物(⇨[证据])〖拿出～〗証拠を示す
【凭空(平空)】píngkōng 副 根拠もなしに〖～怀疑〗訳もなく疑う
【凭眺】píngtiào 動(高みから)遠くを眺める，遠くの景色に見入る
【凭险】píngxiǎn 動 要害の地に頼る，天険を頼みとする
【凭信】píngxìn 動 信じる，信頼する〖不足～〗信ずるに足らぬ
【凭依】píngyī 動 基づく，根拠とする〖无所～〗根拠がない
【凭仗】píngzhàng 動 頼みとする，依拠する〖～权势〗権勢をかさに着る
【凭照】píngzhào 图 鑑札，免許証
【凭证】píngzhèng 图〔张〕証拠書類，証明書

【屏】 píng 图〔～儿〕組になった縦長の掛物(一般に4枚で1組)
⊗①屏風，衝立〖画～〗絵屏風 ②さえぎる
⇨bǐng

【屏蔽】píngbì [名] ① [同][屏障] ② 〚電〛遮蔽(しゃへい), シールド ━ [動] (山や島が一地方を) 障壁となって守る, さえぎって守る 〚~着这一带地方〛この地域を守っている

【屏风】píngfēng [名] 屏風, 衝立 〚四扇~〛四曲屏風 〚竖起~〛衝立を立てる

【屏极】píngjí [名] 〚電〛プレート

【屏门】píngmén [名] (伝統的な構造の屋敷で) '正院' と '跨院' をつなぐ門(4枚の門扉から成る)

【屏幕】píngmù [名] スクリーン, ブラウン管画面 〚电视~〛テレビ画面 〚在~上放映〛銀幕に映写する

【屏条】píngtiáo [名] (~儿) 組になった縦長の掛物(一般に4枚で1組)

*【屏障】píngzhàng [名]《書》防壁や障壁(となる) 〚筑起~〛障壁を築く

【瓶(*缾)】píng [名] (~儿) びん, ボトル [花~儿] 花びん [~装] びん詰めの ━ [量] びんが容器になっている物を数える 〚三~威士忌酒〛ウイスキー3本

【瓶颈】píngjǐng [名] (物事の障害となる) ネック

**【瓶子】píngzi [名] びん, ボトル

【朴】pō ⊗ 以下を見よ
⇨piáo, pò, pǔ

【朴刀】pōdāo [名] 朴刀(ぼくとう) ♦昔の刀の一, 柄(つか)が長くてやや薙刀(なぎなた)に似る

【泊】pō ⊗ 湖 (多く湖名に使う) ♦'泺' と書くことも [湖~] 湖 [梁山~] 梁山泊(りょうざんぱく) (水滸伝で名高い山東省の昔の湖)
⇨bó

【坡】pō [名] (~儿) 〔道〕坂道, 斜面 〚上~〛坂をのぼる ━ [形] 傾いた, 勾配(こうばい)のついた

【坡地】pōdì [名] 傾斜地の畑 ([同][坡田]) 〚把~变成梯田〛斜面の畑を段々畑にする

【坡度】pōdù [名] 勾配, 傾斜率 〚~大(小)〛勾配が大きい(小さい)

【颇(頗)】pō ⊗ ① 非常に, きわめて 〚~不以为然〛大いに異議がある ② 偏った, 不公平な [偏~] 偏った

【颇为】pōwéi [副] 大いに, 甚だ 〚~重要〛きわめて重要である

【泼(潑)】pō [動] (水などを) まく, ぶちまける 〚~水〛水をまく ━ [形]《方》気迫のこもった, やる気十分の
⊗ 道理をわきまえない, 手に負えない [撒~] むちゃをする

【泼妇】pōfù [名] じゃじゃ馬, 口やかましい女 [~骂街] あばずれ女のように人なかで口汚くののしる

【泼剌】pōlà [擬] ぱちゃん(魚が水面ではねる音) 〚鱼~地踏出水面〛魚が水面にぱちゃんとはねあがった

【泼辣】pōlà [形] ① あばずれでむちゃをする, 手に負えない ② 気迫のこもった, 溌剌(はつらつ)とした 〚她工作很~〛彼女は生き生きと働いている ③ (文章が) 力強い, 辛辣(しんらつ)な 〚文章写得很~〛なかなか鋭い文章だ

【泼冷水】pō lěngshuǐ [動] 水をさす, 冷や水をぶっかける 〚给他的热情~〛彼のやる気に水を掛ける

【泼墨】pōmò [動] 潑墨(はつぼく)する ♦山水画の技法の一, 筆にたっぷり墨を含ませて物の形を描く

【泼水节】Pōshuǐ Jié [名] 水掛け祭 ♦タイ族などの伝統的な祭り, 陽暦4月, 盛装して水を掛け合う

【泼野】pōyě [形] わがまま放題の, 乱暴な

【婆】pó ⊗ ① 老女, 年とった婦人 [老太~] おばあさん ② (~儿)《旧》特定の仕事をする女性 [收生~] 産婆(さんば) ③ 夫の母親, 姑(しゅうとめ) [公~] 舅(しゅうと)と姑

【婆家】pójia/pójiā [名] 夫の家, 婚家 [同][婆婆家] [反][娘家]

【婆罗门教】Póluóménjiào [名] バラモン教

【婆娘】póniang/póniáng [名]《方》([同][婆姨]) ① 既婚の若い女性, 若い嫁 ② 妻, 女房

【婆婆】pópo [名] ① 姑, 夫の母 [同][婆母] ②《方》父方, 母方の祖母

【婆婆妈妈】pópomāmā [形] (~的) ① 動作がのろくて話がくどい, 下らぬことをくどくど言う ② 涙もろい, 情にもろい

【婆媳】póxí [名] 嫁と姑

【婆姨】póyí [名]《方》[同][婆娘]

【鄱】Pó ⊗ 地名に使う [~阳湖] 江西省の湖

【皤】pó ⊗ ① 白い [~然] (髪や顔色が) 白い ② 大きな(腹)

【叵】pǒ ⊗ …し難い, …できない [~耐] 我慢ならない

【叵测】pǒcè [動]《貶》はかり難い, 窺(うかが)い知れない [居心~] 腹の中で何を企んでいるのかわからぬ

【笸】pǒ ⊗ 以下を見よ

【笸箩】pǒluo [名] 柳の枝や竹で編んだ浅いざる

【朴】pò ⊗ 〚植〛エノキ [~树] 同前
⇨piáo, pō, pǔ

【迫(*廹)】pò [動] 無理に…させる, 強いる 〚为饥寒所~〛飢えと寒さに迫られて
⊗ ① 近づく ② 慌ただしい, 気のせいた [从容不~] 悠々落ち着いている

⇨pǎi
【迫不得已】pò bù dé yǐ《成》やむをえず，どうにも避けるすべがなくて
★【迫不及待】pò bù jí dài《成》寸時の遅れも許されず，寸刻の猶予もならず [同][刻不容缓]
【迫促】pòcù [動]強く促す，(…せよと)突き上げる — [形]切迫した，差し迫った〖呼吸～〗呼吸が早い
★【迫害】pòhài [動](多く政治的に)迫害する〖遭受～〗迫害される
【迫近】pòjìn [動](時間的，空間的に) 間近に迫る，接近する([同][逼近])〖日益～〗日ごと近づく
【迫临】pòlín [動]迫る，接近する
★★【迫切】pòqiè [形]差し迫った，切実な〖～需要粮食〗緊急に食糧を必要としている
【迫使】pòshǐ [動]無理やり…させる〖～他们减价〗彼らを値下げに追い込む
【迫在眉睫】pò zài méi jié《成》焦眉の急にある，緊急を要する

〖珀〗pò ⊗→[琥～ hǔpò]

〖粕〗pò ⊗穀物のかす［糟～］酒かすや豆の搾りかす(下らぬ物の喩えに使う)

〖魄〗pò ⊗①霊魂，たましい［魂～］魂魄［～散魂飞］肝をつぶす ②精神力，気力［落～］落ちぶれる
★【魄力】pòlì [名]精神力，気力

【破】pò [動]①壊れる，破れる〖玻璃杯～了〗コップが壊れた ②壊す，破損する ③切る，割る ④〔結果補語‘成’を伴って〕小銭にくずす〖十元的票子～成十张一元的〗10元札を1元札10枚にくずす ⑤(旧来のものを) 打破する，突破する〖～世界记录〗世界記録を破る ⑥打ち負かす，攻め落とす〖大～敌军〗敵をさんざん打ち破る ⑦(時間，金銭を) 費やす ⑧《口》〔多く‘着’を伴って〕投げ打つ，惜しまず…する〖～着性命…〗命を投げ出して… ⑨真相を明らかにする，暴く〖～密码〗暗号を解読する — [形]①壊れた，おんぼろの ②下らない，安物の〖～电影〗下らない映画
【破案】pò'àn [動]刑事事件を解決する，事件の全容を解明する
【破败】pòbài [動]荒れ果てる，おんぼろになる〖～不堪〗荒れ果てて見る影もない
【破冰船】pòbīngchuán [名]〔艘〕砕氷船
【破财】pò'cái [動](盗難や災害などで)思い掛けぬ損をする
★★【破产】pò'chǎn [動]①破産する，財産すべてを失う〖宣告～〗破産を宣告する ②《貶》失敗する，破局に終わる〖阴谋～了〗陰謀はくずれた
【破除】pòchú [動](悪習や迷信などを) 打破する，排除する〖～情面〗情実を排除する
【破读】pòdú [名]→[读破]
【破费】pòfèi [動]①(金銭を) 費やす([同][破钞])〖叫你～了〗散財させてすみません(ご馳走になった時などのあいさつ) ②(時間を)費やす〖～工夫〗時間を費やす
【破釜沉舟】pò fǔ chén zhōu《成》背水の陣をしく，不退転の決意で取り組む
【破格】pògé [動]規定を踏み越える，決まりを突き破る〖～提拔〗異例の抜擢をする〖～的名额〗定員外の採用枠
★★【破坏】pòhuài [動]①(建造物を) 破壊する，打ち壊す ②抽象的なものを破壊する，傷つける〖～名誉〗名誉を損なう ③(制度，慣習等を) 変革する，打破する ④規約等を破る，背く〖～协定〗協定に違反する ⑤物質の組織や構造を破壊する
【破获】pòhuò [動]事件を解明し犯人を逮捕する，暴露摘発する
【破击】pòjī [動]襲撃し破壊する
【破解】pòjiě [動]①(難問や謎を) 解く，解きあかす ②法術で災いを除く
【破戒】pò'jiè [動]①宗教戒律を破る [反][持戒] ②禁酒禁煙などの誓いを破る
【破镜重圆】pò jìng chóng yuán《成》(割れた鏡がもと通りにつながる>) 夫婦が離散の後に再会する，復縁する
【破旧】pòjiù [形]古ぼけた，ぼろの
【破旧立新】pò jiù lì xīn《成》古いものを廃し新しいものを打ち立てる
【破口大骂】pò kǒu dà mà《成》口汚くののしる
【破烂】pòlàn [名](～儿)《口》廃品，くず〖收～儿〗廃品を回収する — [形]使い古した，おんぼろの
★【破例】pò'lì [動]例外を作る，規定を踏みこえる
【破脸】pò'liǎn [動](相手の体面も考えず)面と向かって言い争う
【破裂】pòliè [動]①裂ける，割れる〖血管～了〗血管が破れた ②決裂する，物分かれになる〖谈判～了〗交渉が決裂した
【破落】pòluò [動]零落する，落ちぶれる［～户］没落世帯
【破谜儿】pò'mèir [動]①《口》なぞなぞを解く ②《方》なぞなぞを出す
【破门】pòmén [動]①ドアを壊す〖～而入〗ドアを押し破って入る ②《宗》破門する ③(球技で) シュートを決める
【破灭】pòmiè [動](幻想，希望が) 失

【破伤风】pòshāngfēng 图〖医〗破傷風
【破碎】pòsuì 動 粉々にする,粉砕する 一形 粉々の,ばらばらの
【破损】pòsǔn 動 破損する,損壊する
【破天荒】pòtiānhuāng 形〖多く定语として〗破天荒な〖~的事〗前代未聞の出来事
【破土】pòtǔ 動 ①着工する,鍬を入れをする,春の耕作を始める ③(土の下から種が)芽を出す
【破相】pò'xiàng 動 (けがなどで)人相が変わる
【破晓】pòxiǎo 形 夜明けの,白みかかった ⇨〖拂晓〗— 動 夜が明ける,空が白む〖天将~〗もうすぐ夜が明ける
【破鞋】pòxié 图(転)浮気女,尻軽女〖破货〗
【破颜】pòyán 動 笑顔に変わる,にっこり笑う〖~一笑〗破顔一笑
【破约】pò'yuē 動 約束を破る,協定や契約を反古にする
【破译】pòyì 動 (暗号や隠された謎などを)見破って訳出する,解読する
【破绽】pòzhàn 图 ①衣服のほころび ②(転)論理の矛盾,言行の中のほろ〖发现学说的~〗学説のほころびに気づく〖~百出〗次々ほろが出る
【破折号】pòzhéhào 图〖语〗ダッシュ(—)

【剖】pōu 動 切開する〖~开西瓜〗スイカを切る〖~腹自杀〗切腹する
◇分析する,明らかにする

【剖白】pōubái 動 弁明する,申し開きをする〖~心迹〗胸の内をさらけ出す
【剖腹藏珠】pōu fù cáng zhū 〖成〗(腹を切開して真珠を隠す>)王より飛車をかわいがる〖因小失大〗
【剖腹产】pōufùchǎn 動 帝王切開をする ⇨〖剖宫产〗
【剖解】pōujiě 動 分析する,(比喩的に)解剖する
【剖面】pōumiàn 图 切断面 ⇨〖截面〗〖切面〗〖断面〗〖横~〗横断面〖~图〗断面図
【剖视图】pōushìtú 图(立体を仮想の平面で切断し)内部構造を示す断面図
【剖析】pōuxī 動 分析する,解析する〖~问题的实质〗問題の本質を分析する

【抔】póu ⊗ 両手ですくい取る,手を容器にして持つ〖一~土〗一すくいの土(墓をいう)

【裒】póu ⊗①集める〖~辑〗〖~书〗資料を編集する ②取り出す
　　　　pǒu ⊗ 撃つ,攻撃する

【掊】「集める」「掘る」の意の文語ではpóuと発音
【掊击】pǒujī 動 (言論によって)攻撃する,糾弾する〖抨击〗

【仆】pū ⊗ 前へ倒れる〖前~后继〗先人が倒れてもすぐに後の者が続く,親の屍を越えて進む
⇨ pú

【扑(撲)】pū 動 ①体当たりする,飛びかかる ②(仕事等に)全力を傾ける,献身する〖一心~在教育事业上〗教育事業に専心している ③攻め掛かる,平たい物で打ち掛かる ④軽くたたく,はたく〖~翅膀〗羽ばたく ⑤〖方〗(…の上に)身を乗り出す,覆いかぶさる〖~在栅栏上…〗欄干にもたれて…
【扑奔】pūbèn 動 ①一目散に駆けつける,まっしぐらに目的地を目指す ②(事業や仕事に)全力を傾注する,専心する〖~在办刊物上〗雑誌の刊行に全力を注いでいる
【扑鼻】pūbí 動 (においが)鼻をつく,強烈ににおう
【扑哧(噗嗤)】pūchī 擬 ぷっ,ぷしゅっ(笑い声,水や気体が漏れる音)〖~一笑〗ぷっと吹き出す
【扑打】pūdǎ 動 平らな物ではたく〖~蝗虫〗イナゴをはたく
—— pūda 動 そっとたたく,軽くはたく〖~身上的尘土〗体のほこりを払う
【扑跌】pūdiē 图 中国武術における組み technique打ち —動 つまずき倒れる
【扑粉】pūfěn 動 ①粉おしろい ②シッカロール,パウダー
—— pū'fěn 動 おしろいやパウダーをはたく
【扑救】pūjiù 動 火事を消して人や家財を守る
【扑克】pūkè 图〖訳〗トランプ(ポーカーの音訳)〖打~〗トランプをする〖~牌〗トランプのカード ♦ダイヤは'方块',ハートは'红桃',スペードは'黑桃',クラブは'梅花'
【扑空】pūkōng 動 (相手が留守で)無駄足を踏む
【扑棱】pūlēng 擬 ばたばた(鳥のはばたく音)
—— pūleng 動 はばたく,ぱっと開く
【扑满】pūmǎn 图 貯金つぼ ♦陶製の貯金箱,たまったお金は割って取り出す
【扑面】pūmiàn 動 (風などが)頬をなでる ⇨〖扑脸儿〗
【扑灭】pūmiè 動 撲滅する〖~苍蝇〗ハエを撲滅する

【扑朔迷离】pūshuò mílí《成》入り乱れて見分けがつかない

【扑簌】pūsù 形 涙がこぼれるさま〖眼泪～地落下来〗涙がぼろぼろこぼれる

【扑腾】pūtēng 擬 どすん, すとん（重いものが落ちる音）〖～一声…〗どすんと音がして…

—— pūteng 動 ① とび跳ねる, 鼓動する（＝〖跳动〗）〖心里直～〗心臓がどきどき打ち続ける ②（泳ぐとき）足で水をたたく, ばた足で泳ぐ ③ 浪費する, 散財する

【扑通（噗通）】pūtōng 擬 どすん, どぼん, ぼちゃん（地面や水面に落ちる音）

【铺(鋪)】pū 動 ① 広げる, 延べる〖～被褥〗ふとんを敷く ② 敷設する, 敷きつめる〖～铁轨〗レールを敷く〖～路〗舗装する,（事業の）道を敷く —量（方）オンドルやベッドを数える〖一～炕〗オンドル一つ
⇨pù

【铺陈】pūchén 動 ①（方）陳列する,（器物を）配置する ② 詳しく述べる, 微細に記述する（＝〖铺叙〗） —名（方）寝具（枕, ふとんなど）

【铺衬】pūchen 名（つぎあてや靴底に用いる）こぎれ, 古布

【铺床】pūchuáng 動 ベッドにふとんを敷く

【铺垫】pūdiàn 名 ①（～儿）敷物, ベッドの敷物 ②（話の）伏線, 引き立て役をする人（＝〖陪衬〗）〖为故事的高潮作～〗山場を盛り上げる伏線とする —動 敷く, 延べる〖～了五条褥子〗敷ぶとんを5枚敷いた

【铺盖】pūgài 動 (一面に) かぶせる, 覆う

—— pūgai 名〔套〕ふとん（掛ぶとん（被子）と敷ぶとん（褥子）の両方を含む）

【铺盖卷儿】pūgaijuǎnr 名〔件〕持ち運びのために敷いたふとん, ふとん包み ◆近年まで移動する時には携帯した（＝〖行李卷儿〗）〖打～〗（携帯用に）ふとんを荷造りする

【铺轨】pū'guǐ 動 レールを敷く

【铺砌】pūqì 動 (地面や建物の壁に石やれんがで) 敷き詰める, 舗装する

【铺设】pūshè 動（レールやパイプを）敷設する,（鉄道や道路を）建設する

【铺天盖地】pū tiān gài dì《成》天地を覆う勢いの, 天地をのまんばかりの

【铺叙】pūxù 動 詳しく記述する, 言葉を費して陳述する（＝〖铺陈〗）

【铺展】pūzhǎn 動 四方へ伸び広がる, 一面に広げる〖～地毯〗じゅうたんを広げる

【铺张】pūzhāng 動 見栄をはっていたいをする〖～浪费〗派手に散財する

【噗】pū 擬 ぷうっ, しゅうっ, ぱっ（鋭く破裂する音, つよく噴出する音）

【噗哧】pūchī 擬 ぶっ, しゅっ（＝〖扑哧〗）

【噗噜噜（噗碌碌）】pūlūlū 擬 ぽろぽろ, はらはら（涙がこぼれるさま）〖眼泪～地往下掉〗涙がぼろぼろこぼれた

【潽】pū 動（口）（液体が）噴きこぼれる

【仆(僕)】pú ⊗ ① 下僕, 召使い〖女～〗下男, メイド ②（謙）古代の男子の自称
⇨pū

【仆从】púcóng 名 ①（旧）従僕, 従者 ②（転）子分, 従属する個人や団体〖～国家〗属国

【仆仆】púpú 形 旅やつれした, 長旅に疲れた

【仆人】púrén 名 下男, 女中（＝〖仆役〗）

【匍】pú ⊗ 以下を見よ

【匍匐（匍伏）】púfú 動 ① はって進む, 匍匐ぽする（＝〖爬行〗）②はう, 平伏する〖～在主子脚下〗主人の足下にひれ伏す

【葡】pú ⊗ ① ブドウ ②（P-）ポルトガル（'～萄牙'）の略称

*【葡萄】pútao 名 ブドウ〖一棵～〗1本のブドウの木〖两颗～〗2粒のブドウ〖三串儿～〗3房のブドウ〖～干儿〗干しブドウ〖～酒〗ブドウ酒, ワイン

【葡萄糖】pútaotáng 名 ブドウ糖（＝〖葡糖〗）

【莆】pú ⊗ ① 福建省莆田県のこと ②（P-）姓

【蒲】pú ⊗ ①〖植〗ガマ〖香～〗②蒲州（山西省の地名）〖～剧〗蒲州一帯の地方劇 ③（P-）姓

【蒲包】púbāo 名（～儿）① ガマの葉で編んだ袋, かます ②（旧）ガマの葉の袋で包んだ果物や菓子の贈り物

【蒲草】púcǎo 名 ① ガマの茎や葉 ②（方）〖植〗ジャノヒゲ, リュウノヒゲ

【蒲公英】púgōngyīng 名〖植〗タンポポ ◆根や茎は漢方の解熱剤になる（＝〖黄花地丁〗）

【蒲葵】púkuí 名〖植〗ビロウ ◆葉で団扇ぢを作る

【蒲柳】púliǔ 名 ①〖植〗川柳（＝〖水杨〗）②（旧）（謙）自分の虚弱体質

【蒲绒（蒲茸）】púróng 名 ガマの穂の白毛 ◆枕の詰め物にする

【蒲扇】púshàn 图（～儿）[把]ガマの葉で作った団扇
【蒲式耳】púshì'ěr 量ブッシェル
【蒲团】pútuán 图ガマの葉や麦わらで編んだ丸い敷物

【脯】pú 图胸, 胸の肉 ⇨fǔ
【脯子】púzi 图鶏やアヒルの胸肉［鸡～］鶏のささみ

【菩】以下を見よ
【菩萨】púsa/púsà 图①菩薩ほとけ［观音～］観音さま ②広く神仏一般 ③(転)慈善心に富む人, 仏のような人
【菩提】pútí 图〖宗〗悟りの境地, 正覚
【菩提树】pútíshù 图〖植〗ボダイジュ

【璞】pú ⊗未加工の玉［～玉浑金］（成）飾りけのない美しさ

【濮】Pú ⊗①［～阳］濮陽はく（河南省） ②姓

【朴（樸）】pǔ ⊗素朴な［俭～］質素な ⇨piáo, pō, pò
*【朴实】pǔshí 形①地味な, 素朴な〖朴素〗 反〖华丽〗 ②着実な, 堅実な 反〖浮夸〗
*【朴素】pǔsù 形①（色や柄が）地味な, 落ち着いた ②（生活が）つつましい, 質素な
【朴质】pǔzhì 形飾りけがない, 質朴な

【浦】pǔ ⊗①川辺, 河口（多く地名に使う） ②（P-)姓

【溥】pǔ ⊗①広大な ②普遍的な ③(P-)姓

【埔】pǔ ⊗地名用字［黄～］广東省の地名 ♦同じく广東の'大埔'は Dàbù と発音

【圃】pǔ ⊗畑, 菜園［花～］花壇［菜～］菜園［～地］苗圃はく

【普】pǔ ⊗①全体に及ぶ, 全面的な ②(P-)姓
*【普遍】pǔbiàn 形普遍的な, 全体にゆき渡った〖～流行〗全土で流行している
【普查】pǔchá 图全国的な調査［人口～］全国人口調査
【普洱茶】pǔ'ěrchá 图プーアール茶 ♦雲南西南部に産するもの
*【普及】pǔjí 動①普及する, 広まる〖～全国〗全国に行き渡っている ②普及させる, 広める〖～教育〗教育を普及させる
【普米族】Pǔmǐzú 图プミ族 ♦中国少数民族の一, 主に雲南省に住む
【普天同庆】pǔ tiān tóng qìng（成）国中（あるいは世界中）で祝う, 全土を挙げて喜びに浸る
【普通】pǔtōng 形普通の, 一般的な（⊗[特殊]）［～人]ただの人［～服务]ユニバーサルサービス
*【普通话】pǔtōnghuà 图現代中国の共通語 ♦北京音を標準とし, 北方方言を基礎方言とする
【普选】pǔxuǎn 图普通選挙で選ぶ
【普照】pǔzhào 動すみずみまで照らす〖阳光～大地〗大地を隈なく太陽が照らす

【谱（譜）】pǔ 图①楽譜 ②（～儿）大体の目安, 腹づもり〖心里没个～〗何の腹案もできていない — 動歌詞に曲をつける, 作曲する〖～曲〗（歌詞に）曲をつける ⊗①系統的に分類整理した書籍や冊子［年～］年譜 ②練習や指導用の図型など［棋～］棋譜
【谱系】pǔxì 图①家系 ②物事の発展系統
【谱写】pǔxiě 動①作曲する（⑧[谱制]）〖～曲子〗曲を作る ②(転)（詩）をつづる, 歌いあげる

【错（錯）】pǔ 图〖化〗プラセオジム

【氆】pǔ ⊗以下を見よ
【氆氇】pǔlu 图（訳）プル ♦チベット産の毛織物

【蹼】pǔ 图（カエル, 鴨などの足の）水かき

【铺（鋪*舖）】pù 图①（～儿）〖家〗小規模な店, 商店［饭～儿]飯屋［当 dàng～]質屋 ②板ベッド［搭～]板で寝床を組立てる ⊗旧時の宿場 ♦今も地名に残る. 地方により'堡'と書く ⇨pū
【铺板】pùbǎn 图ベッド代わりにする板, 寝板
【铺户】pùhù 图商店, 商家
【铺面】pùmiàn 图商店の店先, 店頭［～房］（通りに面した）商売向きの家屋
【铺位】pùwèi 图（船中や車内の）旅客用の寝台, 寝台席〖没有～〗（満員で）寝台がない
【铺子】pùzi 图〖家〗小規模な店, 商店

【瀑】pù ⊗滝［飞～］同前
*【瀑布】pùbù 图滝

【曝（*暴）】pù ⊗日にさらす, 虫干しする ⇨bào
【曝露】pùlù 動(書)野ざらしにする

Q

【Q版】Q bǎn 图「キュート版」の意 ♦人物・生物・物などをデフォルメし,「ことさらに可愛く」したデザインやその商品

【QQ】图 QQ ♦騰訊公司が無償提供・運営しているインスタントメッセンジャー(チャット)ソフト. 中国本土において最も普及しているコミュニケーションツールであり,とくに若者の間で支持され,携帯やメールと同じ感覚で使用されている

【七】qī 数 7 [第～]7番目 ♦他の第4声の字の前で第2声に変わることもある

【七…八…】qī…bā… (…の部分に1字の名詞あるいは動詞が入って四字句を作り) 沢山の,入り乱れた [七折八扣](値段を) 大まけにまける [七手八脚]多人数で一斉に(取り掛かる)

【七绝】qījué 图[首]七言絶句 [赋～一首]七言絶句を1首つくる

【七律】qīlǜ 图[首]七言律詩

【七七】qīqī 图四十九日 ♦旧習では人の死後7日ごとにまつり(それを'七'という), 7回目の'七'で一区切りとした 働[满七][尽七]

【七七事变】Qī-Qī Shìbiàn 图 1937年7月7日に北京近郊で起きた日中両軍の軍事衝突 ♦日中全面戦争の発端となる 働[卢沟桥事变]

【七窍】qīqiào 图頭部の7つの穴 ♦両目, 両耳, 鼻孔と口 [～生烟][～里冒火(,五脏里生烟)]頭から湯気を立てて怒る

【七情六欲】qī qíng liù yù《成》様々な感情や欲望

【七十二行】qīshí'èr háng 图職づくし,あらゆる職業

【七夕】qīxī 图七夕 なばた

【七言诗】qīyánshī 图七言詩 ♦一句七文字の文言詩で, 七言古詩,七言律詩, 七言絶句を含む

【七一】Qī-Yī 图中国共産党創立記念日 ♦1921年7月1日を創立の日と定める

【七嘴八舌, 遇ま没辙】qī zuǐ bā shé, yù shì méi zhé《俗》船頭多くして船山にのぼる

【柒】qī 数'七'の大字[～拾肆圆]74元 ㊇ (Q-)姓

【沏】qī 動熱湯を注ぐ, 熱湯でふやかす[～茶]茶をいれる

【妻】qī ㊇妻[夫～]夫婦 ♦「妻あ わせる」の意の文語はqìと発音

【妻儿老小】qī ér lǎo xiǎo 图家族全員, 父母妻子

*【妻子】qīzi 图妻子 つま

— qīzǐ 图妻 ㊇[丈夫]

【凄(凄)】qī 形 ①寒い, 冷え冷えする ②もの寂しい, うらさびれた

【—(悽)】 形 悲しい, 胸ふさがる

【凄惨】qīcǎn 形痛ましい, 悲惨な

【凄楚】qīchǔ 形《書》痛ましい, 悲惨な

【凄怆】qīchuàng 形《書》胸ふさがる,痛ましい

【凄风苦雨】qī fēng kǔ yǔ《成》風雨吹き荒れる;(転)悲惨な境遇にある

*【凄凉】qīliáng 形もの寂しい, うらさびれた 働[凄冷]

【凄切】qīqiè 形(声や音が)もの悲しい, 滅び入るような

【凄然】qīrán 形《書》悲しみにひしがれた, 痛ましい

【凄惘】qīwǎng 形しょんぼりとした,途方に暮れた 働[怅惘]

【郪】Qī ㊇[～江] 郪せい江(四川の川の名)

【萋】qī ㊇以下を見よ

【萋萋】qīqī 形《書》草ほうぼうの,生い茂った

【桤(榿)】qī ㊇[植]ハンノキ[～木] 同前[～林]ハンノキ林

【栖(棲)】qī ㊇ ①鳥がとまる, ねぐらにつく ②住む, 滞在する[两~动物]両生類

【栖身】qīshēn 動《書》滞在する, 身を寄せる

【栖息】qīxī 動(鳥が)とまる, 憩う

【戚】qī ㊇ ①親戚, 親類[～友]親戚友人 ②(Q-)姓

【—(*慼)】 形 悲しみ, 憂い[哀～]悲しい

【嘁】qī ㊇以下を見よ

【嘁哩喀喳】qīlikāchā 形 てきぱきとした, 歯切れのよい

【嘁嘁喳喳】qīqichāchā 擬 (小声で) ぺちゃくちゃ, ひそひそ[～地说坏话]ひそひそ陰口をきく

【期】qī 量定期刊行物, 雑誌, 定期的に行う活動などを数える[办了三～就完了]3号出して終わっちゃった

㊇ ①期日, 期限[过～]期限を過ぎる ②期間, 一定時間[学～]学期 ③(面会の) 日取りを決める, 日時を約束する ④待ち望む, 期待する[～于]…を期する ♦「1年間」「1

か月」の意の文語は jī と発音

★★【期待】qīdài [動] 期待する，待望する [同]［期望］

【期货】qīhuò [名]〖商〗先物［～合同］先物契約

★★【期间】qījiān [名] 期間〖奥运会～〗オリンピック期間中

【期刊】qīkān [名] 定期雑誌，逐次刊行物〖订阅～〗(先払いで) 雑誌を購読する

【期考】qīkǎo [名]〔次〕期末試験，定期試験〖参加～〗期末試験を受ける

【期满】qīmǎn [動] 年季が明ける，期間が満了する〖合同～〗契約切れになる

【期票】qīpiào [名]〖商〗約束手形

【期求】qīqiú [動]（実現や獲得を）望む，願う

【期市】qīshì [名] 先物取引市場(の相場)

★【期望】qīwàng [動] 期待する，待望する([同]［期待］)〖辜负了朋友们的～〗友人たちの期待を裏切った

★【期限】qīxiàn [名] 期限，限られた時期〖延长～〗期限を延ばす

〖欺〗qī ⊗ ① 騙(だま)す，欺(あざむ)く ② いじめる，押さえつける［谄 chǎn 上～下］上にはおべっか下には威張る

★【欺负】qīfu [動] いじめる，踏みつけにする

【欺凌】qīlíng [動] 踏みつけにする，屈辱を与える [同]［欺辱］

【欺瞒】qīmán [動] 騙す，目をくらます〖～公众耳目〗大衆の耳目をあざむく

★【欺骗】qīpiàn [動] 騙す，ぺてんにかける

【欺软怕硬】qī ruǎn pà yìng《成》弱い者をいじめ強い者にはぺこぺこする

【欺世盗名】qī shì dào míng《成》世間を騙して虚名を得る

【欺侮】qīwǔ [動] いじめる，踏みつけにする [同]［欺负］

【欺压】qīyā [動] 踏みつけにする，抑圧する

〖敧〗qī ⊗ 傾く［～侧］《書》一方に傾く

【缉(緝)】qī [動] 細かい縫い目で縫う

⇨jī

【漆】qī [名] 漆(うるし)，ニス，ラッカー〖上～〗漆を塗る［生～］生漆［油～］ペンキ 一 [動] 漆を塗る，漆をかける

⊗（Q-）姓

【漆布】qībù [名] レザークロス，リノリウム

【漆工】qīgōng [名] ① 塗装作業，塗り仕事 ② 塗装工，塗り師

【漆黑】qīhēi [形] 真っ黒の，真っ暗な〖天一片～〗墨を流したような闇である

【漆黑一团】qīhēi yì tuán《成》① 真っ暗闇の，一点の希望もない ② 何ひとつ知らない，無知に包まれた [同]［一团漆黑］

【漆匠】qījiang [名] 塗物師，漆器工

【漆皮】qīpí [名] ①（～儿）漆器の表面の漆層 ② シェラック(塗料)

【漆器】qīqì [名]〔件〕漆器

【漆树】qīshù [名]〔棵〕ウルシの木

〖蹊〗qī ⊗ 以下を見よ

⇨xī

【蹊跷】qīqiao [形] 怪しげな，奇妙な [同]［奇怪］

【嘁】qī [形] 半乾きの 一 [動]（砂で）水分を吸い取る

〖亓〗Qí ⊗ 姓

【齐(齊)】qí [動] ①…と同じ高さに達する〖河水～了岸〗川が岸の高さまで増水した ②（ある点や線に合わせて）そろえる，合わせる〖～着边儿剪下来〗へりにそろえて切る 一 [形] ①（程度や形が）よくそろった，ばらつきのない ②（あるべきものが）そろった，漏れのない〖～了吗？〗全員そろったか

⊗ ① 同じくする，一つにする ② いっしょに，一斉に ③ 治める ④（Q-）周代の国名 ⑤（Q-）王朝名→［南 Nán ～］［北 Běi ～］ ⑥（Q-）姓

【齐备】qíbèi [形]（必要な物が）すべてそろった，完備した

【齐步走】qíbù zǒu [動] 歩調をそろえて行進する ♦行進の際の号令，「歩調とり前へ，進め！」

【齐唱】qíchàng [動] 斉唱する，ユニゾンで歌う

【齐楚】qíchǔ [形]（服装が）きちんと整った，乱れのない [同]［整齐］

【齐集】qíjí [動] 参集する，つめかける([同]［集拢］)〖～在广场上〗広場に集まる

【齐名】qímíng [動]（…と）同じく高名である

★【齐全】qíquán [形]（必要な物が）すべてそろった，欠ける物のない

【齐声】qíshēng [副] 声をそろえて，一斉に(口を開く)〖大家～大笑〗みんなはどっと笑った

【齐心】qíxīn [動] 心を一つにする

★【齐心协力】qíxīn xiélì《成》一致協力する

【齐整】qízhěng [形]（高さ，大きさなど）よくそろった，均一に整った [同]［整齐］

【齐奏】qízòu [動] 斉奏する，ユニゾンで演奏する

〖荠(薺)〗qí ⊗→［荸～ bíqi］

⇨jì

【脐(臍)】 qí ⊗ ① 臍へそ〔肚~〕へそ〔団~〕雌ガニ
【脐带】 qídài 图 へその緒〔剪~〕その緒を切る
【脐风】 qífēng 图 (漢方で)嬰児の破傷風 ◆ 一般に出生後4～6日で発症する 同〔四六风〕

【蛴(蠐)】 qí ⊗ 以下を見よ
【蛴螬】 qícáo〔只〕ネキリムシ ◆ コガネムシ('金龟子')の幼虫 ◎〔方〕〔土蚕〕〔地蚕〕

【祁】 qí ⊗ (Q-)姓
【祁红】 qíhóng 图 安徽省'祁门'産の紅茶
【祁剧】 qíjù ⊗ 祁剧。◆ 湖南省'祁阳'一帯で行われている地方劇

【岐】 qí ⊗ ① (Q-)姓 ② ◎'歧' ③ 地名用字〔~山〕岐山 (陕西省の県)
【岐黄】 qíhuáng 图(転) 漢方医学 ◆ 本来は黄帝と岐伯の二人をいう

【歧】 qí ⊗ ① 分かれ出た〔道〕〔~路〕分かれ道 ② 異なった,違った
【歧路亡羊】 qílù wáng yáng《成》多岐亡羊,事柄が入り組んでいて本筋を見失うこと
*【歧视】 qíshì 動 差別する,不平等な扱いをする〔种族~〕人種差別
【歧途】 qítú 图 ① 〔条〕分かれた道 ◎〔歧路〕 ② (転)誤ちの道,良からぬ道〔误入~〕道を踏み外す
【歧义】 qíyì 图 (一つの言葉に含まれる) 二つ以上の意味,(可能な)二つ以上の解釈〔有~〕多義的である

【圻】 qí ⊗ 境界 ◆'垠'の異体字としては yín と発音

【祈】 qí ⊗ ① 祈る,祈祷する〔~祷〕 ② 願う,希望する ③ (Q-)姓
【祈祷】 qídǎo 動 祈る,祈祷する
【祈求】 qíqiú 動 切望する,祈念する〔~平安〕無事を祈る
【祈使句】 qíshǐjù 图〔語〕命令文
【祈望】 qíwàng 動 願う,望む ◎〔盼望〕

【颀(頎)】 qí ⊗ 大柄の,身体の大きい〔~长 cháng〕背の高い

【蕲(蘄)】 qí ⊗ ① 願う,望む〔~求〕《書》希求する ② (Q-)姓

【其】 qí ⊗ ① 彼(の),彼ら(の),彼女(の),彼女たち(の),それ(の),それら(の),あの,その,あのような〔~特点〕その特徴〔各尽~力〕銘々が全力を尽くす〔任~自流〕成り行きに任せる ② 自身,己の〔自食~力〕自活する ③ 推測・反問・命令の語気を示す文語の副詞〔汝~勿忘〕欺くでない ④ 特定の副詞の後につく〔尤~〕とりわけ

*【其次】 qícì 代 (順序が)二番目,(重要度が)二の次〔技术问题还在~〕技術問題などは二の次だ〔首先…~再考虑经济问题〕まず…してその上で経済問題を考えよう〔~的问题〕二次的な問題
*【其间】 qíjiān 图 その中,その範囲内,その期間内
*【其实】 qíshí 副 ところが実は,けれども本当のところは ◆ 前の文の内容をくつがえしたり,補充したりする〔~不然〕ところがそうではない
*【其他】 qítā 代 (人や事物について)その他,それ以外〔~以外〕それ以外の人〔~国家〕その他の国 ◆ 事物の場合'其它'とも書く
*【其余】 qíyú 代 それ以外(の人や事物),その他〔~的不用说了〕後はもう言わなくてよい
*【其中】 qízhōng 图 その中,その範囲内〔~有一半是进口的〕その内の半分は輸入品だ

【淇】 Qí ⊗ 川の名〔~河〕(河南省の)淇河

【萁】 qí〔方〕豆がら〔豆~〕同前

【骐(騏)】 qí ⊗ 黒馬,黒毛〔~骥〕《書》駿馬

【祺】 qí ⊗ 幸福,めでたさ〔~祥〕幸運

【棋(*棊碁)】 qí 图〔局・盘〕将棋,囲碁,および類似のゲーム〔下~〕将棋を指す,碁を打つ〔象~〕将棋〔围~〕囲碁
【棋逢对手】 qí féng duìshǒu《成》好敵手に出会う,龍虎相まみえる ◎〔棋逢敌手〕
【棋迷】 qímí 图 将棋や囲碁のマニア
【棋盘】 qípán 图 将棋盤,碁盤
【棋谱】 qípǔ 图 棋譜
【棋子】 qízǐ 图 (~儿)〔颗・枚〕碁石,将棋の駒〔摆~〕駒を並べる

【琪】 qí 图 玉の一種〔~音訳用字〔安~儿〕エンジェル

【旗】 qí 图 内蒙古自治区の行政単位 ◆'县'に相当する ⊗ (清朝の) 八旗に属する,満族の〔~人〕旗人

【旗(*旂)】 图 (~儿)〔面〕旗〔挂~〕旗を揚げる
【旗杆】 qígān 图〔根〕旗竿はた
【旗鼓相当】 qí gǔ xiāng dāng《成》(軍と軍が拮抗する>)甲乙つけ難い,実力が拮抗している
【旗号】 qíhào 图 ① 旗印はたじるし ②

《転》名目,目標 ◆多く悪い意味を持つ〖打着世界和平的…〗世界平和を旗印にして…

【旗开得胜】qí kāi dé shèng《成》はなから好成績を収める

*【旗袍】qípáo 图(~儿)〔件〕旗袍(チーパオ),チャイナドレス ◆ハイネック,ハイスリットのワンピースで,もとは満洲族女性の服装

【旗人】Qírén 图旗人 ◆清朝の軍団編制「八旗」に属した人.特に満洲族

【旗手】qíshǒu 图旗手;《転》指導者,主唱者

【旗鱼】qíyú 图〔魚〕〔条〕カジキ

【旗语】qíyǔ 图手旗信号〖打~〗手旗で通信する

*【旗帜】qízhì 图①〔面〕旗〖高举~〗旗を高く掲げる ②〔面〕模範,手本〖他为我们树立了一面~〗彼は我々の手本となった ③《転》〔影响力の大きな〕 思想,主張〖打出~〗主張を掲げる(共鳴を呼び掛ける)

【旗子】qízi 图〔面〕旗・小旗や横断幕を含む〖挂~〗旗を掲げる

【綦】qí ⊗①極めて,非常に ②(Q-)姓

【鯕(鰭)】qí ⊗以下を見よ

【鯕鰍】qíqiū 图〔魚〕シイラ

【麒】qí ⊗①以下を見よ ②(Q-)姓

【麒麟】qílín 图古代の想像上の動物キリン ◆聖王の世に現れるという

【奇】qí ⊗①怪しむ,不思議がる ②珍しい,尋常ならざる ③思い掛けない,不意の ④(Q-)姓
⇨jī

【奇才(奇材)】qícái 图奇才

【奇耻大辱】qí chǐ dà rǔ《成》最大の屈辱,この上ない恥辱

【奇功】qígōng 图特別の功績,大した手柄〖屡建~〗度々大きな手柄を立てる

*【奇怪】qíguài 形珍しい,不思議な 一動いぶかしむ,変だと思う

【奇观】qíguān 图奇観,珍しい光景

【奇祸】qíhuò 图奇禍,思い掛けない災難〖遇到~〗奇禍に遭う

【奇迹】qíjì 图奇跡〖创造~〗奇跡を生む

【奇计】qíjì 图奇計,奇策(⇔[奇策])〖想出~〗奇計を編み出す

【奇景】qíjǐng 图絶景,見事な光景

【奇丽】qílì 形比類なく美しい,不思議なほどきれいな

*【奇妙】qímiào 形不思議な,奇妙な

【奇巧】qíqiǎo 形(工芸品が)精巧な,実に手の込んだ

【奇缺】qíquē 形特に品不足の,欠乏甚だしい

【奇谈】qítán 图奇談,珍しい話

【奇特】qítè 形不思議な,世に珍しい

【奇闻】qíwén 图〔件〕不思議な話,驚くべき事柄〖千古~〗世にも不思議な物語

【奇袭】qíxí 動奇襲をかける,不意を襲う〖~敌人〗敵に不意討ちをかける

【奇形怪状】qí xíng guài zhuàng《成》不思議な形,珍しい姿

【奇异】qíyì 形①不思議な,奇妙な(⇔[奇怪])〖~的景象〗不思議な光景 ②いぶかしげな,驚きあやしむような

【奇遇】qíyù 图①奇遇,思い掛けない出会い ②異常な体験,危い場面

【奇志】qízhì 图大志,高い理想

【奇装异服】qí zhuāng yì fú《成》おかしな服装,異様な身なり

【埼(碕)】qí ⊗岬,曲がりくねった岸

【崎】qí ⊗以下を見よ

【崎岖】qíqū 形(山道の)起伏の激しい;《転》苦難に満ちた〖~不平的人生道路〗苦難続きの生涯

【骑(騎)】qí 動騎乗する,跨まがって乗る〖~摩托车〗オートバイに乗る ⊗①騎乗用の馬(などの動物) [坐~]同前 ②騎兵,馬に乗っている人 ③二つの物に跨がる[~月雨]月末から翌月にかけて降る雨

【骑兵】qíbīng 图〔队・个〕騎兵隊,騎兵

【骑虎难下】qí hǔ nán xià《成》(虎に乗ったら下りられない>)中途でやめたくてもやめられない

【骑驴看唱本(走着瞧)】qí lǘ kàn chàngběn(zǒuzhe qiáo)《俗》(ロバに乗って歌本を読む>先に進みながら見る>)あとで吠え面かくなよ

【骑马找马】qí mǎ zhǎo mǎ《俗》(馬に乗って馬を探す>)①すぐそばにある物を探し回る ②ある職につきながらもっとよい職を探す

【骑墙】qíqiáng 動〔両に〕ふたる股かける〖采取~的态度〗風見鶏を決め込む

【骑在脖子上拉屎】qí zài bózishang lā shǐ《俗》(首に跨って糞をたれる>)人を踏みつけにする

【琦】qí ⊗①玉の一種 ②非凡な,素晴らしい[~行]《書》篤行とっ

【锜(錡)】qí ⊗古代の鍋の一種

【祇】qí ⊗地の神[神~]天地の神々

【耆】qí ⊗60歳以上の(人)

【耆老】qílǎo 图《書》老人,高齢者

【耆宿】qísù 图〔書〕声望高い老人、耆宿

【鰭(鳍)】qí ㊀ 魚のひれ [背~]背びれ

【鬐】qí ㊀ 馬のたてがみ

【畦】qí 量 畦で囲まれた田畑の数を数える 〖种一~菠菜〗畑一枚にホウレンソウを作る ㊀ 畦で囲まれた田畑 [~田]同前 [菜~]菜園

【乞】qǐ ㊀ ① 乞こう、懇願する [行~]物乞いする ② (Q-) 姓

*【乞丐】qǐgài 图 乞食じき、物もらい ㊥[花子]

【乞怜】qǐlián 動 憐れみを乞う、泣きをいれる

【乞巧节】qǐqiǎojié 图 七夕

【乞求】qǐqiú 動 嘆願する、恵んでくれと懇願する [~宽恕]許しを乞う

【乞讨】qǐtǎo 動 物乞いする、乞食する [向人~钱物]金やものをねだる

【企】qǐ ㊀ ① つま先立って見る、背伸びして見る ② 切望する [~待]同前

【企鹅】qǐ'é 图〔只〕ペンギン

【企及】qǐjí 動 達成を目指す、追いつきたいと思う

【企求】qǐqiú 動 望む、願う [~发财]金持ちになりたくてうずうずする

*【企图】qǐtú 動 もくろむ、企だくむ [~逃跑]逃亡を企てる

【企望】qǐwàng 動 切望する、待ちこがれる (㊥[盼望]) [~和你谈谈]あなたと語り合いたくて仕方がない

*【企业】qǐyè 图〔家〕企業、経済事業体 [合资~]合資企業

【芑】qǐ ㊀ 薬草の一種

【岂(豈)】qǐ ㊀〔反語を示して〕どうして…でありえようか、…である道理があろうか

【岂不】qǐbù 副〔反語の形をとりつつ強い肯定を示す〕…でない訳がなかろう、…でないとでも言うのか 〖这样做~更好些？〗こうすればもっとよいじゃないか

【岂但】qǐdàn 接〔後に'而且''也''还'などが呼応して〕…ばかりでなく、…のみならず 〖~你不会、就连他也不会吧〗君ばかりじゃなく、彼にだってできないだろう

【岂非】qǐfēi 副 …にほかならないではないか、…でないとでも言うのか [~可怜]なんともかわいそうだなあ

【岂敢】qǐgǎn 副(謙) ① (私ごときに)どうして…できませしょうか、…できる訳がない [我~说这样的话] そんなこと私に言える訳がありません ② (挨)(相手の好意や謝意に対して)どういたしまして、とんでもないことです

【岂有此理】qǐ yǒu cǐ lǐ (成)そんな無茶な、冗談ではない

【杞】qǐ ㊀ ① (Q-) 杞き ♦ 西周の一国で、現在の河南省杞県に位置した [~人忧天]取越し苦労をする ② (Q-) 姓 [枸 gǒu ~]同前

【起】qǐ 動 ① 起きる、立ち上がる ② (できもの、鳥肌などが)身体に生じる [~痱子]あせもができる ③ 取出す、外に出す [~钉子]釘を抜く ④ 生じる、生じさせる [~作用]効果を現わす ⑤ 起草する、案を作る→[~草] ⑥ 建てる、築く [另~炉灶]一から出直す ⑦ (証明書の類を)受け取る、受領する ⑧〔'从、自、由'などと呼応して〕始まる、始める [从今天~]今日から一 量 ① 出来事、事件を数える (㊥[件]) 〖这一~事故〗今度の事故 ② 集団、グループを数える (㊥[批]) 〖分两~出发〗2 班に分かれて出発する

㊀ 移動する、離れる [~飞]離陸する

── -qǐ/-qi 動〔補語として〕① 動作の始まりを示す 〖从哪儿说~〗どこから話そうか ② 動作の開始と持続を示す [点~油灯]灯明に火をともす ③ 動作が下から上に向かって行われることを示す [拿~笔]筆を取って ④ 能力があること、耐えうることを示す ♦ 動詞との間に必ず'不'あるいは'得'が入る [买不~](自分の財力では)買えない [称得~大师]巨匠と呼ばれるにふさわしい

【起岸】qǐ'àn 動 荷揚げする、陸揚げする

【起爆】qǐbào 動 爆発させる [~药]起爆剤

【起笔】qǐbǐ 图 ① 漢字の第一画が ② (書道で)各筆画の書き始め

【起步】qǐbù 動 ① 歩き出す [~价](タクシーの)初乗り料金 ② (物事が)始まる

【起草】qǐcǎo 動 起草する、草稿を作る [~决议]決議文を起草する

【起程】qǐchéng 動 出発する、旅立つ (㊥[上路]) [启程]

*【起初】qǐchū 副 最初には、初めの内は (㊥[起先]) ♦ 後に'后来'が呼応する

*【起床】qǐchuáng 動 起床する、(多く朝に)起きる [~号]起床ラッパ

*【起点】qǐdiǎn 图〔终点〕① 出発点、起点 〖东海道以日本桥为~〗東海道は日本橋からスタートする ② (競技の)スタート地点

*【起飞】qǐfēi 動 ① 飛び立つ、離陸する ㊤[降落] ② (事業、経済などが)飛躍発展を始める

【起伏】qǐfú 動 起伏する、高まってはしぼむ [思潮~]様々な思いがわい

【起稿】qǐ gǎo 動 草稿を書く，起稿する
【起航】qǐháng 動 出航する，船出する，(飛行機が)飛び立つ
*【起哄】qǐ hòng 動 ①大勢で騒ぐ，わいわい騒ぐ〖起什么哄？〗何を騒いでいるんだい ②みんなでからかう，大勢で冷やかす
【起火】qǐ huǒ 動 ①炊事する，飯をつくる ②火事が起こる，火を出す ③(方)かっとなる，怒りだす
── qǐhuo（qíhuo と発音）图 花火の一種 ◆火花を吹きつつ空に飛び上がる ⇒[起花]
【起鸡皮疙瘩】qǐ jī pí gē da 動 (不快感や恐怖などで)鳥肌が立つ
【起家】qǐ jiā 動 事業を興す，成功する
【起价】qǐjià 图 タクシーや電車の初乗り料金，競売などのスタート価格
【起见】qǐjiàn 動〖'为…～'の形で〗…のために，…の目的で〖为争取胜利～〗勝利を得るために
【起降】qǐjiàng 動 (飛行機が) 離着陸する
【起劲】qǐjìn 形 (～儿)大張り切りの，興が乗った〖谈得很～〗話に花が咲く
【起居】qǐjū 图 起居，日常の暮らし〖～无时〗不規則な生活をする
*【起来】qǐlai/qǐlái 動 ①起床する ②立ち上がる，起き上がる〖起不来〗起き上がれない ③(転)決起する，奮起する
── -qǐlai/-qilai/-qǐlái〖補語として〗①動作が下から上に向かうことを示す〖拿～〗手に取る〖站不～〗立ち上がれない ②動作が始まり持続することを示す〖唱起歌来〗歌いだす〖冷～〗寒くなる ③ばらばらの人や物が一つにまとまるように，ある結果が達成されることを示す〖团结～〗結束する ④ 挿入句の一部となる形を作りだす ◆可能補語の形にはできない〖说～话长〗話せば長いことながら
【起立】qǐlì 動 起立する，立ち上がる ◆多く号令に使う
【起落】qǐluò 動 昇り降りする，離着陸する
*【起码】qǐmǎ 形 最低限の，最少限の〖～要五天〗少なくとも5日はかかる〖～的要求〗ぎりぎりの要求
【起锚】qǐ máo 動 錨を上げる，出航する
【起名】qǐ míng 動 (～儿) 命名する，名前をつける〖给刊物起个名儿〗雑誌に名前をつける
【起跑】qǐpǎo 動 (競争種目で) スタートする [～线] スタートライン
【起色】qǐsè 图 好転の気配，進歩や

【起身】qǐ shēn 動 ①出発する，出立する(㊝[动身])〖明天～去吐鲁番〗明日トルファンに向けて出発する ②起床する，起き出す(㊝[起床])
【起事】qǐshì 動 一揆をを起こす，武装闘争を始める
【起誓】qǐ shì 動 誓う，宣誓する(㊝[发誓])〖我敢～…〗誓って言うが…
【起首】qǐshǒu 副 最初，はじめのうちは
【起死回生】qǐ sǐ huí shēng《成》死者をも蘇らせる，起死回生する ◆一般に医者の腕をほめる際に使う
【起诉】qǐsù 動 訴えを起こす，裁判所に訴える〖～赔偿损失〗損害賠償の訴えを起こす〖向法院～〗裁判所に訴える
【起跳】qǐtiào 動 (跳躍で) 踏み切る [～线] 踏み切り線 [～板] 踏み切り板
【起头】qǐtóu 图 (～儿)最初，始まり〖万事～难〗何事も出だしが難しい ── 圖 (～儿)最初のうちは，初めは ── qǐ tóu 動 (～儿) 始める，口火を切る〖谁起个头呢？〗誰から始めるかね
【起先】qǐxiān 副 初めのうちは，最初㊝[起首] ◆後に '后来' が呼応する
【起行】qǐxíng 動 出発する，出立する ㊝[起程]
【起眼儿】qǐyǎnr 動《多く否定文に用いて》(一见) 見栄えがする，立派に見える〖不～的人〗目立たない人
【起夜】qǐ yè 動 夜中に小便に起きる
【起疑】qǐ yí 動 疑いを持つ，怪しいと思う
*【起义】qǐyì 動 蜂起する，反乱を起こす〖秋收～〗(特に1927年の毛沢東指導下の)秋期農民暴動
【起意】qǐ yì 動 悪い了見を起こす，良からぬことを考える⇒[起心]
【起因】qǐyīn 图 起因(する)，原因(が…にある) ◆動詞は後に '于' を伴う〖～于劳累过度〗過労に原因がある〖火灾的～〗火災の原因
【起用】qǐyòng 動 ①(退職あるいは免職になった役人を) 再び雇用する，復職させる ②抜擢する，起用する〖～新秀〗優秀な若手を登用する
*【起源】qǐyuán 图 起原，始まり ── 動 (後に '于' を伴って)…から始まる，…に起原を持つ〖马拉松～于古希腊〗マラソンは古代ギリシャに起原がある
【起赃】qǐ zāng 動 (盗賊の巣から) 盗まれた金品を探し出す
【起早贪黑】qǐ zǎo tān hēi《俗》(朝は早起き夜は夜を更かす>) 朝から

晩まで働きづめに働く [同][起早摸黑]
【起重机】qǐzhòngjī [名]〔台〕クレーン, 起重機 〖开～〗クレーンを操作する
【起子】qǐzi [名]〔把〕①栓抜き ②《方》ねじ回し, ドライバー ━[量]《方》人を数える

【启(啟*啓)】qǐ ⊗①短い手紙 [谢～] 礼状 ②開く, 開ける [开～] 開く ③指導する, 教える→[～发] ④始める, 開始する [～行] 出発する ⑤《書》申し述べる [敬～者] 拝啓 ⑥(Q-)姓
【启禀】qǐbǐng [動](上司や上級機関に)報告申し上げる, お知らせする
*【启程】qǐchéng [動] 出発する, 出立する [同][起程]
【启齿】qǐchǐ [動](頼み事を) 切り出す, 口に出す [同][开口]
【启迪】qǐdí [動]《書》啓発する
【启碇】qǐ▼dìng [動] 錨を上げる, 出航する [同][起锚]
【启动】qǐdòng [動](機械類が) 始動する, スイッチを入れる [～键] 始動キー
**【启发】qǐfā [動] 啓発する, 目覚めさせる 〖得到很多～〗随分教えられた 〖你能不能～他们?〗あの人たちに教えてやってくれないか
【启封】qǐ▼fēng [動](手紙を) 開封する, 封印を解く
【启航】qǐháng [動] 出航する, 錨を上げる [同][起航]
【启蒙】qǐméng [動]〖多く定語として〗①手ほどきする, 基礎を教える [～教育] 基礎教育 ②啓蒙する, 目を覚まさせる
*【启示】qǐshì [動] 啓示を与える 〖得到很大的～〗大きな啓示を得た
*【启事】qǐshì [名]〔条〕告示, 告知 [招考～] 採用試験のお知らせ
【启衅(起衅)】qǐxìn [動]《書》(争いを)挑発する, 火をつける
【启用】qǐyòng [動](正式に) 使用を始める

【绮(綺)】qǐ ⊗①紋様や図柄を織り込んだ絹織物 [～罗] どんす ②美しい, あでやかな
【绮丽】qǐlì [形](景色が) 美しい, 目を奪うような

【稽】qǐ ⊗ 額ずく [～首] (一種の)叩頭の礼
⇨jī

【气(氣)】qì [名]①〔股〕気体, ガス [沼～] メタンガス ②〔股〕空気 〖打～〗(タイヤに) 空気を入れる ③(～儿) 息, 呼吸 〖没～了〗息を引き取った ━[動]①怒る, 腹を立てる ②怒らせる 〖别～他了〗あいつを怒らせるな [～话] 腹立ちまぎれの言葉
⊗①気象, 天候 [天～] 天気 ②におい, 香り [膻～] 生臭いにおい ③精神, 元気 [打～] 元気づける ④態度, 気風 [书生～] 世間知らずのインテリ振り ⑤いじめ, 抑圧 [受～] 踏みつけにされる ⑥生命のエネルギー, 活力のもと [元～] 生命力 ⑦(漢方で)ある種の病状 [湿～] 皮膚病 ⑧運命 [运～] 運
【气昂昂】qì'áng'áng [形](～的) 意気盛んな, 気力充実した
【气不过】qìbuguò [動] 怒りを抑えられない, 我慢ならない
【气冲冲】qìchōngchōng [形](～的) かんかんに怒った, 頭から湯気を立てた
【气喘】qìchuǎn [名]〖医〗喘息([同][哮喘][喘]) 〖患～〗喘息を患う
【气窗】qìchuāng [名] 通風窓, 排気窓 ♦一般に屋根のてっぺんについている
【气垫】qìdiàn [名]①空気枕, エアクッション ②ホバークラフトの高圧空気 [～船] ホバークラフト
【气度】qìdù [名] 気概と度量, 人間の大きさ 〖～不凡〗人間が大きい
【气短】qìduǎn [動]①落ち込む, 落胆する ②息切れする, 喘ぐ
**【气氛】qìfen/qìfēn [名] 雰囲気, 空気 〖～很紧张〗重苦しい空気に包まれている
【气愤】qìfèn [形] 憤慨した, 怒った ([同][愤恨]) 〖非常～〗激しく憤る
*【气概】qìgài [名] 気概 ([同][气魄]) 〖缺乏～〗気概に欠ける
*【气功】qìgōng [名] 気功 〖练～〗気功を練習する
【气管炎】qìguǎnyán [名]①気管支炎 ②(音が'妻管严'に通じることから)恐妻家
【气焊】qìhàn [動] ガス溶接する [関][电焊]
**【气候】qìhòu [名]①気候 [大陆性～] 大陸性気候 ②《転》風潮, (精神的) 風土 [政治～] 政治状況 ③成果, 結果 〖成不了～〗何もできはしない
【气呼呼】qìhūhū [形](～的)(怒りで)息が荒い, ぜいぜい喘いでいる
【气急败坏】qìjí bàihuài《成》(怒りや驚きで) 我を忘れた, 前後の見境を失った
【气节】qìjié [名] 気節, 気骨 〖失去～〗気骨を失う
【气孔】qìkǒng [名]①〖植〗気孔 ②〖動〗気門, 気孔 [同][气门] ③〖工〗ガスホール [同][气眼] ④〖建〗通気孔, エアホール [同][气眼]
【气力】qìlì [名] 気力, 体力 〖用全身～〗全身の力を込めて

【气量】qìliàng 图 器量，度量〚～小〛心が狭い

【气流】qìliú 图 ①〔股〕気流 ②〚語〛息

【气门】qìmén 图 ①（昆虫の）気門，気孔 ⑧［气孔］ ②（タイヤなどの）バルブ，空気注入孔 ③〚機〛通気孔，排気孔

【气恼】qìnǎo 動 立腹する，怒る ⑧［恼怒］

【气馁】qìněi 動 めいる，気落ちする

【气派】qìpài 图 在む外，外面に現われた精神〚中国～的画儿〛中国的特色を備えた絵 一 圈 りっぱな，堂々たる

【气泡】qìpào 图 気泡，泡〚从水底冒出～〛水の底から泡が出る

*【气魄】qìpò 图 気魄ある，胆力〚很有～〛気魄あふれる ②迫力，威圧感

【气枪】qìqiāng 图〔枝〕空気銃，エアガン〚放～〛空気銃を撃つ

【气球】qìqiú 图 気球，風船〚放～〛気球を揚げる

【气色】qìsè 图 顔色，外観〚～很好〛血色がいい

*【气势】qìshì 图 気魄，迫力〚～汹汹〛（怒りの）形相が凄まじい

【气数】qìshu 图 命運

*【气体】qìtǐ 图 気体〚～燃料〛気体燃料

【气头上】qìtóushang/-shàng 怒っている最中

【气团】qìtuán 图〚理〛気団〚冷～〛寒気団

*【气味】qìwèi 图 ①〔股〕におい，香り〚闻闻～〛においを嗅ぐ ②（転）志向や性格，趣〚失去芸術家的～〛芸術家の気風を失う〚～相投〛（多く悪い意味で）気が合う

【气温】qìwēn 图 気温〚～下降（上升）〛気温が下がる（上がる）

【气息】qìxī 图 ①息 ②におい〚泥土～〛土のにおい ③（転）息吹〚时代～〛時代の息吹

*【气象】qìxiàng 图 ①気象，大気の現象〚～台〛気象台〚～预报〛天気予報 ②（転）〚派・片〛情景，状況 ⑧（景象）〚节日的～〛祝日の情景

【气象万千】qìxiàng wànqiān《成》一大絵巻のような壮観極まりないさま

【气性】qìxing 图 ①性格，気性 ②癇癪，怒りっぽさ ⑧（脾气）〚～大〛怒りっぽい

【气胸】qìxiōng 图〚医〛気胸

【气虚】qìxū 圈〚医〛（漢方で）虚脱症状の，脱力状態の

【气呼呼】qìxūxū 圈（～的）ぜいぜい息を切らせた，息せききった ⑧［气咻咻］

*【气压】qìyā 图 気圧〚～表〛気圧計

【气焰】qìyàn 图《貶》気炎，鼻息〚～嚣张〛鼻息が荒い

【气质】qìzhì 图 気風〚缺乏科学家的～〛科学者たる気質に欠ける

【气壮山河】qì zhuàng shān hé《成》意気天を衝く，天地をのむ勢いの ⑧[气吞山河]

【汽】qì 图 蒸気，水蒸気〚～化器〛キャブレター

【汽车】qìchē 图〔辆〕自動車〚开～〛自動車を運転する〚公共～〛バス

【汽船】qìchuán 图〔只・条〕①（小型）汽船，蒸気船 ②モーターボート，快速艇

【汽灯】qìdēng 图 ガス灯〚点～〛ガス灯に点火する

【汽笛】qìdí 图〔声〕汽笛〚鸣～〛汽笛を鳴らす ♦音の形容は'呜呜 wūwū'

【汽缸】qìgāng 图〚機〛シリンダー

【汽暖】qìnuǎn 图 スチーム暖房

【汽水】qìshuǐ 图（～儿）（泡の出る）ソフトドリンク，ソーダ水

【汽艇】qìtǐng 图〔只・条〕モーターボート，快速艇 ⑧[快艇]

*【汽油】qìyóu 图 ガソリン〚～机〛ガソリンエンジン

【讫（訖）】qì ㊀ ①終わり，終了〚起～〛始めと終わり，行がつく，…し終わる〚收～〛全額領収済み

【迄】qì ㊀ ①ずっと，一貫してがない〚～无音信〛絶えて音さたがない ②到る，…まで〚～今〛今に到るも

【迄今为止】qìjīn wéizhǐ《成》今のところ

【弃（棄）】qì ㊀ 投げ捨てる，放棄する〚抛～〛投げ捨てる

【弃暗投明】qì àn tóu míng《成》（闇を離れて光につく＞）悪い勢力と手を切って正しい側に移る ⑧[弃邪归正]

【弃权】qì▼quán 動 棄権する

【弃世】qìshì 動 死亡する，世を去る ⑧[去世]

【弃置】qìzhì 動 うっちゃっておく，捨てて顧みない〚～不用〛同前

【泣】qì ㊀ ①涙〚饮～〛（憂さ）②涙に暮れる しくしく泣く，声をのんで泣く〚哭～〛泣く

【泣诉】qìsù 動 涙ながらに訴える

【吸】qì しばしば，度々 ⇒jí

【契（契）】qì ㊀ ①（不動産の）買売証書，権利書〚房～〛家屋の権利書 ②刻

まれた文字，刀で彫った文［书～］文字 ③彫る，刻みつける ④気が合う，一致する［默～］黙約
⇨Xiè

【契丹】Qìdān [名] 契丹(きったん) ♦かつて東北で栄えた民族の一．10世紀に契丹国を作り，のちに遼と改称

【契合】qìhé [動] ①ぴったり合う，符合する [同]［符合］ ②意気投合する

【契机】qìjī [名] 契機(けいき)，転機〚以这次的会议为～〛今回の会議を契機として

【契据】qìjù [名] 契約書，借用証，領収証等の書類の総称

【契税】qìshuì [名] 不動産取引税〚缴纳～〛同前を納める

【契友】qìyǒu [名]《書》気心の知れた友人，親友

【契约】qìyuē [名]〔张・份〕(不動産をめぐる) 契約書([同]［契券］)〚订立～〛契約を交わす

【砌】qì [動] (モルタル，れんが，石などを) 積み上げる，築く〚～灶〛かまどを築く
⊗階段 ♦「(伝統劇の) 小道具・背景」の意の '砌末' は qièmò と発音

〖跂〗qì ⊗爪先立つ，背のびする［～望］《書》背のびして見る;《転》待ち望む ♦「足指の奇形」「虫の這うさま」の意では qí と発音

〖葺〗qì ⊗①草で尾根を葺(ふ)く ②家屋を修理する［修～］同前

〖碛(磧)〗qì ⊗①小石の積み上がった浅瀬 ②砂漠［沙～］同前

〖槭〗qì ⊗カエデ［～树］カエデ，モミジ

〖器(*噐)〗qì ⊗①器具，道具［乐 yuè～］楽器 ②器官［循环～］循環器 ③器量，度量［大～］大器 ④目をかける，器量を重んじる→［～重］

*【器材】qìcái [名] 器材〚备齐～〛器材をそろえる

*【器官】qìguān [名] 器官［呼吸～］呼吸器官

【器件】qìjiàn [名] (機械器具の) 主要部品［电子～］電子部品

【器具】qìjù [名]〔件〕器具，道具［日用～］日常の道具

【器皿】qìmǐn [名] 器(うつわ)，皿鉢類

【器械】qìxiè [名] ①器械［光学～］光学器械 ②武器，兵器

【器宇】qìyǔ [名]《書》物腰，風采(ふうさい)〚～高雅〛優雅な落ち着きを見せている

【器乐】qìyuè [名] 器楽 [関]［声乐］

【器重】qìzhòng [動] (後輩や部下を) 高く評価する，能力を買う

〖憩(*憇)〗qì ⊗休息する，休憩する［～息］《書》休憩する

【掐】qiā [動] ①つねる，つまむ〚～花〛花を摘み取る ②ぎゅっとつかむ，手で締めつける〚～死〛(手で) 締め殺す

【掐尖儿】qiā▼jiānr [動] 作物の芽を摘む，芽止めする

【掐算】qiāsuàn [動] 指折り数える

【掐头去尾】qiā tóu qù wěi《俗》(頭と尻尾を取除く>) 大事な所だけ残して後は削除する

〖袷〗qiā ⊗［～袢 pàn］ウイグル族などの着る長い服

【卡】qiǎ [動] ①(物が) 挟まる ②(旧読 kǎ)(親指と人差し指の間で) 締めつける;《転》(動きが取れないよう) 押さえる
⊗①クリップ，紙挟みなど挟む道具［发 fà～］ヘアピン ②見張り所，検問所［关～］同前
⇨kǎ

【卡脖子】qiǎ bózi [動] ①(両手で) 首を締める ②《転》首根っこを押さえる，動きをとれなくする

【卡壳】qiǎ▼ké [動] ①弾倉が塞(ふさ)がる，薬莢(やっきょう)が詰まる ②《転》(仕事が) 一時ストップする，一頓座(とんざ)をきたす ③《転》言葉がつかえる

【卡子】qiǎzi [名] ①挟む道具，クリップなど［头发～］ヘアピン ②検問所，見張り所

〖洽〗qià ⊗①仲良くする，協調する［融～］睦(むつ)まじくする ②打合わせる，協議する ③該博な，広範な

*【洽谈】qiàtán [動] 協議する

〖恰〗qià ⊗①適切な，妥当な→［～当］ ②ちょうど，ぴったり

*【恰当】qiàdàng [形] 適切な，妥当な

*【恰到好处】qià dào hǎochù《成》(話や事柄が) ちょうどよいところにぴったりと決まる

【恰好】qiàhǎo [形]〘多く状語・補語として〙タイミングのよい，都合のよい([同]［正好］)〚我～在那儿〛折りよく私はその場に居合わせた

【恰恰】qiàqià [副] ぴったり，ちょうど〚～在这个时刻〛まさにその時

*【恰巧】qiàqiǎo [副] うまい具合に，まずいことに，折りよく(悪しく)([同]［凑巧］)〚～在街上遇到了他〛折りよく通りで彼に出会った

【恰如】qiàrú [動] …そっくりに見える，まるで…のようだ〚～所料〛予想に違わず

〖髂〗qià ⊗［～骨］骨盤の一部

【千】qiān [数] 千〚一～个〛1000個

Q

⊗①大量、おびただしい数［成～上万］万を数える［～仇万恨］恨みの数々 ②(Q-)姓
【千不该，万不该】qiān bù gāi, wàn bù gāi（俗）ああ誤てり誤てり、悔んでも悔みきれない
【千疮百孔】qiān chuāng bǎi kǒng（成）①おんぼろの、傷だらけの ②病気の巣のような、身体がたがたの
【千锤百炼】qiān chuí bǎi liàn（成）（鉄を幾度も鍛えに鍛える＞）①度かさなる戦いや試練、苦難に次ぐ苦難 ②（詩文を）練りに練る、何度も手を入れる
【千叮咛，万嘱咐】qiān dīngníng, wàn zhǔfù（俗）何度も何度も言ってきかせる、念入りに念入りに言い付ける
【千儿八百】qiān'er bābǎi 図（口）一千そこら、千そこそこ ♦千を超えない
*【千方百计】qiān fāng bǎi jì（成）あらゆる手を尽くして、万策を講じて
【千古】qiāngǔ 図①永遠の時間［～奇冤］世にも不思議な濡衣話 ━━ 動①永久不滅である、いつまでも記念される ②死者への哀悼の言葉で葬儀の花輪などに書く［○○先生～］○○先生永遠なれ
【千斤】qiānjīn 形千斤ほどの重みの、肩にしのしかかる ♦責任の重さを表わす［～重担 dàn］のしかかる重責 ━━ qiānjin ①〔工〕ジャッキ ㊥［千斤顶］②〔機〕（歯車の軸にかませる）つめ、歯止め ♦逆回転を防ぐ
【千金】qiānjīn 図①巨額の金、千金［～难买寸光阴］時は金なり［～难买一口气］命は金では買えない（命を粗末にするな）②（敬）（他人の娘への敬称）お嬢様、令嬢
【千钧一发】qiān jūn yí fà（成）（千钧の重みが髪一本に繋がれている＞）危険この上ない状況にある ♦1鈞は30斤 ㊥[一发千斤]
【千里鹅毛】qiān lǐ émáo（成）（千里のかなたから鴛鳥の羽を届ける＞）贈物自体は些少でも真心がこもっている ㊥[千里送鹅毛]
【千里马】qiānlǐmǎ 図駿馬、駿足 ♦一日に千里を走りうる馬の意
【千里眼】qiānlǐyǎn 図①千里眼、遠目のきく人 ②（旧）望遠鏡、双眼鏡
【千里之堤，溃于蚁穴】qiān lǐ zhī dī, kuì yú yǐxué（成）アリの穴から堤も崩れる
【千里之行，始于足下】qiān lǐ zhī xíng, shǐ yú zú xià（成）千里の道も一歩から
【千虑一得】qiān lǜ yì dé（成）（愚者も千慮に一得あり＞）凡人の思案にも時にはよい考えが含まれている

もっぱら謙遜に使う
【千虑一失】qiān lǜ yì shī（成）千慮の一失
【千篇一律】qiān piān yí lǜ（成）千篇一律の、型にはまった
【千奇百怪】qiān qí bǎi guài（成）様々な不思議、奇怪の数々
【千秋】qiānqiū 図①千年、千秋［～万代］末代の後まで ②（敬）（他人の）誕生日
【千日红】qiānrìhóng 図〔植〕千日紅
【千瓦】qiānwǎ 量〔電〕キロワット ♦かつては'瓩'とも書いた
【千万】qiānwàn くれぐれも、必ず必ず［～不要忘记］くれぐれも忘れないように
【千…万…】qiān…wàn… ①きわめて多いさまを形容する［千山万水］道をさえぎる無数の山や谷 ②強調を示す［千真万确］正真正銘の
【千载一时】qiān zǎi yì shí（成）千載一遇の、二度とはめぐり来ぬ ㊥[千载难逢]
【千张】qiānzhāng 図〔食〕豆腐を薄く切って乾燥したもの
【千周】qiānzhōu 量〔電〕キロサイクル

【仟】qiān 図'千'の大字［肆～圆］4000元

【阡】qiān ⊗①南北に走るあぜ道 ♣'陌'と墓へ行く道、墓参道
【阡陌】qiānmò 図（書）あぜ道、農道

【迁（遷）】qiān 動移転する、場所を移す［～户口］戸籍を移す ⊗変転する、変化する［变～］変遷する
【迁都】qiān'dū 動遷都する、首都を移転する
*【迁就】qiānjiù 動妥協する、折り合う［对这样的错误不能～］こういう過ちは目こぼしするわけにゆかない［～儿子］息子に甘い顔をする
【迁居】qiānjū 動転居する、引っ越す［～郊区］郊外に引っ越す
【迁怒】qiānnù 動八つ当たりする、怒りを転嫁する［～于人］無関係な人に怒りをぶつける
【迁徙】qiānxǐ 動移転する、移住する
【迁延】qiānyán 動（時間を）引き延ばす、ぐずぐず遅らせる（㊥[拖延])［～三天］3日間引き延ばす
【迁移】qiānyí 動移転する、移住する［～海外］海外に移住する［～工厂］工場を移す

【扦】qiān 図（～儿）①串状の物、先端が尖った物（㊥[～子]）[蜡～儿]ろうそく立て

②米刺し ━ [動]《方》差し込む([同]《普》[插]) 〚～蜡烛〛ろうそく立てにろうそくを立てる

【扦插】qiānchā [動]〚植〛挿木する

【扦子】qiānzi [名]①串状の物, 釘状の物 [竹～] 竹くぎ ②米刺し

〖芊〗qiān ⊗[～绵(～眠)]《書》草木の茂るさま

〖钎(釺)〗qiān ⊗鏨(たがね), ドリル [钢～][～子]同前

〖佥(僉)〗qiān ⊗みな, すべて

〖签(簽)〗qiān [動]①署名する, サインする→[～名] ②短く意見や要点を記す

〖━(籤 *簽)〗[名](～儿)①筮竹(ぜいちく)など, 文字や符号を刻んだ細く長い竹や木 〚抽～儿〛くじを引く ②ラベル, ステッカーの類 [书～儿] しおり, 題簽(だいせん) ③(竹や木で作った)串や楊枝(ようじ)など [牙～儿] つま楊枝 [同][签子] ━ [動] 仮縫いする, ざっと縫い合わせる

【签到】qiān▾dào [動](出勤簿や参会者名簿に) 記名する, 出席を登録する ♦あらかじめ記された名前の下に'到'と記入する場合が多い [～处] 参会者受付

*【签订】qiāndìng [動](条約や契約を)締結かつ調印する 〚～协定〛協定に調印する

【签发】qiānfā [動]発給する, 署名発行する 〚～护照〛旅券を発給する

【签名】qiān▾míng [動]署名する, サインする 〚～盖章〛署名捺(な)印する

【签收】qiānshōu [動]受け取りのサインをする, 署名して受け取る 〚～挂号信〛(サインして)書留を受け取る

*【签署】qiānshǔ [動](重要書類に)署名する 〚～法案〛法案に署名する

【签条】qiāntiáo [名]①おみくじ, 荷札など簡単な文字を記した細長い紙片 ②しおり([同][书签]) 〚在书里夹上～〛本にしおりを挟む

**【签证】qiānzhèng [名]ビザ [出(入)境～] 出(入)国ビザ ━ [動]ビザを出す

【签注】qiānzhù [動]①(原稿や書籍に) 書き込みをした付箋(ふせん)を付ける ②(上司に送る書類に) 簡単な意見を注記する ③証明書類の表紙にコメントをつける

**【签字】qiān▾zì [動](文書に)署名する 〚在协定上～〛協定に調印する

〖牵(牽)〗qiān [動]引く, 引き連れる 〚～着狗散步〛犬を連れて散歩する ⊗関わり合う, 巻き込まれる

【牵缠】qiānchán [動]つきまとう, 巻き添えにする

【牵肠挂肚】qiān cháng guà dù 《成》ひどく心配する, 居ても立ってもいられない気持ちになる [同][牵心挂肠]

*【牵扯】qiānchě [動]①巻き添えにする, 引っ張り込む([同][牵连]) 〚～别人〛他人を巻き込む ②関わり合う, 巻き込まれる 〚～丑闻〛スキャンダルに巻き込まれる

【牵掣】qiānchè [動]①動きをしばる, 妨げる ②(軍事面で)牽制する

【牵动】qiāndòng [動]①巻き添えにする, 影響を与える 〚～各地〛各地に影響を及ぼす ②触発する, 引き起こす

【牵挂】qiānguà [動]心配する, 気にかける([同][挂念]) 〚～父母〛両親の安否を気遣う 〚没有任何～〛気掛かりなことはなにもない

【牵累】qiānlěi [動]①束縛する, 足手まといになる 〚受孩子们～〛子供たちが足枷(あしかせ)になる ②巻き添えにする, 累を及ぼす [同][连累]

【牵连】qiānlián [動]①巻き込む, 累を及ぼす([同][牵扯]) 〚～子女〛子供に迷惑を掛ける ②関連する, 繋がり合う

【牵牛】qiānniú [名]①朝顔 [同][牵牛花][喇叭花] ②牽牛星, 彦星(ひこぼし) [同][牵牛星][牛郎星]

【牵强】qiānqiǎng [動]こじつける, 柄のない所に柄をすげる [～附会] 牽強付会(けんきょうふかい)

【牵涉】qiānshè [動]影響を及ぼす, 関わりを持つ([同][牵惹]) 〚～家属〛家族にまでとばっちりが掛かる

【牵线】qiān▾xiàn [動]①陰で操る, 背後で糸を引く [～人] 黒幕 ②《口》仲立ちする, 取り持つ([同][牵头]) [～搭桥] 縁結びをする

【牵一发而动全身】qiān yí fà ér dòng quánshēn 《成》(髪の毛一本引っ張ると全身が動く>) ほんの一部を動かすことが全局面に影響する

【牵引】qiānyǐn [動]牽引する, 引っ張る [～车] トレーラー

【牵着鼻子走】qiānzhe bízi zǒu 《俗》((牛のように) 鼻を引っ張られて歩く>) 鼻面を引き回される, 思うままに使われる

*【牵制】qiānzhì [動](敵軍を) 牽制する, 動きを封じる 〚～敌人〛敵の動きを封じる

〖悭(慳)〗qiān ⊗①欠く, 欠ける ②けちな, しみったれな

【悭吝】qiānlìn [形]けちな, しみったれた [同][吝啬]

〖铅(鉛)〗qiān [名]鉛(なまり) ♦江西の地名'铅山'ではYánと発音

【铅版】qiānbǎn [名]〚印〛鉛版(えんばん)

[～印刷] ステロ版印刷
★★【铅笔】qiānbǐ [名]〔支·根〕鉛筆〖削～〗鉛筆を削る [～芯] 鉛筆の芯
【铅垂线】qiānchuíxiàn [名]〖建〗錘線, 鉛直線
【铅丹】qiāndān [名]〖化〗鉛丹
【铅球】qiānqiú [名]〖体〗① 砲丸〖推～〗砲丸を投げる ② 砲丸投げ
【铅丝】qiānsī [名](亜鉛メッキをした)針金
【铅铁】qiāntiě [名]トタン ♦'镀锌铁 dùxīntiě'の通称 [同][白铁]
【铅印】qiānyìn [動]活版印刷する
【铅字】qiānzì [名](合金製の) 活字 [～盘] 活字ケース [大号～] ポイントの大きな活字

〖谦(謙)〗qiān ⊗ 謙虚な, へりくだった [自～] 謙遜する
【谦卑】qiānbēi [形](目下から目上に対して)慎み深い, 謙虚な
【谦辞】qiāncí [名]謙譲語 — [動]へりくだり辞退する
【谦恭】qiāngōng [形]へりくだった, 謙虚でていねいな [反][倨傲]
【谦让】qiānràng [動]謙虚に辞退する, (他人に譲って) 遠慮する([反][争持])〖彼此～〗譲り合う
★★【谦虚】qiānxū [形]謙虚な, 思い上がりのない [反][骄傲] — [動]謙遜する, へりくだる
★【谦逊】qiānxùn [形]へりくだった, 謙虚な

〖愆〗qiān ⊗ ① 罪とが, 過ち [～忒 tè] 罪とが ② 時期を違える, 機を逸する
【愆期】qiānqī [動]〖書〗期日を違える, 期日に遅れる

【鸽(鴿)】qiān [動](鳥が) 嘴でついばむ

〖骞(騫)〗qiān ⊗ 高く挙げる

〖褰(攐)〗qiān ⊗ (服の裾などを)からげる

【前】qián [名]〖介詞句の中で〗(空間的, 時間的な) 前〖往～走〗前へと進む→[～边] [～所未闻] 前代未聞の [～不见头, 后不见尾] 行列がぞろぞろ長いこと — [形]([反][后])〖定語として〗① (順序が) 前の, 初めの〖～三名〗先頭の3人 ② (時間的に) 先立つ, 過去の〖～三百年〗過去300年間〖～几天〗数日前
⊗ ① 元の, 前任の [～校长] 前校長 ② (ある事物に)先立つ [～资本主义] プレ資本主義 ③ 未来の, 今後の [～程] 前途 ④ 前へ進む
【前半晌】qiánbànshǎng [名](～儿)〖方〗午前 [同]〖普〗[上午] [反][后半晌儿]
【前半天】qiánbàntiān [名](～儿) 午前 [同][上半天] [反][后半天]
【前半夜】qiánbànyè [名]夜の前半(日没から真夜中まで) [反][后半夜]
【前辈】qiánbèi [名]([反][后辈]) ① 上の世代 ② その道の先輩〖革命～〗革命を戦った先人たち
【前臂】qiánbì [名]下膊(肘から手首まで) [反][上臂]
【前边】qiánbian [名](～儿)([同][前面][前头] [反][后边]) ① (空間的な) 前, 前の方〖房子～〗家の前〖～的工厂〗前方の工場 ② (文章や談話の)すでに述べた部分, 前の部分, (時間的な)前〖～已经讲过〗前述した
【前程】qiánchéng [名]前途, 将来 [同][前途]
【前导】qiándǎo [動]先導する(人), 案内する(人) [～旗] 道しるべの旗
【前敌】qiándí [名]〖軍〗前線
【前额】qián'é [名]額
【前方】qiánfāng [名] ① 前方, 前面([同][前面])〖注视～〗前方を見詰める ②〖軍〗前線, 作戦地域 [反][后方]
【前锋】qiánfēng [名]〖軍〗先鋒, 前衛;〖体〗フォワード
【前夫】qiánfū [名]前夫, 元の夫
【前赴后继】qián fù hòu jì〖成〗(前の者が突進し, 後の者がすぐ続く>) 大目標に向かって次々と後継者が現われ, 力強い歩みが続く
【前功尽弃】qián gōng jìn qì〖成〗従来の功績が無に帰する, 今日までの努力が無駄になる
【前后】qiánhòu [名] ① 前後の時間, …のころ〖开战～〗開戦前後 ② (空間的な) 前と後〖房屋～〗家の前や裏手 ③ 始めから終わりまでの時間, 全期間〖～去过六次〗前後6回訪れた
【前…后…】qián…hòu… ① 2つの事柄が時間的, 空間的に前と後になることを示す [前倨后恭] 始めいばって後でぺこぺこ ② 身体が前後に動くさまを示す
【前后脚儿】qiánhòujiǎor [副]〖口〗踵を接して, 次々と〖～走进去〗踵を接して入ってゆく
【前脚走, 后脚到】qiánjiǎo zǒu, hòujiǎo dào〖俗〗(前足が去れば後足が来る>) ① 甲と乙がほとんど同時にやってくる ② 甲と乙が入れ違いでやってくる
【前襟】qiánjīn [名](中国服の) 前身頃 [同][前身]
【前进】qiánjìn [動]前進する, 発展する [反][后退]
★【前景】qiánjǐng [名] ① (絵画や舞台の) 前景, 近景 ② 将来の展望, 見通し〖农业的～〗農業の前途
【前科】qiánkē [名]前科〖犯有～〗

前科がある
【前来】qiánlái 動〘通常後に動詞を伴って〙進み出る,やって来る〖～献花〗進み出て花を捧げる
【前例】qiánlì 图 前例
【前列】qiánliè 图 前列,先頭〖站在运动的～〗運動の先頭に立つ
【前门】qiánmén ①正門,表の入口 ⊗[后门] ②(転)正規のルート,正面から進む筋道 ⊗[后门])〖走～〗正面から事を進める ③(Q-)北京の正阳门(北京内城の正門)の通称
*【前面】qiánmiàn 图(～儿) ⊕[前边]
【前年】qiánnián 图 一昨年,おととし〖大～〗先おととし
【前怕狼,后怕虎】qián pà láng, hòu pà hǔ《俗》(前に進むには狼が怖い,後に下がるには虎が怖い>)びくびく心配ばかりして行動に出られないさま ⊕[前怕龙,后怕虎]
【前仆后继】qián pū hòu jì《成》(前の者が倒れると直ちに次の者が突進してゆく>)大目標のために次々と後続の者が参加する
【前期】qiánqī 图 前期
【前妻】qiánqī 图 先妻
【前人】qiánrén 图 昔の人,先人
【前任】qiánrèn 图 前任者,先代 — 形〘定語として〙前任の〖～市长〗前任の市長
【前日】qiánrì 图《方》一昨日,おとといくっ[前天]
【前晌】qiánshǎng 图《方》午前
【前哨】qiánshào 图《軍》前哨〖～战〗前哨戦
【前身】qiánshēn 图①身〈 ②(～儿)〘衣〙前身頃 ⊕[前襟]
【前事不忘,后事之师】qián shì bú wàng, hòu shì zhī shī《成》過去の経験は,忘れなければ,将来に対するよき指針となる
【前所未有】qián suǒ wèi yǒu《成》かつてなかった〖～的困难〗未曾有の困難
【前台】qiántái 图①〘演〙前舞台(幕とオーケストラ席との間) ②〘演〙舞台額縁 ③(貶)表舞台,公開の場 ⊕[幕后]
*【前提】qiántí 图①〘哲〙前提〖大～〗大前提 ②前提条件,先決条件
【前天】qiántiān 图 一昨日,おととい〖大～〗先おととい
【前头】qiántou 图 前,前方,先(⊕[前边])〖走在时代～〗時代の先を歩む
*【前途】qiántú 图 前途,未来(⊕[前程])〖很有～〗前途洋々だ
【前往】qiánwǎng 動 行く,出向く〖～车站迎接代表团〗駅に出向いて

代表団を迎える
【前卫】qiánwèi 图〘軍〙前衛;〘体〙ハーフバック — 形 前衛的な
【前无古人】qián wú gǔrén《成》かつて誰も成しえなかった,前人未到の
【前夕】qiánxī 图①前夜,前の晩〖决赛～〗決勝戦の前夜 ②(転)直前の時期,前夜〖回归～的香港〗復帰前夜の香港
【前线】qiánxiàn 图 前線(⊗[后方])〖上～〗前線に赴く
【前言】qiányán 图①前書き,序文 ②先ほど話したこと,前述したこと ③〘書〙かつて語ったこと
【前沿】qiányán 图 最先端〖～科学〗最先端科学
【前仰后合】qián yǎng hòu hé《成》(大笑いして)身体が前後に大揺れする ⊕[前俯后仰]
【前夜】qiányè 图 前夜(⊕[前夕])〖入学～〗入学前夜
【前因后果】qiányīn hòuguǒ 图 原因と結果,事の顛末 ⊕[前情后尾]
【前有车,后有辙】qián yǒu chē, hòu yǒu zhé《俗》(車のあとには轍が残る>)前例に照らして行えばよい
【前兆】qiánzhào 图 前兆,前触れ〖地震的～〗地震の前兆
【前瞻】qiánzhān 動 前を見る,展望する
【前者】qiánzhě 图 前者 ⊗[后者]
【前肢】qiánzhī 图 前足,前肢
【前缀】qiánzhuì 图〘語〙接頭辞 ◆例えば'老虎'の'老' ⊕[词头]
【前奏】qiánzòu 图①前奏,前奏曲〖～曲〗序曲 ②(転)大事件の幕開けとなる小事件,前触れ

【钤(鈐)】 qián ⊗ ①印鑑(を押す) ②鎖

【黔】 qián ⊗ ①(Q-)貴州省の別称 ②黒,黒い色
【黔驴之技】Qián lǘ zhī jì《成》見掛け倒し,乏しい技量
【黔首】qiánshǒu 图《書》庶民,人民 ⊕[黎黔]

【荨(蕁*蕟)】 qián ⊗ 以下を見よ ⇒ xún
【荨麻】qiánmá 图①〘植〙イラクサ ②イラクサから採る繊維
【荨麻疹】qiánmázhěn 图 xúnmázhěn の旧読

【虔】 qián ⊗ 敬虔な,誠実な
【虔诚】qiánchéng 形(信仰の姿勢が)敬虔な,真実の ⊕[虔心]
【虔敬】qiánjìng 形 敬虔な,恭しい

【钱(錢)】 qián 图①金,財貨〖挣～〗金を稼ぐ ②貨幣 ③銅銭 ④金額,費

用［房～］家賃 一圖重量単位で'両'の10分の1 ♦1'銭'は5グラム ⊗①(～儿)銅銭に似た形の物［楡～儿］ニレの実 ②(Q-)姓
【钱包】qiánbāo 图(～儿)財布,紙入れ［［拾～］］財布を拾う
【钱币】qiánbì 图金,貨幣 ♦多く硬貨をいう
【钱财】qiáncái 图金銭,財貨［［拥有～］］金満家である
【钱粮】qiánliáng 图《旧》地租,土地税［［纳～］］地租を納める
【钱票】qiánpiào 图《口》紙幣
【钱庄】qiánzhuāng 图《旧》銭荘 ♦旧時の私設銀行,両替屋

【钳(鉗＊拑)】qián 動挟みつける［［～住螺丝］］ボルトで挟む

【―(鉗＊箝)】⊗①ペンチ,やっとこの類［老虎～］ペンチ ②制約する,束縛する→［～制］
【钳工】qiángōng 图①(ペンチ,やすりなど手仕事の道具を使った)機械の組み立て,修理 ②機械組み立て工,取り付け工
【钳口结舌】qián kǒu jié shé《成》(難を恐れて)黙して語らず,口を貝にする 働→［钳口不言］
【钳制】qiánzhì 動封じ込める,抑圧する［［～舆论］］世論を封じ込める
【钳子】qiánzi 图①［把］ペンチ,やっとこ,鉗子の類 ②《方》耳輪

【掮】qián 動《方》肩で担ぐ,担いで運ぶ
【掮客】qiánkè 图《旧》仲買人,ブローカー

【乾】qián ⊗①乾(八卦の一,天を表わす) ②旧時の婚姻における男性がわ［～造］男子の'八字'
⇨gān（干）
【乾坤】qiánkūn 图天と地,宇宙 ♦'坤'が八卦の一つ［［扭转～］］天下の形勢を覆えす

【埝】qián ⊗地名用字

【犍】qián ⊗［～为wéi］犍為(四川省)
⇨jiān

【潜(潛)】qián ⊗①水に潜る,水中に潜む→［～伏］ ②隠れる,潜む→［～伏］ ③ひそかに,人知れず→［～逃］
【潜藏】qiáncáng 動①隠れる,身を潜める 働［隐藏］ ②隠す,内部にかえる→［～逃犯］逃亡者をかくまう［［～着危险］］危険をはらんでいる
【潜伏】qiánfú 動隠れる,潜伏する［［～在国外］］国外に隠れている［～期］潜伏期間
*【潜力】qiánlì 图潜在能力,潜在エネルギー［［发挥～］］潜在能力を発揮する
【潜流】qiánliú 图①地下水,水脈 ②(転)心の奥に潜む感情
【潜热】qiánrè 图《理》潜熱
【潜入】qiánrù 動①潜入する,忍びこむ ②潜水する,水に潜る［［～水中］］水中に潜る
*【潜水】qiánshuǐ 動潜水する,水中で行動する［～艇］潜水艦［～衣］潜水服
【潜台词】qiántáicí 图①《演》言外のせりふ ♦せりふはなくても観客にそれとわかる意味 ②言外の意味,無言の言
【潜逃】qiántáo 動(犯罪者が)逃亡する,行方をくらます
【潜艇】qiántǐng 图〔只·艘〕潜水艦働［潜水艇］［核～］原子力潜水艦
【潜望镜】qiánwàngjìng 图潜望鏡
【潜心】qiánxīn 動一心不乱に,わき目もふらず［［～写作］］著作に没頭する
【潜行】qiánxíng 動①水中で行動する,潜行する ②(転)潜行する,ひそかに外部で行動する
*【潜移默化】qián yí mò huà《成》(なんらかの影響のもと)性格などが知らず知らずに変わる
【潜意识】qiányìshí/qiányìshi 图潜在意識 働［下意识］
【潜在】qiánzài 形《定語として》潜在的な,内に潜む［～意识］潜在意識

【浅(淺)】qiǎn 形(反[深])①浅い ②平易な,易しい ③浅薄な,薄っぺらな ④(感情が)淡泊な,冷たい ⑤(色彩が)淡い,薄い ⑥(時間が)短い 反［久］
【浅薄】qiǎnbó 形①浅薄な,薄っぺらな(働[肤浅])［［～的议论］］底の浅い議論
【浅尝辄止】qiǎn cháng zhé zhǐ《成》初歩をかじって止めてしまう
【浅淡】qiǎndàn 形①(色が)薄い,淡い ②(感情が)あっさりとした,淡泊な
【浅见】qiǎnjiàn 图浅はかな見方,貧しい見解(働[卓见])［［依我～］］愚考いたしますに
【浅近】qiǎnjìn 形平易な,わかりやすい 働［浅显］
【浅陋】qiǎnlòu 形(見識が)乏しい,薄っぺらな［［学识～］］学識が乏しい
【浅露】qiǎnlù 形(言葉遣いが)あけすけな,含蓄のない
【浅说】qiǎnshuō 動入門的な解説をする ♦書名や文章の題名にも使う［［《电脑～》］］コンピュータ早わかり
【浅滩】qiǎntān 图浅瀬

【浅显】qiǎnxiǎn 形 平易な,わかりやすい〖~难深〗

【浅学】qiǎnxué 形 浅学の,学識の乏しい〖~菲才〗浅学非才

【浅易】qiǎnyì 形 平易な,わかりやすい〖~难解〗

【遣】 qiǎn ㊄ ① 派遣する,送り出す〖派~〗派遣する ② (憂いなどを) 追い散らす,発散する〖消~〗暇をつぶす

【遣返】qiǎnfǎn 动 送還する,(人を)送り返す

【遣闷】qiǎnmèn 动〖書〗憂さを晴らす,胸のつかえを取り去る

【遣散】qiǎnsàn 动 (機関,軍隊などを)解散して人員を)解職する,除隊させる

【遣送】qiǎnsòng 动 (不法残留者を)送還する,送り返す〖~出境〗国外退去させる

【谴】(譴) qiǎn ㊄ 叱責する,責める

*【谴责】qiǎnzé 动 譴責する,厳しく叱る〖受到~〗叱責される

【缱】(繾) qiǎn ㊄ 以下を見よ

【缱绻】qiǎnquǎn 形〖書〗(男女の仲が)固く結ばれた,離れ難い〖~之情〗固い愛のきずな

【欠】 qiàn 动 ① 借りを作る,返済を滞らす〖~十块钱〗10元の借りがある〖~金负债〗〖赊~〗つけで買う ② 欠ける,不足する〖~周密〗周到さに欠ける〖~佳〗あまり良くない ③ 上半身や足などを少し動かす→〖~身〗
㊄ 伸びをする,あくびをする〖哈~〗あくび

【欠产】qiànchǎn 动 生産量が不足する,ノルマを下回る

【欠据】qiànjù 名 借用証,借金の証文 ㊌〖借据〗

【欠款】qiànkuǎn 名〖筆〗借金〖还清~〗借金を完済する
── qiànkuǎn 动 借金する,金を借りる ㊌〖欠债〗

【欠情】qiàn'qíng 动 義理を欠く

【欠缺】qiànquē 动 不足する,欠ける〖~创见〗創見に欠ける ── 名 短所,欠落

【欠伸】qiànshēn 动 あくびする,腰を伸ばす

【欠身】qiàn'shēn 动 (会釈するべく)腰を浮かせる,前かがみになる

【欠条】qiàntiáo 名 (~儿)〖張〗借用書 ㊌〖借条〗

【欠资】qiànzī 动 郵便不足料金〖~信〗料金不足の手紙

【芡】 qiàn 名 ① 片栗粉,くず粉〖勾~儿〗あんかけにする ② 〖植〗オニバス ㊌〖鸡头〗

【芡粉】qiànfěn 名 片栗粉,くず粉
◆本来は'芡实'から作った粉

【芡实】qiànshí 名〖植〗オニバスの実 ◆あんかけスープの材料を作る ㊌〖鸡头米〗

【纤】(縴) qiàn 名 船を引く綱 ◆竹を縒って作ったものが多い〖拉~〗(川上に向かって)船を引く〖~歌〗船引き歌
⇒xiān

【纤夫】qiànfū 名 船引き人夫

【纤手】qiànshǒu 名 不動産仲介人,不動産屋 ㊌〖拉纤的〗

【茜】(蒨) qiàn ㊄ ① 〖植〗アカネ〖~草〗同前 ② 茜色,赤 ◆外国人名の音訳では xī と発音

【倩】 qiàn ㊄ ① 代行させる,代わってやってもらう〖~人代笔〗代筆してもらう ② 美しい,きれいな〖~影〗(女性の)美しい姿

【堑】(塹) qiàn 名 ① 堀,塹壕〖~壕〗 ② (転)挫折,失敗〖吃一~,长一智〗失敗をすればそれだけ賢くなる

【堑壕】qiànháo 名〖軍〗塹壕

【椠】(槧) qiàn ㊄〖宋〗木版本〖宋〗宋版

【嵌】 qiàn 动 嵌はめ込む,象眼する〖镶~〗象眼する
◆'赤嵌'(台湾の地名)では kàn と発音

【嵌镶】qiànxiāng 象眼する,嵌め込む ㊌〖镶嵌〗

【歉】 qiàn ㊄ ① 凶作,不作〖~年〗凶年 ② すまないと思う気持ち,遺憾かんの意〖抱~〗申し訳なく思う

【歉疚】qiànjiù 动 気がとがめる,良心がうずく

【歉收】qiànshōu 动 凶作に見舞われる(㊃〖丰收〗)〖因水灾而~〗水害にやられて凶作となる

【歉意】qiànyì 动 わびる気持ち,すまないという思い〖深致~〗深くおわび申しあげる

【歉仄】qiànzè 动 気がとがめる,申し訳なく思う ㊌〖歉疚〗

【羌】 Qiāng ㊄ ① 羌きゃう ◆古代民族の一,かつて'后秦国'を建てた ② 羌族

【羌活】qiānghuó 名〖植〗キョウカツ ◆発汗,利尿等の効果を持つ漢方薬の材料

【羌族】Qiāngzú 名 羌(チアン)族 ◆中国少数民族の一,四川省に住む

【蜣】 qiāng ㊄ 以下を見よ

【蜣螂】qiānglǎng 名〖虫〗クソムシ,フンコロガシ ㊌〖方〗〖屎壳郎 shǐkelǎng〗〖書〗〖蛣蜣 qī qiāng〗

【呛(嗆)】qiāng [動] むせる, むせて(食べた物を)ふき出す
⇨qiàng

〖抢(搶)〗qiāng ⊗ 触れる, ぶつかる
⇨qiǎng

【枪(槍*鎗)】qiāng [名]〔支・杆 gǎn〕① 銃〖开～〗発砲する［手～］ピストル ② 槍(やり)［投～］手投げの槍

〖―(槍)〗⊗ 替玉受験する→［～手］

【枪毙】qiāngbì [動] 銃殺する, 銃殺刑を執行する;《転》ボツにする [同]［枪决］

【枪刺】qiāngcì [名]〔把〕銃剣([同]［刺刀］)〖安～〗着剣する

【枪弹】qiāngdàn [名]〔颗・粒〕銃弾, 弾丸([同]［子弹］)〖发射～〗銃弾を発射する

【枪法】qiāngfǎ [名] ① 射撃の腕前〖学到了一手好～〗射撃の腕を身につけた ② 槍術

【枪杆】qiānggǎn [名](～儿)([同]［枪杆子］) ① 銃身, 鉄砲 ②《転》武力, 武器〖～握得紧〗武器をしっかりと握る

【枪决】qiāngjué [動] 銃殺する, 銃殺刑を執行する [同]［枪毙］

【枪林弹雨】qiāng lín dàn yǔ《成》弾丸飛び交う激戦場

【枪炮】qiāngpào [名] 銃砲

【枪杀】qiāngshā [動] 射殺する, 打ち殺す

【枪手】qiāngshǒu [名] ① 射手, ガンマン ②《旧》槍を武器とする兵 ③ 替玉となって受験する者, 身替わり受験者

【枪膛】qiāngtáng [名] 弾倉

【枪替】qiāngtì [動] 身代わり受験する, 受験者の替玉になる([同]［打枪］)〖请人～〗替玉になってもらう

【枪托】qiāngtuō [名] 銃床(じゅうしょう), 台尻(だいじり) [同]［枪托子］

【枪械】qiāngxiè [名] 銃砲, 小火器

【枪眼】qiāngyǎn [名] ① 銃眼(じゅうがん), 射撃用のぞき窓 ②(～儿)銃弾が貫通してできた穴

【枪支】qiāngzhī [名] 銃砲, 小火器 [同]［枪械］

【枪子儿】qiāngzǐr [名]《口》〔颗〕銃弾, 弾(たま) [同]［子弹］

【戗(戧*搶)】qiāng [動] ① 逆行する, 逆に進む〖～风走〗向かい風の中を進む ② 意見がぶつかる, 対立する［说～］言い争う
⇨qiàng

〖跄(蹌)〗qiāng ⊗ 以下を見よ
⇨qiàng

【跄跄(蹡蹡)】qiāngqiāng [形](歩く姿が)優雅な, 品のよい

〖戕〗qiāng ⊗ 殺す, 殺害する［自～］《書》自殺する

【戕贼】qiāngzéi [動] 傷つける, 損なう〖～身体〗体を壊す

【腔】qiāng [名](～儿) ① 楽曲の調子〖唱走～儿〗調子っぱずれに歌う ② 言葉のなまり, アクセント［京～］北京なまり
⊗ ① 身体や道具の内部の空洞部分［口～科］歯科 ② 言葉, 話すこと［开～］しゃべる

【腔调】qiāngdiào [名] ① 言葉のなまり, アクセントやイントネーション ② 伝統芝居の曲調

【锵(鏘)】qiāng [擬] 金属を叩いて出る音, じゃーん, ごーん ♦一般に'～～'と重ねて使う

〖镪(鏹)〗qiāng ⊗ 以下を見よ ♦「銭」の意の文語はqiǎngと発音

【镪水】qiāngshuǐ [名] 強酸 ♦塩酸, 硝酸, 硫酸の総称

【强(強*彊)】qiáng [形]([反]［弱］) ① 力強い, 活力あふれる〖能力很～〗能力が高い［～国］強国 ② 意志が強い, 頑張り屋の ③〘多く比較に用い〙よりよい, ましな ④〘分数や小数の後について〙…強(きょう)〖百分之二十八～〗2割8分強
⊗ ① 凶暴な, 横暴な ② 力づくで, 無理やり ③(Q-)姓
⇨jiàng, qiǎng

【强暴】qiángbào [名] 暴力でのさばる輩, 凶暴な連中 ―[形] 凶暴な, 横暴な

【强大】qiángdà [形] 強大な, 力強い

【强盗】qiángdào [名] 強盗, 山賊, 海賊 ♦比喩としても多用する

*【强调】qiángdiào [動] 強調する, 力説する〖～困难〗難しさを力説する

【强度】qiángdù [名] 強度, 強さ〖测定～〗強度を測定する

【强攻】qiánggōng [動] 強襲する, 力攻めする [反]［智取］

【强固】qiánggù [形] 堅固な, 揺るぎない [同]［坚固］

【强悍】qiánghàn [形] 勇猛果敢な, 恐れを知らない

【强横】qiánghèng [形] 横暴な, 暴君的な

【强化】qiánghuà [動] 強化する, 堅固にする

【强加】qiángjiā [動](見解や方法などを)強制する, 押しつける〖把这种罪名～在他头上〗こんな罪名をむりやり彼にかぶせた

【强奸】qiángjiān [動] ① 強姦(ごうかん)する,

Q

レイプする ②〖'～民意'の形で〗(支配者の)自分の意志を民意と言いくるめ強行する

【强健】qiángjiàn 形 (身体が)丈夫な, 逞ましい ⇨[强壮]

【强劲】qiángjìng 形 強力な, 力強い 〖～的部队〗強力な部隊

【强力】qiánglì 名 ① 強制力, 束縛する力 〖用～压下感情〗込み上げるものをぐっとこらえる ② (物体の)抵抗力, 耐える力 — 副 強力に

*【强烈】qiángliè 形 強烈な, 激しい 〖～的谴责〗激しい叱責

【强弩之末】qiáng nǔ zhī mò 《成》(力強く放たれた矢の最後>)勢い衰えたものの末路

【强权】qiángquán 名 (他国を圧する)力, 支配力 〖～政治〗パワーポリティクス

【强盛】qiángshèng 形 (国家が)勢い盛んな, 強大

【强手】qiángshǒu 名 有能な人物, 優秀な人材

【强似】qiángsì 動 勝*まる, やや上回る(⇨[强如])〖今年的产量～去年〗今年の生産高は昨年を上回る

【强项】qiángxiàng 名 得意種目, 得意科目

【强心药】qiángxīnyào 名 強心剤

【强行】qiángxíng 動 強行する, 力ずくで実行する 〖～表决〗強行採決する

【强硬】qiángyìng 形 強硬な, 断固引き下がらない(⇨[软弱])〖口气～〗断固たる口調である

【强有力】qiángyǒulì 形 力強い, 活力に満ちた 〖～的一击〗強力な一撃

【强占】qiángzhàn 動 ① 武力で占領する ② 暴力で占拠する, 力ずくで奪う 〖～民房〗民家を強奪占拠する

【强直】qiángzhí 名 〖医〗筋肉や関節の硬直症

*【强制】qiángzhì 動 強制する 〖～劳动〗強制労働 〖～降价〗値下げを強いる

【强壮】qiángzhuàng 形 (身体が)丈夫な, 逞ましい ⇨[结实 jiēshi] — 動 丈夫にする

【墙】(牆*墙) qiáng 〖堵·道〗塀 ☆, 壁 〖砌～〗(石やれんがで) 塀(壁)を築く

【墙报】qiángbào 名 壁新聞 ⇨[壁报]

【墙壁】qiángbì 名 〖堵·道〗壁, 塀

【墙根】qiánggēn 名 (～儿)壁や塀の土台部分, 城壁の根方

【墙角】qiángjiǎo 名 塀や壁の角*の部分 ◆ 2枚の塀または壁からできる角 *の部分

【墙脚】qiángjiǎo 名 ① 塀や壁の土台部分 ⇨[墙根] ②(転)物事の基盤, 土台 〖挖～〗(事業などを)台なしにする

【墙裙】qiángqún 名 〖建〗腰壁目張 ⇨[护壁]

【墙头】qiángtóu 名 (～儿) ① 壁や城壁のてっぺん ② 低く短い塀

【蔷】(薔) qiáng ⊗ 以下を見よ

【蔷薇】qiángwēi 名 ①〔棵〕バラ, 野バラ ⇨[野蔷薇] ②〔朵〕バラの花

【樯】(檣*艢) qiáng ⊗ 帆柱, マスト [桅 wéi～]マスト

【抢】(搶) qiǎng 動 ① ひったくる, 奪い取る, 争い取る ②〖多く'着'を伴って〗先を争う, 我勝ちに行う 〖～着报名〗争って申し込む ③ 削り取る, こすり落とす 〖～锅底〗鍋底をこそげる ⊗ 大急ぎで, 突貫作業で ⇨ qiāng

【抢白】qiǎngbái 動 (面と向かって)非難する, 皮肉る, やり返す

【抢渡】qiǎngdù 動 (川を)一気に渡る

【抢夺】qiǎngduó 動 強奪する, ひったくる

【抢购】qiǎnggòu 動 我勝ちに買う, 先を争って買う

【抢建】qiǎngjiàn 動 突貫工事で建造する, 大至急建設する

*【抢劫】qiǎngjié 動 強奪する, 略奪する 〖～银行〗銀行強盗を働く

*【抢救】qiǎngjiù 動 緊急救助する, 応急保護の手を打つ(⇨[急救])〖～文物〗文化財を(破壊から)緊急に保護する

【抢掠】qiǎnglüè 動 略奪する, 強奪する

【抢亲】qiǎng'qīn 動 略奪結婚する ⇨[抢婚]

【抢收】qiǎngshōu 動 一気に収穫する, 寸秒を争って(作物を) 取り入れる 〖～麦子〗小麦を一気に取り入れる 〖～抢种 zhòng〗一気に取り入れかつ作付けする

【抢先】qiǎng'xiān 動 (～儿)先を争う, 我先に名乗りを上げる(⇨[争先]) 〖～发言〗真っ先に発言する

【抢险】qiǎngxiǎn 動 (危険を前にして)緊急救助する, (危険個所に)応急措置を施す 〖～救灾〗災害の緊急救助に当たる

【抢修】qiǎngxiū 動 緊急修理する 〖～铁路〗鉄道を突貫工事で復旧させる

【抢运】qiǎngyùn 動 緊急輸送する, 大急ぎで運ぶ 〖～疫苗〗ワクチンを緊急に輸送する

【抢占】qiǎngzhàn [動] ①先に占領する，先陣を争う ②ぶん取る，不法に占拠する

【抢种】qiǎngzhòng [動]（天候をにらんで）一気に種まきをする

【羟(羥)】qiǎng ⊗［～基］水酸基（'氢氧根'とも）

【强(強 *彊)】qiǎng ⊗ ①強いる，無理に押しつける→［～求］②無理に，努めて［勉～］無理に
⇨jiàng, qiáng

【强逼】qiǎngbī [動] 圧力をかけて従わせる，強要する [同]［强迫］

【强辩】qiǎngbiàn [動] 強弁する，こじつける

【强词夺理】qiǎng cí duó lǐ《成》へりくつを並べ立てる，サギをカラスと言い張る [反]［入情入理］

*【强迫】qiǎngpò [動] 圧力をかけて従わせる，強要する（[同]［强逼］）〖～对方达成协议〗相手を力で脅して合意にもち込む

【强求】qiǎngqiú [動] 無理強いする，固執する

【强人所难】qiǎng rén suǒ nán《成》出来ないことをやれという，無理難題を押しつける

【强使】qiǎngshǐ [動] 強制する，無理強いする（[同]［强迫］）〖～让步〗無理やり譲歩させる

【强笑】qiǎngxiào [動] 作り笑いする，無理に笑顔を作る

【襁(*繦)】qiǎng ⊗ おぶい紐(ひも)，子供を背負う帯

【襁褓】qiǎngbǎo [名] 産着(うぶぎ)，赤子をくるむ衣類

【呛(嗆)】qiàng [動]（刺激臭で）むせ返る，鼻をつく〖味儿～鼻子〗においが鼻を刺す
⇨qiāng

【炝(熗)】qiàng [動]〖食〗①さっと茹(ゆ)でた後，油や酢などで和(あ)える ②油で炒めた後，調味料と水を加えて煮る

【戗(戧)】qiàng [名] ①支柱，突っかい棒 ②斜(はす)にかけられた梁(はり) — [動] 突っかい棒（支柱）を当てがう
⇨qiāng

【跄(蹌)】qiàng ⊗ 以下を見よ
⇨qiāng

【跄踉(蹡踉)】qiàngliàng [動] 足元がふらつく，千鳥足で歩く [同]［踉跄］

【瓩】qiānwǎ [量]〖電〗キロワットを表わす旧式文字記号

【悄】qiāo ⊗ 以下を見よ
⇨qiǎo

*【悄悄】qiāoqiāo [副]（～儿地）①ひっそりと，音もなく ②こっそりと，内密に［～话］内緒話

【硗(磽 *墝)】qiāo ⊗ 以下を見よ

【硗薄】qiāobó [形]（農地が）固くて痩せた，地味不良の [同]［硗瘠］

【跷(蹺)】qiāo [動] ①足を上げる，膝を上げる〖～着腿坐〗膝を組んで座る ②指を立てる〖～大拇指〗親指を立てる ③爪先で立つ，伸び上がる〖～着脚走〗爪先で歩く
⊗ 高足踊り［高～］高足踊り

【跷蹊】qiāoqi [形] 怪しい，変な [同]［蹊跷 qīqiāo］

【跷跷板】qiāoqiāobǎn [名]〔副〕シーソー（[同]［翘板］）〖玩儿～〗シーソーで遊ぶ

【敲】qiāo [動] ①叩いて音を出す，（固い物，響く物を）叩く〖～门〗ドアをノックする ②《口》ふんだくる，巻き上げる〖他～了我十块钱〗そいつは僕から10元巻き上げた

【敲边鼓】qiāo biāngǔ [動] 口添えする，応援する [同]［打边鼓］

【敲打】qiāoda/ qiāodǎ [動] ①（固い物，響く物を）叩く [同]［敲击］②《方》皮肉を言う，気に障ることを言う〖～他〗皮肉を言って彼をいじめる

【敲骨吸髓】qiāo gǔ xī suǐ《成》骨の髄までしゃぶり尽くす，血の一滴まで絞り取る

【敲门砖】qiāoménzhuān [名]（門を叩く煉瓦のかけら>）（目的達成のための）踏み台，単なる手段

【敲诈】qiāozhà [動] ゆすり取る，脅し取る〖～老百姓〗庶民からゆすり取る〖被他～一百元〗彼に100元脅し取られた

【敲竹杠】qiāo zhúgàng [動] ふんだくる，巻き上げる〖别向我～〗俺からふんだくるのはやめてくれ

【锹(鍬 *鍫)】qiāo [名]〔把〕スコップ，シャベル［铁～］シャベル〖挖一～土〗シャベル1杯の土を掘る

【劁】qiāo [動] 去勢する（[同]［阉割］）〖～猪〗豚を去勢する

【橇】qiāo ⊗ 橇(そり)［雪～］（雪上の）橇

【缲(繰)】qiāo [動] 縫い目が表に出ないように縫う，絎(く)ける
⇨sāo（缫）

【乔(喬)】qiáo ⊗ ①変装する，扮する［～扮］同前 ②高い，そびえ立った ③（Q-）姓

qiáo

【乔木】 qiáomù 名 喬木

【乔迁】 qiáoqiān 動 (他人が)適地に転居する、よい地位につく ◆ 一般に転居や昇進を祝うときに使う

【乔装】 qiáozhuāng 動 変装する、なりすます〚～成记者〛新聞記者になりすます

【侨(僑)】 qiáo ㊅①(国籍を本国に持つ)国外在留者〚华～〛華僑〚日～〛日僑 ②外国に居住する〚～民〛海外在留者(2世3世をも含む)〚～居〛'侨民'として暮らす

【侨胞】 qiáobāo 名 外国に在留する同胞

【侨眷】 qiáojuàn 名 華僑が本国に残した妻子や家族 ◎〚侨属〛

【侨资】 qiáozī 名 華僑(が本国内に投じた)資本〚～企业〛華僑資本による企業

【峤(嶠)】 qiáo ㊅ 山が高く鋭い ◆「山道」の意では jiào と発音

【荞(蕎)】 qiáo ㊅ 以下を見よ

【荞麦】 qiáomài 名〚植〛ソバ

【桥(橋)】 qiáo 名〔座〕橋〚架～〛橋を架ける〚铁～〛鉄橋〚独木～〛丸木橋 ㊅(Q-)姓

【桥洞】 qiáodòng 名(～儿)《口》橋の下のトンネル部分

【桥墩】 qiáodūn 名〚座〛橋脚の土台

【桥孔】 qiáokǒng 名 橋の下のトンネル部分、橋脚と橋脚の間の空間 ◎《口》〚桥洞〛

【桥栏】 qiáolán 名 橋の欄干

*【桥梁】** qiáoliáng 名 ①〚座〛橋、橋梁 ②(転)橋渡しをする人や事物〚为媾和起～作用〛講和の橋渡しをする

【桥牌】 qiáopái 名(トランプの)ブリッジ〚打～〛ブリッジする

【桥头】 qiáotóu 名 橋の両端

【桥头堡】 qiáotóubǎo 名 ①〚军〛橋頭堡 ②(転)攻撃の拠点、足掛かり ③橋の両端のタワー状のビル

【翘(翹)】 qiáo 動 ①(頭を)起こす、上げる ②(乾燥して)反り返る、たわむ ⇒ qiào

【翘楚】 qiáochǔ 名《書》傑物、偉才〚医中～人材〛医学界の偉才

【翘企】 qiáoqǐ 動《書》待望する、渇望する(◎〚翘盼〛)〚～以待〛首を長くして待つ

【翘首】 qiáoshǒu 動《書》見上げる、ふり仰ぐ〚～星空〛星空を仰ぎ見る

【翘足引领】 qiáo zú yǐn lǐng《成》(爪先立ち首を伸ばす＞)待ちわびる、待ち望む

【谯(譙)】 qiáo ㊅①望楼、鼓楼 ②(Q-)姓 ⇒ qiào(诮)

【憔】 qiáo ㊅ 以下を見よ

【憔悴(憔萃)】 qiáocuì 形 ①やつれた、憔悴した ②(植物が)色あせた、枯れしぼんだ

【蕉】 qiáo ㊅ 以下を見よ ⇒ jiāo

【蕉萃】 qiáocuì 形 ◎〚憔悴〛

【樵】 qiáo 名 ①たき木、薪 ②たき木を取る、柴刈りをする

【樵夫】 qiáofū 名 木こり、たき木取り

【瞧】 qiáo 動《口》見る、会う、読む、見舞う(◎〚看〛)〚等着～吧〛今に見てろ〚～病〛診察を受ける〚你～着办吧〛君の裁量に任せるよ

【瞧不起】 qiáobuqǐ 動 見下す、ばかにする ◎〚看不起〛

【瞧得起】 qiáodeqǐ 動 敬意を払う、一目おく ◎〚看得起〛

【瞧见】 qiáojiàn 動 見る、目にする〚瞧不见〛見えない

【巧】 qiǎo 形 ①巧妙な、器用な(⇔〚笨〛) ②偶然一致した、うまく同時に起こった〚来得真～〛いいところへ来たな ㊅実らのない、偽りの(言葉)

【巧辩】 qiǎobiàn 動 言いつくろう、巧みに言い訳する

【巧夺天工】 qiǎo duó tiān gōng《成》(美術工芸品など)人工の技が天然の美を越えている、神業というにふさわしい ◎〚鬼斧神工〛

【巧妇难为无米之炊】 qiǎofù nán wéi wú mǐ zhī chuī《俗》(賢い主婦でも米がなければ飯は炊けない＞)無い袖は振れない

【巧合】 qiǎohé 形 偶然に一致した、たまたま同じになる

【巧计】 qiǎojì 名 巧妙な策略、巧みな手口

*【巧克力】** qiǎokèlì 名《訳》〚块〛チョコレート〚～糖〛同前〚酒心～〛ウイスキーボンボン

【巧立名目】 qiǎo lì míngmù《成》あれこれ名目をつける、名分を並べ立てる

*【巧妙】** qiǎomiào 形 巧妙な、賢い(⇔〚笨拙〛)〚～的比喻〛巧みな比喩〚～躲避〛巧妙に逃れる

【巧取豪夺】 qiǎo qǔ háo duó《成》(だましや力で奪い取る＞)汚い手口で手に入れる

【巧手】 qiǎoshǒu 名 ①器用な手、精妙な技 ②名手、達人

【巧言令色】 qiǎo yán lìng sè《成》巧言令色、甘い言葉と優しい笑顔

【巧遇】qiǎoyù [動] 巡り会う，偶然に出会う

【悄】qiǎo ⊗① 静まりかえった，音のない ② 物悲しい，憂うつな
⇨qiāo

【悄然】qiǎorán [副] ① しょんぼりと，悲しげに ② ひっそりと，音もなく

【悄声】qiǎoshēng [副] 音もなく，ひそやかに 〚～谈话〛ひそひそ語り合う

【雀】qiǎo ⊗スズメ ♦'家～儿' '～盲眼' など少数の語彙に使われる音
⇨què

【雀盲眼】qiǎomangyǎn [名]《方》鳥目(とりめ)，夜盲症 [同]《普》[夜盲]

【愀】qiǎo ⊗以下を見よ

【愀然】qiǎorán [形]《書》①（表情が）不快げな ② 厳粛な，重々しい

【壳(殼)】qiào ⊗殻(から)，固い外皮 [地～] 地殻
⇨ké

【壳菜】qiàocài [名]〖貝〗イガイ（の肉）

【俏】qiào [形] ① 垢抜けした，気のきいた 〚写得真～〛歯切れのよい文章だ ② 売れ行きがよい，需要の高い [～货] 人気商品 ━ [動]《方》（料理に薬味を）加える 〚～点儿辣椒〛トウガラシを少々加える

【俏丽】qiàolì [形] 美貌の，ハンサムな [同][俏美]

【俏皮】qiàopi/qiàopí [形] ① 器量のよい，見栄えのする ②（言葉が）機知に富んだ，（動きが）きびきびした

【俏皮话】qiàopihuà/qiàopíhuà [名]（～儿）① 才知あふれる言葉，機知に富む言葉 ② [同][歇后语 xiēhòuyǔ]

【诮(誚)】qiào ⊗ 責める，非難する [～呵] 叱責する

【峭(*陗)】qiào ⊗①（山が） 高く険しい，切り立った [陡～] 険しい ② 手厳しい，厳格な [冷～] 厳しい

【峭拔】qiàobá [形] ①（山が） 高く険しい，切り立った [同][峭峻] ②（文筆が）活力に満ちた，力強い

【峭壁】qiàobì [名] 断崖(だんがい)，切り立った崖(がけ) [悬崖～] 断崖絶壁

【峭立】qiàolì [動] 屹立(きつりつ)する，そびえ立つ [同][陡立]

【鞘】qiào [名]（刀の） 鞘(さや) [刀～] 刀の鞘
⇨shāo

【鞘翅】qiàochì [名]（昆虫の） 翅鞘(ししょう)，さやばね

【窍(竅)】qiào ⊗① 穴 [心～] 心の働き ② キーポイント，鍵となる一点 [一～不通] まるで不案内だ [诀～] 秘訣

【窍门】qiàomén [名]（～儿）（問題解決の）鍵(かぎ)，こつ 〚找～儿〛（どうすればうまくゆくか）勘どころを探る

【翘(翹 *蹺)】qiào [動] ぴんと立つ，上に反り返る
⇨qiáo

【翘板】qiàobǎn [名] シーソー [同][翘翘板][跷跷板]

【翘辫子】qiào biànzi [動]《俗》くたばる，あの世へ行く ♦人の死を茶化す語気を持つ

【翘尾巴】qiào wěiba [動]《転》うぬぼれる，ふんぞり返る

【撬】qiào [動] こじる 〚～开窗户〛窓をこじ開ける 〚～石头〛てこで石を動かす

【撬杠】qiàogàng [名]〔根〕てこ，バール [同][撬棍]

【切】qiē [動] 切る，切断する 〚～肉〛肉を薄切りにする
⇨qiè

【切除】qiēchú [動]〖医〗切除する 〚～阑尾〛盲腸を切る

【切磋琢磨】qiē cuō zhuó mó《成》切磋琢磨(せっさたくま)する，互いに鍛え合い高め合う

【切割】qiēgē [動]（金属を）切断する

【切换】qiēhuàn [動] 切り替える 〚～画面〛画面を切り替える

【切口】qiēkǒu [名] 書籍のページの余白

【切面】qiēmiàn [名] ① 生うどん，切り終えたうどん ② 断面，切口 [同][截面][剖面]

【切片】qiēpiàn [名]〖理〗〔块〕（顕微鏡検査のための）切片(せっぺん)，スライス ── qiē▾piàn [動] 薄片に切る，スライスする

【切削】qiēxiāo [動]〖機〗カッティングする，切削する

【伽】qié ⊗以下を見よ ♦'伽马射线'（ガンマー線，'γ射线'とも） では gā，'伽倻琴'（朝鮮の楽器）は jiāyēqín と発音

【伽蓝】qiélán [名] 仏教寺院，お寺

【茄】qié ⊗ナス [番～] トマト
⇨jiā

【茄子】qiézi [名] ナス，ナスビ 〚一小块儿～〛小さなナス一つ 〚一棵～〛ナス1かぶ

【且】qiě [副] ① 暫く，ちょっとの間（[同][暂且]）〚～听听他的意见〛まあまあ彼の考えを聞こうよ ②《方》〔文末に'呢'を伴って〕長い間，いつまでも 〚～用呢〛長持ちするよ ━ [接] ①〔多く後に'况'を伴って〕…でさえ，…すら 〚死～不

Q

切窃妾怯郄挈锲 — qiè

惧〕死さえ恐れないのに ②〔多く前に'既'を置いて〕その上, しかも♦〔既深～广〕深くて広い ③(Q-) 姓♦文語の文末語気助詞としてはjūと発音

【且慢】qiěmàn 動 まあ待て, まああ落ち着いて〔～, 先让我说完〕慌てるな, 俺にしまいまでしゃべらせろ

【且…且…】qiě…qiě… 副 '…'の部分に動詞がきて, 2つの動作が同時に進行することを示す, …しながら…する〔且喝且写〕飲みながら書く

【切】qiè 動（多く否定の形で）ぴたりと合う, 符合する〔译文不～原文〕訳文が原文にぴったり合わない 副 ① 必ず, きっと〔～不可…(～勿…)〕決して…してはならない ② 親しい, 切り離せぬ〔亲～〕親しみあふれる ③ 切なる, 心からの〔心～〕切なる思いの ⇨qiē

【切齿】qièchǐ 動 (悔しくて) 歯がみをする〔咬牙～〕切歯扼腕する

【切肤之痛】qiè fū zhī tòng 〈成〉身にこたえる痛さ, 身にしみる辛さ

【切骨之仇】qiè gǔ zhī chóu 〈成〉骨髄に達する恨み, 断ち難い憎しみ

【切合】qièhé 動 ぴったり合う, 合致する〔～要求〕注文通りに

【切记】qièjì 動 しっかりと記憶する, 脳裡に刻みつける

【切忌】qièjì 動 しっかり防ぐ, 確実に抑制する〔～饮酒过度〕飲み過ぎは断固禁物です

【切近】qièjìn 形 ① 身近な, 手近な ②(状況が) 近い, 隔たりのない — 動 (状況が) 近づく, 接近する

【切脉】qièmài 動（漢方で）脈をみる, 脈診する

【切末（砌末）】qièmò 名（伝統劇の）小道具と簡単な背景

【切盼】qièpàn 動 切望する, 渇望する（⇨〔切望〕）〔～你早日回来〕一日も早くお帰りくださいますよう

【切切】qièqiè 副 ① くれぐれも, 必ず（⇨〔千万〕）〔～不可过分〕くれぐれも度を過ごさないように ② 心から, 切実に（⇨〔恳切〕）③ ひそやかに, 小さな声で⇨〔窃窃〕

【切身】qièshēn 形〔定語・状語として〕①（自分と）関わり深い, 直接関わる〔～利害〕直接の利害 ② 自らの, 身をもってした（⇨〔亲身〕）〔～体会〕身をもって会得する

*【切实】qièshí 形 実際的な, 現実的な — 副 本気で, 実際に〔～解决〕本気で解決に乗り出す

【切题】qiètí 動（文章の内容が）題目に即する, 本題を外れぬ

【切要】qièyào 形 緊要な, すぐにも必要な

【切中】qièzhòng 動（言辞や措置が）的を射る, 急所を衝く

【窃（竊）】qiè 動 ① 盗む, くすねる〔行～〕盗みを働く ② こっそりと, ひそかに ③（意見を述べる際に謙遜を示して）ひそかに〔～以为〕愚考するに

【窃案】qiè'àn 名〔起〕盗難事件, 窃盗事件

【窃据】qièjù（地位や土地などを）不当に奪う, 横取りする〔～要职〕要職をかすめ取る

【窃密】qièmì 機密を盗む, 情報をスパイする

【窃窃(切切)】qièqiè ひそひそと, 声をひそめて〔～私语〕ひそひそ話をする

【窃取】qièqǔ 盗む, 横取りする♦多く比喩的に使う〔～荣誉〕名誉を盗む

【窃听】qiètīng 動 盗聴する, 盗み聞きする〔～器〕盗聴機

【窃贼】qièzéi 名 こそ泥, 盗人

【妾】qiè 名 ① 妾ぬ（口）〔二奶〕〔纳～〕妾を入れる ②〈謙〉昔の女の自称

【怯】qiè 動〈方〉(北京人から見て) ①(北方) なまりがある〔～子〕北方なまりのある人 ② やぼったい, 泥くさい 形 臆病な, おずおずした〔胆～〕臆病な

【怯场】qièchǎng 動（緊張で）あがる, こちこちになる

【怯懦】qiènuò 形 臆病な, 引っ込み思案な

【怯弱】qièruò 形 臆病な, 胆っ玉の小さい ⊗〔勇敢〕

【怯生】qièshēng 動〈方〉人見知りする, 知らない人におびえる ⇨〈普〉〔怕生〕

【怯声怯气】qiè shēng qiè qì 形 話し振りがおずおずとした, 緊張で声が上ずった

【怯生生】qièshēngshēng 形 (—的) おずおずとした, 臆病げな

【怯阵】qièzhèn 動 ① 戦さに臨んで恐くなる, いざとなって怯む ②（転）気おくれする, 固くなる ⇨〔怯场〕

【郄】Qiè ⊗ 姓 ♦ 古代'郤'xì と通用

【挈】qiè ⊗ ① 手に取る, 持ち上げる ② 引き連れる, 同伴する

【挈带】qièdài 動（⇨〔携带〕）① 引き連れる, 帯同する〔～家眷〕家族を帯同する ② 携帯する, 手に携える

【锲（鍥）】qiè ⊗ 刻む, 彫る

*【锲而不舍】qiè ér bù shě 〈成〉(休みなく彫り続ける＞) 強固な意志で持続する ⇨〔坚持不懈〕

〖惬（愜 *悏）〗qiè ⊗満足に思う，意にかなう［～怀］満足する

【惬意】qièyì [形] 心にかなった，満足な

〖箧（篋）〗qiè ⊗小さな衣装箱［行～］旅行用衣装ケース

【趄】qiè [動] 傾く（ける），傾斜する（させる）〚～着身子〛身を傾ける［～坡儿］坂道

〖慊〗qiè ⊗満足する ♦「恨む」の意では qiàn と発音

【亲（親）】qīn [動] 口づけする，キスする〚～孩子的脸〛子供の顔にキスする — [形] 親密な，仲のよい

⊗①親，父母［双～］両親 ②婚姻，結婚［定～］縁談を決める ③花嫁，新婦［娶～］嫁をもらう ④親戚（関係の），縁者（に連なる）→［～属］⑤血を分けた，血のつながった［～女儿］実の娘 ⑥自らの，本人の→［～手］

⇨qìng

★★【亲爱】qīn'ài [形] 親愛なる，最愛の

【亲笔】qīnbǐ [名] 親筆，本人の筆跡 — [形]〔定語·状語として〕自ら書いた，本人自筆の［～信］自筆の手紙

【亲近】qīnjìn [形] 仲がよい，親しい — [動] 親しくする，近づきになる〚～她〛あの娘と近づきになる

【亲眷】qīnjuàn [名] ①親戚 [同]［亲戚］②血族，家族 [同]［眷属］

【亲口】qīnkǒu [副] 自分の口から，本人がじかに（話す）

【亲临】qīnlín [動] 自ら出向く，自分でその場に立つ〚～指导〛その場に出向いて指導に当たる

【亲密】qīnmì [形]（互いに）親しい，仲のよい

【亲昵】qīnnì [形] 昵懇の，ごく親しい

★★【亲戚】qīnqi [名] 親戚，縁者 [関]［本家］

★★【亲切】qīnqiè [形] ①身近な，親しみ深い ②（他人に対して）熱心な，親身も及ばぬ

★【亲热】qīnrè [形] 親しみあふれる [反]［冷淡］— [動] 親しさいっぱいに話しかける

【亲人】qīnrén [名] ①直系親族と配偶者，家族 ②《転》親しい人，肉親も同然の人

【亲善】qīnshàn [形] 仲の良い，友好関係にある

★【亲身】qīnshēn [副] 身をもって，自分でじかに〚～经验〛自ら経験する

【亲生】qīnshēng [動] 自分が生む，血を分ける — [形]〔定語として〕①自分が生んだ，血を分けた（子）〚～子女〛自分の腹を痛めた子 ②自分を生んだ，生みの（親）

【亲事】qīnshì [名]〔门〕縁組み，結婚

【亲手】qīnshǒu [副] 自分の手で，手ずから

【亲属】qīnshǔ [名] 親族

【亲痛仇快】qīn tòng chóu kuài《成》（親族が涙し仇敵が笑う＞）味方が傷つき敵が喜ぶ [同]［亲者痛，仇者快］

【亲王】qīnwáng [名] 親王，殿下 ♦皇帝あるいは国王の一族で王に封ぜられた人

【亲信】qīnxìn [名] 取り巻き，腹心 ♦一般に悪いイメージを伴う — [動] 信頼して側に置く，側近として使う

【亲眼】qīnyǎn [副] 自分の目で，自分でじかに（見る）〚我～看到了〛この目でしかと見た

【亲友】qīnyǒu [名] 親戚と友人 [同]［亲朋］

【亲有远近，邻有里外】qīn yǒu yuǎn jìn, lín yǒu lǐ wài《俗》親戚にも血の繋がりの濃い薄いの差があり，隣人にもつきあいの深い浅いの差がある

【亲缘】qīnyuán [名] 血縁関係，親子関係

★★【亲自】qīnzì [副] 自分で，自ら〚～迎接〛自ら出迎える

【亲族】qīnzú [名]（家族を含む）一族，同族 [同]［家族］

【亲嘴】qīn'zuǐ [動]（～儿）接吻する，キスする〚跟他～〛彼にキスする

〖钦（欽）〗qīn ⊗①尊敬する，敬服する ②皇帝が自ら行う［～定宪法］欽定憲法 ③（Q-）姓

【钦差】qīnchāi [名] 勅命を帯びて派遣される役人，勅使

【钦敬】qīnjìng [動] 尊敬する，敬服する

★【钦佩】qīnpèi [動] 敬服する，感服する〚～他的努力〛彼の頑張りには頭が下がる

【钦仰】qīnyǎng [動]《書》仰ぎ見る，敬い称える [同]［钦赞］

〖侵〗qīn ⊗①侵す，侵入する ②（夜明けに）近づく［～晓］払暁

【侵晨】qīnchén [名] 夜明け前，黎明 [同]［拂晓］

★【侵犯】qīnfàn [動] ①（領土を）侵犯する，侵す〚～领土〛領土を侵犯する ②（権利を）侵害する〚～人权〛人権を侵害する

【侵害】qīnhài [動] ①食い荒らす，侵食する ②侵害する〚～权利〛権利を侵害する

★★【侵略】qīnlüè [動] 侵略する〚～别国领土〛他国の領土を侵略する［经济～］経済侵略

【侵染】qīnrǎn [動]（病原菌が）感染する，侵入する

【侵扰】qīnrǎo [動] 侵犯し攪(かく)乱する，攻撃し悩ませる〖受老鼠的～〗ネズミに荒らされる
【侵入】qīnrù [動] 侵入する〖～领空〗領空に侵入する
【侵蚀】qīnshí [動] ①侵食する，じわじわ悪くする〖～肺部〗肺を侵す ②少しずつ横領する〖～公款〗公金をくすねる
【侵吞】qīntūn [動] ①武力で併合する，侵略併呑(へいどん)する ②着服する，不法に我が物にする〖～公款〗公金を横領する
【侵袭】qīnxí [動]（外から来て） 襲撃する，攻撃をしかける〖病菌～儿童〗病原菌が子供を襲う
【侵占】qīnzhàn [動] ①（他国領を）侵略占領する ②（他人の財産を）横領する，奪い取る
〖骎(駸)〗qīn ⊗［～～］《書》（馬が）疾駆するさま
〖衾〗qīn ⊗①掛けぶとん［～枕 zhěn］《書》夜具 ②納棺のとき死体に掛ける覆い
〖芹〗qín ⊗セロリ［药～］セロリ
【芹菜】qíncài [名] セロリ ♦日常の野菜で西洋種より小さい
〖秦〗Qín ⊗①王朝名［～朝］秦(しん)(B. C. 221-206)［～始皇］秦の始皇帝 ②陝西，甘粛の二省，特に陝西省の別称 ③姓
【秦吉了】qínjíliǎo [名]〔只〕九官鳥 [同][八哥儿][吉了鸟]
【秦椒】qínjiāo [名]《方》（細長い）トウガラシ
【秦艽】qínjiāo [名]〖植〗オオバリンドウ（薬草）
【秦腔】qínqiāng [名] 西北各地で行われている地方劇 [同][陕西梆子]
【秦篆】qínzhuàn [名] 小篆(しょうてん)（漢字の字体の一）
〖覃〗Qín ⊗姓
⇨tán
〖禽〗qín ⊗①鳥類［家～］家禽(かきん)［～流感］鳥インフルエンザ ②鳥獣の総称
【禽兽】qínshòu [名] 鳥獣，（卑劣な人間を例えて）犬畜生
〖擒〗qín ⊗捕える，摑(つか)まえる［生～］生けどりにする
【擒拿】qínná [動] 捕える，摑まえる
【噙】qín [動]（口や目に） 含む〖～着眼泪〗涙を浮かべて［～化］丸薬を口の中で溶かす
〖檎〗qín ⊗［林～］リンゴの一種
【琴】qín [名]〔张〕古琴，七弦琴〖弹～〗琴を奏でる
⊗①弦楽器やリード楽器の総称［风～］オルガン［小提～］バイオリン ②（Q-）姓
【琴键】qínjiàn [名]（鍵盤楽器の）キー
【琴师】qínshī [名] 伝統劇の楽隊の胡弓弾き
【琴书】qínshū [名] 琴書(きんしょ) ♦大衆芸能の一，弦楽器で伴奏しながら物語を語り歌う
【勤】qín [形] ①勤勉な，骨惜しみしない〖～写〗せっせと書く ②頻繁な，度々の〖来往很～〗行き来が頻繁だ
⊗①勤務，定時の仕事［出～］出勤する ②（Q-）姓
★★【勤奋】qínfèn [形] 勤勉な，たゆみない [反][怠慢]
【勤工俭学】qín gōng jiǎn xué《成》働きつつ学ぶ，勤労学生として学ぶ ♦特に1920年前後に左翼青年がフランスに留学した際の学習方式
★【勤俭】qínjiǎn [形] 勤勉でつましい，よく働きかつ無駄遣いをしない
★【勤恳】qínkěn [形]（仕事振りが） 熱心で堅実な，念入りな
【勤苦】qínkǔ [形] 勤勉な，骨身を惜しまぬ [同][勤劳]
【勤快】qínkuai [形] 働き者の，仕事好きな [反][懒惰]
★★【勤劳】qínláo [形] 勤勉な，よく働く [同][辛勤]
【勤勉】qínmiǎn [形] 勤勉な，手を抜くことを知らない [同][勤奋]
【勤务】qínwù [名] ①（割り当てられた） 公共の任務，勤労奉仕〖派～〗任務を割り振る ②軍隊内の雑務係［～兵］《旧》軍隊における当番兵
【勤务员】qínwùyuán [名]（軍隊や機関の）雑役係，用務員
【勤学】qínxué [動] 勉学に励む，熱心に勉強する
【勤杂】qínzá [名] ①雑役，雑用 ②用務員，雑役係 [同][勤杂工]
〖锓(鋟)〗qǐn ⊗（木を） 彫る
〖寝(寢)〗qǐn ⊗①寝室，眠る場所［就～］床(とこ)につく ②帝王の墓［～宫］墓室 ③眠る［～车］寝台車 ④やめる，静まる［～兵］停戦する
【寝具】qǐnjù [名]〔套〕寝具
【寝食】qǐnshí [名]《書》寝食(しんしょく)，日常生活 [同][寝馈]
【寝室】qǐnshì [名]〔间〕（一般に寮や寄宿舎の中の）寝室 [同][卧室]
【沁】qìn [動] ①しみ込む，滲(にじ)み出る〖从墙里～出〗壁からしみ出る ②《方》うなだれる，俯(うつむ)く〖～头〗うなだれる
【沁人心脾】qìn rén xīn pí《成》（芳香や飲料が五臓にしみ込む＞）（すぐれた芸術に触れて） すがすがしい気分になる

【吣】qìn 動①(猫や犬が)吐く ②(口汚く)罵る

【揿】(揿*挳) qìn 動(方)(ベルなどを)押す

【青】qīng 形①青色の、緑色の(⇔[蓝])[返～](植物が)蘇る ②(衣類や馬が)黒色の[～布]黒木綿 ⊗①若草、まだ青い作物[放～]草地に放牧する ②若い、年のゆかない[年～]若い ③(Q-)姓

【青帮】Qīng Bāng 图 青帮。♦清代に始まった秘密結社。後に暗黒組織となる

【青菜】qīngcài 图①野菜、青物[蔬菜] ②パクチョイ(白菜に似た野菜)⇔[小白菜]

【青草】qīngcǎo 图青草、緑の草

【青出于蓝】qīng chū yú lán (成)出藍の誉れ

*【青春】qīngchūn 图青春、青春期[～不再来]若い日は二度とない[～期]思春期

【青瓷】qīngcí 图青磁

【青葱】qīngcōng 形(植物が)濃緑の、青々とした

【青翠】qīngcuì 形鮮やかな緑色の[～欲滴]緑滴る

【青豆】qīngdòu 图緑色の大豆

【青冈】(青枥)qīnggāng 图[植]クヌギ⇔[槲栎 húlì]

【青工】qīnggōng 图若い職人、青年労働者

【青光眼】qīngguāngyǎn 图緑内障

【青红皂白】qīng hóng zào bái (成)(青赤黒白>)是非善悪、物事のけじめ[不分～]物事のけじめをわきまえない

【青黄不接】qīng huáng bù jiē (成)端境期に入る、一時的な物が不足に陥る

【青椒】qīngjiāo 图 ピーマン⇔[柿子椒]

【青筋】qīngjīn 图[根・条]青筋[暴起～]青筋を立てる

【青稞】qīngkē 图ハダカムギ。♦チベット、青海地方で栽培する

【青空】qīngkōng 图紺碧の空、瑠璃色の大空

【青睐】qīnglài 图(書)好意的な目、期待の目⇔[青盼][获得老师的～]先生に目を掛けられる

【青联】qīnglián 图(略)'中华全国青年联合会'の略

【青莲色】qīngliánsè 图薄紫色

【青绿】qīnglǜ 图(多く定语として)濃緑の、深緑の⇔[深绿]

【青梅】qīngméi 图青い梅、未熟な梅[～竹马]男女の幼な子が無邪気に遊ぶこと

【青霉素】qīngméisù 图[薬]ペニシリン(⇔(旧)[盘尼西林])[～过敏]ペニシリンアレルギー

【青面獠牙】qīng miàn liáo yá (成)(緑の顔にむき出た牙>)恐ろしい形相

【青苗】qīngmiáo 图未熟の作物、実がつく以前の麦や稲など

【青年】qīngnián 图青年、若い人[～节]青年の日(5月4日)

【青纱帐】qīngshāzhàng 图(転)一面に広がるトウモロコシやコーリャン畑

【青少年】qīng-shàonián 图青少年

【青石】qīngshí 图緑斑の混じる黒石(建築や石畳に使う)

【青史】qīngshǐ 图[部]青史。、年代記[永垂～]青史に語りつがれる

【青丝】qīngsī 图①[書]婦人の黒髪 ②千切りにした青梅(菓子などの色どりに使う)

【青饲料】qīngsìliào 图青草の飼い葉、緑の秣

【青松】qīngsōng 图[棵]松

【青蒜】qīngsuàn 图ニンニクの若い葉と茎(食用とする)

【青苔】qīngtái 图苔

【青天】qīngtiān 图①青空 ②(転)名奉行、民の救いのお役人[～大老爷]一点の曇りなきお役人様

【青天白日】qīngtiān báirì (成)真っ昼間、白昼[～、竟敢喝醉]真っ昼間から酔っ払うとはいい度胸だ

【青天霹雳】qīngtiān pīlì (成)青天の霹靂⇔[晴天霹雳]

【青铜】qīngtóng 图青銅、ブロンズ[～器]青銅器

【青蛙】qīngwā 图[只]カエル、トノサマガエル⇔[田鸡]

【青虾】qīngxiā 图(淡水の)テナガエビ

【青眼】qīngyǎn 图(転)好意の眼ざし、期待をこめた目(⇔[白眼])[～相视]好意的な目で見る

【青杨】qīngyáng 图[植]ネコヤナギ⇔[水杨]

【青衣】qīngyī 图①黒い衣服、ふだん着⇔[青衣] ②昔の下女、女中 ③[演]伝統劇の立女形。♦黒い衣裳で重厚な中年婦人や若い婦人を演ずる役柄

【青油油】qīngyóuyóu 形(～的)①青々とした、緑濃い ②黒々として艶のある[～的头发]緑の黒髪

【青鱼】qīngyú 图アオウオ。♦'四大家鱼'の一、1メートル近くまで育つ美味な淡水魚

【青云】qīngyún 图高い地位、高官ポスト[～直上]出世の階段を駆け上る

【清】qīng 形①澄んだ、濁りのない(⇔[浊])[多く

清 — qīng

補語として]はっきりした,明確な [[看不~]]はっきり見えない — 動 ① 債務を清算する,借金を完済する ② 点検する,一つ一つ確かめる ⊗ ① 純粋な,混え入物のない ② 静まり返った,静寂の ③ 公正な,清廉な ④ 何も残っていない,さっぱりとした ⑤ 純化する,余計なものを取り除く [~仓] 倉庫を整理する ⑥ (Q-) 王朝名 [~朝] 清〖(A.D. 1616-1911) ⑦ (Q-) 姓

【清白】qīngbái 形 ① 清らかな,汚れのない ⑩ [纯洁] ② (方) はっきりとした,明らかな

【清册】qīngcè 名 [本] 台帳,原簿

【清茶】qīngchá 名 ① (緑茶でたてた) お茶 ② 茶菓子のつかないお茶 [~淡饭] 粗末な食事

【清查】qīngchá 動 厳密に点検する,虱つぶしに調べる (⑩ [清检]) [~账目] 帳簿を点検する [~奸细] スパイを摘発する

【清偿】qīngcháng 動 (債務を) 完済する,全額返済する [~欠债] 借金をすっかり返す

【清唱】qīngchàng 名 扮装なしで歌う伝統劇のさわりの歌 — 動 同前を歌う ◆芝居好きの楽しみ

*【清澈 (清彻)】qīngchè 形 澄みきった,澄明な ⑳ [浑浊]

【清晨】qīngchén 名 早朝,夜明け

【清澄】qīngchéng 形 澄み渡った,透明な ⑩ [清澈]

*【清除】qīngchú 動 一掃する,除去する (⑩ [扫除] [铲除]) [~垃圾] ごみを除去する [~腐败] 汚職を退治する

【清楚】qīngchu 形 ① はっきりとした,明確な (⑳ [模糊]) [发音不~] 発音がはっきりしない ② (頭が) 明晰な,しっかりとした — 動 明確に理解する,きちんとわかる [还不~这个问题] この問題がまだわかっていない

【清脆】qīngcuì 形 (声が) 澄んできれいな,歯切れのよい ⑳ [沙哑]

*【清淡】qīngdàn 形 ① (色や香りが) さわやかな,すがすがしい ② (食物が) 油気のない,あっさりとした ⑳ [油腻] ③ (商いが) 振るわない,不景気な

【清点】qīngdiǎn 動 整理点検する,(数量などを) チェックする

【清炖】qīngdùn 動 [食] (肉や魚を) 味をつけずにぐつぐつ煮る

【清风】qīngfēng 名 さわやかな風,涼風 [~两袖] 一文無し

【清高】qīnggāo 形 脱俗的な,俗事になじまぬ

【清稿】qīnggǎo 名 清書した原稿

【清歌】qīnggē 名 ① (書) 無伴奏の歌,アカペラ ② 伸びやかな歌声

【清官】qīngguān 名 清廉潔白な役人,公正無私な役人

【清官难断家务事】 qīngguān nán duàn jiāwù shì (俗) (家庭内のもめ事は名判官にも裁きがつかぬ>) 内輪もめに部外者は口出し無用

【清规戒律】qīngguī jièlǜ (成) ① 宗教上の戒律 ② 人を縛る規則や制度,規則ずくめの拘束

【清寒】qīnghán 形 ① 清貧の,困窮した ② (月光などが) 澄んで冷気を帯びた,冴え渡った

【清还】qīnghuán 動 完済する,きれいに返す

【清剿】qīngjiǎo 動 殲滅する,一掃する [~毒品贩] 麻薬の売人を一掃する

*【清洁】qīngjié 形 清潔な,汚れのない [~工人] 道路清掃人

【清结】qīngjié 動 清算する,完全にけりをつける

【清净】qīngjìng 形 ① 静寂の,ひっそりとした ② (水が) 澄みきった

【清静】qīngjìng 形 (環境が) 静かな,落ち着いた ⑳ [嘈杂]

【清朗】qīnglǎng 形 ① 清明な,晴れ渡った (⑩ [清明]) ② (声が) よく透る,響きのある

【清冷】qīnglěng 形 ① ひんやりとした,肌寒い ⑩ [清凉] ② 人気のない,ひっそりとした ⑩ [冷清]

*【清理】qīnglǐ 動 片付ける,整理をつける [~破产企业] 倒産会社の始末をつける

【清廉】qīnglián 形 清廉な,利得に惑わされない

【清凉】qīngliáng 形 ひんやりとさわやかな,涼やかな [~剂] 清涼剤

【清凉油】qīngliángyóu 名 [薬] メントール,ハッカ油 ⑩ [万金油]

【清亮】qīngliàng 形 (声が) 透きとおった,よく透る
—— qīngliang 形 (口) (水が) 澄みきった,透明な

【清冽】qīngliè 形 肌寒い,ひんやりとした ⑩ [清冷]

【清明】qīngmíng 名 清明節 ◆二十四節気の一.新暦 4 月 4~6 日ごろに当たる.墓参りの日でもある — 形 ① (政治が) 公明な,秩序立った ⑳ [腐败] ② (心が) 落ち着いた,平穏な ③ (月が) 澄み渡った,皓々たる

【清贫】qīngpín 形 貧しい,窮迫した ◆多く知識人についていう

【清漆】qīngqī 名 ニス,ワニス [涂~] ニスを塗る

【清气】qīngqì 名 ① すがすがしい空気 ② さわやかな香り

【清欠】qīngqiàn 動 借金を完済する,借りを清算する

【清癯】qīngqú 形 (書) 痩身の,

瘦せこけた

【清润】qīngrùn [形] ①(声が) 艶やかな，澄んで潤いのある ②(空気などが) ひんやり湿った ③(石材などが)湿って艶のある

【清瘦】qīngshòu [形] 痩せこけた，ほっそりした

【清刷】qīngshuā [動] 刷毛で洗う，ごしごし洗い流す

【清爽】qīngshuǎng [形] ①(空気，環境が) さわやかな，すがすがしい ②(気分が) 爽快な，晴ればれとした ③《方》清潔な，きちんと片付いた ④《方》明らかな，はっきりとした

【清算】qīngsuàn [動] ([同][算账]) ①清算する，決算する ②《転》(罪や過ちに)片を付ける，処断する

【清谈】qīngtán [名] 空論，実地に即さぬ議論 [同][清言]

【清汤】qīngtāng [名] 具のないスープ，コンソメスープ

*【清晰】qīngxī [形] はっきりとした，明瞭な

【清洗】qīngxǐ [動] ①きれいに洗う，洗浄する ②(有害な人間などを) 追い出す，排除する [同][清除]

【清鲜】qīngxiān [形] (水や空気が)新鮮な，清らかな

【清闲】qīngxián [形] 暇な，する事もない 〖～的生活〗暇を持て余す暮らし

【清乡】qīngxiāng [動]《旧》(政府が反乱を退治するために) 農村を捜査する，農村の抵抗者を一掃する

【清香】qīngxiāng [名]〔股〕さわやかな香り，ほんのりとした匂い

【清新】qīngxīn [形] すがすがしい，フレッシュな

*【清醒】qīngxǐng [動] 蘇生する，意識を取り戻す 〖～过来〗(失神から)気が付く 一[形] (頭が) 冷静な，醒めた [同][清楚]

【清秀】qīngxiù [形] 垢抜けした，優美な 〖长 zhǎng 得～〗優雅な顔立ちをしている

【清样】qīngyàng [名]《印》〔份〕校了ゲラ，清刷り

【清一色】qīngyísè [形] 全く同じの，…一色の ♦本来はマージャン用語 〖～的回答〗判で押したような答え

【清音】qīngyīn [名] ①《語》清音 [反][浊音] ②四川省の大衆芸能の一つで，琵琶や胡弓で伴奏する歌いもの

【清幽】qīngyōu [形] (景色が) 静かで美しい

【清早】qīngzǎo [名]《口》早朝，夜明け 〖一～就上班〗夜明けとともに出勤する

【清账】qīngzhàng [名]〔篇〕明細書，締めを終えた勘定 〖开～〗勘定書きを作る

—— qīng▼zhàng [動] 決算する，勘定を締める

*【清真】qīngzhēn [形] ①〔定語として〕イスラム教の 〔～教〕イスラム教 ②《書》純朴な

【清真寺】qīngzhēnsì [名]〔座〕イスラム教寺院，モスク [同][礼拜寺]

【清蒸】qīngzhēng [動]《食》(魚や肉類を)味をつけずにただ蒸す

【蜻】 qīng ⊗以下を見よ

【蜻蜓】qīngtíng [名]〔只〕トンボ

【蜻蜓点水】qīngtíng diǎn shuǐ《俗》(トンボが水をつついては飛ぶ＞) 仕事振りが上っ面をなでるだけで，深みがない

【鲭(鯖)】 qīng

⊗サバ科の魚 〔～鱼〕サバ ♦「魚と肉を入れた鍋料理」の意の文語は zhēng と発音

【轻(輕)】 qīng

[形] ①(重さについて) 軽い [反][重] ②(年齢が) 若い ③軽度の，軽微な ④大したことない，重要でない ⑤力を入れない，(動作が) 穏やかな

⊗①軽んずる，軽視する ②軽々しい，軽率な→〔～信〕 ③軽快な，軽やかな ④(装備が)身軽な

【轻便】qīngbiàn [形] ①軽便な，手軽な ②たやすい，楽な

【轻薄】qīngbó [形] (多く女性が) 軽薄な，浮わついた

【轻车熟路】qīng chē shú lù《成》(軽快な車で通い慣れた道を走る＞) 手慣れた仕事ですいすい片付く

【轻淡】qīngdàn [形] ①淡い，かすかな 〖～地笑一笑〗にっと笑う ②軽い気持ちの，何気ない 〖～地谈起〗何気なく話題にする

【轻敌】qīngdí [動] 敵を見くびる，相手を甘く見る

*【轻而易举】qīng ér yì jǔ《成》いともたやすい，簡単至極な

【轻浮】qīngfú [形] (言動が) 浮わついた，軽々しい

【轻歌曼舞】qīng gē màn wǔ《成》軽やかな歌と美しい舞い [同][清歌妙舞]

【轻工业】qīnggōngyè [名] 軽工業

【轻轨】qīngguǐ [名] 電車

【轻忽】qīnghū [動] うっかり見過ごす，注意を怠る

【轻活儿】qīnghuór [名] 軽作業，手軽な仕事

【轻减】qīngjiǎn [動] 軽減する，軽くなる [同][减轻]

【轻贱】qīngjiàn [動] 見下す，侮る [同]〔小看〕 一[形] 下賤の，身分いやしい [同][下贱]

【轻捷】qīngjié [形] 軽快な，素早い 〖脚步～〗足取りが軽やかだ

Q

- 【轻金属】qīngjīnshǔ 图 軽金属 ◆ 通例比重が4以下の金属
- 【轻举妄动】qīng jǔ wàng dòng 《成》軽挙妄動する, 軽はずみに行動する
- 【轻看】qīngkàn 動 軽視する, 侮る ⓔ[小看]
- 【轻口薄舌】qīng kǒu bó shé 《成》無神経に口が軽い, 人を傷つける言葉を平気で言う ⓔ[轻嘴薄舌]
- 【轻快】qīngkuài 厖 ① 軽快な, はしっこい ② 心楽しい, 胸弾むような [感到〜]浮き浮きする
- 【轻狂】qīngkuáng 厖 軽薄きわまる, あまりにもまじめな
- 【轻慢】qīngmàn 動 粗略に扱う, 軽んじる [〜客人]客を侮る
- 【轻描淡写】qīng miáo dàn xiě 《成》(重要な問題に) 簡単に触れる, 通り一遍の言及で済ます
- 【轻蔑】qīngmiè 動 軽蔑する, ばかにする ⓔ[轻视]
- 【轻诺寡信】qīng nuò guǎ xìn 《成》安請合いするが当てにならない
- 【轻飘飘】qīngpiāopiāo 厖 (〜的) ① ひらひら飛んでゆきそうな, 風に舞うような ② (動きが) 軽やかな, (心が) 浮き立つような
- 【轻巧】qīngqiao/qīngqiǎo 厖 ① 軽くて便利な, 手軽で性能のよい ② 器用な, 手際のよい ③ 簡単な, たやすい [说起来〜]口で言うのはたやすいが
- 【轻取】qīngqǔ 動 楽勝する, 一蹴する [狮子队以4比0〜巨人队]ライオンズがジャイアンツを4対0で一蹴した
- 【轻柔】qīngróu 厖 柔和な, 柔らかな [〜的歌声]やさしい歌声
- 【轻声】qīngshēng 图〔語〕軽声 —— qīng shēng 動 声をひそめる, 小声になる
- ＊【轻视】qīngshì 動 見くびる, 侮る [受人〜]見くびられる
- 【轻率】qīngshuài 厖 軽率な, 軽々しい [〜地下结论]軽々しく結論を出す
- 【轻爽】qīngshuǎng 厖 さわやかで気持ちのよい
- ＊【轻松】qīngsōng 厖 気楽な, 緊張のない [〜的差使]気楽な使い —— 動 緊張をほぐす, リラックスする
- 【轻佻】qīngtiāo 厖 浮わついた, 軽薄な
- 【轻微】qīngwēi 厖 軽微な, わずかばかりの [〜的过失]小さなミス
- 【轻侮】qīngwǔ 動 侮る, ばかにする
- 【轻闲】qīngxián 厖 気楽な, のんびりとした
- 【轻心】qīngxīn 厖 不注意な, 粗忽な ⓔ[粗心]
- 【轻信】qīngxìn 動 軽信する, 迂闊に信用する [〜闲言](他人についての)悪口を真に受ける
- 【轻易】qīngyì 厖 ① たやすい, ごく簡単な ② 《多く状語として》軽々しい, 軽率な [〜赞成]うかうかと賛成する
- 【轻音乐】qīngyīnyuè 图 軽音楽
- 【轻盈】qīngyíng 厖 ① (女性の身体がしなやかで) 軽やかな, 軽やかな ② 気のおけない, 陰鬱のない [〜的乐曲]陽気な音楽
- 【轻油】qīngyóu 图 軽油
- 【轻于鸿毛】qīng yú hóngmáo 《成》人の命は死に方によっては, 鳥の羽毛より軽い ◆無意味な死, 価値のない死を批判的に言うときに使う
- 【轻重】qīngzhòng 图 ① 目方, 重量 ② 重要度, 重大さの程度 [看灾情〜来决定]災害の程度によって決める ③ (発言や行為の) 適度, 加減, 分別 [不知〜]分別を欠く
- 【轻重倒置】qīng zhòng dào zhì 《成》事の軽重を見誤まる, 重要度を逆に理解する
- 【轻重缓急】qīng zhòng huǎn jí 《成》事の重要度, 緊急度, 大切な事と二義的な事, 急ぐ事と急がぬ事, などの区別 [按〜…]緊急の度合いに応じて…
- 【轻装】qīngzhuāng 图 軽装, 身軽な出立ち [〜潜水]スキューバダイビング

氢(氫)

qīng 图 水素

- 【氢弹】qīngdàn 图 〔颗〕水素爆弾 ⓔ[热核武器]

倾(傾)

qīng 動 傾斜する, かしぐ [房屋向左〜得厉害]家が左に大きくかしいだ ⊗ ① (ある方向に) 片寄る, 偏向する ② 倒れる, 崩壊する ③ 逆さにして中味をぶちまける, 中味を空にする ④ (全力を) 傾ける, 傾注する ⑤ 傾倒する, 敬慕する
- 【倾城倾国】qīng chéng qīng guó 《成》(国の屋台骨を揺るがせる＞) 絶世の美女
- 【倾倒】qīngdǎo 動 ① 傾倒する, 敬慕する [为她的美貌所〜]彼女の美貌のとりこになる —— qīngdào 動 (容器を傾けたり引っ繰り返したりして) ぶちまける [〜垃圾]ごみをぶちまける
- 【倾耳】qīng'ěr 動 (書)耳を傾ける, 傾聴する ⓔ[倾听]
- 【倾覆】qīngfù 動 ① (物が) 倒れる ② (国や政権を) 転覆させる, 失敗させる [〜政权]政権を倒す
- 【倾家荡产】qīng jiā dàng chǎn 《成》家産を食いつぶす, 蕩尽する
- 【倾慕】qīngmù 動 慕う, 敬愛する

【倾囊相助】qīng náng xiāng zhù《成》有り金はたいて援助する
【倾佩】qīngpèi 敬服する, 心服する
【倾盆】qīngpén 動 盆を覆す［～大雨］篠突く雨
【倾诉】qīngsù 動 思いの丈を訴える, 腹の底をぶちまける［～苦水］つらい思いを訴える
【倾塌】qīngtā 動 倒壊する, 崩壊する（同［倒塌］
【倾谈】qīngtán 動 存分に語り合う, 腹打ち割って歓談する
*【倾听】qīngtīng 動（下の声に）耳を傾ける, 傾聴する
【倾吐】qīngtǔ 動 洗いざらい話す,（思いを）ぶちまける（同［倾诉］
*【倾向】qīngxiàng 動 傾向, 趨勢 —動（対立する2つの内の）一方に傾く, 一方を支持する［～于前者的意见］前者の意見に肩入れする
【倾销】qīngxiāo 動 投げ売りする, 安売りする［向国外～农产品］海外に農産物を安売りする
*【倾斜】qīngxié 動 傾く, 傾斜する（同［歪斜］）［～度］勾配
【倾泻】qīngxiè 動（大量の水が）流れ落ちる, どっと流れる
【倾卸】qīngxiè 動 台を傾けてすべり下ろす
【倾心】qīngxīn 動 ①傾倒する, 恋い慕う ②《多く状語として》胸襟を開く［～交谈］腹打ち割って語り合う
【倾轧】qīngyà 動 派閥争いをする, 内輪でせめぎ合う［互相～］派閥同士で争い合う［～异己］異分子を排斥する
【倾注】qīngzhù 動 ①流れ込む, 流入する［小河～到大河里］小川が大川に注ぐ ②（感情やエネルギーを）注ぐ, 投入する

【卿】qīng ⊗①昔の大官［三～］三卿 ②外国の貴族や高官［国务～］（アメリカの）国務長官 ③昔, 君主が臣下を呼んだ呼称 ④昔, 夫婦や友人間で互いに呼んだ呼称［～我我］（男女が）仲良く呼び合う ⑤(Q-)姓

【情】qíng ⊗①感情［爱慕之～］恋慕の情［～心］心情［有独钟］（ある人や事物に対し）とてもご執心である ②情実, 好意［讲～］とりなす ③爱情［偷～］密通する ④情欲［发～］色気づく ⑤情况, 様子［详～］詳しい状況
*【情报】qíngbào 图〔件・项〕情報 ◆多く機密情報をいう（同［信息]）［搜集～］情報を集める
【情不自禁】qíng bú zì jīn《成》(～地)思わず, こらえきれずに

【情操】qíngcāo 图 情操［培养～］情操を育むむ
【情敌】qíngdí 图 恋仇, 恋のライバル
【情调】qíngdiào 图 情緒, 情調［感伤的～］感傷的な気分
【情窦初开】qíngdòu chū kāi《成》（少女が）春に目覚める, 色気づく
【情分】qíngfèn 图 情宜, よしみ［伤～］仲を気まずくする
【情夫】qíngfū 图 情夫, 間男
【情妇】qíngfù 图 愛人である女性, 情婦
【情感】qínggǎn 图 感情, 情緒［激发～］感情を突き動かす
【情歌】qínggē 图〔首〕恋の歌, ラブソング
【情急】qíngjí 图 焦る, かっかする［～智生］切羽詰まってとっさに知恵が浮かぶ
*【情节】qíngjié 图 ①物語の筋, プロット ②事の成り行き, 事情［掌握～］事情をよくつかむ
【情结】qíngjié 图（心の底に蟠る）深い思い［恋母～］マザーコンプレックス
【情景】qíngjǐng 图（具体的な場面の）情景, 光景
*【情况】qíngkuàng 图 状況, 情勢（同［情形］）［介绍～］状況を説明する
【情郎】qíngláng 图 恋愛中の男
*【情理】qínglǐ 图 情理, 人情と道理［违背～］情理に背く
【情侣】qínglǚ 图 恋人同士, 恋する二人［～漫步］アベックで歩く
【情面】qíngmiàn 图 情実, 同情, 面子［顾～］相手の顔を立てる
【情趣】qíngqù 图 ①好み, 気性［～相投］気が合う ②面白味, 趣［富有～］味わい深い
【情人】qíngrén 图 恋人, 愛人
【情诗】qíngshī 图〔首〕恋愛詩, 恋のうた
【情势】qíngshì 图 情勢, 雲行き［估计～］情勢をはかる
【情书】qíngshū 图〔封〕ラブレター, 恋文［写～］恋文を書く
【情死】qíngsǐ 動 心中する, 情死する
【情随事迁】qíng suí shì qiān《成》人の心は世の移ろいとともに変わる
【情态】qíngtài 图 態度表情,（人が持つ）雰囲気（同［神态]）
【情同手足】qíng tóng shǒuzú《成》兄弟のように仲が良い
【情投意合】qíng tóu yì hé《成》意気投合する, ぴったり息が合う
*【情形】qíngxing 图 状況, 様相（同［情况］）［按现在的～看…］今の状況から考えて…
*【情绪】qíngxù 图 ①情緒, 気分の

高まり〚～烦躁〛いらいら落ち着かない〚学习～〛学習意欲 ②いやな気分, 不快感〚闹～〛すねる

【情意】qíngyì [名]人への思い, 情

【情谊】qíngyì [名]友情, 情宜〚结下～〛友情を結ぶ

【情义】qíngyì [名]連帯の情, 信義

【情由】qíngyóu [名]事のいきさつ, 原因と経過

【情欲】qíngyù [名]性欲, 情欲

【情愿】qíngyuàn [動]喜んで…する, 心から願う([同][甘心])〚～协助〛喜んで協力する ━ [接](…するよりも)むしろ…する [同][宁愿]

【情状】qíngzhuàng [名]状況, 様相 [同][情形]

【晴】

qíng [形]晴れた([反][阴])〚阴转～〛曇りのち晴れ

【晴和】qínghé [形]晴れて暖かい, うららかな

【晴空】qíngkōng [名]晴れ渡った空, 抜けるような青空〔～万里〕雲一つない青空

★【晴朗】qínglǎng [形]雲一つない, 晴れ渡った [同][晴明]

【晴天霹雳】qíngtiān pīlì《成》 [同][青天霹雳]

【晴雨表】qíngyǔbiǎo [名]①晴雨計, 気圧計 ②《転》(動向を反映する)バロメーター

【氰】

qíng [名]〚化〛シアン

〖檠〗

qíng ⊗灯や蠟燭の台〔鬼灯～〕ヤグルマソウ

【擎】

qíng [動]持ち上げる, 差し上げる [同][举]

〖黥(*剠)〗

qíng ⊗①入れ墨する ②(刑罰として)顔に入れ墨する

【顷(頃)】

qǐng [量]面積の単位 ♦1'顷'は100'亩'で6.667ヘクタール〔公～〕ヘクタール

⊗①ごく短い時間, 暫くの間〔少～〕暫くして ②つい先ほど, 今しがた

【顷刻】qǐngkè [名]ほんのひと時, つかの間〚～之间〛つかの間

【请(請)】

qǐng [動]①求める, 乞う〚～他讲几句话〛彼にひと言お願いする ②招聘(しょうへい)する, 招待する〚～他吃饭〛彼を食事に招く ③《敬》(a)〔動詞の前に置いて〕命令形をていねいにする〚～进〛お入り下さい(b)〔単独で用いて〕相手に行動を促す〚～, ～〛さあ, どうぞ ④《旧》(仏像, 線香などを)買う

【请安】qǐng'ān [動]ご機嫌を伺う, お元気ですかと挨拶を送る

【请便】qǐngbiàn [動]《挨》どうぞご随意に

★★【请假】qǐng'jià [動]休暇を願い出る, 休みをとる〚请病假〛病欠届を出す〚请五天的假〛5日間の休みをとる

★【请柬】qǐngjiǎn [名]招待状 [同][请帖]

★【请教】qǐngjiào [動]教えを乞う, 相談にのってもらう〚～内行〛その道の人に相談する〚向你～一个问题〛一つ教えていただきたい

【请君入瓮】qǐng jūn rù wèng《成》(君が考案した拷問用のかめに, まず君に入ってもらおう>)相手が編み出した策で相手を攻略する

★★【请客】qǐng'kè [動](食事などに)招待する, おごる〚这次由我～〛今日は僕が持つよ

【请命】qǐngmìng [動]①他人の命乞いをする, 人のために救済を頼む ②《旧》上司に指示を求める

★★【请求】qǐngqiú [動]願い出る, 要請する〚～他们救援〛彼らに救援を頼む ━[名]〔项〕願い事, 要請事項

★【请示】qǐngshì [動]指示を仰ぐ, 指図を求める〚向上级～〛上部の指示を仰ぐ

★【请帖】qǐngtiě [名]〔张・份〕招待状〚发～〛招待状を発送する [同][请柬]

【请托】qǐngtuō [動]請託する, 頼み込む

【请问】qǐngwèn [動]《挨》ちょっとお尋ねしますが, お教えいただきたいのですが

【请愿】qǐng'yuàn [動](集団行動で)請願する, 陳情する〚向部长～〛大臣に請願する

【请罪】qǐng'zuì [動]①謝る, 詫(わ)びる ②(誤りを認めて)自ら処分を願い出る

〖謦〗

qǐng ⊗以下を見よ

【謦欬】qǐngkài [動]《書》①咳払いをする ②談笑する〔亲承～〕謦咳(けいがい)に接する

〖庆(慶)〗

qìng ⊗①祝う, 慶賀する〔～寿〕(老人の)誕生日を祝う ②慶祝記念日〔国～〕建国記念日 ③(Q-)姓

【庆典】qìngdiǎn [名]祝典

【庆贺】qìnghè [動]祝う, (当事者に)おめでとうと言う

【庆幸】qìngxìng [動](望外の結果を得て)喜ぶ, めでたいと思う

★★【庆祝】qìngzhù [動]祝う, 慶祝活動をする〚～成功〛成功を祝う

〖亲(親)〗

qìng ⊗以下を見よ
⇨qīn

【亲家】qìngjia [名]①婿や嫁の親, 親元 ♦婿と嫁の親が互いの呼称としても使う〔～公〕(婿や嫁の)舅(しゅうと)

Q

[～母]（婿や嫁の）姑(しゅうとめ) ②姻戚，姻族

【綮】 qìng ⊗→[肯 kěn～]

【磬】 qìng ⊗①（古代の打楽器）磬(けい) ♦への字型をした玉あるいは石の板 ②（仏教の打楽器）磬 ♦碗型をした銅製品

【罄】 qìng ⊗使い切る，空(から)になる(する) [告～] 空になる

【罄尽】qìngjìn [動]《書》使い尽くす，すっかりなくなる

【罄竹难书】qìng zhú nán shū《成》事実(一般に悪事)が多くて語りきれない ♦'竹'は'竹简'

【邛】 qióng ⊗[～崃 lái] 邛崃(きょうらい)(四川の山の名)

【筇】 qióng ⊗竹の一種(杖となる)

【穷(窮)】 qióng [形]貧しい，困窮した [反][富] ⊗①尽きる，限度に達する [～期]《書》終わりの時 ②徹底的に，とことん ③極端に，この上なく

【穷乏】qióngfá [形]貧乏な，困窮した

【穷骨头】qiónggǔtou [名]《貶》貧乏神め，しみったれめ

【穷光蛋】qióngguāngdàn [名]《口》《貶》貧乏人，文(もん)無し

【穷尽】qióngjìn [名]果て，限界 [同][尽头] ━[動]果てまで行きつく

【穷苦】qióngkǔ [形]貧苦にあえぐ，どん底暮らしの [同][贫穷]

【穷困】qióngkùn [形]困窮した，貧苦の [～户] 貧窮世帯

【穷忙】qióngmáng [形]①貧乏ひまなしの，暮らしに追われて忙しい ②用事がやたらと多い，やみくもに忙しい

【穷年累月】qióng nián lěi yuè《成》年がら年じゅう，来る年も来る年も

【穷人】qióngrén [名]貧民，貧乏人 [反][富翁]

【穷山恶水】qióng shān è shuǐ《成》(不毛の山と洪水の多い川＞)自然条件が厳しく貧しい土地柄

【穷奢极侈】qióng shē jí chǐ《成》贅沢三昧の [同][穷奢极欲]

【穷途】qióngtú [名]道の行き止まり；《転》あがきの取れない状況 [～末路] 絶体絶命の窮地

【穷乡僻壤】qióng xiāng pì rǎng《成》貧しくわびしい片田舎(いなか)

【穷凶极恶】qióng xiōng jí è《成》極悪非道な，凶悪無類の

【穷原竟委】qióng yuán jìng wěi《成》原因経過を十分に調査する，事の根源を解明する

【穹】 qióng ⊗①天空，大空 [苍～]《書》青空 ②アーチ型天井(屋根)，ドーム [～庐]（蒙古族などの）丸屋根テント住宅の古称

【穹苍】qióngcāng [名]《書》天空，蒼穹(そうきゅう)

【穹隆】qiónglóng [名]アーチ型天井(屋根)，ドーム，(半球状の)天空

【茕(煢 *惸)】 qióng ⊗①孤独な，ひとりぼっちの ②元気のない，打ち沈んだ

【茕茕】qióngqióng [形]《書》ひとりぼっちの，孤影悄然(しょうぜん)たる

【琼(瓊)】 qióng ⊗①美しい玉(ぎょく)，美しい物 [～阁] まばゆい御殿 ②(Q-)海南島 ♦別称'～崖'の略

【琼脂】qióngzhī [名]寒天 ♦一般に'洋菜''洋粉'と呼ぶ [同][石花胶]

【跫】 qióng ⊗足音を表わす [～然]《書》同前

【丘】 qiū [動]仮葬する ♦棺を地面に置いたまま，れんがなどで覆う
⊗①小高い所，小丘 [沙～] 砂山 ②墓 [坟～]（土を盛り上げた）墓 ③(Q-)姓

【―(坵)】 [量]《方》水田の枚数を数える〖一～田〗田1枚

【丘八】qiūbā [名]《旧》《貶》兵隊 ♦'兵'の字を分解すると'丘八'になる

*【丘陵】qiūlíng [名]〔片〕丘陵

【邱】 qiū ⊗①(Q-)姓 ②'丘'と通用

【蚯】 qiū ⊗以下を見よ

【蚯蚓】qiūyǐn [名]〔条〕ミミズ [同]《口》[曲蟮 qūshan]

【龟(龜)】 qiū ⊗以下を見よ
⇨guī, jūn

【龟兹】Qiūcí [名]亀兹(きじ) ♦古代西域の一国

【秋】 qiū ⊗①秋 [晚～] 晩秋 [～高气爽] 晴れ渡り爽やかな秋の日 ②収穫期，実りの時期 [麦～] 麦秋 ③一年 [一日三～] 一日千秋の思い ④(多く好ましくない)時期，時 [多事之～] 多事の秋 ⑤(Q-)姓

【秋波】qiūbō [名]美女の流し目，秋波〖送～〗色目を使う

【秋播】qiūbō [動]秋の種まきをする（[関][春播]）[～作物] 秋まき物

【秋菜】qiūcài [名]秋野菜

【秋分】qiūfēn [名]秋分

【秋风过耳】qiūfēng guò ěr《成》(秋風が耳もとを吹き過ぎる＞)全く意に介さない

【秋海棠】qiūhǎitáng [名]〖植〗ベゴニア，秋海棠(しゅうかいどう)

【秋毫】qiūháo [名] 鳥や獣の秋に抜け変わる細かい毛;《転》微小なもの,わずかな量［～无犯］(民衆を)少しも侵犯しない

【秋后】qiūhòu [名] 秋の収穫後,秋の終わり

【秋后算账】qiū hòu suàn zhàng《成》(秋の収穫の後に貸借を清算する＞) ①後でたっぷり仕返しをする ②結果が見えてから是非を判断する

【秋季】qiūjì [名] 秋季［～作物］秋作物

【秋老虎】qiūlǎohǔ [名] 立秋後の猛暑,残暑

【秋凉】qiūliáng [名] 秋の涼しい時期,秋冷の候

【秋粮】qiūliáng [名] 秋に収穫する穀物

【秋令】qiūlìng [名] ①秋 ②秋の気候

【秋千(鞦韆)】qiūqiān [名]〔副〕ぶらんこ〖荡～〗ぶらんこに乗る

【秋色】qiūsè [名]〔片〕秋景色

【秋收】qiūshōu [名] 秋に取り入れる農作物 — [動] 秋の取り入れをする

【秋天】qiūtiān [名] 秋

【秋汛】qiūxùn [名] 秋の大水

【秋游】qiūyóu [動](一般に団体で)秋の遠足に行く〖到香山去～〗秋の遠足で香山へ行く

【秋庄稼】qiūzhuāngjia [名] 秋に取り入れる作物

〖萩〗qiū ⊗ヨモギに似た植物の古称

〖楸〗qiū ⊗［花～］《植》ナナカマド

〖鳅(鰍 *鰌)〗qiū ⊗ →［泥ní～］

【鞧】qiū [動]《方》縮める〖～着眉头〗眉をひそめる
⊗［后～］しりがい(馬具)

〖仇〗Qiú ⊗姓
⇨chóu

〖犰〗qiú ⊗以下を見よ

【犰狳】qiúyú [名]《動》アルマジロ

〖囚〗qiú ⊗①拘禁する,牢に入れる〖～于监牢〗獄につながれる ②囚人,入牢者［死～］死刑囚

【囚车】qiúchē [名]〔辆〕犯人護送車

【囚犯】qiúfàn [名] 囚人,罪人 [同]［囚徒］

【囚禁】qiújìn [動] 牢に入れる,拘置する

【囚笼】qiúlóng [名](昔の木製の) 護送用,拘禁用の檻(おり)

【囚首垢面】qiú shǒu gòu miàn《成》(垢(あか)だらけの顔とざんばら髪＞)むさ苦しい限りの姿

【囚徒】qiútú [名] 囚人,受刑者

【泅】qiú [動] 泳ぐ〖他会～水〗彼は泳げる［～渡］泳いで渡る

【求】qiú [動] ①乞う,頼む〖～他帮忙〗彼に手伝いを頼む［～助］支援を乞う ②求める,追求する〖不～名,不～利〗名声もいらぬ利もいらぬ
⊗①需要［供gōng不应～］供給が需要に追いつかない ②(Q-)姓

【求得】qiúdé [動] 追求する,(努力して)獲得する

【求和】qiúhé [動] ①(敗者の側から)和議を申し出る,停戦を願い出る ②(形勢不利な試合を) 引き分けに持ち込む

【求婚】qiú'hūn [動] 求婚する,プロポーズする〖向她～〗あの娘にプロポーズする

【求教】qiújiào [動] 教えを請う,助言を求める([同]［请教］)〖向老师～〗先生に相談する

【求解】qiújiě [動]《数》解を求める

【求借】qiújiè [動] 借用を申し込む,借金を頼む

【求救】qiújiù [動] 助けを呼ぶ,救助を求める〖向警察～〗警察に助けを求める［～信号］SOS

【求乞】qiúqǐ [動] 乞食(こじき)をする,救済を乞う([同]［讨饭］)〖沿门～〗一軒一軒物乞いして回る

【求签】qiú'qiān [動] おみくじを引く

【求亲】qiú'qīn [動] 縁談を申し込む,(家から家へ)求婚する

【求情】qiú'qíng [動] 許しを乞う,懇請する

【求全】qiúquán [動] ①完璧(かんぺき)を求める,完全な結果を要求する［～思想］完全主義 ②成就を目指す,完成に務める

【求饶】qiú'ráo [動] 許しを求める

【求人不如求己】qiú rén bù rú qiú jǐ《成》他人に頼るより自分でやるのが一番である

【求生不生,求死不死】qiú shēng bù shēng, qiú sǐ bù sǐ《俗》(生きたくても生きられず,死にたくても死ねない＞)散々苦しい目に遭う [同]［求生不得,求死不能］

【求索】qiúsuǒ [動] ①探求する,捜し求める〖～再生的路子〗再生の道を求める ②(金銭を) 取り立てる,巻き上げる

【求同存异】qiú tóng cún yì《成》相違は残しておいて,一致点を得るべく努める

【求学】qiúxué [動] ①学校に上がる,学校で勉強する ②学問に励む,知識を求める

【求雨】qiú'yǔ [動] 雨乞いする

【求援】qiúyuán [動] 支援を乞う,救援を求める〖向他们～〗彼らに応援

Q

【尿】qiú 图《方》男性生殖器

【逑】qiú ⊗ 連れ合い, 配偶者

【球】qiú 图① 球², 球体 ②(~ル)球状のもの, たま [雪~]雪玉 ③球技のボール [传~]ボールをパスする ④球技 [看~]球技のゲームを見る [打~]球技をする [~星]球界(ある球技界)のスター
⊗ 地球 [寰~]地球

【球场】qiúchǎng 图 球技場, コート, スタジアム

【球门】qiúmén 图 (サッカーやアイスホッケーの)ゴール [射进~]ゴールを決める

*【球迷】qiúmí 图 球技の熱狂的ファン ◆プレーする人と見物する人の両方を含む

【球面】qiúmiàn 图 球面

【球拍】qiúpāi 图 ラケット

【球儿】qiúr 图① 小さいボール, まり ②ビー玉, ガラス玉

【球赛】qiúsài 图〔次・局〕球技の試合 ◆'局'はピンポン, バレーなどのセットを数えるとき

【球体】qiútǐ 图 球体

【球鞋】qiúxié 图〔双〕運動靴, スニーカー, 各種球技用の靴

【球形】qiúxíng 图 球形 [~轴承]ボールベアリング

【球艺】qiúyì 图 球技の腕前 ⑨[球技]

【裘】qiú ⊗ ①皮衣ころも, 毛皮の服 [集腋成~]ちりも積もれば山となる ②(Q-)姓

【虬】(虯) qiú ⊗ ミズチ ◆想像上の動物で小型の龍のごときもの

【虬龙】qiúlóng 图 ミズチ

【虬髯】qiúrán 图《書》もじゃもじゃの頬ひげ

【酋】qiú ⊗ ① 酋長³⁴ [~长]酋長 ②盗賊の首領, 親分 [敌~]敵の大将

【遒】qiú ⊗ 力強い, 丈夫な

【遒劲】qiújìng 形《書》雄渾な, 力強い [笔力~]雄渾の筆勢

【蝤】qiú ⊗ [~蛴 qí]《書》カミキリムシの幼虫

【扈】qiú ⊗ 迫る

【糗】qiū 動《方》米飯や小麦粉食品が糊状で, 塊状になる — 形《方》きまりが悪い, 恥ずかしい
⊗ 昔の乾燥携帯食糧

【区】(區) qū 图①(大都市内の行政単位の)区 ②('县,自治县'の下の行政単位の)区
⊗①区域, 地区 [山~]山間地区 ②区分する, 区別する
⇒ Ōu

:【区别】qūbié 图 差違, 異同 [没有~]違いはない — 動 区別する, 差をつける(⑨[辨别])[~好坏](物の)良し悪しを区分する

【区分】qūfēn 動 区分する, 区別する ⑨[区别][分别]

【区区】qūqū 形《定語として》わずかばかりの, 取るに足りない [~小事]微々たる事柄 — 图《旧》《謙》私め

【区委】qūwěi 图 (中国共産党)○○区委員会

【区域】qūyù 图 地区, 区域

【区长】qūzhǎng 图 区長

【岖】(嶇) qū ⊗ →[崎 qí ~]

【驱】(驅*馳駆) qū ⊗ ①(牛や馬などを)進ませる, 車を引かせる ②疾駆する, 速く走る [驰~]疾駆する ③追い払う, 駆除する

【驱策】qūcè 動《書》①(馬や車を)鞭をふるって走らせる, 駆る ②(人を)こき使う, 意のままに使う ⑨[驱使]

【驱车】qūchē 動 車を飛ばす, 自動車を駆る

【驱虫剂】qūchóngjì 图 虫下し, 駆虫剤

【驱除】qūchú 動 追い出す, 除去する [~害虫]害虫を駆除する [~暑气]暑気を払う

【驱迫】qūpò 動 (圧力をかけて)行動させる, 意に従わせる ⑨[逼迫]

【驱遣】qūqiǎn 動①こき使う ⑨[驱使] ②追い払う ⑨[赶走] ③(感情を)振り払う, 排除する

【驱散】qūsàn 動①(集団を)退散させる, 追い散らす ②(感情や雰囲気を)なくする, 消えさせる ⑨[消除]

【驱使】qūshǐ 動①こき使う, 意のままに使役する [受人~]人にいいように使われる ②つき動かす, 駆り立てる(⑨[推动])[为wéi愤怒所~]怒りに駆られる

【驱邪】qūxié 動 厄除けをする, 悪魔払いをする [~降jiàng福]厄を払って福を招く

*【驱逐】qūzhú 動 駆逐する, 追放する [~出境]国外退去処分にする [~舰]駆逐艦

【驱走】qūzǒu [動] 追い払う，追い出す〖～杂念〗邪念を追い払う

〘躯(軀)〙 qū ⊗ 身体 ［身～］体

【躯干】qūgàn [名]（人の）胴体 [同][胴dòng]

【躯体】qūtǐ [名] 身体 [同][身躯]

〘曲〙 qū ⊗① 湾曲した部分，曲がった個所 ［河～］川の大曲がり ② 曲げる，湾曲させる ③ 曲がった，湾曲した [反]'直' ④ 道理に反した，誤った ⑤（Q-）姓

【一(*麯 粬)】 [名] 麴(こうじ) ［酒～］酒こうじ

⇨qǔ

【曲尺】qūchǐ [名]〔把〕曲尺(かねじゃく) [同][矩尺][角尺]

【曲棍球】qūgùnqiú [名] ① ホッケー〖一场～〗ホッケー1試合 ② ホッケー用の球

【曲解】qūjiě [動] 曲解する，ねじ曲げて解釈する [同][歪曲]

【曲里拐弯】qūliguǎiwān [形]（～儿的）《口》曲がりくねった，ジグザグの〖～地通往山上〗（道が）うねうねと山に続く

【曲霉】qūméi [名] 麴菌 [同][曲菌]

【曲曲弯弯】qūqūwānwān [形]（～的）曲がりくねった

【曲蟮(蛐蟮)】qūshan/ qūshàn [名]《口》ミミズ

【曲射炮】qūshèpào [名] 曲射砲 ♦迫撃砲，榴弾(りゅうだん)砲など

【曲突徙薪】qū tū xǐ xīn《成》(煙突を曲げ薪(まき)を移す＞) 事前に危険防止の手をうつ

【曲线】qūxiàn [名]〔条・根〕曲線，カーブ ［～球］（野球の）カーブ

【曲意逢迎】qū yì féng yíng《成》心ならずも人に合わせる

*【曲折】qūzhé [名] 曲折，面倒な局面 — [形] 曲がりくねった〖～的谈判〗曲折をたどる交渉

【曲直】qūzhí [名] 理非曲直，是非善悪〖分清～〗正邪のけじめをはっきりさせる

【曲轴】qūzhóu [名]《機》クランクシャフト，クランク軸

〘蛐〙 qū ⊗ 以下を見よ

【蛐蛐儿】qūqur [名]《方》〔只〕コオロギ [同][蟋蟀]

〘诎(詘)〙 qū ⊗① 縮める ②'屈'と通用 ③（Q-）姓

【屈】 qū [動]① 曲げ(が)る（[反][伸]）〖～着腰向人行礼〗腰を曲げて挨拶する ［～膝］膝(ひざ)を折る（屈服する） ② 不当に責める，いわれなき罪を着せる〖谁～了你？〗誰が罪もない君を責めたの ⊗① 屈服する，服従する ［宁死不～］死んでも屈しない ② 道理を欠く，理がない ③（Q-）姓

【屈才】qū'cái [動] 不遇をかこつ，才能を腐らせる

【屈从】qūcóng [動] 屈従する，心ならずも下につく

【屈打成招】 qū dǎ chéng zhāo《成》拷問に屈して無実なのに自白する

*【屈服(屈伏)】qūfú [動] 屈服する，膝を折る〖～于压力〗圧力に屈する〖向占领军～〗占領軍に屈服する

【屈节】qūjié [動] 節を曲げる，節操を失う

【屈就】qūjiù [動]《敬》曲げてご就任くださる〖不知您肯否～〗曲げてご就任いただけますでしょうか

【屈辱】qūrǔ [名] 屈辱，恥辱〖洗刷～〗恥を雪(すす)ぐ

【屈死】qūsǐ [動]（不当な扱いを受けて）恨みをのんで死ぬ，歯がみしながら死ぬ

【屈折语】qūzhéyǔ [名]《語》屈折語

【屈指】qūzhǐ [動] 指折り数える ［～可数］（指を折って数えられるほどに）数少ない

【屈尊】qūzūn [動]《敬》身分を落としておいでくださる〖您～到此…〗御光臨くださり…

〘祛〙 qū ⊗ 除去する，取り除く ［～痰］痰(たん)をとる

【祛除】qūchú [動]（病気や魔物などを）取り除く，駆除する

〘胠〙 qū ⊗① 横腹，脇腹 ② 横から手を出して開く ［～箧］《書》くすねる

【蛆】 qū [名]〔条〕ウジ，ウジムシ ［～虫］蛆虫(うじむし)（悪人を例えていう）

【焌】 qū ⊗ [動]（燃えているものを）水にジュッと入れる

〘黢〙 qū ⊗ 黒い ［～黑］真っ黒の

〘趋(趨)〙 qū ⊗① 向かう，赴く〖～于稳定〗安定に向かう ② 急ぐ，早足で進む

【趋奉】qūfèng [動] へつらう，おもねる

【趋附】qūfù [動] 迎合する，ご機嫌取りをする

**【趋势】qūshì [名] 趨勢(すうせい)，発展の方向〖舆论的～〗世論の流れ

【趋向】qūxiàng [名] 趨勢，発展の方向 — [動]（ある方向に）向かう，傾く〖局势～和平〗局面は平和に向かっている

【趋炎附势】qū yán fù shì《成》強い者にしっぽを振る

【趋之若鹜】qū zhī ruò wù《成》(アヒルのように群がり走る＞) 多くの人が(良くない事に)殺到する

【觑(覷 *覰 覻)】 qū [動]《口》

目を細めて注視する,細目でじっと見る 〚~着眼睛仔细地看〛目を細めてしげしげと見る ⇨qù

【麴】(麴) qū ⊗① (Q-)姓 ② '曲'(麺ミ゙)と通用

【劬】 qú ① 仕事のきつい ② 勤勉な 〚~劳〛(書)働き疲れた

【朐】 qú 〚临~〛临朐ミ゙(山東省)

【鸲】(鴝) qú ⊗ 〚~鹆 yù〛(鸜鹆)〛九官鳥

【渠】 qú ① (人工の)水路 〚沟~〛灌漑用水路 ⊗① 大きな ② (Q-)姓

【―】(*佢) 䵲(方)彼,彼女

*【渠道】 qúdào 图①〚条〛灌漑用,排水用に掘った水路 ②(転)道筋,手段 〚外交(迫)~〛外交チャンネル 〚流通~〛流通ルート

【璩】 qú ⊗① 玉の環 ② (Q-)姓

【蘧】 qú ⊗ ①〚~然〛(書)驚喜するさま ② (Q-)姓

【瞿】 Qú ⊗ 姓

【氍】 qú ⊗ 〚~㲝 shū〛芝居の舞台(の人工の)

【癯】 qú ⊗ 瘦ゃせた,ほっそりした 〚清~〛(書)同前 ◆'臞'とも書く

【衢】 qú ⊗ 大通り,街路 〚通~〛幹線道路

【蠷】 qú ⊗ 〚~螋 sōu〛ハサミムシ

【曲】 qǔ 图〔首・支〕① 韻文の一形式,曲ホミ ◆元代に特に盛んで,芝居(歌劇)にも用いられた 〚元~〛元曲ﾐｸ ② (~儿)歌,俗謡 〚唱~〛歌をうたう ③ 楽曲 〚作~〛作曲する 〚圆舞~〛ワルツ ⇨qū

【曲调】 qǔdiào 图 メロディー,節ﾌ

【曲高和寡】 qǔ gāo hè guǎ (成)(曲が難しすぎて,ついて歌える人がろくにいない>) 言論や芸術作品が高踏に過ぎて,大衆に受け入れられない

【曲剧】 qǔjù 图 新中国成立後,民間の歌いものから発展してでき上がった新式歌劇,特に"北京~"を指すことが多い ⓐ[曲艺剧]

【曲牌】 qǔpái 图 韻文"曲"の節の名称

【曲谱】 qǔpǔ 图 ① '戏曲'の楽譜 ② '曲牌'の各種様式や唱法を集めた本 ◆多く書名に使われる

【曲艺】 qǔyì 图 寄席演芸 ♦'弹词''大鼓''快板''相声'等々の形式がある

【曲子】 qǔzi 图〔支〕歌,楽曲 〚吹奏一支美丽的~〛美しい調べを奏でる

【取】 qǔ 動 ① 受け取る,手に取る 〚~货〛品物を受け取る,選びとる 〚~个名儿〛名前をつける 〚采~〛採用する ② 得る,もたらす 〚自~灭亡〛自ら滅亡への道をたどる

【取材】 qǔcái 動 取材する,材料を得る 〚~于传说〛伝説から題材を取っている

【取长补短】 qǔ cháng bǔ duǎn (成)(他人の)長所を学んで(自分の)短所を補う

【取代】 qǔdài 動 (他を押しのけて)取って代わる 〚唐朝~了隋朝〛唐朝が隋に取って代わった

【取道】 qǔdào 動 経由する,…回りの道をとる 〚~上海回东京〛上海経由で東京に帰る

【取得】 qǔdé 動 得る,獲得する 〚~学位〛学位を取る

【取缔】 qǔdì 動 禁止する,取り締まる 〚~走私〛密輸を取り締まる

【取而代之】 qǔ ér dài zhī (成) 取って代わる

【取经】 qǔ·jīng 動(転)他人のすぐれた経験に学ぶ,よその成功例から知恵を借りる 〚向他们~〛彼らの経験に学ぶ

【取决】 qǔjué 動('~于…'の形で)…で決まる,…如何による 〚~于设计水平〛デザインの水平による

【取闹】 qǔnào 動 ①(人を相手に)騒ぎ立てる,けんかを仕掛ける ② からかう,ふざける 〚拿他~〛彼をからかう

【取暖】 qǔnuǎn 動 暖を取る,身体を暖める 〚~器〛暖房器具

【取巧】 qǔ·qiǎo 動 ずるく立ち回る,裏技を使う

【取舍】 qǔshě 動 取捨選択する,残すものは残し捨てるものは捨てる

【取胜】 qǔshèng 動 勝つ,勝利を得る 〚以智~〛頭を使って勝つ

*【取消】(取銷) qǔxiāo 動 無効にする,廃止する 〚~资格〛資格を剥奪する

【取笑】 qǔxiào 動 からかう,笑いものにする 〚~老头儿〛年寄りを笑いものにする

【取样】 qǔyàng 動('~于…'の形で)機嫌を取る,取り入る

【取之不尽, 用之不竭】 qǔ zhī bú jìn, yòng zhī bù jié (成)無尽蔵な,尽きることのない

【娶】 qǔ 動 妻に迎える,めとる (⊗[嫁]) 〚~媳妇〛嫁をもらう 〚~亲〛男が結婚する

— quán 483

【龋(齲)】 qǔ ⊗ 虫歯 [~齿] 虫歯

【去】 qù 動 ① 行く、赴く (⑫[来]) [~车站] 駅へ行く ② 《他の動詞句の前で》その動作を積極的に行う気分を示す [你自己~想想吧] 自分で考えなよ ③ 《他の動詞句の後で》"…しに行く" ことを示す [他看棒球~了] あの人は野球を見に行ったわ ④ 《動詞句または介詞句と他の動詞句の間で》後の動作が目的であることを示す [拿毛笔~写字] 毛筆で字を書く ⑤ 除去する、取り去る [~了皮再吃] 皮を取ってから食べる ⑥ (伝統劇で) 役を演じる ⑦ 《方》"大""多""远" などの形容詞+了+~+了 の形で》程度がきわめて大であることを示す [可重了~了] いや重いのなんの
⊗ ① (時間, 距離的に) 隔たる, 離れる [~今三十余年] 今を去ること30余年 ② 去る, 離れる [~留] 去るか留まるか, 進退 [~官] 官職を辞す ③ 去の, 過ぎ去った [~岁] 去年 ④ 去声 ⑧[~声]
—— -qù/-qu 《方向補語として》① 動作が話し手から遠ざかることを示す (⑫[来]) [向石像跑~] 石像めがけて駆けてゆく [带了三个人~] 3人連れていった [进不~] 入って行けない ② 動作とともに人や物が元の場所から離れてゆくことを示す [死~] 死ぬ [失~] 失う ③ 動作をそのまま継続することを示す [你说~吧] 話を続けたまえ

【去处】 qùchù 名 ① 行き先, 行方 [~不明] 行方が知れない ② 場所, ところ ⑧[地方]

【去火】 qù'huǒ 動 (漢方で) のぼせを冷ます ⑧[上火]

【去路】 qùlù 名 進路, 経路 [挡住~] 進路をふさぐ

*【去年】 qùnián 名 去年, 昨年 ⑧[去岁]

【去声】 qùshēng 名《語》① 去声 ◆古代の四声の一 ② '普通话' の第四声 [四声]

*【去世】 qùshì 動 死ぬ, 世を去る ⑧[逝世]

【去暑】 qùshǔ 動 暑気を払う, 暑さを忘れさせる

【去向】 qùxiàng 名 行方, 足取り [~不明] 行方不明

【去职】 qù'zhí 動 離職する, ポストを去る

【阒(闃)】 qù ⊗ ひっそりしたさま [~然]《書》同前

【趣】 qù ⊗ ① 面白み, 味わい [没~儿] くだらない ② 面白い, 興深い [~闻] 面白いうわさ ③ 志向, 興味 [志~] 志向

*【趣味】 qùwèi 名 興趣, 面白み (⑭[兴趣]) [没有~] つまらない

【觑(覰*覷觑)】 qù 動 見る, 見詰める [冷眼相~] 冷ややかに見る ⇨qū

【悛】 quān ⊗ 悔い改める [怙hù 恶不~] 悔悟することなく悪業を重ねる

【圈】 quān 名 (~儿) ① 輪, 丸 [画了一个~儿] 丸を1つ書いた ② 範囲, 圏 [出~儿了] 範囲をはみ出している — 動 ① 囲む, 囲いこむ [~牧场] 牧場を (柵で) 囲う ② 丸で囲む, 丸印を付ける [~错字] 誤字に丸印を付ける — 量 輪になった物に使う [一~人] ぐるりと取り巻いた人々 ⇨juān, juàn

【圈套】 quāntào 名 (人をだます) わな, 計略 [上~] 策にはまる

【圈椅】 quānyǐ 名 [把] 肘 掛けと背もたれが半円形につながった椅子

【圈阅】 quānyuè 動 書類に目を通したことを示すため自分の名前に丸印をつける

【圈子】 quānzi 名 ① 輪, 円 [围成~] ぐるっと取り囲む ② 範囲, 領域 [走出家庭~] 家庭の枠の外に出る ③ わな, 計略 ⑧[圈套]

【权(權)】 quán 名 ① 権力, 権限 ② 権利 [人~] 人権
⊗ ① 仮に, 一時的に→[~且] ② 秤のおもり ③ 有利な位置 [主动~] イニシアチブ ④ 秤で計る→[~衡] ⑤ 臨機の対応をする, 方便でつかう→[~变] ⑥ (Q-) 姓

【权变】 quánbiàn 名《書》臨機応変の対応をする, その場その場で変わり身を見せる ⑧[随机应变]

【权柄】 quánbǐng 名 手中の権力, 権限 [掌握~] 権限を握る

【权臣】 quánchén 名 権臣, 専横の大臣

【权贵】 quánguì 名 権官, 顕官

*【权衡】 quánhéng 動 (バランスを) 考える, (得失を) 計る [~得失] 得失を計る

*【权力】 quánlì 名 ① 権力 [贪求~] 権力の座をねらう ② 権限 [交~] 権限を与える

*【权利】 quánlì 名 権利 (⑫[义务]) [剥夺~] 権利を剥奪する

【权略】 quánlüè 名 (政治的) 権謀, 策略 ⑧[权谋]

【权门】 quánmén 名 権門, 顕官 [依附~] 権門に取り入る

【权谋】 quánmóu 名 [套] (政治的) 権謀, 策略

【权能】quánnéng 图 職能と権限
【权且】quánqiě 副 差し当たり，とりあえず 僅[暂且]
【权势】quánshì 图 権勢，権限と実力〖丧失～〗権勢を失う
【权术】quánshù 图〖套〗権謀，術策（僅[权谋]）〖玩弄～〗権謀を弄ぶ
*【权威】quánwēi 图 ①威望，揺るぎない信望〖失去～〗権威を失う ②権威ある人や物 ― 形 権威のある
【权限】quánxiàn 图 権限，職権の範囲〖扩大～〗権限を拡充する
【权宜】quányí 形〖定语として〗一時しのぎの，間に合わせの（僅[权便]）〖～措施〗応急の措置
*【权益】quányì 图 権益〖维护～〗権益を保護する

【全】quán ①すべて揃った，欠けるところのない〖花已开～了〗花はもう咲き揃った ②〖定语として〗全体の，まるごとの ♦'的'はつけない〖～世界〗全世界 ― 副 全く，完全に，すべて Ⓧ①全うする，完全なものにする ②(Q-)姓

*【全部】quánbù 形〖定语・状语として〗全部の，まるごとの〖～（的）力量〗あらゆる力〖～结束〗すべて終わる
【全才】quáncái 图 多芸の士，オールラウンドプレイヤー
【全长】quáncháng 图 全長
【全程】quánchéng 图 全行程，全コース〖跑完～〗全行程を完走する
【全都】quándōu 副 すべて，完全に〖～来了〗全員揃った
【全副】quánfù 形〖定语として〗すべて揃った，あらゆる〖～力量〗全力
【全乎】quánhu 形（～儿）《口》すべて揃った
【全会】quánhuì 图〔次・届〕総会，全体会議 ♦ '全体会议'の略〖三中～〗第3回中央委員会総会
【全集】quánjí 图〔部・套〕全集
【全家福】quánjiāfú 图 ①〔张〕家族全員で撮った写真 ②（中華風）寄せ鍋，ごった煮
【全歼】quánjiān 動 全滅させる，殲滅する
*【全局】quánjú 图 全局面，全体の状況 ♦ 囲碁将棋にも使う〖控制～〗全局面をコントロールする
【全力】quánlì 形〖定语・状语として〗全力の〖～支持〗全力で支持する
*【全力以赴】quánlì yǐ fù〈成〉全力を尽くす
【全麻】quánmá 图 全身麻酔 僅[局麻]
【全貌】quánmào 图 全貌，全体の様相〖弄清～〗全貌を明らかにする
*【全面】quánmiàn 形 全面的な，あらゆる側面からの（僅[片面]）〖～战争〗全面戦争〖～看问题〗あらゆる角度から問題を捉える ― 图 あらゆる側面

【全民】quánmín 图 全国民，全人民〖～所有制〗全人民所有制（国有制のこと）
【全能】quánnéng 形〖多く定语として〗万能の，オールラウンドの〖十项～运动〗十種競技
【全盘】quánpán 形〖定语・状语として〗全般的な，全般にわたる（僅[全面]）〖～西化〗全般にわたって西洋化する
【全勤】quánqín 图 皆勤，無欠勤（僅[出～]）皆勤する
【全球】quánqiú 图 全世界，全地球（僅[寰球]）〖～战略〗地球規模の戦略〖～定位系统〗GPS
【全权】quánquán 图 全権〖～办理〗全権をもって事に当る
【全然】quánrán 副 全く，全然 ♦一般に否定形が後に続く〖～不同〗まるで違う
【全身】quánshēn 图 全身
【全神贯注】quán shén guàn zhù〈成〉(～地) わき目も振らずに，一心不乱に
【全盛】quánshèng 形〖定语として〗全盛の，いちばん栄えた〖～时期〗全盛期
【全始全终】quán shǐ quán zhōng〈成〉首尾一貫やり遂げる，最後までやり通す
【全体】quántǐ 图 全体，全員〖～老师〗全先生方
【全天候】quántiānhòu 形〖定语として〗全天候型の〖～公路〗雨が降っても通れる道路
【全托】quántuō 動 全托にする ♦ 保育園や託児所に，幼児を月曜の朝に預けて土曜の夜に引き取る方式 僅[日托]
【全线】quánxiàn 图 ①全戦線 ②(道路や鉄道の) 全線〖～通车〗全線開通する
【全心全意】quán xīn quán yì〈成〉全精力を傾けて，心の底から
【全音】quányīn 图〖音〗全音
【全知全能】quán zhī quán néng〈成〉全知全能の

【诠】(詮) quán Ⓧ 説明する，解き明かす〖～注〗注釈

【荃】quán Ⓧ 香草の一種

【醛】quán 图〖化〗アルデヒド〖乙～〗アセトアルデヒド

【辁】(輇) quán Ⓧ ①スポークのない(板状の)車輪 ②浅薄な，薄っぺらな

【痊】quán ⊗病気が治る，本復(ほんぷく)する［～愈 yù］全快する

【铨(銓)】quán ⊗①選抜する，選考する ②重さを計る，人物を評定する［～衡］評定する［～叙］(役人を) 審査選考する

【筌】quán ⊗→［得 dé 鱼忘～］

【泉】quán ⊗①泉(いずみ)，泉水［温～］温泉 ②泉の水が湧き出る穴 ③古銭，昔の貨幣［～币］古銭 ④(Q-)姓

【泉水】quánshuǐ [名]〔眼・口〕泉，湧水(わきみず)

【泉下】quánxià [名]あの世，黄泉(よみ)の国 [同][黄泉][泉世]

【泉眼】quányǎn [名]泉の水が湧き出す穴，湧出口

【泉源】quányuán [名]①水源，源 ②《転》(エネルギーなどの) 源泉，出どころ〖活力的～〗元気のもと

【拳】quán [名]①握り拳(こぶし)，げんこつ([同][拳头])〖挥～〗拳を振り回す ②拳法［太极～］太極拳 ━[量]拳で殴る回数を数える〖打了一～〗ぽかり一発くらわせた ⊗曲がる→［～曲］

【拳棒】quánbàng [名]武芸，武術 [同][武术]

【拳击】quánjī [名]ボクシング［～台］(ボクシングの)リング

【拳脚】quánjiǎo [名]①拳と足 ②拳法，空手，カンフー [同][拳术]

【拳曲】quánqū [動]①(物体が) 曲がる，曲げる ②(髪などが) 縮れる，縮らす

【拳拳(惓惓)】quánquán [形]《書》懇切なさま

【拳拳服膺】quánquán fú yīng《成》拳拳服膺(けんけんふくよう)する，誠実に信奉する

【拳师】quánshī [名]拳法師範，拳法家

【拳术】quánshù [名]拳法，空手，カンフー [同][拳脚]

【拳坛】quántán [名]ボクシング界，拳法界〖初登～〗ボクシング界にデビューする

*【拳头】quántou/quántóu [名]〔只〕拳，げんこつ

【拳头不认人】quántou bú rèn rén《俗》(げんこつは人を識別しない＞) 俺のげんこつは遠慮しないぞ

【蜷(踡)】quán [動]縮こまる，丸くなる〖～做一团〗とぐろを巻く

【蜷伏】quánfú [動]丸くなって寝る，身を縮めて寝る [同][蜷卧]

【蜷曲】quánqū [動]縮こまる，(足を縮めて) 丸くなる〖把身体～成一团〗体を丸める

【蜷缩】quánsuō [動]縮こまる，小さく丸まる

【鬈】quán [形](髪が) 縮れた，カールした［～发 fà］縮れ毛

【颧(顴)】quán ⊗以下を見よ

【颧骨】quángǔ [名]顴骨(かんこつ)，頬骨(ほおぼね)〖～突起〗頬骨が出っ張っている

【犬】quǎn ⊗犬［警～］警察犬［丧 sàng 家之～］喪家の犬(みじめな人間)［～子］豚児

【犬齿】quǎnchǐ [名]〔颗〕犬歯，糸切り歯 [同][犬牙]

【犬马之劳】quǎn mǎ zhī láo《成》犬馬の労

【犬儒】quǎnrú [名]犬儒(けんじゅ)，世をすねた人［～主义］シニシズム

【犬牙交错】quǎnyá jiāocuò《成》(犬の歯が咬(か)み合ったような＞) ①境界線が入り組んでいる ②局面が錯綜している

【畎】quǎn ⊗農地の間を流れる小川，小さな水路［～亩］《書》田畑，田園

【绻(綣)】quǎn ⊗→［缱 qiǎn ～］

【劝(勸)】quàn [動]①説得する，助言する〖～他不要辍学〗彼に学校をやめないよう説いた ②励ます，勉励する

【劝导】quàndǎo [動]言って聞かせる，補導する

【劝告】quàngào [名]忠告，説諭 ━[動]言って聞かせる，説諭する

【劝和】quànhé [動]仲裁する，和解に手を貸す

【劝架】quàn'jià [動]けんかに割って入る，仲裁に入る

【劝解】quànjiě [動]①なだめる，安心させる ②けんかを仲裁する

【劝诫(劝戒)】quànjiè [動]説教する，訓戒する〖～他别跟人打架〗人とけんかしないよう彼に説教する

【劝酒】quàn'jiǔ [動](宴席で) 酒を勧める

【劝说】quànshuō [動]説得する，勧める〖听从～〗勧告を聞き入れる

【劝慰】quànwèi [動]なだめる，慰める〖～他们不要悲伤〗あまり歎かないよう彼らをなだめた

【劝诱】quànyòu [動]勧誘する，説得する〖～他买汽车〗車を買うよう彼を勧誘する

【劝阻】quànzǔ [動]止めるよう説得する，(…しないよう)引き止める [同][劝止]

【券】quàn ⊗券，チケット［入场～］入場券 ♦'拱券'(アーチ)はgǒngxuàn とも発音

〖炔〗 quē ⊗［乙 yǐ～］〖化〗アセチレン ♦姓は Guì と発音

【缺】 quē [動] ① 不足する，欠乏する ②（一部が） 欠ける，破損する ③ 欠席する，欠勤する — [名] 欠員，空席 〖补～〗欠員を埋める

【缺德】 quē▾dé [形] 下劣な，不道徳な，けしからぬ

★★【缺点】 quēdiǎn [名] 欠点，欠陥（[反]［优点］）〖掩饰～〗欠点を取り繕う

【缺额】 quē'é [名] 欠員，空きポスト（[同]［空额］）〖补充～〗欠員を補充する

★★【缺乏】 quēfá [動] 欠乏する，不足する 〖～信心〗信念に欠ける

【缺憾】 quēhàn [名] 物足りない所，惜しい疵(きず)

【缺货】 quēhuò [名] 品切れの商品，市場に出回らない商品
—— quē▾huò [動] 供給が絶える，品切れになる

【缺课】 quē▾kè [動] 学校を休む，授業を欠席する 〖缺了三天课〗3日欠席する

★【缺口】 quēkǒu [名] ①（～儿）（器物の） 破損個所，欠けた所 〖碰了个～〗ぶつかって欠けた ② 突破口 〖打开～〗突破口を開く
—— quē▾kǒu [動]（ぶつかって） 欠ける，破損する 〖缺了个口儿〗ぶっ欠いた

【缺漏】 quēlòu [名] 遺漏，欠陥，手抜かり

【缺欠】 quēqiàn [名] 欠点，不足 — [動] 欠く，不足する

【缺勤】 quē▾qín [動] 欠勤する，仕事を休む [反]［出勤］

★★【缺少】 quēshǎo [動] 不足する，欠乏する 〖不可～〗欠かせない

【缺位】 quēwèi [名] 空きポスト，空席 〖补上～〗空席となっているポストを埋める — [動] ポストが空く，空席となる

★【缺席】 quē▾xí [動] 欠席する（[反]［出席］）［～审判］欠席裁判

★【缺陷】 quēxiàn [名] 欠陥，欠落 〖补救～〗欠陥を補う

〖阙（闕）〗 quē ⊗ ① 過失，誤ち ②‘缺’と通用 ③（Q-）姓
⇨què

【阙疑】 quēyí [動] 難問を未解決のまま残す，判断を先送りする

【瘸】 qué [動]《口》足を引きずる，びっこを引く 〖～腿〗足を引きずる［～子］足の不自由な人

【却（卻）】 què [副] 逆接の関係を示す ♦‘虽然’と呼応すること，‘但是’‘可是’などと並用されることも多い．含意としては「ところが，けれども」など．語気は‘倒’‘可’ほどに強くはない 〖天下雪，～不冷〗雪が降っているが寒くはない 〖个子虽然小，～很有力气〗身体は小さいが力は強い 〖夏天早已到了，可是天气～还不热〗夏はとっくに来ているのに，いつまでも暑くならない
⊗ ① 後退する，後ずさりする ② 退ける，追い返す［～敌］敵を撃退する ③ 拒否する，辞退する［推～］同前 ④（動作の結果） 失う，なくなる［了～］片を付ける

【却步】 quèbù [動]（おびえて） 後ずさりする

【却说】 quèshuō [副] さて，ところで ♦旧小説の話の切り出しの言葉 [同]［且说］

【却之不恭】 què zhī bù gōng《成》お断りするのは失礼に当たります ♦物を贈られたり招きを受けたりした際，受け入れるときの挨拶．多く後に‘受之有愧’（お受けするのはおこがましい）という，遠慮の一言が続く

〖埆〗 què ⊗ 土地が瘠せた

〖确（確 *埆碻）〗 què ⊗ ① 本当の，間違いのない 〖～属困难〗確かに困難だ［的～］確かに［～证］確証 ② しっかりと，揺るぎなく

★【确保】 quèbǎo [動] 確保する，請け合う 〖～质量〗品質を保証する

【确当】 quèdàng [形] 適切な，当を得た [同]［适当］

★★【确定】 quèdìng [動] 確定する，きっちり決める 〖～日期和地点〗時間と場所を確定する — [形] 確かな，間違いのない

【确乎】 quèhū [副] 確かに，間違いなく

【确据】 quèjù [名] 確証，確かな根拠

★【确立】 quèlì [動] 確立する，うち立てる 〖～地位〗地位を確立する

★【确切】 quèqiè [形] ① 正確な，的確な 〖～的记录〗誤りのない記録 ② 信頼しうる，偽りのない 〖～的数字〗確かな数字

★★【确认】 quèrèn [動] 確認する

★★【确实】 quèshí [形] 確かな，間違いのない — [副] 確かに，本当に

★【确信】 quèxìn [名]（～儿）確かな情報 — [動] 確信する，固く信じる 〖～你能够成功〗君ならできると信じている

【确凿】 quèzáo（旧読 quèzuò）[形] この上なく確かな，明確な 〖～的数据〗正確なデータ

【确诊】 quèzhěn [動] 確かな診断を下す

【确证】 quèzhèng [名] 確証，動かぬ

证据 — [動] 明確に証明する〖～他无罪〗彼の無罪を実証する

〖雀〗 què ⊗スズメ［麻～］スズメ［孔～］クジャク
⇨qiǎo

【雀斑】quèbān [名]〔片〕そばかす [同]《方》［雀子 qiāozi］

【雀鹰】quèyīng [名]〔只〕《鳥》ハイタカ [同]［鹞子］［鹞鹰］

【雀跃】quèyuè [動] 小躍りする，躍り上がって喜ぶ

〖悫(愨)〗 què ⊗誠実な

【阕(闋)】 què [量] ① 歌謡，'词 cí' を数える〖填一～词〗詞を一首作る ② 一首の詞の中の区切りを数える
⊗終わる，完結する

〖阙(闕)〗 què ⊗帝王の宮殿，皇居
⇨quē

〖鹊(鵲)〗 què ⊗カササギ［喜～］カササギ［～巢鸠占 zhàn］《転》他人の家や土地を乗っ取る

【鹊桥】quèqiáo [名] カササギの橋 ♦ 七夕(たなばた)の夜，織姫と彦星を会わせるためにカササギがかける橋［～相会］別れ別れになっていた夫婦や恋人同士が久方振りに会う

〖榷〗 què ⊗専売する，販売税を取る

〖—(*搉)〗 ⊗協議する，討論する［商～］（特に学説を巡って）討論する

〖囷〗 qūn ⊗古代の円形の穀倉

〖逡〗 qūn ⊗退く，譲歩する

【逡巡】qūnxún [動] 逡巡する，ぐずぐずためらう

〖宭〗 qún ⊗群居する

〖裙(*裠)〗 qún ⊗ ① スカート［连衣～］ワンピース［百折～］ギャザースカート［超短～］［迷你～］ミニスカート ② スカートに似たもの［围～］（ズボンの上に着用する）エプロン

【裙钗】qúnchāi [名]《旧》婦人，婦女子

【裙带】qúndài [名] ①（中国風）スカートのひも ②《転》妻や姉妹など女の親族とのつながり［～关系］同前［～官］同前のコネを通じて得た官職

【裙带菜】qúndàicài [名] ワカメ

★★【裙子】qúnzi [名]〔件〕スカート〖穿～〗スカートをはく

【群(*羣)】 qún [量] 群をなした人や物を数える〖一～骆驼〗ラクダの群
⊗ ① 群，集団［鱼～］魚の群 ② 群をなした，集団になった［～居］群居する

【群策群力】qún cè qún lì《成》みんなで知恵を出し合い力を出し合う [同]［通力合作］[反]［独断专行］

【群岛】qúndǎo [名] 群島

【群芳】qúnfāng [名] 美しく香ぐわしい草花の数々〖～竞艳〗百花咲き競う

【群集】qúnjí [動] 群れ集う，どっと人が出る〖～在广场上〗広場に詰め掛けた

【群口】qúnkǒu [名] 3人以上が交替で語りあるいは歌う演芸 [同]［群唱］

【群龙无首】qún lóng wú shǒu《成》（竜の群に引率する竜がいない>）リーダーのいない集団，烏合(うごう)の衆

【群落】qúnluò [名]〖植〗群落(ぐんらく)；《転》同類の事物の集合

【群魔乱舞】qún mó luàn wǔ《成》（悪鬼の群が乱舞する>）悪人どもがのさばり返る

【群青】qúnqīng [名]〖化〗群青(ぐんじょう) ♦ 鮮やかな青色の染料

【群情】qúnqíng [名] 大衆感情，世間の気分〖～激奋〗みんながわっと興奮する

【群山】qúnshān [名] 山なみ，連なる山々

【群体】qúntǐ [名] ①〖生〗群体(ぐんたい)，コロニー ② 同種のものの集合体，グループ

【群雄】qúnxióng [名] 群雄(ぐんゆう)，波乱の時代の実力者たち

【群言堂】qúnyántáng [名] 指導者が大衆の声を十分に取り入れる政治のあり方，民主的指導方式 [反]［一言堂］

【群英会】qúnyīnghuì [名] 英傑の集い；《転》先進的人物の会合

★【群众】qúnzhòng [名] ① 大衆，民衆［～运动］大衆運動 ② 共産党，共青団に属さぬ人々 ③ 管理職でない人，ひら

〖麇(*麕)〗 qún ⊗群がる，集団になる［～集］《書》群れる

R

【蚺】 rán ⊗[～蛇 shé]ウワバミ, 大蛇→[蟒 mǎng 蛇]

【髯】 rán ⊗ほおひげ(広くひげを指す)[美～]立派なひげ

【然】 rán ⊗① 正しい[不以为～]正しいとは思わない ② そのようだ[不～]そうではない, そうでなければ ③ しかし ④ 尾 状態を表わす[忽～]突然[当～]もちろん

★【然而】 rán'ér 圈 しかし, しかるに 卿 《口》[但是]

★【然后】 ránhòu 圈 その後, それから (前段に'先''首先', 後段に'再''又''还'などを伴うことが多い)[先研究一下, ～再作出决定]検討してから決めることにする

【然诺】 ránnuò 動《书》承諾する

【然则】 ránzé 圈《书》それならば, それでは

【燃】 rán ⊗燃える, 火をつける[点～]燃やす[～灯]明かりをともす

【燃点】 rándiǎn 图発火点 卿[着火点] — 動灯をともす

【燃料】 ránliào 图燃料[～库]燃料庫

【燃眉之急】 rán méi zhī jí《成》焦眉の急, 緊迫した状態

★【燃烧】 ránshāo 動 燃える, 燃焼する[野火在～]野火が燃えている[～的怒火]激しい怒りの炎

【冉(*冄)】 rǎn ⊗①[～～]《书》ゆっくり進むさま, 柔らかく垂れるさま ② (R-)姓

【苒】 rǎn ⊗→[荏 rěn ～]

【染】 rǎn 動 ① 染める[～毛线]毛糸を染める ② 染まる[～上了坏习惯]悪習に染まった[污～]汚染(する)

【染病】 rǎn'bìng 動病気に感染する

【染坊】 rǎnfáng 图〔家〕染物屋, 染物工場

【染料】 rǎnliào 图染料

【染色】 rǎnsè 動染色する[～体]染色体

【嚷】 rāng ⊗以下を見よ ⇨ rǎng

【嚷嚷】 rāngrang 動《口》① 口げんかする, 大声でわめく[外头～什么?]外では何を騒いでいるのだ ② 言い触らす

【瀼】 ráng ⊗[～～河]瀼 rǎng 河(河南省の地名) ◆四川の'瀼水'では ràng と発音

【蘘】 ráng ⊗[～荷][植]ミョウガ

【禳】 ráng ⊗厄除けのお払いをする

【穰】 ráng 图 (～儿)《方》① 稲や麦の茎, わら[～草]同前 ② '瓤'と通用

【瓤】 ráng 图 (～儿)(ウリ類の)種々含んだ柔らかい部分, なかご(卿[瓤子])[冬瓜～儿]トウガンのなかご — 形《方》良くない, 弱い

【壤】 rǎng ⊗① 耕作できる土地[土～]土壤 ② 大地[天～]天地 ③ 地区[僻～]辺鄙な土地

【壤土】 rǎngtǔ 图〔农〕ローム(砂と粘土からなり農耕に適する)

【攘】 rǎng ⊗① 排斥する[～外]《书》外国を排斥する ② 奪う ③ (袖を)まくる('攘'とも)

【攘臂】 rǎngbì 動《书》腕まくりする

【攘除】 rǎngchú 動《书》排除する

【攘夺】 rǎngduó 動《书》奪取する

【嚷】 rǎng 動 ① 大声で叫ぶ[不要大～大叫]大声で叫んではいけない ② 言い争う ③ 《方》叱る, 責める ⇨ rāng

【让(讓)】 ràng 動 ① 譲る[～路]道を譲る ② 譲り渡す ③ もてなす, すすめる[～酒]酒をすすめる ④ …させる ◆兼語文をつくる. '叫'と似るが, '让'は多く「…するのを放任する」の意味を伴うことが多い[爸爸不～我去]父が行かせない[～我们想想]皆で考えてみよう — 囧 …に…される(卿[被])[行李～雨淋湿了]荷物は雨でずぶ濡れになった ◆'被'と異なり'让淋湿'とは言えない

★【让步】 ràng'bù 動讓歩する[双方终于～了]両者はついに讓歩し合った

【让价】 ràng'jià 動値引きする

【让位】 ràng'wèi 動 ① 地位を譲る ② 座席を譲る[让一个位给孕妇坐]妊婦に席を譲る

【让座】 ràng'zuò 動 (～儿)席を人に譲る[给一位抱孩子的妇女～]子供を抱いた婦人に席を譲る

【饶(饒)】 ráo 動①許す[～他这一次吧]今回は彼を大目にみよう ② 添える, 加える[再～上一个]あと一つおまけだ[～头 tou]おまけ(の物) — 圈《口》…なのに, …にもかかわらず[～这么困难, 他也不认输]こんなに困難でも, 彼は降参しない ⊗① 豊かな[丰～]豊饒な ② (R-)姓

【饶命】 ráo'mìng 動 死を免ずる, 命を助ける[～啊]命だけはお助けを

【饶舌】ráoshé [形] 口数が多い，おしゃべりな

*【饶恕】ráoshù [動] 大目にみる，許す〖～罪犯〗犯人を許す

【娆(嬈)】ráo ⊗［娇 jiāo ～］［妖 yāo ～］《書》あでやかでなまめかしい ♦「かき乱す」の意では rǎo と発音

【荛(蕘)】ráo ⊗たきぎ→［刍 chú ～］

【桡(橈)】ráo ⊗船の櫂^{かい}

【扰(擾)】rǎo [動] ごちそうになる，世話になる〖我～了他一次〗私は一度彼の接待を受けた

⊗乱す［干～］妨害をする［打～］邪魔をする

【扰动】rǎodòng [動] 騒動を起こす，騒がす

*【扰乱】rǎoluàn [動] かき乱す，邪魔する〖～睡眠〗安眠を妨げる〖～社会秩序〗社会の秩序を乱す

【扰攘】rǎorǎng [形] 混乱した，騒がしい

【绕(繞)】rǎo ⊗［缠～］［围～］［环～］などにおける rào の旧読

⇨rào

【绕(繞)】rào [動] ①巻く，巻きつける〖～毛线〗毛糸を巻く ②めぐる，まわる（'遶'とも）〖～三圈〗3周する ③回り道する（'遶'とも）〖～小道〗小道を遠回りする ④からみつく，こんがらがる〖这些事情～了我半天〗それらの事に長いこと時間をくわれた

⇨rǎo

【绕脖子】rào bózi [動] ①遠回しに言う ②（表現が）込み入っている

【绕道】rào▾dào [動]（～儿）回り道をする〖～走吧〗回り道をして行こう

【绕口令】ràokǒulìng [名]（～儿）〔句〕早口言葉

【绕圈子】rào quānzi [動] ①回り道をする ②回りくどく言う

【绕弯儿】rào▾wānr [動] ①ぶらつく ②遠回しに言う（[同][绕弯子]）〖说话不要～〗遠回しに言わないで

【绕远儿】rào▾yuǎnr [動] 回り道をする，遠回りする〖有点儿～〗少々遠回りだ

【绕嘴】ràozuǐ [形] 舌がもつれる，言いにくい〖这句话很～〗この言葉は舌がもつれる

【惹】rě [動] ①（よくない事を）引き起こす〖～来不少麻烦〗いろいろ面倒を引き起こした ②感情を害する，気に障ることを言う〖不要～他〗彼を怒らせるようなことを言うな ③注意を引く，ある反応を引き起こす〖～人讨厌〗人に嫌われる［～眼］人目をひく

【惹不起】rěbuqǐ [動] 相手にできない，逆らえない（[反][惹得起]）〖我～他〗私は彼に逆らえない

【惹火烧身】rě huǒ shāo shēn《成》自分で災いを招く，我が身を滅ぼす

*【惹祸】rěhuò [動] 災いを起こす

【惹气】rě▾qì [動] 怒らせる

【惹事】rě▾shì [動] 面倒を引き起こす，トラブルを起こす

【惹是非】rě shìfēi [動] いさかいを起こす

【惹是生非（惹事生非）】rě shì shēng fēi《成》あれこれともめ事を起こす

【热(熱)】rè [形] 熱い，暑い（[反][冷]）〖～得要命〗暑くてやりきれない — [動] 熱くする，温める〖粥～在炉子上了〗お粥^{かゆ}はコンロの上に温めてある — [名]〖物〗熱

⊗①情が深い［亲～］親密な［～心肠］とても親切な性分 ②人気がある，欲しがる［～货］人気商品 ③ブームを表わす［足球～］サッカーブーム

**【热爱】rè'ài [動] 心から愛する〖～祖国〗祖国を愛する〖～和平〗平和を熱愛する

【热泵】rèbèng [名] ヒートポンプ

【热潮】rècháo [名] 盛り上がり，ブーム〖掀起～〗ブームを巻き起こす

【热忱】rèchén [名] 熱情，真心〖满怀～〗熱情が胸にあふれる — [形] 熱烈な，真心からの〖～的态度〗真心のこもった態度

【热诚】rèchéng [形] 心がこもっている，誠意に満ちた〖她待人十分～〗彼女は真心こめて人に接する

【热带】rèdài [名] 熱帯 [同][回归带]

【热岛效应】rèdǎo xiàoyìng [名] ヒートアイランド効果

【热点】rèdiǎn [名] 注目の的，人気の中心

【热电厂】rèdiànchǎng [名] 火力発電所 [同][电热厂]

【热敷】rèfū [動] 温湿布する

【热狗】règǒu [名] ホットドッグ

【热锅上的蚂蚁】règuō shàng de mǎyǐ《俗》（熱い鍋の上の蟻>）いても立ってもいられない

【热核反应】rèhé fǎnyìng [名] 熱核反応

【热烘烘】rèhōnghōng [形]（～的）非常に温かい，ほかほかしている

【热乎（热呼）】rèhu [形] [同][热和]

【热乎乎（热呼呼）】rèhūhū [形]（～的）温かい，ほかほかしている〖～的饭菜〗ほかほかのご飯とおかず〖今天有点感冒，身上感到～的〗今日は風邪ぎみで，体が熱っぽい

【热火朝天】rè huǒ cháo tiān《成》熱気にあふれている

【热火】rèhuo [形] ①熱っぽい，熱気

R

がある『~的气氛』熱気がこもった雰囲気 ② 仲がよい,親密な ⇨[热和]
【热和】rèhuo 形（⇨[热乎]）（口）① (心地よく) 温かい『~的包子』ほかほかしたパオズ『~得舒服』暖かくて気持ちがいい ② 仲がよい,親密な『~的夫妻』仲がいい夫婦
【热加工】rèjiāgōng 名 高温加工,熱間加工
【热辣辣】rèlàlà 形（~的）じりじりと熱い,焼けつくほど熱い『脸上~的』顔がほてる
【热浪】rèlàng 名 熱波,熱気
【热泪】rèlèi 名 感動の涙
*【热泪盈眶】rèlèi yíng kuàng（成）熱い涙があふれる
【热力】rèlì 名 熱エネルギー『浪费~』熱エネルギーを浪費する
【热恋】rèliàn 動 熱烈に愛する『~草原』草原を熱愛する
【热量】rèliàng 名 熱量,熱カロリー『三千卡~』3千カロリー『消耗~』カロリーを減らす
*【热烈】rèliè 形 熱烈な,心からの『~地欢迎』熱く歓迎する『~的争论』熱っぽい論争
【热流】rèliú 名〔股〕感動の波
*【热门】rèmén 名（~儿）人気のあるもの（⇨[冷门]）『~货』人気商品
*【热闹】rènao 形 にぎやかな『节日很~』祝日はにぎやかだ『~地谈笑』にぎやかに談笑する 一動 にぎやかにする『~到天亮』夜明けまでにぎやかに過ごす 一名（~儿）にぎわい,騒ぎ『看~』騒ぎを見物する
【热能】rènéng 名 熱エネルギー
【热气】rèqì 名 ① 湯気『~腾腾的馒头』ほかほかのマントウ ② 熱気,生気
【热切】rèqiè 形 熱がこもった,切実な
*【热情】rèqíng 名 情熱,熱意『生产~』生産意欲 一 形 心がこもった,親切な『他对我们~极了』彼は私達にとても親切だ『~地招待』心からもてなす
【热水】rèshuǐ 名 お湯『放~』（風呂の）お湯を入れる『喝~』お湯を飲む『~袋』ゴム製湯たんぽ『~瓶』魔法瓶,ポット
【热腾腾】rèténgténg / rèténgtēng 形（~的）ほかほかの,熱々の『~的汤面』湯気の立った熱々のタンメン
【热望】rèwàng 動〔書〕熱望する
【热线】rèxiàn 名 ① 熱線,赤外線 ② ホットライン
*【热心】rèxīn 形 ①（…に）熱意がある『~医学』医学に熱心だ ② 思いやりがある『~地鼓励』心から励ます
【热心肠】rèxīncháng 名（他人や事業に対する）熱い心
【热学】rèxué 名 熱学
【热血】rèxuè 名 熱血,熱情『~男儿 nán'ér』熱血漢
【热药】rèyào 名（漢方で）体を温める薬
【热饮】rèyǐn 名 温かい飲み物 ⇨[冷饮]
【热源】rèyuán 名 熱源
【热战】rèzhàn 名 熱い戦争,本格戦争 ⇨[冷战]
【热障】rèzhàng 名〔理〕熱障壁
【热衷(热中)】rèzhōng 動 熱中する,血眼になる『~金钱』金銭欲に目がくらむ『~于教学事业』教育事業に熱中する

【人】rén 名 ①〔个·口〕人,人間（書面語では量詞不要）『四口~』4人家族『各人,みんな『受~尊敬』みんなから尊敬される ③ 他人『自欺欺~』自分をだまし人をだます ④ 誰か,ある人『有~找你』誰かが君を訪ねてきている ⑤ 彼,彼女『~去哪儿了?』あいつはどこだ ⑥ 人柄『他~很好』彼は人柄がいい ⑦ 身体,健康『最近~不大舒服』この頃体調があまりよくない ⑧ 人手『~真不好找』人手を見つけるのは本当に楽じゃない
【人不人, 鬼不鬼】rén bù rén, guǐ bù guǐ（俗）人間か幽霊か知れない
【人才(人材)】réncái 名 ① 人材『~如云』人材が豊かだ ②（口）器量『~出众』人並み優れて器量がいい
【人称】rénchēng 名〔語〕人称『~代词』人称代名詞
【人次】réncì 名 延べ人数『三百万~』延べ3百万人
*【人道】réndào 名 人道『~主义』人道主義 一 形 人道的な
【人地生疏】rén dì shēngshū（成）知人もいないし土地にも不案内だ
【人定胜天】rén dìng shèng tiān（成）人間は必ず大自然に勝てる
【人多好办事】rén duō hǎo bànshì（俗）人が多ければ物事はしやすい
【人贩子】rénfànzi 名 人買い
【人浮于事】rén fú yú shì（成）仕事に対して人員が多すぎる
【人格】réngé 名 人格『侮辱~』人格を辱める
*【人工】réngōng 形〔定語·状語として〕人工の『~呼吸』人工呼吸『~授精』人工授精 一名 ① 人力,労働力 ② 1日分の労働
【人公里】réngōnglǐ 名〔交〕旅客1人を1キロ運ぶ量
【人海】rénhǎi 名 黒山の人『人山~』黒山の人だかり『逃出~』人込みから逃れる
【人和】rénhé 名 人の和

【人祸】rénhuò 图 人災
【人迹】rénjì 图 人の足跡 〖～罕至的地区〗人跡まれな地域
【人际关系】rénjì guānxì 图 人間関係
*【人家】rénjia 代 ① 他人，ひとさま (働[别人])〖～能做,我也能做〗人にできることは私にもできる ②あの人，彼(彼女)〖向～赔礼〗彼(彼女)に謝る ③(親しみをふくめた感じで)私〖～等你半天了〗私ずいぶん待ったのよ
—— rénjiā 图 (～儿) ①人家〖全村共五十户～〗全村で50戸の家 ②家庭〖和睦～〗仲がいい家庭 ③(これからの)嫁ぎ先〖许了～〗いいなずけ(男性)がいる
*【人间】rénjiān 图 現世，人間社会〖～地狱〗この世の地獄
【人精】rénjīng 图 (～子) ①老練な人 ②賢すぎる子供
*【人口】rénkǒu 图 ①人口〖控制～〗人口を抑制する ②家族の人数〖每家的～〗各家庭の人数
【困困马乏】rén kùn mǎ fá 《成》疲労困憊altる，疲れきる
*【人类】rénlèi 图 人類〖～的进化〗人類の進化
【人类基因图谱】rénlèi jīyīn túpǔ 图 ヒトゲノム
【人力】rénlì 图 人力，人の労力〖精简～〗労働力を削減する〖～资源〗人的資源
【人流】rénliú 图 人の流れ〖～不断〗人の流れが絶えない
【人伦】rénlún 图 人倫，人と人との関係
【人马】rénmǎ 图 軍隊，(全体の)要員，陣容〖公司的～〗会社のスタッフ
【人马座】rénmǎzuò 图 いて座
【人们】rénmen 图 人々
【人面兽心】rén miàn shòu xīn 《成》人間の顔をしたけだもの
【人民】rénmín 图 人民〖～大会堂〗人民大会堂〖～法院〗人民法院(中国の司法機関，裁判所)〖～代表大会〗人民代表大会(中国の立法機関)
*【人民币】rénmínbì 图 人民元，人民幣 ◆中国の法定貨幣，RMBとも
【人民公社】rénmín gōngshè 图 人民公社 ◆農漁村の生産協同体(80年代初めに解消)
【人名】rénmíng 图 (～儿)人名
【人命】rénmìng 图〔条〕人命
【人莫予毒】rén mò yú dú《成》何ものも眼中にない
【人品】rénpǐn 图 ①人品，人柄〖～的培养〗品性の涵養 ②〈口〉容貌，立ち居振舞い
【人气】rénqì 图 ①人気 ②《方》人柄，品位
【人情】rénqíng 图 ①人間としての感情〖讲究～〗人の情を重んずる〖～味〗人情味 ②情実，コネ〖利用～〗コネを利用する ③恩恵，義理 ④贈り物〖婚礼的～〗結婚式の贈り物
【人情世故】rénqíng shìgù《成》世渡りの知恵
【人穷志不穷】rén qióng zhì bù qióng《成》貧しくても志は高い 働[人穷志不短]
【人权】rénquán 图 人権
【人群】rénqún 图 人の群れ〖逛街的～〗街をぶらつく大勢の人
【人人】rénrén 图 すべての人，みんな
【人山人海】rén shān rén hǎi《成》黒山の人，人の波
【人身】rénshēn 图 人身，人格〖～事故〗人身事故
【人参】rénshēn 图 (薬用の)ニンジン〖～酒〗ニンジン酒
*【人生】rénshēng 图 人生〖～无常〗人生に定めなし
【人生地不熟】rén shēng dì bù shú《成》知人はいないし土地にも不案内だ 働[人地生疏]
【人声】rénshēng 图 人の声，話し声
*【人士】rénshì 图 人士，名士〖进步～〗進歩的な人士〖各界～〗各界の名士
【人世】rénshì 图 この世〖～的悲剧〗人の世の悲劇〖告别～〗この世に告げる
【人事】rénshì 图 ①人間関係のこと〖复杂的～〗複雑な人間関係 ②人事〖～处〗人事課 ③世間的常識，義理〖懂～〗常識をわきまえる ④意識〖不省 xǐng ～〗人事不省 ⑤人の能力〖尽～〗人事を尽くす
【人手】rénshǒu 图 人手，労力〖～和工具〗人の手と道具〖安排～〗人手を手配する〖～齐了〗人手が揃った
【人寿保险】rénshòu bǎoxiǎn 图 生命保険 働[生命保险]
【人寿年丰】rén shòu nián fēng《成》人は長寿，作物は豊作
【人体】réntǐ 图 人体〖～秤 chèng〗体重計
【人同此心, 心同此理】rén tóng cǐ xīn, xīn tóng cǐ lǐ《成》みんなの考えに変わりはない
【人头】réntóu 图 ①人数，頭数〖～税〗人頭税 ②(～儿)人との関係 ③(～儿)人柄
【人望】rénwàng 图 人望
【人微言轻】rén wēi yán qīng《成》地位の低い者の言論は軽んじられる
*【人为】rénwéi 厖〖定語として〗人為の，人為的〖～的困难〗人為的な困難 ——動〈书〉人の力で成し

遂げる→[事在〜]

【人为刀俎，我为鱼肉】rén wéi dāo zǔ, wǒ wéi yú ròu《成》(ひとは包丁まな板に，わたしは魚や肉になる>)まな板の上のコイの状態

【人文科学】rénwén kēxué 图 人文科学

*【人物】rénwù 图 ① 人物［卓越的〜］卓越した人物［他是个〜］彼はなかなかの人物だ ②（作品中の）人物［〜画］人物画［典型〜］典型的人物

【人像】rénxiàng 图 肖像(画)，画像

【人心】rénxīn 图 人心，民心［得〜］人心を得る，人々に支持される［〜向背］人心の支持と離脱［大快〜］人々に快哉を叫ばせる，痛快至極だ

【人形】rénxíng 图〔〜儿〕人の姿，人間らしい様子

【人行道】rénxíngdào 图〔条〕歩道，人道

【人行横道】rénxíng héngdào 图 横断歩道

*【人性】rénxìng 图 人の本性，人間性［〜化］ヒューマンケアな
——rénxing/rénxìng 图 人間らしさ［不通〜］人間味がない

【人选】rénxuǎn 图 人選，選ばれる人［主席团的〜］議長団の人選

【人烟】rényān 图 人煙，人家［〜稀少］人家がまばらだ

【人仰马翻】rén yǎng mǎ fān《成》ひどい騒ぎになる，てんやわんやだ［马仰人翻］

【人影儿】rényǐngr 图 人影，人の姿［连个〜也不见］人影さえない

*【人员】rényuán 图 人員，要員［分配〜］人員を配置する［财会 kuài〜］経理係

【人缘儿】rényuánr 图 人気，人受け［〜不错］人受けがいい

【人云亦云】rén yún yì yún《成》他人の意見をそのままに言う，定見がない

【人造】rénzào 图（多く定語として）人造の，人工の［〜革］レザー［〜卫星］人工衛星［〜花］造花

【人证】rénzhèng 图〖法〗人証 ↔［物证］

*【人质】rénzhì 图 人質［关押〜］人質を拘禁する

【人中】rénzhōng 图 人中 ねちゅう，鼻みぞ

【人种】rénzhǒng 图 人種

【壬】rén ⊗ ① 十干の第 9，壬 みずのえ ②（R-)姓

【任】Rén ⊗ ①［〜县］任 Rén 県（河北省）
⇨ rèn

【仁】rén 图〔〜儿〕果実の核にある種子（多く食べられる），仁 じん，中身［杏〜］キョウニン

（アンニン）［虾〜］エビのむき身
⊗ ① 仁，慈愛［杀身成〜］身を殺して仁を成す，正義のために死ぬ ② 感じやすい［麻木不〜］無感覚な ③（R-)姓

【仁爱】rén'ài 图 仁愛，優しさ

【仁慈】réncí 圈 慈悲深い，親切な［〜善良的人］慈悲深く善良な人

【仁厚】rénhòu 圈 情け深く寛大な

【仁人志士】rénrén zhìshì 图 仁愛深く高い志を持つ人物

【仁兄】rénxiōng 图《書》友人に対する敬称

【仁义】rényì 图 仁愛と正義
—— rényi 圈（方）穏やかな，優しい

【仁政】rénzhèng 图 仁政

【仁至义尽】rén zhì yì jìn《成》善意と手助けを最大限尽くす

【忍】rěn 動 耐える，こらえる［〜着眼泪］涙をこらえている［〜痛］心痛に耐える
⊗ むごい，容赦ない［残〜］残忍な

*【忍不住】rěnbuzhù 動 我慢できない，こらえられない ↔［忍得住］

【忍冬】rěndōng 图〖植〗忍冬 にんどう，スイカズラ

【忍俊不禁】rěn jùn bù jīn《成》笑いをこらえられない

【忍耐】rěnnài 動 忍耐する［〜痛苦］苦しみをこらえる

【忍气吞声】rěn qì tūn shēng《成》怒りをじっとこらえる

【忍让】rěnràng 動 我慢して譲歩する［互相〜］互いに我慢して譲り合う

【忍辱负重】rěn rǔ fù zhòng《成》（大事を前に）屈辱に耐え重責を負う

【忍受】rěnshòu 動 辛抱する，我慢する［〜折磨 zhémo］いじめに耐える

【忍无可忍】rěn wú kě rěn《成》我慢の限度を越える

【忍心】rěn*xīn 動 思い切ってやる，心を鬼にする［不〜自己先走］自分だけ先に行くに忍びない

【荏】rěn ⊗ ①〖植〗エゴマ（シソ科，ふつう '白苏'という）② 軟弱な［软〜］同前

【荏苒】rěnrǎn 圈《書》(時間が)過ぎてゆくさま

【稔】rěn ⊗ ① 年［三〜］《書》3年 ② 作物が実る ③ 熟知する

【刃】(*刄) rèn 刃物の刃［刀〜］同前
⊗ ① 刀［白〜］鋭利な刀 ② 刀で殺す

【仞】rèn ⊗ 仞 じん ♦（中国古代の）長さの単位，1'仞'は7尺または8尺

【纫】(紉) rèn 動 針に糸を通す〖～針〗同前 ⊗縫う〖缝 féng～〗針仕事

【轫】(軔) rèn ⊗ 車輪の止め木→〖发 fā～〗

【韧】(韌 *靭) rèn しなやかで強い〖柔～〗同前〖～性〗粘り強さ
【韧带】rèndài 图 靭帯
【韧劲】rènjìn 图 (～儿)〖股〗音をあげない粘り強さ

【认】(認) rèn 動 ①見分ける，識別する〖～字〗字を覚える〖不～路〗道筋がわからない ②人とある関係を結ぶ〖～你做老师〗あなたに先生になってもらう ③認める〖～输〗敗北を認める
【认错】rèn'cuò 動 (～儿)誤りを認める，謝る
【认得】rènde 動 見知っている，見分けがつく〖不～是哪一个人〗どの人かわからない
*【认定】rèndìng 動 はっきり認める
【认购】rèngòu 動 購入を申し出る
*【认可】rènkě 動 認可する，承認する〖得到～〗認可を得る
【认领】rènlǐng 動 (遺失物などを)確認して受け取る
【认命】rèn'mìng 動 運命と認める
【认生】rèn'shēng 動 (子供が)人見知りをする
*【认识】rènshi 图 認識〖提高～〗認識を高める［～论〗認識論 —— 動 見知っている〖不～他家〗彼の家を知らない〖我们俩～了两年了〗私達二人は知り合って2年になる
【认同】rèntóng 動 同一感を持つ ②(それで良いと)認める，承認する
*【认为】rènwéi 動 …と考える，…と思う〖你～怎么样？〗君はどう思う〖不这样～〗そうは思わない
【认贼作父】rèn zéi zuò fù 《成》(悪党を父と見なす＞)敵を味方と見なす
【认账】rèn'zhàng 動 ①負債を認める ②自分の言動を認める
*【认真】rèn'zhēn 動 本当にする，真に受ける〖对笑话～了〗冗談を真に受ける
—— rènzhēn 形 まじめな，真剣な〖他教书很～〗彼は真剣に授業する〖～的态度〗まじめな態度
【认证】rènzhèng 動 認証する
【认知科学】rènzhī kēxué 图 認知科学
【认罪】rèn'zuì 動 罪を認める〖坦白地～〗正直に罪を認める

【任】 rèn 動 ①任ずる，任命する〖～他为主席〗彼を主席に任ずる ②担当する〖～课〗授業を担当する ③するに任せる，放任する〖～你挑选〗自由に選んで下さい ②〖～人〗他人の言いなりになる ——圏〖方〗たとえ…でも〖～他跑到天边…〗たとえ彼が空の果てまで逃げても… ——量 在任の回数を数える
⊗職務〖兼～〗兼任する
⇨Rén

【任便】rèn'biàn 動 都合のいいようにする
【任何】rènhé 代 いかなる，どんな〖～人〗どんな人でも〖遇到一事情都要问个为什么〗どんな事にぶつかってもなぜそうなるのかと疑問を持たなくてはいけない
【任教】rèn'jiào 動 教鞭を執る
【任免】rènmiǎn 動 任免する
*【任命】rènmìng 動 任命する〖～局长〗局長に任命する
【任凭】rènpíng 動 …に任せる〖～你自己拿主意〗君自身の考えに任せる ——圏 …であろうと〖～你是谁，都不能违反制度〗誰であろうと，制度に違反してはならない
【任期】rènqī 图 任期
【任情】rènqíng 動 存分にする，気が済むようにする
【任务】rènwu 图〖个·项〗任務，使命〖完成～〗任務を達成する
【任性】rènxìng 形 気ままな，わがまな〖这孩子～得很〗この子はとてもわがままだ
*【任意】rènyì 形〔定語として〕任意の ——圖 気ままに，ほしいままに〖～诬蔑〗ほしいままに中傷する
【任用】rènyòng 動 任用する〖～干部〗幹部を任用する
【任职】rèn'zhí 動 職に就く，勤める〖在公安部门～〗公安部門に勤めている
【任重道远】rèn zhòng dào yuǎn《成》(任重く道遠し＞)誠に責任重大である

【饪】(飪) rèn ⊗ 煮炊きする〖烹～〗料理を作る

【妊】(姙) rèn ⊗ 妊娠する
【妊妇】rènfù 图 妊婦 ⇨〖孕妇〗
【妊娠】rènshēn 動 妊娠する

【衽】(*袵) rèn ⊗ ①服の衽 ②しとね
◆睡眠用の敷物

【扔】 rēng 動 ①投げる，ほうる〖～砖头〗れんがを投げる ②投げ捨てる，捨てる〖～废纸〗紙くずを捨てる

【仍】 réng ⊗やはり，依然として〖病～不见好〗病気はやはりよくならない
*【仍旧】réngjiù 副 依然として，相変わらず〖白天变得温暖，夜晚～寒

冷』昼間は暖かくなってきたが、夜は相変わらず寒い ━ 回

*【仍然】réngrán 回 依然として、元通り〖他的性格～没有改变〗彼の性格は依然として変わらない

【日】rì ⊗①日、太陽［～落〗日が沈む ②昼間［～班〗日勤 ③一日(24時間) ◆書面語では量詞としても使用〖二十～〗20日、20日間 ④ある一日、ある時期［节～〗祭日［往～〗昔 ⑤毎日、日々 ⑥(R-)日本

【日报】rìbào 图［份〗日刊新聞［人民～〗人民日報

【日不暇给】rì bù xiá jǐ《成》毎日忙しくて暇がない

*【日常】rìcháng 形《定語として》日常の［～生活〗日常生活

【日场】rìchǎng 图 マチネー、昼の部

*【日程】rìchéng 图 日程、スケジュール［～表〗日程表

【日工】rìgōng 图 ①昼間の仕事 ②日雇い仕事、日雇い労働者

【日光】rìguāng 图 日光［～浴〗日光浴［～灯〗蛍光灯

【日后】rìhòu 图 後日、将来

【日积月累】rì jī yuè lěi《成》長い間に積み重ねる

*【日记】rìjì 图 日記、日誌［记～〗日記をつける

【日间】rìjiān 图 昼間

【日见】rìjiàn 副 日に日に(…となる)［～起色〗日に日に好転する

【日渐】rìjiàn 副 日ごとに

【日久天长】rì jiǔ tiān cháng《成》長い年月を経る

【日来】rìlái 图 ここ数日来

【日历】rìlì 图［本〗日めくり、カレンダー［～手表〗カレンダー入り腕時計

【日暮途穷】rì mù tú qióng《成》(日暮れて道窮まる＞)前途に望みがない

【日内】rìnèi 图 数日の内、近々

【日期】rìqī 图 期日、日付［启程的～〗出発の期日

【日前】rìqián 图 先日、数日前

【日趋】rìqū 副 日に日に(…になる)［～繁荣〗日増しに繁栄する

【日上三竿】rì shàng sān gān《成》日がすでに高く昇っている ◆朝寝坊をした場合にいう

【日食】rìshí 图 日食

【日头】rìtou 图《方》太陽、日

【日托】rìtuō 動（保育園や幼稚園に子供を)毎日に預ける 回［全托〗

【日文】Rìwén 图 日本語

*【日新月异】rì xīn yuè yì《成》日進月歩

【日夜】rìyè 图 昼夜［～商店〗昼夜営業の商店

【日以继夜】rì yǐ jì yè《成》夜を日に継いで 回［夜以继日〗

【日益】rìyì 副 日一日と、日増しに〖情况～恶化〗状況は日に日に悪化する

【日用】rìyòng 形《定語として》日用の［～费〗日常生活の費用

【日用品】rìyòngpǐn 图 日用品

【日语】Rìyǔ 图 日本語（回［口〗［日本话〗)［说～〗日本語を話す

【日圆(日元)】Rìyuán 图 日本円

【日月】rìyuè 图 暮らし、生活

【日晕】rìyùn 图《天》日暈ひがさ、ハロ

【日照】rìzhào 图 日照［～时间〗日照時間

【日志】rìzhì 图 日誌［工作～〗作業日誌

【日子】rìzi 图 ①日、期日［改变～〗日にちを変える ②日数［前些～〗先日 ③暮らし、生活［过～〗暮らす

【戎】róng ⊗①軍事、軍隊［兵～〗《书》兵器、軍隊 ②(R-)戎ぞく ◆中国古代西方の民族の一 ③(R-)姓

【戎马】róngmǎ 图《书》軍馬、軍隊

【戎装】róngzhuāng 图《书》軍装

【绒(絨*羢毧)】róng (～儿)刺繍しゅう用の細糸 ⊗①綿毛、ダウン［鸭～〗アヒルのダウン ②表面を毛羽だてた織物［天鹅～〗ビロード

【绒布】róngbù 图 フランネル

【绒花】rónghuā 图（～儿)ビロードで作った鳥や花

【绒花树】rónghuāshù 图《植》ネムノキ 回［合欢〗

【绒裤】róngkù 图［件〗厚手メリヤスのズボン下、スウェットパンツ

【绒毛】róngmáo 图 ①綿毛 ②織物表面の毛羽

【绒头绳】róngtóushéng 图（～儿)髪をくくる紐ひも、元結もとゆい

【绒线】róngxiàn 图 ①［根・条〗刺繍用の太目の糸 ②《方》毛糸

【绒衣】róngyī 图［件〗厚手のメリヤスのシャツ、スウェットシャツ

【荣(榮)】róng ⊗①繁茂する［繁～〗繁茂する ②光栄、誉れ［光～〗光栄する ③(R-)姓

【荣华】rónghuá 图 栄華

【荣获】rónghuò 動 光栄にも獲得する〖～冠军〗優勝の栄誉に浴する

【荣辱】róngrǔ 图 光栄と恥辱

【荣幸】róngxìng 形 光栄な、幸運な〖感到～〗光栄に思う

【荣耀】róngyào 图 光栄、誉れ

*【荣誉】róngyù 图 栄誉〖无比的～〗この上ない栄誉［～勋章〗名誉勲章

【嶸(嶸)】 róng ⊗ →［峥 zhēng～］
【蝾(蠑)】 róng ⊗ 以下を見よ
【蝾螈】róngyuán 图〖動〗イモリ
【茸】 róng ⊗ ①柔らかい，ふかふかした［绿～～］柔らかで青々とした ②鹿茸ろくじょう(鹿の袋角)［鹿～］同前
【茸茸】róngróng 形(草や毛が)ふかふかした［毛～的一头黑发］ふさふさした黒い髪の毛

【容】 róng 動①容れる，収容する［这间屋子能～二十人］この部屋は20人を収容できる ②許す，容認する［～不得 bude 人］(心が狭く)他人を許容しない［不～置疑］疑いを差し挟む余地がない
⊗①顔，容貌，様子［笑～］笑顔［市～］街の様子 ②(R-)姓
【容光】róngguāng 图 顔色［～焕发］顔がつやつやと血色がいい
【容积】róngjī 图容積
【容量】róngliàng 图容量［增加～］容量を増やす
*【容貌】róngmào 图容貌［秀气的～］きれいな顔かたち
【容纳】róngnà 動収容する，受け入れる［这个房间只能～两张床］この部屋はベッドを2つしか入れられない
*【容器】róngqì 图容器
【容情】róngqíng 動〔多く否定文に用いて〕情実を教える，温情をかける［对违法行为决不～］違法行為に対して決して容赦しない
【容忍】róngrěn 動我慢する，許す［～现状］現状を受け入れる
【容身】róng'shēn 動身を置く［无～之地］身の置き場所がない
【容受】róngshòu 動受け入れる
【容许】róngxǔ 動 許容する，許す［～部分人先富起来］一部の者が先に豊かになることを許容する 一副 あるいは…かもしれない［以前～有过］以前はあったかもしれない
*【容易】róngyì 形①容易な，やさしい［说起来～做起来难］言うのは簡単だがやってみると難しい ②…しやすい［～上当］だまされやすい

【溶】 róng 動溶ける［～不了］溶けない［～于水］水に溶ける
【溶化】rónghuà 動溶解する［在水里～］水の中に溶ける
【溶剂】róngjì 图〖化〗溶剤
*【溶解】róngjiě 動溶解する
【溶溶】róngróng 形〈書〉(水や月光が)ゆったりとたゆたうさま
【溶液】róngyè 图〖化〗溶液

【蓉】 róng ⊗①→［芙 fú～］ ②(R-)四川省成都の別称

【熔(*鎔)】 róng ⊗(熱で)溶ける，溶かす［(堆芯)～毀(duīxīn)rónghuǐ］メルトダウン
【熔点】róngdiǎn 图融解点
【熔化】rónghuà 動融解する，溶ける［加速～］融解を速める
【熔炼】róngliàn 動溶融して精錬する［～矿石］鉱石を溶かして精錬する
【熔炉】rónglú 图溶鉱炉;(転)るつぼ［火热的～］燃えさかるるつぼ
【熔融】róngróng 動溶解する 同［熔化］
【熔岩】róngyán 图溶岩

【榕】 róng ⊗①〖植〗榕樹，ガジュマル［～树］同前 ②(R-)福建省福州の別称

【融】 róng ⊗①融ける ②融合する［交～］解け合う ③流通する［金～］金融 ④(R-)姓
【融合】rónghé 動融合する，解け合う［～在一起］一つに解け合う
*【融化】rónghuà 動(水や雪が)解ける［雪人～了］雪だるまが解けた
【融会】rónghuì 動(ひとつに) 解け合う
【融解】róngjiě 動(凍結物が) 解ける［经过加热～］加熱によって溶解する
【融洽】róngqià 形打ち解けた，むつまじい［～的气氛］打ち解けた雰囲気
【融融】róngróng 形〈書〉①仲むつまじい ②暖かい

【冗(*宂)】 rǒng ⊗①余計な［～员］むだな人員 ②煩わしい［烦～］同前 ③多忙［拨～］万障お繰りあわせのうえ…
【冗长】rǒngcháng 形冗長な，長ったらしい［～的文章］長ったらしい文章
【冗杂】rǒngzá 形煩雑な

【氄(氄)】 rǒng ⊗(毛が)柔らかい［发～］ふかふかだ［～毛](鳥などの)綿毛

【柔】 róu ⊗①柔らかい［轻～］軽くてしなやかな ②柔らかくする ③柔和な［温～］優しい ④(R-)姓
【柔道】róudào 图柔道［～服］柔道着
*【柔和】róuhé 形柔和な，穏やかな［声音很～］優しい声だ［～的目光］柔和な視線
【柔媚】róumèi 形穏やかで愛らしい，優しい［～的姑娘］愛らしい娘

さん

【柔嫩】róunèn 形 柔らかい，か弱い〚～的小草〛小さく柔らかな草〚～的面颊〛柔らかい頬

【柔情】róuqíng 图 優しい心〚～满怀〛優しい心情にあふれている

【柔韧】róurèn 形 しなやかな

【柔软】róuruǎn 形 柔らかい，柔軟な〚～的地毯〛柔らかなじゅうたん〚～体操〛柔軟体操

【柔弱】róuruò 形 軟弱な，か弱い〚～的身体〛弱々しい身体

【柔顺】róushùn 形 柔順な，柔和で，素直でおとなしい〚性格～〛性格が柔順だ

【揉】róu 動 ①こする，もむ，さする〚～眼睛〛目をこする ②こねる，丸める〚～面〛小麦粉をこねる

【揉搓】róucuo 動 ①もむ，こする〚～衣服〛洗濯物をもむ ②(方)いじめる

【糅】róu ⊗ 入り混じる〚～合〛同前〚～杂〛ごちゃまぜになった

【蹂】róu ⊗ 以下を見よ

【蹂躏】róulìn 動 踏みにじる〚～老百姓〛民衆を蹂躙する

【鞣】róu 動 (皮を)なめす〚～皮〛皮をなめす

【鞣料】róuliào 图 なめし用剤

【肉】ròu 图〔块・片〕①肉〚肌～〛筋肉〚羊～〛マトン〚肥～〛脂身の肉 ②果肉〚果～〛同前 一 形①(方)歯切れが悪い〚这西瓜瓤儿 rángr 太～〛このスイカは歯ざわりがさくさくしない ②(方)のろまだ，動作がにぶい〚他做事真～〛彼はぐずな男だ

【肉搏】ròubó 動 徒手や短刀のみで戦う〚～战〛肉弾戦

【肉包子】ròubāozi 图 肉まん，豚まん〚～打狗,一去不回头〛肉まんを犬に投げつける，(人などが)行ったきり戻らない

【肉豆蔻】ròudòukòu 图〖植〗ニクズク，ナツメグ

【肉干】ròugān 图 干し肉

【肉感】ròugǎn 形 セクシーな

【肉冠】ròuguān 图 (鳥類の)とさか

【肉桂】ròuguì 图〖植〗ニッケイ

【肉瘤】ròuliú 图 肉腫

【肉麻】ròumá 形 ひどくいやな，むかむかするような〚～的恭惟〛歯が浮くようなお世辞

【肉糜】ròumí 图 (方)ひき肉

【肉皮】ròupí 图〖食〗豚肉の皮

【肉色】ròusè 图 肌色

【肉食】ròushí 形〖定语として〗肉食の〚～动物〛肉食動物 一 图 肉食品

【肉松】ròusōng 图〖食〗肉の田麩

【肉体】ròutǐ 图 肉体

【肉头】ròutóu 形(方)①意気地がない ②馬鹿な，おろかな ③のろまな

—— ròutou 形(方)ふっくらして柔かい

【肉丸子】ròuwánzi 图 肉団子

【肉馅】ròuxiàn 图(～儿)〖食〗肉あん，肉入りの具

【肉刑】ròuxíng 图 身体刑

【肉眼】ròuyǎn 图 肉眼

【肉月】ròuyuè 图(～儿)(漢字の偏旁の)にくづき ⇨〖肉月旁〗

【肉中刺】ròuzhōngcì 图 肉に刺さったトゲ；(転)目のかたき ⇨〖眼中钉〛

【如】rú ⊗ ①似ている，…のようだ〚胆小～鼠〛ネズミのように臆病だ ②及ぶ，匹敵する〚不～〛及ばない ③例えば ④もしも〚～不能来,请先通知〛来られないなら，先に知らせて下さい ⑤…の通りにする〚～愿〛願い通りになる ⑥行く ⑦(R-)姓

【如常】rúcháng 動 いつもの通りだ〚一切～〛すべて変わりがない

【如出一辙】rú chū yì zhé《成》(一つの轍から出てきたような>)(言論や事柄が)そっくりだ

【如此】rúcǐ 代(その) ようだ(⇨〖口〗〖这样〗)〚理应～〛当然そうあるべきだ〚～而已〛それだけのことだ

【如次】rúcì 形 以下の通りである

【如法炮制】rú fǎ páozhì《成》型通りに行う

【如故】rúgù 動 ①元通りだ〚故乡的景色依然～〛故郷の景色は昔のままだ ②旧友のようだ〚一见～〛会ったとたん旧友のように打ち解ける

*【如果】rúguǒ 接〔多く'那''那么''就''便'などと呼応して〕もしも…なら〚～你坚持己见,那就不对了〛君が自分の考えを譲らないなら，それは正しくない

*【如何】rúhé 代(書)どのようであるか，どのように〚～办理〛どう処理するか〚家里的情况～?〛家の様子はどうですか

【如虎添翼】rú hǔ tiān yì《成》(虎に翼が付く>)鬼に金棒

【如火如荼】rú huǒ rú tú《成》(火のように赤い軍団とチガヤの穂のように白い軍団が勢ぞろいする>)勢いすさまじい

【如饥似渴】rú jī sì kě《成》飢えたように，しきりに

【如今】rújīn 图 (過去に対して) 今，今どき，近ごろ〚～的年轻人〛近ごろの若者

【如雷贯耳】rú léi guàn ěr《成》名

声が轟きとどろく
【如鸟兽散】rú niǎo shòu sàn《成》（驚いた鳥や獣のように）散り散りになる
【如期】rúqī 副 期日通りに『货物已～运到』商品はすでに期日通りに運んである
【如日中天】rú rì zhōng tiān《成》日が中天にあるようだ，真っ盛りである
【如若】rúruò 接《書》もしも（⇔[如其]）『～不然』もしもそうでなければ
【如上】rúshàng 動《書》以上の通りである
【如实】rúshí 副 ありのままに，如実に『要～报告上级』ありのまま上部に報告しなければならない
【如释重负】rú shì zhòng fù《成》重荷を降ろしたようだ
【如数家珍】rú shǔ jiāzhēn《成》（家宝を数えるように）手慣れている
【如汤沃雪】rú tāng wò xuě《成》（雪に熱湯をかけるように）容易に片付く
【如同】rútóng 動《多く"一样"と呼応して》…と同じようだ『灯光照耀，～白昼』電灯が明るく輝き，真昼のようだ『对待我们，～罪犯一样』我々を犯罪者同様に扱う
【如下】rúxià 動 以下の通りである『全文～』全文以下の通り
【如许】rúxǔ 代《書》このような，このように
【如意】rú'yì 動 思い通りになる『～地工作』思い通りに仕事をする『～算盘』都合のいい皮算用
—— rúyì 名『把』如意
【如影随形】rú yǐng suí xíng《成》（影が形に添うように）いつも一緒である
【如鱼得水】rú yú dé shuǐ《成》水を得た魚のようである
【如愿】rú'yuàn 動 思い通りになる『～的婚姻』思い通りの結婚
【如坐针毡】rú zuò zhēnzhān《成》（針のむしろに座っているように）いたたまれない

【茹】rú ⊗ ① 食べる『～素』《書》菜食『～毛饮血』原始的な生活をする ②(R-)姓

【铷(銣)】rú 名《化》ルビジウム

【儒】rú ⊗ ① 儒家 ② 読書人，学者

【儒艮】rúgèn 名《動》ジュゴン
【儒家】Rújiā 名 儒家 ◆先秦時代の思想学派の一
【儒教】Rújiào 名 儒教
【儒生】rúshēng 名 儒者，学者，読書人
【儒学】rúxué 名 ① 儒家の学説 ② （元明清の）府学・県学などの学校

【孺】rú ⊗ 子供『～子』《書》幼児，子供
【濡】rú ⊗ ① ぬらす，浸す『～笔』墨をつける ② 滞る
【嚅】rú ⊗『～动 dòng』（話そうとして）唇が微かに動く
【蠕】(*蝡) rú (旧読 ruǎn) ⊗ うごめく，のたくる
【蠕动】rúdòng 動 うごめく，ゆっくり動く『蜗牛～』カタツムリがのろのろ動く
【蠕蠕】rúrú 形《多く状語として》うごめいている，のたくっている
【蠕形动物】rúxíng dòngwù 名 蠕形動物

【颥(顬)】rú ⊗ →[颞 niè ～]

【汝】rǔ ⊗ ① なんじ ② (R-)姓

【乳】rǔ ⊗ ① 乳房 ② 乳『炼～』コンデンスミルク ③ 乳状のもの『豆～』豆乳『～臭 xiù 未干』乳離れしたばかりの，青二才の ④ 乳をやる ⑤ 生まれたばかりの（動物）『～猪』子豚
【乳白色】rǔbáisè 名 乳白色
【乳钵】rǔbō 名 乳鉢
【乳齿】rǔchǐ 名 乳歯 ⓤ[乳牙][奶牙]
【乳儿】rǔ'ér 名 乳児，赤ん坊
【乳房】rǔfáng 名《对》乳房
【乳化】rǔhuà 動《化》乳化する『～剂』乳化剤
【乳胶】rǔjiāo 名 乳状液
【乳酪】rǔlào 名 チーズ
【乳名】rǔmíng 名 幼名 ⓤ[小名]
【乳母】rǔmǔ 名 乳母 ⓤ[奶妈]
【乳牛】rǔniú 名『头』乳牛 ⓤ[奶牛]
【乳酸】rǔsuān 名 乳酸
【乳糖】rǔtáng 名 乳糖，ラクトース
【乳头】rǔtóu 名 乳首 ⓤ[奶头]
【乳腺】rǔxiàn 名《生》乳腺
【乳罩】rǔzhào 名 ブラジャー ⓤ[奶罩][胸罩]
【乳汁】rǔzhī 名 乳 ⓤ[奶]

【辱】rǔ ⊗ ① 恥辱，不面目『～羞～』恥辱 ② 辱める ③《謙》かたじけなくも『～承指教』ご教示いただく
【辱骂】rǔmà 動 侮辱する，ののしる『放肆地～外地人』無礼な言葉でよその土地の者をののしる
【辱没】rǔmò 動 辱める，汚す『～名声』名声を汚す

【擩】rǔ 動《方》挿し込む

【入】rù ⊗ ① 入る『禁止～内』進入禁止『投～』投入する ② 加わる『～团』入団する ③ 収入『～不敷出』収入が支出に

足りない［量～为出］収入に応じて支出する ④［語］入声について
【入超】rùchāo 图 入超, 輸入超過 ⑫[出超]
【入耳】rù'ěr 厖 耳に心地よい『不～的话』耳の痛い話
【入伏】rùfú 動 三伏入に入る, 酷暑の時期になる
【入港】rù'gǎng 厖（旧白話で）意気投合した, 気の合った
【入骨】rùgǔ 動 骨身にしみる［恨之～］恨み骨髄に徹する
【入画】rùhuà 動《書》絵になる
【入伙】rù'huǒ 動 ①仲間に加わる ②（単身赴任者などが）集団給食に加わる
【入境】rùjìng 動 入国する［～签证］入国ビザ［～登记卡］入国記録カード
★【入口】rùkǒu 图 入り口 ⑫[出口]
—— rù'kǒu 動 ①口に入れる ②輸入する ⑫[进口]
【入寇】rùkòu 動《書》侵入する
【入殓】rùliàn 動 納棺する
【入梅】rùméi 動 梅雨入りする
【入门】rùmén 图 入門, 手引き『书法～』書道入門 —— 動 入門する『～不难, 深造不易』初歩は難しくないが, 奥を究めるのはたやすくない
【入迷】rùmí 動 病みつきになる, 夢中になる『～集邮』切手収集のマニアになる『玩儿得～』遊びに夢中になる
【入魔】rùmó 動 魅せられる, うつつを抜かす
【入木三分】rù mù sān fēn〈成〉（板に字を書くと墨が3分の深さまで浸み込む＞）議論が深く鋭い
【入侵】rùqīn 動（敵が）侵入する, 攻め入る
【入情入理】rù qíng rù lǐ〈成〉情理にかなっている
【入射角】rùshèjiǎo 图〔理〕入射角
【入神】rù'shén 動 夢中になる, 心を奪われる［～地听］うっとりと聞く —— rùshén 厖 絶妙な, 素晴らしい『文章写得～了』絶妙な文だ
【入声】rùshēng 图〔語〕入声は♦古代の四声の一. 現代でも独立した入声を保持する方言がある
【入时】rùshí 厖 流行に合っている『～的首饰』流行のアクセサリー
【入手】rùshǒu 動 ①着手する ②手に入れる
【入睡】rùshuì 動 寝つく, 寝入る
【入微】rùwēi 厖〈多く補語として〉非常に細かい, 行き届いている『体贴～』きめ細かく思いやる
【入味】rùwèi 厖 ①味がいい ②興味深い
【入伍】rù'wǔ 動 入隊する
【入席】rù'xí 動 席に着く

【入乡随俗】rù xiāng suí sú〈成〉郷に入っては郷に従え ⑭[入乡随乡][随乡入乡]
【入选】rùxuǎn 動 入選する
【入学】rù'xué 動 入学する［～考试］入学試験
【入眼】rùyǎn 動 見て気に入る『看得～』気に入る『看不～』気に入らない
【入夜】rùyè 動 夜になる
【入狱】rù'yù 動 入獄する
【入院】rùyuàn 動 入院する ⑭[住院]
【入账】rù zhàng 動 記帳する
【入赘】rùzhuì 動 婿入りする
【入座（入坐）】rù'zuò 動 座席に着く『对号～』指定席に着く

【溽】rù ⊗ 湿っぽい［～暑］蒸し暑い
【蓐】rù ⊗ござ, しとね ♦ 多く産褥 を指す
【缛（縟）】rù ⊗ 手のこんだ, 凝った［繁文～节］繁雑な礼儀作法
【褥】rù ⊗ 敷布団［～子］同前［被～］掛布団と敷布団
【褥疮】rùchuāng 图 床ずれ
【褥单】rùdān 图（～儿）シーツ ⑭[～子]
【褥套】rùtào 图（旅行用）布団袋

【挼】ruá 動《方》①（紙などが）皴 になる ②（布などが）すりへる ♦「さする」の意の文語は ruó と発音

【阮】ruǎn ⊗ ①'阮咸' の略称 ②（R-）姓
【阮咸】ruǎnxián 图〔音〕阮咸は（月琴に似た弦楽器）

【朊】ruǎn〔化〕'蛋白质'（蛋白質）の旧称

【软（軟*輭）】ruǎn 厖 ①柔らかい『这件睡衣又～又合身』この寝巻きは柔らかいし体にぴったりだ ②軟弱な, 力がない［酸～］体がだるい ③動揺しやすい, 情にもろい［心～］情に弱い『耳朵～』人の意見に左右されやすい ④弱い, 臆病な ⊗（R-）姓
【软磁盘】ruǎncípán 图 フロッピーディスク ⑭[软盘]
【软刀子】ruǎndāozi 图〔把〕痛手を与えないで相手をやっつける手段
【软缎】ruǎnduàn 图 繻子 織の絹織物
【软腭】ruǎn'è 图 軟口蓋
【软膏】ruǎngāo 图 軟膏
【软骨】ruǎngǔ 图 軟骨
【软骨病】ruǎngǔbìng 图〔医〕骨軟化症, くる病
【软骨头】ruǎngǔtou（旧読 ruǎn-

【软管】ruǎnguǎn 图 ① ホース ② (タイヤの)チューブ(ふつう'内胎'という)

【软化】ruǎnhuà 動 軟化する〚态度逐渐~〛態度が次第に軟化する

【软和】ruǎnhuo 形《口》柔らかい〚~的毛衣〛ふんわりしたセーター〚~的态度〛柔軟な態度

*【软件】ruǎnjiàn 图 ソフトウエア ⇔〖硬件〗

【软禁】ruǎnjìn 動 軟禁する

【软绵绵】ruǎnmiánmián 形 (~儿)(~的) ① ふわふわした〚~的枕头〛ふんわりした枕 ② 弱々しい〚身体~的〛体がぐったりしている

【软磨】ruǎnmó 動 やさしい言葉で頼みこむ、ごく穏やかにつきまとう〚~硬抗〛軟硬両用の手段で対抗する

【软木】ruǎnmù 图 コルク〚~塞〛コルク栓〚~雕〛コルクの彫刻

【软盘】ruǎnpán 图 フロッピー⇔〖软磁盘〗

【软片】ruǎnpiàn 图 フィルム⇔〖胶片〗

【软弱】ruǎnruò 形 軟弱な、弱い〚四肢~无力〛手足が弱々しい〚~可欺〛意気地がなく人になめられる

【软食】ruǎnshí 图 柔らかい食べ物

【软水】ruǎnshuǐ 图 軟水 ⇔〖硬水〗

【软梯】ruǎntī 图 ①《口》縄ばしご⇔〖绳梯〗 ②(旅客機の)脱出シュート

【软体动物】ruǎntǐ dòngwù 图 軟体動物

【软卧车】ruǎnwòchē 图 1等寝台車 ⇔〖硬卧车〗

【软席】ruǎnxí 图 (列車の)1等席 ⇔〖软座〗

【软饮料】ruǎnyǐnliào 图 ソフトドリンク

【软硬不吃】ruǎn yìng bù chī《成》飴も鞭も効果がない

【软硬兼施】ruǎn yìng jiān shī《成》飴と鞭の両方の方法を使う

【软玉】ruǎnyù 图〖矿〗軟玉(玉の一種)

【软脂】ruǎnzhī 图〖化〗パルミチン

【软着陆】ruǎnzhuólù 動 軟着陸する

【软座】ruǎnzuò 图 (列車の)柔らかい座席(1等席)⇔〖硬座〗

【蕊】(*蕋蘂) ruǐ ⊗ 花のしべ〚雄~〛雄しべ〚雌~〛雌しべ

【芮】 Ruì ⊗ 姓

【枘】 ruì ⊗ ほぞ〚~凿 záo〛くい違い

【蚋】(*蜹) ruì 图〖虫〗ブヨ

【锐】(銳) ruì ⊗ ① 鋭い〚~尖~〛先鋭な ② 鋭気 ③急激に

【锐不可当】ruì bù kě dāng《成》勢いが猛烈で食い止められない

【锐角】ruìjiǎo 图〖数〗鋭角

【锐利】ruìlì 形 鋭利な、鋭い〚~的剪刀〛よく切れるはさみ〚笔锋~〛筆鋒が鋭い

【锐气】ruìqì 图 鋭気、気力〚挫~〛気勢をくじく

【锐意】ruìyì 副《書》鋭意(…する)

【瑞】 ruì ⊗ ① めでたい〚祥~〛めでたい兆し (R-) 姓

【瑞香】ruìxiāng 图〖植〗ジンチョウゲ(沈丁花)

【瑞雪】ruìxuě 图 瑞雪 ずぃ、めでたい予兆の雪

【睿】(*叡) ruì ⊗ 先見の明がある〚~智〛《書》英知

【胸】(瞤) rún ⊗ まぶたがピクピクする

【闰】(閏) rùn ⊗ 余分の、うう年〚~年〛うるう年〚~月〛うるう月〚~日〛うるう日(2月29日)

【润】(潤) rùn 動 潤す、湿らす〚喝点水~~嗓子〛水を飲んでのどを潤す ― 形 潤いがある、しっとりしている〚墨色很~〛(書画の)墨の色がしっとりしている
⊗ ① 潤色する〚删~〛添削する ② 利潤、利益

【润笔】rùnbǐ 图《旧》揮毫き料、執筆料

【润滑】rùnhuá 動 潤滑にする〚~油〛潤滑油

【润色】rùnsè 動 (文章を)潤色する、飾る〚加以~〛(文章に)手を加える

【润饰】rùnshì 動 潤色する⇔〖润色〗〚这篇文章请你帮我~~〛この文章を推敲ますいして下さいませんか

【润泽】rùnzé 動 潤す、湿らす〚~禾苗〛苗を潤す ― 形 湿っている、潤いがある〚皮肤~〛肌がしっとりしている

【若】 ruò ⊗ ① もしも〚人~犯我,我必犯人〛人我を侵さば、我必ず人を侵す ② …のようだ(⇔〖如〗)〚大智~愚〛大智は愚のごとし

【若虫】ruòchóng 图 (カゲロウ、トンボなどの)幼虫

【若非】ruòfēi 接《書》もし…でなければ

*【若干】ruògān 代 (概数を表わして)若干〚~人〛何人かの人〚~天〛

数日間
【若即若离】ruò jí ruò lí《成》不即不離，付かず離れず
【若是】ruòshì [接]もし…なら [同]《口》[如果]
【若无其实】ruò wú qí shí《成》何事もなかったように
【若有所思】ruò yǒu suǒ sī《成》何か考えるところがあるようだ

〖偌〗ruò ⊗(旧白話で) この(その)ように〖～大〗こんなに大きい

〖箬(*篛)〗ruò ⊗①クマザサ［～竹］同前 ②クマザサの葉，竹の皮［～帽］笠

【弱】ruò [形]①弱い，劣る〖小时候，他身体很～〗幼い頃，彼は体が弱かった ②(ある数字より少ない) 弱(じゃく)〖五分之一～〗5分の1弱
⊗①若い［老～］老人と若者 ②失う，死ぬ
【弱不禁风】ruò bù jīn fēng《成》風が吹いても倒れてしまうほど弱々しい
*【弱点】ruòdiǎn [名]弱点，弱み〖揭露～〗弱点を暴く
【弱冠】ruòguàn [名]《書》弱冠，男子の20歳
【弱碱】ruòjiǎn [名]〖化〗弱アルカリ
【弱肉强食】ruò ròu qiáng shí《成》弱肉強食
【弱视】ruòshì [名]弱視
【弱酸】ruòsuān [名]〖化〗弱酸
【弱小】ruòxiǎo [形]弱小な〖～的国家〗弱小国家〖～的孩子〗幼い子供

〖爇(*焫)〗ruò ⊗燃やす

S

【SMS】[名]ショートメッセージサービス [同][短信][短信息服务]

【仨】sā [数]《口》三つ([同][三个])〖～人〗3人

【撒】sā [動]①放す，投げる〖～网〗投網を打つ，網をはる〖～传单〗ビラをまく ②思いのままにする〖～酒疯〗酒に酔って乱れる
⇨sǎ
【撒旦】sādàn [名]《訳》サタン，悪魔
【撒刁】sā*diāo [動]ずるく振舞う，すねる
*【撒谎】sā*huǎng [動]うそをつく
【撒娇】sā*jiāo [動](～儿)甘える〖女儿经常～〗娘はいつも甘える
【撒拉族】Sālāzú [名]サラール族 ♦中国少数民族の一，青海，甘粛に住む
【撒赖】sā*lài [動]ごねる，ごまかす，言いがかりをつける
【撒尿】sā*niào [動]《口》小便をする
【撒泼】sā*pō [動]聞き分けがなく泣きわめく，だだをこねる
【撒气】sā*qì [動]①(ボール・タイヤの) 空気が抜ける ②八つ当りする，うっぷん晴らしする〖气都撒在我身上来了〗うっぷんをみな私に向けた
【撒手】sā*shǒu [動]手を放す，手放す〖一～他就要倒〗手を放したら彼は倒れてしまう〖～不管〗全く面倒を見ない
【撒腿】sā*tuǐ [動]ぱっと足を踏み出す(駆け出す)([同]《方》[撒丫 yā 子(撒鸭子)])〖他～就跑了〗彼はぱっと逃げ出した
【撒野】sā*yě [動]乱暴に振舞う〖这个人经常～〗この人はいつも粗暴な振舞いをする

【洒(灑)】sǎ [動]①(液体などを) まく，ばらまく〖～水〗水をまく ②こぼす，こぼれる〖墨水～了〗インクがこぼれた
⊗(S-)姓
【洒泪】sǎ*lèi [動]涙をこぼす
【洒落】sǎluò [動]ぱらぱら落ちる —— [形]こだわらない，さっぱりしている [同][洒脱]
【洒扫】sǎsǎo [動]《書》水をまいて掃除する
【洒脱】sǎtuō [形](言葉や態度に) こだわりがない，自然だ〖～的举止〗自然な振舞い

【靸】sǎ [動]《方》(靴を) 突っ掛ける→[趿拉 tāla]

【撒】sǎ [動]①まき散らす，振りまく〖～胡椒面〗こしょうを掛ける〖～化肥〗化学肥料をまく

② こぼす、こぼれる
⊗ (S-) 姓
⇨ sā

【撒播】sǎbō 動 (種子を)ばらまく
【撒施】sǎshī 動 肥料をまく

【卅】sà ⊗ 三十

【飒(颯)】sà ⊗ 以下を見よ
【飒飒】sàsà 擬 ざわざわ、さらさら (風の音の形容)
【飒爽】sàshuǎng 形《書》さっそうたる［〜英姿］さっそうとした雄姿

【萨(薩)】sà ⊗ (S-) 姓

【萨克斯管】sàkèsīguǎn 图《音》〔支〕サキソホン
【萨满教】Sàmǎnjiào 图《宗》シャーマニズム
【萨其马】sàqímǎ 图 満洲族伝来の菓子の一種、サチマ ♦卵を入れた粉を練ってから細かく切って油で揚げ、糖蜜で固めてから四角に切る、「おこし」に似る

【塞】sāi 動 ふさぐ、詰め込む［〜耳朵］耳をふさぐ［〜在抽屉里］引き出しに突っ込む［〜车］渋滞になる ― 图 (〜儿) 栓$_{せん}$、詰め［〜子］同前［瓶〜］瓶の栓
⇨ sài, sè

【腮(*顋)】sāi 图 頬$_{ほお}$［〜帮子］《口》ほっぺた［〜颊 jiá］ほお

【鳃(鰓)】sāi 图 (魚の)えら

【塞】sài ⊗ 要害の地［〜外］長城以北の地［边〜］国境の要塞
⇨ sāi, sè
【塞翁失马】sàiwēng shī mǎ《成》人間万事塞翁$_{おう}$が馬、人生は何が幸せで何が災いになるかわからない

【赛(賽)】sài 動 ① 競う、比べる［〜质量］質を競う ② 優る、匹敵する ③ 神を祭る
⊗ 競技、試合［田径〜］陸上競技
【赛车】sài'chē 動 自転車(または自動車・オートバイ)競技をする
―― sàichē 图 競技用自動車
【赛过】sàiguò 動 …に勝る［他一个人〜三个］彼は一人で3人分以上だ
【赛璐玢】sàilùfēn 图《訳》セロハン
【赛璐珞】sàilùluò 图《訳》セルロイド
【赛马】sài'mǎ 動 競馬をする［〜场］競馬場
【赛跑】sàipǎo 動 競争する［接力〜］リレー競争
【赛艇】sài'tǐng 動 競艇をする、ボートレースをする
―― sàitǐng 图 レース用のボート

【三】sān 数 3、三つ
⊗ 数度［再〜］再三、何度も
【三八妇女节】Sānbā Fùnǚ Jié 图 国際婦人デー(3月8日)
【三宝】sānbǎo 图 (仏教で) 仏法僧の三つ［〜鸟］ぶっぽうそう(鳥)
【三不管】sānbùguǎn どこも管轄しない(責任を負わない)箇所
【三岔路口】sānchà lùkǒu 图 三叉路
【三长两短】sān cháng liǎng duǎn《成》不慮の事故、災い(特に人の死)、もしものこと
【三从四德】sān cóng sì dé《成》婦人が従うべき三つの道と守るべき四つの徳目
【三废】sānfèi 图 三つの公害源(廃ガス、廃水、廃棄物)
【三伏】sānfú 图 三伏$_{ぷく}$、真夏 ♦夏至のあと3番目の庚$_{かのえ}$の日から30日間［初伏］［中伏］［末伏］
【三纲五常】sāngāng wǔcháng《成》三綱五常で人の守るべき君臣、父子、夫婦の道と仁義礼智信
【三个臭皮匠，赛过诸葛亮】sān gè chòu píjiàng, sàiguò Zhūgě Liàng《俗》(三人の革職人は諸葛亮に勝る＞) 三人寄れば文殊の知恵 ♦'赛过'は'顶个'とも
【三个代表】sān ge dàibiǎo 图「三つの代表」♦中国共産党は「先進的生産力の要請」「先進的文化の発展」「広範な人民の根本的利益」の3つの代表であるべきだとするスローガン
【三个世界】sān ge shìjiè 图 三つの世界 ♦(冷戦期の) 米ソの超大国が第一世界、先進国が第二世界、途上国が第三世界
【三顾茅庐】sān gù máo lú《成》(三度茅$_{かや}$屋を訪れる＞) 三顧の礼をとる
【三光政策】sān guāng zhèngcè 图 三光政策 ♦日中戦争中、日本軍が進めた'杀光(殺し尽くす)' '抢光(奪い尽くす)' '烧光(焼き尽くす)'作戦
【三国】Sān Guó 三国時代 ♦魏(A.D. 220-265)，蜀(A.D. 221-263)，呉(A.D. 222-280)
【三好学生】sān hǎo xuésheng 图 身体、学業、思想ともに優秀な学生
【三合板】sānhébǎn 图 ベニヤ板
【三级跳远】sānjí tiàoyuǎn 图《体》三段跳び 動［跳远］
【三季稻】sānjìdào 图 稲の三期作
【三焦】sānjiāo 图 (漢方で) 舌の下部から胸腔に沿って腹腔に至る部分 ♦'上焦' '中焦' '下焦'に分かれる
*【三角】sānjiǎo 图 三角［〜关系］

[～恋爱]三角関係 [～枫]トウカエデ [～裤]ブリーフ,ショーツ [～洲]三角洲,デルタ

【三脚架】sānjiǎojià 图 三脚

【三教九流】sān jiào jiǔ liú（成）儒,仏,道の三宗教と学術面の各流派及び社会の各職業の総称

【三节棍】sānjiégùn 图 武術で用いる棒・三本の短い棒が鎖で縦につながっている

【三棱镜】sānléngjìng 图 プリズム

【三六九等】sān liù jiǔ děng（成）多くの等級,ランク

【三轮车】sānlúnchē 图（運搬用）三輪自転車

【三昧】sānmèi 图〖宗〗三昧,精神を集中し雑念を去ること

【三民主义】sānmín zhǔyì 图 三民主义◆孫文が提唱した民族,民権,民生主义

【三明治】sānmíngzhì 图（訳）サンドイッチ

【三七】sānqī 图〖植〗三七草（根に止血作用がある）⇨[田七]

【三秋】sānqiū 图 秋の農作業（収穫,耕作,種まき）

【三三两两】sānsān liǎngliǎng（成）三三五五,二人三人ずつ

【三色堇】sānsèjǐn 图〖植〗パンジー

【三天打鱼,两天晒网】sān tiān dǎ yú, liǎng tiān shài wǎng（俗）（三日漁をし,二日網を干す＞）三日坊主,気まぐれな

【三天两头儿】sān tiān liǎng tóur（成）三日に上げず,ほとんど毎日

【三头六臂】sān tóu liù bì（成）非凡な才能,並はずれた力量 ⇨[三头八臂]

【三围】sānwéi 图 スリーサイズ

【三维动画】sānwéi dònghuà 图 立体アニメーション,3D アニメ

【三位一体】sān wèi yì tǐ（成）三位一体

【三峡工程】Sānxiá gōngchéng 图 三峡ダムプロジェクト

【三夏】sānxià 图 夏季の農作業（収穫,植付け,田畑管理）

【三下五除二】sān xià wǔ chú èr（俗）てきぱきとやる（物事を手早く行う様子）

【三弦】sānxián 图（～儿）（弦楽器の）三弦

【三心二意】sān xīn èr yì（成）あれこれ迷う,優柔不断だ

【三言两语】sān yán liǎng yǔ（成）二言三言,わずかな言葉

【三灾八难】sān zāi bā nàn（成）さまざまな災難

【三资企业】sānzī qǐyè 图 中国における3種類の外資系企業 ◆'中外合资经营企业'（中外合弁企業）,'中外合作经营企业'（中外提携企業）,'外商独资经营企业'（100% 外资企業）の総称

【三座大山】sān zuò dàshān 图 三つの大きな山 ◆解放前中国人民を抑えつけていた三つの勢力.帝国主義,封建主義,官僚資本主義

【叁】(*弍) sān 图 '三'の大字

【伞】(傘) sān 图〖把〗かさ [雨～]雨がさ [灯～]電灯やランプのかさ ⊗(S-)姓

【伞兵】sǎnbīng 图 落下傘兵

【散】sǎn 動 ばらける,ほどけた ―[木箱～了]木箱がばらけた ―形 ばらばらだ,しまりがない [纪律很～]規律がゆるんでいる ⊗ 粉薬 ⇨ sàn

【散光】sǎnguāng 图〖医〗乱視

【散剂】sǎnjì 图 散剤,粉薬

【散架】sǎn'jià 動（組み立てられていたものが）ばらばらになる

【散居】sǎnjū 動 分散して住む

【散漫】sǎnmàn 形 散漫だ,秩序がない [自由～的毛病] だらしなく ままな欠点

【散曲】sǎnqǔ 图 韻文の一形式,散曲◆元明清の時代に盛行,セリフは伴なわない.小令と散套（組曲）がある

【散射】sǎnshè 動〖理〗乱反射する

*【散文】sǎnwén 图 散文 [～诗] 散文詩

【散装】sǎnzhuāng 图〖定語として〗ばら荷の,ばら売りの

【散座儿】sǎnzuòr 图 ①（劇場の）自由席,（料理店の）一般席 ②（タクシーや人力車の）振りの客

【撒】(撒) sān ⊗ 以下を見よ

【撒子】sānzi 图 サンザ ◆ウイグル族などの祝祭日の食品,ひも状の小麦粉を巻いて油で揚げる

【散】 sàn 動 ① 散る,ばらばらになる [～电影] 映画がはねる ② ばらまく,まき散らす [～传单] ビラをまく [～酒味儿] 酒のにおいがする ③ 払いのける,（憂さなどを）晴らす ⇨ sān

【散播】sànbō 動 ばらまく [～谣言] デマを振りまく

*【散布】sànbù 動 ばらまく,散らす [～种子] 種をまく [～流言] デマを振りまく

*【散步】sàn'bù 動 散歩する [～半小时（散半小时的步）] 30分散歩する

【散场】sàn'chǎng 動（芝居・映画が）はねる

【散发】sànfā 動 配布する,発散す

【散会】sànhuì 動 散会する
【散伙】sànhuǒ 動 解散する
【散落】sànluò 動 ①ばらばらに落ちる〖花瓣~了一地〗花が一面に散り落ちている ②散り散りになる〖~异地〗郷里に流浪する
【散闷】sànmèn 動 憂さを晴らす
【散热】sàn'rè 動 放熱する〖~器〗ラジエーター
【散失】sànshī 動 ①散逸する〖图书~〗図書が散逸する ②(水分などが)なくなる
【散水】sànshuǐ 名【建】雨落ち(軒の雨だれが落ちる所)
【散心】sàn'xīn 動 気晴らしをする

【丧】(喪) sāng ⊗ 喪,死者に関する事〖治~〗葬儀を執り行う〖出~〗出棺する
⇨ sàng
【丧服】sāngfú 名 喪服
【丧家】sāngjiā 名 喪家,忌中の家
【丧礼】sānglǐ 名 葬儀の礼法
【丧门神】sāngménshén 名 死神,厄病神
【丧事】sāngshì 名 葬儀〖办~〗葬儀を行う
【丧葬】sāngzàng 名 葬儀と埋葬
【丧钟】sāngzhōng 名 弔いの鐘

【桑】 sāng ⊗ ①〖植〗桑〖~树〗桑の木 ②(S-)姓
【桑巴】sāngbā 名【音】(訳)サンバ
【桑白皮】sāngbáipí 名 ソウハクヒ,桑の根皮(薬用)
【桑蚕】sāngcán 名 カイコ〖~丝〗蚕糸
【桑拿浴】sāngnáyù 名 サウナ ◉〖桑那浴〗
【桑葚】sāngshèn 名 桑の実 ◆口語では'~儿 sāngrènr'と発音
【桑榆暮景】sāng yú mù jǐng (成)(夕日が桑やニレの木を照らす>)老年時代
【桑梓】sāngzǐ 名〖書〗故郷

【搡】 sǎng 動〖方〗ぐいと押す〖推推~~〗押したり突いたりする

【嗓】 sǎng 動 (~儿)声〖倒 dǎo~〗(役者の)声が出なくなる,しゃがれ声になる
⊗のど
【嗓门儿】sǎngménr 名 のど,声〖提高~〗声を高める
【嗓音】sǎngyīn 名 (話や歌の)声
*【嗓子】sǎngzi 名 ①のど ②声

【磉】 sǎng ⊗ 柱の土台となる石 ◆口語では'柱脚石'という

【颡】(顙) sǎng ⊗ 額

【丧】(喪) sàng ⊗ なくす,失う〖~尽天良〗良心を失う
⇨ sāng
【丧胆】sàng'dǎn 動 胆をつぶす
【丧魂落魄】sàng hún luò pò (成)恐れおののく
【丧家之犬】sàng jiā zhī quǎn (成)宿なし犬,寄る辺なくさまよう人 ◉〖丧家之狗〗
【丧命】sàng'mìng 動 (不慮の事故や急病で)命を落とす
【丧气】sàng'qi 動 気落ちする〖垂头~〗しょげこんだ(表情)
—— sàngqi 形 不吉な,縁起が悪い
【丧权辱国】sàng quán rǔ guó (成)主権を失い国が恥辱を受ける
*【丧失】sàngshī 動 失う〖~立场〗立場を失う〖~信心〗自信を失う
【丧心病狂】sàng xīn bìng kuáng (成)血迷っている,正気を失う

【搔】 sāo 動(指で)かく〖~头皮〗頭をかく〖~痒〗かゆい所をかく

【骚】(騷) sāo 形 ①(多く女性が)軽佻浮薄な,尻軽な〖~娘儿们〗ふしだらな女 ②〖方〗〖定語として〗(家畜の)雄の〖~马〗雄の馬
⊗①騒ぐ ②屈原の『離騒』,広く詩文を指す
【骚动】sāodòng 動 騒動を起こす〖停止~〗騒ぎをやめる
【骚客】sāokè 名〖書〗詩人
【骚乱】sāoluàn 動 騒乱を起こす,混乱に陥る〖~结束〗騒乱が終息する
【骚扰】sāorǎo 動 攪乱する〖~社会秩序〗社会の秩序を乱す
【骚人】sāorén 名〖書〗詩人

【缫】(繅*繰) sāo 動 まゆから糸を繰る〖~丝〗まゆから糸を繰る〖~车〗糸車

【臊】 sāo 形 (尿や狐などの)むっとする臭いの,小便くさい〖腥~〗生臭いにおい〖~气〗小便のにおい
⇨ sào

【扫】(掃) sǎo 動 ①掃く〖~院子〗中庭を掃く〖打~〗掃除する〖~黄〗ポルノを一掃する ②さっと動かす,見渡す〖~他一眼〗彼に視線を走らせる ③一つに集める
⇨ sào
【扫除】sǎochú 動 掃除する,一掃する〖~垃圾〗ゴミを掃除する〖~障碍〗障害を取り除く

【扫荡】sǎodàng 動 掃討する〖～土匪〗匪賊を掃討する
【扫地】sǎo·dì 動 ① 地面・床を掃く〖～出门〗無一文で追い出す ② 地に落ちる〖威信～〗威信が地に落ちる
【扫盲】sǎo·máng 動 文盲を一掃する〖～运动〗文盲一掃運動
【扫灭】sǎomiè 動 掃滅する,一掃する
【扫墓】sǎo·mù 動 墓参りする
【扫平】sǎopíng 動 平定する,平らげる
【扫射】sǎoshè 動(機銃) 掃射する〖用机枪～〗機関銃で掃射する
【扫视】sǎoshì 動 さっと見渡す〖～听众〗聴衆を見渡す
【扫数】sǎoshù 图 全部,すべて
【扫尾】sǎo·wěi 動 後始末する,片を付ける
【扫兴】sǎo·xìng 動 興ざめする,がっくりする〖既～又失望〗興ざめだし,がっかりもする

【嫂】sǎo ⊗ ① 兄嫁 ② 既婚の若い女性〖祥林～〗シャンリンねえさん
*【嫂子】sǎozi 图 兄嫁,ねえさん⇔〔方〕[嫂嫂]

【扫】(掃) sào ⊗ 以下を見よ ⇨ sǎo
【扫帚】sàozhou 图 〔把〕竹ほうき〖～星〗ほうき星,彗星〖～眉〗太くて長い眉

【臊】sào 動 恥じる〖害～〗恥ずかしがる〖～人〗恥ずかしい ⇨ sāo

【色】sè ① 色〖颜色〗色 ② 顔色,様子,表情〖满面喜～〗喜色満面 ③ 種類〖各～〗各種の ④ 景色,情景 ⑤ 品質,純度〖足～〗純粋だ ⑥ 女性の容色 ⑦ 色欲〖好～〗好色だ ⇨ shǎi
*【色彩】sècǎi 图 色彩,色合い,傾向〖～鲜艳〗色彩があでやかだ〖民族～〗民族色
【色调】sèdiào 图 色調,トーン〖暖～〗暖色系統〖改变～〗色調を変える
【色鬼】sèguǐ 图 色気違い,色情狂
【色拉】sèlā 图 ⇔[沙拉]
【色厉内荏】sè lì nèi rěn《成》外見は強そうだが中身は弱い,見掛け倒し
【色盲】sèmáng 图 色盲
【色情】sèqíng 图 色情〖～文学〗エロ文学,ポルノ
【色素】sèsù 图〖生〗色素〖～沉着〗chénzhuó〗色素沈着
【色泽】sèzé 图 色つや〖鲜明的～〗鮮やかな色つや

【铯】(銫) sè 图〖化〗セシウム

【涩】(澀·澁) sè 形 ① しぶい〖～滞〗同前 ② 滑らかでない〖～滞〗同前 ⊗(文章が)難解だ〖生～〗文章がこなれていない

【啬】(嗇) sè ⊗ けちな→[吝lìn～]

【穑】(穡) sè ⊗ 収穫→[稼jià～]

【塞】sè ⊗ ふさぐ〖堵～〗ふさぐ,詰まる
⇨ sāi, sài
【塞擦音】sècāyīn 图〖語〗破擦音 ♦'普通话'のj, z, zhなど
【塞音】sèyīn 图〖語〗閉鎖音,破裂音 ♦'普通话'のb, d, gなど

【瑟】sè ⊗ 25弦の古代楽器
【瑟瑟】sèsè 擬 かさこそ,ひゅうひゅう(風の音の形容)
【瑟缩】sèsuō 動 (寒さ・驚きで)縮み上がる

【森】sēn ① 森 ② 多い,おびただしい ③ 陰気な,薄暗い〖～人〗無気味な,ぞっとする〖阴～〗薄暗くて気味が悪い
*【森林】sēnlín 图 森林〖～浴〗森林浴
【森然】sēnrán 形〖書〗① (樹木が)びっしり茂っている ② 無気味な,恐ろしげな
【森森】sēnsēn 形 ① (樹木が)茂っているさま〖林木～〗林の木がびっしり生い茂っている ② 無気味な,薄暗い
【森严】sēnyán 形 (警戒,防備が)厳重だ,厳しい〖～的警卫〗厳しい警備

【僧】sēng ⊗ 僧,和尚〖削发为～〗頭を丸めて僧となる〖～不～,俗不俗〗僧でも俗人でもない,どっちつかずだ,まともでない
【僧侣】sēnglǚ 图 僧侶
【僧尼】sēngní 图 僧と尼
【僧俗】sēngsú 图 僧侶と一般人
【僧徒】sēngtú 图 僧徒,和尚

【杀】(殺) shā 動 ① 殺す〖～人〗敵を殺す〖～机〗殺したいという思い ② 戦う,突撃する〖～向敌人〗敵に突撃する ③ 減じる,そぐ〖～威风〗威厳をそぐ ④(薬が)しみる,ひりりする ⑤ 締める ⑥〖方〗補語として)程度が甚だしいことを示す〖闷～人〗ひどく気が滅入る
【杀虫剂】shāchóngjì 图 殺虫剤
【杀毒】shā·dú 動 消毒する,(コンピュータの)ウイルスを駆除する
【杀毒软件】shādú ruǎnjiàn 图 ワク

刹铩杉沙莎痧袈鲨纱 — shā

チンソフト
【杀风景】(煞风景) shā fēngjǐng 形 殺風景な, 興ざめな
【杀害】shāhài 動 殺害する 〖～人质〗人質を殺害する
【杀鸡取卵】shā jī qǔ luǎn《成》(卵を取るため鶏を殺す＞) 目先の利益に目がくらんで, 長期的利益を失う
【杀鸡吓猴】shā jī xià hóu《成》(鶏を殺して猿を脅す＞) 見せしめの処罰をする ㊥[杀鸡给猴看]
【杀价】shājià 動 買いたたく, 値切る
【杀菌】shā‧jūn 動 殺菌する
【杀戮】shālù 動 大虐殺する
【杀气】shāqì 殺気
—— shā‧qì 憂さを晴らす ㊥[出气]
【杀人】shā‧rén 人を殺す 〖～不见血〗人を殺しても血を見せぬ, 陰険な手段で殺す 〖～越货〗人を殺して物を奪う 〖～不眨眼〗まばたき一つせず(平然と)人を殺す
【杀伤】shāshāng 動 殺傷する 〖～力〗(兵器の)殺傷力
【杀身成仁】shā shēn chéng rén《成》正義のために身を犠牲にする
【杀一儆百】(杀一警百) shā yī jǐng bǎi《成》一人を殺して大勢の見せしめにする

【刹】shā 動 ブレーキを掛ける, (機械を)止める
⇨chà
*【刹车】shā‧chē 動 (車の) ブレーキを掛ける

【铩】(鎩) shā ㊠ ①矛の一種 ②へし折る 〖～羽而归〗失意の中に帰る

【杉】shā ㊠ 杉 〖～木〗杉, 杉材
⇨shān
【杉篙】shāgāo 名 杉の棹

【沙】shā 形 (声が) しゃがれた 〖嗓子又～又哑〗声がかすれる
㊠ ①砂→〖～子〗 ②砂状のもの〖豆～〗あずきあん ③(S-) 姓 ♦「不純物をふるい落とす」意の方言ではshàと発音
【沙场】shāchǎng 名 砂原(古くは戦場を指した)
【沙袋】shādài 名 ①土のう, バラスト ②(ボクシングの)サンドバッグ
【沙丁鱼】shādīngyú 名 イワシ(英: sardine)
【沙俄】Shā'é 名 帝政ロシア
*【沙发】shāfā 名 (訳)ソファ
【沙肝儿】shāgānr 名 牛, 羊, 豚などの脾臓を調理した食品
【沙锅】shāguō 名 土鍋(鍋料理も指す) 〖什锦～〗寄せ鍋
【沙果】shāguǒ 名 (～儿)リンゴの一種(小さく酸味が強い) ㊥[花红]
【沙荒】shāhuāng 名 耕作不能の砂地
【沙皇】Shāhuáng 名 ツァー(ロシア皇帝)
【沙鸡】shājī 名《鸟》サケイ ♦草原地帯に住むハトに似た鳥, 食用になる
【沙金】shājīn 名 砂金
【沙拉】shālā 名 サラダ ㊥[色拉]
【沙梨】shālí 名 ナシの一種(果肉に粒々がある)
【沙里淘金】shā lǐ táo jīn《成》(砂の中から金をさらい出す＞) 労多くして功少なし ♦「多くの材料の中から精華を取り出す」の意味ともなる
【沙砾】shālì 名 砂礫
【沙龙】shālóng 名《訳》サロン(英: salon)
【沙漏】shālòu 名 砂時計
【沙漠】shāmò 名 砂漠 〖～扩大〗砂漠が広がる
【沙盘】shāpán 名 砂盤(砂で作った地形模型)
【沙丘】shāqiū 名 砂丘
【沙沙】shāshā 擬 ①さらさら, ざあざあ(風, 雨, 水などの音の形容) ②さっさっ, かさかさ(砂の上を歩く音, 草木が風にそよぐ音の形容)
【沙参】shāshēn 名 シャジン(ツリガネニンジンの根, 薬用)
【沙滩】shātān 名 砂浜, 砂州 〖～排球〗ビーチバレー
【沙土】shātǔ 名 砂地
【沙文主义】Shāwén zhǔyì 名 ショービニズム
【沙哑】shāyǎ 形 (声が)しわがれている, かすれている 〖嗓子都～了〗声がすっかりかすれてしまった
【沙眼】shāyǎn 名《医》トラコーマ
【沙鱼】shāyú 名 ㊥[鲨鱼]
【沙枣】shāzǎo 名 ナツメの一種(砂地に育ち日照りに強く, 耐寒性がある)
【沙洲】shāzhōu 名 砂州
【沙子】shāzi 名《粒》砂, 砂状のもの
【沙嘴】shāzuǐ 名 砂嘴(海中に突き出た砂州)

【莎】shā ㊠ 人名および地名用字
⇨suō

【痧】shā ㊠ (漢方で) コレラ, 暑気あたり, 腸カタルなどの急性病

【袈】shā ㊠ →[袈—jiāshā]

【鲨】(鯊) shā ㊠ サメ, フカ 〖～鱼〗同前

【纱】(紗) shā 名 紡ぎ糸, ガーゼ 〖棉～〗綿糸 〖面～〗ベール

【纱布】shābù 图 ガーゼ
【纱厂】shāchǎng 图 紡績工場
【纱橱】shāchú 图 網戸付きの戸棚
【纱窗】shāchuāng 图 網戸
【纱灯】shādēng 图 薄布張りのちょうちん
【纱锭】shādìng 图 紡錘
【纱笼】shālóng 图 サロン(腰巻き風のスカート)
【纱罩】shāzhào 图 ①蝿帳 ②ランプのマントル

【砂】shā ⊗ 砂 ⇨ 沙

【砂布】shābù 图 布やすり,金剛砂布
【砂轮】shālún 图〔機〕グラインダー,回転砥石
【砂糖】shātáng 图 ざらめ
【砂型】shāxíng 图 鋳造の鋳型
【砂岩】shāyán 图 砂岩
【砂纸】shāzhǐ 图 サンドペーパー,紙やすり

【煞】shā 動 ①終わる,とめる〖~脚〗足をとめる ②締める〖~腰带〗ベルトを締める ⇨ shà

【煞笔】shā'bǐ 動 筆をおく ── shābǐ 图 文章の結語
【煞车】shā'chē 動 ①⇨[刹车] ②積み荷をしっかり縛る
【煞尾】shāwěi 图 結末,結び ── shā'wěi 動 結末をつける

【啥】shá 代〔方〕なに ⇨〔普〕[什么]

【傻(*傻)】shǎ 形 ①愚かな,ばかな〖装~〗とぼける ②気が利かない,機械的だ〖~干〗そうまじめにやる

【傻瓜】shǎguā 图 ばかもの,間抜け,あほう ⇨[傻子][傻蛋]
【傻呵呵】shǎhēhē 形 (~的)ぼやっとしている,鈍い ⇨[傻乎乎]
【傻劲儿】shǎjìnr 图 ①間抜け加減,ばか加減 ②ばか力
【傻气】shǎqì 形 間が抜けている,ばかげている
【傻笑】shǎxiào 動 ばか笑いする
【傻眼】shǎ'yǎn 動 あっけにとられる,あぜんとする
【傻子】shǎzi 图 ばか,間抜け

【厦(廈)】shà ⊗ ①大きな建物〖大~〗ビル ②ひさし(庇) ⇨ xià

【煞】shà ⊗ ①きわめて,非常に ②凶神,悪鬼 ⇨ shā

【煞白】shàbái 形 (顔面が)蒼白だ,血の気がない〖脸一下子变得~〗顔が急に蒼白になった
【煞费苦心】shà fèi kǔxīn〈成〉散々苦労する,頭をしぼる

【煞有介事】shà yǒu jiè shì《成》もっともらしい,まことしやかだ ⇨[像煞有介事]

【歃】shà ⊗ 吸う〖~血 xuè〗〈書〉(同盟の証として)血をすする

【霎】shà ⊗ 短い時間〖~眼〗瞬く間に〖~时〗〖~时间〗一瞬の間

【筛(篩)】shāi 動 ①ふるいに掛ける〖~沙子〗砂をふるいに掛ける ②酒を温める ③(酒を)つぐ

【筛糠】shāi'kāng 動 (口)(恐怖,寒さで)身震いする
*【筛选】shāixuǎn 動 ふるいに掛ける,選別する〖~人员〗人員を選別する
【筛子】shāizi 图 ふるい

【色】shāi 图 (~儿)(口)色〖走~〗色がさめる ⇨ sè

【色子】shǎizi 图 さいころ〖掷~〗さいころを振る

【晒(曬)】shài 動 ①日が照りつける〖~黑了〗日焼けした〖西~〗西日が照りつける ②日に干す,日に当てる〖~被子〗掛けぶとんを干す

【晒台】shàitái 图 物干し台,ベランダ

【山】shān 图〔座〕山〖爬~〗山に登る〖江~〗山河 ⊗ ①山状のもの ②(S-)姓

【山坳】shān'ào 图 山あいの平地,(尾根の)コル
【山崩】shānbēng 图 山崩れ
【山茶】shānchá 图〔植〕ツバキ〖~花〗サザンカ,ツバキ
【山丹】shāndān 图〔植〕ヒメユリ
【山地】shāndì 图 ①山岳地 ②山上の農地
【山东】Shāndōng 图 山東省〖~菜〗山東料理〖~梆子〗山東の地方劇〖~快书〗'曲艺 qǔyì'の一.山東,華北,東北で盛ん
【山峰】shānfēng 图 山の峰,山頂〖屹立的~〗高くそびえる峰
【山旮旯儿】shāngālár 图〔方〕山間僻地
【山冈】shāngāng 图 小山,丘
【山高水低】shān gāo shuǐ dī〈成〉万一の事,不幸な出来事(特に人の死)
【山高水远】shān gāo shuǐ yuǎn〈成〉遥かなる山河
【山歌】shāngē 图〔支・首〕(南方)農山村の民謡
【山根】shāngēn 图 (~儿)(口)山のふもと,山すそ
【山沟】shāngōu 图 ①〔条〕谷川 ②谷間,山あい

【山谷】shāngǔ 图 谷,谷間 〖幽静的~〗ひっそりと静かな谷間
【山河】shānhé 图 山河,故郷,国 〖祖国的锦绣~〗我が麗しの祖国
【山核桃】shānhétao 图【植】クルミの一種,オニグルミ
【山洪】shānhóng 图 山津波,鉄砲水
【山货】shānhuò 图 ①山でとれる産物 ②竹,木,麻,素焼きなどで作った日用品,ほうき,かご,麻縄,土鍋の類
【山鸡】shānjī 图【植】〔只〕キジ(雉)
【山脊】shānjǐ 图 山の尾根,山の背
【山涧】shānjiàn 图〔条〕渓流,谷川
【山脚】shānjiǎo 图 山麓,ふもと
【山口】shānkǒu 图 峰と峰との間の低くなっている所,山越えの道
【山里红】shānlǐhóng 图【植】サンザシ⇨[山楂][红果]
【山梁】shānliáng 图 山の背,尾根
【山林】shānlín 图 山林
【山岭】shānlǐng 图 山の峰,連峰 〖~连绵〗山並みが連綿と続く
【山麓】shānlù 图 山麓
【山峦】shānluán 图 山並み 〖~起伏〗山並みが高く低く続く
*【山脉】shānmài 图 山脈
【山猫】shānmāo 图〔只〕山猫
【山毛榉】shānmáojǔ 图【植】ブナ
【山门】shānmén 图 ①寺の門 ②(転)仏門,仏教
【山盟海誓】shān méng hǎi shì《成》永遠の愛を誓うこと ⇨[海誓山盟]
【山南海北】shān nán hǎi běi《成》はるか遠い各地,津々浦浦
【山炮】shānpào 图【军】山砲
【山坡】shānpō 图 山腹,山の斜面
【山墙】shānqiáng 图 切り妻造りの壁 ⇨[房山]
【山清水秀】shān qīng shuǐ xiù《成》山水が美しい,山紫水明 ⇨[山明水秀]
【山穷水尽】shān qióng shuǐ jìn《成》山水のきわまる所,絶体絶命の境地
【山区】shānqū 图 山岳地区 ⇨[牧区][市区]
【山雀】shānquè 图〔鸟〕〔只〕ヤマガラ
【山水】shānshuǐ 图 ①山の水 〖~清甜可口〗山の水は清らかでおいしい ②山水,山や水がある風景〖桂林~甲天下〗桂林の風光は天下一だ ③〔幅〕山水画 ⇨[山水画]
【山头】shāntóu 图 ①山の頂上 ②派閥,分派 〖~主义〗セクト主義
【山窝】shānwō 图 辺鄙な山間地区
【山西梆子】Shānxī bāngzi 图 山西省の地方劇

【山系】shānxì 图 山系
【山峡】shānxiá 图 山峡,山と山に挟まれた谷間
【山响】shānxiǎng 働 大きな音をたてる,とどろく
【山魈】shānxiāo 图 ①【動】マンドリル,大ひひ ②伝説中の妖怪
【山崖】shānyá 图 切り立った山のがけ
【山羊】shānyáng 图〔只〕ヤギ
【山腰】shānyāo 图 山腹
【山药】shānyao 图 山芋 [~蛋](方)ジャガイモ
【山野】shānyě 图 山と原野,野山
【山樱桃】shānyīngtao 图【植】ユスラウメ(の実)
【山雨欲来风满楼】shānyǔ yù lái fēng mǎn lóu《成》(豪雨が近づいて風が建物に吹き込んでくる>) 大変事が起こりそうで緊張感がみなぎっている
【山芋】shānyù 图(方)サツマイモ
【山楂(山査)】shānzhā 图 サンザシ(の実) ◆'山里红''红果'ともいう.生食の他,'~糕',ジャム,果汁,酒,'冰糖葫芦'などに加工される
【山寨】shānzhài 图 山のとりで,山村
【山珍海味】shānzhēn hǎiwèi 图 山海の珍味 ⇨[山珍海错]
【山茱萸】shānzhūyú 图【植】サンシュユ
【山庄】shānzhuāng 图 ①山村 ②山荘
【山嘴】shānzuǐ 图 (~儿)山麓で平地に突き出た所

【舢】shān ⊗以下を見よ

【舢板(舢舨)】shānbǎn 图 サンパン,小舟,はしけ

【芟】shān ⊗ 草を刈る 〖~除〗削除する

【杉】shān ⊗ 杉 〖水~〗メタセコイア 〖云~〗トウヒ ⇨shā

【衫】shān ⊗ ひとえの上衣 〖衬~〗シャツ,肌着 〖长~〗ひとえの長上着

【钐(釤)】shān 图【化】サマリウム ⇨shàn

【删(刪)】shān 働 削る,削除する

*【删除】shānchú 働 削除する 〖~键〗デリートキー
【删改】shāngǎi 働 添削する 〖~书稿〗原稿に手を入れる
【删节】shānjié 働 削って簡略にする,要約する 〖~文章〗文章を削って簡潔にする 〖~本〗簡約版

【姗(姍)】shān ⊗ 女性がしゃなりしゃなり歩

く様子 [～～] 同前

【珊(珊)】 shān ⊗ 以下を見よ

【珊瑚】 shānhú 图 サンゴ [～虫] サンゴチュウ [～礁] サンゴ礁 [～树] サンゴ樹

【栅(栅)】 shān ⊗ 以下を見よ
⇨zhà

【栅极】 shānjí 图〖電〗グリッド(電子管の電極)

【蹒】 shān ⊗ → [蹒-pánshān]

【苫】 shān ⊗ こも、むしろ、とま [草～子] 同前
⇨shàn

【扇(搧)】 shān 動①あおぐ [～扇子] 扇子であおぐ [～火] 火をあおる ②(扇のように)動かす ③平手でなぐる [～他一记耳光] 彼にびんたを食らわす
⇨shàn

【煽】 shān 動 あおる [～情] 心をかきたてる

【煽动(搧动)】 shāndòng 動 扇動する

【煽风点火】 shān fēng diǎn huǒ《成》あおりたてる

【煽惑】 shānhuò 動 唆す

【潸】 shān 動 涙を流すさま [～然]〖書〗さめざめと(泣く)

【膻(羶)】 shān 形 (羊肉について) 生臭い [～味儿] 羊肉のにおい

【闪(閃)】 shǎn 動 ①ぱっと赤い光が輝く [～红光] ②身をかわす、よける [往路边～] 道のわきによける ③(身体が)ゆらぐ、くじく、筋を違える [～腰] ぎっくり腰になる ④突然現われる [～一个念头] ある考えがひらめく 图 稲妻 [打～] 稲妻が光る ⊗(S-)姓

【闪避】 shǎnbì 動 身をよける、避ける

★【闪电】 shǎndiàn 图〖道〗稲妻 [～战] 電撃戦
—— shǎn'diàn 動 稲妻が光る

【闪动】 shǎndòng 動 (光, 物体が)ひらめく, きらめく [～的火苗] ゆらめく炎

【闪躲】 shǎnduǒ 動 よける、体をかわす 働[躲闪]

【闪光】 shǎnguāng 图〖道〗閃光 [～灯] フラッシュ, ストロボ

【闪击战】 shǎnjīzhàn 图 電撃戦

【闪亮】 shǎnliàng 動 きらきら光る

【闪闪】 shǎnshǎn 形 きらめく、ぴかぴか光っている [～发光] きらきら光る [金光～] 金色の光がさんさんと輝く

【闪身】 shǎn'shēn 動 ひらりと体をかわす, 身を斜にする [很快地闪身去了] すばやく身をかわした

【闪失】 shǎnshī 图 急な事故,(意外な)まちがい

*【闪烁】 shǎnshuò ①きらめく、ちらつく [泪光～] 涙がきらきら光る ②(言葉を)あいまいにする [闪闪烁烁地回答] 言葉を濁して答える

【闪现】 shǎnxiàn 動 (眼前に)ぱっと現われる [～出喜悦的光芒] ぱっと喜びの光が現われた

【闪眼】 shǎnyǎn 形 まぶしい

【闪耀】 shǎnyào 動 きらめく (働[闪烁]) [～着阳光] 陽の光が輝いている

【陕(陝)】 Shǎn ⊗ 陕西省 [～西] 同前

【陕西梆子】 Shǎnxī bāngzi 图 陕西, 甘粛など西北各省の地方劇

【睒(*睒)】 shǎn 動 まばたきする

【讪(訕)】 shàn ⊗①あざげ笑う [～笑]〖書〗あざ笑う ②照れくさい様子 [搭～] 照れ隠しをする

【汕】 Shàn ⊗ [～头] 広東省の汕頭

【疝】 shàn ⊗ ヘルニア [～气] 同前

【单(單)】 Shàn ⊗① [～县] 単県(山東省) ②姓 ◆古代匈奴の王号'单于'はchányúと発音
⇨dān

【墠(墠)】 shàn ⊗ [北～] 北墠(山東の地名)

【禅(禪)】 shàn ⊗ 禅譲する [～让] 同前
⇨chán

【苫】 shàn 動 むしろ, 帆布などで覆う
⇨shān

【钐(釤 *鐥)】 shàn 動《方》かまを振るって刈る [～草] 草を刈る
⇨shān

【扇】 shàn 图(～儿)〖把〗扇, 扇子 [蒲～] ガマの葉のうちわ [电风～] 扇風機 —— 量 ドアや窓の数を数える [一～门] 1枚のドア
⇨shān

★【扇子】 shànzi 图〖把〗扇子, 扇 [用～扇 shān] 扇子であおぐ

【骟(騸)】 shàn 動 去勢する [～马] 去勢した

馬

【善】 shàn 形 (性格が) 良い〖心很~〗心根が優しい ✕ ① …に長じている→〔~于〕② …しがちだ, よく~する〔~忘〕よく忘れる ③ 良い(事)〔行~〕善行をする ④ 仲が良い〔亲~〕親善 ⑤ (S-)姓

*【善良】** shànliáng 形 善良な〖人很和气, 心也很~〗人柄が穏やかで, 心も善良だ

【善男信女】 shàn nán xìn nǚ《成》善男善女

【善心】 shànxīn 名 慈悲, 情け

【善意】 shànyì 名 善意, 好意〖~的批评〗善意からの批評

【善有善报, 恶有恶报】 shàn yǒu shànbào, è yǒu èbào《成》善にはよい報いがあり, 悪には悪い報いがある

*【善于】** shànyú 動 …に巧みだ, …が上手だ〖~歌舞〗歌舞が上手だ〖~表达〗表現するのがうまい

【鄯】 Shàn ✕〔~善〕鄯善ぜん (新疆の地名)

【缮(繕)】 shàn ✕ ① 修理する, 繕う〔修~〕修繕する ② 書き写す〔~写〕清書する

【膳(*饍)】 shàn ✕ 食事〔用~〕食事をする

【膳费】 shànfèi 名 食費
【膳食】 shànshí 名 食事
【膳宿】 shànsù 名 食事と宿泊

【蟮】 shàn ✕〔曲~ qūshàn〕ミミズ

【鳝(鱔*鱓)】 shàn ✕〖魚〗タウナギ〔~鱼〕〔黄~〕同前

【擅】 shàn ✕ ① ほしいままにする〔专~〕〔~书〕勝手に振舞う〔~权〕権力を一手に握る ② 優れる

*【擅长】** shàncháng 動 長じる, 優れる〖~仰泳〗背泳が得意だ

*【擅自】** shànzì 副 ほしいままに, 勝手に〖~修改〗勝手に改正する

【嬗】 shàn ✕ 移り変わる〔~变〕変遷, 変化

【赡(贍)】 shàn 動 ① 助ける〔~养〕扶養する ② 豊かだ, 充分である

【伤(傷)】 shāng 名〔处・块〕傷〔受~〕負傷する〔烧~〕やけど ― 動 ① 傷つける, 損なう〖~胃口〗胃をこわす〖~感情〗感情を傷つける ② 度が過ぎて嫌になる〖天天吃红薯, 早就吃~了〗毎日サツマイモばかりで, もうげんなりだ ③ 病気になる ✕ ① 妨げる〖有~风化〗良俗の妨げとなる ② 悲しむ ③ 病気になる→〔~风〕

【伤疤】 shāngbā 名 傷跡〖~消失了〗傷跡が消えた
【伤兵】 shāngbīng 名 負傷兵
【伤风】 shāng▼fēng 動 風邪をひく
【伤风败俗】 shāng fēng bài sú《成》公序良俗を乱す
【伤感】 shānggǎn 動 感傷的になる, 悲しむ〖~地回忆〗悲しい気持ちで思い出す
【伤害】 shānghài 動 傷つける, 損なう, (感情を)害する〖~眼睛〗目を傷める〖~自尊心〗自尊心を傷つける
【伤寒】 shānghán 名 ① 腸チフス ② (中国医学で)急性発熱疾患
【伤号】 shānghào 名 負傷兵, 負傷者
【伤耗】 shānghao 名 損耗
【伤痕】 shānghén 名 傷跡〖心上的~〗心の傷跡〖~文学〗傷痕しょう文学 (文化大革命中に若者が被った悲劇を描いた文学)
*【伤口】** shāngkǒu 名〔个・处〕傷口
*【伤脑筋】** shāng nǎojīn 動 頭を悩ます〖~的问题〗厄介な問題
【伤神】 shāng▼shén 動 ① 神経を消耗する ② 悲しむ 同〔伤心〕
【伤势】 shāngshì 名 負傷の程度〖~严重〗傷が重い
【伤天害理】 shāng tiān hài lǐ《成》天理にもとる, 人としてあるまじきことをする
【伤亡】 shāngwáng 動 死傷する〖~的灾民〗死傷した被災者 ― 名 死傷者〖~增加〗死傷者が増える
*【伤心】** shāng▼xīn 動 悲しむ〖~地哭起来〗悲しんで泣きだした
【伤心惨目】 shāng xīn cǎn mù《成》あまりに悲惨で見るに忍びない
【伤员】 shāngyuán 名 負傷者, 負傷兵

【殇(殤)】 shāng ✕ 夭折する

【觞(觴)】 shāng ✕ 古代の杯→〔滥 làn~〕

【商】 shāng 名〖数〗商しょう (割り算の値) ✕ ① 相談する〔协~〕協議する ② 商い, 商業, 商〔行~〕行商人 ③ 古代五音の一 ④ 二十八宿の一 ⑤ (S-)王朝名, 殷 ⑥ (S-)姓

*【商标】** shāngbiāo 名 商標, トレードマーク
【商埠】 shāngbù 名 (旧時の) 開港都市
【商场】 shāngchǎng 名 マーケット〖自选~〗スーパーマーケット
【商船】 shāngchuán 名 商船
*【商店】** shāngdiàn 名〔个・家〕商店〖~的老板〗商店の主人

【商队】shāngduì 图 隊商, キャラバン
【商贩】shāngfàn 图 小商人
【商港】shānggǎng 图 貿易港
【商行】shāngháng 图〔旧〕商店, 商社
【商会】shānghuì 图 商業会議所
★【商量】shāngliang 動 相談する〚～怎么办〛相談しよう〚～处理办法〛処理方法を相談する〚没～〛相談の余地がない
★【商品】shāngpǐn 图〔件・批〕商品〚倒卖～〛商品を転売する〚～肥〛商品として売られる化学肥料〚～粮〛商品としての穀物〚～房〛分譲住宅
【商洽】shāngqià 動〔書〕相談する, 談合する
【商情】shāngqíng 图 経済市況, マーケット情況
【商榷】shāngquè 動〔書〕議論する, 意見を交わす〚虚心地～〛謙虚に検討する
【商人】shāngrén 图 商人
【商谈】shāngtán 動 話し合う, 協議する〚～程序〛手順を打ち合わせる
【商讨】shāngtǎo 動 協議する, 討議する〚～对策〛対策を協議する
【商务】shāngwù 图 商業事務, 通商〚～洽谈〛通商協議
★【商业】shāngyè 图 商業〚～部门〛商業部門〚～信息〛ビジネス情報
【商议】shāngyì 動 相談する, 協議する〚～国家大事〛国家の重大事を討議する
【商酌】shāngzhuó 動 協議検討する

【墒】(*畼) shāng ⊗ 土壌の湿度, 土の湿り気〚～土〛耕したばかりの湿った土

【熵】shāng 图〔理〕エントロピー

【上】shǎng ⊗ 中国語の四声の一 ◆shàng とも読む〚～声〛上声(現代語では第3声のこと)
⇨shàng

【垧】shǎng 量 土地面積の単位 ◆地方により異同があり, 東北では15ムー, 西北地区では3ムーから5ムー

【晌】shǎng 图（～儿）1日のうちの一区切りの時間〚休息一～〛しばらく休む〚前半～〛午前〚下半～〛午後 ⊗ 正午〚歇～〛昼休みをする

【晌饭】shǎngfàn 图〔方〕① 昼食 ⇔[晌午饭] ② 農繁期で日中の特別賞しの食事
【晌觉】shǎngjiào 图〔方〕昼寝
【晌午】shǎngwu/shǎngwǔ (sháng-wu と発音) 图〔口〕お昼, 正午

【赏】(賞) shǎng 動 ①（褒美として）与える〚老板～她很多钱〛店主が彼女に沢山金を与えた〚～钱 qian〛褒美の金 ② 鑑賞する〚～雪〛雪見をする ⊗ ① たたえる, 褒める ② 賞, 賞金 ③（S-）姓
【赏赐】shǎngcì 動 授ける, 下賜する — 图 下賜品, 賞
【赏罚】shǎngfá 图 賞罰〚～严明(～分明)〛賞罰がはっきりしている
【赏光】shǎng'guāng 動〔敬〕ご来訪下さる
【赏鉴】shǎngjiàn 動 鑑賞する
【赏脸】shǎng'liǎn 動 顔を立てる ◆相手になにかお願いする時に使う〚请您～收下〛こちらの顔を立てると思ってお収め下さい
【赏识】shǎngshí 動 真価を認める, 才能や作品を高く買う〚～才华〛優れた才能を認める
【赏玩】shǎngwán 動 賞翫する, 鑑賞する
【赏心悦目】shǎng xīn yuè mù〈成〉美しい景色にも心も楽しくする
【赏阅】shǎngyuè 動（詩文を）鑑賞する

【上】shàng 動 ① 上がる, 登る〚～车〛乗車する〚～楼〛2階に上がる ② 行く〚～街〛街へ行く〚～天津〛天津に行く ③ 加える, 詰める〚～货〛店頭の商品を増やす ④ 取り付ける〚～锁〛錠を掛ける〚～领子〛襟を付ける ⑤ 塗る〚～药〛薬を塗る〚～漆〛塗料を塗る ⑥ 登載する〚～报〛新聞に載る〚～账〛帳簿に記入する ⑦（ねじなどを）巻く, 締める〚～闹钟〛目覚まし時計のねじを巻く ⑧（学校や職場に）通う,（仕事や授業を）始める〚～大学〛大学に通う〚～夜班〛夜勤をする ⑨（年齢が）いく〚～万人〛万に達する人〚～年纪〛年をとる — 形《定語として》(順序が)前の, 先の〚～一次〛前回〚～半年〛上半期 — 图 ① 民族音楽の音階符号の一 ②〔介詞句の中で〕上〚往～看〛上の方を見る →〚～边〛 ⊗ 上級, 上司
—— shang/shàng ⊗ ①…の上,…の表面〚桌子～〛テーブルの上〚墙～〛壁面, 塀の表面 ② 範囲, 分野を示す〚世界～〛世界で〚在这个问题～〛この問題で ③…の時〚十六岁～〛16歳の時
—— -shang/-shàng 動〔補語として〕① 下から上へ動く〚爬～树〛木によじ登る ② 目的の達成を表わす〚送～门〛家まで送り届ける ③ 密着, 存在, 添加などの結果を表わす〚把门关～〛ドアを閉める〚关

不~』閉まらない『穿~毛衣』セーターを着る『写~地址』住所を書き付ける ④あるレベルに達する,成就する『比不~』比べられない ⑤動作や状態の開始,継続を表わす『看~书了』本を読みだした『忙~了』忙しくなってきた
⇨shǎng

*【上班】shàng'bān 動(~ル)出勤する〔~族〕サラリーマン ㊥[下班]
【上半晌】shàngbànshǎng 名(~ル)午前 ㊥[上午]
【上半天】shàngbàntiān 名(~ル)午前 ㊥[上午]
【上半夜】shàngbànyè 名 日没から真夜中前までの時間 ㊥[前半夜]
【上报】shàng'bào 動 新聞に載る『他的英勇事迹~了』彼の勇敢な事跡が新聞に載った
—— shàngbào 動 上級機関に報告する『~市委』(共産党)市委員会に報告する
【上辈】shàngbèi 名(~ル) ①祖先 ②(一族の中の)親の世代
【上臂】shàngbì 名 上腕部,肩と肘の間
【上边】shàngbian 名(~ル)うえ,上の方,表面『~[上面]』『桌子~』テーブルの上
【上膘】shàng'biāo 動(家畜に)肉が付く,太る
【上宾】shàngbīn 名 上客,大切な客
【上策】shàngcè 名 上策,よい手だて〔三十六策,走为~〕三十六計逃げるにしかず
【上层】shàngcéng 名 ①上層〔~建筑〕上部構造 ②(組織の)上層部
【上场】shàng'chǎng 動 登場する,出場する
【上蹿下跳】shàng cuān xià tiào〈成〉悪事のために策略する
【上党梆子】Shàngdǎng bāngzi 名 山西省東南部の地方劇
*【上当】shàng'dàng 動 だまされる,ぺてんにかかる
【上刀山,闯火海】shàng dāoshān, chuǎng huǒhǎi〈俗〉(刀の山に登り,火の海に飛び込む>)大義のために身を犠牲にする
【上等】shàngděng 形〈定語として〉上等の〔~料子〕高級布地
【上帝】shàngdì 名 ①上帝,天帝 ②(キリスト教の)神
【上吊】shàng'diào 動 首をつる
【上冻】shàng'dòng 動 凍る,結氷する
【上颚】shàng'è 名 上顎,上あご
【上房】shàngfáng 名 母屋 ㊥[正房]
【上访】shàngfǎng 動(一般人が上級機関に)陳情する
【上坟】shàng'fén 動 墓参りする
【上风】shàngfēng 名 ①風上(の方向)『浓烟从~刮过来』黒い煙が風上から吹いてきた ②優勢『我队占了~』我がチームが優勢であった
【上告】shànggào 動 ①上告する ②上級機関に報告する
【上工】shàng'gōng 動 仕事に出る
【上钩】shàng'gōu 動 釣り針にかかる,わなにかかる『敌人~了』敵がわなにかかった
【上古】shànggǔ 名 上古(中国歴史では殷,周,秦,漢の時代)
【上官】Shàngguān 名 2字の姓(複姓)の一
【上轨道】shàng guǐdào 動 軌道に乗る,順調に進行する
【上好】shànghǎo 形〈定語として〉上等の,高級な〔~烟叶〕高級タバコの葉
【上火】shàng'huǒ 動 ①〔医〕のぼせる ②〔方〕かっとなる
*【上级】shàngjí 名 上級(者),上級機関,上司〔~的腐化〕上部の腐敗
【上浆】shàng'jiāng 動(衣服に)のり付けする
【上将】shàngjiàng 名 将官の一(中国では'大将'と'中将'の間)
【上焦】shàngjiāo 名(中国医学で)呼吸と血液循環に関わる器官
【上缴】shàngjiǎo 動 上納する,国家に納入する
【上界】shàngjiè 名 天上界
【上进】shàngjìn 動 向上する,進歩する『不断~』絶えず向上する
【上进心】shàngjìnxīn 名 向上心
【上劲】shàng'jìn 動(~ル)張り切ってやる,打ち込む『越说越~ル』話せば話すほど調子が出てくる
【上课】shàng'kè 動 授業を始める,授業に出る,授業をする(㊥[下课])〔上三节课〕3こまの授業に出る(授業をする)
【上空】shàngkōng 名 上空,空
【上口】shàngkǒu 動 言葉がすらすら出てくる,流暢に読む『琅琅~』(詩文が)すらすら口に出る
【上款】shàngkuǎn 名(~ル)(書画や贈り物の)贈り先の名や称号
【上来】shàng·lái / shànglái 動 上がってくる,近づいてくる『从楼下~了』階下から上がって来た『大家都~跟我握手』みんなは近づいて私と握手した『上山来』山に登って来る『上不来』上がって来られない
—— -shàng·lái / -shàng·lái 動〈方向補語として〉①低い所から高い所へ,遠い所から近い所へ来る『钓~』釣り上げる『跑上山来』山を駆け上がる『追~』追いあ

げる ②成就する, うまくいく『背～』ちゃんと暗唱する ③『热''凉''黑'などの形容詞の後で』その状態が徐々に深まり拡大していくことを示す『天黑～了』日が暮れてきた

【上联】shànglián 图（～儿）'对联 duìlián' の前の句 ⊗[下联]

【上列】shàngliè 形〖定語として〗上に列挙した, 上記の [～各项] 上記の各事項

【上流】shàngliú 图 上流 ⊕[上游] ― 形〖多く定語として〗（社会的地位が）上流の

【上路】shàng·lù ① 旅立つ, 出発する ②（転）軌道に乗る

【上马】shàngmǎ ① 馬に乗る ② プロジェクトをスタートさせる『这项工程今年～』この工事は今年スタートする

【上门】shàng·mén ① 家を訪ねる, 家まで届ける『送水～的服务』飲料水の宅配サービス ② 戸締まりする『铺子已经～了』店はもう閉まってしまった

【上面】shàng·miàn 图（～儿）① うえ, 上の方『屋顶～』屋根の上 ② 物の表面『衣服～』服の表面 ③（順序で）前の方 ④ 分野, 方面 ⑤ 上級

【上品】shàngpǐn 图 上等品, 高級品 ― 形〖定語として〗上等な

【上坡路】shàngpōlù 图〔条〕登り坂（比喩的にも）

【上气不接下气】shàngqì bù jiē xiàqì《俗》息が切れる, 息が続かない

【上去】shàng·qu/ shàng·qù ① 上がっていく, 登っていく, （話し手から）離れる『你一看看吧』上がって見てみなさい『上楼去』2階へ上がる『上不去』登って行けない

― -shàng·qu/ -shàng·qù 〖方向補語として〗① 低い所から高い所へ, 近くから遠くへ離れて行く『搬～』運び上げる『意见反映～』意見を上に伝える『跑上前去』前方へと駆けて行く ② 添加, 集中を表わす『螺丝怎么也拧不～』ねじがどうしても入っていかない

*【上任】shàng·rèn ① 赴任する
― shàngrèn 图 前任者

【上色】shàngsè 形〖多く定語として〗上等な, 高級の
― shàng·shǎi ① 色を塗る, 着色する

【上山容易下山难】shàng shān róngyì xià shān nán《俗》始めるのは簡単だが始末をつけるのは厄介だ

【上上】shàngshàng 形〖定語として〗① 一番よい [～策] 最善の策 ② 前の前の時期 [～星期] 先々週

【上身】shàngshēn 图 ① 上半身 ②（～儿）上着『白～』白い上着
― shàng·shēn ① おろしたてを着る

【上升】shàngshēng ① 登る, 立ち登る, 上昇する『雾气～』霧が立ち昇る『气温～』気温が上がる『营业额～』売上げ高が上昇する

【上声】shàngshēng/ shǎngshēng 图〖語〗上声 ピ̀ょ̀ う ♦ 中国語の四声の一. 現代語では第3声のこと

【上士】shàngshì 图〖軍〗曹長

【上市】shàng·shì ①（商品が）店頭に出る, 出回る『刚～的哈密瓜』はしりのハミウリ ② 市場に行く

【上市公司】shàngshì gōngsī 图 上場会社

【上手】shàngshǒu 图 ⊗[下手] ① 上座 ♦'上首'とも ② 仕事の中心人物
― shàng·shǒu ① 始める, 手を下す『这活儿他一～就干得不错』この仕事を彼が始めるとうまくいった

【上书】shàngshū ① 上書する

【上述】shàngshù 形〖定語として〗述上の [～意见] 上記の意見

【上水】shàngshuǐ 图 上流 ― ① 川を遡る
― shàngshui 图《方》食用家畜の臓物

【上税】shàng·shuì ① 納税する

【上司】shàng·si 图 上司 [顶头～] 直属の上司

【上诉】shàngsù ① 上訴する, 控訴する

【上算】shàngsuàn ① 採算がとれる（⊕[合算]）[不～] 採算に合わない

【上岁数】shàng suìshu ①（～儿）年を取る ⊕[上年记]

【上台】shàng·tái ① 舞台に出る [～讲话] 演壇に登って話す ② 政権を握る

【上天】shàngtiān ① 天空へと昇る ② 昇天する, 亡くなる
― shàngtiān 图 天, 天上の神

【上头】shàng·tou 图 上 ⊕[上头]

*【上网】shàng·wǎng ① インターネットに接続する

【上尉】shàngwèi 图 将校の一. 大尉と中尉の間

【上文】shàngwén 图 前に記した文章

*【上午】shàngwǔ 图 午前 [～很忙] 午前中は忙しい

【上下】shàngxià 图 ①（空間や地位, 程度などの）上下, 上から下まで [～不通气] 上下の意思疎通がない [全厂～一条心] 工場全体の心が一つになっている ② 概数を示す [二十岁～] 20歳ほど ― ① 上り下りする [～楼] 階を上り下りする

【上下其手】shàng xià qí shǒu《成》いんちきをやる

- 【上下文】shàngxiàwén 图 文脈
- 【上弦】shàngxián 图 上弦〔~月〕上弦の月
  —— shàng xián 動（時計などの）ぜんまいを巻く
- 【上限】shàngxiàn 图 上限 反〔下限〕
- 【上相】shàngxiàng 形 写真映りがよい
- 【上校】shàngxiào 图 将校の一，'大校'（大佐）と'中校'（中佐）の間
- 【上鞋】(绱鞋) shàng'xié 動 布靴の上部と底を縫い合わせる
- 【上刑】shàng'xíng 動 拷問にかける
- 【上行】shàngxíng 動 ①（列車が）上りで運行する◆中国では上り列車は偶数番号が付く ②上流へ航行する ③公文書を上級機関に送る
- 【上行下效】shàng xíng xià xiào《成》上がやれば下も真似てやる
- 【上学】shàngxué 動 ①学校に行く，登校する ②小学校に上がる〔你孩子~了没有？〕君の子はもう学校に上がっているの
- 【上压力】shàngyālì 图《理》上向きの圧力，浮力
- 【上演】shàngyǎn 動 上演する，上映する
- 【上衣】shàngyī 图〔件〕上着
- *【上瘾】shàng'yǐn 動 中毒になる，耽る，凝る，病みつきになる〖他抽烟抽上了瘾〗彼はニコチン中毒になっている
- 【上映】shàngyìng 動 上映する〖~新片〗新作映画を上映する
- *【上游】shàngyóu 图 ①（川の）上流 ②高い目標〖力争~〗高い目標に向かって努力する
- 【上载】shàngzài 動 アップロードする 反〔下载〕
- 【上涨】shàngzhǎng 動 ①（河川の）水位が上がる〖河水~〗川の水位が上がる ②（物価が）高騰する
- 【上账】shàng'zhàng 動 帳簿に記入する
- 【上阵】shàng'zhèn 動 出陣する，《転》（試合や仕事に）参加する
- 【上肢】shàngzhī 图 上肢
- 【上装】shàng'zhuāng 動（芝居で）メーキャップする
  —— shàngzhuāng 图 上着
- 【上座】shàngzuò 图 上座，上席
- 【上座儿】shàng'zuòr 動（劇場に）客が入る

【尚】shàng ⊗ ①なお，まだ〖为时~早〗時期的にまだ早過ぎる〖~未〗まだ…ではない ②尊ぶ，重視する〖崇~〗あがめ尊ぶ ③(S-)姓

- 【尚且】shàngqiě 接 …さえなお◆'更''当然''何况'などと呼応し，より一層すすんだ事態を表わす〖这种东西在城里~难买，何况在我们农村〗こういう物は都会でも買いにくいのだから，私達の農村ではなおさらだ

【裳】shang ⊗ →〔衣yī~〕⇨cháng

【烧】(燒) shāo 動 ①燒く，燃やす〖~煤〗石炭を焚く〖~炉子〗ストーブを燃やす ②加熱する，煮る〖~饭〗飯を炊く〖~水〗湯を沸かす ③油で揚げてから煮込む〖红~黄鱼〗イシモチのしょう油煮込み ④あぶって焼く〖~鸡〗ローストチキン ⑤発熱する ⑥（金持ちになり）舞いあがる
  —— 图（体温の）熱〖发~〗熱が出る〖退~〗熱が下がる
- 【烧杯】shāobēi 图 ビーカー
- 【烧饼】shāobing 图 シャオピン◆発酵させた塩味の小麦粉を平らに焼いたもの，多くが表面にゴマを振り掛けてある
- 【烧化】shāohuà 動（死体や供え物を）焼却する
- 【烧荒】shāohuāng 動 未開墾地の草木を焼く，野焼きする
- 【烧毁】shāohuǐ 動 焼却する〖~森林〗森林を焼き払う
- 【烧火】shāo'huǒ 動（炊事のために）火をおこす
- 【烧碱】shāojiǎn 图《化》苛性ソーダ
- 【烧酒】shāojiǔ 图 コーリャンなどを蒸留した酒，焼酎 ≒〔白酒〕
- 【烧卖】shāomài 图 シュウマイ
- 【烧瓶】shāopíng 图 フラスコ
- 【烧伤】shāoshāng 图 やけど≒〔火伤〕—— 動 やけどする〖~了指头〗指をやけどした
- 【烧香】shāo'xiāng 動 香をたく，焼香する
- 【烧心】shāoxīn 動 ①胸焼けする ②(~儿)《方》野菜の芯が腐って黄ばむ
- 【烧纸】shāozhǐ 图 紙銭（死者を祭るときに焼く紙の銭）
  —— shāo'zhǐ 動 紙銭を焼く
- 【烧灼】shāozhuó 動 焼き焦がす，やけどする

【捎】shāo 動 ついでに持っていく，言付かる〖替我~一下儿〗代わりに届けてくれ ⇨shào
- 【捎带】shāodài 動（ついでに）持って届ける —— 副 ついでに
- 【捎脚儿】shāo'jiǎor 動（人や物を）ついでに乗せて運ぶ

【梢】shāo 图(~儿) 梢ǎž，物の先端〖树~〗梢〖眉~〗眉毛の端

【稍】shāo 副 やや，少し，ちょっと〖请~等一下儿〗ちょっと待って下さい〖~胜一筹〗

やや勝まさる ♦号令の‘稍息’(休め) は shàoxī と発音

【稍稍】shāoshāo [副] やや, 少し

★★【稍微】shāowēi [副] 少し, いささか, ちょっと([同][稍为 wéi]) 〚今天～有点儿冷〛今日は少しばかり寒い

【筲】shāo [名] (竹や木製の) 水桶 [～箕] 米をといだり野菜を洗う箕み

〖艄〗shāo ⊗ ① 船尾, とも ② かじ [掌～] かじを取る [～公(梢公)] 船頭

〖鞘〗shāo ⊗ 鞭むちの先の皮ひも [鞭～] 同前

⇨qiào

【勺】sháo [名] (～儿) 〔把〕 しゃくし ♦‘杓’とも書いた. ただし北斗七星の一部を表す文語では biāo と発音 [饭～] しゃもじ [铁～] 鉄しゃくし — [量] (容積単位の) 勺 ♦‘合’の 10 分の 1

★★【勺子】sháozi [名] 〔把〕 ひしゃく, しゃくし

〖芍〗sháo ⊗ 以下を見よ

【芍药】sháoyao [名] 〚植〛 シャクヤク

〖苕〗sháo ⊗ 《方》サツマイモ [红～] 同前

⇨tiáo

〖韶〗sháo ⊗ 美しい [～光] 《書》うるわしい春; 《転》輝かしい青春時代

【少】shǎo [形] ① 数量が少ない ([反][多]) 〚这儿人很～〛 ここは人が少ない ② 〔状語として〕 少なめに ([反][多]) 〚～说几句〛 言葉を控える ③ 〔動詞句の前で〕 …することが少ない 〚很～听到〛 めったに耳にしない — [動] ① 欠けている, 足りない ([反][多]) 〚～一本书〛 一冊足りない ② なくす, 失う 〚～了一条腿〛 片足をなくした 〚羊群里～了几只羊〛 羊が数頭群からいなくなった ③ 借りがある 〚～他五块钱〛 彼に5元の借りがある

⊗ しばらくの間 [～候] しばし待つ

⇨shào

【少安毋躁】shǎo ān wú zào 《成》 焦らずに落ち着いてしばらく待つ

【少不得】shǎobudé [動] 欠かせない, なくてはならない [同][少不了]

【少不了】shǎobuliǎo [動] 欠かせない 〚～你〛 君がいなくてはならない

【少见】shǎojiàn [動] あまり見掛けない 〚～～〛 お久し振りです

【少礼】shǎolǐ [動] 《挨》 ① (相手に) どうかお楽に ② (自分が) 失礼しました

【少陪】shǎopéi [動] 《挨》 (中座するとき) お相手できず失礼します

【少时】shǎoshí [名] 《書》 しばしの間 [同][少刻]

【少数】shǎoshù [名] 少数 [～民族] 少数民族

【少许】shǎoxǔ [名] 《書》 わずか, 少量

〖少〗shào ⊗ ① 年が若い [～年] 少年 [男女老～] 老若男女 ② 若旦那 [恶～] 道楽息子 ③ (S-) 姓

⇨shǎo

【少白头】shàobáitóu [名] 若白髪(の人)

【少不更事】shào bù gēng shì 《成》 若くて経験不足だ, 未熟者

【少妇】shàofù [名] 若い既婚女性

【少将】shàojiàng [名] 〚軍〛 少将

【少林拳】shàolínquán [名] 少林寺拳法

【少奶奶】shàonǎinai [名] 《旧》 若奥様

【少年】shàonián [名] 少年(時代), 少年少女 [～宫] 児童生徒のための校外活動施設 [～先锋队] 少年先鋒隊, ピオニール (‘少先队’と略す)

【少女】shàonǚ [名] 少女

【少尉】shàowèi [名] 〚軍〛 少尉

【少相】shàoxiang [形] 若く見える

【少校】shàoxiào [名] 〚軍〛 少佐

【少爷】shàoye [名] 若旦那, 坊ちゃん

【少壮】shàozhuàng [形] 若くて元気がいい

〖邵〗Shào ⊗ 姓

〖劭〗shào ⊗ 励ます

〖—(*卲)〗⊗ (人品が) 優れている

〖绍(紹)〗shào ⊗ ① 受け継ぐ ② (S-) 浙江省の紹興 [陈～] 長年寝かせた紹興酒

【绍剧】shàojù [名] 紹興一帯で行われている地方劇

【绍兴酒】shàoxīngjiǔ [名] 紹興酒

【哨】shào [名] ① (警戒) 部署 [放～] 歩哨を立てる [步～] 歩哨 ② (～儿) 笛, 呼び子, ホイッスル [口～] 口笛 — [動] (鳥が) 鳴く — [量] 軍隊を数える

【哨兵】shàobīng [名] 歩哨, 番兵

【哨子】shàozi [名] 呼び子, ホイッスル

〖捎〗shào ⊗ 退く, (馬車を) 後ろへ下げる [～色 shǎi] 色があせる

⇨shāo

【睄】shào [動] 《方》 ざっと見る

【潲】shào [動] ① 雨が横なぐりに降る ② 《方》 水をまく

⊗ 米のとぎ汁, 糠, 野草などを煮てどろどろした飼料 [猪～] 豚の飼料

【潲水】shàoshuǐ [名] 《方》 米のとぎ汁

【奢】 shē ⊗ ① ぜいたくだ ② 度を越えた

*【奢侈】shēchǐ 形 ぜいたくな 〖～的宴会〗ぜいたく宴会
【奢华】shēhuá 形 ぜいたくで派手な 〖摆设～〗調度品が豪華だ
【奢靡】shēmí 形 浪費的な, ぜいたくな
【奢求】shēqiú 名 度を越えた要求
【奢望】shēwàng 名 法外な望み, 過分な望み ── 動 途方もないことを望む

【赊】(賒) shē 動 掛けで買う, 掛けで売る 〖～了两斤酒〗掛けで酒を2斤買った 〖～账〗掛けで買う, 掛けで売る
【赊购】shēgòu 動 掛けで買う 働〖赊账〗
【赊欠】shēqiàn 動 掛けで売り買いする
【赊销】shēxiāo 動 掛け売りする 働〖赊卖〗

【畲】 shē ⊗ 焼き畑農業を(をする) 〖～田〗〘書〙同前の畑

【畲】 Shē ⊗ ショオ族 〖～族〗同前 ◆中国少数民族の一, 福建に住む

【猞】 shē ⊗ 以下を見よ

【猞猁】shēlì 名〘動〙オオヤマネコ 働〖林狳 yì〗

【舌】 shé ⊗ ① 舌, しゃべること 〖学～〗人の言葉をまねる 〖～头〗舌 〖长 cháng～〗おしゃべり ② 舌状のもの 〖鞋～〗靴の舌革 〖帽～〗帽子のひさし ③ (鐘や風鈴の)舌, おもり
【舌敝唇焦】shé bì chún jiāo《成》口をすっぱくして話す
【舌根音】shégēnyīn 名〘語〙舌根音 ◆共通語では'g, k, h'
【舌尖音】shéjiānyīn 名〘語〙舌尖音 ◆共通語では'z, c, s'(舌尖前音), 'd, t, n, l'(舌尖中音), 'zh, ch, sh, r'(舌尖後音)の三つを含む
【舌苔】shétāi 名〘医〙舌苔 tāi
*【舌头】shétou ⊗ ①〘大～〗舌のまわりが悪い(人) ② 敵情を探るため捕えた捕虜
【舌炎】shéyán 名〘医〙舌炎, 舌の炎症
【舌战】shézhàn 動 舌戦を戦わす

【佘】 Shé ⊗ 姓

【折】 shé 動 ①(細長いものが)折れる, 切れる 〖粉笔～了〗チョークが折れた 〖电线～了〗電線が切れた ② 損をする 〖把老本都～光了〗元手まですってしまった ⊗(S-)姓
⇨ zhē, zhé

【折本】shé'běn 動(～儿)〘方〙元手をする, 損をする
【折耗】shéhào 動 (商品を輸送またはストックするとき)損耗する, ロスが出る

【蛇】(*虵) shé 名〘条〙蛇 〖蟒～〗ウワバミ, ニシキヘビ 〖～形路〗S字型道路

【蛇麻】shémá 名 ホップ 働〖啤酒花〗
【蛇莓】shéméi 名〘植〙ヘビイチゴ
【蛇蜕】shétuì 名 蛇の脱け殻 ◆ひきつけ, 痙攣 jìng の薬として用いる
【蛇蝎】shéxiē 名 蛇とサソリ; (転)悪辣 là な人間 〖～心肠〗邪悪な根性
【蛇行】shéxíng 動〘書〙① 腹ばいで進む ②(川などが)蛇行する
【蛇足】shézú 名 蛇足, 余計, 余分なこと

【阇】(闍) shé ⊗〖～梨〗高僧, 僧侶 ◆「城門の上の建物」の意の文語では dū と発音

【舍】(捨) shě ⊗ ① 捨てる 〖取～〗取捨する 〖四～五入〗四捨五入する ② 施する 〖施～〗喜捨する
⇨ shè

【舍本逐末】shě běn zhú mò《成》本末転倒である 〖～的做法〗本末を転倒したやり方
*【舍不得】shěbude 動 離れ難い, 惜しくてならない 〖～离开北京〗北京を離れるのがつらい 〖～扔掉〗捨て去るのが惜しい
【舍得】shěde 動 惜しくない, 未練がない 〖～一条命〗一命を惜しまない 〖～送人〗人にやっても惜しくない
【舍己为公】shě jǐ wèi gōng《成》公共のために個人の利益を犠牲にする
【舍己为人】shě jǐ wèi rén《成》人のために自分の利益を犠牲にする
【舍近求远】shě jìn qiú yuǎn《成》わざわざ遠回りをする
【舍命】shě'mìng 動 命を捨てる, 必死にやる
【舍弃】shěqì 動 捨てる, 放棄する 〖～祖国〗祖国を捨てる
【舍身】shěshēn 動 我が身を捨てる
【舍生取义】shě shēng qǔ yì《成》正義のために命を捨てる
【舍生忘死】shě shēng wàng sǐ《成》生命の危険をも顧みないで働く 働〖舍死忘生〗

【设】(設) shè 動 ① 設ける, 設立する 〖～了五门新课程〗新カリキュラムを5つ設置した ② 仮定する 〖～x＝2〗x＝2と仮定した場合
⊗ ① もし…ならば 〖～若〗〘書〙もし

も, 仮に ②計画する
*【设备】shèbèi 設備, 施設 [成套～] プラント [空调～] エアコン設備 — 图 設備する
【设法】shèfǎ 動《多く状語的に》方法を講じる, なんとかする〖～挽救〗挽回策を講じる
【设防】shèfáng 動 防備を固める〖～地带〗防備地帯
*【设计】shèjì 動 設計する, デザインする, プランをたてる〖～一座大桥〗大橋をデザインする〖服装～〗服装デザイン〖～师〗デザイナー
*【设立】shèlì 動 設立する, 開設する〖～研究所〗研究所を設立する
【设色】shèsè 動 着色する, 色付けする
【设身处地】shè shēn chǔ dì《成》他人の立場になって考える
*【设施】shèshī 名 施設, 装置 [防洪～] 水防設備
【设使】shèshǐ 接 もしも, 仮に
*【设想】shèxiǎng 動 ①想像する, 構想する〖不可～〗想像できない ②…のために考える〖替学生～〗学生の立場になって考える
*【设置】shèzhì 動 設置する, 備え付ける〖～的编局〗仕掛けの ぺ てん〖～特区〗特別区を設ける

【厍(厙)】 shè ⊗①《方》村 ②(S-)姓

【社】 shè ①社(一定の目的のために作られた組織)[报～]新聞社 [旅～]旅館 [人民公～]人民公社 ②やしろ, 土地神を祭る場所またはその祭り
*【社会】shèhuì 名 社会 [～主义] 社会主義 [～风气] 社会風潮 [～学] 社会学
【社火】shèhuǒ 名(獅子舞や龍踊りなど)お祭りの出し物
【社稷】shèjì 名《書》土地神と五穀の神;(転)国家
【社交】shèjiāo 名 社交 [～的礼节] 社会のエチケット
【社论】shèlùn 名《篇》社説
*【社区】shèqū 名 地域共同体, 地域社会
【社戏】shèxì 名 祭りに演じる村芝居
【社员】shèyuán 名(人民公社の)社員

【舍】 shè ⊗①家, 小屋 [宿～]宿舎 [旅～][书～]宿屋 ②《謙》自宅 ③《謙》目下の身内のもの [～弟]私の弟 ④古代の距離の単位(30里を1'舍'といった)[退避三～]争いを避けて退く ⑤(S-)姓
⇨ shě
【舍间】shèjiān 名《書》拙宅
【舍亲】shèqīn 名 自分の親戚
【舍下】shèxià 名《書》拙宅

【涉】 shè ⊗①(川を)徒歩で渡る [跋～]山を越え水を渡る ②経る, 経験する [～险]危ない橋を渡る ③かかわる [干～]干渉する
*【涉及】shèjí 動 関連する, かかわる〖～很多方面〗関連する面が広い
【涉猎】shèliè 動(書物を)多く読みあさる〖广泛地～〗広くあさる
【涉外】shèwài 形《定語として》外国と関連する〖～问题〗外交にかかわる問題
【涉嫌】shèxián 動 嫌疑が掛かる〖～受贿〗賄賂を受けとったという嫌疑を掛けられる

【射】 shè ①発射する〖～子弹〗銃弾を撃つ〖～进球门里去〗ゴールを決める→ [～箭] ②(液体を) 噴出する(させる)〖压力小, ～不了很远〗圧力が小さいから遠くへ噴出できない ③(光, 熱, 電波などを)放射する〖灯光从窗口～出来〗明かりが窓から差してくる ⊗暗示する [影～]あてこする
【射波刀】shèbōdāo 名 サイバーナイフ
【射程】shèchéng 名 射程
【射电望远镜】shèdiàn wàngyuǎnjìng 名 電波望遠鏡
【射干】shègān 名《植》ヒオウギ(アヤメ科の多年草)
【射击】shèjī 動 射撃する —名《体》射撃競技
【射箭】shè'jiàn 動 矢を射る —— shèjiàn 名《体》アーチェリー
【射界】shèjiè 名 射撃できる範囲
【射猎】shèliè 動 狩猟する
【射流】shèliú 名(液体, 気体などの)噴出流体
【射门】shè'mén 動(サッカーなどで)シュートする
【射手】shèshǒu 名 射手
【射线】shèxiàn 名《理》放射線

【麝】 shè ⊗①《動》ジャコウジカ ♦ふつう'香獐 zhāng 子'という ②麝香 [～香]同前
【麝牛】shèniú 名《動》ジャコウウシ
【麝鼠】shèshǔ 名《動》ジャコウネズミ

【赦】 shè ⊗許す, 赦免する [特～]特赦
【赦免】shèmiǎn 動 罪を許す

【慑(懾*慴)】 shè ⊗恐れる, 恐れさす [威～]威嚇する [震～]おびやかす
【慑服】shèfú 動《書》恐怖から服従する(させる)

【摄(攝)】 shè ⊗①(写真を)撮る [拍～]撮影する ②吸収する ③摂生する [～生]《書》同前 ④代理する [～政]摂政

【摄理】shèlǐ 動《書》代理する
*【摄取】shèqǔ 動 ① (栄養を)摂取する 〖~氧气〗酸素を吸収する ② 撮影する 〖~镜头〗(映画の)シーンを撮る
【摄食】shèshí 動 (動物が)食物を摂取する
*【摄氏度】Shèshìdù 量 摂氏℃温度計の度数 ⇨〖华氏度〗
【摄氏温度计】Shèshì wēndùjì 图 摂氏温度計
【摄像机】shèxiàngjī 图〔台〕ビデオカメラ
*【摄影】shèyǐng 動 写真を撮る, 撮影する 〖~机〗撮影機 〖~师〗撮影技師, カメラマン
【摄制】shèzhì 動 映画を制作する

【歙】Shè ⊗ 歙县 ﾗ ともˋ, 安徽省) ◆「息を吸う」の意の文語は xī と発音

【谁(誰)】shéi/shuí 代 ① 誰 〖~是一写的?〗誰が書いたの〖您是一?〗どちら様ですか 〖~的书〗誰の本 ② 誰でも, 誰も 〖~也不敢开口〗誰も口を開こうとしない 〖~先到一买票〗先に着いた人が切符を買うんだよ ③ 誰か〖好像有一来过〗誰か来た形跡がある
⇨ shuí

【申】shēn ⊗ ① 十二支の第9, さる ② 述べる 〖重 chóng ~〗重ねて言明する 〖引~义〗派生義 ③(S-)上海の別称 ④ (S-)姓
*【申报】shēnbào 動 上申する, 申告する
【申辩】shēnbiàn 動 弁明する, 釈明する
【申斥】shēnchì 動 叱責する 〖~晚輩〗後輩を叱る
【申明】shēnmíng 動 言明する, 公言する 〖~自己的立场〗自分の立場を明らかにする
*【申请】shēnqǐng 動 申請する 〖~入境签证〗入国ビザを申請する
【申时】shēnshí 图〔旧〕申ﾉの刻(午後3時から5時まで)
【申述】shēnshù 動 詳しく説明する
【申说】shēnshuō 動 (理由を)説明する
【申诉】shēnsù 動 訴える, 申し立てる 〖提出~〗訴えを出す
【申讨】shēntǎo 動 糾弾する, 公然非難する ⓥ〖声讨〗
【申屠】Shēntú 图 姓
【申雪(申雪)】shēnxuě 動 (冤ｴ罪を)晴らす
【申冤(伸冤)】shēn yuān 動 ① 冤ｴ罪を晴らす ② 冤罪を申し立てる

【伸】shēn 動 伸ばす 〖~胳膊〗腕を伸ばす 〖~舌头做鬼脸〗舌を出しておどけた顔をする 〖~欠〗あくびと伸びをする
【伸懒腰】shēn lǎnyāo 動 疲れた腰を伸ばす, 伸びをする
【伸手】shēn shǒu 動 ① 手を伸ばす 〖~不见五指〗一寸先も見えないほど真っ暗だ ② 〈貶〉手を出す, 関与する
【伸缩】shēnsuō 動 伸縮する, 伸び縮みする 〖~性〗伸縮性 〖~臂〗伸縮アーム 〖~操〗ストレッチ体操
【伸腿】shēn tuǐ 動 ① 足を伸ばす ② 足を踏み入れる, 割り込む ③〈口〉死ぬ
【伸腰】shēn yāo ① 腰を伸ばす ②〈転〉もう人から侮りを受けない
【伸冤】shēn'yuān 動 ⇨〖申冤〗
【伸展】shēnzhǎn 動 伸び広がる 〖~幻想的翅膀〗幻想の翼を広げる
【伸张】shēnzhāng 動 広げる, 発揚する 〖~正气〗正しい気風を広める

【呻】shēn ⊗ うめく
【呻吟】shēnyín 動 うめく, 呻吟ﾝする

【绅(紳)】shēn ⊗ ① 士大夫が腰に締めていた大帯 ② 地方の名士 〖土豪劣~〗地方のボス
【绅士】shēnshì 图 旧社会の地方有力者(地主, 退職官僚など)

【珅】shēn ⊗ 玉の一種

【砷】shēn 图〖化〗ヒ素

【身】shēn 量(~儿) 衣服を数える 〖一~制服〗1着の制服
⊗ ① 体 〖翻~〗体の向きを変える 〖上~〗上半身 ② 生命, 身ﾐ 〖献~〗身を献げる 〖终~〗生涯 ③ 自分〖自~〗自分 〖本~〗自身 ④ 人格 〖修~〗身を修める ⑤ 胴体, ボディー 〖车~〗車体
【身败名裂】shēn bài míng liè《成》地位も名誉も失う
【身边】shēnbiān 图 ① 身の回り, (その人の) そば 〖把全家人叫到~〗一家の者をそばに呼び寄せる ② (場所としての)体, 身ﾐ 〖~没带钱〗お金を持ち合わせない
*【身材】shēncái 图 体つき(背丈や体格についていう) 〖~苗条〗(女性の)体つきがスマートだ
【身长】shēncháng 图 ① 身長, 背丈(ⓥ〖身高〗) 〖~有一米八〗身長1メートル80センチ ② 服の身たけ
【身段】shēnduàn 图 ① (女性の)姿, 格好 〖~秀丽〗体つきがきわめて美しい ② (踊りの)しぐさ
*【身份(身分)】shēnfen/shēnfèn 图 ① 身分 〖暴露~〗身分を暴く ②

名誉, 体面〚失掉~〛体面をなくす
【身故】shēngù 動《書》(人が)死ぬ
【身后】shēnhòu 图 死後
【身教】shēnjiào 動 身をもって教える〚~重于言教〛言葉で教えるより身をもって教えるほうが大切だ
【身量】shēnliang 图(~儿)《口》身長, 背丈 ⇒〖个子〗
【身临其境】shēn lín qí jìng《成》その場に身を置く
【身强力壮】shēn qiáng lì zhuàng《成》体が頑健だ
【身躯】shēnqū 图 体軀, 体つき
【身上】shēnshang 图 ① 体, 身〚~穿一件白衬衫〛白シャツを身につけている〚~有点儿不舒服〛体が少し具合が悪い ② (場所としての)体, 身〚~没带笔〛ペンを持ち合わせない
【身世】shēnshì 图 身の上, 境遇〚悲惨的~〛悲惨な境遇
【身手】shēnshǒu 图 腕前, 能力〚~[本领]〛〚显~〛腕前を見せる
【身受】shēnshòu 图 その身に受ける, 体験する〚感同~〛(人に代わって)自分が受けたと同様にその好意に感謝する
*【身体】shēntǐ 图 体, 身体〚~高大〛体つきが高く大きい〚保重~〛体をいたわる
【身心】shēnxīn 图 心身, 身体と精神〚~健康〛心身とも健康〚摧残~〛体と精神を痛めつける
【身形】shēnxíng 图 体の格好, 体型
【身影】shēnyǐng 图 人の影, シルエット〚~优美〛姿が美しい
【身孕】shēnyùn 图 妊娠〚有了五个月的~〛妊娠5か月だ
【身子】shēnzi 图 ①《口》体 ② 妊娠〚有~的人〛妊娠中の人

【参(參)】shēn ⊗ 唐 鋤垂からすき[ほし](二十八宿の一)〚~商〛《書》(同じ季節の夜空に共存しない星》) ① 親友どうしが会えないこと ② 仲が悪いこと ⇒ cān, cēn

【—(参*薓蓡)】⊗(生薬の)ニンジン〚人~〛同前

【糁(糝*籸)】shēn 图(~儿)ひき割りの穀類 ◆「飯粒」の意では sǎn と発音(方言)

【鲹(鯵)】shēn ⊗ アジ

【莘】shēn ⊗ ① [~~]《書》(事物が) 多いさま ◆'甡''侁''诜''駪'も同音同義 ② (S-) 山東省の県名 ③ (S-) 姓

【娠】shēn ⊗→〖妊rèn~〛

【深】shēn 圏 ① 深い(⇔〖浅〗)〚这口井很~〛この井戸は深い ② (内容が) 奥深い, 難しい(⇔〖浅〗)〚很~的理论〛奥深い理論 ③ 密接な, 親密な(⇔〖浅〗)〚交情很~〛付き合いが親密だ ④ (印象や影響などが) 強い ⑤ 時がたった〚~夜〛〚夜が更けた〚~秋〛晩秋 ⑥ 色が濃い(⇔〖浅〗)〚颜色变~〛色が濃くなった〚~红〛深紅 — 图 深さ〚有一米多~〛1メートルあまりの深さ — 圖《多く単音節動詞の前で》十分に, 深く〚~受感动〛とても感動した

*【深奥】shēn'ào 圏 (内容が) 奥深い, 難解な
【深藏若虚】shēn cáng ruò xū《成》深い学識があるのに人前でひけらかさない
【深层】shēncéng 图 深層 — 圏《定語として》深層の
【深长】shēncháng 圏 (意味が) 深い, 深みがある〚~的用意〛深遠な意図〚意味~〛意味深長である
【深沉】shēnchén 圏 ① (程度が) 深い〚最~的哀悼〛最も深い哀悼 ② (音声が) 低い, 重々しい〚~的汽笛声〛低い汽笛の音 ③ 感情を表に出さない〚~的目光〛なぞめいたまなざし
【深仇大恨】shēn chóu dà hèn《成》深い恨み
【深度】shēndù 图 深さ, 深み〚眼镜的~〛眼鏡の度数〚知识的广度和~〛知識の広さと深さ
【深更半夜】shēn gēng bàn yè《成》深夜〚半夜三更〛
【深沟高垒】shēn gōu gāo lěi《成》深い壕と高い城壁, 堅固な防御
【深广】shēnguǎng 圏 深くて広い
【深闺】shēnguī 图《書》婦女の居室, 深窓
【深厚】shēnhòu 圏 ① (感情が) 深い, 厚い〚~的友谊〛友誼が深い ② (基礎が) 堅い〚~的基础〛しっかりした基礎
【深呼吸】shēnhūxī 動 深呼吸する
【深化】shēnhuà 動 深化する(させる)〚~改革〛改革を深化させる
【深究】shēnjiū 動 深く追究する
【深居简出】shēn jū jiǎn chū《成》引きこもって暮らす
*【深刻】shēnkè 圏 ① 深い, 本質をついた〚~的语言〛意味深い言葉 ② (感情, 印象などが) 深い, 強い〚~的仇恨〛深い憎悪
【深谋远虑】shēn móu yuǎn lǜ《成》深謀遠慮
【深浅】shēnqiǎn 图 ① 深さ〚测量~〛深さを測る ② 程度, ほど〚不知~〛頃合いを知らない
【深切】shēnqiè 圏 心がこもった, 深い

【深情】shēnqíng 图 厚い感情〖倾注了无限～〗限りない愛情を注いだ ― 圖〖多く状語として〗情の深い〖～地点点头〗深い思いでうなずいた
*【深情厚谊】shēnqíng hòuyì《成》深く篤い思いやり 働【深情厚意】
【深入】shēnrù 動 深く入る,深く掘り下げる〖～了解〗深く理解する〖～基层〗末端組織に深く入る〖～人心〗深く人の心に入り込む
【深入浅出】shēn rù qiǎn chū《成》内容は深いが文章はやさしい
【深山】shēnshān 图 深山〖～老林〗山奥の原始林
【深邃】shēnsuì 形 奥深い〖～的夜空〗深い夜空〖～的洞察力〗深い洞察力
【深通】shēntōng 動 精通する〖～泰语〗タイ語に精通する
【深透】shēntòu 動 透徹している
【深文周纳】shēn wén zhōu nà《成》むりやり罪名を着せる
【深恶痛绝】shēn wù tòng jué《成》ひどく嫌悪する
【深信】shēnxìn 動 深く信じる〖～不疑〗深く信じて疑わない
【深省(深醒)】shēnxǐng 動 深く悟る
【深夜】shēnyè 图 深夜
【深意】shēnyì 图 深い意味
【深渊】shēnyuān 图 深い淵〖陷入无底的～〗底知れぬ深淵に落ち込む
【深远】shēnyuǎn 形 (影響や意味が) 大きい〖～的历史意义〗きわめて大きな歴史的意義
【深造】shēnzào 動 いっそう研鑽する,造詣を深める〖出国～〗外国に行ってさらに勉強する
【深宅大院】shēn zhái dà yuàn《成》広大な邸宅
【深湛】shēnzhàn 形 深くて詳しい
【深挚】shēnzhì 形 真心がこもった
【深重】shēnzhòng 形 厳しい,重大な,ひどい〖灾难～的民族〗ひどい災難を受けた民族〖创 chuāng 伤～〗傷はきわめて重い

【什(*甚)】shén ⊗ 以下を見よ
⇨ shí, shèn(甚)

*【什么】shénme 代 ① (疑問を表わして) なに, どんな〖这是～？〗これはなんですか〖你在想～？〗何を考えているの〖～人〗どういう人〖～事儿〗なんの用〖～地方〗どこ〖～时候〗いつ ②(不確定なものを表わして) なにか〖想喝点儿～〗なにか飲みたい ③〖'都''也'を伴って〗 (任意のものを指して) なんでも,なにも〖～书都看〗どんな本でも読む〖～

也看不见〗何も見えない ④〖二つの'什么'を連動させて〗前者によって後者が決定される〖有～说…〗胸のうちにあるものはなんでも言う ⑤ 驚きや不満を表わす〖～！没有水？〗なんだって？水がないって？ ⑥ 非難,反発を表わす〖你笑～？〗なにがおかしいんだ〖～头疼〗なにが頭が痛いんだ〖～宝贝不宝贝〗なにが宝だ ⑦ 列挙するときに用いる〖～弹钢琴啦,拉二胡啦,吹笛子啦,样样都行〗ピアノとか'二胡'とか笛とか,みなうまい
【什么的】shénmede 助《口》 (列挙した後で) …など,等々〖电影,戏剧,歌舞～,他都喜欢看〗映画や芝居,歌舞劇など,彼はみな観るのが好きだ

【神】shén 图 ① 神〖鬼～〗鬼神 ② 心,精神〖出～〗ほんやりする〖定～〗気を落ち着かせる ③ 表情〖有～〗元気一杯の〖～态〗表情,そぶり ― 圖〖方〗賢い
⊗① 超人的な,不可思議な〖～速〗驚くほど速い ② (S-) 姓
【神不知,鬼不觉】shén bù zhī, guǐ bù jué《成》誰にも知られずにこっそりと 働〖人不知,鬼不觉〗
【神采】shéncǎi 图 表情,顔色,顔の輝き〖～飞扬〗気持ちが高揚している様子〖～奕奕〗元気はつらつした様子
【神出鬼没】shén chū guǐ mò《成》神出鬼没
【神父】shénfù 图 神父 ◆'司铎'の尊称
【神甫】shénfu 图 神父
【神怪】shénguài 图 神仙と妖怪
【神乎其神】shén hū qí shén《成》きわめて奇妙である
*【神话】shénhuà 图 神話,英雄譚〖～故事〗神話物語〖希腊～〗ギリシャ神話
【神魂】shénhún 图 精神状態〖～不定〗気持ちが不安定だ
【神机妙算】shén jī miào suàn《成》予見の才があり機略に優れる
【神经】shénjīng 图 ①〖根・条〗(一筋ごとの) 神経 ② (機能としての) 神経〖～病〗ノイローゼ(比喩的にも)〖～过敏〗神経過敏,疑い深い〖～错乱〗神経錯乱〖～性皮炎〗神経性皮膚炎
【神龛】shénkān 图 神棚,仏壇 ◆神像や位牌を安置する厨子ず
【神力】shénlì 图 超人的な力,不思議な力
【神灵】shénlíng 图 神の総称
*【神秘】shénmì 形 神秘的な〖～地笑〗いわくありげに笑う
【神妙】shénmiào 形 きわめて巧みで

【神明】shénmíng 图 神の総称
【神农】Shénnóng 图 神農♦(伝説中の)農業と医薬の神
【神女】shénnǚ 图 ① 女神 ② (旧)娼妓
*【神奇】shénqí 形 大変奇妙な, 摩訶不思議な [～的境界] きわめて奇妙な世界
*【神气】shénqi 图 表情, 態度, 感じ [～很认真] 真剣な表情だ — 形 ① 元気いっぱいな, 得意だ [神神气气的小伙子] 元気はつらつな若者 ② 生意気な, 得意満面な [～地摆摆头] 偉そうに首を横に振った
【神枪手】shénqiāngshǒu 图 射撃の名手
*【神情】shénqíng 图 表情, 顔つき [兴奋的～] 興奮した面持ち [～木然] 呆然とした表情だ
【神曲】shénqū 图 [薬] 神麴 ジンキク (消化剤に用いる)
【神权】shénquán 图 神の権威, 神権
*【神色】shénsè 图 表情, 顔つき [～慌张] 慌てた様子 [傲慢的～] 傲慢な表情
【神神道道(神神叨叨)】 shénshendāodāo 形 (口) 言行が尋常でないさま
*【神圣】shénshèng 形 神聖な [～的职责] 神聖な職責
【神思】shénsī 图 精神, 気持ち [～不定] 気持ちが落ち着かない
【神似】shénsì 形 (境地, 神韻のうえで) 酷似する
【神算】shénsuàn 图 きわめて的確な推測
*【神态】shéntài 图 表情と態度 [～生动] 生き生きとした様子 [严厉的～] 厳しい表情
【神通】shéntōng 图 神通力, 優れた腕前 [～广大] 何事にも優れた腕を持つ
【神童】shéntóng 图 神童
【神往】shénwǎng 動 あこがれる, 思いをはせる [令人～的生活] あこがれの生活
【神威】shénwēi 图 計り知れぬ威力
【神巫】shénwū 图 巫女 ミコ, 祈祷師
*【神仙】shénxian/ shénxiān 图 神仙, 仙人
【神像】shénxiàng 图 [幅・尊] 神仏の像
【神医】shényī 图 名医
【神异】shényì 图 神仙と妖怪 — 形 きわめて不思議な
【神勇】shényǒng 形 並外れて勇猛な
【神韵】shényùn 图 (書) (文学芸術上の)素晴らしい趣, 味わい
【神志】shénzhì 图 知覚, 意識 [～清醒] 意識がはっきりしている
【神州】Shénzhōu 图 (書) 中国

【沈】 shěn ⊗ (S-) 姓 ⇒ chén (沉)

【—(瀋)】 ⊗ ① 汁 ② '沈阳'(遼寧省瀋陽)の略称

【审(審)】 shěn 動 調べる, 取り調べる [～稿子] 原稿を審査する [～案子] 事件を審理する ⊗ ① 知る ② 確かに ③ 詳しい [精～] 詳細な [～视] よく見る
【审查】 shěnchá 動 審査する [～资历] 資格経歴を審査する
【审处】 shěnchǔ 動 審理処分する
【审定】 shěndìng 動 審査決定する, 査定する
【审核】 shěnhé 動 審査する, 確認する [～预算] 予算を審査する
*【审理】 shěnlǐ 動 審理する [～案件] 事件を審理する
*【审美】 shěnměi 動 美を鑑賞する [～观] 審美眼
*【审判】 shěnpàn 動 裁く, 裁判する [～长] 裁判長 [～员] 裁判官
【审批】 shěnpī 動 審査して認可する
【审慎】 shěnshèn 形 用意周到な, 慎重な
【审时度势】 shěn shí duó shì (成) 時勢をよく調べた上で状況を判断する
【审问】 shěnwèn 動 尋問する [～嫌疑犯] 容疑者を尋問する
【审讯】 shěnxùn 動 尋問する [～俘虏] 捕虜を尋問する
【审议】 shěnyì 動 審議する [～协定] 協定を審議する
【审阅】 shěnyuè 動 (文書を) チェックする, 校閲する [～文稿] 草稿をチェックする

【婶(嬸)】 shěn ⊗ ① おば(父の弟の妻) ② 母より年下で母と同世代の既婚婦人に対する呼び名 [大～儿] おばさん
【婶母】 shěnmǔ 图 おば('叔父'の妻)
【婶婶】 shěnshen 图 (方) おばさん
【婶子】 shěnzi 图 動 [婶母]

【哂】 shěn ⊗ 微笑する [～纳] (書) ご笑納下さい

【矧】 shěn ⊗ まして, いわんや

【谂(諗)】 shěn ⊗ ① 知る ② 忠告する

【肾(腎)】 shěn ⊗ (生) 腎臓 [～脏] 同前
【肾上腺】 shènshàngxiàn 图 副腎
【肾炎】 shènyán 图 腎炎
【肾盂】 shènyú 图 腎盂 ジンウ

甚

【肾脏】shènzàng 名 腎臓 ⇔(口)[腰子]

【甚】shèn 代(方)なに ⇔(普)[什么]
⊗ ①甚だ,きわめて[[~好]]大変よい ②勝る,上回る[[日~一日]]日に日にひどくなる ③ひどい,甚だしい

【甚而】shèn'ér 副 さらには,ひどいことには ⇔[甚至]

【甚或】shènhuò 副《書》甚だしくは

【甚为】shènwéi 副（多く二音節語句を修飾して）甚だ,きわめて

【甚嚣尘上】shèn xiāo chén shàng《成》議論紛々だ

*【甚至】shènzhì 副 さらには,ひいては,ひどいことには (⇔[甚而至于][甚至于])[[瘦多了,～我都认不出来了]]彼はひどくやせて,私でさえ見間違えるほどだった

【甚】shèn ⊗→[桑 sāng ～]

【渗（滲）】shèn 動 しみ出る,にじむ,漏る[[～油]]油が漏れる[[血往外～]]血が外にしみ出る

【渗入】shènrù 動 しみ込む

【渗炭】shèntàn 動 ⇔浸炭たん

*【渗透】shèntòu 動 浸透する,しみ込む[[～了汗水]]汗がしみ込んだ

【瘆（瘮）】shèn 動《方》人を怖がらせる[[～人]]同前

【慎（愼）】shèn ⊗ ①注意深い[[谨～]]慎重な ②(S-)姓 ◆人名では'育'とも書く

*【慎重】shènzhòng 形 慎重な,念入りな[[采取十分～的态度]]きわめて慎重な態度をとる

【蜃】shèn ⊗[貝]オオハマグリ[[～楼][～景]]蜃気楼

升 shēng

【升】shēng 量 升ます（容量は '斗'の10分の1）[[一～子]]1升ます — 量 ①リットル ⇔(旧)[公～] ②升（'斗'の10分の1, '合 gě'の10倍）

【—（昇）】動 昇る[[太阳～起来了]]日が昇った

【—（陞）】動 （等級が）上がる[[～了一级]]1級上がる,等級する[[～任]]昇任する

【升班】shēng'bān 動(口)進級する
【升格】shēng'gé 動 昇格する
【升官】shēng'guān 動 官職が高くなる[[～发财]]昇進し金持ちになる
【升华】shēnghuá 動《理》昇華する
【升级】shēng'jí 動 ①昇級する,進級する ②エスカレートする[[战争进一步～]]戦争が一層エスカレートする
【升降】shēngjiàng 動 昇降する[[～机]]（工場の）リフト
【升旗】shēng'qí 動 旗を揚げる,掲揚する
【升堂入室】shēng táng rù shì《成》学問や技能の奥義を極める
【升腾】shēngténg 動（炎や気体が）立ち昇る
【升天】shēng'tiān 動 昇天する
【升学】shēng'xué 動 進学する
【升涨】shēngzhǎng 動 高まる,高騰する
【升值】shēngzhí 動 平価を切り上げる

【生】shēng 動 ①生む,生まれる[[～孩子]]子供を産む ②育つ,伸びる[[～根]]根が生える ③発生する,起こる[[～病]] ④（火を）おこす[[～炉子]]ストーブに点火する ⊗ ①熟していない,生の[[～瓜]]未熟な瓜[[半～不熟]]半熟である ②見知らぬ,疎い[[～地方]]見知らぬところ[[～手]]新米 ③加工していない[[～丝]]生糸 ⊗ ①生活[[谋～]]生計を立てる ②命,命ある,一生 ③学生,書生[[师～]]教師と学生 ④伝統劇の男役[[老～]]男のふけ役 ⑤無理に,あくまで ⑥(S-)姓

【生搬硬套】shēng bān yìng tào《成》(他人の経験や方法を)実状を無視して強引に当てはめる

*【生病】shēng'bìng 動 病気になる

【生菜】shēngcài 名 ①レタス,チシャ ②生野菜,サラダ[[～油]]サラダオイル

*【生产】shēngchǎn 動 ①生産する[[投入～]]操業を始める[[～关系]]生産関係[[～率]]労働生産性[[～资料]]生産手段 ②子供を産む[[到医院～]]病院で出産する

【生辰】shēngchén 名 誕生日 (⇔(口)[生日])[[～八字]]生年月日と時刻の干支はっ八字じ

【生成】shēngchéng 動 ①形成する ②生まれつき持つ ⇔[生就]

【生吃】shēngchī 動 生のまま食べる

【生词】shēngcí 名 新出単語,知らない単語

*【生存】shēngcún 動 生存する[[～的愿望]]生存への願望

【生地】shēngdì 名 ①《農》未墾地 ②（漢方で）未加工の地黄

*【生动】shēngdòng 形 生き生きした[[～的形象]]生き生きしたイメージ

【生分】shēngfen 形 疎遠な,しっくりしない

【生俘】shēngfú 動 生け捕る

【生花之笔】shēng huā zhī bǐ《成》傑出した文章の才能

【生荒】shēnghuāng 名《農》〔块・

片〕未開墾地 [同]〔生荒地〕

★★【生活】shēnghuó [名] ① 生活〚料理～〛生活を切り盛りする〚穷苦的～〛苦しい暮らし ②《方》仕事 ― [動] 生活する, 暮らす

【生火】shēng▼huǒ [動] 火をおこす〚～做饭〛火をおこしてご飯をつくる

★【生机】shēngjī [名] ① 生存の機会〚一线～〛生存への一縷の望み ② 活力, 生気〔～勃勃〕活力に満ちている

【生计】shēngjì [名] 生計

【生就】shēngjiù [動] 生まれつき持つ〚～一张讨人喜欢的脸〛生来人に好かれる顔をしている

【生客】shēngkè [名] 見知らぬ客

【生恐】shēngkǒng [動]（…することを）ひどく恐れる〚～他不来〛彼が来ないのではないかと心配する

【生拉硬扯】shēng lā yìng chě《成》① 無理矢理言うことをきかせる ② 無理にこじつける [同]〔生拉硬拽 zhuài〕

【生来】shēnglái [副] 生まれつき〚～爱唱歌〛生まれつき歌うのが好きだ

【生老病死】shēng lǎo bìng sǐ《成》（仏教でいう「四苦」, すなわち生まれる, 老いる, 病む, 死ぬ＞）人生で出会う大きな出来事 ♦今は誕生, 養老, 医療, 埋葬を指す

【生离死别】shēng lí sǐ bié《成》永遠の別れ, 生き別れや死別

★【生理】shēnglǐ [名] 生理〔～学〕生理学〔～盐水〕リンゲル液

【生力军】shēnglìjūn [名]〔支·批〕新戦力, 新手

【生灵涂炭】shēnglíng tú tàn《成》人民が塗炭の苦しみをなめる

【生龙活虎】shēng lóng huó hǔ《成》（生きた竜と虎＞）活力が満ちている

【生路】shēnglù [名] 生活の道, 活路〚闯出一条～来〛新しい活路を切り開く

【生米煮成熟饭】shēngmǐ zhǔchéng shúfàn《俗》（生米はすでに炊けた＞）事はすでに成って今さら変えられない, 後の祭り

★★【生命】shēngmìng [名] 生命, 命〚垂死的～〛瀕死の命〚艺术的～〛芸術の生命

【生怕】shēngpà [動]（…することを）ひどく恐れる〚～挨骂〛罵倒されるのではとヒヤヒヤする

【生僻】shēngpì [形] まれな, あまり見かけない〚～的字眼〛あまり見かけない字句

【生平】shēngpíng [名] 一生, 生涯〔～事迹〕生涯の事績

【生漆】shēngqī [名] 生うるし

★★【生气】shēng▼qì [動] 怒る〚对他～(生他的气)〛彼に対して怒る

―― shēngqì [名] 生気, 活力

【生前】shēngqián [名] 生前〚～的愿望〛生前の願い

【生擒】shēngqín [動] 生け捕りにする

【生趣】shēngqù [名] 生活の楽しみ

【生人】shēngrén [名] 見知らぬ人

―― shēng▼rén [動] 出生する〚他是1945年～〛彼は1945年の生まれだ

★★【生日】shēngrì [名] 誕生日〚过～〛誕生日を祝う〚祝您～快乐〛誕生日おめでとう

【生色】shēngsè [動] 輝きをます, 精彩を加える

【生涩】shēngsè [形]（言葉·文章が）ぎこちない, 滑らかでない

【生杀予夺】shēng shā yǔ duó《成》生殺与奪

【生事】shēng▼shì [動] もめ事を起こす〚造谣～〛デマを飛ばして騒ぎを起こす

【生手】shēngshǒu [名] 未熟者, 新米

★【生疏】shēngshū [形] ① 慣れない, 疎い〚对农村很～〛農村に慣れない〔人地～〕知り合いもいないし土地にも不案内だ ②（感情の面で）疎遠になった

【生水】shēngshuǐ [名] 生水

【生死】shēngsǐ [名] 生死, 活路〔～攸关〕生死存亡に係わる〔～与共〕生死を共にする

★【生态】shēngtài [名] 生態〔～学〕生態学, エコロジー

【生铁】shēngtiě [名] 銑鉄 [同]〔铸铁〕〔铣铁〕

【生吞活剥】shēng tūn huó bō《成》（生のまま飲み込み生きたまま皮を剥いでくる＞）（他人の理論や経験を）無批判に当てはめる, 鵜呑みにする

★【生物】shēngwù [名] 生物〔～学〕生物学〔～工程〕〔～技术〕バイオテクノロジー〔～质〕バイオマス

【生息】shēngxī [動] 生存する, 繁殖する

―― shēng▼xī [動] 利息を生む

【生肖】shēngxiào [名] 生まれた年の干支 [同]〔属相〕

★【生效】shēng▼xiào [動] 効力が発する

【生性】shēngxìng [名] 生まれながらの性格, 天性

★【生锈】shēng▼xiù [動] さびが出る

【生涯】shēngyá [名] 生涯, 長期に渡る職業生活〚教书的～〛教師生活

【生药】shēngyào [名] 生薬, 薬材

【生业】shēngyè [名] 生業

【生疑】shēng▼yí [動] 疑いを持つ

【生意】shēngyì [名] 生気, 活気

―― shēngyi [名] 商売, 商い([同]〔买卖〕)〚做～〛商売をする〚～萧条〛商売が不振だ〔～经〕商売のやり方

【生硬】shēngyìng [形] ぎこちない, かたくなな〚动作太～了〛動作がひど

くぎこちない〖～的作风〗かたくなな仕事のやり方
【生油】shēngyóu [名] ① 搾ったままの油 ②《方》落花生油
★【生育】shēngyù [動] 子供を産む〖～过一男一女〗一男一女を生んだ［计划～］計画出産
【生造】shēngzào [動]（新語や表現を）無理に作る〖～词语〗新語を作る
【生长】shēngzhǎng [動] 成長する，生長する〖～在农村〗農村育ちだ〖山上～着落叶松〗山にカラマツが育っている
【生殖】shēngzhí [動] 生殖する［～器］生殖器
【生字】shēngzì [名] 知らない字
〖牲〗shēng ⊗ ① 家畜 ② いけにえ［牺～］いけにえ，犠牲にする
★【牲畜】shēngchù [名] 家畜
【牲口】shēngkou [名]〔头·匹〕役畜，家畜
【笙】shēng [名] 笙(しょう)
〖甥〗shēng ⊗（異姓の）おい［外～］同前［外～女］（異姓の）めい
【声(聲)】shēng [名]（～儿）声，音(→[～音])［掌～］拍手の音［欢～］歓声 — [量] 声や音を出す回数を数える〖一～汽笛〗汽笛一声
⊗ ① 声を出す［不～不响］おし黙っている［～东击西］東を攻めると見せかけて西を攻撃する ②〖語〗声調，声母
【声辩】shēngbiàn [動]（公開の場で）弁解する
【声波】shēngbō [名] 音波
【声称】shēngchēng [動] 公言する，言明する
【声带】shēngdài [名] ①〖生〗声帯 ②〖映〗サウンドトラック
★★【声调】shēngdiào [名] ①〖語〗声調 ② 語調，トーン
【声价】shēngjià [名] 名声，評判〖～甚高〗きわめて評判が高い
【声浪】shēnglàng [名]（大勢の）叫び声，（抗議などの）声〖抗议的～〗抗議の声
【声泪俱下】shēng lèi jù xià《成》涙ながらに訴える
【声名】shēngmíng [名]《書》名声［～狼藉 lángjí］名声が地を掃う
★【声明】shēngmíng [名][動] 声明（する）〖～自己的态度〗自分の態度を表明する〖对外交问题的～〗外交問題についての声明
【声母】shēngmǔ [名]〖語〗声母，音節の始めの子音 [関][韵母]
【声谱】shēngpǔ [名]〖理〗音のスペクトル，オシログラフ
【声气】shēngqì [名] 消息，情報
【声腔】shēngqiāng [名]（伝統劇の）節回し
【声色】shēngsè [名] ①（話すときの）声と顔色［～俱厉］話すときの声も表情も厳しい ②《書》歌舞と女色
★【声势】shēngshì [名] 気勢，勢い〖～十分浩大〗気勢が盛んである［虚张～］虚勢を張る
【声嘶力竭】shēng sī lì jié《成》声はかれ力尽きる
【声速】shēngsù [名] 音速
【声讨】shēngtǎo [動] 糾弾する〖～卖国贼〗売国奴を糾弾する
【声望】shēngwàng [名] 声望，名声〖很有～〗声望がある
【声威】shēngwēi [名] 威信，威勢
【声息】shēngxī [名] ①〔多く否定文に用いて〕物音〖没有一点～〗物音一つしない ② 消息
【声响】shēngxiǎng [名] 音〖脚步的～〗足音〖放大～〗ボリューム(音量)を上げる
【声言】shēngyán [動] 公言する，言明する
【声扬】shēngyáng [動] 言い触らす
★★【声音】shēngyīn [名] 声，音〖唱歌的～〗歌声，〖沙哑的～〗かすれ声〖敲门的～〗ドアをノックする音
★【声誉】shēngyù [名] 名声，よい評判〖追求～〗名声を追い求める
【声援】shēngyuán [動] 声援する〖～示威〗デモを声援する
【声乐】shēngyuè [名] 声楽
【声韵学】shēngyùnxué [名]〖語〗音韻学 [同][音韵学]
【声张】shēngzhāng [動] 言い触らす〖这消息千万不可～〗このニュースは決して言い触らしてはならない
【绳(繩)】shéng [名]（～儿）〔根·条〕縄，ひも［跳～］縄跳び［～梯］縄ばしご
⊗ ① 正す，規制する ②（S-）姓
【绳索】shéngsuǒ [名]〔根·条〕太い綱，ロープ
★★【绳子】shéngzi [名]〔根·条〕縄，綱，ひも
【省】shěng [名] 省（中国の一級行政単位）［～会］省都 — [動] ① 節約する〖～了一笔钱〗お金を倹約した［～吃～穿］衣食を倹約する ② 省略する，減らす〖～两个字〗2文字を省く〖～时间〗時間を省く
⇨ xǐng
【省城】shěngchéng [名] 省都 [同][省会]
【省得】shěngde [動] …しないで済む〖～再去一趟〗もう一度行かなくて済む
【省份】shěngfèn [名]（行政区画レベ

ルとしての)省

*【省会】shěnghuì 图省都

*【省略】shěnglüè 动省略する〔～号〕省略記号〔……〕

【省事】shěngshì —— 形 便利だ,手間が掛からない〔～的做法〕手の掛からないやり方

【省委】shěngwěi 图 中国共産党省委員会

【省心】shěng'xīn 动 気にかけないで済む〔既～又省力〕気楽だし力が省ける

【告】shěng ⊗ ① 天災 ② 誤ち

【圣(聖)】shèng ⊗ ① 聖人〔～贤〕聖人と賢人 ② 最も崇高な〔～地〕聖地 ③ 学識,技能に傑出していること〔诗～〕詩聖

【圣诞】shèngdàn 图 ① キリストの誕生日〔～节〕クリスマス〔～树〕クリスマスツリー〔～老人〕サンタクロース ②(旧時は)孔子の誕生日

【圣洁】shèngjié 形 神聖で清潔な

【圣经】shèngjīng 图〔本・部〕聖書,バイブル

【圣母】shèngmǔ 图 ① 聖母(マリア) ② 伝説などに登場する女神

【圣人】shèngrén 图 聖人〔～无全能〕聖人だろうと何でも出来るわけではない

【圣旨】shèngzhǐ 图〔道〕① 皇帝の命令,勅命 ②(転)厳命,拒否できない命令

【胜(勝)】shèng 动 ① 勝つ(⇔〔赢 yíng〕)〔连～三年〕3年連続勝つ〔得～〕勝利を勝ち取る ②(…に)勝る〔事实～于雄辩〕事実は雄弁に勝る ⊗ ① 耐える〔～任〕任に堪える ② 優れた〔～景〕絶景

【胜地】shèngdì 图 景勝地〔幽静的～〕閑静な景勝の地

*【胜负】shèngfù 图 勝ち負け

【胜过】shèngguò 动 (…に)勝る

*【胜利】shènglì 动 勝利する,成功する〔北京队～了〕北京チームが勝った〔～地完成〕成功裡に完成する〔获得～〕勝利を収める

【胜似】shèngsì 动 (…に)勝る〔一个～一个〕一つ一つよくなる

【胜诉】shèngsù 动 勝訴する

【胜仗】shèngzhàng 图 勝ち戦〔打～〕戦に勝つ

【晟】shèng ⊗ ① 明るい ② 盛んな ♦姓は Chéng と発音 ⇨ Chéng

【盛】shèng 形 力強い,元気旺盛な〔火气很～〕火勢が強い〔年轻气～〕若くて元気一杯

⊗ ① 盛んな,盛大な,厚い〔兴～〕盛んだ〔～宴〕盛大な宴会 ② 大いに〔～赞〕大いに讃える ③ (S-)姓 ⇨ chéng

*【盛产】shèngchǎn 动 大量に産出する

【盛大】shèngdà 形 盛大な〔～的宴会〕盛大な宴会

【盛典】shèngdiǎn 图 盛大な儀式

【盛会】shènghuì 图 盛大な会合

【盛开】shèngkāi 动 満開になる〔杜鹃花～〕ツツジが満開だ

【盛况】shèngkuàng 图 盛況

【盛名】shèngmíng 图 盛んな名声,高い評判〔～赫赫〕輝かしい名声

【盛气凌人】shèng qì líng rén (成) 傲慢な態度で人を威圧する

*【盛情】shèngqíng 图 〔番〕厚意,親切

【盛世】shèngshì 图 繁栄の時代

【盛事】shèngshì 图 盛大な行事,盛んな事業

【盛暑】shèngshǔ 图 酷暑

【盛夏】shèngxià 图 真夏

*【盛行】shèngxíng 动 はやる,広く行われる〔牛仔zǎi裤目前很～〕ジーンズが流行する

【盛意】shèngyì 图 厚意

【盛誉】shèngyù 图 大きな栄誉

【盛装】shèngzhuāng 图 盛装〔穿着节日的～〕祭日の盛装をしている

【乘】shèng ⊗ ① 史書 ② 4頭立ての兵車1台を指す ⇨ chéng

【剩(*賸)】shèng 动 残る,余る〔～十块钱〕10元残る〔屋里只～下三个人〕部屋には3人しか残っていない〔～饭〕残飯〔～人手〕余った人手

【剩余】shèngyú 动 残る,余る〔～一些米〕米がいくらか余る〔～粮食〕余剰食糧

【嵊】shèng ⊗ 嵊shèng 县(浙江省)

【尸(屍)】shī ⊗ 死体〔死～〕死人の死体

【尸骨】shīgǔ 图〔具〕骸gái骨,白骨

【尸骸】shīhái 图 骸骨

【尸首】shīshou 图 死体

*【尸体】shītǐ 图〔具〕死体

【尸位素餐】shī wèi sù cān (成)(死人のようにただ地位を占め,何もしないで飯を食う＞)無駄飯を食らう

【失】shī 动 失う,なくす〔别～了信心〕自信をなくしては駄目だ〔～控〕コントロールを失う〔～血〕出血多量となる ⊗ ① 背く〔～约〕約束に背く〔～实〕事実に反する ② 失敗する,うっかりする ③ 見失う ④ 誤り〔过～〕過失

失 — shī

- **【失败】** shībài 動 敗北する, 失敗する［考试已经～过三次］試験にもう3回失敗した［～是成功之母］失敗は成功の母
- **【失策】** shīcè 動 誤算だ, 見込み違いだ
- **【失常】** shīcháng 形 異常な［精神～］精神に異常をきたしている
- **【失宠】** shīchǒng 動 寵愛を失う
- **【失传】** shīchuán 動 伝承が絶える［秘方～了］秘伝の処方が絶えた
- **【失措】** shīcuò 動（多く四字句の中で）我をなくす［茫然～］茫然自失する
- **【失当】** shīdàng 形 不適切な［这个问题处理～］この問題は処理が当を得ていない
- **【失地】** shīdì 名［块・片］失地, 失った土地［收复～］失地を回復する —動 領土を失う
- **【失掉】** shīdiào 動 ① なくしてしまう, 失う［～民心］民心を失う ② 逃す［～机会］チャンスを逸する
- **【失魂落魄】** shī hún luò pò（成）（驚いて）気が動転する
- **【失火】** shīhuǒ 動 火事を出す, 失火する
- **【失计】** shījì 動 見込み違いをする, 失策を演じる
- **【失节】** shījié 動 節操をなくす, 貞節をなくす
- **【失禁】** shījìn 動 大小便をもらす
- **【失敬】** shījìng 動 礼を失する［～了］（挨）失礼しました
- **【失口】** shīkǒu 動 失言する, 口を滑らせる
- **【失礼】** shīlǐ 動 礼に背く, 礼を欠く［当心不要～］失礼のないよう気をつける
- **【失利】** shīlì 動 負ける, 敗北する［比赛～］試合に負ける
- **【失恋】** shīliàn 動 失恋する［～的痛苦］失恋の苦しみ
- **【失灵】** shīlíng 動 機能を失う, き(利)かなくなる［开关～］スイッチがきかない
- **【失落】** shīluò 動 失う, なくす［～感］喪失感
- **【失迷】** shīmí 動（方角や道に）迷う, 失う
- **【失密】** shīmì 動 秘密が漏れる
- ***【失眠】** shīmián 動 眠れない［～症］不眠症
- **【失明】** shīmíng 動 失明する
- **【失陪】** shīpéi 動（客の相手をせずに）先に失礼する［～了］（挨）失礼いたします
- **【失窃】** shīqiè 動 盗まれる
- ***【失去】** shīqù 動 失う, なくす［～信心］自信をなくす［～知觉］感覚を失う
- **【失散】** shīsàn 動 離散する, 離れ離れになる
- **【失色】** shīsè 動 ① 色を失う, 青くなる［大惊～］驚いて顔色が変わる ② 色があせる
- **【失闪】** shīshan 名 思わぬ災難
- **【失神】** shīshén 動 ① うっかりする, 油断する［一～就出错］ちょっと油断すると間違いが起こる ② ぼんやりする［～的眼睛］うつろな目
- **【失慎】** shīshèn 動 ① 慎重さを欠く［发言～］発言が不注意である ② (書)失火する
- **【失声】** shīshēng 動 ① 思わず声を出す［～大笑］思わず大声で笑ってしまう ②（悲痛のあまり）泣き声も出ない［抱着孩子一哭了起来］子供を抱いて声もなく泣きだした
- **【失时】** shīshí 動 時機を逸する［播种不能～］種まきは時機を逸してはならない
- **【失事】** shīshì 動 事故を起こす［飞机～］飛行機が事故を起こす
- **【失手】** shīshǒu 動（うっかり）手を滑らせる［～打破了一个饭碗］手が滑って茶わんを割ってしまった
- **【失守】** shīshǒu 動 陥落する［城市～了］都市が陥落した
- **【失速】** shīsù 動 失速する
- **【失态】** shītài 動 失態を演じる［酒后～］酒に酔って失態を演じる
- **【失调】** shītiáo 動 ① 均衡を失う, バランスを失う［供求～］需給のバランスがくずれる ② 養生が足りない
- ***【失望】** shīwàng 動 失望する［对政治～了］政治に失望した
- **【失物】** shīwù 名 遺失物［～招领处］遺失物取扱所
- ***【失误】** shīwù 動 ヘマをする, ミスをする［发球～］サーブミス［在工作上的～］仕事上の失策
- **【失陷】** shīxiàn 動（領土, 都市を）攻め落とされる
- **【失效】** shīxiào 動 失効する, 効力を失う［药剂～］薬剤が効力を失う
- **【失笑】** shīxiào 動 失笑する, 吹き出す［哑 yǎ 然～］思わず吹き出してしまう
- **【失信】** shīxìn 動 信頼を裏切る, 信用を失う
- **【失修】** shīxiū 動（建造物を）補修していない［年久～］長年補修していない
- **【失学】** shīxué 動 学校へ上がる機会を失う, 学業を中断する［因家庭困难～］家庭の困窮で学業を中断する
- **【失言】** shīyán 動 失言する［酒后～］酔った余りの失言
- **【失业】** shīyè 動 失業する
- **【失意】** shīyì 動 志を得ない, 望みを遂げられない
- **【失迎】** shīyíng 動（挨）お出迎えで

きず失礼しました
【失着】shī'zhāo 動 間違った手を打つ, しくじる
【失真】shī'zhēn 動 (音声, イメージなどが)本来のものと違う
【失之交臂】shī zhī jiāo bì 《成》みすみす好機を逃す
【失职】shī'zhí 動 職務を果たさない「严重～」重大な職務怠慢だ
【失主】shīzhǔ 名 落とし主
*【失踪】shī'zōng 動 失踪する, 行方不明になる「寻找～的人」行方不明者を探す
【失足】shī'zú 動 ① 足を滑らす, 足を踏みはずす ②(転)重大な誤りを犯す, 悪に染まる

【师(師)】 shī 名 師団 [步兵～] 歩兵師団 ⊗ ① 教師, 師 [老～] 先生 [导～] 教師, 指導者 [从～] (～に)師事する ② 専門の学識や技術を有する人 [工程～] 技師 [厨～] コック ③ 手本, 模範 ④ 軍隊 [百万雄～] 百万の精兵 ⑤ (S-)姓
【师表】shībiǎo 名《書》皆の手本となる人
【师承】shīchéng 動 師から伝承する 一名 師伝
【师出无名】shī chū wú míng《成》正当な理由もなく出兵する
【师弟】shīdì 名 ① おとうと弟子 ② (自分より年下の)師の息子 ③ 師と弟子
【师法】shīfǎ 動 ある学派, 流派をまねる 一名 師伝の学問や技術
*【师范】shīfàn 名 ①(略)師範学校 ② 学ぶべき模範
【师范学校】shīfàn xuéxiào 名〔所〕師範学校
【师父】shīfu 名 ①⇨【师傅】② 僧侶・道士に対する尊称
*【师傅(師父)】shīfu 名 ① 師匠, 親方 ② 熟練技術を持つ人に対する敬称 ◆サービス関係の人に対する呼び掛けとして広く用いられる [老～] 親方, 大将 [大～ dàshifu] 料理人, コック
【师母】shīmǔ 名 師の妻に対する尊称
【师兄】shīxiōng 名 ① あに弟子 ② (自分より年上の)師の息子
【师爷】shīye 名 '幕友'の俗称
【师长】shīzhǎng 名 ① 教師に対する尊称 ② 師団長
【师资】shīzī 名 教師になりうる人材

【狮(獅)】 shī ⊗〔動〕シシ (獅子), ライオン [雄～] 雄ライオン
*【狮子】shīzi 名〔動〕〔头〕シシ, ライオン [～狗] チャウチャウ [～头] (土鍋料理に入れる)大きめの肉団子 [～舞] 獅子舞

【狮子座】shīzizuò 名 しし座

【鲺(鯴)】 shī ⊗〔魚〕ブリ

【䳭(鶥)】 shī ⊗〔鳥〕ゴジュウカラ [茶腹～] 同前

【诗(詩)】 shī 名〔首〕詩 [散文～] 散文詩
【诗歌】shīgē 名 詩歌 [～的形象] 詩歌のイメージ [创作～] 詩歌を創作する
【诗话】shīhuà 名 ① 詩や詩人についての評論または随筆 ②(宋元明時代の)詩をまじえた小説
【诗集】shījí 名〔部·本〕詩集
【诗句】shījù 名 詩句
【诗篇】shīpiān 名 ①(総称的に)詩 ② 感動的な事績をうたう叙事詩, 史詩
【诗情画意】shī qíng huà yì《成》詩や絵のような情趣
【诗人】shīrén 名 詩人
【诗意】shīyì 名 詩情
【诗韵】shīyùn 名 ① 詩の韻 ②(詩を作る際に依拠する)韻書 ◆各文字の韻と四声(平上去入)の別がわかる

【虱(蝨)】 shī ⊗〔虫〕シラミ [龙～]〔虫〕ゲンゴロウ
【虱子】shīzi 名〔虫〕〔只〕シラミ

【施】 shī 動 ① 与える, 施す [～肥] 肥料を与える [～斋] 僧に食物を施す ② 行う [～工] 工事をする ③ (S-)姓
【施放】shīfàng 動 発射する, 放つ [～催泪弹] 催涙弾を撃つ
*【施加】shījiā 動 (影響や圧力を) 加える
【施礼】shī'lǐ 動 礼をする, 敬礼する
【施舍】shīshě 動 施しをする, 喜捨をする [～他一碗饭] 彼にご飯の施しをする
【施事】shīshì 名〔語〕動作の主体⇔[受事]
【施行】shīxíng 動 ①(法令, 規制を) 施行する [～条例] 条例を施行する ② 実行する [～手术] 手術を行う
*【施展】shīzhǎn 動 (能力を) 発揮する [～才干] 才能を発揮する [～花招] 手練手管を使う
【施政】shīzhèng 名〔多く定語として〕政治を行う [～方针] 施政方針

【湿(濕 *溼)】 shī 形 ぬれた, 湿った [潮～] 湿っぽい [衣服, 头发都透了] 服も髪の毛もびっしょりぬれた [～毛巾] ぬれタオル 一動 ぬらす [～地皮] 地表をぬらす
【湿度】shīdù 名 湿度 [室内的～] 室内の湿度 [调节～] 湿度を調節する

【湿淋淋】shīlínlín/shīlīnlīn 形（~的）びしょぬれの〚~的衣服〛びしょぬれの服

【湿漉漉】shīlùlù/shīlūlū 形（~的）じっとぬれている〚细雨绵绵，屋子里~的〛小雨が降り続き，部屋の中がじっとしている

【湿气】shīqì 名①湿気 ②（中国医学で）湿疹，水虫

*【湿润】shīrùn 形 しっとり潤いがある〚~的眼睛〛うるんだ目〚土壤比较~〛土壤が割合しっとりしている

【湿疹】shīzhěn 名〖医〗湿疹

【蓍】shī ⊗〖植〗ノコギリソウ〚~草〛同前

【酾(釃)】shī/shāi ⊗①酒をこす ②酒をつぐ

【嘘】shī 嘆 しぃっ（静止や追い払うときの声）
⇨ xū

【十】shí 数 10〚第~〛10番目〚~一亿百一一〛110
⊗十分な，完全な〚~成〛10割

【十八般武艺】shíbā bān wǔyì 名 武芸十八般

【十八罗汉】shíbā luóhàn 名 十八羅漢

【十冬腊月】shí dōng là yuè 名 旧暦の十月と十一月と十二月（寒冷期のこと）

【十恶不赦】shí è bú shè〖成〗許すべからざる極悪非道

【十二分】shí'èrfēn 副 十二分に，非常な

【十二指肠】shí'èrzhǐcháng 名 十二指腸

*【十分】shífēn 副 十分に，非常に〚这个问题~复杂〛この問題はとても複雑だ〚~不满意〛余り満足ではない

【十拿九稳】shí ná jiǔ wěn〖成〗（十中八九で間違いがない＞）見通しが確実な 倒〚十拿九准〛

【十年河东，十年河西】shí nián hé dōng, shí nián hé xī〖俗〗（十年は黄河の東に，十年は黄河の西に＞）（黄河の川筋が変わるように）世の中の変化は激しい

【十年九不遇】shí nián jiǔ bú yù〖成〗めったにないこと

【十年树木，百年树人】shí nián shù mù, bǎi nián shù rén〖成〗木を育てるには十年，人材を育てるには百年

【十全十美】shí quán shí měi〖成〗完全無欠な，完璧である〚不能把人看成~〛人を完全無欠だと見なしてはならない

【十三经】Shísān Jīng 名（儒教の）十三経

【十四行诗】shísìhángshī 名 ソネット 倒〚商籁lài体〛

【十万八千里】shí wàn bā qiān lǐ〖俗〗非常にかけ離れていること

【十万火急】shí wàn huǒ jí〖成〗大至急，差し迫っている，焦眉の急だ

【十一】Shí-Yī 名〖略〗10月1日の国慶節

【十指连心】shí zhǐ lián xīn〖成〗密接な関係がある

【十字街头】shízì jiētóu 名 十字路，四つ辻，街角

【十字路口】shízì lùkǒu 名（~ル）十字路，(選択）の分かれ道

*【十足】shízú 形 ①完全な，完璧な〚~的书呆子〛全くの書生っぽだ〚~的纯金〛完全な純金 ②たっぷりな，十分な〚信心~〛自信満々だ

【什】shí 名 ①10〚~一〛10分の1 ②様々な，各種の〚家~〛家財道具
⇨ shén

【什件儿】shíjiànr 名 鶏やアヒルの臓物

【什锦】shíjǐn 形〖定語として〗各種取り合わせた，色々な〚~炒饭〛五目チャーハン〚~火锅〛寄せ鍋 — 五目料理

【什物】shíwù 名〖批〗日用の衣類や雑貨

【辻】shí ⊗つじ ◆和製漢字

【石】shí ⊗①石〚岩~〛岩石〚陨~〛隕石 ②石刻 ③(S-)姓
⇨ dàn

【石板】shíbǎn 名 ①板石，敷石〚~桥〛石板橋 ②（筆記用の）石盤

【石版】shíbǎn 名〖印〗石版〚~印刷〛石版印刷

【石碑】shíbēi 名〖块·座〗石碑

【石笔】shíbǐ 名〖支〗（蝋石ろうせきなどの）石筆

【石菖蒲】shíchāngpú 名〖植〗セキショウ，ショウブ

【石沉大海】shí chén dà hǎi〖成〗（石が海に沈む＞）全く消息がない

【石担】shídàn 名〖体〗石のバーベル

【石刁柏】shídiāobǎi 名〖植〗アスパラガス 倒〚芦笋，龙须菜〛

【石雕】shídiāo 名 石の彫刻

【石碓】shíduì 名 石うす

【石方】shífāng 名 1立方メートルの石

【石膏】shígāo 名 石膏

【石工】shígōng 名 ①石の切り出し，石細工 ②石工，石大工

【石鼓】shígǔ 名〖考〗石鼓 ◆戦国時代秦国の石製の鼓に似た遺物〚~文〛石鼓に刻まれた銘文またはその字体

【石磙】shígǔn 名〖農〗石製のローラー

【石斛】shíhú 名〖植〗セッコク ◆茎

は生薬となる
【石花菜】shíhuācài 图〚植〛テングサ
【石灰】shíhuī 图石灰〚~石〛石灰石〚~岩〛石灰岩〚~质〛石灰質
【石级】shíjí 图石段⑧[石阶]
【石匠】shíjiang 图石工,石職人
【石坎】shíkǎn 图①石の堤防 ②石の段
【石刻】shíkè 图石刻,石の彫刻
【石窟】shíkū 图(敦煌,雲崗,龍門などの)石窟
【石蜡】shílà 图パラフィン〚~油〛パラフィン油
【石栏】shílán 图石の欄干
【石栗】shílì 图〚植〛(熱帯原産の)アブラギリの常緑高木
【石料】shíliào 图石材
【石榴】shíliu 图〚植〛ザクロ〚~石〛ガーネット,ザクロ石
【石绿】shílǜ 图クジャク石で作った緑色の顔料
【石棉】shímián 图石綿,アスベスト
【石墨】shímò 图石墨,グラファイト(炭素の同素体の一)
【石楠】shínán 图〚植〛オオカナメモチ ♦葉は薬用になる
【石女】shínǚ 图〚産めず女〛
【石器】shíqì 图石器〚~时代〛石器時代
【石青】shíqīng 图 ①藍銅鉱 ②同前で作った藍色の顔料
【石蕊试纸】shíruǐ shìzhǐ 图リトマス試験紙
【石首鱼】shíshǒuyú 图〚魚〛イシモチ,グチなどニベ科の魚
【石松】shísōng 图〚植〛セキショウ,ヒカゲノカズラ
【石蒜】shísuàn 图〚植〛ヒガンバナ,マンジュシャゲ
【石笋】shísǔn 图〚鉱〛(鍾乳洞の)石筍
*【石头】shítou 图〔块〕石,岩
【石头子儿】shítouzǐr 图〚口〛小石,石ころ
【石英】shíyīng 图〚鉱〛石英〚~钟〛水晶(クオーツ)時計
【石油】shíyóu 图石油
【石钟乳】shízhōngrǔ 图鐘乳石⑧[钟乳石]
【石竹】shízhú 图〚植〛セキチク
【石柱】shízhù 图鍾乳洞の石柱
【石子儿】shízǐr 图石ころ

【识(識)】shí ⊗① 知っている,見分けられる〚~字〛字が読める〚不~真假〛真偽を見分けられない ②知識,見識〚学~〛学識
⇨ zhì
*【识别】shíbié 動識別する,見分ける〚~文物的真伪〛文化財の真偽を見分ける

【识货】shíhuò 動品物の良し悪しが見分けられる,目が利く
【识破】shípò 動見抜く,見破る〚~诡计〛ペテンを看破する
【识趣】shíqù 動気が利く,物わかりがいい
【识途老马】shí tú lǎo mǎ〚成〛(老馬は道を知る>)老人の知恵は貴い⑧[老马识途]
【识文断字】shí wén duàn zì〚成〛文字が読める,多少学がある

【时(時)】shí ⊗①〚~有出现〛よく現われる ②時には〚~冷~热〛寒くなったり暑くなったりする ③時,時間〚睡觉~〛眠る時は〚按~〛時間通り ④年代,時期〚现~〛現在,当面〚四~〛四季 ⑤機会,時機〚失~〛時機を失する ⑥現在の〚~局〛時局 ⑦(S-)姓
【时不时】shíbushí 副〚方〛しょっちゅう
*【时差】shíchā 图時差
*【时常】shícháng 副いつも,よく〚这个地方~下雨〛この辺はよく雨が降る
【时辰】shíchen 图 ①旧時の時間単位 ♦1日を12の"~"に分けた ②時,時間
*【时代】shídài 图時代,時期〚青年~〛青年時代
【时而】shí'ér 副①時には,時として ②(二つ呼応させて)時には…,時には…〚~晴天~暴雨〛晴れたりにわか雨が降ったり
【时分】shífēn 图(多く白話小説などで)とき,頃〚掌灯~〛火ともし頃
【时乖运蹇】shí guāi yùn jiǎn〚成〛時の運に見離された⑧[时乖命蹇]⑧[时来运转 zhuǎn]
【时光】shíguāng 图 ①時間〚浪费~〛時間を無駄にする ②時期,年月〚一生中最好的~〛生涯で一番素晴らしい時期 ③暮らし
*【时候】shíhou 图時間,時刻,時〚~不早了〛時間はもう遅い〚小的~〛子供の頃〚什么~〛いつ
【时机】shíjī 图時機〚适当的~〛適当な頃合い〚抓~〛時機をつかむ〚不要错过~〛チャンスを逃してはならない
【时价】shíjià 图時価
*【时间】shíjiān 图時間,時点,歳月〚耽误 dānwu~〛時間を無駄にする〚起飞的~〛フライトの時間〚~过得飞快〛時間がたつのは早い
【时节】shíjié 图 ①季節,時節〚收割的~〛刈り取りの季節 ②時,頃〚过去的~〛過去の時期
*【时刻】shíkè 图時間,時刻〚关键的~〛大切な時〚~表〛時刻表 ─副常に,絶えず〚~准备着〛常備し

【时空】shíkōng 名 時空

【时令】shílìng 名 季節〖～不正〗季節外れだ

*【时髦】shímáo 形 流行している〖～的打扮〗流行の装い〖赶～〗流行を追う

*【时期】shíqī 名（ある特定の）時期〖最困难的～〗最も困難な時期〖非常～〗非常時

【时区】shíqū 名 時間帯（同一標準時の地帯）

【时日】shírì 名 ① 期日と時間 ②（長い）月日

【时尚】shíshàng 名 流行，風潮

【时时】shíshí 副 いつも，しばしば〖～惦念着父母〗いつも両親のことを心配している

【时式】shíshì 形（多く服装について）はやりの格好，最新流行のファッション〖～服装〗流行の服装

*【时事】shíshì 名 時事〖关心～〗時事問題に関心を持つ〖～新闻〗時事ニュース

【时势】shíshì 名 時勢〖是～造英雄，还是英雄造～〗時勢が英雄を生むのか，それとも英雄が時勢をつくるのか

【时速】shísù 名 時速

【时务】shíwù 名 目前の重大事，その時の情勢

【时鲜】shíxiān 名 旬の食べ物（野菜，果物，魚など）

【时限】shíxiàn 名 期限

【时效】shíxiào 名 ① 時効 ② 有効期限

【时新】shíxīn 形 最新流行の〖～的式样〗流行のスタイル

【时兴】shíxīng 動 流行する（⇨[时行]）〖最～的办法〗一番もてはやされている方法〖那时～烫头发〗そのころはパーマがはやった

【时样】shíyàng 名 最新のファッション ⇨[时式]

【时宜】shíyí 名 時宜，その時々の必要〖不合～〗時宜に合わない

【时运】shíyùn 名 時の運，巡り合わせ〖～不济〗運が悪い

【时针】shízhēn 名〔根〕① 時計の針 ② 短針

【时钟】shízhōng 名〔座〕（音などで時を告げる）時計

*【时装】shízhuāng 名 最新流行の服〖～表演〗ファッションショー〖～模特儿 mótèr〗ファッションモデル

【埘】(塒) shí ⊗（土の壁をけずって作られた）鶏の巣

【鲥】(鰣) shí ⊗〖鱼〗ヒラコノシロ〖～鱼〗同前

【实】(實) shí 形 ① 中がいっぱいである，詰まっている（⇨[空]）〖里面是～的〗中は詰まっている ② 嘘いつわりのない，実際の（⇨[虚]）〖我就～说了吧〗私が本当のことを言いましょう ⊗ ① 真実，事実〖名～相符〗名と実が一致する ② 果実，種

【实报实销】shí bào shí xiāo《成》実費通り支出する

【实词】shící 名〖語〗実詞 ◆ 名詞，動詞，形容詞，数詞，量詞，代詞 ⇨[虚词]

【实打实】shídǎshí 形 掛け値なしの，確実な

【实地】shídì 副 ① 現場で〖～考察〗現地視察を行う ② 実際に〖～动手〗実際にやってみる

【实干】shígàn 動 着実にやる〖～家〗実直に仕事をする人

*【实话】shíhuà 名〖句〗本当のこと〖说～〗本当の話をする〖～实说〗ありのままのことを言う

*【实惠】shíhuì 名 実利 一形 実益がある

*【实际】shíjì 名 実際〖符合～〗実際と合う〖一切从～上〗すべて実際から出発する〖～上〗実は 一形 ①〚定語として〛実際の，具体的な〖做～工作〗実際的な仕事をする ② 実際の，現実的な〖很～的想法〗ちっとも現実的でない考え方

*【实践】shíjiàn 名 実践（する）〖～证明〗実践が証明する〖～自己的主张〗自分の主張を実践する

*【实况】shíkuàng 名 実況〖～转播〗実況中継

*【实力】shílì 名（軍事，経済などの）実力〖扩充～〗実力を拡充する

【实例】shílì 名 実例

【实情】shíqíng 名 実情，真相

【实权】shíquán 名 実権〖垄断～〗権力を独占する〖～派〗実権派

*【实施】shíshī 動 実施する〖～条例〗条例を実施する

【实时】shíshí 名 リアルタイム

*【实事求是】shí shì qiú shì《成》事実に基づいて真実を求める

【实物】shíwù 名 実物，現物〖用～讲课〗実物を用いて授業をする〖～工资〗現物支給の賃金

*【实习】shíxí 動 実習する〖操作的～〗操作の実習〖到田里～〗畑に行って実習する〖～生〗実習生

*【实现】shíxiàn 動 実現する〖～现代化〗現代化を実現する

【实像】shíxiàng 名〖理〗実像

【实心】shíxīn 形 ① 誠実な，心からの〖～实意〗誠心誠意 ②（～儿）〚定語として〛中身が詰まっている〖～的车胎〗ソリッドタイヤ

【实行】 shíxíng 動 実行する〖～承包责任制〗請負責任制を実行する

【实验】 shíyàn 名 実験(する). (⇨〔试验〕)〖科学的～〗科学の実験〖～一种新方法〗新しい方法を実験する

【实业】 shíyè 名 実業,工商企業

【实用】 shíyòng 動 実際に用いる ― 形 実用的な〖～价值〗実用的価値

【实在】 shízài 形 本当の,うそ偽りがない,まじめな〖他一辈子很～〗彼は生涯まじめだった〖我看得实实在在的,决没有撒谎〗私は実際に見たのだ,決してうそを言ったのではない ― 副 実は,実際〖他们对我～太好了〗彼らは私に対して実に親切だ〖～讨厌〗本当にいやだ
―― shízai 形〔方〕(仕事が) 確かだ,いい加減でない〖活儿干得很～〗仕事に手抜きがない

【实则】 shízé 副 その実,実際は

【实战】 shízhàn 名 実戦

【实质】 shízhì 名 実質,本質〖问题的～〗問題の本質〖～上〗実質的には

【实足】 shízú 形〔定語として〕たっぷり,丸々〖～年龄〗満年齢

【拾】 shí 動 拾う(⇨〔捡〕)〖～钱包〗財布を拾う〖～牛粪〗牛糞を拾う ― 数 "十"の大字〖伍～肆元〗54円 ⊗ 片付ける〖收～ shōushi〗同前 ◆文語の'拾级'(階段を一段ずつ登る)はshèjíと発音

【拾掇】 shíduo 動 ① 片付ける〖～房间〗部屋を片付ける ② 修理する〖～雨伞〗傘を直す ③〔口〕こらしめる

【拾荒】 shí'huāng 動 たき木,落穂,廃品などを拾う,ごみあさりをする

【拾金不昧】 shí jīn bú mèi《成》金を拾っても猫ばばしない

【拾零】 shílíng 名 細かな話題を拾った小さな記事,短信 ◆多く書名に使う

【拾取】 shíqǔ 動 拾う,拾い上げる

【拾人牙慧】 shí rén yáhuì《成》(他人の俗の後ろの知恵を拾う>)他人の言葉をそのまま受け売りする

【拾遗】 shíyí 動〔書〕① 遺失物を自分の物にする ② 遺漏を補う

【拾音器】 shíyīnqì 名〔電〕(プレーヤーの)ピックアップ

【食】 shí 名(～儿)動物のエサ ⊗ ① 食べる,食事をする〖废寝忘～〗寝食を忘れる ② 食べ物〖面～〗粉食 ③ 食用の〖～油〗食用油 ④ 日食や月食など ⇨'蚀'
⇒sì

【食槽】 shícáo 名 えさ箱

【食道】 shídào 名 食道

【食火鸡】 shíhuǒjī 名〔鳥〕ヒクイドリ

【食积】 shíjī 名(中国医学で) 消化不良

【食客】 shíkè 名 食客

【食粮】 shíliáng 名 食料,かて(⇨〔粮食〕)〖精神～〗精神のかて

【食品】 shípǐn 名 食品,食料品〖冷冻～〗冷凍食品〖～店〗食料品店

【食谱】 shípǔ 名 ①〔本〕料理の本,レシピ ②〔张・份〕メニュー,献立

【食堂】 shítáng 名 食堂

【食物】 shíwù 名 食べ物〖～中毒 zhòng dú〗食中毒

【食言】 shí'yán 動 食言する

【食盐】 shíyán 名 食塩

【食蚁兽】 shíyǐshòu 名〔動〕アリクイ

【食用】 shíyòng 動 食用にする〖～植物油〗食用植物油

【食欲】 shíyù 名 食欲〖～大减〗食欲がなくなった

【食指】 shízhǐ 名 ① 人差し指(⇨〔二拇指〕) ②〔書〕家族の人数

【食茱萸】 shízhūyú 名〔植〕カラスザンショウ ◆落葉高木で実は薬剤に使う

【蚀(蝕)】 shí ⊗ ① 蝕ばむ,損なう〖侵～〗侵食する ② 蝕と ⇨'食'

【蚀本】 shí'běn 動 元手をする,赤字を出す

【蚀刻】 shíkè 名 エッチング

【寔】 shí ⊗ ① 置く ② 誠に,実に ③ これ

【史】 shí ⊗ ① 歴史〖通～〗通史 ②(S-)姓

【史册】 shǐcè 名 歴史記録〖奥运会的～〗オリンピックの歴史記録

【史籍】 shǐjí 名 歴史書

【史迹】 shǐjì 名 史跡

【史料】 shǐliào 名 歴史資料

【史前】 shǐqián 名 有史以前

【史诗】 shǐshī 名〔首〕史詩,叙事詩

【史实】 shǐshí 名 歴史上の事実〖篡改～〗史実を改ざんする

【史书】 shǐshū 名 歴史書

【史无前例】 shǐ wú qián lì《成》史上前例がない,未曾有の

【史学】 shǐxué 名 史学,歴史学

【驶(駛)】 shǐ 動 ①(乗り物を)走らせる,運転する〖驾～〗操縦する,運転する ②(車,船が)走る

【矢】 shǐ ⊗ ① 矢〖无的dì放～〗(的がないのに矢を放つ>)目的が不明瞭だ ② 誓う ③ 大便

【矢车菊】 shǐchējú 名〔植〕ヤグルマギク

【矢口】 shǐkǒu 動〔書〕誓う,言い張る〖～否认〗あくまでも認めない

【矢志】shǐzhì 動（書）心に誓う

【豕】 shǐ ⊗ブタ→［狼奔～突 láng bēn shǐ tū］

【使】 shǐ 動 ① 使う（㊥（口）［用］）[～毛笔] 筆を使う [他真会～人] 彼は本当に人使いが上手だ ②…に…をさせる（㊥[让][叫]）[～大家满意] みんなを満足させる ⊗① もし…なら [假～] 同前 ② 使節 [大～] 大使

【使不得】shǐbude 動使えない [老办法～了] 古いやり方はもう通じない ― 形 駄目だ [这个主意可～] この考えは駄目だ

【使得】shǐde 動 ① 使える [这台缝纫机～使不得？] このミシンは使えますか ② …に…をさせる [别～人讨厌] 人に嫌がられるようなことをするな ― 形 よい, いける [你不去如何～？] 君が行かないなんてよくないよ

【使馆】shǐguǎn 名 大使館, 公使館

【使坏】shǐhuài 動 ①（口）悪知恵を働かす ② 使って壊す [使不坏] 使っても壊れない

【使唤】shǐhuan 動 ① 人に用事をさせる [我们家没～过人] 我が家では使用人を使ったことがない ②（口）（道具や家畜を）使う [～牲口] 家畜を使う

【使节】shǐjié 名 使節

*【使劲儿】shǐ'jìnr 動 力を入れる [再使一把劲儿] もう少し力を入れて

*【使命】shǐmìng 名 使命 [承担～] 使命を負う

【使性子】shǐ xìngzi 動 かんしゃくを起こす ㊥[使性]

【使眼色】shǐ yǎnsè 動 目くばせをする

【使用】shǐyòng 動 使用する [～资金] 資金を使う [～说明] 使用説明, マニュアル

【使者】shǐzhě 名 使者

【始】 shǐ ⊗① やっと, 初めて [虚心～能进步] 謙虚さがあってこそ進歩できる ② 始め, 始める [有～有终] 終始一貫している

【始末】shǐmò 名 事の次第, てんまつ

【始业】shǐyè 動（書）学期が始まる

*【始终】shǐzhōng 名 初めから終わりまでの全過程 [贯穿全文～的基本观点] 文章の初めから終わりまで貫いている基本的観点 ― 副 始終, 一貫して [他～一个人生活] 彼はずっとひとり暮らしだ

【始祖】shǐzǔ 名 始祖, 元祖 [～鸟] 始祖鳥

【屎】 shǐ 名 大便, 糞 [拉两次～] 2回大便をする [耳～] 耳あか

【市】 shì 名 市 [直辖～] 直轄市 [～民] 市民 ⊗① 市, 市場 [夜～]（屋台の）夜の市 [门庭若～] 門前市をなす ② 市街, 都市 [街～] 市街 ③（伝統的な）度量衡 [～制] 同前

【市布】shìbù 名 木綿生地の一種

*【市场】shìchǎng 名 市場, マーケット [农～] 自由市場 [超级～] スーパーマーケット [卖方～] 売手市場

【市尺】shìchǐ 量 尺（1'市尺'は1メートルの3分の1）

【市寸】shìcùn 量 寸（1'市寸'は1'市尺'の10分の1）

【市石】shìdàn 量 石ｺｸ（1'市石'は100リットル）

【市担】shìdàn 量 担ﾀﾝ（1'市担'は50キログラム）

【市斗】shìdǒu 量 斗ﾄ（1'市斗'は10リットル）

【市价】shìjià 名 相場, 市場価格 ㊥[行 háng 情]

【市郊】shìjiāo 名 郊外

【市斤】shìjīn 量 斤ｷﾝ（1'市斤'は500グラム）

【市侩】shìkuài 名 ブローカー, 俗物 [～的习气] 俗物根性

【市面】shìmiàn 名 （～儿）市況, 景気

【市民】shìmín 名 市民, 都市住民

【市亩】shìmǔ 量 土地面積単位（1'市亩'は6.667アール）

【市区】shìqū 名 市街区

【市容】shìróng 名 市街の様子, 都市の外観 [美化～] 市街を美化する

【市委】shìwěi 名（略）市の党委員会

【市长】shìzhǎng 名 市長

【市镇】shìzhèn 名 小都市

【市政府】shìzhèngfǔ 名 市役所

【柿】(*柹) shì ⊗柿 [～子树] 柿の木 [西红～] トマト

【柿饼】shìbǐng 名 干し柿

【柿子】shìzi 名 柿（の実）[～蒂] 柿のへた [～核儿] 柿の種

【柿子椒】shìzijiāo 名 ピーマン ㊥[青椒]

【铈】(鈰) shì 名（化）セリウム

【室】 shì 名 ① 部屋, 室 [卧～] 寝室 [画～] アトリエ [～内乐] 室内楽 ② 二十八宿の一

【室女座】shìnǚzuò 名 おとめ座

【士】 shì ⊗① 古代の未婚男子 ② 大夫と庶民の間の階層 ③ 知識人 ④ 軍人 [上～] 曹長 ⑤ ある分野の技能者 [护～] 看護婦, 看護人 ⑥ 立派な人物 [烈～] 烈士 ⑦ (S-)姓

*【士兵】shìbīng 图 下士官と兵
【士大夫】shìdàfū 图（古代の）士大夫たいふ
【士敏土】shìmǐntǔ 图《旧》《訳》セメント ◎［水泥］
【士气】shìqì 图 士気〚～高昂〛士気が高揚する
【士绅】shìshēn 图《旧》地方の有力者 ◎［绅士］

【仕】shì ⊗ 官吏になる［～途］《書》官途

【仕女】shìnǚ 图 ① 官女 ② 美人を題材とした中国画［～图］美人画

【氏】shì ⊗ ① 姓，氏［～族］氏族 ② 既婚婦人が実家の姓につけて出身を示す［孙王～］孙家に嫁いだ王家の女性の呼称 ③ 敬称の一［神农～］神農氏［摄～温度计］セ氏温度計

【舐】shì ⊗ なめる

【示】shì ⊗ 示す［暗～］暗示する

【示波器】shìbōqì 图《電》オシログラフ
*【示范】shìfàn 動 模範を示す〚～表演灭火器的使用〛消火器の使い方を演じてみせる
【示警】shìjǐng 動 警戒信号を出す，注意信号を与える
【示例】shìlì 動 例を示す
【示弱】shìruò 動 弱味を見せる〚谁也不甘心～〛誰も弱味をみせたがらない
*【示威】shìwēi 動 気勢をみせる，示威する［～游行］デモ行進をする
【示意】shìyì 動（表情，動作，合図，図形などで）意図を示す［～图］見取り図，案内図
【示众】shìzhòng 動 見せしめにする

【世】shì ⊗ ① 人の一生［半～］半生 ② 代，世代，先祖代々［万～］万世 ③ 世界，世の中［逝～］逝去する ④ 時代［近～］近世 ⑤（S-）姓

【世仇】shìchóu 图 代々の仇，宿怨
【世传】shìchuán 動 代々伝わる
*【世代】shìdài 图 代，年代〚～务农〛代々農業をやっている〚世世代代友好下去〛子々孫々友好的に付き合ってゆく
【世道】shìdào 图 社会状況
【世故】shìgù 图 処世経験〚不通～〛世間知らずだ
—— shìgu 形 世慣れた〚他爹是个很～的人〛彼の父は如才ない人だ
*【世纪】shìjì 图 世紀〚二十一～〛21世紀［～末］世紀末
【世家】shìjiā 图 伝統を受け継ぐ家柄
【世间】shìjiān 图 世の中
【世交】shìjiāo 图 2代以上にわたる付き合い（またはその家族）
【世界】shìjiè 图 世界，世の中，分野〚～上的事情〛世の中の事［～博览会］万国博覧会（略称'世博会'）［～贸易组织］世界貿易機構，WTO［～和平］世界平和［～语］エスペラント語
*【世界观】shìjièguān 图 世界観
【世面】shìmiàn 图 世間，世の中の状況
【世人】shìrén 图 世間の人
【世上】shìshàng 图 世の中
【世事】shìshì 图 世間の出来事
【世俗】shìsú 图 ① 世の中の風習 ② 俗世
【世态】shìtài 图 世間の状態，世情［～炎凉］金の切れめが縁の切れめの世の中
【世外桃源】shì wài Táoyuán《成》桃源郷
【世袭】shìxí 動 世襲する
【世系】shìxì 图 家系

【贳(貰)】shì ⊗ ① 貸し出す ② 掛けで売り買いする

【式】shì ⊗ ① 種類，様式［南～］南方風の［中～］中国式 ② 式典［揭幕～］除幕式 ③ 規格，公式［格～］書式［方程～］方程式

【式样】shìyàng 图 様式，デザイン，タイプ
【式子】shìzi 图 ① 姿勢，構え ② 公式

【试(試)】shì 動 試みる，測る〚～衣服〛試着する〚～水温〛水温を測る〚给病人～表〛（体温計で）病人の体温を測る
⊗ 試験する［笔～］筆記試験［口～］口頭試験

【试场】shìchǎng 图 試験会場
【试车】shìˈchē 動 試運転する
【试点】shìˈdiǎn 動 試験的にやる，予備実験する
—— shìdiǎn 图 試験（実験）を行う場所
【试管】shìguǎn 图 試験管［～婴儿］試験管ベビー
【试剂】shìjì 图 試薬
【试金石】shìjīnshí 图 ①［块］試金石 ②（比喩として）試金石
【试卷】shìjuàn 图 答案用紙，試験用紙
【试探】shìtàn 動 試験的に探索する〚进行～〛探索する〚这次～又失败了〛今回の探索はまた失敗した
—— shìtan 動 探る，探りを入れる［～地问］探るように尋ねる
【试题】shìtí 图［道］試験問題
*【试图】shìtú 動 試みる，企てる〚～逃脱〛脱走を企てる

拭轼弑似视侍恃事 — shì

【试问】 shìwèn 動 試みに尋ねる 〖～谁没错〗ミスのない人がいるだろうか

【试想】 shìxiǎng 動 考えてみる 〖～你这样干会有好的效果吗？〗考えてみたまえ、そのようにやってよい効果が得られると思うかね

【试销】 shìxiāo 動 試験販売する 〖～品〗試供品

【试行】 shìxíng 動 試みる 〖～方案〗試行案

*【试验】** shìyàn 名 実験、テスト 〖核～〗核実験 動 試みる、テストする 〖～新疗法〗新しい治療法を試みる

【试用】 shìyòng 動 試用する 〖～期〗試用期間 〖～品〗試供品

【试纸】 shìzhǐ 名〖化〗試験紙

【试制】 shìzhì 動 試作品する 〖～汽车〗車の試作をする 〖～完成了〗試作が完成した

【拭】 shì ⊗ ぬぐう〔擦～〕ふく

【拭目以待】 shì mù yǐ dài 《成》(目をこすって待つ＞)期待を込めて見守る

【轼(軾)】 shì ⊗ 古代の車の前部に取付けられた手すり用の横板

【弑】 shì ⊗ 弑する、主君・父を殺す

【似】 shì ⊗ 以下を見よ ⇨ sì

*【似的】** shìde 助〖多く'像''好像''仿佛'などに呼応して〗…のようだ、…みたいな〖睡着了一动不动〗眠っているように身動きしない〖他们俩仿佛非常熟悉～〗彼ら二人はまるでよく知り合った仲みたいだ

【视(視)】 shì ⊗①見る、調べる〖近～〗近視〖审～〗詳しく見る〖～窗〗ウィンドウズ ②見なす〖忽～〗軽視する

【视察】 shìchá 動 視察する 〖～工地〗建設現場を視察する

【视而不见】 shì ér bú jiàn《成》実際に目にしていながら気付かない、気にも留めない

【视角】 shìjiǎo 名 視角

【视觉】 shìjué 名 視覚 〖失去～〗視覚を失う

*【视力】** shìlì 名 視力 〖～表〗視力表 〖～检查〗視力検査

【视盘机】 shìpánjī 名 ビデオディスク

【视若无睹】 shì ruò wú dǔ《成》見て見ぬふりをする

【视死如归】 shì sǐ rú guī《成》死を少しも恐れない

【视听】 shìtīng 名 視聴、見ることと聞くこと

【视图】 shìtú 名 正面図

【视网膜】 shìwǎngmó 名〖生〗網膜

*【视线】** shìxiàn 名 視線 〖躲避对方的～〗相手の視線を避ける

*【视野】** shìyě 名 視野 〖开阔～〗視野を広める

【侍】 shì ⊗ 仕える〔服～〕面倒を見る

【侍奉】 shìfèng 動 仕える、面倒を見る

【侍候】 shìhòu 動 仕える 〖尽心～老人〗心を尽くして年寄りに仕える

【恃】 shì ⊗ 頼る〔仗～〕頼りにする〖～才傲物〗自分の才能を誇り、他人を軽視する

【事】 shì 名（～儿）〔件〕①事、事柄〖国家大～〗国の運命にかかわる重大事 ②仕事、用事〖有～〗用がある ③出来事〖出～〗事故が起きる ⊗ 従事する、係わる〖不～生产〗生産にたずさわらない

【事半功倍】 shì bàn gōng bèi《成》半分の労力で倍の成果を得る

【事倍功半】 shì bèi gōng bàn《成》労力は倍なのに成果は半分

【事必躬亲】 shì bì gōng qīn《成》何事でも必ず自分でやる

【事变】 shìbiàn 名〖次〗事変 〖西安～〗西安事変(1936年)

【事不过三】 shì bú guò sān《成》(同じ事を3度繰り返してはならない＞)三度目の正直

【事出有因】 shì chū yǒu yīn《成》出来事には(必ず)原因がある

【事端】 shìduān 名 騒動、紛糾 〖造成～〗いざこざを引き起こす

*【事故】** shìgù 名〖次・起〗事故 〖防止～〗事故を防ぐ〔航空～〕航空事故

【事过境迁】 shì guò jìng qiān《成》事は過ぎ状況も変わった

【事后】 shìhòu 名 事後、事が終わった後

*【事迹】** shìjì 名 事績、功績 〖光辉的～〗輝かしい功績

*【事件】** shìjiàn 名 事件、出来事 〖～的起因〗事件発生の原因

【事理】 shìlǐ 名 道理、理屈

【事例】 shìlì 名 例、事例 〖个别的～〗個別的な事例

【事略】 shìlüè 名 略伝

【事前】 shìqián 名 事前 〖～安排一下〗前もって手配する

【事情】 shìqíng 名〔件〕事、事柄、用件 〖～不会那样简单〗事はそんなに簡単なはずがない

【事实】 shìshí 名 事実 〖摆～〗事実を並べる 〖用～说明〗事実によって説明する 〖～上〗事実上

*【事态】** shìtài 名 事態 〖～的发展〗事態の発展

*【事务】** shìwù 名 ①仕事 〖～繁忙〗仕事が忙しい ②一般事務 〖行政～〗行政事務

★★【事物】shìwù [名] 事物，物事〖～的核心〗物事の核心
★★【事先】shìxiān [名] 事前〖～打个招呼〗あらかじめ声を掛けておく
★【事项】shìxiàng [名] 事項［负责～］責任事項
★【事业】shìyè [名]〔件・项〕事業，仕事〖献身～〗事業に身を捧げる［教育～］教育事業
【事宜】shìyí [名]〘多く公文書用語として〙事柄に関する処置
【事由】shìyóu [名] 事の次第，委細，事項
【事在人为】shì zài rén wéi《成》事の成否は人の努力にかかっている
【事主】shìzhǔ [名] 事件の被害者

〚势(勢)〛shì ⊗①勢力，勢い［权～］権勢［火～］火勢 ②姿，様子，情況［山～］山の地勢［病～］病状 ③雄の生殖器［去～］去勢する
★【势必】shìbì [副] 必ず，勢い…となる〖～要留级〗(このままでは) 必ず留年する
【势不两立】shì bù liǎng lì《成》敵対するものは両立しない
【势均力敌】shì jūn lì dí《成》勢力が拮抗している
★【势力】shìli [名] 勢力〖扩大～〗勢力を拡大する［敌对～］敵対勢力
【势利】shìli [形] 権威や金銭になびく〖～的商贩〗利になびく小商人［～眼］利にさとい(人)
【势派】shìpai [名]《方》(～儿) 体裁，見栄
【势如破竹】shì rú pò zhú《成》破竹の勢い
【势头】shìtou [名]《口》勢い，形勢〖经济的～〗経済のトレンド〖～紧迫〗情勢が緊迫している

【饰(飾)】shì [動] (役を)演じる〖～孙悟空〗孫悟空に扮する
⊗飾る，覆う，装飾［妆～］着飾る［首～］アクセサリー
【饰词】shìcí [名] 弁解，口実
【饰物】shìwù [名] アクセサリー，飾り物

【是】shì [動] ①…である ♦判断，肯定，説明を加える，否定は'不'〖他～个好学生〗彼はいい学生だ ②〘特定の表現や文脈の中で〙…がある，…が存在する〖满身～汗〗全身汗だらけだ ③選択疑問文に用いる〖你～坐车还是走路？〗君はバスに乗るかそれとも歩くか ④(語気を強めて) 確かに…だ〖天气～冷〗ほんとに寒い ⑤(譲歩を示して)…だけれども〖好～好，就是太贵〗いいことはいいが，値段が高すぎる ⑥〘名詞の前に置いて〙'凡是'(すべて) の意味を表わす〖～书他都爱看〗本となったら彼は何でも読みたがる ⑦〘名詞の前で〙ぴったり符合する意味を表わす〖他来得很～时候〗彼はちょうどいい時に来た ⑧《挨》はい(肯定の返事)〖～，这么办〗はい，そうします〖～的〗そうです — [形] 正しい〖说得～〗その通りです
⊗①これ，この［～年］《書》この年［由～可知］これによってわかる ②(S-)姓
★【是非】shìfēi [名] ①事の是非，善し悪し〖颠倒～〗是非を転倒する ②いざこざ，いさかい〖招惹～〗いざこざを起こす
★★【是否】shìfǒu [副] …であるかどうか ([同]《口》[是不是])〖这种说法～有根据呢？〗その見解には根拠があるのか
【是个儿】shì▼gèr [動] 相手となるに足りる〖我不是他的个儿〗とても彼にはかなわない
【是味儿】shì▼wèir [動] ①味が口に合う ②気持よく感じる

〚适(適)〛shì ⊗①適する［合～］ぴったりする ②ちょうど ③気持ちのよい［舒～］心地よい ④行く ⑤先ほど
【适才】shìcái [副] さっき，たったいま ♦多く旧白話に用いる
【适当】shìdàng [形] 適切な，ふさわしい〖选择～的机会〗ふさわしい機会を選ぶ
【适得其反】shì dé qí fǎn《成》ちょうど反対の結果になる〖产生～的作用〗意図とは逆の影響が出る
【适度】shìdù [形] 適度な
【适逢其会】shì féng qí huì《成》ちょうどその機会に出会う
★★【适合】shìhé [動] 合致する〖～实际情况〗実情に合っている
【适可而止】shì kě ér zhǐ《成》適当なところでやめる
【适口】shìkǒu [動] 口に合う
【适龄】shìlíng [形]〘定語として〙(入学，兵役などの) 適齢の［～儿童］学齢児童
【适配器】shìpèiqì [名] アダプター
【适时】shìshí [形] 時機を得た，タイムリーな
★【适宜】shìyí [形] ふさわしい，適当な〖～的营养〗適当な栄養〖～地锻炼〗適度に鍛える
【适意】shìyì [形] 気持ちがいい [同]［舒适］
★★【适应】shìyìng [動] 適応する〖～环境〗環境に適応する
【适用】shìyòng [動] 適用できる，使える〖你的皮肤～中性皂〗あなたの肌は中性石けんが向いています
【适中】shìzhōng [形] 適度な，頃合いの〖这所大学规模～〗この大学は

規模が適切だ〖高矮胖痩都很～〗背の高さ太り具合ともにちょうどいい

【莳(蒔)】shì 動〈方〉移植する,植える◆'莳萝'(セリ科のイノンド)はshíluóと発音

【逝】shì ⊗ ① (時間,流れなどが)過ぎる [流～]流れ去る ② 死ぬ [長～]永眠する

*【逝世】shìshì 動 逝去する

【誓】shì ⊗ ① 誓い [起～] [发～] 誓う,宣誓する ② 誓う [～不两立] 敵と味方のどちらかが滅びるまで徹底的に戦うことを誓う

【誓词】shìcí 名 誓いの言葉
【誓师】shìshī 動 出陣にあたって誓いを立てる
【誓死】shìsǐ 動 命をかけて誓う〖～不变〗変わらないことを誓う
【誓言】shìyán 名 誓いの言葉
【誓约】shìyuē 名 誓約

【谥(諡)】shì ⊗ おくり名 ◆貴人の死後に贈る称号

【释(釋)】shì ⊗ ① 説明する,解釈する [解～] 解釈する ② 取り除く,なくす [冰～] 疑問が氷解する ③ 放す [～手] 手放す [保～] 保釈(する) ④ 釈迦,仏教 [～门] 仏門

*【释放】shìfàng 動 ① 釈放する [取保～] 保釈する ② 〖理〗放射する,放出する [～氧气] 酸素を放出する
【释然】shìrán 形〈書〉釈然とした

【嗜】shì ⊗ 特に好む,たしなむ [～酒] 酒をたしなむ

【嗜好】shìhào 名 嗜好し,好み [他一点～都没有] 彼は何の道楽もない [养花的～] 花を育てる趣味
【嗜欲】shìyù 名 (目,耳,鼻,口を通した)感覚的·肉体的欲求

【筮】shì ⊗ 著木むで占う,筮竹む?で占う

【噬】shì ⊗ 噛む [反～] 逆ねじを食わせる [脐莫及] 悔んでも後の祭り

【奭】shì ⊗ ① 盛んなさま ② (S-)姓

【螫】shì ⊗ (虫が)さす

【匙】shi ⊗ → [钥～yàoshi] ⇨ chí

【收(*収)】shōu 動 ① 収穫する [～麦子] 麦を取り入れる ② 収める,集める,しまう [～废品] 廃品を集める [把被单～进来] シーツを取り込む ③ 受け取る [～邮包] 郵便小包を受け取る ④ (人を) 受け入れる [～他做徒弟] 彼を徒弟として受け入れる ⑤ (利益を) 得る,獲得する ⑥ 取り戻す ⑦ 抑制する [～不住] 抑えきれない ⑧ 拘禁する [～进一名犯人来] 犯人を一人収監する ⑨ 停止する [～工] 仕事を終える

【收兵】shōu·bīng 動 兵を収める,戦いをやめる
*【收藏】shōucáng 動 収集所蔵する [～古玩] 骨董品を収蔵する [～家] コレクター
【收场】shōu·chǎng 動 終わらせる ── shōuchǎng 名 結末
【收成】shōucheng 名 収穫,作柄 [今年麦子～很好] 今年の麦の作柄は上々だ
【收发】shōufā 動 (機関,学校等の) 郵便物·文書の受領と発送をする [～室] 同約前の部屋,受付 ── 名 受領·発送の係
【收复】shōufù 動 奪回する,取り戻す [～国土] 国土を取り戻す
【收割】shōugē 動 刈り取る
【收购】shōugòu 動 買い付ける [～站] 購買所,買い付け所
【收回】shōuhuí 動 回収する,取り戻す [～贷款] 貸し金を回収する [钱收不回了] 金の回収が不可能となる
*【收获】shōuhuò 動 収穫する [～得很少] 収穫が少ない [土豆的～] ジャガイモの収穫 ── 名 (比喩として)収穫,成果
【收集】shōují 動 集める,収集する [～邮票] 切手を収集する [～和编写] 集集と編纂なん
【收缴】shōujiǎo 動 接収する,取り上げる
*【收据】shōujù 名〔张〕領収書,レシート
【收看】shōukàn 動 (テレビを) 見る
【收揽】shōulǎn 動 集めとらえる [～民心] 民心を集める
【收敛】shōuliǎn 動 ① 弱まる,消える [～了笑容] 笑顔を消した ② 控え目にする
【收殓】shōuliàn 動 納棺する [～了他] 彼の遺体を納棺した
【收留】shōuliú 動 収容して世話する [～难nàn民] 難民を収容する
【收拢】shōulǒng 動 (分散したものを)集める [～人心] 人心を集める
【收录】shōulù 動 ① (人を) 採用する ② (書物などに) 収める ③ 受信と録音をする [～两用机] ラジカセ
【收罗】shōuluó 動 (人材や物を) 集める [～各种人才] いろんな人材を集める
【收买】shōumǎi 動 ① 買い入れる ② 買収する [～民心] 民心を買収する
【收盘】shōupán 名〖商〗引け値
【收清】shōuqīng 動 全部(全額)を

受け取る

【收秋】shōu▾qiū [動] 秋の取り入れをする

【收容】shōuróng [動] 収容する〖～伤员〗負傷者を収容する

★【收入】shōurù [名]〔笔〕収入 — [動] 金が入る, 収入がある

【收生婆】shōushēngpó [名] 産婆 [同][接生婆]

【收视率】shōushìlǜ [名] 視聴率

★★【收拾】shōushi [動] ① 片付ける, 整理する〖～房间〗部屋を片付ける ② 修理する〖～皮鞋〗皮靴を修理する ③ こらしめる〖～流氓〗ごろつきをやっつける

【收束】shōushù [動] ①（気持ちを）集中する ② 終わりにする, 結末をつける

★【收缩】shōusuō [動] ① 縮まる, 収縮する ② 縮小する〖～开支〗支出を抑える

【收摊儿】shōu▾tānr [動] 屋台を片付ける, 店じまいする

【收条】shōutiáo [名]〔张〕（～儿）領収書, 受取り [同][收据]

【收听】shōutīng [動]（ラジオを）聴く〖～广播剧〗ラジオドラマを聴く

【收心】shōu▾xīn [動] 心を引き締める

【收押】shōuyā [動] 拘留する

【收养】shōuyǎng [動] 引き取って育てる〖～婴孩〗赤子を引き取って育てる

★【收益】shōuyì [名] 収益〖提高～〗収益を上げる

【收音】shōuyīn [動] ①（放送を）受信する ②（音響効果をよくするため）音を集める

★【收音机】shōuyīnjī [名]〔台·架〕ラジオ

【收银台】shōuyíntái [名] レジカウンター [同][收款台]

【收支】shōuzhī [名] 収支〖～压缩了〗収支が減少する

【熟】 shóu [形] '熟 shú' の口語的発音
⇨shú

【守】 shǒu [動] ① 守る〖～边疆〗辺境を守る ② 見守る, 看護する〖～伤员〗負傷者に付き添う ③ 遵守する〖～纪律〗規律を守る

【守备】shǒubèi [動] 防御する〖严加～〗厳重に守る

【守财奴】shǒucáinú [名] 守銭奴

【守敌】shǒudí [名] 敵の守備兵

【守寡】shǒu▾guǎ [動] やもめ暮しをする

【守候】shǒuhòu [動] ① 待ち構える ② 看護する

★【守护】shǒuhù [動] 守る, 護衛する

【守旧】shǒujiù [形]（考えなどが）保守的な〖～的做法〗保守的なやり方〔～派〕守旧派

【守口如瓶】shǒu kǒu rú píng《成》口が固い

【守灵】shǒu▾líng [名] 通夜をする

【守门员】shǒuményuán [名]〖体〗ゴールキーパー

【守势】shǒushì [名] 守勢 [反][攻势]

【守望相助】shǒu wàng xiāng zhù《成》見張りをして互いに助け合う

【守卫】shǒuwèi [動] 守る, 防御する〖～领土〗領土を防衛する

【守信】shǒu▾xìn [動] 信義を重んじる

【守夜】shǒuyè [動] 夜警する

【守则】shǒuzé [名]〔条·项〕規則, 規定

【守株待兔】shǒu zhū dài tù《成》（木株を守ってウサギを待つ＞）努力せずに幸運を待つ

【首】 shǒu [量] 詩歌を数える〖唱一～歌〗1曲歌う
⊗ ① あたま〔叩～〕叩頭する ② 第一, 最初, 最高〔～次〕最初 ③ 首領〔匪～〕匪賊の頭 ④ 罪を告白する〔自～〕自首する ⑤ 音訳用字〔～尔〕（韓国の）ソウル ⑥（S-）姓

【首倡】shǒuchàng [動] 首唱する

【首创】shǒuchuàng [動] 創造する, 創始する〖～火药〗火薬を最初に作り出す

★★【首都】shǒudū [名] 首都

【首恶】shǒu'è [名] 悪党の首領, 元凶

【首府】shǒufǔ [名] 首府, 首都

【首级】shǒují [名]《書》首級, 討ち取った首

【首届】shǒujiè [形]〔定語として〕第1回の, 第1期の

【首肯】shǒukěn [動]《書》うなずく

【首领】shǒulǐng [名] 首領, 頭目

【首脑】shǒunǎo [名] 首脳〔～会谈〕首脳会談

【首屈一指】shǒu qū yì zhǐ《成》（最初に指を折る＞）第一位と見なされる

【首饰】shǒushi/shǒushì [名] 装身具〖戴～〗装身具を付ける

【首尾】shǒuwěi [名] 始めから終わり（まで）

【首位】shǒuwèi [名] 首位, 第一位

【首席】shǒuxí [名] 首席〔～代表〕首席代表〔～执行官〕最高経営責任者, CEO

★★【首先】shǒuxiān [副] 真っ先に, 第一に〖～发言〗真っ先に発言する

【首相】shǒuxiàng [名] 首相

★【首要】shǒuyào [形]〔定語として〕最も重要な〖～任务〗最重要任務

【首长】shǒuzhǎng [名] 首脳, 上級指導者〖中央～〗中央の首脳

【手】 shǒu [名] 手〖一只～〗片手〖一双～〗両手 — [量]（～儿）能力, 技能を数える〖能写

一～好字〗書法に長じている
[×]①手にする〖人～一册〗各自一冊を持つ ②ハンディな ③手ずから ④ある仕事をする人［歌～］歌手

【手背】shǒubèi [名]（～儿）手の甲

【手笔】shǒubǐ [名]①（名家の）自筆〖鲁迅的～〗鲁迅の自筆 ②名筆

【手臂】shǒubì [名]腕

【手边】shǒubiān [名]（～儿）手元〖～没有钱〗手元に金がない

★【手表】shǒubiǎo [名]〔块〕腕時計

【手不释卷】shǒu bú shì juàn《成》（手から本を放さない＞）読書に夢中になる

【手册】shǒucè [名]〔本〕ハンドブック，便覧〖司机～〗運転手ハンドブック

【手戳】shǒuchuō [名]（～儿）〔个・方〕認め印

【手电筒】shǒudiàntǒng [名]〔个・只〕懐中電灯 [同][手电]

【手段】shǒuduàn [名]①手段，腕前〖很有～〗なかなかの腕前を持つ ②計略〖～卑鄙〗やり口が下劣だ

★【手法】shǒufǎ [名]①（芸術上の）手法，技巧〖蒙太奇的～〗モンタージュの手法 ②計略，手くだ〖流氓的～〗ごろつきのやり口

【手风琴】shǒufēngqín [名]〔架〕アコーデオン〖拉～〗同前を弾く

【手稿】shǒugǎo [名]自筆原稿

★【手工】shǒugōng [名]①手仕事〖做～〗手仕事をする ②手動，マニュアル ③手間賃

【手工业】shǒugōngyè [名]手工業

【手工艺】shǒugōngyì [名]手工芸，手細工

【手鼓】shǒugǔ [名]『音』（ウイグル族などの）手鼓，タンバリン

★【手机】shǒujī [名]〔台・架〕携帯電話 [同][手提电话]

【手疾眼快】shǒu jí yǎn kuài《成》抜け目がない，機敏だ

【手记】shǒujì [名]〔份〕手記 — [動]自分で書く

【手迹】shǒujì [名]自筆の文字，筆跡

【手脚】shǒujiǎo [名]①手足の動き，動作〖～利落 lìluo〗動作がきびきびしている ②小細工〖阴险的～〗陰険な策略

【手巾】shǒujin/shǒujīn [名]〔块・条〕タオル，手拭［～把儿］おしぼり

【手紧】shǒu jǐn [形]締まり屋の，けちな

【手绢】shǒujuàn [名]（～儿）〔块・条〕ハンカチ

【手铐】shǒukào [名]〔副〕手錠，手かせ

【手快】shǒu kuài [形]手早い，機敏な

【手雷】shǒuléi [名]対戦車手榴弾

【手榴弹】shǒuliúdàn [名]〔颗〕手榴弾

【手炉】shǒulú [名]手あぶり用火鉢

【手忙脚乱】shǒu máng jiǎo luàn《成》てんてこ舞いする

【手帕】shǒupà [名]〔块・条〕ハンカチ

【手气】shǒuqì [名]賭博やくじ引きでの運

【手枪】shǒuqiāng [名]〔支〕ピストル，短銃

【手巧】shǒu qiǎo [形]器用な

【手勤】shǒuqín [形]手まめな，勤勉な

【手球】shǒuqiú [名]①ハンドボール〖打～〗ハンドボールをする ②ハンドボールの球

【手软】shǒu ruǎn [形]手加減をした，非情になれない〖对敌人不能～〗敵に対して優柔不断ではいけない

★【手势】shǒushì [名]手まね，ジェスチャー〖打～〗手まねをする

【手书】shǒushū [動]《書》①手書きする ②手紙

★【手术】shǒushù [名]手術〖动～〗手術をする［移植～］移植手術［～刀］メス

★【手套】shǒutào [名]（～儿）〔副・只〕手袋［连指～］ミトン［皮～］皮手袋

【手提包】shǒutíbāo [名]手提げかばん，ハンドバッグ

【手提箱】shǒutíxiāng [名]スーツケース，トランク

【手头】shǒutóu [名]（～儿）①手元〖放在～待用〗すぐ使えるよう手元に置く ②手元金，懐具合〖～紧〗懐具合が苦しい

【手推车】shǒutuīchē [名]〔辆〕手押し車

【手腕】shǒuwàn [名]（～儿）①策略，手管〖耍～儿〗手管を弄する ②手腕，能力［外交～］外交の手腕

【手腕子】shǒuwànzi [名]手首

【手无寸铁】shǒu wú cùn tiě《成》身に寸鉄も帯びない，徒手空拳の

【手舞足蹈】shǒu wǔ zú dǎo《成》踊り上がって喜ぶ

【手下】shǒuxià [名]①部下，配下〖在他～工作〗彼の下で働く ②手元 ③懐具合 ④手を下す時〖～留情〗手加減をする

【手写】shǒuxiě [動]手で書く，自ら記す

【手心】shǒuxīn [名]掌中，たなごころ

★【手续】shǒuxù [名]〔道〕手続き〖办～〗手続きをする

【手眼】shǒuyǎn [名]手管，計略，手腕

★【手艺】shǒuyì [名]（工芸職人の）技量〖～高明〗技量が優れている〖理发的～〗理髪の腕前

【手淫】shǒuyín [動]手淫をする

【手印】shǒuyìn [名]（～儿）手の跡，

S

拇(ぼ)印，指紋〚按～〛拇印を押す
【手语】shǒuyǔ [名] 手話
【手掌】shǒuzhǎng [名] 手のひら
【手杖】shǒuzhàng [名]〔根〕つえ，ステッキ
【手纸】shǒuzhǐ [名] ちり紙，トイレットペーパー
★【手指】shǒuzhǐ [名]〔个·根〕手の指
【手指头】shǒuzhǐtou/ shòuzhítou [名]〔个·根〕《口》手の指
【手重】shǒu zhòng [形] 手に力が入りすぎている，手荒い
【手镯】shǒuzhuó [名]〔个·只〕腕輪，ブレスレット
【手足无措】shǒu zú wú cuò《成》混乱してどうしてよいかわからない

〖寿(壽 *壽)〗shòu ⊗ ① 年齢，長命［长～］長寿 ② 誕生日［祝～］誕生日を祝う ③ 死者に使う物［～衣］死者に着せる衣服，いわば経帷子(かたびら) ④ (S-)姓
【寿斑】shòubān [名] 老人の顔にできるしみ
【寿材】shòucái [名]〔口·具〕(生前に用意する)ひつぎ，棺桶
【寿辰】shòuchén [名] (老人の) 誕生日
【寿诞】shòudàn [名] [同][寿辰]
【寿礼】shòulǐ [名]〔份〕'寿辰' のプレゼント
【寿面】shòumiàn [名] 誕生日祝いのうどん('长寿面' ともいう)
★【寿命】shòumìng [名] 寿命，耐用期限〚洗衣机的～〛洗濯機の寿命
【寿数】shòushu [名] 寿命，天命
【寿桃】shòutáo [名] 誕生日祝いの桃 ♦一般に桃をかたどった '馒头' を用いる
【寿星】shòuxing [名] ① 老人星(竜骨座の星) ② 長寿の人
【寿终正寝】shòu zhōng zhèng qǐn《成》天寿を全うする

【受】shòu [動] ① 受ける，受け取る〚～表扬〛表彰を受ける ② 被る，…される〚～压迫〛抑圧を受ける〚～批评〛批判される ③ 耐える〚～得了 liǎo〛我慢できる〚什么样的磨练我都～得住〛私はどのような試練にも耐えられる ④《方》合う，心地よい〚很～听〛聞いて心地よい〚不～看〛見栄えが悪い
【受病】shòu▼bìng [動] 病気になる ♦多く症状がすぐに表に出ない場合
★【受不了】shòubuliǎo [動] 耐えられない，たまらない〚疼得～〛痛くてたまらない
【受潮】shòu▼cháo [動] 湿る，しける〚防止药品～〛薬品がしけるのを防ぐ
【受宠若惊】shòu chǒng ruò jīng《成》身に余る寵愛を受けて大喜びする
【受挫】shòucuò [動] 挫折する
★【受到】shòudào [動] 受ける〚～教育〛教育を受ける〚～启发〛示唆を受ける
【受罚】shòu▼fá [動] 罰を受ける
【受粉】shòufěn [動]〖植〗受粉する
【受害】shòu▼hài [動] 害を受ける，殺害される［～人］被害者
【受话器】shòuhuàqì [名] 受話器 [同][耳机][听筒]
【受贿】shòu▼huì [動] 賄賂(わいろ)を受け取る〚揭发～〛収賄を摘発する
【受奖】shòu▼jiǎng [動] 賞を受ける
【受戒】shòu▼jiè [動]〖宗〗受戒する
【受惊】shòu▼jīng [動] びっくりする〚～的小鸟〛驚いた小鳥
【受精】shòu▼jīng [動] 受精する
【受窘】shòu▼jiǒng [動] 苦境に陥る
【受苦】shòu▼kǔ [動] 苦しみを受ける〚为孩子～〛子供のために辛い思いをする〚～的日子〛苦難の日々
【受累】shòu▼lěi [動] 巻き添えを食う〚决不叫你～〛決して君を巻き添えにはしない
—— shòu▼lèi [動] 苦労する，気を遣う〚吃苦～〛苦しい目に遭う
【受理】shòulǐ [動] 受理する
【受凉】shòu▼liáng [動] (体が冷えて)風邪をひく
【受命】shòumìng [動] 命令を受ける
【受难】shòu▼nàn [動] 災難を受ける［～者］被害者
【受骗】shòu▼piàn [動] だまされる
【受聘】shòu▼pìn [動] 招聘を受け入れる
【受气】shòu▼qì [動] いじめられる，侮られる［～包］憤懣や恨み言のはけ口となる人
【受权】shòu▼quán [動] 権限を与えられる
【受热】shòu▼rè [動] ① 暑さにあたる ② 高温の影響を受ける
★【受伤】shòu▼shāng [動] けがをする〚小心～〛けがに注意する〚～的部位〛けがしたところ
【受事】shòushì [名]〖語〗動作の対象 [反][施事]
【受胎】shòu▼tāi [動] 受胎する，妊娠する
【受托】shòu▼tuō [動] 委託を受ける
【受刑】shòu▼xíng [動] ① 拷問を受ける ② 刑罰を受ける
【受益】shòuyì [動] 利益を受ける，ためになる〚～不浅〛大いに利益を得る
【受用】shòuyòng [動] 役立つ，享受する，利益を受ける〚～美味佳肴〛おいしいごちそうを味わう
—— shòuyong [形] 心地よい〚不～〛具合がよくない
【受孕】shòu▼yùn [動] 妊娠する

【受灾】shòu'zāi 災害を受ける
*【受罪】shòu'zuì ひどい目に遭う,難儀する

【授】shòu ⊗① 授ける,与える [~勋] 勲章を授ける ② 教える [函~] 通信教育
【授粉】shòufěn 動《植》授粉する
【授奖】shòu'jiǎng 賞を与える
【授课】shòu'kè 動 授業をする
【授命】shòu'mìng 動① 命令を下す ②《書》命を捧げる
【授权】shòu'quán 権限を与える
【授意】shòuyì 動 ある考えを吹き込む,示唆する
*【授予】shòuyǔ 動 授ける,授与する 〖~他奖状〗彼に賞状を授ける

【绶(綬)】shòu ⊗ 印綬 〖印~〗同前
【绶带】shòudài 官印や勲章などを身に付けるための組ひも

【狩】shòu ⊗ 狩りをする
【狩猎】shòuliè 動 猟をする

【兽(獸)】shòu ⊗① 獣 〖走~〗獣 ② 野蛮な,下劣な [~欲] 獣欲
【兽环】shòuhuán 图 獣の頭をかたどった門環(ノッカー)
【兽行】shòuxíng 图 野蛮な行為,蛮行
【兽性】shòuxìng 图 獣性
【兽医】shòuyī 图 獣医

【售】shòu ⊗① 売る [出~] 売り出す [销~] 発売する ②〈奸計を〉巡らす
【售后服务】shòuhòu fúwù 图 アフターサービス
【售货】shòuhuò 動 販売する [~车] 販売車
*【售货员】shòuhuòyuán 图 販売員,売り子
【售票员】shòupiàoyuán 图① 切符を売る人 ② バスの車掌

【瘦】shòu 形① やせている (⊗[胖][肥]) ② 脂肪のない,赤身の(⊗[肥]) [~肉] 赤身の肉 ③〈衣服などが〉きつい,窮屈な(⊗[肥]) 〖这身衣服太~了〗この服はきつすぎる ④ 土地がやせている(⊗[肥]) [~地] やせ地
【瘦果】shòuguǒ 瘦果 ♦ 乾果の一種でタンポポ,キンポウゲの種子の類
【瘦瘠】shòují 形①やせている,ひ弱な ②〈土地が〉やせている
【瘦弱】shòuruò 形 やせて弱々しい 〖~的老人〗やせ衰えた老人
【瘦小】shòuxiǎo 形① やせて小さい 〖身材~〗体格がやせて小さい ②〈衣服が〉窮屈だ
【瘦削】shòuxuē 形 やせこけている 〖~的手〗やせこけた手
【瘦子】shòuzi やせた人

【殳】shū ⊗① 古代の竹製武器 ♦ 長い竹ざおの先を八角にとがらせたもの ②(S-)姓

【书(書)】shū 图〔本·部〕書物,本 〖看~〗本を読む 〖背 bèi ~〗本を暗唱する [~虫] 本の虫 [~号] ISBN ⊗① 書く [大~特~] 特筆大写する ② 字体 [隶~] 隷書 ③ 文書 [说明~] 説明書,マニュアル ④ 手紙 [家~] 家族の手紙
【书包】shūbāo 图〈学生用〉かばん
【书报】shūbào 图 書籍と新聞
【书本】shūběn 图〔~儿〕本
【书场】shūcháng 图 ('弹词'などを演じる)寄席
【书呆子】shūdāizi 图《貶》知識倒れの空論家,役立たずの読書人
【书店】shūdiàn 图〔家·个〕書店,本屋 [新华~] 新華書店
【书牍】shūdú 图《書》書簡
*【书法】shūfǎ 图 書道 [~家] 書家 [~帖 tiè] 習字の手本,法帖
【书房】shūfáng 图〔间〕書斎
【书函】shūhán 图《書》① 帙ちつ ② 書信
*【书画】shūhuà 图 書画 ⑩[字画]
*【书籍】shūjí 图〈総称としての〉書籍 〖~的装帧 zhēn 设计〗書籍の装丁,デザイン
【书脊】shūjǐ 图 本の背表紙 [~文字] 背文字
【书记】shūjì 图〈党組織の〉書記
*【书架】shūjià 图 本棚,書架
*【书刊】shūkān 图 書籍と雑誌
【书库】shūkù 图 書庫
【书眉】shūméi 图〈書物の〉ページ上部の余白
*【书面】shūmiàn 图 書面,文書 [~通知] 文書で通知する
【书面语】shūmiànyǔ 图 書き言葉 ⑩[口语]
*【书名号】shūmínghào 書名を示す標点符号(《 》など)
【书目】shūmù 图 図書目録 ⑩[书录]
【书皮】shūpí 图〔~儿〕〔张〕書物の表紙 ⑩[封面]
【书评】shūpíng 图〔篇〕書評
【书签】shūqiān 图〔~儿〕①〈本に挟む〉しおり ② 題簽だいせん
【书生】shūshēng 图《書》書生,インテリ [白面~] 年若く経験に乏しい書生 [~气] 書生っぽさ
【书套】shūtào 图 ブックカバー,本の帙
【书亭】shūtíng 图 書物雑誌の売店,書籍スタンド
【书屋】shūwū 图《旧》書斎
【书写】shūxiě 動 書く 〖~标语〗スローガンを書く

【书信】shūxìn 图 手紙
【书院】shūyuàn 图 書院(旧時の地方の学校)
【书斋】shūzhāi 图 書斎 ⑩[书房]
【书桌】shūzhuō 图(～儿)[张]机

【抒】shū ⊗ 表現する, 述べる [发～](意見や心情を)述べる
【抒发】shūfā 動 表わす, 述べる [～心情]心情を述べる
【抒情】shūqíng 動 感情を述べる [借景～]風景を借りて情感を述べる [～诗]叙情詩
【抒写】shūxiě 動(意見や心情を)記述する, 書き記す

【纡(紆)】shū ⊗ ① 除く ② 延ばす, ゆるめる

【舒】shū ⊗ ① 伸びる, 伸ばす ② 伸びやかな ③ (S-)姓
*【舒畅】shūchàng 形 伸びやかで楽しい [心情～]気持ちがゆったりして愉快だ
*【舒服】shūfu 形 気分がいい, 心地いい [～的生活]快適な生活 [身体有点儿不～]なんだか体の具合がよくない
【舒散】shūsàn 動(筋肉を) ほぐす ― 形〔書〕閑散としている
*【舒适】shūshì 形 心地よい, 快適な [～的环境]快適な環境
【舒坦】shūtan 形 気分がいい, 快適な
【舒心】shūxīn 形 心地よい
【舒展】shūzhǎn 動 広げる, 伸ばす [～四肢]手足を伸ばす [～的枝叶]伸び広がった枝葉 ― 形(気分が) 伸びやかで, 快適な [住在这儿很～]ここに住んでいると気分がゆったりする
【舒张】shūzhāng 图〔医〕(心房)拡張

【枢(樞)】shū ⊗ ① 旋回軸 [中～]中枢 ② かなめ, 枢軸
【枢纽】shūniǔ 图 枢軸, 中心 [防卫的～]防衛のかなめ

【叔】shū ⊗ ① おじ(父の弟) [～父]同前 ② おじさん(父と同世代で父より年少の男性に対する呼称) [刘大～]劉おじさん ③ 夫の弟 [～嫂]弟と兄嫁 ④ 兄弟の順で3番目 ⑩[伯]
【叔伯】shūbai 形〔定語として〕同姓のいとこ関係にある [～弟兄]従兄弟
【叔父】shūfù 图 おじ(父の弟)
【叔母】shūmǔ 图 おば('叔父'の妻) ⑩[(口)][婶婶]
*【叔叔】shūshu 图《口》① おじさん(父の弟) ② おじさん(父と世代は同じだが父より年少の男性)
【叔祖】shūzǔ 图 父のおじ [～母]同前の妻

【淑】shū ⊗ 善良な, しとやかな [～女]淑女

【菽(*尗)】shū ⊗(総称として)豆類 [不辨～麦](豆と麦の区別もつかない>)知恵や常識がない

【姝】shū ⊗ 美しい(女性)

【殊】shū ⊗ ① 異なる [言人人～]各人の意見がまちまちだ ② 特別な [～勋](書)殊勲 ③ 極めて
【殊不知】shūbùzhī 動《書》あにはからんや, 意外にも
【殊死】shūsǐ 形《多く定語として》命をかけた
【殊途同归】shū tú tóng guī《成》方法は違っても結果は同じになる

【倏(*儵)】shū ⊗ たちまち
【倏地】shūdì 副 たちまち, あっという間に
【倏忽】shūhū 副 突然, たちまち

【梳】shū 图(～儿)[把]くし ― 動(髪を) とかす, すく [～辫子]お下げに結う [～羊毛]羊毛をすく
【梳理】shūlǐ 動 ①(紡績で) 繊維の毛並をそろえる ② くしですく [～头发]髪をすく ③(筋道を立てて)整理する
【梳头】shūˊtóu 動 髪をすく
【梳洗】shūxǐ 動 髪をすき顔を洗う
【梳妆】shūzhuāng 動 化粧する, 身支度する [～台]鏡台
*【梳子】shūzi 图[把]くし [用一梳]くしですく

【疏】shū ⊗ ① 箇条書きにして陳述する文書 [上～]上書する ② 注釈 ◆'注'より詳しい [注～]注と疏̊

【—(*疏)】⊗ ① 通りがよくなるようにする, (土砂を)さらう ② まばらにする, 密接でない [～林]疎林 [生～]疎い ③ 怠る [～于…]…をおろそかにする ④ 乏しい [オ～学浅]浅学菲ʰオ ⑤ (S-)姓
【疏导】shūdǎo 動(土砂などをさらって)流れをよくする
*【疏忽】shūhu 動 おろそかにする, うっかりする [～小事]小さな事をおろそかにする
【疏浚】shūjùn 動(土砂を) さらう, 浚渫ʰˋんする
【疏懒】shūlǎn 形 無精な, 怠惰な
【疏漏】shūlòu 動 手抜かりする, 見落とす [消除～]手落ちをなくす
【疏落】shūluò 形 まばらな
【疏散】shūsàn 形 まばらな [～的村

庄〗散在する村々 ― [動] 分散する 〖～兵力〗兵力を分散する

【疏失】shūshī [名]（うっかり） ミス，手落ち

【疏松】shūsōng [形]（土が） ふかふかした，柔らかい 〖土质～〗土質が柔らかい ― [動]（土を）柔らかくする，ほぐす 〖～土壤〗土壌を柔らかくする

【疏通】shūtōng [動] ①流れをよくする 〖～水沟〗溝をさらって流れをよくする ②（双方の意思を通じさせて） 調停をする 〖从中～〗仲に立って取りなす

【疏远】shūyuǎn [形] 疎遠な 〖我们的关系早已～了〗我々の関係はとっくに疎遠になっている ― [動] 疎遠にする

〖蔬〗 shū ⊗野菜，蔬菜 ［布衣～食］木綿の衣服に野菜の食物（質素な暮らし）

★★【蔬菜】shūcài [名] 野菜，青物 ［～市场］青物市場 〖鲜嫩的～〗みずみずしい野菜

【输（輸）】 shū [動] ①（試合などで）負ける，敗れる（[反]［赢］）〖～给他〗彼に負ける ［认～］敗北を認める ②（液体，気体，電気などを） 送り込む 〖～进电脑里〗コンピュータに入力する ⊗献納する

【输出】shūchū [動] ①送り出す，出力する，アウトプットする ②輸出する [同]［出口］

【输电】shū▼diàn [動] 送電する

【输理】shū▼lǐ [動] 筋が通らない，道理がたたない

★★【输入】shūrù [動] ①入力する，送り込む，インプットする ②輸入する [同]［进口］

【输送】shūsòng [動] 輸送する，送り込む 〖～人才〗人材を送り込む ［～带］ベルトコンベア

【输血】shū▼xuè [動] 輸血する

【输液】shūyè [動]（リンゲル液などを）点滴する

【输赢】shūyíng [名] 勝ち負け ♦主にスポーツ，賭け事などで

〖摅（攄）〗 shū ⊗発表する，表わす ［各～己见］各自意見を出す

〖孰〗 shú ⊗①だれ，どれ ②なに

〖塾〗 shú ⊗塾 ［～师］塾の先生 ［私～］私塾

【熟】 shú [形] ①煮えている 〖饭煮～了〗ご飯が炊き上がった ②（果実が） 熟している 〖石榴 shíliu ～了〗ザクロが熟している ③練り上げられた 〖念得很～〗こなれた朗読をする ④なじんでいる，よく知っている 〖这个人我不太～〗その人のことは余りよく知らない ⑤精通している ⊗程度が深い ［～睡］熟睡する ⇨shóu

【熟菜】shúcài [名]（調理済みの）おかず，惣菜

【熟地】shúdì [名] ①耕地 ②よく知っている所 ③〖薬〗熟地黄（じゅくじおう）（滋養に用いる）

★★【熟练】shúliàn [形] 熟練している 〖～地操作〗巧みに操作する 〖运动员的动作十分～〗選手の動きは大変熟達している

【熟路】shúlù [名]〔条〕よく知っている道

【熟能生巧】 shú néng shēng qiǎo 《成》慣れてくれば上達する

【熟年】shúnián [名] 豊作の年

【熟人】shúrén [名] よく知っている人 [反]［生人］

【熟食】shúshí [名] 調理済み食品

【熟识】shúshi [動] よく知っている，熟知している 〖～的面孔〗なじみの顔

【熟视无睹】shú shì wú dǔ 《成》いつも見ているが関心がなければ見ていないのと同じだ

【熟思】shúsī [動] 熟考する

【熟习】shúxí [動]（技術や学問に） 習熟する 〖～业务〗業務に精通している

★★【熟悉】shúxi [動] 熟知する 〖～情况〗状況に詳しい 〖～的声音〗なじみの声（音）

【熟知】shúzhī [動] 熟知する

【熟字】shúzì [名] 既習の字 [反]［生字］

〖秫〗 shú ⊗コウリャン（主にモチコウリャンを指す）

【秫秸】shújie [名] コウリャン殻

【秫米】shúmǐ [名]（脱穀した） コウリャン米

【赎（贖）】 shú [動]（質草などを） 請け出す 〖把首饰～回来〗装身具を請け出す ⊗償う，相殺する

【赎当】shúdàng [動] 質草を請け出す

【赎金】shújīn [名] 身代金

【赎买】shúmǎi [動] 買い戻す

【赎身】shú▼shēn [動] 身請けする

【赎罪】shú▼zuì [動] 罪を償う 〖在监狱～〗刑務所で罪を償う

〖暑〗 shǔ ⊗暑い（[反]'寒'） ［避～］避暑

【暑假】shǔjià [名] 夏休み 〖放～〗夏休みになる

【暑期】shǔqī [名] 夏休み期間

【暑气】shǔqì [名] 暑気，熱気

【暑热】shǔrè [名] 盛夏の暑い気候

【暑天】shǔtiān [名] 夏の暑い日

〖署〗 shǔ ⊗①公務を行う機関 ［官～］官庁 ②割り振る ［部～］配置する ③代理する ④署名する ［签～］同前

【署名】shǔ'míng [動] 署名する

〖薯(*藷)〗 shǔ ⊗（総称として）イモ［甘～］［白～］［红～］サツマイモ［马铃～］ジャガイモ［～蓣 yù］ヤマイモ

〖曙〗 shǔ ⊗あけぼの，あかつき［～光］夜明けの光，前途の希望

〖黍〗 shǔ ⊗キビ［～子］同前

【属(屬)】 shǔ [動] ①属する，帰属する〖通县～北京市〗通県は北京市に属する ②（干支(えと)で）…生まれである〖～牛〗丑(うし)年生まれだ
⊗①属，同類［金～］金属［～性］属性 ②身内，家族［亲～］親族［烈～］烈士の家族
⇨ zhǔ

【属实】shǔshí [動]《書》事実と合致する〖信息～〗情報が事実と合っている

【属相】shǔxiang [名] 生まれた年の干支(えと)

★★【属于】shǔyú [動] …に属する，…のものである〖光荣～你〗栄誉は君のものだ

【数(數)】 shǔ [動] ①数える〖～人数〗人数を数える ②（比較して）一番に数えられる，抜きん出ている〖全班要～他最好〗クラスで彼が一番だ
⊗責める，列挙する［～说］誤りを並べたてて非難する
⇨ shù，shuò

【数不着】shǔbuzháo [動] 数の内に入らない

【数得着】shǔdezháo [動] ずば抜けている〖～的人物〗指折りの人物

【数伏】shǔ'fú [動]‘三伏’の暑さになる，最も暑い時期になる

【数九】shǔ'jiǔ [動] 冬至以後の81日間を過ごす ♦九つの‘九’に分かれ，‘一九’は冬至から数えて9日間，‘二九’は次の9日間，同様に‘九九’まで数える

【数来宝】shǔláibǎo [名] 民間芸能の一種 ♦鈴をつけた牛骨または竹板で拍子をとりながら即興的に調子よく唱える演芸

【数落】shǔluo [動]《口》（欠点を数えあげて）叱る，非難する〖～儿子〗息子を叱る

【数说】shǔshuō [動] ①並べ立てて言う ②責める，なじる

【数一数二】shǔ yī shǔ èr《成》一，二を争う，指折りの

〖蜀〗 Shǔ ⊗①四川省の別称 ②蜀漢（三国の一）

【蜀葵】shǔkuí [名]〖植〗タチアオイ

【蜀犬吠日】Shǔ quǎn fèi rì《成》（蜀犬日に吠ゆ＞）見識の狭い人は正しいことでも疑い非難する

【蜀黍】shǔshǔ [名] コウリャン

〖鼠〗 shǔ ⊗ネズミ［老～］同前

★★【鼠标】shǔbiāo [名]（コンピュータの）マウス [同]［鼠标器］［滑鼠］

【鼠窜】shǔcuàn [動]（ネズミのように）あわてて逃げる

【鼠目寸光】 shǔ mù cùn guāng《成》（ネズミの眼光は一寸先までしか届かない＞）目先しか見えない，見識が狭い

【鼠曲草】shǔqūcǎo [名]〖植〗ハハコグサ [同]［清明菜］

【鼠蹊】shǔxī [名]〖生〗鼠蹊(そけい)

【鼠疫】shǔyì [名] ペスト

〖术(術)〗 shù ⊗①技術，芸［武～］武術［手～］手術 ②術策［战～］戦術
⇨ zhú

【术语】shùyǔ [名] 術語，専門用語

〖述〗 shù ⊗述べる［陈～］陳述する

【述评】shùpíng [名]〔篇〕叙述と評論〖经济～〗経済論評 — [動] 論評する

【述说】shùshuō [名] 述べる，説明する〖～事实〗事実を述べる

〖沭〗 Shù ⊗［～河］沭河(じゅつが)（山東から江蘇へと流れる川の名）

〖戍〗 shù ⊗（軍隊が）守備する［～边］国境を守る

【束】 shù [動] くくる，縛る — [量] 束(たば)になったものを数える〖一～鲜花〗一束の生花
⊗①制限する［约～］同前 ②（S-）姓

★【束缚】shùfù [動] 束縛する〖～思想〗思想の自由を奪う

【束手】shùshǒu [動] 手をこまねく［～束脚］（気遣いが過ぎて）思い切った行動ができない［～无策］全く対策が立たない

【束之高阁】shù zhī gāo gé《成》（物を束ねて高い棚に載せておく＞）放置したまま顧みない

【竖(豎 *竪)】 shù [動] 縦にする，立てる〖～旗杆〗旗ざおを立てる — [名]（～儿）漢字筆画の縦棒（丨）
⊗①縦の［～井］竪坑(たてこう) ②若い下僕

【竖立】shùlì [動] 立てる〖～指路牌〗道標を立てる

【竖琴】shùqín [名] 竪琴，ハープ

【树(樹)】 shù [名]〔棵・株〕木，樹木 [関]［木头］
⊗①植える，育てる ②打ち立てる［独～一帜］（ある分野で）一家を成す ③（S-）姓

S

【树丛】shùcóng 图 樹林, 木立ち
【树大招风】shù dà zhāo fēng《成》(大きい木ほど風を受けやすい) 目立つ人は妬まれやすい, 出る杭は打たれる
【树袋熊】shùdàixióng 图〔只〕コアラ 同〔考拉〕
【树倒猢狲散】shù dǎo húsūn sàn《成》(木が倒れてサルが逃げ出す) ボスが失脚して手下もみな散り散りとなる
【树墩】shùdūn 图 木株
【树干】shùgàn 图 木の幹
【树挂】shùguà 图〔口〕樹氷 同〔雾凇〕
【树胶】shùjiāo 图 ① 生ゴム ② 樹脂
【树懒】shùlǎn 图《動》ナマケモノ
*【树立】shùlì 動 打ち立てる〖~榜样〗模範となる
【树凉儿】shùliángr 图 木陰 同〔树荫凉〕
【树林】shùlín 图〔片〕林
【树莓】shùméi 图《植》キイチゴ, ラズベリー 同〔木莓〕
【树苗】shùmiáo 图〔棵·株〕苗木
【树木】shùmù 图 (総称として)樹木
【树梢】shùshāo 图 木のこずえ
【树叶】shùyè 图 木の葉
【树荫】shùyīn 图 木陰 同〔树阴〕
【树脂】shùzhī 图 樹脂
【树桩】shùzhuāng 图 木の切り株

【恕】shù ⊗ 許す, 思いやる〖~不招待〗お招きできないことをお許し下さい〖宽~〗大目に見る

【庶】shù ⊗ ① 多い, もろもろ ② 妾腹の 同'嫡' ③ どうにか

【庶几】shùjī 副《書》ほとんど…だ 同〔庶乎〕
【庶民】shùmín 图《書》庶民
【庶母】shùmǔ 图 父の妾か
【庶务】shùwù 图 庶務, 雑務

【数】(數) shù 图 ① (～儿) 数, 数量 ② (～儿) 心づもり, あて〖心中有~〗自信がある ③《数》数 ⊗ ① 運命 ② いくつか〖~十〗数十
⇒ shǔ, shuò

【数词】shùcí 图《語》数詞
*【数额】shù'é 图 定数, 定額
*【数据】shùjù 图 データ〖分析~〗データを分析する〖~库〗データベース
*【数量】shùliàng 图 数量〖核对~〗数量を突き合わせる
【数量词】shùliàngcí 图《語》数量詞(数詞プラス量詞のこと)
*【数码】shùmǎ 图 (～儿) ① 数字〖~相机〗デジタルカメラ('数字相机'とも) ② 数, 額
*【数目】shùmù 图 数, 額
【数位】shùwèi 图 (数字の)位ら
*【数学】shùxué 图 数学
【数值】shùzhí 图《数》数値
【数珠】shùzhū 图 (～儿) 数珠ザ 同〔念珠〕
*【数字】shùzì 图 ① 数字 ② デジタル〖~激光视盘〗DVD

【漱】shù 動(口を) すすぐ, うがいをする〖~口〗口をすすぐ

【墅】shù ⊗ 別荘〖别~〗同前

【澍】shù ⊗ 恵みの雨

【刷】shuā 图 (～儿) 刷毛は, ブラシ〖牙~〗歯ブラシ — 動 ① (ブラシなどで) 磨く, はく〖*~牙〗歯を磨く〖用鞋刷~鞋〗靴にブラシをかける ② 淘汰する, 取り除く〖被~的选手〗選ばれなかった選手 — 擬 物を勢いよく摩擦する音 ♦'唰'とも書く
⇒ shuà

【刷卡】shuā'kǎ 動 (機器に) 磁気カードを通す, カードで支払う
【刷洗】shuāxǐ 動 (刷毛やたわしで) 洗う
【刷新】shuā·xīn 動 一新する, 更新する〖~记录〗記録を塗りかえる
【刷子】shuāzi 图〔把〕ブラシ, 刷毛

【耍】shuǎ 動 ① 操る〖~狮子〗獅子と舞をする〖~大刀〗大刀を操る ② 発揮する, 弄する〖~手腕〗手練手管を弄する〖~态度〗横柄な態度をとる〖~流氓 liúmáng〗与太者흘を吹かす, 下品なことをする ③《方》遊ぶ〖~子〗同前

【耍把戏】shuǎ bǎxì 動 ① 軽業なをする ②《方》(人を騙す) 小細工を弄する
【耍笔杆】shuǎ bǐgǎn 動《貶》文筆稼業をする, もの書きをする
【耍猴儿】shuǎ hóur 猿に芸をさせる, 猿回しをする
【耍花腔】shuǎ huāqiāng 動 うまいことを言って人をだます
【耍花招】shuǎ huāzhāo 動 小細工を弄する, ぺてんにかける
【耍滑】shuǎhuá 動 ずるく振舞う 同〔耍滑头〕
【耍赖】shuǎ·lài 動 卑劣な振舞いをする, しらを切る
【耍闹】shuǎnào 動 ふざける, はしゃぐ
【耍弄】shuǎnòng 動 ① もてあそぶ〖~花招〗小細工を弄する ② からかう, ふざける
【耍贫嘴】shuǎ pínzuǐ 動 くどくどと話し続ける

【耍无赖】shuǎ wúlài [動] ごねる, 汚い手を使う [同][耍赖]
【耍笑】shuǎxiào [動] ふざける, からかう
【耍心眼儿】shuǎ xīnyǎnr [動] 悪知恵を働かす, つけ込む
【耍嘴皮子】shuǎ zuǐpízi [動] ①ぺらぺらしゃべる ②口先だけうまいことを言う

〖刷〗 shuà ⊗以下を見よ ⇨shuā
【刷白】shuàbái [形]《方》青白い

〖衰〗 shuāi ⊗衰える [兴xīng～] 盛衰 ◆麻の喪服の意味では cuī と発音
【衰败】shuāibài [動] 衰える, 下り坂になる
【衰减】shuāijiǎn [動] 衰える, 弱まる
*【衰老】shuāilǎo [形] 老衰した [同][衰迈 mài]〚感到～〛年の衰えを感じる
【衰落】shuāiluò [動] 衰える, 衰微する〚～的家境〛落ちぶれた暮らし向き
【衰弱】shuāiruò [形] 衰弱した, (勢力が) 衰えた〚～的机能〛衰えた機能 [神经～] 神経衰弱
【衰颓】shuāituí [形] 衰退した, 衰微した
*【衰退】shuāituì [動] (身体·意志·能力や国の政治·経済が) 衰退する, 衰える
【衰亡】shuāiwáng [動] 衰亡する, 滅びる
【衰微】shuāiwēi [形]《書》衰微する, 衰える

【摔】 shuāi [動] ①転ぶ [～跟头] 転ぶ, つまずく ②落ちる, 落とす, 落として壊す〚从树上～在地上〛木の上から地面に落ちる〚眼镜～了〛めがねが落ちた ③投げつける, 投げ出す〚把钱～给顾客〛お金を客に投げてよこす
【摔打】shuāida [動] ①(手に持って) はたく〚把鞋上的泥～下去〛靴についた泥をたたいて落とす ②鍛える
【摔跤】shuāi▾jiāo [動] ①転ぶ, つまずく ②〖体〗レスリングをする, 相撲をとる

【甩】 shuǎi [動] ①振る, ぐるっと回す〚～胳膊〛腕を振り回す〚～尾巴〛しっぽを振る ②投げる〚～小石子儿〛小石を投げる ③見捨てる, 切り離す〚把男朋友～了〛ボーイフレンドと縁を切った
【甩卖】shuǎimài [動] 投げ売りする, 大安売りする
【甩手】shuǎi▾shǒu [動] ①手を前後に振る ②うっちゃる, ほったらかしにする

【帅(帥)】 shuài [形] いきだ, 見事な('率' とも書く)〚真～!〛素晴らしい [～哥] イケメン
⊗①軍隊の最高指揮官 [元～] 元帥 [挂～] 全軍を指揮する ②(S-)姓

〖率〗 shuài ⊗①率いる [～师] 軍隊を指揮する ②従う [～由旧章] 昔のやり方を踏襲する ③考えのない, 性急な [轻～] 軽率な ④率直な [坦～] 正直な ⑤大体, ほぼ [大～] おおよそ
⇨lǜ
*【率领】shuàilǐng [動] 率いる〚～参观团〛見学者を引率する
【率先】shuàixiān [副] 率先して, 先に立って
【率真】shuàizhēn [形] 率直で誠実な
【率直】shuàizhí [形] 率直な, 真っ正直な

【蟀】 shuài ⊗→[蟋 xī～]

【闩(閂 *櫺)】 shuān [名] 〔根·个〕かんぬき〚插上～〛かんぬきを掛ける [门～] (門やドアの) かんぬき —[動] かんぬきを掛ける

【拴】 shuān [動] (なわで) つなぐ, 縛る〚～马〛馬をつなぐ〚～绳子〛縄を(他の物に)結ぶ

〖栓〗 shuān ⊗栓, プラグ, 差し込み [枪～] 銃の遊底
【栓剂】shuānjì [名] 座薬 [同][坐药]
【栓皮】shuānpí [名] コルク

【涮】 shuàn [動] ①すすぐ, ゆすぐ〚～衣服〛洗濯物をゆすぐ ②さっと湯通しして食べる [～羊肉] 羊のしゃぶしゃぶ
*【涮火锅】shuànhuǒguō [名] しゃぶしゃぶ(料理) [同][涮锅子]

【双(雙 *隻)】 shuāng [量] 対になっている物を数える〚一～鞋〛1足の靴〚两～筷子〛箸2膳
⊗①2倍 [～份] 二人前 ②二つ, 両方 [～手] 両手 [～宾 bīn 语] 二重目的語 [～学位] ダブルディグリー [～轨] (鉄道の) 複線 ③偶数 [～号] 偶数番号 ④(S-)姓
*【双胞胎】shuāngbāotāi [名] 双子
【双边】shuāngbiān [名]〔多く定語·状語として〕双方, 両国 [～贸易] 二国間貿易
【双重】shuāngchóng [形]〔定語として〕二重の〚～的包装〛二重の包装 [～人格] 二重人格 [～国籍] 二重国籍
【双打】shuāngdǎ [名]〖体〗(テニス, 卓球などの) ダブルス [反][单打]
**【双方】shuāngfāng [名] 双方
【双峰驼】shuāngfēngtuó [名]〖動〗〔头·匹〕フタコブラクダ
【双杠】shuānggàng [名]〖体〗平行

棒 [関][单杠]

【双关】 shuāngguān [名]〖語〗1語句が2重の意味を持つこと［～语］かけ言葉，地口 ♦例えば'向前看'（前向きの態度）と'向钱看'（金銭第一）の類

【双簧】 shuānghuáng [名]〔出・本〕前にいる演者が口を動かし，実際には背後の人が声を出す演芸の一種，二人羽織；《転》なれ合いでやる

【双簧管】 shuānghuángguǎn [名]〖音〗オーボエ

【双季稻】 shuāngjìdào [名]稲の二期作

【双立人】 shuānglìrén [名]（～儿）（漢字の）ぎょうにんべん《亻》

【双抢】 shuāngqiǎng [名]'抢收'と'抢种'（収穫と作付け）を時を移さず進めること

【双亲】 shuāngqīn [名]父母，両親

【双全】 shuāngquán [形]両方とも備えている〚父母～〛両親とも健在〚文武～〛文武両道に優れる

【双人床】 shuāngrénchuáng [名]ダブルベッド [関][单人床]

【双身子】 shuāngshēnzi [名]《口》妊婦

【双生】 shuāngshēng [名]《口》双生児［～姐妹］双子の姉妹

【双声】 shuāngshēng [名]〖語〗双声 ♦2音節の声母が等しいこと．例えば'蜘蛛 zhīzhū'

【双数】 shuāngshù [名]偶数 [同][偶数] [反][奇 jī 数][单数]

【双喜临门】 shuāng xǐ lín mén《成》めでたい事が一度にふたつも来る

【双星】 shuāngxīng [名]①双星 ②牵牛星と織女星

【双眼皮】 shuāngyǎnpí [名]（～儿）二重まぶた

【双氧水】 shuāngyǎngshuǐ [名]〖薬〗オキシドール

【双赢】 shuāngyíng [動]双方が利益を上げる

【双鱼座】 shuāngyúzuò [名]うお座

【双语】 shuāngyǔ [名]2言語［～教育］バイリンガル教育

【双职工】 shuāngzhígōng [名]共働きの夫婦

【双子座】 shuāngzǐzuò [名]ふたご座

【霜】 shuāng [名]霜〚结了一层厚厚的～〛厚い霜ができた〚下～〛霜が降りる
⊗霜に似たもの［柿～］干し柿表面の白い粉［～鬓］白いびん

【霜冻】 shuāngdòng [名]霜害

【霜降】 shuāngjiàng [名]霜降（そうこう） ♦二十四節気の一，10月23日・24日頃に当たる

【孀】 shuāng ⊗未亡人，やもめ［～妇］同前［～居］やもめ暮らし

【爽】 shuǎng ⊗①明るい，晴れやかな［清～］すがすがしい ②率直な［直～］さっぱりしている ③気分がいい〚身体不～〛体調がよくない ④外れる，それる［～约］約束に背く

【爽口】 shuǎngkǒu [形]さっぱりしておいしい

**【爽快】* shuǎngkuai [形]①さわやかな，気持ちがいい〚出了门心里就～多了〛外出すると気分がとてもよくなる ②あっさりしている，率直な〚～的性格〛さっぱりした性格

【爽朗】 shuǎnglǎng [形]①（天気が）晴れやかだ〚～的晴空〛からりと晴れた空 ②（性格が）明るい，率直だ〚为人～〛きさくで明るい性格だ

【爽利】 shuǎnglì [形]（言動が）きびきびしている

【爽性】 shuǎngxìng [副]あっさりと，いっそのこと（…しよう） [同][索性]

【爽直】 shuǎngzhí [形]率直な，さっぱりした

【塽】 shuǎng ⊗日向の高台

【谁(誰)】 shuí [代] shéi の文語音
⇨shéi

【水】 shuǐ [名]水（沸かした湯も含む）〚喝～〛水（白湯）を飲む〚跳～〛水に飛び込む
⊗①（陸に対して）河川，湖沼，海など［～运］水運 ②川の名 ③汁，液体［汽～］サイダー［墨～］インク ④割り増し金，規定外の収入［外～］特別の収入 ⑤（S-）（少数民族の）水族 ⑥（S-）姓

【水坝】 shuǐbà [名]ダムの堤防

【水泵】 shuǐbèng [名]〔台〕ポンプ [同][抽水机]

【水笔】 shuǐbǐ [名]〔支〕①絵筆 ②《方》万年筆

【水表】 shuǐbiǎo [名]水道メーター

【水鳖子】 shuǐbiēzi [名]カブトガニ [同][鲎 hòu 虫]

【水兵】 shuǐbīng [名]水兵

【水彩】 shuǐcǎi [名]水彩，絵の具［～画］水彩画

【水草】 shuǐcǎo [名]①水と草（がある所） ②水草，藻

【水虿】 shuǐchài [名]〖虫〗トンボ類の幼虫，ヤゴ

【水产】 shuǐchǎn [名]水産（物）［～资源］水産資源

【水车】 shuǐchē [名]①〔架・台〕（灌漑用の）水車 ②〔辆〕給水車

【水成岩】 shuǐchéngyán [名]水成岩

【水池】 shuǐchí [名]①（台所の）流し［～子］流し台 ②池，プール

【水到渠成】 shuǐ dào qú chéng《成》条件が熟せば，自然に成就する

【水道】 shuǐdào [名]①水路 ②水の

流れる筋 ③プールのコース
【水稻】shuǐdào 图水稻
【水滴石穿】shuǐ dī shí chuān《成》(わずかな水滴でも長く続けば石にも穴をあける〉絶え間ない努力があれば事を成就できる
【水地】shuǐdì 图 灌漑した耕地,水田
【水电】shuǐdiàn 图 ①水道と電気 ②水力発電
【水电站】shuǐdiànzhàn 图 水力発電所
【水貂】shuǐdiāo 图【動】〔只〕ミンク
【水痘】shuǐdòu 图【医】水ぼうそう
【水碓】shuǐduì 图 水力で回す米つき臼
【水分】shuǐfèn 图 ①水分 ②水増し,割り増し
【水浮莲】shuǐfúlián 图《植》ボタンウキクサ 働【大藻】
*【水果】shuǐguǒ 图 果物 [～刀] 果物ナイフ
【水红】shuǐhóng 图《多く定語として》ピンク(色)(の)
【水壶】shuǐhú 图 ①やかん,湯わかし ②水筒
【水花】shuǐhuā 图 水しぶき
【水葫芦】shuǐhúlu 图《植》ホテイアオイ 働【风眼莲】
【水患】shuǐhuàn 图 水害
【水火】shuǐhuǒ 图 ①火と水[～不相容]互いに相容れない ②苦しみ,災難
【水碱】shuǐjiǎn 图 水あか,湯あか
【水饺】shuǐjiǎo 图 水ギョウザ,ゆでギョウザ ♦『煮饺子』ともいう
【水晶】shuǐjīng 图 水晶 [～糖] ゼリー [～钟] クォーツ時計
【水井】shuǐjǐng 图〔口・眼〕井戸
【水酒】shuǐjiǔ 图《謙》粗末な酒
【水库】shuǐkù 图〔座·个〕ダム,貯水池
【水雷】shuǐléi 图【軍】水雷
【水力】shuǐlì 图 水力 [～发电站] 水力発電所
*【水利】shuǐlì 图 水利,水利工事
【水淋淋】shuǐlínlín / shuǐlīnlīn (～的)びしょびしょの
【水灵】shuǐling 圈 ①(果物などが)ジューシーな ②(容貌などが)みずみずしく美しい
【水流】shuǐliú 图 ①河川(総称) ②水の流れ
【水龙】shuǐlóng 图 消火用のホース[～带] 同前
*【水龙头】shuǐlóngtóu 图 水道の蛇口,ポンプのホース口
【水陆】shuǐlù 图 水陸 [～两用] 水陸両用 [～坦克] 水陸両用戦車
【水路】shuǐlù 图 水路 働〔陆路〕[旱路]

【水绿】shuǐlù 圈〔定語として〕薄緑の,ライトブルーの
【水轮】shuǐlún 图【機】水力タービン [～机] 同前
【水落石出】shuǐ luò shí chū《成》〈水がなくなり石が現われる〉真相が明らかになる
【水煤气】shuǐméiqì 图【化】水性ガス
【水门】shuǐmén 图 水門,バルブ
【水米不沾牙】shuǐmǐ bù zhān yá《俗》何も食べていない,食べる物がない
【水蜜桃】shuǐmìtáo 图 水蜜桃
【水面】shuǐmiàn 图 ①《方》[水皮儿] ②水域面積
【水磨】shuǐmó 劻 水を注ぎながら平面を磨く
—— shuǐmò 图 水車で回す臼
【水墨画】shuǐmòhuà 图 水墨画
【水母】shuǐmǔ 图【動】クラゲ [海月～] ミズクラゲ
*【水泥】shuǐní 图 セメント [～砖] コンクリートブロック [～搅拌 jiǎobàn 车] コンクリートミキサー車
【水碾】shuǐniǎn 图 水車を利用した臼
【水鸟】shuǐniǎo 图 水鳥
【水牛】shuǐniú 图 ①〔头〕水牛 ②(～儿)《方》かたつむり
【水疱】shuǐpào 图 (～儿) 水ぶくれ,まめ [打～] まめができる
*【水平】shuǐpíng 图 ①水平 [～线] 水平線 ②水準,レベル [提高表演的～]演技力を高める [技术～] 技術水準 [世界～] 世界的レベル
【水汽】shuǐqì 图 水蒸気
【水枪】shuǐqiāng 图 ①【工】水力採掘機,モニター ②消防ホースの筒先 ③水鉄砲
【水球】shuǐqiú 图【体】水球競技,水球のボール
【水渠】shuǐqú 图〔条〕水路
【水乳交融】shuǐ rǔ jiāo róng《成》〈水と乳がとけ合う〉すっかり融合する
【水杉】shuǐshān 图《植》メタセコイア
【水蛇】shuǐshé 图〔条〕水辺に生息する蛇
【水深火热】shuǐ shēn huǒ rè《成》水火の難,きわめて苦しい生活
【水手】shuǐshǒu 图 水夫
【水塔】shuǐtǎ 图〔座〕給水塔
【水獭】shuǐtǎ 图【動】〔只〕カワウソ
【水塘】shuǐtáng 图 池,貯水池
【水田】shuǐtián 图〔块·亩〕水田
【水头】shuǐtóu 图 ①(洪水時の)最高水位 ②水勢
【水土】shuǐtǔ 图 ①水分と土壌 [防止～流失] 水土の流失を防ぐ ②風土 [～不服] 気候風土に慣れ

ない
【水汪汪】shuǐwāngwāng [形]（～的）①（ひとみが） きらきら輝いている，みずみずしい ②水がいっぱい溜っている
【水网】shuǐwǎng [名] 網状に走っている河川［～地区］河川が網の目のように広がっている地帯
【水位】shuǐwèi [名] 水位〖～升高了〗水位が上がった［～表］河川水量計
【水文】shuǐwén [名]〖地〗水文［～学］水文学
【水螅】shuǐxī [名]〖動〗ヒドラ
【水系】shuǐxì [名]〖地〗水系
【水仙】shuǐxiān [名]〖植〗水仙
【水线】shuǐxiàn [名]①（船の） 喫水線 ②（印刷で）波罫
【水乡】shuǐxiāng [名] 水郷
【水箱】shuǐxiāng [名] 水槽，貯水タンク
【水榭】shuǐxiè [名] 水辺のあずまや
【水泄不通】shuǐ xiè bù tōng《成》水も漏らさぬ
【水星】shuǐxīng [名]〖天〗水星
【水性】shuǐxìng [名]①泳ぎの術 ②（航路の）水の深さ，速さなどの特徴
【水性杨花】shuǐxìng yánghuā《成》浮気性の女性の形容
【水锈】shuǐxiù [名] 水あか，水のしみ
【水烟】shuǐyān [名] 水タバコ［～袋］水ギセル
【水杨】shuǐyáng [名]〖植〗カワヤナギ
【水翼船】shuǐyìchuán [名] 水中翼船 [同]［水翼艇］
【水银】shuǐyín [名]〖化〗水銀（'汞'の通称）［～灯］水銀灯
【水印】shuǐyìn [動]〖美〗水印木刻をする ♦中国の伝統的な印刷術で顔料を水で溶く — [名]（～儿）①（紙幣の）すかし ②水のにじんだ跡
【水域】shuǐyù [名] 水域，海域［国际～］公海
【水源】shuǐyuán [名]①（河川の） 水源〖黄河的～〗黄河の水源 ②（灌漑や飲料水などの）水源
【水运】shuǐyùn [名] 水運，海運
【水灾】shuǐzāi [名] 水害
【水葬】shuǐzàng [名] 水葬にする
【水蚤】shuǐzǎo [名]〖動〗ミジンコ（'红虫''鱼虫'とも）
【水藻】shuǐzǎo [名] 水草，水藻
【水闸】shuǐzhá [名] 水門，ゲート，せき（堰）
【水涨船高（水长船高）】shuǐ zhǎng chuán gāo《成》（水位が上がれば船も高くなる＞）全体（周囲） につられて自分も向上する
【水蒸气】shuǐzhēngqì [名] 水蒸気
【水质】shuǐzhì [名] 水質
【水蛭】shuǐzhì [名]〖動〗〔条〕ヒル [同]［蚂蟥］
【水中捞月】shuǐ zhōng lāo yuè《成》（水中の月をすくう＞）無駄な（不可能な）ことをする
【水肿】shuǐzhǒng [名] 水腫，むくみ [同]［浮肿］
【水准】shuǐzhǔn [名]①〖地〗水平面，水準［～器］水準器 ②水準，レベル
【水族】shuǐzú [名]①（S-） スイ族 ♦中国少数民族の一，貴州に住む ②水中の生物［～馆］水族館

【说（説）】shuì [×] 説得する［游～］遊説する ⇨shuō

【帨】shuì [×] 古代のハンカチ

【税】shuì [名] 税，税金［上～］納税する［～额］税額［～率］税率［～收］税収［～务］税務［～制］税制 [×]（S-）姓
【税款】shuìkuǎn [名] 税金 [同]［税金］

【睡】shuì [動]①眠る〖～着zháo〗寝つく〖～懒觉lǎnjiào〗朝寝坊する〖～午觉〗昼寝する ②横になる ③同衾する
【睡袋】shuìdài [名] 寝袋，シュラフ
★【睡觉】shuì'jiào [動] 眠る〖睡不着觉〗眠れない
【睡懒觉】shuì lǎnjiào [動]（朝） 寝坊する
【睡莲】shuìlián [名]〖植〗スイレン
【睡帽】shuìmào [名] ナイトキャップ
【睡梦】shuìmèng [名]《書》眠り
【睡眠】shuìmián [名] 睡眠［～疗法］睡眠療法
【睡熟】shuìshú [動] 熟睡する〖睡不熟〗ぐっすり眠れない
【睡衣】shuìyī [名]〔件·套〕寝巻き，パジャマ

【吮】shǔn [動] 吸う〖～着奶〗乳を吸っている［～吸］吸う，吸い取る

【楯】shǔn [×] 手すり ♦'盾'の異体字としてはdùnと発音

【顺（順）】shùn [形]①同じ方向の，流れに沿っている〖风～水也～，船一天就到了〗追い風と流れに沿い，船は1日で着いた ②無理がない，順調な〖字句不太～〗字句がぎごちない — [動]①（方向を）合わせる，そろえる〖～卡片〗カードをそろえる ②〖'着'を伴って〗言う通りにする〖什么都～着他〗なんでも彼の言うことをきく — [介]（…に） 沿って，従って〖～着指标前进〗指標に沿って進む [×]①…の機会をとらえる，ついでに［～路］道すがら ②合う，適合する［～意］意にかなう ③順ぐりに ④（S-）姓

【顺便】 shùnbiàn 副 ついでに〖你上街～给我买来一本书〗町へ行くついでに1冊本を買ってくれないか

【顺差】 shùnchā 名 輸出超過, 貿易黒字 ⑱[逆差]

【顺畅】 shùnchàng 形 順調な, スムーズな〖写得很～〗すらすら書く

【顺次】 shùncì 副 順番に

【顺从】 shùncóng 動 おとなしく従う, 服従する〖～你的意见〗君の意見に従う〖～的学生〗従順な学生

【顺带】 shùndài 副 ついでに ⑱[顺便]

【顺当】 shùndang 形《口》順調な, 快調な〖船走得很～〗船が快調に進む

【顺道】 shùndào 副(～儿)道すがら, ついでに〖下班后～去看姐姐〗仕事がひけた後ついでに姉さんに会いに行く ― 名 順路

【顺耳】 shùn'ěr 形 耳あたりがよい ⑱[逆耳]〖下～〗耳障りだ

【顺风】 shùnfēng 名 順風, 追い風 ⑱[逆风]

【顺风耳】 shùnfēng'ěr 名 早耳, 地獄耳

【顺和】 shùnhe 形 (態度などが) 穏やかな

【顺口】 shùnkǒu 形 ① 口調がよい ⑱[拗 ào 口] ②(～儿)《方》口に合う ― 副 口から出まかせに, 考えもしないで〖～答应〗二つ返事で承諾する

【顺理成章】 shùn lǐ chéng zhāng《成》理にかなっている

【顺利】 shùnlì 形 順調な〖一路上都很～〗道中ずっと順調だ

【顺势】 shùnshì 副 ついでに, はずみに

【顺手】 shùnshǒu 形 順調な〖这件事办得很～〗その件は順調に運んだ ― 副 ① 無造作に ② ついでに〖请把书～递给我〗ついでにその本を取って下さい

【顺水】 shùnˇshuǐ 動 流れに沿って〖～推舟〗勢いに乗じて事を進める

【顺藤摸瓜】 shùn téng mō guā《成》手掛かりをたどって真相を究明する

【顺心】 shùnˇxīn 形 心にかなう, 満足する〖～的工作〗気に入った仕事

【顺序】 shùnxù 名 順序〖改变～〗順を変える ― 副 順序よく〖～起飞〗順次離陸する

【顺延】 shùnyán 動 順延する〖遇雨～〗雨天順延

【顺眼】 shùnyǎn 形 見て感じがよい〖不～的事〗目障りな事

【顺应】 shùnyìng 動 順応する〖～历史发展的潮流〗歴史発展の潮流に順応する

【顺嘴】 shùnzuǐ 形 (～儿) ⑱[顺口]

舜瞬说

【舜】 Shùn ⊗ 舜ﾞ(古代の帝王の名)

【瞬】 shùn ⊗ またたく, まばたく〖一～〗一瞬の間

【瞬间】 shùnjiān 名 瞬間

【瞬息】 shùnxī 名 またたく間

【说(説)】 shuō

動 ① 話す, 言う, 語る〖跟他～英文〗彼と英語で話す〖～评书〗講談を語る ② 叱る, 責める〖你应该～～他〗君は彼を叱るべきだ ③ 仲介する〖～媳妇〗仲人をする ④ 指す, …のことを言う
⊗ 说ﾞ[学～]学説
⇨ shuì

【说白】 shuōbái 名《演》セリフ

【说不定】 shuōbudìng 動 はっきり言えない, …かもしれない〖你带着伞吧, ～今天要下雨〗傘を持っていきなさい, 今日は雨になるかもしれない

【说不过去】 shuōbuguòqù 動 筋が通らない, 申し開きできない(⑱[说得过去])〖这样做有点儿～〗そのようにするのはちょっと筋道が立たない

【说不来】 shuōbulái 動 ① 気が合わない (⑱[说得来])〖他们俩～〗彼ら二人は話が合わない ②《方》うまく言えない

【说不上】 shuōbushàng 動 (⑱[说得上]) ① (わからなくて) 言えない〖～是好是坏〗良いか悪いか言えない ② 話す値打ちもない〖～什么文学巨著〗文学史上の大作などととても言えない

【说曹操, 曹操就到】 shuō Cáo Cāo, Cáo Cāo jiù dào《俗》(曹操のことを言うと, 曹操がやって来る>) 噂ｳｻﾞをすれば影

【说唱】 shuōchàng 名 歌と語りがある演芸 ♦'大鼓' '相声 xiàngsheng' '弹词 táncí' など

【说穿】 shuōchuān 動 ずばり言う, すっぱ抜く〖姑娘的心事被他～了〗少女の悩みは彼にずばり言い当てられてしまった

【说辞】 shuōcí 名 弁解の言葉, 言い訳

【说道】 shuōdào 動 (人の言葉を引用して)…と言う
―― shuōdao《方》① 話す ② 相談する

【说得来】 shuōdelái 動 うまが合う

【说法】 shuōfa/shuōfǎ 名 ① 言い方〖改变～〗言い方を変える ② 意見〖正确的～〗正しい見解
―― shuōfǎ 動 仏法を説く

【说服】 shuōfú 動 説得する〖说不服对方〗相手を説得できない

【说合】 shuōhe 動 ① 取り持つ, (双方を) まとめる〖～买卖〗商取引を引

きをまとめる ②相談する〖这件事要跟他～～〗この件は彼と相談してみないと

【说和】shuōhe [動]仲裁する，和解させる〖在他的～下，双方互相谅解了〗彼の仲裁で双方は互いに了解しあった

★★【说话】shuōʼhuà [動]①話す〖～算数〗言ったことを守る〖不要～〗話をするな ②世間話をする ③あれこれ言う，非難する

—— shuōhuà [副](話をする)ちょっとの時間に

【说谎】shuōʼhuǎng [動]でたらめを言う，うそをつく([同][撒谎])〖别～〗でたらめを言うな

【说开】shuōkāi ①きちんと説明する ②(ある語が)社会の中で使われ出す

【说来话长】shuō lái huà cháng《成》(前置きとして)話せば長くなるが

【说理】shuōʼlǐ [動]道理を説く〖批判应该是充分～的〗批判は十分に道理にかなったものでなければならない

【说媒】shuōʼméi [動]仲人をする

★★【说明】shuōmíng [動]①説明する〖～经过〗いきさつを説明する ②立証する〖这恰好～他是正确的〗これはまさに彼が正しいことを証明している —[名]説明(文)，解説［使用～］使用説明書

【说破】shuōpò [動]ずばり言う，喝破する [同][说穿]

【说亲】shuōʼqīn [動]仲人をする

【说情】shuōʼqíng [動](～儿)(人のために)わびる，取りなす

【说三道四】shuō sān dào sì《成》あれこれ論評する

【说书】shuōʼshū [動]講談を語る［～的］講釈師

【说头儿】shuōtour [名]①話すべきこと〖有～〗話し甲斐がある ②言いわけ

【说笑】shuōxiào [動]談笑する

【说一不二】shuō yī bú èr《成》言った通り絶対に間違いない

【说嘴】shuōzuǐ [動]①ほらを吹く，自慢する ②《方》口げんかする

〖妁〗shuò ⊗［媒～］《書》仲人

〖烁(爍)〗shuò ⊗輝く〖目光～～〗目がきらきら光る［闪～］きらきら輝く

〖铄(鑠)〗shuò ⊗①金属を溶かす ②弱める

〖朔〗shuò ⊗①(陰暦の)ついたち ②北［～风］《書》北風

【朔日】shuòrì [名](陰暦)毎月の初日

【朔月】shuòyuè [名]陰暦のついたちの月相，新月

【搠】shuò [動](針などで)刺す

〖蒴〗shuò ⊗蒴果［～果］乾果の一 ♦熟すと割れて種子が出る，綿，ゴマ，ホウセンカの類

〖槊〗shuò ⊗古代の武器，長い矛 ♦'稍'とも書く

〖硕(碩)〗shuò ⊗大きい［丰～］豊かで大きい

【硕大】shuòdà [形]きわめて大きい［～超群］群を抜いて大きい［～无朋］比類なく大きい

【硕果】shuòguǒ [名]大きな果実，大きな成果〖研究的～〗研究の一大成果［～累累 lěilěi］成果が豊かだ

★★【硕士】shuòshì [名]修士，マスター

〖数(數)〗shuò ⊗しばしば ⇨shǔ, shù

〖司〗sī ⊗①管掌する［上～］上司 ②役所の部局［教育～］教育局 ③(S-)姓

【司铎】sīduó [名]神父 [同][神甫]

★【司法】sīfǎ [名]司法［～警察］司法警察官

★★【司机】sījī [名]運転手，操縦士［～室］運転室

【司空见惯】sīkōng jiàn guàn《成》見慣れて珍しく感じない

★【司令】sīlìng [名]司令官 [同][司令员]

【司马】Sīmǎ [名]姓〖～迁〗司馬遷

【司徒】Sītú [名]姓

【司仪】sīyí [名](儀式の)司会者

【丝(絲)】sī [名]〔根·缕〕生糸 —[量]①長さ，重さの単位 ♦10'丝'は1'毫' ②微細なもの〖一～风〗かすかな風 ⊗生糸状のもの［蜘蛛～］クモの糸［粉～］はるさめ(食材)

★★【丝绸】sīchóu [名]絹，絹織物［～之路］シルクロード('丝路'とも)

【丝糕】sīgāo [名]アワやトウモロコシの粉で作った蒸しパン

【丝瓜】sīguā [名]〔条·根〕ヘチマ［～络 luò］ヘチマの繊維(食器洗い用のヘチマ)

★★【丝毫】sīháo [名]きわめてわずか，寸毫〖～不差〗少しも違わない

【丝绵】sīmián [名]真綿

【丝绒】sīróng [名]ベルベット

【丝弦】sīxián [名]絹糸をよった弦

【丝线】sīxiàn [名]絹糸

【丝织品】sīzhīpǐn [名]絹織物(の衣服)

【丝竹】sīzhú [名](伝統的な)管弦楽器の総称

【咝(噝)】sī [擬](銃弾などが)風を切って飛ぶ音を表わす，しゅう，ひゅう

【鷥(鷥)】
sī ⊗ →[鷺 lù~]

【私】
sī ⊗ ① 個人の,私的な [~信] 私信 [~家车] マイカー ② 利己的な [自~] 身勝手 ③ ひそかな,違法な [~话] 内緒話 [走~] やみ取り引きする

【私奔】sībēn 動 駆け落ちする
【私弊】sībì 图 不正行為
【私娼】sīchāng 图 私娼, 売春婦
【私仇】sīchóu 图 個人的な恨み [报~] 私怨を晴らす
【私党】sīdǎng 图 私事のために組んだ徒党
【私房】sīfang/sīfáng 形〔定語として〕内緒の [~钱] へそくり [~话] 内緒話
【私愤】sīfèn 图 私憤
【私见】sījiàn 图 ① 先入観, 偏見 ② 個人的見解
【私交】sījiāo 图 個人間の交際
【私立】sīlì 形〔定語として〕私立の (⇔[公立]) [~学校] 私立学校
【私利】sīlì 图 個人的利益
【私了】sīliǎo 動 私的に和解する
【私念】sīniàn 图 利己的な動機
【私情】sīqíng 图 私情, 個人的感情
**【私人】sīrén 图 [~访问] 個人的な訪問 —— 形〔定語として〕私営の, 個人的な, プライベートな [~企业] 私営企業
【私商】sīshāng 图 個人経営の商店 (商人)
【私生活】sīshēnghuó 图 私生活
【私生子】sīshēngzǐ 图 私生児
【私事】sīshì 图〔件〕私事
【私塾】sīshú 图 私塾
【私通】sītōng 動 内通する, 密通する
【私下】sīxià 副 ① ひそかに ('私下里' とも) [~交易] ひそかに取り引きする ② 非公式に [~了结] 個人間で決着をつける
【私心】sīxīn 图 私心 [~杂念] 自分勝手で打算的な考え
【私刑】sīxíng 图 リンチ
【私蓄】sīxù 图 個人的蓄え
【私营】sīyíng 形〔定語として〕私営の, 個人経営の
【私有】sīyǒu 動〔多く定語として〕私有する, 個人所有する [~财产] 私有財産
【私语】sīyǔ 图 内緒話 —— 動 ささやく
【私欲】sīyù 图 私欲
*【私自】sīzì 副 こっそり, 無断で [~拿走许多资料] 無断で多くの資料を持ち出す

【思】
sī ⊗ ① 思う, 考える [多~多虑] あれこれと考える ② 懐かしく思う ③ (S-) 姓

【思辨】sībiàn 動 思弁する
【思潮】sīcháo 图 ① 思潮, ある時期の思想傾向 ② 次々に浮かんでくる考え [~澎湃 péngpài] 次から次へと考えがわき起こる
*【思考】sīkǎo 動 思考する [独立~] 自分の頭で考える
【思量】sīliang 動 ① 考える [慎重地~] 慎重に考慮する ②〈方〉気にかける
【思路】sīlù 图〔条〕考えの筋道 [~改变了] 考えの筋道が変わった [正确的~] 考え方の正しい筋道
【思慕】sīmù 動 慕う, 思慕する
【思念】sīniàn 動 懐しく思う [~母亲] 母を懐しむ ◆ '想念' より文章語的
*【思索】sīsuǒ 動 思索する [~的过程] 思索の過程 [认真地~] 真剣に考える
*【思维(思惟)】sīwéi 图 思惟 —— 動 思考する
*【思想】sīxiǎng 图 ① 思想 [~教育] 思想教育 ② 考え [打通~] 納得させる —— 動 考える
*【思绪】sīxù 图 ① 考えの筋道 [整理~] 考えを整理する ② 気分 [~起伏] 気持ちが激しく揺れる

【偲】
sī ⊗ [~~] 〈書〉互いに励む

【锶(鍶)】
sī 图〈化〉ストロンチウム

【斯】
sī ⊗ ① これ, ここ [~人] この人 ② そこで ③ (S-) 姓

*【斯文】sīwén 图〈書〉① 文化 ② 文人 [假冒~] 文人になりすます —— sīwen 形 上品な [他待人接物挺~的] 彼は人や物事に接する態度がとても上品だ

【厮(廝)】
sī ⊗ ① 下男, 奴 ② ...し合う [~打] なぐり合う [~杀] 戦う

【撕】
sī 動 (手で) 引き裂く, ちぎる, はがす [~一条标语] 紙を引き裂く [从墙上~下一条标语] 壁に貼られたスローガンをはがす

【撕毁】sīhuǐ 動 引き裂く, 破る [~草稿] 草稿を引き裂く [~协定] 協定を破棄する

【嘶】
sī ⊗ ① 馬がいななく [人喊马~] 人が叫び馬がいななく ② 声がかすれる [力竭声~] 力が尽き声がかすれる

【嘶哑】sīyǎ 動 声がしわがれる [声音~了] 声がかすれた

【澌】
sī ⊗ 尽きる [~灭] 消え去る

【蜘(蜘)】
sī ⊗ [螺 luó~] マキガイ

【死】
sī 動 死ぬ [七岁上~了父亲] 7歳のとき父に先立たれた —— 形 ① 動かない, かたくな

【死气白赖(死乞白赖)】sǐqìbáilài 形《方》(~的)執拗にまといつくさま
【死囚】sǐqiú 图 死刑囚
【死去活来】sǐ qù huó lái《成》(悲嘆や激痛で)生きた心地がしない,生きるか死ぬかの思い
【死伤】sǐshāng 動 死傷する
【死神】sǐshén 图 死神
【死尸】sǐshī 图《貶》人の死体
【死水】sǐshuǐ 图〔片・潭〕(池や湖の)流れない水
【死顽固】sǐwángù 图 頑固者,石頭
*【死亡】sǐwáng 動 死亡する〖~的边缘〗死の瀬戸際〖~率〗死亡率〖~线〗死線
【死心】sǐ▼xīn 動 あきらめる,断念する〖他对这件事还没~〗彼はこの事ではまだあきらめていない
【死心塌地】sǐ xīn tā dì《成》決心が固いこと
【死心眼儿】sǐxīnyǎnr 形 一途な,頑固な ― 图 頑固者
【死信】sǐxìn 图 ①宛先不明の郵便物 ②(~儿)死亡通知
【死刑】sǐxíng 图 死刑〖被判了~〗死刑と決まった
【死讯】sǐxùn 图〔条・则〕訃報
【死硬】sǐyìng 形 ①融通がきかない ②頑固な〖~派〗頑固派
【死有余辜】sǐ yǒu yú gū《成》死んでもなお余りある(罪業)
【死于非命】sǐ yú fēi mìng《成》非業の死を遂げる
【死战】sǐzhàn 图 生死を分ける戦い,決戦 ― 動 命をかけて戦う
【死罪】sǐzuì 图 死罪

【巳】sì ⊗ 十二支の第6,み〖~时〗巳の刻(午前9時から11時まで)
【汜】Sì ⊗〖~水〗汜水(河南省の川の名)
【祀】sì ⊗ 祭る〖祭~〗祭祀
【四】sì 数 4〖第~〗4番目

【四边】sìbiān 图(~儿)周囲
【四不像】sìbúxiàng 图 ①《動》シフゾウ(シカ科),トナカイ ②(転)どっちつかずの人や事物
【四处】sìchù 图 あたり一面
【四方】sìfāng 图 四方(東西南北)〖奔走~〗四方を馳せずり回る ― 形《定語として》四角形の,立方体の〖~脸儿〗四角い顔
【四分五裂】sì fēn wǔ liè《成》四分五裂,ばらばらな
【四海】sìhǎi 图 全国各地,世界各地〖~为 wéi 家〗至る所自分の家とする〖五湖~〗全国津々浦々
【四合房】sìhéfáng 图(~儿)四合院 ◆中庭を囲んで四棟が建つ伝統的な民家 ⇨〖四合院〗

【四合院】sìhéyuàn [名]（～儿）四合院 [同][四合房]
【四季】sìjì [名]四季 ［～豆］インゲンマメ ［～海棠］四季咲きベゴニア
【四郊】sìjiāo [名]都市周辺の土地，近郊
【四脚蛇】sìjiǎoshé [名]トカゲ [同][蜥蜴 xīyì]
【四近】sìjìn [名]付近
【四邻】sìlín [名]隣近所
【四面】sìmiàn [名]四面，周辺 ［～八方］四方八方 ［～楚歌］四面楚歌
【四旁】sìpáng [名]前後左右，四方
【四平八稳】sì píng bā wěn《成》①やり方がしごく穏当だ ②平凡で独創性がない
【四散】sìsàn [動]四散する
【四舍五入】sì shě wǔ rù [名]四捨五入
【四声】sìshēng [名]〖語〗①現代中国語の四声 ②古代中国語の'平声''上 shǎng 声''去声''入声'
【四时】sìshí [名]四季 ［～气备］(四季の正気が身に備わる＞)気概にあふれる
【四书】Sìshū [名]四書(大学，中庸，論語，孟子)
【四通八达】sì tōng bā dá《成》四通八達
【四外】sìwài [名]周辺一帯
【四围】sìwéi [名]周辺
【四维空间】sìwéi kōngjiān [名]四次元空間
【四下里】sìxiàli [名]周り
【四乡】sìxiāng [名]都市周辺の村落
【四野】sìyě [名]広い原野
*【四肢】sìzhī [名]両手両足
【四至】sìzhì [名]敷地や田畑の境界
【四周】sìzhōu [名]周囲 〚日月潭的～是山〛日月潭の周りは山に囲まれている

〖驷(駟)〗 sì ⊗四頭立ての馬車，またその馬 ［一言既出，～马难追］いったん口に出した言葉は決して引っ込められない

〖泗〗 sì ⊗鼻水

〖寺〗 sì ⊗①寺 ［～院］同前 ［清真～］イスラム教寺院 ②古代の役所
**【寺庙】sìmiào [名]寺，神社，(個人の)廟

〖似〗 sì ⊗①似ている ［类～］類似する ②…のようだ 〚～欠妥当〛余り適当ではないようだ 〚～曾相识〛以前どこかで会ったような ③…に勝る 〚一年好～一年〛年々よくなる
⇨shì
【似…非…】sì…fēi…〔四字句を作り〕…のようでもあり…のようでもない 〚似懂非懂〛わかったようなわからないような 〚似笑非笑〛笑っているようないないような
**【似乎】sìhū [副]…のようだ，…らしい 〚他～知道了什么，神色很不对〛彼は何か知ったのか，顔付きが変だ
【似是而非】sì shì ér fēi《成》正しいようだが実は間違いだ

〖姒〗 sì ⊗①姉，兄嫁 ［娣 dì～］兄弟の嫁 ②(S-)姓

〖伺〗 sì ⊗見守る，観察する，ねらう ［～机］時機をねらう ［窥～］(チャンスを)うかがう
⇨cì

〖饲(飼)〗 sì ⊗①飼う ［～蚕］蚕(かいこ)を飼う ②飼料
【饲料】sìliào [名]飼料
*【饲养】sìyǎng [動]飼育する 〚～鸭子〛アヒルを飼う

〖觇(覗)〗 sì ⊗窺う，ねらう

〖笥〗 sì ⊗飯や衣類を入れる竹製のかご

〖嗣〗 sì ⊗①受け継ぐ ［～位］《書》位を継ぐ ②子孫
【嗣后】sìhòu [名]《書》その後

〖兕〗 sì ⊗メスの犀(さい)の古称

〖食〗 sì ⊗人に物を食べさせる
⇨shí

〖俟(*竢)〗 sì ⊗待つ ［～机］時機を待つ

〖涘〗 sì ⊗岸，水辺

〖耜〗 sì ⊗古代の農器具，一種のすき

【肆】 sì [数]'四'の大字 〚～佰元〛400元
⊗①ほしいままな ［放～］勝手気ままだ ［*～无忌惮］何らはばかるところがない ②商店
【肆虐】sìnüè [動]残虐な行為をほしいままにする
【肆意】sìyì [動]ほしいままにする

〖松〗 sōng ⊗①松 ［～树］松の木 ［油～］赤松 ②(S-)姓

【—(鬆)】 [動]ゆるめる，ほどく ［放～］ゆるめる 〚～腰带〛ベルトをゆるめる — [形]①ゆとりがある ［手～］気前がいい ②柔らかい，もろい ［～脆］さくさくして柔らかい
⊗でんぶ ［鱼～］魚のでんぶ
【松柏】sōngbǎi [名]松柏(しょうはく) ♦広く常緑樹を代表させる
【松弛】sōngchí [形]ゆるんでいる，しまりがない 〚肌肉～〛筋肉がたるんでいる 〚风纪～〛風紀がゆるんでいる — [動]ゆるめる 〚～紧张的心情〛緊張した気持ちをほぐす ［～心］気

S

【松动】sōngdòng 形 すいている、ゆとりがある〖电影院很～〗映画館がすいている —— 動 (歯、ねじが) ゆるむ〖牙齿～了〗歯がぐらぐらしている
【松花】sōnghuā 图 ピータン ◆'松花蛋''皮蛋'とも
【松鸡】sōngjī 图 〖鳥〗オオライチョウ、エゾライチョウ ◆黒竜江や吉林では珍味とされる
【松节油】sōngjiéyóu 图 〖化〗テレビン油
【松紧】sōngjǐn 图 きつさ、ゆるさ〖～带(儿)〗ゴムひも
【松劲】sōng˙jìn 動 (～儿) 力をゆるめる
【松口】sōng˙kǒu ① 口にくわえている物を放す ② (主張や意見の) 口調をゆるめる、軟化する
【松快】sōngkuai 形 気分がゆったりする、気楽になる〖吃了药以后身上～多了〗薬を飲んだらずっと気分が楽になった —— 動 くつろぐ
【松毛虫】sōngmáochóng 图 マツケムシ
【松明】sōngmíng 图 たいまつ
【松气】sōng˙qì 動 息を抜く、気をゆるめる〖才松了一口气〗やっと一息ついた
【松球】sōngqiú 图 松ぼっくり、松かさ〖方〗〖松塔儿〗
【松仁】sōngrén 图 (～儿) 殻をむいた松の実 ('松子仁(儿)' とも)
【松软】sōngruǎn 形 ふんわりした、柔らかい〖～的蛋糕〗柔らかいスポンジケーキ
【松散】sōngsǎn 形 柔らかい、散漫な〖组织～〗組織がしっかりしていない
—— sōngsan 動 くつろぐ、気持ちがすっきりする
【松手】sōng˙shǒu 動 手を放す、手をゆるめる〖不肯～〗手をゆるめる気はない
【松鼠】sōngshǔ 图 (～儿) 〖只〗〖動〗リス
【松松垮垮】sōngsōngkuǎkuǎ 形 (～的) ① ゆるんだ ② だらけた
【松涛】sōngtāo 图 松風
【松香】sōngxiāng 图 松やに
【松懈】sōngxiè 形 だらけている、たるんでいる〖纪律～〗規律がゆるんでいる —— 動 ゆるめる、力を抜く〖～警惕性〗警戒心をゆるめる
【松蕈】sōngxùn 图 マツタケ ('松蘑 sōngmó''松口蘑'ともいう)
【松针】sōngzhēn 图 松葉
【松脂】sōngzhī 图 松やに
【松子】sōngzǐ 图 (～儿) 松の実、松の種

【凇】sōng ⊗→〖雾 wù～〗

【淞】Sōng ⊗〖～江〗上海を通る川の名 ('吴～江' ともいう)

【菘】sōng ⊗ 白菜

【娀】sōng ⊗〖有～〗古代の国名

【嵩】(*崧) sōng ⊗ 山が大きく高い〖～山〗嵩山 sōng (五岳の一つ)

【尿】(㞞) sóng 《口》图 精液 —— 形 意気地なしの〖～包〗弱虫(な)

【㧐】(攃) sǒng ⊗ 動《方》推す ⊗ 直立する

【怂】(慫) sǒng ⊗ 驚く
【怂恿】sǒngyǒng 動 そそのかす〖受坏人的～〗悪者にそそのかされる

【耸】(聳) sǒng ⊗ 動 ① そびえる、そばだてる〖高～〗高くそびえる ⊗ 驚かす〖危言～听〗わざと大げさなことを言って人を驚かす
【耸动】sǒngdòng 動 ① (肩などを) そびやかす ② 驚かす〖～视听〗耳目を驚かす
【耸肩】sǒng˙jiān 動 (軽蔑、疑問、驚きの気持ちで) 肩をすくめる
【耸立】sǒnglì 動 そびえ立つ〖前面～着高层大楼〗前方に高層ビルがそびえている
【耸人听闻】sǒng rén tīng wén《成》耳目を驚かす

【悚】sǒng ⊗ 怖がる〖～然〗怖がる様子

【竦】sǒng ⊗ ① うやうやしい ② '悚''耸' と通用

【宋】Sòng ⊗ ① 周代の国名 ② 王朝名〖刘～〗〖～朝〗(南北朝の) 宋 (A.D. 420-479) ③ 王朝名〖～朝〗宋 (A.D. 960-1279) →〖北 Běi～〗〖南 Nán～〗 ④ 姓

【讼】(訟) sòng ⊗ ① 裁判で争う〖诉～〗訴訟 (を起こす) ② 是非を論じる

【颂】(頌) sòng ⊗ ① たたえる、たたえる ② 祈る〖祝～〗祝福する
【颂词】sòngcí 图 賛辞、祝辞
【颂歌】sònggē 图 頌歌、褒め歌
【颂扬】sòngyáng 動 褒めたたえる〖～光辉业绩〗輝かしい業績をたたえる

【诵】(誦) sòng ⊗ ① 声を出して読む〖朗～〗朗唱する ② 暗誦する〖背～〗暗誦する
【诵读】sòngdú 動 詠誦する

【送】sòng 動 ① 送る，運ぶ〖～报〗新聞を配達する ② 贈る〖～他一件礼物〗彼に贈り物をする ③ 見送る〖～弟弟上幼儿园〗弟を幼稚園に送ってゆく
【送别】sòngbié 動 見送る，送別する〖特意～〗わざわざ見送りする〖～的人可真不少〗見送りする人が実に多い
【送殡】sòngbìn 動 棺を見送る
【送礼】sònglǐ 動 贈り物をする，プレゼントする〖该―的都送到了〗贈り物をしなければならないところはみんな贈った
【送命】sòngmìng 動 命を断つ，命を落とす
【送气】sòngqì 名〖語〗有気〖～音〗有気音(無気音は'不送气音'という)
【送人情】sòng rénqíng 動 恩を売る，付け届けをする
【送丧】sòngsāng 動 送葬する，遺体を墓地まで送る
【送死】sòngsǐ 動 自ら死を求める
【送信儿】sòngxìnr 動 知らせる，伝える
【送行】sòngxíng 動 送別する，見送る
【送葬】sòngzàng 動 送葬する，野辺送りをする
【送终】sòngzhōng 動 (老人の)最後を看取る
【溲】sōu ⊗ 排尿する
【搜】sōu 動 捜索する〖～腰〗所持品検査する
【―(蒐)】⊗ 捜す〖～求〗捜し求める
【搜捕】sōubǔ 動 捜査逮捕する〖～逃犯〗逃亡犯を追跡逮捕する
【搜查】sōuchá 動 捜査する，臨検する〖～罪证〗犯罪の証拠を捜索する
【搜刮】sōuguā 動 収奪する
【搜集】sōují 動 収集する，集める〖～情报〗情報を集める〖～邮票〗切手を収集する
【搜罗】sōuluó 動 収集する，広く探し求める〖～作家的书信〗作家の手紙を集める
【搜身】sōu shēn 動 (所持品を調べるため)身体検査をする
*【搜索】sōusuǒ 動 捜索する〖～凶手〗凶悪犯人を捜索する
【搜索引擎】sōusuǒ yǐnqíng (インターネットの)検索エンジン●'雅虎' (ヤフー)，'谷歌'(グーグル)，'百度' (Baidu)など
【搜寻】sōuxún 動 捜し求める〖～失散的亲人〗離散した肉親を捜し求める
【廋】sōu ⊗ 隠す

【嗖(*颼)】sōu 擬 びゅう，ひゅう(速く通り過ぎる音)
【馊(餿)】sōu 形 (食物が)(転)鼻もちならない〖饭菜～了〗ご飯とおかずがすえた〖～主意〗鼻もちならぬ(下らない)考え
【飕(颼)】sōu 動《方》風が吹く，(衣類や食品が)乾く ― 擬 びゅう，ひゅう(風の音)
【锼(鎪)】sōu 動《方》木を彫り抜く
【艘】sōu 量 船の数〖一～油船〗1隻のタンカー
【叟(*叜)】sǒu ⊗ 老人
【瞍】sǒu ⊗ 盲人
【嗾】sǒu ⊗ ① 犬をけしかける時の掛け声 ②〈書〉けしかける，そそのかす〖～使〗同前
【薮(藪)】sǒu ⊗ ① 草が生い茂っている湖 ② 人や物資が集まる場所
【擞(擻)】sǒu ⊗→〖抖 dǒu ～〗◆'炉を掻きまわす'の意では sòu と発音
【嗽】sòu ⊗ せきをする〖咳～ késou〗せき(をする)
【苏(蘇)】sū ⊗ ① 植物の名〖紫～〗シソ ②(S-) 蘇州の略 ③(S-) 江蘇省の略 ④(S-) ソ連 ⑤ 音訳字として〖～丹〗スーダン，(イスラームの)スルタン〖～格兰〗スコットランド ⑥(S-)姓
【―(甦)】⊗ よみがえる，蘇生する
【苏白】sūbái 名 ① 蘇州語 ②('昆曲'中の)蘇州方言のせりふ
【苏打】sūdá 名〖化〗ソーダ
【苏剧】sūjù 名 蘇劇(江蘇省の地方劇)
【苏铁】sūtiě 名〖植〗ソテツ
【苏维埃】Sūwéi'āi 名 ソビエト
*【苏醒】sūxǐng 動 (気絶から)意識を取り戻す，気がつく
【苏绣】sūxiù 名 蘇州刺繡
【苏州码子】Sūzhōu mǎzi 蘇州数字 ◆1から10までは'〡，〢，〣，乂，〥，〦，〧，〨，〩，十'
【苏子】sūzǐ 名〖植〗エゴマの種子 ◆油を搾る
【酥】sū 形 (食物が)さくさくして柔らかい，砕けやすい ⊗ ① さくさくして柔らかい食品 ② '酥油'の略
【酥脆】sūcuì 形 さくさくする，歯ざわりがいい〖～的饼干〗さくさくしたビスケット

【酥麻】sūmá 形 だるくてしびれる
【酥软】sūruǎn 形 だるくて力が入らない〚双腿～发麻〛両足がだるくてしびれている
【酥油】sūyóu 名 牛や羊の脂肪を固めたバター〚～茶〛バター茶(チベット，モンゴル地方の飲料)

【俗】sú 形 俗っぽい
⊗① 風俗〚民～〛民俗 ② 大衆的な，通俗的な〚通～〛通俗的でわかりやすい〚～文学〛通俗文学 ③ 世俗

【俗称】súchēng 名動 俗称(する)
*【俗话】súhuà 名〚口〛(～儿)ことわざ 他〚俗语〛
【俗名】súmíng 名 (～儿)俗名
【俗气】súqi 形 俗っぽい，卑俗な
【俗体字】sútǐzì 名 俗字 他〚俗字〛
【俗语】súyǔ 名〚句〛ことわざ 他〚俗话〛

【夙】sù ⊗① 朝早く ② 平素の
【夙仇】sùchóu 名 宿敵
【夙兴夜寐】sù xīng yè mèi《成》(早起きして遅く寝る>)勤勉に励む
【夙愿(宿愿)】sùyuàn 名 宿願

【诉(訴*愬)】sù ⊗① 胸の内を訴える〚泣～〛泣いて訴える ② 告げる〚告～ gàosu〛知らせる ③ 告訴する〚控～〛告発する

【诉苦】sùkǔ 動 (被害者が)苦しみを訴える〚从来不～〛これまで苦しみを訴えたことがない
【诉说】sùshuō 動 述べる，切々と訴える〚～身世〛切々と身の上話をする
*【诉讼】sùsòng 名 訴訟(する)
【诉冤】sùyuān 動 無実を訴える
【诉状】sùzhuàng 名〚张・份〛訴状

【肃(肅)】sù ⊗① 謹んで ② 厳粛な
【肃反】sùfǎn 動 反革命分子を粛清する
【肃静】sùjìng 形 しんとして静かな〚会场上～无声〛会場は静まりかえっている
【肃立】sùlì 動 恭しく起立する
【肃穆】sùmù 形 厳粛で恭しい〚～的气氛〛厳粛な雰囲気
【肃清】sùqīng 動 粛清する，一掃する〚～坏人〛悪人を一掃する
【肃然】sùrán 形 厳かな〚～起敬〛粛然と襟を正す

【素】sù 名 精進料理(⊗〚荤〛)〚吃～〛精進料理を食べる ― 形 飾りのない，あっさりした
⊗① 地の色，白色 ② 本来の，本源的なもの ③ いつもの，ふだん

【素不相识】sù bù xiāng shí《成》日ごろ面識のない

【素材】sùcái 名 素材〚搜集～〛素材を集める〚散文的～〛散文の材料
【素菜】sùcài 名 肉類なしの野菜料理，菜食〚～馆〛精進料理店
【素餐】sùcān 名 精進料理 ― 動 精進をする，肉類を断つ
【素常】sùcháng 名 ふだん，平素
【素淡】sùdàn 形 ①(色合いが)地味な，落ち着いた ②(味が)あっさりしている
【素服】sùfú 名 白服(多くは喪服)
【素净】sùjing 形 (服装などが)素朴で地味な
【素来】sùlái 副 日ごろから，ずっと〚四川～物产丰富〛四川省はかねてから物産が豊かな
【素昧平生】sù mèi píngshēng《成》ふだんから面識がない
【素描】sùmiáo 名 素描，デッサン
【素朴】sùpǔ 形 ①素朴な〚～的语言〛飾り気のない言葉 ②(哲学思想について)萌芽の段階にある，未発達の
【素日】sùrì 副 ふだん，平素〚～不爱说话〛ふだんから無口だ
【素食】sùshí 名 肉抜きの食べ物 ― 動 精進料理を食べる
*【素食主义】sùshí zhǔyì 名 菜食主義，ベジタリアニズム
【素馨花】sùxīnhuā 名〚植〛ジャスミンの花
【素养】sùyǎng 名 素養〚很有音乐～〛音楽の素養に富む
【素油】sùyóu 名 植物油
*【素质】sùzhì 名 素質，質〚提高政治～〛政治の質を高める

【嗉(膁*膆)】sù ⊗ 鳥の喉の袋状の消化器官〚～子〛〚～囊〛同前

【愫】sù ⊗ 誠意〚情～〛《書》友情，真心

【速】sù 形 ①速い〚急～〛急速に ② 速度〚车～〛車のスピード ③ 招く〚不～之客〛招かれざる客

【速成】sùchéng 動 速成する〚～班〛速修クラス
*【速度】sùdù 名 速度，速さ〚限制～〛スピードを制限する
【速记】sùjì 名動 速記(する)
【速决】sùjué 動 速決する，すばやく片を付ける〚～战〛一気に勝負を決める戦い
【速率】sùlǜ 名 速度〚冷却～〛冷却速度
【速效】sùxiào 名 速効
【速写】sùxiě 名 ①〚幅・张〛スケッチ ②〚篇〛素描文 ◆事物の概要を描写した報道的な文章

【涑】 sù ⊗ [~水] 涑水 (山西省の川の名)

【宿】 sù ①泊まる [借~] 宿を借りる [投~] 投宿する ②古くからの [~疾 jí] 持病 [~愿] 宿願 [~怨] 長年の恨み ③年老いた ④(S-)姓
⇨ xiǔ, xiù

【宿命论】sùmìnglùn 图 宿命論
*【宿舍】sùshè 图 ① [个·栋·幢] 寄宿舎, 寮, 社宅 [~的住户] 寮の住民 ②[间] 寮の部屋
【宿营】sùyíng 動 宿営する

【粟】 sù ①アワ. (口語では'谷子'という) ②(S-)姓

【粟米】sùmǐ 图 [方] トウモロコシ

【谡(謖)】 sù ⊗ ①起きる ②[~~](書)(木が)すっくと立つさま

【塑】 sù 動 (像を)こねて作る [~像]像を作る [泥~]泥人形

【塑料】sùliào 图 プラスチック [~薄膜] ビニールシート [~棚] ビニールハウス [*~袋] ビニール袋 [~凉鞋] ビニール製サンダル [~瓶] ペットボトル [~雨衣] ビニールレインコート
【塑像】sùxiàng 图[尊·座]塑像
*【塑造】sùzào 動 ①粘土などで人や物の像を作る [~铜像] 銅像を作る ②文学などで人間像を表現する [~了一个英雄形象]一つの英雄像を描き出した

【溯(*泝溯)】 sù (川を) さかのぼる [~源]源を尋ねる

【蔌】 sù ⊗ 野菜, 山菜

【簌】 sù ⊗ 以下を見よ

【簌簌】sùsù 擬 ①葉が落ちる音 [树叶~响] 木の葉がさらさらと音をたてる ②涙がはらはら落ちる様子

【狻】 suān ⊗ [~猊 ní] 伝説上の猛獣

【酸】 suān 形 ①酸っぱい [怕~]すっぱいのは苦手だ ②悲しい, 辛い [心~]悲しい ③貧乏くさい [寒~]みすぼらしい ④世事に疎い, 生活の知恵のない 一图 [化] 酸 [醋~] 酢酸 [~雨] 酸性雨

【—(痠)】 形 だるい [脚都站~了] 立っていて足がだるくなってしまった

【酸不溜丢】suānbuliūdiū 形 (~的) (方) いやに酸っぱい
【酸菜】suāncài 图 野菜の酢漬け, ピクルス
【酸楚】suānchǔ 形 辛酸, 辛苦
【酸溜溜】suānliūliū 形 (~的) ①酸っぱい [[~的饮料]]酸っぱい飲み物 ②だるい [[腿脚胀疼有些~的]]足がむくんでちょっとだるい ③ねたましい ④世間にうとい
【酸梅】suānméi 图 燻s製の梅 (⓪ [乌梅]) [~汤] スアンメイタン('酸梅'を煮出して砂糖を加え冷やした清涼飲料)
【酸奶】suānnǎi 图 ヨーグルト
【酸软】suānruǎn 形 だるくて力が出ない [胳膊~] 腕がけだるい
【酸甜苦辣】suān·tián kǔ là 《成》 (酸っぱい·甘い·苦い·辛い>) ①色々な味 ②辛酸苦楽
【酸痛】suāntòng 形 (肩や腰が)こって痛い [全身~]体じゅうだるくて痛い
【酸味】suānwèi 图 (~儿) ①酸っぱい味, 酸っぱいにおい ②ねたみ, やっかみ
【酸辛】suānxīn 形 つらくて悲しい
【酸性】suānxìng 图 [化] 酸性
【酸雨】suānyǔ 图 酸性雨
【酸枣】suānzǎo 图 (~儿) [植] サネブトナツメ

【蒜】 suàn 图 [植] ニンニク (⓪[大蒜]) [一瓣儿~]ニンニクの1かけ [两头~]ニンニクの球2個

【蒜瓣儿】suànbànr 图 ニンニク球の1かけ
【蒜黄】suànhuáng 图 (~儿) 日光を避けて育てたニンニクの黄色い葉
【蒜苗】suànmiáo 图 (~儿) [把] ニンニクの芽 ⓪[蒜薹]
【蒜泥】suànní 图 すりつぶしたニンニク
【蒜薹】suàntái 图 ニンニクの茎 (花軸) ('蒜苗'ともいう)
【蒜头】suàntóu 图 (~儿) [瓣·头] ニンニクの球

【算】 suàn ⊗ 文語で'算'と通用

【算(*祘)】 suàn 動 ①数える, 計算する [~钱] お金を数える ②数の内に入れる [把他~在内] 彼を数の内に含める ③予想する, 占う [~一卦] 占う ④…と見なす, …といえる [不~冷] 寒いとはいえない ⑤やめにする [~了] ⑥…が一番だ, 突出している [班里就~他成绩最好] クラスで成績は彼がトップだ

【算不了】suànbuliǎo 動 計算できない, …とは見なせない [~什么] なんでもない
【算计】suànji / suànjì 動 ①数える [~有多少人] 人数を数える ②考える, もくろむ [我还没~过这件事] 私はまだこの件について考えたことがない ③推し量る ④(人を) 陥れる

suī — suí

*【算了】suànle 動 やめにしておく ── 動〖文末に置かれ〗提案や終了の語気を表す〖学到这儿~〗勉強はこのへんにしておこう

【算命】suànmìng 動 運勢を占う

【算盘】suànpan/ suànpán 图 そろばん〖打~〗そろばんをはじく〖~子 zǐr〗そろばんの珠〖如意~〗身勝手な勘定

【算是】suànshì ともかく…だ,…だといえる〖任务~完成了〗任務はなんとか完了したといえる

*【算数】suàn·shù 動（~儿）有効とする,数に入れる〖你这话算不算数？〗君は今言ったことを守るのかね

【算术】suànshù 图 算数

【算学】suànxué 图 ① 数学 ② 算術

【算账】suàn·zhàng 動 ① 勘定をする〖算了一天账〗一日の収支を計算した ② 結着をつける,けりをつける〖要跟他们~〗彼らに片を付けてやる

【尿】suī 图〖泡〗小便〖~脬 pao〗〖方〗膀胱
⇨ niào

【虽】(雖) suī ⊗ ①〖主語の後に置いて〗…だけれども,…とはいえ〖麻雀~小,五脏俱全〗(雀は小さいが、五臓は揃っている>)規模は小さくてもすべてを備えている ② 例え…でも〖~死犹生〗死にはしたが(人の心の中に)なお生きている

*【虽然】suīrán 接 …だけれども ♦文頭または主語の後に置かれ,後段に'但是''可是''还是''却'などが呼応する〖~很晚了,他还继续工作〗時間が遅くなったが彼はまだ仕事を続けている

【虽说】suīshuō 接〖口〗…とはいっても,…ではあるが〖他~年轻,却做得很好〗彼は若いけれども,うまくやっている

【虽则】suīzé 接〖書〗…ではあるが

【睢】suī ⊗ ① →〖恣 zì~〗② (S-)〖~县〗睢県(河南省) ③ (S-)姓

【濉】Suī ⊗〖~河〗濉河(安徽省から江蘇省に流れる川)

【绥】(綏) suī ⊗ 安んじる

【绥靖】suíjìng 動〖書〗(民を)落ち着かせる,地方を安定させる

【隋】Suí ⊗ ① 王朝名, 隋朝(A.D. 581-618) ② 姓

【随】(隨) suí 動 ① 後につく,従う〖我~你〗あなたの言う通りにする〖入乡要~俗〗郷に入っては郷に従わなければならない ② 任せる〖~你挑〗好きなように選びなさい〖~他怎么办〗彼がやりたいようにさせる ③〖方〗似る ⊗ (S-) 姓

【随笔】suíbǐ 图〖篇〗随筆, エッセー

*【随便】suí·biàn 動 都合のいいようにする〖随你的便〗お好きなように ── suíbiàn 形 ありあわせの〖说话~〗気軽に話す ── 接 …であろうと関係なく〖~你怎么解释,他总是不相信〗君がどんなに説明しようと,彼はどうせ信じない

【随波逐流】suí bō zhú liú〖成〗(波のままにたゆたい、流れのままに動く>)定見がなく周囲の動きに流される

【随处】suíchù 副 至る所に

【随从】suícóng 動 随行する〖~的人不多〗随行者は多くない ── 图 随員

【随大溜】suí dàliù 動（~儿）大勢に従う

【随带】suídài 動 一緒に持って行く,携行する

【随地】suídì 副 どこでも〖请勿~吐痰〗みだりにたんを吐かないこと

【随份子】suí fènzi 動→〖出份子〗

【随风倒】suífēngdǎo 動 風になびく,強い方に付く

【随和】suíhe 形 物柔らかで,人付き合いがいい〖~的脾气〗穏やかな気性〖待人~〗人付き合いがいい

【随后】suíhòu 副 そのあと,すぐに〖请你先走一步,我~就到〗一足先に行って下さい,私はすぐあとに行きますから

【随机应变】suí jī yìng biàn〖成〗臨機応変

【随即】suíjí 副 直ちに,すぐに

【随口】suíkǒu 副 口任せに,つい口をついて(言う)〖~答应了〗つい承諾してしまった

*【随身】suíshēn 形〖定語として〗身の回りの ── 動 身に着けて〖~带着词典〗辞書を肌身離さず持つ

【随身听】suíshēntīng 图 ヘッドホンステレオ ◆ウォークマンなど

【随声附和】suí shēng fù hè〖成〗付和雷同する

【随时】suíshí 副 いつでも〖可以~开始〗いつでも始められる

【随手】suíshǒu 副 ついでに〖~关门〗ドアは必ず閉めること〖贵重的东西不要~乱放〗貴重品を所かまわず置かないで下さい

【随同】suítóng 動 随行する,お供する

【随乡入乡】suí xiāng rù xiāng〖成〗郷に入ったら郷に従え 仝〖入乡随俗〗

【随心】suí·xīn 動 思いのままにする〖~所欲〗同前

【随行】suíxíng 動 随行する〖~人

[員] 随行員
*【随意】suíyì 圖 意のままに〖~捏造〗勝手にでっち上げる
【随遇而安】suí yù ér ān〈成〉どんな境遇にも満足する
【随員】suíyuán 图 随員, お供
【随葬】suízàng 圖 副葬する〖~品〗副葬品
*【随着】suízhe 团 …に従って, …するにつれて〖~社会的发展〗社会の発展に伴い…

【遂】suí ⊗〖半身 bànshēn 不~〗半身不随となる
⇨sui

【荽】suī ⊗→〖芫 yán~〗

【髓】suí ⊗① 髄, 骨髄〖骨~〗同前 ② 骨髄に似たもの

【岁(歲*崴歳)】suì 圖 歳, 年齢を数える〖他比我小三~〗彼は私より3歳年下だ ⊗① 年, 歳月〖~入〗歳入〖~出〗歳出 ② その年の収穫, 作柄〖凶~〗凶年
【岁暮】suìmù 图〈書〉年末, 年の暮れ
【岁首】suìshǒu 图〈書〉年初, 年頭
【岁数】suìshu 图(~儿)〈口〉年齢〖多大~?〗お年はいくつですか〖上~〗年をとる
【岁星】suìxīng 图〈書〉木星
*【岁月】suìyuè 图 歳月, 年月〖难忘的~〗忘れ難い歳月〖~如流〗月日の経つのは早い

【祟】suì ⊗ たたり, やましいことと〖鬼~〗こそこそしている〖作~〗いんちきをする

【遂】suì ⊗① かなう, 満足させる〖~愿〗願いがかなう ② 成し遂げる ③ そこで
⇨suí

【隧】suì ⊗ 以下を見よ
*【隧道】suìdào 图〖孔・条〗トンネル

【燧】suì ⊗① 火打ち石〖~石〗同前 ② のろし

【邃】suì ⊗①(時間, 空間的に)遠い ② 深遠な

【碎】suì 圖 砕ける, ばらばらになる〖茶杯~了〗茶わんが粉々に割れた〖我的心都~了〗僕の心はもう砕けてしまった〖~纸机〗シュレッダー ― 圈 ①〖ばらばらな, 不完全な, ちぎれた〖~布〗布切れ ② 話がくどい〖老太太的嘴太~了〗おばあさんの話はなんともくどい
【碎步儿】suìbùr 图 小走り〖迈着~〗小走りで行く
【碎嘴子】suìzuǐzi 图〈方〉くどい話, おしゃべりな人

【穗】suì 图(~儿)穂〖麦~儿〗麦の穂
⊗ (S-)① 広州市の別称 ② 姓
【―(繐)】 图(~儿)房〖旗~〗旗の房
【穗轴】suìzhóu 图 (トウモロコシの)芯しん
【穗子】suìzi 图 房, 飾り房〖有~的旗〗房飾りがついた旗

【孙(孫)】sūn ⊗① 孫〖儿~〗子供と孫 ② 孫以後の世代〖曽 zēng~〗ひ孫 ③ 孫と同世代の者〖外~〗娘の子 ④ (S-)姓
【孙女】sūnnǚ 图(~儿)孫娘(息子の娘, 同姓)〖外~〗娘の娘(異姓)
【孙女婿】sūnnǚxu 图 孫娘の夫
【孙媳妇】sūnxífu 图(~儿)孫の嫁
*【孙子】sūnzi 图 孫(息子の男児) ⑩〖外孙〗― 圈〈口〉下劣な〖太~了〗(道徳的に)ひどすぎる

【荪(蓀)】sūn ⊗ 香草の一種

【飧(*飡)】sūn ⊗ 夕食

【损(損)】sǔn 圖 いやみを言う, あてこする〖你别太~人了〗人をあてこするのはやめろ ― 圈 いやみな, 辛辣な〖这法子太~了〗このやり方は余りにあくどい
⊗① 損なう, 傷つける〖~人利己〗人に損害を与え自分の利益をはかる ② 減少する〖亏~〗欠損する
【损害】sǔnhài 圖 損なう, 傷める〖~健康〗健康を損なう〖~威信〗威信を傷つける
【损耗】sǔnhào 图 ロス, 目減り〖~增多了〗ロスが増加した ― 圖 損耗する
*【损坏】sǔnhuài 圖 損なう, 壊す〖~车床〗旋盤を壊す
【损伤】sǔnshāng 图 損失 ― 圖 損なう, 傷つける〖~自尊心〗自尊心を傷つける
*【损失】sǔnshī 图 損失, 損害〖带来~〗損失をもたらす ― 圖 損する, なくす〖~了许多资料〗多くの資料を失った
【损益】sǔnyì 图 損益

【笋(筍)】sǔn ⊗ タケノコ〖竹~〗同前
【笋干】sǔngān 图(~儿)乾燥タケノコ
【笋鸡】sǔnjī 图 料理用の若い鶏, ブロイラー

【隼】sǔn 图〖鳥〗ハヤブサ

【榫】sǔn 图(~儿)ほぞ(柄)〖~头〗同前〖~眼〗ほぞの穴

【莎】suō ⊗ ハマスゲ［～草］同前
⇨shā

【娑】suō ⊗［～罗双树］2本の沙羅双樹（釈尊が涅槃に入った所にあったという）

【桫】suō ⊗［～椤 luó］【植】ヘゴ

【唆】suō ⊗ そそのかす［教～］教唆する
【唆使】suōshǐ 動 そそのかす［～学生打架］学生をそそのかしてけんかさせる

【梭】suō 名 織機の梭°, シャトル
【梭镖】suōbiāo 名 長柄のやり
【梭巡】suōxún 動〈書〉巡邏じゅんらする
【梭鱼】suōyú 名【魚】ボラ
【梭子】suōzi 名 ① 梭°, シャトル ②（機関銃などの）カートリッジクリップ

【睃】suō 動 横目で見る

【羧】suō 名【化】カルボキシル

【蓑】(*簑) suō 名 みの［～衣］同前

【嗦】suō ⊗ →［哆 duō～］［啰 luō～］

【嗍】suō 動 吸う, しゃぶる

【缩】(縮) suō 動 ① 縮まる, 縮める［～了三寸］3寸縮んだ［～脖子］首を縮める ② 後退する［～在后面］後方に退く ◆'缩砂密'（豆蔻に似た植物）では sù と発音
*【缩短】suōduǎn 動 短縮する［衣服～了］服が縮んだ［～期限］期限を短縮する
【缩减】suōjiǎn 動 削減する
【缩手】suōshǒu 動 手を引く, やめる［～缩脚］手足を縮こめる, 手を引く, おじける
【缩水】suōshuǐ 動 布地が水にぬれて縮む［这种布很～］こういう布地は水に縮みやすい
【缩头缩脑】suō tóu suō nǎo《成》（頭をひっこめちぢこまる＞）臆病である, ひっ込みする
*【缩小】suōxiǎo 動 縮小する, 小さくする［～差距 chājù］格差を縮める
【缩写】suōxiě 動 ① 省略する, 略語で書く ② 要約する
【缩印】suōyìn 動 縮小印刷する, 縮刷する
【缩影】suōyǐng 名 縮図［这就是当时中国的～］これこそかつての中国の縮図だ

【所】(*㪽) suō 量 家屋, 学校, 病院などを数える［一～房子］一軒の家 —— 動 ① 他動詞の前に置き名詞句をつくる［我～认识的人］私が知っている人［各尽～能］各人が能力を尽くす ②『为 wéi''被'と呼応して）受身を表わす［为人～笑］人に笑われる ⊗ ① ところ, 場所［住～］居住場所［死得其～］死に場所を得る ② (S-)姓
【所得税】suǒdéshuì 名 所得税
【所属】suǒshǔ 形〖定語として〗所属の, 指揮下の
*【所谓】suǒwèi 形〖定語として〗①（説明しようとする語句の前に置いて）いわゆる, 言うところの［～死机…］いわゆるフリーズとは… ②（人の言葉を引用し, 否定的な意味を表して）いわゆる, …なるもの［他们的～（他们的'友谊'）］彼らのいう「友情」なるもの
【所向披靡】suǒ xiàng pī mǐ《成》向かうところすべてなびく, 破竹の勢い
【所向无敌】suǒ xiàng wú dí《成》向かうところ敵なし
*【所以】suǒyǐ 名〖多く成語的用法の中で〗理由, 訳［不知～］訳がわからない —— 接 ①『因为''由于'などと呼応して〗（因果関係をつくる）だから, したがって［由于工作繁忙, 一没有及时给您回信］仕事が忙しくて, すぐにお返事が出せませんでした ②『…之～…, 是因为…の形で〗（原因, 理由を述べる）…の訳は…だ［他之～能成功, 是因为坚持］彼が成功できたのはあきらめずに頑張ったからだ
【所以然】suǒyǐrán 名 なぜそうなったかという原因, 理由, 事の由来［说出个～来］そもそもの原因を話す
*【所有】suǒyǒu 形〖定語として〗あらゆる, すべての［把～的手艺都学会了］あらゆる手仕事の技術を学び取った —— 名 所有する（もの）［～权］所有権
【所在】suǒzài 名 所在, ありか, 場所［原因～不得而知］原因がどこにあるか知る由もない

【索】suǒ ⊗ ① ロープ［铁～］鉄索, ケーブル ② 捜す［探～］探索する ③ 求める, 請求する［*～赔］賠償を求める ④ 寂しい, つまらない［～然］興ざめな ⑤ (S-)姓
【索道】suǒdào 名 ケーブルカー, ロープウェー 中〖缆车〗
【索取】suǒqǔ 動 請求する, 求める［～债款］借金を取り立てる［～资料］資料を請求する
*【索性】suǒxìng 副 いっそのこと, 思い切って（中〖干脆 gāncuì〗）［～派个人去当面谈吧］いっそのことだれ

かやって直談判したほうがいい
【索引】suǒyǐn 图 索引, インデックス ◎[引得]

【唢(嗩)】 suǒ ⊗ 以下を見よ

【唢呐】suǒnà 图〔支〕ソナー, チャルメラ

【琐(瑣)】 suǒ ⊗ ささいな, こまごました〖煩~〗こまごまして煩わしい

【琐事】suǒshì 图 ささいな事〖身边的~〗身辺の雑用
【琐碎】suǒsuì 形 こまごまと煩わしい〖~的家务事〗こまごまと煩わしい家事
【琐细】suǒxì 形 ささいな, 取るに足らない, こまごました〖既~又复杂的问题〗こまごまとして複雑な問題

【锁(鎖)】 suǒ 图〔把〕錠, 錠前 ― 動 ① 錠を掛ける〖~门〗ドアをロックする ②〔请~~扣眼〗ボタン穴をかがって下さい ⊗ 鎖, チェーン〔枷~〕首かせと鎖

【锁定】suǒdìng 動 ① 固定化する, ロックする ②(目標を)しっかり定める
【锁骨】suǒgǔ 图 鎖骨
【锁国】suǒguó 图 鎖国
【锁链】suǒliàn 图(~儿)鎖
【锁钥】suǒyuè 图《書》かぎ, キーポイント, 要衝

T

【T恤衫】T xùshān 图 Tシャツ

【它(牠)】 tā 代(人間以外のものを指して)それ〖~们〗それら

【铊(鉈)】 tā 图《化》タリウム

【他】 tā 代 ① 彼, その人 ◆男性または性別が不明か, 分ける必要のないときの第三人称単数 ②〔動詞の後で客語として〕具体的なものを指さず, 一種の語気を表わす〖再干~一天, 任务就完成了〗もう一日やっちまえば, 仕事は片づく ⊗ 別のもの〔其~〕その他, ほか

【他们】tāmen 代 彼ら, その人たち ◆男性の第三人称複数, 女性を含む場合も用いる〖~俩〗彼ら二人
【他人】tārén 图 他人, ほかの人(⇔[别人])〖关心~〗人のことに気を配る
【他日】tārì 图《書》後日, いつか, 別の日
【他乡】tāxiāng 图 異郷, よその土地〖流落~〗異郷を放浪する

【她】 tā 代 彼女, その人 ◆女性の第三人称単数〖~是我姐姐〗その人は私の姉です〖~女儿〗彼女の娘

【她们】tāmen 代 彼女たち ◆女性のみの第三人称複数

【趿(*靸)】 tā ⊗ 以下を見よ

【趿拉】tāla 動 靴のかかとを踏みつけて履く〖提上鞋, 别~着〗靴の後ろを踏みつぶさないで, 引っ張り上げて履きなさい
【趿拉板儿】tālabǎnr 图 木製の突っ掛け(ぞうり)
【趿拉儿】tālar 图《方》スリッパ

【溻】 tā 動《方》(衣服等に)汗がしみ透る

【塌】 tā 動 ①(組み立てた物が)崩れる, 倒れる〖~了一座桥〗橋が一つ落ちた ② へこむ〖眼窝都~进去了〗すっかり目が落ちくぼんだ

【塌方】tāfāng 動(道路・堤防等が)崩壊する, 陥没する
【塌实(踏实)】tāshi 形 ①(仕事や学習の態度が)着実な, 浮わついていない〖~的作风〗着実な仕事振り ②(精神状態が)安定している〖考试以前总感到不~〗試験の前はどうしても気持ちが落ち着かない
【塌台】tātái 動 崩壊する, つぶれる
【塌陷】tāxiàn 動 沈下する, 陥没する〖地基~了〗地盤が沈下した

【踏】 tā ⊗以下を見よ
⇨tà
*【踏实】 tāshi 形 ⇨[塌实 tāshi]

【塔(*墖)】 tǎ 名〔座〕塔[宝~]宝塔 ⊗①塔状の建物[金字~]ピラミッド[水~]給水塔 ②(T-)姓

【塔吊】 tǎdiào 名〔機〕タワークレーン('塔式起重机'とも)
【塔夫绸】 tǎfūchóu 名 タフタ, 琥珀ﾞｳ絹布(薄い平織の絹織物)
【塔吉克族】 Tǎjíkèzú 名 タジク族◆中国少数民族の一. 新疆に住む. ロシアにも居住
【塔塔尔族】 Tǎtǎ'ěrzú 名 タタール族◆中国少数民族の一, 主に新疆に住む. ロシアにも居住
【塔台】 tǎtái 名(空港の)管制塔, コントロールタワー

【鳎(鰨)】 tǎ ⊗[魚]シタビラメ(ふつう'比目鱼'という)

【獭(獺)】 tǎ 名〔動〕カワウソ, ラッコなどの総称[水~]カワウソ[旱~]タルバガン

【拓(*搨)】 tà 動(碑銘などの)拓本をとる[~下碑文]碑文の拓本をとる
⇨tuò
【拓本】 tàběn 名〔本〕(冊子状の)拓本
【拓片】 tàpiàn 名〔张〕(1枚ずつの)拓本, 石ずり

【沓】 tà ⊗多い, 込み合っている[杂~]混雑している
⇨dá

【踏】 tà 動足で踏む[~着拍子唱歌]足で拍子をとりながら歌う
⊗実地に赴く
⇨tā
【踏板】 tàbǎn 名(ミシンの)踏み板, (車両の)ステップ, (ピアノの)ペダル
【踏步】 tà'bù 動 足踏みする[大~前进]大股で前進する
【踏勘】 tàkān 動 実地調査をする
【踏看】 tàkàn 動 現場視察する
【踏青】 tàqīng 動 清明節の頃に山野を散策する

【挞(撻)】 tà ⊗鞭ｺで打つ[鞭~]鞭撻ﾀﾞする

【闼(闥)】 tà ⊗(小さな)門

【嗒】 tà ⊗失意のさま[~然]がっかりするさま
⇨dā

【榻】 tà ⊗細長く低い寝台[藤~]トウで編んだ寝す

【蹋】 tà ⊗→[糟~ zāotà]

【苔】 tāi ⊗→[舌~ shétāi]
⇨tái

【胎】 tāi 名①胎児[怀~]懐妊する[双胞~]双子 ②(~儿)芯ﾝ, 詰め物 ③(~儿)器物の型, 原型[泥~]色付け前の泥人形 ④タイヤ[内~]チューブ[外~]タイヤ ― 量 妊娠, 出産の回数を数える
【胎毒】 tāidú 名 胎毒
【胎儿】 tāi'ér 名 胎児
【胎发】 tāifà 名 産毛ｹﾞ
【胎毛】 tāimáo 名 産毛
【胎盘】 tāipán 名 胎盤
【胎气】 tāiqi 名 妊娠の兆候
【胎生】 tāishēng 名〔動〕胎生 ⇔[卵生]
【胎位】 tāiwèi 名 胎位
【胎衣】 tāiyī 名〔生〕胞衣ｴﾅ ⇔[衣胞]

【台(臺)】 tái 名 物見台, 舞台[讲~]演台[戏~]ステージ ― 量①機械等の台数を数える[一~马达]モーター1台 ②演目数を数える[一~戏]一本の芝居 ⊗①物を載せる台[砚~ yàntai]すずり ②放送局[广播电~]局前 ③(T-)台湾の略称 ④(T-)姓

【―(檯*枱)】 ⊗卓[梳妆~]shūzhuāng~]化粧台

【―(颱)】 ⊗台風[~风]同前

【―】 ⊗相手に敬意を表わす語[~端]貴駕 ◆浙江の地名'天台''台州'ではtāiと発音

【台本】 táiběn 名(芝居の)台本
【台布】 táibù 名〔块〕テーブルクロス
【台秤】 táichèng 名 台ばかり
【台词】 táicí 名〔句・段〕せりふ
【台灯】 táidēng 名〔盏〕電気スタンド
【台地】 táidì 名 台地
*【台风】 táifēng 名 台風[~的路径]台風のコース
*【台阶】 táijiē 名(~儿) ①[级]玄関の石段, 上がり段 ②(苦境からの)逃げ道[给他个~下]彼に引っ込みがつく道を与えよう
【台历】 táilì 名〔本〕卓上カレンダー
【台球】 táiqiú 名①ビリヤード, またその球[~棒]キュー[~台]ビリヤード台 ②(方)卓球
【台扇】 táishàn 名 卓上扇風機
【台式电脑】 táishì diànnǎo 名 デスクトップ型パソコン
【台钟】 táizhōng 名(方)〔座〕置き時計
【台柱子】 táizhùzi 名 柱石, 主要人, 大立者
【台子】 táizi 名①(ビリヤード, 卓球

【邰】Tái ⊗姓

【苔】tái 图【植】コケ ⇨tāi
【苔藓植物】táixiǎn zhíwù 图コケ植物

【抬（擡）】tái 動① 持ち上げる，上げる〔～胳膊〕腕を持ち上げる〔～价〕値上げする ②（複数人が）手や肩で持ち運ぶ〔～～桌子〕テーブルを運ぶ ③口論する
【抬秤】táichèng 图大型の棒ばかり
【抬杠】tái'gàng 動〔口〕口論する，言い争う
【抬肩】táijian 图袖付けの寸法
【抬轿子】tái jiàozi 動〔転〕へつらう
【抬举】táiju 動持ち上げる，引き立てる〔你别～我〕私をおだてないでくれ〔不识～〕引き立てに感謝しない
【抬头】tái'tóu 動頭を上げる，頭をもたげる〔羞得头都抬不起来了〕恥ずかしくて顔も上げられない

【骀（駘）】tái ⊗鈍い馬（転）鈍い人 ⇨dài

【跆】tái ⊗踏む〔～道〕【体】テコンドー
【鲐（鮐）】tái ⊗サバ〔～鱼〕同前

【薹】tái 图【植】① カサスゲ ② ニラ，アブラナ等の茎，花軸〔芸yún～〕アブラナ

【太】tài 副余りにも…だ，ひどく，極めて〔～多（了）〕多すぎる〔～好了〕素晴らしい〔不～好〕余りよくない
⊗图身分が非常に高いか，世代がかなり上の人に対する尊称〔～爷爷〕ひいおじいさん
【太白星】tàibáixīng 图【天】金星
【太阿倒持】Tài'ē dào chí〈成〉（宝剣を逆さに持つ＞）人に権限を譲り，その結果自分が脅威にさらされる
【太公】tàigōng 图曾祖父
【太古】tàigǔ 图太古
【太后】tàihòu 图皇帝の母，皇太后
*【太极拳】tàijíquán 图太極拳〔打～〕太極拳をする
【太监】tàijiān/tàijiàn 图宦官
*【太空】tàikōng 图大気圏外，宇宙〔～站〕宇宙ステーション
【太庙】tàimiào 图天子の祖先を祭る廟
【太平】tàipíng 圏（社会が）平安な〔～无事〕太平無事である〔～门〕非常門〔～梯〕非常用階段〔～间〕霊安室
【太婆】tàipó 图〔方〕曾祖母
【太上皇】tàishànghuáng 图皇帝の父
【太师椅】tàishīyǐ 图〔把〕旧式の木製ひじ掛けいす
【太岁】tàisuì 图①木星の古名 ⇦【太阴】②地方のボス ♦'～'の神に由来
【太岁头上动土】tàisuì tóushang dòng tǔ〔俗〕権威者を怒らせるようなまねをする，身の程知らずの事をする
【太太】tàitai 图奥様，奥さん〔王～〕王さんの奥さん〔我～〕家内〔您～〕あなたの奥様
*【太阳】tàiyáng/tàiyang 图太陽，日光〔～电池〕太陽電池〔～黑子zǐ〕黒点〔～历〕太陽暦〔～能〕太陽エネルギー
【太阳穴】tàiyángxué 图こめかみ
【太爷】tàiyé 图①祖父 ②〔方〕曾祖父
【太阴】tàiyīn 图①〔方〕月 ②木星の古名 ⇦【太岁】
【太子】tàizǐ 图皇太子

【汰】tài ⊗淘汰する〔淘táo～〕同前

【态（態）】tài 图〔語〕態，ボイス，相 ⊗姿，形〔姿～〕姿態，態度
*【态度】tàidu/tàidù 图①振舞い，身振り〔耍～〕当たり散らす ②態度，立場〔改变～〕態度を変える
【态势】tàishì 图態勢，状況

【肽】tài 图【化】ペプチド
【钛（鈦）】tài 图【化】チタン，チタニウム
【酞】tài 图【化】フタレイン

【泰】tài ⊗①安らかな〔～然自若〕落ち着きをはらっている ②極〔～西〕〔書〕西洋 ③（T-）姓
*【泰斗】tàidǒu 图第一人者，権威 ⇦【北斗 dǒu】
【泰山】tàishān 图①（T-）泰山（山東省の名山）②岳父，妻の父

【坍（*坤）】tān 動崩れる
【坍方】tān'fāng 動（道路や堤防などが）崩れる，地滑りする
【坍塌】tāntā 動崩壊する，倒れる
【坍台】tān'tái 動〔方〕①（事業などが）つぶれる，崩壊する ②面目をつぶす

【贪（貪）】tān 動むさぼる〔～玩儿〕遊びたがる〔既～吃又～睡〕食いしん坊で寝坊だ〔～便宜〕目先の利をむさぼる，うまい汁を吸う ⊗わいろを取る〔～官〕汚職役人
【贪得无厌】tān dé wú yàn〈成〉貪

tán

欲で飽くことを知らない

*【贪婪】tānlán 形 貪欲 〖~地追求知识〗貪欲に知識を追求する

【贪恋】tānliàn 動 未練がある、名残りを惜しむ

【贪生怕死】tān shēng pà sǐ 《成》(大事を前に) 命を惜しみ、死を恐れる

【贪图】tāntú 動 欲しがる、むさぼる 〖~金钱〗金銭をむさぼる

*【贪污】tānwū 動 汚職をする、わいろを取る 〖~公款〗公金を着服する

【贪心】tānxīn 名 貪欲 ― 形 欲張りな

【贪赃】tānzāng 動 わいろを取る

【贪嘴】tānzuǐ 形 食い意地の張った、口がいやしい

【怹】tān 代《方》あの方 ('他' の敬称)

【滩(灘)】tān ⊗ ① 砂浜 〖~头 tóu〗同前 [海~] 海辺の砂浜 ② 浅瀬

【滩簧】tānhuáng 名〔演〕江蘇省南部および浙江省北部の芸能 ◆上海の地方劇 '沪剧' の源流

【摊(攤)】tān 動 ① 広げる、並べる 〖~凉席〗ござを敷く ② (料理法で) 鍋に薄く延ばして焼く 〖~鸡蛋〗卵焼きを作る ③ 分担する 〖~任务〗任務を分担する 〖一~稀泥〗泥水のひとたまり

【摊场】tān'cháng 動 脱穀場で農作物を広げる

【摊贩】tānfàn 名 露店商人

【摊牌】tān'pái 動 (トランプで) 手持ちカードを並べて勝負を決する、手の内を見せる

【摊派】tānpài 動 (費用や労力を) 割り当てる

【摊儿】tānr 名 屋台、露店、スタンド (⇨[摊子]) [摆~] 露店を出す

【瘫(癱)】tān 動 麻痺して動けなくなる

*【瘫痪】tānhuàn 動 麻痺して動けなくなる 〖下肢~〗下肢が麻痺する [~状态] 麻痺状態 (比喩的にも)

【瘫软】tānruǎn 動 (手足に) 力が入らない、ぐにゃぐにゃな

【瘫子】tānzi 名 中風患者、半身不随者

【坛(罎 *壜 壇 罈)】tán 名 (~儿) つぼ、かめ ― 量 つぼやかめに入ったものを数える

【壇】 ⊗ ① 祭祀のための台 〖天~〗天壇 ② 壇 〖花~〗花壇 〖文~〗文壇

【坛子】tánzi 名 つぼ、かめ

【昙(曇)】tán ⊗ 雲が多い

【昙花】tánhuā 名〔植〕ウドンゲ

[~一现] 現われてすぐに消える

【倓】tán ⊗ 静かな

【谈(談)】tán 動 (人と) 話す、話し合う 〖~问题〗問題を話し合う 〖~恋爱〗恋愛する
⊗ ① 話 [奇~] 奇談 ② (T-) 姓

【谈不上】tánbushàng 動 話にならない、問題にならない

【谈锋】tánfēng 名 舌鋒、弁舌

【谈何容易】tán hé róngyì《成》口で言うだけなら簡単だ

【谈虎色变】tán hǔ sè biàn《成》(虎の話をしただけで顔色が変わる>) 臆病きわまりない

【谈话】tánhuà 名 談話 〖对记者的~〗記者会見に対する談話
—— tán'huà 動 話をする 〖在办公室~〗事務室で話し合う

【谈论】tánlùn 動 論じる、議論する 〖~时局〗時局について議論する

*【谈判】tánpàn 動 交渉する、協議する 〖~边界问题〗国境問題について協議する [和~] 和平交渉

【谈情说爱】tán qíng shuō ài《成》(男女が) 愛を語りあう

【谈天】tántiān 動 (~儿) 世間話をする、おしゃべりする

【谈笑风生】tán xiào fēng shēng《成》話が大いに盛り上がる

【谈心】tán'xīn 動 胸の内を話す、心中を語る

【谈言微中】tán yán wēi zhòng《成》表現は婉曲だが的を射ている

【郯】Tán ⊗ 〖~城〗郯城 (山東省の地名)

【痰】tán 名〔口〕痰 〖吐 tǔ ~〗痰を吐く

【痰喘】tánchuǎn 名 喘息

【痰气】tánqì 名《方》① 精神病 ② 卒中

【痰桶】tántǒng 名 痰つぼ

【痰盂】tányú 名 痰つぼ

【弹(彈)】tán 動 ① はじく 〖~球〗玉をはじく ② 機械で繊維を柔らかくする 〖~棉花〗綿を打つ ③ (撥弦楽器・鍵盤楽器を) 弾く 〖~吉他〗ギターを弾く 〖~钢琴〗ピアノを弾く
⊗ 官吏の罪を摘発する
⇨ dàn

【弹词】táncí 名〔演〕三弦や琵琶などの伴奏で歌い語る江南の説唱芸能

【弹劾】tánhé 動 弾劾する

【弹簧】tánhuáng 名〔根〕ばね、スプリング 〖~床〗スプリングベッド 〖~锁〗ばね錠前

【弹力】tánlì 名 弾力

【弹射】tánshè 動 (カタパルトで) 発射する

【弹涂鱼】tántúyú 名〔魚〕トビハゼ

覃谭潭镡澹檀志坦袒毯叹炭碳探

tán 一

- ***【弹性】** tánxìng 图 弹力性, 弹性
- **【弹压】** tányā 动〘旧〙弹压する
- **【弹指】** tánzhǐ 动 指をはじく(ほどの時間)〘~之间〙ほんの一瞬の間

【覃】 tán ⊗ ① 深い ② (T-) 姓
⇨Qín

【谭(譚)】 tán ⊗ ①'谈'と通用 ② (T-) 姓

【潭】 tán ⊗ 淵〖水~〗水たまり

【镡(鐔)】 Tán ⊗ 姓 ◆ Chán と読む姓も。剣に似た古代の武器名としては xín と発音

【澹】 Tán ⊗〘~台 tái〙姓「静か」の意の文語では dàn と発音

【檀】 tán ⊗ ① マユミ, シタン〖紫~〗シタン〖黑~〗コクタン ② (T-) 姓
- **【檀板】** tánbǎn 图 紫檀製の拍子木
- **【檀香】** tánxiāng 图《植》ビャクダン(白檀)

【志】 tǎn ⊗ 以下を見よ
- **【忐忑】** tǎntè 形 不安な, どきどきする〖~不安〗不安で落ち着かない

【坦】 tǎn ⊗ ① 平らな〖平~〗平坦な ② 心が平静な, 率直な〖~诚〗率直で誠実な
- ***【坦白】** tǎnbái 形 率直な, 隠しだてがない〖~地回答〗隠さずに答える ― 动 (罪や誤りを)告白する, 白状する〖~罪行〗罪を白状する〖从宽〗白状すれば寛大に扱う
- **【坦荡】** tǎndàng 形 ① 広くて平らな〖~的道路〗広くて平坦な道 ② 心が広い, さっぱりしている
- **【坦克】** tǎnkè 图〔辆〕戦車, タンク 〘~车〙
- **【坦然】** tǎnrán 形 平静な, 平然とした〖心里十分~, 什么也不怕〗心はとても平静で, 何も怖くない
- ***【坦率】** tǎnshuài 形 率直な〖~地说〗率直に言う
- **【坦途】** tǎntú 图〔多く比喩として〕平坦な道

【袒】 tǎn ⊗ ① 肌脱ぎになる〖~露〗(身体の一部を)むき出しにする ② かばう, 加担する〖偏~〗一方の肩を持つ
- **【袒护】** tǎnhù 动 かばう〖你太~孩子了〗君は子供をかばいすぎる

【毯】 tǎn ⊗ ① 毛布, じゅうたん, 壁掛けの類〖毛~〗毛布〖地~〗じゅうたん〖壁~〗壁掛け, タペストリー
- **【毯子】** tǎnzi 图〔条〕毛布, じゅうたん, 壁掛け類

【叹(嘆 *歎)】 tàn ⊗ ① ため息をつく〖长~〗長嘆息する ② 称賛する〖赞~〗賛嘆する ③ 吟ずる〖咏~〗詠嘆する
- **【叹词】** tàncí 图《语》感嘆詞 ◆'啊, 哎, 哼, 嗯, 哦, 嗐'など
- **【叹服】** tànfú 动 感服する, 感心する
- ***【叹气】** tàn'qì 动 ため息をつく〖叹一口气〗ため息を一つついた
- **【叹赏】** tànshǎng 动 称賛する〖~文采〗文学的才能をたたえる
- **【叹为观止】** tàn wéi guān zhǐ《成》(芸術などが)最高のものだと賛嘆する 典〖叹观止矣〗
- **【叹息】** tànxī 动〘书〙嘆息する〖不断~〗絶えずため息をつく

【炭(*炭)】 tàn 图 ① 木炭, 木炭状のもの(旸〖木炭〗) 〖骨~〗獣骨炭〖~笔〗 (デッサン用)木炭 ②〘方〙石炭
- **【炭火】** tànhuǒ 图 炭火
- **【炭墼】** tànjī 图 練炭炭 旸〖蜂窝煤〗
- **【炭精】** tànjīng 图 カーボン, 炭素
- **【炭疽】** tànjū 图《医》炭疽〖~病〗炭疽病
- **【炭盆】** tànpén 图 (~儿)火鉢〖火盆〗

【碳】 tàn 图《化》炭素
- **【碳黑】** tànhēi 图《化》カーボンブラック
- **【碳水化合物】** tànshuǐ huàhéwù 图 炭水化物
- **【碳酸】** tànsuān 图《化》炭酸
- **【碳酸气】** tànsuānqì 图《化》二酸化炭素 旸〖二氧化碳〗

【探】 tàn 动 ① 探す, 探る〖~路〗道を探す〖~动静儿〗様子を探る ② 頭や上半身を突き出す〖~脑袋〗頭を突き出す〖他把身子~在窗外〗彼は体を窓の外に乗り出している〖~身〗上半身を伸ばす
⊗ ① 訪問する, 見舞う〖~病〗病人を見舞う ② 偵察員, スパイ
- ***【探测】** tàncè 动 探測する, 測定する〖~高度〗高度を測定する〖~器〗探知器, 探査機
- **【探访】** tànfǎng 动 探訪する, 取材する〖~民间秘方〗民間秘伝の薬の処方を探す
- **【探戈】** tàngē 图《音》タンゴ〖~舞〗タンゴのダンス
- **【探监】** tàn'jiān 动 監獄へ行って面会する
- **【探究】** tànjiū 动 探究する
- **【探勘】** tànkān 动 (資源を)探査する
- **【探口气】** tàn kǒuqi/kǒuqì 动 探りを入れる
- **【探亲】** tàn'qīn 动 帰省する, (長く離れていた)親族を訪ねる〖~假〗有給の帰省休暇

【探求】tànqiú [動] 探求する〖认真地～人生〗真剣に人生を探求する
【探视】tànshì [動] 見舞う〖～伤员〗負傷兵を見舞う
*【探索】tànsuǒ [動] 探索する，探求する〖～自然之谜〗自然のなぞを探求する
*【探讨】tàntǎo [動] 討究する，研究討議する〖～原因〗原因を探求する
【探听】tàntīng [動] 探りを入れる，聞き込む〖～真假〗真偽を探る〖～敌人的动静〗敵の動静を探る
【探头探脑】tàn tóu tàn nǎo《成》(～儿) こそこそ怪しげに窺く
*【探望】tànwàng [動] ①見回す〖向四周～〗周囲を見回す ②(遠方から) 訪ねて行く〖～父母〗両親を訪ねる
【探问】tànwèn [動] (消息を) 尋ねる，(状況を)探る
【探悉】tànxī [動] 探り出す，突き止める
【探险】tàn'xiǎn [動] 探険する
【探询】tànxún [動] 尋ねる，聞き出す
【探照灯】tànzhàodēng [名] サーチライト
【探子】tànzi [名] ①(旧白話で) 斥候，偵察員 ②米刺しの類 ♦突き刺して中の物を調べるための器具

【汤(湯)】tāng [名]〔碗〕スープ，汁〖喝一口～〗スープを一口飲む［清～］コンソメ［米～］重湯
⊗①湯 ②温泉 ③煎じたもの ④(T-)姓
【汤匙】tāngchí [名] ちりれんげ [同]［调羹］
【汤锅】tāngguō [名] 殺したあと家畜の毛を抜くための熱湯の大なべ;《転》屠殺場
【汤壶】tānghú [名] 湯たんぽ [同]［汤婆子］
【汤剂】tāngjì [名]〔服·碗〕煎じ薬
【汤面】tāngmiàn [名]〔碗〕タンメン
【汤团】tāngtuán [名] もち米粉のだんご ♦多くあん入りで，ゆで汁とともに食べる [同]［汤圆］
【汤药】tāngyào [名]〔服·碗〕煎じ薬
【汤圆】tāngyuán [名] [同]［汤团］

【铴(鐋)】tāng ⊗［～锣］小さなどら(銅鑼)

【耥】tāng [動] 土を耕す

【嘡】tāng [擬] どらや太鼓の音の形容〖～～～的敲锣声〗じゃらんじゃらんというどらの音

【镗(鏜)】tāng [擬] [同]［嘡］
⇨táng

【蹚(*踼)】tāng [動] ①(浅い川を) 歩いて渡る ②(すきで)土を耕す

【唐】táng ⊗①でたらめ［荒～］でたらめである［～突］《書》粗暴な，失礼である ②(T-) 王朝名［～朝］唐(とう)(A. D. 618-907)［后 Hòu～］五代の後唐 (A. D. 923-936) ③(T-)姓
【唐人街】tángrénjiē [名] チャイナタウン，中華街
【唐装】tángzhuāng [名] 中国服，チャイナ服

【郿】Táng ⊗［～郚 wú］郿郚(とうご)(山東省)

【塘】táng [名] 池［池～］池，水たまり［鱼～］養魚池
⊗①堤防 ②風呂［澡～］浴槽
【塘肥】tángféi [名] 肥料に使う池の汚泥
【塘堰】tángyàn [名] 小さな貯水池

【搪】táng [動] ①防ぐ，遮る〖～住风〗風を防ぐ ②泥を塗りつける ③ごまかす，言い抜ける〖～差事 chāishi〗(職務を) いい加減にやりすごす
【搪瓷】tángcí [名] エナメル，ほうろう (珐瑯) 引き［～杯］ほうろう引きの湯飲み
【搪塞】tángsè [動] 責任逃れをする，一時しのぎをする〖～媒体〗メディアを適当にあしらう

【溏】táng ⊗泥状の，半流動的な［～便］軟便［～心］半熟

【糖】táng [名] ①砂糖 ②〔块〕あめ，キャンデー［巧克力～］チョコレート［酒心～］ウィスキーボンボン ③《化》糖(‘醣’とも)
【糖瓜】tángguā [名] (～儿) 麦芽糖で作った瓜状の食品(かまど神への供物)
【糖果】tángguǒ [名] 砂糖菓子，キャンデー
*【糖葫芦】tánghúlu [名]〔串〕(～儿) サンザシやカイドウの実を竹串に刺した食品 ♦溶かした砂糖がまぶしてある [同]［冰糖葫芦］
【糖浆】tángjiāng [名] シロップ
【糖精】tángjīng [名] サッカリン
【糖萝卜】tángluóbo [名]《口》甜菜(てんさい)，ビート
【糖尿病】tángniàobìng [名] 糖尿病
【糖稀】tángxī [名] 水で薄めた麦芽糖
【糖衣炮弹】tángyī pàodàn《成》(糖衣でくるんだ砲弾>) 甘い罠(わな)
【糖原(糖元)】tángyuán [名] グリコーゲン

【螗】táng ⊗セミの一種

【堂】táng [量] ①組になった家具を数える〖一～家具〗1式の家具 ②授業時間数を数える ([同]［节］)〖两～课〗2回の授業
⊗①母屋 ②広間［礼～］講堂

③旧時の法廷 ④商店の屋号 ⑤父方の祖父(または曽祖父)を同じくする親族〖～兄弟〗父方の従兄弟

【堂奥】táng'ào 图《書》①室内の奥まった所 ②奥義

【堂房】tángfáng 形《定語として》父方の祖父(または曽祖父)を同じくする親族の〖～兄弟〗父方の(男の)いとこ

【堂鼓】tánggǔ 图(伝統劇に用いる)両面を牛皮で張った太鼓

【堂倌】tángguān 图《旧》飲食店のボーイ

【堂皇】tánghuáng 形 堂々とした,立派な〖富麗～〗堂々として豪華な〖～的宾馆〗豪壮な高級ホテル

【堂客】tángkè 图 ①女の客 ②《方》女性 ③《方》妻

【堂堂】tángtáng 形《書》堂々とした〖仪表～〗風采が立派である〖～正正〗公明正大な,(風采が)堂々とした

【樘】táng 量 ドアと枠,窓と窓枠を数える〖一～玻璃门〗1枚のガラス扉 ⊗(ドアや窓の)枠

【膛】táng ⊗ ①胸,腹〖开～〗内臓を切り開く ②器物の空洞部分〖炉～〗ストーブの胴〖上～〗弾倉に弾を込める

【镗(鏜)】táng 動 ボール盤で穴をうがつ〖～床〗ボール盤,中ぐり盤〖～刀〗中ぐりバイト
⇨tāng

【螗】táng ⊗ カマキリ

【螳臂当车】táng bì dāng chē《成》(カマキリが腕を振り上げて車の前に立ちはだかる＞)蟷螂とうろうの斧 ◉[螳臂挡车]

【螳螂】tángláng 图〔只〕カマキリ ◉《方》[刀螂 dāoláng]

【棠】táng ⊗ ①《植》ヤマナシ,カイドウの類〖海～〗カイドウ ②(T-)姓

【棠梨】tánglí 图《植》ヤマナシ

【帑】tǎng ⊗ 国庫金

【倘(*儻)】tǎng ⊗ もしも,仮に〖～有困难〗なにか困難があれば…

【倘来之物】tǎng lái zhī wù《成》思い掛けなく得た利益,棚ぼた

*【倘若】tǎngruò 圈 もしも,仮に〖～不来,请先通知〗来られなければ事前に知らせてください ◉[倘或] [倘然] [倘使]

【淌】tǎng 動 流れ落ちる〖～眼泪〗涙をこぼす

【躺】tǎng 動 横たわる,寝そべる〖～在床上〗ベッドに横になる〖～着看书〗寝そべって本を読む

【躺柜】tǎngguì 图 低く横長の衣類箱

【躺椅】tǎngyǐ 图〔把〕寝いす,デッキチェア

【倘(儻)】tǎng ⊗ ①もしも,仮に ◉'倘' ②→[倜 tì ～]

【烫(燙)】tàng 形 ①(やけどするほど)熱い〖这汤真～〗このスープは本当に熱い — 動 ①熱くする〖～酒〗酒のおかんをする〖用熨斗 yùndǒu ～衣服〗服にアイロンをかける ②やけどする〖～手〗手をやけどする ③(髪に)パーマをかける

【烫发】tàng'fà 動 パーマをかける
【烫金】tàngjīn 動 金文字(金箔)をきせる
【烫蜡】tàng'là 動(床や家具などに)蝋をひく
【烫面】tàngmiàn 图 熱湯でこねた小麦粉〖～饺子〗'烫面'を皮にしたギョウザ
【烫伤】tàngshāng 图 やけど,熱傷
【烫手】tàngshǒu 形 手を焼く,厄介な

【趟】tàng 量 ①往復する回数を数える〖去了一～〗一度行った ②列車の発着を数える〖夜里还有一～车〗夜中にあと一便列車がある

【叨】tāo ⊗(恩恵を)受ける,蒙る
⇨dāo

【叨光】tāo'guāng 動 おかげを蒙る
【叨教】tāojiào 動 教えていただく
【叨扰】tāorǎo 動 お騒がせする〖今天可～您了〗(接待を受けて)今日は本当にお邪魔しました

【涛(濤)】tāo ⊗ 大波〖怒～〗怒濤〖松～〗松風

【焘(燾)】tāo/dào ⊗ 人名用字

【绦(條*縧縚)】tāo ⊗ 打ちひも,組みひも〖～子〗同前〖丝～〗絹の打ちひも

【绦虫】tāochóng 图〔条〕サナダ虫

【掏(*搯)】tāo 動 ①(手または道具を差し込んで)取り出す〖～钱〗(ポケットから)金を取り出す〖～耳朵〗耳をほじくる ②掘る〖～地道〗地下道を掘る

【掏腰包】tāo yāobāo 動《口》①自分の懐から(金を)出す〖舍不得～〗自腹を切るのが忍びない ②人の懐から掏する

tāo

【滔】tāo ⊗ ◎水が氾濫はんらんする

【滔滔】tāotāo 形 ① 水勢が盛んな ② (弁舌が)よどみない

*【滔滔不绝】tāotāo bù jué《成》(話が)滔々とうとうとよどみない

【滔天】tāotiān 形 ①(波浪が)天に届くほどの ② きわめて大きい［～大罪］極悪犯罪

【韬】(韜・弢) tāo ⊗ ① 弓や剣の袋 ② 隠す,包む［～晦 huì］《書》才能を隠す ③ 戦術

【韬光养晦】tāo guāng yǎng huì《成》才能を隠して外に現わさない ◎［韬光晦迹］

【韬略】tāolüè 图 古代の兵法書('六韬'と'三略')；(転)戦術

【饕】tāo ⊗ 貪る

【饕餮】tāotiè 图 ① 饕餮とうてつ ◆中国古代の伝説上の獣. 殷周時代の青銅器の文様に見られる ②(転)凶悪かつ貪欲な人

【逃】(*迯) táo 動 逃げる,避ける［～到国外］国外に逃げる［～难 nàn］避難する

【逃奔】táobèn 動 逃亡する［～他乡］異郷に逃げ落ちる

*【逃避】táobì 動 逃げる,逃避する［～责任］責任を逃れる［～灾难］災難を避ける

【逃兵】táobīng 图 逃亡兵；(転)脱落者

【逃窜】táocuàn 動 逃げる,逃げ回る［到处～］あちこち逃げ回る

【逃遁】táodùn 動《書》逃避する

【逃犯】táofàn 图 逃亡犯

【逃荒】táo huāng 動 飢饉のため他の土地に逃れる

【逃命】táo mìng 動 命からがら逃げる

【逃匿】táonì 動《書》逃げ隠れる

【逃跑】táopǎo 動 逃亡する,逃走する

【逃散】táosàn 動 逃げて散り散りになる

【逃生】táoshēng 動 生き延びる,命拾いする

【逃脱】táotuō 動 逃れる,切り抜ける［逃不脱责任］責任を逃れられない

【逃亡】táowáng 動 逃亡する

【逃学】táo xué 動 学校をサボる

【逃之夭夭】táo zhī yāoyāo《成》さっさと逃げる,とんずらする ◆詩経の'桃之夭夭'のもじり

【逃逸】táoyì 動《書》逃避する

【逃走】táozǒu 動 逃げ去る,逃走する［借故～］口実を設けて逃げる［逃不走］逃げられない

【洮】Táo ⊗［～河］洮ちゃお河(甘粛省)

【桃】táo 图(～儿)桃の実

⊗① 桃の木［～树］同前 ② 桃の実に似た物［寿～］桃の形をしたマントウ(誕生日のお祝い)［红～］(トランプの)ハート

【桃红】táohóng 形〖多く定語として〗桃色の,ピンクの

【桃花】táohuā 图 桃の花［～汛］春の増水,桃の花の季節に起こる大水

【桃李】táolǐ 图 教え子,門弟［～满天下］至る所に教え子がいる

【桃仁】táorén 图 ①(～儿)桃の実の核(薬用とする) ② クルミの実

【桃色】táosè 图 ① 桃色,ピンク ②《旧》男女間の情事

【桃子】táozi 图 桃の実

【陶】táo ⊗① 陶器［彩～］彩陶 ② 陶器を作る ③(人を)育成する［熏～］薫陶を受ける ④ うっとりする ⑤(T-)姓

*【陶瓷】táocí 图 陶磁器

【陶管】táoguǎn 图 土管

【陶器】táoqì 图［件］陶器

【陶然】táorán 形《書》陶然とした,うっとりした

【陶土】táotǔ 图 陶土,陶器の原料

【陶冶】táoyě 動 人材を育成する

【陶醉】táozuì 動 陶酔する,うっとりする［被音乐～了］音楽にうっとりさせられた

【淘】táo 動 ① 水中で洗い雑物を取り除く［～米］米を研ぐ ②(底にたまった物を)さらう［～井］井戸をさらう 一《方》いたずらな［这孩子真～！］本当にいたずらな子供だ

【淘河】táohé 图［鸟］［只］ペリカン ◎［鹈鹕 tíhú］

【淘换】táohuan 動 探し求める,物色する

【淘金】táo jīn 動 (土砂を洗って)砂金を採る

【淘箩】táoluó 图 (米を研ぐ)ざる

【淘气】táoqì 形 いたずらな,腕白な(◎[顽皮])［这孩子太～了］この子供はとてもいたずらっ子だ［～鬼］腕白坊主

【淘神】táoshén 形《口》厄介な,煩わしい,気骨が折れる

*【淘汰】táotài 動 淘汰する,(劣るものを)除く［有轨电车已经被～了］路面電車はもう撤去された［～赛］予選試合,勝ち抜き戦

【萄】táo ⊗ ぶどう［～酒］ぶどう酒［葡～ pútao］

【啕】táo ⊗(声を出して)泣く［号 háo～(号咷)］号泣する

〚**绹**(綯)〛 táo ⊗ 縄(で縛る)

〚**梼**(檮)〛 táo ⊗ [～昧mèi]《書》愚かな [～杌 wù] 伝説上の猛獣

【**讨**(討)】 tǎo [動] ①求める，請求する〚～债〛借金を取り立てる ②招く，引き起こす［自～苦吃］自分から苦しい目に遭う〚～人喜欢〛人に好かれる ③めとる〚～老婆〛妻をめとる
⊗①討伐する ②調べる［研～］研究討論する

【**讨饭**】tǎo▾fàn [動] 物乞いをする［～的］乞食

【**讨好**】tǎo▾hǎo [動]（～儿）①人の機嫌をとる〚～顾客〛お客の機嫌をとる〚讨他的好〛彼の御機嫌をとる ②〔多く否定文に用いて〕良い効果を得る〚费力不～〛骨折り損だ

【**讨价**】tǎo▾jià [動] 売り手が値段をつける

★【**讨价还价**】tǎojià huánjià《成》値段の駆け引きをする

【**讨教**】tǎojiào [動] 教えを請う

★★【**讨论**】tǎolùn [動] 討論する〚认真～了这个问题〛真剣にこの問題を討論した

【**讨便宜**】tǎo piányi [動] うまい汁を吸おうとする，得をしようとする

【**讨乞**】tǎoqǐ [動] 人に物乞いをする [同]［乞讨］

【**讨巧**】tǎoqiǎo [動] 要領よくやってうまい汁を吸う

【**讨饶**】tǎo▾ráo [動] 許しを請う

【**讨嫌**】tǎo▾xián [動] 嫌われる［讨人嫌］人に嫌われる

★★【**讨厌**】tǎoyàn [形] ①いやらしい，うんざりする〚～的天气〛いやな天気 ②厄介な，面倒な〚～的病〛厄介な病気 ━ [動] 嫌う〚～冬天〛冬が嫌いだ

【**套**】 tào [名]（～儿）①覆い，カバー，さや［手～］手袋［枕～］枕カバー ②(馬の)引き具，馬具 ③(縄で作った) 輪 ━ [動] ①かぶせる，覆う〚～毛衣〛セーターを重ねる ②つなぐ，かける〚车上～着两匹马〛2頭立ての馬車に仕立ててある ③模倣する〚硬～别人的经验〛無理に他人の経験を模倣する ④かまをかける，引っ掛ける〚～真话〛本当のことを言わせる ⑤取り入る〚～交情〛馴れ馴れしくする ━ [量] セット，組，同類のものを数える〚一～家具〛一揃いの家具〚两～邮票〛切手2セット［老一～］決まり切ったやり方
⊗決まり文句［～话］［～语］同前

【**套版**】tàobǎn [名]〚印〛重ね刷り，多色刷り

【**套包(子)**】tàobāo(zi) [名] 馬(ロバ，ラバ)の首に掛ける布または革製の輪

【**套餐**】tàocān [名] セットメニューの食事，定食

【**套车**】tào▾chē [動] 馬を車につなぐ，馬車を仕立てる

【**套购**】tàogòu [動] 不正購入する

【**套间**】tàojiān [名]（～儿）奥の部屋，次の間，(ホテルの)スイートルーム

【**套近乎**】tào jìnhu [動]《貶》(人と) 近づきになろうとなれなれしくする [同]［拉近乎］

【**套裤**】tàokù [名] (保温，防水のための)ズボンカバー

【**套曲**】tàoqǔ [名]〚音〛組曲

【**套圈儿**】tàoquānr [名] 輪投げ

【**套色**】tào▾shǎi [動] 数種類の色を重ね刷りする

【**套数**】tàoshù [名] ①(伝統劇の) 組み歌 ②一連の技巧や手法

【**套索**】tàosuǒ [名] (野性馬などを捕える)投げ縄，輪縄

【**套问**】tàowèn [動] それとなく尋ねる，かまをかける

【**套鞋**】tàoxié [名]〔双〕オーバーシューズ

【**套袖**】tàoxiù [名]〔副〕そでカバー，腕抜き

【**套印**】tàoyìn [名] 木版の重ね刷り

【**套用**】tàoyòng [動] 模倣する，当てはめる〚～公式〛(機械的に) 公式を当てはめる

【**套装**】tàozhuāng [名]〔身〕(上下揃いの)スーツ

【**套子**】tàozi [名] ①カバー，キャップ，さや［沙发～］ソファーのカバー ②決まり切ったやり方，絞切り型 ③わな

〚**忒**〛 tè ⊗ 間違い［差 chā～］同前
⇨tēi, tuī

【**铽**(鋱)】 tè [名]〚化〛テルビウム

〚**忑**〛 tè ⊗→［忐～ tǎntè］

【**特**】 tè [副]〔多く単音節形容詞の前で〕とても，非常に〚～好〛とても良い
⊗①特別な［独～］独特の ②わざわざ，専ら ③特務 ④ただ，…だけ［不～］《書》ただ…ばかりでなく

★★【**特别**】tèbié [形] 特別な，例外的な〚有～的风味〛格別の味わいがある［～快车］特急 ━ [副] とりわけ，格別に，わざわざ〚今年夏天～热〛今年の夏はとりわけ暑い〚～把家长请来〛わざわざ保護者に来てもらう

【**特产**】tèchǎn [名] 特産物

★【**特长**】tècháng [名] 特長，長所，特技〚发挥～〛得意技を発揮する

【**特出**】tèchū [形] 傑出した，ずば抜けた〚～的成绩〛ずば抜けた成績

【**特等**】tèděng [形]〔定語として〕特

T

等の〖~劳模〗特等労働模範
【特地】tèdì 圖 特に、わざわざ ♦好意をもって行うときに用い、押しつけがましさはない。(働[特意])〖这本书是~为你借的〗この本は特に君のために借りたのです
*【特点】tèdiǎn 图 特徴，特性，長所〖各人有各人的~〗各人にはそれぞれ特徴がある
*【特定】tèdìng 圈〖ふつう定語として〗特定の，定められた，限られた〖~的衣服〗この特に指定された衣服〖适应~的生活环境〗特定の生活環境に適応する
【特惠关税】tèhuì guānshuì 图 最恵国待遇関税
【特技】tèjì 图 ① 特殊技能〖~飞行〗アクロバット飛行 ②〖映〗特撮
【特价】tèjià 图 特価，(安売りのための)特別価格
【特刊】tèkān 图 (新聞や雑誌の)特集号，特別企画
【特例】tèlì 图 特例，特殊な事例
【特派】tèpài 動 特別に派遣する〖~员〗特派員
【特区】tèqū 图 経済特区の略称
【特权】tèquán 图 特権〖享受~〗特権を受ける〖~意识〗特権意識
*【特色】tèsè 图 特色，特徴〖具备~〗特色を備えている〖时代的~〗時代的特徴
【特赦】tèshè 图 特赦
【特使】tèshǐ 图 特使
*【特殊】tèshū 圈 特殊な，特別な(⊗一般)〖这个问题非常~〗この問題はきわめて特殊である〖~的才能〗特別な才能〖搞~〗特別扱いをする(求める)
【特为】tèwèi 圖 特に，別段に
【特务】tèwu 图 特務，スパイ〖~机关〗特務機関
—— tèwù 图 特殊任務
【特效】tèxiào 图 特効〖~药〗特効薬
【特写】tèxiě 图 ① ルポルタージュ ② クローズアップ
【特性】tèxìng 图 特性
【特异】tèyì 圈 ① 特に優れた，ずば抜けた ② 独特な〖~功能〗特別な功能
*【特意】tèyì 圖 特に，わざわざ(働[特地 dì])〖~来接您〗お迎えに参りました
【特有】tèyǒu 動 特有である〖我国~的动物〗我が国特有の動物
*【特征】tèzhēng 图 特徴〖突出~〗特徴を際立たせる
【特种】tèzhǒng 圈〖定語として〗特殊な('的'は不要)〖~工艺〗特殊工芸
【慝】tè ⊗ 罪悪

【忒】tēi ⊗［~儿］〘方〙鳥の羽ばたく音
⇨ tè, tuī

【熥】tēng 動 (冷えた食物を)温める，ふかす〖~馒头〗マントウをふかし直す

【鼟】tēng 擬 どん(太鼓の音)

【疼】téng 圈 痛い〖头很~〗頭が痛い —— 動 かわいがる〖奶奶最~我〗お婆ちゃんは私を一番かわいがってくれる［心~］ひどくかわいがる
*【疼爱】téng'ài 動 かわいがる，いつくしむ〖~女儿〗娘をかわいがる
【疼痛】téngtòng 圈 痛い，痛む

【誊(謄)】téng 動 書き写す，清書する〖~稿子〗原稿を清書する
【誊录】ténglù 動 書き写す
【誊清】téngqīng 動 清書する，浄書する〖~手稿〗自筆の原稿を浄書する
【誊写】téngxiě 動 書き写す，謄写する〖~版〗謄写版，ガリ版

【腾(騰)】téng 動 空にする，空ける〖~时间〗時間を空ける〖~地方〗場所を空ける
⊗ ① 跳び上がる，身を踊らす［欢~］喜びにわく ② 昇る［飞~］舞い上がる ③ (T-)姓
【腾贵】téngguì 動 (物価が) 跳ね上がる (働[昂贵])
【腾空】téngkōng 動 空高く上昇する〖~而起〗空中に舞い上がる
【腾挪】téngnuó 動 (資金を)移す，流用する
【腾腾】téngténg 圈 ぼっぽと湯気(気体など)を立てている〖热气~〗熱気盛んである〖厨房里蒸气~〗厨房は湯気がもうもうと立っている
【腾越】téngyuè 動 跳び越す〖~障碍物〗障害物を跳び越す

【滕】Téng ⊗ ① 周代の国名 ② 姓

【藤(*籐)】téng ⊗ 籐$_{\text{と}}$，つる［~椅］籐いす
【藤本植物】téngběn zhíwù 图 つる性植物
【藤萝】téngluó 图〖植〗フジ
【藤条】téngtiáo 图 籐のつる
【藤蔓】téngwàn 图 つる

【縢】téng ⊗ ① 密封する ② 縄，ひも

【䲢(鰧)】téng ⊗〘魚〙オコゼ

【体(體)】tǐ ⊗ 以下を見よ
⇨ tī
【体己(梯己)】tīji 图〖定語として〗① 溜めこんだ［~钱］へそくり ②

親しい, 親密な

【剔】tī 動 ① ほじる, そぎ取る〚～骨头〛骨から肉をそぎ取る〚～牙缝 fèng〛歯をせせる ②（悪いものを）よる, 除く〚～次品〛粗悪品をより分ける
【剔除】tīchú 動（悪いもの）より分けて捨てる
【剔透】tītòu 形 澄みきった

【踢】tī 動 ける〚～足球〛サッカーをする〚马～人〛馬が人間をける
【踢蹬】tīdeng 動 ① 足をじたばたさせる ② 金を無駄遣いする ③ 片づける
【踢踏舞】tītàwǔ 名 タップダンス〚跳～〛タップダンスを踊る

【梯】tī 名 ① はしご〚～子〛同前〚楼～〛階段 ② 階段状の物〚电～〛エレベーター, リフト
【梯次】tīcì ① 副 順次, 順番に ② 名 順序, 手順
【梯队】tīduì 名〚支〛①〚軍〛梯形編隊〚一～已突破了封锁线〛第1梯隊はすでに封鎖線を突破した ② 指導幹部の世代〚第三～〛第三世代の指導層
【梯级】tījí 名 階段の一段
【梯己】tījǐ 形 ⇨[体己 tījǐ]
【梯田】tītián 名〚块・层〛棚田, 段々畑
【梯形】tīxíng 名〚数〛台形, 梯形

【锑(銻)】tī 名〚化〛アンチモン

【啼(*嗁)】tí 動 ①（人が声を出して）泣く〚哭哭～～〛泣きじゃくる ②（鳥獣が）鳴く
【啼饥号寒】tí jī háo hán〚成〛（ひもじくて泣き寒くて叫ぶ＞）衣食に事欠く, 困窮する
【啼哭】tíkū 動 声を上げて泣く
【啼笑皆非】tí xiào jiē fēi〚成〛（泣くに泣けず笑うに笑えず＞）どう反応してよいかわからない

【蹄(*蹏)】tí 名 ひづめ〚～子〛同前
【蹄筋】tíjīn 名（～儿）牛, 羊, 豚のアキレス腱（料理の材料とする）

【鹈(鵜)】tí ⇨ 以下を見よ
【鹈鹕】tíhú 名 ペリカン ⓐ[淘河]

【提】tí 動 ① 手に提げる, 引き上げる〚～篮子〛手にかごを提げる〚～来一桶水〛水を桶に1杯汲み上げる ②（日時を）繰り上げる〚往前～三天〛3日繰り上げる ③ 提起する〚～要求〛要求を出す ④ 引き出す〚从银行～了三千元〛銀行から3千元を引き出した ⑤ 話題にする〚总～那件事〛いつもその事を話す〚～及〛～に言及する ⓧ(T-)姓
⇨ dī
【提案】tí'àn 名 提案〚递交～〛提案を手渡す
*【提拔】tíbá 動 抜擢する〚～干部〛幹部に抜擢する
【提包】tíbāo 名〚只〛手提げかばん, バッグ
*【提倡】tíchàng 動 提唱する, 呼び掛ける（ⓐ[倡导]）〚～计划生育〛計画出産を奨励する
【提成】tí chéng 動（～儿）（売上げなどの総額から）一定の割前を取る
【提纯】tíchún 動 精錬する
【提词】tí'cí 動〚演〛舞台の陰でせりふを付ける, プロンプターを務める
【提单】tídān 名 貨物引換証, 船荷証券（B/L）ⓐ[提货单]
*【提纲】tígāng 名〚份〛大要, 要綱, アウトライン〚发言～〛発言要旨
【提高】tígāo 動 高める, 向上させる〚～水平〛レベルを上げる〚～警惕〛警戒心を強める
*【提供】tígōng 動 提供する, 供給する〚～帮助〛援助を与える〚免费～〛無料で供給する
【灌】tíguàn 動 水を汲み上げて灌漑する
【提行】tí'háng 動〚印〛改行する
【提花】tíhuā 名（～儿）織機で織り出した紋様, 紋織
【提交】tíjiāo 動 付託する, 提出する〚～大会讨论一下〛討議するよう大会に提出する
*【提炼】tíliàn 動 精錬する, 抽出する〚从煤炭中～煤焦油〛石炭からコールタールを精製する
【提梁】tíliáng 名（～儿）（かご, バッグの）取っ手, ハンドル
【提名】tí'míng 動 指名推薦する, ノミネートする
*【提前】tíqián 動 繰り上げる〚～实现〛予定より早く実現する〚～一个星期〛1週間早める ⓐ[推迟]
【提挈】tíqiè〚書〛① 率いる ② 世話する
【提亲】tí'qīn 動 縁談を持ちかける ⓐ[提亲事]
【提琴】tíqín 名〚把〛バイオリン類の弦楽器〚大～〛チェロ〚中～〛ヴィオラ〚小～〛バイオリン〚低音～〛コントラバス
【提取】tíqǔ 動 ①（預けたものを）引き出す, 受け取る〚～存款〛預金を引き出す ② 抽出する
【提神】tí'shén 動 元気を回復する, 精神を高ぶらせる〚咖啡能～醒脑〛コーヒーは神経を刺激し元気を回復する
【提审】tíshěn 動 ①（法廷で）審問する ② 上級審で再審理する

【提升】tíshēng 動 ①昇進(昇格)させる ②運び上げる [~机]巻き揚げ機
*【提示】tíshì 動 指摘する,示す,気付かせる
【提手旁】tíshǒupáng 图【語】手へん 働(口)[提手儿]
【提速】tí'sù 動 スピードをあげる
*【提问】tíwèn 動 質問する,(多く教師が生徒に)問題を出す
【提箱】tíxiāng 图 トランク,スーツケース
【提线木偶】tíxiàn mù'ǒu 動 操り人形,マリオネット
【提携】tíxié 動 ①子供の手を引いて歩く ②(転)(後進を) 導く [~后学]後学を導く
【提心吊胆】tí xīn diào dǎn (成)内心びくびくする 働[悬心吊胆]
*【提醒】tí'xǐng 動 気付かせる,注意を喚起する [~学生注意听讲]学生によく講義を聞くよう注意をうながす
【提讯】tíxùn 動 尋問する
【提要】tíyào 图[份]摘要,要点,サマリー 働[摘要]
*【提议】tí'yì 動 提案する,発議する [我~去游泳]泳ぎに行くことを提案する
── tíyì 图[项]提案,建議 [~通过了]提案は通った
【提早】tízǎo 動 繰り上げる,早まる [~出发]予定を早めて出発する
【提制】tízhì 抽出して作る

【缇】(緹) tí ⊗ ミカン色

【鹈】(鵜) tí ⊗ 以下を見よ

【鹈鹕】tíhú 图(書)[鳥]ホトトギス

【题】(題) tí 图[道] ①題目,テーマ,(試験の)問題 [话~]話題 [试~]試験問題 ②書き記す,署名する [~了一首诗](絵画に) 詩を一首書き記した
⊗ (T-)姓
【题跋】tíbá 图 題字と跋文
【题材】tícái 图 題材
*【题词】tí'cí 图 記念または激励のための言葉を書く
── tící 图[篇]題詞,序文
【题解】tíjiě 图 ①解題,内容解説 ②解答詳解
【题名】tí'míng 動 (記念や顕彰のために)名前を書きつける
── tímíng 图 ①記念のために記した姓名 ②題名
【题目】tímù 图 題目,テーマ [讲演的~]講演のテーマ
【题字】tí'zì 動 (記念のために) 字句を記す
── tízì 图 (記念のために) 記された字句

【醍】 tí ⊗ [~醐 hú] 醍醐だい (仏教の妙法の喩え)

【鳀】(鯷) tí ⊗【魚】カタクチイワシ [~鱼] 同前

【体】(體*躰) tǐ ⊗ ①身体 [五~投地]五体投地(チベット仏教の礼拝の形) ②物体 [液~]液体 ③文字や文章のスタイル [文~]文体 ④自ら経験する ⑤【語】相,アスペクト ◆文法用語としては単用
⇨ tī
【体裁】tǐcái 图 (文学の)ジャンル
【体操】tǐcāo 图 体操 [做~]体操をする [~表演]体操演技 [广播~]ラジオ体操
【体察】tǐchá 体験し観察する
【体词】tǐcí 图【語】体言
【体罚】tǐfá 動 体罰を加える [~学生]学生に体罰を加える
【体格】tǐgé 图 体格,体形 [~魁梧]体格が立派だ
【体会】tǐhuì 動 体得する,理解する [~大家的难处]皆の辛さを身をもって知る
【体积】tǐjī 图 体積
【体力】tǐlì 图 体力 [~劳动]肉体労働
*【体谅】tǐliàng 動 人の気持ちをくむ,思いやる [~父母的心情]両親の気持ちを思いやる
*【体面】tǐmiàn 图 面目,体面 — 形 ①面目が立つ [不~的事]みっともない事 ②見栄えがいい,美しい [~的衣服]きれいな服
【体念】tǐniàn 動 相手の身になって考える,思いやる
【体魄】tǐpò 图(書)心身
【体式】tǐshì 图 書体,文体
【体态】tǐtài 图 姿勢,身のこなし
*【体贴】tǐtiē 動 細かく配慮する,思いやる [~老人]老人をいたわる
【体统】tǐtǒng 图 体裁,品位 [不成~]格好がつかない
【体味】tǐwèi 動 (言葉や事柄の意味を)じっくり味わう,かみしめる
【体温】tǐwēn 图 体温 [量~]体温を計る [~计][~表]体温計
【体无完肤】tǐ wú wán fū (成) ①全身傷だらけだ ②(議論や文章が)完膚なきまでやっつけられる
【体惜】tǐxī 動 その身になっていたわる
*【体系】tǐxì 图 体系,システム(働[系统]) [交通~]交通システム
【体现】tǐxiàn 動 具現する,具体的に現わす [教学中~了改革精神]教育の中で改革の精神を具現した
【体形】tǐxíng 图 体形,(機械などの)形状

【体型】tǐxíng 名 体格の型, 体type
【体恤】tǐxù 動 気遣いする, 心にかける
【体癣】tǐxuǎn 名〖医〗ゼニタムシ
*【体验】tǐyàn 動 体験する 〚~农村的生活〛農村での生活を体験する
【体液】tǐyè 名 体液
*【体育】tǐyù 名 体育 〚~场〛スタジアム 〚~馆〛体育館 〚~用品〛スポーツ用品 〚~运动〛スポーツ
【体制】tǐzhì 名 ① 体制, システム 〚管理~〛管理体制 ② (詩文の) 格式
【体质】tǐzhì 名 体格, 体質 〚改变~〛体質を変える
【体重】tǐzhòng 名 体重

【剃(*髠 鬀)】tì 動 (髪やひげを) そる 〚~胡子〛ひげをそる 〚~了个光头〛そって丸坊主にした
【剃刀】tìdāo 名〖把〗かみそり
【剃头】tì'tóu 動 髪をそる, 理髪する

【涕】tì ⊗ ① 涙 〚破~为笑〛泣きやんで笑う ② 鼻水 〚鼻~〛はな (洟), 鼻汁

【悌】tì ⊗ 兄を敬愛する 〚孝~〛《書》親に孝行し兄を敬愛する

【替】tì 動 代わる 〚他没来, 我~他〛彼が来ていないから, 私が代わろう ⋯の代わりに (⊕[为])〚你~我照张相吗〛写真を撮ってくれませんか
⊗ 衰える 〚衰~〛《書》衰退する
【替班】tìbān 動 (~儿) 人に代わって出勤する
【替代】tìdài 動 取り換える, 代える (⊕[代替])〚5号队员~他〛5番の選手が彼に代わる
【替工】tì'gōng 動 (~儿) 人に代わって働く
── tìgōng 名 (~儿) 代わりの作業員
【替换】tìhuàn 動 取り換える, 交替する 〚~前锋〛フォワードを替える 〚~尿布〛おしめを替える
【替身】tìshēn 名 (~儿) 身代わり 〚当~〛身代わりになる
【替死鬼】tìsǐguǐ 名 身代わり, スケープゴート
【替罪羊】tìzuìyáng 名 スケープゴート

【屉(屜)】tì ⊗ 器物の上部や中にはめる物 〚椅子~儿〛いすのクッション 〚抽~ chōuti〛引き出し 〚笼~〛せいろう
【屉布】tìbù 名 せいろうの中に敷く目の粗い布
【屉子】tìzi 名 ① せいろう 〚笼屉子〛 ② ベッドやいすのクッション部分 〚床~〛ベッドのマットレス ③ 引き出し

【倜】tì ⊗ 以下を見よ
【倜傥(俶傥)】tìtǎng 形《書》洒脱な, こだわりがない

【俶】tì ⊗「倜」と通用 ◆「始まる」の意では chù と発音

【逖(*逷)】tì ⊗ 遠い

【惕】tì ⊗ 注意深い 〚警~〛警戒する

【嚏】tì ⊗ くしゃみをする 〚~喷 pen〛くしゃみ

【天】tiān 名 ① 空, 天 〚明朗的~〛明るい空 ② 日, 昼間 〚~越来越长了〛日が長くなった ③ 時刻 〚~不早了〛時刻が遅くなった ④ 気候 〚~冷了〛寒くなった 〚夏~〛夏 ─ 量 一日 (24 時間) を表す 〚过了两~〛2日間過ぎた 〚第二~〛2日目
⊗ ① 自然の, 生来の 〚~足〛纏足 zhénzú をしていない足 ② 神, 天国, 楽園 ③ 頭上の 〚~桥〛陸橋
【天崩地裂】tiān bēng dì liè《成》(天地が崩れる>) ① 変化がまことに大きい ② 音響がすさまじい
【天边】tiānbiān 名 (~儿) 空の果て 〚近在眼前, ~〛求めるものはすぐ近くにある
【天兵】tiānbīng 名 ① 神が率いる兵 ② 無敵の軍隊
【天不怕, 地不怕】tiān bú pà, dì bú pà《俗》(天も地も恐れない>) 怖い物知らず
*【天才】tiāncái 名 ① 天才 〚~少见〛天才はまれだ ② 卓越した創造力 〚他很有艺术~〛彼は芸術に対して卓抜な才能がある
【天蚕】tiāncán 名 山まゆ, 天蚕
【天长地久】tiān cháng dì jiǔ《成》(天地のように長い>) (愛情などが) 永久に変わらない
【天长日久】tiān cháng rì jiǔ《成》長い年月がたつ
【天车】tiānchē 名〖機〗天井クレーン
【天秤座】tiānchèngzuò 名 てんびん座
【天窗】tiānchuāng 名 (~儿) 天窓
【天大】tiāndà 形《多く定語として》非常に大きい 〚~的好事〛実に素晴らしい事
【天敌】tiāndí 名 天敵
【天地】tiāndì 名 ① 天と地 〚炮声震~〛砲声が天地をゆるがす ② 天地, 世界, 範囲 〚野生动物活动的~〛野生動物の活動範囲
【天电】tiāndiàn 名 空電, 空中放電
【天蛾】tiān'é 名〖虫〗スズメガ
【天鹅】tiān'é 名〖只〗白鳥 〚~绒〛ビロード 〚~座〛白鳥座
【天翻地覆】tiān fān dì fù《成》(天

地が覆る>) 大変化, 大騒ぎ
【天方夜譚】Tiānfāng yètán 图 千夜一夜物語;(転) 荒唐無稽な話
【天分】tiānfèn 图 天分, 素質
【天府之国】tiān fǔ zhī guó 图 肥沃で物産豊かな土地(四川省を指す)
【天赋】tiānfù 图 天性 — 動 自然が与える [~人权] 天赋人権
【天干】tiāngān 图 十干 ♦甲, 乙, 丙, 丁, 戊, 己, 庚, 辛, 壬, 癸の総称 囤 [十干]
【天罡星】tiāngāngxīng 图 北斗星
【天高地厚】tiān gāo dì hòu (成) ① 恩情が厚い ② 事柄が複雑である 〚不知~〛事の容易ならざることを知らぬ
【天宫】tiāngōng 图 天人の宮殿
【天公地道】tiān gōng dì dào (成) きわめて公平である
【天沟】tiāngōu 图 (屋根の)とい
【天光】tiānguāng 图 ① 空の色, 時刻 〚~不早了〛時刻はもう遅い ② (方)朝
【天国】tiānguó 图 天国, パラダイス
【天河】tiānhé 图 天の川, 銀河
【天候】tiānhòu 图 天候 [全~飞机] 全天候型飛行機
【天花】tiānhuā 图 ①〖医〗天然痘 ② トウモロコシの雄花
【天花板】tiānhuābǎn 图 天井板
【天花乱坠】tiān huā luàn zhuì (成) (法話に酔って天上の花が紛々と舞い下りる>) 言葉巧みに誘惑して話す
【天荒地老】tiān huāng dì lǎo (成) 長い年月がたつこと 囤 [地老天荒]
【天昏地暗】tiān hūn dì àn (成) (天地が暗くなる>) 世が乱れ腐敗している
【天机】tiānjī 图 天機, 天の秘密
【天际】tiānjì 图 地平の果て
【天经地义】tiān jīng dì yì (成) 絶対に正しい道理
【天井】tiānjǐng 图 ①(四方に建物がある) 狭い中庭 囤 [院子] [院落] ②(明かりとりのための)天窓
*【天空】tiānkōng 图 天空, 空 [碧蓝的~] 紺碧の空
【天籁】tiānlài 图 〈書〉自然界の物音, 風が物にあたって鳴る音
【天蓝】tiānlán 圈〘定語として〙空色の, コバルトブルーの
【天狼星】tiānlángxīng 图〖天〗大犬座のシリウス
【天亮】tiān liàng 動 夜が明ける 囤 [天明]
【天灵盖】tiānlínggài 图 頭のてっぺんの骨
*【天伦之乐】tiān lún zhī lè (成) 一家団欒の楽しみ
【天罗地网】tiān luó dì wǎng (成) (透き間なく張りめぐらされた包囲網>) 厳重な警戒網
【天麻】tiānmá 图〖薬〗(漢方の)天麻(頭痛, 目まいなどの薬材)
【天马行空】tiān mǎ xíng kōng (成)(天馬空を行く>) (詩文や書道が)奔放である
【天明】tiān míng 動 夜が明ける 囤 [天黑]
【天命】tiānmìng 图 天命, 運命
【天幕】tiānmù 图 ① 大空, 天蓋 ② 舞台のホリゾント
【天南地北】tiān nán dì běi (成) 囤 [天南海北] ① 遠く離れている ② それぞれの地区 ③ あれこれ, とりとめがない
【天年】tiānnián 图 寿命, 天寿
【天牛】tiānniú 图〖虫〗カミキリムシ
【天怒人怨】tiān nù rén yuàn (成) (天は怒り人は恨む>) 皆の憤激を買う
【天棚】tiānpéng 图 ① 天井 ② 日よけ用のアンペラ屋根 囤 [凉棚]
【天平】tiānpíng 图〖架〗天びん
*【天气】tiānqì 图 天気, 天候, 気候 [~好转] 天候がよくなる [~变化无常] 天候が絶えず変化する [~预报] 天気予報 [~图] 天気図
【天堑】tiānqiàn 图 天然の塹壕
【天桥】tiānqiáo 图 跨線橋, 歩道橋
【天穹】tiānqióng 图 大空
【天球】tiānqiú 图 天球
【天然】tiānrán 圈〘定語として〙天然の, 自然の [~的湖泊 húpō] 天然の湖
【天然气】tiānránqì 图 天然ガス
【天壤之别】tiān rǎng zhī bié (成) 天と地の違い 囤 [天渊之别]
【天色】tiānsè 图 空模様, 時刻 [~转暗] 空模様が怪しくなる
【天上】tiānshàng 图 大空, 天上 [~人间] 天界と下界
【天生】tiānshēng 動 生まれつき備わる, 自然に形成される [~的本领] 天性の才能
【天时】tiānshí 图 ① 天候, 気候条件 [~不正] 天候が不順だ ② 時機
【天使】tiānshǐ 图 天使 [~鱼] エンゼルフィッシュ
*【天堂】tiāntáng 图 天国, 楽園
【天体】tiāntǐ 图 天体
【天天】tiāntiān 图 (~儿)毎日 [~锻炼身体] 毎日トレーニングする
【天庭】tiāntíng 图 額然の中央 [~饱满] (福相として)額が広い
【天头】tiāntóu 图 本のページの上端の空白部分 囤 [地头]
【天王星】tiānwángxīng 图〖天〗天王星
【天网恢恢, 疏而不漏】tiānwǎng huīhuī, shū ér bú lòu (成) 天網恢恢疏にして漏らさず, 天に張りめぐ

らした網は大きくて目が粗いが，悪人はそれを逃れることはできない ♦'天网恢恢'のみでも使う

*【天文】tiānwén 图 天文 [~馆] プラネタリウム [~台] 天文台 [~学] 天文学 [~望远镜] 天文望遠鏡

【天下】tiānxià 图 天下，世の中 (⑩[口][天底下]) [~无难事,只怕有心人] 志さえあれば難しいことはない

【天仙】tiānxiān 图 ① 女神 ② 美人

【天险】tiānxiǎn 图 自然の要害

【天线】tiānxiàn 图 アンテナ [室内~] 室内アンテナ [抛物面~] パラボラアンテナ

【天象】tiānxiàng 图 天体の現象 [~仪] プラネタリウム

【天晓得】tiān xiǎode 《俗》神のみぞ知る,あにはからんや ⑩[天知道]

【天蝎座】tiānxiēzuò 图 さそり座

【天性】tiānxìng 图 天性,本性 [~暴露了] 本性が現われた

【天悬地隔】tiān xuán dì gé《成》天地の隔たりがある

【天旋地转】tiān xuán dì zhuǎn《成》(天地が回る＞) ① 重大な変化 ② 目が回る ③ 大騒ぎする

【天涯】tiānyá 图 空の果て，遠く隔たった土地 [~海角] 天地の果て

【天衣无缝】tiān yī wú fèng《成》(天の衣には継い目がない＞) 少しの欠陥もない,完全無欠だ

【天鷹座】tiānyīngzuò 图 [天] わし座

【天灾】tiānzāi 图 [场] 天災 [~人祸] 天災と人災

【天葬】tiānzàng 图 鳥葬 (死体を鳥に食わせる葬法)

*【天真】tiānzhēn 圈 無邪気な,単純な [这孩子~极了] この子はとても無邪気だ [你想得太~了] 君の考えは単純すぎるよ

【天职】tiānzhí 图 天職

【天诛地灭】tiān zhū dì miè《成》(ののしりや誓いの語で) 神のばちがあたる,天罰を受ける

【天竹】tiānzhú 图 [植] ナンテン ⑩[南天竹]

【天竺】tiānzhú 图 天竺<small>じく</small>,インドの古称 [~葵] ゼラニウム [~鼠] 天竺ネズミ,モルモット

【天主教】tiānzhǔjiào 图 天主教,ローマカトリック教

【天资】tiānzī 图 素質,天分 ⑩[天赋]

【天子】tiānzǐ 图 天子,皇帝

【天字第一号】tiān zì dì yī hào《成》世界一,最高のもの

【添】tiān 動 ① 加える,増やす [~饭] ご飯のおかわりをする [给您~麻烦了] ご面倒をお掛けしました ② 《方》子供を生む [他家~了个孙子] 彼の家に孫が生まれた

【添补】tiānbu 動 補充する (⑩[增补]) [~三件衣服] 服を3着増やす

【添加】tiānjiā 動 添加する [~剂] 添加剤

【添乱】tiānˇluàn 動 面倒を増やす,邪魔する

【添枝加叶】tiān zhī jiā yè《成》枝葉を付ける,尾ひれを付ける ⑩[添油加醋]

【添置】tiānzhì 動 買い足す [~家具] 家具を買い足す

【田】tián 〔块·亩〕田,畑,フィールド [农~] 耕地 [稻~] 稲田
⊗ ① 狩をする ♦'畋''佃'とも ② (T-) 姓

【田地】tiándì 图 ① 〔块·亩〕田畑 ② 立場,苦境 ⑩[地步] [事情搞到了这步~] 事は既にこのような状態にまでなってしまった

【田埂】tiángěng 图〔条〕畦<small>あぜ</small>

【田鸡】tiánjī 图 ① [鸟] クイナ ② 蛙 ♦'青蛙'の通称

【田间】tiánjiān 图 野良,農村 [~劳动] 野良仕事 [~管理] 農作物の種まきから収穫までの管理

*【田径】tiánjìng 图[体] フィールドとトラック [~赛] 陸上競技

【田鹨】tiánliù 图[鸟] タヒバリ

【田螺】tiánluó 图 タニシ

【田亩】tiánmǔ 图 (総称として) 田畑

【田七】tiánqī 图 ニンジンサンシチ (人参三七) の根 ♦ 強壮,止血作用がある ⑩[三七]

【田赛】tiánsài 图[体] フィールド競技 [~场] 陸上競技場

【田鼠】tiánshǔ 图[只] 畑ネズミ

*【田野】tiányě 图 田野,野外 [江南的~] 江南の田野 [迷恋~] 田野に魅せられる [~调查][~工作] フィールドワーク (野外工作' とも)

【田园】tiányuán 图 田園,田舎 [荒芜的~] 荒れ果てた田園

【畑】tián ⊗ は たけ ♦ 日本製の漢字,'畠' とも書く

【钿(鈿)】tián ⊗《方》硬貨,金銭 [铜~] 銅貨
⇒diàn

【恬】tián ⊗ ① 静かな [~适] 《書》静かで快適な ② 平気な,気にしない

【恬不知耻】tián bù zhī chǐ《成》恬<small>てん</small>として恥じない

【恬淡】tiándàn 圈 無欲な,執着しない

【恬静】tiánjìng 圈 静かな,安らかな [环境清幽~] 環境は清らかで静か

である
【恬然】tiánrán [形]《書》落ちついた
【甜】tián [形]①甘い（[反][苦]）［香～］甘くておいしい ②（眠りが）快い〖～～地睡〗気持ちよく眠る ③愛らしい〖～～地笑〗愛らしく笑う
【甜菜(菾菜)】tiáncài [名]〖植〗テンサイ，砂糖大根 [同][糖萝卜]
【甜瓜】tiánguā [名]〖植〗マクワウリ [同][香瓜]
【甜美】tiánměi [形]①甘い〖～的苹果〗甘いリンゴ ②心地よい
【甜蜜】tiánmì [形]甘い，楽しい，幸せな〖～的梦境〗楽しい夢の世界
【甜面酱】tiánmiànjiàng [名]甘みそ [同][甜酱]
【甜品】tiánpǐn [名]甘い食品，甘いお菓子
【甜食】tiánshí [名]甘い食品
【甜水】tiánshuǐ [名]①（鉱物質の少ない）飲料に適した水 [反][苦水] ②幸せな環境
【甜丝丝】tiánsīsī [形]（～儿的）①ほどよく甘い〖这个菜～的〗この料理は甘くておいしい ②幸せな
【甜头】tiántou [名]（～儿）①ほのかな甘さ ②旨み，利益〖尝到～〗旨みを味わった
【甜言蜜语】tián yán mì yǔ《成》甘い言葉
【填】tián [動]①（穴，空所を）埋める，ふさぐ（[同][～塞 sè]）〖～缝儿 fèngr〗すきまを埋める ②書き込む〖～姓名〗氏名を書き入れる〖～申请表〗申請書に書き込む
【填报】tiánbào [動]表に書き込んで上級に報告する
【填补】tiánbǔ [動]不足を埋める，補塡する〖～亏空 kuīkong〗赤字を補塡する
【填充】tiánchōng [動]①詰めてふさぐ ②（試験問題で）穴埋めする [同][填空]
【填词】tián▼cí [動]一定の格式（'词牌 cípái'）にあてはめて'词'を作る
★★【填空】tián▼kòng [動]①空きを埋める ②（試験問題で）空所を埋める
【填料】tiánliào [名]充塡材，詰め物，パッキング
【填写】tiánxiě [動]書き込む〖～住址〗住所を書き込む〖～订单〗注文書に書き込む
【填鸭】tiányā [動]（北京ダック用の）アヒルの口に餌を詰め込む［～式教学法］詰め込み主義教育法 — [名]〔只〕詰め込み飼育されたアヒル
【阗(闐)】tián ⊗満ちる
【忝】tiǎn ⊗かたじけない〖～为代表〗かたじけなくも代表となった
【舔】tiǎn [動]なめる〖～了一下嘴唇〗ちょっと唇をなめた
【殄】tiǎn ⊗絶える，尽きる［～灭］《書》絶滅する
【腆】tiǎn [動]《方》（胸や腹を）突き出す〖～肚子〗腹を突き出す
⊗豊かな
【觍(靦)】tiǎn [動]ずうずうしくする〖～着脸〗厚かましくする
⊗恥じている
【掭】tiàn [動]（硯の上で）筆先を調える
【佻】tiāo ⊗軽薄な［轻～］軽はずみな
【挑】tiāo [動]①選ぶ，より分ける〖～西瓜〗スイカを選ぶ〖～毛病〗粗探しをする［～礼］礼儀のことでうるさく言う［～食］偏食する ②天びん棒で担ぐ〖～柴火〗たきぎを担ぐ — [名]（～儿）天びん棒とその両端の荷 — [量]（～儿）天びん棒の荷の数を数える〖一～水〗ひと担ぎの水
⇨tiǎo
【挑刺儿】tiāo▼cìr [動]《方》粗探しをする
【挑肥拣瘦】tiāo féi jiǎn shòu《成》（脂身を選(よ)り赤身を選ぶ＞）えり好みをする
【挑夫】tiāofū [名]荷担ぎ人夫 [同][挑脚的]
【挑拣】tiāojiǎn [動]（物を）選ぶ，選(よ)る〖从矿石中～金刚石〗鉱石からダイヤモンドを選ぶ
【挑毛拣刺】tiāo máo jiǎn cì《成》（毛を選び刺(とげ)を選る＞）粗探しをする，けちをつける
★【挑剔】tiāoti [動]粗探しをする，重箱の隅をつつく〖吃穿上太～了〗食べ物や着る物にうるさすぎる
【挑选】tiāoxuǎn [動]（適当なものを）選ぶ
【挑字眼儿】tiāo zìyǎnr [動]（言葉，字句の）粗探しをする，言葉じりをとらえる
【挑子】tiāozi [名]〔副〕天びん棒とその担ぎ荷
【祧】tiāo ⊗①先代の跡を継ぐ ②遠い祖先を祭る廟
【条(條)】tiáo [量]細長い物を数える〖一～鱼〗1匹の魚〖一～裤子〗1着のズボン〖一～河〗一筋の川〖一～街〗一筋の大通り
⊗①細枝［枝～］木の枝 ②細長い物［面～儿］うどん［钢～］棒鋼 ③簡単な書き付け［借～］借用メモ ④条理 ⑤項目［～陈］項目ご

とに述べる
【条案】tiáo'àn [名]〔张〕(置き物を載せる)細長い机
【条凳】tiáodèng [名] 長い腰掛け, ベンチ [同][板凳]
【条幅】tiáofú [名] (書画の)条幅じょうふく
★★【条件】tiáojiàn [名] ① 条件, 要素〖提供有利～〗有利な条件を与える［～反射］条件反射 ②状況, コンディション〖身体～很差〗身体の状況がよくない ③要求, 基準〖他们提出的～太高〗彼らが求める基準は高すぎる
★【条款】tiáokuǎn [名]〔项〕条項, 項目［最惠国～］最恵国条項
★【条理】tiáolǐ [名] 物事の筋道〖他讲话很有～〗彼の話はなかなか筋道がたっている
【条例】tiáolì [名] 条例, 規則〖～通过了〗条例が採択された
【条令】tiáolìng [名] (軍隊の) 条令, 規定
【条目】tiáomù [名] 条目〖宪法的～〗憲法の条項
【条绒】tiáoróng [名] コールテン [同][灯心绒]
【条文】tiáowén [名] (法律の)条文
【条纹】tiáowén [名] 縞しま, 縞模様［～布］ストライプの布地
【条形码】tiáoxíngmǎ [名] バーコード
★【条约】tiáoyuē [名] 条約〖签署～〗条約に署名する
【条子】tiáozi [名] ① 細長い物［纸～］細長い紙片 ②〔张〕書き付け, メモ

【调(調)】tiáo [動] 整える, 程よくする〖～味儿〗味を整える
[×]①適度である［失～］バランスを欠く ②挑発する, からかう
⇨ diào

【调处】tiáochǔ [動] 調停する
【调羹】tiáogēng [名]〔把〕ちりれんげ
★【调和】tiáohé [動] ①調停する, とりなす〖～纠纷〗もめごとを仲裁する ②妥協する〖没有～的余地〗妥協の余地がない ━ [形] 適度である, 程よい〖雨水～〗降雨が適度だ
【调护】tiáohù [動] 看護する, 世話する
★【调剂】tiáojì [動] ①薬を調合する, 調剤する ②調整する〖～精神〗気分を転換する
【调教】tiáojiào [動] ①しつける ②(動物を)調教する
★【调节】tiáojié [動] 調節する〖～生产〗生産を調節する
★【调解】tiáojiě [動] 調停する, 仲裁する〖～分歧〗食い違いを仲裁する
【调侃】tiáokǎn [動] (言葉で)からかう
【调理】tiáoli/ tiáolǐ [動] ① 養生する〖～身体〗保養する ②世話する〖～伙食〗賄いをする ③訓練する〖～猎犬〗猟犬を訓練する
★【调料】tiáoliào [名] 調味料, スパイス [同][作料]
【调弄】tiáonòng [動] ①からかう ②調節する, 順序立てる ③けしかける
【调配】tiáopèi [動] (薬・色などを) 調合する〖～药剂〗薬を調合する
★★【调皮】tiáopí [形] 腕白な, いたずらな ([同][顽皮])〖～的孩子〗手に負えない子供
【调情】tiáoqíng [動] (男女が) いちゃつく
【调色板】tiáosèbǎn [名] パレット
【调唆】tiáosuo/tiáosuō [動] そそのかす〖～孩子闹事〗子供をそそのかして騒ぎを起こす
【调停】tiáoting/tiáotíng [動] 調停する, 仲裁する〖～争端〗紛争の調停をする
【调味】tiáo▼wèi [動] 味を調える
【调戏】tiáoxi/tiáoxì [動] (女性を) からかう, ふざける〖～妇女〗女性をからかう
【调笑】tiáoxiào [動] からかう, ちゃかす
【调谐】tiáoxié [形] 調和のとれた ━ [動] (周波数を) 同調させる, チューニングする
【调谑】tiáoxuè [動] からかう [同][调笑]
【调养】tiáoyǎng [動] 養生する〖～身体〗体を養う
★★【调整】tiáozhěng [動] 調整する〖～机构〗機構を調整する〖计划的～〗計画の調整
【调治】tiáozhì [動] 養生する, 治療する
【调制】tiáozhì [動] ①〖電〗変調させる ②調合する〖～鸡尾酒〗カクテルを作る
【调制解调器】tiáozhì jiětiáoqì [名] モデム

【蜩】tiáo [×]セミ

【岧】tiáo [×]［～～］《書》山の高いさま

【迢】tiáo [×]はるかに遠い［千里～～］千里はるか

【苕】tiáo [×]以下を見よ ⇨ sháo

【苕子】tiáozi [名]〖植〗ノウゼンカズラ

【笤】tiáo [×]以下を見よ

【笤帚】tiáozhou [名]〔把〕草ぼうき

【龆(齠)】tiáo [×] 乳歯が生えかわる［～龀 chèn］《書》童年

【髫】tiáo [×]子供が下に垂らしている髪［～年］幼年

【挑】tiǎo [動] ①(竿などで) 高く揚げる, 支える〖棍子

T

上～着一挂鞭炮〗一連の爆竹を棒の上にかかげる ②（棒などで）突く，かき立てる〖～火〗火をかき立てる ③そそのかす〖～事〗もめ事を引き起こす ━[名]漢字のはね《㇀》

⇨tiāo

★**【挑拨】** tiǎobō [動]挑発する，離間する〖～他们俩闹矛盾〗二人をそそのかして仲違いさせる［～离间 jiàn］仲を引き裂く

【挑大梁】 tiǎo dàliáng [動]大黒柱となる，主役を演じる

【挑动】 tiǎodòng [動]そそのかす，引き起こす〖～内战〗内戦を起こさせる

【挑逗】 tiǎodòu [動]からかう，じらす [同][逗弄]

【挑花】 tiǎo▾huā [動]（～儿）クロスステッチ（刺繍）をする

【挑弄】 tiǎonòng [動]①そそのかす ②からかう

【挑唆】 tiǎosuo/tiǎosuō [動]そそのかす

★**【挑衅】** tiǎoxìn [動]挑発する〖～的口吻〗挑発的な口振り

★★**【挑战】** tiǎo▾zhàn [動]挑戦する，挑む〖接受～〗挑戦を受ける

〖朓〗 tiǎo ⊗（陰暦の月末）月が西に出る

〖窕〗 tiǎo ⊗ →［窈～ yǎotiǎo］

〖眺〗 tiào ⊗眺める［远～］遠くを眺める

【眺望】 tiàowàng [動]遠望する，見渡す〖～云海〗はるか雲海を眺める

【跳】 tiào [動]①跳ぶ，飛び上がる〖～下去〗跳びおりる〖～皮筋儿〗ゴムひも跳びをする ②鼓動する，ぴくぴくする〖眼皮～〗まぶたがぴくぴくする〖心脏～得很快〗心臓の鼓動が早い ③飛び越える［～班］飛び級する

【跳板】 tiàobǎn [名]〔块〕①（船から岸に掛けた）渡り板 ②《転》仮に身を置く場所，腰掛け ③（水泳の飛び込み用）飛び板

【跳槽】 tiào▾cáo [動]《転》くら替えする，転職する

【跳虫】 tiàochóng [名]〖虫〗トビムシ

【跳动】 tiàodòng [動]鼓動する，脈打つ〖动脉的～〗動脈の鼓動

【跳房子】 tiào fángzi [動]石けり遊びをする [同][跳间儿]

【跳高】 tiàogāo [名]〖体〗走り高跳び

【跳行】 tiào▾háng [動]①（読書や書写で）行を飛ばす ②職業を変える，商売替えする [同][改行]

【跳级】 tiào▾jí [動]飛び級する [同][跳班]

【跳脚】 tiào▾jiǎo [動]（～儿）足を踏みならす，地団駄を踏む [同][跺脚]

【跳梁（跳踉）】 tiàoliáng [動]跳ね回る，のさばる，跋扈（ばっこ）する

【跳马】 tiàomǎ [名]〖体〗跳馬

【跳棋】 tiàoqí [名]〔副・盘〕ダイヤモンドゲーム

【跳伞】 tiào▾sǎn [動]パラシュートで降下する，スカイダイビングをする

【跳神】 tiào▾shén [動]（～儿）シャーマンや巫女が神がかりになって踊る

【跳绳】 tiào▾shéng [動]（～儿）なわ飛びをする

【跳水】 tiàoshuǐ [名]〖体〗飛び込み［高台～］高飛び込み

【跳台】 tiàotái [名]飛び込み台，ジャンプ台［～滑雪］スキージャンプ

★★**【跳舞】** tiào▾wǔ [動]ダンスをする

【跳箱】 tiàoxiāng [名]〖体〗飛び箱〖跳～〗飛び箱を跳ぶ

【跳远】 tiàoyuǎn [名]〖体〗走り幅跳び

【跳月】 tiàoyuè [名]（ミャオ族やイ族などの）月夜に野外で集団で行う踊り

★**【跳跃】** tiàoyuè [動]ジャンプする［～运动］跳躍運動

【跳蚤】 tiàozao [名]〖虫〗〔只〕ノミ（[同][虼蚤 gèzao]）［～市场］のみの市

【粜（糶）】 tiào [動]（穀物を）売る〖～米〗米を売る

〖帖〗 tiē ⊗①従順な（'贴'とも）［服～］素直である ②妥当な ③（T-）姓

⇨tiě, tiè

【贴（貼）】 tiē [動]①貼る，貼りつける〖～邮票〗切手を貼る ②くっつく〖嘴～着耳朵说〗耳に口をくっつけて話す ③補助する〖～生活费〗生活費を補助する ━[量]膏薬を数える〖一～膏药〗膏薬1枚

【贴边】 tiēbiān [名]〔条〕衣服のへり，縁

—— tiē▾biān [動]（ある事柄と）少し関連する

【贴饼子】 tiēbǐngzi [名]〔张〕トウモロコシやアワの粉を練り大鍋に貼りつけて焼いた食品

【贴补】 tiēbǔ [動]補助する〖～孤儿〗孤児を援助する

【贴己】 tiējǐ [形]①親しい ②《方》へそくりの

【贴金】 tiē▾jīn [動]①金箔をつける ②外観を飾る，美化する

【贴近】 tiējìn [動]接近する，ぴったりつける

【贴谱】 tiēpǔ [形]（規則や実際と）ぴったり合った，妥当な

【贴切】 tiēqiè [形]（言葉が）適切な，ぴったりだ〖～的比喻〗的確な比喩

【贴身】 tiēshēn [形]①（～儿）肌身につける〖～衣服〗肌着 ②（服が）

T

ぴったり合う，フィットする
【贴水】tiēshuǐ [名] 両替差額，手数料
【贴题】tiētí [形] 直接関連した，的を射た
【贴息】tiēxī [名] 手形割引の利息 — [動] 手形割引をする
【贴现】tiēxiàn [動] 手形を割る
【贴心】tiēxīn [形] 親密な，心からの〖～的朋友〗最も親しい友人

【帖】tiě [名]（～儿）書き付け，メモ — [量]《方》漢方薬の1服
⊗①招待状［请～］同前 ②'生辰八字'（生年月日時の干支）などを記した書状［年庚～子］同前
⇨tiē, tiè

【铁(鐵)】tiě [名] 鉄〖炼～〗鉄を精錬する — [形]〔多く定語として〕かたい，揺るぎない〖这是～的事实〗これは揺るぎない事実だ
⊗①武器 ②(T-)姓
【铁案如山】tiě àn rú shān《成》確実な証拠で裏付けられている
【铁板】tiěbǎn [名] 鉄板［～一块］（団結した）一枚岩
【铁笔】tiěbǐ [名]〔支〕①篆刻(てんこく)用の小刀 ②がり版の鉄筆
【铁饼】tiěbǐng [名]〖体〗円盤投げ，円盤〖掷～〗円盤投げ(をする)
【铁杵磨成针】tiěchǔ móchéng zhēn《成》(鉄のきねを磨いて針にする＞)何事も努力を続ければ成し遂げられる
【铁窗】tiěchuāng [名] 鉄格子をはめた窓，監獄
【铁搭(铁铬)】tiědā [名]〔把〕まぐわの一種
【铁打】tiědǎ [形]〔定語として〕鉄で打った，堅固な
【铁道】tiědào [名] 鉄道 [同]［铁路］
【铁定】tiědìng [形]〔多く定語として〕確固とした，動かない〖～的事实〗揺るぎない事実
【铁饭碗】tiěfànwǎn [名] 鉄の茶わん，絶対食いはぐれのない安全な職業〖打破～〗国家丸抱えの給料制度を打破する
【铁工】tiěgōng [名] 鉄製品を作ったり修理する仕事，またはその職人
【铁轨】tiěguǐ [名]〔条〕(鉄道の)レール [同]［钢轨］
【铁甲】tiějiǎ [名] 鎧(よろい)，装甲［～车］装甲車
【铁匠】tiějiang/tiějiàng [名] 鍛冶屋
【铁矿】tiěkuàng [名] 鉄鉱
【铁路】tiělù [名]〔条〕鉄道［～运输］鉄道輸送［～客运量］鉄道旅客輸送量
【铁面无私】tiě miàn wú sī《成》きわめて公正無私である
【铁牛】tiěniú [名]《口》トラクター [同]《普》［拖拉机］
【铁皮】tiěpí [名] 鉄板，ブリキ，トタン
【铁器】tiěqì [名] 鉄器［～时代］鉄器時代
【铁锹】tiěqiāo [名]〔把〕スコップ，シャベル
【铁青】tiěqīng [形] 青黒い，(顔色が)土色の〖他板着～的脸，没有一句话〗彼は青ざめた顔をこわばらせたまま何も言わなかった
【铁拳】tiěquán [名] 鉄拳
【铁人三项】tiěrén sānxiàng [名]〖体〗トライアスロン
【铁砂】tiěshā [名] ①砂鉄 ②散弾
【铁杉】tiěshān [名]〖植〗ツガ
【铁石心肠】tiě shí xīncháng《成》情に流されない人，非情な心
【铁树】tiěshù [名]〖植〗ソテツ([同]［苏铁］)［～开花］ソテツの木に花が咲く，きわめて稀である
【铁水】tiěshuǐ [名] 溶解した銑鉄(せんてつ)
【铁丝】tiěsī [名]〔条·根〕針金，鉄線［～网］金網，鉄条網［带刺～］有刺鉄線
【铁索】tiěsuǒ [名] ケーブル，チェーン［～吊车］ケーブルカー［～桥］鉄ロープのつり橋
【铁塔】tiětǎ [名]〔座〕①鉄塔，鉄さび色の塔 ②高圧線の鉄塔
【铁蹄】tiětí [名] 鉄蹄(てってい);《転》人民への残酷な抑圧
【铁腕】tiěwàn [名]〔副〕鉄腕，剛腕
【铁锨】tiěxiān [名]〔把〕鉄製のシャベル，スコップ
【铁心】tiě▾xīn [動] 決意を固める
【铁芯】tiěxīn [名]〖電〗鉄心
【铁锈】tiěxiù [名] 鉄さび
【铁证】tiězhèng [名] 動かぬ証拠［～如山］反証を許さぬ揺るぎない証拠

【帖】tiè [名] 習字や絵の手本［碑～］拓本［法～］法帖(ほうじょう)
⇨tiē, tiě

【餮】tiè ⊗→［饕tāo～］

【厅(廳*厛)】tīng [名] 広間，ホール［～堂］同前［餐～］食堂，レストラン
⊗役所，オフィス［办公～］事務局［教育～］教育庁

【汀】tīng 水際(みぎわ)，砂洲

【听(聽*聴)】tīng [動] ①聞く〖～广播〗放送を聞く〖～汇报〗報告を聞く［～课］授業を聞く ②従う，聞き入れる〖～劝告〗忠告を聞き入れる — [量] 缶入りの物を数える〖一～啤酒〗缶ビール1本〖两～茶叶〗茶筒2缶のお茶［～装］缶入り

⊗① 任せる [～之任之] 任せっきりにする ② 判断する
【听便】tīng'biàn 動 都に任せる
【听不懂】tīngbudǒng 動 聞いても理解できない ⊗[听得懂]
【听差】tīngchāi 图(旧) 下男, 従僕
【听从】tīngcóng 動 従う [～指挥] 指揮に従う [～安排] 手筈に従う
【听而不闻】tīng ér bù wén (成) 聞き流す, 耳に入れない
【听候】tīnghòu 動 (指示や決定を)待つ
【听话】tīng'huà 動 ① (目上の者の) 言うことを聞く, 従う ② (～儿) 人の返事を待つ
【听见】tīngjiàn 動 聞こえる, 耳に入る [～一种奇怪的声音] へんな音が聞こえる [听不见] 聞こえない
【听讲】tīng'jiǎng 動 講義や講演を聞く
【听觉】tīngjué 图 聴覚
【听力】tīnglì ① (外国語の) ヒヤリングの能力 [～课] ヒヤリング授業 ② 聴力 [～检查] 聴力検査
【听凭】tīngpíng 動 好きにさせる, 自由に任せる(⇔[听任]) [婚事怎么办, ～你自己作主] 結婚をどうするかは君が自分で決めたらいい
【听其自然】tīng qí zìrán (成) 成り行きに任せる
【听取】tīngqǔ 動 (意見や報告を) 聞く [～大家的意见] 皆の意見に耳を傾ける
【听说】tīng'shuō 動 人の話として聞く, 聞くところによると…である(⇔[听人说]) [这事我早说～过] その件ならとっくに聞いている [～书市已经结束了] 書籍市はもう終わったそうだ
【听天由命】tīng tiān yóu mìng (成) 天命に任せる
【听筒】tīngtǒng 图① (電話の) 受話器 ② 聴診器
【听写】tīngxiě 動 聞き取りをする, ディクテーションをする
【听信】tīngxìn 動 聞いて信じ込む [～谣言] デマを真に受ける
── tīng'xìn 動 (～儿) 知らせを待つ
【听诊】tīngzhěn 聴診する [～器] 聴診器
【听众】tīngzhòng 图 聴衆, リスナー

【烃】(烴) tīng 图 [化] 炭化水素
【廷】tíng ⊗ 朝廷 [宫～] 宮廷
【庭】tíng ⊗ ① 庭 ② 法廷 [～长 zhǎng] 裁判長
【庭园】tíngyuán 图 花木を植えてある庭, 住宅に付属する花園
【庭院】tíngyuàn 图 中庭

【蜓】tíng ⊗→[蜻 qīng～]
【霆】tíng ⊗ 雷, 霹靂 pīlì
【亭】tíng ⊗① あずまや, ボックス [书～] 街頭の本の売店 [公用电话～] 公衆電話ボックス ② 均衡が取れている
【亭亭】tíngtíng 图(書) (樹木などが) まっすぐに伸びている [～玉立] (女性が)すらっとして美しい
【亭午】tíngwǔ 图(書) 正午
*【亭子】tíngzi 图 あずまや, 亭
【亭子间】tíngzijiān 图 (上海などの) 中二階の部屋 ◆台所の上にあり狭くて暗い

【停】tíng 動 ① 停止する, 止まる [～电了] 停電になった [雨～了] 雨がやんだ [～手] (仕事の) 手を止める ② 留まる, 滞在する [在重庆～了三天] 重慶で3日留まった ③ 停泊する, 停車する, 止める [门口～着一辆汽车] 家の前に車が1台止めてある ── 量(口) 総数をいくつかに分け, その中の一つを'一停(儿)'という [三～有两～是好的] 3つのうち2つがよいのだ
【停摆】tíng'bǎi 動 ① 振子が止まる [钟～了] 時計が止まった ② 物事が中断する
*【停泊】tíngbó 動 (船が)停泊する
【停产】tíngchǎn 生産を停止する
【停车】tíngchē 動 ① 停車する, 駐車する [～场] [～处] 駐車場 ② 機械が止まる
【停当】tíngdang 形 整っている, 完成している [一切都～了] すべて整った [屋子已经收拾～] 部屋はもう片付けた
【停顿】tíngdùn 動 ① 中断する [～了几个月] 数か月中断した ② 間をとる, ポーズをおく ── 图 間, ポーズ [朗读的～] 朗読の間
【停放】tíngfàng 動 (車を) 止めておく [～自行车] 自転車を止めておく [～棺材] 棺を安置する
【停工】tíng'gōng 動 仕事を止める, 操業を停止する
【停航】tíng'háng 動 (飛行機や船舶が) 欠航する
【停火】tíng'huǒ 動 発砲をやめる, 休戦する [～协议] 停戦協議
【停刊】tíngkān 動 (新聞, 雑誌が) 発行を停止する
【停靠】tíngkào 動 (船や列車が) 留まる, 停船する
【停留】tíngliú 動 留まる, 逗留する [在西安～了一周] 西安で1週間留まった
【停食】tíng'shí 動 消化不良になる,

食もたれになる

【停歇】tíngxiē 動 ① 廃業する ② 休む，休憩する 〖在小树林里~〗林の中で休む ③ 止める，止む
【停学】tíng'xué 動 停学にする，学校を中退する
【停业】tíng'yè 動 休業する，営業を停止する
【停战】tíngzhàn 動 停戦する
【停职】tíngzhí 動 停職処分にする
*【停止】tíngzhǐ 動 停止する，止まる 〖歌声~了〗歌声がやんだ 〖~演出〗公演をやめる
*【停滞】tíngzhì 動 停滞する，止まる 〖一直~不前〗ずっと停滞したままだ

【葶】tíng ⊗ 〖~苈 lì〗〖植〗イイナズナ

【婷】tíng ⊗ 以下を見よ

【婷婷】tíngtíng 形〖書〗(女性や樹木が) 美しい，しなやかだ 〖裊裊~〗〖書〗女性がしなやかに歩く様子

【淳】tíng ⊗ 水が溜る

【町】tíng ⊗ 田畑(の境界) ◆日本の地名の中ではふつう dīng と発音

【挺】tǐng 動 ① まっすぐにする，突き出す 〖~着肚子〗腹を突き出している ② 耐える，持ちこたえる 〖硬~〗頑張る 〖你~得住吗？〗我慢できますか ― 副 とても，かなり 〖电影~好看〗映画はとても面白い ― 量 機関銃を数える 〖两~机枪〗機関銃2丁
*【挺拔】tǐngbá 形 ① まっすぐそびえている 〖峰峦~〗山峰が高くそびえる ② (書画の筆法が) 強い 〖~的字体〗力強い字体
【挺进】tǐngjìn 動 前へ突き進む 〖队伍朝城市~〗部隊は都市に向かって突き進んだ
【挺举】tǐngjǔ 名〖体〗(重量挙げの) ジャーク
【挺立】tǐnglì 動 直立する，動ぜずに立ち向かう 〖~着一排白杨〗ポプラの列が立ち並んでいる
【挺身】tǐng'shēn 動 背すじをぴんと伸ばす，勇敢に立ち向かう 〖~而出〗困難に対し果敢に闘う
【挺秀】tǐngxiù 形 (体つき，樹木が) すっきりと高い 〖身材~〗すらっと背が高い
【挺直】tǐngzhí 動 (体を) まっすぐに伸ばす

【梃】tǐng ⊗ ① 棍棒 ② 戸や窓の縦の枠 〖~子〗同前

【珽】tǐng ⊗ 玉の笏 ◆'笏'は hù と発音

【铤】(鋌) tǐng ⊗ 速く歩くさま 〖~而走险〗向こう見ずに行う

【艇】tǐng ⊗ ボート，小船 〖快~〗モーターボート 〖游~〗遊覧船

【颋】(頲) tǐng ⊗ 剛直な

【恫】(痌) tōng ⊗ (病気で) 痛む
⇨ dòng

【通】tōng 動 ① 通る，通じる，達する 〖这条路~北京〗この道は北京に通じる ② 通す 〖~烟袋〗キセルの管を通す ③ つながる，往き来する 〖~不了消息〗音信不通だ ④ わかる，通じる 〖~医学〗医学に通じている ― 形 筋が通っている 〖这句话不~〗この言葉は筋が通らない ― 量〖書〗文書や電報を数える
⊗ ① 詳しい人，通〖中国~〗中国通 ② 普通，一般 〖~称〗通称 ③ 全部 〖~身〗全身 ④ (T-) 姓
⇨ tòng
【通报】tōngbào 名 上級機関が書面で下級機関に通告する (または公式の文書) 〖向下面~〗下部機関に通報する ― 動 (上位の者に) 報告する，知らせる
【通病】tōngbìng 名 共通の欠点
【通才】tōngcái 名 多くの才能を備えている人
*【通常】tōngcháng 形〖定語・状語として〗通常，平常 〖~的情况〗通常の状況 〖星期天他~不在家〗彼はふだん日曜日は家にいない
【通畅】tōngchàng 形 ① よどみがない，すらすら進む 〖道路~〗道路がスムーズだ ② (文章が) 流れるようだ，流暢 liúchàng だ
【通车】tōng'chē 動 ① 開通する ② 列車やバスが通じている
【通彻】tōngchè 動 通暁する，徹底する
【通达】tōngdá 動 人情や道理に通じている 〖~人情〗人情がよくわかっている
【通道】tōngdào 名〖条〗往来，街道
【通敌】tōng'dí 動 敵に内通する
【通电】tōng'diàn 動 ① 電流を通す ② 電報を各地に発信し公表する ◆ラジオ・テレビがない時代の広報形式
―― tōngdiàn 名〖份〗通電 〖下野~〗(旧時の政治家の) 下野通電
【通牒】tōngdié 名〖份〗通牒 tsūchō 〖最后~〗最後通牒
【通都大邑】tōng dū dà yì〖成〗大都会
【通读】tōngdú 動 ① 通読する 〖~公报〗コミュニケ全文に目を通す ② 読んでわかる
【通风】tōng'fēng 動 ① 風を通す，換気する 〖~窗〗換気窓 〖~口〗

【通告】tōnggào 動 通告する〖～居民〗住民に通告する ― 图〔张〕通告, 告示

【通古斯】Tōnggǔsī 图 ツングース ◆アルタイ語系の民族

【通过】tōngguò 動 ① 通る,通過する〖火车～了隧道〗列車がトンネルを通過した〖通不过〗通れない ② 採択する, 成立する〖～了政府工作报告〗政府活動報告が採択された ― 囨 …を通じて, …によって〖～他认识了你〗彼を通じてあなたと知り合いになった

【通航】tōngháng 動 （船や飛行機が）通行する

【通红】tōnghóng / tònghóng 形 真っ赤な〖～的晚霞〗真っ赤な夕焼け

【通话】tōng'huà 動 電話で話す ―― tōnghuà 動 双方共通の言語で話す

【通婚】tōng'hūn 動 婚姻によって姻戚関係を結ぶ

【通货】tōnghuò 图 通貨

【通货膨胀】tōnghuò péngzhàng 图 インフレ

【通缉】tōngjī 動 犯人の指名手配をする〖正在～这个逃犯〗その犯人を指名手配中だ

【通奸】tōng'jiān 動 不倫する,姦通する

【通连】tōnglián 動 連なっている,接続する

【通亮】tōngliàng 形 非常に明るい,明々としている

【通路】tōnglù 图〔条〕街道,大通り

【通明】tōngmíng 形 非常に明るい〖灯火～〗灯火が明々と輝く

【通年】tōngnián 图 一年中

【通盘】tōngpán 副 全体的に,全面的に〖～安排〗全般的に手配する

【通票】tōngpiào 图〔张〕通し切符 囮〔联运票〕

【通气】tōng'qì 動 ① 空気を通す,換気する〖～孔〗通風孔 ② 意思疎通をよくする, 連絡する〖请事先通个气〗事前にちょっと知らせて下さい

【通窍】tōng'qiào 動 よくわかる, わきまえる

【通情达理】tōng qíng dá lǐ〈成〉人情,道理をよくわきまえている

【通衢】tōngqú 图〈書〉往来のにぎやかな道路,街道

【通融】tōngróng 動 ① 融通をきかす ② (お金を)融通してもらう〖～外汇〗外貨を都合してもらう

【通商】tōng'shāng 動 通商する〖～条约〗通商条約

【通史】tōngshǐ 图〔部〕通史

【通顺】tōngshùn 形 筋が通っている,理路整然とした〖这篇文章不太～〗この文章は余り筋が通っていない

*【通俗】tōngsú 形 通俗的な,大衆向きの〖～的科学读物〗一般向けの科学普及読物

【通天】tōngtiān 形 最高の,すごい〖罪恶～〗罪は非常に重い

【通通】tōngtōng 副 すべて,完全に,何もかも〖～到了吗？〗皆揃ったか

【通统】tōngtǒng 副 囮〔通通〕

【通途】tōngtú 图〈書〉広い道路,街道

【通宵】tōngxiāo 图 一晩中,夜通し〖熬了一个～〗徹夜した〖～服务部〗終夜営業の店

【通晓】tōngxiǎo 動 精通する

【通心粉】tōngxīnfěn 图 マカロニ

【通信】tōng'xìn 動 通信する〖跟他通过信〗彼と手紙のやりとりをしたことがある

【通行】tōngxíng 動 ① 通行する〖停止～〗通行止めになる ② 通用する

*【通讯】tōngxùn 動 通信する［～社〕通信社〖～卫星〗通信衛星 ― 图〔篇〕通信ふうの文

【通夜】tōngyè 图 夜通し,一晩中 囮〔通宵〕

*【通用】tōngyòng 動 通用する,通じる〖全国～〗全国的に通用する〖～的词汇〗互いに通用する語彙〖～设计〗ユニバーサルデザイン

*【通知】tōngzhī 图 通知,知らせ〖张贴～〗通知を張り出す ― 動 通知する,知らせる〖～他们这件事〗この事を彼らに通知する

【嗵】tōng 擬〈ふつう重ねて〉早足で歩くさま, ドアをノックする音,心臓の鼓動などを表わす

【仝】tóng ⊗① '同'と通用 ② (T-) 姓

【同】tóng 動 同じくする,同じだ〖完全不～〗全然違う〖～年〗同じ年,その年〖大～小异〗大同小異 ― 囨 …と（囮〔跟〕）〖～大家商量〗みんなと相談する ― 圈 …と◆並列を示す〖我～他〗私と彼 ⊗① 共に,一緒に〖～吃～住～劳动〗共に食べ住み働く〖～苦乐〗苦楽を共にする ② (T-) 姓 '胡同'は hútòng / hútong と発音

【同班】tóngbān 動 班やクラスが同じである〖我跟他～〗彼とクラスが同じだ〖～同学〗クラスメート ―― tóngbān 图 クラスメート,同級生

【同伴】tóngbàn 图（～儿）仲間,

パートナー〖工作上的～〗仕事のパートナー

★【同胞】tóngbāo [名] ①はらから，兄弟姉妹 ②同胞，同じ国民，民族〖国外的～〗海外の同胞

【同辈】tóngbèi [動] 同世代である 一 [名] 同世代の者

【同病相怜】tóng bìng xiāng lián《成》同病相哀れむ

【同仇敌忾】tóng chóu díkài《成》共通の敵に対し強い憤りを抱く

【同窗】tóngchuāng [動] 同窓である 一 [名] 同窓，同級生

【同床异梦】tóng chuáng yì mèng《成》同床異夢

【同道】tóngdào [名] ①同志 ②同業者

【同等】tóngděng [形]〔定語・状語として〕同等である〖～的级别〗同等のランク

【同恶相济】tóng è xiāng jì《成》悪党同士が共謀する

【同房】tóngfáng [名] 同族，同系
—— tóng▾fáng [動] ①部屋を同じくする ②房事を行う

【同甘共苦】tóng gān gòng kǔ《成》苦楽を共にする

【同感】tónggǎn [名] 同感，共鳴〖读者的～〗読者の共感

【同工同酬】tóng gōng tóng chóu《成》同一労働同一賃金

【同工异曲】tóng gōng yì qǔ《成》やり方は違っても効果は同じ，同工異曲

【同归于尽】tóng guī yú jìn《成》共に滅びる

【同行】tóngháng [動] 同業である 一 [名] 同業(者)〖夫妻～〗夫婦同業〖排挤～〗同業者を締め出す
⇨tóngxíng

【同好】tónghào [名] 同好者

【同化】tónghuà [動] ①同化する［～政策］同化政策 ②〖語〗(音声の)同化現象を起こす

【同伙】tónghuǒ [名] ぐる(になる)

【同居】tóngjū [動] ①同居する ②同棲する

【同类】tónglèi [名] 同類，同じたぐい

【同僚】tóngliáo [名]《旧》同僚

【同流合污】tóng liú hé wū《成》悪人とぐるになって悪事を働く

【同路】tóng▾lù [動] 行を共にする，同道する［～人］同調者

【同盟】tóngméng [名] 同盟

【同名】tóngmíng [動] 同じ名である

【同谋】tóngmóu [動] 共謀する〖～叛变〗共謀して裏切る 一 [名] 共謀者

【同期】tóngqī [名] ①同期，同じ時期 ②(学校の)同期(生)

★★【同情】tóngqíng [動] 同情する，共鳴する〖～你的处境〗君の境遇に同情する〖～正义斗争〗正義の闘争に共鳴する

【同人(同仁)】tóngrén [名] 同僚，同業

【同上】tóngshàng [動] 上に同じである，同上である

【同声传译】tóngshēng chuányì [名] 同時通訳

★★【同时】tóngshí [名] 同時(に) 一 [接] それと同時に，しかも

★★【同事】tóngshì [名] 同僚
—— tóng▾shì [動] 同じ職場で働く

【同室操戈】tóng shì cāo gē《成》内部闘争をする，内輪もめ

【同岁】tóngsuì [動] 年齢が同じである〖和他～〗彼と同じ年齢だ

【同位素】tóngwèisù [名]〖理〗アイソトープ

【同乡】tóngxiāng [名] 同郷人

【同心】tóngxīn [動] 心を合わせる［～同德］心を一つにする

【同行】tóngxíng [動] 同行する
⇨tóngháng

【同性】tóngxìng [形]([反][异性]) ①同性の［～恋］［～恋爱］同性愛 ②同じ性質の

【同姓】tóngxìng [動] 同姓である

★★【同学】tóng▾xué [動] 同じ学校で学ぶ
—— tóngxué [名] ①学友〖高年级的～〗(学校の)先輩［同班～］同級生，クラスメート ②学生に対する呼称［～们］学生諸君，皆さん

【同样】tóngyàng [形] 同じだ，同様である〖～的题材〗同じ題材〖～处理〗同じように処理する 一 [接] 同様に

【同业】tóngyè [名] 同業(者)

【同一】tóngyī [形] ①〔多く定語として〕同一の〖～目标〗*同じ目標* ②等しい

★★【同意】tóngyì [動] 同意する，賛成する〖我～你的意见〗あなたの意見に賛成です

【同义词】tóngyìcí [名]〖語〗同義語，シノニム [関][反义词]

【同音词】tóngyīncí [名]〖語〗同音(異義)語

★【同志】tóngzhì [名] ①同志，志を同じくする人 ②(やや改まった呼称として)…さん〖王～〗王さん［女～］女の人 ③(見知らぬ人に呼び掛けて)もしもし，すみません [関][师傅] ♦ ②③は大陸での用法

【同舟共济】tóng zhōu gòng jì《成》助け合って困難を乗り切る

【同宗】tóngzōng [動] 同族である

〖侗〗
tóng ⊗幼い，無知な ♦ '笼统'の異表記'侗侗'では tǒng と発音
⇨dòng

〖茼〗
tóng ⊗以下を見よ

【茼蒿】tónghāo [名]春菊 [同][蓬蒿]

〖桐〗tóng ⊗〖植〗① キリ ② アブラギリ［油～］同前 ③ アオギリ［梧～］同前

【桐油】tóngyóu [名]桐油

【桐子】tóngzǐ [名]アブラギリの実(油を採る)

【铜(銅)】tóng [名]銅

【铜板】tóngbǎn [名]銅貨 [同][铜圆]

【铜版】tóngbǎn [名]〖印〗銅版［～画］銅版画

【铜匠】tóngjiàng [名]銅器の職人

【铜筋铁骨】tóng jīn tiě gǔ《成》頑健な身体

*【铜矿】tóngkuàng [名]銅鉱山

【铜绿】tónglǜ [名]緑青

【铜模】tóngmú [名]〖印〗(活字鋳造の)母型，字母

【铜钱】tóngqián [名]銅銭，穴あき銭

【铜墙铁壁】tóng qiáng tiě bì《成》金城鉄壁，きわめて堅固な防備 [同][铁壁铜墙]

【铜臭】tóngxiù [名]お金のにおい ♦ 金銭欲がぷんぷんすること

【铜圆(铜元)】tóngyuán [名]銅貨

【铜子儿】tóngzǐr [名]《口》銅貨

〖佟〗Tóng ⊗姓

〖彤〗tóng ⊗① 赤色 ② (T-)姓

〖童〗tóng ⊗① 児童，子供［儿～］同前［牧～］牧童 ② 未婚の，幼い［～女］未婚の女性，処女 ③ はげた［～山］はげ山 ④ (T-)姓

【童工】tónggōng [名]児童労働(者)，少年工

*【童话】tónghuà [名]〔篇〕童話〖安徒生～〗アンデルセン童話

【童年】tóngnián [名]幼年時代〖回顾～〗幼年時代を回顧する

【童声】tóngshēng [名](声変わりしていない)子供の声

【童心】tóngxīn [名]童心，無垢な心

【童养媳】tóngyǎngxí [名]《旧》トンヤンシー ♦ 将来息子の嫁にするため引きとられた娘

【童谣】tóngyáo [名]〔首〕童謡

【童贞】tóngzhēn [名](多く女性についての)貞操，純潔

【童子】tóngzǐ [名]男の子

〖潼〗Tóng ⊗［～关］潼関(陝西省の地名)

〖朣〗tóng ⊗以下を見よ

【朣朦】tóngméng [形]《書》明るくない

〖瞳〗tóng ⊗ひとみ

【瞳孔】tóngkǒng [名]瞳孔，ひとみ

【瞳人(瞳仁)】tóngrén [名](～儿)瞳孔，ひとみ

〖统(統)〗tǒng ⊗① 一つながり［传～］伝統 ② 全部，すべて ③ 筒状の物

【统舱】tǒngcāng [名]3等船室

【统称】tǒngchēng [名][動]総称(する)

*【统筹兼顾】tǒng chóu jiān gù《成》全体を見渡した計画を立てる [同][统筹全局]

【统共】tǒnggòng [副]全部で，合計して

【统购】tǒnggòu [動]統一購入する

*【统计】tǒngjì [動]統計をとる〖～人数〗人数の統計をとる［～学］統計学

【统领】tǒnglǐng [動]統率する

【统属】tǒngshǔ [動]従属する，隷属する〖～国务院〗国務院に属する

【统帅】tǒngshuài [名]統帥者〖唯一的～〗唯一の統帥者 — [動][同][统率]

【统率(统帅)】tǒngshuài [動]統率する，指揮する〖～部队出征〗軍を率いて出陣する

*【统统】tǒngtǒng [副]すべて，一切〖～拿去〗一切合財持って行く

【统辖】tǒngxiá [動]統轄する

**【统一】tǒngyī [動]統一する〖～祖国〗祖国を統一する — [形]統一的な，統一した〖～的步伐〗統一歩調［～战线］統一戦線

【统战】tǒngzhàn [名]統一戦線

**【统治】tǒngzhì [動]統治する，支配する〖～这个国家〗この国を統治する〖占～地位〗支配的地位を占める

【统制】tǒngzhì [動]統制する［～经济］統制経済

【捅(*搶)】tǒng [動]① 突く，突き刺す〖～出一个窟窿〗突いて穴をあける ② つつく，触る〖用手～他〗手で彼をつつく ③ 暴く〖～那件事〗その一件を暴く

【捅咕】tǒnggu [動]《口》① つつく ② そそのかす

【捅娄子】tǒng lóuzi [動]面倒を引き起こす

【捅马蜂窝】tǒng mǎfēngwō [動]トラブルを起こす

【桶】tǒng [名]桶，かめ［水～］水桶 — [量]桶一杯の量を数える

〖筒(*筩)〗tǒng ⊗① 竹の筒［竹～］竹筒 ② (～儿)筒状の物［烟～］煙突［万花～］万華鏡 ③ (～儿)衣服の筒状の箇所［袖～儿］そで

【筒瓦】tǒngwǎ [名]半円筒型の瓦

【筒子】tǒngzi [名]筒［枪～］銃身

〖恸(慟)〗tòng ⊗深い悲しみ［～哭］慟哭する

T

【通】tòng 量①楽器の打ち数を数える『擂léi鼓三~』太鼓を3度打つ ②ひとしきり(話す)『说了他一~』彼にひとしきり説教した
⇨tōng

【痛】tòng 動(方)痛む⑧(普)⇔téng ⊗①悲しみ[悲~]ひどく悲しむ ②ひどく, 激しく[~饮]痛飲する[~悔]深く悔いる

【痛斥】tòngchì 動激しく非難する
【痛楚】tòngchǔ 形(書)苦しみ悲しむ
【痛处】tòngchù 图痛いところ, 弱み
【痛定思痛】tòng dìng sī tòng《成》苦しみが過ぎ去った後に苦しみを回想する(将来への戒めとする)
【痛风】tòngfēng 图[医]痛風
【痛感】tònggǎn 動痛感する『~事态的严重』事態の重大さを痛感する
【痛恨】tònghèn 動ひどく恨む『~敌人的暴行』敵の残虐な行為を心底恨む
【痛击】tòngjī 動痛撃を加える
【痛经】tòngjīng 图[医]生理痛
【痛觉】tòngjué 图痛覚
【痛哭】tòngkū 動激しく声をあげて泣く『~一场』ひとしきり泣き叫ぶ
*【痛苦】tòngkǔ 形苦しい『十分~的生活』非常に苦しい生活
*【痛快】tòngkuai/tòngkuài 形①愉快な, うれしい『心里真~』内心本当にうれしい ②痛快な, すかっとした『咱们喝个~』思い切り飲もうぜ ③率直な『~地说』率直に話す
【痛切】tòngqiè 形深く身にしみる, ひどく悲しい
【痛恶】tòngwù 動ひどく憎む
【痛惜】tòngxī 動心から惜しむ, 甚だ残念に思う『~失败』敗北を悔しがる
【痛心】tòngxīn 形嘆かわしい, つらい『令人~』嘆かわしい
【痛心疾首】tòng xīn jí shǒu《成》痛恨の極みである
【痛痒】tòngyǎng 图①苦しみ, 悩み ②重要さ[无关~]取るに足りない

【偷】tōu 動①盗む『~人家自行车』他人の自転車を盗む ②(暇を)見つける[~空儿kòngr]時間をつくる ―副こっそり『~听』盗み聞きする『~跑了』ずらかった
⊗いい加減にする('媮'とも書く)

【偷安】tōu'ān 動《書》目先の安逸を求める[苟且~]目先の安逸をむさぼる
【偷盗】tōudào 動盗む, 窃盗する
【偷渡】tōudù 動(川や海を) 不法に渡る
【偷工减料】tōu gōng jiǎn liào《成》手抜き仕事をする
【偷鸡摸狗】tōu jī mō gǒu《俗》①盗みを働く ②(男女が) いかがわしいことをする
【偷懒】tōulǎn 動怠ける, だらだらする『~耍滑』ずるける『爱~』よくサボる
【偷梁换柱】tōu liáng huàn zhù《成》中身をすり替える, いかさまをやる
【偷窃】tōuqiè 動窃盗する『~文物』文化財を盗む
【偷情】tōu'qíng 動密会する, あいびきする
【偷生】tōushēng 動無為に生きる
【偷税】tōu'shuì 動脱税する
【偷天换日】tōu tiān huàn rì《成》〈天を盗み日を取りかえる〉いかさまを弄して事の真相をごまかす
【偷偷】tōutōu 副(~儿)ひそかに, こっそり『~地溜了出去』こっそり外へ抜け出した
【偷偷摸摸】tōutōumōmō 形こそこそした, うさん臭い
【偷袭】tōuxí 動奇襲する
【偷闲】tōu'xián 動暇を見つける[忙里~]忙中に暇を見いだす
【偷眼】tōuyǎn 動目を盗む『~看』盗み見する
【偷营】tōu'yíng 動敵陣を奇襲する
【偷嘴】tōu'zuǐ 動盗み食いする, つまみ食いする

【头】(頭) tóu 图①頭『~很疼』頭が痛い[一颗~](斬られた)首ひとつ ②髪[剃tì~]頭を剃る ③(~儿)先端, 端, 最初, 最後『从~起』初めから(する)[走到~]行き止まりの所まで来る ④(~儿)残った部分[烟~]タバコの吸いがら ⑤(~儿)ボス, 頭目 ―量①役畜の頭数を数える『一~牛』1頭の牛 ②ニンニクの個数を数える『一~蒜』ニンニク1個 ③婚姻を数える[这一亲事]この結婚話 ―形《多く数量詞の前で》第一の, 最初の『~两天』最初の2日間[~奖]1等賞
―― tou ⊗①名詞を作る[石~]石, 岩 ②(~儿)動詞, 形容詞を名詞化する[看~]見どころ[甜~]甘味 ③方位詞を作る[前~]前の方

【头班车】tóubānchē 图 始発列車(バス)⑧[末班车]
【头部】tóubù 图頭部, 頭の部分
【头等】tóuděng 图第1番, 1等, 第1級『这是~大事』これは最も重要な事です『~的人才』最高の人材[~舱]1等客室
【头顶】tóudǐng 图頭のてっぺん
*【头发】tóufa 图[根·绺]頭髪, 髪の毛[~夹子jiāzi]ヘアピン

【头伏】tóufú [名]'三伏'の最初の10日間 [同][初伏]
【头盖骨】tóugàigǔ [名]頭蓋骨
【头骨】tóugǔ [名]頭骨，頭蓋骨
【头号】tóuhào [形]〔定語として〕第1の，最大の，最上の〚～敌人〛最大の敵
【头角】tóujiǎo [名]《書》頭角(とうかく)〚露～〛頭角を現わす
【头巾】tóujīn [名]〔块·条〕①スカーフ ②頭巾
【头盔】tóukuī [名]ヘルメット〚戴～〛ヘルメットをかぶる
【头里】tóuli/tóulǐ [名]前，先，以前〚请～走，我马上就来〛お先にどうぞ，私はすぐ行きますから〚咱们把话说在～〛あらかじめ話をしておこう
【头颅】tóulú [名]人の頭，首
【头面人物】tóumiàn rénwù [名]《貶》大立て者，大物
【头目】tóumù [名]《貶》頭目，親分
【头脑】tóunǎo [名]①頭脳，頭の働き〚很有～〛頭がいい〚～发昏〛頭がぼうっとする ②筋道，脈絡〚摸不着～〛見当がつかない ③《口》首領〚单位的～〛所属機関のボス
【头年】tóunián [名]①一年目 ②《方》去年，前年
【头皮】tóupí [名]①頭皮，頭〚搔～〛頭をかく ②ふけ
【头人】tóurén [名]族長，首長
【头生】tóushēng [名]①初産 ②(～儿)初産の子
【头绳】tóushéng [名](～儿)〔根〕(髪を結ぶ)ひも，元結
【头套】tóutào [名](役者の)かつら
【头疼】tóuténg [形]頭痛がする，うんざりする〚这件事真让我～〛この事は実に頭を悩ます
【头天】tóutiān [名]①その前日 ②初日
【头痛】tóutòng [形]頭痛がする [同][头疼]
【头头儿】tóutour [名]《口》頭(かしら)，ボス，指導者
【头头是道】tóu tóu shì dào《成》(話や行いが)筋道が立っている，論理がきちんと通っている
【头陀】tóutuó [名]頭陀(ずだ)，行脚僧
【头衔】tóuxián [名]肩書き〚律师的～〛弁護士の肩書き〚捞取～〛肩書きをせしめる
【头像】tóuxiàng [名]頭像，胸像
【头胸部】tóuxiōngbù [名]〖動〗(甲殻類，クモ類の)頭胸部
【头绪】tóuxù [名]筋道，糸口，手掛かり〚有了～〛目鼻がついた〚～纷繁〛事柄が入り組んで筋道が見えない
【头癣】tóuxuǎn [名]〖医〗しらくも
【头羊】tóuyáng [名]群を導く羊
【头油】tóuyóu [名]髪油，ポマード
【头重脚轻】tóu zhòng jiǎo qīng《成》上部が重すぎる，不安定な
【头子】tóuzi [名]《貶》頭目，ボス

【投】tóu [動]①投げる([同][扔rēng]）〚～手榴弹〛手投げ弾を投げる ②投じる，入れる，送る〚～选票〛投票用紙を入れる〚～信〛手紙を寄せる ③(自殺のため）飛び込む〚～湖〛湖に身を投げる ④参加する〚～向敌人〛敵側につく ⑤迎合する，合わせる〚～脾气〛気が合う

【投案】tóuʼàn [動]自首する
【投奔】tóubèn [動]頼って行く，身を寄せる〚～朋友〛友人を頼って行く
【投笔从戎】tóu bǐ cóng róng《成》筆を投げ捨てて従軍する
【投标】tóuʼbiāo [動]入札する
【投产】tóuchǎn [動]生産に入る，操業を開始する〚着zhuó手～〛操業に取り掛かる
【投诚】tóuchéng [動]降参する，帰順する〚向我军～〛我が軍に投降する
【投弹】tóuʼdàn [動]①爆弾を投下する ②手投げ弾を投げる
【投敌】tóudí [動]敵に投じる
【投递】tóudì [動]配達する［～员］郵便配達人〚～包裹〛小包みを配達する
【投放】tóufàng [動]①投げ入れる〚～鱼饵〛魚の餌を投げ入れる ②売り出す，放出する〚新产品已经～市场〛新製品は既に市場に売り出している
【投稿】tóuʼgǎo [動]投稿する〚他给报社投上稿了〛彼は新聞社に投稿した
【投合】tóuhé [形]ぴったり合う，気の合う〚他们俩脾气很～〛彼ら二人は気性が合っている ━ [動]合わせる〚～顾客的心理〛顧客の心理に合わせる
*【投机】tóujī [動]投機をする［～倒把］投機取り引きをする ━ [形]気が合う，意気投合した([同][投契])〚谈得非常～〛とても話が合う
【投井下石】tóu jǐng xià shí《成》(井戸に身を投じた者に石を投げつける>) 人の不幸につけこむ [同][落井下石]
【投考】tóuʼkǎo [動]受験する〚报名～〛受験を申し込む〚～医科大学〛医科大学を受験する
【投靠】tóukào [動](人に)頼る，身を寄せる〚～亲人〛身内を頼る
【投篮】tóuʼlán [動](バスケットボールで)シュートする
*【投票】tóuʼpiào [動]投票する〚你投谁的票？〛誰に投票するの
【投枪】tóuqiāng [名]投げ槍 ♦手で投げつける槍
【投亲】tóuʼqīn [動]親戚を頼って行

く [~靠友] 親戚や友人に身を寄せる
- 【投入】tóurù 動 ① (ある状態に) 入る, 始まる [正式~营业] 正式に営業を始める ② 投入する, 注ぎこむ [~资金] 資金を投入する ③ 参加する, 身を投じる [~运动] 運動に身を投じる ―― 图 [笔] 投じた資金
- 【投射】tóushè 動 ① (目がけて) 投げる [向群众~催泪弹] 大衆に催涙弾を投げ込む ② (光, 視線を) 注ぐ, 向ける
- 【投身】tóushēn 動 身を投じる [~革命] 革命に身を投じる
- 【投生】tóu'shēng 動 再生する, 生まれ変わる
- 【投师】tóu'shī 動 師について学ぶ
- 【投鼠忌器】tóu shǔ jì qì 〖成〗 (鼠を打ち殺したいが周囲の器物は壊したくない>) はたの者を巻き添えにするのを恐れて思い切った処置がとれない
- 【投宿】tóusù 動 投宿する, 泊まる [~农家] 農家に泊まる
- 【投诉】tóusù 動 提訴する
- 【投胎】tóu'tāi 動 生まれ変わる
- 【投桃报李】tóu táo bào lǐ 〖成〗 (桃をもらってスモモでお返しする>) 贈答品を交わす
- *【投降】tóuxiáng 動 投降する [无条件地~] 無条件で投降する [~主义] 敗北主義
- 【投影】tóuyǐng 動 投影する [~机] オーバーヘッドプロジェクター (OHP) ―― 图 [数] 射影
- 【投缘】tóuyuán 動 気が合う [跟他~] 彼と馬が合う
- *【投掷】tóuzhì 動 投擲する, 投げる [~铁饼] (スポーツ競技の) 円盤を投げる
- *【投资】tóu'zī 動 投資する [向企业~] 企業に投資する
―― tóuzī 图 投資, 投入した資財

【骰】tóu ⊗ [~子] [方] サイコロ

【钭】(鈄) Tǒu ⊗ 姓

【敨】tǒu 動 包みや巻物を開く

【透】tòu 動 ① (光や液体が) 通る, 突き抜ける [一进了一道阳光] 1筋の光が差し込んだ ② (秘密を) 漏らす [~个信儿] ひそかに知らせる ③ 現われる [脸上~出幸福的微笑] 顔に幸せな笑みが浮かんだ [婉约中~着怊悷] たおやかさの中に逞しさが垣間見える ―― 圏 ① [多く補語として] 透徹した [说~] はっきり言う ② 充分な程度の [衣服湿~了] 服がずぶぬれだ

- 【透彻】tòuchè 圏 徹底した, 透徹した [讲解~极了] 解説はきわめて詳
- 【透顶】tòudǐng 副 [補語として] 徹頭徹尾, とことん [腐败~] 腐り切っている
- 【透风】tòu'fēng 動 ① 風が通る, 風を通す [开开窗户透透风吧] 窓を開けて風を通しなさい ② (情報を) 漏らす
- 【透镜】tòujìng 图 レンズ [凹āo~] 凹レンズ [凸 tū~] 凸レンズ
- 【透亮】tòuliang 圏 ① 明るい, 透明な [一双~灵活的眼睛] きらきらとよく動く目 ② 明白な, はっきりしている [这话说得~!] 明解な説明だ
―― tòu'liàngr 動 光が差し込む
- 【透漏】tòulòu 動 (情報を) 漏らす
- 【透露】tòulù 動 (情報や心情を) 漏らす, 漏れる [信息~了] 情報が漏れた [~这件事的内幕] この件の内幕を漏らす
- *【透明】tòumíng 圏 透明な [~的水晶] 透き通った水晶 [~胶纸] セロハンテープ
- 【透辟】tòupì 圏 透徹した, 鋭い [~的理论] 透徹した理論
- 【透气】tòu'qì 動 ① 空気が通る ② 新鮮な空気を吸う ―― 圏
- 【透视】tòushì 图 透視画法 ―― 動 ① 透視する ② (X線で) 透視する
- 【透雨】tòuyǔ 图 [场] 十分なお湿り, たっぷり田畑を潤す雨

【凸】tū 動 突き出す, 膨らんだ [把肚子~出来] 腹を突き出す [凹āo~不平] でこぼこだ [~显] はっきり現れる

- 【凸版】tūbǎn 图 凸版 [~印刷] 凸版印刷
- 【凸面镜】tūmiànjìng 图 凸面鏡 ⊕ [凸镜]
- 【凸透镜】tūtòujìng 图 ルーペ, 凸レンズ ◆ふつう '放大镜' という

【秃】(禿) tū 圏 ① (頭, 山, 鳥獣の毛が) はげている [头顶~了] 頭のてっぺんがはげてきた [一头] はげ頭, 頭をむき出しにする [~树] 落葉した木 [~尾巴] 毛のないしっぽ ② ちびている [铅笔~了] 鉛筆がちびている ③ (文章の構成が) 不完全な

- 【秃笔】tūbǐ 图 [支] ① すり切れた筆 ② (転) [謙] 悪筆, 悪文
- 【秃顶】tū'dǐng 動 頭がはげる
―― tūdǐng 图 はげ頭
- 【秃鹫】tūjiù 图 [鳥] ハゲワシ
- 【秃噜】tūlu 動 [方] ① ほどける ② (羽根や毛が) 抜け落ちる ③ (服などを地面や床に) 引きずる ④ うっかり口をすべらす
- 【秃瓢儿】tūpiáor 图 つるつる頭, 丸坊主
- 【秃子】tūzi 图 はげ (の人)

突图涂途茶酴徒 — tú

【突】 tū ⊗ ① 突き進む［~入］突入する ② 突然［~变］突然変化する，突然変異を起こす ③ 突き出る，目立つ

＊【突出】 tūchū 形 ① 突き出ている［额头~］おでこが突き出ている ② 際立っている［~的成就］傑出した成果 ― 動 ① 際立たせる，目立たせる［~自己］自分を目立たせる［~题目］テーマを強調する ② 突撃して出る［~重重包围］十重二十重の囲みを突破する

【突飞猛进】 tū fēi měng jìn（成）飛躍的に前進する，目覚ましく発展する

【突击】 tūjī 動 ① 突撃する［~碉堡］トーチカに突撃する ② 一気に集中してやる［~麦收］麦の刈り入れに集中する［~上英语课］英語の短期集中授業をする(に出る)

【突厥】 Tūjué 名 突厥^{けつ} ◆中国古代のトルコ系民族

【突破】 tūpò 動 突破する，(困難を)乗り越える，(目標を)越える［~封锁线］封鎖線を突破する［~难关］難関を克服する

【突起】 tūqǐ 動 ① 突発する［异军~］新しい勢力が突然出現する ② そびえる

＊【突然】 tūrán 形 突然である，出し抜けの［事情来得太~］余りに突然の出来事だった［~袭击］急襲する［~的惨祸］突然の惨禍［~间］出し抜けに，ふいに

【突如其来】 tū rú qí lái（成）突然起こる，不意にやってくる

【突突】 tūtū 擬 心臓やモーターの音など［她的心~地跳］彼女は心臓がどきどきした

【突围】 tūwéi 動 包囲を突破する

【突兀】 tūwù 形 ① そびえ立つ，突き出ている［怪峰~］奇峰がそそり立つ ② いきなりである，唐突だ

【突袭】 tūxí 動 奇襲する

【图(圖)】 tú 名〔张〕図［插~］さし絵［天气~］天気図 ― 動 求める，追求する［~生存］生存をはかる［~他一笔钱］彼から金を取ろうとする ⊗ 計画，意図［雄~］壮大な計画

【图案】 tú'àn 名 模様，デザイン［几何~］幾何学模様

【图表】 túbiǎo 名〔张〕図表，グラフ［直线~］棒グラフ

【图钉】 túdīng 名（~儿）〔枚〕画びょう，押しピン

【图画】 túhuà 名〔幅·张〕図画［~纸］画用紙［~文字］絵文字

【图记】 tújì 名 判，印章，スタンプ

【图鉴】 tújiàn 名 図鑑

【图解】 tújiě 動 図解する

【图景】 tújǐng 名 絵にかかれた景物，光景 ◆理想の情景に例える

【图例】 túlì 名（地図などの）凡例

【图谋】 túmóu 動 たくらむ，謀る［~报仇］復讐をたくらむ

【图片】 túpiàn 名〔张·幅〕図や写真［~说明］キャプション

【图谱】 túpǔ 名 図鑑，図録

【图书】 túshū 名 図書，書籍

【图书馆】 túshūguǎn 名 図書館

【图腾】 túténg 名〔訳〕トーテム

【图像】 túxiàng 名 画像，映像［~显示器］ビデオディスプレイ

【图形】 túxíng 名 図形 ― 動 形を描く

【图样】 túyàng 名〔张·份〕図面，設計図

【图章】 túzhāng 名〔颗·方〕判こ，印章，印鑑［盖~］印を押す

【图纸】 túzhǐ 名〔张·份〕青写真，図面

【涂(塗)】 tú 動 ① 塗る［~油彩］ドーランを塗る ② なぐり書きする［乱~几个字］でたらめに何字か書く ③ 塗りつぶす［~错字］間違えた字を消す ⊗ ① 泥 ② 道路

【—(涂)】 ⊗(T-)姓

【涂改】 túgǎi 動 もとの字を消して書き直す［~招牌］看板を書き直す

【涂料】 túliào 名 塗料

＊【涂抹】 túmǒ 動 ① 塗りつける［~鞋油］靴クリームを塗る ② 書きなぐる［信笔~］筆任せに書きなぐる

【涂饰】 túshì 動 ①（塗料を）塗る ② 壁に漆喰^{しっくい}などを塗る

【涂炭】 tútàn〈書〉名 泥と火，非常な苦境，苦境に陥れる［~百姓］民衆を塗炭の苦しみに陥れる

【涂鸦】 túyā 名〈書〉〈謙〉悪筆，悪文

【涂脂抹粉】 tú zhī mǒ fěn（成）（おしろいを塗りたくる＞）（悪事を）粉飾してごまかす

【途】 tú ⊗ みち［半~而废］途中でやめる［归~］帰途

【途程】 túchéng 名 道程，行路

【途次】 túcì 名〈書〉道中(の宿)

＊【途径】 tújìng 名〔条〕道程，ルート，チャンネル［开拓 kāituò ~］ルートを切り開く［外交~］外交チャンネル

【茶】 tú ⊗〈書〉①〔植〕ニガナ ② カヤの白い花

【茶毒】 túdú〈書〉名 害毒 ― 動 迫害する［~生灵］民衆を害する

【酴】 tú ⊗ 以下を見よ

【酴醾】 túmí 名〈書〉2度発酵させた酒

【徒】 tú ⊗ ① 歩行，歩く ② むなしい，何もない，ただ…だ

け［～有虚名］虚名しかない ③徒弟［学～］見習い工 ④信徒 ⑤仲間，輩［暴～］暴徒 ⑥懲役［囚～］囚人

【徒步】túbù [副] 徒歩で〚～旅行〛徒歩で旅行する

★【徒弟】túdi/túdì [名] 徒弟，弟子

【徒工】túgōng [名] 見習い工

【徒劳】túláo [動] 無駄骨を折る〚这是～的〛それは無駄骨だ［～无功］何の成果もなく骨折り損だ

【徒然】túrán [副] ①無駄に，無益に〚～耗费精力〛無駄に精力を費す ②ただ…だけ〚他～爱出风头〛彼はただ目立ちたいだけだ

【徒手】túshǒu [副] 徒手で，素手で〚～格斗起来〛素手で戦う［～操］徒手体操

【徒孙】túsūn [名] 孫弟子

【徒刑】túxíng [名] 懲役〚被判了五年～〛懲役5年と決まった［无期～］無期懲役

【徒长】túzhǎng [動]〚農〛作物の茎葉が伸びすぎる

【徒子徒孙】túzǐ túsūn [名] ①弟子と孫弟子 ②《転》一味

〔屠〕 tú ⊗①家畜を殺す ②殺戮する［～城］都市をほふる ③(T-)姓

【屠场】túchǎng [名] 屠殺場

【屠刀】túdāo [名]〔把〕畜殺用の刀

【屠夫】túfū [名] ①食肉処理業者 ②殺戮者

【屠户】túhù [名] 食肉処理業者またはその店

【屠杀】túshā [動] 殺戮する〚～群众〛大衆を大量虐殺する

【屠宰】túzǎi [動] 家畜を殺す

〔瘏〕 tú ⊗病気

【土】 tǔ [名] ①土，土壌［泥～］土壌，粘土 ②土地，地域［国～］国土 ― [形] ①地元の，田舎っぽい［～老帽儿］《方》田舎っぺ ②〖多く定語として〗民間の（[反][洋]）［～专家］民間の専門家 ⊗(T-)姓

【土包子】tǔbāozi [名]《貶》田舎者，世間知らず

【土豹】tǔbào [名]〚鳥〛ノスリ

【土崩瓦解】tǔ bēng wǎ jiě《成》崩壊する

【土布】tǔbù [名] 手織り木綿

【土产】tǔchǎn [名] 土地の産物，地元の特産

★★【土地】tǔdì [名] ①土地，田畑 ②領土〚～辽阔〛国土が広い

―― tǔdi [名] 土地神，氏神［～庙］土地神の廟

★★【土豆】tǔdòu [名]（～儿）ジャガイモ [同][马铃薯]

【土法】tǔfǎ [名] 在来の方法，昔ながらのやり方

【土方】tǔfāng [名] ①（体積の単位）1立方メートルの土（くれ） ②土木工事 ③（～儿）民間療法

【土匪】tǔfěi [名] 土匪，土地の悪党

【土蜂】tǔfēng [名]〚虫〛ツチバチ

【土改】tǔgǎi [名] 土地改革

【土棍】tǔgùn [名] その土地のごろつき

【土豪】tǔháo [名] 土豪，その土地のボス［～劣绅］土豪劣紳 ♦旧時の地方ボス，悪徳地主など

【土话】tǔhuà [名] [同][土语]

【土黄】tǔhuáng [形]〖多く定語として〗黄土色の

【土皇帝】tǔhuángdì [名] 地方を牛耳る大ボス，軍閥

【土货】tǔhuò [名] 地元の産物

【土家族】Tǔjiāzú [名] トゥチャ族 ♦中国少数民族の一，主に湖南，湖北に住む

【土霉素】tǔméisù [名]〚薬〛テラマイシン

【土木】tǔmù [名] 土木工事［～工具］土木建築工具［～工程］土木工事

【土偶】tǔ'ǒu [名] 泥人形，土人形

【土坯】tǔpī [名] 日干しれんが［～房］日干しれんが造りの家

【土气】tǔqi/tǔqì [形] 田舎っぽい，野暮ったい

★【土壤】tǔrǎng [名] 土壌，土くれ

【土人】tǔrén [名]（未開地の）原住民

【土生土长】tǔ shēng tǔ zhǎng《成》その土地で生まれ育った

【土司】tǔsī [名]〚史〛土司 ♦西南少数民族のうち官職を与えられた首領

【土豚】tǔtún [名]〚動〛ツチブタ

【土围子】tǔwéizi [名] 防御塀に囲まれた村

【土温】tǔwēn [名] 土壌温度

【土星】tǔxīng [名]〚天〛土星

【土腥气】tǔxīngqì/ tǔxingqì [名] 土くさい臭い

【土音】tǔyīn [名] 地方なまり

【土语】tǔyǔ [名]（狭い地域の） 方言 [同][土话]

【土葬】tǔzàng [名] 土葬 [関][火葬][水葬][天葬]

【土纸】tǔzhǐ [名] 手すきの紙

【土质】tǔzhì [名] 土壌の質

【土著】tǔzhù [名] 土着の人，原住民

【土族】Tǔzú [名] 土族 ♦中国少数民族の一，主に青海省に住む

【吐】 tǔ [動] ①（口の中の物を）吐く，吐き出す〚～痰〛痰を吐く〚～西瓜子儿〛スイカの種を吐き出す ②話す〚～真情〛本心を述べる［～字］字音を正しく発する ③透き間から出す（出る）〚水稻～穗suì了〛稲が穂を出した

⇨tù

【吐蕃】Tǔbō [名]〚史〛吐蕃 ♦7-9

世紀栄えたチベット人の王国
【吐故纳新】tǔ gù nà xīn《成》古いものを捨てて新しいものを採り入れる
【吐露】tǔlù [動]吐露する，打ち明ける〖～心声〗胸の内を打ち明ける
【吐气】tǔ▾qì [動]胸のつかえやうっぷんを晴らす
【吐弃】tǔqì [動]吐き捨てる，はねつける，軽蔑する
【吐绶鸡】tǔshòujī [名]〖鳥〗七面鳥 [同][火鸡]
【吐絮】tǔxù [動]綿の実が開く
【吐谷浑】Tǔyùhún [名]吐谷渾(とよくこん)♦中国古代西北の民族
【钍(釷)】tǔ [名]〖化〗トリウム
【吐】tù [動]①もどす，嘔吐(おうと)する〖差点儿～出来〗危うくもどすところだった ②(横領した物を)戻す
⇨tǔ
【吐抹】tùmo [名]つば [同][唾抹]
【吐血】tù▾xiě [動]吐血する
【吐泻】tùxiè [動]吐瀉(としゃ)する，嘔吐と下痢をする
【兔(*兎)】tù [名](～儿)〔只〕ウサギ［家～］飼いウサギ
【兔唇】tùchún [名]兎唇(としん)，三つ口
【兔儿爷】tùryé [名]頭はウサギ，体は人間の泥人形 ♦中秋節に供える
【兔死狗烹】tù sǐ gǒu pēng《成》(ウサギが死ねば猟犬は煮て食われる>)用済みになると見捨てられる
【兔死狐悲】tù sǐ hú bēi《成》同類相哀れむ
【兔崽子】tùzǎizi [名]子ウサギ；《転》小わっぱ(罵語)
★★【兔子】tùzi [名]〔只〕ウサギ
【堍】tù [⊗]橋のたもと［桥～］橋頭
【菟】tù [⊗]以下を見よ
【菟丝子】tùsīzǐ [名]〖植〗ネナシカズラ ♦種子は強精剤
【湍】tuān [⊗]①流れが急である ②急流
【湍急】tuānjí [形]水の流れが急である
【湍流】tuānliú [名]《書》急流
【团(團)】tuán [名]①(～儿)丸いもの［汤～］あん入り団子のしるこ ②集団，グループ［剧～］劇団 ③(軍隊の)連隊 ④'中国共产主义青年团'の略 —[動]丸める〖～肉丸子〗肉団子をつくる —[量](～儿)一まとまりのものを数える〖一～碎纸〗丸めたくず紙〖一～和气〗和気あいあいの雰囲気
[⊗]丸い［～脸］丸顔
【团拜】tuánbài [動](会社·学校などで)新年の祝賀会を行う
【团饭】tuánfàn [名]握り飯
【团粉】tuánfěn [名]緑豆やオニバスの澱粉，片栗粉 ♦あんかけ料理に用いる
★【团结】tuánjié [動]団結する〖～起来〗団結しよう〖～就是力量〗団結は力なり —[形]まとまりのある，友好的な
【团聚】tuánjù [動](別れていた肉親が)集まる，一緒になる〖家人～〗一家団らんする
【团粒】tuánlì [名]団粒(だんりゅう)♦通気·通水性のよい粒子や土壌
【团练】tuánliàn [名]《旧》地主階級の武装組織
【团圞(团栾)】tuánluán [形](月が)丸い —[動](家族が)仲よく集まる
【团弄(抟弄)】tuánnong [動]①手のひらで丸める ②(人を)丸め込む
【团脐】tuánqí [名]雌ガニ，またその丸い腹部
【团扇】tuánshàn [名]〔把〕うちわ
★【团体】tuántǐ [名]団体［～操］マスゲーム
【团团】tuántuán [形]〖定語·状語として〗丸い，ぐるっと〖～围住〗ぐるりと取り囲む［～转］ぐるぐる回る，(忙しくて)目が回る
【团鱼】tuányú [名]〔只〕スッポン [同][甲鱼][鳖 biē]
【团员】tuányuán [名]①団員 ②中国共産主義青年団の団員
★【团圆】tuányuán [動]一家団らんする［～饭］一家団らんの食事［～节］中秋節
【团子】tuánzi [名]団子［菜～］野菜を具にした握り飯
【抟(摶)】tuán [動](球形に)こねる [同][团]
[⊗]めぐる，旋回する
【畽】tuǎn [⊗]村 ♦地名用字
【彖】tuàn [⊗]易の彖辞(たんじ)(卦に対する説明)
【忒】tuī/tēi [副]《方》とても，ひどく [同]《普》[太]
⇨tè, tēi
【推】tuī [動]①押す〖把门～开〗ドアを押し開ける ②(粉を)ひく〖～荞麦〗そば(粉)をひく ③平らにする，刈る〖～推子〗バリカンで刈る ④推進する ⑤辞退する，譲る〖借故～了〗理由をつけて断った ⑥遅らせる〖～婚期〗婚期を遅らす ⑦推薦する〖～他当代表〗彼を代表に推す
【推本溯源】tuī běn sù yuán《成》原因(起源)をたどる
【推波助澜】tuī bō zhù lán《成》混乱を助長する
★【推测】tuīcè [動]推測する〖我不相

信你的~〗私はあなたの推測を信じない〖~产量〗生産高を推測する

【推陈出新】tuī chén chū xīn《成》古くさいものを退けて新しいものを生み出す

【推诚相见】tuī chéng xiāng jiàn《成》誠意をもって会う

【推迟】 tuīchí 遅らせる,引き延ばす〖~日期〗期日を遅らす〖~三天〗3日あとにずらす

【推斥力】tuīchìlì 图〔理〕反発力,斥力

【推崇】tuīchóng 動 尊敬する,崇拝する〖受到~〗高い評価を受けた

【推辞】 tuīcí 動 辞退する,断る〖~礼物〗贈り物を辞退する〖~不了〗断れない

【推戴】tuīdài 動《書》推戴する,長として仰ぐ

【推倒】tuīdǎo 動 ① 押し倒す〖推不倒〗押しても倒せない ②(結論などを)覆す

【推定】tuīdìng 動 ① 推挙する ② 推定する

【推动】tuīdòng 動 推し進める,促進する〖~工作〗仕事を推進する〖起~作用〗促進する働きをする〖推不动〗推し進められない

【推断】tuīduàn 動 推断する〖靠经验~〗経験から割り出す〖~结论〗結論を推定する

【推翻】 tuīfān 動 覆す,打ち倒す〖~王朝〗王朝を倒す〖~定论〗定説を覆す〖推不翻〗打ち倒せない

【推广】tuīguǎng 動 推し広める〖~普通话〗共通語を普及させる

【推己及人】tuī jǐ jí rén《成》人の身になって考える

【推荐】 tuījiàn 動 推薦する〖~优秀作品〗優れた作品を推薦する〖向学生~〗学生にすすめる

【推进】 tuījìn 動 ① 推進する〖~改革〗改革を進める ②〔軍〕前進する〖~到前线〗前線まで前進する

【推究】tuījiū 動(真理を)究める,探究する

【推举】tuījǔ 動 推挙する〖~他当理事〗彼を理事に推薦する 一图〔体〕(重量挙げの)プレス

【推理】 tuīlǐ 動 推理する〖按规律~〗法則に基づいて推理する

【推论】 tuīlùn 图 推論(する)〖从实践中~〗実践を通して推論する

【推拿】tuīná 動 マッサージする,あんまする 囫〔按摩〕

【推敲】tuīqiāo 動 ① 推敲する〖~词句〗字句を推敲する ②よく考える〖~计划〗計画を練る

【推求】tuīqiú 動 追求する

【推却】tuīquè 動 断る,拒否する〖责任在我,我并不想~〗責任は私にある,言い逃れはしない

【推让】tuīràng 動(利益や地位などを)辞退する,譲る〖坚决~礼品〗あくまでも贈り物を辞退する

【推三阻四】tuī sān zǔ sì《成》あれこれ言い訳する

【推搡】tuīsǎng 動(手で)ぐいと押す〖大家慢慢走,别推推搡搡的〗皆さん押し合わないで落ち着いて進んで下さい

【推算】tuīsuàn 图 推計(する)〖~数据〗データを計算する〖~费用〗費用を算出する

【推头】tuī'tóu 動 バリカンで髪を刈る

【推土机】tuītǔjī 图〔台〕ブルドーザー

【推托】tuītuō 動 理由をつけて断る,言い訳する〖找借口~〗口実を設けて断る〖~不了〗断れない

【推脱】tuītuō 動 辞退する,回避する〖~罪责〗罪の責任を言い逃れる

【推诿(推委)】tuīwěi 動責任を人になすりつける〖~责任〗責任を人のせいにする

【推想】tuīxiǎng 動 推測する 囫〔推测〕

*【推销】tuīxiāo 動 売りさばく,販路を広げる〖~产品〗製品を売りさばく〖~员〗セールスマン

【推卸】tuīxiè 動 責任を逃れる,回避する〖~任务〗任務を回避する

【推心置腹】tuī xīn zhì fù《成》誠意をもって人に対する

【推行】tuīxíng 動 推進する,遂行する〖~破产法〗破産法を推進する〖极力~〗極力押し進める

【推选】tuīxuǎn 動(口頭で)推薦する,選出する〖~班长〗班長を推薦する

【推延】tuīyán 動 遅らせる,延期する〖~考试〗試験を延期する

【推移】tuīyí 動 推移する,移る

【推重】tuīzhòng 動 推賞する,高く評価する 囫〔推崇〕

【推子】tuīzi 图〔把〕バリカン

颓(頹＊穨) tuí ⊗ 崩れ落ちる,荒廃した,衰える

【颓败】tuíbài 動《書》衰微した,腐敗する

【颓废】tuífèi 形 意気消沈した,退廃的な〖~的音乐〗退廃的な音楽

【颓靡】tuímǐ 形 しおれた,気落ちした

【颓然】tuírán 形《書》落胆した,気落ちした

【颓丧】tuísàng 形 意気消沈した,しょげた〖~的神情〗元気のない表情

【颓势】tuíshì 图 落ち目,退勢

【颓唐】tuítáng 形 気落ちした,打ちしおれた〖~地坐在角落里〗しょん

ぼりと隅っこに座っている

【腿】tuǐ [名] ①〔条·只·双〕足（足首からもものつけ根まで）[反]［脚］②（～儿）器物の足［椅子～］いすの足 ⊗ハム［火～］同前［云～］雲南ハム

【腿带】tuǐdài [名]（～儿）旧式の中国ズボンのすそをくくるひも

【腿肚子】tuǐdùzi [名] ふくらはぎ

【腿脚】tuǐjiǎo [名] 歩行能力，脚力〖～不灵便〗足が利かない

【腿腕子】tuǐwànzi [名] 足首

【腿子】tuǐzi [名]《口》手先，部下

【退】tuì [動] ①退く，後退する〖～到海边〗海岸まで退く ②やめる，離れる［～职］退職する ③減る，下がる〖这件衣服的颜色～了不少〗この服はだいぶ色あせた ④返す，返却する〖～飞机票〗航空券を払い戻す ⑤キャンセルする〖～合同〗契約を取り消す

【退避】tuìbì [動] 逃げる，退避する〖往山里～〗山中に退避する

★【退步】tuì▼bù [動] 後退する，退く〖功课～了〗学校の成績が下がった ―― tuìbù [名] ①後退 ②余地〖留个～〗余地を残す

【退潮】tuì▼cháo [動] 潮がひく [反]［涨潮］

【退出】tuìchū [動] 退出する，退く〖～比赛〗試合から抜ける〖～历史舞台〗歴史の舞台から退く

【退化】tuìhuà [動] ①〖生〗退化する ②後退する，悪くなる〖记忆力～了〗記憶力が鈍った

【退还】tuìhuán [動] 返却する，払い戻す〖～押金〗保証金を返す

【退换】tuìhuàn [動]（買った物を）取り替える〖～商品〗商品を取り替える

【退回】tuìhuí [動] ①戻す，返却する（[同]［推还］）〖她～了彩礼钱〗彼女は結納金を返した ②引き返す〖～原处〗元の所に引き返す

【退婚】tuì▼hūn [動] 婚約を解消する

【退火】tuì▼huǒ [動]（鋼鉄を）焼きなます

【退路】tuìlù [名] 退路，後退の余地，逃げ場（[同]［退步］）〖留个～〗余地を残す

【退赔】tuìpéi [動] 賠償する，（損害を）償う

【退票】tuì▼piào [動] 切符を払い戻す

【退坡】tuì▼pō [動] 後戻りする，脱落する

【退亲】tuì▼qīn [動] 婚約を解消する [同]［退婚］

【退青】tuìqīng [動] 稲の葉の緑色が薄れる（正常な生育を示す）

【退却】tuìquè [動] ①〖軍〗退却する〖决不～〗絶対に退却しない ②尻込みする

【退让】tuìràng [動] 譲歩する〖向对方～〗相手に譲歩する

【退色】tuì▼shǎi [動] 色があせる [同]［褪 tuì 色］

【退烧】tuì▼shāo [動] 熱が下がる [反]［发烧］

【退缩】tuìsuō [動] 尻込みする，畏縮する〖碰到困难不要～〗困難にぶつかっても尻込みするな

【退位】tuì▼wèi [動] 退位する

【退伍】tuì▼wǔ [動] 退役する〖～的军人〗退役した軍人〖因病～〗病気のため退役する

【退席】tuì▼xí [動] 退席する

★【退休】tuìxiū [動] 退職する，引退する（[反]［离休］）［～金］年金

【退学】tuì▼xué [動] 退学する，退学させる

【退役】tuì▼yì [動] 退役する

【退隐】tuìyǐn [動] 隠退する

【退职】tuì▼zhí [動] 退職する，辞職する

【煺（*燬 㨃）】tuì [動] 殺した鶏や豚に熱湯をかけて毛を抜く〖～鸡毛〗鶏を同前する

【褪】tuì [動] ①（服を）脱ぐ ②（羽毛が）抜け替わる〖小鸡～毛了〗ひよこの毛が抜け替わる ③（色が）さめる［～色 shǎi］色があせる

⇨tùn

【蜕】tuì ⊗①脱皮する，抜け替わる ②（蛇，セミなどの）抜け殻

【蜕变】tuìbiàn [動] 変質する，変化する

【蜕化】tuìhuà [名] 脱皮する，変質する〖～变质〗腐敗堕落する〖～的干部〗腐敗した幹部

【蜕皮】tuì▼pí [動] 脱皮する

【吞】tūn [動] ①丸飲みする，飲み込む〖～药丸儿〗丸薬を飲み込む〖一口～进肚子里去〗ぱくっと腹に飲み込んだ ②併呑（へいどん）する，着服する〖～公款〗公金を横領する

【吞并】tūnbìng [動] 併呑する〖～邻国〗隣国を併合する

【吞金】tūn▼jīn [動] 金（きん）（の装身具）を飲みこんで自殺する ♦旧時の女性の自殺の一方法

【吞没】tūnmò [動] ①横領する，着服する〖～公物〗公共の物を私物化する ②（洪水などが）飲み込む

【吞声】tūnshēng [動]《書》声をのむ，泣き声を抑える

【吞食】tūnshí [動] 飲み込む，丸飲みする

【吞噬】tūnshì [動] 飲み込む，巻き（包み）込む〖～小国〗小国を飲み込む

T

【吞吐】tūntǔ [動] ① 飲み込み吐き出す，大量に出入りする［～量］（港へ） 出入りする船の量 ② 口ごもる［～其词］言葉を濁らす
【吞吞吐吐】tūntūntǔtǔ [形]（～的）口ごもって言いよどむさま
*【吞咽】tūnyàn [動] 丸ごと飲み込む

〖暾〗 tūn [×] 出たばかりの太陽

〖屯〗 tún [×] ① 村落 ②（人や馬などを）集める［～聚］同前 ③ 駐屯する［～兵］駐屯兵
【屯垦】túnkěn [動] 駐屯して開墾する
【屯落】túnluò [名] 村落
【屯田】túntián [動] 屯田する ♦駐屯兵が平時に農耕，非常時に従軍する
【屯扎】túnzhā [動] 駐屯する
【屯子】túnzi [名] 村落 [同]［屯儿］

【囤】 tún [動] 蓄える，貯蔵する ♦穀物貯蔵用の丸い囲いは dùn と発音
【囤积】túnjī [動] 貯蔵する，買いだめする〖～小麦〗小麦を買いだめする〖非法的～〗違法な買いだめ

〖饨(飩)〗 tún [×] →［馄～ húntun］

〖鲀(魨)〗 tún [×]〖魚〗フグ →［河豚 hétún］

〖豚(*豘)〗 tún [×] ① 子豚 ② 豚

〖臀〗 tún [×] 尻，臀部［～围］ヒップ（のサイズ）
【臀鳍】túnqí [名] 魚の尻びれ
【臀疣】túnyóu [名] 猿の尻ダコ

【氽】 tǔn [動]《方》① 浮く〖木板在水上～〗板が水面に浮かんでいる ② 油で揚げる〖油～花生〗油で揚げた落花生

【褪】 tùn [動] ① 衣服を滑らせるように脱ぐ，はずす，抜く〖～下一只袖子来量 liáng 血压〗片方の袖を脱いで血圧をはかる ②《方》袖の中にしまう，隠す〖把手～在袖口里〗手を袖口に入れる
⇨tuì
【褪套儿】tùnˇtàor [動] ① 縛ってあるものから抜ける，外す ② 約束をほごにする

【托】 tuō [動] ① 手のひらに載せる，支える〖～着下巴〗ほおづえをついている ② 引き立てる［衬～］際立たせる —[名]（～儿）① 器物の下に敷くもの［茶～］茶托 ②《口》（他の客を誘う）さくら

【—(託)】 [動] ① 人に頼む，委託する〖～你一件事〗君に一つ頼みがある ② かこつける，口実にして断る
【托病】tuōbìng [動] 病気を口実にする
【托词】tuōcí [名] 口実（を見付ける）
【托儿所】tuō'érsuǒ [名]〔所〕託児所
【托福】tuōˇfú [動]《挨》おかげを蒙る〖托您的福，我身体好多了〗おかげさまで随分元気になりました
—— tuōfú [名]《訳》TOEFL
【托付】tuōfù [動]（面倒や世話を）頼む，委託する〖～给你这个重任〗君に重大な任務を頼みたい
【托故】tuōgù [動]〔多く状語的に〕口実を設ける（[同]［借故］）〖～早退〗口実を設けて早引けする
【托管】tuōguǎn [動] 信託統治する［～国］信託統治国
【托拉斯】tuōlāsī [名]〖経〗トラスト，企業合同
【托梦】tuōˇmèng [動]（死者の霊が）夢に現われて願いを託す
【托名】tuōmíng [動] 他人の名義を借りる
【托派】Tuōpài [名] トロツキスト
【托盘】tuōpán [名]〔只〕料理を載せて運ぶ盆，トレー
【托人情】tuō rénqíng [動] 口利きしてもらう [同]［托情］
【托生】tuōshēng [動] 転生する
【托叶】tuōyè [名]〖植〗托葉（たくよう）
*【托运】tuōyùn [動] 託送する，チッキにする〖～行李〗荷物を託送する
【托子】tuōzi [名]（器物の）支え，敷物台，受け皿

〖侂〗 tuō [×] 委託する

【拖】 tuō [動] ① 引く，引きずる〖用绳子～〗縄で引っ張る〖把孩子～进屋〗子供を引きずって部屋に入れる ② 体の後に垂らす〖身后～着一条大辫子〗背中に長いお下げの髪を垂らしている ③ 引き延ばす〖～日子〗日を延ばす ④ 牽制する
【拖把】tuōbǎ [名]（床掃除の） モップ〖用～拖一拖〗モップで掃除する
【拖车】tuōchē [名]〔辆〕トレーラー
【拖船】tuōchuán [名]〔条·只〕曳船（ひきふね），タグボート
【拖带】tuōdài [動] 牽引する
【拖后腿】tuō hòutuǐ [動] 後ろ足を引っ張る，妨げる，邪魔する
【拖拉】tuōlā [形] ずるずる引き延ばす，ぐずぐずする〖他办事非常～〗彼の仕事振りときたら実にだらだらしている
【拖拉机】tuōlājī [名]〔台〕トラクター［手扶～］ハンドトラクター
【拖累】tuōlěi [動] 足手まといになる，妨げる〖决不～大家〗決して皆の足手まといにならない
【拖轮】tuōlún [名]〔条·只〕タグボート
【拖泥带水】tuō ní dài shuǐ《成》（泥を引きずり水を滴らす>）（文章などが） とりとめがない，（仕事振り

T

が)だらしがない
【拖欠】tuōqiàn [動] 返済を遅らせる，延滞する〖～房租〗家賃の支払いを延滞する
【拖沓】tuōtà [形] ぐずぐずしている，のろのろした
【拖网】tuō▾wǎng [動] 網を引く — [名] 底引き網，トロール［～渔船］トロール漁船
【拖鞋】tuōxié [名]〔双〕スリッパ，突っ掛け
*【拖延】tuōyán [動] 遅らせる，引き延ばす〖～时间〗時間を引き延ばす〖不能～付款日期〗支払い期日を引き延ばすことはできない
【拖曳】tuōyè [動]《書》引っ張る
【脱】 tuō [動] ① 脱ぐ〖～鞋〗靴を脱ぐ ② 抜ける〖每年～一次毛〗毎年1回毛が抜け変わる ③ 漏れる，抜かす〖～了两个字〗脱字が2つある
⊗ ① 離れる，脱する ②（T-）姓
【脱班】tuō▾bān [動] ①（仕事に）遅刻する ②（乗物が）定刻より遅れる [同]［误点］
【脱产】tuō▾chǎn [動] 生産現場から離れる［～干部］（生産現場から離れた）専従幹部
【脱出】tuōchū [動] 抜け出す，離脱する〖～常轨〗常軌を逸する
【脱发】tuōfà [名] 抜け毛
【脱肛】tuō▾gāng [動]〖医〗脱肛になる
【脱稿】tuō▾gǎo [動] 脱稿する
【脱轨】tuō▾guǐ [動] 車輪が軌道を外れる，脱線する
【脱胶】tuō▾jiāo [動]（接着部が）外れる，はがれる
【脱节】tuō▾jié [動] つながっているものが外れる，分離する〖～的骨头〗関節が外れた骨〖供求～〗需要と供給がつながりを失う
【脱口而出】tuō kǒu ér chū《成》思わず口から出る，出任せを言う
【脱裤子放屁】tuō kùzi fàng pì《俗》（ズボンを脱いで放屁する＞）二度手間をかける
*【脱离】tuōlí [動] 離れる，（関係を）断つ〖～危险〗危険から逃れる〖～群众〗大衆から遊離する
【脱粒】tuō▾lì [動] 脱穀する［～机］脱穀機
【脱漏】tuōlòu [動] 脱落する，漏れる〖～一行 háng〗1行脱落する
【脱落】tuōluò [動] 抜け落ちる，はげ落ちる〖衣服上～了一颗纽扣〗服のボタンが1つとれた
【脱毛】tuō▾máo [動] 鳥獣の毛が抜け落ちる
【脱帽】tuōmào [動] 脱帽する〖～默哀〗脱帽して黙とうする
【脱坯】tuō▾pī [動] 日干しれんがの型抜きをする
【脱期】tuō▾qī [動]（雑誌発行などの）予定期日に遅れる
【脱身】tuō▾shēn [動] 仕事から手が抜ける，手が離れる〖～不了身〗手が離せない
【脱手】tuō▾shǒu [動] ① 手から離れる ②（多く投機や転売で）手放す
【脱水】tuō▾shuǐ [動]〖医〗脱水する
【脱俗】tuōsú [形] 洗練された，あか抜けした
【脱胎】tuō▾tāi [動] 生まれ変わる［～换骨］立場や観点を徹底的に変える
【脱逃】tuōtáo [動] 逃れ去る，逃亡する
【脱兔】tuōtù [名]《書》逃げるウサギ［动如～］脱兎のごとくに敏捷な
【脱位】tuō▾wèi [動] 脱臼する
【脱误】tuōwù [名] 脱字と誤字
【脱险】tuō▾xiǎn [動] 危険を脱する〖病人～了〗患者は危機を脱した［虎口～］危機を脱する
【脱销】tuōxiāo [動] 売り切れる，品切れになる〖眼下～〗目下品切れ
【脱颖而出】tuō yǐng ér chū《成》自ずと才能が現われる
【脱脂】tuō▾zhī [動] 脂肪分を除去する［～奶粉］脱脂粉乳［～棉］脱脂綿
【驮(馱)】 tuó [動] 役畜の背中に載せる〖～粮食〗食糧を載せる［～运］役畜に載せて運ぶ
⇨duò
【驮马】tuómǎ [名] 駄馬だば，荷馬
〖佗〗 tuó ⊗ 担う
〖陀〗 tuó ⊗ 以下を見よ
【陀螺】tuóluó [名] こま（独楽）〖转 zhuàn ～〗こまを回す
【陀螺仪】tuóluóyí [名]〖航〗ジャイロ（スコープ）
〖沱〗 tuó ⊗《方》川の入江（多く地名に用いる）
【沱茶】tuóchá [名] 蒸してわん型に圧縮した雲南産の固形茶
【坨】 tuó [動] 麺類が煮たあとくっついてしまう〖面条～了〗うどんがのびてひと塊になった
⊗ 固まったもの［泥～子］泥の塊
【坨子】tuózi [名] 塊，ひと山
【驼(駝 *駞)】 tuó [形] 背中が曲がった，ねこ背の［～子］ねこ背の人
⊗ ラクダ［骆～ luòtuo］同前
【驼背】tuóbèi [名] ① ねこ背 ②《方》ねこ背の人
【驼峰】tuófēng [名] ① ラクダのこぶ ②〖交〗ハンプ（操車場で貨車を仕分けするための小丘）
【驼鹿】tuólù [名]〖動〗オオジカ，ヘラ

ジカ，ハン [同]《方》[犴 hān]

【驼绒】tuóróng [名] ラクダの毛，またそれで織った布

【驼色】tuósè [名] ラクダ色

【柁】tuó [名]〖建〗家屋の横梁(はり)，桁(けた)

【砣】tuó [名] ① ひき臼のローラー ② 秤(はかり)の分銅 ♦② は'铊'と書くことも — [動] '砣子'（研磨機）で玉細工を磨く

〖驼(駝)〗tuó ⊗ 以下を見よ

【驼鸟】tuóniǎo [名]〖鳥〗〔只〕ダチョウ [～办法] 現実回避のやり方

〖酡〗tuó ⊗ 酒を飲んで顔が赤くなる

〖橐(*槖)〗tuó ⊗ 振り分けになった袋 [囊～] 同前

【鼍(鼉)】tuó [名]〖動〗長江ワニ [同][～龙][扬子鳄][猪婆龙]

【妥】tuǒ [形] ① 適切な，ふさわしい〖这样处理，恐怕不～〗そのように処理するのは多分まずいだろう [欠～] 妥当を欠く ②〔結果補語として〕片付いた，定まった〖事已办～〗すでに一件落着した

*【妥当】tuǒdang/tuǒdàng [形] 適切な，妥当な〖办得很～〗適切な処置だ

*【妥善】tuǒshàn [形] 適切な，ふさわしい〖～安排〗適切に手はずを整える

【妥帖】tuǒtiē [形] 適切な，ぴったりした〖这个词用得不够～〗この言葉は使い方が余り適切じゃない

*【妥协】tuǒxié [動] 妥協する〖自动～〗自発的に妥協する

【庹】tuǒ [量] 尋(ひろ) ♦両手を広げた長さ ⊗ (T-) 姓

〖椭(橢)〗tuǒ ⊗ 以下を見よ

*【椭圆】tuǒyuán [名] 長円，楕円

〖拓〗tuò ⊗ ① 開発する，開拓する [开～] 開拓する ② (T-) 姓 ♦'～跋' は鮮卑の姓 ⇨ tà

【拓荒】tuòhuāng [動] 荒地を拓く，開拓する [～者] 開拓者

〖柝(*欜)〗tuò ⊗ 夜回り用の拍子木

〖萚(蘀)〗tuò ⊗ 落ちた樹皮や葉

〖箨(籜)〗tuò ⊗ タケノコの皮

〖唾〗tuò ⊗ ① つば，唾液 ② つばを吐く

【唾骂】tuòmà [動] つばを吐いてののしる〖用恶毒的话～〗あくどい言葉で痛罵する

*【唾沫】tuòmo [名]〔口〕つば [同][吐沫]

【唾弃】tuòqì [動] 唾棄(だき)する，軽蔑する〖～卖国贼〗売国奴を唾棄する

【唾手可得】tuò shǒu kě dé《成》いたって容易に得られる

【唾液】tuòyè [名] 唾液，つばき [同]《口》[口水]

T

U

【U盘】U pán [名] USBメモリ [同]［优盘］

V

【VCD】[名] VCD [同]［激光压缩视盘］

W

【WSK】[名] 全国外語水平考試 ♦中国の外国語能力試験 [同]［全国外语水平考试］

【WWW】[名] ワールドワイドウェブ [同]［万维网］

【凹】 wā ⊗へこんだ(地名に使う)
⇨āo

【挖】 wā [動] (シャベルで掘る時のように、力を前方に向けて)掘る，掘り起こす〚～煤〛石炭を掘る〚～潜力〛潜在能力を掘り起こす

【挖补】wābǔ [動] 傷んだ部分をくり抜き，新しく埋め込んで直す

【挖方】wāfāng [名] 土木工事で掘り出す土石の体積

*【挖掘】wājué [動] 掘る，掘り起こす〚～地道〛地下道を掘る

【挖空心思】wā kōng xīnsī《成》《貶》知恵を絞る，散々策を巡らす [同]［费尽心计］

【挖苦】wāku [動] 皮肉る，冷やかす

【挖潜】wāqián [動] 潜在能力(エネルギー)を掘り起こす

【挖肉补疮】wā ròu bǔ chuāng《成》(肉をえぐって傷口をうめる>)急場をしのごうとして，よりいっそう悪い手を打つ [同]［剜 wān 肉补疮］

【洼(窪)】 wā [名] (～儿) 窪(くぼ)み，窪地 — [形] 窪んだ，へこんだ

【洼地】wādì [名] 低地，窪地

【洼陷】wāxiàn [形] (土地が) 窪んだ，低くへこんだ

【哇】 wā [擬] 大きな泣き声や嘔吐する音などを表わす〚～的一声哭起来了〛わっとばかりに泣きだした
⇨wa

【哇啦(哇喇)】wālā [擬] がやがや，わいわい(騒がしい人声を表わす)

【哇哇】wāwā [擬] かあかあ，わあわあ(カラスの鳴き声や子供の泣き声を表わす)

【蛙】 wā ⊗カエル［雨～］アマガエル［青～］カエル［～泳］平泳ぎ

【娲(媧)】 wā ⊗［女～］女娲(じょか) ♦補天神話で有名な女神

【娃】 wá [名] (～儿) 赤ん坊，子供
⊗《方》動物の子［狗～］子犬

*【娃娃】wáwa [名] 赤ん坊，子供〚抱～〛赤ん坊を抱く

【娃娃鱼】wáwayú [名]〔条〕(オオ)サンショウウオ ♦'大鲵 ní'の俗称

【娃子】wázi [名]《方》①赤ん坊，子供 [同]［娃崽 zǎi］②動物の子 ③旧時の一部少数民族地域に見られた奴隷

【瓦】 wǎ [名]〔块·片〕瓦(かわら)［～当 dāng］瓦当(がとう) — [量] ワット(電力量の単位)〚一百～的灯泡〛百ワットの電球
⊗素焼きの，土を焼いて作った［～罐］素焼きのかめ
⇨wà

【瓦房】wǎfáng [名]〔所·栋〕瓦ぶきの家 ♦壁は多くれんが

【瓦工】wǎgōng [名] ①れんが積みや屋根ふきなどの作業 [同]《方》［泥工］②同前の仕事をする職人，労働者 [同]［瓦匠］

【瓦匠】wǎjiang/wǎjiàng [名] 屋根ふき，れんが積み等の職人

*【瓦解】wǎjiě [動] 瓦解する(させる)，崩壊する(させる)〚分化～敌人〛敵を分裂瓦解させる

【瓦楞】wǎléng [名] 屋根の瓦の整然とした並び，瓦が作るさざ波形の列([同]［瓦垄 lǒng］)［～纸］段ボール紙

【瓦砾】wǎlì [名] れんがや瓦の破片，瓦礫(がれき)〚剩下一片～〛一面の瓦礫のみが残った

【瓦垄】wǎlǒng [名] (～儿) 屋根瓦の整然たる列 [同]［瓦楞］

【瓦圈】wǎquān [名] (自転車などの車輪の)リム

【瓦全】wǎquán [動]《書》気骨もなく無意味に生きる [反]［玉碎］

【瓦斯】wǎsī [名]《訳》ガス，燃料ガス〚～泄出〛ガスが漏れる

【瓦特】wǎtè [量]《訳》ワット(電力量)('瓦'と略称)

【佤】 Wǎ ⊗ワー族

【佤族】Wǎzú [名] ワー族 ♦中国少数民族の一，雲南省に住む

【瓦】 wà [動] 屋根に瓦をふく〚～瓦 wǎ〛瓦をふく
⇨wǎ

【瓦刀】wàdāo [名]〔把〕屋根職人や

W

【袜】【襪*韈】wà ⊗ 靴下 [~裤] パンティストッキング [线~] 木綿の靴下 左官のこて ♦形は中華包丁に似る
【袜套】wàtào 名 (～儿) 靴下カバー、くるぶしから下の靴下
【袜筒】wàtǒng 名 (～儿) 靴下の足首から上の部分
*【袜子】wàzi 名 [双] 靴下 (長短両方をいう) [穿~] 靴下をはく

【腽】wà ⊗ 以下を見よ
【腽肭脐】wànàqí 名 [薬] オットセイの陰茎と睾丸から取った強精剤
【腽肭兽】wànàshòu 名 オットセイ 国 [海獣] 海狗

【哇】wa 助 機能は'啊'に同じ、助詞の'啊'が'u''ao'の音に続くとき、変化して'wa'となり、それを'哇'で表す [真不少~] 随分あるなあ
⇨ wā

【歪】wāi 形 ①歪んだ、傾いた 国 [斜] 反 [正] ②よこしまな、不当な [~念头] よからぬ了見 一 動 ①ゆがむ(める)、傾く(ける) [~着头] 頭をかしげて ②横になって休む、横向きに寝ころぶ
【歪道】wāidào 名 ①(～儿) まっとうでない道、不正な方法 国 [邪道] [走~] 邪道を歩む ②よからぬ考え、悪巧み
【歪风】wāifēng 名 [股] よからぬ風潮、不正を正とする気風 [刹住~] 悪風をせき止める
【歪门邪道】wāi mén xié dào 《成》陰険な手法、悪どいやり方
*【歪曲】wāiqū 動 歪曲する、ねじ曲げる [~事实] 事実をねじ曲げる 一 形 歪んだ、かしいだ
【歪歪扭扭】wāiwāiniǔniǔ 形 (～的) ねじ曲がった、ひどく歪んだ 国 [歪七扭八]
【歪斜】wāixié 形 歪んだ、傾いた

【呙】(咼) wāi ⊗ [~斜] 口や目が歪んだ

【崴】wāi 動 足をくじく
⊗ 地名用字 [~子] 同前
【崴泥】wǎiní 動 (比喩的に) どろ沼にはまりこむ

【外】wài 名 〔介詞句の中で〕外之 国 [里''内'] [往~看] 外の方を見る [~边] 外 [出~] 外に出る
⊗ ①外国(の) ②以外 [除~] 除く ③外部の、外側の [~事处] 外事課 ④母方の、異姓の親類の ⑤疎遠な、縁の薄い [见~] 他人扱いする ⑥正式でない、非公式の→[~号] ⑦外部に、外国へ [~嫁] 異郷に嫁ぐ
【外币】wàibì 名 外貨、外国貨幣 [兑换~] 外貨を換える
【外边】wàibian 名 ①(～儿) 外 国 [外面] [外头] 反 [里边] [门~] 戸口の外 ②異郷、よその土地 国 [外地] ③(物の) 表面、外側
*【外表】wàibiǎo 名 表面、外観 [从~看人] 外見で人を判断する
【外宾】wàibīn 名 外国からの来訪者、外国人の客 ♦外国人に対するていねいな呼び方
【外部】wàibù 名 ①外部、外 [~影响] 外部からの影響 ②表面、外面
【外埠】wàibù 名 自分がいる所以外の都市、よその町
【外出】wàichū 動 よその土地へ出張する、所用で遠出する
【外出血】wàichūxuè 名 出血
【外带】wàidài 名 タイヤ ♦'外胎'の通称 [~和里带] タイヤとチューブ 一 連 加えて、その上
【外敌】wàidí 名 外敵、侵入外国軍
【外地】wàidì 名 よその土地、他郷 [~人] よそ者
【外调】wàidiào 動 ①出向いて調査・聞き込みを行う ②よその土地に転任する(させる)、出向する(させる) ③物資をよその土地に輸送する
【外耳】wài'ěr 名 [生] 外耳
【外敷】wàifū 動 (薬を)塗る、外用する 国 [内服] [~药] 塗り薬
【外感】wàigǎn 名 (漢方で寒暖、湿気などの)外因によって起こる病気
【外港】wàigǎng 名 外港、大都市近くの港
【外公】wàigōng 名 《方》外祖父、母の父 国 [老爷 lǎoye] 国 [外婆]
【外功】wàigōng 名 (～儿) 筋肉や骨格を鍛える武術 国 [内功]
【外国】wàiguó 名 外国、異国 [~货] 外国製品
*【外行】wàiháng 名 形 しろうと(の)、門外漢(の) [演戏他可不~] 芝居なら彼はくろうとはだしだ
【外号】wàihào 名 (～儿) あだ名、ニックネーム [给他加~] 彼にあだ名をつける
【外患】wàihuàn 名 外患、外国からの侵略 [内忧~] 内憂外患
【外汇】wàihuì 名 外貨、外国為替、外国小切手など [~率] 外貨交換レート
【外货】wàihuò 名 [件・批] 外国製品、輸入品
【外籍】wàijí 名 外国籍
【外加】wàijiā 動 さらに…もある、ほかに…も加わる
【外间】wàijiān 名 ①(～儿) 直接屋外に通じている部屋 国 [外屋] [里间] ②世間、家の外
*【外交】wàijiāo 名 外交 [~部] 外交部(外務省) [~家] 外交官

*【外界】wàijiè [名]①(ある物体の)外の世界，外界 ②(ある集団の) 外の社会，外部〖～的压力〗外部からの圧力
【外舅】wàijiù [名]《書》妻の父，岳父
【外科】wàikē [名]〖医〗外科［神经～］神経外科
【外快】wàikuài [名](定収入以外の)臨時収入，アルバイト収入([同][外水])〖得到～〗副収入を得る
【外来】wàilái [形]〘定語として〙よそから来た，外来の［～户］よそ者［～语］外来語
【外力】wàilì [名]外部の力，外からの圧力
【外流】wàiliú [動](人や財貨が海外，他の地方に) 流出する〖人才～〗人材の海外流出
【外露】wàilù [動]外に現われる(わす)，むき出しになる(する)〖轻易～〗軽々しく人に見せる
【外贸】wàimào [名]('对外贸易'の略)対外貿易，外国貿易
【外貌】wàimào [名]外見，外面〖讲究～〗外見にこだわる
【外面】wàimiàn [名](～儿) ①表面，外見 [同][外表] ②外，外側([同][外边])〖墙～儿〗塀の外
【外婆】wàipó [名]《方》外祖母，母の母 [同][姥姥 lǎolao] [関][外公]
【外戚】wàiqī [名]外戚(がいせき) ♦皇帝の母および妻の一族
【外强中干】wài qiáng zhōng gān《成》(外見は強そうだが実際はもろい>) 一見豊かそうだが内実は金に困っている，見掛け倒し
【外侨】wàiqiáo [名]外国人居住者，居留民
【外勤】wàiqín [名]([反][内勤]) ①外勤，外回りの仕事〖跑～〗外回りする ②同前の従事者
【外人】wàirén [名]①赤の他人，無縁の人〖别把我当～〗水臭いまねはよしてくれ ②外部の人，局外者 ③外国人
【外伤】wàishāng [名]外傷 [反][内伤]
【外商】wàishāng [名]外国商人，外国ビジネスマン
【外甥】wàisheng [名]①姉妹の息子，異姓の甥 [関][侄子] ②《方》男の外孫(そとまご)，娘の息子
【外甥打灯笼】wàisheng dǎ dēnglong《俗》(甥が提灯(ちょうちん)をさしかける>おじを照らす＝照舅 zhào jiù>'照旧'とかける>) 従来通り，もとのまま
【外甥女】wàishengnǚ [名]①(～儿)姉妹の娘，異姓の姪 [同][甥女] [関][侄女] ②《方》女の外孫，娘の娘
【外孙】wàisūn [名]男の外孫，娘の息子
【外孙女】wàisūnnǚ/ wàisūnnü [名](～儿) 女の外孫，娘の娘
【外胎】wàitāi [名]タイヤ ♦一般に'外带'という [関][内胎]
【外逃】wàitáo [動]外国に逃亡する，高飛びする
【外套】wàitào [名](～儿)〔件〕①オーバーコート [同][大衣] ②短い上っ張り，ジャケット
【外头】wàitou [名]外，外側 [同][外边] [反][里头]
【外围】wàiwéi [名]周囲，周辺
【外文】wàiwén [名]〔门〕外国語，外国語で書かれた文章
【外侮】wàiwǔ [名]外国による侵略や不当な圧力〖抵御～〗同前に立ち向かう
【外务】wàiwù [名]①本務以外の用件，責任外の仕事 ②外交事務
【外线】wàixiàn [名]①(電話の)外線([反][内线])〖接～〗外線につなぐ ②〖軍〗包囲網を形成する線，敵を取り囲む輪
【外乡】wàixiāng [名]よその土地，他郷
*【外向】wàixiàng [形](性格が)開けっぴろげの，外向的な [反][内向]
【外销】wàixiāo [動]対外輸出する，よその土地に売る([反][内销])〖～产品〗輸出向け商品
【外心】wàixīn [名]①不貞の心，ふた心 ②〖数〗(三角形の) 外心 [反][内心]
【外星人】wàixīngrén [名]宇宙人，異星人
【外姓】wàixìng [名]①異姓，自分の一族以外の姓 ②異姓の人
【外延】wàiyán [名]〖哲〗外延 [反][内涵]
【外衣】wàiyī [名]①〔件〕上着(うわぎ)，表着(おもてぎ)(外側に着る衣服) [反][内衣] ②《転》外見，偽装〖披着进步的～〗進歩的に見せ掛ける
【外因】wàiyīn [名]外因 [反][内因]
【外语】wàiyǔ [名]〔门〕外国語〖学习～〗外国語を学ぶ
【外域】wàiyù [名]《書》外国
【外遇】wàiyù [名]不倫の関係〖有～〗不倫する
【外援】wàiyuán [名]外国からの援助，外部からの手助け
【外在】wàizài [形]〘定語として〙外在的な，外部にある [反][内在]
【外债】wàizhài [名]外債，外国債〖偿付～〗外債を償還する
【外罩】wàizhào [名](～儿) 上っ張り，塵(ちり)除け上衣(うわぎ)
【外资】wàizī [名]外国からの投資，外資［～企业］外資企業
【外族】wàizú [名]①自分の一族以外の人，血縁のつながらない人 ②外国人 ③よその民族
【外祖父】wàizǔfù [名]外祖父，母の

W

父 ㊅(口)[老爺]
【外祖母】wàizǔmǔ 外祖母,母の母 ㊅(口)[姥姥]

【弯(彎)】wān 图(～ㄦ)曲がり角,カーブ(㊅[弯子])[拐～ㄦ]角を曲がる ― 動曲げる,湾曲させる[～身子]身をかがめる ― 形曲がった,湾曲した

【弯路】wānlù 图(転)[条](仕事や勉強の)遠回り,回り道[走～]遠回りする(無駄をする)

【弯曲】wānqū 形曲がりくねった,大きくカーブした

【弯子】wānzi 图曲がり角,カーブ(㊅[弯儿])[绕～]遠回しに言う

【湾(灣)】wān 動(船を)係留する,停泊させる[～泊]停泊する Ⓧ①川の流れが曲がる所 ②入り江,湾

【剜】wān 動抉る,くりぬく ㊅[填]

【蜿】wān Ⓧ以下を見よ

【蜿蜒】wānyán 形①(蛇などが)たくり進む,くねくね進む[～而上]くねくねと登る ②(川や道が)蜿蜒たる,うねうねと続く

【豌】wān Ⓧ以下を見よ

【豌豆】wāndòu 图エンドウ豆,サヤエンドウ[一棵～]エンドウ1株[一颗～]エンドウ豆1つぶ[一角ㄦ]サヤエンドウ

【丸】wán 图(～ㄦ)小さな球形の物,丸い粒[肉～子]肉だんご[～药]丸薬[～剂]錠剤 ― 量丸薬の粒を数える Ⓧ丸薬

【纨(紈)】wán Ⓧ高級絹地,うす絹[～扇]絹張りうちわ(団扇)

【纨绔(纨袴)】wánkù 图[書](中国服の)絹のズボン;(転)金持ちの子供たちの贅沢な服装[～子弟]富豪の子供たち

【刓】wán Ⓧ削る,彫る

【完】wán 動①終わる,完了する ②尽きる,完了する[～了le]なくなった,もうだめだ ③〔結果補語として〕…し終わる[写～了]書き終えた Ⓧ①無傷の,無欠の ②(税金を)納める,支払う[～税]納税する ③(W-)姓

*【完备】wánbèi 形欠ける所のない,完備した

*【完毕】wánbì 動完了する,終わる[手术～]手術が終わった

【完成】wánchéng 動完成する,達成する[～计划]計画を達成する[完不成任务]任務を完遂できない

【完蛋】wán'dàn 動(口)一巻の終わりになる,おだぶつになる[坏人～了]悪いやつはこれで終わりさ

【完稿】wán'gǎo 動書き上げる,脱稿する ㊅[脱稿]

【完工】wán'gōng 動竣工する,工事が完成する

【完好】wánhǎo 形無傷のままの,何らの欠落もない ㊅[完整]

【完结】wánjié 動完結する,終結する ㊅[结束]

【完竣】wánjùn 動完了する,(工事が)完成する ㊅[完毕]

【完了】wánliǎo 動(事が)終わる,完結する

【完满】wánmǎn 形欠けるところのない,八方満足のゆく(㊅[圆满])[～的结果]申し分のない結果[～解决]丸く収まる

*【完美】wánměi 形完全無欠の[～无疵]非の打ち所のない

*【完全】wánquán 形完全な,傷ひとつない(㊅[完整]) ― 副まったく,全面的に

【完人】wánrén 图完璧な人,何ら欠点のない人

【完善】wánshàn 動完璧に仕上げる,(欠陥がないよう)改善する[～计划]プランを練り上げる ― 形申し分のない,完璧な ㊅[完美]

【完事】wán'shì 動事が完結する,終わる

*【完整】wánzhěng 形丸々揃った,欠落のない(㊅[完好]) Ⓧ[残缺][～的一套全集]揃いの全集

【烷】wán 图[化]石油の主要成分の一[甲～]メタン[乙～]エタン[丙～]プロパン

【玩(頑)】wán 動(～ㄦ)①遊ぶ,たわむれる[～ㄦ火]火遊びする ②文化,体育活動をする,(ゲームに)興じる[～ㄦ象棋]将棋をする ③(汚い手段を)弄する,使う[～ㄦ阴谋]陰謀を巡らす

【―(翫)】Ⓧ①愚弄する,からかう ②観賞する,楽しむ ③観賞物,眺めて楽しむ物[古～]骨董

【玩忽】wánhū 動不まじめに扱う,ないがしろにする ㊅[忽视]

【玩话】wánhuà 图冗談,ふざけた作り話

【玩火自焚】wán huǒ zì fén 《成》(火遊びをして自分を焼く>)自業自得

*【玩具】wánjù 图〔件〕玩具,おもちゃ[玩ㄦ～]おもちゃで遊ぶ

【玩弄】wánnòng 動①弄ぶ,なぶり物にする ㊅[戏弄] ②ごまかす,

トリックでだます [同][搬弄] ③(手段を)弄する，(よからぬ腕前を)発揮する [同][施展]

【玩偶】wán'ǒu [名](おもちゃの)人形

【玩儿不转】wánrbuzhuàn [動] 対処できない，どうしようもない

【玩儿命】wánrmìng [動]《口》命知らずなまねをする，命を張ってふざける 〖～工作〗必死で働く

【玩儿完】wánrwán [動]《口》死んじまう，万事休す，おじゃんになる

【玩赏】wánshǎng [動] 楽しむ，愛(め)でる([同][欣赏]) 〖～雪景〗雪景色を楽しむ

【玩世不恭】wán shì bù gōng《成》世の中を茶化して生きる

【玩耍】wánshuǎ [動] 遊ぶ，たわむれる 〖～扑克〗トランプで遊ぶ

【玩味】wánwèi [動](意味を)じっくり考える，かみしめる([同][玩索]) 〖～含义〗含意をかみしめる

【玩物】wánwù [名]〔件〕観賞物，玩具

【玩物丧志】wán wù sàng zhì《成》(遊びや趣味に魂を奪われる＞)道楽に深入りして本来の目標を忘れる

【玩笑】wánxiào [名] 冗談，からかい 〖开～〗からかう ━ [動] ふざける，からかう

*【玩意儿(玩艺儿)】wányìr [名]《口》①〔件〕玩具，おもちゃ ②見せ物，演芸娯楽 ③物，事柄 〖新鲜～〗目新しいだけの代物

【顽(頑)】 wán ⊗①無知な，愚かな [愚～] 愚かしい ②頑固な，しぶとい ③いたずらな，腕白な→[～皮] ④'玩'と通用

【顽梗】wángěng [形]《書》頑迷な，強情な

*【顽固】wángù [形] ①頭の古い，こちこち頭の ②頑迷な，反動的な [反][开明] ③しぶとい，頑固な

【顽健】wánjiàn [形]《書》《謙》(自分の身体が)頑丈な，しごく丈夫な

【顽皮】wánpí [形] 腕白な，いたずら好きの

*【顽强】wánqiáng [形] 不屈の，音(ね)をあげない([同][坚强]) 〖～的毅力〗不屈の精神力

【顽石点头】wánshí diǎntóu《成》(固い岩さえうなずく＞)十分に説得力がある

【顽童】wántóng [名] いたずらっ子，腕白坊主

【顽癣】wánxuǎn [名](漢方で)頑固な皮膚病，長びく皮膚炎

【顽症】wánzhèng [名] 難病，慢性病 [同][顽疾]

【宛】 wǎn ⊗①折れ曲がった，曲がりくねった ②あたかも，さながら [～然] さながら [～如] まるで…に見える ③(W-)姓

【宛转】wǎnzhuǎn [動] ①あちこち移動する，転々とする [同][辗转] ②[同][婉转]

【惋】 wǎn ⊗嘆く，惜しむ [叹～]《書》嘆き悲しむ

*【惋惜】wǎnxī [動] 同情する，気の毒がる 〖感到～〗気の毒に思う

【婉】 wǎn ⊗①(話し方が)遠回しな，柔らかな ②柔順な，おとなしい [～顺] おとなしい ③上品な，美しい

【婉辞】wǎncí [名] 遠回しな言葉，柔らかな言い回し ♦'婉词'とも書く ━ [動] 婉曲(えんきょく)に断る，柔らかな言い回しで拒否する

【婉言】wǎnyán [名] 遠回しな言葉，柔らかな言い回し 〖～谢绝〗やんわり断る

【婉约】wǎnyuē [形]《書》控え目で含蓄に富んだ，たおやかな

【婉转(宛转)】wǎnzhuǎn [形] ①(話し振りが)穏やかで遠回しな，優しくて巧みな ②(歌声などが)抑揚の美しい，流れるような

【琬】 wǎn ⊗美しい玉

【畹】 wǎn ⊗古代の地積単位(1'畹'は30'亩')

【碗(*盌 椀)】 wǎn [名]〔只〕①鉢，茶わん [饭～] 飯茶わん [～柜] 食器戸棚 ②おわん形をした物 ━ [量] 茶わんやどんぶりに盛る物を数える 〖喝了一～酒〗酒を茶わんで1杯飲んだ

【莞】 wǎn ⊗[～尔 ěr] ほほえむさま ♦広東の地名'东莞'では guǎn と発音

【皖】 Wǎn ⊗安徽省の別称

【挽】 wǎn [動] ①(手で軽く)引く，引っ張る [同][拉] ②(袖などを)まくり上げる

【━(輓)】 ⊗①(車を)引っ張る，牽引する [～马] 引き馬 ②死者を悼(いた)む [～词] 追悼の言葉

【挽歌】wǎngē [名]〔支・首〕挽歌(ばんか)

*【挽回】wǎnhuí [動] 挽回する，取り戻す 〖～败局〗劣勢を挽回する

*【挽救】wǎnjiù [動] 救出する，助け上げる 〖～性命〗命を救う

【挽联】wǎnlián [名]〔幅・対〕挽聯(ばんれん) ♦死者を悼む'对联'

【挽留】wǎnliú [動] 引き止める，留まらせる 〖～他吃饭〗食事をしてゆくよう彼を引き止める

【晚】 wǎn [形]([反][早]) ①遅い時期の，終わりに近い時間の ②(時間が)遅い，遅れた ⊗①夕方，夜 [昨～] 昨晚 ②あ

とから来た. 遅れて現われた〚～娘〛継母 ③(W-) 姓

【晚安】wǎn'ān〘挨〙お休みなさい

【晚报】wǎnbào 图〚份·张〛夕刊 ⓐ[日报]

【晚辈】wǎnbèi 图（家系上の）下の世代, (社会における) 後継世代 ⓐ[长辈]

【晚场】wǎnchǎng 图（映画·演劇の）夜の部 ⓐ[夜场] ⓡ[早场][日场]

【晚车】wǎnchē 图 夜行列車 ◆夜に到着する列車を含む

【晚稻】wǎndào 图 晚稲さく(ⓡ[早稻])〚种～〛晚稲を植える

【晚点】wǎn'diǎn 動（乗物の出発や到着が）遅れる, 遅延する〚班机～一小时起飞〛定期便の飛行機が1時間遅れて出発する

【晚饭】wǎnfàn 图〚顿〛夕食, 晚めし ⓐ[晚餐]

【晚会】wǎnhuì 图 夜の（レクリエーションの）集い, 夜のパーティー〚音乐～〛音楽の夕べ

【晚婚】wǎnhūn 動 適齢期を過ぎてから結婚する(ⓡ[早婚])〚～的好处〛晚婚の長所

【晚间】wǎnjiān 图 晚, 夜 ⓐ[晚上]

【晚节】wǎnjié 图 ① 晚節〚保持～〛晚節を保つ ②〘書〙晚年, 末期

【晚近】wǎnjìn 图 最近の数年間, ここ2, 3年

【晚景】wǎnjǐng 图 ① 夕暮れの光景, 夕景色 ② 晚年の状況, 年老いた後の境遇〚～不佳〛晚年は恵まれない

【晚年】wǎnnián 图 晚年, 人生の最後の一時期 (ⓐ[暮年])〚安度～〛安らかな老後を送る

【晚期】wǎnqī 图 末期, 最終段階 ⓡ[早期]

【晚秋】wǎnqiū 图 ① 晚秋, 秋の暮れ ② 晚秋の作物 ⓐ[晚秋作物]

*【晚上】wǎnshang 图 晚, 夜 ◆日没から深夜までの時間 ⓐ[夜里]

【晚霜】wǎnshuāng 图 春に降りる霜, 時期はずれの霜

【晚霞】wǎnxiá 图 夕焼け（ⓡ[早霞]）〚映上～〛夕焼けに染まる

【绾(綰)】wǎn 動（細長いものを）巻き付ける, 結び目をつくる〚～起头发〛髪を結い上げる

【万(萬)】wàn 数 万〚三～元〛3万元 ㊇ ① 絶対に, この上なく〚～不可做〛絶対にしてはいけない ② 数多くの, おびただしい数の〚～民〛天下万民 ③ (W-) 姓 ◆複姓 '万俟' は Mòqí と発音

【万般】wànbān 图 万般ぱん, あらゆる事物 ㊇ きわめて, この上なく〚极其〛

【万变不离其宗】wàn biàn bù lí qí zōng〘俗〙姿かたちがどんなに変化しても本質に変わりはない

【万不得已】wàn bù dé yǐ〘成〙万やむをえず

【万端】wànduān 形 万端ばん の, あらゆる方面に渡る〚变化～〛千変万化する

【万恶】wàn'è 图 諸悪, あらゆる罪悪〚～之源〛諸悪の根源 ― 形 この上なく悪い, 極悪非道である

【万儿八千】wàn'er-bāqiān 形 1万見当の, 1万に欠ける程度の

*【万分】wànfēn 副 きわめて, この上なく〚～感谢〛心より感謝します

【万感】wàngǎn 图 万感ばん, 様々な感慨〚～交集〛万感こもごも

【万古】wàngǔ 图 永遠, 幾万年の後〚～长青〛とこしえに栄える

【万花筒】wànhuātǒng 图〚只〛万華鏡まんげきょう

【万劫不复】wàn jié bú fù〘成〙（万世の果てまで元には戻らない＞）絶対に回復不可能である

【万金油】wànjīnyóu 图 ① 万金油 ◆メンソール入りの塗布薬. '清凉油' の旧称 ②（転）何でも屋, 器用貧乏

【万籁】wànlài 图〘書〙あらゆる音〚～俱寂〛静まりかえった

【万里长城】Wàn lǐ Chángchéng ① 万里の長城 ◆現在残る長城は明代に築いたもので, 全長 6700 キロメートル ②（転）越えられない障壁

【万里长征】Wàn lǐ Chángzhēng〘成〙① 長い旅路, 万里の遠征 ② '中国工农红军' による長征→[长征]

【万马齐喑】wàn mǎ qí yīn〘成〙（万馬等しく黙す＞）沈黙が支配し, 誰ひとり発言しない ⓡ[百家争鸣]

【万难】wànnán 图 万難, あらゆる障害〚排除～〛万難を排す ― 副〘動詞の前で〙とうてい…し難い〚～同意〛とうてい承知できない

【万能】wànnéng 形〘定語として〙① 何でもできる, 万能の ② 何にでも用途の広い〚～胶〛万能接着剤;（転）コネをつける達人

【万年】wànnián 图 幾千幾万年, 永久〚～雪〛万年雪

【万千】wànqiān 形 ①〘多く定語として〙多くの ② 多種多様な, 多方面の

【万全】wànquán 形 万全の, 絶対に間違いのない

【万人坑】wànrénkēng 图 おびただしい死体を投げ捨てた大穴 ◆特に日本占領下での炭坑などのが有名

【万人空巷】wàn rén kōng xiàng〘成〙（全員が家を空ける＞）（歓迎などの行動に）町中総出で参加する

【万世】wànshì 图 永遠, 万世〚～

不衰〗永久不滅
【万事】wànshì [名] 万事，一切［～通］(広く浅い)物知り
【万事不求人】wànshì bù qiú rén《俗》何事も人に頼らない
【万事不由人】wànshì bù yóu rén《俗》何事も人の思い通りにはならない
【万事俱备，只欠东风】wànshì jù bèi, zhǐ qiàn dōngfēng《俗》(準備万端整ったが，東の風だけがまだ吹かない＞) 準備は完了したが，必要な条件がただ一つ満たされていない
【万寿无疆】wàn shòu wú jiāng《成》永えに生命の栄えあれ ♦帝王の長寿を祈る言葉
【万水千山】wàn shuǐ qiān shān《成》((旅路を妨げる) 無数の山と川＞) 旅ゆく道の険しさの形容
【万死】wànsǐ [動] 万死〖～不辞〗万死をも辞さず
【万岁】wànsuì [動] 永遠に栄えあれ，万歳 ♦永続を願って叫ぶ祈りの言葉 — [名]《書》皇帝を指す語
【万万】wànwàn [副]〘否定文に用いて〙決して，断じて([同][绝对])〖～没有想到〗予想だにしなかった — [数] 億〖四～美元〗4億米ドル
【万维网】wànwéiwǎng [名] ワールド・ワイド・ウエブ，WWW
【万无一失】wàn wú yì shī《成》万に一つのミスもない
【万物】wànwù [名] 万物
【万象】wànxiàng [名] 森羅万象，あらゆる事物［～回春］ものみな蘇る
【万幸】wànxìng [形] きわめて幸運な，大変なつきに恵まれた
★★【万一】wànyī [名] ①ほんの一部，万分の一 ②万一の場合，予期せぬ事故〖防止～〗不測の事態を防ぐ — [接] 万が一，仮に
【万丈】wànzhàng [数][量] 万丈の高さ(深さ)［怒火～］天にも達する怒りの炎
【万众】wànzhòng [名] 大衆，万民［～一心］万民心を一つにする
【万状】wànzhuàng [形]〘マイナス義を持つ2音節の名詞，形容詞の後について〙あらゆる様相の，さまざまな形の〖危险～〗きわめて危うい
【万紫千红】wàn zǐ qiān hóng《成》百花繚乱，色とりどりに咲き乱れた

【腕】wàn ⊗手首［手～儿］同前［脚～儿］足首［～力］腕力，手腕
【腕儿】wànr [名]《口》有力者 [関][大腕儿]
【腕子】wànzi [名] 手首［手～］同前［脚～］足首
【腕足】wànzú [名] イカやタコの足

【蔓】wàn [名]（～儿)〔根〕(植物の) つる〖爬～儿〗つるを這わせる
⇨mán, màn

【汪】wāng [動] (液体が) たまる，集まる〖地上～着水〗地面に水がたまっている — [量]（～儿) たまった液体に使う〖一～儿油〗一たまりの油 — [擬] 犬の吠える声，わん
⊗①《方》小さな池 ②(水を) 満々とたたえた，広くて深い ③(W-)姓
【汪汪】wāngwāng [形] ①(水や涙が) あふれるほどの，こぼれそうな ②水面が広々とした，水をたたえて広がった — [擬] わんわん(犬の吠え声)
【汪洋】wāngyáng [形] (水が) 果てしなく広がった，広大無辺の〖～大海〗見渡す限りの海原

【尪】wāng ⊗①下肢，背などが曲がる病気 ②瘦せた

【亡(*亾)】wáng ⊗①逃げる，逃亡する［逃～］逃亡する ②失う，なくす ③死ぬ，命を落とす［阵～］戦死する ④滅びる，滅ぼす［灭～］滅亡する ⑤既に世を去った，今は亡き［～友］今は亡き友
【亡故】wánggù [動] 死ぬ，世を去る
【亡国】wángguó [名] すでに滅びた国，亡国［～奴］亡国の民
—— wáng'guó [動] 国を滅ぼす
【亡魂丧胆】wáng hún sàng dǎn《成》(魂を失い胆をつぶす＞) 狼狽し恐れおののく
【亡命】wángmìng [動] ①亡命する，逃亡する〖～国外〗国外に亡命する ②(悪い輩が) 命を捨ててかかる，命を張る
【亡羊补牢】wáng yáng bǔ láo《成》(羊が逃げてから囲いを補修する＞) 被害を被った後に対策を講じて再発を防ぐ

【王】wáng [名] 王，君主［～位］王位
⊗①首領，トップに立つ者［拳～］ボクシングチャンピオン ②年長の，世代が上の［～母］《書》祖母 ③(W-) 姓 ♦「王となる」の意の文語では wàng と発音
【王八】wángba [名] ①カメ，スッポンの俗称 ②女房を寝取られた男，浮気女房の亭主 ③《転》馬鹿野郎 ♦男に対する最大の罵倒語［～蛋］馬鹿もん！
【王朝】wángcháo [名] ①王朝〖建立～〗王朝を樹立する ②朝廷
【王道】wángdào [名] 王道 ♦君主が仁愛によって民を導き平和を保つ政治 [関][霸道]
【王法】wángfǎ [名] ①(王朝時代の) 国法，法律 ②政策法令

【王府】wángfǔ 图'王'爵などを持つ者の屋敷，皇族の住居
【王公】wánggōng 图王侯貴族
【王宫】wánggōng 图〔座〕王宫，皇居
【王官】wángguān 图王に仕える臣下，王朝の官吏
【王国】wángguó 图①王国，王の国 ②(転)事がらや物が栄える分野，領域
【王侯】wánghóu 图王侯貴族，貴顕けん
【王后】wánghòu 图皇后ごう，王妃ひ
【王浆】wángjiāng 图ロイヤルゼリー 旧[蜂乳]
【王母娘娘】Wángmǔ niángniang〈'西王母'の通称〉◆古代神話中の女神，昆仑こんざん山に住み，不死の生命を持つとされる
【王牌】wángpái 图〔张〕①トランプのキング，最強の札ふだ ②(転)切り札，奥の手『打出～』切り札を切る ③(転)第一人者，エース
【王室】wángshì 图①王室，皇族 ②朝廷
【王爷】wángye 图(敬)王様 ◆皇帝の支配の下での各王
*【王子】wángzǐ 图王子
【王族】wángzú 图王族，皇族

【网】(網) wǎng 图〔张〕網
〖结～〗網を編む〖补～〗網を繕う〖鱼～〗漁網 一動①網で捕える『～蝴蝶』網で蝶をつかまえる ②網状に覆う，網をかぶせたようになる
⊗①網状の物 〖蜘蛛～〗クモの巣 ②ネットワーク，網のような組織〖交通～〗交通網〖因特～〗インターネット〖～吧〗ネットカフェ〖～上〗ウェブ上〖～民〗ネットユーザー〖～址〗ネットアドレス
【网兜】wǎngdōu 图網袋
【网巾】wǎngjīn 图網状のスカーフ
【网开三面】wǎng kāi sān miàn (成)(網の三方を開いておく)犯罪者に寛大に対処する ㊥[严刑峻法]
【网罗】wǎngluó 图鳥や魚を捕える網，わな 一動広く探し集める『～选手』(各地から)選手を集める『～信息』広く情報を集める
*【网络】wǎngluò 图ネットワーク〖互联～〗インターネット('因特网'とも)
【网膜】wǎngmó 图(眼球の)網膜
*【网球】wǎngqiú 图①庭球，テニス『打～』テニスをする『～拍』テニスのラケット ②テニス用のボール
【网眼】wǎngyǎn 图（～儿）網目あみ 旧([网目]) 『～纱』蚊帳かや地じ
*【网站】wǎngzhàn 图ウェブサイト
【网子】wǎngzi 图①〔张〕網，ネット ②ヘアネット 旧[发网]

【罔】wǎng ⊗①欺あざむく，隠す〖欺～〗(書)欺く ②否定詞の'无'に同じ〖～效〗(書)効なし

【惘】wǎng ⊗がっかりする，滅入る〖～然〗気落ちした〖迷～〗途方に暮れた

【辋】(輞) wǎng ⊗車輪の丸い外枠

【魍】wǎng ⊗〖～魉 liǎng (蜘蛛)〗(書)伝説中の怪物 旧[魑魅 chīmèi]

【往】wǎng 動(ある方向へ)向かって行く 一介(方向を示し)…に向かって『～南走』南へ去る『～前看』前を見る ⊗①行く〖来～〗行き来する ②過ぎ去った，昔の〖已～〗過去 ⇨ wàng
*【往常】wǎngcháng 图日ごろ，ふだん〖比～晚〗いつもより遅い
*【往返】wǎngfǎn 動往復する，行って帰る『～要一小时』往復に1時間かかる『～票』往復切符
【往复】wǎngfù 動①往復する，行き戻りする ②行き来する，交際する
【往还】wǎnghuán 動行き来する，交際する
【往来】wǎnglái 動①往来する，通行する ②交際する，行き来する『同他们～』あの人たちと交際する
【往年】wǎngnián 图昔，以前 旧[往时]
【往日】wǎngrì 图以前，往時 旧[昔日]
*【往事】wǎngshì 图昔の出来事，往事『回忆～』往事を回顧する
*【往往】wǎngwǎng 副しばしば，しょっちゅう 旧[经常]
【往昔】wǎngxī 图昔，以前

【枉】wǎng ⊗①曲げる，歪めるる ②不当な扱いをする，悔し涙をのませる→〖冤～yuānwang〗 ③歪んだ，曲がった ④無駄に，無益に『～活』無益に生きる
【枉法】wǎngfǎ 動(法律を執行すべき立場の者が)法を曲げる，法を悪用する
【枉费】wǎngfèi 動無駄に費やす，空費する 旧[白费]
【枉驾】wǎngjià (敬)(書)まげてご来駕がいただく，わざわざお運びいただく『请您～光临』どうぞ来臨わりますよう
【枉然】wǎngrán 形無駄な，徒労の 旧[徒然]
【枉死】wǎngsǐ 動非業の死を遂げる，横死する

【妄】wàng ⊗①でたらめな，むちゃくちゃな〖狂～〗のぼせ上がった ②みだりな，無鉄砲な〖～断〗軽々しく結論を下す

【妄动】wàngdòng [動] 軽挙妄動(もうどう)する，軽はずみに動く

【妄念】wàngniàn [名] よからぬ考え，邪念〖陡生～〗ふと邪心を抱く

【妄求】wàngqiú [動] 不当に要求する，身の程を弁(わきま)えぬ要求をする

【妄图】wàngtú [動] ばかげた企みをする，狂気じみた試みをする〖～抢劫〗強盗を企てる

*【妄想】wàngxiǎng [名] できもせぬ企て，空しい希望 — [動] 妄想する，ばかげた望みを抱く（[同][梦想]）〖～发财〗大儲けを夢見る

【妄语】wàngyǔ [名] 妄言，ばかげた言い草 [同][妄言] — [動] でたらめを言う，妄言を吐く

【妄自菲薄】wàng zì fěibó《成》卑下しすぎる，過度に劣等感をもつ [反][妄自尊大]

【妄自尊大】wàng zì zūn dà《成》甚しく思い上がる，やたら偉ぶる

【忘】

wàng [動] 忘れる，失念する〖～了带课本〗教科書を忘れた

【忘本】wàng▾běn [動]（今の幸せの）根源を忘れる，自分の足下を見失う

【忘掉】wàngdiào [動] きれいさっぱり忘れる，忘れ去る〖被人们～〗忘れ去られる〖忘不掉〗忘れられない

【忘恩负义】wàng ēn fù yì《成》恩義に背く，恩知らずなまねをする [反][感恩戴德]

【忘乎所以】wàng hū suǒ yǐ《成》興奮の余り今をもたらした本(もと)を忘れる，いい気になって自分を見失う [同][忘其所以]

【忘怀】wànghuái [動] 忘れる（[同][忘记]）〖难以～〗忘れ難い

**【忘记】wàngjì [動] ①忘却する，忘れ去る（[同][遗忘]）〖～到脑后〗きれいに忘れる ②うっかり忘れる，注意を怠る〖～带雨伞〗傘を忘れる

【忘年交】wàngniánjiāo [名] ①年齢や世代の差を越えた友人，年の離れた友 ②年の差を忘れた交わり，大きな年齢差を越えた友情

【忘情】wàngqíng [動] ①〚否定文に用いて〛心を石にする，無感情になる〖不能～〗諦められない ②我を忘れる，夢中になる

【忘却】wàngquè [動] 忘れ去る，忘れる（[同][忘记]）〖～疲乏〗疲れを忘れる

【忘我】wàngwǒ [形]〚多く定語・状語として〛（人々の利益のために）自分を捨てる，自分を忘れる〖～的精神〗無私の精神

【忘形】wàngxíng [動]（うれしくて）我を忘れる［得意～］有頂天(うちょうてん)に舞い上がる

【忘性】wàngxing/wàngxìng [名] 忘れっぽさ，物忘れのひどさ〖～大〗忘れっぽい

【望】

wàng [動] 遠くを見る，はるかに眺める［～见］はるかに見える［观～］見渡す — [介]（動作の方向を示し）…に向かって，…の方に〖～他挥手〗彼に手を振る ⊗①望む，願う〖～予协助〗協力をお願い致します ②商店の目印，看板［～子 zi］（旧式の）看板 ③陰暦15日［～月］満月 ④名声，名望［声～］人望［～族］名門の一族 ⑤訪れる，探訪する［看～］訪問する ⑥怨(うら)む［怨～］同前

【望尘莫及】wàng chén mò jí《成》（先行者の土埃(つちぼこり)を見るのみで追いつけない＞）後塵(こうじん)を拝する，はるかに引き離される [同][望尘不及]

【望穿秋水】wàngchuān qiūshuǐ《成》（目に穴があくほどに眺め続ける＞）待ちこがれる ♦'秋水'は目の喩え [同][望眼欲穿]

【望而却步】wàng ér què bù《成》（危険や困難に出会って）尻ごみする [同][望而生畏]

【望风】wàng▾fēng [動] ①（秘密活動を助けて）見張りをする ②形勢を見る，風向きを見る〖～而降〗うわさに脅えて投降する

【望楼】wànglóu [名] 望楼，物見やぐら

【望梅止渴】wàng méi zhǐ kě《成》（梅の実を思い描いて渇きをとめる＞）空しい期待で自分をごまかす [同][画饼充饥]

【望日】wàngrì [名] 月が満ちる日 ♦陰暦ではだいたい15日

【望文生义】wàng wén shēng yì《成》字面(じづら)から意味をこじつける

【望闻问切】wàng wén wèn qiè《成》（漢方医の診察方法で）見る・嗅ぐ・問う・手で触るの4つをいう [同][四诊]

【望眼欲穿】wàng yǎn yù chuān《成》（じっと眺めて目に穴があきそうになる＞）待ち焦がれる [同][望穿秋水]

【望洋兴叹】wàng yáng xīng tàn《成》（大海を前にして嘆息する＞）自分の卑小さや無力さを嘆く

【望远镜】wàngyuǎnjìng [名]〔架〕望遠鏡［双筒～］双眼鏡

【望月】wàngyuè [名] 満月 [同][满月]

【望子成龙】wàng zǐ chéng lóng《成》息子の出世や成功を望む

【往(望)】

wàng [介] wǎng の旧読

⇨wǎng

【旺】

wàng [形] 勢い盛んな，活力あふれる〖牡丹花开得正～〗ボタンの花が真っ盛りだ［兴～］活力みなぎる

【旺季】wàngjì [名] 旬(しゅん)の季節，書き入れ時 [反][淡季]

【旺盛】wàngshèng 形 元気盛んな、活力あふれる (⊕[衰敗]
【旺銷】wàngxiāo 動 よく売れる、快調に出回る (⊕[暢銷])〖～季節〗書き入れ時
【旺月】wàngyuè 名 取引が活発な月、書き入れ月 (⊗[淡月]

【危】wēi ⊗ ①危険、危機〖～在旦夕〗危険が間近に迫る ②二十八宿の一 ③危険にさらす、危地に陥れる ④危険な、危うい"安" ⑤(人が)死にかけた、瀕死の[病～]死が間近い ⑥丈が高い、見上げるような ⑦端然とした、姿勢のよい〖～坐〗端座する
【危殆】wēidài 形〖書〗危機に瀕した、いまにも滅びそうな
*【危害】wēihài 動 危害を及ぼす、損害を与える (⊕[損害])〖～身体〗体を損なう〖～団結〗結束を乱す
*【危机】wēijī 名 ①〖場〗危機〖面臨～〗危機に直面する ②(まだ表面化しない)危機のたね、禍根
【危及】wēijí 動 危害を及ぼす、脅かす〖～生命〗命にかかわる
【危急】wēijí 形 危機に瀕した、危急の [危迫]
【危局】wēijú 名 危険な局面、危機的状況
【危难】wēinàn 名 危難、災難〖克服～〗危難を乗り切る
【危如累卵】wēi rú lěi luǎn〖成〗(累卵的危うさ＞)いまにも崩壊しそうな危うい状況
【危亡】wēiwáng 名 (国家民族の)滅亡の危機、危急存亡〖挽救～〗滅亡の危機を救う
*【危险】wēixiǎn 形 危険な、脅威になる〖脱离～〗危機を脱する
【危言耸听】wēi yán sǒng tīng〖成〗人が驚く発言をすること、人騒がせな言辞を弄する (⊕[危辞耸听]

【委】wēi ⊗ 以下を見よ
【委蛇】wēiyí 形〖書〗①⊕[逶迤] ②人の言うなりの、従順な

【逶】wēi ⊗ 以下を見よ
【逶迤(委蛇)】wēiyí 形〖書〗(道路、山脈、河川が)うねうねと続く、曲がりくねった

【萎】wēi 動 wěiの旧読 ⇒wěi

【巍】wēi ⊗ 高大な、そびえ立つ〖～如高山〗そびえ立つ山のような
【巍峨】wēi'é 形 (山や建物が)高くそびえる、雲をつくような (⊕[巍然]
【巍然】wēirán 形 高く雄大な、雄々しくそそり立つ
【巍巍】wēiwēi 形 そそり立つ、高大な (⊕[巍峨]

【威】wēi ⊗ ①威力、威厳〖示～〗力を誇示する ②力で脅かす、威圧する
【威逼】wēibī 動 力で迫る、脅かす (⊕[威胁])〖～对方让步〗相手を脅かして譲歩を迫る
【威风】wēifēng 名 威信、威厳 (⊕[威信])〖抖～〗威張り散らす ― 形 立派な、威敏のある
【威吓】wēihè 動 脅かす、威嚇する (⊕[恐吓])〖～的口气〗脅迫じみた口調
【威力】wēilì 名 威力、恐れを感じさせる力〖显示～〗威力を見せつける
【威名】wēimíng 名 勇名、武功や蛮勇による名声〖～远扬〗勇名がとどろく
【威权】wēiquán 名 権勢、威信
【威容】wēiróng 名 威容、重々しい容姿
【威慑】wēishè 動 武力で脅かす、威嚇する
【威势】wēishì 名 威力、威勢
【威示忌】wēishìjì 名〖訳〗ウイスキー(英:whisky)〖波本(波旁)～〗バーボン〖苏格兰～〗スコッチ
【威望】wēiwàng 名 権威そなわる人望、威望〖失去～〗威望を失う
【威武】wēiwǔ 名 権勢、権力 ― 形 強力な、強大な
【威胁】wēixié 動 力で脅す、威嚇する〖～和平〗平和を脅かす
*【威信】wēixìn 名 威信、声望〖提高～〗威信を高める
【威压】wēiyā 動 弾圧する、力で押さえつける [怀柔]
【威严】wēiyán 名 威厳、威風 ― 形 威厳に満ちた、威風堂々たる (⊕[严严]
【威仪】wēiyí 名 威儀、威厳ある振舞い

【葳】wēi ⊗〖～蕤 ruí〗〖書〗枝葉の繁るさま

【偎】wēi 動 ぴったり寄り添う、寄り掛かる [～傍] [～依] 寄り掛かる

【隈】wēi ⊗ 山の隈、(水の)湾

【煨】wēi 動 ①とろ火でとろとろ煮る(ゆでる) ②熱灰の中に入れて焼く〖～白薯〗焼きいもを焼く

【微】wēi ⊗ ①やや、わずかに〖～感不适〗少し気分が悪い ②100万分の1、ミクロン〖～米〗ミクロン ③衰える、衰微する〖衰～〗〖書〗衰える ④微小な、細微な〖～雨〗霧雨 ⑤精妙な、微妙な→〖～妙〗
【微安】wēi'ān 量〖電〗マイクロアンペア〖～计〗同前メーター
【微波】wēibō 名 ①〖理〗マイクロ

ウェーブ, 極超短波 [～炉] 電子レンジ ②さざ波, 波紋

【微博】wēibó 名 ミニブログ, マイクロブログ ◆'微型博客'の略. '推特 tuītè'(ツイッター)とは異なる

【微薄】wēibó 形 ほんのわずかな, 微々たる(反[单薄])[～的贺礼]形ばかりのお祝い

*【微不足道】wēi bù zú dào《成》取るに足りない, ほんのわずかな 同[微乎其微]

【微创手术】wēichuāng shǒushù 名 腹腔鏡手術

【微分】wēifēn 名《数》微分 [～方程式]微分方程式

【微风】wēifēng 名〔阵〕そよ風, 微風

*【微观】wēiguān 形 微視的, ミクロの世界の(反[宏观])[～经济学]ミクロ経済学 [～世界]ミクロコスモス

【微乎其微】wēi hū qí wēi《成》小さい上にも小さい, きわめて微小な 同[微不足道]

【微积分】wēijīfēn 名《数》微積分, 微分と積分

【微粒】wēilì 名 微粒, 微粒子 ◆肉眼では見えぬ粒子. 分子や原子をもいう

【微茫】wēimáng 形《书》靄のかかった, ぼんやりした

【微米】wēimǐ 量 ミクロン, 1000分の1ミリ

【微妙】wēimiào 形 デリケートな, 微妙な

【微末】wēimò 形 瑣末な, 意味の乏しい [～的成就]どうということもない成果

【微弱】wēiruò 形 弱々しい, 力ない(反[强烈])[心跳～]心臓の鼓動が弱々しい

【微生物】wēishēngwù 名 微生物

【微调】wēitiáo 動 微調整する, 小幅な手直しをする

【微微】wēiwēi 数 ピコ, マイクロマイクロ, 1兆分の1 — 副 ちょっぴり, わずかに

【微细】wēixì 形 ごく細かな, 微細な

【微小】wēixiǎo 形 ごく小さい, 微小な(反[巨大])

*【微笑】wēixiào 動 微笑する, ほほえみ(えむ)

【微型】wēixíng 形〔定語として〕縮小サイズの, ミニ, マイクロ [～计算机]マイクロコンピュータ [～小说]ショートショートストーリー

【微言】wēiyán 名 ①凝縮された言葉, 深い意味を込めた短い言葉 ②内緒話, はっきり口にせぬ言葉

【微言大义】wēi yán dà yì《成》練り上げられた短い言葉の中に深い意味が込められている

【薇】wēi ⊗ ① → [蔷 qiáng ～] ②'巢菜'(カラスノエンドウ)の古語

【为(爲 *為)】wéi 動 ①…とみなす, …に充当する [以他～团长的代表团]彼を団長とする代表団 ②…になる, …に変わる・変える [化悲痛～力量]悲しみを力に変える ③〔動詞+'为'〕動作の結果ほかのものになる(ようにする)[结～夫妻]結ばれて夫婦となる — 反 '所'と組み合わさって受身を作る [～人所喜爱]人に好かれる

⊗ ①…である ◆'是'に相当する書面語 [一公斤～两斤]1キログラムは2斤である ②単音節形容詞を副詞化する接尾辞 [大～]大いに ③単音節副詞の語気を強める接尾辞 [尤～]とりわけ ④する, 行う [事在人～]事の成否は本気でやるかどうかにかかっている
⇨ wèi

【为非作歹】wéi fēi zuò dǎi《成》悪事を重ねる, 無法なまねをする

【为富不仁】wéi fù bù rén《成》金持ちの情я知らず

*【为难】wéinán 動 困らせる, 意地悪をする [别～我]意地の悪いことをするなよ — 形 (対処に) 頭の痛い, 手の焼ける [十分～]ほとほと手を焼いている

*【为期】wéiqī 動 時期となる, …の間続く [～一个月的会议] 1か月間の会議 [～不远]期日が迫っている

【为人】wéirén 名 人柄, 品行 [～开朗]からっとした人だ

【为生】wéishēng 動〔通常'以…～'の形で〕暮しを立てる, 食べてゆく [以画画儿～]絵をかいて食べている

【为时】wéishí 動 時間の面から見る [～过早]時期尚早だ

*【为首】wéishǒu 動〔通常'以…～'の形で〕トップとなる(する), 主導者となる(する)[以林教授～的调查团]林教授を代表とする調査団

【为数】wéishù 動 数量・数字の面から見る [～不少]相当な額になる

【为所欲为】wéi suǒ yù wéi《成》(貶)やりたいようにやる, 勝手放題に振舞う 同[随心所欲]

【为止】wéizhǐ 動〔通常'到(至)…～'の形で〕…までで終わる, 打ち切る [到目底～]月末で締め切る [迄今～的报名人数]今日現在の申込み者数

【沩(潙)】Wéi ⊗ [～水] 沩水(湖南省の川の名)

【韦(韋)】wéi ⊗ ①なめし革 ②(W-)姓

【违(違)】wéi ⊗ ① 背く, 反する [～规] [～章] 規則に反する ② 別れる, 離れたままでいる [久～] しばらくでした

【违碍】wéi'ài 形 (旧) 禁を犯した, タブーに触れた

【违拗】wéi'ào 動 (上の意向に) 背く, 逆らう

*【违背】wéibèi 動 違反する, (規則を) 破る (働 [违逆] (反) [遵守]) [～宪法] 憲法に違反する [～良心] 良心に背く

【违法】wéi'fǎ 動 法令に違反する, 法に触れる (反) [合法]

【违反】wéifǎn 動 違反する (働 [违背] (反) [符合]) [～合同] 契約に違反する

【违犯】wéifàn 動 (法令に) 違反する, 法を犯す [遵守]

【违禁】wéijìn 動 禁を犯す, 禁令を破る [～品] 禁制品

【违抗】wéikàng 動 (命令に) 背く, 逆らう [～指示] 指示に逆らう

【违例】wéilì 動 ① 慣例に背く, しきたりを破る ②[体] ルールに違反する

【违令】wéi'lìng 動 命令に背く

【违误】wéiwù 動 (公文書用語で) 命令に背いて遅滞を来す

【违心】wéi'xīn 動 本心に背く, 意に添わぬことをする [～之论] 心にもない発言

【违约】wéi'yuē 動 ① 条約や契約に違反する, 違約する ② 約束を破る

【围(圍)】wéi 動 ① 囲む, 包囲する ② 包む, 巻きつける — 量 ① 両手の指で丸を作った円周の長さ ② 両腕で丸を作った円周の長さ, …抱え [粗围一～] ふた抱えの太さがある
⊗ ① 周囲, 周辺 ② 周囲 [腰～] ウェスト ② (W-) 姓

【围城】wéichéng 图〔座〕(敵軍に) 包囲された都市
—— wéi'chéng 動 (軍隊が) 都市を包囲する

【围堵】wéidǔ 動 びっしり取り囲む, 袋の鼠にする

【围攻】wéigōng 動 包囲攻撃する

【围击】wéijī 動 働 [围攻]

【围歼】wéijiān 動 (敵軍を) 包囲殲滅する

【围巾】wéijīn 图〔条〕スカーフ, えり巻き [围～] スカーフを首に巻く

【围聚】wéijù 動 群らがり取り囲む, ぐるり人垣をつくる

【围垦】wéikěn 動 (浅瀬を) 堤防で囲い, 埋立てて農地にする

【围困】wéikùn 動 透き間なく包囲する, びっしり取り囲む

【围拢】wéilǒng 動 群がり寄る, どっと取り囲む

【围屏】wéipíng 图 (六曲, 八曲など) 折り畳み式の屏風

【围棋】wéiqí 图〔盘・局〕囲碁 [下了三局～] 碁を3局打った ◆囲碁, 将棋は体育の種目に属する

【围墙】wéiqiáng 图 [道] 周囲を囲む塀

【围裙】wéiqún/wéiqún 图〔条〕エプロン [围～] エプロンを着ける

*【围绕】wéirào 動 ① (ある物の周りを) ぐるぐる回る, 円運動をする [～着池子走] 池の周りを歩く ② (問題や事柄を) 巡る, 中心とする [～着这个问题] この問題を巡って

【围网】wéiwǎng 图 巻網

【围子】wéizi 图 ① 村落を囲む土塀や生垣 [土～] 村を囲む土塀 ② 低地の田畑を水から守る堤防 働 [圩子] ③ 物の周りを覆うカーテン類 働 [帷子]

【围嘴儿】wéizuǐr よだれ掛け [帯上～] よだれ掛けをつける

【闱(闈)】wéi ⊗ ① 宮殿の側門 ② (科挙の) 試験場 [秋～] 郷試

【圩】wéi ⊗ 田畑を水から守る堤防 [筑～] 同前を築く
⇨ xū

【圩田】wéitián 图 堤防で囲んだ水田

【圩垸】wéiyuàn 图 (湖沼地帯で) 湖水の流入を防ぐ堤防 ◆二重構造で外側の堤を'圩', 内側の小さい堤を'垸'という

【圩子】wéizi 图 (働 [围子]) ① 低地の田畑を水から守る堤防 ② 村落を囲む土塀や生垣

【沩】Wéi ⊗ [～水] 沩水 (湖北省の川の名)

【桅】wéi ⊗ 帆柱, マスト [单杆～] 1本マスト

【桅灯】wéidēng 图 ① 船の航行用信号灯 ② 騎馬用のランプ, カンテラ 働 [马灯]

【桅杆】wéigān 图〔根〕帆柱, マスト 働 [桅樯]

【桅樯】wéiqiáng 图〔根〕帆柱, マスト 働 [桅杆]

【惟】wéi ⊗ ① 単に, …だけ 働 '唯' ② しかし, ただし ③ 思惟, 思索 [思～] 思惟 ④ 文言で年月日の前に置く発語の助詞

【惟妙惟肖(唯妙唯肖)】wéi miào wéi xiào (成) (模倣や描写が) 本物そっくりな, 生き写しの, あたかも生きているような

【唯】wéi ⊗ 単に, ただ…だけ 働 '惟'
⇨ wěi

*【唯独(惟独)】wéidú 圖 ただ…だけ,

…のみ([同][单单])〚～你不〛君だけは違う

【唯恐(惟恐)】wéikǒng [動] ひたすら案じる，ただ…を心配する([同][只怕])〚～批评〛人からの批判ばかりを恐れる

【唯利是图(惟利是图)】wéi lì shì tú《成》自分の利益のことしか念頭にない

【唯命是听(惟命是听)】wéi mìng shì tīng《成》何でもはいはい言い付けを聞く [同][惟命是从]

【唯我独尊(惟我独尊)】wéi wǒ dú zūn《成》自分が一番だとうぬぼれる

【唯我主义】wéiwǒ zhǔyì [名]〘哲〙独我(どくが)論，唯我(ゆいが)論 [同][唯我论]

【唯物辩证法】wéiwù biànzhèngfǎ [名]〘哲〙唯物弁証法

【唯物论】wéiwùlùn [名]〘哲〙唯物論 [同][唯物主义] [反][唯心论]

【唯物史观】wéiwù-shǐguān [名]〘哲〙唯物史観，史的唯物論 [同][历史唯物主义]

【唯物主义】wéiwù zhǔyì [名]〘哲〙唯物論([同][唯物论])〔辩证～〕弁証法的唯物論

【唯心论】wéixīnlùn [名]〘哲〙観念論，唯心論 [同][唯心主义] [反][唯物论]

【唯心史观】wéixīn-shǐguān [名]〘哲〙唯心史観，観念論的歴史観 [同][历史唯心主义]

【唯心主义】wéixīn zhǔyì [名]〘哲〙観念論，唯心論

★★【唯一(惟一)】wéiyī [形]〔定語として〕唯一の，二つとない〚～标准〛唯一の基準〚～的愿望〛ただ一つの願い

【唯有(惟有)】wéiyǒu [副] ただ…だけ，…ひとり([同][只有])〚～他不吃〛彼だけは食べようとしない

〖帷〗wéi ⊗とばり，カーテン(‘帏’とも)〔罗～〕薄絹のとばり

【帷幕】wéimù [名]〔块〕幕，垂れ幕([同][帷幔])〚落下～〛幕を閉じる

【帷幄】wéiwò [名]《書》軍の本陣のテント，帷幄(いあく) ♦‘帷’は垂れ幕，‘幄’は引き幕〔运筹～〕本陣で作戦を練る

【帷帐】wéizhàng [名](中国式)寝台のとばり ♦寝台の四隅に柱があり，全体を布で覆うようになっている [同][帐子]

【帷子】wéizi [名]回りを囲む布，囲いのカーテン〔车～〕幌(ほろ)の一種

〖维(維)〗wéi ⊗①〘数〙次元〔一～〕1次元〔三～空间〕3次元空間 ②思惟，思索 [同]‘惟’ ③繋(つな)ぐ，接続する→〔～系〕④保つ，守る ⑤(W-)姓

★【维持】wéichí [動]維持する，保つ

★★【维护】wéihù [動]防護する，守る〚～秩序〛秩序を保つ

【维纶】wéilún [名]《訳》ビニロン(英: vinylon) [同][维尼龙]

★【维生素】wéishēngsù [名]ビタミン([同][维他命])〚缺乏～C〛ビタミンCが不足する

【维他命】wéitāmìng [名]《訳》ビタミン(英: vitamin)

【维吾尔族】Wéiwú'ěrzú [名]ウイグル族 ♦中国少数民族の一，主として新疆ウイグル自治区に住む．‘维族’と略称

【维系】wéixì [動]繋ぎとめる，維持する〚～人心〛人心を保つ

【维新】wéixīn [動]改革する，近代化する〔戊戌～〕戊戌(ぼじゅつ)の維新 ♦1898年の失敗に終わった政治改革

★【维修】wéixiū [動]維持補修する，修理保全を行う〚～电脑〛コンピュータのメンテナンスをする

〖潍(濰)〗Wéi ⊗〔～河〕濰(い)河(山東省の川の名)

〖嵬〗wéi ⊗①高くそびえる，そそり立つ〔～～〕《書》そそり立つ ②(W-)姓

〖伪(僞 *偽)〗wěi ⊗①偽りの，にせの〔～钞〕にせ札(さつ) ②非合法の，傀儡(かいらい)の〔～军〕傀儡軍

【伪君子】wěijūnzǐ [名]えせ紳士，偽善者

【伪善】wěishàn [形]善人面(づら)した，偽善的な([反][真诚])〚言辞很～〛言うことがいかにもお為ごかしだった〔～者〕偽善者

【伪书】wěishū [名]〔部·本〕偽書(ぎしょ)

【伪托】wěituō [動](古い) 書物や絵画等を偽作する，贋作(がんさく)を作る

★【伪造】wěizào [動]偽造する，偽物を作る〚识破～〛偽造を見破る〔～护照〕偽造旅券

【伪证】wěizhèng [名]偽証，偽りの証拠〚作～〛偽証する

【伪装】wěizhuāng [名]①変装，偽装〚剥去～〛仮面をはがす ②〘軍〙カムフラージュ，擬装(ぎそう) — [動]①見せ掛ける，振りをする〚～老实〛おとなしそうに見せ掛ける ②〘軍〙カムフラージュする，擬装する

〖伟(偉)〗wěi ⊗①偉大な，すぐれた ②たくましい〔魁～〕長身でたくましい

★★【伟大】wěidà [形]偉大な，輝かしい [反][渺小]

【伟绩】wěijì [名]偉大な功績，輝かしい成果〚颂扬～〛偉大な功績をたたえる

【伟力】wěilì [名]巨大な力，凄まじいパワー

【伟人】wěirén [名]偉人，輝ける人物

[反][庸人]

〖苇(葦)〗 wěi ⊗アシ［芦～］同前

【苇箔】wěibó [名] アシで編んだ簾(すだれ)，よしず

【苇塘】wěitáng [名]〔片〕アシの茂る池

【苇席】wěixí [名]〔块〕アシで編んだむしろ，アンペラ

【苇子】wěizi [名]〔根〕アシ

〖纬(緯)〗 wěi(古くは wèi) ⊗①織物の横糸（[反]'经'）［经～］縦糸と横糸 ②緯度〚北～四十度〛北緯40度

【纬度】wěidù [名]〔度〕緯度（[反][经度]）〚～高三度〛緯度が3度高い

【纬线】wěixiàn [名]（[関][经线]）①〔根〕織物や編物の横糸 ②〔条〕〚地〛緯線

〖炜(煒)〗 wěi ⊗光明に満ちた，明るい

〖玮(瑋)〗 wěi ⊗①玉(ぎょく)の一種 ②貴重な，高価な［～宝］《書》貴重な宝

〖韪(韙)〗 wěi ⊗正しい［不～］《書》誤り

【尾】 wěi [量] 魚を数える（[同][条]）〚三～鱼〛魚3匹 ⊗①尾，しっぽ ②物の尾部，最後尾の部分 ③末端，末尾 ④半端な部分，やり残した事

⇨yǐ

★★【尾巴】wěiba [名] ①〔根·条〕動物の尾，しっぽ ②物の最後尾の部分，尾部 ③追随ばかりする人，付和雷同しかできない人 ④尾行者〚甩掉～〛尾行を振り切る ⑤物事の未解決部分，積み残し〚留～〛やり残す

【尾大不掉】wěi dà bú diào《成》(尾が大きすぎて動きがとれない>)組織の下部が肥大化して，組織が機能しない

【尾灯】wěidēng [名] テールランプ

【尾骨】wěigǔ [名]〚生〛尾骨(びこつ)

【尾牌】wěipái [名] 後部にあるナンバープレート，バスのコース表示プレートなど

【尾期】wěiqī [名] 末期，最終の時期〚已近～〛もう終わりに近い

【尾鳍】wěiqí [名] 魚の尾びれ

【尾气】wěiqì [名] 排気ガス [同][废气]

【尾欠】wěiqiàn [名] 未納金，不足額 — [動] 未納分を残す，借りを残す

【尾声】wěishēng [名] ①（音楽，文学，演劇の）エピローグ ②活動や運動の最終段階〚接近～〛終わりに近づく

【尾数】wěishù [名] ①端数 ②小数点から後の数，小数

【尾随】wěisuí [動] 後からついて行く，尾行する（[同][跟随]）〚～着明星走〛スターの後を追いかける

【尾追】wěizhuī [動] すぐ後を追いかける，追跡する

【尾子】wěizi [名]《方》①端数 [同]《普》[尾数] ②物事の最後の部分，最終段階

〖娓〗 wěi ⊗［～～］《書》飽(あ)きることなく(飽きさせることなく)語るさま

〖委〗 wěi ⊗①川の下流，結末［原～］始めと終わり ②'委员'，'委员会'の略［常～］常任委員 ③委託する，委任する ④放棄する，投げ捨てる→［～弃］⑤転嫁する，なすりつける（'诿'とも）［推～］転嫁する ⑥集める，溜めこむ［～积］《書》蓄積する ⑦ゆるく曲がった，遠回しの ⑧元気のない，打ちしおれた ⑨確かに，全く

⇨wēi

【委顿】wěidùn [形] 元気のない，くたびれた

【委靡(萎靡)】wěimǐ [形] 意気上がらない，しょぼくれた [反][蓬勃]

【委派】wěipài [動] 委任する，任命する〚～你为代表〛君を代表に任命する

【委弃】wěiqì [動] 放棄する，投げ出す [同][抛弃]

【委曲】wěiqū [名]《書》詳しい事情，委曲(いきょく) — [形] 曲りくねった，曲折のある〚河道～〛川筋が折れ曲りする〚～的山歌〛高く低く流れる山歌

★★【委屈】wěiqu [動] くやしい思いをさせる，不当な扱いをする（[同][冤枉]）〚～你了〛君には悪いことをした — [形]（不当な扱いを受けて）くやしい，忿懣(ふんまん)やる方ない〚忍受～〛涙をのむ

【委任】wěirèn [動]（職務を） 委任する，ゆだねる

【委实】wěishí [副] 全く，実に [同][实在]

★★【委托】wěituō [動] 委託(いたく)する，代行を頼む（[同][托付]）〚～邻居寄信〛近所の人に手紙を出してきてもらう［～商店］中古品(委託)販売店

【委婉(委宛)】wěiwǎn [形]（物言いが） 柔らかな，巧みな言い回しの [同][婉转] [反][直率]

★【委员】wěiyuán [名] 委員［～会］委員会

【委罪】wěizuì [動] [同][诿罪]

〖诿(諉)〗 wěi ⊗責任を転嫁する［～卸］［推～］同前

【诿罪(委罪)】wěizuì [動] 責任を他に転嫁する，人に罪をかぶせる

【萎】 wěi [動]（旧読 wēi） 衰微する，力を失う〚牡丹花～了〛ボタンの花がしおれた ⊗枯れる，しおれる

⇨wēi

【萎黄】wěihuáng [動] 枯れて黄ばむ

W

一 形 ひどくやつれた,やつれて血色の悪い

【萎靡】wěimǐ 形 ⇨[委靡]

【萎蔫】wěiniān 動 (植物が)しおれる,萎￥naえる

【萎弱】wěiruò 形 衰弱した,弱々しい ⇨[衰弱]

【萎缩】wěisuō 動 ①しおれる,枯れる ②〈経済活動が〉衰える,縮小する ⇨[发展] ③〔医〕(身体組織が)萎縮しゅくする,縮む [肌肉~]筋萎縮 一 形 元気のない,しょんぼりした ⇨[委靡]

【萎谢】wěixiè 動 (草花が)枯れる,萎む

【痿】wěi ⊗ (漢方で)体の機能喪失や萎縮を示す→[阳yáng~]

【唯】wěi ⊗ はい(返事の言葉) [~~诺诺] 何でもはいはいと言われるがまま ⇨wéi

【隗】Wěi ⊗ 姓 ♦ Kuíと発音する姓もある

【猥】wěi ⊗ ①沢山の,雑多な [~杂] 雑多な ②下司げすな,卑しい [~辞] 卑猥な(下品な)言葉

【猥劣】wěiliè 形〈書〉卑劣な,けちな ⇨[卑劣]

【猥陋】wěilòu 形〈書〉下劣な,卑しい ⇨[猥陋]

【猥琐(猥琐)】wěisuǒ 形 (容貌や振舞いが)下品な,下種っぽい

【猥亵】wěixiè 動 助平なまねをする,猥褻￥nな行為に及ぶ 一 形 卑猥な,猥褻な

【骫】wěi bèi ⊗ ①曲げる [~骳]〈書〉曲がりくねった

【颓(頍)】wěi ⊗ 静かな

【鲔(鮪)】wěi ⊗ ① サバ科の魚(熱帯に住む) [~鱼] 同前 ②〈古い書物では〉チョウザメ ⇨[鲔]

【亹】wěi ⊗ [~~]〈書〉①勤勉なさま ②前進するさま

【卫(衞*衛)】wèi ⊗ ① 守る,防御する ②(W-) 周代の国名 ③(W-) 姓

【卫兵】wèibīng 名 警備兵,護衛兵

【卫队】wèiduì 名〔支〕警備隊,護衛隊 [武装~] 武装護衛隊

【卫护】wèihù 動 守る,保護する [~孩子] 子供を守る [~和平] 平和を守る

【卫冕】wèimiǎn 動 チャンピオンの座を守る,連覇￥nする

【卫生】wèishēng 名 衛生(的な) [讲~] 衛生を重んじる [街道很

~] 街が清潔だ [~纸] トイレットペーパー

★【卫生间】wèishēngjiān 名〔间・个〕トイレット

【卫戍】wèishù 動 (首都を)防衛の任につく [北京~区] 北京警備管区

★【卫星】wèixīng 名〔颗〕①衛星 [~城] 衛星都市 ②人工衛星 [人造~] [发射通讯~]通信衛星を打ち上げる

【为(爲*為)】wèi 介 …のために ①動作の受益者を示す(⇨[给]) [~他服务]彼に仕事する ②目的を示す [~避免失业] 失業を避けるために ③原因を示す(⇨[因为]) [~这件事高兴] このことで喜ぶ ⇨wéi

【为何】wèihé 副〈書〉なぜ,なにゆえに

【为虎傅翼】wèi hǔ fù yì 〈成〉(虎に羽根をつけてやる>) 悪人に加担し悪人の力を強めてやる ⇨[为虎添翼]

【为虎作伥】wèi hǔ zuò chāng 〈成〉(虎のために'伥'となる>)悪人の手先となる ♦'伥'は虎の手助けをする亡者の意

★【为了】wèile 介 (目的を示して) …のために(⇨[为着]) [~帮助他们] 彼らに手助けするために

【为什么】wèi shénme 副 なぜ,どうして,なんのために ♦ 原因,目的の両方に使う

【为着】wèizhe 介 ⇨[为了]

【未】wèi ⊗ ①まだ…でない,…していない ⇨[已] ②…でない,…しない ③十二支の第8,ひつじ

【未必】wèibì 副 …とは限らない,あるいは…でないかもしれない [她~来] あの人は来ないかもしれない

【未便】wèibiàn 副 …するのは具合が悪い,…という訳にはゆかない [~拖延] 日延べしてはまずい

【未卜先知】wèi bǔ xiān zhī 〈成〉(占いを立てるより先にわかる>) 予見する能力がある

【未曾】wèicéng 副 (過去において)…しなかった,…していない ⇨〈口〉[没有] ⇨[曾经]

【未尝】wèicháng 副 ①⇨[未曾] ②〔否定詞の前に置いて〕二重否定を作る(⇨[不是]) [~没有缺点] 欠点がない訳ではない

【未婚夫】wèihūnfū 名 婚約者(男),言い交わした男

【未婚妻】wèihūnqī 名 婚約者(女),言い交わした女

【未几】wèijǐ〈書〉形 わずかな,少しばかりの ⇨[无几] 副 程なく,間

もなく

【未可厚非】wèi kě hòu fēi《成》[同][无可厚非]

★★【未来】wèilái [名] 未来，将来 ━ [形]〔時間名詞を修飾して〕このあとの，すぐ後に続く

【未了】wèiliǎo [動] 未完である，まだ片付いていない〖～事宜〗未決案件

★【未免】wèimiǎn [副] どうも（…すぎる），有り体に言って ♦「感心しない」という語気を持つ（[同][不免]）〖～太简单〗どうも単純すぎるんじゃないかね

【未能免俗】wèi néng miǎn sú《成》俗習から脱却できていない

【未然】wèirán [動]〔成語的表現の中で〕まだそうなっていない，やがてそうなる（[反][已然]）〖防患于～〗災いを未然に防ぐ

【未遂】wèisuì [動] 達成していない，実現せぬままでいる〖自杀～〗自殺未遂

【未亡人】wèiwángrén [名]《旧》寡婦の自称

【未详】wèixiáng [形] 不詳の，明らかでない〖作者～〗作者不詳

【未雨绸缪】wèi yǔ chóumóu《成》（雨が降らないうちに家を修理する＞）備えあれば憂(うれ)いなし [同][有备无患]

【未知数】wèizhīshù [名]〖数〗未知数；《転》不確定の事柄，先行き不透明な事柄

【味】 wèi [名] ①（～儿）味，風味 ②（～儿）におい，香り ③面白み，味わい ━ [量] 漢方薬に調合する薬の種類を数える〖八～药的方子〗8種類の薬からなる処方

⊗味わう，味の違いがわかる［寻～］意味をかみしめる

★★【味道】wèidao/wèidào [名] ①味，風味（[同][滋味]）〖尝尝失败的～〗敗北の味を知る ②面白さ，興味〖没什么～〗まるでつまらない

【味精】wèijīng [名] 化学調味料 [同][味素]

【味觉】wèijué [名] 味覚〖～迟钝〗味覚が鈍い

【味同嚼蜡】wèi tóng jiáo là《成》（蠟(ろう)を咬(か)むのも同然の味＞）（文章や話が）無味乾燥である [反][津津有味]

【位】 wèi [名] 数字の位，桁(けた)〖千～〗千の位〖五～数〗5桁の数 ━ [量] 敬意を伴って人数を数える〖三～明星〗スターお三方(かた)

⊗①居場所，位置［座～］座席 ②地位，ポスト［职～］職務上の地位 ③君主の地位，位［即～］即位する ④（W-）姓

★【位于】wèiyú [動] …に位置する，…に存する〖～湖边〗湖のそばにある

★★【位置】wèizhi/wèizhì [名] ①位置，場所 [同][位子] ②地位（[同][地位]）〖失去～〗地位を失う ③職，ポスト〖谋个助教的～〗助手のポストを見つける

【位子】wèizi [名] ①座席，位置〖一排～〗座席1列 ②《転》ポスト

【畏】 wèi ⊗①恐れる，憚(はばか)る ②敬服する，畏敬する［敬～］尊敬する

【畏避】wèibì [動] 恐れ敬遠する，怖くて避ける

【畏光】wèiguāng [動]〖医〗（眼に）羞明の症状が出る [同][羞明]

【畏忌】wèijì [動] 恐れ疑う，脅(おび)えつつ猜疑(さいぎ)する

★【畏惧】wèijù [動] 恐れる，脅える（[同][害怕]）〖～癌症〗癌(がん)に脅える

【畏难】wèinán [動] 困難を恐れる，苦労を厭(いと)う

【畏怯】wèiqiè [動] びくびくする，臆病風に吹かれる [同][胆怯]

【畏首畏尾】wèi shǒu wèi wěi《成》（前を恐れ後ろに脅える＞）用心深過ぎる

【畏缩】wèisuō [動] 畏縮(いしゅく)する，竦(すく)む

【畏葸不前】wèi xǐ bù qián《成》恐れて前へと進まない

【畏友】wèiyǒu [名] 畏友(いゆう)，尊敬する友

【畏罪】wèizuì [動]（罪を犯して）罰を恐れる〖～自杀〗罰を恐れて自殺する

【喂】 wèi [嘆] おいおい，もしもし ♦呼び掛けの言葉．'喡 wāi' ともいう

【━(餵 *餧)】 [動] ①（動物を）飼育する，餌(えさ)をやる〖给牛～草〗牛に草を食べさせる ②（病人や赤ん坊などに）食べさせる，口に食べ物を運ぶ

【喂料】wèiliào [動] 飼葉(かいば)を食わせる，飼料を与える〖给牛～〗牛に飼料をやる

【喂养】wèiyǎng [動] 養（飼）育する，食物（餌）を食べさせる〖～小马〗子馬を飼う

【胃】 wèi [名] 胃，胃袋［反～］（食べた物を）戻す［～肠病］胃腸病

★【胃口】wèikǒu [名] ①食欲，食い気〖没～〗食欲がない ②《転》興味，好み〖对～〗好みに合う

【胃溃疡】wèikuìyáng [名] 胃潰瘍

【胃扩张】wèikuòzhāng [名] 胃拡張

【胃酸】wèisuān [名] 胃酸〖～过多〗胃酸過多

【胃下垂】wèixiàchuí [名] 胃下垂

【胃炎】wèiyán [名] 胃炎〖患～〗胃炎を患う

【胃液】wèiyè [名] 胃液

W

〖谓(謂)〗 wèi ⊗ ① 言う [所～] いわゆる ② 名を…という, …と呼ぶ 〖此之～…〗 これが…なるものである

【谓语】 wèiyǔ [名]〖語〗述語

〖渭〗 Wèi ⊗ [～河] 渭(い)水(陝西省を流れる川)

〖猬(蝟)〗 wèi ⊗ ハリネズミ [刺～] 同前 [～集] 蝟集(いしゅう)する

〖尉〗 wèi ⊗ ① (軍隊の) 尉官 [中～] 中尉 [～官] 尉官 ② (W-) 姓 ♦複姓'尉迟'は Yùchí と発音

〖蔚〗 wèi ⊗ ① 盛大な, 豊饒(ほうじょう)な ② 色鮮やかな, 目もあやな ♦河北省の県'蔚县'は Yùxiàn と発音

【蔚蓝】 wèilán [形]〔多く定語として〕スカイブルーの, 空色の 〖～的天空〗 紺碧の大空

【蔚然】 wèirán [形] 鬱蒼たる, 勢い盛んな [～成风] 世の風潮となる

【蔚为大观】 wèi wéi dà guān《成》(展示品などが)なかなか壮観な

〖慰〗 wèi ⊗ ① 慰める, なだめる [安～] 慰める ② 安らぐ, 気が休まる [欣～] 安堵し喜ぶ

【慰劳】 wèiláo [動] (多く贈物をして) 慰労する, 労をねぎらう

【慰留】 wèiliú [動] 慰留(いりゅう)する, (やめるという人を)引き留める

*【慰问】 wèiwèn [動] 慰問する 〖表示亲切～〗 心からの慰問を述べる

【慰唁】 wèiyàn [動] (遺族に) 悔やみを言う, 哀悼の意を伝える 〖～遗属〗 遺族にお悔やみを述べる

〖遗(遺)〗 wèi ⊗ 贈与する, 贈る

⇨yí

〖魏〗 Wèi ⊗ ① 戦国時代の国名, 魏(ぎ) ② 三国時代の魏 [～朝] [曹～] 魏(A. D. 220-265) ③ 南北朝時代の北魏(ほくぎ)→[北 Běi～] ④ 姓

【温】 wēn [形] ぬるい, 温かい — [動] ① 温める, やや熱くする ② 復習する 〖～书〗 復習する ⊗ ① 温度 [体～] 体温 ② 温和な, おとなしい ③ (W-) 姓

【温饱】 wēnbǎo [名] 衣食足りた生活, ぬくぬくとした暮らし [反] [饥寒]

【温差】 wēnchā [名] (一日の) 温度差

【温床】 wēnchuáng [名] 温床 [～栽培] 温床栽培 〖罪恶的～〗 悪の温床

【温存】 wēncún [動] (異性に対して) 思いやる, 優しくいたわる — [形] 優しい, 思いやりのある

*【温带】 wēndài [名]〖地〗温帯

**【温度】 wēndù [名] 温度 〖量 liáng～〗 温度を計る [～计] 温度計

【温故知新】 wēn gù zhī xīn《成》温故知新

*【温和】 wēnhé [形] ① (気候が) 温暖な, 寒さ知らずの ② (性格や言動が) 穏やかな, 温和な [反] [粗暴]

—— wēnhuo [形] (物体が) ほかほか温かい, 手ごろな温かさの [同] [温乎 wēnhu]

【温厚】 wēnhòu [形] 穏やかで親切な, 温厚な

【温静】 wēnjìng [形] 物静かな, 落ち着いた

**【温暖】 wēnnuǎn [動] (冷えた心身を) 暖かくする, 温める 〖～群众的心〗 大衆の心を暖かくする — [形] 暖かい, 温暖な [反] [寒冷]

【温情】 wēnqíng [名] ① 温かい気持ち, 優しさ ② 寛大な扱い, 温情 〖得到～〗 温情を得る

【温泉】 wēnquán [名] 〔眼·处〕 温泉

**【温柔】 wēnróu [形] (多く女性が) 優しい, 柔和な

【温润】 wēnrùn [形] ① (性格や言動が) 穏やかな, 優しい ② 温暖で湿度のある, 暖かくしっとりとした

【温室】 wēnshì [名] 温室

【温室效应气体】 wēnshì xiàoyìng qìtǐ [名] 温室効果ガス

【温顺】 wēnshùn [形] おとなしい, 従順である, 温順な ♦人間, 動物いずれにもいう

【温暾(温吞)】 wēntun [形]《方》[同]《普》[乌涂 wūtu]

【温文尔雅】 wēn wén ěr yǎ《成》優雅に洗練された, 物静かで知性的な [同] [文质彬彬]

【温习】 wēnxí [動] 復習する, おさらいする [同] [复习]

【温馨】 wēnxīn [形] (香りもよく) 温かい 〖～的家庭〗 温かい家庭

【温煦】 wēnxù [形] ① 温暖な, 暖かい ② 優しい, 和やかな

【温驯】 wēnxùn [形] (動物が) おとなしい, よくなついた

〖辒(輼)〗 wēn ⊗ [～辌 liáng] 古代の寝台車, 霊柩車

【瘟】 wēn [形] (芝居が) つまらない, しまらない

⊗ (漢方で) 熱病, 急性伝染病

【瘟病】 wēnbìng [名] (漢方で) 急性の熱病の総称

【瘟神】 wēnshén [名] 疫病神

【瘟疫】 wēnyì [名] (ペスト, コレラ, 赤痢などの) 悪疫(あくえき), 急性伝染病 〖那场～〗 あの時の悪性伝染病

〖鳁(鰮)〗 wēn ⊗ [～鲸] イワシクジラ

【文】 wén [名] 文科 〖他是学～的〗 彼は文科だ — [形] ① 文語の, 文語的な 〖写得太～了〗 文が硬すぎる ② 穏やかな, 上品な — [量] 旧時の銅銭を数える [一～不

値] 1文(もん)の値打ちもない
⊗①(ある言語の) 字母体系, 文字 ②(書かれた) 言語 [日~] 日本語 ③文章 [诗~] 詩文 ④礼儀作法 [虚~] 虚礼 ⑤文化, 文明 ⑥自然界の現象 [天~] 天文 ⑦(古くはwènと発音) 取り繕う, 覆い隠す ⑧入墨(いれずみ)する→[~身] ⑨文官の, 非軍事的な([反]'武') [~武双全] 文武両道の ⑩(W-)姓

【文本】wénběn [名] テキスト, 本文 [权威~] 定本

【文笔】wénbǐ [名] 文章のスタイル, 書き振り 〚~生动〛文章が息づいている

【文不对题】wén bú duì tí《成》①文章の内容が題とずれている ②答えがとんちんかんである

【文不加点】wén bù jiā diǎn《成》(文に一つの訂正も加えない>) すらすらと一気に書く

【文才】wéncái [名] 文才, ものを書く才能 [同][口才]

【文采】wéncǎi [名] ①きらびやかな色, 彩(いろど)り ②文学的才能, 芸術的天分〚很有~〛才能に恵まれている

【文抄公】wénchāogōng [名]《貶》盗作屋, 剽窃(ひょうせつ)屋

【文从字顺】wén cóng zì shùn《成》文章が読みやすく整然としている [反][文理不通]

【文牍】wéndú [名] 公的文書や書簡

【文法】wénfǎ [名] 文法 [同][语法]

【文房四宝】wénfáng sìbǎo《成》文人の4種の宝, すなわち墨・硯(すずり)・筆・紙

【文风】wénfēng [名](その人なりの) 文章の書き方, 文体

【文稿】wéngǎo [名] 草稿, 原稿

【文告】wéngào [名]〔张〕(機関や団体からの) 文書, 文書による通告, 布告

【文蛤】wéngé [名] ハマグリ [同][蛤蜊]

【文工团】wéngōngtuán [名] 文工団(ぶんこうだん) ♦'文艺工作团'の略. 軍隊, 機関, 団体の中の一組織で, 音楽, 舞踊, 演劇等の文化活動を通して政治宣伝を担当する

【文过饰非】wén guò shì fēi《成》過ちを覆い隠す, ミスを取り繕う

【文豪】wénháo [名] 文豪, 大作家

★★【文化】wénhuà [名] ①文化 [民族~] 民族文化 [~馆] 文化センター ②基礎的教養, 読み書きの能力〚学~〛読み書きを習う

【文化水儿】wénhuàshuǐr [名]《口》読み書きの能力, 教養の度合([同][文化水平])〚~低〛学がない

【文化站】wénhuàzhàn [名] ごく小さな文化センター, 娯楽室

【文火】wénhuǒ [名] とろ火, 弱火 [同][微火] [反][武火]

【文集】wénjí [名]〔本〕文集〚编~〛文集を作る

★★【文件】wénjiàn [名] ①〔份〕文書, 書類 [~袋] 書類袋 ②文献

【文教】wénjiào [名] 文化と教育

【文静】wénjìng [形] もの静かな, 上品で落ち着いた [反][好动]

★★【文具】wénjù [名] 文房具, 学用品

【文据】wénjù [名] 証明書, 証拠書類 ♦借用書, 契約書, 領収書など [同][字据]

【文科】wénkē [名] 文科 [反][理科]

【文侩】wénkuài [名] 文筆を道具にうまく立ち回る人間, 無恥無節操な文筆家

【文理】wénlǐ [名] 文章の筋道, 内容の論理的展開〚~不通〛(文章が) 支離滅裂な

【文盲】wénmáng [名] 文盲, 読み書きのできない大人

【文庙】wénmiào [名] 孔子廟(こうしびょう) [同][孔庙]

★★【文明】wénmíng [名] 文明, 文化 [精神~] 精神文明 — [形] ①文明の開けた, 高度な文化を持つ〚~经商〛近代的にビジネスを進める [反][野蛮] ②ハイカラな, モダンな [~棍儿] ステッキ

【文墨】wénmò [名] 物を書く仕事, 文筆のわざ [~人] 文人

【文鸟】wénniǎo [名]〔只〕ブンチョウ

【文痞】wénpǐ [名] ごろつき文人, 物書きやくざ

★【文凭】wénpíng [名] 卒業証書〚获得~〛学歴をつける

【文人】wénrén [名] 文人, 読書人([反][武人]) [~画] 文人画

【文弱】wénruò [形] 文雅でひよわな, 知的で弱々しい

【文身】wénshēn [動] 入墨(いれずみ)する, 彫物(ほりもの)を施す

【文书】wénshū [名] ①公文書, 書類, 契約書の類 ②(機関や部隊の) 文書係, 秘書

【文思】wénsī [名] 文章における思考の流れ, 構想脈絡〚~泉涌〛次々と着想がわく

【文坛】wéntán [名] 文壇, 文学界

【文体】wéntǐ [名] ①文体, 文章のスタイル [~学] 文体論 ②('文娱体育'の略) 文化娯楽と体育, レクリエーションとスポーツ [~活动] 文化体育活動

★【文物】wénwù [名] 文物, 文化財 [出土~] 出土品

★【文献】wénxiàn [名] 文献, 図書資料〚检索~〛文献を検索する [~库] 文献データベース

★★【文学】wénxué [名] 文学 [~家] 文学者 [~革命] 文学革命(特に1910年代後半の新文学運動)

W

★【文雅】wényǎ [形] 優雅な，上品な [反][粗鲁]
【文言】wényán [名] 文語，古典語 [関][白话]
★【文艺】wényì [名] ①文学と芸術［～复兴］ルネッサンス ②文学，文芸［～学］文芸学 ③歌や踊りなど舞台で演じる種目
【文娱】wényú [名] 文化娯楽，レクリエーション
【文苑】wényuàn [名] 文壇，文学界（[同][文坛]）『控制～』文壇を牛耳る
【文责】wénzé [名] 文責
【文摘】wénzhāi [名] ①〔篇〕要約，ダイジェスト ②〔段〕抜粋
★★【文章】wénzhāng [名] ①〔篇〕文章『写～』文章を書く ②著作，作品 ③隠された意味，含み『话里大有～』言葉に随分裏がある ④方法，打つ手『考虑～』打つ手を考える
【文证】wénzhèng [名] 証拠書類，文字に残された証拠
【文质彬彬】wén zhì bīnbīn《成》挙措(きょそ)が優雅で礼儀正しい [同][温文尔雅]
【文绉绉】wénzhōuzhōu [形]（～的）(多く貶意を含んで，身のこなしや話振りが)ゆったり落ち着いた，上品な
【文字】wénzì [名] ①文字［表意～］表意文字［～学］文字学 ②文字に書かれた言語，文章『删改～』文章を手直しする

【纹(紋)】wén [名]（～儿）絹織物の模様，柄(がら)［～板］紋紙(もんがみ) [×] 模様，文様［指～］指紋
【纹理】wénlǐ [名]〔道〕筋から成る文様，木目(きめ)
【纹路】wénlù [名] [同][纹缕儿]
【纹缕儿】wénlǚr [名]〔条・道〕(物に残る)皺(しわ)や模様，筋や木目
【纹丝不动】wén sī bú dòng《成》ぴくりとも動かない，微動だにしない [同][纹风不动]
【纹样】wényàng [名] (物に施した)文様，模様

【蚊】wén [×] 蚊(か)［～子］同前
【蚊香】wénxiāng [名]〔支・盘〕蚊取り線香，蚊遣(や)り（[同][蚊子香]）『点～』蚊遣りをたく
【蚊帐】wénzhàng [名]〔顶・床〕蚊帳(かや)『挂～』蚊帳を吊る
【蚊子】wénzi [名]〔只〕蚊『被～咬了』蚊にくわれた

【雯】wén [×] 模様のある美しい雲

【闻(聞)】wén [動] 嗅(か)ぐ『你～～吧』ちょっと嗅いでごらん [×] ①耳にした情報，ニュース［新～］ニュース ②名声，評判 ③耳にする，聞く［百～不如一见］百聞は一見に如(し)かず ④有名な，名の知れた→［～人］⑤(W-)姓
【闻风而动】wén fēng ér dòng《成》情報に接してすばやく行動に移る，ただちに反応する [反][闻风不动]
【闻风丧胆】wén fēng sàng dǎn《成》(噂(うわさ)を聞いて胆(きも)をつぶす＞)戦う前から浮足立っている
【闻过则喜】wén guò zé xǐ《成》自分の間違いや欠点を指摘されると喜ぶ(謙虚な人柄をいう)
【闻见】wénjiàn [名] 見聞
—— wénjian/wénjiàn [動] 嗅ぎつける，においを感じる『闻不见了』においなくなった
【闻名】wénmíng [動] ①名声を聞きおよぶ，評判を聞く ②名が轟(とど)く，鳴り響く『～世界』世界に名高い
【闻人】wénrén [名] ①著名な人物 ②(W-)姓
【闻所未闻】wén suǒ wèi wén《成》生まれて初めて耳にする，世にも珍しいことを聞く [反][司空见惯]
【闻讯】wénxùn [動] 知らせを聞く，情報に接する『～赶来』知らせを聞いて駆けつける

【刎】wěn [×] 刀で喉(のど)を切る［自～］喉を切って自殺する［～颈交］刎頸(ふんけい)の友

【吻(*脗)】wěn [動] 口づけする，キスをする [×] ①唇［飞～］投げキッス［～合］ぴったり合う ②動物の口

【紊】wěn(古くはwèn) [×] 乱れた，混乱した
【紊乱】wěnluàn [形] 無秩序な，乱れた（[同][纷乱]）『记忆～』記憶がこんがらがっている

【稳(穩)】wěn [形] ①安定した，揺るぎない『价格很～』物価が安定している ②落ち着いた，堅実な『做事很～』仕事がしっかりしている ③確かな，当てになる
【稳步】wěnbù [名] しっかりとした足取り，堅実な歩み『～前进』着実に歩を進める
【稳当】wěndang [形] ①確かな，当てになる『计划很～』堅実なプランだ ②揺るぎない，安定した『做得很～』がっちりできている
★★【稳定】wěndìng [動] 安定させる，落ち着かせる ━ [形] ①安定した，落ち着いた ②(物質が光や熱で)変質しない，影響されない
【稳固】wěngù [動] 安定させる，しっかり固める『～地位』地位を固める ━ [形] 安定した，揺るぎない [同][稳定]
【稳健】wěnjiàn [形] ①堅固な，しっ

かりした ②沈着な，落ち着きのある
【稳静】wěnjìng [形] 物静かな，穏やかな
【稳拿】wěnná [動] 間違いなく獲得する，必ず達成する 〖～金牌〗 金メダルは間違いない
【稳如泰山】wěn rú Tàishān 《成》(泰山(たいざん)(山東省の名山)の如くに揺るがない＞) この上なく安定している [同][坚如盘石] [反][摇摇欲坠]
【稳妥】wěntuǒ [形] 穏当な，堅実な 〖邮寄～〗 郵便なら安心だ
【稳在脸上，乐在心里】wěn zài liǎn shàng, lè zài xīn lǐ 《俗》さあらぬ態(てい)でうれしさを隠す
【稳扎稳打】wěn zhā wěn dǎ 《成》 ①間違いのない勝ち戦さをする，安全確実な戦いをする ②《転》手固く仕事をする，堅実一途に事を進める
【稳重】wěnzhòng [形] (言動が) 落ち着きのある，思慮分別のある

【问(問)】wèn [動] ①問う，尋ねる([反][回答]) 〖～你一件事〗 尋ねたいことがある 〖～问题〗 質問する ②尋問する，追及する ［追～］ 問い詰める ③かまう，関与する ［过～］ 首を突っ込む ━ [介] (依頼する相手を示して) …に，…に対して 〖～他借钱〗 彼に金を借りる
⊗安否·健康を問う，機嫌を伺う
【问安】wèn'ān [動] (多く目上に対して) ご機嫌を伺う，安否を尋ねる([同][问好]) 〖向祖母～〗 祖母のご機嫌を伺う
【问案】wèn'àn [動] 事件を審理する
【问长问短】wèn cháng wèn duǎn 《成》あれやこれやと細かに尋ねる
【问答】wèndá [動] 問答する，質問し回答する
【问道于盲】wèn dào yú máng 《成》(盲人に道を尋ねる＞) 全くの素人に教えを乞う
【问寒问暖】wèn hán wèn nuǎn 《成》相手の身を気づかってあれこれ尋ねる，様々に気配りする
【问好】wèn'hǎo [動] 安否，健康を尋ねる，挨拶を送る 〖向你妈妈～(问你妈妈好)〗 お袋さんによろしく
【问号】wènhào [名] ①疑問符《？》 ②《転》疑問，未確定な事柄 〖还是个～〗 まだ未知数だ
★★【问候】wènhòu [動] 挨拶を送る，安否，健康を尋ねる 〖代我～你父母〗 ご両親によろしく
【问津】wènjīn [動] 問い合わせる，探ってみる 〖不敢～〗 質問する勇気がでない
【问卷】wènjuàn [名] アンケート ［～调查］ アンケート調査
★【问世】wènshì [動] (著作を) 出版する，世に問う
【问事】wènshì [動] ①質問する，尋ねる ［～处］ 案内所 ②《書》業務にタッチする，仕事に関与する
★★【问题】wèntí [名] 問題 〖提～〗 質問する 〖～在你干不干〗 問題は君がやるかどうかだ 〖又出什么～啦？〗 こんどは何を仕出かしたんだ ［环境～］ 環境問題
【问心无愧】wèn xīn wú kuì 《成》自分の胸に聞いても恥じることがない
【问询】wènxún [動] 問い合わせる，意見を求める [同][询问]
【问讯】wènxùn [動] ①問う，尋ねる ［～处］ 案内所 ②機嫌を伺う，安否，健康を尋ねる [同][问候]
【问罪】wènzuì [動] (相手のミスや過ちを) 非難する，糾弾する

【汶】Wèn ⊗ ［～水］ 汶(ぶん)水 (山東省の川の名)

【璺】wèn [名] ［道］ (陶器やガラスの) ひび ♦'纹'と書くことも ［打破沙锅～到底］ (土鍋が壊れて底までひびが入る＞) ('问到底'とかけて) 徹底的に問い詰める

【翁】wēng ⊗①年とった男，老爺(ろうや) ②父 ［尊～］ あなたのお父上 ③夫の父，妻の父 ［～姑］ 舅(しゅうと)しゅうとめ ④(W-)姓

【嗡】wēng [擬] ぶーんぶーん，わーんわーん ♦小さな唸(うな)りや振動音を表わす 〖～～地飞〗 ぶんぶんと飛ぶ 〖脑袋～～响〗 頭の中ががんがん響く

【滃】Wēng ⊗ ［～江］ 滃(おう)江 (広東省の川の名) ♦「水の多いさま」の意の文語では wěng と発音

【蓊】wěng ⊗ ［～郁 yù］ 草木がよく茂った

【瓮(甕*罋)】wèng [名] 〔口〕 瓶(かめ) ［酒～］ 酒がめ
【瓮声瓮气】wèng shēng wèng qì 《成》声が太くて低い，胴間声(どうまごえ)の
【瓮中之鳖】wèng zhōng zhī biē 《成》(甕の中のスッポン＞) 袋の鼠，檻(おり)の中の虎
【瓮中捉鳖】wèng zhōng zhuō biē 《成》(甕の中のスッポンをつかまえる＞) 逃がしっこない

【蕹】wèng ⊗ ［～菜］ 〖植〗 (ヒルガオ科の) ヨウサイ ♦'空心菜'とも

【齆】wèng [形] 鼻詰まりの，鼻詰まりで言葉が不明瞭な
【齆鼻儿】wèngbír [名] 鼻詰まりで言葉がふがふがいう人 ━ [形] 鼻詰まりの，鼻詰まりで言葉がはっきりしない

【挝(撾)】wō ⊗ ［老 Lǎo～］ (国名の) ラオス
⇨zhuā

W

【涡】(渦) wō
⊗ ① 渦ミ[旋〜]② えくぼ[笑〜] 同前 ♦安徽省の川 '涡河' では Guō と発音

【涡流】wōliú 图 渦巻き, 渦 働[旋涡]

【涡轮机】wōlúnjī 图〔機〕〔台〕タービンエンジン 働[轮机]

【莴】(萵) wō
⊗ 以下を見よ

【莴苣】wōju/wōjù 图〔植〕〔棵〕チシャ(その変種 '莴笋 wōsǔn' は太い茎を食べる)[卷心〜]レタス

【窝】(窩) wō
图 ① 巣ゥ[搭〜]②(転)(悪人の)巣窟ミラミ, たまり場 ③(〜儿)《方》占めている位置, 存在場所[挪〜儿]よそに移す 一働 ①抑制する, ぐっとおさえる→[〜火]② 曲げる, 折り曲げる[〜一个圈儿]曲げて輪をつくる 量 ① 同じ腹から同時に生まれた動物のひと組, 同じ巣で育った動物のひと組を数える[一〜小鸡]一つ巣のひよこ ⊗① へこんだ所, くぼみ[心〜儿]みぞおち ② 隠匿炒する, かくまう

【窝藏】wōcáng 動(犯罪者, 盗品, 禁制品などを)かくまう, 隠匿する

【窝巢】wōcháo 图(動物の)巣

【窝点】wōdiǎn 图 悪人の巣窟, ねぐら

【窝风】wōfēng 形 風通しが悪い, 空気のこもる

【窝工】wō'gōng 動(計画の不備や資材未着などでやむを得ず)仕事待ちをする, 業務を停止する

【窝火】wō'huǒ 動(〜儿)腹ふくるる思いをする, 怒りをためる[窝了一肚子火]はらわたが煮えくり返る

【窝里横】wōlihèng 形 内弁慶の

【窝囊】wōnang 形(不当な扱いを受けて)むしゃくしゃする, 鬱憤沈がたまる[受一气]憤懣然やるかたない — 形 臆病な, 役立たずの[〜废]臆病な無能もの

【窝棚】wōpeng 图〔间〕(見張り用や休息用などの)掘立て小屋, バラック[搭〜]小屋を建てる

【窝气】wō'qì 動 鬱憤をためる, (やり場のない怒りで)むしゃくしゃする

【窝儿里反】wōrlifǎn 图 内輪もめ, 仲間内の争い 働[窝儿里斗]

【窝头】wōtóu 图〔食〕ウオトウ♦トウモロコシ, コーリャンなどの粉で作るふかしパンのようなもの, 一般に円錐形で底がくぼんでいる. (働[窝窝头 wōwotóu])〔蒸〜〕ウオトウをふかす

【窝主】wōzhǔ 图(犯罪者, 禁制品, 盗品などを)隠匿する人, かくまう人

【蜗】(蝸) wō
⊗ カタツムリ, でんでん虫

【蜗牛】wōniú 图〔只〕カタツムリ, でんでん虫

【倭】 Wō
⊗ 日本の古称[〜寇]倭寇ミラ[〜瓜]《方》カボチャ

【踒】 wō
動(手足を)ひねって怪我をする

【喔】 wō
擬 こけこっこー ♦おんどりの鳴き声

【我】 wǒ
代 ①(1人称単数の)わたし, 僕〖我看〜, 一看你〗互いに顔を見合わせる ②〔定語として〕(一人称複数の)我々, 私たち[〜校]我が校 ⊗自分, 自身[自〜批评]自己批判

【我见】wǒjiàn 图 私見, 私の見解

【我们】wǒmen 代 ① 我々, 私たち♦北方方言では話の相手('你')を含まない. 相手をも含むときは '咱们' という ②(場面により)私 ♦例えば論文執筆の場合

【我行我素】wǒ xíng wǒ sù (成)(人からどう言われようと)自分流のやり方を通す, 断固我が道を行く 働[吾行吾素]

【沃】 wò
⊗ ① 灌漑なする ② 肥沃な, 地味の肥えた ③ (W-)姓

【沃饶】wòráo 形 地味豊かな, 豊饒なの

【卧】(臥) wò
動 ① 横たわる, 寝転がる 働[躺]②(動物が)腹ばいになる, うずくまる 働[趴 pā]③《方》(赤ん坊を)横たえる, 寝かせる ⊗①(列車などの)寝台[软〜]2等寝台 ② 眠るための, 睡眠用の[〜室]寝室

【卧病】wòbìng 動 病臥びょうする, 病気で寝込む

【卧车】wòchē 图 ①〔节〕寝台車[〜费]寝台料金 ②〔辆〕乗用車

【卧床】wòchuáng 图《方》寝台, 寝床 — 動(病気などで)寝込む, 床につく

【卧底】wòdǐ 動(敵方に)スパイとして潜伏する

【卧房】wòfáng 图〔间〕寝室, 寝間 働[卧室]

【卧铺】wòpù 图〔张〕(乗物の中の)寝台, 段ベッド[订〜]寝台券を予約する

【卧室】wòshì 图〔间〕寝室, 寝間 働[卧房]

【卧薪尝胆】wò xīn cháng dǎn (成)臥薪嘗胆しょうたん, 辛苦に耐えて雪辱せっを期す

【硪】 wò
图 胴突どうき, 蛸だ♦地固めや杭打ちに使う道具で丸い石や鉄の周りに数本の縄がついている[打〜]胴突きで地面を

突き固める，あるいは杭を打ち込む

【渥】wò ⊗ ①潤ﾙﾙす，浸ﾙす ②厚い，濃い [～丹] 深紅ﾙの

【握】wò 動 握ﾙ，掴ﾑ『～拳』拳ｺﾌﾞｼを握る

＊【握手】wò'shǒu 動 握手する

【幄】wò ⊗ 引き幕→[帷 wéi ～]

【喔】(齷) wò ⊗ 以下を見よ

【齷齪】wòchuò ①汚い，不潔な ②卑しむべき，下劣な ③〈書〉狭量な，こせついた

【斡】wò ⊗ 回転する，旋回する [～旋]調停する

【乌】(烏) wū ⊗ ①カラス ②黒い [～红]深紅ｸの ③(反語で)なんぞ，どうして ('恶 wū' とも) ④(W-)姓
⇨wù

【乌龟】wūguī 图〔只〕カメ(俗称は 'アゎワパ wángba') ②(貶)女房を寝取られた男，不倫妻の亭主 ⑨[王八]

【乌合之众】wū hé zhī zhòng 《成》烏合ｳの衆

＊【乌黑】wūhēi 形 真っ黒な，漆黒ﾂの『～の雪白』

【乌乎(呜呼)】wūhū 動〈転〉死ぬ，お陀仏になる ― 嘆 ああ，悲しや

【乌桕】wūjiù 图〔棵〕ナンキンハゼ ♦ろうそくの原料を採る木 ⑨[桕树]

【乌亮】wūliàng 形 黒光りのする『～の头发』緑の黒髪

【乌溜溜】wūliūliū 形(～的)黒くてきらきら輝く(目)，くりくりとした黒い(目)

【乌龙茶】wūlóngchá 图 ウーロン茶

【乌梅】wūméi 图〔颗〕干して燻ｲﾌﾞした梅の実 ♦解熱などの効果がある ⑨[酸梅]

【乌木】wūmù 图 黒檀ｺｸﾀﾝの木，黒檀材

【乌篷船】wūpéngchuán 图〔只〕とま船 ♦半円筒型のアンペラで船室を作った川船

【乌七八糟(污七八糟)】wūqībāzāo 形 乱雑きわまる，ひどく乱れた

【乌纱帽】wūshāmào〔顶〕黒い紗の帽子，すなわち昔の役人の冠ﾊﾞｶﾑﾘ物;〈転〉官位，役人の地位 (⑨[乌纱])[戴上～]官途につく

【乌涂(兀秃)】wūtu (液体が)ぬるい;〈転〉(態度などが) 煮え切らない ⑨〈方〉[温暾]

【乌托邦】wūtuōbāng 图〈訳〉ユートピア〈英: Utopia〉

【乌鸦】wūyā 图〔只〕カラス ⑨[老鸹][老鸦]

【乌烟瘴气】wū yān zhàng qì《成》(黒い煙と不潔な空気＞)乱れた社会や住みにくい世

【乌油油/乌黝黝】wūyóuyóu/wūyōuyōu 形 (～的)黒光りのする，黒くつやつやした

【乌鱼】wūyú 图 ①ライギョ ②イカ (⑨[乌贼])[～子zǐ]カラスミ

【乌云】wūyún 图 黒い雲，暗雲 (⑨[黑云])『～漫天』黒い雲が空を覆う

【乌云遮不住太阳】wūyún zhēbuzhù tàiyáng〈俗〉(黒雲も太陽を遮りきれるものではない＞)一時的に苦境に立とうとも前途は光明に満ちている

【乌贼(乌鲗)】wūzéi 图〔只〕イカ (⑨[墨鱼])[枪～]ヤリイカ

【乌孜别克族】Wūzībiékèzú ウズベク族 ♦中国少数民族の一，新疆に住む

【邬】(鄔) Wū ⊗ 姓

【呜】(嗚) wū 擬 汽笛，サイレン，ラッパなど遠くまで響く音を表わす『雾笛～～叫个不住』霧笛がしきりに鳴っている

【呜呼(呜乎·於乎)】wūhū 動〈転〉死ぬ，あの世へ行く ― 嘆 ああ，悲しや

【呜呼哀哉】wūhū-āizāi 動〈転〉①あの世へ行く，めでたくなる(死ぬ) ②一巻の終わりとなる，万事尽きてお手上げとなる ― 嘆 ああ悲しいかな ♦弔辞，追悼文の決まり文句

【呜咽】wūyè 動 ①むせび泣く，嗚咽ｵｴﾂする ②〈転〉(風，水流，楽器などが)むせび泣くような音を立てる，哀切な忍び音を漏らす『风在～』風が泣いている

【钨】(鎢) wū 图 〖化〗タングステン [～钢] タングステン鋼

【污】(＊汚汙) wū ⊗ ①濁り水，汚物 ②汚す，泥を塗る ③汚い，不潔な ④賄賂ﾜｲﾛ好きの，不正にまみれた

【污点】wūdiǎn 图 ①汚点，不名誉『洗不掉的～』洗い落とせない(経歴上の)汚点 ②(衣類の)染ﾐ，汚れ『去掉～』染みを落とす

【污垢】wūgòu 图〔层〕垢ｱｶ，水垢などの汚れ

【污秽】wūhuì〈書〉图 汚れ，汚物 ― 形 不潔な，いかがわしい

【污吏】wūlì 图 汚職役人，手の汚れた官吏 [贪官～]金品にまみれた役人たち

＊【污蔑】wūmiè 動(デマを流して)中傷する，冒瀆する

【污泥浊水】wū ní zhuó shuǐ《成》(汚泥ｵﾃﾞｲと濁水ﾀﾞｸｽｲ＞)腐敗，退廃，堕落したものの例え

【污七八糟(乌七八糟)】wūqībāzāo

【污染】wūrǎn 動 汚染する〖～江河〗河川を汚染する〖精神～〗精神汚染

【污辱】wūrǔ 動 ①侮辱する,恥をかかせる 同[侮辱] ②冒瀆する,汚す 同[玷污]

【污浊】wūzhuó 名 汚濁,汚れ ― 形 (水や空気が)不潔な,濁った

【圬(*杇)】wū ⊗(左官の)こて →[抹 mǒ 子]

【巫】wū ⊗ ①拝み屋,祈祷師〖女～〗巫女さん〖～术〗シャーマニズム ②(W-)姓

【巫婆】wūpó 名 巫女,女の神降ろし 同[女巫]

【诬(誣)】wū ⊗ 誣いる,ありもせぬ罪をなすりつける

【诬告】wūgào 動 誣告する,ありもせぬ事実を言い立てて訴える 同[诬控]

【诬害】wūhài 動 無実の罪を着せる,事実を捏造して人を陥れる

【诬赖】wūlài 動 いわれなく中傷するる,ありもせぬ罪をなすりつける

【诬蔑】wūmiè 動 デマを飛ばして人の名誉を傷つける,誹謗する

【诬陷】wūxiàn 動 誣告して人を陥れる,いわれなく罪に落とす〖澄清 chéngqīng ～〗誣告の事実を明らかにする

【屋】wū 名(～儿)[间]部屋〖～里〗部屋の中 ⊗ 家屋(同[房])[陋～]陋屋とか

【屋顶】wūdǐng 名 屋根,屋上〖～花园〗ルーフガーデン

【屋脊】wūjǐ 名 (屋根の一番高い所の)棟木(同[屋极])〖世界～〗世界の屋根

【屋架】wūjià 名 梁ば

【屋面】wūmiàn 名 屋根を覆う物〖铁皮～〗トタン屋根〖瓦～〗瓦葺ぶき

【屋上架屋】wū shàng jià wū《成》屋上屋を重ねる

【屋檐】wūyán 名 軒き(同[房檐])〖～排水槽〗雨樋とい

【屋子】wūzi 名 [间]部屋〖一～的书〗部屋いっぱいの本

【无(無)】wú ⊗ ①無い,存在しない ⊗[有] ②…でない 同[不] ③…如何いかんを問わず,…であろうとあるまいと 同[无论] ④ 毋'

【无比】wúbǐ 動 比類がない〖～幸福〗この上なく幸せだ

【无边】wúbiān 動 ① 果てがない〖一望～的平原〗見渡す限りの平原 ② 縁がない〖～帽〗縁なし帽

【无病呻吟】wú bìng shēnyín《成》① (病気でもないのに呻くか〉) ① 理由もなく深刻ぶる ② (文学作品が)内容が乏しいのに言葉ばかりを飾りたてる

【无补】wúbǔ 動 無益である,役に立たない〖～大局〗局面に何のプラスももたらさない

【无产阶级】wúchǎn jiējí 名 無産階級,プロレタリアート 同[工人阶级] 反[资产阶级]

【无产者】wúchǎnzhě 名 無産者,プロレタリア

【无常】wúcháng 名 無常はっ ♦ 閻魔えん大王の家来。人が死ぬとき迎えに来る,いわば死神紙 ― 動(転)死ぬ,落命する ― 形 変動定まりない,変わりやすい

【无偿】wúcháng 形〖定语・状語として〗無償の,無報酬の(⊗[有偿])〖～供应〗無償で提供する

【无耻】wúchǐ 形 恥知らずな,厚顔無恥な〖～透顶〗破廉恥けんちきわまる

【无出其右】wú chū qí yòu《成》(右に出るものがない〉) かなう者がいない 同[无与伦比]

【无从】wúcóng …すべくもない,とても…できない〖～知道〗知りようがない 同[无由]

【无敌】wúdí 動 無敵である,怖いものがない〖～于天下〗天下無敵だ

【无的放矢】wú dì fàng shǐ《成》(的まがないのに矢を放つ〉)確かな目標がない行動,ピント外れの言動をする 反[有的放矢]

【无地自容】wú dì zì róng《成》(自分を隠す場所がない〉) 穴があったら入りたい 同[愧天作人]

【无动于衷(无动于中)】wú dòng yú zhōng《成》何の感興も覚えない,少しも心を動かされない

【无独有偶】wú dú yǒu ǒu《成》(単独ではなく対にをなすがいる〉)珍しい事(者) でも必ずそっくりの事(者)がある ♦ 多く悪人や悪事についていう 反[绝无仅有]

【无度】wúdù 動〖2音節の動詞,形容詞の後について〗程度ということを知らない,際限がない〖饮食～〗暴飲暴食

【无端】wúduān 副 いわれなく,理由もないのに〖～受责〗いわれのない叱責を受ける

【无恶不作】wú è bú zuò《成》やらない悪事はない ♦ 極悪人の形容

【无法】wúfǎ 動 ①どうしようもない ②〖動詞の前に置かれて〗…すべくもない,とても…できない〖～应付〗とても対応できない

【无法无天】wú fǎ wú tiān《成》法も秩序もくそ喰らえ ♦ やりたい放題

をやることの形容 [反][安分守己]

【无妨】wúfáng [副] ① 差し支えない 〖这么办也～〗 このやり方でけっこうです ② …してよい 〖你～再提意见〗 もっと注文をつけていいよ

*【无非】wúfēi [副] ただ単に，…に過ぎない（[同][只][不过]）〖～是个私人的问题〗 私事に過ぎない

【无风不起浪】 wú fēng bù qǐ làng 《俗》（風がなければ波は立たない＞）火のない所に煙は立たない ♦ときに'有火必有烟'と対にする

【无缝钢管】wúfèng gāngguǎn [名] 継ぎ目なし鋼管，シームレスパイプ

【无干】wúgān [動] 関わりがない，無関係である 〖与你～〗 君には関わりがない

【无功受禄】wú gōng shòu lù 《成》（手柄もないのに褒美をもらう＞）何もしないで配分にありつく

【无辜】wúgū [名] 無辜の民，何ら罪を犯していない人 ━ [形]〘定語·状語として〙罪のない，無辜の

【无怪】wúguài [副] 道理で，なるほど …するはずだ（[同][无怪乎]）〖～他怒气冲天〗 なるほど彼がかんかんに怒る訳だ

【无关】wúguān [動] 関係しない，関わらない 〖跟你～〗 きみには関係がない ［～紧要］ 大して重要ではない

【无轨电车】wúguǐ diànchē [名] トロリーバス

【无害】wúhài [形] 無害の，悪意のない 〖～于健康〗 健康に害がない

【无花果】wúhuāguǒ [名] イチジク

【无机】wújī [形]〖化〗〘定語として〙無機質の（[反][有机]） ［～肥料］ 無機肥料

【无稽】wújī [形] 根も葉もない，ばかげた ［荒诞～］ 荒唐無稽な

【无及】wújí [形] 間に合わない，手遅れの [同][来不及]

【无几】wújǐ [形] 幾らもない，ほんの少しの

【无济于事】wú jì yú shì 《成》（事の解決には）何の助けにもならない，無益な

【无价之宝】wú jià zhī bǎo 《成》 値のつけられぬほど貴重な宝

【无坚不摧】wú jiān bù cuī 《成》（打ち砕けぬほどに堅い物はない＞）いかなる難事も克服しうる

【无间】wújiàn [動]《書》 ① 区別しない，分け隔てをしない ② 透き間を置かない，ぴったり接する ③ 中断しない，休まない

【无尽无休】wú jìn wú xiū 《成》（うんざりした気分を込めて） 果てしのない，ひっきりなしの [同][没完没了]

*【无精打采】wú jīng dǎ cǎi 《成》 元気のない，しょんぼりした [反][精神焕发]

*【无可奉告】wú kě fènggào 《成》 ノーコメント

【无可厚非】wú kě hòu fēi 《成》 強く非難すべきではない [同][未可厚非]

*【无可奈何】wú kě nàihé 《成》 どうにも仕様がない，手の打ちようがない

【无可无不可】wú kě wú bù kě 《成》 可でもなし不可でもなし，どちらでもよい

【无孔不入】wú kǒng bú rù 《成》（入らぬ穴はない＞）（悪事にからむ）あらゆるチャンスに食らいつく

【无愧】wúkuì [形] 恥じるところがない，疚しさのかけらもない 〖～是伟大的艺术家〗 偉大なる芸術家の名に恥じない

*【无赖】wúlài [名] 無頼の徒，やくざ者 [同][流氓] ━ [形] 無頼な，無法な 〖耍～〗 無法なまねをする

【无理】wúlǐ [形] 不合理な，筋の通らない（[反][有理]）

*【无理取闹】wúlǐ qǔ nào 《成》 わけもなく騒ぐ

【无力】wúlì [動]《書》 ① …する能力がない，とても…できない 〖～养活〗 養ってゆけない ② 力がない，弱々しい 〖浑身～〗 全身の力が抜けた

【无量】wúliàng [形] 限りない，計り知れない

**【无聊】wúliáo [形] ① 退屈な，閑をもてあます ② つまらない，面白味のない [反][有趣]

**【无论】wúlùn [接] …であろうとあるまいと，…如何にかかわらず（[同][不管]）〖～谁〗 誰であれ…

【无论如何】wúlùn rúhé 《成》 事情がどうであれ，とにもかくにも [同][不管怎样]

【无名】wúmíng [形]〘定語として〙 ① 名前のない，名称のわからない ［～指］ くすり指 ② 無名の，世に知られない ③ 訳のわからない，説明し難い

**【无奈】wúnài [動] 仕方がない，どうにもならない [同][无可奈何] ━ [接] だが残念ながら，けれど惜しいことに

【无能】wúnéng [形] 無能な，何もできない [反][能干]

*【无能为力】wú néng wéi lì 《成》 何もできない（してやれない）

【无期徒刑】wúqī túxíng [名] 無期懲役

【无奇不有】wú qí bù yǒu 《成》（存在せぬ不思議はない＞）世の中にはどんなおかしな事もある

【无前】wúqián [形] ① 空前の，前例のない ② 無敵の，右に出る者のいない

【无巧不成书】 wú qiǎo bù chéng shū 《成》（でき過ぎた偶然がなければ物語はできない＞）事はしばしば偶然に恵まれて成る

- 【无情】wúqíng 形 ① 人情味のない，無慈悲な ② 冷厳な，情に流されない
- 【无穷】wúqióng 形 極まりのない，尽きせぬ〖～大〗無限大
- *【无穷无尽】wú qióng wú jìn 〈成〉尽きることのない
- 【无日无夜】wú rì wú yè 〈成〉昼夜を分かたず，片時も休まず
- 【无上】wúshàng 形〖多く定語・状語として〗無上の，この上ない 同〖最高〗
- 【无声】wúshēng 形 音声のない，静まり返った〖～片〗無声映画
- 【无师自通】wú shī zì tōng 〈成〉独学でもマスターできる
- 【无时无刻】wú shí wú kè 〈成〉〖"～不…"の形で〗四六時中，瞬時も休まず〖～不在盼望妈妈回国〗母さんの帰国を心待ちにしています．
- 【无视】wúshì 動 無視する，等閑視する 同〖忽视〗 反〖重视〗
- 【无事不登三宝殿】wú shì bù dēng sānbǎodiàn 〈俗〉〖願いごとがなければお寺に詣でない〉〗用のある時しか訪れない
- 【无事生非】wú shì shēng fēi 〈成〉何の問題もないのに紛糾を起こす，平地に波乱を起こす
- *【无数】wúshù 形 ① 無数の，数えきれない ②〖事情が〗よくわからない，不確かな〖对此事心中～〗この件についてはよく確かめていない
- 【无私】wúsī 形 私心のない，自分の利害を忘れた
- 【无所不为】wú suǒ bù wéi 〈成〉やらない悪事はない，あらゆる悪事に手を染める 同〖无恶不作〗
- 【无所不用其极】wú suǒ bú yòng qí jí 〈成〉① 何事にも全力を尽くす ②〖悪事を行うに際しては〗どんな悪辣な手も使う
- 【无所不在】wú suǒ bú zài 〈成〉あらゆる場所に存在する，ない所はない 同〖到处都有〗
- 【无所不至】wú suǒ bú zhì 〈成〉① どんな場所にも入り込む，行き着けない場所はない ②〖悪事となれば〗どんな事でもやってのける
- 【无所措手足】wú suǒ cuò shǒu zú 〈成〉〖手足を置く場所がない〉〗どう振舞ってよいかわからない
- 【无所适从】wú suǒ shì cóng 〈成〉① 誰に従えばよいのかわからない ② どの方法をとればよいのかわからない
- 【无所事事】wú suǒ shì shì 〈成〉何もする事がない，ぶらぶらしている 反〖有所作为〗
- 【无所谓】wúsuǒwèi 動 ① とても…とは言えない，とうてい…のうちに入らない 同〖说不上〗 ② 気にしない，かまわない 同〖不在乎〗〖～的态度〗どこ吹く風といったふう
- 【无所用心】wú suǒ yòng xīn 〈成〉何事にも無関心な，およそ頭を使わない
- 【无所作为】wú suǒ zuòwéi 〈成〉何らのやる気も示さない，のんべんだらりと生きている 反〖大有作为〗
- 【无条件】wútiáojiàn〖定語・状語として〗無条件の〖～投降〗無条件降伏
- 【无头案】wútóu'àn 名〖起〗手掛かりのない事件，解決の糸口のない事柄
- 【无往不利】wú wǎng bú lì 〈成〉万事が順調に運ぶ，すいすいと事が進む
- *【无微不至】wú wēi bú zhì 〈成〉細かい所まで行き届く，気配りが周到である 同〖关怀备至〗 反〖漠不关心〗
- 【无为】wúwéi 動 作為を施さない，自然にゆだねる ♦老子の思想の基本理念〖～而治〗無為にして治まる
- 【无味】wúwèi 形 ① 味がまずい，食欲をそぐ ② 詰まらない，面白味のない〖索然～〗味もそっけもない
- 【无畏】wúwèi 形 恐れ知らずの，ひるむことのない
- 【无谓】wúwèi〖定語として〗意味のない，下らない
- 【无隙可乘】wú xì kě chéng 〈成〉つけ入る隙はがない，乗ずる機会がない
- 【无暇】wúxiá 動〖動詞の前に置かれて〗…する暇がない，忙しくて…できない〖～抽身〗抜け出す暇がない
- 【无瑕】wúxiá 形 非の打ち所がない
- 【无限】wúxiàn 形〖多く定語・状語として〗限りない，無限の〖～大〗無限大
- 【无线电】wúxiàndiàn 名 ① 無線電信 ②〔台〕ラジオ(受信機)〖～收音机〗ラジオ
- 【无效】wúxiào 動 効果がない，効力がない〖医治～〗治療の甲斐なく〖～合同〗無効の契約
- 【无懈可击】wú xiè kě jī 〈成〉一点の隙をも作らない，何らの弱みも持たない 反〖破绽百出〗
- 【无心】wúxīn 動 ①〖動詞の前に置かれて〗…する気がない，…する気分ではない〖～唱歌〗歌をうたう気にはなれない ② 他の意図も持たない〖是～说的〗何気なく言ったのだ
- 【无形】wúxíng 形〖定語として〗無形の，目には見えない 反〖有形〗
- 【无须(无需)】wúxū …するには及ばない，…しなくてもよい(同〖无须乎〗〖不行〗反〖必须〗)〖～操心〗心配には及ばない
- 【无需】wúxū 副 同〖无须〗
- 【无恙】wúyàng 動〈書〉恙なし，息災でいる〖安然～〗平穏無事でいる

【无疑】wúyí 囫 疑いない，確かだ
【无以复加】wú yǐ fù jiā 〈成〉これ以上加えようがない，既に限界に達している
【无益】wúyì 囫 無益だ，役に立たない ⓐ[有益]
【无意】wúyì 囫〖動詞の前に置かれて〗…する気がない，…しようと思わない（ⓐ[有意]）[～商议]話し合うつもりはない — 囫〖多く状語として〗それと意図せぬ，何気ない（ⓐ[故意]）[～中说破]自分でも気づかぬうちに言い当てる
【无意识】wúyìshi/wúyìshí 囫〖多く定語として〗無意識の，知らずの
【无影灯】wúyǐngdēng 图〖医〗無影灯
*【无忧无虑】wú yōu wú lǜ 〈成〉何の憂いもない
【无余】wúyú 囫〈書〉何ひとつ残っていない，漏れのない ⓐ[无遗]
【无与伦比】wú yǔ lún bǐ 〈成〉肩を並べるものがいない，ずば抜けている
【无援】wúyuán 囫〈書〉無援である，助けを得られない [孤立～]孤立無援で
【无缘】wúyuán 囫 …する縁に恵まれない，縁がない [～相见]知り合う機会がない [与我～]私には縁がない
【无源之水，无本之木】wú yuán zhī shuǐ, wú běn zhī mù 〈成〉〈源流のない川，根のない木〉基礎のない事柄
【无障碍设计】wúzhàng'ài shèjì 图 バリアフリー設計
【无政府主义】wúzhèngfǔ zhǔyì 图 ① アナーキズム，無政府主義 [～者] アナーキスト ② 集団の秩序，規律を守らぬ思想や行動
*【无知】wúzhī 囫 無知な，ものを知らない
【无中生有】wú zhōng shēng yǒu 〈成〉〈無から有を生む〉捏造する
【无足轻重】wú zú qīng zhòng 〈成〉とるに足りない，瑣末な事である，些かも重要でない ⓐ[不足轻重]

【芜(蕪)】wú ⊗① 草ぼうぼうの荒地，雑草地 ② 雑草の生い茂った，草ぼうぼうの [荒～]荒れ放題の ③〈文章が〉ひどく乱れた，ごたついた
【芜秽】wúhuì 囫 草ぼうぼうの，雑草のはびこる
【芜菁】wújīng 图 カブラ ⓐ[蔓菁 mánjing]
【芜杂】wúzá 囫 乱雑な，荒廃した

【毋】wú ⊗①〖禁止を表わす副詞として〗…すべからず，…するなかれ ②（W-）姓

【毋宁(无宁)】wúnìng 圓〖通常'与其…'…'の形で〗むしろ…するほうがよい，…するほうがましだ（ⓐ[不如]）[与其多而杂，～少而精] 雑なものが多くあるより少なくても良いものがよい
【毋庸(无庸)】wúyōng 圓 …するには及ばない，…するまでもない（ⓐ[无须]）[～赘言]多言を要しない

【吾】wú ⊗① 私，我々 [～人]我々 ②（W-）姓
【吾辈】wúbèi 图〈書〉我々，私どもら
【吾侪】wúchái 图〈書〉我々，私ども ⓐ[吾辈]

【浯】Wú ⊗[～河]浯河（山東省の川の名）

【梧】wú ⊗ アオギリ [～桐]同前

【鼯】wú ⊗ 以下を見よ

【鼯鼠】wúshǔ 图〖只〗ムササビ

【吴(吳)】Wú ⊗① 春秋時代の一国，呉 [～越同舟]呉越同舟 ② 三国時代の一国，呉 (A.D. 222-280) ③ 江蘇省南部から浙江省北部にかけての一帯 [～语]呉語（中国七大方言の一）④ 姓

【蜈(蜈)】wú ⊗ 以下を見よ

【蜈蚣】wúgong/wúgōng 图〖只・条〗ムカデ

【五】wǔ 数 数字の5 [第～]5番目
【五百年前是一家】wǔbǎi nián qián shì yì jiā 〈俗〉500年前は一つ家族だった ◆同姓の間で親しみを表わすきまり文句
【五倍子(五棓子)】wǔbèizǐ 图〖薬〗五倍子
【五彩】wǔcǎi 图 五色，さまざまな色 ◆元来は赤，青，白，黒，黄の5色をいう
【五大三粗】wǔ dà sān cū 〈俗〉たくましい体をした，仁王のような体つきの
【五代】Wǔ Dài 图〖史〗五代 (A.D. 907-960) ◆'后梁''后唐''后晋''后汉''后周'の5王朝
【五斗橱】wǔdǒuchú 图 5つの引出しの付いたたんす ⓐ[五斗柜][五屉柜]
【五毒】wǔdú 图（～儿）毒を持つとされる5種の動物 ◆サソリ，ヘビ，ムカデ，ヤモリ，ヒキガエルをいう
【五方杂处】wǔ fāng zá chǔ 〈成〉各地から来た人が雑居する
【五分制】wǔfēnzhì 图（学校の成績の）5点制，5段階評価 ◆1，2は落第点，5が最高
【五更】wǔgēng 图 ① 午後7時から午前5時までを5等分する計時法，

五更ǔ。②五更の五番目,五更(午前3時から5時頃])

【五谷】wǔgǔ 图 五穀ǔ,穀物類を多く稲,アワ,トウモロコシ,麦,豆の5種〚～丰登〛五穀豊穣

【五官】wǔguān 图 ①五官ǎ ◆目,耳,鼻,唇(口),舌(皮膚)をいう ②顔だち,顔立ち

【五光十色】wǔ guāng shí sè《成》色とりどり形さまざまな,きらびやかな 囮[五花八门]

【五湖四海】wǔ hú sì hǎi《成》全国各地,津々浦々〚来自～〛全国各地から参集した

【五花八门】wǔ huā bā mén《成》種類の豊富な,目もくらむ程に多彩な

【五花肉】wǔhuāròu 图 赤身と脂身ぶが混じった豚肉

【五加皮】wǔjiāpí 图 ①'五加树'の皮(漢方薬材) ②'五加树'の皮を浸した薬酒

【五讲四美】wǔjiǎng-sìměi《成》精神文明向上のための行動規範(1981年に始まる) ◆'五讲'は文明的,礼儀,衛生,秩序,道徳を重んじること,'四美'は心,言葉,行い,環境を美しくすることという

【五金】wǔjīn 图 ①金属 ◆特に金,銀,銅,鉄,錫ǎの5種をいう ②金物ǎ,金属製品〚～店〛金物屋

【五经】wǔjīng 图 五経ǎ ◆儒教の主要経典,易ǎ経,書経,詩経,礼記ǎ,春秋の5書をいう

【五里雾】wǔlǐwù 图 深い霧;(転)真相のつかめぬ不安な状態〚如堕～中〛霧の中をさまようような

【五粮液】wǔliángyè 图 五糧液ǎ ◆四川省宜賓産の'白酒'.5種の穀物から作る

【五律】wǔlǜ 图 五言律詩

【五卅运动】Wǔ-Sà Yùndòng 图 五三十運動 ◆1925年5月30日に上海から始まった反帝運動

【五色】wǔsè 图 五色ǎ,さまざまな色 囮[五彩]

【五十步笑百步】wǔshí bù xiào bǎi bù《俗》五十歩百歩,目くそ鼻くそを笑う

【五四运动】Wǔ-Sì Yùndòng 图 五四運動 ◆1919年5月4日以降,北京に始まった反帝運動

【五体投地】wǔ tǐ tóu dì《成》①五体投地 ◆仏教で最も恭敬ǎな地にひれ伏しての礼 ②(転)ひたすら敬服する,無条件に頭を下げる 囮[心悦诚服]

【五味】wǔwèi 图 さまざまな味 ◆特に'甜(甘い)'、'酸(すっぱい)'、'苦(苦い)'、'辣(ぴりぴり辛い)'、'咸(塩からい)'の5つをいう

【五线谱】wǔxiànpǔ 图〚音〛五線譜

【五香】wǔxiāng 图 料理に使う5種の香料 ◆'花椒(サンショ)'、'八角(ダイウイキョウ)'、'桂皮(ニッケイ)'、'丁香花蕾(チョウジ)'、'茴香子(ウイキョウ)'の5種

【五星红旗】Wǔxīng-Hóngqí 图 中華人民共和国の国旗,五星紅旗

【五星级】wǔxīngjí 圈 五つ星の(ホテルなど)

【五行】wǔxíng 图 五行ǒう ◆天地を形成する5種の物質の金,木,水,火,土[阴阳ǎ]陰陽五行

【五刑】wǔxíng 图 古代の五刑 ◆顔への入墨,鼻そぎ,足切り,去勢,死刑の5種

【五颜六色】wǔ yán liù sè《成》①色とりどりの ②さまざまな様式の,各種スタイルの

【五言诗】wǔyánshī 图 五言絶句などの五言詩

【五一劳动节】Wǔ-Yī Láodòng Jié 图 メーデー,国際労働祭 ◆'五一'と略す

【五音】wǔyīn 图 ①〚音〛古代音楽の5音階 ◆'宫ǒ'、'商ǒ'、'角',徵ǐ,'羽'の5 ②〚語〛音韻学上の5種類の子音,五音ǎ ◆喉音,歯音,牙音,舌音,唇音をいう

【五岳】Wǔ Yuè 图 五岳ǎ ◆歴史上の五大名山,東岳泰山ǎ,西岳華山ǎ,南岳衡山ǎ,北岳恒山ǎ,中岳嵩山ǎ

【五脏】wǔzàng 图 五臓ǒ ◆心,肝,脾ǐ,肺,腎ǎの5つ〚～六腑〛五臓六腑ǎ

【五洲四海】wǔ zhōu sì hǎi《成》世界各国

【五子棋】wǔzǐqí 图 五目並べ 囮[连棋]

【伍】wǔ 图 '五'の大字〚～拾⊗〛 ①軍隊〚入～〛入隊する ②一味,仲間 ③(W-)姓

【伍的】wǔde 劻〚方〛《名詞の後について》…等々,…だのだの

【午】wǔ 图 ①十二支の第7,午ǎ ②真昼どき,午の刻〚～上～〛〚午前〚中～〛正午ごろ〚～休〛昼休み

【午饭】wǔfàn 图〚顿・次〛昼食,昼めし 囮[午餐]

【午后】wǔhòu 图 午後〚下午〛囮[午前]

【午觉】wǔjiào 图 昼寝〚睡～〛昼寝をする

【午前】wǔqián 图 午前 囮[上午]

【午时】wǔshí 图〚旧〛午の刻(午前11時～午後1時)〚午刻〛

【午睡】wǔshuì 图 昼寝,午睡ǔ ― 動 昼寝する,午睡をとる

【午夜】wǔyè 图 真夜中,夜の12時ごろ

【仵】wǔ ⊗ ① [～作 zuò]《旧》検死役人 ② (W-)姓

【忤】(*悟) wǔ ⊗ 人に逆らう,角を立てる [～逆]（親に）背く

【迕】wǔ ⊗ ① 出会う ② さからう,背く

【怃】(憮) wǔ ⊗ ① いとおしく思う,かわいがる ② 失意の,気落ちした [～然]《書》がっかりした

【妩】(嫵 *娬) wǔ ⊗ 以下を見よ

【妩媚】wǔmèi 形 (姿かたちが) 美しい,愛らしい

【庑】(廡) wǔ ⊗ 母屋の向かい側と両側の小部屋

【武】wǔ ⊗ ① 足取り,歩み [步～]《書》見習う ② 武力的な,軍事的な (⊗'文') [动～] 戦争を仕掛ける ③ 武術・闘技の (⊗'文') [～林] 武術界 ④ 勇ましい,猛烈な (⊗'文') [勇～] 勇猛な ⑤ (W-)姓

【武备】wǔbèi 名 軍備,国防
【武昌起义】Wǔchāng Qǐyì 名 武昌蜂起 ◆辛亥革命の発端
【武打】wǔdǎ 名 芝居における立回り,殺陣
【武斗】wǔdòu 名 武力・暴力 (に訴える),武力抗争(する) ◆特に文革期に盛んに行われた ⊗[文斗]
【武断】wǔduàn 形 (判断が) 乱暴な,独善的な [～的决定]（事情を無視した）むちゃくちゃな決定
【武工】(武功) wǔgōng 芝居における立回りの技,殺陣の技
【武工队】wǔgōngduì 名 ('武装工作队'の略) 日中戦争期の八路軍,新四軍配下の武装工作隊
【武官】wǔguān 名 ① 武官,将校 ⊗[文官] ② 在外公館の駐在武官
【武火】wǔhuǒ 名 (調理時の) 強火 ⊗[文火]
【武警】wǔjǐng 名 ('武装警察'の略) 武装警官
【武库】wǔkù 名 兵器庫,武器蔵
【武力】wǔlì 名 ① 武力,軍事力 [诉诸～] 軍事力に訴える ② 暴力,腕力 [用～] 実力を行使する
**【武器】wǔqì 名[件] ① 武器,兵器 [拿起～] 武器を取る ② (転)(抽象的) 戦いの道具 [把曲线球做象～] カーブを武器とする
【武生】wǔshēng 名 芝居の立役の一,武生を演じる
*【武术】wǔshù 名 武術,闘技
【武戏】wǔxì 名 殺陣を見せ場とする芝居 ⊕[武剧] ⊗[文戏]
*【武侠】wǔxiá 名 武力によって人を助ける義侠の士,武俠 [～小说] 武侠小説
【武装】wǔzhuāng 名 ① 武装 [解除～] 武装を解除する ② 武装勢力,軍隊 — 動 武装する(比喩的にも)

【珷】wǔ ⊗ [～玞 fū (碔砆)]《書》玉に似た石

【鹉】(鵡) wǔ ⊗ →[鹦 yīng ～]

【侮】wǔ ⊗ 侮る,ばかにする [～蔑] ばかにする [御～] 外国による侵略と戦う
*【侮辱】wǔrǔ 動 侮辱する,辱はずかしめる [忍受～] 屈辱に耐える

【捂】(搗) wǔ ⊗ ① ふたをする,封じ込める [～耳朵] 耳をふさぐ [～脚] 足がむれる

【悟】wǔ ⊗ さからう,背く

【舞】wǔ 動 ① 物を手にして舞う [～龙灯]'龙灯'をかざして踊る ② 振り回す ⊗ ① 舞い,踊り [跳～] 踊る ② 踊る [飞～] 宙に舞う ③ 歪曲する,もてあそぶ
【舞伴】wǔbàn 名 (～儿) ダンスのパートナー
【舞弊】wǔbì 動 不正行為をする,インチキ,ペテンを働く ⊕[作弊]
【舞场】wǔchǎng 名 (営業用の)ダンスホール ⊕[舞厅]
【舞池】wǔchí 名 ダンスフロア
*【舞蹈】wǔdǎo 名 舞踊,ダンス — 動 踊る,舞う ⊕[跳舞]
【舞会】wǔhuì 名[场・次] ダンスパーティー [开～] ダンスパーティーを開く
【舞剧】wǔjù 名[出・场] 舞踊劇,バレエ等
【舞弄】wǔnòng 動 ① (得物や遊具を) 振り回す,振って遊ぶ ②《方》行う,作る
【舞女】wǔnǚ 名 (ダンスホールの) ダンサー
【舞曲】wǔqǔ 名《文》ダンス音楽
【舞台】wǔtái 名 舞台,ステージ [退出历史～] 歴史の舞台から退く
【舞厅】wǔtīng 名 ① ダンスホール ② (间) 舞踏室
【舞文弄墨】wǔ wén nòng mò《成》① 法をねじ曲げて不正を働く ⊕[舞文弄法] ② 文章の技巧に凝って楽しむ,文筆をもてあそぶ

【兀】wù ⊗ ① 高くそびえる,空を突きさす [突～] そびえ立つ ② 禿げた,剥き出しの ③ 直立した [～坐] 背筋を伸ばして座る
【兀鹫】wùjiù 名[只] ハゲワシ,コンドル
【兀立】wùlì 動 直立する ⊕[直立]

【杌】 wù

小さな腰掛け、スツール [~凳儿][~子] (低く小さな)腰掛け

【杌陧(阢隉)】 wùniè

形〔書〕(状勢や気持ちが)不安定な

【勿】 wù

×…するなかれ、…しないでくれ〖~失良机〗チャンスを逃がすな〖请~入内〗立入りお断り

【物】 wù

×① 物〖废~〗廃物 ② 自分が向きあう環境 ③ 内容、実質〖言之有~〗内容のある発言をする

【物产】 wùchǎn 图 物産、生産物〖~丰富〗物産が豊かである

【物故】 wùgù 動 亡くなる

【物候】 wùhòu 图 生物気象 ♦ 四季の移りに合わせた生物の周期現象と気候との関係

【物极必反】 wù jí bì fǎn〈成〉(物ごとは極点に達すれば必ず逆方向に動き始める>) 満ちれば欠ける

【物价】 wùjià 图 物価〖稳定~〗物価を安定させる〖~上涨〗物価が上昇する(インフレになる)

【物件】 wùjiàn 图〔方〕物、品物

*【物理】 wùlǐ 图 ① ものの道理、事物の内在法則 ② 物理学 [~学] 同前 [~治疗] 物理療法

【物力】 wùlì 图 物量、投入しうる物資〖节约~〗物資を節約する

*【物美价廉】 wù měi jià lián〈成〉品質がよく値段も安い

【物品】 wùpǐn 图〖~件〗物品、品物 (俚〖东西〗)〖违禁~〗禁制品

【物色】 wùsè 動 物色をする、探し求める (俚〖寻找〗)〖~人才〗人材を探す

【物体】 wùtǐ 图 物体 [液态~] 液状物体

【物业】 wùyè 图 (マンション・オフィスビルを中心とする) 総合的な不動産業 [~管理] 不動産管理

【物以类聚】 wù yǐ lèi jù〈成〉物は類をもって集まる、類は友を呼ぶ ♦ 多く悪人同士が連れ立つことをいう。'人以群分'と対になる

【物以稀为贵】 wù yǐ xī wéi guì〈成〉物は稀少なるがゆえに価値を持つ、珍しいうちが花

【物议】 wùyì 图 大衆からの批判、世間の非難〖招~〗物議をかもす

【物证】 wùzhèng 图 物的証拠 (俚〖人证〗)

*【物质】 wùzhì 图 ① 物質 ② 金銭や消費物資 [~奖励] 物質的奨励(金銭などを褒美にしてやる気を起こさせること)

【物种】 wùzhǒng 图〔生〕種 ♦ '种zhǒng'と略す〖~起源〗種の起源

【物主】 wùzhǔ 图 (落とし物などの)持ち主、所有者

*【物资】 wùzī 图 物資〖运送~〗物資を運ぶ〖战略~〗戦略物資

【乌(烏)】 wù

×以下を見よ ⇨wū

【乌拉(靰鞡)】 wùla 图〔双〕'东北'地方ではく防寒靴

【坞(塢 *隖)】 wù

×① 窪み、土手や壁面に囲まれた平地 [船~] ドック ② 小さな砦で

【戊】 wù

×十干の第5、つちのえ [~戌 xū 变法] 戊戌の政変、1898年の百日維新

【务(務)】 wù

×① 仕事、用件 [业~] 業務 ② 必ず…せねばならぬ ③ 従事する、務める('鹜'とも)→[好 hào 高~远] ④(W-)姓

*【务必】 wùbì 副 必ず…せねばならない、きっと…せよ (俚〖务须〗)

【务农】 wùnóng 動 農業に従事する、野良仕事に励む

【务求】 wùqiú 動 ぜひとも…されたい、…を強く願う〖~早日解决〗速やかに解決されたし

【务实】 wùshí 動 実務に励む、具体的内容のある仕事をする

【务虚】 wùxū 動 思想、理論、政策などの面の仕事をする (⇔【务实】)

【务须】 wùxū 副 きっと…せねばならぬ、必ず…すべきである

【雾(霧)】 wù

图 霧 [下~] 霧が降る [~散了] 霧が晴れた [喷~器] 霧吹き [~笛] 霧笛
×霧状になった水

【雾气】 wùqì 图 霧

【雾凇】 wùsōng 图 霧氷、樹氷 (俚〖树挂〗)

【误(誤 *悮)】 wù

動 ① 手間取る、遅れる [~了上班] 会社に遅れた ② 迷惑をかける、害を与える [~了学生] 学生を間違った方向に導く
×① 間違う、誤る [笔~] 書き違い ② うっかり、はずみで [~杀] 過失致死

*【误差】 wùchā 图 誤差 [发生~] 誤差を生じる

【误车】 wù'chē 動 ①(汽車やバスに)乗り遅れる ②(渋滞などで)車が遅れる

【误点】 wù'diǎn 動 時間に遅れる、延着する [火车~了] 汽車が遅れた

【误会】 wùhuì 動 (相手の気持ちを)誤解する、取り違える [~你的意思] 君の気持ちを誤解していた — 图〔场〕誤解〖消除~〗誤解を解く

【误解】 wùjiě 图動 誤った理解(をする)、誤解(する)

【误谬】wùmiù 图 誤謬、間違い⑩[谬误]

【误期】wù'qī 動 期日に遅れる、期限を違える

【误事】wù'shì 動 仕事に差し支える、仕事をやり損なう

【误诊】wùzhěn 動 ①誤診する、見立て違いをする ②診療時間に遅れる(治療が受けられない)

【恶(惡)】wù ⊗ 憎む、嫌う(⑫'好 hào')[可~]憎い[好~]好悪 ⇨ě, è

【悟】wù 動 悟る、理解する[恍然大~]はたと悟る[觉~]目覚める

【悟性】wùxing 图 理解力

【焐】wù 動 (熱い物を当てて)直接暖める

【晤】wù ⊗ 会う、面会する[~商]会って相談する

【晤面】wùmiàn 動[書]会う、面会する⑩[晤见]

【晤谈】wùtán 動 面談する、会談する

【痦(*痏)】wù ⊗ (盛上がった)ほくろや痣[~子]同関

【寤】wù ⊗ ①目覚める[~寐不忘]片時も忘れない ②'悟'と通用

【婺】Wù ⊗ ①[~江]江西省の川の名 ②浙江省金華一帯の旧称[~剧]金華一帯の地方劇

【骛(鶩)】wù ⊗ ①馳せる ②力をそそぐ

【鹜(鶩)】wù ⊗ アヒル

【鋈】wù ⊗ ①白銅 ②メッキする

X

【X刀】X dāo 图 リニアックナイフ

【X光】X guāng 图 エックス線、レントゲン

【X线】X xiàn 图 エックス線、レントゲン

【夕】xī ⊗ ①夕方、日暮れ[朝~]朝夕 ②夜[前~]前夜

【夕烟】xīyān 图 夕方たなびく煙、夕もや

*【夕阳】xīyáng 图 夕日〚~返照〛夕日の最後の照り返し

【夕照】xīzhào 图 (赤く染める)夕日の光、夕焼け

【汐】xī ⊗ 夜の潮→[潮 cháo ~]

【矽】xī 图[化]'硅 guī'(ケイ素)の旧称

【兮】xī ⊗ 文語の助詞の一、現代語の'啊'に近い[路漫漫其脩远~]道は遠く果てしなきなり

【西】xī 图[介詞句の中で]西[往~去]西へ行く ⊗①西洋[中~]中国と西洋[~洋式の ②(X-)'西班牙 Xībānyá'(スペイン)の略 ③(X-)姓

【西北】xīběi 图 ①西北、北西[~风]西北(からの極寒の)風 ②(X-)中国の西北地区◆陕西、甘粛、青海、寧夏、新疆の省区

【西边】xībian 图(~儿)西、西の方、西側⑩[西面]

【西部】xībù 图 ①中国の西部◆寧夏、甘粛、青海、新疆 ②アメリカの西部[~片]西部劇

【西餐】xīcān 图 西洋料理、洋食⑩[西菜]⑩[中餐]

【西点】xīdiǎn 图 洋風の菓子

【西方】xīfāng 图 ①西の方、西 ②(X-)欧米諸国、(東西対立期の)西側[~国家]西側諸国 ③[宗](仏教の)西方浄土

【西凤酒】xīfèngjiǔ 图 西鳳酒◆陕西省鳳翔県特産の'白酒'

【西服】xīfú 图〔件・套〕洋服、特にスーツ、背広(⑩[西装]⑩[中服])〚穿上~〛背広を着用する[~革履 lǚ]スーツ・皮靴(の正装)

【西弗】xīfú 圖(放射線量の単位)シーベルト(⑩[希沃特])[微~]マイクロシーベルト

*【西瓜】xīgua/xīguā 图 スイカ◆実は球形あるいは長円形、果肉は赤あるいは黄色

【西汉】Xī Hàn 图[史]前漢(B.C. 206-A.D. 25)⑩[前汉]

【西红柿】xīhóngshì 名 トマト(働[番茄 fānqié]) [〜酱] トマトケチャップ

【西葫芦】xīhúlu 名〖植〗① ユウガオ ② 西洋カボチャ

【西化】xīhuà 動 欧化する,洋風を取り入れる [全盘〜] (文化社会を)全面的に西洋式に改める

【西晋】Xī Jìn 名〖史〗西晋(A. D. 265-317)

【西经】xījīng 名〖地〗西経(⊗[东经]) [〜139度] 西経139度

【西门】Xīmén 名 姓

【西南】xīnán 名 ① 西南,南西 ② (X-) 中国の西南地区 ♦四川,雲南,貴州,西藏の省区

【西欧】Xī Ōu 名 西欧,西ヨーロッパ(働[东欧])

【西晒】xīshài 動 (特に夏,窓から)西日が照りつける

【西王母】Xīwángmǔ 名 伝説上の女神(働[王母娘娘])

【西夏】Xīxià 名〖史〗西夏 ♦タングート族の政権,A. D. 1038-1227

【西学】xīxué 名〖史〗西洋の学問,洋学 [〜东渐] (近代になって)西洋学術文化が次第に東洋に伝来したこと

【西洋】Xīyáng 名 西洋,欧米諸国 [〜史] 西洋史

【西药】xīyào 名 西洋医学で用いる薬(働[中药]) [吃〜] 西洋医学の薬を飲む

【西医】xīyī 名 ① 西洋医学 ② 西洋医学による医師(働 中医)

【西语】xīyǔ 名 西洋語,欧米の言語

【西域】Xīyù 名 西域 ♦漢代に現在の玉門関より西の地域を称した

【西乐】xīyuè 名 西洋音楽,洋楽

【西周】Xī Zhōu 名〖史〗西周(B. C. 11 世紀からB. C. 771 まで)

【西服】xīfú 名 働[件·套] 洋服,洋装(働[西服]) [穿〜] 洋装する

【佫】 xī ⊗ 以下を見よ

【恓惶】xīhuáng 動 ①(書) 慌てふためく ②(方) 貧乏な

【牺(犧)】 xī ⊗ いけにえ,祭祀用の動物 [〜牛] (書) いけにえの牛

*【牺牲】xīshēng 名 いけにえ ― 動 ①(利益を)犠牲にする [〜私产]私財を投げ打つ ② (大義のために)生命を捨てる,犠牲になる ♦特に革命のために死ぬことをいう

【硒】 xī 名〖化〗セレン,セレニウム

【粞】 xī ⊗ 砕け米,こごめ

【舾】 xī ⊗ [〜装] (船の)艤装

【吸】 xī 動 ① 吸う [〜烟] タバコを吸う [呼〜] 呼吸する ② 吸い取る,吸収する [海棉〜水] スポンジは水を吸い取る ③ 吸いつける,引き寄せる [磁石〜铁] 磁石は鉄を吸いつける

【吸尘器】xīchénqì 名 吸塵器,電気掃除機

【吸毒】xī·dú 麻薬を吸う

【吸附】xīfù 動〖化〗吸着する

【吸力】xīlì 名 引力,吸引力 [地心〜] 地球の重力

【吸墨纸】xīmòzhǐ 名 吸取紙

【吸盘】xīpán 名 吸盤

*【吸取】xīqǔ 動 吸収する,くみ取る(働[吸收]) [〜教训] 教訓をくみ取る [〜水分] 水分を吸収する

【吸食】xīshí 動 (食物や毒物などを)口から吸い込む

*【吸收】xīshōu 動 ① 吸収する,取り入れる(働[吸收]) [〜营养] 養分を吸収する ②〖理〗吸収する [〜音响] 音を吸収する ③ (組織や団体に)受け入れる,仲間に加える [〜入党] 入党させる

【吸吮】xīshǔn 動 吸い取る,吸収する

【吸铁石】xītiěshí 名〖块〗磁石

【吸血鬼】xīxuèguǐ 名 吸血鬼

*【吸引】xīyǐn 動 引きつける,引き寄せる [〜读者] 読者を引きつける

【希】 xī ⊗ ① 願う,望む [〜你及时完成] 期限内に完了されたい ② 少ない('稀'と通用) [〜有] まれな

【希罕(稀罕)】xīhan 形 珍しい,稀少な(働[稀奇]) ― 名 (〜儿) 珍しい物 [看〜儿] 珍しい物を見高く見る ― 動 珍重する,有難がる [谁〜呢] ちっとも珍しくないや

【希冀】xījì 動〈書〉手に入れたいと願う,熱望する

【希腊字母】Xīlà zìmǔ 名 ギリシャ文字

【希奇(稀奇)】xīqí 形 珍しい,奇妙な(働[稀奇]) [〜古怪] 奇妙きてれつな

【希图】xītú 動 (多くよからぬ事を)もくろむ,たくらむ(働[希企]) [〜牟取暴利] 暴利をむさぼろうともくろむ

*【希望】xīwàng 名 希望,願望 [毫无〜] まるで望みがない [工程] 希望プロジェクト(貧困児童の就学を助ける国家プロジェクト) ― 動 希望する,望む [〜你顺利毕业] 君が無事卒業してくれるよう願っている

【希有(稀有)】xīyǒu 形 めったにない,珍しい [〜元素] 希有元素

【郗】 xī ⊗ 姓 ♦Chī と発音する姓もある

【浠】 xī ⊗ [〜水] 浠水(湖北省の川の名)

【唏】xī ⊗ すすり泣く, 嘆息する [～嘘(歔欷)][書]すすり泣く

【烯】xī 图[化]エチレン系炭化水素 [乙～]エチレン

【晞】xī ⊗ ①乾く ②夜が明ける

【欷】xī ⊗ 以下を見よ

【欷歔(唏嘘)】xīxū[書]泣きじゃくる, すすり泣く

【稀】xī 形 ①まばらな 反[密] ②水分が多い, 水っぽい ⊗ ①'烂''松'などの形容詞の前に置かれて程度の強いことを示す ②少ない

【稀薄】xībó 形 (気体の密度が) 薄い, 稀薄な 反[稠密]

【稀饭】xīfàn 图 かゆ 同[粥]

【稀罕】xīhan 同[希罕]

【稀客】xīkè 图 めったに来ない客, 珍客 反[常客]

【稀烂】xīlàn 形 ①どろどろの, ぐちゃぐちゃにつぶされた ②粉々になった, めちゃめちゃに壊れた 例[稀巴烂 xībalàn]

【稀奇】xīqí 同[希奇]

【稀少(希少)】xīshǎo 形 ごく少ない, まれな 反[众多]

【稀释】xīshì 動[化](溶液の濃度を)薄める, 稀釈じゃくする 反[浓缩]

【稀疏】xīshū 形 まばらな, 間遠な 同[稀落] [～的枪声]まばらな銃声

【稀松】xīsōng 形 ①質の劣った, できの悪い (同[差劲 chàjìn])[干得～]手抜き仕事をしている ②大したことでない, 取るに足りない ③だらしのない, 気の緩んだ 同[松弛] ④(土などが)さらさらした, 粘りのない

【稀土】xītǔ 图 レアアース

【稀稀拉拉】xīxīlālā 形 ①(～的)まばらな, 散発的な (同[稀稀落落]) [～的枪声]まばらな拍手 ②気弱りのしない, 気勢の上がらない

【稀有(希有)】xīyǒu 形 まれな, めったにない (同[稀少]) [～金属]レアメタル

【昔】xī ⊗ 昔 [往～]同前

【昔年】xīnián 图[書]昔, 往年

*【昔日】xīrì 图 昔, 往時 (同[昔时]) [缅怀～]往時を偲ぶ [～的痕迹]昔日の痕跡

【惜】xī ⊗ ①大切にする, かわいがる [珍～]珍重する ②出し惜しむ, しぶる [吝～]けちけちする ③残念がる [惋～]残念に思う

【惜别】xībié 動 別れを惜しむ

【惜力】xīlì 動 力を出し惜しむ, 骨惜しみする

【惜指失掌】xī zhǐ shī zhǎng (成)(指を惜しんで手を失う>) 小局にこだわって大局を誤る

【析】xī ⊗ ①分ける, 区分する [离～]分離する ②分析する [剖～](文章などを)解剖する

【析出】xīchū 動 析出する

【淅】xī ⊗ 米を研ぐ

【淅沥】xīlì 擬 (雨が) しとしと, (風が)そよそよ, (落葉が)さらさらなど, 自然界の静かな物音

【晰(*皙)】xī ⊗ はっきりした, 明らかな [明～]はっきりした

【皙】xī ⊗ (皮膚が)白い→[白 bái～]

【蜥】xī ⊗ 以下を見よ

【蜥蜴】xīyì 图[条]トカゲ ♦普通'四脚蛇'という

【奚】xī ⊗ ①なに, なぜ, どこ ②(X-)姓

【奚落】xīluò 動 (辛辣な言葉で)冷やかす, あざける

【溪】xī (古くは qī) ⊗ 谷川, 小川 ('谿'とも) [小～]小川

【溪流】xīliú 图[条·道] 渓流, 谷川

【蹊】xī ⊗ 小みち [～径]道, 経路 ⇨ qī

【鼷】xī ⊗ [～鼠]ハツカネズミ

【息】xī ⊗ ①息 [喘～]あえぐ ②消息, たより [信～]情報 ③利息 [年～]年利 ④子供, 子女 ⑤やむ, やめる [～兵][書]戦いをやめる ⑥休む, 憩う [歇～]休息する ⑦増える, 繁殖する [蕃～][書]繁殖する ⑧(X-)姓

【息怒】xīnù 動 怒りを鎮める, 怒りがおさまる 反[发怒]

【息肉(瘜肉)】xīròu 图[医]ポリープ [～切除手术]ポリープ除去手術

【息事宁人】xī shì níng rén (成)①争い事を仲裁し双方を和解させる ②自分から譲歩して摩擦を避ける

【息息相关】xī xī xiāng guān (成)切っても切れない関係にある 同[息息相通]

【熄】xī 動(火や明かりが)消える, 消す [～灯]明かりを消す

【熄火】xī'huǒ 動(燃料による)火が消える, 火を消す

*【熄灭】xīmiè 動(火や明かりが)消える, 消す

【悉】xī ⊗ ①すべて, ことごとく ②知る [据～]知り

得たところでは…

【悉数】xīshǔ 動〔書〕すべてを列挙する〖不可~〗数えきれない
── xīshù 副〔書〕すべて、ありったけ

【悉心】xīxīn 動 専心する、全力を尽くす〖~照料病人〗一心不乱に看護に当たる

【窸】xī ⊗〖~窣 sū〗(物がこすれあうかすかな音)さらさら、かさかさ

【蟋】xī ⊗ コオロギ〖斗~〗コオロギを闘わせる ◆旧時の北京の遊び

【蟋蟀】xīshuài 图〔只〕コオロギ(=〖促织〗〖蛐蛐儿〗)〖饲养~〗コオロギを飼う

【翕】xī ⊗①たたむ、閉じる〖~张〗〔書〕開いたり閉じたりする ②気立てのよい、従順な

【翕动（翕动）】xīdòng 動〔書〕(唇などが)開閉する

【犀】xī ⊗〔動〕サイ
【犀角】xījiǎo 图 サイの角
【犀利】xīlì 形 (武器や言葉などが)鋭い、痛烈な〖~的批评〗鋭い批評
【犀鸟】xīniǎo 图〔鳥〕サイチョウ
【犀牛】xīniú 图〔头・条〕〔動〕サイ

【榠】xī ⊗〖木~ mùxī〗

【裼】xī ⊗ 肌脱ぎになる〖祖 tǎn ~〗同前

【锡】(錫) xī 图〔化〕すず
⊗①賜う、下さる ②(X-)姓
【锡箔】xībó 图 ①錫箔笺 ②錫箔を張った紙 ◆喪葬の時に焼く紙銭をつくる
【锡伯族】Xībózú 图 シボ族 ◆中国少数民族の一、主に新疆自治区と遼寧省に住む
【锡匠】xījiàng 图 錫細工の職人
【锡剧】xījù 图 錫劇笺 ◆江蘇省南部と上海に広く行われる地方劇
【锡焊】xīhàn〖方〗①はんだ ②すず
【锡纸】xīzhǐ 图〔张〕(タバコ等の包装用の)銀紙、錫フォイル
【锡嘴】xīzuǐ 图〔只〕〔鳥〕シメ ◆芸を教えて楽しむ小鳥（＝〖锡嘴雀〗）

【僖】xī ⊗ 喜ぶ、楽しむ

【嘻】xī 感〔書〗あっ、ああ ◆驚嘆を表わす ── 擬 軽い笑い声〖~~〗くすくす
【嘻嘻哈哈】xīxīhāhā 擬 あはは、くっくっく〖楽しそうに笑う声
【嬉】xī ⊗ 遊ぶ、戯れる

【嬉皮笑脸（嬉皮笑脸）】xī pí xiào liǎn《成》にたにた笑い(をする)、いやらしい笑顔(を見せる)
【嬉耍】xīshuǎ 動 喜々として遊ぶ、遊び戯れる（=〖玩耍〗）
【嬉笑（嬉笑）】xīxiào 動 笑い戯れる ♦ 多く後に'着'を伴う

【熹】xī ⊗①夜が明ける〖~微〗〔書〕(朝の)日差しが弱い

【熙】xī ⊗①和らいだ、和やかな ②勢い盛んな、活力あふれる
【熙熙攘攘】xīxī rǎngrǎng《成》人が行き来してとてもにぎやかな、人の流れが引きも切らずに（=〖熙来攘往〗）

【膝】xī ⊗ ひざ
*【膝盖】xīgài 图 ひざ、ひざがしら
【膝下】xīxià 图 (親の)膝元 ◆多く子供の有無に関連して

【羲】xī ⊗ 姓

【曦】xī ⊗ (朝の)日の光

【醯】xī ⊗ 酢ᵴ

【蠵】xī ⊗〖~龟 guī〗ウミガメ

【觿】xī ⊗ 骨製の錐ᵵ ◆古代、紐の結び目を解くのに使った

【习】(習) xí ⊗①習慣、習い〖陋~〗悪習 ②復習する、練習する〖自~〗自習する ③精通している、よく慣れている〖不~水性〗泳ぎを知らない ④(X-)姓
【习非成是】xí fēi chéng shì《成》間違ったことでも習慣になるとかえって正しいことと見なすようになる
*【习惯】xíguàn 图 習慣、習わし〖养成~〗習慣をつくる ── 動 慣れる、習慣となる〖这样的气候我实在不~〗こういう気候に私は全くなじめない
【习惯成自然】xíguàn chéng zìrán《成》習慣は第二の天性
【习见】xíjiàn 動 よく見かける、見慣れた〖~的现象〗よくある光景
【习气】xíqì 图 悪いくせ、よからぬ習性〖官僚~〗官僚の弊風
【习尚】xíshàng 图 気風、風習（=〖风尚〗）
*【习俗】xísú 图 習俗、しきたり〖打破~〗習俗を打破する
【习题】xítí 图〔道〕練習問題〖作~〗練習問題を解く
【习习】xíxí 擬 そよそよ ◆風が軽く吹く様子
【习性】xíxìng 图 習性〖养成~〗習性ができる
【习焉不察】xí yān bù chá《成》慣

【习以为常】xí yǐ wéi cháng 《成》すっかり慣れっこになっている, 日常茶飯事になっている ⇨[司空见惯]
【习用】xíyòng 動 使い慣れる, 日常的に使う［～语］慣用語
【习与性成】xí yǔ xìng chéng 《成》習い性となる
【习字】xízì 動字を習う, 習字をする［～帖 tiē］習字手本
【习作】xízuò 图〔篇〕(作文, 絵画などの) 練習, 習作 ― 動書く練習をする

【席】xí 量宴席や話などを数える ［一～酒］一席の酒宴 ［一～话］一席の話 ― 图①［量詞的に］議席［获得十八～］18議席を獲得した ②1卓の料理, 宴席 ［摆了五桌～］テーブル5つの宴会を催した ⊗座席［出(缺)～］出(欠)席する

【—(蓆)】xí 图〔张·领〕むしろ, ござ, アンペラ［草～］ござ

【席不暇暖】xí bù xiá nuǎn 《成》(忙しく走り回って) 席の暖まるひまもない
【席草】xícǎo 图〔植〕ウキヤガラ, カヤツリグサ ♦紙やむしろの原料
【席次】xícì 图座席の順序, 席次
【席地】xídì 動 地面に座る, 床に寝転ぶ
【席卷】xíjuǎn 動 席卷する, (むしろを巻くように) 全ての物を巻き込む ［～影坛］映画界を席卷する
【席梦思】xímèngsī 图 クッションつきマット(のベッド)
【席位】xíwèi 图①(集会での)座席, 出席権 ②議席［失去～］議席を失う
【席子】xízi 图〔张·领〕むしろ, ござ

【袭(襲)】xí 图〔书〕衣服の一そろい, 一かさね ［一～冬衣］冬服一そろい
⊗①襲う, 侵攻する［花气～人］花の香りが人を包む ［夜～］夜襲 ②踏襲する［因～］古いものをそのまま受け継ぐ ③(X-)姓
*【袭击】xíjī 動 襲撃する, 不意打ちをかける［受到台风的～］台風の襲撃を受ける
【袭取】xíqǔ 動 ①不意打ちをかけて奪い取る ②受け継ぐ, (旧来のものをそのまま)採用する
【袭扰】xírǎo 動〔军〕襲撃して悩ませる, 神経戦を仕掛ける
【袭用】xíyòng 動(旧来のものをそのまま)受け継ぐ, 踏襲する［～古方］昔の処方をそのまま使う

【觋(覡)】xí ⊗男の巫術師, シャーマン

【媳】xí ⊗嫁［婆～］嫁としゅうとめ
*【媳妇】xífù 图①嫁, 息子の妻 ⓔ［儿 ér～］ ②世代が下の親族の妻［侄～］甥の妻
【媳妇】xífu 图(～儿)〔方〕①妻, 女房 ②既婚の若い婦人, 嫁さん

【隰】xí ⊗①湿地 ②(X-)姓

【檄】xí ⊗ 檄, 檄文 ［～文］同前 ［传～］〔书〕檄を飛ばす

【洗】xǐ 動①洗う［干～］ドライクリーニング ②現像する［～相片］写真を現像する ③(マージャンやトランプを)よくかき混ぜて切る［～牌］同前
⊗①そそぐ, 晴らす［～冤］えん罪をそそぐ ②皆殺しにする, 物を奪い尽くす ③〔宗〕洗礼［受～］洗礼を受ける
⇨Xiǎn

【洗尘】xǐchén 動 (遠来の客や旅行から帰って来た人を)宴を設けて歓迎する
【洗涤】xǐdí 動 洗い落とす, 洗浄する ［～剂］合成洗剤
【洗耳恭听】xǐ ěr gōng tīng《成》謹んで拝聴する ♦冗談や皮肉の語気を含む場合もある
【洗发水】xǐfàshuǐ 图 シャンプー ⓔ[香波]
【洗劫】xǐjié 動 奪い尽くす, 徹底的に略奪する
【洗礼】xǐlǐ 图〔宗〕洗礼
【洗练(洗炼)】xǐliàn 形 (文章などが)洗練された, 簡潔であか抜けした
【洗钱】xǐqián 動 資金洗浄(マネーロンダリング)をする
【洗手】xǐshǒu 動 ①手を洗う ②(転)悪事をやめる, 足を洗う
*【洗手间】xǐshǒujiān 图 トイレット
【洗刷】xǐshuā 動 ①ブラシで洗う ②(不名誉や汚名を) 除き去る, そそぐ［～污名］汚名をそそぐ
【洗心革面】xǐ xīn gé miàn《成》心を入れかえてやり直す, 心から悔い改める
【洗雪】xǐxuě 動 (恥や濡衣などを)そそぐ, 晴らす
【洗衣粉】xǐyīfěn 图 (洗濯用)洗剤, 粉石けん
*【洗衣机】xǐyījī 图〔台〕電気洗濯機
【洗印】xǐyìn 動 (写真の) 現像と焼き付けをする
【洗澡】xǐzǎo 動 入浴する, 水で身体を洗う［洗海澡］海水浴をする

【铣(銑)】xǐ 動 (フライス盤で) 金属を削る, 平削りする
⇨xiǎn

【铣床】xǐchuáng 图〔台〕フライス

一 xì

【铣刀】 xǐdāo 图 フライス盤のミリングカッター
【铣工】 xǐgōng 图 ①フライス盤で切削する作業 ②フライス盤工
【枲】 xǐ 图 ①大麻の雄株 [～麻] 同前 ②麻
【玺(璽)】 xǐ 图 帝王の印章 [玉～] 玉璽
【徙】 xǐ 动 移る, 移す [～居]《書》転居する
【蓰】 xǐ 图 5倍 [倍～]《書》…に数倍する
【屣】 xǐ 图 靴 [敝 bì ～]《書》破れ靴
【喜】 xǐ ⊗ 动 ①喜ぶ, うれしがる [暗～] ひそかに喜ぶ ②好む, 好きだ ③めでたいこと, 祝い事 [报～] 快報をもたらす ④妊娠 [有～] おめでただ ⑤生物がある環境に適する [～光植物] 陽性植物
【喜爱】 xǐ'ài 动 好む, 愛する 同[喜欢]
【喜报】 xǐbào 图 吉報を印刷または手書きしたもの〚出～〛快事の速報をまく
【喜病】 xǐbìng 图 つわり [闹～] つわりに苦しむ
【喜冲冲】 xǐchōngchōng 形 (～的) うれしくてうきうきしている
【喜出望外】 xǐ chū wàng wài《成》思いがけないことで大喜びする, 望外の喜びに浸る
【喜好】 xǐhào 动 好む, 愛好する [～滑雪] スキーが好きだ
*【喜欢】xǐhuan 动 ①好む, 気に入る [～咖啡] コーヒーが好きだ [～做菜] 料理が好きだ ②喜ぶ, 愉快になる [让大家～] 皆を喜ばせる 一 形 愉快だ, うれしい
【喜酒】 xǐjiǔ 图 ①婚礼の祝い酒 [喝(吃)～] 祝いの酒をいただく ②結婚披露宴〚办～〛披露宴を催す
【喜剧】 xǐjù 图 喜劇 反[悲劇]
【喜眉笑眼】 xǐ méi xiào yǎn《成》にこにことうれしんでいる 同[眉開眼笑]
【喜怒哀乐】 xǐ nù āi lè《成》喜怒哀楽
【喜气】 xǐqì 图 喜ばしい気分, 喜びの表情 [洋溢着～] 喜びにあふれている [～洋洋] 喜び一杯のさま
【喜庆】 xǐqìng 图 祝い事, 慶事 一 形 めでたい, 喜ばしい 一 动 祝う, 慶賀する〚～丰收〛豊作を祝う
【喜鹊】 xǐquè 图〚只〛カササギ ♦鳴き声を聞くと, めでたいことがあるという〚～报喜〛カササギが吉報を先触れする
【喜人】 xǐrén 形 喜ばしい, うれしい〚～的成果〛喜ばしい成果
【喜色】 xǐsè 图 うれしそうな表情, 喜びのいろ [面有～] うれしそうな顔をする
【喜事】 xǐshì 图〔件〕①めでたいこと, 慶事 反[丧 sāng 事] ②結婚, 婚礼〚办～〛結婚式を挙げる
【喜糖】 xǐtáng 图 (結婚の時に) 親戚や友人に贈るあめ
*【喜闻乐见】xǐ wén lè jiàn《成》喜んで見たり聞いたりする
【喜笑颜开】 xǐ xiào yán kāi《成》うれしそうで顔がほころぶ, 満面に笑みを浮かべる 反[愁眉苦脸]
【喜新厌旧】 xǐ xīn yàn jiù《成》(多く男女の愛情について) 古いものを嫌い新しいものを好む, 移り気である 反[喜新厌旧]
【喜形于色】 xǐ xíng yú sè《成》喜びが顔にあふれる, うれしさいっぱいの表情をする
【喜讯】 xǐxùn 图〔条・个〕吉報, うれしい便り〚传达～〛吉報を伝える
【喜洋洋】 xǐyángyáng 形 喜びに輝いている, うれしさいっぱいの
【喜雨】 xǐyǔ 图 慈雨, (乾燥期に) 待ちかねていた雨
*【喜悦】xǐyuè 形 うれしい, 楽しい 同[愉悦]
【喜滋滋】 xǐzīzī 形 (～的) うれしくて心がはずむ, 心が浮き浮きする
【禧(*釐)】 xǐ (古くは xī) ⊗ 幸福, 喜び [恭贺新～] 謹賀新年
【蟢】 xǐ ⊗ [～子(喜子)] → [蟏蛸 xiāoshāo]
【戏(戲*戯)】 xì 图〔出〕演劇, 芝居 [看～] 芝居を見る [马～] サーカス ⊗ 动 ①ふざける, からかう ②遊ぶ, 戯れる [嬉～]《書》楽しく遊ぶ
【戏班】 xìbān 图 (～儿)《旧》芝居の一座 同[戏班子]
【戏场】 xìchǎng 图《旧》芝居小屋, 芝居専用の場所 同[戏园子]
【戏词】 xìcí 图 (～儿) 芝居のせりふと脚本の総称
【戏单】 xìdān 图 (～儿) 芝居のプログラム
【戏法】 xìfǎ 图 (～儿) 手品, マジック (同[魔术])〚变～儿〛手品を使う
*【戏剧】xìjù 图 ①劇, 芝居 [～学] 演劇学 ②脚本, 台本
【戏迷】 xìmí 图 芝居狂
【戏目】 xìmù 图 芝居の外題 同[剧目]
【戏弄】 xìnòng 动 からかう, 悪ふざけをする (同[要笑])〚不要～人〛人をからかうものではない [～小猫] 子猫とふざける
【戏曲】 xìqǔ 图 ①伝統劇 ♦伝統的な演劇形式で, 昆曲, 京劇, 越劇等を含む ②芝居 (雑劇や伝奇) の中の

歌の部分
【戏耍】xìshuǎ [動] [同][戏弄]
【戏台】xìtái [名] 舞台
【戏文】xìwén [名] ①南宋以来の南方の戯曲 [同][南戏] ②芝居(のせりふと歌詞)
【戏侮】xìwǔ [動] いじめる, 愚弄侮辱する
【戏谑】xìxuè [動] 冗談を言う, 軽口をたたく
【戏院】xìyuàn [名]〔座·家〕劇場, 芝居小屋 [同][剧场]
【戏照】xìzhào [名] 舞台衣装で撮った写真
【戏装】xìzhuāng [名]〔套·身〕舞台衣装(靴, 帽子等も含む)〖穿~〗舞台衣装を身につける
【戏子】xìzi [名]《旧》《貶》役者, 俳優
【系】xì [名] ①(大学の) 学科 ②〖地〗系
⊗系, 系統〔太阳~〕太陽系
【—(繫)】[動] ①つなぐ, しばる〖~马〗馬をつなぐ ②(ひもで縛って) 吊り上げる(下げる)
⊗①かかわる, つながる〔关~〕かかわる ②拘禁する〔~狱〕獄につなぐ ③心配する, 気にする
〖—(係)〗⊗…である ♦口語の'是'に相当
⇨jì
【系词】xìcí [名] ①(論理学の) 繋辞, コプラ ②〖語〗判断詞
【系风捕影】xì fēng bǔ yǐng《成》(風や影を捕えようとする>) 何ら実体のない(ことを根拠にする), およそ根拠の乏しい(ままに行動する) [同][捕风捉影]
★【系列】xìliè [名] 系列, シリーズ〖一~的问题〗一連の問題〔~小说〕シリーズ小説
【系谱树】xìpǔshù [名]〖生〗系統樹 [同][进化树]
【系数】xìshù [名] 係数〔恩格尔~〕エンゲル係数
★★【系统】xìtǒng [名] 系統, システム〖组成~〗システムを作る —[形] 系統的な, 系統だった
【细(細)】xì [形] ①細い, ほっそりした([反][粗])〖~铁丝〗細い針金 ②粒が小さい, 細かい〔~沙〕細かい砂 ③声や音が小さい〖嗓子很~〗声がかぼそい ④細工が細かい, 精巧な ⑤詳しい, 念入りな〖写得很~〗詳細に書かれている ⑥微細な, 些細な〔~节〕細部
★【细胞】xìbāo [名]〖生〗細胞〔~核〕細胞核〔~分裂〕細胞分裂
【细布】xìbù [名] 綿平織の布地, パーケール ♦薄く柔らかい [関][粗布]
【细部】xìbù [名] (製図などの) 細部, ディテール
【细长】xìcháng [形] 細長い, 背が高くすらりとした
【细高挑儿】xìgāotiǎor [名]《方》やせて背の高い人, そのような体つき
【细工】xìgōng [名] 精密な細工, 精巧な職人仕事
【细活儿】xìhuór [名] 細かい技術的な仕事, 手先の作業 [関][粗活]
【细火】xìhuǒ [名] とろ火, 弱火 [同][文火]
★★【细节】xìjié [名] 細部, 細かな事柄〖讨论~〗細部を検討する
★【细菌】xìjūn [名]〖生〗細菌, バクテリア
【细粮】xìliáng [名] 米と小麦粉 [関][粗粮]
【细蒙蒙(细濛濛)】xìméngméng [形] (~的)(小雨や霧が) けぶりたつ, 白くたちこめた
【细密】xìmì [形] ①(布目が) 細かくつまった ②綿密な, 念入りな〖~的分析〗綿密な分析
【细嫩】xìnèn [形] (皮膚や筋肉が) 柔らかい
【细腻】xìnì [形] ①(肌の) きめが細かい, すべすべした ②(描写や演技が) 細かい, 念入りな([同][细密])〖~的描写〗綿密な描写
【细皮嫩肉】xì pí nèn ròu《俗》(人の身体が)ひよわな [同][细皮白肉]
【细巧】xìqiǎo [形] 精巧な, 凝った〖~的图案〗精巧な模様
【细情】xìqíng [名] 詳しい事情, 細かな筋道
【细软】xìruǎn [名] 携帯に便利な貴重品 ♦宝石, 貴金属, 上等の衣服など —[形] 繊細で柔らかい
【细润】xìrùn [形] きめが細かくつやつやした
【细弱】xìruò [形] 細くてか弱い〖~的身子〗かぼそい身体
【细纱】xìshā [名] 細い綿糸([関][粗纱])〔~机〕精紡機
【细水长流】xì shuǐ cháng liú《成》財力や人力を細く長く使う
【细说】xìshuō [動] 詳しく語る, こと細かに説明する [同][细谈]
【细碎】xìsuì [形] 細かく砕けた, 小刻みの〖~的脚步声〗小刻みで軽い足音
【细微】xìwēi [形] わずかな, かすかな([同][微小])〖~的变化〗わずかな変化
【细小】xìxiǎo [形] 小さい, 些細な〖~的事情〗些細なこと
【细心】xìxīn [形] 注意深い, 細心の([反][粗心])〖~倾听〗じっと耳を傾ける
【细雨】xìyǔ [名] こぬか雨, 霧雨
【细则】xìzé [名] 細かい規則, 細則〖制定~〗細則を定める

xiá

【细枝末节】xì zhī mò jié 《成》枝叶末節, 本質に関わらない瑣末な事柄

*【细致】xìzhì 形 きめ細かい, 念入りな(⊗[粗糙])『他想得很~』彼の考えは細部にまで行き届いている

【郄】xì ⊗① '隙'と通用 ② (X-)姓

【阋(鬩)】xì ⊗言い争う, せめぐ [~墙之祸] 仲間うちの争い

【隙(隙)】xì ⊗①すき間, 割れ目(⊕[~缝fèng]) [墙~] へいのすき間 ②感情のひび, 疎隔 [嫌~] 敵意 ③すき, チャンス [乘~] すきに乗じる ④空白期, あいている時間 [农~] 農閑期

【隙地】xìdì 图 空いている小さな場所, オープンスペース

【舄】xì ⊗①靴 ② (X-)姓

【潟】xì ⊗アルカリ性土壌の土地 [~湖] 潟だ

【呷】xiā 動 (方)すする, ちびちび飲む [~一口酒] 酒を一口すすった ♦アヒルなどの鳴き声を表わす'呷呷'は gāgā と発音

【虾(蝦)】xiā 图 [只] エビ ♦'鰕'とも書く [龙~] イセエビ [明~] クルマエビ

【虾兵蟹将】xiā bīng xiè jiàng 《成》伝説中の竜王の将兵, 役に立たない将兵を例え, 多く敵軍についていう ⊗[精兵强将]

【虾蛄】xiāgū 图 [动] シャコ
【虾酱】xiājiàng 图 小エビのペースト
【虾米】xiāmǐ 图 ①[粒] 干したむきエビ ②(方)小エビ
【虾皮】xiāpí 图 干した小エビ ⊕[虾米皮]
【虾仁】xiārén 图 (~儿)[粒・只] エビのむき身
【虾子】xiāzǐ 图 (シバ) エビの卵 ♦干して使う高級食品

【瞎】xiā 動 ①失明する, 視力を失う [~了一只眼] 片目が失明した ②(砲弾や爆薬が)不発に終わる — 副 根拠もなしに, むやみに [~干] でたらめに行う

【瞎扯】xiāchě 動 ①でたらめにしゃべる, 根拠もなしに言う ②とりとめもなく話す, あれこれしゃべる
【瞎话】xiāhuà 图 うそ, でたらめ [说~] でたらめを言う
【瞎闹】xiānào 動 ばか騒ぎをする, 訳もなくふざける
【瞎说】xiāshuō 動 でたらめを言う, いい加減なことを言う ⊕[胡说]
【瞎信】xiāxìn 图 [封] あて先不明の手紙, 配達不能の手紙 ⊕[盲信]
【瞎抓】xiāzhuā 動 盲滅法にやる, 行き当たりばったりにやる

【瞎子】xiāzi 图 盲人 [~摸鱼] 当てずっぽうにやる

【匣】xiá 图 (~儿) 小箱, 宝石箱など, 小さくてふたのついている箱

【匣子】xiázi 图 小箱 [打开~] 小箱を開ける [黑~] (航空機の) ブラックボックス

【狎】xiá ⊗なれなれしくする, ふざける
【狎昵】xiánì 形 なれなれしい

【侠(俠)】xiá ⊗①男だて, 義俠の士 [~客] 同前 ②義俠の, 俠気のある [~义] 同前

【峡(峽)】xiá ⊗山峡, 谷間 ♦多く地名に用いる [三~] 三峡 [海~] 海峡 [~湾型海岸] フィヨルド式海岸

*【峡谷】xiágǔ 图 [条] 峡谷, V字谷

【狭(狹)】xiá ⊗狭い ⊕ [窄]

*【狭隘】xiá'ài 形 ①幅が狭い ②(度量, 見識などが)狭い, 狭量な『心胸~』度量が狭い
【狭长】xiácháng 形 狭くて長い『~的通道』狭くて長い通路
【狭路相逢】xiá lù xiāng féng 《成》(狭い道で出会って譲る余地がない>) 仇同士がぶつかり相容れない
【狭小】xiáxiǎo 形 狭い, 小さい(⊗[广大])『走出~的圈子』狭い世界から外に出る
【狭义】xiáyì 图 狭義, 狭い意味で(⊗[广义])『在~上』狭い意味では

*【狭窄】xiázhǎi 形 ①幅が狭い [~的胡同] 狭い路地 ②(度量, 見識などが)狭い 『心胸~』心が狭い

【硖(硤)】xiá ⊗ [~石] 硖石いし(浙江省の地名)

【遐】xiá ⊗①遠い [~迩] (書)遠近 ②永い, 久しい [~龄] 高齢

【遐想】xiáxiǎng 動 (未来や理想などに)思いをはせる, 夢想にひたる ⊕ [遐思]

【瑕】xiá ⊗①玉ぎょくの表面の斑点, きず ②(転)欠点, 欠陥 [微~] わずかな欠点

【瑕不掩瑜】xiá bù yǎn yú 《成》(瑕はあるが美しさをおおう隠す程ではない>) 長所は欠点を補って余りある

【瑕疵】xiácī 图 小さな欠点, (宝石などの)わずかなきず

【瑕瑜互见】xiá yú hù jiàn 《成》(玉の瑕ずと輝きがはっきりわかる>) 長所と短所が半ばする

【暇】xiá ⊗ひま [闲~] 同前 [应接不~] 応対にいとまがない

〖霞〗xiá [×] 朝焼けや夕焼け［晚～］夕焼け［～云］バラ色の雲
【霞光】xiáguāng [名] 朝焼けや夕焼けの光，雲間から放射する光芒こうぼう
【霞石】xiáshí [名]〖鉱〗かすみ石
〖辖（轄）〗xiá [×] 管轄する，管理する［直～市］直轄市［统～］統轄する
〖一（*鎋）〗[×]（車輪が車軸から抜けないように止める）輪止めのくさび
【辖区】xiáqū [名] 管轄地区
【辖制】xiázhì [動] 拘束する，支配する
〖黠〗xiá [×] 悪賢い，ずるい［～慧］《書》悪賢い
【下】xià [動] ① 下る，降りる（[反]［上］）〖～山〗下山する〖～车〗車を降りる ②（中心から離れる所へ）行く，入る〖～车间〗（生産の）現場におりる ③ 退場する，去る ④（雨や雪が）降る〖～了一场大雨〗大雨が降った ⑤ 発する，発送する〖～命令〗命令を下す〖～通知〗通知を出す ⑥ 入れる，投入する〖～网〗網を入れる ⑦（碁や将棋などを） 打つ，差す ⑧ 取り去る，取り外す〖～零件〗部品を取り外す ⑨（結論，定義を） まとめる，決める〖～判断〗判断を下す ⑩ 使う，費やす〖～力气〗力を使う ⑪（勤めや学校が）終わる，ひける（[反]［上］）⑫（動物が） 産む［～蛋］（鳥などが）卵を産む ⑬ …より少ない，…に達しない〖不～三千人〗3千人を下らない — [量]（～儿）① 回，動作の回数を数える〖敲了三～门〗ドアを3回ノックした ②〔'两'や'几'の後で〕腕前，技能を示す〖他真有两～〗彼は全くやり手だね — [形]〔定語として〕次の，順序が後の（[反]［上］）〖～星期〗来週 — [名]〔介詞句の中で〕① 下（[反]［上］）〖往～看〗下を見る ② …のもと，…の状況において，…を条件にして〖在他的帮助～〗彼の援助のもと
[×] ①（等級が）下の，下位の［～级］下級 ② 攻め落とす，攻略する
—— xià/xia [動]〔補語として〕① 動作が高い所から低い所へ向かってなされることを示す〖坐～〗腰をおろす ② ある動作をするに十分な空間があることを示す〖这间教室坐得～二百人〗この教室は200人座れる ③ 動作が完成したこと，あるいは結果が残っていることを示す〖留～〗（その場に）留まる（める）
【下巴】xiàba [名] あご，下あご
【下巴颏儿】xiàbakēr [名] 下あご
【下摆】xiàbǎi [名] 衣服のすそ
【下班】xià▾bān [動]（～儿）勤めがひける，退勤する（[反]［上班］）
【下半旗】xià bànqí [動]（弔意を示す）半旗を掲げる（[同]［降 jiàng 半旗］）
【下半晌】xiàbànshǎng [名]《口》午後
【下半天】xiàbàntiān [名]（～儿）午後（[同]［下午］）
【下半夜】xiàbànyè [名] 夜半過ぎ，夜12時以後
【下辈】xiàbèi [名]（～儿）① 子孫 ② 一族の中の（自分の） 次の一代 ♦年齢は問わない
【下笔】xià▾bǐ [動] 筆をおろす，（文章や絵を） かき始める［～立就］一気呵成かせいに書き上げる
【下边】xiàbian [名]（～儿）下，下の方
【下不来】xiàbulái [動] ① 降りて来られない ② 達成できない，納まりがつかない ③ 引くに引けない，引っ込みがつかない
【下不了台阶】xiàbuliǎo táijiē《俗》（足場から降りられない>）引っ込みがつかない
【下不为例】xià bù wéi lì《成》今回に限り認める，これを前例としない
【下操】xià▾cāo [動] ① 運動場に出て体操や訓練をする（[同]［出操］）② 体操や訓練が終わる（[同]［收操］）
【下策】xiàcè [名] 下策，愚かな決定
【下层】xiàcéng [名]（社会の） 下層，（組織の） 末端〖深入～〗（幹部が）組織の末端にまで下りてゆく
【下场】xiàchǎng [名] 人の末路，結末 ♦多く悪い場合に使う〖没有好～〗ろくな末路をたどらないぞ
—— xià▾chǎng [動]（舞台や競技場から）退場する
【下场门】xiàchǎngmén [名] 舞台上手かみての出入口
【下沉】xiàchén [動] ①（水中に） 沈む，沈没する ②（土地が）沈下する，陥没する
【下处】xiàchù [名] 旅の宿，仮のねぐら
【下船】xià▾chuán [動] ① 船をおりる，上陸する ②《方》船に乗る
【下存】xiàcún [動]（預金などを引き出した後） なお残る〖提了五百元，～八百元〗500元引き出して，まだ800元残っている
【下达】xiàdá [動]（指示や命令を） 下へ伝える，下達する
【下等】xiàděng [形]〔多く定語として〕質の劣る，等級の低い
【下地】xià▾dì [動] ① 野良に出る，田畑で働く（[同]［下田］）②（病人が）ベッドから下りる
【下跌】xiàdiē [動]（価格が） 下落する，（水位が）下がる
【下颚】xià'è [名] 下あご
【下凡】xià▾fán [動] 神仙が下界に下

【下饭】xiàfàn 图《方》副食品,おかず
── xià`fàn 動 ①おかず付きでご飯(主食)を食べる ②おかずに適する,(料理が)飯に合う〖这种菜~〗こういうおかずだと飯がうまい
【下放】xiàfàng 動 ①(権限を)下部の機関に移譲する ②下放する◆幹部や知識人が下部組織や農村,工場などに入って自らを再教育する(させる)こと
【下风】xiàfēng 图 ①風下 ②不利な位置〖占~〗不利な立場に立つ
【下岗】xià`gǎng 動 ①(歩哨などが)持ち場を離れる ②(国営企業などの人員整理の結果)職場を離れる
【下工】xià`gōng 動 ①仕事がひける,退勤する ②《旧》解雇する,ひまを出す
【下工夫】(下功夫)xià gōngfu 動 時間をかけて努力する,精力を注ぐ〖在听和说上~〗聞くことと話すこと(の訓練)に力を注ぐ
【下跪】xiàguì 動 ひざまずく
【下锅】xià`guō 動 鍋に入れる
【下海】xià`hǎi 動 ①海に入る ②(漁民が)海に出る,漁に出る ③アマチュアの役者がプロになる ④(科学者,文学者,芸術家などが)商売に手を染める,経済活動に転身する
【下颌】xiàhé 图 下あご ◆普通'下巴'という ⇨[下颚]
【下级】xiàjí 图 下部,下級〖~干部〗下級幹部〖~法院〗下級裁判所
【下贱】xiàjiàn 形 卑しい,下賤な
【下江】xiàjiāng 图 揚子江下流域
【下降】xiàjiàng 動 降下する,(数値が)下がる(⇔[上升])〖飞机~〗飛行機が降下する〖价格~〗値段が下がる
【下脚】xiàjiǎo 图 原材料の残り物,くず ⇨[下脚料]
── xià`jiǎo 動 (~儿) 足をおろす,足を踏み入れる
【下界】xiàjiè 图 下界,人間界◆神仙の住む'上界'に対していう
── xià`jiè 動 ⇨[下凡]
【下酒】xià`jiǔ 動 ①さかなをつまみながら酒を飲む ②酒のさかなに適する〖这个菜不~〗この料理は酒のさかなには合わない
【下课】xià`kè 動 授業が終わる(⇔[上课])
【下款】xiàkuǎn 图 (~儿)書画や手紙に添える署名,サイン
【下来】xiàlái/xiàlai 動 (上から)降りてくる,(後方に)退いてくる◆高い所から低い所へ,話し手に近づく方向へ移動する〖从山上~〗山から下りてくる〖下山来了〗山から下りてきた〖下不来〗降りて来られない
── -xiàlai/-xiàlai 動《方向補語として》①動作が高い所から低い所へ,または遠くから近くへ向かってなされることを示す〖跑~〗駆け降りる〖拿不下来〗(手に取って)下ろせない ②過去から現在まで,または初めから終わりまで続いてきたことを示す〖活~〗生きのびてきた ③動作の完成や結果を示す〖打~基础〗基礎をかためる ④形容詞の後につき,程度が次第に増すことを示す〖哭声慢慢低~〗泣き声が次第に弱まってきた
【下里巴人】xiàlǐ bārén《成》戦国時代の楚国の民歌,現在では広く通俗的な文学芸術を例える (⇔[阳春白雪])
【下力】xià`lì 動 力を出す,懸命に働く ⇨[出力]
【下列】xiàliè 形《定語として》次に列挙する〖提出~三点〗以下の3点を提起する
【下令】xià`lìng 動 命令を下す〖~开会〗会議の召集を命じる
【下流】xiàliú 图 ①川の下流 ⇨[下游] ②《旧》低い地位 ── 形 下品な,卑しい ⇨[话]下品な言葉
【下落】xiàluò 图 行方,ありか〖搜寻~〗行方を探す〖~不明〗行方不明 ── 動 降下する,落ちる〖幕布~〗幕が下りる
【下马】xià`mǎ 動 ①馬から降りる ②(重要な計画や工事を) 取り止める,断念する
【下马看花】xià mǎ kàn huā《成》(馬から降りて花を見る>)(幹部や知識人が)長期間現場に入って,じっくり調査,研究する ⇨[走马看花]
【下马威】xiàmǎwēi 图 初手に相手に与える圧力や脅威感〖给他个~〗最初にがつんと食らわせてやろう
【下毛毛雨】xià máomaoyǔ《俗》(こぬか雨が降る>)事前に少し情報を漏らす
【下面】xiàmiàn 图 (~儿)①下,下の方〖桌子~〗机の下 ②次,以下〖~该你了〗次は君の番だ ③下部,下級
【下品】xiàpǐn 图 粗悪品,低級品
【下坡路】xiàpōlù 图 下り坂;(転)落ち目,没落への道〖走~〗落ち目になる
【下棋】xià`qí 動 将棋を指す,碁を打つ〖下一局棋〗1局囲む
【下欠】xiàqiàn 图 未返済金,まだある借金 ── 動 まだ借金が残っている,なお未返済金を抱える〖~五百元〗(一部返済したあと)まだ500元借りている
【下情】xiàqíng 图 大衆の気持ちや

生活情况, 下情

【下去】xiàqu / xiàqù 動 ① 降りて行く ◆高い所から低い所へ, 話し手から遠ざかる方向へ移動する〖～看看〗(階下へ) 降りて見て来なさい〖下山去〗山から降りて行く〖下不去〗降りてゆけない ②(今の状態を)継続する, 今のままでゆく〖这样～〗このまままいったら

—— -xiàqu / -xiaqu / -xiàqù〖方向補語として〗① 動作が高い所から低い所へ, または近くから遠くへ向けてなされることを示す〖沉～了〗沈んでいった ② 動作がなお継続することを示す〖写～〗書き続ける ③〖形容詞の後について〗状態が続くこと, または程度が増していくことを示す〖一天一天地瘦～〗日ごとに痩せてゆく

【下人】xiàrén 图 (旧)召使い
【下山】xià'shān 動 ① 山を降りる, 下山する ②(太陽が)山に沈む
【下身】xiàshēn 图 ① 下半身, (時に)陰部 ②(～儿)ズボン 回〖裤子〗
【下神】xià'shén 動 (巫女などに)神霊が乗り移る, 神がかりになる
【下剩】xiàshèng 動 余る, 残る
【下首】xià'shǒu 图 ①〖下座〗〖下首〗〖坐～〗下座に座る ②(トランプやマージャンなどで) 次の番の人 回〖下家〗 ③(～儿)助手, 補助役〖打～〗助手を務める

—— xià'shǒu 動 手をつける, 着手する〖无从～〗手のつけようがない
【下属】xiàshǔ 图 回〖下级〗
★【下水】xià'shuǐ 動 ① 進水する〖～典礼〗進水式 ② 悪の道に入る, 悪に染まる〖拖人～〗悪に引っ張り込む ③(糸や生地を)水に浸して縮ませる —— 图〖定語として〗川を下る〖～船〗下り舟

—— xiàshui 图 (方)臓物, もつ

【下水道】xiàshuǐdào 图 下水道 (回〖上水道〗)〖通～〗(詰まった)下水を(突3 いて)通す〖安装～〗下水道を舗設する
【下台】xià'tái 動 ① 舞台から降りる ②(権力の座から) 退陣する, 下野する ③ 窮状を脱する, 引っ込みがつく ◆多く '下不了台' (引っ込みがつかない) のように否定形で使われる
【下头】xiàtou 图 ① 下, 下方 ② 下部, 下級, 部下
★【下午】xiàwǔ 图 午後
【下限】xiàxiàn 图 下限 (回〖上限〗)〖超过～〗下限を越える
【下陷】xiàxiàn 動 陥没する, くぼむ
【下乡】xià'xiāng 動 (都市から) 農村へ行く〖上山～〗(幹部や学生が)山村や農村に入る
【下行】xiàxíng 图 (列車の) 下り ◆列車番号が奇数に定められている (回〖上行〗)〖～列车〗下り列車 ② ① 船が上流から下流へ下る ② 公文書を上級から下級へ回す
【下学】xià'xué 動 下校する, (授業が終わって)帰る 回〖上学〗
【下旬】xiàxún 图 下旬
【下药】xià'yào 動 ① 投薬する, 薬を与える ② 毒を盛る
【下野】xià'yě 動 下野する, (執政の座から)退陣する 回〖上台〗
【下意识】xiàyìshí / xiàyìshi 图〖多く定語・状語として〗潜在意識, 無意識〖～的动作〗無意識の動作
【下游】xiàyóu 图 ① 下流, 川下 ②〈転〉立ち遅れた状態, 人より劣った段階〖成绩属于～〗成績が下位をうろついている
★【下雨】xià'yǔ 動 雨が降る
【下狱】xià'yù 動 獄につなぐ (つながれる), 刑務所送りにする(なる)
★【下载】xiàzài 動 ダウンロードする
【下葬】xià'zàng 動 埋葬する
【下肢】xiàzhī 图〖生〗下肢
【下中农】xiàzhōngnóng 图 下層中農 ◆解放前の農村で自作と小作を兼ねていた農家
【下种】xià'zhǒng 動 種をまく 回〖播种〗
【下装】xià'zhuāng 動 (役者が) 扮装を解く, 衣装を脱ぎ化粧を落とす 回〖卸装〗
【下子】xià'zi 動 ① 種をまく ② 卵を産む

—— xiàzi 量 動作の回数を数える (回〖下〗)〖敲了三～〗3つたたいた

【下作】xiàzuo 图 (方)助っ人, 手伝い人 —— 形 ① 卑しい, 下品な ②(方)(食べ方が)がつがつしている

【吓】(嚇) xià 動 ① 脅かす, 驚かす〖～人〗恐ろしい ② 脅える, 怖がる〖～坏了〗肝をつぶした
⇨ hè

【吓唬】xiàhu 動 脅かす, おびえさせる

【夏】xià ⊗ ① 夏〖立～〗立夏 ②(X-) 中国の古称〖华～〗中国 ③(X-) 夏王朝 ④(X-)姓

【夏布】xiàbù 图 ラミー布地 ◆蚊帳ホ や夏服を作る
【夏侯】Xiàhóu 图 姓
【夏季】xiàjì 图 夏季, 夏期〖～时间〗サマータイム
【夏枯草】xiàkūcǎo 图〖植〗ウツボグサ ◆利尿や血圧降下に効く漢方薬
【夏历】xiàlì 图 旧暦, 陰暦 回〖农历〗
【夏粮】xiàliáng 图 夏に収穫する穀物
【夏令】xiàlìng 图 ① 夏季 ② 夏の

厦罅仙氙籼先 — xiān

気候
*【夏令营】xiàlìngyíng 图 夏季キャンプ, 夏合宿
【夏收】xiàshōu 图 夏季の収穫 — 動 夏の取入れをする
【夏天】xiàtiān 图 夏
【夏衣】xiàyī 图 夏服, 夏着
【夏至】xiàzhì 图 夏至 ◆ 二十四節気の一, 陽暦6月21日か22日に当たる
【夏装】xiàzhuāng 图〔件・套〕夏服, 夏の服装

【厦(廈)】xià ⊗ 地名用字〔~门〕(福建省の)アモイ ⇨shà

【罅】xià ⊗ 透き間, 割れ目〔石~〕岩の割れ目
【罅漏】xiàlòu 图〔書〕① 透き間, 裂け目, ひび ② (転)手抜かり, 不十分な所
【罅隙】xiàxì 图〔書〕透き間, 裂け目, ひび 働〔缝隙 fèngxì〕

【仙(*僊)】xiān ⊗ 仙人, 神仙〔成~〕仙人になる〔八~〕(代表的な)八仙人 ◆ 日本の七福神のごとき存在
【仙丹】xiāndān 图 仙丹 ◆ 不老長寿の霊薬〔炼~〕仙丹を煉る〔~妙药〕効果絶大の薬
【仙姑】xiāngū 图 ① 仙女 ② 巫女 働〔道姑〕
【仙鹤】xiānhè 图〔只〕①〔鸟〕タンチョウヅル ② 仙人が飼う白鹤
【仙后座】xiānhòuzuò 图〔天〕カシオペア座
【仙客来】xiānkèlái 图〔植〕シクラメン
【仙女】xiānnǚ 图 年若い仙女〔~星云〕アンドロメダ星雲
【仙人】xiānrén 图 仙人〔~球〕球形のサボテン
【仙人掌】xiānrénzhǎng 图〔植〕〔棵〕(平たい)サボテン
【仙山琼阁】xiānshān qiónggé《成》仙山にある壮麗な宮殿, 夢と見まがう幻妙な場所と建物
【仙逝】xiānshì 動 逝去する

【氙】xiān 图〔化〕キセノン〔~灯〕キセノン灯

【籼(*秈)】xiān ⊗ 以下を見よ
【籼稻】xiāndào 图〔植〕セン ◆ 稲の一種. 南部で栽培され, 粒が細長い
【籼米】xiānmǐ 图 セン米 ◆ 粒が長く粘りがない. 日本でいう'外米'

【先】xiān 副 先に, 前もって〔你~走吧〕先に行きなさい〔~休息一下再干〕まずひと休みしてからやろう — 图〔口〕以前〔比~好多了〕前よりずっと良くなった ⊗ ① 先, 前〔占~〕先を越す ②

祖先 ③ 死んだ人に対する尊称〔~祖〕亡き祖父 ④ (X-)姓
【先辈】xiānbèi 图 ① (家系図の上で)世代が上の人, 先輩 ② (物故した)先駆者, 社会の先輩
【先导】xiāndǎo 图 道案内人, 先導者 働〔向导〕 — 動 導く, 道案内する 働〔引导〕
【先睹为快】xiān dǔ wéi kuài《成》(主として文学作品を)人より先に読むことを喜びとする
【先端】xiānduān 图〔植〕(葉, 花, 果実などの)先端部 — 形 先端的な
【先发制人】xiān fā zhì rén《成》先んずれば人を制す
【先锋】xiānfēng 图 (⊗[后卫]) ① (戦闘, 行軍の)先頭部隊 ② 先鋒, 前衛〔打~〕先駆者となる〔~作用〕前衛的な役割り
【先父】xiānfù 图 亡父 働〔先考〕
【先河】xiānhé 图 先がけ ◆ 多く動詞'开'と相配
【先后】xiānhòu 图 前後, あとさきの順序 — 副 前後して, 相次いで
【先机】xiānjī 图 イニシアチブ
【先见之明】xiān jiàn zhī míng《成》先見の明, 将来を予見する眼力
*【先进】xiānjìn 形 先進的な, 進んだ (⊗[落后])〔~人物〕先進的人物
【先决】xiānjué 形《定語として》先決の, 先に解決すべき〔~条件〕先決条件
【先来后到】xiān lái hòu dào《成》(~儿)先着順
【先礼后兵】xiān lǐ hòu bīng《成》まず礼儀正しく交渉しそれでうまく行かない時に強硬手段を用いる
【先例】xiānlì 图 先例, 前例〔开~〕先例を開く
【先烈】xiānliè 图 革命烈士に対する尊称〔革命~〕革命烈士
【先母】xiānmǔ 图 亡母 働〔先慈〕
【先期】xiānqī 副 期日に先だって, あらかじめ
*【先前】xiānqián 图 以前, 前
【先遣】xiānqiǎn 形《定語として》先に派遣する〔~队〕先遣隊
【先秦】Xiān Qín 图 先秦(時代) ◆ 秦の統一以前, 特に春秋戦国時代をいう
【先驱】xiānqū 图 先がけ, 先駆者〔文学革命的~〕文学革命の先駆者
【先人】xiānrén 图 ① 祖先 ② 亡父
【先入为主】xiān rù wéi zhǔ《成》(先に入った考えはその人を支配する>)先入観は容易に抜けない
【先声】xiānshēng 图 (重大事件の)先触れ, 予告
*【先生】xiānsheng 图 ① (学校の)先生 働〔老师〕② (知識人に対する呼称)先生, …さん〔女士们, ~们〕紳士淑女の皆さん ③ 自分の夫また

は人の夫に対する称〖她～〗あのひとのご主人 ④〈方〉医者 ⑤〈旧〉商店の会計, 番頭 ⑥〈旧〉人相見, 易者など［算命～］易者
【先世】xiānshì [名]〈書〉祖先
【先手】xiānshǒu [名]（囲碁, 将棋の）先手 [反]［后手］
【先天】xiāntiān [形]〔定語·状語として〕①先天的な, 生まれながらの（[反]［后天］）［～不足］生まれながらの虚弱体質 ②〖哲〗先験的, アプリオリ
【先头】xiāntóu [名]①前, 先頭〖走在最～〗一番前を歩く ②（～儿）以前, 従来〖你～没说过〗君は前もって話していない
【先下手为强】xiān xià shǒu wéi qiáng〈俗〉先手必勝, 早い者勝ち
【先行】xiānxíng [動]先行する, 先頭をゆく［～者］先達 ━[副]あらかじめ, 前もって〖～准备〗事前に準備する
【先验论】xiānyànlùn [名]〖哲〗先験論
【先斩后奏】xiān zhǎn hòu zòu〈成〉（先に斬首して事後に上奏する＞）先に既成事実を作ってしまう
【先兆】xiānzhào [名]前兆, 前触れ
【先哲】xiānzhé [名]先哲
【先知】xiānzhī [名]①先覚者 ②（ユダヤ教, キリスト教の）預言者

【酰】xiān [名]〖化〗アシル基

【纤(纖)】xiān ⊗細かい, 微小な［～尘］細かいほこり
⇨qiàn
【纤度】xiāndù [名]〖衣〗繊度 ♦糸の細さの度合, 単位は'旦'（デニール）
【纤毛】xiānmáo [名]〖生〗繊毛
【纤美】xiānměi [形]繊細で美しい, かよわくたおやかな [同]［纤妍］
【纤巧】xiānqiǎo [形]精巧な, 細工の細かい
【纤弱】xiānruò [形]虚弱な, 弱々しい
*【纤维】xiānwéi [名]繊維［人造～］合成繊維［～光学镜］ファイバースコープ
【纤细】xiānxì [形]繊細な, きわめて細い〖～的头发〗非常に細い髪の毛
【纤小】xiānxiǎo [形]細かい, ごく小さい [同]［细小］

【跹(躚)】xiān ⊗ひらひら舞うさま［翩～］〈書〉軽快に舞う

【祆】Xiān ⊗［～教］ゾロアスター教

【掀】xiān [動]開ける, めくる〖～锅盖〗鍋の蓋を開ける ⊗逆巻く, 巻き起こす［～风鼓浪］風波を巻き起こす
【掀动】xiāndòng [動]①揺れ動く, わななく ②めくる, 持ち上げる ③（戦争を）仕掛ける, 始める [同]［发动］
*【掀起】xiānqǐ [動]①開ける, 持ち上げて開く〖～盖子〗ふたを取る ②わき上がる, 盛り上がる〖～波涛〗大波がわき上がる ③引き起こす, 巻き起こす〖～反核武器的热潮〗反核のうねりを巻き起こす
【掀涌】xiānyǒng [動]うねる, 逆巻く

【锨(鍁 *杴 ⿰木欣)】xiān ⊗シャベル［铁～］同前

【鲜(鮮)】xiān [形]①味がよい, おいしい ②新鮮な, みずみずしい
⊗①新鮮な食物, 珍味［尝～］初ものを食べる ②水産食品［海～］シーフード ③色鮮やかな［～红］真紅 ④（X-）姓
⇨xiǎn
【鲜卑】Xiānbēi [名]鲜卑(せんぴ) ♦かつて北魏, 北斉, 北周を建国した北方民族
【鲜红】xiānhóng [形]真っ赤な, 真紅の
【鲜花】xiānhuā [名]〔朵·束〕生花, きれいな花［～插在牛粪上］（きれいな花を牛の糞に生ける＞）可憐な娘が下卑た男に嫁ぐ
【鲜货】xiānhuò [名]（魚介類を含む）生鮮食料品
【鲜美】xiānměi [形]①味がよい, おいしい ②〈書〉色鮮やかで美しい
*【鲜明】xiānmíng [形]①色が明るい, 鮮やかな〖色彩～〗色彩が鮮やかだ ②鮮明な, はっきりした（[反]［含糊］）〖态度～〗態度が明確だ
【鲜嫩】xiānnèn [形]新鮮で柔らかい, みずみずしい
【鲜血】xiānxuè [名]〔滴·片〕鮮血, 真っ赤な血
**【鲜艳】xiānyàn [形]鮮やかで美しい [同]［鲜妍］

【暹】xiān ⊗［～罗］（国名）タイの旧称

【闲(閑 *閒)】xián [形]①暇な（[反]［忙］）〖～着没事儿〗何もする事のない ②（部屋, 機械などが）空いている, 使われていない〖不让房子～着〗部屋を遊ばせておかない
⊗①ひま, 空き時間［消～］暇つぶしをする ②本筋とかかわりがない, 意味のない［～谈］雑談する
⇨jiān, jiàn(閒)
【闲扯】xiánchě [動]世間話をする, 無駄話をする [同]［闲聊］
【闲工夫】xiángōngfu [名]（～儿）暇
【闲逛】xiánguàng [動]ぶらぶら歩く, （外を）ぶらつく [同]［闲步］
*【闲话】xiánhuà [名]①（～儿）余計

X

な話〖～少说〗無駄口はそれくらいにして… ②文句，不平 ③他人のうわさ話，陰口 ━[動]《書》雑談する
【闲居】xiánjū [動]仕事もせず(なくて)家にいる，家でぶらぶらする
【闲空】xiánkòng [名](～儿)暇 [同][闲时]
【闲聊】xiánliáo [動]無駄話をする，世間話をする
【闲气】xiánqì [名](～儿)つまらぬ事による立腹〖生～〗どうでもよい事に腹を立てる
【闲钱】xiánqián [名](生活費以外の)遊んでいる金，余分の金
【闲情逸致】xián qíng yì zhì《成》情趣豊かでのんびりした気分，悠々閑適の暮らし
【闲人】xiánrén [名]①ひま人，仕事もなくぶらぶらしている人 ②無関係の者，無用の者［～免进］無用の者立入るべからず
【闲散】xiánsǎn [形]①のんびりとした，心のびやかな ②(人員や物質などが) 遊んでいる，使用していない［～土地］遊休地
【闲事】xiánshì [名]自分と関係のない事，余計な事〖别管～〗お節介はやめてもらおう
【闲适】xiánshì [形]のんびりとした，気楽な
【闲书】xiánshū [名]暇つぶしに読む本，軽い読み物
【闲谈】xiántán [動]雑談する，世間話をする〖～家务事〗家事のことなどぺちゃくちゃしゃべる
【闲暇】xiánxiá [名]暇 [同][闲空]
【闲心】xiánxīn [名]のんびりした気持ち〖我没～开玩笑〗冗談を言うような気分じゃないんだ
【闲杂】xiánzá [形]〔定語として〕きまった職務のない，部署の定まらない［～人员］遊休人員
【闲置】xiánzhì [動]置いたまま使わずにおく([同][闲弃])［～资金］遊休資金

【娴(嫺)】xián ⊗①みやびやかな，しとやかな ②熟練した，巧みな
【娴静】xiánjìng [形]しとやかで上品な，しっとり落ち着いた
【娴熟】xiánshú [形]熟練した，巧みな〖弓马～〗弓と馬術に長じている
【娴雅(闲雅)】xiányǎ [形](女性が)しとやかな，上品な

【痫(癇)】xián ⊗てんかん［癫 diān ～］同前

【鹇(鷴)】xián ⊗［白～］《鳥》ハッカン

【弦】xián [名]①〔根〕弓のつる ②《方》時計などのぜんまい〖上～〗ぜんまいを巻く ③《数》弦

【━(*絃)】[名](～儿)〔根〕楽器の弦［六～琴］ギター
【弦外之音】xián wài zhī yīn《成》言外の意味 [同][言外之意]
【弦乐器】xiányuèqì [名]〔件〕弦楽器
【弦子】xiánzi [名]'三弦(蛇皮線(じゃびせん))'の通称

【舷】xián [名]舷(げん)，船べり
【舷窗】xiánchuāng [名]舷窓，機窓 ♦船や航空機の両側の小さな窓
【舷梯】xiántī [名]船，飛行機のタラップ〖走下～〗タラップを降りる

【贤(賢)】xián ⊗①徳のある，有能な［～妻良母］良妻賢母 ②徳のある人，有能な人［圣～］聖賢 ③《敬》同輩や後輩に対する敬称［～弟］賢弟
【贤达】xiándá [名]賢人，有徳有能の人
*【贤惠(贤慧)】xiánhuì [形](婦人が)賢く気立てが優しい
【贤良】xiánliáng [名]《書》徳や才能のある(人)
【贤明】xiánmíng [形]賢明な，聡明な
【贤能】xiánnéng [名]才能のある立派な人，才徳備わった人物
【贤人】xiánrén [名]賢人，有徳の士

【咸(鹹)】xián [形]塩辛い，しょっぱい［～肉］ベーコン［～津津］塩味がきいている

【━】⊗すべて，全部
【咸菜】xiáncài [名]つけ物〖腌 yān ～〗つけ物を漬け込む
【咸水湖】xiánshuǐhú [名]かん水湖

【涎】xián ⊗よだれ ♦口語では'口水'という［流～］よだれを垂らす
【涎皮赖脸】xián pí lài liǎn《成》厚かましい，ずうずうしい
【涎水】xiánshuǐ [名]《方》よだれ

【挦(撏)】xián [動]引っぱる，抜く〖～鸡毛〗鶏の毛を抜く

【衔(銜*啣)】xián [動]くわえる，口に含む〖～烟斗〗パイプをくわえる ⊗①心に抱く ②受ける，従う［～命］命令を奉ずる

【━】⊗肩書，等級，称号［头～］肩書［军～］軍隊の階級［官～］官職名
【衔恨】xiánhèn [動]①恨みを抱く ②悔やむ，くやしがる
*【衔接】xiánjiē [動]つなぐ，つながる〖大桥把两条公路～起来〗大橋が2本の道路をつなぐ〖与列车～〗汽車に接続する
【衔冤】xiányuān [動]冤(えん)罪を負う，

xián 一 嫌狝显险猃洗铣

【嫌】xián 動 嫌う, いやがる〖～麻煩〗面倒を厭うう ⊗①疑い ②恨み〖前～尽释〗昔の恨みはすべて忘れた

【嫌烦】xiánfán 動 面倒くさがる, 煩を厭う 働〖厌烦〗

【嫌弃】xiánqì 動 嫌って避ける, 見捨てる

【嫌恶】xiánwù 動 嫌悪する, 忌み嫌う〖厌恶 yànwù〗

【嫌隙】xiánxì 名 (不満や疑いが原因の)不和, すきま風

*【嫌疑】xiányí 名 疑い, 嫌疑〖犯～〗嫌疑をかける〖～犯〗容疑者

【嫌怨】xiányuàn 名 恨み, 憎しみ

【狝(獮)】xiǎn ⊗ 秋の狩

【显(顯)】xiǎn 動 現わす, 見せる〖～本领〗腕を振るう 一 形 明らかな, 歴然たる〖效果还不～〗効果はまだはっきりしない
⊗ 名 官や権勢のある〖达官～宦〗顕官

【显摆(显白)】xiǎnbai 動〖方〗見せびらかす, ひけらかす

【显出】xiǎnchū 動 現わす, 見せる〖～原形〗正体を現わす

【显达】xiǎndá 動〖旧〗(官界で)立身出世する, 栄達する

*【显得】xiǎnde 動 …のように見える, …の様相を呈する〖～年轻〗若く見える

【显而易见】xiǎn ér yì jiàn〖成〗はっきり見える, 誰の目にも明らかな

【显赫】xiǎnhè 形 (権勢, 名声などが)輝かしい, 赫々たる〖～的名声〗輝かしい名声

【显见】xiǎnjiàn 動 はっきりと見てとれる, 一目了然である〖～他心里不高兴〗彼が不快に感じていることは顔に出ている

【显灵】xiǎn'líng 動 (神霊が)霊験を見せる, (神が)力を示す

【显露】xiǎnlù 動 現われる, 現わす〖～天才〗天分を示す

【显明】xiǎnmíng 形 明らかな, はっきりした〖～的道理〗明白な道理

【显能】xiǎn'néng 動 能力を見せつける, 才能を明らかにする

*【显然】xiǎnrán 形 はっきり現われた, 明らかな〖～是想错的〗明らかに勘違いをしたのだ

*【显示】xiǎnshì 動 はっきり示す, 見せつける〖～力量〗力を誇示する

【显示器】xiǎnshìqì 名 ディスプレイ

【显微镜】xiǎnwēijìng 名〔架〕顕微鏡

【显现】xiǎnxiàn 動 現われる, 姿を現わす 働〖呈现〗

【显像管】xiǎnxiàngguǎn 名〔只〕キネスコープ, ブラウン管

【显效】xiǎnxiào 動 確かな効果, 明らかな効き目 一 動 効果を現わす, 効いてくる

【显形】xiǎn'xíng (～儿) 正体を現わす, 真相がばれる

【显眼】xiǎnyǎn 形 人目を引く, 目立つ〖穿得太～〗服が派手すぎる

【显扬】xiǎnyáng 動 表彰する, 讃える 一 形 名声が高い, 誉れ高い

【显耀】xiǎnyào 動 見せびらかす, ひけらかす 一 形 名のとどろいた, 栄光に包まれた

【显影】xiǎnyǐng 動 現像する〖～剂〗現像剤

*【显著】xiǎnzhù 形 顕著な, 著しい〖～的进步〗著しい進歩

【险(險)】xiǎn 形 危ない, 危険な
⊗①危うく…するところ〖～遭不幸〗危うく災難に遭うところだった ②険しい所, 要害〖天～〗天険 ③危難, 危険〖冒～〗危険を冒す ④陰険な, 悪意の

【险隘】xiǎn'ài 名 要害

【险地】xiǎndì 名 ①要害の地 ②危地, 危うい状況

【险毒】xiǎndú 形 陰険極まる, 悪らつな

【险恶】xiǎn'è 形 ①危険な, 険しい〖病情～〗病状が危ない ②陰険な, 邪悪な〖～的用心〗陰険な下心

【险峰】xiǎnfēng 名〔座〕険しい峰

【险峻】xiǎnjùn 形 (山が)高くて険しい, 峻険な

【险胜】xiǎnshèng 動 (試合に)せり勝つ, 僅差で勝つ〖狮子队～老虎队〗ライオンズがタイガースにせり勝つ

【险滩】xiǎntān 名 川の流れが急で危ない所, 暗礁の多い浅瀬

【险巇(岭巇)】xiǎnxī 形〖書〗山道が峻険な

【险些】xiǎnxiē 副 (～儿)危うく, もう少しで ♦ 後に良くない事態が続く〖～掉到水里〗危うく水中に落ちるところだった

【险要】xiǎnyào 形 地勢が険しい, 要害に位置する

【险诈】xiǎnzhà 陰険で悪賢い, 狡猾極まる

【险阻】xiǎnzǔ 形 (道が)険しい, 険阻な

【猃(獫)】Xiǎn ⊗〖～狁 yǔn (猃狁)〗中国古代の北方民族の一

【洗】Xiǎn ⊗ 姓 ♦ '冼'と書く姓もある
⇨xǐ

【铣(銑)】xiǎn ⊗ つやのある金属〖～铁〗铣

鉄
⇨xǐ
〖筅〗 xiǎn [×] 箒状のもの
〖跣〗 xiǎn [×] はだし(の)
〖蚬(蜆)〗 xiǎn [×]〘貝〙シジミ [～贝] 同前
〖鲜(鮮 *尟 尠)〗 xiǎn [×] 少ない, まれな [～见] めったにない [～为人知] ほとんどが知られていない
⇨xiān
〖藓(蘚)〗 xiǎn [×]〘植〙コケ [～苔] 同前
〖燹〗 xiǎn [×] 野火 [兵～]〘書〙戦火による災害
【县(縣)】 xiàn [名] 県 ♦'地区''自治州'の下, '乡''镇'の上の行政単位〖设～〗(新たに)県を置く
【县城】xiànchéng [名] 県役所の所在地
【县委】xiànwěi [名] '县委员会'の略, 中国共産党の県委員会
【县长】xiànzhǎng [名] 県長
【县志】xiànzhì [名]〔部〕県誌
〖苋(莧)〗 xiàn [×]〘植〙ヒユ [～菜] 同前
〖岘(峴)〗 Xiàn [×] [～山] 岘山(湖北省の山の名)
【现(現)】 xiàn [副] その場で, その時に〖～编了一首诗〗即興で詩を作った [×]① 現在, 今 [～况] 現況 ② 現金 [付～] 現金を払う ③ いつでも出せる, その場で使える
【―(現 *見)】 [動] 現わす, 現われる〖～出笑容〗笑顔を見せる
⇨jiàn (见)
*【现场】xiànchǎng [名] ①(事件, 事故の発生した) 現場〖保护～〗現場を保存する [～直播] 生中継 ② 生産, 実験などを直接行う場所, 作業の現場 [～会议] 現場会議 ♦地域指導者たちが田畑などの実地を見ながら開く
*【现成】xiànchéng [形] ①(～儿)〔多く定語として〕既にできている, 既製の ② その場の間に合わせの, 既製の [～话] 思い付きの発言
【现成饭】xiànchéngfàn [名] でき上がっているご飯, あり合わせのご飯;〘転〙労せずして得た利益, 据え膳
【现存】xiàncún [動] 今なお残る, 現存する〖～的手稿〗現存する原稿 [～货] 在庫品
⁑【现代】xiàndài [名] ①(歴史区分としての) 現代 ♦一般に五四運動以後をいう ② 今の時代, 今日 [～戏] 現代劇 [～化] 近代化(する)
【现货】xiànhuò [名] 現物, 現品
【现今】xiànjīn [名] 今, 当節 ([同]〘方〙[现如今])〖～情况好转〗今では情況が好転した
⁑【现金】xiànjīn [名]〔笔〕① 現金, キャッシュ(小切手類も含む) ([同][现款])〖付～〗現金で払う ② 銀行の金庫にしまってある貨幣
【现款】xiànkuǎn [名]〔笔〕現金
【现买现卖】xiàn mǎi xiàn mài〘成〙(買ったその場で売る＞) 受け売りをする [同][现趸 dǔn 现卖]
【现钱】xiànqián [名]〘口〙現金
【现任】xiànrèn [動] 現在担任している, 今その任にある〖他～校长〗彼はいま校長をしている — [形]〔定語として〕現任の〖～局长〗現在の局長
【现时】xiànshí [名] 現在, 今のところ [同][当前]
⁑【现实】xiànshí [名] 現実〖脱离～〗現実から遊離する [～主义] リアリズム — [形] 現実的な, 実際的な〖不～的措施〗現実的でない措置
【现世】xiànshì [名] 現世, この世 [同][今生] — [動] 恥をさらす, 面目を失う [同][出丑][丢脸]
【现下】xiànxià [名] 今, 現在のところ〖～正是农忙季节〗今はちょうど農繁期だ
⁑【现象】xiànxiàng [名] 現象 [社会～] 社会現象 [～学] 現象学
【现行】xiànxíng [形]〔定語として〕① 現行の, 現在実施されている [～制度] 現行の制度 ②(犯罪が) 現行の, いま進行している [～犯] 現行犯
【现形】xiàn'xíng [動] 正体を現わす, 化けの皮が剥がれる
【现眼】xiàn'yǎn [動] 恥をかく, 顔がつぶれる〖可给我丢人～〗よくもおれの顔をつぶしてくれた
【现洋】xiànyáng [名] 旧時の1元銀貨 ♦'现大洋'ともいう
【现役】xiànyì [名]〘軍〙現役, 兵役〖服～〗兵役につく — [形]〔定語として〕現役の, いま兵役についている [～军人] 現役軍人
⁑【现在】xiànzài [名] 現在, 今 ([反][过去][将来])〖到～为止〗今までのところ
【现职】xiànzhí [名] 現職, いまの職務〖任～〗今のポストにつく
*【现状】xiànzhuàng [名] 現状〖安于～〗現状に安んじる
【限】 xiàn [動] 限定する, 制限する〖～三天完成〗3日以内に完成せよ
[×] 期限, 限度〖以月底为～〗期限は月末とする [有～] 限界がある
【限定】xiàndìng [動] 限定する, 制限する〖～时间〗時間を限る

【限度】xiàndù [名] 限度, 限界 〚超过～〛限度を越える
【限额】xiàn'é [名] ① 規定の数量や額, 限度枠 ②(企業の基本建設に対する)投資基準枠
【限量】xiànliàng [動](数量を) 限定する, 限度を定める
【限期】xiànqī [名] 期限, タイムリミット — [動] 期限を付ける, 日限を定める
【限于】xiànyú [動] …に制約される, (…の範囲内に) 限定される 〚～时间〛時間に制約される
**【限制】xiànzhì [名][動] 制限(する), 制約(する) 〚～字数〛字数を制限する 〚～思想〛思想を制約する
*【线(線 *綫)】xiàn [名](～儿)〔根·绺〕① 糸, 針金, コード(金属線は'⿰钅泉'とも書く) ②〚数〛〔条〕線 [直～] 直線 ③〔条〕内部のつながり, 手掛かり [眼～] 密偵 — [量] 抽象的なものに使い, '一'の後ろに付けて, ごくわずかであることを示す 〚一～希望〛一縷の望み 〚一～光明〛一筋の光明
⊗① 線のような [～香] 線香 ② 交通路線 [航～] 航路 ③ 境目, 境界線 [国境～] 国境線 ④ 木綿糸で編んだ [～手套] 綿糸の手袋(いわゆる軍手) ♦姓は'線'と'线'の両方
【线春】xiànchūn [名] 幾何学模様をあしらった絹織物 ♦特に杭州産が有名
【线段】xiànduàn [名]〚数〛線分
【线路】xiànlù [名]〔条〕① 回路, 路線 [电话～] 電話回線 [公共汽车～] バス路線 ② 線路 [～工] 保線係
【线圈】xiànquān [名]〚電〛コイル
【线绳】xiànshéng [名] 綿ロープ
*【线索】xiànsuǒ [名]〔条〕手掛かり, 糸口, (話などの) 筋 〚失去～〛手掛かりを失う
【线条】xiàntiáo [名] ① 絵画の線 ② 人体や工芸品の輪郭の線 [～美] 曲線美
【线头】xiàntóu [名](～儿) ① 糸の端 ② 短い糸, 糸の切れっ端 [同][线头子]
【线香】xiànxiāng [名] 線香
【线轴儿】xiànzhóur [名] ① 軸形の糸巻き, ボビン ② 糸巻きに巻いた糸
【线装】xiànzhuāng [名]〚図〛線装, 和とじ([反][洋装]) [～书] 和とじの本
【宪(憲)】xiàn ⊗① 法令, ② 憲法 [制～] 憲法を制定する
【宪兵】xiànbīng [名] 憲兵 [～队] 憲兵隊
*【宪法】xiànfǎ [名]〔部〕憲法 〚制定～〛憲法を制定する 〚拥护～〛憲法を擁護する
【宪章】xiànzhāng [名] ①《書》典章制度 ② 憲章 [联合国～] 国連憲章
【宪政】xiànzhèng [名] 立憲政治
【陷】xiàn [動] ① 落ちる, はまり込む 〚～进泥里〛泥にはまる ② くぼむ, へこむ 〚土地～下去〛土地が陥没する
⊗① 落とし穴, わな ② 欠点, 欠陥 [缺～] 欠陥 ③(人を) 陥れる, わなにはめる [诬～] 虚偽を言いたてて人を罪に陥れる ④ 陥落する, 占領される [沦～] 陥落する
*【陷害】xiànhài [動](人を) 陥れる, 計略にかける([同][坑害]) 〚遭到～〛わなにはめられた
【陷阱】xiànjǐng [名] ①〔处〕(野獣や敵を捕える) 落とし穴 ②(人を陥れる) わな, 奸計 〚落入～〛わなに落ちる
【陷落】xiànluò [動] ① 落ちくぼむ, 陥没する 〚地壳～〛地殻が陥没する ②(不利な状境, 立場に) 陥る [同][陷入] ③ 陥落する, 敵の手に落ちる [同][失陷]
*【陷入】xiànrù [動] ①(不利な状況に) 陥る 〚～困境〛苦境に陥る ②(物思いに) 沈む, ふける 〚～沉思〛物思いに沈む
【陷于】xiànyú [動](…に) 落ち込む, 陥る 〚～孤立〛孤立状態に陥る
【陷阵】xiànzhèn [動] 敵陣を攻め落とす
【馅(餡)】xiàn ⊗(ギョウザや饅頭の) あん
*【馅儿】xiànr [名] あん [饺子～] ギョウザのあん
【馅儿饼】xiànrbǐng [名]〔张〕ミートパイ ♦小麦粉で薄皮を作り, 肉その他のあんを包み込んで焼いたり, 油で揚げたりした平たい食品
【羡(羨)】xiàn ⊗① うらやむ [艳～]《書》羡望する ②(X-) 姓
**【羡慕】xiànmù [動] うらやむ, 羡望する
【羡余】xiànyú [形]〔定語として〕余分な, 剰余的な
【献(獻)】xiàn [動] ① ささげる, 献上する 〚～给母亲〛母にささげる ②(快い思いをさせるべく行動して) 見せる, 示す 〚～殷勤〛(相手の) 機嫌をとる
【献策】xiàn'cè [動] 献策する, 知恵を貸す [同][献计]
【献词】xiàncí [名] 祝詞
【献花】xiàn'huā [動] 花をささげる
【献计】xiàn'jì [動] 計画や対策を申し述べる, 方策をささげる

【献技】xiànjì [動] 芸を披露する,(観衆に)腕前の程を見せる [同][献艺]

【献礼】xiàn▾lǐ [動] お祝いの贈り物をする〖向大会～〗大会の開催を祝って贈り物をする

【献媚】xiànmèi [動] こびへつらう,ご機嫌とりをする〖向董事～〗重役にごまをする

【献身】xiàn▾shēn [動] 献身する,身をささげる〖～于新文化运动〗新文化運動に献身する

〖腺〗 xiàn ⊗〖生〗腺^{せん}［汗～］汗腺

〖霰〗 xiàn ⊗〖天〗あられ ♦口語では'雪子 xuězǐ''雪糁 shēn'という

【乡(鄉)】 xiāng [名] 郷 ♦'县'の下の行政単位

⊗① 田舎,農村([反][城])［下～］田舎へ行く ② 故郷,郷里［回～］くにへ帰る

【乡巴佬儿】xiāngbalǎor [名]《貶》田舎者

【乡愁】xiāngchóu [名] 郷愁,ノスタルジア

【乡村】xiāngcūn [名] 田舎,農村([反][城市])〖扎根～〗農村に根を下ろす

【乡间】xiāngjiān [名] 田舎,村

【乡里】xiānglǐ [名] ① 郷里,故郷 ♦都市は含まない ② 同郷の人 [同][乡亲]

【乡僻】xiāngpì [形] へんぴな,片田舎の [同][偏僻]

【乡亲】xiāngqīn [名] ① 同郷の人 [同][同乡] ②(農村における) 地元の人々に対する呼称［～们］村の皆さん

【乡绅】xiāngshēn [名]《旧》田舎の'绅士',有力地主

【乡试】xiāngshì [名] 郷試 ♦科挙の第2段階の試験.省都で行われ,合格者を'举人'と言う

【乡思】xiāngsī [名] 望郷の念,郷愁

【乡土】xiāngtǔ [名] 郷土［～观念］郷土意識［～文学］郷土文学

【乡下】xiāngxia [名] 田舎［～佬］田舎者

【乡音】xiāngyīn [名] お国なまり,方言色〖～很重〗国なまりが強い

【乡长】xiāngzhǎng [名] ①'乡'の責任者 ② 同郷の先輩に対する敬称

*【乡镇】xiāngzhèn [名] ① 郷と鎮,いわば町村［～企业］郷鎮企業 ② 小さな町,田舎町

〖芗(薌)〗 xiāng ⊗① 香草の一種 ②'香'と通用 ③［～江］薌江^{きょうこう}(福建省の地名)

【芗剧】xiāngjù [名] 台湾や薌江一帯の地方劇 [同][歌仔戏]

〖相〗 xiāng ⊗① 互いに〖二者～结合〗両者が互いに組み合わさる〖遥遥～望〗はるかに向かい合っている ② 一方が他方に働きかける動作を示す［另眼～看］(人を) すっかり見直す ③ 自分の目で見る,品定めする［～亲］見合いをする ④(X-)姓

⇨ xiàng

*【相差】xiāngchà [動](二者の間が) 離れている〖～七岁〗7歳の年の差がある

【相称】xiāngchèn [形] よく釣り合った,似つかわしい([同][相配])〖跟他不～〗彼には似合わない

【相持】xiāngchí [動] 相対立する,対峙する［～不下］互いに譲らない

**【相处】xiāngchǔ [動] 一緒に暮らす,付き合う〖不好～〗付き合いにくい

【相传】xiāngchuán [動] ① …と伝えられている,言い伝えによれば… ② 伝授する,受け継がせる

**【相当】xiāngdāng [動] 相当する,ほぼ等しい〖～于大学毕业的水平〗大学卒業のレベルに相当する — [形] 相応の,ふさわしい([同][相宜])〖他做这个工作很～〗彼がこの仕事をやるのはふさわしい — [副] かなり,相当〖～重要〗かなり重要だ

【相得益彰】xiāng dé yì zhāng《成》互いに助け合い補い合ってますます輝きを増す

*【相等】xiāngděng [形](数量が) 同じの,等しい

【相抵】xiāngdǐ [動] 相殺する,釣り合う〖收支～〗収支のバランスがとれている

**【相对】xiāngduì [動] ①(性質が) 対立する,相反する〖大与小～〗大と小とは対立する ② 向かい合う〖两山遥遥～〗二つの山がはるかに向かい合っている — [形] ①〔定語として〕相対的な([反][绝对])［～论］相対論［～真理］相対性真理 ②〔定語·状語として〕比較的〖～稳定〗比較的安定している

**【相反】xiāngfǎn [形] 相反した,正反対の〖利害～〗利害がぶつかり合う

【相仿】xiāngfǎng [形] 似通った,同じような([同][相类])〖能力～〗能力がほぼ同じだ

【相逢】xiāngféng [動] めぐり会う,偶然出会う [同][相遇]

【相符】xiāngfú [形] 符合する,互いに一致する〖所说的和所做的不～〗言うこととすることが違う

【相辅而行】xiāng fǔ ér xíng《成》互いに助け合って行う,補い合わせて用いる

*【相辅相成】 xiāng fǔ xiāng chéng《成》互いに助け合い補い合って発展する,持ちつ持たれつ

X

【相干】xiānggān 图 関係，かかわり —— 動（多く否定や反語に用いて）かかわり合う，関係がある〖跟我不~〗私にはかかわりがない
【相隔】xiānggé 動 隔たる，かけ離れる〖~千里〗はるかに隔たる
*【相关】xiāngguān 動 関連する，つながりがある〖睡眠与健康密切~〗睡眠は健康と密接な関連がある
【相好】xiānghǎo 图 ① 親しい友人 ② (道ならぬ) 恋 ③ 愛人，不倫の相手 —— 形 親しい，(男女の) 仲がよい〖~的朋友〗仲のよい友達
【相互】xiānghù 形 相互の，互いの(同[互相])〖~尊重〗相互に尊重する〖~作用〗相互作用
【相会】xiānghuì 動 (約束しておいて) 会う，会合する
【相继】xiāngjì 副 相次いで，次々と〖~获奖〗相次いで受賞する
【相间】xiāngjiàn 形 互い違いになった，一つおきの
【相交】xiāngjiāo 動 ① 交差する〖~于一点〗一点で交わる ② (友人として) 交際する，付き合う〖~多年〗長く友人付き合いをしている
【相近】xiāngjìn 形 ①（距離が）近い，格差の少ない ② よく似た，類似の〖两人性格~〗二人は性格が似ている
【相敬如宾】xiāng jìng rú bīn 《成》夫婦が互いに尊敬し合う
【相距】xiāngjù 動 離れる，隔たる(同[相去])〖~不远〗それ程離れていない
【相邻】xiānglín 動 隣り合う，隣接する
【相瞒】xiāngmán 動 (真相を) 隠す〖实不~〗本当のことを申し上げます
【相配】xiāngpèi 形 つり合っている，(互いに) ふさわしい
【相劝】xiāngquàn 動 勧告する，忠告する
【相容】xiāngróng 動【多く否定形で用い】互いに容認する，両立する〖水火不~〗水と火のように相容れない
【相濡以沫】xiāng rú yǐ mò 《成》(水を失った魚たちが僅かな唾で互いを濡らしあう＞) 大変な苦境の中で助けあう
【相商】xiāngshāng 動 相談する，打ち合わせる 同[商议]
【相生相克】xiāng shēng xiāng kè 《成》相生相克 ◆五行思想で，木，火，土，金，水が互いに他を生じ，また他に勝つことをいう
【相识】xiāngshí 图 知り合いの人，知人〖老~〗古くからの知り合い —— 動 知り合う 同[相认]
【相思】xiāngsī 動 (男女が) 慕い合う，思い合う ◆多くは (離ればなれ

など) 思うにまかせぬ切ない場合をいう〖~病〗恋患い
:【相似】xiāngsì 形 類似の，似通った(同[相像])〖面貌~〗顔立ちが似ている
【相提并论】xiāng tí bìng lùn 《成》〖多く否定で用いて〗(性格の異なった事物を) 同列に論じる，同一視する 同[混为一谈]
【相通】xiāngtōng 動 通じ合う，つながる〖感情很难~〗なかなか心が通じ合わない
【相同】xiāngtóng 形 同じだ 同[一样]
【相投】xiāngtóu 動 気が合う，意気投合する〖气味~〗意気投合する
【相信】xiāngxìn 動 信じる，信用する(反[怀疑])〖我~你〗あなたを信じます
【相形见绌】xiāng xíng jiàn chù 《成》他と比べてひどく見劣りがする
【相沿】xiāngyán 動 (過去から) 受け継ぐ，踏襲する〖~成习〗長く受け継がれているうちに習慣となる
【相依为命】xiāngyī wéi mìng 《成》互いに頼り合って生きる，互いを杖と頼み合う
【相宜】xiāngyí 形 ふさわしい，ぴったりの 同[合适]
*【相应】xiāngyìng 動 相応する，(互いに) 呼応する〖采取~的措施〗対応措置を講じる
【相映】xiāngyìng 動 互いに際立たせる，引き立て合う〖~成趣〗互いに引き立て合って美しい光景をつくる
【相与】xiāngyǔ 動 交際する，付き合う〖很难~〗付き合いにくい —— 副 互いに，ともども〖~偕老〗ともに白髪の生えるまで
【相知】xiāngzhī 图 親友，知己 —— 動 よく知り合う，深く理解し合う〖~有素〗ふだんからよく知り合っている
【相中】xiāngzhòng 動 気に入る，心にかなう(同[看中])〖不相中〗気に入らない

【厢】(廂) xiāng ⊗ ① → 〖~房〗② 部屋のように仕切られた所〖车~〗(鉄道の) 客車〖包~〗劇場のボックス席 ③ 城門のすぐ外の地域〖城~〗城門外
【厢房】xiāngfáng 图〖间〗'四合院'の東西の位置に建てられている棟〖东~〗東棟 ◆'正房'から見て左にある棟

【湘】 Xiāng ⊗ ① 広西省を源とし，湖南に流れ入る川，湘江 ② 湖南省の別称〖~菜〗湖南料理〖~语〗湘語(中国七大方言の一)

【湘妃竹】xiāngfēizhú 图〖植〗斑竹 ◆紫色の斑紋のある細竹 ⑩[湘竹]

【湘剧】xiāngjù 图 湘劇 ◆湖南省の地方劇,長沙,衡陽,常德の劇が有名

【湘绣】xiāngxiù 图 湖南産の刺しゅう

【箱】xiāng ⊗① 箱 [木~] 木箱 [皮~] 皮のトランク [垃圾~] ごみ箱 [保险~] 金庫 ②箱状のもの [信~] ポスト

【箱底】xiāngdǐ 图(~儿)①箱の底 ②(転)動産,蓄え[~厚]貯め込んでいる

【箱子】xiāngzi 图〖只〗箱,トランク ◆衣類などをしまう比較的大きな箱 ⑩[匣子]

【香】xiāng 图①香 [檀~] 檀香 ②[根・炷] 線香 [烧~] 線香をたく 一圈 ①いい香りがする,かぐわしい ⑫[臭]②おいしい,味がよい ③眠りが深い,ぐっすり寝入った[睡得正~]ぐっすり眠っている ④評判のよい,人気のある[在运动员中很~]運動選手に評判がよい

【香案】xiāng'àn 图 香炉や供物を置く長い机

【香槟酒】xiāngbīnjiǔ 图 シャンペン

【香波】xiāngbō 图《訳》シャンプー ⑩[洗发 fà 水]

【香菜】xiāngcài 图 中国パセリ,コリアンダー ◆'芫荽 yánsui'の通称,独特の香りがある

【香肠】xiāngcháng 图(~儿)〖根〗腸詰め,ソーセージ

【香橙】xiāngchéng 图〖植〗ダイダイ

【香椿】xiāngchūn 图①〖植〗チャンチン ②チャンチンの若芽

【香馥馥】xiāngfùfù 圈(~的)大変かぐわしい,香り高い

【香干】xiānggān 图(~儿)〖块〗豆腐に香料を加えて煮たあと,燻製にしたもの,'豆腐干儿'の燻製

【香菇(香菰)】xiānggū 图 シイタケ

【香瓜】xiāngguā 图(~儿)マクワウリ,マスクメロン ⑩[甜瓜]

【香花】xiānghuā 图①かぐわしい花 ②(転)人民に有益な言論や作品 ⑫[毒草]

*【香蕉】xiāngjiāo 图〖根〗バナナ(⑩[甘蕉])[一串~] バナナ1房

【香精】xiāngjīng 图 数種類の香料を調合して作った混合香料,エッセンス

【香客】xiāngkè 图 寺廟の参詣者,参拝客

【香料】xiāngliào 图 香料[搀 chān ~]香料を入れる

【香炉】xiānglú 图 香炉

【香茅】xiāngmáo 图〖植〗レモンソウ [~油] シトロネラ油

【香喷喷】xiāngpēnpēn 圈(~儿的)(食物の)いい香りがぷんぷんにおう,食欲をそそる

【香片】xiāngpiàn 图 花茶,ジャスミン茶 ⑩[花茶]

【香蒲】xiāngpú 图〖植〗ガマ ◆葉を編んで敷物やうちわ等を作る

【香气】xiāngqì 图(~儿)いいにおい,香気[~扑鼻]香りが鼻を襲う

【香水】xiāngshuǐ 图(~儿)香水 [洒~]香水をふりかける

【香甜】xiāngtián 圈①おいしい,味も香りも素晴らしい ②眠りが深い[睡得~]ぐっすり眠る

【香烟】xiāngyān 图① 線香の煙 ②(旧)祖先を祭ること(⑩[香火])[断了~]子孫が絶えた ③〖支・根〗紙巻きタバコ(⑩[纸烟][卷烟][烟卷儿])[叼~]タバコをくわえる [一条~]タバコ1カートン

【香油】xiāngyóu 图① ごま油 ②髪油,香油

【香橼】xiāngyuán 图〖植〗ブシュカン(実は漢方薬の材料) ⑩[枸jǔ橼]

【香皂】xiāngzào 图〖块〗化粧石けん

【香獐子】xiāngzhāngzi 图〖動〗ジャコウジカ ◆'麝shè'の通称

【香烛】xiāngzhú 图(祭祀用の) 線香やろうそく

【襄】xiāng ⊗① 助ける,支援する ②(X-)姓

【襄理】xiānglǐ 图 (旧時の比較的大きな銀行や企業の)副支配人

【襄助】xiāngzhù 動〖書〗協力する,手伝う

【瓖】xiāng ⊗ 文語で'镶'と通用

【镶(鑲)】xiāng 動①はめ込む,象眼する [~玻璃](窓に)ガラスをはめる ②縁取りする,縁を付ける [~花边]縁取りを付ける

*【镶嵌】xiāngqiàn 動 象眼する,はめ込む [~画] モザイク

【镶牙】xiāng'yá 動 入れ歯をする

【详(詳)】xiáng ⊗① 詳しい,詳細な(⑫'略')[~谈]詳しく話す [~备]詳細で完備した ②詳しく説明する,仔細に語る [内~]詳細は中に説明してある ③はっきりした,明らかな [死活不~]生死不詳

【详尽】xiángjìn 圈 詳細をきわめた,こと細かな

【详密】xiángmì 圈 詳しく綿密な [~的计划]綿密な計画

【详明】xiángmíng 圈 詳細でわかりやすい,説明の行き届いた

【详情】xiángqíng 图 詳しい事情,

事の仔細
【详悉】xiángxī 動 詳しく知っている, 知悉ちする ― 形 詳しく行き届いた, 詳細な
*【详细】xiángxì 形 (⑤[简略])[~地研究] 詳しく調べる

【庠】xiáng ⊗ (古代の) 学校 [~序] 同前

【祥】xiáng ⊗ ①めでたい [~云] 瑞雲 [不~] 不吉な ② (X-) 姓
【祥瑞】xiángruì 图 吉兆, 瑞祥じょう

【翔】xiáng ⊗ 空中で旋回する, 空を飛ぶ [飞~] 大空を飛ぶ
【翔实(详实)】xiángshí 形 詳密で確かな, 精確な資料 [[~的材料]] 詳密で確かな資料

【降】xiáng 動 ① 投降する, 降伏する [~了民兵] 民兵に投降した [~降伏する ② 降伏させる, 屈伏させる [[一物一物]] どんなものにもそれを負かすものがある
⇨ jiàng
【降伏】xiángfú 動 おとなしくさせる, 手なずける [[~劣马]] 暴れ馬を手なずける [降不伏] 手なずけられない
【降服】xiángfú 動 降伏する, 屈伏する
【降龙伏虎】xiáng lóng fú hǔ 《成》 (龍や虎を打ち負かす>) 強敵を平げる
【降顺】xiángshùn 動 投降帰順する

【享】xiǎng ⊗ 享受する, 恵まれる [共~] 享受

【享福】xiǎngfú 動 幸せに恵まれる, 安らかに暮らす
【享乐】xiǎnglè 動 (貶) 享楽する, 楽しむ [~主义者] エピキュリアン
【享年】xiǎngnián 图 (敬) 享年
*【享受】xiǎngshòu 動 享受する [~平等权利] 平等の権利を享受する [[贪图~]] 享楽をむさぼる
【享用】xiǎngyòng 動 (ある物を) 用いて恩恵を受ける, 楽しんで使う [[供大家~]] 皆の利用に供する
【享有】xiǎngyǒu 動 (権利, 名声などを) 得ている, 享有する [[~盛名]] 名声を博している

【响(響)】xiǎng 動 声や音をたてる, 鳴らす, 鳴る [电话铃~了] 電話のベルが鳴った [[~锣]] どらを鳴らす ― 形 声や音が大きい, よく響く ⊗ こだま, 反響 [回~] こだま
【响鼻】xiǎngbí 图 (~儿) (馬やロバなどの) 荒い鼻息 [打~] 荒い鼻息をする
【响彻云霄】xiǎng chè yún xiāo 《成》声や音が空に響きわたる, 雲間にこだまする
【响动】xiǎngdong 图 (~儿) 物音, 動き
【响度】xiǎngdù 图 音量, 音声ボリューム ⑪[音量]
【响遏行云】xiǎng è xíng yún 《成》歌声が(行く雲を引き留めるほど)高らかに響く
【响雷】xiǎngléi 图 激しい雷鳴
―― xiǎng'léi 動 雷が鳴る, 雷鳴がとどろく ⑪[打雷]
*【响亮】xiǎngliàng 形 (音声が)大きくはっきりしている, よく響く ⑪[洪亮]
【响器】xiǎngqì 图 打楽器(どら, 太鼓, 鐃鈸じょうはつなど)
【响晴】xiǎngqíng 形 [多く定語として] 晴れ上がった, 雲一つない
【响声】xiǎngshēng 图 音, 物音
【响尾蛇】xiǎngwěishé 图 [条] ガラガラヘビ
*【响应】xiǎngyìng 動 呼応する, 共鳴する [[~号召]] 呼び掛けにこたえる

【饷(餉)】xiǎng ⊗ ① 酒食を振舞う, ごちそうする [~客] 客に食事を供する ② (旧) 軍隊や警察の給料 [月~] 月給 [领~] 給料を受け取る

【飨(饗)】xiǎng 動 ごちそうをしてもてなす, 人を楽しませる [~客] 客をもてなす

【想】xiǎng 動 ① 考える, 思索する [~问题] 問題を考える ② …と思う, 推測する [[我不是他]] 彼ではないと思う ③ …したいと思う, …しようと考える [[你~看电视吗?]] テレビが見たいですか ④ 心をひかれる, 懐しむ [[~家]] 家が恋しい
【想必】xiǎngbì 副 きっと…だろう, おそらく…に違いない
【想不到】xiǎngbudào 動 思いも寄らない, 予期しえない (⑤[想得到]) [[~在这儿见到你]] まさかここで君に出会うなんて
【想不开】xiǎngbukāi 動 思い切れない, あきらめられない (⑤[想得开]) [[别为这点小事~]] そんな小さな事で思い悩むな
【想当然】xiǎngdāngrán 〔慣用語〕当て推量をする
【想得到】xiǎngdedào 動 [多く反語に用いて] 予想できる, 想像しうる (⑤[想不到]) [[谁~会出事故?]] 事故が起こるなんて誰が予想できただろう
【想法】xiǎng'fǎ 動 方法を講じる, なんとかする [[~弄点吃的]] なんとかして食物を手に入れる
―― xiǎngfa/xiángfǎ (xiángfa と

発音）[名] 考え方，意見

★【想方设法】xiǎng fāng shè fǎ《成》あらゆる手を尽くす [同]［千方百计］

【想来】xiǎnglái [副] 多分，恐らく〖～不是他〗恐らく彼ではないだろう

★★【想念】xiǎngniàn [動] 恋しく思う，懐かしむ〖时时～着故乡〗いつも郷里を懐かしんでいる

【想入非非】xiǎng rù fēi fēi《成》妄想をたくましゅうする，現実離れした事を考える

【想通】xiǎngtōng [動] 合点がゆく〖想不通〗納得がゆかない

【想头】xiǎngtou [名] ① 考え [同]［想法］ ② 望み，見込み（[同]《方》［想儿］）〖没～〗見込みがない

【想望】xiǎngwàng [動] ① 望む，希望する [同]［希望］ ②《書》敬慕する，仰ぎ慕う

★★【想象（想像）】xiǎngxiàng [名] 想像 ━ [動] 想像する〖不难～〗容易に想像できる［～力］想像力

〖鲞（鯗）〗xiǎng ⊗ 切り開いて干した魚，干もの［～鱼］同前

【向】xiàng [動] 肩を持つ，ひいきする ━ [介] …に向かって，…に対して〖～东看〗東を見る〖～他们学习〗あの人たちに学ぶ

⊗① 今までずっと，従来から〖～无此例〗これまで先例がない ②（X-）姓

【─（嚮）】[動] 向かう，対する（[反]［背 bèi］）〖面～太阳〗太陽の方を向く

⊗① 方向，向き［去～］行方 ②《書》近づく〖～晓雨止〗明け方近くに雨が止んだ

【向背】xiàngbèi [名] 向背，従うことと背くこと

【向壁虚构】xiàng bì xūgòu《成》（壁に向かって勝手な想像をする＞）根拠もなく話を作りあげる [同]［向壁虚造］

★【向导】xiàngdǎo [名] 道案内，ガイド ━ [動] 道案内をする，ガイドを務める

★【向来】xiànglái [副] これまでずっと，一貫して〖他～不喝酒〗彼はふだんから酒を飲まない

【向日葵】xiàngrìkuí [名]〖植〗ヒマワリ [同]［朝阳花］［葵花］

【向上】xiàngshàng [動] 向上する，進歩する〖好好学习，天天～〗よく学び，日に日に向上しよう

【向晚】xiàngwǎn [名] 夕暮れ，たそがれ時 [同]［向暮］［傍晚］

★【向往】xiàngwǎng [動] あこがれる，慕う（[同]［神往］）〖～太空飞行〗宇宙飛行にあこがれる

【向心力】xiàngxīnlì [名]〖理〗求心力 [反]［离心力］

【向学】xiàngxué [動] 学問に志す

【向阳】xiàngyáng [動] 太陽に面する，日光にさらされる〖这间屋子～〗この部屋は日当たりがよい

【向着】xiàngzhe [動] ① …に面している，…に向きあっている〖～大海〗海に面している ② 肩を持つ，ひいきする〖～山东队〗山東チームの肩を持つ

【项（項）】xiàng [名]〖数〗項 ━ [量] 項，項目〖一～重要任务〗一つの重要な任務［三大纪律，八～注意］三大規律，八項注意

⊗① うなじ，えり首［颈～］くび ② 費目，金額［存～］預金 ③（X-）姓

★★【项链】xiàngliàn [名]〔条〕首飾り，ネックレス〖戴～〗ネックレスを着ける

★★【项目】xiàngmù [名] 項目，種目［基本建设～］基本建設プロジェクト［田径～］陸上競技種目

【项圈】xiàngquān [名] 首飾り，ネックレス ♦ 胸に垂らさず，首に巻く形のもの

〖巷〗xiàng ⊗ 路地，横町［小～］狭い路地

⇨ hàng

【巷战】xiàngzhàn [名] 市街戦〖打～〗市街戦を演じる

【巷子】xiàngzi [名]《方》〔条〕横町，路地

【相】xiàng [名] ①（～儿）外観，人相，容貌〖一副聪明～〗利口そうな顔付き〖看～〗人相を見る ② 姿，姿勢 ③〖理〗相（そう）［三～交流］三相交流 ━ [動]（手相や人相を）見て判断する〖～马〗馬を見分ける

⊗① 助ける［吉人天～］よい人には天の助けがある ② 宰相，大臣［外～］外相（がいしょう） ③（X-）姓

⇨ xiāng

【相册】xiàngcè [名] 写真のアルバム [関]［影集］

【相公】xiànggong [名] ①《旧》（妻から夫への敬称）だんな様 ②（旧白話で）知識人や役人に対する呼称

【相机】xiàngjī [名] カメラ（[同]［照相机］）［数码～］デジタルカメラ ━ [動] 機をうかがう〖～行事〗状況をよく見て機敏に事を行う

【相里】Xiànglǐ [名] 姓

【相貌】xiàngmào [名] 容貌，顔立ち

【相面】xiàng▾miàn [動] 人相を見る［～先生］人相見

【相片】xiàngpiàn [名]〔张〕（人の）写真 ♦'相片儿'は xiàngpiānr と発音

【相声】xiàngsheng [名] 漫才〖说～〗漫才をやる［对口～］掛け合い漫才［单口～］落語

【象(象)】xiàng [名]〔头〕ゾウ [大～] 同前
⊗①形状，様子 [景～] ありさま [气～] 気象 ②まねる，似せる
【象鼻虫】xiàngbíchóng [名]〖虫〗コクゾウムシ
★★【象棋】xiàngqí [名]〔盘·副〕将棋 〚下～〛将棋をさす
【象声词】xiàngshēngcí [名]〖語〗擬声語，オノマトペア [同][拟声词]
【象限】xiàngxiàn [名]〖数〗象限
【象形】xiàngxíng [名]〖語〗象形 [～文字] 象形文字
【象牙】xiàngyá [名]象牙 [～之塔] 象牙の塔
★★【象征】xiàngzhēng [名]象徴，シンボル — [動]象徴する 〚～团结〛団結を象徴する

【像】xiàng [動]①似る 〚他们俩长得很～〛あの二人はよく似ている 〚～画儿一样美〛絵のように美しい ②…のようだ，…らしく思われる 〚～有人在敲门〛誰かが戸をたたいているらしい ③たとえば…のようだ 〚～李白、杜甫这样的诗人〛李白や杜甫のような詩人 — [名]〔张·幅〕像，画像 [関][相片]
【像话】xiàng▾huà [動]〘通常否定や反語形で〙理にかなっている，話の筋が通っている 〚真不～！〛全く話にならん！
【像煞有介事】xiàng shà yǒu jiè shì 〘成〙まことしやかに話す，もったいぶって大げさな態度を取る [同][煞有介事]
【像素】xiàngsù [名]ピクセル
【像样】xiàng▾yàng [形]（～儿）格好がついている，さまになっている（[同][～子]）〚真不～〛全くなっちゃいないや
【像章】xiàngzhāng [名]〔枚〕肖像バッジ 〚带～〛肖像バッジを着ける

【橡】xiàng ⊗〖植〗①クヌギ [～树] クヌギ ②ゴムの木 [～胶树] 同前
【橡胶】xiàngjiāo [名]ゴム [天然～] 天然ゴム
★★【橡皮】xiàngpí [名]①ゴム，硫化ゴムの通称 [～船] ゴムボート [～泥] ゴム粘土 ②〔块〕消しゴム
【橡皮筋】xiàngpíjīn [名]（～儿）〔根〕ゴム紐，輪ゴム 〚用～捆上〛輪ゴムで留める
【橡皮圈】xiàngpíquān ①輪ゴム ②浮き輪
【橡实】xiàngshí [名]ドングリ [同][橡子]

【枭(梟)】xiāo [名]フクロウ [同][鸺鹠 xiūliú]
⊗①勇猛な [～将] 勇将 ②〘旧〙塩の密売人 [盐～] 同前
【枭首】xiāoshǒu [動]〘書〙さらし首にする ♦城門など高いところからぶら下げる

【哓(嘵)】xiāo ⊗がやがや騒ぐ [～～]〘書〙同前 [～～不休] 激しく言い争い続ける

【骁(驍)】xiāo ⊗勇ましい，勇猛な [～勇]〘書〙勇猛な
【骁将】xiāojiàng [名]勇猛な武将；〘転〙優れた選手
【骁骑】xiāoqí [名]〘書〙勇猛な騎兵

【削】xiāo [動]①削る，むく 〚～铅笔〛鉛筆を削る ②（卓球で） カットする，切る 〚～球〛カットで返す
⇨xuē

【消】xiāo [動]①消える，なくなる 〚气～了〛怒りがおさまった ②〘多く'不''只''何'などを前置して〙必要とする 〚不～说〛言うまでもない
⊗①取り除く [～愁解闷] 憂いやうさを晴らす ②時を過ごす，ひまをつぶす [～夏]（楽しく）夏を過ごす
【消沉】xiāochén [形]元気がない，しょんぼりした（[同][低落]）〚意志～〛意気消沈する
★【消除】xiāochú [動]（不利なものを）取り除く，解消する 〚～误会〛誤解を解く
★【消毒】xiāo▾dú [動]①消毒する ②（社会的）悪影響を除去する，弊害を取り除く
★【消防】xiāofáng [名]消防 [～队] 消防隊 [～车] 消防車
★★【消费】xiāofèi [動]消費する（[反][生产]）[～品] 消費物資
★【消耗】xiāohào [名]消息 — [動]消耗する(させる) 〚～劳力〛労力を消耗する(させる) [～战] 消耗戦
★★【消化】xiāohuà [動]（食物や知識などを）消化する [～不良] 消化不良
【消魂(销魂)】xiāohún [動]（極度の悲しみや喜びで）我を失う，自失する
【消火栓】xiāohuǒshuān [名]消火栓 〚开(关)～〛消火栓を開く(閉じる)
★【消极】xiāojí [形]（[反][积极]）①否定的な，反対方向の [～因素] マイナス要因 ②消極的な，受身の 〚态度～〛態度が消極的だ，やる気が見えない
【消解】xiāojiě [動][同][消释]
【消渴】xiāokě [名]（漢方で） 糖尿病や尿崩症など ♦特に水を多く飲み，尿も多い病気
★★【消灭】xiāomiè [動]①消滅する，滅ぶ ②消滅させる，滅ぼす 〚～癌症〛癌を撲滅する
【消磨】xiāomó [動]①（意志や精力などを） すり減らす，衰えさせる 〚～精力〛精力をすり減らす ②（時間を無

【消气】xiāo‧qì 動 気を落ち着ける, 怒りを鎮める
【消遣】xiāoqiǎn 動 暇をつぶす, 気晴らしをする [~读物] 暇つぶしの読物
【消融(消溶)】xiāoróng 動 (氷や雪が)解ける
【消散】xiāosàn 動 消えさる, 霧消する [愁容~了] 愁いの色が消えた
*【消失】xiāoshī 動 消える, なくなる [~在人群中] 人込みの中に消えていった
【消逝】xiāoshì 動 消えさる (⇔[消失]) [警笛声慢慢~了] サイレンが次第に消えていった
【消释】xiāoshì 動 (疑い, 苦しみなどが)消えてなくなる, 解ける [误会~了] 誤解が解けた
【消受】xiāoshòu 動①(多く否定に用いて)享受する [无福~] 幸福に恵まれない ②堪える, 我慢する ⇨[忍受]
【消瘦】xiāoshòu 動 やせる, 細る (⇔[发胖]) [天天~下去] 日ごとにやせていく
【消损】xiāosǔn ①徐々に少なくなる, 次第に減ってゆく ②消耗してなくなる
【消停】xiāoting 動 (方) 休む, 手を休める
【消退】xiāotuì 動 減退する, 衰える [暑热~] 暑さが和らぐ
【消亡】xiāowáng 動 消滅する, 消え失せる
*【消息】xiāoxi 名 [则・条] ①ニュース, 知らせ [新华社~] 新華社情報 [好~] 朗報 ②音信, 便り [没有~] 便りがない
【消闲】xiāoxián 動 暇つぶしをする, 無為に過ごす — 形 のんびりとした, 閑な ⇨[悠闲]
【消炎】xiāo‧yán 動 炎症を止める
【消长】xiāozhǎng 動 消長する, 増減する [政党的~] 政党の盛衰

【宵】 xiāo 名 夜 ⇨[通⇒商店] 終夜営業の店
【宵禁】xiāojìn 名 夜間外出禁止 [实行(解除)~] 夜間外出禁止令を施行(解除)する

【逍】 xiāo ⊗ 以下を見よ
【逍遥】xiāoyáo 形 自由で気ままな, 何ら束縛されない [~自在] 悠々自適
【逍遥法外】xiāoyáo fǎ wài 《成》(法を犯した者が) 法の裁きも受けずにのうのうと暮らす

【硝】 xiāo 動 皮をなめす ⊗硝石
【硝化】xiāohuà 名 [化] 硝化, ニトロ化 [~甘油] ニトログリセリン
【硝石】xiāoshí 名 [化] 硝石
【硝酸】xiāosuān 名 [化] 硝酸 ◆一般に'硝镪 qiāng 水'という
【硝酸银】xiāosuānyín 名 [化] 硝酸銀
【硝烟】xiāoyān 名 硝煙, 火薬の煙 [~滚滚] 硝煙がもくもくと立ちのぼる

【销(銷)】 xiāo 動 ①金属を溶かす ②売り出す [畅~] 売れ行きがよい ③(プラグなどに)差し込む ⊗①無効にする, 取り消す [撤~] 撤回する ②機械や器具の差し込み [插~] プラグ ③費用, 経費 [开~] 支払い, 支出
【销案】xiāo'àn 動 告訴を取り下げる, 訴訟を取り消す
【销毁】xiāohuǐ 動 (焼いたり溶かしたりして)消滅させる, 廃棄する [~罪证] 証拠を隠滅する
【销魂(消魂)】xiāohún (極度の悲しみや喜びで) 自失する, 我を忘れる
【销路】xiāolù 名 売れ行き, 販路 [~很好] 売れ行きがよい
【销声匿迹】xiāo shēng nì jì 《成》声も出さず姿も現わさない, 行方をくらます
*【销售】xiāoshòu 動 売る, 市場に出す [~价格] 販売価格
【销行】xiāoxíng 動 売れる, さばける [~南方] 南方で売られている [~一百套] 100セット売れた
【销赃】xiāo‧zāng 動 ①盗品を売りさばく, 系図買いをする ②(足がつかないように)盗品を隠滅する
【销账】xiāo‧zhàng 動 帳消しにする, 帳簿から削る
【销子】xiāozi 名 [機] ピン, 締めくぎ ⇨[销钉]

【霄】 xiāo ⊗①雲 ②大空 [云~] 同前
【霄汉】xiāohàn 名 [書] 空, 天空 [气凌~] 意気天をつく
【霄壤】xiāorǎng 名 天と地 [~之别] 雲泥の差

【枵】 xiāo ⊗ 空虚な, 空っぽの [~腹从公] (公共のために) ただ働きをする

【萧(蕭)】 xiāo ⊗①うらさびれた, 蕭々と条たる [~然] 荒涼たる ②(X-) 姓 (俗に'肖'と書く)
【萧墙】xiāoqiáng 名 [書] ①門のすぐ前に立つ目隠し塀 ⇨[照壁] ②《転》内部, 内輪
【萧洒】xiāosǎ 形 ⇨[潇洒]
【萧瑟】xiāosè 擬 さわさわ(風が樹木を吹きぬける音) — 形 (景色が) 物

寂しい, うらさびれた

【萧森】xiāosēn 形〖书〗⇨[萧条]

【萧索】xiāosuǒ 形（光景が）物寂しい, ひっそりわびしい

【萧条】xiāotiáo 形 ① 物寂しい, うらさびれた ② （経済が）不景気な, 不況の〖经济～〗不景気だ

【萧萧】xiāoxiāo 形〖书〗馬のいななく声, 風の音 ― 形（頭髪が）白く薄い, 白髪もまばらな

【潇(瀟)】xiāo ⊗ 水が深くて清い

【潇洒(瀟灑)】xiāosǎ 形（表情や振舞いが）スマートな, 垢ぬけした

【潇潇】xiāoxiāo 形 ① 風雨の激しい, 吹き降りの ②（小雨が）しとしと降る, そぼ降る

【蟏(蠨)】xiāo ⊗ [～蛸 shāo] アシタカグモ

【箫(簫)】xiāo 名〔枝・管〕単管の縦笛, 簫⇨[洞箫]〖吹～〗簫を吹く

【翛】xiāo ⊗ [～然]〖书〗自由気ままなまさ

【嚣(囂*嘵)】xiāo ⊗ 騒ぎ立てる, わめきちらす〖叫～〗騒ぎ立てる

【嚣张】xiāozhāng 形（悪い勢力, 邪気などが）我が物顔の, 猛々しい〖气焰～〗のさばり返っている

【淆(*殽)】xiáo ⊗ 入り混じる, ごっちゃにする〖混～不清〗入り混じってはっきりしない

【淆乱】xiáoluàn 动 乱す, かく乱する⇨[扰乱] ― 形 乱雑な, 入り乱れた

【淆杂】xiáozá 动 混じり合う, ごっちゃになる

【小】xiǎo 形 ① 小さい, 狭い（⊗[大]）〖数目～〗数が小さい〖学问～〗学問が浅い [～鸟] ② 年が若い〖他比你～〗彼は君より年下だ ③（兄弟姉妹の）順が一番下の, 一番小さい [～儿子] 末の息子 ⊗ ① 時間が短い, 一時的な [～坐] ちょっと腰かける ② 幼い者, 子供 [妻～]（白話で）妻子 ③〖谦〗自分または自分にかかわる人や物につけて言う [～弟] 小生 [～店] 弊店 ④ 姓・名または兄弟の順序を示す数詞の前につけ, 呼び掛けに用いる [～王] 王君 ⑤〖旧〗妾 [娶～] 妾を入れる

【小白菜】xiǎobáicài 名（～儿）〖植〗コマツナの類, パクチョイ⇨[青菜]

【小百货】xiǎobǎihuò 名 日用品, 小間物

【小班】xiǎobān 名 幼稚園の年少組⇨[中班][大班]

【小半】xiǎobàn 名（～儿）小半分, 一部分（⊗[大半]）〖只占一～〗一部分を占めるにすぎない

【小报告】xiǎobàogào 名〖贬〗(上司への）告げ口, 密告（⇨[小汇报]）〖打～〗告げ口する

【小辈】xiǎobèi 名（～儿）(一族の家系の上で）世代の下の者, 後輩（⊗[长辈]）

【小本经营】xiǎo běn jīngyíng 名 小商売, 零細商い

【小便】xiǎobiàn 名 ① 小便, 尿 ② 男子の生殖器, 陰茎 ― 动 小便をする⇨[小解]

【小辫儿】xiǎobiànr 名〔根〕(短い）お下げ〖梳～〗お下げに編む

【小辫子】xiǎobiànzi 名〖转〗弱み, しっぽ〖抓～〗しっぽをつかむ

【小不点儿】xiǎobudiǎnr 名〖方〗ごく幼い子供, ちび ― 形〖方〗非常に小さい, ちっぽけな

【小菜】xiǎocài 名 ①（～儿）小皿に盛った簡単な料理, 酒のさかな, ◆多くは漬物をいう ②〖转〗簡単な仕事〖～一碟〗朝めし前に片付く事柄 ③〖方〗副食類, おかず

【小产】xiǎochǎn 动〖口〗流産する

【小肠】xiǎocháng 名〖生〗小腸

【小肠串气】xiǎocháng chuànqì 名〖口〗脱腸, ヘルニア⇨[疝气]

【小抄儿】xiǎochāor 名〖口〗カンニングペーパー

【小车】xiǎochē 名（～儿）〔辆〕① 手押し車〖推～〗手押し車を押す ② 乗用車, セダン

【小吃】xiǎochī 名 ① 一品料理, 軽食 ② ちまき, だんごなど季節の'点心'類 ③ 洋食のオードブル, 前菜

【小丑】xiǎochǒu 名 ①（～儿）三枚目, 道化役, ひょうきんな人 ② 小人, ろくでなし

【小春】xiǎochūn 名〖方〗① 旧暦の10月 ② 小麦, だんごなど季節の作物〖小麦やえん豆など〗⇨[小春作物]

【小葱】xiǎocōng 名（～儿）① ワケギ, アサツキ ② ネギの苗, 苗ネギ〖移栽～〗ネギの苗を移植する

【小聪明】xiǎocōngming 名〖贬〗小利口, 小ざかしさ〖耍～〗小ざかしい

【小旦】xiǎodàn 名 伝統劇の娘役〖扮演～〗娘役を演じる

【小道儿消息】xiǎodàor xiāoxi 名 うわさ, 口コミ情報

【小弟】xiǎodì 名 ① 幼い弟, 末弟 ②〖谦〗(会話のときに）小生 ③ごく親しい目下の男性に対する呼称

【小调】xiǎodiào 名 ①（～儿）〔支・首〕小うた, 端うた, 各種の民謡俗曲 ②〖音〗短調, マイナー [E～] ホ短調(Eマイナー)

【小动作】xiǎodòngzuò 图①〖体〗揺さぶり作戦, 小さなトリック ②〈転〉(陰で行う) いんちき, 小細工 [搞~]小細工を弄する

【小豆】xiǎodòu 图〖植〗アズキ ⑯[赤小豆][红小豆]

【小肚鸡肠】xiǎo dù jī cháng 《成》(小さな腹と鶏の腸>) 度量が小さく, 小事にとらわれ大局を顧みない ⑯[鼠肚鸡肠]

【小肚子】xiǎodùzi 图〈口〉下腹 ⑯[小腹]

【小队】xiǎoduì 图 小隊 ◆中隊の下位の単位, ただし軍の小隊は'排'という

【小儿】xiǎo'ér 图 ① 子供, 児童 [~麻痹症] 小児麻痺 ②〈謙〉息子, せがれ ⇨xiǎor

【小贩】xiǎofàn 图 行商人, 物売り

【小费】xiǎofèi 图 チップ, 心付け(⑯[小账]) [给~] チップをはずむ

【小腹】xiǎofù 图 下腹 ⑯[小肚子]

【小工】xiǎogōng 图 (~儿) ①未熟練工, 半人前の職人 ②技術をもたず力仕事しかできない労働者 ⑯[壮工]

【小恭】xiǎogōng 图〖書〗小便, 小用(⑯[大恭]) [出~] 小用を足す

【小狗龇牙儿】xiǎogǒu zī yár《俗》(小犬が歯をむく>) ちょっとしたいさかいが起こる

【小姑子】xiǎogūzi 图 夫の妹, 小じゅうと ⑯[小姑儿]

【小褂儿】xiǎoguàr 图 中国式糯袢 ♦上半身のひとえの下着

【小鬼】xiǎoguǐ 图① 下っぱ亡者, 閻魔さまの手下 ② 小僧, ちび ◆子供に対する親しみをこめた呼称

【小鬼见阎王】 xiǎoguǐ jiàn Yán-wang 《俗》(小亡者が閻魔様に会う>) 悪党でも大悪党の前では見劣りする, 力のある者でももっと力のある者の前では手も足も出ない

【小孩儿】xiǎoháir 图〈口〉子供 ⑯[小孩子]

【小寒】xiǎohán 图 小寒 ♦二十四節気の一, 陽暦の1月5~7日頃に当たる

【小号】xiǎohào 图 トランペット ━ 图 《定語として》Sサイズの

【小和尚念经(有口无心)】 xiǎohé-shang niànjīng(yǒukǒu wúxīn) 《俗》(小坊主がお経を読む>) 口先ばかりで心がこもっていない

★【小伙子】xiǎohuǒzi 图〈口〉若い男, 若い衆 ◆親しみがこもる

【小蓟】xiǎojì 图〖植〗アザミ ♦根が漢方薬になる ⑯[刺儿菜]

【小家子气】xiǎojiāziqì 形 けちくさい, みみっちい

【小建】xiǎojiàn 图 旧暦の小の月 ◆29日しかない ⑯[小尽]

【小将】xiǎojiàng 图 年若い将軍; 〈転〉若い闘士 ♦さまざまな分野で目覚ましい活躍をしている若者をいう

【小脚】xiǎojiǎo 图 (~儿) てん足で成長を止められた足 ⑯[天足]

【小节】xiǎojié 图① 瑣末なこと, どうでもよいこと [拘泥 jūnì 于~] 些事にこだわる ②〖音〗小節

【小结】xiǎojié 图 中間のまとめ, 小計 ━ 動 中間のまとめをする

★【小姐】xiǎojiě 图①お嬢さん, お嬢さま ② ミス(未婚の女性に対する尊称) ③ 女店員, ウエイトレスなどに対する呼び掛け

【小解】xiǎojiě 動 (人が)小便する

【小金库】xiǎojīnkù 图 裏金, へそくり

【小舅子】xiǎojiùzi 图 妻の弟, 義弟

【小楷】xiǎokǎi 图 (⑯[大楷]) ① 手書きの小さな楷書体の漢字 ② ローマ字の活字体小文字

【小看】xiǎokàn 動 見くびる, あなどる ⑯〈方〉[小瞧 qiáo]

【小康】xiǎokāng 图 (生活が) 中流の, 不自由のない [~社会] まずまずのゆとりある社会

【小老婆】xiǎolǎopo 图 妾

【小两口】xiǎoliǎngkǒu (xiǎoliáng-kǒu と発音) 图 (~儿)〈口〉若夫婦

【小灵通】xiǎolíngtōng 图 パーソナルアクセスシステムの俗称 ♦日本のPHSに相当

【小萝卜】xiǎoluóbo 图〖植〗ハツカダイコン, ラディッシュ

★【小麦】xiǎomài 图 小麦 [~秆] (小麦の)麦わら [春~] 春まき小麦

【小卖部】xiǎomàibù 图〖家〗売店

【小满】xiǎomǎn 图 小満 ◆二十四節気の一, 陽暦の5月20~22日頃に当たる

【小猫熊】xiǎomāoxióng 图〖動〗レッサーパンダ ⑯[小熊猫]

【小毛】xiǎomáo 图 (~儿) (リスなど)短毛の毛皮衣料 ⑯[大毛]

【小米】xiǎomǐ 图 (~儿) 脱穀したアワ [~粥] アワがゆ

【小名】xiǎomíng 图 (~儿) 幼名 (⑯[乳名] ⑯[学名]) [起~] 幼名をつける

【小拇指】xiǎomǔzhǐ 图〈口〉小指 ⑯[小指]《方》[小拇哥]

【小脑】xiǎonǎo 图〖生〗小脑

【小年】xiǎonián 图① 旧暦で12月が小の月である年 ② 旧暦12月23日または24日の節句 ♦旧時のかまど祭りの日 ③ 果物の不作の年

【小鸟】xiǎoniǎo 图 (~儿) 小鸟 [养~] 小鸟を飼う

【小妞儿】xiǎoniūr 图 女の子

【小农】xiǎonóng 图 小農, 個人経営の農家 [~经济] 小農経済

【小跑】xiǎopǎo 图（～儿）小走り『一溜 liù ～儿过去』小走りに行き過ぎる
【小朋友】xiǎopéngyǒu 图① 児童，子供 ② 坊や，嬢ちゃん ♦子供に対する呼び掛け
【小品】xiǎopǐn 图［则・篇］①（文学の）小品［～文］小品文 ②（戯曲の）小品，コント［电视～］テレビのコント
☆【小气】xiǎoqi 圈① けちな，みみっちい［吝啬］②（方）度量が小さい，狭量な
【小巧】xiǎoqiǎo 圈 小さくて精巧な［～玲珑 línglóng］精巧で美しい
【小区】xiǎoqū 图 集合住宅地区，団地
【小曲儿】xiǎoqǔr 图 小うた，俗謡
【小圈子】xiǎoquānzi 图①（行動，思考の）狭い範囲，枠『陷在利害的～』利害という小さな枠にとらわれる ②（互いに利用し合う）小さな利益集団『搞～』徒党を組む
【小儿】xiǎor 图① 幼年，小さい頃『从～』幼い時から ② 男の赤ん坊 ⇒xiǎo'ér
【小人】xiǎorén 图①（謙）（旧）小生 ♦地位が低い人の謙称 ② 小人 tɛ̌ɔ̌,人格がちっぽけな人
【小人儿书】xiǎorénrshū 图 絵本，連環画（絵物語）の本 ♦小型本で1ページが1枚の絵と短文から成る
【小人物】xiǎorénwù 图 小人物，凡庸の人
【小日子】xiǎorìzi 图（多く若夫婦の）つつましく平穏な暮らし
【小嗓儿】xiǎosǎngr 图 京劇や昆曲などで'花旦'や'青衣'が演唱する時の声 ⑱［花旦］［青衣］
【小舌】xiǎoshé 图（～儿）〖生〗のどひこ，口蓋垂 ɡàichuí
【小生】xiǎoshēng 图① 伝統劇の若い男役 ②（多く旧白話で）小生 ♦若い読書人の自称
【小生产】xiǎoshēngchǎn 图 小生産 ♦個人経営を単位とした生産方式
☆【小时】xiǎoshí 图① 1時間（⑱［钟头]）［一(个)～］1時間［～工］アルバイト，パートタイマー［～工资］時給 ② 幼時
【小时候】xiǎoshíhou 图（～儿）（口）小さい時，幼い頃
【小试锋芒】xiǎo shì fēngmáng（成）（ちょっと刀の切れ味を見せるの意）すご腕振りをちらりと見せる
【小市民】xiǎoshìmín 图① 都市の小資産階級，プチブル ② 風格に欠けたみみっちい人
【小叔子】xiǎoshūzi 图 夫の弟，義弟
【小暑】xiǎoshǔ 图 小暑 ♦二十四節気の一，陽暦 7月 6～8日頃に当たる
【小数】xiǎoshù 图〖数〗小数［～点］小数点
※【小说】xiǎoshuō 图（～儿）［篇］小説［写～］小説を書く［长篇～］長編小説
【小厮】xiǎosī 图（旧白話で）未成年の男の召し使い
【小算盘】xiǎosuànpan 图（～儿）利己的な計算，けちな打算『打～』みみっちい算盤をはじく
【小题大做】xiǎo tí dà zuò（成）（試験の小問題に大問題の方式で解答する＞）小さなことを大げさに騒ぎたてる
【小提琴】xiǎotíqín 图［把］バイオリン［拉～］バイオリンを弾く
☆【小偷】xiǎotōu 图（～儿）こそ泥，どろぼう［抓～］こそ泥を捕まえる
【小腿】xiǎotuǐ 图 足のひざからくるぶしまでの部分
【小巫见大巫】 xiǎowū jiàn dàwū（俗）（未熟な巫女 nǚ が老練な巫女の前に出る＞）能力の差がありすぎる，まるで勝負にならない
【小溪】xiǎoxī 图 小川
【小媳妇】xiǎoxífu 图（～儿）① 若い既婚女性 ②（転）人の言いなりになる人
【小戏】xiǎoxì 图（～儿）簡単な芝居，短い劇
【小先生】xiǎoxiānsheng 图① 小先生 ♦成績が良く他の生徒を教えられる生徒 ② 学生でありながら一方で教えている人
【小鞋】xiǎoxié 图（～儿）① 小さな靴，窮屈な靴 ②（転）（人におしつける）難題，いやがらせ［给他穿～儿吧］あいつにいやがらせをしてやろう
【小写】xiǎoxiě 图 ⑱［大写］① 漢数字の常用字体 ♦'壹，贰，参'に対する'一，二，三'など ② ローマ字の小文字
【小心】xiǎoxīn 動 気を付ける，用心する［过马路要～］大通りを渡る時は気をつけなさい［～油漆］ペンキに注意
【小心眼儿】xiǎoxīnyǎnr 圈 狭量な，心の狭い
*【小心翼翼】xiǎoxīn yìyì（成）大変用心深い，きわめて慎重である ⑱［粗心大意］
【小型】xiǎoxíng 圈〖多く定語として〗小型の，小規模な
【小学】xiǎoxué 图① 小学校［念～］小学校で学ぶ ②〖中国の伝統的な学問，文字，音韻，訓詁の分野にわたる
【小雪】xiǎoxuě 图 小雪 ♦二十四節気の一，陽暦の 11月 22日または 23日に当たる

【小阳春】xiǎoyángchūn [名] 旧暦の10月，小春［十月～］小春日和
【小样】xiǎoyàng [名] 新聞の一篇の記事または文章の校正刷り，小組み [反]［大样］
【小意思】xiǎoyìsi [名]《謙》ほんの志，心ばかりのしるし ♦客をもてなしたり贈り物をする時に用いる〚这是我的一点儿～〛これはほんの心ばかりの物ですが
【小姨子】xiǎoyízi [名] 妻の妹，義妹
【小引】xiǎoyǐn [名]（詩文の）前書き，小序
【小雨】xiǎoyǔ [名] 小雨 ♦気象上の分類では1日の雨量10ミリ以内または1時間の雨量2.5ミリ以下の雨
【小月】xiǎoyuè [名] 小の月
—— xiǎoyue/xiǎoyuè [名] 流産(する) [同]［小月子］［小产］
【小账】xiǎozhàng [名]（～儿）《口》チップ，心付け [同]［小费］
【小照】xiǎozhào [名] 自分の小型の肖像写真
【小指】xiǎozhǐ [名] 小指 [同]《口》［小拇指 xiǎomǔzhǐ］
【小篆】xiǎozhuàn [名] 小篆 ♦秦代に作られた書体 [同]［秦篆］
【小资产阶级】xiǎo zīchǎn jiējí [名] 小ブルジョア階級，プチブル [反]［无产阶级］
【小子】xiǎozǐ [名]《書》① 若者 ② 年下の者，後輩 ③ 先輩に対する自称
—— xiǎozi [名]《口》① 男の子［大～］長男 ②《貶》小僧，野郎〚那个～真可恶 wù〛あいつめ実にけしからん
【小组】xiǎozǔ [名] グループ，班〚分成三个～〛3班に分かれる

〖晓(曉)〗 xiǎo [×] ① 夜明け［拂～］明け方 ② 知っている，わかっている［通～］精通する ③ 知らせる，明らかにする［揭～］公開発表する
【晓得】xiǎode [動] 知っている，わかっている [同]［知道］
【晓示】xiǎoshì [動] はっきりと知らせる，明示する
【晓谕】xiǎoyù [動]《書》《旧》(上級から下級に)明確な指示を与える，言い聞かせる

〖筱(*篠)〗 xiǎo [×] ① 笹 ② '小'と通用

【孝】 xiào [名] 喪服〚穿～〛喪服を着る
[×] ① 服喪の礼，喪［守～］喪に服する ② 孝行［尽～］孝行する ③ (X-)姓
【孝服】xiàofú [名] ① 喪服（[同]［孝衣］）〚脱下～〛喪服を脱ぐ ② 喪に服する期間
【孝敬】xiàojìng [動] ①（目上の人に物を）贈る，差し上げる〚～爷爷〛おじいさんにプレゼントする ② 孝行する，(長上を) 大切にする〚～父母〛父母につかえる
★【孝顺】xiàoshùn [動] 孝行をする〚～父母〛親に孝行をする
【孝养】xiàoyǎng [動] 孝養を尽くす〚～父母〛両親の面倒を見る
【孝衣】xiàoyī [名] 喪服 ♦白の木綿または麻地で作る，ろくに縫い糸を使わない粗製のひとえの服
【孝子】xiàozǐ [名] ① 孝行な人(息子) ② 親の死後喪に服している人(息子)

〖哮〗 xiào(旧読 xiāo) [×] ① あえぐ声，ぜいぜいとのどが鳴る音［～喘］ぜん息 ②（猛獣が）吠える［咆 páo～］吠える

〖肖〗 xiào [×] 似る［酷～］《書》酷似する［不～］(人間の)できが悪い ♦姓'萧'の俗字としては xiāo と発音
★【肖像】xiàoxiàng [名]〔张・幅〕肖像〚画～〛肖像を描く［～画］肖像画

〖咲〗 xiào [×] '笑'の異体字

【笑】 xiào [動] ①（声を出して）笑う，ほほえむ〚哈哈大～〛はっはと大笑いする〚真～死人〛おかしくてたまらない ② あざ笑う，嘲笑する［见～］笑われる
【笑柄】xiàobǐng [名] お笑い草，笑いの種〚成为～〛笑いの種になる
【笑掉大牙】xiàodiào dà yá《俗》大笑いする，散々嘲笑する
【笑哈哈】xiàohāhā [形]（～的）声を上げて笑う，大笑いの
★【笑话】xiàohua [名]（～儿）笑い話，おかしいこと〚说～〛冗談を言う〚闹～〛とんだへまを仕出かす〚给人看～〛人の恥を笑いものにする ━ [動] 笑いものにする，嘲り笑う〚～人〛人を笑いものにする
【笑剧】xiàojù [名] 道化芝居，笑劇 [同]［闹剧］
【笑里藏刀】xiào lǐ cáng dāo《成》（笑顔の中に刀を隠す＞）にこにこ顔の下に陰険な意図を秘める
【笑脸】xiàoliǎn [名]（～儿）〔副〕笑顔，にこにこ顔
【笑料】xiàoliào [名] お笑い草，笑いの種（[同]［笑柄］）〚当作～〛笑い(嘲り)の種にする
【笑骂】xiàomà [動] ① 嘲りののしる ② ふざけてののしる
【笑貌】xiàomào [名] 笑顔，えびす顔
【笑眯眯】xiàomīmī [形]（～的）にこにこ顔の，笑いに目を細めた
【笑面虎】xiàomiànhǔ [名] 優しそうな顔をして内心陰険な人，仏の顔をした狼
【笑纳】xiàonà [動]《挨》(贈り物を)お

X

納め下さい，ご笑納下さい

【笑容】xiàoróng [名]〔丝·副〕笑顔，笑み［～可掬］にこやかな笑みをたたえた

【笑谈】xiàotán [名] ① お笑い草 [同]［笑柄］② 笑い話，冗談

【笑纹】xiàowén [名] 笑いじわ〚显出～〛笑いじわができる

【笑窝(笑涡)】xiàowō [名]（～儿）えくぼ([同]［酒窝］)〚现出～儿〛えくぼができる

【笑嘻嘻】xiàoxīxī [形]（～的）ほほえんだ，にこにこ顔の

【笑颜】xiàoyán [名] 笑顔，にこにこ顔〚带着～〛笑みをたたえながら

【笑靥】xiàoyè [名]《書》① えくぼ ② 笑顔

【笑语】xiàoyǔ [名] 楽しい語り合い，なごやかな談笑〚～连天〛楽しく語らい続ける

【笑在面上，苦在心上】xiào zài miànshang, kǔ zài xīnshang《俗》顔で笑って心で泣く

【笑逐颜开】xiào zhú yán kāi《成》相好(そうごう)をくずす，喜びで顔をくしゃくしゃにする [同]［眉开眼笑］

〖校〗 xiào ⊗ ① 学校［夜～］夜間学校［～址］学校の所在地［～歌］校歌 ②〖軍〗佐官［～官］同前［少～］少佐
⇨jiào

【校风】xiàofēng [名] 校風

【校工】xiàogōng [名] 学校の用務員

【校规】xiàoguī [名] 校則，学則〚违反～〛校則に違反する

【校徽】xiàohuī [名]〔枚〕校章〚佩带～〛校章を着ける

【校刊】xiàokān [名] 学校が刊行する雑誌 ♦紀要，学報を含む

【校庆】xiàoqìng [名]（学校の）創立記念日

【校舍】xiàoshè [名]〔幢·座〕校舎

【校友】xiàoyǒu [名] 校友，卒業生［～会］校友会(同窓会)

【校园】xiàoyuán [名] 校庭，キャンパス［～歌曲］学園歌

★★【校长】xiàozhǎng [名] 校長，学長

〖效〗 xiào ⊗ 効果，効き目［有～］効き目がある［见～］効能が出る

〖—(*傚)〗 ⊗ まねる，模倣する［仿～］模倣する

〖—(*効)〗 ⊗ 人のために力を尽くす，献身する［～死］死力を尽くす

【效法】xiàofǎ [動] まねる，見習う

【效仿】xiàofǎng [動] まねる，模倣する([同]［仿效］)〚～他的字体〛彼の書体をまねる

★★【效果】xiàoguǒ [名] ① 効果〚取得～〛効果をあげる ②〖演〗効果［音响～］擬音効果

【效劳】xiào▼láo [動]（…のために）尽力する，骨を折る〚替你效几天劳〛きみのためにひと肌脱ごう

【效力】xiàolì [名] 効力，効き目〚很有～〛よく効く
—— xiào▼lì [動] [同]［效劳］

★★【效率】xiàolǜ [名] 能率，効率〚提高～〛効率を高める

【效命】xiàomìng [動] 我が身を忘れて尽力する，全力で尽くす

【效能】xiàonéng [名] 効能，効果〚发挥～〛効果をあげる

【效颦】xiàopín [動] ひそみにならう，見境もなくまねをする [同]［东施效颦］

★【效益】xiàoyì [名] 効果と利益〚灌溉的～〛灌漑(かんがい)の効果と利益

【效应】xiàoyìng [名]〖理〗反応

【效用】xiàoyòng [名] 効用〚发挥水库的～〛貯水池の効能を発揮する

【效忠】xiàozhōng [動] 忠誠を尽くす〚～于祖国〛祖国に忠誠を尽くす

〖啸(嘯 *歗)〗 xiào ⊗ ① 口笛を吹く ②（動物が）声を長く引っ張ってほえる，遠ぼえする ③（風や海などが）音をたてる，うなる ④（飛行機や銃弾などが）鋭い音をたてる

【啸鸣】xiàomíng [名] 高くて長い音(声) — [動] 鳴く，叫ぶ [同]［啸叫］

【些】 xiē [量] ① 不定の数量を示す〚买(一)～东西〛少し買物をする〚那～学生〛あの学生たち ②〔'好''这么''那么'と連用して〕とても多いことを示す〚好～人〛沢山の人〚这么～天〛ここ何日もの間 ③〔動詞·形容詞の後に付けて〕やや，いくらか〚好～了〛(病状などが) 多少よくなった〚多吃～蔬菜〛野菜を多めに食べる

【些个】xiēge [量]《口》少し，いくらか〚这～〛これら(の)

【些微】xiēwēi [形] 少しの，わずかな〚感到～的寒意〛少し寒く感じる — [副] わずかに，いくらか〚～有点儿辣〛ほんのちょっと辛い

【些小】xiēxiǎo [形]〔定語として〕① 少しの ② 些細な

【些许】xiēxǔ [形]《書》〔定語として〕少しの，わずかな〚～小事〛些細な事柄

【楔】 xiē [名]（～儿）([同]［楔子］) ① くさび ② 木くぎ，竹くぎ — [動] くさびを打ち込む ('揳'とも)

【楔形文字】xiēxíng wénzì [名] くさび形文字，楔形(きっけい·せっけい)文字

【楔子】xiēzi [名] ① くさび〚打进～〛くさびを打ち込む ② 木くぎ，竹くぎ ③ 元曲で第1場の前あるいは2つの場の間に入れる出し物 ④ 旧小説のまくら

【歇】 xiē

【歇】 xiē 動 ① 休息する〖～一会儿〗ひと休み入れる ② 停止する,中止する ③(方)寝る,眠る
⊗(方)短い時間,しばらくの間〖一～〗ごく短い時間

【歇班】 xiēbān 動(～儿)仕事が休みになる,非番になる

【歇顶】 xiēdǐng 動 頭のてっぺんが薄くなる,禿げてゆく

【歇工】 xiēgōng 動 ① 仕事を休む,休憩する〖歇一天工〗1日仕事を休む ② 休業する,工事を中止する

【歇后语】 xiēhòuyǔ 名 しゃれ言葉の一種,歇後語 ◆ 二つの部分から成り,前半は謎かけのような言葉で,後半は謎解きのようになっている.普通は前半だけを言い,後半は相手に思いつかせる.例えば〖秃子头上的虱子(明摆着)〗禿頭の上のしらみ(>誰の目にも明らかだ) →[孔夫子 Kǒng fūzǐ 搬家]

【歇肩】 xiējiān 動(肩から荷を降ろして)休む,肩を休める

【歇脚】 xiējiǎo 動 足を休める,(歩行中)しばらく休憩する ⇨[歇腿]

【歇气】 xiēqì 動 一息つく,一休みする

【歇晌】 xiēshǎng 動 昼休みをとる,昼寝をする

【歇手】 xiēshǒu 動(仕事の)手を休める,中断する

【歇斯底里】 xiēsīdǐlǐ 名(訳)ヒステリー(⇨[癔病])〖发～〗ヒステリーを起こす ― 形 ヒステリックな

【歇宿】 xiēsù 動 泊まる ⇨[住宿]

【歇息】 xiēxi 動 ① 休息する,休憩する ⇨[休息] ② 泊まる,寝る

【歇心】 xiēxīn 動 ① 安心する,安らいだ気分になる ② 諦める,断念する

【歇业】 xiēyè 動(方)廃業する,店を閉じる

【蝎(蠍)】 xiē

【蝎(蠍)】 xiē ⊗ サソリ〖～子〗同前

【蝎虎】 xiēhǔ 名〔動〕〔只〕ヤモリ ⇨[壁虎]

【蝎子】 xiēzi 名〔只〕サソリ ◆ 食用および漢方薬に利用する

【叶】 xié

【叶】 xié 動 ぴったり合う
⇨ yè

【邪】 xié

【邪】 xié 形 まっとうでない,よこしまな〖身上有一股～劲儿〗まともでない雰囲気がある〖～行〗よこしまな行い
⊗(医)病気を引き起こす環境や要因〖寒～〗寒気 ② 不運,祟たり〖中～〗祟りに見舞われる ◆ 文語の助詞'邪'との通用例はyéと発音

【邪道】 xiédào 名(～儿)邪道,悪の道〖走～〗(人生の)裏街道を歩む

【邪恶】 xié'è 形 邪悪な,よこしまな

【邪乎】 xiéhu 形(方)① 尋常でない,ひどい ② 不思議めかした

【邪路】 xiélù 名[邪道]

【邪门歪道】 xié mén wāi dào《成》不正なやり方,道にはずれた方法

【邪魔】 xiémó 名 悪魔,妖魔

【邪念】 xiéniàn 名 よこしまな考え,邪念〖起～〗悪心を起こす

【邪气】 xiéqì〔股〕よこしまな気風,不正なやり方

【邪说】 xiéshuō 名 邪説〖为～所迷惑〗邪説に惑わされる

【邪心】 xiéxīn 名[邪念]

【协(協)】 xié

【协(協)】 xié ⊗ ① いっしょに行う,協力する〖～办〗合同で行う ② 助ける,手を貸す〖～助〗援助する

【协定】 xiédìng 名〔项〕協定〖订立～〗協定を結ぶ〖贷款～〗借款協定 ― 動 協定する

*【协会】** xiéhuì 名 協会〖参加～〗協会に加入する〖作家～〗作家協会

【协理】 xiélǐ 名(旧)(銀行,企業などの)副支配人 ― 動 協力する,助力する

【协力】 xiélì 動 協力する,団結して事に当たる〖同心～〗一致協力する

【协商】 xiéshāng 動 協議する,相談する〖和有关部门～〗関係部門と協議する

*【协调】** xiétiáo 動 ① 調整する,(意見を)まとめる ② 調和をとる,協調する

【协同】 xiétóng 動 協同する,力を合わせて行う〖～一致〗一致協力する

*【协议】** xiéyì 名 ① 協議,話し合い ② 合意,協約〖达成～〗合意に達する ― 動 協議して合意に達する,話し合って決める

【协约】 xiéyuē 名 協約〖撕毁～〗協約を破棄する

【协助】 xiézhù 動 助力する,手を貸す ⇨[帮助]

【协奏曲】 xiézòuqǔ 名〔音〕協奏曲

【协作】 xiézuò 名 協力,共同作業 ― 動 協力して行う

【胁(脅*脇)】 xié

【胁(脅*脇)】 xié ⊗ ①(身体の)わき〖两～〗両わき ② 脅迫する〖威～〗おどす

【胁持】 xiéchí 動[挟持 xiéchí]

【胁从】 xiécóng 動 脅されて悪事に手を貸す〖～分子〗脅かされて従った者

【胁肩谄笑】 xié jiān chǎn xiào《成》恭しく肩をすくめて追従笑いをする,こびへつらう

【胁迫】 xiépò 動 脅迫する,脅して強制する

【挟(挾)】 xié

【挟(挾)】 xié ⊗ ① わきの下にはさむ,わきに抱える ② 脅迫して従わせる〖要 yāo

【挟持】xiéchí 動①両方から腕をつかんで捕える ◆多く悪人が善人をつかまえることを言う ②脅迫する,服従を強要する
【挟嫌】xiéxián 動(書)恨みを抱く
【挟制】xiézhì 動(弱みにつけこんで)服従させる,強制する

【谐(諧)】xié ⊗①調和のとれた[和~]よく調和した ②(交渉が)まとまる,うまくいく ③人を笑わせる,面白い[诙~]ユーモラスな[~剧](四川)の一種の喜劇
【谐和】xiéhé 形 調和のとれた ⇨[和谐]
【谐声】xiéshēng 图〘語〙形声(六書の一) ⇨[形声]
【谐星】xiéxīng 图 コメディアン
【谐谑】xiéxuè 形(言葉が)滑稽じみた,おどけた
【谐振】xiézhèn 图〘理〙共振,共鳴[~频率]共振周波数

【偕】xié ⊗①一緒に,共に[~行]一緒に行く
【偕老】xiélǎo 動 夫婦が共に長生きする[同欢]共に長寿を全うする
【偕同】xiétóng 動 同行する,随行する〖~贵宾参观〗貴賓と一緒に見学する

【斜】xié 形 斜めの,傾いた〖~看一眼〗ちらりと横目で見る[~对面]筋向かい
【斜井】xiéjǐng 图〘鉱〙斜坑
【斜楞】xiéleng 動(口)斜めにする(なる),傾く(ける)〖~着双眼〗横目で見る
【斜路】xiélù 图 邪道,誤った道〖走上~〗よからぬ道に踏み込む
【斜面】xiémiàn 图〘理〙斜面
【斜坡】xiépō 图 傾斜地,坂〖滚下~〗斜面を転がり下りる
【斜射】xiéshè 動 光線が斜めに差す
【斜视】xiéshì 图 斜視,やぶにらみ ⇨[斜眼] — 動 眼を斜めにして見る,横目で見る
【斜纹】xiéwén 图〘衣〙①あや織り ②(~儿)あや織りの木綿(⇨[斜纹布])〖现出~〗あや織りの目が浮きだす
【斜眼】xiéyǎn 图①斜視 ②(~儿)斜視の目 ③(~儿)斜視の人 ⊕横目〖~偷看〗横目で盗み見る
【斜阳】xiéyáng 图 夕日,斜陽

【颉(頡)】xié ⊗ 鳥が飛び上がる[~颃 háng]《書》(「鳥が上に飛ぶ」の意から)拮抗する ◆漢字を発明したと伝えられる'仓颉'はCāngjiéと発音

【撷(擷)】xié ⊗①摘み取る,もぐ[采~]摘み取る ②上着のすそで物をくるむ

【缬(纈)】xié ⊗ 模様のある絹織物

【絜】xié ⊗(周囲の長さを)測る ◆'洁'の異体字としてはjiéと発音

【携(攜*攜)】xié ⊗①携える,身につけて持ち運ぶ[~眷]《書》家族を帯同する ②手を取る,手をつなぐ
【携带】xiédài 動 携帯する,引き連れる〖~行李〗荷物を携える[~式电话]携帯電話
【携手】xiéshǒu 動①手をつなぐ ②(転)力を合わせる,協力する

【鞋(*鞵)】xié 图〘双〙靴 ◆短い布靴〖穿(脱)~〗靴をはく(脱ぐ)[凉~]サンダル[棉~]綿入れ靴
【鞋拔子】xiébázi 图〘只〙靴べら
【鞋帮】xiébāng 图(~儿)靴の底以外の部分,靴の両側面 ◆中国靴は多く甲の上の部分で両側面が縫いあわせてある
【鞋带】xiédài 图(~儿)〔根〕靴ひも〖系jì上~儿〗靴ひもを結ぶ
【鞋底上抹油】xiédǐshang mǒ yóu (liū zhī dàjí)《俗》(靴の底に油を塗る>)逃げ出す,ずらかる ◆'溜'は「つるつる滑る」と「こっそり逃げる」の両義がある
【鞋匠】xiéjiang/xiéjiàng 图 靴職人
【鞋油】xiéyóu 图 靴クリーム,靴墨[擦~]靴墨を塗る
【鞋子】xiézi 图(方)靴

【勰(協)】xié ⊗ 調和した ◆多く人名用字として

【写(寫)】xiě 動①書く[~字]字を書く[~诗]詩を書く ②描く,叙述する[~景]風景を描写する ⊗絵をかく
⇨xiè
【写生】xiěshēng 图 写生(する)[~画]スケッチ
【写实】xiěshí 動 ありのままに描く[~主义]写実主義
【写意】xiěyì 图〘美〙写意いう ◆中国の伝統画の画法の一つ ⇨[工笔]
⇨xièyì
【写照】xiězhào 图(人物や生活の)あるがままの描写,生き写し — 動 描写する,ありのままを描き出す
【写真】xiězhēn 图①肖像画 ②真実の描写 — 動①肖像画を描く ②ありのままに描写する
【写字楼】xiězìlóu 图 オフィスビル
【写字台】xiězìtái 图〔张〕(引き出しのついた)事務机,学習机
【写作】xiězuò 動 文章を書く,著述する〖以~为生〗物書きで食う

【血】 xiě [名] 血『吐～』血を吐く
⇨xuè

【血糊糊】 xiěhūhū [形]（～的）血だらけの，血まみれの『～的衣服』血まみれの服

【血淋淋】 xiělínlín/xiělīnlīn [形]（～的）① 血がどくどく流れる，血のしたたる ②《転》むごたらしい，残酷な『～的教训』血であがなった教訓

【血晕】 xiěyùn [名]（皮下出血による）紫色のあざ，赤あざ

【写(寫)】 xiè ⊗ 以下を見よ
⇨xiě

【写意】 xièyì [形]《方》気持ちがよい，快適な [同]《普》[舒适]
⇨xiěyì

【泻(瀉)】 xiè [動] ① 速く流れる，流れ下る［一～千里］一瀉千里 ② 腹を下す，下痢する

【泻肚】 xiè′dù [動] 腹を下す，下痢をする [同][腹泻]

【泻盐】 xièyán [名] 瀉利塩，エプソム塩 ♦下剤に用いる [同][硫苦]

【泻药】 xièyào [名] 下剤

【泄(洩)】 xiè [動] ①（液体，気体を）漏らす，排出する ②（情報を）漏らす，リークする［～密］秘密を漏らす ③（感情を）発散する，ぶちまける『～私恨』私的な恨みを晴らす

【泄底】 xiè′dǐ [動] 真相をすっぱ抜く，内情をばらす

【泄愤】 xiè′fèn [動] 怒りをぶちまける

【泄劲】 xiè′jìn [動] やる気をなくす，気落ちする

【泄了气的皮球】 xièle qì de píqiú《俗》（空気のぬけたゴムまり＞）がっくり気落ちすることの喩え

***【泄漏】** xièlòu [動] ①（液体や気体が）漏れる ② [同][泄露]

【泄露】 xièlòu [動]（秘密，情報などを）漏らす，漏洩する『消息已经～出去了』情報がすでに漏れている

***【泄气】** xiè′qì [動] 気落ちする，がっかりする（[同][泄劲]）『别～！』気を落とすな！
—— xièqì [形] だらしがない，意気地がない『他也真～！』あいつもなさけないやつだ

【绁(紲)】 xiè ⊗ 縄（で縛る）［缧 léi～］《書》牢獄

【渫】 xiè ① 除く ② 浚う ③（X-）姓

【契】 Xiè ⊗ 契 ♦殷王朝の祖先の名
⇨qì

【卸】 xiè [動] ①（積荷を）おろす『～船』船から荷をおろす ② 分解する，取り外す『～零件』（機械の）部品を取り外す
⊗ 解除する，（義務などを）逃れる［～责］責任を逃れる

【卸车】 xiè′chē [動] 車から荷をおろす

【卸货】 xiè′huò [動]（船，車などから）貨物をおろす，陸揚げする［～港］陸揚げ港

【卸肩】 xièjiān [動]（～儿）肩の荷をおろす；《転》責任逃れをする

【卸磨杀驴】 xiè mò shā lǘ《成》（石臼で粉をひき終わったらロバを殺す＞）目的を果たしたら，功労のある人を追い払う [同][过河拆桥]

【卸任】 xiè′rèn [動] 官吏が解任になる，職を解かれる [同][卸职]

【卸载(卸儎)】 xiè′zài [動] 積荷をおろす

【卸装】 xiè′zhuāng [動] 役者が衣装や化粧をとる

【卸妆霜】 xièzhuāngshuāng [名] クレンジングクリーム

【屑】 xiè ⊗ ① くず［～子］同前［铁～］鉄くず［面包～］パンくず ② 些細な，こまごました［琐～］些細な ③ …するに値する，潔しとする［不～］…することを潔しとしない

【械】 xiè ⊗ ① 器具，器械［机～］機械 ② 武器［～斗］集団で武器を持ってけんかする ③ 刑具（手錠，足かせの類）

【亵(褻)】 xiè ⊗ ① 見下げる，あなどる［～渎］《書》冒とくする ② わいせつな，みだらな［猥～］わいせつな

【谢(謝)】 xiè [動] ① 礼を言う，感謝する『～～他』彼にお礼を言う『不用～了』お礼を言うには及びません［～天～地］ありがたや，ありがたや ②（花や葉が）散る，しぼむ『花～了』花が散った
⊗ ① わびる，謝る ② 断る，辞退する［～客］客を断る ③（X-）姓

【谢忱】 xièchén [名]《書》感謝の気持ち『表示～』謝意を表わす

【谢词】 xiècí [名] 感謝の言葉，謝辞『致～』謝辞を述べる

【谢顶】 xiè′dǐng [動] 頭のてっぺんが薄くなる [同][歇顶]

***【谢绝】** xièjué [動] 謝絶する『～邀请』招請を断る

【谢客】 xiè′kè [動] ① 客を断る，面会を謝絶する ② お客に礼を述べる

【谢幕】 xiè′mù [動] カーテンコールにこたえる

****【谢谢】** xièxie [動] 感謝する『～！』《挨》ありがとう

【谢意】 xièyì [名] 感謝の気持ち，謝意『表达～』謝意を表わす

【谢罪】 xiè′zuì [動] わびる，謝罪する

【榭】xiè [✕]屋根のあるうてな，あずまや(亭)［水～］水ぎわの亭チン

【解】xiè [動]《方》わかる，理解する〚～不开〛(重要性が)わからない
[✕](X-) ①山西省の湖の名 ②姓
⇨jiě, jiè

【懈】xiè [✕]たるんだ，だらしのない［坚持不～］怠けずに頑張る
【懈弛】xièchí [動]たるむ，緊張を欠く [同][松懈]
【懈怠】xièdài [動]怠ける〚学习上不可～〛勉強を怠けてはいけない — [形]だらしない，たるんだ

【邂】xiè [✕]偶然出会う［～逅］《書》(多年離れていた者が)巡り会う

【廨】xiè [✕]役所［公～］《書》同前

【獬】xiè [✕]［～豸 zhì］獬豸かいち ♦悪人を見分けるという伝説中の怪獣

【澥】xiè [動]①(粥や糊が)薄くなる ②《方》水で薄める

【蟹(*蠏)】xiè [✕]カニ［螃 páng～］同前
【蟹粉】xièfěn [名]《方》カニの肉やみそ
【蟹黄】xièhuáng [名](～儿)カニみそ ♦カニの卵巣と消化腺，黄色で美味
【蟹獴】xièměng [名]〚動〛カニクイマングース
【蟹青】xièqīng [形]〔定語として〕青みがかった灰色の

【薤】xiè [名]〚植〛ラッキョウ [同][藠头 jiàotou]

【瀣】xiè [✕]→［沆 hàng～一气］

【燮】xiè [✕]調和した

【心】xīn [名]①〔颗〕心臓→［～脏］ ②〔条·颗〕心［谈～］胸の内を語る〚跟他一条～〛彼と同じ考えだ
[✕]中心，真ん中［核～］核心
【心爱】xīn'ài [動]心から好む，深く気に入る〚我～的人〛私がぞっこんの人
【心安理得】xīn ān lǐ dé《成》(何ら恥じることや危惧することがなくて)泰然としている，心が落ち着いている [反][忐忑不安]
【心病】xīnbìng [名]①〔块〕心配事，悩み事〚～消除了〛心配の種が消えた ②人に言えない悩み，触れたくない心の傷
【心不在焉】xīn bú zài yān《成》心ここにあらず，上の空
【心裁】xīncái [名](芸術作品制作を巡る)頭の中の計画，構想［独出～］独創的なアイディアを出す
【心肠】xīncháng [名]①心，心根〚～好〛心根が優しい〚～软〛情にもろい ②心の状態，気分〚没有～去看棒球〛野球を見にゆくような気分ではなかった
【心潮】xīncháo [名]感情のうねり，沸き立つ気持ち〚～起伏〛感情が激しく揺れる
*【心得】xīndé [名]仕事や学習を通して会得した知識，技術，認識など
【心底】xīndǐ [名]①心の底 ②《方》(～儿)意図，考え
【心地】xīndì [名]①人柄，心根〚～纯洁〛心根が清らかだ ②気持ち，心境
【心电图】xīndiàntú [名]〚医〛心電図
【心烦】xīnfán [形]いらいらする，くさくさする
【心房】xīnfáng [名]〚生〛心房［左～］左心房
【心服】xīnfú [動]心服する［～口服］心から敬服する
【心浮】xīnfú [形]浮ついた，気もそぞろな［～气躁］落着きがない
【心腹】xīnfù [名]腹心 — [形]〔定語として〕内密の，腹の中に秘めた［～话］打ち明け話
【心腹之患】xīnfù zhī huàn《成》(内臓の由々しき病気＞)内部にひそむ重大な災い
【心肝】xīngān [名]①良心，人間らしさ ②(～儿)誰より親しく愛しい人 ♦多く幼児についていう ③心臓と肝臓
【心甘情愿】xīn gān qíng yuàn《成》(人の嫌がる不利な立場などを)喜んで引き受ける，本心から願って行う [反][迫不得已]
【心广体胖】xīn guǎng tǐ pán《成》心身ともに健やかな [同][心宽体胖]
【心寒】xīn hán [形]傷心の，がっかりした
【心狠手辣】xīn hěn shǒu là《成》心がむごく手段も悪らつである，冷酷無情な
【心花怒放】xīn huā nù fàng《成》うれしくてたまらない，喜びがはじける
【心怀】xīnhuái [名]気持ち，意向
—— xīn huái [動]心に抱く〚～鬼胎〛下心を抱く
【心慌】xīn huāng [形]狼狽した，気が落ち着かない
【心灰意懒】xīn huī yì lǎn《成》意気消沈する [同][心灰意冷]
【心火】xīnhuǒ [名]①〚医〛口の渇き，速い脈拍，舌の痛みなどの症状 ②胸中の怒り，胸にたぎる憤り
【心机】xīnjī [名]はかりごと，思案〚枉费～〛無駄な思案をする

【心肌梗死】xīnjī gěngsǐ 图 心筋梗塞 ◆旧名'心肌梗塞 sè'
【心急】xīn jí 形 いらいらした、気がせく［～如火］［～火燎 liǎo］いても立ってもいられない
【心计】xīnjì 图 心づもり、計画［工于～］実に抜け目がない
【心焦】xīnjiāo 形 (心配で) いらいらする、じりじりと落ち着かない
【心绞痛】xīnjiǎotòng 图〔医〕狭心症 ◎[狭心症]
【心劲儿】xīnjìnr 图 ① 考え、思い ② やる気、積極性
【心惊胆战】xīn jīng dǎn zhàn《成》びくびくする、戦々兢々とする ◎[提心吊胆]
【心惊肉跳】xīn jīng ròu tiào《成》恐れおののく、不安に震える
【心境】xīnjìng 图 気分、気持ち［～不好］機嫌が悪い
【心坎】xīnkǎn 图 (～儿) ① みぞおち ◎[心口] ② 心の奥［从～里感谢］心底から感謝する
【心口】xīnkǒu 图 みぞおち (鳩尾) ◎[胸口]
【心口如一】xīn kǒu rú yī《成》腹と口が一致している、誠実で嘘がない ◎[心口不一]
【心旷神怡】xīn kuàng shén yí《成》気持ちが晴れやかで愉快だ
*【心理】xīnlǐ 图 心理［～学］心理学［分析～］精神分析
【心力】xīnlì 图 精神的肉体的努力、気遣いと労力［费尽～］大奮闘する
【心里】xīnli/xīnlǐ 图 ① 胸部 (内部) ② 胸の中、頭の中［记在～］心に刻む［～不痛快］心中面白くない
【心里话】xīnlihuà/xīnlǐhuà 图 心の奥の思い、本音［说出～］胸の内を明かす
*【心灵】xīnlíng 图〔颗〕精神、心根［～创 chuāng 伤］精神の傷 ── xīn líng 形 利口な、頭の回転が速い［他心太灵了］あいつは全く頭が切れる
【心领】xīnlǐng 動 (挨)(贈り物や招待を丁寧に断る際) 私のお気持ちだけ有難くいただきます［雅意～］同前
【心路】xīnlù 图 (～儿) ① 機知、策略 ② 度量 ③ 思わく、了見
【心满意足】xīn mǎn yì zú《成》すっかり満足する
【心明眼亮】xīn míng yǎn liàng《成》(心も目も曇りがない＞) 是非を正しく判断できる
【心目】xīnmù 图 ① 考え方、見方［在我的～中］私の目から見れば ② 印象［犹在～］まだ覚えている
【心平气和】xīn píng qì hé《成》心がゆったり落ち着いている、気分が穏やかだ

【心窍】xīnqiào 图 認識と思惟の能力、惑わされずに考える能力
*【心情】xīnqíng 图 気持ち、気分［～激动］心がたかぶる
【心软】xīn ruǎn 形 気が弱い、情にもろい ◎[心硬]
【心神】xīnshén 图 精神状態［～不安］心が落ち着かない
【心声】xīnshēng 图 心の底からの声、熱い願い
【心室】xīnshì 图〔生〕(心臓の) 心室［右～］右心室
【心事】xīnshì 图［件］心配事、悩み事［了结～］悩みが片付く
【心术】xīnshù 图 ①(多くは悪い意味で用いて) 魂胆な、意図 ② はかり事、策略
【心思】xīnsi 图 ① 考え、了見［想～］じっくり考える ② 知力、思考力［用～］頭を働かせる ③ 興味、…する気分［没有～去看戏］芝居を見に行く気がしない
【心酸】xīn suān 形 悲しい、胸ふさがれるような
【心算】xīnsuàn 動 暗算する
*【心态】xīntài 图 心の状態、気持ち
*【心疼】xīnténg 動 ① かわいがる (◎[疼爱])［～孙子］孫をかわいがる ② 惜しがる
【心田】xīntián 图 心根、心のうち
【心跳】xīn tiào 動 動悸が早まる、胸がどきどきする
【心头】xīntóu 图 心の中、脳裏［铭记～］心に刻む
【心投意合】xīn tóu yì hé《成》意気投合する、すっかり気が合う
【心窝儿】xīnwōr 图 心臓のあるところ、胸［◎[心窝]］［掏～的话］胸に染みる言葉
【心无二用】xīn wú èr yòng《成》(心は同時に二つの事を仕切れない＞) 物事は精神を集中してやらなくてはいけない
【心细】xīn xì 形 細心の、注意深い［胆大～］大胆かつ細心
【心弦】xīnxián 图 心の琴線［打动～］心の琴線を揺り動かす
【心心相印】xīn xīn xiāng yìn《成》心と心が通い合う、互いに心が一致する
【心性】xīnxìng 图 性格、性質
【心胸】xīnxiōng 图 ① 胸の奥、心の中 ② 度量［～开阔］度量が広い ③ 志、大望
【心虚】xīn xū 形 ①(悪事の露見を恐れて) ビクビクする ② 自信がない
【心绪】xīnxù 图 心の状態、胸中［～缭乱］心が千々に乱れている
*【心血】xīnxuè 图 心血、全精力［耗费～］心血を傾ける
*【心眼儿】xīnyǎnr 图 ① 心の底、衷心［打～里高兴］心底から喜ぶ

② 心根, 魂胆ほん ［～好］気立てがよい ③ 機転, 気働き ［缺少～］気がきかない ④ (人に対する) 余計な配慮, 取り越し苦労 ⑤ 度量 ［～小］心が狭い

【心意】xīnyì 图 ① (人に対する) 気持ち, 心情 ［表示一点～］(贈り物などで) わずかながら気持ちを示す ② 意思 ［表达～］意思を表わす

【心硬】xīn yìng 圈 気が強い, 情に流されない ⇄［心软］

【心有余而力不足】xīn yǒu yú ér lì bù zú 〈俗〉心余って力足らず

【心有余悸】xīn yǒu yú jì 〈成〉過去の恐怖になお脅える, 思い出すだに恐ろしい

【心猿意马】xīn yuán yì mǎ 〈成〉少しもじっとしていず気まぐれな, (思考行動に)およそ落ち着きのない

【心愿】xīnyuàn 图 願い, 念願 (®［心念］) ［多年的～终于实现了］永年の願いがついにかなう

【心悦诚服】xīn yuè chéng fú 〈成〉心から敬服する, 喜んで従う

*【心脏】xīnzàng 图 ①〔颜〕〔生〕心臓 ［～起搏器］ペースメーカー ［～死亡］心臓死 (脳死型は'脳死亡') ② (転) 中心, 心臓部 ［北京是中国的～］北京は中国の心臓部だ

【心照】xīnzhào 動 (口に出さず) 心と心でわかり合う, 言わず語らず理解する ®［～不宜］

【心直口快】xīn zhí kǒu kuài 〈成〉率直に思ったままを口にする, ずばずばと物を言う

【心中有数】xīn zhōng yǒu shù 〈成〉心の中に成算がある, 確かな見通しが立っている ®［胸中有数］⇄［心中无数］

【心子】xīnzi 图 ① 物の芯, 真ん中 ②〈方〉食用動物の心臓

【心醉】xīnzuì 動 心酔する, うっとりする

【芯】xīn ⊗ 灯心ぺん, イグサの芯む ［灯～］ランプの灯心 ［～片］(コンピュータの)チップ ⇨xìn

【辛】xīn ⊗ ① 十干の第8, かのと ② (ぴりぴり) からい ③ 骨の折れる, 苦労だらけの ［艰～］苦労の多い ④ 苦しみ, 悲しみ ⑤ (X-)姓

【辛亥革命】Xīnhài Gémìng 图 辛亥ぷん革命 ◆1911年 (辛亥の年) 10月10日の武昌蜂起に始まり, 清朝を倒した革命, 翌年に中華民国が誕生

*【辛苦】xīnkǔ 圈 骨が折れる, つらい ─ 動 〈挨〉苦労をかける ［～, ～！］ご苦労さま ［真～你了］本当にご苦労さまでした

【辛辣】xīnlà 圈 (言葉や文が) 辛らつな, わさびのきいた

【辛劳】xīnláo 图 苦労, 骨折り ［不～］ 動 骨を折る, 苦労をいとわない ［日夜～］日夜骨を折る

【辛勤】xīnqín 圈 勤勉な, 苦労をいとわぬ (®［勤劳］) ［～劳动］熱心に働く

【辛酸】xīnsuān 圈 苦しく悲しい ［饱尝～］辛酸をなめ尽くす

【锌(鋅)】xīn 图〔化〕亜鉛

【锌白】xīnbái 图〔化〕亜鉛華, 酸化亜鉛 ◆軟骨の材料などに使う

【锌版】xīnbǎn 图〔印〕亜鉛版 ［～印刷术］亜鉛凸版法

【新】xīn 圈 新しい (⇄［旧］ ［老］) ［～的房子］新しい家 ［～纪元］新紀元, エポック ［～潮］新しい潮流 (に合った) ─ 副 新たに, …したばかり ［我是～来的］私は来たばかりです ⊗ ① (X-) 新疆ウイグル自治区の略称 ② 新婚 ［～郎］花婿 ［～娘］花嫁 ③ 新たにである, 新婚の

*【新陈代谢】xīn chén dài xiè 〈成〉 ①〔生〕新陳代謝 ② (転) 新しいものが成長発展して古いものに代わる

【新春】xīnchūn 图 新春, 初春 ◆旧正月以降の10-20日間

【新房】xīnfáng 图 新婚夫婦の寝室

【新妇】xīnfù 图 新婦, 花嫁 ®［新娘］

【新官上任三把火】xīnguān shàngrèn sān bǎ huǒ 〈俗〉新しく赴任した役人は初めのうちだけやる気を見せる

【新婚】xīnhūn 動 結婚したばかりだ ［～夫妇］新婚夫婦

【新近】xīnjìn 副 最近, 近ごろ ［～买的］最近買ったのです

【新来乍到】xīn lái zhà dào 〈成〉初めてその地を踏んだばかりで勝手がわからない

*【新郎】xīnláng 图 新郎, 花婿

【新霉素】xīnméisù 图〔薬〕ネオマイシン

【新年】xīnnián 图 新年, 正月 ［～好！］新年おめでとう

*【新娘】xīnniáng 图 新婦, 花嫁 ®［新娘子］(®［新郎］)

【新奇】xīnqí 圈 もの珍しい, 目新しい

【新人】xīnrén 图 ① 新しいタイプの人 ［培养～］新しいタイプの人材を養成する ② 新人, ニューフェイス ［影坛～］映画界の新人 ③ 新郎新婦, 特に新婦

【新生】xīnshēng 图 ① 新しい生命 ② 新入生 ─ 圈 ［定語として］新しく生まれた, 生まれたばかりの ［～事物］新しく生まれた事物

【新诗】xīnshī [名]〔首〕新詩 ♦文学革命以後の口語詩 [関][旧诗]
【新式】xīnshì [形]〘定語として〙新式の([反][旧式])［～服装］ニューファッション
【新手】xīnshǒu [名]新米，新参者
【新四军】Xīn Sì Jūn [名]新四軍 ♦中国共産党が指導した抗日軍の一つ，新編第四軍．主に華中で活動した
★★【新闻】xīnwén [名]〔则·条〕①(報道される)ニュース〚广播～〛ニュースを放送する［～自由］報道の自由［～公报］プレスコミュニケ［～片］ニュース映画 ②新しい出来事，耳寄りな話
【新禧】xīnxǐ [名]新年の幸福，初春の慶び［恭贺～］新年おめでとうございます
★★【新鲜】xīnxian/xīnxiān [形]①新鮮な〚～的鱼虾〛新鮮な魚介類〚呼吸～空气〛新鮮な空気を吸う ②(花が)枯れていない〚～的花朵〛みずみずしい花 ③珍しい，出現して間がない
【新兴】xīnxīng [形]〘定語として〙新興の〚～的工业城市〛新興の工業都市［～产业］新興産業
【新星】xīnxīng [名]①〘天〙新星 ②新進の花形，ニュースター〚歌坛～〛歌謡界の新星
【新型】xīnxíng [形]〘定語として〙新型の，新しいタイプの
【新秀】xīnxiù [名]有望な新人，頭角を表わしてきた人材〚文坛～〛文壇期待の星
【新异】xīnyì [形]もの珍しい，目新しい [同][新奇]
★【新颖】xīnyǐng [形]斬新な，新奇な([反][陈腐])〚题材～〛題材が斬新だ
【新月】xīnyuè [名]①三日月([同]〘口〙［月牙儿］)〚一弯～〛一つの三日月 ②〘天〙新月 ♦地上では見えない [同][朔月]
【新正】xīnzhēng [名]旧暦の1月 [同][正月 zhēngyuè]

〖薪〗xīn ⊗①たきぎ［柴～］たきぎ ②給料，賃金［发～］給料を払う［加～］賃上げする
【薪俸】xīnfèng [名]給料，賃金([同][薪水])〚领～〛給料を受け取る
【薪金】xīnjīn [名]給料，賃金 [同][薪水]
【薪尽火传】xīn jìn huǒ chuán〘成〙(一本の薪が燃え尽きると，もう次の薪に火が着いている>)学問が，師から弟子へと受け継がれて行く
★【薪水】xīnshui [名]〔笔〕給料，賃金〚扣～〛給料をカットする
【薪饷】xīnxiǎng [名]軍隊や警察の給料および支給品
【薪资】xīnzī [名]給料，賃金 [同][工资]

〖忻〗xīn ⊗①'欣'と通用 ②(X-)姓
〖欣(*訢)〗xīn ⊗喜ばしい，うれしい［欢～］うきうき楽しい
【欣然】xīnrán [副]〘書〙喜んで，欣然(きんぜん)として〚～同意〛喜んで同意する
★★【欣赏】xīnshǎng [動]①(美しいものを)楽しむ，愛(め)でる〚～风景〛景色を楽しむ ②評価する，価値を認める〚他很～你的诗〛彼は君の詩を高く買っているよ
★【欣慰】xīnwèi [動]うれしく安心する，満足を感じる〚感到～〛(よい結果に)ほっとする
【欣喜】xīnxǐ [動]喜ぶ，歓喜する［～雀跃］小躍りして喜ぶ
【欣欣】xīnxīn [形]①うれしげな，喜びに満ちた ②(草木の)生い茂った，勢い盛んな
★【欣欣向荣】xīnxīn xiàng róng〘成〙草木が生い茂る;〘転〙活気あふれる，繁栄に向かいつつある
〖昕〗xīn ⊗日が昇ろうとする頃
〖炘〗xīn ⊗熱気に溢れる
〖歆〗xīn ⊗うらやむ［～慕］［～羡］羨望する
〖馨〗xīn ⊗(広く漂う) かおり，におい［～香］芳香
〖鑫〗xīn ⊗富み栄える，繁盛する ♦多く人名や屋号に使う
〖寻(尋)〗xín ⊗ xún の口語音の旧読
⇨xún
〖囟(*顖)〗xìn ⊗［～门］(乳児の)ひよめき
〖芯(信)〗xìn ⊗以下を見よ
⇨xīn
【芯子(信子)】xìnzi [名]①物の芯(しん)，中心 ♦ローソクの芯，爆竹の導火線など ②ヘビの舌
〖信〗xìn [名]①(～儿)便り，知らせ［口～儿］伝言 ②〔封〕手紙〚写～〛手紙を書く［介绍～］紹介状 — [動]①信じる，信用する［～不过］信用しない ②信仰する，信奉する［～教］宗教を信じる
⊗①確かな，信じうる［～史］史実に忠実な史書 ②信用，信頼［失～］信用をなくす ③証拠，証明［印～］政府機関の公印 ④信管 ⑤任せる，勝手にさせる［～笔］筆に任せて ⑥'芯 xìn'と通用
【信步】xìnbù [動]〘多く状語として〙足の向くままに歩く，ぶらぶら歩く〚～走去〛ぶらぶらと行く
【信不过】xìnbuguò [動]信じられない

X

【信贷】xìndài [名]〖経〗信用貸し，クレジット，特に銀行による貸し付け
【信风】xìnfēng [名]〖天〗貿易風 [同]［贸易风］
★★【信封】xìnfēng [名] 封筒〖拆开～〗封書を開く
【信奉】xìnfèng [動] 信ずる，信奉する〖～上帝〗神を信ずる
【信服】xìnfú [動] 信服する，心から納得する
【信鸽】xìngē [名]〔只〕伝書鳩(ばと)［～比赛］鳩レース
【信管】xìnguǎn [名] 信管 [同]［引信］
★★【信号】xìnhào [名] ① 信号，合図〖发～〗信号を出す［～灯］信号灯 ② 信号電波
【信笺】xìnjiān [名]〔张・页〕便せん，書簡せん [同]［信纸］
【信件】xìnjiàn [名] 郵便物〖发出～〗郵便を出す
【信口雌黄】xìn kǒu cíhuáng《成》口から出任せを言う，でたらめを並べ立てる
【信口开河（信口开合）】xìn kǒu kāi hé《成》立て板に水でまくし立てる，口にまかせてしゃべりまくる
★【信赖】xìnlài [動] 信頼する
★【信念】xìnniàn [名] 信念，確信〖获得～〗信念を持つにいたる
★★【信任】xìnrèn [名] 信用，信任〖得到～〗信任を得る［～投票］信任投票 ━ [動] 信用する，信任する
【信赏必罚】xìn shǎng bì fá《成》信賞必罰，賞罰を厳格正確に行う
【信实】xìnshí [形] 信頼するに足る，誠実な
【信誓旦旦】xìn shì dàndàn《成》誓いが誠実で信用できる，真心込めて誓う
【信手】xìnshǒu [副] 手に任せて，手ついでに［～拈来］（材料が豊富で文章が）手の動くままにすらすら書ける
【信守】xìnshǒu [動] 固く守る，遵守する〖～诺言〗約束を守り抜く
【信天翁】xìntiānwēng [名]〖鳥〗アホウドリ
【信条】xìntiáo [名] 信条
【信筒】xìntǒng [名] 郵便ポスト（[同]［邮筒］）〖投入～里〗投函する
【信徒】xìntú [名] 信徒，信者
【信托】xìntuō [動] ① 信頼して任せる［～银行］信託銀行 ② 委託販売業務を行う［～商店］中古品販売店
【信物】xìnwù [名] 証拠物件
★★【信息】xìnxī [名] ① 便り，消息 ② 情報，データ［～系统］情報システム［～论］情報論
【信箱】xìnxiāng [名] ① 郵便ポスト [同]［信筒］② 郵便受け ③ 私書箱
★★【信心】xìnxīn [名] 自信，信念〖充满～〗自信たっぷりだ
★【信仰】xìnyǎng [名] 信仰〖背弃～〗信仰に背く ━ [動] 信仰する，信奉する〖～基督教〗キリスト教を信仰する
【信用】xìnyòng [名] ① 信用〖守～〗信用を守る ② 担保なしの貸し付け ━ [動]《書》信任する
★★【信用卡】xìnyòngkǎ [名]〔张〕クレジットカード
★【信誉】xìnyù [名] 信望，名声〖失去～〗信望を失う
【信札】xìnzhá [名]〔封〕書簡，手紙
【信真】xìnzhēn [動] 真(ま)に受ける，本気にする [同]［当真］
【信纸】xìnzhǐ [名]〔张〕便せん，書簡せん [同]［信笺］

〖衅（釁）〗xìn ⊗ 仲たがい，不和［挑 tiǎo ～］（争いを）挑発する
【衅端】xìnduān [名]《書》争いのもと，紛争

〖焮〗xìn ⊗ 焼く ♦「皮膚が炎症を起こす」の意で単用する方言も

【兴（興）】xīng [動] 盛んになる，はやる〖现在不～这套老规矩了〗そんな古いしきたりは今時もうはやらないよ
⊗ ① 興す，始める［～工］起工する ② 盛んにする，発展させる ③（X-）姓
⇨ xìng
【兴办】xīngbàn [動]（事業を）興す，創業する（[同]［创办］）〖～企业〗企業を興す
★★【兴奋】xīngfèn [形] 興奮した ━ [動] 興奮させる〖～大脑〗大脳を興奮させる
【兴风作浪】xīng fēng zuò làng《成》波乱を起こす，騒ぎを起こす
【兴建】xīngjiàn [動]（大規模な建物を）建設する，建造する
★【兴隆】xīnglóng [形] 盛んな，栄えた〖生意～〗商売が繁盛している
【兴起】xīngqǐ [動] 興隆する，勃興する
【兴盛】xīngshèng [形] 勢い盛んな，栄えた
【兴师动众】xīng shī dòng zhòng《成》《貶》（大軍を動かし民衆を大動員する＞）大勢の人を動員して（それほど意味もない事を）やらせる
【兴时】xīngshí [動] はやる〖现在不～了〗もはや流行遅れとなった
【兴亡】xīngwáng [名]（国家や民族の）興亡
★【兴旺】xīngwàng [形] 勢い盛んな，繁栄した [同]［兴盛］
【兴修】xīngxiū [動]（規模の大きい）工事を始める，建造する
【兴许】xīngxǔ [副]《方》…かもしれない [同]《普》［也许］［或许］
【兴妖作怪】xīng yāo zuò guài《成》

(妖怪が悪さをする) ①悪人どもがのさばり返る ②よからぬ思想が世にはびこる

【星】 xīng 图〔颗〕星 ⊗①スター［笑～］お笑いスター ②(～儿)ごく小さなもの［火～］火花［一～半点儿］ほんのちょっと(の量) ③(X-)姓

【星辰】 xīngchén 图(総称として)星

【星虫】 xīngchóng 图《虫》ホシムシ ⑩[沙虫]

【星等】 xīngděng 图《天》星の光の等級, 等星

【星斗】 xīngdǒu 图(総称として)星［满天～］満天の星

【星号】 xīnghào 图(標点符号の)アステリスク, 星印(＊)

【星河】 xīnghé 图 銀河, 天の川 ⑩[银河]

【星火】 xīnghuǒ 图①小さな火, 火花［～燎原］小さな火花が原野を焼き尽くす；(転)小さな運動がやがて全国に広がっていく ②流星の光 ◆瞬時を争うことの喩え

【星际】 xīngjì 图星と星の間［～飞船］宇宙船［～站］宇宙ステーション

【星空】 xīngkōng 图 星空［望～］星空を眺める

【星罗棋布】 xīng luó qí bù《成》空の星や碁盤の石のように広く分布している

☆【星期】 xīngqī 图(⑩[礼拜])①週[一个～]一週間［上(个)～]先週 ②曜日 ◆'一'から'六'を後につけて曜日を表わす[～一]月曜日[～六]土曜日[～几]何曜日 ③ '星期日(日曜日)'の略

【星期日】 xīngqīrì 图 日曜日(⑩[星期天])[下～]次の日曜日

【星期天】 xīngqītiān 图 ⑩[星期日]

【星球】 xīngqiú 图《天》天体, 星

【星体】 xīngtǐ 图《天》天体 ◆一般に個々の星をいう

【星图】 xīngtú 图 星座図

【星团】 xīngtuán 图《天》星団［受～]体罰を受ける

【星系】 xīngxì 图《天》恒星系

【星星】 xīngxīng 图 小さな点, しみ[～点点]ちらほら
—— xīngxing 图〔颗〕星〚数 shǔ ～〛星を数える

【星宿】 xīngxiù 图《天》星座の古称 ◆中国の星座は二十八宿に分かれる

【星夜】 xīngyè 图（多く状語として）星降る夜, 夜間［～启程］星を戴いて旅に出る

【星移斗转】 xīng yí dǒu zhuǎn《成》星が移り季節が変わる, 時間が過ぎる ⑩[星转斗移]

【星云】 xīngyún 图《天》星雲［河外～]銀河系外の星雲

【星座】 xīngzuò 图《天》星座［～图]星座表, 天体図

【惺】 xīng ⊗①賢い, 頭の切れる ②醒めた, 意識がはっきりした

【惺忪】 xīngsōng 圈(眠りから醒めたばかりで目が)もうろうとした, ぼんやりした

【惺惺】 xīngxīng 圈①《書》頭がはっきりしている, 醒めた ②《成語的表現の中で》聡明な(人) ③接尾辞的に［假 jiǎ ～]おためごかしの, わざとらしい

【惺惺作态】 xīngxīng zuò tài《成》もったもらしく振舞う, 見せかけの態度をつくる ⑩[装模作样]

【猩】 xīng ⊗以下を見よ

【猩红】 xīnghóng 圈〔定語として〕緋ˣ色の, スカーレットの(⑩[血红])[～热]猩紅熱

【猩猩】 xīngxing 图〔只〕ショウジョウ, オランウータン［大～]ゴリラ[～木]ボインセチア

【腥】 xīng 圈 生臭い［～味儿]生臭い臭ぷい ⊗肉や魚, 生臭もの

【腥臭】 xīngchòu 圈 生臭い

【腥气】 xīngqi 圈 生臭い臭い［一股子～]ぷんと鼻をつく臭い —— 圈 生臭い

【腥臊】 xīngsāo 圈(キツネや尿のような)生臭い臭いのする

【腥膻】 xīngshān 圈《書》(魚肉や羊肉のような) 生臭い臭い ◆醜悪なもの, 侵略者などを喩える

【刑】 xíng ⊗①刑, 刑罰［徒～]懲役［判～]刑を言い渡す ②犯罪者に対する体罰［用～]拷問する ③(X-)姓

【刑场】 xíngchǎng 图 刑場［被绑赴～]縛られて刑場に引かれてゆく

【刑罚】 xíngfá 图 刑罰［减轻～]減刑する

【刑法】 xíngfǎ 图 刑法
—— xíngfa 图 犯罪者に対する体罰［受～]体罰を受ける

【刑具】 xíngjù 图 刑具

【刑期】 xíngqī 图 刑期［～届满]刑期が満了する

☆【刑事】 xíngshì 图《法》(民事に対する)刑事(⑩[民事])[～案件]刑事事件[～责任]刑事責任

【刑网】 xíngwǎng 图（転）刑法

【刑讯】 xíngxùn 動 拷問して訊問する［～逼供]拷問で自供を迫る

【型】 xíng ⊗①型, 鋳型ᶦ̂ ［铸～]鋳型 ②類型, タイプ［血 xuè ～]血液型

【型钢】 xínggāng 图《機》型鋼ᵎ̂, セクション

【型号】xínghào 图（飛行機，機械，自動車などの）型番，モデル『改变～』モデルチェンジする

【邢】Xíng ⊗姓

【形】xíng ⊗① 形，形状〖球～〗球形 ② 実体，本体〖有(无)～〗有(無)形 ③ 現われる，表わす〖喜～于色〗喜びが顔に出る ④ 比較する，対照する〖相～〗比べ合わせる

【形变】xíngbiàn 图〖理〗ひずみ，ゆがみ

*【形成】xíngchéng 動 形成する，作り上げる〖～国家〗国家を形成する

【形单影只】xíng dān yǐng zhī（成）（形も影もただ一つ〉 孤影悄然たる 同〖形只影单〗

【形而上学】xíng'érshàngxué 图〖哲〗形而上学 同〖玄学〗

【形迹】xíngjì 图 ① 挙動，様子〖不露出～〗色にも出さない ② 儀礼，作法 ③ 痕跡，あと

*【形容】xíngróng 图〖書〗外観，顔付き〖一枯槁枯槁〗げっそりやつれる ― 形容する，描写する〖难以～〗形容し難い

【形容词】xíngróngcí 图〖語〗形容詞

【形声】xíngshēng 图〖語〗形声 ♦漢字の六書の一 同〖谐声〗

*【形式】xíngshì 图 形式，フォーム〖不拘～〗形式にとらわれない

*【形势】xíngshì 图 ①（主に軍事上の）地形，地勢 ② 形勢，情勢〖认清～〗情勢を見きわめる

【形似】xíngsì 動 外面，外観が似ている〖～实非〗外見は似ているが中味はまるで違う

*【形态】xíngtài 图 ① 生物体の形，姿 ② 事物の形状，ありさま〖社会～〗社会形態 ③〖語〗単語の語形変化の形式

【形体】xíngtǐ 图 ① からだ，身体 ♦外形をいう 〖～语言〗ボディランゲージ ② 形体

*【形象】xíngxiàng 图 形象，イメージ，姿〖人物～〗人物像 ― 〖表现得很～〗目に浮かぶような書き方をしている

【形形色色】xíngxíngsèsè 形 さまざまな，色々な〖～的现象〗さまざまな現象

【形影不离】xíng yǐng bù lí（成）影と形のようにいつも離れない

【形影相吊】xíng yǐng xiāng diào（成）〈影と形が慰め合う〉孤独の極みにある

*【形状】xíngzhuàng 图 形，形状〖～记忆合金〗形状記憶合金

【行】xíng 形 ① やってよい，差し支えない 同〖可以〗〖这么办，～不～？〗こうやっていいかい ② 有能な，やり手の〖他真～〗彼は大したものだ

⊗① 行為，振舞い〖言～一致〗言行一致 ② 旅，遠出すること〖西北之～〗西北地区の旅 ③ 行く，進む（める）〖人～道〗歩道〖～船〗船を進める ④ 行う，実行する〖试～〗試しにやってみる ⑤ 流通する，普及する〖风～〗急速に広まる ⑥ 移動性の，臨時の〖～灶〗（出張料理のための）臨時のかまど ⑦ もうすぐ，間もなく〖～将〗〖书〗間もなく…する ⑧ (X-) 姓 ♦「修行の腕前」の意の'道行'は dàoheng と発音 ⇨ háng

【行不通】xíngbutōng 動 やってゆけない，実現しない（反〖行得通〗）〖这样的办法是～的〗こんなやり方では駄目だ

【行车】xíngchē 動 車輛を走らせる，（自動車を）運転する〖～执照〗運転免許

【行程】xíngchéng 图 ① 行程，道のり ②（発展変化の）過程

【行道树】xíngdàoshù 图 街路樹

*【行动】xíngdòng 图 行動，行い ― 動 動く，行動する〖～起来〗行動を起こす

【行方便】xíng fāngbian 動 人に便宜を図る，人助けをする

【行宫】xínggōng 图 行在所あんざいしょ

【行好】xíng hǎo 動 人に施しをする，善根ぜんこんを施す〖行行好吧〗どうぞお恵みを

【行贿】xíng huì 動 賄賂わいろを贈る，袖の下を使う（反〖受贿〗）

【行迹】xíngjì 图 ① 挙動，振舞い〖～可疑〗挙動不審 ② 行方，あとかた 同〖行踪〗

【行将就木】xíngjiāng jiù mù（成）〈もうすぐ棺桶に入る〉余命いくばくもない 同〖行将入木〗

【行脚】xíngjiǎo 動（僧が）行脚あんぎゃする，修行の旅をする

【行劫】xíngjié 動 強盗を働く，追いはぎをする

【行进】xíngjìn 動（隊伍を組んで）徒歩で進む，行進する〖～曲〗行進曲

【行径】xíngjìng 图（悪い）行為や振舞い〖无耻～〗恥知らずな行為

【行军】xíngjūn 動 行軍する〖行了三天军〗3日間行軍した〖～床〗携帯用ベッド

【行礼】xíng lǐ 動 敬礼をする〖行鞠躬礼〗深くおじぎする

【行李】xíngli 图〖件〗旅の荷物〖托运～〗荷物を託送する〖手提～〗手荷物

*【行李箱】xínglǐxiāng 图（自動車

の)トランク

【行令】xíng'lìng 動 '酒令'(酒席での遊び)を令する

【行旅】xínglǚ 图 旅人

【行囊】xíngnáng 图《書》旅行用の荷物袋,雑囊ざっのう

【行期】xíngqī 图 出発の期日

【行乞】xíngqǐ 動 物乞いをする

【行窃】xíng'qiè 動 盗みを働く,泥棒稼業をする

*【行人】xíngrén 图 通行人,歩行者

【行若无事】xíng ruò wú shì (成) ①(緊急時にも) 平然と振舞う ②(悪人の悪事について) 見て見ぬ振りをする,平然と見逃す

【行善】xíng'shàn 動 よい事を行う,善行を施す

【行商】xíngshāng 图 行商人 ⇔[坐商]

【行尸走肉】xíng shī zǒu ròu (成) 生けるしかばね,無為に世を送る人

【行时】xíngshí 動(人や物が)もてはやされる,盛んになる

【行使】xíngshǐ 動 行使する,執行する〖~职权〗職権を行使する

【行驶】xíngshǐ 動(車や船が)走る,進む〖~速度〗走行速度

【行事】xíngshì 動 事を行う,処理する

【行书】xíngshū 图 行書ぎょう

【行署】xíngshǔ 图 ('行政公署'の略) ①解放前の革命根拠地や解放初期の一部地方に設けられた行政機関 ②省や自治区の出先機関

【行头】xíngtou [套·身] 图 ①(役者の) 舞台衣装と手回り品 ②(茶化した響きを伴って,一般人の) 衣装,服装

*【行为】xíngwéi 图 行為,行い

*【行文】xíngwén 動 ①文を組み立てる〖~流畅〗流れるような文章だ ②(機関,団体に) 公文書を提出する

【行星】xíngxīng 图《天》惑星,遊星〖~轨道〗惑星の軌道

【行刑】xíngxíng 動 刑罰(特に死刑)を執行する

【行凶】xíngxiōng 動 凶行(殺人,傷害など)に及ぶ,暴力を振るう

【行医】xíngyī 動(主に個人開業医として)医者をやる,医者を業とする

【行辕】xíngyuán 图 出征時の軍隊の本営 ⇔[行营]

【行远自迩】xíng yuǎn zì ěr (成) (遠い旅路も足元から>) 事はすべて一から始まる

【行云流水】xíng yún liú shuǐ (成) (漂う雲流れる水>) 文章や物事の扱い方が自然でのびやかだ

*【行政】xíngzhèng 图 ①行政〖~机构〗行政機構〖~区〗行政区 ②機関,企業などの内部の管理運営〖~工作〗管理業務

【行止】xíngzhǐ 图《書》①行方(⇔[行踪])〖~不明〗行方不明 ②品行,行状

【行装】xíngzhuāng 图 旅装,旅支度〖整理~〗旅支度を整える

【行踪】xíngzōng 图 行方,行く先〖~不定〗行方が定まらない

【行走】xíngzǒu 動 歩く,通る[禁止~]通行禁止

【饧(餳)】xíng 動 ①(飴など)柔らかくなる ②(目が)眠そうである ⊗水あめ

【陉(陘)】xíng ⊗ 山脈の途切れたところ

【荥(滎)】Xíng ⊗ [~阳] 荥阳けい(河南省) ◆四川省の地名[荥经]では Yíng と発音

【省】xǐng ⊗ ①反省する,内省する[反~]反省する ②父母や親族を訪ねる[归~]帰省する ③目覚める,正気に戻る[不~人事]人事不省 ⇨ shěng

【省察】xǐngchá 動 反省する,自省する〖~自己〗自分を省みる

【省亲】xǐngqīn 動 父母や尊族を訪ねるために帰省あるいは遠出する

【省视】xǐngshì 動 訪ねる,見舞う

【省悟】xǐngwù 動 悟る,(迷いから)目覚める ⇔[醒悟]

【醒】xǐng 動 ①(眠りから)覚める〖孩子~了〗子供が目を覚ました〖~不来〗目が覚めない ②(酒の酔い,麻酔,昏睡から)覚める,気が付く〖从昏迷中~过来了〗気絶の状態から気が付く ③迷いから覚める,はっと悟る〖觉~〗覚醒する

【醒盹儿】xǐng'dǔnr 動《方》居眠りから覚める

【醒豁】xǐnghuò 形(意味や説明が)はっきりした,明暸な

【醒酒】xǐng'jiǔ 動 酔いを覚ます

【醒木】xǐngmù 图(講釈師が釈台をたたく)柝き

【醒目】xǐngmù 形(文字や図形が)目を引く,はっきり見える

【醒悟(省悟)】xǐngwù 動 悟る,(迷いから)目覚める

【擤(*揩)】xǐng 動 鼻をかむ〖~鼻涕〗鼻をかむ

【兴(興)】xìng ⊗ 興味,面白み[尽~]存分に楽しむ[扫~]興ざめする ⇨ xīng

【兴冲冲】xìngchōngchōng 形(~的) 楽しくてたまらぬふうの,わくわくした様子の

*【兴高采烈】xìng gāo cǎi liè《成》天にも登りそうな,喜びにあふれた〖～地参加〗喜び勇んで参加する

【兴会】xīnghuì 图《书》たまたま生じた感興,突然わいた興趣

*【兴趣】xìngqù 图 興味,関心〖感～〗興味を覚える

【兴头】xìngtou 图 興

【兴头儿上】xìngtóurshang 图 興に乗っている時〖正在～〗興に乗っている最中だ

【兴味】xìngwèi 图《书》興味,面白み〖～盎然〗興味あふれる

【兴致】xìngzhì 图 興味,興趣

*【兴致勃勃】xìngzhì bóbó《成》興趣あふれる

【杏】xìng 图 (～儿) アンズの実 ⊗ アンズの木〖～树〗アンズの木

【杏红】xìnghóng 形《定语として》赤みがかった黄色の,黄赤色の

【杏黄】xìnghuáng 形《定语として》アンズ色の,アプリコットの

【杏仁】xìngrén 图 (～儿) 杏仁^{きょう} ⊗ アンズの種の中味,甘い種類は食用に,苦い種類は薬用に利用する

【幸】xìng ⊗ ① 幸せ〖～福〗幸福 ② 寵愛〖得～〗寵愛される ③ 喜ぶ,うれしく思う ④ 望む,希望する ⑤ 幸いに,幸運にも ⑥ (X-) 姓

【幸存】xìngcún 動 幸運にも生きのびる〖～者〗(事故災害の)生存者

【幸而】xìng'ér 副《书》幸いにも,運よく

*【幸福】xìngfú 图 幸福〖为人民谋～〗人民の幸福を図る 一 形 幸福な,満ち足りた〖～的日子〗幸せな日々

*【幸好】xìnghǎo 副 ⇨〖幸亏〗

*【幸亏】xìngkuī 副 幸いにも,…のおかげで〖～及时确诊〗幸いすぐに確かな診断をしたからよかったが…

【幸免】xìngmiǎn 動 幸いにも免れる〖～于死〗幸いにも死を免れた

【幸事】xìngshì 图 めでたい事,慶事

【幸喜】xìngxǐ 副 ⇨〖幸亏〗

【幸运】xìngyùn 图 幸運 一 形 幸運な,運がよい〖～儿 ér〗幸運児

【幸灾乐祸】xìng zāi lè huò《成》他人の不幸を喜ぶ

【悻】xìng ⊗〖～然〗憤ったる〖～～〗同前(「失意のさま」の意も)

【性】xìng 图 性(交),セックス〖～的知识〗性に関する知識〖～生活〗性生活〖～行为〗性行為 ⊗ ① 性格〖本～〗本性 ② 事物の性質,傾向〖碱～〗アルカリ性〖原则～〗原則性 ③ 男女,雌雄の別〖女～〗女性 ④《语》文法上の性

*【性别】xìngbié 图 性別〖～歧视〗性差別(女性蔑視)

【性病】xìngbìng 图 性病〖染上～〗性病にかかる

【性感】xìnggǎn 形 セクシーな,セックスアピールのある

*【性格】xìnggé 图 性格〖～内向〗内向的性格だ〖描写～〗性格を描写する

【性激素】xìngjīsù 图《生》性ホルモン

【性急】xìng jí 形 せっかちな,気が短い

【性价比】xìngjiàbǐ 图 コストパフォーマンス

【性交】xìngjiāo 動 性交する,交合する

*【性命】xìngmìng 图《条》命,生命〖丢～〗命を失う〖～交关〗生死に関わる,きわめて重大な

*【性能】xìngnéng 图 (機械の)性能,機能〖检验～〗性能を検査する

【性气】xìngqì 图 性質,気性

【性情】xìngqíng 图 性格,気性〖陶冶～〗気性を直す

【性骚扰】xìngsāorǎo 图 セクシャルハラスメント

【性欲】xìngyù 图 性欲

*【性质】xìngzhì 图 (事物の)性質,特質〖认清～〗性質を見定める〖工作的～〗仕事の性質

【性状】xìngzhuàng 图 (事物の)性質と形状

【性子】xìngzi 图 ① 気性,気質〖急～〗せっかち ② (酒や薬の)刺激性,強さ〖这酒～很烈〗実にきつい酒だ

【姓】xìng 图 姓,苗字〖贵～〗ご苗字 一 動 …を姓とする〖我～王〗私は王と申します

【姓名】xìngmíng 图 姓名,フルネーム

【姓氏】xìngshì 图 姓,苗字

【荇】(莕) xìng ⊗〖～菜〗《植》(水草の)ハナジュンサイ

【凶】(兇) xiōng 形 ① あくどい,凶悪な〖样子很～〗顔付きが恐ろしい ② 激しい,ひどい〖雪下得太～〗雪の降りようすが凄まじい ⊗ 凶行,凶悪犯罪〖行～〗(殺人や傷害など)凶行に及ぶ

【一】⊗ ① 不幸な,不吉な(⇔『吉』) 〖～吉〗吉凶 ② 凶作の〖～年〗凶作の年

*【凶暴】xiōngbào 形 凶暴な

【凶残】xiōngcán 形 凶悪で残忍な 一《书》残虐の徒ど,凶悪の輩なら

*【凶恶】xiōng'è 形 凶悪な,恐ろしい〖～的神色〗恐ろしい形相

【凶犯】xiōngfàn 图 凶悪犯,殺人犯

匈胸洶兄芎雄 — xióng

〚拘捕~〛殺人犯を逮捕する

【凶狠】xiōnghěn 形 凶悪でむごい
【凶横】xiōnghèng 形 凶悪で横暴な
【凶猛】xiōngměng 形 勢い (破壊力) が凄まじい〚山洪来勢~〛山津波が凄まじい勢いで襲って来た
【凶气】xiōngqì 名 殺気立った態度, 恐ろしい顔付き
【凶器】xiōngqì 名〔件〕凶器
【凶杀】xiōngshā 動 人を殺す
【凶神】xiōngshén 名 ① 悪魔, 邪神 ② 極悪人, 悪党 ◉[~恶煞]
*【凶手】xiōngshǒu 名 殺人犯, 人殺し
【凶死】xiōngsǐ 動 ① 殺される, 凶刃 (弾) に倒れる ② 自殺する
【凶险】xiōngxiǎn 形 危険この上ない, 危機差し迫った〚病情~〛病状が危うい
【凶相毕露】xiōng xiàng bì lù（成）凶悪な正体をさらけ出す
【凶信】xiōngxìn 名 (~儿) 死亡の知らせ, 凶報 ◉[凶耗]
【凶焰】xiōngyàn 名 凶悪な気勢, まがまがしい鼻息〚~万丈〛邪悪の炎が天を衝く勢い
【凶兆】xiōngzhào 名 不吉な兆し, 凶兆 ◉[吉兆]

【匈】Xiōng ⊗ ' 匈牙利 Xiōngyálì' (ハンガリー) の略
【匈奴】Xiōngnú 名 匈奴きょうど ♦ 古代北方民族の一

【胸(*膺)】xiōng 名 胸, 胸部〚护~〛胸当て〚~卡 kǎ〛(胸の身分証明書 ⊗ 胸の中, 心〚心~〛胸中
【胸部】xiōngbù 名 ① 胸部 ② 衣服の胸部, 胸もと
【胸骨】xiōnggǔ 名〖生〗胸骨
*【胸怀】xiōng huái 動 胸に抱く, 思う〚~大志〛大志を抱く
—— xiōnghuái 名 度量, 気持ち〚~狭窄〛度量が小さい
【胸襟】xiōngjīn 名 ① 胸の中, 度量 ◉[胸怀]〚~豁达〛心が広い ② 大望, 大志
【胸口】xiōngkǒu 名 みぞおち
【胸膜】xiōngmó 名〖生〗胸膜, 肋膜ろくまく ◉[肋膜]〚~炎〛胸膜炎, 肋膜炎
【胸脯】xiōngpú 名 (~儿) 胸, 胸部〚挺起~〛胸を張る
【胸鳍】xiōngqí 名〖動〗魚の胸びれ
【胸腔】xiōngqiāng 名〖生〗胸腔〚~外科〛胸部外科
*【胸膛】xiōngtáng 名 胸〚袒露 tǎnlù 着~〛胸をはだける
【胸围】xiōngwéi 名 胸囲, バスト
【胸无点墨】xiōng wú diǎn mò（成）(胸中に僅かな墨の跡もない>) 教養がない, 無学だ ◉[目不识丁]

【胸像】xiōngxiàng 名〔尊・座〕胸像
【胸有成竹】xiōng yǒu chéng zhú（成）(竹を描く時, 心の中にすでに竹の形ができている>) 心中すでに成算あり ◉[成竹在胸]
【胸章】xiōngzhāng 名〔颗〕(胸に付ける) バッジ〚佩带~〛胸にバッジを付ける
【胸中有数】xiōng zhōng yǒu shù（成）成算がある, 見通しが立っている ◉[心中有数] ⊗[胸中无数]

【洶(洶)】xiōng ⊗ 以下を見よ
【洶洶】xiōngxiōng 形 ① 〈書〉ごうごうたる ♦ 波涛逆巻く音の形容 ② 〈貶〉気勢のあがった, 勢い激しい〚气势~〛凄まじい見幕の ③ 〈書〉争う声の入り乱れた, 喧喧ごうごうたる (◉[讻讻])〚议论~〛議論が沸騰する
【洶涌】xiōngyǒng 動 水が逆巻く〚波涛~〛怒濤逆巻く

【兄】xiōng ⊗ ① あに〚弟~〛② dìxiong 兄弟 ♦ 親戚の中で自分と同じ世代の年上の男〚堂~〛(同姓で年上の) 男のいとこ ③ 男の友人に対する尊称
*【兄弟】xiōngdì 名 兄弟〚~两个〛兄弟ふたり〚~学校〛兄弟校
—— xiōngdi 名〈口〉① 弟 ② きみ, お前さん ♦ 年下男への親しみを込めた呼び方 ③ わたくし, 手前てまえ ♦ 男が自分を言う時の謙称
【兄妹】xiōngmèi 名 兄と妹
【兄嫂】xiōngsǎo 名 兄と兄嫁, 兄夫婦
【兄长】xiōngzhǎng 名 ① あに ② 男の友人への敬称, 貴兄, 大兄

【芎】xiōng ⊗ 以下を見よ
【芎藭】xiōngqióng 名〖植〗センキュウ ♦ 漢方薬材 ◉[川芎]

【雄】xióng ⊗ ① おすの (⊗ '雌')〚~蕊〛おしべ ② 強い, 勇ましい〚~兵〛強力な軍隊〚~文〛力強い文章 ③ 強力な人や国〚英~〛英雄
【雄辩】xióngbiàn 名 雄弁 —— 形〔定語・状語として〕雄弁な, 説得力のある〚~地证明〛雄弁に物語る
【雄才大略】xióng cái dà lüè（成）優れた才智, 傑出した智略
【雄蜂】xióngfēng 名〔只〕(ミツバチの) おすバチ ◉[工蜂][母蜂]
*【雄厚】xiónghòu 形 力が十分な, 充実した (⊗[微薄])〚~的人力和物力〛豊かな労働力と物量
【雄黄】xiónghuáng 名〖鉱〗雄黄, 鶏冠石 (◉[鸡冠石])〚~酒〛雄黄を混ぜた酒 ♦ 端午の節句に使う魔除けの酒
【雄浑】xiónghún 形 力強くよどみが

ない, 雄渾 $_{こん}^{な}$〖~的诗文〗雄渾な詩文
【雄健】xióngjiàn 形 力強い, たくましい〖~的步伐〗力強い歩み
【雄杰】xióngjié〈书〉图 英傑, 傑物 一形 (能力が)衆に優れた, 傑出した
【雄赳赳】xióngjiūjiū 形 (~的) 雄雄しく勇ましい
【雄图】xióngtú 图《书》壮大な計画, 雄図〖~大略〗遠大な計画
*【雄伟】xióngwěi 形 雄大な, 豪壮な〖~的建筑〗壮大な建物
【雄心】xióngxīn 图 雄心, 大望〖~壮志〗雄大な志
【雄鹰】xióngyīng 图〔只〕雄猛なワシ
【雄壮】xióngzhuàng 形 雄壮な, 勇ましい〖~的歌声〗力強い歌声
【雄姿】xióngzī 图 雄姿, 雄々しい姿

【熊】 xióng 图〔只・头〕クマ〖黑~〗〖狗~〗ツキノワグマ〖白~〗シロクマ〖~胆〗クマの胆 — 動《方》叱る, 責める — 形《方》無能な, 臆病な〖~市〗弱気の株式市場 ⊗ (X-) 姓
【熊蜂】xióngfēng 图〔只〕クマバチ
*【熊猫】xióngmāo 图 動〔只・头〕パンダ(⇨[猫熊])〖大~〗ジャイアントパンダ〖小~〗レッサーパンダ
【熊熊】xióngxióng 形 火が激しく燃えている〖炉火~〗炉の火がごうごう燃えている
【熊掌】xióngzhǎng 图 熊の手のひら ◆古来の珍味で, 料理の最高級品

【敻】 xiòng ⊗ ① 遥か遠くの ② 遥か昔の

【休】 xiū 動 ① 休む, 休息する ②(旧)(夫が妻を)離縁する〖把妻子~了〗妻を離縁した ⊗①(旧白話で) …するな, …してはいけない〖闲话~提〗無駄話はやめよう ② 停止する, やめる〖喋喋不~〗ぺちゃぺちゃしゃべり続ける ③ めでたい事〖~咎〗吉凶
【休会】xiū'huì 動 休会する, 会議に休憩を入れる〖~十分钟〗(会議を)10分間休憩する〖休了三天会〗3日間休会した
【休假】xiū'jià 動 休みをとる, 休みになる〖~三天(休三天假)〗3日の休みをとる〖带薪~〗有給休暇
【休克】xiūkè 图〈訳〉【医】ショック(を起こす)〔英:shock〕〖~疗法〗ショック療法
【休眠】xiūmián 動 休眠する〖~火山〗休火山
【休戚】xiūqī 图 喜びと悲しみ, 幸福と不幸〖~相关〗喜び悲しみを分かち合う(間柄である)
【休憩】xiūqì 動 休む, 休息する
*【休息】xiūxi 動 ① 休む, 休憩する, 休息する〖~一会儿〗ひと息入れる ②(事業所が)休業する
*【休闲】xiūxián 形 ①(耕地が) 休耕中の, 遊んでいる〖~地〗休耕地 ② のんびりした, ひまな〖~服〗カジュアルウエア
【休想】xiūxiǎng 動 考えるな〖你~逃脱〗逃げようなんて気を起こすな
【休学】xiū'xué 動 休学する
【休养】xiūyǎng 動 ① 休養する, 静養する ②(経済力を)回復かつ発展させる
【休业】xiū'yè 動 ① 休業する ② 学校が休みになる, 学期やコースが終わる
【休战】xiū'zhàn 動 休戦する
【休整】xiūzhěng 動(主に軍隊を)休養させ立て直す
【休止】xiūzhǐ 動 休止する, 停止する〖~符〗休止符

【咻】 xiū ⊗ わめく, 大声で騒ぐ〖~~〗ぜいぜい(あえぐ声)

【鸺】(鵂) xiū ⊗〖~鹠 liú〗【鸟】フクロウ

【髹】 xiū 動 漆を塗る

【修】 xiū 動 ① 修理する, 直す〖~车〗車を修理する ② 手入れをする, 整える〖~树枝〗枝を剪定する ③ 建造する, 建設する〖~桥〗橋をかける ④ 修行する〖~佛〗仏の道を修行する ⊗ ① 学ぶ, 鍛える〖~业〗学校で学ぶ ② 書く, 編む〖~史〗《书》歴史を編纂する〖~书〗《书》手紙を書く ③ 伸びる, 長い ④ 飾る, 美しく装う ⑤ (X-) 姓
【修补】xiūbǔ 動 修理する, 繕う〖~衣服〗服を繕う
【修长】xiūcháng 形 細長い〖身材~〗身体がすらりと高い
【修辞】xiūcí 图【語】修辞〖~学〗修辞学 — 動 修辞に凝る
【修道】xiūdào 動(宗教上の)修行をする〖~院〗修道院
【修订】xiūdìng 動 修訂する, 改訂する〖~本〗修訂本
*【修复】xiūfù 動 ① 修復する, 元通りに直す〖~铁路〗鉄道を復旧する ②【医】傷を元のように直す
*【修改】xiūgǎi 動 修正する, 手直しする〖~设计〗設計を手直しする
【修盖】xiūgài 動(家を)建てる
【修好】xiūhǎo 動(国家間の)友好関係を結ぶ, 修好する
【修剪】xiūjiǎn 動(枝や爪を)はさみで切りそろえる, 剪定する〖~指甲〗つめを切る
*【修建】xiūjiàn 動 建設する, 築く〖~机场〗飛行場を建設する
【修脚】xiū'jiǎo 動(多く職業とし

て）足の爪やタコをはさみで切る

*【修理】xiūlǐ [動] ①修理する，修繕する〖～机器〗機械を修理する ②（枝や爪を）切りそろえる，剪定する [同][修剪]

【修炼】xiūliàn [動] 道家の修養をする ♦不死の薬を練るなど

【修配】xiūpèi [動] 修理や部品の交換をする

【修葺】xiūqì [動] [同][修缮]

【修缮】xiūshàn [動]（建築物を）修理する，修繕する〖～房屋〗家を修繕する

【修饰】xiūshì [動] ①（物を）飾る，装飾する ②おしゃれする，おめかしする〖懒得～〗おしゃれするのが煩わしい ③〖語〗修飾する［～语］修飾語

*【修养】xiūyǎng [名] ①修養〖注意～〗修養につとめる ②素養，教養〖很有～〗造詣が深い — [動] 修養を積む

【修业】xiūyè [動] 修業する，学校で勉強する［～年限］修業年限

【修整】xiūzhěng [動] ①修理整備する〖～汽车〗車を修理整備する ②（樹木を）手入れする，剪定する〖～果树〗果樹を剪定する

【修正】xiūzhèng [動] ①修正する，是正する〖～草案〗草案を修正する ②（マルクス·レーニン主義を）修正する，改竄（かいざん）する［～主义］修正主義

【修筑】xiūzhù [動] 建設する，築く〖～水库〗ダムを築く

〖脩〗 xiū ⊗①干し肉［束～］《書》教師への謝礼 ②'修'と通用

【羞】 xiū [動] ①恥ずかしがる，困る〖～红了脸〗恥ずかしさに顔を赤くした［害～］はにかむ ②恥ずかしがらせる，きまり悪くさせる

⊗恥じいる，恥辱と思う

【羞惭】xiūcán [形] [同][羞愧]

*【羞耻】xiūchǐ [形]（面目を失い）恥ずかしい，面目ない〖洗刷～〗恥をすすぐ

【羞答答】xiūdādā [形]（～的）恥ずかしそうな，消え入りそうな ♦'羞羞答答'ともいう

【羞愤】xiūfèn [名] 羞恥と怒り

【羞愧】xiūkuì [形] 恥ずかしい，面目ない〖感到～〗恥じ入る

【羞明】xiūmíng [動] [同][畏光]

【羞怯】xiūqiè [形] はにかんだ，もじもじ恥ずかしげな

【羞人】xiū'rén [形] 恥ずかしい〖羞死人了〗恥ずかしくてたまらない

【羞辱】xiūrǔ [名] 恥辱〖受～〗辱められる — [動] 恥をかかせる，辱める

【羞涩】xiūsè [形] きまり悪げな，恥じらった〖～得红了脸〗恥じらって顔を赤らめた

〖朽〗 xiǔ ⊗①（木材が）朽ちた，腐った ②老い衰えた［老～］老いぼれた

【朽坏】xiǔhuài [動] 朽ち果てる，腐敗する

【朽迈】xiǔmài [形]《書》老いぼれた，老衰した [同][老朽]

【朽木】xiǔmù [名] ①朽ち木 ②役立たず者，ろくでなし

【宿】 xiǔ [量]《口》夜を数える〖住一～〗一泊する

⇨sù, xiù

【秀】 xiù [動]（作物が）穂を出す〖～穗〗穂を出す

⊗①すぐれた，傑出した［优～］優秀な ②美しい，優美な［山清水～］山紫水明 ③《口》ショー（英: show）［时装～］ファッションショー［脱口～］トークショー

【秀才】xiùcai [名] ①秀才，すぐれた才能を持つ人 ②秀才 ♦明清時代の府や県の学校の学生，'生员'の通称 ③読書人，知識人

【秀丽】xiùlì [形] 秀麗な，美しい〖～的山水〗美しい風景

【秀美】xiùměi [形] 優美な，垢（あか）ぬけした

【秀气】xiùqi [形] ①涼やかな，優美な〖面貌～〗容貌が垢ぬけしている ②（態度やもの腰が）上品な，優雅な

【绣（繡）】 xiù [動] 刺繡（ししゅう）する，縫い込む［刺～］刺繡する〖～了几个字〗いくつか文字を刺繡した

⊗刺繡品［苏～］蘇州製の刺繡

【绣花】xiù'huā [動]（～儿）絵や図を刺繡する［～针］刺繡針

【绣球】xiùqiú [名] ①絹リボンでこしらえた球形の飾り ②〖植〗ガクアジサイ（[同][八仙花]）［～花］同前

【绣像】xiùxiàng [名] ①刺繡した人物像 ②線画で描いた人物像

【绣鞋】xiùxié [名]〔双〕（布地の）刺繡した婦人ぐつ [同][绣花鞋]

〖琇〗 xiù ⊗玉に似た石

【锈（鏽）】 xiù [名] さび（銹）〖生～〗さびる — [動] さびる〖～住了〗さびついた

〖岫〗 xiù ⊗山（の洞）

〖袖〗 xiù ⊗①衣服の袖（そで）［～子］袖［长（短）～］長（半）袖［～扣儿］カフスボタン ②袖に入れる［～手］手を袖に入れる

【袖标】xiùbiāo [名]〔块〕腕章，袖章〖戴～〗袖章を付ける

【袖管】xiùguǎn [名]《方》衣服の袖 [同]《普》[袖子]

【袖口】xiùkǒu [名]（～儿）袖口［～纽扣］袖口のボタン

【袖手旁观】xiù shǒu páng guān〈成〉手をこまねいて冷ややかに見る, 拱手 傍観する

【袖章】xiùzhāng 图〔块〕腕章〔套~〕腕章を着ける

【袖珍】xiùzhēn 图《定語として》ポケットサイズの, 小型の 〔~词典〕ポケット辞典

【袖子】xiùzi 图〔只〕衣服の袖 〔挽~〕袖をまくる

【臭】xiù ⊗ ①におい, 臭気 〔无色无~〕無色無臭 〔~味相投〕悪人同士はうまが合う ② '嗅 xiù' と通用 ⇨chòu

【溴】xiù 图《化》臭素 〔~化银〕臭化銀

【嗅】xiù 動 においをかぐ (⑧〔闻〕) 〔~到〕かぎつける

*【嗅觉】xiùjué 图 嗅覚 〔~很灵〕嗅覚が鋭い

【嗅神经】xiùshénjīng 图 嗅覚神経

【宿】xiù ⊗ (古代天文学の) 星宿 〔二十八~〕二十八宿〔星~〕星座 ⇨sù, xiǔ

【圩】(墟) xū 图《方》(南方諸省の) 市;〔赶~〕市に出掛ける 〔~日〕市の立つ日 ⇨wéi

【吁】xū ⊗ ① ため息をつく 〔~一口长气〕長いため息をつく嘆く ② ああ ♦ 驚き, 疑いを表わす ⇨yū, yù

【吁吁】xūxū 擬 はあはあ (あえぎ音, 息をつく音) 〔气喘~〕はあはああえぐ

【盱】xū ⊗ 目を開いて上を見る 〔~衡〕(情勢を) 観察し分析する

【戌】xū ⊗ ①十二支の第11, 戌 〔戌~年〕戌戌 の年 ②戌の刻(午後7時から9時まで) 〔~时〕同時

【须】(須) xū ⊗ ①…すべきである, …しなければならない 〔务~〕必ず…すべし ②待つ

【—】(鬚) ⊗ ①（人間の）ひげ, あごひげ 〔留~〕ひげを蓄える 〔胡~〕ひげ ②（動物の）ひげ, 触角 〔触~〕触毛 ③（植物の）ひげ状のもの, 房 〔花~〕花のしべ

【须发】xūfà 图 ひげと頭の毛

【须根】xūgēn 图《植》ひげ根

【须眉】xūméi 图 ① ひげと眉 ②男子 〔~男子〕男らしい男

【须要】xūyào 能 …しなければならない, …すべきである 〔~努力〕努力しなければならない

【须臾】xūyú 图《书》ちょっとの間, しばらく 〔~之间〕つかの間に

*【须知】xūzhī 图 注意事項, 心得 〔游览~〕観光者の心得 ━ 動《书》必ず知っておかねばならない

【胥】xū 图 ①旧時の小役人 〔~吏〕小役人 ②すべて, みんな 〔万事~备〕準備万端すべて完了 ③(X-)姓

【虚】(虛) xū 图 ①衰弱し, 虚弱な 〔身体很~〕体が弱い ②びくびくした, 臆病な ③中味のない, 空の (⑧〔实〕) 〔空~〕からっぽの ④真実でない, 偽りの (⑧〔实〕)
⊗ ①空しい, 無駄に 〔~费〕浪費する ②空にする, 空ける ③謙虚な, 虚心の 〔谦~〕謙虚な ④指導理念, 政策理論など 〔务~〕(実務を離れた)理念的な事柄を議論する

【虚报】xūbào 動 偽りの報告をする, 虚偽の申告をする (⑧〔实报〕) 〔~年龄〕年を偽る

【虚词】xūcí 图《語》虚詞 (⑧〔实词〕) ♦ 副詞, 介詞, 接続詞, 助詞, 感嘆詞など, 概念を表わさず, 文法的関係を示す語. 文の主要成分になれない

【虚度】xūdù 動 空しく過ごす 〔~青春〕青春時代を空しく過ごす

【虚浮】xūfú 图 見せかけの, 現実性のない 〔~的计划〕実際の役に立たない計画

【虚构】xūgòu 動 想像で作り上げる, フィクションで書く 〔~情节〕物語の筋立てを作る 〔纯属~〕全くの作り話だ

【虚汗】xūhàn 图 寝汗, 冷汗 ♦ 疾患によるもの 〔出~〕寝汗をかく

【虚怀若谷】xū huái ruò gǔ〈成〉心が広い, 虚心坦懐な

【虚幻】xūhuàn 图 幻の, 実在しない 〔~的情景〕幻の情景

*【虚假】xūjiǎ 图 虚偽の, 偽りの (⑧〔真实〕) 〔~的友谊〕偽りの友情

【虚惊】xūjīng 動 (無駄に)驚く 〔~一场〕ひやりとしたが何事もなかった

【虚夸】xūkuā 動 誇張する, ほらを吹く

【虚礼】xūlǐ 图 虚礼 〔废除~〕虚礼を廃止する

【虚名】xūmíng 图 虚名, 中味以上の名声 〔迷恋于~〕虚名に溺れる

【虚拟】xūnǐ 動 ①仮定する ②想像で構築する, (架空話を) 作り上げる (⑧〔虚构〕) 〔~现实〕バーチャルリアリティ

【虚胖】xūpàng 图 脂肪太りの, ぶよぶよ太りの

【虚飘飘】xūpiāopiāo 图 (~的) ふわふわ宙に浮くような, 足が地につか

【虚荣】 xūróng 图 虚栄,見栄え『爱～』見栄を張りたがる [～心] 虚栄心

【虚弱】 xūruò 形 ①(体が) ひ弱な, 虚弱な ⇔[健壮] ②(国力や兵力が)脆弱な,手薄な

【虚设】 xūshè 動 名目だけ(の機構や役職)を設ける

【虚实】 xūshí 图 虚と実,(相手方の) 内情 [探听～] 相手の内情を探る

【虚岁】 xūsuì 图 数え年(⇔[周岁])『今年～四十』今年数えで40歳だ

【虚套子】 xūtàozi 图 形式だけの儀礼や慣例

【虚脱】 xūtuō 图《医》虚脱症状(を起こす)

【虚妄】 xūwàng 形 うそ偽りの,根拠のない

【虚伪】 xūwěi 形 偽りの,誠実でない ⇔[诚实]

【虚位以待】 xū wèi yǐ dài 《成》席を空けて待つ ⇔[虚席以待]

【虚文】 xūwén 图 ①形式だけで実効のない制度や規制 ⇔[具文] ②虚礼,形式的儀礼

【虚无】 xūwú 图 虚無 [～主义] ニヒリズム

【虚像】 xūxiàng 图《理》虚像(⇔[实像]) 『形成～』虚像を作りだす

【虚心】 xūxīn 形 虚心な,謙虚な ⇔[骄傲]

【虚应故事】 xū yìng gùshì 《成》従来おざなりにやって済ませる,おざなりに片付ける

【虚有其表】 xū yǒu qí biǎo 《成》見かけ倒しの,上辺ばかりの中味なし ⇔[鱼质龙文]

【虚张声势】 xū zhāng shēngshì《成》空威張りをする,虚勢を張る

【虚症】 xūzhèng 图《医》虚弱症

【墟】 xū ⊗①廃墟 [废～] 廃墟 ②'圩 xū'と通用

【嘘】 xū 動①口からゆっくり息を吐く [～了一口气] ふうっと息を吐く ②火や蒸気にあてる,あぶる,蒸す ③《方》(シッと)制止する
⊗ため息をつく
⇨shī

【嘘寒问暖】 xū hán wèn nuǎn 《成》(凍えている人に息を吹きかけ具合をたずねる>) 他人の生活に気を配る,思いやる

【嘘唏】 xūxī 動 ⇔[歔欷 xūxī]

【歔】 xū ⊗以下を見よ

【歔欷(嘘唏)】 xūxī 動《書》むせび泣く,すすり泣く ⇔[哽咽]

【需】 xū 動①必要とする [认识尚～提高] 認識を高める必要がある ②必要とする物

【需求】 xūqiú 图 ニーズ,需要 [～量] 需要量

【需要】 xūyào 图 必要,需要 ⇔[供给] 一動 必要とする [～大家的帮助] 皆の助けが必要だ

【徐】 xú ⊗①ゆっくりと,ゆるやかに [～步] 《書》おもむろに歩く ②(X-)姓

【徐徐】 xúxú 副《書》ゆっくりと,ゆるやかに『物价～上涨』物価がじわじわ上昇する

【许(許)】 xǔ ①許す,許可する『不～他去』彼が行くことを許さない [允～] 許可する ②承諾する,与えることを約束する『他～过我要请我看电影』彼は私を映画に誘ってくれると約束したことがある ③(女性の)縁組が決まる,嫁入りを約束する 一副 あるいは…かもしれない [也～] 同副
⊗①場所 [何～人] どこの人か ②およその見積り 『年四十～』年は40ぐらい ③ほめる,推賞する ④(X-)姓

【许多】 xǔduō 形 沢山の,多い

【许婚】 xǔhūn 動 (女性が) 婚約する,求婚を受け入れる ⇔[许亲]

【许久】 xǔjiǔ 图 長時間,長い間『走了～』長いこと歩いた [～没有通信了] 随分手紙を書いていない

【许可】 xǔkě 動 許可する,容認する (⇔[准许]) [如果时间～] 時間が許すなら [～证] 許可証

【许诺】 xǔnuò 動 承知する,引き受ける ⇔[答应]

【许愿】 xǔyuàn 動①(神仏に)願をかける ②将来の報酬を約束する,事前に見返りを約束する

【诩(詡)】 xǔ ⊗自慢する,ひけらかす [自～] 自慢する

【栩】 xǔ ⊗以下を見よ

【栩栩】 xǔxǔ 形〔多く状語として〕生き生きとした [～如生](描き方が)まるで生きているようだ

【酗】 xù ⊗①美酒 ②'酗剂'の略 [～剂]『薬』アルコール溶液

【旭】 xù ⊗朝日 [～日] 同前

【序】 xù 图[篇]序,序文『写～』序文を書く
⊗①次第,順序 [次～] 順序 ②順序を決める,順番に並べる [～齿] 年齢順にする

【序跋】 xùbá 图 序文と跋文,前書きと後書き

【序列】 xùliè 图 序列,順序よく並んだ列『不成～』(ばらばらで) 列を成

さない
【序幕】xùmù [名]（劇の）序幕，プロローグ；《転》（事件の）幕開け，発端
【序曲】xùqǔ [名]序曲，プレリュード；《転》事柄の発端，行動のはじめ
【序数】xùshù [名]序数 ♦'第一''第二''一yī楼'（1階）など
【序文（叙文）】xùwén [名]〔篇〕序文
*【序言（叙言）】xùyán [名]〔篇〕序文
【序战】xùzhàn [名]〖軍〗緒戦 [同][初战]

〖昫〗xù ⊗'煦'と通用

〖煦（*昫）〗xù ⊗暖かい［春风和～］春風が暖かい

【叙（敘*敍）】xù [動]しゃべる，話す〖～家常〗世間話をする
⊗①述べる，陳述する ②順序，等級を付ける［铨～］《旧》官吏を評定する ③'序xù'と通用
【叙别】xùbié [動]別れの語らいをする，別れのあいさつを交わす [同][话别]
【叙旧】xùʼjiù [動]（友人同士が）昔話をする，思い出を語り合う
【叙事】xùshì [動]（文章で）事柄を述べる，物語る［～诗］叙事詩
**【叙述】xùshù [動]叙述する，陳述する
【叙说】xùshuō [動]（口頭で）述べる，語る
【叙谈】xùtán [動]談話する，語り合う
【叙文】xùwén [名][同][序文 xùwén]
【叙言】xùyán [名][同][序言]

〖溆〗xù ⊗水辺，ほとり

〖恤（*卹賉）〗xù ⊗①哀れむ，同情する［体～］同情する ②救済する［抚～］慰め救済する
【恤金】xùjīn [名]救恤（きゅうじゅつ）金 [同][抚恤金]

〖洫〗xù ⊗（田畑の）水渠

〖畜〗xù ⊗家畜を飼う［～牧］牧畜
⇨chù
【畜产】xùchǎn [名]畜産，畜産物
*【畜牧】xùmù [動]牧畜を営む［～业］牧畜業
【畜养】xùyǎng [動]（動物を）飼う〖～牲口〗家畜を飼う

〖蓄〗xù ⊗①蓄える，ためる［储～］預金する［～水池］貯水池 ②心に抱く，腹に隠す ③髪や髭をのばす〖～胡子〗髭を伸ばす
【蓄电池】xùdiànchí [名]蓄電池，バッテリー
【蓄洪】xùhóng [動]（洪水を防ぐため過剰な川の水を）遊水池にためる［～坝］貯水ダム
【蓄积】xùjī [動]蓄積する，ためる〖～粮食〗食糧を備蓄する
【蓄谋】xùmóu [動]（陰謀を）かねてから企む〖～已久〗（よからぬ企てを）早くから抱く〖～叛变〗寝返りを企む
【蓄养】xùyǎng [動]蓄え育てる，養成する
【蓄意】xùyì [動]〖多く状語として〗（よからぬ企てを）たくらむ，前もって計画する（[同][存心]）〖～行骗〗計画的にだます

〖酗〗xù ⊗酒に溺れる，酒に飲まれる
*【酗酒】xùjiǔ [動]大酒を飲む，飲んで暴れる〖～闹事〗飲んで騒ぎを起こす

〖绪（緒）〗xù ⊗①糸の端 ②物事の発端［头～］手掛かり ③事業 ④心情，情緒［情～］気分 ⑤（X-）姓
【绪论】xùlùn [名]序論 [同][绪言]

【续（續）】xù [動]継ぎ足す，加える〖壶里～水〗やかんに水を足す
⊗①続ける［继～］継続する ②（X-）姓
【续貂】xùdiāo [動]良いものに悪いものをつなぎ足す ♦多く他人の著作を書き足す時の謙辞として
【续航】xùháng [動]（飛行機や船舶が）連続航行する［～力］航続力
【续假】xùʼjià [動]休みを延ばす，続けて休む〖～五天（续五天假）〗休暇を5日間延長する
【续弦】xùʼxián [動]後妻をもらう

〖勖（*勗）〗xù ⊗励み勉める［～勉］《書》同前

【絮】xù [動]布団や衣服に綿を入れる〖～被子〗掛け布団に綿を入れる
⊗①綿［棉～］綿 ②綿状のもの［柳～］柳絮（りゅうじょ） ③（話が）くどい［～叨］同前
【絮叨】xùdao [動]くどくど話す ― [形]（話が）くどい〖絮絮叨叨 xùxudāodāo 地说〗くどくどしゃべる
【絮烦】xùfan [形]くどくどしい，あきあきした
【絮聒】xùguō [動]①煩わす，迷惑をかける ②くどくど話す，長々としゃべる
【絮棉】xùmián [名]（ふとんや綿入れ衣服用の）綿
【絮絮】xùxù [形]〖多く状語として〗（話が）くどい，だらだら長い［～不休］同前
【絮语】xùyǔ《書》[名]くどい話 ― [動]くどくど話す（[同][絮说]）〖喃喃～〗

しきりにぶつぶつ言う

〖婿(*壻)〗 xù [×] ① 婿むこ [女～xu] 婿 ② 夫 [夫～] 同前 [妹～] 妹婿

〖轩(軒)〗 xuān [×] ① 古代の車の一種 ② 窓のある長い廊下や小部屋 ♦書斎名や屋号などに用いた ③ 窓, 扉 ④ 高く上がる, 丈の高い ⑤ (X-)姓

【轩昂】xuān'áng [形] 意気盛んな, 軒昂けんこうたる

【轩敞】xuānchǎng [形] (建物が) 大きく広々とした, 広くて明るい

【轩然大波】xuānrán dà bō 《成》(うねる大波＞) 大きなトラブル, 大変な騒ぎ 〖引起～〗 大騒ぎを引き起こす

【轩轾】xuānzhì [名] 《書》 高低や優劣 〖不分～〗 優劣なし

〖宣〗 xuān [×] ① 発表する, 公衆の前で言う [～示] 公表する ② 溜り水をはかす [～泄] 排水する ③ (X-) 安徽省宣城県→[～纸] ④ (X-)姓

**【宣布】xuānbù [動] 公表する, 宣言する 〖～会议开始〗 開会を宣言する

【宣称】xuānchēng [名] 言い立てる, 言明する [同][声称]

**【宣传】xuānchuán [動] 宣伝する 〖～政策〗 政策を広く知らせる [～画] ポスター

【宣读】xuāndú [動] 公衆の前で読み上げる 〖～文件〗 文書を読み上げる

【宣告】xuāngào [動] 宣告する, 宣言する([同][宣布]) 〖～破产〗 破産を宣告する

【宣讲】xuānjiǎng [動] 大衆に宣伝し説明する, (多くの人に) 説いて聞かせる

【宣教】xuānjiào [動] 宣伝教育する

【宣明】xuānmíng [動] はっきりと声明する, 発表する

【宣判】xuānpàn [動] 〖法〗 判決を言い渡す 〖～无罪〗 無罪を言い渡す

*【宣誓】xuānʼshì [動] 宣誓する 〖～作证〗 宣誓し証言する

【宣泄】xuānxiè [動] ① 溜り水をはかす, 排水する 〖～洪水〗 洪水をはかす ② (心のうっ積を) 吐き出す, (心中を)ぶちまける

【宣言】xuānyán [名][動] 宣言(する) [波茨坦～] ポツダム宣言

*【宣扬】xuānyáng [動] 広く宣伝する, (よい事, 悪い事を) 言い触らす 〖～自由〗 自由を呼び掛ける

【宣战】xuānʼzhàn [動] 宣戦する, 宣戦を布告する 〖向环境污染～〗 環境汚染に対して宣戦する

【宣纸】xuānzhǐ [名] 宣紙せんし, 画仙紙 ♦安徽省宣城県で産出する書画用の上質な紙

〖萱(*蘐)〗 xuān [×] 〖植〗 カンゾウ [～草] 同前

〖喧(*諠)〗 xuān [×] ① 大声でどなる [～嚷] 同前 ② 騒がしい, かしましい, やかましい [锣鼓～天] ドラや太鼓が天まで響く

【喧宾夺主】xuān bīn duó zhǔ 《成》(声の大きい客が主人の役を奪う＞) 小事が大事を押しのける

【喧哗】xuānhuá [動] 大声で騒ぐ 〖请勿～〗 静粛に ― [形] 騒がしい

【喧闹】xuānnào [形] 騒がしい, やかましい([反][安静]) 〖厌烦～〗 騒がしさを嫌う

【喧嚷】xuānrǎng [動] (大勢の人が) 大声でどなる, 声が入り乱れる 〖～之声〗 大勢のどなり声

【喧扰】xuānrǎo [動] 騒がす, 騒いで(平穏を)かき乱す

【喧腾】xuānténg [形] 沸き返るように騒がしい 〖广场上一片～〗 広場中大騒ぎしている

【喧嚣】xuānxiāo [動] 大勢の人がわめき立てる [同][喧嚷] ― [形] (人や車が)かまびすしい, 騒がしい

〖揎〗 xuān [動] ① 袖をまくる 〖～起胳膊〗 腕まくりをする ② 《方》 推す, なぐる

〖暄〗 xuān [形] 《方》 (透き間が多くて) 柔らかい, ふんわりした 〖馒头很～〗 マントウがふわふわしている [～腾 teng] 《方》 ふわふわ柔らかい

[×] 太陽の暖かさ [寒～] 時候のあいさつをする [～暖] 暖かい

〖煊〗 xuān [×] '暄' と通用 [～赫] (名声などが) 赫々たるさま

〖谖(諼)〗 xuān [×] ① 忘れる ② 欺く

〖儇〗 xuān [×] ① 軽佻な [～薄] 《書》 軽薄な ② ずる賢い

〖翾〗 xuān [×] 飛翔する

〖禤〗 Xuān [×] 姓

〖玄〗 xuán [形] でたらめな, 当てにならない 〖这话太～了〗 この話は全くいんちきだ

[×] ① 黒い [～色] 黒色 ② 深遠な [～理] 奥深い道理

【玄妙】xuánmiào [形] 深遠な, 玄妙な

【玄青】xuánqīng [形] 〔定語として〕 濃い黒色の

【玄参】xuánshēn [名] 〖植〗 ゴマノハグサ ♦漢方薬用, 解熱, 消炎効果を持つ

【玄孙】xuánsūn [名] (男子の) やしゃ

ご

【玄武】xuánwǔ [名] ①《書》亀(または亀と蛇) ②二十八宿中の北方七宿の総称 ③(道教で奉じる)北天の神

【玄想】xuánxiǎng [名] 幻想 [同][幻想]

【玄虚】xuánxū [名] ごまかし, からくり

【玄学】xuánxué [名] ①老荘学派の哲学 ②形而上学

【玄之又玄】 xuán zhī yòu xuán 《成》深遠でとらえ難い, 玄妙この上もない

〖痃〗 xuán ⊗[横～]〖医〗横根

【旋】 xuán [名](～儿) ①渦, 輪〖打个～〗輪を描く ②つむじ
⊗①ぐるぐる回る, 旋回する[盘～]旋回する ②戻る, 帰る[凯～]凱旋する ③まもなく[～即]同前 ④(X-)姓
⇨xuàn

*【旋律】xuánlǜ [名] メロディー, 旋律

【旋绕】xuánrào [動] ぐるぐる回る, 渦を巻く([同][缭绕])〖歌声～〗歌声が空にこだまする

【旋梯】xuántī [名] ①らせん階段 ②(体育器具, また運動としての) 回転ばしご

【旋涡(漩涡)】xuánwō [名] ①(～儿)渦〖打～〗渦を巻く ②《転》人を巻き込む紛争など〖被卷进政治斗争的～里〗政治闘争の渦に巻き込まれる

*【旋转】xuánzhuǎn [動](回転軸の周りを) 回転する, 旋回する〖月亮围绕着地球～〗月は地球の周りを回る

【旋转乾坤】 xuánzhuǎn qiánkūn 《成》局面を一変させる, 天地を覆す [同][旋乾转坤]

【旋子】xuánzi [名] 輪, 円([同][圈子])〖打～〗(トンビなどが) 輪を描く

【漩】 xuán [名](～儿)渦, 渦巻き[～涡]渦

〖璇(*璿)〗 xuán ⊗①美しい玉 ②古代の天文観測器[～玑]同前

【悬(懸)】 xuán [動] 掛ける, 吊す〖～在空中〗宙にぶら下っている — [形]《方》危なっかしい
⊗①心配する, 案じる ②決着がついていない, 懸案の ③距離がある, 開きが大きい

【悬案】xuán'àn [名]〔件〕①(犯罪事件や訴訟などの) 未解決の事件 ②未解決の問題, 懸案

【悬臂】xuánbì [名]〖機〗カンチレバー, 腕木[～起重机]大型クレーン

【悬浮】xuánfú [動] ①〖理〗(微粒子が) 浮遊する ②ふわふわ漂う [同][漂浮]

【悬隔】xuángé [動] 遠く隔たる[～天地]天地の隔たりがある

*【悬挂】xuánguà [動] 掛ける, 吊す〖～项链〗ネックレスを着ける

【悬乎】xuánhu [形]《方》危ない, 心許ない

【悬空】xuánkōng [動] ①宙に浮く;《転》未解決のまま残る ②《転》現実離れする

【悬梁】xuánliáng [動] 梁に首を吊る

【悬铃木】xuánlíngmù [名]〖植〗プラタナス, スズカケ [同][法国梧桐]

【悬拟】xuánnǐ [動](根拠もなく)想像する, 当て推量する

*【悬念】xuánniàn [動] 気にかける, 心配する — [名](物語の成り行きなどに)はらはらする気持ち

【悬殊】xuánshū [形] ギャップが大きい, 差異の甚だしい〖力量～〗力に大差がある

【悬索桥】xuánsuǒqiáo [名] 吊り橋 [同][吊桥]

【悬腕】xuán'wàn [動](毛筆で大きな字を書く時)腕を上げて机に着かないようにする [同][悬肘]

【悬想】xuánxiǎng [動] 空想する, 想像する

【悬崖】xuányá [名] 断崖〖攀登～〗断崖をよじ登る

【悬崖勒马】xuányá lè mǎ 《成》(断崖に馬を止める>)危機の瀬戸際で踏み止まる

*【悬崖峭壁】xuányá qiàobì 《成》切り立った絶壁

【悬雍垂】xuányōngchuí [名]〖生〗口蓋垂, のどひこ ♦通常'小舌'という

【选(選)】 xuǎn [動] ①選ぶ, 選択する([同][拣])[挑～]選ぶ ②選挙する, 選出する〖～他当代表〗彼を代表に選出する
⊗選集[短篇小说～]短篇小説選

*【选拔】xuǎnbá [動] 選抜する〖～选手〗選手を選抜する[～赛]選抜競技会

【选材】xuǎn'cái [動] 人材(材料) を選ぶ

【选定】xuǎndìng [動] 選んで確定する〖～主题〗テーマを決める

【选集】xuǎnjí [名]〔本·套〕選集

**【选举】xuǎnjǔ [動] 選挙する, 選出する〖～市长〗市長を選ぶ[～权]選挙権

【选矿】xuǎnkuàng [動]〖鉱〗選鉱する

【选录】xuǎnlù [動](文章を)選んで収録する

【选民】xuǎnmín [名] 有権者, 選挙民

X

［～榜］選挙人名簿
【选派】xuǎnpài [動] 人を選んで派遣する〖～代表出席大会〗代表を選出して大会に出席させる
【选票】xuǎnpiào [名]〔张〕投票用紙〖收买～〗票を買う(買収する)〖赢得 yíngdé 过半的～〗過半数の票を得る
【选区】xuǎnqū [名] 選挙区
【选任】xuǎnrèn [動] 選任する〖被～科长〗課長に選任される
*【选手】xuǎnshǒu [名]〔名〕選手([同]［运动员］)〖被选为～〗選手に選ばれる［种子～］シード選手
【选修】xuǎnxiū [動] 選択科目を選んで学ぶ〖～汉语〗中国語を選択する［～科］選択科目
【选用】xuǎnyòng [動]（人や物を）選んで使う〖～教材〗教材を選ぶ
**【选择】xuǎnzé [動] 選択する，選ぶ
【选种】xuǎnᵛzhǒng [動]（動植物の）優良種を選ぶ

〖烜〗xuǎn/xuān ⊗① 燃えさかる，赤々と燃える ② 輝かしい［～赫 hè］名の聞こえた

【癣(癬)】xuǎn [名] 田虫や白雲(しらくも)などの皮膚病の総称〖长～〗皮膚病になる［～疥］疥癬(かいせん)

〖泫〗xuàn ⊗ 滴(しずく)が垂れる，滴(したた)る
【泫然】xuànrán [形]《書》はらはらと(涙がこぼれるさま)

〖炫〗xuàn ⊗ まぶしく照らす，目を眩(くら)ませる［光彩～目］華やかでまばゆい
〖—(*衒)〗⊗ ひけらかす［～富］財力をひけらかす
【炫示】xuànshì [動] 見せびらかす，ひけらかす
【炫耀】xuànyào [動] ひけらかす，鼻にかける([同]［夸耀］)〖～学问〗学をひけらかす

〖昡〗xuàn ⊗ 日の光

〖眩〗xuàn ⊗① 目がくらむ，目まいがする ②（欲に）心を曇らされる，惑わされる［～于名利］名利に目がくらむ
【眩惑】xuànhuò [動]（欲に）目がくらむ，惑わされる [同]［迷惑］
【眩晕】xuànyùn [動] 目がくらむ，めまいを起こす

〖铉(鉉)〗xuàn ⊗ 鼎をかつぐための道具

〖绚(絢)〗xuàn ⊗ 以下を見よ
【绚烂】xuànlàn [形] きらびやかな，華やかな〖～多彩的民族服装〗絢爛(けんらん)たる民族衣装
【绚丽】xuànlì [形] きらびやかな，華麗な〖～的陶瓷〗目もあやな陶磁器

【旋】xuàn [副] その場で，その時になって〖～用～买〗いざ必要な時にその場で買う
⊗ くるくる回る，渦を巻く
【—(*鏇)】[動] 旋盤で削る，回転させながら刃物で削る〖～铅笔〗鉛筆を削る
⊗ 燗(かん)鍋→［～子］
⇨xuán
【旋床】xuànchuáng [名]〔台〕旋盤 [同]［车床］
【旋风】xuànfēng [名]〔阵〕つむじ風，旋風
【旋子】xuànzi [名] ① 銅製の盆 ◆普通‘粉皮’を作るのに使う ② 燗鍋(湯を張って酒の燗をする金属容器)

〖渲〗xuàn ⊗ 以下を見よ
【渲染】xuànrǎn [動] ① 中国画法の一 ◆たっぷり水を含んだ墨や色で画面をぼかすように塗る ② 大げさに言う，誇張する

【楦(*楥)】xuàn [動] ① 木型を入れる〖～鞋〗靴に木型を入れる ②《方》空いた所に物を詰める，詰め物をする
⊗ 靴や帽子の木型［鞋～］靴の木型
【楦子】xuànzi [名] 靴や帽子の木型 [同]［楦头］

〖削〗xuē ⊗ 削る，(皮を)むく［剥～］搾取する［～发 fà］(出家して)髪をおろす
⇨xiāo
【削壁】xuēbì [名] 切り立った崖，絶壁
【削价】xuējià [動] 値引きする，値下げする([同]［减价］)〖～处理〗特価大バーゲン
【削减】xuējiǎn [動] 削減する，削る〖～军费〗軍事費を削る
*【削弱】xuēruò [動] ① 力が弱まる ② 力を弱める〖～力量〗力を弱める
【削足适履】xuē zú shì lǚ《成》(足を削って靴に合わせる＞) 実情を無視して機械的に適用する

〖靴(*鞾)〗xuē ⊗ 長靴，ブーツ［雨～］レインシューズ［马～］乗馬靴
【靴靿】xuēyào [名]（～儿）長靴の筒 [同]《方》［鞥 wēng］
【靴子】xuēzi [名]〔双〕長靴，ブーツ ◆くるぶしより上まである靴

〖薛〗Xuē ⊗ 姓

〖穴〗xué ⊗① ほら穴，(動物の) 巣窟［洞～］洞窟［蚁～］アリの巣［～植］穴を掘って苗木を植える ② 鍼灸(しんきゅう)のつぼ［～道］つぼ ③ 墓穴［墓～］同前
【穴位】xuéwèi [名] 鍼灸のつぼ

X

【茓】xué ⊗［～子(踅子)］穀物貯蔵の囲いに使うむしろ

【学(學)】xué [動] ① 学ぶ，勉強する〚跟他～英语〛彼について英語を学ぶ ② まねる〚～鸡叫〛鶏の鳴き声をまねる ⊗ ① 学問，知識 ② 学科［数～］数学 ③ 学校［上～］学校へ行く

【学报】xuébào [名] 学報，紀要

【学潮】xuécháo [名] 学園紛争，学生の抗議運動〚闹～〛(学生が) 授業放棄などをする

【学阀】xuéfá [名]《貶》学界のボス，教育界の頭目

【学费】xuéfèi [名] ① 学費，教育費 ②(学校に払う) 授業料〚付～〛授業料を払う

【学分】xuéfēn [名](成績の)単位

【学风】xuéfēng [名] 学風，学習のあり方

【学好】xuéhǎo [動] 習得する，マスターする〚～游泳〛水泳をマスターする〚学不好〛習得できない

—— xué▾hǎo [動] 立派な人や事柄を手本とする [反]［学坏］

【学会】xuéhuì [名] 学会 — [動] 習得する，マスターする〚～了开车〛車の運転を覚えた〚学不会〛習得できない

【学籍】xuéjí [名] 学籍〚开除～〛除籍処分にする

【学界】xuéjiè [名] 教育界

【学究】xuéjiū [名] 知識人 ♦時に時代遅れの学者を指す

【学科】xuékē [名] ① 学問の科目 ♦物理学，社会学など ② 学校の教科目 ③(軍事訓練や体育訓練の中の'术科'(実技) に対する) 学科，知識科目

【学力】xuélì [名] 学力〚提高～〛学力を増進する

★【学历】xuélì [名] 学歴〚填写～〛学歴を書き込む

【学龄】xuélíng [名] 学齢([同]［学习年龄］)［～儿童］学齢に達した児童

【学名】xuémíng [名] ① 学名 ② 子供が入学時に使う正式の名前 [同]［大名］ [反]［小名］

【学年】xuénián [名] 学年 ♦中国では9月に始まる［～考试］学年末試験

【学派】xuépài [名] 学派

★★【学期】xuéqī [名] 学期 ♦中国の1学年は2学期から成る

【学舌】xué▾shé [動]《貶》①(自分の意見がなく) 人の意見を繰り返す ② 口が軽い，聞いた話をすぐしゃべる

★★【学生】xuésheng/xuéshēng [名] ① 学生 ♦小学生以上，在学する者すべてをいう ② 教え子，弟子

【学识】xuéshí [名] 学識〚卖弄～〛学識をひけらかす

【学时】xuéshí [名] 授業時間，時限

【学士】xuéshì [名] ① 読書人，学者 ② 学士［经济～］経済学士

★★【学术】xuéshù [名] 学術［～讨论会］［～研讨会］シンポジウム［～界］学界

★【学说】xuéshuō [名] 学説

【学堂】xuétáng [名]《旧》《方》学校［大～］大学堂(清末に開設した大学)

【学徒】xuétú [名](商売を習う) 小僧，(技術を習う) 徒弟［～工］見習工

—— xué▾tú [動] 徒弟になる，弟子入りする

★【学位】xuéwèi [名] 学位〚授予～〛学位を授ける［～论文］学位(博士)論文

★★【学问】xuéwen [名] ①〔门〕学問〚做～〛学問にたずさわる ② 知識，学識〚很有～〛学がある

★★【学习】xuéxí [動] 学習する，勉強する〚～文化〛読み書きを学ぶ〚～先驱〛先駆者に学ぶ〚向他～〛彼に学ぶ

★★【学校】xuéxiào [名]〔所〕学校〚开办～〛学校をつくる

【学业】xuéyè [名] 学業〚完成～〛学業を全うする

【学员】xuéyuán [名](訓練所や養成所などで学ぶ)受講生，研修生

【学院】xuéyuàn [名]〔所〕単科大学

【学者】xuézhě [名] 学者

【学制】xuézhì [名] ① 教育制度，学制〚整顿～〛教育制度を整備する ②(学校の)修業年限

【踅】xué [動] 行ったり来たりする，途中で引き返す〚～来～去〛行きつ戻りつする

【噱】xué ⊗《方》笑う［发～］同前 ♦「大笑いする」の意の文語はjuéと発音

【噱头】xuétóu《方》[名] ① お笑い，笑いを誘う言葉やしぐさ ② いんちき，トリック〚摆～〛トリックを使う — [形] 滑稽な，おかしい

【雪】xuě [名]〔场·片〕雪〚下～〛雪が降る ⊗ ①(恥，恨み，汚名を) そそぐ，晴らす［～恨］恨みを晴らす ② 雪のように白い

【雪白】xuěbái [形] 真っ白な〚脸色～〛顔色が雪のように白い

【雪豹】xuěbào [名]〚動〛ユキヒョウ

【雪暴】xuěbào [名] 雪あらし，ブリザード

【雪崩】xuěbēng [動] 雪なだれが起こる

【雪耻】xuěchǐ [動] 恥をそそぐ

【雪糕】xuěgāo [名]《方》アイスクリーム [同]《普》［冰激凌］

【雪花】xuěhuā [名]〔片〕(ひらひら舞う)雪，雪片［～膏］化粧クリーム

【雪茄】xuějiā [名]《訳》〔支・根〕シガー，葉巻(英:cigar) [同][卷烟]
【雪里蕻(雪里红)】xuělǐhóng [名]〘植〙オオバガラシ ♦茎と葉を漬物にする
【雪莲】xuělián [名]〘植〙雪蓮 ♦新疆，青海，チベット地方の高山に産し花は真紅で薬用になる
【雪亮】xuěliàng [形]ぴかぴかの，雪のように明るい〚电灯～〛電灯がまぶしく輝いている
【雪柳】xuěliǔ [名]〘植〙ユキヤナギ
【雪泥鸿爪】xuě ní hóng zhǎo《成》(泥雪上の雁の足跡＞) 昔を偲ばせる何かの痕跡
【雪片】xuěpiàn [名]雪片，舞いとぶ雪 ♦多く比喩に使う〚～飞来〛(祝電や投書などが)雪片のように殺到する
【雪橇】xuěqiāo [名]〔只〕雪そり([同][雪车])〚拉～〛そりを引く
【雪青】xuěqīng [形]〘定語として〙薄紫色の [同][浅紫]
【雪人】xuěrén [名]①(～儿)雪だるま〚堆～〛雪だるまを作る ②(想像上の)雪男，イエティ
*【雪上加霜】xuě shàng jiā shuāng《成》泣き面に蜂(はち)，災難が重なる
【雪松】xuěsōng [名]〔棵〕ヒマラヤ杉
【雪条】xuětiáo [名]《方》アイスキャンデー [同]《普》[冰棍儿]
【雪线】xuěxiàn [名]〘地〙雪線
【雪冤】xuěyuān [動]無実の罪をそそぐ，冤罪(えんざい)を晴らす
【雪中送炭】xuě zhōng sòng tàn《成》(雪中に炭を送る＞) 困っている人に物質的援助をする [同][雪里送炭]

〖鳕(鱈)〗xuě [⊗]〘魚〙タラ ♦普通'大头鱼'という〔～鱼〕同前

【血】xuè [名]血液〔输～〕輸血する
[⊗]①血のつながった，先祖が同じの〔～亲〕血族 ②血気盛んな ③月経
⇨xiě
【血案】xuè'àn [名]〔件・起〕殺人事件
【血沉】xuèchén [名]〘医〙血沈〚测定～〛血沈を計る
【血管】xuèguǎn [名]〔条〕血管
【血海】xuèhǎi [名](殺人による)血の海〔～深仇〕肉親などを殺された恨み
【血汗】xuèhàn [名]血と汗;《転》骨折り，苦労〔～钱〕苦労して稼いだ金
【血痕】xuèhén [名]血痕(けっこん)
【血红】xuèhóng [形]〘多く定語として〙真っ赤な，深紅の [同][鲜红]
【血红蛋白】xuèhóng dànbái [名]〘生〙ヘモグロビン [同][血红素][血色素]
【血迹】xuèjì [名]血のあと，血痕〚留有～〛血痕が残っている
【血浆】xuèjiāng [名]〘生〙血しょう
【血口喷人】xuè kǒu pēn rén《成》口汚なく中傷する [同][含血喷人]
【血库】xuèkù [名]①血液銀行 ②(病院の)血液保管庫
【血亏】xuèkuī [名](漢方で) 貧血症 [同][血虚]
【血泪】xuèlèi [名]血の涙;《転》悲惨な身の上〔～家史〕血涙で綴る一家の歴史
【血流成河】xuè liú chéng hé《成》(多数の人が殺されて) 血が川となって流れる [同][血流漂杵]
【血路】xuèlù [名]〔条〕血路〚杀出～〛血路を開く
【血泊】xuèpō [名]血だまり，血の海
【血气】xuèqì [名]①血気，活力〔～方刚〕血気盛んだ ②[同][血性]
【血清】xuèqīng [名]血清〔～肝炎〕血清肝炎
【血球】xuèqiú [名]〘生〙血球〔红(白)～〕赤(白)血球
【血肉】xuèròu [名]①血と肉 ②特に(肉親その他の)親密な間柄
【血色】xuèsè [名]血色，皮膚の色つや〚没有一丝～〛血の気が失せている
【血书】xuèshū [名]〔封〕血書，血で書いた書状
【血栓】xuèshuān [名]〘医〙血せん
【血糖】xuètáng [名]〘医〙血糖〔～过多症〕血糖過多症
【血统】xuètǒng [名]血統，血筋〚日本～的美国人〛日系アメリカ人
【血污】xuèwū [名]染みついた血痕，血による汚れ〚抹去～〛血をぬぐい取る
【血吸虫】xuèxīchóng [名]〘虫〙住血吸虫
【血小板】xuèxiǎobǎn [名]〘生〙血小板
【血腥】xuèxīng [形]〘多く定語として〙血なまぐさい，血にまみれた〔～钱〕血にまみれた金
【血型】xuèxíng [名]血液型〚～不配合〛血液型不適合
【血性】xuèxìng [名]生一本な性質，真っ直ぐな心〔～汉子〕正義漢
*【血压】xuèyā [名]血圧〚量 liáng ～〛血圧を計る〔高(低) ～〕高(低)血圧
【血液】xuèyè [名]①血液〔～透析〕(人工) 血液透析 ②《転》主要な成分，主力
【血印】xuèyìn [名]血痕(けっこん) [同][血迹]
【血友病】xuèyǒubìng [名]〘医〙血友病
【血缘】xuèyuán [名]血縁〔～关系〕血縁関係

【血债】xuèzhài [名]〔笔〕血の負債，人民を殺害した罪
【血战】xuèzhàn [名]〔场〕血みどろの戦い，大激戦 — [動] 血みどろの戦いをする，死を賭して戦う
【血肿】xuèzhǒng [名]《医》血腫
〖谑(謔)〗xuè ⊗ふざける，冗談を言う［戏～］ふざける
〖勋(勛 *勳)〗xūn ⊗大きな手柄，功労［功～］勲功
【勋绩】xūnjì [名] 立派な手柄，功績 [同]［勋劳］
【勋爵】xūnjué [名] ①（封建時代の）爵位 ②英国の貴族ないし男爵への尊称(英:Lord)
【勋劳】xūnláo [名] 立派な手柄，功績
【勋章】xūnzhāng [名]〔枚〕勲章〖佩带～〗勲章をつける
〖埙(塤 *壎)〗xūn ⊗壎(けん) ♦古代の土笛．鶏卵ほどの形と大きさで中空，ほぼ6個の穴がある
【熏(*燻)】xūn [動] ①（煙で）いぶす，（香りを）たきこむ〖～蚊子〗蚊をいぶす〖～黑〗黒くすすける ②くん製にする〖～鱼〗魚をくん製にする
⇨xùn
【熏风】xūnfēng [名]《書》暖かい南風
【熏沐】xūnmù [動] 香を焚き沐浴して身を清める
【熏染】xūnrǎn [動] 悪い影響を与える，悪習に染まる〖受腐朽思想的～〗堕落した思想に染まる
*【熏陶】xūntáo [動] 薫陶する，よい方向に感化する〖起～作用〗よい影響を与える
【熏蒸】xūnzhēng [動] 燻蒸(くんじょう)消毒する［～消毒］燻蒸消毒 — [形] 蒸し暑く耐え難い，うっとうしくて息のつまりそうな
【熏制】xūnzhì [動]（食品を煙や香りで）いぶす，くん製にする
〖薰〗xūn ⊗①かおり草［～草］香草 ②草花の香り ③'熏'と通用
【薰莸不同器】 xūn yóu bù tóng qì《成》（香りの良い草と悪い草は同じ器に入れられない>）良いものと悪いものは共存できない
〖曛〗xūn ⊗残照，日没時の淡い光り
〖醺〗xūn ⊗酒に酔った［醉～～］酔っ払った
〖旬〗xún ⊗①10日間，1か月を3分した期間［上～］上旬 ②10年〖年过七～〗70歳を越える
〖郇〗Xún ⊗姓
〖询(詢)〗xún ⊗尋ねる，問う［查～］問い合わせる［咨～］諮問する
**【询问】xúnwèn [動] 問い合わせる，意見を求める［～站］案内所［～处］同前
〖洵〗xún ⊗誠に，本当に〖～属可贵〗実に貴重だ
〖恂〗xún ⊗誠実な，正直な
〖荀〗Xún ⊗姓
〖珣〗xún ⊗玉の一種
【巡(*廵)】xún [量] 全員に酒をつぐ回数を数える〖酒过三～〗酒が3回りした ⊗巡回する，パトロールする［～演］巡回公演する
【巡捕】xúnbǔ [名] ①清代の地方長官に随行する役人 ②《旧》租界地の警官［～房］租界の警察局
【巡查】xúnchá [動] 見回る，パトロールする
【巡风】xúnfēng [動] 見張りをする，巡回し動静をうかがう
【巡航】xúnháng [動]（船や飛行機が）巡視する，巡航する［～导弹］巡航ミサイル
【巡回】xúnhuí [動] 巡回する［～医疗队］巡回医療団
【巡警】xúnjǐng [名]《旧》巡査，警官
【巡礼】xúnlǐ [動] 巡礼する，聖地詣での旅をする;《転》観光する，名所巡りをする
*【巡逻】xúnluó [動] パトロールする［～队］パトロール隊
【巡哨】xúnshào [動]（警備隊が）パトロールする，巡回警備する
【巡视】xúnshì [動] ①視察して回る ②見回す，ぐるり見渡す
【巡幸】xúnxìng [動]《書》（皇帝が）巡幸する
【巡洋舰】xúnyángjiàn [名]〔艘・只〕《軍》巡洋艦［导弹～］ミサイル搭載巡洋艦
【巡夜】xúnyè [動] 夜回りをする，夜間パトロールをする
【巡弋】xúnyì [動]（軍艦が）海上パトロールする
【巡诊】xúnzhěn [動]（医師が）巡回診療を行う，往診する
【寻(尋)】xún [動]《方》探す，求める（[同]《普》［找］）〖～人〗尋ね人あり ⊗古代の長さの単位 ♦'一～'は'八尺'
⇨xín
【寻常】xúncháng [形] 普通の，当たり前の（[同]［平常］）
【寻短见】xún duǎnjiàn（旧読 xín duǎnjiàn）[動] 早まったことをする（自殺する）

【寻访】xúnfǎng 動 所在を探して訪れる,尋ねて行く
【寻根究底】xún gēn jiū dǐ〈成〉(根を探り底をきわめる>) そもそもの原因や経緯を根ほり葉ほり問い詰める
【寻呼机】xúnhūjī 名 ポケベル
【寻机】xúnjī 動 機会を探す,チャンスをうかがう
*【寻觅】xúnmì 動 探す,尋ね求める 働[寻找]
【寻求】xúnqiú 動 探し求める,追究する〚～真理〛真理を追求する
【寻死】xún'sǐ(旧読 xín'sǐ)動 自殺する,自殺をはかる
【寻死觅活】xún sǐ mì huó〈成〉自殺を企てる,死ぬの生きるのと騒ぐ
【寻思】xúnsi(旧読 xínsi)動 考える,思案する(働[考虑])〚好好～〛じっくり思案する
【寻索】xúnsuǒ 動 探し求める,尋ねる[～踪迹]行方を探す
【寻味】xúnwèi 動 (意味を)味わう,繰り返し考える[耐人～](言葉は)味わい深い
【寻衅】xúnxìn 動 言い掛かりをつける,挑発する
【寻章摘句】xún zhāng zhāi jù〈成〉(ほかの本から章や句を引いている>) ①美辞麗句にとらわれて全文を理解しない ②ありきたりの語句を並べて文を書く
*【寻找】xúnzhǎo 動 探す,探求する〚～新的能源〛新しいエネルギー源を探す
【寻枝摘叶】xún zhī zhāi yè〈成〉(幹を捨てて枝葉を求める>) どうでもよい事を問題にする

【荨(蕁)】xún ⊗ 以下を見よ
⇨ qián
【荨麻疹】xúnmázhěn(旧読 qiánmázhěn)名〔医〕蕁麻疹じんま〔风疹块〕

【浔(潯)】xún ⊗①水辺,川のほとり[江～]大河のほとり ②(X-)江西省九江の別称

【鲟(鱘*鱏)】xún ⊗〔魚〕チョウザメ[～鱼]同前

【循】xún ⊗ 従う,守る[遵～]遵守する[～规蹈矩]規律を守る
*【循环】xúnhuán 動 循環する[～系统疾病]循環器障害[～赛]リーグ戦[～论证]循環論
【循序】xúnxù 動 順序に従う,順を追う
*【循序渐进】xúnxù jiànjìn〈成〉段階を踏んで着実に進む ⊗[一步登天]
【循循善诱】xúnxún shàn yòu〈成〉順序よく教え導く,系統立てて巧みに教える

【训(訓)】xùn 動 教え導く,訓戒する〚被～了一顿〛叱られた
⊗①教訓,戒め[家～]家訓 ②字義の解釈をする→[～诂]
【训斥】xùnchì 動 訓戒する,叱責する
【训词】xùncí 名 訓辞〚致～〛訓辞を述べる
【训诂】xùngǔ 名 訓詁くん,古典の字句への解釈[～学]訓詁学
【训诫(训戒)】xùnjiè 名〔法〕(裁判による) 訓戒処分 — 動 教え諭す,戒める
*【训练】xùnliàn 動 訓練する,研修する[～班]講習会
【训令】xùnlìng 名 訓令
【训示】xùnshì 名 ①訓示 ②ご教示

【驯(馴)】xùn 形 (動物が)従順な,おとなしい ⊗ 飼いならす[～养]飼いならす
【驯服】xùnfú 動 (動物を)従わせる,飼いならす〚～野兽〛野獣を飼いならす — 形 (動物が) おとなしい,従順な
【驯化】xùnhuà 動 (野生の動物を)飼いならす,順応させる
【驯良】xùnliáng 形 (動物が) おとなしい,従順な 働[驯服]
【驯鹿】xùnlù 名〔動〕〔只〕トナカイ
【驯顺】xùnshùn 形 (動物が)調教されておとなしい,従順な
【驯养】xùnyǎng 動 (野生動物を)飼いならす,飼育する

【讯(訊)】xùn ⊗①消息,便り[通～]通信する[新华社～]新華社発の通信 ②尋ねる,問う[审～]審問する
【讯问】xùnwèn 動 ①問う,質問する ②訊問する〚～证人〛証人に訊問する
【讯息】xùnxī 名 通信,情報 働[信息]

【汛】xùn ⊗ 河川の定期的な増水[桃花～]桃の花が咲く頃の河川の増水

【迅】xùn ⊗ はやい[～速]迅速だ[～跑]速く走る
【迅急】xùnjí 形 迅速な,急速な 働[急速]
【迅疾】xùnjí 形 速い,猛スピードの 働[迅速]
【迅捷】xùnjié 形 敏速な,素早い
【迅雷不及掩耳】xùn léi bù jí yǎn ěr〈成〉(突然の雷で耳をふさぐいとまがない>) 突然の事で防ぎようがない
【迅猛】xùnměng 形 勢いが激しくて速い〚水势～〛水の流れが速くて激しい

*【迅速】 xùnsù 形 はやい,迅速な(⇩[缓慢])[～传开](情報が)瞬間に広まる

【徇(*狥)】 xùn ⊗ ① 従う,意を曲げて従う ②殉ずる ③声明する,表明する

【徇情】 xùnqíng 動[書]⇨[徇私]

【徇私】 xùnsī 動 私情にとらわれる,情実で筋を曲げる[～枉法]賄賂をもらって法を曲げる

【殉】 xùn ⊗ 死者とともに葬られる,殉死する→[～葬]

【―(徇)】 ⊗ 殉ずる,命を奉げる[～道]信仰のために命を捨てる

【殉国】 xùn'guó 動 国益のために命を捨てる,国家に命を奉げる

【殉节】 xùn'jié 動 ①(亡国に際して)節に殉ずる,降服を拒否して死ぬ ②(婦人が)貞節を守るために死ぬ ③夫の死後妻が殉死する

【殉难】 xùn'nàn 動 国難や正義のために命を捨てる

【殉葬】 xùnzàng 動(死者とともに)殉死者を埋葬する,人形や財宝などを埋める[～品]副葬品

【殉职】 xùn'zhí 動 殉職する

【逊(遜)】 xùn ⊗ ① 劣る,及ばない[稍―一筹]少し劣る ②(帝位を)譲る[～位]譲位する ③へり下る[谦～]謙虚な

【逊色】 xùnsè 動 遜色,見劣り[毫无～]いささかも遜色なし 一 形 見劣りがする,劣った (⇩[出色])

【巽】 xùn ⊗ 八卦の一(風を表わす)

【噀】 xùn ⊗(口に含んだ水を)吹き出す

【熏】 xùn 動[方]ガス中毒を起こす
⇨xūn

【蕈】 xùn ⊗[植]キノコ[香～]シイタケ

Y

【丫】 yā ⊗ ① 端が枝分かれした物[枝～]木の枝 ②(方)女の子,少女[小～]女の子

【丫杈】 yāchà 图⇨[桠杈]

【丫鬟(丫环)】 yāhuan 图(旧)下女,女中 ♦多く金銭で売買された

【丫头】 yātou 图 ① 女の子,少女 ②(旧)下女,女中⇨[丫鬟]

【压(壓)】 yā 動 ①(上から下へ)のしかかる,押さえる,(心理的に)重圧となる ②動きを押さえる,静かにさせる[～不住怒火]怒りを抑え難い ③制圧する,鎮圧する ④近づく,迫る ⑤(処理すべきものを)放置しておく,留めおく ⑥(賭博で金を)張る,賭する
⊗ 圧力[血～]血圧
⇨yà

【压宝(押宝)】 yā'bǎo 動 '宝 bǎo' の賭博をする ♦牛の角で作った四角い板に方向を示す記号をつけた '宝' に碗を伏せ,その方向だと見当をつけた所に金を賭ける

【压秤】 yāchèng 動 ①(体積の割りに)目方がはる ②わざと少なめに量る

【压倒】 yādǎo 動 圧倒する,打ち勝つ(⇩[压服])[怎么也压不倒他们]どうしても彼らを打ち負かせない

【压队(押队)】 yā'duì 動 隊列の後尾について救護や監督に当たる,殿をを務める⇨[压阵]

【压服(压伏)】 yāfú 動 力で押さえこむ,制圧する(⇩[说服])[压不服]力では制圧できない

【压价】 yā'jià 動 値切る,値引きする[～出售]安売りする

【压惊】 yā'jīng 動 ご馳走などで慰める,心の傷を和らげる

【压卷】 yājuàn 图[書]最高の出来栄えの詩文,他を圧する作品

*【压力】 yālì 图 圧力,プレッシャー[对他施加～]彼に圧力をかける[～锅]圧力鍋

【压路机】 yālùjī 图[台]ロードローラー,地ならし機[开～]ロードローラーを動かす

*【压迫】 yāpò 動 ① 弾圧する,抑圧する(⇩[压制]) ②(身体の一部を)圧迫する,押さえつける[～心脏]心臓を圧迫する

【压气】 yā'qì 動(～儿)怒りを鎮める,腹立ちを抑える

【压强】 yāqiáng 图[理]単位面積当たりの圧力[～计]圧力計

*【压岁钱】 yāsuìqián 图 お年玉 ♦旧暦の正月に子供たちに与える

- **【压缩】** yāsuō 動 圧縮する，縮小する〚~空气〛空気を圧縮する〚~人员〛人減らしをする
- **【压条】** yātiáo 名〖農〗取り木をするブドウなどの増殖法 ⇨[压枝]
- **【压抑】** yāyì 動 抑制する，自制する（⇨[抑制]）〚~怒火〛怒りを抑える〚感到~〛気分が重苦しい
- **【压韵】** yā▼yùn 動 ⇨[押 yā 韵]
- **【压榨】** yāzhà 動（⇨[榨取]）① (果实や種子から液を) 絞り出す，圧搾する ② 絞り取る，搾取する
- **【压阵】** yā▼zhèn 動 隊列のしんがり (または先頭) を務める
- **【压枝】** yāzhī 動 ⇨[压条]
- **【压制】** yāzhì ① 押さえつける，抑圧する〚~才华〛才能を押さえつける ② プレス製造する，型押しして作る
- **【压轴子】** yāzhòuzi 名（芝居で）最後から二番目の重要な演目

【呀】 yā 感（驚きを表わす）やっ，まあっ〚~，三点啦〛ありゃあ，もう 3 時だ 一 擬人や動物の引っぱる声，物の擦れる音などを表わす〚~的一声，车停住了〛キィッと音がして車は止まった
⇨ya

【鸦】(鴉*鵶) yā 名 カラス ［乌wū~〛同断
- **【鸦片】(雅片)** yāpiàn 名 アヘン ◆医薬としては '阿片' という。（⇨[大烟][阿芙蓉]）〚吸~〛アヘンを吸う〚~战争〛アヘン戦争 (1840-1842)
- **【鸦雀无声】** yā què wú shēng 〈成〉水を打ったように静かな，しわぶきひとつ聞こえぬ ⇨[鸦默雀声]

【押】 yā ① 担保にする，抵当に入れる ② 拘留する，拘束する ③ 護送する，送り届ける〚~车〛貨車に同乗して積荷を見張る ④ 書類に署名する，花押を記す 名 (書類に記した) 署名，花押〚画~〛花押を記す ② (Y-) 姓
- **【押宝】** yā▼bǎo 動 ⇨[压yā宝]
- **【押当】** yādàng ① 名 小さな質屋 —— yā▼dàng 動 質入れる，質草にして借りる
- **【押队】** yā▼duì 動 ⇨[压yā队]
- **【押解】** yājiè 動（犯人や捕虜を）護送する（⇨[押送]）
- **【押金】** yājīn 名 ① [笔] 保証金，損壊に備えた預かり金
- **【押款】** yākuǎn 名 ① 抵当を入れて借りた金，担保のある借金 ② 前払い金
—— yā▼kuǎn 動 抵当を入れて借金する
- **【押送】** yāsòng 動 ① (犯人や捕虜を) 護送する（⇨[押解]）② 貨物を送り届ける，運送に同行して貨物を管理する（⇨[押运]）
- **【押尾】** yāwěi 動 書類の末尾に花押を記す
- **【押运】** yāyùn 動 貨物運送に同行管理する，貨物を送り届ける（⇨[押送]）
- **【押韵(压韵)】** yā▼yùn 動 押韻する，韻を踏む
- **【押账】** yāzhàng 動 抵当に入れる，担保にする
- **【押租】** yāzū（土地や家屋を借りる際の）敷金，保証金

【鸭】(鴨) yā ⊗ アヒル，カモ〚野~〛カモ
- **【鸭蛋】** yādàn ① アヒルの卵〚~青〛薄青色 ②〈転〉零点〚得了个大~〛完璧の零点だった
- **【鸭梨】** yālí 名 ナシの一種 ◆実は西洋梨の形で甘く，のどの炎症に効果がある
- **【鸭绒】** yāróng 名 アヒルの柔らかい羽毛，ダウン〚~防寒服〛ダウンジャケット
- **【鸭舌帽】** yāshémào〔顶〕鳥打帽，ハンチング〚戴歪~〛鳥打帽を斜めにかぶる
- **【鸭子】** yāzi 名[只] アヒル，カモ ◆[鸭子儿 yāzǐr] はアヒルの卵
- **【鸭嘴笔】** yāzuǐbǐ 名〔枝〕(製図用の) 烏口
- **【鸭嘴兽】** yāzuǐshòu 名〖動〗カモノハシ

【哑】(啞) yā 感（⇨[呀yā]）◆[哑哑] はカラスの鳴き声
⇨ yǎ

【垭】(埡) yā ⊗〈方〉峠道，山と山の間の小道
◆多く地名に使う

【桠】(椏*枒) yā ⊗ 樹木のまた，枝分かれした所〚树~〛木のまた
- **【桠杈】(丫杈)** yāchà 名 樹木のまた，枝分かれした部分 — 形 枝分かれした，またになった

【牙】 yá 名 [颗] 歯〚拔~〛歯を抜く ⊗① 象牙〚~筷〛象牙の箸 ②（器物の）歯に似た形をした装飾や突出部〚抽屉~子〛引き出しの取っ手〚轮~〛歯車の歯 ③ 仲買人〚~行háng〛仲買屋 ④ (Y-) 姓
- **【牙碜】** yáchen 形 ① 食物に砂の混じった ②（言葉が）下卑た，耳障りな ③（音が）気色が悪い，歯が浮くような
- **【牙齿】** yáchǐ 名〔颗・排〕歯
- **【牙床】** yáchuáng 名 ① 歯茎（'牙龈' の通称）〚~发肿〛歯茎がはれる ②〔张〕象牙細工のベッド
- **【牙雕】** yádiāo 名〔件〕象牙細工，象牙の彫物

yá

【牙膏】 yágāo 图〔支·管〕練り歯磨き〔~管〕歯磨き入りのチューブ

【牙垢】 yágòu 图 歯垢しこう〔清除~〕歯垢をとる

【牙关】 yáguān 图 あごの関節〔咬紧~〕歯を食いしばる

【牙祭】 yájì 图 肉料理のついたご馳走,豪勢な食事〔打~〕肉料理を食う

【牙科】 yákē 图 歯科 ♦病院の歯科は一般に'口腔科'という〔~医生〕歯科医

【牙口】 yákou 图 ①家畜の年齢(馬やロバなどは歯の数によって年齢がわかる)〔这匹马四岁~〕この馬は4歳だ ②(~儿)(老人の) 咀嚼そしゃく力,歯の力〔他~还好〕あの人は歯が丈夫だ

【牙轮】 yálún 图(口)歯車,ギヤ('齿轮'の通称)

【牙签】 yáqiān 图(~儿)〔根〕爪楊枝ようじ〔用~剔牙缝〕爪楊枝で歯をせせる

【牙刷】 yáshuā 图(~儿)〔把〕歯ブラシ

【牙医】 yáyī 图 歯科医,歯医者

【牙龈】 yáyín 图 歯茎 働〔口〕〔牙床〕

【牙质】 yázhì 图 (歯の) 象牙質 働〔象牙质〕— 圈《定語として》象牙製の

【牙周病】 yázhōubìng 图 歯槽膿漏しそうのうろう,歯周病

【牙子】 yázi 图 ①家具類の周囲を装飾する彫刻や突出した部分,ぎざぎざつきの縁へり ②(旧)仲買人,ブローカー 働〔牙商〕

【伢】 yá ⊗(方)子供〔小~子〕同前

【芽】 yá 图(~儿)〔根〕植物の芽〔发~〕芽が出る ⊗①物事の始まり,発生段階〔萌~〕萌芽ほうが ②芽に似た形状のもの〔肉~〕肉芽組織

【芽茶】 yáchá 图 芽茶がちゃ(新芽から製した極上の茶)

【芽豆】 yádòu 图 水に浸して発芽させた料理用空豆

【芽眼】 yáyǎn 图 イモなどの芽が出る凹んだ部分

【蚜】 yá ⊗アリマキ,アブラムシ〔苹果~〕リンゴの木につくアブラムシ

【蚜虫】 yáchóng 图〔条·只〕アリマキ,アブラムシ 働〔口〕〔腻虫〕

【涯】 yá ⊗①水辺,水際〔水~〕岸辺 ②果て,境界〔一望无~〕果てなく広がる

【崖(*厓崕)】 yá ⊗①崖がけ〔山~〕山の絶壁 ②へり,果て〔~略〕(書)概略

【崖壁】 yábì 图 きり立った崖〔攀登~〕険しい崖をよじ登る

【睚】 yá ⊗目じり,目のすみ〔~眦〕(書)まなじりを決する;(転)ほんの小さな恨み

【衙】 yá ⊗旧時の役所,官庁

【衙门】 yámen 图(旧)役所,官庁 (働〔衙署〕) 〔~作风〕お役所仕事(的やり方)

【衙役】 yáyi 图《旧》役所の下働き,雇員

yǎ

【哑(啞)】 yǎ 圈①口の利けない,唖おしの ②声のかすれた,しゃがれ声の〔嗓子喊~了〕(叫びすぎて) 声がかすれた ③(爆弾などが) 不発の,発火しない〔~弹〕不発弾 ⇒yā

【哑巴】 yǎba 图 唖者あしゃ,口の利けない人(働〔方〕〔~子〕)〔吃~亏〕泣き寝入りする

【哑剧】 yǎjù 图〔出〕パントマイム,無言劇

【哑口无言】 yǎkǒu wú yán (成)(口がきけず言葉がない>) 反論できずに口をつぐむ〔张口结舌〕

【哑铃】 yǎlíng 图 亜鈴あれい,ダンベル〔举重~〕バーベル

【哑谜】 yǎmí 图 不可解な言葉,なぞ〔打~〕なぞを解く

【哑然】 yǎrán 圈〔書〕〔多く状語として〕①静まりかえった,声ひとつしない〔~无声〕声も出ない ②(旧読 èrán) 笑い声の形容〔~失笑〕ぷっと吹き出す

【哑语】 yǎyǔ 图 手話(働〔手语〕)〔打~〕手話で話す

【雅】 yǎ ⊗①友情,交際 ②雅が(古代の詩の一分類) ♦周王朝の朝廷で歌われた王政に関する詩. 詩経では小雅と大雅に分かれる ③高尚な,みやびやかな(⊗'俗')〔优~〕優雅な ④標準的な,規範に合った ⑤(敬)多く書簡の中で相手の心情·言動への敬意を込める〔~教〕ご教示,ご指導 ⑥ふだん,平素 ⑦非常に,きわめて

【雅淡】 yǎdàn 圈 飾らず上品な,優雅であっさりとした

【雅观】 yǎguān 圈《多く否定形で用いて》上品な,見栄えのする〔很不~〕みっともない

【雅号】 yǎhào 图 ①号号ごう ②あだ名,愛称 ♦からかう気持ちを伴う〔绰号〕

【雅虎】 Yǎhǔ 图 ヤフー ♦検索エンジンの一

【雅量】 yǎliàng 图 ①寛大さ,気品のよさ ②酒量が多いこと,酒豪〔海量〕

yā

【雅俗共赏】 yǎ sú gòng shǎng〈成〉高雅の士も一般の士も共に楽しめる
【雅兴】 yǎxìng 图 優雅な趣味, 洗練された遊び
【雅意】 yǎyì 图〈書〉ご厚情, ご芳志
【雅正】 yǎzhèng 動〈敬〉ご批判, ご叱正を乞う ◆人に自作の詩文・書画を送る時, 教えを請うという意味で用いる 一形〈書〉① 標準的な, 基準通りの ② 公正な, 廉直な
【雅致】 yǎzhi 形 趣のある, 優雅な ⊗〖俗气〗
【雅座】 yǎzuò 图(料理屋・風呂屋などの) 小部屋になっている席, 個室 (⊗〖散座〗)〖内有～〗個室あり(看板の文句)

【轧(軋)】 yà 動 ローラーで圧力をかける, 押しつぶすようにローラーを掛ける〖被电车～了〗電車にひかれた〖～谷子〗(石のローラーで) 脱穀する ⊗ 排斥する, 追い出す〖倾～〗排斥する ②(～～の形で) 機械が作動する音を表わす〖～～作响〗ぎいぎいひびく ③(Y-) 姓 "混みあう" "交際する" などの意では gá と発音 (呉方言)
⇨ zhá

【亚(亞)】 yà ⊗ ① 劣る, 及ばない〖不～于人〗他人にひけを取らない ⊗ 下の, 亜ぁ, 準… 〖～寒带〗亜寒帯 ② 音訳用字として〖～当〗アダム(とけ) 〖～历山大〗アレキサンダー ④ (Y-)アジア〖～非〗アジア・アフリカ ⑤ (Y-)姓
*【亚军】 yàjūn 图〖项〗準優勝, 第2位〖荣获～〗準優勝に輝く
【亚麻】 yàmá 图〖植〗アマ〖～布〗リンネル
【亚热带】 yàrèdài 图〖地〗亜熱帯
*【亚洲】 Yàzhōu 图 アジア

【挜(掗)】 yà 動〈方〉(物を) 無理に相手に押しつける

【氩(氬)】 yà 图〖化〗アルゴン〖～气灯〗アルゴン灯

【压(壓)】 yà ⊗ 以下を見よ ⇨ yā
【压板】 yàbǎn 图〈方〉シーソー (⊕〖普〗〖跷跷板 qiāoqiāobǎn〗)
【压根儿(壓根儿)】 yàgēnr 副 ① (主に否定文に使って) 全く, まるっきり (⊕〖根本〗)〖他～就不知道〗彼はまるきり知らない ② そもそもの初めから, これまでずっと〖～就住在这儿〗ずっとここに住んでいる

【讶(訝)】 yà ⊗ いぶかしむ, 驚く〖惊～〗驚き怪しむ

【迓】 yà ⊗ 迎える

【砑】 yà 動 (皮や布に) つや出しをする, 滑らかにする〖～光〗つや出しする

【揠】 yà ⊗ 引き抜く, 上に引っ張る
【揠苗助长】 yà miáo zhù zhǎng〈成〉⊕〖拔苗助长〗

【猰】 yà ⊗〖～貐 yǔ〗伝説上の猛獣

【呀】 yà 動 ⊕〖啊〗 ◆前の韻母が a, e, i, o, ü であるとき, '啊 a' が 'ya' に変わる
⇨ yā

【咽】 yān ⊗ 咽頭〖～头〗同前
⇨ yàn, yè
【咽喉】 yānhóu 图 ① のど, 咽喉いんこう ② 交通の要所〖～要地〗要衝の地
【咽头】 yāntóu 图〈生〉咽頭

yān

【烟(煙)】 yān 图 ①〖股〗煙〖冒～〗煙が出る ②〖支〗(製品となった) タバコ〖抽～〗タバコを吸う〖香～〗巻きタバコ ③ アヘン(阿片) ⊕〖大烟〗〖鸦片〗 一動 煙が目にしみる, 煙で目を刺激する〖～得睁不开眼〗煙たくて目が開けられない ⊗ 煙状のもの

【—(菸)】 ⊗ (畑で作る) タバコ〖～草〗同前

【烟波】 yānbō 图 たなびくもや, 水面に立ち込める霧
【烟草】 yāncǎo 图 ①〖植〗〖棵〗タバコ ② タバコの葉
【烟尘】 yānchén 图 ① 煙塵 ② 戦塵じん, 戦場の煙や土ぼこり
【烟囱】 yāncōng 图 煙突 ⊕〖烟筒〗
【烟袋】 yāndài 图 キセル ◆刻みタバコ(烟丝) 用の '旱～' と水タバコ用の '水～' とがあり, 一般には '旱～' をいう〖～锅儿〗キセルの雁首がんくび〖～嘴儿〗キセルの吸い口
【烟斗】 yāndǒu 图 ① タバコのパイプ〖～丝〗パイプタバコ ② アヘン用キセルのアヘンを詰める部分
【烟鬼】 yānguǐ 图 ① アヘン中毒者 ② ヘビースモーカー
【烟海】 yānhǎi 图 霧に覆われた大海 (広範かつ限りなく多いことを例える) 〖浩如～〗(資料などが) 膨大な量にのぼる
【烟花】 yānhuā 图 ① 春の霞や花(のあでやかな景色); 〈転〉花柳界 ② 花火
*【烟花爆竹】 yānhuā bàozhú 图 爆竹花火
【烟灰】 yānhuī 图 タバコの灰〖～缸儿〗灰皿
【烟火】 yānhuǒ 图 ① 火と煙, 火気〖严禁～〗火気厳禁〖动～〗煮炊き

をする ② 料理した食品, 火を通した食物 (翻)[熟食]
—— yānhuǒ 图 花火, 狼火ポ ゚(翻[烟花])[放～]花火を打ち上げる
【烟具】yānjù 图[件·套]喫煙具
【烟卷儿】yānjuǎnr 图[支]紙巻きタバコ(翻[香烟])
【烟煤】yānméi 图[矿]瀝青炭, 軟炭 ⇒[黑煤] ⇔[无烟煤]
【烟幕】yānmù 图① 煙幕(比喻的にも用いる) [～弹] 煙幕弹 [放～] 煙幕を張る ②[农] 霜防止用の煙幕
【烟丝】yānsī 图 刻みタバコ, パイプタバコ[一撮儿～]刻み一つまみ
【烟筒】yāntong 图 煙突
【烟头】yāntóu 图(～儿)タバコの吸い殻, タバコ(翻[烟屁股])[一大堆～儿]吸い殻の山
【烟土】yāntǔ 图 未精製のアヘン
【烟霞】yānwù 图[团·片]煙, 霧, 雲など[屋子满是～]部屋じゅう煙がたちこめる
【烟霞】yānxiá 图 もや, 霞笶
【烟消云散】yān xiāo yún sàn《成》(雲散霧消する＞)跡形もなく消え失せる(翻[云消雾散])
【烟叶】yānyè 图 タバコの葉, 葉タバコ
【烟瘾】yānyǐn 图 タバコやアヘンの嗜好と癖(翻[烟癖])[～大] タバコを手放せない
【烟雨】yānyǔ 图 霧雨, 小ぬか雨
【烟柱】yānzhù 图 煙の柱, まっすぐ立ち昇る煙
【烟子】yānzi 图 すす, 煤煙[松～]松のすす
【烟嘴儿】yānzuǐr 图 シガレットホルダー, パイプ[衔着～说话]ホルダーをくわえたまましゃべる

【胭】(*臙) yān ⊗ [～～抹 mǒ 粉] 化粧をこらす

【胭脂】yānzhi 图 ほお紅·口紅などの化粧品のべに ◆中国画の絵の具にも使う[～色]えんじ色(クリムソン)

【恹】(懨) yān ⊗ [～～]《書》(病気で)憔悴しきったさま

【殷】 yān ⊗ 黒ずんだ赤色[～红]同前 ⇒yīn

【焉】 yān ⊗① ここに, これに ◆現代語の'于是'に相当する[心不在～]心ここにあらず ②《多く反語に用いて》どうして, どこに[～能不看]読まずにいられようか ③ それでこそ, それで初めて ④ 節·句の末尾について確認の語気を示す

【鄢】 Yān ⊗ 姓

【嫣】 yān ⊗①(容貌が)美しい, 器量のよい ② 色彩が鮮やかな

【嫣红】yānhóng 形[书]鮮やかな赤の

【嫣然】yānrán 形[书](笑顔が)つやっぽい, 見とれるような[～一笑]嫣ミ然と笑う

【淹】 yān 動① 水につかる, 水びたしになる[～死]溺死する ② 皮膚が汗でただれる ⊗① 滞る, 行き詰まる[～留]《書》長く逗留ホャする ② 広い[～博]《書》該博である

【淹埋】yānmái 動(泥や砂が)のみ込む, 埋めてしまう[沙漠的沙把森林～了]砂漠の砂が森をのみこんだ

*【淹没】yānmò 動① 水没する, 水びたしにする(翻[淹浸])[雨水～了庄稼]雨で作物が水びたしになった ②（転)没する[底下的话被一阵哄笑～了]あとの話は笑い声の中にのみ込まれた

【崦】 Yān ⊗ [～嵫 zī] 崦嵫ᵉ (甘肃省の山の名)

【阉】(閹) yān 動 去勢する, また去勢した鶏[～鸡] 鶏を去勢する ⊗ 王朝時代の宦官ポ[～人]宦官

【阉割】yāngē 動① 去勢する ② 文章や理論の主要な内容を削除する, 骨抜きにする

【腌】(醃) yān 動 魚·肉·野菜·果物などを塩·砂糖·味噌などにつける[～货]つけ物類[～肉]ベーコン

【阏】(閼) yān ⊗ [～氏 zhī](漢代匈奴の)王の妻, 王妃

【湮】 yān ⊗① 埋もれる, 消滅する ② ふさぐ, 詰まらせる ⇒yīn(洇)

【湮灭】yānmiè 動 跡形なく消える, 隠滅する

【湮没】yānmò 動 消滅する, 忘れ去られる[幸免～]辛うじて消滅を免れる

【延】 yán ⊗① 延ばす, 延びる ② 延期する, 遅らせる ③ 招く, 招聘ポする ④(Y-)姓

【延长】yáncháng 動(距離や時間を) 延長する(反[缩短]) [～期限] 締切りを延ばす[～五天]5日間延長する

【延迟】yánchí 動 延期する, 先送りにする(反[提前]) [～到明年] 来年回しにする

【延宕】yándàng 動 引き延ばす, 遅

らせる 働[拖延]
【延搁】yángē 動 ぐずぐず手間取る，ずるずる延ばす
【延缓】yánhuǎn 動 先延ばしにする，遅らせる(働[延迟])[[～动工]着工を遅らせる
【延年益寿】yán nián yì shòu（成）寿命を延ばす，長生きする
*【延期】yán'qī 動 延期する，先に延ばす(働[缓期])[[～付款]支払いを延期する[[～三天举行]3日延期して挙行される
【延请】yánqǐng 動（一時的な職務に）招聘する，来てもらう[[～赵至任顾问]趙氏を顧問として招く
【延伸】yánshēn 動 延びる，伸展する(働[延展])[[～五公里]5キロメートル延長する
【延误】yánwù 動 ぐずぐずして(時機を)失う，手間取って(時間を)無駄にする[[～时机]チャンスを逸する
*【延续】yánxù 動 持続する，継続する(働[继续])[[火灾～了两天]火事は2日間燃え続けた

【蜒】yán ⊗ くねくね延びた[[～蚰]《方》ナメクジ[蚰～]ゲジゲジ

【筵】yán ⊗ ① 竹のござ，敷物 ② 宴会，酒席[[～席]宴席[喜～]祝宴

【言】yán ⊗ ① 話，言葉[语～]言語[发～]発言する ② 漢字一文字[五～诗]五言詩 ③ 言う，話す[难～之隐]言えない秘密[总而～之]要するに ④ (Y-)姓
【言必有中】yán bì yǒu zhòng（成）ものを言えば必ずının的を射る，発言が常に当を得ている
【言不及义】yán bù jí yì（成）下らぬことばかりしゃべる，まっとうな話題を持たない
【言不由衷】yán bù yóu zhōng（成）うわべだけの話をする，心にもないことを言う
【言出法随】yán chū fǎ suí（成）法令が公布されたら，すぐ厳格に施行する
【言传身教】 yán chuán shēn jiào（成）(言葉で伝播し行動で教育する＞)言行ともに自ら人の手本となる
【言辞(言词)】yáncí 图 言辞，言葉[[选择～]言葉を選ぶ[[～尖刻]言葉に辣さがある
【言定】yándìng 動 取り決める，約束する[[～日期]日取りを取り決める
【言多语失】yán duō yǔ shī（成）長くしゃべるとぼろが出る，口数が多いと失言する
【言归于好】yán guī yú hǎo（成）丸く治まる，仲直りする

【言归正传】yán guī zhèng zhuàn（成）(余談はさておき)本題に戻りましょう ◆講談や旧時の小説の決まり文句で，一般に'闲话休题'と対になって使われる
【言过其实】yán guò qí shí（成）大げさな話をする，誇張が過ぎる 働[夸大其词]
【言和】yánhé 動《書》和議を結ぶ，和解する 働[讲和]
【言简意赅】yán jiǎn yì gāi（成）言葉は簡潔ながら趣旨は十分伝わっている，短い言葉でよく意を尽くす 働[要言不烦]
【言教】yánjiào 動 言葉で教える，言って聞かせる 働[身教]
【言路】yánlù 图《書》指導者への進言や陳情の道，民意伝達のルート ◆一般に為政者の側から言う[[堵塞～]民意反映の道をふさぐ
*【言论】yánlùn 图 言論(一般に政治的な意見の表明についていう)[[限制～]言論を制約する[[～自由]言論の自由
【言情】yánqíng 形〘定語として〙男女の愛情を描いた，色恋がテーマの[[～小说](旧式の)恋愛小説
【言人人殊】yán rén rén shū（成）各人各様の意見を持つ，それぞれ意見を異にする
【言说】yánshuō 動 述べる，語る[[难以～]言葉では表わせない
【言谈】yántán 图 話の内容と話し振り[[擅于～]話がうまい
【言听计从】yán tīng jì cóng（成）進言や提案は何でも聞き入れる ◆ある人物に対する信頼があついさまをいい，ときに「意のままに操られる」という貶す意味を持つ
【言外之意】yán wài zhī yì（成）言外の意
【言为心声】yán wéi xīn shēng（成）(言葉は心の声である＞)言語は思考の表現である
【言行】yánxíng 图 言行，しゃべることと行うこと[[～不符]言行不一致
【言犹在耳】yán yóu zài ěr（成）(人の)言葉がまだ耳に残っている
【言语】yányǔ 图 口でしゃべる言葉，音声言語[[她～尖利]あの子は言葉がきつい
—— yányu 動《方》話す
【言者无罪，闻者足戒】yán zhě wú zuì, wén zhě zú jiè（成）間違った批判であろうとも発言者に罪はなく，言われる側がそれを自分への戒めとすべきである
【言之无物】yán zhī wú wù（成）話や文章に内容がない，空虚な話をだらだらと続ける ⊗[言之有物]
【言重】yánzhòng 動《書》言い過ぎる

【妍(姸)】yán ⊗美しい，なまめかしい［～媸chī］《書》美醜

【研(硏)】yán [動] すりつぶす，粉末にする〖～成粉末〗(漢方薬などを) すりつぶして粉にする〖～墨〗墨をする
⊗研究する，深く究める［～习］学習·研究する

【研究】yánjiū [動] ①研究する，探求する［～员］(研究機関の) 研究員(大学の教授に相当) ②考慮·検討する〖值得～〗検討の価値はある

★★【研究生】yánjiūshēng [名] 大学院生［～院］大学院

【研磨】yánmó [動] ①すって粉末にする，すりつぶす ②研磨する，磨く

【研求】yánqiú [動] 研究し探索する [同]［研索］

【研讨】yántǎo [動] 研究討議する，討論する［～会］シンポジウム

【研制】yánzhì [動] ①研究製作する，開発する ②(漢方薬を) すりつぶして粉末にする

【严(嚴)】yán [形] ①厳密な，透き間のない〖他嘴很～〗彼は口が固い ②厳しい，厳格な
⊗①程度が甚だしい，酷な ②父［家～］私の父 ③(Y-)姓

【严惩】yánchéng [動] 厳罰に処する，きっちり懲らしめる [反]［宽饶］

【严词】yáncí [名] 厳しい言葉，容赦のない言葉つき〖～痛斥〗手ひどく叱りつける

【严冬】yándōng [名] 厳冬 ([同]［寒冬］)［～腊月］冬のさなか

【严防】yánfáng [動] 厳重に防ぐ，警備を固める

★★【严格】yángé [形] 厳格な，ゆるがせにしない〖～要求自己〗自分に厳しい 一 [動] (制度や管理を) 強化する，厳しくする〖～纪律〗規律を引き締める

★【严寒】yánhán [形] 寒さが厳しい，きわめて寒い ([同]［严冷］)〖冒着～动工〗厳寒をついて着工する

【严紧】yánjin/yánjǐn [形] ①透き間のない，ぴったり閉じた [同]［严密］②厳しい，厳重な〖防守～〗油断なく守る

【严谨】yánjǐn [形] ①(仕事振りが) 厳格な，いささかもゆるがせにしない ②(文章などの構成が) 緊密な，よく締まった

★【严禁】yánjìn [動] 厳禁する，固く禁じる〖～烟火〗火気厳禁

★【严峻】yánjùn [形] ①厳しい，峻烈(しゅんれつ)な [反]［和蔼］②重大な，由々しい

【严酷】yánkù [形] ①厳しい，厳格な ②冷酷な，残酷な

★【严厉】yánlì [形] 厳しい，容赦のない〖～批评〗手厳しい批評を加える

【严令】yánlìng [動] 厳命を下す，固く命じる

★【严密】yánmì [形] ①透き間のない，水も漏れない ②手抜かりのない，細心の [同]［周到］[反]［疏漏］

【严明】yánmíng [動] 正す，厳正にする 一 [形] 公正な，厳正な [同]［严正］

【严师出高徒】yánshī chū gāotú 《成》厳格な師のもとでこそ優秀な学生が育つ

【严实】yánshi [形]《方》①ぴったり閉じた，透き間のない ②うまく隠れた，人目につかない

★★【严肃】yánsù [形] ①(表情や態度が) 厳粛な，重々しい [反]［轻浮］②(仕事などが) まじめな，真剣な [反]［随便］一 [動] 厳しく実施する，引き締める

【严刑】yánxíng [名] 厳刑，拷問〖～逼供〗厳しく責めて白状させる

【严整】yánzhěng [形] (隊列や文章が) きちんと整った，一点の乱れもない

【严正】yánzhèng [形] (態度が) 厳しい，厳正な〖～指出〗厳しく指摘する

★★【严重】yánzhòng [形] (事態が) 重大な，由々しい〖病情～〗病状が重い

【芫】yán ⊗以下を見よ
⇨yuán

【芫荽】yánsui/yánsuī [名]〖植〗中国パセリ，コリアンダー ♦料理の香り付けに使う [同]［香菜］

【炎】yán ⊗①ひどく暑い ②炎症［发～］炎症を起こす

【炎黄】Yán-Huáng [名] 炎帝(神農) と黄帝 ♦中華民族の祖と伝えられる伝説中の二人の帝王［～子孙］炎黄の子孫(中国人のこと)

★【炎热】yánrè [形] (天気が) 焼けるように暑い，炎熱の [反]［寒冷］

【炎暑】yánshǔ [名] ①炎暑，酷暑〖冒着～下地劳动〗炎暑のさなか野良に出て働く ②夏の盛り，炎熱の候

【炎夏】yánxià [名] 炎暑の時期，猛暑の夏 ([同]［炎暑］)［～盛暑］炎熱の季節

【炎炎】yányán [形] ①油照りの，焼けつくような日差しの ②(火が) 激しく燃える，天を焦がすような

【炎症】yánzhèng [名]〖医〗炎症

【岩(*巖嵒)】yán ⊗①高くそびえる岩峰，そそり立つ岩 ②岩石，岩［花岗～］花崗岩

【岩层】yáncéng [名]〖地〗岩層

【岩洞】yándòng [名] 岩窟，鐘乳洞

【岩浆】yánjiāng [名]〖地〗マグマ，岩

漿(がんしょう)

【岩溶】yánróng [名]〘地〙カルスト([同][喀kā斯特])［～地貌］カルスト地形(桂林に代表されるような)

*【岩石】yánshí [名]〔块〕岩石

【岩盐】yányán [名] 岩塩 [同][矿盐][石盐]

【沿(*㳂)】yán [動](衣類の裾などに)縁(ふち)取りする，縁を付ける ―[介]…に沿って，沿いに〘～着海边走〙海沿いに進む

⊗①(～儿)へり，縁［炕～儿］オンドルのへり(いわば上りかまち) ②(～儿)水辺，岸，ほとり(旧読yàn)［河～儿］川べり ③(旧来のやり方を)踏襲(とうしゅう)する [関][～袭]

⇨yàn

【沿岸】yán'àn [名] 沿岸，岸沿いの土地［～渔业］沿岸漁業

【沿边儿】yán▾biānr [動](レースなどで衣類に)縁取りする，縁を付ける〘用花边～〙レースで縁取りする

【沿革】yángé [名] 沿革，変遷や発展の過程〘奥运会的～〙オリンピックの沿革

*【沿海】yánhǎi [名] 沿海，海沿いの土地［～城市］沿海都市

【沿路】yánlù [名] 道々，道中，道沿い(に)〘～搜集了许多民歌〙道々いろいろな民謡を採集した

【沿条儿】yántiáor [名] バイアステープ，縁飾り

【沿途】yántú [名] 道中，道々([同][沿路])〘～见到许多人〙道中たくさんの人に会った

【沿袭】yánxí [動](古いやり方を)踏襲する，そっくり受け継ぐ

【沿线】yánxiàn [名] 沿線〘铁路～的住房〙鉄道沿線の住宅

【沿用】yányòng [動](過去の制度や方法を)継続使用する，そのまま受け継いで使う〘～旧例〙旧例に従う

【盐(鹽)】yán [名]①〔粒・把〕塩，食塩〘多放点～吧〙塩を多めに入れるんだよ〘一匙～〙塩1さじ ②〘化〙塩(えん)酸と塩基の化合物

【盐巴】yánbā [名]《方》食塩

【盐场】yánchǎng [名]〔片〕(天然の)製塩場

【盐池】yánchí [名] 塩水のたまる湖，食塩がとれる塩水湖 [関][盐湖]

【盐分】yánfèn [名] 塩分〘摄取～〙塩分をとる

【盐湖】yánhú [名] 塩湖，鹹(かん)水湖

【盐花】yánhuā [名]①(～儿)ごく僅かな塩〘放点儿～儿〙ちょっぴり塩を入れる ②《方》[同]《普》[盐霜]

【盐碱地】yánjiǎndì [名]〔块・片〕アルカリ性土壌の土地，塩分の多い土壌 [同][碱地]

【盐井】yánjǐng [名]〔口・眼〕塩汲み井戸，塩井(四川・雲南に多い)

【盐卤】yánlǔ [名] にがり [同][卤][卤水]

【盐汽水】yánqìshuǐ [名] 塩分入りソーダ水 ◆高温下で働く人のための飲料

【盐霜】yánshuāng [名](乾燥して)表面に吹き出た塩の結晶

【盐酸】yánsuān [名]〘化〙塩酸 [同][氢氯酸]

【盐田】yántián [名]〔块・片〕塩田

【阎(閻)】yán ⊗①路地や裏通りの入口の門 ②(Y-)姓 ◆'闫'と書くことも

【阎罗】Yánluó [名] 閻魔(えんま)さま [同][～王][阎王][阎王爷]

【阎王】Yánwang [名]①閻魔さま〘见～〙(閻魔さまに会う＞)死ぬ［～账］［～债］高利貸 ②《転》極悪人，人に対して厳しい人［～老婆］恐ろしい女房

【颜(顏*顔)】yán ⊗①顔，顔つき ②体面，面目［厚～无耻］厚顔無恥の ③色，色彩［五～六色］色とりどり ④(Y-)姓

【颜料】yánliào [名] 顔料，塗料，絵の具 [同][颜色yánshai]

【颜面】yánmiàn [名]①顔面，顔 ②体面，めんつ〘～扫地〙めんつが丸つぶれになる

**【颜色】yánsè [名]①色，色彩〘上～〙着色する ②(厳しい)顔つき，(人を威圧する)表情〘给他点～瞧瞧〙あいつにちょっとばかり思い知らせてやる

——yánshai [名] 顔料，染料

【颜体】Yántǐ [名] 顔真卿の書体

【檐(簷)】yán ⊗①軒，ひさし［房～］家の軒 ②物の覆いの張り出した部分［帽～儿］帽子のつば

【檐沟】yángōu [名]〘建〙〔条〕雨どい

【檐子】yánzi [名] 家の軒

【奄】yǎn ⊗①覆う，かぶせる ②急に，突然［～然］《書》にわかに

【奄忽】yǎnhū [副]《書》突然，にわかに

【奄奄】yǎnyǎn [形]《書》息もたえだえの［～一息］気息奄々(えんえん)の

【掩(*揜)】yǎn [動]①とじる，閉める([同][关])〘把门～上〙ドアを閉める ②《方》(戸やふたを閉める時)ものがはさまる〘手被门～了一下〙手がドアにはさまった

⊗①覆う，覆い隠す［～面］顔を(手で)隠す ②隙を突く，不意を襲う［～杀］《書》奇襲を掛ける

【掩闭】yǎnbì [動] 閉じる，しまる〘窗户～着〙窓がしまっている

【掩蔽】yǎnbì 图 遮蔽物, 隠し(隠れ)場所 — 動(多く軍事用語として)隠蔽する, 遮蔽する〚~大炮〛大砲を隠蔽する〚~意图〛意図を隠す

【掩藏】yǎncáng 動 覆い隠しだてする 🅢[隐藏]

【掩耳盗铃】yǎn ěr dào líng《成》(耳を覆って鈴を盗む>)自分で自分を欺く

*【掩盖】yǎngài 動①(物を)覆い隠す, 覆う 🅢[遮盖] ②(事実を)隠蔽する, ごまかし隠す(🅢[隐瞒])〚~事实〛事実を包み隠す

*【掩护】yǎnhù 图(戦闘の際の)遮蔽物, 身を隠す物 — 動①(味方の戦いを)掩護する, 支援する ②ひそかに守る, かくまう

【掩怀】yǎn'huái 動(ボタンをかけずに)上着の前をかき合わせる

【掩埋】yǎnmái 動 埋蔵する, 埋葬する〚~死尸〛死体を埋葬する〚~地雷〛地雷を埋める

*【掩饰】yǎnshì 動 ごまかし隠す, 取り繕う〚~悲痛〛悲しみを隠す

【掩映】yǎnyìng 動(コントラストの妙によって)互いに相手を引き立たせる, 際立たせ合う〚彼此~〛互いに目立たせる

【罨】yǎn 動《医》(湿布など)を貼る ⊗魚や鳥を捕る網

【魇(魘)】yǎn ⊗①悪夢にうなされる, 恐ろしい夢を見る ②《方》寝言を言う

【兖】yǎn ⊗〚~州〛兖州(山東省の地名)

【弇】yǎn ⊗ 覆う, さえぎる

【俨(儼)】yǎn ⊗①荘重な, 荘厳な ②よく似た, さながら…のような

【俨然】yǎnrán 圏①厳かな, 厳粛な ②整然たる, よくそろった — 副 さながら, まるで…そっくりに〚~像个歌星〛歌手そっくりだ

【衍】yǎn ⊗①低く平坦な土地, 平地 ②沼沢, 沼地 ③展開する, 敷衍する〚敷~〛適当にあしらう ④余計な, 余分な

【衍变】yǎnbiàn 動 進化する, 変化発展する 🅢[演变]

【衍文】yǎnwén 图《図》衍文 ◆間違って入りこんだ字や語句

【剡】yǎn ⊗①削る ②鋭い ◆浙江の古地名では Shàn と発音

【琰】yǎn ⊗ 玉の一種 ◆人名用字として

【偃】yǎn ⊗①あお向けに倒れる, 寝そべる〚~卧〛寝そべる ②やめる, 打ち切る

【偃旗息鼓】yǎn qí xī gǔ《成》(軍旗を倒し軍鼓の打ち鳴らしをやめる>)①部隊が音を消してひそかに移動する ②戦いをやめる ③《転》批判や非難を打ち切る

【偃月】yǎnyuè 图《書》①半月, 片割月 ②半月形〚~刀〛偃月刀(なぎなたに似た刀)

【郾】Yǎn ⊗〚~城〛郾城(河南省)

【鼹(鼴)】yǎn ⊗ モグラ〚~鼠〛同詞

【眼】yǎn 图①〚双·只 zhī〛目, まなこ〚睁~看〛目を開けて見る ②(~儿)小さな穴〚打个~儿〛鼻の穴を開ける〚鼻子~〛鼻の穴 ③(囲碁でいう)目 ④伝統劇の音楽の拍子 ◆1小節中の弱い拍子をいい, 強い拍子は「板」という〚一板三~〛4拍子 — 圖 井戸, 泉, 洞窟などを数える〚打三~井〛井戸を3本掘る ⊗(~儿)要か〚节骨~儿〛肝腎な時

【眼巴巴】yǎnbābā 圏(~的)〚多く状語として〛①待ち焦がれている〚~地盼着儿子回来〛息子の帰りを今か今かと待ち焦がれている ②(目の前にまずい事が起きているのに)なすすべもない, みすみす…せざるをえない

【眼岔】yǎnchà 動《方》〚多く‘了’を伴って〛見間違える, 見誤る 🅢《普》[认错][看错]

【眼馋】yǎnchán 圏 涎を垂らさんばかりの, 欲しくてたまらない(様子をする)

【眼底】yǎndǐ 图《医》眼底

【眼底下】yǎndǐxia/yǎndǐxià 图(🅢[眼皮底下])①(空間的な)目の前, すぐそば ②当面, 目先〚~的问题〛目先の問題

【眼福】yǎnfú 图 眼福から, 目の保養

【眼高手低】yǎn gāo shǒu dī《成》(目は高いが手は低い>)見識は高いが実力がない, いいことは言うけれど実行する能力がない

*【眼光】yǎnguāng 图①視線, まなざし(🅢[视线])〚避开他的~〛彼の視線を避ける ②物の見方, 観察力〚没有~〛見る目がない ③視点, 観点〚用经济的~看事〛経済の視点から見る

【眼红】yǎnhóng 動 うらやむ, ねたむ〚~得垂涎〛涎を垂らしてうらやましがる — 圏 怒り激しい, かんかんに怒った

【眼花】yǎnhuā 動 目がかすむ, 目がくらむ

【眼花缭乱】yǎnhuā liáoluàn《成》目もくらむ程に多彩な, 色とりどりで目がくらくらする

【眼疾手快】yǎn jí shǒu kuài《成》目ざとく俊敏な, 手際良く敏捷な [同][手疾眼快]

【眼尖】yǎnjiān [形] 目ざとい, 洞察の利く [～耳灵] 目ざとく耳ざとい

【眼睑】yǎnjiǎn [名]〖生〗まぶた([同][眼皮]) [～膏] アイシャドウ

【眼见】yǎnjiàn [副] すぐさま, もうすぐ [同][眼看]

【眼角】yǎnjiǎo [名] (～儿) 目尻, 目の角(すみ) ♦鼻寄りの方を'大～', 耳側の方を'小～'という [同]《方》[眼犄角儿]

【眼界】yǎnjiè [名] 視野, 視界〖开阔～〗視野を広げる

★★【眼镜】yǎnjìng [名] (～儿)〔副〕眼鏡〖戴上～〗眼鏡を掛ける [隐形～] コンタクトレンズ [～蛇] コブラ

★★【眼睛】yǎnjing [名]〔只・双〕目, 目玉〖睁开～〗目を見開く

【眼看】yǎnkàn [動]〘あとに'着'を伴って〙手をつかねて見る, 成り行きに任せる([同][听凭])〖～着孩子挨饿〗子供がひもじがるのをただ見ている — [副] すぐさま, 見る間(ま)に

【眼科】yǎnkē [名] 眼科 [～医生] 目医者

【眼库】yǎnkù [名] アイバンク

【眼眶】yǎnkuàng [名] ([同][眼眶子]) ① 目の縁 ② 目の周り〖～发黑〗目の周りに隈(くま)ができる

【眼泪】yǎnlèi [名]〔滴〕涙〖流～〗涙を流す

【眼泪往肚子流】yǎnlèi wǎng dùzi liú《俗》(涙が(外に流れないで)腹に流れ込む>) 苦しみをどこにも訴えようがない

【眼力】yǎnlì [名] ① 視力〖～差〗目が悪い ② 眼識(がんしき), 判断力〖看画儿很有～〗絵を見る目が肥えている

【眼力见儿】yǎnlìjiànr [名]《方》目ざとさ

【眼帘】yǎnlián [名] まぶた, 目〖映入～〗目に映る

【眼明手快】yǎn míng shǒu kuài《成》判断が確かで行動も素早い

【眼泡】yǎnpāo [名] (～儿) 上まぶた [同][上眼皮]

【眼皮】yǎnpí [名] (～儿) まぶた ♦'眼睑'の通称. ([同][眼皮子])〖睁开～儿〗目を開ける [上～] 上まぶた

【眼前】yǎnqián [名] ① (空間的な) 目の前, 真ん前 ② 当面, 目先〖～利益〗目先の利益 [～欢] 一時の楽しみ

【眼球】yǎnqiú [名]〔颗〕眼球, 目玉 [同][眼珠子]

【眼圈】yǎnquān [名] (～儿) 目の縁, 目の周り [同][眼眶]

【眼热】yǎnrè [動] うらやみねたむ, (自分も) 欲しくてたまらなくなる〖～他的才华〗彼の才能をねたむ — [形] うらやましくてならない, ねたましい

★【眼色】yǎnsè [名] ① 目くばせ, 目による合図〖递～〗目くばせする ② 機を見る目, 洞察力〖没～〗判断に欠ける

★【眼神】yǎnshén [名] ① 目の色, 目に現われる表情 ②《方》(～儿) 視力, 目の見え具合

【眼生】yǎnshēng [形] なじみのない, 見慣れない [反][眼熟]

【眼屎】yǎnshǐ [名]《方》目くそ, 目やに [同]《普》[眼眵 yǎnchī]

【眼熟】yǎnshú [形] 見慣れた, なじみのある [反][眼生]

【眼窝】yǎnwō [名] (～儿) 眼窩(がんか), 目の周り〖～发黑〗目の周りに隈(くま)ができる

★【眼下】yǎnxià [名]〘多く状語として〙目下, 今のところ [同][目前]

【眼线】yǎnxiàn [名] ① アイライン ② 内偵 [同][眼目]

【眼影】yǎnyǐng [名] アイシャドー

【眼罩儿】yǎnzhàor [名] ① アイマスク, 遮眼帯(しゃがんたい)〖戴～〗アイマスクを付ける ② 手のひらで陽光を遮る姿勢, 小手をかざすこと〖打～〗小手をかざして陽を遮る

【眼晕】yǎnyùn [動] 目まいがする, 目がくらむ

【眼睁睁】yǎnzhēngzhēng [形] (～的) 呆然(ぼうぜん)たる, なすすべもない〖～地看着他死过去〗彼が死ぬのを呆然と見ている

【眼中钉】yǎnzhōngdīng [名] 目の上のこぶ, 邪魔なやつ([同][眼中刺])〖～, 肉中刺〗目にささった釘, 肉にささった刺(とげ)(憎い邪魔もの)

【眼珠子】yǎnzhūzi [名]〔颗〕① 目玉, 眼球 [同][眼珠(儿)] ② 掌中の珠(たま), 目に入れても痛くない程の人や物

【演】 yǎn [動] ① (劇や芸能などを) 上演する ② (役に) 扮する, (役どころを) 演じる
⊗ ① 進化する, 発展変化する [～进] 同前 ② 推論する, 演繹(えんえき)する ③ 反復訓練する, 練習を重ねる

★【演变】yǎnbiàn [動] (長年月のうちに) 進化する, 変化発展する [同][演化]

【演唱】yǎnchàng [動] (舞台で) 歌う, 芝居の中で歌う

★★【演出】yǎnchū [名]〔出・场〕上演・公演(する) [告别～] さよなら公演

【演化】yǎnhuà [動] (主に自然界の事象が) 変化する, 進化する([同][演变])〖生物的～〗生物の進化

★【演讲】yǎnjiǎng [動] 講演する

【演说】yǎnshuō [動] 演説(講演)する

【演算】yǎnsuàn [動] 演算(計算)する

★【演习】yǎnxí [動] (多く軍事の) 演習

をする〖～登陆〗上陸演習を行う［实弹～］実弾演習

【演戏】yǎn'xì [動] ① 芝居をする, 劇を演じる ②《転》振りをする, 芝居を打つ〖别～了〗猿芝居はやめな

【演义】yǎnyì [名]（章回体の）講談的歴史小説, 演義小説

*【演绎】yǎnyì [動] ① 演繹する [反]［归纳］② 繰り広げる, 表現する

**【演员】yǎnyuán [名] 俳優, 出演者［临时～］エキストラ［～表］キャスト［杂技～］軽業師

*【演奏】yǎnzòu [動] 演奏する〖～二胡〗胡弓を演奏する［～会］コンサート

〖甗〗 yǎn ⊗ 甗♦甑に似た古代の炊事用品

【厌(厭)】 yàn [形] 飽きる, 嫌になる〖吃～了〗食べ飽きた
⊗ ① 満足する, 堪能する［学而不～］どこまでも学び続ける ② 嫌う, 憎む［讨～］嫌う

【厌烦】yànfán [動] 煩わしく思う, 面倒くさがる〖～会议〗会議にうんざりする

【厌倦】yànjuàn [動] 飽きる, 興味を失う〖～演戏〗芝居をするのに飽き飽きする

【厌弃】yànqì [動] 嫌って見捨てる, 嫌だからと相手にしない [同]［鄙弃］

【厌世】yànshì [動] 世をはかなむ, 生きるのが嫌になる［～者］ペシミスト

*【厌恶】yànwù [動] 嫌う, 嫌がる [同]［讨厌］

〖餍(饜)〗 yàn ⊗ ① 満腹する, 腹がふくれる ② 満足する, 堪能する［～足］《書》満足する

〖沿(*沿)〗 yàn ⊗［河～儿 héyánr］などの場合の旧読
⇨yán

〖彦(彥)〗 yàn ⊗ 人格や能力ともに優れた人物［～士］賢人

〖谚(諺)〗 yàn ⊗ ことわざ［农～］農業生産に関する諺

【谚语】yànyǔ [名]〔句·条〕諺

〖砚(硯)〗 yàn ⊗ ① 硯［～台］硯 ② 同窓の, 共に学んだ［～友］同窓の友

【砚台】yàntai [名]〔块〕硯

【咽(嚥)】 yàn [動] 飲み込む, 飲み下す〖～不下去〗飲み下せない［狼吞虎～］がつがつ食べる
⇨yān, yè

【咽气】yàn'qì [動] 息を引き取る, 死ぬ

〖唁〗 yàn ⊗ 弔意を述べる, 哀悼の意を表する［～电］弔電［吊～］弔問する

【艳(豔*艷)】 yàn [形] 色あざやかな, あでやかな［～装］華やかな服装
⊗ ① うらやむ, あこがれる［～羡］うらやむ ② 色恋がらみの, 情事にまつわる［～情］色恋

【艳丽】yànlì [形] 色あざやかな, あでやかな（[同]［绚丽］）〖服装～〗衣装が華やかな

【艳阳天】yànyángtiān [名] うららかな春の日, 晴れ上がった春の空

〖验(驗*騐)〗 yàn ⊗ ① 予期した効果, 効能［效～］効き目 ② 調べる, 検査する［检～］（品質を）検査する ③ 効果が出る, 効く［应 yìng～］（予言が）ぴたりと当たる

【验电器】yàndiànqì [名]〔台〕検電器

【验光】yàn'guāng [動] 検眼する, 視力を測る

【验尸】yàn'shī [動] 検死する, 死体を調べる

*【验收】yànshōu [動] 査収する, よく確かめて受け取る〖逐项～〗一つ一つチェックして受け取る

【验算】yànsuàn [動] 験算する

*【验证】yànzhèng [動] 検証する, 実験や検査によって確かめる

〖晏〗 yàn ⊗ ① 遅い, 遅れた ② 安らかな, のびやかな ③（Y-）姓

〖宴〗 yàn ⊗ ① 酒席, 宴会［设～］宴席を設ける ② 宴会に招く, 一席設ける［～客］客を酒席に招待する ③（皆で）宴会を催す, 酒宴を開く［～饮］集まって飲む ④ 安らかな, のびやかな［～安］《書》のんびりとした

【宴尔(燕尔)】yàn'ěr [名]《書》安らぎと楽しみ［～新婚］新婚の喜び

**【宴会】yànhuì [名] 宴会〖举行～〗宴を催す

【宴请】yànqǐng [動] 宴会に招待する, 一席設ける

【宴席】yànxí [名]〔桌〕招宴, 宴席

【堰】 yàn [名]〔条〕堰, 堰堤〖筑～〗堰をつくる［～塞湖］堰止湖

【雁(*鴈)】 yàn [名]〔只〕カリ, ガン（[同]［大雁］）［鸿～］カリ［～过拔毛］あらゆる機会に私利をはかる

【雁行】yànháng [名] 雁の列;《転》兄弟 [同]［雁序］

【雁来红】yànláihóng [名]〖植〗ハゲイトウ, 雁来紅

〖赝(贋)〗 yàn ⊗ 偽造の, 贋作の［～品］偽造品

【赝本】yànběn [名] 贋作の書画や書物, 偽作

【赝币】yànbì [名]《書》にせ金，偽造貨幣（多く硬貨をいう）

【焰(燄)】yàn ⊗炎，火焰［火～］火炎

【焰火】yànhuǒ [名]花火（[同][烟火]）〚放～〛花火を上げる

【酽(釅)】yàn [形]（液体が）濃い

【谳(讞)】yàn ⊗罪を定める

【燕】yàn ⊗ツバメ［家～］同前［海～］ウミツバメ ♦古代の国名'燕'はYānと発音

【燕侣】yànlǚ [名]つがいで巣を営むツバメ；《転》仲のよい夫婦

【燕麦】yànmài [名]〚植〛エンバク，カラスムギ ♦食用および飼料

【燕雀】yànquè [名]①〔只〕〚鳥〛アトリ ②ツバメとスズメ；《転》小人物，俗人 [反][鸿鹄]

【燕尾服】yànwěifú [名]〔件〕燕尾服

【燕窝】yànwō [名]ツバメの巣 ♦イワツバメ（'金丝燕'）の巣．中華料理の高級材料．これで作った料理を'燕菜'という

【燕鱼】yànyú [名]〔条〕〚魚〛サワラ [同][鲅鱼 bàyú]

【燕子】yànzi [名]〔只〕ツバメ［小～］子ツバメ [同][家燕]

【央】yāng ⊗①中心，真ん中［中～］中央 ②終わる，完結する ③懇願する，頼み込む

【央告】yānggao [動]懇願する，頼み込む〚～佛爷〛仏にすがる

【央求】yāngqiú [動]懇願する，すがって頼む [関][恳求]

【泱】yāng ⊗以下を見よ

【泱泱】yāngyāng [形]《書》①（水面が）広々とした，洋々たる ②気宇壮大な，堂々たる

【殃】yāng ⊗①災難，禍い［遭～］災難に見舞われる ②災難をもたらす，災禍に巻き込む

【秧】yāng [名]①（～儿）〔棵〕苗〚栽～〛苗を植える［树～儿］苗木 ②稲の苗，早苗〚插～〛田植えをする ③蔓(つる)［瓜～］ウリの蔓 ④（飼育動物の）雛，稚魚など［猪～］子豚 ━[動]《方》栽培する，飼育する

【秧歌】yāngge [名]秧歌（ヤンコー）踊り ♦北方農村で広く行われてきた踊りで，どらや太鼓で伴奏する〚扭～〛ヤンコーを踊る［～剧］（抗日戦期に行われた）小歌舞劇

【秧鸡】yāngjī [名]〚鳥〛〔只〕クイナ

【秧苗】yāngmiáo [名]〔根·棵〕農作物の苗，特に稲の苗

【秧田】yāngtián [名]〔块〕苗代〚造～〛苗代をつくる

【秧子】yāngzi [名]①苗 ②蔓，つる草 ③（飼育動物の）雛や稚魚［猪～］子豚

【羊】yáng [名]〔只〕ヒツジ〚放～〛羊を放牧する［山～］ヤギ
⊗（Y-）姓

【羊肠小道】yángcháng xiǎodào《成》〔条〕曲りくねった細い（山）道，羊腸(ようちょう)の山道 [反][阳关大道]

【羊肚儿手巾】yángdǔr shǒujin [名]《方》手ぬぐい

【羊齿】yángchǐ [名]〚植〛シダ ♦根が虫下し薬になる

【羊羔】yánggāo [名]〔只〕子羊［～皮］キッド皮

【羊羹】yánggēng [名]羊羹(ようかん)

【羊倌】yángguān [名]（～儿）羊飼い

【羊毫】yángháo [名]〔枝·管〕羊の毛で作った毛筆

【羊毛】yángmáo [名]羊毛，ウール〚剪～〛羊の毛を刈る［～衣］ウールの衣料

【羊膜】yángmó [名]〚生〛（胎児を包んでいる）羊膜

【羊皮纸】yángpízhǐ [名]①羊皮紙 ②硫酸紙，グラシン（半透明で水や油を通さない）[同][假羊皮纸]

【羊栖菜】yángqīcài [名]〚植〛ヒジキ

★【羊肉】yángròu [名]〔片〕羊肉，マトン［烤～］ジンギスカン鍋［～串］シシカバブ［涮～］羊肉のしゃぶしゃぶ

【羊水】yángshuǐ [名]〚生〛（母胎内の）羊水

【羊痫风】yángxiánfēng [名]〚医〛癲癇(てんかん)→[癫痫 diānxián]

【佯】yáng ⊗振りをする，見せ掛ける［～死］死んだ振りをする［～装］…の振りをする

【佯攻】yánggōng [動]《書》陽動作戦をとる，偽装攻撃をする

【佯狂(阳狂)】yángkuáng [動]《書》狂人を装う，気のふれた振りをする

【佯言】yángyán [動]《書》うそをつく，だます

【洋】yáng [形]近代的な，機械化した（[反][土]）［～办法］洋風のやり方
⊗①海洋，大海［大～］同前［太平～］太平洋 ②銀貨［大～］《旧》1元銀貨 ③外国の，西洋伝来の［～货］舶来品 ④豊かな，盛んな ⑤（Y-）姓

【洋白菜】yángbáicài [名]〔棵〕キャベツ [同][圆白菜][结球甘蓝]

【洋财】yángcái [名]棚ぼたの大稼ぎ，思いがけない大きな利益 ♦元来は外国相手の商いから築いた財産をいう〚发～〛大もうけする

【洋菜】yángcài [名]寒天(かんてん)

【洋车】yángchē [名]〔辆〕《口》人力車 ♦'东洋车（日本起源の車）'の縮

Y

まった呼称〖拉~〗車夫で稼ぐ

【洋瓷】 yángcí 图（口）琺瑯㋥＋釉薬㋥と器物の両方をいう㊥[搪瓷]

【洋葱】 yángcōng 图〔棵〕タマネギ㊥[葱头]

【洋房】 yángfáng 图〔座・幢〕洋館，洋式家屋〖盖~〗洋風の家を建てる

【洋服】 yángfú 图〔件・套〕洋服，洋装（㊥[西服]）〖穿上~〗洋服を着込む

【洋镐】 yánggǎo 图〔把〕つるはし（'鹤嘴镐'の通称）

【洋鬼子】 yángguǐzi 图（贬）（旧）西洋人に対する呼称，「毛唐」のごときもの

【洋行】 yángháng 图（旧）①外国資本の商社，商店 ②外国人相手の商社，商店

【洋灰】 yánghuī 图セメント（'水泥'の俗称）

【洋火】 yánghuǒ 图（口）〔根〕マッチ（㊥[火柴]）〖擦~〗マッチをする

【洋流】 yángliú 图海流 ㊥[海流]

【洋奴】 yángnú 图（贬）①外国人の雇われ者，毛唐の手先 ②極端な外国かぶれ，外国崇拝者〖~思想〗盲目的外国崇拝

【洋气】 yángqi/yángqì 形（贬）西洋スタイルの，バタ臭い

【洋钱】 yángqián 图（口）（旧）1元銀貨 ㊥[银元]

【洋琴】 yángqín 图 ㊥[扬琴]

【洋人】 yángrén 图 西洋人，外国人

【洋嗓子】 yángsǎngzi 图 西洋式発声法で歌う声，歌曲の歌声

【洋铁】 yángtiě 图 ブリキ（㊥[镀锡铁]），トタン（㊥[镀锌铁]）〖~皮〗トタン板，ブリキ板〖~罐〗ブリキ缶

【洋娃娃】 yángwáwa 图 西洋人形

【洋务】 yángwù 图〈史〉洋務 ◆ 清末の外交事務および外国の制度の移入に関わる事務 ②香港などで外国人相手のサービス業務

【洋相】 yángxiàng 图 ぶざまな行為，みっともないまね〖出~〗物笑いになる

【洋洋】 yángyáng 形 ①数の多い，豊富な，盛んな〖~大观〗（事物の）種類が豊富で壮観だ ②得意気な，意気揚々たる〖~得意〗得意満面の

【洋溢】 yángyì 图（气概，气分が）満ちあふれる，横溢する〖热情~〗熱情があふれる

【洋油】 yángyóu 图（方）灯油（普）[煤油]

【洋芋】 yángyù 图（方）じゃがいも，馬鈴薯 ㊥（普）[马铃薯]

【洋装】 yángzhuāng 图 洋服，洋装（㊥[西服][西装]）〖穿~〗洋装する 一 动（旧）（图）洋装にする，ハードカバーにする（㊥[平装]）〖~书〗洋装本

【垟】 yáng ㊒田畑 ◆地名用字

【烊】 yáng 動（金属を）溶かす ◆'店じまいする'の意の'打烊'は dǎyàng と発音（呉方言）

【阳】(陽) yáng ㊒（反'阴'）①太陽，日〖落~〗夕日 ②（陰陽の）陽〖阴~五行〗陰陽五行㋥㋩ ③山の南側，川の北側（日のよく当たる側，多く地名に使う）④男の性器，ペニス ⑤浮き彫りになった，平面から突起した ⑥表面に出た，外に現われた ⑦この世の，生きている人の ⑧プラスの電価をもつ，陽電気の〖~离子〗陽イオン ⑨(Y-)姓

【阳春】 yángchūn 图 陽春，春〖~白雪〗高尚な文学芸術（純文学，クラシック音楽など，非通俗的なものをいう。その逆は '下里巴人'）

【阳奉阴违】 yáng fèng yīn wéi (成) 面従腹背，従うと見せかけて実際は従わない ㊥[表里如一]

【阳沟】 yánggōu 图〔条〕蓋のない排水溝，どぶ ㊥[阴沟]

【阳光】 yángguāng 图〔道〕日光，陽光（㊥[日光]）〖~灿烂〗日光が燦々とふり注ぐ

【阳极】 yángjí 图〈理〉正極，陽極 ㊥[阴极]

【阳间】 yángjiān 图（あの世に対する）この世，此岸㋨㋩ ㊥[阳世] ㊥[阴间]

【阳历】 yánglì 图 陽暦，太陽暦 ㊥[公历] ㊥[阴历]

【阳面】 yángmiàn 图（~儿）（建物などの）日の当たる側，南向きの部分 ㊥[阴面]

【阳平】 yángpíng 图〈语〉'普通话'の第二声

【阳畦】 yángqí 图〈农〉冷床㋠㋳ ◆ 苗床の一種。寒気を遮断するが，人工的な熱は加えない ㊥[温床]

【阳伞】 yángsǎn 图〔把〕日傘，パラソル（㊥[旱伞]）〖打~〗日傘をさす

【阳台】 yángtái 图 ベランダ，テラス，バルコニー

【阳痿】 yángwěi 图〈医〉インポテンツ，性的不能

【阳文】 yángwén 图 陽文 ㋳㋒ ◆㋩ ◆ 印章や器物に浮彫りにした文字や紋様（㊥[阴文]

【阳性】 yángxìng 图（反[阴性]）①〈语〉(性を持つ言語の) 名詞・代名詞・形容詞などの男性形 ②〈理〉電極・化学試験の陽（性）；〈医〉病原体検査における陽性（反応）〖呈了~〗陽性反応が出た

【扬】(扬*敭) yáng 動 ①高くあげる，

上にあげる 〖～起尘土〗 ほこりをまき上げる ②上にまく, 投げ上げて選別する(脱穀などの作業)
⊗広く知らせる, 言いふらす ［宣～］ 広く宣伝する

〖一(揚)〗 Yáng ⊗ ①江蘇省揚州の略称 ［～剧］ 揚劇(揚州一帯の地方劇) ②姓

【扬长】yángcháng [副] 悠然と, 肩をそびやかして(立ち去る) ［～而去］ 悠々と去る

【扬场】yáng▼cháng [動] 脱穀したあと自然の風や唐箕(とうみ)などを利用して, 穀物とごみとを選別する

【扬程】yángchéng [名]〖機〗揚程(ようてい) ♦ポンプで水を上げる高さ ［高～水泵］ 高揚程ポンプ

【扬帆】yáng▼fān [動] 帆を揚げる, 出帆する

【扬花】yánghuā [動] (水稲・小麦・コーリャンなどの開花時に) 花粉が飛散する

【扬眉吐气】yáng méi tǔ qì 《成》(胸のつかえを晴らして) 意気盛んな, 昂然(こうぜん)たる

【扬名】yáng▼míng [動] 名をあげる, 有名になる 〖～天下〗 天下に名を馳せる

【扬旗】yángqí [名] 腕木式信号機(鉄道信号の一種)

【扬弃】yángqì [動] ①〖哲〗止揚(しよう)する, アウフヘーベンする ②捨て去る, (悪い要素を)放棄する

【扬琴(洋琴)】yángqín [名]〖音〗〔台〕揚琴(ようきん), ダルシマー ♦欧州伝来の弦楽器. 扇型の扁平な木箱に弦を張り, 竹のばちで弾奏する

【扬声器】yángshēngqì [名] 拡声器, スピーカー

【扬水】yángshuǐ [動] ポンプで水をくみ上げる ［～泵］ 揚水ポンプ

【扬汤止沸】yáng tāng zhǐ fèi 《成》(沸いた湯を汲んではもとに戻して, 沸騰するのを止めようとする＞) 一時しのぎをするだけで, 何らの解決にならない

【扬言】yángyán [動]《貶》(…するぞと)言い触らす, 公言する

【扬扬(洋洋)】yángyáng [形]《貶》得意げな, 鼻高々の 〖～得意〗 得意満面

【扬子鳄】yángzǐ'è [名]〖動〗〔条〕揚子江ワニ ♦最長で2メートルほど. 主に安徽, 江蘇省の沼沢地に棲息する [同]［鼍龙 tuólóng］［猪婆龙］

〖杨(楊)〗 yáng ⊗ ①楊樹(ようじゅ) ［白～］ ポプラ ②(Y-)姓

【杨柳】yángliǔ [名]〖植〗 ①楊樹(ようじゅ)と柳 ②広くヤナギをいう ♦川ヤナギ, シダレヤナギなど

【杨梅】yángméi [名] ①〖植〗ヤマモモ;《方》イチゴ ②《方》梅毒

〖炀(煬)〗 yáng ⊗①(金属を) 溶かす ②(火が)燃え盛る

〖旸(暘)〗 yáng ⊗①日が昇る ②晴れる

〖飏(颺)〗 yáng ⊗(風で)舞い上がる

〖疡(瘍)〗 yáng ⊗①できもの ②ただれる→［溃 kuì～］

【仰】 yǎng [動] ふり仰ぐ, 仰(あお)むく([反]'俯 fǔ') 〖～着脖子看…〗 …を見上げる 〖～着睡〗 仰むけに寝る
⊗①敬慕する, 仰ぎ慕う ［敬～］ 敬慕する ②依存する, 頼る ［～食父母］ 親に食わせてもらう ③《旧》公文書用語 ♦上位に対しては尊敬, 下位に対しては命令の意を表す ④(Y-)姓

【仰八叉】yǎngbachā [名](～儿)《口》仰むけに転んだ姿勢([同]［仰八脚儿］) 〖摔了个～儿〗 すってんころりと後ろに転ぶ

【仰面】yǎngmiàn [動] ふり仰ぐ, 上を向く 〖～大笑〗 そり返って大笑いする

【仰慕】yǎngmù [動] 仰ぎ慕う, 敬慕する [同]［敬慕］

【仰人鼻息】yǎng rén bíxī 《成》(人の鼻息に頼る＞) 他人に寄りかかって, 他人の顔色をうかがいつつ生きる

【仰韶文化】Yǎngsháo wénhuà [名] 仰韶(ぎょうしょう)文化 ♦河南省仰韶村で発見された新石器時代の文化. 彩陶で有名

【仰望】yǎngwàng [動] ①見上げる, ふり仰ぐ [同]［仰视］ [反]［俯瞰］ ②《書》尊敬する, 敬仰する

【仰卧】yǎngwò [動] 仰臥(ぎょうが)する, 仰むけに横たわる 〖～起坐〗 (仰臥から身を起こす)腹筋運動

【仰泳】yǎngyǒng [名] 背泳, バックストローク

【仗仗】yǎngzhàng [動] 依存する, 頼りきる([同]［依靠］) 〖～年金过活〗 年金だけを頼りに生きる

【养(養)】 yǎng [動] ①養う, 扶養する 〖～家〗 一家を養う ②(動物を) 飼育する, (植物を) 栽培する 〖～猫〗 ネコを飼う 〖～花〗 花を作る ③生む, 生み育てる ④休養し元気をつける, 回復させる ⑤(習慣などを) 育てる, 身につける 〖～成习惯〗 習慣として身につける ⑥(髪を) のばす, 蓄える 〖～头发〗 髪をのばす
⊗①維持管理する, 補修する→［～路］ ②育ての, 血のつながらない ［～母］ 養母 ［～子］ (男の)養子

【养病】yǎng bìng 動 療養する, 養生する [去海岸～去了] 海岸へ療養に出掛けた

【养成】yǎngchéng 動（自分のなかに）育てる, 身につける [～对数学的兴趣] 数学への興味を育てる

【养分】yǎngfèn 名 養分, 滋養 [吸收～] 養分を吸収する

【养汉】yǎng'hàn 動（女が）外に男をつくる, 間男ぉとこする

【养虎遗患】yǎng hǔ yí huàn（成）（虎を飼って災いを残す）敵に情をかけて, 後の禍の種を残す 似[养痈成患]

【养护】yǎnghù 動（建築物や機械の）補修保全する, メンテナンスに努める [～铁路] 線路を保全する

【养活】yǎnghuo（口）① 養う, 扶養する [～老母亲] 年老いた母を養う ②（動物を）飼育する, 飼う ③（方）子供を産む, 生み育てる

【养家】yǎng'jiā 動 家族を養う [～糊口] かろうじて家計を維持する

【养精蓄锐】yǎng jīng xù ruì（成）鋭気を養い力を蓄える

【养老】yǎng'lǎo 動 ① 老人を扶養する [～送终] 老人に孝養を尽くし, 死後は丁重に葬る ② 隠居する, 老後を過ごす [～金] 養老年金 [～院] 養老院

【养料】yǎngliào 名 ① 栄養分, 滋養 [吸收～] ②糧と飼料

【养路】yǎng'lù 動 鉄道や道路を維持管理する, 保全する [～工] 保線工

【养神】yǎng'shén 動 心身を休めて疲労をとる, 静かに心気を回復させる [闭目～] 目を閉じて気力を蓄える

【养生】yǎngshēng 動 体を養生する, 元気を保つ

【养痈成患】yǎng yōng chéng huàn（成）（癰ぁぅを育てて病を招く）悪人や悪事を見逃して後で禍を被る

【养育】yǎngyù 動 養育する, はぐくむ [～子女] 子供を養育する

【养殖】yǎngzhí 動（水産物を）養殖する [～鳝鱼] ウナギを養殖する

【养尊处优】yǎng zūn chǔ yōu（成）（贬）いいご身分の暮らしをする, 優雅に暮らす 反[含辛茹苦]

【痒(癢)】yǎng 形 かゆい, くすぐったい [浑身发～] 全身がむずがゆい [搔～处] かゆいところを搔く

【痒痒】yǎngyang 形（口）かゆい, くすぐったい [挠náo～] かゆいところを搔く

【氧】yǎng 名〔化〕酸素 [吹～] 酸素を吹き込む [～吧] 酸素バー

【氧化】yǎnghuà 動〔化〕酸化する [～物] 酸化物 [二～碳] 炭酸ガス

【氧气】yǎngqì 名 酸素の通称 [～面罩] 酸素マスク [～瓶] 酸素ボンベ

【怏】yàng 以下を見よ

【怏然】yàngrán 形〔多く状語として〕(書) ① 不機嫌な, 不快げな [～不乐] 不機嫌な ② 思い上がった, 自慢げな

【怏怏】yàngyàng 形〔多く状語として〕不満げな, ふさぎこんだ [～度日] 元気なく日を過ごす

【鞅】yàng ⊗（牛）くびき ◆古代の思想家商鞅shāngでは Yāng と発音

【恙】yàng ⊗ 病気, 疾患 [无～](書) 息災である [～虫] ツツガムシ

【样(樣)】yàng 名 (～儿) ① 形, タイプ [他还是那个～儿] 彼はやはり以前のままだった [走～儿] 型くずれする ② 見本, モデル [取～检验] サンプル抜取り検査をする [货～] 商品見本 —量 (～儿) 種類を数える [三～儿鞋] 3 種類の靴

【样板】yàngbǎn 名 ① 模範, 手本（似[榜样][模范]）[～戏]（文革期の）革命模範劇 ② 板状の製品見本 ③〔工〕型板, 指形ゲ

【样本】yàngběn 名〔本〕① サンプル, 見本帳 ②〔印〕見本刷り, 見本

【样品】yàngpǐn 名 製品見本, サンプル [～间] ショールーム [～试验] 見本抽出テスト

【样式】yàngshì 名 形式, 型, タイプ（似[式样]）[照这种～裁衣服] この型で服を作る

【样张】yàngzhāng 名〔印〕見本刷りしたページ

【样子】yàngzi 名 ① 見かけ, 型, タイプ [～很好看] かっこういい [不像～] なっちゃいない ② 表情, 顔付き [装出…的～] …の振りをする ③ 見本, 手本 [照他的～做] あの人に見習う ④（口）成り行き, 形勢 [看～…] 見たところ（どうやら）…

【漾】yàng 動 こぼれる, 溢れる [～酒～出来] 酒が溢れる [脸上～出笑容] 笑顔がこぼれる ⊗ 水がゆらゆら揺れる, たゆとう [荡～] 同前

【幺(么)】yāo 数 数字の'一' ◆電話番号・部屋番号など特定の場合には yāo と読む. 例えば 110 番は yāoyāolíng, '9・11 事件' は Jiǔ-Yāoyāo shìjiàn

⊗ ①（方）兄弟順が一番下の, 末の

吆夭妖要腰邀爻肴 — yáo

[～妹] 末の妹 ② 小さな,微細な [～麼]《書》ちっぽけな ③ (Y-) 姓

【吆(*吆)】yāo ⊗ 以下を見よ

【吆喝】yāohe 動 ① 大声で呼ぶ,呼び掛ける [～他] 大声で彼を呼ぶ ② 売り声をあげる [沿街～着生意] 売り声をあげつつ通りを歩く ③ 牛や馬に(大声で)命令する,駆り立てる

【夭】yāo ⊗ (草木が)よく茂った,緑ゆやかな

【夭(殀)】⊗ 若死にする,夭折する [～殇] 夭折する

【夭亡】yāowáng 動 若死にする

【夭折】yāozhé ① 若死にする,夭折する 働[夭亡] ②〈転〉途中で失敗する,早い段階で瓦解する

【妖】yāo ⊗ ① 妖怪ホネデ,化け物 [降 xiáng ～] 魔物を退治する ② 人を惑わせる,妖しい [～术] 妖術 ③ 男を惑わすような,なまめかしい

【妖风】yāofēng 名〈股〉① 妖怪が吹き送る妖しい風,妖気漂う風 ②〈転〉不健全な気風

【妖怪】yāoguài 名 妖怪,もののけ

【妖精】yāojing 名 ① 妖怪,もののけ 働[妖怪] ②〈転〉男をたぶらかす女,妖婦

【妖媚】yāomèi 形 (多く貶義で) なまめかしい,妖艷な

【妖魔】yāomó 名 妖怪,もののけ [～鬼怪 魑魅魍魎(比喩的néに)]

【妖娆】yāoráo 形《書》なまめかしい,魅惑的な

【妖物】yāowù 名 妖怪・化け物の類

【妖言】yāoyán 名 人心を惑わす邪説,妖言袵 [听信～] 妖言に惑わされる

【妖艳】yāoyàn 形《書》あだっぽい,なまめかしい

【要】yāo ⊗ ① 求める,頼む ② 強要する,脅す ③ (Y-) 姓
⇨ yào

*【要求】yāoqiú 要求(する),注文(をつける)[满足～] 要求を満たす [严格～自己] 自分を厳しく律する

【要挟】yāoxié 動 ゆする,脅迫する [～银行] 銀行を脅す

【腰】yāo 名 ① 腰,ウエスト [扭 niǔ ～] 腰をくねらせる ② 中国風ズボンのウエスト,胴回り [裤～] 同前 ③ [通常'～里'の形で] 中国服のポケット,帯につけている財布 [～里没钱] 懐sǜが空っぽだ
⊗ ① 物の中間部分,中ほど [山～] 山腹 ② (Y-) 姓

【腰板儿】yāobǎnr 名 ① 腰中背

[挺起～] 背筋をぴんと伸ばす ② 体格,体付き

【腰包】yāobāo 名 帯につけている財布,巾着ホネナェ [肥～] 懐を肥やす [掏～] 身銭を切る

【腰带】yāodài 名 [根・条] (中国風ズボンを締める) 腰帯ホネムチ,ベルト [扎～] 腰帯(ベルト)を締める

【腰杆子】yāogǎnzi 名 (働[腰杆儿]) ① 腰の後ろ側,背中 [挺～] 背筋を伸ばす ② 後ろだて,背後の支援者 働[靠山]

【腰鼓】yāogǔ 名 ①[面] 腰鼓ホネチゥ ◆ 中ほどがふくらんだ細長い小太鼓で,腰に縛りつけ,両手のばちでたたく ② 腰鼓をたたきながら踊る踊り [跳～舞] 腰鼓踊りを踊る

【腰果】yāoguǒ 名[颗] カシューナッツ

【腰花】yāohuā 名 (～儿) [食] 料理用の豚や羊の腎臓

【腰身】yāoshēn 名 衣服の腰回り,ウエスト(の寸法) [～很细] ウエストが締まっている

【腰围】yāowéi 名 ① 腰回りの寸法,ウエストのサイズ 働[腰肥] ② 腰を締める幅広の帯

【腰眼】yāoyǎn 名 ① 腰骨の上の脊椎の両側(漢方のつぼの一) ②〈転〉事の急所,勘所ホネサュェ [点到～] 急所をつく

【腰斩】yāozhǎn 動 ①[史] 腰斩の刑に処する,腰のところで両断する ②〈転〉一つの事を途中で2つに切り離す,腰斩する

【腰椎】yāozhuī 名[生] 腰椎 [～间盘突出症] 椎間盤ヘルニア

【腰子】yāozi 名[口] 腎('肾'の通称) [～病] 腎臓病

【邀】yāo 動 招請する,招待する [～客] 客を招く
⊗ ① 求める,頼む ② 遮る,通せんぼする

【邀功(邀功)】yāogōng 動 他人の手柄を横取りし,功をかすめ取る

【邀击(邀击)】yāojī 動 要撃する,待ち伏せて攻撃を加える

【邀集】yāojí 動 大勢の人を一堂に招く,一斉に招請する

*【邀请】yāoqǐng 動 招請する,招聘する [～专家出席座谈会] 専門家を座談会に招く [～赛] 招待選手権大会 [～书] 招請状

【爻】yáo ⊗ 易の八卦の基本符号,'阳～'(—)と'阴～'(--)の2種

【肴(餚)】yáo ⊗ 魚肉料理,生臭もの [酒～] 酒肴ホネネゥ

【肴馔】yáozhuàn 名《書》宴会料理,ご馳走

【尧】(堯)

Yáo ⊗ ① 尭舜(伝説中の古代の聖王) ② 姓

【尧舜】Yáo-Shùn 图 中国古代の名君尭と舜;(転)尭舜のように英明な聖人

【垚】

yáo ⊗ 山が高い

【姚】

Yáo ⊗ 姓

【挑】

yáo ⊗ (武器装飾用の)貝がら

【窑】(窯*窰)

yáo 图 ①(陶器やレンガなどを焼く)窯;[烧～]窯を焼く(陶器などを作る) ②(旧)炭坑[煤～]炭坑 ③ 窑洞 (→[～洞])[打一眼～]窑洞を一つ掘る ⊗(方)女郎屋,岡場所 [～姐儿]女郎

【窑洞】yáodòng 图 窑洞 ◆ 西北黄土地帯の山崖に掘った洞窟住居[打～]同前を掘る

【窑子】yáozi 图(方)妓楼,女郎屋[逛～]女郎屋いする

【谣】(謠)

yáo ⊗ ① 歌謡,うた [民～]民謡 ② デマ,うわさ [造～]デマを飛ばす

【谣传】yáochuán 图 デマ(を飛ばす),うわさ(を流す)[据～…]うわさによれば…

【谣言】yáoyán 图 デマ,根拠のないうわさ(㊥[流言])[散布～]デマをまき散らす

【遥】

yáo ⊗ 遠い,はるかな [～想当年]遠い昔を振り返る

【遥测】yáocè 動 遠隔測定する

【遥感】yáogǎn 動 遠隔感知する [～图像]遠隔感知画像

*【遥控】yáokòng 動 遠隔操作する,リモートコントロールする [～开关]リモコンスイッチ — 图 リモートコントロール

【遥望】yáowàng 動 見はるかす,遠くを眺める [～故土]遠く故郷を望む

【遥遥】yáoyáo 形 ①(距離が)遥かな,遠く隔たった [～相对](山と山などが)遠く向かい合っている ②(時間が)遥かに長い,長い

*【遥远】yáoyuǎn 形 遥か遠い,遠いかなたの(㊥[辽远])[路途～]路は遥か遠い [～的将来]遠い将来

【摇】

yáo 動 揺さぶる,揺れる,振る [～头]首を横に振る [～船]船をこぐ [动～]動揺する [～滚乐]ロック音楽

*【摇摆】yáobǎi(振り子のように)揺れる

【摇动】yáodòng 動 ① 揺れ動く,振る [～花束]花束を振る ②(気持ちが)動揺する ③ 揺らして(その場から)動かす『怎么也摇不动』いくら揺らしても動かない

*【摇滚】yáogǔn 图 ロックンロール,ロック音楽 ㊥[摇滚乐]

【摇撼】yáohàn/yáohǎn 動(樹木,建物などを)振り動かす,激しく揺さぶる

*【摇晃】yáohuang/yáohuàng 動 ゆらゆら揺れる(揺する),ふらふらよろめく [桌子有点～]テーブルががたがたする [～药瓶]薬びんを振る

【摇篮】yáolán 图 ① 揺り籠[摇动～]揺り籠を揺する ②(転)幼年・青年期の生活環境,文化・運動などの発祥地 [古代文化的～]古代文化の揺籃の地

【摇旗呐喊】yáo qí nàhǎn《成》① 合戦の際に旗を振り鬨の声をあげる ② 声援を送る,支持激励の声をあげる

【摇钱树】yáoqiánshù 图[棵・株]金のなる木,金もうけのたね[～,聚宝盆]金のなる木と打出の小槌

【摇身一变】yáo shēn yí biàn《成》(貶)ぱっと変身する,態度や言動がころりと変わる

【摇手】yáoshǒu 图 機械に付いた手回しの取っ手,ハンドル
—— yáo*shǒu 動(否定や阻止の意を表わすべく)手を振る,手を振って打ち消す

【摇头】yáo*tóu 動(否定・阻止の意を表わすべく)首を振る,いやいやをする

【摇头摆尾】yáo tóu bǎi wěi《成》(貶)(首を振り尾を振る>)得意げにはしゃぐ,浮かれまくる

【摇头晃脑】yáo tóu huàng nǎo《成》(首を振りたてる>)ひとりで悦に入る,ほくほくとひとりうなずく

【摇尾乞怜】yáo wěi qǐ lián《成》(尾を振って憐れみを乞う>)人にこびへつらう ㊥[乞哀告怜]

【摇摇欲坠】yáoyáo yù zhuì《成》ぐらついて倒壊一歩手前の,今にも崩れ落ちそうな ㊥[安如磐石]

【摇曳】yáoyè 動 ゆらゆら揺れる,揺れ動く ㊥[摇荡]

【摇椅】yáoyǐ 图[把]揺りいす,ロッキングチェア

【徭】(*傜)

yáo ⊗ 労役,賦役 [～役]賦役

【猺】

yáo ⊗[青～][動]ハクビシン(ふつう'果子狸''花面狸'という)

【瑶】

yáo ⊗ 美しい玉 [琼～](書)美玉

【瑶族】Yáozú 图 ヤオ族 ◆ 中国少数民族の一.広西・湖南・雲南・広東・貴州の諸省に住む

【鳐(鰩)】yáo ⊗〖魚〗エイ［～鱼］同前

【杳】yǎo ⊗遠く離れて姿の見えない

【杳渺(杳眇)】yǎomiǎo [形]《書》遠く隔たった

【杳如黄鹤】yǎo rú huánghè《成》(飛び去って帰らぬ黄鶴のように行方が知れない＞) 人物や物の行方が不明である

【杳无音信】yǎo wú yīnxìn《成》絶えて音沙汰がない, まるっきり便りがない [同][鱼沉雁杳]

【咬(*齩 齾)】yǎo [動]①咬む, かじる〖～了一口〗一口かじった ②(歯車が) 咬み合う, (ねじなどが) 締まる, (ペンチなどで) 挟みつける ③(犬が) ほえる ④(訊問された時などに) 無関係な人を巻き込む, 累を他に及ぼす ⑤(文字を) 正確に音読する, 正しく発音する〖～字儿〗同前 ⑥言葉遣いや意味にこだわる, 下らぬ(言葉の) 粗探しをする ⑦《方》(漆などに) かぶれる, 皮膚アレルギーを起こす

【咬定】yǎodìng [動]きっぱり言い切る, 断言する〖一口～〗きっぱり言い切る(決して前言を翻さない)〖～交货日子〗納品日を約束する

【咬耳朵】yǎo ěrduo [動]《口》耳打ちする, ひそひそ話をする

【咬舌儿】yǎoshér [名]舌足らず, 発音が不明瞭な人 [同][咬舌子] — [動]舌がもつれる, 発音が不明瞭になる

【咬文嚼字】yǎo wén jiáo zì《成》《貶》(字句をやたらと嚙みしめる＞) 文字面にばかりこだわって趣旨を理解しない [同][句斟字嚼]

【咬牙】yǎo▾yá [動]①歯がみをする, 歯をくいしばる ②(睡眠中に) 歯ぎしりする

*【咬牙切齿】yǎoyá qièchǐ《成》切歯扼腕する

【咬字眼儿】yǎo zìyǎnr [動](人の) 言葉尻をとらえる, 言葉遣いに無用の文句をつける

【窅】yǎo ⊗はるかな, 底深い［～然］《書》深遠な

【窈】yǎo ⊗以下を見よ

【窈窕】yǎotiǎo [形]《書》①(女性が) 美しくしとやかな, 見目(みめ)うるわしい ②(宮殿や風景が) 幽遠で静かな, 静まり返った

【舀】yǎo [動](ひしゃくなどで) 掬(すく)う, 汲む〖～酒〗(かめから) 酒を汲み出す［～子］ひしゃく

【疟(瘧)】yào ⊗マラリア, 瘧(おこり)

⇨nüè

【疟子】yàozi [名]マラリア〖发～〗瘧が始まる

【药(藥)】yào [名]〔片・粒・服〕薬, 医薬〖吃～〗薬を飲む — [動]毒殺する, 薬殺する〖～老鼠〗ネズミを薬で退治する

⊗①投薬治療する, 薬で治す［不可救～］(病気が) 手の施しようがない ②化学薬品［炸～］爆薬［杀虫～］殺虫剤 ♦姓はふつう'藥'と書く

【药材】yàocái [名]漢方薬の原料, (天然の) 薬材

【药草】yàocǎo [名]薬草［～园］薬草園

【药厂】yàochǎng [名]製薬工場

【药典】yàodiǎn [名]薬局方(ほう)

【药店】yàodiàn [名]〔家〕薬屋

【药方】yàofāng [名](～儿) ①薬の処方, 調合法 ②〔张〕処方せん([同][药单])〖开～〗処方せんを書く

【药房】yàofáng [名]①〔家〕(西洋医薬の) 薬局, 薬店 ②〔间〕病院や診療所の薬局

【药膏】yàogāo [名]軟膏(なんこう), 膏薬〖上～〗膏薬を貼る

【药罐子】yàoguànzi [名]①漢方薬を煎じる土びん ②《転》薬漬けの人, 病気ばかりしている人

【药害】yàohài [名](特に農薬による) 薬害, 薬物汚染

【药剂】yàojì [名]薬剤［～师］薬剤師［～学］薬学

【药酒】yàojiǔ [名]薬酒

【药力】yàolì [名]薬の効き目, 薬効([同][药劲儿])〖～强〗薬がよく効く

【药棉】yàomián [名]脱脂綿

【药捻儿】yàoniǎnr [名]〖医〗薬剤を染み込ませたガーゼやタンポン [同][药捻子]

【药碾子】yàoniǎnzi [名]薬研(やげん), 薬おろし

【药片】yàopiàn [名](～儿)〔片〕錠剤

【药品】yàopǐn [名]薬品, 薬物

【药铺】yàopù [名]〔家〕漢方薬店, 生(き)薬屋

【药膳】yàoshàn [名]薬膳(やくぜん)(漢方薬材を組み入れた料理)［～餐厅］薬膳レストラン

【药石】yàoshí [名]《書》薬と鍼(はり) ♦広く治療手段をいう［～罔 wǎng 效］薬石効なく

【药水】yàoshuǐ [名](～儿) ①水薬〖喝～〗水薬を飲む ②洗浄剤, ローション

【药筒】yàotǒng [名]〔块〕薬莢(やっきょう) [同][弹壳]

【药丸】yàowán [名](～儿) 丸薬(がんやく) [同][药丸子]

【药味】yàowèi [名]①処方された漢方薬, 漢方薬に含まれている薬材(総称) ②(～儿) 漢方薬の味や匂

Y

い ♦漢方薬の味には'甜,酸,苦,辣,咸'があり,これを'五味'という

【药物】yàowù 图薬物,薬品〖~学〗薬学〖~过敏〗薬物アレルギー

【药效】yàoxiào 图薬効,薬の効き目〖测定~〗薬効を測定する

【药性】yàoxìng 图薬の性質(効能,適応症など)

【药引子】yàoyǐnzi 图(漢方薬で)薬の効果を高めるために加える補助薬 ♦煎じ薬に加えるヒネショウガなど

【药皂】yàozào 图〔块〕薬用石けん

【药疹】yàozhěn 图薬物アレルギー性発疹,またその蕁麻疹

【要】yào 動①欲しがる,所有したいと願う ②ねだる,くれと言う〖跟他~钱〗彼に金をねだる ③(…に…するよう)求める,要望する〖我~你帮忙一下〗ちょっと手伝ってくれないか ④必要とする〖~多少人?〗人手は何人必要ですか〖~三小时〗3時間必要だ 助動①…したい,…するつもりだ ♦否定は通常'不想'あるいは'不愿意'〖我~学书法〗書道を習おうと思う ②(必要上)しなければならない,…すべきである ♦否定は'不用'〖你们~好好学习〗しっかり勉強するんだよ ③…しそうだ,…することになろう ♦前に'会'を加えることも可能.否定は'不会'〖看样子~下雪〗雪になりそうです〖(後に'了'を伴って)もうすぐ…になる〖快~出院了〗もうすぐ退院ですよ ⑤〖比較文の中で〗おそらく…だろう,らしく思われる〖他比我跑得~快得多(他比我~跑得快得多)〗彼は僕よりずっと駆けるのが速い 接①もしも,仮に〖你~不去,我也不去〗君が行かないなら僕も行かない ②('~+就'を重ねて)…か…かいずれかだ,…でなければ…だ〖~就去球场,~就去剧场〗球場へ行くか,さもなきゃ劇場だ ⊗①要点,重要部分〖纲~〗概要 ②重要な,肝腎な〖~事〗重要なこと
⇨yāo

【要隘】yào'ài 图要害の関所

*【要不】yàobù 接(前の内容を受けて)さもないと,でなければ⊕〖要不然〗〖快走,~咱们赶不上考试了〗急ごう,でないと試験に間にあわないぞ

*【要不然】yàobùrán 接⊕〖要不〗

【要不得】yàobude 形許し難い,間違っている〖这样做~〗そりゃいけないよ

【要道】yàodào 图①〔条〕要路〖交通~〗交通の要道 ②重要な道理

【要得】yàodé 形(方)よい,使える〖这个办法~〗それはいい考えだ

【要地】yàodì 图①(軍事上の)要地,要衝 ②(書)高官の座,重要ポスト

*【要点】yàodiǎn 图①(話や文章の)要点,キーポイント〖抓住~〗要点をつかむ ②重要な拠点〖防御~〗拠点を守る

【要犯】yàofàn 图(書)重要犯人,主犯

【要饭】yào'fàn 動物乞いする,こじきをする(⊕〖讨饭〗)〖~的〗こじき

【要害】yàohài 图①人体の急所〖击中~〗急所に命中する ②軍事上の要害,要衝 ③重要部門,重要部分

【要好】yàohǎo 形①仲が良い,親しい〖他们俩很~〗あの二人は仲が良い ②向上心に富む,がんばり屋の

【要谎】yào'huǎng 動(方)値段をふっかける,掛け値をする

【要价】yào'jià 動①(~儿)客に値段を言う,売り値をつける(⊕〖讨价〗)〖漫天~〗途方もない掛け値を言う ②(転)(交渉などで)条件を提示する

【要价还价】yào jià huán jià (成)(売り手が値を言い買い手が値切る>)駆け引きする⊕〖讨价还价〗

【要件】yàojiàn 图①〔份〕重要文書 ②重要な条件

【要津】yàojīn 图交通の要路にある渡し場,水陸交通の要衝;(転)要職,重要な地位

【要紧】yàojǐn 形①重要な,大事な⊕〖重要〗 ②ひどい,重大な(⊕〖严重〗)〖不~〗大丈夫,大したことはない ③(方)急いでいる,慌てている〖~回家〗大急ぎで帰宅する

【要脸】yào'liǎn 動恥を知る,体面を大事にする〖不~〗恥知らず

【要领】yàolǐng 图①要点,主要な内容〖不得~〗要領を得ない ②(体育や軍事の動作の)こつ,要領〖掌握~〗要領をつかむ

【要略】yàolüè 图概略,概説(多く書名に使う)

【要么(要末)】yàome 接…かそれとも…か,…かでなければ…だ〖~你来,~我去〗君が来るか,さもなきゃおれがそっちへ行こう

【要面子】yào miànzi 動体面を重んじる,メンツにこだわる⊕〖爱面子〗

*【要命】yào'mìng 動命をとる,死に追いやる〖差点要了命〗もう少しで死ぬところだった 一形①甚だしい,極端な〖饿得~〗腹がへって死にそうだ ②腹立たしい,迷惑な〖真~,下雨了〗参ったね,降ってきたよ

【要强】yàoqiáng 形向上心旺盛な,負けず嫌いな

【要人】yàorén 图要人,VIP

【要塞】yàosài 图要塞〖构筑~〗要塞を築く

★★【要是】yàoshi [接] もしも [同][如果]
【要死】yàosǐ [形] …でたまらない，死ぬほど…だ([同][要命])〖挤得～〗(乗物が)混んで死にそうだ
★【要素】yàosù [名] 要素 [同][因素]
【要闻】yàowén [名] 重大ニュース
【要样儿】yào▾yàngr [動] 見栄をはる，外見を飾る
【要员】yàoyuán [名] (多く派遣されて)重要任務に当たる人員
【要之】yàozhī [副]《書》要するに，つまるところ [同][总之]
【要职】yàozhí [名] 要職，重要ポスト([反][闲职])〖担任～〗同前を担当する
【要旨】yàozhǐ [名] 主旨，要旨

〖钥(鑰)〗yào [×] 鍵(かぎ) ♦「キーポイント」「要衝」の意の文語 '锁钥' は suǒyuè と発音
★★【钥匙】yàoshi [名]〔把〕鍵〖用～开锁〗鍵で錠を開ける［～孔］鍵穴

【鞠】yào [名]《方》(～儿)(長靴や靴下の)筒状の部分

〖鹞(鷂)〗yào [×] ハイタカ［～鹰］同前
【鹞子】yàozi [名] ①ハイタカ('雀鹰'の通称) ②《方》凧(たこ) [同]《普》[风筝]

〖曜〗yào [×]①日光，陽光 ②まばゆく照らす，照りつける

〖耀〗yào [×]①光芒，輝き［光～］輝き ②栄光，栄誉［荣～］光栄 ③光り輝く，まばゆく目を射る ④ひけらかす，誇示する［夸～］ひけらかす
【耀武扬威】yào wǔ yáng wēi《成》武力を誇示する，実力のほどをひけらかす
★【耀眼】yàoyǎn [形] まぶしい，まばゆい

〖耶〗yē [×] 音訳字［～和华］エホバ［～稣 sū］イエス
⇨yé
【耶稣教】Yēsūjiào [名] キリスト教のプロテスタント [関][基督教][天主教]

〖椰〗yē [×] ヤシ［～子］ヤシ(の実)
【椰油】yēyóu [名] ヤシ油
【椰枣】yēzǎo [名]〖植〗ナツメヤシ

【掖】yē [動] 差し込む，突っ込む〖～进口袋里〗ポケットに突っ込む
⇨yè

【噎】yē [動] ①のどが詰まる〖～住了〗のどにつかえた ②(強風にさらされて) 息が詰まる，呼吸できなくなる ③《方》けんつくを食らわす，やり込める

〖爷(爺)〗yé [×]①《方》父，父さん ♦単用する方言もある［～娘］ふた親 ②祖父，爺さま ③老齢男子への尊称〖孙～〗孫(ソン) さん ④旧時の役人や旦那衆への敬称［老～ ye］旦那さま ⑤神仏などへの敬称［老天～］お天道(てんとう)さま
【爷们】yémen [名]《方》①男，男衆 ♦単数にも用いる ②夫，亭主
【爷儿】yér [名]《口》上の世代の男子と下の世代の男女とをまとめた呼称 ♦父と息子，祖父と孫娘など［～俩］父子(祖父と孫など)ふたり
【爷儿们】yérmen [名] 上の世代の男子と下の世代の男子をまとめた呼称 ♦父と息子，叔父と甥など
★★【爷爷】yéye [名]《口》①父方の祖父，おじいちゃん ♦呼び掛けにも使用 ②(一般に) おじいさん ♦年老いた男子の呼称

〖耶〗yé [×] 文語における疑問の助詞 [同]'邪'
⇨yē

〖揶〗yé [×]［～揄］《書》揶揄(やゆ)する，からかう

【也】yě [副] ①同じであることを示す〖我～有〗私も持っている〖～说俄语〗ロシア語も話す〖借书，～还书〗本を借りるし返しもする ②重ねて用いて，並列関係を強調する〖他～会滑雪，～会溜冰〗彼はスキーもうまいしスケートもうまい ③重ねて用いて，条件のいかんにかかわらず…であることを示す〖下雨我们～去，不下雨我们～去〗雨が降っても降らなくても，私たちは出掛けます ④〖'虽然''即使'などと呼応して〗譲歩や転換の気分を示す〖即使下雪，我～去〗たとえ雪が降ろうと私は行く ⑤〖'连'などと呼応して〗強調を示す〖一点儿～不知道〗まるきり知らない ⑥語調を和らげる働きをする〖～好吧〗まあよかろう
[×](文語における助詞) ①判断を示す ②疑問や詰問を示す ③文中の停頓を示す
【也罢】yěbà [助] ①まあよかろう，仕方あるまい ②(二つあるいはそれ以上使って) …であろうと…であろうと，…であれ…であれ(いずれにせよ…)〖你来～，不来～〗君が来ようと来まいと…
【也好】yěhǎo [助] [同][也罢]
★★【也许】yěxǔ [副] もしかしたら…かもしれない([同][或许])〖他～不知道〗彼は知らないのかもしれないよ

〖冶〗yě [×]①(金属を) 溶解する，精錬する ②《貶》(女性が) 蠱惑(こわく)的な，色っぽい［妖～］婀娜(あだ)な ③(Y-)姓
【冶金】yějīn [動]〖多く定語として〗冶金(やきん)

Y

【冶炼】yěliàn 動 精錬する [～炉] 溶鉱炉

【冶容】yěróng 名 なまめかしい顔付き、魅惑的な容貌 —— 動 妖艶ネルに身を飾る、なまめかしく装う

【野(*埜)】yě 形 ① 粗野な、不作法な ② 奔放な、とらわれない ⊗ ① 郊外、野外 [荒～] 荒野 ② 政権を離れた状態、在野の地位 [下～] 下野する ③ 領界、領域 [視～] 視野 ④ 野生の、人工の手を経ない

【野菜】yěcài 名 [棵] 山菜、食用の野草

【野餐】yěcān 動 野外での食事をする、ピクニックに行く —— 名 [顿] 野外での食事

【野蚕】yěcán 名 野生の蚕、山蚕 ⇔ [家蚕]

【野炊】yěchuī 動 野外で食事を作る

【野地】yědì 名 [块・片] 野っ原、郊外の荒地

【野火】yěhuǒ 名 [场・团] 野火

【野鸡】yějī 名 [只] キジ ('雉'の通称) ② 街娼、夜たか ── 形 《定語として》もぐりの、無許可の [～汽车] 白タク

【野驴】yělǘ 名 [头] 野生のロバ

*【野蛮】yěmán 形 ① 未開の、野蛮な ⇔ [文明] ② 粗野な、乱暴な(⇔ [蛮横])

【野猫】yěmāo 名 [只] ① 野良ネコ、野生のネコ ② 〈方〉野ウサギ ⇔ [普] [野兔]

【野牛】yěniú 名 [头] 野牛、バイソン

【野禽】yěqín 名 野鳥 ⇔ [普] [野鸟]

【野人】yěrén 名 ① 原始人、未開の人々 ② 乱暴者、荒くれ者 ③〈書〉野良で働く人々 ④〈書〉平民、庶民

【野生】yěshēng 形 《定語として》野生の [～生物] 野生生物

【野史】yěshǐ 名 正史でない歴史、野史

【野兽】yěshòu 名 野獣 [～害] 野生動物による(農作物などの) 被害 [～派] フォービズム

【野兔】yětù 名 [只] 野ウサギ ⇔ [家兔]

【野外】yěwài 名 野外、郊外 [～工作] フィールドワーク

【野味】yěwèi 名 狩猟の獲物、仕留めた鳥や獣

*【野心】yěxīn 名 野心、野望 [抱有～] 野望を抱く

【野性】yěxìng 名 野性 [帯有～] 野性味を帯びる

【野鸭】yěyā 名 [只] カモ ⇔ [绿头鸭] ⇔ [家鸭]

【野营】yěyíng 動 野営する、キャンプする

【野战】yězhàn 名〖軍〗野戦 [～军] 野戦軍 [～医院] 野戦病院

【野猪】yězhū 名〖口・头〗イノシシ

【业(業)】yè ① なりわい、業ゲ゙[农～] 農業、職業、仕事 [失～] 失業する ③ 学業 [毕～] 卒業する ④ 事業 [创～] 創業する ⑤ 財産、私有する企業体など [家～] 家産 ⑥ 業ゴ゙、悪業 ⑦ (職業に)従事する [医] 医者をなりわいとする ⑧ 既に ⑨ (Y-) 姓

【业绩】yèjì 名 [项] 大なる成果、偉大な功績

*【业务】yèwù 名 [项] 業務、(専門とする)仕事 [抓～] 業務に力を入れる

【业已】yèyǐ 副 (多く公文書で) 既に ⇔ [业经]

*【业余】yèyú 形《定語として》① 仕事の時間外の、余暇の [～教育] 成人教育 [～学校] 業余学校 ② アマチュアの、専業でない [～作家] 余暇に書く作家

【业障】yèzhàng 名 ① (仏教で) 業ゴ゙ ② 不肖の子弟、出来損ない ◆ 出来の悪い子弟を罵る語

【邺(鄴)】Yè ⊗ ① 河南の古地名 ② 姓

【叶(葉)】yè ① (～儿) [片・张] 葉、葉っぱ [长满了～儿] 葉が生い茂った [绿～] 緑あざやかな葉 ⊗ ① 葉に似たもの [百～箱] 百葉箱 ② ある程度長い時代区分の一段 [汉朝初～] 漢代初葉 ③ (Y-) 姓 ◆「叶ネ゙う」の意の文語は xié と発音 ⇨ xié

【叶斑病】yèbānbìng 名〖植〗黒はん病

【叶柄】yèbǐng 名〖植〗葉柄ヨ゙

【叶公好龙】Yè gōng hào lóng《成》見せ掛けだけの趣味、口先だけの主義主張

【叶绿素】yèlǜsù 名〖化〗葉緑素

【叶轮】yèlún 名〖機〗羽根車

【叶落归根】yè luò guī gēn (《成》葉が落ちて根のところに戻る〉異郷に暮す人も結局は故郷に帰る

【叶脉】yèmài 名〖植〗葉脈

【叶片】yèpiàn 名 ①〖植〗葉片、葉身 ②〖機〗羽根車の羽根

【叶锈病】yèxiùbìng 名〖農〗赤さび病

【叶序】yèxù 名〖植〗葉序

*【叶子】yèzi 名 ① [片・张] 葉 [～烟] 葉タバコ ②〈方〉かるた ⇔ [普] [纸牌]

【页(頁*葉箓)】yè 量 ページを数える [第十一～] 10ページ ⊗ 書籍や書画の一枚一枚 [活～] ルーズリーフ

【页码】yèmǎ [名]（～儿）書籍のページ，ページナンバー

【页心】yèxīn [名]〖図〗〖印〗①版面（づら）♦書物の各ページの文字や図版が刷られている部分 [同]［版心］②木版本の折り目の部分 [同]［版口］

【曳（*拽抴）】yè ⊗引っ張る，引きずる
⇨zhuāi, zhuài（拽）

【夜（*亱）】yè [量]夜〖闹了两～〗ふた晩に渡り夜通し騒いだ〖三天三～〗3日3晩
⊗夜（[反]'昼'）〖～深了〗夜がふけた

【夜班】yèbān [名]夜勤〖值～〗夜勤の番に当たる〖打个～〗夜勤をする［～护士］夜勤看護婦

【夜半】yèbàn [名]夜半，深夜（夜の12時前後）[同]［半夜］

【夜不闭户】yè bú bì hù《成》（夜も戸を閉めない＞）社会の風紀と治安が良い [関]［路不拾遗］

【夜餐】yècān [名]〔顿〕夜食，夜ふけの食事

【夜叉】yècha [名]夜叉，凶悪な人［母～］凶悪な女（罵語として）

【夜长梦多】yè cháng mèng duō《成》（夜が長いと夢が多い＞）時間が長びくととかく情況が不利になる

【夜场】yèchǎng [名]夜間興業，夜の公演 [同]［晚场］

【夜车】yèchē [名]①〔班·趟〕夜行列車，夜汽車 ②《転》（昼間に加えて夜もする）仕事や勉強〖开～〗夜なべする

【夜工】yègōng [名]夜の仕事，夜間作業（[同]［夜活儿］）〖打～〗夜なべする

【夜光虫】yèguāngchóng [名]夜光虫

【夜壶】yèhú [名]〔把〕（主に旧式の）男子用のしびん [同]［便壶］

【夜间】yèjiān [名]夜，夜間（[同]［夜里］）〖～施工〗夜間工事をする［～比赛］ナイター

【夜课】yèkè [名]夜の授業〖上～〗夜の授業に出る

【夜空】yèkōng [名]夜空

【夜郎自大】Yèláng zìdà《成》（夜郎国の人間は自国が最大の国だと思っている＞）井の中の蛙，夜郎自大 [同]［井蛙语海］

【夜里】yèli/yèlǐ [名]夜，夜間（主に10時·11時以降をいう）[関]［晚上］

【夜盲】yèmáng [名]〖医〗夜盲症，鳥目 [同]［雀qiǎo盲眼］

【夜猫子】yèmāozi [名]《方》①〔只〕コノハズク，フクロウ [同]［猫头鹰］②《転》宵っぱり，夜更かしの人

【夜明珠】yèmíngzhū [名]〔颗〕夜も光を放つという伝説上の真珠

【夜幕】yèmù [名]夜のとばり〖～降临〗夜のとばりが降りる

【夜尿症】yèniàozhèng [名]夜尿症

【夜色】yèsè [名]夜の暗がり，月明かり，星明かりなど〖趁着～〗星明かりを頼りに

【夜深人静】yè shēn rén jìng《成》草木も眠る夜のしじま [同]［更gēng深人静］

【夜生活】yèshēnghuó [名]夜の娯楽活動

【夜晚】yèwǎn [名]夜（晚の意味も含む）

【夜宵】yèxiāo [名]（～儿）夜食，深夜の食事〖吃～〗夜食をとる

【夜消】yèxiāo [名][同]［夜宵］

【夜校】yèxiào [名]〔个·所〕夜学，夜間の学校（[同]［夜学］）〖上～〗夜学に通う

【夜以继日】yè yǐ jì rì《成》夜に日を継ぐ，昼夜兼行で [同]［日以继夜］

【夜莺】yèyīng [名]〔只〕ノゴマ，コマドリなど声の美しい鳥

【夜鹰】yèyīng [名]〖鳥〗ヨタカ

【夜游神】yèyóushén [名]①（伝説の中で）夜間に人の善悪を調べて回る神 ②《転》夜遊びする人 [同]［夜游子］

【夜总会】yèzǒnghuì [名]ナイトクラブ，キャバレー

【液】yè ⊗液，液体［血～］血液［溶～］溶液

【液化】yèhuà [動]液化する［～空气］液体空気［～石油气］LPガス

【液晶】yèjīng [名]〖理〗液晶［～显像］液晶画像

【液态】yètài [名]液状［～气体］液化ガス

★★【液体】yètǐ [名]液体［～燃料］液体燃料

【液压】yèyā [名]〖工〗油圧，水圧［～泵］油圧式ポンプ

【掖】yè ⊗①（人の）腕を支える，手を貸す ②手助けする，昇進させる［扶～］《書》手助けする
⇨yē

【腋】yè ⊗わきの下→［～窝］

【腋臭】yèchòu [名]〔股〕わきが

【腋毛】yèmáo [名]わき毛

【腋窝】yèwō [名]わきの下（通称は'夹肢窝gāzhiwō'）

【腋芽】yèyá [名]〖植〗わき芽 [同]［侧芽］

【咽】yè ⊗むせぶ，（悲しくて）ものが言えない［呜～］［哽～］むせび泣く
⇨yān, yàn

【烨（燁）】yè ⊗①火の光 ②日の光（'晔'とも）

【谒(謁)】yè ⊗謁見するする【拜～】拜謁する
[～见]謁見する

【靥(靨)】yè ⊗えくぼ《酒～》同前

【一】yī (yāoの音については'幺'を見よ)题一《～yī加～yī等于二》1たす1は2《～yí个人》ひとりの人《十～yī个人》11人《第～yī本》一冊目《看了～yì眼》ひと目ちらっと見た —圈《定語として》①同じ，同一の《不是～回事》同じ事柄ではない ②すべての，いっぱいの《～屋子的人》部屋いっぱいの人 —圈《多くあとの'就'と呼応して》…するなり，…するやいなや，一度…すれば《～yí看就明白》見ればわかる ⊗①《単音節動詞の重ねの間に置いて》動作を軽く行うことやちょっとやってみることを示す♦普通軽声となる《说～说》ちょっと言う《抖tǒu擻→[～心]》③別の，もうひとつの《～名》別の名を…という♦'一'は後に意味上の停頓なしに第一・二・三声が続くとき，第四声に発音される．例えば'～百yìbǎi'，第四声が続くとき，第二声に発音される．例えば'～万yíwàn''～个yígè(ふつうyígeと発音)'．ただし序数の場合は第一声のまま．例えば'第一课dì yī kè'

【一把鼻涕，一把眼泪】yì bǎ bítì, yì bǎ yǎnlèi《俗》(一掴みの鼻水,一掴みの涙>)身も世もあらず泣きじゃくる

【一把手】yìbǎshǒu 图①メンバーの一人,一員 ②腕利き,やり手,凄腕《[一把好手]》③組織のトップ,最高責任者 ®[第一把手]

【一把抓】yì bǎ zhuā 動①何もかも一手に引き受ける,何事も自分が抱え込む ②(事の軽重・急不急を考えず)一緒くたに手を出す

【一败涂地】yí bài tú dì《成》一敗地にまみれる,再起不能なほど大敗する ®[落花流水]

【一般】yìbān 圈①同じの,そっくりな《[一样]》《[～高]》同じ高さだ ②普通の,通常の(®[特殊])《内容浅～》内容が平凡だ《[～来说]》一般的には,普通は《[～人]》一般人

【一般见识】yìbān jiànshi《成》同じように見識が浅い《别跟他～》あいつと同じレベルで争うな

【一板一眼】yì bǎn yì yǎn《成》《音》伝統劇や音楽のリズム,強一拍弱一拍の二拍子,《転》動物にけじめのあること,整然としていること

【一半】yíbàn 图(～儿)半分,2分の1《先付~儿》半分先払いする

【一半天】yí bàn tiān 图一日二日《过～就会回来》一両日中には帰ってきます

【一辈子】yíbèizi 图《口》一生,生涯《～也忘不了》一生忘れられない

【一本万利】yì běn wàn lì《成》(元手一両,利は万両>)わずかな元手で莫大な利益を得る

【一本正经】yì běn zhèng jīng《成》四角四面に改まった,まじめくさった《别那么～的》まあそう四角張らないで

【一鼻孔出气】yì bíkǒng chū qì《俗》《贬》(同じ鼻から息を吐く>)ぐるになって同じ態度をとる,そっくり同じことを言う

【一笔勾销】yì bǐ gōuxiāo《成》(せっかく積み上げてきたものを)ばっさり取り消す,すべてを帳消しにする

【一笔胡涂账】yì bǐ hútu zhàng《俗》訳のわからぬ話,説明のつかぬ出来事

【一笔抹杀】yì bǐ mǒshā《成》(一筆で塗りつぶす>)長所や成績を全面的に否定する

【一臂之力】yí bì zhī lì《成》一臂の力,少しばかりの力《助你～》多少とも力をお貸ししよう

【一边】yìbiān (～儿) ①多角形の一辺 ②物や事柄の側面,片側《站在你这～》あなたの側につきましょう ③かたわら,そば ®[旁边] ④(2つの動作が同時に進行することを示し)…しながら…する♦一般に両方の動詞の前にそれぞれ'～'を置く《～看报,～喝茶》新聞を読みながらお茶を飲む —圈《方》同様の,同等の ®[普][一般]

【一表人才】yì biǎo rén cái《成》風采が立派でスマートな

【一并】yíbìng 圖《ふつう2音節動詞を修飾して》いっしょに,まとめて《～讨论》まとめて議論する

【一波未平,一波又起】yì bō wèi píng, yì bō yòu qǐ《成》(ひとつの波が静まらぬうちに次の波が生じる>)次から次へと問題が起きる

【一…不…】yī…bù… ①一旦…したらもう…しない《一去不返》行ったきり帰ってこない ②ひとつの…も…しない《一言不发》ひと言も口をきかない

【一步登天】yí bù dēng tiān《成》(ひと足で天に登る>)一挙に最高水準に達する

【一不做,二不休】yī bú zuò, èr bù xiū《成》毒食わば皿まで,やらないならともかくやりかけたからには最後までやる

【一步一个脚印】yí bù yí gè jiǎoyìn《俗》(ひと足ごとに足跡を残す>)仕事振りが堅実である

【一差二错】yì chā èr cuò《成》思わ

ぬ手違い, 不測の事故

【一刹那】yíchànà 名 瞬く間, あっという間

【一场空】yì chǎng kōng〈成〉(夢も希望も)水の泡と消える, 無に帰する

【一唱一和】yí chàng yí hè〈成〉〈貶〉気脈を通じて呼応し合う, しめし合わせて共同歩調をとる

【一尘不染】yì chén bù rǎn〈成〉(俗世の汚れにいささかも染まっていない>) ①清廉高潔な ②(場所が)清浄この上ない, 塵ひとつない

【一成不变】yì chéng bú biàn〈成〉(一旦でき上がれば二度と変わら(変え)ない>)永久不変の 反[千变万化]

【一尺水, 十丈波】yì chǐ shuǐ, shí zhàng bō〈俗〉(一尺の水が十丈の波となる>)小事が大事を引き起こす

【一筹莫展】yì chóu mò zhǎn〈成〉なすすべなし, なんらの策も講じえず 反[束手无策]

【一触即发】yí chù jí fā〈成〉一触即発 ◆緊迫した情勢の形容

【一触即溃】yí chù jí kuì〈成〉ほんとたたけば崩れ去る, 一打ちで崩壊する 反[坚如磐石]

【一传十, 十传百】yī chuán shí, shí chuán bǎi〈俗〉あっという間にうわさが広がる, 情報が迅速に伝播する

【一次性】yícìxìng 区〔定语として〕一回だけの, その場限りの〖~的打火机〗使い捨てのライター

【一蹴而就】yí cù ér jiù〈成〉(手を着けばたちまち成就する>)たやすく目標は達成できる

【一寸光阴一寸金】yí cùn guāngyīn yí cùn jīn〈俗〉時は金なり, 一寸の光陰は一寸の金

【一大早儿】yídàzǎor 名 明け方, 早朝

【一带】yídài 名 一帯, 周辺全域〖这~〗このあたり

*【一旦】yídàn 名〈書〉わずか一日〖溃于~〗一夜にして崩れる — 副〈書〉①いったん, ひとたび〖~谈判破裂…〗いったん交渉が決裂すれば… ②(過ぎ去った)ある日

【一刀两断】yì dāo liǎng duàn〈成〉きっぱりと手を切る, 断固関係を絶つ 反[藕断丝连]

【一刀切】yìdāoqiē 動 (具体的状況の違いを無視して)一律に処理する, 画一的な方式で対処する 反[一刀齐]

【一道】yídào 副 (~儿)ともどもに, 連れ立って(=[一同])〖~上班〗一緒に出勤する

【一得之功】yì dé zhī gōng〈成〉わずかばかりの成果, 偶然の成功

ずか(=[一些])〖这么~〗これっぽっち〖~也不知道〗少しも知らない〖~~地冷〗ちょっとつめやる〖好了~〗少しよくなった〖有~冷〗ちょっと寒い

【一丁点儿】yìdīngdiǎnr 名〈方〉ごくわずか, ほんのちょっぴり

*【一定】yídìng 形〔定语として〕①規定された, 決められた〖~的名额〗規定の定員 ②一定不变の〖~的强度〗一定の強度 ③特定の〖在~意义上〗ある意味において ④相当の, 一定程度の〖达到~的水平〗一定のレベルに達する — 副 きっと, 必ず(=[必定])〖~来〗きっと来る〖不~好〗必ずしも良いとは限らない

【一动】yídòng 副 (~儿)容易に, すぐに(=[动不动])〖~儿就哭〗なにかといってはすぐに泣く

【一动不动】yí dòng bú dòng〈俗〉ぴくりとも身動きしない, 石のごとくに動かない

*【一度】yídù 名 一度, 一回〖一年~的〗年に一度の — 副 かつて一度

【一端】yìduān 名 (事柄の)一端, 一部分〖问题的~〗問題の一端

【一…二…】yī…èr… 2音節の形容詞と組みあわさって, 形容詞の意味を強調する〖一清二楚〗実にきれいに片付している〖一干二净〗きれいに片付ける, 素寒貧になる

【一发】yìfā 副 ①いっしょに, 合わせて(=[一同]) ②(否定文に用いて)いっそう, なおさら

【一发千钧】yí fà qiān jūn〈成〉→[千钧一发]

*【一帆风顺】yì fān fēng shùn〈成〉順風満帆, 何もかもが順調に運ぶ

【一反常态】yì fǎn cháng tài〈成〉普段とうらはら態度が変わる, ころりと立場を変える

【一方面】yìfāngmiàn 副〔二つ呼応させて〕一方では…しながら他方では…する

【一分为二】yī fēn wéi èr〈成〉①〔哲〕一が分かれて二となる ◆弁証法における一概念で, 矛盾の対立性・闘争性を強調する ②物ごとを両面から見る, 総合的に観察判断する

【一风吹】yìfēngchuī〈成〉丸々取り消す, すべてを帳消しにする 反[一笔勾销]

【一概】yígài 副 一律に, ことごとく(=[一律])

【一概而论】yígài ér lùn〈成〉一律に論じる

【一干】yìgān 形〔定语として〕事件にかかわるすべての

【一个劲儿】yígejìnr 副 (~地)休みなく, ずっと続けて

【一个模子脱出来的】yí ge múzi

tuōchulai de《俗》(同じ鋳型から抜け出したもの＞) 瓜二つ, 生き写し ♦多く親に似ている場合に使う

【一个钱不值】 yí ge qián bù zhí《俗》一文の値打ちもない [同][一文钱不值][一钱不值]

【一个心眼儿】yíge xīnyǎnr [副] ひたすらに, 一心に ━ [名] 頑固(者), 石頭

★★【一共】yígòng [副] 合計で, 合わせて

【一股劲儿】yìgǔjìnr [副] ひと息に, 一気に 〖～地跑上去〗一気に駆け上がる

【一股脑儿(一古脑儿)】yìgǔnǎor [副]《方》洗いざらい, 一切合切 [同]《普》[通通]

【一鼓作气】yì gǔ zuò qì《成》(戦鼓ひと打ち勇気凛々＞)(意気盛んなうちに)一気呵成かせいに片付ける

★【一贯】yíguàn [形]〔定語·状語として〕一貫した, 不変の 〖～的政策〗一貫した政策 〖～如此〗今までずっとこうだ

【一棍子打死】yí gùnzi dǎ sǐ《俗》(ひと打ちで殺す＞) ばっさり否定してしまう

【一锅粥】yì guō zhōu [名]《転》甚だしい混乱, 混乱状態

【一号】yīhào [名](～儿)《口》トイレ([同][厕所]) 〖上～〗トイレに行く

【一哄而散】yì hōng ér sàn《成》(群衆が)わあっと散ってゆく, 一斉に解散する

【一呼百应】yì hū bǎi yìng《成》(一人の提唱に万人が呼応する＞) 多くの人々が反応を示す [同][一呼百诺]

【一晃】yìhuǎng [動](～儿)〔状語的に〕すばやく動く 〖～就不见了〗ぱっと現われてすぐ消えた
—— yíhuàng [副] 瞬く間に

【一回生, 二回熟】yì huí shēng, èr huí shú《俗》初対面は見知らぬ同士, 2度目はもはや親しい仲間 ♦多く相手をくつろがせようとして口にする

★★【一会儿】yíhuìr/《口》yìhuǐr [名] ちょっとの間, ほんの暫く 〖等～〗ちょっと待ってくれ 〖～就回来〗すぐ戻ってきます ━ [副]〔二つ呼応させて〕…したかと思うと…する, …したり…したりくるくる変わる 〖～出, ～进〗出て行ったかと思うと今度はまた入ってくる

【一伙】yìhuǒ [名] 一味, 一団

【一技之长】yí jì zhī cháng《成》一芸に秀でること, 得意の分野を持つこと

【一见如故】yí jiàn rú gù《成》初対面から多年の知己のごとくに気が合う [同][一面如旧]

【一箭双雕】 yí jiàn shuāng diāo《成》一石二鳥, 一挙両得 [同][一举两得]

【一见钟情】yí jiàn zhōngqíng《成》ひと目ぼれする, ひと目見て好きになる

【一经】yìjīng [副]〔後に'就'を伴って〕…すれば(直ちに), …することで(たちまち) 〖～找到, 就…〗見つかり次第…

【一举】yìjǔ [名] 一度の行動, 一つの動作 ━ [副] 一挙に [～成名] 一挙に名を成す

★【一举两得】yì jǔ liǎng dé《成》一挙両得

【一蹶不振】yì jué bú zhèn《成》一度の蹶つまずきで再起不能になる

【一刻】yíkè [名] 少しの間, 暫時([同][片刻]) 〖～不离〗片時もそばを離れない [～千金] 時は金なり
—— yí kè [数][量] 15分 〖差～三点〗3時15分前 〖～钟〗15分間

【一口】yìkǒu [形]〔定語として〕(話す言葉が)生粋の, 混じり気なしの 〖说～的北京话〗純粋の北京語を話す ━ [副] きっぱりと, 断固たる口振りで 〖～答应〗二つ返事で承知する

【一口气】yì kǒu qì(～儿) [名] ひと呼吸, 一回分の息 〖叹了～〗ため息をついた ━ [副] 一気に, 息もつかずに 〖～看完了〗一気に読み終えた

【一块儿】yíkuàir [名] 同一の場所, 同じ土地 〖在～上学〗一緒に学校に通う ━ [副] 一緒に, 連れ立って [同][一起][一同]

【一来二去】yī lái èr qù《成》(往き来するうちに)段々と, 追い追いと

【一览】yìlǎn [名] 一覧, 概観 [～表] 一覧表

【一揽子】yìlǎnzi [形]〔定語として〕一括した, 一まとめの 〖～计划〗全体計画 〖～建议〗一括提案

【一劳永逸】yì láo yǒng yì《成》一度苦労した後は楽にいける

【一力】yílì [副]《書》全力で, 力を尽くして 〖～主持〗全力で取り仕切る

【一例】yílì [副] 一律に 〖～看待〗同じように待遇する

【一连】yìlián [副] 続けざまに, 連続的に 〖～喝三杯凉水〗立て続けに水を3杯飲む

【一连串】yìliánchuàn [形](～儿)〔定語として〕一連の, 連鎖する 〖～的事情〗一連の出来事

【一了百了】yì liǎo bǎi liǎo《成》① 主要な事が片付けば他はすべて片付く ②死によってすべてが終わる

【一鳞半爪】yì lín bàn zhǎo《成》細々した, 断片的なこと 〖～的知识〗断片的な知識

★【一流】yīliú [形] 一流の

【一溜儿】yíliùr [名] ①一列, 一並び 〖～平房〗一並びの平屋 ②付近, 一帯 〖这～〗この付近

【一溜烟】yíliùyān 副 (~儿)さっと,一目散に(走り去るときの様子)〚~似地跑了〛雲をかすみと逃げ去った

【一路】yílù 名 ① 道中,途中〚~上〛道すがら〚~多保重〛道中お気を付けて ② 同類〚~货〛同類の物,同じ輩 — 副 一緒に〚他们是~来的〛彼らは一緒に来たのだ

★【一路平安】yílù píng'ān (成)道中ご無事で

【一律】yílǜ 形 同一の,一様である〚舆论~〛世論は一致している〚千篇~〛千篇一律 — 副 例外なしに,すべて〚~平等〛すべて平等

【一落千丈】yí luò qiān zhàng (成)急落する,暴落する

【一马当先】yì mǎ dāng xiān (成)率先して事を行う,先頭に立つ

【一马平川】yì mǎ píngchuān (成)馬まかせに疾駆できる広々とした平原

【一脉相传】yí mài xiāng chuán (成)同じ血統,流派が代々受け継がれること ⇨[一脉相承]

【一毛不拔】yì máo bù bá (成)(1本の毛も抜かない>)ひどくけちである

【一面】yímiàn 名 一つの面,一方の側(⇨[一边倒])〚~之词〛一方の側だけの言い分〚~倒〛一辺倒 — 副〔単用あるいは二つ呼応させて〕…しながら…する(⇨[一边])〚~教,~学〛教えながら学ぶ

【一面儿理】yímiànrlǐ 名 一面の理,片寄った道理

【一面之交】yí miàn zhī jiāo (成)一度会っただけの知り合い,一面識

【一鸣惊人】yì míng jīng rén (成)(鳥が一たび鳴けば人を驚かす>)目立たぬ人が一たび行えば驚くような成果をあげる

【一命呜呼】yí mìng wūhū (成)死ぬ,往生する

【一模一样】yì mú yí yàng (成)そっくり同じだ,瓜二つ

★【一目了然】yí mù liǎorán (成)一目瞭然

【一目十行】yí mù shí háng (成)本を読む速度がきわめて速い

【一年到头】yì nián dào tóu 名 (~儿)1年中

【一诺千金】yí nuò qiān jīn (成)(一度承諾すれば千金の重みがある>)絶対に違えぬ承諾

【一盘散沙】yì pán sǎn shā (成)(ばらばらの砂>)団結せずまとまりがない

【一偏】yìpiān 形〔定語として〕一方に片寄った〚~之论〛片寄った理論

【一瞥】yìpiē 動 (書)一瞥する,ちらっと見る — 名 瞥見 ◆多く文章の題や書名として

【一贫如洗】yì pín rú xǐ (成)赤貧洗うがごとし

【一品锅】yìpǐnguō 名 鶏・アヒル・ハム・シイタケなどを入れた寄せ鍋に似た料理,またはその鍋

【一齐】yìqí 副 一斉に,同時に〚~鼓掌〛一斉に拍手する〚~动手〛一斉に始める

【一起】yìqǐ 名 同じ場所(⇨[一块儿])〚住在~〛同じ所に住む — 副〔多く'跟''同''和'と共に用いて〕一緒に〚跟他~去〛彼と一緒に行く

【一气】yíqì 副 (~儿)一気に,ひと息に〚~游了一千米〛一気に1000メートル泳いだ — 名〔多く補語として〕① ぐるになること,気脈〚串通~〛結託する ② ひとしきり〚胡吹~〛ひとしきりほら話をする

【一气呵成】yíqì hē chéng (成)① 文章の首尾が一貫している ② 一気に仕上げる

【一窍不通】yí qiào bù tōng (成)(ある事に)全く不案内な,さっぱりわからない ◆'窍'は物事の勘所をいう

【一窍通,百窍通】yí qiào tōng, bǎi qiào tōng (俗)一事がわかれば,多くの事もわかる

★【一切】yíqiè 代 ① すべて,一切の事物〚把~献给祖国〛すべてを祖国に捧げる ②〔多く定語として〕すべて(の)〚~问题〛すべての問題〚团结~可以团结的人〛団結できるすべての者と団結する

【一穷二白】yì qióng èr bái (成)経済的に貧しく,文化的に空白

【一丘之貉】yì qiū zhī hé (成)一つ穴のムジナ

【一仍旧贯】yì réng jiù guàn (成)すべて古い慣例に従う

【一日不见如隔三秋】yí rì bú jiàn rú gé sān qiū (成)1日会わないと3年も離れている思いがする ⇨[一日三秋]

【一日打柴一日烧】yí rì dǎ chái yí rì shāo (俗)その日暮らしをする

【一日千里】yí rì qiān lǐ (成)(一日に千里を走る>)進展がきわめて速い

【一日三秋】yí rì sān qiū (成)一日千秋の思い,待ち遠しい

【一如既往】yìrú jìwǎng (成)すべて以前と同じだ,従来通り

【一色】yísè 形 ① 同じ色の〚细雨霏霏,水天~〛小雨がけぶり,水と空が一つの色に溶け合っている ②〔定語・状語として〕すべて同じ種類の,同じ形式の

【一霎】yíshà 名 (~儿)あっという間,瞬く間 ⇨[~时][~间]

【一身】yìshēn 名 全身〚~是汗〛全身汗びっしょり〚~是胆〛きわめ

【一生】yìshēng 图 一生,生涯〖他～都没做坏事〗彼は生涯悪事を働かなかった
【一时】yìshí 图〖书〗(ある一定の)時期 ①しばらくの間 〖～半割〗〖～半会儿〗短い時間〖我一走不开,你先去吧〗私はちょっと手が離せないから先に行って下さい ②とっさに、たまたま〖～想不起来〗とっさに思い出せない ③時には 圓[时而]
【一视同仁】yí shì tóng rén《成》同じように見なす,差別せず平等に扱う
【一事无成】yí shì wú chéng《成》何事も成し遂げられない
【一手】yìshǒu 图 ①腕前、技能〖很有～〗熟達している ②(～儿)たくらみ,トリック〖他这一真毒辣〗彼のこのやり口は実にあくどい 一圓 一人で,一手に〖～包办〗すべて一手に引き受ける
【一手遮天】yì shǒu zhē tiān《成》(片手で天をさえぎる>)真実を隠し大衆の目をごまかす
【一瞬】yíshùn 图〖书〗一瞬
【一顺儿】yíshùnr 形〖定語・状語として〗(同じ方向・順序に)そろっている〖～朝南的〗そろって南向きだ
*【一丝不苟】yì sī bù gǒu《成》いささかもなおざりにしない,あいまいなところがない
【一丝不挂】yì sī bú guà《成》一糸もまとわない,すっ裸の
【一丝一毫】yì sī yì háo《成》ごくわずか,みじん,寸分〖丝毫〗〖没有～的改变〗少しも変わっていない
【一塌糊涂】yìtāhútú〖俗〗めちゃくちゃだ,ひどい有様だ〖屋子里乱得～〗室内がひっくり返しになっている
【一体】yìtǐ 图 ①一体,一丸〖成为～〗一丸となる ②全体,全員
【一天】yì tiān 图 ①一日,一昼夜〖下了一雨〗一日中雨が降った ②ある一日
【一天到晚】yì tiān dào wǎn《成》一日中、朝から晩まで
【一条龙】yìtiáolóng 图 ①長い列 ②(生産や仕事の上での)一本化,系列化
【一同】yìtóng 副 一緒に,一斉に〖～出发〗一緒に出発する
【一统】yìtǒng 動(国家を)統一する〖～天下〗天下を統一する
【一头】yìtóu 副①いきなり、さっと、頭から〖～扑进水里〗頭から水に飛び込む ②(ふつう二つ呼応させて)…しながら(圓[一面])〖～走,一～说〗歩きながら話す 一图①一端 ②頭一つの高さ ③仲間
【一团和气】yì tuán héqì《成》和気あいあいたる,(無原則に)調子を合わせているばかりの
【一团漆黑】yì tuán qīhēi《成》①真っ暗やみだ ②まったく何も知らない
【一团糟】yìtuánzāo 形 めちゃくちゃで収拾がつかない
【一网打尽】yì wǎng dǎ jìn《成》一網打尽にする
【一往无前】yì wǎng wú qián《成》不屈の精神で前進する〖～的精神〗不屈の精神
【一望无际】yí wàng wú jì《成》果てしなく広い〖～的大草原〗果てしなく広い大草原
【一味】yíwèi 副〖貶〗向う見ずに,ひたすら,やたら〖～蛮做〗ただがむしゃらにやる
【一文不名】yì wén bù míng《成》文なし、無一文 ♦ '名'は「保有する」の意
【一窝蜂】yìwōfēng 副 わっと群がった〖～地冲进去了〗大挙してわっと押し入った
【一无】yìwú 動 一つもない,全くない〖～所有〗何も持っていない〖～是处〗全く正しいところがない〖～所知〗何も知らない
【一五一十】yī wǔ yī shí《成》一部始終,細大漏らさず ♦数量は多く5ごとに区別って'一五、一十、十五…'と数えるところから
【一息尚存】yì xī shàng cún《成》最期の一息まで,命ある限り
【一席话】yì xí huà 图 (会話の中の)話,ひとくだり
【一系列】yíxìliè 形〖定語として〗一連の〖采取～措施〗一連の措置をとる〖～的事件〗一連の出来事
【一下】yíxià 副(～儿)(短い時間に発生する)すぐに,しばらくして、いっぺんに(圓[一下子])〖～就学会了〗すぐに会得した〖～想不起来〗とっさに思い出せない
── yí xià 数量 ①(～儿)(動作の回数)一度,一回 ②〖動詞の後に用いて〗短い時間(あるいは試みに)行うことを表わす〖等～〗ちょっと待つ
【一线】yíxiàn 形〖定語として〗一筋の,一縷の,かすかな〖～希望〗一縷の望み〖～光明〗一筋の光
── yīxiàn 图 第一線
【一相情愿(一厢情愿)】yì xiāng qíngyuàn《成》ひとりよがりな考え,自分勝手な願望 圓[两相情愿]
*【一向】yíxiàng 图(過去から現在までの一時期)このところ,ひところ〖这～〗このごろ〖前～〗先ごろ 一圓 これまでずっと〖他～住在上海〗彼はずっと上海に住んでいる〖他～冷静,从不发火〗彼は普段から冷静で,かっとなるようなことはない
【一小撮】yìxiāocuō 图〖多く 定語として〗〖貶〗ひと握り(の),ごく少数

(の)[～反动派]ひとつまみの反動派

【一笑置之】yí xiào zhì zhī《成》一笑に付す

【一些】yìxiē 数量（相対的に）わずかな数量・程度を示す[买了～水果]果物をいくつか買った[他的病好了～]彼の病気は少しよくなった

【一蟹不如一蟹】yí xiè bùrú yí xiè《成》(蟹が次々小さくなる＞)段々と悪くなる

【一泻千里】yí xiè qiān lǐ《成》流れが速いこと、文章や弁舌が自由奔放である

【一心】yìxīn 形 心が一つだ、気持ちがまとまっている[～一德]一心同体である[～一意]一意専心、ひたむきである—副 ひたすら、一途に

【一行】yìxíng 名 一行、一団[参观团～]参観団の一行 ♦一列や一行の場合は yì háng と発音

【一言堂】yìyántáng 名 皆の意見に耳を貸さず、自分の意見を押し通すこと ⇔[群言堂]

【一言为定】yì yán wéi dìng《成》(約束を交わすときに用いて) きちっと約束する

【一言以蔽之】yì yán yǐ bì zhī《成》一言で言えば

【一氧化碳】yìyǎnghuàtàn 名《化》一酸化炭素

*【一样】yíyàng 形〔多く'跟''和像''好像'と呼応して〕同じである、似ている[不～的地方]違うところ[我们的意见完全～]我々の意見は全く同じだ[我跟他～大]僕は彼と年齢が同じだ[飞～地跑去了]飛ぶように逃げて行った
— yí yàng 数量 一つの種類[～东西]一種類の品物

【一叶蔽目】yí yè bì mù《成》(一枚の葉に目を遮られる＞)局部的なことにとらわれて全体が見えない ♦後ろに'不见泰山'と続く ⇔[一叶障目]

【一叶知秋】yí yè zhī qiū《成》(一葉落ちて天下の秋を知る＞)わずかな兆しから全体の動きを予知する ⇔[落叶知秋]

【一一】yīyī 副 一つ一つ、いちいち[～告别]一人一人に別れを告げる[不暇～解释]いちいち説明するとまがない

【一衣带水】yì yīdài shuǐ《成》(一本の帯のように狭い川や海峡で隔てられているだけだ＞)きわめて近い距離にあって往来に便利である[日本和中国是～的邻邦]日本と中国は一衣帯水の隣国である

【一意孤行】yí yì gū xíng《成》人の意見を聞かず独断的に行う

【一应】yìyīng 代 あらゆる、すべて(の)[～俱全]すべてがそろっている

【一语破的】yì yǔ pò dì《成》一言で要点をつく ♦'的'は「まと」「標的」のこと

【一元化】yìyuánhuà 動 一元化する、統合する

*【一再】yízài 副 一度ならず、何度も、再三[～表示感谢]繰り返しお礼を言う[～强调]何度も強調する

【一早】yìzǎo 名《口》早朝[今天～他动身走了]けさ早く彼は出発した

【一则…二则…】yìzé…èrzé… 一つには…であり、今一つには…である ♦原因や条件などを挙げるときに用いる、'一来…二末…'とも

【一朝】yìzhāo 名⇒[一旦]

【一针见血】yì zhēn jiàn xiě《成》寸鉄人を刺す、短い言葉で急所を衝く[～的批评]鋭い批判

【一枕黄粱】yì zhěn huángliáng《成》はかない夢、黄粱一炊の夢

【一阵】yízhèn 数量 ひとしきり[下了～大雨]大雨がひとしきり降った[风～大、～小]風が強くなったり弱くなったりする

【一阵子】yízhènzi 名 しばらくの間[这～尽下雨]ここのところ雨ばかりだ

【一知半解】yì zhī bàn jiě《成》(一つの知識と半分の理解＞)浅薄な知識、なまかじり

【一直】yìzhí 副 ① まっすぐ[～往南走]まっすぐ南に向かって歩く ②(途切れずに) ずっと[雪～下了两天]雪がずっと二日間降り続いた[～到现在]ずっと今まで[～没学过俄语]これまでロシア語を学んだことがない

*【一致】yízhì 形 一致している、同じだ[世界观完全～]世界観が完全に同じだ[～努力]一丸となって努力する[言行～]言行一致

【一准】yìzhǔn 副 必ず、きっと(⇔[一定][必定])

【一字长蛇阵】yī zì chángshézhèn《成》長蛇の陣がまえ、長蛇の列[排成～]長い行列をつくる

【一字一板】yí zì yì bǎn《成》ゆっくりとはっきり話す様子

【一总】yìzǒng 副 ① 合わせて、合計[～三十个人]合わせて 30 人 ② 全部、みんな[那～是你的错儿]それはすべて君の過ちだ

【衣】yī ⊗②① 衣服、着物[毛～][毛～]セーター ② 物をくるんでいるもの、表面を覆っているもの[糖～片]糖衣錠 ③(Y-) 姓

【衣摆】yībǎi 名 服のすそ

【衣袋】yīdài 名(服の)ポケット

【衣兜】yīdōu 名(～儿)(服の) ポケット ⇔[衣袋][口袋]

*【衣服】yīfu 名[件・套] 服、衣服

yī 一

〖穿(脱)〜〗服を着る(脱ぐ)
【衣柜】yīguì 图 洋服ダンス,衣裳戸棚
【衣架】yījià 图 ①(〜儿)ハンガー,ハンガースタンド ②人の体付き,スタイル
【衣襟】yījīn 图〖衣〗前身ごろ
【衣锦还乡】yī jǐn huán xiāng《成》故郷に錦を飾る ♦'衣'は'着る'の意.旧読 yì
【衣料】yīliào 图(〜儿)〔块・段〕生地,服地
【衣帽间】yīmàojiān 图 クローク(ルーム)
*【衣裳】yīshang 图〔件・套〕服,衣服〖叠〜〗服を畳む
【衣食住行】yī shí zhù xíng《成》衣食住 ♦'行'は交通
【衣鱼】yīyú 图〖虫〗シミ 同〖蠹dù鱼〗〖纸鱼〗
【衣着】yīzhuó 图〔套・身〕身にまとうもの,服装品(衣服・帽子・靴・靴下など)〖讲究〜〗服装に気をつかう

【依】yī 動 聞き入れる,同意する〖什么都〜着孩子〗何でも子供の言いなりになる — 介 …に従って,…の通りに(同[按照])〖〜我看〗私の考えでは ⊗依存する,頼りにする
*【依次】yīcì 副 順序に従って,順を追って(同[顺次])〖〜就座〗順序よく席に着く
【依从】yīcóng 動 人の言うなりになる,服従する 同[依随]
【依存】yīcún 動 依存する,(他に)頼って生きる〖互相〜〗依存し合う
【依附】yīfù 動 ①くっつく,付着する ②頼る,従属する〖〜大国〗大国の尻にくっつく
【依旧】yījiù 副 元のまま,相変わらず〖他〜下地劳动〗彼は相変わらず野良に出ている
*【依据】yījù 图 よりどころ,根拠(同[根据])〖毫无〜〗まるで根拠がない — 動 基づく — 介 …によって,…に基づいて〖〜他们的调查〗彼らの調査によれば
【依靠】yīkào 图 よりどころ,頼りにできる人やもの,バック — 動 頼る,寄りかかる(同[依赖])〖〜朋友〗友人に頼る
*【依赖】yīlài 動 頼る,依存する〖〜别人〗他人を当てにする
【依恋】yīliàn 動 名残り惜しく思う,離れ難く思う(同[留恋])〖〜往昔〗昔を懐かしむ
*【依然】yīrán 副 昔のまま,元のまま〖〜故我〗元の(だめな)自分のままだ
【依顺】yīshùn 動 服従する,従う 同[顺从]
*【依托】yītuō 動 ①同[依靠] ②名目を借りる,裏付けにする
【依稀】yīxī 副 はっきりしない,ぼやけた〖〜记得〗ぼんやり覚えている
【依样葫芦】yī yàng húlú《成》型通りに模倣する,手本通りにまねをする 同[依样画葫芦]
【依依】yīyī 副 ①《书》木の枝が柔らかく風にゆれるさま〖杨柳〜〗柳が風にゆれている ②名残りが尽きないさま,離れ難いさま〖〜不舍〗恋々と別れ難い
【依允】yīyǔn 動 応諾する
【依仗】yīzhàng 動 (人の勢力を)頼みにする,依存する 同[倚仗]
【依照】yīzhào 動 従う〖〜规定〗規定通りにする — 介 …に従って,…通りに(同[按照])〖〜法律纳税〗法律通りに納税する

【铱(銥)】yī 图〖化〗イリジウム

【伊】yī ⊗①彼,彼女 ♦呉方言などでは単用 ②文語の助詞 ③(Y-)姓
【伊甸园】yīdiànyuán 图《訳》エデンの園
【伊妹儿】yīmèir 图〔封〕Eメール(俗称) 同《普》[电子邮件]
【伊斯兰教】Yīsīlánjiào 图《訳》イスラム教〖清真教〗〖回教〗

【咿】yī ⊗ 以下を見よ
【咿唔】yīwú 擬 本を朗読する声を表わす
【咿呀】yīyā 擬 ①ぎいぎい,きいきい(きしむ音の形容)〖〜的摇橹声〗櫓をこぐぎいぎいという音 ②子供が片言でしゃべる声

【㳇】Yī ⊗〖〜水〗㳇水(湖南省の川の名)

【医(醫*毉)】yī 動(病気を)治す〖〜好胃病〗胃の病気を治す ⊗①医者〖军〜〗軍医〖兽〜〗獣医〖牙〜〗歯科医 ②医学,医療〖行〜〗医療の仕事をする〖西〜〗西洋医学〖中〜〗中国医学
【医道】yīdào 图(多く中国医学について)医術,医者としての腕〖〜高明〗医術が優れている
【医科】yīkē 图 医科〖〜大学〗医科大学
【医理】yīlǐ 图 医学理論
【医疗】yīliáo 图 医療〖公费〜〗公費医療〖〜站〗医療センター
*【医生】yīshēng 图 医者(同[大夫 dàifu])〖主治〜〗主治医
【医师】yīshī 图 医師(職階では大学の助手クラス)〖主任〜〗主任医師(職階では医師の最上位)
【医士】yīshì 图 医士(職階では'医师'より1ランク下になる)
【医书】yīshū 图〖本・部〗(多く中国

医学の)医学書
【医术】yīshù [名] 医術
【医务】yīwù [名] 医療業務 [～所] クリニック [～人员] 医療従事者
【医学】yīxué [名] 医学
【医药】yīyào [名] 医療と薬品, 医薬品
★★【医院】yīyuàn [名]〔所・家〕病院 〚住～〛入院する
【医治】yīzhì [動] 治療する 〚～无效〛治療の効果なし

〖繄〗 yī ⊗ ただ…のみ, …である

〖祎(禕)〗 yī ⊗ 良い ♦人名用字

〖猗〗 yī ⊗ ① 文語の助詞, 口語の '啊' に同じ ② 文語の感嘆詞で賛美の声を表わす

〖漪〗 yī ⊗ さざ波

【壹】 yī [数] '一' の大字

〖揖〗 yī ⊗ 拱手, 両手を胸の前に組みあわせる礼 [作～] 拱手の礼をする

〖噫〗 yī ⊗ (文語で)悲しみまたは嘆息の声 [～嘻]《書》ああ

〖黟〗 Yī ⊗ [～县] 黟県(安徽省)

〖仪(儀)〗 yí ⊗ ① 風采, 容姿 ② 儀礼 [礼～] 礼節と儀式 ③ 贈り物 [奠～] 香典 ④ 計器, 器械 [地震～] 地震計 ⑤ (Y-)姓
【仪表】yíbiǎo [名] ①《書》容貌, 態度 〚～大方〛ゆったりした態度である 〚～端庄〛立ち居がきちんとして威厳がある ② 計器, メーター [～厂] 計器工場
★【仪器】yíqì [名]〔件・台・架〕計器, 器具, 機械 [精密～] 精密機械
【仪容】yíróng [名] 容貌, 風采 〚～俊秀〛容貌が美しい
★【仪式】yíshì [名] 儀式, セレモニー 〚授勋 shòuxūn ～〛勲章授与式
【仪态】yítài [名]《書》姿態, 振舞い
【仪仗】yízhàng [名] 儀式用の旗や武器 [～队] 儀仗隊

〖匜〗 yí ⊗ 古代の手洗いの用具(水汲み用)

〖夷〗 yí ⊗ ① 異民族, 外国人 [东～] 東夷, 東方のえびす ② 平らか, 平穏 ③ 壊して平らにする [烧～弹] 焼夷弾 ④ 平定する, 皆殺しする

【咦】 yí [嘆] おや, あれっ(驚き・いぶかりの声)

【姨】 yí [名] (～儿)《口》おば, 母の姉妹 [三～儿] 母方の三番目のおば
⊗ 妻の姉妹 [大～子] 妻の姉
【姨表】yíbiǎo [名] 母親同士が姉妹である親戚関係([対][姑表]) [～亲] 母親同士が姉妹のいとこ [～兄弟] 同前の男の子 [～姐妹] 同前の女の子
【姨夫(姨父)】yífu [名] おじ(母の姉妹の夫)
【姨妈】yímā [名] おば(既婚の '姨母')
【姨母】yímǔ [名] おば(母の姉妹)
【姨娘】yíniáng [名] ①《旧》父の妾 ②《方》[同]《普》[姨母]
【姨太太】yítàitai [名] 妾
【姨丈】yízhàng [名] [同][姨夫]

〖胰〗 yí ⊗ 膵臓→[～腺]
【胰岛素】yídǎosù [名]〚医〛インシュリン
【胰腺】yíxiàn [名] 膵臓 [同][胰脏]
【胰子】yízi [名] ① 豚や羊の膵臓 ②《方》石けん [同]《普》[肥皂]

〖痍〗 yí ⊗ けがの傷 →[疮 chuāng～]

〖沂〗 Yí ⊗ 川の名(山東省から江蘇省に流れ海に注ぐ) [～河] 沂河

〖宜〗 yí ⊗ ① 適している, 適切な [适～] 程よい, 適している ② …すべきだ ③ (Y-)姓
【宜人】yírén [形]《書》人の心にかなう, 楽しませる 〚景物～〛景物が心を和ませる

〖怡〗 yí ⊗ 楽しい, 愉快な [心旷神～] 心がのびやかで楽しい
【怡然】yírán [形]《書》楽しいさま [～自得] 楽しく満ち足りている

〖饴(飴)〗 yí ⊗ あめ [高粱～] コーリャンあめ [～糖] 麦芽糖

〖贻(貽)〗 yí ⊗ ① 贈る ② 残す [～患] 災いの種をまく
【贻贝】yíbèi [名]〚貝〛(中国北部沿岸に産する)イガイ
【贻害】yíhài [動] 害を残す 〚～无穷〛計り知れぬ禍を残す
【贻人口实】yí rén kǒushí《成》世間の話の種になる, 笑い草になる
【贻误】yíwù [動] 悪い影響を与える 〚～青年〛若者に悪影響を与える
【贻笑大方】yíxiào dàfāng《成》(謙遜して)その道の玄人から笑われる

〖眙〗 yí ⊗ [盱 xū ～] 盱眙(江蘇省)

〖移〗 yí ⊗ ① 移す, 移る [愚公～山] 愚公山を移す ② 変える, 改める [坚定不～] 確固不動である
★★【移动】yídòng [動] 移動する 〚～界石〛境界石を移動する 〚冷气团的～〛寒気団の移動 [～通信] モバイル通信

【移风易俗】yí fēng yì sú〈成〉古い風俗習慣を改める
【移花接木】yí huā jiē mù〈成〉(花木の接ぎ木をする>)こっそり内容を入れ替えてごまかす
【移交】yíjiāo 動引き渡す,引き継ぐ,譲渡する『~俘房』捕虜を引き渡す
【移居】yíjū 動転居する『~他乡』他郷に転居する
*【移民】yímín 名移民 —— yí mín 動移民する
【移山倒海】yí shān dǎo hǎi〈成〉(山を移し海を覆す>)天地を覆すような勢い
【移用】yíyòng 動転用する 図[挪用]
【移植】yízhí 動①〈農〉(苗などを)移植する 圈[移栽] ②〈転〉(臓器を)移植する [皮肤~手术]皮膚移植手術

【遗(遺)】yí ⊗ ①失う,失った物[拾~](書)落し物を拾う,遺漏を補う ②漏らす[~尿]小便を漏らす ③余す,残す ④死者が残した物[~族]遺族
⇨ wèi

*【遗产】yíchǎn 名遺産『清理~』遺産を清算する『继承历史~』歴史的遺産を受け継ぐ『~税』相続税
【遗臭万年】yí chòu wàn nián〈成〉悪名を末代まで残す
*【遗传】yíchuán 動遺伝する『~给子孙』子孫に伝える
【遗毒】yídú 名古くから残っている害毒,有害な遺産
【遗风】yífēng 名遺風,昔からの風習
【遗腹子】yífùzǐ 名父の死後生まれた子供
【遗稿】yígǎo 名〔篇・份〕遺稿
【遗孤】yígū 名遺児
【遗憾】yíhàn 名遺憾,残念(に思う気持ち)『这是我终生的~』私にとってはこれは終生の無念なことです —— 形残念な,遺憾な『感到非常~』とても残念に思う
【遗恨】yíhèn 名終生の悔恨,心残り
【遗迹】yíjì 名遺跡『爱护~』遺跡を大切にする『~的考察』遺跡の調査
【遗老】yílǎo 名遺老(王朝が代わっても前王朝に忠節を尽くす老人),生き残り老人
*【遗留】yíliú 動(以前から)残る,残す『~了不少问题』かなり問題が残った
【遗漏】yílòu 動漏らす,抜かす『~的嫌犯』見落とした容疑者 — 名遺漏,手落ち『名单上有~』リストに漏れがある
【遗民】yímín 名遺民
【遗墨】yímò 名〈書〉故人肉筆の書画
【遗弃】yíqì 動遺棄する,見捨てる『~老母』老母を見捨てる『~武器』武器を放棄する
【遗缺】yíquē 名欠員,空席
【遗容】yíróng 名①死者の顔『瞻仰~』死者の顔を拝する ②生前の肖像
*【遗失】yíshī 動紛失する,置き忘れる『这是我~的书』これは私がなくした本だ『~声明』遺失物通知
【遗事】yíshì 名故人がなし遂げた事業や事跡
【遗书】yíshū 名①〈封・张〉遺書『留下~』遺書を残す ②〈書〉(本・部)(散逸した)先人の遺著
【遗体】yítǐ 名①遺体 ②動植物の遗物
【遗忘】yíwàng 動忘れる,忘却する『~往事』昔の事を忘れる
【遗物】yíwù 名〔件〕遗物,形見『唐朝的~』唐代の遗物『~的继承人』形見の相続人
【遗像】yíxiàng 名〔张・幅〕遗影
【遗训】yíxùn 名遗訓,先人の教え
【遗言】yíyán 名遗言『临终~』臨終の遗言
【遗愿】yíyuàn 名故人が実現できなかった願望『实现~』故人の願望を実現する
【遗址】yízhǐ 名遗跡『圆明园的~』円明園の遗跡
【遗志】yízhì 名故人生前の志『继承前人的~』先人の遺志を受け継ぐ
【遗嘱】yízhǔ 名遺言(書)『遵从~』遺言に従う『~执行人』遺言執行人 — 動(…するよう)遺言する

【颐(頤)】yí ⊗ ①ほお ②保養する[~和园]頤和園(北京市西北の公園)

【疑】yí ⊗ ①疑う,怪しむ『怀~』疑いを抱く[可~]疑わしい[起~]疑いが生じる[~点]疑点
⇨ xuè dòu 疑窦

【疑案】yí'àn 名解決困難な事件,謎の多い事件
*【疑惑】yíhuò 動疑わしく思う,納得できない『~他有什么心事』彼になにか心配事があるのではないかといぶかる『~地端详』ふに落ちずにしげしげと見る
【疑忌】yíjì 動猜疑心を持つ
【疑惧】yíjù 懸念,疑惑,不安
【疑虑】yílǜ 動懸念する,心配する『~的神情』気掛かりそうな顔付き
【疑难】yínán 形〖定語として〗難しい,解決困難な『~问题』難解な問題

正確．就堅持吧』正しいと思うなら頑張って続けなさい [不～然] それが正しいとは思わない ② (事実に反する判断をして) 思い込む『我一自己是对的，结果还是错了』自分が正しいとばかり思っていたが，結局は間違っていた

【以下】yǐxià 名 以下，次，下記 [零度～] 零下，氷点下 [五岁～的儿童] 5 歳以下の児童 (5 歳を含むか否かを不明確) [～是代表者リスト] 以下は代表者リスト

【以眼还眼，以牙还牙】yǐ yǎn huán yǎn, yǐ yá huán yá (成) 目には目を，歯には歯

【以一当十】yǐ yī dāng shí (成) 一騎当千，少兵力で善戦する

【以逸待劳】yǐ yì dài láo (成) 戦いのとき鋭気を養い，敵が疲れるのを待ち反撃する

【以远】yǐyuǎn 名 (交) 以远 [上海～的地方] 上海より先の地 [～权] 以远権

*【以至】yǐzhì 圈 ①…に至るまで (低い程度から高い程度まで) (同)[以至于][一直到] [几个月～几年的天气] 数か月から数年に至るまでの天気 ② (そのため) …にまでなる (同)[以至于][甚至至] [他工作非常专心，～连饭都忘了吃了] 彼は仕事に没頭して，食事を取るのも忘れてしまった

*【以致】yǐzhì 圈 …の事態になる ◆一般に好ましくない事態になる時に用いる『她大声地唱，一把嗓子都唱沙哑了』彼女は大声で歌ったため，のどがすっかりかれてしまった

【苡】yǐ ⊗【～植】ハトムギ [薏～] 同前

【尾】yǐ ⊗ (～儿) ① 馬のしっぽ，毛 [马～儿] 同前 ② コオロギなど尾が針状のもの [三～儿] 雌コオロギ
⇒wěi

【矣】yǐ ⊗ 文言の語気助詞，ほぼ口語の文末の'了'に相当 [万事休～] 万事休す

【迤】(*迆) yǐ ⊗ …の方へ，…の側 [～东] 以東，…から東の方

【迤邐】yǐlǐ 動 (書) うねうねと折れ曲がって連なる

【蚁】(蟻*螘) yǐ ⊗ ① [虫] アリ [蚂～] 同前 [白～] 白アリ [工～] 働きアリ [兵～] 兵隊アリ [蝼lóu～] ケラとアリ，虫けら ② (Y-) 姓

【舣】(艤) yǐ ⊗ (舟を) 岸につなぐ

【倚】yǐ 動 ① もたれる，よりかかる [～门而望] 門によりかかって見る，親が子の帰宅を待ちわびる ② 恃とする，頼りとする [～势欺人] 権勢を笠に着て人を虐げる ③ 偏る，ゆがむ

【倚靠】yǐkào 動 ① 頼る，頼りとする (同)[依靠] ② もたれかかる，寄りかかる，もたせかける

【倚赖】yǐlài 動 依存する，よりかかる (同)[依赖]

【倚老卖老】yǐ lǎo mài lǎo (成) 年寄り風を吹かす

【倚仗】yǐzhàng 動 (人の権勢を) 笠に着る，依存する [～力气大] 力の強さに頼る

【倚重】yǐzhòng 動 重んじて信頼する

【椅】yǐ ⊗ 椅子 [藤～] 籐椅子 [摇～] 揺り椅子

*【椅子】yǐzi 名[把] (背もたれのある) 椅子 (同)[凳子]

【旖】yǐ [～旎 nǐ] (景色が) 穏やかで美しい

【齮】(齮) yǐ ⊗ [～龁 hé] (書) 咬む，根にもつ

【扆】yǐ ⊗ ① 屏風の一種 ② (Y-) 姓

【乂】yì ⊗ (天下が) 治まる

【刈】yì ⊗ (草や穀物を) 刈る [～草机] 草刈機

【艾】yì ⊗ 懲罰する [惩～] 同前
⇒ài

【弋】yì ① (獲物を回収するための) 糸をつけた矢 (を放つ) ② (Y-) 姓

【义】(義) yì ① 正義，道義 [大～] 大義 ② 情義，よしみ [无情无～] 人情をわきまえない ③ 意義，意味 [词～] 語の意味 [断章取～] 断章取義 (詩文の一部を切り取り，意味をねじ曲げて使う) ④ 義理関係，[～母] 義母 ⑤ 人工の [～手] 義手 ⑥ (Y-) 姓

【义不容辞】yì bù róng cí (成) 道義上断れない

【义齿】yìchǐ 名 [颗] 義歯，入れ歯

【义愤】yìfèn 名 正義の怒り，義憤

【义工】yìgōng ① ボランティア活動をする ② 名 ① をする人，ボランティア

【义和团】Yìhétuán 名 (史) 義和団 ◆19 世紀末，列強の中国侵略に抵抗した民衆武装組織

【义理】yìlǐ 名 (言論や文章の) 筋道，道理

【义卖】yìmài 動 チャリティーで売る [～活动] 慈善バザー，チャリティー

【义旗】yìqí 名 (面) 正義の為に戦う旗 [举～] 正義の旗を挙げ

- **【疑团】** yítuán 图 疑念, 疑惑 〖~解开了〗疑念が晴れた
- ★**【疑问】** yíwèn 图 疑問 〖心里的~〗内心の疑問 〖~句〗疑問文
- **【疑心】** yíxīn 图 疑い 動 疑う(⑧[怀疑])〖~起~〗疑いを起こす ― 動 疑う(⑧[怀疑])〖~自己有病〗自分が病気ではないかと思う
- **【疑义】** yíyì 图 疑わしい点, 疑問点
- **【疑云】** yíyún 图 疑惑, 疑念 〖驱散心中的~〗疑念を払う

【嶷】 yí ⊗〖九~〗九嶷*(湖南省の山の名)

【彝】(*彝) yí ⊗① 古代の酒器, 祭器の総称 ② (Y-) イ族

- **【彝族】** Yízú 图 イ族 ♦ 中国少数民族の一, 四川·雲南·貴州·広西などに住む

【乙】 yǐ ⊗① 十干の第2, きのと ② 順序の2番目〖~肝〗B型肝炎 ③ (Y-) 姓

- **【乙醇】** yǐchún 图〖化〗エチルアルコール ⑧[酒精]
- **【乙脑】** yǐnǎo 图 ('流行性乙型脑炎'の略)流行性脳炎
- **【乙炔】** yǐquē 图〖化〗アセチレン ⑧[电石气]
- **【乙烷】** yǐwán 图〖化〗エタン
- **【乙烯】** yǐxī 图〖化〗エチレン
- **【乙型肝炎】** yǐxíng gānyán 图 B型肝炎

【已】 yǐ ⊗① 終わる, やむ〖赞叹不~〗しきりに称賛する ② 既に〖早~〗とっくに ③ 後に〖~而〗その後 ④ 余りにも

- ★**【已经】** yǐjīng 副 既に, もう〖火车~开了〗列車はもう発車した〖天~亮了〗もう夜が明けた〖我~五十九岁了〗私はもう59歳です
- **【已然】** yǐrán 動 既にそうである(⑧[未然])〖自古~〗昔からそうである
- **【已往】** yǐwǎng 图 以前, 過去

【以】 yǐ ⑪①…を用いて, …をもって〖~老师的身份劝你〗教師として忠告するが…〖~德报怨〗徳行をもって仇怨を遇する ②…によって, …に基づいて〖~质量高低分级〗質の如何により等級を分ける ③…のために, …のので〖不~受奖而骄傲〗受賞したからといって驕らない ― 圏〖目的を表わして〗…することによって〖努力学习, ~提高水平〗勉強に励んでレベルを上げる ⊗① 並列を示す文語の接続詞 ② 区切りを示す

- **【以暴易暴】** yǐ bào yì bào (成)(暴を以って暴と易える>)支配者が交替しても暴虐な統治に変化がない
- ★**【以便】** yǐbiàn 圏〖後の文の文頭で〗…するために, …するように〖その目的が容易に実現することを示す〗〖今晚作好准备, ~明天一早动身〗明日朝出発できるように, 今晚ちゃんと準備しておこう
- **【以次】** yǐcì 副 順序通り, 順番に従って〖~入座〗順番に席に着く ― 图 以下〖~各章〗以下の各章
- **【以毒攻毒】** yǐ dú gōng dú (成)毒をもって毒を制す
- **【以讹传讹】** yǐ é chuán é (成)もともと不正確な話が誤って伝わる, 誤りがますますゆがんで伝わる
- **【以后】** yǐhòu 图 その後, 以後〖解放~〗解放後〖起床~〗起床してから〖从此~〗それから〖~, 我们还要出国考察〗今後さらに外国へ視察に行かなければならない
- **【以及】** yǐjí 逶 及び〖大丽花、矢车菊、夹竹桃~其他的花木〗ダリア, 矢車菊, 夹竹桃その他の花や木
- **【以己度人】** yǐ jǐ duó rén (成)自分の物指しで人を推し測る
- **【以来】** yǐlái 图 以来(過去のある時間から現在まで)〖解放~〗解放よりこのかた〖入冬, 气候反常〗冬になってから, 異常気象だ
- **【以卵击石】** yǐ luǎn jī shí (成)(卵を石にぶつける>)身の程知らずで自滅する ⑧[以卵投石]
- **【以貌取人】** yǐ mào qǔ rén (成)外見で人の性格や能力を判断する
- ★**【以免】** yǐmiǎn 瘝〖後文の文頭で〗…しなくてすむように〖注意小心, ~上当〗だまされないよう気をつけましょう
- **【以内】** yǐnèi 图 限られた時間·量·範囲の内, 以内〖本年~〗今年中〖限制在五十人~〗50人以内に制限する〖在三天~可以完工〗3日以内に竣工する
- ★**【以前】** yǐqián 图 以前(現在あるいは特定のある時より前)〖解放~〗解放以前〖~他是个学生〗以前彼は学生だった〖很久~我就认识他〗ずっと前から彼を知っている
- ★**【以上】** yǐshàng 图 以上, …より上〖~是我的建议〗以上が私の提案です〖三十岁~的人〗30歳以上の人(30歳を含むか否か不明確)
- **【以身作则】** yǐ shēn zuò zé (成)自らを手本とする, 身を以て示す
- **【以外】** yǐwài 图 (範囲·限度の)外, 以外, (…の) ほか, そと〖长城~〗万里の長城の外側〖五米~〗5メートル以上〖除此~〗このほかに〖这是预算~的收入〗これは予算外の収入だ
- ★**【以往】** yǐwǎng 图 これまで, 昔, 以前〖~他常到这儿来〗以前彼はよくここへ来た
- ★**【以为】** yǐwéi 動①…と思う〖你~

る，蜂起(ほうき)する
【义气】yìqi [名] 義俠心，男気 — [形] 義理堅い 〖讲～〗義俠に富む
【义无返顾】yì wú fǎn gù《成》道義上後へは退けない
★★【义务】yìwù [名] ① 義務 [反]［权利］② 果たすべき責任 〖尽～〗義務を果たす ［～教育］義務教育 — [形]〔定語・状語として〕無報酬の ［～劳动］奉仕労働 ［～演出］チャリティーショー
【义形于色】yì xíng yú sè《成》義憤が顔に現われる
【义演】yìyǎn [名] チャリティー公演
【义勇】yìyǒng [形]〔定語として〕義勇の，正義のために戦う ［～军］義勇軍
【义正词严】yì zhèng cí yán《成》正義をふまえ言葉が厳しい
【义肢】yìzhī [名] 義肢(義手や義足)
【义冢】yìzhǒng [名] 無縁塚

〖议(議)〗 yì [⊗] ① 言論，意見 ［抗～］抗議 ［异～］異議 ② 論じる，協議する ［商～］相談する
【议案】yì'àn [名]〔项・条〕議案
【议程】yìchéng [名]〔项〕会議の進行プログラム，議事日程 〖第二项～〗議事日程の第2項目
【议定书】yìdìngshū [名] 議定書
【议和】yìhé [動] 和平交渉を行う
【议会】yìhuì [名] 議会
【议价】yì▾jià [動] 価格を相談して決める
—— yìjià [名] 自由価格 [反]［牌价］
★★【议论】yìlùn [名] 議論，見解，論評 — [動] 論ずる，あれこれ言う 〖～别人〗他人のことを取りざたする 〖～纷纷〗諸説ふんぷん
【议事】yìshì [名] 議事 ［～日程］議事日程
【议员】yìyuán [名] 議員
【议院】yìyuàn [名] 議院，議会

【亿(億)】 yì [数] 億 [同]［万万］
【亿万】yìwàn [名] 億万，非常に大きな数 〖～人民〗億万人民

〖忆(憶)〗 yì [⊗] ① 回想する ［～苦思甜］昔の苦しみを思い出し今日の幸福をかみしめる ［追～］追憶する ② 記憶する ［记～］記憶(する)

〖艺(藝)〗 yì [⊗] ① 技術，技能 ［手～］腕前，手の技能 ［球～］球技のテクニック ② 芸術 ［文～］文学芸術
【艺高胆大】yì gāo dǎn dà《成》腕が上がれば大胆になる
【艺龄】yìlíng [名] 芸歴，芸能生活の年数
【艺名】yìmíng [名] 芸名
【艺人】yìrén [名] ① 芸人 ② 手工芸職人
★★【艺术】yìshù [名] ① 芸術 ［～家］芸術家 ［～体操］新体操 ② 技術，独創的な方法 ［教学～］独創的な教授法 — [形] 趣のある 〖摆设 bǎishe～〗飾り物がしゃれている
【艺苑】yìyuàn [名] 文学芸術界

〖呓(囈 *讛)〗 yì [⊗] うわごと，寝言 ［～语］［梦～］同前

〖亦〗 yì [⊗] ① …も(また) ［人云～云］人と同じことを言う ② (Y-)姓
【亦步亦趋】yì bù yì qū《成》自分の考えがなく人の後からついて行くこと，追随する

〖奕〗 yì [⊗] ① 盛んな ② (Y-)姓
【奕奕】yìyì [形]《書》生き生きした様子 ［神采～］顔色がはつらつとしている

〖弈〗 yì [⊗] 囲碁(をする)

〖屹〗 yì [⊗] 高くそびえる
【屹立】yìlì [動] (山のように) そびえ立つ，屹立(きつりつ)する 〖～在东方〗東方世界に屹立する
【屹然】yìrán [形]〔多く状語として〕厳然とそびえ立つさま

〖异(異)〗 yì [⊗] ① 異なる ［差 chā～］差異 ② 特別の，珍しい ［～闻］珍しい話 ③ いぶかる ［怪～］奇怪な，不思議な ④ 別の ［～日］《書》他日 ⑤ 別れる ［离～］離婚する
【异彩】yìcǎi [名]《書》異彩 〖永放～〗いつまでも輝きを放つ 〖增添～〗輝きを増す
★【异常】yìcháng [形] 異常な 〖～现象〗異常現象 — [副] 極端に 〖～危险〗きわめて危険な
【异地】yìdì [名] 他郷
【异读】yìdú [名] 異読(同一文字に二つ以上の読み方があること)
【异端】yìduān [名] 異端 ［～邪说］異端の説，正統でない主張
【异化】yìhuà [動] ① 異化する ［～作用］(言語学，生物学で) 異化作用 ② 疎外する
【异己】yìjǐ [名] 意見を異にする者，反対者 ［～分子］異分子
【异军突起】yì jūn tū qǐ《成》全く新しい勢力が突然出現する
【异口同声】yì kǒu tóng shēng《成》異口同音 〖～地回答〗口をそろえて答える
【异曲同工】yì qǔ tóng gōng《成》曲調は異なるが同様に巧みだ [同]［同工异曲］
【异体字】yìtǐzì [名] 異体字 [関]［正体字］

【异同】yìtóng 图 ① 異同 ②（書）異議
【异味】yìwèi 图 ①〔股〕異臭 ②（書）格別の美味，珍味
【异物】yìwù 图 ①〔医〕異物 ② 珍しい物品 ③（書）死体
【异乡】yìxiāng 图 異郷，他郷
【异香】yìxiāng 图 格別によい香り
【异想天开】yì xiǎng tiān kāi《成》奇想天外の
【异性】yìxìng 图 ① 異性 ⓐ〔同性〕② 異質
【异言】yìyán 图 異論，反対意見
【异样】yìyàng 形 ① 異なった，違う ⓐ〔两样〕② 尋常でない，異様な〔感到一种～的感觉〕なにか異様な感じがした
【异议】yìyì 图 異議〔提出～〕異議を出す
【异域】yìyù 图（書）異郷，他国
【异族】yìzú 图 異民族〔～通婚〕異民族同士の結婚

【抑】yì ⊗ ① 抑える〔压～〕（感情や力を）抑える ⓐ〔两样〕それとも（文語の接続詞）〔～或〕（書）同前 ③ そもそも
【抑扬】yìyáng 動 抑揚をつける
【抑扬顿挫】yìyáng dùncuò《成》音声に抑揚がある
【抑郁】yìyù 形 (不満を訴えることができず) 悶々としている，憂鬱である〔～症〕うつ病
【抑止】yìzhǐ 動 押さえつける，コントロールする ⓐ〔抑制〕
*【抑制】yìzhì 图〔生〕抑制 一動 抑制する，抑える〔～愤怒〕怒りを抑える

【邑】yì ⊗ ① 都市〔都～〕都会 ② 県
【悒】yì ⊗ 憂鬱な，ふさぎ込んだ〔～～不乐〕うつうつとふさぎ込む
【挹】yì ⊗ ① すくう，汲む ② 引く
【浥】yì ⊗ 湿らす
【佚】yì ⊗ '逸' と通用
【役】yì ⊗ ① 労力，力仕事〔劳～〕労役 ② 兵役〔退～〕退役する ③ 使役する〔奴～〕奴隷のように酷使する ④ 使用人〔仆～〕召使い ⑤ 戦争〔战～〕戦役
【役畜】yìchù 图 役畜 ⓐ〔力畜〕
【役使】yìshǐ 動（家畜を）使う，（人を）こき使う〔～畜力耕种〕家畜を使って耕作する
【疫】yì ⊗ 流行病〔防～〕伝染病を予防する
【疫病】yìbìng 图 疫病，流行性の伝染病
【疫疠】yìlì 图 流行性急性伝染病 ⓐ〔瘟疫〕
【疫苗】yìmiáo 图〔医〕ワクチン〔接种～〕ワクチン接種をする

【译（譯）】yì 動 訳す，翻訳する〔～成英语〕英語に訳す〔笔～〕翻訳(する)〔口～〕通訳(する)〔～本〕翻訳書
【译笔】yìbǐ 图 訳文，訳し方
【译文】yìwén 图〔段・篇〕訳文
【译意风】yìyìfēng 图（同時通訳用の）イヤホーン
【译音】yìyīn 图（他言語文字への）音訳
【译员】yìyuán 图 通訳要員

【怿（懌）】yì ⊗ 喜ぶ
【驿（驛）】yì ⊗ 宿場，中継点 (多く地名に用いる)
【绎（繹）】yì ⊗（端緒を）引き出す〔抽～〕（書）糸口を見出す〔演～〕演繹ぇんえきする
【峄（嶧）】Yì ⊗〔～山〕嶧ぇき山 (山東省の山の名)
【易】yì ⊗ ① たやすい，平易な (ⓐ〔难〕)〔容～〕容易な，たやすい〔轻～〕安易に，やすやすと ② 変える〔改～〕改める ③ 交換する〔以物～物〕物々交換する ④ 和やかな〔平～近人〕優しく近づきやすい ⑤ (Y-)姓
【易如反掌】yì rú fǎn zhǎng《成》手のひらを返すようにたやすいこと
【易于】yìyú 副 容易に，…しやすい〔～接受〕受け入れやすい
【埸】yì ⊗ 辺境〔疆 jiāng～〕国境
【诣（詣）】yì ⊗ ① 参上する，参詣する ②（学問・技芸の）到達，達成〔造～〕造詣ぞうけい
【鲔（鮨）】yì ⊗〔魚〕ハタ
【佾】yì ⊗〔八～〕古代の楽舞 (8列，全64人)
【羿】Yì ⊗ ① 羿い ♦ 伝説上の弓の名人 ②（Y-)姓
【翌】yì ⊗ 次，翌〔～年〕翌年
【益】yì ⊗ ① 利益，益（がある）〔公～〕公益〔有～〕有益である〔无～〕無益である ② 増える〔日～〕日増しに ③ ますます，さらに ④ (Y-)姓
【益虫】yìchóng 图 益虫
【益处】yìchù 图 有利な要素，利点 ⓐ〔好处〕
【益鸟】yìniǎo 图 益鳥
【益友】yìyǒu 图（書）良友，助けとな

骃氤铟阴荫音　　　　　　　　　　　　　　　　　　　　　一 yīn　　715

~]]夫婦の縁を結ぶ

【骃(駰)】yīn ⊗ 黒毛に白の混じった馬

【氤】yīn ⊗ 以下を見よ

【氤氲(絪缊)】yīnyūn 形〔書〕(煙やガスが)立ち込める

【铟(銦)】yīn 名《化》インジウム

【阴(陰*隂)】yīn 形 曇っている〖天~了〗空が曇ってきた〖~转晴〗曇りのち晴れ ⊗ ① 陰,月(⇔'阳')〖太~〗月 ② 山の北側,川の南側(⇔'阳')〖江~〗長江の南岸 ③ 日陰,背面〖背~儿〗日陰 ④〔電〕陰(⇔'阳')〖~电〗陰電気 ⑤ 死後の世界〖~魂〗幽霊,亡者 ⑥ 暗い,こそこそした〖~毒〗陰険な ⑦ 凹状の〖~文〗(印章などの)陰刻 ⑧ 生殖器 ⑨ (Y-)姓

【阴暗】yīn'àn 形 暗い,陰気な〖~的脸色〗暗い顔〖天空逐渐~下来〗空がだんだん暗くなってきた

【阴部】yīnbù 名《生》(外)陰部

【阴沉】yīnchén 形 (空が)どんよりした,曇った,(顔色が)暗く沈んだ〖天色越发~了〗空模様がますますどんよりしてきた〖~的面孔〗暗く沈んだ顔付き

【阴沉沉】yīnchénchén 形 (~的)どんよりした,暗く沈んだ

【阴错阳差】yīn cuò yáng chā《成》(陰と陽とがごっちゃになる>)偶然の要因から間違いが生じる〖阴差阳错〗

【阴丹士林】yīndānshìlín 名〔合成染料の〕インダスレン,またはその布

【阴道】yīndào 名《生》腟*'腟 zhì'は旧称

【阴风】yīnfēng 名〔阵·股〕① 寒い風 ② よこしまな風〖扇 shān~〗ひそかに他人の悪事を煽る

【阴干】yīngān 動 陰干しする ⇔[晒干]

【阴功】yīngōng 名 陰徳

【阴沟】yīngōu 名〔条〕暗渠 ⇔[阳沟]

【阴极】yīnjí 名《理》陰極 ⇔[负极] ⇔[阳极]

【阴间】yīnjiān 名 あの世,冥土〖阴曹〗〖阴司〗

【阴茎】yīnjīng 名《生》陰茎,男性生殖器

【阴冷】yīnlěng 形 ①(天気が)曇って寒い ②(顔色が)陰うつな,暗く冷酷な

【阴历】yīnlì 名 太陰暦,陰暦〖农历〗〖夏历〗

【阴凉】yīnliáng 形 日陰で涼しい〖坐在~的树下〗涼しい木陰に座

る 一 名(~儿)日陰で涼しいところ〖找个~儿去歇歇〗どこか涼しいところで休もう

【阴门】yīnmén 名《生》陰門,外陰 ⇔[阴户]

*【阴谋】yīnmóu 名 陰謀(を巡らす)〖~败露 bàilù〗陰謀がばれる〖~诡计〗陰謀詭策

【阴囊】yīnnáng 名《生》陰囊ぬぅ,ふぐり

【阴平】yīnpíng 名《語》現代中国語声調の第一声

【阴森】yīnsēn 形 陰うつな,不気味な,薄暗い ♦'阴森森(的)'としても使う〖感到~可怕〗気味悪く恐ろしい

【阴山背后】yīn shān bèi hòu《成》辺鄙でさびれたところ

【阴虱】yīnshī 名 毛ジラミ

【阴私】yīnsī 名〔件〕恥ずべき行状,後ろめたい行為〖揭发他的~〗彼の悪事を暴く

【阴天】yīntiān 名 曇天,曇り空

【阴险】yīnxiǎn 形 陰険な〖~的相貌〗陰険な顔立ち

【阴性】yīnxìng 名 ①《医》陰性 ②《語》女性

【阴阳】yīnyáng 名 陰陽〖~生〗陰陽師おんよう,占い師〖~怪气〗得体が知れない,奇妙な

【阴翳】yīnyì 形 ⇨[荫翳]

【阴影】yīnyǐng 名(~儿)影,陰影〖肺部有~〗(レントゲン写真で)肺に影がある〖树木的~〗木の影

【阴雨】yīnyǔ 形 曇って雨が降ること,陰気な長雨

【阴郁】yīnyù 形(天気が)うっとうしい,(気分が)陰うつな〖心情很~〗気分がふさいでいる

【阴云】yīnyún 名 黒雲,雨雲〖~密布〗雨雲が立ち込める〖~消散〗黒雲が消える

【荫(蔭)】yīn ⊗ 木陰 ⇨yìn

【荫蔽】yīnbì 動 覆い隠す〖~在林中〗林の中に覆い隠されている

【荫翳(陰翳)】yīnyì 動〔書〕① 覆い隠す ② 枝葉が茂る

【音】yīn 名《語》音ぉ,音声〖录~〗録音(する) ⊗ ① 音ぉ,声〖声~〗同newspaper ② 便り〖回~〗返信

【音标】yīnbiāo 名《語》音声記号〖国际~〗国際音声記号,IPA

【音波】yīnbō 名 音波

【音叉】yīnchā 名《理》音叉ぉん

【音程】yīnchéng 名《音》音程

【音调】yīndiào 名 音の調子〖放低~〗声の調子を落とす

【音符】yīnfú 名《音》音符

【音高】yīngāo 名《音》音の高低,ピッチ

【音耗】yīnhào [名] 消息, 音信
【音阶】yīnjiē [名]〖音〗音階
【音节】yīnjié [名] 音節 ([同][音缀]) [～文字] 音節文字
【音量】yīnliàng [名] 音量, ボリューム
【音律】yīnlǜ [名]〖音〗音律 [同][乐律]
【音频】yīnpín [名]〖理〗可聴周波, 低周波
【音强】yīnqiáng [名]〖理〗音の大小
【音容】yīnróng [名]《書》(多く故人の) 声と姿〖他的～笑貌还时时浮现在我眼前〗彼の生前の声や姿かたちがよく目に浮かぶ
【音色】yīnsè [名] 音色〖小提琴的～〗バイオリンの音色
【音素】yīnsù [名] 音素 [～文字] 音素文字
【音速】yīnsù [名]〖理〗音速 [同][声速]
【音位】yīnwèi [名]〖語〗音素, フォニーム
★【音响】yīnxiǎng [名] ① 音響, 声, 音〖调节～〗音を調節する〖舞台的～〗舞台の音声 [～效果] 音響効果 ② オーディオ機器 [组合～] システムコンポーネント
【音信】yīnxìn [名] 音信, 便り ([同][音讯])〖～全无〗まったく音信がない〖恭候～〗謹んでお便りをお待ち申し上げます
【音译】yīnyì [名] 音訳 [関][意译]
【音域】yīnyù [名]〖音〗音域
★★【音乐】yīnyuè [名] 音楽 [～家] 音楽家
【音韵学】yīnyùnxué [名] 音韻学 [同][声韵学]
【音值】yīnzhí [名]〖語〗音価
【音质】yīnzhì [名] 音色, 音質〖这盘磁带的～不大好〗このテープの音質は余りよくない

〖喑(瘖)〗 yīn ⊗ ① 声がかすれている, 声が出ない [～哑] 同前 ② 黙っている

〖愔〗 yīn ⊗ [～～]《書》音もなく静かなさま

〖殷〗 yīn ⊗ ① 豊富な [～实] 裕福な ② 人情に厚い, ねんごろな ③ (Y-) 殷, 王朝名 [～商朝] 殷王朝 ④ (Y-) 姓
⇨yān (雷鳴を表わす古語はyǐnと発音)

【殷鉴】yīnjiàn [名]《書》戒(いまし)めとすべき先人の失敗 [可资～] 戒めとするに足る [～不远] 殷鑑(いんかん)遠からず (手近な失敗例はよく見ておくべきである)
【殷切】yīnqiè [形] 切実な, 熱烈な〖～的期望〗切実な期待〖～地鸣谢〗心から謝意を表する
【殷勤(慇懃)】yīnqín [形] ねんごろな, 心のこもった〖～招待〗心からもてなす〖～的东道主〗行き届いた主催者
【殷殷】yīnyīn [形]《書》ねんごろな〖～期望〗心から期待する

〖吟(唫)〗 yín ⊗ ① 吟ずる, 歌う [～诗] 詩を吟じる ② 詩歌の一種, 吟 [秦中～] 秦中吟 (白居易の詩) ③ 吠える, 叫ぶ [呻 shēn～] うめく

【吟风弄月】yín fēng nòng yuè《成》風月を題材に詩歌を作る
【吟诵】yínsòng [動] 吟誦する
【吟味】yínwèi [動] 詩を吟じて玩味する
【吟咏】yínyǒng [動] 吟詠する

〖垠〗 yín ⊗ 境界, 果て [无～] 果てしない

〖银(銀)〗 yín [名]〖化〗銀 [水～] 水銀
⊗ ① 銀貨, 貨幣に関すること [～根] 金融市場 ② 銀色の [～白] 銀白色 ③ (Y-) 姓

【银白杨】yínbáiyáng [名]〖植〗白楊, ハコヤナギ
【银杯】yínbēi [名] (賞杯の) 銀杯
【银币】yínbì [名] 銀貨
【银鲳】yínchāng [名]〖魚〗マナガツオ [同][鲳鱼]
【银锭】yíndìng [名] ① (～儿) 馬蹄銀 ◆旧時の50両の重さに鋳た銀塊 ② 死者を弔って焼く錫(すず)箔の馬蹄銀
【银耳】yín'ěr [名] 白キクラゲ [同][白木耳]
★★【银行】yínháng [名]〔所・家〕銀行 [～存折] 銀行通帳
【银河】yínhé [名]〖天〗銀河, 天の川 [同][天河]
【银红】yínhóng [形]〔定語として〕明るい朱色の ◆色は桃色の顔料に銀朱 (鮮紅色の有毒粉末) を混ぜて作る
【银狐】yínhú [名]〖動〗〔只〕銀ギツネ [同][玄狐]
【银灰】yínhuī [形]〔定語として〕シルバーグレイの
【银匠】yínjiàng [名] 金銀細工職人
【银联卡】Yínliánkǎ [名] 銀聯(ギンレン)カード ◆'中国银联股份有限公司' (中国銀連株式会社) が発行する銀行カードで, デビット機能を持つ
【银幕】yínmù [名]〔块〕映画のスクリーン〖被搬上～〗映画化される
【银钱】yínqián [名]〔笔〕金銭
【银鼠】yínshǔ [名]〖動〗〔只〕シロリス ◆毛皮が珍重される. 中国東北一帯に生息
【银杏】yínxìng [名]〖植〗①〔棵〕イチョウ [同][公孙树][白果树] ②〔颗〕ギンナン [同][白果]
【银洋】yínyáng [名] 銀貨 [同][银元]
【银鱼】yínyú [名]〖魚〗〔条〕シラウオ [同][面条鱼]

Y

【银圆(银元)】yínyuán 图 旧時的一元銀貨
【银子】yínzi 图 銀の通称

【龈(齦)】yín ⊗ 歯茎 [齿～] 同前

【狺】yín ⊗ 以下を見よ
【狺狺】yínyín 〔書〕犬の吠える声

【淫】yín ⊗ ① 過度な [～威] 乱用される強権 ② 気まま

【―(姪)】⊗ みだらな [奸～] 姦淫(する)
【淫荡】yíndàng 形 みだらな
【淫秽】yínhuì 形 猥褻な
【淫猥】yínwěi 形 猥褻な
【淫雨(霪雨)】yínyǔ 图 長雨 [～霏霏]雨がしきりに降る

【寅】yín ⊗ 寅。十二支の第3。とら [～时] 寅の刻

【夤】yín ⊗ ① 敬い恐れる ② 深い [～夜] 深夜

【鄞】Yín 图 [～县] 浙江省の地名

【蟫】yín ⊗ 〔虫〕シミ→[衣鱼]

【尹】yǐn ⊗ ① 昔の地方官名 [府～]〔書〕府知事 ② (Y-)姓

【引】yǐn 動 ① 導く, 引く [～水上山] 山の上に水を引く [～路] 道案内する ② 引き起こす, 招く [～他生气] 彼を怒らせる [～人注目] 人目を引く
⊗ ① 引く, 引っ張る [～弓] 弓を引く ② 引用する [～证] 引証する
【引柴】yǐnchái 图〔根・捆〕たき付け ⑨[引火柴]
*【引导】yǐndǎo 動 ① 引率する, 案内する ② 導く [老师～学生进步] 教師は学生が進歩するよう導く
【引得】yǐndé 图〔訳〕インデックス(英:index), 索引
【引动】yǐndòng 動 引き起こす, (心に)触れる
【引逗】yǐndòu 動 ① からかう, なぶる ② 誘い込む
【引渡】yǐndù 動〔法〕(外国からの逃亡犯を本国に)引き渡す [～几个罪犯] 数人の犯人を引き渡す
【引而不发】yǐn ér bù fā《成》(弓を引きしぼって放たず>) ① 満を持す ② 巧みに教え導く
【引号】yǐnhào 图〔語〕引用符号 (" ")
【引河】yǐnhé 動 川から水路を引く
【引火烧身】yǐn huǒ shāo shēn《成》① 自ら禍を招く [惹火烧身] ② 人の批判を仰ぎ自らの欠点を暴く
【引见】yǐnjiàn 動 人を引き合わせる, 紹介する
【引荐】yǐnjiàn 動 推薦する [～小赵当会计] 会計として趙君を推薦する
【引进】yǐnjìn 動 ① 導入する [～外国资本] 外国資本を導入する ② 推薦する ⑨[引荐]
【引经据典】yǐn jīng jù diǎn《成》経典の語句を引用する
【引咎】yǐnjiù 動 (過失の) 責任をとる
【引狼入室】yǐn láng rù shì《成》(狼を室内に招き入れる>) 悪人を内部に引き入れる
【引力】yǐnlì 图〔理〕引力 [万有～] 万有引力
【引例】yǐnlì 图 (文章中の) 引用例, 例証
――― yǐn'lì 動 (文章中に) 例を引く
*【引起】yǐnqǐ 動 (ある事態, 現象を)引き起こす [～大家注意] みんなの注意を引く [～争端] 紛争を起こす [～麻烦] 面倒を引き起こす
【引桥】yǐnqiáo 图〔交〕橋へのアプローチ, 導入橋
*【引擎】yǐnqíng 图〔訳〕〔機〕[台] エンジン ⑨[发动机]
【引人入胜】yǐn rén rù shèng《成》(景色や文章が) 人を魅了する
【引申(引伸)】yǐnshēn 動〔語〕(語義が) 派生する
【引文】yǐnwén 图〔語〕〔段〕引用語(句) ⑨[引语]
【引线】yǐnxiàn 图 ① 〔電〕導火線, 信管 ② 仲を取り持つ人やもの
【引信】yǐnxìn 图 信管, 雷管 ⑨[信管]
【引言】yǐnyán 图〔篇・段〕序文, 前書
*【引用】yǐnyòng 動 ① (人の説や古語を) 引用する ② 任用する
【引诱】yǐnyòu 動 (主に悪い事態に)引き込む [用金钱～青少年] 金で青少年を誘惑する [～对方犯错误] 相手を過ちに引き込む
【引玉之砖】yǐn yù zhī zhuān《成》(謙) 他人から優れた見解を引き出すための愚見 ⑨[抛砖引玉]
【引种】yǐnzhòng 動 (優良品種を) 移植する
【引子】yǐnzi 图 ① 〔段〕前口上, 序曲 ② 〔段〕(文章や話の) 前置き, まくら ③ 〔味〕薬の効用を高める副薬 ⑨[药引子]

【蚓】yǐn ⊗ →[蚯蚓～]

【饮(飲 *飮)】yǐn ⊗ ① 飲む [痛～] 存分に飲む ② 飲物 [冷～] 冷たい飲み物 ③ 冷まして飲む煎じ薬 [～子] 同前 ④ 心の中に抱く [～恨]〔書〕恨みをのむ
⇨ yìn

[★★]【饮料】 yǐnliào [名]〔杯·瓶〕飲み物（主にジュース，サイダー類を指す）
【饮片】 yǐnpiàn [名]〖薬〗せんじ薬用に細かくした薬材
【饮泣】 yǐnqì [動]《書》涙をのんで泣く
★【饮食】 yǐnshí [名] 飲食〖病人的～〗病人の飲食
【饮水】 yǐnshuǐ [名] 飲み水 [同]［饮用水］
【饮水思源】 yǐn shuǐ sī yuán《成》（水を飲む時水源を思う＞）感謝の気持ちを忘れない
【饮鸩止渴】 yǐn zhèn zhǐ kě《成》（毒酒を飲んで渇きをいやす＞）結果を考えず当面の救いを求める

〖隐(隱)〗 yǐn ⊗①隠れる，隠す［退～］隠退する ②隠れた［～士］隠遁者
★【隐蔽】 yǐnbì [動]（身を）隠す，隠蔽する〖～的活动〗秘密活動〖～得十分巧妙〗きわめて巧妙に身を隠した
【隐藏】 yǐncáng [動] ひそかに隠す，見られないようにする〖～粮食〗食糧を隠す〖内心～着不安〗心中の不安を隠す
【隐伏】 yǐnfú [動] 潜伏する
★【隐患】 yǐnhuàn [名] 隠れた災い
【隐讳】 yǐnhuì [動] はばかって隠す〖毫不～自己的弱点〗自分の弱点を少しも隠し立てしない
【隐晦】 yǐnhuì [形]（意味が）不明瞭な
【隐疾】 yǐnjí [名]（性病など）人に言えない病気
【隐居】 yǐnjū [動] 隠遁する，隠棲する
【隐括(檃栝)】 yǐnkuò《書》[名] 木材のゆがみを直す器具 — [動]（もとの文章を利用して）書き直す
★【隐瞒】 yǐnmán [動]（真相を）隠す，ごまかす〖～自己的错误〗自分の誤りを隠す
【隐秘】 yǐnmì [動] 隠す，秘密にする〖～不说〗隠して話さない — [名] 秘密
【隐没】 yǐnmò [動] 隠れる，次第に見えなくなる
【隐匿】 yǐnnì [動] 隠匿する
【隐情】 yǐnqíng [名] 人には言えない状況
【隐忍】 yǐnrěn [動] じっと我慢する，耐える
【隐射】 yǐnshè [動] ほのめかす，当てつける（[同]［暗射］［影射］）〖这些话分明是～他的〗この言葉は明らかに彼を当てこすったものだ
★【隐私】 yǐnsī [名] 内緒事，プライバシー [同]［阴私］
【隐痛】 yǐntòng [名] 心に秘めた苦しみ
【隐现】 yǐnxiàn [動] 見え隠れする，おぼろげに見える
【隐形眼镜】 yǐnxíng-yǎnjìng [名] コンタクトレンズ ♦正式には'角膜接触镜'という
【隐姓埋名】 yǐn xìng mái míng《成》（世間から）名を隠す，自分の身分が知られぬようにする
【隐逸】 yǐnyì [動]《書》世俗を避けて隠遁する — [名] 隠逸の士
【隐隐】 yǐnyǐn [形]〘多く定語·状語として〙かすかな，はっきりしない（[同]［隐约］）〖～可见〗おぼろに見える
【隐语】 yǐnyǔ [名]《書》隠語，謎
【隐喻】 yǐnyù [名]〖語〗メタファー
★【隐约】 yǐnyuē [形] かすかな，はっきりしない〖～的星辰〗かすかに見える星〖隐隐约约地可以听见〗かすかに聞こえる
【隐衷】 yǐnzhōng [名] 心に秘めた苦しみ

【瘾(癮)】 yǐn [名] 常習，中毒，マニア的興味［上～］病みつきになる，癖になる［过～］十分に楽しむ［烟～］ニコチン中毒

【印】 yìn [名] ①印章，判〖盖～〗判を押す ②（～儿）跡，痕跡［脚～］足跡 — [動] 印刷する，プリントする〖～讲义〗（講義の）教材を印刷する［～花儿布］プリント布
⊗①ぴったり合う［～证］符合する（証拠） ②（Y-）'印度 Yìndù'（インド）の略 ③（Y-）姓
【印把子】 yìnbàzi [名] ①印章のつまみ ②《転》政治権力
【印本】 yìnběn [名] 印刷された書物
【印次】 yìncì [名] 図書の版ごとの印刷回数
【印第安人】 Yìndì'ānrén [名] アメリカインディアン
【印度教】 Yìndùjiào [名] ヒンズー教
【印发】 yìnfā [動] 印刷配布する
【印花】 yìn'huā [動]（～儿）模様をプリントする，捺染する
—— yìnhuā [名]〔张·枚〕収入印紙
【印鉴】 yìnjiàn [名] 印鑑（届け出印の印影）
【印泥】 yìnní [名] 印肉（[同]［印色］）［～盒儿］印肉入れ
【印谱】 yìnpǔ [名] 印譜，篆刻（てんこく）の印影集
【印染】 yìnrǎn [動] 捺染する
【印色】 yìnse [名] 印肉 [同]［印泥］
★【印刷】 yìnshuā [動] 印刷する［～机］印刷機［胶版～］オフセット印刷
【印台】 yìntái [名]〔盒〕スタンプ台
【印匣】 yìnxiá [名] 印章箱
[★★]【印象】 yìnxiàng [名] 印象〖～模糊〗印象がぼやけている〖留下了很好的～〗よい印象を残した
【印行】 yìnxíng [動] 印刷発行する
【印油】 yìnyóu [名] スタンプ用インク
【印张】 yìnzhāng [名] 書籍1冊を印刷するのに用いる紙数の単位（新聞

【印章】yìnzhāng 图[个/枚]印章
【印子】yìnzi 图痕跡[留下~]あとが残る

【鮣(鮣)】 yìn ⊗[魚]コバンザメ,コバンイタダキ[~鱼]同前

【饮(飲)】 yìn 動(家畜に)飲ませる[~牲口]家畜に水を飲ませる ⇨yǐn

【荫(蔭)】 yìn 形日当りが悪くじめじめした ⊗①かばう,覆う ②父祖の功績に応じて与えられた特権 ⇨yīn
【荫庇】yìnbì 動[書]庇護する
【荫凉】yìnliáng 形日陰で涼しい

【胤】 yìn ⊗後継ぎ

【窨】 yìn ⊗地下室[~井]マンホール ◆'窨茶叶'(茶の葉にジャスミンなどの花の香りをつける)ではxūnと発音

【愸(愸)】 yìn ⊗[書]非常に慎重なさま

【应(應)】 yīng 動①応える,返事する[~了几声]はいはいと返事した ②承諾する,承知する
⊗①当然…すべきだ[~早就准备]早くから準備すべきだ[理~如此]道理からそうあるべきだ ②(Y-)姓 ⇨yìng
【应当】yīngdāng 助当然…すべきだ,当然…だ(⇨[应该])[~认真听讲]まじめに聴講すべきだ
【应分】yīngfèn 形[定語として]当然なすべき範囲の,本分のうちの事[我~之事]私にとって当然なすべき事
*【应该】yīnggāi 助①(道理の上から)当然…すべきだ[这是我们做的事]これは我々がやらなければならない事だ[你~去看她一下]君は彼女に会いに行くべきだ ②…のはずだ[这是名牌产品,~靠得住]これはブランド製品だから,信用できるはずだ
【应届】yīngjiè 形[定語として]今期の[~毕业生]今期の卒業生
【应名儿】yīng'míngr 動他人の名義を使う
【应声】yīng'shēng 動(~儿)(声を出して)返事する[喊了好几声,也没人~]何度も呼んだが誰も返事をしない ⇨yìngshēng
【应许】yīngxǔ 動①承諾する(⇨[答应]) ②許す(⇨[允许])[~他参加比赛]彼が試合に出ることを許す
【应有尽有】yīng yǒu jìn yǒu《成》あるべきものはすべてある,何でもある
【应允】yīngyǔn 動承諾する,許す(⇨[应许])

【英】 yīng ⊗①花[落~]《書》花が散る ②英才,優秀者[群~会]先進人物を集めた大会 ③(Y-)英国,イギリス[~国]同前[~美文学]英米文学 ④(Y-)姓
【英镑】yīngbàng 图英ポンド
【英才】yīngcái 图英才,秀才
【英尺】yīngchǐ 量フィート ◆'呎'とも
【英寸】yīngcùn 量インチ ◆'吋'とも
【英吨】yīngdūn 量ロングトン,英トン
【英杰】yīngjié 图[書]英傑,英雄
*【英俊】yīngjùn 形①才気のある ②(多く男性が)スマートな[~的小伙子]ハンサムな若者
【英里】yīnglǐ 量マイル
【英两】yīngliǎng 量オンス
【英灵】yīnglíng 图英霊(⇨[英魂])
*【英明】yīngmíng 形英明な,優れた[~(的)领袖]英明な指導者[这一决定十分~]この決定はきわめて賢明である
【英亩】yīngmǔ 量エーカー
【英气】yīngqì 图優れた才知[~勃勃]才気に満ちている
【英特耐雄纳尔】Yīngtènàixióngnà'ěr 图①インターナショナル('国际'('国际工人协会')の音訳) ②国際共産主義の理想
【英文】yīngwén 图英語(⇨[英语])[说一口流利的~]流暢な英語を話す
【英武】yīngwǔ 形[書]勇壮な,勇ましい
*【英雄】yīngxióng 图英雄[~豪杰]英雄豪傑[~无用武之地]英雄がその腕を発揮する場所がない 形①[定語として]英雄的な[~的边防战士]英雄的な国境警備兵 ②雄々しい
*【英勇】yīngyǒng 形勇ましい,雄々しい[~进攻]勇敢に進撃する
【英姿】yīngzī 图雄姿[飒爽~]さっそうとした雄姿

【瑛】 yīng ⊗美しい玉(の輝き) ◆人名用字としても

【莺(鶯*鸎)】 yīng ⊗[鸟]ウグイス[黄~]コウライウグイス
【莺歌燕舞】yīng gē yàn wǔ《成》(鸳が歌い燕が舞うの意)すばらしい春の景色(のような状勢)を形容

【婴(嬰)】 yīng ⊗嬰児,赤ん坊[溺~]赤

子を(水に漬けて)間引く

*【婴儿】yīng'ér 图 嬰児, 赤ん坊 [~车] 乳母車 [~床] ベビーベッド

【婴孩】yīnghái 图 嬰児, 赤ん坊

【撄(攖)】yīng ⊗ ①触れる [~怒] 怒りに触れる ②かき乱す

【嘤(嚶)】yīng ⊗ 鳥の鳴き声を表わす文言の擬声語

【缨(纓)】yīng ⊗ (~儿)飾り房き, リボン [红~枪] 赤い飾り房をつけた槍 [萝卜~子] 大根の葉

【瑛(瓔)】yīng ⊗ 玉に似た石

【瓔珞】yīngluò 图〔書〕珠玉に糸を通して作った首飾り

【樱(櫻)】yīng ⊗ 桜

【樱花】yīnghuā 图 ①〔棵〕桜(の木) ②〔朵・束〕桜の花

【樱桃】yīngtao 图 ①〔棵〕オウトウ(の木) ②〔颗・粒〕さくらんぼ [~嘴] おちょぼ口

【鹦(鸚)】yīng ⊗ 以下を見よ

【鹦哥】yīnggē 图〔只〕インコ, オウム [~儿绿] 濃いもえぎ色

【鹦鹉】yīngwǔ 图〔只〕オウム, インコ [~学舌] おうむ返し, 人の言う通り話す

【罂(罌*甖)】yīng ⊗ 胴がふくらみ口が小さい瓶

【罂粟】yīngsù 图〔植〕ケシ [~花] ケシの花

【膺】yīng ⊗ ①胸 [服~] 〔書〕心に留める [义愤填~] 義憤で胸が一杯になる ②受ける, 授かる ③討伐する

【膺惩】yīngchéng 働〔書〕討伐する

【膺选】yīngxuǎn 働〔書〕当選する

【鹰(鷹)】yīng 图〔鳥〕〔只〕タカ [苍~] オオタカ [夜~] ヨタカ [老~] トビ

【鹰鼻鹞眼】yīng bí yào yǎn《成》凶悪な面相

【鹰钩儿鼻】yīnggōur bí わし鼻

【鹰犬】yīngquǎn 图 狩猟に使うタカと犬; (転)手先, 爪牙

【鹰隼】yīngsǔn 图 タカとハヤブサ;(転)凶猛な人物

【鹰洋】yīngyáng 图〔旧〕メキシコ銀貨(表面にタカの図案があったから)

【迎】yíng 働 ①迎える [~了上去] (前へ進み出て)迎えた [欢~] 歓迎する [~宾馆] 迎賓館 [送旧~新] 古きを送り新しきを迎える ②向かう, 向かって行く [~着大风走] 風に向かって歩く

【迎春花】yíngchūnhuā 图〔植〕迎春花, オウバイ(黄梅)

【迎风】yíngfēng 風に向かう, 風を受ける [~飞翔] 風に向かって飛ぶ

【迎合】yínghé 働 迎合する [~别人的意见] 人の意見に同調する

【迎击】yíngjī 働 迎撃する

*【迎接】yíngjiē 働 出迎える, 迎える [~外宾] 外国からの客を迎える [~国庆节] 国慶節を迎える

*【迎面】yíng'miàn 働 (~儿)〔多く状語的に〕面と向かう [微风~吹来] そよ風が正面から吹いてくる

【迎亲】yíng'qīn 働〔旧〕輿で新婦を迎えに行く

【迎娶】yíngqǔ 嫁をめとる

【迎刃而解】yíng rèn ér jiě《成》すぱっと解決する

【迎头】yíngtóu 働 (~儿)〔多く状語的に〕面と向かう(⇔[迎面][当头]) [~痛击] 真正面から痛撃を加える

【迎新】yíngxīn 働 ①新人を歓迎する [~大会] 新人歓迎大会 ②新年を迎える

【迎战】yíngzhàn 働 迎え撃つ [~敌人] 敵を迎え撃つ

【茔(塋)】yíng ⊗ 墓地

【荧(熒)】yíng ⊗ ①かすかな光 ②目がくらむ

【荧光】yíngguāng 图〔理〕蛍光, ルミネセンス [~灯] 蛍光灯 [~屏] 蛍光板, 映像スクリーン

【荧惑】yínghuò 働〔書〕惑わす

【荧屏】yíngpíng 图 (多くテレビの)映像スクリーン ⇒[荧光屏]

【荧荧】yíngyíng 彫〔書〕(星や明かりが)またたいている

【莹(瑩)】yíng ⊗ ①玉に似た石 ②→[晶 jīng~]

【滢(瀅)】yíng ⊗ 澄みきった

【萤(螢)】yíng ⊗ホタル

【萤火虫】yínghuǒchóng 图〔只〕ホタル

【萤石】yíngshí 图〔鉱〕ホタル石

【营(營)】yíng 图〔軍〕大隊('团'の下,'连'の上) ⊗ ①営む, 謀る [私~] 私営 ②軍隊の駐屯所 [军~] 兵営 [宿~] 宿営する ③(Y-)姓

【营地】yíngdì 图 駐屯地

【营房】yíngfáng 图〔座〕兵舎

【营火】yínghuǒ 图 キャンプファイアー [~会] 同цен の夕べ

【营建】yíngjiàn 働 造営する

【营救】yíngjiù 動 手を尽くして救助する
【营垒】yínglěi 图〔座〕兵営と周囲の塀；(転)とりで
【营利】yínglì 動 利益を求める
【营盘】yíngpán 图 兵営('军营'の旧称)
【营生】yíngshēng 動 生計を立てる —— yíngsheng 图(～儿)(方)職業, 仕事
【营私】yíngsī 動 私利を求める［结党～］徒党を組んで私利を謀る［～舞弊］私利を求め不正行為をする
*【营养】yíngyǎng 图 栄養, 養分［富于～］栄養に富む［～不足］栄養不足 —— 動 栄養を供給(または吸収)する［～一下身子］体のため栄養をとる
*【营业】yíngyè 動 営業する［～员］店員, カウンター係［～时间］営業時間
【营造】yíngzào 動 造営する［～防风林］防風林を造る
【营长】yíngzhǎng 图〔軍〕大隊長
【营帐】yíngzhàng 图 テント, 幕舎

【萦(縈)】yíng ⊗ まといつく, 絡む
【萦怀】yínghuái 動 気にかかる
【萦回】yínghuí 動(周りを)巡る, まつわる
【萦绕】yíngrào 動 まつわりつく, (周りを)巡る

【潆(瀠)】yíng ⊗［～洄 huí］水が渦巻く

【盈】yíng ⊗ ① 満ちる［丰～］豊満な, 裕福な［热泪～眶］目に一杯涙がたまる ② 余る
【盈亏】yíngkuī 图 ① 月の満ち欠け ② 損益
*【盈利(赢利)】yínglì 图 動 利潤(を得る)
【盈余(赢余)】yíngyú 图 余剰, 利潤
【盈盈】yíngyíng 形 ①(水が)澄みきった ②(姿や態度が)上品な ③ 軽やかな

【楹】yíng ⊗ '堂屋'(大広間)の正面の柱［～联］同前の柱に掛ける対句

【蝇(蠅)】yíng ⊗ ハエ［苍～］［～子］同前
【蝇拍】yíngpāi 图(～儿)ハエたたき
【蝇头】yíngtóu 形【定語として】ハエの頭ほどに小さな, 極小の

【嬴】Yíng ⊗ 姓 ♦秦の始皇帝の姓名は'～政'

【瀛】yíng ⊗ ① 大海 ②(Y-)姓

【籯(籝)】yíng ⊗ 竹の箱, 籠

【赢(贏)】yíng 動 ① 勝負に勝つ［～了］試合に勝った［北京队～了上海队］北京チームは上海チームに勝った ⊗ 利益を得る
【赢得】yíngdé 動 勝ち取る, 獲得する［～胜利］勝利を勝ち取る［～喝 hè 采］喝采を博する
【赢利(盈利)】yínglì 图 利潤(を得る)
【赢余(盈余)】yíngyú 图(盈余)

【郢】Yǐng ⊗ 湖北の古地名(楚国の都)

【颍(潁)】Yǐng ⊗［～河］颍河(河南から安徽へ流れる川の名)

【颖(穎*頴)】yǐng ⊗ ① 麦や稲の穂先 ② 細長い物の先端 ③ 聡明な［聡～］(書)同前［新～］斬新な
【颖果】yǐngguǒ 图【植】穎果が, 穀果(稲・麦などの種子)
【颖慧】yǐnghuì 形(書)聡明な 働［颖悟］

【影】yǐng 图(～儿)影, 姿［人～］人の影［倒 dào ～］(水に映った)姿 ⊗ ① 映画［～星］映画スター ② 写真［留～］記念撮影する［合～］皆で一緒に写真をとる
【影壁】yǐngbì 图 ① 表門を入った正面にある目隠し用の壁 ② 門の外側にある目隠し用の塀 働［照壁］
【影集】yǐngjí 图［本・冊］写真アルバム 働［相 xiàng 册］［照相簿］
【影迷】yǐngmí 图 映画マニア, 映画ファン
【影片】yǐngpiàn 图(働［影片儿 yǐngpiānr］) ①［部］映画 ②［卷］映画フィルム
【影射】yǐngshè 動(直接名指ししないで)暗にほのめかす, 当てこする［他是在～你呢！］彼は遠回しに君のことを言っているのだ
【影戏】yǐngxì 图 ①［出］影絵芝居 働［皮影戏］ ②(方)映画
*【影响】yǐngxiǎng 图 影響, 反響［产生不好的～］よくない影響をもたらす —— 動 影響する, 作用する［～工作］仕事に影響を及ぼす
【影像】yǐngxiàng 图 映像, 画像, 姿
【影影绰绰】yǐngyǐngchuòchuò 形(～的)ぼんやりとした, はっきりしない［似乎～地听到一点儿人声音］かすかになにか音が聞こえたようだ
【影院】yǐngyuàn 图［座・家］映画館(働［电影院］)［家庭～］ホームシアター
*【影子】yǐngzi 图 ①［～内阁］影の内閣 ② ぼんやりした形, 姿［连

个~也没见』影も形もない 〖在脑海中的~〗脳裏に浮かぶ姿

【瘿(癭)】 yǐng ⊗ 首のこぶ

【应(應)】 yìng 动〖"~了"の形で〗(予測が)当たる〖我的话~了〗言っていた事が本当になった
⊗①応える,応じる〖答~dāying〗答える,承諾する〖响~〗呼応する ②対応する〖随机~变〗臨機応変 ③適応する〖得心~手〗事柄が思い通りに運ぶ
⇨yīng

【应变】yìngbiàn 动 緊急事態に対処する —名〖理〗ひずみ

【应承】yìngcheng 动 応じる,承諾する

*【应酬】yìngchou 动 交際する,応対する〖~话〗あいさつ言葉〖~几句〗ちょっとあいさつをかわす—名 交際,付き合い〖今晚还有个~〗今晩はまた付き合いがある

【应答】yìngdá 动 回答する,応対する

【应对】yìngduì 动 応対する〖善于~〗受け答えが上手だ

【应付】yìngfu 动①対応する,対処する〖~复杂的局面〗複雑な事態に対処する ②適当にあしらう,いい加減にやる〖好容易把他~走了〗適当にあしらってなんとか彼を追いやった ③間に合わせる

【应和】yìnghè 动 呼応する,ぴったり呼吸が合う

【应急】yìng'jí 动 緊急の必要に応じる〖~措施〗応急処置〖~软滑梯〗緊急脱出装置

【应接不暇】yìngjiē bù xiá《成》応接にいとまがない

【应景】yìngjǐng 动 (~儿)①その場の状況に合わせる ②時節にふさわしいことをする

【应考】yìngkǎo 动 受験する(⇨〖投考〗)〖~的人〗受験者

【应募】yìngmù 动 応募する ⇨〖招募〗

【应诺】yìngnuò 动 応諾する,承諾する〖~参加学会〗学会参加を承諾する

*【应聘】yìngpìn 动 招聘に応じる

【应声】yìngshēng 副 声(音)に応じて,音とともに〖~而至〗声とともに来る
⇨yīng'shēng

【应声虫】yìngshēngchóng 名 人の言いなりになる人物,イエスマン

【应时】yìngshí 动①〖多く定语として〗時節に合う〖~瓜果〗季節の果物 ②〖方〗時間に合う〖吃~饭〗食事どきに食べる—副 ただちに

【应试】yìngshì 动 受験する ⇨〖考试〗

【应验】yìngyàn 动(予言・予感が)当たる,事実となる

*【应邀】yìngyāo 动〖多く状語的に〗招待に応じる〖~出席〗招待に応じて出席する

【应用】yìngyòng 动①使用する ②〖多く定語として〗応用する〖~文〗実用文〖~卫星〗実用衛星

【应援】yìngyuán 动(軍隊が)応援する

【应运】yìngyùn 动 機運に乗じる〖~而生〗時運に乗じて生まれる

【应战】yìng'zhàn 动①応戦する ②挑戦を受ける

【应诊】yìngzhěn 动 診察に応じる,診察する

【应征】yìngzhēng 动①徴兵に応じる〖~入伍〗徴兵に応じて入隊する ②求めに応じる

【映】yìng 动 映す,映じる〖山影~在湖上〗山の姿が湖面に映っている〖放~〗映写する〖反~〗反映する

【映衬】yìngchèn 动 引き立つ,映える〖红花和绿叶相~〗赤い花と緑の葉が引き立てあっている

【映山红】yìngshānhóng 名〖植〗ツツジ ⇨〖杜鹃花〗

【映射】yìngshè 动 照り映える

【映现】yìngxiàn 动(映写されるように)現れる

【映照】yìngzhào 动 照り映える(⇨〖映射〗)〖月光~在水面上〗月の光が水面に映える

【硬】yìng 形①堅い(⊗〖软〗)〖~刷子〗堅いブラシ〖坚~〗堅い〖~毛〗剛毛 ②(性格・意志が)断固としている,強硬だ,冷酷な〖~汉子〗硬骨漢〖心~〗無感動な,冷酷な—副 むりやり,あくまで〖~搬别人的经验〗むりに他人の経験を当てはめる〖~说不累〗あくまで疲れていないと言う

【硬邦邦】yìngbāngbāng 形(~的)かちかち,(体が)丈夫な

【硬棒】yìngbang 形〖方〗堅い,丈夫な〖这老人的身体还这么~〗この老人はまだこんなにかくしゃくとしている

*【硬币】yìngbì〔个・枚〕硬貨,コイン〖~投入口〗コイン投入口

【硬度】yìngdù 名 硬度,硬さ

【硬腭】yìng'è 名〖生〗硬口蓋 ⇨〖软腭〗

【硬骨头】yìnggǔtou 名 硬骨漢 ⇨〖软骨头〗

【硬汉】yìnghàn 名 硬骨漢,不屈の人 ⇨〖硬汉子〗

【硬化】yìnghuà 动①硬化する〖血管~〗血管が硬化する ②(思考が)硬くなる

★★【硬件】yìngjiàn [名]（コンピュータまたは生産面での）ハードウェア
【硬结】yìngjié [動] 堅くなる，固まる
【硬朗】yìnglang [形] ①（老人の） 身体が丈夫である，かくしゃくとした『他～得不像个花甲老人』彼は還暦を迎えた老人とは思えぬほどかくしゃくとしている ②力強い
【硬面】yìngmiàn [名]（～儿）固くこねた小麦粉
【硬盘】yìngpán [名]（コンピュータの）ハードディスク
【硬气】yìngqi [形]《方》①気骨がある ②やましくない，気がねしない『自己挣的钱用着～』自分で稼いだ金なので使うのに気がねはない
【硬是】yìngshì [副]《方》①実際に，本当に ②あくまで，どうしても『他～不同意』彼はどうしても賛成しない
【硬实】yìngshi [形]《方》丈夫な，頑丈な
【硬手】yìngshǒu [名]（～儿）やり手，強者 [同][能手][强手]
【硬水】yìngshuǐ [名] 硬水 [反][软水]
【硬挺】yìngtǐng [動] 耐え忍ぶ，我慢する『～着干』（病気なのに）我慢して働く
【硬卧】yìngwò [名]『交』普通寝台（[関][软卧]）［～车］普通寝台車
【硬席】yìngxí [名]『交』（列車の） 普通席（[関][软席]）［～卧铺］普通寝台
【硬性】yìngxìng [形]〘定語·状語として〙硬直した，融通のきかない
【硬仗】yìngzhàng [名]〔场·个〕強敵との戦い，激戦『打～』手強い相手と戦う
【硬着头皮】yìngzhe tóupí [動]〘多く状語として〙やむをえず無理をする
【硬座】yìngzuò [名]『交』（列車の）普通席

【媵】yìng ⊗①嫁入りに同行する ②妾

【哟(喲)】yō [嘆] おや，や（軽い驚き）『～，你怎么在这儿？』おや，君がなんでここに？

【一】yo [助] ①文末で命令の語気を表わす ②歌の合いの手

【唷】yō ⊗掛け声の一部［哼 hēng～］えんやこら

【佣(傭)】yōng ⊗①人を雇う［雇～］雇用する ②雇い人［女～］女の使用人，お手伝いさん
⇨yòng
【佣工】yōnggōng [名] 使用人

【拥(擁)】yōng [動] ①取り囲む，くるまる『～着老师提问』先生を囲んで質問する『～被』布団にくるまる ②押し寄せる，押し込む［一～而上］どっと乗ってくる
⊗①抱く ②支持する，擁護する［～军爱民］人民は軍を擁護し軍は人民を愛する ③擁する
★★【拥抱】yōngbào [動] 抱擁する，抱き合う『紧紧～在一起』しっかり抱き合う
【拥戴】yōngdài [動] 推戴する
★【拥护】yōnghù [動] 擁護する，支持する『～政府』政府を支持する
★★【拥挤】yōngjǐ [形] 混み合っている，ひしめく『～的公共汽车』混んだバス
— [動] 押し合う『不要～』押さないで
【拥塞】yōngsè [動]（道が） つかえる，詰まる『街道～』道が渋滞する
★【拥有】yōngyǒu [動] 擁する『～十万人口』人口10万を擁する『～丰富的资源』豊かな資源を保有する

【痈(癰)】yōng ⊗『医』癰よう［～疽 jū］同前

【邕】yōng ⊗（Y-） 広西南寧の別称［～剧］広西チワン族自治区の粤え語による地方劇

【庸】yōng ⊗①普段の，凡庸な［平～］平凡な ②必要である［无～］…するには及ばない ③（反語的に）どうして『～有罪乎？』どうして罪があろうか
【庸才】yōngcái [名] 凡人，凡才
【庸碌】yōnglù [形] 凡庸な，平平凡凡『～无能的人』ぼんくらな人間
【庸人】yōngrén [名] 凡人，俗人［～自扰］何もないのに騒ぎたてる
★【庸俗】yōngsú [形] 俗っぽい，低俗な『～的观点』卑俗な観点［～化］俗化する
【庸医】yōngyī [名] やぶ医者
【庸中佼佼】yōng zhōng jiǎojiǎo《成》多くの凡人の中で傑出している人物

【鄘】Yōng ⊗周代の小国名（今の河南省）

【墉】yōng ⊗城壁

【慵】yōng ⊗ものうい，だるい

【镛(鏞)】yōng ⊗大きな鐘

【鳙(鱅)】yōng ⊗『魚』コクレン（淡水魚の一種）［～鱼］同前（'胖头鱼'とも）

【雍(雝)】yōng ⊗①和やかな ②（Y-）姓
【雍容】yōngróng [形]《書》おうような，おっとりした『～大方』おっとりしている

【壅(*壅)】yōng ⊗①土や肥料を根元にかける［～肥］植物の根元に肥料を与

える ②ふさぐ
【壅塞】yōngsè 動 ふさぐ, せきとめる 『河道～』川の流れがふさがる
【壅土】yōngtǔ 動 植物の根元に土寄せする

【臃】 yōng ⊗ 腫れる
【臃肿】yōngzhǒng 形 ① 太りすぎの, ぶくぶく肥えた ②(転)(機構が)肥大した, 膨れすぎた

【饔】 yōng ⊗ 調理済みの食べ物, 朝食

【喁】 yóng ⊗ 魚が水面に口を出す
【喁喁】yóngyóng 形〖書〗皆が切望するさま ◆「低い声で話すさま」の意ではyúyúと発音

【顒(顒)】 yóng ⊗ ① 大きい ②慕う

【永】 yǒng ⊗ 長い, 久しい 『隽juàn～』〖書〗意味深長だ
【永别】yǒngbié 動 永遠に別れる, 死別する
【永垂不朽】yǒng chuí bù xiǔ 《成》永遠に不滅である 『～的杰作』不滅の傑作
【永磁】yǒngcí 名〖理〗永久磁石
*【永恒】yǒnghéng 形〖多く定語として〗永久に変わらない, 恒久の 『～的友谊』永久に変わらぬ友情 『～的真理』久遠の真理
【永久】yǒngjiǔ 形〖定語・状語として〗永久の 『～的纪念』一生の記念 『～冻土』永久凍土
【永诀】yǒngjué 動〖書〗永別する, 死別する
【永眠】yǒngmián 動 永眠する
【永生】yǒngshēng 動 永遠に生きる 一名 一生
【永世】yǒngshì 副〖書〗永遠に 『～难忘』永遠に忘れ難い 『永生～』とこしえに, 永遠に
*【永远】yǒngyuǎn 副 永遠に, いつまでも 『祝你～年轻！』いつまでも若くありますように

【泳】 yǒng ⊗ 泳ぐ 『游～』 泳ぐ 『蛙～』平泳ぎ 『爬～』 クロール 『蝶～』 バタフライ 『～道』(プールの)コース

【咏(詠)】 yǒng ⊗ ① 詩歌に詠む ② 抑揚をつけて読む, 吟じる 『吟～』吟詠する
【咏叹】yǒngtàn 動 詠唱する, 声を長く引いて歌う
【咏赞】yǒngzàn 動 歌って称える

【甬】 Yǒng ⊗ 浙江省宁波の別称
【甬道】yǒngdào 名〖条〗通路, 渡り廊下

【俑】 yǒng ⊗ 俑, 殉葬用の像『兵马～』兵馬俑

【勇】 yǒng ⊗ ①勇ましい, 勇気がある 『英～』英雄的な ② 清代の戦時徴募兵 ③ (Y-) 姓
*【勇敢】yǒnggǎn 形 勇敢な, 大胆な 『勤劳～的人民』勤勉で勇敢な人民
【勇猛】yǒngměng 形 大胆で力強い 『～前进』勇ましく前進する
【勇气】yǒngqì 名 勇気 『鼓起～』勇気を奮い起こす
【勇士】yǒngshì 名 勇士, 戦士
【勇往直前】yǒng wǎng zhí qián 《成》勇んで進む, 勇往邁進する
【勇武】yǒngwǔ 形〖書〗雄々しい, 勇ましく強い
【勇于】yǒngyú 動 大胆に…する 『～承认错误』潔く誤りを認める

【涌(湧)】 yǒng 動 わき出る, どっと流れ出る 『热泪～了出来』熱い涙があふれ出た ◆姓は '湧' と表記。「川の支流」を意味する地名用字としては chōngと発音
【涌现】yǒngxiàn 動 大量に現われる 『～出许多优秀人材』多くの優れた人材が現われる

【恿(慂)】 yǒng ⊗ →［怂sǒng～］

【蛹】 yǒng 名〖虫〗〖只〗さなぎ『蚕～』蚕のさなぎ

【踊(踴)】 yǒng ⊗ 躍る, 跳ぶ
【踊跃】yǒngyuè 形 熱烈な, 積極的な 『～报名参加』奪って申し込む 一動〖書〗跳び上がる 『～欢呼』躍り上がって歓呼する

【鲬(鯒)】 yǒng ⊗〖魚〗コチ『～鱼』同前

【用】 yòng 動① 使う 『～钱』金を使う, 金がかかる 『～脑子』頭を使う 『～毛笔写字』筆で字を書く ②〖多く否定文に〗必要とする 『不～说』言うまでもない 『不～你操心』君の心配は無用だ ③ 食食する(丁寧語) 『～茶』お茶を飲む 『客人们正～着饭呢』お客さんたちはいまお食事中です 『～膳』食事をする
⊗ ①…によって 『～此』これによって 『～特函达』よって特に書面で伝える ② 費用 『零～』小遣い銭 ③ 効用 『功～』効用, 働き
【用兵】yòngbīng 動 兵を動かす, 戦争に訴える 『不得已而～』やむなく武力に訴える
【用不着】yòngbuzháo 動 (⊗〖用得着〗) ① 使えない ② 必要としない, …には及ばない 『～这种药』こういう薬はいらない 『～你亲自去』君が自分で行くことはない

【用场】yòngchǎng 图 用途〔有～〕役に立つ

【用处】yòngchù 图 用途,使い道〔～很多〕用途が広い

【用得着】yòngdezháo 動 ① 使える ② 必要がある〔到时候～〕そのうち必要となる〔～我亲自去吗？〕私が自分で行く必要がありますか

【用度】yòngdù 图 (全体の) 出費,費用〔～大〕出費が大きい

【用费】yòngfèi 图 (個々の) 費用

*【用功】yònggōng 動 よく勉強する,努力する
　── yònggōng 形 勉強熱心な〔他学习很～〕彼は勉強家だ

【用工夫】yòng gōngfu 動 時間をかける,努力する,修練する〔对武术很～〕武術に対して大いに修練する

*【用户】yònghù 图 需要者,加入者,ユーザー〔电话～〕電話加入者〔～电报〕テレックス

【用户界面】yònghù jièmiàn 图 ユーザーインターフェース

【用劲】yòng'jìn 動 (～儿) 力を入れる ⇨[用力]

【用具】yòngjù 图 用具,道具〔救生～〕救命用具

【用力】yòng'lì 動 力を入れる〔～推〕強く押す

【用品】yòngpǐn 图 用品〔体育～〕体育用品

【用人】yòng'rén 動 ① 人を使う〔不会～〕人の使い方がまずい ② 人手がいる〔～的时候〕人手が欲しい時期
　── yòngren 图 使用人

【用事】yòngshì 動《書》① 権力を握る ② 典故を使う ③〔成語的表現の中で〕行動する〔感情～〕感情に走る

*【用途】yòngtú 图 用途〔塑料的～很广〕プラスチックの用途は広い

【用武】yòng'wǔ 動 武力を用いる,腕を振るう〔大有～之地〕大いに腕を振るう余地がある

【用项】yòngxiang/ yòngxiàng 图 費用,出費

【用心】yòngxīn 图 意図,下心〔别有～〕ねらいはほかにある
　── yòng'xīn 動 努力する,気持ちを集中する〔～听讲〕講演を傾聴する

【用意】yòngyì 图 意図,思わく〔～鲜明〕意図が明らかだ

【用语】yòngyǔ 图 ① 用語,言い回し〔～不当dàng〕言葉遣いが妥当を欠く ② 専門語〔学术～〕学術用語

【佣】yòng ⊗ 手数料,コミッション〔～金〕同前 ⇨yōng

【优(優)】yōu ⊗ ① 優れた〔品学兼～〕品行・学業とも優れている ② 役者〔女～〕女優

【优待】yōudài 動 優待する〔受到多方面的～〕多くの面で優遇される〔～伤员〕負傷者を優待する〔～券〕優待券

*【优点】yōudiǎn 图 長所,取り柄 (⊗ 缺点)〔发扬～〕長所を発揮する

【优抚】yōufǔ 動 (戦没者の家族や傷痍軍人などを) 優待慰問する

【优厚】yōuhòu 形 (待遇が) 手厚い,十分な〔～的报酬〕手厚い報酬

【优弧】yōuhú 图《数》優弧

*【优惠】yōuhuì 形 (多く経済面で) 優待された,特恵の〔八折～〕8掛けの優待〔～贷款〕特恵融資

【优良】yōuliáng 形 優れている〔成绩～〕勉強の成績が優れている〔～品种〕優良品種

*【优美】yōuměi 形 優美な,上品な〔～的姿态〕美しい姿〔风光～〕景色が美しい

【优盘】yōupán 图 USB メモリ ⇨[闪盘]

【优柔寡断】yōuróu guǎ duàn《成》優柔不断

【优胜】yōushèng 形 (成績が) 他をしのぐ,最優秀の

*【优胜劣汰】yōu shèng liè tài《成》適者生存

*【优势】yōushì 图 優勢,優位〔取得～〕優位を得る〔精神上的～〕精神面の優位性

*【优先】yōuxiān 動〔多く状語として〕優先する〔～安排〕優先的に手配する〔～权〕優先権

*【优秀】yōuxiù 形 優秀な〔成绩～〕成績が優秀である〔～(的) 作品〕優れた作品

【优异】yōuyì 形 とりわけ優れた,ずば抜けて優秀な〔作出～的贡献〕素晴らしい貢献をなす

【优裕】yōuyù 形 裕福な,豊富な〔生活～〕生活が豊かだ

【优遇】yōuyù 動 優遇する ⇨[优待]

*【优越】yōuyuè 形 優れている,卓越した〔十分～的条件〕とても恵まれた条件〔～感〕優越感〔～性〕優越性

【优质】yōuzhì 形《定語として》高品質の

【忧(憂)】yōu ⊗ ① 憂える,心配する〔担～〕心配する ② 心配事〔高枕无～〕枕を高くして寝る

【忧愁】yōuchóu 形 憂いに満ちた

【忧愤】yōufèn 形 憂い憤る

【忧患】yōuhuàn 图 憂い,苦難

【忧惧】yōujù 動 憂い恐れる

【忧虑】yōulǜ 动 憂慮する〖用不着~〗心配には及ばない

【忧闷】yōumèn 形 気がふさいだ, 滅入った

【忧伤】yōushāng 形 憂い悲しむ〖~的神情〗ふさぎ込んだ表情

【忧心】yōuxīn 名 心配な気持ち〖~忡忡 chōngchōng〗心配でならない

*【忧郁】yōuyù 形 憂鬱な, ふさぎ込んだ〖~的旋律〗憂いに満ちたメロディー

【攸】yōu ⊗ …するところの ◆口語の'所'に相当

【悠】yōu 动〔口〕(空中で) 揺り動かす〖~秋千〗ぶらんこを揺らす
⊗ ① 長い, 遠い ② のどかな, のんびりした〖慢~~〗ゆったりした

【悠长】yōucháng 形 (時間が) 長い〖~的螺号 luóhào 声〗長いほら貝の音〖~的年月〗長い年月

【悠荡】yōudàng 动 (宙に吊るしたものが) 前後に揺れる, ぶらぶら揺れる

*【悠久】yōujiǔ 形 悠久の〖~的历史〗悠久の歴史

【悠然】yōurán 形 ゆったりした〖大熊猫在草地上~走来走去〗パンダが草地の上をゆったり歩き回っている〖~神往〗うっとりさせられる

【悠闲】yōuxián 形 のんびりした〖~舒适〗のんびりして心地よい

【悠扬】yōuyáng 形 (歌声が) 高くのびやかな〖~的笛声〗高く低く伝わってくる横笛の音

【悠悠】yōuyōu 形 ① 長く遥かな〖~岁月〗遥かな歳月〖~荡荡〗ゆらゆら, ふらふら〖~自得 zìdé〗ゆったり落ち着いている ②〈書〉とりとめがない

【悠远】yōuyuǎn 形 遥かに遠い〖~的往事〗遥か昔の事〖~的边疆〗遥かな辺境

【悠着】yōuzhe 动〈方〉(力を) 控える〖~点儿吧〗(仕事などについて) のんびりやりなさい

【呦】yōu 叹 おや, まあ (驚きを表わす)

【幽】yōu ⊗ ① 奥深い, 隠れた〖~林〗深い林 ② ひそかな〖~囚〗監禁する ③ 閉じ込める〖~囚〗監禁する ④ あの世〖~冥〗冥土 ⑤ (Y-) 姓

【幽暗】yōu'àn 形 ほの暗い〖~的庙宇〗薄暗いお廟

【幽闭】yōubì 动 ① 閉じ込める, 軟禁する ②(家に)閉じこもる〖~家中〗家に閉じこもる

【幽愤】yōufèn 名 胸にひそめた憤り

【幽谷】yōugǔ 名 幽谷, 奥深い谷

【幽会】yōuhuì 动 密会する, デートする

【幽魂】yōuhún 名 亡霊

【幽寂】yōujì 形 ひっそりと寂しい

【幽禁】yōujìn 动 幽閉する, 軟禁する

【幽静】yōujìng 形 静寂な, もの静かな〖~的小巷〗ひっそりした路地

【幽灵】yōulíng 名 死者の魂, 亡霊

【幽门】yōumén 名〖生〗幽門

【幽门螺旋杆菌】yōumén luóxuán gǎnjūn 名 ピロリ菌

【幽默】yōumò 形〈訳〉ユーモアのある, ユーモラスな〖说话很~〗ユーモアたっぷりに話す

【幽趣】yōuqù 名 奥ゆかしい趣

【幽深】yōushēn 形 奥深く静かな〖~的湖水〗ひっそりした湖

【幽思】yōusī 名 深い思い — 动 思いにふける

【幽婉（幽宛）】yōuwǎn 形 奥深く味わいがある

【幽微】yōuwēi 形 (音やにおいが) かすかな

【幽闲】yōuxián 形 ①（女性が）しとやかな 同〖幽娴〗② のんびりした 同〖悠闲〗

【幽香】yōuxiāng 名 ほのかな香り

【幽雅】yōuyǎ 形 奥ゆかしく上品な〖~的院落〗優雅な中庭

【幽咽】yōuyè 名〈書〉① すすり泣き ② かすかな水音

【幽幽】yōuyōu 形 (音や光が) かすかな

【幽怨】yōuyuàn 名 (多く女性や愛情に関する) 胸に秘めた怨み〖满怀~〗胸いっぱいに恨みを抱く

【尤】yóu ⊗ ① とりわけ, いっそう〖~为〗同前 ② 特異な, 突出した ③ 過失 ④ (Y-) 姓 ◆'尤'と書く姓も

*【尤其】yóuqí 副 とりわけ, なかんずく (同〖尤其是〗)〖我喜欢音乐, ~喜欢摇滚乐 yáogǔnyuè〗私は音楽が, とりわけロックが好きです

【犹（猶）】yóu ⊗ ① なお, いまだに〖至今~历历在目〗今なおはっきり目に浮かぶ〖言~在耳〗その言葉がまだ耳に残っている〖~自〗なお ② …のようだ, …のごとし〖过~不及〗過ぎたるは及ばざるがごとし

【犹大】Yóudà 名〈訳〉ユダ;〈転〉裏切り者

*【犹如】yóurú 动〈書〉…のようだ〖灯火辉煌, ~白昼〗灯火が煌々と輝いて, 真昼のようだ

【犹太教】Yóutàijiào 名〖宗〗ユダヤ教

【犹疑】yóuyí 动 ためらう〖她还在~〗彼女はまだためらっている〖加深~〗なおさらいっそう躊躇する

*【犹豫】yóuyù 动 ためらう〖他毫不~地答应了〗彼は少しもためらわずに承諾した〖~不决〗迷って決めら

莜疣鱿由邮油 — yóu

【莜(蓧)】yóu ⊗ ①〖植〗カリガネソウ ②悪臭のする草

【疣(*肬)】yóu 图いぼ(ふつう'瘊子 hóuzi'という)〖长 zhǎng 了个~〗いぼができた

【鱿(魷)】yóu ⊗ ヤリイカ,スルメイカ
【鱿鱼】yóuyú 图〔只〕スルメイカ,ヤリイカ.('枪乌贼 qiāngwūzéi'の通称)〖炒~〗〈転〉首になる,解雇される

【由】yóu 介 ①〖動作・行為の主体を表わして〗…が(する)〖~我负责〗私が責任をもつ ②〖起点を表わして〗…から〖~精神到物质〗精神から物質まで ③〖根拠を表わして〗…によって,…に基づいて〖~此可知〗これによってわかる ― 動従う,任せる〖信不信~你〗信じるか否かは君次第だ ⊗ ①原因,理由〖理~〗理由 ②通る〖必~之路〗必ず通る道 ③ (Y-)姓
【由不得】yóubude 動思い通りにならない〖这次可~你了!〗今度こそ君の思う通りにならないぞ ― 副思わず〖~笑了起来〗思わず笑いだした
【由来】yóulái 图由来,いわれ〖~已久〗長い由来がある
【由头】yóutou 图(~儿)口実,言い訳〖找~〗口実を探す
*【由于】yóuyú 介〖原因・理由を表わして〗…による〖~疾病的关系,她很少出门〗病気の関係で彼女はあまり外出しない ― 圏〖原因を表わして〗…なので,…のために ◆後段に'所以''因此''因而'などが続くことがある〖~事情很复杂,所以意见不完全一致〗事柄が込み入っているので意見がなかなか一致しない
【由衷】yóuzhōng 形〖多く定语・状语として〗心からの〖表示~的感谢和钦佩〗心から感謝と敬意を表する〖~地欢迎你们〗皆さんを心から歓迎します

【邮(郵)】yóu 動郵送する〖~包裹〗小包を送る ⊗ 郵便〖集~〗切手収集
【邮包】yóubāo 图(~儿)〔件〕郵便小包
【邮差】yóuchāi 图《旧》郵便配達夫
【邮戳】yóuchuō 图(~儿)郵便スタンプ,消印
【邮递】yóudì 動 郵便を配達する〖~员〗郵便配達員
【邮电】yóudiàn 图 郵便電報〖~局〗郵便電報局
【邮费】yóufèi 图〔笔〕郵便料金
【邮购】yóugòu 動 通信販売で購入する〖从上海~了五本书〗通信販売で上海から本を5冊買った〖~业务〗通信販売業務
【邮汇】yóuhuì 動 郵便為替で送金する
【邮寄】yóujì 動 郵送する
【邮件】yóujiàn 图 郵便物〖挂号~〗書留郵便物〖航空~〗航空郵便物
*【邮局】yóujú 图 郵便局 ⑩〖邮政局〗〖~工作人员〗郵便局員
【邮票】yóupiào 图〔张〕郵便切手〖纪念~〗記念切手
【邮筒】yóutǒng 图(路傍の)郵便ポスト ⑩〖信筒〗
【邮箱】yóuxiāng 图(郵便局の)郵便ポスト ⑩〖信箱〗
【邮政】yóuzhèng 图 郵政,郵便〖~编码〗郵便番号〖~局〗郵便局〖~报刊亭〗新聞雑誌販売スタンド〖~车〗郵便車〖~存折〗郵便貯金通帳
【邮资】yóuzī 图〔笔〕郵便料金〖~戳〗料金消印

【油】yóu 图〔滴・瓶〕油,脂〖猪~〗ラード〖石~〗石油 ― 動 ①塗料を塗る〖~门窗〗戸や窓を塗る ②油が付く〖衣服~了〗服に油が付いた ― 形 ずるい,軽薄な〖这家伙嘴~得很〗こいつは口先が達者だ
【油泵】yóubèng 图 オイルポンプ,給油ポンプ
【油饼】yóubǐng 图 ①(~儿)中国風揚げパン,ユウピン ◆発酵させた小麦粉を丸い盤形に丸め,油で揚げた食品 ②〖農〗油かす
【油布】yóubù 图〔块・卷〕油布,防水布
【油彩】yóucǎi 图 ドーラン
【油菜】yóucài 图〖植〗〔棵〕アブラナ〖~花〗ナノハナ
【油层】yóucéng 图〖地〗油層
【油茶】yóuchá 图 ①〖植〗常緑灌木,アブラツバキ(実から油を搾る.湖南・江西・福建等に産する) ②'油茶面儿'に熱湯を加え糊状にした食べ物〖~面儿〗小麦粉に脂を加えて炒りゴマやクルミを混ぜたもの
【油船】yóuchuán 图〔条・只〕タンカー ⑩〖油槽船〗〖油轮〗
【油灯】yóudēng 图〔盏〕(植物油の)ともしび
【油坊】yóufáng 图〔所〕油を搾る作業場
【油橄榄】yóugǎnlǎn 图〖植〗オリーブ
【油光】yóuguāng 形 つやつやした,光沢のある
【油葫芦】yóuhúlu/《方》yóuhulǔ 图

〖虫〗〔只〕エンマコオロギ
【油花】yóuhuā 图（～儿）スープなどの表面に浮いている油
【油滑】yóuhuá 形ずるい，ずる賢い，調子がいい
【油画】yóuhuà 图〔幅・张〕油絵，オイルペインティング
【油灰】yóuhuī 图〖建〗パテ〖嵌qiàn～〗パテで(透き間を)ふさぐ
【油鸡】yóujī 图〖鸟〗コーチン(肉用鶏)
【油井】yóujǐng 图〔口〕油井
【油矿】yóukuàng 图①埋蔵石油，石油砿床 ②石油採掘場
【油亮】yóuliàng 形（～的）ぴかぴかしている〖～的皮鞋〗ぴかぴかの革靴
【油料】yóuliào 图 植物油の原料〖～作物〗搾油作物('花生''油菜''大豆''芝麻''向日葵'など)
【油绿】yóulǜ 图光沢のある深緑色の〖鹦鹉的羽毛～鲜嫩〗オウムの羽は濃い緑色でみずみずしい
【油轮】yóulún 图〔条・只・艘〕タンカー 〖油船〗
【油麦】yóumài 图 ユウマイ(ソバの一種)〖莜麦〗
【油门】yóumén 图〖機〗①アクセル ②スロットル
【油墨】yóumò 图 印刷インキ
【油泥】yóuní 图（機械類の）油あか，油汚れ（⇒〖油垢gòu〗）〖擦～〗油汚れを拭く
*【油腻】yóunì 形 油っこい〖太～〗油っこすぎる ― 图油っこい食べ物
*【油漆】yóuqī 图 オイルペイント，ペンキ〖～未干〗ペンキ塗立て ― 动ペンキを塗る，塗装する〔～工人〕塗装工
【油腔滑调】yóu qiāng huá diào〈成〉軽薄で調子のよい
【油裙】yóuqún 图 炊事用エプロン
【油然】yóurán 形〈書〉〖多く状語として〗(感情などが) 自然に沸き上がる，油然ぜんたる
【油饰】yóushì 动（家具，建物などを）きれいに塗装する
【油水】yóushuǐ 图①食物の油っけ〖这个菜～太大〗この料理は油っこすぎる ②うまみ，不当な利益〖捞～〗うまい汁を吸う
【油松】yóusōng 图〖植〗アカマツ
【油酥】yóusū 形〖定語として〗(クッキーなどのように)さくさくした
【油田】yóutián 图〔块・片〕油田
【油条】yóutiáo 图 ヨウティアオ，棒状の揚げパン♦こねた小麦粉を発酵させ油で揚げたもの，多く朝食にする
【油桐】yóutóng 图〖植〗オオアブラギリ（⇒〖桐油树〗）〔罂子桐〕
【油头滑脑】yóu tóu huá nǎo〈成〉

ずる賢い，軽薄な
【油汪汪】yóuwāngwāng 形（～的）①油がたっぷりの ②てかてか光る
【油箱】yóuxiāng 图 燃料タンク
【油香】yóuxiāng 图（小麦粉をこねてゴマ油で揚げた）イスラム教徒の食品の一種
【油烟】yóuyān 图 油煙 ♦墨の原料とする
【油印】yóuyìn 动 謄写印刷する〖～蜡纸làzhǐ〗謄写版の原紙
*【油炸】yóuzhá 动 油で揚げる〖～豆腐〗油揚げ〔～鬼〕'油条''油饼'の類
【油毡】yóuzhān 图〖建〗アスファルトフェルト，リノリウム
【油脂】yóuzhī 图 油脂
【油纸】yóuzhǐ 图〔张・层〕油紙
【油子】yóuzi 图①やに〔烟袋～〕キセルのやに ②〈方〉すれっからし〔老～〕悪賢い奴，ずる
【油棕】yóuzōng 图〖植〗アブラヤシ
【油嘴】yóuzuǐ 形 口の達者な〖～滑舌〗口達者だ，ぺらぺらよくしゃべる ― 图 口がうまい人

【柚】yóu ⊗ チーク〖～木〗チーク(材)
⇨yòu

【铀(鈾)】yóu 图〖化〗ウラン，ウラニウム〔浓缩～〕濃縮ウラン

【蚰】yóu ⊗ 以下を見よ
【蚰蜒】yóuyan/yóuyán 图〔条〕ムカデの一種
【蚰蜒草】yóuyáncǎo 图〖植〗ノコギリ草

【莜】yóu ⊗ 以下を見よ
【莜麦】yóumài 图〖植〗ユウマイ，ハダカエンバク ♦ソバの一種，'油麦'とも

【游】yóu 动①泳ぐ〖～一千米〗1キロメートル泳ぐ ②ぶらぶらする('遊'とも書く)〖～长城〗長城を遊覧する ⊗①固定しない〔～民〕放浪者 ②河川の区域〔上～〕上流 ③(Y-)姓
【游伴】yóubàn 图 旅の連れ，遊び仲間
【游船】yóuchuán 图〔只・艘〕遊覧船
【游荡】yóudàng 动 ぶらぶら遊ぶ，真面目に働かない〖～闲逛〗ぶらぶらする
【游动】yóudòng 动 自由に移動する〔～滑车〕可動滑車
【游逛】yóuguàng 动 ぶらぶら見物する〖～名胜〗名所見物をする
【游击】yóujī 动 遊撃戦をする〔～战〕遊撃戦〔～队〕ゲリラ隊

【游记】yóujì 图 漫遊記, 旅行記
【游街】yóujiē 動 ① 罪人を街に引き回す ② 英雄の人物を擁してパレードする
【游客】yóukè 图 遊覧者, 行楽客 回[游人]
*【游览】yóulǎn 動 遊覧する [~西湖] 西湖を遊覧する [~车] 遊覧バス [~图] 観光地の案内図 [~船] 遊覧船
【游廊】yóuláng 图 渡り廊下, 回廊 回[回廊]
【游乐】yóulè 動 遊び戯れる [~园] 遊園地 [~设施] 遊戯施設
【游离】yóulí 動〔化〕遊離する
【游历】yóulì 動 遊歴する, 遍歴する [[到国外~]] 外国を遍歴する
【游牧】yóumù 動 遊牧する [~民族] 遊牧民族
【游憩】yóuqì 動 遊びと休憩
【游人】yóurén 图 ① 遊覧客, 観光客 ② 海水浴客
【游手好闲】yóu shǒu hào xián《成》のらくらして暮らす
【游水】yóu˘shuǐ 動 泳ぐ 回[游泳]
【游说】yóushuì 動《書》遊説する
【游玩】yóuwán 動 ① 遊ぶ [[尽情地~]] 思う存分遊ぶ ② 遊覧する [[到香山~]] 香山を遊覧する
*【游戏】yóuxì 图 遊び, 遊戯 ━ 動 遊ぶ [电视~机] テレビゲーム機 [~卡] ゲームソフト
【游乡】yóu˘xiāng 動 ① 悪者を村中引き回す ② 村を行商する
【游行】yóuxíng 動 パレードする, 行進する [示威~] デモ行進する [~队伍] デモ隊
【游兴】yóuxìng 图 遊ぶ興味, 遊ぶ気分 [激起~] 遊ぶ興味をかきたてる
【游移】yóuyí 動 (態度や方針が) ぐらつく [~不定] はっきり決められない
【游弋】yóuyì 動 (艦艇が) 巡航する
【游艺】yóuyì 图 娯楽, 余興 [~室] 娯楽室
*【游泳】yóuyǒng 图 水泳 ━ 動 泳ぐ [[为了健身~]] 体を鍛えるため水泳する [~池] 水泳プール [~裤] 水泳パンツ [~衣] 水着 [~眼镜] 水泳用ゴーグル [~帽] 水泳帽
【游资】yóuzī 图 遊休資本
【游子】yóuzǐ 图《書》旅人, 他郷にある者
── yóuzi 图 おとり 回[圉子]

【猶】yóu ⊗ はかりごと [鸿~] 大きな計画
【繇】yóu ⊗ '由'(介詞) の異体字
【圉】yóu ⊗ 以下を見よ
【圉子(游子)】yóuzi 图 おとり

【友】yǒu ⊗ ① 友人, 友好関係のある [朋~] 友人 [工~] 用務員 ② 親しい
【友爱】yǒu'ài 图 友愛(の), 友情(のある) [[他和同学很~]] 彼は学友たちと仲がいい
【友邦】yǒubāng 图 友邦, 友好国
*【友好】yǒuhǎo ━ 图 友好 ━ 形 友好的な [~的气氛] 友好的な雰囲気 [[世世代代~下去]] 子子孫孫まで友好的である
【友军】yǒujūn 图〔支〕友軍
【友情】yǒuqíng 图 友情 [建立深厚的~] 厚い友情を築く
【友人】yǒurén 图《書》友人
【友善】yǒushàn 形《書》仲のよい
【友谊】yǒuyì 图 友誼, 友情 [~的象征] 友情の象徴 [~赛] 親善試合 [~商店] 友誼商店 (外国人向けの商店)

【有】yǒu 動 (回〔没(有)〕)
① 持つ, 所有する [[我~一个孩子]] 私には子供が1人いる [[没~钱]] お金がない [~饭吃] 食べるご飯がある ② ある, いる, 存在する [[院子里~一棵大树]] 中庭に大木が一本ある [[屋里~人说话]] 部屋の中でだれか話している ③ (ある数量・程度に) 達している [[这条鱼~四斤]] この魚は2キロある [[他离家~两年了]] 彼が家を離れてから2年になる ④ 発生, 出現を表わす [[~成绩了]] 成果を収めた [~~喜了] おめでただ ⑤《定語として》不定のものを指す [~一天] ある日 [~时候] 時折り [[~人这么说过]] ある人がそう言っていた ♦ 文語の '三十有八年' のような例では yòu と発音

【有备无患】yǒu bèi wú huàn《成》備えあれば憂いなし
【有病】yǒu˘bìng 動 ① 病気になる ②《口》(態度や行動が) 異常だ
【有待】yǒudài 動 (…に) 待たねばならぬ [[这个情况~证实]] この状況は証明される必要がある
【有得】yǒudé 動 得るものがある [[读书~]] 読書で会得するところがある
【有的】yǒude 代 あるもの, ある人 [~去, ~不去] 行く人もあれば, 行かない人もいる
【有的是】yǒudeshì 動 沢山ある [[他~时间]] 彼は時間がたっぷりある [[这种东西我们那儿~]] こんなもの私たちのところには沢山ある
【有底】yǒu dǐ 動 詳しく知って確信がある [心里~] 自信がある, 心の備えがある
【有的放矢】yǒu dì fàng shǐ《成》はっきり目標を定めて事を進める 回 [无的放矢]

【有点儿】yǒudiǎnr（多く不本意なことに用いて）少し，いささか『我身体～不舒服』ちょっと身体の具合がよくない『今天～冷』今日はちょっと寒い

【有方】yǒufāng 形 当を得る，適切だ(⇔[无方])『教子～』しつけがよい

【有关】yǒuguān 動 ①関係がある，関連する『跟气候～』気候と関係がある『～部门』関係部門 ②関わる『～生命的研究』生命に関する研究

【有轨电车】yǒuguǐ diànchē 名 路面電車

【有过之无不及】yǒu guò zhī wú bù jí（成）（悪い事において）勝るとも劣らない

【有机】yǒujī 形『定语·状语として』有機の(⇔[无机])『～肥料』有機肥料『～化学』有機化学『～体』有機体『～物』有機化合物

【有机可乘】yǒu jī kě chéng（成）乗ずるすきがある

【有加利】yǒujiālì 名(訳)ユーカリ⇨[桉 ān 树]『黄金树』

【有价证券】yǒujià zhèngquàn 名 有価証券

【有救】yǒu'jiù 動 助かる(⇔[无救])『那个孩子没～了』その子は助かる見込みがない

【有口皆碑】yǒu kǒu jiē bēi（成）誰もがほめ称える

【有口难分】yǒu kǒu nán fēn（成）弁解しにくい

【有口无心】yǒu kǒu wú xīn（成）（口はあるが心はない＞）口は悪いが悪気はない，口先だけのことだ

【有赖】yǒulài 動『多く'～于'の形で』…に頼る，(事の成否は)…にかかっている

【有劳】yǒuláo 動〔挨〕わずらわす『这件事～您了』この事についてはご苦労をかけます

【有理】yǒu'lǐ 動 道理がある，もっともである(⇔[无理])『言之～』言うことに道理がある

【有力】yǒulì 形 強力な，力強い『～的斗争』力強い闘争『这话说得多～！』何と説得力のある話か

＊【有利】yǒulì 形 有利だ，…に有益だ『形势对我们～』情况は我々にとって有利だ『～于孩子的健康』子供の健康によい

【有两下子】yǒu liǎngxiàzi 動 腕前がある『那个人真～』あの人はほんとにやり手だ

【有零】yǒulíng 動 端数がある『三十～』30 余り

【有门儿】yǒu'ménr 動 ①見込みがある『这事～了』この件は望みができてきた ②こつをつかむ

＊【有名】yǒumíng 形 有名な『海内外～』国の内外で有名だ

【有名无实】yǒu míng wú shí（成）有名無実だ

【有目共睹】yǒu mù gòng dǔ（成）誰の目にも明らかだ

【有目共赏】yǒu mù gòng shǎng（成）皆が称賛する

【有期徒刑】yǒuqī túxíng 名〔法〕有期懲役⇔[无期徒刑]

【有气无力】yǒu qì wú lì（成）元気がない，気がない

【有钱】yǒu qián 動 お金がある，金持ちである

【有求必应】yǒu qiú bì yìng（成）頼めば必ず承諾する

＊【有趣】yǒuqù 形（～儿）面白い，興味がある『～的相声 xiàngsheng』面白い漫才

【有日子】yǒu rìzi 動 ①何日もたつ『咱们～没见面了』私達は長いことを会わなかったね ②日取りが決まる『我们回国～了』われわれの帰国の日が決まった

【有如】yǒurú 動 …のようだ

【有色金属】yǒusè jīnshǔ 名 非鉄金属

【有神】yǒushén 形 ①生き生きしている ②神技のようだ，不思議な

【有生力量】yǒushēng lìliàng 名〔军〕人的戦力，生きた馬と馬にる

【有生以来】yǒu shēng yǐlái（成）生まれてこのかた

【有声有色】yǒu shēng yǒu sè（成）精彩に富む，生き生きしている『故事讲得～』物語を生き生きと語る

【有时】yǒushí 動 時には(⇔[有时候])『～晴～阴』晴れたり曇ったり

【有始无终】yǒu shǐ wú zhōng（成）始めはあるが終わりはない，中途半端だ

【有始有终】yǒu shǐ yǒu zhōng（成）最後まできちんとやる，終始一貫している

【有恃无恐】yǒu shì wú kǒng（成）後ろ楯がいるので怖いもの知らずだ

【有数】yǒu'shù（～儿）動 状況をよく心得ている，よく知っている『怎么做我心里～』どうするかはちゃんと心得ている

── yǒushù 形『多く定语として』数に限りがある，わずかな

＊【有条不紊】yǒu tiáo bù wěn（成）整然としている，秩序立っている

【有头有脸】yǒu tóu yǒu liǎn（成）（～儿）顔がきく，権威がある

【有望】yǒuwàng 動 有望だ，見込みがある『成功～』成功の見込みがある

【有为】yǒuwéi 形 末頼もしい，有望な『年轻～』若くて有望な

【有喜】yǒu'xǐ 動 おめでたになる，妊

赈する

【有戏】yǒu xì 動《方》見込みがある，希望がある

【有隙可乘】yǒu xì kě chéng 《成》乗ずるすきがある

【有限】yǒuxiàn 形 ①限りがある〖～的生命〗限りがある命 〖～(责任)公司〗有限責任会社 ②大したことはない〖为数～wéishù～〗数は知れている〖印数～〗印刷部数はわずかなものだ

【有线】yǒuxiàn 形〖定语として〗有線である〖～电报〗有線電報〖～电话〗有線電話〖～广播〗有線放送

【有效】yǒuxiào 動 効果がある〖～的手段〗有効な手段〖～期〗有効期限

【有些】yǒuxiē 代 一部分(の)，いくらかの〖～人〗ある人々〖～问题还要研究〗いくつかの問題はなお検討しなければならない — 副 すこし，少少(＝〖有点儿〗)〖心里未免～怕〗内心ささか恐れずにはいられない

【有心】yǒuxīn 動 …する気がある〖我～去看他，又怕打扰他〗彼に会いに行きたい気はあるが，邪魔になるのじゃないかとも思う — 副 故意に〖～捣乱〗悪巧みする

【有心人】yǒuxīnrén 名 志を持った人〖世上无难事，只怕～〗志のある者には世に困難な事はない

【有血有肉】yǒu xuè yǒu ròu《成》生き生きとしている，迫真的の〖这篇报道～〗このルポは真に迫っている

【有言在先】yǒu yán zài xiān《成》前もって通告する

【有眼不识泰山】yǒu yǎn bù shí Tàishān《俗》(泰山を目にしながらそれと知らない＞)偉い人を見損なう，お見それする

【有眼无珠】yǒu yǎn wú zhū《成》ものを見分ける力がない

【有一得一】yǒu yī dé yī《成》あるだけ全部，ありのまま

【有益】yǒuyì 形 有益な，ためになる〖运动对健康～〗スポーツは健康のためになる

【有意】yǒuyì 動 …する気がある(＝〖有心思〗)〖～帮忙〗手助けしたい — 形 故意の(＝〖故意〗)〖～歪曲wāiqū〗わざと歪曲する

【有意识】yǒu yìshí/yǒu yìshi 意識している，意識的に(…する)〖他这样做完全是～的〗彼がそうするのは全く意識的だ

【有意思】yǒu yìsi 動 ①有意義だ〖非常～〗とても意義がある ②面白い〖没～〗つまらない

【有用】yǒu‧yòng 動 役に立つ〖没～〗役に立たない

【有余】yǒuyú 動 ①余りがある〖粮食自给zìjǐ～〗食糧は自給して余りがある〖绰绰～〗余裕綽々だ ②端数がある〖他比我大十岁～〗彼は私より10歳余り上だ

【有朝一日】yǒu zhāo yí rì《成》将来いつか，いつの日か

【有着】yǒuzhe 動 …がある，備わっている〖～重大的历史意义〗重大な歴史的意義がある

【有志者事竟成】yǒu zhì zhě shì jìng chéng《成》志があれば必ず成就する

【酉】yǒu ⊗ 酉♦ 十二支の第10，とり〖～时〗酉の刻，午後5時から7時まで

【卣】yǒu ⊗ 酒を入れる容器

【羑】Yǒu ⊗〖～里〗羑里ゆう(古地名，今の河南省)

【莠】yǒu ⊗ ①《植》エノコログサ(口語では'狗尾草'という)〖～子〗同前 ②〈転〉質の悪い物(人)〖良～不齐〗良いのと悪いのがまじっている

【牖】yǒu ⊗ 窓

【黝】yǒu ⊗ 黒い〖～黑〗暗い，黒ずんだ

【又】yòu ①〖動作・状態の重複・継続・交互発生を表わして〗また，重ねて♦ 一般に過去を表わす文に使われるが，繰り返し出現する事柄については未来にも用いる〖你～来了〗君また来たの〖一年～一年〗1年また1年と〖写了一改，改了一写〗書いては直し，直しては書く〖明天～是星期天了〗あすはまた日曜日だ ②(追加・並列を表わして)そのうえに，さらに〖天很黑，～下着雨〗空は暗いし，その上雨まで降っている〖～多～好〗量も多いし質も良い ③(矛盾した状況・心理を表わして)それなのに，一方では〖去不好，不去～不好〗行くのもまずい，行かないのもまずい ④整数に端数がつくことを表わす〖一年～三个月〗1年と3か月〖四～三分之一〗4と3分の1 ⑤否定や反語を強調する〖下雨～有什么要紧？〗雨が降ったからって大したことはないじゃないか ⑥手紙や文章に補足を加えるときに用いる

【又红又专】yòu hóng yòu zhuān《成》思想面でも専門面でも優れている

【又及】yòují 名(書簡の)追伸(P. S.)

【右】yòu 名〖介詞句の中で〗右(⊗〖左〗)〖往～拐〗右へ曲がる⊗ ①保守的な ②西〖山～〗太行山の西側，山西省 ③上位〖无出其～〗右に出る者はいない

★★【右边】yòubian [名]（～儿）右，右側
【右面】yòumiàn [名]右，右側 [同][右边]
【右派】yòupài [名]右派（[反][左派]）［～分子］右派分子
【右倾】yòuqīng [形]（思想的に）右寄りの［～机会主义］右翼日和見主義
【右手】yòushǒu [名]①〔只〕右手 ②右側 [同][右首]
【右首】yòushǒu [名]（多く座席の）右側
【右翼】yòuyì [名]①〖軍〗右翼，右側の隊列 ②（政治·思想的）右翼

〖佑〗 yòu [×]（神仏の）助け，加護［保～］（神が）加護する

〖幼〗 yòu [×]①幼い ②子供［男女老～］男や女，老人や幼児までも［扶老携～］年寄りを支え子供の手を引く
【幼虫】yòuchóng [名]幼虫
【幼儿】yòu'ér [名]幼児［～教育］幼児教育
★★【幼儿园】yòu'éryuán [名]〔所·家〕幼稚園
【幼苗】yòumiáo [名]〔株·棵〕若苗，早苗（さなえ）
【幼年】yòunián [名]幼年，幼時
【幼小】yòuxiǎo [形]幼い，未熟な〖～的心灵〗幼い魂
★【幼稚】yòuzhì [形]①〖多く定語として〗幼い［～病］幼稚症 ②未熟な，幼稚な〖～得可笑〗おかしいほど幼稚だ

〖侑〗 yòu [×]（飲食を）勧める

〖宥〗 yòu [×]許す［宽～］寛大に許す

〖囿〗 yòu [×]①動物を飼育する園［鹿～］〖書〗鹿園 ②とらわれる

〖诱（誘）〗 yòu [×]導く，誘う［劝～］勧誘する
【诱虫灯】yòuchóngdēng [名]誘蛾灯 [同][诱蛾灯]
【诱导】yòudǎo [動]教え導く，誘導する〖～学生〗学生を教え導く —[名]〖電〗〖生〗誘導
【诱导性多功能干细胞】yòudǎoxìng duōgōngnéng gànxìbāo [名]iPS細胞
【诱饵】yòu'ěr [名]えさ，おびき寄せるもの
【诱发】yòufā [動]誘発する
【诱拐】yòuguǎi [動]誘拐する [同][拐骗]
★【诱惑】yòuhuò [動]①誘惑する〖～青少年〗青少年を誘惑する ②引きつける，魅惑する
【诱奸】yòujiān [動]たらし込む〖～良家妇女〗良家の娘を誘惑して犯す
【诱骗】yòupiàn [動]言葉巧みにだます，籠絡（ろうらく）する
【诱杀】yòushā [動]（虫などを）おびき寄せて退治する
【诱降】yòuxiáng [動]投降を勧告する
【诱掖】yòuyè [動]〖書〗導き育てる
【诱因】yòuyīn [名]（事故などの）原因，誘因
【诱致】yòuzhì [動]（良からぬ結果を）生じさせる，もたらす〖～堕落 duòluò〗堕落させる

〖柚〗 yòu [×]〖植〗ザボン，ブンタン［～子］同前
⇨yóu

〖釉〗 yòu [×]（陶磁器の）うわぐすり，ゆうやく（釉薬）［～子］同前［～面砖］化粧タイル

〖鼬〗 yòu [×]〖動〗イタチ［黄～］同前（'黄鼠狼'とも）

【迂】 yū [形]（考え方が）古臭い，頑迷な〖～得够呛 gòuqiàng〗陳腐でやりきれない
[×]遠回りする，曲がる
【迂夫子】yūfūzi [名]世事に疎い読書人
【迂腐】yūfǔ [形]（言動が）時代遅れな，頑迷な〖～的想法〗時代遅れな考え方
【迂缓】yūhuǎn [形]（行動が）緩慢な，ぐずな
【迂回】yūhuí [動]遠回りする，迂回する［～战术］迂回戦術〖～到敌人后面〗敵の後方に迂回する —[形]曲がりくねった（文語で'纡回'とも書く）〖～曲折的道路〗曲がりくねった道
【迂阔】yūkuò [形]実際に合わない，迂（う）遠な
【迂曲】yūqū [形]紆余曲折した，曲がりくねった
【迂拙】yūzhuō [形]世事に疎い

【吁】 yū [擬]どうどう（馬や牛を止めるときの掛け声）
⇨xū，yù

〖纡（紆）〗 yū [×]①曲がる ②結ぶ
【纡徐】yūxú [形]〖書〗ゆったりしたさま

〖於〗 Yū [×]姓
⇨yú（于）

【淤】 yū [動]（泥などで）詰まる，ふさがる〖岸边～了一层泥〗岸辺は泥でおおわれた
[×]①堆積した泥土［河～］川の泥 ②[同][瘀]
【淤积】yūjī [動]（泥が）堆積する
【淤泥】yūní [名]〔堆〕堆積した泥
【淤塞】yūsè [動]（水の流れが）詰まる
【淤滞】yūzhì [動]（水の流れが土砂で）滞る

Y

【瘀】yū [動]うっ血する

【瘀血(淤血)】yūxuè [名]うっ血 —— yū▾xiě [動]うっ血する

【于(於)】yú ⊗①…に，…で〖鲁迅生～1881年〗鲁迅は1881年に生まれた ②(…に) とって，対して〖有利～生产〗生産に有利だ［忠～］…に忠誠を尽くす ③…から(同'自')［青出～蓝］青は藍から出る ④…に向かって〖求救～人〗人に救いを求める ⑤…へ［～今］今まで ⑥…より〖重～泰山〗泰山より重い ⑦(受身) …に(される)〖见笑～人〗人に笑われる

【―】⊗(Y-)姓

【于今】yújīn [名]《書》今まで，現在〖～已快十年了〗そろそろ10年になる

★★【于是】yúshì [接]そこで，それで('～乎'とも)

【盂】yú ⊗(蓋なしの) 液体を入れる容器，つぼ［痰～］たんつぼ

【盂兰盆会】yúlánpénhuì [名]盂蘭盆会(うらぼんえ)

【竽】yú ⊗竽(う)(笙に似た楽器)［滥～充数］能力がないのに員数をそろえるために紛れ込む

【予】yú ⊗私［～取～求］ほしいままに要求する
⇨yǔ

【余】yú ⊗①私 ②(Y-)姓 ♦'馀'と書く姓も

【―(餘)】⊗('馀'とも) ①残る，余る〖尚～二千元〗2000元も残った ②余り〖五十～年〗50数年 ③あと，のち〖工作之～〗仕事の余暇［业～］仕事の余暇

【余波】yúbō [名]余波，反響〖学潮的～〗学園騒動の余波

【余存】yúcún [動](決算ののち)残る，残高がある

【余党】yúdǎng [名]《書》残党

【余地】yúdì [名]余地〖考虑的～〗考慮の余地

【余毒】yúdú [名]余毒，残った害毒

【余悸】yújì [名]事が終わったあとも感じる恐れ〖犹有～〗今もなお恐ろしい

【余烬】yújìn [名]燃え残り，ほとぼり

【余粮】yúliáng [名]余剰食糧

【余孽】yúniè [名]残っている悪党

【余缺】yúquē [名]剰余と不足〖调剂tiáojì～〗過不足を調節する

【余生】yúshēng [名]①余生 ②災難の中を生き残った命［虎口～］危うく逃れた命

【余剩】yúshèng [名]剰余，残り〖有～〗余りがある ━[動]余る

【余数】yúshù [名]〖数〗余り，残り

【余味】yúwèi [名]後味，余韻

【余暇】yúxiá [名]余暇，ひま

【余兴】yúxìng [名]①まだ尽きない興味 ②余興

【余裕】yúyù [形]余裕がある〖～的时间〗充分な時間

【余韵】yúyùn [名]《書》余韻

【余震】yúzhèn [名]余震

【玙(璵)】yú ⊗美玉

【欤(歟*與)】yú ⊗文語の語気助詞 ♦口語の'吗，呢，啊'などに相当

【鱼(魚)】yú [名]〔条·尾〕魚 ⊗(Y-)姓

【鱼白】yúbái [名]①魚の白子 ②青白い色 [同][鱼肚白]

【鱼翅】yúchì [名]フカひれ [同][翅子]

【鱼虫】yúchóng [名](～儿)ミジンコ [同][水蚤]

【鱼唇】yúchún [名]鮫の唇の乾燥品(食用)

【鱼肚】yúdǔ [名](～儿)魚の浮き袋の乾燥品(食用)

【鱼肚白】yúdùbái [名]青白い色 ♦多く夜明け前の空の色をいう

【鱼饵】yú'ěr [名]釣りのえさ [同][鱼食]

【鱼粉】yúfěn [名]魚粉(飼料)

【鱼竿】yúgān [名]〔根〕釣りざお [同][钓鱼竿]

【鱼肝油】yúgānyóu [名]肝油

【鱼缸】yúgāng [名]金魚鉢

【鱼钩】yúgōu [名](～儿)〔根〕釣り針

【鱼狗】yúgǒu [名]〖鳥〗〔只〕カワセミ [同][翠鸟]

【鱼贯】yúguàn [副]一つながりになって，次々に〖～而入〗続々と入ってくる〖人们～入场〗人々は列をつくって入場する

【鱼花】yúhuā [名]稚魚 [同][鱼苗]

【鱼胶】yújiāo [名](魚から作った) にかわ，にべ

【鱼具(渔具)】yújù [名]〔副〕釣り具，漁具

【鱼雷】yúléi [名]〖軍〗魚雷［～艇］魚雷艇

【鱼鳞】yúlín [名]魚のうろこ〖刮去～〗うろこを取る［～云］うろこ雲

【鱼龙混杂】yú lóng hùn zá《成》玉石混淆(こんこう)

【鱼米之乡】yú mǐ zhī xiāng《成》魚や米が豊かな土地，物産豊かな土地 ♦一般に江南地方を指す

【鱼苗】yúmiáo [名]稚魚

【鱼目混珠】yú mù hùn zhū《成》(魚の目玉を珠玉に混ぜる＞) 偽物

を本物に混ぜる
【鱼漂】yúpiāo 图（～儿）釣りの浮き ⑪[浮子]
【鱼肉百姓】yúròu bǎixìng〈成〉(人民を包丁でさばく対象と見る＞)民衆を暴力で虐げる
【鱼水情】yúshuǐqíng 图魚と水のように切っても切れない親しい関係◆一般に軍隊と人民の関係についていう
【鱼死网破】yú sǐ wǎng pò〈成〉(魚が死に網も破れる＞)双方, 共倒れの激闘となる
【鱼松】yúsōng 图魚肉のでんぶ ⑪[鱼肉松]
【鱼网】yúwǎng 图[渔网]
【鱼鲜】yúxiān 图魚やエビなど水産物, シーフード
【鱼汛(渔汛)】yúxùn 图漁期
【鱼秧子】yúyāngzi 图稚魚よりやや大きな小魚 [～池] 幼魚池
【鱼鹰】yúyīng 图 ① カワウ ⑪[鸬鹚 lúcí] ② ミサゴ ⑪[鹗è]
【鱼游釜中】yú yóu fǔ zhōng〈成〉(釜の中の魚＞)滅亡が目前に迫っている
【鱼子】yúzǐ 图(食用の)魚の卵

【渔(漁*敔)】yú ⊗ ① 魚を捕る [～船] 漁船 ② 漁る [～利] 不当な利益を漁る
【渔霸】yúbà 图漁民のボス
【渔产】yúchǎn 图水産物
【渔场】yúchǎng 图漁場
【渔村】yúcūn 图漁村
【渔夫】yúfū 图漁夫, 漁師 ⑪[渔民]
【渔港】yúgǎng 图漁港
【渔歌】yúgē 图漁民が歌う歌
【渔鼓(鱼鼓)】yúgǔ 图 ① 竹製の打楽器 ② 同前を使う民間芸能 ⑪[道情]
【渔火】yúhuǒ 图いさり火
【渔具】yújù 图⑪[鱼具]
【渔猎】yúliè 動漁と狩猟をする
【渔轮】yúlún 图〔条・只〕漁船
*【渔民】yúmín 图漁民
【渔人之利】yúrén zhī lì〈成〉漁夫の利 ⑪[鹬蚌 yùbàng 相争, 渔人得利]
【渔网(鱼网)】yúwǎng 图〔张〕漁網
【渔汛】yúxùn 图⑪[鱼汛]
【渔业】yúyè 图漁業

【俞】yú ⊗ ① 許す ② (Y-)姓

【渝】yú ⊗ ① (感情や態度が)変わる [始终不～] 終始変わらない ② (Y-)重慶の別称

【愉】yú ⊗ 楽しい, 愉快な
*【愉快】yúkuài 形愉快な, 楽しい [这一天过得真～] この日はほんとに楽しく過ごした
【愉悦】yúyuè 形うれしい, 喜ばしい

【揄】yú ⊗ 引く, 引き起こす

【逾】yú ⊗ ① 越す, 超過する ('踰' とも書く) [年～九十] 年齢が90を超える [～期] 期限を過ぎる ② いっそう, 更に
【逾常】yúcháng 形並々でない
【逾分】yúfèn 形〈書〉分を越した
【逾越】yúyuè 動越す, 超過する [～常规] 常規を外れる [不可～的障碍] 越えられない障害

【歈】yú ⊗ ① 歌 ② '愉' と通用

【瑜】yú ⊗ ① 美玉 ② 玉の輝き, 長所, 美点
【瑜伽(瑜珈)】yújiā 图ヨガ

【榆】yú ⊗ [植] ニレ [～树] ニレの木 [春～] ハルニレ
【榆荚】yújiá 图ニレの実
【榆钱】yúqián 图（～儿）〈口〉ニレの実◆丸くて小さく, 銅貨に似ていることから

【舁】yú ⊗ (数人で) 共にかつぐ

【舆(輿)】yú ⊗ ① 多人数の ② 領地 [～图]〈書〉地図 ③ 車 [～马]〈書〉車馬 ④ かご, 輿 ⑤
*【舆论】yúlùn 图輿論えん, 世論 [控制～] 世論をコントロールする [国际～] 国際世論
【舆情】yúqíng 图世情, 大衆の意見

【娱(媭)】yú ⊗ 楽しむ, 楽しませる [文～] 文化的娯楽
*【娱乐】yúlè 图娯楽 [最爱好的～] 一番好きな娯楽 [～活动] 娯楽活動, レクリエーション [～圈] 芸能界 — 動楽しむ

【虞】yú ⊗ ① 予測する [不～] (書) 図らずも [以备不～] 不測の事態に備える ② 憂える ③ だます ④ (Y-)姓
【虞美人】yúměirén 图[植]グビジンソウ, ヒナゲシ

【谀(諛)】yú ⊗ へつらう [阿ē～] おもねる, こびる

【腴】yú ⊗ ① (人が) 肥っている [丰～] 同前 ② 肥沃な

【隅】yú ⊗ ① すみ, かど ② そば, 近辺 [海～] 海辺

【愚】yú ⊗ ① 愚かな ② ばかにする ③〈謙〉自分の [～见][～意] 愚見
【愚笨】yúbèn 形愚かな, 愚鈍な [～透顶] どうしようもなく愚かだ
*【愚蠢】yúchǔn 形愚かな, のろまな

〖~的决定〗愚かしい決定〖~可怜〗哀れむほど愚か

【愚陋】yúlòu 形 愚かで浅薄な

【愚鲁】yúlǔ 形 愚かな

*【愚昧】yúmèi 形 愚昧な,無知な〖~落后〗無知で後れた

【愚氓】yúméng 图〖書〗愚かな人

【愚蒙】yúméng 形 愚かで無知な

【愚弄】yúnòng 動 愚弄する〖~群众〗大衆をばかにする

【与(與)】yǔ ⊗ ①…と,…に〖困难作斗争〗困難と闘う〖~此同时〗それと同時に ②…と〖老师~学生〗教師と学生 ③与える,授ける〖贈~〗贈与する ④許す,助ける,賛成する〖~人为善〗人を助けて善をなす ⑤交際する,親しくする〖彼此相~〗互いに交流する
⇨ yù

【与否】yǔfǒu 副〖書〗…か否か,…かどうか〖正确~〗正確か否か

【与虎谋皮】yǔ hǔ móu pí《成》(虎に向かってその皮をくれと持ちかける＞)できない相談をする

*【与其】yǔqí 圈〖'不如''宁可 nìngkě''宁愿'などと呼応して〗(二つのうち一つを選択して)…よりはむしろ〖~坐车这样挤以,我宁愿走着去〗こんなに混むバスに乗るより,むしろ歩いて行きたい

*【与日俱增】yǔ rì jù zēng《成》日増しに増える

【与世长辞】yǔ shì cháng cí《成》逝去する

【屿(嶼)】yǔ ⊗ 小島〖岛~〗島々

【予】yǔ ⊗ 与える〖~人口实〗人に非難の口実を与える
⇨ yù

*【予以】yǔyǐ 動〖書〗与える〖~批评〗批判を加える

【宇】yǔ ⊗ ①軒,建物〖庙~〗廟の建物 ②世界,宇宙〖寰~〗全世界 ③(Y-)姓

【宇航】yǔháng 图 宇宙飛行〖~员〗宇宙飛行士

【宇文】Yǔwén 姓

*【宇宙】yǔzhòu 图 宇宙〖~飞船〗宇宙船〖~航行〗宇宙飛行〖~火箭〗宇宙ロケット

【伛(傴)】yǔ ⊗ 腰や背中が曲がった〖~偻 lǚ〗〖書〗背が曲がる

【羽】yǔ ⊗ ①古代五音の一 ②羽毛

【羽缎】yǔduàn 图〖織〗厚手の羽二重

【羽冠】yǔguān 图（鳥類の)とさか

【羽化】yǔhuà 動 ①羽化する ②仙人になる

【羽毛】yǔmáo 图 ①〖根〗羽毛 ②鳥類の羽と獣の毛;(転)人の名誉

【羽毛缎】yǔmáoduàn 图 厚手の羽二重⇔〖羽缎〗

*【羽毛球】yǔmáoqiú 图 ①バドミントン ②バドミントン用の羽根

*【羽绒服】yǔróngfú 图〖件〗ダウンジャケット

【羽翼】yǔyì 图〖書〗①羽と翼 ②補佐

【雨】yǔ 图〖场・阵〗雨〖下~〗雨が降る〖避~〗雨宿りする〖毛毛~〗霧雨
⇨ yù

【雨布】yǔbù 图 防水布

【雨点】yǔdiǎn 图（~儿）〖滴〗雨のしずく,雨粒

【雨后春笋】yǔ hòu chūn sǔn《成》雨後の竹の子

【雨季】yǔjì 图 雨季

【雨脚】yǔjiǎo 图 雨脚

【雨具】yǔjù 图〖套〗雨具

【雨量】yǔliàng 图 降雨量

【雨露】yǔlù 图 ①雨と露 ②(転)恵み,恩恵

【雨幕】yǔmù 图 雨のとばり

【雨伞】yǔsǎn 图〖把〗雨傘(⇔〖阳伞〗)〖旱伞〗〖打~〗傘をさす

【雨水】yǔshuǐ 图 ①雨水,天水 ②雨水ぬ ♦二十四節気の一,陰暦2月18-20日頃に当たる

【雨蛙】yǔwā 图〖只〗アマガエル(⇔〖青蛙〗)

【雨鞋】yǔxié 图〖双〗雨靴(⇔〖雨靴〗)

【雨衣】yǔyī 图〖件〗レインコート,雨がっぱ

【雨意】yǔyì 图 雨模様〖颇有~〗雨になりそうだ

【语(語)】yǔ ⊗ ①話す〖不言不~〗一言も話さない ②言葉,言語〖外~〗外国語〖手~〗手話
⇨ yù

【语病】yǔbìng 图 間違った言葉遣い,語弊ガ

【语词】yǔcí 图 語句

【语调】yǔdiào 图〖語〗イントネーション

*【语法】yǔfǎ 图〖語〗文法〖~学〗文法学

【语汇】yǔhuì 图(⇔〖词汇〗)

【语句】yǔjù 图 語句,センテンス

【语录】yǔlù 图 語録,個人の言論の記録やダイジェスト〖毛主席~〗毛沢東語録

*【语气】yǔqì 图 ①口調,口振り ②〖語〗語気〖~助词〗語気助詞

【语文】yǔwén 图 言語と文字,(学

校の教科としての）国語［小学～］小学校の国語

【语无伦次】yǔ wú lúncì《成》つじつまの合わない事を言う

【语系】yǔxì 图 語族［汉藏~］シナチベット語族 ⑧[语族]

【语序】yǔxù 图【语】語順 ⑧[词序]

【语焉不详】yǔ yān bù xiáng《成》言葉が詳細を欠く

★【语言】yǔyán 图 言語，言葉［要学好~，就得下苦功夫］言語をマスターするには，こつこつ勉強しなければならない［~学］言語学

【语义学】yǔyìxué 图【语】意味論

【语音】yǔyīn 图 音声，発音［~学］音声学

【语源学】yǔyuánxué 图 語源学

【语重心长】yǔ zhòng xīn cháng《成》言葉に真情がこもっている，思いやりがある

【语族】yǔzú 图【语】語派，諸語［汉藏语系苗瑶~］シナチベット語族ミャオ・ヤオ諸語

【禹】Yǔ 禹 ◆洪水を治め，夏王朝を開いたとされる ⊗ 姓

【瑀】yǔ ⊗ 玉に似た石

【俣】yǔ ⊗ [~~]《书》背の高いさま

【庾】yǔ ⊗ ① 露天の穀物倉 ② (Y-)姓

【瘐】yǔ ⊗ 獄中で病死する [~死]《书》同前

【斔】yǔ ⊗ 悪い [~劣] 粗悪な

【与(與)】yù ⊗ 参与する [~会] 会議に出席する [干~] 関与する
⇨ yǔ

【玉】yù 图〔块〕玉 [碧~] 碧玉 ⊗ ① 真っ白で美しい，高貴な [~人] 美人 ② (敬)相手の身体・言行を美化する [~体] お体 ③ (Y-)姓

【玉帛】yùbó 图《书》玉と絹織物 ◆昔，国と国との贈答に用いた

【玉成】yùchéng 匭《书》(敬)助成する [望您~其事] この件につき御助力お願いします

【玉皇大帝】Yùhuáng dàdì 图 道教の上帝(玉帝)とも)

【玉茭】yùjiāo 图 (方)トウモロコシ ⑧[普][玉米]

【玉洁冰清】yù jié bīng qīng《成》玉のように純粋で気高い ⑧[冰清玉洁]

【玉兰】yùlán 图【植】ハクモクレン [~片] 乾燥竹の子(モクレンの花びらに似ていることから)

【玉麦】yùmài 图 (方)トウモロコシ ⑧[普][玉米]

★【玉米】yùmǐ 图 トウモロコシ(⑧[玉蜀黍](方)[包谷][包米][棒子][珍珠米])[~秆儿 gǎnr] トウモロコシの茎 [~花儿] ポップコーン [~粒儿] トウモロコシの粒 [~须儿] トウモロコシのひげ

【玉器】yùqì 图〔件・套〕玉器，玉細工

【玉色】yùshai 图 (方)淡い青色

【玉石】yùshí 图(口)〔块〕玉と石

【玉石俱焚】yù shí jù fén《成》(玉も石もともに焼く>)良いものも悪いものもみな破壊される

【玉蜀黍】yùshǔshǔ 图 トウモロコシ ⑧[玉米]

【玉碎】yùsuì 勔 節に殉じる，玉砕する ⑧[瓦全]

【玉兔】yùtù 图《书》月 ◆月に白ウサギがいるということから

【玉玺】yùxǐ 图《书》君主の玉印

【玉音】yùyīn 图 (敬)お言葉，お便り

【玉宇】yùyǔ 图 神仙が住む壮麗な宮殿;(転)宇宙

【玉簪】yùzān 图 ① 玉のかんざし ⑧[玉搔头] ②【植】タマノカンザシ ⑧[玉簪花]

【钰(鈺)】yù ⊗ 宝 ◆多く人名用字として

【驭(馭)】yù ⊗ ① (車馬を)御する ② 統率する

【芋】yù ⊗ ① サトイモ [~头] 同前 ② イモ類 [洋~] ジャガイモ [山~] サツマイモ

【芋艿】yùnǎi 图 サトイモ ⑧[芋头]

【吁(籲)】yù ⊗ ① 懇願する，要請する [~请] 同前 [呼~] 呼び掛ける，アピールする
⇨ xū, yū

【聿】yù ⊗ (文語の)発語の助詞

【谷】yù ⊗ [吐~浑 Tǔyùhún] 吐谷渾(古代少数民族の一)
⇨ gǔ

【浴】yù ⊗ (水や湯を)浴びる [淋~] シャワー [海水~] 海水浴

【浴场】yùchǎng 图 屋外の水泳場 [海滨~] 海水浴場

【浴池】yùchí 图 ① 浴槽，湯船 ② 浴場，銭湯(多く風呂屋の屋号として用いる)

【浴缸】yùgāng 图 バスタブ

【浴巾】yùjīn 图〔条・块〕バスタオル

【浴盆】yùpén 图 浴槽 ⑧[澡盆]

【浴室】yùshì 图 ① 浴室，シャワー室 ② 風呂屋

【浴血】yùxuè 勔 血を浴びる [~奋

战〗血を浴びて奮戦する
【浴衣】 yùyī [名]〔件〕バスローブ
〖峪〗 yù ⊗谷(多く地名に用いる)［嘉～关］嘉峪関
〖欲〗 yù ⊗①欲望(‘慾’とも書いた)［食～］食欲 ②欲する［畅所～言］言いたい事を存分に言う ③必要とする ④…しようとする，…しそうだ〖天～放晴〗空が晴れそうだ
【欲罢不能】 yù bà bù néng《成》やめたいがやめられない
【欲盖弥彰】 yù gài mí zhāng《成》(悪事を) 隠そうとすればするほど明らかになる
【欲壑难填】 yù hè nán tián《成》欲望には限りがない
【欲念】 yùniàn [名]欲望
【欲擒故纵】 yù qín gù zòng《成》完全に捉えるためわざと警戒を緩めて相手を油断させる
【欲速则不达】 yù sù zé bù dá《成》(急ぐと成功しない＞) せいては事を仕損じる
★**【欲望】** yùwàng [名]欲望，欲求〖满足～〗欲望を満たす〖求生的～〗生存への欲求
〖裕〗 yù ⊗①豊かな［丰～］同前 ②豊かにする［富国～民］国を富ませ民を豊かにする ③(Y-)姓
【裕固族】 Yùgùzú [名]ユーグ族 ◆中国少数民族の一，甘粛省に住む
【裕如】 yùrú [形]《書》ゆとりがある，気楽な
〖妪(嫗)〗 yù ⊗老女 [同]‘媪 ǎo’
〖饫(飫)〗 yù ⊗飽きる
〖育〗 yù ⊗①産む ②育てる［～秧 yāng］苗を育てる，稚魚を育てる ③教育する［培～］育成する→［杭育 hángyō］
【育雏】 yùchú [動]《書》ひなを育てる
【育龄】 yùlíng [名]出産可能年齢
【育苗】 yù▾miáo [動]苗を育てる
【育种】 yù▾zhǒng [動]人工的に新種を育てる
〖堉〗 yù ⊗肥沃な土地
〖雨〗 yù ⊗(雨や雪が) 降る〖～雪〗雪が降る
⇨yǔ
〖郁〗 yù ⊗①香りが強い［馥～］《書》馥郁たる ②(Y-)姓
〖—(鬱)〗 ⊗①(草木が) 茂る ②ふさぎ込んだ［忧～］憂うつ
【郁积】 yùjī [動]《書》うっ積する，気分が沈む
【郁结】 yùjié [動]気がふさぐ，うっ屈がたまる
【郁金香】 yùjīnxiāng [名]チューリップ
【郁闷】 yùmèn [形]気がふさぐ，気が晴れない〖～苦恼〗気が晴れず苦しむ
【郁郁】 yùyù [形]《書》①文才が高い ②香りが強い ③(草木が) 繁茂している［～葱葱］青々と茂っている ④気が晴れない
〖语(語)〗 yù ⊗告げる，話す
⇨yǔ
〖昱〗 yù ⊗①日光 ②輝く
〖煜〗 yù ⊗照り輝く
〖狱(獄)〗 yù ⊗①牢獄［入～］入獄する［～卒］牢番 ②訴訟(事件)［冤～］冤罪事件［文字～］言論弾圧，筆禍事件
〖预(預)〗 yù ⊗①あらかじめ(‘豫’とも)［～付］前払いする ②かかわる(‘与’とも)［干～］関与する
★★**【预报】** yùbào [動]予報する〖关于台风的～〗台風についての予報［天气～］天気予報
【预备】 yùbèi [動]準備する，支度する〖～考试〗試験の準備をする〖～，开始！〗用意，始め！
【预卜】 yùbǔ [動]予測する，先を占う
【预测】 yùcè [動]予測する
【预定】 yùdìng [動]予定する，あらかじめ決める〖旅游的～〗旅行の予定〖～开会的日期〗会議の日取りを決める
★★**【预订】** yùdìng [動]予約する〖～飞机票〗航空券を予約する〖取消～〗予約をキャンセルする
【预断】 yùduàn [動]予断を下す
★★**【预防】** yùfáng [動]予防する〖～火灾〗火災を予防する［～措施］予防措置
【预感】 yùgǎn [名][動]予感(する)〖不祥的～〗不吉な予感〖～到将要下一场大雨〗大雨が降りそうな気がする
【预告】 yùgào [名][動]予告(する)〖～节目〗番組を予告する［～片］(映画の) 予告編［～牌］(列車発着の) 表示板
【预购】 yùgòu [動]予約注文(購入)する［～合同］予約買付け契約
【预后】 yùhòu [名]〖医〗予後〖～良好〗予後は順調だ
【预计】 yùjì [動]見込む，事前に押し測る［～产量］見積り生産高
【预见】 yùjiàn [名][動]予見(する)〖科学的～〗科学的予見〖～前途〗前途を予測する
★**【预料】** yùliào [名]事前の推測，見通

Y

し 一 動 予測する、見積る 〖～不到的事〗予測できない事

【预谋】yùmóu 图〈犯罪〉計画、事前謀議 一 動 前もって計画する 〖～的破产〗計画的破産

*【预期】yùqī 動 予期する、期待する 〖～的目的〗予期した目的

*【预赛】yùsài 图 予選

【预示】yùshì 動 あらかじめ示す 〖～未来〗未来を予知する

【预算】yùsuàn 图〈笔〉予算 〖削减 xuējiǎn ～〗予算を削減する 〖～年度〗予算年度

*【预习】yùxí 動 予習する 〖～功课〗学校の勉強の予習をする

【预先】yùxiān 副 あらかじめ、事前に 〖～警告〗事前に警告する 〖～作了充分的准备〗事前によく準備した

【预想】yùxiǎng 動 予想する

【预选】yùxuǎn 图 予備選挙、選抜

*【预言】yùyán 動 予言(する) 〖～落空了〗予言が外れた 〖科学家的～〗科学者の予言

【预演】yùyǎn 動 試演する、リハーサルをする、試写会をする

【预约】yùyuē 動 予約する 〖～见面的时间〗会う時間を先に決めておく

【预展】yùzhǎn 图 (正式公開前の)特別展覧会、招待展

*【预兆】yùzhào 图 兆し 〖地震的～〗地震の前兆 一 動 前兆がある

【预知】yùzhī 動 予知する

【预祝】yùzhù 動 …するよう(今から)祈る

【豫】yù ⊗① 喜ぶ、楽しい ②(Y-) 河南省の别称 〖～剧〗河南の地方劇

【彧】yù ⊗ 文彩に富んだ ◆人名用字として

【國】(閾) yù ⊗ 敷居、限界、範囲

【域】yù ⊗ 一定範囲内の地域 〖区～〗区域 〖异～〗異郷

【棫】yù ⊗ 人名用字

【蜮】(*魊) yù ⊗ 人に害を与えるもの 〖鬼～〗同上、幽霊

【谕】(諭) yù ⊗ 告げる、言い付ける 〖上～〗皇帝の命令

【谕旨】yùzhǐ 图 皇帝の命令、勅令

【喻】yù ⊗① 知る、わかる 〖家～户晓〗どの家でも知る ②説明する ③たとえる ④(Y-)姓

【愈】yù ⊗① ますます、更に 〖～多～好〗多ければ多いほどよい 〖闹剧～演～烈〗茶番劇はますますひどくなった ②勝る 〖彼

于此〗あれはこれに勝る

【—(癒瘉)】 ⊗(病気が)治る 〖病已～〗病気が治った

【愈合】yùhé 動 傷口がふさがる 〖创伤 chuāngshāng ～了〗傷口が癒合した

【愈加】yùjiā 副 ますます、いっそう

【菀】yù ⊗ 繁茂している ◆紫菀(シオン)はzǐwǎnと発音

【寓】(*庽) yù ⊗① 住む 〖寄～〗仮り住まいする ②住む所 〖公～〗アパート ③(転)(謙称として表札などに用いて)自分の住まい 〖李～〗李家の住まい ④意味を含ませる、かこつける

【寓居】yùjū 動 仮り住まいする

【寓所】yùsuǒ 图 寓所、住まい

*【寓言】yùyán 图〈则・篇〉寓言、寓話 〖～的教育意义〗寓話の教育的意義

【寓意】yùyì 图 寓意、含まれた意味 〖故事的～〗物語に託された意味

【寓于】yùyú 動 (…の中)に含む、…に宿る 〖矛盾的普遍性即～矛盾的特殊性之中〗矛盾の普遍性は即ち矛盾の特殊性の中にある

【遇】yù 動 (偶然に) 会う、出くわす 〖～上了麻烦〗面倒なことに出会った 〖～雨〗雨にあう
⊗①遇する、扱う 〖冷～〗冷遇する ②機会 〖奇～〗奇遇 ③(Y-)姓

*【遇到】yùdào 動 出会う、ぶつかる 〖～困难〗困難にぶつかる 〖遇不到他〗彼に出会えそうもない

【遇害】yù'hài 動 殺害される

【遇见】yùjiàn 動 偶然に出会う(動 碰见) 〖～老朋友〗旧友に出会う 〖遇不见〗偶然には出会えない

【遇救】yù'jiù 動 救助される

【遇难】yù'nàn 動 難に遭う、遭難する 〖～的渔民〗遭難した漁民 ②殺害される

【遇事生风】yù shì shēng fēng〈成〉何かにつけもめ事を起こす

【遇险】yù'xiǎn 動 遭難する 〖～信号〗遭難信号

【御】yù ⊗① 車馬を走らす、御する 〖～者〗御者 ②皇帝に関係するもの 〖～花园〗御苑

【—(禦)】 ⊗ 防ぐ 〖防～〗防御する

【御寒】yùhán 動 寒さを防ぐ

【御侮】yùwǔ 動〈書〉外国の侵略に抵抗する

【御用】yùyòng 形〖定語として〗① 皇帝の用いる ②権力の手先として働く 〖～文人〗御用文学者

【誉】(譽) yù ⊗① 名声、名誉 〖荣～〗栄誉 ②たたえる 〖称 chēng ～〗称賛する

[～称] 誉れ

【毓】 yù ⊗①育てる(多く人命に用いる) ②(Y-)姓

【熨】 yù ⊗以下を見よ ⇨yùn

【熨贴】yùtiē [形]①(字句が) 適切な ②気持が平静な ③《方》気分がよい

【燠】 yù ⊗暖かい [～热] むし暑い

【鹬(鷸)】 yù [名]〖鳥〗〔只〕シギ

【鹬蚌相争，渔人得利】yù bàng xiāng zhēng, yúrén dé lì 《俗》(シギとハマグリが争い，漁夫が利益を得る>) 漁夫の利

【鬻】 yù ⊗売る [～文为生] 売文生活をする

【鸢(鳶)】 yuān [名]〖鳥〗トビ [同][老鹰]

【鸳(鴛)】 yuān ⊗以下を見よ

【鸳鸯】yuānyāng/yuānyang [名]①〖鳥〗〔只〕オシドリ ②《転》夫婦

【涴】 Yuān ⊗[～市] 涴(えん)市(湖北省の地名) ♦「汚す」の意の方言ではwòと発音

【冤(*寃)】 yuān [名]無実，冤罪(えんざい)〖～啊！〗無実だ！ [～案] 冤罪事件 ― [動]《方》騙(だま)す〖别～人〗人を騙すな ― [形]無駄な，損な〖花～钱〗無駄金を使う〖走～路〗無駄足を踏む

⊗仇(あだ)，恨み [结～] 恨みをもつ

【冤仇】yuānchóu [名]恨み，仇

【冤魂】yuānhún [名]無実の罪で死んだ人の魂

【冤家路窄】yuānjiā lù zhǎi 《成》(かたきと狭い道でばったり出会う>) 会いたくない人にはよく出会う

【冤家】yuānjia [名]①かたき [～对头] 敵同士 ②とてもいとしい人

【冤屈】yuānqū [名]不当な扱い，無実の罪〖雪洗～〗無実の罪を晴らす〖受到～〗不当な扱いを受ける ― [動](人に)無実の罪を着せる

【冤头】yuāntóu [名]かたき [同][仇人]

*【冤枉】yuānwang [動]無実の罪を着せる〖～别人〗他人に罪をなすりつける〖他受了～了〗彼はぬれぎぬを着せられた ― [形]①(不当な扱いを受けて) くやしい，無念だ ②無駄な，報われない〖走～路〗無駄足を踏む [～钱] 無駄金

【冤狱】yuānyù [名]〔个・起〕冤罪事件〖平反～〗冤罪を晴らす

【渊(淵)】 yuān ⊗①淵(ふち) ②深い [～深](学問・計画が)奥の深い

【渊博】yuānbó [形](学識が) 深く広い

【渊薮】yuānsǒu [名]淵藪(えんそう)(人や物の集まるところ)

【渊源】yuānyuán [名](学問などの)来源，源

【元】 yuán [量]元(貨幣単位) ♦正式な表記では'圆'，口語では'块'という

⊗①初めの，第1の [～月] 正月 [纪～] 紀元 ②かしらの，主要な [～老] 元老 ③根本，基本 ④構成部分 [一～化] 一元化 ⑤(Y-) 王朝名 [～朝] 元朝(A.D. 1206-1368，国号決定は1271年) ⑥(Y-)姓

【元宝】yuánbǎo [名](昔の通貨) 元宝，馬蹄銀

**【元旦】yuándàn [名]元旦，元日

【元件】yuánjiàn [名]機器を構成する部品，エレメント，素子

【元年】yuánnián [名]元年

【元气】yuánqì [名](人・国家・組織などの)活力，生命力

【元曲】yuánqǔ [名]元曲(元代に盛んだった文学形式) [関][杂剧][散曲]

*【元首】yuánshǒu [名]元首

【元帅】yuánshuài [名]元帥

*【元素】yuánsù [名]①元素，要素 ②〖数〗元

【元宵】yuánxiāo [名]①陰暦1月15日の夜 [同]《書》[元夜] ②元宵団子 ♦もち米の粉で作ったあん入り団子で元宵節に食べる

*【元宵节】Yuánxiāojié [名]元宵の節句，小正月 [同][灯节][上元节]

【元凶】yuánxiōng [名]元凶，首魁(しゅかい)

【元勋】yuánxūn [名]元勲

【元音】yuányīn [名]〖語〗母音 [同][母音] [関][辅音]

【芫】 yuán ⊗以下を見よ ⇨yán

【芫花】yuánhuā [名]〖植〗フジモドキ(観賞用，つぼみは薬材となる)

【沅】 Yuán ⊗[～江] 沅(げん)江(湖南省の川の名)

【园(園)】 yuán ⊗①園，畑 [果～] 果樹園 [菜～] 菜園，野菜畑 ②遊覧場所 [动物～] 動物園

【园地】yuándì [名]①植物を栽培する場所 ②活動領域，分野 [文化～] 文化領域

【园丁】yuándīng [名]庭師；《転》教師

*【园林】yuánlín [名]樹木や草花を植えた観賞・遊覧用の庭園

【园圃】yuánpǔ [名]田んぼ，野菜や果樹を植える畑

【园田】yuántián [名]野菜畑

【园艺】yuányì [名]園芸 [～家] 園芸家

【园子】yuánzi [名]園，庭園

【鼋(黿)】 yuán ⊗スッポン

【鼋鱼(元鱼)】yuányú 图〔只〕スッポン 働[鳖][甲鱼]

【员(員)】yuán 图 武将を数える『一~大将』一人の将軍 ㊀①仕事や学習する人[教~]教員[学~]学生,受講者 ②組織や団体のメンバー[一~]一員[党~]党員[会~]会員 ③周囲[幅~]領土面積
⇨ Yùn

【员额】yuán'é 图定員 働[名額]
【员工】yuángōng 图従業員,職員と労働者[铁路~]鉄道従業員

【圆(圓)】yuán 圈 ①丸いん丸なほっぺ[~柱]円柱 ②完全な,周到な『这话说得不~』その話は充分でない 一图 円,円周 一图〔数〕円,元 一图貨幣単位,人民元 働[元] ㊀①つじつまを合わせる[~谎]うそを取り繕う ②(Y-)姓

【圆白菜】yuánbáicài 图〔棵〕キャベツ 働[洋白菜][结球甘蓝]
【圆场】yuán'chǎng 働 丸く治める,仲裁する,執り成す
【圆成】yuánchéng 働 (うまくゆくよう)助力する
【圆规】yuánguī 图 コンパス[制图~]製図用コンパス
【圆号】yuánhào 图 ホルン
【圆滑】yuánhuá 圈〔貶〕如才がない『他为人~』彼は如才ない人間だ
【圆笼】yuánlóng 图 料理を運ぶ丸いかご
*【圆满】yuánmǎn 圈 円満な,滞りがない『~地完成了任务』首尾よく任務を達成した
【圆圈】yuánquān 图 (~儿) 円,輪[画一个~]丸を1つ書く
【圆润】yuánrùn 圈 まろやかな『~的歌声』まろやかな歌声
【圆熟】yuánshú 圈 円熟した
【圆通】yuántōng 圈 融通がきく,(事柄への対応が)柔軟な
【圆舞曲】yuánwǔqǔ 图〔首・支〕円舞曲,ワルツ
【圆心】yuánxīn 图〔数〕円の中心[~角]中心角
【圆周】yuánzhōu 图〔数〕円周[~率]円周率
【圆珠笔】yuánzhūbǐ 图〔支〕ボールペン 働[旧][原子笔]
【圆锥】yuánzhuī 图〔数〕円錐[~台]円錐台
【圆桌】yuánzhuō 图〔张〕円卓,丸いテーブル[~会议]円卓会議
【圆子】yuánzi 图 ①(多くあん入りの)団子 ②(方)(肉や魚の)団子

【垣】yuán ㊀① 垣根,壁 [城~]城壁 [属 zhǔ~有耳]壁に耳あり ② 都会[省~](書)省都 ③(Y-)姓

【爰】yuán ㊀① どこ,いずこ ② そこで,かくて

【援】yuán ㊀① 手で引っ張る ② 引用する [~用]援用する ③ 助ける[支~]支援する
【援救】yuánjiù 働 救援する『~难民 nànmín』難民を救援する
【援军】yuánjūn 图〔支〕援軍
【援例】yuán'lì 働 前例にならう,慣例として扱う
【援外】yuánwài 働 外国を援助する
【援引】yuányǐn 働 ①引用する『~条文』条文を引用する ②身内や知り合いを推薦,起用する
【援助】yuánzhù 働 援助する『尽快~灾民』迅速に被災者を援助する

【袁】Yuán ㊀姓

【猿(*猨)】yuán ㊀類人猿 働[猴子][长臂~]テナガザル
【猿猴】yuánhóu 图類人猿と猿
【猿人】yuánrén 图 原人[北京~]北京原人

【辕(轅)】yuán ㊀① 轅ながえ[~子]《口》同前 ② 役所
【辕马】yuánmǎ 图 轅を付けた馬,挽き馬
【辕门】yuánmén 图《旧》役所の表門

【原】yuán ㊀① 最初の[~人]原人 ②もと,本来の[~地]もとの場所[~价][~址]もとの住所 ③ 未加工の[~煤]原炭 ④原,野原[平~]平原 ⑤ 許す ⑥(Y-)姓
【原版】yuánbǎn 图 ①(書籍の)書刊本,もとの版本 働[翻版] ②(録音や録画の)オリジナルテープ 働[盗版]
【原本】yuánběn 图 ①底本,原稿 ②初版本,原書 一 圖元来,もともと 働[原来][本来]
【原材料】yuáncáiliào 图 原材料
【原动力】yuándònglì 图 原動力,動力
【原封】yuánfēng 圈 (~儿)〔定語・状語として〕開封していない,もともとの『~退回』封も切らずに戻す[~不动]もとのままで変化がない
【原稿】yuángǎo 图〔篇・部〕原文 働[稿纸]
*【原告】yuángào 图《法》原告 働[原告人] ㊁[被告]
【原鸽】yuángē 图《鸟》カワラバト 働[野鸽]
【原故】yuángù 图 働[缘故]
【原籍】yuánjí 图 原籍,先祖からの本籍『他~福建』彼の原籍は福建省だ

源塬缘圜远 — yuǎn

【原件】yuánjiàn 图 書類の原本
【原旧】yuánjiù 副《方》① もともと ② 依然として
*【原来】yuánlái 形〘定語・状語として〙もとの, 最初の[〜的地方]もとの場所 ━ 圃(真実の状況が明らかになって)もともと…だ, なんだ…だったのか[〜如此]そうだったのか[〜是你呀]君だったのか
【原理】yuánlǐ 图 原理
【原粮】yuánliáng 图 未加工の食糧
【原谅】yuánliàng 動 許す, 了解する[请你〜]お許しください[不可〜的错误]容認し難い誤り
【原料】yuánliào 图 原料
【原貌】yuánmào 图 もとの様子
【原棉】yuánmián 图 紡績の原料とする綿花
【原木】yuánmù 图 原木, ログ
【原色】yuánsè 图 原色('红''黄''蓝'の三つ) ®[基色]
【原生动物】yuánshēng dòngwù 图 原生動物
*【原始】yuánshǐ 形〘多く定語として〙最初の, 原始の[〜资料]基礎資料[〜森林]原始林[〜社会]原始社会
【原委】yuánwěi 图 いきさつ, 顛末[追究〜]事の経緯を追求する
【原文】yuánwén 图[段・篇](翻訳・引用の)原文, オリジナルテキスト
*【原先】yuánxiān 图 もともと, 元来, 以前
【原形】yuánxíng 图 原形, 本来の姿[骗子的〜]ぺてん師の正体[〜毕露]正体が現れる
【原型】yuánxíng 图 ① 原型 ② (文学作品の)モデル
【原盐】yuányán 图 原塩 ®[精盐]
【原样】yuányàng 图(〜儿)もとのままの様子
【原野】yuányě 图 原野[辽阔的〜]果てしなく広い原野
【原意】yuányì 图 本来の意味, または意図[忽视〜]本来の意味を無視する
*【原因】yuányīn 图 原因[〜和结果]原因と結果
【原由】yuányóu 图 ®[缘由]
【原油】yuányóu 图 原油
【原有】yuányǒu 動 固有である, もとからある
【原原本本(元元本本)】yuányuánběnběn《成》一切合切, 始めから終わりまで[〜讲]一部始終報告する
*【原则】yuánzé 图[项・条] 原則[坚持〜]原則を守り通す[〜上]原則的に, ほぼ大体
【原著】yuánzhù 图 原著, 原作
【原状】yuánzhuàng 图 原状[恢复〜]原状に戻す
【原子】yuánzǐ 图 原子[〜能]原子力[〜核]原子核[〜弹 dàn]原子爆弾
【原作】yuánzuò 图 原作, 原著書

【源】yuán ⊗ ① 源, 水源[饮水思〜](水を飲むときその源を思う)恩義を忘れない ② 出所, 原因[财〜]財源[病〜]病源 ③(Y-)姓
【源流】yuánliú 图 源流, 起源と発展
*【源泉】yuánquán 图 源, 源泉(⊕[泉源])[企业活力的〜]企業の活力の源[生命的〜]命の源
【源头】yuántóu 图 水源, 本源
【源源】yuányuán 形 続々と, 絶え間なく[〜不绝]切れ目なく続く
【源源本本】yuányuánběnběn 形 ⊕[原原本本]
【源远流长】yuán yuǎn liú cháng《成》(水源は遠く流れは長い>)悠久の歴史がある

【塬】yuán 图(黄土高原の)台状の地形

【缘(緣)】yuán ⊗ ① …のために[〜何]《書》何のために ② 沿う[〜溪而行]谷川に沿って歩く ③ 原因, 訳[无〜无故]訳もなく ④ ゆかり, 因縁[有〜]縁がある ⑤ へり, ふち[外〜]外べり
【缘分／缘份】yuánfèn 图 縁[跟你有〜]君と縁がある
*【缘故(原故)】yuángù 图 原因, 訳[这是什么〜！]これはどういう訳だ
【缘木求鱼】yuán mù qiú yú《成》(木に登って魚を探す>)方法を間違えると事は成就しない
【缘起】yuánqǐ 图《書》① 起源, 起こり ② 発起趣意書
【缘由(原由)】yuányóu 图 原因[失败的〜]失敗の原因

【圜】yuán ⊗ '圆'と通用 ◆ '转圜'(挽回する)は zhuǎnhuán と発音

【远(遠)】yuǎn 形 ①(距離・時間が)遠い, へだたっている(⊗[近])[离这儿多〜？]ここからどれくらい離れていますか ②(差が)大きい, はるかな[差得〜]ずっと劣る ⊗ ① 遠ざける[敬而〜之]敬遠する ②(Y-)姓
【远程】yuǎnchéng 形〘定語として〙遠距離の(⊕[短程][近程])[〜飞行]長距離飛行[〜教育]遠隔教育[〜运输]長距離輸送
【远大】yuǎndà 形 遠大な[〜的计划]遠大な計画
【远道】yuǎndào〔条〕遠路[〜而来]遠くからやって来る
【远东】Yuǎndōng 图 極東
【远方】yuǎnfāng 图 遠方[〜的来

客〗遠来の客
【远房】yuǎnfáng [形]〔多く定語として〕遠縁の〖～亲戚〗遠い親戚
【远古】yuǎngǔ [名]大昔［～时代］太古の時代
【远航】yuǎnháng [名]遠洋航海
【远见】yuǎnjiàn [名]展望，先見〖有～〗展望を持つ
【远交近攻】yuǎn jiāo jìn gōng《成》遠交近攻
【远近】yuǎnjìn [名]①距離〖～差不多〗距離はほぼ同じ ②遠い所と近い所，あちこち〖～闻名〗あちこちで知られている
【远景】yuǎnjǐng [名]①遠景，(映画の)ロングショット ②未来への見通し，展望〖人类的～〗人類の未来像
【远客】yuǎnkè [名]遠来の客
【远亲】yuǎnqīn [名]遠い親戚［～不如近邻］遠い親戚より近くの他人
【远视】yuǎnshì [名]《医》遠視
【远水救不了近火】yuǎnshuǐ jiùbuliǎo jìnhuǒ《俗》(遠くの水では目前の火事が消せない>) 急場に間に合わない
【远洋】yuǎnyáng [名]遠洋［～渔业］遠洋漁業
【远因】yuǎnyīn [名]遠因，間接原因 [反]［近因］
【远征】yuǎnzhēng [動]遠征する〖～西北〗西北地区へ遠征する
【远志】yuǎnzhì [名]①遠大な志，大望 ②《植》《薬》オンジ
【远走高飞】yuǎn zǒu gāo fēi《成》高飛びする，逃げる
【远足】yuǎnzú [動]遠足に出掛ける
【远祖】yuǎnzǔ [名]遠い祖先
〖苑〗yuàn ⊗①(皇帝が) 鳥獣を飼ったり，樹木を育てたりする場所［鹿～］鹿苑(ろくおん)［御～］御苑 ②集う場所［文～］文学者の集い，文壇 ③(Y-)姓
【怨】yuàn [動]とがめる，非難する〖～自己〗自分を責める
⊗恨み［结～］恨みを抱く
【怨不得】yuànbude [副]道理で，(…なのは)もっともだ([同]［怪不得］)〖外边下雪啦，～这样冷〗外は雪だ，道理で寒いはずだ — [動]とがめられない〖这事～你〗この事は君のせいじゃない
【怨愤】yuànfèn [名]恨みと憤り
【怨恨】yuànhèn [名]恨み，怨恨〖～加深了〗恨みが深まった — [動]恨む，憎む〖～战争〗戦争を憎む
【怨气】yuànqì [名]〔股〕不平，不満〖出～〗不平をぶちまける
【怨声载道】yuàn shēng zài dào《成》怨嗟(えんさ)の声が世に満ちる
【怨天尤人】yuàn tiān yóu rén《成》(天を恨み人をとがめる>) 不満の原因はすべて他にある
【怨言】yuànyán [名]〔句〕恨み言，不平〖毫无～〗一切不平を口にしない
【怨艾】yuànyì [動]《書》恨む
【院】yuàn [名](～儿) 塀を巡らし建物で囲った屋敷内の空地，中庭［四合～儿］中庭つきの伝統的な屋敷
⊗①機関や公共場所［医～］病院［科学～］科学院 ②(Y-)姓
【院落】yuànluò [名]《書》塀で囲まれた中庭
【院士】yuànshì [名]アカデミー会員
【院长】yuànzhǎng [名]①病院長 ②学院長
【院子】yuànzi [名]囲いを巡らした屋敷，またはその中庭
〖垸〗yuàn ⊗《方》川や湖に近い箇所で家屋や田畑の周囲に築いた土手［～子］［圩 wéi ～］同前
〖媛〗yuàn ⊗美女 ♦美しいさまを表わす'婵媛'は chányuán と発音
〖瑗〗yuàn ⊗璧の一種
〖掾〗yuàn ⊗属官
【愿(願)】yuàn [動]…したいと思う，望む〖不～参加〗参加したくない
⊗①願い［心～］念願 ②(神仏への)願(がん)［还 huán ～］(神仏へ) 願ほどきをする ③慎み深い
★【愿望】yuànwàng [名]願望，願い〖热切的～〗熱烈な願望〖～实现了〗願いがかなった
★【愿意】yuànyi/yuànyì [動]①…したいと思う〖不～吃药〗薬を飲みたくない ②(人に) 望む〖我～大家都去〗皆に行ってもらいたい
〖曰〗yuē ⊗①曰(いわ)く〖客～〗客曰く ②…と呼ぶ
【约(約)】yuē [動]①前もって決める，約束する〖～日子〗日にちを決める ②誘う，招く〖～三个朋友来家吃饭〗友人3人を食事に招く ③《数》約する，約分する — [副]およそ，約〖～五十人〗約50人
⊗①制限する［制～］制約する ②約定［条～］条約 ③簡素化する［节～］節約する ♦yāo と読むと口語で「秤(はかり)ではかる」の意
【约定】yuēdìng [動]相談して決める，約束する
【约定俗成】yuē dìng sú chéng《成》慣わしはおのずから定まってくる
【约法】yuēfǎ [名]暫定憲法
【约分】yuēfēn [動]《数》約分する
★【约会】yuēhui/yuēhuì [動]会う約束

- をする — 图（~儿）会う約束，デート〖今天晚上有个~〗今晚人と会う約束がある
- 【约集】yuējí 動 皆を集める（働[邀集]）〖~大家开会〗全員を集めて会議を開く
- 【约计】yuējì 動 ざっと計算する〖这部小说~四十万字〗この小説は400字詰めで約1000枚分だ
- 【约略】yuēlüè 副 およそ，だいたい〖~知道一些〗およそのことは知っている
- 【约莫（约摸）】yuēmo 副 およそ，ざっと見積もって〖~有三公斤〗およそ3キログラムだ
- 【约期】yuēqī 動 期日を決める — 图① 約束した日 ② 契約の期限
- 【约请】yuēqǐng 動 招く，招待する
- 【约束】yuēshù 動 拘束する，制限する，束縛する〖~自己〗自分を抑える
- 【约言】yuēyán 約束の言葉〖遵守~〗約束を守る
- 【薙(薙)】yuē ⊗ ① 尺度 ◆'篗'とも ② 秤ではかる
- 【哕(噦)】yuě 動 吐く，嘔吐する — 一 圖（嘔吐する時の）おえっ ◆鈴の音などを表す文語は huì と発音
- 【月】yuè 图（年月の）月〖两个~〗2か月〖二~〗2月〖腊~〗旧暦12月 ⊗ ①（空の）月〖海底捞~〗海の中から月をすくう，無駄骨である ② 毎月の ③ 月の形をした，丸い
- 【月白】yuèbái 形〖定語として〗淡い青の，青みを帯びた白の
- 【月半】yuèbàn 图 月の半ば，15日
- 【月报】yuèbào 图 ① 月刊誌，月報 ◆多く誌名の一部として ② 月例報告
- 【月饼】yuèbing 图 月餅ペス ◆中秋節に食べる菓子
- 【月初】yuèchū 图 月初め
- 【月底】yuèdǐ 图 月末 働[月末]
- 【月度】yuèdù 图 1か月単位，月間〖~计划〗月間計画
- 【月份】yuèfèn 图（~儿）年のうちのある1か月〖下个~〗来月(に)〖~牌〗カレンダー，日めくり
- 【月宫】yuègōng 图 月の宮殿;（転）月
- 【月光】yuèguāng 图 月の光〖~门〗塀に満月形に作られた門
- 【月桂】yuèguì 图〖植〗ゲッケイジュ
- 【月华】yuèhuá 图〖書〗① 月光 ② 月の暈か
- 【月季】yuèjì 图〖植〗コウシン（庚申）バラ 働[月月红]
- 【月经】yuèjīng 图 月経，メンス〖来~〗月のものが来る
- 【月刊】yuèkān 图〖本·期〗月刊（誌）
- 【月老】yuèlǎo 图 月下氷人，仲人 働[月下老人]
- 【月历】yuèlì 图 月めくりカレンダー
- 【月利】yuèlì 图 月利
- *【月亮】yuèliang 图〖个·轮〗（空の）月，月の通称 働[月球]
- 【月末】yuèmò 图 月末 働[月底]
- 【月票】yuèpiào 图〖张〗定期券，パス，1か月通し切符〖联合~〗共通定期券
- 【月琴】yuèqín 图〖把〗月琴がくん
- 【月球】yuèqiú 图〖天体の〗月（通称は'月亮'）〖~轨道〗月の軌道
- 【月肉旁】yuèròupáng 图（部首の）にくづき〖月〗
- 【月色】yuèsè 图 月光，月の光
- 【月食】yuèshí 图〖天〗月食 ◆皆既月食は'月全食'，部分月食は'月偏食'という
- 【月台】yuètái 图 ① 駅のプラットホーム 働[站台] ② バルコニー
- 【月头儿】yuètóur 图《口》① 1か月の満期〖到~了〗1か月の満期日になった ② 月の初め
- 【月息】yuèxī 图 月ぎめの利息
- 【月下老人】yuèxià lǎorén 图 月下氷人，仲人，媒酌人 働[媒人]
- 【月相】yuèxiàng 图〖天〗月相げっ，月の満ち欠けの様子
- 【月薪】yuèxīn 图 月給〖薪水〗
- 【月牙】yuèyá 图《口》（~儿）三日月〖~眉〗三日月形の眉
- 【月夜】yuèyè 图 月夜
- 【月月红】yuèyuèhóng 图〖植〗コウシンバラ 働[月季]
- 【月晕】yuèyùn 图 月の暈か 働[风圈]
- 【月中】yuèzhōng 图 月の半ば，月の中ごろ
- 【月氏】Yuèzhī 图〖史〗月氏ば ◆漢代西域の国名
- 【月子】yuèzi 图 ① 産後1か月〖坐~〗出産後1か月養生する ② 産み月
- 【刖(跀)】yuè ⊗ 古代の足切りの刑
- 【乐(樂)】yuè 图 ① 音楽，器楽〖爵士~〗ジャズ音楽〖民~〗民間器楽 ②（Y-）姓 ⇨lè
- 【乐池】yuèchí 图 オーケストラボックス
- 【乐队】yuèduì 图 楽団，バンド，楽隊〖~指挥〗コンダクター
- 【乐府】yuèfǔ 图 楽府
- 【乐理】yuèlǐ 图〖音〗音楽理論
- 【乐律】yuèlǜ 图〖音〗楽律
- *【乐谱】yuèpǔ 图 楽譜，音譜〖~架〗譜面台

【乐器】yuèqì [名]〔件〕楽器［管～］管楽器
【乐曲】yuèqǔ [名]〔首·支·段〕楽曲
【乐团】yuètuán [名]楽団
【乐音】yuèyīn [名]〖理〗楽音(がくおん)
【乐章】yuèzhāng [名]〖音〗楽章

〖岳(嶽)〗yuè ⊗高山［五～］五岳(泰山·華山·衡山·恒山·嵩山の5つ)

〖—〗⊗①妻の父母，妻のおじ［～家］妻の実家 ②(Y-)姓

*【岳父】yuèfù [名]妻の父，岳父 [同]［岳丈］
【岳母】yuèmǔ [名]妻の母
【岳丈】yuèzhàng [名]妻の父，岳父

〖悦〗yuè ⊗(‘说’とも書いた) ①喜ぶ，愉快な［喜～］喜ぶ［取～］人の機嫌をとる ②楽しませる ③(Y-)姓
【悦耳】yuè'ěr [形]聞いて楽しい，聞き心地がよい〚～的音乐〛きれいな音楽
【悦服】yuèfú [動]《書》心から敬服する
【悦目】yuèmù [形]美しい，見て楽しい〚～爽心〛きれいで心地よい〚～的式样〛美しいデザイン

〖阅(閱)〗yuè ⊗①(文章を)読む［参～］参照する ②検閲する［检～］同前 ③経る
【阅兵】yuè▼bīng [動]閲兵する［～典礼］閲兵式，観閲式
**【阅读】yuèdú [動]読む，閲読する〚～书报〛書籍と新聞を読む
【阅览】yuèlǎn [動]閲覧する［～室］閲覧室
【阅历】yuèlì [動]体験する — [名]体験，見聞〚～丰富〛体験豊富だ［生活～］生活体験
【阅世】yuèshì [動]《書》世事を体験する〚～不深〛世間的体験が深くない

〖钺(鉞*戉)〗yuè ⊗古代の大きなまさかり

〖越〗yuè [副]〖‘越…越…’の形で〗…すればするほどますます…，…であればあるほど〚雨～下～大〛雨はますます強くなる〚～多～好〛多ければ多いほどよい
⊗①越す，越える［～墙而逃］塀を越えて逃げる ②(Y-)越(周代の国名) ③(Y-)浙江省東部 ④(Y-)姓
【越冬】yuèdōng [動](一般に植物·昆虫などが)越冬する［～作物］越冬作物
【越发】yuèfā [副]①ますます，いっそう〚～害怕起来〛いっそう怖くなる〚这孩子～调皮 tiáopí 了〛この子はいよいよ手に負えなくなった ②〖‘越(是)～越发～’の形で〗…であればあるほど〚越是性急，～容易出差错 chācuò〛気がせくほど間違いを起こしやすい
【越轨】yuè▼guǐ [動]常軌を逸する，制限を越える［～行为］逸脱行為
【越过】yuèguò [動]越える，横切る〚～高原〛高原を越える〚～失败〛失敗を乗り越える〚越不过〛乗り越えられない
【越级】yuè▼jí [動]等級を飛び越す〚～上诉〛直訴する
【越加】yuèjiā [副]《方》ますます，いよいよ
【越境】yuè▼jìng [動]越境する，国境を越える
【越剧】yuèjù [名]越劇(えつげき) ♦浙江省の地方劇
【越来越…】yuè lái yuè… [副](時間の経過とともに)ますます…〚～好〛ますますよくなる
【越权】yuè▼quán [動]権限を越える
【越位】yuèwèi [動]〖体〗オフサイドとなる
【越野】yuèyě [動]野山を越える［～车］四輪駆動車［～滑雪］スキーの距離競技［～赛跑］クロスカントリー
【越俎代庖】yuè zǔ dài páo《成》(料理人に代わって料理する＞)出しゃばる

〖樾〗yuè ⊗木陰

〖跃(躍)〗yuè ⊗跳ぶ，跳ねる［飞～］飛躍する［雀～］小躍りする［一～而起］跳ね起きる
【跃进】yuèjìn [動]飛び出す，躍進する〚向前～了一步〛前方へ一歩飛び出した
【跃然】yuèrán [形]歴然とした，ありありと［～纸上］紙面に躍如としている
【跃跃欲试】yuèyuè yù shì《成》やりたくてうずうずする

〖粤〗Yuè ⊗①広東省の別称 ②広東と広西［～语］粤(えつ)方言(中国七大方言の一)
【粤剧】yuèjù [名]粤劇 ♦広東の地方劇

〖龠〗yuè ⊗①古代の容量単位(1‘龠’は0.5‘合’) ②籥に似た笛 ♦‘籥’とも書く

〖晕(暈)〗yūn [動]①気を失う，失神する〚她～过去了〛彼女は気を失った〚～倒 dǎo〛卒倒する ②ぼうっとなる〚头～〛頭がふらふらする
⇨yùn
【晕厥】yūnjué [動]〖医〗気絶する
【晕头转向】yūn tóu zhuàn xiàng《成》頭がくらくらして方向を見失う

【贇(贇)】 yūn ⊗すばらしい ◆人名用字として

【云(雲)】 yún 图〔朵・块・片・团〕雲
⊗ (Y-) ① 雲南省 [〜腿] 雲南ハム ② 姓

【―】 ⊗言う [不知所〜] 何を言っているのかわからない

【云彩】yúncai 图〔朵・块・片〕《口》雲 [一丝〜都没有] 雲ひとつない
【云层】yúncéng 图層になった雲, むら雲
【云端】yúnduān 图雲の高み, 雲の中
【云海】yúnhǎi 图〔片〕雲海
【云汉】yúnhàn 图《書》① 銀河 ② 高い空
【云集】yúnjí 雲のように集まる, どっと集まる(⇔[云散])[文化人〜上海] 文化人たちが上海に集まる
【云计算】yúnjìsuàn 图クラウドコンピューティング
【云锦】yúnjǐn 图中国の伝統的な高級絹織物
【云锣】yúnluó 图 雲鑼 ◆小さな銅鑼を配列した楽器, '九音锣'ともいう
【云母】yúnmǔ 图〖鉱〗雲母
【云泥之别】yún ní zhī bié《成》雲泥の差
【云气】yúnqì 图薄く流れる雲
【云雀】yúnquè 图〖鳥〗〔只〕ヒバリ
【云散】yúnsàn 動散り散りになる
【云杉】yúnshān 图〖植〗トウヒ
【云梯】yúntī 图雲梯 ◆古代の城攻めや消火用の長ばしご [〜消防车] はしご車
【云雾】yúnwù 图 ① 雲と霧 [〜低垂] 雲と霧が低く垂れこめる ② 《転》視界を遮るもの, 障害物
【云霞】yúnxiá 图〔片・朵〕赤く染まった雲, 彩雲 [〜在天空飘动着] 美しく彩られた雲が空に漂っている
【云霄】yúnxiāo 图高空, 空の果て [火箭直上〜] ロケットが空高く上昇する
【云消雾散】yún xiāo wù sàn《成》雲散霧消する ⇨[烟消云散]
【云崖】yúnyá 图切り立った高い山の崖
【云烟】yúnyān 图雲やかすみ; 《転》あっという間に消えること
【云翳】yúnyì 图黒い雲, かげり
【云游】yúnyóu 動 (僧や道士などが)各地を行脚する, 放浪する
【云云】yúnyún 動《書》うんぬん, しかじか

【妘】 Yún ⊗姓

【芸】 yún ⊗〖植〗ヘンルーダ (強い香りがある)[〜香] 同前, ウンコウ

【―(蕓)】 ⊗アブラナ

【芸豆】yúndòu 图〖植〗インゲンマメ('菜豆'の通称)
【芸薹】yúntái 图〖植〗アブラナ ⇨[油菜]
【芸芸】yúnyún 形《書》数が多い [〜众生] (仏教で) 生きとし生けるもの, 一切衆生

【纭(紜)】 yún ⊗ 以下を見よ
【纭纭】yúnyún 形雑多な

【耘】 yún ⊗田畑で草を取る [〜田] 田の草取りをする [〜锄] 除草用すき

【匀】 yún 形均等な, むらのない [秋苗出得很〜] 苗が平均に出ている ― 動分け与える, 均等にする [把两份〜一〜] 2人分を均等に分けなさい

【匀称】yúnchèn/yúnchèng 形バランスがとれている, 均整がとれている [字写得很〜] 字がきちんと書いてある [五官〜] 顔立ちが整っている
【匀兑】yúnduì (人に) 融通する, 自分の物を人に分ける
【匀和】yúnhuo (〜儿)《口》形 均等にする
【匀净】yúnjing 形むらがない, そろっている [染得很〜] むらなく染まっている
【匀脸】yún'liǎn 動顔におしろいをむらなくのばす
【匀实】yúnshi 形むらがない, 均一な
【匀整】yúnzhěng/yúnzhěng 形均整がとれている

【昀】 yún ⊗日の光 ◆人名用字として

【筠】 yún ⊗竹(の青い皮) ◆四川の地名'筠连'では jūn と発音

【郧(鄖)】 Yún ⊗①[〜县] 湖北省の地名 ② 姓

【允】 yǔn ⊗① 許す [应 yīng 〜] 承諾する [〜准] 許可する ② 公平な, 適当な [公〜] 公平な

【允当】yǔndàng 形妥当な
【允诺】yǔnnuò 動承諾する
*【允许】yǔnxǔ 動許す, 認める [〜他去] 彼が行くのを認める [未经〜, 不惟入内] 許可なく立ち入ることを禁ずる

【陨(隕)】 yǔn ⊗落ちる, 落ちかかる

【陨落】yǔnluò 動高空から落下する
【陨灭】yǔnmiè 動①(空から) 墜落して壊れる ② 命を落とす ⇨[殒灭]
【陨石】yǔnshí 图〖天〗〔块・颗〕隕石

殒孕运运员郓恽晕愠韫蕴

【陨铁】 yǔntiě 名〔天〕隕鉄
【陨星】 yǔnxīng 名〔天〕〔颗〕（隕石・隕鉄となる）流星

殒(殞) yǔn ⊗死ぬ

【殒灭】 yǔnmiè 動命を落とす ⑧〔陨灭〕
【殒命】 yǔnmìng 動〈書〉命を落とす ⑧〔丧命〕

孕 yùn ⊗はらむ,身ごもる 〔有~〕〔怀~〕同前

【孕畜】 yùnchù 名妊娠している家畜
【孕妇】 yùnfù 名妊婦
【孕期】 yùnqī 名妊娠期間
【孕穗】 yùnsuì 動(米・麦などの)穂が膨らむ
【孕吐】 yùntù 名つわり(悪阻)
*【孕育】** yùnyù 動子供を産む,はぐくむ；(転)新しい事態が生まれてくる,萌芽状態にある〖~着危险〗危険をはらんでいる

运(運) yùn 動運ぶ,輸送する〖~粮食〗食糧を運ぶ〖~往上海〗上海に輸送する〖海~〗海運
⊗①巡る,巡らす〔~思〕思いを巡らす ②運〔~命〕運命〔走~〕運がつく ③(Y-)姓

【运筹帷幄】 yùnchóu wéiwò (成)後方で作戦を練る
*【运动】** yùndòng 名①〔理〕〔生〕運動〖直线~〗直線運動 ②スポーツ,運動〔~员〕スポーツ選手〔~场〕運動場,競技場 ③(政治・社会的)運動,キャンペーン〔群众~〕大衆運動〔五四~〕五四運動(1919年) 動①(事物が)運動する,巡り動く ②スポーツをする,運動する
── yùndong 動目的を達するため働きかける,奔走する〖到处~〗あちこちに働きかける
【运动会】 yùndònghuì 名運動会,競技会〔奥林匹克~〕オリンピック大会
【运费】 yùnfèi 名運賃,運搬費〔~表〕運賃表
【运河】 yùnhé 〔条〕運河〖大~〗大運河(杭州から通州までの運河)
*【运气】** yùnqì 名運〖~运道 yùn-dao〗〖碰~〗運をためす〖~不好〗運が悪い ②幸運 — 形運がいい
── yùn'qi 動力を身体のある部分に集中する
*【运输】** yùnshū 動輸送する,運搬する〖~货物〗貨物を輸送する〔~船〕輸送船〔~机〕輸送機〔~能力〕輸送能力
【运送】 yùnsòng 動運送する,運ぶ
*【运算】** yùnsuàn 動数式に当てはめて計算する
【运销】 yùnxiāo 動運送販売する
*【运行】** yùnxíng 動(軌道上を)運行する〖地球绕太阳~〗地球が太陽の周りを回る〖~的时间〗(列車)運行時刻
*【运用】** yùnyòng 動運用する〖灵活~〗弾力的に運用する〖~理论〗理論を運用する〖法律的~〗法律の運用
【运载】 yùnzài 動積載し運搬する〔~工具〕運搬手段〔~火箭〕キャリアロケット
【运转】 yùnzhuǎn 動①(天体が)運行する,循環する〖星体的~〗星体の運行 ②(機械が)動く,回転する〖机器~正常〗機械は正常に動いている
【运作】 yùnzuò 動(機関などが)運営する,活動する

酝(醖) yùn ⊗かもす,醸造する

【酝酿】 yùnniàng 動酒をかもす；(転)ある状態を作り出す,下準備をする〖~一个方案〗1つのプランを練る〖大家正在~候选人名单〗皆は候補者リストについて相談しているところだ

员(員) Yùn ⊗姓 ♦人名
'伍员'(春秋時代の伍子胥 xū)はWú Yúnと発音
⇨ yuán

郓(鄆) Yùn ⊗①〔~城〕山東省の地名 ②姓

恽(惲) Yùn ⊗姓

晕(暈) yùn 動頭がくらくらする,目まいがする〔眼~〕目が回る
⊗①太陽や月の暈 yùn〔日~〕日暈〔月~〕月の暈
⇨ yūn

【晕车】 yùn'chē 動車に酔う
【晕池】 yùn'chí 動風呂でのぼせる ⑧〔晕堂〕
【晕船】 yùn'chuán 動船に酔う
【晕高儿】 yùn'gāor 動高所で目がくらむ

愠 yùn ⊗怒る〔~色〕〈書〉怒りの顔色

韫(韞) yùn ⊗含む ♦多く人名用字として

蕴(蘊) yùn ⊗含む

【蕴藏】 yùncáng 動埋蔵する,潜在する〖~创造性〗創造性を秘めている〔~量〕埋蔵量
【蕴涵(蕴含)】 yùnhán 動(内に)含む〖~真理〗真理を含んでいる
【蕴蓄】 yùnxù 動内に秘める,蓄え〖暗中~力量〗ひそかに力を蓄え

Z

【扎】(紮 *紮) zā 動 しばる, くくる 〖～柴火 cháihuo〗薪をくくる 一圍(方)束〘〖一～线〗糸1束 ⇨zhā, zhá

【匝】(*帀) zā ⊗ ① めぐり, 周 〖绕树三～〗木を3周する ② 満ちる〖～月〗(書)満1か月→〖密密 mimi ～～〗

【匝道】 zādào 图〔条〕(高速道路などの)ランプ

【匝地】 zādì 動〔書〕あたり一面にある〖白雪～〗一面の雪だ

【咂】 zā 動 ① 吸う, すするように飲む〖～了一点酒〗酒を少しすすった ② 舌打ちする ③ 味をみる, 味わう〖～滋味〗味をかみしめる

【咂嘴】 zā'zuǐ 動 (～儿)(賛美・恨み・驚きなどを表わして)舌を鳴らす, 舌打ちする 働〖咂舌〗

【拶】 zā ⊗ 迫る, 強いる ⇨zǎn

【杂】(雜 *襍襍) zá 形 雑多な, 色々な〖颜色太～〗色がまちまちだ〖复～〗複雑な ⊗ 混ざる, 混じる

【杂拌儿】 zábànr 图 ① 干した果物や木の実の混ぜ合わせ ② 寄せ集め, ごたまぜ

【杂凑】 zácòu 動 (様々に異なる物を)寄せ集める

【杂费】 záfèi 图〔笔・项〕雑費

【杂感】 zágǎn 图 ① まとまりのない感想, 雑感 ②〔篇・段〕雑感を記した文

【杂烩】 záhuì 图 ① ごった煮(あんかけ料理の一種) ② ごた混ぜ, 寄せ集め

【杂货】 záhuò 图〔批〕雑貨〖～铺(子)〗雑貨屋

【杂和菜】 záhuocài 图 料理の残り物を寄せ集めたおかず

【杂和面儿】 záhuomiànr 图 大豆粉を少し混ぜたトウモロコシの粉

【杂记】 zájì 图 ①〔篇〕雑記〖～本子〗雑記帳 ② こまごまとした事を書き留めたノート

***【杂技】** zájì 图 曲芸, 軽業〖～团〗サーカス

***【杂交】** zájiāo 動〖生〗交配する, 掛け合わせる〖～种 zhǒng〗雑種〖～水稻〗ハイブリッドライス

【杂居】 zájū 動 (異なる民族が一つの地区に)雑居する〖民族～地区〗民族雑居地域

【杂剧】 Zájù 图 雑劇(特に元代に栄

る

【韵】(韻) yùn 图 韻〖押～〗韻を踏む〖～书〗韻書 ⊗ ① 快い音〖松声竹～〗松や竹が風にそよぐ音 ② 韻母 ③ 趣, 風趣〖～致〗同前 ④ (Y-)姓

【韵白】 yùnbái 图 (伝統劇の) 韻を踏んだせりふ

【韵脚】 yùnjiǎo 图 韻脚, 韻字

【韵律】 yùnlǜ 图 韻律〖忽视～〗押韻や平仄の規則を無視する

【韵母】 yùnmǔ 图〖語〗韻母 ◆字音で声母・声調を除いた部分.'韵头'(介音),'韵腹'(主母音),'韵尾'(韻尾)より成る

【韵事】 yùnshì 图 風雅な事柄

【韵味】 yùnwèi 图 味わい, 趣〖～深远〗味わいが深い〖诗歌的～〗詩歌の情趣

【韵文】 yùnwén 图 韻文

【熨】 yùn 動 (アイロンやこてを)当てる〖～裤子〗ズボンにアイロンを掛ける ⇨yù

【熨斗】 yùndǒu 图〔把・只〕アイロン, 火のし〖电～〗電気アイロン〖蒸汽～〗スチームアイロン

えた演劇)［元～］元代の雑劇
【杂粮】záliáng 图 雑穀(米と小麦を除く穀物、コウリャン・アワ・豆類・イモ類などの総称)
【杂乱】záluàn 形 乱雑な、無秩序な
【杂乱无章】záluàn wú zhāng《成》乱雑で筋道が立っていない、ひどく混乱している
【杂面】zámiàn 图（～儿）小豆や緑豆などの粉をまぜた粉、またその粉で作っためん類
【杂念】zániàn 图 不純な考え、打算的な考え
【杂牌】zápái 形（～儿）［定語として］銘柄でない、正規でない(㊉［正牌］)［～货］ノーブランドの製品、三流品［～军］非正規軍
【杂品】zápǐn 图［批］日用雑貨
【杂七杂八】zá qī zá bā《成》非常に混雑したさま、ごたごた入り乱れたさま
【杂色】zásè 图 ①いろいろな色、混合色 ②㊉［杂牌］
【杂事】záshì 图（～儿）こまごまとした事
【杂耍】záshuǎ 图（～儿）［旧］寄席演芸
【杂碎】zásui 图 ①煮込み用の牛や羊の臓物、もつ ②［俗］下らぬ奴、ろくでなし
【杂沓(杂遝)】zátà 形 乱雑な、入り乱れた〚～的脚步声〛騒がしい足音
【杂文】záwén 图［篇］(散文の一種としての)雑文、エッセイ ◆批判や風刺などを込めた文芸形式、特に魯迅のものが有名
【杂务】záwù 图 雑務、雑用
【杂物】záwù 图 雑品
【杂音】záyīn 图 雑音、ノイズ
【杂用】záyòng 形［定語として］色色な用途の
【杂院儿】záyuànr 图［座］数世帯が同居する'院子'、長屋［大杂院儿］
＊【杂志】zázhì 图 ①［本・期］雑誌［～架］雑誌棚 ②(書名として）雑記、雑録
【杂质】zázhì 图 不純物、異質物
【杂种】zázhǒng 图 ①[生]雑種 ②ろくでなし、畜生

【咱(*喒偺)】zá ✕［～家］(旧白話で)私
⇨zán, zan

【砸】zá 動 ①(重い物で)たたく、突く〚～钉子〛釘を打つ ②ぶち壊す、壊れる〚～玻璃〛ガラスを割る ③［方］しくじる、へまをする〚这场戏演～了〛この芝居はしくじった
【砸锅】zá"guō 動［方］(仕事・事業などで)失敗する、しくじる

【砸锅卖铁】zá guō mài tiě《成》(鍋を壊して鉄として売る>)所有するものすべてをはたいて、すっからかんになる

【咋(*嘬)】zǎ 〔方〕なぜ、どうして、どのように(㊉［普］［怎］［怎么］)〚你看该～办?〛どうすべきだと思いますか
⇨zhā

【灾(災)】zāi ✕ ①天災、災害［水～］水害［旱～］旱魃［虫～］虫害 ②(個人的な)不幸、災い〚没病没～〛無病息災
【灾害】zāihài 图［场］災害［自然～］自然災害、天災
【灾患】zāihuàn 图 ㊉［灾害］
【灾荒】zāihuāng 图（天災による)凶作、飢饉［闹～］凶作に見舞われる
【灾祸】zāihuò 图［场］災い、災禍
【灾民】zāimín 图 罹災民、被災者
＊【灾难】zāinàn 图 災難〚遭到～〛災難に遭う
【灾情】zāiqíng 图 被災情況
【灾区】zāiqū 图 被災地、罹災地
【灾殃】zāiyāng 图 災難 ㊉［灾难］

【哉】zāi ✕ ①感嘆を表わす〚哀～!〛悲しいかな ②疑問や反問を表わす〚有何难～?〛なんの難しいことがあろうか

【栽】zāi 動 ①植える、栽培する〚～树〛木を植える〚～秧〛苗を植える ②差し込む、突き刺す〚～电线杆 gān 子〛電柱を立てる ③無理に押しつける、ぬれぎぬを着せる〚～罪名〛無実の罪を着せる ④転ぶ、倒れる；(転)しくじる、つまずく〚～进水里〛水に転げ落ちる
✕(移植用の)苗［树～子］苗木
【栽跟头】zāi gēntou 動 転ぶ、つまずき倒れる；(転)しくじる、失態を演じる ㊉［栽筋斗］［栽跟斗］
【栽培】zāipéi 動 ①栽培する、培養する〚～果树〛果樹を栽培する ②(人材を)育てる、養成する ③目をかける、抜てきする
【栽赃】zāi"zāng 動 盗品や禁制品を他人の所にこっそり置き、罪をなすりつける
【栽植】zāizhí 動（苗木を）植える〚～葡萄〛ブドウの苗を植える
【栽种】zāizhòng 動 植える、栽培する

【宰】zǎi 動 ①屠"殺する、畜殺する〚～猪〛豚を殺す ②(口)(客に)法外な値段をふっかける［挨 ái～］金を巻き上げられる［～客］人をカモにする
✕①つかさどる、主宰する ②古代の官名［太～］宰相

【宰割】zǎigē 動（領土を）分割する，（他国を）侵略する
【宰杀】zǎishā 動 屠殺する，畜殺する
【宰牲节】Zǎishēngjié 名《宗》イスラム教の大きな祭日の一 ◆イスラム暦の12月10日に羊や牛を殺して神にささげる（⇨[牲节][古尔邦节]）
【宰相】zǎixiàng 名 宰相

【载（載）】zǎi ① 年［一年半～］1年そこら，1年たらず［三年五～］数年 ② 記載する，載せる［～入］…に記載する
⇨zài

【崽(*仔)】zǎi 名《方》① 子供 ②（～儿）動物の子［羊～］子羊
【崽子】zǎizi 名 動物の子（多く人の悪口に使う）［狗～］犬ころ（人でなし，畜生）

【再】zài 副 ① 再び，もう一度 ◆動作行為の回数を重ねること．既に繰り返された動作については'又'を用い，'再'はこれから繰り返す動作についていう（⇨[又]）［请你～说一遍］もう一度話して下さい［一而～、—而三］一度ならず何度も ② …した上で，…してから ◆動作行為の前後関係を示す．よく'先''等'と呼応する［活儿不多了，干完了，～休息吧］仕事はもういくらもないから，片付けてから休もう［先买票～说］先にキップを買ってからのことにしよう ③ そのままに，これ以上（…したら）◆仮定として動作行為が継続することを示す［别客气了，～客气大家就不高兴了］遠慮しないで下さい，これ以上遠慮したら皆さん気を悪くしますよ ④ もっと，更に ◆多く形容詞を修飾して程度を強める［～多一点儿就好了］もう少し多いと良い［还有比这个～长点儿的吗？］これよりもう少し長めのはありませんか ⑤ それに，他に ◆付加・補足を表わす［懂英语的有小王、小李，～就是老孙］英語がわかる人は王さんと李さんと，それに孫さんです ⑥〔'～…也…'の形で〕いくら…でも，どんなに…でも［这种果子～熟也是酸的］この果実はどんなに熟れてもやはりすっぱい ⑦〔'～…不过了'の形で〕程度が極度に達したことを示し，誇張の語気を帯びる［这种药～苦不过了］この薬の苦さといったらない
⊗ 2度ある，再び繰り返す［青春不～］青春は2度とない

【再版】zàibǎn 動 再版する，重版する
【再不】zàibu 接 もしそうでなければ，さもなくば（⇨[再不然][要不][要不然]）［你快走，～，就赶不上了］君早く行きなさい，さもないと，間に合わなくなる
【再次】zàicì 副 再度，もう一度［～表示感谢］重ねてお礼を申し上げます
【再度】zàidù 副 再度，再び［～访问］再度訪問する
【再会】zàihuì 動 再会する；《挨》さようなら
【再婚】zàihūn 動 再婚する
【再嫁】zàijià 動（女性が）再婚する
【再见】zàijiàn 動 また会う；《挨》さようなら
【再接再厉】zài jiē zài lì《成》たゆまず努力する，ますます励む
【再三】zàisān 副 再三，度々 ◆動詞の後に用いて補語にもなる［～嘱咐他］再三に渡って彼に言い付ける［考虑～］何度も考える［～再四］再三再四
【再审】zàishěn 動《法》再審する，再審理する
【再生】zàishēng 動 ① 再生する，生き返る ②《生》（失われた一部の組織や器官が）再生する ③（廃物を）再生する［～橡胶］再生ゴム
【再生产】zàishēngchǎn 動 再生産する
【再生父母】zàishēng fùmǔ《成》命の恩人（⇨[重chóng生父母]）
【再世】zàishì 動《書》生き返る —— 名 来世
【再说】zàishuō 動 後のことにする，…してからのことにする［这件事以后～］この件は後のことにしよう —— 接 それに，その上［时间不早，～你身体又不好，该休息了］もう遅いし，それに君は体がよくないのだから，休むべきだ
【再现】zàixiàn 動 再現する
【再则】zàizé 接 そのうえ，更に（⇨[再者]）

【在】zài 動 ① 存在する，生存する［父母都不～了］両親とももう亡くなった ②（ある地点に）ある，いる［她不～家］彼女は家にいない ③（問題の所在が）ある，…にかかっている［这件事主要～你自己］この事は主に君自身にかかっている ④（団体に）参加する，属する —— 副 …している（動作の進行を表わす．否定には'没有'を使い'在'は不要）［他～干什么呢？］彼は何をしているのですか［你在不在看电视？］いまテレビを見てますか —— 介 ①〔時間・場所・範囲などを示す（発生・存在の時のときは補語としても）〕［～黑板上写字］黒板に字を書く［生～一九四二年］1942年に生まれる ② 行為の主体を導く［～我看来，问题不难解决］私が見

るところ，問題の解決は難しくない
【在场】zàichǎng [動] その場にいる，現場に居合わせる
【在读】zàidú [動] 在学中である
【在行】zàiháng [形] 経験に富む，玄人の [同][内行]
*【在乎】zàihu [動] ① [同][在于] ②〔多く否定形に使い〕気にする，意に介する〚满不～〛全然気に掛けない〚我倒不～这点东西〛私はこれっぽっちのものは気にしない
【在即】zàijí [動]（ある情況が）間もなく起こる，間近い〚毕业～〛卒業を間近に控えている
【在家】zàiʼjiā [動] ① 在宅する，（その場から出掛けないで）いる ②〔多く定語として〕在家許でいる（[反][出家]）［～人］在家の人
【在教】zàijiào [動]《口》ある宗教を信仰する(特にイスラム教を指す)
【在劫难逃】zài jié nán táo《成》宿命的な災難は逃れようがない，災禍は避けられない
【在理】zàilǐ [形] 理にかなっている，道理に合っている〚她说得～，我当然听她的〛彼女の話はもっともなので，私は当然彼女の言う通りにする
【在内】zàinèi [動]（時間や範囲の）中にある，含まれている〚连我～〛私も含める〚包括～〛その中に含める
【在谱】zàipǔ [動] 一般の規準に合う
【在世】zàishì [動] この世に生きている，生存する〚我妈～的时候〛母が存命だった時
【在天之灵】zài tiān zhī líng《成》天にまします霊魂，死者の霊
【在望】zàiwàng [動]《書》①（良いことが）目前に控える，待たれる ② 遠くに見える
【在位】zàiwèi [動]（君主が）在位する
【在握】zàiwò [動] 手中にある，握る〚胜利～〛勝利は手中にある
【在下】zàixià [名]《謙》(旧白話で) 小生，拙者
【在先】zàixiān [名]〔多く状語として〕以前〚～他脾气很好〛以前彼は性格がよかったのに — [副] あらかじめ，事前に
【在线】zàiʼxiàn [動] オンライン状態である [反][离线]
【在心】zàiʼxīn [動] 心に留めて置く，気に掛ける〚这件事，请您在点儿心〛この件，どうぞよろしくお願いします
【在野】zàiyě [動] 野にある，官職につかない（[反][在朝]）［～党］野党 ♦与党は‘执政党’という
*【在意】zàiʼyì [動]〔多く否定形に使い〕意に介する，気に掛ける〚这些小事，他是不大～的〛こんなつまらない事を彼は大して気に掛けない
【在于】zàiyú [動] …にある，…に基づく；《転》…によって決まる，…による〚去不去～你〛行く行かないは君次第だ
【在职】zàizhí [動] 在職する，職務についている［～干部］現役幹部
【在座】zàizuò [動]（集会·宴会に）出席している，その席にいる

【载（載）】zài [動] 積む，載せる［满～］満載する
[✕] ① 積荷 ♦‘儎’とも ②（道路に）あふれる，満ちる［怨声～道］怨みの声がちまたに満ちる ③ …しながら…する［～歌～舞］歌いながら踊る ④（Z-）姓
⇨zǎi
【载波】zàibō [名]〖電〗搬送波
【载荷】zàihè [名]〖理〗負荷，荷重 [同][荷载][荷重]
【载体】zàitǐ [名] ①〖化〗担体，キャリアー ② 運び手
【载运】zàiyùn [動] 運ぶ，運搬する [同][运载]
【载重】zàizhòng [動] 積載する〚～三万吨〛積載量は3万トンだ［～汽车］大型トラック

〖糌〗zān [✕] 以下を見よ
【糌粑】zānba [名] ツァンパ，麦こがし ♦チベット族の主食．‘青稞’（ハダカ麦）を煎って粉にしたものを，そのまま食べるか，水や‘酥油茶’（バター茶）などを入れて練って食べる

【簪】zān [名]〔根·支〕（～儿）かんざし — [動] 髪にさす〚～花〛花をかざす
【簪子】zānzi [名]〔根·支〕かんざし

【咱（*喒偺）】zán [代] ① 我々（相手方を含む）②《方》私〚～今年十二岁〛おいら今年で12になる
⇨zá, zan
**【咱们】zánmen [代] ① 我々，わしら（相手方を含む）②（場面によって）私，おれ ③（子供に）お前〚～别哭〛ほらほら泣かないで

〖昝〗Zǎn [✕] 姓

〖拶〗zǎn [✕] 抑えつける，締めつける
⇨zā
【拶指】zǎnzhǐ [名]《旧》‘拶子’で指を締めつける拷問
【拶子】zǎnzi [名]《旧》指の間に木片を挟み，きつく締める刑具

【攒（攢*儹）】zǎn [動] ためる，蓄える〚～钱〛金をためる［积～］少しずつ蓄える
⇨cuán

〖趱（趲）〗zǎn [✕]（旧白話で）急ぐ，早足で歩く

【暂(暫)】 zàn

⊗ ① 時間が短い時間 [短~] ごく短い時間 ② しばらく,一時 [~停] タイムアウト,一時停止する

【暂缓】 zànhuǎn 動 しばらく見合わせる,棚上げにする [[~执行]] 執行を一時見合わせる

*【暂且】 zànqiě 副 暫時,しばらく [[这话~不提]] この話はしばらく棚上げにする

*【暂时】 zànshí 形 [多く定語・状語として] 暫時の,一時の [[~的措施]] 臨時的措置

【暂行】 zànxíng 形 [定語として] (法令・規則などが) 仮の,臨時的な [~条例] 暫定条例

【錾(鏨)】 zàn

動 金銀や石に彫刻する [[~字]] 字を彫る
⊗ たがね,のみ

【錾刀】 zàndāo 图 [把] (金銀彫刻用の) たがね,小刀

【錾子】 zànzi 图 [把] (金石に穴をあけたり細工する) たがね,のみ

【赞(贊·賛)】 zàn

動 助する,協賛する [~助] 賛助する

【——(讚)】

⊗ ① たたえる,ほめる [~不绝口] しきりにほめる ② 賛ई (旧時の人物をほめたたえる一種の文体)

*【赞成】 zànchéng 動 賛成する (⊗反対) [[~你的意见]] 君の意見に賛成だ ━ 動 [書] 助けて物事を完成させる

【赞歌】 zàngē 图 [首・曲] 賛歌

*【赞美】 zànměi 動 賛美する,褒めたたえる [~诗] [~歌] 賛美歌

【赞佩】 zànpèi 動 たたえ敬服する

【赞赏】 zànshǎng 動 たたえ評価する,称賛する

【赞颂】 zànsòng 動 称賛する,褒めたたえる

*【赞叹】 zàntàn 動 賛嘆する,称賛する [~不已] しきりに称賛する

【赞同】 zàntóng 動 賛同する,賛成する [[一致~他的建议]] こぞって彼の考えに賛成する

【赞许】 zànxǔ 動 よいと認めてたたえる [[值得~]] 称賛に値する

*【赞扬】 zànyáng 動 称賛する,称揚する [[~两国人民之间的友谊]] 両国人民の友誼を称賛する

【赞语】 zànyǔ 图 賛辞,賞賛の言葉

【赞誉】 zànyù 動 称賛する

*【赞助】 zànzhù 動 賛助する,協賛する

【瓉(瓚)】 zàn

⊗ (古代の) 玉の匙 ◆ 多く人名用字として

【咱(*喒 偺)】 zan

⊗ [方] 時,ころ ('早晚'の合音) [多~] いつ [这~] 今 [那~] その時
⇨ zá, zán

【牂】 zāng

⊗ 牝の羊 [~牁 kē] 古代の郡名 (今の貴州省)

【赃(贓*臟)】 zāng

⊗ 贓物 ई,わいろ [贪~] (官吏が) 汚職する,収賄する

【赃官】 zāngguān 图 汚職官吏,悪徳役人 (⊗清官)

【赃款】 zāngkuǎn 图 [笔] わいろや盗みなど不正な手段で得た金,悪銭

【赃物】 zāngwù 图 わいろや盗みなど不正な手段で手に入れた金品,贓物

【脏(髒)】 zāng

形 汚い,汚れた [[衣服~了]] 服が汚れた [[把手弄~了]] 手を汚した [~水] 汚水
⇨ zàng

【脏土】 zāngtǔ 图 ちり,ほこり,ごみ

【脏字】 zāngzì 图 (~儿) 汚い言葉,下品な言葉

【臧】 zāng

⊗ ① よい [~否 pǐ] [書] 論評する ② (Z-) 姓

【驵(駔)】 zǎng

⊗ ① 駿馬 [~侩 kuài] [書] ばくろう ② (転) 仲買人,ブローカー

【脏(臟)】 zàng

⊗ 内臓 [五~六腑] 五臓六腑
⇨ zāng

【脏腑】 zàngfǔ 图 臓腑 ई,内臓

【脏器】 zàngqì 图 臓器

【奘】 zàng

形 [方] (話し方が) 粗野な,(態度が) ぎこちない
⊗ 強大な,頑丈な ◆ 唐の玄奘の'奘'はこの意味に由来
⇨ zhuǎng

【葬】 zàng

動 葬る [[~在老家]] 故郷に葬る [[~埋]] 埋葬する [海~] [水~] 水葬 [火~] 火葬 [天~] 鳥葬

【葬礼】 zànglǐ 图 葬儀

【葬埋】 zàngmái 動 埋葬する 回 [埋葬]

【葬身】 zàngshēn 動 [書] 身を葬る [[死~之地]] 死んでも身を葬る場所がない

【葬送】 zàngsòng 動 葬り去る,駄目にする 回 [断送] [[白白地~了一生]] あたら一生を棒に振ってしまった

【藏】 zàng

⊗ ① (Z-) '西 Xī 藏' (チベット) の略称 [~传佛教] チベット仏教 [~文] チベット語,チベット文字 [~语] チベット語 ② (Z-) チベット族 ③ 蔵,倉庫 [宝~] 宝庫 ④ 仏教や道教

の経典の総称［大～経］大蔵経 ⇨cáng

【藏蓝】zànglán 形【定語として】赤みがかった藍色の

【藏青】zàngqīng 形【定語として】黒みがかった藍色の,ダークブルーの

【藏香】zàngxiāng 名 チベット産の線香

【藏族】Zàngzú 名 チベット族 ♦中国少数民族の一,チベット自治区・青海・四川・甘粛・雲南などに住む

【遭】zāo 動（多く良くないことに）出会う,遭遇する［～了两次水灾］2度も水害を被った 一量（～儿）①出会いや行き来する回数を数える［我来这儿还是头一～呢］ここに来るのは初めてだ ②ひと周りする回数を数える［跑了一～儿］1周走った

【遭到】zāodào 動（よくない事に）出会う,遭遇する［～拒绝］拒絶される［～舆论的谴责］世論の非難を受ける

【遭逢】zāoféng 動（事柄に）巡り会う,出会う［～盛世］隆盛の時代に巡り合う

【遭际】zāojì 名《書》①境遇 ②（よくない）巡り合わせ

【遭劫】zāo'jié 動 災難に遭う

【遭难】zāo'nàn 動 災難に遭う,遭難する

*【遭受】zāoshòu 動（よくない事に）出会う,（損害などを）被る［～迫害］迫害される

*【遭殃】zāo'yāng 動 災難に遭う

【遭遇】zāoyù 動（よくない事に）出会う,遭遇する［和敌军～］敵と遭遇する［～困难］困難にぶつかる 一名（多く不幸な）境遇

【遭罪】zāo'zuì 動 🔟［受罪］

【糟】zāo 形 ①朽ちた,駄目になる ②まずい,具合が悪い,めちゃくちゃだ［～了,饭糊了］しまった,ご飯をこがしてしまった ⊗①酒かす［酒～］同前 ②酒や酒かすに漬ける［～鱼］魚のかす漬け

*【糟糕】zāogāo 形《口》駄目だ,めちゃめちゃだ［～,钥匙丢了］しまった,鍵をなくした

【糟行】zāoháng 名〖家・所〗酒造所 🔟［糟坊］

【糟践】zāojian 動 ①（物を）無駄にする,台無しにする［～粮食］食糧を粗末にする ②（人を）踏みつけにする,凌辱する［～妇女］女性を辱める

【糟糠】zāokāng 名 酒かすや米ぬかなどの粗末な食物［～之妻］糟糠の妻

【糟粕】zāopò 名 ①かす ②（転）つまらないもの,役に立たないもの［弃其～,取其精华］かすを捨てて,精華を取る

*【糟蹋（糟踏）】zāota/zāotà 動 ①無駄にする,損なう［～粮食］穀物を無駄にする ②侮辱する,蹂躙する［你净～人］君はいつも人を侮辱する

【糟心】zāoxīn 形 気をもむ,悩ます

【凿（鑿）】záo 動 うがつ,彫る［用凿子～］のみで彫る ⊗（旧読 zuò）①ほぞ穴［方柄 ruì 圆～］（四角のほぞと丸いほぞ穴〉食い違いが甚だしい ②確かな,明らかな ⇨zuò

【凿空】záokōng（旧読 zuòkōng）動《書》牽強付会する（🔟［穿凿］）［～之论］こじつけの論

【凿岩机】záoyánjī 名 削岩機 🔟［风钻 zuàn］

【凿凿】záozáo（旧読 zuòzuò）形 確かな［～有据］れっきとした証拠がある［言之～］言うことに根拠がある

【凿子】záozi 名〖把〗のみ

【早】zǎo 形 ①（時間的に）早い（⊗［晚］）［睡得很～］寝る時間が早い［离上课还～］授業開始までまだ間がある［～来一天］一日早めに来る［～春］早春 ②（挨）おはよう［您～］おはようございます 一副 ずっと前から［～知道］前から知っている ⊗朝［从～到晚］朝から晩まで［～餐］朝食［～操］朝の体操［今～］今朝

【早安】zǎo'ān（挨）おはようございます

【早半天儿】zǎobàntiānr 名《口》午前中 🔟［早晌儿］

【早茶】zǎochá 名 朝の軽食,飲茶

【早产】zǎochǎn 動 早産する［～了一个女孩］女児を早産した

【早场】zǎochǎng 名（演劇・映画などの）午前の部,マチネー 🔟［午场］［夜场］

【早晨】zǎochen 名 朝 ♦夜明けから8,9時頃までの時間帯

【早稻】zǎodào 名 早稲

【早点】zǎodiǎn 名〔頓〕朝の軽食,朝食

【早饭】zǎofàn 名〔頓〕朝食,朝ご飯 🔟［早餐］

【早婚】zǎohūn 動 早婚する（🔟［晚婚］）［他是～］彼は早婚だった

【早年】zǎonián 名 ①昔,以前［～的事别提了］昔の事は言わないでくれ ②若い頃

【早期】zǎoqī 名 早期,早い時期［～（的）作品］初期の作品［～治疗］早期に治療する

【早日】zǎorì [副] 早期に，一日も早く〖祝你～恢复健康〗早くお元気になりますよう
★★【早上】zǎoshang [名] 朝〖～好〗おはよう
【早市】zǎoshì [名] 朝市〖赶～〗朝市へ買いに行く
【早熟】zǎoshú [形] ①(子供の) 発育が早すぎる ②(植物が)早熟な
【早衰】zǎoshuāi [形] 年より早く老けた
【早霜】zǎoshuāng [名] 晩秋の霜
【早退】zǎotuì [動] 早退する
【早晚】zǎowǎn [名] ①朝晩〖～的气候变化〗朝晩の気候の変化 ②(多く旧白話で) …の時〖这～〗今頃，今 — [副] 遅かれ早かれ〖这件事～会被他知道的〗いつかこの事は彼に知られるに違いない
【早先】zǎoxiān [名] 以前〖比～用功得多了〗以前よりずっと勉強家になった
【早已】zǎoyǐ [副] 夙(つと)に，早くに〖来信～收到〗お便り既に拝受しました
【早育】zǎoyù [動] 早めに子供を生み育てる〖提倡早婚～〗早めの結婚・出産を提唱する
【早早儿】zǎozǎor/zǎozāor [副] 早く〖～回家吧〗早く家に帰りなさい
【早造】zǎozào [名] 取入れの早い作物

【枣(棗)】zǎo [名] (～儿)〔个・颗〕ナツメの実［～树］ナツメの木
【枣红】zǎohóng [形]〔定語として〕栗毛色の
【枣泥】zǎoní [名] ナツメで作った餡(あん)
【枣子】zǎozi [名]《方》ナツメの実

〖蚤〗zǎo ⊗ ①ノミ［跳～zao］同前［狗～］犬のノミ ②'早'と通用

〖澡〗zǎo ⊗ 体を洗う，入浴する［洗～］体を洗う，風呂に入る［擦～］ぬれタオルで身体をこする
【澡塘】zǎotáng [名] ①浴槽，湯船 ②[同][澡堂]
【澡堂(子)】zǎotáng(zi) [名] 浴場，風呂屋，銭湯 [同][浴池]

〖藻〗zǎo ⊗ ①藻類(そうるい)［海～］海藻 ②藻(も) ③文辞の飾り，あや
【藻井】zǎojǐng [名]〖建〗宮殿・ホールなどの模様を描いた天井
【藻类植物】zǎolèi zhíwù [名] 藻類植物
【藻饰】zǎoshì [動]《書》美辞麗句で文章を飾る

〖璪〗zǎo ⊗ (皇帝の) 冠のビーズ状の垂れ飾り

【灶(竈)】zào [名] ①〔座・口〕かまど ②台所，厨房
【灶神】Zàoshén [名] かまど神 [同][灶君][灶王爷] [関][祭灶]
【灶膛】zàotáng [名] かまどの火をたく穴

〖皂(*皁)〗zào ⊗ ①黒い［～鞋］黒の布靴 ②しもべ，小者 ③石鹸(けん)［肥～］石鹸［香～］化粧石鹸
【皂白】zàobái [名] 黒白，是非［～不分］是非をわきまえない，有無を言わせない
【皂荚】zàojiá [名]〖植〗①サイカチ ②サイカチのさや(漢方薬や洗濯に用いる) [同][皂角]
【皂隶】zàolì [名]《旧》役所の下級使用人，小役人

【造】zào [動] ①作る，製造する〖～船〗船を製造する〖～大桥〗大橋を作る ②でっちあげる［捏～］捏(でっ)ち造する — [量]《方》稲など農作物の収穫〖一年两～〗二期作 ⊗ ①養成する［可～之才］育てるに値する人材 ②行く，至る［～访］《書》訪問する ③訴訟の当事者［两～］《旧》原告被告の双方［甲～］当事者甲，甲方 ④成果［深～］深く研究する
★★【造成】zàochéng [動] (悪い結果を)もたらす，引き起こす〖～混乱〗混乱をもたらす
【造次】zàocì [形]《書》①慌ただしい，急な［～之间］とっさの間 ②いい加減な，軽率な
★【造反】zào'fǎn [動] 造反する，謀反を起こす［～有理］反逆には道理がある(文化大革命期のスローガン)
【造福】zào'fú [動] 幸福をもたらす，幸せにする〖植树造林，～后代〗植樹造林は後世に幸福をもたらす
【造化】zàohuà [名]《書》大自然，造物主
—— zàohua [名] 幸福，運
【造价】zàojià [名]〔笔〕(建築物などの)建造費，造費，(自動車・船・機械などの)製造費
【造就】zàojiù [動] 養成する，育てあげる〖～干部〗幹部を育成する — [名] 造詣(けい)，成果(多く青年についていう)〖这小伙子很有～〗この若者はなかなか良い仕事をしている
【造句】zào'jù [動] 文を作る［～法］〖語〗シンタックス，構文論
【造林】zào'lín [動] 造林する
【造孽】zào'niè ([同][作孽]) [動] (仏教用語から) 罪作りをする，ばち当たりなことをする — [形]《方》かわいそうな
【造物】zàowù [名] 万物を創造する神力［～主］造物主，神
【造像】zàoxiàng [名] 彫像，塑像
★【造型】zàoxíng ('造形'とも) [動] ①

Z

【造形】 zàoxíng 造形する [～艺术]造型芸術 ② 砂鋳型を造る ━图造られた物の形

【造谣】 zào'yáo 動 デマをとばす [～中 zhòng 伤]デマを流して人を中傷する

【造诣】 zàoyì 图 造詣 [～很高(～很深)]造詣が深い

【造影】 zàoyǐng 图 放射線造影 [钡 bèi 餐～]バリウム造影剤によるX線撮影

【造作】 zàozuo 動 わざとらしく振る舞う,思わせ振りをする ⇨[做作]

【噪】 zào ⊗ 鸟や虫がしきりに鳴く [蝉～](書)セミがうるさく鳴く

【—(譟)】 ⊗ わめく,大声で騒ぐ [聒～](方) 同前

【噪声】 zàoshēng 图 騒音,雑音

【噪音】 zàoyīn 图 ① 噪音 ⇨[乐 yuè 音] ② 騒音,雑音 ⇨[噪声]

【燥】 zào ⊗ 乾燥した [干 gān～] 同前

【躁】 zào ⊗ 焦る,せっかちだ [急～]いらいらする [不骄不～]驕らず焦らず

【躁动】 zàodòng 動 ① いらだって動き回る ② 休まずに活動する

【则(則)】 zé 量 一くぎりの文章を数える [新闻三～]ニュース3件 [试题两～]試験問題2題 ⊗ ① (前段の条件を受けて) …すると,…すれば [领导脱离群众,～将一事无成]指導者が大衆から遊離すれば,何事も成し遂げられない [穷～思变]窮すれば変革を考える ② (対比して) …の方はと言えば [～不是好,只是太贵]いいことはいいが,ただ高すぎる ③ 理由や原因を列挙するときに用いる [一～…,二～…](理由の) 1つは…,2つ目は… ⑤ 確かに…だ ⑥ 模範,規範 ⑦ 規則 [法～]法則 [税～]徴税規則 ⑧ したがう,ならう ⑨ する,作る [～声]声を出す

【责(責)】 zé ⊗ ① 責任 [负～]責任を負う ② 要求する,求める [求全～备]完璧を求める ③ 詰問する,問いただす ④ 責める,とがめる [谴～]非難する ⑤ '债 zhài' と通用

*【责备】 zébèi 動 責める,とがめる [～自己]自分を責める

【责成】 zéchéng 動 (担当者や機関に) 目標や責務を課する,責任を持たせる [～他们妥善处理此事]この事につき善処するよう彼に命じる

【责罚】 zéfá 動 (書) 処罰する,罰する

*【责怪】 zéguài 動 責める,恨む [不应该～他]彼を責めるべきではない

【责令】 zélìng 動 責任を持たせてやらせる [～他们如期完工] 予定通り完工するよう彼らに命令する

【责骂】 zémà 動 なじる,責め立てる

【责难】 zénàn 動 とがめる,非難する

*【责任】 zérèn 图 責任 [有～]責任がある [负～]責任を負う [承担～]責任を取る [转嫁～]責任を転嫁する [～感][～心]責任感

【责问】 zéwèn 動 詰問する,問い詰める

【责无旁贷】 zé wú páng dài (成) 自分の負うべき責任は他に押しつけられない

【责有攸归】 zé yǒu yōu guī (成) (責任は帰する所がある＞) 必ず誰かに責任がある

【啧(嘖)】 zé ⊗ ① 舌打ちの音 ② やかましく言い合う,言い争う

【啧有烦言】 zé yǒu fán yán (成) しきりに非難の声があがる, 非難囂囂 ごうごう

【啧啧】 zézé 擬 ① 舌打ちの音 (称賛・からかい・うらめしさなどを表わす) [～称羡]しきりにほめそやす ② 取りざたする [人言～]人の口がやかましい ③ (書) 鸟の鳴き声

【帻(幘)】 zé ⊗ 古代の頭巾

【箦(簀)】 zé ⊗ 寝台のござ

【赜(賾)】 zé ⊗ 奥深い [探～索隐]深く隠れた道理や事蹟を探し出す

【泽(澤)】 zé ⊗ ① 沼,沢 [湖～]湖沼 ② 湿っている,潤いがある ③ (金属や珠玉などの) 光沢,つや ④ 恵み

【泽国】 zéguó 图 (書) ① 水郷 ② 浸水した地区

【泽泻】 zéxiè 图 (植) サジオモダカ (根は利尿剤)

【择(擇)】 zé ⊗ 選ぶ [不～手段]手段を選ばない [～期] (良い) 日を選ぶ [～优]秀れたものを選ぶ ⇨ zhái

【择吉】 zéjí 動 吉日を選ぶ [～开张]吉日を選んで開業する

【择交】 zéjiāo 動 (書) 友を選ぶ

【迮】 Zé ⊗① 狭い ② (Z-) 姓

【笮】 Zé ⊗ 姓 ◆'竹製のロープ'の意では zuó と発音

【舴】 zé ⊗ [～艋 měng] 小さな舟

【仄(*側)】 zè ⊗ ① 傾く ② 狭い [逼～](書) 手狭な ③ 心苦しい [歉～](書) 恐縮である ④ [語]仄ぞく

【仄声】 zèshēng 图 仄声 ◆古代の

四声のうち平声を除いた上声・去声・入声 ⑩[平声]

【昃】zè ⊗ 日が西に傾く

【贼】(賊) zéi 图 盗賊, 泥棒 [～走关门] 泥棒が去ってから戸締まりする, 泥縄 — 圈 ずるい [老鼠真～] ネズミは本当にずるがしこい ⊗ ①こせこせした, 邪悪な [～眼] きょろきょろした目付き ②(方)ひどく, やけに(多くは不快・不正常な情況に用いる) [～冷] ばかに寒い [～亮] ぎらぎら光る ③ 悪人, 裏切り者 [卖国～] 売国奴

【贼喊捉贼】zéi hǎn zhuō zéi 《成》(泥棒が泥棒をつかまえろと叫ぶ>)自分の悪事をごまかすため他人を盗人呼ばわりする

【贼眉鼠眼】zéi méi shǔ yǎn 《成》きょろきょろとして目付きが怪しいさま, そこそこした様子

【贼头贼脑】zéi tóu zéi nǎo 《成》挙動がこそこそしている, うさん臭い

【贼心】zéixīn 图 悪心 [～不死] 悪心は直らない

【贼星】zéixīng 图(俗) 流れ星

【贼赃】zéizāng 图 盗品, 贓物

【怎】zěn ⊗ (口) どうして, どのように [～不早说?] どうして早く言わないのか [～能不办?] どうしてやらないでいられようか

【怎的(怎地)】zěndi 代(方) どうして, どうする

*【怎么】zěnme 代 ① 〔状语として〕どのように(方法を尋ねる) [这件事～办呢?] これはどうすればいいだろう ② 〔状语として〕どうして(いぶかしい気持ちで原因・理由を尋ねる。文頭に置くこともある) [你～不高兴?] 君はなぜ不機嫌なのか [～他还不来?] 彼はどうしてまだ来ないんだろう ③ 〔定语として〕どのような(情況・性質を尋ねる) [这是～一回事?] これはどういうことだ ④ 〔述语として〕どうであるか, どうしたか [你～啦?] 君どうしたんだ ⑤ 〔文頭に置いて〕意外さや驚きを表わす [～, 小李还没回来?] なんだって, 李さんはまだ戻っていないの ⑥ ['也''都'と呼応して〕どんなに…しても(任意の内容を表わす) [～也睡不着] どうしても眠れない [不管～忙, 你也得去] どんなに忙しくても, 君は行かなければならない ⑦ ['不'+ — + 动词(形容词)の形で〕程度が弱いことを示す [天气不～冷] そんなに寒くない [平常不～来这里] 普段ここへは余り来ない ⑧ ['怎么…'怎么…'の形で〕思惑通りに行うことを表わす [～想就～说] 思った通りに話す

【怎么办】zěnme bàn 代 どうする, どうしたら [把车票丢了, 这可～!] 切符をなくした, どうしよう [你想～就～吧] あなたのしたいようにしなさい

*【怎么样】zěnmeyàng 代 ① 〔状语として〕どのように, どうやって(方法を尋ねる) [你是～来的?] 君はどのように来たのか ② 〔定语として〕どのような, どんな ♦ 性質を尋ねる。後に'的'+名詞, または('的')+'一'+量詞+名詞の形をとる [他是～的一个人?] 彼はどんな人だ ③ 〔述语として〕どうであるか ♦ 述语・补语・宾语に用いて状況を尋ねる [你身体～?] お体はいかがですか [你看～?] 君はどう考えますか ④ 〔否定の形で〕婉曲表現に用いる [这篇文章写得不～] この文章はあまりよく書けていない ⑤ どんなに(…しても) ♦ 前に'不管''无论', 後に'也''都'などと呼応する。口語では'怎么'を多く用いる [～说他也不听] どんなに言っても彼は従わない

【怎么着】zěnmezhe 代 どうする, どう(動作や状況を表わす) [你打算～?] 君はどうするつもりだ

【怎奈】zěnnài 圓 いかんせん, あいにく

【怎生】zěnshēng 代(旧白話で) どのように, どうする

【怎样】zěnyàng 代 ⑩ [怎么样]

【谮】(譖) zèn ⊗ 中傷する [～言](书) 讒言

【曾】(曾) zēng ⊗ ① 2代隔てた親族関係 ② '增'と通用 ③ (Z-)姓 ⇨céng

【曾孙】zēngsūn 图 孫の子, ひ孫

【曾祖父】zēngzǔfù 图 曾祖父, ひいおじいさん

【曾祖母】zēngzǔmǔ 图 曾祖母, ひいおばあさん

【憎】zēng ⊗ 憎む, 嫌う [面目可～] 顔付きが憎々しい [嫌～] 憎み嫌う

【憎称】zēngchēng 图 憎しみを表わす呼び方(侵略者を'鬼子'と呼ぶような)

【憎恨】zēnghèn 動 憎み恨む [～侵略者] 侵略者を憎悪する [引起人们的～] 人々の恨みを招く

【憎恶】zēngwù 動 憎悪する

【增】zēng ⊗ 増える, 増す [有～无减] 増える一方である [猛～] 急増する

【增补】zēngbǔ 動 (内容を) 増補する, (欠員を) 補充する [～本] 増補版

【增产】zēng'chǎn 動 増産する(㊙[减产]) [～粮食] 食糧を増産する [增点儿产] ちょっと増産する

【増訂】zēngdìng 動（本の内容を）増補訂正する〚～本〛増訂本

【増多】zēngduō 動多くなる，増える〚日益～〛日増しに増加する

【増高】zēnggāo 動高くなる，高める

【増光】zēng'guāng 動栄光を増す，栄誉を高める〚为国～〛国の威信を高める

*【増加】zēngjiā 動増加する，増える（⇨[减少]）〚～困难〛困難を増す〚产量比去年～的2倍になった〛〚报名人数由三千到五千〛申込者数が3千から5千に増えた

【増進】zēngjìn 動増進する〚～了相互的了解〛相互理解を深めた〚～食欲〛食欲を増進する

【増刊】zēngkān 图増刊

【増強】zēngqiáng 動強める，高める（⇨[减弱]）〚～信心〛自信を強める〚～抵抗力〛抵抗力を強める

【増生】zēngshēng 動（細胞が）増殖する ⇨[增殖]

【増収】zēngshōu 動収入が増える，増収する

*【増添】zēngtiān 動増やす，添える〚～乐趣〛楽しみを増す〚～了无限光彩〛この上ない光栄を添えた

【増益】zēngyì 動増やす，加える━━图〚電〛（増幅器などの）利得，ゲイン

【増援】zēngyuán 動〚軍〛増援する

*【増長】zēngzhǎng 動増加する，高める〚～速度〛速度を増す〚实践中一才〛実践するなかで才能を高める〚经济～〛経済成長

【増殖】zēngzhí 動繁殖する（⇨[增生]）〚～率〛繁殖率

【増値】zēngzhí 動①生産額が増える ②（資産や貨幣の）価値が上昇する

【増値税】zēngzhíshuì 图付加価値税

【缯(繒)】zēng ⊗絹織物方言ではzèngと発音 ◆「縛る」の意の方言ではzèngと発音

【矰】zēng ⊗（鳥を射る）いぐるみ ◆矢に糸や網を付け，からませて捕る

【罾】zēng 图〚方〛方形の四つ手網

【综(綜)】zèng（旧読zòng）图〚機〛ヘドル，綜絖 ◆織機の横糸を通すために縦糸を交互に上げ下げする装置 ⇨zōng

【锃(鋥)】zèng ⊗〚方〛（器が）磨かれてぴかぴか光っている（'铮zhèng'とも）〚～光〛〚～亮〛同前

【甑(甑)】zèng ◆①こしき，蒸籠（古代の土器，現在は米などを蒸す桶状の道具）②蒸留や分解に用いる器具〚曲颈～〛〚化〛レトルト

【甑子】zèngzi 图米などの蒸し器，蒸籠

【赠(贈)】zèng ⊗贈る〚敬～〛謹んで贈る

【赠答】zèngdá 動贈答する，（詩文などを）やりとりする

【赠礼】zènglǐ 图〚份〛贈り物，進物

【赠品】zèngpǐn 图〚件·份〛贈り物，贈答品

【赠送】zèngsòng 動贈る，贈呈する〚～礼物〛贈り物をする

【赠言】zèngyán 图はなむけの言葉〚临别～〛送別の言葉

【赠阅】zèngyuè 動（出版物を）贈呈する，寄贈する〚～图书〛書籍を寄贈する〚～图书〛寄贈図書

【扎】zhā 動〚方〛潜る〚～进水里〛水に飛び込む

【—(*剳)】zhā 刺す，突き刺す〚仙人掌～人〛サボテンのとげがささる〚～手〛（とげなどで）手を刺す

【—(*剳紮)】zhā ⊗駐屯する〚～营〛（軍隊が）駐屯する ⇨zā, zhá

【扎耳朵】zhā ěrduo 形耳障りな，耳が痛い，聞くに堪えない

【扎根】zhā'gēn 動①（植物が）根を張る，根付く ②（人や物事が）根を下ろす，定着する

【扎花】zhā'huā 動（～儿）〚方〛刺繍しゅうする

【扎猛子】zhā měngzi 動〚方〛水に頭から飛び込んで潜る

【扎啤】zhāpí 图〚杯·扎〛ジョッキ入り生ビール

【扎煞(挓挲)】zhāsha 動〚方〛①（手や枝などを）広げる，伸ばす〚他～着两只手〛彼は（困って）両手を広げている ②（髪の毛が）ぼさぼさに逆立つ

*【扎实】zhāshi 形①丈夫な ⇨[结实] ②堅実な，着実な〚工作很～〛仕事振りが手堅い

【扎手】zhāshǒu 形手を焼く，やりにくい〚这事真～〛この件は実に難題だ

【扎眼】zhāyǎn 形〚貶〛①目障りな，人の目を引きやすい ⇨[刺眼] ②〚貶〛人目を引きやすい

【扎针】zhā'zhēn 動鍼しんを打つ，鍼治療する

【吒】zhā ⊗神名用字〚木～〛木吒もくた〚哪 Né～〛哪吒（Nézhaとも）

【咋】zhā ⊗以下を見よ ⇨zā（「噛む」の意の古語

はzéと発音)
【咋呼(咋唬)】zhāhu [動]《方》①わめく，怒鳴る ②ひけらかす，威張る

【查】Zhā [×]姓
⇨chá

【渣】zhā [名](～儿) ①かす，しぼりかす [油～儿] 油かす [豆腐～] おから ②くず [面包～儿] パンくず
【渣滓】zhāzi/zhāzǐ [名]①残りかす ②(社会に害となる) 人間のくず(盗賊·詐欺師·ごろつきなど)
【渣子】zhāzi [名]残りかす，くず

【喳】zhā [嘆]《旧》下僕が主人に応える声，はい(かしこまりました) — [擬]〔多く重ねて〕鳥の騒ぐ声を表わす
⇨chā

【揸(*摣 戲)】zhā [動]《方》①指でつまむ ②[～开] 手の指を広げる

【楂(*樝)】zhā [×]『植』サンザシ [山～] 同前 ♦'茬'と通用する場合はcháと発音

【扎】zhá [×]→[挣 zhēng～]
⇨zā, zhā

【札(*剳)】zhá [×]①木簡 ②書簡 [手～]《書》同前 [大～]《敬》貴簡，お手紙
【札记(剳记)】zhájì [名]〔份〕読書ノート，覚え書き

【轧(軋)】zhá [動]圧延する『～钢板』鋼板を圧延する
⇨yà
【轧钢】zhá▾gāng [動]鋼塊を圧延する [～机] 圧延機
【轧辊】zhágǔn [名]圧延ローラー

【闸(閘 *牐)】zhá [名]①〔道·座〕水門，せき ②ブレーキ『这个～不灵』このブレーキは利かない『踩～』ブレーキを踏む，ブレーキを掛ける ③《口》スイッチ，開閉器 [电～](大型の) スイッチ [～盒(儿)] 安全器 — [動]水をせき止める
【闸口】zhákǒu [名]水門口，(水の)取り入れ口
【闸门】zhámén [名]〔道·座〕水門，せき

【炸(*煠)】zhá [動]①油で揚げる『～丸子』肉だんごを揚げる [～猪排] ポークカツレツ [～鸡] フライドチキン ②《方》ゆでる『把菠菜～一下』ほうれん草をゆがく
⇨zhà

【铡(鍘)】zhá [動]押し切りで切る『～草』押し切りで草(まぐさ)を切る [×]押し切り，まぐさ切り
【铡刀】zhádāo [名]〔把〕押し切り，まぐさ切り

【拃(*搩)】zhǎ [動]親指と中指(または小指) を広げて長さを量る — [量]同前により量られる距離

【砟】zhǎ [名](～儿)(石や石炭などの) 小さな塊，破片 [道～] 線路に敷く砂利 [焦～] 石炭がら [炉灰～儿] 炉の燃えがら

【鲊(鮓)】zhǎ [×]①漬けた魚 ②野菜の漬け物の一種

【眨】zhǎ [動]まばたきする『～眼睛』まばたきする
【眨巴】zhǎba [動]《方》まばたきする
【眨眼】zhǎ▾yǎn [動](～儿) まばたきする『不～地看』まばたきもせずに見る『～之间』瞬く間，一瞬間

【乍】zhà [副]①…したばかり『～到这里…』ここへ来たばかりの頃は… ②〔多く'～…～…'の形で〕…したかと思うと急に『～往～来』行ったかと思うとまたいきなりやって来る — [動]《方》[同][奓]
[×](Z-)姓

【诈(詐)】zhà [動]①だます，ぺてんにかける『别～我』僕をだますな [～取] 詐取する [～财] 金をかたり取る ②偽る，振りをする [～败] 負けた振りをする ③かまをかける，うそで探りを入れる『～出他的实话来』かまをかけて彼に本音を言わせた
【诈唬】zhàhu [動]《口》わざと脅かす，脅す
*【诈骗】zhàpiàn [動]だまし取る [～犯] 詐欺犯
【诈降】zhàxiáng [動]偽って投降する，降参を装う

【炸】zhà [動]①破裂する，爆発する『杯子～了』コップが割れた ②爆破する『～铁路』鉄道を爆破する ③《口》かんしゃくを起こす『一听就气～了』聞いたとたん怒りを爆発させた ④《方》逃げ散る
⇨zhá
【炸弹】zhàdàn [名]〔枚·颗〕爆弾『扔～』爆弾を落とす [定时～] 時限爆弾
【炸毁】zhàhuǐ [動]爆破する
【炸药】zhàyào [名]爆薬，ダイナマイト [同][火药]

【痄】zhà [×]以下を見よ
【痄腮】zhàsai [名]おたふくかぜ('流行性腮腺炎'の通称)

【蚱】zhà [×]以下を見よ
【蚱蜢】zhàměng [名]〔只〕バッタ

榨咤栅奓雪侧斋摘宅择窄债寨瘵占

【榨(*搾)】 zhà 動 しぼる，しぼり取る［压~］圧搾する
⊗搾木だ，しぼり器［油~］油しぼり器

【榨菜】zhàcài 图 ①〖植〗'芥菜'(カラシナ)の変種 ②ザーサイ◆'榨菜'の茎の漬物．四川省の特産

【榨取】zhàqǔ 動 ①しぼり取る［落花生~花生油］落花生から落花生油をしぼり取れる ②搾取する［~农民的血汗］農民の血と汗を搾取する

【咤(*吒)】 zhà ⊗ →［叱chì~］

【栅(*柵)】 zhà 图 さく，囲い［铁~］鉄さく［竹~］竹やらい
⇨ shān

【栅栏】zhàlan 图（~儿）[道] さく，囲い

【奓】 zhā 動〈方〉開く，広げる
◆湖北省の地名'奓山''小奓河'などではzhāと発音

【雪】 Zhā ⊗〈一〉雪溪ホシ(浙江省の川の名)

【侧(側)】 zhāi ⊗〈方〉傾く，傾ける［~棱leng〕一方に傾ける［~歪wāi]傾く，斜めになる
⇨ cè

【斋(齋)】 zhāi ⊗ ①精進料理 ②精進する ③僧侣・道士に飯を施す，布施をする ④部屋(書斎・商店の名によく使う．学寮を指すこともある)［书~］書斎［新~］新しい部屋［荣宝~]栄宝斋(北京の有名な文具古美術店)

【斋饭】zhāifàn 图 お布施にもらった飯

【斋戒】zhāijiè 動 斋戒する

【斋月】zhāiyuè 图 イスラム教の斎戒期間の1か月(イスラム暦の9月(ラマダーン)のこと)

【摘】 zhāi 動 ①摘む，もぐ，取る［~苹果］リンゴをもぐ［~花儿］花を摘む［~帽子］帽子を取る(罪名や汚名を解く)［~下眼镜］眼鏡をはずす ②抜粋する，かいつまむ ③(一時)借金する，融通する［~点儿钱］金を少々融通してもらう

【摘除】zhāichú 動（有機体から一部を）取り除く，摘出する［~枯叶] 枯葉を取り除く［~手术］摘出手術

【摘记】zhāijì 動 摘録する，抜き書きする［~要点］要点をメモする

【摘借】zhāijiè 動（急用の）金を借りる，融通してもらう

【摘录】zhāilù 動 抜き書きする，抜

粋する

*【摘要】zhāiyào 動 要点を抜き出す 图〖条·段〗摘要，要旨

【摘引】zhāiyǐn 動 抜粋引用する

【摘由】zhāiyóu 動（裁定するために）公文書の要旨を摘録する

【宅】 zhái ⊗ 住居，邸宅［住~］住宅［深~大院］豪邸，お屋敷 — 動 家に篭ってネットやゲームに耽る［~男］［~女］オタク

【宅急送】zháijísòng 图 宅配便

【宅门】zháimén 图 ①邸宅の大門 ②（~儿）お屋敷（に住む人）

【宅院】zháiyuàn 图〖所·座〗'院子'のついた家，屋敷

【宅子】zháizi 图〖所·座〗〖口〗住居，お屋敷

【择(擇)】 zhái ⊗ 選ぶ，よる
⇨ zé

【择不开】zháibukāi 動〖口〗①分解できない，解けない［线乱成了一团，怎么也~］糸がこんがらかって，どうしてもほどけない ②割けない，抜け出せない(⊗[择得开])［忙得一点工夫也~］忙しくて少しの時間も都合つけられない

【择菜】zhái'cài 動 野菜の食べられない部分を取り除く

【择席】zháixí 動（場所が変わって）寝付けない

【窄】 zhǎi 形 ①狭い，幅が短い(⊗[宽])［~小］狭い ②（了见，心が）狭い［心眼儿~］心が狭い，気が小さい ③(暮らしに)余裕がない

【债(債)】 zhài 图〖笔〗借金，負債，債務［还huán~］借金を返す［讨~］借金を取り立てる

【债户】zhàihù 图 債務者，借り主

【债权】zhàiquán 图 債権（⊗[债务]）

*【债券】zhàiquàn 图 債券

【债台高筑】zhài tái gāo zhù 《成》負債が山ほど有る，借金で首が回らない

【债务】zhàiwù 图〖笔〗債務

【债主】zhàizhǔ 图 債権者

【寨(*砦)】 zhài 图〖栅さや土塀をめぐらした〗村，部落(多く地名用)
⊗ ①(旧時軍隊の) 駐屯地，陣地 ②とりで ③山賊のすみか，山寨だ

【寨子】zhàizi 图〖栅，囲いで（柵や土塀をめぐらした）村，部落

【瘵】 zhài ⊗ 病気

【占】 zhān ⊗ ①占う ②(Z-)姓
⇨ zhàn

【占卜】zhānbǔ 動 占う［~吉凶］

吉凶を占う
【占卦】zhān▾guà [動] 卦(け)で占う [同][打卦]
【占课】zhān▾kè [動](主に銅銭の裏表を見たり，指で干支を数えたりして)吉凶を占う [同][起课]
【占梦】zhān▾mèng [動] 夢判断をする，夢占いをする [同][圆梦]
【占星】zhān▾xīng [動] 星占いをする
【沾】zhān [動] ①ちょっと触れる〖脚不～地 dì 飞跑〗足も地に触れないみたいに速く走る ②(利益·恩恵などを)被る，あずかる
【一(霑)】[動] ①しみる，ぬれる〖～湿了衣服〗服がびっしょりぬれた ②付着する，くっつく〖鞋上～了点儿泥〗靴に泥が少しついた
【沾边】zhān▾biān [動](～儿) ①ちょっと触れる，少し関係する〖这事他没有～〗この件には彼は関係していない ②(事実，水準に) 接近する
*【沾光】zhān▾guāng [動] おかげを受ける，恩恵にあずかる〖沾他的光〗彼のおかげを被る
【沾亲带故】zhān qīn dài gù《成》親類や友人の間柄である [同][沾亲带友]
【沾染】zhānrǎn [動] ①感染する，うつる〖～了细菌〗細菌に感染した ②(悪風などに) 染まる，感化される〖～坏习气〗悪い習慣に染まる
【沾手】zhān▾shǒu [動] ①手で触る，手に触れる ②かかわる，手を出す〖这件事我不想～〗この件には僕はかかわりたくない
【沾沾自喜】zhān zhān zì xǐ《成》うぬぼれて得意になっているさま
〖毡(氈 *氊)〗zhān ⊗ フェルト［～帽］フェルト帽［炕～］オンドルの上にしく毛氈(もうせん)
【毡房】zhānfáng [名]〔顶·座〕遊牧民の住む円天井の家 ♦木枠の上にフェルトをかぶせて作る．いわゆる蒙古パオ
【毡子】zhānzi [名] フェルト，毛氈
【粘】zhān [動] ①(粘り気のあるものが) くっつく〖这种糖～牙〗こういう飴(あめ)は歯にくっつく ②のり付けする，貼り付ける〖～信封〗封筒の封を貼る
⇨Nián
【粘连】zhānlián [動] ①〖医〗癒着する ②(物と物が)くっつく
**【粘贴】zhāntiē [動] 貼る，貼り付ける
〖栴〗zhān ⊗［～檀 tán］《書》ビャクダン
〖旃〗zhān ⊗①'毡'と通用 ②文語の助詞('之'と'焉'の合音)

〖詹〗Zhān ⊗姓
〖谵(譫)〗zhān ⊗ でたらめを言う［～语］《書》たわごと(を言う)
【谵妄】zhānwàng [名]〖医〗譫妄(せんもう) ♦病気·薬物中毒などによる心神障害
〖瞻〗zhān ⊗①眺める，仰ぎ見る［观～］《書》眺める ②(Z-)姓
【瞻顾】zhāngù [動]《書》①後先をよく考える，考えあぐねる ②世話する
【瞻念】zhānniàn [動] 将来のことを思う〖～前途〗前途を思う
【瞻前顾后】zhān qián gù hòu《成》(前を見たり後ろを見たりする>) ①事前に熟慮する ②(考え過ぎて)優柔不断である
【瞻望】zhānwàng [動] 遠くを見る，展望する〖～未来〗未来を展望する
*【瞻仰】zhānyǎng [動] 仰ぎ見る〖～遗容〗遺影を拝する
〖鳣(鱣)〗zhān ⊗ チョウザメ(古語) →［鲟 xún］
【斩(斬)】zhǎn [動] 切る，断ち切る
【斩草除根】zhǎn cǎo chú gēn《成》根こそぎにする，根絶やしにする
*【斩钉截铁】zhǎn dīng jié tiě《成》言動がきっぱりとしたさま，断固としていること
【斩假石】zhǎnjiǎshí [名] 人造石 [同][剁斧石]
【斩首】zhǎnshǒu [動] 斬首する
【崭(嶄)】zhǎn [形]《方》優れている，素晴らしい〖味道真～！〗実にいい味だ
⊗高く険しい，そびえる［～露 lù 头角］きわだって頭角を現わす
*【崭新(斩新)】zhǎnxīn [形] 真新しい〖～的式样〗最新のデザイン
〖飐(颭)〗zhǎn ⊗ 風が(ものを)ふるわせる
【盏(盞)】zhǎn [量] 灯火·電灯を数える〖三～电灯〗電灯3つ
⊗杯［酒～］酒杯［茶～］小さな茶のみ ♦'琖'は異体字
〖展〗zhǎn ⊗①広げる，延べる［开～］展開する，繰り広げる［～眼舒眉］顔をほころばす ②(期日·期限を) 遅らす，延ばす［～限］期限を延ばす ③展覧する，展示する［～室］展示室［画～］絵画展 ④発揮する，ふるう［一筹莫～］なんら策の講じようがない ⑤(Z-)姓
【展翅】zhǎnchì [動] 翼を広げる
【展出】zhǎnchū [動] 展示する，出展する

【展缓】zhǎnhuǎn 動 延期する, 期限を延ばす〖限期不得~〗期限を遅らすことができない
*【展开】zhǎnkāi 動 ①広げる〖~一幅地图〗一枚の地図を広げる ②繰り広げる, 展開する〖~竞赛〗競技を繰り広げる〖展不开〗展開できない
*【展览】zhǎnlǎn 動 展覧する〖~馆〗展示館 — 图 展覧会, 展示会
【展露】zhǎnlù 動 はっきり現わす〖~才能〗才能を現わす
【展品】zhǎnpǐn 图〔件・样〕展示品
【展期】zhǎnqī 動 延期する, 繰り延べる〖展览会~至五月底结束〗展覧会は期限を5月末まで延長する — 图 展覧会の期間
*【展示】zhǎnshì 動 展示する, はっきりと示す〖~了问题的实质〗問題の本質をあからさまにした
*【展望】zhǎnwàng 動 展望する, 見渡す〖~未来〗未来を展望する〖往车窗外~〗車窓の外を見渡す
*【展现】zhǎnxiàn 動 展開する, (目の前に)現われる〖~在眼前〗眼前に現われる〖~了美丽的世界〗美しい世界が現われた
【展销】zhǎnxiāo 動 展示即売する〖~会〗展示即売会
【展性】zhǎnxìng 图〔理〕展性 ⇒【延性】
【展转】zhǎnzhuǎn 動⇒【辗转】

【搌】zhǎn 動 (柔らかく乾いた物で水気を)軽くぬぐう, 吸い取る
【搌布】zhǎnbu/zhǎnbù 图〔块・条〕ふきん ⇒【抹 mā 布】

【辗(輾)】zhǎn ⊗ 以下を見よ
【辗转(展转)】zhǎnzhuǎn 動 ①何度も寝返りを打つ〖~不能入睡〗寝返りをうちばかりで眠れない ②転々とする, 回り回る〖~倒 dǎo 卖〗次々に転売する

【占(佔)】zhàn 動 ①占拠する, 占領する〖~别人的房子〗他人の家を占拠する ②(ある場所を)占める〖~上风〗優位に立つ〖~多数〗多数を占める ⇨ zhān

*【占据】zhànjù 動 占拠する, 占有する〖~支配地位〗支配的地位を占有する
*【占领】zhànlǐng 動 占領する〖~大城市〗大都市を占領する〖~学术阵地〗学術領域を占拠する
【占便宜】zhàn piányi ①不当な利益を得る, うまい汁を吸う ②有利な条件を持つ〖他们个头儿 gètour 大, 拔河比赛就~〗彼らは大柄だから綱引きには有利だ
【占先】zhàn'xiān 優位に立つ, 先を越す
*【占线】zhàn'xiàn (電話が)話し中だ
*【占有】zhànyǒu 動 ①占有する, 占拠する〖~财产〗財産を占有する ②(地位を)占める〖~一定的比例〗一定の割合を占める ③持つ, つかむ〖~大量证据〗大量の証拠をつかむ

【战(戰)】zhàn ⊗ ①戦争(する), 戦う〖开~〗開戦する ②震える〖打冷~〗ぶるぶる震える ③(Z-)姓
【战败】zhànbài 動 ①戦争に敗れる, 負け戦をする〖~国〗敗戦国 ②敵を打ち破る, 戦勝する〖~敌人〗敵を打ち負かす
【战备】zhànbèi 图 戦備, 軍備
【战场】zhànchǎng 图 戦場
【战车】zhànchē 图 軍用車両
【战船】zhànchuán 图〔艘・只〕軍船, 戦艦
【战地】zhàndì 图 戦地
【战抖】zhàndǒu 動 震える, 戦慄せんりつする
*【战斗】zhàndòu 图 動 (比喩的にも)戦闘, 戦争(する)〖~的友谊〗戦闘的友誼〖生活就是~〗生活はまさに戦いだ
【战犯】zhànfàn 图 戦犯, 戦争犯罪者
【战俘】zhànfú 图 捕虜
【战歌】zhàngē 图 軍歌, 士気を鼓舞する歌
【战功】zhàngōng 图 戦功〖立~〗軍功を立てる
【战鼓】zhàngǔ 图 陣太鼓; (転)戦闘の合図
【战国】Zhànguó 图〔史〕戦国時代(B. C. 475–B. C. 221)
【战果】zhànguǒ 图 戦果〖取得了辉煌的~〗輝かしい戦果を挙げた
【战壕】zhànháo 图〔条〕塹壕ざんごう
【战火】zhànhuǒ 图〔场〕戦火, 戦争〖~蔓延〗戦火が広がる
【战祸】zhànhuò 图 戦禍, 戦災
【战绩】zhànjì 图 戦績, 戦果〖报告~〗戦果を報告する
【战局】zhànjú 图 戦局
【战栗(戰慄)】zhànlì 動 戦慄せんりつする, 震える ⇒【抖】
【战利品】zhànlìpǐn 图 戦利品
【战乱】zhànluàn 图 戦乱
*【战略】zhànlüè 图 (大局的な)戦略〖~上蔑视敌人, 战术上重视敌人〗戦略的には敵を蔑視し, 戦術的には敵を重視する
【战马】zhànmǎ 图〔匹〕軍馬
【战区】zhànqū 图 戦区, 作戦区域
【战胜】zhànshèng 動 打ち勝つ, 戦い勝つ〖~困难〗困難に打ち勝つ

站栈绽湛颤蘸张 — zhāng

[～国] 戦勝国
【战士】 zhànshì 名 ① 战士 [解放军～] 解放军兵士 ②（事业や政治闘争に参加した）战士，闘士 [白衣～] 白衣の战士（医療関係者）
【战事】 zhànshì 名 战争行為，战争
*****【战术】** zhànshù 名（局部的具体的な）战术 🟰 [战略]
【战线】 zhànxiàn 名 [条] ① 战線 [统一～] 統一戦線 ②（転）活動の場 [高科技～上] ハイテクの分野で
*****【战役】** zhànyì 名 战役
【战友】 zhànyǒu 名 战友 [老～] 古くからの战友
【战战兢兢】 zhànzhànjīngjīng 形 ① びくびくする，战々恐々とする ② 用心深い
*****【战争】** zhànzhēng 名 [场・次] 战争 [发动～] 戦争を起こす [～罪犯] 戦争犯罪人 [～片] 戦争映画

【站】 zhàn 動 ① 立つ [～起来] 立ち上がる ② 立ち止まる，止まる [等车～住再下] 車が止まってから降りなさい
⊗ ① 駅 [到～] 駅に着く [车～] 駅，停留所 [火车～]（列車の）駅 [汽车～] バス停留所 ② 出先の事務所，施設 [保健～] 保健所 [水电～] 水力発電所
【站队】 zhàn'duì 動 整列する，列に並ぶ
【站岗】 zhàn'gǎng 動 歩哨に立つ，立番をする
【站柜台】 zhàn guìtái （従業員や店員が）カウンターに立って客に応対する，店員として働く
【站立】 zhànlì 動 立つ
【站台】 zhàntái 名 プラットホーム（🟰[月台]）[～票] 入場券
【站住】 zhànzhù 動 ① 止まる [～！要不就开枪了] 止まれ！ さもないと撃つぞ ② しっかりと立つ 🟰[站稳] ③ 足場を固める，地位を保つ ④（理由・説などが）成り立つ [这个论点站得住脚吗？] そういう論が成り立ちますか ⑤（方）（ついた色などが）落ちない

【栈】(棧) zhàn ⊗ ①（竹や木で作った）家畜用の囲い，柵 ② 栈道 ㄓㄢˋ ③ 倉庫，宿屋
【栈道】 zhàndào 名 [条] 栈道 ◆ 断崖絶壁に杭を打ち板を掛けた通路
【栈房】 zhànfáng 名 [家・所] ① 倉庫 ②（方）宿屋，旅籠など
【栈桥】 zhànqiáo 名 [座]（港や工事現場などの）栈橋，積み下し場

【绽】(綻) zhàn 裂ける，ほころびる [～线]（服などが）ほころびる [开～] 縫い目が破れる [破～] ほころびる，破綻

【湛】 zhàn ⊗ ① 深い ② 澄む ③（Z-）姓
【湛蓝】 zhànlán 形 【定語として】（多く空・海・湖などが）紺碧 ㄏㄅˋ の，ダークブルーの

【颤】(顫) zhàn ⊗ 震える ➪ chàn
【颤栗】 zhànlì ➪ [战栗]

【蘸】 zhàn 動（液体や粉末に）ちょっとつける [～点儿墨水] ちょっとインクをつける [～火] 焼き入れをする

【张】(張) zhāng 動 ① 開く，広げる [～嘴] 口を開ける [～开翅膀儿] 翼を広げる [～大了眼睛] 目を大きく開けた ② 飾りつける，並べる [～灯结彩] 提灯 ㄓㄠˇ を吊し色とりどりの飾りつけをする ③（方）見る，眺める [～了一眼] ちらっと見た [东～西望] あちこち見回す 一 量 平らなもの の（'纸''画儿''桌子''床''脸' など，また '嘴''弓''犁' など）を数える [一～纸] 1枚の紙
⊗ ① 大げさにする [夸～] 誇張する ② 開店する [开～] 店開きする ③ 星座名，張宿（二十八宿の一）④（Z-）姓
【张本】 zhāngběn 名 ① 手回し，下準備 ② 伏線 [做～] 伏線を張る 一 動 伏線を張る
【张大】 zhāngdà 動（書）① 拡大する ② 誇張する [～其词] 大げさに言う
【张挂】 zhāngguà 動（掛軸・幕などを）広げて掛ける，揭げる
【张冠李戴】 Zhāng guān Lǐ dài（成）（張の帽子を李にかぶせる＞）対象を間違える
【张皇】 zhānghuáng 動（書）あわてる [～失措] あわてふためく，おろおろする
【张口】 zhāng'kǒu 動 口を開ける，話す
【张口结舌】 zhāng kǒu jié shé（成）（口があき舌がこわばる＞）①（問い詰められて）言葉につまる ②（恐ろしさで）口も利けない
【张狂】 zhāngkuáng 形 軽薄な，横柄な，わがままな
【张力】 zhānglì 名【理】① 表面張力，張力 ② 牵引力 🟰[拉力]
【张罗】 zhāngluo 動 ① 処理する，計画する，算段する [事情总算～成了] どうにか片が付いた ② 接待する，応待する [别～了] おかまいなく [～不过来] 手が回らない
【张目】 zhāngmù 動 ① 目を見張る [～注視] 目を見張ってじっと見る ② 提灯 ㄓㄠˇ 持ちをする，悪者に助勢する [为他的不法行为～] 彼の違

法行為の助勢をする
【张三李四】Zhāng Sān Lǐ Sì（成）誰も、誰それ◆無名の庶民，不特定の人物を代表する
【张贴】zhāngtiē 動（貼紙・ポスターなどを）貼る，貼り出す
【张望】zhāngwàng 動 ① のぞく，盗み見る［从门缝 fèng～］戸の透き間からのぞき見る ② 見回す，見渡す［向车外～］車外を見渡す
【张牙舞爪】zhāng yá wǔ zhǎo（成）（牙をむき出し爪をふるう＞）見るからに獰猛どさ
【张扬】zhāngyáng 動 言い触らす，公表する［到处～别人的隐私］あちこちで他人の秘密を言い触らす
【张嘴】zhāng'zuǐ 動 ① 口を開ける，ものを言う ②（借金・頼みごとなどで）口に出す

【**章**】zhāng 量 歌曲・詩・文章などの段落を数える［第一～］第１章［共有四～］全部で４章ある
名 ① 条目，項目 ② 条理，筋道［杂乱无～］乱雑で筋道が立っていない ③ 規則，規定［党～］党規約 ④ 上奏文 ⑤ 印鑑，判［盖～］判を押す［图～］印鑑［私～］私印 ⑥ 記章，バッジ［徽～］徽章［臂～］腕章［袖～］腕章 ⑦（Z-）姓

*【章程】zhāngchéng 名 規約，規定 —— zhāngcheng 名（方）方法，考え
【章法】zhāngfǎ 名 ① 文章の構成，構想 ② 手順，きまり
【章回体】zhānghuítǐ 名 章回体 ◆中国の長編小説の一形式．回を分け，各回に標題をつける
【章节】zhāngjié 名 章節，文章の区切り
【章句】zhāngjù 名 ① 古典の章節と句読 ② 章句の分析解釈
【章鱼】zhāngyú 名［動］〔只・条〕タコ
【章则】zhāngzé 名 規則，規約

【嫜】zhāng ⊗ しゅうと（夫の父）

【漳】Zhāng ⊗（山西や福建の）川の名［～州］福建省漳しょう州

【獐】(*麞) zhāng ⊗［～子］［牙～］［動］ノロジカ

【彰】zhāng ⊗ ① 明らかな，顕著な［众目昭～］（悪に対して）衆目に明らかだ ② 表彰する，顕彰する［表～］ほめたたえる ③（Z-）姓
【彰明较著】zhāng míng jiào zhù（成）非常に明白である

【璋】zhāng ⊗ 古代の玉器の一

【樟】zhāng ⊗［植］クスノキ［～树］同前
【樟蚕】zhāngcán 名［虫］天蚕糸蚕
【樟脑】zhāngnǎo 名［薬］樟脳しょうのう＠［潮脑］

【蟑】zhāng ⊗ 以下を見よ
【蟑螂】zhānglāng 名〔只〕ゴキブリ＠（書）[蜚蠊 fěilián]

【仉】Zhǎng ⊗ 姓 ◆ 音読は「しょう」

【长】(長) zhǎng 動 ① 生える，生じる［～了个疙瘩］できものができた［～满了青苔］一面にコケが生えた ② 成長する，育つ［这孩子～得很好看］この子はとても器量がいい［他已经到一米八了］彼はもう１メートル80センチになった ③ 増す，増進する［～见识］見識を高める —— 形 ① 年上の［他比我～两岁］彼は私より２歳年上だ ② 世代が上の［～他一辈］彼より一世代上だ
⊗ ①（兄弟順が）一番上［～兄］長兄 ②（機関・団体などの）長［校～］校長，学長
⇨ cháng

*【长辈】zhǎngbèi 名 世代が上の人，目上
【长官】zhǎngguān 名 長官，上官
【长进】zhǎngjìn 動（学問・品行などの面で）進歩する，上達する
【长老】zhǎnglǎo 名 ①（書）長老 ② 徳の高い老僧に対する尊称
【长势】zhǎngshì 名（植物の）伸び具合，出来具合
【长孙】zhǎngsūn 名 ① 長子の長男，最年長の孫 ②（Z-）姓
【长相】zhǎngxiàng 名（～儿）容貌，顔立ち
【长者】zhǎngzhě 名 ① 長上，年長者 ② 年老いて徳のある人，長老
【长子】zhǎngzǐ 名 長男

【涨】(漲) zhǎng 動（水位・物価などが）上がる［河水～了］川が増水した［～价］値上りする
⇨ zhàng
【涨潮】zhǎng'cháo 動 潮が差す，潮が満ちる —— zhǎngcháo 名 上げ潮，満ち潮
【涨风】zhǎngfēng 名 騰勢，物価上昇の傾向

【掌】zhǎng 動 ① 平手打ちをする［～脸（～嘴）］びんたをくらわす ②（方）靴底を張る，繕う ③（方）（油・塩などを）加える，入れる —— 名（～儿）〔块〕① 靴底

[前～儿] 半張り ②蹄鉄(同[马掌]) 〖钉 dìng 个～儿〗蹄鉄を打つ
⊗①たなごころ [手～] 手のひら [易如反～] たなごころを反すようにたやすい ②握る, とりしきる [～权] 権力を握る [～鞭] 《方》御者 ③(Z-)姓

【掌灯】zhǎng▾dēng [動]①手に灯火を持つ ②(植物油の) 灯をつける, ともす 〖～的时候儿〗明かりをつけるころ

【掌舵】zhǎngduò [名]かじ取り, 舵手
—— zhǎng▾duò [動]かじを取る

【掌故】zhǎnggù [名]歴史上の人物の事跡や制度の沿革, 故実 〖艺坛～〗芸術界の故実

【掌管】zhǎngguǎn [動]管掌する, 主管する

【掌柜】zhǎngguì [名]《旧》商店の主人, 番頭 [同][掌柜的]

【掌权】zhǎng▾quán [動]権力を握る

【掌上明珠】zhǎng shàng míng zhū 《成》掌中の玉, 愛嬢;《転》非常に大切にしているもの [同][掌珠][掌上珠][掌中珠]

【掌勺儿】zhǎng▾sháor [動]料理をとりしきる [～的] コック, 料理人

【掌声】zhǎngshēng [名]拍手の音 [～雷动] 万雷の拍手が起こる

★★【掌握】zhǎngwò [動]①把握する, マスターする 〖～一门外语〗外国語を一つマスターする ②握る, 主管する 〖～会议〗会議を司会する 〖～政权〗政権を握る

【掌心】zhǎngxīn [名]①たなごころ [同][手心] ②《転》勢力範囲, 手の内 〖落进他的～〗彼の掌中にはまる

【掌印】zhǎng▾yìn [動]印鑑を管理する;《転》事務を主管する, 権力を握る

【掌灶】zhǎng▾zào [動]料理をとりしきる, 料理人を勤める [～儿的] 料理人, コック

【掌子(礃子)】zhǎngzi [名]切羽, 採掘現場 [同][掌子面]

【掌嘴】zhǎng▾zuǐ [動]びんたを食らわす [同][打耳光]

【丈】 zhàng [量]長さの単位, 丈(1'～'は10尺) — [動]土地を測量する
⊗①旧時老年男子に対する尊称 〖王～〗王老 [老～] 御老人 ②夫 [姑～] 父の姉妹の夫 [姐～] 姉婿

★★【丈夫】zhàngfū [名]成年男子, 立派な男 [～气] 男らしさ, 男気 [大～] ますらお, 立派な男
—— zhàngfu [名]夫, 主人

【丈量】zhàngliáng [動](土地を) 測る, 測量する 〖～地亩〗田畑の面積を測量する

【丈母娘】zhàngmuniáng [名]妻の母 [同][丈母][岳母]

【丈人】zhàngrén [名]老年男子に対する尊称
—— zhàngren [名]妻の父, 岳父 [同][岳父]

【仗】 zhàng [動]〘多く'～着'の形で〙頼る 〖全～你帮助〗すべて君の助けが頼りだ 〖～人多, 到处作案〗多数をたのみにあちこちで犯罪を重ねている — [名]〘量詞的に〙戦争, 戦闘 〖打一～〗戦争を1回する [胜～] 勝ち戦
⊗①兵器 [仪～] 儀仗 ②(兵器を)持つ

【仗恃】zhàngshì [動]頼む, 頼りにする

【仗势】zhàng▾shì [動]権勢を頼む, 笠に着る [～欺人] 権勢を笠に他人をいじめる

【仗义疏财】zhàng yì shū cái 《成》(義を重んじ財を軽んずる>) 正義のために金を出す

【仗义执言】zhàng yì zhí yán 《成》正義のために公正なことを言う

【杖】 zhàng ⊗①つえ, ステッキ 〖扶～而行〗つえをついて歩く [手～] つえ, ステッキ ②棒, 棍棒 [擀面～] 麺棒

【帐(帳)】 zhàng ⊗①とばり, 天幕 [蚊～] かや ②'账'と通用

【帐幕】zhàngmù [名][同][帐篷]

★【帐篷】zhàngpeng [名]〔顶〕テント, 天幕 〖搭～〗テントを張る

【帐子】zhàngzi [名]〔顶〕ベッドカーテン, とばり

【账(賬)】 zhàng [名]①勘定, 出納 〖记～〗記帳する 〖结～〗勘定をする ②〔本〕帳簿 ③〔笔〕負債, 借金 〖欠～〗借金がある

【账本】zhàngběn [名](～儿)〔本〕帳簿

【账簿】zhàngbù [名]〔本〕帳簿

【账单】zhàngdān [名](～儿)〔张〕計算書, 勘定書

【账房】zhàngfáng [名](～儿)《旧》①〔间〕帳場 ②帳場の番頭, 会計係

★★【账户】zhànghù [名]口座([同][户头]) 〖立～〗口座を設ける

【账目】zhàngmù [名]勘定の細目, 帳面づら

【胀(脹)】 zhàng [動]①膨張する, ふくれる 〖门～得关不上了〗ドアがふくれて締まらなくなった ②腹が張る, 皮膚が腫れる 〖吃得太多, 肚子发～〗食べ過ぎて腹が張る 〖眼睛～得酸痛〗目が腫れて痛い

【涨(漲)】 zhàng [動]①(水分を吸収して) 膨

Z

障嶂幛瘴钊招

【障】 zhàng
⊗ ① 妨げる,隔てる ② 遮るもの〔屏ping~〕ついたて,屏風びょう

*【障碍】 zhàng'ài 图 障害,妨げ〔克服~〕障害を乗り越える〔~赛跑〕障害物競走 ― 動 妨げる〔~交通〕交通を妨げる

【障蔽】 zhàngbì 動 遮る,覆い隠す〔~视线〕視線を遮る

【障眼法】 zhàngyǎnfǎ 图 人の目をくらます法,カムフラージュ 🔄 [遮眼法]

【障子】 zhàngzi 图〔道・堵〕垣,生け垣〔篱笆~〕まがき

【嶂】 zhàng
⊗ ついたてのように切り立った峰

【幛】 zhàng
⊗ 以下を見よ

【幛子】 zhàngzi 图〔幅・条〕字句を題した布 ◆ 慶弔の際に贈り,式場の壁に掛けられる

【瘴】 zhàng
⊗ 瘴气しょう

【瘴疠】 zhànglì 图 マラリアなどの伝染性熱病,風土病

【瘴气】 zhàngqì 图 熱帯・亜熱帯山林の高温多湿の空気(昔,'瘴疠'の病因と考えられた)

【钊】(釗) zhāo
⊗ 勉める ◆ 多く人名用字として

【招】 zhāo
動 ① 手招きする〔向我~手〕私に手招きする ② 募る,募集する〔名额已经~满了〕もう募集定員がいっぱいになった ③ (好ましくない結果・事物を)招く,引き寄せる〔盘子上~来了好多苍蝇〕皿に沢山のハエがたかってきた ④ かまう,からかって…させる〔别~孩子〕子供をからかいなさるな ⑤ (愛憎の感情を)引き起こす〔~人喜欢〕人に好かれる ⑥ (方)うつる,伝染する〔这病~人〕この病気は人にうつる ⑦ 自状する,自白する〔他全~了〕彼はすっかり白状した ― 图 (~儿) 🔄 [着儿 zhāor]
⊗ (Z-)姓

【招安】 zhāo'ān 動 説得帰順させる,投降させる

【招标】 zhāo'biāo 動 入札を募る

【招兵】 zhāo'bīng 動 兵士を募集する〔~买马〕軍備をする,人員を組織・拡充する

*【招待】 zhāodài 動 接待する,もてなす〔~客人〕客をもてなす〔记者~会〕記者会見〔~所〕宿泊所,ゲストハウス

【招风】 zhāo'fēng 動 人の注目を引き問題を起こす,風当たりが強い

【招抚】 zhāofǔ 動 🔄 [招安]

【招供】 zhāo'gòng 動 自供する,自白する

【招股】 zhāo'gǔ 動 株式を募集する

【招呼】 zhāohu 動 ① 呼ぶ,呼び掛ける〔大声~〕大声で呼ぶ ② 挨拶する,声を掛ける('打~'ともいう)〔向她~了一声〕彼女に挨拶した ③ 言い付ける〔~大家早点来〕早目に来るよう皆に言いなさい ④ 世話する,面倒をみる〔你替我~客人〕私の代わりにお客さんの世話をしてくれ ⑤ (方)気をつける

【招魂】 zhāo'hún 動 招魂する,死者の霊魂を呼び戻す

【招集】 zhāojí 動 招集する,集める

【招架】 zhāojià 動 食い止める,防ぎ支える〔~不住,节节败退〕太刀打ちできず,どんどん敗退する

【招考】 zhāo'kǎo 動 受験者を募集する〔~新生〕新入生を募集する

【招揽】 zhāolǎn 動 (客などを) 招き寄せる,引く〔~顾客〕客寄せをする 🔄 [招徕 lái]

【招领】 zhāolǐng 動 遺失物の受け取りを公示する,引き取らせる〔~失物〕遺失物受取りの公示をする

【招募】 zhāomù 動 (人を) 募集する

【招女婿】 zhāo nǚxu 動 婿を取る

【招牌】 zhāopai 图 ① 看板〔~(幌子)〕〔挂~〕看板を掲げる ② (転)名目〔打社会主义的~〕社会主義を標榜する

*【招聘】 zhāopìn 動 (公けに)招聘する,招く〔~技术人员〕技術要員を招聘する

【招亲】 zhāo'qīn 動 ① 婿を取る ② 婿入りする

【招惹】 zhāorě 動 ① (問題などを)引き起こす,惹起きゃっする〔~麻烦〕面倒を引き起こす ② (方)(多く否定形で使われ)手出しをする,かまう〔这个人~不得〕この人は手におえない

【招认】 zhāorèn 動 自白する,白状する

【招生】 zhāo'shēng 動 学生を募集する〔~启事〕学生募集の広告

【招事】 zhāo'shì 動 もめ事を引き起こす

*【招收】 zhāoshōu 動 (人を) 募集する,採用する

【招手】 zhāo'shǒu 動 (~儿)手招きする,手を振って挨拶する〔~即停,就近下车〕(タクシーなどについて)手を上げれば止まり,目的地のすぐ近くで降りられる

【招贴】zhāotiē 图 ポスター、広告［～画］宣伝画，ポスター

*【招投标】zhāo tóubiāo 動 入札を募る ⇨[招标]

【招降纳叛】zhāo xiáng nà pàn (成)(贬)(投降者や反逆者を受け入れる＞) 悪人を抱きこんで私利をはかる

【招眼】zhāoyǎn 動 人目を引く、目立つ

【招摇】zhāoyáo 動 見せびらかす、仰々しくする［～撞骗］(成)はったりをきかせて人を騙す

【招引】zhāoyǐn 動 引き付ける、誘う［灯光～蛾子］明かりで蛾をおびき寄せる

【招展】zhāozhǎn 動 はためく、ゆらめく［彩旗～］彩色旗はためく［花枝～］花の枝が風に揺れるようだ（派手に着飾るさま）

【招致】zhāozhì 動 ①（人材を）招き寄せる、集める［～人才］人材を集める ②（結果を）招く、引き起こす［～失败］失敗を招く

【招赘】zhāozhuì 動⇨[招女婿]

【昭】zhāo ⊗ 明らかな、明らかだ［～示]〈書〉明示する

【昭然若揭】zhāorán ruò jiē (成) 誰の目にも明らかである、火を見るより明らか

【昭雪】zhāoxuě 動〈書〉冤罪を雪ぐ

【昭彰】zhāozhāng 形〈書〉はっきりとした、明白な［罪恶～］罪状が誰の目にも明らかである

【昭著】zhāozhù 形〈書〉明らかな、はっきりとした

【着】(著) zhāo 图（～儿）（囲碁・将棋などの）一手、策(⇨[招儿])［没～儿了］もう打つ手がない［高～儿］いい手、妙手［失～］失策 ⇨〈方〉入れる［～点儿盐］塩を少し入れる 一嘆（承諾・賛成の気持ちを表わし）そうだ、その通り
⇨ zháo, zhe, zhuó

【着数（招数）】zhāoshù 图 ①囲碁、将棋の手、ひと指し ②武術の手、わざ ③手段、方策

【唦】zhāo ⊗以下を見よ
⇨ zhōu

【唦唧（嘲唧）】zhāozhā 形〈書〉小さな声が入り混じるさま

【朝】zhāo ⊗①朝 ②日［今～］〈書〉今日［有一～日］いつの日か
⇨ cháo

【朝不保夕】zhāo bù bǎo xī (成) 明日をも知れない（危急のさま）⇨[朝不虑夕]

【朝发夕至】zhāo fā xī zhì (成)（朝発って夕べに着く＞）（相対的に）道のりが遠くない

【朝晖】zhāohuī 图 朝日の輝き、朝日

【朝令夕改】zhāo lìng xī gǎi (成) 朝令暮改

【朝气】zhāoqì 图 生気、旺盛な気力(⇨[暮气])

*【朝气蓬勃】zhāoqì péngbó (成) 生気はつらつとした、活気みなぎる

【朝秦暮楚】zhāo Qín mù Chǔ (成)（朝は秦に、夕方には楚に仕える＞）あっちについたりこっちについたり節操のない ⇨[朝梁暮陈]

【朝三暮四】zhāo sān mù sì (成)(贬) 変転きわまりない、ころころ変わる ◆もとは詐術を用いて他人をだますことをいった

【朝夕】zhāoxī 图〈書〉①日々、朝なタな［～相处］毎日起居をともにする ②短時間［只争～］寸刻を惜しむ

【朝霞】zhāoxiá 图 朝焼け［～染红了天边］朝焼けが空のかなたを赤く染めた

【朝阳】zhāoyáng 图 朝日
⇨ cháoyáng

【着】(著) zháo 動 ①接触する、着く［～雨］雨にぬれる［脚不能～地］足を地面につけられない ②受ける、感じる［～凉］風邪をひく ③燃える、火がつく(⇨[灭])［大楼～火了］ビルが火事になった［路灯一齐～了］街灯が一斉にともった ④〈方〉寝入る、寝つく ⑤〔結果補語として〕目的を達成したこと、結果・影響が生じたことを表わす［打～了］命中した［猜～了］推測して当たった［木柴烧～了］薪が燃えた［睡不～觉］眠れない
⇨ zhāo, zhe, zhuó

【着慌】zháohuāng 動 慌てる

【着火】zháohuǒ 動 ①火事になる(⇨[失火])［～啦！］火事だ ②火が着く［～点］着火点（'发火点' '燃点'とも）

*【着急】zháojí 動 焦る、いらだつ［～了半天（着了半天急）］長いこと気をもんだ［光～有什么用］焦ってばかりいて何の役に立つか

*【着凉】zháoliáng 動 風邪をひく［衣服穿少了，～了］薄着をして、風邪をひいた

【着忙】zháománg 動 慌てる［这孩子真～］この子は本当に慌てんぼうだ

*【着迷】zháomí 動 夢中になる、魅せられる(⇨[入迷])［踢足球踢得～了］サッカーに夢中になった

【着三不着两】zháo sān bù zháo liǎng (俗)(言动が) 間が抜けている、要領を得ない

【爪】zhǎo [名] 鳥獣の脚，または爪〖老虎的～〗虎の爪［前～］前脚
⇨zhuǎ
【爪牙】zhǎoyá [名] 悪人の手先，一味
【找】zhǎo [動] ①捜す，求める〖～工作〗仕事を捜す〖～借口〗口実をみつける〖～不着zháo〗捜し当たらない，見つからない ②訪ねる，訪れる〖明天再来～你〗明日また会いに来ます〖你～谁呀？〗誰にご用ですか ③釣銭を出す，不足を補う〖～你两毛〗2角のお釣りです
【找病】zhǎo▾bìng [動]（自分から病気になりに行く＞）しないでもよい苦労をする
【找补】zhǎobu（zháobuと発音）[動] 不足を補う，つけ足す
【找碴儿(找茬儿)】zhǎo▾chár [動] 粗捜しをする，因縁をつける
【找麻烦】zhǎo máfan [動] 迷惑を掛ける，（自分から）面倒を引き起こす〖给你～，实在对不起〗ご迷惑をお掛けして，本当にすみません
【找齐】zhǎoqí [動] ①（高さ・長さを）揃える〖找不齐〗揃えられない ②補う，足す
【找钱】zhǎo▾qián [動] 釣銭を出す
【找事】zhǎo▾shì [動] ①職を求める，仕事を捜す ②いざこざの種を捜す，言い掛かりをつける〖没事～〗わざと悶着を起こす
【找死】zhǎosǐ [動] 自分から死にに行く〖～啊你！〗（無鉄砲な人を咎めて）死ぬ気か
【找头】zhǎotou [名] 釣銭，お釣り〖这是给你的～〗これはあなたへのお釣りです
【找寻】zhǎoxún [動] 捜し求める [同]［寻找］
【沼】zhǎo ⊗沼，池
【沼气】zhǎoqì [名] メタンガス
★【沼泽】zhǎozé [名]〔片〕沼沢，沼と沢
【召】zhào ⊗①呼び寄せる，召す［号～］呼び掛ける ②（Z-）'傣Dǎi族'の姓 ♦周代の国名または姓ではShàoと発音
【召唤】zhàohuàn [動]（多く抽象的な意味で）呼ぶ，呼び掛ける〖听从党的～〗党の呼び掛けに従う
【召集】zhàojí [動] 召集する，呼び集める〖班长～我们去开会〗級長が私たちを会議に呼び集める
【召见】zhàojiàn [動] ①引見する ②（外務省が外国の駐在大使を）呼び出す
★★【召开】zhàokāi [動] 召集して会議を開く，開催する〖～紧急会议〗緊急会議を召集する
【诏(詔)】zhào ⊗①告げる ②詔（みことのり）［～书］詔書
【照】zhào [動] ①照る，照らす，（日が）さす〖用手电筒～一～路〗懐中電灯で道を照らす ②（鏡に）映す，映る〖～镜子〗鏡に映す〖～自己的脸〗自分の顔を（鏡に）映す ③撮影する，写真を撮る〖～一张相片〗写真を1枚撮る ━[介] ①…に向かって，…をめがけて〖～着这个方向走〗この方向に向かって歩く ②…の通りに，…に照らして〖～计划进行〗計画通りに行う〖～道理说〗道理から言って〖～我看〗私の見るところ
⊗①写真［剧～］舞台写真，スチール写真 ②証明書，許可証［护～］パスポート ③世話をする ④知る，わかる ⑤突き合わす［对～］対照する ♦'炤'は異体字
【照办】zhàobàn [動] その通りに行う，その通りに処理する〖照着办〗同前
【照本宣科】zhào běn xuān kē《成》（書かれた通りに読みあげる＞）型通りで融通が利かない
【照壁】zhàobì [名] 表門の外（時に中）に立てられた目隠しの塀 [同]［照墙］［照壁墙］［影壁］
★★【照常】zhàocháng [形] いつものような，平常通りの〖日常生活一切～〗すべていつも通りに生活する〖～营业〗平常通りに営業する
【照抄】zhàochāo [動] そのまま写す，引き写しにする
【照度】zhàodù [名]〖理〗照度
【照发】zhàofā [動] ①今まで通りに発給する ②取り決めの通りに発送する
★★【照顾】zhàogù [動] ①気を配る，配慮する〖～到两国关系〗両国関係を考慮する ②世話をする，面倒をみる〖～老人〗年寄りの面倒をみる ③ひいきにする
【照管】zhàoguǎn [動] 世話をする，管理する
【照葫芦画瓢】zhào húlu huà piáo《成》手本通りに模倣する，まねる
【照护】zhàohù [動]（病人などを）世話する，看護する
【照会】zhàohuì [動]（外交上の）覚書を送る，照会する ━[名]〔份〕覚書
【照旧】zhàojiù [動] 元通りだ，相変わらずだ〖一切～〗すべてはこれまで通りだ ━[副] 元通り〖～上班〗いつも通り勤務する
【照看】zhàokàn [動] 世話する，見守る〖劳驾，帮我～一下行李〗すみません，荷物の番をして下さい
【照例】zhàolì [副] 例によって，慣例に従って〖～刷牙洗脸〗いつも通り歯

を磨き顔を洗う
*【照料】zhàoliào 動 世話する,面倒をみる〚～家务〛家事を切り回す〚～老人〛年寄りの世話をする
【照猫画虎】zhào māo huà hǔ《成》(猫を手本に虎を画く>)形だけ模倣する
【照面儿】zhào'miànr 動 顔を合わせる,顔を出す〚始终不～〛ずっと顔を見せない
── zhàomiànr 名 顔を合わせること,顔を出すこと〚打个～〛ばったり出会う,ちょっと顔を出す
【照明】zhàomíng 動 照明する〚～道路〛道を明るく照らす〚舞台～〛舞台照明〚～弹 dàn〛照明弾
【照片儿】zhàopiānr 名⇨[照片]
*【照片】zhàopiàn 名〔张〕写真
【照墙】zhàoqiáng 名⇨[照壁]
【照射】zhàoshè 動 照射する,光が差す
【照相(照像)】zhào'xiàng 動 写真を撮る,撮影する〚给他照张相〛彼の写真を撮ってあげる〚～纸〛印画紙
*【照相机】zhàoxiàngjī 名〔架・个〕カメラ ⇨[相机]
*【照样】zhàoyàng 副(～儿)相変らず,いつも通りに
── zhào'yàng 動(～儿)〔多く状語的に〕見本の通りにする,型通りに描く〚照这个样儿做一套西装〛この型通りにスーツを作る
【照妖镜】zhàoyāojìng 名〔面〕照魔鏡(妖怪の正体を映し出す魔法の鏡)
*【照耀】zhàoyào 動 照る,照り輝く〚阳光温暖地～着大地〛太陽の光が暖かく大地を照らしている
*【照应】zhàoyìng 動 呼応する,相応する〚前后～〛前後呼応する
── zhàoying 動 世話する,面倒を見る〚～不到〛世話が行き届かない

【兆】zhào 数 百万,メガ ◆日本語の「兆」は「万亿」という
㊇①兆す〚瑞雪～丰年〛雪は豊年の兆し ②兆し,兆候〚梦～〛夢の予兆〚不吉之～〛不吉な前兆 ③(Z-)姓
【兆头】zhàotou 名 兆し,前兆〚暴风雨的～〛暴風雨の前触れ
【兆周】zhàozhōu 名〔電〕メガサイクル,メガヘルツ

【赵】(趙) Zhào ㊇①周代の国名 ②地名(河北省南部を指す) ③姓
【赵体】Zhào tǐ 名 元の'赵孟頫 fǔ'(趙孟頫)の書体

【笊】zhào ⇨以下を見よ
【笊篱】zhàoli 名 網じゃくし,ざる

【棹】(*櫂䌫) zhào ㊇①かい,オール ②舟 ③(舟を)こぐ

【罩】zhào 動 覆う,かぶせる
㊇①(～儿)覆い,カバー〚口～〛マスク ②(～儿)上っ張り ③養鶏用の竹かご〚鸡～〛同前 ④うけ◆魚を捕える円筒形の竹かご
【罩袍】zhàopáo 名〔件〕(長い中国服'袍子'の上に着る)上っ張り ⇨[袍儿]
【罩棚】zhàopéng 名 門口や庭にむしろやアンペラなどで作った日よけや小屋
【罩衫】zhàoshān 名《方》⇨(普)[罩衣]
【罩袖】zhàoxiù 名《方》腕カバー,袖カバー ⇨(普)[套袖]
【罩衣】zhàoyī 名〔件〕(綿入れの上に着る一重の)上っ張り ⇨[罩褂儿]
【罩子】zhàozi 名〔只〕覆い,カバー〚灯～〛電灯の笠,ランプのほや

【肇】(*肁) zhào ㊇①始める〚～端〛(書)発端〚～始〛(書)始める ②引き起こす,招く ③(Z-)姓
【肇祸】zhàohuò 動 災いを引き起こす,事故を起こす
【肇事】zhàoshì 動 事故を起こす,事件を起こす

一 zhē

【折】zhē 動(口)①転がる,ひっくり返す〚～了个跟头〛もんどりうって倒れる ②(複数の容器を使い)何度も移し替える ⇨shé, zhé
【折腾】zhēteng 動(口)①何度もひっくり返す,しきりに寝返りを打つ〚～了一宿〛一晩中寝返りを打っていた ②繰り返す〚～了好几次〛何度も繰り返した ③苦しめる,いじめる〚牙疼真～人〛歯が痛くて本当に難儀だ

【蜇】zhē 動(口)①(毒虫が)刺す,かむ〚马蜂～人〛スズメバチが人を刺す ②刺激する,しみる〚切 qiē 洋葱～眼睛〛タマネギを切ると目にしみる ⇨zhé

【遮】zhē 動①遮る,阻む,妨げる〚月亮给云彩～住了〛月が雲に遮られた〚别～我〛私の前に立たないで ②(真相を)隠す,覆い隠す〚～人耳目〛人に知られないようにする
【遮蔽】zhēbì 動①遮る ②覆い隠す ③〔軍〕遮蔽㊥する
【遮藏】zhēcáng 動 覆い隠す
*【遮挡】zhēdǎng 動 遮る,遮り止め

る〖～不住〗遮りきれない 一[名]遮る物
【遮盖】zhēgài [動]①上から覆う，覆いかぶせる ②覆い隠す，隠蔽する〖～错误〗過ちを覆い隠す
【遮拦】zhēlán [動]遮る，阻む〖～大风〗強風を遮る
【遮羞】zhē▾xiū [動]①身体の恥部を覆い隠す［～布］下半身を隠す布（恥を覆い隠すもの） ②照れ隠しする
【遮掩】zhēyǎn [動]①覆う ②（過失などを） 覆い隠す，包み隠す〖～错误〗過ちを隠す
【遮阳】zhēyáng [名]（帽子などの）日よけ

【折】zhé [動]①折る，手折る〖～一根树枝〗枝を一本折る ②回る，向きを変える〖～过头来〗振向く ③引き当てる，換算する ④（将兵などを）失う 一[名]割引き，掛け（同[扣]）〖打七～〗7掛けにする，3割引きにする〖打八五折〗1割5分引きにする
⊗①曲げる，湾曲する［～腰］《書》腰をかがめる ②心服する ③割引く ④元代の'杂剧'の一場面 ♦普通一つの劇は'四折'から成る

【一(摺)】[動]畳む，折り畳む 一[名]（～儿）折り本，通帳［存～］貯金通帳
⇨shé, zhē
【折半】zhébàn [動]折半する，半減する〖按定价～出售〗定価の半値で売る
【折冲樽俎】zhé chōng zūn zǔ《成》（宴席で敵を制する＞）外交折衝を行うこと
【折叠】zhédié [動]折り畳む，畳む〖～被褥〗布団を畳む［～伞］折り畳み傘
【折兑】zhéduì [動]兌換する
【折服】zhéfú [動]①説き伏せる，屈服させる ②心服する
【折干】zhé▾gān [動]（～儿）《旧》品物の代わりに現金を贈る
【折合】zhéhé [動]換算する，（数量が） 相当する〖把日元～成人民币〗日本円を人民元に換算する〖五十公斤～一百市斤〗50キログラムは100斤に当たる
【折回】zhéhuí [動]折り返す，引き返す〖～车站去〗駅に引き返す
【折价】zhé▾jià [動]①（品物を） 金に換算する ②割引きする
【折扣】zhékòu [名]値引き，割引き〖不打～〗割引きなし，掛け値なし〖听他的话总要打～〗あの人の話はいつも割引いて聞かなければならない
*【折磨】zhémo/zhémó [動]苦しめる，さいなむ〖贫穷～人〗貧乏は人を苦しめる
【折扇】zhéshàn [名]（～儿）〔把〕扇子，扇
【折射】zhéshè [動]〖理〗屈折する
【折实】zhéshí [動]①（高い価格を）実勢価格まで下げる，割引きする ②（額面でなく）実勢価格に合わせて計算する
【折算】zhésuàn [動]換算する［～率］換算率
【折头】zhétou [名]《方》割引き，割引き額
【折账】zhé▾zhàng [動]品物で借金を返す，現物で借金に充てる
【折纸】zhézhǐ [名]折り紙（子供の遊び）
【折中(折衷)】zhézhōng [動]折衷する［～方案］折衷案
【折子】zhézi [名]〔本〕折り本，折り本式の通帳
【折子戏】zhézixì [名]〔出〕一幕ものの芝居

【哲(*喆)】zhé ⊗①賢い，知恵がある ②知恵のある人［先～］先哲
【哲理】zhélǐ [名]哲理
【哲人】zhérén [名]《書》哲人
*【哲学】zhéxué [名]哲学［～家］哲学者

【蜇】zhé ⊗→［海 hǎi ～］
⇨zhē

【辄(輒*輙)】zhé ⊗いつも，そのたび毎に［动～］ややもすれば

【蛰(蟄)】zhé ⊗虫などが冬ごもりする［惊～］［启～］啓蟄（二十四節気の一）
【蛰伏】zhéfú [動]①動物が冬ごもりする，冬眠する ②蟄居する
【蛰居】zhéjū [動]《書》蟄居する

【詟(讋)】zhé ⊗恐れる

【谪(謫*讁)】zhé ⊗①罪を責める，罰する ②官位を下げて遠方に移す［贬 biǎn ～］左遷される

【磔】zhé ⊗①身体を八つ裂きにする酷刑 ②漢字書法の一，右斜下のはらい《㇏》（現在は'捺 nà'という）

【辙(轍)】zhé [名]（～儿）①〔道〕わだち［车～］車の跡 ②コース，路線［顺～儿］順コース，流れに沿う［戗 qiāng～儿］逆コース，流れに逆らう ③歌詞・伝統歌劇などの踏む韻 ④《方》方法〖没～〗うつ手がない

【者(者)】zhě ⊗①[尾]各種の職業・特性・信仰などを持つ人を表わす［记～］記者［弱～］弱者［唯心论～］唯心論者 ②[尾]事物や人を代わりに指し

示す［前~］前者［两~］両者 ③主題をはっきり提示する文語の助詞［仁~, 人也］仁というのは人のことだ ④'这'と通用（ごく初期の白話に見える）［~边］こちら

【锗】(鍺) zhě 图【化】ゲルマニウム

【赭】zhě ⊗ 赤褐色

【赭石】zhěshí 图【鉱】赭石, 代赭石（主に顔料に用いる）

【褶】(*襇) zhě 图（~儿）〔条·根〕（服などの）しわ, ひだ［百~裙］プリーツスカート

【褶皱】zhězhòu 图①【地】褶曲ホォゥ゙㇒㉃⑩［褶曲］②皮膚のしわ

【褶子】zhězi 图①（服·紙などの）折り目, しわ, ひだ［裤子上的~］ズボンのしわ ②顔のしわ

【这】(這) zhè 代①これ, この, それ, その ♦比較的に近い時間·場所·事物を指す. 量詞·数詞·名詞などの前に付けて定語に, また, 単独で主語にもなる. '那'と連用した場合を除いて, 普通単独で賓語には用いない. 口語では単独または他の語の前に付けて発音するとき, zhèiと発音し, 後に数詞や量詞が付くと, よくzhèiと発音される（⑩［那］）［~两个人］このふたり［我们~一带］われわれのこの一带［~叫什么？］これは何というのですか［问问~, 问问那］あれやこれやと尋ねる ②〔~一〕+動詞または形容詞の形で〕このように［~一来…］こうすると, こうなると［你~一说我就明白了］君がそのように言われればよくわかります［你~一胖, 我都认不出你了］君がこんなに太って, すっかり見違えてしまったよ ③〔後に'就''才''都'などを伴って〕今［他~就来］彼は今すぐ来ます［我~才明白了］今はじめて知った
⇨zhèi

【这程子】zhèchéngzi 图【方】このごろ, 近ごろ

【这搭】zhèda 图（~儿）【方】ここ

【这个】zhège/zhèige 代①〔主語·賓語·定語として〕この, これ［~孩子真淘气］この子は本当にわんぱくだ［~比那个贵］これはあれより値段が高い［记住~, 忘了那个］覚えるはしから忘れてしまう ②（口）動詞·形容詞の前に用いて誇張を表わす［孩子们~乐lè啊！］子供たちのその喜びようったらない

【这会儿】zhèhuìr/（方）zhèhuǐr 图（口）今ごろ, この時（⑩［这会子］）［~你跑来干吗 gànmá？］今ごろ駆けつけてきてどうするんだ

【这里】zhèli/zhèlǐ 代ここ, こちら（⑩［这儿］）［~是北京广播电台］こちらは北京放送局です

【这么(这末)】zhème/（方）zème 代①〔状語として〕このように ♦物事の具体的な状態, 程度あるいは動作の方式を示す［~办就好了］こうすればいい［大家都~说］みんながそう言っている［~冷的天儿, 也不穿大衣］こんな寒い日でもオーバーを着ない ②特に指し示さず, 程度を誇張したり, 話し手の感嘆の語気を帯びる［山上空气~新鲜］山の空気はなんて新鮮なんだろう ③〔数量を修飾して〕このような［是有~两个人来过］確かにそんな2人が来た

【这么点儿】zhèmediǎnr 代（⑩［这么一点儿］）①これっぽっちの ♦数量の少ないこと, やや小さいことを指す［~(的)水］これっぽっちの水 ②これだけのもの［只剩下~了］たったこれだけしか残っていない

【这么些】zhèmexiē 代①〔定語として〕こんなに多くの ♦普通数量の多いことを強調するが, 少ないことを強調する場合もある［人坐得开吗？］こんなに大勢の人が座れますか ②こんな多くのもの, こんなちょっとのもの

【这么着】zhèmezhe 代 こういうふうにする, このようである［行, 咱们就~吧！］よし, そういうことにしよう［~更方便］こういうふうにすればもっと便利だ

☆【这儿】zhèr 代①ここ, そこ［车站离~不远］駅はここから遠くない ②〔介詞'打''从''由'の後に付いた場合〕この時, 今［打~起］今から

【这山望着那山高】zhè shān wàng-zhe nà shān gāo（俗）(こっちの山から見ると向こうの山は高い>) よその花はきれいに見える

【这些】zhèxiē 代 これら, これらの（口語では'~个'とも）［~人］これらの人々［~狗］これらの犬［~日子老下雨］このごろはいつも雨だ［~就是我的意见］こういうのが私の意見です

【这样】zhèyàng 代（~儿）①〔定語·状語として〕このような, こんなに（'这么样'とも）［~的文学作品］こういう文学作品［~办］このようにする ②このようである［情况就是~］情況はこういうふうなのです

【柘】zhè ⊗【植】ヤマグワ［~树］同前［~蚕］同前の葉で飼う蚕

【浙】(*淛) Zhè ⊗ 浙江省の略称［~江省］浙江省

【嗻】zhè 嘆（旧）（下僕が主人に）はい（かしこまりました） ♦白話の'哼嗻'（ひどい）はchēzhēと

発音

〖蔗〗 zhè [⊗]サトウキビ，甘蔗 [甘～ gānzhe] 同前

【蔗农】zhènóng [名]甘蔗栽培農民

【蔗糖】zhètáng [名]①〖化〗蔗糖 ②甘蔗糖

〖鹧(鷓)〗 zhè [⊗]以下を見よ

【鹧鸪】zhègū [名]〖鳥〗〔只〕鷓鴣

【鹧鸪菜】zhègūcài [名]〖植〗マクリ，海人草 ♦虫下しに用いる

【着(著)】 zhe [助]①…している，…しつつある ♦動詞の後に付け動作の持続を表わす．多く文末に'呢'を伴う．動詞が持続動詞であれば，動作の進行を表わす'正''在'などと併用されうる．否定には'没有'を使う〖看～报呢〗新聞を読んでいる〖正开～会呢〗今ちょうど会議中です ②…してある，…している ♦動詞·形容詞の後に付け状態の持続を表わす〖墙上挂～一张世界地图〗壁に世界地図が1枚掛かっている〖穿～一身新衣服〗新しい服を着ている〖窗户开～没有？〗窓はあいていますか〖门没开～〗門はあいていない ③…しながら(…する)，…して(…する) ♦同一主語で動詞が2つ連なっている文で，前の動詞に'～'が付いて，後の動詞の方式を表わしたり，2つの動作が同時に行われることや動作の進行中に別の動作や変化が起こることを表わす〖走～去〗歩いて行く〖站～讲课〗立って講義をする〖笑～说〗笑いながら言う〖想～想～笑了起来〗考えているうちに笑い出した ④動詞·形容詞の後に付けて命令の語気を表わす，多く後に'点儿'を伴う〖你听～！〗よく聞きたまえ〖快～点儿写！〗早く書きなさい ⑤動詞の後に付けて介詞や副詞として用いられる［顺～］…にそって［为～］…のために［接～］引き続いて
⇨zhāo, zháo, zhuó

【着哩】-zheli [助]〖方〗[同]〖普〗［着呢］

【着呢】-zhene [助]〖口〗形容詞の後に付いてその程度の高いこと，誇張の語気を表わす〖难～〗とても難しい〖时间还早～〗時間はまだまだ早いですよ

【这(這)】 zhèi [代]'这 zhè'の口語音，もと'这'と'一'の合音
⇨zhè

〖贞(貞)〗 zhēn [⊗]①節を曲げない，節操がある ②貞操，女子の操 ③占う

【贞操】zhēncāo [名]①堅い節操，忠節 ②(女性の)貞節

【贞节】zhēnjié [名][同][贞操]

【贞洁】zhēnjié [形]〖書〗貞潔である

【贞烈】zhēnliè [形]〖書〗女性が貞操を守り死んでも屈しない

〖侦(偵)〗 zhēn [⊗]探る，調べる

【侦查】zhēnchá [動]〖法〗捜査する

【侦察】zhēnchá [動]偵察する［～卫星］スパイ衛星［～机］偵察機

【侦缉】zhēnjī [動]捜査逮捕する

*【侦探】zhēntàn [名][動]探偵(する)，スパイ(する)［～小说］探偵小説

【帧(幀)】 zhēn(旧読zhèng) [量]書画を数える〖一～油画〗1幅の油絵

〖祯(禎)〗 zhēn [⊗]吉祥

〖桢(楨)〗 zhēn [⊗]柱の一種

【针(*鍼)】 zhēn [名]①(～儿)〔根〕針〖穿～〗針に糸を通す［绣花～］刺繍針［毛线～］毛糸の編み針 ②鍼 —[量]ひと針，ひと縫い，ひとかがり〖缝 féng 四～〗4針縫う
[⊗]①注射(針)〖打～〗注射する［防疫～］予防注射 ②針状をしたもの［松～］松葉［时～］時針［秒～］秒針 ③鍼治療する

【针鼻儿】zhēnbír [名]針の穴，めど

【针砭】zhēnbiān [動]誤りを指摘して改めさせる ♦'砭'は古代の治療用の石針［痛下～］厳しく戒める

【针刺麻醉】zhēncì mázuì [名]針麻酔

**【针对】zhēnduì [動]正面から立ち向かう，ねらいを合わせる〖～现实〗現実に即応する〖这句话不是～你说的〗このことは君を指して言ったのではない

【针锋相对】 zhēn fēng xiāng duì〖成〗真っ向から対決する，鋭く対立して譲らない〖进行～的斗争〗真正面から対決して戦う

【针剂】zhēnjì [名]注射薬，注射液

【针脚】zhēnjiao/zhēnjiǎo [名]①縫い目〖顺着线头找～〗手掛かりをたどって捜す ②縫い目の間隔

【针灸】zhēnjiǔ [名]針灸

【针头】zhēntóu [名]注射針

【针线】zhēnxian/ zhēnxiàn [名]裁縫や刺繍などの針仕事〖学～〗裁縫を習う〖做～〗針仕事をする［～活儿］針仕事

【针眼】zhēnyǎn [名]①針の穴，めど [同][针鼻儿] ②(～儿)針で刺した穴，注射の跡
—— zhēnyan/zhēnyǎn [名]'睑腺炎'(ものもらい)の通称〖长了个～〗ものもらいができた

【针鼹】zhēnyǎn [名]〖動〗ハリモグラ

【针叶树】zhēnyèshù [名]針葉樹 [反]［阔叶树］

【针织品】zhēnzhīpǐn 名 メリヤス製品，ニット製品

【针黹】zhēnzhǐ 名〔書〕針仕事

珍(*㻑) zhēn ⊗ ① 宝物［山~海味］山海の珍味 ② 珍しい，貴重な ③ 珍重する，大切にする［袖~词典］ポケット辞典

【珍爱】zhēn'ài 動 珍重する，大切にする

【珍宝】zhēnbǎo 名 宝物，宝［寻找地下的~］地下の宝物（埋蔵資源）を捜す

【珍藏】zhēncáng 動 珍蔵する，秘蔵する

*【珍贵】zhēnguì 形 貴重な，価値ある［~的时间］貴重な時間

【珍品】zhēnpǐn 名〔件〕珍しい品，珍品［堪称~］珍品と称するに足る

【珍奇】zhēnqí 形 珍しい，貴重な［~的动物］貴重な動物

【珍禽】zhēnqín 名 珍鳥［~异兽］珍しい鳥獣

【珍摄】zhēnshè 動〔敬〕体に気をつける［请多~］どうかお体を大切に

【珍视】zhēnshì 動 重んずる，大切にする［~各民族的团结］各民族の団結を大事にする

【珍玩】zhēnwán 名〔样・件〕珍しい愛玩物

【珍闻】zhēnwén 名 珍聞，変わった話題

*【珍惜】zhēnxī 動 大切にする，愛惜する［~时间］時間を大切にする

【珍稀】zhēnxī 形 珍しく稀少な

【珍异】zhēnyì 形 珍しい，貴重な

【珍重】zhēnzhòng 動 ① 珍重する，大事にする ②（身体を）大事にする，自愛する［请多~］どうぞ御自愛下さい

*【珍珠(真珠)】zhēnzhū 名〔颗〕真珠［~贝］真珠貝［~鸡］ホロホロ鳥［~米]（方）トウモロコシ

胗 zhēn 名（~儿）(食用の）鳥の胃袋，砂袋 ⓓ（方）[胗 zhuān]

真(眞) zhēn 形 ① 真実の，本当の ⓓ［假］ ② はっきりとしている，正確である［听得很~］はっきりと聞こえる ― 副 確かに，本当に［时间过得~快］時がたつのは実に早い ⊗ ①「~书」(楷書) の略称［~草隶篆］楷書，草書，隷書，篆書 ② (Z-) 姓

【真诚】zhēnchéng 形 誠意のある，真心を込めた

【真的】zhēnde 副 本当に（ⓓ［方］［真个］）［我~要去］私は本当に行きたい

【真谛】zhēndì 名 真理，真諦とい

【真鲷】zhēndiāo 名〔魚〕マダイ ⓓ《口》[加级鱼]

【真格的】zhēngéde (方）副 本当に ― 名 ① 本当の話，まじめな話［说~吧]本当のところを話してくれ，まじめな話をしよう ②〖話を変える時の発語として〗ときに［哎，~，我托你的那件事怎么样了？］ああ，ところで君に頼んだあの件はどうなったね

【真个】zhēngè (方）確かに，本当に ⓓ[普][的确]

【真果】zhēnguǒ 名〔植〕真果 ⓓ[假果]

【真迹】zhēnjì 名〔幅・帧〕真筆，真跡

【真金不怕火炼】 zhēn jīn bú pà huǒ liàn (成)（本物の金はいくら焼いても変質しない＞）意志の堅い人や正しい人はいかなる試練にも耐えられる

【真空】zhēnkōng 名 ① 真空［~管］真空管［~泵］真空ポンプ ②（転）真空地帯

*【真理】zhēnlǐ 名 真理

【真凭实据】zhēn píng shí jù (成) ゆるがぬ証拠，確証

【真切】zhēnqiè 形 はっきりしている，紛れもない［听不~］はっきり聞こえない

【真情】zhēnqíng 名 ① 実情，真相 ② 真心，真情［~实感］偽りのない感情

【真确】zhēnquè 形 ① 確かな，真実の ② はっきりとしている，明らかな

【真人】zhēnrén 名 ①（道教で）奥義を究めた人 ◆ 多く称号に用いる ② 実在の人物［~真事］実在の人物と実際の事柄

【真实】zhēnshí 形 真実の，本当の

【真是】zhēnshi 副 ① 本当に，実に ② 全くもう ◆ 不満・不快の気持ちを表わす［爸，您~！］お父さんったら

【真书】zhēnshū 名 楷書

【真率】zhēnshuài 形 率直で飾り気がない，ざっくばらんな

*【真相】zhēnxiàng 名 真相，正体［~大白］真相がすっかり明るみに出る

【真心】zhēnxīn 名〔片〕真心，本心［~悔改］本心から悔い改める［~实意]誠心誠意

*【真正】zhēnzhèng 形 真の，正真正銘の［~的茅台酒］本物のマオタイ酒 ― 副 本当に，確かに

【真知】zhēnzhī 名 正しい認識，確かな知識［~灼见］明確な見解

【真挚】zhēnzhì 形 真心のこもった，うそ偽りがない

【真主】Zhēnzhǔ 名 イスラム教の神 アラー

祯(禎) zhēn ⊗ 吉祥

zhēn 一

【砧(碪)】 zhēn ⊗ 物をたたいたりつぶしたりする時に下に敷く器具、きぬたや金床の類 [铁~] 金床, 金敷

【砧板】 zhēnbǎn 图〔块〕まな板

【砧木】 zhēnmù 图（接ぎ木の）台木

【砧子】 zhēnzi 图 金床, まな板

【溱】 Zhēn ⊗ 古代の川の名（今の河南省）◆江蘇省の地名'溱潼'は Qíntóng と発音

【蓁】 zhēn ⊗ [~~]《書》草木が茂るさま

【榛】 zhēn ⊗ ハシバミ [~树] ハシバミの木

【榛子】 zhēnzi 图〔植〕ハシバミの実

【臻】 zhēn ⊗（良い状態に）至る, 及ぶ [日~完善] 日増しに整ってくる

【斟】 zhēn 動（茶や酒を）つぐ, くむ [~茶] 茶をつぐ [自~自饮] 手酌で飲む

＊【斟酌】 zhēnzhuó 動 斟酌する, 考慮する [~情况] 事情を斟酌する [~字句] 字句の適否を吟味する

【甄】 zhēn ⊗ ①（優劣・真偽を）鑑定する, 選別する [~别] 同前 ②（Z~）姓

【箴】 zhēn ⊗ ①戒める, 忠告する [~言]《書》箴言 ②古代の文体の一, 戒めを書いたもの

【诊(診)】 zhēn ⊗ 診察する, 診察してもらう [出~] 往診（する）[门~] 宅診（する）

【诊察】 zhěnchá 動 診察する [请医生~] 医者に診察してもらう

＊【诊断】 zhěnduàn 動 診断する [~书] 診断書

【诊疗】 zhěnliáo 動 診療する [~室] 診療室

【诊脉】 zhěn`mài 動 脈を見る, 脈をとる 働[按脉][号脉]

【诊室】 zhěnshì 图[间]診察室

【诊视】 zhěnshì 動 診察する

【诊所】 zhěnsuǒ 图〔所・家〕診療所, クリニック

【诊治】 zhěnzhì 動 診療する, 治療する

【轸(軫)】 zhěn ⊗ ①古代の車の後部の横木, また車を指す ②みつぼし星（'二十八宿'の一）③悲しむ, 悼む [~念]《書》悼みしのぶ

【疹】 zhěn ⊗ 発疹する, 吹出物 [荨 xún 麻~] 蕁麻疹

【疹子】 zhěnzi 图 はしか, 麻疹（'麻疹'の通称）[出~] はしかにかかる

【畛】 zhěn ⊗ 田畑のあぜ道 [~域] 境, 境界

【枕】 zhěn 動 枕にする [~着胳臂 gēbei 睡觉] 肘を枕にして眠る
⊗ 枕 [~头] 同前 [~边风]（夫が妻に, 妻が夫に）枕元で吹き込む言葉 [靠~] クッション [气~] 空気枕

【枕戈待旦】 zhěn gē dài dàn《成》（武器を枕にして朝を待つ＞）片時も警戒を怠らない

【枕巾】 zhěnjīn 图〔条〕（タオル地の）枕覆い, 枕カバー

【枕木】 zhěnmù 图〔根〕枕木 働[道木]

【枕套】 zhěntào 图 枕カバー 働[枕头套]

＊【枕头】 zhěntou 图 枕 [~套] 枕カバー [~心儿] 枕の中みの

【枕席】 zhěnxí 图 ①寝台, 寝床 ②（~儿）枕当てにするござ 働[枕头席儿]

【枕心】 zhěnxīn 图 枕の芯, 枕の詰め物 働[枕头心儿]

【缜(縝＊稹)】 zhěn ⊗ 以下を見よ

【缜密】 zhěnmì 形 緻密な, きめ細かい [~的计划] 入念な計画

【圳(＊甽)】 zhèn ⊗《方》田畑の水渠 [深~] 深圳 zhèn（広東省の地名）

【阵(陣)】 zhèn 量（~儿）①ひと区切りの時間を指す [病了一~] しばらく病気をした [这一~儿] このごろ, 今 ②現象や動作の一経過を指す ◆数詞は'一'か'几'しか付かない [下了一~雨] 一雨降った [一~掌声] ひとしきりの拍手
⊗ ①軍隊の配置, 陣 ②戦場, 陣場

＊【阵地】 zhèndì 图 陣地（比喩的にも）

【阵风】 zhènfēng 图 突風

【阵脚】 zhènjiǎo 图 態勢, 足並み [稳住~] 陣営を安定させる, 動揺を抑える

＊【阵容】 zhènróng 图 陣容

【阵势】 zhènshì / zhènshi 图 ①布陣, 軍隊の配置 [摆开~] 陣を構える ②情勢

【阵痛】 zhèntòng 图 陣痛（比喩的にも）

【阵亡】 zhènwáng 動 陣没する, 戦死する

【阵线】 zhènxiàn 图（多く比喩的に）戦線 [统一~] 統一戦線

【阵营】 zhènyíng 图 陣営

【阵雨】 zhènyǔ 图 にわか雨, 夕立

【阵子】 zhènzi 图 ①ひと区切りの時間を指す [那一~] あのころ ②現象や動作の一経過を指す 働[阵儿]

【纠】(糾) zhèn ⊗《方》家畜をつなぐ縄

【鸩】(鴆) zhèn ⊗ 鸩‿◆その羽を浸した酒を飲めば死ぬという伝説上の毒鳥

【—(酖)】 ⊗① 鸩の毒酒 ② 鸩酒を飲ませて人を殺す

【振】 zhèn ⊗① 振る, 振るう ② 奮起する, 奮い立つ［精神不~］元気がない

【振拔】zhènbá 動《書》苦境から抜け出し奮起する

【振弊】zhènbì 動 腕を振り上げる（奮発するさま）[~一呼] 奮起して呼び掛ける

【振荡】zhèndàng 動 ① 振動する ②《電》発振する [~器] 発振器, オシレーター

*【振动】zhèndòng 動 振動する

【振奋】zhènfèn 動 奮い立つ, 奮発させる [~人心] 人々の心を奮起させる

【振幅】zhènfú 名《電》振幅 ⇔[波幅]

*【振兴】zhènxīng 動 振興する, 発展させる [~教育事业] 教育事業を振興する

【振振有词（振振有辞)】 zhènzhèn yǒu cí《成》もっともらしくまくし立てる, 盛んに抗弁する

【振作】zhènzuò 動 奮起する, 意気込む [把精神~起来] 元気を奮い起こす

【赈】(賑) zhèn ⊗ 救済する, 救援する

【赈济】zhènjì 動 救援する, 救済する

【赈灾】zhènzāi 動 被災者を救済する

【震】 zhèn 動 震動する, 震わす
⊗① 八卦の一（雷を表わす) ② 驚く, 感情が高ぶる

【震波】zhènbō 名《地》地震波 ⇔[地震波]

【震荡】zhèndàng 動 震える, 揺るがす

【震动】zhèndòng 動 ① 震動する, 揺るがす [机器~的声音] 機械が震動する音 ② 人の心を動かす, ショックを与える [~我的心弦] 私の心の琴線に触れる [受到~] ショックを受ける

【震耳欲聋】zhèn ěr yù lóng《成》耳を聾‿するばかりの大音響

【震古烁今】zhèn gǔ shuò jīn《成》（業績が）古今に比類がないほど偉大なこと

【震撼】zhènhàn 動 震撼‿する, 揺るがす [~全球] 全世界を震撼させる

【震级】zhènjí 名《地》マグニチュード [唐山大纯震的~是7.8 级] 唐山大地震はマグニチュード7.8である

*【震惊】zhènjīng 動 大いに驚かす, 驚愕‿させる [~全国] 全国を驚かす [大为~] びっくり仰天する

【震怒】zhènnù 動 激怒する, 大いに怒る [激起了人民的~] 人民の憤激を招いた

【震慑】zhènshè 動 おびえる, 震えあがらせる [~敌人] 敵を震えあがらせる

【震源】zhènyuán 名 震源, 震源地

【震中】zhènzhōng 名《地》震央

【朕】 zhèn ⊗① 朕‿◆古代の一人称. 秦の始皇帝以来, 皇帝の自称 ② 兆し, 前兆 [~兆]《書》同前

【镇】(鎮) zhèn 名 鎮（県の下の行政単位), 比較的大きな町 ◆（食べ物などを）氷や冷水で冷やす [在冷水里~一下] 冷たい水の中で冷やす [冰~] 氷で冷やす
⊗①軍隊の守備する所 ② 抑える [~痛] 痛みを抑える ③（武力で) 鎮圧する ④ 静める, 安定させる ⑤（旧白話で) いつも, ずっと [~日] 終日 ⑥ (Z-) 姓

*【镇定】zhèndìng 形 落ち着いている, 沈着だ [~自若] 泰然自若としている

【镇反】zhènfǎn 動 反革命を鎮圧する

*【镇静】zhènjìng 形 落ち着いている, 平静である [保持~] 平静を保つ —— 動 落ち着かせる, 気を鎮める [~剂] 鎮静剤

【镇守】zhènshǒu 動 要衝を守備する

*【镇压】zhènyā 動 ① 鎮圧する ②（反革命分子を) 処刑する ③《農》種を播いたあと土を押さえる

【镇纸】zhènzhǐ 名《文》文鎮

【镇子】zhènzi 名《方》町, 地方の小都市

【丁】 zhēng ⊗ [~~]《書》木を伐る音, 碁を打つ音, 琴を弾く音などを表わす ⇒dīng

【正】 zhēng ⊗ 旧暦正月 [新~] 同前 [~旦]《書》正月元旦 ⇒zhèng

【正旦】zhēngdàn 名《書》旧暦元旦 ⇒zhèngdàn

*【正月】zhēngyuè 名 旧暦正月 [~初一] 元日

【怔】 zhēng ⊗ 以下を見よ ⇒zhèng

【怔忡】zhēngchōng 動《書》（漢方で）動悸‿‿がする

【怔忪】zhēngzhōng 形《書》恐れおののくさま

【征】zhēng ⊗ ① (主に軍隊が) 遠くへ行く ② 征伐する [南～北战] あちこち転戦する

【—(徵)】zhēng ① 徵発する, 召集する ② 徵収する, 取り立てる [～粮] 食糧を徵収する ③ 募る, 募集する ④ 証明する, 証拠だてる [无～之言] 根拠のない主張 ⑤ 表に現われた徵ぞ, 現象 [象～] 象徵(する) ◆五音のひとつ'徵'はzhǐと発音

【征兵】zhēngbīng 動 徴兵する
【征尘】zhēngchén 名 行軍や旅行で体についた塵, 行軍や旅の労苦
【征调】zhēngdiào 動 (人や物を) 徴用する, 調達する
【征发】zhēngfā 動 徴発する
【征伐】zhēngfá 動 征伐する, 討伐する
*【征服】zhēngfú 動 征服する [用武力～] 武力で征服する [～不了我的心] 私の気持ちを服従させることはできない
【征购】zhēnggòu 動 (政府が農産物や土地などを) 買い上げる
【征候】zhēnghòu 名 徴候, 兆し
【征集】zhēngjí 動 広く集める, 募集する [～签名] 署名を集める
【征募】zhēngmù 動 (兵隊などを) 徴募する, 募集する
【征聘】zhēngpìn 動 招聘する
*【征求】zhēngqiú 動 募り求める, 募集する [广泛～群众的意见] 広く大衆の意見を求める
【征收】zhēngshōu 動 徴収する [～公粮] 供出食糧を徴収する
【征途】zhēngtú 名 征途, 長い旅路 [踏上～] 征途に上る
【征文】zhēngwén 名 原稿を募る
【征象】zhēngxiàng 名 徴候, 前兆
【征询】zhēngxún 動 (意見を) 求める, 徴する 同[征求]
【征引】zhēngyǐn 動 引用する, 引証する
【征用】zhēngyòng 動 (土地・建物などを) 収用する, 徴発する
【征战】zhēngzhàn 動 出征し戦う, 征戦する
【征兆】zhēngzhào 名 徴候, 前兆
【征召】zhēngzhào 動 ① (兵を) 召集する, 召し出す [响应～] 応召する ② 《書》官職を授ける, 任命する

【症(癥)】zhēng 以下を見よ ⇨zhèng
【症结】zhēngjié 名 腹の中に塊のできる病気; (転) 難点, 癌ガ

【钲(鉦)】zhēng ⊗ 古代の進軍の際に用いた, 柄のついた銅鐘

【争(爭)】zhēng 動 ① 争う, 競う [～财产] 財産のとりあいをする [～着付钱] 争って支払おうとする ② 言い争う, 互いに譲らない [你们在一什么?] 君たち何を口論しているの 同《方》足りない, 欠けている(同《普》[差 chà])
⊗ (旧白話で) なぜ, どうして [～知] あにはからんや [～奈] いかんせん

【争辩】zhēngbiàn 動 言い争う, 論争する 同[争论] [无可～] 議論の余地がない
【争吵】zhēngchǎo 動 口論する, 口げんかをする [～不休] 争論が絶えない
【争持】zhēngchí 動 言い争って互いに譲らない [～不下] 互いに固執して後へ引かない
【争斗】zhēngdòu 動 ① けんかする, 殴り合う 同[打架] ② 抗争する, 押さえこむ —名 争い, 戦い
*【争端】zhēngduān 名 争いの元 [边界～] 国境紛争
*【争夺】zhēngduó 動 争奪する, 争い合う [～领导权] 主導権を奪い合う [～锦标] 優勝旗を争う
【争分夺秒】zhēng fēn duó miǎo (成) 寸秒を争う
【争光】zhēngguāng 動 栄光を勝ち取る [为祖国～] 祖国のために栄誉を勝ち取る
【争脸】zhēngliǎn 動 面目を施す 同[争面子]
*【争论】zhēnglùn 動 論争する, 口論する [激烈的～] 激しい論争 [～经济动向] 経済の動きについて論争する
【争鸣】zhēngmíng 動 (学術上のことで) 論争する [百家～] 百家争鳴
*【争气】zhēngqì 動 負けん気を出す, 発憤する [争闲气] つまらない意地を張る [你真不～] 君は本当に意気地なしだ
*【争取】zhēngqǔ 動 勝ち取る, …をめざして努力する [～提前完成计划] 計画を繰り上げて達成するように努力する
【争权夺利】zhēng quán duó lì (成) 権力や利益を奪い合う
【争先】zhēngxiān 動 先を争う [～发言] 我勝ちに発言する
*【争先恐后】zhēng xiān kǒng hòu (成) 後れまいと先を争う, 先を競い合う [～地报名参加] 我先に参加の申し込みをする
【争议】zhēngyì 動 言い争う, 論争する 同[争论]
【争执】zhēngzhí 動 互いに自説に固執して争う, 論争して譲らない [～不下] あくまで自説を曲げない

挣峥狰睁铮筝髯烝蒸拯整 — zhēng

【挣(掙)】 zhēng ⊗以下を見よ
⇨zhèng

*【挣扎】zhēngzhá 動 あがく，もがく〖～着坐起来〗無理をして起き上がる〖从困难中～出来〗頑張って苦境から抜け出る

【峥(崢)】 zhēng ⊗以下を見よ

【峥嵘】zhēngróng 形〈書〉① 山の高くそびえ立つさま ② 才能が特に抜きんでている

【狰(猙)】 zhēng ⊗以下を見よ

【狰狞】zhēngníng 形 (顔付きが)凶悪だ，恐ろしい〖面目～〗顔付きが恐ろしい

【睁(睜)】 zhēng 動 目をあける，みはる〖困得眼睛都～不开了〗眠くて目を開けていられない〖一只眼，闭一只眼(～一眼儿，闭一眼儿)〗(片目を開け，片目を閉じる＞)見て見ぬ振りをする

【铮(錚)】 zhēng ⊗以下を見よ

【铮纵】zhēngcōng 擬〈書〉金属がぶつかり合う音の形容

【铮铮】zhēngzhēng 擬〈書〉金属の触れ合う音の形容〖铁中～〗凡人の中で優れた者，錚々たる人物

【筝(箏)】 zhēng ⊗① 琴，筝〖古～〗筝 ② →〖风～fēngzheng〗

【髯(鬤)】 zhēng ⊗〖～鬤níng〗〈書〉髪がぼさぼさな

【烝】 zhēng ⊗ (人が)多い

【蒸】 zhēng 動 蒸す，ふかす〖～馒头〗マントウをふかす〖把肉在笼屉里～〗肉をせいろで蒸す
⊗ 蒸発する，湯気が立ち上る〖熏～〗むしむしする

【蒸饼】zhēngbǐng 图〔块·张〕発酵させた小麦粉に油や塩で味つけをした'饼'

*【蒸发】zhēngfā 動 蒸発する

【蒸馏】zhēngliú 動 蒸留する〖～烧瓶〗蒸留フラスコ〖～水〗蒸留水

【蒸笼】zhēnglóng 图 せいろう，蒸し器

【蒸气】zhēngqì 图 蒸気〖水～〗水蒸気〖～吸入器〗(呼吸器治療の)吸入器

【蒸汽】zhēngqì 图 水蒸気〖～机车〗蒸気機関車〖～浴〗サウナバス〖～型电熨斗〗スチームアイロン

【蒸食】zhēngshi 图'馒头''包子'など蒸した食品の総称

【蒸腾】zhēngténg 動 (気体が)立ち上る，上昇する〖热气～〗熱気が上がる

【蒸蒸日上】zhēngzhēng rì shàng(成)(事業などが)日増しに繁栄する

【拯】 zhěng ⊗救う

【拯救】zhěngjiù 動 救う〖～被压迫的人民〗虐げられた人々を救う

【整】 zhěng〖多く定語として，また数量句の後に〗完全な，全体の(⊗〖零〗)〖～篓子〗カゴいっぱいの〖零点～〗零時かっきり〖一百元～〗ちょうど百元〖～天〗丸一日 一動 ① 整える，整理する〖～领带〗ネクタイを直す ② 修理する，直す ③ つらい目に遭わせる，いじめる〖～人〗人をやっつける〖他尽挨ái～〗彼はしょっちゅういじめられている ④ 〈方〉する，やる ⑨〈普〉[搞][弄]
⊗ きちんとしている，整っている〖～然有序〗きちんと秩序立っている

【整备】zhěngbèi 動 (軍隊などを)整え配備する，整備する

【整编】zhěngbiān 動 (軍隊などの)編成変えをする，改編して整える

【整饬】zhěngchì〈書〉動 整頓する，整える〖～纪律〗規律を正す 一 形 整っている，きちんとしている

【整地】zhěng'dì 動〈農〉整地する，地ならしする

*【整顿】zhěngdùn 動 (多く組織·規律などを)整頓する，建て直す〖～党风〗党の活動のやり方を建て直す

【整风】zhěng'fēng 動 思想·考え方·仕事のやり方を正す〖～运动〗同上の活動

【整个】zhěnggè 形 (～儿)〖定語·状語として〗全体の，まるごとの〖～一晚上〗一晩中〖～说来〗全体から見て〖农业是～国民经济的基础〗農業は国民経済全体の基礎だ

【整洁】zhěngjié 形 きちんとして清潔である，きれいに整っている〖～的房间〗きちんと整っている部屋

*【整理】zhěnglǐ 動 整理する，片付ける〖～行装〗旅装を整える〖～资料〗資料を整理する

【整料】zhěngliào 图 完成品や部品を組み立てるひと揃いの材料

*【整齐】zhěngqí 形 整然としている，そろっている〖～的街道〗整然とした大通り〖排着整整齐齐〗きちんと並んでいる 一 動 整える，そろえる〖～步调〗歩調をそろえる

【整容】zhěng'róng 動 ① 身だしなみを整える ② 美容整形する

【整数】zhěngshù 图 ① 整数 ② 端数のない数(十，二百，三千など)

【整套】zhěngtào 形〖定語として〗まとまった，ひと揃いの〖～的家具〗家具1セット〖～设备〗プラント

★★【整体】zhěngtǐ [名] 全体, 総体（[反][个体]）〖从～上看…〗全般的に見れば〖～的利益〗全体の利益
【整形】zhěng▾xíng [動] 整形する［～外科］整形外科
【整修】zhěngxiū [動]（土木工事で）補修する, 修理する〖～房子〗家を修繕する〖～公园〗公園を整備する
【整整】zhěngzhěng [形]〔定語·状語として〕まるまる, きっちり〖～三天三夜〗まるまる3日3晩〖～有一百个〗ちょうど百個ある
【整枝】zhěng▾zhī [動] 整枝をする［～修叶］木の剪定をする
【整治】zhěngzhì [動] ① 整理する, 処理する〖～账目〗帳面づらを整理する ② 修理する, 補修する〖～机器〗機械を修理する ③ やっつける, こらしめる〖那坏蛋得 děi ～一下〗あの悪党一度こらしめてやらなくちゃ ④（ある仕事を）やる, する（[同][搞][做]）〖～午饭〗昼ご飯を作る
【整装待发】zhěng zhuāng dài fā《成》旅装を整え出発の用意をする

【正】zhèng [形] ① 正しい, 曲がっていない（[反][歪]）〖这幅画儿挂得不～〗この絵は掛け方が曲がっている ② 公正な, 正義の〖作风很～〗やり方が公正だ ③（色·味が）純正である, 混じり気がない〖颜色不～〗色が純正でない［～红］真紅 ④〔定語として〕正の, プラスの（[反][负]）［～数］正数［～电子］陽電子 — [動]（位置を）直す〖～了～帽子〗帽子の位置をちょっと直した — [副] ① ちょうど, 正に〖大小～合适〗サイズがちょうど合う ② 動作の進行や状態の持続を表わす〖～下着雨呢〗雨が降っているよ〖～上课呢〗授業中だ
[×] ①（位置が）真ん中の [反]'侧''偏' ②（時間が）ちょうどの（[関][～午]）［六点～］6時ちょうど ③ 基準に合った, 端正な［～楷］楷書 ④ 主要な, 正式な（[反]'副'）［～主任］正主任 ⑤ 正当な［～路］正道 ⑥ 図形が等辺等角の［～六角形］正六角形 ⑦ 正面の, 表側の [関][～面] ⑧ 改める, 正す［～误］《書》誤りを正す ⑩（Z-）姓
⇨zhēng
【正本】zhèngběn [名]〔本·册〕正本, 原本 [反][副本]
【正比】zhèngbǐ [名] 正比例 [反][反比]
【正步】zhèngbù [名] 行進の歩調（足をまっすぐ上げて歩く）〖～走！〗歩調をとれ（号令）
★★【正常】zhèngcháng [形] 正常な〖气候不～〗天候が異常だ〖一切都在～地进行着〗すべてが正常に進んでいる［～化］正常化する
【正大】zhèngdà [形]（言動が）正当な, 正大な［光明～］公明正大
【正旦】zhèngdàn [名] 伝統劇の立女形たておやま, 主役の女役（'青衣'の旧称）
⇨zhēngdàn
★【正当】zhèngdāng [動] ちょうど…（の時に）当たる〖～发育时期〗ちょうど発育の時期に当たっている［～年］若い盛り［～时］適時, ころあい
—— zhèngdàng [形] ① 正当な, まともな〖～的利益〗正当な利益 ②（品行が）方正な, 正しい
【正道】zhèngdào [名] 正道, 正しい道〖走～〗正道を行く
【正点】zhèngdiǎn [名]（列車運行などの）定刻, 定時〖～开车（到达）〗定刻に発車（到着）する
【正殿】zhèngdiàn [名] 正殿, 本殿
【正电子】zhèngdiànzǐ [名]〖電〗陽電子 [同][阳电子]
【正法】zhèng▾fǎ [動]《書》死刑を執行する〖就地～〗その場で処刑する
【正方】zhèngfāng [名] 正方形, 立方体［～体］立方体
【正房】zhèngfáng [名] ① 母屋（'四合院'の北側正面の棟）[同][上房] ②《旧》正妻, 本妻
★【正负】zhèngfù [名] 正と負［～号］プラスマイナス記号（±）
★【正规】zhèngguī [形] 正規の〖～的训练〗正規の訓練［～军］正規軍
【正轨】zhèngguǐ [名] 正常な道, 正しい軌道〖纳入～〗正規の軌道に乗せる〖走上～〗正常な道を歩みだす
★★【正好】zhènghǎo [形]（時間·位置·大きさ·程度などが）ちょうどよい〖你来得～〗君はちょうどいい時に来た — [副] たまたま, ちょうど〖路上～碰见老师〗道で折よく先生に出会った
【正号】zhènghào [名]（～儿）正数の記号, プラスの記号（＋）[反][负号] [関][加号]
【正极】zhèngjí [名]〖電〗陽極, プラス [同][阳极]
【正襟危坐】zhèng jīn wēi zuò《成》（襟を正して端坐する＞）態度の厳粛な
★【正经】zhèngjing/《方》zhèngjǐng [形] ① まじめな, 正直な〖～做买卖〗正直に商いをする［～人］まじめな人 ② 正当な, 正しい〖钱必须用在～地方〗お金は正当な事に使わなければならない ③ 正式な, 基準に合った, まともな［～货］規格品 — [副]《方》確かに, 本当に
【正经八百】zhèngjīng-bābǎi [形]《方》非常にまじめな
【正楷】zhèngkǎi [名] 楷書〖用～写〗楷書で書く
【正理】zhènglǐ [名] 正しい道理, 正当

証怔 — zhèng

な根拠
【正论】zhènglùn 图 正論
【正门】zhèngmén 图 正門,表門 ⦅⇔[后门]⦆
【正面】zhèngmiàn 图 ① 正面,表側 ⦅⇔[侧面]⦆ ② 表面,表(⦅⇔[背面]⦆[反面])『硬币的~』コインの表 — 形 ①〔定語・状語として〕積極的な面の,プラスの側面の(⦅⇔[反面]⦆)『~人物』肯定的な人物 ② 〔多く状語として〕直接の,正面からの『有问题,请一提出来』問題があればしかに言ってください
【正派】zhèngpài 形 正直な,品行の正しい『~人』上品な人
【正片儿】zhèngpiānr 图 ⦅⇨[正片]⦆
【正片】zhèngpiàn 图 ①(写真の)ポジ,陽画 ⦅⇔[底片]⦆ ② 映画のプリント,コピー ③ 主な映画,本編(同時上映の短編などと区別して)
【正品】zhèngpǐn 图 規格品,合格品
*【正气】zhèngqì 图 正気,公明正大な気風(⦅⇔[邪气]⦆)『发扬~』正しい気風を促進する
【正桥】zhèngqiáo 图 橋の主要部分 ⦅[引桥]⦆
【正巧】zhèngqiǎo 副 ちょうどよく,折良く(⦅[刚巧]⦆)『~在路上碰到了他』運よく途中で彼に出会った
【正取】zhèngqǔ 動〔旧〕正式に採用する ⦅[备取]⦆
*【正确】zhèngquè 形 正しい,正確な『~的立场』正しい立場『~对待』正しく対処する
【正人君子】zhèngrén jūnzǐ 〔成〕高潔な人,人格者(多く風刺的に使われる)『他把自己打扮成~』彼は聖人君子振っている
【正色】zhèngsè 图 ⦅書⦆純色,原色 — 副 ⦅書⦆厳しい顔付きをする
【正史】zhèngshǐ 图 正史 ◆『史記』『漢書』など紀伝体の歴史書 '二十四史'をいう
*【正式】zhèngshì 形〔定語・状語として〕正式の,公式の『~的访问』公式訪問『~提出申请』正式に申請する
【正视】zhèngshì 動 正視する『~现实』現実を直視する『不忍~』正視するに忍びない
【正书】zhèngshū 图 楷書
【正题】zhèngtí 图 本題,本筋『转入~』本題に入る『离开~』本題からそれる
【正体】zhèngtǐ 图 ① 漢字の正体,正字(⦅⇔[异体字]⦆)『~字』正体字 ② 楷書 ③ '拼音文字'の印刷体
【正厅】zhèngtīng 图 ① 正面ホール,正面の大広間 ② 舞台正面の見物席,平土間 ⦅[~]⦆
【正统】zhèngtǒng 图 ① 帝王の系統,皇統 ②(党派・学派などの)正統
【正文】zhèngwén 图 本文
【正午】zhèngwǔ 图 正午
【正凶】zhèngxiōng 图(殺人事件の)主犯 ⦅[帮凶]⦆
【正业】zhèngyè 图 まともな職業『不务~』正業に務めない
*【正义】zhèngyì 图 ① 正義『主持~』正義を主張する『~是不可战胜的』正義は無敵だ ② ⦅書⦆正しい意味,正しい解釈 — 形〔定語として〕正義の『~的事业』正義の事業『~感』正義感
【正音】zhèngyīn 图 正音,標準音 —— zhèng・yīn 動 発音を矯正する
*【正在】zhèngzài 副 ちょうど…している,…しつつある『他们~上课』彼らは授業中です
【正直】zhèngzhí 形 剛直な,公正な『为 wéi 人~』人柄が剛直だ
【正中】zhèngzhōng 图 真ん中,中央(⦅[正当中]⦆)『教室前面~是老师的座位』教室の前方中央が先生の座席です
【正中下怀】zhèng zhòng xià huái 〔成〕〔謙〕願ったりかなったりだ
【正字】zhèngzì 图 ① 楷書 ② 正字 ⦅[~法]⦆ 正字法 —— zhèng・zì 動 文字を正す,文字を校正する
【正宗】zhèngzōng 图 正統を受け継ぐもの — 形〔定語として〕正統な

证 (證) zhèng ⊗ ① 証明する,証拠立てる ② 証拠,証明『工作~』身分証明書
【证婚人】zhènghūnrén 图 結婚の証人,結婚立会人
*【证件】zhèngjiàn 图〔张・份〕証明書
【证据】zhèngjù 图 証拠『可靠的~』確かな証拠
【证明】zhèngmíng 動 証明(する)『~人』証人『~书』証明書
【证券】zhèngquàn 图〔张〕有価証券『~公司』証券会社
【证人】zhèngren/zhèngrén 图 証人
*【证实】zhèngshí 動 実証する,裏付ける『~了推断』推断を立証した『得到~』実証される
*【证书】zhèngshū 图〔件・份〕証書,証明書
【证物】zhèngwù 图〔件〕証拠物件
【证验】zhèngyàn 動 検証する — 图 実効,効果
【证章】zhèngzhāng 图〔枚〕バッジ,徽章

怔 zhèng 動 ⦅方⦆ぼんやりする,ぽかんとする『你~什么呀?』なにをぼんやりとしているん

だ
⇨zhēng

〖政〗zhèng ⊗①政治 ②行政機関の業務［邮～］郵政［财～］財政 ③家庭や団体の仕事［家～］家庭の切り盛り［校～］学校の諸事務 ④(Z-)姓

【政变】zhèngbiàn [名]政変，クーデター［军事～］軍事クーデター

★★【政策】zhèngcè [名]〔项〕政策〚落实～〛政策を実施に移す［对外～］対外政策

【政党】zhèngdǎng [名]政党

【政敌】zhèngdí [名]政敵

★★【政府】zhèngfǔ [名]政府(中国では地方各行政機関も指す)［市～］市役所

【政纲】zhènggāng [名]政治綱領，政党の綱領

【政绩】zhèngjì [名]政治的業績

【政见】zhèngjiàn [名]政見，政治的見解

【政界】zhèngjiè [名]政界

【政局】zhèngjú [名]政局

【政客】zhèngkè [名]政客

【政令】zhènglìng [名]〔道·条〕政令

【政论】zhènglùn [名]政論

【政派】zhèngpài [名]政治上の派閥，分派

★【政权】zhèngquán [名]①政権，政治的権力〚夺取～〛政権を奪う〚掌握～〛政権を握る［傀儡～］傀儡(かいらい)政権 ②政治機構

【政事】zhèngshì [名]政府の事務，政務

【政体】zhèngtǐ [名]政体，政権の統治形態

【政委】zhèngwěi [名]'政治委员'の略称

【政务】zhèngwù [名]政務，行政事務［～院］政務院(中国国務院の前身)

【政协】zhèngxié [名]'政治协商会议'の略称

★★【政治】zhèngzhì [名]政治［～家］政治家［～避难 nàn］政治亡命［～挂帅］政治第一，政治をすべてに優先させる［～委员］政治委員(人民解放軍の部隊の政治工作者)［～协商会议］政治協商会議(中国の統一戦線組織)［～局］(党の)政治局［～学］政治学

〖症(*證)〗zhèng ⊗病気，症状［不治之～］不治の病［急～］急病
⇨zhēng

【症候】zhènghòu [名]①病気，疾病 ②病状，症状

【症候群】zhènghòuqún [名]症候群 [同][综合症]

★【症状】zhèngzhuàng [名]症状，病状

〖郑(鄭)〗Zhèng ⊗①周代の国名(今の河南省新鄭県一帯) ②姓

★【郑重】zhèngzhòng [形]厳粛である，慎重である〚～考虑〛慎重に考える［～其事］(態度が) 慎重である，厳かである

〖诤(諍)〗zhèng ⊗諫(いさ)める［～谏］《書》諫めて正す

【诤言】zhèngyán [名]《書》諫(かん)言，直言

【诤友】zhèngyǒu [名]《書》率直に忠告してくれる友

【挣(掙)】zhèng [動]①稼いで得る〚～饭吃〛食いぶちを稼ぐ ②脱け出す，あがく〚～开束缚〛束縛を振り切る［～揣 chuài］もがく
⇨zhēng

【挣揣(阐阐)】zhèngchuài [動]《書》もがく

【挣命】zhèng▼mìng [動]必死になってもがく，生きるためにあがく

★★【挣钱】zhèng▼qián [動]金を稼ぐ〚到底挣了多少钱？〛いったいいくら稼いだんだ

【挣脱】zhèngtuō [動]自力で脱け出す〚从贫困～〛貧困から脱け出す〚～了她的手〛彼女の手を振りほどいた

〖之〗zhī ⊗①これ，かれ ♦人や事物を指し，ふつう賓語として用いる［取而代～］取ってこれに代わる［总～］総じて，要するに［反～］これに反して ②語気を整えて具体的な事物を指さない［久而久～］長い間たつと ③…の ♦定語と中心語の間に用いて所有関係や修飾関係を表わす〚三分～一〛3分の1［赤子～心］赤子(人民) の心 ④主述構造の間に用いて修飾関係の連語に変える〚中国～大〛中国の大きいこと〚战斗～激烈，前所未闻〛戦闘の激烈さは前代未聞である ⑤行く〚由京～沪〛北京から上海に行く

【之后】zhīhòu [名]…の後，…の後ろ ♦時間を指す場合が多い〚三天～〛3日後〚房屋～〛家の後ろ 一 [接]その後，それから〚～，她又给我写了两封信〛その後，彼女はまた私に2度便りを寄こした

【之乎者也】zhī hū zhě yě《成》もったいぶって文語を使うこと

【之间】zhījiān [名]①…の間〚两个人～〛ふたりの間〚彼此～〛お互いの間 ②〔動詞や副詞の後に用いて〕…の間(ま)，…のうち〚眨眼～〛瞬く間〚忽然～〛たちまちのうち

【之类】zhīlèi [名]…のたぐい，…の類〚肉、蔬菜～〛肉，野菜の類

Z

【之内】 zhīnèi [名] …の内，…以内〚校园～〛キャンパス内〚两年～〛2年以内

【之前】 zhīqián [名]〘多く時間について〙…の前，…の前方〚这药在睡觉～吃〛この薬は寝る前にのむ

【之上】 zhīshàng [名] …の上，…以上

【之外】 zhīwài [名] ① …の外，…の範囲外〚逃到了射程～〛射程外に逃れた ② …のほか，…以外〚除了他～〛彼を除けば…

【之下】 zhīxià [名] …の下，…以下〚压迫～〛圧迫のもと〚你的才能不在他～〛君の才能は彼より劣っていない

【之一】 zhīyī [名] …の一つ〚六大公园～〛6大公園の一つ

【之中】 zhīzhōng [名] …の中，…のうち〚他们～也有学生〛彼らの中には学生もいる

〖芝〗 zhī ⊗以下を見よ

【芝兰】 zhīlán [名] 香草の白芷と蘭;《転》徳ある人，美しい友情，素晴らしい環境［～之室］高徳の人物の住まい，人を向上させる環境

【芝麻(脂麻)】 zhīma [名]〔粒〕胡麻〚～大的事〛胡麻粒ほどの小事［～酱］胡麻みそ(調味料)，ごまペースト［～开花，节节高］《成》段々と良くなる，ますます発展する

【支】 zhī [動] ① 支える，突っかいをする，支持する〚～帐篷〛テントを張る〚～起车篷〛車の幌を掛ける ② 堪える，持ちこたえる〚精神～不住〛精神的に持ちこたえられない［乐不可～］うれしくてたまらない ③ 突き出す，立てる〚～着耳朵听〛耳をそばだてて聞く〚两颗大牙～在外面〛2本の前歯が外に出ている ④ (口実を設けて) その場を離れさせる，出て行かせる〚快把她～出去吧〛早く彼女を出て行かせなさい ⑤ (金銭を) 支出する，受け取る〚把钱～出来吧〛お金を支払いなさい［～款］金を支払う，金を受け取る ━ [量] ① 集団(‘部队’‘队伍’など) を数える〚一～医疗队〛1隊の医療チーム ② 棒状のもの(‘枪’‘铅笔’‘香烟’など)を数える([同][枝])〚一～烟〛タバコ1本 ③ ‘歌儿’‘乐曲’などを数える〚一～民歌〛民謡一曲 ④〘理〙燭光(光度の単位)〚二十五～光的灯泡〛25燭光の電球 ⑤ 番手(糸の太さを表わす単位)〚四十～纱〛40番手の綿糸
⊗① 同じ源から枝分かれしたもの［～行 háng］銀行の支店 ② 十二支 [関][干支] ③ (Z-)姓

【支部】 zhībù [名] 支部，党派や団体の末端組織 [反][总部]

★**【支撑】** zhīchēng [動] 支える，持ちこたえる〚没有～身体的力量〛体を支える力がない〚这个家就由他～着〛この家は彼によって支えられている

★★**【支持】** zhīchí [動] ① 支える，持ちこたえる〚累得～不住了〛疲れてもう持ちこたえられない ② 支持する，後援する〚～你们的合理建议〛君たちの理にかなった提案を支持する〚得到～〛支持を得る

★**【支出】** zhīchū [名][動] 支出(する) [反][收入]

【支点】 zhīdiǎn [名]〘理〙支点

【支队】 zhīduì [名]〔支〕支隊，分遣隊，別動隊

【支付】 zhīfù [動] 支払う，支給する〚～现款〛現金で支払う

【支架】 zhījià [名] 物を支える台，支え，支柱，(自転車の)スタンド

【支解(枝解·肢解)】 zhījiě [動] (組織を) 解体する，(領土を) 分割する ♦古代の手足切断の酷刑から

【支离】 zhīlí [形] ① 散り散りばらばらの，まとまりがない［～破碎］支離滅裂，めちゃめちゃ ② (話や言葉の)筋道が立っていない

★**【支流】** zhīliú [名] ① 支流 [反][干 gàn 流] ② 副次的な物事，枝葉

【支脉】 zhīmài [名] 支脈〚天山的～〛天山の支脈

【支派】 zhīpài [名] 分派，セクト ━ [動] 命令する，指図する

★**【支配】** zhīpèi [動] ① 配分する，割り振る〚～经费〛経費を配分する〚应该把时间～好〛時間をうまく割り振らなければならない ② 支配する〚受人～〛人に支配される〚自己～不了自己〛自分で自分をコントロールできない

★★**【支票】** zhīpiào [名]〔张〕小切手〚开～〛小切手を振り出す［旅行～］トラベラーズチェック

【支气管】 zhīqìguǎn [名]〘生〙気管支

【支前】 zhīqián [動] 前線を支援する

【支渠】 zhīqú [名] 支流の灌漑用水路，引き込み水路，分水路 [反][干 gàn 渠]

【支取】 zhīqǔ [動] (金を) 受け取る，引き出す〚～工资〛給料を受け取る〚～存款〛預金を引き出す

【支使】 zhīshi [動] 命令する，指図する〚这是钱～的〛金がそうさせたのだ

【支书】 zhīshū [名] (‘支部书记’ の略) 党支部の書記

【支吾(枝梧·枝捂)】 zhīwu [動] 言葉を濁す，言い逃れする［～其词］言葉を濁す［支支吾吾］口ごもって言いよどむ

【支线】 zhīxiàn [名]〔条〕支線 [反][干 gàn 线]

【支应】 zhīyìng [動] ① 対処する，応ず

Z

780　zhī 一　　　　　　　　　　　　　吱枝肢汁只织卮栀知

る　②あしらう、ごまかす　③番をする
*【支援】zhīyuán 動 支援する、援助する〖~山区〗山岳地区を援助する〖争取人民的~〗人民の支援を勝ち取る
*【支柱】zhīzhù 图 ①［根］支柱、つっかい棒　②(転)中核たる人や集団、大黒柱
【支子】zhīzi 图 ① 支え、つっかえ［火~］五徳　②(肉をあぶる) 鉄製の用具

【吱】zhī 擬 きしむような音を表わす〖门~地一声开了〗ドアがギィといって開いた［咯ge~咯~］(床などの)みしみし
⇨zī
【吱吱】zhīzhī 擬 物がきしる音などの形容〖~地划着小船〗小船をぎいぎいこいでいる
⇨zīzī

【枝】zhī 图 (~儿)枝〖整~〗剪定する［果~儿］果実のなる枝　一 圜 ①花のついた枝を数える(⇨[支])〖一~蜡梅〗ロウバイ1枝　②棒状のものを数える(⇨[支])
【枝杈】zhīchà 图［根］小枝
【枝节】zhījié 图 ①枝葉、枝葉末節〖这些~问题无关大局〗これら取るに足らない問題は大局には関係がない　②面倒、困難〖横生~〗意外な面倒が起こる
【枝蔓】zhīmàn 图 (枝や蔓の意から)煩瑣なもの 一 圛 混み入った〖文字~〗文章がくどくどしている
【枝条】zhītiáo 图［根］枝、小枝
【枝丫】(枝桠)zhīyā 图［根］枝、小枝
【枝叶】zhīyè 图 ①枝と枝葉　②末節、こまごました事柄
【枝子】zhīzi 图［根］枝、小枝

【肢】zhī 图 ①四肢、手足［四~］四肢〖上(下)~〗上(下)肢
【肢势】zhīshì 图 家畜の立っている時の姿勢
【肢体】zhītǐ 图 ①四肢、手足　②四肢と胴体

【汁】zhī 图 (~儿)汁、液［果~］果汁、ジュース［橘子~］オレンジジュース［番茄~］トマトジュース［胆~］胆汁
【汁液】zhīyè 图 汁、汁液

【只】(隻)zhī 量 ① 対になった物の片方を数える〖两~手〗両手〖一~袜子〗片方の靴下〖一~眼睛〗片方の目　②動物、鳥、虫を数える(例えば'鸡''老虎''兔子''蚊子'など)〖一~鸭子〗アヒル1羽　③一部の器物を数える(例えば'箱子''篮子''手表''瓶子'など)〖一~盒子〗小箱1つ　④'船''筏子''汽艇'などを数える〖一~

小船〗1隻の小船
⊗単独の、単一の［~字不提］ひとことも言わない
⇨zhǐ
【只身】zhīshēn 副 単身で、一人で〖~去北京〗単身で北京へ行く
【只言片语】zhī yán piàn yǔ《成》一言半句、片言隻語

【织】(織)zhī 動 ①織る〖~布〗布を織る　②編む〖~毛衣〗セーターを編む〖蜘蛛~网〗クモが巣を張る
【织补】zhībǔ 動 (衣服の破れを)繕う、かがる
【织锦】zhījǐn 图 ①色模様を織り出した'缎子'、錦織　②絵柄を織り出した絹織物
【织女】zhīnǚ 图 ①(旧)機織り女　②織女 圛［织女星］

【卮】(*巵)zhī ⊗古代の酒器の一

【栀】(梔)zhī〖植〗クチナシ［~子］同前、またその実

【知】zhī ⊗①知る、悟る［须~］心得、注意事項［自~］おのれを知る［己~彼］おのれを知り敵を知る　②知らせる［~会 zhīhuì］口で知らせる［告~］知らせる　③知識［求~］知識を求める［无~］無知　④主管する、司る［~府］(明清時代の)府知事
*【知道】zhīdao/zhīdào 動 知る、知っている ◆否定は'不~' bù zhīdào〖很~底细〗内情をよく知っている〖不大~这件事儿〗その事をあまりよく知らない〖谁~〗誰が知っていますか、誰が知っているものか(「意外にも」の意としても)〖不~该怎么办〗どうすべきかわからない
【知底】zhī*dǐ 動 内情を知る、いきさつを知る
【知法犯法】zhī fǎ fàn fǎ《成》違法を知っていながら法を犯す
【知己】zhījǐ 厖 互いに理解し合っている、親密な〖~的朋友〗親友〖和他很~〗彼ととても親しい［~话］思いやりのある言葉 一 图 知己〖引为~〗知己とする
【知交】zhījiāo 图 親友〖我跟他是~〗私と彼とは親友だ
*【知觉】zhījué 图 知覚、感覚〖失去~〗意識を失う
【知了】zhīliǎo 图 (~儿)［只］蝉 (鳴き声から生まれた名)〖~壳儿〗蝉のぬけがら
【知名】zhīmíng 厖 (多く人が)著名な、有名な〖海内外都~〗世界的に名を知られている［~度］知名度〖~人士〗著名人
【知命之年】zhī mìng zhī nián《成》天命を知る年齢、50歳

【知青】zhīqīng 图 '知識青年'の略
【知情】zhīqíng 動 (多く犯罪事件について)事情を知っている [~人]内情を知る人物 [~不报]事情を知っているのに通告しない
【知情达理】zhī qíng dá lǐ《成》物の道理をわきまえている 働[通情达理]
【知趣】zhīqù 動 気が利く,粋だ(働[识趣]) [他太不~了]なんて気の利かないやつだ
【知人之明】zhī rén zhī míng《成》人を見抜く眼力
*【知识】zhīshi 图 知識 [~产权]知的財産権 [~分子 fènzǐ]知識人,インテリ [~青年]知識青年 [~经济](ハイテク産業などを中心とする)知識経済
【知书达礼】zhī shū dá lǐ《成》教養があり礼儀をわきまえた 働[知书识礼]
【知悉】zhīxī 動(書)知る,承知する [均已~]委細承知しました [无从~]知る由もない
【知县】zhīxiàn 图(明・清時代の)県の長官,県知事
【知晓】zhīxiǎo 動 知る,わかる
【知心】zhīxīn 形 気心を知っている [~话]思いやりのある言葉 [~朋友]心を許せる友人
【知音】zhīyīn 图 知音 ,知己,自分の才能を認めてくれる人
【知照】zhīzhào 動(口頭で)知らせる,通知する
【知足】zhīzú 動 足るを知る,満足する [~不~]飽くことを知らない
*【知足常乐】zhī zú cháng lè《成》足るを知れば常に楽しい

【蜘】zhī ⊗ 以下を見よ
【蜘蛛】zhīzhū 图 〔只〕クモ(働[口][蛛蛛]) [~丝]クモの糸 [~网]クモの巣 [~抱蛋][植]葉蘭

【泜】Zhī 图 [~河] 泜河(河北省の川の名)

【祗】zhī ⊗ 恭しい

【指】zhī ⊗ '指甲 zhījia' などの '指' の口語音 ⇨zhǐ

【脂】zhī ⊗ ① 脂肪,油脂 [松~]松やに ② 紅
*【脂肪】zhīfáng 图 脂肪 [~酶]脂肪分解酵素
【脂粉】zhīfěn 图 紅と白粉 ; (転)女性 [抹 mǒ~] 紅白粉を塗る [~气]女っぽさ,めめしさ
【脂膏】zhīgāo 图 ① 脂肪 ② 膏血 [榨取人民的~]人民の膏血を搾り取る
【脂麻】zhīma 图 働 [芝 zhī 麻]
【脂油】zhīyóu 图 〈方〉豚の脂,ラード ⇔(普)[板油]

【稙(稙)】zhī 形(農作物の)植える時期または熟すのが早すぎる

【执(執)】zhí ⊗ ① 捕える [被~]捕えられる ② 持つ,執る [~教]教鞭を執る ③ 堅持する,固執する [争~]言い争って譲らない [各~一词]各々自分の意見に固執する ④ 執行する ⑤ 証明書 [存~]証明書の控 [收~]受収証 ⑥ 友人 [父~](書)父の友人 ⑦ (Z-)姓
【执笔】zhíbǐ 動 筆を執る,執筆する ♦特に集団名義の文章を書くことをいう
【执法】zhífǎ 動 法律を執行する [~如山]断固として法を執行する
【执绋】zhífú (書)棺 を見送る ♦'绋'は棺を引く綱
【执迷不悟】zhí mí bú wù《成》過ちを押し通して非を悟らない
【执泥】zhíní 動 固執する,拘泥する
【执牛耳】zhí niú'ěr《書》牛耳る,支配的地位に立つ,盟主となる
【执拗】zhíniù 形 頑固な,意地っ張りな [他脾气~]彼は強情っ張りだ
*【执行】zhíxíng 動 ① 執行する,実施する [~任务]任務を遂行する [~计划]計画を実施する [~主席]大会議長 ② (コンピュータの)実行(する)
【执意】zhíyì 副 我を張って,意地を張って [~要去]どうしても行くと言ってきかない [~不肯]頑として承知しない
【执掌】zhízhǎng 動 掌握する,司る [~大权]大権を握る
*【执照】zhízhào 图[张・份]許可証,鑑札 [施工~]工事許可証 [驾驶~]運転免許証 [营业~]営業許可証
【执政】zhízhèng 動 政権を握る,政務を執る [~党]与党 ⇔[在野党]
【执着(執著)】zhízhuó 動 執着する,固執する [~于现实]現実に執着する [~地追求]あくまで追求する

【絷(縶)】zhí ⊗ ① つなぐ ② 拘禁する ③ 手綱

【直(直)】zhí 形 ① まっすぐの(⊗ '曲 '弯') [马路又平又~]大通りは平らでまっすぐだ ② 率直な,気性がさっぱりとした [他嘴很~]彼は思ったことを何でも言う ③ 垂直の,縦の(⊗[横]) [标题要排~的]タイトルは縦組だ ー 動 まっすぐにする,伸ばす [~起腰来]腰を伸ばす [~着喉咙喊叫]声をはり上げて叫ぶ ー 副 ① しきりに,たえず [~哭]泣き続ける [~

哆嗦〗ぶるぶる震える ②まるで，全く〖疼得～象针扎 zhā 一样难受〗まるで針で刺されたように痛くてたまらない ③まっすぐに，直ちに〖长途汽车～开苏州〗長距離バスは蘇州へ直行する〖～飞敦煌的飞机〗敦煌への直行便 ━ [名] 漢字の上から下へ引く筆画，縦棒《丨》
⊗①公正な，正しい ②（Z-）姓

*【直播】zhíbō [動] ①〖农〗直播(じかまき)する ②（テレビ・ラジオで）生放送する [関][转播]

【直拨】zhíbō [形]〘定語·状語として〙（電話が）直通の

【直肠】zhícháng [名] 直腸

【直肠子】zhíchángzi [名] 一本気（な人），率直（な人） [同][直性子]

【直达】zhídá [動] 直行する〖～广州的列车〗広州まで直行する列車［～车］直通列車，直行バス

【直待】zhídài [動] ずっと…の時まで待つ〖～玉兔东升〗月が東の空に昇るのを待って

【直到】zhídào [動]（多く時間について）ずっと…まで至る〖～天黑他还没有回来〗日暮れになっても彼はまだ戻らない

【直瞪瞪】zhídèngdèng/ zhídēngdēng [形]（～的）目を大きく見開きぽかんとした

【直贡呢】zhígòngní [名]〖衣〗ベネシアン，洋繻子(しゅす)

【直观】zhíguān [形]〘定語として〙直接知覚する，直観的な［～教具］視聴覚教具［～教学］直観教育

【直角】zhíjiǎo [名] 直角［～尺］曲尺(かねじゃく)

**【直接】zhíjiē [形] 直接の（[反][间接]）〖对我们工作有～的影响〗我々の仕事に直接影響する〖～联系〗直接連絡する

【直截（直捷）】zhíjié [形] 直截な，てきぱきとした

【直截了当】zhí jié liǎo dàng《成》簡明直截な，単刀直入の〖说话不～〗話が回りくどい〖～地提出来〗単刀直入に切り出す

【直径】zhíjìng [名]〖数〗直径 [関][半径]

【直撅撅】zhíjuējuē [形]《方》（～的）ぴんと伸びた，まっすぐ硬直したさま

【直觉】zhíjué [名] 直覚

【直来直去】zhí lái zhí qù《成》①（旅行が）行って帰るだけの ②（性格が）さっぱりした

【直溜溜】zhíliūliū [形]（～的）まっすぐなさま〖～的大马路〗まっすぐな大通り〖～地站着〗直立不動の姿勢で立っている

【直流电】zhíliúdiàn [名] 直流電気 [反][交流电]

【直眉瞪眼】zhí méi dèng yǎn《成》①目を吊り上げる，目を怒らせる ②あっけにとられる，ぽかんとする

【直升机】zhíshēngjī [名]〔架〕ヘリコプター（[同][直升飞机]）［～机场］ヘリポート

【直属】zhíshǔ [動] 直属する〖这个机关是～国防部的〗この機関は国防部に直属している［～机关］直属機関

【直率】zhíshuài [形] [同][直爽]

【直爽】zhíshuǎng [形] 率直な，さっぱりした〖他为人～〗彼はさっぱりした人柄だ〖说话～〗率直に物を言う

【直挺挺】zhítǐngtǐng [形]（～的）ぴんと伸びてこわばった，まっすぐな〖～的尸首〗硬直した死体〖～躺在炕上〗オンドルの上に身動きもせず横たわっている

【直辖】zhíxiá [形]〘定語として〙直轄の，直接管轄する［～市］直轄市

【直线】zhíxiàn [名]〔条·道〕直線 ━ [形]〘定語·状語として〙直線的な，直接の

【直性】zhíxìng [名]（～儿）さっぱりとした性格，一本気 ━ [形]〘定語として〙さっぱりとした性格の

【直性子】zhíxìngzi [名] さっぱりとした性格の人，一本気の人

【直言】zhíyán [動] 直言する〖敢于～〗敢えて直言する［～不讳 huì］直言して憚(はばか)らない

【直译】zhíyì [動] 直訳する [反][意译]

【直音】zhíyīn [名]〖語〗直音(ちょくおん) ♦中国の伝統的な表音方法の一．例えば'南，音男'の場合'南'は'男 nán'と同音の意

【直至】zhízhì [動] [同][直到]

【值(値)】 zhí [動] ①物がある値に相当する，値する〖～一百元〗100元に値する ②〘多く否定形で〙…するに値する〖不～一提〗取り立てて言うほどの価値がない ③出会う，当たる〖国庆节恰～星期日〗国慶節はちょうど日曜日に当たる ━ [名] 数値，値
⊗①価値，価格［升～］平価を切り上げる ②番に当たる，番が回ってくる

*【值班】zhí'bān [動] 当番になる，当直する〖值夜班〗宿直する［～医生］当直医

【值当】zhídàng [動]《方》…するに値する，…に引き合う〖不～〗割に合わない

**【值得】zhíde/zhídé [動] …だけの価値がある，…するに値する〖～骄傲〗誇るに足る〖这个问题～我们研究一下〗この問題は我々が研究するに値する〖不～（值不得）〗値しない

【值钱】zhíqián [形] 値打ちがある，金目の

植(植) zhí

① 植える[～树]樹を植える ② 立てる,樹立する[～党营私]徒党を組んで私利を図る ③ 突き立てる,立てておく

【植被】zhíbèi 图 植生,植被
【植苗】zhí‎miáo 動 苗木を植える,植林する
【植皮】zhí‎pí 植皮する,皮膚を移植する
*【植物】zhíwù 图 植物[～人]植物人間[～纤维]植物繊維[～学]植物学[～油]植物油[～园]植物園
【植株】zhízhū 图 成長した植物(根,茎,葉などを含む)

殖(殖) zhí

⊗ 生息する,殖える,繁殖する[生～]生殖する[増～]増殖する
◆「骸骨」の意の'骨殖'は gǔshi と発音

【殖民】zhímín 動 植民する[～主义]植民地主義
*【殖民地】zhímíndì 图 植民地

侄(姪) zhí

⊗ (～儿) 甥(兄・弟の息子)(📘[外甥])[内～] 妻の甥

【侄儿】zhí'ér/zhínǚ 图 (～儿)姪(兄・弟の娘,友人の娘もいう)(📘[外甥女])[内～] 妻の姪
【侄女婿】zhínǚxu 图 '侄女'の夫
【侄孙】zhísūn 图 兄弟の孫,'侄儿'の息子
【侄孙女】zhísūnnǚ/ zhísūnnü 图 (～儿)兄弟の孫娘,'侄儿'の娘
【侄媳妇】zhíxífu 图 (～儿)'侄儿'の妻
【侄子】zhízi 图 📘[侄儿]

职(職) zhí

⊗ ① 職務[尽～]職務を全うする ② 職位,職業[辞～]辞職する[退～]退職する ③（旧)公文用語で上司に対する自称 ④ 司る,管掌する

【职别】zhíbié 图 職務の区別,職種
【职称】zhíchēng 图 職名,肩書,階名
【职分】zhífèn 图 ① 職分,職責 ② 官職,職位
【职工】zhígōng 图 ① 事務職員と労働者,従業員[～食堂]従業員食堂 ② (旧)労働者
*【职能】zhínéng 图 職能,機能,効能[法院的～]裁判所の機能
【职权】zhíquán 图 職権[行使～]職権を行使する
【职守】zhíshǒu 图 職場,持場[不能擅离～]勝手に職場を離れてはいけない[忠于～]職務に忠実である
*【职位】zhíwèi 图 職務上の地位,ポスト
【职务】zhíwù 图 職務,勤め[履行～]職務を遂行する
【职业】zhíyè 图 職業[～病]職業病[～运动员]プロ選手[～女性]キャリアウーマン
【职员】zhíyuán 图 職員,事務職員
【职责】zhízé 图 職責[履行～]職責を果たす[应尽的～]果たすべき職責
【职掌】zhízhǎng 图(書)職掌,職分 — 動(書)職務として担当する

摭 zhí

⊗ 拾う,拾い上げる[～拾](書)(多く既成の事例や語句を)拾い上げる

蹠 zhí

⊗ ('跖'とも) ① 足の甲の前部 ② 足の裏 ③ 踏む

踯(躑) zhí

⊗ 以下を見よ

【踯躅(躑躅)】zhízhú 動(書)さまよう,うろうろする

止 zhǐ

動 ① 止まる,やめる[大哭不～]いつまでも泣きやまない[血流不～]出血が止まらない ② やめさせる,阻む[～不住]とめられない[～血]止血する[～痛]痛みを止める ③ ['至(到)……'の形で](期間が…で) 終わる[展销会从四日起至十日～]展示即売会は4日から10日まで — 副 ただ[不～一次]一度ならず[何～这一次]今回だけではない

【止步】zhǐ‎bù 動 歩みを止める,立ち止まる[闲人～]無用の者入るべからず[游人～]遊覧者(見学者)立入り禁止
【止境】zhǐjìng 图 行き止まり,果て[学无～]学問には際限がない
【止息】zhǐxī 動(書)停止する,やむ

芷 zhǐ

⊗ 香草[白～][植]カラビャクシ

址(阯) zhǐ

⊗ 所在地,地点[地～]住所,所在地[住～]住所[遗～]遺址[会～]会の所在地

祉 zhǐ

⊗ 幸福

趾 zhǐ

⊗ ① 足の指[脚～]同前[～骨]趾骨 ② 足

【趾高气扬】zhǐ gāo qì yáng (成) 意気揚々たるさま,おごりたかぶったさま

【趾甲】zhǐjiǎ 图 足指の爪

【只】(*衹祇) zhǐ 副 ただ…だけ、わずかに ◆動詞の前に用いて、動作の範囲や賓語自体やその数量を限定したり、また直接名詞の前に用いて事物の数量を限定する〖~有一个〗一つしかない〖~说不做〗言うだけでやらない〖我~当 dàng 你已经回去了〗君はもう帰ったとばかり思っていた〖屋里~老王一个人〗部屋には王さん一人しかいない ⇨ zhī

【只不过】zhǐbúguò 副〔文末の'就是了''罢了'と呼応して〕ただ…にすぎない〖~问问价钱罢了〗値段を聞いただけです

【只得】zhǐdé …するより仕方がない、やむなく…する(⇨〖只好〗〖不得不〗)〖没赶上末班电车,~走回去〗終電に乗り遅れたので、歩いて帰るしかない

【只顾】zhǐgù 動 ばかりに気をとられる、…だけを考える〖~自己是不行的〗自分のことしか考えようとしないのはだめだ ━ 副 ただ…するばかり、ひたすら…する〖~下棋〗将棋に夢中になる

【只管】zhǐguǎn 副 かまわずに…する、どしどし…する〖你有什么话,~说吧〗話したいことがあるなら、遠慮なく話しなさい ━ 副 ただ…にかまける〖他~自己的事〗彼は自分のことしか考えない

*【只好】zhǐhǎo 副 …するほかない、やむなく…する(⇨〖只得〗〖不得不〗)〖~让步〗譲歩するしかない

【只是】zhǐshì 副 …に過ぎない、ただ…するばかりだ ◆文末に'罢了''而已'などを伴うことも〖~去看看朋友,没有什么要紧的事儿〗友達に会いに行くだけで大事な用事は別にありません〖她~笑,不回答〗彼女は笑っているだけで答えない〖我~不想去罢了〗私は行きたくないだけだ ━ 接 …ではあるが、…だが ◆'不过'より逆接の語感はやや軽い〖这东西是好,~贵了些〗この品物は良いことは良いが、ただちょっと高い

【只消】zhǐxiāo 動〔方〕…だけが必要だ〖~二十分钟〗20分しかかからない

*【只要】zhǐyào 接 …しさえすれば、…でありさえすれば ◆必要条件を示し、多く'就''便'と呼応する〖~虚心,就会进步〗虚心でありさえすれば必ず進歩する〖~你道下歉就行了〗ただ謝りさえすれば済むのです〖你一定能学好,~你努力〗君はきっとマスターできる、努力さえすれば

【只要功夫深,铁杵磨成针】zhǐyào gōngfu shēn, tiěchǔ móchéng zhēn《成》〈鉄の杵 ここ は磨き続ければ針になる〉精神一到、何事か成らざらん

【只有】zhǐyǒu 接 ① …して初めて、…の場合に限って ◆唯一の条件を表わし、多く'才'や'还'と呼応する〖~这样做,才能解决问题〗こうしてこそ初めて問題が解決できる ② …のみ、…だけが ◆主語の前に用いて主語を限定する〖~我相信你〗私だけが君を信じている ━ 副 …するしかない、やむなく…する〖如果下大雨,比赛~延期〗もし大雨が降ったら、試合は延期されるしかない

【只知其一,不知其二】zhǐ zhī qí yī, bù zhī qí èr《成》〈その一を知り、その二を知らない〉一面しか知らず全体を知らない

【枳】zhǐ ⊗〔植〕カラタチ(ふつう'枸橘 gōujú'という)〖~壳〗キコク(漢方薬の一)

【咫】zhǐ ⊗ 以下を見よ

【咫尺】zhǐchǐ 图〔書〕咫尺 しせき、近い距離〖~之间〗咫尺の間〖近在~〗すぐ近くにある〖~天涯〗近くにいながら会うことができない

【旨】zhǐ ⊗ ① 美味、うまい〖~酒〗〔書〕美酒 ② 旨、考え ◆特に天子の命令〖圣~〗詔 みことのり

【—】(*恉) ⊗ 意味、趣旨〖主~〗主旨〖要~〗要旨〖大~〗〔書〕大意

【旨趣】zhǐqù 图〔書〕主旨、趣旨 ⇨〖宗旨〗

【旨意】zhǐyì 图 意図、趣旨

【指】zhǐ 動 ① 指差す〖用手~一~〗手で指し示す〖时针~着三点〗時計の針が3時を指している ② 指し示す、指摘する〖这不是~你说的〗これは君を指して言っているのではない ③ 頼る、当てにする〖~着什么过日子?〗何に頼って暮らしを立てているのか〖不能全~在他身上〗すべて彼に頼るわけにはいかない ━ 量 指1本の幅を'一~'と言い、深さや横幅を表わすのに使われる〖两~宽的纸条〗2指幅の紙切れ

⊗ 指〖食~〗人指し指〖首屈一~〗第一に数える〖伸手不见五~〗一寸先も見えない(ほど暗い) ⇨ zhī

*【指标】zhǐbiāo 图 指標、目標〖统计~〗統計指標〖质量~〗品質指標〖生产~〗生産目標

【指不定】zhǐbudìng 副 はっきり言えない〖~哪一天会发生大地震呢〗いつか大地震が起こるかも知れない

ぞ
【指不胜屈】zhǐ bú shèng qū《成》数えきれない，枚挙にいとまがない
【指斥】zhǐchì [動] 指摘して責める，指弾する
【指出】zhǐchū [動] ①指し示す，指示する ②指摘する〚～错误〛誤りを指摘する
★★【指导】zhǐdǎo [動] 指導する，導く〚老师～学生写作〛先生が学生に文章の書き方を指導する［～员］指導員，人民解放軍の政治指導員（中隊の政治工作を担当する人）［～思想］指導思想，指針となる思想
【指点】zhǐdiǎn [動] ①指し示す，教える〚他耐心地～我怎样操作〛彼は辛抱づよく私に操作の仕方を教えてくれる ②陰口をきく，粗探しをする〚在背后指指点点〛陰でとやかく言う
★【指定】zhǐdìng [動] 指定する〚由教授～时间〛教授が時間を指示する〚～他负责这项工作〛彼を指名してこの仕事に責任をもたせる
【指画】zhǐhuà [動] 指差す，指し示す
【指环】zhǐhuán [名]〔只〕指輪 [同]［戒指］
★★【指挥】zhǐhuī [動] 指揮する，指図する〚听从～〛指図に従う〚～合唱队〛コーラスを指揮する［～棒］タクト ━ [名] 指揮者，コンダクター，バトントワラー
【指鸡骂狗】zhǐ jī mà gǒu《成》（鶏を指して犬を罵る＞）当てこする [同]［指桑骂槐］
★【指甲】zhǐjia（zhíjia と発音，zhījia とも）[名]（手足の）爪［脚～］足の爪［～钳子］爪切りばさみ［～花(儿)］《口》鳳仙花
【指教】zhǐjiào [動] 教え導く，教示する ♦自分の仕事や作品に対して意見を人に仰ぐ時に用いる〚请多多～〛どうぞよろしくお願いします
【指靠】zhǐkào [動]（多く生活面で）頼る，当てにする〚不能～别人〛ひとに頼ってはいけない ━ [名] よりどころ，当て〚生活上有～了〛生活のよりどころができた
★【指令】zhǐlìng [名] 指令 ♦旧時の上級機関からの公文の一種もいう ━ [動] 指令する，命令する
【指鹿为马】zhǐ lù wéi mǎ《成》（鹿を指して馬という＞）是非を転倒する
【指明】zhǐmíng [動] はっきり指し示す，明らかに指摘する〚～正确的道路〛正しい道をはっきり示す
【指名】zhǐmíng [動]（～儿）指名する，（物を）指定する〚～要我发言〛私に発言するよう指名した〚～批评〛名指しで批判する
【指南】zhǐnán [名] 指針，手引き［行动～］行動指針［游览～］遊覧案内
★【指南针】zhǐnánzhēn [名] ①磁石，羅針盤 ②指針，手引き
【指派】zhǐpài [動] 指名して派遣する，任命する〚～他出席会议〛彼を会議に出席させる
【指日可待】zhǐ rì kě dài《成》遠からず実現する〚胜利～〛勝利は目前に迫っている
【指桑骂槐】zhǐ sāng mà huái《成》当てこすりを言う [同]［指鸡骂狗］
【指使】zhǐshǐ [動] 指図する，そそのかす〚～孩子做坏事〛子供をそそのかして悪い事をさせる〚受别人～〛人にそそのかされる
★【指示】zhǐshì [名][動] 指示（する），指図（する）〚发出～〛指示を出す〚等待上级～〛上級からの指示を待つ［～剂］指示薬［～代词］指示代詞
【指事】zhǐshì [名]〚語〛指事（漢字分類法'六书'の一）
【指手画脚】zhǐ shǒu huà jiǎo《成》身振り手振りで話をする，傍から勝手にあげつらう
【指头】zhǐtou/zhítou [名] 指［手～］手の指［脚～］足の指［～印子］拇印［～尖儿］指先［十个～有长短］［十个～不一般齐］《俗》十人十色，人や物には必ず違いがあるもの
【指头肚儿】zhǐtoudùr/ zhítoudùr [名]《方》手の指の腹（指紋のある部分）
★【指望】zhǐwang/ zhǐwàng [動] 一途に期待する，当てにする〚～来一个人帮忙〛だれか手伝いに来てくれるのをひたすら期待する ━ [名]（～儿）期待，望み〚很有～〛大いに期待が持てる
【指纹】zhǐwén [名] 指紋〚取～〛指紋を取る
【指向】zhǐxiàng [動] 目指す，指す〚～未来〛未来を目指す
【指引】zhǐyǐn [動] 導く，指導する〚灯标～船只夜航〛灯標が夜の船の航行を導いている〚在党的～下〛党の導きのもと
【指印】zhǐyìn [名]（～儿）指紋の跡，拇印〚按～〛指印を押す〚留～〛指紋の跡を残す
★【指责】zhǐzé [動] 指摘して責める，叱責する〚受到舆论的～〛世論の指弾を受ける
【指摘】zhǐzhāi [動] 指摘する，誤りを指摘し批判する〚无可～〛非の打ち所がない
【指战员】zhǐzhànyuán [名] 指揮官と戦士
【指针】zhǐzhēn [名] ①〔根・支〕時計やメーター類の針 ②（向かうべき）指針〚行动的～〛行動の指針
【指正】zhǐzhèng [動] ①誤りを指摘

Z

し正す ②《挨》自分の作品や意見などに批評を求める時に用いる〖请您～〗御叱正を乞う

【酯】zhǐ [名]〖化〗エステル［聚～］ポリエステル［聚氨～］ポリウレタン

【纸(紙 *帋)】zhǐ [名]〔张〕紙〖一叠～〗紙ひと重ね［～篓］紙くずかご［草～］わら半紙［油～］油紙 — [量] 書いたものを数える(例えば'公文''文书''单据''收据'など)〖一～书信〗書簡1通

【纸板】zhǐbǎn [名] 紙型，ボール紙

【纸包不住火】zhǐ bāobuzhù huǒ《俗》(紙で火を包むことはできない>) 真相は包み隠せない

【纸币】zhǐbì [名]〔张〕紙幣 [反][硬币]

【纸浆】zhǐjiāng [名](製紙用)パルプ

【纸老虎】zhǐlǎohǔ (zhǐláohǔ と発音) [名] 張り子の虎；《転》虚勢を張るもの

【纸马】zhǐmǎ [名](～儿) 神像を印刷した紙片(神を祭る時に焼く)

【纸煤儿(纸媒儿)】zhǐméir [名] 火種のこより [同][火纸煤儿]

【纸捻】zhǐniǎn [名](～儿) こより

【纸牌】zhǐpái [名]〔副·张〕かるた ♦西洋のドミノに似た紙製の札，賭博に用いる. トランプのこともいう

【纸钱】zhǐqián [名](～儿) 紙銭，銭の形に造った紙 ♦死者や鬼神を祭る時に焼く

【纸上谈兵】zhǐ shàng tán bīng《成》机上の空論，畳の上の水練

【纸头】zhǐtóu [名]《方》紙

【纸型】zhǐxíng [名] 紙型

【纸烟】zhǐyān [名]〔枝·包〕巻きタバコ [同][香烟]

【纸鸢】zhǐyuān [名]《書》凧

【纸张】zhǐzhāng [名](総称としての) 紙，紙類

【纸醉金迷】zhǐ zuì jīn mí《成》ぜいたくを極めた生活や環境のたとえ [同][金迷纸醉]

【至】zhì [⊗] ① 至る，…まで〖～本月中旬〗今月中旬まで…［自始～终］初めから終わりまで ② 至り，極み，最も〖感激之～〗感激の至り〖～迟〗遅くとも

【至宝】zhìbǎo [名]〔样·件〕至宝

【至诚】zhìchéng [形] 至誠の，真心の〖出于～〗誠意から出る

【至此】zhìcǐ [動] ① この場所·時点に至る〖事情～为止〗事態はここで終わる ② この時になって〖～他才听出些名堂来〗ここまで聞いてきて彼はやっとその訳がわかってきた ③ この状況に至る〖事已～，哭又有什么用呢？〗事ここに至って，泣いたって何の役に立つかね

【至多】zhìduō [副] 多くとも〖～不过三十岁〗せいぜい30歳ぐらいだろう

【至高无上】zhì gāo wú shàng《成》最高，この上ない

【至好】zhìhǎo [名] [同][至交]

【至交】zhìjiāo [名] 一番仲の良い友人，親友

*【至今】zhìjīn [副] 今に至るまで，今なお，今になって〖～我仍然想念着他〗今でも彼のことを思っている

【至理名言】zhì lǐ míng yán《成》もっともな名言，至言

【至亲】zhìqīn [名] 最も近い親族［骨肉～］骨肉の間柄

【至上】zhìshàng [形] 至上の，最高の

*【至少】zhìshǎo [副] 少なくとも〖～要半个小时〗少なくとも30分は掛かる

*【至于】zhìyú [動]〔多く否定や反語の形で〕…というほどになる，…ということになる〖要是早请大夫看，何～病成这样〗もっと早く医者に診てもらっていたら，これほどひどくならなかったのに — [介] …に至っては，…については(話題を転じる時に用いる)〖我要回老家，～什么时候走，还没决定〗私は帰省するつもりだが，いつ発つかはまだ決めていない

【致】zhì [⊗] ① 与える，送る，(気持ち·挨拶などを) 表する〖～以热烈的祝贺〗心からお祝いを申し上げる［～函］書簡を送る［～电］電報を送る ② 趣，面白味［兴 xìng ～］興味 ③ 招く，招来する［～病］病気になる［～癌物质］発癌物質 ④ …に至る，…の結果となる→[以致 yǐzhì]

【—(緻)】[⊗] きめ細かい，緻密［细～］精密な

*【致辞(致词)】zhìcí [動] 挨拶を述べる〖致开幕辞〗開幕の辞を述べる〖致欢迎辞〗歓迎の挨拶をする

【致电】zhìdiàn [動] 電報を送る，打電する〖～祝贺〗祝電を送る

【致敬】zhìjìng [動] 敬意を表する，敬礼する〖向你们～〗あなた方に敬意を表します

【致力】zhìlì [動] 力を尽くす，力を注ぐ〖～改革〗改革に努力する

*【致力于】zhìlì yú [動] …に力を尽くす〖～和平事业〗平和事業に尽力する

【致密】zhìmì [形] 緻密な，精密な〖～的观察〗緻密な観察

【致命】zhìmìng [形] 致命的な，命にかかわる〖～的弱点〗致命的な弱点［～伤］致命傷

*【致使】zhìshǐ [動](ある原因で，多く望ましくない) …の結果となる，…にならしめる〖因气候的关系，～飞机无法按时起飞〗天候の関係で，定刻通りフライトできない

【致死】zhìsǐ [動] 死に至る，死を招く

Z

〖因伤～〗傷がもとで死ぬ［～量］致死量［～原因］死因
【致谢】zhìxiè [動] 謝意を表する，礼を述べる〖谨此～〗ここに謹んで謝意を表します
【致意】zhìyì [動] 意を伝える，挨拶を送る〖点头～〗会釈して挨拶する〖招手～〗手を振って挨拶する〖请代我向他～〗彼によろしくお伝え下さい

【桎】zhì ⊗足かせ
【桎梏】zhìgù [名]《書》足かせと手かせ，桎梏しっこく，束縛〖打破～〗束縛を断ち切る［封建～］封建的桎梏

【窒】zhì ⊗ふさがる［～碍］《書》障害がある
【窒息】zhìxī [動] 窒息する，息が詰まる〖感到～〗息が詰まる感じがする

【蛭】zhì ⊗ヒル［水～］同前 →［蚂蟥 mǎhuáng］

【志】zhì [動]《方》量る〖用秤 chèng～～〗秤で量ってみる
⊗①志，志望［得～］志を遂げる［遗～］遺志 ②（Z-）姓
【一（誌）】⊗①記録［县～］県誌 ②記号，しるし ③記す，覚えておく［永～不忘］永く記憶に止めて忘れない
【志大才疏】zhì dà cái shū《成》志は大きいが才能が及ばない
*【志气】zhìqi/zhìqì [名] 志気，意気〖有～〗気概がある〖～昂扬〗志気が高揚する
【志趣】zhìqù [名] 志向と趣味
【志士】zhìshì [名] 志士［爱国～］愛国の志士
【志同道合】zhì tóng dào hé《成》意気投合する，同志の間柄である
【志向】zhìxiàng [名] 志，志向〖远大的～〗遠大な志
【志愿】zhìyuàn [名] 志望，願望 — [動] 志願する，自ら望む〖～参加〗自ら望んで参加する［～军］志願軍
**【志愿者】zhìyuànzhě [名] ボランティア

【痣】zhì [名]〔块〕あざ［红～］赤あざ［黑～］ほくろ

【识（識）】zhì ⊗①記憶する，覚える ②しるし，記号［标～］標識［款～］落款らっかん
⇨shí

【帜（幟）】zhì ⊗旗，のぼり［旗～］旗じるし［别树一～］別の旗じるしを立てる

【豸】zhì ⊗足のない虫［虫～］《書》虫（一般）

【忮】zhì ⊗ねたむ

【治】zhì [動] ①治療する，治す〖～风湿〗リューマチを治療する〖病已经～好了〗病気はもう治った ②（害虫を）退治する，駆除する〖～蚜 yá 虫〗アブラムシを駆除する
⊗①治める，治まる［天下大～］天下泰平［～黄工程］黄河治水工事 ②懲こらしめる［惩～］処罰する ③研究する［～经］経典を修める ④地方政庁の所在地［县～］県庁所在地 ⑤（Z-）姓
*【治安】zhì'ān [名] 治安〖维持～〗治安を維持する
【治本】zhìběn [動] 根本から処置する，抜本的に改善する [反]［治标］
【治标】zhìbiāo [動] 応急の処置を取る，一時的に解決する
【治病救人】zhì bìng jiù rén《成》〈病を治して人を救う〉人の欠点や過ちを批判し立ち直るのを助ける
【治国安民】zhì guó ān mín《成》国を治め人民の生活を安定させる
*【治理】zhìlǐ [動] 治める，処理する〖～河流〗川の治水工事をする
**【治疗】zhìliáo [動] 治療する〖～疾病〗病気を治療する〖时间是～痛苦的药〗時間は苦痛を癒す薬だ
【治丧】zhìsāng [動] 葬儀を営む
【治水】zhìʼshuǐ [動] 治水する
【治学】zhìxué [動]《書》学を修める，学問研究する
【治罪】zhìʼzuì [動] 処罰する〖依法～〗法に基づき処罰する

【制（製）】zhì [動] 製造する，作る〖图表～好了〗図表ができあがった［缝～］縫製する
【一】⊗①制度〖八小时工作～〗8時間労働制［所有～］所有制 ②制限する［限～］同前［自～］自制する ③制定する，規定する
【制版】zhìʼbǎn [動]《印》製版する［照相～］写真製版
【制备】zhìbèi [動]（化学薬品などを）調製する
*【制裁】zhìcái [動] 制裁を加える〖～不法分子〗違法分子に制裁を加える［经济～］経済制裁［法律～］法律の制裁
【制导】zhìdǎo [動] 制御・誘導する［～雷达］制御誘導レーダー
*【制订】zhìdìng [動] 案を定める，策定する〖～工农业生产计划〗工農業生産計画を制定する
**【制定】zhìdìng [動] 制定する，定める〖～宪法〗憲法を制定する〖～改革方案〗改革案を立てる
【制动器】zhìdòngqì [名] ブレーキ，制動機（[同]《口》［闸 zhá］）〖～不灵〗ブレーキがきかない

Z

【制度】 zhìdù 图 制度、システム〖遵守~〗制度を守る〖教育~〗教育制度

【制伏(制服)】 zhìfú 動 征服する、制圧する〖~自然灾害〗自然災害に打ち勝つ

【制服】 zhìfú 图〖套〗制服

【制高点】 zhìgāodiǎn 图【軍】展望がきく要害の高地、またはそうした建物

【制剂】 zhìjì 图 製剤、製薬

【制品】 zhìpǐn 图〖样〗製品〖塑料~〗プラスチック製品〖铝~〗アルミ製品

【制胜】 zhìshèng 動 勝利する、勝ちを制する〖克敌~〗敵を打ち負かし勝ちを制する

【制图】 zhìˈtú 動 製図する、図面を描く

【制约】 zhìyuē 動 制約する〖受世界观的~〗世界観の制約を受ける〖社会~〗社会的制約

【制造】 zhìzào 動 ① 製造する〖~产品〗製品を造る〖中国~的〗中国製の ②(好ましくない物事を)作り出す、引き起こす〖~纠纷〗紛争を起こす〖~谣言〗デマをでっちあげる

【制止】 zhìzhǐ 動 制止する、食い止める〖~侵略〗侵略を阻止する〖~通货膨胀〗インフレを抑制する

【制作】 zhìzuò 動 製作する、作る〖~家具〗家具を作る

【帙】 zhì 图 覆い入りの書物を数える ⊗帙、書物を包む覆い〖书~〗同前

【秩】 zhì ⊗ ① 順序〖~序〗秩序 ② 10年〖七~〗(書)70歳、古希

【秩序】 zhìxù 图 秩序、順序〖遵守~〗秩序を守る〖有~〗秩序正しい〖扰乱~〗秩序を乱す

【质(質)】 zhì 图 質、品質〖~的变化〗質的な変化〖保~保量〗質量ともに保証する ⊗ ① 性質、本質〖实~〗実質 ② 物質、物の本体〖流~食物〗流動食 ③ 素朴な ④ ただす、問いただす ⑤ 質に入れる、質ぐさ、抵当〖~押〗質入れする抵当〖人~〗人質

【质变】 zhìbiàn 图 質の変化、質的変化 反〖量变〗

【质地】 zhìdì 图 ① 材質、素地〖~精美〗生地がきめ細かに美しい ②(人の)資質、品性

【质感】 zhìgǎn 图 質感

【质量】 zhìliàng 图 ①【理】質量 ② 質、品質〖产品的~〗製品の品質〖~差〗質が劣る〖提高~〗質を高める ③ 質と量〖~并重〗質量ともに重んじる

【质朴】 zhìpǔ 图 質朴な、飾り気のない〖为人~忠厚〗人柄が素朴で善良だ

【质问】 zhìwèn 動 問いただす、詰問する〖怒气冲冲地~〗かんかんに怒って問いただす〖提出~〗詰問する〖她~非常尖锐〗彼女の詰問はとても鋭い

【质询】 zhìxún 動 審問する、尋問する

【质疑】 zhìyí 動 疑問をただす、質問する〖~问难 nàn〗疑問や難問を出して討論し合う

【质子】 zhìzǐ 图【理】陽子、プロトン

【踬(躓)】 zhì ⊗ ①つまずく〖~颠~〗(書)つまずいて転ぶ ②挫折する、頓挫する

【炙】 zhì ⊗ ① あぶる ② あぶり肉、焼き肉〖脍 kuài ~人口〗人口に膾炙する

【炙手可热】 zhì shǒu kě rè (成)(手をあぶれば焼けるほど熱い>)権勢が盛んで近づきにくい

【峙】 zhì ⊗ そびえ立つ〖对峙〗対峙する ♦ 山西省の地名"繁峙"は Fánshí と発音

【痔】 zhì 图 痔〖~疮〗同前

【栉(櫛)】 zhì ⊗ ① 櫛 ② 梳る〖~发 fà〗(書)櫛で髪をとかす

【栉比】 zhìbǐ 動(書)櫛の歯のようにびっしり並ぶ、櫛比する〖~鳞次〗〖鳞次~〗魚の鱗や櫛の歯のように立ち並ぶ

【栉风沐雨】 zhì fēng mù yǔ (成)風雨にさらされて奔走し苦労すること

【陟】 zhì ⊗(高所へ)登る

【鸷(鷙)】 zhì ⊗ 評定する〖评~〗(書)同前

【贽(贄)】 zhì ⊗ 初対面の時の進物、手土産〖~敬〗(書)初対面や入門時の進物

【挚(摯)】 zhì ⊗ 誠実、まじめさ〖真~〗真摯な〖~友〗親友

【鸷(鷙)】 zhì ⊗ 猛々しい〖~鸟〗猛禽類

【掷(擲)】 zhì 動 投げる、ほうる〖~手榴弹〗手投げ弾を投げる〖~标枪〗やり投げをする〖~铅球〗砲丸投げをする〖投~〗投げる

【掷弹筒】 zhìdàntǒng 图【軍】擲弾筒できだんとう

【掷还】 zhìhuán 動 返却する、返す〖请早日为荷〗至急御返却下されば幸いです

【滞(滯)】 zhì ⊗ 滞る、流通しない〖停~〗停滞する〖~货〗売れ残り商品、滞貨

*【滞留】zhìliú [動] 滞留する，停滞する
【滞纳金】zhìnàjīn [名] 滞納金
【滞销】zhìxiāo [動] 販路が停滞する，売れ行きが悪い［～商品］店ざらしの品，滞貨

【智】zhì ⊗① 賢い，知恵がある［才～］才知 ②知恵，知識 ③(Z-)姓
【智齿】zhìchǐ [名] 知恵歯，親知らず（[同][智牙]）〖长 zhǎng～〗親知らずが生える
【智多星】zhìduōxīng [名] 策略にたけた人 ♦水滸伝の呉用のあだ名
**【智慧】zhìhuì [名] 知恵〖～的结晶〗知恵の結晶〖竭尽～〗知恵を尽くす
*【智力】zhìlì [名] 知力，知能［～测验］知能検査［～竞赛节目］クイズ番組
【智略】zhìlüè [名] 知恵と機略，才略
【智谋】zhìmóu [名] 智謀［人多～高］三人寄れば文珠の知恵
【智囊】zhìnáng [名] 智嚢，知恵袋［～团］ブレーントラスト，シンクタンク
*【智能】zhìnéng [名] 知能〖培养～〗知能を伸ばす［～手机］スマートフォン［～卡］ICカード［～电网］スマートグリッド
*【智商】zhìshāng [名] 知能指数
【智牙】zhìyá [名] [同][智齿]
【智育】zhìyù [名] 知育（[関][德育][体育]）
【智障】zhìzhàng [名] 知的障害

【彘】zhì ⊗ブタ

【置（寘）】zhì [動]（長く使う物，比較的高価な品物を）買う，購入する〖～了几件家具〗家具を数点買った［～业］不動産を購入する
⊗①置く［搁～］同前 ②設ける，設置する［装～］取り付ける
【置办】zhìbàn [動] 購入する，買い入れる〖～嫁妆〗嫁入り道具を購入する
【置备】zhìbèi [動]（備品などを）購入する〖～实验仪器〗実験器具を購入する
【置辩】zhìbiàn [動]《書》〔否定に用いて〕弁論する，弁解する〖不容～的事实〗弁解の余地のない事実［不屑～］議論するに値しない
【置若罔闻】zhì ruò wǎng wén《成》聞こえない振りをする，知らない振りをする
【置身】zhìshēn [動]《書》身を置く〖～于火海之中〗苦界に身を置く
【置身事外】zhì shēn shì wài《成》身を局外に置く〖采取～的态度〗我関せずの態度を取る
【置信】zhìxìn [動]〔主に否定で〕信を置く，信じる〖不可～〗信が置けない〖难以～〗信用し難い
【置疑】zhìyí [動]〔多く否定で〕疑う〖无可～〗疑うべくもない
【置之不理】zhì zhī bù lǐ《成》放置する，まるで顧みない〖对群众的呼声不能～〗大衆の要望を放置してはならない
【置之度外】zhì zhī dù wài《成》(生死や利害を)度外視する，気に掛けない

【雉】zhì ⊗①〖鳥〗キジ(口語では‘野鸡’) ②［～堞 dié］(城壁の)姫垣(ひめがき)
【雉鸠】zhìjiū [名]〖鳥〗キジバト，ヤマバト

【稚（*穉）】zhì ⊗幼い［～子］幼児［幼～］幼稚な
【稚气】zhìqì [名] 稚気，無邪気 [同][孩子气]

【疐】zhì ⊗つまずく［跋 bá 前～后］進退きわまる

【觶（觯）】zhì ⊗古代の酒器の一

【中】zhōng [形]《方》よい，よろしい ♦‘很～’とはいえない〖～不～？～！〗いいですか，よろしい
⊗①〔多く‘在’と呼応して〕動詞の後ろに用いて動作の進行中を表わす〖在研究～〗ただいま研究中 ②真ん中，中心［当～］真ん中 ③(範囲の)中，内［家～］家の中 ④(上中下の)中，中位［～型］中型 ⑤(…するのに)適する，具合がいい［～用］役に立つ ⑥偏らない［～庸］中庸 ⑦仲立ち，仲介者［作～］仲立ちになる ⑧(Z-)《略》中国［闻名～外］中国の内外にその名が聞こえる
⇨zhòng
【中班】zhōngbān [名] ①(三交替制の)中番 [関][早班][夜班] ②幼稚園の年中組 [関][小班][大班]
【中饱】zhōngbǎo [動]《書》着服する，間に立って私利を得る［～私囊］私腹を肥やす
【中保】zhōngbǎo [名] 仲介人と保証人，立会人
【中不溜儿】zhōngbuliūr [形]（～的）《方》中位の，普通の [同][中溜儿]
【中餐】zhōngcān [名]〔顿〕中国料理 [関][西餐]
【中草药】zhōngcǎoyào [名] 漢方薬材，生薬
【中策】zhōngcè [名] 中策(上策と下策の間の)
【中产阶级】zhōngchǎn jiējí [名] 中産階級 ♦中国では民族資産階級を指した
【中常】zhōngcháng [形] 並の，中位

Z

の(⇨[中等])〖成績~〗成績は中位だ〖~收成〗平年作

【中辍】zhōngchuò 動(書)中止する,途中でやめる

【中道】zhōngdào 名① 途中,半ば[~而废]途中でやめる ②(書)中庸の道

【中稻】zhōngdào 名 中手'早稻'と'晚稻'の中間期に実る稲の品種)

【中等】zhōngděng 形〖定語として〗① 中等の,中級の〖学习成绩~〗学校の成績が中くらいだ[~城市]中都市[~教育]中等教育 ② 中背の[~身材]中背

【中东】Zhōngdōng 名 中東

*【中断】zhōngduàn 動 中断する,途絶える〖~了外交关系〗外交関係を中断した〖交通~〗交通が途絶える

【中队】zhōngduì 名 中隊 ⇨[连队]

【中耳】zhōng'ěr 名 中耳(⇨[鼓室])[~炎]中耳炎

【中饭】zhōngfàn 名〔頓〕昼飯 ⇨[午饭]

【中锋】zhōngfēng 名『体』センターフォワード

【中缝】zhōngfèng 名① 新聞紙・木版本の中央部の折り目になっている部分 ② 衣服の背縫いの部分

【中伏】zhōngfú 名 盛夏三伏の一 ◆夏至後第四の庚の日,またはその日から数えて立秋第一の庚の日の前日までを指す ⇨[二伏]⇨[三伏]

【中古】zhōnggǔ 名① 中古・中国史ではふつう,魏晋南北朝・隋唐時代をいう ② 封建時代

*【中国】Zhōngguó 名 中国

【中国话】Zhōngguóhuà 名 中国語(ふつう'汉语'をいう)

【中国画】Zhōngguóhuà 名〔张・幅・轴〕中国画 ⇨[国画]

【中国人民解放军】Zhōngguó Rénmín Jiěfàngjūn 名 中国人民解放軍は1927年8月1日,かつては'中国工农红军'(略して'红军')と呼ばれていた

【中和】zhōnghé 動『化』『理』中和

【中华】Zhōnghuá 名 中華[~民族]中華民族(中国各民族の総称)

【中级】zhōngjí 形〖定語として〗中級の[~人民法院]中級人民法院

【中继线】zhōngjìxiàn 名(電話の)中継線

【中坚】zhōngjiān 名 中堅,中核[~力量]中堅の勢力

*【中间】zhōngjiān 名① 中,内〖我们三个人~〗私達3人の中で ② 中心,真ん中〖这水池~很深〗この池は中心が深い ③ 間[~人]仲介人

【中间儿】zhōngjiānr 名(口)[中间]

【中将】zhōngjiàng 名 中将('上将'と'少将'の間)

【中介】zhōngjiè 名 仲介,媒介

【中看】zhōngkàn 形 見掛けがよい,見栄えのする(⇨[难看])[~不中吃]見掛けはよいが,食べるとまずい(見掛け倒し)

*【中立】zhōnglì 動〖多く定語として〗中立の〖保持~〗中立を保つ[永久~]永世中立

【中流砥柱】zhōngliú Dǐzhù (成)堅固で支柱の役割をする人や集団,大黒柱 ◆'砥柱'は黄河急流の中にある山の名 ⇨[砥柱中流]

【中路】zhōnglù 名〖定語として〗(品質が)中位の,普通の[~货]中級品

【中拇指】zhōngmǔzhǐ 名(口)中指

【中年】zhōngnián 名 中年[~人]中年の人

【中农】zhōngnóng 名 中農(経済的立場が'富农'と'贫农'との間にある農民)

【中期】zhōngqī 名 中期〖十七世纪~〗17世紀中期

【中秋】Zhōngqiū 名 中秋節 ◆旧暦8月15日,月見をし,'月饼'を食べる習慣がある [~节]中秋節

【中人】zhōngrén 名① 仲人,仲裁人 ②(体格・容貌・知力などが)中位の人,並の人

【中山装】zhōngshānzhuāng 名〔身・套〕人民服,中山服(孙中山(孙文)のデザインといわれる)

【中士】zhōngshì 名 軍曹('上士'と'下士'の間)

【中式】zhōngshì 形〖定語として〗中国式の,中国風の[~服装]中国式の衣服 ◆'科举合格'の意の'中式'は zhòng shì と発音

【中枢】zhōngshū 名 中枢,センター[电讯~]電信センター[~神经]中枢神経

【中堂】zhōngtáng 名① 母屋,客間 ② 客間の正面中央の壁に掛ける大型の掛軸 ③ 明清代の'内阁大学士'の別称

【中提琴】zhōngtíqín 名〔把〕ヴィオラ

【中听】zhōngtīng 形 聞いて快い,聞こえがよい[不~]耳ざわりな

【中途】zhōngtú 名 中途,途中[不要~退场]途中で退場してはいけない[~而废]途中でやめる

【中外】zhōngwài 名 中国と外国[~闻名][~驰名]国内外に名が響いている

【中微子】zhōngwēizǐ 名 『物』ニュートリノ ⇨[微中子]

【中纬度】zhōngwěidù 名 中緯度

【中卫】zhōngwèi 名『体』センターハーフ

【中文】 Zhōngwén 图 中国語（ふつう漢language文字を指す）（⇔【汉语】）［会说～］中国語が話せる

*【中午】** Zhōngwǔ 图 正午，昼 ◆ほぼ11時～13時

【中西】 zhōngxī 图 中国と西洋［～合璧］中国のものと西洋のものの結合

【中线】 zhōngxiàn 图 ①（競技場の）センターライン，ハーフライン ② 〔数〕中線

【中校】 zhōngxiào 图 中佐（'上校'と'少校'の間）

*【中心】** zhōngxīn 图 ①（位置としての）中心，真ん中［圆的～］円の中心 ② 主要な部分［抓住问题的～］問題のポイントをつかむ［～思想］中心思想［～任务］中心任务 ③ 重要な位置を占める場所や施設，センター［政治～］政治の中心地（多くは首都）［日语训练～］日本語研修センター［文化～］文化センター［贸易～］貿易センター

【中兴】 zhōngxīng 動（国家が）中興する

【中型】 zhōngxíng 形〔定語として〕中型の［～词典］中型辞典

【中性】 zhōngxìng 图〔化〕〔語〕中性

【中休】 zhōngxiū 图 中休み，休憩

【中学】 zhōngxué 图 ①中学校 ◆日本の中学に当たる'初级～'と高校に当たる'高级～'を含む［～生］中学・高校生 ②（旧）中国の伝統的学問

*【中旬】** zhōngxún 图 中旬

*【中央】** zhōngyāng 图 ①中央，真ん中［西湖的～］西湖の真ん中 ②（国家や党などの）中央，本部［党～］党中央

【中药】 zhōngyào 图 漢方薬（⇔【西药】）

【中叶】 zhōngyè 图 中葉，中期［二十世纪～］20世紀中葉

【中医】 zhōngyī 图（⇔【西医】）①中国医学 ②漢方医

【中庸】 zhōngyōng《書》图 中庸［～之道］中庸の道 — 形 平凡な，凡庸な

【中用】 zhōng˳yòng 形〔多く否定文で〕役に立つ，使いものになる［中看不～］見掛け倒し［这什么用？］何の役に立つのか

【中游】 zhōngyóu 图 ①（川の）中流 ②中位の所，十人並［不能甘居～］並の所で甘んじていてはだめだ

【中雨】 zhōngyǔ 图 中程度の雨（24時間内の降雨量が10～25ミリの雨）

【中元节】 Zhōngyuán Jié 图 中元（旧暦7月15日）◆この日に祖先を供養する

【中原】 Zhōngyuán 图 黄河中流と下流にかけての地域［～逐鹿］中原に鹿を逐う，天下を争う

【中灶】 zhōngzào 图（～儿）（共同炊事・給食の）中程度の食事（'大灶'と'小灶'の中間）

【中止】 zhōngzhǐ 動 中止する，中断する［～了学业］学業を中断した

【中指】 zhōngzhǐ 图 中指（⇔《书》[将 jiàng 指]）

【中州】 Zhōngzhōu 图〈書〉河南省一帯を指す

【中转】 zhōngzhuǎn 動〔交〕乗り換える［～站］乗り換え駅

【中装】 zhōngzhuāng 图 中国服（'中山装'と'西装'と区別していう）

【中子】 zhōngzǐ 图〔理〕中性子，ニュートロン［～弹］中性子爆弾

【忠】 zhōng ◆真心を尽くす，忠実である［效～］忠誠を尽くす［～义］忠義の（人）

*【忠诚】** zhōngchéng 形 忠誠を尽くす，忠実な［一贯～］一貫して忠実である

【忠告】 zhōnggào 图動 忠告（する）［听从～］忠告を聞き入れる

【忠厚】 zhōnghòu 形 忠実で善良な，まじめで温厚な［～的态度］同前の態度

*【忠实】** zhōngshí 形 忠実な［～的信徒］忠実な信者［～于朋友］友人に忠実である

【忠顺】 zhōngshùn 形（今は多く貶義として）忠義な，従順な［～的奴仆］忠実な召使い

【忠心】 zhōngxīn 图 忠心，真心［～耿耿］忠誠心に燃える

【忠言】 zhōngyán 图 忠言［～逆耳］忠言耳に逆らう

【忠勇】 zhōngyǒng 形 忠実で勇敢な

【忠于】 zhōngyú 動 …に忠実な，…に忠誠を尽くす［～职守］職分に忠実である

【忠贞】 zhōngzhēn 形 節を曲げない［～于事业］事業に忠節である［～不贰］[～不渝 yú]忠実で二心がない

【盅】 zhōng 图（～儿）小さな杯 ◆量詞的にも［喝几～］何杯か飲む［酒～儿］酒杯［小茶～］小さな湯呑み

【钟(鐘)】 zhōng 图 ①〔座〕鐘 ②〔座〕掛時計，置時計 ③時刻，時点［三点～］3時 ④…間〈'刻''分''秒'とともに時間の長さを表わす）［三刻～］45分間［十分～］10分間

【—(鍾)】 ①注ぐ，集中する ②'盅'と通用 ③(Z-)姓

【钟爱】 zhōng'ài 動（子供などを）特にかわいがる，寵愛する

【钟摆】zhōngbǎi [名] 時計の振り子
【钟表】zhōngbiǎo [名] 時計の総称（'钟'と'表'）［～店］時計店
【钟点】zhōngdiǎn [名]（～儿）①（定まった）時刻 ② 時間(整数の時段を表わす)([同][钟头])〚两个～〛2時間
【钟鼎文】zhōngdǐngwén [名]〚語〛[同][金 jīn 文]
【钟馗】Zhōngkuí [名] 鍾馗(しょうき) ♦邪鬼よけの神
【钟离】Zhōnglí [名] 姓
【钟楼】zhōnglóu [名] ① 鐘楼，鐘つき堂 ② 時計台，時計塔
【钟情】zhōngqíng [動] ほれ込む，好きになる［一见～］一目ぼれする
【钟乳石】zhōngrǔshí [名] 鐘乳石
【钟头】zhōngtóu [名]（～儿）時間([同][小时])〚两个半～〛2時間半
〖衷〗zhōng ⊗ 真心，心の中［由～］衷心より
【衷肠】zhōngcháng [名]《書》胸中，内心の言葉
【衷情】zhōngqíng [名] 内心の情，真情 [同]《書》[衷曲 qū]
*【衷心】zhōngxīn [名] 衷心，真心〚表示～的感谢〛心からお礼申し上げます〚～祝贺〛心から祝う
〖终(終)〗zhōng ⊗ ① 終わり，終わる［自始至～］始めから終わりまで ②（人が）死ぬ［临～］臨終 ③ ついに，結局 ④ ある期間の始めから終わりまで［～日］終日 ⑤(Z-)姓
【终场】zhōngchǎng [動]（芝居などが）はねる，（試合などが）終了する — [名]《旧》(科挙の何日か続く試験の)最終試験
*【终点】zhōngdiǎn [名]（[反][起点]）① 終点［～站］終着駅 ② ゴール［～线］ゴールライン
【终伏】zhōngfú [名] [同][末伏 mòfú]
【终古】zhōnggǔ [副]《書》永久に，永遠に［～常新］いつまでも新しい
【终归】zhōngguī [副] 結局，ついに〚他～会明白的〛彼も最終的にはわかってくれるはずだ
【终极】zhōngjí [形]〔定語として〕最終の，究極の〚～(的)目的〛究極の目的
【终结】zhōngjié [動] 終結する，終わりを告げる〚任务～了〛任務は完結した
*【终究】zhōngjiū [副] 結局，畢竟(ひっきょう)〚孩子～是孩子〛子供はしょせん子供だ
【终久】zhōngjiǔ [副] [同][终究]
【终局】zhōngjú [名] 終局，結末
【终了】zhōngliǎo [動]（時期が）終了する，完了する
【终南捷径】Zhōngnán jiéjìng《成》出世の近道，成功の早道
*【终年】zhōngnián [名] ① 一年中，年がら年中〚山顶～积雪〛山頂は1年中積雪がある ② 享年〚～九十岁〛享年90歳
【终日】zhōngrì [副] 朝から晩まで，一日中 [同]《口》[整天]
*【终身】zhōngshēn [名] 一生，生涯〚～的著作〛生涯をかけた著作［～大事］一生の大事(多く結婚を指す)
【终生】zhōngshēng [名] 終生，一生〚～的朋友〛生涯変わらぬ友人［～难忘］終生忘れられない
【终霜】zhōngshuāng [名] 春になって最後に降る霜
【终岁】zhōngsuì [名]《書》一年中，年中
【终天】zhōngtiān [名] ① 終日，一日中 ②《書》終生，一生［～之恨］一生の恨み
**【终于】zhōngyú [副] 遂に，とうとう〚盼望的日子～来到了〛待ち望んだ日がとうとう来た
*【终止】zhōngzhǐ [動] 終わる，停止する〚～了恋爱关系〛恋愛関係を終える
〖柊〗zhōng ⊗〚植〛ヒイラギ［～树］同前
〖螽〗zhōng ⊗［～斯］キリギリス
〖种(種)〗zhǒng [名] ①（生物分類の）種［变～］変種 ② 度胸，気骨〚没有～〛意気地がない — [量] 種類を数える〚两～人〛2種類の人〚这～书〛こんな本
⊗ ① 種，種子［白菜～］白菜の種［配～］種を付ける ② 人種［黄～］黄色人種 ③(Z-)姓
⇨ Chóng, zhòng
【种畜】zhǒngchù [名] 種付け用の家畜
【种类】zhǒnglèi [名] 種類〚草药的～很多〛民間薬の種類は多い
【种麻】zhǒngmá [名] 大麻の雌株（'苴 jū 麻'ともいう）
【种仁】zhǒngrén [名] 植物の種子の核(さね)
【种姓】zhǒngxìng [名] カースト ♦インドの世襲的階級制度
【种种】zhǒngzhǒng [形]〔定語として〕色々な，さまざまな〚由于～原因〛さまざまな原因によって
*【种子】zhǒngzi [名] ①〔粒·颗〕種子，種〚～发芽〛種が発芽する ②〚体〛(トーナメント競技の) シード［～选手］シード選手［～队］シードチーム
*【种族】zhǒngzú [名] 人種，種族［～歧视］人種差別［～主义］民族的差別主義，人種偏見

Z

【肿】(腫)
zhǒng 動 腫れる, むくむ 〚~得通红〛真っ赤に腫れあがる

*【肿瘤】 zhǒngliú 图 腫瘍ఏ, 腫れ物〖恶性~〗悪性腫瘍〖脑~〗脳腫瘍

【肿胀】 zhǒngzhàng 動 腫れあがる

【冢】(塚)
zhǒng ⊗ 塚, 墓〚义~〛無縁墓地

【踵】
zhǒng ⊗ ① 踵ఏఏ ② 自ら赴く〚~门致谢〛親しく参上のうえ謝意を述べる ③ 後につく, 追随する

【踵事增华】 zhǒng shì zēng huá《成》前人の事業を継承しさらに発展させる

【中】
zhòng 動 ① 当たる, ぴったり合う〚猜~了〛(推測して)当てた, 当たった〚说~了〛言い当てた〚考~了〛(試験を受けて)合格した ② 受ける, 被る〚~诡计〛ペテンに引っ掛かる〚~煤气〛ガスに中毒する
⇨ zhōng

【中毒】 zhòngdú 動 中毒する, 毒にあたる〚食物~〛食中毒

【中风】 zhòngfēng 動 中風ఏఏになる 働[卒中]

【中奖】 zhòngjiǎng 動 宝くじや賞に当たる〚中头奖〛1等賞に当たる〚~号码〛当選番号

【中肯】 zhòngkěn 厖(言説が)急所を突く, 的を射た〚说得~〛話が要点をついている〚批评很~〛批判は的を射ている

【中伤】 zhòngshāng 動 中傷する〚造谣~〛根も葉もないことを言い触らして中傷する〚~同事〛同僚を中傷する

【中暑】 zhòngshǔ 動 暑気あたりになる, 熱中症になる 働[方][发痧 shā]
—— zhòngshǔ 图 暑気あたり, 熱中症 働[日射病]

【中选】 zhòngxuǎn 動 当選する, 選ばれる

【中意】 zhòngyì 動 意にかなう, 気に入る〚选了几个都不~〛幾つか選んだがどれも気に入らない

【仲】
zhòng ⊗ ① 間に立つ ② 旧暦で四季の2番目の月〚~春〛仲春, 旧暦の2月 働[孟''''] ③ 兄弟の順序の2番目 働[伯''''] ④ (Z-)姓

【仲裁】 zhòngcái 動 (紛争について)仲裁する〚拒绝~〛仲裁を拒絶する〚提交~〛仲裁に付す

【种】(種)
zhòng 動 種をまく, 植える〚~麦子〛麦を植える〚~几棵树〛数本の木を植える
⇨ Chóng, zhǒng

【种地】 zhòngdì 動 野良仕事をする, 耕作する〚~的〛〚~人〛農夫, 百姓

【种痘】 zhòngdòu 動 種痘をする 働[种牛痘]

【种瓜得瓜, 种豆得豆】 zhòng guā dé guā, zhòng dòu dé dòu《成》(瓜を植えれば瓜がとれ, 豆を植えれば豆がとれる>)因果応報

【种花】 zhònghuā 動 ①(~儿)花を植える ②(~儿)働[方]種痘をする ③働[方]綿花を植える

【种田】 zhòngtián 動 働[种地]

【种植】 zhòngzhí 動 植える, 栽培する〚~果树〛果樹を植える〚~园〛農園

【众】(衆)
zhòng ⊗ ① 多い 働[寡]〚寡不敌~〛衆寡敵せず ② 大勢の人〚听~〛聴衆〚观~〛観衆

【众多】 zhòngduō 厖 多い(主に人について)〚人口~〛人口が非常に多い

【众口难调】 zhòng kǒu nán tiáo《成》(誰の口にも合うような料理は作れない>)すべての人を満足させるのは難しい

【众口铄金】 zhòng kǒu shuò jīn《成》(皆が口をそろえると金をも溶かすことができる>)①世論の力は大きい ②多数が言えば黒も白になる

【众口一词】 zhòng kǒu yì cí《成》(皆が同じことを言う>)異口同音

【众目睽睽】 zhòng mù kuíkuí《成》皆が注目する(働[万目睽睽])〚在~之下〛衆人環視の中で

【众目昭彰】 zhòng mù zhāozhāng《成》誰の目にも明らかである(多く悪事に対して)

【众怒】 zhòngnù 图 衆人の怒り〚~难犯〛大衆の怒りには逆らえない

【众叛亲离】 zhòng pàn qīn lí《成》(人々に背かれ親にも見捨てられる>)人心を失い孤立する

【众擎易举】 zhòng qíng yì jǔ《成》皆が力を合わせれば事は成就しやすい

【众人】 zhòngrén 图 多くの人, 皆〚~拾柴火焰高〛(皆が柴を拾って燃やせば炎は高くなる>)皆が力を合わせれば良い結果が出る

【众生】 zhòngshēng 图 衆生ఏఏ〚芸芸~〛あらゆる生物, 生きとし生けるもの

【众矢之的】 zhòng shǐ zhī dì《成》(多くの矢の的>)大衆から集中攻撃を浴びる人

【众说】 zhòngshuō 图 さまざまな説, 多くの人の意見〚~不一(~纷纭)〛皆の意見がまちまちである, 諸説紛々

*【众所周知】 zhòng suǒ zhōu zhī《成》広く知れ渡っている, 周知の通り〚~的事实〛周知の事実

【众望】zhòngwàng 名 衆望,皆の期待『不负~』皆の期待に背かない[~所归]衆望を担う
【众志成城】zhòng zhì chéng chéng (成)(皆の志が城壁になる>)皆が力を合わせればどんな困難も克服できる

【重】zhòng 名 重さ,重量『行李有二十公斤~』荷物の重さは20キログラムある[举~][体]重量挙げ — 形 ①重い[沉 chén][轻]『包袱很~』荷が重い ②甚だしい『他的病越来越~』彼の病気はますます重くなる『~~地打击』こっぴどく攻撃する — 動 重んじる,重視する『~友谊』友情を重んじる[~男轻女]男尊女卑
⊗①重要な ②軽々しくない[慎~]慎重である[自~]自重する
⇨ chóng
【重办】zhòngbàn 動 厳重に処罰する
【重创】zhòngchuāng 動 重傷を負わす,痛手を与える『~敌机』敵機に大打撃を与える
【重大】zhòngdà 形 重大な『~的意义』重大な意義『感到责任的~』責任の重さを感じる『损失~』損失が甚だしい
【重担】zhòngdàn 名〔副〕重荷,重責『挑起~』重荷を負う[卸下~]重荷をおろす
【重地】zhòngdì 名 要地,重要な地点[军事~]軍事上の要地[工程~]工事地点(立入り禁止区域)
*【重点】zhòngdiǎn 名 ①[理](てこの)荷重点 ②重点『抓住~』重点を把握する『工业建设的~』工業建設の重点 — 形『定語・状語として』重点的な[~推广]重点的に推し広める[~大学]重点大学,一流大学
【重读】zhòngdú 動〔語〕語や句中のある音節を強く読む,ストレスをかけて発音する
【重工业】zhònggōngyè 名 重工業 ®[轻工业]
【重活】zhònghuó 名(~儿)力仕事,重労働
【重价】zhòngjià 名 高価,高値『不惜~』高値も惜しまない『~收买』高値で買い入れる
【重金属】zhòngjīnshǔ 名 重金属
【重力】zhònglì 名[理]重力,引力
【重利】zhònglì 名 ①高利,高い金利 ②高い利潤
*【重量】zhòngliàng 名 重量,重さ『称 chēng ~』目方を量る『减轻~』重量を落とす[~级]ヘビー級
【重炮】zhòngpào 名〔軍〕重砲
【重氢】zhòngqīng 名 重水素 ®[氘 dāo]
【重任】zhòngrèn 名 重任,重責[身负~]重責を担う
【重伤】zhòngshāng 名 重傷
【重身子】zhòngshēnzi 名 ①身重『你妻子~了』奥さんは妊娠している ②妊婦
【重视】zhòngshì 動 重視する(®[轻视])『必须~教育问题』教育問題を重視すべきだ『引起人们~』人びとから重視されるようになる
【重水】zhòngshuǐ 名[化]重水
【重听】zhòngtīng 動 耳が遠い,難聴である
【重托】zhòngtuō 名 重大な委託,重要な依頼
【重武器】zhòngwǔqì 名〔軍〕重火器 ®[轻武器]
*【重心】zhòngxīn 名 ①[理]重心『测定~』重心を測定する ②[数](三角形の)重心 ③事柄の核心,大事な部分[论文的~]論文のポイント
【重型】zhòngxíng 形『定語として』(機械・兵器の) 大型の,重量級の[~机械]大型機械[~坦克]重戦車
*【重要】zhòngyào 形 重要な『这项工作特别~』この仕事は特に重要である『语法很~』文法は大事だ『~(的)地位』重要な地位
【重音】zhòngyīn 名 ①〔語〕アクセント,ストレス[~符号]強さアクセント記号 ②〔音〕アクセント,強勢
【重用】zhòngyòng 動 重用する『大胆地~年轻人』若い人を大胆に重用する『得到~』重用される
【重油】zhòngyóu 名 重油
【重镇】zhòngzhèn 名 軍事的に重要な都市,重鎮

【州】zhōu 名 ①民族自治行政区画の一[自治~]自治州 ②旧時の行政区画の一

【洲】zhōu 名 ①中州[沙~]砂洲[绿~]オアシス ②地球上の大陸[亚~]アジア

【洲际导弹】zhōujì dǎodàn 名 大陸間弾道弾,ICBM

【舟】zhōu ⊗ 船[轻~][小~]小船

【舟车】zhōuchē 名 船と車:(転)旅[~劳顿]長旅で疲れ果てる
【舟楫】zhōují 名〔書〕船舶
【舟子】zhōuzǐ 名〔書〕船頭,舟人

【侜】zhōu ⊗[~张(诗张)]〔書〕だます,あざむく

【诌】(謅) zhōu ⊗(言葉を)並べたてる[胡~]口から出まかせを言う

【周】(週) zhōu 名(量詞的に)週間『二十

～』20週間［上～］先週［～末］ウィークエンド ━ 量 ①ひと回りを数える（⑩［圏］）『运动员跑了三～』選手は3周走った ②『電』サイクル（'周波'の略）『千～』キロサイクル『兆～』メガサイクル ⊗ ①周囲, 周り［圆～］円周［四～］周囲 ②回る, 一周する ③あまねく, 全て［～人］全身［众所～知］誰もが知っている, 周知 ④行き届いている, 周到［不～］行き届かない ⑤援助する（'赒'とも）［～济］救済する

【一】⊗ (Z-) ①王朝名［西～］西周［东～］東周［北～］（南北朝の）北周［后～］（五代の）後周 ②姓

【周报】zhōubào 图『张・份』週刊, ウィークリー（刊行物の名に用いる）［北京～］北京週報

*【周边】zhōubiān 图 周辺［～国家］周辺国

*【周到】zhōudào 囷 周到である, 行き届く『服务很～』サービスがとても行き届いている『～的计划』周到な計画『考虑得很～』考えがよく行き届いている

【周而复始】zhōu ér fù shǐ 《成》循環する, 何度も繰り返す

【周济（赒济）】zhōujì 動 (貧しい人に物質的な) 援助をする, 救済する

【周刊】zhōukān 图 週刊, 週刊誌

【周率】zhōulǜ 图『電』周波数 ⑩『频率』

*【周密】zhōumì 囷 周密な, 綿密な『～的计划』綿密な計画『工作做得很～』仕事振りが綿密である

*【周末】zhōumò 图 週末, ウィークエンド

*【周年】zhōunián 图 周年, まる1年『一百～』百周年

【周期】zhōuqī 图 周期

【周全】zhōuquán 囷 周到な ━ 動 (人を助けて)成就させる, 事をまとめる ⑩『成全』

【周身】zhōushēn 图 全身［～是伤］体中傷だらけだ

【周岁】zhōusuì 图 満1歳, 満年齢（⑩『虚岁』）『过～』満1歳の誕生祝いをする『他已经五十～了』彼はもう50歳だ

*【周围】zhōuwéi 图 周囲, 周り『～的环境』周りの環境『工厂(的)～』工場の周辺［～神经］『生』末梢神経

【周详】zhōuxiáng 囷 周到詳細な, 行き届いた『～地论证』緻密に論証する

【周旋】zhōuxuán 動 ①相手をする, 付き合う『在来客中～』来客に応対する ②(敵と)渡り合う『～的战术』敵に対する戦術 ③旋回する, 巡る

【周游】zhōuyóu 動 周遊する『～全国』国中を旅行する

【周缘】zhōuyuán 图 周り, 縁

【周章】zhōuzhāng 囷『書』慌てふためく［狼狈～］大いに慌てふためく, 周章狼狽しゅう

*【周折】zhōuzhé 图『番』紆余曲折

【周正】zhōuzheng / zhōuzhèng 囷『方』端正な, きちんと整った

【周至】zhōuzhì 囷『書』周到な

*【周转】zhōuzhuǎn 動 (資金などを)回転する, やり繰りする［～不开］資金繰りがつかない

【啁】zhōu ⊗ 以下を見よ
⇨zhāo

【啁啾】zhōujiū 腿『書』鳥の鳴き声を表わす

【粥】zhōu 图 かゆ［喝～］かゆを食べる［小米～］アワがゆ［腊八～］旧暦12月8日に食べるかゆ

【粥少僧多】zhōu shǎo sēng duō《成》品物が少なく十分に行き渡らない ⑩『僧多粥少』

【妯】zhóu ⊗ 以下を見よ

【妯娌】zhóuli 图 兄嫁と弟嫁の総称, 相嫁

【轴（軸）】zhóu 图 ①（機械部品の）軸, 心棒［车～］車軸 ②『数』軸 ③（～儿）物を巻く心棒『把线缠在～儿上』糸を糸巻きに巻き付ける［画～］絵の掛軸 ━ 量 掛物や糸巻きなどを数える『一～山水画』1幅の山水画『两～线』糸よる巻き ◆『伝統劇の大切り』の意の'大轴子'は dàzhòuzi と発音

【轴承】zhóuchéng 图『機』軸受け, ベアリング［滑动～］滑り軸受け［滚柱～］ローラーベアリング

【轴心】zhóuxīn 图 ①車軸 ②枢軸［～国］枢軸国

【轴子】zhóuzi 图 ①掛物・巻物の軸 ②（弦楽器の）糸巻き, 転手

【肘】zhǒu 图（～儿）ひじ ⑩『胳膊 gēbo～』

【肘窝】zhǒuwō 图 ひじ関節の内側

【肘腋】zhǒuyè 图『書』（ひじとわきの下>）すぐ近い所（多く災いの発生に用いる）［变生～］異変は身近より起こる［～之患］身近な災い

【肘子】zhǒuzi 图 ①［胳膊～］同前 ②豚のもも肉の上半部［酱～］同前を醤油と香料で煮た料理

【帚（箒）】zhǒu ⊗ ほうき［笤～ tiáozhou］［扫～ sàozhou］ほうき

【纣（紂）】zhòu ⊗ ①(Z-) 紂王ちゅうおう ◆殷代末の王, 暴君とされる ②しりがい(牛馬

のしりに掛けて鞍や轅(ながえ)に結びつけるひも）♦ふつう'后鞧 qiū'という

【咒(*呪)】zhòu [名]呪文，まじない［念～］呪文を唱える ━[動]のろう，まじなう〖～他死〗彼が死ぬようのろう［诅zǔ～］のろう，ののしる

【咒骂】zhòumà [動]のろいののしる，罵倒(ばとう)する〖～鬼天气〗ひどい天気に悪態をつく

【㑇(㑳)】zhòu [形]《方》(性格が)意固地な

【绉(縐)】zhòu ⊗絹織物の一種，ちりめん

【绉布】zhòubù [名]〖衣〗クレープ，綿縮

【绉纱】zhòushā [名]〖衣〗ちりめん

【皱(皺)】zhòu [名]しわ〖脸上起～〗顔にしわが寄る ━[動]しわを寄せる，しわになる〖裙子～了〗スカートがしわになった〖～紧了眉头〗眉をきゅっとしかめた

【皱巴巴】zhòubābā [形]（～的）しわくちゃな，しわだらけの

*【皱纹】zhòuwén [名]（～儿）〔条・道〕しわ〖脸上布满了～〗顔中しわだらけだ〖熨去～〗アイロンを掛けてしわをとる

【宙】zhòu ⊗無限の時間→［宇yǔ～］

【胄】zhòu ⊗①かぶと［甲～］甲冑(かっちゅう) ②(王侯貴族の)世継ぎ，血筋［贵～］《書》貴族の子孫［华～］《書》'华夏'の子孫，漢民族 ♦人名では'伷'とも

【昼(晝)】zhòu ⊗昼［白～］白昼，昼間

*【昼夜】zhòuyè [名]昼夜，昼と夜〖两～〗二昼夜〖～看kān守〗昼夜とも見守る

【甃】zhòu ⊗井戸の内壁(を築く) ♦単用する方言も

【骤(驟)】zhòu ⊗①急に，突然［～变］急変する ②(馬が)速く走る ③速い，急速な［暴风～雨］にわかの風雨

【骤然】zhòurán [副]《書》突然，急に〖天气～变冷〗にわかに寒くなる

【籀】zhòu ⊗①本を読む，朗読する ②書体の一種，籀文(ちゅうぶん)，大篆(だいてん)

【籀文】zhòuwén [名]書体の一種，籀文，大篆 [同][籀书]

【朱】zhū ⊗①朱色 ②(Z-)姓

【―(硃)】⊗朱砂，辰砂(しんしゃ)

【朱笔】zhūbǐ [名]朱筆

【朱红】zhūhóng [形]〔定語として〕朱色の，バーミリオンの〖～大门〗朱塗りの門

【朱鹮】zhūhuán [名]〖鳥〗トキ

【朱槿】zhūjǐn [名]〖植〗ブッソウゲ [同][扶桑]

【朱门】zhūmén [名]朱塗りの門，富貴の家

【朱墨】zhūmò [名]①朱と黒 ②朱墨

【朱批】zhūpī [名]朱筆で書き入れた批評，朱書き

【朱漆】zhūqī [名]朱漆，朱塗り

【朱雀】zhūquè [名]①〖鳥〗マシコ [同][红麻料儿] ②'二十八宿'中の南方七宿の総称，朱雀(しゅじゃく)，また南方の神［～门］朱雀門

【朱砂】zhūshā [名]朱砂 [同][辰砂][丹砂]

【朱文】zhūwén [名]印章の陽文 [反][白文]

【邾】Zhū ⊗①周代の国名 ②姓

【诛(誅)】zhū ⊗①罪人を殺す ②責める，とがめる［口～笔伐］発言や文章で激しく批難攻撃する

【诛戮】zhūlù [動]《書》殺す，誅殺(ちゅうさつ)する

【诛求】zhūqiú [動]しぼり取る，巻き上げる［～无厌］(租税などを)あくことなく取り立てる

【诛心之论】zhū xīn zhī lùn《成》人の悪意を暴く批判

【侏】zhū ⊗背が低い，小人

【侏罗纪】Zhūluójì [名]〖地〗ジュラ紀

【侏儒】zhūrú [名]侏儒(しゅじゅ)，小人

【茱】zhū ⊗以下を見よ

【茱萸】zhūyú [名]〖植〗サンシュユ [関][山茱萸][食茱萸]

【洙】Zhū ⊗［～水］山東の川の名

【珠】zhū ⊗①(～儿)球状の物，玉［眼～儿］目玉，眼球［水～儿］水玉，水滴 ②真珠

【珠宝】zhūbǎo [名]真珠・宝石類の装飾品［～店］宝石店

【珠翠】zhūcuì [名]真珠とひすい(翡翠)の装飾品

【珠玑】zhūjī [名]《書》珠玉，美しい詩文

【珠联璧合】zhū lián bì hé《成》(珠玉が一つに連なる>)絶好の取合わせ，優れたものが一堂に会する

【珠算】zhūsuàn [名]珠算

【珠圆玉润】zhū yuán yù rùn《成》歌声や詩文が珠玉のように滑らかで美しい

【珠子】zhūzi [名]〔颗・粒〕①真珠 ②丸い粒，玉［汗～］玉の汗

【株】zhū [量]樹木を数える([同]《口》[棵])〖两～柿树〗2

本の柿の木
⊗① 木の根，株 ② 草木［幼～］若株［病～］病害にかかった草木
【株距】zhūjù [名] 株と株の間の距離，株間
【株连】zhūlián [動] 連座する，巻き添えをくう〖～了不少人〗多くの人を巻き添えにした
【株守】zhūshǒu [動]《書》がんこに守る，墨守する [参][守株待兔]
【铢(銖)】zhū ⊗ 古代の重量単位 ♦1'两'の24分の1［～积寸累 lěi］少しずつ貯める
【蛛】zhū ⊗〖虫〗クモ［蜘 zhī～］同前
【蛛丝马迹】zhū sī mǎ jì《成》(クモの糸とカマドウマ(虫の一種) の足跡>) かすかな手掛かり
【蛛网】zhūwǎng [名] クモの巣
【蛛蛛】zhūzhu [名]《方》クモ
【诸(諸)】zhū ⊗① もろもろの，多くの［～位］皆さん ②〘'之于' zhīyú または '之乎' zhīhū の合音〙これを…に〖付～实施〗これを実施に移す〖公～世界〗これを世界に公表する ③(Z-)姓
【诸多】zhūduō [形]《書》〘定語として〙(抽象的な事について) 多くの，あまたの〖尚有～困难〗なおあまたの困難がある
【诸葛】Zhūgě [名] 姓
【诸宫调】zhūgōngdiào [名] 宋元時代に行われた説唱文学の一種
【诸侯】zhūhóu [名] 古代帝王支配下にあった列国の君主に対する総称
【诸如此类】zhū rú cǐ lèi《成》これに類した種々の事柄，かくのごとき例〖～，不胜枚举〗このような例は枚挙にいとまがない
★【诸位】zhūwèi [代]《敬》皆さん，諸君〖向～先生请教〗皆さんからお教えをいただきたい
【猪(豬)】zhū [名]〔口・头・只〕豚［公～］雄豚［母～］雌豚［～圈］豚小屋［野～］イノシシ
【猪倌】zhūguān [名]（～儿）豚飼い，養豚業者
【猪獾】zhūhuān [名]〖動〗アナグマ [同][沙獾]
【猪苓】zhūlíng [名]〖植〗チョレイマイタケ，猪苓(ちょれい) ♦利尿・解熱などの薬剤となる
【猪猡】zhūluó [名]《方》(罵語としても用いて)豚 [同][猪鲁]
【猪排】zhūpái [名]〔块〕豚の厚切り肉，ポークチョップ［炸 zhá～］トンカツ，ポークカツレツ
【猪婆龙】zhūpólóng [名] 揚子江ワニ [同][鼍 tuó 龙][扬子鳄 è]
【猪瘟】zhūwēn [名] ブタコレラ
【猪鬃】zhūzōng [名] 豚の首と背の毛(ブラシの材料にする)
【潴(瀦)】zhū ⊗①(水が)たまる ② 水たまり
【术】zhú ⊗〖植〗(漢方薬となる) オケラの類［白～］白朮(びゃくじゅつ)［苍～］蒼朮(そうじゅつ)
⇨shù
【竹】zhú ⊗① 竹［苦～］マダケ［毛～］モウソウダケ ②(Z-)姓
【竹板书】zhúbǎnshū [名] 語り物の一種 ♦一方の手で'呱哒 guāda 板儿'(竹製のカスタネット)を打ち，一方の手で'节子板'(7枚の小さな竹片をひもで通した打楽器)を打ち鳴らしながら語る
【竹帛】zhúbó [名] 竹簡と絹，竹帛(ちくはく)；《転》典籍，歴史［功垂～］功績を歴史に留める
【竹竿】zhúgān [名]（～儿）〔支・根〕竹ざお
【竹黄(竹簧)】zhúhuáng [名] 竹工芸品の一種 ♦竹を平らにして木地に張りつけ，その表面に彫刻したもの [同][翻黄(翻簧)]
【竹鸡】zhújī [名]〖鳥〗コジュケイ
【竹筴鱼】zhújiāyú [名]〖魚〗マアジ
【竹简】zhújiǎn [名]〔片〕竹簡(古代，文字を書くのに用いた竹の札)
【竹刻】zhúkè [名] 竹の彫刻
【竹帘画】zhúliánhuà [名]（～儿）竹すだれに描いた山水画
【竹马】zhúmǎ [名]（～儿）① 竹馬(竹ざおを股にはさんで走り回る遊び道具)〖骑～〗竹馬で遊ぶ ② 民間歌舞に用いる道具(張り子の馬形の中に人が上半身を出して入り，騎馬のように走りながら歌う)
【竹排】zhúpái [名] 竹いかだ
【竹器】zhúqì [名] 竹製の器物，竹細工品
【竹笋】zhúsǔn [名] 竹の子
【竹叶青】zhúyèqīng [名] ①〖動〗アオハブ(毒蛇の一種) ②'汾酒'の一種(竹の葉のほか多種の薬材を配した薄緑色の酒) ③'绍兴酒'の一種
【竹芋】zhúyù [名]〖植〗クズウコン，またその根 ♦根から澱粉をとる
【竹枝词】zhúzhīcí [名] 竹枝詞(ちくしし) ♦七言絶句形式の旧詩の一体でその土地の風土・人情を民謡風に詠んだもの
【竹纸】zhúzhǐ [名] 竹の繊維で作った紙
★★【竹子】zhúzi [名]〔竿・根〕竹
【竺】Zhú ⊗姓
【烛(燭)】zhú [量] 光度の単位('烛光'の略)，また電灯のワット〖六十～的灯泡〗

60ワットの電球 ⊗①照らす ②ろうそく[蠟~]同前 [香~] 線香とろうそく
【烛光】zhúguāng 图 燭光, 燭(光度の単位)
【烛花】zhúhuā 图 ①ろうそくの炎 ②灯心の燃えさしにできた塊, 丁子頭
【烛泪】zhúlèi 图[滴]ろうそくが燃えて流れるろう
【烛台】zhútái 图 燭台
【烛照】zhúzhào 動《書》照らす

【逐】zhú ⊗①追う, 追いかける[随波~流]定見をもたずに流れに従う ②駆逐する, 追い払う[放~]追放する ③一つ一つ順番に[~条]条ごとに
【逐步】zhúbù 副 一歩一歩, 次第に[~提高]だんだんと向上する
【逐个】zhúgè 副 一つずつ, 逐一[~清点]一つ一つ点検する
*【逐渐】zhújiàn 副 少しずつ, 次第に[天气~暖和起来]気候が段々暖かくなってくる
【逐客令】zhúkèlìng 图 客を追いたてる命令[下~]客を追い出す
【逐鹿】zhúlù 動《書》天下を争う, 主導権を争う[群雄~]群雄が天下を争う
*【逐年】zhúnián 副 年を追って, 年ごとに
【逐日】zhúrì 副 日を追って, 日に日に
【逐一】zhúyī 副 逐一, いちいち[~加以说明]一つ一つ説明していく
【逐字逐句】zhú zì zhú jù 副 一字一句[~地翻译]逐語訳する

【瘃】zhú ⊗[冻~]《書》霜焼け

【舳】zhú ⊗船尾[~舻lú]《書》後ろの船の舳と前の船の艫をつなぎ合わせた船[~舻相继]多くの船が連なっているさま

【主】zhǔ ❷主人役(⊗[客])[东道~]主人役, ホスト ②権力や財物の所有者[这东西没~]これは誰のものかわからない[物~]品物の所有者 ③主 ♦ キリスト教で神を, イスラム教でアラーを指す[真~]神, アラー ④(~儿)確かな考え, 定見[心里没~]自分の考えがない, 迷う 一動 兆す, 前兆となる[早霞~雨, 晚霞~晴]朝焼けは雨, 夕焼けは晴れの兆し
⊗①(奴隷・使用人に対する) 主人[~仆]主人と召使い ②当事者[失~]落とし主[卖~]売り手 ③主たる, 最も重要な[~要]主要な ④主張する[~战]開戦を主張する ⑤主宰する, 自ら決定する[自~]自ら決める ⑥自身の, 自

からの[~观]主観 ⑦(Z-)姓
*【主办】zhǔbàn 動 主催する[~展览]展覧会を主催する[共催~]共催する
【主笔】zhǔbǐ 图 主筆
【主编】zhǔbiān 图 編集長, 編集主幹[报馆的~]新聞社の編集主幹 一動 責任編集する, 主となって編集する
*【主持】zhǔchí 動 ①主宰する, とりしきる[~会议]会議を主宰する[~编纂]編集をとりしきる[~人]主催者, 司会者 ②主張する, 重んじる[~道义]道義を守る
【主次】zhǔcì 图 主要なものと副次的なもの[~颠倒]本末転倒
【主从】zhǔcóng 图 主要なものと従属的なもの, 主と従
【主刀】zhǔdāo 動(手術で) メスを執る[~医生]執刀医
*【主导】zhǔdǎo 图[定語として]主導的な[~的潮流]主導的な流れ[起~作用]主導の役割を果たす 一動 全体を導くもの
*【主动】zhǔdòng 形 自発的な, 主動的な(⊗[被动])[工作很~]仕事について積極的だ[~地请教]自分から進んで教えを請う[处于~地位]積極的な立場に立つ
【主队】zhǔduì 图 地元チーム, ホームチーム ⊗[客队]
【主犯】zhǔfàn 图 主犯, 正犯 ⊗[从犯]
【主峰】zhǔfēng 图 主峰, 最高峰
【主妇】zhǔfù 图 主婦, 女主人
【主干】zhǔgàn 图 ①植物の主要な茎, 幹 ②主力, 決定的な力
【主根】zhǔgēn 图[植] 主根
【主攻】zhǔgōng 動 勢力を集中して総攻撃をかける(⊗[助攻])[从正面~]正面から総攻撃をかける
【主顾】zhǔgù 图 顧客, お得意 ⊗[顾客]
【主观】zhǔguān 形 主観的な(⊗[客观])[~地断定]主観的に断定する[你办事太~]君の処理の仕方は主観的すぎる
*【主管】zhǔguǎn 動 主管する, 管轄する[由他~人事]彼が人事を管轄する 一图 主管者, 管理責任者[~的职务]責任者としての職務
【主婚】zhǔhūn 動 婚儀をとりしきる
【主机】zhǔjī 图 ①隊長機 ⊗[长zhǎng机] ②[機]メインエンジン, 主機関
【主祭】zhǔjì 動 祭事を主宰する
【主见】zhǔjiàn 图 はっきりした見解, 定見[没有~]定見がない
【主讲】zhǔjiǎng 動 講義や講演を担当する[王教授~语法课]王教授が文法の講義を受け持つ
【主将】zhǔjiàng 图 主将, 統帥者,

【主教】zhǔjiào 图 (カトリック・ギリシャ正教の) 司教, 教区長
【主角】zhǔjué 图 ①(映画・劇の) 主役 (⊗[配角]) [～的更 gēng 换] 主役の交替 [扮演～] 主役を演じる [女～] 主演女優 ②(事件などの) 中心人物
【主考】zhǔkǎo 動 試験を主管する 一圖 主任試験官
【主课】zhǔkè 图 主な授業科目
【主力】zhǔlì 图 主力 [集中～] 主力を集中する [～军] 主力軍 [～舰] 主力艦
【主粮】zhǔliáng 图 (その地方で生産または消費する) 主要な食糧
*【主流】zhǔliú 图 (⊗[支流]) ①(河川の) 主流, 本流 ②(転)主流, 主要な傾向 [时代思潮的～] 時代思潮の主流
【主麻】zhǔmá 图 (訳)ジュマ ◆イスラム教で毎週金曜日に行われる集団礼拝. また, 一週間のこと
【主谋】zhǔmóu 動 悪事を中心になって企てる 一圖 首謀者, 張本人
【主脑】zhǔnǎo 图 ①主要な部分, 中枢 ②首脳, 首領
*【主权】zhǔquán 图 (国家の) 主権 [尊重～] 主権を尊重する [侵犯～] 主権を侵す
【主儿】zhǔr 图《口》①雇い主 ②(あるタイプの) 人 [说到做到的～] 有言実行の人 ③夫の家 [找～] (未婚女性が) 嫁ぎ先を見つける
*【主人】zhǔren/zhǔrén 图 ①(客に対する) 主人 (⊗[客人]) [～的致词] 主人側の挨拶 ②(雇い人に対する) 主人, 雇い人 ③(財産や権力の) 所有者, 持主 [作国家的～] 国の主人公になる
【主人翁】zhǔrénwēng 图 ①(家や国家の) 主人 ②(文学作品の) 主人公 ⊕[主人公]
【主任】zhǔrèn 图 主任, 責任者 [班～] クラス担任
【主食】zhǔshí 图 主食 (⊗[副食])
【主使】zhǔshǐ 動 そそのかす, しむける [～坏人捣乱] 悪党に騒動を起こさせる
*【主题】zhǔtí 图 主題, テーマ, 活動などの目標 [～鲜明] 主題がはっきりしている [～歌] 主題歌, テーマソング
【主体】zhǔtǐ 图 ①主体, 主要な部分 [社会的～] 社会の主体 [～工程] 中心的な工事 ②《哲》主体, 主観, 自我 (⊗[客体])
【主文】zhǔwén 图 (判決の)主文
*【主席】zhǔxí 图 ①議長, 座長 [～团] 議長団 [工会～] 労働組合委員長 [～台] 演壇, メーンスタンド ②国家・国家機関・政党などの最高指導者の職名 [国家～] 国家主席
【主心骨】zhǔxīngǔ 图 (～儿) ①主軸, 頼れる人または事物, 大黒柱 ②しっかりした考え, 定見, 対策 [他是个没～的人] 彼は無定見な人だ
【主演】zhǔyǎn 動 主演する
*【主要】zhǔyào 厖 [多く定语・状语として] 主要な, 主な [次要]) [～人物] 主要人物 [～内容] 主な内容 [会议～讨论了这个问题] 会議は主としてこの問題について討論した
【主页】zhǔyè 图 ホームページ
【主义】zhǔyì 图 主義, イズム, イデオロギー [我不信什么～] 私は何の主義も信じない [现实～] リアリズム [官僚～] 官僚主義 [马克思列宁～] マルクスレーニン主義
*【主意】zhǔyi/《口》zhǔyì 图 意見, 定見, 考え, アイデア [出～] 案を出す [拿不定～] 考えを決めかねる [打定～] 心を決める [好～] いい考え
【主语】zhǔyǔ 图《語》主語 ⊕[谓语]
【主宰】zhǔzǎi 動 主宰する, 支配する [～命运] 運命を支配する 一圖 主宰者, 支配者 [做自己的～] 自分が自分自身の主宰者となる
*【主张】zhǔzhāng 動 图 主張する [同意这种～] このような主張に賛成する [～晚婚] 晩婚を主張する
【主旨】zhǔzhǐ 图 主旨 [规章的～] 規則の主旨
【主子】zhǔzi 图 親分, ボス, 旦那 ◆もと召使いが主人を呼ぶ称

【拄】zhǔ 動 (つえや棒で)体を支える, つえを突く [～拐棍儿] つえを突く [～着枪站着] 銃を支えにして立っている

【麈】zhǔ ⊗鹿の一種 ◆尾を払子ほっすに使った

【渚】zhǔ ⊗ 洲す, 中洲

【煮】zhǔ 動 煮る, 炊く, ゆでる [～鸡蛋] 卵をゆでる [～饭] ご飯を炊く [～饺子] ギョウザをゆでる [～面条] うどんをゆでる [用铁锅～] 鉄なべで煮る [～鸡蛋] が卵

【煮豆燃萁】zhǔ dòu rán qí (成) (豆を煮るに其まめがらを燃やす〉兄弟同士が傷つけ合う

【煮鹤焚琴】zhǔ hè fén qín (成) 〈琴を薪たきぎにして鶴を煮て食べる〉野暮の骨頂ここっちょう

【褚】zhǔ ⊗ ①真綿 ②服に綿を入れる ③袋
⇨ Chǔ

【属(屬)】zhǔ ⊗ ①連ねる, 綴つづる [～文]

【嘱(囑)】zhǔ ⊗言い付ける, 頼む [遺~]遺言

*【嘱咐】zhǔfu/zhǔfù 言い付ける, 言い聞かす [~孩子路上要小心]子供に途中気をつけるように言い聞かせる [听从~]言い付けを聞く

【嘱托】zhǔtuō 頼む, 委託する [~律师]弁護士に委託する [~他一件事]ある事を彼に任せる [违背~]依頼に背く

【瞩(矚)】zhǔ ⊗見つめる, 注視する

【瞩目】zhǔmù (書)瞩目する, 注目する [~谈判的趋势]交渉の成り行きを注目する [举世~]万人の瞩目するところとなる

【瞩望】zhǔwàng ①⇨[属望] ②注視する

【伫(佇*竚)】zhù ⊗たたずむ

【伫立】zhùlì (書)たたずむ, 佇立する

【苎(苧)】zhù ⊗以下を見よ

【苎麻】zhùmá (植)チョマ, カラムシ ◆繊維の重要原料

【纻(紵)】zhù ⊗チョマの繊維を織った布

【贮(貯)】zhù ⊗蓄える, 貯蔵する [~木场]貯木場

【贮备】zhùbèi 蓄える, 貯蔵する [~粮食]食糧を蓄える

【贮藏】zhùcáng 貯蔵する [~大米]米を貯蔵する [往地窖里~]穴蔵に貯蔵する

【贮存】zhùcún 貯蔵する [~粮食]食糧を貯蔵する

【住】zhù ①住む, 宿泊する [~公寓]アパートに住む [~医院]入院する [~在什么地方?]どこに住んでいますか ②止まる, 止める [雨~了]雨がやんだ [~手]手を止める [~嘴!]黙れ! ③(結果補語として)安定・固定・静止などを表わす [把~方向盘]ハンドルをしっかり握る [站不~了]じっと立っていられなくなった [把他问~了]彼を問い詰めた [牢牢记~]しっかりと覚え込む ④(可能補語として)それに耐え得るかどうかを表わす [支持不~]支え切れない [禁jīn得~风吹雨打]風雪に耐えられる

【住持】zhùchí (寺や道観の)住職, 住持

【住处】zhùchù ①住む所, 住まい ②宿泊する所

【住房】zhùfáng [间・幢]住宅, 住まい

【住户】zhùhù 所帯, 住人

【住家】zhùjiā 住んでいる [在郊区~]郊外に住んでいる ─(~儿)所帯

【住居】zhùjū 居住する

【住口】zhùkǒu (多く禁止命令として)話をやめる, 黙る (⇨[住嘴]) [你给我~]黙れ!

【住手】zhùshǒu 手を止める, 手を引く

【住宿】zhùsù 泊まる, 寝泊まりする

【住所】zhùsuǒ [处]住んでいる場所, 滞在している所 [学校离~不远]学校は住んでいる所から遠くない

【住院】zhù'yuàn 入院する (⇔[出院])

*【住宅】zhùzhái [幢・栋]住宅, 住居 [~区]住宅区域

【住址】zhùzhǐ 住所, アドレス [收信人的~]手紙受取人の住所

【驻(駐)】zhù 駐留する, 駐在する, 駐屯する [部队~在附近]軍隊が近くに駐留している [~京办事处]北京駐在事務所 ⊗止まる, 止める [~足]足を止める

【驻跸】zhùbì (書)(皇帝が)足を止める, 暫時泊まる

【驻地】zhùdì ①駐在地, 駐在する所 ②地方行政機関の所在地

【驻防】zhùfáng 防衛のために駐屯する

【驻军】zhùjūn 駐屯軍 ─ 軍隊を駐留させる

【驻守】zhùshǒu 駐屯守備する

【驻屯】zhùtún 駐屯する (⇨[驻扎])

*【驻扎】zhùzhā 駐屯する [~在太湖边]太湖の近くに駐屯する

【注(註)】zhù 注(を付ける), 注釈(を加える) [正文中间~了两行háng小字]本文に割り注を加えた [~音]文字の発音を記号で表わす ⊗記載する, 登録する

【─】⊗①(液体を)注ぐ, 流し込む ②(精神や力を)注ぐ, 集中する [全神贯~]全精力を傾ける ③賭博dǔで賭ける金 [赌~]金を賭ける

*【注册】zhùcè 登録する, 登記す

【注定】zhùdìng 動（運命などによって）定められている，宿命である〚侵略者は～要失败的〛侵略者は敗北する運命にある［命中～］人の運命は予め決定されている
【注脚】zhùjiǎo 图注，注釈
【注解】zhùjiě 图動注釈(する)〚对于古文的～〛文語文に対する注釈〚～全文〛全文に注釈する
【注目】zhùmù 動注目する［引人～］世間の注目を引く
【注入】zhùrù 動注ぎ込む，注入する〚把牛奶～杯中〛牛乳をコップに注ぐ
*【注射】zhùshè 動注射する〚～麻醉药〛麻酔薬を注射する〚给病人～〛患者に注射する［～器］注射器
【注视】zhùshì 動注視する，見詰める〚～着事态的发展〛事態の進展を見守っている
【注释】zhùshì 图動[注解]
【注疏】zhùshū 图《書》注疏しょ
【注文】zhùwén 图注釈の字句，注釈文
【注销】zhùxiāo 動取り消す，抹消する〚～户口〛戸籍を抹消する
*【注意】zhù˙yì 動注意する，気を配る〚～健康〛健康に気をつける〚自己也得注点儿意〛自分でも気をつけなくちゃ〚一直没有～〛ずっと気がつかなかった〚惹人～〛人の注意を引く
【注音字母】zhùyīn zìmǔ 图注音符号♦中華民国時代に公布した漢字音の発音表記。本書発音解説を見よ 同[注音符号]
*【注重】zhùzhòng 動重視する，重んずる 同[重視]〚～调查研究〛調査研究を重視する

【炷】zhù 量火を付けた線香を数える〚约摸 yuēmo 一～香的时间〛線香1本が燃え尽きるぐらいの時間
⊗（線香を）たく，(灯を)ともす

【柱】zhù ⊗柱［梁～］梁はり柱［支～］支柱［水～］水柱［水银～］水銀柱
【柱石】zhùshí 图柱石，国家の重責を負う人
【柱头】zhùtóu 图①柱の頭部 ②（方）柱 ③《植》柱頭
【柱子】zhùzi 图［根］柱

【疰】zhù ⊗以下を見よ
【疰夏】zhùxià 動①（漢方で）夏季熱にかかる，暑気あたりする ②（方）夏負けする

【蛀】zhù 動虫が食う〚书给～坏了〛本が虫に食われてしまった〚牙齿～了〛虫歯になった
⊗木・服・本・穀物などを食う小虫
【蛀齿】zhùchǐ 图虫歯 同[龋 qǔ 齿]
【蛀虫】zhùchóng 图①〔条〕木・服・本・穀物などを食う虫♦キクイムシ，シミ，コクゾウムシなど ②（転）身内に巣くう悪人，獅子身中の虫
【蛀心虫】zhùxīnchóng 图《虫》シンクイムシ 同[钻 zuān 心虫]

【助】zhù ⊗助ける，手伝う〚～我一臂之力〛私に一臂の力を貸してくれる［帮～］手伝う
【助产士】zhùchǎnshì 图助産士
【助词】zhùcí 图《語》助詞♦中国語では構造助詞'的，地，得，所'，動態助詞'了，着，过'，語気助詞'呢，吗，吧，啊'など
【助动词】zhùdòngcí 图《語》助動詞♦動詞や形容詞の前に用いられ，可能・義務・必要・願望などの意味を表わす。'能，会，可以，应该，要，肯，敢，愿意'など 同[能愿动词]
【助攻】zhùgōng 援護攻撃する
【助教】zhùjiào 图（大学の）助手
【助桀为虐】zhù Jié wéi nüè《成》悪人を助けて悪事をすること♦桀けつは夏王朝末期の暴君[助纣 Zhòu 为虐]
*【助理】zhùlǐ 图助手，補佐役，アシスタント［总经理～］社長補佐 一圈《定語として》補佐的な，補助的な［～研究员］助手研究員
【助跑】zhùpǎo 图《体》助走する
*【助手】zhùshǒu 图助手，アシスタント
【助听器】zhùtīngqì 图補聴器
【助威】zhù˙wēi 応援する，声援する〚帮他助助威〛彼を力づけてあげる
【助兴】zhù˙xìng 動興を添える〚助了大家的兴〛座を盛り上げた
【助学金】zhùxuéjīn 图（国が大学生などに支給する）補助金，奨学金
【助战】zhùzhàn 動①戦いを援助する ②同[助威][助阵]
【助长】zhùzhǎng 助長する，増長させる〚～贪污〛汚職を助長する
【助纣为虐】zhù Zhòu wéi nüè《成》同[助桀为虐]

【杼】zhù 图（織機の）筬をさ 同[筘]
⊗（古代）梭

【祝】zhù 動祈る〚～你成功〛ご成功を祈る〚～你旅途愉快〛どうぞ楽しい旅を
⊗①祝う［庆～］祝う ②（髪を）断つ ③(Z-)姓

【祝词(祝辞)】zhùcí 图 ① 祝辞〚致～〛祝辞を述べる ② 祈りの言葉, 祝词の

祝福 zhùfú 動 ① 祝福する〚～你一路平安〛道中の御無事を祈ります〚为母亲～〛母のために幸福を祈る ② (江南地方で) 旧暦の除夜に天地の神に幸福を祈る

祝贺 zhùhè 動 祝う〚～她的生日〛彼女の誕生日を祝う〚～新人〛新郎新婦を祝う〚向你们～！〛皆さんおめでとう〚表示衷心的～〛心からの祝賀の意を表わす

【祝捷】zhùjié 動 勝利を祝う, 成功を祝う〚～大会〛祝勝大会

【祝酒】zhù jiǔ 祝福の酒を勧める, 杯を上げる〚祝了一次酒〛1度杯を上げた〚～辞〛乾杯の辞

【祝寿】zhùshòu 動 老人の誕生祝いをする

【祝颂】zhùsòng 動 祝福する, 祝う

【祝愿】zhùyuàn 動 祈る〚～两国友好〛両国が友好であることを祈る

【著】 zhù 動 著す, 著作する[编～] 編者(する) ㊀ ① 明らかな, 顕著な〚昭～〛明らかである ② 表わす〚颇～成效〛かなり成果を表わす ③ 著作〚名～〛名著 ⇨zhuó

【著称】zhùchēng 圉 著名な, 名高い〚杭州以西湖～于世〛杭州は西湖によって有名である

著名 zhùmíng 厖 著名な, 有名な〚桂林是中国～的旅游区〛桂林は中国で有名な観光地だ〚～人士〛著名人

【著述】zhùshù 動 著述する 一 图〔篇·本〕著述, 著作

【著者】zhùzhě 图 著者

著作 zhùzuò 動 著作する〚～回忆录〛回顧録を著す 一 图〔篇·本〕著作

【箸(*筯)】 zhù ㊁ はし ◆ 閩語などでは単用〚火～〛(方) 火ばし

【筑】 zhù 图 古代の弦楽器の築 ◆ 13弦で琴に似る ㊁ (Z-) 貴陽市の別称

【一(築)】 動 築く, 建てる〚～了一条铁路〛鉄道を1本通した

【铸(鑄)】 zhù 動 ① 鋳る, 鋳造する〚这口钟是铜～的〛この鐘は銅で鋳造したものだ ② 作り上げる〚～成大错〛大間違いをする

【铸币】zhùbì ㊁ 鋳造貨幣, 硬貨 一 動 貨幣を鋳造する

【铸工】zhùgōng ㊁ ① 鋳造の仕事, 鋳物の作業 ② 鋳物師, 鋳造工

【铸件】zhùjiàn ㊁ 鋳造品, 鋳物

【铸铁】zhùtiě ㊁ 鋳鉄, 銑鉄 ⑩〚生铁〛〚铣铁〛

【铸造】zhùzào 動 鋳造する〚～零件〛部品を鋳造する

【铸字】zhù*zì 動 活字を鋳造する

【翥】 zhù ㊂ (鳥が) 飛び上がる

【抓】 zhuā 動 ① つかむ, つかみ取る〚～住扶手〛手すりにしっかりつかまる ② かく, 引っかく〚～痒痒 yǎngyang〛かゆい所をかく〚被猫～了〛猫に引っかかれた〚～破脸〛外で大喧嘩をする ③ 捕まえる, 捕える〚～罪犯〛犯人を捕まえる ④ 押える, 特に力を入れる〚～农业〛農業に重点をおく〚～产品的质量〛製品の質に力を入れる ⑤ (人の心を) 引き付ける, 魅力する ⑥ 急いでやる

【抓辫子】zhuā biànzi 動 弱点をつかむ ⑩〚揪jiū 辫子〛

【抓碴儿(抓茬儿)】zhuā*chár 動 (方) あら捜しをする, 因縁をつける

【抓耳挠腮】zhuā ěr náo sāi (成) ① ひどく焦ったり, 歯がゆる様子 ② 喜ぶさま

【抓饭】zhuāfàn 图 ポロピラフ ◆新疆の少数民族が手づかみで食べる食品

【抓哏】zhuā*gén 動 アドリブで笑いをとる

【抓工夫】zhuā gōngfu 動 時間を見付ける, 暇をつくる

抓紧 zhuājǐn 動 しっかりつかむ, しっかり努力する〚～机会〛チャンスをしっかりつかむ〚～学习〛努力して勉強する〚抓不紧〛しっかりつかめない

【抓阄儿】zhuā*jiūr 動 くじを引く ⑩〚拈阄儿〛

【抓举】zhuājǔ 图〖体〗(重量挙げの) スナッチをする ⑩〚挺举〛

【抓挠】zhuānao 動 (方) ① かく〚～头皮〛頭をかく ② 引っかき回す, いじくり回す ③ けんかする, 殴り合う ④ 忙しく働く, (間に合わせるために) 手配をする 一 图 ① (～儿) 役に立つ物, 頼れる人 ② (～儿) 打つ手, 手立て

【抓瞎】zhuā*xiā 動 (準備がなくて) あわてふためく, 取り乱す

【抓药】zhuā*yào 動 処方に従って調剤してもらう, 処方箋で薬を買う〚抓一服 fù 药〛薬を一服買う

【挝(撾)】 zhuā ㊁ ① 打つ, たたく〚～鼓〛太鼓をたたく ② '抓' と通用 ⇨wō

【髽】 zhuā ㊁〚～髻jì (抓髻)〛頭の上で2つに結い分けた女性の髪型

【爪】zhuǎ [名]（～儿）① 鳥獣の足［猫～儿］猫の足 ② 器物の脚
⇨zhǎo

【爪尖儿】zhuǎjiānr [名]（食用の）豚の足

【爪子】zhuǎzi [名]（爪のある）動物の足［鸡～］鶏の足

【拽】zhuāi [動]《方》投げる，捨てる — [形]《方》（病気やけがで）腕が動かない
⇨yè（曳），zhuài

【跩】zhuǎi [動]《方》（アヒルのように）体をゆすって歩く

【拽(*攋)】zhuài [動] 引く，引っ張る〖～孩子的手〗子供の手を引く［生拉硬～］強引に引っ張ってくる，無理強いする
⇨yè（曳），zhuāi

【专(專 *耑)】zhuān [副] もっぱら〖～管闲事〗余計なおせっかいばかりしている — [形] 専門的な，専門に詳しい〖他在化学方面很～〗彼は化学には詳しい［白～］専門ばか［～书］専門書
⊗独占する，一手に握る［～卖］専売する

〖—(專)〗⊗（Z-）姓

【专案】zhuān'àn [名] 特別案件，重要事件

【专差】zhuānchāi [動] 特別に人を派遣する — [名] 特殊任務で派遣された人，特使

★【专长】zhuāncháng [名] 専門的知識，特技〖学到～〗専門知識を学びとる〖～很有用〗特技は役に立つ

【专场】zhuānchǎng [名] ① 劇場や映画館が特定の観客のために行う興行，貸し切り〖老人～〗老人特別興行 ② 同類の出し物だけを上演する興行〖相声～〗'相声'特別公演

【专车】zhuānchē [名] ①〔列·辆〕専用車，特別列車，貸し切り車 ②〔辆〕（企業·機関所有の）専用バス，専用自動車

【专诚】zhuānchéng [副]（ついでではなく）特に，わざわざ〖～拜访〗わざわざ訪問する — [形] 誠心誠意の

★【专程】zhuānchéng [副] わざわざ（ある目的のために出向く場合）〖～前去迎接客人〗わざわざ客を出迎えに行く

【专电】zhuāndiàn [名]〔份〕（記者が送る）特電〖拍来～〗特電を送ってくる

【专断】zhuānduàn [動] 独断でする，専断する［～独行］独断専行する — [形] 独断的な〖下结论很～〗結論の出し方が独断的だ

【专攻】zhuāngōng [動] 専攻する〖～数学〗数学を専攻する

【专号】zhuānhào [名]〔期〕特集号〖微型小说研究～〗ショートショート研究特集号

【专横】zhuānhèng [形] 専横な，横暴な〖～的命令〗横暴な命令〖～地干涉了〗乱暴に干渉してきた［～跋扈 báhù］独断専行し理不尽である

【专机】zhuānjī [名]〔架〕特別機，専用機

★★【专家】zhuānjiā [名] 専門家，エキスパート〖文物(的) ～〗文化財の専門家〖～挂帅〗専門家が指揮する

【专刊】zhuānkān [名] ① 特集号，特集欄 ②〔本〕（'集刊'に対して）特定のテーマの研究を収めた単行学術誌，モノグラフ

★【专科】zhuānkē [名] ① 専門［～医生］専門医 ② 専門学校（大学より修学年限が短い）［～学校］同前

【专款】zhuānkuǎn [名]〔笔·项〕特定の費目，特別支出金［～专用］特別支出金はその費目のみに使用する（流用しない）

【专栏】zhuānlán [名] 特別欄，コラム［～作家］コラムニスト［书评～］書評欄

★【专利】zhuānlì [名] 特許，パテント［～权］特許権［～产品］特許品

【专卖】zhuānmài [動] 専売する［～商品］専売商品

★★【专门】zhuānmén [形]〘定語·状語として〙専門の，専門的な〖～研究语法〗文法を専門に研究する［～医生］専門医 — [副] ① わざわざ [同]［特地］② もっぱら〖～攻击个人 gèrén〗もっぱら個人攻撃する

【专名】zhuānmíng [名]〘語〙固有名詞［～号］固有名詞記号 ♦横書きの場合は文字の下に，縦書きの場合は左横に線を引く

【专区】zhuānqū [名] 以前，省または自治区の下に設けられた行政区画．若干の県·市を含む（1975年より'地区'と改称）

【专人】zhuānrén [名] ① 担当責任者，責任者 ②（ある仕事のために）特派された人

【专任】zhuānrèn（[反][兼任]）[動] 専任する［～教员］専任教員

【专使】zhuānshǐ [名] 特使，特命使節

【专书】zhuānshū [名]〔本·部〕専門書

★【专题】zhuāntí [名] 特定のテーマ〖～研究〗特定のテーマに関して研究する［～讨论会］シンポジウム

【专线】zhuānxiàn [名] ①〔条〕専用線路，引き込み線 ②〔根〕（電話の）専用回線

★★【专心】zhuānxīn [形] 注意を集中す

Z

る，専念する〖～听讲〗一心に話を聞く〖对工作很～〗仕事に対して余念がない［～一意］［～一志］わき目もふらず，一心不乱

【专心致志】zhuān xīn zhì zhì《成》余念がない，一心不乱である

【专修】zhuānxiū [動] 集中的に学習する，専修する［～科］（大学に設けられた）短期専門教育コース

★★【专业】zhuānyè [名] ①（大学などの）専攻学科〖你的～是什么？〗君の専攻は何ですか［～课］専門課程 ②専門業務，専門業種［～部门］専門業種部門［～作家］専業作家［～模特儿］専業モデル

【专一】zhuānyī [形] 専一な，いちずな〖读书时心思要很～〗読書の時は精神を集中しなければならない［爱情～］愛情いちず

【专用】zhuānyòng [動] 専用する〖运动员～〗選手専用である［～电话］専用電話［～码头］専用の船着き場

【专员】zhuānyuán [名] ①省·自治区から派遣された'地区'の責任者 ②ある特定の職務につく要員

【专责】zhuānzé [名] 持ち場の責任

【专政】zhuānzhèng [動] 独裁政治を行う，独裁制を敷く［～机关］国家の公安·検察·司法などの機関

【专职】zhuānzhí [名] 専任，専従

【专制】zhuānzhì [動] 専制する，独裁する〖推翻～〗専制をくつがえす［君主～］君主専制 — [形] 独裁的な，横暴な〖李厂长作风很～〗李工場長のやり方は独裁的だ

【专注】zhuānzhù [形] 専心する，心を打ち込む〖～地记录〗気持ちを集中して記録する［心神～］精神を集中する

【专著】zhuānzhù [名]〔本·部〕専門書 [同]［专书］

【砖(甎 *甎 塼)】

zhuān [名]〔块〕れんが〖一摞 luò～〗れんがひと積み

[⊗]れんが状のもの［煤～］れんが状に固めた練炭［冰～］（長四角の）アイスクリーム

【砖茶】zhuānchá [名]〔块〕れんが状に押し固めた茶，たん茶 [同]［茶砖］

【砖坯】zhuānpī [名] まだ焼いていないれんが，れんがの生地

【砖头】zhuāntóu [名] れんがのかけら
—— zhuāntou [名]《方》〔块〕れんが

★【砖瓦】zhuānwǎ [名] れんがと瓦

【砖窑】zhuānyáo [名] れんがを焼く窯(かま)

〖颛(顓)〗

zhuān [⊗]①愚か ②'专'と通用

【颛顼】Zhuānxū [名] 顓頊(せんぎょく)，神話上の帝王の名

【转(轉)】

zhuǎn [動] ①（方向·位置·形勢などを）変える，転ずる〖病情好～〗病状が好転する〖天～晴了〗空が晴れてきた〖向右～〗右に向きを変える〖不服气地把头～向一边〗ふくれてそっぽを向く ②（物·手紙·意見などを第三者を介して）回す，転送する〖这封信请你～给他〗この手紙を彼に届けてください
⇨zhuàn

★★【转变】zhuǎnbiàn [動] 変わる，転換する〖～态度〗態度を変える〖风向～了〗風向きが変わった〖发展～为停滞〗発展から停滞に変化した〖～社会风气〗社会の気風を変える — [名] 変化，転換

【转播】zhuǎnbō [動] ①中継放送する［实况～］実況中継放送する ②他局の番組を放送する〖～了世界杯决赛〗ワールドカップ決勝戦を中継した

【转车】zhuǎnˇchē [動]（途中で）乗り換える（[同]［换车］）〖我在下站～〗私は次の駅で乗り換える

★【转达】zhuǎndá [動] 伝達する，取り次ぐ〖他把这个意见～给有关部门〗彼はこの意見を関係部門に伝えた

【转道】zhuǎndào [動] 回り道をする，迂回して行く

【转动】zhuǎndòng [動]（体や物の一部分を）動かす，回す〖～收音机旋纽〗ラジオのつまみを回す〖转不动脖子〗首が動かない

★★【转告】zhuǎngào [動] 伝言する，言付ける〖～通知〗通知を伝達する〖～有关部门〗関係部門に伝える

【转行】zhuǎnˇháng [動] ①転業する [同]［改行］ ②次の行(ぎょう)に渉る

【转化】zhuǎnhuà [動] 転化する〖不利因素可以～成有利因素〗不利な要因も有利な要因に転化し得る

【转圜】zhuǎnhuán [動]《書》①挽回(ばんかい)する，取り返す ②調停する，取りなす〖居中～〗中に立って取りなす

【转换】zhuǎnhuàn [動] ①変える，転換する〖～方向〗方向を変える〖～口气〗口振りを変える〖～产业结构〗産業構造を転換する［～语法］〖語〗変形文法 ②（電気などを）切り換える，変換する

【转机】zhuǎnjī [名] 転機，好転の兆し〖病状有了～〗病状は好転の兆しが見えてきた〖错过～〗転機を逸する
—— zhuǎnˇjī [動] 飛行機を乗り換える

【转嫁】zhuǎnjià [動] ①（女性が）再婚する [同]［改嫁］ ②転嫁する〖～责任〗責任を転嫁する〖把罪名～给他人〗罪名を他人になすりつける

Z

zhuǎn

【转交】zhuǎnjiāo 動 人を介して手渡す,託して届ける『包裹已经～给她了』あの小包はもう人を介して彼女に届けた『田中先生～铃木先生』田中様気付鈴木様

【转角】zhuǎnjiǎo 名（～儿）通りの曲がり角

【转借】zhuǎnjiè 動① 又貸しする ② 自分のものを貸す

【转口】zhuǎnkǒu 動 他の港を経由して貨物を移出する［～贸易］中継貿易

【转脸】zhuǎn'liǎn 動 顔の向きを変える,顔をそむける ◆短い時間の喩えとしても使う『转过脸来』顔をこちらに向ける『一～态度就变了』ちょっとの間に態度が変わった

【转捩点】zhuǎnlièdiǎn 名 転換点,分岐点 働[转折点]

【转录】zhuǎnlù 動（録音やビデオを）ダビングする

【转卖】zhuǎnmài 動 転売する

【转年】zhuǎn'nián ── zhuǎnnián 名《方》① 明くる年,翌年（多く過去のことに用いる） ② 来年,明年

【转念】zhuǎnniàn 動 考えを変える,思い直す［～一想］ちょっと考えを変えてみる

*【转让】zhuǎnràng 動 譲渡する［～股票］株券を譲渡する［～技术］技術を供与する

【转身】zhuǎn'shēn 動 体の向きを変える,身をひるがえす ◆短い時間の喩えとしても『转过身来』体をこちらへ向ける

【转生】zhuǎn'shēng 動（仏教で）生まれ変わる,転生する 働[转世]

【转手】zhuǎn'shǒu 動 人を介して渡す,転売する［一～就赚了不少钱］人を介して転売して大もうけした

【转述】zhuǎnshù 動 他人の言葉を伝える,引用する［～书里的观点］本の観点を引用する

【转瞬】zhuǎnshùn 動 まばたく［～间］またたく間に

【转送】zhuǎnsòng 動 ① 代わって届ける,転送する 働[转交] ② 働[转赠]

【转托】zhuǎntuō 動（頼まれた事をさらに）他人に託し,間接的に依頼する

【转弯】zhuǎn'wān 動（～儿）① 角を曲がる,進んで行く方を変える［一～儿就到邮局］角を曲がるとすぐ郵便局です ②（考えや気分が）変わる 働[转过弯子] ◆'转 zhuǎn 弯子'は'遠回しに言う'の意 ③ 回りくどくする,遠回しに事を言う

【转弯抹角】zhuǎn wān mò jiǎo《成》（～儿）（道が）曲がりくねるさま,（話ややり方が）回りくどいさま

［～地说话］遠回しに話す

【转危为安】zhuǎn wēi wéi ān《成》危険な状態から安全に転じる

【转文】zhuǎn'wén/ zhuǎi'wén 動（学のあるところをひけらかすために）ことさらに文語を使って話す

【转向】zhuǎnxiàng 動 ① 方向転換する ②（政治的に）転向する ⇨ zhuàn'xiàng

【转学】zhuǎn'xué 動 転校する

【转眼】zhuǎnyǎn 動 まばたく［～之间］またたく間に

【转业】zhuǎn'yè 動 ① 転職する,転業する［～的机会］転職のチャンス ② 軍人が除隊して他の職につく

*【转移】zhuǎnyí 動 ① 移動する,移す［～会场］会場を移す［～兵力］兵力を移動する［～到别处］よそに移す ② 変える,転換する［～话题］話題を変える

【转义】zhuǎnyì 名《語》転義,派生義

【转运】zhuǎn'yùn 動 運が向いてくる［开始转好运了］運が回ってきた ── zhuǎnyùn 動（荷物を）転送する,中継輸送する

【转载】zhuǎnzǎi 動 転載する［～《光明日报》社论］『光明日報』社説を転載する

【转赠】zhuǎnzèng 動 ①（贈られた物を）別の人に贈る ② 人を介して贈る

【转战】zhuǎnzhàn 動 転戦する［～千里］方々に転戦する

【转账】zhuǎn'zhàng 動（帳簿上で）振替をする,勘定を振り替える［～户头］振替口座

*【转折】zhuǎnzhé 動 ① 転換する［风向～了］風向きが変わった ②（文章や言葉の意味が）転じる,変わる［话锋～了］話題が変わった

【转折点】zhuǎnzhédiǎn 名 転換点,曲がり角 働[转捩点]

【转注】zhuǎnzhù 名《語》転注 ◆'六书'の一

【转租】zhuǎnzū 動（不動産や物品を）又貸しする,又借りする

传（傳）zhuàn

名 ① 伝記［自～］自叙伝 ② 経書を解釈した著作［春秋公羊～］『春秋公羊伝』③ 歴史小説（多く小説名に用いる）［水浒～］『水滸伝』

⇨ chuán

【传记】zhuànjì 名《本·篇》伝記

【传略】zhuànlüè 名《本·篇》略伝

转（轉）zhuàn

動 ①（それ自体が）ぐるぐる回る,回転する［轮子～得很正常］車輪が順調に回る ②（周囲を）回る［～圈子（～圈儿）］輪を描いて回る［～了一圈］一巡り回る［～来～

【篆刻】zhuànkè 动 篆刻する,印章を彫る
【篆书】zhuànshū 名 篆書 ⇒ [篆字]

【馔(饌)】zhuàn ⊗ '撰' '馔'と通用 ◆'篹'との通用ではzuǎnと発音

【妆(妝*粧)】zhuāng ⊗ ①(女性の)装飾,化粧 [卸~] 化粧を落とす,役者が衣装を脱ぎメーキャップを落とす ②化粧する ③嫁入り道具 [送~] 嫁入り道具を届ける
【妆奁】zhuānglián 名 嫁入り道具(もとは化粧箱のこと)
【妆饰】zhuāngshì 动 めかす,身づくろいする — 名 身ごしらえ,おめかし

【庄(莊)】zhuāng 名 ①(~儿)村 [村~] 同前 ②(ゲームや賭博の)親 ⊗ ①比較的大きい商店,旧聞屋 [钱~] [旧]両替屋 [饭~] 料理屋 ②(封建時代の)荘園 [~园] 同前 ③厳かな,荘重な ④(Z-)姓
【庄户】zhuānghù 名 農家 [~人家] 農家
【庄家】zhuāngjiā 名 (賭け事の)親
【庄稼】zhuāngjia 名 [口] 農作物 [种zhòng~] 作物を作る [~地] 畑,農地 [~活儿] 野良仕事 [~汉] 農夫 [~人] 農民
【庄严】zhuāngyán 形 荘厳な,荘重な [~的态度] 荘厳な態度 [~地宣告] 厳かに宣告する
【庄重】zhuāngzhòng 形 (言動が)荘重な,重々しい [~地鞠了三个躬] 厳かに三拝した [~的举止] 厳かな振舞い
【庄子】zhuāngzi 名 村,部落

【桩(樁)】zhuāng 名 〔根〕杭 [打~] 杭を打つ — 量 [方] 事柄を数える (働 (普)[件]) [做了一~好事] 一つ良いことをした
【桩子】zhuāngzi 名 〔根〕杭 [房子四周打了几根~] 家の周りに何本か杭を打った

【装(裝)】zhuāng 动 ①扮装する,変装する [~圣诞老人] サンタクロースに扮する ②飾る,着飾る ③装う,振りをする [~病] 仮病を使う [不懂~懂] 知ったか振りをする [~不在乎] 気にしない振りをする [~作没入れる,(車などに)積む [~车] 車に積む [把书~在书包里] 本をかばんに詰める ⑤取り付ける,作り付ける [把电表~在墙上] 電気メーターを壁に取り付ける [~上空调] エアコンを取り付ける
⊗ ①服装,身なり [中山~] 中山服 [夏~] 夏服 ②舞台衣装やメー

---

806 zhuàn 一 啭赚撰馔篆馔妆庄桩装

去]ぐるぐる回る [~花园] 庭園を巡る — 量 (~儿)(方)一巡りすること [绕球场两~] 球場を2周する ⇒ zhuǎn
【转动】zhuàndòng 动 回転する,旋回する,回す [水车在~] 水車が回っている [~地球仪] 地球儀を回す
【转炉】zhuànlú 名 [工] 転炉
【转轮手枪】zhuànlún shǒuqiāng 名 回転式連発拳銃,リボルバー
【转门】zhuànmén 名 回転ドア
【转磨】zhuàn'mò 动 [方] ①ひき臼を押して回す ②〔転〕慌てておろおろする,途方に暮れまどうさま
【转盘】zhuànpán 名 ①(レコードプレーヤーの)ターンテーブル ②[鉄] 転車台 ③(遊戯用の)回転塔
【转速】zhuànsù 名 回転速度,回転数
【转台】zhuàntái 名 ①回り舞台 ②(作業用の)回転台,ターンテーブル
【转向】zhuàn'xiàng 动 方角がわからなくなる [一到生地方就~] 初めて来た土地に来ると方角がわからなくなる [晕yūn头~] 頭がくらくらして方向を見失う ⇒ zhuǎnxiàng
【转椅】zhuànyǐ 名 回転椅子
【转悠(转游)】zhuànyou 动 ①ぐるぐる回る [风车急~] 風車がくるくる回る ②ぶらぶら歩く,うろつく [整天转转悠悠 yōuyōu,真不像话] 一日中ぶらぶらして,全くみっともない
【转子】zhuànzi 名 [機] 回転子,ローター

【啭(囀)】zhuàn ⊗ 鳥がさえずる

【赚(賺)】zhuàn 动 ①もうける,利潤を得る (働 [赔]) [~钱] 金をもうける [~外快] 臨時収入を得る ②[方] 稼ぐ (働 (普)[挣]) — 名 (~儿)[方] もうけ [~儿捞到了] もうけをせしめた ⇒ zuàn
【赚头】zhuàntou 名 [口] もうけ,利潤

【撰】zhuàn ⊗ 文章を書く,書物を書く [~稿] 原稿を書く [~编] 編纂する
【撰述】zhuànshù 名 [書] 著述(する),著作(する)
【撰写】zhuànxiě 动 著す,書く [~专刊] 専門書を書く
【撰著】zhuànzhù 动 [書] 著作する

【馔(饌)】zhuàn ⊗ 食べ物 [盛~] [書] 豪華な料理

【篆】zhuàn ⊗ ①篆書,漢字書体の一種 ②篆書で書く ③印章

キャップ,扮装［上~］メーキャップする ③【装El】zhuāng 【平~】並製本

【装扮】zhuāngbàn 動①化粧する,着飾る〚~新娘〛花嫁を着飾らせる ②扮装する,見せ掛ける〚~坏蛋〛悪者の振りをする

*【装备】zhuāngbèi 名動 装備(する),配備(する)〚~新式武器〛新型兵器を装備する

【装裱】zhuāngbiǎo 動 表装する,表具をする

【装点】zhuāngdiǎn 動 飾りつける,しつらえる〚~广场〛広場を飾りつける〚~彩灯〛飾りちょうちんで飾る

【装订】zhuāngdìng 動装丁する,製本する〚~书籍〛書籍を装丁する

【装疯卖傻】 zhuāng fēng mài shǎ (成)(狂人やばかの振りをする>)そらとぼける

【装裹】zhuāngguo 名死に装束(を着せる)

【装糊涂(装胡涂)】zhuāng hútu 動 しらばくれる,そらとぼける

【装潢(装璜)】zhuānghuáng 名 (店などの)飾り付け(をする),(書画・書籍の)装飾・装丁(をする)

【装甲】zhuāngjiǎ〘定語として〙装甲した〚~车〛装甲車 ― 名装甲,防弾用鋼板

【装假】zhuāng'jiǎ 動 振りをする,見せ掛ける

【装殓】zhuāngliàn 動死人に衣装を着せて納棺する

【装聋作哑】 zhuāng lóng zuò yǎ (成)知らぬ振りをする

【装门面】zhuāng ménmian 動上辺を飾る,体裁を繕う

【装模作样】 zhuāng mú zuò yàng (成)気取った態度をとる,もったい振る〚假模假样〛

【装配】zhuāngpèi 動(部品を)組み立てる,取り付ける〚~了一辆自行车〛自転車を1台組み立てた〚~警报器〛警報器を取り付ける〚~车间〛組み立て作業場

【装腔】zhuāng'qiāng 動 わざとらしくする,もったい振る〚装什么腔?〛何をもったい振っているんだ〚~作势〛わざとらしくする,虚勢を張る

*【装饰】zhuāngshì 動 飾る,着飾る〚用鲜花~大厅〛生花でホールを飾る ― 名装飾,装飾品

【装束】zhuāngshù 名身なり,服装〚~入时〛服装が流行に合っている ― 動(書)旅装を整える

【装蒜】zhuāng'suàn 動(口)しらばくれる,とぼける〚你难道还不懂,装什么蒜?〛まさか知らないわけはあるまい,何をしらばっくれるのだ

*【装卸】zhuāngxiè 動①積み卸しをする〚~货物〛商品の積み卸しをする

②(部品を)組み立てたり分解したりする,付けはずしをする

【装修】zhuāngxiū 動(家屋の)内部工事をする ♦塗装・窓取り付け・配水・配電など内部仕上げ

【装样子】zhuāng yàngzi 動 もったい振る,ポーズをとる,えら振る

【装运】zhuāngyùn 動 積み出しする,出荷する〚~口岸〛積み出し港

【装载】zhuāngzài 動 積み込む,載せる〚~量〛積載量

【装帧】zhuāngzhēn 名(書画の)装丁をする,表装する

【装置】zhuāngzhì 動 取り付ける,据え付ける〚~火灾预警器〛火災報知機を取り付ける ― 名装置,器具

【奘】zhuāng 形(方)太い,太くて大きい〚这棵树很~〛この木はでかい ⇒zàng

【壮(壯)】zhuàng 形強い,丈夫な〚身体很~〛体が丈夫である〚年轻力~〛若くて力が盛ん ②大きくする,強くする〚~胆子〛勇気を奮い起こす ⊗(Z-)①チワン族(もと'僮'と表記)②大きい,雄壮である ③(Z-)姓

【壮大】zhuàngdà 動強大になる,強大にする〚国力日益~〛国力が日増しに強大になる ― 形①強大な,壮大な ②太くて丈夫な,がっちりした〚手臂很~〛腕がたくましい〚~的禾苗〛元気な穀物の苗

【壮胆】zhuàng'dǎn 動(~儿)胆を太くする,大胆にする 慣〚壮胆子〛

【壮丁】zhuàngdīng 名(旧)壮丁,壮年男子,兵役年齢の男子

【壮工】zhuànggōng 名単純肉体労働者,人足

*【壮观】zhuàngguān 名 壮観(な)〚日出的~〛日の出の雄壮な景色〚~的瀑布〛雄大な瀑布

【壮健】zhuàngjiàn 形壮健な,強健な 慣〚健壮〛

【壮锦】zhuàngjǐn 名チワン族特産の錦にし

【壮举】zhuàngjǔ 名壮挙,偉大な行為〚空前的~〛空前の壮挙

【壮阔】zhuàngkuò 形雄壮な,雄大〚规模~〛規模が壮大である〚~的蓝图〛遠大な青写真〚波澜~〛怒涛のごとき勢いの

【壮丽】zhuànglì 形(多く景観や事業が)壮麗な〚~的天安门〛壮麗な天安門〚~的战斗〛勇壮な戦い

【壮烈】zhuàngliè 形壮烈な〚~的事迹〛雄壮な事跡〚~地牺牲〛壮烈な最期を遂げる

【壮美】zhuàngměi 形 力強く美しい,壮大で美しい

【壮年】zhuàngnián 名 壮年，働き盛り
【壮士】zhuàngshì 名 壮士，勇士
【壮实】zhuàngshi 形 屈強な，たくましい『～的胳膊』たくましい腕『～的耕牛』たくましい耕牛
【壮心】zhuàngxīn 名 ⇨[壮志]
【壮志】zhuàngzhì 名 雄大な志，大志『实现～』大志を実現する『～凌云』志が遠大である『～未酬』大志がまだ実現しない
【壮族】Zhuàngzú 名 チワン族 ◆中国少数民族の一，広西・広東を中心に住む

【状】(狀) zhuàng ⊗① 形『奇形怪～』奇怪な形状 ②状況，有り様『现～』現状 ③述べる，描写する『口～不一～』名状し難い ④事件や事跡を記述した文章『行～』『书』死者の生前の事跡を記した文章 ⑤訴状『～纸』(旧時裁判所所定の) 訴状用紙 ⑥証書『奖～』賞状
*【状况】zhuàngkuàng 名 情況，様子『～不佳』情況は好ましくない『市场的～』市場の状況
【状貌】zhuàngmào 名 形状，姿
【状态】zhuàngtài 名 状態『落后(的)～』後れた状態『危险的～』危険な状態『液体～』液状
【状语】zhuàngyǔ 名『語』状語，副詞的修飾語，連用修飾語 ◆動詞や形容詞の前にあって状態・程度・時間・場所などを表わす修飾成分
【状元】zhuàngyuan 名 ①科挙試験の「殿试」の第1位合格者 ②(転)成績優秀な者『行 háng 行出～』どの職業にも優れた人がいる
【状子】zhuàngzi 名 訴状

【撞】 zhuàng 動 ①突く，たたく『～钟』鐘を突く ②ぶつかる，ぶつける『被汽车～了』車にはねられた『头～到墙上』頭を壁にぶつける ③出会う，出くわす ④試す，試しにやってみる『～运气』運を試す，運任せにやる ⊗向こう見ずにやる，暴れる『莽～』がさつな
【撞车】zhuàng'chē 動 ①車が衝突する『～事故』衝突事故 ②(2つの事が)ぶつかる，矛盾する
【撞击】zhuàngjī 動 ぶつかる，突く『波浪～岩石』波が岩にぶつかる
【撞见】zhuàngjiàn 動 ばったり出会う，出くわす ⇨[碰见]
【撞骗】zhuàngpiàn 動 騙りをする『招摇～』他人の名を利用して詐欺を働く
【撞锁】zhuàngsuǒ 名 自動錠，ナイトラッチ ⇨[碰锁]
—— zhuàng'suǒ 動 留守にぶつかる

【幢】 zhuàng 量『方』建物を数える(⇨[普][座])『一～楼房』一棟の建物 ◆仏寺の石柱の意味では chuáng と発音

【戆】(戇) zhuàng ⊗ 愚直な『～直』ばか正直な ◆『～大』，『～头』(ばか者) では gàng と発音

【佳】 zhuī ⊗ 尾の短い鳥

【骓】(騅) zhuī ⊗ 白黒の毛が混ざった馬

【椎】 zhuī ⊗ 椎骨『～颈』頸椎
【椎骨】zhuīgǔ 名『块』椎骨
【椎间盘】zhuījiānpán 名『生』椎間板『～突出症』椎間板ヘルニア

【锥】(錐) zhuī 動 錐 などで穴をあける『～洞眼』錐で穴をあける『书太厚，锥子～不进去』本が厚過ぎて千枚通しが通らない ⊗① 錐，千枚通し ② 錐のようなものの『圆～体』円錐状体
【锥处囊中】zhuī chǔ náng zhōng (成)〈囊中 の錐〉才能ある者はいずれ頭角を現わす
【锥子】zhuīzi 名『把』錐，千枚通し，目打ち

【追】 zhuī 動 ①追う，追い掛ける『～兔子』兎を追う『你～我赶』追いつ抜かれつ ②追及する『～责任』責任を追及する ③追求する，(異性を) 追い掛ける『他一直在～那位姑娘』彼はずっとあの子を追い掛けている ⊗① 追憶する『～念』追想する ② 事後に補う
【追奔逐北】zhuī bēn zhú běi (成)敗走する敵軍を追撃する ⇨[追亡逐北]
【追逼】zhuībī 動 ① 追い迫る ② 強迫する，追及する
【追捕】zhuībǔ 動 追いかけて捕まえる
【追查】zhuīchá 動 追及する，追跡調査する『～背景』背景を追跡調査する
*【追悼】zhuīdào 動 追悼する『～阵亡将士』戦没将兵を追悼する『～会』追悼会
【追肥】zhuīféi 名 追肥，追い肥
—— zhuīféi 動 追肥をする
【追赶】zhuīgǎn 動 追いかける，追い回す『～猎物』獲物を追う『～时髦』流行を追う
【追根】zhuīgēn 動 (～儿) 根本を追求する，突き詰める『～究底』とことんまで追及する
【追悔】zhuīhuǐ 動 後悔する，悔やむ『～莫及』後悔先に立たず

【追击】zhuījī 動 追撃する 〚~敌人〛敵を追撃する
【追加】zhuījiā 動 追加する 〚~预算〛追加予算
*【追究】zhuījiū 動 追及する, 突き止める 〚~责任〛責任を追及する 〚~到底〛徹底的に追及する
*【追求】zhuīqiú 動 ①追求する 〚~功名〛功名を追い求める 〚~男女平等〛男女平等のため努力する ②求愛する, 言い寄る 〚~漂亮的姑娘〛美しい娘に言い寄る
【追认】zhuīrèn 動 事後承認する, (生前の願い出を)追認する
【追溯】zhuīsù 動 さかのぼる 〚~黄河的源头〛黄河の源流をさかのぼる 〚可以~到唐代〛唐代までさかのぼることができる
【追随】zhuīsuí 動 (後から)従う, 追随する 〚~时代〛時代の流れに従う 〚~上司〛上司に追随する 〚~者〛追随者
【追问】zhuīwèn 動 問い詰める, 追求する 〚~原因〛原因を追求する 〚~谣言〛デマのもとを問い詰める
【追想】zhuīxiǎng 動 追想する, 回想する 〚回想〛
【追星族】zhuīxīngzú 名 追っかけ
【追叙】zhuīxù 動 過去の事を述べる, 述懐する 一 名 倒叙(修辞用語) 囮〚倒叙〛
【追寻】zhuīxún 動 跡を尋ねる, たどる 〚~跟踪〛追尋する
【追忆】zhuīyì 動 追憶する, 回想する 〚~往事〛往事を追想する
【追赃】zhuīˈzāng 動 盗品を返させる, 賍品zāngpǐnを取り戻す
【追赠】zhuīzèng 動 追贈する
【追逐】zhuīzhú 動 ①追う 〚~凶犯〛凶悪犯を追う ②追求する 〚~利润〛利潤を追求する
【追踪】zhuīzōng 動 ①追跡する 〚~敌机〛敵機を追跡する ②〈書〉学ぶ, 見習う

【坠(墜)】zhuì 動 ぶら下がる, 吊り下げる 〚稻穗往下~〛稲の穂が下に垂れる 〚苹果把树枝~得弯弯的〛りんごが枝もたわわに実っている ― 名(~儿)〔副〕下げ飾り 〚扇~儿〛扇子の房飾り 〚耳~儿〛下げ飾りのついた耳飾り
⊗落ちる 〚~马〛落馬する 〚~楼〛ビルから飛び降りる
【坠地】zhuìdì 動〈書〉生まれ落ちる
【坠毁】zhuìhuǐ 動 (飛行機などが)墜落して大破する
【坠落】zhuìluò 動 落ちる, 墜落する 〚气球~在平原上〛気球が平原に墜落する
【坠子】zhuìzi 名 ①〘口〙器物に垂らす飾り 〚扇~〛扇子の房飾り ②耳飾り ③囮〚河南 Hénán 坠子〛

【缀(綴)】zhuì 動 縫う, 綴つづる 〚~扣子〛ボタンを縫いつける 〚~合〛綴り合わせる
⊗①〈文〉綴る 〚~文〛〈書〉同前 ②飾る 〚点~〛飾り付ける

【惴】zhuì 動 恐れる 〚~~不安〛びくびくして不安である

【缒(縋)】zhuì 動 (人や物に)縄を掛けて下ろす, 縄につかまって降りる 〚把人~到井底〛人を井戸の底まで縄で下ろす

【赘(贅)】zhuì ⊗①余分な, 無駄な 〚累~ léizhuì 煩わしい, 厄介な 〚肉~〛いぼ ②婿入りする 〚入~〛入り婿になる ③(方言によっては単用) 足手まといになる 〚~人〛同前
【赘述】zhuìshù 動〔多く否定文で〕くどくどと述べる, 贅言ぜいげんを費やす 〚不必~〛一々贅言を費さない
【赘婿】zhuìxù 名 入り婿, 婿養子
【赘言】zhuìyán 名 動〈書〉贅言(を費やす)
【赘疣】zhuìyóu 名 ①いぼ ②(転)無用な物, 余計な物 囮〚赘瘤〛

【迍】zhūn ⊗〚~邅 zhān (迍遭)〛〈書〉①遅々として進まない ②志を得ないさま

【肫】zhūn 名〘方〙(食品としての)鳥の胃袋, 砂袋 ⊗誠実な, ねんごろな

【窀】zhūn ⊗〚~穸 xī〛〈書〉墓穴

【谆(諄)】zhūn ⊗懇ねんごろ, 心を込める 〚~嘱〛くどくど言い付ける
【谆谆】zhūnzhūn 懇ろに説くさま, 諄々じゅんじゅん〚~嘱咐〛諄々と言い聞かせる

【准】zhǔn 動 許す, 許可する 〚不~你去〛君は行ってはならぬ

【―(準)】 形 確かな, 正しい 〚钟走得很~〛時計は正確に動いている 〚投篮非常~〛バスケットのシュートがとても正確だ 一 圓 必ず, きっと 囮〚一定〛 〚我明天~去〛明日必ず行きます 〚~能成功〛きっと成功できる 一 囧 …によって, …に基づいて 〚~此办理〛これに基づいて処理する
⊗①標準, 基準 〚水~〛水準 ②鼻 〚隆~〛鼻が高い ③準じる, 準~ 〚~将 jiàng〛准将
【准保】zhǔnbǎo 圓 きっと, 必ず 〚~没错儿〛きっと間違いない 〚~错不了〛間違いっこない 〚他~回来〛きっと彼は戻ってくる

★【准备】zhǔnbèi 動 ① 準備する,用意する〖~上课〗授業の準備をする〖~婚事〗婚姻の準備をする〖做好~〗準備が整う〖讲课的~〗講義の準備〖一点思想~也没有〗ちっとも心の準備ができていない ②…するつもりである,…する予定である〖明天我~去看望他〗明日彼を見舞いに行くつもりだ

【准确】zhǔnquè 形 正確な,的確な〖发音~〗発音が正確だ〖预报不~〗予報が不確かだ

【准儿】zhǔnr 名〖多く'有''没'の賓語として〗決まり,確かな方法,確かな考え〖心里有~〗しっかりした考えがある〖这事可没~〗これは確かじゃないんだ

【准绳】zhǔnshéng 名 ①〖条〗水平と直線を決める器具 ②〈転〉よりどころ,基準〖判断的~〗判断の基準〖遵循~〗規則を順守する

★【准时】zhǔnshí 副 時間通りに,定刻に〖列车~到达〗列車が定刻に到着する

【准头】zhǔntou 名〈口〉〖多く'有''没'の賓語として〗(射撃や言葉などの) 確かさ,確かな所〖他说话往往没有~〗彼の言うことはしばしば当てにならない

【准星】zhǔnxīng 名 (銃の)照星

【准许】zhǔnxǔ 動 許可する,同意する〖~请假〗休暇願いを認める〖~他申辩〗彼が申し開きをすることを許す

★【准则】zhǔnzé 名 準則,規則〖遵守~〗規則を順守する〖行动~〗行動の準則

【拙】zhuō ⊗ ① 拙zeつい,下手な(単用する方言も)〖手~〗不器用〖眼~〗お見それする ②〈謙〉(文章や見解について) 私の,拙い〖~译〗拙訳

【拙笨】zhuōbèn 形 不器用な,下手な〖口齿~〗口下手だ

【拙笔】zhuōbǐ 名〈謙〉拙筆,自分の書いた文章や書画

【拙见】zhuōjiàn 名〈謙〉自己の見解,卑見

【拙劣】zhuōliè 形 拙劣な,拙い〖表演很~〗演技が拙劣だ〖~的骗局〗お粗末なぺてん

【拙涩】zhuōsè 形 拙劣で難解な〖译文~〗訳文がまずくてわかりにくい

【捉】zhuō 動 捕まえる〖~贼〗賊を捕まえる〖猫~老鼠〗猫がネズミを捕まえる〖~蜻蜓〗トンボを捕まえる〖活~〗生け捕りにする〖~奸〗不倫の現場を押さえる
⊗ 持つ,握る〖~笔〗筆を執る

【捉刀】zhuōdāo 動〈書〉他人に代わって文章を書く,代筆する

【捉襟见肘】zhuō jīn jiàn zhǒu〈成〉(襟ekriをかき合わせると肘が出てしまう>) やりくりがつかない,にっちもさっちも行かない〖捉襟肘见〗

【捉迷藏】zhuō mícáng 動 ① 隠れん坊をする〖玩儿~〗鬼ごっこをする ②〈転〉とぼける,しらばくれる

【捉摸】zhuōmō 動〖多く否定文で〗推測する,予測する〖~不后果〗後の結果を推測する〖不可~〗予測がつかない〖简直~不出来〗全く見当が付かない

【捉拿】zhuōná 動(犯人を) 捕まえる〖~逃犯〗逃亡犯を逮捕する

【捉弄】zhuōnòng 動 からかう,もてあそぶ〖你不要再~人了〗これ以上人をからかうのはやめろ

【桌】zhuō 量 料理のテーブルを数える〖定一~菜〗料理を1卓注文する〖请了十一~客〗10卓の客を呼んだ
⊗ 机,テーブル〖饭~〗食卓〖办公~〗事務机

【桌布】zhuōbù 名〔块〕テーブルクロス

【桌灯】zhuōdēng 名〔盏〕電気スタンド(⇔[台灯])〖开~〗スタンドを付ける

【桌面】zhuōmiàn 名 (~儿)テーブルの表面〖擦~〗テーブルをふく

【桌面上】zhuōmiànshang/- shàng 名 テーブルの上;〈転〉応対・交渉する場,公の席〖这个理由摆不到~〗この理由はおおっぴらにできない

【桌椅板凳】zhuōyǐ bǎndèng 名 家具類,家具一般

【桌子】zhuōzi 名〔张〕テーブル,机

【倬】Zhuō ⊗〖~州〗〖~鹿〗河北省の地名

【涿】

【灼】zhuó ⊗ ① 焼く(単用する方言も)〖~伤〗やけど(する) ② 明るい,明らかか

【灼见】zhuójiàn 名 透徹した見解〖真知~〗正しく深い見識

【灼热】zhuórè 形 灼熱shakunetsuの〖~的眼睛〗燃えるような目

【灼灼】zhuózhuó 形〈書〉明るいさま,光り輝くさま〖目光~〗眼光らんらん

【酌】zhuó ⊗ ① 酌をする,酒を飲む〖对~〗〈書〉差し向かいで飲む〖自~自饮〗独酌する ② 斟酌shinshakuする,酌量する〖~办〗適当に裁量して処理する ③ 酒食〖菲 fěi~〗〈書〉粗餐〖便~〗〈書〉手軽な酒食

【酌量】zhuóliang 動 酌量する,斟酌shinshakuする〖~着 zhe办〗事情を考慮して処理する

【酌情】zhuóqíng 動 斟酌する,事情をくんで〔～処理〕事情をくんで処理する,手心を加える

茁 zhuó ⊗ 芽ぐむ [～～]草木が芽を出すさま

【茁长】zhuózhǎng 動 (動植物が)すくすくと成長する
【茁壮】zhuózhuàng 形 たくましく育っている,すくすくと成長している〔～成长〕すくすくと成長している

卓 zhuó (旧读 zhuō) ⊗ ① 高く立つ [～立] 同前 ② 優れる,秀でる ③ (Z-)姓

【卓尔不群】zhuó'ěr bù qún 《成》(才徳が)抜群に優れている
【卓见】zhuójiàn 名 卓見,優れた見解
【卓绝】zhuójué 形 卓絶した,非凡な [英勇～]勇壮無比である
【卓荦(卓跞)】zhuóluò 形〖書〗卓越した
【卓然】zhuórán 形 抜群の〔成绩～〕成績が抜群である
【卓识】zhuóshí 名 優れた見識〔远见～〕将来を見通した優れた見識
【卓有成效】zhuó yǒu chéngxiào《成》著しい成果を上げる
*【卓越】zhuóyuè 形 卓越した,飛び抜けた〔～的成就〕抜きん出た成果
【卓著】zhuózhù 形 際立って優れた,抜群の〔性能～〕性能は飛び抜けて良い〔才能非常～〕才能が特に抜きん出ている

浊(濁)zhuó 形 ① 濁った(⑫[清])[污泥～水]腐敗堕落したものの喩え ② 声が低くて太い,だみ声の [～声～气]だみ声で亨う ⊗ 混乱した,乱れた

【浊世】zhuóshì 名 ①〖書〗乱世,混乱の時代 ② (仏教で)濁世,俗世
【浊音】zhuóyīn 名〖語〗濁音,有声音

斫(*斵)zhuó ⊗ 動 (刀や斧で)切る,削る

【斫轮老手】zhuó lún lǎo shǒu《成》老練な人,ベテラン

浞 zhuó 動〖方〗濡れる,濡らす〔～得湿湿的〕濡れてびしょびしょだ

着(著)zhuó ⊗ ① (旧白話で)派遣する,遣わす〔～人前来领取〕人を受取りに行かせる ② (公文用語で)…すべし〔～即施行〕直ちに施行すべし ③ (服を)着る〔穿～〕服装〔吃～不尽〕衣食に不自由しない ④ 付く,付ける〔附～〕付着する〔不～痕迹〕痕跡を残さない ⑤ 落ち着く所,行方〔寻找无～〕捜した行方がわからない
⇨zhāo, zháo, zhe

【着笔】zhuóbǐ 動 筆を下ろす,書き出す
【着力】zhuólì 動 力を入れる,力を尽くす〔～于科学研究〕科学研究に尽力する
【着陆】zhuólù 動 着陸する(⑫[降落])[客机～在白云机场]旅客機は白雲空港に着陸する
【着落】zhuóluò 名 (多く'有''没'の賓語として)① 行方,ありか〔遗失的自行车至今没有～〕紛失した自転車は未だに行方がわからない ② 見込み,当て [人员的～]人員の見込み [这笔经费还没有～]この経費はまだ当てがつかない — 動 (多く旧白話で)帰属する,落ち着く
【着棋】zhuó'qí 動〖方〗碁を打つ,将棋を指す ⑬[普][下棋]
【着色】zhuó'sè 動 着色する
【着实】zhuóshí 副 ① 本当に,確かに [～有些寒意]確かにちょっと寒い感じがする ② 厳しく,きつく [～说了他一顿]彼をきつく叱った
*【着手】zhuóshǒu 動 着手する,開始する [～改革]改革に着手する [～写论文]論文を書き始める
【着想】zhuóxiǎng 動〖多く'为'と呼応して〗(人の利益を)考える,…のためを思う [为消费者～]消費者の利益を考える [这样做完全是为你～]こうするのは全てあなたのためを思ってのことです
【着眼】zhuóyǎn 動 着眼する [大处～,小处下手]大所から着目し,細部から手をつける [～(于)未来]未来に目をつける [～点]着眼点
【着意】zhuóyì 動〖多く状語として〗気を付ける,心を込める [～经营]精魂込めて営む
【着重】zhuózhòng 動〖多く状語として〗重点を置く,強調する [～能源]エネルギー源に重点を置く [～指出]特に指摘する [～号](強調の)傍点

啄 zhuó 動 啄む [～食]エサを啄む [～木鸟]キツツキ

琢 zhuó 動 玉石を磨く,彫刻する [把这块玉～成鸟]この玉を鳥の形に彫る [玉不～,不成器]玉磨かざれば器を成さず
⇨zuó

*【琢磨】zhuómó 動 ① (玉石を)刻み磨く [～象牙]象牙を彫る ② (文章などを)彫琢する,磨きをかける
⇨zuómo

禚 Zhuó ⊗ 姓

缴(繳)zhuó ⊗ (鳥を射る)いぐるみ ♦ 矢に

糸や網を付けて,からめ捕る道具 ⇨【**骄**】

【**鹫**(鷟)】 zhuó ⊗ 人名用字.'鹫*yuè*~'は水禽の一種を表す古語

【**濯**】 zhuó ⊗ 洗う〖~足〗足を洗う〖~~〗〖書〗禿げ山のさま

【**擢**】 zhuó ⊗ ①抜く,引き抜く ②抜擢ばっする

【**擢发难数**】 zhuó fà nán shǔ《成》罪状が数えきれないほど多い

【**擢升**】 zhuóshēng 動〖書〗抜擢する

【**擢用**】 zhuóyòng 動〖書〗抜擢任用する,登用する

【**镯**(鐲 *鋜*)】 zhuó ⊗ 腕輪,ブレスレット〖手~〗〖~子〗同前〖金~〗金の腕輪

【**吱**】 zī ⊗ 以下を見よ ⇨zhī

【**吱声**(嗞声)】 zī'shēng 動〖方〗〖多く否定で〗声を出す〖问他几遍,他都没~〗何度聞いても,彼はうんともすんとも言わない

【**吱吱**】 zīzī 擬 小動物の鳴き声などの形容〖老鼠~地叫〗ネズミがちゅうちゅう鳴く

【**孜**】 zī ⊗ 以下を見よ

【**孜孜**(孳孳)】 zīzī 形〖書〗つとめ励む〖~不倦〗倦まずたゆまず努力する〖~矻矻 kū〗たゆまず努力するさま

【**咨**】 zī ⊗ ①諮はる,相談する ◆'谘'とも ②公文書→〖~文〗

【**咨文**】 zīwén 名〖份〗①〖旧〗同級機関間の公文書 ②(アメリカ大統領の)教書〖国情~〗一般教書

*【**咨询**】 zīxún 動 諮問する〖接受~〗諮問を受け入れる〖~机关〗諮問機関 ②相談する〖心理~〗セラピー

【**咨议**】 zīyì 動〖書〗諮る,審議する

【**姿**】 zī ⊗ ①顔かたち,容貌 ②姿,形〖雄~〗雄姿

【**姿容**】 zīróng 名 容姿,容貌〖~俊美〗見目うるわしい

【**姿色**】 zīsè 名(女性の)美しい容姿〖很有几分~〗なかなかの器量よし

*【**姿势**】 zīshì 名 姿勢,格好〖~端正〗姿勢が正しい〖做立正的~〗気を付けの姿勢を取る〖摆好~〗ポーズを取る

*【**姿态**】 zītài 名 ①姿態,形〖跳舞的~〗踊る姿 ②態度,ジェスチャー

【**资**(資)】 zī ⊗ ①与える,供する〖以~参考〗参考に資する ②資財,費用〖投~〗投資する ③素質,才〖天~〗素質 ④資格〖師~〗教師としての資格 ⑤助ける〖~敌行为〗利敵行為 ⑥(Z-)姓

*【**资本**】 zīběn 名〖笔〗①資本〖~主义〗資本主義 ②商売の元手〖~不足〗元手が足りない ③(転)(私利をはかる)よりどころ〖升官的~〗昇進のための資本

【**资本家**】 zīběnjiā 名 資本家

【**资财**】 zīcái 名 資金と物資

【**资产**】 zīchǎn 名 ①資産,財産〖~阶级〗ブルジョアジー〖固定~〗固定資産 ②(貸借対照表の)貸方,資産

*【**资格**】 zīgé 名 ①資格,身分〖取消~〗資格を取り消す〖不够~〗資格に欠ける〖具备~〗資格を備える ②(仕事や活動の)年功,キャリア〖~很老〗年季が入っている〖~较浅〗キャリアが割に浅い〖老~〗年季が入った人,古参

*【**资金**】 zījīn 名 資金,元手〖筹集~〗資金を集める〖~短少〗資金が不足する

【**资力**】 zīlì 名 資力,財力〖~雄厚〗資力が豊かである

【**资历**】 zīlì 名 資格と経歴〖~很深〗キャリアが豊かだ〖审查~〗資格経歴を審査する〖老师的~〗教師の資格と経歴

*【**资料**】 zīliào 名 ①生産や生活上の必需品,物資〖生活~〗生活物資〖建筑~〗建築資材 ②資料,データ〖搜集~〗資料を集める〖外文~〗外国語の資料

*【**资深**】 zīshēn 形〖定語として〗経験豊かな〖~记者〗ベテラン記者

【**资望**】 zīwàng 名 資格・経歴と名望

【**资源**】 zīyuán 名 資源〖~丰富〗資源が豊かだ〖人力~〗人的資源〖水利~〗水資源

【**资质**】 zīzhì 名(人の知的)素質,才能

*【**资助**】 zīzhù 動 経済的に(物質的に)援助する〖~困难户〗貧困家庭を援助する〖给予~〗経済援助を与える〖~人〗パトロン

【**赵**(*趦*)】 zī ⊗ 以下を見よ

【**赵趄**】 zījū 動〖書〗①行き悩む ②ためらう,躊躇ちゅうする〖~不前〗二の足を踏む

【**兹**(茲)】 zī ⊗ ①これ,この〖~日〗この日〖念~在~〗このことをいつも心にかけて忘れない ②今,ここに〖有一事相托〗ここに御依頼したい事があります ③年〖今~〗今年 ◆古代西域の国名'龟兹'はQiūcíと発音

【**滋**】 zī ⊗ ①噴く,噴射する〖~水〗水を噴射する

【孳】 zī ⊗①生じる, 生える [～事] 面倒を引き起こす ②増える, 増す

【滋补】 zībǔ 動 栄養をつける 〖～身体〗体に栄養を補給する

【滋蔓】 zīmàn 動〖書〗はびこる, 蔓延する〖水藻～〗藻がはびこる

【滋润】 zīrùn 形 ①潤いがある, 湿っている〖皮肤～〗肌がしっとりしている〖～的空气〗湿りを帯びた空気 ②(方)気持ちがよい, 快適な —— 動 湿らせる, 潤す〖～庄稼〗作物を潤す

【滋生】 zīshēng 動 ①繁殖する, 成長する(⇔[孳生])〖～蚊蝇〗蚊やハエが繁殖する〖木耳～了〗キクラゲが繁殖した ②引き起こす, 生む〖～事端〗事件を引き起こす〖～偏见〗偏見を育てる

*【滋味】 zīwèi 图 (～儿) ①味, 味わい(⇔[味道])〖尝～〗味わう ②(転)気持ち, 気分〖尝到了失恋的～〗失恋の味を味わった〖不是～〗面白くない〖别有～〗格別の味わいがある

【滋养】 zīyǎng 图 滋養(を与える), 栄養(をつける)〖丰富的～〗豊富な養分〖这种药能～心肺〗この薬は心臓と肺に栄養を与えることができる

*【滋长】 zīzhǎng 動 (多く抽象的の, 好ましくない事が)生ずる, 増長する〖～了铺张浪费的风气〗派手を好み浪費する気風を助長した

【孳】 zī ⊗ 茂る, 繁殖する

【孳乳】 zīrǔ 動〖書〗①(哺乳動物が)繁殖する ②派生する, 分かれ出る

【孳生】 zīshēng 動(⇔[滋 zī 生])

【孳孳】 zīzī 形(⇔[孜孜])

【赀】(貲) zī ⊗①計算する ◆'訾'とも ②'资'と通用

【觜】 zī ⊗二十八宿の一

【齜】(齜 *呲) zī 動 歯(牙)をむき出す〖～着牙〗歯(牙)をむき出している ⇨ cī (呲)

【齜牙咧嘴】 zī yá liě zuǐ 〈成〉①歯をむき出しにする, 凶悪な形相 ②歯をくいしばる, 苦痛を堪え忍ぶさま

【髭】 zī ⊗ 口ひげ [～须] 口ひげとあごひげ

【緇】(緇) zī ⊗黒(の)

【菑】 zī ⊗除草する

【淄】 Zī ⊗ [～河] 淄河(山東省)

【輜】(輜) zī ⊗ (古代の) 幌車

【輜重】 zīzhòng 图 行軍中に輸送する軍需物資, 輜重ちょう [～队] 輜重隊

【錙】(錙) zī ⊗古代の重量の単位('六铢'が'一錙'に, '四錙'が'一両'に当たる)

【鯔】(鯔) zī ⊗〖魚〗ボラ [～鱼]同前

【子】 zǐ 图 ①(～儿)植物の種, 動物の卵 [下～儿]卵を産む [瓜～儿] スイカやカボチャの種 [鱼～儿]魚の卵 ②(～儿)小さくて硬い塊や粒 [棋～儿]将棋の駒, 碁石 [算盘～儿]そろばんの玉 ③(～儿)銅銭 [一个～儿也没有]一文もない —— 量 ①(～儿)指で抓つまめるくらいの束になった細長い物を数える [一～儿线]1束の糸 [一～儿挂面]1把の乾めん ⊗①子, 息子 [一～一女]一男一女 ②幼い, 若い [～猪]子豚 ③人 [男～]男子, 男性 ④学問や徳のある人 [夫～]先生 [孔～]孔子 ⑤(古代の敬称で)あなた ⑥十二支の第1, 子ね [～时]子の刻 ⑦封建制度の爵位('公·侯·伯·子·男')の第4位 [～爵]子爵 ⑧中国古書の図書分類法('经·史·子·集')の一 [～部]子部(諸子百家的なもの) ⑨(Z-)姓

【—】 zi ⊗尾 名詞·動詞·形容詞·量詞成分の後につけて名詞を作る [桌～]テーブル [帽～]帽子 [剪～]はさみ [胖～]太っちょ [本～]ノート [一下～]1回 [一伙～]一群, 一味

【子丑寅卯】 zǐ chǒu yín mǎo 〈成〉筋道のたった話, 理由〖没能说出个～〗筋道のたった説明ができなかった

【子弹】 zǐdàn 图 [颗·发·粒]弾丸, 銃弾(⇔[枪弹])〖中 zhòng～〗弾に当たる〖装～〗弾を込める [～带]弾帯

【子弟】 zǐdì 图 ①子弟 ②若い世代, 青年 [工农～]労働者·農民出身の青年

【子弟兵】 zǐdìbīng 图 人民解放軍に対する愛称 ♦ 元来は郷土の青年によって組織された兵隊を指す

【子宫】 zǐgōng 图 子宮 [～托]ペッサリー [～癌]子宮ガン

【子规】 zǐguī 图〖鳥〗ホトトギス(⇔[杜鹃])

【子金】 zǐjīn 图〖書〗利息(⇔[子息])(⇔[母金])

【子棉】(籽棉) zǐmián 图 実のついたままの綿花

【子母弹】 zǐmǔdàn 图〖軍〗榴りゅう散弾(⇔[榴霰弹])

【子母扣儿】 zǐmǔkòur 图 (ボタンの)

スナップ

【子目】zǐmù [名] 細目

【子埝】zǐniàn [名] 氾濫(はんらん)防止のために堤防の上に臨時に築いた小さな堤防 [同][子堤]

【子女】zǐnǚ [名] 息子と娘, 子女

【子实(籽实)】zǐshí [名] (穀物などの)実, 豆粒 [同][子粒]

【子时】zǐshí [名] 子(ね)の刻(夜11時から1時)

【子孙】zǐsūn [名] 息子と孫, 子孫 [～后代] 子孫 [子子孙孙] 子子孫孫

【子午线】zǐwǔxiàn [名] 子午線

【子弦】zǐxián [名] 三弦や胡弓の一番細い弦, 三の糸

【子虚】zǐxū [名] 架空の事 [～乌有] 実際にはない事

【子婿】zǐxù [名]《書》娘婿

【子叶】zǐyè [名]〖植〗子葉

【子夜】zǐyè [名] 真夜中

【子音】zǐyīn [名]〖語〗子音 [同][辅音]

【仔】zǐ ⊗ 家畜や家禽(かきん)の子 ([同][子]) [～鸡] ヒヨコ, ヒナドリ [～猪] 子豚 ♦「責任」の意の文語 '仔肩' では zī と発音 ⇨zǎi (崽)

【仔密】zǐmì [形] (織り目や編み目が)細かい

★★【仔细(子细)】zǐxì [形] ① 注意深い, こと細かな〖仔仔细细地看了一遍〗一通り詳しく見た ②《方》つましい〖日子过得～〗暮らしがつましい

【籽】zǐ [名] (～儿) 種子, 実 [棉～儿] 綿の実

【籽棉】zǐmián [名] 実のついたままの綿花 [同][子棉]

【姊】zǐ ⊗ 姉

【姊妹】zǐmèi [名] 姉妹 [同][姐妹]

【秭】Zǐ ⊗ [～归] 秭帰(しき)(湖北省の地名)

【笫】zǐ ⊗ 竹で編んだむしろ

【梓】zǐ ⊗ ①〖植〗キササゲ [～树] 同前 ② 版木 [付～] 上梓(じょうし)する ③ 故郷 [～里]《書》同前

【滓】zǐ ⊗ 澱(おり), 沈んだかす→[渣 zhā ～]

【紫】zǐ [形] 紫色の ⊗ (Z-) 姓

【紫菜】zǐcài [名]〖植〗ノリ, アマノリ ('甘紫菜' の通称)

【紫貂】zǐdiāo [名]〖動〗クロテン [同][黑貂]

【紫丁香】zǐdīngxiāng [名]〖植〗ライラック, リラ [同][丁香]

【紫毫】zǐháo [名] 毛筆の一種 ♦濃い紫色の兎の毛で作る

【紫红】zǐhóng [形]〔定語として〕紫がかった赤色の

【紫花】zǐhua [形]〔定語として〕薄い赤褐色の

【紫花地丁】zǐhuā dìdīng [名]〖植〗ノジスミレ [同][地丁]

【紫堇】zǐjǐn [名]〖植〗ムラサキケマン

【紫荆】zǐjīng [名]〖植〗ハナズオウ

【紫茉莉】zǐmòlì [名]〖植〗オシロイバナ [同][草茉莉][胭脂花]

【紫萍】zǐpíng [名]〖植〗ウキクサ(浮草) [同][浮萍]

【紫色】zǐsè [名] 紫色

【紫杉】zǐshān [名]〖植〗イチイ

【紫石英】zǐshíyīng [名]〖鉱〗紫水晶 [同][紫石晶]

【紫苏】zǐsū [名]〖植〗シソ

【紫檀】zǐtán [名]〖植〗シタン

【紫藤】zǐténg [名]〖植〗フジ [同][藤萝]

【紫铜】zǐtóng [名] 純度の高い銅 [同][红铜]

【紫外线】zǐwàixiàn [名] 紫外線 [同][紫外光]

【紫菀】zǐwǎn [名]〖植〗シオン(根は薬用)

【紫薇】zǐwēi [名]〖植〗サルスベリ [同][满堂红][海棠树]

【紫云英】zǐyúnyīng [名]〖植〗レンゲソウ, ゲンゲ [同][红花草]

【紫芝】zǐzhī [名]〖植〗マンネンタケ [同][灵芝]

【紫竹】zǐzhú [名]〖植〗クロチク [同][黑竹]

【訾(*訿)】zǐ ⊗ 謗(そし)る, 悪口を言う ♦姓は Zī と発音

【訾议】zǐyì [動]《書》人の欠点をあげつらう〖无可～〗非の打ちどころがない

【字】zì [名] ① 字, 文字〖～和音〗文字と音声 ② (～儿) 字の発音〖咬～儿〗一字一音正確に読む〖～很准〗発音が正確だ ③ (～儿) 単語, 言葉〖炼～〗用語を練る [虚～] 虚字 ④ (～儿) 書き付け, 証文〖立～为凭〗書き付けを書いて証拠とする ⑤ 字(あざな) [表～] 同前 ⊗ ① 女性が婚約すること ② 書, 書体 [篆～] 篆書(てんしょ)

★★【字典】zìdiǎn [名]〔本·部〕字典, 字書

【字调】zìdiào [名]〖語〗声調 [同][声调] [反][四声]

【字号】zìhao [名] ① 屋号, 商号 ② 店 [老～儿] 老舗(しにせ) [大～] 大店(おおだな)

【字画】zìhuà [名] ①〔幅·张〕書画 ② 字画, 筆画

【字汇】zìhuì [名] 漢字集, 字典(多く書名に使う)

【字迹】zìjì 图 筆跡,字の形〖~工整〗字形がきちんと整っている

【字节】zìjié 图 (コンピュータのデータ量の単位) バイト [千~] キロバイト [兆~] メガバイト [吉~] ギガバイト

【字句】zìjù 图 字句,構文〖~通顺〗文章の通りがよい〖删去多余的~〗無駄な字句を削る

【字据】zìjù 图 証文,証書〖立下~〗証文を作る

【字里行间】zì lǐ háng jiān《成》字句の間,行間

【字谜】zìmí 图 文字を当てるなぞなぞ♦例えば,'你没有他有,天没有地有'('你'になくて'他'にあり,'天'になくて'地'にある) と掛けて,答えは'也'〖谜语〗

【字面】zìmiàn 图 (~儿)字面〖从~上讲〗文字面から解釈する

【字模】zìmú 图 活字の母型 ⓐ〖铜模〗

*【字母】zìmǔ 图 ① 表音文字,表音記号 [拉丁~][英文~] アルファベット ②(中国音韻学で) 字母,各'声母'の代表漢字

*【字幕】zìmù 图 字幕,キャプション〖荧光屏上映出了~〗テレビ画面に字幕が出た

【字书】zìshū 图 字書♦漢字の形・音・義を解釈した書.多く部首で検索

【字体】zìtǐ 图 ① 字体,書体 ② 書道の流派

【字条】zìtiáo 图 (~儿)書き付け,メモ

【字帖儿】zìtiěr 图 書き付け

【字帖】zìtiè 图 習字の手本

【字眼】zìyǎn 图 (~儿)(文中の)字,字句〖挑 tiāo~〗言葉じりをとらえる〖抠~〗言葉の粗探しをする〖这个~用得不恰当〗この字句は使い方が適当でない

【字样】zìyàng 图 ① 字形の模範,手本 ②(通知や標示などを記した短い) 字句,文句〖门上写着"招生委员会"~〗ドアに「生徒募集委員会」という文字が書いてある

【字斟句酌】zì zhēn jù zhuó《成》(文や話の)一字一句推敲を重ねる

【字纸】zìzhǐ 图 字の書いてある紙くず,ほご [~篓儿]紙くずかご

【牸】zì Ⓧ 雌の(牛)

【自】zì Ⓧ《书》① おのずから,当然〖~不待言〗おのずと言うまでもない〖~当努力〗当然努力すべきである ②…から,より [~上海到北京] 上海から北京まで [~九月到年底] 9月から年末まで [~来~杭州] 杭州から来るから [~幼] 小さい時から ③ 自分(から),自ら[~给自~足] 自給自足 [~言~语] 独り言を言う [~~理] 自分でまかなう

【自爱】zì'ài 動 自重する [不知~] 自重することを知らない,軽薄である

【自拔】zìbá 動 (苦痛や罪業から)自ら抜け出す [无法~] 自力で抜け出すすべがない

【自白】zìbái 動 自分の考えを表明する,立場を明らかにする

【自暴自弃】zì bào zì qì《成》自暴自棄になる

*【自卑】zìbēi 形 卑下する〖感到~〗引け目を感じる [~感] 劣等感,引け目

【自闭症】zìbìzhèng 图 自閉症 ⓐ [孤独症]

【自便】zìbiàn 動 随意にする〖请~〗どうぞご随意に〖听其~〗好きなようにさせる

【自裁】zìcái 動 自尽する

【自惭形秽】zì cán xíng huì《成》人より劣るのを恥じる,引け目を感じる

【自称】zìchēng 動 自ら名乗る,自称する,言い触らす〖~内行〗玄人を自称する

【自成一家】zì chéng yì jiā《成》一家(一派)を成す

【自持】zìchí 動 自制する,自ら持するところがある

【自吹自擂】zì chuī zì léi《成》自分のことを吹聴する,自画自賛する

*【自从】zìcóng 刃 (過去のある時点を起点として)…より,…から〖~改革开放以来〗改革開放以来

【自打】zìdǎ 刃《方》ⓐ《普》[自从]

【自大】zìdà 形 尊大な,うぬぼれた [~是一个臭字]《俗》('自'と'大'を合わせれば'臭'の字になる>) 偉ぶる奴は鼻持ちならぬ [~狂] 鼻持ちならぬうぬぼれ屋

【自得】zìdé 動 一人で得意になる,一人悦に入る [洋洋~] 得意満面のさま [~其乐] 自己満足する

【自动】zìdòng 動 ① 自発的に〖~让座〗自ら進んで席を譲る〖~参军〗自分から軍隊に入る ② ひとりでに,自然に〖~燃烧〗自然燃焼する〖水~流到地里〗水がひとりでに畑の中に流れる ― 形〔定語として〕(機械などの)自動的な,オートマチックの〖~步枪〗自動小銃〖~铅笔〗シャープペンシル〖~控制〗自動制御〖~化〗オートメーション〖全~洗衣机〗全自動洗濯機〖~门〗自動ドア〖~照相排字机〗電算写植機〖~售票机〗切符自動販売機

【自动扶梯】zìdòng fútī 图 エスカレーター ⓐ [滚梯]

*【自发】zìfā 形〔定語・状語として〕自発的な,自然発生的な〖~的势力〗自然発生的な勢力〖~地组

织]]自発的に組織する

【自费】zìfèi 動 自分で支払う〚~留学〛私費で留学する

【自焚】zìfén 動 焼身自殺をする ♦ 多く比喩的に用いる〚玩火~〛火遊びで自分の身を焼く，自業自得

【自封】zìfēng 動 ①〈貶〉自任する〚~为权威〛権威者をもって自任する ②自らを規制する〚故步~〛古い殻に閉じこもる

【自负】zìfù 動 ① 自ら責任を負う〚~盈亏〛企業責任は企業が責任を負う〚文责~〛文責は筆者にあり ②自負する，うぬぼれる —— 形 うぬぼれている〚傲慢~的人〛横柄でうぬぼれている人

【自高自大】zì gāo zì dà《成》うぬぼれる，思い上がる

【自告奋勇】zì gào fèn yǒng《成》進んで困難な任務を引き受ける

【自个儿(各儿)】zìgèr 图《方》自分，自身

【自供】zìgòng 動 自供する〚~状〛自供書

【自古】zìgǔ 副 昔から〚~以来〛古来〚~至今〛昔から今まで

【自顾不暇】zì gù bù xiá《成》自分のことだけで精一杯

*【自豪】zìháo 形 誇らしい，誇りに思う〚感到~〛誇らしく思う〚~地歌唱〛誇らしげに歌う〚~感〛誇り，プライド

*【自己】zìjǐ 代 ① 自分，自分たち，自身〚你~做吧!〛自分でやりなさい〚~动手〛自分で着手する〚眼泪~往下流〛涙がひとりでに流れる〚~打~嘴巴〛(自分で自分の横面を張る)自己矛盾を来す ②〚定語として〛自分の，身内の〚~人〛仲間，身内(の人)

【自给】zìjǐ 動 自給する〚~自足〛自給自足する

【自家】zìjiā 代《方》自分〚~人〛身内

【自尽】zìjìn 動⇒〚自杀〛

【自咎】zìjiù 動〈書〉自分を責める，自責の念にかられる

【自救】zìjiù 動 自力で救う，自らを救う

【自居】zìjū 動 自任する〚~内行〛玄人だと自任する〚~清高〛孤高を標榜する

【自决】zìjué 動 自ら決める，自決する，自分で自分の事を決める〚民族~〛民族自決

*【自觉】zìjué 動 自覚する〚~病情严重〛病気が重いと自分で気付いている —— 形 自覚的な〚~遵守法纪〛自覚して法律と規律を守る〚~自愿〛自覚し自分から希望する〚~症状〛自覚症状

【自绝】zìjué 動 自ら関係を断つ〚~于人民〛自ら人民と手を切る

【自夸】zìkuā 動 自慢する，自分をひけらかす

【自来】zìlái 副 これまで，もともと 同〚从来〛

【自来火】zìláihuǒ 图《方》①マッチ 同《普》〚火柴〛②ライター 同《普》〚打火机〛

【自来水】zìláishuǐ 图 水道，水道の水

【自来水笔】zìláishuǐbǐ 图〔支·枝〕万年筆

【自立】zìlì 動 自立する，自活する〚没有收入，不能~〛収入がなければ，自立できない

*【自力更生】zì lì gēng shēng《成》自力更生，他の力に頼らず自分の力で事を行う

【自量】zìliàng 動 おのれを知る〚不知~〛身の程知らず

【自流】zìliú 動 ①自然に流れる〚~井〛油(あるいは水)が自然に湧き出る井戸 ②成行きに任せる〚听其~〛成るがままに任せる

【自留地】zìliúdì 图〔块·片〕自留地 ♦ 農業集団化時代の農民の自作用小土地

【自卖自夸】zì mài zì kuā《成》(自分の商品を自慢しながら売る＞)自画自賛する，手前味噌を並べる ♦ 多く〚王婆卖瓜，~〛とする

*【自满】zìmǎn 動 自己満足する，うぬぼれる〚~的心情〛自己満足な気持ち

【自鸣得意】zì míng déyì《成》得意がる

【自鸣钟】zìmíngzhōng 图〔架〕チャイム時計，ぼんぼん時計

【自命】zìmìng 動 自任する，自負する〚~为名士〛名士を自任する〚~不凡〛非凡を自任する，うぬぼれる

【自馁】zìněi 動 (自信をなくして)がっかりする，しょげる

【自欺欺人】zì qī qī rén《成》〈貶〉(自他ともに欺く＞)自分でも信じられないうそで人をだます

【自遣】zìqiǎn 動〈書〉憂さ晴らしをする，退屈しのぎをする

【自强不息】zì qiáng bù xī《成》(向上を求めて止まず＞)たゆまず努力する

*【自然】zìrán 图 自然〚改造~〛自然を改造する〚大~〛大自然〚~界〛自然界〚~资源〛天然资源〚~灾害〛自然災害 —— 形 自然な，自然のままの〚到时候~明白〛時がくればひとりでにわかる〚听其~〛成るがままに任せる —— 副 当然，もちろん〚~有办法〛もちろん手はある

—— zìran 形 自然な，作為のない〚笑容非常~〛笑顔がとても自然だ

〖上台表演要自自然然〗舞台の演技は自然でなければならない

【自然】zìrán 動 自然燃焼する, 自然発火する

【自然而然】zì rán ér rán《成》自然に, ひとりでに

【自如】zìrú 形 ① 思いのまま〖操纵～〗自由自在に操作する〖～地演奏〗思いのままに演奏する ② ⇨[自若]

【自若】zìruò 形《書》自若たる, 平然たる〖神态～〗泰然自若としている

【自杀】zìshā 動 自殺する ⇔[他杀]

【自身】zìshēn 名 自身, 自体〖～难保〗自らが身さえ保てない(人助けどころではない)

【自生自灭】zì shēng zì miè《成》(自然に発生し自然に消滅する>)自然の成行きに委ねる

【自食其果】zì shí qí guǒ《成》《貶》(自分から招いた結果は自分で引受ける>)自業自得, 身から出たさび

【自食其力】zì shí qí lì《成》自力で生活する, 自活する

【自始至终】zì shǐ zhì zhōng《成》始めから終わりまで, 終始

【自恃】zìshì 形 傲慢ぎぇな〖你可别太～〗君は高慢になり過ぎてはいけない —— 動《書》自ら恃む, 笠に着る〖～有才〗才能を鼻にかける

【自视】zìshì 動 自任する, 自己評価をする〖他因为留过学, 所以～很高〗彼は留学したことがあるので, 高く止まっている

【自是】zìshì 副 おのずと, 当然 —— 形 独善的な, 独り善がりの

【自首】zìshǒu 動 自首する

【自赎】zìshú 動 自分の罪を償う, 罪滅ぼしをする〖立功～〗手柄を立てて罪を償う

【自述】zìshù 動 自ら述べる, 自分の事を話す —— 名[篇] 自叙

☆**【自私】**zìsī 形 利己的な, 自分勝手な

【自私自利】zì sī zì lì《成》私利私欲(をはかる)〖不能太～了〗余り利己心が強くてはいけない

【自诉】zìsù 動 被害者自ら告訴する ⇔[公诉]

【自卫】zìwèi 動 自衛する〖～战争〗自衛のための戦争

【自慰】zìwèi 動 自分で自分を慰める〖聊以～〗ほんの気休めとする

【自刎】zìwěn 動《書》自ら首をはねて死ぬ, 自刎ҭる

【自问】zìwèn 動 ① 自問する〖～自答〗自問自答する〖反躬～〗顧みて我が身を問う ② 自ら判断する

【自我】zìwǒ 代《2音節動詞の状語として》自ら, 自分から, 自分に対し〖～介绍〗自己紹介する〖～批评〗自己批判する〖～表现〗自己顕示する, 自己表現する〖～陶醉〗自己陶酔する〖～作古〗〖～作故〗創始する, 新機軸を出す —— 名《哲》自我, エゴ

【自习】zìxí 動 自習する〖每晚～两个小时〗毎晩2時間自習する

【自相】zìxiāng 副 (それ自身の間で)相互に〖～矛盾〗自己矛盾する, 自家撞着ӡ܉くする〖～残杀〗味方同士で殺し合う

【自新】zìxīn 動 改心する, 更生する〖悔过～〗過ちを悔い改めて出直す

*****【自信】**zìxìn 動 自信がある, 自分を信じる〖我～我的观点是正确的〗私は自分の観点が正しいと信じる〖非常～地回答〗自信たっぷりに答える〖～心〗自信

【自行】zìxíng 副 ① 自分で, 進んで〖～解决〗自分で解決する〖～安排〗自分で手はずする ② ひとりでに, 自然に

☆**【自行车】**zìxíngchē 名[辆] 自転車〖骑～〗自転車に乗る〖～道〗自転車道

【自修】zìxiū 動 ① 自習する ② 独学する

【自序(自叙)】zìxù 名[篇] ① 自序 ② 自叙, 自叙伝

【自学】zìxué 動 独学する, 自習する〖～英语〗独学で英語を学ぶ

【自言自语】zì yán zì yǔ《成》独り言を言う

【自以为是】zì yǐ wéi shì《成》独り善がりの, 独善的な

【自缢】zìyì 動《書》首つり自殺する

【自用】zìyòng 動 ①《書》独り善がりである〖刚愎ыь～〗片意地で独善的である ②《定語として》個人的に使用する〖～汽车〗自家用車

☆**【自由】**zìyóu 名形 自由(な)〖宗教信仰的～〗信仰の自由〖～参加〗自由に参加する〖行动不～〗行動が不自由である〖～主义〗自由主義〖～泳〗(競泳の)自由形, クロール〖～职业〗自由業〖～市场〗自由市場〖～贸易协定〗自由貿易協定(FTA)

【自圆其说】zì yuán qí shuō《成》(自説を破綻のないように言い繕う>)話のつじつまを合わせる〖不能～〗つじつまが合わせられない

☆**【自愿】**zìyuàn 動 自分から希望する, 志願する〖出于～〗自由意志による〖～退学〗本人の願いで退学する

【自怨自艾】zì yuàn zì yì《成》自分の過ちを悔いる

【自在】zìzài 形 思いのまま, 自由な〖逍遥～〗何物にも拘束されないさま〖自由～〗自由自在な

—— zìzai 形 のんびりしている, くつろげる〖每天过得很～〗毎日のんび

り暮らしている〖心里不～〗気まずい思いをする, 面白くない
【自知之明】zì zhī zhī míng《成》己を知る賢明さ〖这个人没有～〗この人は身の程をわきまえない
【自治】zìzhì [動] 自ら治める〖实行民族～〗民族自治を実行する［～区］省レベルに相当する民族自治の地方行政単位(例えば内蒙古自治区)［～县］県レベルに相当する民族自治の地方行政単位［～州］自治区と自治県の中間にある民族自治の行政単位
【自制】zìzhì [動] ① 自ら製造する〖～的香肠〗手作りの腸詰め ② 自制する, 自己を抑制する〖激动得不能～〗感情が高ぶって自分を抑えることができない
【自重】zìzhòng [動] 自重する, 自分を大切にする — [名] 自重(じじゅう)〖这台机床～一吨半〗この工作機械は自重1トン半
*【自主】zìzhǔ [動] 自分が主体となってする, 自主性を持つ〖婚姻～〗婚姻を当人自身で決める［独立～］独立自主の［不由～］思うに任せない, 思わず
【自助餐】zìzhùcān [名] バイキング料理, セルフサービス式の食事
【自传】zìzhuàn [名]〔篇·本〕自伝
【自转】zìzhuàn [動]〘天〙自転する(⊗[公转])〖地球～一周就是一昼夜〗地球の自転1回が1昼夜である
【自尊】zìzūn [形] 自尊心がある〖很～〗自尊心が強い〖伤了～〗自尊心を傷つけた［～心］自尊心
【自作聪明】zì zuò cōngmíng《成》自分を利口だとうぬぼれる, 独り善がりで出過ぎた振舞いをする
【自作自受】zì zuò zì shòu《成》自業自得, 身から出たさび

〖恣〗 zì ⊗ほしいまま, 気まま［放～］勝手気ままな
【恣肆】zìsì [形]《書》① ほしいままな, 気ままな［骄横～］思い上がって自分勝手である ②(文筆が)豪放な
【恣睢】zìsuī [形]《書》ほしいままな［暴戾～］残虐で勝手気ままに振舞う
【恣意】zìyì [形] 思いのままな, ほしいままな［～妄为］悪事のし放題

【渍(漬)】 zì [動] ① 浸す, 漬ける〖～苎麻〗チョマを水に漬ける ② 油や泥などがこびりつく〖轮子给泥～住了〗車輪に泥がこびりついて動かなくなった
⊗① 水たまり, たまった水［～水］同前 ②《方》こびりついた油や泥, 汚れ［油～］油汚れ［茶～］茶渋

〖眦(*眥)〗 zì ⊗ 眼の縁［内～］目がしら［外～］目じり

〖枞(樅)〗 Zōng ⊗［～阳］樅陽(しょうよう)(安徽省の地名) ♦「モミ」の意では cōng と発音. 口語は'冷杉'
⇨cōng

【宗】 zōng [量] 相当大きなひとまとまりの事物を数える〖一～心事〗一つの心配事〖大～款项〗大口の金 — [名] チベットの旧行政区画(1960年に県に改められた)
⊗① 祖先 ② 祖先を同じくする一族［同～］同族 ③ 宗派, 流派［正～］正統 ④ 師匠, 手本とあがめられる人 ⑤ 師や手本としてあがめる ⑥ 主旨 ⑦(Z-)姓
【宗祠】zōngcí [名] 一族の祖先を祭るほこら, 祖廟
【宗法】zōngfǎ [名] 父系親族集団内の決まり, 同族支配体系［～观念］同族意識
【宗匠】zōngjiàng [名] 宗匠, 大家, 名匠
**【宗教】zōngjiào [名] 宗教〖信仰～〗宗教を信仰する〖废除～〗宗教を廃棄する
【宗庙】zōngmiào [名] 皇帝や諸侯の祖廟
【宗派】zōngpài [名] 分派, セクト［～主义］セクト主義
【宗师】zōngshī [名] 師匠, 師範
【宗室】zōngshì [名] 王族, 王室
*【宗旨】zōngzhǐ [名] 主要な目的や意図, 趣旨〖符合学会的～〗学会の目的に合う
【宗主国】zōngzhǔguó [名] 宗主国
【宗主权】zōngzhǔquán [名] 宗主権
【宗族】zōngzú [名] 宗族, 同一父系親族集団

〖综(綜)〗 zōng ⊗ 統(す)べくくる, まとめる［错～］錯綜(さくそう)する
⇨zèng
【综观】zōngguān [動] 総合的に観察する, 総覧する〖～全局〗局面全体を見る
**【综合】zōnghé [動] 総合する(⊗[分析])〖～各方面的因素〗各方面の要因を総合する — [形]〔定語として〕総合的な［～艺术］総合芸術［～利用］総合利用［～大学］総合大学
【综计】zōngjì [動] 総計する
【综括】zōngkuò [動] 総括する, まとめる〖～情况〗状況を総括する
【综述】zōngshù [動] 総合的に述べる

〖棕(*椶)〗 zōng ⊗①〘植〙シュロ［～树］シュロの木 ② シュロの毛
【棕绷】zōngbēng [名]〔张〕シュロ縄で張ったベッドのスプリングネット [同]［棕绷子］
【棕榈】zōnglǘ [名]〘植〙〔棵〕シュロ [同]［棕树］

Z

【棕毛】zōngmáo 图 シュロの繊維、シュロの毛

*【棕色】zōngsè 图 茶褐色、とび色

【棕熊】zōngxióng 图〔動〕〔头・只〕ヒグマ 団〔馬熊〕

【踪(蹤)】zōng ⊗ 足跡 〔失~〕失踪する、行方不明 〔无影无~〕影も形もない

*【踪迹】zōngjì 图 痕跡、足取り 〔逃跑的~〕逃走の足取り 〔留下~〕痕跡を残す

【踪影】zōngyǐng 图〔多く否定文で〕跡形、(捜す対象の)姿 〔毫无~〕影も形もない

【鬃】zōng 图 馬や豚など獣類の首に生える長い毛、たてがみ 〔~毛〕同前〔马~〕馬のたてがみ 〔~刷〕豚の剛毛で作ったブラシ

【总(總*縂)】zǒng 動 集める、まとめる〔~起来说〕総括して言えば〔~到一起〕ひとまとめにする — 副 ① いつも、ずっと〔~没有时间〕いつも時間がない〔这孩子~不听大人的话〕この子はいっこうに大人の言うことを聞かない ② 結局、ともあれ〔春天~要来临〕どのみち春は来るものだ〔个人的力量~是有限的〕個人の力には所詮限りがあるものだ ③ 必ず、どうしても〔他~不肯〕彼はどうしてもうんと言わない ④(推測を表わし)およそ、大体(数量についていうことが多い)〔他~有三四十岁了吧〕彼は大体3、40歳だろう — 形《定語として》すべての、全面的な〔~的情况〕すべての状況 ⊗ 概括した、主要な〔~司令〕総司令官〔~店〕本店

【总部】zǒngbù 图 本部〔联合国~〕国連本部

*【总裁】zǒngcái 图 (政党や大企業の)総裁

【总称】zǒngchēng 图 総称 — 動 総称する

【总的】zǒngde 形《状語・定語として》総体的な、全体的な〔~说来〕総じて言えば〔~来看〕全体的にみて

【总得】zǒngděi 副 どうしても…しなければならない〔~想个办法解决〕なんとか方法を考えて解決しなければならない

【总动员】zǒngdòngyuán 動 総動員する

【总督】zǒngdū 图 ①(植民地の)総督 ② 清代の官名

【总额】zǒng'é 图 総額〔存款(的)~〕預金総額

*【总而言之】zǒng ér yán zhī（成）要するに、つまり 団［总之］

【总纲】zǒnggāng 图 大綱、総則

*【总共】zǒnggòng 副 すべて、全部で（囲［一共］）〔我~花了五天时间〕私は全部で5日間を費した

【总归】zǒngguī 副 結局は、必ず〔困难~是可以克服的〕困難は結局克服できるものだ〔这盘棋~你输的〕この一局はどうせ君の負けだ〔雨~要停的〕雨はどうせやむに決まっている

【总和】zǒnghé 图 全部合わせて

【总和】zǒnghé 图 総和、総体〔三个月产量的~〕3か月の生産量の総計

【总汇】zǒnghuì 動（水流などが）合わさる、集まる〔湘江、汉水等~于长江〕湘江、漢水等が長江に合流する — 图 集合体〔《诗经》是春秋以前诗歌的~〕『詩経』は春秋時代以前の詩歌の集大成である

【总机】zǒngjī 图 電話の交換台 ◆内線は'分机'

【总集】zǒngjí 图 多くの人の作品を集めた詩文集

【总计】zǒngjì 動 総計する〔图书~十万册〕総計10万冊の図書がある〔观众~有十万人〕観衆は合計して10万人いる

【总角之交】zǒngjiǎo zhī jiāo（成）幼い頃からの親友

*【总结】zǒngjié 動 総括(する)、締めくくり(をする)〔~历史经验〕歴史の経験を総括する〔做~〕総括する

【总括】zǒngkuò 動 概括する、まとめる〔把几个数据~在一块儿〕幾つかのデータを一つにまとめる〔~起来说〕概括して言う

【总揽】zǒnglǎn 動 総攬する、統括する〔~大权〕大権を一手に握る

*【总理】zǒnglǐ 图 総理 ◆中国国務院の最高指導者 — 動《書》統べる〔~军务〕軍務を統轄する

【总领事】zǒnglǐngshì 图 総領事

【总路线】zǒnglùxiàn 图 総路線、最も根本的な方針

【总目】zǒngmù 图 総目録、総目次

【总评】zǒngpíng 图 総評

*【总是】zǒngshì 副 ① いつも、ずっと〔~在这儿〕いつもここにある ② どうしても、必ず〔~要办的〕どうしてもやらなければならない

【总数】zǒngshù 图 総数、総額

【总司令】zǒngsīlìng 图 総司令官

*【总算】zǒngsuàn 副 ① やっと、やっとのことで〔一连下了几天的雨，今天~晴了〕何日も雨が降り続いたが、今日やっと晴れた ② まあまあ、どうやら〔五官~看得过去〕顔だちはまあ見られる

【总体】zǒngtǐ 图 総体、全体〔从上看〕全体的に見て〔~设想〕全

【总统】 zǒngtǒng 图 大統領,総統
★【总统】 zǒngtǒng 图 大統領,総統
【总务】 zǒngwù 图 ① 総務〚～处〛総務部 ② 総務の責任者
【总则】 zǒngzé 图 総則
【总长】 zǒngzhǎng 图（北洋軍閥時期の中央政府各部の）長官
★【总之】 zǒngzhī 接 要するに、いずれにせよ〚～我不同意这种办法〛とにかくこういうやり方には賛成しない

【纵（縱）】 zòng 動 ① 身を躍らせる,跳ぶ〚他向前一～就跳过去了〛彼はぱっと身を躍らせるやあちらへ跳んだ ②〔方〕しわが寄る〚衣服太～了,要烫一下〛服がしわくちゃだ,アイロンを掛けなくちゃ ― 形 縦,縦の,南北方向の,前から後ろへの〚～[横]〛 ⊗ ① たとえ…でも,よしんば〚～有困难…〛たとえ困難があっても… ② 放任する,任せる〚放～〛したい放題にさせる ③ 放つ,釈放する〚～敌〛敵を釈放する

【纵步】 zòngbù 動 大またで歩く〚～向前走去〛大またで前の方へ歩いて行く ― 图（前方への）跳躍〚一个～跳过了那条沟〛ひとっ跳びでその溝を跳び越えた

【纵断面】 zòngduànmiàn 图 縦断面 ⇨[纵剖面]

【纵队】 zòngduì 图 ① 縦隊〚四路～〛4列縦隊 ②（旧）軍隊編成単位の一つ（今の'军'(軍団)に相当）

【纵观】 zòngguān 動 目を通す,見渡す〚～历史〛歴史をみる

【纵贯】 zòngguàn 動 縦貫する〚大运河～四省〛大運河は4つの省を南北に貫いている〚～南北〛南北を縦貫する

★【纵横】 zònghéng 形 ① 縦横の〚～交错的公路〛縦横に交錯する道路 ② 自由奔放の,自由自在の〚才气～〛才気あふれる ― 動 縦横に駆け巡る〚～全国〛国中を駆け巡る〚贼寇～〛盗賊が好き勝手に横行する

【纵横捭阖】 zònghéng bǎihé〈成〉政治や外交の場で巧みな駆け引きをする

【纵虎归山】 zòng hǔ guī shān〈成〉（虎を放して山に帰す>）敵を逃がして禍根を残す ⇨[放虎归山]

【纵火】 zònghuǒ 動 火を放つ,火をつける（⇨[放火]）〚～犯〛放火犯

【纵酒】 zòngjiǔ 動 酒におぼれる,ほしいままに酒を飲む

【纵览】 zònglǎn 動 ほしいままに見る〚～四周〛周りを見渡す〚～群书〛沢山の本を読みあさる

【纵令】 zònglìng 接 ⇨[纵然] ― 動（…が…するのを）放任する

【纵目】 zòngmù 動〔多く状語として〕見やる〚～四望(～远望)〛見渡す,見晴らす

【纵剖面】 zòngpōumiàn 图 縦断面

【纵情】 zòngqíng 副 思う存分,心ゆくまで〚～唱歌〛思う存分歌う〚～欢乐〛心ゆくまで楽しむ

【纵然】 zòngrán 接〔'也''还''仍然''还是'などと呼応して〕たとえ…でも,よしんば…しようが（⇨[即使]）〚～天寒地冻,他也从不间断早晨的锻炼〛たとえ凍てつくような寒い日でも,彼は朝のトレーニングを欠かしたことがない

【纵容】 zòngróng 動（悪い事を）ほしいままにさせる,放任する〚～不法分子〛違法者を野放しにする〚～暴力〛暴力を容認する

【纵身】 zòngshēn 動 身を躍らせる,身を跳ね上げる〚～上马〛ひらりと馬にまたがる〚他一～就跳了过去〛彼は勢いよく身を躍らせて飛び越えた

【纵使】 zòngshǐ 接 ⇨[纵然]

【纵谈】 zòngtán 動 放談する,気まま話す

【纵向】 zòngxiàng 形〔多く定語として〕縦方向の,上下方向の,南北方向の

【纵欲】 zòngyù 動 肉欲をほしいままにする

【粽（*糉）】 zòng ⊗ ちまき〚～子〛同前

【邹（鄒）】 Zōu ⊗ ① 周代の国名(現在の山東省鄒県一帯) ② 姓

【驺（騶）】 zōu ⊗ ①（古代の）厩（うまや）番,御者 ②（Z-）姓

【陬】 zōu ⊗ ① 隅 ② 麓（ふもと）

【诹（諏）】 zōu ⊗ 諮（はか）る

【鲰（鯫）】 zōu ⊗ ① 小魚,雑魚 ② 小さい

【走】 zǒu 動 ① 歩く,行く〚在街上～〛通りを歩く→[～路] ② 動く,動かす〚～一步棋〛一手駒指を動かす〚手表不～了〛腕時計が止まった ③ 離れる,去る(結果補語としても)〚我准备明天～了〛私は明日発つ予定です〚车刚～〛発車したばかり〚～了两位客人〛お客が二人帰った〚拿～了〛持ち去った ④ 経る,通過する〚这列火车～南京到上海〛この列車は南京経由上海行きだ ⑤（親族や友人間で）行き来する,つきあう〚他们两家～得很近〛両家はとても親しくつきあっている〚～娘家〛里帰りする ⑥ 漏れる,漏らす〚～了风声〛うわさが漏れた〚～气〛(タイヤの)空気が抜ける ⑦ …の傾向を呈する

走 — zǒu

[~高] (価格などが) 上昇傾向になる ⑧もとの形や状態を失う,値や香りが抜ける〖椅子~了形〗椅子の形が崩れた〖颜色~了〗色があせた ⊗走る,走らせる [奔~] 駆ける

【走笔】zǒubǐ 動〘書〙筆を走らせる,速く書く [~疾书] たちまち書きあげる,速筆する

【走道】zǒudào 图〔条〕歩道
—— zǒu•dào 動 (~儿) ①道を歩く,歩く〖小孩儿刚会~〗子供は歩けるようになったばかりだ ②旅行する

【走调儿】zǒu•diàor 動 ①(歌や楽器の)調子が外れる,音程が狂う ②わき道へそれる

【走动】zǒudòng 動 ①歩く,動く〖年龄大了,平时要~~〗年をとったら平生できるだけ体を動かさなくてはいけない〖凭一条腿~〗片足で歩く〖存货总不~〗在庫品がずっとはけない ②行き来する,付き合う〖两家经常~〗両家はよく行き来している

【走读】zǒudú 動 (寄宿舎に入らず自宅から) 通学する [~生] 自宅通学生

【走访】zǒufǎng 動 訪問する,取材訪問する〖记者到现场~〗記者が現場に取材に行く

【走风】zǒu•fēng 動 情報が漏れる,秘密を漏らす〖消息已经走了风〗情報がもう漏れてしまった

【走钢丝】zǒu gāngsī 動 ①綱渡りをする ②〘転〙危うく均衡を保つ〖在他俩之间~〗彼ら二人の間で綱渡りをする

【走狗】zǒugǒu 图〔条〕走狗ぞう,手先

【走红】zǒu•hóng 動 ①好運に巡り合う [走红运] ②人気が出る

【走后门】zǒu hòumén 動 (~儿) 〘転〙裏口から入る,裏取引する

【走火】zǒu•huǒ 動 (~儿) ①暴発する [枪~了] 銃が暴発した ②〘転〙言葉が過ぎる,言い過ぎる ③漏電によって発火する ④火事になる

【走江湖】zǒu jiānghú 動 (各地を歩き回って大道芸人や香具師などをして) 世渡りする〖跑江湖〗

*【走廊】zǒuláng 图〔条〕①渡り廊下,回廊 ②2つの地方をつなぐ細長い地帯〖河西~〗河西回廊(甘粛省西北部,黄河の西側に沿う地帯)

*【走漏】zǒulòu 動 ①(情報などを)漏らす (⊕[走露 lòu])〖~风声〗うわさを漏らす ②('走私漏税'の略)密輸して脱税する ③(運搬途中などで)荷抜きをする

【走路】zǒulù 動 歩く,道を行く〖学会~〗(子供が)歩けるようになる

【走马】zǒumǎ 動 馬を走らせる [~灯] 走馬灯 [~看花] ⇨ [观花] おおざっぱに表面だけを見る [~上任] 官吏が赴任する

【走南闯北】zǒu nán chuǎng běi〘成〙各地を駆け巡る

【走内线】zǒu nèixiàn 動 コネを通じて工作する

【走禽】zǒuqín 图〘鳥〙走禽ё類(ダチョウなど)

【走人】zǒurén 動 その場を離れる

【走色】zǒu•shǎi 動 色がさめる,色あせする ⊕[落色]

【走扇】zǒu•shàn 動 開けたての具合いが悪くなる,立て付けが悪くなる

【走神儿】zǒu shénr 動 気が抜ける,ぼんやりする

【走绳】zǒu•shéng 動 綱渡りをする ⊕[走索]

【走失】zǒushī 動 ①迷子になる,行方不明になる ②(もとの形を)失う,食い違う

【走时】zǒushí 動〘方〙幸運に巡り合う ⊕〘普〙[走运]

【走兽】zǒushòu 图 獣類,けだもの [飞禽~] 禽獣,鳥獣

【走水】zǒu•shuǐ 動 ①水漏れする ②水が流れる ③出火する,火事になる ◆'火'を口にのぼるのを憚はんばって言い換えたもの
—— zǒushui (zǒushuǐと発音) 图〘方〙カーテンの上部にある飾り垂れ

*【走私】zǒu•sī 動 密輸する,闇取引きをする〖~香烟〗闇タバコを売る

【走题】zǒu•tí 動 主題からはずれる

【走投无路】zǒu tóu wú lù〘成〙身を寄せる所がない,行き詰まる

【走味儿】zǒu wèir 動 味いや香りが抜ける〖茶叶~了〗お茶の香りが抜けた

【走下坡路】zǒu xiàpōlù 動〘転〙坂道を下る,衰退の一途をたどる ⊕[走下坡]

【走向】zǒuxiàng 图〘地〙走向,向き —— 動 (…に)向かう [~胜利] 勝利に向かって進む〖~世界〗世界に向かって歩む

【走形】zǒu•xíng 動 (~儿) 変形する

【走形式】zǒu xíngshì 動 形式に流れる

【走眼】zǒu•yǎn 動 見まちがえる

【走样】zǒu•yàng 動 (~儿) もとの形を失う,形が崩れる〖皮鞋~了〗革靴の形が崩れた

【走运】zǒu•yùn 動 好運に巡り合う〖我很~〗私はとても好運です〖多年来我从未走过好运〗長年私は好運に恵まれなかった

【走资派】zǒuzīpài 图 走資派 ◆'走资本主义道路的当权派'(資本主義の道を歩む実権派)の略.文化大革

命中に使われた
【走卒】zǒuzú [名] 使い走り，手先〚充当～〛使い走りを務める，手先になる
【走嘴】zǒu▾zuǐ [動] 口を滑らす，言い間違える
【奏】zòu [動] ①奏でる，演奏する〚～国歌〛国歌を演奏する ②(皇帝に)上奏する
⊗①(効果や功を) 奏する，得る(→[～效]) [大～奇功] 立派な手柄を立てる ②上奏書
【奏捷】zòujié [動] 勝利を収める [～归来] 凱旋する
【奏鸣曲】zòumíngqǔ [名]〚音〛ソナタ，奏鳴曲
【奏疏】zòushū [名] [同][奏章]
【奏效】zòu▾xiào [動] 効を奏する，効果が現われる〚服了这剂药，或许能～〛この薬をのんだら効くかもしれない〚奏一点效〛少し効果がある
【奏乐】zòu▾yuè [動] 音楽を演奏する，奏でる
【奏章】zòuzhāng [名]〔道・本〕上奏書 [同][奏疏]
【揍】zòu [動] ①《口》殴る〚不许～人〛人を殴ってはならない〚～坏蛋〛悪者を殴る ②《方》割る，壊す〚～了一块玻璃〛ガラスを1枚割った
【租】zū [動] ①賃借りをする〚～房子〛家を借りる〚～旅馆一辆自行车〛旅館から自転車を1台賃借りする ②賃貸しをする〚～给别人〛(家などを)人に貸す
⊗①賃貸料 [房～] 家賃 ②地租
【租佃】zūdiàn [動] 小作に土地を貸す，地主から土地を借りる [～制度] 小作制度
【租户】zūhù [名] 借主，借家人
【租价】zūjià [名] 賃貸価格，貸借料
【租界】zūjiè [名] 租界，租借地
【租借】zūjiè [動] 借用する，貸し出す([同][租赁])〚～旅游车〛観光バスをチャーターする
【租金】zūjīn [名] 賃貸料，家賃 [同][租钱 zūqian]
*【租赁】zūlìn [動] [同][租借]
【租米】zūmǐ [名] 年貢米
【租钱】zūqian [名] 賃貸料，家賃
【租税】zūshuì [名] 租税
【租用】zūyòng [動] 借用する，賃貸する [～汽车] レンタカー
【租约】zūyuē [名] 賃貸借契約
【租子】zūzi [名]《口》小作料，地代
【菹(*葅)】zū ⊗①発酵させた漬け物 ②(野菜や肉を)切りきざむ
【足】zú [形] 足りる，十分な〚人数不～〛人数が足りない〚干劲 gànjìn 很～〛意気込みが強い [丰衣～食] 衣食が満ち足りる
— [副] 十分に，たっぷり〚～～有五十公斤〛たっぷり50キログラムある
⊗①足 [～迹] 足跡 ②器物の脚 [鼎～] 鼎(かなえ)の脚 ③〘多く否定形で〙…するに足る [微不～道] 取るに足らない [不～挂齿] 取り立てて言うほどもない
【足够】zúgòu [動] 十分に足りる〚～的设备〛十分な設備〚～吃一个月〛1か月間食べるのに足りる
【足迹】zújì [名] 足跡([同][脚印])〚留下～〛足跡を残す〚找不到～〛足跡が見つからない
【足见】zújiàn [動] (…から見て) よくわかる，明らかである〚连他都说不能，～这件事多么困难〛彼でさえできないと言うのだから，この件がどんなに難しいかよくわかる
【足球】zúqiú [名]〚体〛①サッカー，フットボール〚*踢～〛サッカーをする [五人制～] フットサル ②サッカー用ボール
【足下】zúxià [名]《書》(友人に向かって)足下，貴下(多く書簡に使う)
*【足以】zúyǐ [動] (…するに) 足る〚不～说服人〛説き伏せるには不十分である
【足智多谋】zú zhì duō móu《成》知謀にたけている
【卒】zú [名] (中国将棋の) 卒(歩(ふ)に相当)
⊗《書》①ついに〚～获成功〛ついに成功する ②死ぬ [病～] 病死する [生～年月] 生没年月 ③兵，兵卒 ④小吏，走り使い [走～] 同前 ⑤終わる [～业] 卒業する [～岁] 一年を過ごし終える
⇨cù
【族】zú ⊗①民族，種族 [满～] 満洲族 ②古代の刑の一(犯罪者の一族を皆殺しにすること) ③血のつながりのある一族 [宗～] 宗族 [～谱] 族譜 ④共通の属性を持つ一類 [水～] 水生動物 [语～] 語派
【族人】zúrén [名] 同族の人，一族の人
【族长】zúzhǎng [名] 族長，同族の長
【镞(鏃)】zú ⊗矢じり ♦口語では'箭头'
【诅(詛)】zǔ ⊗呪(のろ)う
【诅咒】zǔzhòu [動] 呪う，ののしる〚冲着天～〛天に向かってののしる
【阻】zǔ ⊗阻む，さえぎる [劝～] やめるよう説得する [通行无～] 自由に通行できる
*【阻碍】zǔ'ài [動] 阻む，妨げる〚违章建筑～交通〛違法建築物が交通を妨げる — [名] 障害，妨げ〚毫无～〛全く支障がない
【阻挡】zǔdǎng [動] さえぎる，阻む

〖～视线〗視線をさえぎる〖不可～〗阻むことができない〖谁也～不了〗誰も阻止できない
【阻遏】zǔ'è [動] 阻止する
【阻隔】zǔgé [動] 立ちはだかる, 疎隔する〖山川～〗山河に隔てられる〖～交通〗往来を妨げる
【阻击】zǔjī [動] (敵の進撃や退却などを)阻止する
【阻绝】zǔjué [動] 妨げられる〖音信～〗音信が杜絶する
*【阻拦】zǔlán [動] 阻止する, 妨げる ([同][阻止][拦阻])〖～往外涌的人群〗どっと外に出てくる群衆を押し止める
【阻力】zǔlì [名] 抵抗, 抵抗力〖冲破各种～〗さまざまな障害を突破する〖排除～〗抵抗を排する
*【阻挠】zǔnáo [動] 邪魔する, 妨害する〖旧思想～我们前进〗古い思想が我々の前進の妨げになっている
【阻塞】zǔsè [動] ① ふさがる, 詰まる〖交通～〗交通が渋滞する〖气管～〗気管が詰まる ② ふさぐ〖车辆～了路口〗車が道の出口をふさいでいる
**【阻止】zǔzhǐ [動] 阻止する, さえぎる〖及时～了事态的发展〗事態の進展をただちに阻止した

【组(組)】zǔ [名] 組, グループ［～长］グループのリーダー［～员］グループのメンバー — [量] 組・セットになったものを数える〖一～邮票〗切手1セット〖一～工具〗工具一式
[⊗] ① 組む, 組み合わせる(→[～成])［改～］改組する［～阁］組閣する ② 組になった, 組み合わされた［～曲］組曲
【组胺】zǔ'àn [名]〖化〗ヒスタミン [同][组织胺]
**【组成】zǔchéng [動] 組織する, 構成する〖这个小组由八个人～〗このグループは8人から成る〖～代表团〗代表団を結成する
【组稿】zǔ'gǎo [動] (編集者が執筆者に)原稿を依頼する
【组歌】zǔgē [名] 組み歌
**【组合】zǔhé [動] 組み合わせる〖～机床〗旋盤を組み合わせる — [名] 組み合わせ(たもの)［劳动～］労働組合('工会' の旧称)
【组建】zǔjiàn [動] (機構や隊伍を) 組織し打ち立てる
【组曲】zǔqǔ [名] 組曲
【组员】zǔyuán [名] メンバー
【组长】zǔzhǎng [名] サークル・グループの長, 組長
**【组织】zǔzhī [動] 組織する〖～舞会〗ダンスパーティーの手はずを整える〖～群众抗洪抢险〗人々を組織して洪水を防ぎ応急補修をさせる〖这篇文章～得很好〗この文章はうまく構成されている — [名] ① (集団としての) 組織［党团～］中国共産党と共産主義青年団の組織［工会～］労働組合組織 ② 体系, 組立て〖这本专著～严密〗この専門書の体系は厳密である ③ (織物の) 織り方［平纹～］平織り ④〖生〗組織［神经～］神経組織

【祖】zǔ [⊗] ① 父の父, 祖父 ② 祖先 ③ 事業や流派の創始者, 元祖［鼻～］《書》鼻祖 ④ (Z-)姓
【祖辈】zǔbèi [名] 祖先
【祖本】zǔběn [名] 祖本(様々なテキストの元になる本), (版本の)初刻本
【祖产】zǔchǎn [名] 先祖伝来の財産
【祖传】zǔchuán [動]〘多く定語として〙代々伝わる［～秘方］先祖伝来の秘方
【祖坟】zǔfén [名] 先祖代々の墓
*【祖父】zǔfù [名] (父方の) 祖父 ♦呼び掛けには '爷爷' を用いる
**【祖国】zǔguó [名] 祖国
【祖籍】zǔjí [名] 原籍, 先祖代々の籍
【祖母】zǔmǔ [名] (父方の) 祖母 ♦呼び掛けには '奶奶' を用いる
【祖上】zǔshàng [名] 先祖
【祖师】zǔshī [名] ([同][祖师爷]) ① (学派の)創立者, 元祖 ② (宗派の)開祖, 祖師 ③ (結社や業種の) 始祖, 創始者〖鲁班被木匠奉为～〗魯班は大工たちに祖師としてあがめられている
【祖述】zǔshù [動]《書》祖述する〖～孔孟之道〗孔子孟子の道を祖述する
【祖孙】zǔsūn [名] 祖父母と孫
**【祖先】zǔxiān [名] 祖先
【祖宗】zǔzong [名] 祖先〖祭祀～〗祖先を祭る
【祖祖辈辈】zǔzǔbèibèi [名] 先祖代々

【俎】zǔ [⊗] ① 古代のいけにえをのせる祭器 ② まないた［～上肉］命を相手のなすがままにされるもの, まないたの上の鯉 ③ (Z-)姓

【钻(鑽 *鉆)】zuān [動] ① 尖(とが)ったもので穴をあける〖～了三个孔〗3つ穴をあけた〖～个眼儿〗穴を1つあける ② 通る, 潜る〖～到水里〗水に潜る〖～进山洞〗ほら穴に入る〖～出山洞〗ほら穴から出る ③ 研鑽(けんさん)する, 掘り下げて研究する〖整天～在外语里〗一日中外国語に没頭している
⇨zuàn
【钻井】zuān'jǐng [動] (井戸・油井などを)掘削する, 鑿井(さくせい)する
【钻空子】zuān kòngzi [動] 弱みにつ

Z

けいる，すきに乗じる〖被人～〗人につけこまれる
【钻门子】zuān ménzi 動 有力者に取り入る
【钻营】zuānmóu 動〔钻营〕
【钻牛角尖】zuān niújiǎojiān 動〈牛の角の先に潜りこむ〉取るに足らない事や解きようのない問題をいつまでも追究する 倒〔钻牛角〕〔钻牛犄角 jījiao〕
【钻探】zuāntàn 動 試掘する，ボーリングをする〖～地层〗地層の試掘をする〖～机〗ボーリングマシン
【钻天柳】zuāntiānliǔ 名《植》ケショウヤナギ
【钻天杨】zuāntiānyáng 名《植》セイヨウハコヤナギ，ポプラ
【钻心虫】zuānxīnchóng 名《虫》ズイムシの総称 倒〔蛀心虫〕
*【钻研】zuānyán 動 研鑽する〖刻苦～文字学〗ひたむきに文字学を研究する
【钻营】zuānyíng 動 有力者や上役に取り入って私利を謀る 倒〔钻谋〕

【蹿(躥)】 動 上や前へ跳ぶ

【缵(纘)】 zuǎn ⊗ 受け継ぐ

【纂】 zuǎn ⊗ 編集する〖编～〗編纂する

【钻(鑽*鉆)】 zuàn 名〖把锥 zhuī〗ドリル〖拿一把～钻 zuān 木头〗錐で木に穴をあける〖风～〗空気ドリル ⊗ ダイヤモンド〖～戒〗ダイヤの指輪〖二十一～的手表〗21石の腕時計 ⇨ zuān
【钻床】zuànchuáng 名《機》〔台〕ボール盤，ドリリングマシン
【钻机】zuànjī 名《機》ボーリングマシン，(油井の)鑿井機械
*【钻石】zuànshí 名 ① 〖颗・粒〗ダイヤモンド，金剛石 ② 時計や計器の軸受に使う宝石，石
【钻塔】zuàntǎ 名 油井やぐら，掘削やぐら
【钻头】zuàntóu 名《機》〔副〕ビット，ドリル用の刃〖装上～〗刃を取り付ける

【赚(賺)】 zuàn 動〈方〉だます〖～人〗人をだます ⇨ zhuàn

【攥】 zuàn 動〈口〉握る〖手里～着一块糖〗手の中に飴を1つ握っている〖～得真紧〗ぎゅっと握りしめる〖一把～住了〗しっかり握った

【脧】 zuī ⊗〈方〉男性生殖器 (客家語など) ◆文語'脧削'(削取)は juānxuē と発音

【嘴】 zuǐ 名 ①〖张〗(人の)口('咀'は俗字)〖张开～〗口を開ける〖亲～〗口づけする ②(～ル)(物の)口〖烟～ル〗紙巻きたばこの吸い口〖茶壶～ル〗急須の口 ③口に出して言う言葉，話〖～厉害〗口がきつい〖走～〗口を滑らす〖插～〗口をはさむ〖多～〗余計な口を出す
【嘴巴】zuǐba 名 ①〖口〗頬，ほっぺた(倒〔嘴巴子〕)〖打～〗びんたを張る〖给他一个～〗彼に1発くらわす〖挨 ái 了一个～〗びんたを1発くらう ②(人の)口〖张开～〗口を開ける
【嘴笨】zuǐ bèn 形 口べたである〖我～，还是你讲吧〗私は口べただから，やはりあなたが話して下さい
【嘴馋】zuǐ chán 形 口が卑しい，口がおごっている
【嘴唇】zuǐchún 名 唇〖上～〗上唇〖下～〗下唇
【嘴乖】zuǐ guāi 形 (多く子供について)口達者な，口がうまい
【嘴尖】zuǐ jiān 形 口が悪い，辛辣 な〖他～，爱损人〗彼は口が悪く，人をけなしてばかりいる
【嘴角】zuǐjiǎo 名 口の端，口角
【嘴紧】zuǐ jǐn 形 発言が慎重な，口が堅い
【嘴快】zuǐ kuài 形 口が軽い，おしゃべりな
【嘴脸】zuǐliǎn 名〈貶〉〔副〕面 、顔付き〖一副无赖的～〗ごろつきの面構え〖暴露～〗面の皮をはぐ
【嘴皮子】zuǐpízi 名〈口〉(多く悪い意味で)唇，口先〖要～〗口先でうまいことを言う，言うだけで行動しない〖他那两片～真会说〗彼はほんとに口がうまい〖～磨破了〗〈俗〉口を酸っぱくして言う
【嘴软】zuǐ ruǎn 形 口調が穏やかな，きつく言えない
【嘴上没毛,办事不牢】zuǐshang méi máo, bàn shì bù láo〈俗〉(口もとにひげのない者は仕事が確かでない>)若い者のやることは頼りにならない 倒〔嘴上无毛,办事不牢〕
【嘴是两张皮】zuǐ shì liǎng zhāng pí〈俗〉口は2枚の皮(文字に残した証拠ではない)〖～,说话没根据〗口に出して言ったた けでは証拠にならない
【嘴松】zuǐ sōng 形 口が軽い
【嘴碎】zuǐ suì 形 話し方がくどい，口やかましい
【嘴甜】zuǐ tián 形 口がうまい〖～心苦〗口ではうまいことを言うが心は悪辣 である
【嘴头】zuǐtóu 名 (～ル)〈方〉口，口先(倒〔嘴头子〕)〖～ル能说会道〗弁がよく立つ

【嘴稳】zuǐ wěn 形 口が堅い〖嘴不稳〗口が軽い

【嘴严】zuǐ yán 形 口が堅い〖嘴不严〗口が軽い

【嘴硬】zuǐ yìng 形 口が減らない,強情な

【嘴直】zuǐ zhí 形 歯に衣を着せない,ずけずけ言う

【嘴子】zuǐzi 名〖方〗①(物の) 口〖山~〗山の端,山の入口 ②(管楽器の)マウスピース

【最】zuì 副 最も,いちばん〖~多〗いちばん多い,せいぜい〖~少〗いちばん少ない,少なくとも〖~喜欢〗最も好き〖~东边〗いちばん東側〖~会说话〗話がいちばんうまい〖吸烟~有害处〗喫煙はいちばん害がある

*【最初】zuìchū 名 最初,初め(⊗[最后])〖~认识她的时候〗初めて彼女を知った時〖~,他一言不发〗初めは彼は一言も話さなかった

*【最好】zuìhǎo 副〖文頭または主語の後に置いて〗いちばんいいのは…,…に越したことはない〖~是你自己去〗いちばん良いのは君が自分で行くことだ

*【最后】zuìhòu 名 最後(⊗[最初])〖这是~一次机会〗これは最後のチャンスだ〖~他终于同意了〗最後に彼はついに同意した〖站在~〗いちばん後ろに立つ〖谁笑到~,谁笑得最好〗〖俗〗最後に笑う者が本当の勝利者である〖~通牒 dié〗最後通牒

【最惠国待遇】zuìhuìguó dàiyù 名 最恵国待遇

*【最近】zuìjìn 名 最近,近々(近い未来についても用いる)〖你~忙吗？〗近ごろ忙しいですか〖~要去上海〗近いうちに上海へ行く

【最为】zuìwéi 副〖二音節語の前で〗最も,いちばん

【最终】zuìzhōng 形〖定語として〗最終の〖~(的)目标〗最終目標

【嘬】zuì ⊗〖~尔〗〖書〗(場所が)小さい

【罪(*辠)】zuì 名 罪〖有~〗罪がある〖认~〗罪を認める
⊗①過ち,過失〖归~于人〗間違いを人のせいにする〖怪~〗とがめる ②苦しみ,難儀〖受~〗難儀する,苦しめられる ③罪を人に着せる〖~己〗罪をかぶせる

【罪案】zuì'àn 名〖起〗犯罪事件,罪状

【罪不容诛】zuì bù róng zhū〈成〉(罪が重くて死刑に処してもなお余り有る＞)罪が償いきれないほど極悪である

【罪大恶极】zuì dà è jí〈成〉極悪非道

【罪恶】zuì'è 名 罪悪〖~滔天〗この上ない罪悪

*【罪犯】zuìfàn 名 犯人,罪人(⊚[犯人])〖揭发~〗犯人を摘発する

【罪过】zuìguo 名 過失,罪〖承认~〗罪を認める 一形〖挨〗(自分が)罰当たりな〖委实~〗本当に痛み入ります〖~～！〗どうも恐れ入ります,失礼しました

【罪魁】zuìkuí 名〖書〗主犯,元凶〖~祸首〗張本人,元凶

【罪名】zuìmíng 名 罪名〖栽上~〗罪を着せる〖罗织~〗罪名をでっちあげる

【罪孽】zuìniè 名 罪業,罪〖~深重〗罪深い〖~减轻了〗罪が軽減された

【罪人】zuìrén 名 罪人,犯罪者

【罪行】zuìxíng 名 犯罪行為,罪状〖坦白~〗罪状を告白する

【罪有应得】zuì yǒu yīng dé〈成〉罰せられるのが当然である

【罪责】zuìzé 名 罪責,罪の責任〖~一定要追究的〗罪の責任は必ず追及しなければならない〖~难逃〗罪の責任は逃れられない

【罪证】zuìzhèng 名 犯罪の証拠,罪跡〖留下~〗犯罪の証拠を残す〖捏造~〗犯罪の証拠をでっち上げる

【罪状】zuìzhuàng 名 犯罪の事実,罪状〖隐瞒~〗罪状を隠す

【樏(檇)】zuì ⊗〖~李〗スモモの一種

【醉】zuì 動①酒に酔う(⊚[醒])〖~酒〗同前〖喝~了〗(酒を飲んで)酔った〖他一得说不出话〗彼は酔って話ができない ②酒に漬ける〖~了一碗虾〗エビの酒漬けを1鉢作った〖~枣〗酒漬けのナツメ
⊗(事に) 酔いしれる,夢中になる〖沉~〗ひたる〖陶~〗うっとりする

【醉鬼】zuìguǐ 名 飲んだくれ,酔っ払い

【醉汉】zuìhàn 名 酔っ払い,酔漢

【醉人】zuìrén 形 人を酔わせる

【醉生梦死】zuì shēng mèng sǐ〈成〉酔生夢死,空しく生きてゆくこと

【醉翁之意不在酒】zuìwēng zhī yì bú zài jiǔ〈成〉(酔翁の意は酒に在らず＞)真意は別の所にある,敵は本能寺

【醉乡】zuìxiāng 名 酔い心地,酔いの境地〖沉入~〗酔って陶然となる

【醉蟹】zuìxiè 名 カニの酒漬け

【醉心】zuìxīn 動 専心する,没頭する〖~于物理学研究〗物理学研究に没頭する

【醉醺醺】zuìxūnxūn 形（~的)酒に酔ったさま,ほろ酔い機嫌〖见酒就

喝,成天～的]酒を見れば飲んで一日中酔っ払っている

【醉意】zuìyì 图 酔った気分,一杯機嫌 [有几分～]酔いが回ってきた

【尊】zūn 量 仏像や大砲を数える [五百～罗汉] 五百羅漢 [三一佛像] 仏像3体 [两一大炮] 大砲2門
⊗ ① 尊い,目上の ② 尊ぶ,尊敬する [自～] 自尊,プライドを持つ ③ 敬称に用いる [～府] お宅 [～驾] 貴駕 [～姓] 御苗字 ④ '樽 zūn' と通用

【尊称】zūnchēng 图 尊称 ── 動 尊んで呼ぶ [～他为范老] 彼を尊敬して范老と呼ぶ

【尊崇】zūnchóng 動 尊びあがめる,敬う

【尊贵】zūnguì 厖 尊い,高貴な [～的客人] 高貴な客

*【尊敬】zūnjìng 動 尊敬する [他是我最～的人] 彼は私が最も尊敬する人です [受到大家的～] 皆から尊敬される

*【尊严】zūnyán 图厖 尊厳(な),威厳(がある) [维护国家的～] 国家の尊厳を保つ [有损～] 尊厳を傷つける

【尊长】zūnzhǎng 图 目上の人,長上

【尊重】zūnzhòng 動 尊重する,尊敬する [～领土主权] 領土主権を尊重する [～别人的意见] 他人の意見を尊重する [受到～] 尊重される ── 厖 重々しい,慎重な ◆多く '放' の賓語となり,後に '些' あるいは '一些' を伴う [请你放～些] 落ち着いて下さい

【遵】zūn ⊗ 従う

【遵从】zūncóng 動 従う [～上级的指示] 上司の指示に従う [～建议] 提案に従う

【遵命】zūnmìng 動 命に従う [～照办] 言い付け通りにやる [～!] かしこまりました

*【遵守】zūnshǒu 動 遵守する,守る [～时间] 時間を守る [～交通规则] 交通規則を守る

【遵行】zūnxíng 動 従い行う,守る

*【遵循】zūnxún 動 従う [应当～的原则] 従うべき原則 [～语言习惯] 言語習慣に従う

【遵照】zūnzhào 動 従う,基づく [～指示] 指示に従う [～上级的文件] 上級からの文書に従う

【樽】(罇) zūn ⊗ 酒器,酒樽

【鳟】(鱒) zūn ⊗ 《魚》マス [～鱼] 同前

【撙】zǔn 動 節約する [～下一些钱] 倹約して金を残す [～节] 節約する

【作】zuō ⊗ 《手工業の》仕事場,作業場 [玉器～] 玉の細工場,玉細工屋 [豆腐～] 豆腐製造場
⇨ zuò

【作坊】zuōfang 图 《手工業の》工場,作業場,仕事場

【嗫】zuō 動 《方》(しゃぶるように)吸う ◆"咬む" の意の文語では chuài と発音

【嗫瘪子】zuō biězi 動 《方》苦境に陥る

【昨】zuó ⊗ ① 昨日,きのう [～日] 昨日 [～夜] 昨夜 ② 過去,過日

【昨儿】zuór 图 《口》きのう (⊗[昨儿个])

*【昨天】zuótiān 图 きのう,昨日

【昨晚】zuówǎn 图 昨晩,昨夜

【捽】zuó 動 《方》つかむ,引っぱる

【琢】zuó ⊗ 以下を見よ
⇨ zhuó

【琢磨】zuómo 動 よく考える,考察する [仔细～他的话] 彼の言ったことについてとくと考える
⇨ zhuómó

【左】zuǒ 厖 ① (思想・政治上の) 左の,左翼の (⊗[右]) [不～就右] (政治的立場が) 左かと思うと今度は右だ ② 偏った,不正常の [～脾气][～性子] あまのじゃく,つむじ曲がり(の人) ③ 間違った [想～了] 考え違いをしている [搞得太～了] ひどいやり方だ ── 图 《介詞句の中で》左 (⊗[右]) [向～转 zhuǎn] 左に向く,左向け左! ⊗ ① '佐' と通用 ② (Z-) 姓

*【左边】zuǒbian 图 (～儿) 左側,左 (⊗[右边]) [靠～走] 左側を歩く

【左不过】zuǒbuguò 副《方》① どのみち,いずれにしても ② ただ…に過ぎない

【左道旁门】zuǒ dào páng mén (成) (宗教や学術面の) 邪道,異端 ⊗[旁门左道]

【左顾右盼】zuǒ gù yòu pàn (成) あたりをきょろきょろ見回す,右顧左眄する

【左近】zuǒjìn 图 付近,近く

【左邻右舍】zuǒ lín yòu shè (成)向こう三軒両隣り

【左面】zuǒmiàn 图 (～儿) 左側,左 ⊗[右面]

【左派】zuǒpài 图 左派,左翼 ⊗[右派]

【左撇子】zuǒpiězi 图 左利きの人

【左倾】zuǒqīng 厖 左傾の,左翼の ⊗[右倾]

【左嗓子】zuǒsǎngzi 图 音痴(の人)

【左手】zuǒshǒu 图 ⊗[右手] ①

左手 ②[同][左首]

【左首(左手)】zuǒshǒu [名]（多く座席の） 左側，左手（[反][右首]）〚～坐着一位老太太〛左におばあさんが座っている

【左袒】zuǒtǎn [動]《書》左袒(さたん)する，一方の肩を持つ〚～对方〛相手方に肩入れしている

【左翼】zuǒyì [名]（[反][右翼]）①〚軍〛左翼 ②（政治思想上の）左翼

*【左右】zuǒyòu [名]①左と右〚房屋～〛家屋の左右［～逢源］（どうやっても）万事順調に運ぶ［～开弓］両の手を代わる代わる使う，同時に幾つかの仕事をこなす［～为难］進退窮まる ②側近，付き従う人 ━[助]…ぐらい，…ほど〚今天最高温度25°～〛今日の最高温度は25度ぐらい〚她年龄五十岁～〛彼女は50歳くらいだ ━[動]左右する，影響を与える〚被命运所～〛運命に左右される〚～局势〛情勢を左右する ━[副]《方》どうせ，どのみち（[同]《普》［反正］）

【左…右…】zuǒ…yòu… 同じような行為の反復を強調する〚左说右说〛ああでもないこうでもないと言う〚左一遍右一遍地背 bèi 才背熟了〛何度も何度も暗唱してやっと覚えた［左思右想］あれこれと考える

【左证】zuǒzhèng [名][同][佐证]

【左支右绌】zuǒ zhī yòu chù《成》やり繰りがつかない，対処しきれない

〖佐〗 zuǒ ⊗①補佐する，助ける［～餐］《書》おかずとなる ②補佐役［辅～］補佐する［～料］薬味，調味料

【佐证(左证)】zuǒzhèng [名]証拠，証左

【撮】 zuǒ [量]（～儿）毛髪など群がっているものを数える〚一～胡子〛ひとつまみのひげ

⇨cuō

【撮子】zuǒzi [量]《方》ひとつまみ

【坐】 zuò [動]①座る，腰を下ろす〚请～〛お掛け下さい〚这儿可以～五个人〛ここは5人掛けられる〚～在椅子上〛椅子に腰掛ける［～江山］［～天下］天下を取る ②乗物に乗る，搭乗する〚～飞机〛飛行機に乗る〚～了一天汽车〛車に1日中乗った ③（ある方向を建物が）背にする〚房子～北朝南〛家は南向きである ④（鍋(なべ)や釜(かま)を）火に掛ける〚把锅～在炉子上〛鍋をこんろに掛ける〚先～点儿开水〛まずお湯を少し沸かしなさい ⑤（銃砲が反作用で）跳ね返る〚开枪时枪身会向后～〛発射すると銃身は必ず後ろに跳ね返る ⑥（建造物が）沈下する，傾く〚这房子～下去几寸了〛この家は数寸沈んだ ⑦（瓜類や果樹が実を） 結ぶ〚～果儿〛実がなる〚瓜藤上～了不少瓜〛つるにたくさん瓜がなった

⊗①…によって，…のために〚～此解职〛これによって職を解かれる ②理由もなく ③居ながらにして，みすみす ④罪に問われる［连～］連座する

【坐标】zuòbiāo [名]〚数〛座標［～轴］座標軸

【坐吃山空】zuò chī shān kōng《成》（座して食らえば山も空し>）働かないで暮らせば，どんな大きな財産も食いつぶしてしまう

【坐待】zuòdài [動][同][坐等]

【坐等】zuòděng [動]座して待つ，手をこまねいて待つ〚～佳音〛良い知らせを座して待つ

【坐地分赃】zuò dì fēn zāng《成》盗賊の親分が手下に盗ませた物の上前をはねる

【坐垫】zuòdiàn [名]（～儿）座布団，シート

【坐而论道】zuò ér lùn dào《成》空理空論をもてあそぶ

【坐骨神经】zuògǔ shénjīng [名]〚生〛座骨神経

【坐观成败】zuò guān chéng bài《成》他人の成功や失敗を冷淡に傍観する

【坐井观天】zuò jǐng guān tiān《成》（井戸の中から天を覗く>）見識が狭い

【坐具】zuòjù [名]座る道具（椅子・腰掛けの類）

【坐困】zuòkùn [動]立てこもる，苦境にある

【坐蜡】zuò▼là [動]《方》苦境に立つ，困惑する（[同][坐洋蜡]）〚坐好几回蜡〛何度もひどい目に遭う

【坐牢】zuò▼láo [動]監獄に入る，投獄される

【坐冷板凳】zuò lěngbǎndèng [動]①閑職につけられる，冷遇される ②（面会などで）長く待たされる

【坐落】zuòluò [動]（建物などが）位置する，在る〚我们的学校～在郊区〛私達の学校は郊外に在る

【坐山观虎斗】zuò shān guān hǔ dòu《成》（山の上から虎が闘うのを見る>）利益を横取りしようと待ちうける，日和見をきめこむ

【坐失良机】zuò shī liángjī《成》みすみす好機を逸する

【坐视】zuòshì [動]座視する［～不救］座視して救おうとしない

【坐探】zuòtàn [名]スパイ，回し者

【坐位】zuòwei/zuòwèi [名][同][座位]

【坐药】zuòyào [名]座薬

【坐以待毙】zuò yǐ dài bì《成》座して死を待つ

【坐月子】zuò yuèzi [動]《口》産褥

【坐在一条凳子上】 zuò zài yì tiáo dèngzishang《俗》同じ腰掛けに座る, 同じ立場に立つ(⇔[坐一条板凳])『我跟他~』私は彼と同じ立場だ

【坐赃】 zuòzāng 動 ①《方》罪をなすりつける ②《書》いわのれの罪に問われる

【坐庄】 zuòzhuāng 動 ①商品買い付けのために駐在する ②(マージャンで)続けて「庄家」(親)になる

【座】 zuò 名 ①(~儿)座席([坐(儿)]とも)[客~]客席[满~]満席 ②(~儿)受け皿, (下に敷く) 台[茶碗~儿]茶托[石碑~儿]石碑の台座 — 量大型で固定したものを数える [一~山]山1つ[两~桥]橋2つ[三~钟](置き)時計3つ[这~城]この町
⊗星座 [大熊~]大熊座

【座次(坐次)】 zuòcì 名 席次, 席順 [排~]席順を決める『请按~入座』席順に御着席ください

【座上客】 zuòshàngkè 名 上席に座る客, 主賓

【座谈】 zuòtán 動 座談する [~会]座談会, 懇談会

★【座位】 zuòwèi / zuòwei 名 ①座席 [订~]席を予約する ②(~儿)椅子, 腰掛けの類『搬个~儿来』腰掛けを1つ持っておいで

★【座右铭】 zuòyòumíng 名 座右の銘

【座钟】 zuòzhōng 名〔台·座〕置時計

【座子】 zuòzi 名 ①物を置く台, 台座 [钟~]置時計の台 ②(自転車·オートバイなどの)サドル

【作】 zuò 動(動[做]) ①行う, する[~报告]報告をする[~斗争]戦う ②…とする, …にする[认他~义子]彼を養子とする『这玩艺儿可以~什么用?』これは何の役に立つんだね ③『動詞+'作'の形で』動作の結果ほかの形にする [扮~坏人]悪人に扮する ④書く[~了一首曲子]ひとつ曲を書いた [~曲]作曲する [~词家]作詞家
⊗①起きる, 起こす [振~]奮い起こす『枪声大~』銃声が激しく起こる ②作品[杰~]傑作 ③(生理的にまたは精神的に) 催す [~酸]胸やけする ④装う, 振りをする [装模~样]偉そうにする, もったいぶる
⇨ zuō

【作案】 zuò'àn 動 犯罪行為をする, 悪事を働く

【作罢】 zuòbà 動 取りやめにする, 中止する『既然大家都有意见, 此事~』皆に異議がある以上, この件は取りやめる

【作保】 zuò'bǎo 動 保証人になる

*【作弊】 zuò'bì 動 不正行為をする, いんちきをする [考试~]試験でカンニングをする

【作对】 zuò'duì 動 対立する, 敵対する 『别跟领导~』指導部に盾突くな『你跟我作什么对?』なんで私を目の敵にするのか

【作恶】 zuò'è 動 悪い事をする [~多端]散々悪事を働く

【作法】 zuòfǎ / zuòfǎ 名 ①作文の仕方 [文章~]文章作法 ②やり方, 作り方 (動[做法])
—— zuò'fǎ 動 (道士が)術を使う

*【作废】 zuò'fèi 動 無効になる, 廃棄する『因过期护照~了』期限切れでパスポートが無効になった

*【作风】 zuòfēng 名 ①(仕事や思想上の) やり方, 態度 [工作的~]仕事のやり方 『~不正派』行い態度が不まじめ ②(文学作品などの) 作風, 風格

【作怪】 zuòguài 動 たたる, 災いをなす『金钱在他脑子里~』金銭のことで彼は考え方がおかしくなっている

【作家】 zuòjiā 名 作家 [专业~]専門作家

【作奸犯科】 zuò jiān fàn kē《成》法に触れる悪事を働く

【作茧自缚】 zuò jiǎn zì fù《成》(蚕が繭を作り自分を中に閉じこめる>)自縄自縛

【作践】 zuòjian / zuójian 動 台無しにする, 踏みにじる [~东西]物を壊す [别~粮食]食糧を無駄にする [~人]人をなぶり物にする

【作客】 zuò'kè《書》 ①よそに身を寄せる [~异地]異郷に暮らす ②(招かれて)客となる [~思想]主体性がなく積極性を欠く考え方

【作乐】 zuòlè 動 楽しむ, 慰みとする [寻欢~]仕事もせず享楽にふける

【作料】 zuòliao / zuóliao 名 (~儿)調味料

【作乱】 zuòluàn 動 (武装して) 反乱を起こす [企图~]反乱をもくろむ

【作美】 zuòměi 動 (多く否定形で) (天候などが)願いをかなえる『天公不~』お天道様が意地悪をする

【作难】 zuònán 動 困る, 困らせる (動[为难])『有意~我』わざと私を困らせる

【作孽】 zuò'niè 動 罪つくりな事をする (動[造孽])『作了不少孽』罪業を重ねる

【作弄】 zuònòng / zuōnòng 動 からかう, 愚弄ぐろうする

【作呕】 zuò'ǒu 動 ①吐き気を催す ②(転)胸がむかつく『实在令人~』全く胸くそが悪くなる

【作陪】zuòpéi 動 相伴する,陪席する
*【作品】zuòpǐn 图 作品 [文学~] 文学作品
【作色】zuòsè 動 怒って表情を変える,色を成す [愤然~] 憤然として色を成す
【作势】zuòshì 動 ポーズを作る,振りをする [装腔~] もったい振る,大げさなまねをする
【作死】zuòsǐ (旧読 zuōsǐ) 動 自ら死を求める,自殺的行為をする
【作速】zuòsù 副 早急に
【作祟】zuòsuì 動 たたる,災いする
【作态】zuòtài 動 わざと振りをする,見せ掛ける
【作痛】zuòtòng 動 痛む [隐隐~] 鈍痛を感じる
【作威作福】zuò wēi zuò fú《成》権力を笠に着て威張り散らす
*【作为】zuòwéi 图 ① 行為,行い [平日的~] 平素の行い ② 成果 [他是个有~的青年] 彼は有為の青年だ —— 動 ① 成果をあげる [无所~] 何ら成果がない ② …とする,…と見なす (⑥ [当做]) [~罢论] 取りやめにする [把书法~一种业余爱好] 書道を趣味とする —— 介 …として,…たる者として [~厂长,我应该负全部责任] 工場長として,私は全責任を負わなければならない
*【作文】zuò'wén 動 文章を書く,作文する
—— zuòwén 图 [篇] 作文 [~比赛] 作文を競う
【作物】zuòwù 图 作物,農作物 (⑥ [农作物]
*【作息】zuòxī 動 働いたり休憩したりする [~时间表] 勤務時間表
【作响】zuò'xiǎng 動 音を立てる,音を出す
【作兴】zuòxing (旧読 zuóxing)《方》① [多く否定形で](情理からいって)通用する,許される [不~动手打人] 人を殴ってはいけない —— 副《方》たぶん,もしかすると
【作秀(做秀)】zuò'xiù 動 ① ショーをする ② 宣伝活動をする ③ 欺瞞行為をする
*【作业】zuòyè 图 ①(教師が課す)宿題 [做~] 宿題をする [留~] 宿題を出す [课外~] 宿題 ② 軍事訓練,軍事演習 ③ 作業,仕事 —— 動 作業をする,軍事訓練をする
【作揖】zuò'yī/zuǒ'yī 動 拱手の礼をする ◆片手のこぶしをもう一方の手で包むようにして高く挙げ,上半身を少し曲げて礼をする
【作俑】zuòyǒng 動《書》よくないことの端を開く
*【作用】zuòyòng 動 作用する,働きかける [客观~于主观] 客観(世界)が主観に作用する —— 图 作用,働き,影響 [起~] 役割りを果たす,効果が出る [光合~] 光合成 [消化~] 消化作用 [副~] 副作用
【作战】zuòzhàn 動 戦う,戦争する
*【作者】zuòzhě 图 作者,著者

【做】 zuò 動 ① 作る,こしらえる [~衣服] 服を作る [菜~得挺好吃] 料理はとてもおいしくできた ② する,行う [~买卖(~生意)] 商売をする [~学问] 学問をやる ③ 書く,作る [~了两首诗] 詩を2首書いた ④ …になる,担当する [~教员] 教員になる [~父母的] 父母たるもの ⑤ (ある関係を)結ぶ [~好朋友] 親しい友人となる [这门亲事~不得] この縁組は結べない ⑥ 用途とする,…として用いる [这根木料~梁~不起来] この材木は梁として使えない ⑦ 装う,振りをする [~样子] 同前 ◆ ①⑥ は '作' と書いてもよい
【做爱】zuò'ài 動 性交する
【做伴】zuò'bàn (~儿) 付き添う,お供をする [给病人~] 病人の付き添いをする [我做你的伴儿] 君のお供をしよう
*【做东】zuòdōng 動 おごる (⑥ [做东道]) [今天我~] 今日はおごります
【做法】zuòfa/zuòfǎ 图 やり方,作り方 [换个~] やり方を変える [火药的~] 火薬の作り方
【做工】zuògōng 動 働く,(肉体)労働をする
—— zuògōng 图 製作の技術や質 [~很细] 作りが凝っている
【做功(做工)】zuògōng 图 演劇のしぐさと表情 [~戏] しぐさを主とする劇
【做鬼】zuòguǐ (~儿) いんちきをする (⑥ [捣鬼])
【做活儿】zuò'huór 動 労働をする,仕事をする (⑥《方》[做生活])
【做客】zuò'kè 動 (客として)よその家を訪ねる
【做满月】zuò mǎnyuè 動 生後満1か月のお祝いをする
【做媒】zuò'méi 動 仲人をする,媒酌する
【做梦】zuò'mèng 動 夢を見る,夢想をする [做了一场梦] 夢を見た [~也没想到] 夢にも思わなかった
【做亲】zuò'qīn 動 縁組をする,姻戚関係を結ぶ
【做人】zuòrén 動 ① 身を処する,人と付き合う ② まともな人間になる [痛改前非,重新~] 前非を深く悔い改めて真人間になる
【做声】zuòshēng 動 (~儿) [多く否定形で] 声を立てる,声を出す [不要~] 声を立てるな

★★【做生意】zuò shēngyi [動] 商売をする [同][做买卖]
【做事】zuò▾shì [動] ① 事に当たる，事を処理する ② 勤める，職に就く〚你现在在哪儿～？〛今どこにお勤めですか
【做寿(作寿)】zuò▾shòu [動]（老人の)誕生祝いをする
【做文章】zuò wénzhāng [動] ① 文章を書く ②（ある問題をとらえて）取り沙汰する，あげつらう〚应该在节约能源上多～〛省エネルギーをできるだけ問題にすべきだ
【做戏】zuò▾xì [動] 芝居を演じる（比喩的にも）
【做贼心虚】zuò zéi xīn xū《成》悪い事をすればいつも後ろめたい
★【做主】zuò▾zhǔ [動] 采配を振る，決める〚这件事我做不了主〛この件は私の一存では決めかねる
【做作】zuòzuo [形] わざとらしい，思わせぶりの〚这个人的表演十分～〛この人の演技はひどくわざとらしい

〖阼〗zuò ⊗東側の階段

〖怍〗zuò ⊗恥じ入る

〖岝〗Zuò ⊗［～山］岝(さく)山（山東省の山の名）

〖柞〗zuò ⊗〚植〛‘栎 lì’の通称，クヌギ ［～树］同前
♦陕西の地名‘柞水’は Zhàshuǐ と発音
【柞蚕】zuòcán [名]〚虫〛柞蚕(さくさん)［～丝］柞蚕糸
【柞丝绸】zuòsīchóu [名] 繭紬(けんちゅう) ♦柞蚕の糸で織った織物

〖祚〗zuò ⊗① 福 ② 帝位

〖酢〗zuò ⊗［酬 chóu～］《書》（宴席で主客が）酒杯を交わす

〖凿(鑿)〗zuò ⊗ záo の旧読
⇨záo

『現代漢語詞典』第5版と第6版の発音変更一覧

- 『現代漢語詞典』(商務印書館)の第5版(2005年)と第6版(2012年)で,見出し語の軽声の扱いにかなりの変更があった.この表は,それらの中で本書でも見出し語(一部,用例や注記)として採られているものを変更の内容ごとに分類した一覧である.
- 小見出しは変更の内容を示す.「非軽声」とは軽声で読まない(声調を伴う)ことを示す.また「軽声・非軽声」とは,ふつう軽声で読まれるが時に非軽声で読まれることを示す.例えば小見出しに「非軽声→軽声・非軽声」とある場合,第5版では「非軽声」の扱いだったものが,第6版では「ふつうは軽声,時に非軽声」の扱いとなったことを意味する.
- 末尾に,軽声関連以外で発音に変更があったものを挙げた.

	第5版	第6版
	非軽声 ➡	軽声
闷气	mēnqì	mēnqi
蹊跷	qīqiāo	qīqiao

	非軽声 ➡	軽声・非軽声
宝贝	bǎobèi	bǎobei/ bǎobèi
妞妞	niūniū	niūniu/niūniū
婆娘	póniáng	póniang/póniáng
气氛	qìfēn	qìfen/qìfēn
太监	tàijiàn	tàijian/tàijiàn
太阳	tàiyáng	tàiyang/tàiyáng
围裙	wéiqún	wéiqun/wéiqún
作法	zuòfǎ	zuòfa/zuòfǎ

	軽声・非軽声 ➡	軽声
腌臜	āza/āzā	āza
摆门面	bǎi ménmian/ bǎi ménmiàn	bǎi ménmian
宝宝	bǎobao/bǎobǎo	bǎobao
荸荠	bíqi/bíqí	bíqi
臭虫	chòuchong/ chòuchóng	chòuchong
掂量	diānliang/ diānliáng	diānliang
翻腾 ('翻动'の意)	fānteng/fānténg	fānteng

干粮	gānliang/gānliáng	gānliang
泔水	gānshui/gānshuǐ	gānshui
估量	gūliang/gūliáng	gūliang
呵欠	hēqian/hēqiàn	hēqian
蒺藜	jíli/jílí	jíli
魁梧	kuíwu/kuíwú	kuíwu
邋遢	lāta/lātā	lāta
榔槺	lángkang/lángkāng	lángkang
老大爷	lǎodàye/lǎodàyé	lǎodàye
老鸹	lǎogua/lǎoguā	lǎogua
连累	liánlei/liánlěi	liánlei
喽罗	lóuluo/lóuluó	lóuluo
啰唆（啰嗦）	luōsuo/luōsuō	luōsuo
毛玻璃	máoboli/máobōlí	máoboli
茅厕	máoce/máocè	máoce
泥鳅	níqiu/níqiū	níqiu
枇杷	pípa/pípá	pípa
琵琶	pípa/pípá	pípa
葡萄	pútao/pútáo	pútao
烧纸（名詞）	shāozhi/shāozhǐ	shāozhi
势头	shìtou/shìtóu	shìtou
熟悉	shúxi/shúxī	shúxi
尿脬	suīpao/suīpāo	suīpao
挑剔	tiāoti/tiāotī	tiāoti
温暾（温吞）	wēntun/wēntūn	wēntun
絮叨	xùdao/xùdāo	xùdao
夜叉	yècha/yèchā	yècha
鹦哥	yīngge/yīnggē	yīngge
樱桃	yīngtao/yīngtáo	yīngtao
应承	yìngcheng/yìngchéng	yìngcheng
应付	yìngfu/yìngfù	yìngfu
扎煞（挓挲）	zhāsha/zhāshā	zhāsha
笊篱	zhàoli/zhàolí	zhàoli
支吾	zhīwu/zhīwú	zhīwu
妯娌	zhóuli/zhóulǐ	zhóuli
酌量	zhuóliang/zhuóliáng	zhuóliang
紫花	zǐhua/zǐhuā	zǐhua
作兴	zuòxing/zuòxīng	zuòxing

	軽声・非軽声 ➡	非軽声
肮脏	āngzang/āngzàng	āngzàng
白天	báitian/báitiān	báitiān
北面	běimian/běimiàn	běimiàn
本本主义	běnběn zhǔyi/běnběn zhǔyì	běnběn zhǔyì
大姑子	dàguzi/dàgūzi	dàgūzi
大拇指	dàmuzhǐ/dàmǔzhǐ	dàmǔzhǐ
当铺	dàngpu/dàngpù	dàngpù
得罪	dézui/dézuì	dézuì
底细	dǐxi/dǐxì	dǐxì
点缀	diǎnzhui/diǎnzhuì	diǎnzhuì
跌跌撞撞	diēdiezhuàngzhuàng/diēdiēzhuàngzhuàng	diēdiēzhuàngzhuàng
府上	fǔshang/fǔshàng	fǔshàng
工人	gōngren/gōngrén	gōngrén
公平	gōngping/gōngpíng	gōngpíng
管家	guǎnjia/guǎnjiā	guǎnjiā
光棍	guānggun/guānggùn	guānggùn
光滑	guānghua/guānghuá	guānghuá
憨厚	hānhou/hānhòu	hānhòu
衡量	héngliang/héngliáng	héngliáng
活动	huódong/huódòng	huódòng
吉他	jíta/jítā	jítā
祭祀	jìsi/jìsì	jìsì
加上	jiāshang/jiāshàng	jiāshàng
家具	jiāju/jiājù	jiājù
奸细	jiānxi/jiānxì	jiānxì
见得	jiànde/jiàndé	jiàndé
江湖（「香具師」の意）	jiānghu/jiānghú	jiānghú
看见	kànjian/kànjiàn	kànjiàn
看上	kànshang/kànshàng	kànshàng
看望	kànwang/kànwàng	kànwàng
拉下脸	lāxia liǎn/lāxià liǎn	lāxià liǎn
来往	láiwang/láiwǎng	láiwǎng
牢靠	láokao/láokào	láokào
老人	lǎoren/lǎorén	lǎorén
里面	lǐmian/lǐmiàn	lǐmiàn

马马虎虎	mǎmahūhū/mǎmǎhūhū	mǎmǎhūhū
明处	míngchu/míngchù	míngchù
牧师	mùshi/mùshī	mùshī
南面	nánmian/nánmiàn	nánmiàn
陪客 (名詞)	péike/péikè	péikè
飘洒 (形容詞)	piāosa/piāosǎ	piāosǎ
平复	píngfu/píngfù	píngfù
前面	qiánmian/qiánmiàn	qiánmiàn
枪手 (「替え玉」の意)	qiāngshou/qiāngshǒu	qiāngshǒu
瞧见	qiáojian/qiáojiàn	qiáojiàn
切末	qièmo/qièmò	qièmò
亲事	qīnshi/qīnshì	qīnshì
轻易	qīngyi/qīngyì	qīngyì
情分	qíngfen/qíngfèn	qíngfèn
惹是非	rě shìfei/rě shìfēi	rě shìfēi
上面	shàngmian/shàngmiàn	shàngmiàn
生日	shēngri/shēngrì	shēngrì
使眼色	shǐ yǎnse/shǐ yǎnsè	shǐ yǎnsè
势力	shìli/shìlì	shìlì
松松垮垮	sōngsongkuǎkuǎ/sōngsōngkuǎkuǎ	sōngsōngkuǎkuǎ
堂客	tángke/tángkè	tángkè
提拔	tíba/tíbá	tíbá
体面	tǐmian/tǐmiàn	tǐmiàn
天上	tiānshang/tiānshàng	tiānshàng
调和	tiáohe/tiáohé	tiáohé
贴补	tiēbu/tiēbǔ	tiēbǔ
听见	tīngjian/tīngjiàn	tīngjiàn
外面	wàimian/wàimiàn	wàimiàn
雾凇	wùsong/wùsōng	wùsōng
喜鹊	xǐque/xǐquè	xǐquè
下场	xiàchang/xiàchǎng	xiàchǎng
下面	xiàmian/xiàmiàn	xiàmiàn
响声	xiǎngsheng/xiǎngshēng	xiǎngshēng
小姐	xiǎojie/xiǎojiě	xiǎojiě
小心	xiǎoxin/xiǎoxīn	xiǎoxīn

性情	xìngqing/xìngqíng	xìngqíng
妖怪	yāoguai/yāoguài	yāoguài
腰身	yāoshen/yāoshēn	yāoshēn
夜间	yèjian/yèjiān	yèjiān
姨娘	yíniang/yíniáng	yíniáng
右面	yòumian/yòumiàn	yòumiàn
玉石	yùshi/yùshí	yùshí
遇见	yùjian/yùjiàn	yùjiàn
招惹	zhāore/zhāorě	zhāorě
照顾	zhàogu/zhàogù	zhàogù
折扣	zhékou/zhékòu	zhékòu
症候	zhènghou/zhènghòu	zhènghòu
支撑	zhīcheng/zhīchēng	zhīchēng
支派 (動詞)	zhīpai/zhīpài	zhīpài
中堂 ('内閣大学士'の意)	zhōngtang/zhōngtáng	zhōngtáng
住处	zhùchu/zhùchù	zhùchù
庄家	zhuāngjia/zhuāngjiā	zhuāngjiā
走江湖	zǒu jianghu/zǒu jiānghú	zǒu jiānghú
左面	zuǒmian/zuǒmiàn	zuǒmiàn

	軽声 ➡	軽声・非軽声
暗地里	àndìli	àndìli/àndìlǐ
巴不得	bābude	bābude/bābudé
摆布	bǎibu	bǎibu/bǎibù
包涵	bāohan	bāohan/bāohán
背地里	bèidìli	bèidìli/bèidìlǐ
别人 (人称代名詞)	biéren	biéren/biérén
大气 (形容詞)	dàqi	dàqi/dàqì
风光 (「光栄」の意)	fēngguang	fēngguang/fēngguāng
隔扇	géshan	géshan/géshàn
合同	hétong	hétong/hétóng
火头上	huǒtóushang	huǒtóushang/huǒtóushàng
娇贵	jiāogui	jiāogui/jiāoguì
教训	jiàoxun	jiàoxun/jiàoxùn
节气	jiéqi	jiéqi/jiéqì
逻辑	luóji	luóji/luójí

码头	mǎtou	mǎtou/mǎtóu
棉花	miánhua	miánhua/miánhuā
木匠	mùjiang	mùjiang/mùjiàng
年成	niáncheng	niáncheng/niánchéng
娘家	niángjia	niángjia/niángjiā
女主人	nǚzhǔren	nǚzhǔren/nǚzhǔrén
盘费	pánfei	pánfei/pánfèi
皮匠	píjiang	píjiang/píjiàng
篇幅	piānfu	piānfu/piānfú
婆家	pójia	pójia/pójiā
气头上	qìtóushang	qìtóushang/qìtóushàng
俏皮	qiàopi	qiàopi/qiàopí
俏皮话	qiàopihuà	qiàopihuà/qiàopíhuà
人性	rénxing	rénxing/rénxìng
晌午	shǎngwu	shǎngwu/shǎngwǔ
身份	shēnfen	shēnfen/shēnfèn
私房 (形容詞)	sīfang	sīfang/sīfáng
态度	tàidu	tàidu/tàidù
探口气	tàn kǒuqi	tàn kǒuqi/tàn kǒuqì
铁匠	tiějiang	tiějiang/tiějiàng
头里	tóuli	tóuli/tóulǐ
妥当	tuǒdang	tuǒdang/tuǒdàng
瓦匠	wǎjiang	wǎjiang/wǎjiàng
忘性	wàngxing	wàngxing/wàngxìng
鞋匠	xiéjiang	xiéjiang/xiéjiàng
学生	xuésheng	xuésheng/xuéshēng
芫荽	yánsui	yánsui/yánsuī
眼底下	yǎndǐxia	yǎndǐxia/yǎndǐxià
针脚	zhēnjiao	zhēnjiao/zhēnjiǎo
针线	zhēnxian	zhēnxian/zhēnxiàn
指望	zhǐwang	zhǐwang/zhǐwàng
	桌面儿上 zhuōmiànrshang	桌面上 zhuōmiànshang/ zhuōmiànshàng

	轻声	➡	非轻声
布拉吉	bùlāji		bùlājí
长处	chángchu		chángchù
迪斯科	dísikē		dísīkē
短处	duǎnchu		duǎnchù

多会儿	duōhuir	duōhuìr（口語 duōhuǐr）
二拇指	èrmuzhǐ	èrmǔzhǐ
害处	hàichu	hàichù
好处	hǎochu	hǎochù
坏处	huàichu	huàichù
娇嫩	jiāonen	jiāonèn
坑坑洼洼	kēngkengwāwā	kēngkēngwāwā
苦处	kǔchu	kǔchù
年月	niányue	niányuè
泼辣	pōla	pōlà
千张（食品）	qiānzhang	qiānzhāng
烧卖	shāomai	shāomài
神父	shénfu	shénfù
书记	shūji	shūjì
铜匠	tóngjiang	tóngjiàng
纹路	wénlu	wénlù
锡匠	xījiang	xījiàng
下处	xiàchu	xiàchù
小拇指	xiǎomuzhǐ	xiǎomǔzhǐ
益处	yìchu	yìchù
用处	yòngchu	yòngchù
油葫芦	yóuhulǔ	yóuhúlu（地域によっては yóuhúlǔ）
中拇指	zhōngmuzhǐ	zhōngmǔzhǐ

軽声関連以外のもの		
拜拜	bàibài	báibái
打的	dǎdí	dǎdī
落魄	luòpò, luòtuò	luòpò
麻麻黑	māmahēi	mámahēi（口語 māmahēi）
一会儿	yīhuìr	yīhuìr（口語 yīhuǐr）
主意	zhǔyi	zhǔyì（口語 zhúyì）

元素周期表

族\周期	1	2	3	4	5	6	7	8	9
1	1 H 氢 qīng 水素								
2	3 Li 锂 lǐ リチウム	4 Be 铍 pí ベリリウム							
3	11 Na 钠 nà ナトリウム	12 Mg 镁 měi マグネシウム							
4	19 K 钾 jiǎ カリウム	20 Ca 钙 gài カルシウム	21 Sc 钪 kàng スカンジウム	22 Ti 钛 tài チタン	23 V 钒 fán バナジウム	24 Cr 铬 gè クロム	25 Mn 锰 měng マンガン	26 Fe 铁 tiě 鉄	27 Co 钴 gǔ コバルト
5	37 Rb 铷 rú ルビジウム	38 Sr 锶 sī ストロンチウム	39 Y 钇 yǐ イットリウム	40 Zr 锆 gào ジルコニウム	41 Nb 铌 ní ニオブ	42 Mo 钼 mù モリブデン	43 Tc 锝 dé テクネチウム	44 Ru 钌 liǎo ルテニウム	45 Rh 铑 lǎo ロジウム
6	55 Cs 铯 sè セシウム	56 Ba 钡 bèi バリウム	57-71 La-Lu 镧系 ランタノイド	72 Hf 铪 hā ハフニウム	73 Ta 钽 tǎn タンタル	74 W 钨 wū タングステン	75 Re 铼 lái レニウム	76 Os 锇 é オスミウム	77 Ir 铱 yī イリジウム
7	87 Fr 钫 fāng フランシウム	88 Ra 镭 léi ラジウム	89-103 Ac-Lr 锕系 アクチノイド	104 Rf 𬬻 lú ラザホージウム	105 Db 𬭊 dù ドブニウム	106 Sg 𬭳 xǐ シーボーギウム	107 Bh 𬭛 bō ボーリウム	108 Hs 𬭶 hēi ハッシウム	109 Mt 鿏 mài マイトネリウム

原子番号 — 1 H 元素記号
氢 qīng 元素名
水素

※中国語の元素名は,『現代漢語詞典』第6版の「元素周期表」によった.この表には原子番号113以降,中国語名の記載がない.

	57 La 镧系 lánxì ランタノイド 镧 lán ランタン	58 Ce 铈 shì セリウム	59 Pr 镨 pǔ プラセオジム	60 Nd 钕 nǚ ネオジム	61 Pm 钷 pǒ プロメチウム	62 Sm 钐 shān サマリウム	63 Eu 铕 yǒu ユウロピウム
	89 Ac 锕系 āxì アクチノイド 锕 ā アクチニウム	90 Th 钍 tǔ トリウム	91 Pa 镤 pú プロトアクチニウム	92 U 铀 yóu ウラン	93 Np 镎 ná ネプツニウム	94 Pu 钚 bù プルトニウム	95 Am 镅 méi アメリシウム

元素周期表

10	11	12	13	14	15	16	17	18	
								2 He 氦 hài ヘリウム	1
			5 B 硼 péng ホウ素	6 C 碳 tàn 炭素	7 N 氮 dàn 窒素	8 O 氧 yǎng 酸素	9 F 氟 fú フッ素	10 Ne 氖 nǎi ネオン	2
			13 Al 铝 lǚ アルミニウム	14 Si 硅 guī ケイ素	15 P 磷 lín リン	16 S 硫 liú 硫黄	17 Cl 氯 lǜ 塩素	18 Ar 氩 yà アルゴン	3
28 Ni 镍 niè ニッケル	29 Cu 铜 tóng 銅	30 Zn 锌 xīn 亜鉛	31 Ga 镓 jiā ガリウム	32 Ge 锗 zhě ゲルマニウム	33 As 砷 shēn ヒ素	34 Se 硒 xī セレン	35 Br 溴 xiù 臭素	36 Kr 氪 kè クリプトン	4
46 Pd 钯 bǎ パラジウム	47 Ag 银 yín 銀	48 Cd 镉 gé カドミウム	49 In 铟 yīn インジウム	50 Sn 锡 xī スズ	51 Sb 锑 tī アンチモン	52 Te 碲 dì テルル	53 I 碘 diǎn ヨウ素	54 Xe 氙 xiān キセノン	5
78 Pt 铂 bó 白金	79 Au 金 jīn 金	80 Hg 汞 gǒng 水銀	81 Tl 铊 tā タリウム	82 Pb 铅 qiān 鉛	83 Bi 铋 bì ビスマス	84 Po 钋 pō ポロニウム	85 At 砹 ài アスタチン	86 Rn 氡 dōng ラドン	6
110 Ds 鐽 dá ダームスタチウム	111 Rg 铑 lún レントゲニウム	112 Cn 鎶 gē コペルニシウム	113 Uut ウンウントリウム	114 Fl フレロビウム	115 Uup ウンウンペンチウム	116 Lv リバモリウム	117 Uus ウンウンセプチウム	118 Uuo ウンウンオクチウム	7

64 Gd 钆 gá ガドリニウム	65 Tb 铽 tè テルビウム	66 Dy 镝 dī ジスプロシウム	67 Ho 钬 huǒ ホルミウム	68 Er 铒 ěr エルビウム	69 Tm 铥 diū ツリウム	70 Yb 镱 yì イッテルビウム	71 Lu 镥 lǔ ルテチウム
96 Cm 锔 jú キュリウム	97 Bk 锫 péi バークリウム	98 Cf 锎 kāi カリホルニウム	99 Es 锿 āi アインスタイニウム	100 Fm 镄 fèi フェルミウム	101 Md 钔 mén メンデレビウム	102 No 锘 nuò ノーベリウム	103 Lr 铹 láo ローレンシウム

デイリーコンサイス
日中辞典

SANSEIDO'S DAILY CONCISE JAPANESE-CHINESE DICTIONARY

中型版

SANSEIDO'S
DAILY
CONCISE
JAPANESE-CHINESE
DICTIONARY

杉本達夫・牧田英二・古屋昭弘 [共編]

第2版

三省堂

© Sanseido Co., Ltd. 2013

First Edition 2005
Second Edition 2013

Printed in Japan

[編者]
杉本 達夫 (早稲田大学 名誉教授)
牧田 英二 (早稲田大学 名誉教授)
古屋 昭弘 (早稲田大学文学学術院 教授)

[中文校閲]
熊 進

[編集協力]
佐々木 真理子　　鈴木 三恵子
関 久美子　　㈲ 樹花舎

[システム及びデータ設計]
三省堂データ編集室　　鹿島 康政　佐々木 吾郎

[見返し地図]
ジェイ・マップ

[装丁]
三省堂デザイン室

第二版　序

　前回の改訂および単行出版から8年が過ぎた．この間，旧版が多くの方々に利用され，支持され続けてきたことを，われわれは喜び，かつ，さらなる前進への力とする．

　この間の日本の社会は，沈滞の空気に包まれているようでありながら，激しい変化を遂げている．たとえば，ケータイという小さな道具ひとつをとっても，この間にどれほどの進化を遂げているか．カタカナの，あるいはローマ字の名を持つ新機種が，次つぎ現れ，機能を競っている．平屋の街がビルの街に変われば，その変貌が強烈に印象づけられるのに対して，手もとの機器の機能が1から10に，10から100に変わっても，その変化はとかく意識を通り抜けて，明確な記憶にならない．だが，こうした激変が，現代は生活の隅にまで起きている．時間の流れは激流なのである．

　変化はすべてことばとなって現れる．辞典はその変化を反映していなくてはならない．だが本辞典は新語辞典ではなく，現代のことば全体を視野に入れている．しかも，ご覧のとおりの小型であり，紙幅が乏しい．変化を念頭に置きつつも，改定の幅は制約されざるを得ない．とはいえその厳しい制約の中で，いかに多くの要素を加え，辞書の機能を高めるか，利用者の便に利するか，編者なりに工夫したつもりである．

　本辞典は当初から，約2万8千の見出し語と，2万2千を超える短い用例を含み，

①見出し語には，多くの場合，変化形や複合語をも別項目として立てた．
②語釈，用例訳のすべてにピンイン（ローマ字による発音表記）を加えて，読音検索の手間を省いた．
③IT用語をはじめ，カタカナ語を多く収録した．

　前回の改訂に際しては，二色刷りにして読みやすくした．
　今回の改訂に際してもまた，

①見出し語のうち，日本語として重要度が低いと思われる語を，大幅に削除した．
②かわって，社会の変化にともなって生まれ，すでに定着している新語，および，将来重要度を増すと思われる新語を，約500語追加した．
③語釈，用例とも，相当に修正の手を加えた．
④発音表記を，原則として『現代漢語詞典』第6版に準拠して修正した．
⑤付録として「世界の国や地域とその首都」「世界の地名」「世界の人名」「中国の省名・省都」を収録した．旧版にあった百科コラムは廃止し，中で必要と思われる単語は本文に移した．

　本辞典はいかにも小型で，情報量は限られているが，あくまで実用的かつ携帯至便を旨としている．教室で，車内で，旅先で，商用で，その場に応じて活用されることを，編者は切に願っている．なお，今回の改訂は，牧田英二，杉本達夫のふたりが中核になって進めた．もちろん，文責は編者全員にある．

　言うまでもないことであるが，本辞典の編纂に当たっては，いちいち名を挙げないものの，先行する幾つもの辞書に教えられ，助けられている．また，文学博士・熊進氏には，本文全体にわたって点検，修正，補充，助言など，編者の欠を補ってお支えいただいた．編集を担当されたのは，三省堂の近山昌子氏である．東京学芸大学講師・関久美子氏には，編集作業の全般にわたってご助力いただき，通訳・翻訳家の鈴木三恵子氏にもご支援いただいた．そのほか多くの方々の協力をいただいている．以上の方々に，あらためて深謝する．

2013年1月

編者一同

凡　例

I. 見出し語について
1. 見出し語は，ひらがな・カタカナの表記とし，五十音順に配列した．
2. ローマ字で表される語は，まずカタカナ表記を，続けてローマ字表記を（　）に入れて示した．

アイオーシー（IOC） 《国際オリンピック委員会》国际奥林匹克委员会 Guójì Àolínpǐkè Wěiyuánhuì

II. 表記について
見出し語に対する漢字の表記を【　】で囲んで記した．サ変動詞・形容動詞など活用が考えられる語は，【-する】などとした．その場合，見出し語は，語幹のみとした．

きかく【企画-する】规划 guīhuà
きかい【奇怪-な】奇怪 qíguài

III. 訳語について
1. 訳語・用例訳は中国語文が日本語文に紛れてしまわないようにすべて色刷りとした．
2. 見出し語が複数の語義を持つ場合，原則として語義分類を《　》で示した．また，必要に応じて語義番号をふった．

しこむ【仕込む】❶《教える》♦芸を～ 教技艺 jiāo jìyì ❷《醸造品の原料を詰める》♦味噌を～ 下酱 xià jiàng ❸《仕入れる》采购 cǎigòu ♦食料を～ 买进粮食 mǎijìn liángshi

IV. 用例について
1. 用例の始まりには♦をつけた．
2. 慣用表現・成句などの場合，その一部のみを見出し語として立て，用例としたものもある．
3. 用例中，見出し語に当たる語は～で表した．ただし，語形変化をしているときには～を使わずすべて文字で表した．

せく【急く】《急ぐ》急 jí; 着急 zháojí ♦～ことはない 不必仓促 búbì cāngcù ♦急いては事を仕損じる 急中易出错 jí zhōng yì chūcuò

V. 用例について
逐語訳を避け，できるだけ近いニュアンスの訳を記した．

VI. 発音表記について
すべての訳語・用例訳には，ピンイン（ローマ字による発音表記）で発音を表記した．

VII. 記号について
1. 簡単な補足説明は《　》や（　）に入れて記した．
2. 省略可能な部分は（　）に入れて記した．
3. 差し替え可能な語は［　］に入れて記した．

ぐあい【具合】❶《体調》♦胃の～が良い［悪い］胃的状态好［不好］wèi de zhuàngtài hǎo[bùhǎo]

あ

ああ ❶《感嘆》啊 ā ◆～うまいねえ 啊, 真好吃啊! ā, zhēn hǎochī a! ❷《驚き》◆～そうなの 啊呀, 是这样啊! āya, shì zhèyàng a!

アーケード 有拱顶的商店街 yǒu gǒngdǐng de shāngdiànjiē

アース 地线 dìxiàn; 接地 jiēdì ◆～をつける 接地 jiēdì

アーチェリー 西式射箭 xīshì shèjiàn

アーチがた【アーチ型-の】 拱形 gǒngxíng ◆～の橋 罗锅桥 luóguōqiáo; 拱桥 gǒngqiáo

アーチスト 艺术家 yìshùjiā; 美术家 měishùjiā

アート 艺术 yìshù; 美术 měishù

アーバン 城市的 chéngshì de ◆ ～ライフ 城市生活 chéngshì shēnghuó

アーモンド 扁桃 biǎntáo; 巴旦杏 bādànxìng

アール【面積の単位】 公亩 gōngmǔ

あい【相】 相 xiāng; 互相 hùxiāng ◆～対立する 相持 xiāngchí

あい【愛】 爱 ài; 爱情 àiqíng

あい【藍】 ❶《植物》蓼蓝 liǎolán ❷《染料》靛蓝 diànlán; 蓝靛 lándiàn ◆～染め 靛染 diànrǎn

あいあいがさ【相合傘】 男女同打一把伞 nánnǚ tóng dǎ yì bǎ sǎn

あいいれない【相容れない】 不相容 bù xiāngróng

アイエムエフ (IMF)《国際通貨基金》国际货币基金组织 Guójì Huòbì Jījīn Zǔzhī

アイエルオー (ILO)《国際労働機関》国际劳工组织 Guójì Láogōng Zǔzhī

あいえんか【好煙家】 好吸烟的人 hào xīyān de rén; 烟鬼 yānguǐ

アイオーシー (IOC)《国際オリンピック委員会》国际奥林匹克委员会 Guójì Àolínpǐkè Wěiyuánhuì

あいかぎ【合い鍵】 后配的钥匙 hòupèi de yàoshi; 复制的钥匙 fùzhì de yàoshi

あいかわらず【相変わらず】 仍旧 réngjiù; 照旧 zhàojiù

あいかん【哀感】 悲哀的神情 bēi'āi de shénqíng ◆～が漂う 显得悲哀 xiǎnde bēi'āi

あいかん【哀歓】 悲喜 bēixǐ; 哀乐 āilè ◆～を共にする 同甘共苦 tóng gān gòng kǔ

あいがん【哀願-する】 哀求 āiqiú; 恳求 kěnqiú

あいがん【愛玩-する】 玩赏 wánshǎng; 欣赏 xīnshǎng

あいきょう【愛敬】 ◆～のある 可爱 kě'ài; 动人 dòngrén ◆～をふりまく 撒娇 sājiāo

あいくるしい【愛くるしい】 可爱 kě'ài

あいけん【愛犬】 喜爱的狗 xǐ'ài de gǒu

あいこ【相子】 平局 píngjú

あいこ【愛顧-する】 光顾 guānggù ◆末永く御～賜りますよう 请照旧惠顾 qǐng zhàojiù huìgù

あいご【愛護-する】 爱护 àihù ◆動物～ 爱护动物 àihù dòngwù

あいこう【愛好-する】 爱好 àihào; 喜好 xǐhào ◆登山を～ 爱好登山 àihào dēngshān

あいこく【愛国】 爱国 àiguó ◆～者 爱国人士 àiguó rénshì ◆～主義 爱国主义 àiguó zhǔyì

あいことば【合い言葉】 口令 kǒulìng; 呼号 hūhào

アイコン《コンピュータ》图标 túbiāo

あいさい【愛妻】 心爱的妻子 xīn'ài de qīzi ◆～家 爱妻家 àiqījiā; 模范丈夫 mófàn zhàngfu

あいさつ【挨拶】 ❶《応対の》招呼 zhāohu ◆～する 打招呼 dǎ zhāohu; 问候 wènhòu ❷《集会などでの》致辞［致词］zhìcí ◆来賓の～ 由来宾致辞 yóu láibīn zhìcí

アイシー (IC) 集成电路 jíchéng diànlù ◆～カード 智能卡 zhìnéngkǎ; 集成电路卡 jíchéng diànlùkǎ

アイシービーエム (ICBM)《大陸間弾道ミサイル》洲际导弹 zhōujì dǎodàn

あいしゃ【愛車】 自家车 zìjiāchē; 私人车 sīrénchē

アイシャドー 眼影 yǎnyǐng

あいしゅう【哀愁】 哀愁 āichóu; 悲哀 bēi'āi ◆～をそそる 触发悲哀 chùfā bēi'āi; 引起哀愁 yǐnqǐ āichóu

あいしょう【愛称】 爱称 àichēng; 昵称 nìchēng

あいしょう【相性】 缘分 yuánfèn ◆～がいい 合得来 hédelái ◆～が悪い 合不来 hébulái

あいしょう【愛唱-する】 爱唱 àichàng ◆～歌 爱好的歌曲 àihào de gēqǔ

あいじょう【愛情】 爱情 àiqíng ◆～を注ぐ 宠爱 chǒng'ài

あいじん【愛人】 情人 qíngrén; 相好 xiānghǎo

あいず【合図】 信号 xìnhào ◆～する 发出信号 fāchū xìnhào ◆目で～する 使眼光 shǐ yǎnguāng

アイスキャンデー 冰棍儿 bīng-

gùnr: 雪条 xuětiáo
アイスクリーム 冰激凌 bīngjīlíng; 雪糕 xuěgāo
アイスコーヒー 凉咖啡 liángkāfēi; 冰镇咖啡 bīngzhèn kāfēi
アイススケート 滑冰 huábīng
アイスダンス 冰上舞蹈 bīngshàng wǔdǎo
アイスボックス 便携式冰箱 biànxiéshì bīngxiāng
アイスホッケー 冰球 bīngqiú
あいする【愛する】 爱 ài; 喜爱 xǐ'ài ♦孤独を~ 爱孤独 ài gūdú
あいせき【哀惜-する】 怜惜 liánxī; ~の念に堪えない 沉痛哀悼 chéntòng āidào
あいせき【愛惜-する】 ❶《愛して大切にする》珍惜 zhēnxī ❷《名残り惜しく思う》♦~の情 惜别之情 xībié zhī qíng
あいせき【相席-する】 同席 tóngxí; 同坐 tóngzuò
あいそ【愛想】 ♦~がいい 和蔼 hé'ǎi ♦~を言う 会说话 huì shuōhuà ♦~を尽かす 嫌弃 xiánqì ♦~笑い 谄笑 chǎnxiào
あいぞう【愛憎】 ♦~の念 爱憎的感情 àizēng de gǎnqíng ♦~相半ばする 爱憎各半 àizēng gèbàn
あいだ【間】 ❶《空間的な》♦A と B の~ A 和 B 之间 A hé B zhī jiān ♦~をあける 间隔 jiàngé ❷《時間的な》♦この~ 前几天 qián jǐ tiān ♦夏休みの~も… 在暑假期间也… zài shǔjià qījiān yě... ❸《関係》♦~柄 关系 guānxi
あいちゃく【愛着】 ♦~を覚える 眷恋 juànliàn; 留恋 liúliàn
あいつ【彼奴】 他 tā; 那个东西 nàge dōngxi
あいついで【相次いで】 一个接着一个 yí ge jiēzhe yí ge; 相继 xiāngjì ♦~受賞する 连续得奖 liánxù déjiǎng
あいづち【相槌】 ♦~を打つ 点头同意 diǎntóu tóngyì
あいて【相手】 ❶《競争者》对手 duìshǒu; 对方 duìfāng ♦~にとって不足はない 堪称对手 kānchēng duìshǒu ♦~を甘く見る 轻敌 qīngdí ❷《働きかけの対象》对象 duìxiàng ♦~にしない 不理 bù lǐ ❸《仲間》伙伴 huǒbàn ♦~をする 周旋 zhōuxuán ♦話し~ 说话的伴儿 shuōhuà de bànr
アイディア 主意 zhǔyì; 构思 gòusī ♦~マン 智多星 zhì duō xīng ♦グッド~ 好主意 hǎo zhǔyì
アイディーカード（ID カード） 身份证 shēnfenzhèng

あいている【空いている】 ❶《場所が》空 kòng ❷《時間が》有工夫 yǒu gōngfu; 空闲 kòngxián ❸《地位・役職が》空位 kòng wèi
アイテム 品目 pǐnmù; 项目 xiàngmù ♦人気の~ 很受欢迎的品目 hěn shòu huānyíng de pǐnmù
アイデンティティー 自我认同 zìwǒ rèntóng
あいとう【哀悼-する】 哀悼 āidào; 悼念 dàoniàn ♦~の念を表す 谨表哀悼之意 jǐn biǎo āidào zhī yì
あいどく【愛読-する】 爱读 àidú; 喜欢读 xǐhuan dú ♦~書 爱看的书 ài kàn de shū
アイドル 偶像 ǒuxiàng
あいにく【生憎】 不巧 bùqiǎo; 偏巧 piānqiǎo ♦~彼は留守だった 偏偏他不在家 piānpiān tā bú zài jiā ♦~だったねえ 真不凑巧啊 zhēn bú còuqiǎo a
あいのり【相乗り】《タクシーなど》同乘 tóngchéng ♦タクシーに~する 合乘的士 héchéng díshì;《事業など》合伙 héhuǒ
アイバンク 眼库 yǎnkù
あいはんする【相反する】 相反 xiāngfǎn ♦~評価 正相反的评价 zhèng xiāngfǎn de píngjià
アイピーエスさいぼう【iPS 細胞】 诱导性多功能干细胞 yòudǎoxìng duōgōngnéng gànxìbāo
アイピーでんわ【IP 電話】 IP 电话 IP diànhuà
あいべや【相部屋】 同屋 tóngwū
あいぼう【相棒】 伙伴 huǒbàn
アイボリー 象牙色 xiàngyásè
あいま【合間-に】 空儿 kòngr ♦~をぬって 抽空儿 chōu kòngr ♦仕事の~に 在工作的空隙 zài gōngzuò de kòngxì
あいまい【曖昧-な】 含糊 hánhu; 暧昧 àimèi ♦~にする《言葉を》含糊其词 hánhu qí cí
アイマスク 眼罩儿 yǎnzhàor
あいよう【愛用-する】 爱用 àiyòng ♦~のステッキ 爱用的手杖 àiyòng de shǒuzhàng
あいらしい【愛らしい】 妩媚 wǔmèi; 可爱 kě'ài
アイロニー ❶《皮肉》讽刺性的情况 fěngcìxìng de qíngkuàng ❷《反語》反话 fǎnhuà; 反语 fǎnyǔ
アイロン 熨斗 yùndǒu ♦~をかける 熨 yùn
あう【遭う】《事件・災難に》遭遇 zāoyù ♦ひどい目に~ 倒霉 dǎoméi
あう【会う】 见面 jiànmiàn
あう【合う】 ❶《正しい》对 duì; 准确 zhǔnquè ❷《調和する》合适 hé-

しま; 适合 shìhé ♦自分に合った服装 适合自己的服装 shìhé zìjǐ de fúzhuāng ❸《一致》一致 yízhì; 符合 fúhé ♦事実に合わない 与事实不符 yǔ shìshí bù fú

アウェー 客场 kèchǎng ♦～チーム 客队 kèduì

アウト 《球技》出界 chūjiè; 《野球》出局 chūjú; 《比喩》失败了 shībài le; 不行了 bùxíng le

アウトドア-の 户外 hùwài; 野外 yěwài ♦～スポーツ 户外运动 hùwài yùndòng

アウトライン 提纲 tígāng; 概要 gàiyào

あえぐ【喘ぐ】 ❶《息が切れる》喘气 chuǎnqì; 喘息 chuǎnxī ❷《困難に苦しむ》挣扎 zhēngzhá

あえて【敢えて】 勉强 miǎnqiǎng ♦～忠告する 无奈劝告你 wúnài quàngào nǐ ♦～反対しない 不勉强反对 bù miǎnqiǎng fǎnduì

あえもの【和え物】 凉拌菜 liángbàncài

あえる【和える】 拌 bàn

あえん【亜鉛】 锌 xīn ♦～版 锌版 xīnbǎn

あお【青】 ❶《色》蓝 lán; 蓝色 lánsè ❷《青信号》绿灯 lǜdēng

あおあお【青々-した】 苍翠 cāngcuì; 葱翠 cōngcuì ♦～と茂っている 郁郁葱葱 yùyùcōngcōng

あおい【青い】 蓝 lán; 蓝色的 lánsè de

アオカビ【青黴】 青霉 qīngméi; 绿霉 lǜméi ♦～が生える 长绿霉 zhǎng lǜméi

あおぐ【仰ぐ】 ❶《上方を見る》仰望 yǎngwàng; 仰视 yǎngshì ♦天を～ 仰望天空 yǎngwàng tiānkōng ❷《敬う》尊为 zūnwéi; 推为 tuīwéi ♦師と～ 尊为导师 zūnwéi dǎoshī ❸《請う》请求 qǐngqiú ♦寄付を～ 请求捐款 qǐngqiú juānkuǎn

あおぐ【扇ぐ】 扇 shān ♦扇で～ 扇子 shān shànzi

あおくさい【青臭い】 ❶《青草の匂い》有青草的味儿 yǒu qīngcǎo de wèir ❷《未熟な》幼稚 yòuzhì; 天真 tiānzhēn

あおぐろい【青黒い】 铁青 tiěqīng

あおざめる【青ざめる】 变苍白 biàn cāngbái; 失色 shīsè

あおじゃしん【青写真】 蓝图 lántú ♦まだ～の段階だ 还处于初步设计 hái chǔyú chūbù shèjì

あおじろい【青白い】 苍白 cāngbái; 灰白 huībái ♦顔が～ 脸色苍白 liǎnsè cāngbái

あおしんごう【青信号】 绿灯 lǜdēng ♦～がともる 亮绿灯 liàng lǜdēng

あおすじ【青筋】 青筋 qīngjīn ♦～を立てる 气得青筋暴出 qìde qīngjīn bàochū

あおぞら【青空】 蓝天 lántiān; 碧空 bìkōng ♦～市场 露天市场 lùtiān shìchǎng

あおた【青田】 青苗地 qīngmiáodì

あおたがい【青田買い】 提前采用在校生 tíqián cǎiyòng zàixiàoshēng

あおだけ【青竹】 翠竹 cuìzhú; 青竹 qīngzhú

あおにさい【青二才】 黄口小儿 huáng kǒu xiǎo ér

あおば【青葉】 嫩叶 nènyè; 绿叶 lǜyè

あおみどり【青緑-色の】 草绿 cǎolǜ; 翠绿 cuìlǜ

あおむく【仰向く】 仰 yǎng; 仰面 yǎngmiàn

あおもの【青物】 青菜 qīngcài; 蔬菜 shūcài ♦～市场 蔬菜市场 shūcài shìchǎng

あおる【煽る】 ❶《人々を》煽动 shāndòng ❷《相場を》哄抬 hōngtái

あおる【呷る】 大口地喝 dàkǒu de hē ♦酒を～ 大口地喝酒 dàkǒu de hē jiǔ

あか【垢】 污垢 wūgòu; 油泥 yóuní ♦～がたまる 积垢 jīgòu ♦～を落とす 洗掉污垢 xǐdiào wūgòu

あか【赤-い】 ❶《色》红 hóng; 红色 hóngsè ❷《赤信号》红灯 hóngdēng

あかあか【明々-と】 通亮 tōngliàng ♦～と灯る 灯火通明 dēnghuǒ tōngmíng

あかあざ【赤痣】 红痣 hóngzhì; 血晕 xiěyùn

アカウンタビリティー 《説明責任》对结果承担的责任 duì jiéguǒ chéngdàn de zérèn

あかぎれ【皸】 皲裂 jūnliè ♦～が切れる 皱 cūn

あがく【足掻く】 挣扎 zhēngzhá

あかご【赤子】 婴儿 yīng'ér ♦～の手をひねるよう 轻而易举 qīng ér yì jǔ

あかざとう【赤砂糖】 红糖 hóngtáng

あかし【証】 证据 zhèngjù; 证明 zhèngmíng ♦身の～を立てる 证明自己的清白 zhèngmíng zìjǐ de qīngbái

あかじ【赤字】 ❶《訂正》♦～を入れる 校正 jiàozhèng ❷《欠損》赤字 chìzì; 亏空 kuīkong ♦～を出す 亏损 kuīsǔn; 超支 chāozhī

アカシア 《植物》刺槐 cìhuái; 洋槐 yánghuái

あかしお【赤潮】 红潮 hóngcháo
あかしんごう【赤信号】 红灯 hóngdēng
あかす【明かす】 ♦夜を〜 过夜 guòyè ♦正体を〜 露出真面目 lùchū zhēnmiànmù ♦真相を〜 揭露真相 jiēlù zhēnxiàng
あかちゃん【赤ちゃん】 小宝宝 xiǎobǎobao；小娃娃 xiǎowáwa
あかつき【暁】 黎明 límíng ♦成功の〜には 成就之后 chéngjiù zhī hòu
アカデミー 科学院 kēxuéyuàn ♦〜会員 院士 yuànshì ♦賞《米国の映画賞》 奥斯卡金像奖 Àosīkǎ jīnxiàngjiǎng
アカデミック-な 学究式的 xuéjiūshì de；学术的 xuéshù de
あかてん【赤点】 不及格分数 bù jígé fēnshù
あかぬけた【垢抜けた】 秀美 xiùměi；潇洒 xiāosǎ
あかねぐも【茜雲】 彩云 cǎiyún；火烧云 huǒshāoyún
あかはじ【赤恥】 ♦〜をかく 出洋相 chū yángxiàng；出丑 chūchǒu
あかはた【赤旗】 红旗 hóngqí
あかはだか【赤裸】 一丝不挂 yì sī bú guà ♦〜にされる 被剥得一无所有 bèi bāode yì wú suǒ yǒu
アカペラ 无伴奏合唱 wú bànzòu héchàng
あかみ【赤み】 红晕 hóngyùn；红色 hóngsè ♦顔に〜がさす 脸色微红 liǎnsè wēihóng
あかみ【赤身】 瘦肉 shòuròu；红肉 hóngròu
あがめる【崇める】 崇敬 chóngjìng；崇拜 chóngbài
あからさまに 露骨 lùgǔ
あかり【明かり】 ❶《光明》♦月〜 月光 yuèguāng ♦〜がさす 射出一条光来 shèchū yì tiáo guāng lái ❷《灯火》灯火 dēnghuǒ ♦〜をともす 点灯 diǎndēng；开灯 kāidēng
あがり【上がり】 ❶《値上がり》涨价 zhǎngjià ❷《仕上がり》质量 zhìliàng ♦色の〜がよい 染得很好 rǎnde hěn hǎo ❸《完了·終了》结束 jiéshù ♦4時で〜にしよう 四点就结束吧 sì diǎn jiù jiéshù ba ❹《収入·収益》収入 shōurù；卖项 màixiàng ♦一日の〜 一天的收入 yì tiān de shōurù
あがりさがり【上がり下がり】 ♦物価の〜 物价的涨落 wùjià de zhǎngluò ♦階段の〜 上下楼梯 shàngxià lóutī
あがる【上がる】 ❶《上の位置へ》上 shàng ♦屋上に〜 上房顶上 shàng fángdǐngshang ♦《緊張する》怯场

qièchǎng；紧张 jǐnzhāng ❸《等級·段階などが》升 shēng；提高 tígāo ♦学校に〜 上学 shàngxué ❹《程度·価値などが》上升 shàngshēng；高涨 gāozhǎng ♦値が〜 涨价 zhǎngjià
あがる【揚がる】《料理で》炸好 zháhǎo ♦エビが揚がった 虾炸好了 xiā zháhǎo le
あかるい【明るい】 明亮 míngliàng；亮 liàng ♦性格が〜 性格明朗 xìnggé mínglǎng ♦地理に〜 熟悉地理 shúxī dìlǐ ♦見通しが〜 前途光明 qiántú guāngmíng
あかるさ【明るさ】 亮度 liàngdù
あかるみ【明るみ】 ♦〜に出す 揭露 jiēlù；暴露 bàolù ♦〜に出る 表面化 biǎomiànhuà；公开出来 gōngkāichūlai
あかワイン【赤ワイン】 红葡萄酒 hóngpútaojiǔ；红酒 hóngjiǔ
あかんたい【亜寒帯】 亚寒带 yàhándài
あかんべえ ♦〜する 做鬼脸 zuò guǐliǎn
あかんぼう【赤ん坊】 娃娃 wáwa；婴儿 yīng'ér
あき【空き】 ❶《隙間》空隙 kòngxì；缝儿 fèngr ♦〜を埋める 填空 tiánkòng ❷《暇》空儿 kòngr；闲空 xiánkòng；工夫 gōngfu ♦《人員·未使用の物》缺额 quē'é；空缺 kòngquē ♦部屋の〜はありますか 有空屋子吗 yǒu kòng wūzi ma?
あき【秋】 秋天 qiūtiān ♦〜の長雨 秋霖 qiūlín
あきあき【飽き飽き-する】 厌烦 yànfán；腻烦 nìfán
あきす【空き巣】 ♦〜に入る 乘人不在家时行窃 chéng rén bú zàijiā shí xíngqiè
あきち【空き地】 空地 kòngdì；白地 báidì
あきない【商い】 买卖 mǎimai；生意 shēngyi ♦〜をする 做买卖 zuò mǎimai
あきや【空き家】 空房 kòngfáng
あきらか【明らか-な】 明显 míngxiǎn；分明 fēnmíng ♦〜に 显然 xiǎnrán ♦火を見るより〜である 洞若观火 dòng ruò guān huǒ
あきらめ【諦め】 ♦〜がつく 想得开 xiǎngdekāi
あきらめる【諦める】 想开 xiǎngkāi；死心 sǐxīn ♦あきらめきれない 想不开 xiǎngbukāi
あきる【飽きる】 够 gòu；厌倦 yànjuàn ♦見〜 看够 kàngòu ♦食べ〜 吃腻 chīnì
アキレスけん【アキレス腱】 ❶《体の》

阿基里斯腱 Ājīlǐsījiàn；跟腱 gēnjiàn ❷《弱点》致命的弱点 zhìmìng de ruòdiǎn

あきれる【呆れる】吓呆 xiàdāi；发愣 fālèng ◆呆れた話だ 真不像话 zhēn bú xiàng huà

あく【悪】恶 è ◆~の道に入る 下水 xiàshuǐ ◆~に染まる 失足 shīzú

あく【開く】开 kāi；开启 kāiqǐ ◆幕が~ 开幕 kāimù

あく【空く】空 kòng ◆~席が空いている 座位空着 zuòwèi kòngzhe

あく【汁汁】《食品》涩味 sèwèi ◆~抜きする 去掉涩味 qùdiào sèwèi ❷《人間の》个性 gèxìng ◆~が強すぎる 个性太强 gèxìng tài qiáng

あくい【悪意】恶意 èyì ◆~に満ちた 充满恶意 chōngmǎn èyì ◆~に取る 理解为坏意思 lǐjiě wéi huàiyìsi ◆~を抱く 怀恶意 huái èyì

あくうん【悪運】◆~が尽きる 贼运已尽 zéiyùn yǐ jìn ◆~が強い 贼运亨通 zéiyùn hēngtōng

あくえいきょう【悪影響】坏影响 huàiyǐngxiǎng；不良影响 bùliáng yǐngxiǎng ◆青年に~を与える 给青年以坏影响 gěi qīngnián yǐ huài yǐngxiǎng

あくぎょう【悪行】◆~の限りを尽くす 干尽坏事 gàn jìn huàishì

あくじ【悪事】坏事 huàishì；劣迹 lièjì ◆~を働く 为非作歹 wéi fēi zuò dǎi ◆~千里を走る 好事不出门，坏事传千里 hǎoshì bù chū mén, huàishì chuán qiānlǐ

あくしつ【悪質-な】恶劣 èliè；坏怀 huài ◆~ないたずら 低劣的恶作剧 dīliè de èzuòjù

あくしゅ【握手-する】握手 wòshǒu；《仲直り》握手言和 wòshǒu yánhé

あくしゅうかん【悪習慣】恶习 èxí；坏习惯 huàixíguàn ◆~に染まる 染上恶习 rǎnshàng èxí

あくしゅう【悪臭】臭烘烘 chòuhōnghōng；ふんぷんたる 臭烘烘 chòuhōnghōng

あくじゅんかん【悪循環】恶性循环 èxìng xúnhuán ◆~に陥る 陷入恶性循环 xiànrù èxìng xúnhuán

あくしょ【悪書】坏书 huàishū；黄色书刊 huángsè shūkān ◆~を追放する 清除有害书籍 qīngchú yǒuhài shūjí

あくじょ【悪女】女坏人 huàinǚrén；毒妇 dúfù ◆~の深情け 丑女情深 chǒunǚ qíng shēn

アクション 行动 xíngdòng ◆~ドラマ 武打剧 wǔdǎjù

あくせい【悪性-の】恶性的 èxìng de ◆~腫瘍 恶性肿瘤 èxìng zhǒngliú ◆~の風邪 恶性感冒 èxìng gǎnmào

あくせい【悪政】暴政 bàozhèng

あくせく 忙忙碌碌 mángmánglùlù ◆~働く 辛辛苦苦地工作 xīnxīnkǔkǔ de gōngzuò

アクセサリー 首饰 shǒushi；装饰品 zhuāngshìpǐn

アクセス ❶《電算》存取 cúnqǔ ❷《交通》路径 lùjìng；交通指南 jiāotōng zhǐnán

アクセル 加速器 jiāsùqì ◆~を踏む 踩加速器 cǎi jiāsùqì

あくせん【悪銭】黑钱 hēiqián；横财 hèngcái ◆~身に付かず 不义之财不久留 bú yì zhī cái bù jiǔ liú

あくせんくとう【悪戦苦闘-する】艰苦奋斗 jiānkǔ fèndòu

アクセント ❶《発音》重音 zhòngyīn ❷《強調点》重点 zhòngdiǎn

あくたい【悪態】◆~をつく 漫骂 mànmà

あくだま【悪玉】坏蛋 huàidàn；坏人 huàirén

アクティブ 积极 jījí；主动的 zhǔdòng de

あくてん(こう)【悪天(候)】坏天气 huài tiānqì ◆~をついて 冒着坏天气 màozhe huài tiānqì

あくどい 恶毒 èdú；恶劣 èliè ◆~攻撃 恶毒的攻击 èdú de gōngjī

あくとう【悪党】恶棍 ègùn；无赖 wúlài；坏蛋 huàidàn

あくなき【飽くなき】贪得无厌的 tān dé wú yàn de；坚持不懈的 jiānchí búxiè de；坏蛋 huàidàn

あくにん【悪人】恶人 èrén；坏人 huàirén

あくび【欠伸】哈欠 hāqian ◆~する 打哈欠 dǎ hāqian；欠伸 qiànshēn ◆~をかみ殺す 忍住哈欠 rěnzhù hāqian

あくひつ【悪筆】难看的字 nánkàn de zì；字写得不好 zì xiěde bùhǎo ◆ひどい~だ 字写得太难看 zì xiěde tài nánkàn

あくひょう【悪評】◆~が立つ 名声不好 míngshēng bù hǎo

あくびょうどう【悪平等】不合理的平均主义 bù hélǐ de píngjūn zhǔyì

あくへい【悪弊】弊病 bìbìng；坏习惯 huàixíguàn ◆~を断ち切る 戒除恶习 jièchú èxí

あくへき【悪癖】坏毛病 huàimáobìng；坏习惯 huàixíguàn

あくま【悪魔】恶魔 èmó；魔鬼 móguǐ

あくまで【飽く迄-も】◆~もがんばる 干到底 gàn dàodǐ ◆~も支持する 彻底拥护 chèdǐ yōnghù

あくむ【悪夢】恶梦 èmèng；噩梦 èmèng ◆~にうなされる 梦魔 mèng-

yǎn
あくめい【悪名】 臭名 chòumíng; 坏名声 huàimíngshēng ◆～高い 臭名远扬 chòumíng yuǎn yáng
あくやく【悪役】 ❶《芝居の》反派角色 fǎnpài juésè ❷《比喩的に》反面人物 fǎnmiàn rénwù ◆～にまわる 唱白脸儿 chàng báiliǎnr
あくゆう【悪友】 坏朋友 huàipéngyǒu;《反語》亲密的朋友 qīnmì de péngyou
あくよう【悪用-する】 滥用 lànyòng; 利用…做坏事 lìyòng…zuò huàishì
あぐら【胡坐】 ◆～をかく 盘腿坐 pántuǐ zuò;《比喩》稳坐于…之上 wěnzuòyú…zhī shàng
あくらつ【悪辣-な】 毒辣 dúlà; 恶毒 èdú; 狠毒 hěndú ◆～な手段を弄する 玩弄诡计 wánnòng guǐjì
あくりょう【悪霊】 恶鬼 èguǐ; 邪鬼 xiéguǐ ◆～を祓う 驱逐邪祟 qūzhú xiésuì
あくりょく【握力】 握力 wòlì ◆～計 握力计 wòlìjì
アクリル 丙稀 bǐngxī
あくる【明る】 ◆～日 第二天 dì èr tiān ◆～年 第二年 dì èr nián
あくれい【悪例】 不好的例子 bùhǎo de lìzi; 坏例子 huàilìzi
アグレッシブな 积极的 jījí de; 攻击性的 gōngjīxìng de
アクロバット 杂技 zájì ◆～飛行 特技飞行 tèjì fēixíng
あげあし【揚げ足】 ◆～をとる 挑毛病 tiāo máobìng; 找碴儿 zhǎo chár
あけがた【明け方】 拂晓 fúxiǎo; 一大早儿 yídàzǎor; 黎明 límíng
あげく【揚句】 ◆～の果てに 终于 zhōngyú; 最后 zuìhòu
あけくれる【明け暮れる】 ◆仕事に～ 埋头工作 máitóu gōngzuò
あげさげ【上げ下げ】 ❶《物を》举落 jǔluò ❷《人を》一褒一贬 yì bāo yì biǎn
あげしお【上げ潮】 ❶《満ち潮》涨潮 zhǎngcháo ❷《勢い》旺盛 wàngshèng; 高潮时期 gāocháo shíqī ◆～に乗る 一帆风顺 yì fān fēng shùn
あけしめ【開け閉め】 开关 kāiguān; 一开一关 yì kāi yì guān ◆戸の～ 开门关门 kāimén guānmén
あけすけ【明け透け-な】 露骨 lùgǔ; 不客气 bú kèqi ◆～にものを言う 不客气地说 bú kèqi de shuō
あげぞこ【上げ底】 底部垫高的 dǐbù diàngāo de
あけっぴろげ【明けっぴろげ-な】 外向 wàixiàng; 坦率 tǎnshuài; 豁达 huòdá ◆～な性格 胸怀磊落 xiōnghuái lěiluò
あげつらう《些細な事柄を》议论 yìlùn; 抓…辩论 zhuā…biànlùn
あけてもくれても【明けても暮れても】 白天黑夜 báitiān hēiyè; 时时刻刻 shíshíkèkè ◆～かねの話だ 话题时刻不离钱 huàtí shíkè bù lí qián
アゲハチョウ【揚羽蝶】 凤蝶 fèngdié
あげもの【揚げ物】 油炸食品 yóuzhá shípǐn ◆～をする 炸东西 zhá dōngxi
あける【空ける】 ◆席を～ 倒出座位 dǎochū zuòwèi ◆一行～ 空开一行 kòngkāi yì háng ◆部屋を～ 腾出房间 téngchū fángjiān ◆体を空けておく 抽工夫 chōu gōngfu
あける【開ける】 打开 dǎkāi; 掀起 xiānqǐ ◆戸を～ 开门 kāi mén ◆店を～ 开店 kāi diàn ◆道を～ 让路 ràng lù
あける【明ける】 ◆年が明けたら 过了年就… guòle nián jiù… ◆休みはまだ明けない 休假还没结束 xiūjià hái méi jiéshù ◆夜が明けた～ 天亮了 tiān liàng le
あげる【上げる】 ◆手を～ 举手 jǔshǒu ◆顔を～ 抬头 táitóu ◆値段を～ 抬价 táijià ◆花火を～ 放焰火 fàng yānhuo ◆例を～ 举例 jǔlì ◆犯人を～ 捕捉犯人 bǔzhuō fànrén ◆成果を～ 取得成就 qǔdé chéngjiù ◆スピードを～ 加快速度 jiākuài sùdù ◆名を～ 扬名 yángmíng
あげる【揚げる】《油で》油炸 yóuzhá; 炸 zhá ◆鶏肉を～ 油炸鸡肉 yóuzhá jīròu
あけわたす【明け渡す】 让出 ràngchū; 腾出 téngchū
あご【顎】 下巴 xiàba; 下巴颏儿 xiàbakēr ◆～が干上がる 揭不开锅 jiēbukāi guō ◆～を出す 累得要命 lèide yàomìng; 精疲力尽 jīng pí lì jìn
アコーディオン 手风琴 shǒufēngqín ◆～を弾く 拉手风琴 lā shǒufēngqín ◆～カーテン 折叠隔板 zhédié gébǎn
あこがれる【憧れる】 憧憬 chōngjǐng; 神往 shénwǎng ◆女優に～ 梦想成为女演员 mèngxiǎng chéngwéi nǚyǎnyuán
あさ【朝】 早晨 zǎochén; 早上 zǎoshang ◆～から晩まで 从早到晚 cóng zǎo dào wǎn
アサ【麻】 大麻 dàmá ◆～糸 麻纱 máshā; 麻线 máxiàn ◆～布 麻布 mábù ◆～紐 麻绳 máshéng ◆～袋 麻袋 mádài

あざ【痣】痣 zhì ◆～になる 发青 fāqīng
あさい【浅い】❶《水などが》浅 qiǎn；～川 浅河 qiǎnhé ❷《程度が》肤浅 fūqiǎn ◆傷は～ 伤口浅 shāngkǒu qiǎn ◆経験が～ 经验不够 jīngyàn bú gòu ◆眠りが～ 睡得不熟 shuìde bù shú
あさいち【朝市】早市 zǎoshì
アサガオ【朝顔】喇叭花 lǎbahuā；牵牛花 qiānniúhuā
あさがた【朝方】早晨 zǎochén
あさぐろい【浅黒い】浅黑 qiǎnhēi
あざける【嘲ける】嘲笑 cháoxiào；奚落 xīluò ◆嘲り笑う 笑话 xiàohua
あさせ【浅瀬】浅滩 qiǎntān ◆～に乗り上げる 搁浅 gēqiǎn
あさぢえ【浅知恵】浅见 qiǎnjiàn
あさって【明後日】后天 hòutiān
あざとい《小利口な》小聪明 xiǎocōngming；《あくどい》阴险 yīnxiǎn
あさねぼう【朝寝坊】起得晚 qǐde wǎn；睡懒觉 shuì lǎnjiào
あさはか【浅はかー】◆～な考え 短见 duǎnjiàn
あさばん【朝晩】早晚 zǎowǎn
あさひ【朝日】朝阳 zhāoyáng；朝晖 zhāohuī ◆～が昇る 太阳升起来 tàiyang shēngqǐlai
あさましい【浅ましい】卑鄙 bēibǐ；可耻 kěchǐ
アザミ 大蓟 dàjì
あさみどり【浅緑-の】嫩绿 nènlǜ；浅绿 qiǎnlǜ
あざむく【欺く】瞒哄 mánhōng；欺骗 qīpiàn
あさめし【朝飯】早饭 zǎofàn
あさめしまえ【朝飯前】◆～に片づく仕事 轻而易举的事 qīng ér yì jǔ de shì ◆そんなことは～だ 那好办得很 nà hǎobàndé hěn ne
あさもや【朝靄】早晨的烟霞 zǎochén de yānxiá
あざやか【鮮やかーな】❶《色・形などが》鲜明 xiānmíng；鲜艳 xiānyàn ◆～な印象 鲜明的印象 xiānmíng de yìnxiàng ❷《見事な》漂亮 piàoliang；出色 chūsè ◆～な技 技巧出色 jìqiǎo chūsè
あさやけ【朝焼け】早霞 zǎoxiá；朝霞 zhāoxiá
あさゆう【朝夕】晨夕 chénxī；早晚 zǎowǎn
アザラシ【海豹】海豹 hǎibào
アサリ【浅蜊】玄蛤 xuángé
あさる【漁る】物色 wùsè ◆古本を～ 寻找旧书 xúnzhǎo jiùshū
あざわらう【嘲笑う】嘲笑 cháoxiào；讪笑 shànxiào

あし【足[脚]】《人・動物の》脚 jiǎo ◆両～ 两条腿 liǎng tiáo tuǐ ◆首～ 脚踝 jiǎohuái；脚脖子 jiǎobózi ◆～の甲 脚背 jiǎobèi ◆～の指 脚指头 jiǎozhītou ◆テーブルの～ 桌子腿 zhuōzi tuǐ ◆～が速い 跑得快 pǎode kuài；《食品》容易坏 róngyì huài ◆～が重い 腿脚懒 tuǐjiǎo lǎn ◆～が遠のく 疏远 shūyuǎn ◆～を奪われる 交通中断，没法走 jiāotōng zhōngduàn, méi fǎ zǒu ◆～が地に着かない 办事不踏实 bànshì bù tāshi；心神不定 xīnshén búdìng ◆～が出る 超支 chāozhī ◆～が棒になる 腿都发直 tuǐ dōu fāzhí ◆～を引っぱる 拉后腿 lā hòutuǐ ◆～を洗う 洗手不干 xǐ shǒu bú gàn ◆～を運ぶ 前去 qiánqù；前来 qiánlái
アシ【葦】芦苇 lúwěi；苇子 wěizi
あじ【味】味道 wèidao；滋味 zīwèi ◆～がいい 入味 rùwèi ◆～が薄い 口轻 kǒuqīng ◆～が濃い 口重 kǒuzhòng ◆～をつける 调味儿 tiáowèir ◆～を見る 尝尝味道 chángchang wèidao ◆～のある文章 有趣味的文章 yǒu qùwèi de wénzhāng ◆～もそっけもない 平淡无味 píngdàn wú wèi ◆～を占める 尝到甜头儿 chángdào tiántour
アジア 亚洲 Yàzhōu
あしあと【足跡】脚迹 jiǎojì；脚印 jiǎoyìn ◆～を辿る 顺着脚印走 shùnzhe jiǎoyìn zǒu
あしおと【足音】脚步声 jiǎobùshēng
アシカ【海鹿】海狮 hǎishī
あしがかり【足掛かり】《事を進める糸口》垫脚石 diànjiǎoshí；头绪 tóuxù；线索 xiànsuǒ
あしかせ【足枷】❶《刑具》脚镣 jiǎoliào ❷《比喩》累赘 léizhui；绊脚石 bànjiǎoshí
あしがため【足固めーする】做好准备 zuòhǎo zhǔnbèi；奠定基础 diàndìng jīchǔ
あしからず【悪しからず】遗原谅 qǐng yuánliàng
あしげ【足蹴ーにする】❶ 踢开 tīkāi ❷《比喩》冷酷地对待 lěngkù de duìdài
あじけない【味気ない】乏味 fáwèi；没意思 méi yìsi
あしこし【足腰】◆～を鍛える 锻炼腰腿 duànliàn yāotuǐ
アジサイ【紫陽花】绣球花 xiùqiúhuā
あしざま【悪様】◆～に言う 把人说得太坏 bǎ rén shuōde tài huài
あししげく【足繁く】◆～通う 屡次来往 lǚcì láiwǎng

アシスタント 助理 zhùlǐ；助手 zhùshǒu
アシスト ❶帮助 bāngzhù ❷《サッカー》助攻 zhùgōng
あした【明日】 明天 míngtiān
あしだい【足代】 车费 chēfèi；交通费 jiāotōngfèi
あじつけ【味付けーする】 调味 tiáowèi ◆～が薄い 味调得淡点儿 wèi tiáode dàn diǎnr
あしでまとい【足手まとい】 ◆～になる 牵累 qiānlěi；累赘 léizhui
あしどめ【足止めーする】 禁闭 jìnbì ◆～を食う 被禁止外出 bèi jìnzhǐ wàichū；《交通事故》被遮断交通 bèi zhēduàn jiāotōng
あしどり【足取り】 ❶《歩調》脚步 jiǎobù；步子 bùzi ◆～が軽い 脚步轻快 jiǎobù qīngkuài ❷《移動経路》去向 qùxiàng；踪迹 zōngjì ◆～がつかめない 行踪不定 xíngzōng bú dìng
あじな【味な】 ◆～ことを言う 说得妙 shuōde miào ◆～まねをする 做得巧妙 zuòde qiǎomiào
あしなみ【足並み】 步调 bùdiào；步伐 bùfá ◆～が乱れる 步伐凌乱 bùfá língluàn ◆～を揃える 统一步伐 tǒngyī bùfá
あしならし【足馴し】 练腿脚 liàn tuǐjiǎo；《下準備》准备行动 zhǔnbèi xíngdòng
あしば【足場】 ❶《足を置く場所》◆～が悪い 脚下不稳 jiǎoxià bù wěn ◆～を組む 搭脚手架 dā jiǎoshǒujià ❷《基礎》◆～を固める 巩固立脚点 gǒnggù lìjiǎodiǎn
あしばや【足早ーに】 走得快 zǒude kuài ◆～に立ち去る 匆匆地走开 cōngcōng de zǒukai
あしぶみ【足踏みーする】 ❶《動作》踏步 tàbù ❷《停滞》停顿 tíngdùn；停滞不前 tíngzhì bù qián
あじみ【味見】 品尝 pǐncháng；尝味道 cháng wèidao
あしもと【足元】 脚下 jiǎoxià ◆～に気をつけて 脚下当心 jiǎoxià dāngxīn ◆～がふらつく 跄踉 qiàngliáng；蹒跚 pánshān ◆～に火がつく 大祸临头 dàhuò líntóu ◆～を見る 抓弱点 zhuā ruòdiǎn ◆～にも及ばない 望尘莫及 wàng chén mò jí
あしらう【軽く遇する】 支应 zhīyìng；对待 duìdài ◆適当に～ 敷衍对待 fūyǎn duìdài
あじわい【味わい】 ❶《食べ物の風味》味道 wèidao；风味 fēngwèi ❷《独特の趣》意趣 yìqù；韵味 yùnwèi；趣味 qùwèi ◆～深い 耐人寻味 nài rén xún wèi

あじわう【味わう】 寻味 xúnwèi；品尝 pǐncháng ◆海の幸を～ 品尝海鲜 pǐncháng hǎixiān ◆最高の喜びを～ 体验无限的欢乐 tǐyàn wúxiàn de huānlè ◆名作を～ 欣赏文学名著 xīnshǎng wénxué míngzhù
あす【明日】 明儿 míngr；明天 míngtiān
あずかる【与る】 参与 cānyù ◆与り知らぬこと 与自己无关 yǔ zìjǐ wúguān ◆お褒めに～ 承蒙夸奖 chéngméng kuājiǎng
あずかる【預かる】 保存 bǎocún ◆荷物を～ 保存东西 bǎocún dōngxi ◆事務所を～ 管理办事处 guǎnlǐ bànshìchù
アズキ【小豆】 红小豆 hóngxiǎodòu；小豆 xiǎodòu
あずける【預ける】 存放 cúnfàng；寄存 jìcún ◆銀行に金を～ 把钱存在银行里 bǎ qián cúnzài yínháng li ◆子供を～ 把孩子托付给人家 bǎ háizi tuōfùgěi rénjia ◆体を～ 靠 kào
アスパラガス 芦笋 lúsǔn
アスピリン 阿司匹林 āsīpǐlín
アスファルト 柏油 bǎiyóu；沥青 lìqīng ◆～道路 柏油路 bǎiyóulù
アスベスト 石棉 shímián
アスレチック・ジム 健身房 jiànshēnfáng
あせ【汗】 汗 hàn ◆～をかく 出汗 chūhàn ◆手に～握る《はらはらする》捏一把汗 niē yìbǎ hàn ◆～水流して働く 挥汗劳动 huī hàn láodòng ◆～ばむ 有点儿出汗 yǒudiǎnr chūhàn ◆コップが～をかく 玻璃杯上凝着水珠 bōlibēishang níngzhe shuǐzhū
あぜ【畦】 田埂 tiángěng；田坎 tiánkǎn ◆～道 阡陌 qiānmò
アセアン（ASEAN）《東南アジア諸国連合》东南亚国家联盟 Dōngnán Yà Guójiā Liánméng；东盟 Dōngméng
アセスメント 评价 píngjià；估定 gūdìng ◆環境～ 环境评估 huánjìng pínggū
あせも【汗疹】 痱子 fèizi ◆～ができる 长痱子 zhǎng fèizi
あせる【焦る】 焦急 jiāojí；着急 zháojí ◆～な 别着急 bié zháojí
あせる【褪せる】 ◆色が～ 褪色 tuìshǎi；掉色 diàoshǎi
あぜん【唖然ーとする】 傻眼 shǎyǎn；哑口无言 yǎ kǒu wú yán
あそこ 那边 nàbiān；那儿 nàr
あそばせる【遊ばせる】《使わないで》闲置不用 xián zhì bú yòng ◆車を

あそびせておく 把车放着不用 bǎ chē fàngzhe bú yòng

あそび【遊び】 ❶《遊ぶこと》游戏 yóuxì；玩耍 wánshuǎ ♦～仲間 游伴 yóubàn ♦一場 游戏场 yóuxìchǎng ♦～の輪に入る 凑热闹 còu rènao ❷《ばくち・酒色にふけること》～好き 好嫖赌 hào piáodǔ ❸《機械結合部の余裕》♦ハンドルの～ 方向盘的间隙 fāngxiàngpán de jiànxī

あそぶ【遊ぶ】 ❶《楽しく》玩 wán；游玩 yóuwán；游戏 yóuxì ♦《仕事せずに》游荡 yóudàng ❷《閑になる》赋闲 fùxián ❸《酒色にふける》嫖娼 piáochāng ❹《休眠》遊んでいる金《生活費以外の》闲钱 xiánqián ♦遊んでいる土地 休闲地 xiūxiándì

あだ【徒】 徒劳 túláo ♦親切が～になる 好意白搭 hǎoyì báidā

あだ【仇】 仇 chóu ♦～を討つ 报仇 bàochóu ♦恩を～で返す 恩将仇报 ēn jiāng chóu bào

あたい【値】 ❶《値段》价格 jiàgé ❷《価値》价值 jiàzhí ❸《数値》值 zhí

あたい【値-する】 值得 zhídé；可以 kěyǐ ♦見るに～する 值得看 zhídé kàn ♦とるに足りない 不足 bùzú；犯不着 fànbuzháo

あたえる【与える】 ❶《やる》给 gěi；给予 jǐyǔ；予以 yǔyǐ ♦餌を～ 喂 wèi ❷《割り当てる》分配 fēnpèi ♦役割を～ 分派任务 fēnpài rènwu ♦課題を～ 出题 chūtí ❸《もたらす》♦被害を～ 带来灾难 dàilái zāinàn ♦不安を～ 招致不安 zhāozhì bù'ān

あたかも【恰も】 宛如 wǎnrú；恰似 qiàsì

あたたかい【暖[温]かい】 ❶《気温》温暖 wēnnuǎn；暖和 nuǎnhuo ♦日毎に暖かくなる 一天比一天暖和 yītiān bǐ yītiān nuǎnhuo ❷《物の温度》热乎乎 rèhūhū；热和 rèhuo ♦～飲み物 热饮 rèyǐn ❸《思いやり》温馨 wēnxīn；热情洋溢《温かい見守る 热心地关怀 rèxīn de guānhuái ❹《金銭豊かな》♦懷(ふところ)が～ 手头儿富裕 shǒutóur fùyù

あたたまる【暖[温]まる】 ❶《火などで》取暖 qǔnuǎn；暖和 nuǎnhuo ❷《心が》心里热乎乎的 xīnli rèhūhū de

あたためる【暖[温]める】 温暖 wēnnuǎn；暖和 nuǎnhuo ♦スープを～ 加热汤 jiārè tāng ♦部屋を～ 把屋子暖暖 bǎ wūzi nuǎnnuǎn；暖房を～ 抱窝 bào wō ♦旧交を～ 重温旧交 chóngwēn jiùjiāo

アタック 攻击 gōngjī；进攻 jìngōng

アタッシュケース 手提公文包 shǒutí gōngwénbāo

あだな【綽[仇-綽]名】 绰号 chuòhào；外号 wàihào ♦先生に～をつける 给老师起外号 gěi lǎoshī qǐ wàihào

あだばな【徒花】 谎花 huǎnghuā

あたふた-する 慌慌张张 huānghuāngzhāngzhāng；仓促 cāngcù

アダプター 转接器 zhuǎnjiēqì；接合器 jiēhéqì

あたま【頭】 ❶《首から上》脑袋 nǎodai；脑壳 nǎoké ♦～が下がる 佩服 pèifu ♦～がぼうっとする 发昏 fāhūn ❷《物の上部》♦釘の～ 钉帽儿 dīngmàor ❸《物事の最初》♦～からやり直す 从头再做一下 cóngtóu zài zuò yíxià ❹《脳の働き》头脑 tóunǎo；脑筋 nǎojīn ♦～がよい 聪明 cōngming；机灵 jīling ♦～が固い 古板 gǔbǎn ♦～が混乱した 昏头昏脑 hūn tóu hūn nǎo ♦～が切れる 伶俐 línglì ♦～にくる 气得发昏 qìde fāhūn ♦～を使う 动脑筋 dòng nǎojīn；绞脑汁 jiǎo nǎozhī ♦～を痛める 伤脑筋 shāng nǎojīn ♦～を悩ませる 劳神 láoshén

あたまかず【頭数】 人数 rénshù；人头 réntóu ♦～をそろえる 凑数 còu shù

あたまきん【頭金】 定钱 dìngqián

あたまごし【頭越し-に】 ♦私の～に話が進む 谈判越过我而进行 tánpàn yuèguò wǒ ér jìnxíng

あたまごなし【頭ごなし-の】 ♦～に叱る 不容分说地斥责人 bù róng fēnshuō de chìzé rén

あたまでっかち【頭でっかち-な】 空谈理论 kōng tán lǐlùn；书呆子 shūdāizi

あたまわり【頭割り-にする】 分摊 fēntān

アダム ♦～とイブ 亚当与夏娃 Yàdāng yǔ Xiàwā

あたらしい【新しい】 新 xīn ♦～服 新衣服 xīnyīfu ♦考えが～ 思想新鲜 sīxiǎng xīnxiān

あたり【辺り】 附近 fùjìn；四周 sìzhōu ♦この～ 这一带 zhè yídài ♦～かまわず 不顾周围 bú gù zhōuwéi

あたりさわり【当たり障り】 ♦～のない話 不痛不痒的话 bútòng bùyǎng de huà

あたりちらす【当たり散らす】 迁怒于人 qiān nù yú rén；乱发脾气 luànfā píqi

あたりどし【当たり年】 大年 dànián；丰年 fēngnián

あたりまえ【当たり前】 当然 dāngrán；寻常 xúncháng

あたる【当たる】 中 zhòng; 碰 pèng ♦ボールが頭に～ 球碰在头上 qiú pèngzài tóushang ♦日光が～ 阳光照到… yángguāng zhàodào… ♦火に～ 烤火 kǎohuǒ ♦宝くじが～ 中彩 zhòngcǎi ♦予想が～ 猜中 cāizhòng ♦占いが～ 占卦灵验 zhānguà língyàn ♦交渉を～ 承担交涉 chéngdān jiāoshè ♦商売が～ 生意兴隆 shēngyi xīnglóng ♦毒に～ 中毒 zhòngdú ♦人につらく～ 苛待人 kēdài rén ♦いまの10万円に～ 相当于今天的十万日元 xiāngdāngyú jīntiān de shíwàn Rìyuán

アダルト 成人 chéngrén; 成年人 chéngniánrén ♦～ビデオ 黄色录像 huángsè lùxiàng ♦～サイト 成人网站 chéngrén wǎngzhàn

あちこち 远近 yuǎnjìn; 到处 dàochù ♦～にある 到处都有 dàochù dōu yǒu ♦～見回す 东张西望 dōng zhāng xī wàng ♦～を旅する 周游各地 zhōuyóu gèdì

あちら ❶《方向・場所》那里 nàli; 那边 nàbiān ❷《あの方》那位 nà wèi ❸《先方》对方 duìfāng

あつあつ【熱々】 热腾腾 rèténgténg ♦～の仲 极其甜蜜的关系 jíqí tiánmì de guānxi

あつい ♦～セーター 厚毛衣 hòumáoyī ♦～雲 浓云 nóngyún ♦友情に～ 友情深厚 yǒuqíng shēnhòu ♦信仰心が～ 信仰坚定 xìnyǎng jiāndìng

あつい【暑い】 热 rè ♦蒸し～ 闷热 mēnrè

あつい【熱い】 ❶《高温の》热 rè ♦～茶 热茶 rèchá ❷《やけどするほど高温の》烫 tàng ❸《情熱が激しい》热情 rèqíng ♦～配慮 热忱的关怀 rèchén de guānhuái ❹《男女の間柄が》亲热 qīnrè ♦お～2人 他们俩关系很亲热 tāmen liǎ guānxi hěn qīnrè

あっか【悪化-する】 恶化 èhuà; 加剧 jiājù ♦経済が～する 经济恶化 jīngjì èhuà

あつかい【扱い】 ❶《待遇・応対》对待 duìdài ♦客の～ 接待客人 jiēdài kèrén ♦こども～する 当做小孩儿对待 dàngzuò xiǎoháir duìdài ❷《操作》使用 shǐyòng; 操纵 cāozòng ❸《業務》处理 chǔlǐ; 承担 chéngdān

あつかう【扱う】 ❶《操作》使用 shǐyòng; 操纵 cāozòng ♦機械を～ 操纵机器 cāozòng jīqì ❷《処理・担当》处理 chǔlǐ ♦人事課で～ 由人事处处理 yóu rénshìchù chǔlǐ ❸《応対》对待 duìdài ❹《商品を》经销 jīngxiāo

あつかましい【厚かましい】 脸皮厚 liǎnpí hòu; 厚颜 hòuyán

あつがみ【厚紙】 厚纸 hòuzhǐ; 纸板 zhǐbǎn

あつがり【暑がり】 怕热 pà rè

あっかん【圧巻】 精彩 jīngcǎi ♦このシーンは～だ《映画で》这个镜头很精彩 zhège jìngtóu hěn jīngcǎi

あつかん【熱燗-で】 热酒 rèjiǔ

あつぎ【厚着-する】 多穿 duō chuān

あつくるしい【暑苦しい】 暑热 shǔrè; 热死 rèsǐ

あっけ【呆気】 ♦～にとられる 傻眼 shǎyǎn; 惊愕 jīng'è; 目瞪口呆 mù dèng kǒu dāi

あっけない【呆気ない】 太简单 tài jiǎndān; 不过瘾 bú guòyǐn ♦～結末 没尽兴的结尾 méi jìnxìng de jiéwěi

あつさ【厚さ】 厚薄 hòubó; 厚度 hòudù ♦2センチ 二厘米厚 èr límǐ hòu

あっさり ❶《味・色・形が》素淡 sùdàn; 淡雅 dànyǎ; 清淡 qīngdàn ❷《態度・性格が》爽快 shuǎngkuai; 干脆 gāncuì; 淡泊 dànbó ♦～引下がる 干脆退出 gāncuì tuìchū

あっしゅく【圧縮-する】 ❶《気体を》压缩 yāsuō ❷《文章など》缩短 suōduǎn

あっしょう【圧勝-する】 大胜 dàshèng; 大捷 dàjié

あっせい【圧制】 压制 yāzhì; 专制 zhuānzhì

あっせん【斡旋-する】 介绍 jièshào; 斡旋 wòxuán ♦就職を～する 介绍工作 jièshào gōngzuò

あっというま【あっと言う間-に】 一刹那 yíchànà; 一眨眼 yì zhǎyǎn

あっといわせる【あっと言わせる】 使人吃惊 shǐ rén chījīng

あっとう【圧倒-する】 凌驾 língjià; 压倒 yādǎo

アットホーム-な 象在家那样舒适 xiàng zài jiā nàyàng shūshì

あっぱく【圧迫-する】 ♦胸部を～する 压迫肺部 yāpò fèibù ♦～感を覚える 感到压迫 gǎndào yāpò

アップ 提高 tígāo; 向上 xiàngshàng ♦給料～ 加薪 jiāxīn; 提高工资 tígāo gōngzī

アップダウン 起伏 qǐfú; 沉浮 chénfú

アップルパイ 苹果酥 píngguǒsū

アップロード 上载 shàngzài; 上传 shàngchuán

あつまり【集まり】 ♦人の～が悪い 人来得少 rén láide shǎo ♦～に出る 参加集会 cānjiā jíhuì

あつまる【集まる】❶《人が》集合 jíhé; 聚集 jùjí ❷《物·金が》汇集 huìjí; 汇合 huìhé ❸《集中する》集中 jízhōng

あつみ【厚み】厚度 hòudù ♦たっぷりーがある 极厚 jí hòu

あつめる【集める】❶《物·金を》收集 shōují; 搜集 sōují ♦資金を～ 筹集资金 chóují zījīn ❷《人を》招集 zhāojí; 招致 zhāozhì ♦人心や势力を～集む; 集中 jízhōng ♦世の注目を～举世瞩目 jǔshì zhǔmù

あつらえむき【誂え向き-の】恰好 qiàhǎo; 正合适 zhèng héshì

あつらえる【誂える】定做 dìngzuò

あつりょく【圧力】压力 yālì ♦釜高压锅 gāoyālìguō; 压力锅 yālìguō ♦～をかける 施加压力 shījiā yālì

あつれき【軋轢】倾轧 qīngyà; 不和 bùhé

あて【当て】❶《目的·目標》～もなく歩く 信步而逛 xìnbù ér guàng ❷《希望·期待》～にする 依靠 yīkào; 指望 zhǐwàng ♦～が外れる 希望落空 xīwàng luòkōng ♦～にならない 靠不住 kàobuzhù

あてこすり【当てこすり】风凉话 fēngliánghuà ♦～を言う 指桑骂槐 zhǐ sāng mà huái

あてこする【当てこする】讽刺 fěngcì; 影射 yǐngshè

あてこむ【当て込む】盼望 pànwàng ♦人出を～指望来个人山人海 zhǐwang lái ge rén shān rén hǎi

あてさき【宛て先】收件人的姓名地址 shōujiàn rén de xìngmíng dìzhǐ

あてじ【当て字】别字 biézì; 白字 báizì

あてずっぽう【当てずっぽう-に】胡猜 húcāi

あてつける【当てつける】❶《皮肉·非難》隐射 yǐnshè; 讽刺 fěngcì ❷《男女の仲を》显示亲密的关系 xiǎnshì qīnmì de guānxi

あてな【宛て名】收件人姓名 shōujiànrén xìngmíng

あてはまる【当て嵌まる】适合 shìhé; 合乎 héhú

あてはめる【当て嵌める】套用 tàoyòng; 适用 shìyòng

あでやか【艶やか-な】娇艳 jiāoyàn; 艳丽 yànlì

あてる【当てる】♦光を～ 照射 zhàoshè ♦日に～ 晒 shài ♦風に～ 让风吹 ràng fēng chuī ♦焦点を～ 对焦点 duì jiāodiǎn ♦正解を～ 猜对 cāiduì ♦継ぎを～ 打补丁 dǎ bǔding ♦旅費に～ 用作旅费 yòngzuò lǚfèi ♦的に～ 射中靶子 shèzhòng bǎzi ♦くじを～ 中彩 zhòngcǎi

あてレコ【当てレコ】配音 pèiyīn

あと【跡】❶《物に残る形》痕迹 hénjì; 形迹 xíngjì ♦火を焚いた～生过火的迹象 shēngguo huǒ de jìxiàng ❷《行方》行踪 xíngzōng ♦～をつける 跟踪 gēnzōng ❸《遺跡》遗迹 yíjì

あと【後】后边 hòubian; 后面 hòumian; 后头 hòutou ♦～がない 不再可退 bù néng zài tuì ♦～に続く 跟在后面 gēnzài hòumian ♦～の祭り 生米煮成熟饭 shēngmǐ zhǔchéng shúfàn ♦～を継ぐ《任務を》接任 jiērèn;《家を》继承 jìchéng ♦～は私が引受ける 以后的事由我承担 yǐhòu de shì yóu wǒ chéngdān ♦3年～ 三年以后 sān nián yǐhòu ♦～3日で 再过三天 zài guò sān tiān

あとあし【後足】后肢 hòuzhī ♦～で砂を掛ける 走时给人添麻烦 zǒu shí gěi rén tiān máfan

あとあじ【後味】余味 yúwèi; 回味 huíwèi ♦～が悪い 余味不愉快 yúwèi bù yúkuài

あとおし【後押し】♦～する 撑腰 chēngyāo; 支援 zhīyuán

あとがき【後書き】后记 hòujì

あとかた【跡形】♦～もなく消える 荡然无存 dàngrán wú cún; 无影无踪 wú yǐng wú zōng

あとかたづけ【後片付け-する】收拾 shōushi; 善后 shànhòu

あとがま【後釜】♦～にすわる 继任 jìrèn; 接班 jiēbān

あとくされ【後腐され】♦～のないようにする 避免留下麻烦 bìmiǎn liúxià máfan

あどけない 天真 tiānzhēn

あとさき【後先】順序が～になる 次序颠倒 cìxù diāndǎo ♦～を考えない 不顾前后 búgù qiánhòu

あとしまつ【後始末-する】扫尾 sǎowěi; 擦屁股 cā pìgu; 清理 qīnglǐ

あとち【跡地】旧址 jiùzhǐ

あとつぎ【後継ぎ】❶《後継者》接班人 jiēbānrén; 后任 hòurèn ❷《跡取り》后嗣 hòusì; 继承人 jìchéngrén

あとばらい【後払い】后付款 hòufùkuǎn; 赊购 shēgòu

アドバイザー 进言者 jìnyánzhě; 顾问 gùwèn

アドバイス 建议 jiànyì; 劝告 quàngào

アトピー《皮膚炎》特应性皮肤炎 tèyìngxìng pífūyán

あとまわし【後回し-にする】推迟 tuīchí; 延缓 yánhuǎn

あとめ【跡目】 家产 jiāchǎn; 继承人 jìchéngrén ♦～を継ぐ 继承 jìchéng ♦～争い 为继承家业争持 wèi jìchéng jiāyè zhēngchí

あともどり【後戻りする】 返回 fǎnhuí; 开倒车 kāi dàochē ♦～がきない 箭在弦上 jiàn zài xián shàng

アトラクション 叫座节目 jiàozuò jiémù

アト・ランダム 信手 xìnshǒu; 随便 suíbiàn ♦～に選ぶ 随机选择 suíjī xuǎnzé

アトリエ 画室 huàshì

アドリブ 即兴表演 jíxìng biǎoyǎn

アドレス 住址 zhùzhǐ ♦メール-电子邮件地址 diànzǐ yóujiàn dìzhǐ

あな【穴】 ❶《表面のくぼみ》眼 yǎn; 窟窿 kūlong ♦～があったら入りたい 羞得无地自容 xiū de wú dì zì róng ♦～をあける 打眼 dǎyǎn ❷《欠点》缺点 quēdiǎn; 漏洞 lòudòng ❸《損失》亏空 kuīkong ♦～を埋める 填补亏空 tiánbǔ kuīkong

アナーキズム 安那其主义 ānnàqí zhǔyì; 无政府主义 wúzhèngfǔ zhǔyì

アナウンサー 广播员 guǎngbōyuán

アナウンス-する 告知 gàozhī

あながち【強ち】 不一定 bù yídìng; 未必 wèibì ♦～見当違いとは言えない 不一定完全错误 bù yídìng wánquán cuòwù

あなぐら【穴蔵[倉]】 地窖 dìjiào; 窖 jiào

アナクロニズム 时代错误 shídài cuòwù; 弄错时代 nòngcuò shídài

アナゴ【穴子】 康吉鳗 kāngjímán

あなた 你 nǐ ♦～たち 你们 nǐmen ♦～まかせ 事事依靠别人 shìshì yīkào biérén

あなどる【侮る】 小看 xiǎokàn; 轻视 qīngshì

アナリスト 分析师 fēnxīshī

アナログ-の 模拟 mónǐ ♦～コンピュータ 模拟计算机 mónǐ jìsuànjī ♦～電話 模拟电话 mónǐ diànhuà

あに【兄】 哥哥 gēge ♦～弟子 师兄 shīxiōng

アニメーション 动画片 dònghuàpiàn; 卡通 kǎtōng

あによめ【兄嫁】 嫂子 sǎozi; 嫂嫂 sǎosao

あね【姉】 姐姐 jiějie

あねったい【亜熱帯】 亚热带 yàrèdài

あねむこ【姉婿】 姐夫 jiěfu; 姐丈 jiězhàng

あの 那 nà ♦～頃 当年 dāngnián; 那时候 nà shíhou

あのよ【あの世】 黄泉 huángquán; 泉下 quánxià; 阴间 yīnjiān

アパート 公寓 gōngyù

アバウト 不细心 bú xìxīn; 疏忽大意 shūhu dàyì

あばく【暴く】 ❶《暴露する》暴露 bàolù; 揭发 jiēfā; 揭破 jiēpò ❷《土を掘って》挖 wā ♦墓を～ 掘墓 jué mù

あばた 麻子 mázi ♦～面 麻脸 máliǎn ♦～もえくぼ 情人眼里出西施 qíngrén yǎnli chū Xīshī

あばらぼね【肋骨】 肋骨 lèigǔ

あばれまわる【暴れ回る】 尽情活动 jìnqíng huódòng

あばれる【暴れる】 ❶《乱暴に振る舞う》乱闹 luànnào ♦酔って～ 喝醉乱闹 hēzuì luànnào ❷《活躍する》活跃 huóyuè

アパレル 服装 fúzhuāng; 衣服 yīfu ♦～メーカー 服装公司 fúzhuāng gōngsī

アバンギャルド 先锋派 xiānfēngpài; 前卫派 qiánwèipài

アバンチュール 恋爱冒险 liàn'ài màoxiǎn

アピール-する ❶《呼びかける》号召 hàozhào; 呼吁 hūyù ❷《人の心を引きつける》吸引 xīyǐn; 打动 dǎdòng

あびせる【浴びせる】 ♦冷水を～ 泼冷水 pō lěngshuǐ ♦質問を～ 接二连三地提问 jiē èr lián sān de tíwèn ♦罵声を～ 大声责骂 dàshēng zémà

アヒル【家鴨】 鸭 yā; 鸭子 yāzi ♦～の卵 鸭蛋 yādàn

あびる【浴びる】 ♦シャワーを～ 洗淋浴 xǐ línyù ♦風呂を～ 洗澡 xǐzǎo ♦非難を～ 遭受责难 zāoshòu zénàn

アブ【虻】 牛虻 niúméng; 虻 méng ♦～蜂取らず 鸡飞蛋打 jī fēi dàn dǎ

あぶくぜに【泡銭】 不义之财 bú yì zhī cái

アフターケア ❶《病後の手当》病后调养 bìnghòu tiáoyǎng ❷《事後処理》售后服务 shòuhòu fúwù

アフターサービス 售后服务 shòuhòu fúwù; 免费维修 miǎnfèi wéixiū

あぶない【危ない】 危险 wēixiǎn ♦会社が～ 公司面临危局 gōngsī miànlín wēijú ♦～話には乗れない 那靠不住,不能轻易合作 nà kàobuzhù, bù néng qīngyì hézuò

あぶなげない【危なげない】 牢靠 láokào; 可以放心 kěyǐ fàngxīn

アブノーマル-な 反常的 fǎncháng de; 变态的 biàntài de

あぶら【油[脂]】 油 yóu ♦～をさす 加油 jiāyóu; 注油 zhùyóu ♦～を売る《比喩》泡 pào ♦～が乗る《比喩》起勁儿 qǐjìnr; 圆熟 yuánshú ♦火に～を注ぐ 火上加油 huǒshàng jiā yóu

あぶらあげ【油揚げ】 油炸豆腐 yóuzhá dòufu

あぶらあせ【脂汗】 虚汗 xūhàn ♦～が出る 出虚汗 chū xūhàn

あぶらえ【油絵】 油画 yóuhuà

あぶらがみ【油紙】 油纸 yóuzhǐ

あぶらっこい【脂[油]っこい】 腻 nì; 油腻 yóunì

アブラナ【油菜】 油菜 yóucài

あぶらみ【脂身】 肥肉 féiròu

あぶらよごれ【油汚れ】 油泥 yóuní

アフリカ 非洲 Fēizhōu

アプリケーションソフト 应用软件 yìngyòng ruǎnjiàn

あぶる【炙る】 烤 kǎo

アフレコ 配音 pèiyīn

あふれる【溢れる】 泛滥 fànlàn; 溢出 yìchū ♦精気～ 生气勃勃 shēngqì bóbó ♦喜びがことばに～ 喜悦溢于言表 xǐyuè yìyú yánbiǎo

あぶれる ♦仕事に～ 找不到工作 zhǎobudào gōngzuò; 失业 shīyè

アプローチ−する 接近 jiējìn; 探讨 tàntǎo

あべこべ−に 相反 xiāngfǎn ♦～にする 颠倒过来 diāndǎoguòlái

アヘン【阿片】 鸦片 yāpiàn; 大烟 dàyān ♦～中毒者 大烟鬼 dàyānguǐ

アポ(イントメント) ♦～を取る 约定 yuēdìng; 预约 yùyuē

アボカド 油梨 yóulí

アポストロフィ 隔音符号 géyīn fúhào

あま【尼】 尼姑 nígū

あまあし【雨脚】 雨脚 yǔjiǎo; 雨势 yǔshì ♦～が速い 雨来得快 yǔ láide kuài

あまい【甘い】 甜 tián; 甜蜜 tiánmì ♦～言葉 花言巧语 huā yán qiǎo yǔ; 甜言蜜语 tián yán mì yǔ ♦～汁を吸う 占便宜 zhàn piányi ♦わきが～ 不善于保护自己 bú shànyú bǎohù zìjǐ ♦見方が～ 看得太天真 kànde tài tiānzhēn

あまえる【甘える】 撒娇 sājiāo

アマガエル【雨蛙】 雨蛙 yǔwā

あまがさ【雨傘】 雨伞 yǔsǎn

あまぐ【雨具】 雨具 yǔjù

あまくだり【天下り−する】 高官下凡 gāoguān xiàfán

あまぐつ【雨靴】 雨鞋 yǔxié

あまぐり【甘栗】 糖炒栗子 tángchǎo lìzi

あまざらし【雨曝し】 ♦～にする 曝露在雨里 pùlùzài yǔlǐ

あます【余す】 剩下 shèngxià; 留下 liúxià ♦～ところなく 一无所剩地 yì wú suǒ shèng de

アマチュア 业余 yèyú; 外行 wàiháng ♦～画家 业余画家 yèyú huàjiā

あまったるい【甘ったるい】 ❶《味が》太甜 tài tián ❷《声·態度などが》甜蜜 tiánmì ♦～声 甜蜜的声音 tiánmì de shēngyīn

あまったれる【甘ったれる】 撒娇 sājiāo

あまつぶ【雨粒】 雨点 yǔdiǎn

あまどい【雨樋】 檐沟 yángōu; 檐槽 yáncáo

あまとう【甘党−の】 爱吃甜的 ài chī tián de

あまねく【遍く】 普遍 pǔbiàn

あまのがわ【天の川】 天河 tiānhé; 银河 yínhé

あまのじゃく【天邪鬼】 脾气别扭的人 píqi biènìu de rén

あまみ【甘味】 甜头 tiántou; 甜味儿 tiánwèir

あまみず【雨水】 雨水 yǔshuǐ

あまもり【雨漏り−する】 房子漏雨 fángzi lòu yǔ

あまやかす【甘やかす】 娇惯 jiāoguàn; 娇生惯养 jiāo shēng guàn yǎng

あまやどり【雨宿り−する】 避雨 bìyǔ

あまり【余り】 ❶《余剰》余剩 yúshèng; 余数 yúshù ♦～が出る 有余 yǒuyú ❷《それほど》♦～…ではない 不怎么 bú nàme; 不怎么 bù zěnme ♦～安くない 不那么便宜 bú nàme piányi

あまりに 太 tài; 过于 guòyú

あまる【余る】 剩 shèng; 余剩 yúshèng ♦千円余った 剩了一千块钱 shèngle yìqiān kuài qián ♦目に～ 看不下去 kànbuxiàqu ♦手に～ 太困难 tài kùnnan ♦身に～ 过分 guòfèn

あまんじる【甘んじる】 满足于 mǎnzúyú; 甘于 gānyú ♦最下位に～ 忍于末尾 rěnyú mòwěi

あみ【網】 网子 wǎngzi; 网罗 wǎngluó ♦～にかかる 落网 luòwǎng ♦法の～をくぐる 逃过法网 táoguò fǎwǎng

あみど【網戸】 纱窗 shāchuāng

アミノさん【アミノ酸】 氨基酸 ānjīsuān

あみぼう【編み棒】 织针 zhīzhēn

あみめ【網目】网眼 wǎngyǎn
あみもと【網元】船主 chuánzhǔ
あみもの【編み物】毛线活儿 máoxiànhuór
あむ【編む】编 biān；编织 biānzhī♦網を～ 织网 zhī wǎng
あめ【飴】糖 táng；糖块儿 tángkuàir ♦～をしゃぶらせる 给点儿甜头 gěi diǎnr tiántou
あめ【雨】雨 yǔ♦～が降る 下雨 xià yǔ♦～降って地固まる 不打不成交 bù dǎ bù chéng jiāo
あめあがり【雨上がり】雨后 yǔhòu；雨过天晴 yǔ guo tiān qíng
アメーバ 阿米巴 āmǐbā；变形虫 biànxíngchóng ♦赤痢 阿米巴痢疾 āmǐbā lìji
アメニティー 舒适 shūshì；环境的舒适性 huánjìng de shūshìxìng
アメリカ 美洲 Měizhōu ♦～合衆国 美国 Měiguó ♦～ンコーヒー 美式咖啡 Měishì kāfēi
アメリカナイズ 美式化 Měishìhuà；美国化 Měiguóhuà
あや【文/綾】花样 huāyàng♦事件の～ 案件情节 ànjiàn qíngjié♦言葉の～ 措辞 cuòcí
あやうい【危うい】危险 wēixiǎn
あやうく【危うく】差点儿 chàdiǎnr；险些 xiǎnxiē♦～命を失うところだった 差点儿没有丧命 chàdiǎnr méiyǒu sàngmìng
あやしい【怪しい】❶《不思議·不審な》奇怪 qíguài；怪异 guàiyì♦挙動が～ 行动可疑 xíngdòng kěyí ❷《おぼつかない》靠不住 kàobuzhù♦雲行きが～《状況》前景不妙 qiánjǐng búmiào ❸《恋愛関係》♦あの2人は～ 他们俩人关系暧昧 tāmen liǎ rén guānxi àimèi
あやしむ【怪しむ】犯疑 fànyí；怀疑 huáiyí
あやす 哄 hǒng；逗 dòu
あやつりにんぎょう【操り人形】傀儡 kuǐlěi；提线木偶 tíxiàn mù'ǒu
あやつる【操る】操纵 cāozòng；摆布 bǎibu♦人形を～ 耍木偶 shuǎ mù'ǒu♦世論を～ 操纵舆论 cāozòng yúlùn♦5か国語を～ 会说五种外语 huì shuō wǔ zhǒng wàiyǔ
あやとり【綾取り】翻花鼓 fān huāgǔ；翻绳儿 fān shéngr♦～して遊ぶ 翻着花鼓玩儿 fānzhe huāgǔ wánr
あやぶむ【危ぶむ】担心 dānxīn；怕 pà♦成果を～ 担心能否有成就 dānxīn néngfǒu yǒu chéngjiù
あやふや-な 含糊 hánhu；不可靠 bù kěkào
あやまち【過ち】错误 cuòwù；过失

guòshī；纰缪 pīmiù♦～を犯す 犯错误 fàn cuòwù♦～を改める 改过 gǎiguo
あやまって【誤って】不注意 bú zhùyì；不留神 bù liúshén
あやまり【誤り】错误 cuòwù；谬误 miùwù♦～を正す 矫正 jiǎozhèng；纠正错误 jiūzhèng cuòwù♦～を認める 认错 rèncuò
あやまる【誤る】错 cuò；弄错 nòngcuò♦書き～ 写错 xiěcuò
あやまる【謝る】赔不是 péi búshi；谢罪 xièzuì；道歉 dàoqiàn
あゆ【鮎】香鱼 xiāngyú〔中国語の'鮎'は「なまず」の意〕
あゆみ【歩み】步子 bùzi；脚步 jiǎobù♦～を止める 止步 zhǐbù♦歴史の～ 历史的步伐 lìshǐ de bùfá♦改革の～ 改革的进程 gǎigé de jìnchéng
あゆみよる【歩み寄る】❶《妥協》妥协 tuǒxié；互让 hùràng ❷《近寄る》走近 zǒujìn；进前 jìnqián
アラーム ❶《警備》警报器 jǐngbàoqì ❷《目ざまし》闹钟 nàozhōng
あらあらしい【荒々しい】粗暴 cūbào；暴烈 bàoliè
あらい【荒い】♦息が～ 呼吸急促 hūxī jícù♦波が～ 波涛汹涌 bōtāo xiōngyǒng♦気性が～ 脾气大 píqi dà♦金遣いが～ 乱花钱 luàn huā qián
あらい【粗い】毛糙 máocao；粗糙 cūcāo♦目が～ 眼儿大 yǎnr dà
あらいおとす【洗い落とす】洗掉 xǐdiào；洗涤 xǐdí
アライグマ【洗熊】浣熊 huànxióng
あらいざらい【洗い浚い】全都 quándōu♦～話す 尽情倾吐 jìnqíng qīngtǔ
あらいざらし【洗い晒し-の】♦～のジーパン 洗褪颜色的牛仔裤 xǐtuì yánsè de niúzǎikù
あらいもの【洗い物】要洗的东西 yàoxǐ de dōngxi♦～がたまる 积下该洗的东西 jīxià gāi xǐ de dōngxi
あらう【洗う】❶《汚れを落とす》洗 xǐ♦身体を～ 洗澡 xǐzǎo♦足を～《比喩》弃暗投明 qì àn tóu míng ❷《調べる》调查 diàochá；查明 chámíng♦身元を～ 调查出身经历 diàochá chūshēn jīnglì♦心を～われる 感到清爽 gǎndào qīngshuǎng
あらうみ【荒海】波涛滚滚的大海 bōtāo gǔngǔn de dàhǎi♦～に乗り出す 驶进波涛汹涌的大海 shǐjìn bōtāo xiōngyǒng de dàhǎi
あらかじめ【予め】预先 yùxiān；在先 zàixiān♦～お知らせ下さい 请事

前说一下 qíng shìqián shuō yíxià

あらかせぎ【荒稼ぎ-する】 大发横财 dà fā hèngcái

あらかた【粗方】 大体上 dàtǐshang ♦ ～片付いた 基本上整理好了 jīběnshang zhěnglǐhǎo le

あらくれもの【荒くれ者】 鲁莽汉 lǔmǎnghàn

あらけずり【荒削り-な】 ❶《作品など が》粗糙 cūcāo；未经修改 wèi jīng xiūgǎi ❷《性格》豪放 háofàng；粗豪 cūháo

あらさがし【粗捜し-をする】 找毛病 zhǎo máobìng；挑错儿 tiāo cuòr

あらし【嵐】 风暴 fēngbào；狂飙 kuángbiāo

あらす【荒らす】 ❶《駄目にする》 弄坏 nònghuài ♦ 作物を～ 毁坏庄稼 huǐhuài zhuāngjia ♦《放置して》畑を～ 使田地荒芜 shǐ tiándì huāngwú ❸《盗み取る》♦ 留守宅を～ 溜门 liūmén ♦ 縄張りを～ 侵犯地盘 qīnfàn dìpán

あらすじ【粗筋】 梗概 gěnggài；概要 gàiyào

あらそい【争い】 争 斗 zhēngdòu；纠纷 jiūfēn ♦ ～のもと 争端 zhēngduān ♦ ～が絶えない 经常纠纷 jīngcháng jiūfēn

あらそう【争う】 争 zhēng；斗争 dòuzhēng；较量 jiàoliàng ♦ 先を～ 争先 zhēngxiān；抢先 qiǎngxiān ♦ 一刻を～ 刻不容缓 kè bù róng huǎn ♦ 年は争えない 岁月不饶人啊 suìyuè bù ráo rén a

あらた【新た】 新 xīn；重新 chóngxīn ♦ ～に取りかれる 新采用 xīn cǎiyòng ♦ ～な計画 新的计划 xīn de jìhuà

あらたまる【改まる】 改变 gǎibiàn；年が～ 岁序更新 suìxù gēngxīn ♦ 改まった顔つき 严肃的表情 yánsù de biǎoqíng

あらためて【改めて】 重新 chóngxīn；再 zài ♦ ～申しこむ 再次申请 zàicì shēnqǐng

あらためる【改める】 改 正 gǎizhèng；纠正 jiūzhèng ♦ 日を～ 改天 gǎitiān ♦ 悪習を～ 改善坏习惯 gǎishàn huàixíguàn ♦ 切符を～ 验票 yànpiào

あらっぽい【荒っぽい】 粗暴 cūbào；粗鲁 cūlǔ ♦ 運転が～ 车开得很粗暴 chē kāide hěn cūbào

あらなみ【荒波】 狂澜 kuánglán；风浪 fēnglàng ♦ 浮世の～ 人世间的磨炼 rénshìjiān de móliàn

あらぬ ♦ ～方を見る 朝向别的方向 cháoxiàng bié de fāngxiàng ♦ ～うわさ 谣传 yáochuán ♦ ～疑い 莫须有的怀疑 mòxūyǒu de huáiyí

アラビア《アラブ》 阿拉伯 Ālābó ♦ ～数字 阿拉伯数字 Ālābó shùzì

あらまし 梗概 gěnggài；大略 dàlüè ♦ ～こんなところだな 大致是这样呢 dàzhì shì zhèyàng ne

あらゆる 所有 suǒyǒu；一切 yíqiè ♦ ～角度から 从各种角度 cóng gèzhǒng jiǎodù ♦ ～方策 千方百计 qiān fāng bǎi jì

あらりょうじ【荒療治】《処置·改革》 大刀阔斧的改革 dà dāo kuò fǔ de gǎigé

あらわ【露わ-な】 显然 xiǎnrán；骨 lùgǔ

あらわす【現す】 呈现 chéngxiàn；显出 xiǎnchū ♦ 正体を～ 现原形 xiàn yuánxíng ♦ 頭角を～ 崭露头角 zhǎnlù tóujiǎo ♦ 馬脚を～ 露马脚 lòu mǎjiǎo

あらわす【著す】 著述 zhù；撰写 zhuànxiě

あらわす【表す】 表示 biǎoshì；抒发 shūfā ♦ 言葉に～ 用语言表达 yòng yányǔ biǎodá ♦ 名は体を～ 名若其人 míng ruò qí rén

あらわれる【現れる】 ❶《表面化する》显现 xiǎnxiàn ♦ 兆しが～ 显出征兆 xiǎnchū zhēngzhào ❷《発覚する》败露 bàilù ♦ 悪事が～ 败露邪行 bàilù xiéxíng ❸《出現する》出现 chūxiàn ♦ 効果が～ 见效 jiànxiào

アリ【蟻】 蚂蚁 mǎyǐ ♦ ～の巣 蚁穴 yǐxué ♦ 白～ 白蚁 báiyǐ

アリア 咏叹调 yǒngtàndiào

ありあまる【有り余る】 用 之 不 尽 yòng zhī bú jìn；过剩 guòshèng ♦ ～人材 充裕的人材 chōngyù de réncái

ありあり【有り有り-と】 清清楚楚地 qīngqīngchǔchǔ de

ありあわせ【有り合せ-の】 现 成 xiànchéng ♦ ～の食事 便饭 biànfàn；现成饭 xiànchéngfàn

ありうる【有り得る】 可能有 kěnéng yǒu；会有 huì yǒu

ありか【在所】 下落 xiàluò

ありがたい【有り難い】 可感谢的 kě gǎnxiè de；难得的 nándé de；可贵的 kěguì de ♦ ～ご忠告 难得的劝告 nándé de quàngào ♦ 有り難く頂戴する 欣然接受 xīnrán jiēshòu

ありがたがる【有り難がる】 希罕 xīhan；珍视 zhēnshì

ありがためいわく【有り難迷惑】 帮倒忙 bāng dàománg；好意反而添麻烦 hǎoyì fǎn'ér tiān máfan

ありがち【有り勝ち-な】 常 有 的 cháng yǒu de；常见的 chángjiàn

ありがとう【有り難う】 谢谢 xièxie; 多谢 duōxiè

ありがね【有り金】 手头的钱 shǒutóu de qián ◆～をはたいて 把钱花光 bǎ qián huāguāng

ありきたり【在り来り-の】 一般 yìbān; 常有 chángyǒu; 老一套 lǎoyítào

ありさま【有り様】 样子 yàngzi; 景象 jǐngxiàng

ありつく ◆飯に～ 吃得上饭 chīdeshàng fàn ◆仕事に～ 找到工作 zhǎodào gōngzuò

ありったけ【有りっ丈-の】 一切 yíqiè; 所有 suǒyǒu

ありのまま【有りの侭-の】 如实 rúshí; 据实 jùshí ◆～に語る 照实说 zhàoshí shuō

アリバイ 不在现场的证据 bú zài xiànchǎng de zhèngjù

ありふれた 常见 chángjiàn; 平凡 píngfán ◆～話 老生常谈 lǎo shēng cháng tán; 常有的事 chángyǒu de shì

ありりゅうさんガス【亜硫酸ガス】 二氧化硫 èryǎnghuàliú

ありよう【有り様】 实情 shíqíng; 现状 xiànzhuàng

ある【或る】 某 mǒu ◆～日 一天 yì tiān ◆～人 某人 mǒurén; 有人 yǒurén

ある【在る】 在 zài; 在于 zàiyú ◆問題はここに～ 问题就在这儿 wèntí jiù zài zhèr

ある【有る】 有 yǒu; 具有 jùyǒu ◆用事が～ 有事 yǒu shì ◆見た事が～ 看过 kànguo ◆高さが3m～ 有三米高 yǒu sān mǐ gāo

あるいは【或いは】 或者 huòzhě

アルカリ 碱 jiǎn ◆～土壤 碱地 jiǎndì; 碱土 jiǎntǔ ◆～性の 碱性 jiǎnxìng ◆～電池 碱性电池 jiǎnxìng diànchí

あるきまわる【歩き回る】 徘徊 páihuái

あるく【歩く】 走 zǒu; 行走 xíngzǒu ◆世界を～ 周游世界 zhōuyóu shìjiè

アルコール ❶《化合物》酒精 jiǔjīng ❷《酒》酒 jiǔ ◆～中毒 酒精中毒 jiǔjīng zhòngdú ◆～に弱い 不会喝酒 bú huì hējiǔ

あるじ【主】 主人 zhǔrén; 东道 dōngdào

アルツハイマーびょう【アルツハイマー病】 阿尔茨海默氏 ā'ěrcíhǎimòbìng

アルト 女低音 nǚdīyīn

アルバイト 打工 dǎgōng ◆～学生 工读学生 gōngdú xuésheng

アルバム ❶《写真の》照相簿 zhàoxiàngbù; 影集 yǐngjí; 纪念册 jìniàncè ❷《CD・レコード盤の》歌曲选唱片 gēqǔxuǎn chàngpiàn

アルファベット 罗马字母 Luómǎ zìmǔ

あるまじき 不应该的 bù yīnggāi de ◆～行為 议员不应该有的行为 yìyuán bù yīnggāi yǒu de xíngwéi

アルミ(ニウム) 铝 lǚ ◆～製品 铝制品 lǚzhìpǐn

アルミホイル 铝箔 lǚbó

あれ 那 nà; 那个 nàge; 那儿 nèige

あれくるう【荒れ狂う】 凶暴 xiōngbào; 狂暴 kuángbào

あれこれ ◆～眺める 看来看去 kànlái kànqù ◆～考える 想来想去 xiǎnglái xiǎngqù ◆～迷う 三心二意 sān xīn èr yì

あれち【荒れ地】 荒地 huāngdì; 荒野 huāngyě

あれの【荒れ野】 荒野 huāngyě; 荒原 huāngyuán

あれはてる【荒れ果てる】 ❶《家屋などが》破败 pòbài ❷《土地が》荒废 huāngfèi

あれほうだい【荒れ放題-の】 荒芜 huāngwú; 任其荒废 rèn qí huāngfèi

あれもよう【荒れ模様-の】 ❶《天候》要起风暴 yào qǐ fēngbào ❷《機嫌》要闹脾气 yào nào píqi

あれる【荒れる】 ◆畑が～ 地很荒芜 dì hěn huāngwú ◆生活が～ 生活胡乱 shēnghuó húluàn ◆会議が～ 会议闹分歧 huìyì nào fēnqí ◆肌が～ 皮肤变粗 pífū biàn cū ◆海が～ 海上风浪大 hǎishang fēnglàng dà

アレルギー 过敏症 guòmǐnzhèng ◆～反応 变态反应 biàntài fǎnyìng ◆～性鼻炎 过敏性鼻炎 guòmǐnxìng bíyán

アレルゲン 过敏原 guòmǐnyuán

アレンジ-する 布置 bùzhì; 安排 ānpái;《音楽など》改编 gǎibiān

アロエ 芦荟 lúhuì

アロハシャツ 夏威夷衫 Xiàwēiyí shān

アロマテラピー《芳香療法》芳香疗法 fāngxiāng liáofǎ

あわ【泡】 泡沫 pàomò; 泡儿 pàor ◆～と消える 成为泡影 chéngwéi pàoyǐng ◆～を食う《比喩》惊慌 jīnghuāng

アワ【粟】 谷子 gǔzi; 小米 xiǎomǐ ◆～粒のような 微乎其微 wēi hū qí wēi

あわい【淡い】 浅淡 qiǎndàn; 轻淡

qīngdàn; 浅淡 ◆~期待 一线希望 yī xiàn xīwàng ◆~初恋 淡薄的初恋 dànbó de chūliàn

あわせ【袷】夹 jiá: 夹衣 jiáyī ◆~の上着 〈中国風の〉夹袄 jiá'ǎo

あわせて【合わせて】一共 yígòng; 合计 héjì

あわせて【併せて】同时 tóngshí; 并且 bìng

あわせる【合わせる】◆焦点を~ 对准焦点 duìzhǔn jiāodiǎn ◆力を~ 同心协力 tóng xīn xié lì ◆顔を~ 见面 jiànmiàn ◆~顔がない 没脸见人 méi liǎn jiàn rén ◆話を~ 迎合 yínghé ◆手を~ 合十 héshí ◆答を~ 核对答案 héduì dá'àn

あわただしい【慌ただしい】慌张 huāngzhāng; 匆忙 cōngmáng

あわだつ【泡立つ】起沫儿 qǐmòr; 起泡儿 qǐpàor

あわてふためく【慌てふためく】张皇失措 zhāng huáng shī cuò

あわてもの【慌て者】冒失鬼 màoshīguǐ

あわてる【慌てる】慌张 huāngzhāng; 着慌 zháohuāng

アワビ【鮑】鲍鱼 bàoyú

あわや 差点儿没… chàdiǎnr méi ... ◆~おだぶつ 差点儿没有死 chàdiǎnr méiyǒu sǐ

あわよくば 如能乘机 rú néng chéngjī; 如有可能 rú yǒu kěnéng

あわれ【哀れ-な】可怜 kělián ◆~な話 悲痛的故事 bēitòng de gùshi ◆~なやつ 可怜虫 kěliánchóng ◆~な暮らし 凄惨的生活 qīcǎn de shēnghuó

あわれみ【哀[憐]れみ】◆~を寄せる 怜悯 liánmǐn

あわれむ【哀[憐]れむ】怜悯 liánmǐn ◆~べき 可怜的 kělián de

あん【餡】馅儿 xiànr ◆~入りマントウ 夹馅儿馒头 jiāxiànr mántou

あん【案】方案 fāng'àn ◆~を作る 拟订计划 nǐdìng jìhuà ◆~に違わず 正如预料 zhèng rú yùliào

あん【暗-に】暗暗示す ◆~に灰(ほの)めかす 婉转暗示 wǎnzhuǎn ànshì

あんい【安易-な】轻易 qīngyì; 容易 róngyì ◆~に考える 看得简单 kànde jiǎndān

あんうん【暗雲】乌云 wūyún; 黑云 hēiyún ◆~垂れこめる 形势不稳 xíngshì bù wěn

あんか【安価-な】廉价 liánjià

アンカー ❶《リレーの》接力赛的最后跑者〔泳者〕jiēlìsài de zuìhòu pǎozhě〔yǒngzhě〕❷《報道番組の》主持人 zhǔchírén

あんがい【案外-な】出乎意料 chū hū yìliào ◆~楽だった 意外地容易 yìwài de róngyì

あんかん【安閑-たる】安逸 ānyì ◆~としてはいられない 不能这样安闲 bù néng zhèyàng ānxián

あんき【暗記-する】记住 jìzhù; 背 bèi

あんきょ【暗渠】阴沟 yīngōu; 暗沟 àngōu

アングル 角度 jiǎodù

アンケート 民意测验 mínyì cèyàn ◆~をとる 用调查表测验民意 yòng diàochábiǎo cèyàn mínyì ◆~調査 问卷调查 wènjuàn diàochá ◆~に記入する 填写问卷 tiánxiě wènjuàn

あんけん【案件】❶《議案》议案 yì'àn ❷《調査すべき事件》案件 ànjiàn ◆~に裁決を下す 断案 duàn'àn

あんこ【餡子】豆馅儿 dòuxiànr

あんごう【暗号】暗号 ànhào; 密码 mìmǎ ◆~を解読する 破译密码 pòyì mìmǎ

アンコール-する 要求重演 yāoqiú chóngyǎn

あんこく【暗黒】黑暗 hēi'àn ◆~街 黑社会 hēishèhuì

あんさつ【暗殺-する】暗害 ànhài; 暗杀 ànshā

あんざん【暗算-する】心算 xīnsuàn 〔中国語の'暗算 ànsuàn'は「卑劣なワナを仕掛ける」「闇討ちを企む」こと〕

あんざん【安産】顺产 shùnchǎn

アンサンブル ❶《音楽》合奏 hézòu ❷《衣服》套装 tàozhuāng

あんじ【暗示-する】暗示 ànshì ◆~にかかる 上暗示的钩 shàng ànshì de gōu

あんしつ【暗室】暗室 ànshì

あんじゅう【安住-する】安于 ānyú ◆~の地 安居之地 ānjū zhī dì; 安乐的地方 ānlè de dìfang

あんしょう【暗礁】暗礁 ànjiāo; 《比喩》障碍 zhàng'ài ◆~に乗り上げる 〈船が〉触礁 chùjiāo; 《比喩》搁浅 gēqiǎn

あんしょう【暗唱-する】背诵 bèisòng

あんしょうばんごう【暗証番号】密码 mìmǎ

あんじる【案じる】挂念 guàniàn; 担心 dānxīn

あんしん【安心-する】放心 fàngxīn ◆母を~させる 让母亲放心 ràng mǔqīn fàngxīn

アンズ【杏】杏 xìng ◆~色の 杏黄 xìnghuáng

あんせい【安静】安静 ānjìng ◆~が

必要だ 需要安静 xūyào ānjìng ♦絶対～ 绝对安静 juéduì ānjìng
あんぜん【安全-な】 安全 ānquán ♦～剃刀 保险刀 bǎoxiǎndāo ♦～ベルト 安全带 ānquándài ♦～器 闸盒儿 zháhér ♦～ピン 别针 biézhēn
アンダーシャツ 汗衫 hànshān
アンダーライン 着重线 zhuózhòngxiàn ♦～を引く 在…下面划线 zài ... xiàmiàn huàxiàn
あんたい【安泰-な】 安宁 ānníng
あんたん【暗澹-たる】 暗淡 àndàn
あんち【安置-する】 安置 ānzhì; 安放 ānfàng
アンチ 反 fǎn; 反对 fǎnduì ♦～エイジング 抗衰老 kàng shuāilǎo ♦～テーゼ 反题 fǎntí
あんちゅうもさく【暗中模索-する】 暗中摸索 ànzhōng mōsuǒ
あんちょく【安直-な】〈作りが〉简陋 jiǎnlòu;〈行為が〉轻易 qīngyì
あんちょこ 知识要点 zhīshi yàodiǎn; 备考重点 bèikǎo zhòngdiǎn
あんてい【安定-する】 安定 āndìng; 稳定 wěndìng ♦株価が～しない 股价不稳定 gǔjià bù wěndìng
アンティーク 古董 gǔdǒng
アンテナ 天线 tiānxiàn ♦パラボラ～ 抛物面天线 pāowùmiàn tiānxiàn
あんど【安堵-する】 放心 fàngxīn
あんな 那样的 nàyàng de ♦～男 那么个男人 nàme ge nánrén
あんない【案内-する】 向导 xiàngdǎo; 引导 yǐndǎo; 前导 qiándǎo ♦～所 问事处 wènshìchù; 问讯处 wènxùnchù ♦〈通知〉通知 tōngzhī;〈招待〉请帖 qǐngtiě ♦～図 示意图 shìyìtú
あんなに 那样地 nàyàng de; 那么 nàme
あんにん【杏仁】 杏仁 xìngrén ♦～豆腐 杏仁豆腐 xìngrén dòufu
あんのじょう【案の定】 果然 guǒrán; 不出所料 bùchū suǒliào
あんのん【安穏-な】 安闲 ānxián; 平安 píng'ān ♦～に暮らす 过安稳日子 guò ānwěn rìzi
アンパイア 裁判员 cáipànyuán
アンバランス-な 不平衡 bù pínghéng; 不均衡 bù jūnhéng
あんパン【餡パン】 豆沙面包 dòushā miànbāo
あんぴ【安否】 平安与否 píng'ān yǔ fǒu ♦～を気遣う 担心…的平安与否 dānxīn ... de píng'ān yǔ fǒu ♦～を尋ねる 问安 wèn'ān
アンプ 放大器 fàngdàqì; 增音器 zēngyīnqì
アンフェア 不公平 bù gōngpíng; 不正当 bú zhèngdàng
あんぶん【案分・按分】 按比例分配 àn bǐlì fēnpèi
アンペア 安培 ānpéi ♦～計 电流表 diànliúbiǎo
あんま【按摩-する】 按摩 ànmó; 推拿 tuīná
あんまり-な 够劲儿 gòujìnr; 过分 guòfèn ♦そりゃ～だ 那太过分了 nà tài guòfèn le
あんまん【餡饅】 豆沙包 dòushābāo
あんみん【安眠-する】 安眠 ānmián
あんもく【暗黙-の】 ～の了解 默契 mòqì
アンモニア 阿摩尼亚 āmóníyà; 氨 ān ♦～水 氨水 ānshuǐ
あんやく【暗躍-する】 暗中活动 ànzhōng huódòng
あんらく【安楽-な】 安乐 ānlè ♦～に暮らす 安逸过活 ānyì guòhuó ♦～椅子 安乐椅 ānlèyǐ ♦～死 安乐死 ānlèsǐ
アンラッキー 不幸 búxìng; 倒霉 dǎoméi

い

い【意】 ◆～にかなう 中意 zhòngyì ◆～に介さない 不在乎 búzàihu ◆～のままにする 任意摆布 rènyì bǎibù ◆～を決する 决意 juéyì ◆～を強くする 增强信心 zēngqiáng xìnxīn

い【胃】 胃 wèi ◆～が痛い 胃痛 wèitòng ◆～がもたれる 存食 cúnshí ◆～をこわす 伤胃 shāng wèi

いあつ【威圧-する】 压制 yāzhì ◆～感 压力感 yālì gǎn；气魄 qìpò ◆～的な威圧的 wēiyā de

いあわせる【居合わせる】 在场 zàichǎng ◆現場に～ 在现场 zài xiànchǎng

いあん【慰安】 慰劳 wèiláo；慰问 wèiwèn ◆～旅行 慰劳旅行 wèiláo lǚxíng

いい【好い･良･善い】 好 hǎo；良好 liánghǎo ◆～人 好人 hǎorén ◆～ところへ来た 来得好 láide hǎo

いいあい【言い合い】 争吵 zhēngchǎo；吵架 chǎojià

いいあてる【言い当てる】 猜中 cāizhòng；说对 shuōduì

いいあやまる【言い誤る】 说错 shuōcuò

いいあらそう【言い争う】 吵架 chǎojià；口角 kǒujué；争吵 zhēngchǎo

いいあらわす【言い表す】 表达 biǎodá；说明 shuōmíng ◆ことばでは言い表せない 语言表达不出来 yǔyán biǎodábuchūlái

いいえ 不 bù；不是 búshì；没有 méiyǒu

いいえてみょう【言い得て妙】 说得妙 shuōde miào

イーエムエス（EMS） 《国際エクスプレスメール》特快专递 tè kuài zhuāndì；快递 kuàidì；速递 sùdì

いいおとす【言い落とす】 忘记说 wàngjì shuō；漏说 lòushuō

いいかえす【言い返す】 顶嘴 dǐngzuǐ ◆负けずに～ 不认输回嘴兒 bù rènshū huízuǐ

いいかえる【言い替える】 换句话说 huàn jù huà shuō

いいがお【好い顔】 好脸 hǎo liǎn ◆業界では～だ 在同业界吃得开 zài tóngyèjiè chīdekāi ◆～ばかりはしていられない 不能总给好脸看 bù néng zǒng gěi hǎoliǎn kàn

いいがかり【言い掛かり】 ◆～をつける 找碴儿 zhǎochár

いいかげん【好い加減】 ◆～な 马虎 mǎhu；粗率 cūshuài ◆～な人 马大哈 mǎdàhā ◆～にやる 草率从事 cǎoshuài cóngshì

いいかた【言い方】 说法 shuōfǎ ◆丁寧な～ 礼貌的说法 lǐmào de shuōfǎ

いいかねる【言い兼ねる】 不敢说 bùgǎn shuō ◆君が正しいとは～ 很难说你做得对 hěn nán shuō nǐ zuòde duì

いいき【好い気-な】 ◆～なものだ 太天真 tài tiānzhēn ◆～になっている 得意忘形 dé yì wàng xíng

いいきかせる【言い聞かせる】 嘱咐 zhǔfù；嘱告 zhǔgào；劝告 quàngào ◆自分に～ 对自己说 duì zìjǐ shuō

いいきる【言い切る】 断言 duànyán ◆きっぱりと～ 断然地说 duànrán de shuō

いいぐさ【言い草】 ◆なんて～だ 说得太不像话 shuōde tài búxiàng huà

いいくるめる【言いくるめる】 哄骗 hǒngpiàn；糊弄 hùnong ◆うまく言いくるめられた 被花言巧语蒙骗 bèi huā yán qiǎo yǔ měngpiàn

いいこ【好い子】 ◆～ぶる 假装好孩子 jiǎzhuāng hǎoháizi

いいこめる【言い込める】 驳倒 bódǎo

イーシー（EC） 欧洲共同体 Ōuzhōu Gòngtóngtǐ

イージー-な 简便 jiǎnbiàn；轻易 qīngyì ◆～オーダー 按模式订作 àn móshì dìngzuò

いいしぶる【言い渋る】 犹豫不说 yóuyù bù shuō；不敢明说 bù gǎn míngshuō

いいしれぬ【言い知れぬ】 难以表达 nányǐ biǎodá ◆～寂しさを覚える 感到无法形容的寂寞 gǎndào wúfǎ xíngróng de jìmò

いいすぎ【言い過ぎ】 说得过火 shuōde guòhuǒ；说得过分 shuōde guòfēn

イースト 酵母 jiàomǔ ◆～菌 酵母菌 jiàomǔjūn

イーゼル 画架 huàjià

いいそびれる【言いそびれる】 未能说出 wèi néng shuōchū

いいだくだく【唯々諾々】 惟命是听 wéi mìng shì tīng ◆～として従う 绝对听从 juéduì tīngcóng

いいだす【言い出す】 说出 shuōchū；开口 kāikǒu ◆自分から～ 自己开口 zìjǐ kāikǒu

いいたてる【言い立てる】 强调 qiángdiào；声称 shēngchēng

イーチケット（Eチケット） 电子机票 diànzǐ jīpiào

いいつくろう【言い繕う】 巧辩 qiǎobiàn；掩饰 yǎnshì

いいつけ【言い付け】 吩咐 fēnfù ◆～

を守る 听从嘱咐 tīngcóng zhǔfù
いいつける【言い付ける】 ❶《命令》吩咐 fēnfù：fēnfu ♦ 彼に仕事を〜吩咐他做事 fēnfù tā zuòshì ❷《告げ口》告状 gàozhuàng ♦ 先生に〜向老师告发 xiàng lǎoshī gàofā
いいつたえ【言い伝え】 传说 chuánshuō
いいとし【いい年】 ♦〜をして 岁数那么大还… suìshu nàme dà hái…
いいなおす【言い直す】 改口 gǎikǒu；重说 chóngshuō
いいなずけ【許婚】 对象 duìxiàng；《女》未婚妻 wèihūnqī；《男》未婚夫 wèihūnfū
いいならわし【言い習わし】 老习惯 lǎoxíguàn
いいなり【言いなり－になる】 百依百顺 bǎi yī bǎi shùn；任人摆布 rèn rén bǎibu
いいにくい【言い難い】 难说 nánshuō ♦〜ことを言わねばならぬ 不能不说不好说的话 bùnéngbù shuō bùhǎo shuō de huà
いいぬける【言い抜ける】 搪塞过去 tángsèguòqu
いいね【言い値】 要价 yàojià
いいのがれ【言い逃れ－する】 支吾 zhīwu；推脱 tuītuō
いいのこす【言い残す】 ❶《伝言》留言 liúyán ♦ 言い残したことはありませんか 有没有漏说的话 yǒu méiyǒu lòushuō de huà ❷《死後に》遗嘱 yízhǔ
いいはる【言い張る】 硬说 yìngshuō；坚持 jiānchí
いいふくめる【言い含める】 嘱咐 zhǔfù
いいふらす【言い触らす】 扬言 yángyán；张扬 zhāngyáng ♦ あることないことを〜 真的假的什么都散布 zhēn de jiǎ de shénme dōu sànbù
いいふるされた【言い古された】 ♦〜こと 陈旧的话 chénjiù de huà
いいぶん【言い分】 主张 zhǔzhāng；意见 yìjiàn ♦〜を聞く 倾听主张 qīngtīng zhǔzhāng
イーブン 平局 píngjú
いいまかす【言い負かす】 驳倒 bódǎo
いいまちがえる【言い間違える】 说错 shuōcuò
いいまわし【言い回し】 说法 shuōfǎ；《文章中の》修辞 xiūcí
イーメール（E メール） 电子邮件 diànzǐ yóujiàn；伊妹儿 yīmèir
イーユー（EU） 《ヨーロッパ連合》欧洲联盟 Ōuzhōu Liánméng
いいよう【言い様】 说法 shuōfǎ；措词 cuòcí ♦ 何とも〜がない 简直没法儿说 jiǎnzhí méifǎr shuō ♦ ものには〜がある 说话也要有分寸嘛 shuōhuà yě yào yǒu fēncun ma
いいよる【言い寄る】 追求 zhuīqiú；求爱 qiú'ài
いいわけ【言い訳】 ♦〜をする 分辩 fēnbiàn；辩解 biànjiě
いいわたす【言い渡す】 宣告 xuāngào；宣判 xuānpàn ♦ 無罪を〜 宣告无罪 xuāngào wúzuì
いいん【医院】 医院 yīyuàn
いいん【委員】 委员 wěiyuán ♦〜会 委员会 wěiyuánhuì ♦〜長 委员长 wěiyuánzhǎng
いう【言う】 ♦〜に堪えない 说不得 shuōbude ♦〜までもなく 不用说 búyòng shuō ♦ 口に出して〜 说出来 shuōchūlai ♦ 名を…と〜 名叫… míngjiào…
いえ【家】 房子 fángzi ♦〜を建てる 盖房子 gài fángzi ♦…の〜に生まれる 生于…家庭 shēngyú…jiātíng ♦〜を畳む 收拾家当 shōushi jiādàng ♦〜を継ぐ 继承家业 jìchéng jiāyè
いえい【遺影】 遗像 yíxiàng
いえがら【家柄】 出身 chūshēn；门第 méndì；门户 ménhù
いえき【胃液】 胃液 wèiyè
いえじ【家路】 归途 guītú ♦〜につく 回家 huíjiā
イエス《キリスト》 耶稣 Yēsū；耶稣基督 Yēsū Jīdū
イエス《是》 是 shì；对 duì
イエスマン 应声虫 yìngshēngchóng
いえで【家出－する】 离家出走 líjiā chūzǒu ♦〜人 奔的人 chūbēn de rén
いえなみ【家並】 排成的房子 páichéng de fángzi ♦〜が続く 房屋栉比 fángwū zhìbǐ
いえやしき【家屋敷】 房地产 fángdìchǎn
イエローカード 黄牌 huángpái
いえん【以遠】 以远 yǐyuǎn
いえん【胃炎】 胃炎 wèiyán ♦ 急性〜 急性胃炎 jíxìng wèiyán
いおう【硫黄】 硫磺 liúhuáng
いおとす【射落とす】 射下来 shèxiàlai；击落 jīluò
イオン 离子 lízǐ ♦〜化 电离 diànlí ♦〜交換樹脂 离子交换树脂 lízǐ jiāohuàn shùzhī
いか【以下】 以下 yǐxià；下面 xiàmiàn ♦〜の通りである 如下 rúxià ♦ 二十才〜 二十岁以下 èrshí suì yǐxià
いか【医科】 医科 yīkē ♦〜大学 医

科大学 yīkē dàxué
イカ【烏賊】墨鱼 mòyú；乌贼 wūzéi；鱿鱼 yóuyú
いがい【以外】以外 yǐwài；除了…以外 chúle…yǐwài
いがい【意外-な】意外 yìwài；出乎意料 chū hū yì liào ♦～に思う 纳罕 nàhǎn ♦～にむずかしい 意外地困难 yìwài de kùnnan
いかいよう【胃潰瘍】胃溃疡 wèikuìyáng
いかが【如何-ですか】怎么样 zěnmeyàng；如何 rúhé
いかがわしい 可疑 kěyí；不正经 bú zhèngjīng
いかく【威嚇】《武力で》威慑 wēishè；威胁 wēixié ♦～射击 威慑射击 wēishè shèjī
いがく【医学】医学 yīxué ♦～部 医学院 yīxuéyuàn
いかくちょう【胃拡張】胃扩张 wèikuòzhāng
いかさま 欺骗 qīpiàn ♦～師 骗子 piànzi ♦～をやる 欺骗 qīpiàn
いかす【生[活]かす】活用 huóyòng；利用 lìyòng ♦特技を～ 发挥专长 fāhuī zhuāncháng
いかすい【胃下垂】胃下垂 wèixiàchuí
いかだ【筏】筏子 fázi；木筏 mùfá；木排 mùpái ♦～を流す 放木排 fàng mùpái
いがた【鋳型】模型 móxíng；模子 múzi
いかなる【如何なる】怎样的 zěnyàng de；何等 héděng；任何 rènhé ♦～人も 任何人都 rènhé rén dōu
いかに【如何に】如何 rúhé；怎样 zěnyàng ♦～大事な人か 是怎样重要的人 shì zěnyàng zhòngyào de rén
いかにも【如何にも】诚然 chéngrán；的确 díquè
いがみあう【いがみ合う】反目 fǎnmù；争吵 zhēngchǎo
いかめしい【厳めしい】庄严 zhuāngyán；严厉 yánlì；严肃 yánsù
いかものぐい【いか物食い】怪食癖 guàishípǐ；爱吃奇特的食物 ài chī qítè de shíwù
いがらっぽい 呛 qiāng ♦喉が～ 呛喉咙 qiāng hóulong
いかり【怒り】火气 huǒqì；愤怒 fènnù ♦～をぶちまける 泄愤 xièfèn ♦～を鎮める 息怒 xīnù ♦～がこみ上げる 燃起怒火 ránqǐ nùhuǒ
いかり【錨】锚 máo ♦～を上げる 起锚 qǐmáo ♦～を下ろ

す 下锚 xiàmáo；抛锚 pāomáo
いかりくるう【怒り狂う】暴跳如雷 bàotiào rú léi；狂怒 kuángnù
いかる【怒る】愤怒 fènnù；发怒 fānù；生气 shēngqì
いかん【遺憾】遗憾 yíhàn ♦～に思う 感到遗憾 gǎndào yíhàn ♦～なく実力を発揮する 充分发挥能力 chōngfèn fāhuī nénglì
いがん【胃癌】胃癌 wèi'ái
いかんせん【如何せん】无奈 wúnài；无可奈何 wú kě nài hé
いき【生き】❶《鮮度》～がいい 新鲜 xīnxiān ❷《校正で》保留 bǎoliú
いき【意気】志气 zhìqì；志气 zhìqi ♦～高らかな 昂扬 ángyáng ♦～の上がらない 委靡 wěimǐ；低沉 dīchén ♦～盛んな 慷慨 kāngkǎi；气昂昂 qì'áng'áng ♦～に感ずる 感意气 gǎn yìqì
いき【遺棄-する】遗弃 yíqì
いき【粋-な】知趣 zhīqù；风流 fēngliú
いき【域】范围 fànwéi ♦推測の～を出ない 只是推测而已 zhǐshì tuīcè éryǐ ♦名人の～ 高手的水平 míngshǒu de shuǐpíng
いき【息】呼吸 hūxī；气息 qìxí ♦～が詰まる 憋气 biēqì ♦～が合う 合得来 hédelái ♦～が合わない 格格不入 gé gé bú rù ♦～が切れる 喘不过气来 chuǎnbuguò qì lái ♦～が絶える 断气 duànqì ♦～をひそめる 屏气 bǐngqì ♦一つく 歇一会儿 xiē yíhuìr ♦～の長い 持之以恒 chí zhī yǐ héng ♦～が続かない 坚持不下去 jiānchíbuxiàqu
いぎ【異議】异议 yìyì；相反的意见 xiāngfǎn de yìjiàn ♦～を申し立てる 提出异议 tíchū yìyì
いぎ【意義】意义 yìyì ♦～がある 有意义 yǒu yìyì
いきあたりばったり【行き当たりばったり】听其自然 tīng qí zìrán；无计划 wú jìhuà
いきいき【生き生き】生动 shēngdòng；活泼 huópo；精神 jīngshen
いきうつし【生き写し】一模一样 yì mú yí yàng；惟妙惟肖 wéi miào wéi xiào
いきうめ【生き埋め】活埋 huómái
いきおい【勢い】声势 shēngshì；势头 shìtou ♦～がいい 劲头十足 jìntóu shízú ♦～に乗って 乘势 chéngshì ♦～そうなる 势必这样 shìbì zhèyàng
いきおいづく【勢いづく】来劲儿 láijìnr
いきがい【生き甲斐】生存的意义

shēngcún de yìyì ♦〜を感じる 感到活得有意义 gǎndào huódé yǒu yìyì

いきかえる【生き返る】 复活 fùhuó; 回生 huíshēng ♦生き返らせる 回春 huíchūn ♦ようやく会社が生き返った 公司才恢复起来了 gōngsī cái huīfùqǐlái le

いきぎれ【息切れ-する】 气喘 qìchuǎn; 接不上气 jiēbushàng qì

いきぐるしい【息苦しい】 憋气 biēqì; 沉闷 chénmèn

いきごむ【意気込む】 振作 zhènzuò; 干劲十足 gànjìn shízú

いきさつ【経緯】 本末 běnmò; 原委 yuánwěi; 经过 jīngguò

いきじびき【生き字引き】 活字典 huózìdiǎn

いきしょうちん【意気消沈-する】 沮丧 jǔsàng; 颓丧 tuísàng; 心灰意懒 xīn huī yì lǎn

いきせききって【息急き切って】 气喘吁吁地 qìchuǎn xūxū de

いきた【生きた】 活的 huó de ♦〜化石 孑遗生物 jiéyí shēngwù ♦〜心地がしない 魂不附体 hún bù fù tǐ

いきち【生き血】 ♦〜を吸う 吸吮膏血 xīshǔn gāoxuè

いきとうごう【意気投合-する】 意气相投 yìqì xiāngtóu; 情投契合 qíngtóu qìhé

いきどおり【憤り】 愤怒 fènnù ♦〜を感じる 感到愤怒 gǎndào fènnù

いきどおる【憤る】 发怒 fānù; 愤怒 fènnù

いきとどく【行き届く】 ⇨ゆきとどく

いきどまり【行き止まり】 ⇨ゆきどまり

いきながらえる【生き長らえる】 长生 chángshēng

いきなり 忽地 hūdì; 突然 tūrán

いきぬき【息抜き】 休息 xiūxi; 缓气 huǎnqì

いきのこる【生き残る】 残存 cáncún; 幸存 xìngcún

いきのね【息の根】 ♦〜を止める 断送生命 duànsòng shēngmìng

いきのびる【生き延びる】 死里逃生 sǐlǐ táoshēng

いきはじ【生き恥】 ♦〜をさらす 活着受辱 huózhe shòurǔ; 丢人现眼 diūrén xiànyǎn

いきまく【息巻く】 气势汹汹地说 qìshì xiōngxiōng de shuō

いきもの【生き物】 生物 shēngwù ♦ことばは〜だ 语言是活着的 yǔyán shì huózhe de

いきょ【依拠-する】 依据 yījù; 根据 gēnjù

いきょう【異郷】 他乡 tāxiāng; 异乡 yìxiāng ♦〜に暮らす 客居外地 kèjū wàidì

いぎょう【異教】 异教 yìjiào ♦〜徒 异教徒 yìjiàotú

いぎょう【偉業】 伟业 wěiyè; 丕绩 pījì ♦〜を達成する 完成伟业 wánchéng wěiyè

いぎょうしゅ【異業種】 异类行业 yìlèi hángyè

いきようよう【意気揚々】 得意洋洋 déyì yángyáng; 趾高气扬 zhǐ gāo qì yáng

いきりたつ【いきり立つ】 激昂 jī'áng; 愤怒 fènnù

いきる【生きる】 活 huó; 处身 chǔshēn ♦持ち味が生きている 特色鲜明 tèsè xiānmíng ♦ことばが生きている 语言生动 yǔyán shēngdòng

いく【行く】 ❶《ある場所へ》去 qù; 走 zǒu ♦あっちへ行け！ 滚开 gǔnkāi ♦道を〜 走路 zǒulù ♦会社へ〜 上班 shàngbān ❷《進行する》进行 jìnxíng ♦うまく行かない 进行得不顺利 jìnxíngde bú shùnlì ❸《その他》〜年が〜 年老 niánlǎo ♦嫁に〜 出嫁 chūjià

いくえ【幾重】 重重 chóngchóng ♦〜にも重なる 重叠 chóngdié; 密密层层 mìmìcéngcéng

いくえい【育英】 培养人才 péiyǎng réncái ♦〜基金 教育基金 jiàoyù jījīn

いくさ【戦】 战争 zhànzhēng ♦〜を始める 发动战争 fādòng zhànzhēng; 动刀兵 dòng dāobīng ♦負け〜をした 打了败仗 dǎ le bàizhàng

イグサ【藺草】 灯心草 dēngxīncǎo

いくじ【育児】 养育幼儿 yǎngyù yòu'ér ♦〜休暇 育儿假 yù'ér jià

いくじなし【意気地なし】 懦夫 nuòfū; 软骨头 ruǎngǔtou; 没出息的 méi chūxi de

いくせい【育成-する】 培育 péiyù; 抚育 fǔyù

いくた【幾多-の】 好多 hǎoduō; 无数的 wúshù de

いくつ【幾つ】 多少 duōshao; 几 jǐ ♦〜になったの 几岁了 jǐ suì le?

いくつか【幾つか-の】 一些 yìxiē; 几个 jǐ ge ♦〜の方法がある 有一些办法 yǒu yìxiē bànfǎ

いくど【幾度-も】 屡次 lǚcì; 许多次 xǔduō cì ♦〜となく 屡次三番 lǚcì sānfān

いくどうおん【異口同音】 异口同声 yì kǒu tóng shēng

いくにち【幾日】 几天 jǐ tiān ♦〜も持たない 只能坚持几天 zhǐ néng jiānchí jǐ tiān ♦〜も降り続いた 下了好几天 xiàle hǎo jǐ tiān

いくにんも【幾人も】 好几个人 hǎojǐ ge rén
いくねんも【幾年も】 好几年 hǎo jǐ nián ♦～続く 干魃 连年旱灾 liánnián hànzāi
いくばく【幾許-か】 几何 jǐhé；一点儿 yìdiǎnr ♦～もない 没有多少 méiyǒu duōshǎo
いくぶん【幾分】 多少 duōshǎo；一点儿 yìdiǎnr ♦～体の調子がいい 身体好一点儿 shēntǐ hǎo yìdiǎnr
いくもうざい【育毛剤】 生发剂 shēngfàjì
いくら【幾ら】 ♦～ですか【値段】 多少钱 duōshao qián ♦～もない 无几 wújǐ ♦かねない‐でもある 有的是钱 yǒu de shì qián ♦～なんでもありすぎだ 无论怎么, 也太过分了 wúlùn zěnme, yě tài guòfèn le
イクラ 鲑鱼子 guīyúzǐ
いくらか【幾らか】 稍微 shāowēi；有些 yǒuxiē ♦～ましだ 稍微好一点儿 shāowēi hǎo yìdiǎnr
いくつかない【幾つかない】 寥寥 liáoliáo
いけ【池】 池塘 chítáng；池子 chízi
いけい【畏敬】 敬畏 jìngwèi
いけいれん【胃痙攣】 胃痉挛 wèijìngluán
いけがき【生け垣】 绿篱 lǜlí；树障子 shùzhàngzi；树墙 shùqiáng
いけすかない 讨厌 tǎoyàn
いけどり【生け捕り】 ♦～にする 活捉 huózhuō；生擒 shēngqín
いけない ❶《だめ》 不行 bùxíng ❷《行かれない》 不能去 bùnéng qù；去不成 qùbuchéng
いけにえ【生け贄】 牺牲 xīshēng
いけばな【生け花】 插花 chāhuā
いける【行ける】 ❶《行くことができる》 能去 néng qù ♦步いて～距离 可以走着去的距离 kěyǐ zǒuzhe qù de jùlí ❷《満足できる》 なかなか～不错 búcuò ♦～味だ 好吃 hǎochī
いけん【意见】 意见 yìjiàn；主意 zhǔyi ♦～を言う 提出意见 tíchū yìjiàn ♦～がくいちがう 意见不一致 yìjiàn bù yízhì ♦～がぶつかる 意见相反 yìjiàn xiāngfǎn ♦～を求める 问询 wènxún；询问 xúnwèn ♦～を交わす 商榷 shāngquè
いげん【威严】 威严 wēiyán；尊严 zūnyán ♦～を示す 施展威风 shīzhǎn wēifēng
いご【以后】 以后 yǐhòu
いご【围棋】 围棋 wéiqí
いこう【以降】 以后 yǐhòu
いこう【威光】 威势 wēishì；威风 wēifēng ♦親の～ 父母的威严 fùmǔ de wēiyán
いこう【意向】 意图 yìtú；意向 yìxiàng ♦～を打诊する 试探意图 shìtàn yìtú

いこう【移行-する】 过渡 guòdù ♦～段阶 过渡阶段 guòdù jiēduàn
いこう【遗稿】 遗稿 yígǎo ♦～を整理する 整理遗稿 zhěnglǐ yígǎo
いこう【憩う】 休息 xiūxi
イコール ❶《=》 等号 děnghào ❷《等しい》 等于 děngyú；相等 xiāngděng
いこく【异国】 外国 wàiguó ♦～情绪 异国情调 yìguó qíngdiào
いごこち【居心地】 ♦会社は～がいい 公司里心情舒畅 gōngsīli xīnqíng shūchàng
いこじ【意固地】 顽固 wángù ♦～になる 固执起来 gùzhíqǐlai
いこつ【遗骨】 骨灰 gǔhuī
いこん【遗恨】 遗恨 yíhèn
いざ ♦～というとき 一旦有事 yídàn yǒu shì ♦こどもなら～知らず 要是小孩儿倒也罢了 yàoshi xiǎoháir dào yě bàle
いさい【委细】 端详 duānxiáng；详情 xiángqíng ♦～かまわずに 不管怎样 bùguǎn zěnyàng ♦～面谈 详情改日面谈 xiángqíng gǎirì miàntán
いさい【异彩】 ♦～を放つ 大放异彩 dà fàng yìcǎi
いさかい【諍い】 是非 shìfēi；口角 kǒujué ♦～を起こす 惹起是非 rěqǐ shìfēi
いざかや【居酒屋】 小酒馆 xiǎojiǔguǎn
いさぎよい【潔い】 干脆 gāncuì；爽快 shuǎngkuai ♦潔く胃を脱ぐ 干脆认输 gāncuì rènshū
いさく【遗作】 遗作 yízuò
いざこざ 口舌 kǒushé；小争执 xiǎozhēngzhí ♦～を起こす 惹起是非 rěqǐ shìfēi ♦～に卷き込まれる 卷入纠纷 juǎnrù jiūfēn
いささか【些か】 稍微 shāowēi；有点 yǒudiǎn
いさましい【勇ましい】 雄壮 xióngzhuàng；英勇 yīngyǒng
いさめる【谏める】 劝告 quàngào；谏诤 jiànzhèng；劝谏 quànjiàn
いさりび【渔り火】 渔火 yúhuǒ
いさん【胃酸】 胃酸 wèisuān ♦～過多症 胃酸过多症 wèisuān guòduōzhèng
いさん【遗产】 遗产 yíchǎn ♦～を相続する 继承遗产 jìchéng yíchǎn ♦文化～ 文化遗产 wénhuà yíchǎn
いし【意志】 意志 yìzhì ♦～坚固な 刚毅 gāngyì ♦～が弱い 意志软弱 yìzhì ruǎnruò
いし【意思】 心意 xīnyì ♦～表示 表达意见 biǎodá yìjiàn ♦～の疎通を

いし【遺志】 遗愿 yíyuàn
いし【石】 石头 shítou ◆～にかじりついても 无论怎么艰苦 wúlùn zěnme jiānkǔ
いし【医師】 医生 yīshēng
いじ【意地】 ◆～になる 固执 gùzhí；～が悪い 心地不良 xīndì bù liáng ◆きたない 嘴馋 zuǐ chán ◆～っ張りな 执拗 zhíniù ◆～を張って 执意 zhíyì ◆～でも 怎么也 zěnme yě ◆～を見せる 显示志气 xiǎnshì zhìqì
いじ【維持-する】 维持 wéichí ◆現状～ 维持现状 wéichí xiànzhuàng
いじ【遺児】 遗孤 yígū
いしあたま【石頭】 死脑筋 sǐnǎojīn；一个心眼儿 yíge xīnyǎnr
いしうす【石臼】 石臼 shíjiù；石磨 shímò
いしがき【石垣】 石墙 shíqiáng
いしき【意識】 意识 yìshí ◆～が遠のく 昏迷 hūnmí；昏晕 hūnyūn ◆～を失う 昏过去 hūnguòqu ◆～を取り戻す 清醒 qīngxǐng；苏醒过来 sūxǐngguòlai ◆～する 意识到 yìshídào ◆～的(…する) 有意识 yǒu yìshí；故意 gùyì
いしく【石工】 石匠 shíjiang；石工 shígōng
いしだたみ【石畳】 ◆～の道 石板路 shíbǎnlù
いしだん【石段】 石阶 shíjiē
いしつ【異質-の】 异质 yìzhì
いしつぶつ【遺失物】 失物 shīwù；遗失物 yíshīwù ◆～取扱所 失物招领处 shīwù zhāolǐngchù ◆～届を出す 报失 bàoshī
いしばし【石橋】 石桥 shíqiáo ◆～を叩いて渡る 小心谨慎 xiǎoxīn jǐnshèn
いじめる【苛める】 欺负 qīfu；折磨 zhémo ◆いじめられる 受气 shòuqì
いしゃ【医者】 医生 yīshēng；大夫 dàifu ◆～にかかる 就医 jiùyī ◆～を呼ぶ 请医生来 qǐng yīshēng lái
いしゃ【慰謝[藉]】 ◆～料 赔偿费 péichángfèi；赔款 péikuǎn
いしゅ【異種-の】 不同种类 bù tóng zhǒnglèi；异种 yìzhǒng
いしゅ【意趣】 仇恨 chóuhèn ◆～返し 报仇 bàochóu
いしゅう【異臭】 异味 yìwèi；怪味 guàiwèi ◆～を放つ 发臭味儿 fā chòuwèir
いじゅう【移住-する】 迁移 qiānyí；移居 yíjū
いしゅく【萎縮-する】 萎缩 wěisuō
いしょ【遺書】 遗书 yíshū
いしょう【意匠】 意匠 yìjiàng；设计 shèjì ◆～登録 图案设计专利注册 túàn shèjì zhuānlì zhùcè
いしょう【衣裳】 服装 fúzhuāng ◆貸し～ 租贷服装 zūdài fúzhuāng ◆花嫁～ 新娘礼服 xīnniáng lǐfú
いじょう【以上】 以上 yǐshàng ◆二十歳～の男子 二十岁以上的男子 èrshí suì yǐshàng de nánzǐ ◆～の通りである 如上 rúshàng ◆予想～の 超出预计的 chāochū yùjì de
いじょう【異常-な】 异常 yìcháng；反常 fǎncháng ◆～な状態 病态 bìngtài ◆～気象 反常天气 fǎncháng tiānqì
いじょう【委譲-する】 转让 zhuǎnràng ◆権限を～する 转让权限 zhuǎnràng quánxiàn
いじょう【異状】 异常状态 yìcháng zhuàngtài ◆～なし 没问题 méi wèntí
いしょく【移植-する】 ❶《医学で》移植 yízhí ◆～手術 移植手术 yízhí shǒushù ❷《植物を》移植 yízhí；引种 yǐnzhòng
いしょく【衣食】 衣食 yīshí ◆～足りた生活 温饱的生活 wēnbǎo de shēnghuó
いしょく【異色-の】 有特色的 yǒu tèsè de；有特殊个性的 yǒu tèshū gèxìng de
いしょくじゅう【衣食住】 衣食住行 yī shí zhù xíng
いじらしい 令人同情的 lìng rén tóngqíng de
いじる【弄る】 摆弄 bǎinòng；弄nòng ◆お下げを～ 玩弄发辫儿 wánnòng fàbiànr ◆カメラを～ 摆弄照相机 bǎinòng zhàoxiàngjī
いしわた【石綿】 石棉 shímián
いじわる【意地悪-する】 刁难 diāonàn；为难 wéinán ◆～される 穿小鞋 chuān xiǎoxié
いしん【威信】 威信 wēixìn；声威 shēngwēi ◆～を失う 威信扫地 wēixìn sǎodì ◆～にかかわる 影响威信 yǐngxiǎng wēixìn
いじん【偉人】 伟人 wěirén ◆～伝 伟人传记 wěirén zhuànjì
いしんでんしん【以心伝心】 心领神会 xīn lǐng shén huì
いす【椅子】 椅子 yǐzi ◆～にかける 坐在椅子上 zuòzài yǐzi shàng ◆首相の～《地位》 首相的地位 shǒuxiàng de dìwèi
いずみ【泉】 泉水 quánshuǐ
イズム 主义 zhǔyì
イスラムきょう【イスラム教】 清真教 Qīngzhēnjiào；伊斯兰教 Yīsīlánjiào；回教 Huíjiào ◆～徒 穆斯林 mùsīlín
いずれ【何れ】 《どちらも》◆～劣らぬ

不相上下 bù xiāng shàngxià;《そのうちに》～買おう 改天买吧 gǎitiān mǎi ba

いずれにしても【何れにしても】 反正 fǎnzhèng; 不管怎样 bùguǎn zěnyàng

いずれは【何れは】 早晚 zǎowǎn

いずれも【何れも】 ◆～素晴らしい 哪个都顶好 nǎge dōu dǐng hǎo

いすわる【居座る】 坐着不走 zuòzhe bù zǒu ◆寒気団が～ 冷气团静止不动 lěngqìtuán jìngzhǐ bú dòng ◆権力の座に～ 连续掌权 liánxù zhǎngquán

いせい【威勢】 朝气 zhāoqì; 精神 jīngshen ◆～がいい 充满活力 chōngmǎn huólì

いせい【異性】 异性 yìxìng

イセエビ【伊勢海老】 龙虾 lóngxiā

いせき【移籍-する】 调职 diàozhí;《戸籍を》迁移户口 qiānyí hùkǒu

いせき【遺跡】 遗迹 yíjì ◆～の発掘 发掘遗迹 fājué yíjì

いせつ【異説】 不同的学说 bù tóng de xuéshuō ◆～を唱える 提倡不同观点 tíchàng bù tóng guāndiǎn

いせん【緯線】 纬线 wěixiàn

いぜん【以前】 以前 yǐqián; 从前 cóngqián ◆～とは違う 跟过去不一样 gēn guòqù bù yíyàng ◆常識～の問題 缺乏常识的问题 quēfá chángshí de wèntí

いぜん【依然-として】 仍然 réngrán; 还 hái; 还是 háishi ◆～として行方不明だ 还是下落不明 háishi xiàluò bùmíng ◆旧態～ 一仍旧贯 yì réng jiù guàn

いそいそ-と 欢欢喜喜地 huānhuānxǐxǐ de

いそいで【急いで】 赶紧 gǎnjǐn; 快 kuài ◆～帰る 急着回家 jízhe huíjiā

いそう【移送-する】 搬移 bānyí; 输送 shūsòng

いそうろう【居候】 食客 shíkè ◆～する 吃闲饭 chī xiánfàn

いそがしい【忙しい】 忙 máng; 忙碌 mánglù ◆仕事が～ 工作忙 gōngzuò máng ◆まったく～男だ 真是个忙人 zhēn shì ge mángrén

いそぎ【急ぎ-の】 急忙 jímáng ◆～の用事 急事 jíshì ◆～足 急步走 jíbù zǒu

いそぐ【急ぐ】 赶 gǎn ◆道を～ 赶路 gǎnlù ◆結論を～ 急于得出结论 jíyú déchū jiélùn ◆～ことはない 不必着急 búbì zháojí

いぞく【遺族】 遗属 yíshǔ

いそしむ【勤しむ】 勤奋 qínfèn; 勤谨 qínjǐn ◆勉学に～ 刻苦地学习 kèkǔ de xuéxí

いぞん【依存-する】 依靠 yīkào; 依赖 yīlài; 依存 yīcún ◆～心 依赖心 yīlàixīn

いぞん【異存】 意见 yìjiàn; 不满 bùmǎn ◆～はない 没有异议 méiyǒu yìyì

いた【板】 板 bǎn; 木板 mùbǎn ◆～につく 恰如其分 qià rú qí fèn

いたい【遺体】 遗体 yítǐ; 遗骸 yíhái

いたい【痛い】 疼 téng; 疼痛 téngtòng ◆～ところを突く 攻其弱点 gōng qí ruòdiǎn ◆耳の～話 不爱听的话 bú ài tīng de huà ◆～目にあう 遭到沉重打击 zāodào chénzhòng dǎjī

いだい【偉大-な】 伟大 wěidà ◆～な功績 伟绩 wěijì ◆～な行為 壮举 zhuàngjǔ ◆～な志 壮志 zhuàngzhì

いたいじ【異体字】 异体字 yìtǐzì

いたいたしい【痛々しい】 悲惨 bēicǎn; 可怜 kělián

いたく【委託-する】 委托 wěituō; 付托 fùtuō ◆～を受ける 受托 shòutuō

いだく【抱く】 怀抱 huáibào; 心怀 xīnhuái ◆大志を～ 胸怀大志 xiōnghuái dàzhì

いたけだか【居丈高-な】 盛气凌人 shèng qì líng rén

いたしかゆし【痛し痒し-の】 左右为难 zuǒyòu wéinán

いたずら【悪戯-する】 调皮 tiáopí; 淘气 táoqì

いたずらっこ【悪戯っ子】 顽童 wántóng; 淘气鬼 táoqìguǐ

いたずらに【徒に】 白白 báibái ◆～時が過ぎる 白浪费时间 bái làngfèi shíjiān

いただきもの【頂き物】 人家给的礼物 rénjia gěi de lǐwù

いただく【戴[頂]く】 ❶《もらう》领受 lǐngshòu ◆ごほうびを～ 接受奖赏 jiēshòu jiǎngshǎng ❷《食べる》吃 chī ◆朝食を～ 吃早饭 chī zǎofàn ❸《頭にのせる》罩顶 zhàodǐng ◆雪を頂いた山 白雪罩顶的山 báixuě zhào dǐng de shān

いたたまれない【居たたまれない】 ◆恥ずかしくて～ 羞得无地自容 xiūde wú dì zì róng

イタチ【鼬】 黄鼬 huángyòu; 黄鼠狼 huángshǔláng

いたって【至って】 格外 géwài; 极其 jíqí ◆～元気だ 格外健康 géwài jiànkāng

いたで【痛手】 损害 sǔnhài; 打击 dǎjī ◆～を蒙る 受到严重损害 shòudào yánzhòng sǔnhài

いたばさみ【板挟みーになる】 受夹板气 shòu jiābǎnqì

いたまえ【板前】 厨师 chúshī；大师傅 dàshifu

いたましい【痛ましい】 悲惨 bēicǎn ♦～事故 惨祸 cǎnhuò ♦～情景 惨状 cǎnzhuàng

いたみ【痛み】 疼痛 téngtòng ♦～を止める 止痛 zhǐtòng ♦～を抑える 镇痛 zhèntòng ♦～止めの薬 止痛药 zhǐtòngyào ♦他人の～が分かる 能明白别人的痛苦 néng míngbai biéren de tòngkǔ

いたむ【痛む】 疼痛 téngtòng；作痛 zuòtòng ♦傷が～ 创伤疼痛 chuāngshāng téngtòng ♦心［胸］が～ 伤心 shāngxīn ♦懐が～ 要费一笔钱 yào fèi yī bǐ qián

いたむ【傷む】 坏 huài；腐败 fǔbài ♦傷んだリンゴ 烂苹果 làn píngguǒ ♦屋根が～ 房顶损坏 fángdǐng sǔnhuài

いたむ【悼む】 哀悼 āidào

いためる【痛める・傷める】 损伤 sǔnshāng；受伤 shòushāng ♦肩を～ 损伤肩膀儿 sǔnshāng jiānbǎngr ♦心を～ 伤心 shāngxīn ♦頭を～ 伤脑筋 shāng nǎojīn

いためる【炒める】 炒 chǎo；煎 jiān

いたらない【至らない】 未成熟 wèi chéngshú；不周到 bù zhōudào

イタリック 欧文斜体字 Ōuwén xiétǐzì

いたる【至る】 到 dào；至 zhì ♦今に～ 至今 zhìjīn ♦中止のやむなきに～ 不得已中止 bùdéyǐ zhōngzhǐ ♦事ここに～ 事已至此 shì yǐ zhì cǐ

いたるところ【至る所】 到处 dàochù；处处 chùchù

いたれりつくせり【至れり尽せり】 十分周到 shífēn zhōudào；无微不至 wú wēi bú zhì

いたわる【労わる】 照顾 zhàogù；慰劳 wèiláo ♦妻を～ 慰藉妻子 wèijiè qīzi

いたん【異端】 异端 yìduān；左道旁门 zuǒ dào páng mén ♦～の説 异端邪说 yìduān xiéshuō ♦～児 异端者 yìduānzhě

いち【位置】 位置 wèizhi；地点 dìdiǎn ♦…に～する 位于 wèiyú；坐落在 zuòluòzài

いち【一】 一 yī ♦～二を争う 数一数二 shǔ yī shǔ èr ♦か八か 孤注一掷 gū zhù yí zhì ♦～も二も無く 毫无犹豫 háowú yóuyù

いち【市】 市场 shìchǎng；集市 jíshì ♦～が立つ 开设市场 kāishè shìchǎng

いちいち【一々】 一一 yīyī；逐一 zhúyī ♦～質問に答える 一个一个地回答问题 yí ge yí ge de huídá wèntí

いちいん【一因】 原因之一 yuányīn zhī yī；一个原因 yí ge yuányīn

いちいん【一員】 一员 yìyuán；一把手 yìbǎshǒu ♦～となる 成为一员 chéngwéi yìyuán

いちえん【一円】 一带 yídài ♦東京～ 东京一带 Dōngjīng yídài

いちおう【一応】 基本上 jīběnshang ♦～の調査 初步调查 chūbù diàochá ♦～話しておく 姑且告诉一下 gūqiě gàosu yíxià

いちがい【一概-に】 ♦～には言えない 不能一概而论 bù néng yígài ér lùn

いちがつ【一月】 一月 yīyuè

いちから【一から】 从头 cóngtóu；重新 chóngxīn ♦～出直す 重起炉灶 chóngqǐ lúzào ♦～十まで 从头到尾 cóng tóu dào wěi

いちがん【一丸】 ♦～となる 团结一致 tuánjié yízhì

いちがんレフ【一眼レフ】 单镜头反光式照相机 dānjìngtóu fǎnguāngshì zhàoxiàngjī

いちぎてき【一義的-な】 最重要的 zuì zhòngyào de；根本的 gēnběn de；《意味が唯一》一义 yíyì

いちぐん【一群】 一群 yìqún；一把子 yìbǎzi

いちげい【一芸】 ♦～に秀でる 擅长一技 shàncháng yí jì

いちげき【一撃-する】 一击 yìjī

いちげんか【一元化-する】 一元化 yìyuánhuà

イチゴ【苺】 草莓 cǎoméi ♦～ジャム 草莓酱 cǎoméijiàng

いちころ 一下子打倒 yíxiàzi dǎdǎo ♦～でやられた 一下子被打倒了 yíxiàzi bèi dǎdǎo le

いちごん【一言】 一句话 yí jù huà ♦～半句 只言片语 zhī yán piàn yǔ ♦～もない 无可分辩 wú kě fēnbiàn

いちざ【一座】 剧团 jùtuán

いちじ【一事】 ♦～が万事 从一件事可以推测一切 cóng yí jiàn shì kěyǐ tuīcè yíqiè

いちじ【一時】 暂时 zànshí；临时 línshí ♦～の感情で事に当たる 感情用事 gǎnqíng yòng shì ♦～停止する 暂且停止 zànqiě tíngzhǐ

いちじいっく【一字一句】 一字一句 yí zì yí jù；逐字逐句 zhú zì zhú jù

イチジク【無花果】 无花果 wúhuāguǒ

いちじしのぎ【一時凌ぎ】 权宜 quányí ♦～をする 搪塞 tángsè

いちじつせんしゅう【一日千秋】 一日三秋 yí rì sān qiū

いちじに【一時に】 ♦一下子 yíxiàzi ♦

～殺倒する 一下子蜂拥而来 yīxiàzi fēngyōng ér lái

いちじょ【一助】 ♦～となる 有助于 yǒuzhùyú; 有所帮助 yǒu suǒ bāngzhù

いちじるしい【著しい】 显著 xiǎnzhù; 明显 míngxiǎn

いちず【一途】 一味 yíwèi; 专一 zhuānyī ♦～に思いつめる 一心一意地想 yìxīn yíyì de xiǎng

いちぞく【一族】 家族 jiāzú; 同族 tóngzú ♦～の人 族人 zúrén

いちぞん【一存】 个人意见 gèrén yìjiàn

いちだい【一代】 一生 yìshēng ♦～で財を成す 一世发财 yíshì fācái

いちたいいち【一対一-の】 一对一 yī duì yī

いちだいじ【一大事】 大事 dàshì

いちだん【一団】 一群 yìqún; 一伙 yìhuǒ ♦～になる 成群 chéngqún

いちだん【一段-と】 更加 gèngjiā; 越发 yuèfā ♦～と難しい 越发困难 yuèfā kùnnan

いちだんらく【一段落-する】 告一段落 gào yí duànluò

いちづける【位置づける】 给予评价 jǐyǔ píngjià; 评定 píngdìng

いちど【一度】 一回 yì huí; 一次 yí cì ♦～に 一下子 yíxiàzi

いちどう【一同】 大家 dàjiā ♦会员全体会员 quántǐ huìyuán

いちどう【一堂】 ♦～に会する 会齐一堂 huìqí yìtáng

いちどく【一読-する】 ♦～の価値がある 值得一读 zhíde yìdú

いちなん【一難】 ♦～去ってまた一難 一波未平, 又起一波 yì bō wèi píng, yòu qǐ yì bō

いちに【一二】 ♦～を争う 数一数二 shǔ yī shǔ èr

いちにち【一日】 一天 yì tiān ♦～中整天 zhěngtiān; 一天到晚 yì tiān dào wǎn ♦～も早く 早日 zǎorì

いちにん【一任-する】 完全委托 wánquán wěituō

いちにんまえ【一人前】 ❶《一人分》一份儿 yí fènr ♦料理～ 一份儿饭菜 yí fènr fàncài ❷《成年》♦～の男成年男子 chéngnián nánzǐ

いちねん【一年】 一年 yì nián ♦～中 一年到头 yì nián dào tóu; 整年 zhěngnián

いちねん【一念】 ♦～発起する 决心做大事 juéxīn zuò dàshì

いちば【市場】 市场 shìchǎng; 集市 jíshì ♦魚～ 鱼市 yúshì ♦青果～ 菜市 càishì

いちはやく【逸早く】 迅速 xùnsù; 赶快 gǎnkuài

いちばん【一番】 顶 dǐng; 最 zuì ♦～よい 最好 zuì hǎo ♦～上の兄 大哥 dàgē ♦～電車 头班电车 tóubān diànchē ♦～乗り 到得最早 dàode zuì zǎo

いちびょうそくさい【一病息災】 有小病的倒长寿 yǒu xiǎobìng de dào chángshòu

いちぶ【一部】 部分 bùfen ♦～の観客 部分观众 bùfen guānzhòng ♦～始終 从头到尾 cóng tóu dào wěi; 一五一十 yī wǔ yī shí

いちぶぶん【一部分】 一部分 yíbùfen; 一端 yìduān

いちべつ【一瞥-する】 一瞥 yìpiē; 看一眼 kàn yìyǎn

いちまいいわ【一枚岩】 磐石 pánshí ♦～の結束 坚如磐石的团结 jiān rú pánshí de tuánjié

いちまつ【一抹-の】 ♦～の不安 一丝不安 yìsī bù'ān

いちみ【一味】 一伙 yìhuǒ ♦悪の～一伙坏人 yìhuǒ huàirén

いちめい【一命】 ♦～を救う 挽救生命 wǎnjiù shēngmìng

いちめん【一面-の】 ❶《一带》 一片 yípiàn ♦～の雪野原 一片雪地 yípiàn xuědì ♦～に漂う 《香りなどが》飘溢 piāoyì ❷《側面》 一面 yímiàn; 方面 fāngmiàn ♦エゴイストの～がある 有利己主义的一面 yǒu lìjǐ zhǔyì de yímiàn ❸《新聞の》 头版 tóubǎn ♦～記事 头版新闻 tóubǎn xīnwén

いちめんしき【一面識】 ♦～もない 没见过面 méi jiànguo miàn

いちもうさく【一毛作】 单季作 dānjì zuò

いちもうだじん【一網打尽】 一网打尽 yì wǎng dǎ jìn

いちもく【一目】 ♦～置く 瞧得起 qiáodeqǐ; 甘拜下风 gān bài xiàfēng

いちもくさん【一目散】 ♦～に逃げる 一溜烟地逃跑 yíliùyān de táopǎo

いちもくりょうぜん【一目瞭然】 显见 xiǎnjiàn; 一目了然 yí mù liǎorán

いちもん【一門】 一位老师的门徒 yí wèi lǎoshī de méntú; 一家 yìjiā

いちもんいっとう【一問一答】 一问一答 yí wèn yì dá

いちもんなし【一文無し】 手无分文 shǒu wú fēn wén

いちや【一夜】 一夜 yí yè ♦～漬け《にわか勉強》 临阵磨枪 lín zhèn mó qiāng

いちやく【一躍】 一下子 yíxiàzi ♦～有名になる 一举成名 yìjǔ chéngmíng

いちゃつく【調情】tiáoqíng
いちゅう【意中―の】◆～の人 意中人 yìzhōngrén
いちょう【胃腸】肠胃 chángwèi；～病 肠胃病 chángwèibìng
イチョウ【公孫樹】公孙树 gōngsūnshù；银杏 yínxìng
いちよく【一翼】◆～をになう 承担一部分任务 chéngdàn yíbùfen rènwu
いちらんせい【一卵性】◆～双生児 单卵双胞胎 dānluǎn shuāngbāotāi
いちらんひょう【一覧表】一览表 yìlǎnbiǎo
いちり【一理】◆～ある 有一番道理 yǒu yì fān dàoli
いちりつ【一律―に】一概 yígài；一律 yílǜ
いちりづか【一里塚】里程碑 lǐchéngbēi
いちりゅう【一流―の】第一流 dì yī liú◆～大学 名牌大学 míngpái dàxué◆～品 上等货 shàngděnghuò；高档货 gāodànghuò
いちりょうじつ【一両日】◆～中に 一两天之内 yìliǎng tiān zhī nèi
いちりん【一輪】❶《車》一轮 yìlún；～車 独轮车 dúlúnchē ❷《花》一朵 yìduǒ◆～差し 小花瓶 xiǎohuāpíng
いちる【一縷】一线 yíxiàn◆～の望み 一线希望 yíxiàn xīwàng
いちれい【一礼―する】鞠一躬 jū yì gōng
いちれつ【一列】一排 yì pái；一行 yì háng◆～に並ぶ 排成一行 páichéng yì háng
いちれん【一連―の】一连串 yìliánchuàn；一系列 yíxìliè
いちれんたくしょう【一蓮托生】生死与共 shēngsǐ yǔ gòng
いつ【何時】什么时候 shénme shíhou；几时 jǐshí
いつう【胃痛】胃痛 wèitòng
いっか【一家】一家 yì jiā◆～を成す 自成一家 zì chéng yì jiā；成家 chéngjiā◆～全員 全家 quánjiā
いつか【何時か】◆～ある日 将来有一天 jiānglái yǒu yì tiān◆また会おう 改日再会吧 gǎi rì zài huì ba
いっかい【一介―の】一个 yí ge；一介 yíjiè◆～の庶民 匹夫 pǐfū
いっかく【一角】一隅 yìyú；一个角落 yí ge jiǎoluò；氷山の～ 冰山的一角 bīngshān de yìjiǎo
いっかくせんきん【一獲千金】一攫千金 yì jué qiān jīn
いっかだんらん【一家団欒―する】团圆 tuányuán◆～の食事 团圆饭 tuányuánfàn
いっかつ【一括―する】总括 zǒngkuò◆～して 一并 yíbìng◆～処理 成批处理 chéngpī chǔlǐ◆～払い 一次付清 yí cì fùqīng
いっかつ【一喝―する】大喝一声 dà hè yì shēng
いっかん【一環】一环 yìhuán◆教育の～ 教育的一个环节 jiàoyù de yí ge huánjié
いっかん【一貫―する】一贯 yíguàn；贯串 guànchuàn◆終始～して 始终一贯 shǐzhōng yíguàn◆～性がある 始终如一 shǐzhōng rúyī
いっかん【一巻】一卷 yí juàn◆～の終わり 完蛋 wándàn；万事休矣 wàn shì xiū yī
いっき【一気―に】一股劲儿 yìgǔjìnr；一口气 yì kǒu qì◆～呵成 一气呵成 yíqì hē chéng◆～に飲み干す 一饮而尽 yì yǐn ér jìn
いっき【一揆】起义 qǐyì
いっきいちゆう【一喜一憂―する】一喜一忧 yì xǐ yì yōu
いっきゅう【一級―の】上等 shàngděng◆～品 上等货 shàngděnghuò；一等品 yīděngpǐn
いっきょ【一挙―に】一举 yìjǔ◆～に名を成す 一举成名 yìjǔ chéngmíng◆～一動 一举一动 yì jǔ yí dòng◆～両得 一箭双雕 yí jiàn shuāng diāo；一举两得 yì jǔ liǎng dé
いっきょしゅいっとうそく【一挙手一投足】一举一动 yì jǔ yí dòng
いつく【居着く】定居 dìngjū；落户 luòhù
いつくしむ【慈しむ】爱抚 àifǔ；慈爱 cí'ài；疼爱 téng'ài
いっけん【一見】看一眼 kàn yì yǎn◆～して分かる 一看就懂 yí kàn jiù dǒng◆～の価値がある 值得一看 zhídé yí kàn
いっこう【一行】一行 yìxíng
いっこう【一向―に】一点儿也 yìdiǎnr yě◆～に埒（らち）があかない 迟迟解决不了 chíchí jiějuébuliǎo
いっこく【一刻】一刻 yíkè◆～の猶予もない 一刻也不能耽误 yíkè yě bù néng dānwu◆～を争う 争分夺秒 zhēng fēn duó miǎo
いっさい【一切】❶《すべて》统统 tǒngtǒng；一切 yíqiè ❷《全然》◆～眼中にない 根本不考虑 gēnběn bù kǎolǜ
いっさいがっさい【一切合切】所有 suǒyǒu de；一切 yíqiè
いっさく【一策】窮余の～ 穷极一策 qióng jí yí cè；最后的手段 zuìhòu de shǒuduàn

いっさくねん【一昨年】 前年 qiánnián

いっさくばん【一昨晩】 前天晚上 qiántiān wǎnshang

いっさつ【一札】 保証書 bǎozhèngshū ♦〜を入れる 提交保证书 tíjiāo bǎozhèngshū

いっさんかたんそ【一酸化炭素】 一氧化碳 yīyǎnghuàtàn ♦〜中毒 一氧化碳中毒 yīyǎnghuàtàn zhòngdú

いっさんに【一散】 ♦〜逃げた 一溜烟地跑了 yīliùyān de pǎo le

いっし【一矢】 ♦〜を報いる 反驳 fǎnbó; 反击 fǎnjī

いっし【一糸】 ♦〜もまとわない 一丝不挂 yì sī bú guà ♦〜乱れず 秩序井然 zhìxù jǐngrán

いっしき【一式】 一套 yí tào

いっしゅ【一種】 一种 yìzhǒng ♦〜独特の 某种独特的 mǒuzhǒng dútè de

いっしゅう【一周-する】 绕一圈 rào yì quān

いっしゅう【一蹴-する】 轻取 qīngqǔ ♦敌を〜 轻取敌手 qīngqǔ díshǒu

いっしゅうかん【一週間】 一个星期 yí ge xīngqī

いっしゅうねん【一周年】 一周年 yì zhōunián

いっしゅん【一瞬】 一瞬 yíshùn; 转眼 zhuǎnyǎn; 刹那 chànà

いっしょ【一緒】 共同 gòngtóng; 一块儿 yíkuàir; 一起 yìqǐ ♦〜に行く 一起去 yìqǐ qù ♦〜に行動する 并肩行动 bìngjiān xíngdòng ♦〜くたにする 混同 hùntóng

いっしょう【一笑】 ♦〜に付す 付之一笑 fù zhī yí xiào; 一笑置之 yí xiào zhì zhī

いっしょう【一生】 一生 yìshēng; 一辈子 yíbèizi ♦〜忘れない 终生不忘 zhōngshēng bú wàng ♦〜の伴侶 终身伴侣 zhōngshēn bànlǚ

いっしょく【一色】 清一色 qīngyísè ♦白〜の壁全部 全部涂成白色的墙壁 quánbù túchéng báisè de qiángbì

いっしょくそくはつ【一触即発】 一触即发 yí chù jí fā

いっしょけんめい【一所懸命-に】 拼命 pīnmìng

いっしん【一審】 ♦〜法廷 初审法庭 chūshěn fǎtíng

いっしん【一心】 一个心眼儿 yí ge xīnyǎnr ♦〜に聴く 专心谛听 zhuānxīn dìtīng

いっしん【一新-する】 刷新 shuāxīn ♦気分を〜する 转变心情 zhuǎnbiàn xīnqíng ♦面目を〜する 面目一新 miànmù yìxīn

いっしん【一身】 ♦〜に引受ける 由自身承担 yóu zìshēn chéngdān ♦〜上の都合 个人的情由 gèrén de qíngyóu ♦〜に注目を集める 引人注目 yǐn rén zhùmù

いっしんいったい【一進一退】 一进一退 yí jìn yí tuì

いっしんきょう【一神教】 一神教 yìshénjiào

いっしんどうたい【一心同体】 同心同德 tóng xīn tóng dé; 一心一德 yì xīn yì dé

いっしんふらん【一心不乱-に】 专心致志 zhuānxīn zhì zhì; 聚精会神 jù jīng huì shén

いっすい【一睡】 ♦〜もせずに 一觉也没睡 yí jiào yě méi shuì ♦〜もできない 一点儿也不能睡觉 yìdiǎnr yě bù néng shuìjiào

いっする【逸する】 失掉 shīdiào ♦好機を〜 失掉好机会 shīdiào hǎo jīhuì ♦常軌を〜 超出常轨 chāochū chángguǐ

いっすん【一寸】 一寸 yí cùn ♦〜先は闇 前途莫测 qián tú mò cè ♦〜の光陰は一寸の金 一寸光阴一寸金 yí cùn guāngyīn yí cùn jīn

いっせい【一斉】 一齐 yìqí; 一同 yìtóng ♦〜にわめく 齐声大喊 qíshēng dà hǎn

いっせき【一席】 ♦〜設ける 宴请 yànqǐng ♦〜ぶつ 讲一席话 jiǎng yì xí huà

いっせき【一石】 ♦〜を投じる 引起反响 yǐnqǐ fǎnxiǎng ♦〜二鳥 一箭双雕 yí jiàn shuāng diāo

いっせつ【一説】 ♦〜には 据另一个看法 jù lìng yí ge kànfǎ

いっせん【一戦】 ♦〜を交える 打一仗 dǎ yízhàng ♦世纪の〜 百年一次的好比赛 bǎinián yí cì de hǎo bǐsài

いっせん【一線】 ♦〜を画する 划清界线 huàqīng jièxiàn ♦〜を退く 退出第一线 tuìchū dìyīxiàn

いっそ 干脆 gāncuì; 索性 suǒxìng ♦〜死にたい 倒不如死 dào bùrú sǐ

いっそう【一層】 越发 yuèfā; 更加 gèngjiā

いっそう【一掃-する】 清除 qīngchú; 扫除 sǎochú

いっそくとび【一足飛び-に】 飞跃地 fēiyuè de; 一跃 yíyuè

いつぞや【何時ぞや】 上次 shàngcì; 什么时候儿 shénme shíhour

いったい【一体】 到底 dàodǐ ♦〜どういうことだ 到底是怎么回事儿 dàodǐ shì zěnme huí shìr

いったい【一帯】 一带 yídài；一溜儿 yíliùr ◆この辺 这一带 zhè yídài

いつだつ【逸脱-する】 偏离 piānlí ◆～行為 越轨行为 yuèguǐ xíngwéi

いったん【一旦】 ◆～決めたら 一旦决定 yídàn juédìng ◆～無かったことにしよう 暂且取消一下吧 zànqiě qǔxiāo yíxià ba

いったん【一端】 一头 yìtóu；一端 yìduān ◆～に触れる 涉及到一部分 shèjídào yíbùfen

いっち【一致-する】 一致 yízhì；协力する 和衷共济 hé zhōng gòng jì；协同一致 xiétóng yízhì ◆全員～で 大家一致 dàjiā yízhì

いっちゃく【一着】 ❶《衣類の数え方》～の服 一件衣服 yí jiàn yīfu ❷《一等》～になる 得第一名 dé dìyī míng

いっちゅうや【一昼夜】 一整天 yì zhěngtiān；一昼夜 yí zhòuyè

いっちょういっせき【一朝一夕】 一朝一夕 yì zhāo yì xī ◆～には身につかない 非一朝一夕所能学到 fēi yì zhāo yì xī suǒ néng xuédào

いっちょういったん【一長一短】 一长一短 yì cháng yì duǎn

いっちょうら【一帳羅-の】 唯一件好衣服 wéiyī jiàn hǎo yīfu

いっちょくせん【一直線】 笔直 bǐzhí；照直 zhàozhí

いっつい【一対-の】 一对 yíduì

いって【一手-に】 单独 dāndú；一手 yìshǒu ◆～に握る 把持 bǎchí ◆～に操る 垄断 lǒngduàn ◆～に販売する 包销 bāoxiāo

いってい【一定】 一定 yídìng；固定 gùdìng ◆～の速度 固定的速度 gùdìng de sùdù

いってき【一滴】 一滴 yì dī

いってつ【一徹】 顽固 wángù

いつでも【何時でも】 老是 lǎoshì ◆～ああだ 老是那样呢 lǎoshì nàyàng ne；随时 suíshí ◆～買える 随时可以买 suíshí kěyǐ mǎi

いってん【一点】 一点 yìdiǎn ◆～の光もない 漆黒一团 qīhēi yì tuán ◆～の過誤もない 没有丝毫的错误 méiyǒu sīháo de cuòwù

いってん【一転-する】 一转 yì zhuǎn；～変 一变 yí biàn ◆心機～ 心机一转 xīnjī yì zhuǎn

いっとう【一等】 头等 tóuděng ◆～客室 头等舱 tóuděng cāng ◆～車 头等车厢 tóuděng chēxiāng ◆～賞 头奖 tóujiǎng

いつなんどき【いつ何時】 ◆～であろうと 无论什么时候 wúlùn shénme shíhou

いつのひか【何時の日か】 有朝一日 yǒu zhāo yí rì；将来会有一天 jiānglái huì yǒu yì tiān

いつのまにか【何時の間にか】 不知不觉 bù zhī bù jué；不知什么时候儿 bù zhī shénme shíhour

いっぱ【一派】 一派 yípài

いっぱい【一杯】《分量》◆コップ～の水 一杯水 yì bēi shuǐ；《満ちる》充盈 chōngyíng ◆～に入れる 装满 zhuāngmǎn；《酒》～機嫌 有醉意 yǒu zuìyì；《その他》～食わされる 受骗 shòupiàn

いっぱい【一敗】 ◆～地にまみれる 一败涂地 yí bài tú dì

いっぱん【一般】 一般 yìbān；普通 pǔtōng ◆～化する 一般化 yìbānhuà ◆～的に言って 一般地说 yìbān de shuō ◆～人 普通人 pǔtōngrén ◆～大衆 老百姓 lǎobǎixìng；群众 qúnzhòng

いっぴきおおかみ【一匹狼】 ◆文壇の～ 文坛里单枪匹马的作家 wéntánlǐ dān qiāng pǐ mǎ de zuòjiā

いっぴつ【一筆】 ◆～入れる 补充写上 做证据 bǔchōng xiěshàng zuò zhèngjù

いっぴょう【一票】 一张选票 yì zhāng xuǎnpiào ◆わたしの～が生きた 我的一票有用了 wǒ de yí piào yǒuyòng le

いっぴん【逸品】 杰作 jiézuò；绝品 juépǐn

いっぴんりょうり【一品料理】 随意点的菜 suíyì diǎn de cài

いっぷうかわった【一風変わった】 出奇 chūqí；独特 dútè

いっぷく【一服-する】 休息一会儿 xiūxi yíhuìr；～尽す 打尖 dǎjiān ◆～盛る 毒杀 dúshā；放毒 fàng dú

いっぷたさい【一夫多妻】 一夫多妻 yì fū duō qī

いっぺん【一片】 一片 yí piàn ◆～の紙切れ 一张纸 yì zhāng zhǐ

いっぺん【一遍】 一回 yì huí；一遍 yí biàn ◆～とおりの説明 敷衍的解释 fūyǎn de jiěshì

いっぺん【一変-する】 急变 jíbiàn

いっぺんに ◆～下了 一下子 yíxiàzi ◆～目が覚めた 一下子完全醒了 yíxiàzi wánquán xǐng le

いっぽ【一歩】 ◆～も歩けない 寸步难行 cùnbù nán xíng ◆～一歩 逐步 zhúbù ◆～進んで 进而 jìn'ér；进一步 jìn yíbù ◆～もひかない 毫不妥协 háobù tuǒxié ◆～譲って 退一步讲 tuì yíbù jiǎng

いっぽう【一方】《方面》◆その～では 同时 tóngshí；另一方面 lìng yī fāngmiàn ◆～から言えば 从一面看 cóng yí miàn kàn ◆～の肩を持

つ 偏袒 piāntǎn; 左袒 zuǒtǎn; 〔方向〕悪くなる～だ 越来越坏 yuè lái yuè huài
いっぽう【一報-する】 通知一下 tōngzhī yīxià
いっぽうつうこう【一方通行】 ♦一路单行线 dānxíngxiàn; 单行道 dānxíngdào
いっぽうてき【一方的】 片面 piànmiàn ♦～な言い分 片面之词 piànmiàn zhī cí
いっぽん【一本】 ♦～取られる 输一分 shū yīfēn
いっぽんぎ【一本気】 直性 zhíxìng; 直肠子 zhíchángzi ♦～の人 直性子 zhíxìngzi
いっぽんだち【一本立ち-する】 成家 chéngjiā; 独立 dúlì
いっぽんちょうし【一本調子】 单调 dāndiào
いっぽんばし【一本橋】 独木桥 dúmùqiáo
いつまで【何時まで】 ♦～待てばいいんだ 要等到什么时候儿呢 yào děngdào shénme shíhour ne
いつまでも【何時までも】 永远 yǒngyuǎn ♦～新しい 终古常新 zhōnggǔ chángxīn ♦～続く 绵延不断 miányán búduàn
いつも【何時も】 ❶ 《常に》总是 zǒngshì; 经常 jīngcháng ♦～のことだ 每次都是这样 měicì dōu shì zhèyàng ❷《平生》♦～と違った 跟平时不一样 gēn píngshí bù yīyàng
いつもどおり【何時も通り】 照常 zhàocháng; 照例 zhàolì
いつわ【逸話】 逸事 yìshì; 逸闻 yìwén
いつわり【偽り】 虚假 xūjiǎ; 虚伪 xūwěi; 谎言 huǎngyán ♦～のないところ 说实话 shuō shíhuà ♦～の姿 假面孔 jiǎmiànkǒng
いつわる【偽る】 欺骗 qīpiàn; 冒充 màochōng
イディオム 成语 chéngyǔ; 习语 xíyǔ
イデオロギー 意识形态 yìshí xíngtài
いてざ【射手座】 人马座 rénmǎzuò
いでたち【出で立ち】 衣着穿戴 yīzhuó chuāndài ♦風変わりな～ 打扮得古怪 dǎbande gǔguài
いてつく【凍てつく】 冰冷 bīnglěng; 冻结 dòngjié
いてもたっても【居ても立っても】 ♦～いられない 坐立不安 zuò lì bù ān
いでゆ【出湯】 温泉 wēnquán
いてん【移転-する】 搬班 bān; 迁移 qiānyí
いでん【遺伝-する】 遗传 yíchuán

いでんし【遺伝子】 基因 jīyīn ♦～工学 基因工程学 jīyīn gōngchéngxué
いと【糸】 线 xiàn ♦～の切れた凧 断线的风筝 duànxiàn de fēngzheng ♦背後で～を引く 在幕后操纵 zài mùhòu cāozòng
いと【意図-する】 意图 yìtú; 意向 yìxiàng ♦～的な[に] 存心 cúnxīn ♦～が分からない 意向不明 yìxiàng bù míng
いど【井戸】 水井 shuǐjǐng ♦～を掘る 凿井 záojǐng; 打井 dǎjǐng; 掘井 juéjǐng
いど【緯度】 纬度 wěidù
いとう【厭う】 厌恶 yànwù ♦劳を厌わない 不厌其烦 bú yàn qí fán
いどう【移動-する】 转移 zhuǎnyí; 移动 yídòng ♦～図书馆 流动图书馆 liúdòng túshūguǎn ♦人口～ 人口迁徙 rénkǒu qiānxǐ
いどう【異動-する】 调任 diàorèn; 更动 gēngdòng ♦人事～ 人事调动 rénshì diàodòng
いどう【異同】 区别 qūbié; 异同 yìtóng; 差异 chāyì
いとおしむ 爱惜 àixī; 怜爱 lián'ài
いとぐち【糸口】 线索 xiànsuǒ; 头绪 tóuxù ♦～を见出す 找到线索 zhǎodào xiànsuǒ
いとこ【従兄弟・従姉妹】 ❶《母方的》表哥 biǎogē; 表弟 biǎodì; 表姐 biǎojiě; 表妹 biǎomèi ❷《父方的》堂兄 tángxiōng; 堂弟 tángdì; 堂姐 tángjiě; 堂妹 tángmèi
いどころ【居所】 住地 zhùdì ♦～が知れない 不知住处 bù zhī zhùchù ♦虫の～が悪い 心情不好 xīnqíng bù hǎo
いとしい【愛しい】 可爱 kě'ài; 疼爱 téng'ài
いとしご【愛し子】 宝贝儿 bǎobeir
いとなみ【営み】 营生 yíngshēng; 办事 bànshì ♦日々の～ 日常生活 rìcháng shēnghuó
いとなむ【営む】 经营 jīngyíng; 办 bàn ♦魚屋を～ 经营鱼店 jīngyíng yúdiàn ♦社会生活を～ 过社会生活 guò shèhuì shēnghuó
いとま【暇】 ♦～を告げる 告别 gàobié ♦～乞い 告辞 gàocí
いどむ【挑む】 挑战 tiǎozhàn ♦冬山に～ 向冬季的荒山挑战 xiàng dōngjì de huāngshān tiǎozhàn ♦記録に～ 力求突破记录 lìqiú tūpò jìlù
いとめ【糸目】 ♦金に～をつけない 不吝惜钱财 bú lìnxī qiáncái
いとめる【射止める】 ♦ハートを～ 赢得喜爱 yíngdé xǐ'ài ♦一発で～ 一

枪打死 yì qiāng dǎsǐ
いな【否】不 bù; 否 fǒu
いない【以内】之内 zhī nèi; 以内 yǐnèi ♦ 1 時間～ 一小时以内 yì xiǎoshí yǐnèi
いなおる【居直る】突然翻脸 tūrán fānliǎn; 态度骤变 tàidu zhòubiàn
いなか【田舎】❶《都会ではない》乡村 xiāngcūn; 乡下 xiāngxia ♦～で暮らす 在乡村里生活 zài xiāngcūnli shēnghuó ♦～臭い 土气 tǔqì ♦～者 乡巴佬儿 xiāngbalǎor; 乡下佬 xiāngxialǎo ❷《故郷》家乡 jiāxiāng; 老家 lǎojiā; 故乡 gùxiāng ♦～へ帰る 回老家 huí lǎojiā
イナゴ【蝗】蝗虫 huángchóng; 蚂蚱 màzha
いなさく【稲作】种稻子 zhòng dàozi ♦～地帯 种稻地带 zhòng dào dìdài
いなす ♦軽く～ 轻易躲闪 qīngyì duǒshǎn; 轻易驳回 qīngyì bóhuí
いなずま【稲妻】闪电 shǎndiàn; 电光 diànguāng
いなだ【稲田】稻田 dàotián
いななく【嘶く】嘶鸣 sīmíng; (马)叫 (mǎ)jiào
いなびかり【稲光】闪电 shǎndiàn; 闪光 shǎnguāng
いなほ【稲穂】稻穗 dàosuì
いなや【否や】❶《不承知》♦～は言わせない 不许不同意 bù xǔ bù tóngyì ❷《…するなり》♦聞くや―駆け出していった 一听就跑出去了 yì tīng jiù pǎochūqu le
イニシアチブ 主动权 zhǔdòngquán ♦～をとる 取得主动权 qǔdé zhǔdòngquán
いにしえ【古】古代 gǔdài
イニシャル 开头字母 kāitóu zìmǔ
いにゅう【移入-する】引进 yǐnjìn; 迁入 qiānrù ♦感情～ 感情移入 gǎnqíng yírù
いにん【委任-する】委派 wěipài; 委任 wěirèn
いぬ【戌】《年》戌 xū
イヌ【犬】狗 gǒu ♦～の遠吠え 背地里дурной 风 bèidìli chéng wēifēng ♦～も食わない 没人理睬 méi rén lǐcǎi
いぬかき【犬搔き】狗刨式游泳 gǒupáoshì yóuyǒng
いぬごや【犬小屋】狗窝 gǒuwō
いぬじに【犬死に-する】白死 báisǐ
イネ【稲】稻 dào; 稻子 dàozi ♦～を刈る 割稻子 gē dàozi
いねむり【居眠り-する】打盹儿 dǎdǔnr; 打瞌睡 dǎ kēshuì
いのこる【居残る】留下 liúxià
イノシシ【猪】野猪 yězhū

イノセント 天真 tiānzhēn; 单纯 dānchún
いのち【命】命 mìng; 生命 shēngmìng ♦～を取りとめる 保住生命 bǎozhù shēngmìng ♦～にかかわる 关系到生命 guānxìdào shēngmìng ♦～の恩人 救命恩人 jiùmìng ēnrén; 再生父母 zàishēng fùmǔ ♦～を落とす 丧命 sàngmìng ♦～を削る 费尽心血 fèijìn xīnxuè ♦～を救う 救生 jiùshēng
いのちがけ【命懸け】♦～の仕事 冒死的工作 màosǐ de gōngzuò ♦～で走る 拼命地跑 pīnmìng de pǎo
いのちからがら【命からがら】♦～逃げる 好容易才逃命 hǎoróngyì cái táomìng
いのちごい【命乞い-する】乞求饶命 qǐqiú ráomìng
いのちしらず【命知らず-の】不要命 bú yàomìng
いのちとり【命取り】♦～となる 造成致命伤 zàochéng zhìmìngshāng
いのちびろい【命拾い-する】死里逃生 sǐlǐ táoshēng
いのなかのかわず【井の中の蛙】井底之蛙 jǐng dǐ zhī wā
イノベーション 技术革新 jìshù géxīn
いのり【祈り】祈祷 qídǎo; 祷告 dǎogào ♦～を捧げる 祈祷 qídǎo
いのる【祈る】祈祷 qídǎo; 祷告 dǎogào; 祝愿 zhùyuàn ♦成功をお祈りします 祝你成功 zhù nǐ chénggōng
いはい【位牌】灵位 língwèi; 牌位 páiwèi
イバラ【茨】荆棘 jīngjí ♦～の道 困苦的道路 kùnkǔ de dàolù
いばる【威張る】摆架子 bǎi jiàzi; 自高自大 zì gāo zì dà
いはん【違反-する】违反 wéifǎn; 违犯 wéifàn ♦交通～ 违犯交通规则 wéifàn jiāotōng guīzé
いびき【呼噜】呼噜 hūlu; 鼾声 hānshēng ♦～をかく 打呼噜 dǎ hūlu
いひょう【意表】♦～に出る 出乎意料 chū hū yì liào ♦～を衝(つ)く 出其不意 chū qí bú yì
いびる 穿小鞋 chuān xiǎoxié; 欺侮 qīwǔ ♦嫁を～ 给媳妇穿小鞋 gěi xífù chuān xiǎoxié
いひん【遺品】遗物 yíwù
いふ【畏怖-する】畏惧 wèijù ♦～の念を抱く 感到畏惧 gǎndào wèijù
いふう【威風】威严 wēiyán ♦～堂々たる 威风凛凛 wēifēng lǐnlǐn
いぶかしげ【訝しげ-な】♦～な表情 怀疑的神情 huáiyí de shénqíng
いぶかる【訝る】怀疑 huáiyí; 纳闷

儿 nàmènr
いぶき【息吹】气息 qìxī♦春の〜 春天的气息 chūntiān de qìxī
いふく【衣服】衣服 yīfu; 衣裳 yīshang
いぶくろ【胃袋】胃 wèi
いぶす【燻す】熏 xūn
いぶつ【異物】异物 yìwù
いぶつ【遺物】遗物 yíwù
イブニングドレス 妇女用夜礼服 fùnǚ yòng yèlǐfú
いぶんし【異分子】异己分子 yìjǐ fènzǐ
いへん【異変】异常状态 yìcháng zhuàngtài; 非常情况 fēicháng qíngkuàng
イベント 文体活动 wéntǐ huódòng; 纪念活动 jìniàn huódòng
いぼ【疣】疙瘩 gēda; 赘疣 zhuìyóu
いほう【違法-な】不法 bùfǎ; 非法 fēifǎ♦コピー 盗版 dàobǎn
いほうじん【異邦人】外国人 wàiguórén; 老外 lǎowài
いま【今】现在 xiànzài; 如今 rújīn♦〜のところ 目下 mùxià♦〜に見ていろ 等着瞧吧 děngzhe qiáo ba
いま【居間】起居室 qǐjūshì
いまいましい【忌々しい】该死 gāisǐ; 可恶 kěwù; 讨厌 tǎoyàn
いまごろ【今頃】这会儿 zhèhuìr♦〜言っても遅い 现在提起已是马后炮 xiànzài tíqǐ yǐ shì mǎhòupào♦去年の〜は 去年的这个时候 qùnián de zhège shíhou
いまさら【今更】事到如今 shì dào rújīn
いましがた【今し方】方才 fāngcái; 刚才 gāngcái
イマジネーション 想像力 xiǎngxiànglì; 创造力 chuàngzàolì
いましめ【戒め】教训 jiàoxun; 鉴戒 jiànjiè♦〜を守る 遵守嘱咐 zūnshǒu zhǔfù
いましめる【戒める】规劝 guīquàn; 训诫 xùnjiè
いますぐ【今すぐ】现在就 xiànzài jiù; 马上 mǎshàng
いまどき【今時】如今 rújīn
いまなお【今なお】至今还 zhìjīn hái♦〜残る 现在还留着 xiànzài hái liúzhe♦〜知らない 现在还不知道 xiànzài hái bù zhīdào
いまにも【今にも】眼看 yǎnkàn♦〜崩れそうな崖 眼看就要塌落的悬崖 yǎnkàn jiù yào tāluò de xuányá
いまひとつ【今一つ】♦〜物足りない 还差一点儿 hái chà yìdiǎnr
いままで【今迄】至今 zhìjīn; 到现在 dào xiànzài♦〜どおりに 照原样 zhào yuányàng

いまわしい【忌わしい】♦〜思い出 令人厌恶的回忆 lìng rén yànwù de huíyì
いみ【意味】意思 yìsi; 含义 hányì♦〜する 意味 yìwèi♦無〜な 毫无意义 háowú yìyì♦〜論 词义学 cíyìxué; 语义学 yǔyìxué
いみきらう【忌み嫌う】嫌恶 xiánwù; 讨厌 tǎoyàn
いみことば【忌み言葉】忌讳字眼 jìhuì zìyǎn
いみしん【意味深-な】话里有话 huàli yǒu huà♦〜な笑颜 可能有鬼的笑脸 kěnéng yǒuguǐ de xiàoliǎn
いみしんちょう【意味深長-な】话里有话 huàli yǒu huà
イミテーション 仿制品 fǎngzhìpǐn; 假货 jiǎhuò
いみょう【異名】外号 wàihào♦〜を取る 有外号叫... wàihào jiào...
いみん【移民】移民 yímín
いむしつ【医務室】医务室 yīwùshì
イメージ 形象 xíngxiàng♦〜アップ 改善印象 gǎishàn yìnxiàng♦〜ダウン 形象败坏 xíngxiàng bàihuài
いも【芋】薯 shǔ♦じゃが〜 马铃薯 mǎlíngshǔ♦〜掘り 挖红薯 wā hóngshǔ♦〜を洗うような 拥挤不堪 yōngjǐ bùkān
いもうと【妹】妹妹 mèimei; 妹子 mèizi
いもの【鋳物】铸件 zhùjiàn
いもん【慰問-する】慰问 wèiwèn
いや【嫌-な】讨厌 tǎoyàn♦〜な臭い 臭味儿 chòuwèir
いやいや【嫌々】♦〜をする 摇头 yáotóu♦〜出勤する 勉勉强强地上班 miǎnmiǎnqiǎngqiǎng de shàngbān
いやおうなし【否応なし-に】硬 yìng; 不容分辩 bù róng fēnbiàn
いやがらせ【嫌がらせ】♦〜をする 给人穿小鞋 gěi rén chuān xiǎoxié; 刁难 diāonàn♦〜を言う 贫嘴薄舌 pín zuǐ bó shé
いやがる【嫌がる】不愿意 bú yuànyì; 嫌恶 xiánwù
いやく【医薬】医药 yīyào♦〜品 医药品 yīyàopǐn
いやく【意訳-する】意译 yìyì
いやく【違約-する】违约 wéiyuē; 背约 bèiyuē♦〜金 违约罚金 wéiyuē fájīn
いやけ【嫌気】♦〜がさす 厌烦 yànfán; 腻烦 nìfán
いやしい【卑しい】卑贱 bēijiàn♦口が〜 嘴馋 zuǐ chán
いやす【癒す】治疗 zhìliáo♦喉の渇きを〜 解渴 jiěkě♦傷を〜 治疗创伤 zhìliáo chuāngshāng

いやに【嫌に】 太 tài；真 zhēn ♦~大きな 太大 tài dà ♦~寒い 太够冷了 tài gòu lěng le

いやはや 哎呀 āiyā

イヤホーン 耳机 ěrjī；译意风 yìyìfēng

いやみ【嫌味】 刺儿话 cìrhuà ♦~な讨厌 tǎoyàn；臭 chòu ♦~を言う 挖苦 wākǔ

いやらしい【嫌らしい】 讨厌 tǎoyàn ♦~やつ 讨厌的家伙 tǎoyàn de jiāhuo ♦~目つき 讨厌的眼神 tǎoyàn de yǎnshén

イヤリング 耳环 ěrhuán

いよいよ ♦~暑くなってきた 越来越热了 yuè lái yuè rè le ♦~本番だ 终于开始正式表演了 zhōngyú kāishǐ zhèngshì biǎoyǎn le

いよう【威容】 威容 wēiróng ♦~を誇る 夸耀威容 kuāyào wēiróng

いよう【異様-な】 异样 yìyàng

いよく【意欲】 热情 rèqíng；意志 yìzhì ♦~十分 干劲儿十足 gànjìnr shízú ♦~が湧く 激发热情 jīfā rèqíng

いらい【以来】 以来 yǐlái

いらい【依頼-する】 委托 wěituō ♦~される 受托 shòutuō ♦~心 依赖心 yīlàixīn

いらいら-する 心急 xīnjí；心烦 xīnfán

イラスト 插画 chāhuà；插图 chātú

イラストレーター 插画画家 chātú huàjiā

いらだたしい【苛立たしい】 恼人 nǎorén；急人 jírén

いらだつ【苛立つ】 着急 zháojí；焦急 jiāojí；急躁 jízào

いらっしゃい «あいさつ»你来了 nǐ lái le；«買物客に»♦~ませ 欢迎光临 huānyíng guānglín

いりえ【入り江】 海湾 hǎiwān

いりぐち【入り口】 入口 rùkǒu；进口 jìnkǒu

いりくむ【入り組む】 错综 cuòzōng；复杂 fùzá

いりひ【入日】 夕阳 xīyáng；落日 luòrì

いりまじる【入り混じる】 混杂 hùnzá；搀杂 chānzá

いりみだれる【入り乱れる】 纷纷 fēnfēn；乱纷纷 luànfēnfēn

いりむこ【入り婿】 赘婿 zhuìxù ♦~になる 入赘 rùzhuì

いりゅう【慰留-する】 挽留 wǎnliú

いりゅうひん【遺留品】 遗忘物品 yíwàng wùpǐn；«死者の»遗物 yíwù

いりょう【衣料】 衣服 yīfu；衣料 yīliào

いりょう【医療】 医疗 yīliáo ♦~センター 医疗站 yīliáozhàn ♦~従事者 医务人员 yīwù rényuán ♦~器具 医疗器械 yīliáo qìxiè

いりょく【威力】 威力 wēilì；威势 wēishì ♦~を発揮する 发挥威力 fāhuī wēilì

いる【居る】 有 yǒu；在 zài ♦家に犬がいる 家里有狗 jiāli yǒu gǒu ♦かれは家にいる 他在家 tā zài jiā

いる【要る】 要 yào；需要 xūyào ♦金が~ 要钱 yào qián ♦遠慮はいらない 不用客气 búyòng kèqi

いる【煎る】 炒 chǎo；煎 jiān

いる【射る】 射 shè ♦弓を~ 射箭 shèjiàn

いるい【衣類】 衣服 yīfu

イルカ 海豚 hǎitún

いるす【居留守】 ♦~をつかう 假装不在家 jiǎzhuāng bú zài jiā

イルミネーション 灯彩 dēngcǎi

いれあげる【入れ揚げる】 ♦女に~ 为女人荡产 wèi nǚrén dàngchǎn

いれい【慰霊】 凭吊 píngdiào ♦~祭追悼会 zhuīdàohuì

いれい【異例-の】 ♦~の採用 破格录用 pògé lùyòng

いれかえる【入れ替える】 换 huàn；互换 hùhuàn

いれかわる【入れ替わる】 更替 gēngtì；交替 jiāotì ♦入れ替わり立ちかわり 络绎不绝 luòyì bù jué

いれずみ【入墨・刺青】 文身 wénshēn；刺青 cìqīng

いれぢえ【入れ知恵-する】 灌输 guànshū；教唆 jiàosuō

いれちがい【入れ違いーに】 错过 cuòguò；交错 jiāocuò

いれば【入れ歯】 假牙 jiǎyá；义齿 yìchǐ

いれもの【入れ物】 盛器 chéngqì；容器 róngqì

いれる【入れる】 搁 gē；装 zhuāng；放进 fàngjìn ♦コーヒーにミルクを~ 把牛奶倒进咖啡里 bǎ niúnǎi dàojìn kāfēili ♦砂糖を~ 搁糖 gē táng ♦冷蔵庫にビールを~ 把啤酒放在冰箱里 bǎ píjiǔ fàngzài bīngxiāngli ♦お茶を~ 倒茶 dàochá ♦頭に~ 记住 jìzhù ♦力を~ 使劲儿 shǐjìnr ♦手を~ «直す»修改 xiūgǎi

いろ【色】 彩色 cǎisè；颜色 yánsè；色 shǎi ♦~があせる 退色 tuìshǎi ♦~がさめる 走色 zǒushǎi ♦~が落ちる 掉色 diàoshǎi ♦~を塗る 上色 shàngsè ♦~を変える 变色 biànsè；作色 zuòsè ♦~を失う 失色 shīsè

いろあい【色合い】 色调 sèdiào

いろあざやか【色鮮やか】 鲜美 xiānměi

いろいろ【色々-な】 各种各样 gè

いろう【遺漏】 缺漏 quēlòu; 遺漏 yílòu ♦〜が多い 挂一漏万 guà yī lòu wàn
いろう【慰労-する】 慰劳 wèiláo ♦〜会 慰劳会 wèiláohuì
いろえんぴつ【色鉛筆】 彩色铅笔 cǎisè qiānbǐ
いろおとこ【色男】 美男子 měinánzǐ
いろか【色香】 女色 nǚsè ♦〜に迷う 沉迷于女色 chénmí yú nǚsè
いろぐろ【色黒】 ♦〜の顔 黑脸膛儿 hēi liǎntángr
いろけ【色気】 ❶《性的な》女人味 nǚrénwèi; 娇媚 wǔmèi ♦〜たっぷりの娇媚 jiāomèi ♦〜づく 发情 fāqíng; 情窦初开 qíngdòu chū kāi ❷《関心を見せる》♦〜を示す 表有心 biǎoyǒuxīn
いろこい【色恋】 恋爱 liàn'ài; 艳情 yànqíng ♦〜沙汰 男女关系 nánnǚ guānxi
いろじかけ【色仕掛け】 美人计 měirénjì; 利用女色 lìyòng nǚsè
いろじろ【色白】 ♦〜の顔 雪白的脸 xuěbái de liǎn
いろずり【色刷り】 彩印 cǎiyìn
いろづく【色付く】 发红[黄] fāhóng [huáng] ♦柿の実が〜 柿子熟了 shìzi shú le ♦木々の葉が〜 树叶呈现红[黄]色 shùyè chéngxiàn hóng[huáng]sè
いろっぽい【色っぽい】 有魅力 yǒu mèilì; 娇媚 wǔmèi
いろつや【色艶】 色泽 sèzé ♦〜がいい《皮膚》皮肤滋润 pífū zīrùn
いろどり【彩り】 彩色 cǎisè; 文采 wéncǎi ♦〜をそえる 增添色彩 zēngtiān sècǎi
いろとりどり【色とりどり】 花花绿绿 huāhuālǜlǜ; 五颜六色 wǔ yán liù sè
いろどる【彩る】 点缀 diǎnzhuì; 装饰 zhuāngshì
いろめ【色目】 ♦〜をつかう 眉目传情 méimù chuánqíng; 送秋波 sòng qiūbō
いろめがね【色眼鏡】 《めがね》有色眼镜 yǒusè yǎnjìng; 《偏見》♦〜で見る 持有偏见 chíyǒu piānjiàn
いろめく【色めく】 ❶《活気づく》活跃起来 huóyuèqǐlai ❷《なまめかしくなる》变得娇媚 biànde wǔmèi
いろもの【色物】 《布地など》彩色的料子 cǎisè de liàozi
いろよい【色好い】 ♦〜返事を待つ 期望令人满意的答复 qīwàng lìng rén mǎnyì de dáfù
いろわけ【色分け-する】 用彩色区别 yòng cǎisè qūbié ♦敵と味方を〜する 划分敌我 huàfēn díwǒ
いろん【異論】 异议 yìyì ♦〜はない 没有异议 méiyǒu yìyì ♦〜を唱える 提出异议 tíchū yìyì
いわ【岩】 岩石 yánshí
いわい【祝い】 祝贺 zhùhè ♦〜の言葉 贺词 hècí ♦〜の品 贺礼 hèlǐ ♦〜を述べる 道喜 dàoxǐ ♦〜金 礼金 lǐjīn ♦〜事 喜庆 xǐqìng; 喜事 xǐshì
いわう【祝う】 庆祝 qìngzhù; 祝贺 zhùhè ♦卒業を〜 祝贺毕业 zhùhè bìyè ♦誕生日を〜 过生日 guò shēngrì
いわかん【違和感】 不协调的感觉 bù xiétiáo de gǎnjué ♦〜がある 气氛不协调 qìfēn bù xiétiáo
いわく【曰く】 来历 láilì ♦〜付きの人物 履历上很有问题的人物 lǚlìshang hěn yǒu wèntí de rénwù
イワシ【鰯】 沙丁鱼 shādīngyú
いわしぐも【鰯雲】 卷积云 juǎnjīyún
いわずかたらず【言わず語らず】 不言不语 bù yán bù yǔ; 默默无言 mòmò wúyán
いわば【言わば】 说起来 shuōqǐlai
いわば【岩場】 岩石裸露的地方 yánshí luǒlù de dìfang
いわゆる【所謂】 所谓 suǒwèi
いわれ【謂れ】 由来 yóulái ♦〜なく 无缘无故 wú yuán wú gù
いん【韻】 ♦〜を踏む 押韵 yāyùn
いん【印】 图章 túzhāng ♦〜を押す 盖图章 gài túzhāng; 盖印 gài yìn
いん【陰】 ♦〜にこもる 闷在心里 mēn zài xīnli ♦〜イオン 阴离子 yīnlízǐ
いんうつ【陰鬱】 阴沉 yīnchén; 阴森 yīnsēn ♦〜な気分 心情阴郁 xīnqíng yīnyù
いんえい【陰影】 阴影 yīnyǐng ♦〜に富む 含蓄 hánxù; 寓意深刻 yùyì shēnkè
いんか【引火-する】 引火 yǐnhuǒ
いんが【因果】 因果 yīnguǒ ♦〜応報 因果报应 yīnguǒ bàoyìng ♦〜関係 因果关系 yīnguǒ guānxi ♦〜を含める 使人断念 shǐ rén duànniàn
いんがし【印画紙】 印相纸 yìnxiàngzhǐ; 照相纸 zhàoxiàngzhǐ
いんかん【印鑑】 图章 túzhāng ♦〜を押す 盖图章 gài túzhāng
いんき【陰気-な】 阴暗 yīn'àn; 忧郁 yōuyù
いんきょ【隠居-する】 养老 yǎnglǎo; 隐退 yǐntuì ♦ご〜さん 老人家 lǎorenjia〔中国語の'隐居'は政治的あるいは思想的理由から「隐棲する」

こと]
いんきょく【陰極】阴极 yīnjí；负电极 fùdiànjí
いんぎん【慇懃】必恭必敬 bì gōng bì jìng ◆～無礼 貌似恭维，心实轻蔑 mào sì gōngwéi, xīn shí qīngmiè
インク 墨水 mòshuǐ；油墨 yóumò ◆～ジェットプリンタ 喷墨打印机 pēnmò dǎyìnjī
いんけい【陰茎】阴茎 yīnjīng
いんけん【陰険-な】阴险 yīnxiǎn；险恶 xiǎn'è ◆～な手口 歪门邪道 wāi mén xié dào
インコ 鹦哥 yīngge；鹦鹉 yīngwǔ
いんご【隠語】行话 hánghuà；隐语 yǐnyǔ
インサイダー 内部人 nèibùrén；知情人 zhīqíngrén ◆～取引 内幕交易 nèimù jiāoyì
いんさつ【印刷-する】排印 páiyìn；印刷 yìnshuā ◆～機 印刷机 yìnshuājī ◆～工場 印刷厂 yìnshuāchǎng ◆～物 印刷品 yìnshuāpǐn
いんさん【陰惨-な】凄惨 qīcǎn
いんし【印紙】◆収入～ 印花税票 yìnhuā shuìpiào；印花 yìnhuā
いんし【因子】因子 yīnzǐ
いんじ【印字】印字 yìnzì
インジゴ 靛蓝 diànlán；靛青 diànqīng
いんしゅ【飲酒-する】喝酒 hējiǔ ◆～運転 酒后开车 jiǔ hòu kāichē
いんしゅう【因襲】因袭 yīnxí ◆～にとらわれる 拘泥于旧习 jūní yú jiùxí
インシュリン 胰岛素 yídǎosù
いんしょう【印章】图章 túzhāng；印章 yìnzhāng ◆～を彫る 篆刻 zhuànkè
いんしょう【印象】感想 gǎnxiǎng；印象 yìnxiàng ◆～を受ける 受到印象 shòudào yìnxiàng ◆～がよい 印象が好[不好] yìnxiàng hǎo[bù hǎo] ◆～に残る 留下印象 liúxià yìnxiàng ◆第一～ 开头的印象 kāitóu de yìnxiàng
いんしょく【飲食】饮食 yǐnshí ◆～物 饮食物 yǐnshíwù
いんすう【因数】因数 yīnshù；因子 yīnzǐ ◆～分解 因数分解 yīnshù fēnjiě
いんずう【員数】◆～を合わせる 凑数 còushù；充数 chōngshù
インスタント 速成 sùchéng ◆～カメラ 快速成像相机 kuàisù chéngxiàng xiàngjī ◆～コーヒー 速溶咖啡 sùróng kāfēi ◆～食品 方便食品 fāngbiàn shípǐn ◆～ラーメン 方便面 fāngbiànmiàn
インストール 安装 ānzhuāng
インストラクター 教练 jiàoliàn；指导员 zhǐdǎoyuán
インスピレーション 灵感 línggǎn
いんせい【陰性】◆～反応 阴性反应 yīnxìng fǎnyìng
いんぜい【印税】版税 bǎnshuì
いんせき【姻戚】亲家 qìngjia ◆～関係になる 结亲 jiéqīn
いんせき【隕石】陨石 yǔnshí
いんせき【引責-する】引咎 yǐnjiù ◆～辞任 引咎辞职 yǐnjiù cízhí
いんそつ【引率-する】带领 dàilǐng；引导 yǐndǎo ◆～者 领队 lǐngduì
インターチェンジ 高速公路出入口 gāosù gōnglù chūrùkǒu；立体交叉道 lìtǐ jiāochādào
インターナショナル ❶《国際》国际 guójì ❷《歌》国际歌 Guójìgē
インターネット 互联网 hùliánwǎng；因特网 yīntèwǎng ◆～アドレス 网址 wǎngzhǐ ◆～カフェ 网吧 wǎngbā ◆～ショッピング 网上购物 wǎngshàng gòuwù ◆～ユーザー 网民 wǎngmín
インターフェース 界面 jièmiàn；接口 jiēkǒu
インターフェロン 干扰素 gānrǎosù
インターフォン 内线专用电话 nèixiàn zhuānyòng diànhuà
インターン 实习生 shíxíshēng
いんたい【引退-する】离休 líxiū；退休 tuìxiū
インタビュー 采访 cǎifǎng
インタビュアー 采访记者 cǎifǎng jìzhě
インタラクティブ 互动 hùdòng；交互式 jiāohùshì
インチ 英寸 yīngcùn
いんちき 欺骗 qīpiàn；鬼把戏 guǐbǎxì ◆～をする 做鬼 zuòguǐ；作弊 zuòbì
いんちょう【院長】院长 yuànzhǎng
インデックス 索引 suǒyǐn
インテリ 知识分子 zhīshi fènzǐ；知识阶层 zhīshi jiēcéng
インテリア 室内装饰 shìnèi zhuāngshì；陈设 chénshè ◆～デザイン 室内设计 shìnèi shèjì
インテルサット《国際電気通信衛星機構》国际电信卫星组织 Guójì Diànxìn Wèixīng Zǔzhī
いんでんき【陰電気】阴电 yīndiàn
インテンシブ 集中的 jízhōng de；加强的 jiāqiáng de
インドア 室内 shìnèi；屋内 wūnèi ◆～スポーツ 室内运动 shìnèi yùndòng

いんどう【引導】 ♦～を渡す 下最后的通知 xià zuìhòu de tōngzhī

いんとく【隠匿-する】 隐藏 yǐncáng; 藏匿 cángnì

イントネーション 语调 yǔdiào

イントロ(ダクション) 前奏 qiánzòu; 导奏 dǎozòu

いんない【院内】 医院内部 yīyuàn nèibù ♦～感染 院内传染 yuànnèi chuánrǎn

いんにく【印肉】 印泥 yìnní; 印色 yìnsè

いんにようび【陰に陽に】 明里暗里 mínglǐ ànlǐ

いんねん【因縁】 因缘 yīnyuán ♦～をつける 找茬儿 zhǎochár; 抓茬儿 zhuāchár

いんのう【陰嚢】 阴囊 yīnnáng

インパクト 冲击 chōngjī; 影响 yǐngxiǎng

いんぶ【陰部】 阴部 yīnbù; 下身 xiàshēn

インフォーマル 非正式的 fēizhèngshì de

インフォームドコンセント 《手術などでの患者の同意》 说明和同意 shuōmíng hé tóngyì

インプット 输入 shūrù

インフラ(=インフラストラクチャー) 基础设施 jīchǔ shèshī

インフルエンザ 流行性感冒 liúxíngxìng gǎnmào ♦～にかかる 患流感 huàn liúgǎn

インフレ 通货膨胀 tōnghuò péngzhàng

いんぶん【韻文】 韵文 yùnwén

いんぺい【隠蔽-する】 隐蔽 yǐnbì; 掩盖 yǎngài

インボイス 《伝票》 发票 fāpiào; 《送り状》 发货单 fāhuòdān

いんぼう【陰謀】 阴谋 yīnmóu; 密谋 mìmóu ♦～を企てる 阴谋策划 yīnmóu cèhuà

インポテンツ 阳痿 yángwěi

いんめつ【隠滅-する】 湮灭 yānmiè ♦証拠～ 销毁证据 xiāohuǐ zhèngjù

いんもう【陰毛】 阴毛 yīnmáo

いんゆ【隠喩】 隐喻 yǐnyù

いんよう【引用-する】 引用 yǐnyòng ♦～例 引例 yǐnlì ♦～句 引文 yǐnwén

いんよう【陰陽】 阴阳 yīnyáng ♦～五行 阴阳五行 yīnyáng wǔxíng

いんよう【飲用-の】 饮用 yǐnyòng ♦～水 饮用水 yǐnyòngshuǐ

いんらん【淫乱-な】 淫乱 yínluàn

いんりつ【韻律】 韵律 yùnlǜ

いんりょう【飲料】 饮料 yǐnliào ♦～水 饮用水 yǐnyòngshuǐ ♦炭酸～ 汽水 qìshuǐ

いんりょく【引力】 引力 yǐnlì ♦万有～ 万有引力 wànyǒu yǐnlì

いんれき【陰暦】 农历 nónglì; 阴历 yīnlì

う

う【卯】《年》兔 tù

ウ【鵜】鸬鹚 lúcí; 鱼鹰 yúyīng ♦〜の真似をする鴉 东施效颦 dōngshī xiào pín

ウィークエンド 周末 zhōumò

ウィークデー 平日 píngrì

ウィークポイント 弱点 ruòdiǎn

ウィークリー 周报 zhōubào; 周刊 zhōukān

ういういしい【初々しい】 天真 tiānzhēn; 稚朴 zhìpǔ

ウイグル 维吾尔 Wéiwú'ěr ♦〜族 维吾尔族 Wéiwú'ěrzú

ういざん【初産】头生 tóushēng; 初生 chūshēng

ういじん【初陣】初次上阵 chūcì shàng zhèn ♦〜を飾る 旗开得胜 qí kāi dé shèng

ウイスキー 威士忌 wēishìjì

ウィット 机智 jīzhì; 妙语 miàoyǔ ♦〜に富む 风趣 fēngqù

ういてんぺん【有為転変】变幻无常 biàn huàn wú cháng

ういまご【初孫】长孙 zhǎngsūn

ウイルス 病毒 bìngdú ♦〜性肝炎 病毒性肝炎 bìngdúxìng gānyán ♦コンピュータ〜 电脑病毒 diànnǎo bìngdú

ウインカー 方向指示灯 fāngxiàng zhǐshìdēng

ウインク-する 使眼色 shǐ yǎnsè; 送秋波 sòng qiūbō

ウインタースポーツ 冬季运动 dōngjì yùndòng

ウインチ 绞车 jiǎochē; 卷扬机 juǎnyángjī

ウインドウ 《コンピュータ》窗口 chuāngkǒu

ウインドウズ 《商標》视窗 Shìchuāng

ウインドーショッピング 浏览商店橱窗 liúlǎn shāngdiàn chúchuāng

ウインドサーフィン 帆板 fānbǎn

ウインドブレーカー 防风外衣 fángfēng wàiyī

ウール 呢绒 níróng; 羊毛 yángmáo ♦〜の衣料 羊毛衣 yángmáoyī ♦〜地 毛料 máoliào

ウーロンちゃ【ウーロン茶】乌龙茶 wūlóngchá

うえ【上】❶《位置》上边 shàngbian; 上面 shàngmiàn ♦身の上世 shēnshì ♦木の〜 树上 shù shang ❷《年齢》大 dà ♦三歳〜だ 大三岁 dà sān suì ❸《能力・品質など》高 gāo; 好 hǎo ♦きみより彼の方が技術が〜だ 他的技术比你高 tā de jìshù bǐ nǐ gāo ❹《…の後》检讨の〜で答えます 研究后再答复吧 yánjiū hòu zài dáfù ba

うえ【飢え】饥饿 jī'è ♦〜に苦しむ 苦于饥饿 kǔ yú jī'è ♦〜に喝西北风 hē xīběifēng ♦〜をしのぐ 充饥 chōngjī

ウエーター 男服务员 nán fúwùyuán

ウエート 重量 zhòngliàng; 体重 tǐzhòng ♦〜を増やす[落とす]増重[減肥] zēngzhòng[jiǎnféi] ♦こちらの方に〜がかかる 重点放在这一方面 zhòngdiǎn fàngzài zhè yì fāngmiàn ♦〜リフティング 举重 jǔzhòng

ウエートレス 女服务员 nǚfúwùyuán

ウエーブ《頭髪》拳曲 quánqū ♦〜をかける 烫发 tàngfà

うえかえる【植え替える】移植 yízhí

うえき【植木】庭院的树 tíngyuàn de shù; 盆栽的花木 pénzāi de huāmù ♦〜鉢 花盆 huāpén ♦〜屋 树匠 shùjiàng

うえこみ【植え込み】花草丛 huācǎocóng; 灌木丛 guànmùcóng

うえじに【飢え死に-する】饿死 èsǐ

ウエスタン 西部音乐 xībù yīnyuè; 西部影片 xībù yǐngpiàn

ウエスト 腰 yāo; 腰身 yāoshēn ♦〜のサイズ 腰围 yāowéi

うえつける【植え付ける】移植 yízhí ♦苗を〜 植苗 zhímiáo ♦印象を〜 留下强烈印象 liúxià qiángliè yìnxiàng

ウエット-な ♦〜な性格 多情善感的性格 duōqíng shàngǎn de xìnggé

ウエットスーツ 简易潜水服 jiǎnyì qiánshuǐfú

ウエディング 婚礼 hūnlǐ ♦〜ケーキ 结婚蛋糕 jiéhūn dàngāo ♦〜ドレス 结婚礼服 jiéhūn lǐfú

ウエハース 薄饼干 báobǐnggān

ウェブサイト 网站 wǎngzhàn ♦〜を開設する 开办网站 kāibàn wǎngzhàn

うえる【飢える】饥饿 jī'è

うえる【植える】栽种 zāizhòng; 种植 zhòngzhí ♦木を〜 种树 zhòng shù

うおうさおう【右往左往-する】东跑西窜 dōng pǎo xī cuàn

ウオーキング 散步 sànbù; 步行 bùxíng ♦〜ディクショナリー 活字典 huózìdiǎn

ウォーター 水 shuǐ ♦ミネラル〜 矿泉水 kuàngquánshuǐ ♦〜フロント 海边地带 hǎibiān dìdài

ウォーミングアップ 准备活动 zhǔnbèi huódòng; 热身 rèshēn
ウォールがい［ウォール街］华尔街 Huá'ěrjiē
うおざ［魚座］双鱼座 shuāngyúzuò
ウオッカ 伏特加 fútèjiā
ウオッチャー ♦チャイナ～ 中国问题专家 Zhōngguó wèntí zhuānjiā
うおのめ［魚の目］鸡眼 jīyǎn ♦～ができる 长鸡眼 zhǎng jīyǎn
うか［羽化-する］羽化 yǔhuà
うかい［迂回-する］迂回 yūhuí; 绕行 ràoxíng ♦～戦術 迂回战术 yūhuí zhànshù ♦～路 迂回的旁道 yūhuí de pángdào
うかい［鵜飼］《人》养鸬鹚的人 yǎng lúcí de rén;《動作》用鸬鹚打鱼 yòng lúcí dǎyú
うがい［嗽-する］漱口 shùkǒu ♦～薬 含漱剂 hánshùjì
うかうか ♦～としていられない 不能再稀里糊涂了 bù néng zài xī li hú tú le
うかがい［伺い］♦～を立てる 请示 qǐngshì ♦ご機嫌～ 问安 wèn'ān ♦進退～ 请示去留的报告 qǐngshì qùliú de bàogào
うかがう［伺う］❶《訪ねる》拜访 bàifǎng ❷《尋ねる》♦ちょっと伺いますが 请打听一下 qǐng dǎtīng yíxià ❸《聞いている》♦お噂はかねがね伺っております 久仰大名 jiǔyǎng dàmíng
うかがう［窺う］《様子》窥伺 kuīsī ♦顔色を～ 窥视脸色 kuīshì liǎnsè ♦機会を～ 等待时机 děngdài shíjī ♦反省の色が窺える 可以看出怎样反省 kěyǐ kànchū zěnyàng fǎnxǐng
うかす［浮かす］♦腰を～ 要站起来 yào zhànqǐlái ♦金を～ 匀出钱来 yúnchū qián lái
うかつ［迂闊-な］疏忽 shūhu; 大意 dàyì
うがつ［穿つ］穿 chuān; 钻 zuān ♦水の滴が岩を～ 水滴石穿 shuǐ dī shí chuān; 滴水穿石 dī shuǐ chuān shí ♦うがった見方 中肯的看法 zhòngkěn de kànfǎ
うかぬかお［浮かぬ顔］♦～をする 愁眉苦脸 chóu méi kǔ liǎn; 面带愁容 miàn dài chóu róng
うかばれない［浮かばれない］（死者）不能安心超度 (sǐzhě) bù néng ānxīn chāodù
うかびあがる［浮かび上がる］♦水面に～ 浮出水面 fúchū shuǐmiàn ♦犯人像が～ 浮现出犯人形象 fúxiànchū fànrén xíngxiàng
うかぶ［浮かぶ］❶《水に》漂 piāo; 漂浮 piāofú ❷《空に》气球が～気球在飘荡 qìqiú zài piāodàng ❸《心などに》♦名案が～ 计上心来 jì shàng xīn lái ♦まぶたに～ 浮现在眼前 fúxiàn zài yǎnqián ❹《顔に》♦笑みが～ 露出笑脸 lùchū xiàoliǎn
うかべる［浮かべる］《水に》浮 fú ♦船を～ 泛舟 fànzhōu;《顔や心に》涙を～ 含泪 hánlèi ♦思い～ 想起 xiǎngqǐ
うかる［受かる］考上 kǎoshàng ♦試験に～ 考试及格 kǎoshì jígé ♦大学に～ 考上大学 kǎoshàng dàxué
うかれる［浮かれる］摇头摆尾 yáo tóu bǎi wěi; 兴高采烈 xìng gāo cǎi liè
うき［浮き］鱼漂儿 yúpiāor; 浮子 fúzi
うき［雨季］雨季 yǔjì
うきあがる［浮き上がる］❶《水面などに》浮出 fúchū; 浮上 fúshàng ❷《他の人から》♦大衆から～ 脱离群众 tuōlí qúnzhòng
うきあしだつ［浮き足立つ］惊惶失措 jīnghuáng shīcuò; 动摇起来 dòngyáoqǐlai
うきうき［浮き浮き-する］喜不自禁 xǐ bù zì jīn; 喜气洋洋 xǐqì yángyáng
うきくさ［浮き草］紫萍 zǐpíng; 浮萍 fúpíng
うきぐも［浮き雲］浮云 fúyún
うきしずみ［浮き沈み-する］浮沉 fúchén; 荣枯 róngkū ♦～の激しい人生 浮沉不定的人生 fúchén búdìng de rénshēng
うきでる［浮き出る］露出 lùchū; 浮现出 fúxiànchū ♦模様が～ 花纹显露出来 huāwén xiǎnlùchūlai
うきな［浮き名］♦～を流す 艳闻传扬满城风雨 yànwén chuánde mǎnchéng fēngyǔ
うきはし［浮き橋］浮桥 fúqiáo
うきぶくろ［浮き袋］❶《泳ぐときの》救生圏 jiùshēngquān ❷《魚の》鱼鳔 yúbiào
うきぼり［浮き彫り］《レリーフ》浮雕 fúdiāo ♦問題点を～にする 使争论点突出 shǐ zhēnglùndiǎn tūchū
うきみ［憂き身］♦～をやつす 废寝忘食 fèi qǐn wàng shí
うきめ［憂き目］惨痛的经验 cǎntòng de jīngyàn ♦落第の～を見る 吃蹲班的苦头 chī dūnbān de kǔtóu
うきよ［浮世］俗世 súshì ♦～離れした考え 不通世俗的想法 bù tōng shìsú de xiǎngfǎ
うきよえ［浮世絵］浮世绘（江戸时代流行的风俗画）fúshìhuì (jiāng-

hù shídài liúxíng de fēngsúhuà)
うく【浮く】❶《浮かぶ》水に〈にごみが〉浮いている 水上漂着垃圾 shuǐ shàng piāozhe lājī ♦宙に～ 悬空 xuánkōng ♦《緩む》歯の～ような お世辞 令人肉麻的恭维话 lìng rén ròumá de gōngwéihuà ❸《余りが出る》♦費用が～ 费用有剩余 fèiyong yǒu shèngyú ♦《他の人から》♦周りから～ 脱离他人 tuōlí tārén
ウグイス【鶯】黄莺 huángyīng
ウクレレ 尤克里里琴 yóukèlǐlǐqín
うけ【受け】♦～がいい 受欢迎 shòu huānyíng ♦女性客に～が悪い 女顾客的反应不好 nǚgùkè de fǎnyìng bù hǎo
うけあう【請け合う】❶《引き受ける》承担 chéngdān ❷《保証する》保证 bǎozhèng ♦担保 dānbǎo ♦請け合えない 不能保证 bùnéng bǎozhèng
うけいれる【受け入れる】接受 jiēshòu; 容纳 róngnà ♦難民を～ 接纳难民 jiēnà nànmín ♦要求を～ 接受要求 jiēshòu yāoqiú
うけうり【受け売り-する】现买现卖 xiàn mǎi xiàn mài; 鹦鹉学舌 yīngwǔ xuéshé
うけおい【請け負い】♦～契約 承包合同 chéngbāo hétong ♦～製造す 承制 chéngzhì
うけおう【請け負う】包办 bāobàn; 承办 chéngbàn ♦工事を～ 包工 bāo gōng
うけこたえ【受け答え-する】应答 yìngdá; 应对 yìngduì
うけざら【受け皿】《比喩》承接者 chéngjiēzhě; 接纳的地方 jiēnà de dìfang ♦リストラ社員の～ 接纳下岗人员的地方 jiēnà xiàgǎng rényuán de dìfang
うけたまわる【承る】❶《聞く》恭听 gōngtīng ❷《承知する》接受 jiēshòu
うけつぐ【受け継ぐ】继承 jìchéng; 承继 chéngjì ♦伝統を～ 继承传统 jìchéng chuántǒng
うけつけ【受付】收发室 shōufāshì; 接待站 jiēdàizhàn; 传达室 chuándáshì ♦～業務《機関の》传达 chuándá ♦～係 传达员 chuándáyuán; 接待员 jiēdàiyuán ♦～時間 受理时间 shòulǐ shíjiān
うけつける【受け付ける】接受 jiēshòu; 受理 shòulǐ ♦先着順に～ 按先后顺序受理 àn xiānhòu shùnxù shòulǐ ♦食事も受け付けない 饭也吃不进去 fàn yě chībujìnqu
うけとめる【受け止める】接住 jiēzhù ♦ボールを～ 接球 jiē qiú ♦相手の気持ちを～ 理解对方的心情 lǐjiě duìfāng de xīnqíng
うけとり【受取】收条 shōutiáo; 收据 shōujù ♦发票 fāpiào ♦～を出す 开收条 kāi shōutiáo
うけとる【受け取る】❶《手元に》♦手紙を～ 收信 shōuxìn ♦返事を～ 接到回信 jiēdào huíxìn ♦給料を～ 领工资 lǐng gōngzī ❷《理解する》♦皮肉に～ 理解为讽刺 lǐjiěwéi fěngcì
うけながす【受け流す】回避 huíbì ♦軽く～ 一听而过 yì tīng ér guò
うけみ【受け身】❶《受动的》被动 bèidòng; 消极 xiāojí ♦～になる 陷于被动 xiànyú bèidòng ❷《文法》被动态 bèidòngtài ♦～の文 被动句 bèidòngjù
うけもち【受け持ち】主管 zhǔguǎn ♦～の先生 班主任 bānzhǔrèn
うけもつ【受け持つ】担任 dānrèn ♦2年生を～ 担任二年级 dānrèn èrniánjí ♦作業の一部を～ 负责部分工作 fùzé bùfen gōngzuò
うける【受ける】♦もてなしを～ 受到款待 shòudào kuǎndài ♦被害を～ 遭受灾害 zāoshòu zāihài ♦テストを～ 应试 yìngshì ♦電話を～ 接电话 jiē diànhuà ♦ボールを～ 接球 jiē qiú ♦賞を～ 受赏 shòushǎng; 获奖 huòjiǎng ♦大衆に～ 博得群众的好评 bódé qúnzhòng de hǎopíng; 受群众欢迎 shòu qúnzhòng huānyíng
うけわたし【受け渡し-する】交接 jiāojiē; 交割 jiāogē
うげん【右舷】右舷 yòuxián
うご【雨後】♦～の竹の子 雨后春笋 yǔ hòu chūn sǔn
うごうのしゅう【烏合の衆】乌合之众 wū hé zhī zhòng
うごかす【動かす】❶《作動させる》发动 fādòng ♦機械を～ 开动机器 kāidòng jīqì ❷《移动する》搬动 bāndòng; 挪动 nuódòng ♦家具を～ 移动家具 yídòng jiājù ❸《感动》感动 gǎndòng ♦人の心を～ 打动人心 dǎdòng rénxīn ❹《異动》调动 diàodòng ♦スタッフを～ 更动人员 gēngdòng rényuán ❺《運用する》♦大金を～ 运用巨款 yùnyòng jùkuǎn
うごかない【動かない】铁定 tiědìng ♦动かぬ証拠 确证 quèzhèng; 铁证 tiězhèng ♦体が～ 身体不灵 shēntǐ bùlíng
うごき【動き】动作 dòngzuò; 动向 dòngxiàng ♦～がとれない 进退维谷 jìn tuì wéi gǔ; 窘迫 jiǒngpò ♦景気の～ 市况的动向 shìkuàng de dòngxiàng ♦～が速い 灵活 líng-

huó♦～のにぶい 呆滞 dāizhì ♦～を封じる 牵制 qiānzhì
うごく【動く】 行动 xíngdòng；活动 huódòng ♦機械が～ 机器开动 jīqì kāidòng ♦体が～ 身体活动 shēntǐ huódòng ♦心が～ 动心 dòngxīn ♦警察が～ 公安开始搜查 gōng'ān kāishǐ sōuchá
うごめく【蠢く】 蠕动 rúdòng
うさ【憂さ】 愁闷 chóumèn ♦～を晴らす 出气 chūqì；解闷 jiěmèn；散闷 sànmèn
ウサギ【兎】 兔 tù；兔子 tùzi
うざったい 令人厌烦 lìng rén yànfán；讨厌 tǎoyàn
うさんくさい【胡散臭い】 可疑 kěyí；暧昧 àimèi
うし【丑】 年丑 chǒu ♦～年生まれ 属牛 shǔ niú
ウシ【牛】 牛 niú ♦～小屋 牛棚 niúpéng ♦～の歩み《比喻》行动迟缓 xíngdòng chíhuǎn
うじ【氏】 氏族 shìzú ♦～より育ち 英雄不怕出身低 yīngxióng bú pà chūshēn dī
ウジ【蛆】 蛆 qū ♦～がわく 生蛆 shēng qū
うしお【潮】 潮水 cháoshuǐ
うじこ【氏子】 一个神庙的信徒 yí ge shénmiào de xìntú
うしなう【失う】 丢 diū；丧失 sàngshī；失掉 shīdiào；失去 shīqù ♦タイミングを～ 错过机会 cuòguò jīhuì ♦～たるを失わない 不失为… bùshīwéi... ♦両親を～ 丧失父母 sàngshī fùmǔ ♦信用を～ 失掉信任 shīdiào xìnrèn ♦気を～ 昏过去 hūnguòqù
うじゃうじゃ 乱爬乱钻 luàn pá luàn zuān
うしろ【後ろ】 后面 hòumian；后边 hòubian ♦～に回る 绕到背后去 ràodào bèihòu qu ♦～を向く 朝后 cháohòu ♦～の座席 靠后的座位 kàohòu de zuòwèi
うしろあし【後ろ足】《動物の》后腿 hòutuǐ
うしろがみ【後ろ髪】 ♦～を引かれる 恋恋不舍 liànliàn bù shě
うしろぐらい【後ろ暗い】 亏心 kuīxīn；鬼祟 guǐsuì ♦～こと 暗事 ànshì
うしろすがた【後ろ姿】 背影 bèiyǐng；后影 hòuyǐng
うしろだて【後ろ盾】 后盾 hòudùn；靠山 kàoshān；腰杆子 yāogǎnzi ♦～になる 撑腰 chēngyāo
うしろで【後ろ手】 ♦～を組む 背着手 bèizhe shǒu
うしろまえ【後ろ前】 前后颠倒 qiánhòu diāndǎo ♦～に着る 前后反穿 qiánhòu fǎnchuān
うしろむき【後ろ向き】 ♦～に坐る 背着身子坐 bèizhe shēnzi zuò ♦～の考え 倒退的想法 dàotuì de xiǎngfǎ
うしろめたい【後ろめたい】 心虚 xīnxū；亏心 kuīxīn ♦～事萌 阴私 yīnsī；亏心事 kuīxīnshì
うしろゆび【後ろ指】 ♦～を差される 被人在背后指责 bèi rén zài bèihòu zhǐzé；被人指脊梁 bèi rén zhǐ jǐliang
うす【臼】 臼 jiù；磨 mò ♦～でつく 捣 dǎo ♦～でひく 磨 mò ♦～をひく 推磨 tuī mò
うず【渦】 涡流 wōliú；旋涡 xuánwō ♦～を巻く 打漩儿 dǎxuánr；旋绕 xuánrào ♦熱狂の～ 狂热的旋涡 kuángrè de xuánwō
うすあかり【薄明り】 微光 wēiguāng；微亮 wēiliàng
うすあじ【薄味】 味淡 wèi dàn
うすい【薄い】 ❶《印象・感情・興味が》淡薄 dànbó ❷《気体の密度が》稀薄 xībó ❸《厚みが》薄 báo ❹《色が》浅淡 qiǎndàn ♦～黄色の嫩黄 nènhuáng ❺《人情が》薄 báo ❻《味や濃度が》淡 dàn；淡薄 dànbó
うすいた【薄板】 薄板 báobǎn
うすうす【薄々】 稍稍 shāoshāo ♦～気付いている 稍微察觉一点 shāowēi chájué yìdiǎn
うずうず-する 憋不住 biēbuzhù
うすがみ【薄紙】 薄纸 báozhǐ ♦～をはぐように(病気が)よくなる 病势日见起色 bìngshì rìjiàn qǐsè
うすぎ【薄着】 穿得少 chuānde shǎo
うすぎたない【薄汚い】 脏 zāng ♦～壁 脏乎乎的墙 zānghūhū de qiáng ♦～やり方 肮脏的做法 āngzāng de zuòfǎ
うすぎぬ【薄絹】 绸子 chóuzi ♦～のとばり 罗帷 luówéi ♦～の扇 罗扇 luóshàn
うすきみわるい【薄気味悪い】 令人悚栗 lìng rén sǒnglì ♦～声 阴森森的声音 yīnsēnsēn de shēngyīn
うすぎり【薄切り】 切片 qiēpiàn ♦～の牛肉 切成薄片的牛肉 qiēchéng báopiàn de niúròu
うずく【疼く】 疼 téng ♦歯が～ 牙疼 yá téng ♦心が～ 心疼 xīn téng
うずくまる【蹲る】 蹲 dūn
うすぐも【薄雲】 薄云 báoyún
うすぐもり【薄曇り】 微阴 wēiyīn
うすぐらい【うす暗い】 灰暗 huī'àn；阴暗 yīn'àn
うすくらがり【薄暗がり】 暗淡的地方

àndàn de dìfang

うすくれない【薄紅】 浅红色 qiǎnhóngsè

うすげしょう【薄化粧－する】 淡妆 dànzhuāng ♦山が雪で〜している 山上披薄雪 shānshàng pī báoxuě

うすごおり【薄氷】 薄冰 báobīng

うすじお【薄塩】 稍带咸味 shāo dài xiánwèi

うずしお【渦潮】 漩流 xuánliú

うすずみ【薄墨】 ♦〜色 淡墨色 dànmòsè

ウスターソース 英国辣酱油 Yīngguó làjiàngyóu

うずたかく【堆く】 ♦〜積む 堆得很高 duī de hěn gāo

うすちゃ【薄茶】 淡茶 dànchá ♦〜色 淡褐色 dànhèsè

うすっぺら【薄っぺら－な】 浮浅 fúqiǎn；浅薄 qiǎnbó；浅陋 qiǎnlòu ♦〜な人間 轻薄的人 qīngbó de rén

うすで【薄手－の】 较薄 jiào báo

うすば【薄刃】 薄刃的刀 báo rèn de dāo

うすび【薄日】 ♦〜が差す 照射微弱的阳光 zhàoshè wēiruò de yángguāng

うすべに【薄紅－色の】 淡红色 dànhóngsè

うすぼんやりした 【心の動きが】呆头呆脑 dāi tóu dāi nǎo

うずまき【渦巻】 涡流 wōliú；漩xuán ♦〜模様 涡形 wōxíng

うずまく【渦巻く】 卷成漩涡 juǎnchéng xuánwō ♦水流が〜 水打漩儿 shuǐ dǎxuánr

うずまる【埋まる】 ♦土砂で〜 被土埋上 bèi tǔ máishàng ♦人で〜 挤满人群 jǐmǎn rénqún

うすみどり【薄緑－色の】 浅绿 qiǎnlǜ；嫩绿 nènlǜ

うすめ【薄目】 ♦〜をあける 半睁眼睛 bàn zhēng yǎnjing ♦〜のコーヒー 味淡些的咖啡 wèi dàn xiē de kāfēi

うすめる【薄める】 冲淡 chōngdàn；弄淡 nòngdàn

うずめる【埋める】 埋没 máimò ♦この会社に骨を〜覚悟で 准备在这个公司里干一辈子 zhǔnbèi zài zhège gōngsī lǐ gàn yíbèizi

うずもれる【埋もれる】 ♦埋もれた人材 被埋没的人材 bèi máimò de réncái ♦砂に〜 被沙埋上 bèi shā máishàng

ウズラ【鶉】 鹌鹑 ānchun ♦〜の卵 鹌鹑蛋 ānchundàn

うすらぐ【薄らぐ】 变淡薄 biàn dànbó；减轻 jiǎnqīng ♦痛みが〜 疼痛减轻 téngtòng jiǎnqīng ♦寒さが〜 寒意渐退 hányì jiàn tuì

うすれる【薄れる】 渐薄 jiàn báo；变淡 biàndàn ♦関心が〜 不大感兴趣了 bú dà gǎn xìngqù le ♦記憶が〜 记忆模糊了 jìyì móhu le

うすわらい【薄笑い】 冷笑 lěngxiào ♦〜を浮かべる 露出嘲讽的冷笑 lùchū cháofěng de lěngxiào

うせつ【右折－する】 向右拐 xiàng yòu guǎi

うせる【失せる】 消失 xiāoshī ♦気力が〜 失去精神 shīqù jīngshen；やる気が〜 没有干劲儿了 méiyǒu gànjìnr le

うそ【嘘】 谎话 huǎnghuà；谎言 huǎngyán ♦〜をつく 撒谎 sāhuǎng；说谎 shuōhuǎng ♦〜八百を並べる 谎话连篇 huǎnghuà liánpiān ♦〜のような 难以相信 nányǐ xiāngxìn

うぞうむぞう【有象無象－の】 不三不四的东西 bù sān bú sì de dōngxi

うそつき【嘘つき】 爱说谎的 ài shuōhuǎng de；撒谎 sāhuǎng

うそぶく【嘯く】 若无其事地说 ruò wú qí shì de shuō

うた【歌】 歌曲 gēqǔ；歌子 gēzi ♦〜をうたう 唱歌 chànggē ♦〜を口ずさむ 哼歌子 hēng gēzi ♦〜がうまい 歌唱得很好 gē chàngde hěn hǎo

うたい【謡】 能乐的唱词 néngyuè de chàngcí

うたいて【歌い手】 歌手 gēshǒu；歌唱家 gēchàngjiā

うたいもんく【謳い文句】 吸引人的词句 xīyǐn rén de cíjù

うたう【歌う】 唱 chàng；歌咏 gēyǒng ♦小鳥が〜 小鸟歌唱 xiǎoniǎo gēchàng

うたう【謳う】 ♦契約書に謳われている 合同有明文规定 hétong yǒu míngwén guīdìng

うたがい【疑い】 嫌疑 xiányí；疑心 yíxīn ♦〜もなく 无疑 wúyí；分明 fēnmíng ♦〜を抱く 怀疑 huáiyí ♦〜深い 多疑 duōyí

うたがう【疑う】 怀疑 huáiyí；疑惑 yíhuò；猜疑 cāiyí ♦目を〜 不能相信自己的眼睛 bù néng xiāngxìn zìjǐ de yǎnjing

うたかた【泡沫】 泡沫 pàomò ♦〜と消える 过眼云烟 guò yǎn yúnyān ♦〜の夢 春梦 chūnmèng

うたがわしい【疑わしい】 可疑 kěyí ♦〜点 可疑之点 kěyí zhī diǎn；靠不住的地方 kàobuzhù de dìfang

うたげ【宴】 宴会 yànhuì ♦〜に招く 宴请 yànqǐng

うたたね【転た寝－する】 打盹儿 dǎ-

dǔnr; 假寐 jiǎmèi
うだつ【梲 zhuō】◆~が上がらない 翻不了身 fānbuliǎo shēn; 得不到重用 débùdào zhòngyòng
うだる【茹る】 煮熟 zhǔshú ◆ようす暑さ 闷热得要死 mēnrède yàosǐ
うたれる【打[撃]たれる】 被打 bèi dǎ; 被攻击 bèi gōngjī ◆こぶしで~ 被打一拳 bèi dǎ yì quán ◆銃で~ 被枪击 bèi qiāngjī ◆彼のことばに深く~ 被他的话深深感动了 bèi tā de huà shēnshēn gǎndòng le
うち【内】《内部》内部 nèibù;《中の》之间 zhī jiān; 之中 zhī zhōng ◆~に秘める 藏在心里 cángzài xīnli ◆~なる敵 潜藏在内部的敌人 qiáncáng zài nèibù de dírén ◆~の会社 我们公司 wǒmen gōngsī ◆数日の~に 两三天之内 liǎng sān tiān zhī nèi
うちあう【打[撃]ち合う】 互打 hùdǎ; 对打 duìdǎ
うちあげ【打ち上げ】 ❶《空高く上げる》发射 fāshè ◆~花火 焰火 yànhuǒ ❷《興行などを終える》结束 jiéshù
うちあけばなし【打ち明け話】 心腹话 xīnfùhuà; 知心话 zhīxīnhuà
うちあける【打ち明ける】 吐露 tǔlù; 坦率说出 tǎnshuài shuōchū
うちあげる【打ち上げる】◆《上空に》人工衛星を~ 发射人造卫星 fāshè rénzào wèixīng ◆花火を~ 放焰火 fàng yànhuǒ;《興行など》◆公演を~ 结束演出 jiéshù yǎnchū
うちあわせる【打ち合わせる】 ❶《協議》接洽 jiēqià; 相商 xiāngshāng ◆今後の予定を~ 商量此后的计划 shāngliang cǐhòu de jìhuà ❷《物と物を》両手を~ 拍手 pāishǒu
うちいわい【内祝】 内部的庆祝 nèibù de qìngzhù
うちうち【内々】 家里 jiālǐ; 内部 nèibù ◆~に済ませる 内部处理 nèibù chǔlǐ
うちおとす【撃ち落とす】 击落 jīluò
うちおろす【打ち下ろす】 从上往下打 cóng shàng wǎng xià dǎ
うちかえす【打ち返す】 打回去 dǎhuíqù
うちかつ【打ち勝つ】 克服 kèfú; 战胜 zhànshèng ◆困難に~ 克服困难 kèfú kùnnan
うちがわ【内側】 里面 lǐmiàn; 里头 lǐtou ◆~の人間 内部人 nèibùrén
うちき【内気-な】 内向 nèixiàng; 腼腆 miǎntiǎn; miǎntian
うちきり【打ち切り】 停止 tíngzhǐ; 截止 jiézhǐ ◆調査は~になった 调查中止了 diàochá zhōngzhǐ le
うちきる【打ち切る】 停止 tíngzhǐ; 中止 zhōngzhǐ; 以…为止 yǐ...wéizhǐ ◆放送を~ 停止广播 tíngzhǐ guǎngbò
うちきん【内金】 定金 dìngjīn
うちくだく【打ち砕く】 击毁 jīhuǐ; 推毁 cuīhuǐ; 粉碎 fěnsuì ◆野望を~ 粉碎野心 fěnsuì yěxīn
うちけす【打ち消す】 否认 fǒurèn; 否定 fǒudìng ◆事実を~ 否认事实 fǒurèn shìshí
うちゲバ【内ゲバ】 内部的暴力抗争 nèibù de bàolì kàngzhēng
うちこむ【打ち込む】 ❶《精神を》埋头 máitóu; 上劲 shàngjìn ◆仕事に~ 专心工作 zhuānxīn gōngzuò ❷《物を》地面に杭を~ 把桩子打进地里 bǎ zhuāngzi dǎjìn dìli
うちころす【打ち殺す】 打死 dǎsǐ
うちころす【撃ち殺す】 枪杀 qiāngshā
うちこわす【打ち壊す】 打坏 dǎhuài; 砸坏 záhuài
うちしずむ【打ち沈む】 消沉 xiāochén
うちじゅう【家中】 ❶《家屋全体》◆~を探し回る 家里到处寻找 jiālǐ dàochù xúnzhǎo ❷《家族全員》◆~で大喜びする 一家人都很高兴 yìjiārén dōu hěn gāoxìng
うちそこなう【打ち損なう】 没打中 méi dǎzhòng
うちそと【内外】 内外 nèiwài; 里外 lǐwài
うちたおす【打ち倒す】 打倒 dǎdǎo ◆相手を~ 打倒对手 dǎdǎo duìshǒu
うちたてる【打ち立てる】 确立 quèlì; 树立 shùlì ◆新記録を~ 创造记录 chuàngzào jìlù
うちつける【打ち付ける】 钉 dìng ◆釘を~ 钉钉子 dìng dīngzi
うちつづく【打ち続く】 连续不断 liánxù búduàn ◆~不幸 连续的不幸 liánxù de búxìng
うちづら【内面】 对自家人的态度 duì zìjiārén de tàidu ◆~のいい 对自家人和善 duì zìjiārén héshàn
うちでし【内弟子】 住在师傅家里的徒弟 zhùzài shīfu jiāli de túdì
うちでのこづち【打出の小槌】 万宝槌 wànbǎochuí
うちとける【打ち解ける】 融洽 róngqià; 开怀 kāihuái ◆打ち解けて語る 亲切交谈 qīnqiè jiāotán ◆打ち解けない 拘束 jūshù; 矜持 jīnchí
うちどめ【打ち止め】 结束 jiéshù
うちにわ【内庭】 院子 yuànzi
うちぬく【打ち抜く】◆穴を~ 穿孔 chuānkǒng ◆弾が~ 子弹打穿 zǐdàn dǎchuān

うちのめす【打ちのめす】 打倒 dǎdǎo；打垮 dǎkuǎ ◆打ちのめされる 被打得落花流水 bèi dǎde luòhuā liúshuǐ ◆子供の死に打ちのめされる 给孩子的死打垮 gěi háizi de sǐ dǎkuǎ

うちのり【内法】 内侧的尺寸 nèicè de chǐcùn

うちひしがれる【打ち拉がれる】 ◆悲しみに〜 伤心难过 shāngxīn nánguò

うちべんけい【内弁慶】 窝里横 wōlihèng

うちポケット【内ポケット】 里兜 lǐdōu

うちまかす【打ち負かす】 打败 dǎbài；击败 jībài

うちまく【内幕】 内情 nèiqíng；内幕 nèimù ◆〜をばらす 揭露内情 jiēlù nèiqíng

うちまた【内股】 ◆〜で歩く 脚尖朝内走 jiǎojiān cháo nèi zǒu

うちみ【打ち身】 撞伤 zhuàngshāng

うちみず【打ち水-する】 洒水 sǎ shuǐ

うちやぶる【打ち破る】 打破 dǎpò；打败 dǎbài ◆强敌を〜 打败劲敌 dǎbài jìngdí

うちゅう【宇宙】 太空 tàikōng；宇宙 yǔzhòu ◆〜人 外星人 wàixīngrén ◆〜ステーション 航天站 hángtiānzhàn；星际站 xīngjìzhàn ◆〜船 星际飞船 xīngjì fēichuán；宇宙飞船 yǔzhòu fēichuán ◆〜飛行 航天 hángtiān；宇航 yǔháng；宇宙航行 yǔzhòu hángxíng ◆〜飛行士 航天员 hángtiānyuán；宇航员 yǔhángyuán ◆〜ロケット 宇宙火箭 yǔzhòu huǒjiàn

うちょうてん【有頂天】 得意忘形 déyì wàngxíng

うちよせる【打ち寄せる】 冲来 chōnglái ◆波が〜 波浪滚滚而来 bōlàng gǔngǔn ér lái

うちわ【団扇】 团扇 tuánshàn ◆〜であおぐ 扇团扇 shān tuánshàn

うちわ【内輪】 ❶《内部》 ◆〜の話 自家人的话 zìjiārén de huà ◆〜もめ 同室操戈 tóng shì cāo gē；窝儿里反 wōrlǐ fǎn ❷《少なめ》 ◆〜に見积もる 估计得低一点儿 gūjìde dī yìdiǎnr

うちわけ【内訳】 细目 xìmù ◆〜書 明细表 míngxìbiǎo

うつ【打つ】 打 dǎ；拍 pāi ◆電報を〜 打电报 dǎ diànbào ◆太鼓を〜 擂鼓 léi gǔ；敲鼓 qiāo gǔ；打鼓 dǎ gǔ ◆注射を〜 打针 dǎ zhēn ◆一芝居を〜 耍花招 shuǎ huāzhāo ◆手を〜 采取措施 cǎiqǔ cuòshī ◆心を〜 打动人心 dǎdòng rénxīn

うつ【撃つ】 打 dǎ；射击 shèjī ◆銃を〜 打枪 dǎqiāng

うつ【討つ】 ◆かたきを〜 报仇 bàochóu

うつうつ【鬱々-とする】 郁郁闷闷 yùyùmènmèn；闷闷不乐 mènmèn búlè

うっかり-する 失神 shīshén；疏忽 shūhū；不慎 búshèn ◆〜間違える 走神弄错 zǒushén nòngcuò

うつくしい【美しい】 好看 hǎokàn；漂亮 piàoliang；美丽 měilì ◆〜歌声 歌声很好听 gēshēng hěn hǎotīng ◆〜女性 佳人 jiārén

うつくしさ【美しさ】 美丽 měilì ◆〜を競う 媲美 pìměi

うっくつ【鬱屈-する】 抑郁 yìyù ◆〜がたまる 郁结 yùjié

うっけつ【鬱血-する】 淤血 yūxuè；郁血 yùxuè

うつし【写し】 抄件 chāojiàn；副本 fùběn ◆〜をとる 抄副本 chāo fùběn

うつす【移す】 ❶《移転》 搬 bān；转移 zhuǎnyí ◆本拠地を〜 转移据点 zhuǎnyí jùdiǎn ◆実行に〜 付诸实施 fùzhū shíshī ❷《伝染》 ◆病気を〜 传染疾病 chuánrǎn jíbìng

うつす【映す】 映 yìng ◆鏡に映して見る 照镜子看 zhào jìngzi kàn

うつす【写す】 《書き写す》 抄 chāo ◆ノートを〜 抄笔记 chāo bǐjì ◆写真を〜 拍照 pāizhào；照相 zhàoxiàng

うっすらと 稍微 shāowēi；薄薄地 báobáo de

うっせき【鬱積-する】 郁积 yùjī

うっそう【鬱蒼】 郁郁葱葱 yùyùcōngcōng

うったえ【訴え】 诉讼 sùsòng ◆〜を起こす 起诉 qǐsù

うったえる【訴える】 ❶《不服を申し立てる》 申诉 shēnsù ❷《裁判に》 打官司 dǎ guānsi ◆訴えられる 吃官司 chī guānsi ❸《感情・主張を》 ◆苦痛を〜 叫苦 jiàokǔ ◆無実を〜 鸣冤叫屈 míng yuān jiào qū ◆平和を〜 呼吁和平 hūyù hépíng ❹《頼る》 ◆暴力に〜 诉诸武力 sùzhū wǔlì

うっちゃる ❶《捨てる》 甩手 shuǎishǒu；弃置 qìzhì ◆仕事を〜 抛弃职务 pāoqì zhíwù ❷《相撲技の転》 ◆土壇場で〜 在最后关头转败为胜 zài zuìhòu guāntóu zhuǎn bài wéi shèng

うつつ【現】 ◆〜を抜かす 迷恋 míliàn；入迷 rùmí

うって【打っ手】 ◆〜を考える 打主意 dǎ zhǔyì ◆〜がない 没有任何办

うってかわる【打って変わる】 変得截然不同 biànde jié rán bù tóng
うってつけ【打ってつけ-の】 理想 lǐxiǎng; 合适 héshì ♦～の人 恰好的材料 qiàhǎo de cáiliào
うってでる【打って出る】 出击 chūjī ♦選挙に～ 参加竞选 cānjiā jìngxuǎn
うっとうしい【鬱陶しい】 郁闷 yùmèn; 阴郁 yīnyù
うっとり 陶醉 táozuì; 心醉 xīnzuì
うつびょう【鬱病】 抑郁症 yìyùzhèng
うつぶせ【俯せ】 脸朝下趴着 liǎn cháo xià pāzhe ♦～になる 俯卧 fǔwò
うっぷん【鬱憤】 闷气 mènqì ♦～を晴らす 发泄郁愤 fāxiè yùfèn
うつむく【俯く】 俯首 fǔshǒu; 低头 dītóu ♦うつむき加減に 稍微低头 shāowēi dītóu
うつらうつら-する 昏昏欲睡 hūnhūn yù shuì; 似睡非睡 shì shuì fēi shuí
うつりが【移り香】 薰上的香味儿 xūnshàng de xiāngwèir
うつりかわり【移り変わり】 变迁 biànqiān ♦四季の～ 四季的变化 sìjì de biànhuà
うつりかわる【移り変わる】 变迁 biànqiān; 变化 biànhuà
うつりぎ【移り気-な】 喜新厌旧 xǐ xīn yàn jiù; 见异思迁 jiàn yì sí qiān
うつる【移る】 ❶《伝染する》传染 chuánrǎn; 感染 gǎnrǎn ❷《移動する》迁移 qiānyí; 转移 zhuǎnyí ❸《時間が経過する》推移 tuīyí; 经过 jīngguò
うつる【映る】 映 yìng ♦水面に～ 映在水面上 yìngzài shuǐmiànshang
うつる【写る】 拍 pāi; 照 zhào ♦写真に～ 拍到照片上 pāidào zhàopiànshang ♦よく写っている 照得很好 zhàode hěn hǎo
うつろ【空[虚]ろ-な】 空洞 kōngdòng; 空虚 kōngxū ♦～な目 呆滞的目光 dāizhì de mùguāng
うつわ【器】 ❶《容器》器皿 qìmǐn; 容器 róngqì ♦～に入れる 放在器皿里 fàngzài qìmǐn li ❷《人間》器量 qìliàng; 才干 cáigàn ♦社長の～ではない 不是社长的料 bú shì shèzhǎng de liào ♦あいつはいかにも～が大きい 他器量真大 tā qìliàng zhēn dà
うで【腕】 ❶《腕》臂膊 bìbó; 胳膊 gēbo ❷《技能》本领 běnlǐng; 技能 jìnéng ♦～が鳴る 技痒 jìyǎng ♦～のいい職人 能工巧匠 néng gōng qiǎo jiàng ♦～を振るう 发挥能力 fāhuī nénglì ♦～が立つ 技能高超 jìnéng gāochāo ♦～を磨く 增强本领 zēngqiáng běnlǐng
うできき【腕利き-の】 能手 néngshǒu; 干将 gànjiàng
うでぐみ【腕組み-する】 抱着胳膊 bàozhe gēbo
うでくらべ【腕比べ-する】 比本领 bǐ běnlǐng; 比赛技能 bǐsài jìnéng
うでずく【腕ずく-で】 诉诸武力 sùzhū wǔlì
うでずもう【腕相撲-をする】 掰腕子 bāi wànzi; 扳腕子 bān wànzi
うでたてふせ【腕立て伏せ】 俯卧撑 fǔwòchēng
うでだめし【腕試し-をする】 试试本事 shìshi běnshi
うでっぷし【腕っ節】 ♦～の強い 有腕力 yǒu wànlì
うでどけい【腕時計】 手表 shǒubiǎo
うでばひびく【打てば響く】 ♦～応答 爽快的应答 shuǎngkuài de yìngdá
うでまえ【腕前】 本事 běnshi; 技能 jìnéng; 手艺 shǒuyì ♦～を披露する 露一手 lòu yìshǒu
うでまくり【腕捲り-する】 卷袖子 juǎn xiùzi
うてん【雨天】 雨天 yǔ tiān ♦～顺延 遇雨顺延 yù yǔ shùnyán ♦～决行 风雨无阻 fēngyǔ wúzǔ
ウド【独活】《植物》土当归 tǔdāngguī ♦～の大木 大草包 dà cǎobāo
うとい【疎い】 生疏 shēngshū ♦世事に～ 不懂世情 bù dǒng shìqíng
うとうと-する 打盹儿 dǎdǔnr; 似睡非睡 sì shuì fēi shuì
うどん 乌冬面 wūdōngmiàn; 切面 qiēmiàn ♦～を打つ 擀面条 gǎn miàntiáo
うとんじる【疎んじる】 疏远 shūyuǎn; 冷待 lěngdài
うながす【促す】 催 cuī; 催促 cuīcù ♦発展を～ 促进发展 cùjìn fāzhǎn ♦注意を～ 提醒 tíxǐng
ウナギ【鰻】 鳗鲡 mánlí; 鳗鱼 mányú
うなぎのぼり【鰻上り】 直线上升 zhíxiàn shàngshēng ♦物価は～に上がっている 物价飞涨 wùjià fēizhǎng
うなされる【魘される】 魇 yǎn ♦夢に～ 梦魇 mèngyǎn
うなじ【項】 脖颈儿 bógěngr
うなずく【頷く】 点头 diǎntóu; 首肯 shǒukěn ♦頷けない《納得できない》不能同意 bù néng tóngyì; 不可理解 bù kě lǐjiě
うなだれる【項垂れる】 垂头 chuí-

うなばら【海原】 大海 dàhǎi
うなる【唸る】 ◆痛くて唸り続ける 疼得不停地呻吟 téngde bùtíng de shēnyín ◆風が～ 风呜呜响 fēng wūwū xiǎng ◆(感心して)思わずうなってしまった 不禁叫好了 bùjīn jiàohǎo le
ウニ【海胆・雲丹】 海胆 hǎidǎn
うぬぼれ【自(己)惚れ】 骄傲 jiāo'ào; 自大 zìdà ◆～の強い 自高自大 zì gāo zì dà
うぬぼれる【自(己)惚れる】 翘尾巴 qiào wěiba; 自高自大 zì gāo zì dà
うね【畝[畦]】 垄 lǒng
うねる【波る】 ❶ 波浪激荡 bōlàng jīdàng ❷ 道路蜿蜒 dàolù wānyán
うのう【右脳】 右半脑 yòubànnǎo
うのみ【鵜呑み-にする】 囫囵吞枣 húlún tūn zǎo ◆ひとの話を～にする 盲信别人说的话 mángxìn biéren shuō de huà
うのめたかのめ 【鵜の目鷹の目-で】 瞪眼寻视 dèng yǎn xún shì
うは【右派】 右派 yòupài
うば【乳母】 奶妈 nǎimā
うばいあう【奪い合う】 争夺 zhēngduó
うばいかえす【奪い返す】 夺回 duóhuí ◆失った領土を～ 克复失地 kèfù shīdì
うばいとる【奪い取る】 抢夺 qiǎngduó; 掠夺 lüèduó
うばう【奪う】 夺 duó ◆自由を～ 剥夺自由 bōduó zìyóu ◆心を～ 迷人 mírén
うばぐるま【乳母車】 婴儿车 yīng'érchē
うぶ【初】 纯真 chúnzhēn; 天真 tiānzhēn
うぶぎ【産着】 襁褓 qiǎngbǎo
うぶげ【産毛】 ❶《赤ちゃんの》胎毛 tāimáo; 胎发 tāifà ❷《顔などの》寒毛 hánmáo; 毫毛 háomáo
うぶごえ【産声】 婴儿第一声 yīng'ér dìyī shēng ◆～を上げる 诞生 dànshēng; 新生 xīnshēng
うぶゆ【産湯】 新生婴儿第一次洗澡 xīnshēng yīng'ér dìyī cì xǐzǎo
うま【午】《年》午 wǔ ◆～年生まれ 属马 shǔ mǎ
ウマ【馬】 马 mǎ ◆～から降りる 下马 xiàmǎ ◆～に乗る 骑马 qímǎ ◆～を走らせる 跑马 pǎomǎ; 走马 zǒumǎ ◆～が合う 合得来 hédelái ◆～の耳に念仏 马耳东风 mǎ'ěr dōngfēng
うまい【旨い・上手い・巧い】 ❶《味》好吃 hǎochī ❷《利益》～汁を吸う

捞油 kāiyóu; 占便宜 zhàn piányi ❸《都合》～ 偏巧 piānqiǎo; 恰巧 qiàqiǎo ❹《技》～字がうまい 字写得很好 zì xiěde hěn hǎo
うまく【上手く】《じょうずに》◆～言えない 说不好 shuōbuhǎo ◆～いく 进行顺利 jìnxíng shùnlì ◆なりゆきが～ない 进行得不妙 jìnxíngde búmiào
うまごや【馬小屋】 马厩 mǎjiù
うまづら【馬面-の】 驴脸 lǘliǎn
うまみ【甘[旨]み】 ❶《味》美味 měiwèi ◆～調味料 味精 wèijīng ❷《利益》油水 yóushuǐ; 甜头 tiántou
うまる【埋まる】 ◆雪に～ 被雪埋上 bèi xuě máishàng
うまれ【生まれ】 出生 chūshēng ◆東京～ 东京出生 Dōngjīng chūshēng ◆～故郷 故乡 gùxiāng; 家乡 jiāxiāng
うまれおちる【生まれ落ちる】 生下来 shēngxiàlái; 出生 chūshēng
うまれかわり【生まれ変わり】 化身 huàshēn; 后身 hòushēn
うまれかわる【生まれ変わる】 投生 tóushēng; 投胎 tóutāi; 转生 zhuǎnshēng ◆真人間に～ 重新做人 chóngxīn zuòrén
うまれたて【生まれたて-の】 刚出生 gāng chūshēng
うまれつき【生まれつき-の】 生来 shēnglái; 天生 tiānshēng; 天性 tiānxìng
うまれながら【生まれながら-の】 天生 tiānshēng; 生来 shēnglái ◆～の歌手 天生的歌唱家 tiānshēng de gēchàngjiā
うまれる【生まれる】 生 shēng; 出生 chūshēng; 出世 chūshì ◆子どもが～ 生孩子 shēng háizi
うみ【海】 海 hǎi ◆～に出る 下海 xiàhǎi; 出海 chūhǎi
うみ【膿】 脓 nóng
うみ【生〔産〕み-の】 亲生 qīnshēng ◆～の親 亲生的父母 qīnshēng de fùmǔ; 《創造》◆～の苦しみ 创业的艰难 chuàngyè de jiānnán
うみかぜ【海風】 海风 hǎifēng
うみせんやません 【海千山千-の】 老油子 lǎoyóuzi
うみだす【生み出す】 产生 chǎnshēng; 创造 chuàngzào ◆傑作を～ 创作出好作品 chuàngzuòchū hǎo zuòpǐn
うみつける【生み付ける】 ◆木の葉に卵を～ 把卵产在树叶上 bǎ luǎn chǎnzài shùyèshàng
うみどり【海鳥】 海鸟 hǎiniǎo
うみなり【海鳴り】 海吼 hǎihǒu; 大

海的轰鸣 dàhǎi de hōngmíng

うみのさち【海の幸】海鲜 hǎixiān ♦ ～山の幸 山珍海味 shānzhēn hǎiwèi

うみべ【海辺】海边 hǎibiān; 海滨 hǎibīn

うむ【倦む】厌倦 yànjuàn ♦ 倦まず撓(たゆ)まず 孜孜不倦 zīzī bújuàn; 坚持不懈 jiānchí búxiè

うむ【生む】产生 chǎnshēng; 滋生 zīshēng ♦ 活力を～ 产生活力 chǎnshēng huólì ♦ こどもを～ 生孩子 shēng háizi ♦ タマゴを～ 下蛋 xià dàn

うむ【膿む】化脓 huànóng ♦ 傷口が～ 伤口化脓 shāngkǒu huànóng

うむ【有無】有无 yǒuwú ♦ ～を言わせない 不由分说 bù yóu fēnshuō

ウメ【梅】梅 méi ♦ ～の実 梅子 méizi ♦ ～の花 梅花 méihuā

うめあわせる【埋め合わせる】弥补 míbǔ; 补偿 bǔcháng

うめきごえ【呻き声】呻吟 shēnyín

うめく【呻く】呻吟 shēnyín

うめくさ【埋め草】补白 bǔbái

うめしゅ【梅酒】青梅酒 qīngméijiǔ

うめたて【埋め立て】填海造地 tiánhǎi zàodì

うめたてる【埋め立てる】填拓 tiántuò

うめぼし【梅干し】咸梅干儿 xiánméigānr

うめる【埋める】❶《穴や場所》埋 mái; 填 tián ♦ 地中に～ 埋入地下 máirù dìxià ♦ 場内を～《人が》满人 jǐmǎn rén ❷《補う》弥补 míbǔ ♦ 赤字を～ 弥补亏空 míbǔ kuīkong

うもう【羽毛】羽毛 yǔmáo ♦ ～布团 羽毛被 yǔmáobèi

うもれる【埋もれる】埋没 máimò ♦ 落ち葉に～ 埋在落叶中 máizài luòyè zhōng ♦ 埋もれた人材 被埋没的人材 bèi máimò de réncái

うやうやしい【恭しい】恭敬 gōngjìng; 必恭必敬 bì gōng bì jìng; 虔敬 qiánjìng

うやまう【敬う】景仰 jǐngyǎng; 尊敬 zūnjìng

うやむや【有耶無耶-にする】不了了之 bù liǎo liǎo zhī; 敷衍了事 fūyǎn liǎo shì

うようよ-する 成群 chéngqún ♦ 人が～している 挤满了人 jǐmǎn le rén

うよきょくせつ【紆余曲折】周折 zhōuzhé; 迂曲 yūqū ♦ ～を経て 经过一番周折 jīngguò yīfān zhōuzhé

うよく【右翼】《思想など》右翼 yòuyì; 右派 yòupài ♦ ～団体 右翼团体 yòuyì tuántǐ; 《野球》♦ ～手 右场手 yòuchǎngshǒu

うら【裏】♦ 便箋の～ 信笺的背面 xìnjiān de bèimiàn ♦ コートの～ 大衣的里子 dàyī de lǐzi ♦ 学校の～ 学校的后面 xuéxiào de hòumian ♦ ～で糸を引く 背后操纵 bèihòu cāozòng ♦ ～がある 里面有文章 lǐmiàn yǒu wénzhāng ♦ ～の事情 背景 bèijǐng; 内情 nèiqíng ♦ ～をかく 将计就计 jiāng jì jiù jì

うらうち【裏打ち-する】《補強として》衬里 chènlǐ ♦ 経験に～された技術 以经验打底儿的技术 yǐ jīngyàn dǎdǐr de jìshù

うらおもて【裏表】里外 lǐwài; 表里 biǎolǐ ♦ ～のある人 两面三刀的人 liǎng miàn sān dāo de rén

うらがえす【裏返す】翻 fān

うらがき【裏書】《文書》背书 bèishū ♦ ～人 背书人 bèishūrén; 《证明》♦ ～する 证实 zhèngshí

うらかた【裏方】后台工作人员 hòutái gōngzuò rényuán

うらがね【裏金】暗地交付的钱 àndì jiāofù de qián; 小金库 xiǎojīnkù; 黑色收入 hēisè shōurù

うらがわ【裏側】背面 bèimiàn; 反面 fǎnmiàn ♦ 世の中の～ 社会的背面 shèhuì de bèimiàn

うらぎり【裏切り】叛逆 pànnì ♦ ～者 叛徒 pàntú

うらぎる【裏切る】背叛 bèipàn ♦ 期待を～ 辜负期望 gūfù qīwàng ♦ 仲间を～ 出卖朋友 chūmài péngyou ♦ 予想を～ 出乎意料 chūhū yìliào

うらぐち【裏口】后门 hòumén ♦ ～入学 走后门入学 zǒu hòumén rùxué

うらこうさく【裏工作-する】幕后活动 mùhòu huódòng

うらごえ【裏声】假嗓子 jiǎsǎngzi

うらさく【裏作】复种 fùzhòng

うらじ【裏地】做衣里的料子 zuò yīlǐ de liàozi

うらちょうぼ【裏帳簿】后账 hòuzhàng

うらづけ【裏付け】证据 zhèngjù; 保证 bǎozhèng

うらづける【裏付ける】证实 zhèngshí; 证明 zhèngmíng

うらて【裏手】背后 bèihòu; 后面 hòumian

うらどおり【裏通り】后街 hòujiē

うらとりひき【裏取り引き-する】幕后交易 mùhòu jiāoyì; 暗地交涉 àndì jiāoshè

うらない【占い】占卦 zhānguà ♦ ～师 算命先生 suànmìng xiānsheng

うらなう【占う】算卦 suànguà; 占

ト zhānbǔ ♦運勢を～ 算命 suànmìng
ウラニウム 铀 yóu
うらにわ【裏庭】 后院 hòuyuàn
うらばなし【裏話】 内情 nèiqíng
うらはら【裏腹-の】 相反 xiāngfǎn ♦口とは～に 心口不一 xīn kǒu bù yī
うらばんぐみ【裏番組】 竞争节目 jìngzhēng jiémù
うらびょうし【裏表紙】 封底 fēngdǐ
うらぶれる 凋零 diāolíng；潦倒 liáodǎo
うらぼんえ【盂蘭盆会】 盂兰盆会 yúlánpénhuì
うらまち【裏街】 后街 hòujiē
うらみ【恨み[怨み]】 仇恨 chóuhèn；怨恨 yuànhèn ♦～を買う 得罪人 dézuì rén ♦～を持つ 怀恨 huáihèn ♦～を晴らす 解恨 jiěhèn；雪恨 xuěhèn ♦～骨髄に徹す 恨之入骨 hèn zhī rù gǔ
うらみごと【恨み[怨み]言】 怨言 yuànyán ♦～を言う 抱怨 bàoyuàn
うらみち【裏道】 抄道 chāodào；后街 hòujiē
うらむ【恨[怨]む】 埋怨 mányuàn；怨恨 yuànhèn ♦人に恨まれる 招人怨 zhāo rén yuàn；得罪人 dézuì rén
うらめ【裏目】 ♦～に出る 适得其反 shì dé qí fǎn
うらめしい【恨[怨]めしい】 可恨 kěhèn
うらもん【裏門】 后门 hòumén
うらやましい【羨ましい】 羡慕 xiànmù
うらやむ【羨む】 眼红 yǎnhóng；羡慕 xiànmù
うららかな【麗らかな】 风和日丽 fēng hé rì lì；晴和 qínghé ♦～春の日 艳阳天 yànyángtiān
うらわかい【うら若い】 年轻 niánqīng ♦～女性 年轻女性 niánqīngnǚxìng
ウラン 铀 yóu
うり【瓜】 瓜 guā ♦～二つ 长得一模一样 zhǎngde yì mú yí yàng
うり【売り】 ♦～に出す 出卖 chūmài；出售 chūshòu
うりあげ【売り上げ】 销售额 xiāoshòu'é ♦～が伸びる 销售额增加 xiāoshòu'é zēngjiā
うりあるく【売り歩く】 串街叫卖 chuàn jiē jiàomài
うりいえ【売家】 出售的房子 chūshòu de fángzi
うりおしみ【売り惜しみ-する】 舍不得卖 shěbude mài
うりかい【売り買い】 买卖 mǎimai

うりかけきん【売り掛け金】 赊款 shēkuǎn
うりきれる【売り切れる】 售完 shòuwán；卖完 màiwán；脱销 tuōxiāo；卖光 màiguāng
うりこ【売り子】 店员 diànyuán；售货员 shòuhuòyuán
うりごえ【売り声】 叫卖声 jiàomàishēng；货声 huòshēng
うりことば【売り言葉】 挑衅性的话 tiǎobóxìng de huà ♦～に買い言葉 来言去语 lái yán qù yǔ
うりこみ【売り込み】 推销 tuīxiāo
うりこむ【売り込む】 兜售 dōushòu ♦新製品を～ 推销新产品 tuīxiāo xīn chǎnpǐn ♦自分を～ 推荐自己 tuījiàn zìjǐ
うりざねがお【瓜実顔】 瓜子脸 guāzǐliǎn
うりさばく【売り捌く】 推销 tuīxiāo；贩卖 fànmài
うりしぶる【売り渋る】 舍不得卖 shěbude mài；惜卖 xīshòu
うりだし【売り出し】 开始出售 kāishǐ chūshòu ♦大～ 大甩卖 dà shuǎimài ♦～中のアイドル 正在走红的偶像 zhèngzài zǒuhóng de ǒuxiàng
うりだす【売り出す】 发售 fāshòu；出售 chūshòu
うりつくす【売り尽くす】 卖完 màiwán；卖光 màiguāng
うりつける【売り付ける】 强行推销 qiángxíng tuīxiāo ♦高値で～ 高价硬卖 gāojià yìng mài
うりて【売り手】 卖主 màizhǔ；卖方 màifāng ♦～市場 卖方市场 màifāng shìchǎng
うりとばす【売り飛ばす】 低廉卖掉 dīlián màidiào ♦盗品を～ 卖赃物 mài zāngwù
うりぬし【売り主】 卖主 màizhǔ
うりね【売り値】 卖价 màijià ♦～をつける 要价 yàojià ♦～を決める 定价 dìngjià
うりば【売り場】 出售处 chūshòuchù ♦入場券～ 售票处 shòupiàochù
うりはらう【売り払う】 卖掉 màidiào；变卖 biànmài
うりもの【売り物】 货品 huòpǐn；商品 shāngpǐn ♦～にならない 不值钱 bù zhíqián ♦正義を～にする 以正义为幌子 yǐ zhèngyì wéi huǎngzi
うりょう【雨量】 雨量 yǔliàng ♦～計 雨量计 yǔliàngjì
うりわたす【売り渡す】 交售 jiāoshòu ♦悪魔に心を～ 把灵魂卖给魔鬼 bǎ línghún mài gěi móguǐ
うる【得る】 得到 dédào ♦～ものがあ

る 有所得 yǒu suǒ dé

うる【売る】 卖 mài；售 shòu；销售 xiāoshòu ♦ 商品を～ 销售商品 xiāoshòu shāngpǐn ♦ 顔を～ 扬名 yángmíng ♦ けんかを～ 找茬儿吵架 zhǎochár chǎojià ♦ 味方を～ 出卖自己人 chūmài zìjǐrén

うるう【閏】 ♦～月 闰月 rùnyuè ♦～年 闰年 rùnnián ♦～日〈2月29日〉闰日 rùnrì

うるおい【潤い】 ♦～がある 润泽 rùnzé；滋润 zīrùn ♦～のない 干枯 gānkū；干巴 gānbā

うるおう【潤う】 润 rùn ♦ 肌が～ 皮肤润 pífū rùn ♦ ふところが～ 富裕起来 fùyùqǐlai

うるおす【潤す】 润泽 rùnzé；滋润 zīrùn ♦ 喉を～ 润嗓子 rùn sǎngzi

うるさい〈音が〉吵闹 chǎonào；嘈杂 cáozá；〈凝る〉食べ物の好みが～ 讲究吃食 jiǎngjiu chīshí；不快 ♦ ハエが～ 苍蝇令人讨厌 cāngying lìng rén tǎoyàn ♦ 手続きが～ 手续太麻烦 shǒuxù tài máfan ♦ 女房が～ 老婆爱发牢骚 lǎopo ài fā láosao

うるさがた【うるさ型-の】 爱挑剔的人 ài tiāoti de rén

ウルシ【漆】 ♦～の木 漆树 qīshù ♦～塗り 涂漆 tú qī

うるちまい【粳米】 粳米 jīngmǐ

うるわしい【麗しい】 美丽 měilì；锦绣 jǐnxiù ♦ 見目～ 好看 hǎokàn ♦ ご機嫌～ 心情好 xīnqíng hǎo

うれい【憂〔愁〕い】 忧患 yōuhuàn ♦～に沈んだ 愁眉苦脸 chóu méi kǔ liǎn ♦～を帯びた 面带愁容 miàn dài chóuróng

うれえる【愁〔憂〕える】 忧虑 yōulǜ；忧伤 yōushāng

うれしい【嬉しい】 高兴 gāoxìng；快乐 kuàilè；欢喜 huānxǐ ♦～便り 喜讯 xǐxùn

うれしそう【嬉しそう】 ♦～な表情 面有喜色 miàn yǒu xǐsè；很高兴的样子 hěn gāoxìng de yàngzi

うれしなき【嬉し泣き-する】 高兴得哭出来 gāoxìngde kūqǐlai

うれしなみだ【嬉し涙】 喜悦的眼泪 xǐyuè de yǎnlèi ♦～を流す 高兴得流泪 gāoxìngde liúlèi

うれっこ【売れっ子】 红角儿 hóngjuér；红人 hóngrén

うれのこり【売れ残り】 滞货 zhìhuò；冷货 lěnghuò

うれのこる【売れ残る】 卖剩下 mài shèngxià

うれゆき【売れ行き】 销路 xiāolù ♦～がよい 畅销 chàngxiāo；销路好 xiāolù hǎo；热销 rèxiāo ♦～が悪い 滞销 zhìxiāo ♦ 飛ぶような～ 销路快 xiāolù kuài

うれる【熟れる】 成熟 chéngshú

うれる【売れる】 畅销 chàngxiāo；能卖 néng mài

うろうろ-する 徘徊 páihuái；转来转去 zhuǎnlai zhuǎnqu

うろおぼえ【うろ覚え-の】 模糊的记忆 móhu de jìyì

うろこ【鱗】 鳞 lín ♦ 目から～ 恍然大悟 huǎngrán dà wù

うろたえる 发慌 fāhuāng；仓皇 cānghuáng

うろつく 徘徊 páihuái；闲逛 xiánguàng

うわがき【上書き】〈封書など〉收信人的地址姓名 shōuxìnrén de dìzhǐ xìngmíng ♦～する 写信封 xiě xìnfēng；〈コンピュータ〉♦～保存 覆盖保存 fùgài bǎocún

うわき【浮気-する】 搞婚外恋 gǎo hūnwàiliàn；感情不专一 gǎnqíng bù zhuānyī ♦～者 风流荡子 fēngliú dàngzi

うわぎ【上着】 上衣 shàngyī；外衣 wàiyī ♦～をはおる 披上外衣 pīshàng wàiyī

うわぐすり【釉薬】 釉子 yòuzi ♦～をかける 上釉子 shàng yòuzi

うわごと【うわ言】 胡话 húhuà ♦～を言う 说梦话 shuō mènghuà

うわさ【噂】 风声 fēngshēng；小道儿消息 xiǎodàor xiāoxi；传闻 chuánwén ♦～する 谈论 tánlùn ♦～が立つ 风传 fēngchuán；谣传 yáochuán ♦ 風の～に聞く 风闻 fēngwén ♦～をすれば影 说曹操，曹操就到 shuō Cáo Cāo, Cáo Cāo jiù dào

うわすべり【上滑り】 ♦～の議論 肤浅的议论 fūqiǎn de yìlùn

うわずみ【上澄み】 上面澄清的部分 shàngmiàn chéngqīng de bùfen

うわずる【上擦る】〈声が〉声音变尖 shēngyīn biànjiān

うわぜい【上背】 ♦～がある 个子高 gèzi gāo ♦～はせいぜい150だ 身材只有一米五高 shēncái zhǐ yǒu yì mǐ wǔ gāo

うわついた【浮ついた】 轻薄 qīngbó；轻佻 qīngtiāo ♦～考え 轻浮的想法 qīngfú de xiǎngfǎ

うわつく【浮つく】 轻浮 qīngfú；浮躁 fúzào

うわっちょうし【上っ調子】 轻浮 qīngfú；油腔滑调 yóu qiāng huá diào

うわっつら【上っ面】 表面 biǎomiàn；皮相 píxiàng ♦～をなでる 浅尝 qiǎncháng ♦～の理解 肤浅的

理解 fǔqiǎn de lǐjiě
うわっぱり【上っ張り】 外罩 wàizhào；罩衣 zhàoyī
うわて【上手】 ◆彼より～を行く 比他高一等 bǐ tā gāo yì děng
うわぬり【上塗り】 涂上最后一层 túshàng zuìhòu yì céng ◆恥の～ 耻上加耻 chǐ shàng jiā chǐ
うわのせ【上乗せ－する】 外加 wàijiā；追加 zhuījiā
うわのそら【上の空】 心不在焉 xīn bú zài yān
うわばき【上履き】 室内鞋 shìnèixié
ウワバミ【蟒蛇】 ❶《へび》蟒蛇 mǎngshé ❷《大酒飲み》海量 hǎiliàng
うわべ【上辺】 外表 wàibiǎo；外观 wàiguān ◆～だけの言葉 门面话 ménmianhuà ◆～を飾る 摆门面 bǎi ménmian；撑场面 chēng chǎngmiàn ◆～だけで人をはかる 只看外表评价人 zhǐ kàn wàibiǎo píngjià rén
うわまえ【上前】 ◆～をはねる 克扣 kèkòu；揩油 kāiyóu
うわぶた【上蓋】 上眼皮 shàngyǎnpí；眼泡 yǎnpāo
うわまわる【上回る】 ◆予想を～ 超出意料 chāochū yìliào ◆60を～ 六十挂零 liùshí guàlíng
うわむく【上向く】 ◆景気が～ 市面好转 shìmiàn hǎozhuǎn
うわめづかい【上目遣い】 ◆～に見る 眼珠朝上看 yǎnzhū cháo shàng kàn
うわやく【上役】 上级 shàngjí；上司 shàngsī
うん【運】 运气 yùnqì；造化 zàohuà ◆～がつく 走运 zǒuyùn ◆～がよい 幸运 xìngyùn ◆～が悪い 倒霉 dǎoméi ◆～が向いてくる 转运 zhuǎnyùn ◆～に見離される 背运 bèiyùn ◆～がない 运气不好 yùnqì bù hǎo ◆～を天に任せる 听天由命 tīng tiān yóu mìng ◆～の尽き 运数已尽 yùnshù yǐ jìn
うん【返事】 啊 à；嗯 ng ◆～、いいよ 行了 xíng le ◆～と言う 答应 dāying ◆～ともすんとも言わない 一声不响 yì shēng bù xiǎng
うんえい【運営－する】 管理 guǎnlǐ；经纪 jīngjì；经营 jīngyíng
うんが【運河】 运河 yùnhé
うんきゅう【運休－する】 停运 tíngyùn；《船・飛行機》停航 tínghang
うんこう【運行－する】 运行 yùnxíng；运转 yùnzhuǎn ◆～時刻《交通機関の》运行时刻 yùnxíng shíkè ◆天体の～ 星体的运转 xīngtǐ de yùnzhuǎn

うんざりする 腻 nì；讨厌 tǎoyàn
うんさんむしょう【雲散霧消－する】 云消雾散 yún xiāo wù sàn
うんせい【運勢】 运气 yùnqì；命运 mìngyùn ◆～を占う 算命 suànmìng
うんそう【運送－する】 运送 yùnsòng ◆～会社 货运公司 huòyùn gōngsī ◆～業 运输业 yùnshūyè
うんちく【蘊蓄】 ◆～を傾ける 拿出渊博的知识 náchū yuānbó de zhīshi
うんちん【運賃】 运费 yùnfèi ◆～表 运费表 yùnfèibiǎo ◆～前払い 预付运费 yùfù yùnfèi
うんでい【雲泥】 ◆～の差がある 天渊之别 tiānyuān zhī bié；云泥之别 yúnní zhī bié
うんてん【運転－する】 驾驶 jiàshǐ；开动 kāidòng ◆自動車を～する 开车 kāichē；行车 xíngchē ◆～手 驾驶员 jiàshǐyuán；司机 sījī ◆～免許証 车照 chēzhào ◆～資金 周转资金 zhōuzhuǎn zījīn
うんと ◆～いる 有很多 yǒu hěn duō ◆～食べろ 好好儿吃吧 hǎohāor chī ba ◆～速い 快得多 kuàide duō
うんどう【運動－する】 运动 yùndòng ◆～会 运动会 yùndònghuì ◆～場 操场 cāochǎng；运动场 yùndòngchǎng ◆～靴 球鞋 qiúxié ◆選挙～ 竞选运动 jìngxuǎn yùndòng
うんぬん【云々】 什么的 shénme de ◆血圧～ 血压什么的 xuěyā shénme de ◆昨日の負けを～する 议论昨天的失败 yìlùn zuótiān de shībài
うんぱん【運搬－する】 运输 yùnshū；载运 zàiyùn；搬运 bānyùn ◆～費 运费 yùnfèi
うんめい【運命】 命运 mìngyùn；天命 tiānmìng ◆～を共にする 同舟共济 tóng zhōu gòng jì ◆～のいたずら 命运的玩弄 mìngyùn de wánnòng ◆～的な出会い 命运性的相逢 mìngyùnxìng de xiāngféng
うんゆ【運輸】 运输 yùnshū
うんよう【運用－する】 运用 yùnyòng
うんよく【運良く】 侥幸 jiǎoxìng；幸而 xìng'ér ◆～免れる 幸免 xìngmiǎn
うんわるく【運悪く】 不巧 bùqiǎo；不凑巧 bú còuqiǎo

え

え【絵】 绘画 huìhuà ♦～を描く 画画儿 huà huàr ♦～に描いた餅 画饼充饥 huà bǐng chōng jī; 纸上谈兵 zhǐ shàng tán bīng

え【柄】 柄 bǐng; 把儿 bàr; 把手 bǎshou ♦ひしゃくの～ 勺子把 sháozibà

エアガン 气枪 qìqiāng
エアコン 空调 kōngtiáo
エアコンプレッサー 空气压缩机 kōngqì yāsuōjī
エアターミナル 机场大楼 jīchǎng dàlóu
エアバス 大型客机 dàxíng kèjī; 空中客车 kōngzhōng kèchē
エアバッグ 安全气囊 ānquán qìnáng
エアポート 机场 jīchǎng
エアポケット 空中陷阱 kōngzhōng xiànjǐng
エアメール 航空信件 hángkōng xìnjiàn
エアライン 飞机航线 fēijī hángxiàn
エアロビクス 健美操 jiànměicāo

えい【鋭意】 锐意 ruìyì; 专心 zhuānxīn
えいえん【永遠】 永远 yǒngyuǎn; 恒久 héngjiǔ ♦～に不滅である 永垂不朽 yǒng chuí bù xiǔ
えいが【映画】 电影 diànyǐng; 影片 yǐngpiàn ♦～館 电影院 diànyǐngyuàn; 影院 yǐngyuàn ♦～スター 电影明星 diànyǐng míngxīng; 影星 yǐngxīng ♦～劇 故事片 gùshipiàn
えいかく【鋭角】 锐角 ruìjiǎo
えいかん【栄冠】 荣誉 róngyù ♦優勝の～に輝く 荣获冠军 rónghuò guànjūn
えいき【鋭気】 锐气 ruìqì
えいき【英気】 英气 yīngqì ♦～を養う 养精蓄锐 yǎng jīng xù ruì
えいきゅう【永久】 万年 wànnián; 永久 yǒngjiǔ ♦～不変 一成不变 yì chéng bú biàn ♦～歯 恒齿 héngchǐ ♦～磁石 磁钢 cígāng; 永磁 yǒngcí
えいきょう【影響-する】 ♦～を及ぼす 影响 yǐngxiǎng; 波及 bōjí; 牵涉 qiānshè ♦～を与える 给以影响 gěi yǐ yǐngxiǎng ♦～を受ける 受影响 shòu yǐngxiǎng
えいぎょう【営業-する】 营业 yíngyè ♦～カウンター 栏柜 lánguì ♦～を停止する 停业 tíngyè ♦～を始める〈事業体が〉开业 kāiyè ♦～時間 营业时间 yíngyè shíjiān
えいご【英語】 英文 Yīngwén; 英语 Yīngyǔ
えいこう【曳航-する】 拖曳 tuōyè; 拖航 tuōháng ♦～船 拖轮 tuōlún
えいこう【栄光】 光荣 guāngróng; 光耀 guāngyào
えいこせいすい【栄枯盛衰】 荣枯盛衰 róng kū shèng shuāi
えいさい【英才】 英才 yīngcái ♦～教育 英才教育 yīngcái jiàoyù
えいじ【嬰児】 婴儿 yīng'ér; 婴孩 yīnghái
えいしゃ【映写-する】 放映 fàngyìng ♦～機 放映机 fàngyìngjī
えいじゅう【永住-する】 落户 luòhù; 定居 dìngjū ♦～権 永住权 yǒngzhùquán
エイジング 老龄化 lǎolínghuà
エイズ 艾滋病 àizībìng ♦～ウイルス 艾滋病毒 àizībìngdú
えいせい【衛星】 卫星 wèixīng ♦人工～ 人造卫星 rénzào wèixīng ♦～中継 卫星转播 wèixīng zhuǎnbō ♦通信～ 通信卫星 tōngxìn wèixīng ♦気象～ 气象卫星 qìxiàng wèixīng ♦～都市 卫星城 wèixīngchéng
えいせい【衛生】 卫生 wèishēng ♦公衆～ 公共卫生 gōnggòng wèishēng ♦不～ 不卫生 búwèishēng
えいぞう【映像】 图像 túxiàng; 影像 yǐngxiàng
えいぞく【永続-する】 持久 chíjiǔ
えいだん【英断】 英明决断 yīngmíng juéduàn ♦～を下す 果断作出决断 guǒduàn zuòchū juéduàn
えいち【英知】 睿智 ruìzhì ♦～を結集する 集中才智 jízhōng cáizhì
えいてん【栄転-する】 荣升 róngshēng
えいびん【鋭敏-な】 敏锐 mǐnruì; 尖锐 jiānruì; 灵敏 língmǐn
えいぶん【英文】 英文 Yīngwén
えいぶんがく【英文学】 英国文学 Yīngguó wénxué
えいへい【衛兵】 卫兵 wèibīng; 哨兵 shàobīng
えいべつ【永別-する】 永诀 yǒngjué; 永别 yǒngbié
えいみん【永眠-する】 长眠 chángmián; 长逝 chángshì; 永眠 yǒngmián
えいやく【英訳-する】 译成英文 yìchéng Yīngwén ♦和文～ 日译英 Rì yì Yīng
えいゆう【英雄】 英雄 yīngxióng; 英杰 yīngjié
えいよ【栄誉】 荣誉 róngyù

えいよう【栄養】 营养 yíngyǎng ◆~をつける 滋养 zīyǎng; 滋补 zībǔ ◆~価が高い［低い］ 营养价值高［低］yíngyǎng jiàzhí gāo[dī] ◆~失調 营养失调 yíngyǎng shītiáo ◆~剤 补药 bǔyào

えいり【営利】 营利 yínglì ◆~事業 营利事业 yínglì shìyè ◆~誘拐する 绑票 bǎngpiào

えいり【鋭利－な】 〔刃物が〕锋利 fēnglì; 锐利 ruìlì; 〔頭が〕敏锐 mǐnruì

エイリアン 外星人 wàixīngrén

えいりん【営林】 ◆~場 林场 línchǎng ◆~署 林业局 línyèjú

エーカー 英亩 yīngmǔ

エーがたかんえん【A型肝炎】 甲型肝炎 jiǎxíng gānyán

エージェント 代理商 dàilǐshāng; 代理人 dàilǐrén

エーテル 以太 yìtài; 乙醚 yǐmí

エープリルフール 愚人节 Yúrénjié

エール 助威声 zhùwēishēng ◆~を送る 呐喊助威 nàhǎn zhùwēi ◆~の交換 互相助威 hùxiāng zhùwēi

えがお【笑顔】 笑脸 xiàoliǎn; 笑容 xiàoróng ◆~で応対する 笑脸相迎 xiàoliǎn xiāngyíng ◆~をつくる 堆笑 duīxiào

えかき【絵描き】 〈画家〉画家 huàjiā

えがく【描く】 描绘 miáohuì ◆絵を~ 画画儿 huà huàr ◆図面を~ 绘图 huìtú ◆夢を~ 幻想 huànxiǎng; 梦想 mèngxiǎng

えがたい【得難い】 宝贵 bǎoguì; 难得 nándé ◆~忠告 金玉良言 jīnyù liángyán ◆~人材 难得的人才 nándé de réncái

えき【易】 易 yì; 占卦 zhānguà ◆~をみる 算卦 suànguà

えき【益】 好处 hǎochù; 益处 yìchù ◆何の~があろう 有什么好处呢 yǒu shénme hǎochù ne

えき【駅】 车站 chēzhàn; 火车站 huǒchēzhàn ◆東京~ 东京站 Dōngjīngzhàn

えきいん【駅員】 站务员 zhànwùyuán

えきか【液化－する】 液化 yèhuà ◆~ガス 液化气 yèhuàqì

えきがく【疫学】 流行病学 liúxíngbìngxué

エキサイト 激昂 jī'áng; 兴奋 xīngfèn ◆エキサイティングな 令人兴奋的 lìng rén xīngfèn de

エキシビション 表演赛 biǎoyǎnsài

えきしゃ【易者】 算命先生 suànmìng xiānsheng

えきしょう【液晶】 液晶 yèjīng ◆~画像 液晶显像 yèjīng xiǎnxiàng ◆~テレビ 液晶电视 yèjīng diànshì

えきじょう【液状】 液态 yètài; 液态物体 yètài wùtǐ ◆~化現象 液化现象 yèhuà xiànxiàng

エキス 提取物 tíqǔwù; 精华 jīnghuá ◆ニンニクの~ 大蒜提取物 dàsuàn tíqǔwù

エキストラ 临时演员 línshí yǎnyuán

エキスパート 专家 zhuānjiā

エキスポ (EXPO) 〈万国博覧会〉万国博览会 wànguó bólǎnhuì; 世博会 shìbóhuì

エキゾチック－な 异国情调的 yìguó qíngdiào de; 外国风味的 wàiguó fēngwèi de

えきたい【液体】 液体 yètǐ ◆~燃料 液体燃料 yètǐ ránliào ◆~酸素 液态氧 yètàiyǎng

えきちゅう【益虫】 益虫 yìchóng

えきちょう【益鳥】 益鸟 yìniǎo

えきちょう【駅長】 站长 zhànzhǎng

えきでん【駅伝】 〈競走〉长距离接力赛 chángjùlí jiēlìsài

えきびょう【疫病】 疫病 yìbìng

えきビル【駅ビル】 车站大楼 chēzhàn dàlóu

えきべん【駅弁】 车站上卖的盒饭 chēzhànshang mài de héfàn

えきむ【役務】 劳役 láoyì

エクステンション 〈大学の〉公开讲座 gōngkāi jiǎngzuò; 〈ヘアー〉接发 jiēfà

えくぼ【靨】 酒窝 jiǔwō; 笑窝 xiàowō ◆片~ 单酒窝 dānjiǔwō

えぐる【抉る】 剜 wān; 挖 wā ◆刃物で~ 用刀剜 yòng dāo wān ◆心を~ 挖出肺腑似的 wāchū fèifǔ shì de ◆核心を~ 追究核心 zhuījiū héxīn

エゴ 自我 zìwǒ ◆~イスト 利己主义者 lìjǐ zhǔyìzhě ◆~イズム 利己主义 lìjǐ zhǔyì

エコー 回声 huíshēng; 回波 huíbō

えごころ【絵心】 ◆~がある 有绘画才能 yǒu huìhuà cáinéng; 能欣赏绘画 néng xīnshǎng huìhuà

えこじ【依怙地】 ◆~になる 固执 gùzhí

エコシステム 生态系统 shēngtài xìtǒng

エコツアー 生态旅游 shēngtài lǚyóu

エコノミー 经济 jīngjì ◆~クラス 经济舱 jīngjìcāng

エコノミスト 经济学家 jīngjìxuéjiā

えこひいき【依怙贔屓－する】 厚此薄彼 hòu cǐ bó bǐ; 偏爱 piān'ài; 偏向 piānxiàng

エコロジー 生态学 shēngtàixué

えさ【餌】饲料 sìliào；饵料 ěrliào ♦ 〜をやる 喂 wèi ♦ かねを〜にして 用钱做诱饵 yòng qián zuò yòu'ěr

えし【壊死】《医》坏死 huàisǐ

えじき【餌食】饵食 ěrshí ♦ 猛獣の〜になる 成为猛兽的饵食 chéngwéi měngshòu de ěrshí ♦ 悪人の〜になる 做坏人的牺牲品 zuò huàirén de xīshēngpǐn

えしゃく【会釈】-する 点头打招呼 diǎntóu dǎ zhāohu

エスエフ（SF）科幻小说 kēhuàn xiǎoshuō

エスオーエス（SOS）求救信号 qiújiù xìnhào；海难信号 hǎinàn xìnhào ♦ 〜を発する 发出求救信号 fāchū qiújiù xìnhào

エスカレーター 滚梯 gǔntī；自动扶梯 zìdòng fútī ♦ 昇り［降り］の〜 上升［下降］的自动扶梯 shàngshēng［xiàjiàng］de zìdòng fútī

エスカレート 逐步升级 zhúbù shēngjí

エスサイズ（Sサイズ）小号 xiǎohào；小型 xiǎoxíng

エステ《エステティック》全身美容院 quánshēn měiróngyuàn

エスニック 民族的 mínzú de ♦ 〜料理 民族菜肴 mínzú càiyáo

エスプリ 机智 jīzhì；富有才智的精神活动 fùyǒu cáizhì de jīngshén huódòng

エスプレッソ 意大利浓咖啡 Yìdàlì nóngkāfēi

エスペラント 世界语 shìjièyǔ

えせー【似非-】假冒 jiǎmào；冒牌 màopái ♦ 紳士 伪君子 wěijūnzǐ

えそらごと【絵空事】虚构的事情 xūgòu de shìqing；空谈 kōngtán

えだ【枝】枝条 zhītiáo；枝子 zhīzi ♦ 〜分かれ 分支 fēnzhī

えたい【得体】♦ 〜の知れない 人不人、鬼不鬼 rén bù rén，guǐ bù guǐ；来路不明的 láilù bù míng de

えだは【枝葉】枝叶 zhīyè ♦ 〜を付ける 添枝加叶 tiān zhī jiā yè ♦ 〜にこだわる 拘泥于细枝末节 jūnìyú xìzhī mòjié

えだまめ【枝豆】毛豆 máodòu

エチケット 礼仪 lǐyí；礼貌 lǐmào；规矩 guīju

エチルアルコール 乙醇 yǐchún

えつ【悦】♦ 〜に入る 得意 déyì；喜悦 xǐyuè

えっ〔聞き返して〕啊 á

えっきょう【越境】-する 越境 yuèjìng；越界 yuèjiè

エックスせん（X線）X射线 X shèxiàn ♦ 〜写真 爱克斯射线片 àikèsī shèxiàn piàn ♦ 〜治療 X光治疗 X-guāng zhìliáo

えづけ【餌付け-する】喂养 wèiyǎng；喂食 wèishí

えっけん【謁見-する】谒见 yèjiàn

えっけんこうい【越権行為】越权行为 yuèquán xíngwéi

エッセイ 散文 sǎnwén；随笔 suíbǐ ♦ 〜集 随笔集 suíbǐjí

エッセイスト 随笔［散文］作家 suíbǐ［sǎnwén］zuòjiā

エッセンス 精华 jīnghuá；精英 jīngyīng ♦ バニラ〜 香草精 xiāngcǎojīng

エッチな 好色的 hàosè de；淫猥的 yínwěi de

エッチング 蚀刻 shíkè

えっとう【越冬】-する 越冬 yuèdōng；过冬 guòdōng

えつどく【閲読-する】阅读 yuèdú

えつねん【越年-する】过年 guònián；越年 yuènián

えっぺい【閲兵-する】检阅 jiǎnyuè；阅兵 yuèbīng ♦ 〜式 阅兵典礼 yuèbīng diǎnlǐ

えつらん【閲覧-する】阅览 yuèlǎn ♦ 〜室 阅览室 yuèlǎnshì

えて【得手】拿手 náshǒu；擅长 shàncháng ♦ 〜に帆を上げる 一帆风顺 yì fān fēng shùn ♦ 〜勝手 任性 rènxìng；只顾自己 zhǐ gù zìjǐ

えてして 往往 wǎngwǎng；动不动 dòngbudòng ♦ あの子は〜無茶をする 他总是胡来 tā zǒngshì húlái

エデン ♦ 〜の園 伊甸园 Yīdiànyuán；乐园 lèyuán

えと【干支】干支 gānzhī；地支 dìzhī；生肖 shēngxiào；属相 shǔxiang

えとく【会得-する】领会 lǐnghuì；掌握 zhǎngwò

エトセトラ 等等 děngděng

エナメル 珐琅 fàláng；搪瓷 tángcí ♦ 〜質 珐琅质 fàlángzhì ♦ 〜の靴 漆皮鞋 qīpíxié

えにっき【絵日記】绘图日记 huìtú rìjì

エネルギー 能 néng；能量 néngliàng ♦ 〜危機 能源危机 néngyuán wēijī ♦ 〜源 能源 néngyuán ♦ 〜熱 热能 rènéng ♦ 〜を使い果たす 耗尽精力 hàojìn jīnglì

エネルギッシュ 充满精力 chōngmǎn jīnglì

えのぐ【絵の具】颜料 yánliào；水彩 shuǐcǎi ♦ 〜を塗る 上颜色 shàng yánsè

エノコログサ【狗尾草】狗尾草 gǒuwěicǎo

えはがき【絵葉書】图画明信片 túhuà míngxìnpiàn ♦ 〜を出す 寄美

术明信片 jì měishù míngxìnpiàn

エビ【海老/蝦】 虾 xiā；虾子 xiāzǐ ♦～のむき身 虾仁 xiārén ♦～で鯛を釣る 用小虾钓大鱼 yòng xiǎoxiā diào dàyú

エピキュリアン 享乐主义者 xiǎnglè zhǔyìzhě

えびすがお【恵比寿顔】 满脸笑容 mǎnliǎn xiàoróng

エピソード 逸话 yìhuà；逸闻 yìwén；插话 chāhuà

えびょうぶ【絵屏風】 画屏 huàpíng

エピローグ 尾声 wěishēng

エフエム (FM) ♦～放送 调频广播 tiáopín guǎngbō

エフオービー (FOB) 〈貿易で〉离岸价格 lí'àn jiàgé

えふで【絵筆】 画笔 huàbǐ；水笔 shuǐbǐ

エフティーエー (FTA) 自由贸易协定 zìyóu màoyì xiédìng

エプロン ❶〈前掛け〉围裙 wéiqun ❷〈飛行場の〉停机坪 tíngjīpíng

エポック 新纪元 xīnjìyuán ♦～メーキング 划时代的 huàshídài de

エボナイト 硬橡胶 yìngxiàngjiāo

エボラ〈出血熱〉埃波拉出血热 Āibōlā chūxuèrè

えほん【絵本】 小人儿书 xiǎorénrshū；图画书 túhuàshū；绘本 huìběn

えまき【絵巻】 画卷 huàjuàn

えみ【笑み】 笑容 xiàoróng ♦～を浮かべる 含笑 hánxiào ♦会心の～ 满意的笑容 mǎnyì de xiàoróng

エムアールアイ (MRI) 磁共振成像 cígòngzhèn chéngxiàng

エムアンドエー (M&A) 购并 gòubìng

エムサイズ (M サイズ) 中号 zhōnghào；中型号 zhōngxínghào

エメラルド 绿宝石 lǜbǎoshí ♦～の 碧绿 bìlǜ

えもいわれぬ【得も言われぬ】 妙不可言 miào bùkě yán；(好得)无法形容 (hǎode) wú fǎ xíngróng

えもじ【絵文字】 图画文字 túhuà wénzì

えもの【獲物】 猎物 lièwù

エラー 错误 cuòwù；失误 shīwù ♦～メッセージ 错误信息 cuòwù xìnxī

えらい【偉い】 ❶〈すぐれた〉了不起 liǎobuqǐ；伟大 wěidà ❷〈ひどい〉♦～ことになった 不得了 bùdéliǎo le ❸〈とても〉♦えらくいい天気だ 非常好的天气 fēicháng hǎo de tiānqì

えらそう【偉そう-な】 看起来了不起 kànqǐlai liǎobuqǐ ♦～にする 摆架子 bǎi jiàzi

えらぶ【選ぶ】 选择 xuǎnzé；挑选 tiāoxuǎn；拣选 jiǎnxuǎn ♦好きな本を～ 挑选喜欢的书 tiāoxuǎn xǐhuan de shū ♦手段を選ばない 不择手段 bù zé shǒuduàn

えり【襟】 领子 lǐngzi ♦～を正す 端正衣领 duānzhèng yīlǐng；正襟危坐 zhèngjīn wēi zuò

エリア 区域 qūyù；地区 dìqū

えりあし【襟足】 脖颈儿的发际 bógěngr de fàjì

エリート 精英 jīngyīng；杰出人物 jiéchū rénwù ♦～意识 拔尖意识 bájiān yìshí

えりくび【襟首】 脖颈儿 bógěngr

えりごのみ【選り好み-する】 挑挑拣拣 tiāotiāojiǎnjiǎn

えりぬき【選り抜き-の】 精选 jīngxuǎn；选拔出来的 xuǎnbáchūlai de

えりまき【襟巻き】 围巾 wéijīn

えりわける【選り分ける】 挑选 tiāoxuǎn；拣出 jiǎnchū

える【得る】 得到 dédào；取得 qǔdé ♦知己を～ 得到知己 dédào zhījǐ ♦名声を～ 获得名声 huòdé míngshēng ♦資格を～ 取得资格 qǔdé zīgé

エルイーディー (LED) 发光二极体 fāguāng èrjítǐ

エルエルきょうしつ (LL 教室) 〈視聴覚教室〉语言实验室 yǔyán shíyànshì；语言电化教室 yǔyán diànhuà jiàoshì

エルエルサイズ (LL サイズ) LL 型号 LL xínghào；特大号 tèdàhào

エルサイズ (L サイズ) L 型号 L xínghào；大号 dàhào

エルニーニョ ～现象 厄尔尼诺现象 è'ěrnínuò xiànxiàng

エルピーガス (LP ガス) 液化石油气 yèhuà shíyóuqì

エレキギター 电吉他 diànjítā

エレクトーン 电子琴 diànzǐqín

エレクトロニクス 电子学 diànzǐxué

エレベーター 电梯 diàntī；升降机 shēngjiàngjī

エロ 黄色 huángsè；性爱 xìng'ài ♦～小说 色情小说 sèqíng xiǎoshuō

えん【円】 ❶〈丸い〉圈子 quānzi；圆圈 yuánquān ♦～の中心 圆心 yuánxīn ❷〈通貨単位〉日元 Rìyuán ♦～高 日元增值 Rìyuán zēngzhí ♦～安 日元贬值 Rìyuán biǎnzhí

えん【宴】 ♦～を催す 举行宴会 jǔxíng yànhuì

えん【縁】 缘 yuán; 缘分 yuánfèn ♦ ～がある 有缘 yǒuyuán ♦ ～がない 无缘 wúyuán ♦ ～を切る 断绝关系 duànjué guānxi

えんいん【遠因】 远因 yuǎnyīn

えんえい【遠泳】 长距离游泳 chángjùlí yóuyǒng

えんえき【演繹-する】 演绎 yǎnyì

えんえん【延々】 ♦ ～と続ける 接连不断 jiēlián búduàn; 没完没了 méi wán méi liǎo

えんかい【宴会】 宴会 yànhuì ♦ ～に行く 赴宴 fùyàn ♦ ～に招待する 宴请 yànqǐng ♦ ～料理 肴馔 yáo-zhuàn

えんかい【沿海】 沿海 yánhǎi; ～地方 海疆 hǎijiāng ♦ ～都市 沿海城市 yánhǎi chéngshì

えんがい【塩害】 盐害 yánhài

えんかく【沿革】 沿革 yángé

えんかく【遠隔】 远隔 yuǎngé ♦ ～の地 遥远的地方 yáoyuǎn de dìfang ♦ ～操作する 遥控 yáokòng

えんかつ【円滑-な】 顺利 shùnlì ♦ ～な運営 顺利经营 shùnlì jīngyíng

えんかナトリウム【塩化ナトリウム】 氯化钠 lǜhuànà; 食盐 shíyán

えんかん【鉛管】 铅管 qiānguǎn

えんがん【沿岸】 沿岸 yán'àn ♦ ～漁業 沿岸渔业 yán'àn yúyè ♦ ～警備 沿岸警备 yán'àn jǐngbèi ♦ ～防備 海防 hǎifáng

えんき【延期-する】 缓期 huǎnqī; 推延 tuīyán; 延期 yánqī ♦ 五日間～する 延期五天 yánqī wǔ tiān

えんぎ【演技-する】 表演 biǎoyǎn ♦ ～派 演得好的人 yǎnde hǎo de rén ♦ 名～ 杰出的演技 jiéchū de yǎnjì

えんぎ【縁起】 ♦ ～がよい 吉祥 jíxiáng ♦ ～が悪い 不祥 bùxiáng ♦ ～をかつぐ 迷信兆头 míxìn zhàotou; 好取吉利 hào qǔ jílì

えんきょく【婉曲-な】 婉转 wǎnzhuǎn ♦ ～に断る 婉言谢绝 wǎnyán xièjué

えんきょり【遠距離】 远程 yuǎnchéng ♦ ～通勤 长距离上下班 chángjùlí shàngxiàbān ♦ ～通話 长途电话 chángtú diànhuà

えんきん【遠近】 远近 yuǎnjìn; 遐迩 xiá'ěr ♦ ～感 远近感 yuǎnjìngǎn ♦ ～法 远近法 yuǎnjìnfǎ

えんぐみ【縁組み】 婚事 hūnshì; 结亲 jiéqīn ♦ ～をする 做亲 zuòqīn

えんぐん【援軍】 救兵 jiùbīng; 援军 yuánjūn

えんけい【円形-の】 圆形 yuánxíng ♦ ～脱毛症 圆形脱发症 yuánxíng tuōfàzhèng

えんけい【遠景】 远景 yuǎnjǐng

えんげい【園芸】 园艺 yuányì ♦ ～家 花儿匠 huārjiàng; 园艺家 yuányìjiā ♦ ～農家 花农 huānóng ♦ ～植物 园艺植物 yuányì zhíwù

えんげい【演芸】 曲艺 qǔyì; 文艺表演 wényì biǎoyǎn ♦ ～場 曲艺剧场 qǔyì jùchǎng

エンゲージリング 订婚戒指 dìnghūn jièzhǐ

えんげき【演劇】 戏剧 xìjù ♦ ～界 剧坛 jùtán; 戏剧界 xìjùjiè

エンゲルけいすう【エンゲル係数】 恩格尔系数 Ēngé'ěr xìshù

えんこ【縁故】 关系 guānxi; 亲戚故旧 qīnqi gùjiù ♦ ～採用 靠关系用人 kào guānxi yòng rén

えんご【援護-する】 援救 yuánjiù

えんご【掩護-する】 掩护 yǎnhù ♦ ～射撃 掩护射击 yǎnhù shèjī

えんこん【怨恨】 怨恨 yuànhèn

えんざい【冤罪】 冤罪 yuānzuì ♦ ～を負う 含冤 hányuān ♦ ～を雪(そそ)ぐ 洗冤 xǐyuān ♦ ～事件 冤案 yuān'àn

えんさん【塩酸】 盐酸 yánsuān

えんざん【演算-する】 演算 yǎnsuàn

えんし【遠視】 远视 yuǎnshì

えんじ【臙脂】 《色》胭脂色 yānzhī-sè

えんじ【園児】 幼儿园的儿童 yòu'éryuán de értóng

エンジェル 安琪儿 ānqí'ér; 天使 tiānshǐ

エンジニア 工程师 gōngchéngshī

エンジニアリング 工学 gōngchéngxué; 工程技术 gōngchéng jìshù

えんじゃ【縁者】 ♦ 親類～ 亲戚本家 qīnqi běnjiā

エンジュ【槐】 槐树 huáishù

えんしゅう【円周】 圆周 yuánzhōu ♦ ～率 圆周率 yuánzhōulǜ

えんしゅう【演習-をする】 ❶《訓練》演习 yǎnxí ♦ 予行～ 预先演习 yùxiān yǎnxí ❷《ゼミ》讨论课 tǎolùnkè

えんじゅく【円熟】 成熟 chéngshú; 圆熟 yuánshú ♦ ～の域 圆熟的境地 yuánshú de jìngdì

えんしゅつ【演出-する】 导演 dǎoyǎn ♦ ～家 导演 dǎoyǎn; 舞台监督 wǔtái jiāndū

えんしょ【炎暑】 炎暑 yánshǔ; 酷暑 kùshǔ

えんじょ【援助-する】 扶助 fúzhù; 援助 yuánzhù; 支援 zhīyuán ♦ 技術～ 技术援助 jìshù yuánzhù

エンジョイ 享受 xiǎngshòu; 享乐

xiǎnglè

えんしょう【延焼-する】 火势蔓延 huǒshì mànyán ◆～を防ぐ 防止火势蔓延 fángzhǐ huǒshì mànyán

えんしょう【炎症】 炎症 yánzhèng ◆～を起こす 发炎 fāyán

えんじょう【炎上-する】 失火 shīhuǒ; 起大火 qǐ dàhuǒ

えんじる【演じる】 演 yǎn ◆ふけ役を～ 扮演老人 bànyǎn lǎorén

えんじん【円陣】 ◆～を組む 站成圆圈 zhànchéng yuánquān

えんじん【煙塵】 烟尘 yānchén

エンジン 发动机 fādòngjī; 引擎 yǐnqíng ◆～オイル 机油 jīyóu ◆～をかける[切る] 点着[熄灭]发动机 diǎnzháo[xīmiè] fādòngjī

えんしんぶんりき【遠心分離機】 离心机 líxīnjī

えんしんりょく【遠心力】 离心力 líxīnlì

えんすい【円錐】 圆锥 yuánzhuī ◆～形 锥形 zhuīxíng

えんすい【塩水】 盐水 yánshuǐ ◆～湖 盐湖 yánhú

エンスト 引擎故障 yǐnqíng gùzhàng

えんせい【厭世】 厌世 yànshì ◆～観 厌世观 yànshìguān ◆～家 厌世者 yànshìzhě

えんせい【遠征-する】 长征 chángzhēng; 远征 yuǎnzhēng ◆海外～ 海外远征 hǎiwài yuǎnzhēng

えんせき【宴席】 酒席 jiǔxí; 筵席 yánxí ◆～につらなる 参加宴会 cānjiā yànhuì

えんぜつ【演説-する】 讲话 jiǎnghuà; 演讲 yǎnjiǎng ◆選挙～ 选举演说 xuǎnjǔ yǎnshuō

えんせん【沿線】 沿线 yánxiàn

えんそ【塩素】 氯 lǜ

えんそう【演奏-する】 演奏 yǎnzòu ◆～会 演奏会 yǎnzòuhuì

えんそく【遠足】 郊游 jiāoyóu

エンターテインメント 娱乐 yúlè; 乐趣 lèqù

えんたい【延滞-する】 拖欠 tuōqiàn; 拖延 tuōyán ◆～料金 误期费 wùqīfèi

えんだい【演台】 讲台 jiǎngtái

えんだい【演題】 讲演题目 jiǎngyǎn tímù

えんだい【遠大-な】 远大 yuǎndà ◆～な計画 宏伟的计划 hóngwěi de jìhuà; 雄图大略 xióngtú dàlüè ◆～な志 远志 yuǎnzhì

えんだか【円高】 日元升值 Rìyuán shēngzhí

えんたく【円卓】 圆桌 yuánzhuō ◆～会議 圆桌会议 yuánzhuō huìyì

えんだん【演壇】 讲台 jiǎngtái

えんだん【縁談】 婚事 hūnshì; 亲事 qīnshì ◆～を決める 定亲 dìngqīn; 订婚 dìnghūn ◆～がまとまった 亲事说成了 qīnshì shuōchéng le

えんちゃく【延着-する】 误点 wùdiǎn; 迟到 chídào

えんちゅう【円柱】 圆柱 yuánzhù

えんちょう【延長-する】 延长 yáncháng ◆会期を～する 延长会期 yáncháng huìqī; 展期 zhǎnqī

えんてん【炎天】 烈日 lièrì ◆～下 烈日下 lièrìxià

えんでん【塩田】 盐田 yántián

えんとう【円筒】 ◆～形 圆筒形 yuántǒngxíng

えんどう【沿道】 沿途 yántú; 沿路 yánlù

エンドウ【豌豆】 豌豆 wāndòu

えんとつ【煙突】 烟囱 yāncōng; 烟筒 yāntong

エントリー 报名 bàomíng; 登记 dēngjì ◆～ナンバー 报名序号 bàomíng xùhào

えんにち【縁日】 庙会 miàohuì; 有庙会的日子 yǒu miàohuì de rìzi

えんねつ【炎熱】 炎热 yánrè ◆～の季節 炎夏盛暑 yánxià shèngshǔ ◆～の候 炎暑之时 yánshǔ zhī shí

えんのした【縁の下】 地板下面 dìbǎn xiàmiàn ◆～の力持ち 无名英雄, 默默奉献 wúmíng yīngxióng, mòmò fèngxiàn

エンバク【燕麦】 燕麦 yànmài

えんばん【円盤】 铁饼 tiěbǐng ◆空飛ぶ～ 飞碟 fēidié ◆～投げ 投铁饼 tóu tiěbǐng

えんぴつ【鉛筆】 铅笔 qiānbǐ ◆～の芯 铅笔芯 qiānbǐxīn ◆～削り 铅笔刀儿 qiānbǐdāor

えんぶきょく【円舞曲】 圆舞曲 yuánwǔqǔ

えんぶん【塩分】 盐分 yánfèn ◆～を控える 控制盐分 kòngzhì yánfèn

えんぼう【遠望】 眺望 tiàowàng; 远眺 yuǎntiào

えんぽう【遠方】 远方 yuǎnfāng

えんま【閻魔】 阎罗 Yánluó; 阎王 Yánwáng

えんまく【煙幕】 烟幕 yānmù ◆～を張る 放烟幕 fàng yānmù; 布下烟幕 bùxià yānmù

えんまん【円満-な】 圆满 yuánmǎn ◆～解決に導く 打圆场 dǎ yuánchǎng ◆～家庭 家庭圆满 jiātíng yuánmǎn

えんむすび【縁結び】 结亲 jiéqīn ◆～の神 红娘 hóngniáng; 月下老人 yuèxià lǎorén

えんめい【延命】 ◆～治療 延长寿

命的治疗 yáncháng shòumìng de zhìliáo
えんもく【演目】节目 jiémù
えんやす【円安】日元贬值 Rìyuán biǎnzhí
えんゆうかい【園遊会】游园会 yóuyuánhuì
えんよう【援用-する】援用 yuányòng
えんよう【遠洋】远洋 yuǎnyáng ♦〜漁業 远洋渔业 yuǎnyáng yúyè ♦〜航海 远航 yuǎnháng
えんらい【遠来】♦〜の客 远客 yuǎnkè
えんらい【遠雷】远处的雷鸣 yuǎnchù de léimíng; 远雷 yuǎnléi
えんりょ【遠慮-する】辞让 círàng; 客气 kèqi ♦〜深い 客气 kèqi ♦不〜 不客气 bú kèqi
えんろ【遠路】远道 yuǎndào; 远路 yuǎnlù ♦〜はるばる 万里迢迢 wànlǐ tiáotiáo; 不远万里 bù yuǎn wànlǐ

お

お【尾】尾巴 wěiba ♦犬が〜を振る 狗摇尾巴 gǒu yáo wěiba ♦〜を引く 留下影响 liúxià yǐngxiǎng
オアシス 绿洲 lǜzhōu
おあずけ【お預け】暂缓实行 zànhuǎn shíxíng ♦〜を食う 被搁置 bèi gēzhì
おい【老い】年老 nián lǎo; 年迈 nián mài ♦〜について 不知不觉地衰老 bù zhī bù jué de shuāilǎo
おい【甥】侄儿 zhír; 外甥 wàisheng
おいあげる【追い上げる】赶上 gǎnshàng; 追上 zhuīshàng
おいうち【追討ち】♦〜をかける 追击 zhuījī; 连加打击 liánjiā dǎjī
おいえげい【お家芸】家传绝艺 jiāchuán juéyì
おいえそうどう【お家騒動】内部纠纷 nèibù jiūfēn
おいおい〈泣声〉呜呜 wūwū ♦〜泣く 号啕大哭 háotáo dàkū
おいおい〈呼びかけ〉♦〜, 待てよ 喂, 等一等吧 wèi, děngyīděng ba
おいおい【追い追い】〈やがて〉一来二去 yì lái èr qù; 渐渐 jiànjiàn
おいかえす【追い返す】赶回去 gǎnhuíqu; 逐回 zhúhuí
おいかける【追いかける】赶 gǎn; 追赶 zhuīgǎn
おいかぜ【追い風】顺风 shùnfēng ♦〜に乗って 乘着顺风 chéngzhe shùnfēng
おいこし【追い越し】赶过 gǎnguò; 超过 chāoguò ♦〜禁止 禁止超车 jìnzhǐ chāochē
おいこす【追い越す】赶过 gǎnguò; 超过 chāoguò ♦前の走者を〜 赶过跑在前面的人 gǎnguò pǎozài qiánmiàn de rén ♦兄の身長を〜 超过哥哥的身高 chāoguò gēge de shēngāo
おいこみ【追い込み】最后紧要关头 zuìhòu jǐnyào guāntóu ♦〜をかける 来个最后冲刺 lái ge zuìhòu chōngcì; 作最后努力 zuò zuìhòu nǔlì
おいこむ【老い込む】衰老起来 shuāilǎoqǐlai
おいこむ【追い込む】逼入 bīrù ♦窮地に〜 逼入困境 bīrù kùnjìng ♦鳥をかごに〜 把鸟逼进笼子 bǎ niǎo bījìn lóngzi
おいさき【老い先】余年 yúnián; 残年 cánnián ♦〜短い 风烛残年

fēng zhú cán nián

おいさらばえる【老いさらばえる】老态龙钟 lǎotài lóngzhōng

おいしい【美味しい】«食物» 好吃 hǎochī; 香 xiāng; 鲜美 xiānměi; 香甜 xiāngtián; «饮み物» 好喝 hǎohē; «比喩» 有甜头 yǒu tiántou ♦~話 甜言蜜语 tiányán mìyǔ

おいしげる【生い茂る】繁茂 fánmào; 丛生 cóngshēng

おいすがる【追い縋る】追缠不已 zhuīchán bùyǐ

オイスターソース 蚝油 háoyóu

おいだす【追い出す】赶跑 gǎnpǎo; 驱走 qūzǒu

おいたち【生い立ち】身世 shēnshì; 成长过程 chéngzhǎng guòchéng ♦~の記 我的童年时代 wǒ de tóngnián shídài

おいたてる【追い立てる】赶 gǎn; 家畜を~ 驱赶家畜 qūgǎn jiāchù ♦ 仕事に追い立てられる 被工作赶得要命 bèi gōngzuò gǎnde yàomìng

おいちらす【追い散らす】冲散 chōngsàn; 驱散 qūsàn

おいつく【追い付く】追上 zhuīshàng; 赶上 gǎnshàng ♦前の車に~ 追上前面的车 zhuīshàng qiánmiàn de chē ♦人気に実力が~ 本领水平名气 běnlǐng gǎnshàng míngqì ♦追い付けない 赶不上 gǎnbushàng

おいつめる【追いつめる】追得走投无路 zhuīde zǒutóu wúlù; 追逼 zhuībī

おいで【お出で】♦こちらへ~ください 请到这边来 qǐng dào zhèbiān lái ♦どちらへ~に？ 您去哪儿 nín qù nǎr

おいてきぼり【置いてきぼり】♦~をくう 被甩 bèi shuǎi; 被抛弃 bèi pāoqì

おいはぎ【追い剥ぎ】拦路强盗 lánlù qiángdào ♦~に遭う 路遇强盗 lù yù qiángdào

おいはらう【追い払う】赶 gǎn; 赶跑 gǎnpǎo; 赶走 gǎnzǒu; 撵 niǎn

おいぼれ【老いぼれ】老朽 lǎoxiǔ; 老东西 lǎo dōngxi ♦~た 老掉牙 lǎodiàoyá

おいぼれる【老いぼれる】老迈 lǎomài; 老朽 lǎoxiǔ

おいまわす【追い回す】追赶 zhuīgǎn ♦犬が猫を~ 狗追猫 gǒu zhuī māo ♦仕事に追い回される 被工作驱使 bèi gōngzuò qūshǐ

おいめ【負い目】负疚 fùjiù; 欠债 qiànzhài ♦彼に~がある 欠他情 qiàn tā qíng

おいもとめる【追い求める】追求 zhuīqiú

おいやる【追いやる】♦片隅に~ 赶到一个角落里 gǎndào yí ge jiǎoluòlǐ ♦辞任に~ 逼到卸任 bīdào xièrèn

おいらく【老いらく】♦~の恋 老年风流 lǎonián fēngliú

おいる【老いる】老 lǎo; 衰老 shuāilǎo; 上年纪 shàng niánjì

オイル 油 yóu ♦~ショック 石油冲击 shíyóu chōngjī ♦~ポンプ 油泵 yóubèng ♦~フェンス 围油拦 wéiyóulán ♦~シェール 油页岩 yóuyèyán

おいわい【お祝い】祝贺 zhùhè; 庆贺 qìnghè ♦~を言う 道贺 dàohè

おう【追う】♦前の車を~ 追前车 zhuī qiánchē ♦流行を~ 赶时髦 gǎn shímáo ♦家畜を~ 赶牲口 gǎn shēngkou ♦足取りを~ 追踪 zhuīzōng ♦回を~ごとに 一次比一次 yí cì bǐ yí cì

おう【負う】背 bēi; 責任を~ 负责任 fù zérèn ♦傷を~ 负伤 fùshāng ♦先人に~ところが大きい 多亏前人 duō kuī qiánrén

おうい【王位】王位 wángwèi ♦~につく 登上王位 dēngshàng wángwèi ♦~を継承する 继承王位 jìchéng wángwèi

おういつ【横溢-する】洋溢 yángyì

おういん【押韻-する】押韵 yāyùn

おうえん【応援-する】助威 zhùwēi; 声援 shēngyuán ♦~団 加油队 jiāyóuduì; 拉拉队 lālāduì ♦~歌 助威歌 zhùwēigē ♦~にかけつける 前往支援 qiánwǎng zhīyuán

おうおう【往々にして】往往 wǎngwǎng

おうか【謳歌-する】讴歌 ōugē; 歌颂 gēsòng ♦青春を~する 讴歌青春 ōugē qīngchūn

おうかくまく【横隔膜】横隔膜 hénggémó

おうかん【王冠】王冠 wángguàn ♦ビールの~ 啤酒瓶瓶盖儿 píjiǔpíng pínggàir

おうぎ【奥義】秘诀 mìjué; 堂奥 táng'ào ♦~を極める 究其奥秘 jiū qí àomì

おうぎ【扇】扇子 shànzi; 折扇 zhéshàn ♦~で扇ぐ 扇扇子 shān shànzi

おうきゅう【応急-の】应急 yìngjí ♦~処置を取る 采取应急措施 cǎiqǔ yìngjí cuòshī ♦~手当て 急救处置 jíjiù chǔzhì

おうきゅう【王宮】皇宫 huánggōng; 王宫 wánggōng

おうけん【王権】王权 wángquán

おうこう【王侯】 王公 wánggōng; 王侯 wánghóu ◆～貴族 王公贵族 wánggōng guìzú

おうこう【横行-する】 横行 héngxíng ◆汚職が～する 渎职横行 dúzhí héngxíng

おうこく【王国】 王国 wángguó

おうごん【黄金-の】 黄金 huángjīn ◆～時代 黄金时代 huángjīn shídài ◆～分割 黄金分割 huángjīn fēngē

おうざ【王座】 宝座 bǎozuò; 王位 wángwèi ◆～につく 登上王位 dēngshàng wángwèi; (スポーツ) ～につく 获得冠军 huòdé guànjūn

おうし【雄牛】 公牛 gōngniú; 牡牛 mǔniú

おうじ【往事】 往事 wǎngshì

おうじ【往時】 往日 wǎngrì; 昔日 xīrì ◆～をしのぶ 缅怀往昔 miǎnhuái wǎngxī

おうじ【王子】 王子 wángzǐ

おうじ【皇子】 皇子 huángzǐ

おうしざ【牡牛座】 金牛座 jīnniúzuò

おうしつ【王室】 王室 wángshì; 宗室 zōngshì

おうじゃ【王者】 大王 dàwáng

おうしゅう【応酬-する】 ◆批判に～する 回敬批评 huíjìng pīpíng ◆パンチの～ 互相拳打 hùxiāng quán dǎ

おうしゅう【押収-する】 没收 mòshōu; 查抄 cháchāo ◆～品 没收品 mòshōupǐn

おうしゅう【欧州】 欧洲 Ōuzhōu

おうじょ【王女】 公主 gōngzhǔ

おうじょう【往生-する】 去世 qùshì; 一命呜呼 yí mìng wūhū ◆大～ 寿终正寝 shòu zhōng zhèng qǐn ◆～際(ぎわ)が悪い 不轻易死心 bù qīngyì sǐxīn; (困る) ◆財布をなくして～する 钱包丢了, 一筹莫展 qiánbāo diū le, yì chóu mò zhǎn

おうしょくじんしゅ【黄色人種】 黄种人 Huángzhǒngrén

おうじる【応じる】 应承 yìngcheng ◆質問に～ 回答提问 huídá tíwèn ◆必要に応じて 按照需要 ànzhào xūyào ◆時代の要求に～ 顺应时代的要求 shùnyìng shídài de yāoqiú

おうしん【往診-する】 出诊 chūzhěn; 巡诊 xúnzhěn

おうせ【逢瀬】 相会 xiānghuì; 密会 mìhuì ◆～を重ねる 不断幽会 búduàn yōuhuì

おうせい【旺盛-な】 ◆～な気力 朝气勃勃 zhāoqì bóbó ◆食欲～ 食欲旺盛 shíyù wàngshèng

おうせつ【応接-する】 接待 jiēdài ◆～室 会客室 huìkèshì; 接待室 jiēdàishì ◆～に暇がない

応接不暇 yìngjiē bùxiá

おうせん【応戦-する】 应战 yìngzhàn; 迎击 yíngjī

おうだ【殴打-する】 殴打 ōudǎ

おうたい【応対】 应酬 yìngchou; 应对 yìngduì

おうたい【横隊】 横队 héngduì

おうだく【応諾-する】 应诺 yìngnuò; 答应 dāyìng

おうだん【横断-する】 横过 héngguò; 横渡 héngdù ◆～歩道 人行横道 rénxíng héngdào ◆～幕 横幅 héngfú ◆大陸～旅行 横贯大陆的旅行 héngguàn dàlù de lǚxíng

おうだん【黄疸】 黄疸 huángdǎn

おうちゃく【横着-な】 (ずるい) 刁滑 diāohuá ◆～者 滑头 huátóu

おうちょう【王朝】 朝代 cháodài; 王朝 wángcháo

おうて【王手】 将军 jiāngjūn ◆～をかける 将军 jiāngjūn

おうてん【横転-する】 翻滚 fāngǔn

おうと【嘔吐-する】 呕吐 ǒutù; 吐 tù

おうど【黄土】 黄土 huángtǔ ◆～色 土黄 tǔhuáng

おうとう【応答-する】 应答 yìngdá; 回答 huídá ◆～がない 没有应答 méiyǒu yìngdá

おうどう【王道】 王道 wángdào ◆勉学に～なし 学习无捷径 xuéxí wú jiéjìng

おうとつ【凹凸】 凹凸 āotū ◆～が激しい 凹凸不平 āotū bù píng

おうねん【往年-の】 往年 wǎngnián; 昔年 xīnián ◆～の大歌手 往昔的名歌手 wǎngxī de mínggēshǒu

おうはんいんさつ【凹版印刷】 凹版印刷 āobǎn yìnshuā

おうひ【王妃】 王后 wánghòu

おうふう【欧風-の】 欧洲风味 Ōuzhōu fēngwèi; 西式 xīshì

おうふく【往復-する】 来回 láihuí; 往返 wǎngfǎn ◆～切符 来回票 láihuípiào; 往返票 wǎngfǎnpiào ◆～書簡 来往书信 láiwǎng shūxìn ◆～はがき 往返明信片 wǎngfǎn míngxìnpiàn

おうぶん【応分-の】 ◆～の寄附をする 量力捐款 liànglì juānkuǎn

おうぶん【欧文】 西文 xīwén; 欧文 Ōuwén

おうへい【横柄-な】 傲慢 àomàn; 高傲 gāo'ào ◆～な口をきく 说话傲慢 shuōhuà àomàn

おうべい【欧米】 欧美 ŌuMěi

おうぼ【応募-する】 应募 yìngmù; 应召 yìngzhào

おうぼう【横暴-な】 蛮横 mán-

オウム ー おおがねもち

へんぐ；専横 zhuānhèng ◆~を極める 専横跋扈 zhuānhèng báhù

オウム【鸚鵡】 鹦哥 yīnggē；鹦鹉 yīngwǔ ◆~返し 鹦鹉学舌 yīngwǔ xuéshé

おうめんきょう【凹面鏡】 凹面镜 āomiànjìng

おうよう【鷹揚-な】 大方 dàfang；慷慨 kāngkǎi ◆~にうなずく 大方地点头 dàfang de diǎntóu

おうよう【応用-する】 应用 yìngyòng；利用 lìyòng

おうらい【往来】 ❶《道路》大街 dàjiē；马路 mǎlù ❷《行き来》车の~が激しい 汽车川流不息 qìchē chuān liú bù xī ◆~する 来往 láiwǎng

おうりょう【横領-する】 盗用 dàoyòng；贪污 tānwū；侵占 qīnzhàn ◆~罪 侵占罪 qīnzhàn zuì

おうレンズ【凹レンズ】 凹透镜 āotòujìng

おえつ【嗚咽-する】 呜咽 wūyè

おえらがた【お偉方】 显要人物 xiǎnyào rénwù；头面人物 tóumiàn rénwù

おえる【終える】 完成 wánchéng；结束 jiéshù ◆発表を~ 结束发言 jiéshù fāyán ◆役割を~ 完成任务 wánchéng rènwu

おおあじ【大味-の】《味》味道平常 wèidào píngcháng；《仕事》不够细致 bú gòu xìzhì

おおあたり【大当たり】《売行き》大成功 dàchénggōng；《くじ》中头彩 zhòng tóucǎi

おおあな【大穴】《競馬など》~を当てる 压中大冷门儿 yāzhòng dàlěngménr；《欠損》帳簿に~があく 账上出现大亏空 zhàngshang chūxiàn dà kuīkong

おおあめ【大雨】 大雨 dàyǔ ◆~注意報 大雨警报 dàyǔ jǐngbào

おおあらし【大嵐】 大风暴 dàfēngbào

おおあれ【大荒れ】 大风波 dàfēngbō；大闹 dànào ◆会議は~に荒れた 会议开得大闹特闹了 huìyì kāide dà nào tè nào le

おおあわて【大慌て】 仓皇失措 cānghuáng shīcuò

おおい【多い】 很多 hěn duō；许多 xǔduō；《間違いが》~ 错误很多 cuòwù hěn duō ◆先月より5人~ 比上月多五个人 bǐ shàngyuè duō wǔ ge rén

おおい【覆い】 盖子 gàizi；罩子 zhàozi ◆~をかける 盖上罩子 gàishàng zhàozi

おおいかくす【覆い隠す】 掩盖 yǎngài；遮掩 zhēyǎn；遮蔽 zhēbì ◆真相を~ 掩盖真相 yǎngài zhēnxiàng ◆肌を~ 遮盖皮肤 zhēgài pífū

おおいかぶさる【覆いかぶさる】 压在…上 yāzài...shang；盖在…上 gàizài...shang

おおいかぶせる【覆い被せる】 遮盖 zhēgài；蒙上 méngshàng

おおいそぎ【大急ぎ-で】 连忙 liánmáng；匆促 cōngcù；急忙 jímáng

おおいに【大いに】 大 dà；颇 pō；非常 fēicháng ◆~議論する 高谈阔论 gāo tán kuò lùn ◆~楽しむ 大为欣赏 dàwéi xīnshǎng ◆~飲み食いする 大吃大喝 dà chī dà hē

おおいばり【大威張り-で】 非常傲慢 fēicháng àomàn；自夸自傲 zì kuā zì ào

おおいり【大入り】 客满 kèmǎn ◆~袋 庆祝客满的红包儿 qìngzhù kèmǎn de hóngbāor ◆~満員 满座 mǎnzuò

おおう【覆う】 掩盖 yǎngài；遮掩 zhēyǎn ◆テーブルを布で~ 用布铺在桌子上 yòng bù pūzài zhuōzishang ◆目を~ばかりの 目不忍睹的 mù bù rěn dǔ de

おおうけ【大受け-する】 大受欢迎 dà shòu huānyíng

おおうつし【大写し】《画面》特写镜头 tèxiě jìngtóu

おおうなばら【大海原】 汪洋大海 wāngyáng dàhǎi

おおうりだし【大売り出し】 大甩卖 dàshuǎimài

オーエル（OL） 女职员 nǚzhíyuán；女办事员 nǚbànshìyuán

おおおとこ【大男】 大汉 dàhàn

おおがかり【大掛かり-な】 大规模 dàguīmó

おおかぜ【大風】 大风 dàfēng

おおかた【大方-の】 ❶《多数者》八成 bāchéng；大半 dàbàn ◆~の予想を裏切って 出乎大家的预料 chūhū dàjiā de yùliào ❷《だいたい》~そんなことだろう 大概是这样吧 dàgài shì zhèyàng ba ◆~は片づいた 差不多办好了 chàbuduō bànhǎo le

おおがた【大型-の】 大型 dàxíng ◆~トラック 载重卡车 zàizhòng kǎchē ◆~機械 重型机械 zhòngxíng jīxiè ◆~輸送機 大型运输机 dàxíng yùnshūjī ◆~プロジェクト 大规模计划 dàguīmó jìhuà

オーガニック 有机 yǒujī

おおがねもち【大金持ち】 富翁 fùwēng；大财主 dàcáizhǔ

オオカミ【狼】狼 láng
おおがら【大柄-の】❶《身体》大块头 dàkuàitóu；身量大 shēnliàng dà ❷《衣類》大花样 dàhuāyàng
おおかれすくなかれ【多かれ少なかれ】或多或少 huòduō huòshǎo
おおきい【大きい】大 dà ♦～家 大房子 dàfángzi ♦～音 洪大的声音 hóngdà de shēngyīn ♦～年が～ 年岁大 niánsuì dà ♦人間が～ 器量大 qìliàng dà
おおきさ【大きさ】大小 dàxiǎo；尺寸 chǐcun
おおきな【大きな】大 dà；硕大 shuòdà；宏大 hóngdà ♦～成果 硕果 shuòguǒ ♦～度量 洪量 hóngliàng ♦～変化 巨变 jùbiàn ♦～夢 宏愿 hóngyuàn ♦～顔をする 摆大架子 bǎi dàjiàzi ♦～お世話 多管闲事 duōguǎn xiánshì
おおぎょう【大仰-な】夸大 kuādà
おおく【多く-の】♦～を語らない 没有多说 méiyǒu duō shuō ♦～は輸入品だ 多半是进口货 duōbàn shì jìnkǒuhuò ♦～の困難 许多困难 xǔduō kùnnan
オークション 拍卖 pāimài ♦～価格 拍卖价 pāimàijià
おおぐち【大口】♦～の荷物 大批货物 dàpī huòwù ♦～の寄付 大宗捐款 dàzōng juānkuǎn ♦～を叩く 吹牛 chuīniú
おおくまざ【大熊座】大熊座 dàxióngzuò
オーケー 同意 tóngyì ♦～をもらう 得到同意 dédào tóngyì
おおげさ【大袈裟-な】浮夸 fúkuā ♦～な話をする 言过其实 yán guò qí shí ♦～にほめる 夸大称赞 kuādà chēngzàn
オーケストラ 管弦乐 guǎnxiányuè
おおごえ【大声】大声 dàshēng ♦～で言い争う 争吵 zhēngchǎo ♦～で叫ぶ 高喊 gāohǎn；嚷嚷 rāngrang；叫喊 jiàohǎn
おおごしょ【大御所】权威 quánwēi；泰斗 tàidǒu
おおごと【大事】大事 dàshì ♦～になる 成为重大事件 chéngwéi zhòngdà shìjiàn
おおざけ【大酒】♦～を飲む 喝大酒 hē dàjiǔ ♦～飲み 海量 hǎiliàng；洪量 hóngliàng
おおざっぱ【大雑把-な】❶《不注意》粗心 cūxīn；粗疏 cūshū ❷《ざっと》大略 dàlüè；粗略 cūlüè
おおさわぎ【大騒ぎ-する】大闹 dànào；天翻地覆 tiān fān dì fù
おおしお【大潮】大潮 dàcháo
おおじかけ【大仕掛け-の】大规模 dàguīmó

おおすじ【大筋】梗概 gěnggài ♦～を決める 打谱 dǎpǔ ♦～で合意する 意见基本一致 yìjiàn jīběn yízhì
おおせ【仰せ】指示 zhǐshì ♦～に従う 遵从指示 zūncóng zhǐshì ♦～のとおりです 您说的是 nín shuō de shì
おおぜい【大勢】♦～やって来た 来了许多人 lái le xǔduō rén ♦～のこども 很多孩子 hěn duō háizi
おおそうじ【大掃除】大扫除 dàsǎochú；大清扫 dàqīngsǎo
オーソドックス ♦～なやり方 正统的作风 zhèngtǒng de zuòfēng
おおぞら【大空】苍天 cāngtiān；天空 tiānkōng
オーソリティー 权威 quánwēi
オーダー ❶《順序》次序 cìxù；顺序 shùnxù ❷《注文》订货 dìnghuò ♦ラスト～ 最后的点菜 zuìhòu de diǎncài ♦靴を～する 订购鞋 dìnggòu xié ♦～メード 定做的货 dìngzuò de huò
おおだい【大台】大关 dàguān ♦一億の～に乗る 达到一亿日元的大关 dádào yí yì Rìyuán de dàguān
おおだてもの【大立て者】台柱 táizhù；巨头 jùtóu
おおだな【大店】大字号 dàzìhào
おおっぴら【大っぴら-な】大明大摆 dà míng dà bǎi；公开 gōngkāi；明目张胆 míng mù zhāng dǎn ♦～にはできない話 不能公开说的话 bùnéng gōngkāi shuō de huà
おおづめ【大詰め】最后阶段 zuìhòu jiēduàn ♦～を迎える 接近尾声 jiējìn wěishēng
おおて【大手-の】♦～の企業 大企业 dàqǐyè
おおて【大手】♦～を振って 大摇大摆 dà yáo dà bǎi；肆无忌惮 sì wú jìdàn
オーディーエー（ODA）《政府開発援助》政府开发援助 zhèngfǔ kāifā yuánzhù
オーディオ 《機器》音响装置 yīnxiǎng zhuāngzhì
オーディション 试听 shìtīng；试演 shìyǎn ♦～を受ける 接受试演审查 jiēshòu shìyǎn shěnchá
オーデコロン 化妆水 huàzhuāngshuǐ；花露水 huālùshuǐ
おおどうぐ【大道具】《舞台装置》布景 bùjǐng
おおどおり【大通り】大街 dàjiē；马路 mǎlù
オートバイ 摩托车 mótuōchē
オードブル 拼盘 pīnpán；前菜 qiáncài

オートマチック 自动 zìdòng ♦～車 自动变速的车 zìdòng biànsù de chē ♦～コントロール 自动控制 zìdòng kòngzhì

オートメーション 自动化 zìdònghuà; 自动装置 zìdòng zhuāngzhì

オートレース 赛车 sàichē; 摩托车比赛 mótuōchē bǐsài

オートロック 自动门锁 zìdòng ménsuǒ

オーナー 所有者 suǒyǒuzhě; 拥有者 yōngyǒuzhě

おおなた【大鉈】 ♦～を振るう《比喩》 大刀阔斧 dàdāo kuòfǔ

おおなみ【大波】 巨浪 jùlàng; 波涛 bōtāo

オーバー ❶《超える》超过 chāoguò ♦予算を～する 超过预算 chāoguò yùsuàn ♦～タイム 超时 chāoshí ♦～ワーク 过劳 guòláo ❷《おおげさ》♦～なしぐさ 夸张的动作 kuāzhāng de dòngzuò ❸《衣類》♦～オール 工装裤 gōngzhuāngkù ♦～コート 外套 wàitào

オーバーホール 大修检查 dàxiū jiǎnchá

オーバーラップ 叠印 diéyìn; 重影 chóngyǐng

おおはば【大幅-な】 大幅度 dàfúdù ♦～な修正 大幅度修改 dàfúdù xiūgǎi ♦～値下げ 大减价 dà jiǎnjià

おおはりきり【大張り切り】 干劲十足 gànjìn shízú

オービー (OB) ❶《男子卒業生》校友 xiàoyǒu; 毕业生 bìyèshēng ♦～会 校友会 xiàoyǒuhuì ❷《ゴルフ》♦～をたたく 打入禁区 dǎrù jìnqū

おおひろま【大広間】 大厅 dàtīng

おおぶね【大船】 ♦～に乗った気分 非常放心 fēicháng fàngxīn; 稳如泰山 wěn rú Tàishān

おおぶろしき【大風呂敷】 ♦～を広げる 说大话 shuō dàhuà; 夸海口 kuā hǎikǒu

オーブン 烤炉 kǎolú; 烤箱 kǎoxiāng ♦～トースター 面包烤箱 miànbāo kǎoxiāng ♦ガス～ 煤气烤箱 méiqì kǎoxiāng

オープン 开放 kāifàng ♦～な性格 性格开朗 xìnggé kāilǎng ♦本日～ 本日开张 běnrì kāizhāng ♦～戦《野球などの》公开赛 gōngkāisài

オープンカー 敞篷车 chǎngpéngchē

おおべや【大部屋】 大房间 dàfángjiān; 《転》普通演员 pǔtōng yǎnyuán

オーボエ 双簧管 shuānghuángguǎn

おおぼら【大法螺】 大话 dàhuà; 海口 hǎikǒu ♦～を吹く 大吹大擂 dà chuī dà léi

おおまか【大まか-な】 粗略 cūlüè; 不详细 bù xiángxì ♦～な考え 大谱儿 dàpǔr ♦～な見積もり 概算 gàisuàn ♦～にまとめる 概括 gàikuò

おおまた【大股】 ♦～で歩く 迈大步走 mài dàbù zǒu; 阔步 kuòbù

おおまちがい【大間違い】 大错特错 dàcuò tècuò ♦～をする 铸成大错 zhùchéng dàcuò

おおみえ【大見得】 ♦～を切る 夸下海口 kuāxia hǎikǒu

おおみず【大水】 洪水 hóngshuǐ ♦～が出る 发大水 fā dàshuǐ

おおみそか【大晦日】 除夕 chúxī; ～の夜 除夜 chúyè; 年夜 niányè

おおむかし【大昔】 远古 yuǎngǔ

オオムギ【大麦】 大麦 dàmài

おおむこう【大向う】 ♦～を唸らせる 博得满场的喝彩 bódé mǎnchǎng de hècǎi

おおめ【大目】 ♦～にみる 宽容 kuānróng; 涵容 hánróng; 宽恕 kuānshù

おおもうけ【大儲け-する】 发大财 fā dàcái; 赚一大笔钱 zhuàn yídàbǐ qián

おおもじ【大文字】 大字 dàzì; 大写字母 dàxiě zìmǔ

おおもと【大本】 本源 běnyuán; 基本 jīběn

おおもの【大物】 大人物 dàrénwù; ～を釣る 钓着个大鱼 diàozháo ge dàyú

おおもり【大盛り】 盛满 chéngmǎn ♦～のご飯 盛得很满的饭 chéngde hěn mǎn de fàn

おおや【大家】 房东 fángdōng

おおやけ【公-の】 公共 gōnggòng; 公家 gōngjiā ♦～にする 公开 gōngkāi ♦～の席 公开的地方 gōngkāi de dìfang; 桌面上 zhuōmiànshang

おおやすうり【大安売り】 大用卖 dà shuǎimài; 大减价 dà jiǎnjià

おおゆき【大雪】 大雪 dàxuě

おおよそ【大凡】 大抵 dàdǐ; 大概 dàgài; 大约 dàyuē

おおよろこび【大喜び-する】 欢天喜地 huān tiān xǐ dì; 非常高兴 fēicháng gāoxìng

おおらか-な 落落大方 luòluòdàfang

オーラルメソッド 口头教学法 kǒutóu jiàoxuéfǎ

オール《ボートの》桨 jiǎng

オールド 老的 lǎo de

オールナイト 通宵 tōngxiāo ♦～営

業 通宵营业 tōngxiāo yíngyè
オールバック 大背头 dàbèitóu
オールラウンド 全能 quánnéng
オーロラ 极光 jíguāng
おおわらい【大笑い-する】 捧腹大笑 pěng fù dà xiào; 笑掉大牙 xiàodiào dàyá
おおわらわ【大童】 拼命 pīnmìng; 紧张 jǐnzhāng; 大忙 dàmáng
おか【丘/岡】 岗子 gǎngzi; 山冈 shāngāng; 小山 xiǎoshān
おか【陸】 陆地 lùdì ♦～に上がった河童(かっぱ) 虎离深山被犬欺 hǔ lí shēnshān bèi quǎn qī
おかあさん【お母さん】 妈妈 māma
おかえし【お返し-する】 回礼 huílǐ; 答谢 dáxiè ♦～に招待する 回请 huíqǐng
おがくず【鋸屑】 锯末 jùmò
おかげ【お陰】 亏 kuī; 亏得 kuīde ♦～さまで 托您的福 tuō nín de fú ♦～を蒙る 多亏 duōkuī; 借光 jièguāng
おかしい【可笑しい】〈滑稽な〉好笑 hǎoxiào; 可笑 kěxiào ♦おもしろ～ 滑稽可笑 huájī kěxiào; 〈へんだ〉腹の調子が～ 肚子有点儿不舒服 dùzi yǒudiǎnr bù shūfu; 〈怪しい〉その話は～ 这话可疑 zhè huà kěyí
おかしな【可笑しな】 奇怪的 qíguài de ♦～話 奇怪的话 qíguài de huà
おかす【侵す】 侵犯 qīnfàn ♦国境を～ 侵犯国境 qīnfàn guójìng ♦知的所有権を～ 侵犯知识产权 qīnfàn zhīshi chǎnquán
おかす【犯す】 犯 fàn ♦誤りを～ 犯错误 fàn cuòwù ♦法を～ 犯法 fànfǎ
おかす【冒す】 冒 mào ♦危険を～ 冒风险 mào fēngxiǎn
おかず【お数】 副食 fùshí; 小菜 xiǎocài ♦晩ご飯の～ 晩饭的菜 wǎnfàn de cài
おかっぱ 女孩的短发 nǚhái de duǎnfà; 刘海儿 liúhǎir
おかどちがい【お門違い】 弄错对象 nòngcuò duìxiàng; 走错门儿 zǒucuò ménr
おかぶ【お株】 ♦…の～を奪う 赶上…的专长 gǎnshàng ... de zhuāncháng
オカボ【陸稲】 旱稻 hàndào; 陆稻 lùdào
おかぼれ【岡惚れ-する】 恋慕别人的情人 liànmù biérén de qíngrén; 单相思 dānxiāngsī
おかま【お釜】 男色 nánsè; 男子同性恋爱者 nánzǐ tóngxìng liàn'àizhě
おかみ【女将】 女老板 nǚlǎobǎn ♦旅館の～ 旅馆老板娘 lǚguǎn lǎobǎnniáng
おがむ【拝む】 拜拜 bài bài ♦手を合わせて～ 合掌叩拜 hézhǎng kòubài ♦一目～ 拜见一眼 bàijiàn yì yǎn
おかめはちもく【岡目八目】 旁观者清 páng guān zhě qīng
おから 豆腐渣 dòufuzhā; 豆渣 dòuzhā
オカルト 神怪 shénguài; 超自然 chāozìrán ♦～映画 神怪影片 shénguài yǐngpiàn
おがわ【小川】 沟 gōu; 小溪 xiǎoxī; 小河 xiǎohé
おかわり【お代わり-する】 再来一份 zài lái yífèn
おかん【悪寒】 发冷 fālěng ♦～がする 打寒颤 dǎ hánzhàn
おかんむり【お冠】 闹情绪 nào qíngxù; 不高兴 bù gāoxìng
おき【沖】 海上 hǎishàng ♦～に出る 出海 chūhǎi ♦～釣り 海上钓鱼 hǎishàng diàoyú
おきあがりこぼし【起き上がり小法師】 扳不倒儿 bānbudǎor; 不倒翁 bùdǎowēng
おきあがる【起き上がる】 爬起来 páqǐlai; 起来 qǐlái
おきかえる【置き換える】 调换 diàohuàn; 替换 tìhuàn
おきざり【置き去り】 ♦～にする 弃置不顾 qìzhì búgù; 遗弃 yíqì; 扔下 rēngxià
オキシダント 氧化剂 yǎnghuàjì
オキシドール 双氧水 shuāngyǎngshuǐ
おきて【掟】 成规 chéngguī ♦～を破る 打破成规 dǎpò chéngguī; 违背规矩 wéibèi guīju
おきてがみ【置き手紙】 留信 liúxìn; 留言条 liúyántiáo ♦～をする 留封信 liú fēng xìn
おきどけい【置き時計】 台钟 táizhōng; 座钟 zuòzhōng
おぎなう【補う】 弥补 míbǔ; 补充 bǔchōng
おきにいり【お気に入り-の】 宠儿 chǒng'ér; 喜爱的 xǐ'ài de
おきぬけ【起き抜け】 刚起来 gāng qǐlai ♦～にジョギングする 一起来就跑步 yì qǐlai jiù pǎobù
おきびき【置き引き-する】 掉包偷窃 diàobāo tōuqiè ♦～に遭う 遇上掉包 yùshàng diàobāo
おきまり【お決まり-の】 照例的 zhàolì de; 老一套 lǎo yítào
おきみやげ【置き土産】 临别赠物 línbié zèngwù
おきもの【置き物】 陈设品 chénshèpǐn; 摆设 bǎishè

おきる【起きる】♦朝～ 早上起床 zǎoshang qǐchuáng ♦赤ん坊が～ 娃娃醒来 wáwa xǐnglái ♦むっくり～ 忽地坐起来 hūdì zuòqǐlai ♦事件が～ 发生事件 fāshēng shìjiàn ♦拍手が～ 响起掌声 xiǎngqǐ zhǎngshēng

おきわすれる【置き忘れる】 落là; 遗失 yíshī; 忘 wàng

おく【奥】 里边 lǐbian; 内部 nèibù ♦～の深い «学問·計画が» 渊深 yuānshēn ♦～の部屋 里屋 lǐwū

おく【億】万万 wànwàn; 亿 yì

おく【置く】 放下 fàngxià; 搁 gē ♦荷物を～ 放行李 fàng xíngli ♦見張りを～ 设岗哨 shè gǎngshào ♦距離を～ 隔开距离 gékāi jùlí ♦一目～ 看得起 kàndeqǐ ♦一拍～ 隔一拍 gé yì pāi

おくがい【屋外】 屋外 wūwài; 露天 lùtiān ♦～プール 露天水池 lùtiān shuǐchí

おくさま【奥様】 夫人 fūrén; 太太 tàitai

おくじょう【屋上】 屋顶 wūdǐng ♦～屋を架す 叠床架屋 dié chuáng jià wū; 屋上架屋 wū shàng jià wū

おくする【臆する】 畏缩 wèisuō ♦～ことなく 毫不畏惧 háobù wèijù

おくそく【臆測-する】 猜想 cāixiǎng; 臆测 yìcè

オクターブ 一音阶 yì yīnjiē; 八音度 bāyīndù ♦一～下げる 降低一音阶 jiàngdī yì yīnjiē

おくち【奥地】 内地 nèidì

おくづけ【奥付】 底页 dǐyè; 版权页 bǎnquányè

おくて【晩稲】 晩稲 wǎndào

おくて【奥手·晩生】 晩熟 wǎnshú; 成熟得晩 chéngshúde wǎn

おくない【屋内】 室内 shìnèi ♦～プール 室内游泳池 shìnèi yóuyǒngchí

おくになまり【お国訛り】 乡音 xiāngyīn; 家乡话 jiāxiānghuà

おくのて【奥の手】 王牌 wángpái ♦～を出す 打出王牌 dǎchū wángpái

おくば【奥歯】 大牙 dàyá; 臼齿 jiùchǐ ♦～に物の挟まったような言い方をする 吞吞吐吐的说 tūntūntǔtǔ de shuō; 含糊其词 hánhú qí cí

おくび【噯】 饱嗝儿 bǎogér ♦～が出る 打嗝儿 dǎgér ♦～にも出さない 只字不提 zhī zì bù tí

おくびょう【臆病-な】 胆怯 dǎnqiè; 怯懦 qiènuò ♦～風に吹かれる 畏怯起来 wèiqièqǐlai ♦～者 胆小鬼 dǎnxiǎoguǐ

おくぶかい【奥深い】 深邃 shēnsuì; 深 shēn ♦～山里 深山村落 shēn-shān cūnluò ♦～考え 深刻的思想 shēnkè de sīxiǎng

おくまん【億万】 亿万 yìwàn ♦～長者 亿万富翁 yìwàn fùwēng

おくめん【臆面】 ♦～もなく 恬不知耻 tián bù zhī chǐ; 厚着脸皮 hòuzhe liǎnpí

おくやみ【お悔やみ】 吊唁 diàoyàn ♦～を言う 表示哀悼 biǎoshì āidào; 慰唁 wèiyàn

おくゆかしい【奥床しい】 文雅 wényǎ; 幽雅 yōuyǎ

おくゆき【奥行き】 纵深 zòngshēn ♦～のある議論 有深度的讨论 yǒu shēndù de tǎolùn

オクラ 秋葵 qiūkuí

おくらいり【お蔵入り】 封存 fēngcún

おくらせる【遅らせる】 推迟 tuīchí; 拖延 tuōyán

おくりかえす【送り返す】 送回 sònghuí; 退回 tuìhuí; «人を» 遣送 qiǎnsòng

おくりこむ【送り込む】 送 sòng; 派pài ♦空気を～ 送空气 sòng kōngqì ♦代表団を～ 派代表队 pài dàibiǎoduì ♦役員を～ 派遣董事 pàiqiǎn dǒngshì

おくりさき【送り先】 交货地 jiāohuòdì; 邮寄地址 yóujì dìzhǐ

おくりじょう【送り状】 发货票 fāhuòpiào; 送货单 sònghuòdān

おくりだす【送り出す】 发出 fāchū; 输出 shūchū ♦卒業生を～ 输出毕业生 shūchū bìyèshēng ♦荷物を～ 发出行李 fāchū xíngli

おくりとどける【送り届ける】 传送 chuánsòng; 送到 sòngdào

おくりむかえ【送り迎え-する】 接送 jiēsòng

おくりもの【贈り物】 礼物 lǐwù; 赠礼 zènglǐ ♦～をする 馈赠 kuìzèng; 送礼 sònglǐ

おくる【送る】 «人や物を» 送 sòng ♦小包を～ 寄包裹 jì bāoguǒ; «過ごす» 过 guò ♦健康な生活を～ 过健康的生活 guò jiànkāng de shēnghuó

おくる【贈る】 送 sòng; 赠送 zèngsòng ♦お歳暮を～ 送年终礼品 sòng niánzhōng lǐpǐn

おくれ【遅[後]れ】 ♦5分～ 晚五分钟 wǎn wǔ fēnzhōng ♦～を取る 落后 luòhòu

おくればせ【遅れ馳せ】 较晚 jiàowǎn; 事后 shìhòu ♦～ながら 虽然已晚 suīrán yǐ wǎn

おくれる【遅れる】 晚 wǎn; 耽误 dānwu; 落后 luòhòu ♦待ち合わせに～ 约会迟到 yuēhuì chídào ♦3時間～ 误三小时 wù sān xiǎoshí

◆時代に~ 落后于时代 luòhòuyú shídài

おけ【桶】桶 tǒng; 木桶 mùtǒng

おこがましい【烏滸がましい】不知分寸 bù zhī fēncun; 没有自知之明 méiyǒu zì zhī zhī míng

おこす【起こす】❶《立たせる》扶起 fúqǐ ◆倒れた植木鉢を~ 把倒下的花盆立起来 bǎ dǎoxià de huāpén lìqǐlái ❷《目覚めさせる》叫醒 jiàoxǐng ◆朝早く~ 早早唤起 zǎozǎo huànqǐ ❸《生じさせる》事故を~ 引起事故 yǐnqǐ shìgù ◆貧血を~ 造成贫血 zàochéng pínxuè ◆やる気を~ 引起兴头 yǐnqǐ xìngtou ❹《始める》発动 fādòng; 发起 fāqǐ ◆運動を~ 掀起运动 xiānqǐ yùndòng ◆訴訟を~ 提起诉讼 tíqǐ sùsòng ❺《掘る》◆畑の土を~ 翻起田里的土 fānqǐ tiánlǐ de tǔ

おこす【興こす】兴办 xīngbàn ◆国を~ 振兴国家 zhènxīng guójiā ◆会社を~ 创办公司 chuàngbàn gōngsī

おごそか【厳か-な】庄严 zhuāngyán; 肃然 sùrán

おこたる【怠る】懈怠 xièdài; 疏忽 shūhu ◆注意を~ 疏忽大意 shūhu dàyì

おこない【行い】品行 pǐnxíng; 行为 xíngwéi ◆~を改める 改过 gǎiguò ◆日ごろの~ 日常举止 rìcháng jǔzhǐ

おこなう【行う】搞 gǎo; 做 zuò

おこらせる【怒らせる】触怒 chùnù; 惹恼 rěnǎo ◆あいつを~と面倒だ 他是不好惹的 tā shì bù hǎo rě de

おこり【起こり】缘起 yuánqǐ; 原因 yuányīn ◆事の~ 事情的起因 shìqing de qǐyīn

おごり【奢り】奢华 shēhuá; 《自分のかねで》◆今日は私の~だ 今天我请客 jīntiān wǒ qǐngkè

おごりたかぶる【驕り高ぶる】骄傲自大 jiāo'ào zìdà

おこりっぽい【怒りっぽい】暴躁 bàozào; 好发脾气 hào fā píqi

おこる【起こる】发生 fāshēng ◆問題が~ 发生问题 fāshēng wèntí ◆竜巻が~ 掀起大旋风 xiānqǐ dàxuànfēng ◆ブームが~ 掀起热潮 xiānqǐ rècháo

おこる【興る】兴起 xīngqǐ

おこる【怒る】生气 shēngqì; 发火 fāhuǒ ◆怒られる 受到申斥 shòudào shēnchì

おごる【奢る】❶《ごちそうする》请客 qǐngkè; 做东 zuòdōng ◆みんなに食事を~ 请大家吃饭 qǐng dàjiā chīfàn ❷《ぜいたくな》◆口が~ 讲究吃 jiǎngjiu chī

おさえつける【押さえ付ける】压迫 yāpò; 压制 yāzhì ◆反対意见を~ 压制反对意见 yāzhì fǎnduì yìjiàn

おさえる【押さえる】❶《力を加えて》按 àn; 压 yā ◆ケータイで新闻を~ 拿手机压报纸 ná shǒujī yā bàozhǐ ❷《重要点を》抓 zhuā ◆勘どころを~ 抓住要点 zhuāzhù yàodiǎn ❸《確保する》扣 kòu; 掌握 zhǎngwò ◆証拠物件を~ 扣押证物 kòuyā zhèngwù

おさえる【抑える】抑制 yìzhì; 按捺 ànnà ◆涙を~ 止住泪水 zhǐzhù lèishuǐ ◆はやる心を~ 抑制性急情绪 yìzhì xìngjí qíngxù

おさがり【お下がり】长辈给的旧衣物 zhǎngbèi gěi de jiù yīwù ◆姉の~ 姐姐穿旧的衣物 jiějie chuānjiù de yīwù

おさきに【お先に】先… xiān… ◆~失礼 对不起，先走了 duìbuqǐ, xiān zǒu le

おさきぼう【お先棒】◆~を担ぐ 充当马前卒 chōngdāng mǎqiánzú

おさげ【お下げ】辫子 biànzi; 小辫儿 xiǎobiànr

おさない【幼い】幼小 yòuxiǎo ◆~頃 小时候 xiǎoshíhou ◆発想が~ 想法幼稚 xiǎngfǎ yòuzhì

おさなご【幼児】幼儿 yòu'ér

おさなごころ【幼心】童心 tóngxīn

おさななじみ【幼馴染み】青梅竹马之交 qīngméi zhúmǎ zhī jiāo; 从小的相识 cóng xiǎo de xiāngshí

おざなり【御座成り-な】敷衍 fūyǎn; 马虎 mǎhu

おさまり【納[収·治]まり】◆~がつかない 无法收拾 wú fǎ shōushi ◆~が悪い 不稳定 bù wěndìng

おさまる【治まる】平息 píngxī ◆风が~ 风息 fēng xī ◆まるく~ 圆满解决 yuánmǎn jiějué

おさまる【収[納]まる】容纳 róngnà ◆元の鞘（さや）に~ 恢复原来的关系 huīfù yuánlái de guānxi

おさまる【修まる】端正 duānzhèng ◆素行が~ 品行改好 pǐnxíng gǎihǎo

おさめる【納める】缴纳 jiǎonà ◆月謝を~ 交学费 jiāo xuéfèi ◆製品を~ 供应产品 gōngyìng chǎnpǐn

おさめる【治める】治理 zhìlǐ ◆国を~ 治国 zhìguó

おさめる【収める】收 shōu ◆成功を~ 取得成功 qǔdé chénggōng ◆勝利を~ 获得胜利 huòdé shènglì ◆どうぞお収めください 请笑纳 qǐng xiàonà

おさらい【お浚い-する】温习 wēnxí;

复习 fùxí

おさん【お産−する】 分娩 fēnmiǎn

おじ【伯父】 魄力 pòlì ♦〜が強い[弱い] 有[没有]魄力 yǒu[méiyǒu] pòlì ♦〜の一手 坚持到底 jiānchí dàodǐ

おじ【叔[伯]父】 ❶《父の弟》叔父 shūfù ❷《父の兄》大伯 dàbó ❸《母の兄弟》舅父 jiùfù ❹《母の姉妹の夫》姨父 yífu ❺《父の姉妹の夫》姑父 gūfù

おしあう【押し合う】 拥挤 yōngjǐ ♦押し合い圧(へ)し合い 乱挤 luànjǐ

おしい【惜しい】 可惜 kěxī ♦時間が〜 时间宝贵 shíjiān bǎoguì ♦〜ところで負けた 差点儿就赢了 chàdiǎnr jiù yíng le ♦名残り〜 依依惜别 yīyī xībié

おじいさん【お祖父[爺]さん】 ❶《祖父》《父方》爷爷 yéye；《母方》姥爷 lǎoye ❷《老人》老大爷 lǎodàye；老头儿 lǎotóur；老爷爷 lǎoyéye

おしいる【押し入る】 闯进 chuǎngjìn；勉强进去 miǎnqiǎng jìnqù

おしいれ【押し入れ】 壁橱 bìchú

おしうり【押し売り】 叫门推销 jiàomén tuīxiāo；强行推销 qiángxíng tuīxiāo

おしえ【教え】 教训 jiàoxun ♦〜を乞う 领教 lǐngjiào；请教 qǐngjiào

おしえご【教え子】 门生 ménshēng；学生 xuésheng

おしえる【教える】 教 jiāo；教导 jiàodǎo ♦英語を〜 教英语 jiāo Yīngyǔ ♦時刻を〜 告诉时刻 gàosu shíkè

おしかける【押し掛ける】 ♦どっと〜 蜂拥而至 fēngyōng ér zhì

おしがる【惜しがる】 心疼 xīnténg；吝惜 lìnxī

おじぎ【お辞儀−する】 鞠躬 jūgōng；行礼 xínglǐ

おしきる【押し切る】 坚持到底 jiānchí dàodǐ ♦反対意見を〜 不顾反对意见 búgù fǎnduì yìjiàn

おしげ【惜し気】 ♦〜もなく 慷慨大方地 kāngkǎi dàfang de

おじけづく【怖じ気づく】 胆怯起来 dǎnqièqǐlai

おじける【怖じける】 发怵 fāchù；缩手缩脚 suōshǒu suōjiǎo；害怕 hàipà

おしこめる【押し込める】 塞进 sāijìn；装入 zhuāngrù；《監禁》禁闭 jìnbì；关进 guānjìn

おしころす【押し殺す】 ♦声を〜 憋住声音 biēzhù shēngyīn

おしすすめる【推し進める】 推动 tuīdòng；推行 tuīxíng ♦計画を〜 推动计划 tuīdòng jìhuà

おしたおす【押し倒す】 推倒 tuīdǎo

おしだす【押し出す】 推出 tuīchū；挤出 jǐchū ♦前面に〜 挤到前面去 jǐdào qiánmiàn qù

おしだまる【押し黙る】 缄默 jiānmò；不声不响 bù shēng bù xiǎng

おしつける【押しつける】 强加 qiángjiā ♦壁に〜 按在墙上 ànzài qiángshang ♦無理難題を〜 把无理要求强加于人 bǎ wúlǐ yāoqiú qiángjiāyú rén

おしっこ 尿 niào；撒尿 sāniào

おしつぶす【押し潰す】 压坏 yāhuài ♦反対意見を〜 压垮反对意见 yākuǎ fǎnduì yìjiàn

おしつまる【押し詰まる】 逼近 bījìn ♦暮れも〜 年关迫于眉睫 niánguān pòyú méijié

おしとおす【押し通す】 坚持 jiānchí ♦意見を〜 把意见坚持到底 bǎ yìjiàn jiānchí dàodǐ

オシドリ【鴛鴦】 鸳鸯 yuānyāng ♦〜夫婦 恩爱夫妻 ēn'ài fūqī

おしながす【押し流す】 冲走 chōngzǒu

おしのける【押し退ける】 排挤 páijǐ；推开 tuīkāi

おしのび【お忍び−で】 微行 wēixíng；微服出行 wēifú chūxíng

おしば【押し葉】 夹在书里的干叶 jiāzài shūlǐ de gānyè

おしはかる【推し量る】 推测 tuīcè；揣摩 chuǎimó

おしばな【押し花】 夹在书里的干花 jiāzài shūlǐ de gānhuā

おしひろめる【押し広める】 推广 tuīguǎng；普及 pǔjí

おしびょう【押しピン】 图钉 túdīng

おしべ【雄蕊】 雄蕊 xióngruǐ

おしボタン【押しボタン】 按钮 ànniǔ

おしぼり【お絞り】 手巾把儿 shǒujīnbǎr

おしむ【惜しむ】 惋惜 wǎnxī；吝惜 lìnxī ♦命を〜 惜命 xīmìng ♦別れを〜 惜别 xībié ♦金を〜 吝惜钱 lìnxī qián

おしめ【襁褓】 尿布 niàobù

おしもおされもせぬ【押しも押されもせぬ】 牢不可破 láo bù kě pò ♦〜巨匠 名符其实的大师 míng fú qí shí de dàshī

おしもどす【押し戻す】 推回 tuīhuí

おしもんどう【押し問答−する】 争吵 zhēngchǎo

おじや 菜粥 càizhōu；杂烩粥 záhuìzhōu

おしゃぶり 婴儿奶嘴 yīng'ér nǎizuǐ ♦〜をくわえる 含着奶嘴 hánzhe nǎizuǐ

おしゃべり【お喋り−する】 闲聊 xiánliáo; 谈天 tántiān ♦~な人 碎嘴子 suìzuǐzi; 话匣子 huàxiázi

おしゃま-な ♦~な子 早熟少女 zǎoshú shàonǚ

おしやる【押しやる】 推开 tuīkāi

おしゃれ【お洒落-な】 爱打扮 ài dǎban;《しゃれた》酷 kù

おしょう【和尚】 僧徒 sēngtú; 和尚 héshang; 法师 fǎshī

おじょうさん【お嬢さん】 小姐 xiǎojiě; 千金 qiānjīn

おしょく【汚職-する】 贪赃 tānzāng; 贪污 tānwū ♦~事件 贪污案件 tānwū ànjiàn

おじょく【汚辱】 污辱 wūrǔ ♦~にまみれる 蒙受污辱 méngshòu wūrǔ

おしよせる【押し寄せる】 涌过来 yǒngguòlai ♦津波が~ 海啸涌来 hǎixiào yǒnglái ♦人波が~ 人潮如涌 rén cháo rú yǒng

おしろい【白粉】 白粉 báifěn; 香粉 xiāngfěn ♦~を塗る 搽粉 chá fěn

オシロイバナ【白粉花】 紫茉莉 zǐmòli; 草茉莉 cǎomòli

おす【押す】 推 tuī ♦ドアを~ 推门 tuīmén ♦ベルを~ 按电铃 àn diànlíng ♦印鑑を~ 盖章 gàizhāng ♦念を~ 叮嘱 dīngzhǔ; 确认 quèrèn ♦病気を押してでかける 冒病出门 màobìng chūmén

おす【推す】 推举 tuījǔ ♦リーダーに~ 推举为领导 tuījǔwéi lǐngdǎo ♦推して知るべし 可想而知 kě xiǎng ér zhī

おす【雄】 公 gōng; 雄性 xióngxìng ♦~ライオン 雄狮 xióngshī ♦~馬 公马 gōngmǎ

おすい【汚水】 脏水 zāngshuǐ; 污水 wūshuǐ

おずおずと 怯生生 qièshēngshēng; 战战兢兢 zhànzhànjīngjīng

おすそわけ【お裾分け-する】 分赠 fēnzèng

オセアニア 大洋洲 Dàyángzhōu

おせじ【お世辞】 奉承话 fèngchenghuà; 恭维话 gōngwéihuà ♦~を言う 说恭维话 shuō gōngwéihuà; 戴高帽子 dài gāomàozi

おせっかい【お節介】 ♦~を焼く 多管闲事 duōguǎn xiánshì ♦~はやめろ 别管闲事 bié guǎn xiánshì

おせん【汚染-する】 污染 wūrǎn ♦~される 浸染 jìnrǎn ♦環境~ 环境污染 huánjìng wūrǎn

おそい【遅い】 ❶《速度などが》慢 màn ♦走るのが~ 跑得慢 pǎode màn ♦テンポが~ 速度慢 sùdù màn ❷《時刻が》晚 wǎn ♦開店が~ 开店开得晚 kāidiàn kāide wǎn ♦もう~ 天不早了 tiān bù zǎo le

おそう【襲う】 袭击 xíjī ♦洪水が~ 洪水袭来 hóngshuǐ xílái ♦強盗に襲われる 被强盗袭击 bèi qiángdào xíjī ♦眠気が~ 睡意袭来 shuìyì xílái

おそかれはやかれ【遅かれ早かれ】 早晚 zǎowǎn; 迟早 chízǎo

おそざき【遅咲き-の】 迟开 chíkāi ♦~の桜 晚开的樱花 wǎnkāi de yīnghuā

おそなえ【お供え】 供品 gòngpǐn

おそばん【遅番】 晚班 wǎnbān

おそまき【遅蒔き】 ♦~ながら 虽然已过时机 suīrán yǐ guò shíjī

おそましい【悍ましい】 可怕 kěpà; 令人厌恶 lìng rén yànwù

おそらく【恐らく】 大约 dàyuē; 恐怕 kǒngpà

おそるおそる【恐る恐る】 战战兢兢 zhànzhànjīngjīng; 提心吊胆 tíxīn diàodǎn

おそるべき【恐[畏]るべき】 可怕的 kěpà de ♦~パワー 惊人的力量 jīngrén de lìliang ♦後生畏るべし 后生可畏 hòushēng kě wèi

おそれ【恐れ】 畏惧 wèijù ♦~知らずの 大无畏 dàwúwèi ♦…の~がある 有…的危险 yǒu...de wēixiǎn

おそれいる【恐れ入る】 不敢当 bù gǎndāng ♦恐れ入りますが 真对不起 zhēn duìbuqǐ; 劳驾 láojià

おそれおおい【恐れ多い】 诚惶诚恐 chéng huáng chéng kǒng

おそれおののく【恐れ戦く】 魂不守舍 hún bù shǒu shè; 心惊肉跳 xīn jīng ròu tiào

おそれる【恐れる】 害怕 hàipà; 怕 pà; 畏惧 wèijù ♦失敗を~ 惧怕失败 jùpà shībài

おそろしい【恐ろしい】 可怕 kěpà ♦~話 吓人的话 xiàrén de huà ♦~ことになった 情况变得可怕了 qíngkuàng biànde kěpà le ♦末~ 前景可怕 qiánjǐng kěpà

おそわる【教わる】 跟...学 gēn...xué ♦彼に英語を~ 跟他学英语 gēn tā xué Yīngyǔ

オゾン 臭氧 chòuyǎng ♦~層 臭氧层 chòuyǎngcéng ♦~ホール 臭氧洞 chòuyǎngdòng

おたかい【お高い】 ♦お高くとまる 高高在上 gāo gāo zài shàng; 高傲自大 gāo'ào zìdà

おたがい【お互い】 互相 hùxiāng; 彼此 bǐcǐ ♦~様ですよ 彼此彼此 bǐcǐ bǐcǐ

おたく【お宅】 ❶《相手の家》府上 fǔshàng; 尊府 zūnfǔ ♦~へお届けします 送到您家 sòngdào nín jiā ❷

《呼称として》◆～はどうお考えですか 您尊意如何 nín zūnyì rúhé ❸《マニアックな人》宅男 zháinán; 宅女 zháinǚ ◆アニメ～ 动画迷 dònghuàmí

おたけび【雄叫び】 吼声 hǒushēng ◆～を上げる 发出吼声 fāchū hǒushēng

おだて【煽て】 捧场 pěngchǎng ◆～に乗る 上甜言的当 shàng tiányán de dàng

おだてる【煽てる】 戴高帽子 dài gāomàozi ◆捧场 pěngchǎng

おだぶつ【お陀仏】 死 sǐ ◆～になる 完蛋 wándàn; 垮台 kuǎtái

オタマジャクシ 蝌蚪 kēdǒu

おためごかし【お為ごかし】 假惺惺 jiǎxīngxīng; 假仁假义 jiǎ rén jiǎ yì

おだやか【穏やか-な】 安稳 ānwěn; 和气 héqi ◆～な天気 温和的天气 wēnhé de tiānqì ◆～な性格 性情稳静 xìngqíng wěnjìng ◆～な口調 语调柔和 yǔdiào róuhé

おだわらひょうじょう【小田原評定】 议而不决的漫长会议 yì ér bù jué de màncháng huìyì

おち【落ち】 ❶《手抜かり》遗漏 yílòu ◆帳簿に～がある 账簿中有漏洞 zhàngbùzhōng yǒu lòudòng ❷《さえない結末》笑われるのが～だ 结果只会为人嗤笑 jiéguǒ zhǐhuì wéi rén chīxiào

おちあう【落ち合う】 相会 xiānghuì; 碰头 pèngtóu

おちいる【陥る】 陷于 xiànyú; 陷入 xiànrù ◆窮地に～ 陷入困境 xiànrù kùnjìng ◆不況に～ 陷入萧条 xiànrù xiāotiáo

おちおち ◆～酒も飲めない 不能安稳喝酒 bùnéng ānwěn hē jiǔ

おちこぼれ【落ち零れ】 漏出来的 lòuchūlái de;《比喩》后进 hòujìn; 学习跟不上的学生 xuéxí gēnbushàng de xuésheng

おちこむ【落ち込む】 愁郁 chóuyù; 低沉 dīchén ◆気分が～ 心情沮丧 xīnqíng jǔsàng ◆景気が～ 景气低迷 jǐngqì dīmí

おちつかない【落ち着かない】 不定 búdìng; 不安 bù'ān

おちつき【落ち着き】 ◆～がある 沉着 chénzhuó; 稳重 wěnzhòng ◆～がない 心浮气躁 xīn fú qì zào

おちつく【落ち着く】 ❶《心が》镇静 zhènjìng; 从容 cóngróng; 安宁 ānníng ◆気分が～ 心情镇定 xīnqíng zhèndìng ◆落ち着いた行動 沉着的行动 chénzhuó de xíngdòng ❷《事態が》稳定 wěndìng; 平静 píngjìng ◆騒ぎが～ 骚乱平定 sāoluàn píngdìng ❸《定住する》安顿 āndùn ◆仕事が～ 工作安顿下来 gōngzuò āndùnxiàlái ◆田舎に～ 定居在乡下 dìngjūzài xiāngxia ❹《結論に達する》着落 zhuóluò ◆いつもの線に～ 还是归结到以往的结论 háishi guījié dào yǐwǎng de jiélùn: 归于原来的看法 guīyú yuánlái de kànfǎ ❺《浮ついていない》素静 sùjìng ◆落ち着いた色合い 淡雅的颜色 dànyǎ de yánsè

おちど【落ち度】 错儿 cuòr; 过错 guòcuò ◆～がある 有过错 yǒu guòcuò ◆～のない 没有过失 méiyǒu guòshī

おちば【落ち葉】 落叶 luòyè

おちぶれる【落ちぶれる】 沦落 lúnluò; 落魄 luòpò

おちめ【落ち目】 ◆～になる 颓势 tuíshì; 下坡路 xiàpōlù

おちゃ【お茶】 茶 chá ◆～を入れる 泡茶 pào chá; 沏茶 qī chá ◆～を飲む 喝茶 hē chá ◆～を習う 学茶道 xué chádào ◆～を濁す 搪塞过去 tángsèguòqu

おちゃのこさいさい【お茶の子さいさい】 轻而易举 qīng ér yì jǔ

おちょうしもの【お調子者】 轻浮的人 qīngfú de rén

おちょくる 开玩笑 kāi wánxiào

おちょぼぐち【おちょぼ口】 樱桃嘴 yīngtáozuǐ

おちる【落ちる】 落 luò; 下落 xiàluò; 掉 diào; 跌落 diēluò ◆溝に～ 跌入沟里 diērù gōulǐ ◆ものが棚から～ 东西从搁板上掉下来 dōngxi cóng gēbǎnshang diàoxiàlái ◆人気が～ 声望下降 shēngwàng xiàjiàng ◆成績が～ 成绩降低 chéngjì jiàngdī ◆色が～ 掉色 diàoshǎi ◆入試に～ 考不上入学考试 kǎobushàng rùxué kǎoshì ◆罠に～ 上圈套 shàng quāntào; 落入陷阱 luòrù xiànjǐng ◆恋に～ 陷入情网 xiànrù qíngwǎng

おつ【乙-な】 ◆～な味 别有风味 bié yǒu fēngwèi ◆～に気取る 装模作样 zhuāng mú zuò yàng

おっくう【億劫-な】 懒得 lǎnde ◆街に出るのが～だ 我懒得上街 wǒ lǎnde shàngjiē; 感觉麻烦 gǎnjué máfan

おつげ【お告げ】 启示 qǐshì; 天启 tiānqǐ ◆神の～ 神的启示 shén de qǐshì

おっしゃる【仰る】 说 shuō ◆～とおり 如您所说 rú nín suǒ shuō ◆何を～ 您说什么 nín shuō shénme

おっちょこちょい 轻浮的人 qīngfú

おって【追って】 随后 suíhòu; 以后 yǐhòu ♦ 詳細は~ご連絡します 详细情况以后再联系 xiángxì qíngkuàng yǐhòu zài liánxì

おっと【夫】 男人 nánren; 丈夫 zhàngfu; 先生 xiānsheng

オットセイ【膃肭臍】 海狗 hǎigǒu; 膃肭兽 wànàshòu

おっとり 大方 dàfang; 从容 cóngróng ♦ ~かまえる 从容不迫 cóng róng bú pò

おっぱい 奶 nǎi ♦ ~を飲む 吃奶 chīnǎi

おつり【お釣り】 找头 zhǎotou; 找钱 zhǎoqián ♦ ~をください 请找钱 qǐng zhǎo qián ♦ 10円の~です 找你十块钱 zhǎo nǐ shí kuài qián

おてあげ【お手上げ】 束手无策 shùshǒu wúcè; 没办法 méi bànfǎ

おでき 疙瘩 gēda; 脓包 nóngbāo

おでこ 额头 étóu ♦ ~が広い 额头宽 étóu kuān

おてつだい【お手伝い】 ♦ ~さん 阿姨 āyí; 女佣 nǚyōng ♦ ~しましょう 我来帮帮忙吧 wǒ lái bāngbang máng ba

おてのもの【お手の物】 拿手 náshǒu

おてもり【お手盛り】 为自己打算 wèi zìjǐ dǎsuan; 公事私办 gōngshì sī bàn

おてやわらか【お手柔らかに】 ♦ ~に願います 请手下留情 qǐng shǒuxià liúqíng

おてん【汚点】 污点 wūdiǎn ♦ ~を残す 留下污点 liúxià wūdiǎn

おてんきや【お天気屋】 喜怒无常的人 xǐnù wúcháng de rén

おてんば【お転婆】 淘气的姑娘 táoqì de gūniang

おと【音】 声音 shēngyīn; 声响 shēngxiǎng ♦ 足~ 脚步声 jiǎobùshēng ♦ ~の高低 音高 yīngāo ♦ ~の大小 音强 yīnqiáng ♦ ~を遮断する 隔音 géyīn ♦ ~を立てる 响 zuòxiǎng ♦ ~に聞く 闻名 wénmíng

おとうさん【お父さん】 爸 bà; 爸爸 bàba; 爹 diē

おとうと【弟】 弟弟 dìdi ♦ ~弟子 师弟 shīdì

おどおど-する 怯生生 qièshēngshēng; 战战兢兢 zhànzhànjīngjīng

おどかす【脅かす】 ❶《びっくりさせる》 吓 xià; 吓唬 xiàhu ♦ 突然現れて~ 突然出现吓人一跳 tūrán chūxiàn xià rén yítiào ❷《恐れさせる》 威逼 wēibī; 威吓 wēihè ♦ 刃物をちらつかせて~ 挥着刀子威胁 huīzhe dāozi wēixié

おとぎばなし【お伽噺】 童话 tónghuà; 民间故事 mínjiān gùshi

おどける 逗乐儿 dòulèr; 谐谑 xiéxuè ♦ おどけた顔 鬼脸 guǐliǎn

おとこ【男】 男子汉 nánzǐhàn; 男人 nánrén ♦ ~を上げる[下げる] 露脸[丢脸] lòuliǎn[diūliǎn] ♦ ~が立つ 体面 zuòliǎn ♦ ~を作る 有情夫 yǒu qíngfū

おとこぎ【男気】 义气 yìqi; 大丈夫气概 dàzhàngfū qìgài

おとこぎらい【男嫌い】 讨厌男人的女人 tǎoyàn nánrén de nǚrén

おとこごころ【男心】 男人的心 nánrén de xīn; 男子气概 nánzǐ qìgài

おとこざかり【男盛り】 壮年 zhuàngnián

おとこじょたい【男所帯】 没有女人的家庭 méiyǒu nǚrén de jiātíng

おとこのこ【男の子】 男孩儿 nánhái r

おとこぶり【男振り】 ♦ ~のよい 仪表堂堂 yíbiǎo tángtáng

おとこまえ【男前】 美男子 měinánzǐ

おとこまさり【男勝り-の】 巾帼丈夫 jīnguó zhàngfū; 不让须眉的(女子) bú ràng xūméi de(nǚzǐ)

おとこもの【男物】 男用物品 nányòng wùpǐn

おとこやく【男役】 男角 nánjué

おとこやもめ【男鰥】 鳏夫 guānfū

おとこらしい【男らしい】 有男子气概 yǒu nánzǐ qìgài ♦ ~男 男子汉 nánzǐhàn; 须眉男子 xūméi nánzǐ

おとこらしさ【男らしさ】 丈夫气 zhàngfūqì

おとさた【音沙汰】 消息 xiāoxi; 音信 yīnxìn ♦ ~がない 杳无音信 yǎowú yīnxìn

おとしあな【落とし穴】 陷阱 xiànjǐng ♦ ~を掘る 设陷阱 shè xiànjǐng ♦ ~のある話 有圈套的话 yǒu quāntào de huà

おとしいれる【陥れる】 谋害 móuhài; 陷害 xiànhài

おとしご【落とし子】 后果 hòuguǒ; 产物 chǎnwù ♦ 冷战の~ 冷战的恶果 lěngzhàn de èguǒ

おとしだま【お年玉】 压岁钱 yāsuìqián

おとしめる【貶める】 贬低 biǎndī

おとしもの【落し物】 遗失物品 yíshī wùpǐn; 失物 shīwù ♦ ~が返ってきた 失落的东西回来了 shīluò de dōngxi huílái le

おとす【落とす】 ❶《落下させる》 掉 diào; 摔 shuāi ♦ バトンを~ 掉接力棒 diào jiēlìbàng ❷《なくす》 命を~ 丢性命 diū xìngmìng ♦ 財布

を～ 丢钱包 diū qiánbāo ♦ぜい肉を～ 去掉多余的胖肉 qùdiào duōyú de pàngròu ♦汚れを～ 洗掉污垢 xǐdiào wūgòu ❸《低くする》♦声を～ 放低声音 fàngdī shēngyīn ♦評価を～ 降低评价 jiàngdī píngjià ❹《落第させる》♦面接で～ 以面试决定不录取 yǐ miànshì juédìng bú lùqǔ

おどす【脅す】 威胁 wēixié; 威吓 wēihè

おとずれ【訪れ】 访问 fǎngwèn; 来访 láifǎng ♦春の～ 春天来临 chūntiān láilín

おとずれる【訪れる】 访问 fǎngwèn; 找 zhǎo ♦親戚を～ 探亲 tànqīn ♦チャンスが～ 机会来临 jīhuì láilín

おととい【一昨日】 前天 qiántiān; 前日 qiánrì

おととし【一昨年】 前年 qiánnián

おとな【大人】 成人 chéngrén; 大人 dàrén ♦～になる 成人 chéngrén ♦～げない 孩子气 háiziqì; 没大人气概 méi dàrén qìgài ♦～びる 像大人样 xiàng dàrén yàng

おとなしい【大人しい】 老实 lǎoshi; 温顺 wēnshùn ♦～犬 驯顺的狗 xùnshùn de gǒu ♦おとなしくしなさい 老实点儿 lǎoshi diǎn ba

おとめざ【乙女座】 室女座 shìnǚzuò

おとも【お供】 陪同 péitóng; 随员 suíyuán ♦～する 奉陪 fèngpéi; 做伴 zuòbàn

おとり【囮】 钓饵 diào'ěr; 游子 yóuzi ♦～捜査 利用诱饵的捜査 lìyòng yòu'ěr de sōuchá

おどり【踊り】 舞蹈 wǔdǎo; 跳舞 tiàowǔ

おどりあがる【躍り上がる】 跳起来 tiàoqǐlai

おどりかかる【躍りかかる】 猛扑上去 měng pūshàngqu

おどりこむ【躍り込む】 闯进 chuǎngjìn

おどりでる【躍り出る】 跳出 tiàochū; 跳到 tiàodào ♦トップに～ 跃到顶点 yuèdào dǐngdiǎn

おどりば【踊り場】 《階段の》楼梯平台 lóutī píngtái

おとる【劣る】 差 chà ♦品質が～ 质量差 zhìliàng chà ♦…に劣らない 不亚于 búyàyú

おどる【踊る】 跳舞 tiàowǔ; 舞蹈 wǔdǎo ♦心が～ 心跳 xīn tiào ♦文字が～ 字迹龙飞凤舞 zìjì lóng fēi fèng wǔ

おとろえ【衰え】 衰老 shuāilǎo; 衰弱 shuāiruò

おとろえる【衰える】 衰弱 shuāiruò;

衰微 shuāiwēi ♦足腰が～ 腰腿衰退 yāotuǐ shuāituì ♦人気が～ 声望下降 shēngwàng xiàjiàng

おどろかす【驚かす】 惊动 jīngdòng; 吓 xià ♦世間を～ 轰动社会 hōngdòng shèhuì

おどろき【驚き】 惊骇 jīnghài; 惊讶 jīngyà ♦～を隠せない 隐藏不了惊讶 yǐncángbuliǎo jīngyà

おどろく【驚く】 吃惊 chījīng; 惊讶 jīngyà; 吓 xià

おどろくべき【驚くべき】 惊人的 jīngrén de ♦～成果 惊人的成就 jīngrén de chéngjiù

おないどし【同い年】 同岁 tóngsuì

おなか【お腹】 肚子 dùzi ♦～が痛い 肚子疼 dùzi téng ♦～が減る 肚子饿 dùzi è

オナガザル【尾長猿】 长尾猴 chángwěihóu

おながれ【お流れ-になる】 中止 zhōngzhǐ; 告吹 gàochuī

おなさけ【お情け】 情谊 qíngyì; 怜悯 liánmǐn ♦～にすがる 靠情面 kào qíngmiàn

おなじ【同じ】 一样 yíyàng; 同一 tóngyī ♦～穴の貉 一丘之貉 yì qiū zhī hé

おなら 屁 pì ♦～をする 放屁 fàngpì

おに【鬼】 鬼 guǐ ♦～のように 硬着心肠 yìngzhe xīncháng ♦学問の～ 埋头做学问的人 máitóu zuò xuéwèn de rén ♦～に金棒 如虎添翼 rú hǔ tiān yì ♦～の居ぬ間の洗濯 阎王不在, 小鬼翻天 yánwang búzài, xiǎoguǐ fāntiān ♦～の首を取ったように 如获至宝 rú huò zhì bǎo ♦～の目にも涙 顽石也会点头 wánshí yě huì diǎntóu

おにぎり【お握り】 饭团 fàntuán

おにごっこ【鬼ごっこ】 捉迷藏 zhuōmícáng ♦～をする 玩捉迷藏 wán zhuōmícáng

おにもつ【お荷物-になる】 包袱 bāofu; 无用人员 wúyòng rényuán

おね【尾根】 山脊 shānjǐ; 山梁 shānliáng ♦～伝い 沿着山脊 yánzhe shānjǐ

おねがい【お願い-する】 求 qiú; 请求 qǐngqiú ♦どうか～します 求求您 qiúqiu nín

おの【斧】 斧头 fǔtóu; 斧子 fǔzi

おのおの【各々】 各 gè; 各自 gèzì

おのずから【自ずから】 自 zì; 自然 zìrán ♦～知れよう 自然会明白 zìrán huì míngbai

おののく【戦く】 战抖 zhàndǒu; 发抖 fādǒu ♦恐れ～ 恐惧发抖 kǒngjù fādǒu

おのぼりさん【お上りさん】 乡下佬

xiāngxiàlǎo

オノマトペ【擬声語】xiàngshēngcí; 拟声词 nǐshēngcí

おのれ【己れ】自己 zìjǐ ♦～を知る 有自知之明 yǒu zìzhī zhī míng

おばあさん【お婆さん】❶《年寄り》老婆儿 lǎopór; 老大娘 lǎodàniáng; 老太婆 lǎotàipó ❷《父方の祖母》奶奶 nǎinai ❸《母方の祖母》姥姥 lǎolao

オパール 蛋白石 dànbáishí

おばけ【お化け】妖怪 yāoguài; 鬼怪 guǐguài ♦～が出る 闹鬼 nàoguǐ ♦～屋敷 闹鬼的大宅子 nàoguǐ de dàzháizi

おはこ【十八番】拿手戏 náshǒuxì; 专长的技艺 zhuāncháng de jìyì

おばさん【小母[叔母・伯母]さん】❶《父の姉》伯母 bómǔ; 姑母 gūmǔ ❷《父の妹》姑母 gūmǔ; 婶婶 shěnshen ❸《母の姉・妹》姨母 yímǔ; 舅母 jiùmǔ ❹《年配の女性》阿姨 āyí; 大婶 dàshěn; 大娘 dàniáng

おはち【お鉢】♦やっと～が回ってきた 好容易轮到我了 hǎoróngyì lúndào wǒ le

おはよう【お早う】早安 zǎo'ān ♦～ございます 早安 zǎo'ān; 您早 nín zǎo; 早上好 zǎoshang hǎo

おはらいばこ【お払い箱】开除 kāichú; 解雇 jiěgù; 炒鱿鱼 chǎo yóuyú

おび【帯】带子 dàizi ♦～を締める 系上带子 jìshàng dàizi ♦～を解く 解开带子 jiěkāi dàizi

おびえる【脅[怯]える】害怕 hàipà; 畏惧 wèijù

おびだす【誘び出す】引诱出来 yǐnyòuchūlai

おびきよせる【誘き寄せる】引诱过来 yǐnyòuguòlai

おびただしい【夥しい】浩瀚 hàohàn; 累累 lěilěi ♦～数の 成千上万 chéng qiān shàng wàn; 不胜枚举 bú shèng méi jǔ

おひつじざ【牡羊座】白羊座 báiyángzuò

おひとよし【お人好し】老好人 lǎohǎorén; 老实人 lǎoshírén

オピニオン 意见 yìjiàn; 主张 zhǔzhāng ♦～リーダー 舆论领袖 yúlùn lǐngxiù

おびふう【帯封】封带 fēngdài

おびやかす【脅かす】威胁 wēixié; 威吓 wēihè

おひゃくど【お百度】♦～を踏む 百般央求 bǎibān yāngqiú

おひらき【お開き】♦～にする 散会 sànhuì; 结束 jiéshù

おびる【帯びる】带 dài ♦任务を～ 承担任务 chéngdān rènwu ♦現実味を～ 带有现实味 dàiyǒu xiànshíwèi ♦酒気を～ 带酒气 dài jiǔqì

おひれ【尾鰭】♦～を付ける 添枝加叶 tiān zhī jiā yè

おひろめ【お披露目】披露 pīlù; 宣布 xuānbù

オファー《商取引》报价 bàojià; 发价 fājià

オフィシャル 正式的 zhèngshì de; 公认的 gōngrèn de

オフィス 办公室 bàngōngshì ♦～街 公司街 gōngsījiē

オブザーバー 观察员 guāncháyuán; 旁听人 pángtīngrén

おぶさる【負ぶさる】《背中に》背 bēi; 《頼る》依靠 yīkào; 靠人帮助 kào rén bāngzhù

オプション 选择 xuǎnzé; 选择权 xuǎnzéquán; 选项 xuǎnxiàng

オフセット《印刷》胶版印刷 jiāobǎn yìnshuā; 胶印 jiāoyìn

おぶつ【汚物】《ごみ》垃圾 lājī; 《排泄物》屎尿 shǐniào

オブラート 糯米纸 nuòmǐzhǐ ♦ことばを～に包む 闪烁其词 shǎnshuò qí cí

オフリミット 禁止进入 jìnzhǐ jìnrù

おふる【お古】旧衣物 jiù yīwù; 别人用过的旧东西 biéren yòngguo de jiù dōngxi

オフレコ 非正式发言 fēizhèngshì fāyán; 不得发表的 bù dé fābiǎo de

おべっか ♦～使い 哈巴狗 hǎbagǒu ♦～を使う 阿谀奉承 āyú fèngchéng; 拍马屁 pāi mǎpì

オペック（OPEC）《石油輸出国機構》石油输出国组织 Shíyóu Shūchūguó Zǔzhī

オペラ 歌剧 gējù ♦～グラス 小望远镜 xiǎo wàngyuǎnjìng

オペレーター 话务员 huàwùyuán; 操纵员 cāozòngyuán

オペレッタ 喜剧性歌剧 xǐjùxìng gējù

おべんちゃら 奉承 fèngcheng ♦～を言う 说奉承话 shuō fèngchenghuà

おぼえ【覚え】记忆 jìyì; 经验 jīngyàn ♦～がいい 记性好 jìxìng hǎo ♦身に～がない 没有那样的经验 méiyǒu nàyàng de jīngyàn ♦腕に～がある 自信有本领 zìxìn yǒu běnlǐng ♦～がめでたい 受器重 shòu qìzhòng

おぼえがき【覚え書き】备忘录 bèiwànglù; 笔记 bǐjì ♦～を送る 照会 zhàohuì

おぼえている【覚えている】记得 jìde; 没有忘记 méiyǒu wàngjì

おぼえる【覚える】❶《记憶》记住 jìzhù; 记忆 jìyì ❷《感覚》感动为～ 受到感动 shòudào gǎndòng♦寒を～ 感到冷 gǎndào lěng

おぼつかない【覚束ない】 靠不住 kàobuzhù♦～足取り 脚步不稳 jiǎobù bùwěn♦成功は～ 成功的把握不大 chénggōng de bǎwǒ bú dà

おぼっちゃん【お坊ちゃん】 公子哥儿 gōngzǐgēr

おぼれる【溺れる】《水に》溺水 nìshuǐ;《ふける》耽溺 dānnì; 沉湎 chénmiàn♦海で～ 在海里溺水 zài hǎili nìshuǐ♦酒に～ 沉湎于酒 chénmiànyú jiǔ

おぼろ【朧】 朦胧 ménglóng; 模糊 móhu♦朧月夜 月色朦胧的夜晚 yuèsè ménglóng de yèwǎn

おぼろげ【朧げー】 模糊 móhu; 恍惚 huǎnghū♦～に見える 隐现 yǐnxiàn♦～ながら 模模糊糊的 mómóhūhū de

おまいり【お参り】 参拜 cānbài; 拜 bài

おまえ【お前】 你 nǐ

おまけ【お負け】《品物》附带的赠品 fùdài de zèngpǐn;《値段》减价 jiǎnjià♦～に《その上に》而且 érqiě

おまつり【お祭り】 节日 jiérì; 祭日 jìrì♦～騒ぎ 狂欢 kuánghuān

おまもり【お守り】 护身符 hùshēnfú

おまる 便盆 biànpén; 马桶 mǎtǒng

おまわりさん【お巡りさん】 巡警 xúnjǐng; 警察 jǐngchá

おみくじ【お御籤】 神签 shénqiān♦～を引く 求签 qiúqiān

おみそれ【お見それーする】 没认出来 méi rènchūlai♦～いたしました 我有眼不识泰山了 wǒ yǒu yǎn bùshí Tàishān le

おむつ【お襁褓】 尿布 niàobù

オムレツ 菜肉蛋卷 càiròu dànjuǎn; 洋式煎蛋卷 yángshì jiān dànjuǎn

おめい【汚名】 臭名 chòumíng♦～を返上する 洗刷臭名 xǐshuā chòumíng

おめおめ 恬不知耻 tián bù zhī chǐ♦～とは引き下がれない 不能乖乖地下台 bù néng guāiguāi de xià tái

おめかしーする 妆饰 zhuāngshì; 打扮 dǎban

おめずおくせず【怯めず臆せず】 毫不畏惧地 háobú wèijù de

おめだま【お目玉】 申斥 shēnchì♦先生から～を食う 挨老师的责备 ái lǎoshī de zébèi

おめでた【御目出度】 喜事 xǐshì ❶《結婚》结婚 jiéhūn ❷《妊娠》妊娠 rènshēn♦彼女は～だ 她有了 tā yǒu le; 她有喜了 tā yǒu xǐ le

おめでとう【御目出度う】 恭喜 gōngxǐ♦新年～ 新年好 xīnnián hǎo♦入学～ 恭喜入学 gōngxǐ rùxué♦誕生日～ 生日快乐 shēngrì kuàilè♦結婚～ 恭喜结婚 gōngxǐ jiéhūn

おめにかかる【お目に掛かる】 拜会 bàihuì; 拜见 bàijiàn

おめみえ【お目見えーする】 初次见面 chūcì jiànmiàn♦初～ 首次亮相 shǒucì liàngxiàng

おもい【思い】 想头 xiǎngtou; 思绪 sīxù♦～にふける 默想 mòxiǎng♦～の丈を訴える 倾诉 qīngsù♦～をはせる 想念 xiǎngniàn♦歯がゆい～をする 感到焦急 gǎndào jiāojí♦～がかなう 遂愿 suìyuàn; 满足心愿 mǎnzú xīnyuàn♦～を巡らす 想来想去 xiǎnglai xiǎngqu

おもい【重い】 重 zhòng; 沉 chén♦体重が～ 身子重 shēnzi zhòng♦～荷物 沉重的行李 chénzhòng de xíngli♦責任が～ 责任重大 zérèn zhòngdà♦～病気 重病 zhòngbìng♦気が～ 心情沉重 xīnqíng chénzhòng♦腰が～ 懒得动 lǎnde dòng♦口が～ 不爱说话 bú ài shuōhuà

おもいあがる【思い上がる】 骄傲 jiāo'ào; 自高自大 zì gāo zì dà; 妄自尊大 wàng zì zūn dà

おもいあたる【思い当たる】 想到 xiǎngdào; 猜到 cāidào

おもいあまる【思い余る】 不知如何是好 bùzhī rúhé shì hǎo

おもいうかべる【思い浮かべる】 想起 xiǎngqǐ; 想象 xiǎngxiàng

おもいおこす【思い起こす】 回想 huíxiǎng; 想起 xiǎngqǐ

おもいおもいに【思い思いに】 各随己愿 gè suí jǐ yuàn

おもいかえす【思い返す】《回顧》回想 huíxiǎng;《再考》重新考虑 chóngxīn kǎolǜ

おもいがけず【思いがけず】 不料 búliào; 想不到 xiǎngbudào; 料不到 liàobudào

おもいがけない【思いがけない】 出乎意料 chūhū yìliào; 出人意料 chū rén yìliào

おもいきって【思い切って】 毅然 yìrán; 大胆 dàdǎn♦～反論する 狠心反驳 hěnxīn fǎnbó

おもいきり【思い切り】 敞开儿 chǎngkāir; 尽情 jìnqíng♦～のいい 果决 guǒjué♦～泳ぐ 痛快游泳 tòngkuai yóuyǒng

おもいきる【思い切る】 断念 duànniàn; 想开 xiǎngkāi

おもいこみ【思い込み】 认定 rèndìng; 确信 quèxìn ◆～が激しい 固执己见 gùzhí jǐjiàn

おもいこむ【思い込む】 坚信 jiānxìn; 认定 rèndìng

おもいしる【思い知る】 深深认识到 shēnshēn rènshidào; 领会到 lǐnghuìdào

おもいすごし【思い過ごし】 过虑 guòlǜ

おもいだす【思い出す】 想起 xiǎngqǐ; 回忆 huíyì

おもいたつ【思い立つ】 起念头 qǐ niàntóu ◆思い立ったが吉日 哪天想做哪天就是吉日 nǎ tiān xiǎng zuò nǎ tiān jiùshì jírì

おもいちがい【思い違い―をする】 想错 xiǎngcuò; 误会 wùhuì

おもいつき【思い付き】 主意 zhǔyi ◆～の発言 临时想到的发言 línshí xiǎngdào de fāyán

おもいつく【思い付く】 想出来 xiǎngchūlai; 想到 xiǎngdào

おもいつめる【思い詰める】 想不开 xiǎngbukāi; 想得太远 xiǎngde tài yuǎn

おもいで【思い出】 回忆 huíyì ◆～にひたる 怀旧 huáijiù ◆～を語る 话旧 huàjiù

おもいどおり【思い通り】 如意 rúyì; 如愿 rúyuàn ◆～になる[ならない] 称心[不如意] chènxīn[bù rúyì] ◆～の結果 满意的结果 mǎnyì de jiéguǒ

おもいとどまる【思い止まる】 打消念头 dǎxiāo niàntóu

おもいなおす【思い直す】 转念 zhuǎnniàn; 重新考虑 chóngxīn kǎolǜ

おもいなやむ【思い悩む】 烦恼 fánnǎo; 苦恼 kǔnǎo

おもいのこす【思い残す】 遗憾 yíhàn ◆～ことはない 死而无憾了 sǐ ér wú hàn le; 没有任何牵挂 méiyǒu rènhé qiānguà

おもいのほか【思いの外】 出乎意料 chūhū yìliào; 意外 yìwài

おもいのまま【思いのまま】 随心所欲 suí xīn suǒ yù ◆～にふるまう 想怎么做就怎么做 xiǎng zěnme zuò jiù zěnme zuò

おもいまどう【思い惑う】 犹豫不决 yóuyù bùjué

おもいめぐらす【思い巡らす】 反复考虑 fǎnfù kǎolǜ

おもいもよらない【思いも寄らない】 万没想到 wàn méi xiǎngdào

おもいやられる【思い遣られる】 ◆先が～ 前途不堪设想 qiántú bù kān shèxiǎng

おもいやり【思い遣り】 关怀 guānhuái; 体贴 tǐtiē ◆～深い 关切 guānqiè; 热心 rèxīn

おもいやる【思い遣る】 关怀 guānhuái; 同情 tóngqíng

おもいわずらう【思い煩う】 忧虑 yōulǜ

おもう【思う】 认为 rènwéi; 想 xiǎng; 以为 yǐwéi; 觉得 juéde

おもうぞんぶん【思う存分】 纵情 zòngqíng; 尽量 jǐnliàng ◆～腕を揮(ふる)う 大显身手 dà xiǎn shēnshǒu

おもうつぼ【思う壺】 ◆それこそ相手の～だ 那正是他们所期望的 nà zhèngshì tāmen suǒ qīwàng de

おもうまま【思うまま】 尽情 jìnqíng; 任意 rènyì

おもおもしい【重々しい】 严肃 yánsù; 庄重 zhuāngzhòng

おもかげ【面影】 风貌 fēngmào ◆幼い頃の～が残っている 儿时的模样犹存 érshí de múyàng yóu cún

おもかじ【面舵】 右转舵 yòu zhuǎnduò ◆～いっぱい 右满舵 yòu mǎnduò

おもくるしい【重苦しい】 沉闷 chénmèn; 沉重 chénzhòng ◆～雰囲気 沉闷的气氛 chénmèn de qìfēn

おもさ【重さ】 分量 fènliàng; 重量 zhòngliàng ◆～を量る 称重量 chēng zhòngliàng

おもざし【面差し】 脸庞 liǎnpáng; 面貌 miànmào ◆～が母親似似ている 模样像母亲 múyàng xiàng mǔqīn

おもし【重し】 镇石 zhènshí ◆～をする 用重物压住 yòng zhòngwù yāzhù

おもしろい【面白い】 有意思 yǒu yìsi; 有趣 yǒuqù ◆～映画 有趣的电影 yǒuqù de diànyǐng ◆面白くない 没趣 méiqù; 没劲儿 méijìnr

おもしろさ【面白さ】 趣味 qùwèi; 乐趣 lèqù

おもしろはんぶん【面白半分―に】 半取乐地 bàn qǔlè de; 半玩耍地 bàn wánshuǎ de

おもしろみ【面白味】 趣味 qùwèi; 情趣 qíngqù ◆～がない 乏味 fáwèi; 无聊 wúliáo

おもたい【重たい】 重 zhòng; 沉重 chénzhòng

おもだった【主立った】 主要 zhǔyào ◆～月刊誌 主要的月刊 zhǔyào de yuèkān

おもちゃ【玩具】 玩具 wánjù; 玩意儿 wányìr ◆～にする 摆弄 bǎinòng; 玩弄 wánnòng

おもて【表】 ❶《外》 外面 wàimiàn;

外头 wàitou ♦~を歩く 出去外头散步 chūqù wàitou sànbù ♦《表面》面儿 miànr; 正面 zhèngmiàn

おもてがわ【表側】 正面 zhèngmiàn

おもてぐち【表口】 前门 qiánmén

おもてざた【表沙汰】 ♦~になる 公开化 gōngkāihuà; 表面化 biǎomiànhuà

おもてだつ【表立つ】 公开 gōngkāi ♦表立った動き 公开的行动 gōngkāi de xíngdòng

おもてどおり【表通り】 大街 dàjiē

おもてむき【表向き】 表面 biǎomiàn ♦~は繁昌しているが… 表面上好象兴隆… biǎomiànshang hǎoxiàng xīnglóng... ♦~は病気ということだが… 公开说是有病… gōngkāi shuō shì yǒubìng ...

おもてもん【表門】 大门 dàmén; 前门 qiánmén

おもな【主な】 主要 zhǔyào

おもなが【面長】 长脸 chángliǎn

おもに【主に】 主要 zhǔyào

おもに【重荷】 担子 dànzi; 重担 zhòngdàn ♦~を背負う 负重 fùzhòng ♦~に感じる 感觉沉重 gǎnjué chénzhòng

おもねる【阿る】 阿谀 ēyú; 趋奉 qūfèng

おもはゆい【面映い】 不好意思 bùhǎoyìsi; 难为情 nánwéiqíng

おもみ【重み】 分量 fènliàng; 斤两 jīnliǎng ♦~のある意見 有分量的见解 yǒu fènliàng de jiànjiě

おもむき【趣】 风趣 fēngqù; 风味 fēngwèi ♦~のある 雅致 yǎzhì

おもむく【赴く】 赴 fù; 前往 qiánwǎng

おもむろ【徐ろ-に】 慢慢地 mànmàn de ♦~に話し出す 慢慢地说出口 mànmàn de shuōchu kǒu

おももち【面持ち】 神色 shénsè; 脸色 liǎnsè ♦不安な~ 不安的神色 bù'ān de shénsè

おもや【母屋】 上房 shàngfáng; 正房 zhèngfáng

おもゆ【重湯】 米汤 mǐtāng

おもり【錘[重り]】 《秤の》秤砣 chèngtuó; 《釣りの》坠子 zhuìzi

おもり【御守り】 ❶《こどもの》看孩子 kān háizi ❷《比喩的》照顾 zhàogù; 对待 duìdài ♦社長の~ 照顾总经理 zhàogù zǒngjīnglǐ

おもわく【思惑】 意图 yìtú; 用意 yòngyì ♦~通りに 如愿地 rúyuàn de ♦~がはずれる 事与愿违 shì yǔ yuàn wéi

おもわしくない【思わしくない】 不理想 bù lǐxiǎng; 不如意 bù rúyì

おもわず【思わず】 不由得 bùyóude; 禁不住 jīnbuzhù ♦~口から出る 脱口而出 tuō kǒu ér chū ♦~声を出す 失声 shīshēng

おもわせぶり【思わせ振り-な】 做作 zuòzuo; 造作 zàozuo

おもわぬ【思わぬ】 意外 yìwài ♦~災難 横祸 hènghuò; 失闪 shīshan ♦~の事故 意外的事故 yìwài de shìgù; 一差二错 yì chā èr cuò

おもわれる【思われる】 ❶《人に》被认为 bèi rènwéi 彼女からは友人だと思われている 被她认做朋友 bèi tā rènzuò péngyou ❷《…のように見える》♦自殺と~ 看来是自杀 kànlai shì zìshā

おもんじる【重んじる】 尊重 zūnzhòng; 注重 zhùzhòng

おや【親】 父母 fùmǔ; 双亲 shuāngqīn ♦親会社 母公司 mǔgōngsī ♦~の脛をかじる 靠父母吃饭 kào fùmǔ chīfàn ♦~の欲目 父母偏爱 fùmǔ piān'ài

おやかた【親方】 《店の》老板 lǎobǎn; 《職人などの》师傅 shīfu

おやくしょ【お役所】 机关 jīguān ♦~仕事 官僚作风 guānliáo zuòfēng

おやこ【親子】 父母和子女 fùmǔ hé zǐnǚ ♦~電話 分装电话 fēnzhuāng diànhuà

おやこうこう【親孝行】 孝顺 xiàoshùn

おやごころ【親心】 父母心 fùmǔxīn;《比喩》父母般的关怀 fùmǔ bān de guānhuái

おやじ【親父】 ❶《父親》父亲 fùqīn ❷《男の店主》老板 lǎobǎn

おやしお【親潮】 亲潮 Qīncháo

おやしらず【親知らず】《歯》智齿 zhìchǐ; 智牙 zhìyá

おやすみ【お休み-なさい】《就寝のあいさつ》晚安 wǎn'ān

おやだま【親玉】 头目 tóumù; 头子 tóuzi

おやつ【お八つ】 点心 diǎnxin; 零食 língshí ♦三時の~ 三点钟的零食 sān diǎnzhōng de língshí

おやばか【親馬鹿】 一味疼爱孩子的糊涂父母 yíwèi téng'ài háizi de hútu fùmǔ

おやふこう【親不孝】 不孝 búxiào ♦~の息子 逆子 nìzǐ

おやぶん【親分】 头目 tóumù; 主子 zhǔzi

おやま【女形】 旦角 dànjué

おやもと【親元】 父母家 fùmǔjiā ♦~で暮らす 在父母家生活 zài fùmǔjiā shēnghuó ♦~を離れる 离开父母家 líkāi fùmǔjiā

おやゆずり【親譲り-の】 父母遗传 fùmǔ yíchuán ♦けんか早いからーだ 爱吵架是父母传下来的 ài chǎojià shì fùmǔ chuánxiàlai de

おやゆび【親指】 大拇指 dàmǔzhǐ; 拇指 mǔzhǐ

およぎ【泳ぎ】 游泳 yóuyǒng ♦〜がうまい 很会游泳 hěn huì yóuyǒng; 水性好 shuǐxìng hǎo

およぐ【泳ぐ】 游泳 yóuyǒng; 泅水 qiúshuǐ ♦泳げる 会游水 huì yóushuǐ

およそ【凡そ】 ❶《一般に》♦人間たるもの 凡是做人的 fánshì zuò rén de ❷《ほぼ》大概 dàgài; 大约 dàyuē♦100年 大约一百年 dàyuē yìbǎi nián ❸《まったく》♦〜意味がない 根本没有意义 gēnběn méiyǒu yìyì

およばずながら【及ばず乍ら】 虽然力量微薄 suīrán lìliang wēibó

およばない【及ばない】 ❶《必要がない》用不着 yòngbuzháo ❷《かなわない》不及 bùjí; 比不上 bǐbushàng ♦足元にも〜 根本不如 gēnběn bùrú

および【及び】 以及 yǐjí

およびごし【及び腰】《姿勢》欠身哈腰 qiànshēn hāyāo;《消極的》胆怯对待 dǎnqiè duìdài

およぶ【及ぶ】 涉及 shèjí; 达到 dádào ♦長さ100mに〜 长达一百米 chángdá yìbǎi mǐ ♦講演は2時間に及んだ 讲话达两小时之久 jiǎnghuà dá liǎng xiǎoshí zhī jiǔ ♦被害が多方面に〜 损害涉及很多方面 sǔnhài shèjí hěn duō fāngmiàn ♦仕事に影響が〜 影响工作 yǐngxiǎng gōngzuò

およぼす【及ぼす】 使…受到 shǐ…shòudào♦影響を〜 影响 yǐngxiǎng ♦被害を〜 带来损失 dàilái sǔnshī

オランウータン 猩猩 xīngxing

おり【折】 时候 shíhou ♦〜を見て 看机会 kàn jīhuì ♦お越しの〜 您来的时候 nín lái de shíhou

おりあい【折り合い】《仲》相互关系 xiānghù guānxi;《妥協》♦〜がつく[つかない] 和解[不能和解] héjiě [bù néng héjiě]

おりあう【折り合う】 迁就 qiānjiù; 互相让步 hùxiāng ràngbù

おりあしく【折悪しく】 偏偏 piānpiān; 偏巧 piānqiǎo

おりいって【折り入って】 ♦〜ご相談があるのですが 有事要特地和您商量 yǒu shì yào tèdì hé nín shāngliang

オリーブ 油橄榄 yóugǎnlǎn; 橄榄 gǎnlǎn ♦〜油 橄榄油 gǎnlǎnyóu

オリエンタリズム 东方学 dōngfāngxué; 东方趣味 dōngfāng qùwèi

オリエンテーション 入学教育 rùxué jiàoyù; 新人教育 xīnrén jiàoyù

オリエンテーリング 越野识途比赛 yuèyě shítú bǐsài

オリエント 东方 dōngfāng

おりおり【折々-の】 随时 suíshí ♦四季〜の草花 四季应时的花草 sìjì yìngshí de huācǎo

オリオン《星座》猎户座 lièhùzuò

おりかえし【折り返し】 折回 zhéhuí ♦〜点 折回点 zhéhuídiǎn ♦〜電話する 立即回电话 lìjí huí diànhuà

おりかえす【折り返す】 折回 zhéhuí; 返回 fǎnhuí ♦途中で〜 半路上返回 bànlùshang fǎnhuí

おりかさなる【折り重なる】 叠摞起来 diéluòqǐlai ♦〜ように倒れる 一个摞一个地倒下 yíge luò yíge de dǎoxià

おりがみ【折り紙】 折纸 zhézhǐ ♦〜を折る 折纸 zhézhǐ ♦〜付き 素有定评 sù yǒu dìngpíng

おりから【折から-の】 正在那时 zhèng zài nà shí

おりこむ【織り込む】 织入 zhīrù ♦話題に〜 插在话题里 chāzài huàtílǐ ♦文集に〜 编进文集里 biānjìn wénjílǐ

オリジナル 原物 yuánwù; 原创 yuánchuàng ♦〜テープ 原版带 yuánbǎndài

おりしも【折しも】 正当那时 zhèngdāng nà shí

おりたたみがさ【折り畳み傘】 折叠伞 zhédiésǎn

おりたたむ【折り畳む】 叠 dié; 折叠 zhédié

おりづめ【折り詰め】 盒装 hézhuāng;盒装的饭菜 hézhuāng de fàncài

おりまげる【折り曲げる】 折弯 zhéwān

おりまぜる【織り交ぜる】 穿插 chuānchā ♦話に後日談を〜 故事中穿插一些日后谈 gùshizhōng chuānchā yìxiē rìhòután

おりめ【折り目】 褶子 zhězi ♦〜正しい 规矩 guīju

おりもの【織物】 布帛 bùbó; 织物 zhīwù ♦絹〜 丝绸 sīchóu

おりよく【折よく】 碰巧 pèngqiǎo; 好在 hǎozài

おりる【下[降]りる】 下 xià ♦車から〜 下车 xiàchē ♦山を〜 下山 xiàshān ♦主役を〜 退出主角 tuìchū

zhǔjué ♦許可が～ 许可下来 xǔkě xiàlái ♦霜が～ 下霜 xiàshuāng
オリンピック 奥林匹克运动会 Àolínpǐkè Yùndònghuì; 奥运会 Àoyùnhuì ♦～村 奥运村 Àoyùn cūn ♦国际～委员会 国际奥委会 Guójì Àowěihuì
おる【織る】 织 zhī
おる【折る】 打断 dǎduàn; 折 zhé ♦枝を～ 折树枝 zhé shùzhī ♦骨を～ 辛苦 xīnkǔ ♦〈人のために〉尽力 jìnlì ♦話の腰を～ 打断话头儿 dǎduàn huàtóur
オルガン 风琴 fēngqín
オルゴール 八音盒 bāyīnhé
おれ【俺】 咱 zán; 我 wǒ
おれい【お礼】 ♦～を言う 道谢 dàoxiè; 致谢 zhìxiè ♦～を贈る 送礼 sònglǐ
おれきれき【お歴々】 显要人物 xiǎnyào rénwù
おれる【折れる】 折 zhé; shé; 断 duàn ♦肋骨が折れた 肋骨折了 lèigǔ zhé le ♦左に～ 往左拐 wǎng zuǒ guǎi ♦ずいぶんと骨が～ 非常费力气 fēicháng fèi lìqì ♦自分から～〈妥協する〉主动让步 zhǔdòng ràngbù
オレンジ 橙子 chéngzi ♦～色の 橙黄 chénghuáng; 橘黄 júhuáng
おろおろ-する 张皇失措 zhānghuáng shīcuò
おろか【愚か-な】 傻 shǎ; 愚蠢 yúchǔn; 呆笨 dāibèn ♦～者 草包 cǎobāo; 蠢货 chǔnhuò
おろかしい【愚かしい】 糊涂 hútu; 愚蠢 yúchǔn
おろしうり【卸売り-する】 批发 pīfā; 批卖 pīmài ♦～価格 批发价格 pīfā jiàgé
おろしたて【下ろし立て】 刚开始用的 gāng kāishǐ yòng de ♦～を着る 穿上刚做好的新衣服 chuānshàng gāng zuòhǎo de xīnyīfu
おろしね【卸値】 批发价 pīfājià
おろす【卸す】 批发 pīfā; 批卖 pīmài
おろす【下(降)ろす】 ♦カバンを～ 放下书包 fàngxià shūbāo ♦肩の荷を～ 卸下重担 xièxià zhòngdàn ♦腰を～ 坐下 zuòxià ♦貯金を～ 提取存款 tíqǔ cúnkuǎn ♦魚を～ 剖鱼 qiēkāi yú ♦大根を～ 擦萝卜泥 cā luóboní ♦根を～ 扎根 zhāgēn ♦髪を～ 削发 xuēfà
おろそか【疎か】 疏忽 shūhu; 草率 cǎoshuài ♦～にしてはいけない 不能忽视 bù néng hūshì ♦勉強を～にする 放松学习 fàngsōng xuéxí
おわらい【お笑い】 笑料 xiàoliào ♦

～種 xuétóu ♦～芸人 滑稽演员 huájī yǎnyuán
おわらいぐさ【お笑い草】 笑柄 xiàobǐng; 笑料 xiàoliào
おわらせる【終わらせる】 结束 jiéshù; 收场 shōuchǎng
おわり【終わり】 结局 jiéjú; 末尾 mòwěi ♦～にする 结束 jiéshù; 收束 shōushù ♦～を告げる 告终 gàozhōng; 终结 zhōngjié ♦旅の～ 旅途的终点 lǚtú de zhōngdiǎn
おわる【終わる】 结束 jiéshù; 完毕 wánbì ♦仕事が～ 工作结束 gōngzuò jiéshù ♦成功に～ 成功地完成 chénggōng de wánchéng ♦食べ～ 吃完 chīwán ♦敗北に～ 以失败告终 yǐ shībài gàozhōng
おん【恩】 恩情 ēnqíng ♦～に着る 领情 lǐngqíng ♦～に着せる 要人感恩 yào rén gǎn'ēn ♦～を仇(あだ)で返す 吃里爬外 chī lǐ pá wài; 恩将仇报 ēn jiāng chóu bào ♦～を売る 送人情 sòng rénqíng
おんいき【音域】 音域 yīnyù
おんいん【音韻】 音韵 yīnyùn ♦～学 声韵学 shēngyùnxué; 音韵学 yīnyùnxué
オンエア 正在广播 zhèngzài guǎngbō
おんかい【音階】 音阶 yīnjiē
おんがえし【恩返し-する】 报恩 bào'ēn
おんがく【音楽】 音乐 yīnyuè ♦～理论 乐理 yuèlǐ ♦～家 音乐家 yīnyuèjiā ♦～会 音乐会 yīnyuèhuì
おんかん【音感】 音感 yīngǎn ♦～がいい 音感很强 yīngǎn hěn qiáng ♦～教育 音感教育 yīngǎn jiàoyù
おんぎ【恩義】 恩义 ēnyì ♦～に背く 忘恩负义 wàng ēn fù yì ♦～を受ける 受恩情 shòu ēnqíng
おんきょう【音響】 音响 yīnxiǎng ♦～効果 音响效果 yīnxiǎng xiàoguǒ
おんけい【恩恵】 恩惠 ēnhuì; 雨露 yǔlù ♦～を蒙る 受惠 shòuhuì
おんけん【穏健-な】 稳健 wěnjiàn ♦～派 稳健派 wěnjiànpài
おんこう【温厚-な】 温厚 wēnhòu; 敦厚 dūnhòu
おんこちしん【温故知新】 温故知新 wēn gù zhī xīn
おんさ【音叉】 音叉 yīnchā
オンザロック 加冰块的威士忌 jiā bīngkuài de wēishìjì
おんし【恩師】 恩师 ēnshī
おんしつ【温室】 温室 wēnshì; 暖房 nuǎnfáng ♦～栽培 温室培育 wēnshì péiyù ♦～効果 温室效应 wēnshì xiàoyìng

おんしっぷ【温湿布】热敷 rèfū
おんしゃ【恩赦】恩赦 ēnshè
おんじゅん【温順-な】温顺 wēnshùn
おんしょう【恩賞】奖赏 jiǎngshǎng ♦~にあずかる 受到赏赐 shòudao shǎngcì
おんしょう【温床】温床 wēnchuáng ♦悪の~ 邪恶的温床 xié'è de wēnchuáng
おんじょう【恩情】恩情 ēnqíng
おんじょう【温情】温情 wēnqíng
おんしょく【音色】音色 yīnsè; 音质 yīnzhì
おんしらず【恩知らず】忘恩负义之徒 wàng'ēn fùyì zhī tú
おんしん【音信】消息 xiāoxi; 音信 yīnxìn ♦~不通 杳无音信 yǎo wú yīnxìn
おんじん【恩人】恩人 ēnrén ♦命の~ 救命恩人 jiùmìng ēnrén
おんすい【温水】温水 wēnshuǐ; 暖水 nuǎnshuǐ ♦~プール 温水游泳池 wēnshuǐ yóuyǒngchí
おんせい【音声】语音 yǔyīn ♦~学 语音学 yǔyīnxué ♦~記号 音标 yīnbiāo ♦~言語 口语 kǒuyǔ
おんせつ【音節】音节 yīnjié; 音缀 yīnzhuì
おんせん【温泉】温泉 wēnquán
おんそ【音素】音素 yīnsù; 音位 yīnwèi
おんそく【音速】声速 shēngsù; 音速 yīnsù ♦超~旅客機 超音速客机 chāoyīnsù kèjī
おんぞん【温存-する】保存 bǎocún
おんたい【温帯】温带 wēndài ♦~低気圧 温带低气压 wēndài dīqìyà
おんだん【温暖】温暖 wēnnuǎn; 温和 wēnhé ♦~な気候 温暖的气候 wēnnuǎn de qìhòu
おんち【音痴】左嗓子 zuǒsǎngzi; 五音不全 wǔyīn bù quán ♦方向~ 不善于辨别方向 bú shànyú biànbié fāngxiàng
おんちゅう【御中】公启 gōngqǐ ♦常任理事会~ 常任董事会公启 chángrèn dǒngshìhuì gōngqǐ
おんちょう【恩寵】恩宠 ēnchǒng; 恩泽 ēnzé ♦~を受ける 得到恩宠 dédào ēnchǒng
おんちょう【音調】音调 yīndiào
おんてい【音程】音程 yīnchéng ♦~が狂う 走调儿 zǒudiàor
オンデマンド 联网实时 liánwǎng shíshí
おんてん【恩典】恩典 ēndiǎn
おんど【温度】温度 wēndù ♦~が高い[低い] 温度高[低] wēndù gāo[dī]

おんど【音頭】♦~をとる 领头 lǐngtóu; 倡导 chàngdǎo ♦乾杯の~をとる 带头祝酒 dàitóu zhùjiǔ
おんとう【穏当-な】稳妥 wěntuǒ; 妥当 tuǒdang ♦~でない 不妥当 bù tuǒdang
おんどく【音読-する】读 dú; 念 niàn
おんどけい【温度計】寒暑表 hánshǔbiǎo; 温度计 wēndùjì
おんどさ【温度差】温差 wēnchā
おんどり【雄鶏】公鸡 gōngjī
おんな【女】女人 nǚrén; 女性 nǚxìng; 女的 nǚ de
おんながた【女形】花旦 huādàn
おんなぎらい【女嫌い】讨厌女人的男人 tǎoyàn nǚrén de nánrén
おんなごころ【女心】女人心 nǚrénxīn
おんなざかり【女盛り】女子最美好的时期 nǚzǐ zuì měihǎo de shíqī
おんなしゅじん【女主人】女主人 nǚzhǔren
おんなずき【女好き】喜欢女人 xǐhuan nǚrén; 好女色 hào nǚsè
おんなたらし【女たらし】色鬼 sèguǐ; 色狼 sèláng
おんなっけ【女っ気】有女人在场的气氛 yǒu nǚrén zàichǎng de qìfen
おんなのこ【女の子】❶《子供》女孩儿 nǚháir; 妞妞 niūniu ❷《若い女性》姑娘 gūniang
おんなもの【女物】妇女用品 fùnǚ yòngpǐn
おんのじ【御の字】难得 nándé; 够好 gòuhǎo ♦引分けなら~だ 打成平局就好极了 dǎchéng píngjú jiù hǎojí le
おんぱ【音波】声波 shēngbō; 音波 yīnbō
オンパレード 全班出演 quánbān chūyǎn
おんぴょうもじ【音標文字】音标 yīnbiāo ♦万国~ 国际音标 guójì yīnbiāo
おんびん【穏便】温和 wēnhé; 稳妥 wěntuǒ ♦~に取り計らう 温和处理 wēnhé chùlǐ
おんぶ-する ❶《背負う》背 bēi; 背负 bēifù ♦子供を~する 背小孩儿 bēi xiǎoháir ❷《依靠》依靠 yīkào ♦人に~する 依赖别人 yīlài biéren ♦~にだっこ 万事求人 wànshì qiú rén
おんぷ【音符】音符 yīnfú
おんぷ【音譜】乐谱 yuèpǔ
オンブズマン 行政监查员 xíngzhèng jiāncháyuán
おんぼろ-な 褴褛 lánlǚ; 破烂 pòlàn ♦~長屋 破旧的长房公寓 pòjiù

de chángfáng gōngyù
おんやく【音訳】音译 yīnyì
オンライン 在线 zàixiàn；联机 liánjī ♦～ショッピング 网上购物 wǎngshàng gòuwù ♦～ユーザー 网民 wǎngmín ♦～データベース 联机数据库 liánjī shùjùkù ♦～システム 联机系统 liánjī xìtǒng ♦～コミュニケーション 联机通讯 liánjī tōngxùn

おんりつ【音律】音律 yīnlǜ；音调 yīndiào
おんりょう【怨霊】冤魂 yuānhún
おんりょう【音量】响度 xiǎngdù；音量 yīnliàng ♦～を上げる[下げる] 提高[降低]音量 tígāo[jiàngdī] yīnliàng
おんわ【温和-な】温和 wēnhé；平和 pínghé

か

か【可】《成績》及格 jígé
か【課】❶《教科書の》课 kè ❷《役所・会社の》科 kē ◆庶務～ 总务科 zǒngwùkē
か【蚊】蚊子 wénzi ◆～に食われる 被蚊子咬 bèi wénzi yǎo
が【我】自己 zìjǐ ◆～を張る 执意 zhíyì; 拗 niù
ガ【蛾】蛾子 ézi
カーオーディオ 汽车音响 qìchē yīnxiǎng
ガーゼ 纱 shā; 纱布 shābù
カーソル 《コンピュータの》光标 guāngbiāo
カーディガン 对襟毛衣 duìjīn máoyī
ガーデニング 家庭园艺 jiātíng yuányì
カーテン 窗帘 chuānglián; 帘子 liánzi; 幔帐 mànzhàng ◆～を開ける 拉开窗帘 lākāi chuānglián
カート 手推车 shǒutuīchē
カード 卡片 kǎpiàn ◆クレジット～ 信用卡 xìnyòngkǎ ◆クリスマス～ 圣诞卡 shèngdànkǎ ◆好～《野球などの》好编组 hǎo biānzǔ
ガードマン 警卫 jǐngwèi; 保安 bǎo'ān
カートリッジ 墨水笔芯 mòshuǐ bǐxīn; 《プリンターの》墨盒 mòhé; 硒鼓 xīgǔ
カーナビ 车载导航仪 chēzài dǎohángyí
カーニバル 狂欢节 kuánghuānjié
カーネーション 香石竹 xiāngshízhú; 康乃馨 kāngnǎixīn
ガーネット 石榴石 shíliúshí
カーブ 曲线 qūxiàn; 弯子 wānzi ◆左に～をきる 左转弯 zuǒzhuǎnwān ◆～を投げる 投曲线球 tóu qūxiànqiú ◆右に～した道 向右拐的道路 xiàng yòu guǎi de dàolù
カーフェリー 汽车渡轮 qìchē dùlún
カーペット 地毯 dìtǎn
カーボンし【カーボン紙】复写纸 fùxiězhǐ
カーボンブラック 碳黑 tànhēi
ガーリック 大蒜 dàsuàn
カーリング 《スポーツ》冰壶 bīnghú
カール 鬈 quán ◆～した髪 卷曲的头发 juǎnqū de tóufa
かい【下位】下级 xiàjí; 低位 dīwèi
かい【会】会 huì; 会议 huìyì ◆研究～ 研究会 yánjiūhuì

かい【回】回 huí; 次 cì; 遍 biàn; 届 jiè ◆3～繰り返す 重复三次 chóngfù sān cì
かい【階】层 céng; 楼 lóu ◆二～の部屋 二楼的房间 èr lóu de fángjiān
かい【貝】贝 bèi
かい【甲斐】效果 xiàoguǒ ◆～がある[ない] [不]值得 [bù]zhídé
かい【櫂】桨 jiǎng
がい【害】害 hài; 害处 hàichù; 危害 wēihài ◆～を受ける 遭受伤害 shòuhài ◆～する《感情を》伤害 shānghài
-がい【-甲斐】效果 xiàoguǒ; 意义 yìyì ◆やり～がある 很有干头 hěn yǒu gàntóu ◆教え～がない 等于白教 děngyú báijiāo
がいあく【害悪】毒害 dúhài; 危害 wēihài
かいあさる【買い漁る】搜购 sōugòu; 到处收购 dàochù shōugòu
かいいき【海域】海域 hǎiyù; 水域 shuǐyù
かいいぬ【飼い犬】家犬 jiāquǎn
かいいん【会員】会员 huìyuán
がいいんぶ【外陰部】阴门 yīnmén
かいうん【海運】海运 hǎiyùn; 水运 shuǐyùn ◆～業 海运业 hǎiyùnyè
かいえん【開演-する】开场 kāichǎng; 开演 kāiyǎn ◆～のベル 开场铃 kāichǎnglíng
かいおうせい【海王星】海王星 hǎiwángxīng
かいおき【買い置き】购备 gòubèi ◆～する 储购 chǔgòu
かいか【階下】楼下 lóuxià
かいが【絵画】绘画 huìhuà ◆～展 画展 huàzhǎn
がいか【外貨】外币 wàibì; 外汇 wàihuì ◆～預金 外币存款 wàibì cúnkuǎn
かいかい【開会】开会 kāihuì ◆～の辞 开幕词 kāimùcí ◆～式 开幕式 kāimùshì
かいがい【海外】海外 hǎiwài ◆～旅行 海外旅行 hǎiwài lǚxíng ◆～進出 进入国外市场 jìnrù guówài shìchǎng
がいかい【外界】外界 wàijiè ◆～との接触を断つ 断绝与外界接触 duànjué yǔ wàijiè jiēchù
かいがいしい 利落 lìluo; 麻利 máli
かいかく【改革-する】改革 gǎigé; 维新 wéixīn
がいかく【外角】外角 wàijiǎo ❶《数学》内角と～ 内角和外角 nèijiǎo hé wàijiǎo ❷《野球》～低めの直球 外角低球 wàijiǎo dīqiú

かいかしき【開架式】 開架式 kāijiàshì
かいかつ【快活-な】 快活 kuàihuo
がいかつ【概括-する】 概括 gàikuò; 总括 zǒngkuò
かいかぶる【買い被る】 估计过高 gūjì guò gāo
かいがら【貝殻】 贝壳 bèiké ◆～細工 贝雕 bèidiāo
かいかん【会館】 会馆 huìguǎn; 会堂 huìtáng
かいかん【快感】 快感 kuàigǎn ◆～をおぼえる 感到愉快 gǎndào yúkuài
かいがん【海岸】 海岸 hǎi'àn ◆～線 海岸线 hǎi'ànxiàn
がいかん【外観】 外表 wàibiǎo; 外观 wàiguān
がいかん【概観-する】 概观 gàiguān; 概况 gàikuàng; 一览 yìlǎn
かいき【怪奇】 离奇 líqí; 古怪 gǔguài ◆～現象 怪异 guàiyì
かいぎ【会議】 会议 huìyì ◆～場 会场 huìchǎng
かいぎ【懐疑】 怀疑 huáiyí ◆～的な意見 怀疑的意见 huáiyí de yìjiàn
かいきしょく【皆既食】 全食 quánshí ◆皆既月食 月全食 yuèquánshí ◆皆既日食 日全食 rìquánshí
かいきゅう【階級】 阶级 jiējí ◆～闘争 阶级斗争 jiējí dòuzhēng ◆～制 等级制 děngjízhì
かいきゅう【懐旧】 怀旧 huáijiù ◆～の情 怀旧之情 huáijiù zhī qíng
かいきょ【快挙】 壮举 zhuàngjǔ ◆史上初の～ 历史上第一次的壮举 lìshǐshang dìyī cì de zhuàngjǔ
かいきょう【回教】 回教 Huíjiào; 伊斯兰教 Yīsīlánjiào; 清真教 Qīngzhēnjiào ◆～寺院 礼拜寺 lǐbàisì; 清真寺 qīngzhēnsì
かいきょう【海峡】 海峡 hǎixiá
かいぎょう【改行-する】 提行 tíháng; 另起一行 lìng qǐ yì háng
かいぎょう【開業-する】 开办 kāibàn; 挂牌 guàpái; 开业 kāiyè; 开张 kāizhāng ◆～医 开业医生 kāiyè yīshēng
がいきょう【概況】 概况 gàikuàng; 轮廓 lúnkuò ◆天気～ 天气概况 tiānqì gàikuàng
かいきん【解禁-する】 解禁 jiějìn; 开禁 kāijìn ◆漁の～日 捕鱼的解禁日 bǔyú de jiějìnrì
かいきん【皆勤-する】 全勤 quánqín
がいきん【外勤】 外勤 wàiqín
かいきんシャツ【開襟シャツ】 翻领衬衫 fānlǐng chènshān
かいぐん【海軍】 海军 hǎijūn
かいけい【会計】 会计 kuàijì ◆～課 会计课 kuàijìkè ◆～係 会计 kuàijì; 账房 zhàngfáng ◆～監查 监查 jiānchá ◆～士〈公認〉 会计师 kuàijìshī ◆～年度 会计年度 kuàijì niándù
かいけつ【解決-する】 解决 jiějué; 开交 kāijiāo; 了结 liǎojié ◆～の手掛かり 门径 ménjìng
かいけん【会見-する】 会见 huìjiàn; 接见 jiējiàn ◆記者～ 接见记者 jiējiàn jìzhě
かいげん【戒厳】 戒严 jièyán ◆～令をしく 下戒严令 xià jièyánlìng
がいけん【外見】 外观 wàiguān; 外貌 wàimào; 外表 wàibiǎo ◆～がいい[悪い] 外观好[不好] wàiguān hǎo[bùhǎo]
かいこ【解雇-する】 解雇 jiěgù; 辞工 cígōng; 解聘 jiěpìn
かいこ【回顧-する】 回顾 huígù; 回忆 huíyì ◆～録 回忆录 huíyìlù
カイコ【蚕】 蚕 cán; 家蚕 jiācán; 桑蚕 sāngcán
かいご【介護-する】 照护 zhàohù; 护理 hùlǐ
かいこう【海溝】 海沟 hǎigōu
かいこう【開校-する】 建校 jiànxiào ◆～記念日 建校纪念日 jiànxiào jìniànrì
かいこう【邂逅-する】 邂逅 xièhòu
かいごう【会合-する】 集会 jíhuì; 聚会 jùhuì ◆～を開く 召开聚会 zhàokāi jùhuì
がいこう【外交】 外交 wàijiāo ◆～官 外交官 wàijiāoguān ◆～特権 外交特权 wàijiāo tèquán ◆～辞令 外交辞令 wàijiāo cílìng ◆～チャンネル 外交途径 wàijiāo tújìng ◆～員 跑外的 pǎowài de; 外勤 wàiqín
かいこういちばん【開口一番】 一开口说 yì kāikǒu shuō
がいこうてき【外向的】 向外型 wàixiàngxíng
かいこく【戒告】 警告 jǐnggào ◆～処分 警告处分 jǐnggào chǔfèn
がいこく【外国】 外国 wàiguó ◆～語 外文 wàiwén; 外语 wàiyǔ ◆～人 外国人 wàiguórén ◆～為替 外汇 wàihuì
がいこつ【骸骨】 尸骨 shīgǔ
かいこん【悔恨】 悔恨 huǐhèn ◆～の念にかられる 悔恨得难过 huǐhèn de nánguò
かいこん【開墾-する】 开垦 kāikěn
かいさい【開催-する】 举办 jǔbàn; 举行 jǔxíng; 召开 zhàokāi
かいざい【介在-する】 夹在里面 jiāzài lǐmiàn
がいさい【外債】 外债 wàizhài
かいさく【改作-する】 改编 gǎibiān;

かいさつ【改札-する】 剪票 jiǎnpiào ♦～口 剪票处 jiǎnpiàochù
かいさん【解散-する】 ❶〔団体行動など〕解散 jiěsàn ♦現地～ 当地解散 dāngdì jiěsàn ❷《法人など》解散 jiěsàn; 裁撤 cáichè ♦部署を～する 解散部门 jiěsàn bùmén
かいざん【改竄-する】 改窜 gǎicuàn; 篡改 cuàngǎi
がいさん【概算-する】 概算 gàisuàn
かいさんぶつ【海産物】 海产 hǎichǎn; 水产品 shuǐchǎnpǐn
かいし【開始-する】 开始 kāishǐ; 着手 zhuóshǒu
がいし【外資】 外资 wàizī ♦～企業 外资企业 wàizī qǐyè
がいじ【外耳】 外耳 wài'ěr ♦～炎 外耳炎 wài'ěryán
がいして【概して】 大致 dàzhì; 总的来说 zǒngde lái shuō
かいしめる【買い占める】 全部收购 quánbù shōugòu
かいしゃ【会社】 公司 gōngsī ♦～員 公司职员 gōngsī zhíyuán
がいしゃ【外車】 外国汽车 wàiguó qìchē
かいしゃく【解釈-する】 解释 jiěshì; 理解 lǐjiě
かいしゅう【回収-する】 收回 shōuhuí; 回收 huíshōu
かいしゅう【改宗-する】 改变宗教信仰 gǎibiàn zōngjiào xìnyǎng
かいしゅう【改修-する】 维修 wéixiū; 改建 gǎijiàn ♦～工事 改建工程 gǎijiàn gōngchéng
かいじゅう【怪獣】 怪兽 guàishòu
かいじゅう【懐柔-する】 怀柔 huáiróu ♦～政策 怀柔政策 huáiróu zhèngcè
がいじゅうないごう【外柔内剛】 皮软骨头硬 pí ruǎn gǔtou yìng
がいしゅつ【外出-する】 出门 chūmén; 出去 chūqù ♦ただいま～中です 现在外出 xiànzài wàichū
かいしゅん【改悛-する】 悔改 huǐgǎi ♦～の情 悔改之意 huǐgǎi zhī yì
かいしょ【楷書】 楷书 kǎishū
かいじょ【介助-する】 起居辅助 qǐjū fǔzhù
かいじょ【解除-する】 解除 jiěchú; 撤消 chèxiāo ♦規制を～する 撤销限制 chèxiāo xiànzhì
かいしょう【解消-する】 消除 xiāochú; 取消 qǔxiāo ♦婚約を～する 解除婚约 jiěchú hūnyuē ♦不安を～する 打消不安 dǎxiāo bù'ān
かいしょう【甲斐性】 要强心 yàoqiángxīn ♦～がある[ない] 有[没有]志气 yǒu[méiyǒu] zhìqì

かいじょう【会場】 会场 huìchǎng
かいじょう【海上】 海上 hǎishàng ♦～交通 海上交通 hǎishàng jiāotōng ♦～輸送 海上运输 hǎishàng yùnshū
かいじょう【開場】 开场 kāichǎng
かいじょう【階上】 楼上 lóushàng
がいしょう【外傷】 创伤 chuāngshāng; 外伤 wàishāng ♦～を負う 负伤 fùshāng
がいしょう【外相】 外交部长 wàijiāobùzhǎng
かいしょく【会食-する】 会餐 huìcān; 聚餐 jùcān
かいしょく【解職-する】 解职 jiězhí
がいしょく【外食-する】 在外就餐 zàiwài jiùcān; 外餐 wàicān ♦～産業 餐饮业 cānyǐnyè
かいしん【会心】 得意 déyì ♦～の笑み 会心之笑 huìxīn zhīxiào ♦～作 得意之作 déyì zhīzuò
かいしん【回診-する】 查病房 chá bìngfáng
かいしん【改心-する】 改悔 gǎihuǐ; 改过 gǎiguò; 自新 zìxīn
かいず【海図】 海图 hǎitú
かいすい【海水】 海水 hǎishuǐ
かいすいよく【海水浴】 海水浴 hǎishuǐyù ♦～場 海滨浴场 hǎibīn yùchǎng
かいすう【回数】 次数 cìshù ♦～を数える 数次数 shǔ cìshù ♦～券 本票 běnpiào
がいすう【概数】 概数 gàishù
かいする【解する】 理解 lǐjiě; 懂 dǒng ♦ユーモアを～ 懂得幽默 dǒngde yōumò
がいする【害する】 害 hài; 伤害 shānghài ♦気分を～ 有损情绪 yǒusǔn qíngxù; 得罪 dézuì
かいせい【快晴】 晴朗 qínglǎng
かいせい【改正-する】 修改 xiūgǎi; 改正 gǎizhèng ♦時刻表の～ 修改时刻表 xiūgǎi shíkèbiǎo
かいせき【解析-する】 剖析 pōuxī ♦～幾何学 解析几何 jiěxī jǐhé
かいせつ【解説-する】 说明 shuōmíng; 讲解 jiǎngjiě ♦～者 讲解员 jiǎngjiěyuán ♦～書 说明书 shuōmíngshū
かいせつ【開設-する】 开设 kāishè; 办 bàn; 设立 shèlì ♦银行口座を～する 开设银行帐户 kāishè yínháng zhànghù
がいせつ【概説】 概说 gàishuō; 要略 yàolüè
かいせん【改選-する】 改选 gǎixuǎn
かいせん【開戦-する】 开战 kāizhàn
かいせん【疥癬】 疥疥 jièjiè; 疥疮 jièchuāng

かいせん【回線】 电路 diànlù; 回路 huílù ♦ ～がつながる 线路接通 xiànlù jiētōng

かいぜん【改善-する】 改善 gǎishàn; 改进 gǎijìn; 改良 gǎiliáng ♦ ～策 改进方法 gǎijìn fāngfǎ ♦ ～の余地がある 有改善的余地 yǒu gǎishàn de yúdì

がいせん【凱旋-する】 凯旋 kǎixuán; 奏捷归来 zòujié guīlái

がいせん【外線】《電話の》外线 wàixiàn

がいぜんせい【蓋然性】 盖然性 gàiránxìng

かいそ【開祖】 鼻祖 bízǔ; 开山祖师 kāishān zǔshī

かいそう【回想-する】 回想 huíxiǎng; 回忆 huíyì; 追想 zhuīxiǎng; 追忆 zhuīyì ♦ ～にふける 陷入回忆 xiànrù huíyì ♦ ～録 回忆录 huíyìlù

かいそう【改装-する】 改装 gǎizhuāng; 整修 zhěngxiū

かいそう【海草】 海藻 hǎizǎo; 海菜 hǎicài

かいそう【回送】 ❶《転送》转寄 zhuǎnjì; 转送 zhuǎnsòng ❷《電車など》开空车回车库 kāi kōngchē huí chēkù ♦ ～車 空车 kōngchē

かいそう【階層】 阶层 jiēcéng

かいぞう【改造-する】 改造 gǎizào ♦ 組織を～する 改造组织 gǎizào zǔzhī

かいぞえ【介添え-する】 陪护 péihù

かいそく【会則】 会章 huìzhāng ♦ ～に従う 遵守会规 zūnshǒu huìguī

かいそく【快速】 快速 kuàisù; 高速 gāosù ♦ ～艇 汽艇 qìtǐng; 快艇 kuàitǐng

かいぞく【海賊】 海盗 hǎidào ♦ ～版 海盗版 hǎidàobǎn; 盗版 dàobǎn

かいたい【解体-する】 ❶《建物・機械などの》拆 chāi; 拆除 chāichú; 拆卸 chāixiè ♦ ビルの～工事 大楼拆毁工程 dàlóu chāihuǐ gōngchéng ❷《組織などの》♦ 財閥を～する 解散财阀 jiěsàn cáifá

かいだい【改題-する】 改换标题 gǎihuàn biāotí

かいたく【開拓-する】 开拓 kāituò; 拓荒 tuòhuāng ♦ ～者 拓荒者 tuòhuāngzhě ♦ 市場を～する 开辟市场 kāipì shìchǎng

かいだく【快諾-する】 慨允 kǎiyǔn

かいたす【買い足す】 添置 tiānzhì

かいだす【掻い出す】 淘出 táochū

かいたたく【買い叩く】

かいだめ【買いだめ-する】 囤积 túnjī

がいため【外為】《外国為替》外汇 wàihuì

かいだん【会談-する】 会谈 huìtán ♦ ～要録 会谈纪要 huìtán jìyào ♦ 首脳～ 首脑会谈 shǒunǎo huìtán

かいだん【怪談】 鬼怪故事 guǐguài gùshi

かいだん【階段】 ❶《建物の中の》楼梯 lóutī ❷《門前などの》台阶 táijiē ♦ ～を上がる 上台阶 shàng táijiē

ガイダンス 学习指导 xuéxí zhǐdǎo

かいちく【改築-する】 改建 gǎijiàn

かいちゅう【回虫】 蛔虫 huíchóng

かいちゅう【海中】 海里 hǎilǐ; 海中 hǎizhōng ♦ ～公園 海中公园 hǎizhōng gōngyuán

かいちゅう【懐中】 ♦ ～電灯 电筒 diàntǒng; 手电筒 shǒudiàntǒng ♦ ～時計 怀表 huáibiǎo

がいちゅう【害虫】 害虫 hàichóng ♦ ～を駆除する 驱除害虫 qūchú hàichóng

がいちゅう【外注】 向外部订货 xiàng wàibù dìnghuò; 外包 wàibāo

かいちょう【会長】 会长 huìzhǎng

かいちょう【快調-な】 顺当 shùndang; 顺利 shùnlì

がいちょう【害鳥】 害鸟 hàiniǎo

かいつう【開通-する】 通车 tōngchē; 开通 kāitōng ♦ 高速道路の～ 开通高速公路 kāitōng gāosù gōnglù ♦ 電話回線が～する 开通电话线 kāitōng diànhuàxiàn

かいつける【買い付ける】 采购 cǎigòu; 收购 shōugòu

かいつまむ【掻い摘む】 摘 zhāi ♦ かいつまんで話す 扼要地讲 èyào de jiāng

かいて【買い手】 买主 mǎizhǔ ♦ ～が付く 有买主 yǒu mǎizhǔ

かいてい【改定-する】 修改 xiūgǎi

かいてい【改訂-する】 改订 gǎidìng; 修订 xiūdìng ♦ ～版 修订版 xiūdìngbǎn

かいてい【海底】 海底 hǎidǐ ♦ ～ケーブル 海底电缆 hǎidǐ diànlǎn ♦ ～トンネル 海底隧道 hǎidǐ suìdào ♦ ～油田 海底油田 hǎidǐ yóutián

かいてい【開廷】 开庭 kāitíng

かいてき【快適-な】 舒适 shūshì; 舒坦 shūtan; 好受 hǎoshòu; 快意 kuàiyì ♦ ～な乗り心地 乘坐舒服 chéngzuò shūfu

がいてき【外敵】 外敌 wàidí

かいてん【回転-する】 转 zhuàn; 运转 yùnzhuǎn; 转动 zhuàndòng ♦ ～する《資金などを》周转 zhōuzhuǎn ♦ ～運動 旋转运动 xuánzhuǎn yùndòng ♦ ～競技《スキーの》转弯比赛 zhuǎnwān bǐsài

~数 转速 zhuànsù ◆~ドア 旋转门 xuánzhuǎnmén ◆~椅子 旋转椅 zhuànyǐ ◆~木马 旋转木马 xuánzhuǎn mùmǎ ◆頭の~が速い 脑子转得快 nǎozi zhuǎnde kuài ◆客の~が良い店 顾客周转循环快 gùkè zhōuzhuǎn xúnhuán kuài

かいてん【開店-する】开店 kāidiàn ◆新规~ 开设 kāishè; 开张 kāizhāng ◆~は午前9時だ 上午九点开门 shàngwǔ jiǔ diǎn kāimén

がいでん【外電】外电 wàidiàn

ガイド 向导 xiàngdǎo; 导游 dǎoyóu ◆観光~ 观光导游 guānguāng dǎoyóu ◆~ブック 旅行指南 lǚxíng zhǐnán

かいとう【解凍-する】化冻 huàdòng; «コンピュータ» 解压 jiěyā

かいとう【解答-する】解答 jiědá; 答案 dá'àn ◆~用紙 卷子 juànzi

かいとう【回答-する】回答 huídá; 回复 huífù; 应答 yìngdá; 答复 dáfù ◆問い合わせに~する 回答询问 huídá xúnwèn

カイドウ【海棠】海棠 hǎitáng

がいとう【街灯】街灯 jiēdēng; 路灯 lùdēng

がいとう【街頭】街头 jiētóu ◆~演説 街头演讲 jiētóu yǎnjiǎng

がいとう【該当する】符合 fúhé ◆~者 合适的人选 héshì de rénxuǎn

がいとう【外灯】门灯 méndēng; 屋外の电灯 wūwài de diàndēng

かいどく【買い得】买得合算 mǎide hésuàn; 经济实惠 jīngjì shíhuì

かいどく【解読-する】破译 pòyì

がいどく【害毒】毒 dú; 毒害 dúhài ◆世の中に~を流す 流毒于社会 liúdúyú shèhuì

ガイドライン 指导方针 zhǐdǎo fāngzhēn

かいとる【買い取る】购买 gòumǎi; 买下 mǎixià

かいならす【飼い馴らす】驯服 xùnfú; 驯化 xùnhuà; 驯养 xùnyǎng

かいなん【海難】海难 hǎinàn; 海事 hǎishì ◆~事故 海难事故 hǎinàn shìgù

かいにゅう【介入-する】介入 jièrù; 干预 gānyù ◆武力~ 武装干涉 wǔzhuāng gānshè

かいにん【解任-する】撤职 chèzhí; 解聘 jiěpìn; 解任 jiěrèn; 解职 jiězhí

かいぬし【飼い主】饲养者 sìyǎngzhě

かいぬし【買い主】买主 mǎizhǔ

かいね【買い値】买价 mǎijià

がいねん【概念】概念 gàiniàn ◆~図 概念图 gàiniàntú

がいはく【外泊】在外过夜 zài wài guòyè

かいばしら【貝柱】«乾物の» 干贝 gānbèi

かいはつ【開発-する】开发 kāifā; 研制 yánzhì ◆新製品を~する 开发新产品 kāifā xīnchǎnpǐn ◆宅地~ 开发住宅用地 kāifā zhùzhái yòngdì

かいばつ【海抜】海拔 hǎibá ◆~300メートル 海拔三百米 hǎibá sānbǎi mǐ

がいはんぼし【外反母趾】外翻拇趾 wàifān mǔzhǐ

かいひ【会費】会费 huìfèi

かいひ【回避-する】回避 huíbì; 推脱 tuītuō; 推卸 tuīxiè ◆責任を~する 推脱责任 tuītuō zérèn

かいびゃく【開闢】开天辟地 kāi tiān pì dì ◆~以来の珍事 有史以来的新奇事 yǒushǐ yǐlái de xīnqíshì

かいひょう【開票-する】开票 kāipiào

かいひん【海浜】海滨 hǎibīn

がいぶ【外部】外部 wàibù; 外界 wàijiè ◆~の人 外人 wàirén; 局外人 júwàirén ◆~に漏洩する 向外界泄露 xiàng wàijiè xièlòu ◆建物の~ 建筑的外面 jiànzhù de wàimiàn

かいふう【開封-する】启封 qǐfēng; 打开信件 dǎkāi xìnjiàn ◆~していない 原封 yuánfēng

かいふく【回復-する】恢复 huīfù; 回复 huífù; 平复 píngfù; 复原 fùyuán ◆景気~ 景气恢复 jǐngqì huīfù; 景气回暖 jǐngqì huínuǎn ◆健康を~する 恢复健康 huīfù jiànkāng ◆国家領土を~する 光复 guāngfù ◆国交を~する 恢复邦交 huīfù bāngjiāo ◆天候が~する 天气变好 tiānqì biànhǎo

かいぶつ【怪物】怪物 guàiwu

がいぶん【外聞】声誉 shēngyù ◆~が悪い 不体面 bù tǐmiàn

かいぶんしょ【怪文書】黑信 hēixìn

かいへい【開閉-する】开关 kāiguān

かいへん【改変-する】更改 gēnggǎi; 改变 gǎibiàn

かいへん【改編-する】改编 gǎibiān ◆組織を~する 改编组织 gǎibiān zǔzhī

かいほう【介抱-する】看护 kānhù; 照料 zhàoliào

かいほう【会報】会刊 huìkān

かいほう【解放-する】解放 jiěfàng ◆~区 解放区 jiěfàngqū ◆~感 解脱感 jiětuōgǎn

かいほう【快方】见好 jiànhǎo ◆~に向かう 好转 hǎozhuǎn

かいほう【開放-する】 開放 kāifàng ♦校庭を～する 对外开放校园 duìwài kāifàng xiàoyuán ♦～的な性格 开朗的性格 kāilǎng de xìnggé

かいぼう【解剖-する】 解剖 jiěpōu ♦～学 解剖学 jiěpōuxué

かいまく【開幕-する】 开幕 kāimù; 开场 kāichǎng ♦～式 开幕典礼 kāimù diǎnlǐ

かいまみる【垣間見る】 窥视 kuīshì

かいみょう【戒名】 戒名 jièmíng; 法名 fǎmíng

かいむ【皆無】 完全没有 wánquán méiyǒu

がいむしょう【外務省】 外务省 wàiwùshěng; ≪中国の≫ 外交部 wàijiāobù

かいめい【解明-する】 查明 chámíng; 查考 chákǎo; 搞清楚 gǎoqīngchu

かいめい【改名-する】 改名 gǎimíng

かいめつ【壊滅-する】 溃灭 kuìmiè; 覆灭 fùmiè ♦～させる 毁灭 huǐmiè; 击溃 jīkuì

かいめん【海綿】 海绵 hǎimián

かいめん【海面】 海面 hǎimiàn ♦～下 海面下 hǎimiànxia

がいめん【外面】 外面 wàimiàn; 外部 wàibù; 外貌 wàimào ♦～的な 外观上 wàiguānshang; 表面上 biǎomiànshang

かいもく【皆目】 完全 wánquán ♦～見当がつかない 全然不明 quánrán bùmíng

かいもの【買い物】 买东西 mǎi dōngxi ♦～客 顾客 gùkè ♦得な～をした 买得真便宜 mǎide zhēn piányi

がいや【外野】 外场 wàichǎng ❶≪野球の≫ ♦～手 外野手 wàiyěshǒu ❷≪部外者≫ ♦～は口出しをするな 外人别插嘴 júwàirén bié chāzuǐ

かいやく【解約-する】 解约 jiěyuē ♦保険を～する 解除保险合同 jiěchú bǎoxiǎn hétong

かいゆ【快癒-する】 痊愈 quányù

かいゆう【回遊-する】 洄游 huíyóu ♦～魚 回游鱼 huíyóuyú

がいゆう【外遊-する】 外游 wàiyóu; 出国旅行 chūguó lǚxíng

かいよう【海洋】 大洋 dàyáng; 海洋 hǎiyáng ♦～生物 海洋生物 hǎiyáng shēngwù

かいよう【潰瘍】 溃疡 kuìyáng

がいよう【外洋】 远洋 yuǎnyáng; 外海 wàihǎi

がいよう【外用-する】 外敷 wàifū ♦～薬 外用药 wàiyòngyào

がいよう【概要】 大旨 dàzhǐ; 概略 gàilüè; 概要 gàiyào; 纲要 gāngyào

がいらい【外来-の】 外来 wàilái ♦～诊察 门诊 ménzhěn ♦～诊察時間 门诊时间 ménzhěn shíjiān ♦～诊療部 门诊部 ménzhěnbù ♦～語 外来语 wàiláiyǔ

かいらく【快楽】 享乐 xiǎnglè; 快乐 kuàilè ♦～にふける 沉溺于快乐 chénnìyú kuàilè

かいらん【回覧-する】 传阅 chuányuè

かいり【海里】 海里 hǎilǐ

かいり【乖離】 背离 bèilí; 乖离 guāilí

かいりつ【戒律】 戒律 jièlǜ ♦～を遵守する 遵守戒律 zūnshǒu jièlǜ

がいりゃく【概略】 大略 dàlüè; 概略 gàilüè; 要略 yàolüè ♦～図 草图 cǎotú

かいりゅう【海流】 潮流 cháoliú; 海流 hǎiliú; 洋流 yángliú

かいりょう【改良-する】 改良 gǎiliáng ♦品種～品种改良 pǐnzhǒng gǎiliáng ♦～の余地がある 有改进的余地 yǒu gǎijìn de yúdì

かいろ【回路】 线路 xiànlù; 回路 huílù ♦電子～ 电子回路 diànzǐ huílù

かいろ【懐炉】 怀炉 huáilú

かいろ【海路】 海路 hǎilù; 航道 hángdào

カイロ ♦～プラクティック 按摩关节治疗法 ànmó guānjié zhìliáofǎ

がいろん【概論】 概论 gàilùn

かいわ【会話-する】 会话 huìhuà; 谈话 tánhuà ♦～を交わす 交谈 jiāotán ♦～がはずむ 谈话起劲 tánde qǐjìn ♦～に加わる 加入谈话 jiārù tánhuà

かいわい【界隈】 附近 fùjìn; 一带 yídài ♦この～ 这附近 zhè fùjìn

かう【飼う】 养 yǎng; 饲养 sìyǎng ♦ペットを～ 养宠物 yǎng chǒngwù

かう【買う】 ❶≪購入する≫ 买 mǎi; 购买 gòumǎi ♦切符を～ 买票 mǎipiào ❷≪身に受ける≫ ひんしゅくを～ 招人嫌弃 zhāo rén xiánqì ♦恨みを～ 招人怨恨 zhāo rén yuànhèn ❸≪引き受ける≫ ♦まとめ役を買って出る 主动担任统筹者 zhǔdòng dānrèn tǒngchóuzhě ❹≪評価する≫ ♦彼女の几帳面さを～ 赏识她的认真 shǎngshí tā de rènzhēn

カウボーイ 牛仔 niúzǎi

ガウン 长袍 chángpáo

カウンセラー 生活顾问 shēnghuó gùwèn; 谈心人 tánxīnrén

カウンセリング 辅导 fǔdǎo; 劝告 quàngào ♦～を受ける 接受咨导 jiēshòu zīdǎo

カウンター 柜 guì ❶≪商店の≫ 柜台

guìtái: 收款处 shōukuǎnchù ❷《図書館などの》出纳台 chūntái ❸《計数器》计数器 jìshùqì

カウント–する 计数 jìshù ◆～をとる《ボクシングなどの審判が》记分 jìfēn ◆ノー～ 不记分 bú jìfēn

カウントダウン–する 倒计时 dàojìshí

かえしん【替え芯】《シャープペンなどの》备用笔芯 bèiyòng bǐxīn

かえす【返す】 ❶《借りたものを戻す》还 huán; 退 tuì; 发还 fāhuán ◆借金を～ 赔还 péihuán ◆図書館に本を～ 把书还回图书馆 bǎ shū huánhuí túshūguǎn ◆借りを～償还人情 chánghuán rénqíng ❷《表裏などを逆にする》手のひらを～ 翻掌 fānzhǎng ❸《応対》あいさつを～ 回礼 huílǐ ◆お言葉を～ようですが 与您意见不同 yǔ nín yìjiàn bù tóng ❹《繰り返す》読み～ 本などを再三阅读 zàisān yuèdú ◆聞き～ 重复询问 chóngfù xúnwèn

かえす【孵す】卵を～ 孵卵 fūluǎn

かえだま【替え玉】替身 tìshēn ◆になる 顶替 dǐngtì ◆～を使う《試験に》打枪 dǎqiāng

かえって【却って】反倒 fǎndào ◆迷惑をかける 反而增添麻烦 fǎn'ér zēngtiān máfan

カエデ【楓】槭树 qìshù; 枫树 fēngshù

かえば【替え刃】刮脸刀片 guāliǎn dāopiàn

かえり【帰り】回家 huíjiā ◆～道 返程 fǎnchéng; 归程 guīchéng

かえりみる【省みる】◆我が身を～ 自省 zìxǐng

かえりみる【顧みる】回顾 huígù ◆家庭を～ 顾家 gùjiā ◆顧みない 不顾 búgù

カエル【蛙】青蛙 qīngwā; 田鸡 tiánjī

かえる【換[替]える】换 huàn; 倒 dǎo;《位置や用途を》调动 diàodòng ◆話題を～ 转换话题 zhuǎnhuàn huàtí ◆円を元に～ 把日元兑换成人民币 bǎ Rìyuán duìhuànchéng rénmínbì ◆電池を～ 换电池 huàn diànchí

かえる【帰[返]る】回来 huílái; 回去 huíqù; 归回 guīhuí ◆家に～ 回家 huíjiā ◆故郷に～ 回故乡 huí gùxiāng ◆野生に～ 返回野生 fǎnhuí yěshēng

かえる【代える】替代 tìdài ◆選手を～ 替换选手 tìhuàn xuǎnshǒu ◆健康には代えられない 健康不可替代 jiànkāng bùkě tìdài

かえる【変える】变 biàn; 改 gǎi; 变更 biànggēng; 改变 gǎibiàn; 转换 zhuǎnhuàn ◆行く先を～ 改变目的地 gǎibiàn mùdìdì ◆意見を～ 改变意见 gǎibiàn yìjiàn

かえる【孵る】孵 fū; 孵化 fūhuà ◆卵が～ 卵孵化 luǎn fūhuà

かお【顔】脸 liǎn; 脸孔 liǎnkǒng; 脸面 liǎnmiàn; 面孔 miànkǒng ◆～を洗う 洗脸 xǐliǎn ◆～から血の気が失せる 面无人色 miàn wú rén sè; 脸色刷白 liǎnsè shuàbái ◆～に出す《感情を》挂相 guàxiàng ◆～を合わせる 见面 jiànmiàn; 碰头 pèngtóu ◆～を真っ赤にする《羞恥や怒りで》面红耳赤 miàn hóng ěr chì ◆～を赤らめる《恥ずかしくて》红脸 hóngliǎn ◆～をつぶす 抹黑 mǒhēi ◆～が利く 有头有脸 yǒu tóu yǒu liǎn ◆～を貸す 替人出面 tì rén chūmiàn ◆合わせる～がない 没脸见人 méiliǎn jiànrén

かおいろ【顔色】脸色 liǎnsè; 气色 qìsè; 神采 shéncǎi ◆～が良い[悪い] 气色好[不好] qìsè hǎo[bùhǎo] ◆～をうかがう 看脸色 kàn liǎnsè

かおかたち【顔形】模样 múyàng

かおく【家屋】房产 fángchǎn; 房屋 fángwū; 房子 fángzi ◆木造の～ 木头房子 mùtou fángzi

カオス 混沌 hùndùn

かおだち【顔立ち】五官 wǔguān; 长相 zhǎngxiàng; 脸庞 liǎnpáng; 相貌 xiàngmào ◆上品な～ 眉清目秀 méi qīng mù xiù ◆～が整っている 五官端正 wǔguān duānzhèng

かおつき【顔付き】面孔 miànkǒng; 面貌 miànmào; 面容 miànróng; 嘴脸 zuǐliǎn ◆不安そうな～ 表情不安 biǎoqíng bù'ān

かおなじみ【顔馴染み】熟人 shúrén

かおぶれ【顔触れ】成员 chéngyuán;《参加者》人员 rényuán

かおまけ【顔負け–の】相形见绌 xiāngxíng jiànchù ◆大人～の演技だ 大人都比不上的演技 dàrén dōu bǐbushàng de yǎnjì

かおみしり【顔見知り】相识 xiāngshí; 熟人 shúrén ◆～の客 熟客 shúkè

かおむけ【顔向け】见面 jiànmiàn ◆～できる 对得起 duìdeqǐ ◆～できない 对不起 duìbuqǐ; 见不得 jiànbude

かおやく【顔役】头面人物 tóumiàn rénwù

かおり【薫[香]り】香味 xiāngwèi; 香气 xiāngqì; 芬芳 fēnfāng; 气味 qìwèi ◆～が漂う 飘香 piāoxiāng ◆～のよい 芬芳 fēnfāng ◆高い香

る 借鉴 jièjiàn

がか【画家】 画家 huàjiā; 画师 huàshī

かかあでんか【かかあ天下】 老婆当家 lǎopo dāngjiā

かがい【課外】 课外 kèwài; 课余 kèyú ◆～活动 课外活动 kèwài huódòng ◆～授业 课外补课 kèwài bǔkè

がかい【瓦解-する】 崩溃 bēngkuì; 垮台 kuǎtái; 瓦解 wǎjiě

かがいしゃ【加害者】 加害者 jiāhàizhě

かかえる【抱える】 抱 bào; 挎 kuà; 搂 lōu ◆荷物を～ 抱着行李 bàozhe xíngli ◆仕事を～ 担负工作 dānfù gōngzuò ◆头を～〈心配事で〉 抱头担心 bàotóu dānxīn ◆病気を～ 抱病 bàobìng ◆秘书を～ 雇秘书 gù mìshū

カカオ 可可树 kěkēshù; 可可豆 kěkědòu

かかく【価格】 价格 jiàgé; 价钱 jiàqian ◆～が上がる［下がる］ 价格上涨［下跌］ jiàgé shàngzhǎng[xiàdiē] ◆～を设定する 定价 dìngjià ◆～を表示する 标价 biāojià ◆标准～ 标准价格 biāozhǔn jiàgé

かがく【化学】 化学 huàxué ◆～工业 化工 huàgōng; 化学工业 huàxué gōngyè ◆～工场 化工厂 huàgōngchǎng ◆～记号 化学符号 huāxué fúhào ◆～式 化学式 huàxuéshì ◆～纤维 化纤 huàxiān; 化学纤维 huàxué xiānwéi ◆～调味料 味精 wèijīng ◆～反应 化学反应 huàxué fǎnyìng ◆～肥料 化肥 huàféi ◆～兵器 毒剂 dújì; 化学武器 huàxué wǔqì ◆～变化 化学变化 huàxué biànhuà

かがく【科学】 科学 kēxué ◆～技术 科技 kējì; 科学技术 kēxué jìshù ◆～者 科学家 kēxuéjiā ◆～的 科学的 kēxué de ◆非～的 非科学的 fēi kēxué de

かかげる【掲げる】 悬挂 xuánguà; 张挂 zhāngguà ◆看板を～ 悬挂招牌 xuánguà zhāopai ◆目标を～ 高举目标 gāojǔ mùbiāo

かかさず【欠かさず】 从不缺少 cóng bù quēshǎo ◆每日～ 每天必定 měitiān bìdìng

かかし【案山子】 稻草人 dàocǎorén

かかせない【欠かせない】 短不了 duǎnbuliǎo; 少不得 shǎobudé; 少不了 shǎobuliǎo

かかと【踵】 跟 gēn; 脚跟 jiǎogēn ◆～の高い靴 高跟的鞋 gāogēn de xié

かがみ【鑑】 典范 diǎnfàn ◆～とす

る 借鉴 jièjiàn

かがみ【鏡】 镜子 jìngzi ◆～を见る 看镜子 kàn jìngzi ◆～に映す 照镜子 zhào jìngzi

かがむ【屈む】 哈腰 hāyāo

かがめる【屈める】 ◆腰を～ 弯腰 wānyāo

かがやかしい【輝かしい】 灿烂 cànlàn; 光明 guāngmíng; 辉煌 huīhuáng ◆～成果 伟绩 wěijì ◆～前途 锦绣前程 jǐnxiù qiánchéng

かがやかせる【輝かせる】 光耀 guāngyào ◆目を～ 两眼发光 liǎngyǎn fāguāng

かがやき【輝き】 光辉 guānghuī; 光耀 guāngyào; 光泽 guāngzé ◆～を增す 生色 shēngsè ◆～を失う 减色 jiǎnsè

かがやく【輝く】 ❶〈光る〉闪耀 shǎnyào; 闪亮 shǎnliàng ◆太阳が～ 太阳闪耀 tàiyang shǎnyào ◆辉いている 明亮 míngliàng; 珑玲 lónglíng ❷〈名誉を授かる〉◆一等赏に～ 荣获一等奖 róunghuò yīděngjiǎng

かかり【係】〈機構の〉股 gǔ;〈担当者〉主管人 zhǔguǎnrén ◆～长 股长 gǔzhǎng ◆案内～ 领路员 lǐnglùyuán

かかりいん【係員】 工作人员 gōngzuò rényuán

かかりきり【掛かり切り】 ◆～になる 专管一事 zhuānguǎn yíshì

かかりつけ【掛かり付け-の】 经常就诊 jīngcháng jiùzhěn ◆～の医者 经常就诊的医生 jīngcháng jiùzhěn de yīshēng

かがりび【篝火】 篝火 gōuhuǒ

かかる【掛かる】 花费 huāfèi ◆心に～ 挂记 guàjì ◆お金が～ 费钱 fèiqián ◆时间が～ 费时间 fèi shíjiān ◆手间が～ 费工夫 fèi gōngfu; 费事 fèishì

かかる【罹る】 患 huàn; 得(病) dé(bìng) ◆病気に～ 患病 huànbìng

かかる【縢る】 织补 zhībǔ; 襻 pàn ◆ズボンのすそを～ 缝补裤脚 féngbǔ kùjiǎo

かかわらず【拘らず】 不管 bùguǎn; 不论 búlùn; 任凭 rènpíng ◆恶天候にも～ 尽管天气恶劣 jǐnguǎn tiānqì èliè

かかわり【関わり】 干系 gānxi; 相干 xiānggān ◆～を持つ 牵涉 qiānshè ◆～がない 无干 wúgān; 不相干 bù xiānggān

かかわる【関わる】 关涉 guānshè; 涉及 shèjí; 沾手 zhānshǒu; 有关 yǒuguān ◆関わり合う 牵扯 qiānchě ◆関わらない 无关 wúguān ◆

信用に～ 有关信用 yǒuguān xìnyòng

かかん【果敢-な】 果敢 guǒgǎn ♦～に…する 敢于 gǎnyú

かき【下記】 以下 yǐxià; 如下 rúxià ♦～のとおり 如下 rúxià

かき【夏期[季]】 夏季 xiàjì ♦～キャンプ 夏令营 xiàlìngyíng

かき【火気】 烟火 yānhuǒ ♦～厳禁 严禁烟火 yánjìn yānhuǒ

かき【柿】 柿子 shìzi ♦～の木 柿子树 shìzishù ♦ほしがき 柿饼 shìbǐng

カキ【牡蠣】 牡蛎 mǔlì

かぎ【鍵】 钥匙 yàoshi;《キーポイント》关键 guānjiàn; 锁钥 suǒyuè ♦～を掛ける[開ける] 上[开]锁 shàng[kāi] suǒ ♦問題解決の～ 窍门 qiàomén

かぎ【鉤】 钩 gōu; 钩子 gōuzi

がき【餓鬼】 毛孩子 máoháizi; 小鬼 xiǎoguǐ

かきあつめる【掻き集める】 ❶《金を》凑 còu ❷《手や道具で》扒 pá; 搂 lōu

かぎあな【鍵穴】 钥匙孔 yàoshikōng

かきあらわす【書き表す】 写出来 xiěchūlai; 表现 biǎoxiàn; 表达 biǎodá

かきいれどき【書き入れ時】 旺季 wàngjì; 旺月 wàngyuè

かきいれる【書き入れる】 填写 tiánxiě

かきうつす【書き写す】 抄录 chāolù; 抄写 chāoxiě; 誊录 ténglù; 誊写 téngxiě

かきおき【書き置き-する】 ❶《メモ》留言 liúyán ❷《遺書》遗书 yíshū

かきかえる【書き換える】 更改 gēnggǎi;《改竄する》窜改 cuàngǎi

かきかた【書き方】 写法 xiěfǎ; 书法 shūfǎ

かきけす【掻き消す】 抹掉 mǒdiào; 擦掉 cādiào

かきごおり【欠き氷】 刨冰 bàobīng

かきことば【書き言葉】 书面语 shūmiànyǔ

かきこむ【書き込む】 写上 xiěshàng; 填写 tiánxiě

かきしるす【書き記す】 记录 jìlù

がきだいしょう【餓鬼大将】 孩子头 háizitóu; 孩子王 háiziwáng

かきたてる【掻き立てる】 焕发 huànfā; 挑逗 tiǎodòu ♦不安を～ 挑起不安 tiǎoqǐ bù'ān

かきたばこ【嗅ぎ煙草】 鼻烟 bíyān

かぎつける【嗅ぎ付ける】 闻见 wénjiàn; 嗅到 xiùdào ♦獲物の匂いを～ 嗅到猎物的气味 xiùdào lièwù de qìwèi ♦秘密を～ 觉察秘密 juéchá mìmì

カキツバタ【杜若】 燕子花 yànzihuā

かきて【書き手】 笔者 bǐzhě

かきとめ【書留】 挂号 guàhào ♦～郵便 挂号信 guàhàoxìn

かきとめる【書き留める】 记下 jìxià

かきとり【書き取り】 听写 tīngxiě

かきなおす【書き直す】 改写 gǎixiě ♦正しく～ 重新正确改写 chóngxīn zhèngquè gǎixiě

かきなぐる【書きなぐる】 涂写 túxiě; 潦草地写 liáocǎo de xiě ♦絵を～ 胡乱涂画 húluàn túhuà

かきにくい【書き難い】 难写 nánxiě

かきね【垣根】 篱笆 líba; 围墙 wéiqiáng

かきのこす【書き残す】《書きかけのまま》没写完 méi xiěwán;《書いて残す》写下来 xiěxiàlai

かぎばな【鉤鼻】 钩鼻子 gōubízi

かぎばり【鉤針】 钩针 gōuzhēn

かきまぜる【掻き混ぜる】 拌 bàn; 搀和 chānhuo; 和 huò; 搅 jiǎo; 搅拌 jiǎobàn ♦コーヒーを～ 搅拌咖啡 jiǎobàn kāfēi

かきまわす【掻き回す】 搅 jiǎo; 搅拌 jiǎobàn ♦引き出しの中を～ 乱翻抽屉 luànfān chōuti

かきみだす【掻き乱す】 打乱 dǎluàn; 搅乱 jiǎoluàn; 扰乱 rǎoluàn ♦髪を～ 挠乱头发 náoluàn tóufa ♦心をかき乱される 心绪杂乱 xīnxù záluàn

かきむしる【掻き毟る】 挠 náo; 揪 jiū ♦頭を～ 挠头 náotóu

かきゅう【下級】 下级 xiàjí ♦～生 下班生 xiàbānshēng; 低年级学生 dīniánjí xuésheng

かきゅう【火急】 火急 huǒjí; 紧急 jǐnjí ♦～の用件 紧急事情 jǐnjí shìqing

かきょ【科挙】 科举 kējǔ

かきょう【佳境】 佳境 jiājìng ♦～に入る《話などが》渐入佳境 jiànrù jiājìng

かきょう【華僑】 华侨 huáqiáo

かぎょう【家業】 家传行业 jiāchuán hángyè ♦～を継ぐ 继承父业 jìchéng fùyè

かぎょう【稼業】 行业 hángyè

かきよせる【掻き寄せる】 扒 pá

かぎらない【限らない】 不一定 bùyídìng; 未必 wèibì ♦明日も晴れるとは～ 明天未必晴 míngtiān wèibì qíng

かぎり【限り】 限度 xiàndù ♦～がある 有限 yǒuxiàn ♦～ない 无量 wúliàng; 无限 wúxiàn ♦(…しない)～は 除非 chúfēi ♦力の～ 竭尽全力

jiéjìn quánlì ♦その場〜の 只限于当时 zhǐ xiànyú dāngshí ♦私が見た〜では 据我所见 jù wǒ suǒ jiàn

かぎる【限る】 限 xiàn; 限制 xiànzhì ♦十八才以上に〜 限十八岁以上 xiàn shíbā suì yǐshàng ♦ビールに〜 夏天喝啤酒最好 xiàtiān hē píjiǔ zuìhǎo

かきわける【掻き分ける】 扒开 bākāi ♦人波を〜 扒开人群 bākāi rénqún

かきん【家禽】 家禽 jiāqín

かく【掻く】 搔 sāo; 抓 zhuā; 挠 náo ♦頭を〜 挠头 náotóu ♦背を〜 挠背 náobèi ♦水を〜 划 huá

かく【画】 画 huà; 笔画 bǐhuà

かく【各】 各 gè; 每 měi ♦〜家庭 家家户户 jiājiāhùhù ♦〜個に 各个 gègè

かく【格】 ❶《文法上の》 格 gé ❷《ランク》地位 dìwèi; 水平 shuǐpíng; 档次 dàngcì ♦〜が上[下]の 规格高[低] guīgé gāo[dī]

かく【核】《核兵器》 核武器 héwǔqì ♦〜軍縮 核裁军 hécáijūn ♦〜実験 核试验 héshìyàn ♦〜分裂 裂变 lièbiàn ♦〜燃料 核燃料 héránliào ♦〜ミサイル 核导弹 hédǎodàn ♦〜融合 聚变 jùbiàn ❷《中心》 ♦〜になる 成为核心 chéngwéi héxīn

かく【角】 角 jiǎo; 方形 fāngxíng

かく【欠く】 亏 kuī; 缺欠 quēqiàn; 缺少 quēshǎo ♦礼儀を〜 缺乏礼仪 quēfá lǐyí ♦茶碗を〜 弄坏茶碗 nònghuài cháwǎn

かく【書[描]く】 ❶《文字・文章を》 写 xiě; 写作 xiězuò ❷《絵を》 画 huà

かぐ【家具】 家具 jiājù

かぐ【嗅ぐ】 闻 wén; 嗅 xiù ♦香水の匂いを〜 闻香水味 wén xiāngshuǐ wèi

がく【学】 学问 xuéwèn ♦〜がある 有学问 yǒu xuéwèn; 赅博 gāibó

がく【額】 ❶《量》 数码 shùmǎ; 数目 shùmù ♦予算〜 预算额 yùsuàn'é ❷《額縁》絵を〜に入れる 将画装入画框 jiāng huà zhuāngrù huàkuàng

がく【萼】 花萼 huā'è

かくあげ【格上げ-する】 升格 shēnggé; 升级 shēngjí

かくい【各位】 各位 gèwèi

がくい【学位】 学位 xuéwèi ♦〜論文 学位论文 xuéwèi lùnwén

かくいつ【画一】 ♦〜化する 公式化 gōngshìhuà ♦〜的な 划一不二 huà yī bú èr

がくいん【学院】 学院 xuéyuàn ♦〜長 院长 yuànzhǎng

かくう【架空】 虚构 xūgòu ♦〜の事 子虚 zǐxū ♦〜の人物 虚构人物 xūgòu rénwù

かくえきていしゃ【各駅停車】 慢车 mànchē

がくえん【学園】 学园 xuéyuán

かくかい【各界】 各界 gèjiè; 各行各业 gèháng gèyè ♦〜の名士 各界人士 gèjiè rénshì

かくかぞく【核家族】 核心家庭 héxīn jiātíng; 小家庭 xiǎojiātíng

かくがり【角刈り】 平头 píngtóu

かくぎ【閣議】 内阁会议 nèigé huìyì

がくぎょう【学業】 功课 gōngkè; 课业 kèyè ♦〜を中断する 失学 shīxué ♦〜に専念する 专心于学业 zhuānxīnyú xuéyè

かくげつ【隔月】 隔月 géyuè ♦〜刊 双月刊 shuāngyuèkān

かくげん【格言】 格言 géyán

かくご【覚悟】 决心 juéxīn; 思想准备 sīxiǎng zhǔnbèi ♦〜のうえで 有思想准备 yǒu sīxiǎng zhǔnbèi ♦〜を決める 下定决心 xiàdìng juéxīn

かくさ【格差】 差别 chābié ♦〜が大きい[小さい] 差距大[小] chājù dà[xiǎo]

かくざい【角材】 方木料 fāngmùliào

かくさい【学際】 跨学科 kuàxuékē ♦〜的な研究 跨学科的研究 kuàxuékē de yánjiū

かくさく【画策-する】 策划 cèhuà

かくさげ【格下げ-する】 降格 jiànggé

かくざとう【角砂糖】 方糖 fāngtáng; 方块糖 fāngkuàitáng

かくさん【拡散-する】 扩散 kuòsàn

かくじ【各自】 各自 gèzì

がくし【学士】 学士 xuéshì ♦〜院 科学院 kēxuéyuàn

がくし【学資】 学费 xuéfèi

かくしき【格式】 排场 páichǎng; 家规 jiāguī

がくしき【学識】 才学 cáixué; 学识 xuéshí; 学问 xuéwen ♦〜が豊かな 博识 bóshí

かくしごと【隠し事】 秘密 mìmì; 隐秘 yǐnmì

かくした【格下】 地位低 dìwèi dī; 级别低 jíbié dī ♦〜のチームに負けた 输给级别低的队 shūgěi jíbié dī de duì

かくしだて【隠し立て-する】 掩藏 yǎncáng; 隐瞒 yǐnmán

かくしつ【確執-する】 争执 zhēngzhí

かくしつ【角質】 角质 jiǎozhì ♦〜化する 角质化 jiǎozhìhuà ♦〜層 角质层 jiǎozhìcéng

かくじつ【確実-な】 肯定 kěndìng; 实打实 shídǎshí

かくじつ【隔日】隔日 gérì ◆～勤務 隔日工作 gérì gōngzuò
かくしどり【隠し撮り】偷偷拍照 tōutōu pāizhào；隐蔽拍摄 yǐnbì pāishè
がくしゃ【学者】学者 xuézhě
かくしゃく【矍鑠】矍铄 juéshuò；硬朗 yìnglang ◆～とした老人 硬朗的老人 yìnglang de lǎorén
かくしゅ【各種】各色 gèsè；各种 gèzhǒng ◆～各様の 各式各样 gè shì gè yàng；各种各样 gè zhǒng gè yàng
かくしゅう【隔週】隔周 gézhōu；每隔一周 měi gé yì zhōu ◆～刊 隔周报刊 gézhōu bàokān
かくじゅう【拡充-する】扩充 kuòchōng ◆施設を～する 扩建设施 kuòjiàn shèshī
がくしゅう【学習-する】学习 xuéxí ◆～机 写字台 xiězìtái
がくじゅつ【学術】学术 xuéshù ◆～講演 讲学 jiǎngxué ◆～用語 学术用语 xuéshù yòngyǔ
かくしょう【確証】确据 quèjù；确证 quèzhèng；真凭实据 zhēn píng shí jù ◆～を得る 取得确凿证据 qǔdé quèzáo zhèngjù
がくしょう【楽章】乐章 yuèzhāng
かくしん【核心】核心 héxīn；焦点 jiāodiǎn ◆事件の～に迫る 逼近事件的核心 bījìn shìjiàn de héxīn
かくしん【確信-する】坚信 jiānxìn；确信 quèxìn ◆～を持って 有信心 yǒu xìnxīn
かくしん【革新-する】革新 géxīn
かくじん【各人】各人 gèrén；各自 gèzì
かくす【隠す】《人目から》藏 cáng；藏匿 cángnì；《真実から》瞒 mán；隐秘 yǐnmì ◆真相を～ 隐瞒实情 yǐnmán shíqíng；遮 zhē ◆宝物を～ 隐藏宝物 yǐncáng bǎowù
かくせい【覚醒-する】觉醒 juéxǐng；醒过来 xǐngguòlai
かくせい【隔世】隔世 géshì ◆～の感 隔世之感 géshì zhī gǎn
がくせい【学生】学生 xuésheng；学员 xuéyuán ◆～寮 学生宿舍 xuésheng sùshè ◆～運動 学潮 xuécháo
かくせいき【拡声器】扬声器 yángshēngqì；扩音机 kuòyīnjī
がくせき【学籍】学籍 xuéjí ◆～簿 学生名册 xuésheng míngcè
かくぜつ【隔絶-する】隔绝 géjué
がくせつ【学説】学说 xuéshuō
がくぜん【愕然】愕然 èrán ◆～とする 愕然失色 èrán shīsè
かくだい【拡大-する】放大 fàngdà；扩大 kuòdà；扩展 kuòzhǎn ◆～鏡 放大镜 fàngdàjìng ◆～表示倍率を～する 扩大显示倍率 kuòdà xiǎnshì bèilǜ

かくだん【格段】显著 xiǎnzhù；悬殊 xuánshū ◆～の優れる 优异 yōuyì ◆～の差がある 有显著差距 yǒu xiǎnzhù chājù
かくだんとう【核弾頭】核弹头 hédàntóu
かくち【各地】各地 gèdì ◆全国～ 全国各地 quánguó gèdì
かくちょう【拡張-する】扩展 kuòzhǎn；扩张 kuòzhāng；扩建 kuòjiàn ◆～工事 扩建工程 kuòjiàn gōngchéng ◆道路を～する 扩建道路 kuòjiàn dàolù
かくちょう【格調】格调 gédiào ◆～が高い 格调高 gédiào gāo
がくちょう【学長】校长 xiàozhǎng
かくづけ【格付け-する】评定等级 píngdìng děngjí
かくてい【確定-する】确定 quèdìng
カクテル 鸡尾酒 jīwěijiǔ
かくど【角度】角度 jiǎodù ◆～を計る 测量角度 cèliáng jiǎodù ◆さまざまな～から考える 从各种角度考虑 cóng gèzhǒng jiǎodù kǎolǜ
かくとう【格闘-する】格斗 gédòu；搏斗 bódòu
がくどう【学童】小学生 xiǎoxuésheng
かくとく【獲得-する】获得 huòdé；获取 huòqǔ；取得 qǔdé ◆議席を～する 获得议席 huòdé yìxí
かくにん【確認-する】确认 quèrèn ◆未～ 未证实 wèi zhèngshí ◆安全を～する 确认安全 quèrèn ānquán
かくねん【隔年】隔年 génián
がくねん【学年】年级 niánjí；学年 xuénián ◆～末試験 大考 dàkǎo；学年考试 xuénián kǎoshì ◆高［低］～ 高［低］年级 gāo［dī］niánjí
かくのうこ【格納庫】飞机库 fēijīkù
がくは【学派】学派 xuépài
がくばつ【学閥】学阀 xuéfá
かくばる【角張る】有棱角 yǒu léngjiǎo；《態度》生硬 shēngyìng
かくはん【攪拌-する】拌 bàn；搅 jiǎo；搅拌 jiǎobàn
がくひ【学費】学费 xuéfèi ◆～を払う 支付学费 zhīfù xuéfèi
がくふ【岳父】岳父 yuèfù
がくふ【楽譜】乐谱 yuèpǔ
がくぶ【学部】系 xì；学院 xuéyuàn ◆～文 文学院 wénxuéyuàn ◆～生 本科生 běnkēshēng
がくぶち【額縁】镜框儿 jìngkuàngr ◆～に入れる《絵・写真などを》装框 zhuāng kuàng

かくべつ【格別】 特別 tèbié; 格外 géwài ♦ ～の味 特殊味道 tèshū wèidào ♦ 今日の寒さは～だ 今天格外冷 jīntiān géwài lěng

かくほ【確保-する】 确保 quèbǎo ♦ 座席を～する 确保座位 quèbǎo zuòwèi ♦ 人材を～する 确保人才 quèbǎo réncái

かくまう【匿う】 掩护 yǎnhù
かくまく【角膜】 角膜 jiǎomó
かくめい【革命】 革命 gémìng ♦ ～を起こす 掀起革命 xiānqǐ gémìng; 闹革命 nào gémìng

かくめい【学名】 学名 xuémíng
がくめん【額面】 票额 piào'é; 票面 piàomiàn

かくもん【学問】 学问 xuéwen ♦ ～をする 求学 qiúxué; 读书 dúshū ♦ ～がある《人》有学问 yǒu xuéwen

かくやく【確約-する】 约定 yuēdìng; 诺言 nuòyán
かくやす【格安】 廉价 liánjià; 价格优惠 jiàgé yōuhuì
がくゆう【学友】 同学 tóngxué
がくようひん【学用品】 文具 wénjù; 学习用品 xuéxí yòngpǐn
かくらん【撹乱-する】 扰乱 rǎoluàn; 骚扰 sāorǎo
かくり【隔離-する】 隔离 gélí
かくりつ【確率】 概率 gàilǜ ♦ ～が高い[低い] 可能性高[低] kěnéngxìng gāo[dī]
かくりつ【確立-する】 确立 quèlì
がくりょう【閣員】 阁员 géyuán
がくりょく【学力】 学力 xuélì ♦ ～が向上する[低下する] 学力提高[降低] xuélì tígāo[jiàngdī]
がくれい【学齢】 学龄 xuélíng ♦ ～に達した児童 学龄儿童 xuélíng értóng; 适龄儿童 shìlíng értóng
がくれき【学歴】 学历 xuélì ♦ ～社会 看重学历的社会 kànzhòng xuélì de shèhuì
かくれる【隠れる】 藏 cáng; 暗藏 àncáng; 潜藏 qiáncáng; 潜伏 qiánfú; 隐没 yǐnmò ♦ 太陽が雲に～ 太阳躲进云里 tàiyang duǒjìn yúnlǐ ♦ 隠れた名品 不为人知的名作 bù wéi rén zhī de míngzuò
かくれんぼう【隠れん坊】 捉迷藏 zhuō mícáng; 藏猫儿 cángmāor ♦ ～をする 玩捉迷藏 wán zhuōmícáng
かぐわしい【香しい】 芬芳 fēnfāng; 香 xiāng ♦ ～花 香花 xiānghuā
がくわり【学割】《学生割引》♦ ～料金 学生打折价格 xuésheng dǎzhé jiàgé
かけ【掛け】 赊账 shēzhàng ♦ ～で買う 赊 shē; 赊购 shēgòu

かけ【賭け】 赌 dǔ ♦ ～に勝つ[負ける] 赌赢[输] dǔ yíng[shū] ♦ ～をする 打赌 dǎdǔ
かげ【陰】 暗地 àndì; 背地 bèidì ♦ ～で悪さをする 背后捣鬼 bèihòu dǎoguǐ ♦ 木の～ 树荫 shùyīn
かげ【影】 影儿 yǐngr; 阴影 yīnyǐng; 影子 yǐngzi ♦ ～も形もない 无影无踪 wú yǐng wú zōng ♦ ～をひそめる 隐藏起来 yǐncángqǐlai
がけ【崖】 崖 yá; 峭壁 qiàobì ♦ ～っ淵に立たされる 处境艰难 chǔjìng jiānnán
かけあい【掛け合い】 对口 duìkǒu ♦ ～漫才 对口相声 duìkǒu xiàngsheng
かけあし【駆け足】 跑步 pǎobù ♦ ～で帰る 跑步回去 pǎobù huíqu
かけあわせる【掛け合わせる】 杂交 zájiāo ♦ 数を～ 相乘 xiāngchéng ♦ 品種を～ 杂交品种 zájiāo pǐnzhǒng
かけい【家系】 世系 shìxì
かけい【家計】 家计 jiājì ♦ ～簿 家庭开支帐目 jiātíng kāizhī zhàngmù
かげえ【影絵】 皮影戏 píyǐngxì; 影戏 yǐngxì
かけおち【駆け落ち-する】 私奔 sībēn
かけがえのない【掛け替えの無い】 独一无二 dú yī wú èr; 无法替代 wúfǎ tìdài
かげき【歌劇】 歌剧 gējù
かげき【過激-な】 过激 guòjī; 《意见などが》偏激 piānjī
かけきん【掛け金】 分期交款 fēnqī jiāokuǎn
かげぐち【陰口】 闲话 xiánhuà ♦ ～をきく 指点 zhǐdiǎn; 背后说坏话 bèihòu shuō huàihuà
かけごえ【掛け声】 ♦ ～をかける 吆喝 yāohe; 喝彩 hècǎi
かけごと【賭け事】 赌博 dǔbó ♦ ～をする 打赌 dǎdǔ
かけことば【掛け言葉】 双关语 shuāngguānyǔ
かけこむ【駆け込む】 跑进 pǎojìn ♦ 警察に～ 跑去找警察 pǎoqù zhǎo jǐngchá
かけざん【掛け算】 乘法 chéngfǎ
かけじく【掛け軸】 挂轴 guàzhóu ❶《縦是の》立轴 lìzhóu ❷《絵の》画轴 huàzhóu
かけすて【掛け捨て】 缴纳费不退还 jiǎonàfèi bú tuìhuán
かけずりまわる【駆けずり回る】 ❶《走り回る》奔走 bēnzǒu; 奔跑 bēnpǎo ♦ 公園を～ 在公园里奔跑 zài gōngyuánli bēnpǎo ❷《奔走する》奔跑 bēnpǎo; 奔走 bēnzǒu ♦ 资金

作りに～ 为集资奔忙 wèi jízī bēnmáng
かけだし【駆け出し】 新手 xīnshǒu ♦～の社員 新员工 xīnzhíyuán
かけつ【可決-する】 通过 tōngguò ♦法案を～する 通过法律草案 tōngguò fǎlǜ cǎo'àn
かけつける【駆け付ける】 奔赴 bēnfù；赶 gǎn ♦現場に～ 赶赴现场 gǎnfù xiànchǎng
かけっこ【駆けっこ-する】 赛跑 sàipǎo
かけどけい【掛け時計】 挂钟 guàzhōng；壁钟 bìzhōng
かけね【掛け値】 谎价 huǎngjià ♦～をする 要谎价 yàohuǎngjià ♦なしの 不折不扣 bù zhé bú kòu；实打实 shídǎshí
かけはし【架[掛]け橋】 桥梁 qiáoliáng ♦友好の～となる 成为友好的桥梁 chéngwéi yǒuhǎo de qiáoliáng
かけはなれる【懸け離れる】 相隔 xiānggé；悬殊 xuánshū
かけひき【駆け引き-する】 讨价还价 tǎo jià huán jià；耍花招 shuǎ huāzhāo
かげひなた【陰日向】 口是心非 kǒu shì xīn fēi ♦～のない 表里如一 biǎolǐ rúyī
かけぶとん【掛け布団】 被子 bèizi；被窝 bèiwō
かげぼうし【影法師】 人影 rényǐng
かげぼし【陰干し-する】 阴干 yīngān；晾 liàng
かけまわる【駆け回る】 奔走 bēnzǒu；奔跑 bēnpǎo
かけもち【掛け持ち-する】 兼职 jiānzhí ♦二校の教授を～する 兼任两校的授课 jiānrèn liǎngxiào de shòukè
かけよる【駆け寄る】 跑上去 pǎoshàngqu
かけら【欠けら】 碴儿 chár ♦土器の～ 碎土器 suìtǔqì ♦良心の～もない 毫无良心 háowú liángxīn
かげり【陰り】 阴沉 yīnchén；云翳 yúnyì ♦～太阳的朝翳 tàiyang de yīnyì ♦人气の～ 声望逐渐败落 shēngwàng zhújiàn bàiluò
かける【架ける】 搭 dā ♦橋を～ 架桥 jiàqiáo ♦はしごを～ 搭梯子 dā tīzi
かける【掛ける】 搭 dā；挂 guà；悬挂 xuánguà ♦地図を～ 挂地图 guà dìtú ♦上着をハンガーに～ 上衣挂在衣架上 shàngyī guàzài yījiàshang
かける【駆ける】 奔走 bēnzǒu；跑 pǎo
かける【欠ける】 ❶《一部が》 缺 quē

♦歯が～ 缺牙 quē yá ❷《不足する》 缺少 quēshǎo；欠缺 qiànquē；不够 bùgòu；短少 duǎnshǎo ♦常识に～ 缺乏常识 quēfá chángshí ❸《月などが》 月的满与欠缺 yuèliang de yuánquē
かける【賭ける】 打赌 dǎdǔ
かける【陰る】 阴 yīn；阴沉 yīnchén；阴暗下来 yīn'ànxiàlai
かげろう【陽炎】 热气 rèqì
カゲロウ【蜉蝣】 《虫》蜉蝣 fúyóu
かげん【下弦】 下弦 xiàxián ♦～の月 下弦月 xiàxiányuè
かげん【下限】 下限 xiàxiàn
かげん【加減】 ❶《量·程度》 ♦味～をみる 尝尝味道 chángchang wèidao ♦火～をみる 看火候 kàn huǒhou ❷《健康》 ♦お～はいかがですか 您身体怎样 nín shēntǐ zěnyàng
かこ【過去】 过去 guòqù；既往 jìwǎng；已往 yǐwǎng ♦～をふり返る 回溯过去 huísù guòqù
かご【籠】 笼 lóng；篮子 lánzi；篓子 lǒuzi
かこい【囲い】 围墙 wéiqiáng；篱笆 líba；栅栏 zhàlan；寨子 zhàizi
かこう【囲う】 围 wéi；圈 quān ♦ロープで～ 用绳子围起来 yòng shéngzi wéiqǐlai
かこう【下降-する】 下降 xiàjiàng；低落 dīluò；跌落 diēluò；降低 jiàngdī ♦支持率が～する 支持率下降 zhīchílǜ xiàjiàng ♦飛行機が～する 飞机下降 fēijī xiàjiàng
かこう【加工-する】 加工 jiāgōng ♦～品 加工品 jiāgōngpǐn
かこう【河口】 河口 hékǒu
かごう【化合-する】 化合 huàhé ♦～物 化合物 huàhéwù
かこうがん【花崗岩】 花岗岩 huāgāngyán
かこく【過酷-な】 残酷 cánkù ♦～な労働条件 苛刻的劳动条件 kēkè de láodòng tiáojiàn
かこつける【託ける】 假借 jiǎjiè；假托 jiǎtuō；借故 jiègù ♦仕事に～ 借口工作 jièkǒu gōngzuò
かこむ【囲む】 围 wéi；困 kùn ♦恩师を～ 围在恩师身旁 wéizài ēnshī shēnpáng ♦ストーブを囲んで座る 围着炉子坐 wéizhe lúzi zuò
かこん【禍根】 祸根 huògēn ♦～を残す 留下祸根 liúxià huògēn
かさ【笠】 斗笠 dǒulì；斗篷 dǒupeng ♦電灯の～ 灯伞 dēngsǎn ♦～に着る 仗势 zhàngshì；倚仗 yǐzhàng
かさ【傘】 伞 sǎn ♦～をさす 打伞 dǎsǎn
かさ【暈】 日晕 rìyùn；月晕 yuèyùn

かさい【火災】 火灾 huǒzāi ◆～が発生する 发生火灾 fāshēng huǒzāi ◆～保険 火险 huǒxiǎn ◆～報知器 火灾报警器 huǒzāi bàojǐngqì

かざい【家財】 家具 jiājù；家什 jiāshi

かさかさ 干巴 gānba；干枯 gānkū ◆茂みが～と鳴る 草木沙沙作响 cǎomù shāshā zuòxiǎng ◆皮膚が～する 皮肤干燥 pífū gānzào

かざかみ【風上】 上风 shàngfēng ◆～にも置けない 臭不可言 chòu bù kě yán

かさく【佳作】 佳作 jiāzuò

かざぐるま【風車】 风车 fēngchē

かざしも【風下】 下风 xiàfēng

がさつ 粗鲁 cūlǔ；粗野 cūyě；莽撞 mǎngzhuàng ◆～な男 莽汉 mǎnghàn

かさつく 皮肤干燥 pífū gānzào

かさなる【重なる】 重叠 chóngdié；重なり合う 层层叠叠 céngcéngdiédié ◆祭日が日曜日と～ 节日适逢星期天 jiérì shìféng xīngqītiān

かさねぎ【重ね着-する】 重叠穿 chóngdié chuān

かさねて【重ねて】 重复 chóngfù ◆～言明する 重申 chóngshēn

かさねる【重ねる】 叠 dié；码 mǎ；摞 luò ◆新聞紙を～ 摞报纸 luò bàozhǐ ◆失敗を～ 反复失败 fǎnfù shībài

かさぶた【瘡蓋】 痂 jiā

かざみどり【風見鶏】 风标鸡 fēngbiāojī；风派人物 fēngpài rénwù ◆～を決めこむ 见风使舵 jiàn fēng shǐ duò

かざむき【風向き】 风向 fēngxiàng；风色 fēngsè；风头 fēngtou ◆～が変わる 形势变了 xíngshì biàn le ◆～が悪い なりゆきなど 情况不利 qíngkuàng búlì

かざり【飾り】 装饰(品) zhuāngshì (pǐn)

かざりけ【飾り気】 爱修饰 ài xiūshì；装门面 zhuāng ménmian ◆～がない 朴质 pǔzhì；质朴 zhìpǔ

かざりつけ【飾り付け】 〈室内の〉摆设 bǎishè；〈店などの〉装潢 zhuānghuáng

かざる【飾る】 装饰 zhuāngshì；润色 rùnsè；修饰 xiūshì ◆紙面を～ 充满版面 chōngmǎn bǎnmiàn ◆有終の美を～ 善始善终 shàn shǐ shàn zhōng

かさん【加算】 计算在内 jìsuàn zàinèi；加在一起算 jiāzài yìqǐ suàn

かざん【火山】 火山 huǒshān

かし【菓子】 糕点 gāodiǎn；点心 diǎnxīn；糖果 tángguǒ

かし【下肢】 下肢 xiàzhī

かし【歌詞】 歌词 gēcí

かし【華氏】 华氏 (温标) Huáshì (wēnbiāo) ◆水は～32度で凍る 水在华氏32度结冰 shuǐ zài Huáshì sānshí'èr dù jiébīng

かし【仮死】 假死 jiǎsǐ

かし【河岸】 ❶〈川岸〉河岸 hé'àn；河边 hébiān ❷〈魚河岸〉鱼市 yúshì；鲜鱼市场 xiānyú shìchǎng ❸〈場所〉地方 dìfang ◆～を変えて飲む 换个地方喝 huàn ge dìfang hē

かじ【家事】 家务 jiāwù

かじ【火事】 火警 huǒjǐng ◆～になる 着火 zháohuǒ；起火 qǐhuǒ；走水 zǒushuǐ ◆～を出す 失火 shīhuǒ ◆～を消す 救火 jiùhuǒ ◆山～ 山火 shānhuǒ

かじ【舵】 舵 duò ◆～を取る 掌舵 zhǎngduò

がし【餓死-する】 饿死 èsǐ

かしいしょう【貸し衣装】 出租服装 chūzū fúzhuāng

カシオペアざ【カシオペア座】 仙后座 xiānhòuzuò

かしかた【貸し方】 贷方 dàifāng；付方 fùfāng

かじかむ【悴む】 冻僵 dòngjiāng ◆指先が～ 手指冻僵 shǒuzhǐ dòngjiāng

かしかん【下士官】 军士 jūnshì

カジキ【旗魚】 旗鱼 qíyú

かしきり【貸し切り】 包 bāo ◆劇場の～ 专场 zhuānchǎng ◆～車 专车 zhuānchē

かしきん【貸し金】 贷款 dàikuǎn

かしげる【傾げる】 歪 wāi ◆首を～ 歪脑袋 wāi nǎodai

かしこい【賢い】 聪明 cōngming；伶俐 línglì；乖 guāi ◆～子ども 聪明孩子 cōngming háizi

かしこうせん【可視光線】 可见光 kějiànguāng

かしこまる【畏まる】 恭敬 gōngjìng

かしだおれ【貸し倒れ】 倒账 dǎozhàng；呆账 dāizhàng ◆～になる 变成呆帐 biànchéng dāizhàng

かしだす【貸し出す】 租借 zūjiè；借出 jièchū

かしつ【過失】 过失 guòshī；过错 guòcuò；罪过 zuìguo ◆～致死 过失杀人 guòshī shārén

かじつ【果実】 果实 guǒshí；果子 guǒzi ◆～がなる 结果 jiēguǒ ◆～酒 果子酒 guǒzijiǔ

かじつ【過日】 日前 rìqián

がしつ【画質】 图像质量 túxiàng zhìliàng

かしつけ【貸し付け】 贷款 dàikuǎn ◆～金 贷款 dàikuǎn

かじとり【舵取り】 舵手 duòshǒu; 掌舵 zhǎngduò

かしぬし【貸し主】 债主 zhàizhǔ

カジノ 赌场 dǔchǎng

かじば【火事場】 火场 huǒchǎng ◆〜泥棒を働く 趁火打劫 chèn huǒ dǎ jié; 乗人之危 chéng rén zhī wēi

かしほん【貸し本】 租书 zūshū

カシミヤ 开司米 kāisīmǐ; 羊绒 yángróng

かしや【貸家】 出租的房屋 chūzū de fángwū

かしゃ【貨車】 货车 huòchē

かしゃく【呵責】 谴责 qiǎnzé; 责备 zébèi ◆良心の〜 良心的谴责 liángxīn de qiǎnzé

かしゅ【歌手】 歌唱家 gēchàngjiā; 歌手 gēshǒu

かじゅ【果樹】 果树 guǒshù; 果木 guǒmù ◆〜園 果木园 guǒmùyuán; 果园 guǒyuán

カジュアル 随便的 suíbiàn de ◆〜ウェア 休闲服 xiūxiánfú

かじゅう【果汁】 果汁 guǒzhī ◆〜をしぼる 挤果汁 jǐ guǒzhī

かじゅう【荷重】 负荷 fùhè; 载荷 zàihè ◆〜点《てこの》重点 zhòngdiǎn ◆〜に耐える 忍受重担 rěnshòu zhòngdàn

カシューナッツ 腰果 yāoguǒ

ガジュマル 榕树 róngshù

かしょ【箇所】 地方 dìfang; 处处 chùchù ◆二つの地方 liǎng ge dìfang ◆壊れそうな《建物などの》要损坏的地方 yào sǔnhuài de dìfang

かしょう【過小】 过小 guòxiǎo ◆〜評価する 过小评价 guòxiǎo píngjià

かじょう【過剰-な】 过剩 guòshèng

かじょう【箇条】 条款 tiáokuǎn ◆〜書にする 逐条列举 zhú tiáo lièjǔ

がじょう【賀状】 贺年片 hèniánpiàn ◆〜を出す 寄贺年片 jì hèniánpiàn

かしら【頭】 ❶《部門・集団の長》头头儿 tóutour; 头目 tóumù ◆兄弟の〜 老大 lǎodà ❷《親方》◆職人の〜 工匠师傅 gōngjiàng shīfu ❸《首領・ボス》头子 tóuzi

かしらもじ【頭文字】 大写字母 dàxiě zìmǔ

かじる【齧る】 啃 kěn; 咬 yǎo ◆リンゴを〜 啃苹果 kěn píngguǒ

カシワ【柏】 槲树 húshù; 青冈 qīnggāng

かしん【過信-する】 过于相信 guòyú xiāngxìn ◆おのれを〜する 不自量力 bú zìliànglì

がしんしょうたん【臥薪嘗胆】 卧薪尝胆 wò xīn cháng dǎn

かす【粕[糟・滓]】 糟粕 zāopò; 渣滓 zhāzǐ ◆酒の〜 酒糟 jiǔzāo ◆残り〜 剩下的渣滓 shèngxià de zhāzǐ

かす【貸す】 借 jiè; 出租 chūzū; 租赁 zūlìn ◆小銭を〜 借零钱 jiè língqián ◆知恵を〜 出主意 chū zhǔyi ◆手を〜 帮忙 bāng máng

かす(る)【課す(る)】 课 kè ◆重税を〜 课以重税 kè yǐ zhòngshuì ◆ノルマを〜 规定工作定额 guīdìng gōngzuò dìng'é

かず【数】 数码 shùmǎ; 数目 shùmù ◆〜の内に入らない 数不着 shǔbuzháo ◆〜の内に入れる 算 suàn ◆〜をそろえる 凑数 còu shù

ガス 煤气 méiqì; 瓦斯 wǎsī ◆〜管 煤气管道 méiqì guǎndào; 汽灯 qìdēng ◆〜バーナー 煤气灯 méiqìdēng ◆〜コンロ 煤气灶 méiqìzào

かすか【微[幽]-な】 微微 wēiwēi; 淡漠 dànmò; 细微 xìwēi;《音・におい・光などが》幽微 yōuwēi; 幽幽 yōuyōu; 低微 dīwēi ◆〜な明り 微光 wēiguāng ◆〜な希望 一线希望 yíxiàn xīwàng

かずかず【数々】 各种 gèzhǒng; 许多 xǔduō ◆〜の栄誉 各种荣誉 gèzhǒng róngyù

カスタネット 响板 xiǎngbǎn

カステラ 蛋糕 dàngāo

かすみ【霞】 烟霞 yānxiá ◆〜がかかる 出彩霞 chū cǎixiá

かすむ【霞む】 ◆目が〜 发花 fāhuā ◆霞んで見える《遠くなどが》模模糊糊看到 mómóhūhū kàndào ◆存在が〜《目立たなくなる》渐渐淡漠 jiànjiàn dànmò

かすめとる【掠め取る】 刮 guā; 盗劫 dàojié

かすめる【掠める】《盗む》抢 qiǎng; 掠 lüè;《かする》轻擦 qīngcā

かすりきず【掠り傷】 擦伤 cāshāng ◆〜を負う 被擦伤 bèi cāshāng

かする【掠る】 擦 cā

かすれる【掠れる】 沙哑 shāyǎ ◆文字などが掠れている 模糊 móhu ◆声が〜 嘶哑 sīyǎ

かぜ【風邪】 感冒 gǎnmào ◆〜をひく 伤风 shāngfēng; 着凉 zháoliáng; 感冒 gǎnmào

かぜ【風】 风 fēng ◆〜が吹く 刮风 guāfēng ◆〜を通す 放风 fàngfēng; 通风 tōngfēng; 透风 tòufēng ◆〜に逆らう 顶风 dǐngfēng ◆〜をはらむ《帆などが》兜风 dōufēng ◆〜を受ける 迎风 yíngfēng

かぜあたり【風当たり】 风势 fēngshì ◆〜が强い 招风 zhāofēng

かせい【加勢-する】 援助 yuánzhù

かせい【火勢】 火势 huǒshì ◆〜が强

かせい — **かたくずれ**

い[弱い] 火势强[弱] huǒshì qiáng [ruò]

かせい【火星】 火星 huǒxīng ◆探査ロケット 火星探测器 huǒxīng tàncèqì

かぜい【課税-する】 课税 kèshuì

かせいソーダ【苛性ソーダ】 烧碱 shāojiǎn

かせいふ【家政婦】 保姆 bǎomǔ

かせき【化石】 化石 huàshí

かせぐ【稼ぐ】 赚 zhuàn; 挣 zhèng ◆お金を～ 赚钱 zhuàn qián ◆時間を～ 争取时间 zhēngqǔ shíjiān ◆点数を～ 得分 défēn

かせつ【仮設-する】 临时安设 línshí ānshè ◆～の橋 便桥 biànqiáo ◆～道路 便道 biàndào ◆～住宅 临时住宅 línshí zhùzhái

かせつ【仮説】 假设 jiǎshè; 假说 jiǎshuō ◆～をたてる 提出假说 tíchū jiǎshuō

カセット 磁带盒 cídàihé ◆～テープ 盒式录音带 héshì lùyīndài

かぜとおし【風通し】 通风 tōngfēng ◆～が悪い 窝风 wōfēng

かせん【化繊】 化纤 huàxiān

かせん【河川】 河川 héchuān; 河流 héliú;《総称》水流 shuǐliú ◆～敷 河漫滩 hémàntān; 河滩 hétān

がぜん【俄然】 忽然 hūrán; 突然 tūrán ◆～元気になる 突然精神起来 tūrán jīngshenqǐlai

がせんし【画仙紙】 宣纸 xuānzhǐ;《上質の》玉版宣 yùbǎnxuān

がそ【画素】 像素 xiàngsù

かそう【下層】 下层 xiàcéng

かそう【仮想-する】 假想 jiǎxiǎng ◆～敵 假想敌 jiǎxiǎngdí

かそう【仮装-する】 化装 huàzhuāng; 假扮 jiǎbàn

かそう【火葬-する】 火葬 huǒzàng; 火化 huǒhuà ◆～場 火葬场 huǒzàngchǎng

がぞう【画像】 画图 huàtú; 人像 rénxiàng; 图像 túxiàng; 影像 yǐngxiàng ◆テレビの～ 电视的图像 diànshì de túxiàng

かぞえうた【数え歌】 数数歌 shǔshùgē

かぞえきれない【数えきれない】 无数 wúshù; 指不胜屈 zhǐ bú shèng qū ◆～ほど 数不胜数 shǔ bú shèng shǔ

かぞえどし【数え年】 虚岁 xūsuì

かぞえる【数える】 算 suàn; 数 shǔ; 算计 suànji ◆点数を～ 算分 suàn fēn;《同種の物の一つとして～》列为 lièwéi

かそく【加速-する】 加快 jiākuài; 加速 jiāsù ◆～度 加速度 jiāsùdù

かぞく【家族】 家属 jiāshǔ; 家族 jiāzú; 亲人 qīnrén

かそち【過疎地】 人烟稀少地带 rényān xīshǎo dìdài

ガソリン 汽油 qìyóu ◆～スタンド 加油站 jiāyóuzhàn

かた【潟】 泻湖 xièhú

かた【型[形]】 模具 mújù; 模子 múzi; 样式 yàngshì; 样子 yàngzi ◆～にはまった 千篇一律 qiān piān yí lǜ ◆～に流し込む 浇灌 jiāoguàn

かた【肩】 肩膀 jiānbǎng; 肩头 jiāntóu; 膀子 bǎngzi ◆～の荷をおろす 卸肩 xièjiān ◆～を持つ 偏袒 piāntǎn ◆～を並べる 并驾齐驱 bìng jià qí qū

かた【片】 ◆～を付ける 了却 liǎoquè; 扫尾 sǎowěi; 清算 qīngsuàn

かたい【堅[硬·固]い】 硬 yìng; 坚硬 jiānyìng; 硬棒 yìngbang; 板 bǎn; 紧绷绷 jǐnbēngbēng ◆～岩 坚硬的岩石 jiānyìng de yánshí ◆蓋が～ 盖紧 gàijǐn ◆～毅力 毅力 yìlì ◆口が～ 守口如瓶 shǒu kǒu rú píng ◆堅く閉ざす 封闭 fēngbì ◆～鉛筆 硬铅笔 yìngqiānbǐ ◆表情を硬くする 绷 běng

かだい【課題】 课题 kètí ◆～を出す 提出课题 tíchū kètí

かだい【過大-な】 过高 guògāo

かたいじ【片意地】 顽固 wángù ◆～を張る 固执 gùzhí; 犟 jiàng

かたいなか【片田舎】 乡僻 xiāngpì

かたいれ【肩入れ-する】 援助 yuánzhù; 偏袒 piāntǎn

かたうで【片腕】 帮手 bāngshou; 股肱 gǔgōng; 膀臂 bǎngbei ◆頼りになる～ 得力助手 délì zhùshǒu

がたおち【がた落ち-する】 暴跌 bàodiē

かたおもい【片思い】 单相思 dānxiāngsī

かたがき【肩書き】 职称 zhíchēng; 头衔 tóuxián

かたかけ【肩掛け】 披肩 pījiān ◆～かばん 挎包 kuàbāo

かたがみ【型紙】 纸型 zhǐxíng; 样儿 zhǐyàngr

かたがわ【片側】 一边 yìbiān

かたがわり【肩代わり-する】 顶替 dǐngtì

かたき【仇[敵]】 对头 duìtóu; 冤家 yuānjia; 仇人 chóurén ◆～同士となる 结仇 jiéchóu ◆～を討つ 报仇 bàochóu

かたぎ【気質】 气质 qìzhì; 气度 qìdù ◆職人～ 手艺人脾气 shǒuyìrén píqi ◆昔～ 古板 gǔbǎn

かたぎ【堅気-の】 正经 zhèngjing

かたくずれ【型崩れ-する】 走样儿

zǒuyàngr

かたくそうさく【家宅捜索-する】抄家 chāojiā

かたくな【頑な】古板 gǔbǎn；固执 gùzhí；生硬 shēngyìng；顽固 wángù ♦~な態度 顽固的态度 wángù de tàidu ♦~になる 变僵硬 biàn jiāngyìng

かたくりこ【片栗粉】淀粉 diànfěn；团粉 tuánfěn；芡粉 qiànfěn ♦水溶き~ 水溶淀粉 shuǐróng diànfěn

かたくるしい【堅苦しい】拘谨 jūjǐn；拘束 jūshù；局促 júcù

かたぐるま【肩車】骑脖子 qíbózi

かたこと【片言】片言 piànyán；只言片语 zhǐ yán piàn yǔ ♦~でしゃべる 只言片语地说 zhǐ yán piàn yǔ de shuō ♦~も聞き漏らさない 一句话也不漏听 yíjùhuà yě bú lòutīng

かたさ【硬さ】硬度 yìngdù

かたさき【肩先】肩头 jiāntóu

かたすみ【片隅】旮旯儿 gālár ♦公園の~ 公园角落 gōngyuán jiǎoluò

かたち【形】形状 xíngzhuàng；样貌 yàng；姿态 zītài ♦~が変わる 变形 biànxíng ♦~が崩れる 走样 zǒuyàng

かたちづくる【形作る】形成 xíngchéng；成型 chéngxíng

かたづく【片付く】收拾好 shōushihǎo；整理好 zhěnglǐhǎo ♦部屋が~ 房间收拾整齐 fángjiān shōushi zhěngqí

かたづける【片付ける】收拾 shōushi；整理 zhěnglǐ；清理 qīnglǐ ♦食器を~ 收拾餐具 shōushi cānjù ♦仕事を~ 完成工作 wánchéng gōngzuò

カタツムリ【蝸牛】蜗牛 wōniú

かたて【片手】一只手 yì zhī shǒu ♦~に持つ 用一只手拿 yòng yì zhī shǒu ná

かたとき【片時】片刻 piànkè ♦~も休まず 无日无夜 wú rì wú yè

かたどる【象る】仿造 fǎngzào

かたな【刀】刀 dāo ♦~の鞘 刀鞘 dāoqiào ♦~の切っ先 刀锋 dāofēng

かたは【片刃】单刃 dānrèn ♦~の剃刀(かみそり) 单刃剃须刀 dānrèn tìxūdāo

かたパッド【肩パッド】垫肩 diànjiān

かたほう【片方】半边 bànbiān；一面 yímiàn

かたまり【塊】坨子 tuózi；块 kuài ♦好奇心の~ 极端好奇 jíduān hàoqí

かたまる【固まる】凝固 nínggù；凝结 níngjié ♦セメントが~ 水泥凝结 shuǐní níngjié ♦考えが~ 考虑成熟 kǎolǜ chéngshú

かたみ【形見】遗物 yíwù

かたみち【片道】单程 dānchéng ♦~切符 单程票 dānchéngpiào

かたむき【傾き】倾斜 qīngxié

かたむく【傾く】侧歪 cèwāi；偏 piān；倾斜 qīngxié；歪 wāi；斜楞 xiéleng ♦床が~ 地板倾斜 dìbǎn qīngxié ♦西に~ 〈太陽が〉西斜 xīxié ♦会社が~ 〈経営が〉公司衰落 gōngsī shuāiluò

かたむける【傾ける】歪 wāi ♦心を~ 专心一意 zhuānxīn yíyì；倾注 qīngzhù ♦耳を~ 倾听 qīngtīng ♦杯を~ 举杯 jǔbēi

かためる【固める】加固 jiāgù ❶〈土台を〉奠定 diàndìng；稳固 wěngù ❷〈決意を〉坚定 jiāndìng

かためん【片面】一面 yímiàn

かたやぶり【型破り-の】破格 pògé

かたよる【偏る】偏 piān；片面 piànmiàn ♦偏った考え 偏见 piānjiàn

かたらう【語らう】谈心 tánxīn

かたり【騙り】欺骗 qīpiàn ♦~にあう 遇到诈骗 yùdào zhàpiàn

かたりぐさ【語り草】话柄 huàbǐng；话把儿 huàbàr

かたりて【語り手】《ナレーター》解说人 jiěshuōrén

かたる【語る】讲讲 jiǎng；讲述 jiǎngshù；叙说 xùshuō ♦語り合う 交谈 jiāotán；叙谈 xùtán ♦心境を~ 叙述心境 xùshù xīnjìng

かたる【騙る】骗 piàn；冒充 màochōng

カタルシス 感情净化 gǎnqíng jìnghuà

カタログ 目录 mùlù；商品目录 shāngpǐn mùlù

かたわら【傍ら】旁边 pángbiān；一边 yìbiān

かたん【加担-する】参与 cānyù

かだん【花壇】花坛 huātán；花池子 huāchízi；花圃 huāpǔ

かち【価値】价值 jiàzhí ♦~が等しい 等价 děngjià ♦~観 价值观念 jiàzhí guānniàn ♦~がある 有价值 yǒu jiàzhí ♦~が高い[低い] 价值高[低] jiàzhí gāo[dī] ♦~判断 价值判断 jiàzhí pànduàn

かち【勝ち】胜 shèng；胜利 shènglì

かちあう【かち合う】碰 pèng；赶 gǎn

かちかち《かたい》咯吱 gēzhī；硬邦邦 yìngbāngbāng ♦~になる 变硬 biànyìng ♦~のパン 硬梆梆的面包 yìngbāngbāng de miànbāo

かちき【勝ち気-な】要强 yàoqiáng；好胜 hàoshèng ♦~な性格 好强性

格 hàoqiáng xìnggé
かちく【家畜】家畜 jiāchù；牲口 shēngkou；牲畜 shēngchù
かちとる【勝ち取る】赢得 yíngdé；争取 zhēngqǔ；博得 bódé
かちぬき【勝ち抜き】淘汰赛 táotàisài ◆～戦 淘汰赛 táotàisài
かちまけ【勝ち負け】胜负 shèngfù；输赢 shūyíng ◆～にこだわらない 不拘胜负 bùjū shèngfù
かちめ【勝ち目】取胜的希望 qǔshèng de xīwàng ◆～がある［ない］［没］有获胜希望 [méi]yǒu huòshèng xīwàng
がちゃん 喀嚓 kāchā；啪啦 pāla；哐啷 kuānglāng ◆皿が～と割れる 盘子喀嚓摔碎了 pánzi kāchā shuāisuì le
かちゅう【渦中】旋涡中 xuánwōzhōng ◆～の人物 漩涡中的人物 xuánwō zhōng de rénwù
かちゅう【火中】◆～の栗を拾う 火中取栗 huǒ zhōng qǔ lì
かちょう【家長】家长 jiāzhǎng；户主 hùzhǔ
かちょう【課長】科长 kēzhǎng
ガチョウ【鵞鳥】鹅 é
かちょうふうげつ【花鳥風月】风花雪月 fēng huā xuě yuè
かつ ◆～を入れる 打气 dǎqì；鼓劲儿 gǔjìnr
かつ【且つ】且 qiě；并且 bìngqiě ◆飲み～食う 边吃边喝 biān chī biān hē
かつ【勝つ】赢 yíng；胜 shèng；告捷 gàojié；取胜 qǔshèng ◆試合に～ 比赛中获胜 bǐsài zhōng huòshèng ◆誘惑に～ 抵御住诱惑 dǐyùzhù yòuhuò
かつあい【割愛-する】割爱 gē'ài
カツオ【鰹】鲣鱼 jiānyú
かっか【閣下】阁下 géxià
かっか-する 愤愤 fènfèn；怒气冲冲 nùqì chōngchōng；发热 fārè ◆～と熱い 火辣辣 huǒlàlà
がっか【学科】科目 kēmù；专业 zhuānyè
がっかい【学会】学会 xuéhuì；学术研讨会 xuéshù yántǎohuì
がつがつ 贪婪 tānlán ◆～食べる 狼吞虎咽 láng tūn hǔ yàn ◆～している 食べ方が 下作 xiàzuo
がっかり-する 灰心 huīxīn；丧气 sàngqì；泄气 xièqì；心寒 xīn hán
かっき【活気】活气 huóqì；生气 shēngqì ◆～あふれる 活跃 huóyuè；朝气蓬勃 zhāo qì péng bó；欣欣向荣 xīn xīn xiàng róng ◆～がない 不振 bùzhèn；蔫 niān；不景气 bù jǐngqì ◆～を与える 活跃

huóyuè ◆～付ける 搞活 gǎohuó
がっき【学期】学期 xuéqī ◆～が始まる 开学 kāixué；始业 shǐyè ◆～末試験 大考 dàkǎo
がっき【楽器】乐器 yuèqì
かっきてき【画期的-な】划时代 huàshídài
がっきゅう【学究】笃学 dǔxué ◆～の徒 学究 xuéjiū
がっきゅう【学級】班 bān；班级 bānjí
かっきょ【割拠-する】割据 gējù ◆群雄～する 群雄割据 qún xióng gējù
がっきょく【楽曲】乐曲 yuèqǔ；曲子 qǔzi
かっきり 整整 zhěngzhěng；正好 zhènghǎo ◆正午～に 正好中午 zhènghǎo zhōngwǔ
かつぐ【担ぐ】扛 káng；担 dān；背 bēi；〈からかう〉捉弄 zhuōnòng
かっくう【滑空-する】滑翔 huáxiáng
がっくり ◆～落ち込む 垂头丧气 chuí tóu sàng qì ◆～する 灰心 huīxīn；心寒 xīn hán
かっけ【脚気】脚气症 jiǎoqìzhèng
かっけつ【喀血-する】喀血 kǎxiě
かっこ【括弧】括号 kuòhào
かっこ【各個】各个 gègè
かっこ【確固-たる】坚定 jiāndìng；坚强 jiānqiáng
かっこう【格好】样子 yàngzi；姿势 zīshì ◆背～ 身材 shēncái ◆～をつける 摆架子 bǎi jiàzi ◆～がいい 潇洒 xiāosǎ ◆～が悪い 不成样子 bùchéng yàngzi；不体面 bù tǐmiàn
カッコウ【郭公】布谷 bùgǔ；杜鹃 dùjuān
がっこう【学校】学校 xuéxiào ◆～で教わる 教书 jiāoshū ◆～で勉强する 念书 niànshū；读书 dúshū ◆～に行く 上学 shàngxué；求学 qiúxué
かっさい【喝彩-する】喝彩 hècǎi；叫绝 jiàojué
がっさく【合作-する】合作 hézuò；协作 xiézuò
がっさん【合算-する】合计 héjì；共计 gòngjì
かつじ【活字】活字 huózì；铅字 qiānzì ◆～を組む 排字 páizì
かっしゃ【滑車】滑轮 huálún；滑车 huáchē
がっしゅく【合宿-する】集训 jíxùn
かつじょう【割譲-する】割让 gēràng
がっしょう【合唱-する】合唱 héchàng ◆～団 合唱队 héchàngduì
がっしょう【合掌】合十 héshí

かっしょく【褐色-の】 茶色 chásè; 褐色 hèsè ◆～の肌 褐色皮肤 hèsè pífū
がっしり 粗壮 cūzhuàng ◆～した大男 彪形大汉 biāoxíng dàhàn
かっすいき【渇水期】 枯水期 kūshuǐqī
かっせい【活性】 活性 huóxìng ◆～炭 活性炭 huóxìngtàn ◆～化をはかる 谋求搞活 móuqiú gǎohuó
かっせん【合戦】 会战 huìzhàn
かっそう【滑走-する】 滑行 huáxíng ◆～路 跑道 pǎodào
がっそう【合奏-する】 合奏 hézòu
カッター 裁纸刀 cáizhǐdāo
かったつ【闊達-な】 豁达 huòdá ◆自由～な 自由豁达 zìyóu huòdá
かつだんそう【活断層】 活动断层 huódòng duàncéng
がっち【合致-する】 符合 fúhé; 吻合 wěnhé; 一致 yīzhì ◆～しない 不符合 bù fúhé
ガッツ 气力 qìlì; 魄力 pòlì ◆～がある 有毅力 yǒu yìlì
かつて【曾[嘗]て】 当初 dāngchū; 曾 céng; 曾经 céngjīng
かって【勝手-な】 《わがまま》 随意 suíyì; 任意 rènyì; 擅自 shànzì ◆～な言い草 肆意的借口 sìyì de jièkǒu ◆～気ままな 放肆 fàngsì ❷《ようす》 ◆～が違う 情况不同 qíngkuàng bùtóng ❸《台所》 厨房 chúfáng ◆～口 便门 biànmén
かっと-なる 冲动 chōngdòng; 动火 dònghuǒ; 发怒 fānù; 冒火 màohuǒ; 恼火 nǎohuǒ
カット 《切る》 割 gē ◆髪を～する 剪发 jiǎnfà ◆ボーナスを～する 削去奖金 xiāoqù jiǎngjīn ◆《卓球で》～する 削 xiāo
かっとう【葛藤】 纠纷 jiūfēn; 纠葛 jiūgé
かつどう【活動】 活动 huódòng ◆～家 积极分子 jījí fènzǐ; 活动家 huódòngjiā ◆～的な 活跃 huóyuè
カットグラス 雕花玻璃 diāohuā bōli
かっぱ【喝破-する】 说破 shuōpò
かっぱ【合羽】 《レインコート》 雨衣 yǔyī ◆～を着る 披斗篷 pī dǒupeng
かっぱつ【活発-な】 活跃 huóyuè; 跑跑跳跳 pǎopaotiàotiào ◆～な子供 活泼的孩子 huópo de háizi
かっぱらい【掻っ払い】 小偷儿 xiǎotōur
かっぱん【活版】 铅印 qiānyìn ◆～印刷 活版印刷 huóbǎn yìnshuā
カップ 奖杯 jiǎngbēi
カップリング 耦合 ǒuhé
カップル 情侣 qínglǚ; 伴侣 bànlǚ
がっぺい【合併-する】 合并 hébìng ◆～症 并发病 bìngfābìng; 合并症 hébìngzhèng ◆会社の～ 公司合并 gōngsī hébìng
かっぽ【闊歩-する】 阔步 kuòbù
かつぼう【渇望-する】 渴望 kěwàng; 盼望 pànwàng
がっぽん【合本】 合订本 hédìngběn
かつやく【活躍-する】 活跃 huóyuè; 起积极作用 qǐ jījí zuòyòng
かつよう【活用-する】 利用 lìyòng; 活用 huóyòng
かつら【鬘】 头套 tóutào ◆～をつける 戴假发 dài jiǎfà
カツラ【桂】 《植物》莲香树 liánxiāngshù
かつりょく【活力】 活力 huólì; 精力 jīnglì; 生机 shēngjī ◆～があふれる 旺盛 wàngshèng; 生机勃勃 shēngjī bóbó; 兴旺 xīngwàng
カツレツ 炸牛［鸡，猪］排 zháníu［jī, zhū］pái
かつろ【活路】 出路 chūlù; 生路 shēnglù; 活路 huólù ◆～を見出す 找到活路 zhǎodào huólù
かて【糧】 食粮 shíliáng; 口粮 kǒuliáng ◆生活の～にする 借以维持生活 jièyǐ wéichí shēnghuó
かてい【仮定-する】 假设 jiǎshè; 假说 jiǎshuō; 假定 jiǎdìng
かてい【家庭】 家 jiā; 家庭 jiātíng ◆～用の 家用 jiāyòng ◆～教師 家教 jiājiào
かてい【課程】 课程 kèchéng
かてい【過程】 过程 guòchéng; 进程 jìnchéng; 经过 jīngguò ◆流通の～ 流通的过程 liútōng de guòchéng ◆調査の～ 调查的过程 diàochá de guòchéng
カテーテル〈医学〉导管 dǎoguǎn
カテキン 儿茶素 érchásù
カテゴリー 范畴 fànchóu
かでん【家電】《製品》家电产品 jiādiàn chǎnpǐn
がでんいんすい【我田引水-する】 只顾自己 zhǐgù zìjǐ
かど【過渡】 过渡 guòdù ◆～期 过渡时期 guòdù shíqī
かど【過度-の】 过于 guòyú
かど【角】 犄角 jījiǎo; 棱角 léngjiǎo ◆～を曲がる 拐弯 guǎiwān; 转弯 zhuǎnwān ◆机の～ 桌角 zhuōjiǎo ◆～が立つ 带刺 dàicì
かとう【下等-の】 下等 xiàděng ◆～動物 低级动物 dījí dòngwù
かとう【過当】 过火 guòhuǒ ◆～競争 过分的竞争 guòfèn de jìngzhēng
かどう【稼働-する】 开动 kāidòng ◆

かどぐち — かばん

~率 开工率 kāigōnglǜ
かどぐち【門口】门口儿 ménkǒur
カドミウム 镉 gé
かとりせんこう【蚊取り線香】 蚊香 wénxiāng
カトリックきょう【カトリック教】 天主教 Tiānzhǔjiào
カトレア 卡特兰 kǎtèlán
かどわかす 拐 guǎi; 拐骗 guǎipiàn
かなあみ【金網】 铁丝网 tiěsīwǎng
かない【家内】 ❶《家庭》家里 jiāli; 家庭 jiātíng ◆～安全 家中平安 jiāzhōng píng'ān ❷《妻》妻子 qīzi
かなう【適う】 合乎 héhū; 适合 shìhé ◆条件が適えば 如果条件满足 rúguǒ tiáojiàn mǎnzú
かなう【叶う】 实现 shíxiàn ◆望みが～ 如愿以偿 rú yuàn yǐ cháng
かなえ【鼎】 鼎 dǐng 鼎足 dǐngzú ◆～の軽重を問う 问鼎之轻重 wèn dǐng zhī qīngzhòng
かなぐ【金具】 金属零件 jīnshǔ língjiàn
かなしい【悲しい】 悲哀 bēi'āi; 难过 nánguò; 心酸 xīnsuān; 悲伤 bēishāng
かなしみ【悲しみ】 悲哀 bēi'āi; 伤心 shāngxīn; 悲伤 bēishāng
かなしむ【悲しむ】 感伤 gǎnshāng; 伤感 shānggǎn; 伤心 shāngxīn
かなづち【金槌】 锤子 chuízi; 榔头 lángtou ◆私は～《泳げない》旱鸭子 hànyāzi
かなでる【奏でる】 奏乐 zòuyuè; 《管楽器を》吹 chuī
かなめ【要】 关节 guānjié ◆～となる 关键 guānjiàn
かなもの【金物】 五金 wǔjīn ◆～屋 五金商店 wǔjīn shāngdiàn
かならず【必ず】 一定 yídìng; 必定 bìdìng; 准保 zhǔnbǎo
かならずしも【必ずしも】 不一定 bù yídìng; 未必 wèibì ◆～正しいとは言えない 未必正确 wèibì zhèngquè
かなり 挺 tǐng; 相当 xiāngdāng ◆～長い間 好半天 hǎobàntiān ◆～多い[少ない] 相当多[少] xiāngdāng duō[shǎo]
カナリヤ 金丝雀 jīnsīquè
かなわない【適わない】 不及 bùjí; 跟不上 gēnbushàng; 比不上 bǐbushàng
カニ【蟹】 螃蟹 pángxiè ◆～味噌 蟹黄 xièhuáng; 《海の》海蟹 hǎixiè ◆～座 巨蟹座 jùxièzuò
かにく【果肉】 果肉 guǒròu
かにゅう【加入-する】 参加 cānjiā; 加入 jiārù ◆～者 用户 yònghù

カヌー 独木舟 dúmùzhōu; 皮划艇 píhuátǐng
かね【金】《金銭》金钱 jīnqián; 货币 huòbì ◆～がある 有钱 yǒu qián ◆～に換える《売って》换钱 huàn qián ◆～を支払う 付钱 fù qián ◆～を借りる 欠款 qiànkuǎn ◆～を集める 凑钱 còu qián ◆～を出し合う 凑份子 còu fènzi ◆～を貸す 贷款 dàikuǎn
かね【鐘】 钟 zhōng ◆～をつく 敲钟 qiāo zhōng
かねじゃく【曲尺】 角尺 jiǎochǐ; 矩尺 jǔchǐ; 曲尺 qūchǐ
かねつ【加熱-する】 加热 jiārè; 烧 shāo
かねつ【過熱-する】 过热 guòrè; 过火 guòhuǒ
かねづかい【金遣い】 花钱 huāqián ◆～が荒い 大手大脚 dà shǒu dà jiǎo; 挥霍 huīhuò
かねづまり【金詰まり】 钱紧 qián jǐn; 银根紧 yíngēn jǐn
かねて【予て】 以前 yǐqián; 早先 zǎoxiān ◆～からの疑問 很早就持有的疑问 hěn zǎo jiù chíyǒu de yíwèn
かねめ【金目】 价值 jiàzhí ◆～の物 值钱的东西 zhíqián de dōngxi
かねもうけ【金儲け-する】 赚钱 zhuàn qián
かねもち【金持ち】 财主 cáizhu ◆～である 有钱 yǒu qián ◆～になる 发财 fācái
かねる【兼ねる】 兼 jiān ◆役員を～ 兼任董事 jiānrèn dǒngshì
かねん【可燃】 ◆～性の 可燃性 kěránxìng ◆～物 可燃物 kěránwù
かのう【化膿-する】 化脓 huànóng; 溃烂 kuìlàn
かのう【可能-な】 可能 kěnéng ◆～性 可能性 kěnéngxìng
かのじょ【彼女】 她 tā ◆～たち 她们 tāmen ◆友達の～《交際相手》朋友的女朋友 péngyou de nǚ péngyou
カバ【河馬】《動》河马 hémǎ
カバ【樺】《植物》桦 huà
カバー【《おおう・かぶせる》挡 dǎng; 套子 tàozi; 罩子 zhàozi ❷《補う》◆～する 弥补 míbǔ
かばう【庇う】 ❶《人を》护 hù; 袒护 tǎnhù ◆身内を～ 袒护亲属 tǎnhù qīnshǔ ❷《弱いところを》◆ひざを～ 保护膝盖 bǎohù xīgài ❸《悪事・悪人を》打掩护 dǎ yǎnhù; 包庇 bāobì
かはん【河畔】 河畔 hépàn
かばん【鞄】 书包 shūbāo; 皮包 píbāo; 提包 tíbāo ◆～に入れる 放进皮包 fàngjìn píbāo ◆旅行～ 旅行

包 lǚxíngbāo
がばん【画板】 画板 huàbǎn; 图板 túbǎn
かはんしん【下半身】 下身 xiàshēn
かはんすう【過半数】 过半数 guòbànshù ◆~を占める 占过半数 zhàn guòbànshù
かび【黴】 霉 méi ◆~が生える 发霉 fāméi
かび【華美-な】 华美 huáměi; 华丽 huálì
がびょう【画鋲】 图钉 túdīng
かびる【黴る】 发霉 fāméi
かびん【花瓶】 花瓶 huāpíng
かびん【過敏-な】 过敏 guòmǐn ◆神経~ 神经过敏 shénjīng guòmǐn
かふ【寡婦】 寡妇 guǎfù
かぶ【下部】 下级 xiàjí; 下面 xiàmiàn; 下头 xiàtou ◆~構造 经济基础 jīngjì jīchǔ ◆~組織 基层组织 jīcéng zǔzhī
かぶ【株】《切り株》木の~ 墩子 dūnzi;《株式》~配当 股息 gǔxī ◆~券 股票 gǔpiào ◆《得意技》お~を奪う 学会他人的专长 xuéhuì tārén de zhuāncháng
カブ【蕪】《植物》无菁 wújīng
かふう【家風】 门风 ménfēng ◆~に合わない 不符合门风 bù fúhé ménfēng
がふう【画風】 画风 huàfēng
カフェ 咖啡馆 kāfēiguǎn ◆~バー 咖啡吧 kāfēibā
カフェイン 咖啡碱 kāfēijiǎn; 咖啡因 kāfēiyīn
カフェテリア 自助食堂 zìzhù shítáng
かぶか【株価】 股价 gǔjià ◆~が上がる 股票价格上涨 gǔpiào jiàgé shàngzhǎng
かぶさる 覆盖 fùgài
かぶしき【株式】 股 gǔ; 股份 gǔfèn ◆~会社 股份有限公司 gǔfèn yǒuxiàn gōngsī ◆~市場 股市 gǔshì
カフスボタン 袖扣儿 xiùkòur
かぶせる【被せる】 盖 gài; 覆盖 fùgài; 扣 kòu; 罩 zhào ◆袋を~ 蒙上袋子 méngshang dàizi ◆土を~ 用土盖上 yòng tǔ gàishang ◆罪を~ 代人承担罪责 dàirén chéngdān zuìzé
カプセル《薬の》胶囊 jiāonáng
かふそく【過不足】 不多不少 bù duō bù shǎo ◆~のない 得当 dédàng
かふちょうせい【家父長制】 家长制 jiāzhǎngzhì
かぶと【兜】 盔 kuī ◆~を脱ぐ 认输 rènshū
カブトガニ【兜蟹】 水鳖子 shuǐbiē-zi; 鲎 hòu
カブトムシ【甲虫】 甲虫 jiǎchóng
かぶぬし【株主】 股东 gǔdōng ◆~総会 股东大会 gǔdōng dàhuì
かぶりつく 狼吞虎咽 láng tūn hǔ yàn
かぶる【被る】《損失など》蒙 受 méngshòu ◆帽子を~ 戴帽子 dài màozi ◆砂ぼこりを~ 砂石扑面 shāshí pūmiàn ◆猫を~ 假装 jiǎzhuāng ◆罪を~ 替人担罪 tìrén dānzuì
かぶれる ❶《皮膚が》发炎 fāyán ❷《夢中になる》着迷 zháomí
かふん【花粉】 花粉 huāfěn ◆~症 过敏性花粉症 guòmǐnxìng huāfěnzhèng
かぶん【過分】 过分 guòfèn ◆~なほめ言葉 过奖 guòjiǎng
かべ【壁】 墙 qiáng; 墙壁 qiángbì ◆~紙 墙纸 qiángzhǐ ◆~にぶつかる 碰壁 pèngbì; 碰钉子 pèng dīngzi ◆~に耳あり 窗外有耳 chuāng wài yǒu ěr; 隔墙有耳 gé qiáng yǒu ěr
かへい【貨幣】 货币 huòbì; 金钱 jīnqián; 钱币 qiánbì ◆~価値 币值 bìzhí ◆~制度 币制 bìzhì
かべかけ【壁掛け】 壁毯 bìtǎn; 挂毯 guàtǎn
かべしんぶん【壁新聞】 壁报 bìbào; 墙报 qiángbào; 大字报 dàzìbào
かべん【花弁】 花瓣 huābàn
かほう【家宝】 传家宝 chuánjiābǎo
かほご【過保護-な】 娇惯 jiāoguàn ◆~に育てる 娇生惯养 jiāo shēng guàn yǎng
かぼそい【か細い】 低微 dīwēi; 细弱 xìruò ◆~声 微弱的声音 wēiruò de shēngyīn
カボチャ【南瓜】 南瓜 nánguā
かま【釜・窯】 ❶《鍋などの》锅 guō ❷《瀬戸物などを焼く》窑 yáo
かま【鎌】 镰刀 liándāo ◆~をかける 套问 tàowèn; 诈 zhà
ガマ【蒲】《植物》香蒲 xiāngpú
かまう【構う】 管 guǎn; 理 lǐ; 睬 cǎi; 理会 lǐhuì ◆猫を~ 逗猫 dòumāo ◆どうぞお構いなく 请不要张罗 qǐng búyào zhāngluo ◆どちらでも構わない 哪样都行 nǎyàng dōu xíng
ガマガエル【蝦蟇蛙】 癞蛤蟆 làihá-ma; 蟾蜍 chánchú
カマキリ【蟷螂】 螳螂 tángláng
かまける 只顾 zhǐgù ◆仕事に~ 只忙于工作 zhǐ mángyú gōngzuò
かまど【竈】 炉灶 lúzào; 炉子 lúzi; 灶 zào
がまん【我慢-する】 忍受 rěnshòu;

容忍 róngrěn；硬挺 yìngtǐng ♦～して…する 将就 jiāngjiu ♦～できない 难堪 nánkān；忍不住 rěnbuzhù；气不过 qìbuguò；不忍 bùrěn ♦～強い 耐烦 nàifán

かみ【紙】纸 zhǐ；纸张 zhǐzhāng
かみ【神】神 shén；上帝 shàngdì；老天 lǎotiān；老天爷 lǎotiānyé ♦～のみぞ知る 天晓得 tiān xiǎode ♦～も仏もない 老天爷不睁眼 lǎotiānyé bù zhēng yǎn
かみ【髪】发 fà ♦～をとかす 梳头 shūtóu ♦～を切る 理发 lǐfà ♦～型 发型 fàxíng
かみあう【噛み合う】啮合 nièhé；咬 yǎo ♦考えが～ 相投 xiāngtóu
かみがかり【神懸り】♦～になる 下神 xià shén
がみがみ 《叱る》严厉批评 yánlì pīpíng
カミキリムシ【髪切り虫】天牛 tiānniú
かみきる【噛み切る】咬断 yǎoduàn
かみきれ【紙切れ】纸片 zhǐpiàn
かみくず【紙屑】废纸 fèizhǐ ♦～かご 纸篓 zhǐlǒu；字纸篓儿 zìzhǐlǒur
かみくだく【噛み砕く】嚼碎 jiáosuì ♦噛み砕いて説明する 详细说明 xiángxì shuōmíng
かみころす【噛み殺す】咬死 yǎosǐ ♦欠伸（あくび）を～ 憋住哈欠 biēzhù hāqiàn
かみざ【上座】上手 shàngshǒu；上座 shàngzuò ♦～に座るお客 座上客 zuòshàngkè
かみしめる【噛みしめる】《歯で》咬住 yǎozhù；咬紧 yǎojǐn；《味わう》体味 tǐwèi；玩味 wánwèi；咀嚼 jǔjué ♦唇を～ 紧咬嘴唇 jǐnyǎo zuǐchún ♦孤独を～ 体味孤独 tǐwèi gūdú
かみそり【剃刀】刮脸刀 guāliǎndāo；剃刀 tìdāo ♦～の刃 刀片 dāopiàn
かみだな【神棚】神龛 shénkān
かみつく【過密】稠密 chóumì ♦～なスケジュール 稠密的日程表 chóumì de rìchéngbiǎo
かみつく【噛み付く】咬 yǎo ♦犬が狗咬 gǒu yǎo ♦判定に～ 反驳判定 fǎnbó pàndìng
かみづつみ【紙包み】纸包 zhǐbāo
かみテープ【紙テープ】纸带 zhǐdài
かみナプキン【紙ナプキン】餐巾纸 cānjīnzhǐ
かみなり【雷】雷 léi；雷公 léigōng ♦～が鳴る 打雷 dǎléi；响雷 xiǎngléi ♦～を落とす 大发雷霆 dà fā léi tíng
かみのけ【髪の毛】头发 tóufa
かみはんき【上半期】上半年 shàng bànnián

かみひとえ【紙一重】♦～の差で 只差一点点儿 zhǐ chà yìdiǎndiǎnr
かみぶくろ【紙袋】纸袋子 zhǐdàizi；纸口袋儿 zhǐkǒudàir
かみやすり【紙やすり】砂纸 shāzhǐ ♦～をかける 用砂纸磨 yòng shāzhǐ mó
かみわざ【神業】绝技 juéjì；奇迹般的技术 qíjì bān de jìshù
かみん【仮眠-する】假寐 jiǎmèi
かむ《鼻を》擤鼻涕 xǐng bítì
かむ【咬［噛］む】咬 yǎo；叮 dīng；嚼 jiáo；蜇 zhē ♦よく噛んで食べる 细嚼慢咽 xì jiáo màn yàn ♦スズメバチに噛まれた 被马蜂蜇了 bèi mǎfēng zhēle ♦蚊に噛まれる 被蚊子叮 bèi wénzi dīng
ガム 口香糖 kǒuxiāngtáng
ガムテープ 胶布 jiāobù
カムバック 重返 chóngfǎn；东山再起 dōngshān zài qǐ
カムフラージュ-する 伪装 wěizhuāng；障眼法 zhàngyǎnfǎ
かめ【瓶】罐子 guànzi；坛 tán；缸子 gāngzi ♦水～ 水罐 shuǐguàn
カメ【亀】乌龟 wūguī；王八 wángba ♦～の甲 龟甲 guījiǎ
かめい【仮名】化名 huàmíng
かめい【加盟-する】加盟 jiāméng
がめつい 惟利是图 wéi lì shì tú
カメラ 相机 xiàngjī；照相机 zhàoxiàngjī ♦～マン 摄影师 shèyǐngshī ♦デジタル～ 数字相机 shùzì xiàngjī
カメレオン 变色龙 biànsèlóng
かめん【仮面】假面具 jiǎmiànjù；面具 miànjù；画皮 huàpí ♦～をかぶる 戴上面具 dàishang miànjù
がめん【画面】画面 huàmiàn；荧光屏 yíngguāngpíng
カモ【鴨】野鸭 yěyā
かもい【鴨居】门楣 ménméi
かもく【寡黙-な】寡言 guǎyán；沉默 chénmò
かもく【課［科］目】学科 xuékē；科目 kēmù
カモシカ 羚羊 língyáng
かもしれない 可能 kěnéng；说不定 shuōbudìng；也许 yěxǔ
かもつ【貨物】货物 huòwù ♦～運送 货运 huòyùn ♦～輸送機 货机 huòjī ♦～室《船や飛行機の》货舱 huòcāng ♦～船 货船 huòchuán；货轮 huòlún ♦～列車 货车 huòchē
カモメ【鴎】海鸥 hǎi'ōu
かや【蚊帳】蚊帐 wénzhàng
カヤ【芽】《植物》茅草 máocǎo
がやがや 哇啦 wālā ♦～騒がしい 哗然 huárán；乱哄哄 luànhōng-

hōng
かやく【火薬】 火药 huǒyào
かやぶき【茅葺き】 草顶房屋 cǎodǐng fángwū
かゆ【粥】 粥 zhōu；稀饭 xīfàn ♦あわ～ 小米粥 xiǎomǐzhōu ♦お～を炊く 烧粥 shāo zhōu
かゆい【痒い】 痒 yǎng；痒痒 yǎngyang
かよう【通う】 来往 láiwǎng ♦学校へ～ 上学 shàngxué；走读 zǒudú ♦心が～ 心意相通 xīnyì xiāngtōng ♦血が～ 有人情味 yǒu rénqíngwèi
かようきょく【歌謡曲】 流行歌曲 liúxíng gēqǔ
かようし【画用紙】 图画纸 túhuàzhǐ
かようび【火曜日】 星期二 xīngqī'èr；礼拜二 lǐbài'èr
かよわい【か弱い】 纤弱 xiānruò；柔弱 róuruò
-から ❶《起点》从 cóng；打 dǎ；自 zì；自从 zìcóng ♦明日～始める 从明天开始 cóng míngtiān kāishǐ ♦東京～来た人 从东京来的人 cóng Dōngjīng lái de rén ❷《以後》♦家に戻って～電話する 回家后打电话 huíjiā hòu dǎ diànhuà ❸《もとにする》♦古紙～作られたトイレットペーパー 旧纸制的手纸 jiùzhǐ zhì de shǒuzhǐ
から【殻】 壳 ké ♦クルミの～ 核桃壳儿 hétaokér ♦～に閉じこもる 性格孤僻 xìnggé gūpì ♦～を破る 打破陈规 dǎpò chénguī ♦もぬけの～ 空空如也 kōng kōng rú yě
から【空】 空 kōng ♦～の引き出し 空抽屉 kōng chōuti ♦ジョッキを～にする 喝干 hēgān
がら【柄】 ❶《模様》花样 huāyàng ♦～と色 花色 huāsè ♦花～の花纹 huāwén ❷《体格》个儿 gèr；身材 shēncái ❸《人柄》人品 rénpǐn ♦品行 pǐnxíng ♦～が悪い 人品不好 rénpǐn bùhǎo ❹《状態》♦場所～をわきまえる 注意场合 zhùyì chǎnghé
カラー ❶《襟の》领子 lǐngzi ❷《色》颜色 yánsè；色彩 sècǎi ♦～印刷 彩印 cǎiyìn ♦～テレビ 彩电 cǎidiàn ❸《特色》♦我が校の～ 我校的特色 wǒxiào de tèsè
からあげ【空揚げ】 干炸 gānzhá
からい【辛い】 ❶《味が》辣 là ♦塩～ 咸 xián ❷《きびしい》♦採点が～ 给分严 gěifēn yán
からいばり【空威張り-する】 虚张声势 xū zhāng shēngshì
カラオケ 卡拉OK kǎlāOK
からかう 逗 dòu；调笑 tiáoxiào；逗弄 dòunong；开玩笑 kāi wán-

xiào；取闹 qǔnào；耍笑 shuǎxiào；挑逗 tiǎodòu；作弄 zuònòng ♦猫を～ 戏弄猫 xìnòng māo ♦女性を～ 调戏 tiáoxì ♦人のこと を～な 不要拿人家取笑 búyào ná rénjia qǔxiào
からから-の ❶《空気が》干燥 gānzào ❷《川や池の水が》干涸 gānhé；《ひからびている》干巴巴 gānbābā
がらがら ❶《音》哗哗 huāhuā；哗啦 huālā ❷《がら空き》空荡荡 kōngdàngdàng
ガラガラヘビ 响尾蛇 xiǎngwěishé
からくさもよう【唐草模様-の】 蔓草花纹 màncǎo huāwén
がらくた 废物 fèiwù；废料 fèiliào
からくも【辛くも】 差点儿 chàdiǎnr；险些 xiǎnxiē ♦～逃げきる 好容易才逃脱 hǎoróngyì cái táotuō
からくり 鬼把戏 guǐbǎxì；机关 jīguān ♦～人形 活动偶人 huódòng ǒurén
からげる【絡げる】 撩 liāo ♦裾を～ 撩裤脚 liāo kùjiǎo
からげんき【空元気】 强打精神 qiáng dǎ jīngshen
からさわぎ【空騒ぎ-する】 大惊小怪 dà jīng xiǎo guài
からし【辛子】 芥末 jièmo
からしな【芥子菜】 芥菜 jiècài
カラス【烏】 乌鸦 wūyā
からす【嗄らす】 ♦声を～ 哑 yǎ；沙哑 shāyǎ
ガラス【硝子】 玻璃 bōli ♦～のコップ 玻璃杯 bōlibēi
カラスガイ【烏貝】 蚌 bàng
からすみ【唐墨】 乌鱼子 wūyúzi
カラスムギ【烏麦】 燕麦 yànmài
からせき【空咳】 干咳 gānké
からだ【体】 身体 shēntǐ；身子 shēnzi；身上 shēnshang；身躯 shēnqū ♦～が丈夫だ 身强力壮 shēn qiáng lì zhuàng ♦～が弱い 身体弱 shēntǐ ruò ♦～によい[悪い] 有益[有害]于身体 yǒuyì[yǒuhài] yú shēntǐ
カラタチ【枳殻】《植物》枸橘 gōujú；枳 zhǐ
からだつき【体つき】 体格 tǐgé；身躯 shēnqū；腰板儿 yāobǎnr
カラット 克拉 kèlā
からっぽ【空っぽ-の】 空 kōng；空虚 kōngxū ♦燃料タンクが～だ 油箱空了 yóuxiāng kōng le
からて【空手】《武道》拳术 quánshù；《手ぶらで》空手 kōngshǒu
からてがた【空手形】 空头支票 kōngtóu zhīpiào ♦《約束で》～を切る 空口说白话 kōngkǒu shuō báihuà

からねんぶつ【空念仏】 空话 kōnghuà; 空谈 kōngtán

からぶり【空振り-する】 扑空 pūkōng

カラマツ【落葉松】 落叶松 luòyèsōng

からまる【絡まる】 缠 chán; 盘绕 pánrào ◆ ひもが～ 绳缠在一起 shéng chánzài yìqǐ

からまわり【空回り-する】 ❶《物が》空转 kōngzhuàn ❷《物事が》空忙 kōngmáng ◆議論が～する 白讨论一番 bái tǎolùn yīfān

-がらみ【-絡み】 ❶《概数》左右 zuǒyòu; 上下 shàngxià ◆40～の男 四十岁左右的男人 sìshí suì zuǒyòu de rén ❷《関連》有关 yǒuguān ◆商売～の旅 有关买卖的旅行 yǒuguān mǎimài de lǚxíng

からみつく【絡み付く】 绕上 ràoshàng; 缠上 chánshàng; 攀缠 pānchán ◆ツタが～ 爬山虎缠绕 páshānhǔ chánrào

からむ【絡む】 ❶《人に》捣蛋 dǎodàn; 蘑菇 mógu; 纠缠 jiūchán ◆金が絡んだ話 牵涉钱的事情 qiānshè qián de shìqíng ❷《ひもなどが》缠 chán; 绊 bàn

からりと 明朗 mínglǎng; 开朗 kāilǎng ◆～晴れる 晴朗 qínglǎng ◆～揚がった天ぷら 炸酥的炸鱼虾 zhá-sū de zháyúxiā ◆～した性格 开朗的性格 kāilǎng de xìnggé

がらりと 突然 tūrán ◆態度が変わる 态度忽然改变 tàidu hūrán gǎibiàn

がらんどう 空洞 kōngdòng; 空旷 kōngkuàng

がらんとした 空荡荡 kōngdàngdàng ◆～店内 空荡荡的店内 kōngdàngdàng de diànnèi

かり【仮-の】 临时 línshí

かり【借り】 债 zhài; 借款 jièkuǎn ◆～がある《お金の》该 gāi ◆～を作る 借债 jièzhài ◆～を清算する 清偿借款 qīngcháng jièkuǎn ◆～主 债户 zhàihù

かり【狩り】 打猎 dǎliè

カリ【雁】 雁 yàn; 大雁 dàyàn; 鸿雁 hóngyàn

かりいれ【刈り入れ】 割 gē; 收割 shōugē ◆～を始める 开镰 kāilián

かりいれきん【借入金】 借款 jièkuǎn

カリウム 钾 jiǎ

かりかた【借方】 收方 shōufāng; 借方 jièfāng

がりがり【～に痩(や)せた】 骨瘦如柴 gǔ shòu rú chái; 皮包骨 pí bāo gǔ ◆氷を～噛む 咯吱咯吱嚼冰 gēzhī jiáo bīng

がりがりもうじゃ【我利我利亡者】 贪得无厌 tān dé wú yàn

カリキュラム 课程 kèchéng; 教学计划 jiàoxué jìhuà

かりきる【借り切る】 包租 bāozū

かりけいやく【仮契約】 暂行合同 zànxíng hétong

かりしゅっしょ【仮出所-する】 假释 jiǎshì

カリスマ 超凡魅力 chāofán mèilì ◆～性のある 有超凡魅力 yǒu chāofán mèilì

かりずまい【仮住まい】 寄寓 jìyù; 寓居 yùjū

かりたてる【駆り立てる】 驱使 qūshǐ; 吆喝 yāohe;《ある行動に》策动 cèdòng

かりちょういん【仮調印】 草签 cǎoqiān

かりて【借り手】 借方 jièfāng; 借户 jièhù; 租户 zūhù ◆～を探す 寻找租户 xúnzhǎo zūhù

かりとる【刈り取る】 收割 shōugē

かりに【仮に】 假定 jiǎdìng; 假设 jiǎshè; 即使 jíshǐ

かりぬい【仮縫い-する】 试样子 shì yàngzi

カリフラワー 菜花 càihuā; 花椰菜 huāyēcài

かりゅう【顆粒】 颗粒 kēlì ◆～状の 颗粒状的 kēlìzhuàng de

かりゅう【下流】 下游 xiàyóu; 下流 xiàliú

がりゅう【我流-の】 自学的 zìxué de

がりょうてんせい【画竜点睛】 ◆～を欠く 画龙不点睛 huà lóng bù diǎn jīng

かりょく【火力】 火力 huǒlì; 火势 huǒshì ◆～が強い 火力强 huǒlì qiáng ◆～発電 火电 huǒdiàn; 火力发电 huǒlì fādiàn ◆～発電所 热电厂 rèdiànchǎng

かりる【借りる】 借 jiè; 租 zū ◆小銭を～ 借零钱 jiè língqián ◆知恵を～ 请教 qǐngjiào ◆ノートを～ 借笔记 jiè bǐjì

かる【刈る】 割 gē; 剪 jiǎn ◆雑草を～ 割草 gēcǎo ◆髪を～ 剪发 jiǎnfà

かるい【軽い】 ❶《重量が》轻 qīng ◆荷物は～ 行李轻 xínglǐ qīng ❷《程度が》轻微 qīngwēi ◆～やけど 轻度烧伤 qīngdù shāoshāng ◆軽く食べる 点饥 diǎnjī ❸《軽率》口が～ 嘴不严 zuǐ bùyán ❹《簡単》轻松 qīngsōng ◆合格は～ 很容易考上 hěn róngyì kǎoshàng

かるいし【軽石】 浮石 fúshí

かるがる【軽々-と】 轻快 qīngkuài;

轻轻(地) qīngqīng (de) ◆～と運ぶ 轻松搬运 qīngsōng bānyùn ◆～と飛び越える 轻松越过 qīngsōng yuèguò

かるがるしい【軽々しい】 轻浮 qīngfú; 轻率 qīngshuài; 轻易 qīngyì ◆～発言 轻率的发言 qīngshuài de fāyán ◆軽々しく信じる 轻信 qīngxìn

かるくち【軽口】 ◆～をたたく 戏谑 xìxuè

カルシウム 钙 gài

カルスト 岩溶 yánróng

かるた【歌留多】 纸牌 zhǐpái

カルチャー 文化 wénhuà; 教养 jiàoyǎng ◆～ショック 文化冲击 wénhuà chōngjī

カルテ 病历 bìnglì

カルテット 四重唱 sìchóngchàng; 四重奏 sìchóngzòu

カルテル 卡特尔 kǎtè'ěr ◆～協定 卡特尔协定 kǎtè'ěr xiédìng

かるはずみ【軽はずみ-な】 轻率 qīngshuài; 轻佻 qīngtiāo

かるわざ【軽業】 杂技 zájì; 把戏 bǎxì ◆～師 杂技演员 zájì yǎnyuán

かれ【彼】 他 tā ◆～氏《交際相手》男朋友 nánpéngyou

かれい【華麗-な】 富丽 fùlì; 华丽 huálì; 绚丽 xuànlì

カレイ【鰈】 鲽 dié

カレー 咖喱 gālí ◆～粉 咖喱粉 gālífěn ◆～ライス 咖喱饭 gālífàn

ガレージ 车库 chēkù

かれえだ【枯れ枝】 干枯的树枝 gānkū de shùzhī

かれき【枯れ木】 枯木 kūmù

がれき【瓦礫】 瓦砾 wǎlì ◆～の山と化す 变成一片废墟 biànchéng yípiàn fèixū

かれくさ【枯れ草】 枯草 kūcǎo; 干草 gāncǎo

かれた【涸れた】 干涸 gānhé ◆～川 干枯的河 gānkū de hé

かれは【枯れ葉】 枯叶 kūyè ◆～が舞う 落叶飞舞 luòyè fēiwǔ

かれら【彼等】 他们 tāmen

かれる【枯れる】 枯 kū; 凋谢 diāoxiè; 萎缩 wěisuō; 萎谢 wěixiè ◆木が～ 树木枯萎 shùmù kūwěi

かれる【嗄れる】《声が》沙哑 shāyǎ

かれる【涸れる】 干涸 gānhé ◆井戸が～ 井枯了 jǐng kū le

かれん【可憐-な】 可爱 kě'ài; 可怜 kělián

カレンダー 日历 rìlì; 月历 yuèlì

かろう【過労】 过劳 guòláo; 过度疲劳 guòdù píláo ◆～で倒れる 因过度疲劳而倒下 yīn guòdù píláo ér dǎoxià ◆～死 过劳死 guòláosǐ

がろう【画廊】 画廊 huàláng

かろうじて【辛うじて】 好不容易 hǎo bù róngyì; 差point儿 chàdiǎnr

かろやか【軽やか-な】 轻盈 qīngyíng; 轻飘飘 qīngpiāopiāo ◆～な足取り 轻盈的步伐 qīngyíng de bùfá

カロリー 卡 kǎ; 卡路里 kǎlùlǐ ◆キロ～ 大卡 dàkǎ

ガロン 加仑 jiālún

かろんじる【軽んじる】 小看 xiǎokàn; 菲薄 fěibó; 轻慢 qīngmàn

かわ【川】 河 hé; 江 jiāng; 河流 héliú; 河川 héchuān

かわ【皮[革]】 皮革 pígé ◆～の札入れ 皮夹子 píjiāzi ◆～ベルト 皮带 pídài ◆～鞄 皮包 píbāo ◆～手袋 皮手套 píshǒutào ◆～製品 皮革制品 pígé zhìpǐn

かわ[がわ]【側】 方面 fāngmiàn; 边 biān; 立场 lìchǎng ◆右[左]～ 右[左]侧 yòu[zuǒ]cè ◆向こう～ 对面 duìmiàn

かわいい【可愛い】 可爱 kě'ài

かわいがる【可愛がる】 疼 téng; 疼爱 téng'ài; 爱怜 àilián; 宠爱 chǒng'ài

かわいそう【可哀相-な】 可怜 kělián

カワウ【川鵜】 鸬鹚 lúcí; 鱼鹰 yúyīng; 墨鸦 mòyā

カワウソ【川獺】 水獭 shuǐtǎ

かわかす【乾かす】 晒干 shàigān;《火で》烤干 kǎogān

かわかみ【川上】 上游 shàngyóu

かわき【渇き】 渴 kě ◆～をいやす 解渴 jiěkě

かわぎし【川岸】 河岸 hé'àn; 河边 hébiān

かわく【乾く】 干 gān

かわぐつ【革靴】 皮鞋 píxié

かわざんよう【皮算用】 如意算盘 rúyì suànpán ◆捕らぬ狸の～ 打如意算盘 dǎ rúyì suànpán

かわしも【川下】 下游 xiàyóu

かわす【交す】 交 jiāo ◆挨拶を～ 互相打招呼 hùxiāng dǎ zhāohu

かわすじ【川筋】 河道 hédào

かわせ【為替】 汇票 huìpiào ◆～で送金する 汇兑 huìduì ◆～手形 汇票 huìpiào ◆～レート 汇率 huìlǜ; 汇价 huìjià; 外汇牌价 wàihuì páijià; 外汇汇率 wàihuì huìlǜ

カワセミ【翡翠】 翠鸟 cuìniǎo; 鱼狗 yúgǒu

かわぞい【川沿い】 河沿 héyán ◆～の道 沿河的道路 yánhé de dàolù

かわった【変わった】 古怪 gǔguài ◆～人 怪人 guàirén

かわどこ【川床】 河槽 hécáo; 河床

héchuáng
かわら【瓦】瓦 wǎ ◆～ぶきの家 瓦房 wǎfáng
かわら[河(川)原] 河滩 hétān
かわり【代わり】代替 dàitì ◆～に出席する 代为出席 dàiwéi chūxí ◆ビールのお～を頼む 再来一杯啤酒 zài lái yì bēi píjiǔ
かわり【変わり】变化 biànhuà; 异常 yìcháng ◆～ない 没有变化 méiyǒu biànhuà
かわりばんこ【代わり番こ−に】轮流 lúnliú; 轮换 lúnhuàn
かわりめ【変わり目】转折点 zhuǎnzhédiǎn ◆季節の～ 季节交替时期 jìjié jiāotì shíqí
かわりもの【変わり者】怪物 guàiwu; 奇人 qírén
かわる【替わる】顶 dǐng; 顶替 dǐngtì; 换 huàn; 替 tì ◆席を～ 换座位 huàn zuòwèi
かわる【変わる】变 biàn; 转变 zhuǎnbiàn; 转折 zhuǎnzhé ◆天気が～ 天气变了 tiānqì biàn le ◆試合の流れが～ 比赛的局势变了 bǐsài de júshì biàn le
かわるがわる【代わる代わる】轮番 lúnfān; 轮换 lúnhuàn; 轮流 lúnliú
かん【勘】直感 zhígǎn; 灵感 línggǎn ◆～がいい[悪い] 直觉灵敏[迟钝] zhíjué língmǐn[chídùn] ◆～を働かせる 动用灵感 dòngyòng línggǎn
かん【巻】卷 juàn ◆上下二～の本 分为上下两卷的书 fēnwéi shàngxià liǎngjuàn de shū
かん【缶】罐 guàn; 罐子 guànzi
かん【燗】◆～をつける 烫酒 tàng jiǔ; 温酒 wēn jiǔ; 炖酒 dùn jiǔ
かん【癇】肝火 gānhuǒ ◆～に障る 触怒 chùnù
がん【癌】癌 ái;〈比喩〉症结 zhēngjié
がん【願】◆～をかける 发愿 fā yuàn; 许愿 xǔ yuàn
ガン【雁】大雁 dàyàn; 雁 yàn
かんい【簡易−な】简易 jiǎnyì
かんいり【缶入り−の】听装 tīngzhuāng
かんえつ【観閲】检阅 jiǎnyuè ◆～式 检阅式 jiǎnyuèshì
かんえん【肝炎】肝炎 gānyán ◆B型～ 乙肝 yǐ gān ◆C型～ 丙肝 bǐng gān
がんえん【岩塩】岩盐 yányán
かんおけ【棺桶】棺材 guāncai; 寿材 shòucái
かんか【感化−する】感化 gǎnhuà ◆～される 沾染 zhānrǎn; 受影响 shòu yǐngxiǎng

がんか【眼科】眼科 yǎnkē ◆～医 眼科医生 yǎnkē yīshēng
かんかい【官界】官场 guānchǎng; 宦海 huànhǎi
かんがい【干害】旱灾 hànzāi
かんがい【感慨】感慨 gǎnkǎi ◆～を込めて 慨然 kǎirán ◆～深い 深有感慨 shēnyǒu gǎnkǎi
かんがい【灌漑−する】灌溉 guàngài; 浇灌 jiāoguàn ◆～用水路 沟渠 gōuqú
かんがえ【考え】想法 xiǎngfa; 念头 niàntou; 思想 sīxiǎng ◆～を決める 拿主意 ná zhǔyí ◆～を変える 转念 zhuǎnniàn; 改变主意 gǎibiàn zhǔyi ◆いい～がある 有个好主意 yǒu ge hǎo zhǔyi
かんがえかた【考え方】想法 xiǎngfa; 看法 kànfa; 意见 yìjiàn; 见解 jiànjiě
かんがえごと【考え事】心事 xīnshì
かんがえこむ【考え込む】沉思 chénsī
かんがえちがい【考え違い】误解 wùjiě; 想错 xiǎngcuò
かんがえつく【考え付く】想到 xiǎngdào; 想出 xiǎngchū
かんがえなおす【考え直す】重新考虑 chóngxīn kǎolǜ
かんがえる【考える】想 xiǎng; 思量 sīliang; 考虑 kǎolǜ; 着想 zhuóxiǎng ◆～までもない 不假思索 bùjiǎ sīsuǒ ◆しばらく考えさせてください 请让我考虑一下 qǐng ràng wǒ kǎolǜ yíxià
かんかく【感覚】感觉 gǎnjué; 知觉 zhījué ◆～器官 感官 gǎnguān ◆～が新しい[古い] 见解崭新[陈旧] jiànjiě zhǎnxīn[chénjiù] ◆～を磨く 磨练感觉 móliàn gǎnjué ◆～がまひする 感觉麻痹 gǎnjué mábì
かんかく【間隔】间隔 jiàngé; 距离 jùlí ◆～をあける 留出间隔 liúchū jiàngé ◆～を広げる[狭める] 扩大[缩小]距离 kuòdà[suōxiǎo] jùlí
かんかつ【管轄−する】管辖 guǎnxiá; 主管 zhǔguǎn ◆～地区 辖区 xiáqū
かんがっき【管楽器】管乐器 guǎnyuèqì
かんがみる【鑑みる】鉴于 jiànyú
カンガルー【（大）袋鼠（だ）dàishǔ
かんかん ❶【怒る】气冲冲 qìchōngchōng; 眼红 yǎnhóng; 怒气冲天 nù qì chōng tiān ❷【音】丁当 dīngdāng
かんがん【汗顔】汗颜 hànyán; 愧汗 kuìhàn ◆～の至り 惭愧之至 cánkuì zhī zhì
かんがん【宦官】宦官 huànguān;

太监 tàijian
かんき【乾期[季]】旱季 hànjì；干季 gānjì
かんき【寒気】寒气 hánqì ◆〜団 冷气团 lěngqìtuán
かんき【喚起-する】唤起 huànqǐ；引起 yǐnqǐ ◆注意を〜する 提起注意 tíqǐ zhùyì；提醒 tíxǐng
かんき【換気-する】通风 tōngfēng；通气 tōngqì ◆〜孔 通风孔 tōngfēngkǒng ◆〜扇 通风扇 tōngfēngshàn ◆排風扇 páifēngshàn ◆窓 通风窗 tōngfēngchuāng
かんき【歓喜-する】欣喜 xīnxǐ
かんきつるい【柑橘類】柑橘 gānjú
かんきゃく【観客】观众 guānzhòng
かんきゅう【緩急】缓急 huǎnjí ◆〜自在 缓急自在 huǎnjí zìzài
がんきゅう【眼球】眼球 yǎnqiú；眼珠子 yǎnzhūzi
かんきょう【環境】环境 huánjìng ◆〜污染 环境污染 huánjìng wūrǎn ◆〜保護 环保 huánbǎo ◆〜問題 环境问题 huánjìng wèntí
がんきょう【頑強-な】顽强 wánqiáng
かんきょうホルモン【環境ホルモン】环境激素 huánjìng jīsù
かんきょうリスク【環境リスク】环境风险 huánjìng fēngxiǎn
かんきり【缶切り】罐头刀 guàntóudāo
かんきん【換金-する】换钱 huànqián；变卖 biànmài
かんきん【監禁-する】监禁 jiānjìn；幽囚 yōuqiú
がんきん【元金】本钱 běnqián
がんぐ【玩具】玩具 wánjù；玩物 wánwù；玩意儿 wányìr ◆〜店 玩具店 wánjùdiàn
かんぐる【勘ぐる】瞎猜 xiācāi
かんけい【関係】关系 guānxi；关联 guānlián；联系 liánxì ◆〜を結ぶ 拉关系 lā guānxi；攀 pān ◆〜を絶つ 断绝联系 duànjué liánxì；断缘 duànyuán ◆〜のない 不相干 bù xiānggàn
かんげい【歓迎-する】欢迎 huānyíng
かんけいしゃ【関係者】当事人 dāngshìrén；有关人员 yǒuguān rényuán
かんげき【感激-する】感激 gǎnjī；感动 gǎndòng；激动 jīdòng
かんげき【観劇-する】看戏 kànxì
かんげき【間隙】间隙 jiànxì
かんけつ【完結-する】完结 wánjié；完了 wánliǎo
かんけつ【簡潔-な】简短 jiǎnduǎn；简洁 jiǎnjié；简练 jiǎnliàn；简要 jiǎnyào ◆〜に話す 简洁地说 jiǎnjié de shuō
かんけつせん【間歇泉】间歇泉 jiànxiēquán
かんげん【換言-する】◆〜すれば 换句话说 huàn jù huà shuō
かんげん【甘言】甜言蜜语 tián yán mì yǔ ◆〜で人を惑わす 灌米汤 guàn mǐtāng
かんげん【還元-する】还原 huányuán ◆利益を社員に〜する 将利益还原给职员 jiāng lìyì huányuángěi zhíyuán
がんけん【頑健-な】健壮 jiànzhuàng；顽健 wánjiàn
かんげんがく【管弦楽】管弦乐 guǎnxiányuè
かんご【漢語】❶《中国起源の》汉字语汇 Hànzì yǔhuì ❷《漢族の言語》汉语 Hànyǔ
かんご【看護-する】看护 kānhù；护理 hùlǐ；照护 zhàohù ◆〜師[婦] 护士 hùshi
がんこ【頑固-な】顽固 wángù；固执 gùzhí；死心眼儿 sǐxīnyǎnr；死硬 sǐyìng；拗 niù ◆〜さ 犟劲 jiàngjìn ◆〜者 一个心眼儿 yí ge xīnyǎnr；死顽固 sǐwángù
かんこう【刊行-する】刊行 kānxíng
かんこう【感光-する】感光 gǎnguāng；曝光 bàoguāng
かんこう【観光-する】游览 yóulǎn；观光 guānguāng ◆〜案内図 导游图 dǎoyóutú ◆〜客 游客 yóukè ◆〜事業 旅游事业 lǚyóu shìyè ◆〜団 观光团 guānguāngtuán；旅游团 lǚyóutuán
がんこう【眼光】目光 mùguāng ◆〜の鋭い 目光炯炯 mùguāng jiǒngjiǒng
かんこうし【感光紙】感光纸 gǎnguāngzhǐ；印相纸 yìnxiàngzhǐ
かんこうちょう【官公庁】政府机关 zhèngfǔ jīguān
かんこうへん【肝硬変】肝硬变 gānyìngbiàn
かんこく【勧告-する】相劝 xiāngquàn；劝告 quàngào
かんごく【監獄】监狱 jiānyù
かんこんそうさい【冠婚葬祭】红白喜事 hóng bái xǐshì
かんさ【監査-する】监查 jiānchá ◆会計〜 会计监查 kuàijì jiānchá
かんさい【完済-する】清还 qīnghuán；清偿 qīngcháng
がんさく【贋作】赝品 yànpǐn；赝本 yànběn
かんざし【簪】簪子 zānzi
かんさつ【観察-する】观察 guān-

chá；打量 dǎliang；察看 chákàn；观看 guānkàn

かんさつ【監察-する】监察 jiānchá ♦ ～医 法医 fǎyī

かんさん【換算-する】换算 huànsuàn；折合 zhéhé；折算 zhésuàn ♦ ～率 折算率 zhésuànlǜ

かんさん【閑散】闲散 xiánsǎn ♦ ～とした 冷落 lěngluò；冷清清 lěngqīngqīng

かんし【監視-する】监视 jiānshì；看管 kānguǎn ♦ ～塔 岗楼 gǎnglóu

かんじ【幹事】干事 gànshi ♦ ～をつとめる 担任干事 dānrèn gànshi

かんじ【感じ】感觉 gǎnjué；感受 gǎnshòu ♦ ～がよくない 印象不好 yìnxiàng bù hǎo

かんじ【漢字】汉字 Hànzì

かんしき【鑑識】鉴别 jiànbié；鉴定 jiàndìng

がんじつ【元日】元旦 yuándàn

かんじとる【感じ取る】感受 gǎnshòu；省察 xǐngchá

かんしゃ【感謝-する】感谢 gǎnxiè；感激 gǎnjī ♦ ～の気持ち 谢意 xièyì ♦ ～の言葉を述べる 致谢词 zhì xiècí ♦ ～状 感谢信 gǎnxièxìn ♦ 心からの～ 衷心感谢 zhōngxīn gǎnxiè

かんじゃ【患者】病人 bìngrén；患者 huànzhě

かんしゃく【癇癪】肝火 gānhuǒ；火气 huǒqì；脾气 píqì ♦ ～をおこす 发脾气 fā píqì

かんしゅ【看守】看守 kānshǒu

かんじゅ【甘受-する】甘受 gānshòu；忍受 rěnshòu

かんしゅう【慣習】惯例 guànlì ♦ 古い～ 旧习 jiùxí ♦ 社会の～ 社会习俗 shèhuì xísú

かんしゅう【観衆】观众 guānzhòng

かんじゅせい【感受性】感受性 gǎnshòuxìng ♦ ～が強い 感受性强 gǎnshòuxìng qiáng

がんしょ【願書】申请书 shēnqǐngshū ♦ ～を提出する 提交申请书 tíjiāo shēnqǐngshū

かんしょう【干渉-する】干涉 gānshè

かんしょう【環礁】环礁 huánjiāo

かんしょう【観賞-する】观赏 guānshǎng ♦ ～用植物 观赏植物 guānshǎng zhíwù

かんしょう【鑑賞-する】鉴赏 jiànshǎng；欣赏 xīnshǎng；赏鉴 shǎngjiàn ♦ 映画～ 电影欣赏 diànyǐng xīnshǎng ♦ 音楽～ 音乐欣赏 yīnyuè xīnshǎng

かんじょう【勘定】账 zhàng ♦ ～をする 结账 jiézhàng；算账 suànzhàng ♦ ～を支払う 付账 fùzhàng ♦ ～を締める 清账 qīngzhàng ♦ 書き～ 账单 zhàngdān

かんじょう【感情】感情 gǎnqíng；情感 qínggǎn ♦ ～がたかぶる 激动 jīdòng ♦ ～を害する 伤害感情 shānghài gǎnqíng；惹 rě ♦ ～的になる 变得非常激动 biànde fēicháng jīdòng

かんじょう【環状】环形 huánxíng

がんじょう【頑丈-な】牢靠 láokào；结实 jiēshi；硬实 yìngshi ♦ ～な体 顽健 wánjiàn；粗壮 cūzhuàng ♦ ～な建物 牢固的建筑物 láogù de jiànzhùwù

かんしょうてき【感傷的】感伤 gǎnshāng；伤感 shānggǎn；多愁善感 duō chóu shàn gǎn

かんしょく【官職】官职 guānzhí；职分 zhífèn ♦ ～名 官名 guānmíng；官衔 guānxián

かんしょく【感触】感触 gǎnchù ♦ よい～を得る 感觉很好 gǎnjué hěn hǎo ♦ ざらざらした～ 质感粗糙 zhìgǎn cūcāo

かんしょく【間食-する】零食 língshí

かんしょく【閑職】闲职 xiánzhí ♦ ～にある 坐冷板凳 zuò lěngbǎndèng

がんしょく【顔色】脸色 liǎnsè ♦ ～を失う 失色 shīsè

かんじる【感じる】感到 gǎndào；感觉 gǎnjué；觉得 juéde ♦ 暑さを～ 感到热 gǎndào rè ♦ 疲れを～ 感到疲劳 gǎndào pílao

かんしん【感心-する】佩服 pèifú；钦佩 qīnpèi ♦ ～な 令人钦佩 lìng rén qīnpèi

かんしん【関心】关心 guānxīn；兴趣 xìngqù ♦ ～を持つ 关心 guānxīn；关注 guānzhù；关怀 guānhuái ♦ ～のない 不感兴趣 bù gǎn xìngqù

かんじん【肝腎-な】紧要 jǐnyào；关键 guānjiàn

かんすい【冠水】涝 lào；淹没 yānmò ♦ 高速道路が～した 高速公路淹在水里 gāosù gōnglù yānzài shuǐli

かんすい【鹹水】咸水 xiánshuǐ

かんする【関する】关于 guānyú；有关 yǒuguān

かんせい【乾性-の】干性 gānxìng

かんせい【喚声】♦ ～を上げる 喊声 hǎnshēng；呐喊 nàhǎn

かんせい【完成-する】完成 wánchéng；完工 wángōng ♦ ～品 成品 chéngpǐn

かんせい【感性】感性 gǎnxìng ♦ ～の豊かな 感性丰富 gǎnxìng fēngfù

かんせい【慣性】惰性 duòxìng；惯性 guànxìng ♦ ～の法則 惯性定律

guànxìng dìnglǜ
かんせい【歓声】 欢声 huānshēng ♦～が上がる 欢声大起 huānshēng dàqǐ
かんせい【管制-する】 管制 guǎnzhì；控制 kòngzhì ♦～塔《空港の》塔台 tǎtái
かんせい【閑静-な】 清静 qīngjìng ♦～な住宅街 幽静的住宅区 yōujìng de zhùzháiqū
かんせい【関税】 关税 guānshuì ♦～障壁 关税壁垒 guānshuì bìlěi
がんせき【岩石】 岩石 yánshí
かんせつ【間接】 间接 jiànjiē ♦～税 间接税 jiànjiēshuì ♦～選挙 间接选举 jiànjiē xuǎnjǔ ♦～的な 间接性的 jiànjiēxìng de
かんせつ【関節】 关节 guānjié
かんせん【幹線】 干线 gànxiàn ♦～道路 干线公路 gànxiàn gōnglù
かんせん【感染-する】 沾染 zhānrǎn；感染 gǎnrǎn；侵染 qīnrǎn ♦～経路 感染途径 gǎnrǎn tújìng
かんせん【汗腺】 汗腺 hànxiàn
かんせん【観戦-する】 看比赛 kàn bǐsài
かんぜん【完全-な】 完全 wánquán；完整 wánzhěng；彻头彻尾 chè tóu chè wěi ♦～主義 求全思想 qiúquán sīxiǎng ♦～無欠だ 天衣无缝 tiān yī wú fèng；十全十美 shí quán shí měi；无瑕 wúxiá；完美 wánměi
かんぜん【敢然-と】 坚决 jiānjué；毅然 yìrán ♦～と立ち向かう 毅然面对 yìrán miànduì
かんぜん【勧善】 ♦～懲悪 惩恶扬善 chéng è yáng shàn
かんそ【簡素-な】 简朴 jiǎnpǔ；朴素 pǔsù ♦～化する 简化 jiǎnhuà；精简 jīngjiǎn
がんそ【元祖】 开山祖师 kāishān zǔshī；始祖 shǐzǔ；祖师 zǔshī
かんそう【乾燥-する】 干燥 gānzào；干旱 gānhàn；干巴巴 gānbābā ♦～機 干燥机 gānzàojī ♦空気が～している 空气干燥 kōngqì gānzào
かんそう【感想】 感想 gǎnxiǎng；感受 gǎnshòu ♦～を述べる 谈感想 tán gǎnxiǎng
かんそう【歓送-する】 欢送 huānsòng ♦～会 欢送会 huānsònghuì
かんぞう【肝臓】 肝 gān；肝脏 gānzàng ♦～癌 肝癌 gān'ái
かんそく【観測-する】 观测 guāncè ♦～所 观象台 guānxiàngtái ♦～船 科研考察船 kēyán kǎocháchuán
かんぞく【漢族】 汉人 Hànrén；汉族 Hànzú
かんたい【寒帯】 寒带 hándài
かんたい【歓待-する】 款待 kuǎndài
かんたい【艦隊】 舰队 jiànduì
かんだい【寛大-な】 宽 kuān；宽大 kuāndà；宽容 kuānróng ♦～に扱う 宽待 kuāndài
かんたい【眼帯】 遮眼罩 zhēyǎnzhào ♦～をする 戴眼罩 dài yǎnzhào
かんたいじ【簡体字】 简化汉字 jiǎnhuà Hànzì；简体字 jiǎntǐzì
かんだかい【甲高い】 尖 jiān；尖锐 jiānruì ♦～声 高声 gāoshēng
かんたく【干拓-する】 排水开垦 páishuǐ kāikěn
かんたん【感嘆】 寒暖 hánnuǎn ♦～の差が大きい 温差大 wēnchā dà
かんだん【寒暖】 寒暖 hánnuǎn ♦～の差が大きい 温差大 wēnchā dà
かんたん【簡単-な】 简单 jiǎndān；容易 róngyì；轻易 qīngyì ♦～な食事 简单的饭菜 jiǎndān de fàncài
かんだん【歓談-する】 畅谈 chàngtán
かんだん【間断】 间断 jiànduàn ♦～のない騒音 不间断的噪音 bú jiànduàn de zàoyīn
がんたん【元旦】 元旦 yuándàn
かんだんけい【寒暖計】 寒暑表 hánshǔbiǎo
かんたんし【感嘆詞】 叹词 tàncí
かんたんふ【感嘆符】 《记号"！"》感叹号 gǎntànhào；惊叹号 jīngtànhào
かんたんぶん【感嘆文】 感叹句 gǎntànjù
かんち【感知-する】 觉察 juéchá
かんちがい【勘違い-する】 误会 wùhuì；记错 jìcuò
がんちく【含蓄】 含义 hányì ♦～のある 含蓄 hánxù
かんちゅう【寒中】 严冬 yándōng ♦～水泳 冬泳 dōngyǒng
がんちゅう【眼中】 眼里 yǎnli；目中 mùzhōng ♦～にない 不放在眼里 bú fàngzài yǎnli
かんちょう【官庁】 官厅 guāntīng；政府机关 zhèngfǔ jīguān
かんちょう【干潮】 低潮 dīcháo；退潮 tuìcháo
かんちょう【浣腸】 灌肠 guàncháng
かんつう【貫通-する】 贯穿 guànchuān ♦トンネルが～する 隧道打通 suìdào dǎtōng
かんづく【感付く】 觉察 juéchá；感觉 gǎnjué
かんづめ【缶詰め】 罐头 guàntou ♦牛肉の～ 牛肉罐头 niúròu guàntou
かんてい【鑑定-する】 鉴定 jiàndìng ♦～書 鉴定书 jiàndìngshū ♦～人 鉴定人 jiàndìngrén

がんてい【眼底】 眼底 yǎndǐ ♦～出血 眼底出血 yǎndǐ chūxuè

かんてつ【貫徹-する】 贯彻 guànchè ♦初志を～する 坚持初衷 jiānchí chūzhōng

カンテラ 风灯 fēngdēng；马灯 mǎdēng；桅灯 wéidēng ♦～を灯す 点马灯 diǎn mǎdēng

かんてん【寒天】 琼脂 qióngzhī；洋菜 yángcài

かんてん【観点】 观点 guāndiǎn；角度 jiǎodù；眼光 yǎnguāng

かんでん【感電-する】 触电 chùdiàn

かんでんち【乾電池】 干电池 gāndiànchí

かんど【感度】 灵敏度 língmǐndù ♦～がいい[悪い] 灵敏度好[差] língmǐndù hǎo[chà]

かんとう【巻頭】 卷头 juàntóu

かんとう【敢闘-する】 勇敢奋斗 yǒnggǎn fèndòu ♦～賞 敢斗奖 gǎndòujiǎng

かんどう【感動-する】 感动 gǎndòng；感激 gǎnjī；触动 chùdòng ♦～の涙 热泪 rèlèi ♦～的な 动人 dòngrén；可歌可泣 kě gē kě qì ♦～させる 打动 dǎdòng

かんとく【監督-する】 导演 dǎoyǎn；监督 jiāndū；看管 kānguǎn；领队 lǐngduì ♦～者 监督 jiāndū；管理人 guǎnlǐrén ♦映画～ 电影导演 diànyǐng dǎoyǎn ♦スポーツの～ 教练 jiàoliàn ♦試験～ 监考 jiānkǎo

かんな【鉋】 刨子 bàozi ♦～屑 刨花 bàohuā ♦～をかける 用刨子刨 yòng bàozi bào

カンナ 《植物》美人蕉 měirénjiāo

かんなんしんく【艱難辛苦】 艰辛 jiānxīn

カンニング 考试作弊 kǎoshì zuòbì

かんぬき【閂】 门 shuān ♦門に～をかける 闩上门 shuānshang mén

かんねん【観念】 观念 guānniàn；意念 yìniàn ♦～する 断念 duànniàn ♦～的な意見 唯心的意见 wéixīn de yìjiàn ♦固定～ 成见 chéngjiàn ♦～論 唯心论 wéixīnlùn；唯心主义 wéixīn zhǔyì

がんねん【元年】 元年 yuánnián

かんのうてき【官能的】 官能的 guānnéng de；肉感的 ròugǎn de

かんのん【観音】 观世音 guānshìyīn

かんぱ【寒波】 寒潮 háncháo；寒流 hánliú

カンパ-する 捐款 juānkuǎn；捐助 juānzhù

かんぱい【乾杯-する】 干杯 gānbēi ♦～の辞 祝酒辞 zhùjiǔcí

かんぱい【完敗-する】 大败 dàbài

かんばしい【芳しい】 芬芳 fēnfāng；馥郁 fùyù ♦～花 香花 xiānghuā ♦成績が芳しくない 成绩不佳 chéngjì bùjiā

かんばつ【干魃】 干旱 gānhàn；旱灾 hànzāi ♦～対策 抗旱措施 kànghàn cuòshī

がんばりや【頑張り屋】 好强 hàoqiáng；要好 yàohǎo

がんばる【頑張る】 加劲 jiājìn；加油 jiāyóu

かんばん【看板】 牌 pái；牌子 páizi；招牌 zhāopai；幌子 huǎngzi ♦～を揭げる 挂牌 guàpái

かんぱん【甲板】 甲板 jiǎbǎn

がんばん【岩盤】 岩盘 yánpán

かんび【完備-する】 齐备 qíbèi；完备 wánbèi ♦冷暖房～ 冷暖设备完善 lěngnuǎn shèbèi wánshàn

かんび【甘美-な】 甘美 gānměi；甜美 tiánměi

かんぴ【官費】 官费 guānfèi

かんびょう【看病-する】 看护 kānhù

がんびょう【眼病】 眼疾 yǎnjí

かんぶ【幹部】 干部 gànbù

かんぶ【患部】 患处 huànchù

かんぷ【還付-する】 退还 tuìhuán ♦～金 发还金 fāhuánjīn

かんぷう【寒風】 寒风 hánfēng；冷风 lěngfēng

かんぷく【感服-する】 佩服 pèifú；钦佩 qīnpèi；叹服 tànfú

かんぶつ【乾物】 干货 gānhuò ♦～屋 干货店 gānhuòdiàn

カンフル 樟脑液 zhāngnǎoyè；《比喩》强心剂 qiángxīnjì ♦～を打つ 打强心针 dǎ qiángxīnzhēn

かんぺき【完璧-な】 十足 shízú；完善 wánshàn；尽善尽美 jìn shàn jìn měi ♦～を求める 求全责备 qiú quán zé bèi

がんぺき【岩壁】 峭壁 qiàobì；悬崖 xuányá

かんべつ【鑑別-する】 鉴别 jiànbié；鉴定 jiàndìng

かんべん【勘弁-する】 饶 ráo；饶恕 ráoshù；宽恕 kuānshù ♦ご～を願います 请您宽恕 qǐng nín kuānshù ♦～できない 不可宽恕 bùkě kuānshù

かんべん【簡便-な】 简便 jiǎnbiàn

かんぽう【官報】 公报 gōngbào；政府公报 zhèngfǔ gōngbào

かんぽう【漢方】 ♦～医 中医 zhōngyī ♦～薬 中药 zhōngyào ♦～薬店 药铺 yàopù

がんぼう【願望】 愿望 yuànwàng；希望 xīwàng；意愿 yìyuàn

かんぼく【灌木】 灌木 guànmù

かんぼつ【陥没-する】 塌方 tāfāng；

塌陷 tāxiàn; 下沉 xiàchén; 下陷 xiàxiàn; 陷落 xiànluò
ガンマせん【ガンマ線】 丙种射线 bǐngzhǒng shèxiàn
ガンマナイフ《医療》伽马刀 gāmǎdāo
かんまん【緩慢-な】迟缓 chíhuǎn; 迟滞 chízhì; 缓慢 huǎnmàn ◆~な动作 缓慢的动作 huǎnmàn de dòngzuò
かんみ【甘味】甜味 tiánwèi; 甜食 tiánshí
かんみんぞく【漢民族】汉族 Hànzú
かんめい【感銘-する】感动 gǎndòng; 铭感 mínggǎn
かんめい【簡明】简明 jiǎnmíng ◆~直截 直截了当 zhíjié liǎodàng
がんめい【頑迷】顽固 wángù; 执拗 zhíniù ◆~派 死硬派 sǐyìngpài
かんめん【乾麵】挂面 guàmiàn
がんめん【顔面】脸 liǎn; 脸面 liǎnmiàn ◆~が蒼白になる 脸色苍白 liǎnsè cāngbái
がんもく【眼目】要点 yàodiǎn; 着重点 zhuózhòngdiǎn
かんもん【喚問-する】传讯 chuánxùn ◆証人~ 传讯证人 chuánxùn zhèngrén
かんもん【関門】关口 guānkǒu; 门户 ménhù ◆~を通り過ぎる 过关 guòguān
かんやく【簡約】简略 jiǎnlüè; 简要 jiǎnyào
かんゆう【勧誘-する】劝诱 quànyòu
がんゆう【含有-する】包含 bāohán; 含有 hányǒu ◆~量 含量 hánliàng
かんよ【関与-する】干预 gānyù; 过问 guòwèn ◆事件に~する 参与事件 cānyù shìjiàn
かんよう【寛容-な】宽恕 kuānshù; 宽容 kuānróng
かんよう【慣用-の】惯用 guànyòng ◆~句 成语 chéngyǔ ◆~語 惯用语 guànyòngyǔ
かんよう【観葉】◆~植物 赏叶植物 shǎngyè zhíwù
がんらい【元来】本来 běnlái; 原来 yuánlái; 原本 yuánběn
かんらく【陥落-する】沉陷 chénxiàn; 沦陷 lúnxiàn; 失守 shīshǒu; 陷落 xiànluò ◆城が~ 城池陷落 chéngchí xiànluò
かんらくがい【歓楽街】闹市 nàoshì
かんらん【観覧-する】参观 cānguān; 观看 guānkàn ◆~席 看台 kàntái; 观众席 guānzhòngxí ◆~車 观光车 guānguāngchē
かんり【官吏】官吏 guānlì
かんり【管理-する】管理 guǎnlǐ; 掌管 zhǎngguǎn ◆~責任者 主管 zhǔguǎn ◆~体制 管理体制 guǎnlǐ tǐzhì
がんり【元利】本息 běnxī; 本利 běnlì
がんりき【眼力】眼力 yǎnlì; 鉴别力 jiànbiélì ◆~がある 有眼力 yǒu yǎnlì
かんりゃく【簡略-な】简略 jiǎnlüè; 简要 jiǎnyào ◆~化する 简化 jiǎnhuà
かんりゅう【寒流】寒流 hánliú
かんりょう【完了-する】完毕 wánbì; 结束 jiéshù ◆準備~ 准备完毕 zhǔnbèi wánbì
かんりょう【官僚】官僚 guānliáo ◆~主義 官僚主义 guānliáo zhǔyì
がんりょう【顔料】颜料 yánliào
かんれい【寒冷】寒冷 hánlěng ◆~前線 冷锋 lěngfēng ◆~地 寒冷地区 hánlěng dìqū
かんれい【慣例】成例 chénglì; 惯例 guànlì ◆~に従って 照例 zhàolì ◆~に背く 违例 wéilì
かんれき【還暦】花甲 huājiǎ ◆~を越す 年逾花甲 nián yú huājiǎ
かんれん【関連-する】关联 guānlián; 牵连 qiānlián; 相关 xiāngguān; 联系 liánxì ◆~性がある 有关联 yǒu guānlián
かんろく【貫禄】威严 wēiyán; 气派 qìpài ◆~がある 有威严 yǒu wēiyán
かんわ【緩和-する】缓和 huǎnhé ◆制限を~する 放宽限制 fàngkuān xiànzhì

き

き【木】 树 shù; （材木）木头 mùtou ◆～の根 树根 shùgēn

き【気】 ❶《心・精神》精神 jīngshén ◆～が狂う 疯 fēng ◆～の小さい 胆怯 dǎnqiè; 心眼儿小 xīnyǎnr xiǎo ◆～を失う 不省人事 bù xǐng rén shì; 昏 hūn; 晕 yūn ◆～がつく（意識がもどる）苏醒 sūxǐng ◆～が短い 毛躁 máozao; 性急 xìngjí ◆《感情・気持ち》～に入る 称心 chènxīn; 中意 zhòngyì ◆～に病を発愁 fāchóu; 焦虑 jiāolǜ ◆～もそぞろ 心浮 xīnfú; 心神不定 xīnshén bú dìng ◆～がとがめる 内疚 nèijiù; 亏心 kuīxīn; 歉疚 qiànjiù ◆～のない 有气无力 yǒu qì wú lì ◆～の合う 投合 tóuhé ◆～が晴れる 畅快 chàngkuài ◆～がする 觉得 juéde; 感觉 gǎnjué ◆～がせく 着急 zháojí; 焦急 jiāojí ◆～が合う 合得来 hédelái ◆～が滅入る 凉 liáng; 沉闷 chénmèn ◆～のおけない 没有隔阂的 méiyǒu géhé de; 平易近人 píng yì jìn rén ◆～にかかる 担心 dānxīn; 挂念 guàniàn ◆～が緩む 松气 sōngqì; 大意 dàyi ◆～が動転する 惊慌失措 jīng huāng shī cuò; 失魂落魄 shī hún luò pò ❸《心の働き》～にする 介意 jièyì; 在乎 zàihu ◆～にしない 无所谓 wúsuǒwèi; 不在乎 bú zàihu ◆～にとめる 留心 liú xīn; 经心 jīngxīn ◆～が抜ける 走神儿 zǒu shénr; 泄气 xièqì ◆～を回す 多心 duōxīn; ～をつける 小心 xiǎoxīn; 留神 liú shén ◆～を遣う 操心 cāo xīn; 费心 fèixīn ◆～を鎮める 定神 dìng shén ◆～が鎮まる 镇静 zhènjìng; ～を配る 照顾 zhàogù; 注意 zhùyì ◆～を抜く 放松 fàngsōng; 松懈 sōngxiè ◆～を紛らす 排遣 páiqiǎn ◆～がつく 发觉 fājué; 发现 fāxiàn ◆～が変わる 改变主意 gǎibiàn zhǔyi ❹《特有の味》～が抜ける《ビールの》走味儿 zǒu wèir

き【奇】 奇异 qíyì; 珍奇 zhēnqí ◆～をてらう 卖弄奇特 màinong qítè; 标新立异 biāo xīn lì yì

き【期】 期 qī; 时期 shíqī ◆成長～ 成长期 chéngzhǎngqī

き【機】 ◆～に乗じる 乘机 chéngjī ◆～をうかがう 伺机 sìjī ◆～をのがさず 抓住时期 zhuāzhù shíqī

ギア 齿轮 chǐlún; 排挡 páidǎng ◆～を入れる 挂挡 guà dǎng

きあい【気合】 气势 qìshì ◆～を入れる 带劲儿 dàijìnr; 鼓劲儿 gǔ jìnr

きあつ【気圧】 气压 qìyā ◆～計 气压表 qìyābiǎo ◆～が低い［高い］气压低［高］qìyā dī[gāo]

きあん【起案】 起草 qǐcǎo; 草拟 cǎonǐ

ぎあん【議案】 议案 yì'àn

きい【奇異-な】 奇异 qíyì; 离奇 líqí ◆～に感じる 感觉奇异 gǎnjué qíyì

キー ❶《パソコン・鍵盤楽器などの》键 jiàn ❷《かぎ》钥匙 yàoshi ◆～ホルダー 钥匙圈儿 yàoshiquānr; 钥匙链儿 yàoshiliànr

キーステーション《放送》主台 zhǔtái

キイチゴ【木苺】 树莓 shùméi

きいっぽん【生一本-な】 ◆～な性質 血性 xuèxìng

きいと【生糸】 生丝 shēngsī; 蚕丝 cánsī

キーパー《ゴールキーパー》守门员 shǒuményuán

キーパーソン 关键人物 guānjiàn rénwù

キーポイント 要点 yàodiǎn; 关键 guānjiàn

キーボード《コンピュータ・鍵盤楽器などの》键盘 jiànpán

きいろ【黄色-の】 黄色 huángsè

キーワード 关键词 guānjiàncí

きいん【起因-する】 起因 qǐyīn

ぎいん【議員】 议员 yìyuán

キウイフルーツ 猕猴桃 míhóutáo

きうん【気運】 形势 xíngshì ◆～が高まる 形势高涨 xíngshì gāozhǎng

きうん【機運】 时机 shíjī ◆～に乗じる 应运 yìngyùn

きえ【帰依-する】 皈依 guīyī

きえい【気鋭】 锐气 ruìqì; 精神焕发 jīngshen huànfā ◆～の新人 新锐 xīnruì

きえうせる【消え失せる】 消失 xiāoshī; 消亡 xiāowáng; 泯没 mǐnmò

きえさる【消えさる】 消失 xiāoshī; 消散 xiāosàn; 消逝 xiāoshì

きえる【消える】 ❶《なくなる》消失 xiāoshī ◆姿が～ 踪影消失 zōngyǐng xiāoshī ◆においが～ 味道消失了 wèidào xiāoshī le ◆不安が～ 不安解消了 bù'ān jiěxiāo le ❷《火や明かりが》灭 miè; 熄 xī; 熄灭 xīmiè

きえん【奇縁】 奇缘 qíyuán

きえん【気炎】 气焰 qìyàn ◆～をあげる 气焰嚣张 qìyàn xiāozhāng

ぎえんきん【義捐[援]金】 捐款 juānkuǎn

きおう【気負う】 抖擞精神 dǒusǒu jīngshen; 振奋 zhènfèn

きおく【記憶-する】 记忆 jìyì ◆～が

ある[ない] [不]记得 [bú] jìde ♦～が定かでない 记得不很清楚 jìde bù hěn qīngchu ♦～に新しい 记忆犹新 jìyì yóu xīn ♦～を失う 失去记忆 shīqù jìyì ♦～喪失 丧失记忆 sàngshī jìyì ♦《コンピュータ》～装置 存储器 cúnchǔqì

きおくりょく【記憶力】 记性 jìxing ♦～がいい[悪い] 记忆力强[弱] jìyìlì qiáng[ruò]

きおくれ【気後れ-する】 畏缩 wèisuō；怯场 qièchǎng

キオスク（JR站内的）小卖店（JR zhànnèi de) xiǎomàidiàn

きおち【気落ち-する】 泄气 xièqì；颓廢 tuímí；沮丧 jǔsàng；气馁 qìněi

きおん【気温】 气温 qìwēn ♦～が下がる 气温下降 qìwēn xiàjiàng ♦～が上がる 气温上升 qìwēn shàngshēng ♦～が低い[高い] 气温低[高] qìwēn dī[gāo]

ぎおん【擬音】 拟音 nǐyīn ♦～效果 拟声效果 nǐshēng xiàoguǒ

きか【帰化-する】 入籍 rùjí；归化 guīhuà ♦～植物 归化植物 guīhuà zhíwù

きか【気化-する】《液体から気体》汽化 qìhuà；《固体から気体》气化 qìhuà

きが【飢餓】 饥饿 jī'è ♦～に苦しむ 苦于饥饿 kǔyú jī'è

きかい【器械】 器械 qìxiè ♦～体操 器械操 qìxiè cāo

きかい【奇怪-な】 奇怪 qíguài；古怪 gǔguài；怪诞 guàidàn

きかい【機会】 机会 jīhuì ♦～を探す 寻机 xúnjī；寻找机会 xúnzhǎo jīhuì ♦～がある[ない] 有[没有]机会 yǒu [méiyǒu] jīhuì

きかい【機械】 机器 jīqì；机械 jīxiè ♦～工学 机械工程学 jīxiè gōngchéngxué ♦～化する 机械化 jīxièhuà

きがい【危害】 危害 wēihài ♦～を加える 加害 jiā hài

きがい【気概】 气概 qìgài；风骨 fēnggǔ；骨气 gǔqì；魄力 pòlì ♦～に欠ける 缺乏骨气 quēfá gǔqì

ぎかい【議会】 议会 yìhuì；议院 yìyuàn ♦～政治 议会政治 yìhuì zhèngzhì

きがえる【着替える】 换衣服 huàn yīfu

きかがく【幾何学】 几何 jǐhé；几何学 jǐhéxué ♦～模様 几何图案 jǐhé tú'àn

きがかり【気掛かり-な】 挂念 guàniàn；挂碍 guà'ài；惦念 diànniàn

きがきく【気が利く】 ❶《しゃれた》别致 biézhì ♦气の利いた 俏 qiào ❷《察しがよい》机灵 jīlíng；识趣 shíqù

きかく【企画-する】 规划 guīhuà；企划 qǐhuà ♦～を進める 筹划 chóuhuà

きかく【規格】 格式 géshi；规格 guīgé ♦～化 标准化 biāozhǔnhuà ♦～に合う 合规格 hé guīgé ♦～外れの品 等外品 děngwàipǐn；次品 cìpǐn ♦～正経货 zhèngjīnghuò；正品 zhèngpǐn

きがく【器楽】 器乐 qìyuè ♦～合奏 器乐合奏 qìyuè hézòu

きかざる【着飾る】 打扮 dǎban；装扮 zhuāngbàn；饰物 zhuāngshì

きかせる【聞かせる】 ❶《しむける》给…听 gěi…tīng ❷《聞き入らせる》中听 zhōngtīng；动听 dòngtīng ♦よく言って～ 嘱咐 zhǔfù

きがね【気兼ね-する】 客气 kèqi；拘束 jūshù ♦～しない 不客气 bú kèqi；硬气 yìngqi

ギガバイト《コンピュータの》千兆字节 qiānzhào jiézié；吉咖 jígá

きがまえ【気構え】 精神准备 jīngshén zhǔnbèi

きがる【気軽-な】 轻松愉快 qīngsōng yúkuài；爽快 shuǎngkuai；随便 suíbiàn

きかん【器官】 器官 qìguān ♦消化～ 消化器官 xiāohuà qìguān

きかん【基幹】 骨干 gǔgàn；基干 jīgàn ♦～産業 基础工业 jīchǔ gōngyè

きかん【期間】 期间 qījiān ♦～が満了する 期满 qīmǎn

きかん【機関】 ❶《機械などの》机器 jīqì；内燃～ 内燃机 nèiránjī ❷《組織などの》机关 jīguān；机器 jīqi；行政 xíngzhèng ♦～紙 机关报 jīguānbào；机关刊物 jīguān kānwù

きかん【帰還-する】 归回 guīhuí；返回 fǎnhuí

きかん【気管】 气管 qìguǎn

きがん【祈願-する】 祈祷 qídǎo ♦合格～ 祈祷合格 qídǎo hégé

ぎがん【義眼】 假眼 jiǎyǎn

きかんし【気管支】 支气管 zhīqìguǎn ♦～炎 气管炎 qìguǎnyán

きかんし【季刊誌】 季刊 jìkān

きかんしゃ【機関車】 车头 chētóu；火车头 huǒchētóu；机车 jīchē ♦電気～ 电气机车头 diànqì jīchētóu

きかんじゅう【機関銃】 机关枪 jīguānqiāng；机枪 jīqiāng

きき【危機】 危机 wēijī ♦～が迫る 危在旦夕 wēi zài dàn xī ♦～に瀕した 危殆 wēidài；危急 wēijí ♦～を脱する 出险 chūxiǎn；虎口脱险

hǔkǒu tuōxiǎn ♦～管理 风险管理 fēngxiǎn guǎnlǐ ♦～一髪 千钧一发 qiānjūn yīfà
きき【機器】器械 qìxiè ♦OA ～ 办公室器具 bàngōngshì qìjù ♦医療～ 医疗机器 yīliáo jīqì
ききあきる【聞き飽きる】听腻 tīngnì; 听厌 tīngyàn
ききいる【聞き入る】倾听 qīngtīng
ききいれる【聞き入れる】听从 tīngcóng; 答应 dāying ♦頼みを～ 答应请求 dāying qǐngqiú
ききおぼえ【聞き覚え】♦～のある 耳熟 ěrshú
ききかえす【訊き返す】重问 chóngwèn; 反问 fǎnwèn
ききかじる【聞きかじる】一知半解 yì zhī bàn jiě ♦聞きかじった知識 道听途说的知识 dàotīng túshuō de zhīshi
ききぐるしい【聞き苦しい】刺耳 cì'ěr; 难听 nántīng
ききこみ【聞き込み】查访 cháfǎng ♦～捜索 探听线索 tàntīng xiànsuǒ
ききこむ【聞き込む】探听 tàntīng
ききざけ【利き酒−する】品酒 pǐnjiǔ
ききそこなう【聞き損なう】❶《聞き違い》听错 tīngcuò ❷《聞き漏らす》没听到 méi tīngdào; 听漏 tīnglòu
ききだす【聞き出す】❶《聞き始める》开始听 kāishǐ tīng ❷《言わせる》打听出 dǎtīngchū; 探询 tànxún; 探听 tàntīng
ききちがえる【聞き違える】听错 tīngcuò
ききつける【聞き付ける】听到 tīngdào ♦物音を～ 听到声响 tīngdào shēngxiǎng ♦評判を～ 打听评价 dǎting píngjià
ききづらい【聞きづらい】《不明瞭で》难听 nántīng;《質問しにくい》不好问 bùhǎo wèn
ききて【聞き手】听话人 tīnghuàrén; 听众 tīngzhòng
ききて【利き手】好使的手 hǎoshǐ de shǒu
ききとがめる【聞き咎める】责问 zéwèn
ききとどける【聞き届ける】批准 pīzhǔn; 答应 dāying
ききとり【聞き取り−をする】听写 tīngxiě
ききとる【聞き取る】听懂 tīngdǒng; 听清楚 tīngqīngchu
ききなおす【聞き直す】再听一遍 zài tīng yíbiàn
ききながす【聞き流す】听而不闻 tīng ér bù wén; 当耳边风 dàng ěr biān fēng
ききなれる【聞き慣れる】耳熟 ěrshú

ききにくい【聞き難い】❶《聞き苦しい》难听 nántīng ❷《たずねにくい》不好意思问 bùhǎoyìsi wèn
ききほれる【聞き惚れる】听得入神 tīngde rùshén
ききみみ【聞き耳】♦～を立てる 侧耳 cè'ěr
ききめ【効き目】效力 xiàolì; 效验 xiàoyàn ♦～がある 灵验 língyàn ♦～がない 不灵 bù líng
ききもらす【聞き漏らす】听漏 tīnglòu; 没听到 méi tīngdào
ききゃく【棄却−する】《請求を》驳回 bóhuí ♦控訴が～される 驳回控诉 bóhuí kòngsù
ききゅう【危急】危急 wēijí ♦～存亡 危亡 wēiwáng
ききゅう【気球】气球 qìqiú ♦熱～ 热气球 rèqìqiú
きき ょ【起居】起居 qǐjū
ききょう【帰郷−する】回老家 huí lǎojiā; 回乡 huíxiāng
キキョウ【桔梗】桔梗 jiégěng
きぎょう【企業】企业 qǐyè
きぎょう【起業】自创企业 zìchuàng qǐyè ♦～家（自创）企业家 (zìchuàng) qǐyèjiā
ぎきょう【義侠】义侠 yìxiá ♦～心 义气 yìqi
ぎきょうだい【義兄弟】把兄弟 bǎxiōngdì; 盟兄弟 méngxiōngdì ♦～となる 拜把子 bài bǎzi
ぎきょく【戯曲】剧本 jùběn ♦～を上演する 上演戏曲 shàngyǎn xìqǔ
ききわけ【聞き分け】♦～がよい 懂事 dǒngshì; 听话儿 tīnghuàr; 乖 guāiguāi ♦～が悪い 不懂事 bù dǒngshì
ききわける【聞き分ける】《区別する》听出来 tīngchūlai
ききん【基金】基金 jījīn
ききん【飢饉】灾荒 zāihuāng; 饥荒 jīhuang; 饥馑 jījǐn ♦～の年 荒年 huāngnián ♦～に見舞われる 闹饥荒 nào jīhuang
ききんぞく【貴金属】贵金属 guìjīnshǔ
きく【効く】见效 jiànxiào; 奏效 zòuxiào
きく【利く】有效 yǒuxiào ♦顔が～ 有影响 yǒu yǐngxiǎng ♦がんばりが～ 能坚持 néng jiānchí
きく【聞く[聴く]】听 tīng; 收听 shōutīng ♦～に堪えない 刺耳 cì'ěr; 不堪入耳 bùkān rù'ěr ♦～ 听说话 tīng shuōhuà ♦音楽を～ 听音乐 tīng yīnyuè ♦道を～ 问路 wènlù
キク【菊】菊花 júhuā
きぐ【危惧−する】顾虑 gùlǜ

きぐ【器具】 仪器 yíqì；装置 zhuāngzhì；器具 qìjù
きぐう【奇遇】 奇遇 qíyù
きくばり【気配り-する】 照料 zhàoliào；周到 zhōudào
きぐらい【気位】 气派 qìpài；架子 jiàzi ◆～が高い 派头大 pàitóu dà
キクラゲ【木耳】 木耳 mù'ěr；黑木耳 hēimù'ěr
きぐろう【気苦労-する】 操心 cāoxīn；劳神 láo shén ◆～が絶えない 操心事不断 cāoxīnshì búduàn
きけい【奇形-の】 畸形 jīxíng
きけい【奇計】 巧计 qiǎojì
きけい【詭計】 诡计 guǐjì
ぎけい【義兄】 ❶[姉の夫] 姐夫 jiěfu ❷[妻の兄] 内兄 nèixiōng ❸[夫の兄] 大伯子 dàbǎizi
きげき【喜劇】 喜剧 xǐjù；谐剧 xiéjù；笑剧 xiàojù ◆～映画 滑稽片 huájīpiàn ◆～俳優 喜剧演员 xǐjù yǎnyuán ◆～的な 喜剧般的 xǐjù bān de
きけつ【帰結-する】 归结 guījié
ぎけつ【議決】 议决 yìjué
きけん【危険-な】 危险 wēixiǎn；险恶 xiǎn'è ◆～を脱する 脱险 tuōxiǎn ◆～を冒す 冒险 màoxiǎn
きけん【棄権-する】 弃权 qìquán ◆表決を～する 放弃表决权 fàngqì biǎojuéquán
きげん【期限】 期限 qīxiàn；限期 xiànqī ◆有効～ 有效期限 yǒuxiào qīxiàn ◆～が来る 到期 dàoqī ◆～を延ばす 宽限 kuānxiàn；延长期限 yáncháng qīxiàn ◆～を過ぎる 过期 guòqí
きげん【機嫌】 情绪 qíngxù ◆～がいい[悪い] 情绪好[不好] qíngxù hǎo[bùhǎo] ◆～を伺う 问候 wènhòu ◆～を取る 讨好 tǎohǎo；哄 hōng ◆～を損なう 冲犯 chōngfàn；冲撞 chōngzhuàng；得罪 dézuì
きげん【紀元】 纪元 jìyuán ◆～前 公元前 gōngyuánqián
きげん【起源】 起源 qǐyuán
きこう【寄稿-する】 投稿 tóugǎo
きこう【機構】 机构 jīgòu
きこう【気候】 气候 qìhòu；天气 tiānqì ◆～のよい[悪い] 天气好[坏] tiānqì hǎo[huài] ◆～が不順だ 气候很反常 qìhòu hěn fǎncháng
きこう【気功】 气功 qìgōng
きこう【気孔】 气孔 qìkǒng；气门 qìmén
きこう【起工-する】 兴工 xīnggōng；开工 kāigōng
きこう【起稿-する】 起稿 qǐgǎo
きごう【揮毫-する】 挥毫 huīháo
きごう【記号】 记号 jìhào；符号 fúhào；号子 hàozi
ぎこう【技巧】 技巧 jìqiǎo；手法 shǒufǎ ◆～派 技巧派 jìqiǎopài
きこえ【聞こえ】 ❶[聞こえる] ～がいい 音质好 yīnzhí hǎo ❷[評判] 名声 míngshēng ◆～がよい 名声很好 míngshēng hěn hǎo
きこえる【聞こえる】 听见 tīngjiàn；听得见 tīngdejiàn
きこく【帰国-する】 回国 huíguó；归国 guīguó ◆～子女 归国子女 guīguó zǐnǚ
ぎごく【疑獄】 贪污疑案 tānwū yí'àn ◆～に連座する 受疑案的牵连 shòu yí'àn de qiānlián
きごこち【着心地】 穿衣服的感觉 chuān yīfu de gǎnjué ◆～のよい[悪い] 穿着很舒服[不舒服] chuānzhe hěn shūfu[bù shūfu]
きごころ【気心】 ◆～の知れた友人 契友 qìyǒu；知心朋友 zhīxīn péngyou ◆～が知れない 摸不透脾气 mōbutòu píqi
ぎこちない 呆板 dāibǎn ❶[文章・話が] 生硬 shēngyìng；生涩 shēngsè ◆～あいさつ 生硬的问候 shēngyìng de wènhòu ❷[動作が] 笨拙 bènzhuō；不灵巧 bù língqiǎo ◆～手つき 动作笨拙 dòngzuò bènzhuō
きこつ【気骨】 骨气 gǔqì；骨头 gǔtou；气节 qìjié ◆～がある 有骨气 yǒu gǔqì ◆～がない／～軟骨头 ruǎngǔtou
きこり【樵夫】 樵夫 qiáofū；伐木工 fámùgōng
きこん【既婚-の】 已婚 yǐhūn
きざ【気障-な】 装模作样 zhuāng mú zuò yàng
きさい【奇才】 奇才 qícái
きさい【記載-する】 记载 jìzǎi；载入 zǎi ◆名前を～する 记载姓名 jìzǎi xìngmíng
きざい【器材】 器材 qìcái
きざい【機材】 器材 qìcái ◆撮影～ 摄影器材 shèyǐng qìcái
ぎざぎざの 锯齿形 jùchǐxíng
きさく【奇策】 奇计 qíjì ◆～を弄する 使用奇计 shǐyòng qíjì
きさく【気さく-な】 平易近人 píng yì jìn rén；和蔼可亲 hé ǎi kě qīn
ぎさく【偽作】 赝本 yànběn；仿造品 fǎngzàopǐn
きざし【兆し】 兆头 zhàotou；苗头 miáotou；预兆 yùzhào；征候 zhēnghòu ◆～が現れる 出现征候 chūxiàn zhēnghòu ◆変化の～ 变化的预兆 biànhuà de yùzhào

きざむ【刻む】 ❶《ものを》刻 kè; 切碎 qiēsuì ♦ 玉ねぎを〜 切碎洋葱 qiēsuì yángcōng ❷《記憶する》心に〜 铭刻在心 míngkèzài xīn ❸《時間》時計が時を〜 钟表嘀嘀嗒嗒地走 zhōngbiǎo dīdīdādā de zǒu

きさん【起算-する】 起算 qǐsuàn; 算起 suànqǐ

きし【岸】 岸 àn

きし【棋士】 棋手 qíshǒu

きじ【記事】 新闻 xīnwén; 消息 xiāoxi; 报道 bàodào ♦ 新聞~紙の报道 bàozhǐ de bàodào

きじ【生地】《布地》衣料 yīliào; 布帛 bùbó

キジ【雉】 山鸡 shānjī; 野鸡 yějī; 雉 zhì ♦ 〜バト 山斑鸠 shānbānjiū

ぎし【技師】 工程师 gōngchéngshī; 技师 jìshī

ぎし【義姉】 ❶《夫の姉》大姑子 dàgūzi ❷《妻の姉》大姨子 dàyízi ❸《兄の妻》嫂子 sǎozi

ぎし【義肢】 义肢 yìzhī; 假肢 jiǎzhī

ぎし【義歯】 义齿 yìchǐ; 假牙 jiǎyá

ぎじ【擬餌】 〜鉤《ばり》《ルアー》假饵钩 jiǎ'ěrgōu

ぎじ【議事】 议事 yìshì ♦ 〜日程 议程 yìchéng ♦ 〜録 会议记录 huìyì jìlù ♦ 〜堂 议事会堂 yìshì huìtáng

ぎじ-【疑似-】 疑似 yísì ♦ コレラ疑似霍乱 yísì huòluàn

きしかいせい【起死回生】 起死回生 qǐ sǐ huí shēng ♦ 〜の妙手 锦囊妙计 jǐn náng miào jì

ぎしき【儀式】 典礼 diǎnlǐ; 仪式 yíshì

きしつ【気質】 气质 qìzhì; 性子 xìngzi; 脾气 píqi

きじつ【期日】 日期 rìqī; 日子 rìzi ♦ 〜通りに 按时 ànshí ♦ 〜が過ぎる 过期 guòqī ♦ 〜に遅れる 误期 wùqī

きしべ【岸辺】 岸边 ànbiān

きしむ【軋む】 咯吱咯吱地响 gēzhīgēzhī de xiǎng ♦ 戸が〜 门咯吱咯吱地响，不好开 mén gēzhīgēzhī de xiǎng, bùhǎo kāi

きしゃ【汽車】 火车 huǒchē ♦ 夜行〜 夜行火车 yèxíng huǒchē

きしゃ【記者】 记者 jìzhě ♦ 〜会见记者招待会 jìzhě zhāodàihuì

きしゅ【旗手】 旗手 qíshǒu ♦ 改革運動の〜 改革运动的旗手 gǎigé yùndòng de qíshǒu

きしゅ【機首】 机首 jīshǒu ♦ 〜を上げる[下げる] 升起[降低]机头 shēngqǐ[jiàngdī] jītóu

きしゅ【騎手】 骑手 qíshǒu

きじゅ【喜寿】 七十七岁诞辰 qīshíqī suì dànchén

ぎしゅ【義手】 义手 yìshǒu; 假手 jiǎshǒu

きしゅう【奇襲-する】 突袭 tūxí; 奇袭 qíxí

きじゅうき【起重機】 吊车 diàochē; 起重机 qǐzhòngjī

きしゅく【寄宿-する】 寄宿 jìsù; 住宿 zhùsù ♦ 〜舍 宿舍 sùshè ♦ 〜生 寄宿生 jìsùshēng

きじゅつ【奇術】 魔术 móshù; 戏法儿 xìfǎr ♦ 〜師 魔术师 móshùshī

きじゅつ【記述-する】 记叙 jìxù; 抒写 shūxiě ♦ 〜言語 叙述语言 xùshù yǔyán

ぎじゅつ【技術】 技术 jìshù ♦ 〜革新 技术革新 jìshù géxīn ♦ 〜協力 技术合作 jìshù hézuò ♦ 〜者 技术员 jìshùyuán ♦ 〜的 技术性的 jìshùxìng de

きじゅん【基準】 标准 biāozhǔn; 规格 guīgé; 准则 zhǔnzé ♦ 〜を上回る 超标 chāobiāo ♦ 〜値 标准值 biāozhǔnzhí ♦ 〜を満たす 达到标准 dádào biāozhǔn

きじゅん【帰順-する】 归顺 guīshùn; 投诚 tóuchéng

きじゅん【規準】 规范 guīfàn; 准绳 zhǔnshéng ♦ 行動~ 行为规范 xíngwéi guīfàn

きしょう【気象】 气象 qìxiàng ♦ 〜台 气象台 qìxiàngtái ♦ 〜衛星 气象卫星 qìxiàng wèixīng ♦ 〜観測 气象观测 qìxiàng guāncè

きしょう【気性】 脾气 píqi; 气性 qìxing; 性气 xìngqì; 性情 xìngqíng; 性子 xìngzi ♦ 〜が激しい 烈性 lièxìng

きしょう【稀少】 稀少 xīshǎo; 希罕 xīhan ♦ 〜価値 稀少价值 xīshǎo jiàzhí

きしょう【徽章・記章】 徽章 huīzhāng; 证章 zhèngzhāng

きしょう【起床-する】 起床 qǐchuáng ♦ 〜時刻 起床时间 qǐchuáng shíjiān

きじょう【机上】 〜の空論 纸上谈兵 zhǐ shàng tán bīng

きじょう【気丈-な】 刚强 gāngqiáng

ぎしょう【偽証-する】 伪证 wěizhèng

ぎじょう【儀仗】 仪仗 yízhàng ♦ 〜隊 仪仗队 yízhàngduì

ぎじょう【議場】 会场 huìchǎng

きしょくまんめん【喜色満面】 满面喜色 mǎnmiàn xǐsè; 眉飞色舞 méi fēi sè wǔ

キシリトール 木糖醇 mùtángchún

きしる【軋る】 嘎吱嘎吱作响 gāzhīgāzhī zuòxiǎng

きしん【寄進-する】 施舍 shīshě; 捐

ぎしん【疑心】 ◆～暗鬼になる 疑神疑鬼 yí shén yí guǐ
ぎじんほう【擬人法】 拟人法 nǐrénfǎ
キス【鱚】 鱚 xǐ; 沙钻鱼 shāzuànyú
キス-する 接吻 jiē wěn; 亲嘴 qīn zuǐ
きず【傷】 ❶《体の》伤 shāng; 创伤 chuāngshāng ❷《器物などの》疤 bā ❸《欠陥》毛病 máobìng; 疵点 cīdiǎn ❹《心の》心理创伤 xīnlǐ chuāngshāng ◆～だらけの 千疮百孔 qiān chuāng bǎi kǒng
きずあと【傷跡】 疤痕 bāhén; 伤疤 shāngbā ◆心に～が残る 心中有伤痕 xīnzhōng yǒu shānghén
きすう【基数】 底数 dǐshù; 基数 jīshù
きすう【奇数】 奇数 jīshù; 单数 dānshù
ぎすぎす ❶《体つきが》◆～にやせている 枯瘦 kūshòu ❷《人間関係が》生硬 shēngyìng; 不融洽 bù róngqià
きずく【築く】 筑 zhù; 建筑 jiànzhù; 修建 xiūjiàn; 修筑 xiūzhù ◆地盤を～ 打地基 dǎ dìjī ◆信頼関係を～ 建立信赖关系 jiànlì xìnlài guānxì
きずぐすり【傷薬】 创伤药 chuāngshāngyào
きずぐち【傷口】 创口 chuāngkǒu; 口子 kǒuzi; 伤口 shāngkǒu ◆～がふさがる 合口 hékǒu; 愈合 yùhé
きずつく【傷つく】 受伤 shòu shāng; 负伤 fù shāng; 受伤害 shòu shānghài
きずつける【傷つける】 伤 shāng; 伤害 shānghài; 损伤 sǔnshāng ◆体を～ 伤身体 shāng shēntǐ ◆自尊心を～ 伤害自尊心 shānghài zìzūnxīn
きずな【絆】 纽带 niǔdài; 情义 qíngyì ◆家族の～ 亲情 qīnqíng
きずもの【傷/疵物】 疵品 cīpǐn; 残品 cánpǐn
きする【期する】 ❶《期待》期望 qīwàng ◆再会を～ 期望再会 qīwàng zàihuì ❷《決心》下决心 xià juéxīn
きせい【寄生-する】 寄生 jìshēng ◆～虫 寄生虫 jìshēngchóng
きせい【既成】 ◆～事实 既成的事实 jìchéng de shìshí
きせい【既製-の】 现成 xiànchéng ◆～服 成衣 chéngyī
きせい【帰省-する】 归省 guīxǐng; 探亲 tàn qīn
きせい【気勢】 声势 shēngshì ◆～があがる 气势汹汹 qìshì xiōngxiōng

きせい【規制-する】 管制 guǎnzhì; 限制 xiànzhì ◆交通～ 交通管制 jiāotōng guǎnzhì
ぎせい【犠牲】 牺牲 xīshēng ◆～になる 牺牲自己 xīshēng zìjǐ ◆～者 被害人 bèihàirén
ぎせいご【擬声語】 象声词 xiàngshēngcí
きせき【奇跡】 奇迹 qíjì ◆～が起こる 发生奇迹 fāshēng qíjì ◆～的な 奇迹般的 qíjì bān de
きせき【軌跡】 轨迹 guǐjì
ぎせき【議席】 席位 xíwèi
きせずして【期せずして】 ◆～一致する 不约而同 bù yuē ér tóng ◆～出会う 不期而遇 bù qī ér yù
きせつ【季節】 季节 jìjié; 时节 shíjié; 时令 shílìng ◆～風 季风 jìfēng ◆～労働者 短工 duǎngōng; 季节工 jìjiégōng ◆～はずれ 不合时令 bùhé shílìng
きぜつ【気絶-する】 昏过去 hūnguòqu; 昏厥 hūnjué
きせる【煙管】 旱烟袋 hànyāndài; 烟袋 yāndài
きせる【着せる】 使穿上 shǐ chuānshàng ◆服を～ 给…穿衣服 gěi…chuān yīfu ◆毛布を～ 盖上毛毯 gàishang máotǎn ◆罪などを～ 转嫁 zhuǎnjià
きぜわしい【気忙しい】 忙乱 mángluàn; 匆忙 cōngmáng
きせん【機先】 先机 xiānjī ◆～を制する 先发制人 xiān fā zhì rén
きせん【汽船】 轮船 lúnchuán
きぜん【毅然】 ◆～とした 傲然 àorán; 毅然 yìrán
ぎぜん【偽善】 伪善 wěishàn ◆～者 伪君子 wěijūnzǐ; 伪善者 wěishànzhě ◆～的 伪善的 wěishàn de
きそ【基礎】 基础 jīchǔ; 根底 gēndǐ; 根基 gēnjī ◆～を固める 打底子 dǎ dǐzi ◆～科目 基础课 jīchǔkè ◆～教育 启蒙教育 qǐméng jiàoyù ◆～資料 原始资料 yuánshǐ zīliào ◆～工事 基础施工 jīchǔ shīgōng
きそ【起訴-する】 起诉 qǐsù; 公诉 gōngsù
きそいあう【競い合う】 竞争 jìngzhēng
きそう【起草-する】 起草 qǐcǎo; 草拟 cǎonǐ
きそう【競う】 比赛 bǐsài; 比试 bǐshì; 较量 jiàoliàng ◆腕を～ 比试 bǐshì
きぞう【寄贈-する】 赠送 zèngsòng; 捐赠 juānzèng ◆～図書 捐赠图书 juānzèng túshū
ぎぞう【偽造-する】 假造 jiǎzào; 伪造 wěizào ◆～紙幣 伪钞 wěichāo

♦～品 赝品 yànpǐn ♦～旅券 伪造护照 wěizào hùzhào

きそうてんがい【奇想天外-な】 异想天开 yì xiǎng tiān kāi

きそく【規則】 规则 guīzé; 规章 guīzhāng; 规程 guīchéng ♦～を破る 犯规 fànguī ♦～を守る 遵守规章 zūnshǒu guīzhāng ♦～正しい生活 有规律的生活 yǒu guīlǜ de shēnghuó

きぞく【帰属-する】 归属 guīshǔ; 归于 guīyú ♦～意識 归属意识 guīshǔ yìshí

きぞく【貴族】 贵族 guìzú

ぎそく【義足】 假腿 jiǎtuǐ; 义肢 yìzhī

きそん【毀損-する】 毁损 huǐsǔn; 毁坏 huǐhuài

きぞん【既存-の】 现有 xiànyǒu; 原有 yuányǒu

きた【北】 北 běi; 北边 běibiān ♦～向きの部屋 朝北的房间 cháo běi de fángjiān

ギター 吉他 jítā ♦～を弾く 弹吉他 tán jítā ♦エレキ～ 电吉他 diànjítā

きたい【期待-する】 期待 qīdài; 期望 qīwàng; 指望 zhǐwàng ♦～に沿う 不辜负期望 bù gūfù qīwàng ♦～はずれ 期待落空 qīdài luòkōng

きたい【機体】 机体 jītǐ

きたい【気体】 气体 qìtǐ ♦～燃料 气体燃料 qìtǐ ránliào

ぎたい【擬態】 拟态 nǐtài ♦～語 拟态词 nǐtàicí

ぎだい【議題】 议题 yìtí

きたえる【鍛える】 锻炼 duànliàn; 锤炼 chuíliàn ♦体を～ 锻炼身体 duànliàn shēntǐ

きたかいきせん【北回帰線】 北回归线 běihuíguīxiàn

きたかぜ【北風】 北风 běifēng; 朔风 shuòfēng

きたがわ【北側】 北边 běibiān

きたく【帰宅-する】 回家 huíjiā

きだて【気立て-のよい】 心眼儿好 xīnyǎnr hǎo

きたない【汚い】 ❶《不潔》 脏 zāng; 肮脏 āngzāng; 不干净 bù gānjìng ♦～服 衣服肮脏 yīfu āngzāng 《見苦しい》 ♦～字 字迹潦草 zìjì liáocǎo ❸《倫理的に》 肮脏 āngzāng; 卑污 bēiwū ♦～言葉 脏话 zānghuà; 下流的话 xiàliú de huà ♦～手を使う 耍无赖 shuǎ wúlài

きたはんきゅう【北半球】 北半球 běibànqiú

きだん【奇談】 奇谈 qítán

きだん【気団】 气团 qìtuán ♦寒～ 冷气团 lěngqìtuán

きち【危地】 险境 xiǎnjìng; 险地 xiǎndì; 虎口 hǔkǒu ♦～を脱する 脱险 tuōxiǎn

きち【基地】 基地 jīdì ♦観測～ 观测基地 guāncè jīdì

きち【機知】 机智 jīzhì; 俏皮 qiàopi ♦～に富む言葉 俏皮话 qiàopihuà

きち【吉】 吉 jí; 吉祥 jíxiáng

きちじつ【吉日】 吉期 jíqī ♦～を選ぶ 择吉 zéjí

きちゅう【忌中】 居丧 jūsàng

きちょう【基調】 基调 jīdiào; 主调 zhǔdiào

きちょう【機長】 机长 jīzhǎng

きちょう【記帳-する】 记帐 jìzhàng; 入账 rùzhàng

きちょう【貴重-な】 贵重 guìzhòng; 金贵 jīnguì; 珍贵 zhēnguì; 宝贵 bǎoguì ♦～な意見 宝贵意见 bǎoguì yìjiàn ♦～な人材 宝贵人才 bǎoguì réncái ♦～品 贵重物品 guìzhòng wùpǐn

ぎちょう【議長】 主席 zhǔxí; 议长 yìzhǎng

きちょうめん【几帳面-な】 一丝不苟 yì sī bù gǒu; 规规矩矩 guīguījǔjǔ

きちんと ❶《整う》 整齐 zhěngqí; 端正 duānzhèng; 规矩 guīju ♦片付ける 拾掇得整整齐齐的 shíduode zhěngzhěngqíqí de ♦～した身なり 整洁的衣着 zhěngjié de yīzhuó ❷《正しく》 期限を～守る 遵守期限 zūnshǒu qīxiàn

きつい ❶《厳しい》 严厉 yánlì; 烈性 lièxìng ❷《衣服などが》 紧 jǐn; 瘦 shòu ❸《酒が》 厉害 lìhai; 霸道 bàdao ♦～酒 烈性酒 lièxìngjiǔ ❹《日差しが》 毒 dú ❺《縛り方が》 紧绷绷 jǐnbēngbēng ❻《性格が》 要强 yàoqiáng ❼《作業・仕事など》 工作费力 gōngzuò fèilì

きつえん【喫煙-する】 抽烟 chōuyān; 吸烟 xīyān ♦～席 吸烟席 xīyānxí

きづかう【気遣う】 关切 guānqiè; 关心 guānxīn; 体贴 tǐtiē

きっかけ【切っ掛け】 机会 jīhuì; 开端 kāiduān ♦～になる 触发 chùfā

きっかり 整 zhěng ♦5時～に始まった 五点整就开始了 wǔ diǎn zhěng jiù kāishǐ le

きづかれ【気疲れ-する】 精神疲劳 jīngshén píláo

きっきょう【吉凶】 吉凶 jíxiōng

きづく【気付く】 发觉 fājué; 察觉 chájué; 注意到 zhùyìdào ♦気付かない 没有察觉 méiyǒu chájué

キックオフ 开球 kāiqiú

ぎっくりごし【ぎっくり腰】 闪腰 shǎn-

yāo；扭伤腰 niǔshāng yāo
きつけ【着付け】穿衣的技巧 chuānyī de jìqiǎo；《他人への》给人穿衣 gěi rén chuān yī
きづけ【気付・気付け】《郵便》转交 zhuǎnjiāo ♦《編集部~》请编辑部转 qǐng biānjíbù dàizhuǎn
きっさき【切っ先】锋芒 fēngmáng；尖端 jiānduān
きっさてん【喫茶店】咖啡馆 kāfēiguǎn
ぎっしり ♦~詰める 装得满满登登 zhuāngde mǎnmǎndēngdēng ♦ 場内は客で~だ 会场内满是客人 huìchǎng nèi mǎnshì kèrén
きっすい【生粋の】地道 dìdao，纯粹 chúncuì
きっちり 整整 zhěngzhěng ♦ 本を~と並べる 书本排列整齐 shūběn páiliè zhěngqí ♦ ~3時 三点整 sān diǎn zhěng
キッチン 厨房 chúfáng
キツツキ【啄木鳥】啄木鸟 zhuómùniǎo
きって【切手】邮票 yóupiào ♦ ~を収集する 集邮 jíyóu ♦ ~を貼る 贴邮票 tiē yóupiào
きっと 必定 bìdìng；肯定 kěndìng，一定 yídìng；准保 zhǔnbǎo
キツネ【狐】狐狸 húli
きっぱり 决然 juérán；断然 duànrán；果断 guǒduàn ♦ ~言い切る 一口咬定 yìkǒu yǎodìng ♦ ~手を切る 一刀两断 yì dāo liǎng duàn
きっぷ【切符】❶《乗物の》车票 chēpiào ♦ ~を払い戻す 退票 tuìpiào ❷《会場などの》♦ コンサートの~ 音乐会入场券 yīnyuèhuì rùchǎngquàn
きっぽう【吉報】喜讯 xǐxùn ♦ ~をもたらす 报喜 bàoxǐ ♦ ~を待つ 等候喜讯 děnghòu xǐxùn
きつもん【詰問-する】责问 zéwèn；质问 zhìwèn
きつりつ【屹立-する】峭立 qiàolì；屹立 yìlì
きてい【既定】既定 jìdìng ♦ ~の方針 既定方针 jìdìng fāngzhēn
きてい【規定-する】规定 guīdìng；规章 guīzhāng；守则 shǒuzé；章程 zhāngchéng ♦ 種目《体操などの》规定项目 guīdìng xiàngmù
きてい【規程-する】规程 guīchéng ♦ 職務~ 职务规章 zhíwù guīzhāng
ぎてい【義弟】❶《妹の夫》妹夫 mèifu ❷《夫の弟》小叔子 xiǎoshūzi ❸《妻の弟》小舅子 xiǎojiùzi
ぎていしょ【議定書】议定书 yìdìngshū

きてき【汽笛】汽笛 qìdí ♦ ~を鸣らす 鸣汽笛 míng qìdí
きてん【基点】基点 jīdiǎn
きてん【機転】机智 jīzhì；心眼儿 xīnyǎnr ♦ ~がきく 心眼儿快 xīnyǎnr kuài；灵机 língjī
きてん【起点】出发点 chūfādiǎn；起点 qǐdiǎn
きと【帰途】返程 fǎnchéng；归途 guītú ♦ ~につく 启程返回 qǐchéng fǎnhuí
きどあいらく【喜怒哀楽】喜怒哀乐 xǐ nù āi lè
きとう【祈祷-する】祈祷 qídǎo；祷告 dǎogào ♦ ~師 神巫 shénwū
きどう【起動】起动 qǐdòng ♦ コンピュータを~する 启动计算机 qǐdòng jìsuànjī ♦ ~力 起动力 qǐdònglì
きどう【軌道】轨道 guǐdào；路轨 lùguǐ ♦ ~に乗る 上轨道 shàng guǐdào；上轨 shàngguǐ ♦ ~を外れる 出轨 chūguǐ ♦ ~を修正する 修正轨道 xiūzhèng guǐdào
きとく【危篤】病危 bìngwēi ♦ ~に陷る 垂危 chuíwēi；临危 línwēi
きとくけん【既得権】既得权利 jìdé quánlì
きどる【気取る】拿架子 ná jiàzi；摆架子 bǎi jiàzi ♦ 芸術家を~ 以艺术家自居 yǐ yìshùjiā zìjū
きない【機内】飞机内 fēijī nèi ♦ ~放送 机内广播 jīnèi guǎngbō ♦ ~食 机上便餐 jīshàng biàncān
きなが【気長に】耐心 nàixīn ♦ ~に待つ 耐心等待 nàixīn děngdài
きなくさい【きな臭い】❶《においが》有焦糊味儿 yǒu jiāohúwèir ❷《状況が》有火药味儿 yǒu huǒyàowèir
きなこ【黄な粉】黄豆面 huángdòumiàn
きなん【危難】危难 wēinàn ♦ ~に陷る 落难 luònàn ♦ ~を救う 救难 jiùnàn
きにいる【気に入る】入眼 rùyǎn；看中 kànzhòng
きにゅう【記入-する】填 tián；填写 tiánxiě
きぬ【絹】丝绸 sīchóu ♦ ~糸 丝线 sīxiàn ♦ ~織物 绸缎 chóuduàn；丝织品 sīzhīpǐn
きぬけ【気抜け-する】气馁 qìněi；沮丧 jǔsàng ♦ 気が抜けたビール 走了气的啤酒 zǒule qì de píjiǔ
きね【杵】杵 chǔ
ギネスブック 吉尼斯大全 Jínísī dàquán；金氏世界记录 Jīnshì shìjiè jìlù
きねん【祈念-する】祈求 qíqiú

きねん【記念-する】 纪念 jìniàn；留念 liúniàn ♦～切手 纪念邮票 jìniàn yóupiào ♦～撮影 留影 liúyǐng ♦～碑 纪念碑 jìniànbēi ♦～日 纪念日 jìniànrì；节日 jiérì ♦～品 纪念品 jìniànpǐn

ぎねん【疑念】 疑心 yíxīn；疑团 yítuán；疑云 yíyún ♦～を抱く 抱有疑念 bàoyǒu yíniàn

きのう【昨日】 昨天 zuótiān；昨日 zuórì

きのう【機能】 功能 gōngnéng；性能 xìngnéng ♦～させる 发挥技能 fāhuī jìnéng ♦～障害 功能障碍 gōngnéng zhàng'ài ♦～的 实用性的 shíyòngxìng de ♦新～ 新功能 xīn gōngnéng

ぎのう【技能】 技能 jìnéng；能耐 néngnai ♦本領 běnlǐng ♦すぐれた～ 优秀的技能 yōuxiù de jìnéng

きのこ【茸】 蘑菇 mógu ♦～雲 蘑菇云 mógu yún

きのどく【気の毒-な】 可怜 kělián；哀怜 āilián；惋惜 wǎnxī

きのない【気の無い】 有气无力 yǒu qì wú lì ♦～素振り 爱答不理 ài dā bù lǐ

きのぼり【木登り-する】 爬树 pá shù

きのみ【木の実】 树木的果实 shùmù de guǒshí

きのみきのまま【着のみ着の儘】 一无所有 yī wú suǒ yǒu

きのめ【木の芽】 树芽 shùyá ♦山椒の～ 花椒的嫩叶 huājiāo de nènyè

きば【牙】 獠牙 liáoyá；尖牙 jiānyá ♦犬の～ 犬牙 quǎnyá

きはく【希薄[稀薄]-な】 淡薄 dànbó；稀薄 xībó ♦～な空気 稀薄的空气 xībó de kōngqì ♦～な人間関係 淡漠的人际关系 dànbó de rénjì guānxi

きはく【気迫】 气势 qìshì；气魄 qìpò ♦～のこもった 泼辣 pōlà

きばくざい【起爆剤】 起爆药 qǐbàoyào；〈比喩的に〉♦反撃への～ 反击的起爆剂 fǎnjī de qǐbàojì

きばこ【木箱】 木箱 mùxiāng

きはつ【揮発-性の】 挥发性 huīfāxìng ♦～油 挥发油 huīfāyóu

きばつ【奇抜-な】 新奇 xīnqí；奇特 qítè

きばむ【黄ばむ】 发黄 fāhuáng；变黄 biànhuáng

きばらし【気晴らし-をする】 散心 sànxīn；消遣 xiāoqiǎn

きばる【気張る】 ❶《努力》 发奋 fāfèn；努力 nǔlì ❷《金銭を》 大方 dàfang；慷慨 kāngkǎi ♦気張ってカンパする 慷慨捐款 kāngkǎi juānkuǎn

きはん【規範】 规范 guīfàn ♦～化する 规范化 guīfànhuà

きばん【基盤】 基础 jīchǔ ♦～を作る 打底子 dǎ dǐzi

きひ【忌避-する】 忌讳 jìhuì；回避 huíbì

きびき【忌引】 丧假 sāngjià

きびきび-と 麻利 máli；利落 lìluo；爽利 shuǎnglì；干脆 gāncuì ♦～と働く 工作泼辣 gōngzuò pōlà

きびしい【厳しい】 ❶《厳格》 严格 yángé；严厉 yánlì；严峻 yánjùn ♦言葉 严词 yáncí ♦～審査 严格的审查 yángé de shěnchá ♦厳しく叱る 谴责 qiǎnzé；严厉申斥 yánlì shēnchì ❷《はなはだしい》♦～暑さ 酷热 kùrè ❸《むずかしい》♦～状況 严峻的状况 yánjùn de zhuàngkuàng

きびす【踵】 ♦～を接する 接踵 jiēzhǒng ♦～を返す 返回 fǎnhuí

きひん【気品】 ♦～のある 典雅 diǎnyǎ；文雅 wényǎ

きひん【貴賓】 贵宾 guìbīn；嘉宾 jiābīn ♦～席 贵宾席 guìbīnxí

きびん【機敏-な】 机敏 jīmǐn；敏捷 mǐnjié；手快 shǒukuài；手疾眼快 shǒu jí yǎn kuài ♦～な動作 敏捷的动作 mǐnjié de dòngzuò

きふ【寄附-する】 捐赠 juānzèng ♦金を～する 捐款 juānkuǎn ♦～を募る 募捐 mùjuān

きふ【棋譜】 棋谱 qípǔ

ぎふ【義父】 ❶《夫の父》 公公 gōnggong ❷《妻の父》 岳父 yuèfù；岳丈 yuèzhàng

ギブアップ 放弃 fàngqì

ギブアンドテイク 互相让步 hùxiāng ràngbù；平等互换 píngděng hùhuàn

きふう【気風】 风尚 fēngshàng；风气 fēngqì；习尚 xíshàng

きふく【起伏-する】 起伏 qǐfú ♦～の激しい 崎岖 qíqū

きぶくれる【着膨れる】 穿得鼓鼓囊囊 chuānde gǔgǔnāngnāng

ギプス 石膏绷带 shígāo bēngdài

きぶつ【器物】 器物 qìwù；器皿 qìmǐn；器具 qìjù

ギフト 礼品 lǐpǐn；礼物 lǐwù；赠品 zèngpǐn ♦～カード 礼品卡片 lǐpǐn kǎpiàn

きふるし【着古し-の】 穿旧 chuānjiù

きぶん【気分】 气氛 qìfen；情绪 qíngxù；心境 xīnjìng；心情 xīnqíng ♦～がいい 舒服 shūfu；舒坦 shūtan ♦～がすぐれない 不快 búkuài；身体不舒服 shēntǐ bù shūfu ♦～がふさぐ 憋 biē ♦～がほぐれる

ぎふん【義憤】義愤 yìfèn
きへい【騎兵】骑兵 qíbīng
きべん【詭弁】诡辩 guǐbiàn ◆～を弄する 玩弄诡辩 wánnòng guǐbiàn
きぼ【規模】规模 guīmó ◆～が大きい[小さい] 规模大[小] guīmó dà [xiǎo] ◆世界規模の～ 世界规模的 shìjiè guīmó de
ぎぼ【義母】义母 yìmǔ ❶《夫の母》婆婆 pópo ❷《妻の母》岳母 yuèmǔ; 丈母 zhàngmǔ
きほう【気泡】气泡 qìpào
きぼう-する【希望-】希望 xīwàng; 想望 xiǎngwàng; 期望 qīwàng ◆～的観測 持主观愿望的观测 chí zhǔguān yuànwàng de guāncè ◆～を持つ 抱有希望 bàoyǒu xīwàng ◆～がわく 涌现希望 yǒngxiàn xīwàng
きぼり【木彫り】木雕 mùdiāo ◆～の人形 木偶 mù'ǒu
きほん【基本】基本 jīběn ◆～給 基本工资 jīběn gōngzī ◆～的に 基本上 jīběnshang
ぎまい【義妹】❶《夫の妹》小姑子 xiǎogūzi ❷《妻の妹》小姨子 xiǎoyízi
きまえ【気前】◆～がいい 大方 dàfang; 手松 shǒu sōng; 慷慨 kāngkǎi ◆～のよさ 雅量 yǎliàng ◆よく慨然 kǎirán
きまぐれ【気紛れ】任性 rènxìng ◆～な天気 多变的天气 duōbiàn de tiānqì ◆～な市場 变化莫测的市场 biànhuà mòcè de shìchǎng
きまじめ【生真面目-】非常认真 fēicháng rènzhēn; 一本正经 yì běn zhèng jīng
きまずい【気まずい】尴尬 gāngà; 发窘 fājiǒng ◆～雰囲気 不愉快的气氛 bù yúkuài de qìfēn
きまつ【期末】期末 qīmò ◆～試験 期考 qīkǎo
きまって【決まって】经常 jīngcháng; 总是 zǒngshì ◆～この道を通る 总是走这条路 zǒngshì zǒu zhè tiáo lù
きまま【気侭-な】随便 suíbiàn; 放荡 fàngdàng; 放肆 fàngsì; 任性 rènxìng ◆～に 随心所欲 suí xīn suǒ yù
きまり【決まり】定规 dìngguī; 规矩 guīju; 章法 zhāngfǎ ◆～に背く 犯规 fànguī ◆～が悪い 难为情 nánwéiqíng; 忸怩 niǔní; 惭愧 cánkuì; 羞涩 xiūsè ◆～ごと 常规 chángguī

きまりきった【決まりきった】老一套 lǎoyītào
きまりもんく【決まり文句】口头语 kǒutóuyǔ; 口头禅 kǒutóuchán; 老调 lǎodiào
きまる【決まる】❶《定まる》定 dìng; 决定 juédìng ◆方針が～ 方针已定 fāngzhēn yǐ dìng ❷《整う・うまくいく》◆服装が決まっている 服装整齐 fúzhuāng zhěngqí ◆技が～ 技术成功 jìshù chénggōng
ぎまん【欺瞞】欺瞒 qīmán; 欺骗 qīpiàn ◆～行為をする 弄虚作假 nòng xū zuò jiǎ
きみ【黄身】蛋黄 dànhuáng; 鸡蛋黄 jīdànhuáng
きみ【気味】情绪 qíngxù ◆～の悪い 令人发毛 lìng rén fāmáo; 令人不快 lìng rén bú kuài
きみ【君】你 nǐ ◆～たち 你们 nǐmen
-**ぎみ**【-気味】有点儿 yǒudiǎnr ◆風邪～なんだ 有点儿感冒呢 yǒudiǎnr gǎnmào ne
きみつ【機密】绝密 juémì; 机密 jīmì; 机要 jīyào ◆～書類 密件 mìjiàn ◆～文書 保密文件 bǎomì wénjiàn; 机要文件 jīyào wénjiàn ◆～を守る 保守机密 bǎoshǒu jīmì
きみどり【黄緑】黄绿色 huánglǜsè
きみゃく【気脈】◆～を通じる 串气 chuànqì; 勾通 gōutōng; 串通一气 chuàntōng yíqì
きみょう【奇妙-な】奇怪 qíguài; 奇妙 qímiào; 奇异 qíyì; 奇怪 qíguài ◆～奇天烈な 希奇古怪 xī qí gǔ guài
ぎむ【義務】义务 yìwù ◆～教育 义务教育 yìwù jiàoyù ◆～を負う 承担义务 chéngdān yìwù ◆～を果たす 履行义务 lǚxíng yìwù
きむずかしい【気難しい】不随和 bù suíhé; 脾气拗 píqi niù
キムチ朝鲜泡菜 Cháoxiǎn pàocài; 韩国泡菜 Hánguó pàocài
きめ【肌理】❶《肌の》肌理 jīlǐ ❷《行き届いた》◆～細かい 细致 xìzhì; 心细 xīnxì ◆～の粗い 粗糙 cūcāo
きめい【記名-する】记名 jìmíng; 签名 qiānmíng
ぎめい【偽名】化名 huàmíng ◆～を使う 使用化名 shǐyòng huàmíng
きめこむ【決め込む】断定 duàndìng; 自己以为 zìjǐ yǐwéi ◆だんまりを～ 保持沉默 bǎochí chénmò
きめつける【決め付ける】不容分说地申斥 bùróng fēnshuō de shēnchì
きめる【決める】定 dìng; 决定 juédìng; 规定 guīdìng ◆行く先を～ 决定去处 juédìng qùchù
きも【肝】肝 gān; 肝脏 gānzàng;

‹心的› 胆子 dǎnzi ♦ ～をつぶす 魄散魂飞 pò sàn hún fēi; 魂不附体 hún bú fù tǐ; 丧胆 sàngdǎn ♦ ～に銘じる 刻骨 kègǔ; 镂骨铭心 lòu gǔ míng xīn ♦ ～をすえる 壮胆 zhuàngdǎn ♦ ～を冷やす 吓出一身冷汗 xiàchū yīshēn lěnghàn

きもち【気持】心绪 xīnxù; 心怀 xīnhuái; 心情 xīnqíng; 心意 xīnyì ♦ ～がいい 舒适 shūshì; 爽快 shuǎngkuai; 心情舒畅 xīnqíng shūchàng ♦ ～が悪い 不舒畅 bù shūchàng; 难受 nánshòu ♦ ～が落ち着く 平心静气 píng xīn jìng qì ♦ ほんの～です 一点儿小意思 yìdiǎnr xiǎoyìsi

きもだま【肝っ玉】胆 dǎn; 胆子 dǎnzi ♦ ～の大きい 胆子大 dǎnzi dà; 有胆量 yǒu dǎnliàng ♦ ～の小さい 胆量小 dǎnliàng xiǎo

きもの【着物】衣服 yīfu; «日本の»和服 héfú

きもん【鬼門】忌讳的方向 jìhuì de fāngxiàng; «苦手» 棘手 jíshǒu

ぎもん【疑問】疑问 yíwèn ♦ ～が氷解する 冰释 bīngshì ♦ ～をただす 质疑 zhìyí ♦ ～に点 疑义 yíyì ♦ ～符 问号 wènhào ♦ ～文 疑问句 yíwènjù ♦ ～を持つ 持有疑问 chíyǒu yíwèn

きやく【規約】规约 guīyuē; 章程 zhāngchéng; 章则 zhāngzé ♦ ～を破る 违犯章程 wéifàn zhāngchéng

きゃく【客】客人 kèrén; 宾客 bīnkè; «商店の» 顾客 gùkè «劇場に» ～が入る 上座儿 shàngzuòr ♦ ～をもてなす 接待客人 jiēdài kèrén ♦ 招かれざる～ 不速之客 bú sù zhī kè

ぎゃく【逆】相反 xiāngfǎn ♦ ～に 反过来 fǎnguòlái ♦ ～に回す 倒转 dǎozhuǎn ♦ ～に進む 戗 qiāng ♦ ～向きが～だ 方向相反 fāngxiàng xiāngfǎn

ギャグ ♦ ～を入れる 噱头 xuétóu; ～を飛ばす 打诨 dǎhùn ♦ ～漫画 逗笑漫画 dòuxiào mànhuà

きゃくいん【脚韻】韵脚 yùnjiǎo

きゃくいん【客員】 ♦ ～教授 客座教授 kèzuò jiàoshòu

ぎゃくかいてん【逆回転-する】逆转 nìzhuǎn

ぎゃくこうか【逆効果】相反效果 xiāngfǎn xiàoguǒ ♦ ～になる 适得其反 shì dé qí fǎn

ぎゃくさつ【虐殺-する】残杀 cánshā; 虐杀 nüèshā

ぎゃくざや【逆鞘】逆差 nìchā

ぎゃくさん【逆算-する】倒数 dàoshǔ; 倒算 dàosuàn

きゃくしつ【客室】客厅 kètīng ♦ ～係 客房服务员 kèfáng fúwùyuán

きゃくしゃ【客車】客车 kèchē

ぎゃくしゅう【逆襲-する】反扑 fānpū; 反击 fǎnjī

ぎゃくじょう【逆上-する】大发雷霆 dà fā léi tíng; 大为恼火 dàwéi nǎohuǒ

きゃくしょく【脚色-する】编剧 biānjù ♦ ～家 «演劇などの» 编剧 biānjù ♦ 事実を～する 夸大事实 kuādà shìshí

きゃくせき【客席】客座 kèzuò

ぎゃくせつ【逆説】反话 fǎnhuà ♦ ～的 反论性的 fǎnlùnxìng de

きゃくせん【客船】客轮 kèlún

ぎゃくたい【虐待-する】残虐 cánnüè; 凌虐 língnüè; 虐待 nüèdài ♦ 動物～ 虐待动物 nüèdài dòngwù

きゃくちゅう【脚注】脚注 jiǎozhù

ぎゃくてん【逆転-する】反转 fǎnzhuǎn; 倒转 dàozhuǎn ♦ 形勢を～する 形势逆转 xíngshì nìzhuǎn

きゃくひき【客引き-する】兜揽 dōulǎn; 招徕 zhāolái; 招引顾客 zhāoyǐn gùkè

ぎゃくふう【逆風】顶风 dǐngfēng; 逆风 nìfēng

ぎゃくほうこう【逆方向】 ♦ ～を向く 掉 diào; 掉头 diàotóu

きゃくほん【脚本】脚本 jiǎoběn; 剧本 jùběn ♦ ～家 剧作家 jùzuòjiā

きゃくま【客間】客厅 kètīng

ぎゃくもどり【逆戻り-する】回归 huíguī; 开倒车 kāi dàochē

ぎゃくゆしゅつ【逆輸出-する】再出口 zàichūkǒu

ぎゃくゆにゅう【逆輸入-する】再进口 zàijìnkǒu

きゃくよせ【客寄せ-の】揽客 lǎnkè

ぎゃくりゅう【逆流-する】逆流 nìliú ♦ 川が～する 河水逆流 héshuǐ nìliú ♦ 全身の血が～する 全身血液逆流 quánshēn xuèyè nìliú

きゃくりょく【脚力】腿脚 tuǐjiǎo ♦ ～がある[ない] 有[没有]脚力 yǒu [méiyǒu] jiǎolì

ギャザー 褶子 zhězi

きゃしゃ【華奢-な】苗条 miáotiao; 纤巧 xiānqiǎo

きやすい【気安い】不客气 bú kèqi; 轻易 qīngyì ♦ 気安く頼める 能轻易托付 néng qīngyì tuōfù

キャスター 脚轮 jiǎolún ♦ ～付きの鞄 带小轮的包 dài xiǎolún de bāo ♦ ニュース～ 新闻主持人 xīnwén zhǔchírén; 新闻主播 xīnwén zhǔbō

キャスト 演员表 yǎnyuánbiǎo
きやすめ【気休め】 安慰 ānwèi ♦～を言う 说开心丸儿 shuō kāixīnwánr
きゃたつ【脚立】 梯凳 tīdèng
キャタピラ 链轨 liànguǐ; 履带 lǚdài
きゃっか【却下-する】 驳回 bóhuí
きゃっかん【客観】 客观 kèguān ♦～主義 客观主义 kèguān zhǔyì ♦～的に見る 客观地观察 kèguān de guānchá
ぎゃっきょう【逆境】 苦境 kǔjìng; 逆境 nìjìng
きゃっこう【脚光】 脚灯 jiǎodēng ♦～をあびる 引人注目 yǐn rén zhùmù; 走红 zǒuhóng
ぎゃっこう【逆光】 逆光 nìguāng
ぎゃくそう【逆行-する】 逆行 nìxíng; 戗 qiāng ♦時代に～する 倒行逆施 dào xíng nì shī
キャッシュ 现金 xiànjīn; 现款 xiànkuǎn ♦～で支払う 现金支付 xiànjīn zhīfù ♦～カード 提款卡 tíkuǎnkǎ
キャッチ-する 抓住 zhuāzhù; 捉拿 zhuōná ♦ボールを～する 接球 jiē qiú ♦情報を～する 获取信息 huòqǔ xìnxī ♦電波を～する 捕获电波 bǔhuò diànbō ♦～フレーズ 广告妙语 guǎnggào miàoyǔ
キャッツアイ 猫睛石 māojīngshí
キャップ 帽 mào; 套子 tàozi ♦ボールペンの～ 笔帽 bǐmào
ギャップ 差距 chājù ♦～が大きい 悬殊 xuánshū ♦～を越える 克服差距 kèfú chājù
キャディー 球童 qiútóng
キャバレー 夜总会 yèzǒnghuì
キャビア 鱼子酱 yúzǐjiàng
キャビネ【写真の】～版 六寸照片 liù cùn zhàopiàn
キャビネット 柜 guì; 《ラジオ・テレビの》外壳 wàiké
キャビン 房舱 fángcāng; 客舱 kècāng
キャビンアテンダント 空中服务员 kōngzhōng fúwùyuán
キャプション 图片说明 túpiàn shuōmíng; 字幕 zìmù
キャプテン ❶《船の》船长 chuánzhǎng ❷《チームの》队长 duìzhǎng
キャブレター 气化器 qìhuàqì
キャベツ 卷心菜 juǎnxīncài; 圆白菜 yuánbáicài
きゃら【伽羅】《香》沉香 chénxiāng
ギャラ 演出费 yǎnchūfèi ♦～を支払う 支付演出费 zhīfù yǎnchūfèi
キャラクター 性格 xìnggé;《漫画の》登场人物 dēngchǎng rénwù
キャラメル 奶糖 nǎitáng
ギャラリー ❶《画廊》画廊 huàláng ❷《ゴルフなどの見物人》多数の～を引き連れる 吸引很多观客 xīyǐn hěn duō guānkè
ギャランティー 保证 bǎozhèng; 担保 dānbǎo; 演出费 yǎnchūfèi
キャリア《経験・有資格》资格 zīgé;《履歴》履历 lǚlì; 年资 niánzī ♦豊富な～がある 经历丰富 jīnglì fēngfù ♦～ウーマン 从事专门职业的妇女 cóngshì zhuānmén zhíyè de fùnǚ
キャリア ❶《荷台など》货架子 huòjiàzi ❷《保菌者》带菌者 dàijūnzhě ♦ウイルス～ 病毒携带者 bìngdú xiédàizhě
ギャング 黑社会 hēishèhuì; 盗窃集团 dàoqiè jítuán; 盗匪 dàofěi
キャンセル-する 解约 jiěyuē; 作废 zuòfèi; 退讫 tuì qì ♦～料 解约费 jiěyuēfèi
キャンディー 糖 táng; 糖果 tángguǒ
キャンバス 画布 huàbù ♦～地の 帆布底的 fānbùdǐ de ♦～に描く 画在画布上 huàzài huàbùshang
キャンパス 校园 xiàoyuán ♦広々とした～ 广阔的校园 guǎngkuò de xiàoyuán
キャンピングカー 野营用的车辆 yěyíngyòng de chēliàng
キャンプ 帐篷 zhàngpeng ♦～する 野营 yěyíng ♦～場 野营地 yěyíngdì ♦～をはる《スポーツ選手が》野营训练 yěyíng xùnliàn ♦米軍～ 基地 měijūn jīdì
ギャンブル 赌博 dǔbó ♦～狂 赌鬼 dǔguǐ
キャンペーン 运动 yùndòng; 宣传活动 xuānchuán huódòng ♦～をはる 开展运动 kāizhǎn yùndòng
きゆう【杞憂】 杞忧 qǐyōu
きゅう【急-な】 急迫 jípò ♦～を告げる 告急 gàojí ♦～を要する 吃紧 chījǐn; 急迫 jípò ♦～に 忽而 hū'ér; 忽然 hūrán; 骤然 zhòurán ♦～カーブ 急弯 jíwān ♦～な坂 陡坡 dǒupō
きゅう【灸】 灸 jiǔ ♦お～を据える 灸治 jiǔzhì
きゅう【球】 球 qiú ♦球形 球形 qiúxíng
きゅう【級】 ❶《等級》级 jí; 等级 děngjí ❷《学級》班级 bānjí
キュー《ビリヤード》台球杆 táiqiúgǎn
きゅうあい【求愛-する】 追求 zhuīqiú; 求爱 qiú'ài
きゅういん【吸引-する】 抽 chōu ♦～力 吸力 xīlì

ぎゅういんばしょく【牛飲馬食-する】 大吃大喝 dàchī dàhē

きゅうえん【休演-する】 停演 tíngyǎn

きゅうえん【救援-する】 救济 jiùjì；救援 jiùyuán；赈济 zhènjì；驰援 chíyuán ◆～を求める 求援 qiúyuán ◆～隊 救兵 jiùbīng

きゅうか【休暇】 假 jià ◆～をとる 请假 qǐng jià ◆～願[届]假条 jiàtiáo ◆～期間 假期 jiàqī ◆有給～ 有薪休假 yǒuxīn xiūjià

きゅうかい【休会-する】 休会 xiūhuì

きゅうかく【嗅覚】 嗅觉 xiùjué ◆～神経 嗅神经 xiùshénjīng

きゅうがく【休学-する】 休学 xiūxué

きゅうかむら【休暇村】 度假村 dùjiàcūn

きゅうかん【休刊-する】 休刊 xiūkān

きゅうかん【急患】 急诊病人 jízhěn bìngrén

キュウカンチョウ【九官鳥】 八哥 bāgē

きゅうぎ【球技】 球赛 qiúsài ◆～場 球场 qiúchǎng

きゅうきゅう【救急】 急救 jíjiù ◆～センター 急救站 jíjiùzhàn ◆～車 救护车 jiùhùchē ◆～袋 急救包 jíjiùbāo

ぎゅうぎゅう ◆～押しこむ 满满地装 mǎnmǎn de zhuāng ◆～詰めの 塞得满满的 sāide mǎnmǎn de；拥挤的 yōngjǐ de

ぎゅうぎゅうのいちもう【九牛の一毛】 九牛一毛 jiǔ niú yì máo

きゅうきょ【旧居】 故居 gùjū；旧居 jiùjū

きゅうぎょう【休業-する】 停业 tíngyè；歇工 xiēgōng；休业 xiūyè ◆臨時～ 临时停业 línshí tíngyè

きゅうきょく【究極-の】 终极 zhōngjí ◆～の目的 终极目的 zhōngjí mùdì

きゅうくつ【窮屈-な】 ❶《衣服が》瘦小 shòuxiǎo；紧 jǐn；瘦 shòu ❷《雰囲気が》局促 júcù

きゅうけい【休憩-する】 休息 xiūxi；歇 xiē；歇工 xiēgōng；歇息 xiēxi ◆～時間 休息时间 xiūxi shíjiān

きゅうげき【急激-な】 急剧 jíjù ◆～な変化 剧变 jùbiàn

きゅうけつき【吸血鬼】 吸血鬼 xīxuèguǐ

きゅうご【救護-する】 救护 jiùhù ◆～所 救护所 jiùhùsuǒ

きゅうこう【休校-する】 停课 tíngkè ◆臨時～ 临时停课 línshí tíngkè

きゅうこう【休耕】 休闲 xiūxián ◆～地 休闲地 xiūxiándì ◆～田 休耕地 xiūgēngdì

きゅうこう【休講-する】 停课 tíngkè

きゅうこう【急行】 ◆～列車 快车 kuàichē ◆現場へ～する 急趋现场 jíqū xiànchǎng

きゅうこう【旧交】 ◆～を温める 重温旧情 chóngwēn jiùqíng

きゅうこうばい【急勾配-の】 陡 dǒu

きゅうこく【急告】 紧急通知 jǐnjí tōngzhī

きゅうこく【救国】 救国 jiùguó ◆～運動 救亡运动 jiùwáng yùndòng

きゅうこん【求婚】 求婚 qiúhūn；求亲 qiúqīn ◆～を承諾する 许婚 xǔhūn

きゅうこん【球根】 球根 qiúgēn

きゅうさい【救済-する】 救济 jiùjì；赈济 zhènjì；补救 bǔjiù ◆難民を～する 救济难民 jiùjì nànmín ◆被災地を～する 振济灾区 zhènjì zāiqū

きゅうし【臼歯】 大牙 dàyá；臼齿 jiùchǐ

きゅうし【休止-する】 休止 xiūzhǐ；停顿 tíngdùn

きゅうし【急死-する】 突然死亡 tūrán sǐwáng；猝死 cùsǐ；暴卒 bàozú

きゅうし【旧址】 旧址 jiùzhǐ

きゅうし【九死-に】 ◆～に一生を得る 虎口余生 hǔ kǒu yú shēng；九死一生 jiǔ sǐ yì shēng

きゅうじ【給仕】 茶房 cháfáng；服务员 fúwùyuán ◆～係 招待员 zhāodàiyuán ◆お～をする 伺候 cìhou

きゅうしき【旧式-の】 老式 lǎoshì；旧式 jiùshì

きゅうじつ【休日】 休息日 xiūxīrì；假日 jiàrì ◆～を過ごす 度假 dùjià

きゅうしふ【休止符】 休止符 xiūzhǐfú

きゅうしゅう【吸収-する】 吸 xī；吸取 xīqǔ；吸收 xīshōu ◆水分を～する 吸收水分 xīshōu shuǐfen ◆知識を～する 吸取知识 xīqǔ zhīshi ◆衝撃を～する 缓冲冲击 huǎnchōng chōngjī

きゅうしゅつ【救出-する】 挽救 wǎnjiù；救出来 jiùchūlai

きゅうしょ【急所】 点子 diǎnzi；要害 yàohài；关键 guānjiàn ◆～を突く《言葉が》中肯 zhòngkěn；抓住要点 zhuāzhù yàodiǎn

きゅうじょ【救助-する】 搭救 dājiù；救助 jiùzhù ◆～を求める 求救 qiújiù ◆～隊 救护队 jiùhùduì

きゅうじょう【球場】《野球の》棒球场 bàngqiúchǎng

きゅうじょう【窮状】 窘境 jiǒngjìng ◆～を脱する 摆脱困境 bǎituō kùn-

jìng
きゅうしょうがつ【旧正月】 春节 Chūnjié; 大年 dànián
きゅうじょうしょう【急上昇-する】 ❶《高度が》陡直上升 dǒuzhí shàngshēng ◆水位［物価］が～する 暴涨 bàozhǎng ❷《評価などが》急剧提高 jíjù tígāo; 陡然直上 dǒurán zhíshàng
きゅうしょく【休職-する】 离职 lízhí; 停职 tíngzhí
きゅうしょく【求職】 求职 qiúzhí ◆～活動をする 找工作 zhǎo gōngzuò
きゅうしょく【給食】 供给伙食 gōngjǐ huǒshí
ぎゅうじる【牛耳る】 称霸 chēngbà; 把持 bǎchí
きゅうしん【休診-する】 停诊 tíngzhěn
きゅうしん【急進】 急进 jíjìn ◆～派 急进派 jíjìnpài
きゅうしん【求心】 ◆～力 向心力 xiàngxīnlì
きゅうじん【求人】 招聘人员 zhāopìn rényuán; 招人 zhāorén ◆～広告 招工广告 zhāogōng guǎnggào ◆～欄 招工专栏 zhāogōng zhuānlán
きゅうす【急須】 茶壶 cháhú
きゅうすい【給水-する】 给水 jǐshuǐ ◆～車 供水车 gōngshuǐchē ◆～塔 水塔 shuǐtǎ
きゅうする【窮する】 陷入困境 xiànrù kùnjìng ◆生活に～ 苦于生活 kǔyú shēnghuó ◆返答に～ 无言以对 wú yán yǐ duì ◆窮すれば通ず 穷极智生 qióng jí zhì shēng
きゅうせい【急性-の】 急性 jíxìng ◆～胃炎 急性胃炎 jíxìng wèiyán
きゅうせい【急逝-する】 溘逝 kèshì; 猝死 cùsǐ
きゅうせい【旧姓】 原姓 yuánxìng; 娘家姓 niángjiāxìng
きゅうせいしゅ【救世主】 救世主 jiùshìzhǔ
きゅうせき【旧跡】 旧址 jiùzhǐ; 古迹 gǔjì ◆名所～ 名胜古迹 míngshèng gǔjì
きゅうせん【休戦-する】 停火 tínghuǒ; 休战 xiūzhàn ◆～協定 停火协议 tínghuǒ xiéyì
きゅうせんぽう【急先鋒】 急先锋 jíxiānfēng
きゅうそ【窮鼠】 ◆～猫を噛む 穷鼠啮猫 qióng shǔ niè māo; 狗急跳墙 gǒu jí tiào qiáng
きゅうぞう【急増-する】 猛增 měngzēng
きゅうぞう【急造-の】 赶制 gǎnzhì; 赶造 gǎnzào
きゅうそく【休息-する】 歇息 xiēxi; 休息 xiūxi
きゅうそく【急速-に】 急剧 jíjù; 急速 jísù; 迅急 xùnjí
きゅうたい【球体】 球体 qiútǐ
きゅうだい【及第-する】 合格 hégé; 及格 jígé; 考上 kǎoshàng ◆～点 及格分数 jígé fēnshù
きゅうたいいぜん【旧態依然】 ◆～とした 依然如故 yīrán rú gù
きゅうだん【糾弾-する】 谴责 qiǎnzé; 抨击 pēngjī; 申讨 shēntǎo; 声讨 shēngtǎo; 问罪 wènzuì
きゅうち【窮地】 窘况 jiǒngkuàng; 死地 sǐdì ◆～に立つ 处于困境 chǔyú kùnjìng
きゅうち【旧知-の】 故旧 gùjiù ◆～の間柄 老交情 lǎo jiāoqíng
きゅうちゃく【吸着-する】 吸附 xīfù
きゅうてい【休廷-する】 休庭 xiūtíng
きゅうてい【宮廷】 宫廷 gōngtíng
きゅうてき【仇敵】 仇人 chóurén; 死对头 sǐduìtou
きゅうでん【宮殿】 宫殿 gōngdiàn; 皇宮 huánggōng
きゅうてんちょっか【急転直下】 急转直下 jí zhuǎn zhí xià
きゅうとう【急騰-する】 暴涨 bàozhǎng ◆株価の～ 股价暴涨 gǔjià bàozhǎng
きゅうとう【給湯】 供给热水 gōngjǐ rèshuǐ ◆～設備 热水供给设备 rèshuǐ gōngjǐ shèbèi
きゅうなん【救難】 救难 jiùnàn; 救险 jiùxiǎn ◆～信号 救难信号 jiùnàn xìnhào
ぎゅうにく【牛肉】 牛肉 niúròu
きゅうにゅう【吸入-する】 吸入 xīrù ◆～器 蒸气吸入器 zhēngqì xīrùqì ◆酸素～ 吸入氧气 xīrù yǎngqì
ぎゅうにゅう【牛乳】 牛奶 niúnǎi ◆～配達 送牛奶 sòng niúnǎi
きゅうねん【旧年】 去年 qùnián
きゅうば【急場】 紧急情况 jǐnjí qíngkuàng ◆～をしのぐ 度过难关 dùguò nánguān
きゅうはく【急迫-する】 急迫 jípò; 紧迫 jǐnpò ◆事態は～している 事态紧急 shìtài jǐnjí
きゅうはく【窮迫-する】 窘迫 jiǒngpò; 贫困 pínkùn
きゅうばん【吸盤】 吸盘 xīpán
キュービズム 立体派 lìtǐpài
きゅうピッチ【急ピッチ】 迅速 xùnsù; 速度快 sùdù kuài ◆～で進む 进展得很快 jìnzhǎnde hěn kuài
キューピッド 丘比特 Qiūbǐtè; 爱神 àishén

きゅうびょう【急病】 暴病 bàobìng; 急症 jízhèng ◆〜になる 得急病 dé jíbìng

きゅうふ【給付-する】 支付 zhīfù; 发放 fāfàng ◆〜金 发放款项 fāfàng kuǎnxiàng

きゅうぶん【旧聞】 旧闻 jiùwén

きゅうへん【急変-する】 陡变 dǒubiàn；骤变 zhòubiàn・病状が〜する 病情骤变 bìngqíng zhòubiàn

きゅうほう【急報】 紧急通知 jǐnjí tōngzhī

きゅうぼう【窮乏】 贫穷 pínqióng

きゅうみん【休眠-する】 休眠 xiūmián

きゅうめい【救命】 救命 jiùmìng ◆〜ブイ 救生圈 jiùshēngquān ◆〜ボート 救生艇 jiùshēngtǐng ◆〜用具 救生用具 jiùshēng yòngjù ◆〜胴衣 救生衣 jiùshēngyī

きゅうめい【究明-する】 查明 chámíng；查清 cháqīng；检查 jiǎnchá ◆原因を〜する 查清原因 cháqīng yuányīn ◆真相を〜する 查明真相 chámíng zhēnxiàng

きゅうめい【糾明-する】 追究 zhuījiū；追查 zhuīchá ◆責任を〜する 查明责任 chámíng zérèn

きゅうゆ【給油-する】 加油 jiāyóu ◆〜ポンプ 油泵 yóubèng

きゅうゆう【級友】 同班同学 tóngbān tóngxué

きゅうゆう【旧友】 旧交 jiùjiāo；老朋友 lǎopéngyou

きゅうよ【窮余】 ◆〜の一策 穷极之策 qióngjí zhī cè

きゅうよ【給与】 工资 gōngzī

きゅうよう【休養】 休养 xiūyǎng

きゅうよう【急用】 急事 jíshì ◆〜ができた 有急事 yǒu jíshì

きゅうらい【旧来】 以往 yǐwǎng ◆〜のパターン 窠臼 kējiù；老格式 lǎogéshì ◆〜の枠 老框框 lǎokuàngkuang

きゅうらく【急落-する】 猛跌 měngdiē；暴跌 bàodiē

キュウリ【胡瓜】 黄瓜 huánggua

きゅうりゅう【急流】 奔流 bēnliú；激流 jīliú；急流 jíliú

きゅうりょう【丘陵】 丘陵 qiūlíng；冈陵 gānglíng

きゅうりょう【給料】 工资 gōngzī；工薪 gōngxīn；薪水 xīnshui ◆〜日 发工资日 fāgōngzī rì ◆〜を受け取る 领工资 lǐng gōngzī

きゅうれき【旧暦】 旧历 jiùlì；农历 nónglì；阴历 yīnlì

ぎゅっと 紧 jǐn；紧紧 jǐnjǐn ◆〜つかむ 紧握 jǐnwò ◆〜しばる 紧拧 jǐnníng

きよ【寄与-する】 贡献 gòngxiàn

きよ【虚】 空虚 kōngxū ◆〜をつく 攻其不备 gōng qí bú bèi

きよう【器用-な】 灵巧 língqiǎo；轻巧 qīngqiǎo；手巧 shǒuqiǎo ◆〜な手先 巧手 qiǎoshǒu

きよう【紀要】 学报 xuébào

きよう【起用-する】 起用 qǐyòng ◆若手を〜する 起用年轻人 qǐyòng niánqīngrén

きょう【経】 佛经 fójīng ◆〜を読む 念经 niànjīng

きょう【今日】 今天 jīntiān；今儿 jīnr；今日 jīnrì

きょう【凶】 凶 xiōng

きょう【興】 兴头 xìngtou ◆〜に乗る 起劲 qǐjìn；乘兴 chéngxìng ◆〜を殺ぐ 败兴 bàixìng；扫兴 sǎoxìng ◆〜を添える 助兴 zhùxìng

-きょう【-狂】 迷 mí ◆映画〜 影迷 yǐngmí

ぎょう【行】 行 háng；〈読書や書写で〉◆〜を飛ばす 跳行 tiàoháng ◆下から5行目 倒数第五行 dàoshù dìwǔ háng

きょうあく【凶悪-な】 凶狠 xiōnghěn；凶横 xiōnghèng；凶恶 xiōng'è；〈顔付きが〉狰狞 zhēngníng；鹰鼻鹞眼 yīng bí yào yǎn ◆〜犯 凶犯 xiōngfàn ◆〜犯罪 滔天罪恶 tāotiān zuì'è

きょうい【胸囲】 胸围 xiōngwéi

きょうい【脅威】 威胁 wēixié

きょうい【驚異】 惊人 jīngrén；惊异 jīngyì ◆〜的な 惊人的 jīngrén de ◆〜自然の〜 自然的神奇 zìrán de shénqí

きょういく【教育】 教育 jiàoyù；教学 jiàoxué ◆〜者 教育家 jiàoyùjiā ◆〜制度 教育制度 jiàoyù zhìdù；学制 xuézhì

きょういん【教員】 教师 jiàoshī；教员 jiàoyuán ◆〜室 教研室 jiàoyánshì ◆〜免許 教师执照 jiàoshī zhízhào

きょうえい【競泳-する】 游泳比赛 yóuyǒng bǐsài

きょうえん【共演-する】 配角 pèijué；合演 héyǎn

きょうえん【饗宴】 飨宴 xiǎngyàn

きょうおう【供応-する】 设宴招待 shèyàn zhāodài

きょうか【強化-する】 加强 jiāqiáng；加紧 jiājǐn；坚强 jiānqiáng；强化 qiánghuà ◆〜ガラス 钢化玻璃 gānghuà bōli

きょうか【教科】 科目 kēmù；学科 xuékē

きょうかい【協会】 协会 xiéhuì ◆友

好～ 友好协会 yǒuhǎo xiéhuì
きょうかい【境界】 境界 jìngjiè ♦ ～線 界线 jièxiàn ♦ ～線上の边缘 biānyuán
きょうかい【教会】 教堂 jiàotáng; 教会 jiàohuì
ぎょうかい【業界】 行业 hángyè; 同业界 tóngyèjiè ♦ ～紙 同业界报纸 tóngyèjiè bàozhǐ ♦ ～用語 同业界用语 tóngyèjiè yòngyǔ
きょうがく【共学】 同校 tóngxiào ♦ 男女～ 男女同校 nánnǚ tóngxiào
きょうがく【教学】 教程 jiàochéng
きょうがく【驚愕-する】 惊愕 jīng'è: 大吃一惊 dà chī yì jīng
きょうかしょ【教科書】 教科书 jiàokēshū; 课本 kèběn
きょうかたびら【経帷子】 寿衣 shòuyī
きょうかつ【恐喝-する】 恐吓 kǒnghè; 威胁 wēixié
きょうかん【共感-する】 同感 tónggǎn; 共鸣 gòngmíng
きょうき【俠気】 侠气 xiáqì ♦ ～に富む(人) 豪侠 háoxiá
きょうき【凶器】 凶器 xiōngqì
きょうき【狂喜】 狂喜 kuángxǐ
きょうき【狂気】 癫狂 diānkuáng ♦ ～じみた 猖狂 chāngkuáng
きょうき【驚喜-する】 惊喜 jīngxǐ ♦ ～乱舞する 欣喜若狂 xīn xǐ ruò kuáng
きょうぎ【狭義】 狭义 xiáyì ♦ ～の解释 狭义解释 xiáyì jiěshì
きょうぎ【競技】 体育比赛 tǐyù bǐsài ♦ ～会 运动会 yùndònghuì ♦ ～場 运动场 yùndòngchǎng ♦ ～者 参赛者 cānsàizhě
きょうぎ【協議-する】 协议 xiéyì; 商议 shāngyì; 协商 xiéshāng; 谈判 tánpàn; 磋商 cuōshāng
きょうぎ【教義】 教义 jiàoyì; 《宗教上の》教条 jiàotiáo
ぎょうぎ【行儀】 举止 jǔzhǐ; 礼貌 lǐmào ♦ ～がよい[悪い] [没]有礼貌 [méi]yǒu lǐmào ♦ 他人～な 见外 jiànwài
きょうきゃく【橋脚】 桥墩 qiáodūn
きょうきゅう【供給-する】 供给 gōngjǐ; 供应 gōngyìng; 提供 tígōng
きょうぎゅうびょう【狂牛病】 疯牛病 fēngniúbìng
ぎょうぎょうしい【仰々しい】 冠冕堂皇 guān miǎn táng huáng; 耸人听闻 sǒng rén tīng wén
きょうきん【胸襟】 胸襟 xiōngjīn ♦ ～を開く 推心置腹 tuī xīn zhì fù
きょうぐう【境遇】 境地 jìngdì; 境遇 jìngyù; 境遇 jìngyù; 身世 shēnshì; 《多く不幸な》遭遇 zāoyù ♦ 不幸な～にある 遭遇不幸 zāoyù búxìng
きょうくん【教訓】 教训 jiàoxun ♦ ～とする 作为教训 zuòwéi jiàoxùn ♦ ～を得る 得到教训 dédào jiàoxùn
きょうげき【京劇】 京剧 jīngjù
ぎょうけつ【凝結-する】 凝结 níngjié
きょうけん【剛健-な】 刚健 gāngjiàn; 壮健 zhuàngjiàn
きょうけん【強権】 强权 qiángquán ♦ ～を発動する 行使强权 xíngshǐ qiángquán
きょうけん【狂犬】 疯狗 fēnggǒu ♦ ～病 狂犬病 kuángquǎnbìng
きょうげん【狂言】 ❶《能狂言》狂言 kuángyán ❷《偽りの》骗局 piànjú ♦ ～自殺 伪装自杀 wěizhuāng zìshā
きょうこ【強固-な】 巩固 gǒnggù; 坚强 jiānqiáng ♦ 意志が～な 意志坚强 yìzhì jiānqiáng
ぎょうこ【凝固-する】 凝固 nínggù ♦ ～剂 凝固剂 nínggùjì ♦ ～点 凝固点 nínggùdiǎn
きょうこう【凶行】 行凶 xíngxiōng
きょうこう【強硬】 强 yìng; 强硬 qiángyìng ♦ ～手段 强硬手段 qiángyìng shǒuduàn
きょうこう【強行-する】 强行 qiángxíng
きょうこう【恐慌】 恐慌 kǒnghuāng ♦ ～をきたす 引起恐慌 yǐnqǐ kǒnghuāng ♦ 金融～ 金融恐慌 jīnróng kǒnghuāng
きょうこう【教皇】 教皇 jiàohuáng
きょうごう【競合-する】 竞争 jìngzhēng ♦ 二社が～する 两个公司竞争 liǎng ge gōngsī jìngzhēng
きょうごう【強豪】 强手 qiángshǒu
きょうこうぐん【強行軍】 《比喻》赶路 gǎnlù; 赶办 gǎnbàn ♦ ～の日程 日程太紧张 rìchéng tài jǐnzhāng
きょうこく【峡谷】 峡谷 xiágǔ
きょうこく【強国】 强国 qiánggguó
きょうこつ【胸骨】 胸骨 xiōnggǔ
きょうさ【教唆-する】 教唆 jiàosuō
きょうさい【恐妻】 惧内 jùnèi ♦ ～家 怕老婆的 pà lǎopo de; 妻管严 qīguǎnyán
きょうざい【教材】 教材 jiàocái
きょうさく【凶作】 歉收 qiànshōu; 饥荒 jīhuang; 灾荒 zāihuāng ♦ 大～ 大荒 dàhuāng ♦ 大～の年 大荒年 dàhuāngnián
きょうざめ【興醒め-する】 扫兴 sǎoxìng
きょうさん【協賛-する】 赞助 zànzhù

きょうさんしゅぎ【共産主義】 共产主义 gòngchǎn zhǔyì
きょうさんとう【共産党】 共产党 gòngchǎndǎng
きょうし【教師】 教师 jiàoshī；教员 jiàoyuán
きょうじ【凶事】 凶事 xiōngshì
きょうじ【教示-する】 指教 zhǐjiào ♦～を仰ぐ 请教 qǐngjiào；见教 jiànjiào
ぎょうし【凝視-する】 凝视 níngshì
ぎょうじ【行事】 活动 huódòng；仪式 yíshì
きょうしつ【教室】 教室 jiàoshì；课堂 kètáng
きょうしゃ【強者】 强手 qiángshǒu；硬手 yìngshǒu
ぎょうしゃ【業者】 行业 hángyè；同业者 tóngyèzhě
ぎょうじゃ【行者】 行者 xíngzhě
きょうしゅ【凶手】 凶手 xiōngshǒu
きょうじゅ【享受-する】 享受 xiǎngshòu；消受 xiāoshòu ♦自由を～する 享受自由 xiǎngshòu zìyóu
きょうじゅ【教授】 《大学の》教授 jiàoshòu
ぎょうしゅ【業種】 行业 hángyè ♦サービス～ 服务行业 fúwù hángyè
きょうしゅう【強襲-する】 强攻 qiánggōng；猛攻 měnggōng
きょうしゅう【郷愁】 乡愁 xiāngchóu；乡思 xiāngsī
ぎょうしゅう【凝集-する】 凝聚 níngjù；凝集 níngjí
きょうしゅうじょ【教習所】 《自動車の》汽车教练所 qìchē jiàoliànsuǒ
きょうしゅく【恐縮-する】 过意不去 guòyìbuqù；惶恐 huángkǒng
ぎょうしゅく【凝縮-する】 凝结 níngjié
きょうじゅつ【供述-する】 供词 gòngcí；口供 kǒugòng；供认 gòngrèn ♦～を覆す 翻供 fāngòng
ぎょうしょ【行書】 行书 xíngshū
きょうじょう【教条】 教条 jiàotiáo ♦～主義 教条主义 jiàotiáo zhǔyì
ぎょうしょう【行商-する】 行商 xíngshāng ♦～人 小贩 xiǎofàn；行贩 hángfàn
ぎょうじょう【行状】 行为 xíngwéi；品行 pǐnxíng
きょうしょく【教職】 教师的职务 jiàoshī de zhíwù ♦～に就く 任教 rènjiào；当教员 dāng jiàoyuán ♦～員 教职员 jiàozhíyuán
きょうじる【興じる】 取乐 qǔlè；玩 wán
きょうしん【共振】 共振 gòngzhèn；谐振 xiézhèn
きょうしん【強震】 强震 qiángzhèn

きょうしん【狂信-する】 狂热信奉 kuángrè xìnfèng
きょうじん【凶刃】 ♦～に倒れる 凶死 xiōngsǐ
きょうじん【強靱-な】 坚韧 jiānrèn
きょうじん【狂人】 疯子 fēngzi；狂人 kuángrén
きょうしんざい【強心剤】 强心剂 qiángxīnjì
きょうしんしょう【狭心症】 心绞痛 xīnjiǎotòng
きょうする【供する】 供 gōng ♦茶菓を～ 供上茶点 gōngshàng chádiǎn ♦食用に～ 供食用 gōng shíyòng
きょうせい【共生-する】 共生 gòngshēng；相处 xiāngchǔ
きょうせい【強制-する】 强制 qiángzhì；勒令 lèlìng ♦～的 强制性的 qiángzhìxìng de ♦～立ち退き 强行拆迁 qiángxíng chāiqiān
きょうせい【矯正-する】 矫正 jiǎozhèng ♦歯列～ 矫正牙齿 jiǎozhèng yáchǐ
ぎょうせい【行政】 行政 xíngzhèng ♦～改革 行政改革 xíngzhèng gǎigé ♦～機関 行政机关 xíngzhèng jīguān ♦～機構 行政机构 xíngzhèng jīgòu ♦～区 行政区 xíngzhèngqū
ぎょうせき【業績】 成就 chéngjiù；业绩 yèjì ♦～をあげる 取得成绩 qǔdé chéngjì
きょうそ【教祖】 教祖 jiàozǔ；教主 jiàozhǔ
きょうそう【競争-する】 比赛 bǐsài；竞赛 jìngsài ♦～率が高い［低い］ 竞争率高［低］ jìngzhēnglǜ gāo[dī]
きょうそう【強壮-な】 强壮 qiángzhuàng；♦～剤 强壮剂 qiángzhuàngjì；补药 bǔyào ♦滋养～ 滋养强壮 zīyǎng qiángzhuàng
きょうぞう【胸像】 头像 tóuxiàng；胸像 xiōngxiàng
きょうそうきょく【協奏曲】 《コンチェルト》协奏曲 xiézòuqǔ
きょうそうきょく【狂想曲】 《カプリチオ》狂想曲 kuángxiǎngqǔ
きょうそん【共存-する】 共存 gòngcún；并存 bìngcún；共处 gòngchǔ ♦自然との～ 与自然共处 yǔ zìrán gòngchǔ ♦～共栄 共存共荣 gòngcún gòngróng
きょうだい【兄弟】 兄弟 xiōngdì ♦～分 哥们儿 gēmenr；把兄弟 bǎxiōngdì ♦～付き合いする 称兄道弟 chēng xiōng dào dì
きょうだい【強大-な】 强大 qiángdà；强盛 qiángshèng；壮大 zhuàngdà

きょうだい【鏡台】 镜台 jìngtái；梳妆台 shūzhuāngtái

きょうたん【驚嘆-する】 惊叹 jīngtàn ♦ ～すべき 惊奇 jīngqí

きょうだん【教団】 宗教团体 zōngjiào tuántǐ ♦ カルト～ 狂热崇拜者教团 kuángrè chóngbàizhě jiàotuán

きょうだん【教壇】 讲台 jiǎngtái ♦ ～に立つ 当老师 dāng lǎoshī

きょうち【境地】 境界 jìngjiè ♦ 無我の～ 无我之境 wúwǒ zhī jìng

キョウチクトウ【夾竹桃】 夹竹桃 jiāzhútáo

きょうちゅう【胸中】 心胸 xīnxiōng；心肠 xīncháng；衷肠 zhōngcháng 複雑な～ 复杂的心绪 fùzá de xīnxù ♦ ～を明かす 诉说衷肠 sùshuō zhōngcháng

きょうちょ【共著】 共著 gòngzhù

きょうちょう【凶兆】 凶兆 xiōngzhào

きょうちょう【協調-する】 协调 xiétiáo ♦ ～性 协调性 xiétiáoxìng

きょうちょう【強調-する】 强调 qiángdiào

きょうつう【共通-する】 共同 gòngtóng；共通 gòngtōng ♦ ～性 共性 gòngxìng ♦ ～点 共同点 gòngtóngdiǎn ♦ ～語 普通话 pǔtōnghuà

きょうてい【競艇】 赛艇 sàitǐng

きょうてい【協定-する】 协定 xiédìng；协议 xiéyì ♦ ～を結ぶ 缔结协定 dìjié xiédìng

きょうてき【強敵】 劲敌 jìngdí；强敌 qiángdí

きょうてん【経典】 经典 jīngdiǎn

ぎょうてん【仰天-する】 大吃一惊 dà chī yì jīng；惊讶 jīngyà

きょうてんどうち【驚天動地】 惊天动地 jīng tiān dòng dì

きょうと【教徒】 教徒 jiàotú

きょうど【強度】 强度 qiángdù；烈度 lièdù ♦ ～を測定する 测定强度 cèdìng qiángdù ♦ ～の乱視 深度散光 shēndù sǎnguāng

きょうど【郷土】 乡土 xiāngtǔ ♦ ～意識 乡土观念 xiāngtǔ guānniàn ♦ ～料理 家乡菜 jiāxiāngcài ♦ ～芸能 乡土艺术 xiāngtǔ yìshù

きょうとう【共闘-する】 共同斗争 gòngtóng dòuzhēng

きょうとう【教頭】 副校长 fùxiàozhǎng

きょうどう【共同】 共同 gòngtóng ♦ ～コミュニケ 联合公报 liánhé gōngbào ♦ ～作業 协作 xiézuò ♦ ～経営 合营 héyíng

きょうどう【協同-する】 协同 xié tóng ♦ ～組合 合作社 hézuòshè

きょうどうせいめい【共同声明】 联合声明 liánhé shēngmíng ♦ ～を発表する 发表联合声明 fābiǎo liánhé shēngmíng

きょうどうぼち【共同墓地】 公墓 gōngmù

きょうねん【享年】 享年 xiǎngnián；终年 zhōngnián

きょうねん【凶年】 歉年 qiànnián；荒年 huāngnián

きょうばい【競売】 拍卖 pāimài ♦ ～にかける 交付拍卖 jiāofù pāimài

きょうはく【脅迫-する】 胁迫 xiépò；恐吓 kǒnghè；威逼 wēibī ♦ ～状 恐吓信 kǒnghèxìn ♦ ～罪 恐吓罪 kǒnghèzuì

きょうはく【強迫】 追逼 zhuībī ♦ ～観念 强迫观念 qiángpò guānniàn

きょうはん【共犯】 共犯 gòngfàn；帮凶 bāngxiōng

きょうふ【恐怖】 恐怖 kǒngbù ♦ ～に震える 不寒而栗 bù hán ér lì；胆战心惊 dǎn zhàn xīn jīng ♦ ～に脅えた 惊恐 jīngkǒng ♦ ～心 恐怖心理 kǒngbù xīnlǐ

きょうぶ【胸部】 胸部 xiōngbù；胸脯 xiōngpú

きょうふう【強風】 强风 qiángfēng；大风 dàfēng；疾风 jífēng ♦ ～警報 大风警报 dàfēng jǐngbào

きょうへん【共編】 合编 hébiān

きょうべん【教鞭】 ♦ ～を執る 任教 rènjiào；执教 zhíjiào

きょうほ【競歩】 竞走 jìngzǒu

きょうほう【凶報】 凶信 xiōngxìn；噩耗 èhào

きょうぼう【共謀-する】 同谋 tóngmóu ♦ ～者 同谋 tóngmóu

きょうぼう【凶暴-な】 暴烈 bàoliè；暴虐 bàonüè；狂暴 kuángbào ♦ ～性 暴虐 bàonüè ♦ ～な性格 暴虐的性格 bàonüè de xìnggé

きょうまん【驕慢-な】 骄慢 jiāomàn；骄傲 jiāo'ào

きょうみ【興味】 兴趣 xìngqù；兴味 xìngwèi；意趣 yìqù ♦ ～津々 津津有味 jīn jīn yǒu wèi ♦ ～がある 有趣 yǒuqù ♦ ～がない 没有兴趣 méi yǒu xìngqù ♦ ～がわく 带劲 dàijìn；动心 dòngxīn ♦ ～を失う 扫兴 sǎoxìng ♦ ～深い 入味 rùwèi；动听 dòngtīng ♦ ～本位 以消遣为目的 yǐ xiāoqiǎn wéi mùdì

きょうむ【教務】 教务 jiàowù

ぎょうむ【業務】 业务 yèwù ♦ ～を引き継ぐ 交接班 jiāojiēbān ♦ ～を行う 办公 bàngōng ♦ ～研修 业务进修 yèwù jìnxiū ♦ 日常～ 日常业务 rìcháng yèwù ♦ ～命令 业务命

令 yèwù mìnglìng

きょうめい【共鳴-する】❶《人·意見などに》同感 tónggǎn；同情 tóngqíng ❷《物体が》共鳴 gòngmíng；共振 gòngzhèn

きょうやく【協約】协议 xiéyì；协约 xiéyuē ♦~を結ぶ 缔结协议 dìjié xiéyì

きょうゆう【享有-する】享有 xiǎngyǒu ♦権利を~する 享有权力 xiǎngyǒu quánlì

きょうゆう【共有】公有 gōngyǒu ♦~する 共有 gòngyǒu；共同所有 gòngtóng suǒyǒu ♦~財産 共同财产 gòngtóng cáichǎn

きょうよ【供与-する】供给 gōngjǐ；发放 fāfàng

きょうよう【強要-する】强逼 qiǎngbī；强迫 qiǎngpò

きょうよう【教養】教养 jiàoyǎng；修养 xiūyǎng ♦~のある 有文化 yǒu wénhuà；有教养 yǒu jiàoyǎng ♦~を身に付ける 学习掌握修养 xuéxí zhǎngwò xiūyǎng

きょうらく【享楽-する】享乐 xiǎnglè

きょうらん【狂乱-する】癲狂 diānkuáng ♦~物価 暴涨的物价 bàozhǎng de wùjià

きょうり【郷里】家乡 jiāxiāng；乡里 xiānglǐ；故乡 gùxiāng；老家 lǎojiā ♦~に帰る 回故乡 huí gùxiāng

きょうりゅう【恐竜】恐龙 kǒnglóng

きょうりょう【橋梁】桥梁 qiáoliáng

きょうりょう【狭量-な】狭隘 xiá'ài；小心眼儿 xiǎoxīnyǎnr ♦~な人 器量小的人 qìliàng xiǎo de rén

きょうりょく【協力-する】协作 xiézuò；合作 hézuò；协力 xiélì；携手 xiéshǒu ♦~を惜しまない 不吝相助 bùlìn xiāngzhù

きょうりょく【強力-な】强劲 qiángjìng；有力 yǒulì ♦~なエンジン 强有力的发动机 qiángyǒulì de fādòngjī

きょうれつ【強烈-な】强烈 qiángliè ♦~な印象 深刻印象 shēnkè yìnxiàng

ぎょうれつ【行列-する】队伍 duìwu；行列 hángliè ♦~に割り込む 加塞儿 jiāsāir ♦~に加わる 加入队列 jiārù duìliè

きょうわ【共和】共和 gònghé ♦~国 共和国 gònghéguó ♦~制 共和制 gònghézhì

きょえい【虚栄】虚荣 xūróng ♦~心 虚荣心 xūróngxīn

ギョーザ【餃子】饺子 jiǎozi ♦~のあん 饺子馅儿 jiǎozixiànr ♦焼き~ 锅贴儿 guōtiēr ♦水~ 水饺 shuǐjiǎo ♦~を作る 包饺子 bāo jiǎozi

きょか【許可-する】许可 xǔkě；允许 yǔnxǔ；准许 zhǔnxǔ ♦~を得る 获准 huòzhǔn；得到准许 dédào zhǔnxǔ ♦~証 许可证 xǔkězhèng；执照 zhízhào ♦~が下りる 执照批下来 zhízhào pīxiàlai

ぎょかいるい【魚介類】鳞介类 línjièlèi

きょがく【巨額-の】巨额 jù'é ♦~融資 巨额贷款 jù'é dàikuǎn

ぎょかく【漁獲】捕捞 bǔlāo ♦~高 捕鱼量 bǔyúliàng

きょかん【巨漢】彪形大汉 biāoxíng dàhàn

ぎょがんレンズ【魚眼レンズ】鱼眼透镜 yúyǎn tòujìng

きょぎ【虚偽-の】虚伪 xūwěi ♦~の申告をする 虚报 xūbào ♦~の報告をする 谎报 huǎngbào

ぎょぎょう【漁業】渔业 yúyè ♦遠洋~ 远洋渔业 yuǎnyáng yúyè

きょく【曲】曲 qǔ ♦美しい~ 美丽的乐曲 měilì de yuèqǔ

ぎょく【玉】玉石 yùshí ♦~細工 玉器 yùqì

きょくう【極右】极右 jíyòu

きょくがいしゃ【局外者】局外人 júwàirén

きょくげい【曲芸】杂技 zájì；把戏 bǎxì

きょくげん【極限】极限 jíxiàn ♦~状態 极限状态 jíxiàn zhuàngtài

きょくさ【極左】极左 jízuǒ

ぎょくさい【玉砕-する】玉碎 yùsuì

ぎょくせき【玉石】♦~混交 鱼龙混杂 yú lóng hùn zá

きょくせつ【曲折】曲折 qūzhé ♦~をたどる 经历曲折 jīnglì qūzhé

きょくせん【曲線】曲线 qūxiàn ♦~美 线美 qūxiànměi ♦~を描く 描画曲线 miáohuà qūxiàn

きょくたん【極端-な】极端 jíduān；过激 guòjī；偏激 piānjí ♦~に走る 走极端 zǒu jíduān ♦両~ 两个极端 liǎng ge jíduān

きょくち【極地】极地 jídì

きょくち【極致】极致 jízhì ♦美の~ 极美 jíměi

きょくち【局地】♦~的な 局部地区 júbù dìqū

きょくちょう【局長】局长 júzhǎng

きょくてん【極点】顶点 dǐngdiǎn

きょくど【極度-の】极点 jídiǎn；极度 jídù ♦~の疲労 疲惫不堪 píbèi bùkān

きょくとう【極東】远东 Yuǎndōng

きょくばだん【曲馬団】马戏团 mǎxìtuán

きょくぶ【局部】局部 júbù

きょくめん【局面】 局面 júmiàn；局势 júshì ◆～を一変させる 扭转乾坤 niǔzhuǎn qiánkūn ◆～を打開する 打开局面 dǎkāi júmiàn

きょくもく【曲目】 曲目 qǔmù；乐曲节目 yuèqǔ jiémù

きょくりょく【極力】 极力 jílì ◆～控える 极力控制 jílì kòngzhì

きょくろん【極論】 极端的议论 jíduān de yìlùn

ぎょぐん【魚群】 鱼群 yúqún ◆～探知機 鱼群探测器 yúqún tàncèqì

きょこう【挙行-する】 举行 jǔxíng

ぎょこう【漁港】 渔港 yúgǎng

きょし【虚詞】 虚词 xūcí

きょしき【挙式-する】 举行婚礼 jǔxíng hūnlǐ ◆～の日取り 婚礼的日期 hūnlǐ de rìqī

きょじつ【虚実】 虚实 xūshí；真假 zhēnjiǎ

きょじゃく【虚弱】 纤弱 xiānruò；虚弱 xūruò ◆～体質の 虚弱体质 xūruò tǐzhì

きょしゅ【挙手-する】 举手 jǔshǒu

きょじゅう【居住-する】 居住 jūzhù；住居 zhùjū ◆～場所 住所 zhùsuǒ ◆～者 居住者 jūzhùzhě

きょしょう【巨匠】 大家 dàjiā；大师 dàshī；巨匠 jùjiàng

ぎょじょう【漁場】 渔场 yúchǎng

きょしょく【虚飾】 虚饰 xūshì ◆～に満ちた 浮华 fúhuá

きょしん【虚心】 虚心 xūxīn ◆～坦懐 虚怀若谷 xū huái ruò gǔ

ぎょする【御する】 《馬車などを》赶 gǎn；《人を》支使 zhīshi

きょせい【去勢-する】 去势 qùshì；阉割 yāngē；骟 shàn

きょせい【去声】 去声 qùshēng

きょせい【巨星】 《大人物》巨星 jùxīng ◆～墜(お)つ 巨星陨落 jùxīng yǔnluò

きょせい【虚勢】 ◆～を張る 虚张声势 xū zhāng shēng shì；装腔作势 zhuāng qiāng zuò shì

きょぜつ【拒絶-する】 拒绝 jùjué

ぎょせん【漁船】 渔船 yúchuán；渔轮 yúlún

きょぞう【虚像】 虚像 xūxiàng

ぎょそん【漁村】 渔村 yúcūn

きょだい【巨大-な】 浩大 hàodà；宏大 hóngdà；巨大 jùdà ◆～企業 巨大企业 jùdà qǐyè

ぎょたく【魚拓】 鱼的拓片 yú de tàpiàn

きょだつ【虚脱】 虚脱 xūtuō ◆～感 虚脱状态 xūtuō zhuàngtài

きょっかい【曲解-する】 曲解 qūjiě

きょっけい【極刑】 极刑 jíxíng

ぎょっとする 吓一跳 xià yítiào

きょてん【拠点】 据点 jùdiǎn ◆～を確保する 确保据点 quèbǎo jùdiǎn

きょとう【巨頭】 大王 dàwáng；巨头 jùtóu ◆～会談 巨头会谈 jùtóu huìtán

きょどう【挙動】 举动 jǔdòng；形迹 xíngjì ◆～不審の人物 形迹可疑的人 xíngjì kěyí de rén

きょとん-とする 发愣 fālèng；发呆 fādāi

ぎょにく【魚肉】 鱼肉 yúròu

きょねん【去年】 去年 qùnián；头年 tóunián

きょひ【拒否-する】 否认 fǒurèn；拒绝 jùjué；抗拒 kàngjù ◆～権 否决权 fǒujuéquán ◆～要求を～する 拒绝要求 jùjué yāoqiú

ぎょふ【漁夫】 渔夫 yúfū ◆～の利 渔人之利 yúrén zhī lì

きょほう【虚報】 谣传 yáochuán；虚报 xūbào

きょほうへん【毀誉褒貶】 毁誉褒贬 huǐyù bāobiǎn

きょまん【巨万】 巨万 jùwàn ◆～の富 巨万之富 jùwàn zhī fù

ぎょみん【漁民】 渔民 yúmín

きょむ【虚無】 虚无 xūwú ◆～感 虚无感 xūwúgǎn ◆～主義 虚无主义 xūwú zhǔyì

きよめる【清める】 洗净 xǐjìng；净化 jìnghuà ◆身を～ 洗净身体 xǐjìng shēntǐ

ぎょもう【魚網】 鱼网 yúwǎng

きょよう【許容-する】 容许 róngxǔ ◆～範囲 容许的范围 róngxǔ de fànwéi

ぎょらい【魚雷】 鱼雷 yúléi ◆～艇 鱼雷艇 yúléitǐng

きよらか【清らか-な】 清白 qīngbái；澄清 chéngqīng；清彻 qīngchè

きょり【距離】 距离 jùlí；远近 yuǎnjìn ◆～を置く 保持距离 bǎochí jùlí ◆～を測る 测量距离 cèliáng jùlí

きょりゅう【居留-する】 居留 jūliú ◆～権 居留权 jūliúquán ◆～民 外侨 wàiqiáo ◆～地 居留地 jūliúdì

きょれい【虚礼】 虚礼 xūlǐ；虚文 xūwén ◆～を廃止する 废除虚礼 fèichú xūlǐ

きょろきょろ-する 东张西望 dōngzhāng xī wàng

きよわ【気弱-な】 怯懦 qiènuò；懦弱 nuòruò；胆小 dǎnxiāo

きらい【機雷】 水雷 shuǐléi

きらい【嫌い-な】 讨厌 tǎoyàn；厌恶 yànwù ◆人参が～だ 不喜欢胡萝卜 bù xǐhuan húluóbo ◆大～ 最讨厌 zuì tǎoyàn

きらう【嫌う】 讨厌 tǎoyàn；厌恶 yànwù；不喜欢 bù xǐhuan

きらきら 灿烂 cànlàn；闪烁 shǎnshuò；闪亮 shǎnliàng；煌煌 huánghuáng ◆〜と輝く 闪闪发光 shǎnshǎn fāguāng；《目が》炯炯 jiǒngjiǒng

ぎらぎら 闪耀 shǎnyào ◆目を〜させる 眼睛闪闪发光 yǎnjing shǎnshǎn fāguāng；〜と輝く太陽 闪耀的太阳 shǎnyào de tàiyáng

きらく【気楽-な】安闲 ānxián；安逸 ānyì；轻松 qīngsōng；轻闲 qīngxián ◆〜になる 松快 sōngkuai

きらす【切らす】用尽 yòngjìn ◆在庫を〜 卖光库存 màiguāng kùcún ◆しびれを〜 急不可待 jí bù kě dài ◆息を〜 喘 chuǎn

きらびやか-な 华丽 huálì；五光十色 wǔ guāng shí sè；绚烂 xuànlàn；《建造物》金碧辉煌 jīn bì huī huáng

きらめく【煌く】闪烁 shǎnshuò；闪耀 shǎnyào ◆星座が〜 星座闪耀 xīngzuò shǎnyào

きり【錐】锥子 zhuīzi；钻 zuàn ◆〜で穴を開ける 用锥子钻孔 yòng zhuīzi zuān kǒng

きり【切り】段落 duànluò ◆〜がない 没完没了 méi wán méi liǎo ◆〜をつける 告一段落 gào yíduànluò；结束 jiéshù

きり【霧】雾 wù；雾气 wùqì ◆〜がかかる 下雾 xià wù

キリ【桐】桐 tóng；泡桐 pāotóng ◆アオギリ 梧桐 wútóng

ぎり【義理】人情 rénqíng；人事 rénshì ◆〜を欠く 欠情 qiànqíng ◆〜堅い 义气 yìqì

きりあげる【切り上げる】❶《数を》进位 jìnwèi ❷《仕事などを》结束 jiéshù

きりおとす【切り落とす】砍掉 kǎndiào

きりかえす【切り返す】回击 huíjī；还击 huánjī ◆鋭い口調で〜 厉声回击 lìshēng huíjī

きりかえる【切り替える】变换 biànhuàn；改换 gǎihuàn ◆気持ちを〜 改变心情 gǎibiàn xīnqíng ◆電気のスイッチを〜 转换电源开关 zhuǎnhuàn diànyuán kāiguān

きりかぶ【切り株】《樹木の》树墩 shùdūn；《作物の》茬 chá

きりきざむ【切り刻む】切碎 qiēsuì ◆ハクサイを〜 剁白菜 duò báicài

きりきず【切り傷】刀伤 dāoshāng ◆〜をつける 拉 lā；划 huá

ぎりぎり 没有余地 méiyǒu yúdì ◆〜の最大限度に 最大限度的 zuìdà xiàndù de ◆〜間に合う 勉强赶上 miǎnqiǎng gǎnshàng ◆歯をかむ 咬牙 yǎoyá

キリギリス 蝈蝈儿 guōguor；螽斯 zhōngsī

きりくずす【切り崩す】❶《がけを》削平 xiāopíng ❷《組織を》瓦解 wǎjiě ◆敵の守りを〜 击溃 jīkuì

きりくち【切り口】❶《刃物の跡》切面 qiēmiàn ❷《袋などの》开封口 kāifēngkǒu

きりこむ【切り込む】砍去 kǎnqù；杀进 shājìn

きりさく【切り裂く】切开 qiēkāi；撕开 sīkāi ◆闇を〜声 打破黑暗的声音 dǎpò hēi'àn de shēngyīn

きりさげる【切り下げる】《貨幣価値を》贬值 biǎnzhí

きりさめ【霧雨】毛毛雨 máomaoyǔ；牛毛细雨 niúmáo xìyǔ；细雨 xìyǔ；烟雨 yānyǔ

きりすてる【切り捨てる】❶《端数を舎去 shěqù ◆小数点以下を〜 舍弃小数点以下 shěqì xiǎoshùdiǎn yǐxià ◆少数意見を〜 不顾少数意见 bùgù shǎoshù yìjiàn ❷《刃物で》割掉 gēdiào；切去 qiēqù

キリストきょう【キリスト教】基督教 Jīdūjiào

きりそろえる【切り揃える】修剪 xiūjiǎn；剪齐 jiǎnqí ◆髪を〜 剪齐头发 jiǎnqí tóufa

きりたおす【切り倒す】《樹木を》砍伐 kǎnfá；砍倒 kǎndǎo

きりだす【切り出す】❶《頼み事を》开口 kāikǒu；开言 kāi yán；启齿 qǐchǐ ❷《木材などを》采伐 cǎifá

きりたつ【切り立つ】壁立 bìlì；峭拔 qiàobá；陡峭 dǒuqiào ◆切り立った崖 悬崖峭壁 xuányá qiàobì

きりつ【規律】风纪 fēngjì；纪律 jìlǜ ◆〜正しい 有规律 yǒu guīlǜ ◆〜を守る 遵守纪律 zūnshǒu jìlǜ

きりつ【起立-する】起立 qǐlì

きりつめる【切り詰める】《節約する》节省 jiéshěng；节约 jiéyuē ◆食費を〜 节约饭费 jiéyuē fànfèi

きりとりせん【切り取り線】骑缝 qífèng；切开线 qiēkāixiàn

きりとる【切り取る】剪下 jiǎnxià；切下 qiēxià

きりぬき【切り抜き】◆新聞の〜 剪报 jiǎnbào

きりぬく【切り抜く】剪下 jiǎnxià

きりぬける【切り抜ける】逃脱 táotuō；摆脱 bǎituō ◆ピンチを〜 摆脱危机 bǎituō wēijī

きりはなす【切り離す】分隔 fēngé；分离 fēnlí；隔断 géduàn ◆電車を〜 分开电车 fēnkāi diànchē ◆切り離して考えるべきだ 应该分开考虑 yīnggāi fēnkāi kǎolǜ

きりひらく【切り開く】 ❶《山などを》开山 kāishān; 劈山 pīshān; 开辟 kāipì ❷《事態を》打开 dǎkāi

きりふき【霧吹き】 喷雾器 pēnwùqì

きりふだ【切り札】 王牌 wángpái; 最后一招 zuìhòu yì zhāo ◆〜を握る 握有王牌 wòyǒu wángpái

きりまわす【切り回す】《家計などを》管理 guǎnlǐ; 料理 liàolǐ; 处理 chǔlǐ ◆家事を〜 料理家务 liàolǐ jiāwù

きりみ【切り身】 ◆魚の〜 鱼块 yúkuài

きりもり【切り盛りーする】 料理 liàolǐ; 操持 cāochí; 管事 guǎnshì ◆家計を〜する 处理家庭收支 chǔlǐ jiātíng shōuzhī

きりゃく【機略】 权略 quánlüè ◆〜に富む 足智多谋 zú zhì duō móu; 机智 jīzhì

きりゅう【気流】 气流 qìliú ◆上昇〜に乗る 赶上上升气流 gǎnshang shàngshēng qìliú

きりょう【器量】 ❶《対処能力》度量 dùliàng; 气量 qìliàng ◆〜に乏しい 缺乏才能 quēfá cáinéng ❷《顔立ち》容貌 róngmào; 姿色 zīsè ◆〜のよい 俊俏 qiàopì; 漂亮 piàoliang

ぎりょう【技量】 本事 běnshì; 本领 běnlǐng; 两下子 liǎngxiàzi; 手艺 shǒuyì

きりょく【気力】 魄力 pòlì; 气力 qìlì; 锐气 ruìqì ◆〜が充実している 气昂昂 qì'áng'áng; 精力充沛 jīnglì chōngpèi

キリン 长颈鹿 chángjǐnglù

きる【切る】 割 gē; 切 qiē; 斩 zhǎn ◆爪を〜 剪指甲 jiǎn zhǐjia ◆木を〜 伐木 fámù ◆野菜を〜 切菜 qiēcài ◆縁を〜 断绝关系 duànjué guānxi ◆スイッチを〜 关 guān ◆電源を〜 切断电源 qiēduàn diànyuán ◆電話を〜 挂 guà ◆トランプを〜 洗牌 xǐpái ◆しらを〜 佯作不知 yángzuò bùzhī ◆先頭を〜 抢在前头 qiǎngzài qiántou

きる【着る】 穿 chuān ◆服を〜 穿衣服 chuān yīfu ◆恩に〜 感恩 gǎn ēn ◆罪を〜 替人承担罪过 tì rén chéngdān zuìguo

キルティング 衲 háng; 衲缝的棉衣 hángféng de miányī

ギルド 基尔特 jī'ěrtè; 行会 hánghuì

きれあじ【切れ味】《刃物》锋利度 fēnglìdù ◆包丁の〜を試す 看看菜刀快不快 kànkan càidāo kuài bu kuài

きれい【綺麗ーな】 ❶《美しい》好看 hǎokàn; 漂亮 piàoliang; 美丽 měilì ◆〜な花 美丽的花 měilì de huā ◆〜な人 漂亮的人 piàoliang de rén ◆〜な色 漂亮的颜色 piàoliang de yánsè ❷《汚れがない》干净 gānjìng; 清洁 qīngjié ◆〜な水 干净的水 gānjìng de shuǐ ❸《残りがない》一干二净 yì gān èr jìng ◆〜さっぱり 干干净净 gāngānjìngjìng ◆〜に忘れる 忘光 wàngguāng

ぎれい【儀礼】 礼仪 lǐyí ◆〜的な訪問 礼节上的拜访 lǐjiéshang de bàifǎng

きれいごと【綺麗事】 ◆〜を言う 说漂亮的话 shuō piàoliang de huà; 说好听的话 shuō hǎotīng de huà

きれいずき【綺麗好き】 洁癖 jiépì; 爱干净 ài gānjìng

きれつ【亀裂】 龟裂 jūnliè ◆〜が入る 出现裂缝 chūxiàn lièfèng; 产生隔阂 chǎnshēng géhé

きれめ【切れ目】 ◆文の〜 段落 duànluò ◆雲の〜 缝隙 fèngxì

きれる【切れる】 ❶《期限が》过期 guòqī ❷《刃物が》快 kuài ◆よく〜はさみ 锋利的剪刀 fēnglì de jiǎndāo ◆ロープが〜 绳子断了 shéngzi duàn le ◆縁が〜 关系断绝 guānxi duànjué ◆頭が〜 能干 nénggàn; 机灵 jīlíng

きろ【岐路】 岐路 qílù; 岔道 chàdào ◆〜に立つ 站在岐路上 zhànzài qílùshang

きろ【帰路】 回程 huíchéng; 归程 guīchéng; 归途 guītú ◆〜につく 踏上归途 tàshàng guītú

キロカロリー 大卡 dàkǎ

きろく【記録ーする】 记录 jìlù; 记载 jìzǎi ◆〜に残す 留下记录 liúxià jìlù; 存案 cún'àn ◆〜映画 记录片 jìlùpiàn

キログラム 公斤 gōngjīn

キロバイト 千字节 qiānzìjié

キロヘルツ 千赫 qiānhè

キロメートル 公里 gōnglǐ

キロワット 千瓦 qiānwǎ

ぎろん【議論ーする】 议论 yìlùn; 争论 zhēnglùn; 谈论 tánlùn ◆〜をくりひろげる 开展一场辩论 kāizhǎn yì cháng biànlùn ◆〜百出 议论纷纷 yìlùn fēnfēn

ぎわく【疑惑】 疑惑 yíhuò; 嫌疑 xiányí; 疑团 yítuán ◆〜を解く 消除疑惑 xiāochú yíhuò ◆〜を抱く 抱有怀疑 bàoyǒu huáiyí

きわだつ【際立つ】 突出 tūchū; 显著 xiǎnzhù; 明显 míngxiǎn ◆際立たせる 烘托 hōngtuō; 突出 tūchū ◆際だった活躍 突出的贡献 tūchū de gòngxiàn

きわどい【際どい】 险些 xiǎnxiē; 差一点儿 chà yìdiǎnr ◆〜所だった 危

险万分 wēixiǎn wànfēn
きわまりない【極まりない】 无穷 wúqióng；极其 jíqí♦不愉快～ 极不愉快 jí bù yúkuài♦理不尽～ 极不讲理 jí bù jiǎnglǐ
きわまる【極まる】 极端 jíduān；达到极限 dádào jíxiàn♦感～ 万感交集 wàngǎn jiāojí
きわめて【極めて】 极其 jíqí；非常 fēicháng；万分 wànfēn♦～希な 极其罕见 jíqí hǎnjiàn♦～重要な 极其重要 jíqí zhòngyào
きわめる【極める】 推究 tuījiū；达到极限 dádào jíxiàn♦奥義を～ 钻研深奥意义 zuānyán shēn'ào yìyì♦困難を～ 极其困难 jíqí kùnnan♦多忙を～ 极为繁忙 jíwéi fánmáng
きをつかう【気を遣う】 操神 cāoshén；劳神 láoshén；费神 fèishén；费心 fèixīn
きをつける【気を付ける】 小心 xiǎoxīn；当心 dāngxīn；留神 liúshén；留意 liú yì♦健康に～ 注意健康 zhùyì jiànkāng♦気を付け！ 立正 lìzhèng
きん【禁】 禁止 jìnzhǐ♦～を犯す 犯禁 fàn jìn；破戒 pò jiè；违禁 wéijìn
きん【菌】 菌 jūn；细菌 xìjūn
きん【金】 黄金 huángjīn；金子 jīnzi♦～の延べ棒 标金 biāojīn；金条 jīntiáo♦～市場 黄金市场 huángjīn shìchǎng♦《货币》钱币 qiánbì♦～メダル 金牌 jīnpái
ぎん【銀】 银 yín；银子 yínzi
きんいつ【均一－な】 均一 jūnyī；均匀 jūnyún♦～料金 统一价格 tǒngyī jiàgé
きんいろ【金色】 金黄色 jīnhuángsè♦～に輝く 黄澄澄 huángdēngdēng；金灿灿 jīncàncàn
ぎんいろ【銀色】 银色 yínsè
ぎんえい【吟詠】 吟咏 yínyǒng
きんえん【禁煙】 禁止吸烟 jìnzhǐ xīyān；戒烟 jièyān♦～席 禁烟席 jìnyānxí
きんか【金貨】 金币 jīnbì
ぎんか【銀貨】 银币 yínbì；银洋 yínyáng
ぎんが【銀河】 银河 yínhé；天河 tiānhé；银汉 yínhàn♦～系 银河系 yínhéxì
きんかい【近海】 近海 jìnhǎi♦～漁業 近海渔业 jìnhǎi yúyè
きんかい【金塊】 金块 jīnkuài
きんかぎょくじょう【金科玉条】 金科玉律 jīn kē yù lǜ
きんがく【金額】 金额 jīn'é；款额 kuǎn'é♦合計～ 合计金额 héjì jīn'é
きんがしんねん【謹賀新年】 恭贺新禧 gōnghè xīnxǐ
きんかん【近刊】 即将出版 jíjiāng chūbǎn
キンカン【金柑】 金橘 jīnjú
きんがん【近眼】 近视 jìnshì♦～のめがね 近视眼镜 jìnshì yǎnjìng
きんかんがっき【金管楽器】 铜管乐器 tóngguǎn yuèqì
きんかんしょく【金環食】 环食 huánshí
きんき【禁忌】 忌讳 jìhuì；禁忌 jìnjì
きんきじゃくやく【欣喜雀躍－する】 欢欣鼓舞 huānxīn gǔwǔ；手舞足蹈 shǒu wǔ zú dǎo
ギンギツネ【銀狐】 银狐 yínhú
きんきゅう【緊急】 紧急 jǐnjí；火速 huǒsù♦～を要する 迫在眉睫 pò zài méi jié♦～事態 紧急事态 jǐnjí shìtài♦～脱出装置 应急脱离装置 yìngjí tuōlí zhuāngzhì♦～警報 紧急警报 jǐnjí jǐngbào
キンギョ【金魚】 金鱼 jīnyú♦～鉢 鱼缸 yúgāng
きんきょう【近況】 近况 jìnkuàng♦～報告 近况报告 jìnkuàng bàogào
きんきょり【近距離】 近距离 jìnjùlí；短途 duǎntú♦～輸送 短途运输 duǎntú yùnshū
きんきん【近々】 最近 zuìjìn；不久 bùjiǔ
きんぎん【金銀】 金银 jīnyín♦～財宝 金银财宝 jīnyín cáibǎo
きんきんごえ【きんきん声】 尖嗓子 jiānsǎngzi
きんく【禁句】 忌讳的言词 jìhuì de yáncí
キング 大王 dàwáng：《トランプの》王牌 wángpái♦～サイズ 特大 tèdà
きんけい【近景】 近景 jìnjǐng；前景 qiánjǐng
きんげん【謹厳】 拘谨 jūjǐn；严谨 yánjǐn♦～実直 谨严耿直 jǐnyán gěngzhí
きんげん【金言】 警句 jǐngjù；箴言 zhēnyán
きんこ【禁錮】 禁闭 jìnbì♦～刑 禁闭 jìnbì
きんこ【金庫】 保险箱 bǎoxiǎnxiāng♦耐火～ 防火保险箱 fánghuǒ bǎoxiǎnxiāng
きんこう【均衡】 均衡 jūnhéng；平衡 pínghéng♦～を保つ 保持均衡 bǎochí jūnhéng♦～を失う 失去均衡 shīqù jūnhéng
きんこう【近郊】 近郊 jìnjiāo；四郊 sìjiāo♦～農業 城郊农业 chéngjiāo nóngyè

きんこう【金鉱】 金矿 jīnkuàng
ぎんこう【銀行】 银行 yínháng ◆～に口座を開く 开户 kāi hù ◆～員 行员 hángyuán ◆～通帳 银行存折 yínháng cúnzhé
きんこつ【筋骨】 筋骨 jīngǔ ◆～隆々の 肌肉发达 jīròu fādá；虎背熊腰 hǔ bèi xióng yāo
きんこんしき【金婚式】 金婚庆 jīnhūnqìng
ぎんこんしき【銀婚式】 银婚庆 yínhūnqìng
きんさ【僅差】 微差 wēichā ◆～で勝つ 险胜 xiǎnshèng
きんさく【金策-する】 筹款 chóukuǎn ◆～に奔走する 奔走筹款 bēnzǒu chóukuǎn
きんし【禁止-する】 禁止 jìnzhǐ；不许 bùxǔ ◆駐車～ 禁止停车 jìnzhǐ tíngchē ◆立入～ 闲人免进 xiánrén miǎnjìn
きんし【近視】 近视 jìnshì ◆～眼的 短视 duǎnshì
きんじ【近似-する】 近似 jìnsì ◆～值 近似值 jìnsìzhí
きんしつ【均質】 均一 jūnyī；均质 jūnzhì
きんじつ【近日】 改日 gǎirì；改天 gǎitiān；近期 jìnqī ◆～中(に) 近日 jìnrì ◆～公開 近日公开 jìnrì gōngkāi
きんじとう【金字塔】 金字塔 jīnzìtǎ ◆～を打ち立てる 树立丰功伟业 shùlì fēnggōng wěiyè
きんしゅ【禁酒-する】 忌酒 jìjiǔ；戒酒 jièjiǔ
きんしゅく【緊縮】 ◆～財政 紧缩财政 jǐnsuō cáizhèng
きんじょ【近所】 附近 fùjìn；街坊 jiēfang；近邻 jìnlín ◆～付き合い 近邻的交往 jìnlín de jiāowǎng ◆～迷惑 影响邻人 yǐngxiǎng línrén
きんしょう【僅少】 极少 jíshǎo；些许 xiēxǔ ◆～差 微差 wēichā
きんじょう【錦上】 ◆～花を添える 锦上添花 jǐn shàng tiān huā
きんじょう【金城】 ◆～鉄壁 铜墙铁壁 tóng qiáng tiě bì
きんじる【禁じる】 不准 bùzhǔn；禁止 jìnzhǐ
ぎんじる【吟じる】 吟咏 yínyǒng
きんしん【謹慎-する】 小心谨慎 xiǎoxīn jǐnshèn ◆～处分 禁闭处分 jìnbì chǔfèn ◆自宅～ 在家禁闭 zàijiā jìnbì
きんしん【近親】 近亲 jìnqīn ◆～者 近亲 jìnqīn ◆～相姦 近亲通奸 jìnqīn tōngjiān
きんせい【均整】 ◆～のとれた 匀称 yúnchen；匀整 yúnzhěng；端正 duānzhèng
きんせい【禁制-する】 査禁 chájìn ◆～品 禁物 jìnwù；禁制品 jìnzhìpǐn
きんせい【近世】 近世 jìnshì
きんせい【金星】 金星 jīnxīng；晨星 chénxīng；太白星 tàibáixīng
ぎんせかい【銀世界】 银白世界 yínbái shìjiè
きんせつ【近接-する】 比邻 bǐlín；邻近 línjìn
きんせん【琴線】 ◆心の～に触れる 动人心弦 dòng rén xīnxián
きんせん【金銭】 金钱 jīnqián；款子 kuǎnzi；钱财 qiáncái；银款 yínkuǎn ◆～感覚 金钱观 jīnqiánguān
きんそく【禁足】 禁止外出 jìnzhǐ wàichū
きんぞく【勤続】 连续工作 liánxù gōngzuò ◆～年齢 工龄 gōnglíng
きんぞく【金属】 金属 jīnshǔ；五金 wǔjīn ◆～疲労 金属疲劳 jīnshǔ píláo ◆～製品 五金制品 wǔjīn zhìpǐn
きんだい【近代】 近代 jìndài ◆～化 现代化 xiàndàihuà；维新 wéixīn
きんちょう【緊張-する】 紧张 jǐnzhāng ◆～がゆるむ 弛缓 chíhuǎn ◆～をほぐす 轻松 qīngsōng ◆～を欠く 懈怠 xièdài
きんてい【謹呈-する】 敬赠 jìngzèng
きんとう【均等】 均等 jūnděng；平均 píngjūn；匀 yún ◆～になる 拉平 lāpíng ◆～に配分する 均分 jūnfēn ◆～に負担する 均摊 jūntān ◆～に分配する 平分 píngfēn ◆～割り 均摊 jūntān
ギンナン【銀杏】 银杏 yínxìng；白果 báiguǒ
きんにく【筋肉】 肌肉 jīròu；筋肉 jīnròu ◆～注射 肌注 jīzhù ◆～疲劳 肌肉疲劳 jīròu píláo
きんねん【近年】 近年 jìnnián ◆～来 近年来 jìnniánlái
きんば【金歯】 金牙 jīnyá
きんぱく【緊迫-する】 吃紧 chījǐn；紧迫 jǐnpò；紧张 jǐnzhāng ◆～した状態 燃眉之急 rán méi zhī jí
きんぱく【金箔】 金箔 jīnbó ◆～をつける 贴金 tiējīn
きんぱつ【金髪】 金发 jīnfà
ぎんぱつ【銀髪】 银发 yínfà；白头发 báitóufa
きんぴか【金ぴか-の】 金煌煌 jīnhuánghuáng
きんぶち【金縁-の】 金边 jīnbiān ◆～めがね 金框眼镜 jīnkuàng yǎnjìng
ぎんぶち【銀縁-の】 银框 yínkuàng；银边 yínbiān

きんぷん【金粉】金粉 jīnfěn
ぎんぷん【銀粉】银粉 yínfěn
きんぺん【近辺】邻近 línjìn; 溜达 liū da ♦この~ 这溜儿 zhè liùr
ぎんまく【銀幕】银幕 yínmù ♦~のスター 电影明星 diànyǐng míngxīng
ぎんみ【吟味—する】品味 pǐnwèi; 斟酌 zhēnzhuó; 精心挑选 jīngxīn tiāoxuǎn
きんみつ【緊密—な】紧密 jǐnmì; 密切 mìqiè ♦~な関係を保つ 保持密切关系 bǎochí mìqiè guānxi
きんむ【勤務—する】勤务 qínwù; 工作 gōngzuò ♦~を交替する 倒班 dǎobān; 换班 jiābān; 接班 jiēbān; 轮换 lúnhuàn ♦~日 值勤日 zhíqínrì ♦~評定する 考绩 kǎojì; 考勤 kǎoqín ♦~地 工作地点 gōngzuò dìdiǎn
きんめっき【金鍍金—する】镀金 dùjīn
キンモクセイ【金木犀】金木樨 jīnmùxī; 金桂花 jīnguìhuā
きんもつ【禁物】切忌 qièjì; 严禁 yánjìn ♦油断~ 切忌麻痹 qièjì mábì
きんゆ【禁輸】禁运 jìnyùn
きんゆう【金融】金融 jīnróng ♦~市場 金融市场 jīnróng shìchǎng ♦~資本 金融资本 jīnróng zīběn ♦~機関 金融机关 jīnróng jīguān ♦~業 金融业 jīnróngyè
きんようび【金曜日】星期五 xīngqīwǔ; 礼拜五 lǐbàiwǔ
きんよく【禁欲】禁欲 jìnyù ♦~的 禁欲的 jìnyù de
きんらい【近来】近来 jìnlái; 最近 zuìjìn ♦~まれな 近来罕见的 jìnlái hǎnjiàn de
きんり【金利】利率 lìlǜ ♦~がつく 附带利息 fùdài lìxī ♦高[低]~ 高[低]利率 gāo[dī]lìlǜ
きんりょう【禁漁】禁渔 jìnyú ♦~区 禁渔区 jìnyúqū
きんりょう【禁猟】禁止打猎 jìnzhǐ dǎliè ♦~区 禁猎区 jìnlièqū
きんろう【勤労】劳动 láodòng ♦~者 劳动者 láodòngzhě

く

く【句】词语 cíyǔ; 短语 duǎnyǔ
く【苦】苦 kǔ ♦~あれば楽あり 苦尽甘来 kǔ jìn gān lái ♦借金を~にする 因债苦恼 yīn zhài kǔnǎo
ぐ【具】《料理の》菜码儿 càimǎr; 面码儿 miànmǎr 锅物の》配料 pèiliào; 《手段》手段 shǒuduàn ♦政争の~ 政治斗争的手段 zhèngzhì dòuzhēng de shǒuduàn
ぐあい【具合】❶《体調》♦胃の~が良い[悪い] 胃的状态好[不好] wèi de zhuàngtài hǎo[bùhǎo] ❷《都合》♦来週は~が悪い 下周不方便 xiàzhōu bù fāngbiàn ❸《状況》状况 zhuàngkuàng ♦~のよい 得劲 déjìn ♦~進み~ 进展状况 jìnzhǎn zhuàngkuàng
くい【杭】木桩 mùzhuāng ♦~を打つ 打桩 dǎzhuāng; 钉桩子 dìng zhuāngzi
くい【悔い】悔恨 huǐhèn; 后悔 hòuhuǐ ♦~が残る 遗憾 yíhàn ♦~のない 不后悔 bú hòuhuǐ
くいあらためる【悔い改める】改悔 gǎihuǐ; 悔改 huǐgǎi
くいいじ【食い意地】♦~の張った 贪嘴 tānzuǐ
くいしばる【食いしばる】♦歯を~ 咬紧牙关 yǎojǐn yáguān
くいき【区域】地段 dìduàn; 区域 qūyù; 范围 fànwéi
くいけ【食い気】胃口 wèikǒu
くいさがる【食い下がる】不肯罢休 bùkěn bàxiū
くいしんぼう【食いしん坊】馋鬼 chánguǐ; 贪嘴 tānzuǐ
クイズ 智力测验 zhìlì cèyàn ♦~番組 智力竞赛节目 zhìlì jìngsài jiémù ♦~を出題する 出智力题 chū zhìlìtí ♦~に答える 答智力题 dá zhìlìtí
くいちがい【食い違い】出入 chūrù; 分歧 fēnqí
くいちがう【食い違う】不一致 bù yīzhì; 不符 bùfú; 脱节 tuōjié ♦証言が~ 证言不吻合 zhèngyán bù wěnhé
くいつく【食い付く】咬住 yǎozhù; 上钩 shàng gōu ♦魚が餌に~ 鱼咬钩 yú yǎo gōu
くいつなぐ【食いつなぐ】维持生活 wéichí shēnghuó; 糊口 húkǒu
くいつぶす【食い潰す】吃光 chīguāng ♦財産を~ 吃光财产 chīguāng cáichǎn
くいつめる【食い詰める】不能糊口

くいどうらく【食い道楽】讲究吃 jiǎngjiu chī; 美食家 měishíjiā

くいとめる【食い止める】制止 zhìzhǐ; 阻止 zǔzhǐ ◆火事をぼやで～ 控制火势不使变大 kòngzhì huǒshì bù shǐ biàndà

くいもの【食い物】食物 shíwù ◆～にする 利用 lìyòng

くいる【悔いる】后悔 hòuhuǐ; 悔恨 huǐhèn

クインテット 五重唱 wǔchóngchàng; 五重奏 wǔchóngzòu

くう【空】空 kōng; 空 kòng

くう【食う】❶《食べる》吃 chī ❷《虫が》咬 yǎo; 叮 dīng ❸《消費する》费 fèi ◆時間を～ 费时间 fèi shíjiān ❹《被る》小言を～ 遭责备 zāo zébèi ❺《侵す》主役を～ 抢占主角 qiǎngzhàn zhǔjué ❻《生活する》～に事欠く 断炊 duànchuī; 难以糊口 nányǐ húkǒu

グー《じゃんけん》石头 shítou ◆～を出す 出石头 chū shítou

くうかん【空間】空间 kōngjiān

くうき【空気】空气 kōngqì; 气氛 qìfen ◆～を入れる《タイヤなどに》打气 dǎqì ◆きれいな～ 清洁的空气 qīngjié de kōngqì ◆緊張した～ 紧张的气氛 jǐnzhāng de qìfen ◆～が読めない 看不出现场的气氛 kànbuchū xiànchǎng de qìfen ◆～入れ 打气筒 dǎqìtǒng ◆～銃 鸟枪 niǎoqiāng; 气枪 qìqiāng

くうきょ【空虚-な】空虚 kōngxū; 空泛 kōngfàn ◆～な生活 空虚的生活 kōngxū de shēnghuó

ぐうぐう《いびき》呼噜呼噜 hūlūhūlu; 《腹がなる》咕噜咕噜 gūlūgūlū

グーグル 谷歌 Gǔgē

くうぐん【空軍】空军 kōngjūn ◆～基地 空军基地 kōngjūn jīdì

くうこう【空港】飞机场 fēijīchǎng; 机场 jīchǎng ◆国際～ 国际机场 guójì jīchǎng

くうしゅう【空襲-する】空袭 kōngxí

くうしょ【空所】空地方 kòng dìfang ◆～を埋める《テストなどで》填空 tiánkòng

ぐうすう【偶数】偶数 ǒushù; 双数 shuāngshù ◆～番号 双号 shuānghào

ぐうする【遇する】看待 kàndài; 对待 duìdài

くうせき【空席】空座位 kòng zuòwèi ◆～が目立つ 空位子很多 kòng wèizi hěn duō; 《ポストの空き》空缺 kòngquē; 缺位 quēwèi

くうぜん【空前-の】空前 kōngqián; ～絶後 空前绝后

くうぜん【空然】偶然 ǒurán; 碰巧 pèngqiǎo ◆～に一致する 巧合 qiǎohé; 暗合 ànhé ◆～に出くわす 不期而遇 bù qī ér yù; 碰见 pèngjiàn ◆～性 偶然性 ǒuránxìng

くうそう【空想-する】幻想 huànxiǎng; 空想 kōngxiǎng ◆～にふける 一味空想 yíwèi kōngxiǎng

ぐうぞう【偶像】偶像 ǒuxiàng

くうちゅう【空中】半空 bànkōng; 空中 kōngzhōng ◆～に舞い上がる 腾空而起 téng kōng ér qǐ ◆～分解 空中解体 kōngzhōng jiětǐ

くうちょう【空調】空调 kōngtiáo ◆～設備 空调设备 kōngtiáo shèbèi

クーデター 苦迭打 kǔdiédǎ; 政变 zhèngbiàn

くうてん【空転-する】空转 kōngzhuàn ◆議論が～する 议论没有进展 yìlùn méiyǒu jìnzhǎn

くうどう【空洞】空洞 kōngdòng

くうはく【空白】空白 kòngbái

くうばく【空爆】轰炸 hōngzhà

ぐうはつ【偶発-する】偶发 ǒufā ◆～事件 偶发事件 ǒufā shìjiàn ◆～的な 偶发性的 ǒufāxìng de

くうひ【空費-する】浪费 làngfèi; 白费 báifèi

くうふく【空腹】空腹 kōngfù; 肚子饿 dùzi è

くうぼ【空母】航空母舰 hángkōng mǔjiàn

くうゆ【空輸-する】空运 kōngyùn

クーラー 冷气机 lěngqìjī ◆～を入れる 开冷气 kāi lěngqì

くうらん【空欄】空格儿 kònggér ◆～を埋める 填写空栏 tiánxiě kònglán

クールビズ 清凉夏装 qīngliáng xiàzhuāng

くうろ【空路】航空路线 hángkōng lùxiàn ◆～東京へ向かう 乘飞机去东京 chéng fēijī qù Dōngjīng

くうろん【空論】空论 kōnglùn; 空谈 kōngtán; 清谈 qīngtán ◆机上の～ 纸上谈兵 zhǐshàng tánbīng

ぐうわ【寓話】寓言 yùyán

くえき【苦役】苦役 kǔyì; 苦工 kǔgōng ◆～を課す 课以苦役 kè yǐ kǔyì

クエンさん【クエン酸】柠檬酸 níngméngsuān

クォータリー 季刊 jìkān

クォーツ《時計》石英表 shíyīngbiǎo; 水晶钟 shuǐjīngzhōng

くかく【区画-する】区划 qūhuà; 划分 huàfēn ◆～整理 区划调整 qūhuà tiáozhěng

くがく【苦学-する】勤工俭学 qín

gōng jiǎn xué
くかん【区間】区间 qūjiān；区段 qūduàn
くき【茎】茎 jīng；秆 gǎn
くぎ【釘】钉 dīng；钉子 dīngzi ◆~を打つ 钉钉子 dìng dīngzi ◆~を抜く 拔钉子 bá dīngzi；《比喻的に》~を刺す 叮嘱 dīngzhǔ
くきょう【苦境】惨境 cǎnjìng；窘况 jiǒngkuàng ◆~に陥る 陷入困境 xiànrù kùnjìng
くぎり【区切り】段落 duànluò；界限 jièxiàn ◆~をつける《仕事などに》告一段落 gào yíduànluò
くぎる【区切る】分界 fēnjiè；界划 jièhuà
くく【九九】九九歌 jiǔjiǔgē
くぐりど【潜り戸】便门 biànmén
くぐりぬける【潜り抜ける】穿过去 chuānguòqù；《難関を》渡过难关 dùguò nánguān
くくる【括る】扎 zā；绑 bǎng ◆ひもで~ 用绳子捆 yòng shéngzi kǔn ◆括弧（かっこ）で~ 用括号括 yòng kuòhào kuò ◆首を~ 上吊 shàngdiào
くぐる【潜る】❶《身をかがめて》钻 zuān ◆門を~ 钻过门 zuānguò mén ❷《もぐる》潜 qián
くげん【苦言】忠言 zhōngyán
くさ【草】草 cǎo ◆~を抜く 薅草 hāocǎo；拔草 bá cǎo
くさい【臭い】❶《臭う》臭 chòu；难闻 nánwén ◆ゴミが~ 垃圾发臭 lājī fāchòu ❷《怪しい》◆彼が~ 他可疑 tā kěyí ❸《感じがする》男~ 男人味儿 nánrén wèir ◆嘘~話 极像谎话 jíxiàng huǎnghuà
くさかり【草刈り】割草 gēcǎo ◆~機 割草机 gēcǎojī
くさき【草木】草木 cǎomù
くさくさ-する 烦闷 fánmèn；闷 mèn；心里闷得慌 xīnlǐ mèndehuāng
くさす【腐す】贬 biǎn
くさとり【草取り-をする】除草 chúcǎo
くさのね【草の根】草根 cǎogēn；民间 mínjiān ◆~運動 草根运动 cǎogēn yùndòng
くさばな【草花】花卉 huāhuì
くさび【楔】楔子 xiēzi ◆~形文字 楔形文字 xiēxíng wénzì ◆~を打ち込む 楔 xiē
くさみ【臭味】臭味儿 chòuwèir ◆~をとる《肉や魚を》去味 qùwèi；去腥 qùxīng
くさむら【叢】草丛 cǎocóng；草莽 cǎomǎng
くさり【鎖】链 liàn；链子 liànzi；锁链 suǒliàn
くさる【腐る】❶《腐敗する》腐烂 fǔlàn；烂 làn；《木材などが》腐朽 fǔxiǔ ◆腐った魚 腐烂的鱼 fǔlàn de yú ❷《だめになる》腐败 fǔbài ◆腐った性根 劣根性 liègēnxìng ❸《落ち込む》消沉 xiāochén；沮丧 jǔsàng ◆試験に落ちて~ 考试不及格而消沉 kǎoshì bù jígé ér xiāochén
くされえん【腐れ縁】冤家 yuānjiā；孽缘 nièyuán
くさわけ【草分け】创业 chuàngyè；先驱者 xiānqūzhě
くし【串】扦子 qiānzi ◆~に刺す 插在竹签上 chāzài zhúqiānshang ◆~焼き 烤肉串 kǎoròuchuàn
くし【櫛】梳子 shūzi
くじ【籤】签 qiān ◆~を引く 抽签 chōuqiān；抓阄儿 zhuājiūr ◆~に当たる 中签 zhòngqiān
くじく【挫く】❶《捻挫》扭 niǔ ◆足を~ 扭脚 niǔjiǎo ❷《勢いを》挫败 cuòbài ◆鋭気を~ 挫锐气 cuò ruìqì
クジャク【孔雀】孔雀 kǒngquè
くしゃみ【嚔】喷嚏 pēntì；嚏喷 tìpen ◆~をする 打喷嚏 dǎ pēntì
くじゅう【苦汁】◆~をなめる 吃苦头 chī kǔtóu
くじゅう【苦渋】苦恼 kǔnǎo；苦涩 kǔsè ◆~の面もち 苦涩的表情 kǔsè de biǎoqíng
くじょ【駆除-する】驱除 qūchú；祛除 qūchú
くしょう【苦笑-する】苦笑 kǔxiào
くじょう【苦情】牢骚 láosāo ◆~を言う 抱怨 bàoyuàn；《クレーム》要求 yāoqiú
ぐしょう【具象】具象 jùxiàng
クジラ【鯨】鲸 jīng；鲸鱼 jīngyú
くしん【苦心-する】苦心 kǔxīn；操心 cāoxīn；费心思 fèi xīnsi ◆~惨憺（さんたん）する 煞费苦心 shà fèi kǔxīn
くず【屑】❶《残りかす》渣儿 zhār；渣子 zhāzi；破烂 pòlàn ❷《役に立たないもの》败类 bàilèi；糠秕 kāngbǐ ◆紙~ 纸屑 zhǐxiè ◆人間の~ 废物 fèiwu ◆~入れ 垃圾箱 lājīxiāng ◆~鉄 碎铁 suìtiě；废铁 fèitiě
クズ【葛】葛 gé ◆~粉 葛粉 géfěn
ぐず【愚図-な】迟钝 chídùn；迟缓 chíhuǎn ◆~な人 慢性子 mànxìngzi
ぐずぐず-する 迟缓 chíhuǎn；踌躇 chóuchú；磨磨蹭蹭 mómócèngcèng
くすぐったい❶《体が》痒 yǎng；痒

痒 yǎngyang ♦首筋が～ 脖颈痒痒 bógěng yǎngyang ♦誉められて～ 被夸得不好意思 bèi kuāde bù hǎoyìsi

くすぐる【擽る】 胳肢 gézhi ♦わき腹を～ 胳肢胳腋窝 gézhi yèwō

くずす【崩す】 ❶《壊す》使崩溃 shǐ bēngkuì; 拆毁 chāihuǐ ♦積み木を～ 弄散积木 nòngsǎn jīmù ♦体調を～ 搞垮身体 gǎokuǎ shēntǐ ♦字を崩して書く 潦草写字 liáocǎo xiě zì ❷《小銭を》破 pò; 换零钱 huàn língqián

くすねる《公金などを》揩油 kāiyóu

クスノキ【楠】 樟树 zhāngshù; 香樟 xiāngzhāng; 楠木 nánmù

くすぶる【燻ぶる】 干冒烟 gān màoyān ♦燃えさしが～ 烧剩的东西仍在冒烟 shāoshèng de dōngxi réng zài màoyān ♦自分の部屋でくすぶっている 闷在自己房间 mēnzài zìjǐ fángjiān

くすむ 不显眼 bù xiǎnyǎn; 《色など》灰暗 huī'àn ♦くすんでいる男 默默无闻的人 mò mò wú wén de rén

くすり【薬】 药 yào ♦～屋 药店 yàodiàn; 药房 yàofáng; 药铺 yàopù ♦～を飲む 吃药 chīyào ♦～を塗る 涂药 túyào ♦《ためになる》いい～になる 成为良药 chéngwéi liángyào

くすりゆび【薬指】 无名指 wúmíngzhǐ

ぐずる 磨蹭 móceng; 蘑菇 mógu

くずれる【崩れる】 垮 kuǎ; 崩塌 bēngtā; 倒塌 dǎotā ♦崖が～ 悬崖坍塌 xuányá tāntā ♦天気が～ 天气变坏 tiānqì biànhuài ♦アリバイが～ 不在场的证明不成立 búzàichǎng de zhèngmíng bù chénglì ♦形が～ 走样 zǒuyàng

くすんだ 灰溜溜 huīliūliū ♦～色 暗淡颜色 àndàn yánsè

くせ【癖】 习气 xíqì; 习惯 xíguàn; 毛病 máobìng ♦～になる 上瘾 shàngyǐn; 成习惯 chéng xíguàn ♦なまけ～がつく 懒惰成性 lǎnduò chéngxìng ♦髪に～をつける 给头发打卷 gěi tóufa dǎjuǎn ♦～のある人物 有脾气的人物 yǒu píqi de rénwù

くせん【苦戦】 苦战 kǔzhàn; 激烈的战斗 jīliè de zhàndòu

くそ【糞】 粪 fèn; 屎 shǐ; 大便 dàbiàn ♦耳～ 耳屎 ěrshǐ; 耳垢 ěrgòu ♦～食らえ 见鬼去 jiàn guǐ qù; 狗屁 gǒupì

くだ【管】 ❶《細長い筒》管子 guǎnzi ❷《くどくど言う》酒に酔って～を巻く 喝醉了说车轱辘话 hēzuì le shuō chēgūlu huà

くたい【具体】 具体 jùtǐ; 实际 shíjì ♦～的に言う 具体地说 jùtǐ de shuō

くだく【砕く】 打碎 dǎsuì ♦氷を～ 弄碎冰 nòngsuì bīng ♦夢を～ 打破梦想 dǎpò mèngxiǎng ♦心を～ 费心思 fèi xīnsi; 伤脑筋 shāng nǎojīn

くたくた 疲惫 píbèi ♦～に疲れる 累得精疲力竭 lèide jīng pí lì jié

くだくだしい 烦琐 fánsuǒ; 罗唆 luōsuo

くだける【砕ける】 碎 suì ♦粉々に～ 破碎 pòsuì

ください【下さい】 ❶《物品を》请给 qǐng gěi ♦わたしに～な 请给我吧 qǐng gěi wǒ ba ❷《依頼や命令》请 qǐng ♦急いで～ 请快点儿吧 qǐng kuài diǎnr ba

くだす【下す】 ❶《命令など》下 xià ♦命令を～ 下达命令 xiàdá mìnglìng ♦判決を～ 判决 pànjué ❷《腹を》泻 xiè; 拉肚子 lā dùzi ❸《降す》打败 dǎbài ♦ライバルを～ 击败竞争对手 jībài jìngzhēng duìshǒu

くたびれる 疲乏 pífá; 疲劳 píláo; 筋疲力尽 jīn pí lì jìn ♦くたびれた靴 穿旧的鞋 chuānjiù de xié; 走样的鞋 zǒuyàng de xié

くだもの【果物】 果子 guǒzi; 水果 shuǐguǒ

くだらない 没趣儿 méiqùr; 毫无意义 háowú yìyì; 无聊 wúliáo ♦～争い 无谓的纠纷 wúwèi de jiūfēn

くだり【下り】 下行 xiàxíng ♦～列车 下行列车 xiàxíng lièchē

くだりざか【下り坂】 下坡路 xiàpōlù ♦天気が～だ 天气变坏了 tiānqì biànhuài le ♦人気が～になる 人气走下坡路 rénqì zǒu xiàpōlù

くだる【下[降]る】 下降 xiàjiàng ♦腹が～ 拉肚子 lā dùzi ♦山を～ 下山 xiàshān ♦判決が～ 宣判 xuānpàn

くち【口】 嘴 zuǐ; 口 kǒu ♦瓶の～ 瓶口 píngkǒu ♦～がうまい 嘴乖 zuǐ guāi; 嘴甜 zuǐ tián ♦～から出まかせに 顺口 shùnkǒu ♦～が悪い 嘴尖 zuǐ jiān ♦～が軽い 学舌 xuéshé; 嘴快 zuǐ kuài ♦～が堅い 嘴紧 zuǐ jǐn; 嘴稳 zuǐ wěn; 嘴严 zuǐ yán ♦～に合う 可口 kěkǒu; 适口 shìkǒu; 合口 hékǒu ♦～に合わない 吃不来 chībulái

ぐち【愚痴】 怨言 yuànyán ♦～をこぼす 埋怨 mányuàn

くちうるさい【口うるさい】 爱挑剔 ài tiāoti

くちかず【口数】 言语 yányǔ ♦～が多い 饶舌 ráoshé; 贫嘴 pínzuǐ ♦～

の少ない 寡言 guǎyán
くちきき【口利き】 調解 tiáojiě；斡旋 wòxuán ◆～してもらう 托人情 tuō rénqíng
くちぎたない【口汚い】 ◆口汚なく話す 说下流话 shuō xiàliúhuà ◆口汚くののしる 破口大骂 pò kǒu dà mà
くちく【駆逐－する】 驱逐 qūzhú ◆～艦 驱逐舰 qūzhújiàn
くちぐせ【口癖】 口头语 kǒutóuyǔ；口头禅 kǒutóuchán
くちぐち【口々に】 ◆～にほめそやす 交口称誉 jiāo kǒu chēng yù ◆～に言う 异口同声地说 yì kǒu tóng shēng de shuō
くちげんか【口喧嘩－する】 吵嘴 chǎozuǐ；拌嘴 bànzuǐ；争吵 zhēngchǎo
くちごたえ【口答え－する】 顶嘴 dǐngzuǐ；还嘴 huánzuǐ
くちこみ【口コミ】 小道消息 xiǎodào xiāoxi；口头传闻 kǒutóu chuánwén
くちごもる【口籠る】 吞吞吐吐地说 tūntūntǔtǔ de shuō
くちさき【口先】 口头 kǒutóu；嘴头 zuǐtóu ◆～だけの約束 空头支票 kōngtóu zhīpiào
くちずさむ【口ずさむ】 哼 hēng；哼唧 hēngjī ◆歌を～ 哼歌 hēnggē
くちだし【口出し－する】 插嘴 chāzuǐ；干预 gānyù；多嘴 duōzuǐ
くちづけ【口付け－する】 接吻 jiēwěn；亲嘴 qīnzuǐ
くちどめ【口止め－する】 堵嘴 dǔzuǐ；封嘴 fēngzuǐ
クチナシ【山梔子】 栀子 zhīzi
くちばし【嘴】 鸟嘴 niǎozuǐ；喙 huì ◆～を入れる 插嘴 chāzuǐ ◆～の黄色い 黄口小儿 huáng kǒu xiǎo ér
くちばしる【口走る】 走嘴 zǒuzuǐ ◆本当のことを～ 泄露真情 xièlòu zhēnqíng
くちび【口火】 导火线 dǎohuǒxiàn ◆～を切る 起头 qǐtóu
くちひげ【口髭】 髭须 zīxū
くちびる【唇】 嘴唇 zuǐchún
くちぶえ【口笛】 口哨儿 kǒushàor ◆～を吹く 吹口哨儿 chuī kǒushàor
くちぶり【口振り】 口气 kǒuqì；口吻 kǒuwěn；语气 yǔqì
くちべた【口下手】 嘴笨 zuǐ bèn；笨口拙舌 bèn kǒu zhuō shé
くちべに【口紅】 口红 kǒuhóng；唇膏 chúngāo
くちもと【口元】 嘴角 zuǐjiǎo
くちやくそく【口約束－する】 口头约定 kǒutóu yuēdìng
くちょう【口調】 口吻 kǒuwěn；语气 yǔqì；语调 yǔdiào

くちる【朽ちる】 腐朽 fǔxiǔ
くつ【靴】 ❶ [短靴] 鞋 xié ❷ [長靴] 靴 xuē ◆～墨 [クリーム] 鞋油 xiéyóu ◆～底 鞋底子 xiédǐzi ◆～紐 鞋带 xiédài ◆～べら 鞋拔子 xiébázi ◆～屋 鞋店 xiédiàn ◆～をはく 穿鞋 chuān xié ◆～を脱ぐ 脱鞋 tuō xié
くつう【苦痛】 痛苦 tòngkǔ；苦痛 kǔtòng ◆～を感じる 感到痛苦 gǎndào tòngkǔ ◆～を訴える 诉说痛苦 sùshuō tòngkǔ
くつがえす【覆す】 打翻 dǎfān；推翻 tuīfān；推倒 tuīdǎo
くつがえる【覆る】 翻 fān；翻覆 fānfù
クッキー 小甜饼干 xiǎotiánbǐnggān
くっきょう【屈強－な】 壮实 zhuàngshi；强壮 qiángzhuàng
ぐつぐつ ◆～煮る 慢慢地炖 mànmàn de dùn
くっさく【掘削－する】 挖掘 wājué ◆～機 掘土机 juétǔjī
くつした【靴下】 袜子 wàzi ◆～をはく 穿袜子 chuān wàzi ◆～を脱ぐ 脱袜子 tuō wàzi
くつじょく【屈辱】 屈辱 qūrǔ ◆～的な 屈辱的 qūrǔ de
クッション ❶ [背当て] 靠垫 kàodiàn；垫子 diànzi ❷ [緩衝物] 缓冲物 huǎnchōngwù
ぐっすり ◆～眠る 睡得香甜 shuìde xiāngtián；沉睡 chénshuì；酣睡 hānshuì
くっせつ【屈折－する】 折射 zhéshè ◆光の～ 光的折射 guāng de zhéshè ◆～した気持ち 扭曲的感情 niǔqū de gǎnqíng
ぐったり－する 疲软 píruǎn；筋疲力尽 jīn pí lì jìn
くっつく 粘 zhān；附着 fùzhuó；贴 tiē ◆彼にくっついて行く 跟他去 gēn tā qù
くっぷく【屈伏－する】 低头 dītóu；降服 xiángfú；屈服 qūfú ◆～させる 折服 zhéfú
くつろぐ【寛ぐ】 舒畅 shūchàng；松快 sōngkuai；无拘无束 wú jū wú shù ◆寛いだ服装 便服 biànfú
クツワムシ【轡虫】 纺织娘 fǎngzhīniáng
くてん【句点】 句号 jùhào
くどい ◆話が～ 絮叨 xùdao；罗嗦 luōsuo；絮烦 xùfan ◆味が～ 浓 nóng
くとう【苦闘－する】 苦战 kǔzhàn
くとうてん【句読点】 标点符号 biāodiǎn fúhào ◆～を付ける 加标点 jiā biāodiǎn

くどく【口説く】劝说 quànshuō；说服 shuōfú；《女を》求爱 qiú'ài；泡女人 pào nǚrén

くどくど ♦～しゃべる 叨叨 dāodao；叨唠 dāolao；罗唆 luōsuo ♦～と言い訳する 絮絮叨叨地找借口 xùxùdāodāo de zhǎo jièkǒu

ぐどん【愚鈍-な】 呆头呆脑 dāi tóu dāi nǎo；愚笨 yúbèn

くなん【苦難】 苦难 kǔnàn；苦头 kǔtóu；磨难 mónàn ♦～を共にする 风雨同舟 fēng yǔ tóng zhōu

くに【国】 国家 guójiā ♦我が～ 我国 wǒguó ♦～に帰る《故郷に》回乡 huíxiāng

ぐにゃぐにゃ ♦針金を～に曲げる 把铁丝弯来拧去 bǎ tiěsī wānlái nínggù ♦～した手ざわり 摸着软绵绵的 mōzhe ruǎnmiánmián de

クヌギ【櫟】 栎 lì；麻栎 málì；柞树 zuòshù

くねくね 蜿蜒 wānyán ♦～曲がる 拐弯抹角 guǎi wān mò jiǎo ♦～した道 弯弯曲曲的路 wānwānqūqū de lù

くのう【苦悩】 苦恼 kǔnǎo；苦闷 kǔmèn

くばる【配る】 分 fēn；分发 fēnfā；分散 fēnsàn ♦郵便を～ 送信 sòngxìn ♦気を～ 顾全 gùquán ♦目を～ 留神 liúshén

くび【首】 脖子 bózi；颈 jǐng；颈项 jǐngxiàng ♦～にする 开除 kāichú；炒鱿鱼 chǎo yóuyú ♦～をひねる 纳闷儿 nàmènr

くびかざり【首飾り】 项链 xiàngliàn；项圈 xiàngquān

くびきり【首切り】 斩首 zhǎnshǒu；《人》刽子手 guìzishǒu；《解雇》解雇 jiěgù；开除 kāichú

くびすじ【首筋】 脖颈儿 bógěngr

くびつり【首吊り】 上吊 shàngdiào ♦～自殺する 自缢 zìyì

くふう【工夫-する】 设法 shèfǎ；研究 yánjiū

くぶくりん【九分九厘】 百儿八十 bǎi'er bāshí ♦～大丈夫だ 九成八没事 jiǔchéngbājiǔ méishìr

くぶどおり【九分通り】 十拿九稳 shí ná jiǔ wěn ♦～できあがっている 基本上完成 jīběnshang wánchéng

くぶん【区分-する】 区分 qūfēn；划分 huàfēn ♦～が明確である 划清 huàqīng

くべつ【区別-する】 分别 fēnbié；区别 qūbié；区分 qūfēn ♦～がつかない 分不清 fēnbùqīng

くぼち【窪地】 洼 wā；洼地 wādì

くぼみ【窪み】 洼 wā

くぼむ【窪む】 洼 wā；凹陷 āoxiàn；

洼陷 wāxiàn ♦窪んだ土地 洼地 wādì ♦目が～ 眼睛深陷 yǎnjing shēnxiàn

クマ【熊】 熊 xióng

くまで【熊手】 耙子 pázi

くまどり【隈取り】 脸谱 liǎnpǔ

クマンバチ【熊ん蜂】 熊蜂 xióngfēng

くみ【組】 ❶《対やセット》套 tào；副 fù ❷《グループやクラス》组 zǔ；班 bān；伙 huǒ ♦～になる 搭伙 dāhuǒ ♦一～の客 一拨客人 yì bō kèrén

くみあい【組合】 ♦労働～ 工会 gōnghuì ♦生活協同～ 合作社 hézuòshè

くみあわせる【組み合わせる】 配合 pèihé；搭配 dāpèi；组合 zǔhé ♦洋服と帽子を～ 搭配西服和帽子 dāpèi xīfú hé màozi

くみいれる【組み入れる】 列入 lièrù；编入 biānrù；纳入 nàrù ♦予定に～ 列入预定 yùdìng

くみきょく【組曲】 套曲 tàoqǔ；组曲 zǔqǔ

くみこむ【組み込む】 纳入 nàrù；编入 biānrù ♦組織に～ 编入组织 biānrù zǔzhī

くみする【与する・組する】 参与 cānyù；支持 zhīchí ♦きみたちに～気はない 我无意跟你们合作 wǒ wúyì gēn nǐmen hézuò

くみたて【組み立て】 组织 zǔzhī；部品 bùjiàn ♦～式の棚 拆卸式架子 chāixièshì jiàzi

くみたてる【組み立てる】 安装 ānzhuāng；组成 gòuchéng；装配 zhuāngpèi ♦話の筋を～ 构想故事的结构 gòuxiǎng gùshi de jiégòu ♦機械を～ 装配机器 zhuāngpèi jīqì

くみとる【汲み取る】 淘 táo；吸取 xīqǔ；汲取 jíqǔ ♦誠意を～ 领会诚意 lǐnghuì chéngyì

くみはん【組み版】 拼板 pīnbǎn；排板 páibǎn

くむ【汲む】 ❶《ひしゃくで》舀 yǎo ❷《水を》打 dǎ ❸《気持ちを》体谅 tǐliàng

くむ【組む】 ❶《人と～》合作 hézuò；合伙 héhuǒ ❷《物と物を》组成 zǔchéng；搭る dā ❸《予定を》安排 ānpái；编 biān

くめん【工面-する】 筹措 chóucuò ♦資金を～ 筹资 chóuzī

くも【雲】 云彩 yúncai

クモ【蜘蛛】 蜘蛛 zhīzhū ♦～の糸 蜘蛛丝 zhīzhūsī ♦～の巣 蜘蛛网 zhīzhūwǎng；蛛网 zhūwǎng

くもゆき【雲行き】《比喩》风势 fēngshì; 情势 qíngshì ♦～が怪しい 形势不对 xíngshì búduì

くもり【曇り】 阴天 yīntiān；多云 duōyún ♦～空 阴天 yīntiān ♦～ガラス 毛玻璃 máobōli

くもる【曇る】 ～空が～ 阴阴 yīn；眼镜が～ 眼镜模糊 yǎnjìng móhú ♦表情が～ 表情沉重 biǎoqíng chénzhòng

くやしい【悔しい】 气人 qìrén；可恨 kěhèn；委屈 wěiqū

くやしがる【悔しがる】 (感到)气愤 qìfèn；抱屈 bàoqū

くやみ【悔やみ】 ♦～を言う 慰唁 wèiyàn；哀悼 āidào

くやむ【悔やむ】 悔恨 huǐhèn；懊悔 àohuǐ；追悔 zhuīhuǐ

くよう【供養-する】 供养 gòngyǎng；祭奠 jìdiàn

くよくよ-する 烦闷 fánmèn；想不开 xiǎngbukāi

くら【鞍】 马鞍子 mǎānzi ♦～にまたがる 跨上马鞍 kuàshang mǎān

くら【倉】 仓库 cāngkù；仓房 cāngfáng

くらい【位】 ❶《ほぼ》左右 zuǒyòu；里外 lǐwài；上下 shàngxià ❷《地位》地位 dìwèi；职位 zhíwèi ♦会長の～につく 就任会长 jiùrèn huìzhǎng

くらい【暗い】 暗淡 àndàn；黑暗 hēi'àn；阴暗 yīn'àn ♦～性格 性格阴郁 xìnggé yīnyù ♦見通しが～ 前途黑暗 qiántú hēi'àn

グライダー 滑翔机 huáxiángjī

クライマックス 高潮 gāocháo；顶点 dǐngdiǎn

グラインダー 磨床 móchuáng；砂轮 shālún

クラウドコンピューティング 云计算 yúnjìsuàn

グラウンド 操场 cāochǎng；运动场 yùndòngchǎng

くらがり【暗がり】 暗处 ànchù

くらく【苦楽】 甘苦 gānkǔ ♦～を共にする 同甘共苦 tóng gān gòng kǔ

クラクション 汽车喇叭 qìchē lǎba ♦～を鳴らす 按喇叭 àn lǎba

くらくら-する 头晕 tóuyūn

ぐらぐら《煮え立つさま》咕嘟 gūdū ♦～沸きたつ 滚开 gǔnkāi

クラゲ【水母】 水母 shuǐmǔ；《食品》海蜇 hǎizhé

くらし【暮らし】 生活 shēnghuó；日子 rìzi；时光 shíguāng ♦～を立てる 为生 wéishēng；过活 guòhuó

グラジオラス 唐菖蒲 tángchāng-pú

クラシック 古典 gǔdiǎn ♦～音楽 古典音乐 gǔdiǎn yīnyuè ♦～カー 古典汽车 gǔdiǎn qìchē

くらしむき【暮らし向き】 家境 jiājìng；家计 jiājì；生活 shēnghuó ♦楽な～ 富裕的生活 fùyù de shēnghuó

くらす【暮らす】 过日子 guò rìzi；生活 shēnghuó

クラス ❶《学校の》班级 bānjí ♦～担任 班主任 bānzhǔrèn ♦～メイト 同班 tóngbān；同班同学 tóngbān tóngxué ❷《等級》♦大臣～の使節 部长级的使节 bùzhǎngjí de shǐjié

グラス 玻璃杯 bōlibēi

クラスターばくだん【クラスター爆弾】 集束炸弹 jíshù zhàdàn

グラスファイバー 玻璃丝 bōlisī；玻璃纤维 bōli xiānwéi

グラタン 奶汁烤菜 nǎizhī kǎocài

クラッカー ❶《食べ物》饼干 bǐnggān；咸饼干 xiánbǐnggān ❷《火薬を使ったおもちゃ》花炮 huāpào

ぐらつく《物が》活动 huódòng；摇晃 yáohuàng；《態度や方針が》游移 yóuyí；动摇 dòngyáo

クラッチ 离合器 líhéqì

グラビア ♦～印刷 凹版 āobǎn ♦～写真 凹版照相 āobǎn zhàoxiàng ♦～ページ 画页 huàyè

クラブ ❶《サークル》俱乐部 jùlèbù ❷《ゴルフの》高尔夫球棒 gāo'ěrfū qiúbàng ❸《トランプ》梅花 méihuā ❹《学校の部活動》学生社团 xuéshēng shètuán ♦～活動 社团活动 shètuán huódòng

グラフ 图表 túbiǎo ♦折れ線～ 曲线图表 qūxiàn túbiǎo ♦～誌 画报 huàbào

くらべる【比べる】 比较 bǐjiào；相比 xiāngbǐ；打比 dǎbǐ

くらむ【眩む】 眼花 yǎnhuā ♦高所で目が～ 晕高儿 yùngāor ♦金に目が～ 财迷心窍 cái mí xīn qiào

グラム 克 kè

くらやみ【暗闇】 黑暗 hēi'àn；漆黑 qīhēi；暗处 ànchù

クラリネット 单簧管 dānhuángguǎn

クランク 曲柄 qūbǐng；《映画》♦～イン 开拍 kāipāi；开始摄影 kāishǐ shèyǐng

グランプリ 最高奖 zuìgāojiǎng；大奖 dàjiǎng

クリ【栗】 栗子 lìzi

クリア-する 过关 guòguān

くりあがる【繰り上がる】 提前 tíqián；提上来 tíshànglai ♦発売日が繰り上がった 发售日期提前了 fāshòu rìqī tíqián le ♦繰り上がって当選する 提上来当选 tíshànglai dāngxuǎn

くりあげる【繰り上げる】 提前 tíqián; 提早 tízǎo ◆予定を～ 将预定提前 jiāng yùdìng tíqián ◆繰り上げで合格する 提前合格 tíqián hégé

クリーナー ❶《電気掃除機》除尘器 chúchénqì; 吸尘器 xīchénqì ◆小型の～ 小型吸尘器 xiǎoxíng xīchénqì ❷《道具や薬剤》◆ガラス～ 玻璃刷 bōlishuā

クリーニング 洗衣 xǐyī; 洗涤 xǐdí ◆～屋 洗衣店 xǐyīdiàn

クリーム ❶《食品》奶油 nǎiyóu ◆～シチュー 奶油菜汤 nǎiyóu càitāng ◆～ソーダ 冰激凌汽水 bīngjilíng qìshuǐ ◆～色 米色 mǐsè ❷《薬品・化粧品など》雪花膏 xuěhuāgāo ◆シェービング～ 剃须膏 tìxūgāo ◆ハンド～を塗る 涂擦手油 tú cāshǒuyóu

くりいれる【繰り入れる】 加入 jiārù; 转入 zhuǎnrù; 编入 biānrù

くりいろ【栗色-の】 栗色 lìsè; 深棕色 shēnzōngsè

グリーンピース 青豌豆 qīngwāndòu

グリーンベルト 绿化地带 lǜhuà dìdài

くりかえし【繰り返し】 反复 fǎnfù

くりかえす【繰り返す】 重复 chóngfù; 重演 chóngyǎn

くりげ【栗毛】 栗色毛 lìsèmáo; 枣红 zǎohóng

くりこし【繰り越し】 转入 zhuǎnrù ◆～金 滚存金 gǔncúnjīn

くりこす【繰り越す】 转入 zhuǎnrù; 滚入 gǔnrù

くりさげる【繰り下げる】 推延 tuīyán; 推迟 tuīchí ◆予定を～ 推迟预定 tuīchí yùdìng

クリスタル 水晶 shuǐjīng; 晶体 jīngtǐ

クリスチャン 基督教徒 Jīdūjiàotú

クリスマス 圣诞 Shèngdàn; 圣诞节 Shèngdànjié ◆～カード 圣诞卡 Shèngdànkǎ ◆～ツリー 圣诞树 Shèngdànshù ◆～プレゼント 圣诞礼物 Shèngdàn lǐwù

グリセリン 甘油 gānyóu

クリック《コンピュータの》单击 dānjī; 点击 diǎnjī ◆ダブル～ 双击 shuāngjī

クリップ 夹 jiā; 卡子 qiǎzi; 夹子 jiāzi ◆書類を～ではさむ 用夹子夹文件 yòng jiāzi jiā wénjiàn ◆髪を～で留める 夹头发 jiā tóufa

クリニック 诊所 zhěnsuǒ

グリニッジ ◆～時間 格林尼治时间 Gélínnízhì shíjiān

くりぬく【刳り貫く】 剜 wān

くりのべる【繰り延べる】 推迟 tuīchí; 延期 yánqī

くりひろげる【繰り広げる】 开展 kāizhǎn; 展开 zhǎnkāi ◆熱戦を～ 展开鏖战 zhǎnkāi áozhàn

くる【繰る】《紙などを》翻 fān;《糸を》纺 fǎng ◆本のページを～ 翻书页 fān shūyè

くる【来る】 来 lái

ぐる ◆～になる 同伙 tónghuǒ; 串通 chuàntōng; 勾结 gōujié

くるう【狂う】 ❶《気が》发疯 fāfēng ❷《正常から外れる》失常 shīcháng ◆時計が～ 表不准 biǎo bù zhǔn ◆予定が～ 预定打乱 yùdìng dǎluàn ◆賭け事に～ 着迷赌博 zháomí dǔbó

クルーザー 巡逻快艇 xúnluó kuàitǐng

グループ 小组 xiǎozǔ; 群体 qúntǐ ◆～を作る 聚伙 jùhuǒ ◆～分けする 分组 fēnzǔ

くるくる ◆～変わる 反复无常 fǎnfù wúcháng ◆～回る 打转 dǎzhuàn

ぐるぐる ◆～巻きつける 缠绕 chánrào; 卷 juǎn ◆～回る 打圈子 dǎ quānzi; 盘旋 pánxuán; 旋绕 xuánrào

くるしい【苦しい】 痛苦 tòngkǔ ◆～立場 困境 kùnjìng ◆息が～ 呼吸困难 hūxī kùnnan ◆家計が～ 家庭收支紧张 jiātíng shōuzhī jǐnzhāng

くるしみ【苦しみ】 痛苦 tòngkǔ; 苦楚 kǔchǔ; 苦头 kǔtóu ◆～に耐える 吃苦耐劳 chīkǔ nàiláo

くるしむ【苦しむ】 痛苦 tòngkǔ; 苦恼 kǔnǎo ◆歯痛で～ 苦于牙疼 kǔyú yáténg ◆評価に～ 难以评价 nányǐ píngjià

くるしめる【苦しめる】 折磨 zhémó; 折腾 zhēteng ◆苦しめられる 受罪 shòuzuì

くるぶし【踝】 脚踝 jiǎohuái

くるま【車】 车子 chēzi ◆～に乗る 乘车 chéng chē ◆～を運転する 开车 kāi chē ◆～に酔う 晕车 yùnchē

くるまいす【車椅子】 轮椅 lúnyǐ

クルマエビ【車海老】 对虾 duìxiā

クルミ【胡桃】 核桃 hétao; 胡桃 hútao ◆～の実 桃仁 táorén

くるむ【包む】 兜 dōu; 裹 guǒ

グルメ 美食家 měishíjiā

くれ【暮れ】 ❶《日の》傍晚 bàngwǎn; 黄昏 huánghūn ❷《年の》年底 niándǐ

グレー 灰色 huīsè

グレード 档 dàng; 品级 pǐnjí; 层次 céngcì ◆～の高い[低い] 档次高[低] dàngcì gāo[dī] ◆～アップする 升级换代 shēngjí huàndài

グレープフルーツ 葡萄柚 pútaoyòu

クレーム 索赔 suǒpéi ♦ ～をつける 申诉不满 shēnsù bùmǎn

クレーン 吊车 diàochē; 起重机 qǐzhòngjī ♦ ～車 起重机汽车 qǐzhòngjī qìchē

くれぐれも【呉れ呉れも】千万 qiānwàn; 切切 qièqiè

クレジット 信贷 xìndài ♦ ～カード 信用卡 xìnyòngkǎ

ぐれつ【愚劣-な】荒唐 huāngtáng; 愚蠢 yúchǔn

くれない【紅】鲜红 xiānhóng

クレヨン 蜡笔 làbǐ

くれる【暮れる】《日が》天黑 tiānhēi; 日暮 rìmù ♦年が～ 年关到了 niánguān dào le ♦悲しみに～ 沉浸于悲伤中 chénjìnyú bēishāngzhòng ♦途方に～ 不知如何是好 bùzhī rúhé shì hǎo

くれる 给 gěi ♦1 枚くれよ 给我一张吧 gěi wǒ yì zhāng ba ♦かねを貸して～ 把钱借给我 bǎ qián jiègěi wǒ ♦母さんがくれた手紙 妈妈来的信 māma lái de xìn

ぐれる 变坏 biànhuài; 走上邪路 zǒushàng xiélù ♦～わけないよ 怎么会学坏呢 zěnme huì xuéhuài ne

クレンジングクリーム 洁肤霜 jiéfūshuāng; 卸妆霜 xièzhuāngshuāng

くろい【黒い】黑 hēi ♦～ひとみ 黑眼珠 hēiyǎnzhū ♦肌が～《日焼けで》皮肤黑 pífū hēi ♦腹が～ 阴险 yīnxiǎn

くろう【苦労-する】辛劳 xīnláo; 吃苦 chīkǔ; 受累 shòulèi ♦～の多い 艰辛 jiānxīn; 艰苦 jiānkǔ ♦～をいとわない 不辞劳苦 bùcí láokǔ ♦君には～をかける 让你吃苦 ràng nǐ chīkǔ ♦～を共にする 共渡苦 gòng jiānkǔ ♦ご～さん 辛苦了 xīnkǔ le

ぐろう【愚弄-する】作弄 zuònòng; 愚弄 yúnòng; 戏侮 xìwǔ

くろうと【玄人】内行 nèiháng; 行家 hángjia; 在行 zàiháng

クローズアップ 近景 jìnjǐng; 特写 tèxiě

クローバー 三叶苜蓿 sānyè mùxu

グローバル 全球的 quánqiú de ♦～スタンダード 国际标准 guójì biāozhǔn

グローブ 《野球などの》皮手套 píshǒutào

クロール 爬泳 páyǒng; 自由泳 zìyóuyǒng

クローン 无性繁殖系 wúxìng fánzhíxì; 克隆 kèlóng（英: clone）

くろくも【黒雲】乌云 wūyún

くろぐろ【黒々-とした】乌黑 wūhēi

くろこげ【黒焦げ-の】焦糊糊 jiāohūhū

くろざとう【黒砂糖】红糖 hóngtáng

くろじ【黒字-の】盈余 yíngyú ♦貿易黒字 外贸顺差 wàimào shùnchà

くろじ【黒地】黑地 hēidì

グロス 《12 ダース》罗 luó

クロスカントリー 越野赛跑 yuèyě sàipǎo ♦～スキー 越野滑雪 yuèyě huáxuě

くろずんだ【黒ずんだ】发黑 fāhēi

クロダイ【黒鯛】黑鲷 hēidiāo; 黑加吉 hēijiājí

クロッカス 番红花 fānhónghuā; 西红花 xīhónghuā

グロテスク-な 怪模怪样 guài mú guài yàng; 怪里怪气 guàilǐ guàiqì

くろびかり【黒光り】黑油油 hēiyóuyóu; 乌亮 wūliàng; 乌油油 wūyóuyóu

くろまく【黒幕】后台 hòutái; 牵线人 qiānxiànrén ♦政界の～ 政界的幕后人 zhèngjiè de mùhòurén

クロム 铬 gè ♦～鋼 铬钢 gègāng ♦～めっき 镀铬 dùgè

くろめ【黒目】黑眼珠 hēiyǎnzhū

くろやま【黒山】黑压压 hēiyāyā ♦～の人だかり 人山人海 rén shān rén hǎi

クロレラ 小球藻 xiǎoqiúzǎo

クロロホルム 哥罗仿 gēluófǎng; 氯仿 lǜfǎng

くわ【鍬】锄头 chútou ♦～で耕す 用锄头耕地 yòng chútou gēngdì

クワ【桑】桑树 sāngshù ♦～の実 桑葚 sāngshèn

クワイ【慈姑】慈姑 cígu

くわえて【加えて】加之 jiāzhī; 而且 érqiě ♦～雨まで降りだした 而且还下起雨来了 érqiě hái xiàqǐ yǔ láile

くわえる【加える】❶《足す》加 jiā; 加入 jiārù; 加上 jiāshàng ♦鍋に水を～ 往锅里加水 wǎng guō lǐ jiā shuǐ ♦砂糖を少々～ 加入少量白糖 jiārù shǎoliàng báitáng ❷《説明などを》加以 jiāyǐ; 给予 jǐyǔ ♦説明を～ 加以说明 jiāyǐ shuōmíng ♦修正を～ 给予修改 jǐyǔ xiūgǎi ❸《圧力などを》施加 shījiā; 给予 jǐyǔ ♦圧力を～ 施加压力 shījiā yālì ❹《集団に》让…加入 ràng...jiārù; 叫…参加 jiào...cānjiā ♦彼も仲間に加えよう 让他也入伙吧 ràng tā yě rùhuǒ ba

くわえる【咥[銜]える】叼 diāo; 衔 xián ♦たばこを～ 叼着烟 diāozhe yān ♦指を～て見ているしかない 只好垂涎地看着 zhǐhǎo chuíxián de kànzhe

くわしい【詳しい】❶《詳細だ》细 xì; 详细 xiángxì ◆~解説 详细讲解 xiángxì jiǎngjiě ❷《精通する》熟知 shúzhī; 精通 jīngtōng ◆彼は状況に~ 他熟悉情况 tā shúxī qíngkuàng

くわずぎらい【食わず嫌い】还没吃就感到讨厌 hái méi chī jiù gǎndào tǎoyàn; 有成见 yǒu chéngjiàn

くわだてる【企てる】计划 jìhuà; 企图 qǐtú ◆策划 cèhuà

くわわる【加わる】参加 cānjiā; 加入 jiārù; 插脚 chājiǎo ◆仲間に~ 入伙 rùhuǒ ◆スピードが~ 增加速度 zēngjiā sùdù

ぐん【群】群 qún ◆~を抜く 拔尖儿 bájiānr; 超群 chāoqún

ぐん【軍】军队 jūnduì

ぐんい【軍医】军医 jūnyī

ぐんか【軍歌】军歌 jūngē; 战歌 zhàngē

くんかい【訓戒-する】劝戒 quànjiè; 训斥 xùnchì ◆~处分 训诫处分 xùnjiè chǔfèn

ぐんかん【軍艦】军舰 jūnjiàn

ぐんき【軍規】军纪 jūnjì

ぐんこう【勲功】功勋 gōngxūn

ぐんこくしゅぎ【軍国主義】军国主义 jūnguó zhǔyì

くんし【君子】君子 jūnzǐ

くんじ【訓示-する】训示 xùnshì

ぐんじ【軍事】军事 jūnshì ◆~援助 军援 jūnyuán ◆~機密 军机 jūnjī ◆~情勢 军情 jūnqíng ◆~費 军费 jūnfèi

くんしゅ【君主】君主 jūnzhǔ; 帝王 dìwáng

ぐんじゅ【軍需】军需 jūnxū ◆~工場 军需工厂 jūnxū gōngchǎng; 兵工厂 bīnggōngchǎng ◆~産業 军工产业 jūngōng chǎnyè

ぐんしゅう【群衆[集]】群众 qúnzhòng ◆~心理 群众心理 qúnzhòng xīnlǐ

ぐんしゅく【軍縮-する】裁军 cáijūn

くんしょう【勲章】勋章 xūnzhāng; 奖章 jiǎngzhāng ◆~を授ける 授勋 shòuxūn

ぐんじん【軍人】军人 jūnrén

くんせい【燻製-にする】熏 xūn; 熏制 xūnzhì

ぐんせい【群生-する】丛生 cóngshēng ◆~地 簇生地 cùshēngdì

ぐんぞう【群像】群像 qúnxiàng

ぐんたい【軍隊】军队 jūnduì ◆~に入る 参军 cānjūn; 入伍 rùwǔ

ぐんだん【軍団】军团 jūntuán

くんとう【薫陶】薫陶 xūntáo ◆~を受ける 受薰陶 shòu xūntáo

ぐんとう【群島】群岛 qúndǎo

ぐんばい【軍配】指挥扇 zhǐhuīshàn; 军扇 jūnshàn ◆妻側に~を上げる 判定妻方有理 pàndìng qīfāng yǒulǐ

ぐんばつ【軍閥】军阀 jūnfá

ぐんび【軍備】军备 jūnbèi; 武备 wǔbèi; 战备 zhànbèi ◆~を拡充する 扩军 kuòjūn ◆~を縮小する 裁军 cáijūn

ぐんぷく【軍服】军服 jūnfú; 军装 jūnzhuāng

ぐんぽう【軍法】军法 jūnfá ◆~会議 军法审判 jūnfǎ shěnpàn

ぐんゆうかっきょ【群雄割拠】群雄割据 qúnxióng gējù

ぐんよう【軍用】军用 jūnyòng ◆~車 军车 jūnchē

ぐんらく【群落】群生 qúnshēng; 群落 qúnluò ◆植物の~ 植物群落 zhíwù qúnluò

くんりん【君臨-する】君临 jūnlín; 统治 tǒngzhì ◆王座に~《ボクシングなどの》称霸 chēngbà

くんれん【訓練-する】训练 xùnliàn ◆避難~ 避难训练 bìnàn xùnliàn

くんわ【訓話-をする】训示 xùnshì; 训话 xùnhuà

け

け【卦】卦 guà ◆～を見る 占卦 zhānguà
け【毛】毛 máo ◆～が生える 长毛 zhǎng máo ◆～を刈る 剪毛 jiǎn máo ◆～足の長い 毛长 máo cháng；《頭髪》头发 tóufa ◆～が抜ける 掉头发 diào tóufa
ケア 护理 hùlǐ；照顾 zhàogù
けあな【毛穴】汗孔 hànkǒng；毛孔 máokǒng
ケアレスミス 粗心大意引起的错误 cūxīn dàyì yǐnqǐ de cuòwù
けい【刑】～に服す 服刑 fúxíng ◆～を言い渡す 判刑 pànxíng
けい【系】系 xì；系统 xìtǒng
けい【罫】格 gé；线 xiàn
けい【計】❶《計画》计划 jìhuà ◆一～を案じる 想出一计 xiǎngchū yíjì ❷《合計》合计 héjì；总计 zǒngjì
げい【芸】技艺 jìyì ◆～がない 太没意思 tài méi yìsi ◆～を披露する 表演技能 biǎoyǎn jìnéng
ゲイ 男同性恋者 nán tóngxìngliànzhě
けいあい【敬愛-する】敬爱 jìng'ài；倾慕 qīngmù
けいい【敬意】敬意 jìngyì ◆～を表する 致敬 zhìjìng；表示敬意 biǎoshì jìngyì
けいい【経緯】❶《経度と緯度》经纬度 jīngwěidù ❷《いきさつ》过程 guòchéng；原委 yuánwěi
けいえい【経営-する】经营 jīngyíng；经纪 jīngjì ◆～者 经理 jīnglǐ
けいえん【敬遠-する】❶《さける》敬而远之 jìng ér yuǎn zhī ◆先輩を～する 对学长敬而远之 duì xuézhǎng jìng ér yuǎn zhī ❷《野球》～する 故意扔四个坏球 gùyì rēng sì ge huàiqiú
けいおんがく【軽音楽】轻音乐 qīngyīnyuè
けいか【経過-する】❶《事柄の》经过 jīngguò；过程 guòchéng ◆～をみる 观察经过 guānchá jīngguò ❷《時間の》过去 guòqù；经过 jīngguò
けいが【慶賀-する】喜庆 xǐqìng；庆贺 qìnghè
けいかい【警戒-する】戒备 jièbèi；警惕 jǐngtì；警戒 jǐngjiè ◆～警報を発令する 发出警报 fāchū jǐngbào
けいかい【軽快-な】轻快 qīngkuài；轻捷 qīngjié ◆～な足どり 轻快的脚步 qīngkuài de jiǎobù ◆～な音楽 轻松的音乐 qīngsōng de yīnyuè

けいかく【計画-する】方案 fāng'àn；计划 jìhuà；筹划 chóuhuà ◆～経済 计划经济 jìhuà jīngjì ◆～倒れ 计划落空 jìhuà luòkōng ◆～的な[に] 有计划的[地] yǒujìhuà de[de]
けいかん【警官】警察 jǐngchá；巡警 xúnjǐng
けいき【刑期】刑期 xíngqī ◆～を終える 服完刑 fúwán xíng
けいき【契機】契机 qìjī
けいき【景気】景气 jǐngqì；景况 jǐngkuàng；市面 shìmiàn ◆～の良い 景气 jǐngqì ◆～が悪い 萧条 xiāotiáo；不景气 bù jǐngqì ◆～指数 景气指数 jǐngqì zhǐshù
けいき【計器】仪表 yíbiǎo；仪器 yíqì
けいきょ【軽挙】◆～妄動する 轻举妄动 qīng jǔ wàng dòng
けいきんぞく【軽金属】轻金属 qīngjīnshǔ
けいく【警句】警句 jǐngjù；妙语 miàoyǔ
けいぐ【敬具】此致 cǐzhì；谨启 jǐnqǐ
けいけい【炯々】～たる眼光 炯炯目光 jiǒngjiǒng mùguāng
げいげき【迎撃-する】迎击 yíngjī
けいけん【敬虔-な】虔敬 qiánjìng；虔诚 qiánchéng
けいけん【経験-する】经验 jīngyàn；经历 jīnglì；体验 tǐyàn ◆～豊かな 经验丰富 jīngyàn fēngfù ◆～者 有经验的人 yǒu jīngyàn de rén；过来人 guòláirén ◆～を積む 积累经验 jīlěi jīngyàn ◆～不足 缺乏经验 quēfá jīngyàn ◆～主義 经验主义 jīngyàn zhǔyì
けいげん【軽減-する】减轻 jiǎnqīng；轻减 qīngjiǎn
けいこ【稽古-する】排练 páiliàn；训练 xùnliàn
けいご【敬語】敬辞 jìngcí；敬语 jìngyǔ
けいご【警護-する】保卫 bǎowèi；警卫 jǐngwèi
けいこう【傾向】倾向 qīngxiàng；趋势 qūshì
けいこう【携行-する】随带 suídài；携带 xiédài
けいこう【蛍光】荧光 yíngguāng ◆～灯 荧光灯 yíngguāngdēng；日光灯 rìguāngdēng ◆～塗料 荧光涂料 yíngguāng túliào
げいごう【迎合-する】迎合 yínghé；趋附 qūfù；讨好 tǎohǎo
けいこうぎょう【軽工業】轻工业 qīnggōngyè
けいこく【渓谷】溪谷 xīgǔ

けいこく【警告-する】 警告 jǐnggào; 警戒 jǐngjiè

けいさい【掲載-する】 刊登 kāndēng; 刊載 kānzài ♦記事が～される 登載消息 dēngzài xiāoxi

けいざい【経済】 经济 jīngjì ♦～学 经济学 jīngjìxué ♦～恐慌 经济危机 jīngjì wēijī ♦～構造 经济结构 jīngjì jiégòu ♦～市況 商情 shāngqíng ♦～制裁 经济制裁 jīngjì zhìcái ♦～的な 能节省的 néng jiéshěng de ♦～特区 经济特区 jīngjì tèqū

けいさぎょう【軽作業】 轻活 qīnghuó

けいさつ【警察】 警察 jǐngchá; 公安 gōng'ān ♦～犬 警犬 jǐngquǎn ♦～署 公安局 gōng'ānjú; 派出所 pàichūsuǒ ♦～官 警察 jǐngchá

けいさん【計算-する】 ❶《数学》计算 jìsuàn; 算 suàn ♦～機 计算机 jìsuànjī ❷《腹の中で》盘算 pánsuan ♦～高い 专为自己打算的 zhuān wèi zìjǐ dǎsuàn de

けいし【軽視-する】 忽视 hūshì; 看不起 kànbuqǐ; 小看 xiǎokàn

けいじ【刑事】 ❶《刑事巡査》刑警 xíngjǐng ❷《民事に対する》刑事 xíngshì ♦～事件 刑事案件 xíngshì ànjiàn

けいじ【啓示】 启示 qǐshì ♦神の～を受ける 受到神启 shòudào shénqǐ

けいじ【慶事】 喜庆 xǐqìng; 喜事 xǐshì

けいじ【揭示-する】 揭示 jiēshì ♦～板 布告栏 bùgàolán; 揭示牌 jiēshìpái

けいしき【形式】 形式 xíngshì; 样式 yàngshì ♦～を整える 整理形式 zhěnglǐ xíngshì ♦～的な 形式上的 xíngshìshang de

けいじじょう【形而上】 ♦～学 形而上学 xíng'érshàngxué; 玄学 xuánxué

けいじどうしゃ【軽自動車】 小型汽车 xiǎoxíng qìchē

けいしゃ【傾斜-する】 倾斜 qīngxié ♦～地 斜坡 xiépō ♦～度 倾斜度 qīngxiédù

げいじゅつ【芸術】 艺术 yìshù ♦～家 艺术家 yìshùjiā ♦～品 艺术品 yìshùpǐn ♦～的な 艺术性的 yìshùxìng de

げいしゅん【迎春】 迎春 yíngchūn

けいしょ【経書】 经典 jīngdiǎn; 经书 jīngshū

けいしょう【形象】 形象 xíngxiàng

けいしょう【敬称】 敬称 jìngchēng; 尊称 zūnchēng ♦～を略す 敬称从略 jìngchēng cónglüè

けいしょう【景勝】 ♦～地 景区 jǐngqū; 胜地 shèngdì; 风景区 fēngjǐngqū

けいしょう【継承-する】 继承 jìchéng; 承续 chéngxù; 承受 chéngshòu ♦～者《学术·技能の》传人 chuánrén ♦王位～ 王位继承 wángwèi jìchéng

けいしょう【警鐘】 《注意·警告》♦～を鳴らす 敲警钟 qiāo jǐngzhōng

けいしょう【軽傷】 轻伤 qīngshāng

けいしょう【軽症】 轻症 qīngzhèng

けいじょう【形状】 形状 xíngzhuàng; 状貌 zhuàngmào; 体形 tǐxíng ♦～記憶合金 形状记忆合金 xíngzhuàng jìyì héjīn

けいじょう【計上-する】 计算在内 jìsuàn zàinèi; 列入 lièrù

けいじょうひ【経常費】 经常费 jīngchángfèi

けいしょく【軽食】 点心 diǎnxin; 小吃 xiǎochī; 快餐 kuàicān

けいしん【軽震】 轻震 qīngzhèn

けいず【系図】 家谱 jiāpǔ; 谱系 pǔxì

けいすう【係数】 系数 xìshù

けいせい【形勢】 势头 shìtou; 形势 xíngshì; 风头 fēngtou ♦～を見る 观察形势 guānchá xíngshì ♦有利な～ 有利形势 yǒulì xíngshì

けいせい【形成-する】 形成 xíngchéng; 生成 shēngchéng ♦人格～ 人格形成 réngé xíngchéng ♦～外科 整形外科 zhěngxíng wàikē

けいせい【軽声】 轻声 qīngshēng

けいせき【形跡】 痕迹 hénjì ♦～がある[ない] 有[没有]形迹 yǒu[méiyǒu] xíngjì

けいせん【経線】 经线 jīngxiàn

けいせん【罫線】 线 xiàn ♦～を引く 划线 huà xiàn

けいそ【珪素】 硅 guī ♦～鋼 硅钢 guīgāng

けいそう【軽装】 轻装 qīngzhuāng ♦～で外出する 轻装出门 qīngzhuāng chūmén

けいぞう【恵贈-する】 惠赠 huìzèng

けいそく【計測-する】 测 cè; 计量 jìliàng; 量度 liángdù

けいぞく【継続-する】 持续 chíxù; 继续 jìxù; 延续 yánxù

けいそつ【軽率-な】 草率 cǎoshuài; 冒失 màoshi; 轻易 qīngyì ♦～な発言 轻率的发言 qīngshuài de fāyán ♦～に結論を下す 贸然下结论 màorán xià jiélùn

けいたい【形態】 形态 xíngtài ♦政治～ 政治形态 zhèngzhì xíngtài

けいたい【携帯-する】 携带 xiédài ♦～用の 便携的 biànxié de ♦～電話 手机 shǒujī

けいだい【境内】 神庙的院落 shénmiào de yuànluò
けいちつ【啓蟄】 惊蛰 jīngzhé
けいちゅう【傾注-する】 倾注 qīngzhù；贯注 guànzhù
けいちょう【傾聴-する】 倾听 qīngtīng ♦ ～に値する 值得一听 zhíde yì tīng
けいちょう【慶弔】 庆唁 qìngyàn；红白喜事 hóngbái xǐshì
けいちょうふはく【軽佻浮薄】 轻佻 qīngtiāo；轻浮 qīngfú
けいついα【頸椎】 颈椎 jǐngzhuī
けいてき【警笛】 警笛 jǐngdí ♦ ～を鳴らす 鸣警笛 míng jǐngdí
けいと【毛糸】 毛线 máoxiàn；绒线 róngxiàn ♦ ～の帽子 绒线帽子 róngxiàn màozi
けいど【経度】 经度 jīngdù
けいど【軽度】 轻度 qīngdù；轻微的 qīngwēi de
けいとう【系統】 系统 xìtǒng ♦ ～立てる 建立系统 jiànlì xìtǒng ♦ 電気～の故障 电路系统的故障 diànlù xìtǒng de gùzhàng
けいとう【傾倒-する】 倾倒 qīngdǎo；倾心 qīngxīn
ケイトウ【鶏頭】《植物》鸡冠花 jīguānhuā
げいとう【芸当】 把戏 bǎxì
けいどうみゃく【頸動脈】 颈动脉 jǐngdòngmài
げいにん【芸人】 艺人 yìrén
げいのう【芸能】 演艺 yǎnyì ♦ ～界 演艺界 yǎnyìjiè ♦ ～人 演艺人士 yǎnyìjiè rénshì；艺人 yìrén ♦ 古典～ 古典艺术 gǔdiǎn yìshù
けいば【競馬】 跑马 pǎomǎ；赛马 sàimǎ ♦ ～場 赛马场 sàimǎchǎng
けいばい【競売-する】 拍卖 pāimài
けいはく【軽薄-な】 轻薄 qīngbó；轻佻 qīngtiāo ♦ きわまる 轻狂 qīngkuáng
けいはつ【啓発-する】 启发 qǐfā；引导 yǐndǎo；启迪 qǐdí ♦ ～を受ける 得到启发 dédào qǐfā
けいばつ【刑罰】 刑罚 xíngfá ♦ ～を受ける 受刑 shòuxíng
けいはんざい【軽犯罪】 轻微的罪行 qīngwēi de zuìxíng
けいひ【経費】 费用 fèiyong；花消 huāxiāo；经费 jīngfèi ♦ ～がかさむ 经费增多 jīngfèi zēngduō ♦ 必要～ 必要经费 bìyào jīngfèi
けいび【警備-する】 警备 jǐngbèi；警戒 jǐngjiè ♦ ～を固める 严防 yánfáng ♦ ～員 警卫 jǐngwèi
けいび【軽微-な】 轻微 qīngwēi
けいひん【景品】 奖品 jiǎngpǐn；赠品 zèngpǐn

げいひんかん【迎賓館】 迎宾馆 yíngbīnguǎn；国宾馆 guóbīnguǎn
けいふ【系譜】 家谱 jiāpǔ；传统 chuántǒng
けいふ【継父】 继父 jìfù
けいふう【芸風】 艺术风格 yìshù fēnggé
けいふく【敬服-する】 敬佩 jìngpèi；佩服 pèifu；钦佩 qīnpèi
けいべつ【軽蔑】 轻蔑 qīngmiè；唾弃 tuòqì；看不起 kànbuqǐ
けいべん【軽便-な】 轻便 qīngbiàn
けいぼ【継母】 后母 hòumǔ；继母 jìmǔ
けいぼ【敬慕-する】 仰慕 yǎngmù；崇拜 chóngbài；敬仰 jìngyǎng
けいほう【刑法】 刑法 xíngfǎ
けいほう【警報】 警报 jǐngbào ♦ ～ベル 警铃 jǐnglíng ♦ ～を出す 发出警报 fāchū jǐngbào
けいみょう【軽妙-な】 轻松 qīngsōng；潇洒 xiāosǎ
けいむしょ【刑務所】 监狱 jiānyù；大牢 dàláo；监牢 jiānláo ♦ ～に入る 下狱 xiàyù；蹲监狱 dūn jiānyù
げいめい【芸名】 艺名 yìmíng
けいもう【啓蒙-する】 启蒙 qǐméng
けいやく【契約-する】 合同 hétong ♦ ～書 合同书 hétongshū ♦ ～期限 约期 yuēqī
けいゆ【経由-する】 经由 jīngyóu；取道 qǔdào
けいゆ【軽油】 轻油 qīngyóu
けいよう【形容-する】 形容 xíngróng ♦ ～しがたい 难以形容 nányǐ xíngróng
けいよう【掲揚-する】 升起 shēngqǐ ♦ 国旗を～する 升起国旗 shēngqǐ guóqí
けいようし【形容詞】 形容词 xíngróngcí
けいらく【経絡】 经络 jīngluò
けいらん【鶏卵】 鸡蛋 jīdàn；鸡子儿 jīzǐr
けいり【経理】 财务 cáiwù；会计 cáikuài ♦ ～係 财会人员 cáikuài rényuán ♦ ～をあずかる 担任会计 dānrèn kuàijì
けいりゃく【計略】 计谋 jìmóu；计策 jìcè ♦ ～にかける 陷害 xiànhài
けいりゅう【係留-する】 系留 jìliú；拴住 shuānzhù
けいりゅう【渓流】 溪流 xīliú
けいりょう【計量-する】 量 liáng；称量 chēngliáng ♦ ～カップ 量杯 liángbēi；量筒 liángtǒng ♦ ～スプーン 计量匙 jìliángchí
けいりん【競輪】 自行车竞赛 zìxíngchē jìngsài
けいるい【係累】 家累 jiālěi

けいれい【敬礼-する】 敬礼 jìnglǐ; 施礼 shīlǐ; 行礼 xínglǐ
けいれき【経歴】 经历 jīnglì; 履历 lǚlì
げいれき【芸歴】 艺龄 yìlíng
けいとう【系統】 系列 xìliè; 系统 xìtǒng ♦~会社 同一系统的公司 tóngyī xìtǒng de gōngsī
けいれん【痙攣-する】 抽搐 chōuchù; 抽筋 chōujīn; 痉挛 jìngluán ♦指が~する 手指抽筋 shǒuzhǐ chōujīn
けいろ【経路】 去路 qùlù; 路径 lùjìng ♦感染~ 感染途径 gǎnrǎn tújìng
けいろ【毛色】 ♦~の変わった 独具一格 dú jù yì gé; 与众不同 yǔ zhòng bù tóng
ケーキ 蛋糕 dàngāo; 鸡蛋糕 jīdàngāo ♦~を焼く 烤蛋糕 kǎo dàngāo ♦バースデー~ 生日蛋糕 shēngrì dàngāo
ケース ❶【入れ物】箱 xiāng; 盒 hé; 柜 guì ♦~に入れる 装入箱里 zhuāngrù xiānglǐ ❷【事例】场合 chǎnghé; 情况 qíngkuàng
ケースバイケース 按具体情况处理 àn jùtǐ qíngkuàng chǔlǐ
ゲート 门 mén; 闸 zhá ♦~をくぐる 钻门 zuān mén ♦~ボール 门球 ménqiú
ケープ 斗篷 dǒupeng; 披肩 pījiān
ケーブル 电缆 diànlǎn; 缆 lǎn; 铁索 tiěsuǒ ♦~カー 电缆车 diànlǎnchē; 缆车 lǎnchē ♦~テレビ 有线电视 yǒuxiàn diànshì
ゲーム ❶【試合】比赛 bǐsài ♦シーソー~ 拉锯战 lājùzhàn ❷【遊び】游戏 yóuxì ♦テレビ~ 电子游戏 diànzǐ yóuxì ♦~ソフト 游戏软件 yóuxì ruǎnjiàn
けおとす【蹴落とす】 踢下去 tīxiàqu; 踢开 tīkāi ♦ライバルを~ 排挤对手 páijǐ duìshǒu
けおりもの【毛織物】 毛料 máoliào; 毛织品 máozhīpǐn
けが【怪我】 创伤 chuāngshāng; 疮痍 chuāngyí ♦~をする 受伤 shòushāng
げか【外科】 外科 wàikē ♦~医 外科医生 wàikē yīshēng ♦~手術 外科手术 wàikē shǒushù
げかい【下界】 下界 xiàjiè; 尘世 chénshì
けがす【汚す】 污辱 wūrǔ; 玷辱 diànrǔ; 玷污 diànwū
けがらわしい【汚らわしい】 污秽 wūhuì; 肮脏 āngzāng ♦~行為 秽行 huìxíng
けがれ【汚れ】 污秽 wūhuì; 污点 wūdiǎn; 污浊 wūzhuó ♦~のない 干净 gānjìng; 洁白 jiébái
けがれる【汚れる】 肮脏 āngzāng; 弄脏 nòngzāng; 玷污 diànwū
けがわ【毛皮】 皮毛 pímáo; 皮子 pízi ♦~製品 皮货 píhuò
げき【劇】 戏剧 xìjù ♦~を鑑賞する 欣赏戏剧 xīnshǎng xìjù ♦~映画 故事片 gùshipiàn
げき【檄】 檄文 xíwén ♦~を飛ばす 传檄 chuánxí
げきか【劇化-する】 戏剧化 xìjùhuà ♦小説を~する 把小说改编成戏剧 bǎ xiǎoshuō gǎibiānchéng xìjù
げきか【激化-する】 激化 jīhuà ♦紛争が~する 争端激化 zhēngduān jīhuà
げきが【劇画】 连环漫画 liánhuán mànhuà; 故事画 gùshihuà
げきげん【激減-する】 锐减 ruìjiǎn
げきこう【激昂-する】 激昂 jī'áng
げきじょう【劇場】 剧场 jùchǎng; 戏院 xìyuàn
げきじょう【激情】 激情 jīqíng; 冲动 chōngdòng ♦~にかられて 由于一时冲动 yóuyú yìshí chōngdòng
げきしん【激震】 激震 jīzhèn
げきする【激する】 激动 jīdòng; 冲动 chōngdòng ♦言葉が~ 言辞激烈 yáncí jīliè
げきせん【激戦】 激战 jīzhàn; 硬仗 yìngzhàng
げきぞう【激増-する】 激增 jīzēng; 猛增 měngzēng
げきたい【撃退-する】 击败 jībài
げきつい【撃墜-する】 击落 jīluò
げきつう【激痛】 剧痛 jùtòng
げきてき【劇的】 戏剧性的 xìjùxìng de
げきど【激怒-する】 大发雷霆 dà fā léi tíng; 动怒 dòngnù; 震怒 zhènnù
げきどう【激動-する】 激动 jīdòng ♦~する情勢 动荡不安的局势 dòngdàng bù'ān de júshì
げきとつ【激突-する】 冲击 chōngjī; 猛撞 měngzhuàng ♦壁に~する 猛撞上墙 měngzhuàngshàng qiáng ♦強豪同士が~する 硬手激烈冲突 yìngshǒu jīliè chōngtū
げきは【撃破-する】 击毁 jīhuǐ; 打败 dǎbài
げきひょう【劇評】 剧评 jùpíng
げきぶん【檄文】 檄文 xíwén
げきへん【激変-する】 剧变 jùbiàn; 巨变 jùbiàn
げきやく【劇薬】 剧药 jùyào
げきらい【毛嫌い-する】 嫌恶 xiánwù; 厌恶 yànwù
げきりゅう【激流】 奔流 bēnliú; 激

流 jīliú
- **げきれい**【激励-する】 鼓励 gǔlì; 激励 jīlì; 勉励 miǎnlì
- **げきれつ**【激烈-な】 激烈 jīliè; 猛烈 měngliè
- **げきろん**【激論】 激烈辩论 jīliè biànlùn ♦~を戦わせる 进行激烈的争论 jìnxíng jīliè de zhēnglùn
- **けげん**【怪訝】 诧异 chàyì; 惊讶 jīngyà; 奇怪 qíguài ♦~な顔 诧异的表情 chàyì de biǎoqíng
- **げこ**【下戸】 不会喝酒的人 bú huì hējiǔ de rén
- **げこう**【下校-する】 下学 xiàxué; 放学 fàngxué ♦~時刻 放学时间 fàngxué shíjiān
- **けさ**【袈裟】 百衲衣 bǎinàyī; 袈裟 jiāshā
- **けさ**【今朝】 今早 jīnzǎo; 今天早上 jīntiān zǎoshang
- **げざい**【下剤】 泻药 xièyào
- **げざん**【下山-する】 下山 xiàshān
- **ケシ**【芥子】 罂粟 yīngsù
- **げし**【夏至】 夏至 xiàzhì
- **けしいん**【消印】 邮戳 yóuchuō
- **けしかける** 调唆 tiáosuō; 挑唆 tiáosuō ♦犬を~ 唆使狗咬人 suōshǐ gǒu yǎo rén ♦仲間を~ 挑唆同事 tiáosuō tóngshì
- **けしからん**【怪しからん】 该死 gāisǐ; 岂有此理 qǐ yǒu cǐ lǐ ♦実に~ 真不像话 zhēn búxiànghuà
- **けしき**【景色】 风光 fēngguāng; 风景 fēngjǐng; 景色 jǐngsè ♦~のよい 景致好 jǐngzhì hǎo
- **ゲジゲジ** 蚰蜒 yóuyán
- **けしゴム**【消しゴム】 橡皮 xiàngpí
- **けしとめる**【消し止める】 扑灭 pūmiè ♦火事を~ 扑灭火灾 pūmiè huǒzāi ♦悪い噂を~ 防止谣言传播 fángzhǐ yáoyán chuánbō
- **けじめ** 分寸 fēncun; 界限 jièxiàn ♦~をつける 分清界限 fēnqīng jièxiàn
- **げしゃ**【下車-する】 下车 xià chē ♦途中~ 中途下车 zhōngtú xià chē
- **げしゅく**【下宿-する】 寄宿 jìsù
- **げじゅん**【下旬】 下旬 xiàxún
- **けしょう**【化粧-する】 化妆 huàzhuāng; 梳妆 shūzhuāng; 装扮 zhuāngbàn ♦~品 化妆品 huàzhuāngpǐn ♦~室 化妆室 huàzhuāngshì
- **けしん**【化身】 化身 huàshēn ♦美の~的化身 měi de huàshēn
- **けす**【消す】 抹 mǒ; 熄 xī; 熄灭 xīmiè ♦明かりを~ 熄灯 xīdēng ♦火を~ 灭火 mièhuǒ ♦テレビを~ 关电视 guān diànshì ♦字を~ 《フィルムなどで》擦掉字 cādiào zì ♦姿を~

躲藏起来 duǒcángqǐlai
- **げす**【下衆】 粗俗 cūsú ♦~な言葉 粗话 cūhuà ♦~根性 贱脾气 jiànpíqì
- **げすい**【下水】 污水 wūshuǐ ♦~道 下水道 xiàshuǐdào
- **ゲスト** 嘉宾 jiābīn; 客人 kèrén; 《~出演者》客串演员 kèchuàn yǎnyuán
- **ゲストハウス** 招待所 zhāodàisuǒ; 《公的機関の》宾馆 bīnguǎn
- **けずりとる**【削り取る】 刮削 guāxiāo
- **けずる**【削る】 ❶《刃物で》削 xiāo ♦鉛筆を~ 削铅笔 xiāo qiānbǐ ❷《かんなで》刨 bào ♦木を~ 刨木头 bào mùtou ❸《削減する》削减 xuējiǎn; 删减 shānjiǎn ♦予算を~ 削减预算 xuējiǎn yùsuàn ♦人員を~ 裁减人员 cáijiǎn rényuán ❹《削除する》删除 shānchú; 删掉 shāndiào ♦前書きを削ろう 删除前言吧 shānchú qiányán ba
- **げせん**【下船-する】 下船 xià chuán
- **げせん**【下賤-な】 轻贱 qīngjiàn; 下贱 xiàjiàn
- **けた**【桁】 ❶《建物の》檩 lǐn; 桁 héng ❷《数の》位 wèi ♦5 〜 五位数 wǔ wèishù ♦~はずれ 绝门 juémén ♦~が違う 相差悬殊 xiāngchà xuánshū
- **げた**【下駄】 木屐 mùjī; 《比喩的に》♦~を預ける 全权委托别人去做 quánquán wěituō biéren qù zuò
- **げだい**【外題】 剧目 jùmù
- **けたたましい** 喧嚣 xuānxiāo; 尖厉 jiānlì
- **げだつ**【解脱-する】 解脱 jiětuō
- **けだもの**【獣】 走兽 zǒushòu
- **けだるい** 不得劲 bùdéjìn; 发酸 fāsuān; 懒洋洋 lǎnyángyáng
- **けち** ❶《金銭に》♦~な 吝啬 lìnsè; 小气 xiǎoqì ❷《卑しい》下贱 xiàjiàn; 卑鄙 bēibǐ ❸《いちゃもん》♦~をつける 挑毛病 tiāo máobìng
- **けちくさい**【けち臭い】 吝啬 lìnsè
- **けちけち-する** 吝惜 lìnxī; 抠搜 kōusou ♦~しない 大方 dàfang
- **ケチャップ** 番茄酱 fānqiéjiàng
- **けちらす**【蹴散らす】 踢散 tīsàn ♦雪を~ 踢飞雪 tīfēi xuě ♦敌を~ 打散敌人 dǎsàn dírén
- **けちる** 吝惜 lìnxī
- **けちんぼう**【けちん坊】 吝啬鬼 lìnsèguǐ
- **けつ**【決】 决议 juéyì ♦~をとる 表决 biǎojué
- **けつあつ**【血圧】 血压 xuèyā ♦~が高い[低い] 血压高[低] xuèyā gāo

[dī] ◆～を測る 量血压 liáng xuèyā

けつい【決意-する】 决心 juéxīn; 决意 juéyì; 决计 juéjì

けついん【欠員】 空额 kòng'é; 空缺 kòngquē; 缺额 quē'é ◆～が生じる 出现缺额 chūxiàn quē'é

けつえき【血液】 血液 xuèyè ◆～銀行 血库 xuèkù ◆～型 血型 xuèxíng ◆～検査 验血 yànxuè

けつえん【血縁】 血缘 xuèyuán ◆～関係 亲缘 qīnyuán

けっか【結果】 结果 jiéguǒ ◆～的に 从结果看 cóng jiéguǒ kàn

けっかい【決壊-する】 溃决 kuìjué; 决口 juékǒu ◆堤防が～する 决堤 juédī

けっかく【結核】 结核 jiéhé;〈中国医学で〉痨病 láobìng

けっかん【欠陥】 缺点 quēdiǎn; 漏洞 lòudòng; 缺陷 quēxiàn ◆～を生じる 出毛病 chū máobìng ◆～品 次品 cìpǐn; 残品 cánpǐn

けっかん【血管】 血管 xuèguǎn

げっかん【月刊】 月刊 yuèkān ◆～誌 月刊杂志 yuèkān zázhì

げっかん【月間】 月度 yuèdù ◆～計画 月度计划 yuèdù jìhuà

けっき【決起-する】 奋起 fènqǐ ◆～集会 誓师大会 shìshī dàhuì

けっき【血気】 血气 xuèqì; 肝胆 gāndǎn ◆～盛んな 血气方刚 xuèqì fānggāng

けつぎ【決議-する】 决议 juéyì

げっきゅう【月給】 月薪 yuèxīn ◆～日 发薪日 fāxīnrì

けっきょく【結局】 毕竟 bìjìng; 到底 dàodǐ; 归根结底 guī gēn jié dǐ ◆～誰も来なかった 结果谁都没来 jiéguǒ shéi dōu méi lái

けっきん【欠勤】 缺勤 quēqín ◆無断～ 擅自缺勤 shànzì quēqín

げっきん【月琴】《楽器》月琴 yuèqín

げっけい【月経】 月经 yuèjīng ◆～が始まる 来潮 láicháo

ゲッケイジュ【月桂樹】 月桂树 yuèguìshù

けっこう【結構】 ❶《よい》不错 búcuò; 很好 hěn hǎo ◆～な味でした 真好吃 zhēn hǎochī ◆それで～です 这样就行 zhèyàng jiù xíng ❷《かなり》还 hái; 相当 xiāngdāng ◆～いける 够意思 gòu yìsi; 好极了 hǎojíle ◆～な 还可以 hái kěyǐ ❸《いらない》もう～ 不要了 búyào le ◆～です 不用 búyòng; 够了 gòu le

けっこう【欠航-する】 停班 tíngbān; 停航 tíngháng

けっこう【血行】 ◆～がよい 血液循环良好 xuèyè xúnhuán liánghǎo

けつごう【結合-する】 结合 jiéhé; 耦合 ǒuhé; 复合 fùhé

げっこう【月光】 月光 yuèguāng

けっこん【結婚-する】 结婚 jiéhūn; 结亲 jiéqīn; 成婚 chénghūn;《男子が》成家 chéngjiā;《女子が》出嫁 chūjià ◆～式 婚礼 hūnlǐ ◆～紹介所 婚姻介绍所 hūnyīn jièshàosuǒ ◆～年齢《法定の》婚龄 hūnlíng ◆～披露宴 喜筵 xǐyán

けっこん【血痕】 血迹 xuèjì; 血印 xuèyìn; 血痕 xuèhén

けっさい【決裁】 裁决 cáijué

けっさい【決済-する】 结算 jiésuàn; 结账 jiézhàng

けっさく【傑作】 杰作 jiézuò; 精品 jīngpǐn ◆～集 集锦 jíjǐn ◆最高～ 最高杰作 zuìgāo jiézuò ◆～な話だ 真滑稽 zhēn huáji

けっさん【決算-する】 决算 juésuàn; 结算 jiésuàn; 结账 jiézhàng ◆～報告をする 报账 bàozhàng

げっさん【月産】 月产 yuèchǎn

けっし【決死】 决死 juésǐ ◆～の覚悟で 奋不顾身 fèn bú gù shēn ◆～隊 敢死队 gǎnsǐduì

けつじつ【結実】 结果 jiēguǒ

けっして【決して】 决 jué; 万万 wànwàn; 绝对 juéduì ◆～あきらめない 决不死心 juébù sǐxīn

けっしゃ【結社】 结社 jiéshè

げっしゃ【月謝】 每月的学费 měiyuè de xuéfèi ◆～を納める 交纳学费 jiāonà xuéfèi

けっしゅ【血腫】 血肿 xuèzhǒng

けっしゅう【結集-する】 集中 jízhōng; 集结 jiéjié ◆総力を～する 集中全力 jízhōng quánlì

げっしゅう【月収】 每月收入 měiyuè shōurù

けっしゅつ【傑出-する】 出众 chūzhòng; 卓越 zhuóyuè ◆～した人物 出类拔萃 chū lèi bá cuì; 杰出的人物 jiéchū de rénwù

けつじょ【欠如-する】 缺乏 quēfá

けっしょう【決勝】 ◆～戦 决赛 juésài ◆～に進出する 进入决赛 jìnrù juésài

けっしょう【結晶-する】 结晶 jiéjīng ◆～体 晶体 jīngtǐ

けっしょう【血漿】 血浆 xuèjiāng

けっしょうばん【血小板】 血小板 xuèxiǎobǎn

けっしょく【血色】 脸色 liǎnsè; 血色 xuèsè ◆～がいい 血色好 xuèsè hǎo

げっしょく【月食】 月食 yuèshí

けっしん【決心-する】 决心 juéxīn; 决计 juéjì; 决意 juéyì ◆～する 下

決心 xià juéxīn
けっする【決する】 決定 juédìng ♦意を~ 決意 juéyì
けっせい【結成-する】 成立 chénglì；结成 jiéchéng
けっせい【血清】 血清 xuèqīng ♦~肝炎 血清肝炎 xuèqīng gānyán
けっせき【欠席-する】 缺席 quēxí ♦~[欠勤]届 假条 jiàtiáo
けっせき【結石】 结石 jiéshí ♦腎臓~ 肾结石 shèn jiéshí
けっせん【決戦】 决战 juézhàn；死战 sǐzhàn
けっせん【血栓】 血栓 xuèshuān
けつぜん【決然-と】 决然 juérán
けっそう【血相】 ♦~を変える 勃然变色 bórán biàn liǎnsè
けっそく【結束-する】 团结 tuánjié ♦~が固い 团结紧密 tuánjié jǐnmì
けつぞく【血族】 亲眷 qīnjuàn；血亲 xuèqīn
げっそり 消瘦 xiāoshòu ♦~とやつれる 骤然消瘦 zhòurán xiāoshòu
けっそん【欠損】 赤字 chìzì；亏损 kuīsǔn ♦~を出す 亏 kuī；亏本 kuīběn；赔钱 péiqián
けったく【結托-する】 串通一气 chuàntōng yíqì；勾结 gōujié；勾通 gōutōng
けつだん【決断】 决断 juéduàn ♦~の早い 果决 guǒjué ♦~力がある 果敢 guǒgǎn
けっちゃく【決着-する】 ♦~をつける 解决 jiějué；收尾 shōuwěi
けっちん【血沈】 血沉 xuèchén
けってい【決定-する】 决定 juédìng；决断 juéduàn ♦~的 决定性 juédìngxìng；紧要 jǐnyào ♦~的瞬間 关键时刻 guānjiàn shíkè
けってん【欠点】 毛病 máobìng；缺点 quēdiǎn；短处 duǎnchù ♦~をあばく 揭短儿 jiēduǎnr
けっとう【決闘-する】 决斗 juédòu ♦~を申し込む 要求决斗 yāoqiú juédòu
けっとう【結党-する】 结党 jiédǎng
けっとう【血糖】 血糖 xuètáng ♦~過多症 血糖过多症 xuètáng guòduōzhèng
けっとう【血統】 血统 xuètǒng ♦~書 血统保证书 xuètǒng bǎozhèngshū
けつにょう【血尿】 血尿 xuèniào ♦~が出る 尿血 niàoxiě
けっぱく【潔白-な】 清白 qīngbái ♦身の~を証明する 证明一身清白 zhèngmíng yìshēn qīngbái
けっぴょう【結氷-する】 上冻 shàngdòng；结冰 jiébīng
げっぷ 嗝 gé ♦~が出る 打嗝儿 dǎgér
げっぷ【月賦】 按月付款 àn yuè fùkuǎn ♦~で購入する 按月付款购买 àn yuè fùkuǎn gòumǎi
けつぶつ【傑物】 雄杰 xióngjié；杰出人物 jiéchū rénwù
げっぺい【月餅】 月饼 yuèbing
けっぺき【潔癖-な】 洁癖 jiépǐ；清高 qīnggāo；廉洁 liánjié
けつべつ【決[訣]別-する】 诀别 juébié；告别 gàobié
けつべん【血便】 血便 xuèbiàn ♦~が出る 便血 biànxiě
けつぼう【欠乏-する】 短缺 duǎnquē；缺乏 quēfá；缺少 quēshǎo
げっぽう【月報】 月报 yuèbào
けつまくえん【結膜炎】 结膜炎 jiémóyán
けつまつ【結末】 归结 guījié；结局 jiéjú；收场 shōuchǎng ♦~をつける 了结 liǎojié；结束 jiéshù
げつまつ【月末】 月底 yuèdǐ；月末 yuèmò
けつゆうびょう【血友病】 血友病 xuèyǒubìng
げつようび【月曜日】 礼拜一 lǐbàiyī；星期一 xīngqīyī
けつらく【欠落-する】 欠缺 qiànquē；缺陷 quēxiàn
げつれい【月例】 每月惯例 měiyuè guànlì ♦~報告 月报 yuèbào
げつれい【月齢】 月龄 yuèlíng
けつれつ【決裂-する】 决裂 juéliè；破裂 pòliè ♦交渉が~する 谈判破裂 tánpàn pòliè
けつろ【血路】 血路 xuèlù；活路 huólù ♦~を開く 杀出一条血路 shāchū yì tiáo xuèlù
けつろん【結論】 定论 dìnglùn；断语 duànyǔ；结论 jiélùn ♦~を下す 下定论 xià dìnglùn
げどく【解毒-する】 解毒 jiědú ♦~剤 解毒药 jiědúyào
けとばす【蹴飛ばす】 踢开 tīkāi ♦要求を~ 拒绝要求 jùjué yāoqiú
けなす【貶す】 贬低 biǎndī
けなみ【毛並み】 ❶《動物の》毛色 máosè ♦猫が~を整える 猫舔体毛 māo tiǎn tǐmáo ❷《血筋など》出身 chūshēn；门第 méndì ♦~のよい人 出身好的人 chūshēn hǎo de rén
けぬき【毛抜き】 镊子 nièzi
げねつ【解熱】 ♦~剤 解热剂 jiěrèjì；退烧药 tuìshāoyào
けねん【懸念-する】 挂念 guàniàn；惦念 diànniàn；担忧 dānyōu
ゲノム 基因组 jīyīnzǔ
けはい【気配】 动静 dòngjing ♦降りそうな~がする 有下雨的迹象 yǒu xiàyǔ de jìxiàng ♦秋の~ 秋天的

気息 qiūtiān de qìxī
けばけばしい 花哨 huāshao；花里胡哨 huālǐ húshào
げばひょう【下馬評】 闲谈议论 xiántán yìlùn ♦～が高い 名声好 míngshēng hǎo
けばり【毛針】 毛钩 máogōu
けびょう【仮病】 假病 jiǎbìng ♦～をつかう 装病 zhuāng bìng
げひん【下品-な】 下流 xiàliú；下作 xiàzuo ♦～な言葉 下流话 xiàliúhuà；脏字 zāngzì
けぶる【煙る】 《小雨や霧が》细蒙蒙 xíméngméng
けむし【毛虫】 毛虫 máochóng；毛毛虫 máomaochóng
けむたい【煙たい】 ❶《煙が》烟气呛人 yānqì qiàngrén ❷《うっとうしい》♦～校長 令人生憎的校长 lìng rén fāchù de xiàozhǎng
けむり【煙】 烟 yān；烟雾 yānwù
けむる【煙る】 冒烟 màoyān ♦雨に～街 烟雨迷蒙的大街 yānyǔ mílí de dàjiē
けもの【獣】 走兽 zǒushòu ♦～道 山中野兽走的路 shānzhōng yěshòu zǒu de lù
げや【下野-する】 下台 xiàtái；下野 xiàyě
ケヤキ【欅】 光叶榉 guāngyèjǔ
ゲラ《印刷の》铅字盘 qiānzìpán ♦～刷り 打样纸 dǎyàngzhǐ；校样 jiàoyàng
げらく【下落-する】《価格が》跌价 diējià；下跌 xiàdiē
けり ♦～をつける 解决 jiějué；算账 suànzhàng ♦～がつく 完成 wánchéng；结束 jiéshù
げり【下痢-をする】 泻 xiè；闹肚子 nào dùzi；泻肚 xièdù ♦～止めの薬 止泻药 zhǐxièyào
ゲリラ 游击 yóujī ♦～戦を戦う 打游击战 dǎ yóujīzhàn
ける【蹴る】 踢 tī；踹 chuài ♦ボールを～ 踢球 tī qiú ♦要請を～ 拒绝要求 jùjué yāoqiú
げれつ【下劣-な】 卑劣 bēiliè；缺德 quēdé；下流 xiàliú
けれども 虽然…可是［但是］suīrán...kěshì[dànshì] ♦無名だ～実力は高い 虽然无名可是很有能力 suīrán wúmíng kěshì hěn yǒu nénglì
ゲレンデ 滑雪场 huáxuěchǎng
ケロイド 瘢痕 bānhén
けろりと 满不在乎 mǎn bú zài hu；漠不关心 mò bù guān xīn ♦（病気が）～治る 一下子痊愈 yíxiàzi quányù
けわしい【険しい】《道が》险阻 xiǎn-zǔ；陡峭 dǒuqiào ♦～峰 险峰 xiǎnfēng；《情勢が》险恶 xiǎn'è ♦～顔つき 横眉怒目 héng méi nù mù

けん【件】 事 shì；事情 shìqing
けん【券】 票 piào；券 quàn
けん【剣】 剑 jiàn
けん【圏】 圈 quān ♦大气～ 大气圏 dàqìquān ♦～内にある 在范围内 zài fànwéi nèi
けん【県】 县 xiàn
けん【険】 险 xiǎn；险要 xiǎnyào ♦言葉に～がある 措词严厉 cuòcí yánlì ♦顔に～がある 神色严厉 shénsè yánlì
けん【腱】 腱 jiàn
けん【軒】《単位》所 suǒ；栋 dòng ♦一～の家 一所房子 yì suǒ fángzi
けん【験】 征兆 zhēngzhào ♦～のよい 吉利 jílì
げん【舷】 舷 xián；船舷 chuánxián
げん【言】 言 yán ♦～を左右にする 支吾其词 zhīwú qí cí
けんあく【険悪-な】 险恶 xiǎn'è ♦～な雰囲気 险恶的气氛 xiǎn'è de qìfen
けんあん【懸案】 悬案 xuán'àn ♦～事項 未决事项 wèijué shìxiàng
げんあん【原案】 原案 yuán'àn
けんい【権威】 权威 quánwēi；泰斗 tàidǒu ♦～のある 有权势的 yǒu wēishì de ♦医学の～ 医学权威 yīxué quánwēi
けんいん【検印】 检验章 jiǎnyànzhāng；检印 jiǎnyìn
けんいん【牽引-する】 牵引 qiānyǐn；拖带 tuōdài ♦～車 牵引车 qiānyǐnchē
げんいん【原因】 原因 yuányīn；起因 qǐyīn ♦～と結果 前因后果 qiányīn hòuguǒ；因果 yīnguǒ ♦～を突き止める 查明原因 chámíng yuányīn
げんえい【幻影】 幻景 huànjǐng；幻象 huànxiàng
けんえき【検疫-する】 检疫 jiǎnyì ♦～所 检疫站 jiǎnyìzhàn
げんえき【原液】 原液 yuányè
げんえき【現役-する】 现役 xiànyì ♦～選手 现役选手 xiànyì xuǎnshǒu ♦～を退く 引退 yǐntuì；退役 tuìyì
けんえつ【検閲-する】 检查 jiǎnchá；审查 shěnchá
けんえん【嫌煙】 嫌烟 xiányān；嫌恶吸烟 xiánwù xīyān
けんえんのなか【犬猿の仲】 水火不相容 shuǐ huǒ bù xiāngróng
けんお【嫌悪-する】 嫌恶 xiánwù ♦ひどく～する 深恶痛绝 shēn wù tòng jué
けんおん【検温-する】 量体温 liáng

tiwēn
- **けんか**【喧嘩-する】 打架 dǎjià；争斗 zhēngdòu；吵架 chǎojià ◆~を仕掛ける 寻衅 xúnxìn；挑衅 tiǎoxìn
- **げんか**【原価】 原价 yuánjià；成本 chéngběn ◆~計算 成本核算 chéngběn hésuàn
- **げんが**【原画】 原画 yuánhuà
- **けんかい**【見解】 见解 jiànjiě；看法 kànfa；意见 yìjiàn ◆~の相違 见解不同 jiànjiě bùtóng
- **けんがい**【圏外】 圈外 quānwài
- **げんかい**【限界】 极限 jíxiàn；界限 jièxiàn；限度 xiàndù ◆~に達する 达到极限 dádào jíxiàn ◆~を超える 超越界限 chāoyuè jièxiàn
- **げんがい**【言外】 言外 yánwài ◆~の意味 潜台词 qiántáicí；弦外之音 xián wài zhī yīn
- **けんがく**【見学-する】 参观 cānguān
- **げんかく**【厳格-な】 严格 yángé；严酷 yánkù；严谨 yánjǐn
- **げんかく**【幻覚】 幻觉 huànjué
- **げんがく**【弦楽】 弦乐 xiányuè ◆~器 弦乐器 xiányuèqì ◆~四重奏 弦乐四重奏 xiányuè sìchóngzòu
- **げんがく**【減額-する】 减额 jiǎn'é ◆予算を~する 削減預算 xuējiǎn yùsuàn
- **げんがん**【検眼-する】 检眼 jiǎnyǎn；验光 yànguāng
- **げんかん**【厳寒】 严寒 yánhán
- **げんかん**【玄関】 门口 ménkǒu ◆正面~ 大门 dàmén
- **けんぎ**【嫌疑】 嫌疑 xiányí ◆~が掛かる 涉嫌 shèxián；受嫌疑 shòu xiányí
- **けんぎ**【建議-する】 建议 jiànyì；提议 tíyì
- **げんき**【元気】 精神 jīngshen ◆~いっぱい 神气 shénqì；精神饱满 jīngshen bǎomǎn ◆~がない 精神不振 jīngshen búzhèn；没有精神 méiyǒu jīngshen ◆~づける 打气 dǎqì；鼓励 gǔlì ◆~を奮い起こす 振作精神 zhènzuò jīngshen
- **げんぎ**【原義】 原义 yuányì
- **けんきゃく**【健脚】 健步 jiànbù
- **けんきゅう**【研究-する】 研究 yánjiū；钻研 zuānyán；考究 kǎojiu ◆~者 研究家 yánjiūjiā ◆~室 研究室 yánjiūshì ◆~熱心な 热心研究的 rèxīn yánjiū de
- **げんきゅう**【原級】 ◆~に留まる 蹲班 dūnbān；留级 liújí
- **げんきゅう**【減給-する】 减薪 jiǎnxīn
- **げんきゅう**【言及-する】 提到 tídào；谈到 tándào；涉及 shèjí
- **けんぎゅうせい**【牵牛星】 牛郎星 niúlángxīng；牵牛星 qiānniúxīng
- **けんきょ**【謙虚-な】 谦虚 qiānxū ◆~に受けとめる 谦虚地听取人家的意见 qiānxū de tīngqǔ rénjia de yìjiàn
- **けんきょ**【検挙-する】 拘捕 jūbǔ
- **けんぎょう**【兼業-する】 兼营 jiānyíng ◆~農家 兼业农户 jiānyè nónghù
- **げんきょう**【元凶】 祸首 huòshǒu；首恶 shǒu'è；元凶 yuánxiōng
- **げんきょう**【現況】 现况 xiànkuàng；现状 xiànzhuàng
- **けんきん**【献金-する】 捐款 juānkuǎn ◆教育事業に~する 为教育事业捐款 wèi jiàoyù shìyè juānkuǎn
- **げんきん**【厳禁-する】 严禁 yánjìn ◆火気~ 严禁烟火 yánjìn yānhuǒ
- **げんきん**【現金】 现金 xiànjīn；现款 xiànkuǎn；现钱 xiànqián ◆~で払う 用现金支付 yòng xiànjīn zhīfù ◆~な人 势利眼 shìlìyǎn
- **げんけい**【原型】 原型 yuánxíng
- **げんけい**【原形】 原形 yuánxíng；原貌 yuánmào ◆~をとどめない 不留旧貌 bù liú jiùmào
- **げんけい**【減刑-する】 减刑 jiǎnxíng
- **けんげき**【剣劇】 武戏 wǔxì
- **けんけつ**【献血】 献血 xiànxuè
- **けんげん**【権限】 权柄 quánbǐng；权力 quánlì；权限 quánxiàn ◆~を越える 越权 yuèquán ◆~を与えられる 受权 shòuquán ◆~を与える 授权 shòuquán
- **けんけんごうごう**【喧々囂々】 议论汹汹 yìlùn xiōngxiōng；吵吵闹闹 chāochǎonàonào
- **けんご**【堅固-な】 坚固 jiāngù；坚牢 jiānláo；强固 qiánggù ◆~な守り 深沟高垒 shēn gōu gāo lěi
- **げんご**【原語】 原文 yuánwén
- **げんご**【言語】 语言 yǔyán ◆~学 语言学 yǔyánxué ◆~に絶する 难以言表 nányǐ yánbiǎo；无法形容 wúfǎ xíngróng ◆プログラム~ 程序语言 chéngxù yǔyán ◆C~ 《プログラム言語の》C语言 C yǔyán
- **けんこう**【健康】 健康 jiànkāng ◆~に気をつけてね 多多保重 duōduō bǎozhòng ◆~によい 有益于健康 yǒuyìyú jiànkāng ◆~管理 保健 bǎojiàn ◆~保険 健康保险 jiànkāng bǎoxiǎn
- **けんこう**【軒昂】 轩昂 xuān'áng ◆意気~ 气宇轩昂 qìyǔ xuān'áng
- **げんこう**【原稿】 稿子 gǎozi；原稿 yuángǎo ◆~用紙 稿纸 gǎozhǐ ◆~を書く 撰稿 zhuàngǎo；写稿子 xiě gǎozi ◆~料 稿费 gǎofèi

げんこう【現行】現行 xiànxíng ♦～の制度 现行制度 xiànxíng zhìdù ♦～犯 现行犯 xiànxíngfàn

げんこう【言行】言行 yánxíng ♦～一致 言行一致 yánxíng yízhì

げんごう【元号】年号 niánhào

けんこうこつ【肩甲骨】肩胛骨 jiānjiǎgǔ; 胛骨 jiǎgǔ

けんこく【建国】建国 jiànguó; 开国 kāiguó ♦～記念日 国庆 guóqìng; 国庆节 guóqìngjié

げんこく【原告】原告 yuángào

げんこつ【拳骨】拳头 quántóu ♦～でなぐる 用拳头打 yòng quántóu dǎ

けんさ【検査-する】检查 jiǎnchá; 查验 cháyàn; 检验 jiǎnyàn ♦身体～ 身体检查 shēntǐ jiǎnchá ♦品質～ 品质检验 pǐnzhì jiǎnyàn

けんざい【健在-な】健在 jiànzài ♦両親とも～ 父母都健在 fùmǔ dōu jiànzài

げんざい【原罪】原罪 yuánzuì

げんざい【現在】现在 xiànzài; 如今 rújīn; 目前 mùqián ♦～地 现在所在地 xiànzàisuǒzàidì

けんざいか【顕在化-する】表面化 biǎomiànhuà

げんざいりょう【原材料】原材料 yuáncáiliào

けんさく【検索-する】查 chá; 检索 jiǎnsuǒ ♦～エンジン 搜索引擎 sōusuǒ yǐnqíng

げんさく【原作】原著 yuánzhù; 原作 yuánzuò ♦～者 原作者 yuánzuòzhě

けんさつ【検札-する】查票 chápiào

けんさつかん【検察官】公诉人 gōngsùrén; 检察官 jiǎncháguān

けんさん【研鑽-する】研究 yánjiū; 钻研 zuānyán ♦～を積む 刻苦钻研 kèkǔ zuānyán

けんざん【検算-する】验算 yànsuàn

げんさん【減産-する】减产 jiǎnchǎn

げんさんち【原産地】原产地 yuánchǎndì

けんし【検死-する】验尸 yànshī

けんし【犬歯】犬齿 quǎnchǐ

けんじ【堅持-する】坚持 jiānchí

けんじ【検事】检察官 jiǎncháguān

けんじ【顕示-する】显示 xiǎnshì; 明示 míngshì; 表现 biǎoxiàn

げんし【原始】原始 yuánshǐ ♦～人 原人 yuánrén ♦～的 原始的 yuánshǐ de

げんし【原子】原子 yuánzǐ ♦～核 原子核 yuánzǐhé ♦～爆弾 原子弹 yuánzǐdàn ♦～炉 核反应堆 héfǎnyìngduī ♦～番号 原子序数 yuánzǐ xùshù

けんしき【見識】见识 jiànshi; 目光 mùguāng ♦～が高い 见地很高 jiàndì hěn gāo; 很有见地 hěn yǒu jiàndì ♦～がない 见识短 jiànshi duǎn ♦～のある人 明眼人 míngyǎnrén; 有见识的人 yǒu jiànshi de rén

けんじつ【堅実-な】塌实 tāshi; 坚实 jiānshí; 脚踏实地 jiǎo tà shí dì ♦～な考え方 稳重的观点 wěnzhòng de guāndiǎn

げんじつ【現実】现实 xiànshí ♦～性のない 虚浮 xūfú ♦～的 实际 shíjì; 现实的 xiànshí de

けんじゃ【賢者】贤哲 xiánzhé; 贤人 xiánrén

げんしゅ【元首】元首 yuánshǒu

げんしゅ【厳守-する】严守 yánshǒu; 严格遵守 yángé zūnshǒu ♦時間～ 严守时间 yánshǒu shíjiān

けんしゅう【研修-する】进修 jìnxiū ♦新人～ 新人培训 xīnrén péixùn ♦～所 进修所 jìnxiūsuǒ

けんじゅう【拳銃】手枪 shǒuqiāng

げんしゅう【減収】减收 jiǎnshōu

げんじゅう【厳重】严厉 yánlì; 严格 yángé; 严紧 yánjǐn ♦～な戸締まり 紧锁门户 jǐnsuǒ ménhù ♦～注意 严正警告 yánzhèng jǐnggào

げんじゅうしょ【現住所】现住址 xiànzhùzhǐ

けんしゅく【厳粛-な】庄严 zhuāngyán; 肃穆 sùmù; 严肃 yánsù

けんしゅつ【検出】检验出 jiǎnyànchū; 查出 cháchū

げんじゅつ【剣術】剑术 jiànshù

げんしょ【原書】原著 yuánzhù; 原版 yuánbǎn; 原本 yuánběn

けんしょう【憲章】宪章 xiànzhāng; 章程 zhāngchéng

けんしょう【懸賞】悬赏 xuánshǎng ♦～に応募する 应征悬赏 yìngzhēng xuánshǎng ♦～に当選する 入选得赏 rùxuǎn déshǎng

けんしょう【検証-する】检验 jiǎnyàn; 验证 yànzhèng; 证验 zhèngyàn

けんしょう【肩章】肩章 jiānzhāng

けんじょう【献上-する】奉献 fèngxiàn; 献 xiàn ♦～品 贡品 gòngpǐn

けんじょう【謙譲】谦让 qiānràng ♦～語 谦辞 qiāncí

げんしょう【減少-する】减少 jiǎnshǎo ♦出生率が～する 出生率下降 chūshēnglǜ xiàjiàng

げんしょう【現象】现象 xiànxiàng ♦～学 现象学 xiànxiàngxué ♦自

然～ 自然現象 zìrán xiànxiàng

げんじょう【原状】 原状 yuánzhuàng ♦～に復す 还原 huányuán ♦～に戻る 回复原状 huífù yuánzhuàng

げんじょう【現状】 現状 xiànzhuàng ♦～を維持する 维持现状 wéichí xiànzhuàng ♦～に不満だ 对现状不满 duì xiànzhuàng bùmǎn

けんしょうえん【腱鞘炎】 腱鞘炎 jiànqiàoyán

けんしょく【兼職-する】 兼职 jiānzhí

げんしょく【現職-の】 现任 xiànrèn

げんしょく【原色】 原色 yuánsè；正色 zhèngsè ♦三～ 三原色 sānyuánsè

げんしょく【減食-する】 节食 jiéshí

げんしりょく【原子力】 原子能 yuánzǐnéng ♦～潜水艦 核潜艇 héqiántǐng ♦～発電所 核电站 hédiànzhàn

げんしりん【原始林】 原始森林 yuánshǐ sēnlín

げんじる【減じる】 刨除 páochú；‹引き算› 减 jiǎn ♦支出を～ 削减开支 xuējiǎn kāizhī

けんしん【検診-する】 诊察 zhěnchá；检查疾病 jiǎnchá jíbìng

けんしん【検針-する】 查表 chá biǎo ♦ガスの～ 检查煤气用量 jiǎnchá méiqì yòngliàng

けんしん【献身-する】 献身 xiànshēn；舍身 shěshēn ♦教育事業に～する 献身于教育事业 xiànshēnyú jiàoyù shìyè

けんじん【賢人】 贤达 xiándá；贤人 xiánrén

げんじん【原人】 原人 yuánrén；猿人 yuánrén

げんすい【元帥】 元帅 yuánshuài

けんずる【献ずる】 敬奉 jìngfèng；敬献 jìngxiàn

げんせ【現世】 现世 xiànshì；尘世 chénshì；人间 rénjiān

けんせい【権勢】 权势 quánshì；威权 wēiquán；威武 wēiwǔ ♦～を頼む 仗势 zhàngshì

けんせい【牽制-する】 牵掣 qiānchè；牵制 qiānzhì；‹野球› ♦走者を～する 牵制跑垒员 qiānzhì pǎolěiyuán ♦～球 牵制球 qiānzhìqiú

げんせい【厳正-な】 严明 yánmíng；严正 yánzhèng

げんぜい【減税-する】 减税 jiǎnshuì

けんせき【譴責-する】 谴责 qiǎnzé

げんせき【原籍】 原籍 yuánjí；祖籍 zǔjí；籍贯 jíguàn

けんせつ【建設-する】 建立 jiànlì；建设 jiànshè；修建 xiūjiàn ♦プラン 建设蓝图 jiànshè lántú ♦～用地 地皮 dìpí

けんせつてき【建設的-な】 积极 jījí ♦～な意見 建设性意见 jiànshèxìng yìjiàn

けんぜん【健全-な】 健康 jiànkāng；健全 jiànquán ♦～な経営 健全的经营 jiànquán de jīngyíng

けんせん【厳選-する】 严格挑选 yángé tiāoxuǎn

げんせん【源泉】 源泉 yuánquán ♦～課税 预付税 yùfùshuì

げんそ【元素】 元素 yuánsù ♦～记号 元素符号 yuánsù fúhào

けんそう【喧騒】 喧闹 xuānnào；喧嚣 xuānxiāo ♦都会の～ 都市的喧嚣 dūshì de xuānxiāo

けんぞう【建造-する】 建造 jiànzào；兴建 xīngjiàn；兴修 xīngxiū ♦～物 建筑 jiànzhù；建筑物 jiànzhùwù

げんそう【幻想】 幻觉 huànjué；幻想 huànxiǎng ♦～を抱く 抱有幻想 bàoyǒu huànxiǎng ♦～的な光景 梦幻般的情景 mènghuàn bān de qíngjǐng

げんぞう【現像-する】 冲洗 chōngxǐ；显影 xiǎnyǐng ♦～液 显影剂 xiǎnyǐngjì ♦写真を～ 冲洗照片 chōngxǐ zhàopiàn

げんそく【原則】 原则 yuánzé ♦～的に 原则上 yuánzéshàng

げんそく【減速-する】 减速 jiǎnsù

げんぞく【還俗-する】 还俗 huánsú

けんそん【謙遜-する】 自谦 zìqiān；谦虚 qiānxū

げんぞん【現存-する】 留存 liúcún；现存 xiàncún

けんたい【倦怠】 厌倦 yànjuàn；倦怠 juàndài ♦～を感じる 感到厌倦 gǎndào yànjuàn ♦～期 倦怠期 juàndàiqī

げんたい【減退-する】 减退 jiǎntuì；消退 xiāotuì ♦食欲～ 食欲减退 shíyù jiǎntuì

げんだい【現代】 现代 xiàndài ♦～文学 当代文学 dāngdài wénxué

けんたんか【健啖家】 贪吃的 tānchī de；大肚子 dàdùzi

けんち【見地】 见解 jiànjiě；观点 guāndiǎn ♦広い～に立つ 从大局出发 cóng dàjú chūfā

げんち【現地】 当地 dāngdì；现场 xiànchǎng ♦～集合 当地集合 dāngdì jíhé

げんち【言質】 ♦～をとる 取得诺言 qǔdé nuòyán

けんちく【建築-する】 建筑 jiànzhù ♦～学 建筑学 jiànzhùxué ♦～材料 建材 jiàncái ♦～资料 建筑资料

jiànzhù zīliào ♦~家 建筑家 jiànzhùjiā ♦~物 建筑物 jiànzhùwù
けんちょ【顕著-な】 显著 xiǎnzhù
げんちょ【原著】 原著 yuánzhù
けんてい【検定-する】 审定 shěndìng；检定 jiǎndìng；鉴定 jiàndìng ♦~試験 鉴定考试 jiàndìng kǎoshì；测验 cèyàn
げんてい【限定-する】 限制 xiànzhì；局限 júxiàn；限定 xiàndìng ♦夏季～ 只限夏季 zhǐxiàn xiàjì ♦~品 限数商品 xiànshù shāngpǐn
げんてん【原典】 原著 yuánzhù；原书 yuánshū ♦~にあたる 对照原著 duìzhào yuánzhù
げんてん【原点】 起源 qǐyuán；出发点 chūfādiǎn ♦~に立ち返る 回到出发点 huídào chūfādiǎn
げんてん【減点-する】 扣分 kòufēn；刨分儿 páofēnr
げんど【限度】 界限 jièxiàn；限度 xiàndù ♦~を越える 过头 guòtóu ♦~枠 限额 xiàn'é
けんとう【健闘】 奋斗 fèndòu
けんとう【検討-する】 研究 yánjiū；研讨 yántǎo
けんとう【見当】 ♦~をつける 猜 cāi；揣测 chuǎicè；估量 gūliang ♦~がつかない 无法估计 wúfǎ gūjì ♦~外れの発言 离题甚远的发言 lítí shèn yuǎn de fāyán
けんどう【剣道】 剑道 jiàndào；刀术 dāoshù ♦~の達人 剑道高手 jiàndào gāoshǒu
げんとう【厳冬】 寒冬 hándōng；隆冬 lóngdōng；严冬 yándōng
げんどう【言動】 言行 yánxíng ♦~がでたらめな 放言 fàngyán ♦~に注意する 检点言行 jiǎndiǎn yánxíng
げんどうき【原動機】 发动机 fādòngjī
げんどうりょく【原動力】 动力 dònglì；原动力 yuándònglì
けんない【圏内】 圈内 quānnèi ♦合格～にいる 在合格范围内 zài hégé fànwéinèi
げんなり-する 厌烦 yànfán；腻烦 nìfan；气馁 qìněi
げんに【現に】 实际 shíjì；现实 xiànshí；眼前 yǎnqián ♦~見んだ 确实看见了 quèshí kànjiàn le
けんにょう【検尿-する】 验尿 yànniào
けんにん【兼任-する】 兼任 jiānrèn；兼职 jiānzhí
けんのう【献納-する】 捐赠 juānzèng；敬献 jìngxiàn
げんば【現場】 现场 xiànchǎng ♦~に居合わせる 在场 zàichǎng ♦~監督 监工 jiāngōng ♦事故～ 事故现场 shìgù xiànchǎng
けんばいき【券売機】 售票机 shòupiàojī
げんばく【原爆】 原子弹 yuánzǐdàn
げんばつ【厳罰】 严罚 yánfá ♦~に処する 严惩 yánchéng
げんぱつ【原発】 《発電》核电 hédiàn；《発電所》核电站 hédiànzhàn
けんばん【鍵盤】 键盘 jiànpán ♦~楽器 键盘乐器 jiànpán yuèqì
けんび【兼備-する】 兼备 jiānbèi
けんびきょう【顕微鏡】 显微镜 xiǎnwēijìng
けんぴん【検品】 检查商品 jiǎnchá shāngpǐn；检品 jiǎnpǐn
げんぴん【現品】 实物 shíwù ♦~限り 只限现货 zhǐxiàn xiànhuò
けんぶつ【見物-する】 参观 cānguān；游览 yóulǎn ♦高みの～を決め込む 袖手旁观 xiùshǒu pángguān ♦~人 观客 guānkè ♦~席 观看席 guānkànxí
げんぶつ【現物】 实物 shíwù；现货 xiànhuò ♦~支給の賃金 实物工资 shíwù gōngzī
けんぶん【見聞】 见识 jiànshi；见闻 jiànwén；耳目 ěrmù ♦~を広める 开眼 kāiyǎn；长见识 zhǎng jiànshi
げんぶん【原文】 原文 yuánwén ♦~のまま 原文原封不动 yuánwén yuán fēng bú dòng
げんぶんいっち【言文一致】 言文一致 yánwén yízhì
けんべん【検便】 验便 yànbiàn
げんぽ【原簿】 原本 yuánběn；底册 dǐcè；清册 qīngcè
けんぽう【憲法】 宪法 xiànfǎ ♦~を制定する 制定宪法 zhìdìng xiànfǎ ♦~草案 宪法草案 xiànfǎ cǎo'àn
けんぽう【拳法】 拳术 quánshù；拳脚 quánjiǎo ♦~家 拳师 quánshī
げんぽう【減俸-する】 减薪 jiǎnxīn ♦~処分 减薪处分 jiǎnxīn chǔfēn
けんぼうしょう【健忘症】 健忘症 jiànwàngzhèng
げんぼく【原木】 原木 yuánmù
げんぽん【原本】 正本 zhèngběn ♦契約書～ 合同正本 hétong zhèngběn
けんま【研磨-する】 研磨 yánmó ♦~剤 研磨剂 yánmójì
げんまい【玄米】 糙米 cāomǐ
けんまく【剣幕】 气焰嚣张 qìyàn xiāozhāng ♦すごい～で迫る 咄咄逼人 duōduō bī rén
げんみつ【厳密-な】 严密 yánmì；周密 zhōumì
けんむ【兼務-する】 兼任 jiānrèn；

兼职 jiānzhí
けんめい【懸命】拼命 pīnmìng；狠命 hěnmìng ◆～に努力する 竭尽全力 jiéjìn quánlì ◆～に働く 拼命工作 pīnmìng gōngzuò
けんめい【賢明-な】贤明 xiánmíng；明智 míngzhì
げんめい【厳命-する】严命 yánmìng；严令 yánlìng
げんめい【言明-する】申明 shēnmíng；声称 shēngchēng
げんめつ【幻滅-する】幻灭 huànmiè
げんめん【減免-する】减免 jiǎnmiǎn
けんもほろろ 极其冷淡 jíqí lěngdàn；冷冰冰 lěngbīngbīng ◆～に断わる 断然拒绝 duànrán jùjué
けんもん【検問】查问 cháwèn ◆～所 关卡 guānqiǎ；卡子 qiǎzi
げんや【原野】原野 yuányě
けんやく【倹約-する】俭省 jiǎnshěng
げんゆ【原油】原油 yuányóu
げんゆう【現有】现存的 xiàncún de ◆～勢力 现有力量 xiànyǒu de lìliàng
けんよう【兼用-する】两用 liǎngyòng；兼用 jiānyòng
けんらん【絢爛-たる】灿烂的 cànlànde；绚烂耀眼 xuànlàn yàoyǎn
けんり【権利】权利 quánlì ◆～書 权利证明书 quánlì zhèngmíngshū ◆～を主張する 主张权利 zhǔzhāng quánlì
げんり【原理】道理 dàoli；原理 yuánlǐ
げんりゅう【源流】源流 yuánliú
げんりょう【原料】原料 yuánliào；材料 cáiliào
げんりょう【減量-する】减量 jiǎnliàng；减轻体重 jiǎnqīng tǐzhòng
けんりょく【権力】权力 quánlì ◆～を握る 当权 dāngquán；掌权 zhǎngquán ◆～者 掌权者 zhǎngquánzhě
けんろう【堅牢-な】牢固 láogù；坚固 jiāngù
げんろん【言論】言论 yánlùn ◆～の自由 言论自由 yánlùn zìyóu ◆～の弾圧 压制言论 yāzhì yánlùn
げんわく【眩惑-する】迷惑 míhuò；眩惑 xuànhuò

こ

こ【個】❶《単位》个 ge ❷《個人》个人 gèrén；自我 zìwǒ
こ【弧】弧 hú ◆～を描く 形成抛物线 xíngchéng pāowùxiàn
こ【子】❶《自分の》孩子 háizi：子女 zǐnǚ ❷《幼児》小孩儿 xiǎoháir ❸《動物の》崽子 zǎizi
こ【故】已故 yǐgù
こ【五】五 wǔ
ご【碁】围棋 wéiqí ◆～を打つ 下围棋 xià wéiqí ◆～石 棋子 qízǐ：棋子儿 qízǐr ◆～盤 棋盘 qípán
ご【語】语 yǔ；话 huà ◆1万～ 一万词汇 yíwàn cíhuì
コア 核 hé
コアラ 考拉 kǎolā；树袋熊 shùdàixióng
こい【故意-に】成心 chéngxīn；故意 gùyì；有心 yǒuxīn ◆～ではない 不是有意的 búshì yǒuyì de
こい【濃い】❶《色や味》浓 nóng；醇厌 yàn；深 shēn ◆～お茶 酽茶 yànchá；浓茶 nóngchá ❷《密度》稠 chóu ◆お粥が～ 粥很稠 zhōu hěn chóu ◆～眉毛 浓眉 nóngméi ◆可能性が～ 可能性很大 kěnéngxìng hěn dà
こい【恋】恋爱 liàn'ài ◆～をする 谈恋爱 tán liàn'ài ◆～のワナに落ちる 陷入情网 xiànrù qíngwǎng ◆～に破れる 失恋 shīliàn ◆～煩い 相思病 xiāngsībìng
コイ【鯉】鲤鱼 lǐyú
ごい【語彙】词汇 cíhuì；语汇 yǔhuì ◆～が豊富だ 词汇很丰富 cíhuì hěn fēngfù
こいがたき【恋敵】情敌 qíngdí
こいき【小意気-な】标致 biāozhì；俏皮 qiàopi；酷 kù（英：cool）
こいごころ【恋心】恋慕之情 liànmù zhī qíng
こいし【小石】石头子儿 shítóuzǐr
こいしい【恋しい】怀念 huáiniàn；想念 xiǎngniàn；爱慕 àimù
こいしたう【恋い慕う】爱恋 àiliàn；思慕 sīmù
こいつ 这个家伙 zhège jiāhuo
こいぬ【子犬】小狗 xiǎogǒu
こいねがう【請い願う】盼望 pànwàng；渴望 kěwàng
こいびと【恋人】对象 duìxiàng；朋友 péngyou；恋人 liànrén
コイル 线圈 xiànquān
コイン 硬币 yìngbì ◆～投入口 硬币投入口 yìngbì tóurùkǒu ◆～ランドリー 投币式洗衣机 tóubìshì xǐyī-

jī ◆～ロッカー 投币式存放柜 tóubìshì cúnfàngguì

こう【功】《手柄》功 gōng：功劳 gōngláo ◆～成り名を遂ぐ 功成名就 gōng chéng míng jiù

こう【効】 效验 xiàoyàn ◆～なし 无效 wúxiào ◆～を奏する 奏效 zòuxiào

こう【甲】《こうら》甲壳 jiǎqiào ◆亀の～ 龟甲 guījiǎ ◆手の～ 手背 shǒubèi

こう【項】 ❶《ことがら》事项 shìxiàng ❷《箇条》项目 xiàngmù ❸《数学で》项 xiàng ◆次の～ 下一项 xià yí xiàng

こう【香】 香 xiāng ◆～を焚く 烧香 shāo xiāng；焚香 fén xiāng

こう【請う】 请 qǐng；请求 qǐngqiú；乞求 qǐqiú ◆教えを～ 请教 qǐngjiào；求教 qiújiào ◆許しを～ 请求宽恕 qǐngqiú kuānshù

ごう【業】《仏教で》孽 niè；业障 yèzhàng ◆～を煮やす 急得发脾气 jí de fā píqi

ごう【号】 号 hào；别号 biéhào

こうあつ【高圧】 高压 gāoyā ◆～線 高压线 gāoyāxiàn ◆～電力 高压电 gāoyādiàn ◆～注意 小心高压电 xiǎoxīn gāoyādiàn

こうあん【公安】 公安 gōng'ān

こうあん【考案-する】 设计 shèjì；想出 xiǎngchū

こうい【厚意】 厚意 hòuyì；盛意 shèngyì ◆ご～を有り難く頂戴する 领情 lǐngqíng

こうい【好意】 好意 hǎoyì；善意 shànyì；盛情 shèngqíng ◆～的 善意 shànyì ◆～を持つ 产生好感 chǎnshēng hǎogǎn；爱上 àishang

こうい【皇位】 皇位 huángwèi ◆～を継承する 继承皇位 jìchéng huángwèi

こうい【行為】 行为 xíngwéi；举动 jǔdòng；作为 zuòwéi

ごうい【合意-する】 同意 tóngyì；协议 xiéyì；成议 chéngyì

こういう 这样的 zhèyàng de；这种 zhèzhǒng

こういしつ【更衣室】 更衣室 gēngyīshì

こういしょう【後遺症】 后遗症 hòuyízhèng

こういってん【紅一点】 唯一的女性 wéiyī de nǚxìng；万绿丛中一点红 wàn lǜ cóng zhōng yì diǎn hóng

こういん【光陰】 光阴 guāngyīn；时光 shíguāng ◆～矢のごとし 光阴似箭 guāng yīn sì jiàn

こういん【拘引-する】 拘捕 jūbǔ

ごういん【強引-な】 强行 qiángxíng；硬 yìng

ごうう【豪雨】 暴雨 bàoyǔ

こううりょう【降雨量】 雨量 yǔliàng

こううん【幸[好]運】 幸运 xìngyùn；侥幸 jiǎoxìng；运气 yùnqi ◆～に恵まれる 走运 zǒuyùn

こううんき【耕運機】 耕耘机 gēngyúnjī

こうえい【光栄-な】 光荣 guāngróng；荣耀 róngyào；光耀 guāngyào ◆身に余る～ 无上荣幸 wúshàng róngxìng

こうえい【公営】 公营 gōngyíng ◆～企業 公营企业 gōngyíng qǐyè ◆～住宅 公共住宅 gōnggòng zhùzhái

こうえき【交易】 交易 jiāoyì；贸易 màoyì

こうえき【公益】 公益 gōngyì ◆～財産 公产 gōngchǎn；公共财产 gōnggòng cáichǎn

こうえつ【校閲-する】 校阅 jiàoyuè；审阅 shěnyuè

こうえん【後援-する】 支援 zhīyuán；后援 hòuyuán ◆～会 后援会 hòuyuánhuì

こうえん【公園】 公园 gōngyuán ◆児童～ 儿童公园 értóng gōngyuán ◆国立～ 国立公园 guólì gōngyuán

こうえん【公演-する】 公演 gōngyǎn ◆～回数 场次 chǎngcì ◆海外～ 国外公演 guówài gōngyǎn

こうえん【講演-する】 演讲 yǎnjiǎng；讲演 jiǎngyǎn ◆～会 讲演会 jiǎngyǎnhuì；报告会 bàogàohuì

こうえん【高遠-な】 远大 yuǎndà；高大 gāodà

こうおつ【甲乙】 ◆～つけがたい 伯仲 bózhòng；不相上下 bù xiāng shàng xià

こうおん【恒温】 恒温 héngwēn ◆～動物 恒温动物 héngwēn dòngwù

こうおん【高温】 高温 gāowēn ◆～殺菌 用高温杀菌 yòng gāowēn shājūn ◆～多湿 高温多湿 gāowēn duōshī

こうおん【高音】 高音 gāoyīn

ごうおん【轟音】 轰鸣 hōngmíng

こうか【効果】 成效 chéngxiào；效果 xiàoguǒ ◆～がある 有效 yǒuxiào ◆～が現れる 见效 jiànxiào；奏效 zòuxiào ◆～が大きい 灵验 língyàn ◆～のない 无效 wúxiào ◆～的 有效 yǒuxiào

こうか【工科】 工科 gōngkē ◆～大学 工科大学 gōngkē dàxué

こうか【校歌】 校歌 xiàogē

- **こうか**【硬化-する】 硬化 yìnghuà ♦態度が～する 态度强硬起来 tàidu qiángyìngqǐlai; 态度僵化 tàidu jiānghuà
- **こうか**【硬貨】 硬币 yìngbì; 铸币 zhùbì
- **こうか**【降下-する】 下降 xiàjiàng; 下落 xiàluò ♦急～ 俯冲 fǔchōng
- **こうか**【高価】 高价 gāojià; 重价 zhòngjià; 昂贵 ángguì
- **こうか**【高架】《鉄道》高架铁道 gāojià tiědào; ～橋 高架桥 gāojiàqiáo
- **ごうか**【豪華-な】 豪华 háohuá
- **こうかい**【後悔-する】 后悔 hòuhuǐ; 追悔 zhuīhuǐ; 懊悔 àohuǐ ♦～先に立たず 后悔不及 hòuhuǐ bù jí
- **こうかい**【公海】 公海 gōnghǎi; 国际水域 guójì shuǐyù
- **こうかい**【公開-する】 公开 gōngkāi; 开放 kāifàng ♦～状 公开信 gōngkāixìn ♦～討論 公开讨论 gōngkāi tǎolùn ♦未～ 还没有公开 hái méiyǒu gōngkāi ♦非～ 非公开 fēi gōngkāi ♦近日～ 近日开始公开 jìnrì kāishǐ gōngkāi
- **こうかい**【航海】 航海 hánghǎi; 航行 hángxíng ♦～日誌 航海日志 hánghǎi rìzhì
- **こうがい**【公害】 公害 gōnghài
- **こうがい**【口外-する】 泄露 xièlòu; 泄漏 xièlòu
- **こうがい**【口蓋】 口盖 kǒugài; 上颚 shàng'è
- **こうがい**【梗概】 概要 gàiyào; 梗概 gěnggài
- **こうがい**【郊外】 郊外 jiāowài; 郊区 jiāoqū; 近郊 jìnjiāo
- **ごうかい**【豪快-な】 粗豪 cūháo; 豪爽 háoshuǎng
- **ごうがい**【号外】 号外 hàowài
- **こうかいどう**【公会堂】 公会堂 gōnghuìtáng; 礼堂 lǐtáng
- **こうかがく**【光化学】 ♦～スモッグ 光化学烟雾 guānghuàxué yānwù
- **こうかきょう**【高架橋】 高架桥 gāojiàqiáo; 旱桥 hànqiáo
- **こうかく**【口角】 嘴角 zuǐjiǎo; 口角 kǒujiǎo ♦～炎 口角炎 kǒujiǎoyán ♦～泡を飛ばす 口沫横飞地辩论 kǒu mò héng fēi de biànlùn
- **こうかく**【広角】 ♦～レンズ 广角镜头 guǎngjiǎo jìngtóu
- **こうかく**【降格-する】 降格 jiànggé
- **こうがく**【光学】 光学 guāngxué ♦～機器 光学器械 guāngxué qìxiè ♦～ガラス 光学玻璃 guāngxué bōli ♦～顕微鏡 光学显微镜 guāngxué xiǎnwēijìng
- **こうがく**【工学】 工程学 gōngchéngxué ♦～部 工程学院 gōngchéng xuéyuàn
- **こうがく**【高額-の】 高额 gāo'é ♦～の給料 高薪 gāoxīn ♦～紙幣 大额钞票 dà'é chāopiào
- **ごうかく**【合格-する】 合格 hégé; 及格 jígé; 考上 kǎoshàng ♦～者 及格者 jígézhě ♦不～ 不及格 bùjígé; 落榜 luòbǎng ♦～点 合格分 hégéfēn ♦～通知 录取通知书 lùqǔ tōngzhīshū ♦～発表する 出榜 chūbǎng; 发榜 fābǎng
- **こうがくしん**【向学心】 求学心 qiúxuéxīn; 求知精神 qiúzhī jīngshén ♦～に燃える 热心求学 rèxīn qiúxué
- **こうかくどうぶつ**【甲殻動物】 甲壳动物 jiǎqiào dòngwù
- **こうがくねん**【高学年】 高年级 gāoniánjí
- **こうかつ**【狡猾-な】 刁滑 diāohuá; 狡猾 jiǎohuá ♦～な人間 滑头 huátóu; 老奸巨猾 lǎojiān jùhuá
- **こうかん**【交歓-する】 联欢 liánhuān ♦～会 联欢会 liánhuānhuì
- **こうかん**【交換-する】 交换 jiāohuàn; 互换 hùhuàn; 换 huàn ♦～条件 交换条件 jiāohuàn tiáojiàn ♦情報を～する 交换信息 jiāohuàn xìnxī ♦席を～する 对调座位 duìdiào zuòwèi
- **こうかん**【好感】 好感 hǎogǎn ♦～を持つ 产生好感 chǎnshēng hǎogǎn
- **こうかん**【好漢】 好汉 hǎohàn
- **こうかん**【鋼管】 钢管 gāngguǎn
- **こうかん**【高官】 高官 gāoguān; 高级干部 gāojí gànbù
- **こうかん**【厚顔】 厚脸皮 hòu liǎnpí ♦～無恥 厚颜无耻 hòu yán wú chǐ
- **こうがん**【睾丸】 睾丸 gāowán
- **ごうかん**【強姦-する】 强奸 qiángjiān; 奸污 jiānwū
- **こうがんざい**【抗癌剤】 抗癌药 kàng'áiyào
- **こうかんしんけい**【交感神経】 交感神经 jiāogǎn shénjīng
- **こうき**【後期】 后期 hòuqī; 后半期 hòubànqī
- **こうき**【後記】 后记 hòujì ♦編集～ 编后记 biānhòujì
- **こうき**【好機】 机遇 jīyù; 好机会 hǎo jīhuì; 良机 liángjī ♦～をつかむ 争取好机会 zhēngqǔ hǎo jīhuì ♦～を逃す 失去好机会 shīqù hǎo jīhuì
- **こうき**【工期】 工期 gōngqī; 施工期 shīgōngqī
- **こうき**【広軌】 宽轨 kuānguǐ ♦～鉄道 宽轨铁路 kuānguǐ tiělù
- **こうき**【校旗】 校旗 xiàoqí

こうき【校紀】 校风 xiàofēng ◆~を乱す 败坏校内风纪 bàihuài xiàonèi fēngjì
こうき【綱紀】 纲纪 gāngjì ◆~粛正 整顿纲纪 zhěngdùn gāngjì
こうき【香気】 香气 xiāngqì
こうき【高貴-な】 崇高 chónggāo; 高贵 gāoguì; 尊贵 zūnguì
こうぎ【広義】 广义 guǎngyì ◆~の解釈 广义的解释 guǎngyì de jiěshì
こうぎ【抗議-する】 抗议 kàngyì ◆~集会 抗议集会 kàngyì jíhuì ◆~を申しこむ 提出抗议 tíchū kàngyì
こうぎ【講義-する】 讲学 jiǎngxué; 讲课 jiǎngkè; 讲解 jiǎngjiě ◆~を受ける 听讲 tīngjiǎng ◆~を始める 开讲 kāijiǎng; 开课 kāikè
ごうぎ【合議-する】 合议 héyì; 协商 xiéshāng ◆~制《裁判》 合议制 héyìzhì
こうきあつ【高気圧】 高气压 gāoqìyā
こうきしん【好奇心】 好奇心 hàoqíxīn ◆~が強い 好奇心强 hàoqíxīn qiáng
こうきゅう【恒久】 永恒 yǒnghéng ◆~的 永久性 yǒngjiǔxìng
こうきゅう【高級-な】 高档 gāodàng; 上好 shànghǎo; 高级 gāojí ◆~品 高档商品 gāodàng shāngpǐn; 上品 shàngpǐn ◆~ブランド 高档名牌 gāodàng míngpái ◆~言語《プログラミング言語の》 高级语言 gāojí yǔyán
こうきゅう【高給】 高工资 gāogōngzī; 高薪 gāoxīn
ごうきゅう【号泣-する】 号啕 háotáo; 大声哭 dàshēng kū
こうきゅうび【公休日】 公休日 gōngxiūrì
こうきょ【皇居】 皇宫 huánggōng; 王宫 wánggōng
こうきょう【公共】 公家 gōngjia; 公共 gōnggòng ◆~心 公共道德心 gōnggòng dàodéxīn ◆~性 公共性 gōnggòngxìng ◆~施設 公共设施 gōnggòng shèshī ◆~料金 公用事业费 gōngyòng shìyèfèi
こうきょう【好況】 景气 jǐngqì; 繁荣 fánróng
こうぎょう【興行-する】 上演 shàngyǎn; 演出 yǎnchū
こうぎょう【工業】 工业 gōngyè
こうぎょう【鉱業】 矿业 kuàngyè
こうきょうがく【交響楽】 交响乐 jiāoxiǎngyuè
こうきょうこうこく【公共広告】 公益广告 gōngyì guǎnggào
こうきょうし【交響詩】 交响诗 jiāoxiǎngshī
こうきん【公金】 公款 gōngkuǎn ◆~を横領する 贪污公款 tānwū gōngkuǎn
こうきん【抗菌-の】 抗菌 kàngjūn ◆~加工 抗菌加工 kàngjūn jiāgōng ◆~処理 抗菌处理 kàngjūn chǔlǐ
こうきん【拘禁-する】 监禁 jiānjìn; 拘禁 jūjìn
ごうきん【合金】 合金 héjīn
こうく【工区】 工段 gōngduàn
こうぐ【工具】 工具 gōngjù
こうくう【航空】 航空 hángkōng ◆~貨物 空运货物 kōngyùn huòwù ◆~工学 航空工程 hángkōng gōngchéng ◆~事故 航空事故 hángkōng shìgù ◆~便 航空邮件 hángkōng yóujiàn ◆~信 hángkōng xìn ◆~母艦 航空母舰 hángkōng mǔjiàn ◆~写真 航空摄影 hángkōng shèyǐng
こうぐう【厚遇-する】 优待 yōudài; 厚待 hòudài
こうぐん【行軍-する】《軍隊の》 行军 xíngjūn ◆強~ 强行军 qiángxíngjūn
こうけい【光景】 光景 guāngjǐng; 场面 chǎngmiàn; 景象 jǐngxiàng ◆悲惨な~ 悲惨的情景 bēicǎn de qíngjǐng
こうけい【口径】 口径 kǒujìng
こうげい【工芸】 工艺 gōngyì; 手工艺 shǒugōngyì ◆~品 工艺品 gōngyìpǐn
ごうけい【合計-する】 统共 tǒnggòng; 合计 héjì; 总计 zǒngjì ◆~点 积分 jīfēn ◆~金額 总额 zǒng'é ◆~で 一共 yígòng
こうけいき【好景気】 好景气 hǎo jǐngqì
こうけいしゃ【後継者】 继承人 jìchéngrén; 接班人 jiēbānrén ◆~を育てる 培养接班人 péiyǎng jiēbānrén
こうげき【攻撃-する】 攻击 gōngjī; 打击 dǎjī ◆~をしかける 出击 chūjī; 冲击 chōngjī ◆~的 攻击性 gōngjīxìng ◆~総 总攻 zǒnggōng
こうけつ【高潔】 高尚 gāoshàng; 清高 qīnggāo ◆~な人 正人君子 zhèngrén jūnzǐ
ごうけつ【豪傑】 豪侠 háoxiá; 豪杰 háojié
こうけつあつ【高血圧】 高血压 gāoxuèyā
こうけっか【好結果】 好结果 hǎo jiéguǒ
こうけん【後見-する】 ❶《後ろ盾》 辅助 fǔzhù; 辅佐 fǔzuǒ ❷《法律で》 监护 jiānhù ◆~人 保护人 bǎohù-

こうけん【貢献-する】貢献 gòngxiàn；功劳 gōngláo；出力 chūlì
こうけん【高見】高见 gāojiàn；雅教 yǎjiào
こうげん【巧言】花言巧语 huā yán qiǎo yǔ ♦ ～令色 巧言令色 qiǎo yán lìng sè
こうげん【公言-する】声言 shēngyán；声称 shēngchēng
こうげん【抗原】抗原 kàngyuán ♦ ～抗体反応 抗原抗体反应 kàngyuán kàngtǐ fǎnyìng
こうげん【高原】高原 gāoyuán
ごうけん【剛健】刚健 gāngjiàn
ごうけん【合憲】合乎宪法 héhū xiànfǎ
こうげんびょう【膠原病】胶原病 jiāoyuánbìng
こうこ【後顧】♦ ～の憂い 后顾之忧 hòu gù zhī yōu
こうご【交互-に】交互 jiāohù；交替 jiāotì；轮流 lúnliú
こうご【口語】口语 kǒuyǔ ♦ ～詩 白话诗 báihuàshī ♦ ～体 口语体 kǒuyǔtǐ
ごうご【豪語-する】豪语 háoyǔ；豪言壮语 háo yán zhuàng yǔ
こうこう【口腔】口腔 kǒuqiāng ♦ ～衛生 口腔卫生 kǒuqiāng wèishēng
こうこう【孝行-する】孝敬 xiàojìng；孝顺 xiàoshùn ♦ ～息子 孝子 xiàozǐ ♦ ～親 孝顺父母 xiàoshùn fùmǔ
こうこう【航行-する】航行 hángxíng
こうこう【高校】高中 gāozhōng；高级中学 gāojí zhōngxué ♦ ～生 高中生 gāozhōngshēng
こうこう【煌々-と】辉煌 huīhuáng；亮堂堂 liàngtángtáng ♦ ～と輝く 灿烂 cànlàn；耀眼 yàoyǎn
こうごう【皇后】皇后 huánghòu；王后 wánghòu
こうごうしい【神々しい】庄严 zhuāngyán；神圣 shénshèng
こうごうせい【光合成】光合作用 guānghé zuòyòng
こうこがく【考古学】考古学 kǎogǔxué
こうこく【公告】公告 gōnggào；布告 bùgào
こうこく【広告-する】广告 guǎnggào ♦ ～を出す 登广告 dēng guǎnggào ♦ ～欄 广告栏 guǎnggàolán ♦ 新聞～ 报纸广告 bàozhǐ guǎnggào ♦ ～代理店 广告商 guǎnggàoshāng ♦ ～主 广告主 guǎnggàozhǔ ♦ ～媒体 广告媒介 guǎnggào méijiè

こうこく【抗告-する】上诉 shàngsù
こうこつ【恍惚】♦ ～とする 出神 chūshén；恍惚 huǎnghu
こうこつもじ【甲骨文字】甲骨文 jiǎgǔwén
こうさ【交差-する】相交 xiāngjiāo；交叉 jiāochā ♦ 立体～橋 立交桥 lìjiāoqiáo
こうさ【考査-する】测验 cèyàn；考查 kǎochá；审查 shěnchá ♦ 人物～ 人品审查 rénpǐn shěnchá ♦ 期末～ 期末考试 qīmò kǎoshì
こうさ【黄砂】（大陸からの）黄沙 huángshā；黄尘 huángchén
こうざ【口座】账户 zhànghù；户头 hùtóu ♦ 銀行預金～ 银行存款户头 yínháng cúnkuǎn hùtóu ♦ ～を開く 开户头 kāi hùtóu
こうざ【講座】讲座 jiǎngzuò
こうさい【交際-する】交际 jiāojì；交往 jiāowǎng ♦ ～費 应酬费 yìngchoufèi
こうさい【公債】公债 gōngzhài
こうざい【功罪】功过 gōngguò；功罪 gōngzuì ♦ ～相半ばする 功罪兼半 gōng zuì jiān bàn
こうざい【鋼材】钢材 gāngcái
こうさく【交錯-する】交错 jiāocuò ♦ 光が～する 交相辉映 jiāo xiāng huī yìng ♦ 期待と不安が～する 希望和不安交织在心中 xīwàng hé bù'ān jiāozhīzài xīnzhōng
こうさく【工作-する】❶《ものを作る》制作 zhìzuò；手工 shǒugōng；劳作 láozuò ♦ ～機械 床子 chuángzi；工作母机 gōngzuò mǔjī；机床 jīchuáng ♦ ～図面 图画 túhuà ♦ ～の手工课 túhuà shǒugōng kè ❷《手を打つ》♦ 裏～ 暗中活动 ànzhōng huódòng；秘密活动 mìmì huódòng
こうさく【耕作-する】耕种 gēngzhòng；耕作 gēngzuò；种地 zhòngdì ♦ ～地 耕地 gēngdì
こうさつ【絞殺】绞杀 jiǎoshā
こうさつ【考察-する】考察 kǎochá
こうさてん【交差点】十字路口 shízì lùkǒu；交叉点 jiāochādiǎn
こうさん【公算】可能性 kěnéngxìng
こうさん【降参-する】投降 tóuxiáng；投诚 tóuchéng；认输 rènshū
こうざん【鉱山】矿 kuàng；矿山 kuàngshān ♦ ～労働者 矿工 kuànggōng
こうざん【高山】高山 gāoshān ♦ ～病 高山反应 gāoshān fǎnyìng；高原病 gāoyuánbìng ♦ ～植物 高山植物 gāoshān zhíwù

こうし【孔子】孔子 Kǒngzǐ
こうし【格子】❶《格子形》格子 gézi；方格 fānggé ❷《窓の》棂 líng ◆～戸 格子门 gézimén ◆～縞 方格 fānggé ◆鉄～（こうし）铁栅栏 tiězhàlan
こうし【公使】公使 gōngshǐ ◆～館 公使馆 gōngshǐguǎn
こうし【公私】公私 gōngsī ◆～混同 公私不分 gōngsī bù fēn
こうし【行使-する】行使 xíngshǐ ◆権利の～ 行使权利 xíngshǐ quánlì
こうし【講師】讲师 jiǎngshī
こうし【子牛】犊子 dúzi；牛犊 niúdú ◆～の肉 牛犊的肉 niúdú de ròu
こうじ【麹】曲 qū ◆～菌 曲霉 qūméi
こうじ【公示-する】揭示 jiēshì；公布 gōngbù；公告 gōnggào
こうじ【好事】◆～魔多し 好事多磨 hǎoshì duō mó ◆～門を出でず，悪事千里を走る 好事不出门，坏事传千里 hǎoshì bù chū mén, huàishì chuán qiānlǐ
こうじ【工事】工程 gōngchéng ◆～をする 施工 shīgōng ◆内装～ 装修 zhuāngxiū ◆現場 工地 gōngdì
こうじ【小路】小胡同 xiǎohútòng；小巷 xiǎoxiàng ◆袋～ 死胡同 sǐhútóng
ごうし【合資】合资 hézī ◆～会社 合资公司 hézī gōngsī ◆～企業 合资企业 hézī qǐyè
こうしき【公式】❶《数学》公式 gōngshì ◆～化する 公式化 gōngshìhuà ❷《公に》正式 zhèngshì ◆～訪問 正式访问 zhèngshì fǎngwèn
こうしせい【高姿勢】强硬态度 qiángyìng tàidu
こうしつ【皇室】皇家 huángjiā
こうしつ【硬質】硬质 yìngzhì
こうじつ【口実】借口 jièkǒu；口实 kǒushí ◆～をみつける 找借口 zhǎo jièkǒu；托词 tuōcí ◆～にする 假托 jiǎtuō；借口 jièkǒu
こうしゃ【後者】后者 hòuzhě
こうしゃ【校舎】校舍 xiàoshè
ごうしゃ【豪奢-な】豪华 háohuá；奢侈 shēchǐ
こうしゃほう【高射砲】高射炮 gāoshèpào
こうしゅ【攻守】攻守 gōng shǒu ◆～所を変える 转守为攻 zhuǎn shǒu wéi gōng；转攻为守 zhuǎn gōng wéi shǒu
こうしゅう【公衆】公众 gōngzhòng；公共 gōnggòng ◆～の面前で 当众 dāngzhòng ◆～衛生 公共卫生 gōnggòng wèishēng ◆～電話 公用电话 gōngyòng diànhuà ◆～道徳 公德 gōngdé ◆～公共道德 gōnggòng dàodé ◆～便所 公厕 gōngcè
こうしゅう【口臭】口臭 kǒuchòu ◆～を予防する 预防口臭 yùfáng kǒuchòu
こうしゅう【講習-する】讲习 jiǎngxí ◆～会 讲习会 jiǎngxíhuì
こうしゅうは【高周波】高频 gāopín
こうしゅけい【絞首刑】绞刑 jiǎoxíng
こうじゅつ【後述-する】后述 hòushù
こうじゅつ【口述-する】口述 kǒushù ◆～筆記させる 口授 kǒushòu；口述笔记 kǒushù bǐjì
こうしょ【高所】高地 gāodì ◆～恐怖症 高处恐怖症 gāochù kǒngbùzhèng
こうじょ【控除-する】扣除 kòuchú ◆基礎～ 固定扣除 gùdìng kòuchú ◆扶養～ 扶养扣除 fúyǎng kòuchú
こうじょ【公序】◆～良俗を乱す 伤风败俗 shāng fēng bài sú
こうしょう【交渉-する】❶《かけあう》交涉 jiāoshè；谈判 tánpàn ◆～がまとまる 谈判达成协议 tánpàn dáchéng xiéyì ❷《関係を持つ》◆～を持つ 有关系 yǒu guānxi；有来往 yǒu láiwǎng
こうしょう【公傷】公伤 gōngshāng ◆～とは認められない 不能算作公伤 bùnéng suànzuò gōngshāng
こうしょう【公称-する】号称 hàochēng
こうしょう【校章】校徽 xiàohuī
こうしょう【考証】考证 kǎozhèng ◆～学 考据学 kǎojùxué ◆時代～ 时代考证 shídài kǎozhèng
こうしょう【口承】◆～文学 口头文学 kǒutóu wénxué
こうしょう【鉱床】矿 kuàng；矿床 kuàngchuáng
こうしょう【高尚-な】高尚 gāoshàng；高雅 gāoyǎ ◆趣味が～だ 爱好很高尚 àihào hěn gāoshàng
こうしょう【公証】公证 gōngzhèng ◆～役場 公证处 gōngzhèngchù
こうじょう【交情】交情 jiāoqing
こうじょう【厚情】厚谊 hòuyì；美意 měiyì；盛情 shèngqíng
こうじょう【向上-する】提高 tígāo；进步 jìnbù；向上 xiàngshàng ◆～心 上进心 shàngjìnxīn
こうじょう【工場】工厂 gōngchǎng；《手工業の》作坊 zuōfang ◆～長 厂长 chǎngzhǎng
こうじょう【口上】《芝居》开场白

kāichǎngbái
こうじょう【恒常】 恒久 héngjiǔ ♦~性 永久性 yǒngjiǔxìng ♦~的 永恒 yǒnghéng
ごうしょう【豪商】 巨商 jùshāng
ごうじょう【強情】 牛劲 niújìn ♦~な顽固 wángù；倔强 juéjiàng ♦~な性格 牛脾气 niúpíqi
こうじょうせん【甲状腺】 甲状腺 jiǎzhuàngxiàn ♦~ホルモン 甲状腺激素 jiǎzhuàngxiàn jīsù
こうしょく【好色-な】 好色 hàosè
こうじる【講じる】 ❶《講義する》讲 jiǎng；讲授 jiǎngshòu ❷《策を》讲求 jiǎngqiú；采取 cǎiqǔ ♦対策を~ 采取对策 cǎiqǔ duìcè
こうじる【高[昂]じる】 加剧 jiājù；加重 jiāzhòng ♦趣味が高じて本業になる 爱好发展成本行 àihào fāzhǎn chéng běnháng
こうしん【後進】 后进 hòujìn；后来人 hòuláirén ♦~に道を譲る 为后来人让位 wèi hòuláirén ràngwèi
こうしん【交信-する】 通讯联系 tōngxùn liánxì
こうしん【更新-する】 更新 gēngxīn；刷新 shuāxīn ♦契約を~する 更新合同 gēngxīn hétong
こうしん【行進-する】 进行 jìnxíng；行进 xíngjìn；游行 yóuxíng ♦~曲 进行曲 jìnxíngqǔ
こうじん【後塵】 后尘 hòuchén ♦~を拝する 步人后尘 bù rén hòu chén；甘拜下风 gān bài xià fēng
こうじん【幸甚】 为荷 wéihè；不胜荣幸 búshèng róngxìng
こうじんぶつ【好人物】 好人 hǎorén
こうしんりょう【香辛料】 香辣调味料 xiānglà tiáowèiliào；作料 zuòliao[zuóliao]
こうず【構図】 构图 gòutú；布景布局 bùjǐng；布局 bùjú ♦~を決める 安排结构 ānpái jiégòu；决定布局 juédìng bùjú ♦事件の~ 事件的概况 shìjiàn de gàikuàng
こうすい【硬水】 硬水 yìngshuǐ
こうすい【香水】 香水 xiāngshuǐ
こうずい【洪水】 洪水 hóngshuǐ；大水 dàshuǐ ♦~警報 洪水警报 hóngshuǐ jǐngbào
こうすいりょう【降水量】 降水量 jiàngshuǐliàng；降雨量 jiàngyǔliàng
こうせい【後世】 后代 hòudài；后世 hòushì ♦~に名を残す 万古流芳 wàn gǔ liú fāng；永垂不朽 yǒng chuí bù xiǔ
こうせい【後生】 ♦~恐るべし 后生可畏 hòushēng kě wèi

こうせい【公正-な】 公平 gōngpíng；公道 gōngdào；公正 gōngzhèng ♦~な意見 持平之论 chípíng zhī lùn ♦~な処置 公正的措施 gōngzhèng de cuòshī ♦~中立の 不偏不倚 bù piān bù yǐ
こうせい【厚生】 卫生福利 wèishēng fúlì；保健 bǎojiàn ♦~施設 福利设施 fúlì shèshī；保健设施 bǎojiàn shèshī ♦~年金 养老金 yǎnglǎojīn ♦福利 福利保健 fúlì bǎojiàn
こうせい【恒星】 恒星 héngxīng
こうせい【攻勢】 攻势 gōngshì ♦~をかける 进攻 jìngōng
こうせい【更生-する】 自新 zìxīn
こうせい【校正-する】 校对 jiàoduì；校正 jiàozhèng ♦~刷り 校样 jiàoyàng
こうせい【構成】 结构 jiégòu；构成 gòuchéng ♦~する 构成 gòuchéng；组成 zǔchéng ♦~要素 成分 chéngfèn ♦家族~ 家庭成员结构 jiātíng chéngyuán jiégòu
ごうせい【合成-の】 合成 héchéng ♦~洗剤 合成洗涤剂 héchéng xǐdíjì ♦~繊維 合成纤维 héchéng xiānwéi；人造纤维 rénzào xiānwéi ♦~樹脂 合成树脂 héchéng shùzhī ♦~語 复合词 fùhécí ♦~写真 蒙太奇照片 méngtàiqí zhàopiàn；剪辑照片 jiǎnjí zhàopiàn
ごうせい【豪勢-な】 阔气 kuòqi；豪华 háohuá
こうせいぶっしつ【抗生物質】 抗生素 kàngshēngsù
こうせき【功績】 功绩 gōngjì；功劳 gōngláo ♦~をあげる 建功 jiàngōng；立功 lìgōng
こうせき【航跡】 航迹 hángjì
こうせき【鉱石】 矿 kuàng；矿石 kuàngshí
こうせつ【降雪】 下雪 xià xuě ♦~量 降雪量 jiàngxuěliàng
こうせつ【高説】 高见 gāojiàn；高论 gāolùn
こうせん【交戦-する】 交火 jiāohuǒ；交战 jiāozhàn
こうせん【光線】 光线 guāngxiàn；亮光 liàngguāng
こうせん【公選-する】 公选 gōngxuǎn；民选 mínxuǎn
こうせん【抗戦-する】 抗战 kàngzhàn
こうせん【鉱泉】 矿泉 kuàngquán
こうぜん【公然】 公开 gōngkāi；公然 gōngrán ♦~の秘密 公开的秘密 gōngkāi de mìmì
こうぜん【昂然-と】 昂然 ángrán ♦~と立ち向かう 昂扬面对 ángyáng

miànduì
ごうぜん【傲然-と】 傲慢 àomàn；高傲 gāo'ào ♦～と構える 摆架子 bǎi jiàzi；自高自大 zì gāo zì dà
こうせんてき【好戦的-な】 好战 hàozhàn
こうそ【公訴-する】 公诉 gōngsù
こうそ【控訴-する】 上诉 shàngsù ♦～を棄却する 驳回上诉 bóhuí shàngsù
こうそ【酵素】 酵素 jiàosù；酶 méi ♦消化～ 消化酶 xiāohuàméi
こうそう【広壮-な】 宏大 hóngdà；宏伟 hóngwěi ♦～な屋敷 宏伟的住宅 hóngwěi de zhùzhái
こうそう【抗争-する】 争斗 zhēngdòu ♦内部～ 内讧 nèihòng；内部纠纷 nèibù jiūfēn
こうそう【構想】 ❶《計画などの》构思 gòusī；设想 shèxiǎng ♦～する 构思 gòusī；构想 gòuxiǎng ❷《文章などの》文思 wénsī；布局 bùjú ♦～する 构思 gòusī
こうそう【高僧】 高僧 gāosēng
こうそう【高層-の】 《高い建物》高层 gāocéng ♦～住宅 高层公寓 gāocéng gōngyù ♦～建築 高层建筑 gāocéng jiànzhù ♦～ビル 高层大楼 gāocéng dàlóu；摩天大楼 mótiān dàlóu
こうぞう【構造】 构造 gòuzào；结构 jiégòu ♦文の～ 句子结构 jùzi jiégòu
ごうそう【豪壮-な】 雄伟 xióngwěi；豪华 háohuá ♦～華麗な 富丽堂皇 fù lì táng huáng
こうそく【拘束-する】 拘留 jūliú；管束 guǎnshù；约束 yuēshù ♦～時間 坐班时间 zuòbān shíjiān ♦身柄を～する 拘留 jūliú
こうそく【校則】 校规 xiàoguī
こうそく【梗塞】 梗塞 gěngsè ♦心筋～ 心肌梗塞 xīnjīgěngsè
こうそく【高速-の】 高速 gāosù；快速 kuàisù ♦～増殖炉 快中子增殖反应堆 kuàizhōngzǐ zēngzhí fǎnyìngduī ♦～道路 高速公路 gāosù gōnglù
こうぞく【皇族】 王室 wángshì；皇族 huángzú
ごうぞく【豪族】 豪门 háomén
こうそくど【光速度】 光速 guāngsù
こうそくど【高速度】 高速 gāosù ♦～撮影 高速摄影 gāosù shèyǐng
こうたい【後退-する】 倒退 dàotuì；后退 hòutuì ♦成績を～する 学习成绩退步了 xuéxí chéngjì tuìbù le
こうたい【交替·交代-する】 交替 jiāotì；交接 jiāojiē ♦～制で勤務する 换班 huànbān；倒班 dǎobān ♦交替で 轮流 lúnliú；轮换 lúnhuàn ♦～で休む 轮休 lúnxiū
こうたい【抗体】 抗体 kàngtǐ
こうだい【後代】 后代 hòudài；后世 hòushì
こうだい【広大-な】 广大 guǎngdà；浩瀚 hàohàn ♦～な原野 旷野 kuàngyě ♦～無辺の 苍茫 cāngmáng；广漠 guǎngmò
こうだい【高大-な】 高大 gāodà ♦～な理想 远大的理想 yuǎndà de lǐxiǎng；高尚的理想 gāoshàng de lǐxiǎng
こうたいごう【皇太后】 太后 tàihòu；皇太后 huángtàihòu
こうたいし【皇太子】 皇太子 huángtàizǐ；太子 tàizǐ ♦～妃 皇太子妃 huángtàizǐfēi
こうたく【光沢】 光泽 guāngzé ♦～のある 有光泽 yǒu guāngzé
ごうだつ【強奪-する】 抢劫 qiǎngjié；劫夺 jiéduó ♦現金を～する 抢劫现款 qiǎngjié xiànkuǎn
こうだん【講談】 评书 píngshū ♦～を語る 说书 shuōshū
ごうたん【豪胆-な】 豪迈 háomài
こうだんし【好男子】 好汉 hǎohàn；美男子 měinánzǐ
こうち【拘置-する】 监禁 jiānjìn；拘禁 jūjìn ♦～所 拘留所 jūliúsuǒ
こうち【耕地】 耕地 gēngdì；农田 nóngtián；熟地 shúdì ♦～面積 耕地面积 gēngdì miànjī
こうち【高地】 高地 gāodì ♦～トレーニング 高地训练 gāodì xùnliàn
こうちく【構築-する】 构筑 gòuzhù；修筑 xiūzhù ♦連絡網を～する 构筑联络网 gòuzhù liánluòwǎng ♦データベースを～する 组建数据库 zǔjiàn shùjùkù
こうちゃ【紅茶】 红茶 hóngchá
こうちゃく【膠着-する】 胶着 jiāozhuó；僵持 jiāngchí ♦～状態 僵局 jiāngjú；胶着状态 jiāozhuó zhuàngtài
こうちょう【好調-な】 顺当 shùndang；顺利 shùnlì
こうちょう【校長】 校长 xiàozhǎng
こうちょう【紅潮-する】 红脸 hóngliǎn ♦ほほを～させる 脸涨得通红 liǎn zhàngde tōnghóng
こうちょう【高潮】 ❶《潮の》满潮 mǎncháo ❷《勢い》高潮 gāocháo
こうちょく【硬直-する】 僵 jiāng；僵硬 jiāngyìng；僵直 jiāngzhí ♦関節が～する 关节僵硬 guānjié jiāngyìng ♦精神の～はいけない 精神不该僵化 jīngshén bùgāi jiānghuà
ごうちょく【剛直-な】 刚强 gāngqiáng；刚直 gāngzhí

こうちん【工賃】 工钱 gōngqián
こうつう【交通】 交通 jiāotōng ♦ システム 交通体系 jiāotōng tǐxì ♦ ～機関 交通机关 jiāotōng jīguān ♦ ～規制 交通管制 jiāotōng guǎnzhì ♦ ～事故 车祸 chēhuò ♦ ～手段 交通工具 jiāotōng gōngjù ♦ 渋滞 交通堵塞 jiāotōng dǔsè ♦ ～標識 路标 lùbiāo ♦ ～法規 交通法规 jiāotōng fǎguī ♦ ～量 交通流量 jiāotōng liúliàng
こうつごう【好都合-な】 凑巧 còuqiǎo; 方便 fāngbiàn; 有利于 yǒulìyú
こうてい【公邸】 公馆 gōngguǎn; 官邸 guāndǐ
こうてい【工程】 工序 gōngxù; 进度 jìndù ♦ 作業～ 工作的程序 gōngzuò de chéngxù ♦ ～管理 工序管理 gōngxù guǎnlǐ
こうてい【校庭】《キャンパス》校园 xiàoyuán;《運動場》操场 cāochǎng
こうてい【校訂-する】 校订 jiàodìng
こうてい【皇帝】 皇帝 huángdì; 天子 tiānzǐ ♦ ～陛下 皇上 huángshang
こうてい【肯定-する】 承认 chéngrèn; 肯定 kěndìng; 赞同 zàntóng ♦ ～的な 肯定 kěndìng
こうてい【航程】 航程 hángchéng
こうてい【行程】 路程 lùchéng; 路途 lùtú; 行程 xíngchéng
こうてい【高低】 高低 gāodī; 上下 shàngxià ♦ ～差 高度差别 gāodù chābié ♦ ～差の大きいコース 高低起伏很大的路线 gāodī qǐfú hěn dà de lùxiàn
こうてい【高弟】 高足 gāozú
こうでい【拘泥-する】 拘泥 jūnì; 拘执 jūzhí; 执泥 zhínì
こうていえき【口蹄疫】 口蹄疫 kǒutíyì
こうてき【公的】 公家的 gōngjiā de; 公共的 gōnggòng de; 公有的 gōngyǒu de ♦ ～資金 国家资金 guójiā zījīn
こうてき【好適-の】 适宜 shìyí; 适合 shìhé; 正好 zhènghǎo
こうてきしゅ【好敵手】 好对手 hǎo duìshǒu ♦ ～に出会う 棋逢对手 qí féng duìshǒu
こうてつ【更迭-する】 更迭 gēngdié
こうてつ【鋼鉄】 钢铁 gāngtiě
こうてん【公転-する】 公转 gōngzhuǎn ♦ 地球の～ 地球的公转 dìqiú de gōngzhuàn
こうてん【好天】 好天气 hǎo tiānqì ♦ ～に恵まれる 天公作美 tiāngōng zuòměi; 幸好天气很好 xìnghǎo tiānqì hěn hǎo
こうてん【好転-する】 好转 hǎozhuǎn ♦ 病状が～する 病情好转 bìngqíng hǎozhuǎn ♦ ～の兆し 好转的苗头 hǎozhuǎn de miáotou
こうでん【香典】 奠仪 diànyí ♦ ～返し 对莫仪的回礼 duì diànyí de huílǐ
こうてんてき【後天的】 后天性的 hòutiānxìng de
こうど【光度】 光度 guāngdù
こうど【硬度】 硬度 yìngdù
こうど【高度】 高度 gāodù ❶《海面からの高さ》♦ ～を保つ 保持高度 bǎochí gāodù ❷《技術などの》♦ ～なテクニック 高度的技术 gāodù de jìshù
こうとう【口頭】 口头 kǒutóu ♦ ～試問(をする) 口试 kǒushì ♦ ～で伝える 口传 kǒuchuán
こうとう【喉頭】 喉头 hóutóu ♦ ～癌 喉癌 hóu'ái
こうとう【高等-な】 高等 gāoděng; 高级 gāojí ♦ ～専門学校 高专 gāozhuān ♦ ～動物 高等动物 gāoděng dòngwù
こうとう【高騰-する】 升涨 shēngzhǎng; 飞涨 fēizhǎng; 腾贵 téngguì ♦ 物価が～する 物价高涨 wùjià gāozhǎng
こうどう【黄道】 黄道 huángdào
こうどう【公道】 ❶《正しい道理》公道 gōngdào ♦ 天下の～ 天下的正道 tiānxià de zhèngdào ❷《公共の道》公路 gōnglù
こうどう【坑道】 地道 dìdào; 坑道 kēngdào; 矿坑 kuàngkēng
こうどう【行動-する】 行动 xíngdòng; 行为 xíngwéi; 举动 jǔdòng ♦ ～力のある 有积极性 yǒu jījíxìng ♦ ～半径 行动范围 xíngdòng fànwéi
こうどう【講堂】 礼堂 lǐtáng
ごうとう【強盗】 强盗 qiángdào ♦ ～を働く 抢劫 qiǎngjié ♦ ピストル持枪强盗 chí qiāng qiángdào
ごうどう【合同-の】 ❶《いっしょに》联合 liánhé; 共同 gòngtóng ♦ ～練習 联合练习 liánhé liànxí ♦ ～で行う 联合举行 liánhé jǔxíng; 协办 xiébàn ❷《幾何の》♦ ～な三角形 全等三角形 quánděng sānjiǎoxíng
こうとうがっこう【高等学校】 高中 gāozhōng; 高级中学 gāojí zhōngxué
こうとうぶ【後頭部】 脑勺 nǎosháo; 后脑勺子 hòunǎo sháozi
こうとうむけい【荒唐無稽-な】 荒诞不经 huāng dàn bù jīng; 荒唐 huāngtáng; 荒谬 huāngmiù

こうとく【公徳】 ♦～心 公德心 gōngdéxīn

こうどく【購読-する】 订阅 dìngyuè ♦定期～ 定期订阅 dìngqī dìngyuè ♦～料 订费 dìngfèi

こうない【坑内】 坑内 kēngnèi ♦～火災 矿井火灾 kuàngjǐng huǒzāi

こうない【校内】 校内 xiàonèi

こうない【構内】 境内 jìngnèi; 院内 yuànnèi ♦～立ち入り禁止 禁止入内 jìnzhǐ rùnèi

こうない【港内】 港口里 gǎngkǒuli

こうないえん【口内炎】 口腔炎 kǒuqiāngyán

こうにち【抗日-の】 抗日 kàng Rì ♦～戦争 抗日战争 Kàng Rì Zhànzhēng

こうにゅう【購入-する】 购买 gòumǎi; 置办 zhìbàn; 购置 gòuzhì ♦一括～ 统一购买 tǒngyī gòumǎi

こうにん【後任-の】 后任 hòurèn ♦～となる 接任 jiērèn; 继任 jìrèn

こうにん【公認-する】 公认 gōngrèn ♦～候補 公认候选人 gōngrèn hòuxuǎnrén

こうねつ【高熱】 高热 gāorè; 高烧 gāoshāo ♦～がでる 发高烧 fā gāoshāo

こうねつひ【光熱費】 煤电费 méidiànfèi

こうねん【後年】 ❶ 《将来》将来 jiānglái; 后期 hòuqī ❷《晚年》晚年 wǎnnián

こうねん【光年】 光年 guāngnián

こうねんき【更年期】 更年期 gēngniánqī ♦～障害 更年期障碍 gēngniánqī zhàng'ài

こうのう【効能】 成效 chéngxiào; 功能 gōngnéng; 效能 xiàonéng ♦～が現れる 见效 jiànxiào ♦～書き 药效说明书 yàoxiào shuōmíngshū

コウノトリ【鸛】 白鹳 báiguàn

こうは【硬派】 ❶《妥協しない人》强硬派 qiángyìngpài ❷《無骨な人》嫌恶软弱的人 xiánwù ruǎnruò de rén

こうば【工場】 厂 chǎng; 工厂 gōngchǎng; 作坊 zuòfang

こうはい【後輩】 后辈 hòubèi; 后进 hòujìn; 小辈 xiǎobèi

こうはい【交配-する】 交配 jiāopèi; 配种 pèizhǒng; 杂交 zájiāo ♦～種 杂交种 zájiāozhǒng

こうはい【荒廃-する】 荒芜 huāngwú; 芜杂 wúzá ♦～した家屋 残垣断壁 cán yuán duàn bì

こうばい【勾配】 坡度 pōdù; 倾斜度 qīngxiédù ♦急[緩やかな]～ 陡坡[慢坡] dǒupō[mànpō]

コウバイ【紅梅】 红梅 hóngméi

こうばい【購買-する】 购买 gòumǎi ♦～層 购买阶层 gòumǎi jiēcéng ♦～力 购买力 gòumǎilì

こうはく【紅白-の】 红白 hóngbái ♦～試合 分为红白两队的比赛 fēnwéi hóngbái liǎng duì de bǐsài

こうばく【広漠-たる】 广漠 guǎngmò; 辽阔 liáokuò; 茫茫的 mángmáng de ♦～たる原野 无边无际的原野 wú biān wú jì de yuányě

こうばしい【香しい】 芳馥 fāngfù; 香 xiāng

こうはん【後半】 后一半 hòu yíbàn; 后半 hòubàn

こうはん【公判】 公审 gōngshěn ♦～を開く 开庭公审 kāitíng gōngshěn

こうはん【広範-な】 广大 guǎngdà ♦～な知識 渊博的知识 yuānbó de zhīshi

こうばん【交番】 《警察の》派出所 pàichūsuǒ; 治安岗亭 zhì'ān gǎngtíng

ごうはん【合板】 三合板 sānhébǎn; 胶合板 jiāohébǎn

こうはんい【広範囲】 广泛 guǎngfàn ♦被害は～にわたる 损失范围很广 sǔnshī fànwéi hěn guǎng

こうひ【公費】 公费 gōngfèi

こうひ【工費】 工程费 gōngchéngfèi

こうび【交尾-する】 交尾 jiāowěi; 配对 pèiduì

こうひょう【公表-する】 发表 fābiǎo; 公开发表 gōngkāi fābiǎo; 公布 gōngbù ♦～に踏み切る 下决心公布 xià juéxīn gōngbù

こうひょう【好評】 好评 hǎopíng; 称赞 chēngzàn ♦～を博する 博得好评 bódé hǎopíng

こうひょう【講評-する】 讲评 jiǎngpíng

こうひんしつ【高品質-の】 上好 shànghǎo; 优质 yōuzhì

こうふ【交付-する】 发给 fāgěi; 交付 jiāofù; 《資金を》拨款 bōkuǎn ♦～金 补助金 bǔzhùjīn

こうふ【公布-する】 颁布 bānbù; 公布 gōngbù

こうふ【坑夫】 采煤工人 cǎiméi gōngrén; 矿工 kuànggōng

こうふう【校風】 校风 xiàofēng

こうふく【幸福-な】 幸福 xìngfú

こうふく【降伏-する】 降服 xiángfú; 投降 tóuxiáng

こうぶつ【好物】 爱吃的东西 ài chī de dōngxi ♦大～ 特别喜欢吃的东西 tèbié xǐhuan chī de dōngxi

こうぶつ【鉱物】 矿物 kuàngwù

こうふん【興奮-する】 兴奋 xīng-

fèn；激动 jīdòng；冲动 chōngdòng
こうぶん【構文】 句法 jùfǎ；句子结构 jùzi jiégòu
こうぶんし【高分子】 ◆～化合物 高分子化合物 gāofēnzǐ huàhéwù
こうぶんしょ【公文書】 公文 gōngwén；文书 wénshū ◆～を偽造する 伪造公文 wěizào gōngwén
こうへい【公平-な】 公平 gōngpíng；公道 gōngdao；公允 gōngyǔn ◆不～ 不公平 bùgōngpíng
こうへん【後編】 后编 hòubiān；下集 xiàjí
こうべん【抗弁-する】 抗辩 kàngbiàn
ごうべん【合弁】 合办 hébàn ◆～企業 合营企业 héyíng qǐyè
こうほ【候補】 候补 hòubǔ ◆～者 候补人 hòubǔrén
こうぼ【公募-する】 公开招聘 gōngkāi zhāopìn；招募 zhāomù；征集 zhēngjí
こうぼ【酵母】 酵母 jiàomǔ
こうほう【後方】 后方 hòufāng；后面 hòumian；后头 hòutou ◆～基地 后勤基地 hòuqín jīdì ◆～勤務 后勤 hòuqín
こうほう【工法】 施工方法 shīgōng fāngfǎ
こうほう【広報】 宣传 xuānchuán；公关活动 gōngguān huódòng
こうほう【公報】 公报 gōngbào
こうほう【公法】 公法 gōngfǎ
こうぼう【興亡】 兴亡 xīngwáng
こうぼう【光芒】 光芒 guāngmáng
こうぼう【弘法】 ◆～も筆の誤り 聪明一世，糊涂一时 cōngmíng yí shì, hútu yì shí
こうぼう【攻防】 攻守 gōngshǒu；攻防 gōngfáng ◆～戦 攻防战 gōngfángzhàn
ごうほう【合法-な】 合法 héfǎ ◆～的手段 合法手段 héfǎ shǒuduàn ◆非～ 非法 fēifǎ
ごうほう【豪放】 豪放 háofàng；豪爽 háoshuǎng
こうぼく【公僕】 公仆 gōngpú
こうま【子馬】 马驹子 mǎjūzi
こうまい【高邁-な】 崇高 chónggāo ◆～な精神 高尚的精神 gāoshàng de jīngshén
こうまん【高慢-な】 高傲 gāo'ào；傲气 àoqì；高傲自大 gāo ào zì dà
ごうまん【傲慢-な】 傲慢 àomàn；自恃 zìshì；骄傲 jiāo'ào
こうみゃく【鉱脈】 矿脉 kuàngmài
こうみょう【光明】 光明 guāngmíng；希望 xīwàng ◆～を見出す 看到光明 kàndào guāngmíng
こうみょう【功名】 功名 gōngmíng ◆～心 野心 yěxīn；功名欲 gōngmíngyù
こうみょう【巧妙】 巧妙 qiǎomiào；高妙 gāomiào ◆～なやり方 妙诀 miàojué ◆～な策 妙计 miàojì；巧计 qiǎojì
こうみん【公民】 公民 gōngmín ◆～権 公民权 gōngmínquán
こうむ【公務】 公事 gōngshì；公务 gōngwù ◆～員 公务员 gōngwùyuán；公仆 gōngpú ◆～執行妨害 妨碍执行公务罪 fáng'ài zhíxíng gōngwù zuì
こうむる【被る】 受到 shòudào ◆恩恵を～ 受到恩惠 shòudào ēnhuì；得到好处 dédào hǎochù ◆被害を～ 遭受 zāoshòu；受害 shòuhài ◆ごめん～ 失陪 shīpéi
こうめい【公明】 光明 guāngmíng；《政治が》清明 qīngmíng ◆～正大 光明正大 guāng míng zhèng dà
こうめい【高名-な】 ❶《有名》著名 zhùmíng ❷《ご尊名》大名 dàmíng；令名 lìngmíng
ごうもう【剛毛】 硬毛 yìngmáo
こうもく【項目】 项目 xiàngmù；条款 tiáokuǎn ◆～別に 按项目 àn xiàngmù
コウモリ【蝙蝠】 蝙蝠 biānfú
こうもん【校門】 校门 xiàomén
こうもん【肛門】 肛门 gāngmén
ごうもん【拷問】 拷问 kǎowèn；拷打 kǎodǎ
こうや【荒野】 荒野 huāngyě；荒原 huāngyuán
こうやく【公約-する】 诺言 nuòyán；公约 gōngyuē；誓约 shìyuē ◆～ 竞选时的诺言 jìngxuǎn shí de nuòyán
こうやく【膏薬】 膏药 gāoyao；药膏 yàogāo ◆～を貼る 贴膏药 tiē gāoyao
こうやくすう【公約数】 公约数 gōngyuēshù
こうやどうふ【高野豆腐】 冻豆腐 dòngdòufu
こうゆう【公有】 公有 gōngyǒu ◆～地 公有地 gōngyǒudì
こうゆう【校友】 校友 xiàoyǒu ◆～会 校友会 xiàoyǒuhuì
こうゆう【交友】 交友 jiāoyǒu；交际 jiāojì ◆～範囲 交际范围 jiāojì fànwéi
こうゆう【交遊】 交游 jiāoyóu；交际 jiāojì
こうよう【公用】 公事 gōngshì；公用 gōngyòng ◆～車 公用车 gōngyòngchē
こうよう【効用】 功用 gōngyòng；

こうよう【孝養】 孝顺 xiàoshùn ♦~を尽くす 尽孝 jìn xiào
こうよう【紅葉-する】 红叶 hóngyè
こうよう【高揚-する】 昂扬 ángyáng; 高昂 gāo'áng ♦士気が~する 士气高涨 shìqì gāozhǎng
こうようじゅ【広葉樹】 阔叶树 kuòyèshù
ごうよく【強欲-な】 贪婪 tānlán; 贪心 tānxīn
こうら【甲羅】 甲壳 jiǎqiào; 盖子 gàizi
こうらく【行楽】 游览 yóulǎn ♦~客 游客 yóukè ♦~シーズン 游览的旺季 yóulǎn de wàngjì; 最佳游览季节 zuìjiā yóulǎn jìjié ♦~地 游览地 yóulǎndì; 景点 jǐngdiǎn
こうり【功利】 功利 gōnglì ♦~主义 功利主义 gōnglì zhǔyì
こうり【高利】 重利 zhònglì; 高利 gāolì ♦~貸しをする 放高利贷 fàng gāolìdài
こうり【小売り-する】 零卖 língmài; 零售 língshòu ♦~価格 零售价 língshòujià ♦~店 零售店 língshòudiàn ♦~販売 门市 ménshì
ごうり【合理】 合理 hélǐ ♦~化する 合理化 hélǐhuà ♦~的 合理 hélǐ ♦不~な規則 不合理的规章 bù hélǐ de guīzhāng
こうりつ【公立-の】 公立 gōnglì
こうりつ【効率】 效率 xiàolǜ ♦~の悪い 低效率 dī xiàolǜ
こうりつ【高率-の】 高比率 gāo bǐlǜ; 高率 gāolǜ
こうりゃく【攻略-する】 攻克 gōngkè ♦敵の陣地を~する 攻克敌方阵地 gōngkè dífāng zhèndì
こうりゅう【興隆-する】 兴起 xīngqǐ; 兴隆 xīnglóng
こうりゅう【交流】 ❶〈交わる〉交流 jiāoliú ♦文化~ 文化交流 wénhuà jiāoliú ❷〈電流の〉~発電機 交流发电机 jiāoliú fādiànjī
こうりゅう【拘留-する】 拘留 jūliú; 扣留 kòuliú
ごうりゅう【合流-する】 ❶〈川が〉合流 héliú; 汇合 huìhé ♦~地点 合流点 huìhédiǎn ❷〈人が〉会合 huìhé ♦現地で~する 在现场会合 zài xiànchǎng huìhé
こうりょ【考慮-する】 考虑 kǎolǜ; 衡量 héngliáng; 斟酌 zhēnzhuó ♦~に値する 值得考虑 zhídé kǎolǜ
こうりょう【校了-する】 校毕 jiàobì; 已可付印 yǐ kě fùyìn
こうりょう【綱領】 纲领 gānglǐng
こうりょう【荒涼-とした】 荒凉 huāngliáng; 荒无人烟 huāng wú rén yān
こうりょう【香料】 香料 xiāngliào
こうりょう【黄粱】 ♦一炊(いっすい)の夢 黄粱一梦 huáng liáng yí mèng
こうりょく【効力】 效力 xiàolì; 效能 xiàonéng ♦~が発生する 生效 shēng xiào ♦~のない 无效 wúxiào ♦~を失う 失效 shī xiào
こうりん【光臨】 光临 guānglín; 惠临 huìlín
こうれい【恒例-の】 惯例 guànlì ♦~行事 定例的活动 dìnglì de huódòng
こうれい【高齢】 高龄 gāolíng; 年迈 niánmài; 老龄 lǎolíng ♦~者 老年人 lǎoniánrén; 耆老 qílǎo ♦~化社会 老龄化社会 lǎolínghuà shèhuì
ごうれい【号令】 号令 hàolìng; 口令 kǒulìng ♦~をかける 发令 fālìng
こうれつ【後列】 后排 hòupái
こうろ【航路】 航道 hángdào; 航路 hánglù ♦外国~ 国际航线 guójì hángxiàn
こうろ【行路】 途程 túchéng; 行程 xíngchéng
こうろ【香炉】 香炉 xiānglú
こうろう【功労】 功绩 gōngjì; 功劳 gōngláo ♦~者 功臣 gōngchén
こうろん【公論】 公论 gōnglùn
こうろん【口論-する】 吵架 chǎojià; 吵嘴 chǎozuǐ; 口角 kǒujué
こうわ【講和-する】 讲和 jiǎnghé; 媾和 gòuhé ♦~会議 和会 héhuì; 和谈 hétán ♦~条約 和约 héyuē
こうわ【講話】 讲话 jiǎnghuà; 报告 bàogào
こうわん【港湾】 港湾 gǎngwān ♦~都市 港湾城市 gǎngwān chéngshì
ごうわん【剛腕】 铁腕 tiěwàn ♦~政治家 铁腕政治家 tiěwàn zhèngzhìjiā ♦~投手 腕力过人的投手 wànlì guòrén de tóushǒu
こえ【声】 ❶〈話や歌の〉声音 shēngyīn; 嗓子 sǎngzi ♦歌が~がよく響く 歌声高亢 gēshēng gāokàng ♦~を詰まらせる 哽 gěng ♦~を出す 吭 kēng; 吱声 zīshēng ♦きびしい~ 厉声 lìshēng ♦~を立てない 不做声 bú zuò shēng ♦~をひそめて話す 悄悄地说话 qiāoqiāo de shuōhuà ❷〈意見〉意见 yìjiàn ♦大衆の~ 群众的意见 qúnzhòng de yìjiàn
ごえい【護衛-する】 警卫 jǐngwèi; 守护 shǒuhù
こえがわり【声変り-する】 变声 biànshēng; 嗓音变低 sǎngyīn biàndī; 声带变化 shēngdài biànhuà

こえだ【小枝】 枝条 zhītiáo；枝杈 zhīchā

こえる【越[超]える】 ❶《通過する》越过 yuèguò ♦ 国境を~ 越过边界 yuèguò biānjiè ♦ 川を~ 过河 guòhé ❷《上まわる》超过 chāoguò；超越 chāoyuè ♦ 限界を~ 超过界限 chāoguò jièxiàn ♦ 想像を~ 超出想像 chāochū xiǎngxiàng ♦ 目標を~ 超越目标 chāoyuè mùbiāo ❸《まさる》♦ 師匠を~ 胜过师傅 shèngguò shīfu

こえる【肥える】 ❶《人が》胖 pàng ❷《動物が》肥 féi ❸《土地が》肥沃 féiwò ❹《感覚が》有鉴赏力 yǒu jiànshǎnglì ♦ 目が~ 眼力高 yǎnlì gāo；有审美眼光 yǒu shěnměi yǎnguāng ♦ 耳が~ 耳朵灵 ěrduo líng ♦ 口が~ 口味高 kǒuwèi gāo；讲究吃 jiǎngjiu chī

こおう【呼応-する】 相应 xiāngyìng；呼应 hūyìng

ゴーカート 游戏汽车 yóuxì qìchē；玩用汽车 wányòng qìchē

コークス 焦炭 jiāotàn；煤焦 méijiāo

ゴーグル 风镜 fēngjìng；护目镜 hùmùjìng

ゴーサイン 前进的信号 qiánjìn de xìnhào ♦ ~を出す 开绿灯 kāi lǜdēng

コージェネレーション 电热供应系统 diànrè gōngyìng xìtǒng

ゴージャス 华丽 huálì；豪华 háohuá

コース ❶《道筋》路线 lùxiàn ♦ 散步の~ 散步的路线 sànbù de lùxiàn ♦ 出世 ~ 发迹的途径 fājī de tújìng；出人头地之路 chū rén tóu dì zhī lù ❷《競技の》第一~ 第一跑[泳]道 dìyī pǎo[yǒng]dào ♦ マラソンの~ 马拉松的路线 mǎlāsōng de lùxiàn ❸《料理の》フル~ 全席 quánxí；整桌菜 zhěngzhuōcài ❹《学科の》入門~ 入门课程 rùmén kèchéng；初学课程 chūxué kèchéng

コースター ❶《ジェットコースター》过山车 guòshānchē；轨道滑坡车 guǐdào huápōchē ❷《コップの下敷き》杯托 bēituō；杯垫 bēidiàn

ゴースト ❶《テレビ受像機の》重像 chóngxiàng；双重图像 shuāngchóng túxiàng；《幽霊》鬼 guǐ ♦ ~タウン 鬼城 guǐchéng

ゴーストライター 代笔人 dàibǐrén

コーチ 教练 jiàoliàn ♦ 野球の~ 棒球教练 bàngqiú jiàoliàn

コーディネーター 协调人 xiétiáorén；配合人 pèihérén

コート ❶《衣類》大衣 dàyī；外套 wàitào；外衣 wàiyī ♦ ダスター~ 风衣 fēngyī ♦ レイン~ 雨衣 yǔyī ❷《競技場》球场 qiúchǎng ♦ テニス~ 网球场 wǎngqiúchǎng

コード ❶《規定》准则 zhǔnzé；规定 guīdìng ❷《分類の》♦ ナンバー~ 编码 biānmǎ；电码 diànmǎ ♦ ~番号 代码 dàimǎ ❸《暗号の》密码 mìmǎ ♦ ~ネーム 代号 dàihào

コード【線】 软电线 ruǎnxiàn；电线 diànxiàn ♦ 电源~ 电源导线 diànyuán dǎoxiàn ♦ レス电话 无绳电话 wúshéng diànhuà

こおどり【小躍り-する】 雀跃 quèyuè ♦ ~して喜ぶ 欣喜雀跃 xīn xǐ què yuè

コーナー ❶《かど・すみ》角落 jiǎoluò；犄角 jījiǎo ❷《曲がり角》弯道 wāndào ♦ 最終~にさしかかる 临近最后的弯道 línjìn zuìhòu de wāndào ❸《一画》专柜 zhuāngui ♦ 化粧品~ 化妆品柜台 huàzhuāngpǐn guìtái ♦ 投稿~ 誌面などの《売り場》读者来信栏 dúzhě láixìnlán ❹《野球の》♦ ~を突く投球 投角球 tóu jiǎoqiú

コーナーキック 角球 jiǎoqiú

コーパス 语料库 yǔliàokù

コーヒー 咖啡 kāfēi ♦ ~豆を挽く磨咖啡豆 mò kāfēidòu ♦ ~メーカー 煮咖啡器 zhǔkāfēiqì ♦ ~ポット 咖啡壶 kāfēihú ♦ ~をいれる 冲咖啡 chōng kāfēi

コーラ 可乐 kělè；《商標》♦ コカ~ 可口可乐 Kěkǒu kělè ♦ ペプシ~ 百事可乐 Bǎishì kělè

コーラス 合唱 héchàng ♦ ~グループ 合唱队 héchàngduì

コーラン 古兰经 Gǔlánjīng

こおり【氷】 冰 bīng；凌 líng ♦ ~で冷やす 冰镇 bīngzhèn ♦ ~水 冰镇凉水 bīngzhèn liángshuǐ ♦ ~砂糖 冰糖 bīngtáng

コーリャン【高粱】 高粱 gāoliang；蜀黍 shǔshǔ ♦ ~酒 高粱酒 gāoliangjiǔ

こおる【凍る】 冻 dòng；冻结 dòngjié；结冰 jiébīng ♦ 道路が凍っている 路面结着冰 lùmiàn jiézhe bīng

ゴール ❶《決勝線》终点 zhōngdiǎn ♦ ~インする 到达终点 dàodá zhōngdiǎn ❷《サッカー・ホッケーなどの》球门 qiúmén ♦ ~キーパー 守门员 shǒuményuán ♦ ~ライン 终点线 zhōngdiǎnxiàn ♦ ~する 射中球门 shèzhòng qiúmén；踢进球门 tījìn qiúmén ❸《目的》目标 mùbiāo ♦ ~インする 达到目的 dádào mùdì

コールサイン 呼号 hūhào; 叫号 jiàohào
コールタール 煤焦油 méijiāoyóu
コールテン 灯心绒 dēngxīnróng; 条绒 tiáoróng
ゴールデンウイーク 黄金周 huángjīnzhōu
ゴールデンタイム 《テレビの》黄金时段 huángjīn shíduàn
ゴールドカード 金卡 jīnkǎ
コールドクリーム 冷霜 lěngshuāng
コオロギ【蟋蟀】 蟋蟀 xīshuài; 蛐蛐儿 qūqur
コーン 《とうもろこし》玉米 yùmǐ ◆～スープ 玉米汤 yùmǐtāng ◆～フレークス 玉米片 yùmǐpiàn
コーン 《アイスクリームの》圆锥形蛋卷 yuánzhuīxíng dànjuǎn
こがい【戸外-の】 屋外 wūwài; 户外 hùwài
こがい【子飼い-の】 从小培养的 cóng xiǎo péiyǎng de
ごかい【誤解-する】 误会 wùhuì; 误解 wùjiě ◆～される 受到误解 shòudào wùjiě ◆～を招く 招致误会 zhāozhì wùhuì
こがいしゃ【子会社】 子公司 zǐgōngsī
コカイン 可卡因 kěkǎyīn; 古柯碱 gǔkējiǎn
ごかく【互角】 势均力敌 shì jūn lì dí; 不相上下 bù xiāng shàng xià ◆～の勝負 身材秋色 píng fēn qiū sè
ごがく【語学】 外语 wàiyǔ; 外语学习 wàiyǔ xuéxí ◆～力 外语能力 wàiyǔ nénglì
ごかくけい【五角形】 五边形 wǔbiānxíng
こかげ【木陰】 树凉儿 shùliángr; 树荫 shùyīn
こがす【焦がす】 ❶《物を》烤糊 kǎohú ❷《胸を》烦恼 fánnǎo; 焦虑 jiāolǜ
こがた【小型-の】 小型 xiǎoxíng; 袖珍 xiùzhēn; 迷你 mínǐ ◆～化 小型化 xiǎoxínghuà
こがたな【小刀】 小刀 xiǎodāo; 刀子 dāozi
こかつ【枯渇-する】 枯竭 kūjié
ごがつ【五月】 五月 wǔyuè
コガネムシ【黄金虫】 金龟子 jīnguīzi
こがら【小柄-な】 ❶《体格が》矮个儿 ǎigèr; 身材短小 shēncái duǎnxiǎo ◆ちょっと～だ 个子矮了一点儿 gèzi ǎi le yìdiǎnr ❷《模様が》小花纹 xiǎohuāwén
こがらし【凩「木枯し」】 寒风 hánfēng; 冷风 lěngfēng ◆～が吹く 刮寒风 guā hánfēng

こがれる【焦がれる】 渴望 kěwàng ◆恋～ 热恋 rèliàn
こかん【股間】 胯下 kuàxià; 胯裆 kuàdāng ◆～を蹴られる 胯部被踢 kuàbù bèi tī
こがん【湖岸】 湖滨 húbīn; 湖边 húbiān
ごかん【五官】 五官 wǔguān
ごかん【五感】 五感 wǔgǎn
ごかん【互換-する】 互换 hùhuàn ◆～性 互换性 hùhuànxìng
ごかん【語幹】 语干 yǔgàn; 词干 cígàn
ごかん【語感】 ❶《語のニュアンス》语感 yǔgǎn ❷《言葉に対する感覚》语感 yǔgǎn; 对语言的感觉 duì yǔyán de gǎnjué ◆～が鋭い 语感敏锐 yǔgǎn mǐnruì
ごかん【護岸】 护岸 hù'àn ◆～林 护岸林 hù'ànlín
こかんせつ【股関節】 股关节 gǔguānjié
こき【古稀】 古稀 gǔxī
ごき【語気】 语调 yǔdiào; 语气 yǔqì; 口气 kǒuqì ◆～を強める 加重语气 jiāzhòng yǔqì ◆～が荒い 语气粗野 yǔqì cūyě
ごき【誤記】 笔误 bǐwù; 写错 xiěcuò
ごぎ【語義】 词义 cíyì
こきおろす 贬斥 biǎnchì; 贬低 biǎndī ◆さんざん～ 贬得一钱不值 biǎnde yì qián bù zhí
ごきげん【ご機嫌-な】 高兴 gāoxìng ◆～伺い 请安 qǐng ān; 问候 wènhòu ◆～を取る 讨好儿 tǎohǎor; 巴结 bājie ◆～をなゐめ 闹情绪 nào qíngxù; 心情不佳 xīnqíng bù jiā
こきざみ【小刻み】 细碎 xìsuì ◆～に震える 微微地颤抖 wēiwēi de chàndǒu
ごきじょし【語気助詞】 语气助词 yǔqì zhùcí
こきつかう【扱き使う】 驱使 qūshǐ; 使唤 shǐhuan
こぎつける【漕ぎ着ける】 达到 dádào; 达成 dáchéng ◆完成に～ 好容易才完成 hǎoróngyì cái wánchéng
こぎって【小切手】 支票 zhīpiào; 票据 piàojù ◆～を切る 开支票 kāi zhīpiào
ゴキブリ 蟑螂 zhāngláng; 蜚蠊 fěilián
こきみよい【小気味よい】 痛快 tòngkuài
こきゃく【顧客】 顾客 gùkè; 主顾 zhǔgù
こきゅう【呼吸-する】 ❶《息》呼吸

こきゅう【呼吸】♦～が早い 呼吸紧促 hūxī jǐncù ♦～器官 呼吸器官 hūxī qìguān ❷《調子》步調 bùdiào ♦～を合わせる 配合 pèihé

こきゅう【胡弓】胡琴 húqín；二胡 èrhú

こきょう【故郷】故乡 gùxiāng；老家 lǎojiā；家乡 jiāxiāng ♦～に錦を飾る 衣锦还乡 yī jǐn huán xiāng ♦～に戻る 回老家 huí lǎojiā

こぎれい【小綺麗-な】整洁 zhěngjié；干净利落 gānjìng lìluo

こく【酷-な】苛刻 kēkè ♦～な処分だ 处置很严厉 chǔzhì hěn yánlì

こぐ【漕ぐ】划 huá ♦ボートを～ 划船 huáchuán ♦自転車を～ 蹬自行车 dēng zìxíngchē ♦ブランコを～ 打秋千 dǎ qiūqiān

ごく【極】极 jí；极其 jíqí ♦～わずかの 微小 wēixiǎo；极少 jíshǎo

ごく【語句】词句 cíjù；词语 cíyǔ；语词 yǔcí

ごくあく【極悪-な】极其狠毒 jíqí hěndú ♦～犯罪 滔天大罪 tāo tiān dà zuì ♦～非道 罪大恶极 zuì dà è jí；穷凶极恶 qióng xiōng jí è

ごくい【極意】绝招 juézhāo；秘法 mìfǎ

こくいっこく【刻一刻-と】一秒一秒地 yì miǎo yì miǎo de；每时每刻 měishí měikè；时时刻刻 shíshíkèkè

こくうん【黒雲】阴云 yīnyún

こくえい【国営-の】国营 guóyíng；官办 guānbàn ♦～事業 国营事业 guóyíng shìyè

こくおう【国王】国王 guówáng

こくがい【国外】海外 hǎiwài；国外 guówài ♦～追放になる 被驱逐出境 bèi qūzhú chūjìng

こくげん【刻限】约定的时刻 yuēdìng de shíkè；限期 xiànqī

こくご【国語】❶《母国語》母语 mǔyǔ ❷《教科としての》国语 guóyǔ；国文 guówén；语文 yǔwén

こくさい【国債】国库券 guókùquàn；国债 guózhài ♦～を発行する 发行公债 fāxíng gōngzhài

こくさい【国際】国际 guójì ♦～的な 国际性的 guójìxìng de ♦～児童デー（6月1日）六一儿童节 Liù Yī Értóngjié；国际儿童节 Guójì Értóngjié ♦～情勢 国际局势 guójì júshì ♦～世論 国际舆论 guójì yúlùn ♦～婦人デー（3月8日）三八女节 Sān Bā Fùnǚjié ♦～連合国 联合国 Liánhéguó ♦～結婚 国际结婚 guójì jiéhūn ♦～郵便 国际邮件 guójì yóupiàn

ごくさいしき【極彩色-の】光彩夺目 guāng cǎi duó mù；五颜六色 wǔ yán liù sè；五彩缤纷 wǔ cǎi bīn fēn

こくさく【国策】国策 guócè

こくさん【国産-の】国产 guóchǎn ♦～車 国产汽车 guóchǎn qìchē

こくし【酷使-する】驱使 qūshǐ；残酷使用 cánkù shǐyòng

こくじ【告示-する】告示 gàoshì；通告 tōnggào

こくじ【国事】国务 guówù；国事 guóshì ♦～に奔走する 为国事奔波 wèi guóshì bēnbō

こくじ【酷似-する】活像 huóxiàng；酷似 kùsì；酷肖 kùxiào

こくしょ【酷暑】酷暑 kùshǔ；盛暑 shèngshǔ；炎暑 yánshǔ ♦～の時期になる 入伏 rùfú

こくじょう【国情】国情 guóqíng

ごくじょう【極上-の】极好 jíhǎo；上好 shànghǎo ♦～品 极品 jípǐn

こくじょく【国辱】国耻 guóchǐ

こくじん【黒人】黑人 hēirén ♦～霊歌 黑人圣歌 hēirén shènggē

こくすい【国粋】国粹 guócuì ♦～主義 国粹主义 guócuì zhǔyì

こくぜ【国是】国是 guóshì

こくせい【国勢】国势 guóshì；国情 guóqíng ♦～調査 人口普查 rénkǒu pǔchá

こくせい【国政】国政 guózhèng；国家政治 guójiā zhèngzhì ♦～に参加する 参与国政 cānyù guózhèng

こくぜい【国税】国税 guóshuì

こくせき【国籍】国籍 guójí ♦～を取得する 取得国籍 qǔdé guójí ♦～不明の 不明国籍 bùmíng guójí

こくそ【告訴-する】起诉 qǐsù；打官司 dǎ guānsi；控告 kònggào ♦～を取り下げる 撤回诉讼 chèhuí sùsòng

こくそう【国葬】国葬 guózàng

こくそう【穀倉】谷仓 gǔcāng ♦～地带 谷仓地区 gǔcāng dìqū；产粮区 chǎnliángqū

コクゾウムシ【穀象虫】象鼻虫 xiàngbíchóng

こくぞく【国賊】国贼 guózéi

コクタン【黒檀】黑檀 hēitán；乌木 wūmù

こくち【告知-する】通知 tōngzhī；告知 gàozhī；启事 qǐshì

こぐち【小口】❶《少量》少量 shǎoliàng ♦～の預金 少额存款 shǎo'é cúnkuǎn ❷《切り口》切り口にする《野菜などを》横切 héngqiè；切细 qiēxì ❸《書物の》切口 qiēkǒu

ごくつぶし【穀潰し】饭桶 fàntǒng

こくてい【国定-の】国家制定 guó-

こくてん【黒点】《太陽の》太阳黑子 tàiyáng hēizǐ

こくど【国土】国土 guótǔ ♦~開発 开发国土 kāifā guótǔ

こくない【国内】海内 hǎinèi; 国内 guónèi ♦~の情勢 国内形势 guónèi xíngshì

こくねつ【酷熱-の】酷热 kùrè

こくはく【告白-する】交代 jiāodài; 坦白 tǎnbái ♦愛を~する 吐露爱情 tǔlù àiqíng ♦真相を~する 坦白真相 tǎnbái zhēnxiàng

こくはつ【告発-する】告发 gàofā; 检举 jiǎnjǔ; 揭发 jiēfā ♦内部一揭发内幕 jiēfā nèimù; 局内人揭露内情 júnèirén jiēlù nèiqíng

こくばん【黒板】黑板 hēibǎn ♦~ふき 板擦儿 bǎncār

こくひ【公費】公费 gōngfèi; 国家经费 guójiā jīngfèi ♦~を投じる 投入公费 tóurù gōngfèi ♦~留学生 公费留学生 gōngfèi liúxuéshēng

ごくひ【極秘-の】绝密 juémì ♦~文書 绝密文件 juémì wénjiàn

こくびゃく【黒白】黑白 hēibái; 是非 shìfēi ♦~を明らかにする 辨明是非 biànmíng shìfēi

こくひょう【酷評】严厉批评 yánlì pīpíng ♦~される 受到严厉批评 shòudào yánlì pīpíng

こくひん【国賓】国宾 guóbīn

こくふく【克服-する】克服 kèfú

こくべつしき【告別式】告别仪式 gàobié yíshì; 遗体告别式 yítǐ gàobiéshì

こくほう【国宝】国宝 guóbǎo; 国家保护重点文物 guójiā bǎohù zhòngdiǎn wénwù ♦~級の 跟国宝匹敌 gēn guóbǎo pǐdí ♦人間~人材国宝 réncái guóbǎo

こくほう【国法】国法 guófǎ

こくぼう【国防】国防 guófáng; 武备 wǔbèi ♦~省 国防部 guófángbù

こぐまざ【小熊座】小熊座 xiǎoxióngzuò

こくみん【国民】国民 guómín ♦~所得 国民收入 guómín shōurù ♦~総生産 国民生产总值 guómín shēngchǎn zǒngzhí

こくむ【国務】国务 guówù ♦~長官《アメリカの》国务卿 guówùqīng

こくめい【克明-な】细致 xìzhì; 精细周密 jīngxì zhōumì ♦~な記録 详细的记录 xiángxì de jìlù

こくめい【国名】国号 guóhào; 国名 guómíng

こくもつ【穀物】谷物 gǔwù ♦~倉庫 粮仓 liángcāng ♦~がよく育つ 庄家长得很好 zhuāngjiā zhǎngde hěn hǎo

こくゆう【国有-の】国有 guóyǒu; 公有 gōngyǒu ♦~化する 国有化 guóyǒuhuà

こくようせき【黒曜石】黑曜石 hēiyàoshí

ごくらく【極楽】极乐世界 jílè shìjiè

ゴクラクチョウ【極楽鳥】极乐鸟 jílèniǎo

こくりつ【国立-の】国立 guólì ♦~大学 国立大学 guólì dàxué

こくりょく【国力】国力 guólì

こくるい【穀類】谷物 gǔwù; 五谷 wǔgǔ

こくれん【国連】联合国 Liánhéguó ♦~決議 联合国决议 Liánhéguó juéyì ♦~憲章 联合国宪章 Liánhéguó xiànzhāng ♦~本部 联合国总部 Liánhéguó zǒngbù ♦~軍 联合国军队 Liánhéguó jūnduì ♦~事務総長 联合国秘书长 Liánhéguó mìshūzhǎng ♦~総会 联合国大会 Liánhéguó dàhuì ♦~の常任理事国 联合国常任理事国 Liánhéguó chángrèn lǐshìguó

ごくろうさま【ご苦労さま】劳驾 láojià; 辛苦了 xīnkǔ le

こぐん【孤軍】孤军 gūjūn ♦~奮闘する 孤军奋战 gūjūn fènzhàn

こけ【苔】苔藓 táixiǎn; 青苔 qīngtái ♦~植物 苔藓植物 táixiǎn zhíwù ♦~むした 生苔 shēng tái

こけい【固形】固体 gùtǐ ♦~物 固体的东西 gùtǐ de dōngxi ♦~燃料 固体燃料 gùtǐ ránliào

ごけい【語形】词形 cíxíng ♦~変化 词形变化 cíxíng biànhuà

こけおどし【虚仮脅し】空架子 kōngjiàzi; 装腔作势 zhuāng qiāng zuò shì ♦あんなのはただの~だ 那只不过是摆花架子 nà zhǐ búguò shì bǎi huājiàzi

こげくさい【焦げ臭い】煳味儿 húwèir

こげちゃ【焦茶色】浓茶色 nóngchásè; 深棕色 shēnzōngsè

こけつ【虎穴】虎穴 hǔxué ♦~に入らずんば虎子を得ず 不入虎穴, 焉得虎子 bú rù hǔxué, yān dé hǔzǐ

こげつく【焦げ付く】❶《なべに》烤煳 kǎohú ♦煮物が鍋に~煮的菜烧煳沾在锅上 zhǔ de cài shāohú zhānzài guōshang ❷《貸し金が》收不回来 shōubuhuílái ♦貸した金が~ 贷款变成呆帐 dàikuǎn biànchéng dāizhàng

こげる【焦げる】煳 hú; 焦 jiāo ♦おこげ 锅巴 guōbā ♦魚が~ 鱼烤焦

了 yú kǎojiāo le
こけん【沽券】品格 pǐngé; 体面 tǐmiàn ◆～にかかわる有伤尊严 yǒushāng zūnyán; 有失体面 yǒushī tǐmiàn
ごげん【語原】语源 yǔyuán
ここ 这儿 zhèr; 这里 zhèlǐ
ここ【個々ーの】个别 gèbié; 各别 gèbié ◆～の意见 各个意见 gègè yìjiàn
ここ【古語】古语 gǔyǔ ◆～辞典 古语词典 gǔyǔ cídiǎn
ごご【午後】下午 xiàwǔ; 午后 wǔhòu
ココア 可可 kěkě
ここう【孤高ーの】孤傲 gū'ào; 孤高 gūgāo
ここう【糊口】◆～をしのぐ 糊口 húkǒu
ここう【虎口】虎口 hǔkǒu ◆～を脱する 虎口脱生 hǔ kǒu tuō shēng
こごえ【小声】小声 xiǎoshēng; 轻声 qīngshēng ◆～で话す 小声说话 xiǎoshēng shuōhuà; 叽咕 jīgu
こごえる【凍える】冻僵 dòngjiāng ◆～ような寒さだ 冷得要冻僵了 lěngde yào dòngjiāng le ◆指先が～ 指尖冻僵 zhǐjiān dòngjiāng
ここく【故国】故国 gùguó; 祖国 zǔguó
ごこく【五穀】五谷 wǔgǔ ◆～豊穣 五谷丰收 wǔgǔ fēngshōu; 五谷丰登 wǔgǔ fēngdēng
ここち【心地】心情 xīnqíng; 感觉 gǎnjué ◆着～のよい服 合身的衣服 héshēn de yīfu; 穿得很舒服的衣服 chuānde hěn shūfu de yīfu
ここちよい【心地よい】舒服 shūfu; 舒适 shūshì; 畅快 chàngkuài
こごと【小言】申斥 shēnchì; 责备 zébèi ◆～を言う 发牢骚 fā láosao ◆～を食う 挨批评 ái pīpíng
ココナッツ 椰子果 yēziguǒ
ここる【心】心 xīn; 心灵 xīnlíng; 心肠 xīncháng ◆～のこもった 热诚 rèchéng; 热情 rèqíng ◆～が広い 开豁 kāihuò; 虚怀若谷 xū huái ruò gǔ ◆～が动く 动心 dòngxīn ◆～ここにあらず 心不在焉 xīn bú zài yān ◆～と心が通い合う 心心相印 xīn xīn xiāng yìn ◆～に刻む 铭心 míngxīn ◆～に誓う 矢志 shǐzhì; 暗自发誓 ànzì fāshì ◆～の底から 全心全意 quán xīn quán yì ◆～を鬼にする 狠心 hěnxīn; 忍心 rěnxīn ◆～から 衷心 zhōngxīn; 由衷 yóuzhōng
こころあたたまる【心暖[温]まる】暖人心怀 nuǎn rén xīnhuái
こころあたり【心当たり】印象 yìnxiàng; 线索 xiànsuǒ ◆～がある 有印象 yǒu yìnxiàng ◆～がない 没听说过 méi tīngshuōguo; 摸不着头绪 mōbuzháo tóuxù
こころいき【心意気】气魄 qìpò; 气概 qìgài
こころえ【心得】❶《知识》素养 sùyǎng; 经验 jīngyàn ◆茶の汤の～ 茶道的知识 chádào de zhīshi ❷《规则》须知 xūzhī; 常识 chángshí ◆社会人としての～ 社会常识 shèhuì chángshí; 社会成员的须知 shèhuì chéngyuán de xūzhī
こころえちがい【心得违い】❶《思い违い》误会 wùhuì; 想错 xiǎngcuò ❷《間違った考えや行为》错误 cuòwù; 不合情理 bù hé qínglǐ
こころえる【心得る】领会 lǐnghuì; 理解 lǐjiě; 懂得 dǒngde ◆事情を～ 掌握情况 zhǎngwò qíngkuàng ◆委细心得ました 一切都知道了 yíqiè dōu zhīdao le
こころおきなく【心置きなく】《気兼ねなく》毫不客气 háo bú kèqi; 坦率 tǎnshuài; 不顾虑地 bú gùlǜ de; 《心配なく》无忧无虑 wú yōu wú lǜ
こころおぼえ【心覚え】❶《记忆》记忆 jìyì ❷《メモ》条子 tiáozi; 备忘录 bèiwànglù
こころがけ【心掛け】用心 yòngxīn; 留心 liúxīn ◆～がよい 用心很好 yòngxīn hěn hǎo ◆～が悪い 作风不好 zuòfēng bùhǎo
こころがける【心掛ける】留心 liúxīn; 留意 liúyì; 铭记在心 míngjì zài xīn
こころがまえ【心构え】决心 juéxīn; 思想准备 sīxiǎng zhǔnbèi
こころがわり【心変わりーする】变心 biànxīn
こころくばり【心配りーする】关怀 guānhuái; 关心 guānxīn
こころぐるしい【心苦しい】难过 nánguò; 难为情 nánwéiqíng
こころざし【志】心胸 xīnxiōng; 志向 zhìxiàng ◆～を遂げる 实现志向 shíxiàn zhìxiàng ◆～を立てる 立志 lìzhì
こころざす【志す】立志 lìzhì; 志愿 zhìyuàn
こころづかい【心遣い】关怀 guānhuái; 费心 fèixīn
こころづくし【心尽くしーの】费尽心思 fèijìn xīnsi; 苦心 kǔxīn
こころづけ【心付け】小费 xiǎofèi; 茶钱 cháqián
こころづもり【心积もり】念头 niàntou; 打算 dǎsuan
こころづよい【心强い】胆壮 dǎnzhuàng; 有倚仗 yǒu yīzhàng

こころない【心ない】 不体贴 bù tǐtiē；无情 wúqíng ◆～冗谈 轻率的玩笑 qīngshuài de wánxiào

こころにくい【心憎い】 令人钦佩的 lìng rén qīnpèi de；了不起 liǎobuqǐ

こころね【心根】 心肠 xīncháng；心地 xīndì；内心 nèixīn ◆やさしい～ 柔和的脾气 róuhé de píqi ◆～が卑しい 心地卑劣 xīndì bēiliè

こころのこり【心残り】 ❶《残念だ》遗恨 yíhèn；遗憾 yíhàn ❷《未練がある》留恋 liúliàn；恋恋不舍 liàn liàn bù shě

こころばかり【心ばかり-の】 ◆～のしるし 小意思 xiǎoyìsi

こころひそかに【心密かに】 暗自 ànzì ◆～誓う 暗自发誓 ànzì fāshì

こころぼそい【心細い】 心中不安 xīnzhōng bù'ān；胆怯 dǎnqiè；心虚 xīnxū

こころまち【心待ち-にする】 盼望 pànwàng ◆春が来るのを～にしている 盼望春天的到来 pànwàng chūntiān de dàolái

こころみる【試みる】 尝试 chángshì；试行 shìxíng ◆新しいやり方を～ 试行新的办法 shìxíng xīn de bànfǎ

こころもち【心持ち】 ❶《気持ち》心情 xīnqíng ❷《やや·すこし》稍微 shāowēi；稍稍 shāoshāo ◆《髪を》～短かに切ってください 请稍微剪短一点儿 qǐng shāowēi jiǎnduǎn yìdiǎnr

こころもとない【心許ない】 靠不住 kàobuzhù；不牢靠 bù láokào

こころやすい【心安い】 亲密 qīnmì ◆～友人 亲密的朋友 qīnmì de péngyou

こころやすらか【心安らかな】 安心 ānxīn；宁静 níngjìng ◆～に老後を送りたい 想悠然自得地养老 xiǎng yōurán zìdé de yǎnglǎo

こころゆくまで【心行く迄】 尽情 jìnqíng；纵情 zòngqíng ◆～味わう 尽情品尝 jìnqíng pǐncháng

こころよい【快い】 快意 kuàiyì；愉快 yúkuài ◆～眠り 睡得很甜 shuìde hěn tián

こころよく【快く】 慨然 kǎirán；高兴地 gāoxìng de ◆～引き受ける 欣然允诺 xīnrán yǔnnuò

ここん【古今】 古今 gǔjīn ◆～を通じ 亘古至今 gèngǔ zhìjīn ◆～東西 古今中外 gǔ jīn zhōng wài

ごこん【語根】 词根 cígēn

ごごんし【五言詩】 五言诗 wǔyánshī

こさ【濃さ】 浓淡 nóngdàn

ごさ【誤差】 偏差 piānchā；误差 wùchā ◆～が少ない 误差很小 wùchā hěn xiǎo

ござ【茣蓙】 草席 cǎoxí；席子 xízi ◆～を敷く 铺席子 pū xízi

ごさい【後妻】 继配 jìpèi；后妻 hòuqī ◆～をもらう 续弦 xù xián

こざいく【小細工】 手脚 shǒujiǎo；小动作 xiǎodòngzuòr；小花招 xiǎo huāzhāo ◆～を弄する 耍花招 shuǎ huāzhāo

こざかしい【小賢しい】 小聪明 xiǎocōngming

こざかな【小魚】 小鱼 xiǎoyú

こざっぱりした 干净利落 gānjìng lìluò ◆～身なり 打扮得很整洁 dǎbande hěn zhěngjié；穿得干净利落 chuānde gānjìng lìluo

こさめ【小雨】 小雨 xiǎoyǔ

こざら【小皿】 碟 dié；碟子 diézi ◆～に取り分ける 分盛到碟上 fēnchéngdào diéshang

こさん【古参-の】 老资格 lǎozīgé ◆～兵 老兵 lǎobīng

ごさん【誤算】 失策 shīcè；算错 suàncuò；估计错误 gūjì cuòwù

こし【腰】 腰 yāo ◆～のすわった 安心 ānxīn；稳当 wěndang ◆～をかがめる 哈腰 hāyāo；弯腰 wānyāo；欠身 qiànshēn ◆～を伸ばす 伸腰 shēnyāo ◆～が重い［軽い］ 懒［勤］lǎn［qín］

こじ【孤児】 孤儿 gū'ér ◆～院 孤儿院 gū'éryuàn

こじ【固辞-する】 坚决推辞 jiānjué tuīcí

こじ【故事】 典故 diǎngù

こじ【誇示-する】 显示 xiǎnshì；炫耀 xuànyào；夸耀 kuāyào

ごじ【誤字】 笔误 bǐwù；错字 cuòzì

こじあける【こじ開ける】 撬开 qiàokāi

こしあん【漉し餡】 豆沙 dòushā

こじか【子鹿】 小鹿 xiǎolù

こしかけ【腰掛け】 凳子 dèngzi ◆～仕事 暂时工作 zànshí gōngzuò；临时的工作 línshí de gōngzuò

こしかける【腰掛ける】 坐下 zuòxià

こじき【乞食】 乞丐 qǐgài；讨饭的 tǎofàn de；花子 huāzi

ごしき【五色-の】 五彩 wǔcǎi；五色 wǔsè

ごしごし ◆～こする 使劲儿搓 shǐjìnr cuō

こしたんたん【虎視眈々】 虎视眈眈 hǔ shì dān dān

こしつ【個室】 单间 dānjiān；单人房间 dānrén fángjiān；《料理店などの》雅座 yǎzuò

こしつ【固執-する】 固执 gùzhí；执

泥 zhíní ◆自説に～する 固执己见 gùzhí jǐjiàn

ごじつ【後日】 改天 gǎitiān；日后 rìhòu ◆～談 日后谈 rìhòután；日后的事情 rìhòu de shìqíng

ゴシック ❶《書体》～体 黑体字 hēitǐzì；粗体字 cūtǐzì ❷《様式》～建築 哥特式建筑 Gētèshì jiànzhù

こじつける 穿凿 chuānzáo；牵强附会 qiānqiǎng fùhuì

ゴシップ 闲谈 xiántán；街谈巷议 jiētán xiàngyì ◆～記事 花边新闻 huābiān xīnwén；花絮 huāxù

ごじっぽひゃっぽ【五十歩百歩】 半斤八两 bàn jīn bā liǎng；五十步笑百步 wǔshí bù xiào bǎi bù

こしぬけ【腰抜け】 胆怯 dǎnqiè；软骨头 ruǎngǔtou；窝囊废 wōnangfèi

こしぼね【腰骨】 腰骨 yāogǔ；腰椎骨 yāozhuīgǔ ◆～が強い 很有毅力 hěn yǒu yìlì

こしゅ【固守-する】 固守 gùshǒu

こしゅ【戸主】 户主 hùzhǔ；家长 jiāzhǎng

こしゅう【固執-する】 固执 gùzhí；执泥 zhíní

こじゅうと【小舅】 ❶《夫の姉妹》大姑子 dàgūzi；小姑儿 xiǎogūr；小姑子 xiǎogūzi ❷《妻の姉妹》大姨子 dàyízi；小姨子 xiǎoyízi ❸《夫の兄弟》大伯子 dàbǎizi；小叔子 xiǎoshūzi ❹《妻の兄弟》大舅子 dàjiùzi；小舅子 xiǎojiùzi

ごじゅん【語順】 词序 cíxù；语序 yǔxù

こしょ【古書】 旧书 jiùshū ◆～店 旧书铺 jiùshūpù

ごじょ【互助】 互助 hùzhù ◆～会 互助组 hùzhùzǔ

こしょう【呼称】 称呼 chēnghu；称谓 chēngwèi

こしょう【故障-する】 毛病 máobìng；故障 gùzhàng；失灵 shīlíng ◆～中 现在发生故障 xiànzài fāshēng gùzhàng ◆ひざを～する 膝盖出毛病 xīgài chū máobìng

こしょう【湖沼】 湖泽 húzé；湖沼 húzhǎo

コショウ【胡椒】 胡椒 hújiāo ◆～の粉 胡椒粉 hújiāofěn ◆～をかける 撒胡椒 sǎ hújiāo

こしょうがつ【小正月】 元宵节 Yuánxiāojié；灯节 Dēngjié

ごしょく【誤植】 排错字 páicuòzì

こしょくそうぜん【古色蒼然-とした】 古色古香 gǔ sè gǔ xiāng

こしらえる【拵える】 做 zuò；造 zào ◆洋服を～ 做西服 zuò xīfú ◆料理を～ 做菜 zuòcài ◆話を～ 无中生有 wú zhōng shēng yǒu

こじらす【拗らす】 ❶《病気などを》恶化 èhuà；加剧 jiājù ◆風邪を～ 感冒加重 gǎnmào jiāzhòng ❷《物事を》复杂化 fùzáhuà；更加麻烦 gèngjiā máfan

こじる【抉る】 撬 qiào ◆ドアをこじ開ける 把门撬开 bǎ mén qiàokāi

こじれる【拗れる】 ❶《病気が》風邪が～ 感冒恶化 gǎnmào èhuà ❷《物事が》拧 níng；别扭 bièniu ◆話が～情况更糟了 qíngkuàng gèng zāo le

こじん【個人】 个人 gèrén；个体 gètǐ ◆～経営 个人经营 gèrén jīngyíng ◆～事業主 个体户 gètǐhù ◆～の見解ですが 这是我个人的看法 zhè shì wǒ gèrén de kànfa

こじん【故人】 死者 sǐzhě

ごしん【誤審】 误判 wùpàn

ごしん【誤診-する】 误诊 wùzhěn

ごしんじゅつ【護身術】 护身术 hùshēnshù

こす【越す】 超过 chāoguò；越过 yuèguò；逾越 yúyuè ◆川を～ 渡河 dùhé ◆病状が峠を～ 病情渡过危险期 bìngqíng dùguò wēixiǎnqī ◆三十度を～気温 气温超出三十度 qìwēn chāochū sānshí dù ◆冬を～ 越冬 yuèdōng ◆《転居》搬 bān ◆新しい家に～ 搬到新的房子 bāndào xīn de fángzi

こす【濾[漉]す】 漉 lù；滤 lǜ；过滤 guòlǜ

こすい【湖水】 湖水 húshuǐ；湖 hú

こすう【戸数】 户数 hùshù

こずえ【梢】 树梢 shùshāo；梢头 shāotóu

コスチューム 装束 zhuāngshù；服装 fúzhuāng

コスト 成本 chéngběn；工本 gōngběn ◆～が高くつく 成本增高 chéngběn zēnggāo ◆～ダウン 降低成本 jiàngdī chéngběn ◆パフォーマンス 性价比 xìngjiàbǐ；成本实效 chéngběn shíxiào

コスモス ❶《植物名》大波斯菊 dàbōsījú ❷《宇宙》宇宙 yǔzhòu

こすりつける【擦り付ける】 磨蹭 móceng ◆背中を壁に～ 在墙上蹭背 zài qiángshang céng bèi

こする【擦る】 擦 cā；蹭 cèng；搓 cuō

こせい【個性】 个性 gèxìng ◆～的な 有个性 yǒu gèxìng；自己独特 zìjǐ dútè

ごせいこうき【五星紅旗】《中国の国旗》五星红旗 Wǔxīng Hóngqí

こせいだい【古代代】 古生代 gǔ-

shēngdài
こせき【戸籍】 户口 hùkǒu ◆～を調査する 查户口 chá hùkǒu
こぜに【小銭】 零钱 língqián ◆～入れ 硬币用钱包 yìngbì yòng qiánbāo
こぜりあい【小競合い】 ❶《戦い》战斗 zhàndòu；小冲突 xiǎo chōngtū ❷《もめごと》小纠纷 xiǎo jiūfēn
こせん【古銭】 古钱 gǔqián
ごぜん【午前】 上午 shàngwǔ；午前 wǔqián ◆～中ずっと 一上午 yíshàngwǔ
ごそう【護送-する】 解届 jiè；解送 jièsòng；护送 hùsòng ◆～車 护送车 hùsòngchē
ごぞう【五臓】 五脏 wǔzàng ◆～六腑にしみわたる 铭感五中 mínggǎn wǔzhōng
こそく【姑息】 权宜 quányí；敷衍 fūyan ◆～な手段 权宜之计 quányí zhī jì
ごぞく【語族】 语系 yǔxì
こそこそ-する 鬼祟 guǐsuì；鬼鬼祟祟 guǐguǐsuìsuì；偷偷摸摸 tōutōumōmō ◆～悪口を言う 偷偷地说坏话 tōutōu de shuō huàihuà
こそだて【子育て】 养育孩子 yǎngyù háizi
こぞって【挙って】 全体 quántǐ；全都 quándōu；一致 yízhì
こそどろ【こそ泥】 小偷 xiǎotōu
こたい【個体】 个体 gètǐ
こたい【固体】 固体 gùtǐ
こだい【古代】 古代 gǔdài
こだい【誇大-な】 夸大 kuādà；夸张 kuāzhāng ◆～宣伝 夸大的宣传 kuādà de xuānchuán ◆～妄想 夸大妄想 kuādà wàngxiǎng
ごたい【五体】 五体 wǔtǐ；全身 quánshēn ◆～満足 五体完整 wǔtǐ wánzhěng；全身健康 quánshēn jiànkāng
こたえ【答え】 回答 huídá；答案 dá'àn ◆～を出す 解答 jiědá
こたえる【応える】 ❶《恩義に》报答 bàodá ❷《応じる》响应 xiǎngyìng；反应 fǎnyìng ❸《身にしみる》彻骨 chègǔ ◆暑さが～ 暑气影响身体 shǔqì yǐngxiǎng shēntǐ；热得受不了 rède shòubuliǎo
こたえる【答える】《問いに》回答 huídá；对答 duìdá ◆質問に～ 答复问 dáfù tíwèn
ごたごた 乱子 luànzi；纷乱 fēnluàn ◆～が絶えない 不断发生纠纷 búduàn fāshēng jiūfēn ◆～に巻き込まれる 卷入纠纷 juǎnrù jiūfēn
こだし【小出し】 ◆～にする 一点一点地拿出来 yìdiǎn yìdiǎn de náchūlai ◆～に使う《金を》零花 línghuā；零用 língyòng
こだち【木立】 林子 línzi；树丛 shùcóng；小树林 xiǎoshùlín
こたつ【炬燵】 被炉 bèilú ◆～布団 被炉的被子 bèilú de bèizi
こだま【木霊-する】 回声 huíshēng；回响 huíxiǎng ◆～が返る 响起回声 xiǎngqǐ huíshēng
ごたまぜ【ごた混ぜ】 杂拌儿 zábànr；杂烩 záhuì ◆～の 杂乱 záluàn ◆～にする 混杂 hùnzá
こだわる【拘る】 拘泥 jūnì；固执 gùzhí ◆形式に～ 讲究形式 jiǎngjiu xíngshì
こちこち ❶《頭が》顽固 wángù；生硬 shēngyìng ❷《乾いて》干巴 gānba；硬 yìng ❸《緊張して》僵 jiāng；僵硬 jiāngyìng ◆～になる 怯场 qiè chǎng ❹《凍って》硬邦邦 yìngbāngbāng
ごちそう【ご馳走】 丰盛的菜 fēngshèng de cài；肴馔 yáozhuàn；盛情款待 shèngqíng kuǎndài ◆～様《ご馳走になった時に》吃好了 chīhǎo le；吃饱了 chībǎo le；承您款待了 chéng nín kuǎndài le ◆《仲の良さを冷やかす》瞧你高兴的 qiáo nǐ gāoxìng de ◆～になる 承蒙招待 chéngméng zhāodài
ごちゃごちゃ 凌乱 língluàn；乱七八糟 luàn qī bā zāo ◆～した町並み 杂乱的街道 záluàn de jiēdào ◆～にする[なる] 弄得乱七八糟 nòng de luàn qī bā zāo
ごちゃまぜ【ごちゃ混ぜ】 错杂 cuòzá ◆～にする 搀杂 chānzá
こちょう【誇張-する】 夸张 kuāzhāng；浮夸 fúkuā；夸大 kuādà
ごちょう【語調】 语调 yǔdiào；声调 shēngdiào；腔调 qiāngdiào
こちら ❶《こっちの方》这边 zhèbiān；这里 zhèli ◆～へどうぞ 请到这边来 qǐng dào zhèbiān lái ❷《自分》～から連絡します 我来联系一下 wǒ lái liánxì yíxià ❸《この人》◆～は田中さんです 这位是田中先生 zhèwèi shì Tiánzhōng xiānsheng
こつ 秘诀 mìjué；妙法 miàojué；窍门 qiàomén ◆～をつかむ 学会窍门 xuéhuì qiàomén
こっか【国家】 国家 guójiā
こっか【国歌】 国歌 guógē
こっか【国花】 国花 guóhuā
こっか【国威】 国威 guówēi
こづかい【小遣】 零花钱 línghuāqián；零用钱 língyòngqián
こっかく【骨格】 骨骼 gǔgé ◆～標本 骨骼标本 gǔgé biāoběn ◆建物の～が完成した 建筑的构架已经建

こっかん【酷寒】厳寒 yánhán ◆～の地 冰天雪地 bīng tiān xuě dì
ごっかん【極寒】厳寒 yánhán
こっき【克己】克己 kèjǐ ◆～心 克己精神 kèjǐ jīngshén
こっき【国旗】国旗 guóqí ◆～揭揚 悬挂国旗 xuánguà guóqí
こっきょう【国境】国境 guójìng；边境 biānjìng；边界 biānjiè ◆～を越える 越境 yuèjìng ◆～を侵犯する 侵犯国境 qīnfàn guójìng ◆～紛争 边界争端 biānjiè zhēngduān
こっく【刻苦 -する】刻苦 kèkǔ ◆～勉励 刻苦勤奋 kèkǔ qínfèn；吃苦耐劳 chīkǔ nàiláo
こづく【小突く】❶《つつく》捅 tǒng；戳 chuō ◆ひじで～ 用胳膊肘儿轻碰 yòng gēbozhǒur qīngpèng ❷《いじめる》欺负 qīfu；折磨 zhémo
コック《料理人》厨师 chúshī；大师傅 dàshifu
コック《栓》开关 kāiguān；水门 shuǐmén
コックピット 驾驶室 jiàshǐshì；座舱 zuòcāng
こっくり ◆～とうなずく 点头 diǎntóu ◆～こっくりする《居眠りして》打盹儿 dǎdǔnr
こっけい【滑稽 -な】好笑 hǎoxiào；滑稽 huáji ◆～な話 可笑的事 kěxiào de shì
こっけいせつ【国慶節】《10月1日》国庆节 Guóqìngjié
こっけん【国権】统治权 tǒngzhìquán；国家权力 guójiā quánlì ◆～を発動する 行使国家权力 xíngshǐ guójiā quánlì
こっこ【国庫】国库 guókù ◆～に入る 收归国库 shōuguī guókù
こっこう【国交】邦交 bāngjiāo；国交 guójiāo ◆～を結ぶ 缔交 dìjiāo ◆～を絶つ 断绝邦交 duànjué bāngjiāo ◆～の回復 恢复邦交 huīfù bāngjiāo ◆～の正常化 邦交正常化 bāngjiāo zhèngchánghuà
こつこつ 埋头苦干 máitóu kǔgàn ◆～貯める 埋头积蓄 máitóu jīxù ◆～努力する 孜孜不倦 zī zī bú juàn
こっし【骨子】大要 dàyào；要旨 yàozhǐ
こつずい【骨髄】骨髄 gǔsuǐ ◆～移植 骨髄移植 gǔsuǐ yízhí ◆恨み～に徹する 恨之入骨 hèn zhī rù gǔ
こっせつ【骨折 -する】骨折 gǔzhé ◆複雑～ 粉碎性骨折 fěnsuìxìng gǔzhé
こつぜん【忽然 -と】忽然 hūrán ◆～と現れる 忽然出现 hūrán chūxiàn
こつそしょうしょう【骨粗鬆症】骨质疏松症 gǔzhì shūsōngzhèng
こっそり 偷偷 tōutōu；暗暗 àn'àn；悄悄 qiāoqiāo
ごっそり 全部 quánbù；精光 jīngguāng ◆～盗まれる 被偷得一干二净 bèi tōude yì gān èr jìng
ごったがえす【ごった返す】杂乱无章 záluàn wú zhāng；拥挤不堪 yōngjǐ bùkān
ごったに【ごった煮】大杂烩 dàzáhuì
ごっちゃ ◆～にする［なる］混同 hùntóng；混杂 hùnzá
こつつぼ【骨壺】骨灰盒 gǔhuīhé；骨灰罐 gǔhuīguàn
こづつみ【小包】《郵便》包裹 bāoguǒ ◆～を送る 寄包裹 jì bāoguǒ
こってり ❶《味が》浓 nóng；油腻 yóunì ◆～した味 味道浓 wèidao nóng ❷《ひどく》～としかられる 受到非常严厉的申斥 shòudào fēicháng yánlì de shēnchì
こっとう【骨董】古董 gǔdǒng；古玩 gǔwán；骨董 gǔdǒng ◆～屋 古玩商店 gǔwán shāngdiàn
コットン 棉花 miánhua；棉布 miánbù ◆～パンツ 棉布裤子 miánbù kùzi
こつにく【骨肉】骨肉 gǔròu；骨血 gǔxuè ◆～の争い 骨肉相残 gǔ ròu xiāng cán ◆遺産をめぐり～が争う 为了遗产骨肉相争 wèile yíchǎn gǔròu xiāngzhēng
こつねんれい【骨年齢】骨龄 gǔlíng
こつばん【骨盤】骨盆 gǔpén
こっぴどく 厉害 lìhai；狠狠 hěnhěn ◆～叱る 臭骂 chòumà ◆～殴る 毒打 dúdǎ
こつぶ【小粒 -の】小粒 xiǎolì
コップ 杯子 bēizi；玻璃杯 bōlibēi
こつまく【骨膜】骨膜 gǔmó ◆～炎 骨膜炎 gǔmóyán
こて【鏝】❶《左官用具》抹子 mǒzi ❷《アイロン》熨斗 yùndǒu ❸《はんだ》焊烙铁 hànlàotiě ❹《整髪用アイロン》烫发钳 tàngfàqián
こて【後手】《囲碁・将棋の》后手 hòushǒu ◆～に回る 陷于被动 xiànyú bèidòng；晚了一步 wǎnle yíbù
こてい【固定 -する】固定 gùdìng ◆～客 常客 chángkè ◆～観念 成规 chéngguī；固定观念 gùdìng guānniàn ◆～資産 固定资产 gùdìng zīchǎn
こてき【鼓笛】鼓和笛子 gǔ hé dízi ◆～隊 鼓笛乐队 gǔdí yuèduì
ごてごて ◆～飾り付ける 装饰得太过分 zhuāngshìde tài guòfèn ◆顔を～塗りたくる 浓妆艳抹 nóng zhuāng yàn mǒ

こてさき【小手先】◆~がきく 很有小技巧 hěn yǒu xiǎojìqiǎo ◆~のごまかし 耍小手腕 shuǎ xiǎoshǒuwàn

コデマリ【小手毬】麻叶绣线菊 máyè xiùxiànjú

こてん【個展】个人展览会 gèrén zhǎnlǎnhuì ◆~を開く 举办个人画展 jǔbàn gèrén huàzhǎn

こてん【古典】古典 gǔdiǎn ◆~文学 古典文学 gǔdiǎn wénxué ◆~としての価値がある 作为古典具有价值 zuòwéi gǔdiǎn jùyǒu jiàzhí

こてんこてん 彻底 chèdǐ ◆~にやられた 被打得体无完肤 bèi dǎde tǐwú wán fū

こてんぱん 臭 chòu; 落花流水 luòhuā liú shuǐ ◆~に負けた 惨败 cǎnbài; 彻底失败了 chèdǐ shībài le

こと【事】事情 shìqing ◆~よくない・勾当 gòudàng ◆なにごと 什么事 shénme shì ◆大した~はない 不碍事 bú àishì ◆日本に行った~がある 去过日本 qùguo Rìběn ◆~と次第によっては 看情况 kàn qíngkuàng

こと【琴】筝 zhēng; 古琴 gǔqín

こと【古都】故都 gùdū; 旧都 jiùdū; 古都 gǔdū

ごと【毎に】每 měi ◆一時間~に 每一个小时 měi yí ge xiǎoshí ◆二週間~に 每隔两周 měi gé liǎng zhōu

ことう【孤島】孤岛 gūdǎo ◆陸の~ 陆地上的孤岛 lùdìshang de gūdǎo; 偏僻的陆地 piānpì de lùdì

こどう【鼓動-する】跳动 tiàodòng ◆心臓の~ 心脏的搏动 xīnzàng de bódòng ◆新時代の~ 新时代的脉搏 xīnshídài de màibó

ごとう【語頭】词头 cítóu

どうぐ【小道具】小工具 xiǎogōngjù;《演劇など》小道具 xiǎodàojù

ことかく【事欠く】缺乏 quēfá ◆言うに~ 说得无理 shuōde wúlǐ

ことがら【事柄】事情 shìqing

こどく【孤独-な】孤独 gūdú; 孤寡 gūguǎ; 伶仃 língdīng

ことごとく【悉く】全都 quándōu; 一概 yígài; 一切 yíqiè

ことこまか【事細か-に】详尽 xiángjìn; 仔细 zǐxì; 详细 xiángxì

ことさら【殊更】❶《わざと》故意 gùyì ❷《とくに》特意 tèyì

ことし【今年】今年 jīnnián

ことたりる【事足りる】够用 gòuyòng; 足够 zúgòu

ことづけ【言付け】口信 kǒuxìn ◆~を頼む 托带口信 tuō dài kǒuxìn

ことづける【言付ける】《物を》转交 zhuǎnjiāo;《伝言を》捎带口信 shāodài kǒuxìn

ことづて【言伝】❶《伝言》口信 kǒuxìn; 转达 zhuǎndá ❷《伝え聞いたこと》传闻 chuánwén

ことなかれ【事勿れ】◆~主義 消极主义 xiāojí zhǔyì; 多一事不如少一事 duō yí shì bùrú shǎo yí shì

ことなる【異なる】不同 bù tóng; 不一样 bù yíyàng; 两样 liǎngyàng

ことに【殊に】特别 tèbié; 格外 géwài; 尤其 yóuqí

ことにする【異にする】不同 bù tóng ◆見解を~ 有不同看法 yǒu bù tóng kànfa

ことのほか【殊の外】《思いのほか》意外 yìwài;《格別》格外 géwài; 极端地 jíduān de

ことば【言葉】话 huà; 话语 huàyǔ; 言语 yányǔ ◆甘い~ 甜言蜜语 tiányán mìyǔ ◆~が過ぎる 说得有点儿过火 shuōde yǒudiǎnr guòhuǒ ◆~を選ぶ 注意措辞 zhùyì cuòcí ◆~を濁す 支吾 zhīwu; 支吾其词 zhīwu qí cí ◆~にならない 说不出话来 shuōbuchū huà lai ◆~が足りない 言词不够 yáncí búgòu; 说得太少 shuōde tài shǎo

ことばじり【言葉尻】◆~をとらえる 抠字眼儿 kōu zìyǎnr

ことばづかい【言葉遣い】措辞 cuòcí; 说法 shuōfǎ ◆~がよい[悪い] 措辞文雅[粗野] cuòcí wényǎ[cūyě]

こども【子供】孩子 háizi; 小孩儿 xiǎoháir; 儿童 értóng; 儿女 érnǚ ◆~の時から 从小 cóngxiǎo ◆~が生まれる 生孩子 shēng háizi ◆~用の 儿童使用 értóng shǐyòng ◆~だまし 哄孩子 hǒng háizi; 低劣的手段 dīliè de shǒuduàn

こどもっぽい【子供っぽい】孩子气 háiziqì

こどもなげに【事も無げに】若无其事地 ruò wú qí shì de

ことよせる【事寄せる】假借 jiǎjiè; 假托 jiǎtuō

ことり【小鳥】小鸟 xiǎoniǎo

ことわざ【諺】俗话 súhuà; 俗语 súyǔ; 谚语 yànyǔ

ことわり【断り】❶《辞退》谢绝 xièjué ❷《拒絶》拒绝 jùjué; 禁止 jìnzhǐ ❸《予告》预告 yùgào ❹《謝罪》道歉 dàoqiàn ◆~なしに 径自 jìngzì ◆~を入れる 通知 tōngzhī

ことわり【理】道理 dàolǐ; 理由 lǐyóu

ことわる【断る】回绝 huíjué; 推辞 tuīcí; 推却 tuīquè ◆申し出を~ 谢绝提议 xièjué tíyì;《事前に》预先通

知 yùxiān tōngzhī
こな【粉】 粉 fěn; 粉末 fěnmò
こなぐすり【粉薬】 散剂 sǎnjì; 药粉 yàofěn; 药面 yàomiàn
こなごな【粉々】 ♦～にする 粉碎 fěnsuì; 破碎 pòsuì; 稀烂 xīlàn
こなせっけん【粉石鹸】 洗衣粉 xǐyīfěn
こなみじん【粉微塵】 粉碎 fěnsuì
こなミルク【粉ミルク】 奶粉 nǎifěn
こなゆき【粉雪】 粉末雪 fěnmòxuě; 细雪 xìxuě
こなれる ❶《消化される》消化 xiāohuà ❷《たくみになる》熟练 shúliàn; 娴熟 xiánshú; 老练 lǎoliàn ♦こなれた文章 洗练的文章 xīliàn de wénzhāng
コニャック 科涅克白兰地 kēnièkè báilándì
ごにん【誤認-する】 看错 kàncuò; 错认 cuòrèn; 误认 wùrèn
こにんずう【小人数】 人数小 rénshù xiǎo; 少数人 shǎoshùrén
こぬかあめ【小糠雨】 毛毛雨 máomaoyǔ; 细雨 xìyǔ; 烟雨 yānyǔ
コネ《コネクション》 关系 guānxi; 后门 hòumén; 门路 ménlù ♦～をつける 拉关系 lā guānxi
こねこ【子猫】 小猫儿 xiǎomāor
こねる【捏ねる】 和 huó; 揉 róu ♦粘土を～ 搋粘土 chuāi niántǔ ♦屁理屈を～ 强词夺理 qiǎng cí duó lǐ ♦だだを～ 磨 mó; 撒娇 sājiāo
ごねる 捣麻烦 dǎo máfan; 撒赖 sālài; 耍无赖 shuǎ wúlài
この 这 zhè; 这个 zhège; zhèige
このあいだ【この間】 前不久 qián bùjiǔ; 前几天 qián jǐ tiān; 前些日子 qián xiē rìzi
このうえ【この上】 更 gèng; 再 zài; 此外 cǐwài
このうえない【この上ない】 莫大 mòdà; 无比 wúbǐ; 无上 wúshàng ♦～喜び 无比高兴 wúbǐ gāoxìng
このかた【この方】 ❶《以来》以来 yǐlái; 以后 yǐhòu ♦10年～北京には行ったことがない 十年以来没去过北京 shí nián yǐlái méi qùguo Běijīng ❷《人》这位 zhè wèi ♦～は斎藤さんです 这位是斋藤先生 zhè wèi shì Zhāiténg xiānsheng
このごろ【この頃】 近来 jìnlái; 这些日子 zhèxiē rìzi
このさい【この際】 这时 zhè shí; 这个机会 zhège jīhuì ♦～言っておこう 趁此机会让我来说 chèn cǐ jīhuì ràng wǒ lái shuō
このさき【この先】 ❶《時間的に》今后 jīnhòu; 将来 jiānglái ❷《空間的に》前面 qiánmiàn ♦～に银行がある 前边有银行 qiánbiān yǒu yínháng
このたび【この度】 这次 zhècì; 这回 zhèhuí
このつぎ【この次】 下次 xiàcì; 下回 xiàhuí
このとき【この時】 这时 zhè shí; 这会儿 zhèhuìr; 此刻 cǐkè
このへん【この辺】 ❶《場所》这一带 zhè yídài; 这附近 zhè fùjìn ♦～で見かけた 在这附近看见了 zài zhè fùjìn kànjiàn le ❷《時間》♦～でお開きにします 就到此结束 jiù dào cǐ jiéshù
このまえ【この前】 上次 shàngcì; 最近 zuìjìn
このましい【好ましい】 令人喜欢的 lìng rén xǐhuan de ♦～成果 令人满意的成绩 lìng rén mǎnyì de chéngjì ♦好ましからぬ人 不受欢迎的人 bú shòu huānyíng de rén
このまま【この儘】 就这样 jiù zhèyàng
このみ【好み】 爱好 àihào; 嗜好 shìhào; 《食べ物の》口味 kǒuwèi; 胃口 wèikǒu ♦私の～だ 合我的口味 hé wǒ de kǒuwèi
このみ【木の実】 果实 guǒshí
このむ【好む】 喜欢 xǐhuan; 喜爱 xǐ'ài ♦～と好まざるとに関らず 不管愿意不愿意 bùguǎn yuànyì bú yuànyì
このよ【この世】 人世 rénshì; 现世 xiànshì; 人间 rénjiān
このような[に] 这么 zhème; 这样 zhèyàng
こばか【小馬鹿-にする】 嘲弄 cháonòng; 鄙视 bǐshì
こはく【琥珀】 琥珀 hǔpò ♦～色 琥珀色 hǔpòsè
ごはさん【ご破算-にする】 拉倒 lādǎo; 吹 chuī; 作废 zuòfèi
こばしり【小走り】 小跑 xiǎopǎo
こばな【小鼻】 鼻翼 bíyì
こばなし【小話】 小故事 xiǎogùshi; 笑话 xiàohua
こばむ【拒む】 拒绝 jùjué; 阻止 zǔzhǐ
コバルト 钴 gǔ ♦～照射療法 钴射疗法 gǔshè liáofǎ ♦～ブルー 深蓝色 shēnlánsè
こはるびより【小春日和】 小阳春 xiǎoyángchūn
こはん【湖畔】 湖滨 húbīn; 湖畔 húpàn
ごはん【ご飯】 ❶《米の》饭 fàn; 米饭 mǐfàn ♦～茶わん 饭碗 fànwǎn ❷《食事》饭 fàn ♦～だよ！ 开饭了 kāifàn le
ごばん【碁盤】 棋盘 qípán ♦～の目 围棋盘格子 wéiqípán gézi

こび【媚び】 媚 mèi ♦～を売る 卖好 màihǎo；卖俏 màiqiào

ごび【語尾】 词尾 cíwěi；语尾 yǔwěi ♦～がはっきりしない 词尾不清楚 cíwěi bù qīngchu

コピー ❶《複写》复印件 fùyìnjiàn；复制品 fùzhìpǐn ♦～機 复印机 fùyìnjī ♦～する 复印 fùyìn ♦～用紙 复印纸 fùyìnzhǐ ♦《映画の複写》拷贝 kǎobèi；正片 zhèngpiàn ❸《複製·模造》♦～する《データファイルなどを》复制 fùzhì ♦違法～ 盗版 dàobǎn；违法复制 wéifǎ fùzhì ♦《印刷された広告文》广告文字 guǎnggào wénzì ❺《広告の》广告原稿 guǎnggào yuángǎo；广告副词 guǎnggàocí ♦～ライター 广告文字撰稿员 guǎnggào wénzì zhuàngǎoyuán ♦～ライト 版权 bǎnquán

こびへつらう【媚び諂う】 阿谀 ēyú；点头哈腰 diǎntóu hāyāo；谄媚 chǎnmèi

こびりつく 巴 bā；粘 zhān；粘住 zhānzhù ♦靴に泥が～ 泥粘到鞋上 ní zhāndào xiéshang ♦言葉が耳に～ 话语牢牢留在耳边 huàyǔ láoláo liúzài ěrbiān

こびる【媚びる】 阿谀 ēyú；谄媚 chǎnmèi；巴结 bājie

こぶ【瘤】 包 bāo；瘤子 liúzi ♦頭に～をできる 头上起了个包 tóushang qǐ le ge bāo

こふう【古風-な】 古式 gǔshì；旧式 jiùshì

ごぶごぶ【五分五分】 不分上下 bùfēn shàngxià ♦～の戦いをする 打了个平手儿 dǎle ge píngshǒur

ごぶさた【御無沙汰-する】 久违 jiǔwéi；好久没见 hǎojiǔ méi jiàn

こぶし【拳】 拳头 quántou ♦～を握る 握拳 wòquán

コブラ 眼镜蛇 yǎnjìngshé

こふん【古墳】 古墓 gǔmù；古坟 gǔfén

こぶん【子分】 手下 shǒuxià；党徒 dǎngtú；仆从 púcóng

ごへい【語弊】 语病 yǔbìng ♦～がある 说法不妥 shuōfǎ bù tuǒ

こべつ【個別-に】 个别 gèbié；分头 fēntóu

こべつ【戸別】 按户 ànhù ♦～訪問 按户访问 ànhù fǎngwèn

ごほう【語法】 ❶《文法》语法 yǔfǎ ❷《言葉づかい》措辞 cuòcí

ごほう【誤報】 讹传 échuán；误报 wùbào

ゴボウ【牛蒡】 牛蒡 niúbàng ♦～抜きにする 一口气拔出来 yìkǒuqì báchūlai；顺藤摸瓜 shùn téng mō guā；《駅伝など》接二连三地赶过 jiē èr lián sān de gǎnguò

こぼす【零す】 洒 sǎ；撒 sǎ ♦涙を～ 落泪 luò lèi ♦コーヒーを～ 洒咖啡 sǎ kāfēi ♦ぐちを～ 发牢骚 fā láosao

こぼね【小骨】 ♦魚の～ 鱼刺 yúcì

こぼれる【零れる】 ❶《もれ落ちる》洒掉 sǎdiào；溢出 yìchū ♦涙が～ 流泪 liúlèi ♦グラスの水が～ 玻璃杯里的水洒出来 bōlibēili de shuǐ sǎchūlai ❷《満ち満ちている》洋溢 yángyì ❸《ちらりと現れる》一晃露出 yíhuǎng lòuchū ♦笑みが～ 露出笑容 lòuchū xiàoróng

こぼんのう【子煩悩】 疼爱孩子 téng'ài háizi

こま【独楽】 陀螺 tuóluó ♦～を回す 转陀螺 zhuàn tuóluó

こま【駒】 小马 xiǎomǎ；马驹子 mǎjūzi ♦将棋の～ 棋子儿 qízǐr

こま【齣】 场面 chǎngmiàn；景色 jǐngsè ♦4～まんが 四连漫画 sì lián mànhuà ♦日常生活の一～ 日常生活之中的一个情景 rìcháng shēnghuó zhī zhōng de yí ge qíngjǐng；《映画の》一个镜头 yí ge jìngtóu；一个场面 yí ge chǎngmiàn

ゴマ【胡麻】 芝麻 zhīma ♦～油 香油 xiāngyóu；麻油 máyóu ♦～を擂る 拍马屁 pāi mǎpì；溜须拍马 liū xū pāi mǎ

コマーシャル 广告 guǎnggào ♦～ソング 广告歌 guǎnggàogē

こまい【古米】 陈大米 chéndàmǐ

こまいぬ【狛犬】 石狮子 shíshīzi

こまかい【細かい】 ❶《小さい·細い》细 xì；纤小 xiānxiǎo；细密 xìmì ❷《詳しい》详细 xiángxì；过细 guòxì ❸《金銭感覚》吝啬 lìnsè

ごまかし【誤魔化し】 把戏 bǎxì；花招 huāzhāo

ごまかす【誤魔化す】 瞒 mán；蒙混 ménghùn；蒙骗 méngpiàn ♦笑って～ 笑着敷衍过去 xiàozhe fūyǎnguòqu

こまぎれ【細切れ】 《肉の》肉丝 ròusī；肉末 ròumò；碎片 suìpiàn ♦～の豚肉 猪肉丝 zhūròusī

こまく【鼓膜】 耳膜 ěrmó ♦～が破れる 鼓膜破裂 gǔmó pòliè

こまごま【細々した】 琐细 suǒxì；零七八碎 língqībāsuì；零碎 língsuì

こまぬく【拱く】 ♦手をこまぬいて見ている 袖手旁观 xiùshǒu pángguān

こまめに 勤勤恳恳 qínqínkěnkěn；勤快 qínkuài ♦～連絡する 常常联系 chángcháng liánxì

こまやか【細やか-な】 ♦～な愛情 深厚的爱情 shēnhòu de àiqíng

こまらせる【困らせる】 刁难 diāo-

nàn》:为难 wéinán
こまりきる【困りきる】 窘迫 jiǒngpò;狼狈 lángbèi ♦困り切った顔 满脸困惑 mǎn liǎn kùnhuò
こまる【困る】 感到困难 gǎndào kùnnan;为难 wéinán;难受 nánshòu
コマンド ❶《指示》命令 mìnglìng;指令 zhǐlìng ❷《特殊部隊》突击部队 tūjī bùduì
こみ【込み】 包括在内 bāokuò zàinèi;总共 zǒnggòng ♦税〜 包括税款在内 bāokuò shuìkuǎn zàinèi
ごみ【塵】 尘土 chéntǔ;秽土 huìtǔ;垃圾 lājī ♦〜を捨てる 倒垃圾 dào lājī ♦〜をあさる 拾荒 shíhuāng ♦〜箱 垃圾箱 lājīxiāng
こみあう【込み合う】 挤 jǐ;拥挤 yōngjǐ
こみあげる【込み上げる】 涌上来 yǒngshànglai ♦うれしさが〜 充满喜悦 chōngmǎn xǐyuè;喜悦压不住 xǐyuè yābuzhù ♦吐き気が〜 恶心 ěxīn;作呕 zuò'ǒu ♦涙が〜 涌出泪水 yǒngchū lèishuǐ;热泪盈眶 rèlèi yíng kuàng
こみいる【込み入る】 绕脖子 rào bózi;错综 cuòzōng ♦込み入った事情 复杂的情况 fùzá de qíngkuàng
ごみごみ ♦〜した 杂乱无章 záluàn wú zhāng
こみち【小路・小道】 小路 xiǎolù;小道 xiǎodào;《街中の》小巷 xiǎoxiàng
コミッション 佣金 yòngjīn
こみみ【小耳】 ♦〜にはさむ 偶然听到 ǒurán tīngdào
コミュニケ 公报 gōngbào ♦共同〜 联合公报 liánhé gōngbào
コミュニケーション 通信 tōngxìn;交流 jiāoliú;沟通 gōutōng ♦〜を図る 争取沟通 zhēngqǔ gōutōng
コミュニスト 共产主义者 gòngchǎn zhǔyìzhě
コミュニズム 共产主义 gòngchǎn zhǔyì
コミュニティ 共同体 gòngtóngtǐ;社区 shèqū
こむ【込/混む】 拥挤 yōngjǐ ♦ひどく〜 挤得要死 jǐde yàosǐ;《接尾辞的に》〜紛れ〜 混进 hùnjìn ♦信じ〜 完全相信 wánquán xiāngxìn ♦教え〜 灌输 guànshū
ゴム 胶皮 jiāopí;橡胶 xiàngjiāo ♦消し〜 橡皮 xiàngpí ♦〜長靴 胶靴 jiāoxuē ♦〜粘土 橡皮泥 xiàngpí ní ♦〜ひも 皮筋儿 píjīnr;松紧带儿 sōngjǐndàir ♦〜ボート 橡皮船 xiàngpíchuán ♦〜ボール 皮球 píqiú

こむぎ【小麦】 小麦 xiǎomài ♦〜粉 白面 báimiàn;面粉 miànfěn
こむすめ【小娘】 丫头 yātou;小姑娘 xiǎogūniang
こむらがえり【腓返り】 腿肚子抽筋 tuǐdùzi chōujīn
こめ【米】 大米 dàmǐ;稻米 dàomǐ ♦〜をとぐ 淘米 táo mǐ
こめかみ【顳】 额角 éjiǎo;太阳穴 tàiyángxué;颞颥 nièrú
こめつぶ【米粒】 大米粒 dàmǐlì ♦〜のように小さい 像米粒那样小 xiàng mǐlì nàyàng xiǎo
コメディアン 喜剧演员 xǐjù yǎnyuán;滑稽演员 huájī yǎnyuán;丑角 chǒujué
コメディー 喜剧 xǐjù;滑稽戏 huájīxì ♦〜映画 喜剧片 xǐjùpiàn;喜剧电影 xǐjù diànyǐng
こめぬか【米糠】 米糠 mǐkāng
こめや【米屋】 粮店 liángdiàn
ごめん【御免-だ】《拒否》不愿意 bú yuànyi;讨厌 tǎoyàn ♦お役を〜を言い渡された 被免职了 bèi miǎnzhí le;《謝罪》对不起 duìbuqǐ;请原谅 qǐng yuánliàng
コメント 评语 píngyǔ;注释 zhùshì ♦ノー〜 无可奉告 wú kě fènggào
ごもくチャーハン【五目チャーハン】 什锦炒饭 shíjǐn chǎofàn
ごもくならべ【五目並べ】 五子棋 wǔzǐqí
こもじ【小文字】 小写 xiǎoxiě
ごもっとも【御尤も-です】 有道理 yǒu dàolǐ ♦お腹立ちは〜です 您生气也有道理 nín shēngqì yě yǒu dàoli
こもの【小物】 ❶《小さな道具》小东西 xiǎo dōngxi ♦〜入れ 盒 hé;小袋 xiǎodài ❷《小人物》小人物 xiǎo rénwù ❸《獲物などは》〜ばかり釣れる 钓上来的鱼都是小的 diàoshànglai de yú dōu shì xiǎo de
こもり【子守】 照看孩子（的人）zhàokàn háizi (de rén)
こもりうた【子守歌】 催眠曲 cuīmiánqǔ;摇篮曲 yáolánqǔ
こもる【籠もる】《家などに》潜伏 qiánfú ♦家に〜 闭门不出 bìmén bù chū;《満ちる》♦心のこもった 热情洋溢 rèqíng yángyì;《煙に》充满 chōngmǎn
こもん【顧問】 顾问 gùwèn
こや【小屋】 ❶《小さい建物》棚子 péngzi;窝棚 wōpeng ❷《家畜を入れる》圈 juàn;畜舍 chùshè ❸《興行用の》棚子 péngzi
ごやく【誤訳】 错译 cuòyì;误译 wùyì

こやし【肥やし】 肥料 féiliào
こやま【小山】 小山 gǎngzi; 山冈 shāngāng; 堆 duī
こやみ【小止み】 暂停 zàntíng ♦ 雨が～になる 雨暂时不下了 yǔ zànshí bú xià le
こゆう【固有-の】 原有 yuányǒu; 固有 gùyǒu; 特有 tèyǒu
こゆうめいし【固有名詞】 专有名词 zhuānyǒu míngcí; 专名 zhuānmíng
こゆき【小雪】 小雪 xiǎoxuě ♦～がちらつく 下小雪 xià xiǎoxuě
こゆび【小指】 小指 xiǎozhǐ; 小拇指 xiǎomǔzhǐ
こよう【雇用-する】 雇佣 gùyōng; 录用 lùyòng ♦～主 雇主 gùzhǔ ♦～保険 失业保险 shīyè bǎoxiǎn; 雇佣保险 gùyōng bǎoxiǎn
ごよう【誤用】 误用 wùyòng
こよみ【暦】 历书 lìshū; 《日めくり》日历 rìlì
コラーゲン 胶原蛋白 jiāoyuán dànbái
こらい【古来】 古来 gǔlái
ごらいこう【御来光】 日出 rìchū
こらえる【堪える】 忍耐 rěnnài; 忍受 rěnshòu ♦こらえられない 忍不住 rěnbuzhù
ごらく【娯楽】 娱乐 yúlè; 游艺 yóuyì
こらしめる【懲らしめる】 教训 jiàoxun; 惩治 chéngzhì
こらす【凝らす】 ♦工夫を～ 费尽心思 fèijìn xīnsi; 动脑筋 dòng nǎojīn ♦目を～ 目不转睛 mù bù zhuǎn jīng; 凝视 níngshì
コラム 专栏 zhuānlán ♦～ニスト 专栏作家 zhuānlán zuòjiā
こりこう【小利口-な】 小聪明 xiǎocōngmíng
こりつ【孤立-する】 孤立 gūlì ♦～無援 孤立无援 gū lì wú yuán
ごりむちゅう【五里霧中】 五里雾中 wǔ lǐ wù zhōng; 迷离恍惚 mílí huǎnghū
ごりやく【御利益】 灵验 língyàn
こりょ【顧慮-する】 顾虑 gùlǜ; 考虑 kǎolǜ
ゴリラ 大猩猩 dàxīngxing
こりる【懲りる】 惩前毖后 chéng qián bì hòu; 吃够苦头 chīgòu kǔtou
こる【凝る】 ❶《物事に》讲究 jiǎngjiu; 着迷 zháomí ❷《肩が》发酸 fāsuān; 酸痛 suāntòng
コルク 软木 ruǎnmù; 栓皮 shuānpí ♦～栓 软木塞 ruǎnmùsāi
コルセット 束腹带 shùfùdài; 整形矫正服 zhěngxíng jiǎozhèngfú
コルネット 短号 duǎnhào
ゴルフ 高尔夫球 gāo'ěrfūqiú ♦～クラブ 高尔夫球棒 gāo'ěrfūqiúbàng ♦～場 高尔夫球场 gāo'ěrfūqiúchǎng
これ 这 zhè; 这个 zhège; zhèige
これから 今后 jīnhòu ♦～出かけるところだ 现在就要出去 xiànzài jiù yào chūqù
コレクション 收集 shōují; 收藏品 shōucángpǐn
コレクター 收藏家 shōucángjiā
コレクトコール 对方付款电话 duìfāng fùkuǎn diànhuà
コレステロール 胆固醇 dǎngùchún
これっぽっち 这么点儿 zhèmediǎnr
これほど【これ程】 这么 zhème; 这样 zhèyàng ♦～不思議な話 这么奇怪的话 zhème qíguài de huà ♦～頼んでもだめかい 我这样恳求还不行吗 wǒ zhèyàng kěnqiú hái bùxíng ma
これまで 从来 cónglái; 以往 yǐwǎng; 一向 yíxiàng ♦本物のパンダは～見たことがなかった 从来没看过真的熊猫 cónglái méi kànguo zhēn de xióngmāo ♦～の粗筋 到现在的梗概 dào xiànzài de gěnggài ♦今日の勉強は～にしよう 今天学到这儿 jīntiān xuédào zhèr
これみよがし【これ見よがし-に】 大模大样 dà mú dà yàng; 得意洋洋 dé yì yáng yáng
これら 这些 zhèxiē
コレラ 霍乱 huòluàn ♦～ワクチン 霍乱菌苗 huòluàn jūnmiáo
ころ【頃】 时分 shífen; 时节 shíjié; 前后 qiánhòu
ごろ【語呂】 ♦～が良い 很顺口 hěn shùnkǒu
ころあい【頃合い】 《時間的に》恰好的时机 qiàhǎo de shíjī ♦～を見はからって 看时机 kàn shíjī
コロイド 胶体 jiāotǐ; 胶态 jiāotài
ころがす【転がす】 滚 gǔn; 滚动 gǔndòng;《商品を》倒手 dǎoshǒu ♦サイコロを～ 掷色子 zhì shǎizi ♦土地を～《転売する》倒卖地产 dǎomài dìchǎn
ころがる【転がる】 滚 gǔn; 滚动 gǔndòng; 转 zhuàn ♦ボールが～ 球滚动 qiú gǔndòng;《倒れる》倒下 dǎoxià ♦ベッドに～ 躺在床上 tǎngzài chuángshang ♦コップが床に転がっている 玻璃杯倒在地板上 bōlibēi dǎozài dìbǎnshang
ごろく【語録】 语录 yǔlù
ころげまわる【転げ回る】 翻滚 fān-

gǔn

ころころ【骨碌】gūlu ♦～転がす 咕噜咕噜地滚动 gūlūgūlū de gǔndòng；叽里咕噜地滚动 jīligūlū gǔndòng ♦～笑う 格格地笑 gēgē de xiào ♦～と太る 胖乎乎 pànghūhū ♦考えが～と変わる 常常改变想法 chángcháng gǎibiàn xiǎngfa

ごろごろ ❶《腹の鳴る音》叽里咕噜 jīligūlū ❷《雷の》隆隆 lónglóng ❸《転がる》咕噜咕噜 gūlūgūlū

ころし【殺し】杀 shā；杀人 shārén

ころしもんく【殺し文句】迷魂汤 míhúntāng；甜言蜜语 tiányán mìyǔ

ころしや【殺し屋】刺客 cìkè；凶手 xiōngshǒu

ころす【殺す】杀 shā；诛戮 zhūlù；《家畜を》宰 zǎi

ごろつき 流氓 liúmáng；痞子 pǐzi；恶棍 ègùn

コロナ 日冕 rìmiǎn

ごろね【ごろ寝-する】躺下 tǎngxià；和衣睡觉 hé yī shuìjiào

ころぶ【転ぶ】摔 shuāi；摔交 shuāijiāo ♦すべって～ 滑倒 huádǎo ♦どっちに転んでも 不管结果如何 bùguǎn jiéguǒ rúhé ♦転ばぬ先の杖 未雨绸缪 wèi yǔ chóu móu

ころも【衣】衣 yī ♦～替え 更衣 gēngyī ♦天ぷらの～ 天麸罗的面衣 tiānfūluó de miànyī；《僧の》法衣 fǎyī

コロン《句読点の「:」》冒号 màohào

こわい【怖い】可怕 kěpà ♦～もの無し 什么都不怕 shénme dōu bú pà

こわいろ【声色】口技 kǒujì ♦～を使う 演口技 yǎn kǒujì

こわがる【怖がる】怕 pà；害怕 hàipà

こわごわ【怖々】怯生生 qièshēngsheng；提心吊胆 tí xīn diào dǎn ♦犬を～なでる 战战兢兢地抚摸狗 zhànzhànjīngjīng de fǔmō gǒu

こわす【壊す】毁坏 huǐhuài；打破 dǎpò ♦建物を～ 拆除建筑物 chāichú jiànzhùwù ♦おもちゃを～ 把玩具弄坏 bǎ wánjù nònghuài ♦腹を～ 泻肚子 xiè dùzi ♦話を～ 一笔勾销 yì bǐ gōu xiāo；归于泡影 guīyú pàoyǐng

こわね【声音】口音 kǒuyin；声调 shēngdiào

こわばる【強張る】❶《身体》僵硬 jiāngyìng ❷《顔》僵 jiāng；生硬 shēngyìng；板起面孔 bǎnqǐ miànkǒng

ごわり【五割】百分之五十 bǎi fēn zhī wǔshí；五成 wǔ chéng ♦～引き 对折 duìzhé

こわれる【壊れる】坏 huài；破 pò；残破 cánpò ♦時計が～ 《故障する》表出毛病 biǎo chū máobìng ♦計画が～ 计划归于泡影 jìhuà guīyú pàoyǐng ♦話が～ 告吹 gàochuī

こん【根】❶《数学・化学で》根 gēn ❷《根気》耐性 nàixìng ♦～が尽きる 用尽精力 yòngjìn jīnglì；精疲力竭 jīng pí lì jié ♦～をつめる 专心致志 zhuān xīn zhì zhì；聚精会神 jù jīng huì shén

こん【紺】《色》深蓝色 shēnlánsè；藏青色 zàngqīngsè

こんい【懇意】亲昵 qīnnì ♦～にしている友人 亲密的朋友 qīnmì de péngyou

こんいん【婚姻】婚姻 hūnyīn ♦～届 结婚登记 jiéhūn dēngjì

こんか【婚家】婆家 pójia；岳家 yuèjiā

こんかい【今回】这次 zhècì；这回 zhèhuí

こんがらがる 扭结 niǔjié；绕 rào；紊乱 wěnluàn ♦話が～ 事情纠缠不清 shìqing jiūchánbùqīng ♦頭が～ 脑子里一团乱麻 nǎozili yì tuán luànmá

こんがん【懇願-する】央求 yāngqiú；恳求 kěnqiú

こんき【今期】本期 běnqī；本届 běnjiè

こんき【根気】耐性 nàixìng ♦～よく 坚持不懈 jiānchí búxiè ♦～がある 具有耐性 jùyǒu nàixìng ♦～がない 缺少耐性 quēshǎo nàixìng ♦～のいる仕事 需要耐性的工作 xūyào nàixìng de gōngzuò

こんきゅう【困窮-する】穷困 qióngkùn；贫穷 pínqióng ♦住宅～者 没有住宅的人 méiyǒu zhùzhái de rén ♦生活に～する 生活穷困 shēnghuó qióngkùn

こんきょ【根拠】依据 yījù；根据 gēnjù ♦～のない 没有根据 méiyǒu gēnjù；虚妄 xūwàng ♦～もなしに 凭空 píngkōng；瞎 xiā

こんきょち【根拠地】根据地 gēnjùdì

こんく【困苦】困苦 kùnkǔ

ゴング 铜锣 tóngluó ♦《ボクシングの》钟声 zhōngshēng

コンクール 竞演会 jìngyǎnhuì；比赛会 bǐsàihuì

コンクリート 混凝土 hùnníngtǔ ♦～ミキサー車 水泥搅拌车 shuǐní jiǎobànchē

ごんげ【権化】化身 huàshēn ♦悪の～ 邪恶的化身 xié'è de huàshēn

こんげつ【今月】这个月 zhège yuè；本月 běnyuè

こんけつじ【混血児】混血儿 hùnxuè'ér

こんげん【根源】根源 gēnyuán；根本 gēnběn ♦ ～的な問題 根本的问题 gēnběn de wèntí ♦ 諸悪の～ 一切坏事的根源 yíqiè huàishì de gēnyuán

こんご【今後】今后 jīnhòu；以后 yǐhòu ♦ ～ともよろしく 今后请多多关照 jīnhòu qǐng duōduō guānzhào

こんごう【混合-する】 混合 hùnhé；掺和 chānhuo ♦ ～ワクチン 混合菌苗 hùnhé jūnmiáo ♦ ～肥料 复合肥料 fùhé féiliào

コンコース 中央广场 zhōngyāng guǎngchǎng；中央大厅 zhōngyāng dàtīng

ごんごどうだん【言語道断-な】言语道断 yán yǔ dào duàn；岂有此理 qǐ yǒu cǐ lǐ

こんこん【懇々-と】 恳切 kěnqiè ♦ ～と言って聞かせる 谆谆告诫 zhūnzhūn gàojiè；反复劝说 fǎnfù quànshuō

こんこん【滾々-と】 ♦ ～と水が湧き出る 滚滚地涌出水 gǔngǔn de yǒngchū shuǐ

こんこん【昏々-と】 ♦ ～と眠り続ける 沉沉大睡 chénchén dà shuì

コンサート 演奏会 yǎnzòuhuì；音乐会 yīnyuèhuì

こんざつ【混雑-する】 拥挤 yōngjǐ；杂乱 záluàn；杂沓 zátà

コンサルタント 顾问 gùwèn；咨询 zīxún

こんじき【金色-の】 金色 jīnsè；金黄色 jīnhuángsè

こんしゅう【今週】 这个星期 zhège xīngqī；本周 běnzhōu；本星期 běnxīngqī

こんじょう【根性】 ❶《精神力》骨气 gǔqì ♦ ～がある 有毅力 yǒu yìlì ♦ ～がない 没有骨头 méiyǒu gǔtou；缺乏耐性 quēfá nàixìng ❷《気質・性癖》性情 xìngqíng ♦ ～が悪い 脾气不好 píqi bùhǎo ♦ 役人～ 官气 guānqì；官架子 guānjiàzi

こんしんかい【懇親会】 联欢会 liánhuānhuì；联谊会 liányìhuì

こんすい【昏睡-する】 昏睡 hūnshuì ♦ ～状態 昏迷状态 hūnmí zhuàngtài

コンスタント 不变 búbiàn；稳定 wěndìng ♦ ～に売れている 销路很稳定 xiāolù hěn wěndìng

こんせい【混成】 混成 hùnchéng；混合 hùnhé ♦ ～チーム 混合队 hùnhéduì

こんせい【混声】 ♦ ～合唱 混声合唱 hùnshēng héchàng

こんせき【痕跡】 痕迹 hénjì；踪迹 zōngjì ♦ ～を残す 留下踪迹 liúxià zōngjì

こんぜつ【根絶-する】 杜绝 dùjué；铲除 chǎnchú；根绝 gēnjué ♦ 麻薬を～する 彻底消灭吸毒 chèdǐ xiāomiè xīdú

こんせつていねい【懇切丁寧-に】恳切 kěnqiè

コンセプト 概念 gàiniàn；构思 gòusī

こんせん【混戦-する】 混战 hùnzhàn ♦ ～から抜け出す 从混战状态中领先 cóng hùnzhàn zhuàngtàizhōng lǐngxiān

こんせん【混線-する】 混乱 hùnluàn ♦ 電話が～ 电话串线 diànhuà chuànxiàn

こんぜんいったい【渾然一体】 浑然一体 húnrán yìtǐ

コンセンサス 一致意见 yízhì yìjiàn；共识 gòngshí ♦ 住民の～ 居民的共识 jūmín de gòngshí

コンセント 插座 chāzuò；插口 chākǒu

コンソメスープ 清汤 qīngtāng

こんだく【混濁-する】 浑浊 húnzhuó；混浊 hùnzhuó ♦ 意識～ 意识模糊 yìshí móhu

コンダクター 乐队指挥 yuèduì zhǐhuī；指挥 zhǐhuī

コンタクト ❶《レンズ》隐形眼镜 yǐnxíng yǎnjìng ♦ ハード～ 硬式眼镜 yìngshì yǎnjìng ♦ ソフト～ 软式眼镜 ruǎnshì yǎnjìng ❷《接触》联系 liánxì；接触 jiēchù

こんだて【献立】 菜谱 càipǔ；食谱 shípǔ

こんたん【魂胆】 企图 qǐtú；念头 niàntou ♦ よからぬ～がある 有什么坏企图 yǒu shénme huàiqǐtú

こんだん【懇談-する】 畅谈 chàngtán ♦ ～会 恳谈会 kěntánhuì

こんち【根治-する】 根治 gēnzhì；除根 chúgēn；断根 duàngēn

コンチェルト 协奏曲 xiézòuqǔ

こんちゅう【昆虫】 昆虫 kūnchóng ♦ ～採集 采集昆虫 cǎijí kūnchóng

コンテ 炭铅笔 tànqiānbǐ；素描笔 sùmiáobǐ ♦ 絵～ 分镜头脚本 fēnjìngtóu jiǎoběn

こんてい【根底】 根本 gēnběn；基础 jīchǔ

コンディション 条件 tiáojiàn；状况 zhuàngkuàng

コンテスト 比赛 bǐsài；竞赛 jìngsài ♦ 比赛会 bǐsàihuì

コンテナー 集装箱 jízhuāngxiāng；货箱 huòxiāng ♦ ～輸送 集装箱运输 jízhuāngxiāng yùnshū

コンデンサー 电容器 diànróngqì

コンデンスミルク 炼乳 liànrǔ; 浓缩牛奶 nóngsuō niúnǎi
コンテンツ 内容 nèiróng
コント 小品 xiǎopǐn
こんど【今度】《このたび》这次 zhècì; 《この次》下一次 xià yí cì
こんとう【昏倒-する】晕倒 yūndǎo
こんどう【混同-する】混同 hùntóng; 混在一起 hùnzài yìqǐ
コンドーム 避孕套 bìyùntào
ゴンドラ ❶《ベネチアの船》凤尾船 fèngwěichuán ❷《気球・ロープウェイなどの》吊篮 diàolán; 空中吊车 kōngzhōng diàochē; 缆车 lǎnchē
コントラスト 对照 duìzhào ♦～が強い[弱い]对比鲜明[不鲜明] duìbǐ xiānmíng[bù xiānmíng]
コントラバス 低音提琴 dīyīn tíqín
コンドル 兀鹫 wùjiù; 神鹰 shényīng
コントロール 抑制 yìzhì; 管理 guǎnlǐ; 控制 kòngzhì ♦食欲を～する 抑止食欲 yìzhǐ shíyù ♦《野球》～がよい[悪い]具有[没有]制球力 jùyǒu[méiyǒu] zhìqiúlì
こんとん【混沌】混沌 hùndùn ♦～とした 混沌不清 hùndùn bù qīng
こんな 这样 zhèyàng; 这么 zhème ♦～早くから… 这么早就… zhème zǎo jiù…
こんなん【困難-な】困难 kùnnan; 难处 nánchu; 艰难 jiānnán ♦～に遭遇する 碰壁 pèngbì; 遇到困难 yùdào kùnnan
こんにち【今日】今天 jīntiān ♦～にちは 你好 nǐ hǎo; 您好 nín hǎo
こんにゃく【蒟蒻】蒟蒻 jǔruò ♦～魔芋 móyù
こんにゅう【混入-する】搀和 chānhuo; 搀杂 chānzá
コンパ 联欢会 liánhuānhuì
コンバイン 康拜因 kāngbàiyīn; 联合机 liánhéjī; 联合收割机 liánhé shōugējī
コンパクト ❶《小型の》小型 xiǎoxíng; 袖珍的 xiùzhēn de ♦～にまとまっている 编得小巧精致 biānde xiǎoqiǎo jīngzhì ❷《化粧》带镜小粉盒 dàijìng xiǎofěnhé
コンパス ❶《文具》两脚规 liǎngjiǎoguī; 圆规 yuánguī ❷《羅針盤》指南针 zhǐnánzhēn; 罗盘 luópán ❸《足》腿 tuǐ ♦～が長い 腿长 tuǐcháng; 步幅宽 bùfú kuān
こんばん【今晩】今晚 jīnwǎn; 今天晚上 jīntiān wǎnshang ♦《あいさつ》～は 你好 nǐ hǎo; 晚上好 wǎnshang hǎo
コンビ 搭当 dādang; 搭配 dāpèi; 一对儿 yíduìr ♦～を組む 配角 pèijué; 结成对儿 jiéchéng duìr ♦名～ 好搭当 hǎo dādang
コンビーフ 咸牛肉罐头 xiánniúròu guàntou
コンビナート 联合企业 liánhé qǐyè
コンビニ《コンビニエンスストア》便利店 biànlìdiàn
コンビネーション 配合 pèihe; 联合 liánhé; 联衣裤 liányīkù
コンピュータ 电脑 diànnǎo; 电子计算机 diànzǐ jìsuànjī ♦～ウイルス 电脑病毒 diànnǎo bìngdú ♦～グラフィックス 电脑图像 diànnǎo túxiàng
こんぶ【昆布】海带 hǎidài
コンプレックス 自卑感 zìbēigǎn
コンプレッサー 压缩机 yāsuōjī; 压气机 yāqìjī
コンペ 比赛会 bǐsàihuì ♦ゴルフ～ 高尔夫球比赛会 gāo'ěrfūqiú bǐsàihuì
こんぺき【紺碧-の】碧蓝 bìlán
コンベヤー 输送机 shūsòngjī ♦ベルト～ 传送带 chuánsòngdài
こんぼう【混紡】♦～織物 混纺织物 hùnfǎng zhīwù ♦～生地 混纺毛纺 hùnfǎng
こんぼう【棍棒】棍子 gùnzi; 棍棒 gùnbàng
こんぽう【梱包-する】捆扎 kǔnzā; 打包 dǎbāo; 包装 bāozhuāng
コンポーネント 部件 bùjiàn; 成分 chéngfèn ♦～ステレオ 音响组合 yīnxiǎng zǔhé ♦ミニ～ 迷你组合音响 mínǐ zǔhé yīnxiǎng
こんぽん【根本】根本 gēnběn; 基本 jīběn ♦～的 gēnběn
コンマ《句読点の「,」》逗号 dòuhào
こんめい【混迷-する】混乱 hùnluàn; 乱七八糟 luànqībāzāo ♦～を深める 混乱加剧了 hùnluàn jiājù le
こんもり ❶《茂る》茂密 màomì ♦～とした森 茂密的森林 màomì de sēnlín ❷《盛り上がる》圆鼓鼓 yuángǔgǔ; 隆起 lóngqǐ
こんや【今夜】今晚 jīnwǎn
こんやく【婚約-する】婚约 hūnyuē; 订婚 dìnghūn; 《女性が》许婚 xǔhūn; 许配 xǔpèi; 《男性が》订婚 dìnghūn ♦～を解消する 退婚 tuìhūn; 退亲 tuìqīn; 悔婚 huǐhūn ♦～者《女性》未婚妻 wèihūnqī; 《男性》未婚夫 wèihūnfū ♦～指輪 订婚戒指 dìnghūn jièzhi
こんらん【混乱-する】混乱 hùnluàn; 纷乱 fēnluàn ♦～させる 打乱 dǎluàn; 搅乱 jiǎoluàn; 搅乱 jiǎoluàn ♦～に陥る 陷入混乱 xiànrù hùnluàn; 乱成一锅粥 luàn-

こんりゅう【建立-する】 修建 xiūjiàn; 兴修 xīngxiū

こんりんざい【金輪際】 绝対 juéduì; 断然 duànrán ♦ もう～行かない 再也不去 zài yě bú qù

こんれい【婚礼】 婚礼 hūnlǐ; 喜事 xǐshì ♦ ～状態 一锅粥 yì guō zhōu ♦ 大～ 特別混乱 tèbié hùnluàn

こんろ【焜炉】 火炉 huǒlú; 炉子 lúzi ♦ ガス～ 煤气炉 méiqìlú ♦ 電気～ 电炉 diànlú

こんわく【困惑-する】 困惑 kùnhuò; 迷惘 míwǎng; 受窘 shòujiǒng ♦ ～しきった表情 满脸窘相 mǎnliǎn jiǒngxiàng; 不知所措的样子 bù zhī suǒ cuò de yàngzi

さ

さ【差】❶《へだたり・違い》差异 chāyì；差别 chābié；差距 chājù ♦両者の意見に大きな～はない 双方意见没有什么大的差别 shuāngfāng yìjiàn méiyǒu shénme dà de chābié ❷《数の差》差额 chā'é ❸《数学の》差数 chāshù ♦～を求める 求差 qiú chā

ざ【座】❶《席》座位 zuòwèi ♦～につく 就座 jiùzuò ❷《集会の場》～が白ける 冷场 lěngchǎng ❸《地位》地位 dìwèi ♦妻の～ 妻子的身份 qīzi de shēnfen ♦チャンピオンの～につく 登上冠军的宝座 dēngshàng guànjūn de bǎozuò

さあ ♦～, 出かけよう 喂, 走吧 wèi, zǒu ba ♦～, お入りください 请, 请屋里坐 qǐng, qǐng wūli zuò ♦～, 大変! 呃, 不得了了, 不得了 ♦～, 見てごらん 来, 看一下 lái, kàn yíxia

サーカス 马戏 mǎxì；杂技 zájì ♦～団 马戏团 mǎxìtuán

サークル ❶《同好会》小组 xiǎozǔ；班 bān ♦～活动 小组活动 xiǎozǔ huódòng ❷《大学のクラブ活動》学生社团 xuéshēng shètuán ♦～活动 社团活动 shètuán huódòng

ざあざあ 哗哗 huāhuā；哗啦哗啦 huālā ♦～雨が降る 雨哗啦哗啦地下 yǔ huālāhuālā de xià

ザーサイ 榨菜 zhàcài

サーチライト 探照灯 tànzhàodēng

サーバー 《コンピュータ》服务器 fúwùqì

サービス 服务 fúwù；《物品の》附带赠送 fùdài zèngsòng ♦アフター～ 保修 bǎoxiū ♦セルフ～ 自助 zìzhù

サービスエース 发球得分 fāqiú défēn ♦～を决める 来个发球得分 lái ge fāqiú défēn

サーブ-する 发球 fāqiú

サーファー 冲浪运动员 chōnglàng yùndòngyuán

サーフィン 冲浪运动 chōnglàng yùndòng ♦サーフボード 冲浪板 chōnglàngbǎn

サーベル 佩刀 pèidāo；马刀 mǎdāo

サーモスタット 恒温器 héngwēnqì

サーモン 鲑鱼 guīyú；大马哈鱼 dàmǎhǎyú ♦～ピンク 淡红色 dànhóngsè ♦スモーク～ 熏鲑鱼 xūn guīyú

サーロイン 牛腰肉 niúyāoròu

さい【差異[違]】差异 chāyì；差别 chābié；区别 qūbié ♦～の甚だしい 悬殊 xuánshū ♦たいした～は無い 没什么大区别 méi shénme dà qūbié

さい【才】《才能》才能 cáinéng；《仕事の能力》才干 cáigàn

さい【歳】《年齢》岁 suì ♦今年7～になる 今年七岁了 jīnnián qī suì le

さい【際-に】时侯 shíhou ♦入学の～に 入学之际 rùxué zhī jì

さい【賽】色子 shǎizi ♦～を振る 掷色子 zhì shǎizi ♦～は投げられた 大局已定, 只能实行 dàjú yǐ dìng, zhǐ néng shíxíng

さい【再】再 zài；重新 chóngxīn ♦～认识 重新认识 chóngxīn rènshi ♦～就职 再就职 zài jiùzhí

サイ【犀】犀牛 xīniú

ざい【財】财富 cáifù；财宝 cáibǎo ♦～を成す 发财 fācái

ざい【材】❶《原料》原料 yuánliào；材料 cáiliào ❷《有能な人》人材 réncái ♦有用の～を求める 寻求有用人才 xúnqiú yǒuyòng réncái

さいあい【最愛-の】最亲爱的 zuì qīn'ài de ♦～の妻 最爱的妻子 zuì ài de qīzi

さいあく【最悪-の】最糟糕 zuì zāogāo；最坏 zuì huài ♦～の事態 最坏的地步 zuì huài de dìbù

さいあく【罪悪】罪恶 zuì'è；罪戾 zuìlì ♦～感 罪恶感 zuì'ègǎn

ざいい【在位-する】在位 zàiwèi ♦～期间 在位期间 zàiwèi qījiān

さいえん【才媛】才女 cáinǚ

さいえん【菜園】菜圃 càipǔ；菜畦 càiqí；《園》菜园 càiyuán

さいえん【再演-する】再次上演 zàicì shàngyǎn；重演 chóngyǎn

サイエンス 科学 kēxué

さいおうがうま【塞翁が馬】《人間万事》塞翁失马 sàiwēng shī mǎ

さいか【災禍】灾难 zāinàn；灾祸 zāihuò ♦～に遭う 遭遇灾祸 zāoyù zāihuò

さいか【裁可】批准 pīzhǔn ♦～を仰ぐ 请求批准 qǐngqiú pīzhǔn

ざいか【罪過】罪过 zuìguo；罪戾 zuìlì

ざいか【財貨】财货 cáihuò；钱财 qiáncái；财物 cáiwù

ざいか【罪科】罪恶 zuì'è；罪过 zuìguo ♦～を问う 问罪 wènzuì

さいかい【再会-する】再会 zàihuì；重逢 chóngféng ♦～を约束する 约定重逢 yuēdìng chóngféng

さいかい【再開-する】重新开始 chóngxīn kāishǐ；重启 chóngqǐ ♦討論を～する 重开讨论 chóngkāi tǎolùn

さいがい【災害】 灾害 zāihài ◆自然～ 自然灾害 zìrán zāihài ◆災害保険 zāihài bǎoxiǎn ◆～を蒙る 遭受灾害 zāoshòu zāihài；受灾 shòuzāi

ざいかい【財界】 经济界 jīngjìjiè ◆～の大物 经济界大人物 jīngjìjiè dà rénwù

ざいがい【在外】 在国外 zài guówài；海外 hǎiwài ◆～同胞 海外同胞 hǎiwài tóngbāo

さいかいはつ【再開発】 重新开发 chóngxīn kāifā ◆～計画 重新开发计划 chóngxīn kāifā jìhuà

さいかいもくよく【斎戒沐浴】 斋戒沐浴 zhāijiè mùyù

さいかく【才覚】 才智 cáizhì；机智 jīzhì；机灵 jīlíng ◆～がある 有机智 yǒu jīzhì

ざいがく【在学-する】 在校 zàixiào ◆～生 在校生 zàixiàoshēng

さいかくにん【再確認-する】 再次确认 zàicì quèrèn；再确认 zài quèrèn ◆予約を～する 再确认一下预约 zài quèrèn yíxià yùyuē

サイカチ 皂荚 zàojiá

さいかん【再刊-する】 复刊 fùkān；再发行 zài fāxíng

さいき【才気】 才华 cáihuá；才气 cáiqì ◆～あふれる 才华横溢 cáihuá héngyì ◆～走る 恃才好胜 shì cái hào shèng

さいき【再起-する】 再起 zàiqǐ；恢复原状 huīfù yuánzhuàng ◆～不能 不能再起 bùnéng zàiqǐ

さいぎ【猜疑】 猜忌 cāijì；猜嫌 cāixián ◆～心の強い 疑心太重 yíxīn tài zhòng

さいきょ【再挙】 重整旗鼓 chóng zhěng qí gǔ ◆～を図る 企图卷土重来 qǐtú juǎn tǔ chóng lái

さいきょういく【再教育-する】 再教育 zài jiàoyù ◆～を受ける 接受再教育 jiēshòu zài jiàoyù

さいきん【最近】 近来 jìnlái；最近 zuìjìn ◆～の出来事 最近发生的事 zuìjìn fāshēng de shì ◆～まで 直到最近 zhídào zuìjìn

さいきん【細菌】 细菌 xìjūn ◆～を培養する 培养细菌 péiyǎng xìjūn ◆～兵器 细菌武器 xìjūn wǔqì

ざいきん【在勤-する】 在职 zàizhí；任职 rènzhí

さいぎんみ【再吟味-する】 再斟酌 zài zhēnzhuó；重新研究 chóngxīn yánjiū ◆～の必要がある 有再斟酌的必要 yǒu zài zhēnzhuó de bìyào

さいく【細工-する】 ❶《工芸》工艺 gōngyì；手工艺 shǒugōngyì ◆～物 工艺品 gōngyìpǐn ❷《詭計》耍花招 shuǎ huāzhāo ◆陰で～する 暗中捣鬼 ànzhōng dǎoguǐ

さいくつ【採掘-する】 开采 kāicǎi；采掘 cǎijué

サイクリング 自行车旅行 zìxíngchē lǚxíng ◆～に出かける 骑自行车去旅行 qí zìxíngchē qù lǚxíng

サイクル《周期》 周期 zhōuqī ◆地震の発生には一定の～がある 发生地震有一定的周期 fāshēng dìzhèn yǒu yídìng de zhōuqī

さいぐんび【再軍備】 重整军备 chóngzhěng jūnbèi ◆～に反対する 反对重搞武装 fǎnduì chónggǎo wǔzhuāng

ざいか【在家】 在家 zài jiā ◆～の人 在家人 zàijiā rén

さいけいこく【最恵国】 最惠国 zuìhuìguó ◆～待遇 最惠国待遇 zuìhuìguó dàiyù

さいけいれい【最敬礼-する】 鞠躬 jūgōng ◆彼女の努力に～する 非常敬佩她的努力 fēicháng jìngpèi tā de nǔlì

さいけつ【採決-する】 表决 biǎojué

さいけつ【採血-する】 采血 cǎixuè

さいけつ【裁決-する】 裁决 cáijué ◆～を仰ぐ 请示裁决 qǐngshì cáijué

さいげつ【歳月】 时间 shíjiān；岁月 suìyuè ◆5年の～が流れた 过去了五年时间 guòqùle wǔnián shíjiān ◆～を要する 需要年头 xūyào niántóu ◆～人を待たず 岁月不待人 suìyuè bú dài rén

さいけん【債券】 债券 zhàiquàn

さいけん【債権】 债权 zhàiquán ◆～者 债主 zhàizhǔ ◆～を譲渡する 转让债权 zhuǎnràng zhàiquán

さいけん【再建-する】 ❶《建造》重建 chóngjiàn；改建 gǎijiàn ◆劇場を～する 重建剧场 chóngjiàn jùchǎng ❷《組織》改组 gǎizǔ ◆会社を～する 改组公司 gǎizǔ gōngsī ◆財～ 重建财政 chóngjiàn cáizhèng

さいげん【再現-する】 再现 zàixiàn；重现 chóngxiàn ◆当時の様子を～する 再现当时的情况 zàixiàn dāngshí de qíngkuàng

さいげん【際限】 边际 biānjì；止境 zhǐjìng ◆～なく続く 无限延续 wúxiàn yánxù

ざいげん【財源】 财源 cáiyuán ◆～が乏しい 财源贫乏 cáiyuán pínfá ◆～を確保する 确保财源 quèbǎo cáiyuán

さいけんさ【再検査-する】 复查 fùchá ◆血液の～ 血液复查 xuèyè fùchá

さいけんとう【再検討-する】 重新研

究 chóngxīn yánjiū ♦〜を要求する 要求重新审查 yāoqiú chóngxīn shěnchá

さいご【最後】 最后 zuìhòu；最终 zuìzhōng；末了 mòliǎo ♦〜の審判 «キリスト教の» 末日审判 mòrì shěnpàn ♦〜まで 到底 dàodǐ ♦〜までやり通す 干到底 gàn dàodǐ

さいご【最期】 临终 línzhōng ♦〜をみとる 送终 sòngzhōng

ざいこ【在庫】 库存 kùcún ♦〜品 存货 cúnhuò；库存货 kùcúnhuò ♦〜整理をする 盘库 pánkù ♦〜量 库存量 kùcúnliàng ♦〜が切れる 库存已尽 kùcún yǐ jìn

さいこう【最高】 最高 zuìgāo；至高无上 zhì gāo wú shàng；至上 zhìshàng ♦〜のもの 天字第一号 tiān zì dì yī hào ♦〜の気分だ 心情极佳 xīnqíng jí jiā ♦〜に忙しい 忙得要命 mángde yàomìng ♦今日の芝居は〜だった 今天的戏好极了 jīntiān de xì hǎo jí le

さいこう【再興-する】 复兴 fùxīng ♦国家の〜 国家复兴 guójiā fùxīng

さいこう【再校】 再校 zàijiào

さいこう【再考-する】 再次考虑 zàicì kǎolǜ；重新考虑 chóngxīn kǎolǜ

さいこう【採光-する】 采光 cǎiguāng

ざいこう【在校】 在校 zàixiào ♦〜生 在校生 zàixiàoshēng

ざいごう【罪業】 孽障 nièzhàng；罪孽 zuìniè

さいこうちょう【最高潮】 最高潮 zuìgāocháo；顶点 dǐngdiǎn

さいこうふ【再交付-する】 重新发给 chóngxīn fāgěi

さいこうほう【最高峰】 最高峰 zuìgāofēng；顶峰 dǐngfēng ♦アルプスの〜 阿尔卑斯山的顶峰 Ā'ěrbēisīshān de dǐngfēng

さいごつうちょう【最後通牒】 最后通牒 zuìhòu tōngdié

さいころ【骰[賽]子】 色子 shǎizi；骰子 tóuzi ♦〜を振る 掷色子 zhì shǎizi

サイコロジー 心理学 xīnlǐxué

さいこん【再婚-する】 再婚 zàihūn；«女性が» 再嫁 zàijià；改嫁 gǎijià

さいさき【幸先】 ♦〜がいい 预兆吉利 yùzhào jílì；开端良好 kāiduān liánghǎo

さいさん【再三】 一再 yízài；再三 zàisān ♦〜再四 再三再四 zài sān zài sì ♦〜の懇願 屡次三番的央求 lǚcì sānfān de yāngqiú

さいさん【採算】 ♦〜がとれる 上算 shàngsuàn ♦〜が合う 合算 hésuàn

ざいさん【財産】 财产 cáichǎn；财富 cáifù；财物 cáiwù ♦〜家 财主 cáizhu

さいし【妻子】 妻子 qīzǐ；家眷 jiājuàn；家小 jiāxiǎo ♦〜を養う 养家糊口 yǎngjiā húkǒu ♦〜のある男性 有家室的男人 yǒu jiāshì de nánrén

さいし【才子】 才子 cáizǐ ♦〜佳人 才子佳人 cáizǐ jiārén ♦〜に倒れる 聪明反被聪明误 cōngmíng fǎn bèi cōngmíng wù

さいし【祭祀】 祭祀 jìsì

さいじ【細事】 琐事 suǒshì；小事 xiǎoshì ♦〜にこだわらない 不拘泥于琐事 bù jūnì yú suǒshì

さいしあい【再試合】 再次比赛 zàicì bǐsài

さいしき【彩色】 彩色 cǎisè ♦〜を施す 上色 shàngshǎi；着色 zhuósè

さいしけん【再試験-する】 重新考试 chóngxīn kǎoshì

さいじつ【祭日】 节日 jiérì

ざいしつ【材質】 质地 zhìdì

さいしゅ【採取-する】 提取 tíqǔ；采集 cǎijí ♦指紋を〜する 提取指纹 tíqǔ zhǐwén

さいしゅ【祭主】 主祭人 zhǔjìrén

さいしゅう【最終-の】 最后 zuìhòu；最终 zuìzhōng ♦〜段階 尾期 wěiqī ♦〜決断を下す 下最后决定 xià zuìhòu juédìng ♦〜決定をする 定案 dìng'àn；定局 dìngjú ♦〜に間に合う «交通機関の» 赶上末班车 gǎnshàng mòbānchē

さいしゅう【採集-する】 采集 cǎijí ♦昆虫〜 采集昆虫 cǎijí kūnchóng

ざいじゅう【在住-する】 居住 jūzhù ♦ニューヨーク〜の日本人 侨居在纽约的日本人 qiáojū zài Niǔyuē de Rìběnrén

さいしゅつ【歳出】 岁出 suìchū

さいしゅっぱつ【再出発-する】 重新开始 chóngxīn kāishǐ

さいしょ【最初-の】 首先 shǒuxiān；最初 zuìchū；开头 kāitóu ♦〜からうまくゆく 从一开始就顺利 cóng yì kāishǐ jiù shùnlì ♦〜が肝腎だ 开头最重要 kāitóu zuì zhòngyào

さいじょ【才女】 才女 cáinǚ

さいしょう【最小】 最小 zuìxiǎo ♦〜限度 最小限度 zuìxiǎo xiàndù ♦〜公倍数 最小公倍数 zuìxiǎo gōngbèishù

さいしょう【宰相】 宰相 zǎixiàng

さいじょう【最上-の】 最上 zuìshàng；最优 zuìyōu ♦〜の品 最佳品 zuìjiāpǐn ♦〜階 最顶层 zuìdǐngcéng

さいじょう【斎場】 ❶《祭場》斎坛

zhāitán ❷《葬儀場》殡仪场 bìnyíchǎng

ざいじょう【罪状】罪状 zuìzhuàng; 罪案 zuì'àn ◆～認否 罪状承认与否 zuìzhuàng chéngrèn yǔ fǒu ◆～を否認する 否认罪状 fǒurèn zuìzhuàng

さいじょうきゅう【最上級-の】最上级 zuì shàngjí; 最高级 zuì gāojí; 第一流 dìyīliú ◆～の贊辞 最高的赞辞 zuìgāo de zàncí ◆～生 最高班级的学生 zuìgāo bānjí de xuésheng

さいしょうげん【最小限-の】最小限度 zuìxiǎo xiàndù; 最低程度 zuìdī chéngdù; 起码 qǐmǎ ◆損害を～に抑える 将损失控制在最低程度 jiāng sǔnshī kòngzhì zài zuìdī chéngdù ◆～必要な 起码需要的 qǐmǎ xūyào de

さいしょく【彩色-する】上色 shàngshǎi ◆～画 彩画 cǎihuà

さいしょく【菜食-する】素食 sùshí; 菜食 càishí ◆～主義 素食主义 sùshí zhǔyì

ざいしょく【在職-する】在职 zàizhí ◆～年数 工龄 gōnglíng

さいしょくけんび【才色兼備-の】才貌双全 cáimào shuāngquán

さいしょり【再処理-する】重新处理 chóngxīn chǔlǐ ◆ごみの～ 垃圾再处理 lājī zàichǔlǐ

さいしん【再審-する】再审 zàishěn; 复审 fùshěn; 重审 chóngshěn ◆～請求をする 请求重审 qǐngqiú chóngshěn

さいしん【細心-の】细心 xìxīn; 严密 yánmì ◆～の注意を払う 严密注意 yánmì zhùyì

さいしん【最新-の】最新 zuìxīn ◆～式の 最新式 zuìxīnshì ◆～号《雜誌の》最近一期 zuìjìn yī qī ◆～流行時の 时新 shíxīn; 时髦 shímáo ◆～流行の服 时装 shízhuāng

さいじん【才人】才子 cáizǐ

サイズ 尺寸 chǐcun; 大小 dàxiǎo;《靴や帽子の》尺码 chǐmǎ ◆手のひら～の本 巴掌大小的书 bāzhǎng dàxiǎo de shū ◆～が合わない 尺码不合适 chǐmǎ bù héshì

ざいす【座椅子】无腿靠椅 wútuǐ kàoyǐ

さいすん【採寸-する】量尺寸 liáng chǐcun

さいせい【再生-する】❶《蘇生》复活 fùhuó ◆汚れた川を～する 把污浊的河流治好 bǎ wūzhuó de héliú zhìhǎo ❷《音声・画像を》重放 chóngfàng ◆ビデオを～する 放录像 fàng lùxiàng ❸《廃品の》再生 zàishēng; 更生 gēngshēng ◆～紙 再生纸 zàishēngzhǐ ❹《更生》新生 xīnshēng ◆～の道を歩む 踏上新生之路 tàshàng xīnshēng zhī lù

さいせい【再製-する】重制 chóngzhì; 重做 chóngzuò; 改制 gǎizhì

ざいせい【財政】财政 cáizhèng ◆～が豊かである 财政充裕 cáizhèng chōngyù ◆～が困難である 财政困难 cáizhèng kùnnan ◆～を建て直す 改革财政 gǎigé cáizhèng ◆地方～ 地方财政 dìfāng cáizhèng ◆赤字～ 赤字财政 chìzì cáizhèng

ざいせい【在世】在世 zàishì

さいせいいっち【祭政一致】祭事和政治一致 jìshì hé zhèngzhì yízhì; 神权政治 shénquán zhèngzhì

さいせいかのうしげん【再生可能資源】可再生资源 kě zàishēng zīyuán

さいせいき【最盛期】最盛期 zuìshèngqī; 鼎盛期 dǐngshèngqī; 旺季 wàngjì ◆文化の～を迎える 迎来文化的最盛期 yínglái wénhuà de zuìshèngqī ◆リンゴの～ 苹果上市的旺季 píngguǒ shàngshì de wàngjì

さいせいさん【再生産-する】再生产 zàishēngchǎn

さいせき【採石-する】采石 cǎishí ◆～場 采石场 cǎishíchǎng

ざいせき【在籍-する】在册 zàicè ◆文学部に～する 学籍在文学院 xuéjí zài wénxuéyuàn

さいせん【再選-する】重选 chóngxuǎn; 再次当选 zàicì dāngxuǎn

さいせん【賽銭】香钱 xiāngqián ◆～をあげる 献香钱 xiàn xiāngqián ◆～箱 香资箱 xiāngzīxiāng

さいぜん【最善-の】最好 zuìhǎo; 最佳 zuìjiā ◆～の策 上策 shàngcè ◆～を尽くす 竭尽全力 jiéjìn quánlì

さいぜんせん【最前線-の】最前线 zuìqiánxiàn; 第一线 dìyīxiàn

さいそく【催促-する】催 cuī; 催促 cuīcù ◆返事を～する 催促回音 cuīcù huíyīn ◆矢の～ 催得很紧 cuīde hěn jǐn ◆彼に金を返すよう～する 催他还钱 cuī tā huán qián

さいそく【細則】细则 xìzé

サイダー 汽水 qìshuǐ

さいたい【妻帯】有妻子 yǒu qīzi ◆～者 有妇之夫 yǒu fù zhī fū

さいだい【最大-の】最大 zuìdà ◆～の危機 最大的危机 zuìdà de wēijī ◆～公約数 最大公约数 zuìdà gōngyuēshù

さいだい【細大】◆～もらさず 一五一十 yī wǔ yī shí

さいだいげん【最大限-の】 最大限度 zuìdà xiàndù ♦ ~の努力 最大的努力 zuìdà de nǔlì

さいたく【採択-する】 通过 tōngguò ♦ 決議案を~する 通过决议 tōngguò juéyì

ざいたく【在宅-する】 在家 zàijiā ♦ ~勤務 在家工作 zàijiā gōngzuò ♦ ~看護 在家护理 zàijiā hùlǐ ♦ 奥様は御~ですか 您夫人在家吗 nín fūrén zàijiā ma

さいたん【最短-の】 最短 zuìduǎn ♦ ~距離 最近距离 zuìjìn jùlí ♦ ~コースをとる 走最短的路线 zǒu zuì duǎn de lùxiàn; 抄近儿 chāojìnr

さいたん【採炭-する】 采煤 cǎiméi ♦ ~量 采煤量 cǎiméiliàng

さいだん【祭壇】 祭坛 jìtán

さいだん【裁断-する】 ❶《切断》切断 qiēduàn; 剪裁 jiǎncái; 裁剪 cáijiǎn ❷《判断》裁决 cáijué; 裁断 cáiduàn ♦ 最後の~を下す 做出最后裁决 zuòchū zuìhòu cáijué ♦ ~を仰ぐ 提请裁决 tíqǐng cáijué

ざいだん【財団】 财团 cáituán; 基金会 jījīnhuì ♦ ~法人 财团法人 cáituán fǎrén

さいち【才知】 才智 cáizhì ♦ ~に長ける 多才多智 duō cái duō zhì

さいちゅう【最中-に】 正在…时 zhèngzài...shí ♦ 会議の~に 正在开会的时候 zhèngzài kāihuì de shíhou

ざいちゅう【在中】 在内 zàinèi ♦ 見本~ 样品在内 yàngpǐn zàinèi

さいちゅうもん【再注文-する】 重新订购 chóngxīn dìnggòu

さいちょうさ【再調査-する】 重新调查 chóngxīn diàochá; 复查 fùchá ♦ 事件を~する 复查案件 fùchá ànjiàn

さいてい【裁定-する】 裁定 cáidìng; 裁决 cáijué ♦ ~を下す 作出裁决 zuòchū cáijué ♦ ~を待つ 等待裁决 děngdài cáijué ♦ ~に従う 服从裁决 fúcóng cáijué

さいてい【再訂-する】 重新修订 chóngxīn xiūdìng ♦ ~版 新修订版 xīn xiūdìngbǎn

さいてい【最低-の】 最低 zuìdī; 最差 zuìchà ♦ ~気温 最低气温 zuìdī qìwēn ♦ ~賃金 最低工资 zuìdī gōngzī ♦ ~条件 最低条件 zuìdī tiáojiàn ♦ ~な男 最差的家伙 zuì chà de jiāhuo; 下贱东西 xiàjiàn dōngxi

さいていげん【最低限-の】 最低限度 zuìdī xiàndù ♦ ~の常識 qǐmǎ 的常识 qǐmǎ de chángshí ♦ ~の常識すらない 连最起码的常识都没有 lián zuì qǐmǎ de chángshí dōu

méiyǒu ♦ ~1週間かかる 起码要一周时间 qǐmǎ yào yì zhōu shíjiān

さいてき【最適-の】 最合适 zuì héshì; 最适宜 zuì shìyí ♦ ~の人物 最适当的人物 zuì shìdàng de rénwù ♦ この本は小学生に~だ 这本书最适合小学生读 zhèběn shū zuì shìhé xiǎoxuéshēng dú

ざいてき【財テク】 赚钱手段 zhuànqián shǒuduàn

さいてん【採点-する】 判分 pànfēn; 评分 píngfēn ♦ ~が甘い 评分宽 píngfēn kuān

さいてん【祭典】 典礼 diǎnlǐ; 祭礼 jìlǐ; 庆祝活动 qìngzhù huódòng ♦ スポーツの~ 体育的盛会 tǐyù de shènghuì ♦ ~を行う 举行典礼 jǔxíng diǎnlǐ

サイト 网点 wǎngdiǎn; 网站 wǎngzhàn

さいど【再度】 再次 zàicì; 再度 zàidù; 重新 chóngxīn ♦ ~要求する 再次请求 zàicì qǐngqiú ♦ 話し合いは~決裂した 谈判再度破裂 tánpàn zàidù pòliè

サイド ❶《側面》侧面 cèmiàn; 旁边 pángbiān ❷《立場》方面 fāngmiàn ♦ 住民~ 居民方面 jūmín fāngmiàn

さいとうぎ【再討議-する】 复议 fùyì; 重新讨论 chóngxīn tǎolùn

さいどく【再読-する】 重读 chóngdú; 再读一遍 zàidú yíbiàn

サイドテーブル 茶几 chájī

サイドビジネス 副业 fùyè

サイドミラー 反光镜 fǎnguāngjìng

さいなむ【苛む】 折磨 zhémó ♦ 不安にさいなまれる 焦虑不堪 jiāolǜ bùkān

さいなん【災難】 灾难 zāinàn; 灾祸 zāihuò ♦ ~に遭う 遇难 yùnàn; 遭殃 zāoyāng ♦ ~を免れる 幸免灾祸 xìngmiǎn zāihuò

ざいにち【在日-の】 在日本 zài Rìběn ♦ ~華僑 旅日华侨 lǚ Rì huáqiáo

さいにゅう【歳入】 岁入 suìrù

さいにん【再任-する】 连任 liánrèn; 重任 chóngrèn ♦ 議長に~する 连任议长 liánrèn yìzhǎng ♦ ~は妨げない 可以连任 kěyǐ liánrèn

さいにん【罪人】 罪犯 zuìfàn; 罪人 zuìrén

ざいにん【在任-する】 在任 zàirèn; 任职 rènzhí ♦ ~期間 在任期间 zàirèn qījiān

さいにんしき【再認識-する】 重新认识 chóngxīn rènshi

さいねん【再燃-する】 复燃 fùrán; 复发 fùfā ♦ ブームの~ 热潮的再现

rècháo de zàixiàn
さいねんちょう【最年長-の】 年纪最大 niánjì zuì dà
さいのう【才能】 才能 cáinéng; 才华 cáihuá; 才干 cáigàn ♦~あふれる 才华横溢 cáihuá héngyì ♦~を発揮する 发挥才能 fāhuī cáinéng ♦~を伸ばす 增长才干 zēngzhǎng cáigàn
さいのめ【賽の目】 色子点儿 shǎizi diǎnr; «食材の切り方» 色子块儿 shǎizi kuàir; 丁儿 dīngr ♦~に切る 切成丁儿 qiēchéng dīngr
サイバーナイフ «医療» 射波刀 shèbōdāo
さいはい【采配】 ♦~を振る 指挥 zhǐhuī; 做主 zuòzhǔ ♦見事な~ 出色的指挥 chūsè de zhǐhuī
さいばい【栽培】 栽培 zāipéi; 栽种 zāizhòng ♦温室~ 温室栽培 wēnshì zāipéi ♦人工~ 人工培植 réngōng péizhí
さいばし【菜箸】 长筷子 chángkuàizi; 公筷 gōngkuài
さいばしる【才走る】 锋芒外露 fēngmáng wàilù; 聪明过人 cōngmíng guò rén
さいはつ【再発-する】 复发 fùfā; 再一次发生 zài yí cì fāshēng ♦~を防止する 防止复发 fángzhǐ fùfā
ざいばつ【財閥】 财阀 cáifá ♦~解体 解散财阀 jiěsàn cáifá
さいはん【再版-する】 再版 zàibǎn; 重版 chóngbǎn; 重印 chóngyìn
さいはん【再犯】 再犯 zàifàn; 重犯 chóngfàn ♦~率 重犯率 chóngfànlǜ
さいばん【裁判-する】 审判 shěnpàn; 审理 shěnlǐ ♦~沙汰 打官司 dǎ guānsi ♦~官 法官 fǎguān; 审判员 shěnpànyuán ♦~所 法院 fǎyuàn ♦~長 审判长 shěnpànzhǎng; 庭长 tíngzhǎng
さいひ【採否】 采纳与否 cǎinà yǔfōu ♦~を決定する 决定采纳与否 juédìng cǎinà yǔfōu
さいひ【歳費】 ❶ «年間費用» 一年的费用 yì nián de fèiyong ❷ «国会議員の» 年薪 niánxīn
さいひょうか【再評価-する】 重新评价 chóngxīn píngjià ♦過去の実績を~する 重新评价过去的成绩 chóngxīn píngjià guòqù de chéngjì
さいひょうせん【砕氷船】 破冰船 pòbīngchuán
さいふ【財布】 钱包 qiánbāo ♦~を握る 管钱 guǎn qián ♦~をはたく 一文不留 yì wén bù liú
さいぶ【細部】 细节 xìjié; 细部 xìbù

サイフォン 虹吸管 hóngxīguǎn
ざいぶつ【財物】 财货 cáihuò; 财物 cáiwù ♦~を蓄える 积蓄财物 jīxù cáiwù
さいぶん【細分-する】 细分 xìfēn
さいへんせい【再編成-する】 重组 chóngzǔ; 重编 chóngbiān
さいほう【裁縫】 裁缝 cáiféng; 缝纫 féngrèn ♦~道具 裁缝工具 cáiféng gōngjù
さいぼう【細胞】 细胞 xìbāo ♦~核 细胞核 xìbāohé ♦~分裂 细胞分裂 xìbāo fēnliè ♦~膜 细胞膜 xìbāomó ♦この単∼め 你这个傻瓜 nǐ zhèige shǎguā
さいほう【財宝】 财宝 cáibǎo
さいほうじょうど【西方浄土】 西天 xītiān
さいほうそう【再放送-する】 重播 chóngbō
サイボーグ 人造人 rénzàorén
さいまつ【歳末】 年末 niánmò; 年底 niándǐ; 年终 niánzhōng ♦~大売出し 年末大甩卖 niánmò dà shuǎimài
さいみつ【細密-な】 密实 mìshi ♦~画 工笔画 gōngbǐhuà
さいみん【催眠】 催眠 cuīmián ♦~状態 催眠状态 cuīmián zhuàngtài ♦~剤 安眠药 ānmiányào ♦~術 催眠术 cuīmiánshù
さいむ【債務】 债务 zhàiwù ♦~を負う 负债 fùzhài ♦~者 债户 zhàihù ♦~を履行する 还债 huánzhài ♦~を償還する 清偿债务 qīngcháng zhàiwù
ざいむ【財務】 财务 cáiwù ♦~管理 财务管理 cáiwù guǎnlǐ ♦~をつかさどる 掌管财务 zhǎngguǎn cáiwù ♦第一四半期の~報告 首季财务报告 shǒujì cáiwù bàogào
ざいめい【罪名】 罪名 zuìmíng
さいもく【細目】 细目 xìmù; 细节 xìjié ♦~を決める 规定细节 guīdìng xìjié
ざいもく【材木】 木材 mùcái ♦~置き場 堆木场 duīmùchǎng
ざいや【在野-の】 在野 zàiyě ♦~の人材 在野人才 zàiyě réncái
さいやく【災厄】 灾祸 zāihuò; 灾难 zāinàn; 劫难 jiénàn ♦~が降りかかる 劫难临头 jiénàn líntóu
さいゆうしゅう【最優秀-の】 最优 zuìyōu; 最佳 zuìjiā ♦~選手 最佳选手 zuìjiā xuǎnshǒu ♦~映画 最佳影片 zuìjiā yǐngpiàn
さいよう【採用-する】 ❶ «採りあげる» 采用 cǎiyòng; 采纳 cǎinà; 采取 cǎiqǔ ♦~意見を~する 采纳意见 cǎinà yìjiàn ❷ «雇いいれる» 录取 lùqǔ;

录用 lùyòng ♦~试験 录取考试 lùqǔ kǎoshì ♦录取通知书 lùqǔ tōngzhīshū ♦現地~ 现场录用 xiànchǎng lùyòng

さいらい【再来】 ❶《再び来る》再来 zàilái；再次到来 zàicì dàolái ❷《生まれかわり》复生 fùshēng；再世 zàishì ♦モーツァルトの~といわれる 被誉为莫扎特再世 bèi yùwéi Mòzhātè zàishì

ざいらい【在来-の】 原有 yuányǒu；固有 gùyǒu ♦~の方法 以往的方法 yǐwǎng de fāngfǎ；土法 tǔfǎ

ざいりゅう【在留-する】 侨居 qiáojū ♦中国に~する 侨居中国 qiáojū Zhōngguó

さいりよう【再利用-する】 再次利用 zàicì lìyòng

さいりょう【最良-の】 最佳 zuìjiā；最好 zuìhǎo ♦~のパートナー 最佳伙伴 zuìjiā huǒbàn ♦生涯~の日 一生中最美好的一天 yìshēng zhōng zuì měihǎo de yì tiān

さいりょう【裁量】 酌情处理 zhuóqíng chǔlǐ；定夺 dìngduó ♦この件は君の~にまかせる 此事由你定夺 cǐ shì yóu nǐ dìngduó

ざいりょう【材料】 材料 cáiliào；原料 yuánliào ♦実験~ 实验用的材料 shíyàn yòng de cáiliào

ざいりょく【財力】 财力 cáilì

ザイル 绳索 shéngsuǒ

さいるい【催涙】 ♦~ガス 催泪瓦斯 cuīlèi wǎsī ♦~弾 催泪弹 cuīlèidàn

さいれい【祭礼】 祭礼 jìlǐ；祭祀仪式 jìsì yíshì

サイレン 警笛 jǐngdí；汽笛 qìdí ♦~を鳴らす 拉响警笛 lāxiǎng jǐngdí

サイレント ♦~ムービー 无声电影 wúshēng diànyǐng ♦~マジョリティ 沉默的大众 chénmò de dàzhòng

サイロ 简仓 tōngcāng

さいろく【採録-する】 ❶《記録》采录 cǎilù；选录 xuǎnlù ♦要旨を~する 选录要点 xuǎnlù yàodiǎn ❷《錄音》录音 lùyīn ♦野鳥の鳴き声を~する 把野鸟的鸣叫录下来 bǎ yěniǎo de míngjiào lùxiàlai

さいわい【幸い】 ❶《幸せ》幸运 xìngyùn；万幸 wànxìng ♦不幸中の~ 不幸中之幸运 búxìng zhōng zhī xìngyùn ♦お役に立てれば~です 要是对您有用的话，就万幸了 yàoshi duì nín yǒuyòng de huà, jiù wànxìng le ❷《運良く》好在 hǎozài；幸而 xìng'ér；~にも 幸亏 xìngkuī ♦~命は取りとめた 幸好抢救过来了 xìnghǎo qiǎngjiù guòlai le

サイン ❶《署名》签名 qiānmíng；签字 qiānzì；签署 qiānshǔ ♦~して下さい 请签个名 qǐng qiān ge míng ❷《合図》信号 xìnhào；暗号 ànhào ♦~を送る 打暗号 dǎ ànhào ❸《数学の》正弦 zhèngxián

サウスポー 左手投手 zuǒshǒu tóushǒu；左撇子 zuǒpiězi

サウナ 蒸汽浴 zhēngqìyù；桑那浴 sāngnàyù

サウンドトラック 声带 shēngdài

さえ 《極端な例》连 lián；甚至 shènzhì ♦私で~できる 连我都会 lián wǒ dōu huì；《唯一の条件》只要 zhǐyào ♦金~あれば行ける 只要有钱就能去 zhǐyào yǒu qián jiù néng qù

さえ【冴え】 敏锐 mǐnruì；高超 gāochāo；英明 yīngmíng ♦采配の~ 指挥英明 zhǐhuī yīngmíng

さえき【差益】 差额利益 chā'é lìyì

さえぎる【遮る】 ❶《日光などを》挡 dǎng；遮 zhē；遮蔽 zhēbì ♦日射しを~ 挡阳光 dǎng yángguāng ❷《妨げる》阻止 zǔzhǐ；拦阻 lánzǔ ♦行く手を~ 挡路 dǎng lù；拦住去路 lánzhù qùlù ♦話を~ 打岔 dǎchà；打断别人的说话 dǎduàn biéren de shuōhuà

さえずる【囀る】《鳥が》叫 jiào

さえる【冴える】 ❶《勘が》直觉敏锐 zhíjué mǐnruì ♦技が~ 手艺高超 shǒuyì gāochāo ♦気分が冴えない 情绪不佳 qíngxù bùjiā ♦目が冴えて眠れない 兴奋得睡不着 xīngfèn de shuìbuzháo ♦冴えない男 寒酸的家伙 hánsuān de jiāhuo ♦冴えた夜 清冷的夜晚 qīnglěng de yèwǎn

さお【竿〔棹〕】 竿子 gānzi ♦物干し~ 晒衣竿 shàiyīgān ♦《船で》~をさす 撑船篙 chēng chuángāo

さおさす【棹さす】 撑船 chēngchuán；《比喻的》♦時流に~ 顺应潮流 shùnyìng cháoliú

さか【坂】 斜坡 xiépō；坡道 pōdào ♦~を登る 上坡 shàngpō ♦~を下りる 下坡 xiàpō ♦《比喻的》五十の~にさしかかる《年齢》将要过五十岁大关 jiāngyào guò wǔshí suì dàguān

さかあがり【逆上がり】 卷身上 juǎnshēn shàng ♦~する 卷身上单杠 juǎn shēn shàng dāngàng

さかい【境】 界限 jièxiàn；境界 jìngjiè ♦~を接する 交界 jiāojiè；接壤 jiērǎng；接境 jiējìng ♦生死の~にある 处于生死线上 chǔyú shēngsǐxiàn shàng ♦~目 分界线 fēnjièxiàn

さかうらみ【逆恨み】 反招怨恨 fǎn zhāo yuànhèn ♦忠告したら~

れた 好心相劝反遭怨恨 hǎoxīn xiāngquàn fǎn zāo yuànhèn

さかえる【栄える】繁栄 fánróng; 兴隆 xīnglóng; 兴盛 xīngshèng

さがく【差額】差额 chā'é ♦～を支払う 支付差额 zhīfù chā'é ♦～ベッド 征收差额的病床 zhēngshōu chā'é de bìngchuáng

さかご【逆子】逆产 nìchǎn ♦～で生まれる 臀位出生 túnwèi chūshēng

さかさ【逆さ】倒 dào; 颠倒 diāndǎo; 相反 xiāngfǎn ♦～に置く 倒置 dàozhì ♦～睫(まつげ) 倒睫 dàojié

さかさま【逆様】颠倒 diāndǎo

さがしもの【捜し物】♦～をする 寻找失物 xúnzhǎo shīwù

さがす【捜す・探す】找 zhǎo; 寻找 xúnzhǎo ♦捜し回る 四处寻找 sìchù xúnzhǎo ♦捜し求める 寻求 xúnqiú ♦仕事を～ 找工作 zhǎo gōngzuò ♦犯人を～ 搜查 sōuchá

さかずき【杯】酒杯 jiǔbēi ♦別れの～ 送行酒 sòngxíngjiǔ

さかぞり【逆剃り-する】倒剃 dàotì

さかだち【逆立ち-する】倒立 dàolì

さかだて【逆立て】倒立 dàolì; 倒竖 dàoshù ♦怒りで～髪を 怒发冲冠 nù fà chōng guān

さかだる【酒樽】酒樽 jiǔzūn

さかて【逆手】❶《手の使い方》♦～に持つ 倒握 dàowò ❷《反撃》♦相手の批判を～にとる 把对方的批评为己所用 bǎ duìfāng de pīpíng wéi jǐ suǒ yòng

さかな【魚】鱼 yú ♦～の卵《食用の》鱼子 yúzǐ ♦川～ 河鱼 héyú

さかな【肴】酒肴 jiǔyáo; 酒菜 jiǔcài; 下酒 xiàjiǔ ♦人を～にする 以人为话题取乐 yǐ rén wéi huàtí qǔlè

さかなで【逆撫で-する】触怒 chùnù ♦国民感情を～する 伤害国民感情 shānghài guómín gǎnqíng

さかねじ【逆捩じ】♦～を食わせる 加以反击 jiāyǐ fǎnjī; 倒打一耙 dàodǎ yī pá

さかのぼる【溯る】♦川を～ 逆流而上 nì liú ér shàng ♦原点に～ 追本溯源 zhuī běn sù yuán ♦5世紀に～ 追溯到五世纪 zhuīsù dào wǔ shìjì

さかば【酒場】酒吧 jiǔbā

さかまく【逆巻く】《波が》翻滚 fāngǔn; 汹涌 xiōngyǒng; 翻腾 fānteng

さかみち【坂道】坡道 pōdào; 坡路 pōlù ♦～を登る[下る] 走上[走下]坡路 zǒushàng[zǒuxià] pōlù ♦～を転がり落ちる 从坡路上滚下来 cóng pōlùshang gǔnxiàlai

さかもや【酒盛】酒宴 jiǔyàn

さかや【酒屋】酒店 jiǔdiàn ♦造り～ 酿酒场 niàngjiǔchǎng

さかゆめ【逆夢】与现实相反的梦 yǔ xiànshí xiāngfǎn de mèng

さからう【逆らう】♦風に～ 顶风 dǐngfēng ♦運命に～ 与命运抗争 yǔ mìngyùn kàngzhēng ♦親に～ 顶撞父母 dǐngzhuàng fùmǔ

さかり【盛り】♦夏の～ 盛夏 shèngxià ♦桜が～だ 樱花盛开 yīnghuā shèngkāi ♦人生の盛年 rénshēng de shèngnián ♦～がつく 发情 fāqíng

さかりば【盛り場】闹市 nàoshì; 红灯区 hóngdēngqū

さがる【下がる】❶《位置·状態が》下降 xiàjiàng; 降低 jiàngdī ♦水位が～ 水位下降 shuǐwèi xiàjiàng ♦物価が～ 物价下跌 wùjià xiàdiē ♦气温が～ 气温下降 qìwēn xiàjiàng; 气温降低 qìwēn jiàngdī ♦成绩が～ 成绩下降 chéngjì xiàjiàng ❷《ぶら下がる》垂 chuí; 垂悬 chuíxuán ♦氷柱が～ 垂着冰溜子 chuízhe bīngliùzi ❸《後退する》后退 hòutuì ♦白線の内側に～ 退到白线内侧 tuìdào báixiàn nèicè ♦一歩下がって考える 退一步想 tuì yī bù xiǎng

さかん【左官】泥水匠 níshuǐjiàng; 泥瓦匠 níwǎjiàng

さかん【盛ん-な】❶《勢いがある》旺盛 wàngshèng ♦食欲が～だ 食欲旺盛 shíyù wàngshèng ♦血気～である 血气方刚 xuèqì fāng gāng ❷《元気な》健壮 jiànzhuàng; 强壮 qiángzhuàng ♦老いてますます～だ 老当益壮 lǎo dāng yì zhuàng ❸《繁盛》繁荣 fánróng; 兴隆 xīnglóng; 兴旺 xīngwàng ♦サッカーが～になる 足球运动兴旺起来 zúqiú yùndòng xīngwàng qǐlai ❹《熱心に》热烈 rèliè; 积极 jījí; 洋洋 yángyáng ♦～に拍手する 热烈鼓掌 rèliè gǔzhǎng

さがん【砂岩】砂岩 shāyán

さがん【左岸】左岸 zuǒ'àn

さき【先】❶《物の先端》尖端 jiānduān; 尖儿 jiānr; 头儿 tóur ♦ペン～ 钢笔尖儿 gāngbǐ jiānr ❷《空间的》前方 qiánfāng; 前面 qiánmiàn ♦2 軒～に住んでいる 住在两栋房前 zhùzài liǎng dòng fáng qián ♦目と鼻の～ 咫尺 yǎnqián; 近在咫尺 jìn zài zhǐ chǐ ❸《時間的》头里 tóulǐ; 今后 jīnhòu ♦お～まっくら 前途渺茫 qiántú miǎománg ❹《順序の》♦～を争う 抢先 qiǎngxiān; 争先 zhēngxiān; 争先

恐后 zhēng xiān kǒng hòu ❺《地点》◆行き→去处 qùchù ◆勤め～工作单位 gōngzuò dānwèi

さぎ【詐欺】 欺骗 qīpiàn; 诈骗 zhàpiàn ◆～に遭う 受骗 shòupiàn ◆～を働く 行骗 xíngpiàn ◆～師 骗子手 piànzishǒu; 骗子 piànzi

サギ【鷺】 鹭鸶 lùsī ◆アオ～ 苍鹭 cānglù

さきおくり【先送り-する】 延迟 yánchí; 推迟 tuīchí

さきおととい【一昨日】 大前天 dàqiántiān

さきおととし【一昨年】 大前年 dàqiánnián

さきがけ【先駆け】 先驱 xiānqū; 前驱 qiánqū ◆流行の～ 时尚的先驱 shíshàng de xiānqū ◆春の～ 春天的前兆 chūntiān de qiánzhào

さきがける【先駆ける】 当先 dāngxiān; 率先 shuàixiān

さきごろ【先頃】 前些天 qiánxiē tiān; 不久以前 bùjiǔ yǐqián

さきざき【先々】 ❶《行く末》将来 jiānglái ◆～のことを考える 考虑将来 kǎolǜ jiānglái ❷《行く場所すべて》行く～ 所到各处 suǒ dào gèchù

さきだつ【先立つ】 ❶《先になる》领先 lǐngxiān; 带头 dàitóu; 率先 shuàixiān ◆先立って寄付する 带头捐献 dàitóu juānxiàn ❷《先に死ぬ》先死 xiān sǐ ◆妻に先立たれる 妻子先死 qīzi xiān sǐ ◆親に～ 不孝无在父母之前 búxiào sǐzài fùmǔ zhī qián ❸《優先する》首要 shǒuyào ◆～物は金だ 万事钱当先 wànshì qián dāngxiān

さきっぽ【先っぽ】 尖儿 jiānr

さきどり【先取り-する】 先收 xiān shōu ◆時代を～する 抢在时代前面 qiǎng zài shídài qiánmiàn

さきのばし【先延ばし-にする】 延缓 yánhuǎn; 推迟 tuīchí ◆仕事を～にする 延缓工作 yánhuǎn gōngzuò

さきばしる【先走る】 抢先 qiǎngxiān ◆あまり～な 别太出风头 bié tài chū fēngtou

さきばらい【先払い-する】 预付 yùfù; 先付 xiān fù

さきぶれ【先触れ】 先声 xiānshēng; 前兆 qiánzhào; 预告 yùgào ◆台风の～ 台风的前兆 táifēng de qiánzhào

さきぼう【先棒】 ◆お～を担ぐ 当爪牙 dāng zhǎoyá; 充当走卒 chōngdāng zǒuzú

さきぼそり【先細り-する】 《衰える》每况愈下 měi kuàng yù xià; 日益衰

さきほど【先程】 刚才 gāngcái; 方才 fāngcái ◆～大雨が降った 刚才下了一场暴雨 gāngcái xiàle yī cháng bàoyǔ ◆～からお待ちです 已等了一会儿了 yǐ děngle yīhuìr le

さきまわり【先回り-する】 ❶《目的地に》先去 xiān qù ◆～して待つ 先去等着 xiān qù děngzhe ❷《物事を》抢先 qiǎngxiān ◆人の話を～する 抢话说 qiǎng huà shuō

さきみだれる【咲き乱れる】 盛开 shèngkāi

さきもの【先物】 期货 qīhuò ◆～值段 期货价格 qīhuò jiàgé ◆～取引 期货交易 qīhuò jiāoyì

さきゅう【砂丘】 沙丘 shāqiū

さきゆき【先行き】 前途 qiántú; 将来 jiānglái ◆～が不安だ 前途令人不安 qiántú lìng rén bù'ān

さぎょう【作業-をする】 工作 gōngzuò; 作业 zuòyè; 劳动 láodòng ◆～场 车间 chējiān; 作坊 zuōfang ◆～台 工作台 gōngzuòtái; 平台 píngtái ◆～服 工作服 gōngzuòfú ◆～流れ 流水作业 liúshuǐ zuòyè

ざきょう【座興】 余兴 yúxìng; 《比喻的に》玩笑 wánxiào

さきん【砂金】 沙金 shājīn ◆～を採る 淘金 táojīn

さきんずる【先んずる】 抢先 qiǎngxiān ◆先んずれば人を制す 先发制人 xiān fā zhì rén

さく【策】 策略 cèlüè; 计谋 jìmóu ◆～を講じる 采取对策 cǎiqǔ duìcè ◆～を練る 拟定计划 nǐdìng jìhuà

さく【柵】 栅栏 zhàlan; 围栏 wéilán

さく【裂く】 ❶《刃物で》切开 qiēkāi; 割开 gēkāi; 撕开 sīkāi ◆布を2枚に～ 把布撕成两块 bǎ bù sīchéng liǎng kuài ❷《仲を》离间 líjiàn ◆夫婦の仲を～ 挑拨离间夫妻关系 tiǎobō líjiàn fūqī guānxi

さく【割く】 《時間を》腾出 téngchū ◆時間を～ 抽工夫 chōu gōngfu

さく【咲く】 开 kāi; 开花 kāihuā ◆椿の花が咲いた 茶花开了 cháhuā kāi le

さく【作】 《作品》著作 zhùzuò; 作品 zuòpǐn ◆会心の～ 得意之作 déyì zhī zuò; 《作柄》稻の～が良い 稻子收成很好 dàozi shōuchéng hěn hǎo

さくい【作為】 作为 zuòwéi; 造作 zàozuò ◆～的な 不自然的 bú zìrán de; 做作 zuòzuo ◆～の跡がはっきりしている 造作的痕迹很明显 zàozuò de hénjī hěn míngxiān

さくいん【索引】 索引 suǒyǐn; 引得 yǐndé ◆～を引く 查索引 chá suǒ-

さくがら【作柄】年成 niánchéng; 年景 niánjǐng; 收成 shōuchéng ◆平年並の～ 和往年一样的收成 hé wǎngnián yíyàng de shōuchéng

さくがんき【削岩機】凿岩机 záoyánjī

さくげん【削減-する】减削 jiǎnxuē; 紧缩 jǐnsuō; 削减 xuējiǎn ◆経費を～する 减削经费 jiǎnxuē jīngfèi

さくご【錯誤-する】错误 cuòwù ◆時代～ 不合时代 bùhé shídài ◆試行～ 反复试验 fǎnfù shìyàn

さくさく ◆～する 脆 cuì; 酥脆 sūcuì;《擬音》沙沙 shāshā

ざくざく《擬音》沙沙 shāshā ◆砂地を～と踏み歩く 脚踩沙地沙沙响 jiǎo cǎi shādì shāshā xiǎng

さくさん【酢酸】醋酸 cùsuān

さくし【作詞-する】作词 zuòcí

さくし【策士】谋士 móushì ◆策に溺れる 聪明反被聪明误 cōngmíng fǎn bèi cōngmíng wù

さくじつ【昨日】昨日 zuórì; 昨天 zuótiān

さくしゃ【作者】作者 zuòzhě

さくしゅ【搾取-する】剥削 bōxuē; 榨取 zhàqǔ; 盘剥 pánbō ◆中間～ 中间剥削 zhōngjiān bōxuē

さくじょ【削除-する】删掉 shāndiào; 删除 shānchú

さくず【作図-する】绘制 huìzhì; 制图 zhìtú

さくせい【作成-する】《文書・計画など》编制 biānzhì; 拟定 nǐdìng;《製作》制作 zhìzuò; 制造 zhìzào ◆法案を～する 拟定法案 nǐdìng fǎ'àn

サクセスストーリー 成功的故事 chénggōng de gùshi

さくせん【作戦】作战 zuòzhàn; 战略 zhànlüè ◆～計画を立てる 拟定作战计划 nǐdìng zuòzhàn jìhuà ◆～を変更する 变更战术 biàngēng zhànshù

さくそう【錯綜-する】错综 cuòzōng; 交错 jiāocuò; 交织 jiāozhī ◆情報が～する 情报错综 qíngbào cuòzōng

さくづけ【作付け】播种 bōzhòng; 种植 zhòngzhí ◆～面積 播种面积 bōzhòng miànjī

さくてい【策定-する】制定 zhìdìng ◆計画を～する 制定计划 zhìdìng jìhuà

さくどう【策動-する】策动 cèdòng; 策划 cèhuà ◆～に乗る 中了阴谋 zhòngle yīnmóu ◆～家 阴谋家 yīnmóujiā

さくにゅう【搾乳-する】挤奶 jǐnǎi ◆～機 挤奶机 jǐnǎijī

さくねん【昨年】去年 qùnián

さくばん【昨晩】昨晚 zuówǎn; 昨天晚上 zuótiān wǎnshang

さくひん【作品】作品 zuòpǐn ◆芸術～ 艺术作品 yìshù zuòpǐn

さくふう【作風】格调 gédiào; 作风 zuòfēng; 风格 fēnggé ◆独自の～ 独特风格 dútè fēnggé

さくぶん【作文-する】作文 zuòwén ◆～の授業 写作课 xiězuòkè

さくぼう【策謀】策谋 cèmóu; 计策 jìcè ◆～を巡らす 策划 cèhuà

さくもつ【作物】作物 zuòwù; 庄稼 zhuāngjia; 农作物 nóngzuòwù ◆～を栽培する 栽培作物 zāipéi zuòwù

さくや【昨夜】昨晚 zuówǎn; 昨夜 zuóyè

サクラ【桜】❶《花の》樱花 yīnghuā ❷《客を装った》托儿 tuōr

サクラソウ【桜草】樱草 yīngcǎo

さくらん【錯乱-する】错乱 cuòluàn ◆～状態 错乱状态 cuòluàn zhuàngtài ◆精神～ 精神错乱 jīngshén cuòluàn

さくらんぼ【桜桃・桜ん坊】樱桃 yīngtao

さぐり【探り】◆～を入れる 试探 shìtan; 探口气 tàn kǒuqi; 探听 tàntīng

さぐりだす【探り出す】查出 cháchū; 探出 tànchū

さくりゃく【策略】策略 cèlüè; 计策 jìcè; 计谋 jìmóu ◆～を巡らす 玩弄策略 wánnòng cèlüè ◆～を用いる 用计 yòngjì

さぐる【探る】❶《見えないものを》摸 mō; 摸索 mōsuǒ ◆ポケットを～ 摸兜儿 mō dōur ❷《調べる》试探 shìtàn; 侦察 zhēnchá ◆敵情を～ 侦察敌情 zhēnchá díqíng ◆原因を～ 查明原因 chámíng yuányīn ◆様子を～ 探听情况 tàntīng qíngkuàng ◆糸口を～ 摸出头绪 mōchū tóuxù ❸《探訪する》探访 tànfǎng; 探索 tànsuǒ ◆秘境を～ 探索秘境 tànsuǒ mìjìng

さくれい【作例】范例 fànlì ◆～を示す 示范 shìfàn

さくれつ【炸裂-する】爆炸 bàozhà; 爆裂 bàoliè ◆爆弾が～する 炸弹爆炸 zhàdàn bàozhà

ザクロ【柘榴】石榴 shíliu ◆～石 石榴石 shíliushí

さけ【酒】酒 jiǔ ◆～におぼれる 纵酒 zòng jiǔ ◆～に酔う 酒醉 jiǔ zuì; 喝醉 hēzuì ◆～の肴 下酒菜 xiàjiǔcài; 小菜 xiǎocài ◆～をたしなむ 嗜酒 shì jiǔ ◆～を飲む 喝酒 hē jiǔ ◆～を温める 筛 shāi; 烫酒 tàng jiǔ

♦～を勧める《宴席で》劝酒 quàn jiǔ ♦～癖が悪い 喝了酒就不像样 hēle jiǔ jiù bú xiàngyàng；酒德不好 jiǔdé bùhǎo

サケ【鮭】鲑鱼 guīyú；大麻哈鱼 dàmáhāyú

さけかす【酒粕】酒糟 jiǔzāo

さけがたい【避け難い】难免 nánmiǎn；免不了 miǎnbuliǎo ♦武力衝突は～ 难免武装冲突 nánmiǎn wǔzhuāng chōngtū

さげすむ【蔑む】蔑视 mièshì；轻蔑 qīngmiè；鄙薄 bǐbó ♦～ような目つき 鄙夷的目光 bǐyí de mùguāng

さけのみ【酒飲み】酒鬼 jiǔguǐ；酒徒 jiǔtú

さけび【叫び】呼声 hūshēng；叫声 jiàoshēng ♦魂の～ 灵魂的呼唤 línghún de hūhuàn

さけぶ【叫ぶ】❶《大声で》喊 hǎn；叫喊 jiàohǎn；叫唤 jiàohuan ❷《主張する》呼喊 hūhǎn；呼吁 hūyù

さけめ【裂け目】裂口 lièkǒu；裂缝 lièfèng

さける【避ける】避 bì；避开 bìkāi；躲避 duǒbì ♦人目を～ 躲人眼目 duǒ rén yǎnmù ♦混雑を～ 避开拥挤 bìkāi yōngjǐ ♦コメントを～ 暂不评论 zàn bù pínglùn ♦自動車を～ 躲开汽车 duǒkāi qìchē

さける【裂ける】裂 liè；裂开 lièkāi；破裂 pòliè ♦シャツが裂けた 衬衫破了 chènshān pò le ♦口が裂けても言えない 死也不说 sǐ yě bù shuō

さげる【下げる】❶《位置や程度を》降低 jiàngdī；降下 jiàngxià ♦頭を～ 低头 dītóu ♦温度を～ 降低温度 jiàngdī wēndù ♦テレビのボリュームを～ 把电视音量调小 bǎ diànshì yīnliàng tiáo xiǎo ❷《値段・価値を》卖价を～ 降低售价 jiàngdī shòujià ♦格付けを～ 降级 jiàngjí ♦男を～ 丢脸 diūliǎn ❸《つるす》挂 guà；吊 diào ♦看板を～ 挂招牌 guà zhāopái ♦《後方へ動かす》后撤 hòuchè ♦部隊を～ 撤退部队 chètuì bùduì ♦膳を～ 撤下碗筷 chèxià wǎnkuài

さげる【提げる】拎 līn；提 tí ♦かばんを～ 拎提包 līn tíbāo

さげん【左舷】左舷 zuǒxián ♦～前方 左舷前方 zuǒxián qiánfāng

ざこ【雑魚】小杂鱼 xiǎozáyú；《比喻的に》小人物 xiǎorénwù

ざこう【座高】坐高 zuògāo

さこく【鎖国】锁国 suǒguó ♦～令 海禁 hǎijìn ♦～政策 锁国政策 suǒguó zhèngcè

さこつ【鎖骨】锁骨 suǒgǔ

ざこつ【座骨】坐骨 zuògǔ ♦～神经 坐骨神经 zuògǔ shénjīng

ササ【笹】细竹 xìzhú；矮竹 ǎizhú

ささい【些細-な】细小 xìxiǎo；细碎 xìsuì；轻微 qīngwēi ♦～な問題 微不足道的问题 wēibùzúdào de wèntí ♦～な損失 轻微的损失 qīngwēi de sǔnshī

ささえ【支え】支架 zhījià；支柱 zhīzhù；支子 zhīzi ♦心の～を失う 失去精神支柱 shīqù jīngshén zhīzhù

サザエ【栄螺】蝾螺 róngluó

ささえる【支える】❶《物を》撑 chēng；顶 dǐng；托 tuō ♦柱で～ 用柱子支住 yòng zhùzi zhīzhù ❷《維持する》支撑 zhīchēng；支持 zhīchí；挽扶 chānfú ♦支えきれない 维持不了 wéichíbuliǎo ♦一家を～ 养家 yǎngjiā

ささくれる 起毛 qǐ máo ♦指が～ 手指起肉刺 shǒuzhǐ qǐ ròucì

ササゲ【大角豆】豇豆 jiāngdòu

ささげる【捧げる】❶《高く上げる》擎 qíng；捧 pěng ♦両手を～ 举起双手 jǔqǐ shuāngshǒu ❷《神仏や目上に差し上げる》献 xiàn；供 gòng ♦祈りを～ 敬祝 jìngzhù ❸《与える》献出 xiànchū；奉献 fèngxiàn ♦一生を本づくりに～ 为出版事业奉献一生 wèi chūbǎn shìyè fèngxiàn yìshēng

ささつ【査察-する】检查 jiǎnchá ♦核～ 核查[核武器检查] héchá [héwǔqì jiǎnchá]

さざなみ【細波［漣］】涟漪 liányī；微波 wēibō；波纹 bōwén ♦～が立つ 微波荡漾 wēibō dàngyàng

さざめく 喧闹 xuānnào ♦笑い～ 说说笑笑 shuōshuōxiàoxiào

ささめゆき【細雪】微雪 wēixuě

ささやか【細やか-な】微小 wēixiǎo ♦～贈り物 薄礼 bólǐ

ささやき【囁き】私语 sīyǔ；耳语 ěryǔ ♦～声 耳语声 ěryǔ shēng ♦悪魔の～ 恶魔的私语 èmó de sīyǔ

ささやく【囁く】低语 dīyǔ；耳语 ěryǔ；私语 sīyǔ ♦恋を～ 谈恋爱 tán liàn'ài

ささる【刺さる】刺入 cìrù；扎 zhā ♦矢が～ 箭头刺入 jiàntóu cìrù ♦言葉が胸に～ 话语刺心 huàyǔ cì xīn ♦手にトゲが刺った 手上扎了一根刺儿 shǒushang zhāle yì gēn cìr

サザンカ【山茶花】茶梅 cháméi

さじ【些［瑣］事】琐事 suǒshì ♦～にこだわる 拘泥于琐事 jūnìyú suǒshì

さじ【匙】匙子 chízi；小勺 xiǎosháo ♦～を投げる 放弃 fàngqì；无可救药 wú kě jiù yào

ざし【座視-する】坐视 zuòshì ♦～す

るに忍びない 不忍坐视 bùrěn zuòshì

さしあげる【差し上げる】 ❶《高く上げる》举 jǔ；擎 qíng ♦高々と～ 高高地举起 gāogāo de jǔqǐ ❷《与える》赠送 zèngsòng；给 gěi；敬奉 jìngfèng ♦お礼を～ 送礼 sònglǐ

さしあたり【差し当たり】 暂且 zànqiě；权且 quánqiě

さしいれ【差し入れ-する】 送慰劳品 sòng wèiláopǐn

さしえ【挿し絵】 插画 chāhuà；插图 chātú ♦～を入れる 加上插图 jiāshàng chātú ♦～画家 插图画家 chātú huàjiā

さしおく【差し置く】 撇开 piēkāi；抛开 pāokāi；搁置 gēzhì ♦余谈是差し置いて 撇开闲话 piēkāi xiánhuà ♦先輩を差し置いて 忽视前辈 hūshì qiánbèi

さしおさえ【差し押さえ】 扣押 kòuyā ♦～命令 扣押命令 kòuyā mìnglìng

さしおさえる【差し押さえる】 扣 kòu；扣押 kòuyā；查封 cháfēng ♦財产を～ 查封财产 cháfēng cáichǎn

さしかえる【差し替える】 更换 gēnghuàn；取代 qǔdài ♦記事を～ 更换消息 gēnghuàn xiāoxi

さしかかる【差し掛かる】 临近 línjìn；接近 jiējìn ♦坂道に～ 临近坡道 línjìn pōdào ♦山場に～ 接近顶点 jiējìn dǐngdiǎn

さしかける【差し掛ける】 从上遮盖 cóng shàng zhēgài ♦客に傘を～ 给宾客打伞 gěi bīnkè dǎsǎn

さしがね【差し金】 ❶角尺 jiǎochǐ；❷教唆 jiàosuō；引诱 yǐnyòu ♦また君の～だろう 又是你的唆使吧 yòu shì nǐ de suōshǐ ba

さしき【挿し木】 插条 chātiáo ♦～する 扦插 qiānchā；插枝 chāzhī

さじき【桟敷】 看台 kàntái ♦天井～ 顶层楼座 dǐngcéng lóuzuò

ざしき【座敷】 日式房间 Rìshì fángjiān ♦～に通す 让进客厅 ràng jìn kètīng

さしきず【刺し傷】 刺伤 cìshāng

さしこ【刺し子】 衲的厚布片 nà de hòubùpiàn

さしこみ【差し込み】 ❶《コンセント》 插座 chāzuò ❷《プラグ》 插头 chātóu；插销 chāxiāo ♦～口 插口 chākǒu；插座 chāzuò ❸《痛み》 绞痛 jiǎotòng；剧痛 jùtòng ♦～が起きた 感到一阵绞痛 gǎndào yízhèn jiǎotòng

さしこむ【差し込む】 ❶《挿入》 插 chā；插入 chārù ♦鍵を～ 插进钥匙 chājìn yàoshi ❷《光が》射入 shèrù ♦朝日が～ 朝阳射进来 zhāoyáng shèjìnlái ❸《胃腸が激しく痛む》 绞痛 jiǎotòng

さしさわり【差し障り】 妨碍 fáng'ài；阻碍 zǔ'ài；障碍 zhàng'ài ♦～がない 没有妨碍 méiyǒu fáng'ài ♦～が生じる 出现障碍 chūxiàn zhàng'ài

さししめす【指し示す】 指出 zhǐchū；指点 zhǐdiǎn；指画 zhǐhuà

さしず【指図-する】 指示 zhǐshì；指挥 zhǐhuī；吩咐 fēnfù ♦～を求める 请示 qǐngshì ♦～を受ける 接受指示 jiēshòu zhǐshì ♦あごで～する 颐指气使 yí zhǐ qì shǐ

さしずめ ❶《結局》总之 zǒngzhī ❷《いまのところ》目前 mùqián；眼下 yǎnxià ♦～金には困らない 眼下钱不紧张 yǎnxià qián bù jǐnzhāng

さしせまる【差し迫る】 迫近 pòjìn；逼近 bījìn ♦締め切りが差し迫っている 截止期迫近了 jiézhǐqī pòjìn le

さしだしにん【差出人】 发信人 fāxìnrén

さしだす【差し出す】 ❶《前方へ》 伸出 shēnchū ♦手を～ 伸出手 shēnchū shǒu ❷《提供》 献出 xiànchū ♦命を～ 献身 xiànshēn ❸《提出》 提出 tíchū ♦書類を～ 提出文件 tíchū wénjiàn ❹《発送》 寄出 jìchū；发出 fāchū ♦案内状を～ 发出请帖 fāchū qǐngtiě

さしちがえる【刺し違える】 对刺 duìcì ♦彼と一覚悟だ 要跟他拼 yào gēn tā pīn

さしつかえ【差し支え】 妨碍 fáng'ài ♦～ない 没有妨碍 méiyǒu fáng'ài；没关系 méi guānxi；不妨 bùfáng ♦～なければお話し願えますか 若是无妨，请说出来好吗 ruòshì wúfáng, qǐng shuōchūlái hǎo ma ♦日常生活には～ない 对日常生活无妨碍 duì rìcháng shēnghuó wú fáng'ài

さしつかえる【差し支える】 妨碍 fáng'ài ♦仕事に～ 妨碍工作 fáng'ài gōngzuò

さして【指し手】 ❶《将棋》棋步 qíbù ❷《人》棋手 qíshǒu

さして…ではない 没那么 méi nàme；不怎么 bù zěnme ♦～困らない 并不那么难办 bìng bú nàme nánbàn

さしでがましい【差し出がましい】 多管闲事 duō guǎn xiánshì；越分 yuèfèn

さしぐち【差し出口】 ♦～をたたく 多嘴 duōzuǐ

さしとめる【差し止める】 禁止 jìnzhǐ；不许 bùxǔ ♦発売を～ 禁止销售 jìnzhǐ xiāoshòu

さしのべる【差し伸べる】 伸出 shēnchū ♦手を～ 伸手 shēnshǒu ♦救いの手を～ 伸出救助之手 shēnchū jiùzhù zhī shǒu

さしば【差し歯】 装接的假牙 zhuāngjiē de jiǎyá

さしはさむ【差し挟む】 夹 jiā ♦口を～ 插嘴 chāzuǐ ♦疑いを～余地がない 不容怀疑 bùróng huáiyí

さしひかえる【差し控える】 ❶《そばに》伺候 cìhou；等候 děnghòu ❷《控え目にする》暂停 zàntíng；节制 jiézhì；控制 kòngzhì ♦飲酒を～ 节制喝酒 jiézhì hējiǔ ❸《遠慮する》避免 bìmiǎn ♦コメントを～ 免作评价 miǎn zuò píngjià

さしひき【差し引き】 扣除 kòuchú；～勘定 差额结算 chā'é jiésuàn ♦～ゼロになる 扣除抵消 kòuchú dǐxiāo

さしひく【差し引く】 扣 kòu；扣除 kòuchú ♦給与から保険料を～ 从工资中扣除保险费 cóng gōngzī zhōng kòuchú bǎoxiǎnfèi

さしまわす【差し回す】 派遣 pàiqiǎn ♦迎えの車を～ 派车迎接 pài chē yíngjiē

さしみ【刺身】 生鱼片 shēngyúpiàn ♦平目の～ 比目鱼生鱼片 bǐmùyú shēngyúpiàn

さしむかい【差し向かい】 对坐 duìzuò ♦～で飲む 对酌 duìzhuó

さしむける【差し向ける】 派遣 pàiqiǎn；发派 fāpài ♦救助を～ 发出救援 fāchū jiùyuán

さしもどす【差し戻す】 发还 fāhuán；退交 tuìjiāo

さしもの【指し物】 装饰物 zhuāngshìwù ♦～師 家具木匠 jiājù mùjiang

さしゅ【詐取-する】 骗 piàn；诈取 zhàqǔ

さしょう【些少-の】 少许 shǎoxǔ ♦～ですがお受け取りを 东西不多，请收下 dōngxi bù duō, qǐng shōuxià

さしょう【査証】 签证 qiānzhèng

さしょう【詐称-する】 虚报 xūbào；谎报 huǎngbào ♦年齢を～ 虚报年龄 xūbào niánlíng ♦経歴を～ 谎报经历 huǎngbào jīnglì

ざしょう【座礁-する】 触礁 chùjiāo

さじょうのろうかく【砂上の楼閣】 空中楼阁 kōngzhōng lóugé

さしわたし【差し渡し】 直径 zhíjìng

さじん【砂塵】 灰沙 huīshā；沙尘 shāchén

さしんぼう【左心房】 左心房 zuǒxīnfáng

さす【砂州】 沙滩 shātān；沙洲 shāzhōu

さす【刺す】 ❶《蚊やノミなどが》叮 dīng ❷《毒虫が》蜇 zhē ❸《刃物で》扎 zhā；攮 nǎng；刺 cì ♦《刺激》舌を～ 扎舌头 zhā shétou ♦～ような針刺似的 xiàng zhēncì shìde ♦鼻を～臭い 刺鼻的臭味儿 cìbí de chòuwèir ❺《心を～ 胸を～言葉 刺心的话 cìxīn de huà

さす【指す】 ❶《示す》指 zhǐ；指示 zhǐshì ♦時針の針が 3 時を指している 时针指着三点 shízhēn zhǐzhe sāndiǎn ❷《意味する》♦誰のことを指しているんですか 指的是谁 zhǐ de shì shéi ❸《目指す》指向 zhǐxiàng；向 xiàng ♦南を指して旅立つ 向南出发 xiàng nán chūfā ❹《密告》♦警察に～ 向警察告密 xiàng jǐngchá gàomì

さす【差す】 ❶《注ぐ》♦目薬を～ 上眼药 shàng yǎnyào ♦油を～ 上油 shàng yóu ❷《色をつける》♦紅を～ 抹口红 mǒ kǒuhóng ❸《気分が生じる》♦眠気が～ 产生睡意 chǎnshēng shuìyì；发困 fākùn ♦魔が～ 中魔 zhòngmó；鬼迷心窍 guǐ mí xīn qiào ❹《帯びる》♦頬に赤みが～ 脸上发红 liǎnshàng fāhóng ❺《高くかざす》打 dǎ ♦傘を～ 打伞 dǎsǎn ❻《満ちる》♦潮が～ 潮水上涨 cháoshuǐ shàngzhǎng

さす【射す】 照射 zhàoshè；射 shè ♦日が～ 日光照射 rìguāng zhàoshè

さす【挿す】 插 chā ♦花瓶に花を～ 把花插进花瓶里 bǎ huā chājìn huāpíngli

さすが【流石に-】 ❶《そういうものの》到底 dàodǐ ♦～に嫌とは言えなかった 到底没说出来 dàodǐ méi shuōchūbùlái ♦～に彼も怒り出した 就连他都发怒了 jiù lián tā dōu fānù le ❷《いかにもやはり》还是 háishi；不愧 búkuì ♦～ベテランだ 不愧为老手啊 búkuì wéi lǎoshǒu a ❸《さしもの》～の弁護士さえ手上げだ 就连著名律师都毫无办法 jiù lián zhùmíng lǜshī dōu háowú bànfǎ

さずかる【授かる】 被授予 bèi shòuyǔ ♦子宝を～ 天赐贵子 tiān cì guìzǐ

さずける【授ける】 ❶《与える》授予 shòuyǔ；赏赐 shǎngcì ♦学位を～ 授予学位 shòuyǔ xuéwèi ♦勲章を～ 授予勋章 shòuyǔ xūnzhāng ❷《伝授》传授 chuánshòu ♦極意を～ 传授秘诀 chuánshòu mìjué ♦知恵を～ 出主意 chū zhǔyi

サスペンス 悬念 xuánniàn；使人紧张的 shǐ rén jǐnzhāng de ♦～映

画 惊险影片 jīngxiǎn yǐngpiàn

サスペンダー 背带 bèidài；吊裤带 diàokùdài

さすらう【流離う】 流荡 liúdàng；流浪 liúlàng；漂泊 piāobó

さする【摩[擦]る】 抚摩 fǔmó；揉 róu；摩磨 mó mó ◆背中を～ 摩挲后背 mósuō hòubèi

ざせき【座席】 位子 wèizi；座位 zuòwèi；席位 xíwèi；《船や飛行機の》舱位 cāngwèi ◆～に着く 入坐 rùzuò ◆～の順序 席次 xícì ◆～を譲る 让座位 ràng zuòwèi ◆～を予約する 订坐儿 dìng zuòr

させつ【左折-する】 左转 zuǒzhuǎn；往左拐 wǎng zuǒ guǎi ◆次の角を～して下さい 在下一个拐角儿往左拐 zài xià yí ge guǎijiǎor wǎng zuǒ guǎi ◆～禁止 禁止向左转弯 jìnzhǐ xiàng zuǒ zhuǎnwān

ざせつ【挫折-する】 受挫 shòucuò；挫折 cuòzhé ◆～感 受挫感 shòucuògǎn ◆～を味わう 尝到挫折的苦头 chángdào cuòzhé de kǔtou

させる 叫 jiào；使 shǐ；让 ràng ◆子供に勉強～ 让孩子学习 ràng háizi xuéxí ◆読書～ 让读书 ràng dúshū ◆おまえの勝手にはさせないよ 不能由着你 bù néng yóuzhe nǐ

させん【左遷-する】 降职 jiàngzhí；贬职 biǎnzhí；贬谪 biǎnzhé

ざぜん【坐禅】 ◆～を組む 坐禅 zuòchán；打坐 dǎzuò

さぞ【嘸】 想必 xiǎngbì；一定 yídìng；可能 kěnéng ◆～お疲れでしょう 想必累了吧 xiǎngbì lèi le ba

さそい【誘い】 《勧誘》劝诱 quànyòu；引诱 yǐnyòu；《招待》邀请 yāoqǐng ◆～を断る 拒绝邀请 jùjué yāoqǐng ◆～に乗る 应邀 yìngyāo ◆～を受ける 接到邀请 jiēdào yāoqǐng

さそいこむ【誘い込む】 引诱 yǐnyòu ◆悪の道へ～ 引向邪道 yǐnxiàng xiédào

さそう【誘う】 ❶《連れ出す》约 yuē ◆人をドライブに～ 约人去兜风 yuē rén qù dōufēng ❷《引き起こす》招引 zhāoyǐn；引起 yǐnqǐ ◆涙を～ 催人泪下 cuī rén lèi xià ◆春風に誘われる 被春风引动 bèi chūnfēng yǐndòng ❸《誘惑》引诱 yǐnyòu ◆悪の道に～ 引入邪路 yǐnrù xiélù

ざぞう【座像】 坐像 zuòxiàng

サソリ【蠍】 蝎子 xiēzi ◆～座 天蝎座 tiānxiēzuò

さた【沙汰】 ◆追って～する 日后通知 rìhòu tōngzhī ◆正気の～ではない 简直不是正常行为 jiǎnzhí búshì zhèngcháng xíngwéi ◆地獄の～も

金次第 有钱能使鬼推磨 yǒu qián néng shǐ guǐ tuīmò

さだまる【定まる】 ❶《決定》定局 dìngjú；决定 juédìng ◆方针が～ 方针已定 fāngzhēn yǐ dìng ❷《安定》稳定 wěndìng；固定 gùdìng ◆天下が～ 天下安定 tiānxià āndìng

さだめ【定め】 ❶《規則》规定 guīdìng ❷《運命》命运 mìngyùn；定数 dìngshù

さだめし【定めし】 想必 xiǎngbì；一定 yídìng

さだめる【定める】 ❶《制定》制定 zhìdìng ◆法律を～ 制定法律 zhìdìng fǎlǜ ❷《安定させる》固定 gùdìng ◆ねらいを～ 瞄准 miáozhǔn ◆住居を～ 定居 dìngjū

ざだん【座談-する】 座谈 zuòtán ◆～会 座谈会 zuòtánhuì

さち【幸】 ❶《幸せ》幸福 xìngfú；幸运 xìngyùn ◆あれと祈る 祝你幸福 zhù nǐ xìngfú ❷《食べ物》美味食品 měiwèi shípǐn ◆山の～海の～ 山珍海味 shānzhēn hǎiwèi

ざちょう【座長】 主席 zhǔxí；《劇団の》领班人 lǐngbānrén；团长 tuánzhǎng

さつ【札】 钞票 chāopiào；票子 piàozi ◆～入れ 皮夹子 píjiāzi ◆～びらを切る 挥金如土 huī jīn rú tǔ

さつ【冊】 册 cè ◆1～の本 一本书 yì běn shū

ざつ【雑-な】 粗糙 cūcāo；粗疏 cūshū ◆～な造り 粗制滥造 cū zhì làn zào ◆仕事が～だ 办事太粗心 bànshì tài cūxīn

さつい【殺意】 杀机 shājī ◆～を抱く 胸怀杀机 xiōnghuái shājī；存心害人 cúnxīn hàirén

さつえい【撮影-する】 拍摄 pāishè；摄影 shèyǐng；照相 zhàoxiàng ◆～技師 摄影师 shèyǐngshī ◆～所 电影制片厂 diànyǐng zhìpiànchǎng ◆記念～をする 照纪念相 zhào jìniànxiàng

ざつえき【雑役】 杂务 záwù；勤杂 qínzá ◆～夫 勤杂工 qínzágōng

ざつおん【雑音】 杂音 záyīn；噪声 zàoshēng；噪音 zàoyīn

さっか【作家】 作家 zuòjiā ◆陶芸～ 陶艺家 táoyìjiā ◆映像～ 影像作家 yǐngxiàng zuòjiā

ざっか【雑貨】 杂货 záhuò ◆～屋 杂货铺 záhuòpù

サッカー 足球 zúqiú ◆～ブーム 足球热 zúqiúrè

さつがい【殺害-する】 杀害 shāhài ◆～される 受害 shòuhài；遇害 yùhài；遇难 yùnàn

さっかく【錯覚】 错觉 cuòjué ◆目の

ざつがく ― ざっとう

ざつがく【雑学】 杂学 záxué

ざっかん【雑感】 杂感 zágǎn

さっき【殺気】 杀气 shāqì ♦～を帯びる 带着杀气 dàizhe shāqì; 杀气腾腾 shāqì téngténg ♦～立った態度 凶狠的气势 xiōnghěn de qìshì

ざっき【雑記】 杂记 zájì ♦～帳 杂记本 zájìběn

さっきゅう【早急-に】 火速 huǒsù; 火急 huǒjí; 紧急 jǐnjí ♦～に連絡する 火速联络 huǒsù liánluò ♦～の対応 火速对应 huǒsù duìyìng

ざっきょ【雑居-する】 杂居 zájū ♦～ビル 杂居大楼 zájū dàlóu

さっきょく【作曲-する】 作曲 zuòqǔ; 配曲 pèiqǔ; 谱写 pǔxiě ♦～家 作曲家 zuòqǔjiā

さっきん【殺菌-する】 杀菌 shājūn; 灭菌 mièjūn ♦低温～ 低温消毒 dīwēn xiāodú

サック ❶《入れもの》 套儿 tàor; 套子 tàozi ♦指～ 手指套 shǒuzhǐtào ❷《コンドーム》 避孕套 bìyùntào

ザック 背包 bèibāo; 登山包 dēngshānbāo

サックス 萨克斯管 sàkèsīguǎn

ざっくばらん-な 坦率 tǎnshuài; 心直口快 xīn zhí kǒu kuài ♦～に言う 坦率地说 tǎnshuài de shuō

ざっこく【雑穀】 杂粮 záliáng; 粗粮 cūliáng

さっこん【昨今】 最近 zuìjìn; 近来 jìnlái ♦～の若者文化 最近的青年文化 zuìjìn de qīngnián wénhuà

さっさと 赶快 gǎnkuài; 迅速地 xùnsù de ♦～片付ける 赶快收拾 gǎnkuài shōushi ♦～失せろ 快给我滚 kuài gěi wǒ gǔn

さっし【冊子】 册子 cèzi; 本子 běnzi ♦小～ 小册子 xiǎocèzi

さっし【察し】 觉察 juéchá ♦～がつく 察觉到 chájuédào ♦～が良い 善于推测 shànyú tuīcè

サッシ 框格 kuànggé ♦アルミ～ 铝制窗框 lǚzhì chuāngkuàng

ざっし【雑誌】 杂志 zázhì; 刊物 kānwù ♦月刊～ 月刊 yuèkān ♦～社 杂志社 zázhìshè

ざつじ【雑事】 琐事 suǒshì

ざっしゅ【雑種】 杂交种 zájiāozhǒng; 杂种 zázhǒng

ざっしゅうにゅう【雑収入】 杂项收入 záxiàng shōurù

さっしょう【殺傷-する】 残害 cánhài; 杀伤 shāshāng

ざっしょく【雑食-の】 杂食 záshí ♦～動物 杂食动物 záshí dòngwù

さっしん【刷新-する】 革新 géxīn; 刷新 shuāxīn ♦人事の～ 人事更新 rénshì gēngxīn

さつじん【殺人】 杀人 shārén ♦～を犯す 犯杀人罪 fàn shārénzuì ♦～事件 命案 mìng'àn; 血案 xuè'àn

さっする【察する】 推测 tuīcè; 推想 tuīxiǎng; 觉察 juéchá

ざつぜん【雑然-と】 丛杂 cóngzá; 杂乱无章 zá luàn wú zhāng; 乱七八糟 luàn qī bā zāo ♦～とした部屋 乱七八糟的房间 luàn qī bā zāo de fángjiān

さっそう【颯爽-と】 飒爽 sàshuǎng ♦～と歩く 飒爽行进 sàshuǎng xíngjìn ♦～としている 够帅的 gòu shuài de

ざっそう【雑草】 杂草 zácǎo

さっそく【早速】 立即 lìjí; 立刻 lìkè; 马上 mǎshàng ♦～返事をする 立即回音 lìjí huíyīn

ざった【雑多-な】 丛杂 cóngzá; 繁多 fánduō; 猥杂 wěizá ♦種々～な 种类杂多 zhǒnglèi záduō

ざつだん【雑談-する】 闲话 xiánhuà; 闲谈 xiántán; 聊天儿 liáotiānr ♦～はやめて本題にもどろう 闲话少说, 书归正传 xiánhuà shǎo shuō, shūguī zhèngzhuàn

さっち【察知-する】 察觉 chájué; 觉察 juéchá

さっちゅうざい【殺虫剤】 杀虫剂 shāchóngjì; 杀虫药 shāchóngyào

さっと ❶《突然》 突然 tūrán; 忽然 hūrán ♦～雨が降ってきた 一阵雨忽然下起来了 yízhèn yǔ hūrán xiàqǐlai le ❷《すばやく》 一下子 yíxiàzi; 飞快 fēikuài ♦～逃げた 一溜烟逃跑了 yíliùyān táopǎo le ♦～身をかわす 闪身 shǎnshēn

ざっと 粗略地 cūlüè de; 大致 dàzhì ♦～計算する 约计 yuējì; 大概计算 dàgài jìsuàn ♦～見積もって 约略估算 yuēlüè gūsuàn ♦～目を通す 浏览 liúlǎn; 粗略过目 cūlüè guòmù

さっとう【殺到-する】 涌来 yǒnglái; 蜂拥而来 fēng yōng ér lái; 纷纷而来 fēnfēn ér lái ♦注文が～する 订购纷纷而来 dìnggòu fēnfēn ér lái ♦ファンが～する 追星族涌来 zhuīxīngzú yǒnglái

ざっとう【雑踏】 混乱拥挤 hùnluàn yōngjǐ ♦～にまぎれる 混入杂乱的人群 hùnrù záluàn de rénqún ♦都

～看错 kàncuò ♦～を起こす 产生错觉 chǎnshēng cuòjué ♦自分が偉いと～する 以为自己了不起 yǐwéi zìjǐ liǎobuqǐ

会の～ 都市的混乱拥挤 dūshì de hùnluàn yōngjǐ

ざつねん【雑念】 杂念 zániàn ♦～を振り払う 屏除杂念 bǐngchú zániàn

ざっぱく【雑駁-な】 散漫的 sǎnmàn de; 无系统的 wú xìtǒng de ♦～な知識 杂乱的知识 záluàn de zhīshi

さつばつ【殺伐-たる】 杀气腾腾 shāqì téngténg ♦～とした風景 荒凉的景象 huāngliáng de jǐngxiàng

さっぱり ❶《すっきり》利落 lìluo; 整洁 zhěngjié ♦爽快 shuǎngkuài ♦シャワーを浴びて～した 洗个淋浴感觉很爽快 xǐ ge línyù gǎnjué hěn shuǎngkuài ♦～した人柄 爽快的性格 shuǎngkuài de xìnggé ❷《あっさり》清淡 qīngdàn ♦～した味 清淡的味道 qīngdàn de wèidao ❸《まったく》全然 quánrán; 完全 wánquán ♦～わからない 完全不懂 wánquán bù dǒng

ざっぴ【雑費】 杂费 záfèi

ざっぷ【雑品】 杂物 záwù

さっぷうけい【殺風景-な】 杀风景 shā fēngjǐng; 冷冷清清 lěnglěngqīngqīng; 平淡无奇 píngdàn wú qí ♦～な部屋 冷冷清清的房间 lěnglěngqīngqīng de fángjiān

ざつぶん【雑文】 小文章 xiǎo wénzhāng

サツマイモ【薩摩芋】 白薯 báishǔ; 甘薯 gānshǔ; 地瓜 dìguā

ざつむ【雑務】 杂务 záwù

ざつよう【雑用】 杂事 záshì; 零活儿 línghuór; 杂务 záwù ♦～に追われる 忙于杂务 mángyú záwù

さつりく【殺戮-する】 杀戮 shālù; 屠杀 túshā

さて 却说 quèshuō; 那么 nàme ♦～, 困ったな 哎呀, 这可怎么办好呢 āiyā, zhè kě zěnme bàn hǎo ne ♦～出かけるとするか 那么走吧 nàme zǒu ba

さてい【査定-する】 审定 shěndìng; 核实 héshí

サディスト 性虐待狂者 xìngnüèdàikuángzhě

サディズム 性虐待狂 xìngnüèdàikuáng

さておき【扨置き】 暂且不提 zànqiě bù tí ♦何は～ 首先 shǒuxiān

さてさて 哎呀呀 āiyāyā ♦～, 困ったことになった 哎呀呀, 麻烦了 āiyāyā, máfan le

さてつ【砂鉄】 铁砂 tiěshā

さてつ【蹉跌】 挫折 cuòzhé; 失败 shībài ♦～をきたす 招致挫折 zhāozhì cuòzhé

サテライト 卫星 wèixīng ♦～スタジオ 卫星转播站 wèixīng zhuǎn-bōzhàn

サテン【布地】 缎子 duànzi

さと【里】 ❶《人里》村庄 cūnzhuāng ❷《実家・ふるさと》娘家 niángjia; 老家 lǎojiā ♦～心がつく 想家 xiǎngjiā; 思乡 sīxiāng ♦～に帰る 还乡 huánxiāng

サトイモ【里芋】 芋头 yùtou; 芋艿 yùnǎi

さとおや【里親】 养父母 yǎngfùmǔ

さとがえり【里帰り-する】 回娘家 huí niángjia

さとかた【里方】 娘家 niángjia

さとご【里子】 ♦～に出す 寄养 jìyǎng

さとす【諭す】 教导 jiàodǎo; 告诫 gàojiè; 晓谕 xiǎoyù ♦無作法を～ 对无礼行为施行教育 duì wúlǐ xíngwéi shīxíng jiàoyù

さとり【悟り】 悟性 wùxìng; 理解 lǐjiě; 醒悟 xǐngwù ♦～を開く 大彻大悟 dà chè dà wù; 悟道 wùdào

さとる【悟る】 领会 lǐnghuì; 省悟 xǐngwù; 觉察 juéchá ♦先方の意を～ 领会对方意图 lǐnghuì duìfāng yìtú ♦《仏教で》开悟 kāiwù

サドル 鞍座 ānzuò; 座子 zuòzi

さなえ【早苗】 稻秧 dàoyāng; 幼苗 yòumiáo

さながら【宛ら】 宛然 wǎnrán; 俨然 yǎnrán; 仿佛 fǎngfú ♦実戦～ 宛如实战一样 wǎnrú shízhàn yíyàng ♦～絵のよう 如画一般 rú huà yìbān

さなぎ【蛹】 蛹 yǒng

サナトリウム 疗养院 liáoyǎngyuàn

さは【左派】 左派 zuǒpài

サバ【鯖】 鯖鱼 qīngyú; 鲐鱼 táiyú

さはい【差配-する】 经管 jīngguǎn

さばき【裁き】 审判 shěnpàn ♦～を受ける 受审 shòushěn

さばく【砂漠】 沙漠 shāmò ♦ゴビ～ 戈壁沙漠 gēbì shāmò

さばく【裁く】 审判 shěnpàn; 裁判 cáipàn

さばく【捌く】 ❶《整理・処理》处理 chǔlǐ ♦在庫品を～ 处理库存 chǔlǐ kùcún ♦混乱を～ 治理混乱 zhìlǐ hùnluàn ❷《手で扱いこなす》♦手綱を～ 操纵缰绳 cāozòng jiāng-

shéng ❸《料理で》◆魚を〜 把鱼切成片 bǎ yú qiēchéng piàn
さばけた【捌けた】 开通 kāitōng; 通情达理 tōng qíng dá lǐ
さばける【捌ける】 ❶《はける》销 光 xiāoguāng; 畅销 chàngxiāo ❷《乱れが直る》整理好 zhěnglǐ hǎo ◆渋滞が〜 堵车已畅通 dǔchē yǐ chàngtōng
さばさば 痛快 tòngkuài ◆気持が〜する 轻松愉快 qīngsōng yúkuài ◆〜した性格 爽快的性格 shuǎngkuai de xìnggé
さはんじ【茶飯事】 家常便饭 jiācháng biànfàn ◆日常〜 日常小事 rìcháng xiǎoshì; 平常事 píngchángshì
さび【錆】 锈 xiù ◆〜る 锈 xiù; 生锈 shēngxiù ◆身から出た〜 咎由自取 jiù yóu zì qǔ
さび【寂】 古雅 gǔyǎ; 古色古香 gǔ sè gǔ xiāng ◆〜のある声 苍老的声音 cānglǎo de shēngyīn
さびしい【寂しい】 ◆〜山道 僻静的山路 pìjìng de shānlù ◆〜暮らし 寂寞的生活 jìmò de shēnghuó ◆懐が〜 手头紧 shǒutóu jǐn
さびつく【錆び付く】 锈住 xiùzhù; 锈蚀 xiùshí ◆頭が錆びついちまって 脑子太慢了 nǎozi tài màn le
ざひょう【座標】 坐标 zuòbiāo ◆〜軸 坐标轴 zuòbiāozhóu
さびれる【寂れる】 荒凉 huāngliáng; 冷落 lěngluò; 萧条 xiāotiáo ◆寂れた商店街 冷清清的商店街 lěngqīngqīng de shāngdiànjiē
サファイヤ 蓝宝石 lánbǎoshí
サファリ 狩猎远征旅行 shòuliè yuǎnzhēng lǚxíng
ざぶざぶ 哗啦哗啦 huālāhuālā ◆〜洗う 哗哗地洗 huāhuā de xǐ
サブタイトル 副题 fùtí
ざぶとん【座布団】 坐垫 zuòdiàn
サフラン 藏红花 zànghónghuā
サブリミナル 潜意识的 qiányìshí de ◆〜効果 潜移默化效果 qiányí mòhuà xiàoguǒ
ざぶん ◆〜と飛び込む 扑通一下跳进去 pūtōng yíxià tiàojìnqu
さべつ【差別-する】 差别 chābié; 歧视 qíshì ◆〜を受ける 受歧视 shòu qíshì ◆人種〜 种族歧视 zhǒngzú qíshì
さほう【作法】 礼节 lǐjié; 规矩 guījǔ
さぼう【砂防】 ◆〜林 防沙林 fángshālín
サポーター ❶《身体につける》护膝 hùxī; 护腕 hùwàn; 护腿 hùtuǐ ❷《支持者》支持者 zhīchízhě; 拥护者 yōnghùzhě

サポート 支持 zhīchí; 扶持 fúchí
サボタージュ 罢工 bàgōng; 怠工 dàigōng
サボテン 仙人掌 xiānrénzhǎng
サボる 偷懒 tōulǎn; 旷工 kuànggōng; 开小差 kāi xiǎochāi ◆授業を〜 旷课 kuàngkè
さま【様】《ようす》样子 yàngzi; 情况 qíngkuàng ◆〜になっている 像样 xiàngyàng ◆〜にならない 不成样子 bùchéng yàngzi; 不像样儿 bú xiàng yàngr; 不伦不类 bù lún bú lèi
さま【様】《敬称》◆山田〜 山田先生 Shāntián xiānsheng ◆お世話〜 承蒙关照 chéngméng guānzhào
ざま 丑态 chǒutài ◆〜を見ろ 活该 huógāi ◆何だその〜は 瞧你这样子 qiáo nǐ zhè yàngzi
サマータイム 夏季时间 xiàjì shíjiān; 夏令时间 xiàlìng shíjiān
さまざま【様々な】 各种各样 gè zhǒng gè yàng; 形形色色 xíngxíngsèsè; 种种 zhǒngzhǒng
さます【冷ます】 凉 liàng; 弄凉 nòngliáng ◆冷ましてから飲む 凉一凉再喝 liàngyiliàng zài hē
さます【覚す】 唤醒 huànxǐng ◆目を〜 醒来 xǐnglái ◆彼の迷いを覚させる 让他醒悟过来 ràng tā xǐngwùguòlai
さまたげ【妨げ】 障碍 zhàng'ài; 阻碍 zǔ'ài ◆仕事の〜になる 妨碍工作 fáng'ài gōngzuò
さまたげる【妨げる】 妨碍 fáng'ài; 障碍 zhàng'ài; 阻碍 zǔ'ài
さまつ【瑣末-な】 琐碎 suǒsuì; 细小 xìxiǎo; 微末 wēimò
さまよう【さ迷う】 彷徨 pánghuáng; 徘徊 páihuái; 飘荡 piāodàng
サマリー 提要 tíyào; 摘要 zhāiyào
さみだれ【五月雨】 梅雨 méiyǔ ◆〜式にやる 零敲碎打 líng qiāo suì dǎ
サミット 峰会 fēnghuì
さむい【寒い】 ❶《低温》冷 lěng; 寒冷 hánlěng ◆とても〜朝 很冷的早晨 hěn lěng de zǎochén ◆〜風 阴风 yīnfēng; 寒风 hánfēng ❷《貧弱》◆お〜福祉行政 贫弱的福利行政 pínruò de fúlì xíngzhèng ◆懐が〜 手头缺钱 shǒutóu quē qián ❸《恐怖で》◆背筋が〜 脊梁发寒 jǐliang fāhán
さむがる【寒がる】 怕冷 pàlěng
さむけ【寒気】 ◆〜がする 浑身发冷 húnshēn fālěng
さむさ【寒さ】 寒气 hánqì ◆〜が厳しい 严寒 yánhán ◆〜に強い 耐寒 nàihán ◆〜に震える 冻得发抖 dòngde fādǒu

さむぞら【寒空】 寒天 hántiān ♦この〜に 天这么冷 tiān zhème lěng
さむらい【侍】 武士 wǔshì
サメ【鮫】 鲨鱼 shāyú
さめざめと ♦〜泣く 潸然泪下 shān rán lèi xià
さめる【冷める】 凉 liáng; 变凉 biànliáng ♦スープが〜 汤凉了 tāng liáng le ♦興が〜 败兴 bàixìng; 扫兴 sǎoxìng ♦興奮冷めやらず 余兴未尽 yúxìng wèijìn
さめる【褪める】 褪 tuì ♦色が〜 褪色 tuìshǎi; 掉色 diàoshǎi
さめる【覚[醒]める】 ❶《眠りから》醒 xǐng; 睡醒 shuìxǐng ♦目の〜ような鮮она奪目 xiānyàn duómù ❷《迷いから》醒悟 xǐngwù; 觉醒 juéxǐng ❸《酔いから》醒 xǐng
さも 仿佛 fǎngfú; 好像 hǎoxiàng ♦〜満足そうに 似乎很满意地 sìhū hěn mǎnyì de ♦〜ありなん 果然是这样 guǒrán shì zhèyàng
さもしい 低三下四 dī sān xià sì; 下贱 xiàjiàn; 小气 xiǎoqi ♦〜根性 劣根性 liègēnxing
さもないと 否则 fǒuzé; 不然 bùrán ♦急げ, 〜遅刻するよ 快点儿, 不然就迟到了 kuài diǎnr, bùrán jiù chídào le
さもん【査問-する】 查问 cháwèn ♦〜委員会 调查委员会 diàochá wěiyuánhuì
さや【鞘】 鞘 qiào; 刀鞘 dāoqiào ♦元の〜に収まる 破镜重圆 pò jìng chóng yuán
さや【莢】 豆莢 dòujiá
さやあて【鞘当て】 ♦恋の〜 争风吃醋 zhēngfēng chīcù
サヤインゲン【莢隐元】 豆角儿 dòujiǎor
サヤエンドウ【莢豌豆】 豌豆角儿 wāndòujiǎor
ざやく【座薬】 坐药 zuòyào; 栓剂 shuānjì ♦〜を入れる 插进坐药 chājìn zuòyào
さゆ【白湯】 白开水 báikāishuǐ
さゆう【左右】 左右 zuǒyòu ♦〜を見回す 环顾左右 huángù zuǒyòu ♦言を〜にする 左右其词 zuǒyòu qí cí ♦運命を〜する 左右命运 zuǒyòu mìngyùn
ざゆう【座右】 ♦〜の銘 座右铭 zuòyòumíng
さよう【作用-する】 作用 zuòyòng; 影响 yǐngxiǎng ♦相互〜 相互作用 xiānghù zuòyòng
さようなら 再见 zàijiàn; 再会 zàihuì ♦〜を言う 告辞 gàocí; 辞别 cíbié
さよく【左翼】 左派 zuǒpài; 左倾 zuǒqīng;《飞行机の》左翼 zuǒyì
サヨリ【細魚】 针鱼 zhēnyú
さら《新品》♦まっ〜のタオル 新的毛巾 xīn de máojīn
さら【皿】 盘子 pánzi; 碟子 diézi;《膝の》膝盖骨 xīgàigǔ
ざら ♦〜にある 常见 chángjiàn; 俯拾即是 fǔ shí jí shì; 司空见惯 sī kōng jiàn guàn
さらいげつ【再来月】 下下月 xiàxiàyuè
さらいしゅう【再来週】 下下周 xiàxiàzhōu
さらいねん【再来年】 后年 hòunián
さらう【浚う】 疏浚 shūjùn; 疏通 shūtōng ♦溝を〜 疏浚水渠 shūjùn gōuqú
さらう【攫う】 抢走 qiǎngzǒu; 夺取 duóqǔ;《人を》绑架 bǎngjià ♦子供を〜 拐走孩子 guǎizǒu háizi ♦人気を〜 博得喝彩 bódé hècǎi
サラきん【サラ金】 (面向工资生活者的)高利贷 (miànxiàng gōngzī shēnghuózhě de) gāolìdài
さらけだす【曝け出す】 暴露 bàolù; 抖搂 dǒulou ♦手の内を〜 亮底 liàngdǐ
サラサ【更紗】 印花布 yìnhuābù
さらさら ❶《木の葉や風の音》沙沙 shāshā; 飒飒 sàsà ❷《土などが》♦〜した 稀松 xīsōng
ざらざら-する 喇啦喇啦 shuālāshuālā; 粗糙 cūcāo ♦〜した声 粗声粗气 cūshēng cūqì
さらし【晒し】《布》漂白布 piāobáibù ♦きりと〜を巻く 用漂白布缠紧肚子 yòng piāobáibù chánjǐn dùzi
さらしもの【晒[曝]し者】 被示众的罪人 bèi shìzhòng de zuìrén ♦〜になる 被众人嘲笑 bèi zhòngrén cháoxiào
さらす【晒[曝]す】 ❶《日光に》晒 shài; 曝晒 pùshài ♦日に〜 晒日光 shài rìguāng ❷《水に》漂 piǎo; 漂白 piāobái ♦水に〜 在水中漂白 zài shuǐzhōng piāobái ❸《人目に》♦醜态を〜 丢丑 diūchǒu ♦肌を〜 赤露 chìlù ❹《危険などに》♦身を危険に〜 置身于险境 zhìshēnyú xiǎnjìng
サラソウジュ【沙羅双樹】 娑罗双树 suōluó shuāngshù
サラダ 色拉 sèlā; 沙拉 shālā; 生菜 shēngcài ♦〜オイル 色拉油 sèlāyóu; 生菜油 shēngcàiyóu
さらち【更地】 空地 kòngdì ♦〜にする 腾出地皮 téngchū dìpí
ざらつく 粗糙 cūcāo ♦舌が〜 舌面粗糙 shémiàn cūcāo

さらに【更に】更 gèng; 更加 gèngjiā; 进一步 jìnyíbù ◆～努力する 更加努力 gèngjiā nǔlì ◆～調査する进一步调查 jìnyíbù diàochá ◆～悪いことには 更糟的是 gèng zāo de shì

サラブレッド 英国产良种马 Yīngguóchǎn liángzhǒngmǎ

サラミ〈ソーセージ〉腊香肠 làxiāngcháng; 色拉米香肠 sèlāmǐ xiāngcháng

ざらめ【粗目】◆～糖 粗粒砂糖 cūlì shātáng ◆～雪 粗粒雪 cūlì xuě

さらり 光滑 guānghuá ◆～とした髪 光滑的头发 guānghuá de tóufa ◆～と忘れる 忘得精光 wàngde jīngguāng

サラリー 工资 gōngzī ◆～をもらう 领工资 lǐng gōngzī ◆～マン 工资生活者 gōngzī shēnghuózhě

ザリガニ 小龙虾 xiǎolóngxiā

さりげない【さり気ない】若无其事 ruò wú qí shì ◆～に話を持ち出す 若无其事地开口提起 ruò wú qí shì de kāikǒu tíqǐ

さる【去る】❶《場所から》走 zǒu; 离开 líkāi; 离去 líqù ◆中国を～ 离开中国 líkāi zhōngguó ◆去り難い 恋恋不舍 liàn liàn bù shě; 舍不得离开 shěbude líkāi ❷《亡くなる》◆この世を～ 去世 qùshì ❸《時間的に》过去 guòqù; 过世 guòshì ❹《へだてる》距离 jùlí ◆今を～こと7年前 距现在七年前 jù xiànzài qī nián qián ◆2月 刚过去的二月 gāng guòqù de èryuè

サル【猿】猴子 hóuzi ◆～も木から落ちる 智者千虑必有一失 zhìzhě qiānlǜ bì yǒu yì shī

ざる【笊】笊篱 zhàolí; 筐箩 pǒluo

さるぐつわ【猿轡】堵嘴物 dǔzuǐwù

さるしばい【猿芝居】猴戏 hóuxì;《下手なたくらみ》丑剧 chǒujù; 拙劣把戏 zhuōliè bǎxì

サルスベリ【百日紅】百日红 bǎirìhóng; 紫薇 zǐwēi

さるぢえ【猿知恵】小聪明 xiǎocōngmíng

サルビア 洋苏 yángsū

サルベージ 救捞 jiùlāo; 海上救难 hǎishàng jiùnán ◆～船 海上救助船 hǎishàng jiùzhùchuán

さるまね【猿真似】瞎模仿 xiā mófǎng; 东施效颦 Dōngshī xiào pín

さるまわし【猿回し】猴戏 hóuxì; 耍猴儿 shuǎ hóur

サルモネラきん【サルモネラ菌】沙门菌 shāménjūn

ざれうた【戯れ歌】打油诗 dǎyóushī

されき【砂礫】沙砾 shālì

される 挨 ái; 被 bèi; 受 shòu ◆～がまま 任人摆布 rèn rén bǎibù ◆馬鹿に～ 被人欺负 bèi rén qīfu ◆批判～ 被批评 bèi pīpíng; 挨批评 ái pīpíng

サロン 沙龙 shālóng

さわ【沢】沼泽 zhǎozé

さわかい【茶話会】茶话会 cháhuàhuì

さわがしい【騒がしい】❶《やかましい》吵闹 chǎonào; 喧哗 xuānhuá; 嘈杂 cáozá ❷《情勢不安》◆世の中が～ 世间动荡 shìjiān dòngdàng

さわがせる【騒がせる】骚扰 sāorǎo; 轰动 hōngdòng; 喧扰 xuānrǎo ◆お騒がせしました 打扰您了 dǎrǎo nín le ◆世間を～ 轰动社会 hōngdòng shèhuì

さわぎ【騒ぎ】骚动 sāodòng; 闹事 nàoshì; 动乱 dòngluàn ◆賃上げ～ 工资骚动 gōngzī sāodòng

さわぎたてる【騒ぎたてる】吵闹 chǎonào; 闹哄 nàohong; 吵嚷 chǎorǎng ◆～ことはない 不要大惊小怪 búyào dàjīng xiǎoguài

さわぐ【騒ぐ】❶《声や音で》吵 chǎo; 闹 nào; 吵闹 chǎonào ◆子供が～ 孩子吵闹 háizi chǎonào ❷《不満を訴える》骚动 sāodòng; 闹事 nàoshì ❸《驚き・不安で》◆血が～ 热血沸腾 rèxuè fèiténg ◆胸が～ 心里不安 xīnli bù'ān

ざわざわ ❶《大勢の人が》嘈杂 cáozá; 闹哄哄 nàohōnghōng ❷《木の葉などが》飒飒 sàsà ◆～音をたてる 飒飒作响 sàsà zuòxiǎng

ざわつく 嘈杂 cáozá ◆心が～ 忐忑不安 tǎntè bù'ān

ざわめき 嘈杂声 cáozáshēng ◆～が遠のく 嘈杂声渐渐远去 cáozáshēng jiànjiàn yuǎnqù

ざわめく 嘈杂 cáozá ◆会場が～ 会场嘈杂 huìchǎng cáozá

さわやか【爽やか-な】❶《空気,環境が》清爽 qīngshuǎng ◆～な風 清风 qīngfēng ❷《色や香りが》清淡 qīngdàn ◆～な香り 清香 qīngxiāng ❸《性格が》明快 míngkuài; 爽快 shuǎngkuai

サワラ【鰆】《魚》鲛鱼 bàyú; 马鲛鱼 mǎjiāoyú

サワラ【椹】《植物》花柏 huābǎi

さわり【障り】故障 gùzhàng; 障碍 zhàng'ài; 妨碍 fáng'ài ◆仕事に～がある 影响工作 yǐngxiǎng gōngzuò

さわり【触り】❶《触れる》触 chù ◆手触り 手感 shǒugǎn ❷《肝心な部分》最精彩的部分 zuì jīngcǎi de bùfen

さわる【触る】 ❶《接触》触 chù; 摸 mō 手 shǒu; 碰 pèng ♦展示品に触らないでください 展出物品，请勿动手 zhǎnchū wùpǐn, qǐng wù dòngshǒu ❷《感情を害する》触犯 chùfàn / 伤害感情 shānghài gǎnqíng; 触人肝火 chù rén gānhuǒ ❸《かかわる》♦寄ると~とその噂でもちきりだ 一凑在一起就谈论那件事 yí còuzài yìqǐ jiù tánlùn nà jiàn shì ♦触らぬ神にたたりなし 多一事不如少一事 duō yí shì bùrú shǎo yí shì

さわる【障る】 妨碍 fáng'ài ♦体に~ 伤身体 shāng shēntǐ; 影响健康 yǐngxiǎng jiànkāng ♦しゃくに~ 令人生气 lìng rén shēngqì

さん【酸】 酸 suān
さん【三】 三 sān
さん【桟】 棂子 língzi ♦窓の~ 窗棂子 chuānglíngzi
さん【産】 出产 chūchǎn ♦台湾~の 台湾产的 Táiwānchǎn de
さん《敬称·男性に》先生 xiānsheng ♦周~ 周先生 Zhōu xiānsheng; 《女性に》女士 nǚshì; 小姐 xiǎojiě
さんい【賛意】 赞成 zànchéng; 赞同 zàntóng ♦~を表する 表示赞成 biǎoshì zànchéng
さんいつ【散逸-する】 散失 sànshī ♦~を防ぐ 防止散失 fángzhǐ sànshī
さんいん【産院】 产院 chǎnyuàn
さんか【参加-する】 参加 cānjiā; 参与 cānyù; 加入 jiārù ♦~国 成员国 chéngyuánguó
さんか【産科】 产科 chǎnkē
さんか【賛歌】 赞歌 zàngē
さんか【酸化-する】 氧化 yǎnghuà ♦~防止剤 阻氧化剂 zǔyǎnghuàjì ♦~物 氧化物 yǎnghuàwù
さんか【傘下-の】 属下 shǔxià; 附属 fùshǔ; 手下 shǒuxià
さんか【惨禍】 惨祸 cǎnhuò; 浩劫 hàojié
さんが【山河】 江山 jiāngshān; 山河 shānhé
さんかい【参会-する】 与会 yùhuì; 出席 chūxí
さんかい【散会-する】 散会 sànhuì
さんかい【山海】 ♦~の珍味 山珍海味 shānzhēn hǎiwèi
ざんがい【残骸】 残骸 cánhái
さんかく【三角】 三角 sānjiǎo ♦目を~にする 吊起眼角 diàoqǐ yǎnjiǎo
さんかく【参画】 参与 cānyù
さんがく【山岳】 山岳 shānyuè
ざんがく【残額】 余额 yú'é
さんかくかんけい【三角関係】 三角恋爱 sānjiǎo liàn'ài
さんかくす【三角洲】 三角洲 sānjiǎozhōu

さんかん【参観-する】 参观 cānguān; 观看 guānkàn ♦授業~ 观摩教学 guānmó jiàoxué
さんかんぶ【山間部】 山区 shānqū; 山地 shāndì
ざんき【慚愧】 ♦~に堪えない 不胜惭愧 búshèng cánkuì
さんきゃく【三脚】 三脚架 sānjiǎojià
ざんぎゃく【残虐-な】 残虐 cánnüè; 凶残 xiōngcán; 残忍 cánrěn ♦~な行為 凶残的行为 xiōngcán de xíngwéi
さんきゅう【産休】 产假 chǎnjià ♦~をとる 请产假 qǐng chǎnjià
さんきょう【山峡】 山峡 shānxiá
さんぎょう【産業】 产业 chǎnyè ♦~革命 产业革命 chǎnyè gémìng ♦~廃棄物 工业废弃物 gōngyè fèiqìwù
ざんぎょう【残業-する】 加班 jiābān ♦~手当 加班费 jiābānfèi ♦サービス~ 无偿加班 wúcháng jiābān
ざんきん【残金】 余额 yú'é; 余款 yúkuǎn
サングラス 墨镜 mòjìng; 太阳镜 tàiyángjìng
ざんげ【懺悔-する】 忏悔 chànhuǐ
さんけい【参詣-する】 参拜 cānbài; 朝拜 cháobài ♦~客 香客 xiāngkè
さんけい【山系】 山系 shānxì ♦ヒマラヤ~ 喜马拉雅山系 Xǐmǎlāyǎ shānxì
さんげき【惨劇】 惨案 cǎn'àn; 悲剧 bēijù ♦~を繰り返す 不断制造惨案 búduàn zhìzào cǎn'àn
さんけつ【酸欠-症】 缺氧 quēyǎng
ざんげつ【残月】 残月 cányuè
さんけん【散見-する】 散见 sǎnjiàn; 零散地见到 língsǎn de jiàndào
さんげん【三弦】《楽器》三弦 sānxián
ざんげん【讒言】 谗言 chányán; 谮言 zènyán; 诽谤 fěibàng
さんげんしょく【三原色】 三种原色 sānzhǒng yuánsè
さんけんぶんりつ【三権分立】 三权分立 sānquán fēnlì
さんご【珊瑚】 珊瑚 shānhú ♦~礁 珊瑚礁 shānhújiāo
さんご【産後】 产后 chǎnhòu ♦~の肥立ち 产后的恢复 chǎnhòu de huīfù
さんこう【参考-にする】 参考 cānkǎo; 参照 cānzhào ♦~資料 参考资料 cānkǎo zīliào ♦~図书 参考书 cānkǎoshū
ざんごう【塹壕】 堑壕 qiànháo; 壕沟 háogōu; 战壕 zhànháo

ざんこく【残酷-な】残酷 cánkù;残忍 cánrěn
サンゴジュ【珊瑚樹】珊瑚树 shānhúshù
さんさい【山菜】野菜 yěcài
さんざい【散財-する】浪费 làngfèi ◆～をかける 让…破费 ràng...pòfèi
さんざい【散在-する】散在 sǎnzài;分布 fēnbù
さんさく【散策-する】散步 sànbù
サンザシ【山査子】山楂 shānzhā;山里红 shānlǐhóng;红果儿 hóngguǒr
ざんさつ【惨殺-する】惨杀 cǎnshā
さんさろ【三差路】三岔路 sānchàlù;三岔路口 sānchà lùkǒu
さんさん【燦々】灿烂 cànlàn ◆太陽が～と輝く 阳光灿烂 yángguāng cànlàn
さんざん【散々-に】◆～な目にあう 倒了大霉 dǎole dàméi ◆～迷惑をかける 添了很多麻烦 tiānle hěn duō máfan
さんさんくど【三三九度】结婚的交杯酒仪式 jiéhūn de jiāobēijiǔ yíshì
さんさんごご【三々五々-に】三三两两 sānsānliǎngliǎng;三五成群 sān wǔ chéng qún
さんじ【賛辞】颂词 sòngcí;赞词 zàncí
さんじ【参事】参事 cānshì
さんじ【惨事】惨案 cǎn'àn;惨祸 cǎnhuò
さんじ【産児】◆～制限 节制生育 jiézhì shēngyù;计划生育 jìhuà shēngyù
ざんし【惨死-する】惨死 cǎnsǐ
ざんじ【暫時】暂且 zànqiě;暂时 zànshí;一时 yìshí
さんじかん【参事官】参赞 cānzàn
サンジキスミレ【三色菫】三色堇 sānsèjǐn;蝴蝶花 húdiéhuā
さんじげん【三次元-の】三维 sānwéi;三元 sānyuán;立体(的) lìtǐ(de)
さんしすいめい【山紫水明】山清水秀 shān qīng shuǐ xiù;山明水秀 shān míng shuǐ xiù
さんしつ【産室】产室 chǎnshì;分娩室 fēnmiǎnshì
さんしゃかいだん【三者会談】三方会谈 sānfāng huìtán
ざんしゅ【斬首-する】斩首 zhǎnshǒu;杀头 shātóu
さんしゅう【参集-する】聚集 jùjí
さんしゅつ【産出-する】〈資源が〉出产 chūchǎn ◆～額 产值 chǎnzhí ◆石油～国 产油国 chǎnyóuguó
さんしゅつ【算出-する】核计 héjì;核算 hésuàn;计算 jìsuàn ◆見積もりを～する 估算 gūsuàn
さんしゅのじんぎ【三種の神器】〈比喩的に〉三大件 sāndàjiàn
サンシュユ【山茱萸】茱萸 zhūyú
さんじょ【賛助-する】赞助 zànzhù ◆～会員 赞助会员 zànzhù huìyuán
ざんしょ【残暑】秋老虎 qiūlǎohǔ ◆～見舞い 残暑慰问 cánshǔ wèiwèn
さんしょう【参照-する】参看 cānkàn;参阅 cānyuè;参见 cānjiàn
サンショウ【山椒】花椒 huājiāo
さんじょう【惨状】惨状 cǎnzhuàng;悲惨状况 bēicǎn zhuàngkuàng
さんじょう【三乗】立方 lìfāng ◆10の～ 十的立方 shí de lìfāng
ざんしょう【残照】夕照 xīzhào;残照 cánzhào
サンショウウオ【山椒魚】鲵鱼 níyú;娃娃鱼 wáwayú
さんしょく【三色-の】三色 sānsè ◆～旗 三色旗 sānsèqí
さんしょく【蚕食-する】蚕食 cánshí ◆領土を～する 蚕食领土 cánshí lǐngtǔ
さんじょく【産褥】产褥 chǎnrù;产床 chǎnchuáng ◆～期 产褥期 chǎnrùqī ◆～につく 坐月子 zuò yuèzi
ざんしん【斬新-な】崭新 zhǎnxīn;新颖 xīnyǐng
さんすい【山水】山水 shānshuǐ ◆～画 山水画 shānshuǐhuà
さんすい【散水-する】洒水 sǎshuǐ;喷水 pēnshuǐ ◆～車 洒水车 sǎshuǐchē
さんすう【算数】算术 suànshù
さんすくみ【三竦み-になる】三者互相牵制 sānzhě hùxiāng qiānzhì
サンスクリット【梵語】梵语 Fànyǔ
さんずのかわ【三途の川】冥河 mínghé ◆～を渡る 渡冥河 dù mínghé
さんする【産する】❶〈採れる〉出产 chūchǎn ◆麦を～ 产小麦 chǎn xiǎomài ❷〈出産〉生 shēng ◆女児を～ 生女儿 shēng nǚ'ér
さんせい【賛成-する】同意 tóngyì;赞成 zànchéng;赞同 zàntóng ◆～多数 多数赞成 duōshù zànchéng
さんせい【酸性】酸性 suānxìng ◆～雨 酸雨 suānyǔ
さんせい【参政-する】参政 cānzhèng ◆～権 参政权 cānzhèngquán
さんせき【山積-する】堆积如山 duījī rú shān ◆～問題 问题成堆 wèntí chéngduī

ざんせつ【残雪】 残雪 cánxuě
さんせん【参戦】 参战 cānzhàn
さんぜん【燦然-と】 灿烂 cànlàn ♦ ～と輝く 光辉灿烂 guānghuī cànlàn
さんぜん【産前】 产前 chǎnqián
さんそ【酸素】 氧 yǎng ♦ ～ボンベ 氧气瓶 yǎngqìpíng ♦ ～化合物 氧化物 yǎnghuàwù
さんそう【山荘】 山庄 shānzhuāng；山里的别墅 shānli de biéshù
ざんぞう【残像】 视觉残留 shìjué cánliú；余象 yúxiàng
さんぞく【山賊】 劫匪 jiéfěi；土匪 tǔfěi
さんそん【山村】 山村 shāncūn；山庄 shānzhuāng
ざんぞん【残存-する】 残存 cáncún；残留 cánliú
ざんだか【残高】 余额 yú'é ♦ 預金～ 存款余额 cúnkuǎn yú'é ♦ ～照会 余额查询 yú'é cháxún
サンタクロース 圣诞老人 Shèngdàn lǎorén
さんだつ【簒奪-する】 篡夺 cuànduó
サンダル 凉鞋 liángxié
さんたん【賛嘆-する】 称叹 chēngtàn；赞叹 zàntàn
さんたん【惨憺-たる】 惨淡 cǎndàn；悲惨 bēicǎn ♦ 苦心～ 苦心惨淡 kǔxīn cǎndàn
さんだん【算段-する】 张罗 zhāngluo；筹措 chóucuò ♦ やりくり～ 东拼西凑 dōng pīn xī còu ♦ 学費を～する 张罗学费 zhāngluo xuéfèi ♦ 資金を～する 筹集资金 chóují zījīn
さんだんとび【三段跳び】 三级跳远 sānjí tiàoyuǎn
さんだんろんぽう【三段論法】 三段论法 sānduàn lùnfǎ
さんち【産地】 产地 chǎndì
さんち【山地】 山地 shāndì；山区 shānqū
さんちょう【山頂】 山颠 shāndiān；山峰 shānfēng；山顶 shāndǐng
さんてい【算定-する】 估计 gūjì；估算 gūsuàn；计量 jìliàng
ざんてい【暫定-の】 暂定 zàndìng；～条例 暂行条例 zànxíng tiáolì ♦ ～予算 暂定预算 zàndìng yùsuàn
サンデー《アイスクリームの》 圣代 shèngdài；什锦冰激凌 shíjǐn bīngjīlíng
さんど【三度】 三次 sān cì ♦ ～の食事 三顿饭 sān dùn fàn
サンドイッチ 三明治 sānmíngzhì；三文治 sānwénzhì
さんとう【三等】 三等 sānděng ♦ ～賞 三等奖 sānděngjiǎng

さんどう【桟道】 栈道 zhàndào
さんどう【賛同-する】 赞同 zàntóng ♦ 大方の～を得る 得到大家的赞同 dédào dàjiā de zàntóng
さんどう【参道】 参拜用的道路 cānbài yòng de dàolù
さんどう【山道】 山道 shāndào；山路 shānlù
ざんとう【残党】 余党 yúdǎng
さんとうぶん【三等分-する】 三等分 sānděngfēn
サンドバッグ 沙袋 shādài
サンドペーパー 沙纸 shāzhǐ
さんにゅう【算入-する】 算入 suànrù；计算到…上 jìsuàndào…shàng
さんにん【三人】 ♦ ～寄れば文殊の知恵 三个臭皮匠赛过诸葛亮 sān ge chòu píjiang sàiguò Zhūgě Liàng
さんにん【残忍-な】 残暴 cánbào；残酷 cánkù；残忍 cánrěn
さんにんしょう【三人称】 第三人称 dìsān rénchēng
ざんねん【残念-な】 遗憾 yíhàn；可惜 kěxī；惋惜 wǎnxī ♦ ～ですが 很遗憾的是 hěn yíhàn de shì
さんば【産婆】 接生婆 jiēshēngpó
サンバ 桑巴舞 sāngbāwǔ
さんぱい【参拝-する】 参拜 cānbài；礼拜 lǐbài ♦ ～客 香客 xiāngkè
ざんぱい【惨敗-する】 惨败 cǎnbài；一败涂地 yí bài tú dì
さんぱいきゅうはい【三拝九拝-する】 三拜九叩 sān bài jiǔ kòu
さんばがらす【三羽烏】 最杰出的三人 zuì jiéchū de sān rén；三杰 sānjié
さんばし【桟橋】 码头 mǎtou；船埠 chuánbù
さんぱつ【散発-的な】 ♦ ～する 零星地发生 língxīng de fāshēng
さんぱつ【散髪-する】 理发 lǐfà
ざんばらがみ【ざんばら髪】 披头散发 pī tóu sàn fà
ざんぱん【残飯】 剩饭 shèngfàn
さんはんきかん【三半規管】 半规管 bànguīguǎn
さんび【賛美-する】 歌颂 gēsòng；赞美 zànměi ♦ ～歌 赞美歌 zànměigē
さんぴ【賛否】 赞成和反对 zànchéng hé fǎnduì ♦ ～両論 赞成和反对两种意见 zànchéng hé fǎnduì liǎngzhǒng yìjiàn
さんびょうし【三拍子】 ❶《音楽》三拍子 sān pāizi ❷《条件》♦ ～揃った一切条件具备 yíqiè tiáojiàn jùbèi
ざんぴん【残品】 剩货 shènghuò
さんぷ【散布-する】 撒 sǎ；散布 sànbù ♦ 農薬～ 喷洒农药 pēnsǎ

nóngyào
さんぷ【産婦】 产妇 chǎnfù
ざんぶ【残部】 剩余部分 shèngyú bùfen;《売れ残り》◆～僅少 存货无几 cúnhuò wújǐ
さんぷく【山腹】 山坡 shānpō; 山腰 shānyāo
さんぶさく【三部作】 分成三部的作品 fēnchéng sānbù de zuòpǐn; 三部曲 sānbùqǔ
さんふじんか【産婦人科】 妇产科 fùchǎnkē
さんぶつ【産物】 产物 chǎnwù ◆偶然の～ 偶然的产物 ǒurán de chǎnwù ◆努力の～ 努力的结果 nǔlì de jiéguǒ
サンプリング 采样 cǎiyàng; 取样 qǔyàng ◆～調査 抽样调查 chōuyàng diàochá
サンプル 货样 huòyàng; 样本 yàngběn; 样品 yàngpǐn ◆～を採る 采样 cǎiyàng
さんぶん【散文】 散文 sǎnwén ◆～詩 散文诗 sǎnwénshī
さんぽ【散歩-する】 散步 sànbù; 溜达 liūda; 随便走走 suíbiàn zǒuzou ◆～がてら 散步时顺便 sànbù shí shùnbiàn
さんぼう【参謀】 参谋 cānmóu; 智囊 zhìnáng
サンマ【秋刀魚】 秋刀鱼 qiūdāoyú
さんまい【三昧】 ◆読書～ 埋头读书 máitóu dúshū ◆贅沢～ 穷奢极欲 qióng shē jí yù
さんまい【三枚】《魚を》◆～に下ろす 切成三片 qiēchéng sān piàn
さんまいめ【三枚目】 丑角 chǒujué; 小丑 xiǎochǒu ◆～を演じる 出洋相 chū yángxiàng
さんまん【散漫-な】 散漫 sǎnmàn; 松散 sōngsǎn ◆注意力～ 注意力不集中 zhùyìlì bù jízhōng
さんみ【酸味】 酸味 suānwèi ◆～のある 酸的 suān de; 酸不唧儿 suānbujīr
さんみいったい【三位一体】 三位一体 sān wèi yì tǐ
さんみゃく【山脈】 山脉 shānmài
ざんむせいり【残務整理-する】 办理善后工作 bànlǐ shànhòu gōngzuò; 结束剩下事务 jiéshù shèngxià shìwù
さんめんきじ【三面記事】 社会新闻 shèhuì xīnwén
さんめんきょう【三面鏡】 三面镜 sānmiànjìng
さんもん【三文】 ◆～の値打ちもない 一文不值 yì wén bù zhí ◆～小説 低级小说 dījí xiǎoshuō ◆～文士 三流作家 sānliú zuòjiā
さんもん【山門】 山门 shānmén; 寺院大门 sìyuàn dàmén
さんや【山野】 山野 shānyě
さんやく【三役】 三个重要职位 sānge zhòngyào zhíwèi ◆党～ 党内三要职 dǎngnèi sān yàozhí
さんよ【参与-する】 参与 cānyù ◆国政に～する 参与国政 cānyù guózhèng
ざんよ【残余】 残余 cányú ◆～額 残余额 cányú'é; 剩余 shèngyú
さんようすうじ【算用数字】 阿拉伯数字 Ālābó shùzì
さんらん【産卵-する】 产卵 chǎnluǎn ◆～期 产卵期 chǎnluǎnqī
さんらん【散乱-する】 散乱 sǎnluàn
さんらん【燦爛-たる】 灿烂 cànlàn ◆～と輝く 光辉灿烂 guānghuī cànlàn
さんりゅう【三流-の】 三流 sānliú; 低级 dījí
ざんりゅう【残留-する】 残留 cánliú; 残存 cáncún; 留下 liúxià ◆～孤児 残留孤儿 cánliú gū'ér ◆農薬が～する 残存农药 cáncún nóngyào
さんりん【山林】 山林 shānlín ◆～地帯 林区 línqū
さんりんしゃ【三輪車】 三轮车 sānlúnchē ◆三輪運搬車 平板三轮车 píngbǎn sānlúnchē
サンルーム 日光室 rìguāngshì
さんれつ【参列-する】 列席 lièxí; 出席 chūxí
さんろく【山麓】 山脚 shānjiǎo; 山麓 shānlù

し

し【師】 师 shī; 老师 lǎoshī ♦～と仰ぐ 拜师 bàishī ♦～について学ぶ 投师 tóushī

し【死】 死 sǐ; 死亡 sǐwáng ♦～に瀕する 濒死 bīnsǐ ♦～に臨む 临死 línsǐ ♦～を招く 致死 zhìsǐ ♦～を賭して戦う 拼死搏斗 pīnsǐ bódòu; 血战 xuèzhàn

し【詞】 词 cí ♦～を作る 赋词 fùcí

し【詩】 诗 shī; 诗篇 shīpiān ♦～を作る 赋诗 fùshī; 作诗 zuò shī ♦～的な 富有诗意 fùyǒu shīyì

し【史】 历史 lìshǐ ♦～をひもとく 翻阅历史 fānyuè lìshǐ

し【四】 四 sì

し【市】 城市 chéngshì ♦ 上海～ 上海市 Shànghǎishì

じ【字】 字 zì; 文字 wénzì ♦～を書く 写字 xiě zì

じ【痔】 痔 zhì; 痔疮 zhìchuāng

じ【時】 ♦午後3～ 午前三时 wǔhòu sān shí; 下午三点 xiàwǔ sān diǎn ♦ラッシュ～ 交通高峰时 jiāotōng gāofēng shí

じ【次】 ♦～世代 下一代 xià yídài ♦第2～ 第二次 dì'èr cì

じ【辞】 ♦開会の～ 开幕词 kāimùcí

じ【地】 ❶《大地》♦～ならし 平整土地 píngzhěng tǔdì ♦雨降って～固まる 不打不成交 bù dǎ bù chéngjiāo ❷《素肌》皮肤 pífū ♦～が白い 皮肤白 pífū bái ❸《布地》质地 zhìdì ♦～の厚い 质地厚 zhìdì hòu ♦白地に青い模様の布 白地蓝花的布 báidì lán huā de bù ❹《本性》天生 tiānshēng; 本相 běnxiàng ♦～が出る 露出本相 lòuchū běnxiàng ❺《土地・地域》当地 dāngdì ♦～の者 本地人 běndìrén

しあい【試合】 比赛 bǐsài; 竞赛 jìngsài ♦～に出場する 参加比赛 cānjiā bǐsài ♦～を挑む 摆擂台 bǎi lèitái

しあい【慈愛】 慈爱 cí'ài ♦～に満ちた 充满慈爱的 chōngmǎn cí'ài de

じあい【自愛-する】 保重 bǎozhòng; 珍重 zhēnzhòng ♦酷暑の折ご～下さい 时值盛夏，请多多保重 shí zhí shèngxià, qǐng duō bǎozhòng

しあがり【仕上がり】 完成的情况 wánchéng de qíngkuàng ♦～は明日です 明天完成 míngtiān wánchéng ♦～が悪い 做得不好 zuòde bù hǎo

しあがる【仕上がる】 做完 zuòwán; 完成 wánchéng ♦作品が～ 作品完成 zuòpǐn wánchéng

しあげ【仕上げ】 完成 wánchéng; 最后加工 zuìhòu jiāgōng ♦～に念を入れる 精心加工 jīngxīn jiāgōng

じあげ【地上げ-する】 强行收买土地 qiángxíng shōumǎi tǔdì

しあげる【仕上げる】 完成 wánchéng; 做完 zuòwán

しあさって【明々後日】 大后天 dàhòutiān

しあつ【指圧】 ♦～療法 指压疗法 zhǐyā liáofǎ

しあわせ【幸せ-な】 幸福 xìngfú; 幸运 xìngyùn ♦～な家庭 幸福的家庭 xìngfú de jiātíng ♦～に暮らす 生活得很幸福 shēnghuóde hěn xìngfú ♦～者 幸运者 xìngyùnzhě

しあん【思案-する】 思考 sīkǎo; 考虑 kǎolǜ; 寻思 xúnsi ♦～に暮れる 一筹莫展 yì chóu mò zhǎn

しあん【私案】 个人设想 gèrén shèxiǎng

しあん【試案】 试行方案 shìxíng fāng'àn

シアン【氰】 氰 qíng ♦～化合物 氰化合物 qíng huàhéwù

しい【思惟-する】 思维 sīwéi; 思惟 sīwéi

しい【四囲】 四围 sìwéi; 周围 zhōuwéi ♦～の情勢 周围的情势 zhōuwéi de qíngshì

じい【示威-する】 示威 shìwēi ♦～運動 示威运动 shìwēi yùndòng

じい【自慰】 ❶《自ら慰める》自慰 zìwèi ❷《オナニー》手淫 shǒuyín

じい【辞意】 辞职之意 cízhí zhī yì ♦～を表明する 表明辞职之意 biǎomíng cízhí zhī yì

シーイーオー（CEO）《最高経営責任者》首席执行官 shǒuxí zhíxíngguān

シーエム（CM） 广告 guǎnggào

しいか【詩歌】 诗歌 shīgē

シーがたかんえん【C型肝炎】 丙肝 bǐnggān

しいく【飼育-する】 养 yǎng; 喂 wèi; 饲养 sìyǎng; 饲育 sìyù

じいさん【爺さん】 老头儿 lǎotóur

シーシー（CC）《立方センチメートル》立方厘米 lìfāng límǐ

じいしき【自意識】 自我意识 zìwǒ yìshí ♦～過剰 自我意识过强 zìwǒ yìshí guò qiáng

シージャック 劫夺船只 jiéduó chuánzhī

シースルー 透明服装 tòumíng fúzhuāng

シーズン 季节 jìjié

シーズンオフ 淡季 dànjì

シーソー 压板 yàbǎn; 跷跷板

qiāoqiāobǎn ♦～ゲーム 拉锯战 lājùzhàn

シイタケ【椎茸】 香菇 xiānggū; 香蕈 xiāngxùn; 冬菇 dōnggū

しいたげる【虐げる】 虐待 nüèdài; 摧残 cuīcán; 欺凌 qīlíng

シーツ 被单 bèidān; 床单 chuángdān; 褥单 rùdān

しいて【強いて】 勉强 miǎnqiǎng; 硬 ying ♦～させる 强迫做 qiǎngpò zuò

シーティー (CT) ♦～スキャン 电脑断层扫描 diànnǎo duàncéng sǎomiáo

シーディー (CD) 光盘 guāngpán ♦～プレーヤー 光盘播放机 guāngpán bōfàngjī ♦～ロム (CD-ROM) 只读光盘 zhǐ dú guāngpán

しいてき【恣意的な】 恣意 zìyì; 任意 rènyì

シート 座席 zuòxí ♦～ベルト 安全带 ānquándài

シード ♦～選手 种子 zhǒngzi; 种子选手 zhǒngzi xuǎnshǒu ♦～チーム 种子队 zhǒngziduì

ジーパン (G パン) 牛仔裤 niúzǎikù

ジーピーエス (GPS) 全球定位系统 quánqiú dìngwèi xìtǒng

ジープ 吉普车 jípǔchē; 越野车 yuèyěchē

シーフード 海鲜 hǎixiān; 鱼鲜 yúxiān

シーベルト《放射線量単位》 希沃特 xīwòtè; 西弗 xīfú

ジーメン (G メン) 特务警察 tèwù jǐngchá

シーラカンス 空棘鱼 kōngjíyú

しいる【強いる】 逼 bī; 强迫 qiǎngpò ♦自白を～ 强令坦白 qiǎnglìng tǎnbái ♦同意を～ 逼迫同意 bīpò tóngyì

シール 封缄 fēngjiān; 贴纸 tiēzhǐ

シールド 屏蔽 píngbì

シーレーン 航路 hánglù

しいれる【仕入れる】 ❶《商品·原料》采购 cǎigòu; 购买 gòumǎi; 购进 gòujìn ♦カナダから～ 从加拿大购进木材 cóng Jiānádà gòujìn mùcái ❷《知識など》获得 huòdé; 取得 qǔdé ♦情报を～ 获得信息 huòdé xìnxī

じいろ【地色】 底色 dǐsè; 本色 běnshǎi

しいん【子音】 辅音 fǔyīn; 子音 zǐyīn

シーン 镜头 jìngtóu; 场景 chǎngjǐng; 场面 chǎngmiàn ♦ラスト～ 最后场面 zuìhòu chǎngmiàn

しいん【死因】 死因 sǐyīn; 致死原因 zhìsǐ yuányīn ♦～を明らかにする 查明死因 chámíng sǐyīn

じいん【寺院】 寺院 sìyuàn; 寺庙 sìmiào

ジーンズ 牛仔裤 niúzǎikù

じう【慈雨】 喜雨 xǐyǔ ♦干天（かんてん）の～ 久旱逢甘雨 jiǔhàn féng gānyǔ

しうち【仕打ち】 行为 xíngwéi; 对待 duìdài ♦ひどい～ 恶劣的行为 èliè de xíngwéi

しうんてん【試運転-する】 试车 shìchē

シェア 市场占有率 shìchǎng zhànyǒulǜ ♦2 割の～を占める 市场占有率为百分之二十 shìchǎng zhànyǒulǜ wéi bǎi fēn zhī èrshí

しえい【私営-の】 私营 sīyíng ♦～企业 私营企业 sīyíng qǐyè

しえい【市営-の】 市营 shìyíng ♦～バス 市营公共汽车 shìyíng gōnggòng qìchē

じえい【自衛-する】 自卫 zìwèi ♦～権 自卫权 zìwèiquán

じえい【自営-の】 个体经营 gètǐ jīngyíng ♦～業 个体户 gètǐhù

シェーカー《カクテルの》 调酒器 tiáojiǔqì

シェービングクリーム 剃须膏 tìxūgāo

しえき【使役-する】 劳役 láoyì; 役使 yìshǐ ♦～動詞 使役动词 shǐyì dòngcí

しえき【私益】 个人利益 gèrén lìyì

ジェスチャー ❶《身振り》手势 shǒushì ❷《見せかけ》姿态 zītài

ジェット【ジェット機】 喷气式飞机 pēnqìshì fēijī

ジェットコースター 轨道飞车 guǐdào fēichē

シェパード 牧羊犬 mùyángquǎn

シェフ 厨师长 chúshīzhǎng

シェリー《酒》 雪利酒 xuělìjiǔ

しえん【支援-する】 支援 zhīyuán ♦～を請う 求援 qiúyuán

しえん【試演-する】 观摩演出 guānmó yǎnchū; 预演 yùyǎn

しえん【私怨】 私怨 sīyuàn ♦～をはらす 报私怨 bào sīyuàn

しえん【紫煙】 香烟烟雾 xiāngyān yānwù ♦～を繰り出す 喷云吐雾 pēn yún tǔ wù

ジェンダー 社会性别 shèhuì xìngbié

しお【塩】 盐 yán ♦～を少し入れる 搁点儿盐 gē diǎnr yán ♦～をひとつまみ入れる 放一撮盐 fàng yì cuō yán

しお【潮】 海潮 hǎicháo ♦～が引く 退潮 tuì cháo ♦落潮 luò cháo ♦～

しおあじ ― じかく

が満ちる 涨潮 zhǎng cháo ◆～の満ち干 海潮 hǎicháo；潮汐 cháoxī
しおあじ[塩味] 咸味 xiánwèi ◆～がきいている 咸津津 xiánjīnjīn
しおかげん[塩加減] 咸淡 xiándàn ◆～をみる 尝尝咸淡 chángchang xiándàn
しおかぜ[潮風] 海风 hǎifēng
しおからい[塩辛い] 咸 xián
しおき[仕置き] 惩罚 chéngfá ◆～を受ける 受到惩罚 shòudào chéngfá
しおくり[仕送り-する] 汇寄生活费 huìjì shēnghuófèi
しおけ[塩気] 盐分 yánfèn；咸味 xiánwèi ◆～が足りない 咸味不够 xiánwèi búgòu
しおさい[潮騒] 海潮声 hǎicháo shēng
しおざけ[塩鮭] 咸鲑鱼 xiánguīyú
しおしお-と 无精打采 wú jīng dǎ cǎi ◆～と引き下がる 无精打采地退出 wú jīng dǎ cǎi de tuìchū
しおづけ[塩漬け] 腌 yān
しおどき[潮時] 潮水涨落时 cháoshuǐ zhǎngluò shí；《好機》时机 shíjī ◆～を待つ 等待时机 děngdài shíjī
しおみず[塩水] 盐水 yánshuǐ；潮水 cháoshuǐ
しおやき[塩焼き] 加盐烤 jiā yán kǎo
しおらしい 温顺 wēnshùn ◆～事を言う 说温顺话 shuō wēnshùnhuà ◆しおらしく振る舞う 举止温顺 jǔzhǐ wēnshùn
しおり[枝折り[栞]] 书签儿 shūqiānr；《案内書》指南 zhǐnán
しおれる[萎れる] ❶《草木が》蔫 niān；萎蔫 wěiniān；枯萎 kūwěi ◆花が～ 花蔫了 huā niān le ❷《気落ち》沮丧 jǔsàng；颓靡 tuímǐ；委靡 wěimǐ ◆叱られてうち～ 挨训后萎靡不振 áixùn hòu wěimǐ búzhèn
シオン[紫苑] 紫菀 zǐwǎn
じおん[字音] 读音 dúyīn
しか[歯科] 牙科 yákē ◆～医 牙科医生 yákē yīshēng；牙医 yáyī
しか[市価] 市价 shìjià；市场价格 shìchǎng jiàgé
シカ[鹿] 鹿 lù ◆～の角 鹿角 lùjiǎo
-しか 只 zhǐ ◆～ない 只有 zhǐyǒu ◆最後は 3 人～残らなかった 最后只剩下三个人 zuìhòu zhǐ shèngxià sān ge rén ◆昨日は 2 時間～寝ていない 昨晚只睡了两小时 zuówǎn zhǐ shuì le liǎng xiǎoshí
しが[歯牙] ◆～にもかけない 不值一提 bùzhí yì tí
じか[時価] 时价 shíjià ◆～三百元の皿 时价三百元的盘子 shíjià sānbǎi yuán de pánzi
じか[直-に] 直接 zhíjiē；径直 jìngzhí ◆肌に～に着る 贴身穿 tiēshēn chuān ◆～に談判する 直接交涉 zhíjiē jiāoshè；直接谈判 zhíjiē tánpàn
じが[自我] 自我 zìwǒ ◆～に目覚める 意识到自我 yìshídào zìwǒ
しかい[四海] ❶《四方の海》大海 dàhǎi；海面 hǎimiàn ◆～波静か 风平浪静 fēng píng làng jìng ❷《天下・世界》天下 tiānxià；四海 sìhǎi ◆～兄弟（けいてい） 四海之内皆兄弟 sìhǎi zhī nèi jiē xiōngdì
しかい[視界] 眼界 yǎnjiè；视野 shìyě ◆～に入る 进入视野 jìnrù shìyě ◆～を広げる 开阔视野 kāikuò shìyě ◆～が広い 眼界开阔 yǎnjiè kāikuò
しかい[司会-する] 主持会议 zhǔchí huìyì ◆～者《儀式の》司仪 sīyí；《舞台の》报幕员 bàomùyuán；《テレビなどの》主持人 zhǔchírén
しがい[市街] 市街 shìjiē ◆～地 城区 chéngqū ◆～戦 巷战 xiàngzhàn
しがい[死骸] 尸体 shītǐ；死尸 sǐshī
しがい[市外] 市外 shìwài ◆～通话 长途电话 chángtú diànhuà
じかい[磁界] 地磁场 dìcíchǎng
じかい[次回] 下次 xiàcì
じかい[自戒] 自戒 zìjiè；自己约束 zìjǐ yuēshù zìjǐ
しがいせん[紫外線] 紫外线 zǐwàixiàn
しかえし[仕返し-する] 报复 bàofù；回报 huíbào；回手 huíshǒu
しかく[刺客] 刺客 cìkè ◆～を放つ 派出刺客 pàichū cìkè
しかく[四角] 四角形 sìjiǎoxíng；四方形 sìfāngxíng ◆～い顔 四方脸儿 sìfāngliǎnr ◆～い字 方块字 fāngkuàizì ◆～四面を 规规矩矩的 guīguījǔjǔ de ◆～ばった 郑重其事的 zhèng zhòng qí shì de
しかく[死角] 死角 sǐjiǎo ◆～に入る 进入死角 jìnrù sǐjiǎo
しかく[視覚] 视觉 shìjué
しかく[資格] 资格 zīgé；身份 shēnfen ◆～を備える 够格 gòugé ◆～を取る 取得资格 qǔdé zīgé ◆～を失う 失去资格 shīqù zīgé
しがく[史学] 史学 shǐxué
しがく[私学] 私立学校 sīlì xuéxiào
じかく[字画] 笔划 bǐhuà
じかく[自覚-する] 觉悟 juéwù；自觉 zìjué；认识到 rènshidào ◆～を持つ 有自觉 yǒu zìjué ◆～が足りな

い 觉悟不够 juéwù búgòu ♦〜を高める 提高觉悟 tígāo juéwù ♦〜症状 自觉症状 zìjué zhèngzhuàng

しかけ【仕掛け】❶《働きかけ》行动 xíngdòng ♦敌の〜を待つ 等着敌人采取行动 děngzhe dírén cǎishí xíngdòng ❷《からくり》装置 zhuāngzhì

しかける【仕掛ける】❶《動作を始める》作业を仕掛けた途端 工作刚开始就… gōngzuò gāng kāishǐ jiù… ❷《戦争などを》挑动 tiǎodòng;掀动 xiāndòng ♦攻撃を〜 发起攻击 fāqǐ gōngjī ❸《装置を》爆弹を〜 安设炸弹 ānshè zhàdàn

しかし【然し】但是 dànshì;可是 kěshì;然而 rán'ér

じがじさん【自画自贊—する】自吹自擂 zì chuī zì léi;自卖自夸 zì mài zì kuā

じかせい【自家製—の】自制 zìzhì ♦〜のジャム 自制的果酱 zìzhì de guǒjiàng

じかせん【耳下腺】耳下腺 ěrxiàxiàn ♦〜炎 耳下腺炎 ěrxiàxiànyán

じがぞう【自画像】自画像 zìhuàxiàng

しかた【仕方】方法 fāngfǎ ♦料理の〜 烹调法 pēngtiáofǎ ♦〜がない 没办法 méi bànfǎ;没法子 méi fǎzi;无奈 wúnài ♦谢るしか〜がない 只好赔罪 zhǐhǎo péizuì ♦恨まれても〜がない 遭到怨恨也没办法 zāodào yuànhèn yě méi bànfǎ ♦待っていても〜がない 等也白等 děng yě bái děng ♦かわいくて〜がない 可爱得不得了 kě'ài de bùdéliǎo ♦腹が立って〜がない 气得不得了 qìde bùdéliǎo

じがため【地固め—する】夯地 hāng dì;打地基 dǎ dìjī

じかちゅうどく【自家中毒】自体中毒 zìtǐ zhòngdú

しかつ【死活】死活 sǐhuó ♦〜にかかわる 生死攸关 shēng sǐ yōu guān

しがつ【四月】四月 sìyuè

じかつ【自活—する】自食其力 zì shí qí lì

しかつめらしい【鹿爪らしい】一本正经 yì běn zhèng jīng ♦〜颜をする 道貌岸然 dào mào àn rán

しかと【確と】❶《はっきりと》明确 míngquè;确实 quèshí;的确 díquè ♦〜相违ない 的确是那样 díquè shì nàyàng ❷《しっかりと》紧 jǐn;好好儿 hǎohāor

じかどうちゃく【自家撞着】自相矛盾 zìxiāng máodùn

しかない 微不足道 wēi bù zú dào;

渺小 miǎoxiǎo

じがね【地金】原料金属 yuánliào jīnshǔ ♦〜が出る《比喻的に》露马脚 lòu mǎjiǎo

しかねない【為兼ねない】很可能做也 hěn kěnéng zuòchū

じかはつでんそうち【自家発電装置】自家发电设备 zìjiā fādiàn shèbèi

しかばね【屍】死尸 sǐshī ♦生ける〜 行尸走肉 xíng shī zǒu ròu

じかび【直火】♦〜で焼く 直接烘烤 zhíjiē hōngkǎo

しがみつく 紧紧抱住 jǐnjǐn bàozhù ♦过去の栄光に〜 只想过去的荣誉 zhǐ xiǎng guòqù de róngyù

しかめつら【顰め面】愁眉苦脸 chóu méi kǔ liǎn

しかめる【顰める】皱眉 zhòu méi ♦颜を〜 皱眉头 zhòu méitóu

しかも【然も】而且 érqiě;同时 tóngshí ♦彼は二枚目で, 〜女性に优しい 他长得好看, 而且对女性也殷勤 tā zhǎngde hǎokàn, érqiě duì nǚxìng yě yīnqín

じかよう【自家用】自用 zìyòng;家用 jiāyòng ♦〜車 自用小汽车 zìyòng xiǎoqìchē

しかる【叱る】责备 zébèi;批评 pīpíng;叱责 chìzé;申叱 shēnchì

しかるに【然るに】然而 rán'ér ♦〜, 反省の色が见えない 然而, 看不出反省的样子 rán'ér, kànbuchū fǎnxīng de yàngzi

しかるべき【然るべき】❶《ふさわしい》适当的 shìdàng de;相当的 xiāngdāng de;应有的 yīngyǒu de ♦〜人 适当的人物 shìdàng de rénwù ♦〜理由なしに 没有适当理由 méiyǒu shìdàng lǐyóu ❷《当然な》♦处罚されて〜だ 受处分也没什么可说的 shòu chǔfèn yě méi shénme kě shuō de

しかるべく【然るべく】适当地 shìdàng de;酌情 zhuóqíng ♦〜ご配虑のほどを 请酌情处理 qǐng zhuóqíng chǔlǐ

しかん【士官】军官 jūnguān ♦〜学校 军官学校 jūnguān xuéxiào ♦〜候補生 候补军官 hòubǔ jūnguān

しかん【史観】史观 shǐguān ♦唯物〜 唯物史观 wéiwù shǐguān

しかん【弛緩—する】松弛 sōngchí ♦规律〜 纪律松弛 jìlǜ sōngchí

しがん【志願—する】志愿 zhìyuàn;应征 yìngzhēng ♦〜者 报名者 bàomíngzhě

じかん【時間】时间 shíjiān;时刻 shíkè ♦〜がない 没时间 méi shíjiān ♦〜が掛かる 费时间 fèi shíjiān ♦〜が迫っている 时间紧迫 shíjiān jǐnpò ♦～に遅れる 误点 wùdiǎn; 过时 guòshí ♦～をかける 用工夫 yòng gōngfu ♦～を見つける 挤时间 jǐ shíjiān; 抽时间 chōu shíjiān ♦2～ 两小时 liǎng xiǎoshí

じかん【次官】 次官 cìguān ♦外務～ 外务省次官 wàiwùshěng cìguān; 外交部副部长 wàijiāobù fùbùzhǎng

じかんきゅう【時間給】 计时工资 jìshí gōngzī

じかんわり【時間割り】 课程表 kèchéngbiǎo

しき【四季】 四季 sìjì ♦～折々の 四季应时的 sìjì yìngshí de

しき【士気】 士气 shìqì ♦～が上がる 士气高昂 shìqì gāo'áng ♦～がみなぎる 充满干劲 chōngmǎn gànjìn

しき【指揮-する】 指挥 zhǐhuī

しき【死期】 死期 sǐqī ♦～が近づく 死期临近 sǐqī línjìn ♦～を早める 加速死亡 jiāsù sǐwáng

しき【私記】 私人记录 sīrén jìlù

しき【式】 ❶《儀式》仪式 yíshì; 典礼 diǎnlǐ ♦《結婚》～を挙げる 举行婚礼 jǔxíng hūnlǐ ♦入学～ 入学典礼 rùxué diǎnlǐ ❷《数字などの》式子 shìzi ♦公～ 公式 gōngshì ♦分子～ 分子式 fēnzǐshì ♦方程～ 方程式 fāngchéngshì ❸《方式》方式 fāngshì ♦日本～ 日本式 Rìběnshì ♦洋～ 西式 xīshì

シギ【鷸】 鹬 yù

じき【時期】 时期 shíqī ♦～尚早 为时尚早 wéi shí shàng zǎo

じき【時機】 机会 jīhuì; 时机 shíjī ♦～をうかがう 窥伺时机 kuīsì shíjī ♦～を待つ 等待时机 děngdài shíjī ♦～を逃がす 错过时机 cuòguò shíjī ♦～到来 时机已到 shíjī yǐ dào; 时机成熟 shíjī chéngshú

じき【磁器】 瓷器 cíqì

じき【磁気】 磁性 cíxìng ♦～あらし 磁暴 cíbào ♦～テープ 磁带 cídài

じき【次期-の】 下届 xiàjiè ♦～首相 下届首相 xiàjiè shǒuxiàng

じき【直-に】 立即 lìjí; 马上 mǎshàng ♦～に戻る 马上就回来 mǎshàng jiù huílai ♦～に夏だ 很快就夏天了 hěn kuài jiù xiàtiān le

じぎ【時宜】 时宜 shíyí ♦～にかなう 适合时宜 shìhé shíyí ♦～を得た 适时 shìshí

じぎ【児戯】 儿戏 érxì ♦～に等しい 等于儿戏 děngyú érxì

じぎ【字義】 字义 zìyì ♦～通りに解釈する 按字面意思解释 àn zìmiàn yìsi jiěshì

しきい【敷居】 门槛 ménkǎn ♦～が高い《比喩》不敢登门 bù gǎn dēngmén

しきいし【敷石】 铺路石 pūlùshí

じきカード【磁気カード】 磁卡 cíkǎ

しきがわ【敷皮】 鞋垫儿 xiédiànr

しききん【敷金】 押金 yājīn ♦～を入れる 交押金 jiāo yājīn

しきけん【識見】 见识 jiànshí; 见解 jiànjiě ♦～のある 有见识 yǒu jiànshí

しきさい【色彩】 ❶《色どり》彩色 cǎisè; 色彩 sècǎi; 颜色 yánsè ♦～の美しい絵 颜色鲜艳的画 yánsè xiānyàn de huà ❷《傾向》倾向 qīngxiàng; 色彩 sècǎi ♦政治～ 政治色彩 zhèngzhì sècǎi

しきし【色紙】 方形笺 fāngxíng zhǐjiān

しきじ【式辞】 祝词 zhùcí ♦～を述べる 致词 zhìcí

じきじき【直々-に】 亲自 qīnzì; 直接 zhíjiē ♦～に訴える 直接上告 zhíjiē shànggào

しきしゃ【識者】 有识之士 yǒu shí zhī shì

しきしゃ【指揮者】 指挥 zhǐhuī

しきじょう【色情】 色情 sèqíng ♦～狂 色鬼 sèguǐ

しきじょう【式場】 礼堂 lǐtáng

しきそ【色素】 色素 sèsù ♦～沈着 色素沉着 sèsù chénzhuó

じきそ【直訴-する】 直接上告 zhíjiē shànggào

しきたり【仕来たり】 惯例 guànlì; 常规 chángguī ♦～を破る 打破惯例 dǎpò guànlì ♦～に従う 仿照惯例 fǎngzhào guànlì

ジギタリス《植物》洋地黄 yángdìhuáng; 毛地黄 máodìhuáng

しきち【敷地】 地基 dìjī; 用地 yòngdì ♦～面積 地基面积 dìjī miànjī ♦～内 用地之内 yòngdì zhī nèi

しきちょう【色調】 色调 sèdiào ♦～が淡い 色调淡 sèdiào dàn

しきつめる【敷き詰める】 铺满 pūmǎn

じきでし【直弟子】 嫡传弟子 díchuán dìzǐ

しきてん【式典】 典礼 diǎnlǐ ♦記念～ 纪念典礼 jìniàn diǎnlǐ

じきでん【直伝-する】 直接传授 zhíjiē chuánshòu

じきひつ【直筆】 亲笔 qīnbǐ ♦～の書簡 亲笔书简 qīnbǐ shūjiǎn

しきふ【敷布】 褥单 rùdān; 床单 chuángdān

しきふく【式服】 礼服 lǐfú

しきぶとん【敷布団】 褥子 rùzi

しきべつ【識別-する】 辨别 biànbié; 分辨 fēnbiàn; 识别 shíbié ♦～がつかない 无法辨别 wúfǎ biànbié

しきもう【色盲】 色盲 sèmáng
しきもの【敷物】 垫子 diànzi; 铺垫 pūdiàn
しきゅう【子宮】 子宮 zǐgōng ◆～ガン 子宫癌 zǐgōng'ái ◆～外妊娠 宫外孕 gōngwàiyùn
しきゅう【支給-する】 发 fā; 支付 zhīfù ◆現物～ 实物支付 shíwù zhīfù ◆給料を～ 发工资 fā gōngzī
しきゅう【至急】 紧急 jǐnjí; 赶快 gǎnkuài; 从速 cóngsù ◆～ご連絡ください 请从速联系 qǐng cóngsù liánxì ◆大～完成する 火速完成 huǒsù wánchéng
じきゅう【時給】 小时工资 xiǎoshí gōngzī
じきゅう【自給-する】 自给 zìjǐ ◆～自足 自给自足 zìjǐ zìzú
じきゅう【持久】 持久 chíjiǔ ◆～戦 持久战 chíjiǔzhàn ◆～力 耐力 nàilì
しきょ【死去-する】 去世 qùshì; 死去 sǐqù
じきょ【辞去-する】 告辞 gàocí; 告别 gàobié
しきょう【市況】 市面 shìmiàn; 市场情况 shìchǎng qíngkuàng; 行情 hángqíng ◆株式～ 股市行情 gǔshì hángqíng
しきょう【司教】 主教 zhǔjiào
しぎょう【始業】 开始工作 kāishǐ gōngzuò; 开学 kāixué ◆～時間 上班时间 shàngbān shíjiān ◆～式 开学典礼 kāixué diǎnlǐ
じきょう【自供-する】 口供 kǒugòng; 招供 zhāogòng; 自供 zìgòng ◆～を翻す 翻供 fāngōng ◆～書 自供状 zìgòngzhuàng
じぎょう【事業】 事业 shìyè ◆慈善～ 慈善事业 císhàn shìyè ◆～を興す 起业 qǐyè; 开创事业 kāichuàng shìyè; 创业 chuàngyè
しきょうひん【試供品】 试用品 shìyòngpǐn
しきよく【色欲】 色欲 sèyù ◆～を抑える 抑制色欲 yìzhì sèyù
しきょく【支局】 分局 fēnjú; 分支机构 fēnzhī jīgòu
じきょく【時局】 时局 shíjú ◆重大な～ 重大的时局 zhòngdà de shíjú ◆～が悪化する 时局恶化 shíjú èhuà
じきょく【磁極】 磁极 cíjí ◆～のN極 北极 běijí ◆～のS極 南极 nánjí
しきり【仕切り】 间隔 jiàngé; 隔 ◆～板 隔板 gébǎn ◆～線 界限 jièxiàn
しきりに【頻りに】 连连 liánlián; 频繁 pínfán; 屡次 lǚcì; 接连不断 jiēlián búduàn ◆～に謝る 连连道歉 liánlián dàoqiàn ◆～にうなずく 频频点头 pínpín diǎntóu
しきる【仕切る】 ❶《区切る》 隔 gé ◆カーテンで～ 用帘子隔开 yòng liánzi gékāi ◆部屋を二間に～ 把屋子隔成两间 bǎ wūzi géchéng liǎng jiān ❷《取りしきる》 掌管 zhǎngguǎn; 主持 zhǔchí; 承担 chéngdān ◆宴会を～ 主持宴会 zhǔchí yànhuì ◆家事を～ 承担家务 chéngdān jiāwù
しきん【資金】 资金 zījīn ◆～を集める 筹集资金 chóují zījīn ◆～源 资金来源 zījīn láiyuán ◆～不足 资金不足 zījīn bùzú ◆～力 财力 cáilì ◆～繰りがつかない 资金周转不开 zījīn zhōuzhuǎnbukāi
しぎん【詩吟】 吟诗 yínshī
しきんせき【試金石】 试金石 shìjīnshí
しく【詩句】 诗句 shījù
しく【敷く】 ❶《延べ広げる》 铺 pū; 垫 diàn ◆布団を～ 铺床 pūchuáng; 铺被褥 pū bèirù ◆《抑えつける》亭主を尻に～ 欺压丈夫 qīyā zhàngfu ❸《配置する》 布置 bùzhì ◆鉄道を～ 铺设铁路 pūshè tiělù ◆背水の陣を～ 布下背水阵 bùxià bèishuǐzhèn ❹《広く及ぼす》 发布 fābù ◆法律を～ 发布法律 fābù fǎlǜ
じく【字句】 字句 zìjù ◆～を訂正 订正字句 dìngzhèng zìjù
じく【軸】 ❶《棒》 轴 zhóu ◆車～ 车轴 chēzhóu ◆～受け 轴承 zhóuchéng ❷《柄》 杆儿 gǎnr ◆マッチ～ 火柴杆 huǒcháigǎn ◆ペン～ 钢笔杆儿 gāngbǐgǎnr ❸《掛け軸》 挂轴 guàzhóu ◆《物事の》捜査の～ 搜查核心 sōuchá héxīn
じくう【時空】 时空 shíkōng ◆～を越える 超越时空 chāoyuè shíkōng
しぐさ【仕種】 举止 jǔzhǐ; 动作 dòngzuò; 身段 shēnduàn
ジグザグ-の 曲里拐弯 qūliguǎiwān; 之字形 zhīzìxíng; 锯齿形 jùchǐxíng ◆～模様 之字形的图案 zhīzìxíng de tú'àn
じくじ【忸怩-たる】 愧疚 kuìjiù ◆内心～たるものがある 内心有愧 nèixīn yǒukuì
しくしく 抽抽搭搭 chōuchōudādā ◆～泣く 抽泣 chōuqì
じくじく 潮湿 cháoshī ◆傷が化膿して～する 伤口化脓湿漉漉的 shāngkǒu huànóng shīlùlù de
しくじり 失败 shībài; 失误 shīwù ◆～は許されない 不允许失败 bù yǔnxǔ shībài
しくじる 失败 shībài; 砸锅 záguō; 栽跟头 zāi gēntou

しくつ【試掘-する】 试钻 shìzuān; 勘探 kāntàn

シグナル ❶《信号機》红绿灯 hónglǜdēng; 信号机 xìnhàojī ❷《合図》信号 xìnhào ◆〜を送る 发信号 fā xìnhào

しくはっく【四苦八苦-する】 千辛万苦 qiān xīn wàn kǔ; 辛辛苦苦 xīnxīnkǔkǔ

しくみ【仕組み】 结构 jiégòu; 构造 gòuzào

しくむ【仕組む】 谋划 móuhuà; 计划 jìhuà; 策划 cèhuà

シクラメン 仙客来 xiānkèlái

しぐれ【時雨】《初冬の》阵雨 zhènyǔ

しけ【時化】 海上风暴 hǎishàng fēngbào

しけい【死刑】 死刑 sǐxíng ◆〜に処する 处死 chǔsǐ ◆〜囚 死囚 sǐqiú

しけい【私刑】 私刑 sīxíng

しげい【至芸】 绝技 juéjì; 绝艺 juéyì; 绝招 juézhāo

じけい【次兄】 二哥 èrgē

しげき【刺激-する】 刺激 cìjī ◆〜物 刺激物 cìjīwù ◆〜臭 刺激气味 cìjī qìwèi ◆人を〜する 刺激别人 cìjī biérén ◆好奇心を〜する 激起好奇心 jīqǐ hàoqíxīn

しげき【史劇】 历史剧 lìshǐjù

しげき【詩劇】 诗剧 shījù

しげしげ【繁々-と】 ❶《たびたび》频繁 pínfán ◆〜通う 频繁往来 pínfán wǎnglái ❷《じっと》仔细 zǐxì ◆〜と見る 端详 duānxiang; 仔细地看 zǐxì de kàn

しけつ【止血-する】 止血 zhǐxuè ◆〜剂 止血药 zhǐxuèyào

じけつ【自決-する】 ❶《自殺》自杀 zìshā ❷《自ら決める》自决 zìjué ◆民族〜 民族自决 mínzú zìjué

しげみ【茂み】 草丛 cǎocóng

しける【湿気る】 发潮 fācháo; 受潮 shòucháo

しける【時化る】 ❶《海が荒れる》海上闹风暴 hǎishàng nào fēngbào ❷《不景気な》萧条 xiāotiáo ◆しけた面（つら） 郁闷的样子 yùmèn de yàngzi

しげる【茂る】 繁茂 fánmào; 茂盛 màoshèng

しけん【私見】 个人意见 gèrén yìjiàn; 己见 jǐjiàn

しけん【試験-する】 ❶《人の能力を》考试 kǎoshì; 测验 cèyàn ◆面接〜 面试 miànshì ◆口头〜 口试 kǒushì ◆筆記〜 笔试 bǐshì ◆〜に受かる 通过考试 tōngguò kǎoshì; 考上 kǎoshàng ◆〜に落ちる 没考上 méi kǎoshàng; 落榜 luòbǎng; 名落孙山 míng luò Sūn Shān ◆〜を免除する 免试 miǎnshì ◆〜场 考场 kǎochǎng ◆〜問題 考题 kǎotí; 试题 shìtí ❷《物の性能を》试验 shìyàn; 检验 jiǎnyàn; 化验 huàyàn ◆品質を〜する 检验质量 jiǎnyàn zhìliàng

しけん【私権】 私权 sīquán

しげん【至言】 至理名言 zhì lǐ míng yán

しげん【資源】 资源 zīyuán ◆地下〜 地下资源 dìxià zīyuán ◆〜に富む 资源丰富 zīyuán fēngfù ◆ゴミ资源 垃圾 zīyuán lājī ◆〜開発 资源开发 zīyuán kāifā ◆天然〜 天然资源 tiānrán zīyuán ◆人的〜 人力资源 rénlì zīyuán

じけん【事件】 事件 shìjiàn; 案件 ànjiàn ◆〜が起きる 发生案件 fāshēng ànjiàn ◆〜を捜査する 侦查事件 zhēnchá shìjiàn ◆殺人〜 杀人案 shārén'àn

じげん【時限】 ❶《授業の》课时 kèshí; 学时 xuéshí ◆第一〜目 第一节课 dìyī jié kè ❷《時間を決めた》限期 xiànqī ◆〜ストライキ 限期罢工 xiànqī bàgōng ◆〜爆弾 定时炸弹 dìngshí zhàdàn ◆〜立法 限制立法 xiànzhì lìfǎ

じげん【次元】 次元 cìyuán ◆四〜の世界 四维世界 sìwéi shìjiè

しけんかん【試験管】 试管 shìguǎn ◆〜ベイビー 试管婴儿 shìguǎn yīng'ér

しご【死後】 死后 sǐhòu; 身后 shēnhòu ◆〜硬直 死后僵直 sǐhòu jiāngzhí

しご【死語】 ❶《単語》废词 fèicí; 死词 sǐcí ❷《言語》死语 sǐyǔ

しご【私語】 私语 sīyǔ ◆教室では〜を禁じる 教室里不准私语 jiàoshìli bùzhǔn sīyǔ

じこ【自己】 自我 zìwǒ; 自己 zìjǐ

じこ【事故】 事故 shìgù; 意外 yìwài ◆〜が起きる 发生事故 fāshēng shìgù ◆〜に遇う 遇到意外 yùdào yìwài ◆〜現場 事故现场 shìgù xiànchǎng ◆〜死 事故死亡 shìgù sǐwáng ◆〜を防ぐ 防止事故 fángzhǐ shìgù ◆交通〜 交通事故 jiāotōng shìgù; 交通肇事 jiāotōng zhàoshì; 车祸 chēhuò

じご【事後】 事后 shìhòu ◆〜承諾 事后承认 shìhòu chéngrèn ◆〜処理 善后处理 shànhòu chǔlǐ

じこあんじ【自己暗示】 自我暗示 zìwǒ ànshì ◆〜にかかる 陷入自我暗示 xiànrù zìwǒ ànshì

しこう【志向】 志向 zhìxiàng; 意向 yìxiàng ◆プラス〜 进取精神 jìnqǔ jīngshén

しこう【思考-する】 思考 sīkǎo; 思維 sīwéi

しこう【施行-する】 施行 shīxíng; 実施 shíshī ♦法律を～ 实施法律 shíshī fǎlǜ

しこう【歯垢】 牙垢 yágòu ♦～をとる 除去牙垢 chúqù yágòu

しこう【嗜好】 嗜好 shìhào; 爱好 àihào; 口味 kǒuwèi; 趣味 qùwèi ♦～が変わる 口味改变 kǒuwèi gǎibiàn ♦～に合わない 不合口味 bùhé kǒuwèi ♦～品 嗜好品 shìhàopǐn

しこう【私行】 私生活 sīshēnghuó ♦～を暴く 暴露私生活 bàolù sīshēnghuó

じこう【事項】 事项 shìxiàng; 項目 xiàngmù

じこう【時効】 时效 shíxiào ♦～期間 时效期间 shíxiào qījiān

じこう【時令】 时令 shílìng ♦～の挨拶 时令问候 shílìng wènhòu

じこうき【次号】 下一期 xiàyīqī

しこうさくご【試行錯誤】 ♦～を重ねる 反复试验 fǎnfù shìyàn

じごうじとく【自業自得】 自作自受 zì zuò zì shòu; 咎由自取 jiù yóu zì qǔ; 自食其果 zì shí qí guǒ

じごえ【地声】 天生的嗓子 tiānshēng de sǎngzi ♦～が大きい 嗓門大 sǎngmén dà

しごく【扱く】 ❶《細長いものを》捋 luō; 撸 lū ♦枝についている葉を扱き落とす 把树枝上的叶子捋下来 bǎ shùzhī shang de yèzi luōxiàlai ❷《訓練する》严格训练 yángé xùnliàn

しごく【至極】 极为 jíwéi ♦～もっともだ 对极了 duìjíle ♦残念～ 遺憾万分 yíhàn wànfēn

じこく【時刻】 时刻 shíkè; 钟点 zhōngdiǎn; 时候 shíhou ♦～を知らせる 报时 bàoshí ♦～表 时刻表 shíkèbiǎo

じこく【自国-の】 本国 běnguó ♦～語 本国語 běnguóyǔ

じごく【地獄】 地獄 dìyù ♦～耳 顺风耳 shùnfēng'ěr; 耳朵尖 ěrduo jiān ♦～の沙汰も金次第 有钱能使鬼推磨 yǒu qián néng shǐ guǐ tuīmò

じこけんじ【自己顕示】 自我表现 zìwǒ biǎoxiàn

じこしょうかい【自己紹介-する】 自我介绍 zìwǒ jièshào

じこしょうだく【事後承諾-する】 追认 zhuīrèn; 事后同意 shìhòu tóngyì

しごせん【子午線】 经线 jīngxiàn; 子午线 zǐwǔxiàn

じこせんでん【自己宣伝-する】 自我宣传 zìwǒ xuānchuán; 自吹自擂 zì chuī zì léi

しごたま 很多 hěn duō ♦～儲ける 赚了很多钱 zhuànle hěn duō qián

しごと【仕事】 工作 gōngzuò; 活儿 huór; 職業 zhíyè ♦～をする 工作 gōngzuò; 做工 zuò gōng; 劳动 láodòng ♦野良～ 庄稼活儿 zhuāngjiahuór ♦～がひける 下工 xià gōng; 下班 xià bān ♦～につく 就业 jiù yè ♦～に行く 出工 chū gōng; 上班 shàng bān ♦～をさぼる 旷工 kuàng gōng ♦～をやめる 辞职 cízhí ♦～を休む 缺勤 quēqín; 歇工 xiē gōng; 请假 qǐng jià ♦～を終える 收工 shōu gōng; 下班 xià bān ♦～を搜す 找工作 zhǎo gōngzuò

じことうすい【自己陶酔-する】 自我陶酔 zìwǒ táozuì

しごとば【仕事場】《工場》车间 chējiān;《手工業》作坊 zuōfang;《工事》工地 gōngdì;《持ち場》工作岗位 gōngzuò gǎngwèi

じこひはん【自己批判】 自我批评 zìwǒ pīpíng; 检讨 jiǎntǎo

じごほうこく【事後報告-する】 补报 bǔbào; 事后报告 shìhòu bàogào

じこほんい【自己本位-の】 自私自利 zì sī zì lì

じこまんぞく【自己満足-する】 自满 zìmǎn; 自我满足 zìwǒ mǎnzú

しこみ【仕込み】 ❶《仕込むこと》准备 zhǔnbèi ♦料理の～ 准备饭菜 zhǔnbèi fàncài ❷《身につけたこと》♦イギリス～のユーモア 在英国养成的幽默 zài Yīngguó yǎngchéng de yōumò

しこむ【仕込む】 ❶《教える》芸を～ 教技艺 jiāo jìyì ❷《醸造品の原料を詰める》♦味噌を～ 下酱 xià jiàng ❸《仕入れる》采购 cǎigòu ♦食料を～ 买进粮食 mǎijìn liángshi

しこり【痼】 ❶《筋肉の》疙瘩 gēda ♦～ができる 长疙瘩 zhǎng gēda ❷《気分》隔阂 géhé; 隔膜 gémó ♦心に～が残る 产生隔阂 chǎnshēng géhé

しこん【歯根】 牙根 yágēn

しさ【示唆-する】 暗示 ànshì; 启发 qǐfā ♦～に富んだ 充满启发的 chōngmǎn qǐfā de

じさ【時差】 时差 shíchā ♦～ぼけ 时差不适应 shíchā bú shìyìng; 时差反应 shíchā fǎnyìng ♦～出勤 错开时间上班 cuòkāi shíjiān shàngbān

しさい【子細】 ❶《詳細》仔细 zǐxì; 详细 xiángxì ♦～に语る 详细述说 xiángxì shùshuō ❷《詳しい事情》缘故 yuángù; 缘由 yuányóu; 原委 yuánwěi; 根底 gēndǐ ♦～を述べる 详述原委 xiángshù yuánwěi

しさい【司祭】 神甫 shénfu；司铎 sīduó

しさい【詩才】 诗才 shīcái

しざい【資材】 资材 zīcái；材料 cáiliào

しざい【私財】 个人财产 gèrén cáichǎn；私产 sīchǎn ◆〜を投じて学校を創設する 投入个人财产创办学校 tóurù gèrén cáichǎn chuàngbàn xuéxiào

じざい【自在-の】 自如 zìrú；自由自在 zì yóu zì zài ◆〜に操る 操纵自如 cāozòng zìrú

しさく【思索-する】 思索 sīsuǒ；沉思 chénsī

しさく【試作-する】 试制 shìzhì ◆〜品 试制品 shìzhìpǐn

しさく【施策】 措施 cuòshī ◆〜を講じる 采取措施 cǎiqǔ cuòshī

しさく【詩作-する】 作诗 zuòshī

じさく【自作】 自制 zìzhì ◆〜自演 自编自演 zì biān zì yǎn

じざけ【地酒】 土产酒 tǔchǎnjiǔ

しさつ【刺殺-する】 刺杀 cìshā

しさつ【視察-する】 考察 kǎochá；视察 shìchá ◆〜団 考察团 kǎochátuán

じさつ【自殺-する】 自杀 zìshā ◆〜を図る 企图自杀 qìtú zìshā ◆〜未遂 自杀未遂 zìshā wèisuì ◆〜行為 找死 zhǎosǐ

しさん【四散】 四散 sìsàn；四飞五散 sì fēi wǔ sàn

しさん【資産】 财产 cáichǎn；资产 zīchǎn ◆固定〜 固定资产 gùdìng zīchǎn

しさん【試算-する】 估算 gūsuàn ◆経費を〜する 估算经费 gūsuàn jīngfèi

しざん【死産-する】 死产 sǐchǎn

じさん【持参-する】 自备 zìbèi ◆弁当〜で 盒饭自备 héfàn zìbèi

じさん【自賛-する】 自夸 zìkuā

しし【史詩】 史诗 shǐshī

しし【四肢】 四肢 sìzhī；肢体 zhītǐ

シシ【獅子】 狮子 shīzi ◆身中の虫 害群之马 hài qún zhī mǎ ◆〜座 狮子座 shīzizuò

しじ【師事-する】 拜师 bàishī

しじ【指示-する】 指示 zhǐshì；命令 mìnglìng ◆〜に従う 按照指示 ànzhào zhǐshì ◆〜を仰ぐ 请求指示 qǐngqiú zhǐshì

しじ【支持-する】 拥护 yōnghù；支持 zhīchí ◆〜を得る 得到拥护 dédào yōnghù ◆〜者 拥护者 yōnghùzhě

しじ【私事】 私事 sīshì ◆〜にわたる 涉及私事 shèjí sīshì

じじ【時事】 时事 shíshì ◆〜問題 时事问题 shíshì wèntí

じじこっこく【時々刻々】 时时刻刻 shíshíkèkè

ししそんそん【子々孫々】 子子孙孙 zǐzǐsūnsūn；世世代代 shìshìdàidài

しじだいし【指示代詞】 指示代词 zhǐshì dàicí

ししつ【資質】 资质 zīzhì；天资 tiānzī

しじつ【史実】 史实 shǐshí

じしつ【自失-する】 ◆茫然〜する 茫然自失 máng rán zì shī

じじつ【事実】 事实 shìshí ◆〜に照らして 对照事实 duìzhào shìshí ◆〜に基づいて 据实 jùshí ◆〜に反する 失实 shīshí ◆〜を曲げる 歪曲事实 wāiqū shìshí ◆〜上 事实上 shìshíshàng

じじつ【時日】 日期 rìqī；时日 shírì ◆〜は追って知らせます 日期随后通知 rìqī suíhòu tōngzhī ◆〜を要する 需要时日 xūyào shírì

ししばな【獅子鼻】 塌鼻子 tābízi

ししまい【獅子舞】 狮子舞 shīziwǔ

シジミ【蜆】 蚬 xiǎn

ししゃ【使者】 使者 shǐzhě ◆〜を送る 派遣使者 pàiqiǎn shǐzhě

ししゃ【試写】 预映 yùyìng ◆〜会 试映会 shìyìnghuì

ししゃ【支社】 分公司 fēngōngsī ◆〜を置く 设立分公司 shèlì fēngōngsī

ししゃ【死者】 死者 sǐzhě；死人 sǐrén ◆〜に鞭打つ 鞭尸 biānshī

じしゃ【自社】 本公司 běn gōngsī

ししゃく【子爵】 子爵 zǐjué

じしゃく【磁石】 磁石 císhí；吸铁石 xītiěshí ◆方位〜 指南针 zhǐnánzhēn

じじゃく【自若-たる】 自若 zìruò ◆〜たる態度 神态自若 shéntài zìruò ◆〜泰然 泰然自若 tài rán zì ruò

ししゃごにゅう【四捨五入-する】 四舍五入 sì shě wǔ rù

シシャモ【柳葉魚】 柳叶鱼 liǔyèyú

ししゅ【死守-する】 死守 sǐshǒu；困守 kùnshǒu

ししゅ【詩趣】 诗意 shīyì；诗趣 shīqù ◆〜に富む 充满诗意 chōngmǎn shīyì

じしゅ【自首-する】 投案 tóu'àn；自首 zìshǒu

じしゅ【自主】 自主 zìzhǔ；主动 zhǔdòng ◆〜独立 独立自主 dúlì zìzhǔ ◆〜権 自主权 zìzhǔquán ◆〜性 主动性 zhǔdòngxìng ◆〜規制 主动限制 zhǔdòng xiànzhì ◆〜的に 主

动地 zhǔdòng de
ししゅう【刺繡-する】 刺绣 cìxiù ◆~糸 绣花线 xiùhuāxiàn ◆~針 刺绣针 cìxiùzhēn
ししゅう【詩集】 诗集 shījí
しじゅう【始終】 ❶《始めから終わりまで》始终 shǐzhōng；自始至终 zì shǐ zhì zhōng ◆一部~ 从头到尾 cóng tóu dào wěi；一五一十 yī wǔ yī shí ❷《いつも》经常 jīngcháng；时常 shícháng；老是 lǎoshì；总是 zǒngshì ◆彼は~電車の中に傘を忘れる 他经常把雨伞忘在电车里 tā jīngcháng bǎ yǔsǎn wàng zài diànchē lǐ ◆彼は~遅れて来る 他老迟到 tā lǎo chídào ◆~テレビを見ている 老看电视 lǎo kàn diànshì
じしゅう【自修-する】 自学 zìxué；自修 zìxiū
じしゅう【自習-する】 自习 zìxí；自修 zìxiū ◆~室 自习室 zìxíshì ◆~時間 自习时间 zìxí shíjiān
じじゅう【侍従】 侍从 shìcóng
じじゅう【自重】 自重 zìzhòng ◆1トンの~ 自重一吨 zìzhòng yī dūn de
シジュウカラ【四十雀】 大山雀 dàshānquè
しじゅうそう【四重奏】 四重奏 sìchóngzòu ◆弦楽~ 弦乐四重奏 xiányuè sìchóngzòu
ししゅうびょう【歯周病】 牙周病 yázhōubìng
ししゅく【私淑-する】 私淑 sīshū；衷心景仰 zhōngxīn jǐngyǎng
しじゅく【私塾】 私塾 sīshú
じしゅく【自粛-する】 自我克制 zìwǒ kèzhì；自我约束 zìwǒ yuēshù
ししゅつ【支出-する】 支出 zhīchū；开支 kāizhī ◆~超過になる 超支 chāozhī ◆~を抑える 减缩支出 jiǎnsuō zhīchū
ししゅんき【思春期】 青春期 qīngchūnqī
ししょ【史書】 史书 shǐshū
ししょ【司書】 图书管理员 túshūguǎnlǐyuán
ししょ【支署［所］】 分公司 fēngōngsī；办事处 bànshìchù
ししょ【私書】 私人信件 sīrén xìnjiàn
じしょ【子女】 儿女 érnǚ；子女 zǐnǚ ◆帰国~ 归国子女 guīguó zǐnǚ
じしょ【字書】 字典 zìdiǎn；字书 zìshū
じしょ【辞書】 词典 cídiǎn ◆~を引く 查词典 chá cídiǎn
じしょ【地所】 地产 dìchǎn；地皮 dìpí
じしょ【自署-する】 自己签名 zìjǐ qiānmíng
じじょ【次女】 次女 cìnǚ；二女儿 èrnǚ'ér
じじょ【自助】 自力更生 zìlì gēngshēng
ししょう【師匠】 师傅 shīfu；宗师 zōngshī
ししょう【死傷-する】 伤亡 shāngwáng；死伤 sǐshāng ◆~者 死伤者 sǐshāngzhě
ししょう【支障】 故障 gùzhàng；障碍 zhàng'ài ◆~をきたす 造成故障 zàochéng gùzhàng ◆~がない 没有妨碍 méiyǒu fáng'ài
しじょう【市場】 市场 shìchǎng ◆~価格 市价 shìjià
しじょう【私情】 私情 sīqíng ◆~にとらわれる 徇私 xùnsī ◆~を挟む 挟私 xiésī
しじょう【至上-の】 至上 zhìshàng ◆~命令 最高命令 zuìgāo mìnglìng
しじょう【詩情】 诗意 shīyì；诗情 shīqíng ◆~豊かな 充满诗意 chōngmǎn shīyì；富有诗情 fùyǒu shīqíng
しじょう【史上】 历史上 lìshǐshang ◆~例を見ない 史无前例 shǐ wú qiánlì
しじょう【紙上】 《新聞の》报刊上 bàokānshang；版面 bǎnmiàn
しじょう【試乗-する】 试乘 shìchéng
しじょう【誌上】 杂志上 zázhìshang
じしょう【自称-する】 自称 zìchēng
じじょう【事情】 情况 qíngkuàng；情形 qíngxing ◆内部~ 内情 nèiqíng ◆~に明るい 了解内情 liǎojiě nèiqíng ◆~を聴取 听取情况 tīngqǔ qíngkuàng ◆食料~ 食物情况 shíwù qíngkuàng ◆~を打ち明ける 说明缘故 shuōmíng yuángù
じじょう【自乗-する】 《数学》自乘 zìchéng ◆~数 自乘数 zìchéngshù；《比喻》苦痛が~される 痛苦百倍增加 tòngkǔ bǎibèi zēngjiā
しじょうかかく【市場価格】 市价 shìjià
じじょうさよう【自浄作用】 自净作用 zìjìng zuòyòng
ししょうせつ【私小説】 自叙体小说 zìxùtǐ xiǎoshuō
ししょく【試食-する】 品尝 pǐncháng
じしょく【辞職-する】 辞职 cízhí ◆~願い 辞呈 cíchéng；辞职书 cízhíshū
じじょでん【自叙伝】 自传 zìzhuàn
ししょばこ【私書箱】 邮政专用信箱 yóuzhèng zhuānyòng xìnxiāng
ししん【指針】 指南 zhǐnán；指针 zhǐzhēn ◆行動の~ 行动的指针

xíngdòng de zhīzhēn
ししん【私信】 私信 sīxìn；私人信件 sīrén xìnjiàn
ししん【私心】 私心 sīxīn ♦〜のない 无私 wúsī ♦いささかの〜もない 没存05一丝私心 méi cún yìsī sīxīn
ししん【私人】 私人 sīrén；个人 gèrén
ししん【詩人】 诗人 shīrén
じしん【磁針】 磁针 cízhēn
じしん【自信】 信心 xìnxīn；自信心 zìxìnxīn ♦〜がある 有自信 yǒu zìxìn；有把握 yǒu bǎwò ♦〜がない 没有自信 méiyǒu zìxìn；没有把握 méiyǒu bǎwò ♦〜を取り戻す 恢复自信 huīfù zìxìn ♦〜をなくす 丧失信心 sàngshī xìnxīn ♦〜過剰 过于自信 guòyú zìxìn ♦〜満々である 信心十足 xìnxīn shízú；满怀自信 mǎnhuái zìxìn
じしん【自身】 本身 běnshēn；自己 zìjǐ；自身 zìshēn ♦私〜 我自己 wǒ zìjǐ
じしん【地震】 地震 dìzhèn ♦〜計 地震仪 dìzhènyí ♦〜災害救援活動 抗震救灾 kàngzhèn jiùzāi ♦〜対策 抗震对策 kàngzhèn duìcè ♦〜波 震波 zhènbō ♦〜予知 地震預測 dìzhèn yùcè ♦〜活動期 地震活跃期 dìzhèn huóyuèqī ♦〜が起きる 发生地震 fāshēng dìzhèn
じすい【自炊-する】 自己做饭 zìjǐ zuòfàn
しすう【指数】 指数 zhǐshù ♦知能〜 智商 zhìshāng ♦物価〜 物价指数 wùjià zhǐshù
しすう【紙数】 页数 yèshù；篇幅 piānfu ♦〜に限りがある 篇幅有限 piānfu yǒuxiàn
しずか【静か-な】 安静 ānjìng；平静 píngjìng ♦〜な海 宁静的海面 níngjìng de hǎimiàn ♦〜な人柄 文静的性格 wénjìng de xìnggé ♦〜にしなさい 安静点儿 ānjìng diǎnr
しすぎる【し過ぎる】 过度 guòdù ♦心配〜 过度担心 guòdù dānxīn ♦食べ過ぎる 吃得过多 chīde guò duō
しずく【雫】 水滴 shuǐdī
しずしず 静静地 jìngjìng de；静悄悄地 jìngqiāoqiāo de
システム 体系 tǐxì；体制 tǐzhì；系统 xìtǒng
じすべり【地滑り-する】 滑坡 huápō；坍方 tānfāng；山崩 shānbēng
しずまる【静[鎮]まる】 ♦会場が〜 会场安静下来 huìchǎng ānjìngxiàlai ♦反乱が〜 叛乱平定 pànluàn píngdìng ♦痛みが〜 疼痛缓解 téngtòng huǎnjiě ♦気が〜 心情平静下来 xīnqíng píngjìngxiàlai ♦暴風が〜 狂风平静下来 kuángfēng píngjìngxiàlai
しずむ【沈む】 沉 chén；沉没 chénmò；下沉 xiàchén ♦船が〜 船沉没 chuán chénmò ♦日が〜 日落日落 rìluò ♦下山 xiàshān ♦沈んだ顔 低沉的面容 dīchén de miànróng ♦村が水に沈んだ 村庄被水淹没了 cūnzhuāng bèi shuǐ yānmò le
しずめる【沈める】 沉 chén ♦船を〜 让船沉入水中 ràng chuán chénrù shuǐzhōng
しずめる【静[鎮]める】 镇定 zhèndìng；平定 píngdìng；平息 píngxī ♦鳴りを〜 悄然无声 qiǎorán wúshēng ♦怒りを〜 息怒 xīnù ♦痛みを〜 止痛 zhǐtòng；减轻痛苦 jiǎnqīng tòngkǔ
じする【持する】 ❶《維持》持 chí；保持 bǎochí ♦身を高く〜 持身高洁 chíshēn gāojié ♦満を〜 引满以待 yǐn mǎn yǐ dài ❷《固く守る》遵守 zūnshǒu；恪守 kèshǒu ♦戒を〜 遵守教训 zūnshǒu jiàoxun
じする【辞する】 《帰る》告辞 gàocí；《辞職》辞去 cíqù ♦死をも辞さない 宁死不辞 nìng sǐ bù cí
しせい【四声】 四声 sìshēng
しせい【姿勢】 ❶《格好》姿势 zīshì ♦〜がいい 姿势端正 zīshì duānzhèng ♦〜を正す 挺直身体 tǐngzhí shēntǐ ❷《態度》态度 tàidu；姿态 zītài ♦前向きの〜 积极的态度 jījí de tàidu
しせい【市井】 市井 shìjǐng
しせい【市制】 市制 shìzhì ♦〜をしく 实行市制 shíxíng shìzhì
しせい【市政】 市政 shìzhèng
しせい【施政】 施政 shīzhèng ♦〜方針 施政方针 shīzhèng fāngzhēn
しせい【私製-の】 私人制造 sīrén zhìzào；自制 zìzhì
じせい【時勢】 时势 shíshì；形势 xíngshì ♦〜にうとい 不识时务 bù shí shíwù
じせい【時世】 时世 shíshì；时代 shídài ♦ご〜世道 shìdào
じせい【磁性】 磁性 cíxìng
じせい【自省-する】 自省 zìxǐng
じせい【自制-する】 自制 zìzhì；克制自己 kèzhì zìjǐ ♦〜心 自制能力 zìzhì nénglì ♦〜心を失う 失去自制力 shīqù zìzhìlì
じせい【時制】《テンス》时态 shítài
じせい【自生-する】 野生 yěshēng
じせい【辞世】 辞世 císhì ♦〜の句 临终诗句 línzhōng shījù；绝命诗 juémìngshī
しせいかつ【私生活】 私生活 sī-

しせき【史跡】 史迹 shǐjì; 古迹 gǔjì
しせき【歯石】 牙石 yáshí; 牙垢 yágòu ◆～を取り除く 去掉牙石 qùdiào yáshí
じせき【事績】 事迹 shìjì
じせき【次席】 次席 cìxí ◆～検事 次席检察官 cìxí jiǎncháguān
じせき【自責】 自责 zìzé; 内心自咎 nèixīn zìjiù
じせだい【次世代】 下一代 xiàyídài; 新一代 xīnyídài ◆～コンピュータ 下一代电脑 xiàyídài diànnǎo
しせつ【使節】 使节 shǐjié ◆～団 使节团 shǐjiétuán
しせつ【施設】 设备 shèbèi; 设施 shèshī
しせつ【私設-の】 私立 sīlì; 私人设立 sīrén shèlì ◆～秘書 私人秘书 sīrén mìshū
じせつ【時節】 ❶《時候》时节 shíjié; 时令 shílìng ◆～柄 鉴于时势 jiànyú shíshì ◆～はずれの 不合时令的 bùhé shílìng de ❷《機会》时机 shíjī; 机会 jīhuì ◆～が到来 时机成熟 shíjī chéngshú ◆～を待つ 等待时机 děngdài shíjī ❸《時勢》时势 shíshì; 时务 shíwù; 时代 shídài
じせつ【自説】 己见 jǐjiàn ◆～に固執する 固执己见 gùzhí jǐjiàn
しせん【支線】 支线 zhīxiàn
しせん【視線】 视线 shìxiàn; 眼光 yǎnguāng ◆～をそらす 转移视线 zhuǎnyí shìxiàn ◆～を避ける 避开视线 bìkāi shìxiàn
しせん【死線】 生死关头 shēngsǐ guāntóu; 死亡线 sǐwángxiàn
しぜん【自然】 自然 zìrán; 自然界 zìránjiè ◆大自然 dàzìrán ◆～現象 自然现象 zìrán xiànxiàng ◆～淘汰 自然淘汰 zìrán táotài ◆～災害 自然灾害 zìrán zāihài ◆病気が～に治る 自然痊愈 zìrán quányù ◆～の動作 自然的动作 zìran de dòngzuò
じせん【自薦-する】 自荐 zìjiàn
じせん【自選】 自选 zìxuǎn
じぜん【事前-に】 事前 shìqián; 事先 shìxiān ◆～に通告する 预先通知 yùxiān tōngzhī
じぜん【慈善】 慈善 císhàn ◆～事業 慈善事业 císhàn shìyè
じぜん【次善-の】 ◆～の策 中策 zhōngcè; 次善之策 cìshàn zhī cè
しそ【始祖】 始祖 shǐzǔ; 鼻祖 bízǔ
シソ【紫蘇】 紫苏 zǐsū
しそう【志操】 操守 cāoshǒu; 节操 jiécāo ◆～堅固 操守坚定 cāoshǒu jiāndìng
しそう【思想】 思想 sīxiǎng ◆～家 思想家 sīxiǎngjiā
しそう【詞藻】 辞藻 cízǎo
しそう【死相】 死相 sǐxiàng
しそう【詩想】 诗的构思 shī de gòusī ◆～がわく 诗的构思涌出 shī de gòusī yǒngchū
しぞう【死蔵-する】 藏着不用 cángzhe búyòng
じぞう【地蔵】 地藏菩萨 dìzàng púsà
しそく【子息】 儿子 érzi ◆御～ 令郎 lìngláng; 公子 gōngzǐ
しぞく【氏族】 氏族 shìzú ◆～制度 氏族制度 shìzú zhìdù
じそく【時速】 时速 shísù ◆～制限 时速限制 shísù xiànzhì ◆～200 キロ 时速二百公里 shísù èrbǎi gōnglǐ
じぞく【持続-する】 持续 chíxù; 延续 yánxù; 继续 jìxù ◆～力 耐力 nàilì ◆可能な発展［開発］ 可持续发展 kě chíxù fāzhǎn
しそこなう【仕損なう】 弄错 nòngcuò; 搞糟 gǎozāo; 失误 shīwù ◆計算を～ 算错了 suàncuò le
しそん【子孫】 儿孙 érsūn; 后代 hòudài; 后裔 hòuyì ◆～が絶える 断根 duàngēn; 绝后 juéhòu ◆～が繁栄する 子孙旺盛 zǐsūn wàngshèng
じそんしん【自尊心】 自尊心 zìzūnxīn ◆彼の～を傷つけた 伤了他的自尊心 shāngle tā de zìzūnxīn
した【下】 底下 dǐxia; 下边 xiàbian; 下面 xiàmiàn ◆～の者 部下 bùxià; 下級 xiàjí ◆二つ～の妹 小两岁的妹妹 xiǎo liǎng suì de mèimei
した【舌】 舌头 shétou ◆～がこわばる 结舌 jiéshé ◆～がもつれる 舌头不灵活 shétou bù línghuó ◆～の根の乾かぬうちに 言犹在耳 yán yóu zài ěr ◆～を出す 伸出舌头 shēnchū shétou ◆～を巻く 赞叹不已 zàntàn bù yǐ
シダ【羊歯】 羊齿 yángchǐ
じた【自他】 自己和他人 zìjǐ hé tārén ◆～共に認める 众所公认 zhòng suǒ gōngrèn
じだ【耳朶】 耳朵 ěrduo ◆～に残る 言犹在耳 yán yóu zài ěr ◆～に触れる 听到 tīngdào
したあご【下顎】 下颚 xià'è; 下巴 xiàba; 下颌 xiàhé
したい【姿態】 仪态 yítài; 姿态 zītài
したい【死体】 尸首 shīshou; 尸体 shītǐ ◆～遺棄 尸体遗弃 shītǐ yíqì
したい【肢体】 肢体 zhītǐ
したい《欲する》 想 xiǎng; 要 yào; 愿意 yuànyì ◆留学～ 想留学 xiǎng liúxué

しだい【次第】 ❶《順序》次序 cìxù；程序 chéngxù ♦ 式・仪式的程序 yíshì de chéngxù ❷《前の動作後直ちに》就 jiù；立即 lìjí ♦ 着き～ 到后立即 dào hòu lìjí ❸《なりゆきに任せる》看 kàn ♦ お天気～ 要看天气如何 yào kàn tiānqi rúhé ♦ うまくいくかどうかはあなた～だ 成功不成功就看你的了 chénggōng bu chénggōng jiù kàn nǐ de le

じたい【事態】 事态 shìtài；形势 xíngshì ♦ ～が悪化する 事态恶化 shìtài èhuà ♦ ～の成り行きを見守る 关注事态的发展变化 guānzhù shìtài de fāzhǎn biànhuà

じたい【字体】 字体 zìtǐ

じたい【自体】 自身 zìshēn ♦ 考え方～ 想法本身 xiǎngfa běnshēn

じたい【辞退】 推辞 tuīcí；谢绝 xièjué ♦ 招待を～する 谢绝招待 xièjué zhāodài

じだい【時代】 时代 shídài ♦ ～に遅れる 过时 guòshí ♦ ～遅れ 迂腐 yūfǔ；陈旧 chénjiù ♦ ～の寵児（ちょうじ）时代的宠儿 shídài de chǒng'ér ♦ ～を画する 划时代 huàshídài ♦ ～劇 历史剧 lìshǐjù ♦ ～錯誤 弄错时代 nòngcuò shídài；与时代不合 yǔ shídài bù hé ♦ ～背景 时代背景 shídài bèijǐng ♦ ～がかった 古色古香 gǔ sè gǔ xiāng

じだい【地代】 地租 dìzū ♦ ～を払う 交地租 jiāo dìzū

じだい【次代】 下一代 xiàyídài

じだいしゅぎ【事大主義】 事大主义 shìdà zhǔyì

しだいに【次第に】 渐渐 jiànjiàn；慢慢 mànmàn；逐渐 zhújiàn

したう【慕う】 ❶《恋しく思う》爱慕 àimù；思慕 sīmù；想念 xiǎngniàn ♦ 故郷を～ 思念故乡 sīniàn gùxiāng ♦ 母を～ 想念母亲 xiǎngniàn mǔqīn ❷《敬服して》敬仰 jìngyǎng；景仰 jǐngyǎng；倾慕 qīngmù

したうけ【下請け】 转包 zhuǎnbāo

したうち【舌打ちーする】 咂嘴 zāzuǐ

したえ【下絵】 画稿 huàgǎo ♦ ～を描く 画画稿 huà huàgǎo

したがう【従う】 ❶《随行する》随 suí；跟随 gēnsuí ♦ 観光ガイドに～ 跟着旅游向导 gēnzhe lǚyóu xiàngdǎo ❷《服従する》服从 fúcóng；听从 tīngcóng；顺从 shùncóng ♦ 指示に～ 服从指示 fúcóng zhǐshì ♦ 忠告に～ 听从忠告 tīngcóng zhōnggào ❸《沿って進む》顺 shùn；沿 yán ♦ 道に従って曲がる 顺着道路拐弯 shùnzhe dàolù guǎiwān ♦ 川の流れに～ 顺着河水流向 shùnzhe héshuǐ liúxiàng ❹《規則・習慣のまに》依照 yīzhào；遵循 zūnxún；遵照 zūnzhào ♦ 法律に～ 依照法律 yīzhào fǎlǜ ♦ 慣例に～ 遵循慣例 zūnxún guànlì ❺《順応する》♦ 年取るに従って 随着年龄增长 suízhe niánlíng zēngzhǎng ♦ 時の経つに従って 随着时间的推移 suízhe shíjiān de tuīyí

したがえる【従える】 ❶《引き連れる》率领 shuàilǐng ♦ 部下を～ 率领部下 shuàilǐng bùxià ❷《服従させる》征服 zhēngfú ♦ 天下を～ 征服天下 zhēngfú tiānxià

したがき【下書き】 草稿 cǎogǎo；底稿 dǐgǎo

したがって【従って】 所以 suǒyǐ；从而 cóng'ér；因此 yīncǐ；因而 yīn'ér

したぎ【下着】 内衣 nèiyī

したく【支度-する】 预备 yùbèi ♦ 食事の～をする 准备吃饭 zhǔnbèi chīfàn ♦ 旅～が整う 准备好行装 zhǔnbèihǎo xíngzhuāng

したく【私宅】 私人住宅 sīrén zhùzhái

したく【自宅】 自宅 zìzhái ♦ ～で療養 在家疗养 zài jiā liáoyǎng

したくちびる【下唇】 下嘴唇 xiàzuǐchún

したごころ【下心】 鬼胎 guǐtāi；用心 yòngxīn ♦ ～がある 别有用心 bié yǒu yòngxīn

したごしらえ【下拵え】 预备 yùbèi；事先准备 shìxiān zhǔnbèi

したさき【舌先】 舌尖 shéjiān ♦ ～で言いくるめる 巧言哄骗 qiǎoyán hǒngpiàn ♦ ～三寸 三寸不烂之舌 sān cùn bú làn zhī shé

したじ【下地】 ❶《基礎》基础 jīchǔ；底子 dǐzi ♦ 民主主義の～を作る 奠定民主基础 diàndìng mínzhǔ jīchǔ ❷《素質》素质 sùzhì

しだし【仕出し】 外送饭菜 wàisòng fàncài

したしい【親しい】 亲密 qīnmì；亲近 qīnjìn ♦ ～友人 亲密的朋友 qīnmì de péngyou ♦ 親しき仲にも礼儀あり 亲密也要有个分寸 qīnmì yě yào yǒu ge fēncun

したじき【下敷き】 ❶《文房具》垫板 diànbǎn ❷《手本》样本 yàngběn；蓝本 lánběn ❸《事故》♦ ～になる 被压在底下 bèi yā zài dǐxia

したしみ【親しみ】 亲切 qīnqiè；亲热 qīnrè ♦ ～を覚える 感觉亲近 gǎnjué qīnjìn

したしむ【親しむ】 亲近 qīnjìn；喜好 xǐhào ♦ 自然に～ 接触大自然 jiēchù dàzìrán

したじゅんび【下準備-する】 预先准

备 yùxiān zhǔnbèi
したしらべ【下調べ-する】 预先调查 yùxiān diàochá
したしらず【舌足らず-な】 咬舌儿 yǎoshér ◆~な文章 辞不达意的文章 cí bù dá yì de wénzhāng
したたか【強か-な】《ひどい》厉害 lìhai;《手ごわい》不好惹的 bù hǎo rě de
したためる【認める】《書き記す》书写 shūxiě ◆手紙を~ 修书 xiūshū
したたらず【舌足らず-な】 咬舌儿 yǎoshér ◆~な文章 辞不达意的文章 cí bù dá yì de wénzhāng
したたる【滴る】 滴答 dīda ◆汗が~ 滴汗 dī hàn ◆緑~ 青翠欲滴 qīngcuì yù dī
したつづみ【舌鼓】 ◆~を打つ 咂嘴 zā zuǐ
したっぱ【下っ端】 地位低 dìwèi dī ◆~の役人 下级官吏 xiàjí guānlì
したづみ【下積み】 ◆~生活をおくる 过居于人下的生活 guò jūyú rén xià de shēnghuó
したて【下手】 下风 xiàfēng ◆谦逊 qiānxùn ◆~に出る 采取谦逊态度 cǎiqǔ qiānxùn tàidu
したて【仕立て】《服の》缝纫 féngrèn ◆~がよい 衣服做得好 yīfu zuòde hǎo ◆一直す 翻新 fānxīn ◆~屋 裁缝 cáifeng; 成衣铺 chéngyīpù
したてる【仕立てる】❶《服を》制做 zhìzuò; 缝制 féngzhì ❷《教え込む》 培养 péiyǎng ❸《用意する》准备 zhǔnbèi ◆特别列车を~ 准备专车 zhǔnbèi zhuānchē
したどり【下取り-する】 贴换 tiēhuàn; 折价换取 zhéjià huànqǔ
したなめずり【舌舐り-する】 舔嘴唇 tiǎn zuǐchún
したぬり【下塗り-する】 涂底子 tú dǐzi
じたばた-する 慌张 huāngzhāng; 手忙脚乱 shǒu máng jiǎo luàn ◆今さら~するな 现在不要再慌张了 xiànzài búyào zài huāngzhāng le
したばたらき【下働き】❶《人の下で働く》在人之下工作 zài rén zhī xià gōngzuò ❷《雑用》勤杂人员 qínzá rényuán; 跑腿儿 pǎotuǐr
したはら【下腹】 小肚子 xiǎodùzi; 小腹 xiǎofù
したび【下火-になる】❶《火事が》减弱 jiǎnruò ◆火事が~になる 火势减弱 huǒshì jiǎnruò ❷《流行などが》 衰退 shuāituì; 不时兴 bù shíxīng
シタビラメ【舌平目】 牛舌鱼 niúshéyú; 舌鳎 shétǎ
したまち【下町】 老城区 lǎochéngqū
したまぶた【下瞼】 下眼皮 xiàyǎnpí
したまわる【下回る】 低于 dīyú ◆昨年の水準を~ 低于去年水准 dīyú qùnián shuǐzhǔn
したみ【下見-する】 预先检查 yùxiān jiǎnchá
したむき【下向き】❶《下方に向くこと》朝下 cháo xià; 向下 xiàng xià ◆~に置く 朝下放 cháo xià fàng ❷《衰え始め》衰落 shuāiluò; 衰退 shuāituì
したよみ【下読み-する】 预读 yùdú
じだらく【自堕落-な】 堕落 duòluò; 懒散 lǎnsǎn
したりがお【したり顔】 得意的面孔 déyì de miànkǒng ◆~に話す 得意洋洋地说话 déyì yángyáng de shuōhuà
シダレヤナギ【枝垂れ柳】 垂柳 chuíliǔ
シタン【紫檀】 紫檀 zǐtán; 红木 hóngmù
しだん【師団】 师 shī ◆~長 师长 shīzhǎng
しだん【詩壇】 诗坛 shītán
しだん【時短】 缩短工作时间 suōduǎn gōngzuò shíjiān
しだん【示談】 说和 shuōhe; 和解 héjiě; 调停 tiáotíng
じだんだ【地団太】 ◆~を踏む 顿足 dùnzú; 跺脚 duòjiǎo
しち【質】 ◆~に入れる 当当 dàngdàng; 典押 diǎnyā ◆~草 当头 dàngtou ◆~屋 当铺 dàngpù
しち【死地】 死地 sǐdì; 险境 xiǎnjìng ◆~に追いやる 把人置于死地 bǎ rén zhìyú sǐdì ◆~を脱する 脱离险境 tuōlí xiǎnjìng
じち【自治】 自治 zìzhì ◆~権 自治权 zìzhìquán ◆地方~ 地方自治 dìfāng zìzhì
しちかいき【七回忌】 七周年忌辰 qīzhōunián jìchén
しちがつ【七月】 七月 qīyuè
しちごん【七言】 七言诗 qīyánshī ◆~絶句 七绝 qījué ◆~律詩 七律 qīlǜ
しちてんばっとう【七転八倒-する】 ◆~の苦しみ 疼痛乱滚 téngde luàngǔn
シチメンチョウ【七面鳥】 吐绶鸡 tǔshòujī; 火鸡 huǒjī
しちゃく【試着-する】 试穿 shìchuān ◆~室 试衣室 shìyīshì
しちゅう【支柱】 支架 zhījià; 支柱 zhīzhù ◆一家の~を失う 失去顶梁柱 shīqù dǐngliángzhù
しちゅう【市中-の】 市内 shìnèi
シチュー 炖 dùn ◆ビーフ~ 炖牛肉 dùn niúròu
しちょう【市長】 市长 shìzhǎng
しちょう【思潮】 思潮 sīcháo ◆文芸

~文艺思潮 wényì sīcháo
しちょう【視聴-する】 视听 shìtīng ♦ ~覚教育 电教 diànjiào; 电化教育 diànhuà jiàoyù ♦ ~者 观众 guānzhòng; 收看者 shōukànzhě ♦ ~率 收看率 shōukànlǜ
しちょう【市庁】 市政厅 shìzhèngtīng; 市政府 shìzhèngfǔ ♦ ~舎 市政大楼 shìzhèng dàlóu
しちょう【試聴-する】 试听 shìtīng ♦ ~室 试听室 shìtīngshì
じちょう【自重-する】 自重 zìzhòng; 自爱 zì'ài
じちょう【自嘲-する】 自嘲 zìcháo
しちょく【司直】 司法当局 sīfǎ dāngjú; 审判员 shěnpànyuán; 检察员 jiǎncháyuán ♦ ~の手にゆだねる 委托给司法当局 wěituō gěi sīfǎ dāngjú
しちりん【七輪】 炭炉 tànlú
じちんさい【地鎮祭】 奠基仪式 diànjī yíshì
しつ【質】 质量 zhìliàng ♦ ~が良い 质量好 zhìliàng hǎo ♦ ~が悪い 质量差 zhìliàng chà ♦ ~をよくする 提高质量 tígāo zhìliàng
しつ〈人を制して〉 嘘 shī
じつ【実】 ❶《真実》真实 zhēnshí; 实际 shíjì ♦ ~を言うと 说真的 shuō zhēnde; 老实说 lǎoshí shuō ♦ ~の娘 亲女儿 qīnnǚ'ér ❷《実体》实质 shízhì ♦ ~を伴わない 华而不实 huá ér bù shí ♦ 名を捨てて~を取る 舍名求实 shě míng qiú shí ♦ 有名無~ 有名无实 yǒu míng wú shí ❸《まごころ》♦ ~のある 真诚 zhēnchéng; 诚意 chéngyì ♦ ~を尽くす 竭尽忠诚 jiéjìn zhōngchéng; 全心全意 quán xīn quán yì
しつい【失意-の】 失意 shīyì; 落泊 luòbó; 不得志 bù dézhì ♦ ~の一生 坎坷一生 kǎnkě yìshēng
じつい【実意】 ❶《本心》本心 běnxīn; 本意 běnyì ♦ ~を正す 究问本意 jiūwèn běnyì ❷《まごころ》真诚 zhēnchéng; 忠诚 zhōngchéng ♦ ~を示す 显示出诚意 xiǎnshìchū chéngyì
じついん【実印】 正式印章 zhèngshì yìnzhāng
しつう【歯痛】 牙疼 yáténg
しつうはったつ【四通八達】 四通八达 sì tōng bā dá
じつえき【実益】 实益 shíyì; 实惠 shíhuì
じつえん【実演-する】 实地表演 shídì biǎoyǎn
しっか【失火-する】 失火 shīhuǒ
じっか【実家】 娘家 niángjia

しつがい【室外-の】 室外 shìwài
しつかく【失格-する】 失去资格 shīqù zīgé; 丧失资格 sàngshī zīgé
しっかり【確り-した】 ❶《安定した》坚实 jiānshí; 牢固 láogù ♦ 経済基盤が~している 经济基础坚实的 jīngjì jīchǔ jiānshí de ♦ ~した土台 坚固的地基 jiāngù de dìjī ♦ 立场が~している 立场坚定 lìchǎng jiāndìng ❷《頭脳・肉体のよく機能した》壮健 zhuàngjiàn; 结实 jiēshi ♦ 足腰が~している 腰腿健壮 yāotuǐ jiànzhuàng ♦ ~憶えている 记得清楚 jìde qīngchu ❸《性質・考え方が》稳健 wěnjiàn ♦ ~者 能干可靠的人 nénggàn kěkào de rén ♦ ~した考え 稳健的想法 wěnjiàn de xiǎngfǎ ❹《着実・真剣に》好好儿 hǎohāor ♦ ~押さえる 用力按 yònglì àn ❺《市況が》坚挺 jiāntǐng
しっかん【疾患】 疾病 jíbìng ♦ 心~ 心脏病 xīnzàngbìng
じっかん【十干】 天干 tiāngān ♦ 十二支 天干地支 tiāngān dìzhī
じっかん【実感-する】 切实感受 qièshí gǎnshòu; 实感 shígǎn
しっき【漆器】 漆器 qīqì
しつぎ【質疑】 质疑 zhìyí ♦ ~応答 质疑答辩 zhìyí dábiàn
じつぎ【実技】 实用技术 shíyòng jìshù ♦ ~試験 技术考试 jìshù kǎoshì
しっきゃく【失脚-する】 垮台 kuǎtái; 下台 xiàtái; 倒台 dǎotái; 落马 luòmǎ
しつぎょう【失業-する】 失业 shīyè ♦ ~者 失业者 shīyèzhě ♦ ~率 失业率 shīyèlǜ
じっきょう【実況】 实况 shíkuàng ♦ ~検分 实地调查 shídì diàochá ♦ ~中継 实况转播 shíkuàng zhuǎnbō
じつぎょう【実業】 实业 shíyè ♦ ~家 实业家 shíyèjiā
しっく【疾駆-する】 飞驰 fēichí; 奔驰 bēnchí
シック-な 潇洒 xiāosǎ; 风雅 fēngyǎ
しっくり 合适 héshì; 符合 fúhé; 融洽 róngqià ♦ あの二人は~しない 他们俩合不来 tāmen liǎ hébùlái ♦ ~こない 不对劲儿 bú duìjìnr
じっくり 仔细地 zǐxì de; 慢慢地 mànmàn de; 好好儿 hǎohāor; 踏踏实实 tātàshíshí ♦ 今日は君と一語ろうと思う 今天我想和你好好儿谈谈 jīntiān wǒ xiǎng hé nǐ hǎohāor tántan
しつけ【躾】 教养 jiàoyǎng; 家教 jiājiào; 管教 guǎnjiào

しつけ【湿気】 潮气 cháoqì；湿气 shīqì ◆～を帯びる 受潮 shòucháo ◆～を防ぐ 防潮 fángcháo

しつけい【失敬-な】 不恭 bùgōng；失礼 shīlǐ ◆～な事を言う 出言不逊 chūyán búxùn ◆～する 告辞 gàocí；失陪 shīpéi；《盗む》偷拿 tōuná

じつけい【実刑】 实刑 shíxíng

じつけい【実兄】 胞兄 bāoxiōng；亲哥哥 qīn gēge

しつける【湿気る】 含湿气的 hán shīqì de；潮湿 cháoshī；受潮 shòucháo

しつける【躾ける】 管教 guǎnjiào；教育 jiàoyù ◆子供を～ 教育孩子 jiàoyù háizi

しつける【仕付ける】 ❶《やり慣れる》做惯 zuòguàn ◆しつけた仕事 干惯了的工作 gànguànle de gōngzuò ❷《縫い物にしつけをする》绷 bēng ◆着物の袖を～ 把袖子绷上 bǎ xiùzi bēngshàng

しつげん【失言-する】 失口 shīkǒu；失言 shīyán ◆～を取り消す 收回失言 shōuhuí shīyán

しつげん【湿原】 湿原野 shī yuányě

じっけん【実権】 实权 shíquán ◆～を握る 掌握实权 zhǎngwò shíquán ◆～派 当权派 dāngquánpài；实权派 shíquánpài

じっけん【実験-する】 试验 shìyàn；实验 shíyàn ◆～室 实验室 shíyànshì

じつげん【実現-する】 实现 shíxiàn ◆～不可能な 无法实现 wúfǎ shíxiàn

しつこい ❶《性格・態度が》缠人 chánrén；执拗 zhíniù ◆性格が～ 脾气很执拗 píqi hěn zhíniù ◆しつこく質問する 问个不住 wèn ge búzhù ❷《味が》腻 nì；油腻 yóunì

しっこう【執行-する】 执行 zhíxíng ◆～部 执行部 zhíxíngbù ◆死刑を～する 执行死刑 zhíxíng sǐxíng

しっこう【失効-する】 失效 shīxiào

じっこう【実効】 实效 shíxiào；实效性 shíxiàoxìng

じっこう【実行-する】 施行 shīxíng；实行 shíxíng ◆約束を～する 履行自己的诺言 lǚxíng zìjǐ de nuòyán ◆可能な方法 切实可行的办法 qièshí kěxíng de bànfǎ

しっこうゆうよ【執行猶予】 缓期执行 huǎnqī zhíxíng；缓刑 huǎnxíng

しっこく【漆黒】 乌黑 wūhēi；漆黑 qīhēi

しつごしょう【失語症】 失语症 shīyǔzhèng

じっこん【昵懇-の】 亲昵 qīnnì；亲密 qīnmì

じっさい【実際-に】 实际 shíjì；实在 shízài ◆～する 问题 shíjì wèntí ◆～には 实际上 shíjìshang

じつざい【実在-する】 客观存在 kèguān cúnzài ◆～性 实在性 shízàixìng

しっさく【失策】 失策 shīcè；失算 shīsuàn；失误 shīwù

じっし【実施-する】 实施 shíshī；实行 shíxíng ◆政策を～する 实施政策 shíshī zhèngcè

じっし【実子】 亲生子女 qīnshēng zǐnǚ

じっし【十指】 ◆～に余る 不止十个 bùzhǐ shíge ◆～の指す所 众人所指 zhòngrén suǒ zhǐ

じっしつ【実質】 实质 shízhì ◆～の伴わない 名存实亡 míng cún shí wáng ◆～的には 实质上 shízhìshàng

じっしゃ【実写-する】 写实 xiěshí；按照实况 ànzhào shíkuàng ◆～映画 记录片 jìlùpiàn

じっしゃかい【実社会】 现实社会 xiànshí shèhuì

じっしゅう【実習-する】 实习 shíxí ◆～生 实习生 shíxíshēng ◆教育～ 教学实习 jiāoxué shíxí

じっしゅきょうぎ【十種競技】 十项全能比赛 shí xiàng quánnéng bǐsài

しつじゅん【湿潤-な】 湿润 shīrùn；潮湿 cháoshī ◆～な気候 潮湿的气候 cháoshī de qìhòu

しっしょう【失笑-する】 失笑 shīxiào ◆～が漏れる 不禁失笑 bùjīn shīxiào ◆～を買う 引人发笑 yǐn rén fāxiào

じっしょう【実証-する】 证实 zhèngshí ◆～済み 得到证实 dédào zhèngshí ◆～主义 实证主义 shízhèng zhǔyì

じつじょう【実情】 实情 shíqíng；真情 zhēnqíng ◆～に合わない 不符合真情 bù fúhé zhēnqíng ◆～を訴える 陈诉实情 chénsù shíqíng ◆～を踏まえる 根据实情 gēnjù shíqíng

しっしょく【失職-する】 失业 shīyè；失去职位 shīqù zhíwèi

しっしん【失神-する】 昏迷 hūnmí；昏过去 hūnguòqu

しっしん【湿疹】 湿疹 shīzhěn ◆～ができる 出湿疹 chū shīzhěn

じっしんほう【十進法】 十进制 shíjìnzhì

じっすう【実数】 实际数量 shíjì shùliàng

しっする【失する】 ❶《失う》◆機会を～ 失去机会 shīqù jīhuì ◆面目を～

丢面子 diū miànzi ◆礼を～ 失礼 shīlǐ ❷《度が過ぎる》过于宽大 guòyú kuāndà

しっせい【叱正】指正 zhǐzhèng ◆御～を賜る 敬請指正 jìngqǐng zhǐzhèng

しっせい【失政】失政 shīzhèng; 恶政 èzhèng

しっせい【湿性-の】湿性 shīxìng ◆～皮膚炎 湿性皮炎 shīxìng píyán

じっせいかつ【実生活】实际生活 shíjì shēnghuó; 现实生活 xiànshí shēnghuó ◆～に役立つ 对现实生活有用 duì xiànshí shēnghuó yǒuyòng

しっせき【叱責-する】申斥 shēnchì; 训斥 xùnchì ◆～を受ける 受到斥责 shòudào chìzé

じっせき【実績】实际成绩 shíjì chéngjì; 实绩 shíjì ◆～をあげる 取得成绩 qǔdé chéngjì

じっせん【実戦】实战 shízhàn ◆～経験 实战经验 shízhàn jīngyàn

じっせん【実践-する】实践 shíjiàn ◆理論と～ 理论和实践 lǐlùn hé shíjiàn

しっそ【質素-な】俭朴 jiǎnpǔ; 朴素 pǔsù ◆～な服装 朴素的服装 pǔsù de fúzhuāng ◆～な食事 粗茶淡饭 cū chá dàn fàn

しっそう【失踪-する】失踪 shīzōng

しっそう【疾走-する】奔跑 bēnpǎo; 飞奔 fēibēn; 飞驰 fēichí

じっそう【実相】真相 zhēnxiàng; 真实情况 zhēnshí qíngkuàng ◆社会の～ 社会真相 shèhuì zhēnxiàng

じつぞう【実像】实像 shíxiàng

しっそく【失速-する】失速 shīsù

じっそく【実測-する】实际测量 shíjì cèliáng ◆～図 实测图 shícètú

しった【叱咤】叱咤 chìzhà ◆～激励 大声激励 dàshēng jīlì

しったい【失態】失态 shītài ◆～を演じる 出丑 chūchǒu; 出洋相 chū yángxiàng

じったい【実体】本质 běnzhì; 实质 shízhì; 实际内容 shíjì nèiróng ◆～をつかむ 抓住本质 zhuāzhù běnzhì

じったい【実態】真实情况 zhēnshí qíngkuàng

しったかぶり【知ったか振り-する】不懂装懂 bù dǒng zhuāng dǒng; 假装知道 jiǎzhuāng zhīdao

じつだん【実弾】实弹 shídàn ◆～演習 实弹演习 shídàn yǎnxí

しっち【失地】失地 shīdì ◆～を回復する 收复失地 shōufù shīdì

しっち【湿地】湿地 shīdì

じっち【実地】实地 shídì; 现场 xiànchǎng ◆～調査 现场调查 xiànchǎng diàochá ◆～訓練 实地训练 shídì xùnliàn ◆～検証 实地查证 shídì cházhèng

じっちゅうはっく【十中八九】十有八九 shí yǒu bā jiǔ; 百儿八十 bǎi 'er bāshí

じっちょく【実直-な】憨厚 hānhòu; 正直 zhèngzhí; 耿直 gěngzhí

しっつい【失墜-する】丧失 sàngshī; 失掉 shīdiào ◆信用を～する 丧失信用 sàngshī xìnyòng

じつづき【地続き-の】接壤 jiērǎng

しつてき【質的-な】◆～向上 质量提高 zhìliàng tígāo

しっと【嫉妬-する】吃醋 chīcù; 嫉妬 jídù; 妒忌 dùjì ◆～心 嫉妬心 jídùxīn ◆～に燃える 妒火中烧 dùhuǒ zhōng shāo ◆～深い 爱吃醋 ài chīcù

しつど【湿度】湿度 shīdù ◆～が高い 湿度高 shīdù gāo ◆～が低い 湿度低 shīdù dī ◆～計 湿度计 shīdùjì

じっと 一动不动 yí dòng bú dòng ◆彼は一座っている 他一动不动坐在那儿 tā yí dòng bú dòng de zuòzài nàr ◆～見つめる 目不转睛地看 mù bù zhuǎn jīng de kàn ◆忙しく～してる暇がない 忙得站不住脚 mángde zhànbuzhù jiǎo

しっとう【執刀-する】执刀 zhídāo ◆～医 主刀医生 zhǔdāo yīshēng

じつどう【実働】实际劳动 shíjì láodòng ◆～時間 实际工作时间 shíjì gōngzuò shíjiān

しっとり-した ❶《湿り気の行き渡った》潮呼呼 cháohūhū; 湿润 shīrùn ❷《味わいのある》安祥 ānxiáng; 有情趣 yǒu qíngqù

しつない【室内】室内 shìnèi ◆～アンテナ 室内天线 shìnèi tiānxiàn

しつないがく【室内楽】室内乐 shìnèiyuè

じつに【実に】实在 shízài; 委实 wěishí; 真是 zhēnshì

しつねん【失念-する】忘 wàng; 忘掉 wàngdiào

じつは【実は】说实在的 shuō shízài de; 老实说 lǎoshi shuō

しっぱい【失敗-する】失败 shībài ◆～は成功のもと 失败乃成功之母 shībài nǎi chénggōng zhī mǔ

じっぱひとからげ【十把一からげ】不分青红皂白 bù fēn qīng hóng zào bái

しっぴ【失費】开销 kāixiāo; 开支 kāizhī ◆～がかさむ 开销增多 kāixiāo zēngduō

じっぴ【実費】实际费用 shíjì fèi-

しっぴつ【執筆】 执笔 zhíbǐ；撰稿 zhuàngǎo；写稿 xiěgǎo；写作 xiězuò ◆~を依頼する 约稿 yuēgǎo；委托执笔 wěituō zhíbǐ ◆~者 撰稿人 zhuàngǎorén ◆~料 稿酬 gǎochóu

しっぷ【湿布-する】 湿敷 shīfū；温~ 热敷法 rèfūfǎ ◆~をする 做湿敷 zuò shīfū

じっぷ【実父】 亲生父亲 qīnshēng fùqīn

しっぷう【疾風】 疾风 jífēng

じつぶつ【実物】 实物 shíwù ◆~大の 与实物一样大 yǔ shíwù yíyàng dà

しっぺい【疾病】 疾病 jíbìng

しっぺがえし【しっぺ返し】 立刻还击 lìkè huánjī；回敬 huíjìng

しっぽ【尻尾】 尾巴 wěiba ◆~を振る 摇尾巴 yáo wěiba；〈比喩的に〉~を振る 奉承 fèngcheng ◆~を出す 露出马脚 lòuchū mǎjiǎo ◆~を掴む 抓住小辫 zhuāzhù xiǎobiàn ◆~を巻いて逃げる 夹起尾巴逃走 jiāqǐ wěiba táozǒu

じつぼ【実母】 亲生母亲 qīnshēng mǔqīn

しつぼう【失望-する】 失望 shīwàng ◆~感 失望感 shīwànggǎn

しっぽうやき【七宝焼き】 景泰蓝 jǐngtàilán

しつむ【執務-する】 办公 bàngōng ◆~時間 办公时间 bàngōng shíjiān

じつむ【実務】 实际业务 shíjì yèwù ◆~家 实干家 shígànjiā

しつめい【失明-する】 失明 shīmíng；瞎 xiā

しつもん【質問-する】 提问 tíwèn；问事 wènshì；质疑 zhìyí ◆~に答える 回答问题 huídá wèntí ◆~を受け流す 避而不答 bì ér bù dá

しつよう【執拗-に】 再三再四 zài sān zài sì；顽强 wánqiáng ◆~に食い下がる 纠缠不放 jiūchán bú fàng

じつよう【実用】 实用 shíyòng ◆~品 实用品 shíyòngpǐn

じづら【字面】 字面 zìmiàn

しつらえる【設える】 摆布 bǎibu；布置 bùzhì；陈设 chénshè

じつり【実利】 功利 gōnglì；实惠 shíhuì ◆なんの~もない 没有什么实惠 méiyǒu shénme shíhuì

しつりょう【質量】 ❶〈物質の分量〉质量 zhìliàng ❷〈質と量〉质和量 zhì hé liàng ◆~ともに保証する 保质保量 bǎo zhì bǎo liàng

じつりょく【実力】 ❶〈技量〉实力 shílì ◆~がある 实力雄厚 shílì xiónghòu ◆~を発揮する 发挥实力 fāhuī shílì ❷〈武力〉实力 shílì ◆~に訴える 诉诸武力 sù zhū wǔlì；动武 dòngwǔ

しつれい【失礼-な】 ❶〈無礼〉失礼 shīlǐ；不礼貌 bù lǐmào；无礼 wúlǐ ◆~なことをいう 说话无礼 shuōhuà wúlǐ ◆~な態度をとる 态度不礼貌 tàidu bù lǐmào ◆~ですが 对不起 duìbuqǐ ❷〈辞去〉お先に~します 我先走了 wǒ xiān zǒu le；失陪了 shīpéi le

じつれい【実例】 实例 shílì ◆~を挙げる 举实例 jǔ shílì

しつれん【失恋-する】 失恋 shīliàn

じつろく【実録】 实录 shílù ◆~物 纪实小说 jìshí xiǎoshuō

じつわ【実話】 实话 shíhuà；真人真事 zhēnrén zhēnshì

して【仕手】 ❶〈やる人〉做事者 zuòshìzhě ◆世話の~ 帮忙者 bāngmángzhě ❷〈相場師〉大户 dàhù

してい【師弟】 师弟 shīshēng；师徒 shītú ◆~関係 师徒关系 shītú guānxi

してい【子弟】 子弟 zǐdì

してい【指定-する】 指定 zhǐdìng ◆~の時間 指定时间 zhǐdìng shíjiān ◆~の場所 指定地点 zhǐdìng dìdiǎn ◆~席 指定席 zhǐdìngxí；对号座位 duìhào zuòwèi

してい【私邸】 私宅 sīzhái

しでかす【仕出かす】 闯出 chuǎngchū；干出 gànchū；惹出 rěchū

してき【指摘-する】 指出 zhǐchū；指摘 zhǐzhāi ◆間違いを~する 指出错误 zhǐchū cuòwù

してき【私的-な】 私人的 sīrén de ◆~な発言 个人的发言 gèrén de fāyán

してき【詩的-な】 富有诗意的 fùyǒu shīyì de

じてき【自適】 自在 zìzài ◆悠々～の生活 悠闲自在的生活 yōuxián zìzài de shēnghuó

してつ【私鉄】 私营铁路 sīyíng tiělù；民营铁路 mínyíng tiělù

してん【支店】 分店 fēndiàn；分号 fēnhào ◆~ 分行 fēnháng

してん【支点】 支点 zhīdiǎn

してん【視点】 观点 guāndiǎn；角度 jiǎodù ◆~を変える 改变视点 gǎibiàn shìdiǎn ◆相手の~に立つ 站在对方的立场上 zhànzài duìfāng de lìchǎng shàng

じてん【字典】 字典 zìdiǎn

じてん【辞典】 词典 cídiǎn；辞书 císhū

じてん【時点】 时刻 shíkè；时间 shíjiān ◆現～では 此刻 cǐkè；现在

xiànzài; 目前 mùqián
じてん【自転-する】 自转 zìzhuàn
じてん【次点】《選挙などで》落选者中得票最多 luòxuǎnzhě zhōng dépiào zuì duō
じでん【自伝】 自传 zìzhuàn ◆-的小说 自传体小说 zìzhuàntǐ xiǎoshuō
じてんしゃ【自転車】 自行车 zìxíngchē; 脚踏车 jiǎotàchē; 单车 dānchē ◆～に乗る 骑自行车 qí zìxíngchē
してんのう【四天王】 四大天王 sìdà tiānwáng; 四大金刚 sìdà jīngāng
しと【使徒】 使徒 shǐtú ◆平和の～ 和平使者 hépíng shǐzhě
しと【使途】 用途 yòngtú; 开销情况 kāixiāo qíngkuàng ◆～不明金 用途不明的钱 yòngtú bùmíng de qián
しとう【死闘-する】 死斗 sǐdòu; 殊死搏斗 shūsǐ bódòu
しどう【始動-する】 开动 kāidòng; 启动 qǐdòng
しどう【指導-する】 指导 zhǐdǎo; 教导 jiàodǎo; 领导 lǐngdǎo ◆～を受ける 接受指导 jiēshòu zhǐdǎo ◆～員 辅导员 fǔdǎoyuán; 指导员 zhǐdǎoyuán ◆～者 领导 lǐngdǎo; 领袖 lǐngxiù
しどう【私道】 私有道路 sīyǒu dàolù
じどう【児童】 儿童 értóng; 孩童 háitóng ◆～文学 儿童文学 értóng wénxué
じどう【自動-の】 自动 zìdòng ◆～ドア 自动门 zìdòngmén ◆～販売機 无人售货机 wúrén shòuhuòjī ◆～制御 自动控制 zìdòng kòngzhì; 自控系统 zìkòng xìtǒng ◆～化する 自动化 zìdònghuà
じどうし【自動詞】 不及物动词 bùjíwù dòngcí; 自动词 zìdòngcí
じどうしゃ【自動車】 汽车 qìchē ◆～を運転する 开汽车 kāi qìchē ◆～事故 车祸 chēhuò
しどけない 邋遢 lāta; 懒散 lǎnsǎn; 不整齐 bù zhěngqí ◆格好が～ 衣冠不整 yīguān bù zhěng
しとげる【仕遂げる】 完成 wánchéng; 做完 zuòwán
しとしと ◆～と雨が降りだした 淅淅沥沥下起雨来了 xīxīlìlì xiàqǐ yǔ lái le
じとじと-する 湿漉漉 shīlùlù ◆～るシーツ 湿漉漉的床单 shīlùlù de chuángdān
しとめる【仕留める】 打死 dǎsǐ; 射死 shèsǐ ◆熊を銃で～ 用枪打死一只熊 yòng qiāng dǎsǐ yì zhī xióng

しとやか【淑やか-な】 文雅 wényǎ; 娴雅 xiányǎ; 文静 wénjìng
しどろもどろ 语无伦次 yǔ wú lúncì; 吞吞吐吐 tūntūntǔtǔ ◆～に答える 矛盾百出地回答 máodùn bǎichū de huídá; 吞吞吐吐地回答 tūntūntǔtǔ de huídá
しな【品】 物品 wùpǐn; 商品 shāngpǐn; 货物 huòwù ◆～がいい 质量好 zhìliàng hǎo
しない【市内】 市内 shìnèi ◆～観光 市内观光 shìnèi guānguāng
しない【竹刀】 竹剑 zhújiàn
しなう【撓う】 弯曲 wānqū; 柔软 róuruǎn
しなうす【品薄】 缺货 quēhuò
しながき【品書き】 货单 huòdān; 菜单 càidān
しなかず【品数】 品种 pǐnzhǒng; 货色 huòsè ◆～が多い 品种繁多 pǐnzhǒng fánduō
しなぎれ【品切れ】 缺货 quēhuò; 脱销 tuōxiāo; 卖光 màiguāng
しなさだめ【品定め-する】 品评 pǐnpíng; 评价 píngjià
しなびる【萎びる】 枯萎 kūwěi; 干瘪 gānbiě ◆野菜が～ 蔬菜枯萎 shūcài kūwěi ◆萎びた手 干瘪的手 gānbiě de shǒu
しなもの【品物】 物件 wùjiàn; 物品 wùpǐn ◆～を揃える 备齐物品 bèiqí wùpǐn; 品种齐全 pǐnzhǒng qíquán
シナモン 肉桂 ròuguì
しなやか-な ❶《弹力があってよくしなう》柔韧 róurèn; 柔软 róuruǎn ◆～な足腰 柔韧的腰腿 róurèn de yāotuǐ ❷《姿态が上品な》轻盈 qīngyíng; 婷婷 tíngtíng; 雅致 yǎzhì ◆～な身のこなし 婀娜多姿的体态 ēnuó duōzī de tǐtài
じならし【地均し-する】 平地 píngdì; 整地 zhěngdì
じなり【地鳴り】 地声 dìshēng
シナリオ 脚本 jiǎoběn; 剧本 jùběn ◆～ライター 剧本作者 jùběn zuòzhě ◆～を書く 编剧 biānjù ◆映画の～ 电影剧本 diànyǐng jùběn
しなをつくる【科を作る】 卖俏 màiqiào; 作媚态 zuò mèitài
しなん【指南-する】 指导 zhǐdǎo ◆～役 教导 jiàodǎo
しなん【至難-の】 极难 jínán ◆～の業（わざ）非常困难 fēicháng kùnnan
じなん【次男】 次子 cìzǐ; 二儿子 èrérzi
シニア 年长者 niánzhǎngzhě; 高年级 gāoniánjí
しにがお【死に顔】 遗容 yíróng

しにがね【死に金】 死钱 sǐqián

しにがみ【死に神】 催命鬼 cuīmìngguǐ; 丧门神 sāngménshén

シニカル-な 冷嘲 lěngcháo; 爱挖苦人的 ài wākǔ rén de ◆~な表现 冷嘲的表现手法 lěngcháo de biǎoxiàn shǒufǎ ◆~な笑い 讥笑 jīxiào

しにぎわ【死に際】 临死 línsǐ ◆~に言い残す 临终遗言 línzhōng yíyán

しにくい[し難い] 不好做 bù hǎo zuò; 难做 nán zuò ◆集中~ 难以集中 nányǐ jízhōng

ジニけいすう【ジニ係数】 基尼系数 jīní xìshù

しにしょうぞく【死に装束】 装裹 zhuāngguǒ; 寿衣 shòuyī

しにせ【老舗】 老字号 lǎozìhao

しにぞこない【死に損ない】 该死 gāisǐ; 老不死 lǎo bù sǐ ◆~め 该死的东西 gāisǐ de dōngxi

しにたえる【死に絶える】 绝灭 juémiè; 绝种 juézhǒng; 死光 sǐguāng

しにはじ【死に恥】 ◆~をさらす 死后遗羞 sǐhòu yíxiū

しにばしょ【死に場所】 死的地方 sǐ de dìfang ◆~を得る 死得其所 sǐ dé qí suǒ

しにみず【死に水】 ◆~をとる 送终 sòngzhōng

しにものぐるい【死に物狂いーで】 拼命 pīnmìng; 拼死 pīnsǐ; 拼死拼活 pīnsǐ pīnhuó

しにょう【屎尿】 粪便 fènbiàn ◆~処理 收拾粪便 shōushi fènbiàn

しにわかれる【死に別れる】 死别 sǐbié

しにん【死人】 死人 sǐrén ◆~に口なし 死人无法对证 sǐrén wúfǎ duìzhèng

じにん【自任-する】 ❶《仕事として当たる》 以…为己任 yǐ…wéi jǐrèn ◆相談員をもって~する 以咨询顾问为己任 yǐ zīxún gùwèn wéi jǐrèn ❷《自负する》 自居 zìjū; 自命 zìmìng; 自视 zìshì ◆名士を~する 自命为名士 zìmìng wéi míngshì

じにん【自認-する】 自己承认 zìjǐ chéngrèn ◆過失を~する 自己认错 zìjǐ rèncuò

じにん【辞任-する】 辞职 cízhí

しぬ【死ぬ】 ❶《死亡》 死 sǐ; 去世 qùshì ◆~か生きるかの 生死存亡 shēngsǐ cúnwáng ◆~ほど…だ 要命 yàomìng ◆~ほど疲れた 累得要命 lèide yàomìng ❷《活気がなくなる》 ◆目が死んでいる 双目无神 shuāngmù wú shén ❸《活用されなくなる》 不起作用 bù qǐ zuòyòng

じぬし【地主】 地主 dìzhǔ

じねつ【地熱】 地热 dìrè ◆~発电 地热发电 dìrè fādiàn

しのぎ【凌ぎ】 ◆一時~ 暂时应付 zànshí yìngfu ◆退屈~ 解闷 jiěmèn ◆寒さ~ 御寒 yùhán

しのぎ【鎬】 ◆~を削る 激烈交锋 jīliè jiāofēng

しのぐ【凌ぐ】 ❶《耐える》 忍受 rěnshòu ◆ピンチを~ 忍受逆境 rěnshòu nìjìng ◆飢えを~ 忍饥挨饿 rěn jī ái è ◆今年の夏は暑くて凌ぎがたい 今年夏天热得难受 jīnnián xiàtiān rède nánshòu ❷《凌駕する》 超过 chāoguò; 凌驾 língjià ◆前作を~ 超过以前的作品 chāoguò yǐqián de zuòpǐn

しのばせる【忍ばせる】 ❶《隠し持つ》 暗藏 àncáng ◆ピストルを~ 暗藏手枪 àncáng shǒuqiāng ❷《目立たないように行う》 ◆足音を~ 蹑手蹑脚 niè shǒu niè jiǎo

しのびあい【忍び会い】 幽会 yōuhuì

しのびあし【忍び足-で】 蹑手蹑脚 niè shǒu niè jiǎo

しのびがたい【忍び難い】 难以忍受 nányǐ rěnshòu; 难堪 nánkān

しのびこむ【忍び込む】 潜入 qiánrù; 偷偷地进入 tōutōu de jìnrù

しのびなき【忍び泣き】 偷偷哭泣 tōutōu kūqì; 呜咽 wūyè

しのびよる【忍び寄る】 悄悄地靠近 qiāoqiāo de kàojìn ◆老いが~ 不觉老之将至 bùjué lǎo zhī jiāng zhì ◆~秋の気配 不觉间秋色渐浓 bùjuéjiān qiūsè jiàn nóng

しのびわらい【忍び笑い】 偷笑 tōuxiào; 窃笑 qièxiào

しのぶ【偲ぶ】 回忆 huíyì; 追忆 zhuīyì; 怀念 huáiniàn; 缅怀 miǎnhuái ◆往時を~ 追忆往事 zhuīyì wǎngshì

しのぶ【忍ぶ】 ❶《我慢する》 忍受 rěnshòu; 忍耐 rěnnài ◆恥を~ 忍辱 rěnrǔ ◆飢えを~ 忍受饥饿 rěnshòu jī'è ❷《人目を避ける》 ◆世を~ 避人耳目 bì rén ěrmù

しば【柴】 柴 chái ◆~刈り 砍柴 kǎn chái

じば【磁場】 磁场 cíchǎng

しはい【支配-する】 统治 tǒngzhì; 支配 zhīpèi ◆~者 统治者 tǒngzhìzhě

しばい【芝居】 戏 xì; 戏剧 xìjù ◆~を見る 看戏 kàn xì ◆がはねる 散戏 sàn xì ◆~小屋 戏场 xìchǎng; 戏院 xìyuàn ◆~好き 戏迷 xìmí; 《比喻的に》 ◆~を打つ 要花招 shuǎ huāzhāo; 演戏 yǎnxì

じはく【自白-する】 坦白 tǎnbái; 供

认 gòngrèn; 招供 zhāogòng ♦~を強要する 逼供 bīgòng

じばく【自爆-する】 自己爆炸 zìjǐ bàozhà ♦~装置 自爆装置 zìbào zhuāngzhì

しばし【暫し】 暂时 zànshí; 片刻 piànkè; 少时 shǎoshí

しばしば【屡々】 屡次 lǚcì; 再三 zàisān; 常常 chángcháng

じはだ【地肌】 ❶《土地の表面》地面 dìmiàn; 地表 dìbiǎo ❷《皮膚》皮肤 pífū

しはつ【始発】 头班车 tóubānchē ♦~駅 起点站 qǐdiǎnzhàn

じはつてき【自発的-な】 主动 zhǔdòng; 自动 zìdòng; 自发 zìfā; 自发性 zìfāxìng ♦~行动 自发性的行动 zìfāxìng de xíngdòng

しばふ【芝生】 草地 cǎodì; 草坪 cǎopíng

じばら【自腹】 ♦~を切る 自己掏腰包 zìjǐ tāo yāobāo

しはらい【支払い】 支付 zhīfù; 付款 fùkuǎn ♦~手形 付款票据 fùkuǎn piàojù ♦~伝票 支付凭单 zhīfù píngdān

しはらう【支払う】 付 fù; 支付 zhīfù; 付款 fùkuǎn ♦开支 kāizhī

しばらく【暫く】 一会儿 yíhuìr; 不久 bùjiǔ; 暂且 zànqiě ♦~でした 久违 jiǔwéi; 好久不见 hǎojiǔ bú jiàn ♦~振りに 时隔很久 shí gé hěn jiǔ; 好久没… hǎojiǔ méi...

しばる【縛る】 ❶《ひもや縄で》扎 zā; 绑 bǎng; 捆 kǔn; 拴 shuān ♦後ろ手に~ 倒背双手捆绑 dàobèi shuāngshǒu kǔnbǎng ❷《制限する》制约 zhìyuē; 束缚 shùfù ♦時间に縛られる 受时间制约 shòu shíjiān zhìyuē

しはん【師範】 师傅 shīfu; 宗师 zōngshī ♦~学校 师范学校 shīfàn xuéxiào

しはん【市販-する】 在市场上出售 zài shìchǎngshang chūshòu

じばん【地盤】 地盘 dìpán; 地基 dìjī

しはんせいき【四半世紀】 四分之一世纪 sì fēn zhī yī shìjì

しひ【私費】 自费 zìfèi ♦~留学 自费留学 zìfèi liúxué

じひ【慈悲】 慈悲 cíbēi; 慈善 císhàn

じひ【自費-で】 自费 zìfèi ♦~出版 自费出版 zìfèi chūbǎn

じびいんこうか【耳鼻咽喉科】 耳鼻喉科 ěrbíhóukē

じびき【字引】 字典 zìdiǎn ♦生き~ 活字典 huózìdiǎn

じびきあみ【地引き網】 拖网 tuōwǎng

じひつ【自筆-の】 手笔 shǒubǐ ♦~の手紙 亲笔信 qīnbǐxìn ♦~原稿 手稿 shǒugǎo

じひびき【地響き】 地面作响声 dìmiàn zuò xiǎngshēng; 大地轰鸣 dàdì hōngmíng

しひょう【指標】 指标 zhǐbiāo; 目标 mùbiāo; 标志 biāozhì

しひょう【師表】 师表 shībiǎo ♦~と仰ぐ 尊为师表 zūnwéi shībiǎo

じひょう【辞表】 辞呈 cíchéng; 辞职书 cízhíshū ♦~を出す 递交辞呈 dìjiāo cíchéng

じひょう【時評】 时事评论 shíshì pínglùn

じびょう【持病】 老病 lǎobìng; 病根 bìnggēn; 旧病 jiùbìng; 痼疾 gùjí ♦~が出る 犯老病 fàn lǎobìng

シビリアンコントロール 文官控制 wénguān kòngzhì

しびれ【痺れ】 麻木 mámù ♦~を切らす 等腻了 děngnì le

しびれる【痺れる】 ❶《麻痺する》麻木 mámù; 发麻 fāmá; 发木 fāmù ❷《陶酔する》♦ジャズに~ 陶醉于爵士乐 táozuìyú juéshìyuè

じびん【溲瓶】 尿盆 niàopén; 尿瓶 niàopíng

しぶ【支部】 支部 zhībù; 分支机构 fēnzhī jīgòu

しぶ【四部】 ♦~合奏 四部合奏 sìbù hézòu ♦~合唱 四部合唱 sìbù héchàng

しぶ【渋】 涩味 sèwèi ♦~柿子 sèshìzi

じふ【自負-する】 自负 zìfù; 自命 zìmìng

じふ【慈父】 慈父 cífù

しぶい【渋い】 ❶《味が》涩 sè ❷《落ち着いた趣の》古雅 gǔyǎ; 雅致 yǎzhi ♦~色 颜色雅致 yánsè yǎzhi ❸《けちな》小气 xiǎoqi; 吝啬 lìnsè ❹《不満げ》怏怏不乐 yàngyàng bú lè

しぶおんぷ【四分音符】 四分音符 sìfēn yīnfú

しぶかわ【渋皮】 内皮 nèipí

しぶき【飛沫】 飞沫 fēimò ♦~を上げる 溅起飞沫 jiànqǐ fēimò ♦~が掛かる 溅上飞沫 jiànshàng fēimò ♦水~ 水花 shuǐhuā; 浪花 lànghuā

しふく【私服】 便衣 biànyī ♦~刑事 便衣警察 biànyī jǐngchá

しふく【私腹】 ♦~を肥やす 中饱私囊 zhōngbǎo sīnáng

しふく【雌伏-する】 雌伏 cífú ♦~十年 雌伏十年 cífú shínián

しぶしぶ【渋々】 勉强 miǎnqiǎng ♦~承知する 勉强同意 miǎnqiǎng

tóngyì
しぶつ【私物】私有物 sīyǒuwù
じぶつ【事物】事物 shìwù
ジフテリア 白喉 báihóu
シフト 改变 gǎibiàn；替换 tìhuàn ◆～レバー 换挡装置 huàndǎng zhuāngzhì
しぶとい 顽固 wángù；倔强 juéjiàng
しぶみ【渋み】涩味 sèwèi
しぶる【渋る】❶《滞る》◆筆が～ 文笔不畅 wénbǐ bú chàng ❷《ためらう》不肯 bùkěn；不情愿 bù qíngyuàn ◆返事を～ 迟迟不回答 chíchí bù huídá ◆出し～ 舍不得拿出来 shěbude náchūlai
しふん【私憤】私愤 sīfèn ◆～を抱く 怀有私愤 huái yǒu sīfèn
しぶん【死文】具文 jùwén；空文 kōngwén ◆～と化する 成为具文 chéngwéi jùwén
しぶん【詩文】诗文 shīwén
じぶん【自分】自己 zìjǐ；自个儿 zìgěr；自身 zìshēn ◆～のことは～でやる 自己的事自己做 zìjǐ de shì zìjǐ zuò ◆～で播(ま)いた種 咎由自取 jiù yóu zì qǔ
じぶん【時分】时候 shíhou；时刻 shíkè ◆～どき 吃饭时候 chīfàn shíhou
じぶんかって【自分勝手-な】自私 zìsī；任意 rènyì
じぶんしょ【私文書】私人文件 sīrén wénjiàn
しへい【紙幣】纸币 zhǐbì；钞票 chāopiào
じへいしょう【自閉症】自闭症 zìbìzhèng；孤独症 gūdúzhèng
じべた【地べた】地下 dìxià；地面 dìmiàn
しべつ【死別-する】永别 yǒngbié；永诀 yǒngjué；死别 sǐbié
しへん【四辺】四边 sìbiān ◆～形 四边形 sìbiānxíng
しへん【紙片】纸片 zhǐpiàn
しへん【詩篇】诗篇 shīpiān
しべん【思弁】思辨 sībiàn
じへん【事変】事变 shìbiàn ◆～が起こる 发生事变 fāshēng shìbiàn ◆満州～ 九一八事变 Jiǔ-yībā shìbiàn
じべん【自弁-する】自己负担 zìjǐ fùdān ◆交通費は～でお願いします 请自己负担交通费 qǐng zìjǐ fùdān jiāotōngfèi
しぼ【思慕-する】思慕 sīmù；恋慕 liànmù
しほう【司法】司法 sīfǎ ◆～機関 司法机关 sīfǎ jīguān ◆～権 司法权 sīfǎquán

しほう【標準時刻を知らせる】❶《標準時刻を知らせる》报时 bàoshí ◆正午の～ 正午的报时 zhèngwǔ de bàoshí ❷《時事を知らせる雑誌》时报 shíbào ◆経済～ 经济时报 jīngjì shíbào
しほう【四方】四方 sīfāng；四周 sìzhōu ◆～八方 四面八方 sìmiàn bāfāng ◆5メートル～ 五米见方 wǔ mǐ jiànfāng
しほう【至宝】至宝 zhìbǎo
しほう【私法】私法 sīfǎ
しぼう【志望-する】志愿 zhìyuàn；志向 zhìxiàng
しぼう【死亡】死亡 sǐwáng；死去 sǐqù ◆～者 死者 sǐzhě ◆～通知 讣告 fùgào；讣闻 fùwén
しぼう【脂肪】脂肪 zhīfáng
じぼうじき【自暴自棄】自暴自弃 zìbào zì qì
しほうだい【仕放題-をする】随心所欲 suí xīn suǒ yù
しぼむ【萎む】❶《植物が》萎蔫 wěinián；萎谢 wěixiè ◆花が～ 花儿萎谢了 huār wěixiè le ❷《膨らんでいた物が縮む》瘪 biě ◆風船が～ 气球瘪了 qìqiú biě le ❸《期待が勢いを失う》夢が～ 梦想成为泡影 mèngxiǎng chéngwéi pàoyǐng ◆気持ちが～ 心情沮丧 xīnqíng jǔsàng
しぼり【絞り】❶《絞り染め》绞缬 jiǎoxié ❷《カメラの》光圈 guāngquān ◆～を開放する 打开光圈 dǎkāi guāngquān
しぼりかす【搾り滓】渣 zhā
しぼりだす【絞り出す】❶ 绞って外に出す》挤出 jǐchū ◆歯磨きをチューブから～ 挤出牙膏 jǐchū yágāo ❷《比喻的に·努力して》声を～ 努力挤出声音来 nǔlì jǐchū shēngyīn lái ◆アイデアを～ 好不容易想出主意 hǎobù róngyì xiǎngchū zhǔyi ◆打開策を～ 极力想出解决办法 jílì xiǎngchū jiějué bànfǎ
しぼりとる【搾り取る】榨取 zhàqǔ；挤 jǐ ◆税金を～ 榨取税金 zhàqǔ shuìjīn
しぼる【搾る】❶《水分を出す》榨 zhà；挤 jǐ ◆油を～ 榨油 zhà yóu ◆乳を～ 挤奶 jǐ nǎi ❷《無理に出させる》◆知恵を～ 绞尽脑汁 jiǎojìn nǎozhī ◆税を～ 强征税收 qiángzhēng shuìshōu ❸《強く責める》◆父に搾られる 被父亲严加责备 bèi fùqīn yánjiā zébèi
しぼる【絞る】❶《ねじって》拧 níng ◆雑巾を～ 拧抹布 níng mābù ❷《カメラの》◆レンズを～ 缩小光圈 suōxiǎo guāngquān ❸《ラジオなどの》◆ボリュームを～ 降低音量 jiàngdī yīnliàng ❹《範囲を限定する》◆的を

～対准目标 duìzhǔn mùbiāo
しほん【資本】資本 zīběn ◆~家 资本家 zīběnjiā ◆~金 本金 běnjīn; 本钱 běnqián; 股本 gǔběn ◆~主義 资本主义 zīběn zhǔyì
しま【縞】条纹 tiáowén
しま【島】岛 dǎo; 海岛 hǎidǎo; 岛屿 dǎoyǔ;《なわばり》势力范围 shìlì fànwéi
しまい【姉妹】姐妹 jiěmèi; 姊妹 zǐmèi ◆~都市 姊妹城市 zǐmèi chéngshì ◆友好城市 yǒuhǎo chéngshì
しまい【仕舞い】❶《終了》◆~にする 结束 jiéshù ◆店~ 闭店 bìdiàn; 停业 tíngyè ❷《最後》最后 zuìhòu ◆~には泣き出した 最后哭了出来 zuìhòu kūle chūlai
しまう【仕舞う】❶《片付ける》收拾 shōushi; 整理 zhěnglǐ; 放进 fàngjìn ◆ポケットに~ 放进口袋 fàngjìn kǒudài ◆物置に~ 装进库房 zhuāngjìn kùfáng ◆思い出を心に~ 把回忆藏在心里 bǎ huíyì cángzài xīnli ❷《終了》结束 jiéshù ◆店を~ 收摊儿 shōutānr
シマウマ【縞馬】斑马 bānmǎ
じまえ【自前-で】自己出钱 zìjǐ chū qián
じまく【字幕】字幕 zìmù
しまぐに【島国】岛国 dǎoguó
しまつ【始末】《処理》◆~する 处理 chǔlǐ; 收拾 shōushi ◆~に負えない 不好处理 bùhǎo chǔlǐ ◆~書 悔过书 huǐguòshū;《倹約》俭省 jiǎnshěng ◆~屋 节俭的人 jiéjiǎn de rén
しまった 糟了 zāo le; 糟糕 zāogāo ◆~, 財布を忘れた 糟了，钱包忘了 zāo le, qiánbāo wàng le
シマヘビ【縞蛇】菜花蛇 càihuāshé
しまり【締まり】❶《緩みのないこと》紧 jǐn; 紧凑 jǐncòu ◆~がない 散漫 sǎnmàn; 松弛 sōngchí ❷《出費を抑えること》节俭 jiéshěng; 节约 jiéyuē ◆~屋 节俭的人 jiéjiǎn de rén ❸《戸締り》关门 guānmén; 锁门 suǒmén ◆戸の~をきちんとする 把门锁上 bǎ mén suǒshàng
しまる【閉まる】关 guān; 关闭 guānbì ◆ドアが～ 门关上 mén guānshàng ◆店が～ 店铺关门 diànpù guānmén
しまる【締まる】❶《緩みがなくなる》紧闭 jǐnbì ◆蓋が～ 盖子紧闭 gàizi jǐnbì ❷《引き締まる》紧绷绷 jǐnbēngbēng ◆締まった筋肉 紧绷绷的肌肉 jǐnbēngbēng de jīròu ❸《緊張する》◆気持ちが～ 精神紧张 jīngshén jǐnzhāng

じまん【自慢-する】吹 chuī; 自夸 zìkuā; 自吹自擂 zìchuī zìléi ◆~話 自鸣得意的话 zì míng dé yì de huà
しみ【染み】《汚れ》污点 wūdiǎn ◆~を抜く 除掉污垢 chúdiào wūgòu ❷《汚点》玷污 diànwū ◆経歴に～がつく 玷污经历 diànwū jīnglì ❸《顔などの》斑点 bāndiǎn
シミ【紙魚】《虫》蛀虫 zhùchóng; 衣鱼 yīyú; 书蠹 shūdù
じみ【地味-な】❶《形・模様・色などが》素淡 sùdàn; 老气 lǎoqi ◆~な服装 老气的服装 lǎoqì de fúzhuāng ❷《考え・態度が》朴素 pǔsù; 朴实 pǔshí ◆~に暮らす 生活朴素 shēnghuó pǔsù
じみ【滋味】滋味 zīwèi ◆~に富む 富有滋味 fùyǒu zīwèi
しみこむ【染み込む】渗入 shènrù; 渗透 shèntòu; 浸透 jìntòu ◆雨水が土に～ 雨水渗透了泥土 yǔshuǐ shèntòule nítǔ
しみじみ【染み染み】痛切 tòngqiè; 深切 shēnqiè ◆~と語る 深有感触地说 shēn yǒu gǎnchù de shuō
しみず【清水】泉水 quánshuǐ; 清泉 qīngquán ◆~が湧き出る 泉水喷涌 quánshuǐ pēnyǒng
じみち【地道-な】踏实 tāshí ◆~な努力 踏踏实实的努力 tātāshíshí de nǔlì
しみったれ 吝啬 lìnsè; 悭吝 qiānlìn; 小气 xiǎoqi ◆しみったれた格好 寒酸的样子 hánsuān de yàngzi
しみとおる【染み透る】渗入 shènrù; 浸透 jìntòu ◆骨の髄まで～ 深入骨髓 shēnrù gǔsuǐ
しみゃく【支脈】支脉 zhīmài
シミュレーション 模拟 mónǐ; 仿真 fǎngzhēn
しみる【染・沁】みる】❶《刺激が》杀 shā; 刺 cì ◆眼に～ 刺眼睛 cì yǎnjing; 杀眼睛 shā yǎnjing ❷《液体が》浸 jìn; 渗 shèn ◆インクが～ 墨水洇纸 mòshuǐ yīn zhǐ ❸《心に感じる》◆骨身に～ 深切感受 shēnqiè gǎnshòu
しみん【市民】市民 shìmín ◆~運動 市民运动 shìmín yùndòng
じむ【事務】事务 shìwù ◆~を執る 办事 bànshì; 办公 bàngōng ◆~室 办公室 bàngōngshì ◆~所 办事处 bànshìchù ◆~的に 事务性地 shìwùxìng de
しむける【仕向ける】促使 cùshǐ; 主使 zhǔshǐ
しめい【使命】任务 rènwu; 使命 shǐmìng ◆~を果たす 完成使命 wánchéng shǐmìng

しめい【指名-する】 点名 diǎnmíng; 指名 zhǐmíng

しめい【氏名】 姓名 xìngmíng

じめい【自明-の】 不言而喻 bù yán ér yù ♦～の理 自明之理 zìmíng zhī lǐ

しめいてはい【指名手配-する】 通缉 tōngjī

しめきり【締め切り】 截止 jiézhǐ ♦～日 截止日期 jiézhǐ rìqī ♦～が迫る 截止期将至 jiézhǐqī jiāng zhì ♦～に間に合う 截止期前来得及 jiézhǐqī qián láidejí

しめきる【締め切る】 ❶《閉ざす》紧闭 jǐnbì; 关紧 guānjǐn ❷《打ち切る》截止 jiézhǐ ❸《原稿受付を》截稿 jiégǎo

しめくくる【締め括る】 结束 jiéshù; 总结 zǒngjié

しめころす【締め殺す】 勒死 lēisǐ; 扼杀 èshā

しめし【示し】 示范 shìfàn ♦～がつかない 不能做表率 bùnéng zuò biǎoshuài

しめしあわせる【示し合わせる】 合谋 hémóu; 事先串通 shìxiān chuàntōng

じめじめ-した ❶《湿気を帯びた》湿漉漉 shīlùlù; 潮湿 cháoshī ♦～した天気 潮湿的天气 cháoshī de tiānqì ❷《陰気な·活気のない》沉闷 chénmèn ♦～した性格 忧郁的性格 yōuyù de xìnggé

しめす【示す】《実際に出して見せる》出示 chūshì ♦例を～ 示例 shìlì ♦手本を～ 示范 shìfàn ♦証明書を～ 出示证件 chūshì zhèngjiàn ♦地図で～ 用地图表示 yòng dìtú biǎoshì ♦誠意を～ 表现出诚意 biǎoxiànchū chéngyì ❷《さして教える》♦方向を～ 指出方向 zhǐchū fāngxiàng

しめす【湿す】 弄湿 nòngshī ♦のどを～ 润嗓子 rùn sǎngzi

しめだし【締出し】 排挤 páijǐ ♦～を食う 遭到排挤 zāodào páijǐ

しめだす【締め出す】 排挤 páijǐ ♦家を締め出される 被关在门外 bèi guān zài ménwài ♦外国製品を～ 抵制洋货 dǐzhì yánghuò

しめつ【死滅-する】 死绝 sǐjué

じめつ【自滅-する】 自取灭亡 zì qǔ miè wáng

しめつける【締め付ける】 ❶《強く締める》♦ねじを～ 拧紧螺丝 níngjǐn luósī ❷《圧迫する》严加管束 yánjiā guǎnshù

しめっぽい【湿っぽい】 ❶《湿気が多い》♦～空気 潮湿的空气 cháoshī de kōngqì ❷《陰気くさい》忧郁 yōuyù; 阴郁 yīnyù ♦～気分 忧郁

的心情 yōuyù de xīnqíng

しめて【締めて】 合计 héjì; 共计 gòngjì; 一共 yígòng ♦～20万円の売り上げ 合计二十万日元的销售额 héjì èrshí wàn Rìyuán de xiāoshòu'é

しめなわ【注連縄】 稻草绳 dàocǎoshéng

しめやか-に 肃静 sùjìng; 肃穆 sùmù

しめりけ【湿り気】 湿气 shīqì

しめる【湿る】 ❶《水分を含んだ》湿 shī; 潮湿 cháoshī ♦湿った空気 潮湿的空气 cháoshī de kōngqì ❷《雰囲気が沈む》♦水分が～ 情绪低落 qíngxù dīluò

しめる【占める】 ❶《占有する》占 zhàn ♦席を～ 占座位 zhàn zuòwèi ♦勝利を～ 得胜 déshèng ❷《位置を》占 zhàn ♦大多数を～ 占大多数 zhàn dàduōshù ♦首位を～ 居首位 jū shǒuwèi

しめる【締める】 ❶《きつく縛る》勒 lēi; 系 jì ♦ベルトを～ 勒紧裤带 lēijǐn kùdài ♦シートベルトをお締め下さい 请系好安全带 qǐng jìhǎo ānquándài ♦ねじを～ 拧螺丝钉 níng luósīdīng ❷《決算する》结算 jiésuàn; 合计 héjì ♦売り上げを～ 合计销售额 héjì xiāoshòu'é ❸《ひきしめる》紧张 jǐnzhāng; 振作 zhènzuò ♦気を～ 振奋精神 zhènfèn jīngshén ❹《節約する》节约 jiéyuē; 节省 jiéshěng; 缩减 suōjiǎn ♦家計を～ 缩减家计支出 suōjiǎn jiājì zhīchū ❺《料理で》♦サバを酢で～ 用醋腌鲐鱼 yòng cù yān táiyú

しめる【閉める】 关闭 guānbì; 关上 guānshàng ♦窓を～ 关上窗户 guānshàng chuānghu

しめる【絞める】 ❶《きつく縛る》♦首を～ 掐脖子 qiā bózi; 勒脖子 lēi bózi ❷《殺す》♦鶏を～ 勒死家鸡 lēisǐ jiājī; 宰鸡 zǎijī

しめん【四面】 四面 sìmiàn ♦～楚歌 四面楚歌 sì miàn Chǔ gē ♦～一体 四面体 sìmiàntǐ

しめん【紙面】 版面 bǎnmiàn; 篇幅 piānfu ♦～を割く 匀出篇幅 yúnchū piānfu

じめん【地面】 地面 dìmiàn; 地下 dìxia

しも【下】 ❶《川の下流》下游 xiàyóu ♦～へ下る 顺流而下 shùn liú ér xià ❷《体の腰から下の部分》下半身 xiàbànshēn ♦～の世話をする 伺候病人大小便 cìhou bìngrén dàxiǎobiàn ❸《下位の座席》末席 mòxí; 下座 xiàzuò ♦～に控える 在末席待

命 zài mòxí dàimìng ❹《地位·身分の低い人》下级 xiàjí; 部下 bùxià
しも【霜】 霜 shuāng ♦～が降りる 下霜 xià shuāng ♦～を取る 除霜 chú shuāng
じもく【耳目】 耳目 ěrmù ♦～を驚かす 耸动视听 sǒngdòng shìtīng; 耸人听闻 sǒng rén tīng wén ♦～となって働く 充当耳目 chōngdāng ěrmù ♦～を惹く 引人注目 yǐn rén zhùmù
しもごえ【下肥】 粪肥 fènféi
しもざ【下座】 下座 xiàzuò; 末席 mòxí
しもて【下手】 ❶《下座の方》下边 xiàbian; 下座 xiàzuò ❷《舞台の》舞台左边 wǔtái zuǒbian
じもと【地元】 本地 běndì; 当地 dāngdì
しもとり【霜取り】 除霜 chúshuāng ♦～装置 除霜装置 chúshuāng zhuāngzhì ♦冷蔵庫の～ 冰箱除霜 bīngxiāng chúshuāng
しもばしら【霜柱】 霜柱 shuāngzhù ♦～が立つ 结成霜柱 jiéchéng shuāngzhù
しもはんき【下半期】 下半年 xiàbànnián
しもぶくれ【下膨れ-の】 大下巴 dàxiàba; 两腮宽 liǎngsāi kuān
しもふり【霜降り-の】 ❶《霜がおりること》降霜 jiàngshuāng ❷《織物の》两色纱混纺的布 liǎngsèshā hùnfǎng de bù ❸《牛肉の》夹有脂肪 jiā yǒu zhīfáng
しもべ【僕】 奴仆 núpú; 仆人 púrén
しもやけ【霜焼け】 冻疮 dòngchuāng; 冻伤 dòngshāng
しもよけ【霜除け】 防霜 fángshuāng ♦～ファン 防霜扇 fángshuāngshàn
しもん【指紋】 指纹 zhǐwén ♦～をとる 取指纹 qǔ zhǐwén ♦～を残す 留下指纹 liúxià zhǐwén
しもん【諮問-する】 咨询 zīxún ♦～機関 咨询机关 zīxún jīguān
しもん【試問-する】 考试 kǎoshì ♦口頭～ 口试 kǒushì
じもん【自問-する】 自问 zìwèn ♦～自答する 自问自答 zìwèn zìdá
しや【視野】《視界》 眼界 yǎnjiè ♦～に入る 进入视野 jìnrù shìyě ❷《思考·判断の範囲》眼界 yǎnjiè ♦～が狭い 眼界狭小 yǎnjiè xiáxiǎo ♦～を広める 打开眼界 dǎkāi yǎnjiè
しや【紗】 纱 shā
じゃ【蛇】 蛇 shé ♦～の道は蛇(へび) 奸雄识奸雄 jiānxióng shí jiānxióng

ジャー 热水瓶 rèshuǐpíng; 保温瓶 bǎowēnpíng
じゃあく【邪悪-な】 邪恶 xié'è
ジャージ《布地》针织筒形布 zhēnzhī tǒngxíngbù;《運動着》针织运动衫 zhēnzhī yùndòngshān
ジャーナリスト 记者 jìzhě; 新闻工作者 xīnwén gōngzuòzhě
ジャーナリズム 新闻报业 xīnwén chūbǎnyè; 新闻报道界 xīnwén bàodàojiè
シャープ ❶《音楽の》高半音符 gāobànyīnfú ❷《鋭い》尖锐 jiānruì; 锋利 fēnglì
シャープペンシル 活心铅笔 huóxīn qiānbǐ; 自动铅笔 zìdòng qiānbǐ ♦～の芯 铅条 qiāntiáo
シャーベット 果子露冰激凌 guǒzilù bīngjilíng
シャーマニズム 萨满教 Sàmǎnjiào; 巫术 wūshù
しゃい【謝意】 谢意 xièyì ♦～を表す 致谢 zhìxiè; 深表谢意 shēn biǎo xièyì
ジャイロスコープ 回转仪 huízhuǎnyí
しゃいん【社員】 公司职员 gōngsī zhíyuán
しゃおく【社屋】 公司办公楼 gōngsī bàngōnglóu
しゃおんかい【謝恩会】 谢恩会 xiè'ēnhuì
しゃか【釈迦】 释迦 Shìjiā; 佛爷 fóye ♦～に説法 班门弄斧 Bān mén nòng fǔ
しゃかい【社会】 社会 shèhuì ♦～的地位 社会地位 shèhuì dìwèi ♦～学 社会学 shèhuìxué ♦～主義 社会主义 shèhuì zhǔyì ♦～性 社会性 shèhuìxìng ♦～問題 社会问题 shèhuì wèntí ♦～保障 社会保障 shèhuì bǎozhàng ♦～人 社会人 shèhuìrén ♦～に出る 走上社会 zǒushàng shèhuì
ジャガイモ【ジャガ芋】 土豆儿 tǔdòur; 马铃薯 mǎlíngshǔ; 洋芋 yángyù
しゃがむ 蹲 dūn ♦地面に～ 蹲在地上 dūnzài dìshang
しゃがれごえ【嗄れ声】 沙哑声 shāyā shēng
しゃがれる【嗄れる】 沙哑 shāyǎ; 嘶哑 sīyǎ
しゃかん【舎監】 舍监 shèjiān
しゃかんきょり【車間距離】 行车距离 xíngchē jùlí
じゃき【邪気】 ❶《病気などを起こす悪い気》邪气 xiéqì ♦～を払う 祈祷驱邪 qídǎo qūxié ❷《悪意》恶意 èyì; 坏心眼儿 huài xīnyǎnr

じゃきょう【邪教】 邪教 xiéjiào

しやく【試薬】 试剂 shìjì；试药 shìyào

しゃく【酌】 ♦〜をする 斟酒 zhēnjiǔ

しゃく【癪】 ♦〜な奴 讨厌的家伙 tǎoyàn de jiāhuo ♦〜にさわる 令人发怒 lìng rén fānù；气人 qì rén ♦〜の種 生气的原因 shēngqì de yuányīn

じゃくアルカリせい【弱アルカリ性－の】 弱碱 ruòjiǎn

しゃくい【爵位】 爵位 juéwèi

じゃくさん【弱酸】 弱酸 ruòsuān ♦〜性の 弱酸性的 ruòsuānxìng de

しゃくし【杓子】 勺子 sháozi ♦〜定規 墨守成规 mò shǒu chéng guī

じゃくし【弱視】 弱视 ruòshì

じゃくしゃ【弱者】 弱者 ruòzhě

しゃくしゃく【綽々－たる】 绰绰有余 chuò chuò yǒu yú ♦余裕〜 从容不迫 cóng róng bú pò

しやくしょ【市役所】 市政府 shìzhèngfǔ

じゃくしょう【弱小－な】 弱小 ruòxiǎo ♦〜国家 弱小国家 ruòxiǎo guójiā

じゃくしん【弱震】 弱震 ruòzhèn

しゃくぜん【釈然－と】 释然 shìrán ♦〜としない 不甚了然 bú shèn liǎorán

しゃくち【借地】 租用的土地 zūyòng de tǔdì ♦〜料 地租 dìzū ♦〜権 租地权 zūdìquán

じゃぐち【蛇口】 水龙头 shuǐlóngtou ♦〜をひねる 拧水龙头 nǐng shuǐlóngtou

じゃくてん【弱点】 弱点 ruòdiǎn；缺点 quēdiǎn；把柄 bǎbǐng ♦〜を克服する 克服弱点 kèfú ruòdiǎn ♦〜をつかむ 抓辫子 zhuā biànzi ♦〜をつく 抓住弱点 zhuāzhù ruòdiǎn ♦〜を隠す 掩盖缺点 yǎngài quēdiǎn

しゃくど【尺度】 ❶《長さ》长度 chángdù ♦〜を計る 量长度 liáng chángdù；量尺寸 liáng chǐcun ❷《評価・判断の基準》尺度 chǐdù；标准 biāozhǔn ♦人を評価する〜 评价人物的尺度 píngjià rénwù de chǐdù

しゃくどういろ【赤銅色－の】 紫铜色 zǐtóngsè

シャクトリムシ【尺取り虫】 尺蠖 chǐhuò

シャクナゲ【石楠花】 杜鹃花 dùjuānhuā

じゃくにく【弱肉】 ♦〜強食 弱肉强食 ruò ròu qiáng shí

しゃくねつ【灼熱－の】 灼热 zhuórè ♦〜の太陽 火热的太阳 huǒrè de tàiyang ♦〜の恋 热恋 rèliàn

じゃくはい【若輩】 青少年 qīngshàonián；年轻人 niánqīngrén

しゃくはち【尺八】 尺八 chǐbā

しゃくほう【釈放－する】 释放 shìfàng ♦〜される 获释 huòshì ♦仮〜 假释 jiǎshì

しゃくめい【釈明－する】 辨明 biànmíng；申辩 shēnbiàn

しゃくや【借家】 租房 zūfáng ♦〜人 房客 fángkè；租户 zūhù

しゃくよう【借用－する】 借用 jièyòng ♦〜証書 借据 jièjù ♦〜語 借用词 jièyòngcí

しゃくりあげる【しゃくり上げる】 抽泣 chōuqì；抽噎 chōuyē

しゃくりょう【酌量－する】 酌量 zhuóliang；斟酌 zhēnzhuó ♦情状〜 酌情 zhuóqíng

しゃげき【射撃】 射击 shèjī ♦〜の名手 神枪手 shénqiāngshǒu ♦〜競技 射击比赛 shèjī bǐsài

ジャケット ❶《上着》茄克 jiākè；短上衣 duǎnshàngyī ❷《CD・レコードの》唱片套 chàngpiàntào

しゃけん【車検】 汽车检查 qìchē jiǎnchá ♦〜証 车检证 chējiǎnzhèng

じゃけん【邪慳－な】 无情 wúqíng ♦〜にする 刻薄对待 kèbó duìdài

しゃこ【車庫】 车库 chēkù

シャコ【蝦蛄】 虾蛄 xiāgū

しゃこう【社交】 社交 shèjiāo ♦〜界 社交界 shèjiāojiè ♦〜上手（じょうず）な 善于交际 shànyú jiāojì ♦〜辞令 社交辞令 shèjiāo cílìng ♦〜ダンス 交际舞 jiāojìwǔ

しゃこう【遮光－する】 遮光 zhēguāng

じゃこう【麝香】 麝香 shèxiāng

しゃさい【社債】 公司债券 gōngsī zhàiquàn

しゃざい【謝罪－する】 谢罪 xièzuì；赔罪 péizuì；道歉 dàoqiàn ♦〜を要求する 要求认错 yāoqiú rèncuò

しゃさつ【射殺－する】 枪杀 qiāngshā；击毙 jībì

しゃし【斜視】 斜视 xiéshì；斜眼 xiéyǎn

しゃし【奢侈－な】 奢侈 shēchǐ ♦〜に流れる 流于奢侈 liúyú shēchǐ

しゃじ【謝辞】 谢词 xiècí ♦〜を述べる 致谢词 zhì xiècí

しゃじく【車軸】 车轴 chēzhóu；轮轴 lúnzhóu；轴心 zhóuxīn

しゃじつしゅぎ【写実主義】 写实主义 xiěshí zhǔyì

しゃしゅ【射手】 枪手 qiāngshǒu；射手 shèshǒu

しゃしゅ【社主】 业主 yèzhǔ

しゃしょう【車掌】 乗务员 chéngwùyuán；售票员 shòupiàoyuán
しゃしょく【写植】 照相排版 zhàoxiàng páibǎn
しゃしん【写真】 照片 zhàopiàn；相片 xiàngpiàn ◆~を撮る 拍摄 pāishè；拍照 pāizhào；摄影 shèyǐng；照相 zhàoxiàng ◆~映りがよい 上相 shàngxiàng ◆~家 摄影家 shèyǐngjiā ◆~集 影集 yǐngjí
じゃしん【邪神】 凶神 xiōngshén
じゃしん【邪心】 邪念 xiéniàn；邪心 xiéxīn
ジャズ 爵士乐 juéshìyuè ◆~バンド 爵士乐队 juéshìyuèduì
じゃすい【邪推-する】 猜忌 cāijì；猜疑 cāiyí
ジャスト 正好 zhènghǎo；整 zhěng ◆7時~ 七点整 qī diǎn zhěng
ジャスミン 茉莉 mòli；茉莉花 mòlihuā ◆~茶 茉莉花茶 mòlihuāchá
しゃする【謝する】❶《感謝》致谢 zhìxiè；感谢 gǎnxiè；道谢 dàoxiè ◆厚意を~ 感谢厚意 gǎnxiè hòuyì ❷《謝罪》道歉 dàoqiàn ◆無沙汰を~ 久疏问候，歉甚 jiǔshū wènhòu, qiànshèn ❸《断る》拒绝 jùjué ◆申し出を~ 拒绝要求 jùjué yāoqiú
しゃせい【写生-する】 写生 xiěshēng
しゃせい【射精-する】 射精 shèjīng
しゃせつ【社説】 社论 shèlùn
しゃぜつ【謝絶-する】 谢绝 xièjué ◆面会~ 谢绝会面 xièjué huìmiàn
しゃせん【斜線】 斜线 xiéxiàn ◆~を引く 画斜线 huà xiéxiàn
しゃせん【車線】 行车线 xíngchēxiàn ◆~変更する 改变行车线 gǎibiàn xíngchēxiàn ◆追い越し~ 超车线 chāochēxiàn
しゃそう【社葬】 公司葬 gōngsīzàng
しゃたい【車体】 车身 chēshēn
しゃたく【社宅】 公司的职工宿舍 gōngsī de zhígōng sùshè
しゃだつ【洒脱-な】 洒脱 sǎtuō；潇洒 xiāosǎ ◆軽妙~ 轻俏潇洒 qīngqiào xiāosǎ
しゃだん【遮断-する】 截断 jiéduàn；隔绝 géjué；隔断 géduàn ◆~機 截路机 jiélùjī
しゃだんほうじん【社団法人】 社团法人 shètuán fǎrén
シャチ【鯱】 逆戟鲸 nìjǐjīng
しゃちゅう【社中】❶《会社の中》公司内 gōngsī nèi；社内 shè nèi ❷《同門・仲間》同事 tóngshì；同伙 tónghuǒ；伙伴 huǒbàn

しゃちゅう【車中-で】 车上 chē shàng
しゃちょう【社長】 总经理 zǒngjīnglǐ ◆~室 总经理室 zǒngjīnglǐshì ◆副~ 副总经理 fùzǒngjīnglǐ
シャツ 衬衫 chènshān；衬衣 chènyī ◆ランニング~ 背心 bèixīn
ジャッカル《動物》豺狗 cháigǒu
しゃっかん【借款】 借款 jièkuǎn；贷款 dàikuǎn ◆~を供与する 提供贷款 tígōng dàikuǎn ◆~協定 贷款协定 dàikuǎn xiédìng ◆円~ 日元贷款 Rìyuán dàikuǎn
じゃっかん【弱冠】 弱冠 ruòguàn ◆~18歳 年仅十八岁 nián jǐn shíbā suì
じゃっかん【若干-の】 若干 ruògān ◆~値が~高い 有些贵 yǒu xiē guì ◆~の間違いがある 有些错误 yǒu xiē cuòwù
じゃっき【惹起-する】 惹 rě；引起 yǐnqǐ ◆混乱を~する 引起混乱 yǐnqǐ hùnluàn ◆面倒を~する 惹麻烦 rě máfan
ジャッキ 千斤顶 qiānjīndǐng ◆油圧~ 液压千斤顶 yèyā qiānjīndǐng
しゃっきん【借金-する】 借钱 jièqián；负债 fùzhài；借款 jièkuǎn；欠款 qiànkuǎn ◆~がある 有负债 yǒu fùzhài ◆~を完済する 清欠 qīngqiàn ◆~を踏み倒す 赖账 làizhàng ◆~を返す 还债 huánzhài
しゃっくり 嗝 gé ◆~が出る 打嗝儿 dǎ gér；呃逆 ènì
ジャッジ《審判員》裁判员 cáipànyuán；《判定》判决 pànjué ◆~を下す 裁判 cáipàn
シャッター ❶《カメラの》快门 kuàimén ◆~を押す 按快门 àn kuàimén ❷《よろい戸》百叶窗 bǎiyèchuāng ◆~を下ろす 拉下百叶窗 lāxià bǎiyèchuāng
しゃっちょこばる【鯱張る】 拘谨 jūjǐn
シャットアウト 关在门外 guānzài ménwài；不让进入 bú ràng jìnrù ◆報道陣を~する 不让记者进入 bú ràng jìzhě jìnrù；《野球》不让对方得分 bú ràng duìfāng défēn ◆~を食らう 得不到一分而输 débudào yī fēn ér shū
シャットダウン 关机 guānjī
シャッポ 帽子 màozi ◆~を脱ぐ 认输 rènshū；甘拜下风 gān bài xià fēng
しゃてい【射程】 射程 shèchéng ◆~距離 射程距离 shèchéng jùlí
しゃてき【射的】 打靶 dǎbǎ
しゃでん【社殿】 神殿 shéndiàn

しゃどう【車道】车道 chēdào
じゃどう【邪道】邪道 xiédào; 邪路 xiélù; 斜路 xiélù; 歪门邪道 wāimén xié dào
シャドーキャビネット 影子内阁 yǐngzi nèigé
シャトル ❶《バドミントンの》羽毛球 yǔmáoqiú ❷《織機の杼(ひ)》梭子 suōzi ♦スペース〜 太空穿梭机 tàikōng chuānsuōjī
しゃない【車内】车内 chēnèi ♦〜販売 车上贩卖 chēshàng fànmài
しゃない【社内の】公司内 gōngsī nèi ♦〜報 公司报 gōngsībào
しゃなりしゃなり 〜と歩く 装模作样地走 zhuāng mú zuò yàng de zǒu
しゃにくさい【謝肉祭】狂欢节 kuánghuānjié
しゃにむに【遮二無二】胡乱 húluàn; 不顾一切地 búgù yíqiè de ♦〜突進する 横冲直撞 héng chōng zhí zhuàng
じゃねん【邪念】妄念 wàngniàn; 邪念 xiéniàn ♦〜を抱く 怀有邪念 huáiyǒu xiéniàn ♦〜を振り払う 抛弃邪念 pāoqì xiéniàn
しゃば【娑婆】❶《現世》尘世 chénshì ❷《一般社会》狱外世界 yùwài shìjiè
じゃばら【蛇腹】蛇纹管 shéwénguǎn
しゃぶしゃぶ【料理】涮锅子 shuàn guōzi; 火锅 huǒguō
じゃぶじゃぶ 哗啦哗啦 huālāhuālā ♦〜洗濯する 哗啦哗啦地洗 huālāhuālā de xǐ
シャフト 车轴 chēzhóu; 旋转轴 xuánzhuǎnzhóu
しゃぶる 嘬 suō; 咂 zā ♦指を〜 嘬手指 suō shǒuzhǐ
しゃへい【遮蔽-する】遮蔽 zhēbì; 掩蔽 yǎnbì
しゃべる【喋る】说 shuō; 讲 jiǎng ♦おしゃべり(な人) 话匣子 huàxiázi; 爱说话的人 ài shuōhuà de rén; 多嘴多舌的人 duōzuǐ duōshé de rén; 小广播 xiǎoguǎngbō ♦秘密を〜 说出秘密 shuōchū mìmì; 泄漏秘密 xièlòu mìmì
シャベル 铲子 chǎnzi; 铁锹 tiěqiāo; 铁锹 tiěxiān
しゃほん【写本】抄本 chāoběn; 写本 xiěběn
シャボン 肥皂 féizào; 香皂 xiāngzào ♦〜玉 肥皂泡儿 féizàopàor
じゃま【邪魔-する】❶《障害》干扰 gānrǎo; 妨碍 fáng'ài; 阻碍 zǔ'ài ♦仕事の〜をする 妨碍工作 fáng'ài gōngzuò ♦交通を〜する 阻碍交通 zǔ'ài jiāotōng ♦勉強中だから、〜をしないように 他正在做功课，别去干扰他 tā zhèngzài zuò gōngkè, bié qù gānrǎo tā ❷《訪問》打搅 dǎjiǎo ♦お〜しました 打搅您了 dǎjiǎo nín le; 打扰您了 dǎrǎo nín le ♦明日お〜します 明天拜访你 míngtiān bàifǎng nǐ
ジャム 果酱 guǒjiàng ♦イチゴ〜 草莓酱 cǎoméijiàng
シャムネコ【シャム猫】暹罗猫 xiānluómāo
しゃめん【赦免-する】赦免 shèmiǎn
しゃめん【斜面】斜坡 xiépō; 斜面 xiémiàn ♦山の〜 山坡 shānpō
シャモ【軍鶏】斗鸡 dòujī
しゃもじ【杓文字】饭勺 fànsháo
しゃよう【斜陽】斜阳 xiéyáng; 夕阳 xīyáng; 《比喩的に》♦〜産業 凋敝产业 diāobì chǎnyè
しゃよう【社用-で】公司业务 gōngsī yèwù
じゃらじゃら 哗啷哗啷 huālānghuālāng ♦小銭が〜いう 硬币哗啷哗啷响 yìngbì huālānghuālāng xiǎng
じゃり【砂利】碎石 suìshí ♦〜道 砾石路 lìshílù
しゃりょう【車両】车辆 chēliàng ♦〜税 车捐 chējuān ♦〜通行禁止 禁止车辆通行 jìnzhǐ chēliàng tōngxíng
しゃりん【車輪】车轮 chēlún; 车轱辘 chēgūlu
しゃれ【洒落】❶《ジョーク》俏皮话 qiàopihuà; 诙谐话 huīxiéhuà ♦〜ことば 双关语 shuāngguānyǔ ♦〜が通じない 不懂幽默 bù dǒng yōumò ♦〜を飛ばす 说俏皮话 shuō qiàopihuà ❷《身なり・服装》♦お〜 爱打扮 ài dǎban ♦お〜をする 打扮 dǎban
しゃれい【謝礼】报酬 bàochou; 谢礼 xièlǐ ♦〜金 酬金 chóujīn; 谢金 xièjīn
しゃれこうべ【曝れ髑髏】骷髅 kūlóu
しゃれた【洒落た】《洗練された》别致 biézhì; 雅致 yǎzhì; 《生意気な》♦〜口をきくな 说话别太狂妄 shuōhuà bié tài kuángwàng
しゃれる【洒落る】❶《身なりを飾る》打扮得漂亮 dǎbande piàoliang ❷《ジョークを言う》说俏皮话 shuō qiàopihuà
じゃれる 嬉耍 xīshuǎ; 撒欢儿 sāhuānr; 嬉戏 xīxì

シャワー 淋浴 línyù ◆～を浴びる 洗淋浴 xǐ línyù ◆～室 淋浴室 línyùshì

ジャンク 中国式帆船 Zhōngguóshì fānchuán

ジャングル 原始森林 yuánshǐ sēnlín; 密林 mìlín ◆～ジム 攀登架 pāndēngjià

じゃんけん【じゃん拳-する】 划拳 huáquán; 石头·剪子·布 shítou·jiǎnzi·bù; 猜猜猜 cāicāicāi

シャンソン《フランスの》民歌 míngē; 大众歌曲 dàzhòng gēqǔ

シャンデリア 枝形吊灯 zhīxíng diàodēng

しゃんと ❶《姿勢が》端正 duānzhèng; 挺直 tǐngzhí ◆背筋を～する 挺直身板 tǐngzhí shēnbǎn ❷《考えや言動がしっかりしている》坚定 jiāndìng; 端正 duānzhèng

ジャンパー 夹克 jiākè ◆～スカート 背心裙 bèixīnqún

シャンパン 香槟酒 xiāngbīnjiǔ

ジャンプ-する 跳跃 tiàoyuè ◆～台 跳台 tiàotái

シャンプー 香波 xiāngbō; 洗发水 xǐfàshuǐ

ジャンボ-な 巨大 jùdà ◆～サイズ 特大号 tèdàhào ◆～ジェット機 巨型喷气式客机 jùxíng pēnqìshì kèjī

ジャンル 种类 zhǒnglèi; 体裁 tǐcái

しゅ【主】 ❶《中心》～たる目的 主要的目的 zhǔyào de mùdì ◆～として 主要な zhǔyào de; 基本上 jīběnshàng ❷《キリスト教の》主 zhǔ; 基督 Jīdū; 天主 tiānzhǔ

しゅ【朱】 ◆～色の 朱红 zhūhóng ◆～を入れる 加红笔批注 jiā hóngbǐ pīzhù ◆～に交われば赤くなる 近朱者赤, 近墨者黑 jìn zhū zhě chì, jìn mò zhě hēi

しゅ【種】 ❶《生物学上の》物种 wùzhǒng; 种 zhǒng ◆～が滅びる 绝种 juézhǒng ❷《種類》种类 zhǒnglèi ◆この～の事件 这种事件 zhè zhǒng shìjiàn

しゅい【首位】 第一名 dìyī míng; 首位 shǒuwèi; 首届一指 shǒu qū yī zhǐ ◆～を占める 居首 jūshǒu

しゅい【趣意】 宗旨 zōngzhǐ ◆～書 宗旨书 zōngzhǐshū

しゅいん【手淫】 手淫 shǒuyín

しゅいん【主因】 主要原因 zhǔyào yuányīn

しゆう【私有-する】 私有 sīyǒu ◆～財産 私有财产 sīyǒu cáichǎn

しゆう【雌雄】《オスとメス》雌雄 cíxióng ◆～同体 雌雄同体 cíxióng tóngtǐ;《勝敗》◆～を決する 决一雌雄 jué yī cíxióng

しゅう【週】 星期 xīngqī; 礼拜 lǐbài; 周 zhōu ◆毎～ 每星期 měi xīngqī; 每周 měi zhōu ◆～末 末 zhōumò

しゅう【衆】 ◆～に抜きん出る 出众 chūzhòng ◆若い～ 年轻的人们 niánqīng de rénmen

じゆう【自由-な】 自由 zìyóu ◆～市场 农贸市场 nóngmào shìchǎng; 自由市场 zìyóu shìchǎng ◆～型 自由泳 zìyóuyǒng ◆～業 自由职业者 zìyóu zhíyèzhě ◆～自在 自由自在 zìyóu zìzài ◆どうぞ御～に 请随便 qǐng suíbiàn ◆～を勝ち取る 争取自由 zhēngqǔ zìyóu

じゆう【事由】 事由 shìyóu

じゅう【銃】 枪 qiāng ◆～を撃つ 开枪 kāiqiāng

しゅうあく【醜悪-な】 丑陋 chǒulòu; 丑劣 chǒuliè ◆～な行為 丑恶的行为 chǒu'è de xíngwéi

じゅうあつ【重圧】 重压 zhòngyā; 压力 yālì ◆精神の～に耐えられない 承受不了心理上的重压 chéngshòubuliǎo xīnlǐshang de zhòngyā

しゅうい【周囲】 ❶《もののまわり》四周 sìzhōu; 周围 zhōuwéi ❷《環境》环境 huánjìng

じゅうい【獣医】 兽医 shòuyī

しゅういつ【秀逸-な】 优秀 yōuxiù; 卓绝 zhuójué; 出众 chūzhòng

しゅうえき【収益】 收益 shōuyì ◆～が減る 减少收益 jiǎnshǎo shōuyì ◆～を得る 得到收益 dédào shōuyì

しゅうえん【終焉】 绝命 juémìng; 临终 línzhōng ◆～の地 绝命之处 juémìng zhī chù

しゅうえん【終演】 演完 yǎnwán; 落幕 luòmù ◆～予定時刻 预定的演完时刻 yùdìng de yǎnwán shíkè

じゅうおう【縦横-に】 纵横 zònghéng ◆～無尽の 不拘无束 wújū wúshù

しゅうか【集荷】 聚集物产 jùjí wùchǎn;《集まった物》集积的物产 jùjí de wùchǎn ◆～がはかどる 物产顺利聚集起来 wùchǎn shùnlì jùjíqǐlai

しゅうかい【集会-する】 集会 jíhuì ◆～の自由 集会的自由 jíhuì de zìyóu ◆抗議～ 抗议集会 kàngyì jíhuì

シュウカイドウ【秋海棠】 秋海棠 qiūhǎitáng

しゅうかく【収穫-する】 ❶《農作物の》收 shōu; 收获 shōuhuò; 收割 shōugē ◆麦を～する 收麦子 shōu màizi ◆～高 收获量 shōuhuòliàng ❷《成果》收获 shōuhuò; 收

益 shōuyì ◆旅の～ 旅行的收获 lǚxíng de shōuhuò

しゅうがく【就学-する】 就学 jiùxué ◆～年齢 就学年龄 jiùxué niánlíng

しゅうがく【修学-する】 学习 xuéxí；修学 xiūxué

しゅうかん【収監-する】 收监 shōujiān；关押 guānyā；监禁 jiānjìn ◆～状 监禁令 jiānjìnlìng

しゅうかん【習慣】 习惯 xíguàn ◆早寝早起きの～ 早睡早起的习惯 zǎo shuì zǎo qǐ de xíguàn ◆よい～を身につける 养成良好的习惯 yǎngchéng liánghǎo de xíguàn ◆悪い～がつく 养成坏习惯 yǎngchéng huài xíguàn

しゅうかん【週刊-の】 周报 zhōubào；周刊 zhōukān ◆～誌 周刊 zhōukān

しゅうかん【週間】 一个星期 yí ge xīngqī ◆読書～ 读书周 dúshūzhōu ◆四～ 四个星期 sì ge xīngqī

じゅうかん【縦貫-する】 纵贯 zòngguàn ◆～道路 纵贯公路 zòngguàn gōnglù

じゅうがん【銃眼】 枪眼 qiāngyǎn

しゅうき【周期】 周期 zhōuqī ◆～的な 周期性的 zhōuqīxìng de

しゅうき【秋季】 秋季 qiūjì

しゅうき【周忌】 一周年忌辰 zhōunián jìchén ◆一周忌 一周年忌辰 yì zhōunián jìchén

しゅうき【臭気】 臭气 chòuqì；臭味 chòuwèi ◆～を放つ 有臭味 yǒu chòuwèi

しゅうぎ【祝儀】 庆祝仪式 qìngzhù yíshì；红事 hóngshì；《金品》赠品 zèngpǐn；赏钱 shǎngqián；红包 hóngbāo

しゅうぎ【衆議】 众人商议 zhòngrén shāngyì

じゅうき【重機】 大型机器 dàxíng jīqì

じゅうきかんじゅう【重機関銃】 重机关枪 zhòng jīguānqiāng

しゅうきゅう【週休】 ◆～2日制 周休两日制 zhōuxiū liǎngrìzhì；双休日 shuāngxiūrì

しゅうきゅう【週給】 周薪 zhōuxīn

じゅうきょ【住居】 住宅 zhùzhái

しゅうきょう【宗教】 宗教 zōngjiào ◆～を信じる 信教 xìnjiào ◆～家 宗教家 zōngjiàojiā

しゅうぎょう【就業-する】 就业 jiùyè ◆～規則 上班规则 shàngbān guīzé ◆～時間 上班时间 shàngbān shíjiān

しゅうぎょう【修業-する】 修业 xiūyè ◆～年限 修业年限 xiūyè niánxiàn

しゅうぎょう【終業】 《学校の》◆～式 结业式 jiéyèshì

じゅうぎょういん【従業員】 工作人员 gōngzuò rényuán；职工 zhígōng

しゅうきょく【終局】 终局 zhōngjú；结局 jiéjú

しゅうきん【集金-する】 收款 shōukuǎn；收钱 shōu qián

じゅうきんぞく【重金属】 重金属 zhòngjīnshǔ

しゅうぐ【衆愚】 一群愚人 yìqún yúrén ◆～政治 群愚政治 qúnyú zhèngzhì

シュークリーム 奶油泡芙 nǎiyóu pàofú

じゅうぐん【従軍-する】 从军 cóngjūn ◆～記者 随军记者 suíjūn jìzhě

しゅうけい【集計-する】 合计 héjì；总计 zǒngjì

じゅうけい【重刑】 重刑 zhòngxíng ◆～に処す 处以重刑 chǔyǐ zhòngxíng

しゅうげき【襲撃-する】 袭击 xíjī

しゅうけつ【終結-する】 告终 gàozhōng；完结 wánjié；终结 zhōngjié

しゅうけつ【集結-する】 集结 jíjié ◆軍隊を～する 集中部队 jízhōng bùduì ◆兵力を～する 集结兵力 jíjié bīnglì

じゅうけつ【充血-する】 充血 chōngxuè

しゅうげん【祝言】 喜事 xǐshì；婚礼 hūnlǐ ◆～を挙げる 举行婚礼 jǔxíng hūnlǐ

じゅうけん【銃剣】 刺刀 cìdāo

しゅうこう【修好】 ◆～条約 友好条约 yǒuhǎo tiáoyuē

しゅうこう【就航】 开航 kāiháng

しゅうこう【周航-する】 乘船周游 chéngchuán zhōuyóu

しゅうごう【集合-する】 集合 jíhé ◆～時間 集合时间 jíhé shíjiān

じゅうこう【重厚-な】 稳重 wěnzhòng；庄重 zhuāngzhòng

じゅうこう【銃口】 枪口 qiāngkǒu

じゅうこうぎょう【重工業】 重工业 zhònggōngyè

じゅうごや【十五夜】 中秋夜 zhōngqiūyè

じゅうこん【重婚-する】 重婚 chónghūn

ジューサー 榨汁器 zhàzhīqì

しゅうさい【秀才】 秀才 xiùcai；高才生 gāocáishēng；尖子 jiānzi

じゅうざい【重罪】 重罪 zhòngzuì

しゅうさく【秀作】 杰作 jiézuò；优秀作品 yōuxiù zuòpǐn；名作 míngzuò

しゅうさく【習作-する】习作 xízuò
じゅうさつ【銃殺-する】枪毙 qiāngbì; 枪决 qiāngjué
しゅうさん【集散-する】集散 jísàn ◆～地 集散地 jísàndì ◆離合～ 聚散离合 jùsàn líhé
しゅうし【収支】收支 shōuzhī ◆～決算 收支结算 shōuzhī jiésuàn
しゅうし【修士】硕士 shuòshì ◆～課程 硕士课程 shuòshì kèchéng ◆～号 硕士学位 shuòshì xuéwèi
しゅうし【終始】自始至终 zì shǐ zhì zhōng; 始终 shǐzhōng ◆～変わらない 始终不渝 shǐzhōng bù yú
しゅうし【宗旨】❶《宗教の》教义 jiàoyì ❷《自分の考え》主张 zhǔzhāng; 主义 zhǔyì
しゅうじ【終止】终止 zhōngzhǐ ◆～符を打つ 打上句号 dǎshàng jùhào; 结束 jiéshù
しゅうじ【修辞】修辞 xiūcí ◆～学 修辞学 xiūcíxué
しゅうじ【習字】习字 xízì
じゅうし【重視】重视 zhòngshì; 注重 zhùzhòng; 看重 kànzhòng
じゅうじ【従事-する】从事 cóngshì ◆労働に～する 从事劳动 cóngshì láodòng
じゅうじ【十字】十字 shízì ◆～を切る 划十字 huá shízì ◆～架 十字架 shízìjià
しゅうじつ【終日】整天 zhěngtiān; 终日 zhōngrì
じゅうじつ【充実-した】充实 chōngshí ◆～感 充实感 chōngshígǎn ◆内容を～させる 充实内容 chōngshí nèiróng ◆気力～ 精神旺盛 jīngshén wàngshèng
ジュウシマツ【十姉妹】白腰文鸟 báiyāo wénniǎo
しゅうしゅう【収集-する】收集 shōují; 搜集 sōují ◆切手～ 集邮 jíyóu
しゅうしゅう【収拾-する】收拾 shōushi ◆～がつかない 不可收拾 bùkě shōushi
しゅうしゅく【収縮-する】收缩 shōusuō
しゅうじゅく【習熟-する】熟习 shúxí; 熟悉 shúxi ◆外国語に～する 熟习外语 shúxí wàiyǔ
じゅうじゅん【従順-な】驯服 xùnfú; 从顺 cóngshùn
じゅうしょ【住所】地址 dìzhǐ; 住址 zhùzhǐ; 住所 zhùsuǒ
しゅうしょう【愁傷】◆ご～さまです 真令人悲伤 zhēn lìng rén bēishāng; 表示衷心的哀悼 biǎoshì zhōngxīn de āidào
じゅうしょう【重傷】重伤 zhòngshāng ◆～を負う 负重伤 fù zhòngshāng
じゅうしょう【重唱-する】重唱 chóngchàng
じゅうしょう【重症-の】重病 zhòngbìng
しゅうしょく【就職-する】就业 jiùyè; 参加工作 cānjiā gōngzuò
しゅうしょく【修飾-する】修饰 xiūshì ◆～語 修饰语 xiūshìyǔ
しゅうしょく【秋色】◆～が深まる 秋色渐浓 qiūsè jiàn nóng
じゅうしょく【住職】住持 zhùchí; 方丈 fāngzhang
じゅうじろ【十字路】十字街头 shízì jiētóu; 十字路口 shízì lùkǒu
しゅうしん【就寝-する】就寝 jiùqǐn
しゅうしん【執心-する】迷恋 míliàn; 贪恋 tānliàn
しゅうしん【終身】终身 zhōngshēn; 一生 yìshēng ◆～刑 无期徒刑 wúqī túxíng
しゅうじん【囚人】犯人 fànrén; 囚犯 qiúfàn; 囚徒 qiútú
じゅうしん【重心】重心 zhòngxīn ◆～を失う 失去平衡 shīqù pínghéng
じゅうしん【銃身】枪杆 qiānggǎn
じゅうしん【重臣】重臣 zhòngchén; 元老 yuánlǎo
しゅうじんかんし【衆人環視】◆～の中 众目睽睽之下 zhòngmù kuíkuí zhīxià
ジュース 果汁 guǒzhī ◆トマト～ 西红柿汁 xīhóngshìzhī ◆オレンジ～ 橙汁 chéngzhī; 橘子水 júzishuǐ
しゅうせい【修正-する】修改 xiūgǎi; 修正 xiūzhèng ◆憲法を～する 修正宪法 xiūzhèng xiànfǎ ◆作文に～を加える 修改作文 xiūgǎi zuòwén
しゅうせい【修整-する】修整 xiūzhěng
しゅうせい【終生】终生 zhōngshēng; 毕生 bìshēng ◆～忘れない 终生难忘 zhōngshēng nán wàng
しゅうせい【習性】❶《癖》习癖 xípǐ ❷《動物の》习性 xíxìng
しゅうせい【集成-する】集成 jíchéng; 汇集 huìjí
じゅうせい【銃声】枪声 qiāngshēng
じゅうぜい【重税】重税 zhòngshuì
じゅうせき【自由席】《劇場の》散座儿 sǎnzuòr
しゅうせき【集積-する】集聚 jíjù ◆～回路 集成电路 jíchéng diànlù
じゅうせき【重責】重任 zhòngrèn ◆

〜を担う 身负重任 shēn fù zhòngrèn

しゅうせん【周旋-する】 斡旋 wòxuán

しゅうせん【終戦】 战争结束 zhànzhēng jiéshù

しゅうぜん【修繕-する】 修理 xiūlǐ; 修缮 xiūshàn; 修补 xiūbǔ

じゅうぜん【十全-の】 十全 shíquán; 完善 wánshàn; 齐全 qíquán

じゅうぜん【従前】 从前 cóngqián ♦ 〜通りに 一如既往 yì rú jì wǎng

しゅうそ【臭素】 溴 xiù

じゅうそう【重奏】 重奏 chóngzòu ♦ 弦乐四〜 弦乐四重奏 xiányuè sìchóngzòu

じゅうそう【重曹】 小苏打 xiǎosūdá

しゅうそく【収束-する】 了结 liǎojié; 完结 wánjié

しゅうそく【終息-する】 结束 jiéshù; 平息 píngxī ♦ 戦争が〜した 战争结束了 zhànzhēng jiéshù le

しゅうぞく【習俗】 习俗 xísú

じゅうぞく【従属-する】 隶属 lìshǔ; 从属 cóngshǔ

しゅうたい【醜態】 丑态 chǒutài ♦ 〜をさらす 出洋相 chū yángxiàng; 丢丑 diūchǒu

じゅうたい【渋滞-する】 交通〜 交通堵塞 jiāotōng dǔsè; 交通阻塞 jiāotōng zǔsè

じゅうたい【縦隊】 纵队 zòngduì ♦ 2列〜 两列纵队 liǎngliè zòngduì

じゅうたい【重態】 病危 bìngwēi; 病笃 bìngdǔ

じゅうだい【重大-な】 重大 zhòngdà; 严重 yánzhòng; 重要 zhòngyào ♦ 〜な時機 紧要关头 jǐnyào guāntóu ♦ 〜事件 重大事件 zhòngdà shìjiàn

しゅうたいせい【集大成-する】 集大成 jí dàchéng

じゅうたく【住宅】 住房 zhùfáng; 住宅 zhùzhái ♦ 〜地 住宅区 zhùzháiqū ♦ 〜ローン 房贷 fángdài

しゅうだん【集団】 集体 jítǐ; 集团 jítuán ♦ 〜検診 集体体检 jítǐ tǐjiǎn; 〜生活 集体生活 jítǐ shēnghuó ♦ 反革命〜 反革命集团 fǎngémìng jítuán

じゅうたん【絨毯】 地毯 dìtǎn

じゅうだん【縦断-する】 纵贯 zòngguàn ♦ 〜面 纵断面 zòngduànmiàn

じゅうだん【銃弾】 枪弹 qiāngdàn; 子弹 zǐdàn

しゅうち【周知】 众所周知 zhòng suǒ zhōu zhī ♦ 〜の事実 众所周知的事实 zhòng suǒ zhōu zhī de shìshí

しゅうち【羞恥】 羞耻 xiūchǐ; 怕羞 pàxiū ♦ 〜心 羞耻心 xiūchǐ xīn ♦ 〜心のない 不知羞耻 bùzhī xiūchǐ

しゅうち【衆知】 〜を集める 集思广益 jí sī guǎng yì

しゅうちく【修築-する】 修筑 xiūzhù; 修建 xiūjiàn

しゅうちゃく【執着-する】 执著 zhízhuó ♦ 〜心 执著之念 zhízhuó zhī niàn

しゅうちゃくえき【終着駅】 终点站 zhōngdiǎnzhàn

しゅうちゅう【集中-する】 集中 jízhōng; 聚集 jùjí ♦ 〜豪雨 集中性暴雨 jízhōngxìng bàoyǔ ♦ 攻擊集中攻击 jízhōng gōngjī ♦ 〜力 集中力 jízhōnglì ♦ 工業が沿海地区に〜している 工业集中在沿海地区 gōngyè jízhōng zài yánhǎi dìqū

じゅうちん【重鎮】 重要人物 zhòngyào rénwù; 泰斗 tàidǒu

しゅうてい【修訂-する】 修订 xiūdìng ♦ 〜版 修订本 xiūdìngběn

しゅうてん【終点】 终点 zhōngdiǎn

じゅうてん【重点】 重点 zhòngdiǎn ♦ 〜を押さえる 把握重点 bǎwò zhòngdiǎn

じゅうてん【充填-する】 填充 tiánchōng

じゅうでん【充電-する】 充电 chōngdiàn ♦ 〜器 充电器 chōngdiànqì; 〈比喻的に〉 〜期間をとる 休整 xiūzhěng

しゅうでん(しゃ)【終電(車)】 末班车 mòbānchē

しゅうと【舅】 公公 gōnggong; 岳父 yuèfù

シュート-する 《バスケット》 投篮 tóulán; 《サッカー》 射门 shèmén; 《野球》 自然曲线球 zìrán qūxiànqiú

じゅうど【重度-の】 〜の障害 严重残疾 yánzhòng cánjí

しゅうとう【周到-な】 周到 zhōudào; 周全 zhōuquán

じゅうとう【充当-する】 充当 chōngdāng

じゅうどう【柔道】 柔道 róudào ♦ 〜家 柔道家 róudàojiā ♦ 〜着 柔道服 róudàofú

しゅうどういん【修道院】 修道院 xiūdàoyuàn

しゅうとく【習得-する】 学好 xuéhǎo; 学会 xuéhuì; 掌握 zhǎngwò ♦ 技術を〜する 掌握技术 zhǎngwò jìshù

しゅうとく【拾得-する】 拾取 shíqǔ ♦ 〜物 拾物 shíwù

しゅうとめ【姑】 婆婆 pópo; 岳母 yuèmǔ

じゅうなん【柔軟-な】 ❶《体が》柔软 róuruǎn ♦～体操 柔软体操 róuruǎn tǐcāo ❷《考えが》～な態度 灵活的态度 línghuó de tàidu ♦～性を失う 僵化 jiānghuà

じゅうにし【十二支】 十二支 shí'èrzhī; 地支 dìzhī

じゅうにしちょう【十二指腸】 十二指肠 shí'èrzhǐcháng

じゅうにぶん【十二分-の】 充分 chōngfèn; 十二分 shí'èrfēn

しゅうにゅう【収入】 收入 shōurù; 进项 jìnxiang ♦～印紙 印花税票 yìnhuā shuìpiào ♦臨時～ 临时收入 línshí shōurù; 外快 wàikuài

しゅうにん【就任-する】 就职 jiùzhí; 就任 jiùrèn

じゅうにん【住人】 住户 zhùhù; 居民 jūmín

じゅうにんといろ【十人十色】 十个人十个样 shí ge rén shí ge yàng; 十个指头不一般齐 shí ge zhǐtou bú yìbān qí

じゅうにんなみ【十人並み】 普通 pǔtōng; 一般 yìbān; 平均水平 píngjūn shuǐpíng

しゅうねん【周年】 周年 zhōunián ♦5～ 五周年 wǔ zhōunián

しゅうねん【執念】 执著之念 zhízhuó zhī niàn ♦～深い 执著的 zhízhuó de; 固执 gùzhí; 执拗 zhíniù

しゅうのう【収納-する】 收纳 shōunà; 收进 shōujìn

しゅうは【周波】 周波 zhōubō ♦～数 频率 pínlǜ

しゅうは【秋波】 ♦～を送る 送秋波 sòng qiūbō

しゅうは【宗派】 宗派 zōngpài

じゅうばこ【重箱】（装菜的）套盒 (zhuāng cài de) tàohé ♦～の隅をつつくような 斤斤计较 jīn jīn jì jiào; 挑剔 tiāoti

しゅうバス【終バス】 末班车 mòbānchē

じゅうはちばん【十八番】 拿手 náshǒu

じゅうはん【従犯】 从犯 cóngfàn

じゅうはん【重版-する】 再版 zàibǎn; 重版 chóngbǎn; 重印 chóngyìn

しゅうばんせん【終盤戦】 收尾阶段 shōuwěi jiēduàn

しゅうび【愁眉】 ♦～を開く 展开愁眉 zhǎnkāi chóuméi

じゅうびょう【重病】 重病 zhòngbìng

しゅうふく【修復-する】 修复 xiūfù

しゅうぶん【秋分】 秋分 qiūfēn

しゅうぶん【醜聞】 丑闻 chǒuwén ♦～が立つ 丑闻传开 chǒuwén chuánkāi

じゅうぶん【十分-な】 充足 chōngzú; 充分 chōngfèn; 十分 shífēn ♦お酒も食事も～いただきました 我已经酒足饭饱了 wǒ yǐjīng jiǔ zú fàn bǎo le

しゅうへき【習癖】 恶习 èxí

しゅうへん【周辺】 周围 zhōuwéi; 四围 sìwéi ♦～の情勢 周围的局势 zhōuwéi de júshì

じゅうほう【銃砲】 枪炮 qiāngpào; 枪支 qiāngzhī

シューマイ【焼売】 烧卖 shāomài

しゅうまく【終幕】 ❶《芝居の》最后一幕 zuìhòu yí mù; 闭幕 bìmù ❷《事件の》结局 jiéjú

しゅうまつ【週末】 周末 zhōumò

じゅうまん【充満-する】 充满 chōngmǎn ♦室内に煙が～する 屋里充满烟雾 wūli chōngmǎn yānwù

じゅうみん【住民】 居民 jūmín ♦～税 居民税 jūmínshuì ♦～投票 居民投票 jūmín tóupiào

しゅうめい【襲名-する】 继承师名 jìchéng shīmíng ♦～披露 宣布继承师名的活动 xuānbù jìchéng shīmíng de huódòng

しゅうもく【衆目】 众目 zhòngmù ♦～の一致するところ 大家一致的看法 dàjiā yízhì de kànfa

じゅうもんじ【十文字】 十字形 shízìxíng ♦～に 交叉地 jiāochā de

しゅうや【終夜】 整夜 zhěngyè ♦～営業 通宵营业 tōngxiāo yíngyè

しゅうやく【集約-する】 汇集 huìjí; 集约 jíyuē; 总括 zǒngkuò

じゅうやく【重役】《会社の》董事 dǒngshì

じゅうゆ【重油】 重油 zhòngyóu

しゅうゆう【周遊-する】 周游 zhōuyóu ♦～券 周游券 zhōuyóuquàn

しゅうよう【収容-する】 容纳 róngnà; 收容 shōuróng ♦～所 集中营 jízhōngyíng; 收容所 shōuróngsuǒ

しゅうよう【修養-する】 修养 xiūyǎng; 涵养 hányǎng

じゅうよう【重要-な】 要紧 yàojǐn; 重要 zhòngyào ♦～人物 重要人物 zhòngyào rénwù ♦～視 重视 zhòngshì

しゅうらい【襲来-する】 袭来 xílái

じゅうらい【従来】 从来 cónglái; 历来 lìlái ♦～通り 一如既往 yì rú jì wǎng

しゅうらく【集落】 村落 cūnluò

しゅうり【修理-する】 修理 xiūlǐ ♦～工場 修理厂 xiūlǐchǎng

しゅうりょう【終了-する】 结束 jiéshù; 终了 zhōngliǎo ♦試合が～した 比赛结束了 bǐsài jiéshù le ♦成

功裡に～する 胜利结束 shènglì jiéshù

しゅうりょう【修了-する】 修业 xiūyè ♦～证书 结业证书 jiéyè zhèngshū

じゅうりょう【重量】 重量 zhòngliàng: 分量 fènliàng

じゅうりょうあげ【重量挙げ】 举重 jǔzhòng

じゅうりょく【重力】 重力 zhònglì

じゅうりん【蹂躙-する】 蹂躏 róulìn; 践踏 jiàntà ♦人权～ 践踏人权 jiàntà rénquán

シュールレアリズム 超现实主义 chāoxiànshí zhǔyì

しゅうれい【秀麗-な】 秀丽 xiùlì ♦眉目～な 眉清目秀 méi qīng mù xiù

しゅうれっしゃ【終列車】 末班车 mòbānchē

しゅうれん【修練-する】 ♦～を積む 经常锻炼 jīngcháng duànliàn

しゅうれん【収斂-する】 收缩 shōusuō; 收敛 shōuliǎn

じゅうろうどう【重労働】 重体力劳动 zhòng tǐlì láodòng; 重活 zhònghuó

しゅうろく【収録-する】 ❶《資料などを》收录 shōulù; 辑录 jílù; 刊登 kāndēng ❷《録音・録画》录音 lùyīn; 录像 lùxiàng

しゅうわい【収賄-する】 受贿 shòuhuì

しゅえい【守衛】 门卫 ménwèi; 门房 ménfáng; 看门人 kānménrén

じゅえき【樹液】 树液 shùyè

じゅえきしゃ【受益者】 受益者 shòuyìzhě

しゅえん【主演-する】 主演 zhǔyǎn ♦～女優 女主角 nǚzhǔjué ♦～男優 男主角 nánzhǔjué

しゅえん【酒宴】 酒宴 jiǔyàn

じゅかい【樹海】 树海 shùhǎi; 林海 línhǎi

しゅかく【主客】 ♦～転倒する 反客为主 fǎn kè wéi zhǔ; 喧宾夺主 xuān bīn duó zhǔ

じゅがく【儒学】 儒学 rúxué

しゅかん【主観】 主观 zhǔguān ♦～的な 主观性的 zhǔguānxìng de ♦～的に結論を下す 主观地下结论 zhǔguān de xià jiélùn

しゅかん【主幹】 主管 zhǔguǎn ♦编集～ 主编 zhǔbiān

しゅがん【主眼】 主要着眼点 zhǔyào zhuóyǎndiǎn

しゅき【手記】 手记 shǒujì

しゅき【酒気】 ♦～を帯びる 带酒气 dài jiǔqì

しゅぎ【主義】 主义 zhǔyì ♦マルクス～ 马克思主义 Mǎkèsī zhǔyì

じゅきゅう【需給】 供求 gōngqiú ♦～のバランス 供求平衡 gōngqiú pínghéng ♦～関係 供求关系 gōngqiú guānxi

しゅぎょう【修行-する】 《宗教上の》修道 xiūdào; 修练 xiūliàn; 练武 liànwǔ

じゅきょう【儒教】 儒教 Rújiào

じゅぎょう【授業-をする】 讲课 jiǎngkè; 上课 shàng kè; 授课 shòukè ♦～に出る 上课 shàng kè ♦～が終わる 下课 xià kè ♦～をさぼる 逃学 táo xué ♦～料 学费 xuéfèi

しゅぎょく【珠玉-の】 珠宝 zhūbǎo;《比喩的に》珠玑 zhūjī ♦～の短編 杰出的短篇 jiéchū de duǎnpiān

じゅく【塾】 私塾 sīshú ♦～の先生 塾师 shúshī

しゅくい【祝意】 ♦～を表す 表示祝贺 biǎoshì zhùhè

しゅくえい【宿営-する】 宿营 sùyíng

しゅくえん【宿怨】 宿怨 sùyuàn; 世仇 shìchóu ♦～を晴らす 报旧仇 bào jiùchóu

しゅくえん【祝宴】 喜宴 xǐyàn

しゅくが【祝賀-する】 庆贺 qìngzhù; 祝贺 zhùhè ♦～行事 庆祝活动 qìngzhù huódòng

しゅくがん【宿願】 宿愿 sùyuàn; 夙愿 sùyuàn

しゅくげん【縮減-する】 缩减 suōjiǎn ♦支出を～する 缩减开支 suōjiǎn kāizhī

じゅくご【熟語】 复合词 fùhécí; 成语 chéngyǔ; 惯用语 guànyòngyǔ

しゅくさいじつ【祝祭日】 节日 jiérì; 节假日 jiéjiàrì

しゅくさつ【縮刷-する】 缩印 suōyìn

しゅくじ【祝辞】 ♦～を述べる 致祝词 zhì zhùcí

じゅくし【熟視-する】 审视 shěnshì; 凝视 níngshì; 注视 zhùshì

しゅくじつ【祝日】 节日 jiérì

しゅくしゃ【宿舎】 宿舍 sùshè

しゅくしゃく【縮尺】 缩尺 suōchǐ; 比例尺 bǐlìchǐ

しゅくじょ【淑女】 淑女 shūnǚ; 女士 nǚshì

しゅくしょう【縮小-する】 缩小 suōxiǎo; 紧缩 jǐnsuō ♦～印刷(コピー)する 缩印 suōyìn ♦軍備～ 裁军 cáijūn

しゅくず【縮図】 缩图 suōtú; 缩小图 suōxiǎotú;《比喩的に》♦人生の～ 人生的缩影 rénshēng de suōyǐng

じゅくす【熟す】 熟 shú; 成熟 chéngshú ♦機が～ 时机成熟 shíjī chéngshú ♦作物が～ 庄稼成熟

zhuāngjia chéngshú
じゅくすい【熟睡-する】酣睡 hānshuì; 熟睡 shúshuì; 沉睡 chénshuì
しゅくせい【粛正-する】整顿 zhěngdùn; 整肃 zhěngsù
しゅくせい【粛清-する】肃清 sùqīng; 清除 qīngchú
じゅくせい【熟成-する】成熟 chéngshú
しゅくだい【宿題】(家庭)作业 (jiātíng) zuòyè; 课外作业 kèwài zuòyè ♦～をする 做作业 zuò zuòyè
じゅくたつ【熟達-する】熟练 shúliàn ♦スペイン語に～する 熟习西班牙语 shúxí Xībānyáyǔ
じゅくち【熟知-する】熟悉 shúxī; 熟知 shúzhī ♦内情を～している 熟悉内情 shúxī nèiqíng
しゅくちょく【宿直】值宿 zhísù; 值夜班 zhí yèbān
しゅくてき【宿敵】夙仇 sùchóu ♦～を打倒する 打倒宿敌 dǎdǎo sùdí
しゅくてん【祝典】庆典 qìngdiǎn
しゅくでん【祝電】贺电 hèdiàn
じゅくどく【熟読-する】精读 jīngdú
しゅくば【宿場】驿站 yìzhàn
しゅくはい【祝杯】♦～を上げる 祝酒 zhù jiǔ
しゅくはく【宿泊-する】住宿 zhùsù; 投宿 tóusù; 下榻 xiàtà
しゅくふく【祝福-する】祝福 zhùfú
しゅくべん【宿便】宿便 sùbiàn
しゅくほう【祝砲】礼炮 lǐpào ♦～を撃つ 放礼炮 fàng lǐpào
しゅくめいてき【宿命的】命中注定 mìng zhōng zhùdìng
じゅくりょ【熟慮-する】熟虑 shúlǜ; 深思 shēnsī; 仔细思考 zǐxì sīkǎo
じゅくれん【熟練-する】熟练 shúliàn; 娴熟 xiánshú ♦～工 技工 jìgōng; 熟练工人 shúliàn gōngrén
しゅくん【殊勲】功勋 gōngxūn ♦～をたてる 建奇功 jiàn qígōng
しゅくん【主君】主君 zhǔjūn; 主公 zhǔgōng
しゅげい【手芸】手工艺 shǒugōngyì
じゅけいしゃ【受刑者】服刑者 fúxíngzhě; 囚徒 qiútú
しゅけん【主権】主权 zhǔquán ♦～国家 主权国家 zhǔquán guójiā
じゅけん【受験-する】投考 tóukǎo; 应考 yìngkǎo; 应试 yìngshì; 参加考试 cānjiā kǎoshì ♦～資格 应试资格 yìngshì zīgé ♦～生 考生 kǎoshēng; 投考生 tóukǎoshēng
しゅご【主語】主语 zhǔyǔ
しゅご【守護-する】守护 shǒuhù
しゅこう【酒肴】酒肴 jiǔyáo

しゅこう【趣向】♦～を凝らす 精心构思 jīngxīn gòusī; 别具匠心 bié jù jiàng xīn
しゅごう【酒豪】海量 hǎiliàng
じゅこう【受講-する】听讲 tīngjiǎng; 听课 tīng kè
しゅこうぎょう【手工業】手工业 shǒugōngyè
しゅこうげい【手工芸】工艺 gōngyì; 手工艺 shǒugōngyì
ジュゴン【儒艮】《動物》儒艮 rúgèn
しゅさ【主査】♦博士論文の～ 博士论文的主审 bóshì lùnwén de zhǔshěn
しゅさい【主催-する】主办 zhǔbàn; 主持 zhǔchí ♦～国 东道国 dōngdàoguó
しゅさい【主宰-する】主持 zhǔchí
しゅざい【取材-する】采访 cǎifǎng; 探访 tànfǎng; 取材 qǔcái ♦～記者 采访记者 cǎifǎng jìzhě
しゅさんち【主産地】主要产地 zhǔyào chǎndì
しゅし【主旨】主旨 zhǔzhǐ; 旨趣 zhǐqù
しゅし【種子】种子 zhǒngzi ♦～植物 种子植物 zhǒngzi zhíwù
しゅし【趣旨】旨趣 zhǐqù; 宗旨 zōngzhǐ
じゅし【樹脂】树脂 shùzhī ♦合成～ 合成树脂 héchéng shùzhī
しゅじい【主治医】主治医生 zhǔzhì yīshēng
しゅじく【主軸】主轴 zhǔzhóu; 《比喻的に》♦～となる選手 主力选手 zhǔlì xuǎnshǒu
しゅしゃ【取捨-する】♦～選択する 选择取舍 xuǎnzé qǔshě
しゅじゅ【種々の】种种 zhǒngzhǒng; 各种 gèzhǒng; 形形色色 xíngxíngsèsè
じゅじゅ【授受】授受 shòushòu
しゅじゅう【主従】♦～関係 主从关系 zhǔcóng guānxi
しゅじゅつ【手術-する】手术 shǒushù; 开刀 kāidāo ♦～室 手术室 shǒushùshì ♦胸部の～をする 做胸部手术 zuò xiōngbù shǒushù
じゅじゅつ【呪術】念咒 niànzhòu; 妖术 yāoshù
しゅしょう【主将】队长 duìzhǎng
しゅしょう【首相】首相 shǒuxiàng; 总理 zǒnglǐ
しゅしょう【殊勝-な】值得敬佩 zhíde jìngpèi; 可嘉 kějiā ♦～な動機 值得称赞的动机 zhíde chēngzàn de dòngjī
しゅじょう【衆生】众生 zhòngshēng

じゅしょう【受賞-する】 獲奖 huòjiǎng

じゅしょう【授賞-する】 发奖 fājiǎng；授奖 shòujiǎng

しゅしょく【主食】 主食 zhǔshí

しゅしん【主審】 主裁判 zhǔcáipàn；裁判长 cáipànzhǎng

しゅじん【主人】 ❶〈客に対して〉主人 zhǔrén；东家 dōngjia ❷〈夫〉丈夫 zhàngfu；先生 xiānsheng

じゅしん【受信】〈放送を〉接收 jiēshōu；收听 shōutīng ♦～機 接收机 jiēshōujī

しゅじんこう【主人公】 主人翁 zhǔrénwēng；主人公 zhǔréngōng

しゅす【繻子】 缎子 duànzi

じゅず【数珠】 念珠 niànzhū；数珠 shùzhū

しゅせい【守勢】 ♦～に立つ 处于守势 chǔyú shǒushì

しゅぜい【酒税】 酒税 jiǔshuì

じゅせい【受精-する】 受精 shòujīng ♦～卵 受精卵 shòujīngluǎn

じゅせい【授精-する】 授精 shòujīng ♦人工～ 人工授精 réngōng shòujīng

しゅせき【主席】 主席 zhǔxí

しゅせき【首席】 首席 shǒuxí；第一名 dìyī míng ♦～代表 首席代表 shǒuxí dàibiǎo

しゅせんど【守銭奴】 守财奴 shǒucáinú

しゅせんろん【主戦論】 主战论 zhǔzhànlùn

じゅそ【呪詛-する】 诅咒 zǔzhòu

じゅぞう【受像-する】 显像 xiǎnxiàng ♦～機 电视(接收)机 diànshì (jiēshōu) jī

しゅぞく【種族】 种族 zhǒngzú

しゅたい【主体】 主体 zhǔtǐ ♦～性 主体性 zhǔtǐxìng；自主性 zìzhǔxìng

しゅだい【主題】 主题 zhǔtí ♦～歌 主题歌 zhǔtígē

じゅたい【受胎-する】 受胎 shòutāi

じゅたく【受託-する】 承包 chéngbāo；受人委托 shòurén wěituō

じゅだく【受諾-する】 承诺 chéngnuò；接受 jiēshòu

しゅだん【手段】 手段 shǒuduàn；办法 bànfǎ ♦卑劣な～ 卑劣的手段 bēiliè de shǒuduàn ♦～を選ばない 不择手段 bù zé shǒuduàn ♦交通～ 交通工具 jiāotōng gōngjù

しゅちゅう【手中】 手中 shǒuzhōng ♦～に収める 落在手中 luò zài shǒuzhōng

じゅちゅう【受注-する】 接受订货 jiēshòu dìnghuò

しゅちょう【主張】 主张 zhǔzhāng ♦～を貫く 贯彻主张 guànchè zhǔzhāng ♦～を曲げる 改变主张 gǎibiàn zhǔzhāng ♦皆の～を聞き入れる 采纳大家的主张 cǎinà dàjiā de zhǔzhāng

しゅちょう【首長】 地方政府的领导 dìfāngzhèngfǔ de lǐngdǎo

しゅちょう【主調】 基调 jīdiào

じゅつ【術】 ❶〈魔法〉♦～をかける 施用魔术 shīyòng móshù ❷〈方法〉♦出世～ 成功之术 chénggōng zhī shù ♦保身の～ 保身之策 bǎoshēn zhī cè

しゅつえん【出演-する】 出演 chūyǎn；出场 chūchǎng ♦～者 演员 yǎnyuán；表演者 biǎoyǎnzhě

しゅっか【出火】 起火 qǐ huǒ；失火 shī huǒ ♦～の原因 起火原因 qǐhuǒ yuányīn

しゅっか【出荷-する】 发货 fāhuò ♦～月日 出厂日期 chūchǎng rìqī

じゅっかい【述懐-する】 追述 zhuīshù；追叙 zhuīxù；谈心 tánxīn

しゅっかん【出棺-する】 出殡 chūbìn；出丧 chūsāng

しゅつがん【出願-する】 报名 bàomíng；〈受験の〉报考 bàokǎo ♦～手続き 报考手续 bàokǎo shǒuxù

しゅっきん【出勤-する】 出勤 chūqín；上班 shàngbān

しゅっけ【出家-する】 出家 chūjiā；落发 luòfà

しゅつげき【出撃-する】 出击 chūjī ♦～命令 出击令 chūjīlìng

しゅっけつ【出血-する】 出血 chūxuè；〈比喩的に〉♦～大サービス〈小売店の〉牺牲血本大減价 xīshēng xuèběn dàjiǎnjià；大拍卖 dàpāimài；亏本出售 kuīběn chūshòu

しゅっけつ【出欠】 出缺席 chūquēxí ♦～をとる 点名 diǎn míng

しゅつげん【出現-する】 出现 chūxiàn

じゅつご【述語】 谓语 wèiyǔ

しゅっこう【出向-する】 外调 wàidiào ♦～社員 临时调出的职员 línshí diàochū de zhíyuán

しゅっこう【出航-する】 出航 chūháng；开航 kāiháng；起航 qǐháng；起锚 qǐmáo

じゅっこう【熟考-する】 沉思 chénsī；熟思 shúsī；仔细考虑 zǐxì kǎolù

しゅっこく【出国-する】 出境 chūjìng；出国 chūguó ♦～手続き 出境手续 chūjìng shǒuxù

しゅつごく【出獄-する】 出狱 chūyù

じゅっさく【術策】 计谋 jìmóu；权术 quánshù ♦～にはまる 中计 zhòngjì

しゅっさつ【出札】 售票 shòu-

しゅっさん【出産-する】 生产 shēngchǎn；分娩 fēnmiǎn ◆~休暇 产假 chǎnjià ◆~予定日 预产期 yùchǎnqī

しゅっし【出資-する】 出资 chūzī ◆~金 股金 gǔjīn ◆~者 出资者 chūzīzhě ◆共同~ 合资 hézī

しゅっしゃ【出社-する】 到公司上班 dào gōngsī shàngbān

しゅっしょ【出処】《出典》出处 chūchù；出典 chūdiǎn ◆~を確認する 确认出处 quèrèn chūchù

しゅっしょ【出所-する】 出狱 chūyù ◆仮~ 假释 jiǎshì

しゅっしょう【出生-する】 出生 chūshēng；诞生 dànshēng ◆~率 出生率 chūshēnglǜ

しゅつじょう【出場-する】 上场 shàngchǎng；出场 chūchǎng；出赛 chūsài ◆~资格 出场资格 chūchǎng zīgé ◆~者 出场者 chūchǎngzhě

しゅっしょく【出色-の】 出色 chūsè ◆~の出来栄え 出色的成绩 chūsè de chéngjì

しゅっしょしんたい【出処進退】 进退 jìntuì；去留 qùliú ◆~を決めかね 进退两难 jìntuì liǎngnán

しゅっしん【出身】 出身 chūshēn ◆~校 母校 mǔxiào ◆~地 出生地 chūshēngdì ◆どちらの御~ですか 您是哪里人 nín shì nǎli rén

しゅつじん【出陣-する】 上阵 shàngzhèn ◆~式 出征仪式 chūzhēng yíshì

しゅっせ【出世-する】 成功 chénggōng；成名 chéngmíng ◆~の近道 终南捷径 Zhōngnán jiéjìng ◆~作 成名之作 chéngmíng zhī zuò

しゅっせい【出征-する】 出征 chūzhēng；从征 cóngzhēng

しゅっせき【出席-する】 出席 chūxí ◆~をとる 点名 diǎn míng ◆~者 出席者 chūxízhě ◆~簿 出席簿 chūxíbù

じゅっちゅう【術中】 ◆~に陥る 陷入圈套 xiànrù quāntào

しゅっちょう【出張-する】 出差 chūchāi ◆~させる 差遣 chāiqiǎn；差使 chāishǐ ◆~所 办事处 bànshìchù ◆~旅費 出差旅费 chāilǚfèi；车马费 chēmǎfèi ◆海外~ 海外出差 hǎiwài chūchāi

しゅってい【出廷-する】 出庭 chūtíng ◆~を命じる 指令出庭 zhǐlìng chūtíng

しゅってん【出典】 出处 chūchù；出典 chūdiǎn ◆~を明らかにする 查明出典 chámíng chūdiǎn ◆~を調べる 调查出处 diàochá chūchù

しゅってん【出展-する】 展出 zhǎnchū ◆~作品 展出作品 zhǎnchū zuòpǐn

しゅつど【出土-する】 出土 chūtǔ ◆~品 出土文物 chūtǔ wénwù

しゅっとう【出頭-する】 到某机关去 dào mǒu jīguān qù；出面 chūmiàn ◆~を命じる 传唤 chuánhuàn

しゅつどう【出動-する】 出动 chūdòng ◆~を要請する 请求出动(军警等) qǐngqiú chūdòng (jūnjǐng děng)

しゅつば【出馬-する】 出马 chūmǎ ◆選挙に~する 参加竞选 cānjiā jìngxuǎn ◆~宣言 出马宣言 chūmǎ xuānyán

しゅっぱつ【出発-する】 出发 chūfā；动身 dòngshēn；启程 qǐchéng ◆~を延期する 延期出发 yánqī chūfā ◆~時刻 出发时刻 chūfā shíkè ◆~点 出发点 chūfādiǎn；起点 qǐdiǎn

しゅっぱん【出帆-する】 扬帆 yángfān；开船 kāichuán

しゅっぱん【出版-する】 出版 chūbǎn；发行 fāxíng；作品问世 zuòpǐn wènshì ◆~社 出版社 chūbǎnshè

しゅっぴ【出費】 开销 kāixiāo；花费 huāfei ◆~がかさむ 花费增多 huāfei zēngduō ◆~を抑える 节约开支 jiéyuē kāizhī

しゅっぴん【出品-する】 展出作品 zhǎnchū zuòpǐn

しゅっぺい【出兵-する】 出兵 chūbīng；出师 chūshī

しゅつぼつ【出没-する】 出没 chūmò ◆痴漢が~ 不时出现好色鬼 bùshí chūxiàn hàosèguǐ

しゅっぽん【出奔-する】 出奔 chūbēn；逃跑 táopǎo

しゅつりょう【出漁-する】 出海捕鱼 chūhǎi bǔyú

しゅつりょく【出力】 ❶《機械の動力》输出 shūchū ◆~を上げる 增加输出 zēngjiā shūchū ❷《コンピュータなどの》◆データを~する 输出数据 shūchū shùjù

しゅと【首都】 首都 shǒudū；京城 jīngchéng ◆~圏 首都圏 shǒudūquān

しゅとう【種痘】 种痘 zhòngdòu

しゅどう【主動】 主动 zhǔdòng ◆~的な役割 主导作用 zhǔdǎo zuòyòng

しゅどう【手動-の】 手工 shǒugōng；手动的 shǒudòng de ◆~に

切り換える 換成手动式 huànchéng shǒudòngshì

しゅどうけん【主導権】 主导权 zhǔdǎoquán ◆～を握る 掌握主导权 zhǎngwò zhǔdǎoquán

しゅどうしゃ【主導者】 领导 lǐngdǎo; 领导者 lǐngdǎozhě

じゅどうたい【受動態】 被动式 bèidòngshì ◆～の文 被动句 bèidòngjù

じゅどうてき【受動的-な】 被动 bèidòng

しゅとく【取得-する】 取得 qǔdé; 获得 huòdé

じゅなん【受難】 受难 shòunàn

しゅにく【朱肉】 朱色印泥 zhūsè yìnní

じゅにゅう【授乳-する】 哺乳 bǔrǔ ◆～期 哺乳期 bǔrǔqī

しゅにん【主任】 主任 zhǔrèn ◆～弁護人 主任律师 zhǔrèn lǜshī

しゅぬり【朱塗リ-の】 朱漆 zhūqī ◆～の椀 朱漆碗 zhūqīwǎn

しゅのう【首脳】 首长 shǒuzhǎng; 首脑 shǒunǎo ◆～会談 首脑会谈 shǒunǎo huìtán ◆～陣 领导班子 lǐngdǎo bānzi

じゅのう【受納-する】 收纳 shōunà; 收下 shōuxià

シュノーケル 通气管 tōngqìguǎn

じゅばく【呪縛-する】 迷住 mízhù; 用符咒镇住 yòng fúzhòu zhènzhù ◆～にかかる 被迷住 bèi mízhù; 被咒语镇住 bèi zhòuyǔ zhènzhù ◆～を解く 解开咒语 jiěkāi zhòuyǔ

しゅはん【主犯】 祸首 huòshǒu; 主犯 zhǔfàn

しゅび【守備】 守备 shǒubèi; 防备 fángbèi ◆～に着く 防守 fángshǒu ◆～を固める 加强守备 jiāqiáng shǒubèi

しゅび【首尾】 ❶《物事の始めから終りまで》首尾 shǒuwěi ◆～一貫する 首尾一贯 shǒuwěi yíguàn; 始终如一 shǐ zhōng rú yī ❷《経過·結果》结果 jiéguǒ; 经过 jīngguò ◆～は上々 结果很好 jiéguǒ hěn hǎo ◆～よく 顺利地 shùnlì de

じゅひ【樹皮】 树皮 shùpí ◆～を剥く 剥树皮 bāo shùpí

しゅひつ【主筆】 主笔 zhǔbǐ ◆～を務める 担任主笔 dānrèn zhǔbǐ

しゅひつ【朱筆】 朱笔 zhūbǐ;《朱筆による書き入れ》～を加える 朱批 zhūpī

じゅひょう【樹氷】 树挂 shùguà; 雾凇 wùsōng

しゅひん【主賓】 主宾 zhǔbīn; 主客 zhǔkè

しゅふ【主婦】 主妇 zhǔfù ◆家庭の～ 家庭主妇 jiātíng zhǔfù

しゅふ【首府】 首府 shǒufǔ

シュプレヒコール 齐呼口号 qíhū kǒuhào

しゅぶん【主文】 主文 zhǔwén

しゅふん【受粉-する】 受粉 shòufěn ◆自花～ 自花受粉 zìhuā shòufěn

じゅふん【授粉-する】 授粉 shòufěn ◆人工～ 人工授粉 réngōng shòufěn

しゅべつ【種別-する】 类别 lèibié ◆～に分ける 分类 fēnlèi

しゅほう【主峰】 主峰 zhǔfēng ◆アルプス山脈の～ 阿尔卑斯山的主峰 Ā'ěrbēisīshān de zhǔfēng

しゅほう【手法】 手法 shǒufǎ ◆様々な～を試みる 尝试各种手法 chángshì gèzhǒng shǒufǎ

しゅほう【主砲】 ❶《軍艦の》主炮 zhǔpào ◆～が火を吹く 主炮开火 zhǔpào kāihuǒ ❷《球技で》◆チームの～ 球队的主力击球手 qiúduì de zhǔlì jīqiúshǒu

しゅぼうしゃ【主謀者】 主谋人 zhǔmóurén

しゅみ【趣味】 爱好 àihào; 兴趣 xìngqù ◆～は釣りだ 我的爱好是钓鱼 wǒ de àihào shì diàoyú ◆～のよいネクタイ 趣味高雅的领带 qùwèi gāoyǎ de lǐngdài ◆～の悪い 不雅 bù yǎzhì

じゅみょう【寿命】 寿命 shòumìng; 寿数 shòushu ◆～が延びる 寿命延长 shòumìng yáncháng ◆平均～ 平均寿命 píngjūn shòumìng ◆乾電池の～ 干电池的耐用期间 gāndiànchí de nàiyòng qījiān

しゅもく【種目】 项目 xiàngmù ◆競技～ 竞技项目 jìngjì xiàngmù

じゅもく【樹木】 树木 shùmù

じゅもん【呪文】 咒文 zhòuwén; 咒语 zhòuyǔ ◆～を唱える 念念有词 niàn niàn yǒu cí; 念咒 niànzhòu

しゅやく【主役】 主角 zhǔjué ◆～を演じる 演主角 yǎn zhǔjué ◆事件の～ 事件的主角 shìjiànde zhǔjué ◆映画の～ 影片的主角 yǐngpiàn de zhǔjué

じゅよ【授与-する】 授予 shòuyǔ ◆～式 授予仪式 shòuyǔ yíshì

しゅよう【主要-な】 主要 zhǔyào ◆～な内容 主要内容 zhǔyào nèiróng ◆～都市 主要城市 zhǔyào chéngshì

しゅよう【腫瘍】 肿瘤 zhǒngliú ◆～ができる 长肿瘤 zhǎng zhǒngliú ◆悪性～ 恶性肿瘤 èxìng zhǒngliú ◆脳～ 脑瘤 nǎoliú

じゅよう【受容-する】 接受 jiēshòu ◆異文化の～ 接受异域文化 jiēshòu

じゅよう【需要】 需求 xūqiú；需要 xūyào ◆～が増大する 需求增大 xūqiú zēngdà ◆～と供給 供求 gōngqiú

しゅよく【主翼】 主翼 zhǔyì

しゅらば【修羅場】 武打场面 wǔdǎ chǎngmiàn；大混乱 dàhùnluàn ◆～と化す 变成战场 biànchéng zhànchǎng ◆～をくぐり抜ける 逃出战场 táochū zhànchǎng；经过残酷的斗争场面 jīngguò cánkù de dòuzhēng chǎngmiàn

シュラフ 睡袋 shuìdài

ジュラルミン 硬铝 yìnglǚ

しゅらん【酒乱】 酒疯 jiǔfēng ◆～の気がある 有耍酒疯的气味 yǒu shuǎ jiǔfēng de qìwèi

じゅり【受理-する】 受理 shòulǐ ◆告発を～する 受理告发 shòulǐ gàofā ◆～を拒む 拒绝受理 jùjué shòulǐ

じゅりつ【樹立-する】 建立 jiànlì ◆国交を～する 建立邦交 jiànlì bāngjiāo ◆世界記録を～する 创世界记录 chuàng shìjiè jìlù

しゅりゅう【主流】 干流 gànliú；主流 zhǔliú ◆～に注ぐ 流入主流 liúrù zhǔliú ◆中国文学の～ 中国文学的主流 Zhōngguó wénxué de zhǔliú ◆反～派 反主流派 fǎnzhǔliúpài ◆～を外れる 靠边儿站 kàobiānr zhàn

しゅりゅうだん【手榴弾】 手榴弹 shǒuliúdàn

しゅりょう【狩猟-する】 狩猎 shòuliè ◆～民族 狩猎民族 shòuliè mínzú

しゅりょう【酒量】 酒量 jiǔliàng ◆～が多い 酒量大 jiǔliàng dà

しゅりょう【首領】 首领 shǒulǐng；头目 tóumù ◆盗賊団の～ 盗贼的头目 dàozéi de tóumù

じゅりょう【受領-する】 接收 jiēshōu；收领 shōulǐng ◆～証 发票 fāpiào；收据 shōujù

しゅりょく【主力】 主力 zhǔlì ◆～メンバー 主力成员 zhǔlì chéngyuán ◆～が出動した 主力出动了 zhǔlì chūdòng le

じゅりん【樹林】 树林 shùlín；树丛 shùcóng

しゅるい【種類】 品种 pǐnzhǒng；种类 zhǒnglèi ◆～が多い[少ない] 种类多[少] zhǒnglèi duō[shǎo] ◆同じ～の 同类 tónglèi ◆～の違う 种类不同的 zhǒnglèi bùtóng de

じゅれい【樹齢】 树龄 shùlíng ◆～三百年 树龄三百岁 shùlíng sānbǎi suì

シュレッダー 碎纸机 suìzhǐjī ◆～にかける 放进碎纸机里切碎 fàngjìn suìzhǐjī lǐ qiēsuì

しゅれん【手練】 灵巧 língqiǎo；熟练 shúliàn ◆～の早業 神速的奇技 shénsù de qíjì

シュロ【棕櫚】 棕榈 zōnglǘ；棕树 zōngshù ◆～の繊維 棕毛 zōngmáo ◆～縄 棕绳 zōngshéng

しゅわ【手話】 手语 shǒuyǔ；哑语 yǎyǔ ◆～で話す 用手语谈话 yòng shǒuyǔ tánhuà ◆～を習う 学哑语 xué yǎyǔ

じゅわき【受話器】 耳机 ěrjī；受话器 shòuhuàqì：听筒 tīngtǒng ◆～を置く 挂断电话 guàduàn diànhuà ◆～をとる 拿起听筒 náqǐ tīngtǒng

しゅわん【手腕】 本领 běnlǐng；才干 cáigàn；手腕 shǒuwàn ◆～を発揮する 发挥本领 fāhuī běnlǐng

しゅん【旬】 ◆～の魚 旺季的鲜鱼 wàngjì de xiānyú

じゅん【順】 次序 cìxù；顺序 shùnxù ◆～に並べる 依次排列 yī cì páiliè ◆～が逆になる 次序颠倒 cìxù diāndǎo ◆～を追って 依次地 yīcì de ◆～不同 没有次序 méiyǒu cìxù

じゅん【純-な】 纯粹 chúncuì；纯真 chúnzhēn ◆～な心 纯洁的心 chúnjié de xīn

じゅんあい【純愛】 纯洁的爱 chúnjié de ài；纯爱 chún'ài ◆～を貫く 将纯爱进行到底 jiāng chún'ài jìnxíng dàodǐ

じゅんい【順位】 名次 míngcì；顺序 shùnxù；次序 cìxù ◆～をつける 决定位次 juédìng wèicì ◆優先～ 优先次序 yōuxiān cìxù

しゅんえい【俊英】 精英 jīngyīng；英才 yīngcái；英俊 yīngjùn ◆～が揃う 精英荟萃 jīngyīng huìcuì

じゅんえき【純益】 纯利 chúnlì；净利 jìnglì ◆～をあげる 获得纯利 huòdé chúnlì ◆～率 纯利率 chúnlìlǜ

じゅんえん【順延-する】 顺延 shùnyán；依次推迟 yīcì tuīchí ◆雨天～ 雨天顺延 yǔtiān shùnyán

じゅんおくり【順送り】 ◆～にする 依次传递 yīcì chuándì

しゅんが【春画】 春宫画 chūngōnghuà

じゅんか【純[醇]化-する】 醇化 chúnhuà；纯化 chúnhuà ◆環境の～ 环境的醇化 huánjìng de chúnhuà ◆精神を～する 醇化精神 chúnhuà jīngshén

じゅんかい【巡回-する】 巡回 xúnhuí ◆～パトロールをする 巡哨 xúnshào；巡逻 xúnluó ◆～公演をする 巡演 xúnyǎn

しゅんかしゅうとう【春夏秋冬】 春

夏秋冬 chūn xià qiū dōng ♦～を通じて 一年到头 yìnián dào tóu

じゅんかつゆ【潤滑油】 润滑油 rùnhuáyóu ♦組織の～ 组织的润滑油 zǔzhī de rùnhuáyóu

しゅんかん【瞬間】 瞬间 shùnjiān；转眼之间 zhuǎnyǎn zhījiān ♦～的な 瞬间的 shùnjiān de ♦決定的～ 决定性的一瞬间 juédìngxìng de yíshùnjiān

じゅんかん【循環-する】 循环 xúnhuán；周而复始 zhōu ér fù shǐ ♦血液～ 血液循环 xuèyè xúnhuán ♦悪～ 恶性循环 èxìng xúnhuán ♦～器 循环器官 xúnhuán qìguān

じゅんかん【旬刊】 旬刊 xúnkān

しゅんき【春季-の】 春季 chūnjì；春天 chūntiān

シュンギク【春菊】 蓬蒿 pénghāo；茼蒿 tónghāo

じゅんきょ【準拠-する】 按照 ànzhào；根据 gēnjù ♦教科書に～する 依据教科书 yījù jiàokēshū

じゅんきょう【順境】 顺境 shùnjìng ♦～に育つ 在顺境中长大 zài shùnjìng zhōng zhǎngdà

じゅんきょうじゅ【准教授】 副教授 fùjiàoshòu

じゅんぎょう【巡業-する】 巡回演出 xúnhuí yǎnchū ♦地方～ 到各地巡回演出 dào gèdì xúnhuí yǎnchū

じゅんきん【純金-の】 纯金 chúnjīn；赤金 chìjīn ♦～のネックレス 纯金的项链 chúnjīn de xiàngliàn

じゅんぎん【純銀-の】 纯银 chúnyín

じゅんぐり【順繰り-に】 依次 yīcì；轮流 lúnliú

じゅんけつ【純潔-な】 纯洁 chúnjié ♦～を守る 保持纯洁 bǎochí chúnjié

じゅんけつ【純血】 纯血统 chún xuètǒng；纯种 chúnzhǒng ♦～種の 纯种的 chúnzhǒng de

じゅんけっしょう【準決勝】 半决赛 bànjuésài

しゅんこう【竣工-する】 告竣 gàojùn；落成 luòchéng；完工 wángōng ♦～式 落成仪式 luòchéng yíshì

じゅんこう【巡航-する】 巡航 xúnháng；游弋 yóuyì ♦～ミサイル 巡航导弹 xúnháng dǎodàn

じゅんこう【巡行-する】 巡行 xúnxíng

じゅんこくさん【純国産-の】 纯国产 chún guóchǎn ♦～のロケット 纯国产火箭 chún guóchǎn huǒjiàn

じゅんさ【巡査】 巡警 xúnjǐng

しゅんさい【俊才】 英才 yīngcái；俊才 jùncái

ジュンサイ【蓴菜】 莼菜 chúncài

しゅんじ【瞬時】 寸刻 cùnkè；一霎时 yíshàshí ♦～に行う 一下做好 yíxià zuòhǎo ♦～に瓦解する 顷刻瓦解 qīngkè wǎjiě ♦～のうちに 转瞬间 zhuǎnshùnjiān ♦～の出来事 转眼发生的事 zhuǎnyǎn fāshēng de shì

じゅんし【殉死-する】 殉死 xùnsǐ

じゅんし【巡視-する】 巡视 xúnshì；巡逻 xúnluó ♦～船 巡航船 xúnháng chuán

じゅんじ【順次-に】 次第 cìdì；依次 yīcì

じゅんしゅ【遵守-する】 遵守 zūnshǒu；遵循 zūnxún

しゅんじゅう【春秋】 ❶《春と秋》春秋 chūnqiū ❷《年月》岁月 suìyuè ♦～を経る 几经星霜 jǐ jīng xīngshuāng ❸《将来》～に富む 前途有为 qiántú yǒuwéi

しゅんじゅん【逡巡-する】 踌躇 chóuchú；犹豫 yóuyù

じゅんじゅん【順々-に】 依次 yīcì

じゅんじゅん【諄々-と】 谆谆 zhūnzhūn ♦～と説く 谆谆训诫 zhūnzhūn xùnjiè

じゅんじょ【順序】 顺序 shùnxù；次序 cìxù ♦～が狂う 次序混乱 cìxù hùnluàn ♦～よく 按着顺序 ànzhe shùnxù ♦～通り 依次 yīcì ♦～立てる 编次 biāncì

じゅんじょう【純情-な】 纯真 chúnzhēn ♦～可憐 天真可爱 tiānzhēn kě'ài

しゅんしょく【春色】 春光 chūnguāng ♦～が濃くなる 春色渐浓 chūnsè jiàn nóng

じゅんしょく【殉職-する】 殉职 xùnzhí

じゅんじる【殉じる】 ♦国家に～ 殉国 xùnguó ♦上司に～ 跟着上司一起辞职 gēnzhe shàngsi yìqǐ cízhí

じゅんじる【準じる】 按照 ànzhào ♦前例に～ 照例 zhàolì

じゅんしん【純真-な】 纯真 chúnzhēn；纯洁 chúnjié ♦～な人 纯真的人 chúnzhēn de rén ♦～な瞳 天真的眼睛 tiānzhēn de yǎnjing

じゅんすい【純粋-な】 纯粹 chúncuì；纯真 chúnzhēn ♦～の京都人 地道的京都人 dìdao de Jīngdūrén

じゅんせい【純正-な】 纯正 chúnzhèng ♦～食品 纯正食品 chúnzhèng shípǐn

しゅんせつ【春節】 春节 Chūnjié；大年 dànián

しゅんせつ【浚渫-する】 疏浚 shūjùn ♦～工事 疏浚工程 shūjùn gōngchéng ♦～船 浚泥船 jùnníchuán

じゅんぜん【純然-たる】 彻底的 chèdǐ de；完全的 wánquán de ◆～たる規則違反 明显地违反规则 míngxiǎn de wéifǎn guīzé

しゅんそく【駿足】 ◆～の持ち主 腿快的人 tuǐ kuài de rén；跑得快的人 pǎode kuài de rén

じゅんたく【潤沢-な】 丰富 fēngfù；充裕 chōngyù ◆～な資金 雄厚的资金 xiónghòu de zījīn

じゅんちょう【順調-な】 顺利 shùnlì；顺当 shùndang；良好 liánghǎo ◆～に行く 顺利进展 shùnlì jìnzhǎn

しゅんと-なる 沮丧 jǔsàng；默不作声 mò bù zuò shēng

じゅんど【純度】 纯度 chúndù ◆～の高い 高纯度的 gāo chúndù de

しゅんとう【春闘】 工会的春季斗争 gōnghuì de chūnjì dòuzhēng

じゅんとう【順当-な】 理应 lǐyīng ◆～に勝つ 理所当然地胜利 lǐ suǒ dāng rán de shènglì

じゅんなん【殉難】 殉难 xùnnàn ◆～者 殉难者 xùnnànzhě

じゅんのう【順応-する】 顺应 shùnyìng ◆～が早い 适应快 shìyìng kuài ◆～させる 驯化 xùnhuà ◆～性 适应性 shìyìngxìng ◆環境に～する 适应环境 shìyìng huánjìng

じゅんぱく【純白-の】 粹白 cuìbái ◆～に輝く 纯白耀眼 chúnbái yàoyǎn

しゅんぱつりょく【瞬発力】 爆发力 bàofālì；一瞬间的弹力 yíshùnjiān de tánlì ◆～がある 有爆发力 yǒu bàofālì

じゅんばん【順番】 ◆～に 轮班 lúnbān；顺序 shùnxù ◆～が来る 轮到 lúndào ◆～に見る 轮流看 lúnliú kàn ◆～を乱す 打扰次序 dǎluàn cìxù

じゅんび【準備-する】 准备 zhǔnbèi；筹备 chóubèi；预备 yùbèi ◆～運動 准备运动 zhǔnbèi yùndòng ◆金(かね)を～する 筹款 chóukuǎn ◆雨具を～する 预备雨具 yùbèi yǔjù ◆心の～ 精神准备 jīngshén zhǔnbèi ◆食事の～ができました 饭预备好了 fàn yùbèihǎo le

しゅんぷう【春風】 ◆～駘蕩 春风驰荡 chūnfēng dàidàng

じゅんぷう【順風】 顺风 shùnfēng ◆～満帆 一帆风顺 yì fān fēng shùn

しゅんぶん【春分】 春分 chūnfēn ◆～の日 春分之日 chūnfēn zhī rì

じゅんぶんがく【純文学】 纯文学 chún wénxué

じゅんぽう【旬報】 旬报 xúnbào

じゅんぼく【純朴-な】 淳朴 chúnpǔ；憨厚 hānhòu ◆～な青年 淳厚的青年 chúnhòu de qīngnián

じゅんめ【駿馬】 骏马 jùnmǎ；骐骥 qíjì

じゅんもう【純毛】 纯毛 chúnmáo ◆～のセーター 纯毛的毛衣 chúnmáo de máoyī

じゅんゆうしょう【準優勝】 亚军 yàjūn

じゅんよう【準用-する】 适用 shìyòng

じゅんようかん【巡洋艦】 巡洋舰 xúnyángjiàn

しゅんらい【春雷】 春雷 chūnléi

シュンラン【春蘭】 春兰 chūnlán

じゅんり【純利】 纯利 chúnlì

じゅんりょう【純良-な】 优质 yōuzhì；纯正 chúnzhèng ◆～バター 纯质黄油 chúnzhì huángyóu

じゅんれい【巡礼-する】 巡礼 xúnlǐ ◆メッカに～する 去麦加朝圣 qù Màijiā cháoshèng

じゅんれき【巡歴-する】 游历 yóulì ◆諸国～の旅 周游各地的旅行 zhōuyóu gèdì de lǚxíng

しゅんれつ【峻烈-な】 严峻 yánjùn ◆～な批判 严厉批评 yánlì pīpíng

じゅんれつ【順列】 排列 páiliè

じゅんろ【順路】 路线 lùxiàn

しょ【書】 ❶《書道・書法》 ◆～を習う 学习书法 xuéxí shūfǎ ❷《筆跡》 ◆芭蕉の～ 芭蕉手迹 Bājiāo shǒujì ❸《本》 书 shū；书籍 shūjí ◆万巻の～を読む 读万卷书 dú wàn juàn shū

しょあく【諸悪】 万恶 wàn'è ◆～の根源 万恶之根源 wàn'è zhī gēnyuán

じょい【女医】 女医生 nǚ yīshēng；女大夫 nǚ dàifu

しょいこ【背負子】 背子 bèizi

しょいこむ【背負い込む】 担负 dānfù；承担 chéngdān ◆借金を～ 承担负债 chéngdān fùzhài ◆面倒な仕事を～ 承担麻烦的工作 chéngdān máfan de gōngzuò

ジョイントベンチャー 合资企业 hézī qǐyè

しよう【仕様】 做法 zuòfǎ ◆～がない 没办法 méi bànfǎ ◆特別～の 特别做法的 tèbié zuòfǎ de ◆～書 规格说明书 guīgé shuōmíngshū；设计书 shèjìshū

しよう【使用-する】 使用 shǐyòng；用 yòng ◆～上の注意 使用上的注意 shǐyòng shàng de zhùyì ◆～説明書 使用说明 shǐyòng shuōmíng ◆～人 佣人 yōngrén；用人 yòngren

しよう【私用-の】 私用 sīyòng ◆～に使う 挪用 nuóyòng

しよう【試用-する】 試用 shìyòng ♦～期間 試用期 shìyòngqī

しよう【賞】 奖 jiǎng ♦～を受ける 受奖 shòu jiǎng ♦～を与える 奖赏 jiǎngshǎng; 授奖 shòu jiǎng

しょう【笙】《楽器》笙 shēng ♦～を吹く [演奏する] 吹笙 chuīshēng

しょう【将】 将 jiàng ♦～を射んと欲すれば先ず馬を射よ 要射将先射马 yào shè jiàng xiān shè mǎ

しょう【小】 小 xiǎo ♦～人物 小人物 xiǎo rénwù ♦大は～を兼ねる 大兼小 用 dà jiān xiǎo yòng ♦～の月 小月 xiǎoyuè

しょう【省】 ❶《官庁》省 shěng ♦法務～ 法务省 fǎwùshěng ❷《中国の行政区》广东～ 广东省 Guǎngdōngshěng

しょう【章】 章 zhāng ♦～に分ける 分成几章 fēnchéng jǐ zhāng ♦第2～ 第二章 dì'èr zhāng

しょう【衝】 ♦～に当たる 肩负重任 jiānfù zhòngrèn; 承担任务 chéngdān rènwù

じょう【滋養】 养分 yǎngfèn; 滋养 zīyǎng ♦～をとる 补养 bǔyǎng ♦～強壮剤 补药 bǔyào

じょう【情】 情意 qíngyì ♦～に流されない 心硬 xīn yìng ♦～にもろい 软心肠的 ruǎnxīncháng de ♦～の深い 深情 shēnqíng

じょう【錠】 ❶《金具の》锁 suǒ ♦～を下ろす 上锁 shàng suǒ ❷《薬の》♦1回3～服用 一次服三片 yí cì fú sān piàn

じょうあい【情愛】 情爱 qíng'ài ♦～の深い 深情厚爱 shēnqíng hòu'ài

じょうあく【掌握-する】 掌握 zhǎngwò; 执掌 zhízhǎng ♦状況を～する 掌握动态 zhǎngwò dòngtài

しょうい【少尉】 少尉 shàowèi

じょうい【譲位-する】 让位 ràngwèi; 逊位 xùnwèi; 禅让 shànràng

じょうい【上位】 上位 shàngwèi ♦～を占める 占上位 zhàn shàngwèi

しょういだん【焼夷弾】 烧夷弹 shāoyídàn; 燃烧弹 ránshāodàn

しょういん【勝因】 制胜原因 zhìshèng yuányīn

じょういん【乗員】 乘务员 chéngwùyuán; 机组人员 jīzǔ rényuán

しょううちゅう【小宇宙】 小宇宙 xiǎo yǔzhòu

じょうえい【上映-する】 上映 shàngyìng; 放映 fàngyìng ♦同時～ 同时上映 tóngshí shàngyìng

しょうエネ【省エネ】《省エネルギー》节省能源 jiéshěng néngyuán ♦～対策 节能源对策 jiésnéng néngyuán duìcè

しょうえん【招宴】 招待宴会 zhāodài yànhuì ♦～にあずかる 承蒙宴请 chéngméng yànqǐng

しょうえん【硝煙】 硝烟 xiāoyān ♦～反応 硝烟反应 xiāoyān fǎnyìng

じょうえん【上演-する】 上演 shàngyǎn; 表演 biǎoyǎn ♦～演目 演出节目 yǎnchū jiémù ♦～を中止する 辍演 chuòyǎn; 停止演出 tíngzhǐ yǎnchū ♦～回数 场次 chǎngcì

じょうおん【常温】 常温 chángwēn

しょうおんき【消音器】 消音器 xiāoyīnqì

しょうか【商家】 铺户 pùhù; 商人家庭 shāngrén jiātíng

しょうか【昇華-する】 升华 shēnghuá ♦ドライアイスが～する 干冰升华 gānbīng shēnghuá

しょうか【消化-する】 消化 xiāohuà ♦～のよい 好消化 hǎo xiāohuà ♦～の悪い 不好消化 bùhǎo xiāohuà ♦～を助ける 克食 kèshí ♦～酵素 消化酶 xiāohuàméi ♦～作用 消化作用 xiāohuà zuòyòng ♦～不良 消化不良 xiāohuà bùliáng ♦学んだ知識を～する 消化所学的知识 xiāohuà suǒ xué de zhīshi

しょうか【消火-する】 救火 jiùhuǒ ♦～器 灭火器 mièhuǒqì ♦～栓 消火栓 xiāohuǒshuān

しょうか【商科】 商科 shāngkē

ショウガ【生姜】 姜 jiāng

じょうか【浄化-する】 净化 jìnghuà ♦～槽 净化槽 jìnghuàcáo ♦魂の～ 灵魂的净化 línghún de jìnghuà

しょうかい【照会-する】 询问 xúnwèn; 查询 cháxún; 问询 wènxún

しょうかい【紹介-する】 介绍 jièshào ♦～状 介绍信 jièshàoxìn ♦自己～ 自我介绍 zìwǒ jièshào

しょうかい【哨戒-する】 巡哨 xúnshào; 巡逻 xúnluó ♦～機 巡哨机 xúnshàojī

しょうかい【商会】 商会 shānghuì

しょうかい【詳解-する】 详解 xiángjiě ♦文法の～ 详解语法 xiángjiě yǔfǎ

しょうがい【障害】 障碍 zhàng'ài; 阻碍 zǔ'ài ♦言語～ 语言障碍 yǔyán zhàng'ài ♦～物 绊脚石 bànjiǎoshí; 拦路虎 lánlùhǔ ♦～物競走 跨栏赛跑 kuàlán sàipǎo; 障碍赛跑 zhàng'ài sàipǎo

しょうがい【生涯】 生平 shēngpíng; 生涯 shēngyá; 毕生 bìshēng ♦…に～を捧げる 把一生献给… bǎ yìshēng xiàngěi... ♦～忘れない 终生不忘 zhōngshēng bú wàng ♦幸せな～ 幸福的一生 xìngfú de yìshēng

しょうがい【傷害】 伤害 shānghài ◆~罪 伤害罪 shānghàizuì ◆~保险 伤害保险 shānghài bǎoxiǎn

しょうがい【渉外】 涉外 shèwài；公关 gōngguān ◆~担当 主管公关 zhǔguǎn gōngguān

じょうがい【場外-で】 场外 chǎngwài

しょうかく【昇格-する】 升格 shēnggé；晋级 jìnjí；提升 tíshēng

しょうがく【小額-の】 小额 xiǎo'é ◆~紙幣 小额纸币 xiǎo'é zhǐbì

じょうかく【城郭】 城郭 chéngguō

しょうがくきん【奨学金】 奖学金 jiǎngxuéjīn；助学金 zhùxuéjīn

しょうがくせい【奨学生】 奖学生 jiǎngxuéshēng

しょうがくせい【小学生】 小学生 xiǎoxuéshēng

しょうがくぶ【商学部】 商学院 shāngxuéyuàn

しょうがつ【正月】 正月 zhēngyuè；新年 xīnnián

しょうがっこう【小学校】 小学 xiǎoxué ◆~に上がる 上小学 shàng xiǎoxué

しょうかん【償還-する】 偿还 chánghuán；赔还 péihuán

しょうかん【召喚-する】 传唤 chuánhuàn ◆~状 传票 chuánpiào

しょうかん【小寒】 小寒 xiǎohán

しょうかん【召還-する】 召回 zhàohuí

じょうかん【情感】 情感 qínggǎn ◆~をこめて 充满感情地 chōngmǎn gǎnqíng de

しょうき【正気】 头脑清醒 tóunǎo qīngxǐng；神志正常 shénzhì zhèngcháng；理智 lǐzhì ◆~を失う 发昏 fāhūn；丧心病狂 sàngxīn bìng kuáng ◆~を取り戻す 清醒过来 qīngxǐngguòlai ◆~の沙汰ではない 简直像发疯了 jiǎnzhí xiàng fāfēng le

しょうぎ【将棋】 棋 qí；象棋 xiàngqí ◆~の駒 棋子 qízǐ ◆~の手数 招数 zhāoshù ◆~の名手 象棋高手 xiàngqí gāoshǒu ◆~を指す 下棋 xià qí ◆~盤 棋盘 qípán ◆~倒し 一个压一个地倒下 yí ge yā yí ge de dǎoxiàng

じょうき【上記-の】 上述 shàngshù ◆~の通り 如上所述 rú shàng suǒ shù

じょうき【常軌】 常轨 chángguǐ ◆~を逸した 荒诞 huāngdàn ◆~を逸する 出轨 chūguǐ；越轨 yuèguǐ

じょうき【蒸気】 蒸气 zhēngqì ◆~を立てる 发出蒸汽 fāchū zhēngqì ◆~機関車 蒸汽机车 zhēngqì jīchē ◆~船 汽船 qìchuán ◆~タービン 汽轮机 qìlúnjī

じょうき【上気-する】 脸发红 liǎn fā hóng；面红耳赤 miàn hóng ěr chì

じょうぎ【定規】 尺 chǐ ◆三角~ 三角尺 sānjiǎochǐ

じょうきげん【上機嫌-な】 兴高采烈 xìng gāo cǎi liè；情绪很好 qíngxù hěn hǎo

しょうきぼ【小規模-な】 小规模 xiǎoguīmó

しょうきゃく【焼却-する】 焚毁 fénhuǐ；烧掉 shāodiào ◆~炉 焚烧炉 fénshāo lú

しょうきゃく【償却-する】 偿还 chánghuán ◆減価~ 折旧 zhéjiù

じょうきゃく【上客】 上宾 shàngbīn；好主顾 hǎo zhǔgù

じょうきゃく【乗客】 乘客 chéngkè ◆~名簿 乘客名单 chéngkè míngdān

じょうきゃく【常客】 常客 chángkè；老主顾 lǎozhǔgù

しょうきゅう【昇級-する】 升级 shēngjí；提级 tíjí ◆~試験 晋级考试 jìnjí kǎoshì

しょうきゅう【昇給】 增加工资 zēngjiā gōngzī；提薪 tíxīn ◆定期~ 定期加薪 dìngqī jiāxīn

じょうきゅう【上級】 上面 shàngmiàn；上级 shàngjí ◆~裁判所 上级法院 shàngjí fǎyuàn

しょうきゅうし【小休止-する】 小休息 xiǎo xiūxi；休息一会儿 xiūxi yíhuìr

じょうきゅうせい【上級生】 高年级学生 gāoniánjí xuésheng；年级高的同学 niánjí gāo de tóngxué

しょうきょ【消去-する】 消去 xiāoqù；消除 xiāochú ◆~法で 用消去法 yòng xiāoqùfǎ

しょうぎょう【商業】 商业 shāngyè ◆~手形 商业票据 shāngyè piàojù

じょうきょう【上京-する】 进京 jìnjīng

じょうきょう【状[情]況】 状况 zhuàngkuàng；情况 qíngkuàng；情形 qíngxing ◆~証拠 情况证据 qíngkuàng zhèngjù ◆~判断を誤る 看错情况 kàncuò qíngkuàng

しょうきょく【小曲】 小曲 xiǎoqǔ；短曲 duǎnqǔ

しょうきょくてき【消極的-な】 消极 xiāojí

しょうきん【賞金】 赏金 shǎngjīn；奖金 jiǎngjīn ◆~をかける 悬赏 xuánshǎng ◆~をもらう 获得奖金 huòdé jiǎngjīn

じょうきん【常勤-の】 专职 zhuānzhí；专任 zhuānrèn ♦～講師 专职讲师 zhuānzhí jiǎngshī

じょうくう【上空-に】 上空 shàngkōng

じょうげ【上下】 ♦～の別なく 不分上下 bù fēn shàng xià ♦ 地位の～ 地位的高低 dìwèi de gāodī ♦ エレベーターが～する 电梯上一下 diàntī yí shàng yí xià ♦～2卷上下两卷 shàngxià liǎng juàn ♦ 物価が～する 物价上下波动 wùjià shàngxià bōdòng ♦～方向の 纵向 zòngxiàng ♦ 気温の～ 气温的波动 qìwēn de bōdòng

しょうけい【小計-する】 小计 xiǎojì

じょうけい【情景】 光景 guāngjǐng；景象 jǐngxiàng ♦～が目に浮かぶ 当时的场景浮现在眼前 dāngshí de chǎngjǐng fúxiàn zài yǎnqián

しょうけいもじ【象形文字】 象形文字 xiàngxíng wénzì

しょうげき【衝撃】 打击 dǎjī；冲击 chōngjī ♦～を受ける 受打击 shòu dǎjī

しょうけん【証券】 证券 zhèngquàn ♦～市場 股市 gǔshì ♦～取引所 证券交易所 zhèngquàn jiāoyìsuǒ ♦～会社 券商 quànshāng ♦ 有価～ 有价证券 yǒujià zhèngquàn

しょうげん【証言-する】 证言 zhèngyán；作证 zuòzhèng ♦ 目撃～ 见证 jiànzhèng

じょうけん【条件】 条件 tiáojiàn ♦～付きで 有条件 yǒu tiáojiàn ♦～を提示する 提出条件 tíchū tiáojiàn ♦～をのむ 接受条件 jiēshòu tiáojiàn ♦～反射 条件反射 tiáojiàn fǎnshè ♦ 必要～ 必要条件 bìyào tiáojiàn ♦～が備わった 条件具备了 tiáojiàn jùbèi le

じょうげん【上弦】 上弦 shàngxián ♦～の月 上弦月 shàngxiányuè

じょうげん【上限】 上限 shàngxiàn；最大限度 zuì dà xiàndù ♦～を設け る 制定上限 zhìdìng shàngxiàn

しょうこ【証拠】 证据 zhèngjù；佐证 zuǒzhèng ♦～立てる 举出证据 jǔchū zhèngjù ♦～に基づいて 根据证据 gēnjù zhèngjù ♦～を隠滅する 毁灭证据 huǐmiè zhèngjù ♦～を固める 巩固证据 gǒnggù zhèngjù ♦～品 凭据 píngjù；证物 zhèngwù ♦ 論より～ 事实胜于雄辩 shìshí shèngyú xióngbiàn

しょうご【正午】 正午 zhèngwǔ；中午 zhōngwǔ

じょうご【漏斗】 漏斗 lòudǒu；漏子 lòuzi

じょうご【上戸】 爱喝酒的人 ài hē jiǔ de rén ♦ 泣き～ 酒后好哭的人 jiǔhòu hào kū de rén ♦ 笑い～ 爱笑的人 ài xiào de rén

じょうご【冗語】 累赘的词句 léizhui de cíjù；赘言 zhuìyán ♦～を省く 删去多余的字 shānqù duōyú de zì

しょうこう【将校】 军官 jūnguān；武官 wǔguān

しょうこう【昇降-する】 升降 shēngjiàng ♦～口 升降口 shēngjiàngkǒu

しょうこう【焼香-する】 焚香 fénxiāng；烧香 shāoxiāng

しょうこう【小康】 ❶《病気の》小康 xiǎokāng；暂时平稳 zànshí píngwěn ♦～を保つ 保持小康状态 bǎochí xiǎokāng zhuàngtài ❷《騒ぎなどの》～状態 暂时的平静状态 zànshí de píngjìng zhuàngtài

しょうごう【商号】 字号 zìhao；商号 shānghào ♦～を登記 字号登记 zìhao dēngjì

しょうごう【照合-する】 查对 cháduì；核对 héduì

しょうごう【称号】 称号 chēnghào ♦～を与える 授予称号 shòuyǔ chēnghào

じょうこう【条項】 条款 tiáokuǎn

じょうこう【乗降-する】 上下车[船] shàngxià chē[chuán] ♦～客 上下乘客 shàngxià chéngkè ♦～口 出入口 chūrùkǒu

じょうこう【情交】 交情 jiāoqíng ♦～を結ぶ 结交 jiéjiāo

しょうこうぎょう【商工業】 工商业 gōngshāngyè

しょうこうしゅ【紹興酒】 绍兴酒 shàoxīngjiǔ；绍酒 shàojiǔ；老酒 lǎojiǔ

しょうこうねつ【猩紅熱】 猩红热 xīnghóngrè

しょうこく【小国】 小国 xiǎoguó

じょうこく【上告-する】 上告 shànggào；上诉 shàngsù

しょうことなしに 无可奈何 wú kě nài hé；不得已 bùdéyí

しょうこりもなく【性懲りもなく】 不接受教训，还[又]… bù jiēshòu jiàoxun，hái[yòu]...

しょうこん【商魂】 经商的气魄 jīngshāng de qìpò ♦～たくましい 富有经商气魄 fùyǒu jīngshāng qìpò

しょうさ【少佐】 少校 shàoxiào

しょうさ【小差-で】 微小的差别 wēixiǎo de chābié ♦～で敗れた 差点儿就取胜了 chà diǎnr jiù qǔshèng le

しょうさい【詳細】 详细 xiángxì；仔细 zǐxì ♦～に述べる 详细叙述 xiángxì xùshù

しょうさい【商才】 商业才干 shāng-

yè cáigàn ♦～に長ける 擅长经商 shàncháng jīngshāng
じょうざい【錠剤】 药片 yàopiàn
じょうざい【浄財】 捐款 juānkuǎn ♦～を募る 募捐 mùjuān
じょうさく【上策】 上策 shàngcè; 上计 shàngjì
しょうさっし【小冊子】 小册子 xiǎocèzi
しょうさん【硝酸】 硝酸 xiāosuān ♦～銀 硝酸银 xiāosuānyín
しょうさん【称[賞]賛-する】 赞扬 zànyáng; 称赞 chēngzàn ♦～に値する 值得称赞 zhídé chēngzàn ♦～の言葉 赞语 zànyǔ ♦～を浴びる 饱受赞誉 bǎoshòu zànyù
しょうさん【勝算】 得胜的把握 déshèng de bǎwò ♦～がある 有获胜的把握 yǒu huòshèng de bǎwò
しょうし【焼死-する】 烧死 shāosǐ
しょうし【笑止】 可笑 kěxiào ♦～千万 可笑万分 kěxiào wànfēn
しょうじ【小事】 小事 xiǎoshì ♦～にこだわる 拘泥于小事 jūnìyú xiǎoshì
しょうじ【障子】 纸拉窗 zhǐlāchuāng ♦～紙 拉窗纸 lāchuāngzhǐ
じょうし【上司】 上级 shàngjí; 上司 shàngsi ♦直属の～ 顶头上司 dǐngtóu shàngsi
じょうし【情死-する】 情死 qíngsǐ
じょうし【上梓-する】 出版 chūbǎn
じょうじ【情事】 风流韵事 fēngliú yùnshì; 偷情 tōuqíng ♦～を重ねる 反复偷情 fǎnfù tōuqíng
じょうじ【常時】 平时 píngshí; 经常 jīngcháng
しょうじき【正直-な】 坦率 tǎnshuài; 老实 lǎoshi ♦～者 老实人 lǎoshirén ♦～言って 老实说 lǎoshi shuō
じょうしき【常識】 常识 chángshí; 常情 chángqíng ♦～的な 常识性的 chángshíxìng de ♦～のある 有常识 yǒu chángshí ♦～外れ 不合常规 bù hé chángguī; 违背常情 wéibèi chángqíng
しょうしつ【消失-する】 消失 xiāoshī ♦権利の～ 权利消失 quánlì xiāoshī
しょうしつ【焼失-する】 烧毁 shāohuǐ; 烧掉 shāodiào ♦～を免れる 免遭烧毁 miǎn zāo shāohuǐ
じょうしつ【上質-の】 优质 yōuzhì ♦～紙 优质纸 yōuzhìzhǐ
じょうじつ【情実】 情面 qíngmiàn; 人情 rénqíng; 私分 sīfēn ♦～にとらわれる 碍于情面 àiyú qíngmiàn ♦～にとらわれない 不讲情面

bùjiǎng qíngmiàn
しょうしみん【小市民】 小市民 xiǎoshìmín
しょうしゃ【商社】 商行 shāngháng; 贸易公司 màoyì gōngsī
しょうしゃ【照射-する】 照射 zhàoshè ♦レントゲン～ 爱克斯光照射 àikèsīguāng zhàoshè
しょうしゃ【瀟洒-な】 潇洒 xiāosǎ
じょうしゃ【乗車-する】 乘车 chéngchē ♦～口 乘车口 chéngchēkǒu ♦～券 车票 chēpiào ♦～賃 车费 chēfèi
じょうしゃ【生者】 ♦～必滅 生者必灭 shēngzhě bì miè
じょうしゃきょひ【乗車拒否】 《タクシー》拒载 jùzǎi
じょうじゅ【成就-する】 成就 chéngjiù; 实现 shíxiàn ♦大願～ 夙愿实现 sùyuàn shíxiàn
しょうしゅう【召集-する】 召集 zhàojí; 征集 zhēngjí ♦～令状 召集令 zhàojílìng
しょうしゅう【招集-する】 招集 zhāojí ♦会議を～する 招集会议 zhāojí huìyì
しょうじゅう【小銃】 步枪 bùqiāng ♦自動～ 自动步枪 zìdòng bùqiāng ♦～で打つ 用步枪射击 yòng bùqiāng shèjī
しょうじゅつ【常習】 瘾 yǐn ♦～する 上瘾 shàng yǐn ♦～犯 惯犯 guànfàn ♦遅刻の～ 经常迟到 jīngcháng chídào ♦麻薬～者 瘾君子 yǐn jūnzǐ; 吸毒者 xīdúzhě
しょうじゅつ【詳述-する】 详述 xiángshù; 阐述 chǎnshù
じょうじゅつ【上述-の】 上述 shàngshù ♦～のごとく 如上所述 rú shàng suǒ shù
じょうしゅび【上首尾】 顺利完成 shùnlì wánchéng; 结果圆满 jiéguǒ yuánmǎn ♦万事～ 万事大吉 wànshì dàjí
しょうじゅん【照準】 ♦～を合わせる 瞄准 miáozhǔn
じょうじゅん【上旬】 上旬 shàngxún ♦8月～ 八月上旬 bāyuè shàngxún
しょうしょ【小暑】 小暑 xiǎoshǔ
しょうしょ【証書】 证书 zhèngshū; 字据 zìjù ♦借用～ 借据 jièjù ♦卒業～ 毕业证书 bìyè zhèngshū; 文凭 wénpíng
しょうじょ【少女】 少女 shàonǚ; 小姑娘 xiǎogūniang
しょうしょう【少将】 少将 shàojiàng
しょうしょう【少々】 有点儿 yǒudiǎnr; 少许 shǎoxǔ ♦～お待ちを 请稍微等一会儿 qǐng shāowēi

děng yíhuìr

しょうじょう【症状】病情 bìngqíng; 症状 zhèngzhuàng ◆〜が現れる 出現症状 chūxiàn zhèngzhuàng ◆〜が悪化する 病情恶化 bìngqíng èhuà ◆自覚〜 自觉症状 zìjué zhèngzhuàng

しょうじょう【賞状】奖状 jiǎngzhuàng

じょうしょう【上昇-する】上升 shàngshēng ◆〜気流 上升气流 shàngshēng qìliú ◆物価が〜する 物价上涨 wùjià shàngzhǎng

じょうじょう【情状】案情 ànqíng; 情况 qíngkuàng ◆〜酌量 酌情 zhuóqíng

じょうじょう【上々-の】非常好 fēicháng hǎo ◆気分は〜 情绪高涨 qíngxù gāozhǎng

じょうじょう【上場-する】《株式の》上市 shàngshì ◆〜会社 上市公司 shàngshì gōngsī

しょうしょく【少食】饭量小 fànliàng xiǎo

じょうしょく【常食-する】常食 chángshí; 家常的饭食 jiācháng de fànshí

しょうじる【生じる】产生 chǎnshēng; 发生 fāshēng ◆疑惑を〜 产生疑惑 chǎnshēng yíhuò ◆多くの困難が〜 产生不少困难 chǎnshēng bùshǎo kùnnan

じょうじる【乗じる】乘 chéng; 趁 chèn ◆夜陰に乗じて 趁夜色 chèn yèsè

しょうじん【小心-の】胆小 dǎnxiǎo ◆〜者 胆小鬼 dǎnxiǎoguǐ

しょうしん【傷心-の】伤心 shāngxīn

しょうしん【昇進-する】晋级 jìnjí; 晋升 jìnshēng ◆〜が早い 晋升快 jìnshēng kuài

しょうじん【小人】小人 xiǎorén

しょうじん【精進-する】❶《仏教の》斋戒 zhāijiè; 修行 xiūxíng ◆〜料理 素菜 sùcài; 素餐 sùcān ❷《懸命な努力》专心致志 zhuān xīn zhì zhì

じょうしん【上申-する】呈报 chéngbào; 申报 shēnbào ◆〜書 呈文 chéngwén ◆局長に〜する 呈报局长 chéngbào júzhǎng

じょうじん【常人】常人 chángrén; 普通人 pǔtōngrén

しょうしんしょうめい【正真正銘-の】不折不扣 bù zhé bú kòu; 千真万确 qiānzhēn wànquè; 真正 zhēnzhèng

じょうず【上手-な】善于 shànyú ◆聞き〜 善听 shàn tīng ◆話し〜 会说 huì shuō ◆買い物〜 很会买东西 hěn huì mǎi dōngxi ◆善于安排生活 shànyú ānpái shēnghuó ◆〜に 巧妙地 qiǎomiào de ◆〜の手から水が漏る 智者千虑必有一失 zhìzhě qiānlǜ bì yǒu yī shī

しょうすい【憔悴-する】憔悴 qiáocuì; 枯槁 kūgǎo ◆しきった 憔悴 yānyān; 极端憔悴 jíduān qiáocuì

じょうすい【上水】上水 shàngshuǐ; 自来水 zìláishuǐ ◆〜道 上水道 shàngshuǐdào

じょうすい【浄水】净水 jìngshuǐ ◆〜场 净水场 jìngshuǐchǎng ◆〜装置 净水装置 jìngshuǐ zhuāngzhì ◆〜池 净水池 jìngshuǐchí

しょうすう【小数】小数 xiǎoshù; 尾数 wěishù ◆〜点 小数点 xiǎoshùdiǎn

しょうすう【少数-の】少数 shǎoshù ◆〜意見 少数意见 shǎoshù yìjiàn ◆〜派 少数派 shǎoshùpài ◆〜民族 少数民族 shǎoshù mínzú

しょうする【称する】❶《名乗る》叫做 jiàozuò; 名字叫 míngzi jiào ◆蒋と〜男 自称为蒋的男人 zì chēngwéi Jiǎng de nánrén ❷《口実に》〜病気と称して 称病 chēngbìng; 借口有病 jièkǒu yǒu bìng ◆友人と称して 假称是朋友 jiǎchēng shì péngyou

しょうする【賞する】《ほめる》称赞 chēngzàn; 表扬 biǎoyáng; 《めでる》赏 shǎng; 欣赏 xīnshǎng

しょうせい【招請-する】邀请 yāoqǐng ◆〜に応ずる 应邀 yìngyāo ◆〜状 邀请书 yāoqǐngshū

じょうせい【上声】上声 shàngshēng; 上声 shǎngshēng

じょうせい【情勢】情况 qíngkuàng; 形势 xíngshì; 局势 júshì ◆〜に明るい 了解形势 liǎojiě xíngshì ◆国際〜 国际形势 guójì xíngshì ◆〜分析 形势分析 xíngshì fēnxī

じょうせい【上製-の】精制 jīngzhì ◆〜本 精装书 jīngzhuāngshū

じょうせい【醸成-する】酿造 niàngzào; 酿成 niàngchéng ◆酒の〜 酿酒 niàngjiǔ ◆社会不安を〜する 造成社会不安 zàochéng shèhuì bù'ān

じょうせき【上席】❶《上座》上座 shàngzuò ◆〜につく 就上座 jiù shàngzuò ❷《上級の》〜判事 首席法官 shǒuxí fǎguān ❸《上位の席次》〜を占める 占上位 zhàn shàngwèi

じょうせき【定石】基本定式 jīběn dìngshì; 常规 chángguī ◆〜通り

に 按照常规 ànzhào chángguī ♦~を踏む 循規蹈矩 xún guī dǎo jǔ

しょうせつ【小節】 ❶《音楽の》小节 xiǎojié ♦第２～ 第二小节 dì'èr xiǎojié ❷《ささいな事》♦~にこだわる 拘泥于小节 jūnìyú xiǎojié

しょうせつ【小説】 小说 xiǎoshuō ♦~家 小说家 xiǎoshuōjiā ♦SF~ 科幻小说 kēhuàn xiǎoshuō

しょうせつ【章節】 章节 zhāngjié ♦~に区切る 区分章节 qūfēn zhāngjié

しょうせつ【詳説-する】 详细说明 xiángxì shuōmíng

じょうせつ【常設-の】 常设 chángshè ♦~展示物 常设展品 chángshè zhǎnpǐn

じょうぜつ【饒舌-な】 饶舌 ráoshé ♦~家 饶舌家 ráoshéjiā

しょうせっかい【消石灰】 消石灰 xiāoshíhuī

しょうせん【商船】 商船 shāngchuán ♦~大学 商船大学 shāngchuán dàxué

しょうせん【商戦】 市场竞争 shìchǎng jìngzhēng ♦商业上的竞争 shāngyè shàng de jìngzhēng

しょうぜん【悄然-と】 悄然 qiāorán ♦~たる顔つき 沮丧的神情 jǔsàng de shénqíng ♦~と立ち去る 快快而去 yàngyàng ér qù

じょうせん【乗船-する】 乘船 chéngchuán ♦~する 上船 shàng chuán

しょうそ【勝訴-する】 胜诉 shèngsù

じょうそ【上訴-する】 上诉 shàngsù

しょうそう【少壮-たる】 少壮 shàozhuàng ♦~企業家 少壮派企业家 shàozhuàngpài qǐyèjiā

しょうそう【尚早】 尚早 shàng zǎo ♦時期~である 为时尚早 wéi shí shàng zǎo

しょうそう【焦燥-する】 焦躁 jiāozào ♦~感 焦躁感 jiāozàogǎn

しょうぞう【肖像】 肖像 xiàoxiàng ♦~画 画像 huàxiàng ♦~画家 画家 huàxiàng huàjiā ♦~権 肖像权 xiàoxiàngquán

じょうそう【上層-の】 上层 shàngcéng ♦会社の~部 公司的上层领导 gōngsī de shàngcéng lǐngdǎo

じょうそう【情操】 情操 qíngcāo ♦~教育 美育 měiyù; 培养情操 péiyǎng qíngcāo

じょうぞう【醸造-する】 酿造 niàngzào ♦~酒 酿造的酒 niàngzào de jiǔ

しょうそく【消息】 信息 xìnxī; 音信 yīnxìn ♦~を知らせる 传信 chuánxìn ♦~通である 灵通消息 língtōng xiāoxi ♦~不明である 杳无音信 yǎo wú yīnxìn

しょうぞく【装束】 装束 zhuāngshù; 服装 fúzhuāng ♦黑~ 黑色装束 hēisè zhuāngshù

しょうたい【小隊】 排 pái ♦~长 排长 páizhǎng

しょうたい【招待-する】 邀请 yāoqǐng; 请客 qǐngkè ♦~に応じる 应邀 yìngyāo ♦~客 来宾 láibīn ♦~状 请帖 qǐngtiě; 请柬 qǐngjiǎn

しょうたい【正体】 ❶《本当の姿》真面目 zhēnmiànmù ♦~を現す 原形毕露 yuánxíng bì lù; 现形 xiànxíng ♦~不明的 真相不明的 zhēnxiàng bù míng de ❷《正気》♦~を失う 神志不清 shénzhì bù qīng

じょうたい【常態-の】 常态 chángtài ♦~を回復する 恢复正常 huīfù zhèngcháng

じょうたい【状態】 状态 zhuàngtài; 情形 qíngxing ♦健康~ 健康状况 jiànkāng zhuàngkuàng ♦危険な~ 危险的情况 wēixiǎn de qíngkuàng

じょうたい【上体】 上身 shàngshēn ♦~を起こす 坐起身来 zuòqǐ shēn lái

じょうだい【上代-の】 上古 shànggǔ

しょうだく【承諾-する】 答应 dāying; 应允 yīngyǔn; 允诺 yǔnnuò ♦~を得る 得到同意 dédào tóngyì ♦事後~ 事后应允 shìhòu yīngyǔn

じょうたつ【上達-する】 长进 zhǎngjìn; 进步 jìnbù ♦~が早い 进步很快 jìnbù hěn kuài ♦技術が~する 技术有长进 jìshù yǒu zhǎngjìn

しょうたん【賞嘆】 赞叹 zàntàn

しょうだん【商談】 商谈 shāngtán ♦~する 洽谈 qiàtán ♦~がまとまる 成交 chéngjiāo

じょうたん【上端】 上端 shàngduān

じょうだん【冗談】 玩话 wánhuà; 笑谈 xiàotán ♦~はやめろ 别开玩笑了 bié kāi wánxiào le ♦~を言う 打哈哈 dǎ hāha; 开玩笑 kāi wánxiào

じょうだん【上段】 ❶《高い段》上层 shàngcéng ♦本棚の~ 书架的上层 shūjià de shàngcéng ❷《上座》♦~を勧める 请坐上座 qǐng zuò shàngzuò ❸《武道·囲碁などの》♦~者 高段位者 gāo duànwèi zhě

しょうち【承知-する】 答应 dāying; 允诺 yǔnnuò; 同意 tóngyì ♦御~のとおり 如您所知 rú nín suǒ zhī ♦偽物と~の上で買う 明知是假的而敢买 míngzhī shì jiǎ de ér gǎn mǎi

しょうち【招致-する】 招致 zhāozhì; 聘请 pìnqǐng

じょうち【常置-する】 常设 chángshè

じょうちゃん【嬢ちゃん】 小姑娘 xiǎogūniang；小妹妹 xiǎomèimei

しょうちゅう【掌中】 手心 shǒuxīn，~に収める 掌握 zhǎngwò；落在手里 luòzài shǒuli ◆~の玉 掌上明珠 zhǎngshàng míngzhū

しょうちゅう【焼酎】 烧酒 shāojiǔ；白酒 báijiǔ

じょうちゅう【常駐-する】 常驻 chángzhù

じょうちょ【情緒】 情调 qíngdiào；~的 有情趣 yǒu qíngqù ◆~不安定な 情绪不稳定 qíngxù bù wěndìng ◆~豊かな 充满情趣 chōngmǎn qíngqù ◆異国~ 异国情趣 yìguó qíngqù

しょうちょう【小腸】 小肠 xiǎocháng

しょうちょう【象徴-する】 象征 xiàngzhēng ◆~的な 象征性的 xiàngzhēngxìng de

じょうちょう【冗長-な】 累赘 léizhui；冗长 rǒngcháng ◆~な文章 冗长的文章 rǒngcháng de wénzhāng

じょうちょう【情調】 情调 qíngdiào ◆~のこもった 充满情调的 chōngmǎn qíngdiào de ◆異国~ 异国情调 yìguó qíngdiào

じょうてい【上程-する】 向议会提出 xiàng yìhuì tíchū

じょうでき【上出来-の】 结果成功 jiéguǒ chénggōng；做得好 zuòde hǎo

しょうてん【焦点】 焦点 jiāodiǎn ◆~が合わない 焦点未对准 jiāodiǎn wèi duìzhǔn ◆~距離 焦距 jiāojù ◆話題の~ 话题的中心 huàtí de zhōngxīn ◆議論の~ 争论的核心 zhēnglùn de héxīn

しょうてん【商店】 商店 shāngdiàn；店铺 diànpù ◆~が倒产する 商店倒闭 shāngdiàn dǎobì ◆~街 商店街 shāngdiànjiē

しょうてん【昇天-する】 归天 guītiān；升天 shēngtiān

しょうでん【小伝】 小传 xiǎozhuàn

じょうてんき【上天気】 好天气 hǎo tiānqì ◆~になる 天气变好 tiānqì biànhǎo

しょうど【焦土】 焦土 jiāotǔ ◆~と化す 化成焦土 huàchéng jiāotǔ

しょうど【照度】 照度 zhàodù ◆~计 照度计 zhàodùjì

じょうと【譲渡-する】 移交 yíjiāo；转让 zhuǎnràng ◆~证书 转让证书 zhuǎnràng zhèngshū

じょうど【浄土】 净土 jìngtǔ ◆~信仰 净土信仰 jìngtǔ xìnyǎng

しょうとう【消灯-する】 熄灯 xīdēng ◆~時間 熄灯时间 xīdēng shíjiān

しょうどう【衝動】 冲动 chōngdòng ◆~的な発言 冲动性的发言 chōngdòngxìng de fāyán ◆~に駆られる 出于冲动 chūyú chōngdòng ◆~買いをする 瞎买东西 xiā mǎi dōngxi

じょうとう【上等-な】 高级 gāojí；上等 shàngděng ◆~品 上品 shàngpǐn

じょうとう【常套-の】 老一套 lǎoyítào；常用 chángyòng ◆~句 套话 tàohuà；口头禅 kǒutóuchán

じょうどう【常道】 取引の~ 交易的常规 jiāoyì de chángguī ◆~を踏み外す 越出常规 yuèchū chángguī

じょうとうしき【上棟式】 上梁仪式 shàngliáng yíshì

しょうどく【消毒-する】 消毒 xiāodú ◆~液 消毒液 xiāodúyè ◆~济みの 消毒过的 xiāodúguo de ◆日光~ 日光消毒 rìguāng xiāodú

しょうとつ【衝突-する】 冲撞 chōngzhuàng；磕碰 kēpèng；冲突 chōngtū ◆~を和らげる 缓冲 huǎnchōng ◆~を避ける 避免冲突 bìmiǎn chōngtū ◆~事故 撞车事故 zhuàngchē shìgù

じょうない【場内】 场内 chǎngnèi ◆~アナウンス 场内广播 chǎngnèi guǎngbō ◆~整理を行う 整理场内秩序 zhěnglǐ chǎngnèi zhìxù

しょうに【小児】 ~科 儿科 érkē；小儿科 xiǎo'ér kē ◆~麻痺 小儿麻痹 xiǎo'ér mábì

しょうにゅうせき【鐘乳石】 钟乳石 zhōngrǔshí

しょうにゅうどう【鐘乳洞】 钟乳岩洞 zhōngrǔ yándòng

しょうにん【商人】 商人 shāngrén

しょうにん【承認-する】 批准 pīzhǔn；承认 chéngrèn ◆~を得る 得到承认 dédào chéngrèn

しょうにん【証人】 见证人 jiànzhèngrén；证人 zhèngren ◆~喚問 传唤证人 chuánhuàn zhèngren ◆~台に立つ 站在证人席上 zhànzài zhèngrenxíshang

じょうにん【常任-の】 常任 chángrèn ◆~委員 常委 chángwěi ◆~理事国 常任理事国 chángrèn lǐshìguó

しょうね【性根】 本性 běnxìng；根性 gēnxìng ◆~が腐っている 本性恶劣 běnxìng èliè ◆~を入れかえる 洗心革面 xǐ xīn gé miàn

じょうねつ【情熱】 热情 rèqíng；

しょうねん【少年】 少年 shàonián ♦～院 工读学校 gōngdú xuéxiào; 教养院 jiàoyǎngyuàn

じょうねん【情念】 感情 gǎnqíng ♦～がわく 感情涌上来 gǎnqíng yǒngshànglai

しょうねんば【正念場】 关键时刻 guānjiàn shíkè ♦～を迎える 面临紧要关头 miànlín jǐnyào guāntóu

しょうのう【小脳】 小脑 xiǎonǎo

しょうのう【笑納-する】 笑纳 xiàonà ♦御～下さい 请笑纳 qǐng xiàonà

じょうのう【上納-する】 上缴 shàngjiāo ♦～金 上缴金 shàngjiāojīn

しょうのつき【小の月】 小月 xiǎoyuè

じょうば【乗馬】 骑马 qímǎ ♦～ズボン 马裤 mǎkù ♦～靴 马靴 mǎxuē

しょうはい【勝敗】 胜负 shèngfù; 胜败 shèngbài; 雌雄 cíxióng ♦～を決する 决胜败 jué shèngbài

しょうばい【商売-する】 买卖 mǎimai; 生意 shēngyi; 经商 jīngshāng ♦～の元手 本钱 běnqián; 资本 zīběn ♦～替えする 改行 gǎiháng; 跳行 tiàoháng ♦～敵(がたき) 竞争对手 jìngzhēng duìshǒu

しょうばつ【賞罰】 奖惩 jiǎngchéng; 赏罚 shǎngfá ♦～なし 无赏罚 wú shǎngfá

じょうはつ【蒸発-する】 ❶《水分が》蒸发 zhēngfā ❷《行方不明》失踪 shīzōng

しょうはん【相伴-する】 陪人一起吃[喝] péi rén yīqǐ chī[hē] ♦お～にあずかる 沾光 zhānguāng

じょうはんしん【上半身】 上身 shàngshēn ♦～裸になる 裸背 chìbèi; 赤膊 chìbó

しょうひ【消費-する】 消耗 xiāohào; 消费 xiāofèi ♦～税 消费税 xiāofèishuì ♦～財 消费品 xiāofèipǐn ♦～が拡大する 消费扩大 xiāofèi kuòdà

しょうび【焦眉-の】 ♦～の急 当务之急 dāng wù zhī jí; 燃眉之急 rán méi zhī jí ♦～の問題 亟待解决的问题 jídài jiějué de wèntí

しょうび【賞美-する】 赏识 shǎngshí ♦～に値する 值得赏识 zhíde shǎngshí

じょうび【常備-する】 常备 chángbèi ♦～薬 常备药 chángbèiyào

しょうひょう【商標】 商标 shāngbiāo; 牌号 páihào ♦～を盗用する 冒牌 màopái ♦～登録→注册商标 zhùcè shāngbiāo

しょうひん【商品】 商品 shāngpǐn; 货物 huòwù ♦～券 商品券 shāngpǐnquàn ♦～注文する 订货 dìnghuò

しょうひん【小品】 小品 xiǎopǐn; 小作品 xiǎo zuòpǐn

しょうひん【賞品】 奖品 jiǎngpǐn

じょうひん【上品-な】 文雅 wényǎ; 优雅 yōuyǎ; 斯文 sīwen ♦～な物腰 风度优雅 fēngdù yōuyǎ

しょうふ【娼婦】 娼妇 chāngfù; 妓女 jìnǚ

しょうぶ【勝負-する】 争胜负 zhēng shèngfù ♦～がつく 分胜负 fēn shèngfù ♦～に出る 去决战 qù juézhàn

ショウブ【菖蒲】 菖蒲 chāngpú

じょうふ【情夫】 情夫 qíngfū

じょうふ【情婦】 情妇 qíngfù

じょうぶ【上部-の】 上面 shàngmiàn; 上层 shàngcéng ♦～構造 上层建筑 shàngcéng jiànzhù

じょうぶ【丈夫-な】 坚固 jiāngù; 壮健 zhuàngjiàn; 结实 jiēshi; 耐用 nàiyòng ♦～に育つ 发育健壮 fāyù jiànzhuàng

しょうふく【承服-する】 服从 fúcóng; 听从 tīngcóng ♦～できない 不能服从 bùnéng fúcóng

しょうふだ【正札】 牌价 páijià

じょうぶつ【成仏-する】 《死んで仏になる》成佛 chéngfó

しょうぶん【性分】 性情 xìngqíng; 性格 xìnggé ♦～に合わない 不合禀性 bù hé bǐngxìng

じょうぶん【条文】 条文 tiáowén

しょうへい【招聘-する】 招聘 zhāopìn; 聘请 pìnqǐng ♦～に応じる 应聘 yìngpìn

しょうへき【障壁】 壁垒 bìlěi ♦～を取り除く 消除隔阂 xiāochú géhé ♦非関税～ 非关税壁垒 fēiguānshuì bìlěi

じょうへき【城壁】 城墙 chéngqiáng ♦～を巡らす 围上城墙 wéishàng chéngqiáng

しょうべん【小便-する】 尿 niào; 小便 xiǎobiàn; 小解 xiǎojiě; 撒尿 sāniào

じょうほ【譲歩-する】 让步 ràngbù; 退让 tuìràng

しょうほう【商法】 ❶《商売の仕方》经商方法 jīngshāng fāngfǎ ♦悪德～ 恶劣的经商方法 èliè de jīngshāng fāngfǎ ❷《法》商法 shāngfǎ ♦～に違反する 违犯商法 wéifàn shāngfǎ

しょうほう【詳報】 详细报道 xiángxì bàodào

しょうぼう【消防】 消防 xiāofáng ♦～車 救火车 jiùhuǒchē; 消防车 xiāofángchē ♦～署 消防局 xiāo-

じょうほう【情報】情報 qíngbào; 信息 xìnxī ♦〜が漏れる 消息走风 xiāoxi zǒufēng ♦〜システム 信息系统 xìnxī xìtǒng ♦〜を知らせる 通风报信 tōngfēng bàoxìn ♦〜を漏らす 泄露消息 xièlòu xiāoxi ♦〜処理 信息处理 xìnxī chǔlǐ

じょうほん【抄本】抄本 chāoběn ♦戸籍〜 户口复印件 hùkǒu fùyìnjiàn

じょうまえ【錠前】锁 suǒ ♦〜をおろす 上锁 shàngsuǒ

しょうまっせつ【枝葉末節】细枝末节 xì zhī mò jié; 枝节 zhījié; 末节 mòjié

じょうまん【冗漫-な】烦冗 fánrǒng; 冗长 rǒngcháng ♦〜な文章 烦冗的文章 fánrǒng de wénzhāng

しょうみ【正味】净 jìng ♦〜の重量 净重 jìngzhòng ♦〜の値段 净价 jìngjià ♦〜の話 实质性的话 shízhìxìng de huà

しょうみ【賞味-する】欣赏滋味 xīnshǎng zīwèi ♦〜期限 品味期限 pǐnwèi qīxiàn; 保质期 bǎozhìqī

じょうみ【情味】情趣 qíngqù ♦〜豊かな 富有情趣的 fùyǒu qíngqù de

じょうみゃく【静脈】静脉 jìngmài ♦〜注射 静脉注射 jìngmài zhùshè

じょうむ【常務】♦〜取締役 常务董事 chángwù dǒngshì

じょうむいん【乗務員】乘务员 chéngwùyuán

しょうめい【照明-する】照明 zhàomíng; 灯光 dēngguāng ♦〜器具 照明器具 zhàomíng qìjù ♦〜係《舞台効果などの》灯光员 dēngguāngyuán

しょうめい【証明-する】证明 zhèngmíng ♦〜書 证件 zhèngjiàn; 证明书 zhèngmíngshū

しょうめつ【消滅-する】消灭 xiāomiè; 绝灭 juémiè ♦〜させる 毁灭 huǐmiè ♦自然〜する 自然灭绝 zìrán mièjué

しょうめん【正面-の】对面 duìmiàn; 正面 zhèngmiàn ♦〜を向く 面向前方 miàn xiàng qiánfāng ♦〜玄関 正门 zhèngmén ♦〜衝突 正面冲突 zhèngmiàn chōngtū ♦〜図 正视图 zhèngshìtú

しょうもう【消耗-する】消耗 xiāohào; 耗损 hàosǔn ♦〜が激しい 耗损严重 hàosǔn yánzhòng ♦〜戦 消磨战 xiāomózhàn ♦〜品 消耗品 xiāohàopǐn

じょうもの【上物-の】好货 hǎo huò; 高级品 gāojípǐn ♦〜の紹興酒 上等绍兴酒 shàngděng shàoxīngjiǔ

しょうもん【証文】借据 jièjù; 字据 zìjù ♦〜を入れる 立字据 lì zìjù

じょうもん【城門】城门 chéngmén

しょうやく【生薬】生药 shēngyào; 中草药 zhōngcǎoyào

しょうやく【抄訳】摘译 zhāiyì

じょうやく【条約】条约 tiáoyuē; 公约 gōngyuē ♦〜に調印する 签署条约 qiānshǔ tiáoyuē ♦〜を破る 撕毁条约 sīhuǐ tiáoyuē ♦〜改正 修改条约 xiūgǎi tiáoyuē

じょうやとう【常夜灯】长明灯 chángmíngdēng

しょうゆ【醬油】酱油 jiàngyóu

しょうよ【賞与】红利 hónglì; 奖金 jiǎngjīn

じょうよ【剰余】余剩 yúshèng ♦〜残高 结余 jiéyú

じょうよ【譲与-する】出让 chūràng; 转让 zhuǎnràng

しょうよう【従容-として】从容 cóngróng

しょうよう【商用-で】商务 shāngwù ♦〜語 商业用语 shāngyè yòngyǔ

じょうよう【常用-する】常用 chángyòng ♦〜語 常用词语 chángyòng cíyǔ

じょうようしゃ【乗用車】轿车 jiàochē; 小车 xiǎochē

じょうよく【情欲】情欲 qíngyù

しょうらい【将来】将来 jiānglái; 前程 qiánchéng ♦〜に備える 为未来做准备 wèi wèilái zuò zhǔnbèi ♦〜の展望 展望前程 zhǎnwàng qiánchéng ♦〜性がある 很有前途 hěn yǒu qiántú

しょうり【勝利-する】胜利 shènglì ♦〜を収める 取胜 qǔshèng ♦〜を祝う 祝捷 zhùjié ♦〜をかちとる 争取胜利 zhēngqǔ shènglì ♦〜者 胜利者 shènglìzhě

じょうり【情理】情理 qínglǐ ♦〜を兼ねる 合情合理 hé qíng hé lǐ ♦〜を尽くす 尽情尽理 jìn qíng jìn lǐ

じょうり【条理】道理 dàolǐ; 条理 tiáolǐ ♦〜にかなう 合乎道理 héhū dàolǐ ♦〜に反する 不讲理 bù jiǎnglǐ

じょうりく【上陸-する】登陆 dēnglù ♦台風が〜する 台风登陆 táifēng dēnglù

しょうりつ【勝率】比赛获胜率 bǐsài huòshènglǜ

しょうりゃく【省略-する】略去 lüèqù; 省略 shěnglüè ♦〜记号 省略号 shěnglüèhào

じょうりゅう【上流-の】❶《川の》上流 shàngliú; 上游 shàngyóu ♦〜

へ航行する 溯流上行 sùliú shàngxíng ❷《社会的地位が》♦～階級 上流阶级 shàngliú jiējí ♦～社会 上层社会 shàngcéng shèhuì

じょうりゅう【蒸留-する】 蒸馏 zhēngliú ♦～酒 蒸馏酒 zhēngliújiǔ ♦～水 蒸馏水 zhēngliúshuǐ

しょうりょ【焦慮-する】 焦急 jiāojí; 焦灼 jiāozhuó

しょうりょう【少量-の】 少量 shǎoliàng; 少许 shǎoxǔ ♦～の塩 少量的盐 shǎoliàng de yán

しょうりょう【渉猟-する】 搜寻 sōuxún; 涉猎 shèliè

しょうりょう【精霊】 精灵 jīnglíng

じょうりょく【常緑】 常绿 chánglǜ ♦～樹 常绿树 chánglǜshù

しょうりょくか【省力化-する】 省力 shěnglì

しょうりんじ【少林寺】 ♦～拳法 少林拳 shàolínquán

じょうるり【浄瑠璃】 净琉璃 jìngliúlí

しょうれい【奨励-する】 奖励 jiǎnglì; 鼓励 gǔlì ♦～金 奖金 jiǎngjīn

しょうれい【症例】 病例 bìnglì

しょうれい【省令】 内阁各省的政令 nèigé gèshěng de zhènglìng

じょうれい【条令】 条令 tiáolìng; 条例 tiáolì ♦～違反 违反条令 wéifǎn tiáolìng

じょうれん【常[定]連】 常客 chángkè

じょうろ【如雨露】 喷壶 pēnhú

しょうろう【鐘楼】 钟楼 zhōnglóu

しょうろく【抄録-する】 摘录 zhāilù; 抄录 chāolù

しょうろん【詳論-する】 详细议论 xiángxì yìlùn ♦～を展開する 展开详细议论 zhǎnkāi xiángxì yìlùn

しょうわ【唱和-する】 唱和 chànghè ♦御～を請う 请唱和 qǐng chànghè

しょうわくせい【小惑星】 小行星 xiǎoxíngxīng

しょうあく【性悪-な】 心眼儿坏 xīnyǎnr huài; 居心不良 jūxīn bùliáng

しょえん【初演-する】 首次演出 shǒucì yǎnchū ♦本邦～の 国内首演 guónèi shǒuyǎn

じょえん【助演-する】 配演 pèiyǎn ♦～俳優 配角 pèijué

ショー 展览 zhǎnlǎn; 表演 biǎoyǎn ♦～ビジネス 演艺事业 yǎnyì shìyè ♦モーター～ 汽车展览 qìchē zhǎnlǎn ♦～ウインドウ 橱窗 chúchuāng

じょおう【女王】 女王 nǚwáng ♦～蜂 母蜂 mǔfēng; 雌蜂 cífēng

ジョーカー 《トランプ》大王 dàwáng; 大鬼 dàguǐ

ジョーク 笑话 xiàohuà

ショーケース 陈列柜 chénlièguì; 橱窗 chúchuāng

ジョーゼット 《布地》乔其纱 qiáoqíshā

ショーツ 三角裤 sānjiǎokù

ショート-する《電気》短路 duǎnlù

ショートカット《髪型》短发 duǎnfà;《コンピュータ》快捷方式 kuàijié fāngshì

ショートケーキ 花蛋糕 huādàngāo

ショービニズム 大民族主义 dàmínzú zhǔyì; 沙文主义 Shāwén zhǔyì

ショール 披肩 pījiān

ショールーム 样品间 yàngpǐnjiān; 商品陈列室 shāngpǐn chénlièshì

しょか【書家】 书法家 shūfǎjiā

しょか【書架】 书架 shūjià

しょか【初夏】 初夏 chūxià

しょが【書画】 书画 shūhuà; 字画 zìhuà

しょかい【初回】 初次 chūcì; 第一次 dìyī cì

じょがい【除外-する】 除外 chúwài

しょかつ【所轄-する】 所辖 suǒxiá; 管辖 guǎnxiá ♦～署 所辖的派出所 suǒxiá de pàichūsuǒ

しょかん【書簡】 书信 shūxìn; 信札 xìnzhá ♦～を送る 致函 zhìhán

しょかん【所感】 所感 suǒgǎn

しょかん【所管-する】 管辖 guǎnxiá; 主管 zhǔguǎn

じょかんとく【助監督】 副导演 fùdǎoyǎn

しょき【初期-の】 初期 chūqī ♦データを～化する 数据初始化 shùjù chūshǐhuà ♦《地震》～微動 初期微震 chūqī wēizhèn

しょき【書記-する】 书记 shūjì ♦～官 书记官 shūjìguān

しょき【所期】 所期 suǒqī ♦～の目的を果たす 达到预期目的 dádào yùqī mùdì

しょきあたり【暑気中り-する】 中暑 zhòngshǔ; 受暑 shòushǔ ♦～を防ぐ 避暑 bìshǔ

しょきばらい【暑気払い-をする】 去暑 qùshǔ; 祛暑 qūshǔ

しょきゅう【初級-の】 初级 chūjí ♦～クラス 初级班 chūjíbān

じょきょ【除去-する】 除掉 chúdiào; 除去 chúqù

じょきょうじゅ【助教授】 副教授 fùjiàoshòu

しょぎょうむじょう【諸行無常】 诸行无常 zhūxíng wúcháng

じょきょく【序曲】 前奏曲 qiánzòuqǔ; 序曲 xùqǔ; 引子 yǐnzi ♦戦争の～ 战争的序曲 zhànzhēng de xùqǔ

ジョギング-する 跑步 pǎobù；健身跑 jiànshēnpǎo；慢跑 mànpǎo

しょく【私欲】 私欲 sīyù ◆～に走る 追求私利 zhuīqiú sīlì

しょく【職】 职业 zhíyè；工作 gōngzuò ◆～に就く 任职 rènzhí ◆～を辞する 辞职 cízhí；卸任 xièrèn ◆～を求める 找工作 zhǎogōngzuò；谋事 móushì ◆～を去る 离职 lízhí；卷铺盖 juǎn pūgai ◆手に～をつける 学会手艺 xuéhuì shǒuyì

しょく【食】 饮食 yǐnshí ◆～が進む 食欲旺盛 shíyù wàngshèng ◆～が進まない 没有胃口 méiyǒu wèikǒu ◆～が細い 吃得少 chīde shǎo

しょくあたり【食中り】 食物中毒 shíwù zhòngdú ◆～を起こす 引起食物中毒 yǐnqǐ shíwù zhòngdú

しょくいん【職員】 职员 zhíyuán

しょぐう【処遇】-する 待遇 dàiyù ◆～を誤る 错待 cuòdài

しょくえん【食塩】 食盐 shíyán；盐 yán ◆～水 盐水 yánshuǐ

しょくぎょう【職業】 工作 gōngzuò；行业 hángyè；职业 zhíyè ◆～を変える 跳行 tiàoháng；改行 gǎiháng ◆～病 职业病 zhíyèbìng

しょくご【食後-に】 食后 shíhòu ◆～のデザート 餐后点心 cānhòu diǎnxin

しょくざい【贖罪】-する 赎罪 shúzuì ◆～金 赎罪金 shúzuìjīn

しょくさん【殖産】 增加生产 zēngjiā shēngchǎn ◆～に努める 努力增产 nǔlì zēngchǎn ◆～興業 增产兴业 zēngchǎn xīngyè

しょくし【食指】 食指 shízhǐ ◆～が動く 起贪心 qǐ tānxīn；感到兴趣 gǎndào xìngqù

しょくじ【食事】 饭 fàn；饭菜 fàncài ◆～をする 吃饭 chī fàn；《敬語》用膳 yòng shàn ◆～を共にする 共餐 gòngcān

しょくしゅ【職種】 职别 zhíbié ◆～にこだわらない 不论职别 búlùn zhíbié ◆～を選ぶ 选职别 xuǎn zhíbié

しょくしゅ【触手】 触手 chùshǒu ◆～を伸ばす 伸手拉拢 shēnshǒu lālǒng

しょくじゅ【植樹】-する 植树 zhíshù；种树 zhòngshù ◆記念～ 纪念植树 jìniàn zhíshù

しょくじょ【織女】 织女 zhīnǚ ◆～星 织女星 zhīnǚxīng

しょくしょう【食傷】-する 《飽きる》吃腻 chīnì ◆～気味である 有些腻了 yǒuxiē nì le

しょくじりょうほう【食餌療法】 食物疗法 shíwù liáofǎ

しょくしん【触診】-する 触诊 chùzhěn

しょくせい【職制】 ❶《制度》职务的编制 zhíwù de biānzhì ◆～を改める 改编制 gǎi biānzhì ❷《管理職》基层干部 jīcéng gànbù

しょくせいかつ【食生活】 饮食生活 yǐnshí shēnghuó ◆～を改善する 改善伙食生活 gǎishàn huǒshí shēnghuó

しょくせき【職責】 职分 zhífèn；职责 zhízé ◆～を全うする 尽职 jìnzhí

しょくぜんしゅ【食前酒】 饭前酒 fànqiánjiǔ

しょくだい【燭台】 灯台 dēngtái；烛台 zhútái

しょくたく【食卓】 餐桌 cānzhuō；饭桌 fànzhuō ◆～を囲む 围着饭桌 wéizhe fànzhuō ◆～にのぼる 上餐桌 shàng cānzhuō

しょくたく【嘱託】-する 委托 wěituō；非专职的工作人员 fēi zhuānzhí de gōngzuò rényuán

しょくちゅう【食虫】 ◆～植物 食虫植物 shíchóng zhíwù

しょくちゅうどく【食中毒】 食物中毒 shíwù zhòngdú ◆～をおこす 引起食物中毒 yǐnqǐ shíwù zhòngdú

しょくつう【食通】 美食家 měishíjiā

しょくどう【食堂】 餐厅 cāntīng；饭厅 fàntīng ◆～車 餐车 cānchē

しょくどう【食道】 食道 shídào；食管 shíguǎn ◆～癌(がん) 食道癌 shídào'ái

しょくにく【食肉】 食肉 shíròu

しょくにん【職人】 工匠 gōngjiàng；匠人 jiàngrén ◆～気質(かたぎ) 匠人气质 jiàngrén qìzhì ◆～仕事 匠人的活计 jiàngrén de huójì

しょくのう【職能】 职能 zhínéng；业务能力 yèwù nénglì ◆～給 职务工资 zhíwù gōngzī

しょくば【職場】 工作单位 gōngzuò dānwèi；岗位 gǎngwèi；职守 zhíshǒu ◆～結婚 同事恋爱结婚 tóngshì liàn'ài jiéhūn

しょくばい【触媒】 催化剂 cuīhuàjì

しょくはつ【触発】-する 触动 chùdòng；触发 chùfā ◆～される 受刺激 shòu cìjī

しょくパン【食パン】 主食面包 zhǔshí miànbāo

しょくひ【食費】 伙食费 huǒshífèi ◆～を切り詰める 节约伙食费 jiéyuē huǒshífèi

しょくひん【食品】 食品 shípǐn ◆～添加物 食品添加剂 shípǐn tiānjiājì ◆冷凍～ 冷冻食品 lěngdòng shípǐn

しょくぶつ【植物】 植物 zhíwù ♦～油 素油 sùyóu；植物油 zhíwùyóu ♦～園 植物園 zhíwùyuán ♦～学 植物学 zhíwùxué

しょくぶん【職分】 职分 zhífèn；职务 zhíwù

しょくぼう【嘱望-する】 嘱望 zhǔwàng；期望 qīwàng ♦将来を～された 前途有望 qiántú yǒuwàng

しょくみん【植民】 殖民 zhímín ♦～地 殖民地 zhímíndì ♦～地政策 殖民地政策 zhímíndì zhèngcè

しょくむ【職務】 任务 rènwu；职务 zhíwù ♦～についている 在职 zàizhí ♦～を果たす 尽职 jìnzhí ♦～怠慢 玩忽职守 wánhū zhíshǒu

しょくもう【植毛-する】 植毛 zhímáo

しょくもく【嘱目-する】 瞩目 zhǔmù；注目 zhùmù ♦万人が～する 万人瞩目 wànrén qīdài

しょくもつ【食物】 食物 shíwù ♦～繊維 食物纤维 shíwù xiānwéi ♦～連鎖 食物链 shíwùliàn

しょくよう【食用-の】 食用 shíyòng ♦～油 食油 shíyóu ♦～蛙 牛蛙 niúwā

しょくよく【食欲】 食欲 shíyù；胃口 wèikǒu ♦～がある 食欲旺盛 shíyù wàngshèng ♦～がない 没有胃口 méiyǒu wèikǒu ♦～が出る 开胃 kāiwèi ♦～をそそる 引起食欲 yǐnqǐ shíyù ♦～不振 食欲不振 shíyù bú zhèn

しょくりょう【食料】 食物 shíwù；食品 shípǐn ♦～品店 副食商店 fùshí shāngdiàn；食品店 shípǐndiàn

しょくりょう【食糧】 粮食 liángshi ♦～援助 粮食援助 liángshi yuánzhù ♦～難 粮食短缺 liángshi duǎnquē

しょくりん【植林-する】 植树造林 zhíshù zàolín

しょくれき【職歴】 资历 zīlì；职业经历 zhíyè jīnglì

しょくん【諸君】 诸位 zhūwèi

じょくん【叙勲-する】 叙勲 xùxūn；授勲 shòuxūn

しょけい【処刑-する】 处决 chǔjué；处刑 chǔxíng ♦～場 刑场 xíngchǎng

じょけい【女系】 母系 mǔxì ♦～家族 母系家族 mǔxì jiāzú

しょげる【悄気る】 沮丧 jǔsàng；自馁 zìněi；颓丧 tuísàng

しょけん【所見】 意见 yìjiàn ♦～を述べる 阐述看法 chǎnshù kànfa

じょげん【助言-する】 建议 jiànyì；劝 quàn；出主意 chū zhǔyi ♦～を求める 求教 qiújiào；征求意见 zhēngqiú yìjiàn

じょげん【序言】 前言 qiányán；序言 xùyán

しょこ【書庫】 书库 shūkù

しょこう【曙光】 曙光 shǔguāng；晨曦 chénxī ♦～が射す 曙光照射 shǔguāng zhàoshè ♦回復の～ 恢复的曙光 huīfù de shǔguāng

じょこう【徐行-する】 徐行 xúxíng ♦～運転 徐行试车 xúxíng shìchē

しょこく【諸国】 各国 gèguó ♦～周辺国家 zhōubiān guójiā

しょこん【初婚】 初婚 chūhūn

しょさ【所作】 举止 jǔzhǐ；动作 dòngzuò

しょさい【書斎】 书房 shūfáng；书斋 shūzhāi

しょさい【所載】 登载 dēngzǎi ♦特別号～の記事 号外所刊报道 hàowài suǒ kān bàodào

しょざい【所在】 所在 suǒzài ♦～地 所在地 suǒzàidì ♦責任の～ 责任所在 zérèn suǒzài ♦～が分からなくなった 下落不明了 xiàluò bùmíng le

しょざいない【所在ない】 无事可作 wú shì kě zuò

じょさい【如才ない】 办事圆滑 bànshì yuánhuá

しょさん【所産】 成果 chéngguǒ；结果 jiéguǒ ♦産業革命の～ 产业革命的成果 chǎnyè gémìng de chéngguǒ

じょさんし【助産師】 接生员 jiēshēngyuán；助产士 zhùchǎnshì

しょし【初志】 初志 chūzhì；初衷 chūzhōng ♦～を翻す 改变初志 gǎibiàn chūzhì ♦～貫徹する 贯彻初衷 guànchè chūzhōng

しょし【書誌】 书志 shūzhì ♦～学 书志学 shūzhìxué；图书学 túshūxué

しょじ【所持-する】 带有 dàiyǒu；携带 xiédài ♦～品 携带物品 xiédài wùpǐn

じょし【助詞】 助词 zhùcí

じょし【女子】 女子 nǚzǐ ♦～学生 女生 nǚshēng ♦～大学 女子大学 nǚzǐ dàxué ♦～バレー 女排 nǚpái ♦～サッカー 女足 nǚzú

じょじ【叙事】 叙事 xùshì ♦～詩 叙事诗 xùshìshī

じょじ【女児】 女儿 nǚ'ér

しょしき【格式】 格式 géshì ♦～にのっとる 依照格式 yīzhào géshi

じょしつ【除湿-する】 除湿 chú shī；使干燥 shǐ gānzào

じょしゅ【助手】 助理 zhùlǐ；助手 zhùshǒu ♦大学の～ 大学的助教 dàxué de zhùjiào

しょしゅう【初秋】 初秋 chūqiū；早秋 zǎoqiū

じょじゅつ【叙述-する】叙述 xùshù
しょじゅん【初旬】初旬 chūxún ◆5月～ 五月初旬 wǔyuè chūxún
しょじょ【処女】处女 chǔnǚ ◆～作 处女作 chǔnǚzuò ◆～航海 初航 chūháng
じょじょ【徐々に】逐渐 zhújiàn；～に増える 渐增 jiànzēng ◆～に減る 渐减少 jiànjiǎn jiǎnshǎo
しょじょう【書状】信件 xìnjiàn
じょじょう【叙情】抒情 shūqíng ◆～的な 抒情的 shūqíng de ◆～詩 抒情诗 shūqíngshī
しょしん【初心】初志 chūzhì；初衷 chūzhōng ◆～を貫く 坚持初志 jiānchí chūzhì ◆～忘るべからず 勿忘初衷 wù wàng chūzhōng ◆～者 初学者 chūxuézhě
しょしん【初診】初诊 chūzhěn ◆～料 初诊费 chūzhěnfèi
しょしん【初審】初审 chūshěn；第一审 dìyīshěn
しょしん【所信】信念 xìnniàn ◆～を貫く 贯彻信念 guànchè xìnniàn ◆～表明 表明政治见解 biǎomíng zhèngzhì jiànjiě
じょすう【助数詞】量词 liàngcí
しょずり【初刷り】首次印刷 shǒucì yìnshuā；第一次印刷 dìyī cì yìnshuā
しょする【処する】处理 chǔlǐ；应付 yìngfu ◆難局に～ 对付困难局面 duìfu kùnnan júmiàn ◆事を～ 处理事情 chǔlǐ shìqing ◆厳罰に～ 严加惩处 yán jiā chéngchǔ
じょする【叙する】❶《爵位・勲等などを》授予 shòuyǔ ◆勲二等に～ 授予二等勲章 shòuyǔ èrděng xūnzhāng ❷《文章・詩歌に表す》叙述 xùshù ◆複雑な心境を～ 表述复杂的心境 biǎoshù fùzá de xīnjìng
じょせい【助成】补助 bǔzhù ◆～金 补助金 bǔzhùjīn
じょせい【女性】女性 nǚxìng；女子 nǚzǐ；妇女 fùnǚ ◆～ホルモン 女性激素 nǚxìng jīsù
じょせいコーラス【女声コーラス】女声合唱 nǚshēng héchàng
しょせいじゅつ【処世術】处世之道 chǔshì zhī dào
じょせいと【女生徒】女生 nǚshēng
しょせき【書籍】图书 túshū；书籍 shūjí
じょせき【除籍-する】开除 kāichú
しょせつ【諸説】各种意见 gèzhǒng yìjiàn；众说 zhòngshuō ◆～が飛び交う 众说纷纭 zhòng shuō fēn yún
じょせつ【序説】绪论 xùlùn；序论 xùlùn

じょせつ【除雪-する】除雪 chúxuě ◆～車 除雪车 chúxuěchē
しょせん【所詮】究竟 jiūjìng；到底 dàodǐ
しょせん【初戦】初战 chūzhàn ◆～を勝利で飾る 初战告捷 chūzhàn gàojié
しょそう【諸相】各种形象 gèzhǒng xíngxiàng；各种情况 gèzhǒng qíngkuàng
しょぞう【所蔵-する】收藏 shōucáng；所藏 suǒcáng ◆～品 收藏品 shōucángpǐn
じょそう【助走-する】助跑 zhùpǎo ◆～路 助跑道 zhùpǎodào
じょそう【女装-する】女装 nǚzhuāng ◆男が～する 男扮女装 nán bàn nǚzhuāng
じょそうざい【除草剤】除草剂 chúcǎojì
しょぞく【所属-する】归属 guīshǔ；所属 suǒshǔ ◆無～の 无党派的 wúdǎngpài de
しょぞん【所存】打算 dǎsuan；想法 xiǎngfa ◆一層の努力をする～です 打算进一步努力 dǎsuan jìnyíbù nǔlì
しょたい【所帯】住户 zhùhù ◆～を持つ 成家 chéngjiā ◆～持ち 已成家的 yǐ chéngjiā de ◆大～ 大家庭 dàjiātíng
しょたい【書体】字体 zìtǐ
しょだい【初代-の】第一代 dìyī dài；第一任 dìyī rèn
じょたい【除隊】退伍 tuìwǔ
しょたいめん【初対面】初次见面 chūcì jiànmiàn
しょだな【書棚】书架 shūjià
しょち【処置-する】处置 chǔzhì；措施 cuòshī ◆適切に～する 适当处理 shìdàng chǔlǐ ◆応急～ 应急处置 yìngjí chǔzhì
しょちょう【初潮】初次月经 chūcì yuèjīng
じょちょう【助長-する】助长 zhùzhǎng；促进 cùjìn
しょっかく【触覚】触觉 chùjué ◆～器官 触觉器官 chùjué qìguān
しょっかく【触角】触角 chùjiǎo；触须 chùxū
しょっかん【食間-に】◆～に服用のこと 该在两顿饭中间服用 gāi zài liǎng dùn fàn zhōngjiān fúyòng
しょっき【食器】餐具 cānjù ◆～棚 橱柜 chúguì；碗柜 wǎnguì
ジョッキ【ビールの】大啤酒杯 dà píjiǔbēi ◆扎啤 zhāpí
ジョッキー【競馬騎手】骑手 qíshǒu
ショッキング-な 骇人听闻 hài rén tīngwén；令人震惊 lìng rén zhèn-

jīng ◆～な出来事 骇人听闻的事件 hài rén tīngwén de shìjiàn
ショック【休克】 休克 xiūkè ◆～を与える 冲击 chōngjī; 震动 zhèndòng ◆～療法 休克疗法 xiūkè liáofǎ
しょっけん【職権】 职权 zhíquán ◆～濫用 滥用职权 lànyòng zhíquán
しょっけん【食券】 餐券 cānquàn; 饭票 fànpiào
しょっちゅう 不时 bùshí; 经常 jīngcháng; 时不时 shíbùshí ◆～喧嘩(けんか)している 经常吵架 jīngcháng chǎojià
ショット ❶《画像で》镜头 jìngtóu ❷《ゴルフ・テニスなどで》击球 jīqiú ◆ナイス～ 好球 hǎoqiú
しょっぱい【塩っぱい】《塩辛い》咸 xián
ショッピング-する 购物 gòuwù; 买东西 mǎi dōngxi ◆～センター 购物中心 gòuwù zhōngxīn ◆～モール 购物街 gòuwùjiē
しょて【初手】 开头 kāitóu
しょてい【所定-の】 指定 zhǐdìng; 规定 guīdìng ◆～の時間 规定的时间 guīdìng de shíjiān ◆～の場所で 在指定的场所 zài zhǐdìng de chǎngsuǒ
じょてい【女帝】 女皇 nǚhuáng; 女王 nǚwáng
しょてん【書店】 书店 shūdiàn
しょとう【初等-の】 初级 chūjí ◆～教育 初等教育 chūděng jiàoyù
しょとう【初冬】 初冬 chūdōng
しょとう【初頭】 初期 chūqí ◆今世紀～に 在本世纪初期 zài běnshìjì chūqí
しょとう【諸島】 诸岛 zhūdǎo ◆南西～ 西南诸岛 xīnán zhūdǎo
しょどう【書道】 书法 shūfǎ ◆～家 书法家 shūfǎjiā
じょどうし【助動詞】 助动词 zhùdòngcí
しょとく【所得】 收入 shōurù ◆～税 所得税 suǒdéshuì
じょなん【女難】 女祸 nǚhuò
しょにち【初日】 第一天 dìyī tiān
しょにんきゅう【初任給】 初次任职的工资 chūcì rènzhí de gōngzī
しょねん【初年】 第一年 dìyī nián ◆～度 第一年度 dìyī niándù
じょのくち【序の口】 刚刚开始 gānggāng kāishǐ
しょばつ【処罰-する】 处分 chǔfèn; 惩处 chéngchù ◆～を受ける 受罚 shòufá; 受处分 shòu chǔfèn
しょはん【初版】 初版 chūbǎn; 第一版 dìyī bǎn ◆～本 初版本 chūbǎnběn
しょはん【初犯】 初犯 chūfàn

しょはん【諸般-の】 各种 gèzhǒng ◆～事情により 根据诸多情况 gēnjù zhūduō qíngkuàng
じょばん【序盤】 初期阶段 chūqí jiēduàn ◆～戦 序战 xùzhàn
しょひょう【書評】 书评 shūpíng ◆～欄 书评专栏 shūpíng zhuānlán
しょぶん【処分-する】 ❶《罰する》处分 chǔfèn; 惩处 chéngchǔ ◆～を受ける 受罚 shòufá; 懲戒～ 惩戒处分 chéngjiè chǔfèn ❷《始末する》处理 chǔlǐ; 卖掉 màidiào ◆家を～する 卖房子 mài fángzi
じょぶん【序文】 前言 qiányán; 序言 xùyán
しょほ【初歩-の】 初级 chūjí ◆～的な 初级的 chūjí de ◆～を学ぶ 入门 rùmén
しょほう【処方-する】 配方 pèifāng; 处方 chǔfāng ◆～箋(せん) 处方笺 chǔfāngjiān ◆～箋を書く 开药方 kāi yàofāng
しょほう【諸方-に】 各处 gèchù
しょぼくれた 委靡 wěimǐ; 无精打采 wú jīng dǎ cǎi
しょぼしょぼ ❶《雨が》淅淅沥沥 xīxīlìlì ◆雨が～と降り続く 雨淅淅沥沥地下个不停 yǔ xīxīlìlì de xià ge bùtíng ❷《目が》◆《眠くて》目が～する 困得眼睛睁不开 kùnde yǎnjing zhēngbukāi; 眼睛模糊 yǎnjing móhu ❸《わびしいさま》～とした後姿 无精打采的背影 wú jīng dǎ cǎi de bèiyǐng
じょまく【序幕】 序幕 xùmù
じょまく【除幕-する】 揭幕 jiēmù ◆～式 揭幕式 jiēmùshì
しょみん【庶民】 老百姓 lǎobǎixìng; 群众 qúnzhòng; 庶民 shùmín ◆～的な 平易近人 píng yì jìn rén
しょむ【庶務】 庶务 shùwù; 总务 zǒngwù ◆～係 庶务人员 shùwù rényuán
しょめい【署名-する】 签名 qiānmíng; 签署 qiānshǔ ◆～を集める 征集签字 zhēngjí qiānzì ◆～運動 签名运动 qiānmíng yùndòng ◆～捺印 签名盖章 qiānmíng gàizhāng
しょめい【書名】 书名 shūmíng ◆～索引 书名索引 shūmíng suǒyǐn
じょめい【助命-する】 饶命 ráomìng ◆～を嘆願する 请求免死 qǐngqiú miǎnsǐ
じょめい【除名-する】 除名 chúmíng; 开除 kāichú ◆～処分 开除处分 kāichú chǔfèn
しょめん【書面】 书面 shūmiàn ◆～による回答 书面回答 shūmiàn huí-

dá ♦ ～審査 书面审查 shūmiàn shěnchá
しょもく【書目】 书目 shūmù
しょもつ【書物】 书 shū; 书本 shūběn
しょや【初夜】 初夜 chūyè; 第一夜 dìyī yè
じょや【除夜】 除夕 chúxī; 大年夜 dàniányè ♦ ～の鐘 除夕钟声 chúxī zhōngshēng
じょやく【助役】 助理 zhùlǐ; 副station 长 fù shìzhǎng; 副镇长 fù zhènzhǎng
しょゆう【所有-する】 有 yǒu ♦ ～格 所有格 suǒyǒugé ♦ ～権 产权 chǎnquán; 所有权 suǒyǒuquán ♦ ～者 物主 wùzhǔ ♦ ～制 所有制 suǒyǒuzhì ♦ ～物 所有物 suǒyǒuwù
じょゆう【女優】 女演员 nǚyǎnyuán
しょよう【所用】 事情 shìqing; 事务 shìwù ♦ ～で出かける 因事外出 yīn shì wàichū
しょり【処理-する】 处理 chǔlǐ; 对付 duìfu; 办理 bànlǐ ♦ ～能力 办事能力 bànshì nénglì ♦ 事後～ 事后处理 shìhòu chǔlǐ ♦ 熱～する 热处理 rèchǔlǐ
じょりゅう【女流-の】 ♦ ～作家 女作家 nǚzuòjiā
じょりょく【助力-する】 帮助 bāngzhù; 协助 xiézhù ♦ ～を惜しまない 全力协助 quánlì xiézhù ♦ ～を求める 求助 qiúzhù
しょるい【書類】 文件 wénjiàn; 公文 gōngwén ♦ ～鞄 (かばん) 公文包 gōngwénbāo; 公事包 gōngshìbāo ♦ ～審査 书面材料审查 shūmiàn cáiliào shěnchá ♦ 重要～ 重要文件 zhòngyào wénjiàn
ショルダーバッグ 挎包 kuàbāo
じょれつ【序列】 名次 míngcì; 序列 xùliè ♦ ～をつける 排序 páixù ♦ 年功～ 资历序列 zīlì xùliè
しょろう【初老-の】 刚入老年 gāngrù lǎonián ♦ ～の紳士 半老的绅士 bànlǎo de shēnshì
じょろん【序論】 绪论 xùlùn
しょんぼり-する 无精打采 wú jīng dǎ cǎi; 怅然 chàngrán; 惆怅 chóuchàng
じらい【地雷】 地雷 dìléi
しらうお【白魚】 银鱼 yínyú ♦ ～のような手 十指纤纤 shízhǐ xiānxiān
しらが【白髪】 白发 báifà ♦ ～まじりの 斑白 bānbái ♦ ～頭 白头发 bái tóufa
シラカバ【白樺】 白桦 báihuà
しらき【白木】 本色木料 běnsè mùliào ♦ ～造り 本色木料造的 běnsè

mùliào zào de
しらける【白ける】 《興がさめる》 败兴 bàixìng; 扫兴 sǎoxìng ♦ 《座が～》 冷场 lěngchǎng
しらこ【白子】 《魚の精果》 鱼白 yúbái
シラサギ【白鷺】 白鹭 báilù; 鹭鸶 lùsī
しらじらしい【白々しい】 ❶ 《見えすいた》 明显的 míngxiǎn de ♦ ～世辞 明显的恭维 míngxiǎn de gōngwei ♦ ～うそ 明显的谎言 míngxiǎn de huǎngyán ❷ 《興ざめな》 ～空気が流れる 气氛令人扫兴 qìfēn lìng rén sǎoxìng
じらす【焦らす】 使焦急 shǐ jiāojí; 使人干着急 shǐ rén gān zháojí
しらずしらず【知らず知らず】 不知不觉 bùzhī bùjué; 无意识 wúyìshí ♦ ～恋に落ちていた 不知不觉落入情网 bùzhī bùjué luòrù qíngwǎng
しらせ【知らせ】 通知 tōngzhī; 消息 xiāoxi ♦ ～を待つ 等待消息 děngdài xiāoxi
しらせる【知らせる】 告诉 gàosu; 告知 gàozhī; 通知 tōngzhī
しらたき【白滝】 《食品の》 魔芋粉丝 móyù fěnsī
しらたまこ【白玉粉】 糯米粉 nuòmǐfěn
しらない【知らない】 不知道 bù zhīdao ♦ ～人 陌生人 mòshēngrén
しらなみ【白波】 白浪 báilàng
しらばくれる 装糊涂 zhuāng hútu; 装蒜 zhuāngsuàn
シラバス 教学大纲 jiàoxué dàgāng
しらはのや【白羽の矢】 ♦ ～が立つ 选中 xuǎnzhōng
しらふ【素面-で】 没喝醉 méi hēzuì
シラブル 音节 yīnjié
しらべ【調べ】 ❶ 《詩歌・音楽の調子》 ♦ 妙 (たえ) なる～ 美妙的旋律 měimiào de xuánlǜ ❷ 《調べること》 调查 diàochá ♦ ～がつく 调查清楚 diàochá qīngchu
しらべなおす【調べ直す】 重新调查 chóngxīn diàochá
しらべもの【調べ物】 调查 diàochá ♦ ～をする 进行调查 jìnxíng diàochá
しらべる【調べる】 查 chá; 调查 diàochá; 检查 jiǎnchá ♦ 住所を～ 查找住处 cházhǎo zhùchù ♦ エンジンを～ 检查发动机 jiǎnchá fādòngjī ♦ 文書を～ 查阅文件 cháyuè wénjiàn ♦ 容疑者を～ 盘问嫌疑犯 pánwèn xiányífàn
シラミ【虱】 虱子 shīzi ♦ ～つぶしに調べる 一一调查 yīyī diàochá
しらむ【白む】 变白 biànbái ♦ 東の空

が～ 东方发白 dōngfāng fābái
しらをきる【白を切る】 佯装不知 yángzhuāng bù zhī
しらんかお【知らん顔-をする】 漠不关心 mò bù guānxīn；不管不理 bù guǎn bù lǐ ◆人の苦しみに～をする 对别人的痛苦漠不关心 duì biéren de tòngkǔ mò bù guānxīn
しらんぷり【知らんぷり】 故作不知 gù zuò bù zhī；佯装不知 yángzhuāng bù zhī
しり【私利】 私利 sīlì ◆～をむさぼる 贪图私利 tāntú sīlì ◆～私欲 自私自利 zì sī zì lì
しり【尻】 ❶《でん部》屁股 pìgu ❷《物事の最後部》言葉・话尾 huàwěi ◆～から数える 倒数 dàoshǔ ❸《容器・果物の底》徳利の～ 酒壶底 jiǔhúdǐ ❹《後方·背後》◆人の～についていき 跟着人家屁股走 gēnzhe rénjia pìgu zǒu ❺《比喻》～が重い 屁股沉 pìgu chén ◆～が軽い 轻佻 qīngtiāo ◆～に火のついた 火烧眉毛 huǒ shāo méimao ◆～を叩く 督促 dūcù
じり【事理】 事理 shìlǐ ◆～明白 道理清楚 dàolǐ qīngchu
しりあい【知り合い】 相识 xiāngshí ◆～になる 结识 jiéshí
しりあう【知り合う】 结识 jiéshí；认识 rènshi
しりあがり【尻上がり-に】 后面高 hòumiàn gāo ◆～に調子が良くなる 越到后面进行得越好 yuè dào hòumiàn jìnxíngde yuè hǎo ◆成績が～に良くなる 成绩越来越好 chéngjì yuè lái yuè hǎo
シリアルナンバー 序列号 xùlièhào
シリーズ 系列 xìliè ◆～小説 系列小说 xìliè xiǎoshuō
シリウス 天狼星 tiānlángxīng
しりうま【尻馬】 ◆～に乗る 盲从 mángcóng；雷同 léitóng
しりおし【尻押し-する】《後援》作后盾 zuò hòudùn ◆《労働組合の》～で 有工会的后盾 yǒu gōnghuì de hòudùn
じりき【自力-で】 自力 zìlì ◆～で脱出する 自力挣脱 zìlì zhēngtuō ◆～更生 自力更生 zìlì gēngshēng
しりきれとんぼ【尻切れ蜻蛉】 半途而废 bàntú ér fèi ◆話が～になる 话说了半截就断 huà shuōle bànjié jiù duàn
しりごみ【尻込み-する】 踌躇 chóuchú；犹豫不快 yóuyù bú kuài；退缩 tuìsuō；后退 hòutuì
シリコン 硅 guī
じりじり ◆～と迫る 步步逼近 bùbù bījìn ◆日差しが～と照りつける 太阳火辣辣地照着 tàiyang huǒlàlà de zhàozhe ◆～苛立つ 焦虑不堪 jiāolǜ bùkān
しりすぼみ【尻すぼみ-になる】《勢いが衰える》龙头蛇尾 lóng tóu shé wěi
しりぞく【退く】 退 tuì；退出 tuìchū ◆現役を～ 退役 tuìyì；退休 tuìxiū
しりぞける【退[却]ける】 ◆無能な人間を～ 撤消无能的人员 chèxiāo wúnéng de rényuán ◆敵を～ 击退敌人 jītuì dírén ◆彼の提言を～ 拒绝他的建议 jùjué tā de jiànyì ◆控訴を～ 驳回上诉 bóhuí shàngsù
しりつ【私立-の】 私立 sīlì ◆～学校 私立学校 sīlì xuéxiào
しりつ【市立-の】 市立 shìlì ◆～図书館 市立图书馆 shìlì túshūguǎn ◆～病院 市立医院 shìlì yīyuàn
じりつ【自立-する】 自觉 zìjué；自立 zìlì ◆～心 自立思想 zìlì sīxiǎng
じりつ【自律-の】 自律 zìlǜ ◆～神経 自律神经 zìlǜ shénjīng ◆～神経失調症 自律神经失调症 zìlǜ shénjīng shītiáozhèng
しりつくす【知り尽くす】 洞悉 dòngxī；洞晓 dòngxiǎo；透彻地知道 tòuchè de zhīdao
しりとり【尻取り】 接尾令 jiēwěilìng
しりぬく【知り抜く】 洞悉 dòngxī
しりぬぐい【尻ぬぐい-する】 擦屁股 cā pìgu
じりひん【じり貧-の】 越来越坏 yuè lái yuè huài ◆～になる 每况愈下 měi kuàng yù xià
しめ【尻目-に】 ◆あわてる仲間を～に 不顾慌里慌张的伙伴 búgù huānglihuāngzhāng de huǒbàn ◆～にかける 无视不理睬 wúshì bù lǐ
しりめつれつ【支離滅裂-な】 支离破碎 zhī lí pò suì；颠三倒四 diān sān dǎo sì
しりもち【尻餅】 屁股蹲儿 pìgudūnr ◆～をつく 摔个屁股蹲儿 shuāi ge pìgudūnr
しりゅう【支流】 支流 zhīliú
じりゅう【時流】 时代潮流 shídài cháoliú ◆～に乗る 顺潮流 shùn cháoliú ◆～に外れた仕事 冷门工作 lěngmén gōngzuò
しりょ【思慮】 思虑 sīlǜ ◆～の浅い 鄙薄 bǐbó ◆～の足りない 轻率的 qīngshuài de ◆～深い 深谋远虑 shēn móu yuǎn lǜ ◆～分別のある 慎重思虑 shènzhòng sīlǜ
しりょう【資料】 材料 cáiliào；资料 zīliào
しりょう【飼料】 饲料 sìliào；养料 yǎngliào ◆配合～ 配合饲料 pèihé sìliào
しりょう【史料】 史料 shǐliào

しりょう【死霊】 鬼魂 guǐhún ♦～に取り憑かれる 被鬼魂迷住 bèi guǐhún mízhù

しりょく【死力】 ♦～を尽くす 拼死 pīnsǐ

しりょく【視力】 视力 shìlì; 眼力 yǎnlì ♦～を失う 失明 shīmíng ♦～検査 视力检查 shìlì jiǎnchá

しりょく【資力】 财力 cáilì

じりょく【磁力】 磁力 cílì ♦～計 磁力计 cílìjì ♦～線 磁力线 cílìxiàn

シリンダー 汽缸 qìgāng

しる【汁】 ❶《液体》汁 zhī; 汁液 zhīyè ♦レモン～ 柠檬汁 níngméngzhī ❷《料理》味噌～ 酱汤 jiàngtāng ❸《利益》甘い～を吸う 捞油 kāiyóu; 占便宜 zhàn piányi

しる【知る】 知道 zhīdao ♦善悪を懂得善恶 dǒngde shàn'è ♦苦労を～ 体会辛苦 tǐhuì xīnkǔ ♦酒の味を～ 品尝酒味 pǐncháng jiǔwèi ♦よく知っている人 很熟悉的人 hěn shúxi de rén ♦知らない字 不认识的字 bú rènshi de zì ♦おれの知った事か 我管不着 wǒ guǎnbuzháo

シルエット 身影 shēnyǐng; 轮廓 lúnkuò

シルク 绢 juàn ♦～ハット 大礼帽 dàlǐmào ♦～ロード 丝绸之路 sīchóu zhī lù

しるこ【汁粉】 年糕小豆汤 niángāo xiǎodòu tāng

しるし【印(証・標)】 记号 jìhao ♦～をつける 作记号 zuò jìhao ♦ほんのお～です 是我小小的意思 shì wǒ xiǎoxiǎo de yìsi

しるす【記す】 ❶《書きとめる》记下 jìxià ♦氏名を～ 写下姓名 xiěxià xìngmíng ❷《記憶にとどめる》感激を心に～ 把感激记在心中 bǎ gǎnjī jì zài xīnzhōng

ジルバ 吉特巴舞 jítèbāwǔ

シルバー-の 银 yín; 银色 yínsè ♦～グレイ 银灰色 yínhuīsè

しれい【指令-する】 指令 zhǐlìng; 命令 mìnglìng

しれい【司令】 司令 sīlìng ♦～官 司令 sīlìng ♦～部 司令部 sīlìngbù

じれい【事例】 事例 shìlì ♦～研究 事例研究 shìlì yánjiū

じれい【辞令】 ❶《任免文書》任免命令 rènmiǎn mìnglìng ♦～が出る 发布任免令 fābù rènmiǎnlìng ❷《形式的な挨拶》外交～ 外交辞令 wàijiāo cílìng; 客套话 kètàohuà

しれつ【熾烈-な】 激烈 jīliè ♦～を極める 炽烈已极 chìliè yǐjí

しれつきょうせい【歯列矯正】 齿列矫正 chǐliè jiǎozhèng

じれったい【焦れったい】 让人焦急 ràng rén jiāojí; 令人着急 lìng rén zháojí

しれる【知れる】 ❶《知られる》被知道 bèi zhīdao ♦世間に～ 在世上传开 zài shìshàng chuánkāi ❷《自然と分かる》♦気心が～ 脾气投合 píqi tóuhé

じれる【焦れる】 焦急 jiāojí

しれん【試練】 考验 kǎoyàn ♦～に耐える 经得起考验 jīngdeqǐ kǎoyàn ♦～を受ける 接受考验 jiēshòu kǎoyàn

ジレンマ 进退两难 jìntuì liǎngnán ♦～に陥る 陷入困境 xiànrù kùnnán; 左右为难 zuǒyòu wéinán

しろ【白】 ❶《色》白 bái ♦～旗 白旗 báiqí ❷《無罪》清白 qīngbái ♦彼は～だ 他无罪 tā wúzuì

しろ【城】 城 chéng ♦～を築く 筑城 zhùchéng ♦～址 城址 chéngzhǐ ♦自分の～を持つ 拥有自己的天地 yōngyǒu zìjǐ de tiāndì

シロアリ【白蟻】 白蚁 báiyǐ

しろい【白い】 白 bái; 白色 báisè

じろう【痔瘻】 瘘管 lòuguǎn; 肛瘘 gānglòu

しろうと【素人】 外行 wàiháng; 门外汉 ménwàihàn ♦～芸 业余技艺 yèyú jìyì ♦～離れした 不像外行 bú xiàng wàiháng ♦～目に 在外行人眼中 zài wàihángrén yǎnzhōng

シロキクラゲ【白木耳】 白木耳 báimù'ěr; 银耳 yín'ěr

しろくじちゅう【四六時中】 无时无刻 wú shí wú kè

シロクマ【白熊】 白熊 báixióng

しろくろ【白黒】 ❶《モノクロ》黑白 hēibái ♦～映画 黑白电影 hēibái diànyǐng ❷《物事の是非・善悪》～をつける 分清是非 fēnqīng shìfēi ❸《比喩》♦目を～させる 翻白眼 fān báiyǎn

しろざけ【白酒】 白甜酒 báitiánjiǔ

しろざとう【白砂糖】 白糖 báitáng

しろじ【白地-の】 白地 báidǐ

じろじろ ♦～見る 打量 dǎliang; 盯着看 dīngzhe kàn; 凝视 níngshì

しろタク【白タク】 黑车 hēichē; 野鸡车 yějīchē

シロップ 糖浆 tángjiāng ♦ガム～ 糖浆佐料 tángjiāng zuǒliào

しろぬり【白塗り-の】 涂白 túbái

しろバイ【白バイ】 警察用白色摩托车 jǐngchá yòng báisè mótuōchē

シロフォン 木琴 mùqín

しろみ【白身】 ❶《卵の》蛋白 dànbái; 蛋清 dànqīng ❷《肉の》肥肉 féiròu

しろめ【白目】 白眼珠 báiyǎnzhū ♦～をむく 翻白眼 fān báiyǎn ♦～で

見る 藐视人 miǎoshì rén
しろもの【代物】 东西 dōngxi ◆~した~ではない 不是什么好东西 bú shì shénme hǎo dōngxi ◆なかなかの~だ 了不起的家伙 liǎobuqǐ de jiāhuo
じろり-と ◆~と睨む 瞪一眼 dèng yì yǎn
じろん【持論】 一贯的主张 yíguàn de zhǔzhāng ◆~を展開する 强调一贯的主张 qiángdiào yíguàn de zhǔzhāng
しわ【皱】 皱纹 zhòuwén；褶 zhě；褶子 zhězi ◆~が寄る 起皱纹 qǐ zhòuwén ◆~になる 皱 zhòu ◆眉間に~を寄せる 皱眉头 zhòu méitóu
しわがれる【嗄れる】 嘶哑 sīyǎ ◆嗄れ声 沙哑的声音 shāyǎ de shēngyīn
しわくちゃ【皺くちゃ-な】 皱巴巴 zhòubābā
しわけ【仕分け-する】 分类 fēnlèi；分项 fēnxiàng
しわざ【仕業】 行为 xíngwéi；勾当 gòudàng ◆やつの~に違いない 肯定是那家伙搞的鬼 kěndìng shì nà jiāhuo dǎo de guǐ
じわじわ-と 逐步地 zhúbù de ◆~追い詰める 步步紧追 bùbù jǐnzhuī
しわす【師走】 腊月 làyuè
しわよせ【皺寄せ-する】 转移坏影响 zhuǎnyí huài yǐngxiǎng ◆人に~する 转嫁给别人 zhuǎnjià gěi biérén ◆~が及ぶ 不良影响扩散开来 bùliáng yǐngxiǎng kuòsàn kāilai
じわり【地割り】 土地的区划 tǔdì de qūhuà
じわれ【地割れ】 地裂 dìliè ◆~ができる 出现地裂 chūxiàn dìliè
しん【真-の】 《本当・本物》真正 zhēnzhèng ◆~の勇気 真的勇气 zhēn de yǒngqì ◆~に迫る 绘声绘色 huì shēng huì sè；活灵活现 huó líng huó xiàn
しん【芯】 芯 xīn ◆鉛筆の~ 铅笔芯 qiānbǐxīn ◆ご飯に~がある 饭夹生了 fàn jiāshēng le
ジン 杜松子酒 dùsōngzǐjiǔ；金酒 jīnjiǔ ◆~トニック 金汤力 jīntānglì ◆~フィズ 金菲士 jīnfēishì
しんあい【親愛-なる】 亲爱 qīn'ài ◆~なる 挚友 zhìyǒu ◆~の情 亲爱之情 qīn'ài zhī qíng
じんあい【仁愛】 仁爱 rén'ài
じんあい【塵埃】 《ちり・ほこり》尘埃 chén'āi；尘土 chéntǔ ◆~にまみれる 满身尘埃 mǎnshēn chén'āi
しんあん【新案】 新设计 xīn shèjì ◆~特許 新设计专利 xīn shèjì zhuānlì
しんい【真意】 真意 zhēnyì ◆~を探る 探问真意 tànwèn zhēnyì ◆~を汲み取る 体察本意 tǐchá běnyì
じんい【人為】 人为 rénwéi；人工 réngōng ◆~的な 人为的 rénwéi de ◆~災害 人祸 rénhuò
しんいり【新入り-の】 新来的 xīnlái de
しんいん【心因】 ◆~性の 心因性 xīnyīnxìng ◆~反応 心因反应 xīnyīn fǎnyìng
じんいん【人員】 人员 rényuán ◆~削減する 裁员 cáiyuán ◆~配備 编制 biānzhì ◆~整理 精简人员 jīngjiǎn rényuán
じんう【腎盂】 肾盂 shènyú ◆~炎 肾盂炎 shènyúyán
しんえい【新鋭-の】 有力的新手 yǒulì de xīnshǒu ◆サッカー界の~ 足球界的新秀 zúqiújiè de xīnxiù
じんえい【陣営】 阵地 zhèndì；阵营 zhènyíng ◆保守~ 保守阵营 bǎoshǒu zhènyíng
しんえん【深遠-な】 奥妙 àomiào；高深 gāoshēn ◆~な思想 高深的思想 gāoshēn de sīxiǎng
じんえん【腎炎】 肾炎 shènyán
しんおん【心音】 心音 xīnyīn
しんか【真価】 真正价值 zhēnzhèng jiàzhí ◆~が問われる 真价被判定 zhēnjià bèi pàndìng ◆~を認める 赏识真价 shǎngshí zhēnjià
しんか【進化-する】 进化 jìnhuà；演化 yǎnhuà ◆~論 进化论 jìnhuàlùn
じんか【人家】 人家 rénjiā；人烟 rényān
しんかい【深海】 深海 shēnhǎi ◆~魚 深海鱼类 shēnhǎi yúlèi
しんがい【侵害-する】 侵害 qīnhài；侵犯 qīnfàn ◆人権を~ 侵犯人权 qīnfàn rénquán
しんがい【心外-な】 遗憾 yíhàn
しんがい【震駭-する】 震骇 zhènhài；震惊 zhènjīng ◆世界を~させる 震惊世界 zhènjīng shìjiè
じんかい【塵芥】 尘芥 chénjiè；垃圾 lājī
しんかいち【新開地】 新开辟的地方 xīn kāipì de dìfang
しんがお【新顔】 新手 xīnshǒu；新人 xīnrén：新来的人 xīn lái de rén
しんがく【進学-する】 升学 shēngxué ◆~率 升学率 shēngxuélǜ
しんがく【神学】 神学 shénxué
じんかく【人格】 品性 pǐnxìng；人格 réngé ◆~を無視する 无视人格 wúshì réngé ◆~形成 人格形成 réngé xíngchéng ◆~者 人格高尚

しんかくか【神格化-する】 神化 shénhuà

しんがた【新型-の】 新型 xīnxíng ◆～車両 新型车辆 xīnxíng chēliàng

しんがっき【新学期】 新学期 xīnxuéqī

しんがら【新柄-の】 新花样 xīn huāyàng

しんかん【信管】 信管 xìnguǎn；引线 yǐnxiàn ◆～を外す 摘下信管 zhāixià xìnguǎn

しんかん【新刊-の】 新刊 xīnkān ◆～書 新书 xīnshū ◆～書評 新书评介 xīnshū píngjiè

しんかん【震撼-する】 震撼 zhènhàn ◆全国を～させる 震撼全国 zhènhàn quánguó

しんかん【新館】 新馆 xīnguǎn

しんかん【深[森]閑-とした】 寂静 jìjìng ◆～とした山林 寂静的山林 jìjìng de shānlín

しんがん【心眼】 慧眼 huìyǎn ◆～で見る 睁开慧眼看 zhēngkāi huìyǎn kàn

しんかんせん【新幹線】 新干线 xīngànxiàn

しんき【新奇-な】 新奇 xīnqí；新颖 xīnyǐng

しんき【新規-の】 新 xīn ◆～まき直しを図る 打算从头做起 dǎsuan cóngtóu zuòqǐ ◆～に始める 重新开始 chóngxīn kāishǐ

しんぎ【信義】 信义 xìnyì ◆～を守る 守信义 shǒu xìnyì ◆～を踏みにじる 背信弃义 bèi xìn qì yì

しんぎ【審議-する】 审议 shěnyì；咨议 zīyì ◆～会 审议会 shěnyìhuì

しんぎ【真偽】 真伪 zhēnwěi ◆～をただす 查究真伪 chájiū zhēnwěi ◆～を確かめる 弄清真伪 nòngqīng zhēnwěi

じんぎ【仁義】 仁义 rényì；情义 qíngyì ◆～を重んじる 重仁义 zhòng rényì ◆～にもとる 不讲义气 bù jiǎng yìqi

しんきいってん【心機一転-する】 心情一变 xīnqíng yí biàn

しんきくさい【辛気臭い】 烦躁 fánzào；使人厌烦 shǐ rén yànfán

しんきげん【新紀元】 新纪元 xīn jìyuán ◆～を画する 划时代 huà shídài

しんきじく【新機軸】 新方案 xīn fāng'àn；新规划 xīn guīhuà ◆～を生み出す 别开生面 bié kāi shēng miàn

しんきのうていし【心機能停止】 心功能停止 xīn gōngnéng tíngzhǐ

しんきゅう【進級-する】 升班 shēng-bān；升级 shēngjí ◆～試験 升级考试 shēngjí kǎoshì

しんきゅう【針[鍼]灸】 针灸 zhēnjiǔ ◆～術師 针灸大夫 zhēnjiǔ dàifu ◆～のつぼ 穴位 xuéwèi

しんきゅう【新旧-の】 新旧 xīnjiù ◆～交替 新旧交替 xīnjiù jiāotì

しんきょ【新居】 新居 xīnjū ◆～を構える 住定新居 zhùdìng xīnjū

しんきょう【心境】 心境 xīnjìng；心地 xīndì ◆～の変化 心情变化 xīnqíng biànhuà

しんきょう【進境】 进步的程度 jìnbù de chéngdù ◆～著しい 进步显著 jìnbù xiǎnzhù ◆～を示す 有进步 yǒu jìnbù

しんきょうち【新境地】 ◆～を開く 打开新局面 dǎkāi xīn júmiàn

しんきょく【新曲】 新曲 xīnqǔ

しんきょくめん【新局面】 新局面 xīn júmiàn ◆～を迎える 迎接新局面 yíngjiē xīn júmiàn

しんきろう【蜃気楼】 海市蜃楼 hǎi shì shèn lóu；蜃景 shènjǐng

しんきろく【新記録】 新记录 xīn jìlù ◆～を打ち立てる 创造新记录 chuàngzào xīn jìlù

しんぎん【呻吟-する】 呻吟 shēnyín

しんきんかん【親近感】 亲近感 qīnjìngǎn ◆～を抱く 怀有亲近感 huáiyǒu qīnjìngǎn

しんきんこうそく【心筋梗塞】 心肌梗死 xīnjī gěngsǐ

しんく【真紅-の】 深红 shēnhóng；鲜红 xiānhóng

しんぐ【寝具】 寝具 qǐnjù

しんくう【真空-の】 真空 zhēnkōng ◆～管 电子管 diànzǐguǎn；真空管 zhēnkōngguǎn ◆～パック 真空包装 zhēnkōng bāozhuāng

ジンクス 倒霉事 dǎoméishì；不吉祥的事物 bù jíxiáng de shìwù ◆～を破る 破除倒霉事 pòchú dǎoméishì

シンクタンク 智囊团 zhìnángtuán

シングル ◆～ベッド 单人床 dānrénchuáng ◆～ライフ 单身生活 dānshēn shēnghuó ◆～ルーム 单人房间 dānrén fángjiān

シングルス 单打 dāndǎ

シンクロナイズドスイミング 花样游泳 huāyàng yóuyǒng

しんぐん【進軍-する】 进军 jìnjūn ◆～ラッパ 进军号 jìnjūnhào

しんけい【神経】 神经 shénjīng ◆～を使う 费神 fèishén ◆～過敏 神经过敏 shénjīng guòmǐn ◆～外科 神经外科 shénjīng wàikē ◆～衰弱 神经衰弱 shénjīng shuāiruò ◆～組織 神经组织 shénjīng zǔzhī ◆～

まひ 神経麻痺 shénjīng mábì
しんげき【進撃-する】 进攻 jìngōng ◆快～ 顺利进攻 shùnlì jìngōng
しんけつ【心血】 心血 xīnxuè ◆～を注ぐ 呕心沥血 ǒu xīn lì xuè；耗尽心血 hàojìn xīnxuè
しんげつ【新月】 朔月 shuòyuè；新月 xīnyuè
しんけん【真剣-な】 认真 rènzhēn；严肃 yánsù ◆～に 认真地 rènzhēn de
しんけん【親権】 父母对孩子的权力和义务 fùmǔ duì háizi de quánlì hé yìwù ◆～者 家长 jiāzhǎng
しんげん【進言-する】 建议 jiànyì；提意见 tí yìjiàn
しんげん【震源】 震源 zhènyuán
しんげん【箴言】 箴言 zhēnyán ◆～集 箴言集 zhēnyánjí
じんけん【人権】 人权 rénquán ◆～侵害 侵犯人权 qīnfàn rénquán ◆～擁護 拥护人权 yōnghù rénquán ◆基本的～ 基本人权 jīběn rénquán
じんけんひ【人件費】 人事费 rénshìfèi；工价 gōngjià ◆～を削減する 删减人事费 shānjiǎn rénshìfèi
しんご【新語】 新词 xīncí；新语 xīnyǔ
じんご【人後】 ◆～に落ちない 不落于人后 bú luòyú rénhòu
しんこう【信仰-する】 信仰 xìnyǎng；崇奉 chóngfèng ◆仏教を～する 信奉佛教 xìnfèng fójiào
しんこう【侵攻-する】 侵犯 qīnfàn；进攻 jìngōng
しんこう【振興-する】 振兴 zhènxīng ◆スポーツを～する 振兴体育运动 zhènxīng tǐyù yùndòng
しんこう【新興-の】 新兴 xīnxīng ◆～産業 新兴产业 xīnxīng chǎnyè ◆～住宅地 新兴住宅区 xīnxīng zhùzháiqū ◆～勢力 新兴势力 xīnxīng shìlì ◆～国 新兴国家 xīnxīng guójiā
しんこう【深更】 半夜 bànyè ◆～に及ぶ 直到半夜 zhí dào bànyè
しんこう【進攻-する】 进攻 jìngōng
しんこう【進行-する】 进行 jìnxíng ◆病気が～する 病情发展 bìngqíng fāzhǎn ◆物語の～が早い 故事进展得很快 gùshi jìnzhǎn de hěn kuài ◆～係 司仪 sīyí ◆～性的 进行性的 jìnxíngxìng de ◆～方向 前进方向 qiánjìn fāngxiàng
しんこう【深交】 深交 shēnjiāo ◆～を深める 加深交情 jiāshēn jiāoqíng ◆～を結ぶ 结交朋友 jiéjiāo péngyou
しんごう【信号】 信号 xìnhào ◆～機 红绿灯 hónglǜdēng；信号灯 xìnhàodēng ◆～無視 闯红灯 chuǎng hóngdēng ◆～が青になる 信号变绿 xìnhào biànlǜ ◆～を送る 送信号 sòng xìnhào
じんこう【人口】 人口 rénkǒu ◆～密度 人口密度 rénkǒu mìdù ◆～調査 人口普查 rénkǒu pǔchá
じんこう【人工-の】 人工 réngōng；人造 rénzào ◆～衛星 人造卫星 rénzào wèixīng ◆～呼吸 人工呼吸 réngōng hūxī ◆～授精 人工授精 réngōng shòujīng ◆～臓器 人工器官 réngōng qìguān
しんこきゅう【深呼吸-する】 深呼吸 shēnhūxī
しんこく【深刻-な】 严重 yánzhòng；了不得 liǎobudé ◆水不足がいよいよ～ 缺水问题越来越严重 quēshuǐ wèntí yuè lái yuè yánzhòng
しんこく【申告-する】 申报 shēnbào；报告 bàogào ◆～漏れ 漏报 lòubào ◆確定～ 确定申报 quèdìng shēnbào ◆修正～ 修正的申报 xiūzhèng de shēnbào
しんこん【新婚-の】 新婚 xīnhūn ◆～夫婦 新婚夫妇 xīnhūn fūfù ◆～旅行 蜜月旅行 mìyuè lǚxíng
しんさ【審査-する】 审查 shěnchá；审核 shěnhé ◆～員 审查员 shěncháyuán ◆資格～ 资格审查 zīgé shěnchá
しんさい【震災】 震灾 zhènzāi
じんさい【人災】 人祸 rénhuò
じんざい【人材】 人才 réncái ◆～を育成する 培养人才 péiyǎng réncái
しんさく【新作】 新作品 xīn zuòpǐn ◆～映画 新产影片 xīnchǎn yǐngpiàn
しんさつ【診察-する】 诊察 zhěnchá；看病 kànbìng；诊视 zhěnshì ◆～してもらう 看病 kànbìng ◆～時間 门诊时间 ménzhěn shíjiān ◆～室 诊室 zhěnshì
しんさん【辛酸】 辛酸 xīnsuān；酸楚 suānchǔ ◆～を舐(な)める 饱经风霜 bǎo jīng fēngshuāng
しんざん【新参-の】 新来 xīnlái ◆～者 新手 xīnshǒu
しんし【真摯-な】 认真 rènzhēn；真挚 zhēnzhì ◆～な態度 真挚的态度 zhēnzhìde tàidù
しんし【紳士】 绅士 shēnshì ◆～的な 绅士风度的 shēnshì fēngdù de ◆～協定 君子协定 jūnzǐ xiédìng ◆～服 西服 xīfú；西装 xīzhuāng ◆～服売り場 男式服装柜台 nánshì fúzhuāng guìtái
じんじ【人事】 ◆～を尽くす 尽人事

しんしき【新式-の】 新式 xīnshì；新方式 xīn fāngshì ◆～のテレビ 新式电视机 xīnshì diànshìjī

シンジケート 辛迪加 xīndíjiā；企业联合组织 qǐyè liánhé zǔzhī ◆～を組む 结成辛迪加 jiéchéng xīndíjiā

しんじだい【新時代】 新时代 xīn shídài ◆～に突入する 跨入新时代 kuàrù xīn shídài

しんしつ【寝室】 卧房 wòfáng；卧室 wòshì

しんしつ【心室】《心臟の》心室 xīnshì

しんじつ【真実】 真实 zhēnshí ◆～味のない 无真意 wú zhēnyì

じんじふせい【人事不省】 不省人事 bù xǐng rénshì；假死 jiǎsǐ ◆～に陥る 陷入不省人事的状态 xiànrù bùxǐng rénshì de zhuàngtài

しんじゃ【信者】 教徒 jiàotú；信徒 xìntú

じんじゃ【神社】 神社 shénshè

ジンジャーエール 姜汁清凉饮料 jiāngzhī qīngliáng yǐnliào

しんしゃく【斟酌-する】 酌情 zhuóqíng；酌量 zhuóliàng ◆双方の言い分を～する 斟酌双方的意见 zhēnzhuó shuāngfāng de yìjiàn ◆採点に～を加える 评分时照顾一下 píngfēn shí zhàogù yíxià ◆～のない批評 不客气的批评 bú kèqi de pīpíng

しんしゅ【進取】 进取 jìnqǔ ◆～の気性 进取的精神 jìnqǔ de jīngshén

しんしゅ【新種-の】 新品种 xīn pǐnzhǒng ◆～のウイルス 新型病毒 xīnxíng bìngdú

しんしゅ【新酒】 新酒 xīnjiǔ

しんじゅ【真珠】 珍珠 zhēnzhū；珠子 zhūzi ◆～貝 珍珠贝 zhēnzhū-bèi

じんしゅ【人種】 人种 rénzhǒng；种族 zhǒngzú ◆～差别 种族歧视 zhǒngzú qíshì ◆～偏见 种族偏见 zhǒngzú piānjiàn

しんじゅう【心中-する】 情死 qíngsǐ ◆一家～ 全家自杀 quánjiā zìshā

しんしゅく【伸縮-する】 伸缩 shēnsuō ◆～性 伸缩性 shēnsuōxìng ◆～自在な 伸缩自由的 shēnsuō zìyóu de

しんしゅつ【進出-する】 进入 jìnrù ◆海外～ 进入国外 jìnrù guówài

しんしゅつ【滲出-する】 渗出 shènchū ◆～液 渗出液 shènchūyè

じんじゅつ【仁術】 仁术 rénshù

しんしゅつきぼつ【神出鬼没-の】 神出鬼没 shén chū guǐ mò

しんしゅん【新春】 新春 xīnchūn；新年 xīnnián ◆～を迎える 迎新春 yíng xīnchūn

しんじゅん【浸潤-する】 浸润 jìnrùn ◆肺に～がある 肺里有浸润 fèilǐ yǒu jìnrùn

しんしょ【新書】 新书 xīnshū ◆～判 新开本 xīnkāiběn

しんしょ【親書】 亲笔信 qīnbǐxìn

しんしょう【心証】 心证 xīnzhèng ◆～を良くする 给人以好印象 gěi rén yǐ hǎo yìnxiàng

しんしょう【心象】 印象 yìnxiàng ◆～風景 心中出现的风景 xīnzhōng chūxiàn de fēngjǐng

しんしょう【辛勝-する】 险胜 xiǎnshèng ◆1対0で～した 以一比零险胜 yǐ yī bǐ líng xiǎnshèng

しんしょう【信賞】 ◆～必罰 信赏必罚 xìn shǎng bì fá

しんしょう【針小】 ◆～棒大に言う 言过其实 yán guò qí shí

しんじょう【信条】 信条 xìntiáo；信念 xìnniàn ◆～を守る 坚守信条 jiānshǒu xìntiáo

しんじょう【心情】 心情 xīnqíng；心意 xīnyì ◆～的に 感情上 gǎnqíngshang ◆～を察する 体察心情 tǐchá xīnqíng

しんじょう【真情】 真情 zhēnqíng；衷情 zhōngqíng ◆～を吐露する 吐露真情 tǔlù zhēnqíng

しんじょう【身上】 ❶《身の上》身世 shēnshì；个人经历 gèrén jīnglì ◆～書 身世调查书 shēnshì diàochá-shū ❷《とりえ》长处 chángchu ◆ぐちを言わないのが～だ 不发牢骚就是他的长处 bù fā láosao jiùshì tā de chángchu

じんじょう【尋常-の】 普通 pǔtōng ◆～でない 不寻常 bù xúncháng；非常 fēicháng

しんしょく【侵食-する】 侵害 qīnhài；侵蚀 qīnshí ◆～作用 侵蚀作用 qīnshí zuòyòng

しんしょく【寝食】 寝食 qīnshí ◆～を忘れる 废寝忘食 fèi qǐn wàng shí ◆～を共にする 同吃同住 tóng chī tóng zhù

しんしょく【神職】 神职 shénzhí

しんじる【信じる】 ❶《本当だと思う》信 xìn；相信 xiāngxìn ◆霊の存在を～ 相信灵魂的存在 xiāngxìn línghún de cúnzài ❷《信用・信頼する》信赖 xìnlài ◆師を～ 信赖老师说的话 xìnlài lǎoshī shuō de huà ❸《信仰する》信仰 xìnyǎng；信奉 xìnfèng ◆仏教を～ 信佛教 xìn Fójiào

しんしん【心身】身心 shēnxīn；体魄 tǐpò ◆～ともに健康である 身心俱健 shēnxīn jù jiàn

しんしん【新進-の】新登台 xīn dēngtái；新生的 xīnshēng de；新露头角的 xīn lù tóujiǎo de ◆～の音楽家 新涌现出的音乐家 xīn yǒngxiànchū de yīnyuèjiā

しんしん【津々】◆興味～で 津津有味 jīnjīn yǒu wèi

しんしん【深々】◆夜が～と更ける 夜深人静 yè shēn rén jìng ◆寒さが～と身にこたえる 寒气刺骨 hánqì cìgǔ

しんじん【新人】新人 xīnrén；新手 xīnshǒu ◆～を入れる 接纳新手 jiēnà xīnshǒu ◆～を発掘する 发掘新人 fājué xīnrén

しんじん【信心-する】信 xìn；信仰 xìnyǎng ◆深い～ 虔诚信仰 qiánchéng xìnyǎng

じんしん【人心】民心 mínxīn；人心 rénxīn ◆～を得る 得人心 dé rénxīn ◆～を惑わす 蛊惑人心 gǔhuò rénxīn

じんしんじこ【人身事故】人身事故 rénshēn shìgù

しんしんそうしつ【心神喪失】精神失常 jīngshén shīcháng

しんすい【心酔-する】醉心于 zuìxīnyú；钦佩 qīnpèi

しんすい【浸水-する】淹 yān；浸水 jìnshuǐ ◆床上～ 地板泡在水里 dìbǎn pàozài shuǐlǐ ◆地下街に～する 水淹地下商场 shuǐ yān dìxià shāngchǎng

しんすい【進水-する】下水 xiàshuǐ ◆～式 下水典礼 xiàshuǐ diǎnlǐ

しんずい【真髄】精华 jīnghuá ◆～を究める 达到精髓 dádào jīngsuǐ

しんせい【新星】新星 xīnxīng ◆～を発見する 发现新星 fāxiàn xīnxīng ◆歌謡界の～ 歌谣界的新星 gēyáojiè de xīnxīng

しんせい【申請-する】申请 shēnqǐng ◆～書 申请书 shēnqǐngshū

しんせい【神聖】神圣 shénshèng

しんせい【新制】新制度 xīn zhìdù ◆～に切り替わる 转入新制度 zhuǎnrù xīn zhìdù

しんせい【真性-の】天性 tiānxìng；真性 zhēnxìng ◆コレラ 真性霍乱 zhēnxìng huòluàn

しんせい【真正-な】真正 zhēnzhèng ◆～相続人 真正继承人 zhēnzhèng jìchéngrén

じんせい【人生】人生 rénshēng ◆～観 人生观 rénshēngguān ◆～経験 人生经验 rénshēng jīngyàn

しんせいじ【新生児】产儿 chǎn'ér；新生婴儿 xīnshēng yīng'ér

しんせいだい【新生代】新生代 xīn shēngdài

しんせいめん【新生面】新领域 xīn lǐngyù ◆～を開く 别开生面 bié kāi shēng miàn

しんせかい【新世界】新世界 xīn shìjiè：新大陆 xīn dàlù

しんせき【真跡】真迹 zhēnjì ◆魯迅(ろじん)の～ 鲁迅的真迹 Lǔ Xùn de zhēnjì

しんせき【親戚】亲戚 qīnqi

じんせきみとう【人跡未踏-の】人迹未至 rénjì wèi zhì ◆～の地 人迹未至的地方 rénjì wèi zhì de dìfāng

しんせつ【親切-な】好意 hǎoyì；厚意 hòuyì；热情 rèqíng ◆～があだになる 帮倒忙 bāng dàománg ◆～にする 恳切相待 kěnqiè xiāngdài ◆～心 好心好意 hǎoxīn hǎoyì

しんせつ【新設-する】新设 xīnshè ◆～大学 新设的大学 xīnshè de dàxué

しんせつ【新説】新学说 xīn xuéshuō ◆～を立てる 创立新学说 chuànglì xīn xuéshuō

しんせん【新鮮-な】新鲜 xīnxiān；清鲜 qīngxiān ◆～な魚介類 新鲜的鱼虾 xīnxiān de yúxiā ◆～な発想 崭新的想法 zhǎnxīn de xiǎngfa

しんぜん【親善】亲善 qīnshàn ◆～試合 友谊赛 yǒuyìsài ◆～大使 友好使节 yǒuhǎo shǐjié

じんせん【人選-する】人选 rénxuǎn ◆～を誤る 选错人 xuǎncuò rén

しんぜんび【真善美】真善美 zhēnshànměi

しんそう【深窓】深闺 shēnguī ◆～の令嬢 深闺小姐 shēnguī xiǎojiě

しんそう【真相】实情 shíqíng；真相 zhēnxiàng ◆～が明らかになる 真相大白 zhēnxiàng dà bái ◆～を究明する 查明真相 chámíng zhēnxiàng

しんそう【新装-する】重新装修 chóngxīn zhuāngxiū

しんぞう【心臓】❶《器官》心脏 xīnzàng ◆～移植 心脏移植 xīnzàng yízhí ◆～肥大 心脏肥大 xīnzàng féidà ◆～病 心脏病 xīnzàngbìng ◆～発作 心脏病发作 xīnzàngbìng fāzuò ❷《中心》中心 zhōngxīn；中心地区 zhōngxīn dìqū ❸《比喩》◆～が強い 脸皮厚 liǎnpí hòu

しんぞう【新造】新造 xīnzào ◆～船 新造船只 xīnzào chuánzhī

じんぞう【人造-の】人造 rénzào ◆～湖 人造湖 rénzàohú；人工湖 réngōnghú

じんぞう【腎臓】肾脏 shènzàng ◆

~病 腎病 shènbìng
しんぞく【親族】 亲属 qīnshǔ
じんそく【迅速】 迅速 xùnsù ◆~な対応 迅速对应 xùnsù duìyìng
しんそこ【心底】 衷心 zhōngxīn ◆~から願う 衷心渴求 zhōngxīn kěqiú ◆~惚れる 打心眼儿喜欢 dǎ xīnyǎnr xǐhuan
しんそつ【新卒-の】 新毕业 xīn bìyè ◆~者《大学からの》新毕业生 xīn bìyèshēng
しんたい【身体】 身体 shēntǐ; 躯体 qūtǐ ◆~頑健な 身强体壮 shēn qiáng tǐ zhuàng ◆~障害者 残疾人 cánjírén ◆~検査 体格检查 tǐgé jiǎnchá;《持ち物の》搜身检查 sōushēn jiǎnchá
しんたい【進退-する】 去留 qùliú ◆~窮まる 进退维谷 jìn tuì wéi gǔ; 左右为难 zuǒyòu wéinán
しんだい【寝台】 ❶《ベッド》床 chuáng; 卧床 wòchuáng ❷《乗り物の》卧铺 wòpù ◆~車 卧车 wòchē ◆~席 铺位 pùwèi ◆料金 卧车费 wòchēfèi
しんだい【身代】 家产 jiāchǎn; 家业 jiāyè ◆~を築く 积攒家业 jīzǎn jiāyè ◆~をつぶす 败家 bài jiā; 荡尽家产 dàngjìn jiāchǎn
じんたい【人体】 人体 réntǐ ◆~実験 人体实验 réntǐ shíyàn
じんたい【靱帯】 韧带 rèndài ◆~損傷 韧带损伤 rèndài sǔnshāng
じんだい【甚大】 非常大 fēicháng dà ◆~な被害 极大的受害 jídà de shòuhài
しんたいそう【新体操】《競技種目》艺术体操 yìshù tǐcāo
しんたく【信託】 信托 xìntuō ◆~銀行 信托银行 xìntuō yínháng ◆~証書 信托证书 xìntuō zhèngshū
しんたく【神託】 神谕 shényù ◆~が下る 神谕下达 shényù xiàdá
じんだて【陣立て】 布阵 bùzhèn ◆~を整える 摆好阵势 bǎihǎo zhènshì
しんたん【心胆】 ◆~を寒からしめる 使胆战心惊 shǐ dǎn zhàn xīn jīng
しんだん【診断-する】 诊断 zhěnduàn ◆~書 诊断书 zhěnduànshū
じんち【陣地】 阵地 zhèndì
じんち【人知】 人智 rénzhì ◆~の及ぶところではない 非人智所能及 fēi rénzhì suǒ néng jí
しんちく【新築-する】 新建 xīnjiàn; 新盖 xīngài ◆~を祝い 祝贺新房建成的仪式 zhùhè xīnfáng jiànchéng de yíshì
じんちくむがい【人畜無害-の】 人畜无害 rénchù wúhài

しんちゃ【新茶】 新茶 xīnchá
しんちゃく【新着-の】 新到 xīndào ◆~にビデオソフト 新到的的影像软件 xīndào de yǐngxiàng ruǎnjiàn
しんちゅう【心中】 内心 nèixīn; 心事 xīnshì; 心地 xīndì ◆~を語る 谈心 tánxīn ◆~を察する 体谅内心 tǐliàng nèixīn
しんちゅう【真鍮-の】 黄铜 huángtóng
しんちゅう【進駐-する】 进驻 jìnzhù ◆~軍 驻军 zhùjūn
じんちゅう【陣中】 战阵之中 zhànzhèn zhī zhōng ◆~見舞い 慰劳前线战士 wèiláo qiánxiàn zhànshì
しんちょ【新著】 新著 xīnzhù
しんちょう【慎重-な】 谨慎 jǐnshèn; 慎重 shènzhòng ◆~を期する 希望慎重对待 xīwàng shènzhòng duìdài ◆~さを欠く 失慎 shīshèn
しんちょう【身長】 身长 shēncháng; 身高 shēngāo ◆~が高い[低い] 个子高[矮] gèzi gāo [ǎi] ◆~が伸びる 个子长高 gèzi zhǎnggāo ◆身長1メートル70 身高一米七 shēngāo yì mǐ qī
しんちょう【伸張-する】 扩展 kuòzhǎn
しんちょう【新調-する】 新制 xīnzhì ◆背広を~する 新做一套西服 xīnzuò yí tào xīfú
しんちょう【深長-な】 深长 shēncháng ◆意味~な 意味深长 yìwèi shēncháng
ジンチョウゲ【沈丁花】 瑞香 ruìxiāng
しんちょく【進捗-する】 进展 jìnzhǎn ◆~状況 进展情况 jìnzhǎn qíngkuàng
しんちんたいしゃ【新陳代謝】 新陈代谢 xīn chén dài xiè
しんつう【心痛-する】 担心 dānxīn; 担忧 dānyōu ◆~のあまり 由于过度忧虑 yóuyú guòdù yōulǜ ◆~の表情 愁容 chóuróng
じんつう【陣痛】 阵痛 zhèntòng ◆~が始まる 开始阵痛 kāishǐ zhèntòng
じんつうりき【神通力】 神通力 shéntōnglì
しんてい【心底】 内心 nèixīn; 真心 zhēnxīn ◆~を見抜く 看透内心 kàntòu nèixīn
しんてい【進呈-する】 奉送 fèngsòng ◆粗品～敬贈菲仪 jìngzèng fěiyí
しんてき【心的-な】 精神上的 jīngshénshang de ◆~変化 精神上的变化 jīngshénshang de biànhuà ◆~外傷後ストレス障害(PTSD) 创

伤后应激障碍 chuāngshānghòu yìngjī zhàng'ài
じんてき【人的-な】◆～資源 人力资源 rénlì zīyuán
しんてん【進展-する】进展 jìnzhǎn
しんてん【親展】亲启 qīnqǐ
しんでん【神殿】神殿 shéndiàn
しんでんず【心電図】心电图 xīndiàntú ◆～をとる 照心电图 zhào xīndiàntú
しんてんち【新天地】新天地 xīn tiāndì ◆～を求める 寻求新天地 xúnqiú xīn tiāndì
しんと【信徒】信徒 xìntú
しんと ◆～静まる 肃静 sùjìng; 鸦雀无声 yā què wú shēng
しんど【進度】进度 jìndù ◆～が遅い 进度慢 jìndù màn
しんど【震度】震度 zhèndù
しんど【深度】深度 shēndù
じんと ◆目がしらが～なる 鼻子发酸 bízi fāsuān ◆胸に～くる 感人肺腑 gǎn rén fèifǔ ◆つま先が～しびれる 脚尖发麻 jiǎojiān fāmá
しんとう【浸透-する】浸透 jìntòu; 渗透 shèntòu ◆～圧 渗透压 shèntòuyā ◆人々の意識に～する 渗透到人们的意识里 shèntòudào rénmen de yìshili
しんとう【新党】新党 xīndǎng ◆～を掲揚げする 结成新党 jiéchéng xīndǎng
しんとう【神道】神道 shéndào
しんとう【親等】亲等 qīnděng
しんどう【振動-する】振荡 zhèndàng; 振动 zhèndòng
しんどう【神童】神童 shéntóng
しんどう【震動-する】震动 zhèndòng ◆～させる 撼动 hàndòng
じんとう【陣頭】前线 qiánxiàn; 第一线 dìyīxiàn ◆～に立つ 站在第一线 zhàn zài dìyīxiàn ◆～指挥 前线指挥 qiánxiàn zhǐhuī
じんどう【人道】人道 réndào ◆～主義 人道主义 réndào zhǔyì ◆～上 人道上 réndàoshang ◆～的な扱い 符合人道的措施 fúhé réndào de cuòshī
じんとうぜい【人頭税】人头税 réntóushuì
じんとく【人徳】品德 pǐndé
じんどる【陣取る】〈場所を〉占地盘 zhàn dìpán ◆舞台正面に～ 坐在舞台正面 zuò zài wǔtái zhèngmiàn
シンナー 稀释剂 xīshìjì; 信纳水 xìnnàshuǐ ◆～中毒 信纳水中毒 xìnnàshuǐ zhòngdú
しんにゅう【侵入-する】侵入 qīnrù; 入侵 rùqīn ◆不法～ 非法入侵 fēifǎ rùqīn

しんにゅう【進入-する】进入 jìnrù ◆～禁止 禁止进入 jìnzhǐ jìnrù
しんにゅうせい【新入生】新生 xīnshēng
しんにん【信任-する】信任 xìnrèn ◆～を得る 得到信任 dédào xìnrèn ◆～が厚い 深受信任 shēnshòu xìnrèn ◆～投票 信任投票 xìnrèn tóupiào
しんにん【新任-の】新任 xīnrèn ◆～教師 新任教师 xīnrèn jiàoshī
しんね【新値】新价格 xīn jiàgé
しんねん【信念】信念 xìnniàn; 信心 xìnxīn ◆～を貫く 贯彻信念 guànchè xìnniàn ◆～が固い 信心坚定 xìnxīn jiāndìng
しんねん【新年】新年 xīnnián ◆～を祝う 祝贺新年 zhùhè xīnnián
しんのう【親王】亲王 qīnwáng
しんぱ【新派】新流派 xīn liúpài ◆～を起こす 创立新流派 chuànglì xīn liúpài
シンパ 支援者 zhīyuánzhě; 同路人 tónglùrén ◆～を募る 征求支援者 zhēngqiú zhīyuánzhě
しんぱい【心配-する】担心 dānxīn; 惦记 diànjì; 挂虑 guàlǜ; 怕 pà; 悬念 xuánniàn ◆～でならない 忧心忡忡 yōu xīn chōng chōng ◆～事 心病 xīnbìng; 心事 xīnshì
じんぱい【塵肺】尘肺 chénfèi
しんぱいきのう【心肺機能】心肺功能 xīnfèi gōngnéng
しんぱつ【神罰】天谴 tiānqiǎn ◆～が下る 天谴降临 tiānqiǎn jiànglín
シンバル 钹 bó
しんぱん【侵犯-する】进犯 jìnfàn; 侵犯 qīnfàn ◆領空～ 领空侵犯 lǐngkōng qīnfàn
しんぱん【審判-する】裁判 cáipàn ◆～員 裁判员 cáipànyuán
しんぱん【新版】新版 xīnbǎn
しんび【審美】审美 shěnměi ◆～眼 审美观 shěnměiguān
しんぴ【神秘】奥秘 àomì; 神秘 shénmì ◆～を探る 探究奥秘 tànjiū àomì ◆～的な 神秘的 shénmì de
しんぴつ【真筆】真迹 zhēnjì
しんぴつ【親筆】亲笔 qīnbǐ
しんぴょうせい【信憑性】可靠性 kěkàoxìng ◆～が薄い 不够可靠 búgòu kěkào
しんぴん【新品-の】新货 xīnhuò ◆～同様 和新品一样 hé xīnpǐn yíyàng
じんぴん【人品】人品 rénpǐn ◆～卑しからぬ 品貌不俗 pǐnmào bùsú
しんぷ【新婦】新妇 xīnfù; 新娘 xīnniáng
しんぷ【神父】神甫 shénfu

シンフォニー 交响乐 jiāoxiǎngyuè
しんぷく【信服】-する】 信服 xìnfú；服气 fúqì ♦～される 为人信服 wéi rén xìnfú
しんぷく【心服】-する】 倾佩 qīngpèi；心服 xīnfú
しんぷく【振幅】 振幅 zhènfú ♦～が大きい 振幅大 zhènfú dà
しんぷく【震幅】 震幅 zhènfú
しんふぜん【心不全】 心力衰竭 xīnlì shuāijié
じんふぜん【腎不全】 肾功能衰竭 shèn gōngnéng shuāijié
しんぶつ【神仏】 神佛 shénfó ♦～に祈る 祈祷神佛 qídǎo shénfó
じんぶつ【人物】 人物 rénwù ♦～画 人物画 rénwùhuà ♦～像 人物形像 rénwù xíngxiàng ♦～を保証する 保证人品 bǎozhèng rénpǐn ♦あいつは～だ 他可是个人才 tā kě shì ge réncái
しんぶん【新聞】 报 bào；报纸 bàozhǐ ♦～に載る 上报 shàngbào；登在报上 dēngzài bàoshang ♦～記事 报纸消息 bàozhǐ xiāoxi ♦～記者 新闻记者 xīnwén jìzhě ♦～社 报社 bàoshè
じんぶん【人文】 人文 rénwén ♦～科学 人文科学 rénwén kēxué
しんぺい【新兵】 新兵 xīnbīng
ジンベイザメ【甚平鮫】 鲸鲨 jīngshā
しんぺん【身辺】 身边 shēnbiān ♦～が騒がしい 身边不宁静 shēnbiān bù níngjìng ♦～警護 贴身护卫 tiēshēn hùwèi ♦～整理 处理身边的事情 chǔlǐ shēnbiān de shìqing
しんぽ【進歩-する】 进步 jìnbù；向上 xiàngshàng
しんぼう【信望】 信誉 xìnyù ♦～の厚い 信誉高 xìnyù gāo
しんぼう【心房】 心房 xīnfáng
しんぼう【心棒】 轴 zhóu
しんぼう【辛抱-する】 忍耐 rěnnài；忍受 rěnshòu ♦～強い 耐心 nàixīn
しんぽう【信奉-する】 信奉 xìnfèng；信仰 xìnyǎng ♦～者 信仰者 xìnyǎngzhě
じんぼう【人望】 名望 míngwàng；人望 rénwàng；声望 shēngwàng ♦～が厚い 很有威望 hěn yǒu wēiwàng ♦～を失う 失去人望 shīqù rénwàng
しんぼうえんりょ【深謀遠慮】 深谋远虑 shēn móu yuǎn lǜ
しんぼく【親睦】 和睦 hémù ♦～を図る 谋求和睦 móuqiú hémù ♦～会 联谊会 liányìhuì
シンポジウム 学术讨论会 xuéshù tǎolùnhuì；专题讨论会 zhuāntí tǎolùnhuì；座谈会 zuòtánhuì
シンボル 象征 xiàngzhēng
しんまい【新米】 《米》新大米 xīn dàmǐ；《人》嫩手 nènshǒu；生手 shēngshǒu
しんましん【蕁麻疹】 荨麻疹 xúnmázhěn ♦～が出る 出荨麻疹 chū xúnmázhěn
しんみ【新味】 新颖 xīnyǐng ♦～に欠ける 缺乏新颖 quēfá xīnyǐng ♦～を出す 创新 chuàngxīn
しんみ【親身-の】 亲骨肉 qīngǔròu ♦～になって 像亲属似的 xiàng qīnshǔ shìde；诚恳 chéngkěn
しんみつ【親密-な】 亲密 qīnmì；贴心 tiēxīn ♦～な間柄 亲密的关系 qīnmì de guānxì
じんみゃく【人脈】 人际关系 rénjì guānxì；人脉 rénmài ♦～を広げる 扩大人际关系 kuòdà rénjì guānxì
しんみょう【神妙-な】 《感心な》令人钦佩 lìng rén qīnpèi ♦～な心がけ 值得钦佩的志向 zhíde qīnpèi de zhìxiàng；《おとなしい》老老实实 lǎolǎoshíshí
しんみり-する 沉静 chénjìng；消沉 xiāochén ♦～語る 静静地讲 jìngjìng de jiǎng
じんみん【人民】 人民 rénmín ♦～元 人民币 rénmínbì ♦～公社《かつての集団農場》人民公社 rénmín gōngshè ♦～大会堂 人民大会堂 Rénmín Dàhuìtáng ♦～日報 人民日报 Rénmín Rìbào ♦～服 中山装 zhōngshānzhuāng
しんめ【新芽】 新芽 xīnyá；嫩芽 nènyá ♦～が出る 发芽 fāyá
しんめい【神明】 神神 shén ♦天地に誓う 向天地神明发誓 xiàng tiāndì shénmíng fāshì
しんめい【身命】 身家性命 shēnjiā xìngmìng ♦～を賭す 赌身家性命 dǔ shēnjiā xìngmìng
じんめい【人名】 人名 rénmíng ♦～辞典 人名辞典 rénmíng cídiǎn
じんめい【人命】 人命 rénmìng ♦～を救う 营救人命 yíngjiù rénmìng
しんめんもく【真面目】 真面目 zhēnmiànmù ♦～を発揮する 发挥真正本事 fāhuī zhēnzhèng běnshì
しんもつ【進物】 赠礼 zènglǐ；赠品 zèngpǐn；礼品 lǐpǐn
しんもん【審問-する】 审问 shěnwèn；提审 tíshěn
じんもん【尋問-する】 盘问 pánwèn；讯问 xùnwèn ♦不审～ 盘问可疑人 pánwèn kěyírén
しんや【深夜-に】 深更半夜 shēn gēng bàn yè；深夜 shēnyè ♦～营业 深夜营业 shēnyè yíngyè

しんやく【新薬】 新药 xīnyào ♦～を開発する 开发新药 kāifā xīnyào

しんやくせいしょ【新約聖書】 新约圣书 xīnyuē shèngshū

しんゆう【親友】 好朋友 hǎo péngyou；挚友 zhìyǒu；知己朋友 zhījǐ péngyou ♦～になる 成为至交 chéngwéi zhìjiāo ♦無二の～ 唯一的挚友 wéiyī de zhìyǒu

しんよう【信用-する】 信用 xìnyòng；信任 xìnrèn ♦～できない 信不过 xìnbuguò ♦～できる 靠得住 kàodezhù ♦～に傷がつく 危害信誉 wēihài xìnyù ♦～を重んじる 讲信用 jiǎng xìnyòng ♦～を失う 失信 shīxìn ♦～貸付 信用贷款 xìnyòng dàikuǎn ♦～取引 信用交易 xìnyòng jiāoyì

じんよう【陣容】 阵容 zhènróng；人马 rénmǎ ♦～を整える 整顿阵容 zhěngdùn zhènróng

しんようじゅ【針葉樹】 针叶树 zhēnyèshù ♦～林 针叶树林 zhēnyè shùlín

しんらい【信頼-する】 信赖 xìnlài ♦～して任せる 信托 xìntuō ♦～できない 不可靠 bù kěkào ♦～できる 可靠 kěkào ♦～に応える 不辜负信赖 bù gūfù xìnlài ♦～を裏切る 失信 shīxìn

しんらつ【辛辣-な】 嘴尖 zuǐ jiān；辛辣 xīnlà；尖刻 jiānkè ♦～な風刺 辛辣的讽刺 xīnlà de fěngcì

しんらばんしょう【森羅万象】 森罗万象 sēnluó wànxiàng

しんり【審理-する】 审理 shěnlǐ

しんり【心理】 心理 xīnlǐ ♦～学 心理学 xīnlǐxué ♦～的な 心理上的 xīnlǐshang de ♦群集～ 群集心理 qúnjí xīnlǐ

しんり【真理】 真理 zhēnlǐ；真谛 zhēndì ♦～の探究 探究真理 tànjiū zhēnlǐ

じんりき【人力】 人工 réngōng；人力 rénlì ♦～車 洋车 yángchē；黄包车 huángbāochē

しんりゃく【侵略-する】 侵略 qīnlüè ♦～者 侵略者 qīnlüèzhě

しんりょう【診療-する】 诊疗 zhěnliáo；诊治 zhěnzhì；诊察治疗 zhěnchá zhìliáo ♦～中 治疗中 zhìliáo zhōng ♦～所 诊疗所 zhěnliáosuǒ；诊所 zhěnsuǒ

しんりょく【新緑-の】 新绿 xīnlǜ ♦～の季節 新绿季节 xīnlǜ jìjié

じんりょく【尽力-する】 尽力 jìnlì；效劳 xiàoláo

しんりん【森林】 森林 sēnlín ♦～地帯 林区 línqū ♦～破壊 森林破坏 sēnlín pòhuài ♦～浴をする 洗森林浴 xǐ sēnlínyù

じんりん【人倫】 人伦 rénlún ♦～にそむく 违背人伦 wéibèi rénlún

しんるい【親類】 亲属 qīnshǔ ♦～縁者 亲戚 qīnqi

じんるい【人類】 人类 rénlèi ♦～の滅亡 人类的灭亡 rénlèi de mièwáng ♦～学 人类学 rénlèixué

しんれい【心霊】 心灵 xīnlíng；灵魂 línghún ♦～現象 心灵现象 xīnlíng xiànxiàng ♦～写真 心灵照相 xīnlíng zhàoxiàng

しんれき【新暦】 新历 xīnlì

しんろ【進路】 前进的道路 qiánjìn de dàolù；路径 lùjìng；前途 qiántú；去路 qùlù ♦～を阻む 阻挡去路 zǔdǎng qùlù ♦～を切り開く 开辟进路 kāipì jìnlù

しんろ【針路】 航向 hángxiàng；路线 lùxiàn ♦～を誤る 偏离航路 piānlí hánglù ♦～を変える 改变航路 gǎibiàn hánglù ♦人生の～ 人生方向 rénshēng fāngxiàng

しんろう【新郎】 新郎 xīnláng ♦～新婦 新郎新娘 xīnláng xīnniáng

しんろう【心労】 操劳 cāoláo ♦～が重なる 费心劳神 fèixīn láoshén

しんわ【神話】 神话 shénhuà ♦～学 神话学 shénhuàxué ♦ギリシャ～ 希腊神话 Xīlà shénhuà

す

す【州[洲]】沙滩 shātān; 沙洲 shāzhōu

す【巣】❶《動物の》窝 wō; 窝巢 wōcháo ◆～にこもる 蹲窝 dūn wō ◆～を作る 筑巢 zhùcháo ❷《同類のたまり場》巢穴 cháoxué: 贼窝 zéiwō ◆悪党の～ 恶棍的巢穴 ègùn de cháoxué

す【酢】醋 cù

ず【図】❶《物の形状を描いたもの》图 tú; 图表 túbiǎo; 图画 túhuà ❷《光景》情景 qíngjǐng; 情况 qíngkuàng: 光景 guāngjǐng ◆見られた～ではない 不堪入目的情景 bùkān rùmù de qíngjǐng ❸《企み》心意 xīnyì ◆～に当たる 正中下怀 zhèngzhòng xià huái ◆～に乗る 得意忘形 dé yì wàng xíng

ず【頭】头 tóu ◆～が高い 傲慢无礼 àomàn wúlǐ: 高傲 gāo'ào

すあし【素足】赤脚 chìjiǎo; 光脚 guāngjiǎo

ずあん【図案】图案 tú'àn

すい【酸】酸 suān ◆～も甘いも噛(か)み分ける 通达人情世故 tōngdá rénqíng shìgù; 饱经风霜 bǎo jīng fēngshuāng

すい【粋】❶《精華》精华 jīnghuá ◆～を集める 聚其精华 jù qí jīnghuá ❷《思いやり》◆～を利かす 体贴人情 tǐtiē rénqíng

ずい【髄】骨髓 gǔsuǐ ◆骨の～までしみる 深入骨髓 shēnrù gǔsuǐ

すいあげる【吸い上げる】❶《水などを》吸上来 xīshànglai; 抽 chōu ◆ポンプで水を～吸い上げる 用泵抽水 yòng bèng chōu shuǐ ❷《搾取する》剥削 bōxuē; 榨取 zhàqǔ

すいあつ【水圧】水压 shuǐyā; 液压 yèyā ◆～がかかる 有液压作用 yǒu yèyā zuòyòng

すいい【推移-する】推移 tuīyí

すいい【水位】水位 shuǐwèi ◆～が上がる《河川の》水位上涨 shuǐwèi shàngzhǎng

ずいい【随意-に】随便 suíbiàn; 自便 zìbiàn ◆～筋 随意肌 suíyìjī

すいいき【水域】水域 shuǐyù ◆危険～ 危险水域 wēixiǎn shuǐyù

ずいいち【随一-の】第一 dìyī; 首屈一指 shǒu qū yì zhǐ; 居首 jūshǒu ◆当代～の 当代第一 dāngdài dìyī

スイートピー 香豌豆 xiāngwāndòu

スイートポテト《菓子》白薯点心 báishǔ diǎnxin

スイートルーム 套房 tàofáng; 套间 tàojiān

ずいいん【随員】随从 suícóng; 随员 suíyuán

すいうん【水運】水运 shuǐyùn ◆～業 水上运输业 shuǐshàng yùnshūyè ◆～の便がよい 水运方便 shuǐyùn fāngbiàn

すいうん【衰運】颓运 tuíyùn ◆～を脱する 摆脱颓运 bǎituō tuíyùn

すいえい【水泳】游泳 yóuyǒng ◆～選手 游泳选手 yóuyǒng xuǎnshǒu ◆～着 游泳衣 yóuyǒngyī ◆～パンツ 游泳裤 yóuyǒngkù ◆～帽 游泳帽 yóuyǒngmào

すいおん【水温】水温 shuǐwēn ◆～計 水温计 shuǐwēnjì

すいか【水火】◆～も辞せず 赴汤蹈火在所不辞 fù tāng dǎo huǒ zài suǒ bù cí

スイカ【西瓜】西瓜 xīguā

すいがい【水害】水灾 shuǐzāi; 洪灾 hóngzāi; 水患 shuǐhuàn ◆～が起こる 闹水灾 nào shuǐzāi ◆～対策 防洪对策 fánghóng duìcè

スイカズラ【忍冬】《植物》忍冬 rěndōng

すいがら【吸殻】《タバコの》烟头 yāntóu; 烟屁股 yānpìgu ◆～入れ 烟灰缸 yānhuīgāng

すいがん【酔眼】◆～朦朧たる 醉眼朦胧 zuìyǎn ménglóng

ずいき【随喜-する】喜悦感激 xǐyuè gǎnjī ◆～の涙を流す 感激涕零 gǎnjī tìlíng

すいきゅう【水球】水球 shuǐqiú

スイギュウ【水牛】水牛 shuǐniú

すいきょ【推挙-する】荐举 jiànjǔ; 推举 tuījǔ

すいきょう【酔[粋]狂-な】异想天开 yì xiǎng tiān kāi

すいギョーザ【水餃子】水饺 shuǐjiǎo

すいぎん【水銀】汞 gǒng; 水银 shuǐyín ◆～電池 汞电池 gǒngdiànchí ◆～灯 汞灯 gǒngdēng; 水银灯 shuǐyíndēng

すいけい【推計-する】推算 tuīsuàn ◆～学 归纳统计学 guīnà tǒngjìxué

すいけい【水系】水系 shuǐxì ◆長江～ 长江水系 Chángjiāng shuǐxì

すいげん【水源】水源 shuǐyuán; 泉源 quányuán; 源头 yuántóu ◆～地 发源地 fāyuándì

すいこう【推敲-する】推敲 tuīqiāo ◆～を重ねる 反复推敲 fǎnfù tuīqiāo

すいこう【遂行-する】执行到底 zhíxíng dàodǐ; 完成 wánchéng

すいこう【水耕-の】 水田栽培 shuǐtián zāipéi

すいごう【水郷】 水乡 shuǐxiāng; 泽国 zéguó

ずいこう【随行-する】 随从 suícóng; 随同 suítóng; 随行 suíxíng ◆～員 随员 suíyuán

すいこむ【吸い込む】 ❶《液体・気体を》抽 chōu; 吸进 xījìn ◆深く息を～ 深深地吸了一口气 shēnshēn de xīle yì kǒu qì ❷《人や物を》淹没 yānmò; 卷入 juǎnrù ◆眠りに吸い込まれる 被带入梦乡 bèi dàirù mèngxiāng

すいさい【水彩】 水彩 shuǐcǎi ◆～画 水彩画 shuǐcǎihuà

すいさし【吸いさし】 烟头 yāntóu; 烟蒂 yāndì

すいさつ【推察-する】 推测 tuīcè; 推想 tuīxiǎng; 猜想 cāixiǎng ◆原因を～する 推测原因 tuīcè yuányīn

すいさん【水産】 水产 shuǐchǎn; 渔产 yúchǎn ◆～業 水产业 shuǐchǎnyè ◆～資源 水产资源 shuǐchǎn zīyuán ◆～物 水产物 shuǐchǎnwù

すいさんか【水酸化】 氢氧化 qīngyǎnghuà ◆～物 氢氧化物 qīngyǎnghuàwù ◆～カルシウム 氢氧化钙 qīngyǎnghuàgài ◆～ナトリウム 氢氧化钠 qīngyǎnghuànà

すいし【水死-する】 溺死 nìsǐ; 淹死 yānsǐ ◆～体 溺死的尸体 nìsǐ de shītǐ

すいじ【炊事-する】 炊事 chuīshì; 做饭 zuòfàn; 起火 qǐhuǒ ◆～係 事员 chuīshìyuán ◆～道具 厨具 chújù; 炊具 chuījù

ずいじ【随時】 随时 suíshí; 时常 shícháng ◆～入学 随时入学 suíshí rùxué ◆～お申し出ください 请随时提出来 qǐng suíshí tíchūlai ◆～説明する 随时说明 suíshí shuōmíng

すいしつ【水質】 水质 shuǐzhì ◆污染 水质污浊 shuǐzhì wūzhuó ◆～検査 水质检查 shuǐzhì jiǎnchá

すいしゃ【水車】 水车 shuǐchē ◆～小屋 水磨房 shuǐmòfáng

すいじゃく【衰弱-する】 衰弱 shuāiruò; 萎弱 wěiruò ◆神経～ 神经衰弱 shénjīng shuāiruò

すいしゅ【水腫】 水肿 shuǐzhǒng ◆肺～ 肺水肿 fèishuǐzhǒng

すいじゅん【水準】 ❶《事物の一定の標準》水平 shuǐpíng; 水准 shuǐzhǔn ◆～を上回る 高于水准 gāoyú shuǐzhǔn ◆文化～ 文化水准 wénhuà shuǐzhǔn ◆生活～を向上させる 提高生活水平 tígāo shēnghuó shuǐpíng ◆～に達する 达到水平 dádào shuǐpíng ❷《水準器》◆～器 水准器 shuǐzhǔnqì

ずいしょ【随所-に】 随处 suíchù; 到处 dàochù ◆～に見られる 到处都有 dàochù dōu yǒu

すいしょう【推奨-する】 推荐 tuījiàn; 推重 tuīzhòng

すいしょう【水晶】 水晶 shuǐjīng ◆～時計 石英钟 shíyīngzhōng ◆～体《目の》晶状体 jīngzhuàngtǐ

すいじょう【水上-の】 水上 shuǐshàng ◆～運動 航运 hángyùn ◆～警察 水上警察 shuǐshàng jǐngchá ◆～生活者 船户 chuánhù ◆～スキー 水橇滑水 shuǐqiāo huáshuǐ

ずいしょう【瑞祥】 祥瑞 xiángruì ◆～が現れる 出现吉兆 chūxiàn jízhào

すいじょうき【水蒸気】 水蒸气 shuǐzhēngqì; 蒸汽 zhēngqì

すいしん【推進-する】 推进 tuījìn; 推动 tuīdòng ◆～力 推进力 tuījìnlì ◆仕事を～する 推进工作 tuījìn gōngzuò

すいしん【水深】 水深 shuǐshēn

すいすい-と 轻快地 qīngkuài de; 轻易地 qīngyì de; 顺利地 shùnlì de ◆～と解決する 顺利地解决 shùnlì de jiějué

すいせい【水勢】 水势 shuǐshì

すいせい【水性-の】 水性 shuǐxìng ◆～インク 水墨 shuǐmò ◆～ガス 水煤气 shuǐméiqì ◆～塗料 水性涂料 shuǐxìng túliào

すいせい【水星】 水星 shuǐxīng

すいせい【彗星】 彗星 huìxīng; 扫帚星 sàozhouxīng

すいせい【水生[棲]-の】 水生 shuǐshēng ◆～動物 水族 shuǐzú

すいせん【推薦-する】 推荐 tuījiàn; 荐举 jiànjǔ; 引荐 yǐnjiàn ◆～状 推荐信 tuījiànxìn

スイセン【水仙】 水仙 shuǐxiān

すいせんトイレ【水洗トイレ】 水洗式厕所 shuǐxǐshì cèsuǒ; 冲水厕所 chōngshuǐ cèsuǒ; 冲水马桶 chōngshuǐ mǎtǒng

すいそ【水素】 氢 qīng ◆～ガス 氢气 qīngqì ◆～爆弾 氢弹 qīngdàn

すいそう【水槽】 水槽 shuǐcáo

すいそう【水葬】 水葬 shuǐzàng; 海葬 hǎizàng

すいそう【吹奏-する】 吹奏 chuīzòu ◆～楽 吹奏乐 chuīzòuyuè

すいぞう【膵臓】 胰脏 yízàng

ずいそう【随想】 随想 suíxiǎng ◆～録 随想录 suíxiǎnglù

すいそく【推測-する】 推测 tuīcè; 猜想 cāixiǎng; 推想 tuīxiǎng ◆～

すいぞくかん【水族館】 水族館 shuǐzúguǎn

すいたい【衰退-する】 衰退 shuāituì; 衰颓 shuāituí; 衰替 shuāitì

すいたい【推戴-する】 拥戴 yōngdài

すいたい【酔態】 醉态 zuìtài ◆とんだ～を演じる 酒后出尽洋相 jiǔhòu chūjìn yángxiàng

すいちゅう【水中-の】 水中 shuǐzhōng ◆～カメラ 水中摄影机 shuǐzhōng shèyǐngjī ◆～生物 水族 shuǐzú ◆～眼鏡 潜水护目镜 qiánshuǐ hùmùjìng; 水中护目镜 shuǐzhōng hùmùjìng ◆～翼船 水翼船 shuǐyìchuán

すいちょく【垂直-な】 垂直 chuízhí; 铅直 qiānzhí ◆～線 垂线 chuíxiàn

すいつく【吸い付く】 吸着 xīzhuó

スイッチ 《電気の》电门 diànmén; 开关 kāiguān; 电钮 diànniǔ;《大型の》电闸 diànzhá ◆～を入れる 开电门 kāi diànmén; 按开关 àn kāiguān ◆ラジオの～を入れる 开收音机 kāi shōuyīnjī ◆～を切る 把开关关上 bǎ kāiguān guānshàng

すいてい【推定-する】 推定 tuīdìng; 估量 gūliang; 测度 cèduó ◆～は容易でない 估量得不容易 gūliangde bù róngyì ◆推定無罪 无罪推定 wúzuì tuīdìng

すいてい【水底】 水底 shuǐdǐ

すいてき【水滴】 水滴 shuǐdī; 水珠儿 shuǐzhūr

すいでん【水田】 水田 shuǐtián; 稻田 shuǐdàotián ◆～地帯 水田地区 shuǐtián dìqū

すいとう【出納-する】 出纳 chūnà ◆～係 出纳员 chūnàyuán ◆～簿 出纳簿 chūnàbù

すいとう【水稲】 水稻 shuǐdào

すいとう【水筒】 水壶 shuǐhú

すいとう【水痘】 水痘 shuǐdòu

すいどう【水道】 自来水 zìláishuǐ ◆～を装く 安装自来水 ānzhuāng zìláishuǐ ◆～の蛇口 水龙头 shuǐlóngtóu ◆～メーター 水表 shuǐbiǎo

すいとる【吸い取る】 ❶《吸収する》吸 xī; 吸取 xīqǔ ◆養分を～ 吸取养分 xīqǔ yǎngfèn ◆新しい知識を～ 吸收新知识 xīshōu xīn zhīshi ◆水を～ 吃水 chīshuǐ ❷《利益を取り上げる》剥削 bōxuē; 榨取 zhàqǔ ◆もうけを～ 榨取利润 zhàqǔ lìrùn

すいとん【水団】 疙瘩汤 gēdatāng

すいなん【水難】 水灾 shuǐzāi ◆～に遭う 水上遇难 shuǐshàng yùnàn

どおり 不出所料 bù chū suǒ liào ◆～の域を出ない 只不过是推测而已 zhǐ búguò shì tuīcè éryǐ ◆～が当たる 推测得对 tuīcède duì

すいばく【水爆】 氢弹 qīngdàn

すいはん【随伴-する】 ❶《供として跟随》跟随 gēnsuí; 陪伴 péibàn ❷《伴って起こる》随同 suítóng; 随着 suízhe ◆～現象 相关现象 xiāngguān xiànxiàng

すいはんき【炊飯器】 电饭锅 diànfànguō; 电饭煲 diànfànbāo

すいび【衰微-する】 衰落 shuāiluò; 衰微 shuāiwēi

ずいひつ【随筆】 漫笔 mànbǐ; 随笔 suíbǐ; 散文 sǎnwén

すいふ【水夫】 船夫 chuánfū; 海员 hǎiyuán; 水手 shuǐshǒu

すいぶん【水分】 水分 shuǐfèn ◆～が多い 水分多 shuǐfèn duō ◆～をとる 吸收水分 xīshōu shuǐfèn

ずいぶん【随分-と】 相当 xiāngdāng; 十分 shífēn; 很 hěn ◆～たくさんある 有很多 yǒu hěn duō ◆冬は～寒い 冬天非常冷 dōngtiān fēicháng lěng ◆～な言いぐさ 太过分的说法 tài guòfèn de shuōfa

すいへい【水兵】 水兵 shuǐbīng

すいへい【水平-な】 水平 shuǐpíng ◆～線 水平线 shuǐpíngxiàn ◆～面 水准 shuǐzhǔn

すいほう【水泡】 水泡 shuǐpào ◆～に帰する 化为泡影 huàwéi pàoyǐng

すいぼう【衰亡-する】 衰亡 shuāiwáng

すいぼう【水防】 防汛 fángxùn ◆～訓練 防汛训练 fángxùn xùnliàn

すいぼくが【水墨画】 水墨画 shuǐmòhuà

すいぼつ【水没-する】 沉没 chénmò; 淹没 yānmò ◆洪水で田畑が～した 洪水淹没田地 hóngshuǐ yānmò tiándì

すいま【睡魔】 睡魔 shuìmó ◆～に襲われる 睡魔缠身 shuìmó chánshēn

スイミツトウ【水蜜桃】 水蜜桃 shuǐmìtáo

すいみゃく【水脈】 水脉 shuǐmài; 潜流 qiánliú

すいみん【睡眠】 睡眠 shuìmián ◆～不足 睡眠不足 shuìmián bùzú ◆～薬 催眠药 cuīmiányào

すいめん【水面】 水面 shuǐmiàn

すいもの【吸い物】 汤 tāng; 清汤 qīngtāng

すいもん【水門】 水闸 shuǐzhá; 闸门 zhámén

すいよう【水溶】 水溶 shuǐróng ◆～液 水溶液 shuǐróngyè

すいようび【水曜日】 星期三 xīngqīsān

すいり【推理-する】 推理 tuīlǐ ◆～小

説 侦探小说 zhēntàn xiǎoshuō ◆正しい～ 正确的推理 zhèngquè de tuīlǐ
すいり【水利】 ❶《水運の便》水运 shuǐyùn ◆～がよい 水运便利 shuǐyùn biànlì；水运方便 shuǐyùn fāngbiàn ❷《水の利用》水利 shuǐlì ◆～権 用水权 yòngshuǐquán
すいりく【水陆】 水陆 shuǐlù ◆～两用 水陆两用 shuǐlù liǎngyòng
すいりゅう【水流】 水流 shuǐliú
すいりょう【推量-する】 推测 tuīcè；猜测 cāicè；估计 gūjì ◆当て～ 瞎猜 xiācāi ◆～がはずれた 估计错了 gūjì cuò le ◆～の根拠 推测的依据 tuīcè de yījù
すいりょう【水量】 水量 shuǐliàng ◆～計 水量计 shuǐliàngjì
すいりょく【水力】 水力 shuǐlì ◆～発電所 水电站 shuǐdiànzhàn；水力发电站 shuǐlì fādiànzhàn
すいれいしき【水冷式-の】 水冷式 shuǐlěngshì ◆～エンジン 水冷式发动机 shuǐlěngshì fādòngjī
スイレン【睡蓮】 睡莲 shuǐlián
すいろ【水路】 ❶《送水路》水道 shuǐdào；水渠 shuǐqú；河渠 héqú ❷《航路》水路 shuǐlù；航路 hánglù
すいろん【推論-する】 推论 tuīlùn ◆～に過ぎない 不过是推论而已 búguò shì tuīlùn éryǐ
スイング《ジャズの形式》爵士摇摆乐 juéshì yáobǎiyuè
すう【吸う】 ❶《気体や液体などを》吸 xī；吮 shǔn；吸吮 shǔnxī ◆世間の空気を～ 经验社会生活 jīngyàn shèhuì shēnghuó ❷《タバコを》抽 chōu ◆タバコを～ 抽烟 chōuyān；吸烟 xīyān ❸《吸収する》吸收 xīshōu ◆水分を～ 吸收水分 xīshōu shuǐfèn
すう【数】 ❶《数量》数 shù；数目 shùmù；数量 shùliàng ❷《いくつかの》几 jǐ；数 shù ◆～年 几年 jǐ nián ◆～ページ 几页 jǐ yè
すうがく【数学】 数学 shùxué；算学 suànxué
すうき【数奇-な】 ◆～な運命 坎坷的命运 kǎnkě de mìngyùn
すうけい【崇敬-する】 崇敬 chóngjìng
すうこう【崇高-な】 崇高 chónggāo
すうし【数詞】 数词 shùcí
すうじ【数字】 数字 shùzì；数码 shùmǎ ◆～に强い 擅长计算 shàncháng jìsuàn ◆アラビア～ 阿拉伯数字 Ālābó shùzì
すうじ【数次】 几次 jǐ cì ◆～にわたる会谈を経て 经过几次判判 jīngguò jǐ cì tánpàn

すうしき【数式】 数式 shùshì
すうじくこく【枢軸国】 轴心国 zhóuxīnguó
すうじつ【数日】 几天 jǐ tiān；数日 shùrì ◆～前 前几天 qián jǐ tiān
ずうずうしい 脸皮厚 liǎnpí hòu；不要脸 búyàoliǎn；厚颜无耻 hòuyán wúchǐ
すうせい【趨勢】 倾向 qīngxiàng；趋向 qūxiàng；趋势 qūshì ◆～を見極める 看清趋势 kànqīng qūshì ◆現在の～ 现在的趋势 xiànzài de qūshì
ずうたい【図体】 个儿 gèr；个头儿 gètóur ◆大きい～ 大个头儿 dà gètóur
すうち【数値】 数值 shùzhí
スーツ 西服套装 xīfú tàozhuāng ◆～ケース 手提箱 shǒutíxiāng；提箱 tíxiāng
すうっと ◆～すり抜ける 顺利地挤过去 shùnlì de jǐguòqu ◆涙が～流れる 一行眼泪唰地流下来 yì háng yǎnlèi shuā de liúxiàlai ◆胸が～する 心里感到痛快 xīnlǐ gǎndào tòngkuài
スーパーインポーズ 叠印字幕 diéyìn zìmù
スーパーコンピュータ 超级计算机 chāojí jìsuànjī
スーパーマーケット 超级商场 chāojí shāngchǎng；自选商场 zìxuǎn shāngchǎng；超市 chāoshì
スーパーマン 超人 chāorén
すうはい【崇拝-する】 崇拜 chóngbài；推崇 tuīchóng ◆～者 崇拜者 chóngbàizhě ◆個人～ 个人崇拜 gèrén chóngbài ◆英雄を～する 崇拜英雄 chóngbài yīngxióng
すうばい【数倍-の】 几倍 jǐ bèi
スープ 汤 tāng
ズームレンズ 变焦镜头 biànjiāo jìngtóu
すうり【数理】 数理 shùlǐ ◆～哲学 数理逻辑 shùlǐ luóji ❷《計算》◆～に明るい 擅长计算 shàncháng jìsuàn
すうりょう【数量】 数量 shùliàng
すうれつ【数列】 数列 shùliè
すえ【末】 ❶《末端》头 tóu；末端 mòduān ◆枝の～ 枝梢 zhīshāo ❷《あとから生まれた》◆～っ子《男》老儿子 lǎo'érzi ❸《ある期間の終わり》◆月～ 月末 yuèmò；月底 yuèdǐ ❹《物事の結末》结局 jiéjú；结果 jiéguǒ；最后 zuìhòu ◆苦心の～に 苦心之后 kǔxīn zhī hòu ❺《将来》将来 jiānglái；前途 qiántú ◆～が思いやられる 前途可想而知 qiántú kě xiǎng ér zhī ◆～長く 永久 yǒngjiǔ

スエード - **の** 反毛皮革 fǎnmáo pígé; 起毛皮革 qǐmáo pígé ◆～の靴 反毛皮鞋 fǎnmáo píxié

すえおき【据え置き】 搁置 gēzhì; 存留 cúnfáng ◆～にする 维持不变 wéichí búbiàn ◆～期間 存放期間 cúnfàng qījiān

すえおく【据え置く】 维持不变 wéichí búbiàn

すえぜん【据え膳】 ◆～を食う 吃现成饭 chī xiànchéngfàn ◆上げ膳～ 坐享其成 zuò xiǎng qí chéng

すえつけ【据え付け-の】 安装 ānzhuāng; 固定 gùdìng ◆～の本棚 固定式书架 gùdìngshì shūjià

すえつける【据え付ける】 安设 ānshè; 装置 zhuāngzhì

すえひろがり【末広がり】 扇形展开 shànxíng zhǎnkāi; 走向兴旺 zǒuxiàng xīngwàng

すえる【据える】 ❶《物を動かないように置く》安放 ānfàng; 摆设 bǎishè ❷《落ち着ける》◆性根を～ 使性情稳定下来 shǐ xìngqíng wěndìng xiàlai; 沉下心来 chénxià xīn lái ❸《人を地位·任務に就かせる》◆校長に～ 安排当校长 ānpái dāng xiàozhǎng

すえる【饐える】 馊 sōu

ずが【図画】 图画 túhuà ◆～工作 图画手工 túhuà shǒugōng

スカート 裙子 qúnzi

スカーフ 领巾 lǐngjīn; 头巾 tóujīn; 围巾 wéijīn

ずかい【図解-する】 图解 tújiě

ずがいこつ【頭蓋骨】 颅骨 lúgǔ; 头盖骨 tóugàigǔ; 头骨 tóugǔ

スカイダイビング 跳伞 tiàosǎn

スカイブルー - **の** 蔚蓝 wèilán

スカウト - **する** 物色 wùsè; 《その役目の人》物色者 wùsèzhě

すがお【素顔】 没化妆的脸 méi huàzhuāng de liǎn; 素颜 sùyán; 《ありのままの姿》本来面目 běnlái miànmù

すかさず【透かさず】 立刻 lìkè; 即刻 jíkè

すかし【透かし】 《紙幣などの》水印 shuǐyìn; 水纹 shuǐwén

すかす【透[空]かす】 ❶《空間を作る》空 kòng ◆枝を～ 打枝 dǎzhī ◆腹を～ 空着肚子 kòngzhe dùzi ❷《物を通して見る》透过 tòuguò

すかす【賺す】 ❶《機嫌を取る》 脅したりすかしたりして 连吓带哄 lián xià dài hǒng ❷《だます》哄骗 hǒngpiàn

ずかす - **の** - **と** 没礼貌地 méi lǐmào de ◆～と上がりこむ 冒冒失失地闯了进来 màomàoshīshī de chuǎngle jìnlái

すがすがしい【清々しい】 清爽 qīngshuǎng; 清新 qīngxīn ◆いまは～気持ちです 如今感到神清气爽 rújīn gǎndào shén qīng qì shuǎng ◆朝風が～ 晨风清爽 chénfēng qīngshuǎng

すがた【姿】 姿态 zītài; 形象 xíngxiàng; 状貌 zhuàngmào ◆～をくらます 匿影藏形 nì yǐng cáng xíng; 匿迹 nìjì ◆～を現す 出现 chūxiàn; 露面 lòumiàn ◆～がとても美しい 姿态挺漂亮 zītài tǐng piàoliang ◆～が似ている 形态相似 xíngtài xiāngsì

すがたみ【姿見】 穿衣镜 chuānyījìng

スカッシュ ❶《飲み物》鲜果汁 xiānguǒzhī ❷《スポーツ》墙网球 qiángwǎngqiú

すかっと - **する** ❶《歯切れよい》 ◆～した味 爽口 shuǎngkǒu ❷《気分が》痛快 tòngkuài ◆～晴れ上がる 天晴气朗令人舒畅 tiān qíng qì lǎng lìng rén shūchàng ❸《言動が》利落 lìluo

すがりつく【縋り付く】 缠住不放 chánzhù bú fàng; 抱住 bàozhù

すがる【縋る】 ❶《つかむ》缠住 chánzhù ◆杖に縋って歩く 拄着拐杖走路 zhǔzhe guǎizhàng zǒulù ❷《頼りにする》依靠 yīkào ◆～のような目で 露出哀求的目光 lùchū āiqiú de mùguāng

ずかん【図鑑】 图鉴 tújiàn; 图谱 túpǔ ◆昆虫～ 昆虫图鉴 kūnchóng tújiàn

スカンク 臭鼬鼠 chòuyòushǔ

すかんぴん【素寒貧】 赤贫 chìpín; 一无所有 yī wú suǒ yǒu

すき【鋤】 犁 lí ◆～で耕す 用犁犁地 yòng lí lí dì

すき【隙】 ❶《物のすきま》缝 fèng; 缝隙 fèngxì ◆戸の～ 门缝 ménfèng ❷《ひま》空 kòng; 闲暇 xiánxiá; 余暇 yúxiá ◆仕事の～ 工作余暇 gōngzuò yúxiá ❸《油断》空子 kòngzi ◆～がある 有疏忽 yǒu shūhu ◆～のない 无懈可击 wú xiè kě jī ◆～を衝(つ)く 乘隙 chéngxì; 乘间 chéngjiān

すき【好き-な】 ❶《心がひかれる》喜欢 xǐhuan; 爱 ài ◆猫が～だ 喜欢猫 xǐhuan māo ◆中华料理が～だ 爱吃中国菜 ài chī zhōngguócài ❷《物好きな》◆～者 好事者 hàoshìzhě

❸《思うままに》◆～にする 任意 rènyì; 随便 suíbiàn
スギ【杉】 杉树 shānshù; 杉木 shāmù
スキー-をする 滑雪 huáxuě ◆～板 滑雪板 huáxuěbǎn ◆～シューズ 滑雪鞋 huáxuěxié ◆～場 滑雪场 huáxuěchǎng
スキーヤー 滑雪者 huáxuězhě
すききらい【好き嫌い】 好恶 hàowù ◆～が激しい 挑剔大 tiāoti dà
すぎさる【過ぎ去る】 ❶《通り過ぎる》走过去 zǒuguòqu; 通过 tōngguò ❷《時が》过去 guòqù
すきずき【好き好き-である】 各有所好 gè yǒu suǒ hào
ずきずき【ずきずき-する】 ◆～痛む 阵阵发痛 zhènzhèn fā tòng
スキップ-する 两腿交替跳着走 liǎngtuǐ jiāotì tiàozhe zǒu
すきとおる【透き通る】 ❶《中や向こう側が見える》透明 tòumíng ◆《皮膚などが》～ように白い 白净 báijing ❷《声が》清亮 qīngliàng
すぎない【-に過ぎない】 不过 búguò; 无非 wúfēi; 罢了 bàle ◆言いわけに～ 只不过是辩解 zhǐ búguò shì biànjiě
すきばら【空き腹】 空腹 kōngfù
すきほうだい【好き放題-する】 为所欲为 wéi suǒ yù wéi ◆～に 任意地 rènyì de
すきま【透き[隙]間】 缝 fèng; 空隙 kòngxì; 间隙 jiànxì ◆風が戸の～から吹き込んでくる 风从门缝吹进来 fēng cóng ménfèng chuījìnlai
すきまかぜ【透き間風】 贼风 zéifēng ◆～が入る 漏风 lòufēng
スキムミルク 脱脂牛奶 tuōzhī niúnǎi
すきやき【鋤焼き】 日式牛肉火锅 Rìshì niúròu huǒguō
スキャナ 扫描器 sǎomiáoqì
スキャンダル 丑闻 chǒuwén
スキューバダイビング 水肺潜水 shuǐfèi qiánshuǐ
すぎる【過ぎる】 ❶《場所》过 guò; 经过 jīngguò; 通过 tōngguò ◆台風が～ 台风过去了 táifēng guòqu le ◆天津を～と，まもなく北京に着く 过了天津，就到北京了 guòle Tiānjīn, jiù dào Běijīng le ❷《時間》过 guò; 过去 guòqù ◆約束の時間を過ぎたが，まだ来ない 过了约定的时间还不来 guòle yuēdīng de shíjiān hái bù lái ❸《程度》过度 guòdù; 过分 guòfèn ◆わがままが～ 过于任性 guòyú rènxìng ◆言い～ 说得太过分 shuōde tài guòfèn ◆小さ～ 太小 tài xiǎo ◆過ぎたるは

及ばざるがごとし 过犹不及 guò yóu bù jí
スキン ❶《肌》◆～ケア 护肤 hùfū ❷《皮革》◆バック～ 鹿皮 lùpí ❸《コンドーム》避孕套 bìyùntào
スキンダイビング 潜水运动 qiánshuǐ yùndòng
すく【梳く】 梳 shū ◆髪を～ 梳头 shū tóu
すく【鋤く】 犁 lí ◆畑を～ 犁地 lí dì
すく【空く】 ❶《まばらになる》少 shǎo; 稀疏 xīshū ◆車内はすいて空いている 车厢里空得很 chēxiānglǐ kòngde hěn ❷《空腹になる》空 kōng; 饿え～ 腹が～ 肚子饿了 dùzi è le ❸《ひまになる》有空 yǒu kòng ◆手が～ 空闲 kòngxián ◆手が空いているのなら手伝ってくれ 你有空，快来帮帮忙 nǐ yǒu kòng, kuài lái bāngbang máng ❹《心が晴れる》痛快 tòngkuài ◆胸の～思いだ 心里很痛快 xīnli hěn tòngkuài
すく【好く】 喜欢 xǐhuan ◆人に好かれる 招人喜欢 zhāo rén xǐhuan ◆いけ好かない奴 讨厌的家伙 tǎoyàn de jiāhuo
すく【漉く】 抄 chāo ◆紙を～ 抄纸 chāo zhǐ
すく【透く】 ❶《隙間ができる》有缝隙 yǒu fèngxì ◆歯の間が～ 齿间有缝隙 chǐjiān yǒu fèngxì ❷《透けて見える》透过 tòuguò ◆川底が透いている 可透过水看到河底 kě tòuguò shuǐ kàndào hédǐ
すぐ【直ぐ】 ❶《ただちに》马上 mǎshàng; 立刻 lìkè; 《間もなく》随后 suíhòu; 快…了 kuài...le ◆もう～着くよ 快要到了 kuàiyào dào le ❷《距離的に》◆～そこにある 很近 hěn jìn; 就在那儿 jiù zài nàr ❸《容易に》容易 róngyì ◆～分かる 容易明白 róngyì míngbai ◆～怒る 爱生气 ài shēngqì
すくい【救い】 救 jiù; 救援 jiùyuán; 援助 yuánzhù ◆～の手を差し伸べる 伸出救助之手 shēnchū jiùzhù zhī shǒu ◆～を求める 求救 qiújiù ◆せめてもの～ 总算是一点儿安慰 zǒngsuàn shì yìdiǎnr ānwèi
すくいぬし【救い主】 救星 jiùxīng
すくう【救う】 救 jiù; 挽救 wǎnjiù; 拯救 zhěngjiù ◆命を～ 救了一条命 jiùle yì tiáo mìng ◆急場を～ 救急 jiùjí ◆被災者を～ 解救灾民 jiějiù zāimín
すくう【掬う】 捞 lāo; 舀 yǎo ◆魚を～ 捞鱼 lāo yú ◆粥を～ 舀粥 yǎo zhōu
すくう【巣食う】 ❶《鳥などが》筑巢 zhùcháo; 搭窝 dā wō ❷《悪人が》

盘踞 pánjù

スクーター 小型摩托 xiǎoxíng mótuō；踏板式摩托车 tàbǎnshì mótuōchē

スクープ 抢先刊登的特快消息 qiǎngxiān kāndēng de tèkuài xiāoxi

スクーリング 面授 miànshòu

すぐさま【直ぐさま】 赶紧 gǎnjǐn；立即 lìjí；马上 mǎshàng

すくすく−と ♦〜と成長する 茁壮成长 zhuózhuàng chéngzhǎng

すくない【少ない】 少 shǎo

すくなからず【少なからず】 不少 bùshǎo；很多 hěn duō

すくなくとも【少なくとも】 至少 zhìshǎo；起码 qǐmǎ

すくむ【竦む】 畏缩 wèisuō；退缩 tuìsuō

すくめる【竦める】 ♦肩を〜 耸肩膀 sǒng jiānbǎng ♦首を〜 缩脖子 suō bózi

スクラップ 废品 fèipǐn

スクラム ❶《隊列》♦〜を組んで 挽臂成横队 wǎnbì chéng héngduì ❷《ラグビー》并列抢球 bìngliè qiǎngqiú

スクランブル ❶《緊急発進》紧急迎击 jǐnjí yíngjī ❷《卵焼き》♦〜エッグ 炒鸡蛋 chǎojīdàn

スクリーン《映画の》银幕 yínmù

スクリプト 剧本 jùběn

スクリュー 螺旋桨 luóxuánjiǎng

すぐれる【優れる】 ❶《他に勝る》优越 yōuyuè ♦優れた人材 优秀的人才 yōuxiù de réncái ❷《よい状態》优良 yōuliáng ♦健康がすぐれない 健康欠佳 jiànkāng qiànjiā

すくわれる【救われる】 得救 déjiù ♦彼の一言でわたしは救われた 他那一句话解救了我 tā nà yíjùhuà jiějiù le wǒ

ずけい【図形】 图形 túxíng

スケート−をする 滑冰 huábīng ♦〜靴 冰鞋 bīngxié ♦〜リンク 滑冰场 huábīngchǎng

スケートボード 滑板 huábǎn

スケープゴート 替死鬼 tìsǐguǐ；替罪羊 tìzuìyáng

スケール ❶《ものさし》尺子 chǐzi；尺度 chǐdù ❷《規模》规模 guīmó ♦〜が大きい 规模宏大 guīmó hóngdà ♦人間の〜が大きい 器量很大 qìliàng hěn dà

スケジュール 日程 rìchéng ♦〜を組む 编制日程 biānzhì rìchéng；安排日程 ānpái rìchéng ♦〜にのぼる 提上日程 tíshàng rìchéng ♦〜がぎっしりつまっている 日程安排得很紧 rìchéng ānpáide hěn jǐn ♦〜どおりに 按照预定计划 ànzhào yùdìng jìhuà

ずけずけ−と 不讲情面 bù jiǎng qíngmiàn ♦〜言う 直言不讳 zhíyán bú huì；毫无保留地说 háowú bǎoliú de shuō

スケソウダラ【助宗鱈】 明太鱼 míngtàiyú

すけだち【助太刀−する】 拔刀相助 bá dāo xiāng zhù；助一臂之力 zhù yí bì zhī lì ♦〜の人 帮手 bāngshou

スケッチ−する 速写 sùxiě ♦〜ブック 速写本 sùxiěběn

すけっと【助っ人】 帮手 bāngshou

すげない【素気無い】 冷淡 lěngdàn；冷落 lěngluò ♦〜返事 冷冰冰的答复 lěngbīngbīng de dáfù

すけべい【助平】 色鬼 sèguǐ；好色 hàosè

すける【透ける】 透过 tòuguò；透明 tòumíng

すげる【挿げる】 安上 ānshàng；插入 chārù

スコア 得分 défēn ♦〜をつける 记分 jìfēn ♦〜ボード 记分板 jìfēnbǎn

すごい【凄い】 ❶《恐ろしい》可怕 kěpà ♦〜目つきで 用恶狠狠的眼光 yòng èhěnhěn de yǎnguāng ♦〜光景 情景怕人 qíngjǐng pàrén ❷《大層な》非常 fēicháng；厉害 lìhai ♦凄く暑い 非常热 fēicháng rè；热得要命 rède yàomìng ♦映画館は凄く込んでいる 电影院里非常拥挤 diànyǐngyuànli fēicháng yōngjǐ ❸《すばらしい》了不起 liǎobuqǐ；好得很 hǎode hěn

ずこう【図工】 图画与手工 túhuà yǔ shǒugōng ♦〜の授業 图画手工课 túhuà shǒugōngkè

スコール 热带急风暴雨 rèdài jífēng bàoyǔ

すこし【少し】 稍微 shāowēi；略微 lüèwēi；《量的に》一点儿 yìdiǎnr ♦〜の間 一会儿 yíhuìr；一刻 yíkè ♦〜ずつ 逐渐 zhújiàn ♦〜も恐れない 一点儿也不怕 yìdiǎnr yě bú pà ♦〜お待ちください 请稍微等一下 qǐng shāowēi děng yíxià

すごす【過ごす】 ❶《時間を》过 guò；度过 dùguò；消磨 xiāomó ♦日を〜 过日子 guò rìzi ♦楽しい夜を〜 度过愉快的夜晚 dùguò yúkuài de yèwǎn ❷《量や程度を》过度 guòdù；过量 guòliàng ♦ちょっと飲み過ごした 喝得有点儿过量了 hēde yǒudiǎnr guòliàng le

すごすご−と 沮丧地 jǔsàng de；无精打彩 wú jīng dǎ cǎi ♦〜引き下がる 无精打彩地退下 wú jīng dǎ cǎi de tuìxià

スコッチ《ウィスキー》苏格兰威士忌 sūgélán wēishìjì

スコップ 铲子 chǎnzi; 铁锹 tiěqiāo; 铁锨 tiěxiān

すこぶる《頗る》颇为 pōwéi

すごみ《凄味》可怕 kěpà; 狰狞 zhēngníng ♦～をきかす 吓唬人 xiàhu rén

すごむ《凄む》威吓 wēihè; 吓唬 xiàhu

すこやか《健やか-な》♦～に育つ 健康成长 jiànkāng chéngzhǎng; 茁壮成长 zhuózhuàng chéngzhǎng

すごろく《双六》升官图 shēngguāntú; 双陆 shuānglù

すさまじい《凄まじい》❶《恐ろしい》可怕 kěpà; 惊人 jīngrén ♦～剣幕で 气势汹汹地 qìshì xiōngxiōng de ♦狂風が～ 狂风可怕 kuángfēng kěpà ❷《激しい》猛 měng; 猛烈 měngliè ♦～土石流 猛烈的泥石流 měngliè de níshíliú

すさむ《荒む》《生活・精神が》堕落 duòluò; 颓废 tuífèi ♦すさんだ生活を送る 过颓废的生活 guò tuífèi de shēnghuó

ずさん《杜撰-な》粗糙 cūcāo; 粗心 cūxīn ♦管理が～だ 管理不善 guǎnlǐ búshàn

すし《鮨》寿司 shòusī

すじ《筋》❶《筋肉の》筋 jīn ♦～がつる 抽筋 chōujīn ♦～を違える 扭筋 niǔjīn ❷《道理》道理 dàolǐ; 条理 tiáolǐ ♦～が通る 有条有理 yǒu tiáo yǒu lǐ ♦～が通らない 背理 bèilǐ; 不合理 bù héhǐ ❸《あらすじ》梗概 gěnggài; 情节 qíngjié ❹《情報源》♦確かな～ 可靠消息来源 kěkào xiāoxi láiyuán ❺《素質》素质 sùzhì ♦芸の～ 艺术素质 yìshù sùzhì ❻《単位:線状の》♦ひと～の道 一条路 yì tiáo lù ♦ひと～の光 一道光 yí dào guāng

ずし《厨子》佛龛 fókān

ずし《図示-する》图解 tújiě

すじあい《筋合い》理由 lǐyóu; 道理 dàolǐ ♦～とやかく言われる-ではない 没理由被说三道四 méi lǐyóu bèi shuō sān dào sì

すじがき《筋書き》❶《あらすじ》情节 qíngjié; 梗概 gěnggài ❷《仕組みの展開》设计 shèjì; 计划 jìhuà ♦～通りに運ぶ 按计划进展 àn jìhuà jìnzhǎn

すじがねいり《筋金入り-の》过硬 guòyìng; 经过千锤百炼 jīngguò qiān chuí bǎi liàn

ずしき《図式》图解 tújiě ♦～化する 图解化 tújiěhuà

すじこ《筋子》咸鲑鱼子 xián guīyúzǐ

すじちがい《筋違い-の》《見当違い》不对头 bú duìtóu; 不合理 bù hélǐ

すじみち《筋道》❶《道理》条理 tiáolǐ; 义理 yìlǐ ♦～の通った 合理的 hélǐ de ❷《順序》伦次 lúncì; 程序 chéngxù ♦～を踏んで 按照程序 ànzhào chéngxù

すじむかい《筋向かい-に》斜对面 xiéduìmiàn

すじめ《筋目》❶《折り目》衣服的折痕 yīfu de zhéhén ❷《論理》条理 tiáolǐ; 道理 dàolǐ

すじょう《素性》来路 láilu; 来历 láilì ♦～の知れない 来路不明 láilu bùmíng

ずじょう《頭上》头上 tóushàng ♦～注意 注意头上 zhùyì tóushàng

すす《煤》煤烟子 méiyānzi; 烟子 yānzi

すず《鈴》铃 líng; 铃铛 língdang

すず《錫》锡 xī

ススキ《薄》芒草 mángcǎo

スズキ《鱸》鲈鱼 lúyú

すすぐ《灌ぐ・漱ぐ・雪ぐ》❶《水で洗う》冲洗 chōngxǐ; 涮 shuàn ❷《口を》漱 shù ♦口を～ 漱口 shùkǒu ❸《恥・不名誉を》洗 xǐ; 洗雪 xǐxuě ♦汚名を～ 洗去污名 xǐqù wūmíng

すすける《煤ける》烟熏 yānxūn

すずしい《涼しい》❶《空気が》凉快 liángkuai; 凉爽 liángshuǎng ♦陽気がだんだんと涼しくなってきた 天气渐渐凉爽起来 tiānqì jiànjiàn liángshuǎngqǐlai ❷《目・音が》♦目元が～ 眼睛亮晶晶的 yǎnjing liàngjīngjīng de ❸《平然とした》♦～顔 满不在乎的样子 mǎn bú zài hu de yàngzi

すずなり《鈴生り-になる》《果実が》结满枝 jiē mǎnzhī ♦リンゴが～だ 苹果果实累累 píngguǒ guǒshí léiléi

すすはらい《煤払い》大扫除 dàsǎochú

すすみぐあい《進み具合》步骤 bùzhòu; 进度 jìndù; 进展 jìnzhǎn

すすみでる《進み出る》走上前去 zǒushàng qián qù; 上前 shàngqián

すすむ《進む》❶《前方へ》进 jìn; 前进 qiánjìn; 行进 xíngjìn ❷《物事がはかどる》进展 jìnzhǎn ♦研究が～ 研究顺利进展 yánjiū shùnlì jìnzhǎn ❸《進歩・上達する》进步 jìnbù; 发展 fāzhǎn ♦科学が～ 科学发展 kēxué fāzhǎn ❹《段階が上がる》升 shēng ♦大学に～ 升大学 shēng dàxué ❺《盛んになる》增进 zēngjìn ♦食が～ 食欲旺盛 shíyù wàngshèng ❻《積極的になる》主动 zhǔdòng；自He zìyuàn ♦气が進まない 不愿意 bú yuànyì；不高兴 bù gāoxìng ♦進んで勉強する 主动学习 zhǔdòng xuéxí ❼《先行する》快 kuài ♦《時計が》～ 表快 biǎo kuài ❽《悪化する》恶化 èhuà；加重 jiāzhòng；加剧 jiājù ♦インフレが～ 通货膨胀加剧 tōnghuò péngzhàng jiājù

すずむ【涼む】乘凉 chéngliáng；纳凉 nàliáng；过过风儿 guòguo fēngr

スズムシ【鈴虫】金钟儿 jīnzhōngr

スズメ【雀】麻雀 máquè

スズメバチ【雀蜂】马蜂 mǎfēng；胡蜂 húfēng

すすめる【勧める】劝 quàn；劝诱 quànyòu；劝说 quànshuō ♦退職を～ 劝人退休 quàn rén tuìxiū ♦リサイクルを～ 鼓励废物利用 gǔlì fèiwù lìyòng

すすめる【進める】❶《前へ行かせる》使前行 shǐ qiánxíng ♦车を～ 驱车前进 qūchē qiánjìn ♦一歩進めて进一步 jìnyíbù ❷《事業を進行させる》推进 tuījìn；进行 jìnxíng ♦話を～ 继续说下去 jìxù shuōxiàqu ♦会議を～ 进行会议 jìnxíng huìyì ❸《時計を》時計を十分～ 拨快十分钟 bōkuài shí fēnzhōng

すずやか【涼やかーな】清凉 qīngliáng；凉爽 liángshuǎng

スズラン【鈴蘭】铃兰 línglán

すずり【硯】砚台 yàntái

すすりなく【啜り泣く】抽泣 chōuqì；啜泣 chuòqì

すする【啜る】啜 chuò；呷 xiā ♦茶を～ 呷一口茶 xiā yì kǒu chá ♦涕(はな)を～ 抽鼻涕 chōu bítì

すそ【裾】❶《衣服の》下摆 xiàbǎi；裤脚 kùjiǎo ❷《山の》山麓 shānlù；山脚 shānjiǎo ❸《物の端》末端 mòduān

すその【裾野】山麓的斜坡地 shānlù de xiépōdì

スター《花形》明星 míngxīng

スタート-する ❶《競技で》起跑 qǐpǎo；起点 qǐdiǎn ♦～ライン 起跑线 qǐpǎoxiàn ❷《始める》开始 kāishǐ；起动 qǐdòng ❸出发 chūfā

スタイリスト ❶《おしゃれ》讲究穿戴的人 jiǎngjiu chuāndài de rén ❷《職業》设计师 shèjìshī；美容师 měiróngshī

スタイル ❶《格好》姿态 zītài；身材 shēncái；体型 tǐxíng ♦～がいい 身材好 shēncái hǎo；身材苗条 shēncái miáotiao ❷《形式・様式》方式 fāngshì ♦ライフ～ 生活方式 shēnghuó fāngshì ❸《デザイン》式样 shìyàng ♦へアー～ 发型 fàxíng ❹《文体など》风格 fēnggé；文体 wéntǐ ♦演奏～ 演奏风格 yǎnzòu fēnggé

すだく【集く】群鸣 qúnmíng；群集 qúnjí

スタグフレーション 滞胀 zhìzhàng

スタジアム 球场 qiúchǎng；体育场 tǐyùchǎng

スタジオ ❶《練習用の》练习室 liànxíshì ❷《撮影用の》制片厂 zhìpiànchǎng；摄影棚 shèyǐngpéng ❸《放送用の》演播室 yǎnbōshì；播音室 bōyīnshì ❹《録音用の》录音室 lùyīnshì

すたすた 快步 kuàibù；匆忙 cōngmáng；以轻快的步子 yǐ qīngkuài de bùzi ♦～行ってしまう 疾步走了 jíbù zǒu le

ずたずた-に 粉碎 fěnsuì ♦心が～に引き裂かれる 心都被撕裂了 xīn dōu bèi sīliè le

すだつ【巣立つ】❶《ひなが》出窝 chūwō ❷《独立する》自立成人 zìlì chéngrén

スタッフ 全体员工 quántǐ yuángōng；职员 zhíyuán

スタミナ 耐力 nàilì；持久力 chíjiǔlì ♦～をつける 增加耐力 zēngjiā nàilì ♦～切れだ 耐力没了 nàilì méi le

すだれ【簾】帘子 liánzi

すたれる【廃れる】❶《行われなくなる》废除 fèichú；废弃 fèiqì ♦过时 guòshí ♦敬語が～ 敬语抛弃不用了 jìngyǔ pāoqì bú yòng le ❷《衰える》衰落 shuāiluò；凋零 diāolíng ♦道徳が～ 道德败坏 dàodé bàihuài

スタンダード-な 标准 biāozhǔn；规范 guīfàn

スタンド ❶《外野》外场看台 wàichǎng kàntái ♦～バー 柜台式酒吧 guìtáishì jiǔbā ♦ブック～ 书架 shūjià ♦電気～ 台灯 táidēng ♦ガソリン～ 加油站 jiāyóuzhàn ♦自転车の～ 支架 zhījià

スタントマン 替身演员 tìshēn yǎnyuán

スタンプ ❶《印影》图章 túzhāng；戳子 chuōzi ♦～台 印台 yìntái ❷《郵便の》邮戳 yóuchuō

スチーム 蒸汽 zhēngqì ♦～暖房 暖气 nuǎnqì

スチール-の《鋼》钢 gāng

スチールしゃしん【スチール写真】《映画の》剧照 jùzhào

ずつう【頭痛】头痛 tóutòng ♦～がする 头疼 tóuténg ♦～の種 烦恼的原因 fánnǎo de yuányīn

すっからかん 精光 jīngguāng；空

すっかり 全部 quánbù; 完全 wánquán ◆食糧が～なくなる 粮食罄尽 liángshí qìngjìn ◆～満足する 心满意足 xīn mǎn yì zú

すっきり ❶《気分爽快な》爽快 shuǎngkuai; 痛快 tòngkuài ◆気分が～する 爽快 shuǎngkuai ❷《余計なもののない》简洁 jiǎnjié; 整洁 zhěngjié ◆～した文章 明白利索的文章 míngbái lìsuo de wénzhāng

すっく-と 猛然 měngrán; 霍地 huòdì ◆～と立ちあがる 猛然站起来 měngrán zhànqǐlai

ズック-の 帆布 fānbù ◆～靴 帆布鞋 fānbùxié

ずっしり ◆～重い 沉甸甸 chéndiāndiān

すったもんだ-する 吵架 chǎojià; 争吵 zhēngchǎo ◆～の末 一场纠纷之后 yī cháng jiūfēn zhīhòu

すってんてん 精光 jīngguāng; 一文不名 yì wén bù míng; 一无所有 yì wú suǒ yǒu

すっと ❶《動きが》迅速 xùnsù; 轻快 qīngkuài ◆～近づいて来 轻快走近来 qīngkuài zǒujìnlai ❷《気分が》痛快 tòngkuài ◆胸が～する 心中畅快 xīnzhōng chàngkuài

ずっと ❶《はるかに》…得多 ...de duō ◆～多い 多得多 duōdeduō ❷《途切れずに》一直 yìzhí; 从来 cónglái; 总是 zōngshì ◆～待っている 一直在等着 yìzhí zài děngzhe

すっぱい【酸っぱい】 酸 suān; 酸溜溜 suānliūliū ◆酸っぱくなる 发酸 fāsuān

すっぱだか【素っ裸-の】 赤裸裸 chìluǒluǒ; 一丝不挂 yì sī bú guà ◆～になる 脱光 tuōguāng

すっぱぬく【素っ破抜く】 揭穿 jiēchuān; 暴露 bàolù

すっぱり ❶《鮮やかに切るさま》唰地一刀 shuā de yì dāo ❷《思い切りよく》干脆 gāncuì ◆～辞める 干脆辞职 gāncuì cízhí

すっぽかす 撂下 liàoxià ◆約束を～ 失约 shīyuē

すっぽり ◆～覆う 笼罩 lǒngzhào

スッポン【鼈】 鳖 biē; 甲鱼 jiǎyú

すで【素手】 ◆～で戦う 徒手作战 túshǒu zuòzhàn ◆～で帰ってくる 空手而归 kōng shǒu ér guī

すていし【捨て石】 ❶《堤防·工事などの》投入水底的石头 tóurù shuǐdǐ de shítou ❷《囲碁の》弃子 qìzǐ

ステーキ 牛排 niúpái

ステージ 舞台 wǔtái; 戏台 xìtái

ステーション 车站 chēzhàn ◆サービス～ 服务站 fúwùzhàn ◆キー～ 关键电台 guānjiàn diàntái

ステータス 地位 dìwèi; 身份 shēnfen

ステートメント 声明 shēngmíng

すておく【捨て置く】 置之不理 zhì zhī bù lǐ

すてき【素敵-な】 极好 jí hǎo; 妙 miào; 帅 shuài

すてご【捨て子】 弃儿 qì'ér; 弃婴 qìyīng

すてぜりふ【捨て台詞】 ◆～を吐く 临走时说出恐吓的话 línzǒu shí shuōchū kǒnghè de huà

ステッカー 张贴的宣传物 zhāngtiē de xuānchuánwù; 标签 biāoqiān

ステッキ 拐杖 guǎizhàng; 手杖 shǒuzhàng

ステップ ❶《ダンスの》舞步 wǔbù ◆～を踏む 迈舞步 mài wǔbù ◆《車両などの》踏板 tàbǎn ❸《段階》梯 jiētī ◆成功への～ 成功的阶梯 chénggōng de jiētī ❹《草原》草原 cǎoyuán

すててこ 短衬裤 duǎnchènkù

すでに【既に】 已经 yǐjīng; 业已 yèyǐ

すてね【捨値-で】 ◆～で売る 贱价大甩卖 jiànjià dà shuǎimài

すてばち【捨て鉢-な】 破罐破摔 pòguàn pòshuāi; 自暴自弃 zì bào zì qì

すてみ【捨て身-の】 拼命 pīnmìng; 豁出命 huōchū mìng ◆～の反撃に出る 豁出命来反击 huōchū mìng lái fǎnjī

すてる【棄[捨]てる】 扔 rēng; 抛弃 pāoqì; 放弃 fàngqì ◆ごみを～ 扔垃圾 rēng lājī ◆祖国を～ 背弃祖国 bèiqì zǔguó ◆命を～ 舍命 shěmìng ◆吸い殻を～ 丢烟头 diū yāntou

ステレオ 立体声 lìtǐshēng ◆～放送 立体声广播 lìtǐshēng guǎngbō

ステレオタイプ 旧框框 jiùkuàngkuàng; 常规 chángguī

ステンドグラス 彩色玻璃 cǎisè bōlí; 彩绘玻璃 cǎihuà bōlí

ステンレス 不锈钢 búxiùgāng

ストイック-な 禁欲 jìnyù ◆～な生き方 禁欲的生活方式 jìnyù de shēnghuó fāngshì

すどおし【素通し-の】 透明 tòumíng; 《レンズの》平光 píngguāng

ストーブ 火炉 huǒlú; 炉子 lúzi ◆石油～ 煤油炉 méiyóulú

すどおり【素通り-する】 ❶《立ち寄らないで通り過ぎる》过门不入 guò mén bú rù ❷《話の中で触れない》要点を～して話す 避而不谈要点 bì ér bù tán yàodiǎn

ストーリー 剧情 jùqíng；情节 qíngjié

ストール 披肩 pījiān

ストッキング 长筒袜 chángtǒngwà；连裤袜 liánkùwà

ストック-する 存储 cúnchǔ；《在库品》存货 cúnhuò；库存 kùcún

ストップ-する 停止 tíngzhǐ

ストップやす【ストップ安】 跌停板 diētíngbǎn

ストライキ-をする ❶《労働者が》罢工 bàgōng ❷《学生が》罢课 bàkè

ストライク《野球》好球 hǎoqiú

ストライプ-の 条纹 tiáowén

ストレート 直 zhí；笔直 bǐzhí；《ボクシング》直拳 zhíquán ◆～にぶつかる 正面相撞 zhèngmiàn xiāngzhuàng ◆～な発言 坦率的发言 tǎnshuài de fāyán ◆～で飲む 不对水喝 bú duìshuǐ hē ◆ウイスキーの～ 不加水的威士忌 bù jiā shuǐ de wēishìjì

ストレス《精神的緊張》重压 zhòngyā；精神压力 jīngshén yālì；疲劳 píláo ◆～を解消する 消除精神疲劳 xiāochú jīngshén píláo

ストレッチ《体操》伸展操 shēnzhǎncāo

ストレプトマイシン 链霉素 liànméisù

ストロー 麦秆吸管 màigǎn xīguǎn

ストローク ❶《水泳・ボート》划 huá；一划 yīhuá ❷《テニス・卓球の一打ち》抽球 chōuqiú

ストロボ 闪光灯 shǎnguāngdēng ◆～禁止 禁止使用闪光灯 jìnzhǐ shǐyòng shǎnguāngdēng

すとん ❶《軽いものが落ちる擬音》扑腾 pūtēng ◆～と落ちる 啪嗒一声落在地上 pādā yì shēng luòzài dìshang ❷《数値が急に減少するさま》一下子 yíxiàzi ◆営業成績が～と落ちる 营业额急剧下跌 yíngyè'é jùjù xiàdiē

すな【砂】 沙子 shāzi ◆～遊び 玩沙 wán shāzi ◆～煙 沙尘 shāchén ◆～地 沙土 shātǔ

すなあらし【砂嵐】 沙暴 shābào

すなお【素直-な】 ❶《心がねじまがっていないさま》听话 tīnghuà；天真 tiānzhēn；老实 lǎoshi ◆～に従う 顺从 shùncóng ❷《癖のないさま》◆～な文字 工整的文字 gōngzhěng de wénzì ◆～な髪の毛 顺溜的头发 shùnliu de tóufa

スナック ❶《店》酒吧 jiǔbā；小吃店 xiǎochīdiàn ❷《軽い菓子》小吃 xiǎochī

スナップ ❶《写真》快相 kuàixiàng；快照 kuàizhào ◆～写真を撮る 拍快相 pāi kuàixiàng ❷《スポーツ》手腕力 shǒuwànlì ◆《野球で》～を利かす 用手腕快速投球 yòng shǒuwàn kuàisù tóuqiú ◆《留め金具》～ホック 摁扣儿 ènkòur；子母扣儿 zǐmǔkòur

すなば【砂場】 沙地 shādì

すなはま【砂浜】 海滩 hǎitān；沙滩 shātān

すなぶろ【砂風呂】 沙浴 shāyù

すなやま【砂山】 沙丘 shāqiū

すなわち【即ち】 ❶《言いかえると》即 jí；也就是 yě jiùshì ◆中国の首都，～北京 中国的首都，即北京 Zhōngguó de shǒudū, jí Běijīng ❷《そうすれば》则… zé… ◆信ずれば～救われる 相信就会得救 xiāngxìn jiù huì déjiù

スニーカー 球鞋 qiúxié；旅游鞋 lǚyóuxié

ずぬけて【図抜けて】 出众 chūzhòng；特别 tèbié

すね【脛】 胫 jìng ◆～に傷をもつ 心存内疚 xīn cún nèijiù

すねかじり【脛嚙り】 靠父母养活 kào fùmǔ yǎnghuo

すねもの【拗ね者】 性情乖僻的人 xìngqíng guāipì de rén

すねる【拗ねる】 执拗起来 zhíniùqǐlai；闹别扭 nào bièniu

ずのう【頭脳】《頭の働き・知力》头脑 tóunǎo；脑筋 nǎojīn ◆～労働 脑力劳动 nǎolì láodòng ◆～明晰 头脑清晰 tóunǎo qīngxī ◆《優れた頭脳の持ち主》～の流出 人才外流 réncái wàiliú ◆頭脳集団 智囊团 zhìnángtuán

スノータイヤ 防滑轮 fánghuálún

スノーボード《スポーツ》滑板滑雪 huá bǎn huáxuě

すのこ【簀子】 木算子 mùbìzi；泄水板 xièshuǐbǎn

すのもの【酢の物】 醋拌凉菜 cùbàn liángcài

スパーク-する《放電》飞火星 fēi huǒxīng；发火花 fā huǒhuā

スパート《スポーツ》加油 jiāyóu；冲刺 chōngcì ◆ラスト～ 最后冲刺 zuìhòu chōngcì

スパイ-する 间谍 jiàndié；密探 mìtàn；特务 tèwù ◆～衛星 间谍卫星 jiàndié wèixīng；侦察卫星 zhēnchá wèixīng

スパイク ❶《靴底の釘》鞋底钉 xié-

dīdīng ♦～シューズ 钉鞋 dīngxié ❷《バレーボール》♦～する 扣球 kòuqiú
スパイス 调料 tiáoliào
スパゲッティ 意大利面条 Yìdàlì miàntiáo
すばこ【巣箱】 鸟巢箱 niǎocháoxiāng
すばしこい 敏捷 mǐnjié；灵活 línghuó；灵敏 língmǐn
すぱすぱ ❶《タバコを吸うさま》♦～タバコをふかす 大口吸烟 dàkǒu xīyān ❷《物を切るさま》♦～大根を切る 咔咔地切萝卜 kākā de qiē luóbo ❸《物事をさっさと行うさま》♦問題を一片づける 大刀阔斧地处理问题 dà dāo kuò fǔ de chǔlǐ wèntí
ずばずば ♦～質問する 针针见血地提问 zhēn zhēn jiàn xiě de tíwèn
すはだ【素肌】 未化妆的 wèi huàzhuāng de；肌肤 jīfū
スパナ 扳手 bānshou ♦モンキー～ 活动扳手 huódòng bānshou
ずばぬける【ずば抜ける】 超凡 chāofán；超群 chāoqún；无与伦比 wú yǔ lún bǐ
スパムメール 垃圾邮件 lājī yóujiàn
すばやい【素早い】 ❶《行動が》麻利 máli；轻捷 qīngjié ♦素早く 赶快 gǎnkuài ♦素早く避ける 赶快躲闪 gǎnkuài duǒshǎn ❷《頭の回転が》敏捷 mǐnjié；机敏 jīmǐn ♦～判断 机敏的判断 jīmǐn de pànduàn
すばらしい【素晴らしい】 精彩 jīngcǎi；绝妙 juémiào；美好 měihǎo
ずばり 一针见血 yī zhēn jiàn xiě；直截了当 zhíjié liǎodàng ♦～と言う 一语说中 yī yǔ shuōzhòng
すばる【昴】《星団》昴宿星团 Mǎosù xīngtuán
スパルタ 斯巴达 Sībādá ♦～教育 斯巴达式教育 Sībādáshì jiàoyù
スパン 《時間の幅》跨度 kuàdù ♦ライフ～ 寿命 shòumìng
ずはん【図版】 图版 túbǎn
スピーカー 扬声器 yángshēngqì；扩音器 kuòyīnqì；喇叭 lǎba
スピーチ 讲话 jiǎnghuà；演讲 yǎnjiǎng ♦テーブル～ 即席讲话 jíxí jiǎnghuà
スピード 速度 sùdù ♦～を上げる 加快速度 jiākuài sùdù ♦～をおとす 减低速度 jiǎndī sùdù ♦～メーター 速度表 sùdùbiǎo ♦～写真 快速摄影 kuàisù shèyǐng
スピードスケート 速度滑冰 sùdù huábīng
ずひょう【図表】 图表 túbiǎo
ずぶ-の 完全 wánquán ♦～の素人 一窍不通的外行 yí qiào bù tōng de wàiháng
スフィンクス 狮身人面像 shīshēn rénmiànxiàng
スプーン 匙子 chízi；小勺儿 xiǎosháor
すぶた【酢豚】 古老肉 gǔlǎoròu；糖醋里脊肉 tángcù lǐjiròu
ずぶとい【図太い】 厚脸皮 hòu liǎnpí
ずぶぬれ【ずぶ濡れ】 湿透 shītòu；浑身湿透 húnshēn shītòu；落汤鸡 luòtāngjī
すぶり【素振り】《ラケットなどの》空抡 kōnglūn
スプリング ❶《ばね》弹簧 tánhuáng ❷《春》春天 chūntiān ♦～コート 风衣 fēngyī
スプリンクラー 喷灌器 pēnguànqì；洒水设备 sǎshuǐ shèbèi；自动洒水灭火器 zìdòng sǎshuǐ mièhuǒqì
スプリンター《スポーツ選手》短跑运动员 duǎnpǎo yùndòngyuán
スプレー 喷雾器 pēnwùqì；喷子 pēnzi
すべ【術】 办法 bànfǎ；方法 fāngfǎ ♦なす～がない 没门儿 méiménr；束手无策 shù shǒu wú cè
スペア- 《予備》备用 bèiyòng ♦～タイヤ 备用轮胎 bèiyòng lúntāi ❷《ボウリング》♦～をとる 补中 bǔzhòng
スペアリブ 排骨 páigǔ
スペース ❶《空間》场地 chǎngdì；空间 kōngjiān ♦テーブルを置く～ 摆放桌子的空间 bǎifàng zhuōzi de kōngjiān ❷《印刷物の紙面》空 kòng；篇幅 piānfu ♦～を割く 留出空来 liúchū kòng lái ❸《宇宙空間》太空 tàikōng ♦～シャトル 太空穿梭机 tàikōng chuānsuōjī
スペード 黑桃 hēitáo
すべからく【須らく】 必须 bìxū；应当 yīngdāng ♦人は～働くべし 人皆必须劳动 rén jiē bìxū láodòng
スペクタクル 壮观 zhuàngguān ♦～映画 大场面的影片 dà chǎngmiàn de yǐngpiàn
スペクトル 光谱 guāngpǔ
すべすべ-の 光滑 guānghuá；光溜溜 guāngliūliū；滑腻 huánnì
スペック(spec) 规格 guīgé
すべて【全[総・凡]て】 都 dōu；全都 quándōu；一切 yíqiè ♦見るもの～が美しい 所见一切都美丽 suǒ jiàn yíqiè dōu měilì ♦金が～ではない 金

钱并非万能 jīnqián bìng fēi wànnéng
すべらす【滑らす】 滑 huá ◆口を～ 说走了嘴 shuōzǒu le zuǐ
すべりおちる【滑り落ちる】 滑落 huáluò
すべりおりる【滑り降りる】 滑下 huáxià
すべりこむ【滑り込む】 滑进去 huájìnqù ◆面接に～ 赶上面试 gǎnshàng miànshì
すべりだい【滑り台】 滑梯 huátī
すべりだし【滑り出し】 开端 kāiduān; 开头 kāitóu ◆～は順調だ 开头顺利 kāitóu shùnlì
すべりどめ【滑り止め】 ❶《滑るのを防ぐ物》防滑物 fánghuáwù ❷《受験で》◆～に他の学校も受ける 怕考不上多报别的学校垫底 pà kǎobushàng duō bào biéde xuéxiào diàndǐ
スペリング 拼法 pīnfǎ
すべる【滑る】 ❶《滑らかに移動する》滑行 huáxíng ◆スキーで～ 滑雪 huáxuě ◆《表面がつるつるするさま》滑 huá ◆足が～ 脚打滑 jiǎo dǎhuá ❸《余計なことを言う》◆口が～ 走嘴 zǒuzuǐ; 失言 shīyán; 说漏 shuōlòu ❹《試験に失敗する》◆試験に～ 没考上 méi kǎoshàng
スポイト 玻璃吸管 bōli xīguǎn
スポークスマン 代言人 dàiyánrén; 发言人 fāyánrén
スポーツ–する 体育运动 tǐyù yùndòng ◆～ジム 健身房 jiànshēnfáng ◆～選手 运动员 yùndòngyuán ◆～マンシップ 体育道德 tǐyù dàodé
ずぼし【図星】 要害 yàohài ◆～だ 正中要害 zhèng zhòng yàohài
スポット ❶《地点》地点 dìdiǎn; 场所 chǎngsuǒ ◆今人気の～ 现在受欢迎的地方 xiànzài shòu huānyíng de dìfang ◆観光～ 旅游景点 lǚyóu jǐngdiǎn ❷《テレビ・ラジオ番組に挟む》插播 chābō ◆～広告 插播广告 chābō guǎnggào ◆～ニュース 插播新闻 chābō xīnwén ❸《注目》焦点 jiāodiǎn ◆市長に～を当てる 把焦点集中在市长身上 bǎ jiāodiǎn jízhōng zài shìzhǎng shēnshàng
スポットライト 聚光灯 jùguāngdēng ◆～を浴びる 大受瞩目 dà shòu zhǔmù
すぼめる【窄める】 收 shōu; 缩 suō ◆傘を～ 收伞 shōu sǎn ◆口を～ 抿嘴 mǐnzuǐ
ずぼら–な 懒散 lǎnsǎn; 吊儿郎当 diào'er lángdāng

ズボン 裤子 kùzi ◆～をはく 穿裤子 chuān kùzi ◆～下 衬裤 chènkù ◆～吊り 背带 bēidài ◆半～ 短裤 duǎnkù
スポンサー 赞助商 zànzhùshāng; 广告主 guǎnggàozhǔ
スポンジ 海绵 hǎimián
スマート–な ❶《姿形の》苗条 miáotiao ◆彼女はとても～だ 她很苗条 tā hěn miáotiao ◆～に着こなす 穿着潇洒 chuānzhuó xiāosǎ ❷《行動》洒脱 sǎtuō; 漂亮 piàoliang ◆～に答える 洒脱地回答 sǎtuō de huídá
スマートグリッド 智能电网 zhìnéng diànwǎng
スマートフォン 智能手机 zhìnéng shǒujī
スマートメディア 智能媒体 zhìnéng méitǐ
すまい【住まい】 ❶《暮らし》住 zhù; 居住 jūzhù ◆一人ずまい 一个人住 yí ge rén zhù; 独身生活 dúshēn shēnghuó ❷《住居》住房 zhùfáng; 寓所 yùsuǒ; 住处 zhùchù ◆お～はどちらですか 您住在哪儿 nín zhùzài nǎr
すましじる【澄まし汁】 清汤 qīngtāng
すましや【澄まし屋】 装模作样的人 zhuāng mú zuò yàng de rén
すます【済ます】 ❶《なし終える》作完 zuòwán ◆仕事を～ 做完工作 zuòwán gōngzuò ❷《間に合わせる》将就 jiāngjiu; 应付 yìngfu ◆昼飯抜きで～ 不吃午饭将就过去 bù chī wǔfàn jiāngjiu guòqu
すます【澄ます】 ❶《にごりをなくす》◆水を～ 把水澄清 bǎ shuǐ dèngqīng ❷《意識を集中する》◆耳を～ 侧耳倾听 cè'ěr qīngtīng ❸《気取る》◆つんと～ 装模作样 zhuāng mú zuò yàng ❹《平然としている》◆澄ました様子 满不在乎 mǎn bú zài hu
スマッシュ–する 扣杀 kòushā; 扣球 kòuqiú
すみ【隅】 角落 jiǎoluò ◆～に置けない 不可轻视 bùkě qīngshì ◆重箱の～をつつく 吹毛求疵 chuī máo qiú cī
すみ【炭】 炭 tàn; 木炭 mùtàn
すみ【墨】 墨 mò ◆～絵 水墨画 shuǐmòhuà
すみか【住処】 住处 zhùchù
すみきる【澄みきる】 清澈 qīngchè; 澄彻 chéngchè; 澄清 chéngqīng
すみごこち【住み心地】 居住的感觉 jūzhù de gǎnjué ◆～が好い［悪い］ 住着舒服［不舒服］ zhùzhe shūfu

[bù shūfu]
すみこみ【住み込み-で】住在雇主家 zhù zài gùzhǔ jiā ♦～の使用人 zhù zài gùzhǔ jiā de yòngren
すみずみ【隅々】到处 dàochù; 各个角落 gège jiǎoluò
すみつく【住み着く】定居 dìngjū
すみなれる【住み慣れる】住惯 zhùguàn
すみび【炭火】炭火 tànhuǒ
すみません【済みません】对不起 duìbuqǐ; 抱歉 bàoqiàn
すみやか【速やかーに】迅速 xùnsù; 从速 cóngsù
すみやき【炭焼き】❶《木炭を作る》烧炭 shāotàn ❷《炭火で焼く》用炭火烤 yòng tànhuǒ kǎo
スミレ【菫】菫菜 jǐncài ♦～色 菫色 jǐnsè; 紫罗兰 zǐluólán
すみわたる【澄み渡る】清彻 qīngchè ♦空が～ 晴空万里 qíngkōng wànlǐ
すむ【住む】居住 jūzhù; 住 zhù
すむ【済む】完 wán; 结束 jiéshù ♦引越しが～ 搬完家 bānwán jiā ♦かすり傷で～ 幸而只擦破皮 xìng'ér zhǐ cāpò pí ♦電話一本で～ 打个电话就够了 dǎ ge diànhuà jiù gòu le ♦気が～ 满意 mǎnyì
すむ【澄む】澄清 chéngqīng ♦澄んだ声 清脆的声音 qīngcuì de shēngyīn ♦心が～ 心情宁静 xīnqíng níngjìng
スムーズ-な 圆滑 yuánhuá ♦～に進行する 顺利进行 shùnlì jìnxíng
ずめん【図面】图样 túyàng; 图纸 túzhǐ ♦～を描く 制图 zhìtú; 绘图 huìtú
すもう【相撲】相扑 xiāngpū; 摔跤 shuāijiāo
スモッグ 烟雾 yānwù ♦光化学～ 光化学烟雾 guānghuàxué yānwù
スモモ【李】李子 lǐzi
すやき【素焼きーの】 ♦～のかめ 瓦罐 wǎguàn ♦～の器 素陶器 sùtáoqì
すやすや 香甜 xiāngtián; 安稳 ānwěn ♦～眠る 香甜地睡 xiāngtián de shuì
スライス-する 切片 qiēpiàn ♦～ハム 火腿肉片 huǒtuǐ ròupiàn
スライド-する ❶《滑ること》滑动 huádòng ♦物価～制 按物价浮动的工资制度 àn wùjià fúdòng de gōngzī zhìdù ❷《幻灯》幻灯 huàndēng ♦～を映す 演幻灯 yǎn huàndēng
ずらす ❶《位置を》挪 nuó ♦视点を～ 挪动视点 nuódòng shìdiǎn ❷《日時を》错开 cuòkāi ♦一か月～

开一个月 cuòkāi yí ge yuè
すらすら 流利 liúlì; 顺利 shùnlì ♦～答える 流利地回答 liúlì de huídá ♦～ことが運ぶ 顺利进行 shùnlì jìnxíng
スラックス 女西装裤 nǚ xīzhuāngkù; 女裤 nǚkù
すらっとした 苗条 miáotiao; 亭亭玉立 tíngtíng yùlì
スラム 贫民窟 pínmínkū
すらりーと ❶《刀を抜くさま》嗖地一下 sōu de yíxià ❷《スマートな》♦～と伸びた脚 修长伸展的腿 xiūcháng shēnzhǎn de tuǐ
ずらり 一大排 yí dà pái
スラング 俚语 lǐyǔ; 行话 hánghuà
スランプ《心の》一时不振 yìshí búzhèn
すり【掏摸】扒手 páshǒu; 小偷 xiǎotōu ♦～にご注意を 谨防扒手 jǐnfáng páshǒu
すりあがる【刷り上がる】印完 yìnwán; 印出来 yìnchūlai
スリーディー（3D）三维 sānwéi ♦～映画 三维电影 sānwéi diànyǐng
ずりおちる【ずり落ちる】滑落 huáluò; 滑下 huáxià
すりかえる【すり替える】偷换 tōuhuàn ♦論点を～ 偷换论点 tōuhuàn lùndiǎn
すりガラス【擦り硝子】磨沙玻璃 móshā bōli; 毛玻璃 máobōli
すりきず【擦り傷】擦伤 cāshāng
すりきれる【擦り切れる】磨破 mópò
すりこぎ【摺り粉木】研磨棒 yánmóbàng; 擂槌 léichuí
すりこむ【擦り込む】《薬などを》擦上 cāshàng ♦軟膏を～ 抹软膏 mǒ ruǎngāo
すりこむ【刷り込む】印上 yìnshàng
スリッパ 拖鞋 tuōxié
スリップ ❶《滑ること》♦～する 滑huá ♦～事故 滑车事故 huáchē shìgù ❷《婦人下着》衬裙 chènqún
すりつぶす【擂り潰す】研磨 yánmó; 磨碎 mósuì
すりばち【擂り鉢】研钵 yánbō; 擂钵 léibō
すりへらす【擦[磨]り減らす】磨损 mósǔn ♦神経を～ 劳神 láoshén; 耗费心血 hàofèi xīnxuè
すりへる【擦[磨]り減る】❶《こすって少なくなる》磨损 mósǔn ♦タイヤが～ 轮胎磨损 lúntāi mósǔn ❷《使いすぎてだめになる》耗损 hàosǔn ♦神経が～ 心神耗尽 xīnshén hàojìn ❸《少しずつ減る》消耗 xiāohào ♦財産が～ 财产渐渐费掉 cáichǎn jiànjiàn fèidiào
すりむく【擦り剥く】擦破 cāpò

すりもの【刷り物】 印刷品 yìnshuāpǐn

すりよる【擦り寄る】 挪近 nuójìn；贴近 tiējìn；凑近 còujìn

スリラー 惊险 jīngxiǎn ◆～映画 惊险影片 jīngxiǎn yǐngpiàn ◆～小说 惊险小说 jīngxiǎn xiǎoshuō

スリル 惊险 jīngxiǎn ◆～满点 极其惊险 jíqí jīngxiǎn

する【掏る】 扒 pá；扒窃 páqiè；掏 tāo ◆腰包を～ 掏腰包 tāo yāobāo ◆财布を掏られる 钱包被窃 qiánbāo bèi qiè

する【為る】 做 zuò；干 gàn；办 bàn ◆テニスを～ 打网球 dǎ wǎngqiú ◆あくびを～ 打哈欠 dǎ hāqian ◆音が～ 有声音 yǒu shēngyīn ◆寒気が～ 发冷 fālěng ◆ネクタイを～ 系领带 jì lǐngdài

する【擦［磨・摺］る】 ❶ 《こする》磨 mó；研 yán ◆マッチを～ 划火柴 huá huǒchái ◆墨を～ 研墨 yán mò ❷《賭けなどで》输 shū ◆有り金を～ 把手头的钱全输光了 bǎ shǒutóu de qián quán shūguāng le

する【刷［摺］る】 印刷 yìnshuā ◆版画を～ 印版画 yìn bǎnhuà

ずる【狡】 狡猾 jiǎohuá；滑头 huátóu ◆～をする 耍滑 shuǎhuá ◆～休み 偷懒 tōulǎn

ずるい【狡い】 狡猾 jiǎohuá；油滑 yóuhuá ◆～手を使う 要滑 shuǎhuá ◆ずるく立ち回る 投机取巧 tóujī qǔqiǎo

ずるがしこい【狡賢い】 奸诈 jiānzhà；油头滑脑 yóu tóu huá nǎo ◆～人 老狐狸 lǎohúli

ずるける 偷懒 tōulǎn

するする ～と登る 轻快地攀登 qīngkuài de pāndēng

ずるずる ❶《液体を吸う擬音》◆スープを～すする 咻溜咻溜地喝汤 chīliūchīliū de hē tāng ❷《物を引きずるさま》拖着移动 tuōzhe yídòng ◆すそを～引きずる 拖拉着下摆 tuōlāzhe xiàbǎi ❸《物事の決まりをつけないさま》◆～と返事を延ばす 拖拖拉拉不回答 tuōtuōlālā bù huíyīn

すると ❶《そうすると》于是 yúshì ◆～扉が開いた 于是门就开了 yúshì mén jiù kāi le ❷《それなら》那么 nàme；这么一来 zhème yì lái ◆～知らなかったのは私だけか 那么，只有我不知道了 nàme, zhǐyǒu wǒ bù zhīdào le

するどい【鋭い】 ❶《刃物などが》快 kuài；锋利 fēnglì ◆～ナイフ 锋利的小刀 fēnglì de xiǎodāo ❷《感覚・頭脳が》敏锐 mǐnruì ◆～洞察力 敏锐的洞察力 mǐnruì de dòngchálì ◆勘が～ 直觉敏锐 zhíjué mǐnruì ❸《勢いが》厉害 lìhai ◆～パンチ 狠狠的一拳 hěnhěn de yì quán ❹《厳しい》尖锐 jiānruì ◆～批判 尖锐的批评 jiānruì de pīpíng ◆目つきが～ 目光锐利 mùguāng ruìlì

-するほかない【-する他ない】 只好 zhǐhǎo；不能不 bù néng bù ◆これでは同意～ 这样就只能答应了 zhèyàng jiù zhǐ néng dāying le

するめ【鯣】 鱿鱼干 yóuyúgān

するりーと 滑溜溜地 huáliūliū de

ずれ ❶《位置の》偏差 piānchā ❷《時期の》不合 bùhé；错开 cuòkāi ❸《考え・気持ちの》分歧 fēnqí；距离 jùlí

スレート 石板 shíbǎn

ずれこむ【ずれ込む】 推迟到 tuīchídào；延长到 yánchángdào ◆来年にずれ込みそうだ 看来要延到明年 kànlái yào yándào míngnián

すれすれ【擦れ擦れ-】 ◆～に通る 擦身而过 cā shēn ér guò ◆水面－に飛ぶ 贴着水面飞 tiēzhe shuǐmiàn fēi ◆定刻－に到着した 差一点儿没赶到 chà yìdiǎnr méi gǎndào

すれちがう【擦れ違う】 ❶《近くを通り過ぎる》错过去 cuòguòqu；擦肩而过 cā jiān ér guò ◆列車が～ 火车错车 huǒchē cuòchē ❷《論点がかみ合わない》不一致 bù yízhì ◆意见が～ 意见不吻合 yìjiàn bù wěnhé

すれっからし【擦れ枯らし】 油子 yóuzi；滑头 huátóu

-すれば 如果 rúguǒ；只要 zhǐyào ◆明日に～どうなか 延到明天对不好 yándào míngtiān hǎobuhǎo ◆電話－すむ事が 打一下电话就行了 dǎ yíxià diànhuà jiù xíng le ◆私と～不满だらけだ 依我说来, 怎么能满意呢 zài wǒ shuōlai, zěnme néng mǎnyì ne

すれる【擦れる】 ❶《こすれて减る・痛む》摩擦 mócā；磨破 mópò ◆かとが～ 脚后跟磨破 jiǎohòugēn mópò ◆袖口が～ 袖口磨破 xiùkǒu mópò ❷《純粋さを失う》 淳huá；油滑 yóuhuá ◆世間にもまれて～ 久经世故而变油滑了 jiǔjīng shìgù ér biàn yóuhuá le

ずれる ❶《滑り動く》错位 cuòwèi ◆背骨が～ 背骨错位 bèigǔ cuòwèi ❷《基準から外れる》偏离 piānlí；偏偏 piān ◆予定が～ 预定落空 yùdìng luòkōng ◆時代感覚が～ 偏离时代 piānlí shídài ◆論点が～ 论点不对头 lùndiǎn bú duìtóu

スロー 缓慢 huǎnmàn ◆～モーション 慢镜头 màn jìngtóu

スローガン 口号 kǒuhào; 呼号 hūhào ◆~を掲げる 高举标语 gāojǔ biāoyǔ ◆~を叫ぶ 高喊口号 gāohǎn kǒuhào

スロープ 斜坡 xiépō

スローフード 慢餐 màncān

スローモー-な 慢腾腾 mànténg-téng

ずろく【図録】 图谱 túpǔ

スロットマシーン 老虎机 lǎohǔjī

スロットル 油门 yóumén

スワップ ❶《情報交換》信息交换 xìnxī jiāohuàn ❷《スワップ取引》互惠信贷 hùhuì xìndài ❸《夫婦交換》夫妻交换 fūqī jiāohuàn

すわり【座り】 ◆~のよい 安稳 ān-wěn; 稳定 wěndìng

すわりこみ【座り込み-をする】 静坐示威 jìngzuò shìwēi

すわりこむ【座り込む】 坐下不动 zuòxià bú dòng; 《抗議などで》静坐示威 jìngzuò shìwēi

すわる【座る】 坐 zuò ◆ソファーに~ 坐在沙发上 zuò zài shāfāshang

すわる【据わる】 ❶《しっかりと定まる》◆赤ん坊の首が~ 婴儿的脖子能挺起来 yīng'ér de bózi néng tǐngqǐ-lai ❷《動じなくなる》◆性根が~ 本性沉着 běnxìng chénzhuó ❸《動きが止まる》◆酔いで目が~ 醉得眼睛发直 zuìde yǎnjing fāzhí

すんか【寸暇】 片刻 piànkè ◆~を惜しむ 珍惜寸暇 zhēnxī cùnxiá

ずんぐり ◆~した体型 胖墩墩的体型 pàngdūndūn de tǐxíng

すんげき【寸劇】 短剧 duǎnjù

すんこく【寸刻】 寸刻 cùnkè ◆~を争う 刻不容缓 kè bù róng huǎn

すんじ【寸時-も】 片刻 piànkè; 寸暇 cùnxiá ◆~も忘れてはならない 一刻也不能忘 yíkè yě bùnéng wàng

ずんずん ◆~仕事を進める 迅速开展工作 xùnsù kāizhǎn gōngzuò

すんぜん【寸前】 眼看就要 yǎnkàn jiùyào; 即将 jíjiāng ◆倒産~である 眼看就要破产 yǎnkàn jiùyào pòchǎn ◆爆発~に 即将爆发时 jíjiāng bàofā shí ◆ゴール~で抜かれる 眼看到终点时被人超过 yǎnkàn dào zhōngdiǎn shí bèi rén chāoguò

すんだん【寸断-する】 寸断 cùnduàn

すんてつ【寸鉄】 ◆身に~を帯びず 身无寸铁 shēn wú cùntiě ◆~人を刺す 一针见血 yì zhēn jiàn xiě

すんでのところ【すんでの所-で】 差一点儿 chà yìdiǎnr; 几乎 jīhū ◆~で助かった 差一点儿没得救 chà yìdiǎnr méi déjiù

ずんどう【寸胴-な】 上下一样粗 shàngxià yíyàng cū

すんなり ❶《しなやかで細い》◆手足が~とした 苗条 miáotiao; 细长 xì-cháng ❷《滞りなく進行するさま》◆~認める 马上承认 mǎshàng chéng-rèn ◆交渉は~運んだ 交涉进行得顺利 jiāoshè jìnxíngde shùnlì

すんびょう【寸秒】 ◆~を争う 争分夺秒 zhēng fēn duó miǎo

すんぴょう【寸評】 短评 duǎnpíng

すんぶん【寸分】 一丝一毫 yì sī yì háo ◆~違わない 分毫不差 fēnháo bú chà

すんぽう【寸法】 ❶《物の長さ》尺寸 chǐcun; 尺码 chǐmǎ ◆~を測る 量尺码 liáng chǐmǎ ❷《もくろみ・計画》企图 qìtú; 打算 dǎsuan ◆横取りする~だ 打算抢夺 dǎsuan qiǎngduó

せ

せ【瀬】 ❶《川などの》浅滩 qiǎntān ♦～を渡る 过浅滩 guò qiǎntān ❷《境遇·立場》♦立つ～がない 无地自容 wú dì zì róng

せ【背】 ❶《背中》后背 hòubèi ♦～を向ける 不理睬 bù lǐcǎi ♦～に腹は変えられぬ 为大利只好牺牲小利 wèi dàlì zhǐhǎo xīshēng xiǎolì ❷《物の後ろ側》背 bèi ♦いすの～ 椅子背 yǐzibèi ♦本の～ 书背 shūbèi ❸《盛り上がって連なっている部分》♦山の～ 山脊 shānjǐ ❹《身長》♦～が高い 个子高 gèzi gāo ♦～が低い 个子矮 gèzi ǎi

せい【所為】 原因 yuányīn；缘故 yuángù ♦雪の～だ 原因在于下雪 yuányīn zàiyú xiàxuě ♦父の～にする 归咎于父亲 guījiùyú fùqin

せい【姓】 姓 xìng；姓氏 xìngshì

せい【性】 ❶《生まれつき》本性 běnxìng ♦人間の～は善である 人之初,性本善 rén zhī chū, xìng běn shàn ❷《雄·雌の区別》♦～による差別 性别歧视 xìngbié qíshì ❸《セックス》性 xìng ♦～欲 性欲 xìngyù

せい【正】 ❶《正しいこと》正道 zhèngdào ♦～正确 zhèngquè ♦～よく邪を制す 正义常压倒邪恶 zhèngyì cháng yādǎo xié'è ❷《主たること》正的 zhèng de ♦～副委員長 正副委员长 zhèngfù wěiyuánzhǎng ❸《プラスの数·正数》正数 zhèngshù

せい【精】 ❶《精力·元気》精力 jīnglì ♦～を出す 勉励 miǎnlì ♦～をつける 补养 bǔyǎng ♦～も根も尽き果てる 精疲力尽 jīng pí lì jìn ❷《物に宿る魂》精 jīng；灵魂 línghún ♦木の～ 树精 shùjīng

せい【聖-なる】 神圣 shénshèng ♦～なる土地 神圣的土地 shénshèng de tǔdì

ぜい【税】 税 shuì ♦～率 税率 shuìlǜ ♦～を納める 纳税 nàshuì ♦～込み 税款在内 shuìkuǎn zàinèi

ぜい【贅】 ♦～を尽す 极尽奢华 jíjìn shēhuá

せいあつ【制圧-する】 压服 yāfú；制伏 zhìfú

せいあん【成案】 成案 chéng'àn

せいい【誠意】 诚意 chéngyì；真诚 zhēnchéng ♦～を尽くす 竭诚 jiéchéng ♦～に欠ける 缺乏诚意 quēfá chéngyì

せいいき【聖域】 ❶《宗教における》圣地 shèngdì ♦宗教上の～を侵す 侵犯圣地 qīnfàn shèngdì ❷《不可侵の領域·事柄》禁区 jìnqū；圣地 shèngdì ♦～に踏み込んだ論争 介入禁区的争论 jièrù jìnqū de zhēnglùn

せいいき【声域】 声域 shēngyù ♦～が広い 声域宽 shēngyù kuān

せいいく【成育】 成长 chéngzhǎng

せいいっぱい【精一杯】 竭尽全力 jiéjìn quánlì；尽量 jǐnliàng

せいいん【成員】 成员 chéngyuán

せいいん【成因】 成因 chéngyīn

セイウチ【海象】 海象 hǎixiàng

せいうん【星雲】 星云 xīngyún ♦～群 星云群 xīngyúnqún

せいうん【盛運】 好运 hǎoyùn ♦～を祈る 祝好运 zhù hǎoyùn

せいうん【青雲】 ♦～の志 鸿鹄之志 hónghú zhī zhì

せいえい【精鋭】 精锐 jīngruì ♦～を率いる 率领精锐 shuàilǐng jīngruì ♦～部隊 精锐部队 jīngruì bùduì

せいえき【精液】 精液 jīngyè

せいえん【声援-する】 声援 shēngyuán；助威 zhùwēi ♦～を送る 加油助威 jiāyóu zhùwēi

せいえん【製塩】 制盐 zhìyán

せいおん【清音】 清音 qīngyīn

せいおん【静穏-な】 稳静 wěnjìng

せいか【成果】 成果 chéngguǒ；成就 chéngjiù；收获 shōuhuò ♦輝かしい～ 辉煌的成果 huīhuáng de chéngguǒ ♦～を収める 取得成就 qǔdé chéngjiù

せいか【正価】 实价 shíjià ♦～販売 实价出售 shíjià chūshòu

せいか【正課】 正规课程 zhèngguī kèchéng ♦～に取り入れる 纳入正规课程 nàrù zhèngguī kèchéng

せいか【正貨】 正币 zhèngbì；金银币 jīnyínbì ♦～準備 硬币储备 yìngbì chǔbèi

せいか【生家】 出生之家 chūshēng zhī jiā ♦～を訪ねる 走娘家 zǒu niángjia

せいか【生花】 鲜花 xiānhuā ♦～を飾る 摆上鲜花 bǎishàng xiānhuā

せいか【盛夏】 盛暑 shèngshǔ；盛夏 shèngxià

せいか【精華】 精英 jīngyīng；精华 jīnghuá ♦青磁の～ 青瓷的精华 qīngcí de jīnghuá

せいか【聖歌】 圣歌 shènggē ♦～隊 唱诗班 chàngshībān

せいか【聖火】 圣火 shènghuǒ ♦～ランナー 圣火接力队员 shènghuǒ jiēlì duìyuán ♦～リレー 圣火接力 shènghuǒ jiēlì

せいか【声価】 声价 shēngjià；名声 míngshēng；信誉 xìnyù ♦～を上げ

る 抬高声价 táigāo shēngjià ♦～が定まる 声价确定 shēngjià quèdìng
せいか【製菓】糕点制作 gāodiǎn zhìzuò ♦～業 糕点业 gāodiǎnyè
せいか【青果】蔬菜和水果 shūcài hé shuǐguǒ ♦～市場 蔬菜水果市场 shūcài shuǐguǒ shìchǎng
せいかい【政界】政界 zhèngjiè ♦～に入る 进入政界 jìnrù zhèngjiè ♦～を退く 退出政界 tuìchū zhèngjiè
せいかい【正解-する】❶《正しく解答すること》正确解答 zhèngquè jiědá ♦全問～ 所有问题都答对 suǒyǒu wèntí dōu dáduì ❷《結果として良かったこと》对 duì ♦タクシーに乗って～だった 坐出租车坐对了 zuò chūzūchē zuòduì le
せいかい【盛会】盛会 shènghuì ♦～のうちに終わった 隆重结束 lóngzhòng jiéshù
せいかいけん【制海権】制海权 zhìhǎiquán
せいかがく【生化学-の】生物化学 shēngwù huàxué
せいかく【性格】脾气 píqi；性格 xìnggé；性情 xìngqíng ♦～が悪い 性格不好 xìnggé bùhǎo ♦～の不一致 性格不合 xìnggé bùhé ♦～のよい 脾气好 píqi hǎo ♦～俳優 个性演員 gèxìng yǎnyuán
せいかく【正確-な】确切 quèqiè；正确 zhèngquè；准确 zhǔnquè ♦～を期する 期望准确 qīwàng zhǔnquè
せいかく【精確-な】精确 jīngquè ♦～さ 精度 jīngdù ♦～さで知られる 以精确闻名 yǐ jīngquè wénmíng
せいがく【声楽】声乐 shēngyuè ♦～家 声乐家 shēngyuèjiā
ぜいがく【税額】税额 shuì'é
せいかつ【生活-する】过日子 guò rìzi；生活 shēnghuó；过生活 guò shēnghuó ♦一家の～がかかっている 关系到一家的生活 guānxìdào yìjiā de shēnghuó ♦～が苦しい 生活穷困 shēnghuó qióngkùn ♦日子难过 rìzi nánguò ♦～が豊かである 生活富裕 shēnghuó fùyù ♦～の手段 生活手段 shēnghuó shǒuduàn ♦～環境 生活环境 shēnghuó huánjìng ♦～水準 生活水平 shēnghuó shuǐpíng ♦～費 生活费 shēnghuófèi ♦～音 生活杂音 shēnghuó záyīn
せいかん【生還-する】生还 shēnghuán ♦～者 生还者 shēnghuánzhě
せいかん【精悍-な】精悍 jīnghàn ♦～な顔つき 精悍的面孔 jīnghàn de miànkǒng
せいかん【静観-する】静观 jìng-guān；冷静地观察 lěngjìng de guānchá ♦事態を～する 静观事态 jìngguān shìtài
せいがん【誓願-する】誓愿 shìyuàn
せいがん【請願-する】请愿 qǐngyuàn ♦～書 请愿书 qǐngyuànshū
ぜいかん【税関】海关 hǎiguān ♦～に申告する 报关 bàoguān ♦～を通る 通过海关 tōngguò hǎiguān
せいき【世紀】世纪 shìjì ♦21～ 二十一世纪 èrshíyī shìjì ♦我々の～ 我们这个时代 wǒmen zhège shídài ♦～の祭典 百年大典 bǎi nián dàdiǎn
せいき【正規-の】正规 zhèngguī；正常 zhèngcháng ♦～のルート 正规途径 zhèngguī tújìng ♦～の手続き 正常手续 zhèngcháng shǒuxù
せいき【生気】朝气 zhāoqì；生机 shēngjī；生气 shēngqì ♦～のない 死气沉沉 sǐqì chénchén；呆滞 dāizhì ♦～盛んな 充满朝气 chōngmǎn zhāoqì；朝气蓬勃 zhāo qì péng bó ♦～を取り戻す 恢复生机 huīfù shēngjī
せいき【精気】元气 yuánqì ♦万物の～ 万物之元气 wànwù zhī yuánqì
せいぎ【正義-の】公道 gōngdào；正义 zhèngyì ♦～感の強い 正义感强 zhèngyìgǎn qiáng ♦～漢 血性汉子 xuèxìng hànzi
せいきまつ【世紀末】❶《十九世紀末》♦～文学 十九世纪末文学 shíjiǔ shìjì mò wénxué ❷《世紀の末期》世纪末 shìjìmò
せいきゅう【性急-な】急躁 jízào；性急 xìngjí ♦～すぎる 操之过急 cāo zhī guò jí
せいきゅう【請求-する】请求 qǐngqiú ♦～書 账单 zhàngdān
せいきょ【逝去-する】逝世 shìshì；去世 qùshì；与世长辞 yǔ shì cháng cí
せいぎょ【制御-する】制导 zhìdǎo；驾御 jiàyù；控制 kòngzhì ♦～装置 控制装置 kòngzhì zhuāngzhì ♦～不能 不能驾御 bù néng jiàyù ♦自己を～する 克制自己 kèzhì zìjǐ
せいきょう【政教】♦～分離 政教分离 zhèngjiào fēnlí
せいきょう【盛況】盛况 shèngkuàng ♦～を呈する 呈现盛况 chéngxiàn shèngkuàng
せいぎょう【正業】正当职业 zhèngdàng zhíyè
せいぎょう【生業】生业 shēngyè；职业 zhíyè ♦絵かきを～とする 以画画儿为职业 yǐ huà huàr wéi zhíyè

せいきょういく【性教育】 性教育 xìng jiàoyù

せいきょく【政局】 政局 zhèngjú ♦～が安定している 政局安定 zhèngjú āndìng ♦～が行き詰まる 政局僵滞 zhèngjú jiāngzhì

せいきょく【正極】 阳极 yángjí

せいきん【精勤-する】 辛勤工作 xīnqín gōngzuò ♦～手当 全勤津贴 quánqín jīntiē

ぜいきん【税金】 税 shuì; 税款 shuìkuǎn ♦～がかかる 上税 shàngshuì ♦～を取る 课税 kèshuì ♦～を申告する 报税 bàoshuì ♦～を納める 纳税 nàshuì

せいく【成句】 成语 chéngyǔ; 谚语 yànyǔ

せいくうけん【制空権】 制空权 zhìkōngquán

せいくらべ【背比べ-する】 比身高 bǐ gāo'ǎi; 比个子 bǐ gèzi ♦どんぐりの～ 半斤八两 bàn jīn bā liǎng

せいけい【整形-する】 整形 zhěngxíng ♦～外科 整形外科 zhěngxíng wàikē ♦～手術 整形手术 zhěngxíng shǒushù

せいけい【生計】 生计 shēngjì ♦～を立てる 谋生 móushēng; 营生 yíngshēng

せいけい【西経】 西经 xījīng ♦～25度 西经二十五度 xījīng èrshíwǔ dù

せいけつ【清潔-な】 ❶《衛生的》干净 gānjìng; 洁净 jiéjìng; 清洁 qīngjié ♦～にする 弄干净 nòng gānjìng ♦～を保つ 保持清洁 bǎochí qīngjié ❷《人柄・行いが清らか》廉洁 liánjié ♦～な政治 廉洁政治 liánjié zhèngzhì

せいけん【政権】 政权 zhèngquán ♦～が交代する 政权更替 zhèngquán gēngtì ♦～の座につく 掌握政权 zhǎngwò zhèngquán; 掌权 zhǎngquán ♦～を握る 当政 dāngzhèng; 执政 zhízhèng

せいけん【政見】 政见 zhèngjiàn

せいげん【制限-する】 限制 xiànzhì ♦～時間 限制时间 xiànzhì shíjiān ♦～速度 限制速度 xiànzhì sùdù ♦産児～ 节制生育 jiézhì shēngyù ♦無～に 无限制地 wúxiànzhì de

ぜいげん【税源】 税源 shuìyuán

ぜいげん【贅言-する】 赘言 zhuìyán; 赘述 zhuìshù ♦～を要しない 毋庸赘言 wú yōng zhuì yán

せいご【成語】 典故 diǎngù; 成语 chéngyǔ

せいご【正誤】 ❶《正と誤》正误 zhèngwù ♦～を見極める 弄清正误 nòngqīng zhèngwù ❷《訂正》表 勘误表 kānwùbiǎo

せいご【生後】 生后 shēnghòu ♦～3か月 出生后三个月 chūshēng hòu sān ge yuè

せいこう【性交-する】 性交 xìngjiāo; 交媾 jiāogòu

せいこう【性向】 性格 xìnggé ♦温和な～ 温和的性格 wēnhé de xìnggé

せいこう【性行】 品行 pǐnxíng ♦～不良 品行不端 pǐnxíng bùduān

せいこう【成功-する】 ❶《目的を達成する》成功 chénggōng; 胜利 shènglì ♦～まちがいなし 一定成功 yídìng chénggōng ❷《富・地位を得る》发迹 fājī ♦～者 成功者 chénggōngzhě

せいこう【政綱】 政纲 zhènggāng

せいこう【生硬-な】 死板 sǐbǎn ♦～な文章 生硬的文章 shēngyìng de wénzhāng

せいこう【精巧-な】 精巧 jīngqiǎo; 工致 gōngzhì; 细巧 xìqiǎo

せいこう【製鋼】 炼钢 liàngāng ♦～所 炼钢厂 liàngāngchǎng

せいこうい【性行為】 性行为 xìngxíngwéi

せいこううどく【晴耕雨読】 晴耕雨读 qíng gēng yǔ dú

せいこうほう【正攻法】 正面攻击法 zhèngmiàn gōngjīfǎ

せいこく【正鵠】 ♦～を射る［得る］击中要害 jīzhòng yàohài; 攻其要害 gōng qí yàohài

せいこん【精根】 精力 jīnglì ♦～を込める 尽心竭力 jìn xīn jié lì; 倾注心血 qīngzhù xīnxuè ♦～を込めて 拼命 pīnmìng ♦～尽き果てる 精疲力竭 jīng pí lì jié

せいざ【星座】 星座 xīngzuò; 星宿 xīngxiù ♦～表 星座图 xīngzuòtú

せいざ【正座-する】 端坐 duānzuò; 正襟危坐 zhèng jīn wēi zuò

せいさい【制裁-する】 制裁 zhìcái ♦～を受ける 受到制裁 shòudào zhìcái

せいさい【正妻】 嫡妻 díqī; 正房 zhèngfáng

せいさい【精[生]彩】 生气 shēngqì; 精彩 jīngcǎi ♦～に富む 有声有色 yǒu shēng yǒu sè ♦～を欠く 减色 jiǎnsè; 缺乏生气 quēfá shēngqì

せいざい【製剤】 制剂 zhìjì ♦～会社 制药公司 zhìyào gōngsī ♦血液～ 血液制剂 xuèyè zhìjì

せいざい【製材-する】 制材 zhìcái ♦～所 木材加工厂 mùcái jiāgōngchǎng; 制材厂 zhìcáichǎng

せいさく【政策】 政策 zhèngcè ♦～を決める 拟订政策 nǐdìng zhèngcè ♦～を実施する 落实政策 luòshí

せいさく【制作-する】 制作 zhìzuò ♦娯楽映画を〜する 拍制娱乐影片 pāizhì yúlè yǐngpiàn

せいさく【製作-する】 制造 zhìzào ♦〜所 制造所 zhìzàosuǒ; 制造厂 zhìzàochǎng

せいさつよだつ【生殺与奪】 生杀予夺 shēng shā yǔ duó ♦〜の権を握る 掌握生杀大权 zhǎngwò shēngshā dàquán

せいさべつ【性差別】 性别歧视 xìngbié qíshì

せいさん【凄惨-な】 凄惨 qīcǎn ♦〜な事件 惨案 cǎn'àn

せいさん【成算】 把握 bǎwò; 成算 chéngsuàn ♦〜がある 胸中有数 xiōng zhōng yǒu shù; 胸有成竹 xiōng yǒu chéngzhú ♦〜がない 没把握 méi bǎwò

せいさん【正餐】 正餐 zhèngcān

せいさん【清算-する】 ❶《貸し借りを》结算 jiésuàn; 清算 qīngsuàn ♦〜借金を 还清借款 huánqīng jièkuǎn ❷《関係・事柄を》了结 liǎojié; 清算 qīngsuàn ♦三角関係を〜する 了结三角关系 liǎojié sānjiǎo guānxi

せいさん【生産-する】 生产 shēngchǎn; 出产 chūchǎn ♦〜を停止する 停产 tíngchǎn ♦〜過剰 生产过剩 shēngchǎn guòshèng ♦〜高・〜量 产量 chǎnliàng ♦〜手段 生产资料 shēngchǎn zīliào ♦〜能力 生产能力 shēngchǎn nénglì ♦〜物 产品 chǎnpǐn; 出品 chūpǐn ♦〜的 生产性的 shēngchǎnxìng de ♦注文〜 定做 dìngzuò ♦〜ライン 生产线 shēngchǎnxiàn

せいさん【精算-する】 细算 xìsuàn ♦〜所 补票处 bǔpiàochù

せいさん【聖餐】 圣餐 shèngcān

せいさん【青酸】 氰酸 qíngsuān ♦〜カリ 氰酸钾 qíngsuānjiǎ

せいし【制止-する】 制止 zhìzhǐ ♦〜しきれない 制止不住 zhìzhǐbuzhù ♦〜を振りきる 不听劝阻 bù tīng quànzǔ

せいし【正史】 正史 zhèngshǐ

せいし【正視-する】 正视 zhèngshì ♦〜に耐えない 不敢正视 bùgǎn zhèngshì

せいし【生死】 生死 shēngsǐ; 死活 sǐhuó ♦〜に関わる 性命攸关 xìngmìng yōu guān ♦〜を分ける時 生死关头 shēngsǐ guāntóu ♦〜の境をさまよう 徘徊在生死线上 páihuái zài shēngsǐxiànshang ♦〜を共にする 生死与共 shēngsǐ yǔ gòng

せいし【精子】 精子 jīngzǐ

せいし【製糸】 纺纱 fǎngshā ♦〜業 纺纱业 fǎngshāyè

せいし【製紙】 造纸 zàozhǐ ♦〜工場 造纸厂 zàozhǐchǎng

せいし【誓紙】 宣誓书 xuānshìshū

せいし【静止-する】 静止 jìngzhǐ ♦〜衛星 同步卫星 tóngbù wèixīng

せいじ【政治】 政治 zhèngzhì ♦〜を行う 施政 shīzhèng ♦〜家 政治家 zhèngzhìjiā ♦〜学 政治学 zhèngzhìxué ♦〜機構 政治机构 zhèngzhì jīgòu ♦〜結社 政治结社 zhèngzhì jiéshè ♦〜権力 政权 zhèngquán ♦〜性 政治性 zhèngzhìxìng ♦〜生命 政治生命 zhèngzhì shēngmìng ♦〜的な 政治方面的 zhèngzhì fāngmiàn de ♦〜犯 政治犯 zhèngzhìfàn

せいじ【青磁】 青瓷 qīngcí

せいしき【正式-な】 正式 zhèngshì ♦〜な手続き 正式手续 zhèngshì shǒuxù ♦〜に 正式地 zhèngshì de

せいしつ【性質】 ❶《性格》性格 xìnggé; 秉性 bǐngxìng ❷《事物の特徴》性质 xìngzhì; 特性 tèxìng ♦問題の〜にもよる 要看问题的性质怎样 yào kàn wèntí de xìngzhì zěnyàng

せいじつ【誠実-な】 老实 lǎoshi; 诚实 chéngshí; 厚道 hòudào ♦〜でない 不诚实 bù chéngshí ♦〜に 诚心地 chéngxīn de

せいじゃ【正邪】 正邪 zhèngxié

せいじゃ【聖者】 圣人 shèngrén ♦〜伝 圣人传 shèngrénzhuàn

せいしゃいん【正社員】 正式职员 zhèngshì zhíyuán

せいじゃく【静寂-な】 幽静 yōujìng; 寂静 jìjìng ♦〜を破る 打破寂静 dǎpò jìjìng

ぜいじゃく【脆弱-な】 脆弱 cuìruò ♦〜な神経 脆弱的神经 cuìruò de shénjīng ♦〜な地盤 地基松软 dìjī sōngruǎn

せいしゅ【清酒】 清酒 qīngjiǔ

ぜいしゅう【税収】 税收 shuìshōu

せいしゅく【静粛-な】 静穆 jìngmù ♦御〜に 请肃静 qǐng sùjìng

せいじゅく【成熟-する】 ❶《果実・穀物が》成熟 chéngshú ❷《人の心や体が》♦〜した肉体 发育成熟的身体 fāyù chéngshú de shēntǐ ❸《実行に適した時期になる》♦機運が〜する 时机成熟 shíjī chéngshú

せいしゅん【青春】 青春 qīngchūn ♦〜は二度とない 青春不再来 qīngchūn bú zài lái; 青春一去不复返 qīngchūn yí qù bú fù fǎn ♦〜を謳歌する 充分享受青春年华 chōngfèn xiǎngshòu qīngchūn niánhuá

せいじゅん【清純-な】 纯真 chúnzhēn; 纯洁 chúnjié ◆~な乙女 纯真的少女 chúnzhēn de shàonǚ ◆~派の 纯真派的 chúnzhēnpài de

せいしょ【清書-する】 誊写 téngxiě; 誊清 téngqīng; 抄写 chāoxiě ◆~した原稿 清稿 qīnggǎo

せいしょ【聖書】 圣经 shèngjīng; 圣书 shèngshū ◆新[旧]約~ 新[旧]约圣经 Xīn[Jiù]yuē Shèngjīng

せいしょう【斉唱-する】 ❶《同じ文句を》齐呼 qíhū ◆~万歳 齐呼万岁 qíhū wànsuì ❷《同じ旋律を》齐唱 qíchàng ◆国歌~ 齐唱国歌 qíchàng guógē

せいじょう【政情】 政局 zhèngjú ◆~に通じている 通晓政界情况 tōngxiǎo zhèngjiè qíngkuàng ◆~不安 政局不安 zhèngjú bù'ān

せいじょう【正常-な】 正常 zhèngcháng; 健康 jiànkāng ◆~に戻る 恢复正常 huīfù zhèngcháng ◆~化する 正常化 zhèngchánghuà

せいじょう【清浄-な】 清洁 qīngjié ◆~にする 净化 jìnghuà ◆~に保つ 保持清洁 bǎochí qīngjié ◆空気~器 空气清洁器 kōngqì qīngjiéqì

せいしょうねん【青少年】 青少年 qīngshàonián

せいしょく【生殖-する】 生殖 shēngzhí ◆~器 生殖器 shēngzhíqì ◆細胞 生殖细胞 shēngzhí xìbāo ◆~腺 性腺 xìngxiàn

せいしょく【生色】 生气 shēngqì ◆~を失う 面无人色 miàn wú rén sè ◆~を取り戻す 恢复生气 huīfù shēngqì

せいしょく【聖職】 神职 shénzhí; 神圣的职业 shénshèng de zhíyè

せいしょほう【正書法】 正字法 zhèngzìfǎ

せいしん【清新-な】 清新 qīngxīn ◆~な気運 清新的气象 qīngxīn de qìxiàng

せいしん【精神】 精神 jīngshén; 神思 shénsī; 心灵 xīnlíng ◆~を集中する 凝神 níngshén; 心神专注 xīnshén zhuānzhù ◆~を欠く 精神不集中 jīngshén bù jízhōng ◆~衛生 精神卫生 jīngshén wèishēng ◆~科医 精神病医生 jīngshénbìng yīshēng ◆~錯乱 神经错乱 shénjīng cuòluàn ◆~状態 精神状态 jīngshén zhuàngtài; 心神 xīnshén ◆~の糧 精神食粮 jīngshén shíliáng ◆~の重荷 精神包袱 jīngshén bāofu ◆~分析 精神分析 jīngshén fēnxī ◆~分裂症 神经分裂症 shénjīng fēnlièzhèng ◆~力 魄力 pòlì

せいじん【成人-する】 成人 chéngrén; 大人 dàrén; 成年人 chéngniánrén ◆~映画 成人影片 chéngrén yǐngpiàn ◆~向きの 面向成人的 miànxiàng chéngrén de

せいじん【聖人】 圣人 shèngrén

せいしんせいい【誠心誠意】 诚心诚意 chéng xīn chéng yì; 实心实意 shí xīn shí yì; 真心实意 zhēn xīn shí yì

せいず【製図-する】 绘图 huìtú; 制图 zhìtú

せいすい【盛衰】 兴衰 xīngshuāi

せいずい【精髄】 精髓 jīngsuǐ ◆~を究める 探究精髓 tànjiū jīngsuǐ

せいすう【整数】 整数 zhěngshù

せいする【制する】 控制 kòngzhì; 制止 zhìzhǐ; 抑制 yìzhì ◆機先を~ 先发制人 xiān fā zhì rén ◆暴動を~ 制止暴动 zhìzhǐ bàodòng ◆はやる気持ちを~ 抑制急躁情绪 yìzhì jízào qíngxù ◆天下を~ 掌握霸权 zhǎngwò bàquán ◆多数を~ 控制多数 kòngzhì duōshù

せいせい【清々-する】 清爽 qīngshuǎng; 舒畅 shūchàng

せいせい【生成-する】 产生 chǎnshēng ◆薬品を~する 制成新药 zhìchéng xīnyào ◆~文法 生成语法 shēngchéng yǔfǎ

せいせい【精製-する】 ❶《念を入れて作る》精心制造 jīngxīn zhìzào ❷《純良なものに仕上げる》精炼 jīngliàn; 炼制 liànzhì ◆石油を~する 炼制石油 liànzhì shíyóu

せいぜい【精々】 ❶《できるだけ》尽量 jǐnliàng ◆~努力することです 应该尽量努力 yīnggāi jǐnliàng nǔlì ❷《たかだか》大不了 dàbuliǎo; 至多 zhìduō ◆長くて~十日だろう 最长也超不过十天吧 zuì cháng yě chāobuguò shí tiān ba

ぜいせい【税制】 税制 shuìzhì ◆~改革 税制改革 shuìzhì gǎigé

ぜいぜい ◆喉が~いう 喉咙呼哧呼哧地响 hóulóng hūchīhūchī de xiǎng

せいせいかつ【性生活】 性生活 xìngshēnghuó

せいせいどうどう【正々堂々-と】 堂堂正正 tángtángzhèngzhèng ◆~と戦おう 光明正大地比赛吧 guāngmíng zhèng dà de bǐsài ba

せいせき【成績】 成绩 chéngjì; 成就 chéngjiù ◆~が悪い 成绩不好 chéngjì bùhǎo ◆良い~を挙げる 取得好成绩 qǔdé hǎo chéngjì ◆~表 成绩表 chéngjìbiǎo ◆営业~ 营业成绩 yíngyè chéngjì

せいせっかい【生石灰】 生石灰

shēngshíhuì
せいせん【生鮮-な】 新鮮 xīnxiān ♦ ～食料品 新鲜货 xiānhuò
せいせん【精選-する】 精选 jīngxuǎn
せいせん【聖戦】 圣战 shèngzhàn
せいぜん【整然-とした】 井井有条 jǐngjǐng yǒu tiáo；有条不紊 yǒu tiáo bù wěn；整齐 zhěngqí ♦ ～と並ぶ 整齐排列 zhěngqí páiliè ♦ ～理路 有条有理 yǒu tiáo yǒu lǐ
せいぜん【生前】 生前 shēngqián ♦ ～をしのぶ 缅怀生前 miǎnhuái shēngqián
せいそ【清楚-な】 素净 sùjìng；清秀 qīngxiù ♦ ～な身なり 素净的打扮 sùjìng de dǎbàn
せいそう【政争】 政治斗争 zhèngzhì dòuzhēng ♦ ～に巻きこまれる 卷入政治斗争 juǎnrù zhèngzhì dòuzhēng
せいそう【星霜】 岁月 suìyuè ♦ 幾～を重ねる 饱经沧桑 bǎo jīng cāng sāng
せいそう【正装-する】 正装 zhèngzhuāng ♦ ～で身着正装 shēn zhuó zhèngzhuāng
せいそう【清掃-する】 清扫 qīngsǎo；打扫 dǎsǎo
せいそう【盛装-する】 盛装 shèngzhuāng ♦ ～して身着盛装 shēn zhuó shèngzhuāng
せいぞう【製造-する】 制造 zhìzào ♦ ～業 制造业 zhìzàoyè ♦ ～工程 工序 gōngxù ♦ ～年月日 生产年月日 shēngchǎn niányuèrì ♦ ～元 制造商 zhìzàoshāng
せいそうけん【成層圏】 平流层 píngliúcéng
せいそく【生息-する】 生栖 shēngqī ♦ ～地 生栖地 shēngqīdì
せいぞろい【勢揃い-する】 聚齐 jùqí；聚集 jùjí
せいぞん【生存-する】 生存 shēngcún；生息 shēngxī ♦ ～競争 生存竞争 shēngcún jìngzhēng ♦ ～者《事故災害の》幸存者 xìngcúnzhě ♦ ～率 存活率 cúnhuólǜ
せいたい【生体】 活体 huótǐ ♦ ～解剖 活体解剖 huótǐ jiěpōu ♦ ～実験 生物实验 shēngwù shíyàn ♦ ～反応 生物反应 shēngwù fǎnyìng
せいたい【生態】 生态 shēngtài ♦ ～学 生态学 shēngtàixué ♦ ～系 生态系 shēngtàixì
せいたい【声帯】 声带 shēngdài ♦ ～を痛める 损伤声带 sǔnshāng shēngdài ♦ ～模写 口技 kǒujì
せいたい【静態-の】 静态 jìngtài ♦ ～統計 静态统计 jìngtài tǒngjì

せいだい【盛大-な】 盛大 shèngdà；隆重 lóngzhòng
せいたいじ【正体字】 正体字 zhèngtǐzì
せいだく【清濁】 清浊 qīngzhuó；好坏 hǎohuài ♦ ～あわせ呑む 清浊并吞 qīngzhuó bìngtūn
ぜいたく【贅沢-な】 豪华 háohuá；阔气 kuòqì；奢侈 shēchǐ ♦ ～三昧の 穷奢极侈 qióng shē jí chǐ ♦ ～品 奢侈品 shēchǐpǐn
せいたん【生誕-する】 诞生 dànshēng ♦ ～300年を記念する 纪念诞生三百周年 jìniàn dànshēng sānbǎi zhōunián
せいだん【星団】 星团 xīngtuán
せいち【整地-する】 平整土地 píngzhěng tǔdì；整地 zhěngdì
せいち【生地】 出生地 chūshēngdì
せいち【精緻-な】 精致 jīngzhì
せいち【聖地】 圣地 shèngdì ♦ ～に詣(もう)でる 朝圣 cháoshèng
ぜいちく【筮竹】 筮签 shìqiān
せいちゃ【製茶】 制茶 zhì chá
せいちゅう【制肘-する】 牵制 qiānzhì ♦ ～を加える 加以牵制 jiāyǐ qiānzhì ♦ 何かとーを受ける 受到各种干扰 shòudào gèzhǒng gānrǎo
せいちゅう【成虫】 成虫 chéngchóng
せいちょう【成長-する】 ❶《人・動植物が》成长 chéngzhǎng；生长 shēngzhǎng ♦ ～を遂げる 长大成人 zhǎngdà chéng rén ♦ ～ホルモン 生长激素 shēngzhǎng jīsù ❷《規模が大きくなる》发展 fāzhǎn ♦ ～産業 发展中产业 fāzhǎn zhōng chǎnyè ♦ ～株《比喩的に》大有前途者 dàyǒu qiántú zhě
せいちょう【清聴-する】 垂听 chuítīng ♦ 御一有難うございました 承蒙垂听，非常感谢 chéngméng chuítīng, fēicháng gǎnxiè
せいちょう【声調】 ❶《声の調子》声调 shēngdiào ❷《四声の高低・昇降》声调 shēngdiào；四声 sìshēng
せいつう【精通-する】 精通 jīngtōng；通晓 tōngxiǎo；精于 jīngyú
せいてい【制定-する】 拟定 nǐdìng；制定 zhìdìng ♦ ～法 制定的法 zhìdìng de fǎ
せいてき【性的-な】 性的 xìng de ♦ ～倒錯 性反常行为 xìng fǎncháng xíngwéi ♦ ～不能 性功能障碍 xìnggōngnéng zhàng'ài ♦ ～魅力 性感魅力 xìnggǎn mèilì
せいてき【政敵】 政敌 zhèngdí ♦ ～を倒す 打倒政敌 dǎdǎo zhèngdí
せいてき【静的-な】 静态的 jìngtài de ♦ ～な美 静态美 jìngtàiměi

せいてつ【製鉄】 炼铁 liàntiě ◆～所 钢铁厂 gāngtiěchǎng
せいてん【晴天】 晴天 qíngtiān ◆～に恵まれる 遇到晴朗天气 yùdào qínglǎng tiānqì
せいでん【正殿】 正殿 zhèngdiàn
せいてんかん【性転換-する】 变性 biànxìng ◆～手術 变性手术 biànxìng shǒushù
せいでんき【静電気】 静电 jìngdiàn
せいてんのへきれき【青天の霹靂】 青天霹雳 qīng tiān pī lì
せいと【征途】 征途 zhēngtú ◆～に就く 踏上征途 tàshàng zhēngtú
せいと【生徒】 学生 xuésheng ◆全校～ 全校学生 quánxiào xuésheng
せいど【制度】 制度 zhìdù ◆～化する 制度化 zhìdùhuà ◆家族～ 家族制度 jiāzú zhìdù ◆貨幣～ 币制 bìzhì
せいど【精度】 精度 jīngdù；精密度 jīngmìdù ◆～の高い 精度高 jīngdù gāo
せいとう【政党】 政党 zhèngdǎng；党派 dǎngpài ◆～政治 政党政治 zhèngdǎng zhèngzhì
せいとう【正当-な】 正当 zhèngdàng；正经 zhèngjing ◆～化する 正当化 zhèngdànghuà ◆～な根拠 正当的依据 zhèngdàng de yījù ◆～防衛 正当防卫 zhèngdàng fángwèi；自卫 zìwèi
せいとう【正統-の】 正宗 zhèngzōng ◆～派 正统派 zhèngtǒngpài
せいとう【精糖】 白糖 báitáng
せいとう【製糖】 制糖 zhìtáng ◆～工場 糖厂 tángchǎng
せいどう【正道】 正道 zhèngdào；正路 zhènglù ◆～を歩む 走正路 zǒu zhènglù
せいどう【聖堂】 教堂 jiàotáng；«儒教の» 孔庙 Kǒngmiào
せいどう【青銅-の】 青铜 qīngtóng ◆～器 青铜器 qīngtóngqì
せいどうき【制動機】 制动器 zhìdòngqì
せいとく【生得-の】 天生 tiānshēng ◆～の才 天生之才 tiānshēng zhī cái
せいどく【精読-する】 精读 jīngdú
せいとん【整頓-する】 整顿 zhěngdùn；整理 zhěnglǐ；收拾 shōushi
せいなん【西南-の】 西南 xīnán
ぜいにく【贅肉】 肥肉 féiròu ◆～がつく 发肥胖 fā féipàng；长膘 zhǎngbiāo
せいねん【成年】 成年 chéngnián
せいねん【青年】 青年 qīngnián ◆～時代 青年时代 qīngnián shídài ◆～実業家 青年实业家 qīngnián shíyèjiā
せいねんがっぴ【生年月日】 出生年月日 chūshēng niányuèrì
せいのう【性能】 性能 xìngnéng ◆～のよい 性能好 xìngnéng hǎo ◆～の悪い 性能差 xìngnéng chà ◆～を高める 提高性能 tígāo xìngnéng
せいは【制覇-する】 ❶ «権力を握る» 称霸 chēngbà ❷ «競技で優勝する» 得冠军 dé guànjūn
せいばい【成敗】 处罚 chǔfá；惩罚 chéngfá；喧嘩両～ 各打五十大板 gè dǎ wǔshí dàbǎn
せいはつ【整髪-する】 理发 lǐfà ◆～料 理发费 lǐfàfèi
せいばつ【征伐-する】 征伐 zhēngfá
せいはん【正犯】 主犯 zhǔfàn ◆共～ 同案主犯 tóng'àn zhǔfàn
せいはん【製版-する】 «印刷» 制版 zhìbǎn；拼板 pīnbǎn
せいはんざい【性犯罪】 性犯罪 xìng fànzuì
せいはんたい【正反対-の】 正相反 zhèng xiāngfǎn ◆予想と～の結果 与预测完全相反的结果 yǔ yùcè wánquán xiāngfǎn de jiéguǒ
せいひ【成否】 成功与否 chénggōng yǔfǒu ◆～の鍵を握る 掌握着成功的钥匙 zhǎngwòzhe chénggōng de yàoshi ◆～は問わない 不管成功与否 bùguǎn chénggōng yǔfǒu
せいび【整備-する】 维修 wéixiū；保养 bǎoyǎng ◆車両～ 车辆修配 chēliàng xiūpèi
せいび【精美-な】 精美 jīngměi
せいひょう【製氷-する】 制冰 zhìbīng ◆～皿 制冰容器 zhìbīng róngqì
せいびょう【性病】 性病 xìngbìng；花柳病 huāliǔbìng
せいひれい【正比例-する】 正比 zhèngbǐ；正比例 zhèngbǐlì
せいひん【清貧-の】 清寒 qīnghán ◆～に甘んずる 甘于清贫 gānyú qīngpín ◆～生活を送る 过清贫生活 guò qīngpín shēnghuó
せいひん【製品】 产品 chǎnpǐn；成品 chéngpǐn；制品 zhìpǐn ◆新～ 新产品 xīn chǎnpǐn
せいふ【政府】 政府 zhèngfǔ ◆～高官 政府高官 zhèngfǔ gāoguān ◆～筋 政府方面 zhèngfǔ fāngmiàn ◆～当局 政府当局 zhèngfǔ dāngjú
せいふ【正負】 正负 zhèngfù
せいぶ【西部】 ❶ «地域の西» 西部地区 xībù dìqū ❷ «アメリカの西の地方»

- ♦～開拓史 西部开拓史 xībù kāituòshǐ ♦～劇 西部片 xībùpiàn
- **せいふく**【制服】 制服 zhìfú ♦～姿 制服装束 zhìfú zhuāngshù
- **せいふく**【征服-する】 征服 zhēngfú；制伏 zhìfú
- **せいふく**【正副-の】 正副 zhèngfù ♦～議長 正副议长 zhèngfù yìzhǎng
- **せいぶつ**【生物】 生物 shēngwù ♦～学 生物学 shēngwùxué ♦～工学 生物工程学 shēngwù gōngchéngxué ♦～兵器 生物武器 shēngwù wǔqì
- **せいぶつ**【静物】 静物 jìngwù ♦～画 静物画 jìngwùhuà
- **せいふん**【製粉-する】 磨粉 mófěn ♦～所 面粉厂 miànfěnchǎng
- **せいぶん**【成文】 成文 chéngwén ♦～化する 成文化 chéngwénhuà ♦～法 成文法 chéngwénfǎ
- **せいぶん**【正文】 正文 zhèngwén
- **せいぶん**【成分】 成分 chéngfèn
- **せいへき**【性癖】 性癖 pǐxìng
- **せいべつ**【性別】 性别 xìngbié
- **せいべつ**【生別-する】 生别 shēngbié
- **せいへん**【政変】 政变 zhèngbiàn ♦～が起こる 变天 biàntiān；发生政变 fāshēng zhèngbiàn
- **せいぼ**【生母】 生母 shēngmǔ
- **せいぼ**【聖母】 圣母 shèngmǔ
- **せいぼ**【声母】《中国语の》声母 shēngmǔ
- **せいぼ**【歳暮】 年礼 niánlǐ ♦～に何を贈ろうか 年礼送什么好呢 niánlǐ sòng shénme hǎo ne
- **せいほう**【製法】 制法 zhìfǎ
- **せいほう**【西方-の】 西方 xīfāng
- **せいぼう**【制帽】 制帽 zhìmào
- **せいぼう**【声望】 声望 shēngwàng ♦～の高い 声望高 shēngwàng gāo ♦～を得る 获得声望 huòdé shēngwàng
- **ぜいほう**【税法】 税法 shuìfǎ ♦～改正 修改税法 xiūgǎi shuìfǎ
- **せいほうけい**【正方形】 正方形 zhèngfāngxíng
- **せいほく**【西北-の】 西北 xīběi
- **せいぼつねん**【生没年】 生卒年 shēngzúnián
- **せいホルモン**【性ホルモン】 性激素 xìngjīsù
- **せいほん**【正本】 ❶《謄本の一種》正本 zhèngběn ❷《転写・副本の原本》原本 yuánběn
- **せいほん**【製本-する】 装订 zhuāngdìng
- **せいまい**【精米-する】 碾米 niǎnmǐ ♦～機 碾米机 niǎnmǐjī ♦～所 碾米厂 niǎnmǐchǎng
- **せいみつ**【精密-な】 精密 jīngmì；细致 xìzhì；致密 zhìmì ♦～の機械 精密仪器 jīngmì yíqì ♦～検査 精密检查 jīngmì jiǎnchá
- **せいみょう**【精妙-な】 精巧 jīngqiǎo；灵巧 língqiǎo
- **せいむ**【政務】 政事 zhèngshì；政务 zhèngwù ♦～を執る 执政 zhízhèng
- **ぜいむ**【税務】 税务 shuìwù ♦～署 税务局 shuìwùjú
- **せいめい**【姓名】 姓名 xìngmíng；名字 míngzì ♦～判断 根据姓名推断人的命运 gēnjù xìngmíng tuīduàn rén de mìngyùn
- **せいめい**【生命】 生命 shēngmìng ♦～維持装置 生命维持装置 shēngmìng wéichí zhuāngzhì ♦～力 活力 huólì；元气 yuánqì
- **せいめい**【声明-する】 声明 shēngmíng；公报 gōngbào ♦～書 声明 shēngmíng ♦共同～ 联合声明 liánhé shēngmíng
- **せいめいせつ**【清明節】 清明 qīngmíng
- **せいめいほけん**【生命保険】 生命保险 shēngmìng bǎoxiǎn；人寿保险 rénshòu bǎoxiǎn；寿险 shòuxiǎn ♦～会社 人寿保险公司 rénshòu bǎoxiǎn gōngsī
- **せいもん**【正門】 前门 qiánmén；正门 zhèngmén
- **せいもん**【声紋】 声纹 shēngwén
- **せいもん**【声門】 声门 shēngmén
- **せいもん**【誓文】 誓文 shìwén
- **せいや**【聖夜】 圣诞节前夜 Shèngdànjié qiányè
- **せいやく**【制約-する】 制约 zhìyuē；限制 xiànzhì ♦～がやたら多い 限制太多 xiànzhì tài duō
- **せいやく**【製薬】 制药 zhìyào ♦～会社 制药公司 zhìyào gōngsī ♦～工場 药厂 yàochǎng
- **せいやく**【誓約-する】 誓约 shìyuē ♦～書 誓约书 shìyuēshū
- **せいゆ**【製油-する】 炼油 liànyóu
- **せいゆう**【声優】 配音演员 pèiyīn yǎnyuán
- **せいよう**【西洋-の】 西洋 Xīyáng；西方 Xīfāng ♦～医学 西医 xīyī ♦～音楽 西乐 xīyuè ♦～史 西洋史 Xīyángshǐ ♦～人 洋人 yángrén ♦～料理 西餐 xīcān ♦～文明 西方文明 Xīfāng wénmíng
- **せいよう**【静養-する】 静养 jìngyǎng；休养 xiūyǎng
- **せいよく**【性欲】 情欲 qíngyù；性欲 xìngyù ♦～が減退する 性欲减退 xìngyù jiǎntuì

せいらい【生来-の】 生来 shēnglái; 有生以来 yǒushēng yǐlái ♦~臆病者だ 生来胆小 shēnglái dǎnxiǎo ♦~風邪を引いた事がない 生来没得过感冒 shēnglái méi déguo gǎnmào

せいり【整理-する】 ❶《乱れを直す》整 zhěng; 整理 zhěnglǐ; 收拾 shōushí ♦原稿を~する 整理草稿 zhěnglǐ cǎogǎo ❷《無駄を省く》精減 jīngjiǎn ♦人員を~する 裁員 cáiyuán

せいり【生理】 ❶《生命の現象・機能》生理 shēnglǐ ♦~学 生理学 shēnglǐxué ♦~食塩水 生理食盐水 shēnglǐ shíyánshuǐ ❷《月経》月经 yuèjīng ♦~休暇 经期例假 jīngqī lìjià ♦~痛 痛经 tòngjīng

ぜいりし【税理士】 税理士 shuìlǐshì

せいりつ【成立】 成立 chénglì;《議長を経て》通过 tōngguò ♦委员会が~する 委员会成立 wěiyuánhuì chénglì ♦予算が~する 预算通过 yùsuàn tōngguò

せいりゃく【政略】 ♦~結婚 策略性婚姻 cèlüèxìng hūnyīn; 政治联婚 zhèngzhì liánhūn

せいりゅう【整流】 整流 zhěngliú ♦~器 整流器 zhěngliúqì

せいりょう【清涼-な】 清凉 qīngliáng ♦~感 清凉感 qīngliáng gǎn ♦~飲料水 清凉饮料 qīngliáng yǐnliào

せいりょう【声量】 音量 yīnliàng ♦~豊かな 声音宏亮 shēngyīn hóngliàng

せいりょうざい【清涼剤】 清凉剂 qīngliángjì ♦一服の～となる出来事 令人振奋的事件 lìng rén zhènfèn de shìjiàn

せいりょく【勢力】 势力 shìlì; 力量 lìliang ♦~が衰える 势力衰落 shìlì shuāiluò ♦~を伸ばす 扩大势力 kuòdà shìlì ♦~範围 地盘 dìpán; 势力范围 shìlì fànwéi

せいりょく【精力】 精力 jīnglì ♦~的な 精力充沛 jīnglì chōngpèi ♦~絶倫 精力绝伦 jīnglì juélún ♦~を注ぐ 下工夫 xià gōngfu ♦~剤 精力增进剂 jīnglì zēngjìnjì

せいれい【政令】 政令 zhènglìng

せいれい【精励】 ♦~勉 勤奋 qínfèn

せいれい【精霊】 ❶《万物に宿る霊》精灵 jīnglíng ❷《死者の霊魂》精灵 jīnglíng; 灵魂 línghún

せいれい【聖霊】 圣灵 shènglíng

せいれき【西暦】 公历 gōnglì

せいれつ【整列-する】 站队 zhànduì; 排队 páiduì

せいれん【清廉-な】 清廉 qīnglián; 廉洁 liánjié ♦~潔白 清廉 qīnglián

せいれん【精練-する】 ❶《繊維を》提纯 tíchún; 提炼 tíliàn ❷《よく訓练する》精心训练 jīngxīn xùnliàn ♦~された军队 训练有素的军队 xùnliàn yǒusù de jūnduì

せいろう【蒸籠】 笼屉 lóngtì; 蒸笼 zhēnglóng

せいろう【清朗-な】 清朗 qīnglǎng ♦天气 天气清朗 tiānqì qīnglǎng

せいろん【政論】 政论 zhènglùn

せいろん【正論】 正论 zhènglùn; 正确的言论 zhèngquè de yánlùn

セーター 毛衣 máoyī

セーフガード 保护措施 bǎohù cuòshī

セーラーふく【セーラー服】 水兵服 shuǐbīngfú

セール 出售 chūshòu ♦バーゲン~ 大贱卖 dàjiànmài; 大减价 dàjiǎnjià

セールスポイント 商品亮点 shāngpǐn liàngdiǎn; 卖点 màidiǎn ♦自分の~ 自己的优势 zìjǐ de yōushì ♦あなたの~は? 你有怎样的优点呢 nǐ yǒu zěnyàng de yōudiǎn ne

セールスマン 推销员 tuīxiāoyuán

せおいなげ【背负い投げ】 背起摔倒 bēiqǐ shuāidǎo

せおう【背负う】 ❶《背中に》背 bēi; 背负 bēifù ❷《负担・責任を》承担 chéngdān ♦借金を~ 负债 fùzhài ♦厄介事を~ 承担麻烦事 chéngdān máfan shì

せかい【世界】 世界 shìjiè; 天地 tiāndì; 全球 quánqiú ♦一周旅行 环球旅行 huánqiú lǚxíng ♦~各地 四海 sìhǎi; 世界各地 shìjiè gèdì ♦~平和 世界和平 shìjiè hépíng ♦~観 世界观 shìjièguān ♦医学の~ 医学界 yīxuéjiè ♦芸能の~ 演艺界 yǎnyìjiè; 影视界 yǐngshìjiè ♦グリム童話の~ 格林的童话世界 Gélín de tónghuà shìjiè

せかいいち【世界一-の】 世界第一 shìjiè dìyī ♦~大きな 世界最大的 shìjiè zuì dà de ♦~有名な 世界最有名的 shìjiè zuì yǒumíng de

せかす【急かす】 催促 cuīcù; 催 cuī

せかせか~する 草草 cǎocǎo; 急忙 jímáng; 急匆匆 jícōngcōng

せかっこう【背格好】 身量 shēnliang; 身材 shēncái ♦~がそっくり 身材相似 shēncái xiāngsì

ぜがひでも【是が非でも】 无论如何 wúlùn rúhé; 务必 wùbì

せがむ【央む】 央求 yāngqiú; 缠磨 chánmo

せがれ【倅】儿子 érzi

せき【堰】水闸 shuǐzhá；船闸 chuánzhá；堤坝 dībà ◆~を切ったように 如同潮水决堤一般 rútóng cháoshuǐ juédī yìbān

せき【咳-をする】咳嗽 késou ◆~が止まらない 咳嗽不止 késou bùzhǐ ◆~止め 止咳药 zhǐkéyào

せき【関】〖関所〗关口 guānkǒu

せき【席】❶〖座る場所〗座位 zuòwèi；坐位 zuòwèi ◆~に着く 入席 rùxí；就席 jiùxí ◆~の暖まる暇がない 席不暇暖 xí bù xiá nuǎn ◆~を立つ 离开坐位 líkāi zuòwèi；退席 tuìxí ◆~を譲る 让座位 ràng zuòwèi ❷〖地位·身分〗重役の~ 董事之职 dǒngshì zhī zhí ❸〖集まりの場所〗◆話し合いの~を設ける 设交流的场所 shè jiāoliú de chǎngsuǒ

せき【積】〖数式の〗积 jī

せき【籍】户籍 hùjí；户口 hùkǒu ◆~を入れる 上户口 shàng hùkǒu；入户 rùhù ◆~を置く 在籍 zàijí

せきえい【石英】石英 shíyīng

せきがいせん【赤外線】红外线 hóngwàixiàn；热线 rèxiàn ◆~写真 红外线照片 hóngwàixiàn zhàopiàn ◆遠~ 远红外线 yuǎn hóngwàixiàn

せきがく【碩学-の】硕学 shuòxué ◆~の誉れ高い 博学望高 bóxué wànggāo

せきこむ【咳き込む】严重咳嗽 yánzhòng késou；咳个不停 ké ge bùtíng

せきこむ【急き込む】着急 zháojí；焦急 jiāojí

せきさい【積載-する】载重 zàizhòng ◆~能力 载重能力 zàizhòng nénglì ◆~量 载重量 zàizhòngliàng

せきざい【石材】石料 shíliào

せきさん【積算-する】❶〖累計する〗累计 lěijì；累算 lěisuàn ◆~温度 累计温度 lěijì wēndù ❷〖見積もり計算する〗估算 gūsuàn

せきじ【席次】❶〖席順〗席次 xícì；座次 zuòcì ◆会議の~を決める 决定会议座次 juédìng huìyì zuòcì ❷〖成績·地位の順位〗名次 míngcì ◆~が上がる 名次上升 míngcì shàngshēng ◆~を争う 力争取得好名次 lìzhēng qǔdé hǎomíngcì

せきじつ【昔日】昔日 xīrì；往昔 wǎngxī ◆~の面影を残す 留下昔日的风貌 liúxià xīrì de fēngmào

せきじゅうじ【赤十字】红十字 hóngshízì ◆~社 红十字会 hóngshízìhuì

せきじゅん【席順】座次 zuòcì

せきじゅん【石筍】石笋 shísǔn

せきしょ【関所】关口 guānkǒu；关卡 guānqiǎ

せきじょう【席上】〖会合などの場〗会上 huìshàng

せきしょく【赤色-の】红色 hóngsè ◆~灯〖パトカーなどの〗红灯 hóngdēng ◆~政権 红色政权 hóngsè zhèngquán

せきずい【脊髄】脊髓 jǐsuǐ ◆~炎 脊髓炎 jǐsuǐyán

セキセイインコ【背黄青鸚哥】背黄绿鹦鹉 bèihuánglǜ yīngwǔ

せきせつ【積雪】积雪 jīxuě ◆~量 积雪量 jīxuěliàng

せきぞう【石像】石像 shíxiàng

せきぞう【石造-の】石造 shízào

せきたてる【急き立てる】催 cuī；催促 cuīcù

せきたん【石炭】煤 méi；煤炭 méitàn ◆~を掘る 采煤 cǎiméi ◆~ガス 煤气 méiqì

セキチク【石竹】石竹 shízhú

せきちゅう【脊柱】脊梁骨 jǐlianggǔ；脊柱 jǐzhù

せきつい【脊椎】脊椎 jǐzhuī

せきとう【石塔】❶〖石の塔〗石塔 shítǎ ❷〖墓碑〗墓碑 mùbēi

せきどう【赤道】赤道 chìdào ◆~直下 赤道上 chìdàoshang ◆~を超え 越过赤道 yuèguò chìdào

せきとめる【塞き止める】❶〖流れを〗拦住 lánzhù ◆人の流れを~ 阻挡人潮 zǔdǎng rénchao ◆川の水を~ 截流 jiéliú ❷〖物事の広がりを〗控制 kòngzhì ◆うわさの蔓延(まんえん)を~ 阻止谣言扩散 zǔzhǐ yáoyán kuòsan

せきにん【責任】责任 zérèn ◆~をとる 引咎 yǐnjiù ◆~を持つ 负责 fùzé ◆~を逃れる 卸责 xièzé ◆~を負う 负责 fùzé ◆~感 责任感 zérèngǎn ◆~感の強い 责任感很强 zérèngǎn hěn qiáng ◆~者 负责人 fùzérén；主任 zhǔrèn ◆誰ひとり~を取らない 谁都不承担责任 shéi dōu bù chéngdān zérèn

せきねん【積年-の】积年 jīnián ◆~の恨みを晴らす 雪恨多年的仇恨 xuěchú duōnián de chóuhèn

せきのやま【関の山】充其量 chōngqíliàng；最大限度 zuìdà xiàndù ◆30点が~だ 至多只能得30分 zhìduō zhǐnéng dé sānshí fēn

せきはい【惜敗-する】败得可惜 bàide kěxī

せきばく【寂寞-たる】凄凉 qīliáng；寂寞 jìmò

せきばらい【咳払い-をする】干咳 gānké；假咳嗽 jiǎkésou

せきはん【赤飯】 红豆饭 hóngdòufàn

せきひ【石碑】 ❶《石造りの碑》石碑 shíbēi ❷《墓石》墓碑 mùbēi

せきひん【赤貧】 ◆~洗うが如し 赤贫如洗 chìpín rú xǐ; 一贫如洗 yī pín rú xǐ

せきぶん【積分-する】 积分 jīfēn ◆~方程式 积分方程 jīfēn fāngchéng

せきぼく【石墨】 石墨 shímò

せきむ【責務】 本分 běnfèn; 责任 zérèn ◆~を全うする 完成本分 wánchéng běnfèn; 尽本分 jìn běnfèn

せきめん【赤面-する】 脸红 liǎnhóng; 害羞 hàixiū ◆~恐怖症 红脸恐怖症 hóngliǎn kǒngbùzhèng

せきゆ【石油】 石油 shíyóu; 煤油 méiyóu ◆~王 石油大王 shíyóu dàwáng ◆~化学 石油化学 shíyóu huàxué ◆~危機 石油危机 shíyóu wēijī ◆~ストーブ 煤油炉 méiyóulú

セキュリティー 防犯 fángfàn; 防护 fánghù ◆~システム 防犯系统 fángfàn xìtǒng ◆~チェック 安检 ānjiǎn

せきらら【赤裸々-な】 赤裸裸的 chìluǒluǒ de ◆~な表現 赤裸裸的表现 chìluǒluǒ de biǎoxiàn ◆~に告白する 毫不隐瞒地坦白 háobù yǐnmán de tǎnbái

せきらんうん【積乱雲】 积雨云 jīyǔyún

せきり【赤痢】 赤痢 chìlì; 痢疾 lìji

せきりょう【寂寥-たる】 寂寥 jìliáo ◆~感 寂寥感 jìliáogǎn

せきりょう【席料】 场租费 chǎngzūfèi; 座儿钱 zuòrqián

せきりょう【責了】 责任校对完毕 zérèn jiàoduì wánbì

せく【急く】《急ぐ》急 jí; 着急 zháojí ◆~ことはない 不必仓促 búbì cāngcù ◆急いては事を仕損じる 急中易出错 jí zhōng yì chūcuò

セクシー-な 肉感 ròugǎn; 性感 xìnggǎn ◆~なドレス 性感的女装 xìnggǎn de nǚzhuāng

セクション ❶《区画》部分 bùfen; 区域 qūyù ❷《部課》部门 bùmén

セクト 派系 pàixì; 支派 zhīpài; 宗派 zōngpài ◆~主義 宗派主义 zōngpài zhǔyì

セクハラ 性骚扰 xìng sāorǎo

せけん【世間】 ❶《世の中》世间 shìjiān; 世面 shìmiàn ◆~の人 世人 shìrén ◆~並みの 一般的 yībān de ◆~の注目を引く 引人注目 yǐn rén zhùmù ◆~を知る 见世面 jiàn shìmiàn ◆~知らず 不懂世故 bù dǒng shìgù ❷《交際範囲》交际范围 jiāojì fànwéi guǎng ◆~が狭い 交际面窄 jiāojìmiàn zhǎi

せけんてい【世間体】 面子 miànzi; 体面 tǐmiàn ◆~を気にする 讲面子 jiǎng miànzi

せけんばなし【世間話】 ◆~をする 聊天儿 liáotiānr; 谈天 tántiān; 闲聊 xiánliáo

せこ【世故】 世故 shìgù ◆~に暗い 不懂世故 bù dǒng shìgù ◆~に長けた 通达世故 tōngdá shìgù

せこい 小气 xiǎoqi

せこう【施工-する】 施工 shīgōng ◆~業者 施工者 shīgōngzhě

せざるをえない【せざるを得ない】 不得不 bùdé bù; 不能不 bù néng bù ◆行かざるをえない 不得不去 bùdé bú qù ◆認めざるをえない 只好承认 zhǐhǎo chéngrèn

せじ【世事】 尘世 chénshì; 世面 shìmiàn ◆~に疎い 阅历浅 yuèlì qiǎn

せじ【世辞】 奉承 fèngcheng; 恭维 gōngwei ◆~を言う 说奉承话 shuō fèngchenghuà ◆~が上手い 善于吹捧 shànyú chuīpěng

セシウム 铯 sè

せしめる 抢夺 qiǎngduó

せしゅ【施主】 ❶《寺に施す人》施主 shīzhǔ ❷《葬式の当主》治丧者 zhìsāngzhě ❸《建築主》施工主 shīgōngzhǔ

せしゅう【世襲-する】 世袭 shìxí ◆~制 世袭制 shìxízhì

せじょう【世情】 世态 shìtài; 世道 shìdào ◆~に通じている 通达世路人情 tōngdá shìlù rénqíng

せじん【世人】 世人 shìrén ◆~の注目を集める 引起世人瞩目 yǐnqǐ shìrén zhǔmù

せすじ【背筋】 脊梁 jǐliang ◆~が寒くなる 不寒而栗 bù hán ér lì ◆~を伸ばす 挺直身腰 tǐngzhí shēnyāo

ぜせい【是正-する】 改正 gǎizhèng; 修正 xiūzhèng

せせこましい ❶《狭苦しい》狭窄 xiázhǎi ◆家がせせこましく立ち並んでいる 家家户户的房子挨得紧紧的 jiājiāhùhù de fángzi āide jǐnjǐn de ❷《心が狭い》心胸狭窄 xīnxiōng xiázhǎi ◆~考え 狭窄的想法 xiáliàng de xiǎngfa

せせらぎ 浅溪 qiǎnxī

せせらわらう【せせら笑う】 嘲笑 cháoxiào; 嘲讽 cháofěng; 嗤笑 chīxiào

せそう【世相】 世态 shìtài ◆~を反映する 反映世态 fǎnyìng shìtài

せぞく【世俗】 世俗 shìsú ◆～にこびる 阿谀世俗 ēyú shìsú ◆～的な 庸俗 yōngsú ◆～に従う 随风俗 suí fēngsú

せたい【世帯】 家庭 jiātíng ◆～主 户主 hùzhǔ；家长 jiāzhǎng ◆～当たり5kgの米を食べる 每家消费五公斤的大米 měi jiā xiāofèi wǔ gōngjīn de dàmǐ

せだい【世代】 ❶《人の一代》辈 bèi；代 dài ◆～孫の— 孙子辈 sūnzibèi ❷《ある年代層》一代人 yídàirén ◆若い— 年轻一代 niánqīng yídài ◆—間のずれ 代沟 dàigōu ◆—交代する 世代交替 shìdài jiāotì；换班 huànbān

せたけ【背丈】 ❶《身長》身高 shēngāo；个子 gèzi；身长 shēncháng ❷《服の寸法》身长 shēncháng

せち【世知】 处世才能 chǔshì cáinéng ◆～に長けた 善于处世 shànyú chǔshì

せちがらい【世知辛い】 ❶《抜け目ない》斤斤计较 jīnjīn jìjiào ◆～奴 斤斤计较的家伙 jīnjīn jìjiào de jiāhuo ❷《暮らしにくい》不好过 bù hǎoguò ◆～世の中 艰难的世道 jiānnán de shìdào

せつ【切-なる】 诚恳地 chéngkěn de；恳切的 kěnqiè de ◆～に祈る 衷心祈愿 zhōngxīn qíyuàn

せつ【節】 ❶《節操》节操 jiécāo；贞操 zhēncāo ◆～を守る 守节 shǒujié ◆～を曲げる 屈节 qūjié ❷《時間的な区切り・折》时候 shíhou ◆その～はお世話になりました 那个时候给您添了不少麻烦 nàge shíhou gěi nín tiānle bù shǎo máfan ❸《文章などの区切り》段 duàn ◆物語の一— 一段故事 yí duàn gùshi

せつ【説】 学说 xuéshuō；主张 zhǔzhāng ◆新たな～を唱える 提倡新学说 tíchàng xīn xuéshuō

せつえい【設営-する】 安营 ānyíng；建立野营 jiànlì yěyíng

せつえん【節煙-する】 节烟 jiéyān

ぜつえん【絶縁-する】 ❶《縁を切る》断绝关系 duànjué guānxi ◆～状 决交书 juéjiāoshū ❷《物理の伝導を断つ》绝缘 juéyuán ◆～体 非导体 fēidǎotǐ；绝缘体 juéyuántǐ

ぜっか【絶佳-たる】 绝佳的 juéjiā de ◆～の眺望 眺望极佳 tiàowàng jíjiā

ぜっか【舌禍】 ◆～を招く 招致舌祸 zhāozhì shéhuò；失言惹祸 shīyán rěhuò

せっかい【石灰】 石灰 shíhuī ◆～岩 石灰岩 shíhuīyán ◆～質 石灰质 shíhuīzhì ◆～石 石灰石 shíhuīshí

せっかい【切開-する】 切开 qiēkāi ◆～手術 切开手术 qiēkāi shǒushù

せつがい【雪害】 雪害 xuěhài

ぜっかい【絶海】 ◆～の孤島 远海上的孤岛 yuǎnhǎishang de gūdǎo

せっかく【折角】 ❶《心を砕いた》～のお招きですが 有违您的盛情邀请 yǒu wéi nín de shèngqíng yāoqǐng ◆～の忠告が無駄になる 苦心忠告归于泡影 kǔxīn zhōnggào guīyú pàoyǐng ❷《めったにない》～の好機を逃す 错过难得的机会 cuòguò nándé de jīhuì ❸《努力が報われず残念な》～来たのに 好不容易来的 hǎobù róngyì lái de

せっかち-な 急性 jíxìng；急性子 jíxìngzi；性急 xìngjí

せっかん【折檻-する】 责备 zébèi；打骂 dǎmà

せつがん【切願-する】 恳请 kěnqǐng；恳求 kěnqiú

ぜつがん【舌癌】 舌癌 shé'ái

せつがんレンズ【接眼レンズ】 目镜 mùjìng

せっき【石器】 石器 shíqì ◆～時代 石器时代 shíqì shídài

せっき【節気】 节气 jiéqì

せっきゃく【接客-する】 接待客人 jiēdài kèrén ◆～業 服务业 fúwùyè

せっきょう【説教-する】 ❶《神仏の教えを》说教 shuōjiào；归戒 guījiè；劝戒 quànjiè ❷《物の道理を》教训 jiàoxun；说教 shuōjiào

ぜっきょう【絶叫-する】 拼命喊叫 pīnmìng hǎnjiào

せっきょく【積極-的な】 积极 jījí；主动 zhǔdòng ◆～的に発言する 积极发言 jījí fāyán ◆～性が足りない 缺乏积极性 quēfá jījíxìng

せっきん【接近-する】 接近 jiējìn；迫近 pòjìn；靠近 kàojìn ◆実力が～する 实力接近 shílì jiējìn ◆衛星が火星に～している 卫星靠近火星了 wèixīng kàojìn huǒxīng le

せっく【節句】 传统节日 chuántǒng jiérì

ぜっく【絶句】 ❶《漢詩の》绝句 juéjù ❷《言葉が出ない》说不出话来 shuōbuchū huà lai

セックス-する 性交 xìngjiāo

せっけい【設計-する】 设计 shèjì ◆～士 设计师 shèjìshī ◆～図 设计图 shèjìtú ◆～図を書く 画设计图 huà shèjìtú；打样 dǎyàng

せっけい【雪渓】 雪谷 xuěgǔ

ぜっけい【絶景】 奇景 qíjǐng；绝景 juéjǐng

せっけっきゅう【赤血球】 红血球 hóngxuèqiú

せっけん【席巻-する】 席卷 xíjuǎn

せっけん【石鹸】 肥皂 féizào; 胰子 yízi ◆~粉 洗衣粉 xǐyīfěn ◆~水 肥皂水 féizàoshuǐ ◆化粧~ 香皂 xiāngzào

せっけん【接見-する】❶《上位の人が接見》 接见 jiējiàn ❷《弁護士などが》会见 huìjiàn ◆~室 会见室 huìjiànshì

せつげん【節減-する】 节减 jiéjiǎn; 节约 jiéyuē; 节省 jiéshěng ◆経費を~する 节省经费 jiéshěng jīngfèi

せつげん【雪原】 雪原 xuěyuán

ゼッケン 号码布 hàomǎbù

せっこう【斥候】 侦察 zhēnchá ◆~を放つ 派侦察兵 pài zhēnchábīng

せっこう【石膏】 石膏 shígāo ◆~細工 石膏工艺品 shígāo gōngyìpǐn ◆~ボード 石膏板 shígāobǎn

せつごう【接合-する】 接合 jiēhé; 接口 jiēkǒu; 接头 jiētóu ◆~部 接头儿 jiētóur

ぜっこう【絶交-する】 绝交 juéjiāo

ぜっこう【絶好-の】 绝好 juéhǎo; 极好 jíhǎo; 绝妙 juémiào ◆~の機会 绝好的机会 juéhǎo de jīhuì ◆~調 绝好状态 juéhǎo zhuàngtài

せっこつ【接骨-する】 接骨 jiēgǔ ◆~医 接骨医生 jiēgǔ yīshēng

ぜっさん【絶讃】 非常称赞 fēicháng chēngzàn; 赞不绝口 zàn bù jué kǒu; 叫绝 jiàojué ◆~を博する 博得赞赏 bódé zànshǎng

せっし【摂氏】 摄氏 Shèshì ◆~四十度 摄氏四十度 Shèshì sìshí dù ◆~温度計 摄氏温度计 Shèshì wēndùjì

せつじつ【切実-な】 迫切 pòqiè; 殷切 yīnqiè ◆~な願い 迫切愿望 pòqiè yuànwàng ◆~な問題 切身问题 qièshēn wèntí

せっしゃ【拙者】 在下 zàixià

せっしゃ【接写-する】 近拍 jìnpāi

せっしゃくわん【切歯扼腕-する】 咬牙切齿 yǎo yá qiè chǐ

せっしゅ【接種-する】 接种 jiēzhòng ◆予防~ 预防接种 yùfáng jiēzhòng

せっしゅ【摂取-する】 摄取 shèqǔ

せっしゅ【窃取-する】 窃取 qièqǔ

せっしゅ【節酒-する】 节酒 jiéjiǔ

せっしゅう【接収-する】 接收 jiēshōu; 收缴 shōujiǎo

せつじょ【切除-する】 割除 gēchú; 切除 qiēchú

せっしょう【殺生】❶《生き物を殺す》 杀生 shāshēng ◆無益の~ 无益的杀生 wúyì de shāshēng ❷《むごいさま》 不留情 bù liúqíng; 残酷 cánkù ◆~な事を言うな 别说狠毒的话 bié shuō hěndú de huà

せっしょう【折衝-する】 交涉 jiāoshè; 谈判 tánpàn; 磋商 cuōshāng ◆~を重ねる 反复交涉 fǎnfù jiāoshè ◆外交~ 外交交涉 wàijiāo jiāoshè

ぜっしょう【絶勝-の】 绝佳 juéjiā ◆~の地 胜地 shèngdì

ぜっしょう【絶唱】 ◆古今の~ 古今绝唱 gǔjīn juéchàng

せつじょうしゃ【雪上車】 雪地车 xuědìchē

せっしょく【接触-する】❶《近づいて触れる》 接触 jiēchù ◆車の~事故（不严重的）撞车事故 (bù yánzhòng de)zhuàngchē shìgù; 接触事故 jiēchù shìgù ❷《他と交渉を持つ》 联络 liánluò ◆~を持つ 来往 láiwǎng; 交往 jiāowǎng ◆~を断つ 断绝来往 duànjué láiwǎng

せっしょく【節食-する】 节食 jiéshí

せつじょく【雪辱-する】 雪耻 xuěchǐ; 洗刷耻辱 xǐshuā chǐrǔ ◆~戦 雪耻战 xuěchǐzhàn

ぜっしょく【絶食-する】 绝食 juéshí ◆~療法 绝食疗法 juéshí liáofǎ

せっすい【節水-する】 节水 jiéshuǐ

せっする【接する】 接到 jiēdào; 靠近 kàojìn ◆公園に接した家 靠近公园的房子 kàojìn gōngyuán de fángzi ◆客に~ 接待客人 jiēdài kèrén ◆肩が~ 肩膀相碰 jiānbǎng xiāngpèng ◆朗報に~ 接到喜报 jiēdào xǐbào ◆中国語に~ 接触汉语 jiēchù hànyǔ

ぜっする【絶する】 ◆言語に~ 无法形容 wúfǎ xíngróng; 不可名状 bùkě míngzhuàng ◆想像を~ 无法想像 wúfǎ xiǎngxiàng

せっせい【摂生-する】 养生 yǎngshēng ◆不~ 不注意健康 bú zhùyì jiànkāng

せっせい【節制-する】 节制 jiézhì

ぜっせい【絶世-の】 绝世 juéshì ◆~の美女 绝代佳人 juédài jiārén

せつせつ【切々-と】 痛切 tòngqiè ◆~と訴える 痛切诉说 tòngqiè sùshuō

せっせと 辛勤 xīnqín; 孜孜不倦 zīzī bújuàn; 一个劲儿 yígèjìnr ◆~働く 拼命工作 pīnmìng gōngzuò

せっせん【接戦-する】 激烈交锋 jīliè jiāofēng; 难分胜负 nán fēn shèngfù ◆~を展開する 打得难解难分 dǎ de nán jiě nán fēn

ぜっせん【舌戦】 舌战 shézhàn ◆~を繰り広げる 展开舌战 zhǎnkāi shézhàn

せっそう【節操】 节操 jiécāo ◆~がない 没有节操 méiyǒu jiécāo ◆~を貫く 守节 shǒujié ◆~をなくす

失节 shījié; **屈节** qūjié
せっそく【拙速-に】求快不求好 qiú kuài bù qiú hǎo
せっそく【接続-する】❶《つなぐ》接上 jiēshàng; 连接 liánjiē ❷《交通機関の》衔接 xiánjiē ◆～が悪い 衔接不好 xiánjiē bùhǎo
せつぞくし【接続詞】连词 liáncí
せっそくどうぶつ【節足動物】节肢动物 jiézhī dòngwù
セッター ❶《犬》塞特猎狗 sàitè lièqǒu ❷《バレーボール》二传手 èrchuánshǒu
せったい【接待-する】招待 zhāodài; 张罗 zhāngluo ◆～費 招待费 zhāodàifèi
ぜったい【絶対】❶《比較・対立するもののない》绝对 juéduì ◆～的 绝对的 juéduì de ◆～主义 绝对主义 juéduì zhǔyì ◆～多数 绝对多数 juéduì duōshù ❷《決して》绝对 jué; 断然 duànrán ◆～だめだ 绝对不行 juéduì bùxíng ◆～許さない 绝不允许 jué bù yǔnxǔ ◆《どうしても》～に勝つ 一定要胜 yídìng yào shèng
ぜったい【舌苔】舌苔 shétāi
ぜったい【絶大-な】极大 jídà
ぜったいおんかん【絶対音感】绝对音感 juéduì yīngǎn
ぜったいぜつめい【絶体絶命-の】走投无路 zǒu tóu wú lù; 山穷水尽 shān qióng shuǐ jìn
せったく【拙宅】敝宅 bìzhái; 舍下 shèxià; 寒舍 hánshè
せつだん【切断-する】切断 qiēduàn; 截断 jiéduàn; 切割 qiēgē ◆～面 剖面 pōumiàn
せっち【接地】《アース》接地 jiēdì
せっち【設置-する】❶《機械類を》安装 ānzhuāng; 安设 ānshè; 设置 shèzhì ❷《設置・機関を》设置 shèzhì; 建立 jiànlì
せっちゃく【接着-する】黏着 niánzhuó; 黏结 niánjié ◆～剂 胶粘剂 jiāozhānjì; 黏合剂 niánhéjì
せっちゅう【折衷-する】折中 zhézhōng; 折衷 zhézhōng ◆～案 折中方案 zhézhōng fāng'àn
ぜっちょう【絶頂】❶《山の頂上》顶峰 dǐngfēng ◆山の～に立つ 站在顶峰 zhàn zài dǐngfēng ❷《物事の最高点》顶点 dǐngdiǎn; 极点 jídiǎn ◆得意の～にある 得意到顶点 déyì dào dǐngdiǎn ◆人気の～ 红得发紫 hóngde fāzǐ
せってい【設定-する】拟定 nǐdìng; 制定 zhìdìng ◆状況～ 状况假设 zhuàngkuàng jiǎshè ◆抵当権を～する 确定抵押权 quèdìng dǐyāquán

セッティング 准备 zhǔnbèi; 安排 ānpái ◆デートの場を～する 安排约会的机会 ānpái yuēhuì de jīhuì
せってん【接点】❶《幾何》切点 qiēdiǎn ❷《物事の触れ合う点》接触点 jiēchùdiǎn; 共同点 gòngtóngdiǎn ◆～を求める 寻求相同点 xúnqiú xiāngtóngdiǎn
せつでん【節電-する】节电 jiédiàn
セット ❶《一揃い》一套 yí tào ◆コーヒー～ 咖啡茶具 kāfēi chájù ❷《スポーツ試合の区切り》一局 yì jú ❸《映画・テレビなどの装置》舞台装置 wǔtái zhuāngzhì; 布景 bùjǐng; 一套装置 yí tào zhuāngzhì ❹《機械などを装置すること》◆～する 安装 ānzhuāng
せつど【節度】节制 jiézhì ◆～のある 有节制的 yǒu jiézhì de ◆～を失う 失去节制 shīqù jiézhì ◆～をもって飲む 喝酒不过量 hē jiǔ bú guò liàng
せっとう【窃盗-する】偷盗 tōudào; 偷窃 tōuqiè ◆～事件 窃盗事件 qièdào shìjiàn; 盗窃案 dàoqiè'àn ◆～常習者 惯窃 guànqiè ◆～犯 盗窃犯 dàoqièfàn
せっとうじ【接頭辞】词头 cítóu; 前缀 qiánzhuì
せっとく【説得-する】说服 shuōfú; 劝说 quànshuō ◆～できない 说服不了 shuōfúbuliǎo ◆～力のある 有说服力的 yǒu shuōfúlì de
せつな【刹那】刹那 chànà; 瞬间 shùnjiān ◆～主义 一时快乐主义 yìshí kuàilè zhǔyì
せつない【切ない】难受 nánshòu; 难过 nánguò ◆～恋の物語 苦恋的故事 kǔliàn de gùshi
せっぱく【切迫-する】❶《時間・期限が》紧迫 jǐnpò; 紧促 jǐncù ◆期日が～する 期限紧迫 qīxiàn jǐnpò ❷《緊張・追い詰められた状態になる》急迫 jípò; 吃紧 chījǐn ◆事態が～する 事态吃紧 shìtài chījǐn ❸《呼吸・脈が速くなる》急促 jícù; 短促 duǎncù
せっぱつまる【切羽詰まる】走投无路 zǒu tóu wú lù; 迫不得已 pò bù dé yǐ; 万不得已 wàn bù dé yǐ
せっぱん【折半-する】平分 píngfēn; 折半 zhébàn; 对半 duìbàn
ぜっぱん【絶版】绝版 juébǎn ◆この辞書が～になる 这部词典将绝版 zhè bù cídiǎn jiāng juébǎn
せつび【設備-する】配备 pèibèi; 设备 shèbèi ◆～の整った 设备完整的 shèbèi wánzhěng de ◆～投资 设备投资 shèbèi tóuzī
せつびじ【接尾辞】词尾 cíwěi; 后缀 hòuzhuì
ぜっぴつ【絶筆】绝笔 juébǐ
ぜっぴん【絶品】杰作 jiézuò; 佳作

せっぷく【切腹-する】 剖腹自杀 pōufù zìshā
せっぷん【節分】 立春前一天 lìchūn qián yì tiān
せっぷん【接吻-する】 接吻 jiēwěn
ぜっぺき【絶壁】 陡壁 dǒubì；绝壁 juébì ♦ 断崖 悬崖峭壁 xuányá qiàobì
せっぺん【雪片】 雪花 xuěhuā；雪片 xuěpiàn
せつぼう【切望-する】 渴望 kěwàng；切盼 qièpàn；梦寐以求 mèngmèi yǐ qiú
せっぽう【説法-する】 ❶《仏法を説く》说法 shuōfǎ；讲经 jiǎngjīng ♦ 釈迦（しゃか）に～ 班门弄斧 Bān mén nòng fǔ ❷《意見する》规劝 guīquàn ♦ おやじに～された 被父亲规劝了 bèi fùqin guīquàn le
ぜつぼう【絶望-する】 绝望 juéwàng ♦ ～感 绝望感 juéwànggǎn ♦ ～視する 认为绝望 rènwéi juéwàng ♦ ～的な 绝望的 juéwàng de
ぜっぽう【舌鋒】 ♦ ～鋭く 谈锋犀利 tánfēng xīlì；唇枪舌剑 chún qiāng shé jiàn
ぜつみょう【絶妙-な】 绝妙 juémiào；入神 rùshén ♦ ～の技 绝招 juézhāo ♦ ～のタイミング 绝妙的时机 juémiào de shíjī
ぜつむ【絶無】 绝无 juéwú；绝对没有 juéduì méiyǒu ♦ ～に等しい 几乎为零 jīhū wéi líng
せつめい【説明-する】 说明 shuōmíng；解释 jiěshì；介绍 jièshào ♦ ～が足りない 解释不充分 jiěshì bù chōngfèn ♦ ～がつく 配有说明 pèiyǒu shuōmíng ♦ ～書 说明书 shuōmíngshū
ぜつめい【絶命-する】 绝命 juémìng；死亡 sǐwáng
ぜつめつ【絶滅-する】 ❶《生物が》灭绝 mièjué；绝灭 juémiè；绝种 juézhǒng ♦ ～寸前 濒于灭绝 bīnyú mièjué ❷《良くない物事を》杜绝 dùjué ♦ 犯罪を～する 杜绝犯罪 dùjué fànzuì
せつもん【設問-する】 提出问题 tíchū wèntí；出题 chūtí ♦ ～に答える 回答问题 huídá wèntí
せつやく【節約-する】 节省 jiéshěng；节约 jiéyuē
せつゆ【説諭-する】 教诲 jiàohuì；训戒 xùnjiè；劝告 quàngào
せつり【摂理】《神の～》 天意 tiānyì；神的意志 shén de yìzhì ♦ 自然の～ 自然的规律 zìrán de guīlǜ
せつりつ【設立-する】 成立 chénglì；创办 chuàngbàn；设立 shèlì ♦ ～

総会 成立大会 chénglì dàhuì
ぜつりん【絶倫-の】 绝伦 juélún ♦ 武勇～ 武勇绝伦 wǔyǒng juélún
せつれつ【拙劣-な】 拙劣 zhuōliè ♦ ～極まりない 拙劣无比 zhuōliè wúbǐ
せつわ【説話】 故事 gùshi ♦ 民間～ 民间故事 mínjiān gùshi
せとぎわ【瀬戸際】 紧要关头 jǐnyào guāntóu ♦ 滅亡の～にある 濒于灭亡 bīnyú mièwáng
せともの【瀬戸物】 陶瓷 táocí
せなか【背中】 ❶《動物の》背 bèi；脊背 jǐbèi；脊梁 jǐliang ❷《物の後ろ側》背面 bèimiàn；背后 bèihòu ♦ 親父の～を見て育つ 看着父亲的背影长大 kànzhe fùqin de bèiyǐng zhǎngdà
ぜにん【是認-する】 承认 chéngrèn；同意 tóngyì
せぬき【背抜き-の】 ♦ ～の背広 背部不挂里儿的西装 bèibù bú guà lǐr de xīzhuāng
ゼネコン 综合建筑公司 zōnghé jiànzhù gōngsī
ゼネスト 总罢工 zǒngbàgōng
せのび【背の伸びーする】《背丈を高くする》伸腰 shēnyāo；跷起脚 qiāoqǐ jiǎo ♦ ～して見物する 跷起脚看 qiāoqǐ jiǎo kàn ♦《実力以上にみせる》逞能 chěngnéng ♦ ～して大人ぶる 硬逞能装大人 yìng chěngnéng zhuāng dàrén
せばまる【狭まる】 变窄 biànzhǎi
せばめる【狭める】 缩小 suōxiǎo；缩短 suōduǎn
セパレーツ ❶《婦人服》上下分开的套装 shàngxià fēnkāi de tàozhuāng ❷《組み合わせ式の道具類》组合式器具 zǔhéshì qìjù
せばんごう【背番号】 后背号码 hòubèi hàomǎ
ぜひ【是非】 ❶《何としても》♦ ～読みたい 一定要读一读 yídìng yào dú-yidú ❷《何とぞ》务必 wùbì ♦ ～出席してください 务请出席 wùqǐng chūxí ❸《是と非》是非 shìfēi；曲直 qūzhí ♦ ～を問う 问清是非 wènqīng shìfēi ❹《善し悪しを判断・批評すること》♦ ～する 判断好坏 pànduàn hǎohuài
セピア《色》 暗褐色 ànhèsè
せひょう【世評】 舆论 yúlùn；公共舆论 gōnggòng yúlùn
せびる 死皮赖脸地要 sǐ pí lài liǎn de yào；强求 qiǎngqiú；硬要求 yìng yāoqiú ♦ 小遣いを～ 央求零用钱 yāngqiú língyòngqián
せびれ【背鰭】 脊鳍 jǐqí

せびろ【背広】 西服 xīfú；（男式）西装 (nánshì) xīzhuāng

せぶみ【瀬踏み-する】 试探 shìtàn ♦ライバルの出方を～する 试探对手的态度 shìtàn duìshǒu de tàidu

せぼね【背骨】 脊梁骨 jǐlianggǔ；脊柱 jǐzhù

せまい【狭い】 窄 zhǎi；狭小 xiáxiǎo；窄小 zhǎixiǎo ♦一部屋 窄小的房间 zhǎixiǎode fángjiān ♦道が～ 道窄 dào zhǎi ♦入り口が～ 入口狭窄 rùkǒu xiázhǎi ♦交際が～ 交际面窄 jiāojìmiàn zhǎi ♦～知識 浅薄的知识 qiǎnbó de zhīshi ♦視野が～ 视野狭窄 shìyě xiázhǎi ♦了見が～ 想法偏狭 xiǎngfa piānxiá

せまくるしい【狭苦しい】 窄得难受 zhǎide nánshòu

せまる【迫る】 ❶《近づく》逼近 bījìn；迫近 pòjìn ♦敌军が～ 敌人迫近 dírén pòjìn ♦山が迫った土地 靠近山的土地 kàojìn shān de tǔdì ♦締め切りが～ 截止期迫近 jiézhǐqī pòjìn ♦死期が～ 死期将至 sǐqī jiāng zhì ♦核心に～ 逼近核心 bījìn héxīn ❷《强いる》逼 bī ♦必要に迫られる 为需要所迫 wéi xūyào suǒ pò ♦返済を～ 逼债 bīzhài ♦復縁を～ 逼迫复婚 bīpò fùhūn

セミ【蝉】 蝉 chán；知了 zhīliǎo

セミコロン 分号 fēnhào

ゼミナール 研究班 yánjiūbān；课堂讨论 kètáng tǎolùn；讨论课 tǎolùnkè

セミプロ 半职业性的 bànzhíyèxìng de

せめ【責め】 ❶《責めること》责备 zébèi ♦～を受ける 受责备 shòu zébèi ❷《責任・義務》负责任 fù zérèn ♦～を果たす 尽职责 jìn zhízé

せめあぐむ【攻め倦む】 难以攻破 nányǐ gōngpò

せめいる【攻め入る】 攻入 gōngrù；入侵 rùqīn

せめおとす【攻め落とす】 攻陷 gōngxiàn；攻破 gōngpò

せめさいなむ【責め苛む】 苛责 kēzé；百般折磨 bǎibān zhémo ♦良心に責め苛まれる 受到良心的谴责 shòudào liángxīn de qiǎnzé

せめたてる【責め立てる】 严加指责 yánjiā zhǐzé；《催促する》严厉催促 yánlì cuīcù ♦借金取りに責め立てられる 被讨债鬼催债 bèi tǎozhàiguǐ cuīzhài

せめて《少なくとも》至少 zhìshǎo ♦～もう一度会いたい 希望至少再见一面 xīwàng zhìshǎo zài jiàn yí miàn ♦～もの慰めだ 总算是个安慰 zǒngsuàn shì ge ānwèi

せめて【攻め手】 攻方 gōngfāng

せめほろぼす【攻め滅ぼす】 攻破 gōngpò；消灭 xiāomiè

せめる【攻める】 进攻 jìngōng；攻打 gōngdǎ

せめる【責める】 ❶《非難する》责备 zébèi；责怪 zéguài；谴责 qiǎnzé ♦かれの不注意を～ 责怪他的疏忽 zéguài tā de shūhu ♦自らを～ 折磨自己 zhémo zìjǐ ❷《せがむ》催促 cuīcù ♦妻に責められる 被妻子催逼 bèi qīzi cuīcù ❸《痛めつける》鞭で～ 用鞭子拷打 yòng biānzi kǎodǎ

セメント 水泥 shuǐní；洋灰 yánghuī；水门汀 shuǐméntīng

せもじ【背文字】 书脊文字 shūjǐ wénzì

せもたれ【背もたれ】 靠背 kàobèi

ゼラチン 明胶 míngjiāo

ゼラニウム 天竺葵 tiānzhúkuí

セラミック(ス) 陶瓷器的 táocíqìde

せり【競り】 ❶《競りあい》竞争 jìngzhēng ♦最後の～に勝つ 在最后的竞争中取胜 zài zuìhòu de jìngzhēng zhōng qǔshèng ❷《競り売り》拍卖 pāimài ♦～にかける 拍卖 pāimài ♦～市 拍卖行 pāimàiháng

セリ【芹】 水芹 shuǐqín

ゼリー 果子冻 guǒzidòng ♦～状の 胶状的 jiāozhuàng de

せりおとす【競り落とす】 拍卖中标 pāimài zhòngbiāo

せりだし【迫り出し】《舞台の》推出装置 tuīchū zhuāngzhì

せりだす【迫り出す】《突き出る》突出 tūchū ♦腹が～ 腆肚子 tiǎn dùzi

せりふ【台詞】 ❶《劇の》台词 táicí；说白 shuōbái ♦～を言う 念白 niànbái ❷《言いぐさ・決まり文句》その～は聞き飽きた 那种说词听够了 nà zhǒng shuōcí tīnggòu le

せる【競る】 ❶《競う》竞争 jìngzhēng ❷《競売で》争着出高价 zhēngzhe chū gāojià；喊价 hǎnjià

セルフサービス 顾客自选 gùkè zìxuǎn ♦～の食事 自助餐 zìzhù cān

セルフタイマー 自拍装置 zìpāi zhuāngzhì

セルロイド 赛璐珞 sàilùluò

セレナーデ 小夜曲 xiǎoyèqǔ

セレモニー 仪式 yíshì；典礼 diǎnlǐ

ゼロ【零】 ❶《数字》零 líng ❷《何もない事》无 wú

ゼロックス《商標》复印机 fùyìnjī

セロテープ 玻璃纸胶带 bōlizhǐ jiāodài；透明胶纸 tòumíng jiāozhǐ

セロファン 玻璃纸 bōlizhǐ；赛璐珍

sàilùfēn
セロリ 芹菜 qíncài
せろん【世論】 舆论 yúlùn ♦~調査 民意测验 mínyì cèyàn
せわ【世話-する】 ❶《面倒をみる》看护 kānhù; 照顾 zhàogù; 关照 guānzhào ♦~になる 受惠 shòuhuì; 受到照顾 shòudào zhàogù ♦~を焼く 操劳 cāoláo ♦大きなお~ 多管闲事 duō guǎn xiánshì ❷《取り持つ》♦職を~する 介绍职业 jièshào zhíyè ❸《手数》♦~がかかる 费心 fèixīn ♦~が焼ける 费事 fèishì; 麻烦 máfan
せわしい【忙しい】 忙 máng; 匆忙 cōngmáng ♦往来が~ 往来急匆匆 wǎnglái jícōngcōng
せわしない【忙しない】 忙碌 mánglù
せわにょうぼう【世話女房】 能干的妻子 nénggàn de qīzi
せわにん【世話人】 干事 gànshi; 幹旋人 wòxuánrén
せわやく【世話役】 幹旋人 wòxuánrén; 干事 gànshi
せん【先】 ❶《他に先んずること》♦~を越す 占先 zhànxiān ♦~を取る 领先 lǐngxiān; 抢先 qiǎngxiān ❷《以前》♦~に会った人 以前遇到的人 yǐqián yùdào de rén ♦~から知っていた 早就知道 zǎojiù zhīdao ❸《もとの》以前 yǐqián ♦~の家 从前的房子 cóngqián de fángzi
せん【撰】 著 zhù; 写作 xiězuò
せん【栓】 ❶《詰める栓》塞 sāi; 盖儿 gàir ♦瓶の~ 瓶塞子 píngsāizi ♦耳に~をする 把耳朵塞上 bǎ ěrduo sāishàng ❷《ひねる栓》开关 kāiguān ♦水道の~ 龙头 lóngtóu
せん【線】 ❶《すじ》♦~を引く 划线 huà xiàn ❷《物の輪郭》♦体の~ 身体的轮廓 shēntǐ de lúnkuò ❸《交通機関の道筋》♦新~ 鉄道の》新线 xīnxiàn ❹《方針》方针 fāngzhēn; 方向 fāngxiàng ♦その~で交渉する 按此方针交涉 àn cǐ fāngzhēn jiāoshè ❺《物事の境目》界限 jièxiàn ♦越えてはならない~ 不可逾越的界限 bùkě yúyuè de jièxiàn ❻《人の印象》♦~の細い人 气度小的人 qìdù xiǎo de rén ♦~の太い人 气量宽宏的人 qìliàng kuānhóng de rén
せん【選】 选 xuǎn ♦~にもれる 落选 luòxuǎn
ぜん【善】 善 shàn ♦~は急げ 好事要快做 hǎoshì yào kuài zuò
ぜん【禅】 禅 chán
ぜん【膳】 ❶《料理》桌上饭菜 zhuōshàng fàncài ❷《台》饭桌 fànzhuō ❸《箸の数》♦箸一~ 一双筷子 yì shuāng kuàizi

ぜん【前】 ♦~首相 前首相 qián shǒuxiàng ♦~半生 前半生 qián bànshēng
ぜん【全】 ♦~世界 全世界 quán shìjiè ♦~責任 全部责任 quánbù zérèn ♦~人格 整个人格 zhěnggè réngé
ぜんあく【善悪】 善恶 shàn'è ♦~の見境がない 是非不分 shìfēi bù fēn
せんい【戦意】 斗志 dòuzhì ♦~を喪失する 丧失斗志 sàngshī dòuzhì
せんい【繊維】 纤维 xiānwéi ♦~質 纤维质 xiānwéizhì ♦~製品 纤维制品 xiānwéi zhìpǐn ♦食物~ 食物纤维 shíwù xiānwéi
せんい【船医】 船上医生 chuánshàng yīshēng
ぜんい【善意】 善良心肠 shànliáng xīncháng; 好意 hǎoyì; 善意 shànyì ♦~の人 善良的人 shànliáng de rén ♦~からしたこと 出于善意而做的事情 chūyú shànyì ér zuò de shìqing ♦~に解釈する 往好的方面解释 wǎng hǎo de fāngmiàn jiěshì
せんいき【戦域】 战区 zhànqū
せんいちやものがたり【千一夜物語】 一千零一夜故事 yìqiān líng yī yè gùshi; 天方夜谭 tiān fāng yè tán
せんいつ【専一-に】 专一 zhuānyī ♦~に励む 专心致志 zhuān xīn zhì zhì
せんいん【船員】 船工 chuángōng; 船员 chuányuán; 《外洋船の》海员 hǎiyuán
ぜんいん【全員】 全体人员 quántǐ rényuán
せんえい【先鋭-な】 尖锐 jiānruì; 《思想などが》~化する 尖锐化 jiānruìhuà
ぜんえい【前衛】 ❶《軍隊の》先锋 xiānfēng ❷《球技の》前锋 qiánfēng ❸《思想・芸術面での》♦~劇 前卫派戏剧 qiánwèipài xìjù
せんえき【戦役】 战役 zhànyì
せんえつ【僭越-な】 冒昧 màomèi; 僭越 jiànyuè ♦~ですが 恕我冒昧 shù wǒ màomèi
せんおう【専横-な】 专横 zhuānhèng
せんか【戦果】 战果 zhànguǒ; 战绩 zhànjì
せんか【戦火】 战火 zhànhuǒ ♦~を交える 交战 jiāozhàn
せんか【戦禍】 战祸 zhànhuò; 战争灾难 zhànzhēng zāinàn ♦~に巻き込まれる 卷入战祸 juǎnrù zhànhuò
せんか【選科】 选修课程 xuǎnxiū kèchéng
せんか【選歌】 选和歌 xuǎn hégē

せんが【線画】线条画 xiàntiáohuà

ぜんか【前科】前科 qiánkē ♦～がある 有前科 yǒu qiánkē ♦～者 有前科者 yǒuqiánkēzhě

ぜんか【全科】全部学科 quánbù xuékē；所有科目 suǒyǒu kēmù

せんかい【旋回-する】❶《円を描くように回る》回旋 huíxuán；旋转 xuánzhuǎn ❷《航空機・船舶が進路を変える》盘旋 pánxuán；转弯 zhuǎnwān

せんがい【選外】落选 luòxuǎn ♦～佳作 未入选的佳作 wèi rùxuǎn de jiāzuò

ぜんかい【前回-の】上次 shàngcì

ぜんかい【全壊-する】全毁 quánhuǐ ♦《地震で》家屋が～した 房屋全部倒塌 fángwū quánbù dǎotā

ぜんかい【全快-する】痊愈 quányù ♦～祝い 祝贺痊愈 zhùhè quányù

ぜんかいいっち【全会一致-で】与会者全体一致 yùhuìzhě quántǐ yízhì

せんがく【浅学-の】浅学 qiānxué ♦～非才 才疏学浅 cái shū xué qiǎn

ぜんがく【全学】大学全体 dàxué quántǐ ♦～ストライキ 全校罢课 quánxiào bàkè

ぜんがく【全額】全额 quán'é ♦～返済する 偿清 chángqīng

せんかくしゃ【先覚者】先知 xiānzhī；先觉 xiānjué

せんかん【戦艦】战舰 zhànjiàn；战船 zhànchuán

せんがん【洗顔-する】洗脸 xǐliǎn ♦～石鹸 香皂 xiāngzào

ぜんかん【全巻】全卷 quánjuàn

せんかんすいいき【専管水域】专属水域 zhuānshǔ shuǐyù

せんき【戦機】战机 zhànjī ♦～が熟 战机成熟 zhànjī chéngshú

せんき【戦記】战事记录 zhànshì jìlù

せんき【疝気】疝气 shànqì ♦～を病む 得疝气病 dé shànqìbìng ♦他人の～を気に病む 替别人瞎操心 tì biéren xiā cāoxīn

せんぎ【詮議-する】❶《評議する》评议 píngyì ❷《罪人を》审讯 shěnxùn

ぜんき【前期-の】前期 qiánqī

ぜんき【前記】上述 shàngshù

せんきゃく【先客】♦～がある 有先到的客人 yǒu xiāndào de kèrén

せんきゃく【船客】船客 chuánkè ♦～名簿 船客名单 chuánkè míngdān

せんきゃくばんらい【千客万来】顾客纷至沓来 gùkè fēn zhì tà lái

せんきょ【占拠-する】占据 zhànjù；占有 zhànyǒu ♦不法～ 非法占有 fēifǎ zhànyǒu

せんきょ【選挙-する】选举 xuǎnjǔ ♦～区 选区 xuǎnqū ♦～権 选举权 xuǎnjǔquán ♦被～権 被选举权 bèixuǎnjǔquán ♦～民 选民 xuǎnmín

せんぎょ【鮮魚】鲜鱼 xiānyú

せんきょう【戦況】战况 zhànkuàng ♦～を見守る 守望战况 shǒuwàng zhànkuàng

せんぎょう【専業-の】专业 zhuānyè；专职 zhuānzhí ♦～でない 业余 yèyú ♦～主婦 家庭妇女 jiātíng fùnǚ ♦～農家 纯农业户 chúnnóngyèhù

せんきょうし【宣教師】传教士 chuánjiàoshì

せんきょく【戦局】战局 zhànjú

せんぎり【千切り】♦～にする 切成细丝 qiēchéng xìsī

せんきん【千金】千金 qiānjīn ♦～にも代え難い 千金难买 qiānjīn nán mǎi ♦～を費やす 花重金 huāzhòngjīn

せんく【先駆-する】先驱 xiānqū ♦～者 先驱者 xiānqūzhě ♦～的な事業 创举 chuàngjǔ

せんぐ【船具】船具 chuánjù

せんく【前駆】前驱 qiánqū

せんぐう【遷宮-する】迁宫 qiāngōng

せんくち【先口】先预约 xiān yùyuē ♦～がある 有先约 yǒu xiānyuē

ぜんぐん【全軍】全军 quánjūn

せんけい【扇形の】扇形 shànxíng

ぜんけい【前景】前景 qiánjǐng

ぜんけい【全景】全景 quánjǐng

ぜんけい【前掲】上述 shàngshù；上列 shàngliè ♦～の図に見るとおり 如上面图表所示 rú shàngmiàn túbiǎo suǒ shì

せんけつ【鮮血】鲜血 xiānxuè

せんけつ【先決-する】先决 xiānjué ♦～条件 先决条件 xiānjué tiáojiàn ♦～問題 先决问题 xiānjué wèntí

せんげつ【先月】上月 shàngyuè

せんけん【先見】♦～の明がある 有先见之明 yǒu xiān jiàn zhī míng

せんけん【浅見】浅见 qiānjiàn

せんげん【宣言】宣言 xuānyán；宣布 xuānbù；宣告 xuāngào ♦独立～ 独立宣言 dúlì xuānyán

ぜんけん【全権】全权 quánquán ♦～を委任する 委任全权 wěirèn quánquán ♦～を握る 掌握全权 zhǎngwò quánquán ♦～大使 全权大使 quánquán dàshǐ

ぜんげん【前言‐する】 前言 qiányán ♦～を取り消す 収回前言 shōuhuí qiányán

ぜんげん【漸減‐する】 渐减 jiànjiǎn

せんご【戦後】 《第2次大戦後》二战后 Èrzhàn hòu ♦～派 战后派 zhànhòupài

ぜんご【前後‐する】 ❶《位置として の》前后 qiánhòu ♦～左右 前后左右 qiánhòu zuǒyòu ❷《時間·順序 的に》先后 xiānhòu ♦話に～のつな がりがない 说话颠三倒四 shuōhuà diān sān dǎo sì ❸《順序が逆になる》♦話が～する 说话次序颠倒 shuōhuà cìxù diāndǎo ❹《間を置かない で続く》♦父と～して兄も死んだ 父兄相継死去 fùxiōng xiāngjì sǐqù ❺《おおよそ·ぐらい》♦100人～ 一百人左右 yì bǎi rén zuǒyòu ♦夜8時～に 夜晚八点前后 yèwǎn bā diǎn qiánhòu

せんこう【先攻‐する】 先攻 xiāngōng

せんこう【先行‐する】 ❶《先立って行く》先行 xiānxíng ♦～集団 先行集团 xiānxíng jítuán ❷《他の事柄より先に進む》実力よりも人気が出る 实力赶不上名气 shílì gǎnbushàng míngqi ❸《他に先立って行う》♦会議にさきだってパーティーがある 会前有联欢 huìqián yǒu liánhuān ❹《相手より先に得点する》♦我がチームが3点～している 我队先得三分 wǒ duì xiān dé sān fēn

せんこう【専攻‐する】 专攻 zhuāngōng；专业 zhuānyè ♦～科目 专业科目 zhuānyè kēmù ♦歴史を～する 专攻历史 zhuāngōng lìshǐ

せんこう【戦功】 战功 zhàngōng ♦～をたてる 立战功 lì zhàngōng

せんこう【潜航‐する】 ❶《ひそかに航行する》秘密航行 mìmì hángxíng ♦夜陰に乗じて～する 趁夜秘密航行 chènyè mìmì hángxíng ❷《水中を航行する》潜水航行 qiánshuǐ hángxíng ♦海中深く～する 深海潜航 shēnhǎi qiánháng

せんこう【潜行‐する】 ❶《水中に》潜行 qiánxíng ❷《隠密裡に》秘密行动 mìmì xíngdòng ♦敵国に～する 潜入敌国 qiánrù díguó ❸《取り締りを逃れて》潜伏 qiánfú ♦地下に～する 地下活动 dìxià huódòng

せんこう【穿孔‐する】 穿孔 chuānkǒng ♦～機 穿孔机 chuānkǒngjī

せんこう【線香】 线香 xiànxiāng；香 xiāng ♦～をたむける 烧香 shāoxiāng；焚香 fénxiāng

せんこう【選考‐する】 选拔 xuǎnbá；评选 píngxuǎn ♦～基準 选拔标准 xuǎnbá biāozhǔn ♦書類～ 书面选拔 shūmiàn xuǎnbá

せんこう【閃光】 闪光 shǎnguāng

ぜんこう【前項】 ❶《前の項目》前项 qiánxiàng；前列条款 qiánliè tiáokuǎn ❷《数学の》前项 qiánxiàng

ぜんこう【善行】 善行 shànxíng ♦～を積む 行善积德 xíng shàn jī dé ♦～を施す 作善行 zuò shànxíng

ぜんこう【全校】 全校 quánxiào ♦～生徒 全校学生 quánxiào xuésheng

せんこく【先刻】 ❶《先ほど》刚才 gāngcái；方才 fāngcái ♦～から待っている 等了一会儿了 děngle yíhuìr le ❷《既に》已经 yǐjīng；早已 zǎoyǐ ♦～御承知だ 早就知道 zǎo jiù zhīdao

せんこく【宣告‐する】 ❶《告げ知らせる》宣告 xuāngào ♦自己破産を～する 宣告自我破产 xuāngào zìwǒ pòchǎn ❷《判決を言い渡す》宣判 xuānpàn ♦有罪を～する 宣判有罪 xuānpàn yǒuzuì

ぜんこく【全国】 ♦～各地 全国各地 quánguó gèdì；五湖四海 wǔ hú sì hǎi

ぜんごさく【善後策】 善后对策 shànhòu duìcè ♦～を講じる 考虑善后对策 kǎolǜ shànhòu duìcè

センサー 传感器 chuángǎnqì

せんさい【先妻】 前妻 qiánqī

せんさい【戦災】 战祸 zhànhuò ♦～孤児 战争孤儿 zhànzhēng gū'ér

せんさい【繊細‐な】 ❶《形が細く小さい》纤细 xiānxì ♦～な指 纤细的手指 xiānxì de shǒuzhǐ ❷《感情が細やかな》细腻 xìnì；敏感 mǐngǎn ♦～な神経 细腻的感觉 xìnì de gǎnjué

せんざい【洗剤】 洗衣粉 xǐyīfěn；洗涤剂 xǐdíjì

せんざい【潜在‐する】 潜在 qiánzài ♦～意識 潜意识 qiányìshí；潜在意识 qiánzài yìshí；下意识 xiàyìshí ♦～能力 潜力 qiánlì

ぜんさい【前菜】 凉菜 liángcài；冷盘 lěngpán；小吃 xiǎochī

ぜんざい【善哉】 《汁粉》加年糕片的小豆粥 jiā niángāopiàn de xiǎodòuzhōu

せんざいいちぐう【千載一遇】 千载一时 qiān zǎi yì shí ♦～のチャンス 千载难逢的机遇 qiān zǎi nán féng de jīyù

せんさく【詮索‐する】 探索 tànsuǒ；追究 zhuījiū ♦あれこれ～する 这个那个地问个不休 zhège nàge de wèn ge bù xiū

せんさばんべつ【千差万別‐な】 千差万别 qiān chā wàn bié

センザンコウ【穿山甲】 穿山甲 chuānshānjiǎ
せんし【先史】 史前 shǐqián ♦～学 史前学 shǐqiánxué ♦～時代 史前时代 shǐqián shídài
せんし【戦士】 战士 zhànshì; 勇士 yǒngshì ♦企業～ 产业战士 chǎnyè zhànshì ♦無名～ 无名战士 wúmíng zhànshì
せんし【戦死-する】 阵亡 zhènwáng; 战死 zhànsǐ
せんじ【戦時】 战时 zhànshí ♦～体制 战时体制 zhànshí tǐzhì
ぜんし【前肢】 《四足動物の》前肢 qiánzhī
ぜんし【全市】 ❶《市全体》全市 quánshì ❷《すべての市》所有城市 suǒyǒu chéngshì
ぜんし【全紙】 ❶《紙面全体》整版 zhěngbǎn ❷《すべての新聞》一切报纸 yīqiè bàozhǐ
ぜんじ【善事】 ❶《よい事》好事 hǎoshì ❷《めでたい事》喜事 xǐshì
ぜんじ【漸次】 渐次 jiànjiàn; 逐渐 zhújiàn
せんじぐすり【煎じ薬】 汤剂 tāngjì; 汤药 tāngyào
せんしつ【船室】 船舱 chuáncāng
せんじつ【先日】 日前 rìqián; 前几天 qián jǐ tiān; 前些日子 qián xiē rìzi ♦～はお邪魔さま 上次实在打扰你了 shàngcì shízài dǎrǎo nǐ le
ぜんじつ【前日】 头天 tóutiān; 前一天 qián yī tiān
せんじつめる【煎じ詰める】 ❶《茶·薬を》熬透 áotòu ❷《考え·意見を》归根结底 guī gēn jié dǐ; 总而言之 zǒng ér yán zhī
ぜんじどう【全自動-の】 全自动 quánzìdòng ♦～洗濯機 全自动洗衣机 quánzìdòng xǐyījī
せんしゃ【戦車】 坦克 tǎnkè ♦～部隊 坦克部队 tǎnkè bùduì
せんしゃ【洗車-する】 洗车 xǐchē
せんしゃ【選者】 评选人 píngxuǎnrén; 评审 píngshěn
ぜんしゃ【前者】 前者 qiánzhě
ぜんしゃ【前車】 ♦～の轍（てつ）を踏む 蹈袭覆辙 dǎoxí fùzhé; 重蹈覆辙 chóng dǎo fùzhé
せんしゅ【船主】 船主 chuánzhǔ
せんしゅ【船首】 船头 chuántóu
せんしゅ【選手】 选手 xuǎnshǒu ♦～団 选手团 xuǎnshǒutuán ♦～宣誓 选手宣誓 xuǎnshǒu xuānshì ♦～権大会 冠军赛 guànjūnsài; 锦标赛 jǐnbiāosài
せんしゅう【先週】 上星期 shàngxīngqī; 上礼拜 shànglǐbài; 上周 shàngzhōu

せんしゅう【千秋】 千秋 qiānqiū ♦一日～の思いで待つ 一日千秋地等 yí rì qiān qiū de děng
せんしゅう【専修】 专修 zhuānxiū ♦～科 专修科目 zhuānxiū kēmù ♦～学校 专科学校 zhuānkē xuéxiào
せんしゅう【選集】 选集 xuǎnjí
せんじゅう【先住-の】 原住 yuánzhù ♦～民族 原住民族 yuánzhù mínzú
せんじゅう【専従-する】 专职 zhuānzhí
ぜんしゅう【全集】 全集 quánjí
ぜんしゅう【禅宗】 禅宗 chánzōng
せんしゅうらく【千秋楽】 演出最后一天 yǎnchū zuìhòu yī tiān
せんしゅつ【選出-する】 提选 tíxuǎn; 推选 tuīxuǎn; 选举 xuǎnjǔ
せんじゅつ【戦術】 战术 zhànshù ♦～家 战术家 zhànshùjiā ♦～核兵器 战术核武器 zhànshù héwǔqì
ぜんじゅつ【前述-する】 前述 qiánshù ♦～のとおり 如前所述 rú qián suǒ shù
ぜんしょ【善処-する】 妥善处理 tuǒshàn chǔlǐ
ぜんしょ【全書】 全书 quánshū ♦百科～ 百科全书 bǎikē quánshū ♦六法～ 六法全书 liùfǎ quánshū
せんしょう【先勝-する】 ❶《先に勝つ》先胜 xiānshèng ❷《暦法》先胜吉日 xiānshèng jírì
せんじょう【戦場】 战场 zhànchǎng ♦～に赴く 上战场 shàng zhànchǎng; 从征 cóngzhēng
せんじょう【洗浄-する】 冲洗 chōngxǐ; 清洗 qīngxǐ; 洗涤 xǐdí ♦～剂 洗涤剂 xǐdíjì
ぜんしょう【前章】 前一章 qián yī zhāng
ぜんしょう【全勝-する】 全胜 quánshèng ♦～優勝 以全胜夺冠 yǐ quánshèng duóguàn
ぜんしょう【全焼-する】 烧光 shāoguāng
ぜんじょう【前条】 前条 qiántiáo
ぜんじょう【禅譲-する】 禅让 chánràng; 让位 ràngwèi
ぜんしょうせん【前哨戦】 前哨战 qiánshàozhàn
せんじょうてき【扇情的-な】 引起情欲的 yǐnqǐ qíngyù de; 耸人听闻 sǒng rén tīng wén ♦～な写真 妖娆的照片 yāoráo de zhàopiàn
せんしょく【染織】 染织 rǎnzhī
せんしょく【染色-する】 染色 rǎnsè
せんしょくたい【染色体】 染色体 rǎnsètǐ ♦～異常 染色体异常 rǎnsètǐ yìcháng

せんじる【煎じる】 煎 jiān；熬 áo
せんしん【先進-的な】 进步 jìnbù；先进 xiānjìn
せんしん【専心-する】 专注 zhuānzhù ◆〜一意〜 专心致志 zhuān xīn zhì zhì
せんじん【先人】 前人 qiánrén ◆〜の英知 前人的智慧 qiánrén de zhìhuì
せんじん【先陣】 前阵 qiánzhèn；先锋 xiānfēng；先驱 xiānqū ◆〜を切る 打头阵 dǎ tóuzhèn ◆〜を争う 争当先锋 zhēng dāng xiānfēng
せんじん【千尋】 ◆〜の谷に突き落とす 推入千寻深谷 tuīrù qiānxún shēngǔ
せんじん【戦陣】 战场 zhànchǎng；阵线 zhènxiàn
ぜんしん【前身】 前身 qiánshēn
ぜんしん【前進-する】 前进 qiánjìn；推进 tuījìn；进展 jìnzhǎn
ぜんしん【漸進-する】 渐进 jiànjìn ◆〜主義 渐进主义 jiànjìn zhǔyì
ぜんしん【全身】 浑身 húnshēn；一身 yìshēn；满身 mǎnshēn ◆〜不随 全身瘫痪 quánshēn tānhuàn ◆〜麻酔 全麻 quánmá ◆〜全霊 全心全意 quán xīn quán yì
せんしんこく【先進国】 发达国家 fādá guójiā ◆〜首脳会议 发达国家首脑会议 fādá guójiā shǒunǎo huìyì
ぜんじんみとう【前人未到-の】 前无古人 qián wú gǔrén；前人未到 qiánrén wèi dào
せんす【扇子】 扇子 shànzi；折扇 zhéshàn
センス 眼光 yǎnguāng；感觉 gǎnjué ◆〜がある 有眼光 yǒu yǎnguāng ◆〜がよい 有审美能力 yǒu shěnměi nénglì
せんすい【泉水】 泉水 quánshuǐ
せんすい【潜水-する】 潜水 qiánshuǐ ◆〜病 潜水病 qiánshuǐbìng ◆〜夫 潜水员 qiánshuǐyuán ◆〜服 潜水服 qiánshuǐfú
せんすいかん【潜水艦】 潜水艇 qiánshuǐtǐng；潜艇 qiántǐng
せんする【宣する】 宣布 xuānbù
ぜんせ【前世】 前世 qiánshì
せんせい【先制-する】 先发制人 xiān fā zhì rén ◆〜攻撃 主动攻击 zhǔdòng gōngjī
せんせい【先生】 老师 lǎoshī
せんせい【宣誓-する】 发誓 fāshì；起誓 qǐshì；宣誓 xuānshì ◆〜書 宣誓书 xuānshìshū
せんせい【善政】 善政 shànzhèng ◆〜を施す 施行善政 shīxíng shànzhèng

ぜんせい【全盛-の】 全盛 quánshèng ◆〜期 全盛期 quánshèngqī
ぜんせいくんしゅ【専制君主】 专制君主 zhuānzhì jūnzhǔ ◆〜制 君主专制 jūnzhǔ zhuānzhì
せんせいじゅつ【占星術】 占星术 zhānxīngshù
せんせいりょく【潜勢力】 潜在势力 qiánzài shìlì
センセーショナル-な 轰动性的 hōngdòngxìng de
センセーション 大轰动 dà hōngdòng ◆〜を巻き起こす 引起大轰动 yǐnqǐ dà hōngdòng
ぜんせかい【全世界】 全世界 quánshìjiè；举世 jǔshì；全球 quánqiú
せんせき【戦績】 战绩 zhànjì ◆輝かしい〜 辉煌战绩 huīhuáng zhànjì
せんせき【戦跡】 战迹 zhànjì
せんせき【船籍】 船籍 chuánjí
ぜんせつ【前節】 ❶《音楽・文章などの》前一节 qián yī jié ❷《日数・期間の》前半期 qián bànqī
ぜんせつ【前説】 ❶《以前に唱えた説》以前的学说 yǐqián de xuéshuō ❷《前人の説》前人的学说 qiánrén de xuéshuō
せんせん【宣戦-する】 宣战 xuānzhàn ◆〜を布告する 宣战 xuānzhàn
せんせん【戦線】 战线 zhànxiàn；阵线 zhènxiàn；战场 zhànchǎng ◆〜を離脱する 脱离战场 tuōlí zhànchǎng ◆《社会运动などの》統一〜を張る 建立统一战线 jiànlì tǒngyī zhànxiàn
せんぜん【戦前-の】 ❶《第2次世界大戦前》战争以前 zhànzhēng yǐqián；二战以前 Èrzhàn yǐqián ◆〜派 战前派 zhànqiánpài ❷《試合・勝負の始まる前》赛前 sàiqián ◆〜の予想では 根据赛前预想 gēnjù sàiqián yùxiǎng
ぜんせん【前線】 ❶《戦場》前敌 qiándí；前方 qiánfāng；前线 qiánxiàn ❷《仕事・運動の》前线 qiánxiàn ◆セールスの〜 销售前线 xiāoshòu qiánxiàn ❸《気象での》锋面 fēngmiàn ◆寒冷〜 冷锋 lěngfēng ◆温暖〜 暖锋 nuǎnfēng ◆梅雨〜 梅雨锋面 méiyǔ fēngmiàn
ぜんせん【善戦-する】 善战 shànzhàn；力敌 lìdí
ぜんせん【全線】 ❶《路線の全体》全线 quánxiàn ◆〜不通 全线不通 quánxiàn bùtōng ❷《戦線の全体》各条战线 gè tiáo zhànxiàn ◆〜にわたって 遍及各条战线 biànjí gè tiáo zhànxiàn
ぜんぜん【全然】 全然 quánrán；根

本 gēnběn；完全 wánquán ♦〜を知らない 根本不知道 gēnběn bù zhīdao ♦〜违う 根本不同 gēnběn bùtóng

せんせんきょうきょう【戦々恐々-た る】战战兢兢 zhàn zhàn jīng jīng；心惊胆战 xīn jīng dǎn zhàn

せんせんげつ【先々月】上上个月 shàngshàng ge yuè

せんぞ【先祖】祖上 zǔshàng；祖先 zǔxiān ♦〜代々 祖祖辈辈 zǔzǔbèibèi ♦〜伝来の 祖传 zǔchuán

せんそう【戦争】❶《武力による闘争》战争 zhànzhēng ♦〜をする 作战 zuòzhàn；打仗 dǎzhàng ♦〜に敗れる 战败 zhànbài ♦〜映画 战争片 zhànzhēngpiàn ♦〜孤児 战争孤儿 zhànzhēng gū'ér ❷《激しい競争》竞争 jìngzhēng ♦贸易〜 贸易竞争 màoyì jìngzhēng ♦受験〜 考试竞争 kǎoshì jìngzhēng

せんそう【船倉〔艙〕】船舱 chuáncāng；货舱 huòcāng

せんそう【船窓】船窗 chuánchuāng

ぜんそう【前奏】❶《楽曲の》前奏 qiánzòu ♦〜曲 前曲 qiánqǔ ❷《前ぶれ》前兆 qiánzhào ♦破局の〜 悲惨结局的前兆 bēicǎn jiéjú de qiánzhào

ぜんそう【禅僧】禅僧 chánsēng

せんぞく【船側】船舷 chuánxián

せんぞく【専属-する】专属 zhuānshǔ ♦〜契約 专属契约 zhuānshǔ qìyuē

ぜんそく【喘息】气喘 qìchuǎn；哮喘 xiàochuǎn ♦〜患者 哮喘患者 xiàochuǎn huànzhě ♦〜発作 哮喘发作 xiàochuǎn fāzuò

ぜんそくりょく【全速力-で】全速 quánsù ♦〜で走る 飞奔 fēibēn ♦〜で進む 全速前进 quánsù qiánjìn

ぜんそん【全損】全部损失 quánbù sǔnshī

センター《中心》中心 zhōngxīn；中央 zhōngyāng ♦ショッピング〜 购物中心 gòuwù zhōngxīn ♦文化〜 文化中心 wénhuà zhōngxīn

センターハーフ《サッカー・ホッケーの》中卫 zhōngwèi

センターライン❶《競技場の》中线 zhōngxiàn ❷《道路の》隔离线 gélíxiàn

せんたい【戦隊】战队 zhànduì ♦〜を組む 组成战斗队 zǔchéng zhàndòuduì

せんたい【船体】船身 chuánshēn；船体 chuántǐ

せんたい【船隊】船队 chuánduì

せんだい【先代】《当主の前の代》前任 qiánrèn；上一代 shàng yídài ♦〜の理事长 前任董事长 qiánrèn dǒngshìzhǎng

ぜんたい【全体】❶《物·事柄の全部》全体 quántǐ；整体 zhěngtǐ；总体 zǒngtǐ ♦〜的に 通盘 tōngpán；总的 zǒngde ♦〜的に言えば 就整体来说 jiù zhěngtǐ lái shuō ♦〜像が見えない 整体形象不明确 zhěngtǐ xíngxiàng bù míngquè ❷《もともと》原本 yuánběn ♦〜私には無理なのだ 原本我是办不到的 yuánběn wǒ shì bànbudào de ❸《いったい》究竟 jiūjìng ♦〜どういうことなんだ 究竟是怎么回事 jiūjìng shì zěnme huí shì

ぜんたい【全隊】❶《その隊全体》全队 quánduì ❷《すべての隊》全部部队 quánbù bùduì

ぜんだいみもん【前代未聞-の】前所未闻 qián suǒ wèi wén；前所未有 qián suǒ wèi yǒu

せんたく【洗濯】洗衣服 xǐ yīfu ♦〜板 搓板 cuōbǎn ♦〜ばさみ 晾衣服夹子 liàng yīfu jiāzi ♦〜がきく可洗的 kěxǐ de；耐洗的 nàixǐ de

せんたく【選択-する】选择 xuǎnzé；抉择 juézé ♦〜を誤る 选错 xuǎncuò ♦〜科目 选修科 xuǎnxiūkē ♦〜肢 选择项目 xuǎnzé xiàngmù

せんたくき【洗濯機】洗衣机 xǐyījī

せんだつ【先達】❶《学問·技芸の》先行者 xiānxíngzhě；前辈 qiánbèi ♦〜に学ぶ 向前辈学习 xiàng qiánbèi xuéxí ❷《案内者》向导 xiàngdǎo ♦山登りの〜 登山的向导 dēngshān de xiàngdǎo

せんだって【先達て】前几天 qián jǐ tiān；上次 shàngcì

ぜんだて【膳立て-する】《準備》准备 zhǔnbèi

ぜんだま【善玉】好人 hǎorén

せんたん【先端】❶《物の先の部分》顶端 dǐngduān ❷《時代·流行の先頭》流行的〜を行く 领导新潮流 lǐngdǎo xīn cháoliú；开创新风尚 kāichuàng xīn fēngshàng ♦〜技术 尖端技术 jiānduān jìshù

せんたん【戦端】战端 zhànduān ♦〜を開く 开火 kāihuǒ；打响 dǎxiǎng

せんだん【専断-する】专断 zhuānduàn；武断 wǔduàn；专横独断 zhuānhèng dúduàn

センダン【栴檀】栴檀 zhāntán ♦〜は双葉より芳し 伟人自幼就出众 wěirén zì yòu jiù chūzhòng

せんち【戦地】战地 zhàndì ♦〜に赴く 上战场 shàng zhànchǎng

ぜんち【全治-する】痊愈 quányù ♦

～2週間 痊愈需两周 quányù xū liǎng zhōu

ぜんちし【前置詞】 介词 jiècí

ぜんちぜんのう【全知全能-の】 全知全能 quán zhī quán néng

センチメートル 公分 gōngfēn；厘米 límǐ

センチメンタル 感伤 gǎnshāng；多愁善感 duō chóu shàn gǎn

せんちゃ【煎茶】 烹茶 pēngchá；煎茶 jiānchá

せんちゃく【先着-する】 先到 xiāndào ♦～順に 按先后顺序 àn xiānhòu shùnxù

せんちょう【船長】 ❶《船の長》船长 chuánzhǎng ❷《船の長さ》船长 chuáncháng

ぜんちょう【前兆】 前兆 qiánzhào；先兆 xiānzhào；预兆 yùzhào

ぜんちょう【全長】 全长 quáncháng

ぜんつう【全通-する】 全线通车 quánxiàn tōngchē

せんて【先手】 先手 xiānshǒu ♦～を打つ 先下手 xiān xiàshǒu ♦～必勝 先下手为强 xiān xià shǒu wéi qiáng

せんてい【選定-する】 选定 xuǎndìng

せんてい【剪定-する】 修剪 xiūjiǎn；修整 xiūzhěng ♦木を～する 修剪树木 xiūjiǎn shùmù

ぜんてい【前庭】 前院 qiányuàn

ぜんてい【前提】 前提 qiántí

せんてつ【先哲】 先哲 xiānzhé

せんてつ【銑鉄】 生铁 shēngtiě；铣铁 xiāntiě

ぜんてつ【前轍】 ♦～を踏む 重蹈覆辙 chóngdǎo fùzhé

ぜんでら【禅寺】 禅宗寺院 chánzōng sìyuàn

せんでん【宣伝-する】 ❶《広く伝える》宣传 xuānchuán ♦～広告 宣传广告 xuānchuán guǎnggào ❷《大げさに言う》吹嘘 chuīxū ♦自分の手柄を～する 吹嘘自己的功劳 chuīxū zìjǐ de gōngláo

ぜんてんこうがた【全天候型-の】 全天候 quántiānhòu ♦～コート 全天候型运动场 quántiānhòuxíng yùndòngchǎng

センテンス 句子 jùzi

せんてんせい【先天性】 先天性 xiāntiānxìng ♦～疾患 先天性疾病 xiāntiānxìng jíbìng

せんてんてき【先天的-な】 先天 xiāntiān ♦先天異常 先天异常 xiāntiān yìcháng

せんと【遷都-する】 迁都 qiāndū

せんど【先途】《大事な分かれ目》♦ここを～と戦う 以此为紧要关头拼死奋战 yǐ cǐ wéi jǐnyào guāntóu pīnsǐ fènzhàn

せんど【鮮度】 鲜度 xiāndù ♦～が落ちる 鲜度下降 xiāndù xiàjiàng ♦～のよい魚 新鲜的鱼 xīnxiān de yú

ぜんと【前途】 前程 qiánchéng；前途 qiántú ♦～多難 前途多难 qiántú duōnàn ♦～洋々 鹏程万里 péng chéng wàn lǐ

ぜんど【全土】 全国 quánguó

せんとう【先頭】 前列 qiánliè；排头 páitóu；先头 xiāntóu ♦～に立つ 站在最前列 zhànzài zuì qiánliè；一马当先 yì mǎ dāng xiān ♦～を行く 先行 xiānxíng ♦～を切る 领先 lǐngxiān

せんとう【尖塔】 尖塔 jiāntǎ

せんとう【戦闘-する】 战斗 zhàndòu ♦～機 歼击机 jiānjījī；战斗机 zhàndòujī ♦～力 战斗力 zhàndòulì

せんとう【銭湯】 澡堂 zǎotáng；浴池 yùchí

せんどう【先導-する】 开路 kāilù；带路 dàilù ♦～者 先导 xiāndǎo；领路人 lǐnglùrén

せんどう【扇動-する】 煽动 shāndòng；煽风点火 shānfēng diǎnhuǒ；鼓动 gǔdòng ♦～者 煽动者 shāndòngzhě

せんどう【船頭】 船夫 chuánfū；舟子 zhōuzǐ

ぜんどう【善導-する】 教人学好 jiāo rén xuéhǎo

ぜんどう【蠕動-する】 蠕动 rúdòng ♦～運動 蠕动运动 rúdòng yùndòng

セントバーナード 圣伯纳犬 Shèng Bónàquǎn

セントラルヒーティング 集中供暖 jízhōng gōngnuǎn

ぜんなんぜんにょ【善男善女】 善男信女 shàn nán xìn nǚ

ぜんにちストライキ【全日スト】 全天罢工 quántiān bàgōng

ぜんにちせい【全日制】 全日制 quánrìzhì

センニチコウ【千日紅】 千日红 qiānrìhóng

せんにゅう【潜入-する】 潜入 qiánrù；秘密进入 mìmì jìnrù

せんにゅうかん【先入観】 成见 chéngjiàn；私见 sījiàn ♦～を持つ 有成见 yǒu chéngjiàn

せんにょ【仙女】 仙女 xiānnǚ

せんにん【仙人】 神仙 shénxiān；仙人 xiānrén

せんにん【先任-の】 前任 qiánrèn

せんにん【専任-の】 专任 zhuānrèn；专职 zhuānzhí ♦～教員 专任

教员 zhuānrèn jiàoyuán

せんにん【選任】 选任 xuǎnrèn
ぜんにん【前任】 前任 qiánrèn; 上任 shàngrèn ◆～者 前任 qiánrèn
ぜんにん【善人】 善人 shànrén; 好人 hǎorén ◆～面(づら)した 伪善 wěishàn; 装好人 zhuāng hǎorén
せんぬき【栓抜き】 起子 qǐzi
せんねん【先年】 前些年 qián xiē nián
せんねん【専念-する】 专心 zhuānxīn; 一心一意 yì xīn yí yì ◆実験に～する 专心进行实验 zhuānxīn jìnxíng shíyàn
ぜんねん【前年-の】 前一年 qián yì nián; 头年 tóunián
せんのう【洗脳-する】 洗脳 xǐnǎo ◆～される 被洗脳 bèi xǐnǎo
ぜんのう【前納】 预付 yùfù
ぜんのう【全納-する】 缴齐 jiǎoqí
ぜんのう【全能-の】 全能 quánnéng; 万能 wànnéng
ぜんば【前場】〈取引所〉前市 qiánshì
せんばい【専売-する】 专卖 zhuānmài ◆～品 专卖商品 zhuānmài shāngpǐn ◆～特許 专卖执照 zhuānmài zhízhào
せんぱい【先輩】 学长 xuézhǎng; 先輩 xiānbèi;〈学校の〉高年级同学 gāo niánjí tóngxué;〈職場の〉先参加工作的同事 xiān cānjiā gōngzuò de tóngshì ◆大～ 老前辈 lǎo qiánbèi
ぜんぱい【全廃-する】 全部废除 quánbù fèichú
ぜんぱい【全敗】 全败 quánbài; 全输 quánshū
せんぱく【浅薄-な】 鄙陋 bǐlòu; 肤泛 fūfàn; 浅薄 qiǎnbó ◆～な思想 肤浅的思想 fūqiǎn de sīxiǎng
せんぱく【船舶】 船只 chuánzhī; 船舶 chuánbó ◆～会社 船舶公司 chuánbó gōngsī ◆～事故 海事 hǎishì
せんばつ【選抜-する】 选拔 xuǎnbá
せんぱつ【先発-する】 先动身 xiān dòngshēn ◆～隊を務める 打前站 dǎ qiánzhàn
せんぱつ【洗髪-する】 洗发 xǐfà
せんばん【千万】 ◆無礼～ 非常无礼 fēicháng wúlǐ ◆迷惑～ 极大麻烦 jídà máfan ◆笑止～ 极其可笑 jíqí kěxiào
せんばん【旋盤】 车床 chēchuáng; 旋床 xuánchuáng ◆～工 车工 chēgōng ◆～工場 车床厂 chēchuángchǎng
せんぱん【先般】 前些天 qián xiē

tiān; 上次 shàngcì ◆～申し上げたように 像前些日子跟您谈的那样 xiàng qián xiē rìzi gēn nín tán de nàyàng ◆～の件 上次那件事 shàngcì nà jiàn shì
せんぱん【戦犯】 战犯 zhànfàn ◆A級～ 甲级战犯 jiǎ jí zhànfàn
ぜんはん【前半-の】 前半 qiánbàn ◆～戦 前半场 qiánbànchǎng
ぜんぱん【全般-の】 全盘 quánpán; 整体 zhěngtǐ; 普遍 pǔbiàn ◆～的に考える 通盘考虑 tōngpán kǎolǜ
せんび【戦備】 战备 zhànbèi ◆～を整える 做好战备 zuòhǎo zhànbèi
せんび【船尾】 船艄 chuánshāo
ぜんぴ【戦費】 战费 zhànfèi
ぜんぴ【前非】 ◆～を悔いる 痛悔前非 tònghuǐ qiánfēi
せんびき【線引き】 划界 huàjiè; 划分 huàfēn
せんびょうし【戦病死-する】 作战期间病死 zuòzhàn qījiān bìngsǐ
せんびょうしつ【腺病質の】 虚弱质 xūruòzhì
せんびん【先便】 前信 qiánxìn
せんびん【前便】 前信 qiánxìn
せんぶ【宣撫-する】 宣抚 xuānfǔ
せんぷ【先夫】 前夫 qiánfū
ぜんぶ【前部】 前部 qiánbù
ぜんぶ【全部】 全部 quánbù; 一总 yìzǒng ◆～で 一共 yígòng; 统共 tǒnggòng; 总共 zǒnggòng ◆～でいくらかな 总共得多少钱 zǒnggòng děi duōshao qián ◆～の時間 所有的时间 suǒyǒu de shíjiān
ぜんぷ【前夫】 前夫 qiánfū; 以前的丈夫 yǐqián de zhàngfu
せんぷう【旋風】 旋风 xuànfēng ◆～を巻き起こす 刮起旋风 guāqǐ xuànfēng
せんぷうき【扇風機】 电风扇 diànfēngshàn; 电扇 diànshàn
せんぷく【潜伏-する】 潜伏 qiánfú; 隐伏 yǐnfú; 潜藏 qiáncáng ◆山中に～する 在山中潜伏 zài shānzhōng qiánfú ◆〈病原菌の〉～期間 潜伏期 qiánfúqī
せんぷく【船腹】 船体 chuántǐ
ぜんぷく【全幅-の】 最大限度 zuìdà xiàndù ◆～の信頼を寄せる 完全信赖 wánquán xìnlài
ぜんぶん【前文】 ❶〈前記の文〉上文 shàngwén ❷〈法令条项的前に置く文〉前言 qiányán
ぜんぶん【全文】 全文 quánwén
せんべい【煎餅】 酥脆薄片饼干 sūcuì báopiàn bǐnggān; 脆饼 cuìbǐng
せんぺい【尖兵】 尖兵 jiānbīng;〈比

喩的に》先驱 xiānqū

せんべつ【選別】 筛选 shāi-xuǎn ◆人材を～ 挑选人才 tiāo-xuǎn réncái

せんべつ【餞別】 临别礼物 línbié lǐwù ◆～をおくる 临别送礼 línbié sòngli

せんべん【先鞭】 先～をつける 抢先 qiǎngxiān；先着手 xiān zhuóshǒu；占先 zhànxiān

ぜんぺん【前編】 前编 qiánbiān；上集 shàngjí

ぜんぺん【全篇】 全篇 quánpiān

せんぺんいちりつ【千篇一律-の】 千篇一律 qiān piān yí lǜ

せんぺんばんか【千変万化-する】 千变万化 qiān biàn wàn huà

せんぼう【羨望-する】 羡慕 xiànmù ◆～のまなざし 羡慕的眼光 xiànmù de yǎnguāng ◆～の的になる 成为人们羡慕的对象 chéngwéi rénmen xiànmù de duìxiàng ◆～と嫉妒 羡慕与忌妒 xiànmù yǔ jìdù

せんぼう【先方】 《相手方》对方 duìfāng

せんぽう【先鋒】 先锋 xiānfēng ◆革新派の～ 革新派的先锋 géxīnpài de xiānfēng ◆急～ 急先锋 jíxiānfēng

せんぽう【戦法】 战术 zhànshù

ぜんぼう【全貌】 全貌 quánmào；整个面貌 zhěnggè miànmào ◆事件の～を明らかにする 弄清楚事件的全貌 nòngqīngchu shìjiàn de quánmào ◆～を暴く 暴露全貌 bàolù quánmào

ぜんぽう【前方-の】 前边 qiánbian；前方 qiánfāng；前面 qiánmiàn ◆～不注意による事故 没注意前方造成的事故 méi zhùyì qiánfāng zàochéng de shìgù

ぜんほういがいこう【全方位外交】 全方位外交 quánfāngwèi wàijiāo

せんぼうきょう【潜望鏡】 潜望镜 qiánwàngjìng

せんぼつ【戦没-する】 阵亡 zhènwáng；战死 zhànsǐ ◆～者 阵亡者 zhènwángzhě

ぜんまい【発条】 发条 fātiáo ◆～仕掛けの 发条装置的 fātiáo zhuāngzhì de ◆～を巻く 上弦 shàng xián

ゼンマイ【薇】 紫萁 zǐqí

せんまいどおし【千枚通し】 锥子 zhuīzi

せんむ【専務-の】 专职 zhuānzhí；专务 zhuānwù；《専務取締役》专务董事 zhuānwù dǒngshì

せんめい【鮮明-な】 鲜明 xiānmíng

せんめつ【殲滅-する】 歼灭 jiānmiè；清剿 qīngjiǎo；全歼 quánjiān

ぜんめつ【全滅-する】 覆没 fùmò；覆灭 fùmiè；溃灭 kuìmiè ◆～させる 全歼 quánjiān

ぜんめん【前面-の】 前方 qiánfāng；前面 qiánmiàn

ぜんめん【全面】 ❶《新聞のページ》整版 zhěngbǎn ◆～广告 整版广告 zhěngbǎn guǎnggào ❷《全ての面》全面 quánmiàn；通盘 tōngpán；普遍 pǔbiàn ◆～戦争 全面战争 quánmiàn zhànzhēng ◆～的に 全面地 quánmiàn de

せんめんき【洗面器】 脸盆 liǎnpén；洗脸盆 xǐliǎnpén

せんめんじょ【洗面所】 洗手间 xǐshǒujiān；盥洗室 guànxǐshì；厕所 cèsuǒ

せんもう【繊毛】 纤毛 xiānmáo ◆～运动 纤毛运动 xiānmáo yùndòng

せんもん【専門】 专业 zhuānyè；专门 zhuānmén ◆～学校 专科学校 zhuānkē xuéxiào；职业技术学院 zhíyè jìshù xuéyuàn ◆～的な 专业性的 zhuānyèxìng de ◆～医 专科医生 zhuānkē yīshēng；专门医生 zhuānmén yīshēng ◆～家 专家 zhuānjiā ◆～知识 专业知识 zhuānyè zhīshi；专长 zhuāncháng ◆～用語 术语 shùyǔ；专业用语 zhuānyè yòngyǔ

ぜんもん【前門】 ◆～の虎，後門の狼 前门拒虎，后门进狼 qiánmén jù hǔ, hòumén jìn láng

せんや【先夜】 前些天夜晚 qián xiē tiān yèwǎn

ぜんや【前夜】 ❶《昨晚》昨夜 zuóyè ❷《前の晚》前夕 qiánxī ◆革命～ 革命前夜 gémìng qiányè

せんやく【先約】 ❶《前からの約束》前约 qiányuē；以前的诺言 yǐqián de nuòyán ◆～を果たす 履行前约 lǚxíng qiányuē ❷《その申し出以前に交わした別の約束》此前的其他约会 cǐqián de qítā yuēhuì ◆～がある 另有前约 lìng yǒu qiányuē

ぜんやく【全訳-する】 全译 quányì

せんゆう【占有-する】 占有 zhànyǒu ◆～率 占有率 zhànyǒulǜ

せんゆう【専有-する】 专有 zhuānyǒu ◆～面積 专有面积 zhuānyǒu miànjī

せんゆう【戦友】 战友 zhànyǒu

せんよう【宣揚-する】 宣扬 xuānyáng

せんよう【専用-する】 专用 zhuānyòng ◆～電話 专用电话 zhuānyòng diànhuà ◆自動車～道路 汽车专用道路 qìchē zhuānyòng dàolù ♦会员~の 会员专用的 huìyuán zhuānyòng de

ぜんよう【善用-する】 妥善利用 tuǒshàn lìyòng

ぜんよう【全容】 全貌 quánmào

ぜんら【全裸-の】 全裸 quánluǒ

せんらん【戦乱】 兵乱 bīngluàn; 战乱 zhànluàn

せんり【千里】 ♦~の道も一歩から 千里之行始于足下 qiān lǐ zhī xíng shǐyú zúxià ♦悪事~を走る 恶事传千里 èshì chuán qiān lǐ ♦一望~ 一望千里 yí wàng qiān lǐ

せんりがん【千里眼】 千里眼 qiānlǐyǎn

せんりつ【戦慄-する】 战抖 zhàndǒu; 战栗 zhànlì ♦~が走る 战栗 zhànlì

せんりつ【旋律】 旋律 xuánlǜ

ぜんりつせん【前立腺】 前列腺 qiánlièxiàn ♦~肥大症 前列腺肥大症 qiánlièxiàn féidàzhèng

せんりひん【戦利品】 战利品 zhànlìpǐn

せんりゃく【戦略】 战略 zhànlüè ♦~を立てる 制定战略 zhìdìng zhànlüè ♦~家 战略家 zhànlüèjiā ♦販売~ 销售战略 xiāoshòu zhànlüè

ぜんりゃく【前略】《文書・手紙》前略 qiánlüè

せんりょ【千慮】 ♦~の一失 千虑一失 qiān lǜ yì shī ♦~の一得 千虑一得 qiān lǜ yì dé

せんりょ【浅慮-な】 粗心 cūxīn; 浅见 qiǎnjiàn; 短见 duǎnjiàn

せんりょう【占領-する】 ❶《一定の場所を独占する》霸占 bàzhàn ♦2人分の座席を~している 占两人的座位 zhàn liǎng rén de zuòwèi ❷《他国の領土を支配する》占领 zhànlǐng ♦~される 沦陷 lúnxiàn ♦~軍 占领军 zhànlǐngjūn

せんりょう【染料】 染料 rǎnliào; 颜色 yánshai ♦~作物 染料作物 rǎnliào zuòwù

ぜんりょう【善良-な】 善良 shànliáng ♦~な人 善人 shànrén

ぜんりょう【全量】 全部重量 quánbù zhòngliàng; 全部容量 quánbù róngliàng

せんりょうやくしゃ【千両役者】 大师 dàshī; 名角 míngjué; 明星 míngxīng ♦サッカー界の~ 足球界明星 zúqiújiè míngxīng

せんりょく【戦力】 兵力量 bīnglì; 军事力量 jūnshì lìliàng; 战斗力 zhàndòulì ♦チームの重要な~ 队里的能手 duìlǐ de néngshǒu ♦あの選手は~にならない 那个选手上不了场 nàge xuǎnshǒu shàngbuliǎo chǎng ♦~外を通知する 通知选手不再续约 tōngzhī xuǎnshǒu bú zài xùyuē

ぜんりょく【全力-で】 全力 quánlì; 竭力 jiélì ♦~をあげる 竭尽全力 jiéjìn quánlì ♦~を尽くす 全力以赴 quánlì yǐ fù

ぜんりん【前輪】 前轮 qiánlún

ぜんりん【善隣】 睦邻 mùlín ♦~外交 睦邻外交 mùlín wàijiāo

せんれい【先例】 惯例 guànlì; 先例 xiānlì; 榜样 bǎngyàng ♦~となる 成为榜样 chéngwéi bǎngyàng ♦~に従う 随惯例 suí guànlì

せんれい【洗礼】 ❶《キリスト教》洗礼 xǐlǐ ♦~を受ける 接受洗礼 jiēshòu xǐlǐ ❷《試練》考验 kǎoyàn ♦猛特訓の~を受ける 经受艰苦训练的洗礼 jīngshòu jiānkǔ xùnliàn de xǐlǐ

ぜんれい【前例】 旧例 jiùlì; 前例 qiánlì; 先例 xiānlì ♦~にならう 援引旧例 yuányǐn jiùlì ♦史上~のない 史无前例 shǐ wú qiánlì ♦~を作る 开先例 kāi xiānlì

ぜんれき【前歴】 经历 jīnglì; 前历 qiánlì ♦~がある 有经历 yǒu jīnglì ♦~を隠す 隐瞒经历 yǐnmán jīnglì

せんれつ【戦列】 战斗部队 zhàndòu bùduì; 斗争行列 dòuzhēng hángliè ♦~に加わる 加入斗争行列 jiārù dòuzhēng hángliè ♦~を離れる 脱离斗争行列 tuōlí dòuzhēng hángliè

せんれつ【前列】 前列 qiánliè; 前排 qiánpái

せんれん【洗練-された】 洗练 xǐliàn; 高雅 gāoyǎ; 脱俗 tuōsú

せんろ【線路】 铁路 tiělù; 轨道 guǐdào

そ

ソ《音階の》大音阶第五音 dàyīnjiē dìwǔ yīn；梭 suō

そあく【粗悪-な】差 chà；粗恶 cū'è；低劣 dīliè ♦～品 次品 cìpǐn；次货 cìhuò

そいそしょく【粗衣粗食】布衣蔬食 bù yī shū shí

そいね【添い寝-する】陪着睡 péizhe shuì

そいん【素因】原因 yuányīn

そいん【訴因】起诉理由 qǐsù lǐyóu

そう 那样 nàyàng；那么 nàme；这样 zhèyàng；这么 zhème ♦～です 是那样 shì nàyàng ♦～簡单ではない 不那么简单 bú nàme jiǎndān

そう〈沿う〉沿着 yánzhe；遵循 zūnxún ♦川に沿って散歩する 沿着河边散步 yánzhe hébiān sànbù ♦基本計画に沿って 依照基本计划 yīzhào jīběn jìhuà

そう〈添う〉❶《付き従う》紧跟 jǐngēn；跟随 gēnsuí；随 suí ♦影の形に～ように 形影不离 xíng yǐng bù lí ♦母のそばに～ 陪母亲 péi mǔqīn ❷《合致する》满足 mǎnzú；符合 fúhé ♦期待に～ 满足期望 mǎnzú qīwàng ♦ご希望に～ように努力しましょう 设法满足你的要求 shèfǎ mǎnzú nǐ de yāoqiú ❸《連れ添う》结婚 jiéhūn ♦いつになっても～ことができない 老结不了婚 lǎo jiébuliǎo hūn

そう【僧】僧 sēng；和尚 héshang

そう【層】层次 céngcì ♦～をなす 成层 chéngcéng

そう【箏】古筝 gǔzhēng

ぞう【像】像 xiàng ♦具体～ 具体形象 jùtǐ xíngxiàng

ゾウ【象】大象 dàxiàng

そうあたりせん【総当たり戦】循环赛 xúnhuánsài；联赛 liánsài

そうあん【創案】发明 fāmíng；独创 dúchuàng

そうあん【草案】草案 cǎo'àn ♦～を作る 草拟 cǎonǐ

そうい【相違】差异 chāyì；差别 chābié ♦～ない 没错 méicuò

そうい【創意】创见 chuàngjiàn ♦～工夫する 苦心创造 kǔxīn chuàngzào

そうい【総意】大家的心愿 dàjiā de xīnyuàn；全体的意见 quántǐ de yìjiàn ♦国民の～ 全体人民的意见 quántǐ rénmín de yìjiàn

そういう 那样的 nàyàng de；这样的 zhèyàng de ♦～ことさ 是这么回事 shì zhème huí shì

そういれば【総入れ歯】全口假牙 quán kǒu jiǎyá

そういん【僧院】寺院 sìyuàn

そういん【総員】全体人员 quántǐ rényuán ♦～30名 全体三十人 quántǐ sānshí rén

ぞういん【増員-する】增员 zēngyuán

そううつびょう【躁鬱病】躁郁症 zàoyùzhèng

ぞうえい【造営】营建 yíngjiàn；营造 yíngzào

ぞうえいざい【造影剤】造影剂 zàoyǐngjì

ぞうえん【造園】营造庭园 yíngzào tíngyuán

ぞうえん【増援-する】增援 zēngyuán

ぞうお【憎悪-する】仇恨 chóuhèn；憎恶 zēngwù；憎恨 zēnghèn

そうおう【相応-な】相称 xiāngchèn ♦身分不～の 与身分不相符的 yǔ shēnfen bù xiāngfú de

そうおん【騒音】噪声 zàoshēng；噪音 zàoyīn ♦～公害 噪音公害 zàoyīn gōnghài ♦～防止条例 噪音防止条例 zàoyīn fángzhǐ tiáolì

そうが【爪牙】爪牙 zhǎoyá；毒手 dúshǒu ♦～にかかる 遭到毒手 zāodào dúshǒu

ぞうか【増加-する】增长 zēngzhǎng；增加 zēngjiā ♦～の一途をたどる 有增无减 yǒu zēng wú jiǎn

ぞうか【造花】人造花 rénzàohuā；假花 jiǎhuā

そうかい【壮快-な】痛快 tòngkuài ♦～な気分 心情痛快 xīnqíng tòngkuài

そうかい【爽快-な】清爽 qīngshuǎng；爽快 shuǎngkuai ♦気分～ 精神爽快 jīngshén shuǎngkuai

そうかい【掃海-する】扫雷 sǎoléi ♦～艇 扫雷艇 sǎoléitǐng

そうかい【総会】大会 dàhuì；全会 quánhuì ♦株主～ 股东大会 gǔdōng dàhuì

そうかい【滄海】♦～の一粟 沧海一粟 cāng hǎi yí sù

そうがい【窓外】窗外 chuāngwài ♦～の景色 窗外的景色 chuāngwài de jǐngsè

そうがい【霜害】霜灾 shuāngzāi；霜害 shuānghài

そうがかり【総掛かり】全员出动 quányuán chūdòng；全体动手 quántǐ dòngshǒu

そうがく【総額】总额 zǒng'é；总数 zǒngshù

ぞうがく【増額-する】增额 zēng'é

そうかつ【総括-する】 総结 zǒngjié; 总括 zǒngkuò ♦～質問 综合质問 zōnghé zhìyí ♦～責任者 总负责人 zǒng fùzérén

そうかつ【総轄】 总辖 zǒngxiá

そうかのいぬ【喪家の狗】 丧家之犬 sàngjiā zhī quǎn

そうがわ【総革-の】 ♦～のソファー 全革沙发 quángé shāfā

そうかん【創刊】 创刊 chuàngkān ♦～号 创刊号 chuàngkānhào

そうかん【壮観-な】 壮观 zhuàngguān

そうかん【相関】 相关 xiāngguān ♦～関係 相互关系 xiānghù guānxi; 连带关系 liándài guānxi

そうかん【総監】 总监 zǒngjiān ♦警視～ 警视总监 jǐngshì zǒngjiān

そうかん【送還】 遣返 qiǎnfǎn; 遣送 qiǎnsòng ♦強制～ 强制遣返 qiángzhì qiǎnfǎn

ぞうかん【増刊】 増刊 zēngkān

ぞうがん【象眼-する】 镶嵌 xiāngqiàn

そうがんきょう【双眼鏡】 千里眼 qiānlǐyǎn; 双筒望远镜 shuāngtǒng wàngyuǎnjìng

そうき【想起-する】 想起 xiǎngqǐ; 回忆 huíyì

そうき【早期】 早期 zǎoqī; 早日 zǎorì ♦病気を～発見する 早期发现疾病 zǎoqī fāxiàn jíbìng

そうぎ【争議】 工潮 gōngcháo; 风潮 fēngcháo

そうぎ【葬儀】 丧事 sāngshì; 葬礼 zànglǐ ♦～に参列する 参加葬礼 cānjiā zànglǐ ♦～を行う 发表丧 fāsāng; 治丧 zhìsāng ♦～場 殡仪馆 bìnyíguǎn

ぞうき【雑木】 杂树 záshù ♦～林 杂木林 zámùlín

ぞうき【臓器】 脏腑 zàngfǔ; 脏器 zàngqì ♦～移植 脏器移植 zàngqì yízhí

そうきゅう【早急-に】 火速 huǒsù; 急速 jísù; 尽快 jǐnkuài

そうきゅう【蒼穹】 苍穹 cāngqióng; 穹苍 qióngcāng

そうきゅう【送球-する】 传球 chuánqiú; 扔球 rēng qiú; 送球 sòng qiú

そうぎょ【草魚】 壮举 zhuàngjǔ

ソウギョ【草魚】 草鱼 cǎoyú

そうぎょう【創業-する】 创办 chuàngbàn; 创业 chuàngyè ♦～者 创业者 chuàngyèzhě

そうぎょう【操業-する】 开工 kāigōng ♦～を開始する 投入生产 tóurù shēngchǎn; 投产 tóuchǎn ♦～を停止する 停工 tínggōng

ぞうきょう【増強-する】 増强 zēngqiáng; 加强 jiāqiáng ♦輸送力を～する 加强运输力量 jiāqiáng yùnshū lìliang

そうきょく【箏曲】 筝曲 zhēngqǔ

そうきょくせん【双曲線】 双曲线 shuāngqūxiàn

そうきん【送金-する】 寄钱 jì qián; 汇款 huìkuǎn ♦～手数料 汇费 huìfèi ♦ATM～ 通过自动柜员机汇款 tōngguò zìdòng guìyuánjī huìkuǎn

ぞうきん【雑巾】 抹布 mābù; 搌布 zhǎnbù ♦～でふく 用抹布擦 yòng mābù cā ♦～をしぼる 拧抹布 níng mābù

そうぐう【遭遇-する】 遭 zāo; 遭到 zāodào; 遭遇 zāoyù ♦敵に～する 遇到敌人 yùdào dírén ♦事故に～する 遭遇事故 zāoyù shìgù

そうくずれ【総崩れ-になる】 溃败 kuìbài; 崩溃 bēngkuì; 全部瓦解 quánbù wǎjiě

そうくつ【巣窟】 巢穴 cháoxué; 贼窝 zéiwō

そうけ【宗家】 正宗 zhèngzōng

ぞうげ【象牙】 象牙 xiàngyá ♦～の塔 象牙之塔 xiàngyá zhī tǎ ♦～の印 牙章 yázhāng ♦～細工 牙雕 yádiāo ♦～質《歯の》牙质 yázhì ♦～製の 象牙製 xiàngyázhì

そうけい【早計】 草率 cǎoshuài ♦～にすぎる 过急 guòjí

そうけい【総計-する】 总计 zǒngjì ♦～額 总额 zǒng'é

そうげい【送迎】 迎送 yíngsòng; 接送 jiēsòng ♦空港～サービス 机场接送服务 jīchǎng jiēsòng fúwù

ぞうけい【造形-する】 造型 zàoxíng ♦～美術 造型艺术 zàoxíng yìshù

ぞうけい【造詣】 造诣 zàoyì; 造就 zàojiù ♦～が深い 造诣很深 zàoyì hěn shēn ♦～を深める 深造 shēnzào

そうけだつ【総毛立つ】 毛骨悚然 máogǔ sǒngrán

ぞうけつ【増結-する】 加挂 jiāguà ♦車両を～する 加挂车厢 jiāguà chēxiāng

ぞうけつ【増血】 増血 zēngxuè ♦～剤 増血剂 zēngxuèjì

そうけん【創見】 创见 chuàngjiàn ♦～に満ちた 富于创见 fùyú chuàngjiàn

そうけん【双肩】 双肩 shuāngjiān ♦きみの～に掛かっている 搭在你的双肩上 dāzài nǐ de shuāngjiānshang

そうけん【壮健-な】 健壮 jiànzhuàng

そうけん【送検-する】 送交检察院

そうこう【送交】 sòngjiāo jiǎncháyuàn ♦書類～案件材料送交检察院 ànjiàn cáiliào sòngjiāo jiǎncháyuàn

そうげん【草原】 草原 cǎoyuán

ぞうげん【増減-する】 消长 xiāozhǎng；增减 zēngjiǎn

そうこ【倉庫】 仓库 cāngkù；库房 kùfáng ♦～に貯蔵する 仓储 cāngchǔ；库藏 kùcáng

そうご【相互-の】 互相 hùxiāng；相互 xiānghù ♦～作用 相互作用 xiānghù zuòyòng ♦～理解 互相理解 hùxiāng lǐjiě

ぞうご【造語】 构词 gòucí；创造新词 chuàngzào xīncí ♦～成分 造词成分 zàocí chéngfèn

そうこう【奏功-する】 成功 chénggōng；见效 jiànxiào

そうこう【操行】 操行 cāoxíng；品行 pǐnxíng

そうこう【草稿】 草稿 cǎogǎo；底稿 dǐgǎo ♦～を作る 打稿 dǎ gǎo；拟稿 nǐ gǎo

そうこう【走行-する】 行驶 xíngshǐ ♦～速度 行驶速度 xíngshǐ sùdù ♦～距離 行驶距离 xíngshǐ jùlí

そうこう【霜降】 霜降 shuāngjiàng

そうごう【相好】 表情 biǎoqíng；脸色 liǎnsè ♦～を崩す 喜笑颜开 xǐ xiào yán kāi；满面笑容 mǎnmiàn xiàoróng

そうごう【総合-する】 综合 zōnghé ♦～的 综合性的 zōnghéxìng de ♦～大学 综合大学 zōnghé dàxué

そうこうかい【壮行会】 欢送会 huānsònghuì

そうこうげき【総攻撃-する】 总攻 zǒnggōng ♦みんなの～をくらう 受到大家的一致责难 shòudào dàjiā de yízhì zénàn

そうこうしゃ【装甲車】 铁甲车 tiějiǎchē；装甲车 zhuāngjiǎchē

そうこく【相剋-する】 相克 xiāngkè；抵触 dǐchù

そうこん【早婚】 早婚 zǎohūn

そうごん【荘厳-な】 庄严 zhuāngyán

そうさ【捜査-する】 搜查 sōuchá；侦查 zhēnchá

そうさ【操作-する】 ❶《機械などを》操纵 cāozòng；操作 cāozuò ♦遠隔～ 遥控 yáokòng ♦コンピュータを～する 操作电脑 cāozuò diànnǎo ❷《資金などを》控制 kòngzhì ♦株価を～する 控制股价 kòngzhì gǔjià ♦帳簿を～する 窜改账簿 cuàngǎi zhàngbù

そうさい【相殺-する】 抵消 dǐxiāo；对消 duìxiāo；相抵 xiāngdǐ

そうさい【総裁】 总裁 zǒngcái

そうざい【惣菜】 家常菜 jiāchángcài

そうさく【創作-する】 创作 chuàngzuò ♦～活動 创作活动 chuàngzuò huódòng

そうさく【捜索-する】 搜索 sōusuǒ ♦家宅～する 抄家 chāojiā

ぞうさく【造作】 ❶《建てる》修建 xiūjiàn ❷《建具·装飾》装修 zhuāngxiū ❸《顔の》容貌 róngmào；五官 wǔguān

ぞうさつ【増刷-する】 增印 zēngyìn；加印 jiāyìn

ぞうさない【造作ない】 容易 róngyì；简单 jiǎndān；一点儿也不费事 yìdiǎnr yě bú fèishì

そうざらい【総浚い】 总复习 zǒng fùxí

そうざん【早産-する】 早产 zǎochǎn

ぞうさん【増産-する】 增产 zēngchǎn

そうし【創始-する】 创始 chuàngshǐ；首创 shǒuchuàng ♦～者 创办人 chuàngbànrén

そうし【壮士】 壮士 zhuàngshì

そうじ【掃除-する】 打扫 dǎsǎo；扫除 sǎochú

そうじ【相似-の】 相似 xiāngsì ♦～形 相似形 xiāngsìxíng

ぞうし【増資-する】 增加资本 zēngjiā zīběn

そうしき【総指揮】 总指挥 zǒng zhǐhuī

そうしき【葬式】 葬礼 zànglǐ ♦～を出す 举行葬礼 jǔxíng zànglǐ；办白事 bàn báishì

そうじき【掃除機】 吸尘器 xīchénqì

そうししゅつ【総支出】 总支出 zǒng zhīchū

そうじしょく【総辞職】 总辞职 zǒng cízhí；全体辞职 quántǐ cízhí

そうしそうあい【相思相愛】 相思相爱 xiāngsī xiāng'ài

そうしつ【喪失-する】 丧失 sàngshī ♦自信～ 丧失自信 sàngshī zìxìn ♦～感 失落感 shīluògǎn

そうじて【総じて】 总之 zǒngzhī；一般地说来 yìbān de shuōláì；概括地说 gàikuò de shuō

そうしはいにん【総支配人】 总经理 zǒngjīnglǐ

そうしゃ【壮者】 壮年人 zhuàngniánrén

そうしゃ【掃射-する】 扫射 sǎoshè ♦機銃～ 机枪扫射 jīqiāng sǎoshè

そうしゃ【操車】 调车 diàochē ♦～場 调车站 diàochēzhàn

そうしゃ【走者】 《陸上競技の》赛跑运动员 sàipǎo yùndòngyuán；《リレーの》接力赛运动员 jiēlìsài yùndòng-

yuán;《野球の》跑垒员 pǎolěiyuán
そうしゅ【漕手】划船者 huáchuánzhě;划手 huáshǒu
ぞうしゅ【造酒】酿酒 niàngjiǔ
そうじゅう【操縦-する】操纵 cāozòng;操作 cāozuò;驾驶 jiàshǐ ♦~桿 驾驶杆 jiàshǐgǎn
ぞうしゅう【増収-する】增收 zēngshōu
そうしゅうにゅう【総収入】总收入 zǒng shōurù
そうじゅうりょう【総重量】毛重 máozhòng
ぞうしゅうわい【贈収賄】行贿受贿 xínghuì shòuhuì
そうじゅく【早熟-な】早熟 zǎoshú
そうしゅん【早春】早春 zǎochūn
そうしょ【叢書】丛书 cóngshū
そうしょ【草書】草书 cǎoshū;草体 cǎotǐ
ぞうしょ【蔵書】藏书 cángshū ♦~家 藏书家 cángshūjiā
そうしょう【宗匠】宗匠 zōngjiàng;老师 lǎoshī
そうしょう【相称】对称 duìchèn
そうしょう【総称-する】泛称 fànchēng;总称 zǒngchēng;统称 tǒngchēng
そうじょう【相乗】相乘 xiāngchéng ♦~効果 相乘效应 xiāngchéng xiàoyìng
そうじょう【僧正】僧正 sēngzhèng
そうしょく【僧職】僧职 sēngzhí
そうしょく【草食-する】草食 cǎoshí ♦~動物 草食动物 cǎoshí dòngwù
そうしょく【装飾-する】装饰 zhuāngshì;修饰 xiūshì ♦~品 装饰品 zhuāngshìpǐn
ぞうしょく【増殖-する】增殖 zēngzhí;增生 zēngshēng
そうしれいかん【総司令官】总司令 zǒngsīlìng
そうしん【喪心-する】失神 shīshén;神志不清 shénzhì bù qīng
そうしん【送信-する】发送 fāsòng ♦~機 发报机 fābàojī ♦データを~する 发送数据 fāsòng shùjù
ぞうしん【増進-する】增进 zēngjìn ♦食欲が~する 食欲增进 shíyù zēngjìn ♦健康~ 增进健康 zēngjìn jiànkāng
そうしんぐ【装身具】装饰品 zhuāngshìpǐn;首饰 shǒushì
そうすい【総帥】统帅 tǒngshuài;总司令 zǒngsīlìng
ぞうすい【雑炊】菜粥 càizhōu;杂烩粥 záhuìzhōu
ぞうすい【増水-する】涨水 zhǎngshuǐ
そうすう【総数】总数 zǒngshù

そうする【奏する】♦功を~ 奏效 zòuxiào ♦楽を~ 奏乐 zòuyuè
そうせい【創世】创世 chuàngshì ♦~記 创世记 chuàngshìjì
そうせい【叢生-する】丛生 cóngshēng
そうせい【早世-する】早死 zǎosǐ;夭折 yāozhé
そうぜい【総勢】总人数 zǒng rénshù ♦~50人が並ぶ 一共五十人排队 yígòng wǔshí rén páiduì
ぞうせい【造成-する】~地 平整好的土地 píngzhěnghǎo de tǔdì ♦宅地~ 平整住宅用地 píngzhěng zhùzhái yòngdì
ぞうぜい【増税】增加税额 zēngjiā shuì'é;增税 zēngshuì
そうせいじ【双生児】孪生子 luánshēngzǐ;双胞胎 shuāngbāotāi
そうせつ【創設-する】创建 chuàngjiàn;创办 chuàngbàn
そうぜつ【壮絶-な】壮烈 zhuàngliè ♦~な最期を遂げる 壮烈牺牲 zhuàngliè xīshēng
ぞうせつ【増設-する】增设 zēngshè ♦メモリを~する《コンピュータの》增设内存 zēngshè nèicún
そうぜん【騒然】骚乱 sāoluàn;喧嚣 xuānxiāo;喧闹 xuānnào
ぞうせん【造船】造船 zàochuán ♦~所 造船厂 zàochuánchǎng;船坞 chuánwù
そうせんきょ【総選挙】大选 dàxuǎn
そうそう【早々】❶《急いで》急忙 jímáng;赶紧 gǎnjǐn ♦~に立ち去る 急忙走开 jímáng zǒukāi ❷《…したばかり》刚刚 gānggāng ♦新年~ 新年伊始 xīnnián yīshǐ;刚过新年 gāng guò xīnnián
そうそう【葬送-する】送丧 sòngsāng;送葬 sòngzàng ♦~曲 哀乐 āiyuè
そうぞう【創造-する】创造 chuàngzào;首创 shǒuchuàng ♦~的 创造性的 chuàngzàoxìng de ♦~力 创造力 chuàngzàolì ♦~主 创造者 chuàngzàozhě;《キリスト教》造物主 zàowùzhǔ
そうぞう【想像-する】想像 xiǎngxiàng;假想 jiǎxiǎng;设想 shèxiǎng ♦~がつく 想得到 xiǎngdedào ♦~力 想像力 xiǎngxiànglì ♦~をたくましくする 大胆想像 dàdǎn xiǎngxiàng;胡思乱想 hú sī luàn xiǎng
そうぞうしい【騒々しい】闹哄哄 nàohōnghōng;闹嚷嚷 nàorāngrāng;喧闹 xuānnào
そうそうたる【錚々たる】杰出 jié-

chū: 拔尖儿 bájiānr ◆～顔ぶれ 杰出的人员构成 jiéchū de rényuán gòuchéng
そうそく【総則】 总章 zǒngzhāng; 总则 zǒngzé
そうぞく【相続-する】 继承 jìchéng ◆遺産- 继承遗产 jìchéng yíchǎn ◆～権 继承权 jìchéngquán ◆～人 继承人 jìchéngrén
そうそふ【曾祖父】 曾祖父 zēngzǔfù; 老爷爷 lǎoyéye
そうそぼ【曾祖母】 曾祖母 zēngzǔmǔ; 老奶奶 lǎonǎinai
そうそん【曾孫】 曾孙 zēngsūn
そうだ【操舵】 掌舵 zhǎngduò ◆～室 掌舵室 zhǎngduòshì
そうたい【早退-する】 早退 zǎotuì
そうたい【総体】 整体 zhěngtǐ; 总体 zǒngtǐ ◆～的に言えば 总的来说 zǒngdeláishuō
そうだい【壮大-な】 宏伟 hóngwěi; 雄伟 xióngwěi ◆～な計画 雄图 xióngtú; 宏伟的计划 hóngwěi de jìhuà
そうだい【総代】 总代表 zǒng dàibiǎo
ぞうだい【増大-する】 增大 zēngdà; 膨胀 péngzhàng
そうたいてき【相対的】 相对 xiāngduì
そうだち【総立ち】 全体起立 quántǐ qǐlì ◆満場～で拍手した 全场站起来鼓掌了 quánchǎng zhànqǐlai gǔzhǎng le
そうだつ【争奪-する】 争夺 zhēngduó ◆市場を～する 争夺市场 zhēngduó shìchǎng
そうたん【操短】《操業短縮》缩短工时 suōduǎn gōngshí
そうだん【相談-する】 商量 shāngliang; 商议 shāngyì; 协商 xiéshāng ◆友人に～する 跟朋友商量 gēn péngyou shāngliang ◆～がまとまる 达成协议 dáchéng xiéyì ◆～に乗る 参谋 cānmóu ◆きみに～がある 有事要跟你商量 yǒu shì yào gēn nǐ shāngliang
そうち【装置】 装置 zhuāngzhì; 设备 shèbèi ◆安全～ 安全装置 ānquán zhuāngzhì ◆舞台～ 舞台装置 wǔtái zhuāngzhì
ぞうちく【増築-する】 扩建 kuòjiàn; 增建 zēngjiàn
そうちゃく【装着-する】 安装 ānzhuāng; 装1 zhuāng
そうちょう【早朝】 清晨 qīngchén; 凌晨 língchén
そうちょう【荘重-な】 庄重 zhuāngzhòng; 庄严 zhuāngyán
そうちょう【総長】 总长 zǒngzhǎng;《大学の》 校长 xiàozhǎng
ぞうちょう【増長-する】 ❶《はなはだしくなる》 滋长 zīzhǎng ◆越来越厉害 yuè lái yuè lìhai ◆不信感が～する 滋长不信任 zīzhǎng bú xìnrèn ❷《つけあがる》 自大 zìdà; 傲慢 àomàn ◆彼は相当～している 他挺傲慢的 tā tǐng àomàn de
そうで【総出】 全员出动 quányuán chūdòng ◆家族～で 全家出动 quánjiā chūdòng
そうてい【想定-する】 假定 jiǎdìng
そうてい【装丁-する】 装订 zhuāngdìng; 装帧 zhuāngzhēn
ぞうてい【贈呈-する】 赠送 zèngsòng
そうてん【争点】 争论焦点 zhēnglùn jiāodiǎn
そうてん【装填-する】 装 zhuāng; 装填 zhuāngtián
そうでん【相伝-の】 相传 xiāngchuán ◆一子～の 一子相传 yìzǐ xiāngchuán 单传 dānchuán
そうでん【送電-する】 输电 shūdiàn ◆～線 输电线 shūdiànxiàn
そうとう【掃討-する】 扫荡 sǎodàng
そうとう【相当】 ❶《あてはまる》 相当 xiāngdāng ◆おはように～する中国語 与おはよう相当的汉语 yǔ oha-you xiāngdāng de Hànyǔ ◆年収に～する値段 相当于一年收入的价钱 xiāngdāngyú yì nián shōurù de jiàqian ❷《見合う》 相称 xiāngchèn; 相应 xiāngyìng; 适合 shìhé ◆労力に～する報酬 与劳动相称的报酬 yǔ láodòng xiāngchèn de bàochou ❸《かなり》 相当 xiāngdāng; 颇 pō ◆彼のテニスの腕は～なものだ 他打网球打得相当好 tā dǎ wǎngqiú dǎde xiāngdāng hǎo ◆～な出費 可观的开支 kěguān de kāizhī ◆～な暑さ 相当热 xiāngdāng rè
そうとう【総統】 总统 zǒngtǒng
そうどう【騒動】 闹事 nàoshì; 扰动 rǎodòng; 骚动 sāodòng ◆お家～ 内部纠纷 nèibù jiūfēn
ぞうとう【贈答】 赠答 zèngdá ◆～品 赠品 zèngpǐn
そうどういん【総動員-する】 总动员 zǒngdòngyuán
そうとく【総督】 总督 zǒngdū
そうなめ【総嘗めにする】 ◆各賞を～にする 拿下全部奖项 náxià quánbù jiǎngxiàng
そうなん【遭難-する】 遇难 yùnàn; 遇险 yùxiǎn; 遭难 zāonàn ◆～現場 遇难现场 yùnàn xiànchǎng ◆～信号 遇险信号 yùxiǎn xìnhào
ぞうに【雑煮】 年糕汤 niángāo-

tāng；烩糍粑 huìcíbā

そうにゅう【挿入-する】 插入 chārù；穿插 chuānchā ♦～歌 插曲 chāqǔ

そうねん【壮年】 壮年 zhuàngnián

そうねん【想念】 想念 xiǎngniàn；念头 niàntou；想法 xiǎngfa

そうは【搔爬-する】 刮除 guāchú

そうは【走破-する】 跑完 pǎowán；跑遍 pǎobiàn

そうば【相場】 ❶《市価・時価》市价 shìjià；行情 hángqíng；行市 hángshi ♦～が上がる 行情上涨 hángqíng shàngzhǎng ♦～が下がる 行情下跌 hángqíng xiàdiē；疲软 píruǎn ♦外国為替～ 外汇行情 wàihuì hángqíng ❷《投機取引》投机倒把 tóujī dǎobǎ ♦～を張る 买空卖空 mǎi kōng mài kōng ❸《社会通念》一般的认识 yìbān de rènshi ♦それが世間の～だろう 这就是世上一般的想法吧 zhè jiùshì shìshang yìbān de xiǎngfǎ ba

ぞうはい【増配】 增加分配额 zēngjiā fēnpèi'é

そうはく【蒼白-な】 煞白 shàbái；苍白 cāngbái ♦顔面～ 脸色苍白 liǎnsè cāngbái

そうはせん【争覇戦】 锦标赛 jǐnbiāosài

そうはつ【双発-の】 双引擎 shuāng yǐnqíng

ぞうはつ【増発-する】 加开 jiākāi ♦列車を～する 增开列车 zēngkāi lièchē

そうばなしき【総花式-に】 利益均沾 lìyì jūn zhān

そうばん【早晩】 迟早 chízǎo

ぞうはん【造反-する】 造反 zàofǎn

そうび【壮美-な】 壮丽 zhuànglì

そうび【装備-する】 配备 pèibèi；装备 zhuāngbèi

そうひょう【総評】 总评 zǒngpíng

そうびょう【宗廟】 宗庙 zōngmiào

そうびょう【躁病】 躁狂症 zàokuángzhèng

ぞうひょう【雑兵】 小卒 xiǎozú

ぞうびん【増便-する】 增加班次 zēngjiā bāncì；加开 jiākāi

そうふ【総譜】 总谱 zǒngpǔ

そうふ【送付-する】 寄送 jìsòng；发送 fāsòng

ぞうふ【臓腑】 脏腑 zàngfǔ

そうふう【送風-する】 送风 sòngfēng；吹风 chuīfēng ♦～機 鼓风机 gǔfēngjī；送风机 sòngfēngjī

ぞうふく【増幅-する】 放大 fàngdà

ぞうぶつしゅ【造物主】 造化 zàohuà；造物主 zàowùzhǔ

ぞうへい【増兵-する】 增兵 zēngbīng

ぞうへい【造幣】 造币 zàobì ♦～局 造币局 zàobìjú

そうへき【双璧】 双璧 shuāngbì

そうべつ【送別】 送别 sòngbié；送行 sòngxíng ♦～会 欢送会 huānsònghuì

ぞうほ【増補-する】 增补 zēngbǔ ♦～改訂する 增订 zēngdìng ♦～版 增补本 zēngbǔběn

そうほう【双方】 双方 shuāngfāng；彼此 bǐcǐ ♦～の言い分を聞く 听取双方的意见 tīngqǔ shuāngfāng de yìjiàn

そうほう【走法】 跑法 pǎofǎ

そうぼう【僧坊】 禅房 chánfáng；僧房 sēngfáng

そうぼう【相貌】 相貌 xiàngmào；容貌 róngmào；面貌 miànmào

そうほん【草本】 草本 cǎoběn

そうほん【送本-する】 发送书籍 fāsòng shūjí

そうほんけ【総本家】 本宗 běnzōng；正宗 zhèngzōng

そうほんてん【総本店】 总店 zǒngdiàn

そうまくり【総まくり】 概观 gàiguān；彻底揭露 chèdǐ jiēlù

そうまとう【走馬灯】 走马灯 zǒumǎdēng

そうみ【総身】 全身 quánshēn ♦～に知恵が回らぬ 头脑空虚 tóunǎo kōngxū

そうむ【総務】 总务 zǒngwù ♦～部 总务处 zǒngwùchù

そうめい【聡明-な】 聪明 cōngming；贤明 xiánmíng

そうめつ【掃滅-する】 扫灭 sǎomiè

そうめん【素麺】 挂面 guàmiàn

そうもくじ【総目次】 总目 zǒngmù

そうもくろく【総目録】 总目 zǒngmù

ぞうもつ【臓物】 下水 xiàshui

そうもとじめ【総元締】 总管 zǒngguǎn

ぞうよ【贈与-する】 赠与 zèngyǔ ♦～税 赠与税 zèngyǔshuì

そうらん【総覧-する】 综观 zōngguān；汇编 huìbiān

そうらん【騒乱】 骚乱 sāoluàn；暴乱 bàoluàn；动乱 dòngluàn ♦～が起こる 发生动乱 fāshēng dòngluàn ♦～状態 骚乱状态 sāoluàn zhuàngtài

そうり【総理】 总理 zǒnglǐ ♦～大臣 总理大臣 zǒnglǐ dàchén

ぞうり【草履】 草鞋 cǎoxié；人字拖鞋 rénzì tuōxié ♦ゴム～ 分趾橡胶拖鞋 fēnzhǐ xiàngjiāo tuōxié

そうりつ【創立-する】 创建 chuàngjiàn；创始 chuàngshǐ；开创 kāi-

chuàng ♦～者 创始人 chuàngshǐrén；奠基人 diànjīrén

そうりょ【僧侶】僧侣 sēnglǚ；和尚 héshang

そうりょう【総量】总量 zǒngliàng

そうりょう【総領】老大 lǎodà

そうりょう【送料】运费 yùnfèi；邮费 yóufèi ♦～込み 运费在内 yùnfèi zàinèi ♦～無料 送货免费 sònghuò miǎnfèi

そうりょうじ【総領事】总领事 zǒnglǐngshì

そうりょく【総力】全力 quánlì ♦～をあげて 竭尽全力 jiéjìn quánlì ♦～戦 总体战 zǒngtǐzhàn

ぞうりん【造林-する】造林 zàolín

ソウル〈魂〉灵魂 línghún ♦～ミュージック 灵乐 língyuè

そうるい【走塁】跑垒 pǎolěi

そうれい【壮麗-な】壮丽 zhuànglì；富丽 fùlì

そうれつ【壮烈-な】壮烈 zhuàngliè

そうれつ【葬列】送葬行列 sòngzàng hángliè

そうろ【走路】跑道 pǎodào

そうろう【早漏】早泄 zǎoxiè

そうろん【総論】总论 zǒnglùn

そうわ【挿話】插话 chāhuà；插曲 chāqǔ

そうわ【総和】总和 zǒnghé；总汇 zǒnghuì

そうわ【送話】通话 tōnghuà

ぞうわい【贈賄】行贿 xínghuì

そえがき【添え書き】追加字句 zhuījiā zìjù；附言 fùyán；附注 fùzhù

そえぎ【添え木】支棍儿 zhīgùnr；《骨折の》夹板 jiābǎn ♦～を当てる 打上夹板 dǎshang jiābǎn

そえもの【添え物】陪衬 péichèn；配搭儿 pèidar

そえる【添える】添 tiān；附加 fùjiā；增添 zēngtiān ♦手紙に写真を2枚～ 信中附上两张照片 xìnzhōng fùshàng liǎng zhāng zhàopiàn ♦彩りを～ 添彩 tiāncǎi ♦錦上花を～ 锦上添花 jǐn shàng tiān huā

そえん【疎遠】疏远 shūyuǎn；生疏 shēngshū

ソース❶〈食品〉调味汁 tiáowèizhī；沙司 shāsī ♦ウスター～ 辣酱油 làjiàngyóu ❷〈ニュースの～〉来源 láiyuán ♦ニュース～ 消息来源 xiāoxi láiyuán ❸《プログラムの》～コード 源代码 yuán dàimǎ

ソーセージ 香肠 xiāngcháng；腊肠 làcháng

ソーダ《化学》碱 jiǎn；苏打 sūdá

ソーダすい【ソーダ水】《清涼飲料水》汽水 qìshuǐ

ソーラー 太阳能 tàiyángnéng ♦～カー 太阳能车 tàiyángnéngchē

そかい【疎開-する】疏散 shūsàn；集団～ 集体迁移 jítǐ qiānyí

そかい【租界】租界 zūjiè

そがい【疎外-する】疏远 shūyuǎn；排挤 páijǐ ♦～感 异化 yìhuà ♦自己～ 自我异化 zìwǒ yìhuà

そがい【阻害-する】阻碍 zǔ'ài；妨碍 fáng'ài

そかく【組閣-する】组阁 zǔgé

そぎおとす【削ぎ落とす】刮 guā；刮掉 guādiào；削掉 xiāodiào ♦魚のうろこを～ 刮掉鱼鳞 guādiào yúlín ♦無駄を～ 消除浪费 xiāochú làngfèi

そぎとる【削ぎ取る】剔 tī ♦骨についた肉を～ 剔骨头 tī gǔtou

そきゅう【遡及-する】追溯 zhuīsù

そぐ【削[殺]ぐ】削 xiāo；刮 guā；削减 xuējiǎn ♦樹皮を～ 削树皮 xiāo shùpí ♦勢いを～ 削弱势力 xuēruò shìlì ♦興味を～ 扫兴 sǎoxìng

ぞく【俗-な】通俗 tōngsú；世俗 shìsú ♦～な人 庸俗的人 yōngsú de rén ♦～に言う 俗话说 súhuà shuō

ぞく【属】属 shǔ

ぞく【賊】贼 zéi

ぞく【族】族 zú

ぞくあく【俗悪-な】鄙俗 bǐsú；恶劣 èliè；粗俗 cūsú

そくい【即位-する】即位 jíwèi

そくいん【惻隠】♦～の情 恻隐之心 cèyǐn zhī xīn

ぞくうけ【俗受け-する】适合大众口味 shìhé dàzhòng kǒuwèi

ぞくえい【続映-する】继续放映 jìxù fàngyìng

ぞくえん【続演-する】继续演出 jìxù yǎnchū

そくおう【即応-する】适应 shìyìng；顺应 shùnyìng

ぞくぐん【賊軍】叛军 pànjūn

ぞくけ【俗気】俗情 súqíng

ぞくご【俗語】俚语 lǐyǔ；俗话 súhuà

そくざ【即座-に】立地 lìdì；立刻 lìkè；当场 dāngchǎng

そくさい【息災】无恙 wúyàng ♦無病～ 无病无灾 wú bìng wú zāi

そくし【即死-する】当场死亡 dāngchǎng sǐwáng

そくじ【即時】立即 lìjí；立刻 lìkè

ぞくじ【俗事】尘事 chénshì；琐事 suǒshì ♦～に追われる 忙于琐事 mángyú suǒshì

ぞくじ【俗字】俗字 súzì

そくじつ【即日】当日 dāngrì；当天 dàngtiān ♦～開票 当天开箱点票 dàngtiān kāixiāng diǎnpiào

ぞくしゅう【俗習】俗习 súxí
ぞくしゅう【俗臭】俗气 súqi ◆～を帯びた話 俗气的话 súqi de huà
ぞくしゅつ【続出-する】接连出现 jiēlián chūxiàn ◆放火の被害が～する 纵火案接连不断 zònghuǒ'àn jiēlián búduàn
ぞくしょう【俗称-する】俗称 súchēng
そくしん【促進-する】促成 cùchéng; 促进 cùjìn; 推动 tuīdòng ◆雇用を～する 改善就业状况 gǎishàn jiùyè zhuàngkuàng
ぞくじん【俗人】庸人 yōngrén; 庸俗的人 yōngsú de rén
ぞくす【属す】在 zài; 属于 shǔyú ◆シソ科に～ 属于紫苏科 shǔyú zǐsūkē
そくする【即する】符合 fúhé ◆現実に即した考え 符合现实的考虑 fúhé xiànshí de kǎolǜ
ぞくせ【俗世】尘世 chénshì; 世俗 shìsú; 浊世 zhuóshì
そくせい【速成-の】速成 sùchéng ◆～教育 速成教育 sùchéng jiàoyù
そくせい【仄声】仄声 zèshēng
そくせい【属性】属性 shǔxìng
そくせいさいばい【促成栽培】促成 cùchéng ◆～用ハウス 促成温室 cùchéng wēnshì
ぞくせかい【俗世界】尘世 chénshì; 俗世 súshì
そくせき【即席-の】即席 jíxí; 即兴 jíxìng ◆～麺(めん) 方便面 fāngbiànmiàn
そくせき【足跡】❶《あしあと》脚印 jiǎoyìn; 足迹 zújì ◆～をたどる 追寻脚印 zhuīxún jiǎoyìn ◆～を残す 留下足迹 liúxià zújì ❷《業績》业绩 yèjì; 成就 chéngjiù; 成绩 chéngjì ◆大きな～を残す 留下伟大的业绩 liúxià wěidà de yèjì
ぞくせけん【俗世間】尘世 chénshì; 俗世 súshì
ぞくせつ【俗説】一般说法 yìbān shuōfa; 民间传说 mínjiān chuánshuō
そくせんそっけつ【即戦即決】速战速决 sù zhàn sù jué
ぞくぞく【続々-と】接二连三 jiē èr lián sān; 陆续 lùxù
ぞくぞくする ❶《風邪の熱などで》打寒战 dǎ hánzhàn ◆寒くて全身が～ 冷得全身发抖 lěngde quánshēn fādǒu ❷《楽しみで》心情激动 xīnqíng jīdòng ◆令人万分激动 lìng rén wànfēn jīdòng
そくたつ【速達】快信 kuàixìn
そくだん【即断】当机立断 dāng jī lì duàn; 当场决定 dāngchǎng juédìng ◆～即决 速断速决 sùduàn sùjué
そくだん【速断-する】❶《すみやかな判断》从速判断 cóngsù pànduàn ❷《早まった判断》仓促判定 cāngcù pàndìng
ぞくちょう【族長】族长 zúzhǎng
ぞくっぽい【俗っぽい】俗气 súqi; 庸俗 yōngsú
そくてい【測定-する】测定 cèdìng; 测量 cèliáng ◆血圧を～する 量血压 liáng xuèyā ◆速度を～する 测定速度 cèdìng sùdù
そくど【速度】速度 sùdù ◆～計 速度计 sùdùjì ◆～を上げる 加快速度 jiākuài sùdù ◆～を落とす 减慢速度 jiǎnmàn sùdù
そくとう【即答-する】立即回答 lìjí huídá; 当场回答 dāngchǎng huídá
そくどく【速読-する】速读 sùdú
ぞくねん【俗念】俗念 súniàn ◆～を捨てる 抛弃俗念 pāoqì súniàn
そくばい【即売-する】当场出售 dāngchǎng chūshòu ◆～会 展销会 zhǎnxiāohuì
そくばく【束縛-する】束缚 shùfù; 拘束 jūshù ◆仕事に～される 被工作所束缚 bèi gōngzuò suǒ shùfù
ぞくはつ【続発-する】连续发生 liánxù fāshēng
そくひつ【速筆】写得快 xiěde kuài
ぞくぶつ【俗物】庸人 yōngrén
ぞくぶつてき【即物的-な】《事実に即した》实事求是的 shí shì qiú shì de; 切合实际的 qiēhé shíjì de; 《利害にとらわれた》注重功利的 zhùzhòng gōnglì de
ぞくぶん【仄聞】传闻 chuánwén; 风闻 fēngwén
ぞくへん【続編】续编 xùbiān
そくほう【速報】快报 kuàibào ◆ニュース～ 新闻快报 xīnwén kuàibào
ぞくほう【続報-する】补报 bǔbào
ぞくみょう【俗名】俗名 súmíng
ぞくむき【俗向き-の】通俗性 tōngsúxìng
そくめん【側面】侧面 cèmiàn; 一面 yímiàn ◆～図 侧视图 cèshìtú ◆～から援助する 从旁支援 cóng páng zhīyuán
そくりょう【測量-する】测量 cèliáng; 丈量 zhàngliáng ◆～士 测量员 cèliángyuán
そくりょく【速力】速度 sùdù ◆～を増す 加快速度 jiākuài sùdù ◆～をゆるめる 减慢速度 jiǎnmàn sùdù ◆全～ 全速 quánsù
ぞくろん【俗論】庸俗论调 yōngsú

lùndiào：俗论 súlùn
そぐわない 不相称 bù xiāngchèn ◆実情に～ 不符合实际 bù fúhé shíjì
そけいぶ【鼠蹊部】鼠蹊部 shǔxībù
そげき【狙撃-する】狙击 jūjī ◆～兵 狙击手 jūjīshǒu
ソケット 插口 chākǒu；插座 chāzuò
そこ 那边 nàbiān；那儿 nàr；那里 nàli；《すぐ近く》这边 zhèbiān；这儿 zhèr；这里 zhèli
そこ【底】底子 dǐzi ◆～が抜ける 掉底儿 diàodǐr ◆海の～ 海底 hǎidǐ ◆～が浅い 底子浅 dǐzi qiǎn ◆～が割れる 露馅儿 lòuxiànr
そご【齟齬】龃龉 jǔyǔ ◆～をきたす 发生龃龉 fāshēng jǔyǔ
そこい【底意】本意 běnyì；本心 běnxīn ◆～をはかりかねる 摸不清本意 mōbuqīng běnyì
そこいじ【底意地】◆～が悪い 心眼儿坏 xīnyǎnr huài；居心不良 jūxīn bùliáng
そこう【素行】品行 pǐnxíng ◆～不良 品行不良 pǐnxíng bùliáng
そこう【遡行-する】逆流而上 nì liú ér shàng
そこく【祖国】祖国 zǔguó
そこぢから【底力】潜力 qiánlì；毅力 yìlì ◆～を見せる 显出潜力 xiǎnchū qiánlì
そこつ【粗忽-な】粗心 cūxīn；疏忽 shūhu ◆～者 冒失鬼 màoshīguǐ
そこで 于是 yúshì；因此 yīncǐ；所以 suǒyǐ
そこなう【損なう】❶《壊す》损害 sǔnhài；破坏 pòhuài ◆健康を～ 损害健康 sǔnhài jiànkāng ◆名誉を～ 败坏名声 bàihuài míngshēng ❷《接尾辞的に》弄错 nòngcuò：失败 shībài ◆书き～ 写错 xiěcuò ◆言い～ 说错 shuōcuò
そこなし【底無しの-】没有底 méiyǒu dǐ；无限度 wú xiàndù ◆～沼 没有底的沼泽 méiyǒu dǐ de zhǎozé ◆～の大酒飲み 海量 hǎiliàng
そこに【底荷】压舱货 yācānghuò
そこぬけ【底抜けの-】没尽头 méi jìntóu；没止境 méi zhǐjìng ◆～に明るい 特别开朗 tèbié kāilǎng ◆～のバカ 大傻瓜 dàshǎguā
そこね【底値】最低价 zuìdījià
そこねる【損ねる】❶《害する》损害 sǔnhài ◆健康を～ 损害健康 sǔnhài jiànkāng ◆機嫌を～ 得罪人 dézuì rén ❷《接尾辞的に》失败 shībài ◆食べ～ 没吃上 méi chīshàng
そこひ【底翳】《眼病の》内障 nèizhàng
そこびえ【底冷え-する】寒冷刺骨 hánlěng cìgǔ
そこびかり【底光り-がする】暗中发光 ànzhōng fāguāng；从中发亮 cóngzhōng fāliàng
そこびきあみ【底引き網】拖网 tuōwǎng
そこら ❶《その辺》那一带 nà yídài；那里 nàli ❷《それくらい》大约 dàyuē；左右 zuǒyòu ◆30分か～で着く 大约半个小时就到 dàyuē bàn ge xiǎoshí jiù dào
そさい【蔬菜】青菜 qīngcài；蔬菜 shūcài
そざい【素材】素材 sùcái；原材料 yuáncáiliào ◆料理の～ 做菜的材料 zuòcài de cáiliào
そざつ【粗雑-な】粗糙 cūcāo
そさん【粗餐】粗餐 cūcān
そし【阻止-する】阻拦 zǔlán；阻止 zǔzhǐ ◆力ずくで～する 用力阻拦 yòng lì zǔlán
そじ【素地】质地 zhìdì；底子 dǐzi
そしき【組織-する】❶《人の集まり》机构 jīgòu；组织 zǔzhī；《组成 zǔchéng ◆社会～ 社会机构 shèhuì jīgòu ❷《細胞の集まり》筋肉～ 肌肉组织 jīròu zǔzhī ◆神经～ 神经组织 shénjīng zǔzhī
そしつ【素質】素质 sùzhì；天分 tiānfèn；天资 tiānzī ◆～に恵まれる 富有才能 fùyǒu cáinéng
そして 于是 yúshì；然后 ránhòu；并且 bìngqiě
そしな【粗品】薄礼 bólǐ
そしゃく【租借-する】租借 zūjiè
そしゃく【咀嚼-する】咀嚼 jǔjué
そしょう【訴訟】官司 guānsi；诉讼 sùsòng ◆～を起こす 起诉 qǐsù；打官司 dǎ guānsi；告状 gàozhuàng ◆～に勝つ 胜诉 shèngsù ◆～に負ける 败诉 bàisù ◆～を取り下げる《原告が》撤诉 chèsù
そじょう【訴状】诉状 sùzhuàng；状子 zhuàngzi
そしょく【粗食-する】粗食 cūshí；粗茶淡饭 cūchá dànfàn
そしらぬ【素知らぬ】◆～ふりをする 假装不知道 jiǎzhuāng bù zhīdao；佯作不知 yáng zuò bù zhī
そしり【謗り】诽谤 fěibàng；指责 zhǐzé：非难 fēinàn ◆世间の～を受ける 受到舆论的指责 shòudào yúlùn de zhǐzé
そしる【謗る】诽谤 fěibàng；讥诮 jīqiào；责难 zénàn ◆人をそしってばかりいるな 不要光诽谤别人 búyào guāng fěibàng biérén
そすい【疎水】水道 shuǐdào；水渠 shuǐqú

そせい【粗製-の】♦～乱造する 粗制滥造 cū zhì làn zào
そせい【組成】构成 gòuchéng；组成 zǔchéng ♦分子の～ 分子构成 fēnzǐ gòuchéng
そせい【蘇生-する】苏醒 sūxǐng；回生 huíshēng；复苏 fùsū
ぞぜい【租税】税 shuì；租税 zūshuì
そせき【礎石】基石 jīshí；柱脚石 zhùjiǎoshí
そせん【祖先】祖先 zǔxiān；祖宗 zǔzong；远祖 yuǎnzǔ
そそ【楚々】楚楚 chǔchǔ ♦～としてかわいい 楚楚可怜 chǔchǔ kělián
そそう【阻喪-する】沮丧 jǔsàng ♦意気～ 意志消沉 yìzhì xiāochén
そそう【粗相-する】❶《失敗》差错 chācuò；疏忽 shūhu ❷《おもらし》失禁 shījìn
ぞぞう【塑像】塑像 sùxiàng；造像 zàoxiàng
そそぎこむ【注ぎ込む】流入 liúrù；灌注 guànzhù；注入 zhùrù ♦水を～ 灌水 guàn shuǐ ♦全力を～ 全力以赴 quánlì yǐ fù
そそぐ【雪ぐ】洗雪 xǐxuě；洗刷 xǐshuā ♦汚名を～ 洗雪污名 xǐxuě wūmíng
そそぐ【注ぐ】倒 dào；注入 zhùrù；《川などが》流入 liúrù；《心を》倾注 qīngzhù ♦コップに水を～ 把水倒入杯里 bǎ shuǐ dàorù bēilǐ ♦川が海に～ 河水流入海里 héshuǐ liúrù hǎilǐ ♦火上浇油 huǒ shàng jiāo yóu ♦全力を～ 全力以赴 quánlì yǐ fù
そそくさと 草草 cǎocǎo；匆匆忙忙 cōngcōngmángmáng ♦～引きあげる 急忙离开 jímáng líkāi
そそっかしい【冒失】冒失 màoshi；毛手毛脚 máo shǒu máo jiǎo；毛躁 máozào ♦～人 冒失鬼 màoshiguǐ ♦～くせ 鲁莽的脾气 lǔmǎng de píqi
そそのかす【唆す】唆使 suōshǐ；怂恿 sǒngyǒng；挑唆 tiǎosuō ♦子供に万引きするよう～ 怂恿孩子扒窃 sǒngyǒng háizi páqiè
そそりたつ【そそり立つ】耸立 sǒnglì；屹立 yìlì；拔地而起 bádì ér qǐ
そそる 激起 jīqǐ；引起 yǐnqǐ ♦興味を～ 引起兴趣 yǐnqǐ xìngqù ♦食欲を～ 引动食欲 yǐndòng shíyù
ぞぞあるく【漫ろ歩く】遛 liù；漫步 mànbù
そだい【粗大-な】粗大 cūdà ♦～ごみ 大件垃圾 dàjiàn lājī
そだち【育ち】❶《生育》发育 fāyù；成长 chéngzhǎng ♦東京生まれの、東京～だ 我是生在东京，长在东京的 wǒ shì shēngzài Dōngjīng, zhǎngzài Dōngjīng de ♦～がよい《植物の》长势良好 zhǎngshì liánghǎo ❷《しつけ》教育 jiàoyù；教养 jiàoyǎng ♦～がよい 有教养 yǒu jiàoyǎng

そだつ【育つ】生长 shēngzhǎng；成长 chéngzhǎng；长大 zhǎngdà
そだてのおや【育ての親】养父母 yǎngfùmǔ
そだてる【育てる】培养 péiyǎng；培育 péiyù；抚育 fǔyù ♦後継者を～ 培养接班人 péiyǎng jiēbānrén ♦弟子を～ 造就弟子 zàojiù dìzǐ ♦花を～ 养花 yǎng huā
そち【措置】措施 cuòshī ♦～を講じる 采取措施 cǎiqǔ cuòshī
そちら 那边 nàbiān；你 nǐ ♦～の考えはどうなの 你怎么想呢 nǐ zěnme xiǎng ne ♦～はもう雪かしら 你那边已经下雪了吗 nǐ nàbiān yǐjīng xiàxuě le ma
そつ 过失 guòshī；失误 shīwù ♦～がない 无懈可击 wú xiè kě jī
そつう【疎通-する】疏通 shūtōng ♦意思の～をはかる 沟通意见 gōutōng yìjiàn
ぞっか【俗化-する】庸俗化 yōngsúhuà
ぞっかい【俗界】尘世 chénshì
ぞっかん【続刊-する】续刊 xùkān；继续发行 jìxù fāxíng
そっき【速記-する】速记 sùjì
そっきゅう【速球】快球 kuàiqiú
そっきょう【即興-の】即兴 jíxìng ♦～曲 即兴曲 jíxìngqǔ
そつぎょう【卒業-する】毕业 bìyè ♦～式 毕业典礼 bìyè diǎnlǐ ♦～試験 毕业考试 bìyè kǎoshì ♦～証書 毕业证书 bìyè zhèngshū；文凭 wénpíng ♦～生 毕业生 bìyèshēng ♦大学を～する 大学毕业 dàxué bìyè
そっきん【側近】左右 zuǒyòu；亲信 qīnxìn
そっきん【即金】现金 xiànjīn ♦～で払う 当场付款 dāngchǎng fùkuǎn
ソックス 短袜 duǎnwà
そっくり ❶《似ていること》活像 huóxiàng；逼真 bīzhēn；一模一样 yì mú yí yàng ❷《そのまま、もとのまま》原封不动 yuán fēng bú dòng ♦会社を～引きつぐ 原封不动地继承公司 yuán fēng bú dòng de jìchéng gōngsī
そっくりかえる【反っくり返る】翘 qiáo；挺胸凸肚 tǐng xiōng tū dù
ぞっけ【俗気】俗气 súqi
そっけつ【即決-する】立即裁决 lìjí cáijué；当场决定 dāngchǎng juédìng

そっけつ【速決-する】速决 sùjué
そっけない【素気ない】冷淡 lěngdàn；漠不关心 mò bù guānxīn ♦ ～態度 冷淡的态度 lěngdàn de tàidu
そっこう【側溝】路旁排水沟 lùpáng páishuǐgōu
そっこう【即効】立刻生效 lìkè shēngxiào
そっこう【速効】速效 sùxiào ♦ ～性がある 有速效性 yǒu sùxiàoxìng ♦ ～肥料 速效肥料 sùxiào féiliào
そっこう【速攻】快速进攻 kuàisù jìngōng
そっこう【続行-する】继续进行 jìxù jìnxíng ♦ 試合を～する 继续进行比赛 jìxù jìnxíng bǐsài
そっこうじょ【測候所】气象站 qìxiàngzhàn
そっこく【即刻】即时 jíshí；立刻 lìkè：立即 lìjí
ぞっこん ♦ ～ほれこむ 从心眼儿里喜欢 cóng xīnyǎnr lǐ xǐhuan
そっせん【率先-する】率先 shuàixiān；带头 dàitóu
そっちのけ【そっち除け】❶〈ほうっておく〉丢开不管 diūkāi bù guǎn；扔在一边 rēng zài yībiān ♦ 子供で、マージャンに熱中している 把孩子扔在那里不管，只顾自己打麻将 bǎ háizi rēngzài nàli bù guǎn, zhǐ gù zìjǐ dǎ májiàng ❷〈顔負け〉♦本職も～の出来栄え 做得比内行都好 zuòde bǐ nèiháng dōu hǎo
そっちゅう【卒中】中风 zhòngfēng；卒中 cùzhòng ♦ 脳～ 脑中风 nǎo zhòngfēng
そっちょく【率直-な】坦率 tǎnshuài；直率 zhíshuài；直爽 zhíshuǎng ♦ ～に言う 坦率地说 tǎnshuài de shuō
そっと〈軽く〉轻轻地 qīngqīng de；《こっそりと》偷偷地 tōutōu de
ぞっと ♦ ～する 毛骨悚然 máo gǔ sǒng rán；不寒而栗 bù hán ér lì
そっとう【卒倒-する】突然昏倒 tūrán hūndǎo；晕倒 yūndǎo
そば【外方】旁边 pángbiān ♦ ～を向く 不理睬 bù lǐcǎi
そで【袖】❶〈衣服の〉袖子 xiùzi ♦ ～口 袖口 xiùkǒu ♦ ～丈 袖长 xiùcháng ♦ 半～ 短袖 duǎnxiù ❷〈無視する〉♦ ～にする 甩 shuǎi；不理睬 bù lǐcǎi
ソテー 煎肉 jiānròu ♦ ポーク～ 煎猪肉 jiān zhūròu
ソテツ【蘇鉄】苏铁 sūtiě；铁树 tiěshù
そでのした【袖の下】贿赂 huìlù ♦ ～を使う 行贿 xínghuì

そと【外】外边 wàibian；外头 wàitou；外面 wàimiàn ♦ 感情を～に出す 感情外露 gǎnqíng wàilù ♦ ～の空気 室外空气 shìwài kōngqì ♦ ～で人と会う 在外头会客 zài wàitou huìkè
そとうみ【外海】外海 wàihǎi
そとがわ【外側】外边 wàibian；外面 wàimiàn
そとづら【外面】外表 wàibiǎo；表面 biǎomiàn ♦ ～がいい 对待外人好 duìdài wàirén hǎo
そとのり【外法】《内のりに対して》外侧尺码 wàicè chǐmǎ
そとば【卒塔婆】塔形木牌 tǎxíng mùpái
そとぼり【外濠】护城河 hùchénghé
そとまわり【外回り-する】《仕事の》跑外 pǎowài；跑外勤 pǎo wàiqín
ソナー 声纳 shēngnà
そなえ【備え】防备 fángbèi ♦ ～あれば憂いなし 有备无患 yǒu bèi wú huàn
そなえつける【備え付ける】设置 shèzhì；装置 zhuāngzhì；安置 ānzhì ♦ 家具を備えつけた部屋 带家具的房间 dài jiājù de fángjiān
そなえもの【供物】供品 gòngpǐn
そなえる【供える】上供 shànggòng ♦ 花を～ 献花 xiànhuā
そなえる【備える】《準備する》预备 yùbèi ♦ 試験に～ 准备考试 zhǔnbèi kǎoshì ♦ 災害に～ 防灾 fángzāi ♦ 予備の燃料を～ 准备备用燃料 zhǔnbèi bèiyòng ránliào ❷《具備する》♦ 音楽の才能を～ 具备音乐才能 jùbèi yīnyuè cáinéng
ソナタ 奏鸣曲 zòumíngqǔ
そなわる【備わる】具备 jùbèi；具有 jùyǒu；设有 shèyǒu ♦ 品位が～ 有风度 yǒu fēngdù
そねむ【嫉む】嫉妒 jídù；忌妒 jìdu
その 那 nà；那个 nàge；《すぐ近くの》这 zhè；这个 zhège
その【園】花园 huāyuán
そのうえ【その上】并且 bìngqiě；而且 érqiě；加之 jiāzhī
そのうち【その内-に】不久 bùjiǔ
そのかわり【その代わり】但另一方面 dàn lìng yì fāngmiàn
そのくせ 尽管…可是 jǐnguǎn...kěshì；却 què
そのくらい【その位】这么 zhème；那么 nàme ♦ ～あれば十分だ 这么多就够了 zhème duō jiù gòu le ♦ ～は我慢できる 这点事还是能忍耐的 zhè diǎn shì háishi néng rěnnài de ♦ ～の事に 为了那么点儿事 wèile nàme diǎnr shì
そのご【その後】此后 cǐhòu；然后

ránhòu; 以后 yǐhòu
そのころ【その頃】 那个时候 nàge shíhou; 当时 dāngshí
そのじつ【その実】 其实 qíshí; 实际上 shíjìshang
そのすじ【その筋】 ❶《その方面》有关方面 yǒuguān fāngmiàn ❷《当局》主管机关 zhǔguǎn jīguān; 当局 dāngjú: 警察 jǐngchá ◆～からのお達し 主管机关的通知 zhǔguǎn jīguān de tōngzhī
そのせつ【その節】 那时 nàshí; 那次 nàcì ◆～はお世話になりました 那时蒙您关照了 nàshí méng nín guānzhào le
そのた【その他】 其他 qítā; 其余 qíyú; 另外 lìngwài
そのため【その為】 因此 yīncǐ
そのつもり【その積もり】 ◆～ですよ 是那样想的啊 shì nàyàng xiǎng de a ◆～でいてください 希望你心里明白 xīwàng nǐ xīnli míngbai
そのて【その手】 那一手 nà yì shǒu ◆～は食わないぞ 我可不上那个当 wǒ kě bú shàng nàge dàng
そのとおり【その通り】 就是 jiùshì ◆全く～だ 你说得完全对 nǐ shuōde wánquán duì
そのとき【その時】 那时 nàshí ◆～になったら 到时候 dào shíhou ◆ちょうど～だ 正在那个时候 zhèngzài nàge shíhou;《過去の》当时 dāngshí
そのば【その場】 当场 dāngchǎng; 就地 jiùdì ◆事件の時、私は～にいた 事件发生时，我在场 shìjiàn fāshēng shí, wǒ zàichǎng ◆～限りの応付一时的 yìngfu yìshí de ◆～しのぎ 权宜之计 quán yí zhī jì
そのひぐらし【その日暮らし】 勉强糊口 miǎnqiǎng húkǒu; 得过且过 dé guò qiě guò
そのひと【その人】 那个人 nàge rén; 他 tā; 她 tā
そのへん【その辺】 ❶《場所》那边 nàbiān ◆～に交番がある 那附近有个警察亭 nà fùjìn yǒu ge jǐngchátíng ❷《程度》◆今日は～でおしまいにしましょう 今天就到此结束吧 jīntiān jiù dào cǐ jiéshù ba ❸《事情》◆～はわからない 那方面我不明白 nà fāngmiàn wǒ bù míngbai
そのほか【その外】 此外 cǐwài; 另外 lìngwài
そのまま【その儘】 就那样 jiù nàyàng; 原封不动 yuán fēng bú dòng ◆～になっている 放着不管 fàngzhe bù guǎn ◆何も言わず～立ち去った 一言不发就走了 yì yán bù fā jiù zǒu le
そのみち【その道】 那方面 nà fāngmiàn ◆～の人 内行 nèiháng; 专家 zhuānjiā
そのもの【その物】 本身 běnshēn ◆真剣～ 颇为认真 pōwéi rènzhēn ◆機械～に故障はない 机械本身没有毛病 jīxiè běnshēn méiyǒu máobìng
そのような 那样的 nàyàng de
そば【傍·側】 旁边 pángbiān; 身边 shēnbiān; 附近 fùjìn ◆～に仕える 伺候 cìhou ◆～に寄る 挨近 āijìn; 靠近 kàojìn
ソバ【蕎麦】《植物》荞麦 qiáomài;《メン類》荞麦面条 qiáomài miàntiáo
そばかす【雀斑】 雀斑 quèbān
そばだつ【聳つ】 耸立 sǒnglì
そばだてる【欹てる】 ◆耳を～ 侧耳细听 cè ěr xì tīng
そばづえ【側杖を食う】 牵连 qiānlián; 连累 liánlèi; 城门失火，殃及池鱼 chéngmén shīhuǒ, yāng jí chíyú
そびえる【聳える】 耸立 sǒnglì; 屹立 yìlì
そびやかす【聳やかす】 耸动 sǒngdòng ◆肩を～ 耸肩 sǒngjiān
そびょう【祖廟】 宗祠 zōngcí; 祠堂 cítáng
そびょう【素描】 素描 sùmiáo
そふ【祖父】 ❶《父方の》祖父 zǔfù ❷《母方の》外祖父 wàizǔfù
ソファ 沙发 shāfā
ソフト－な 软 ruǎn; 柔软 róuruǎn ◆～クリーム 软冰糕 ruǎnbīnggāo ◆～ドリンク 软饮料 ruǎnyǐnliào ◆～フォーカス 软焦点 ruǎnjiāodiǎn ◆～ボール 垒球 lěiqiú ◆～ランディング 软着陆 ruǎnzhuólù
ソフトウエア《コンピュータの》软件 ruǎnjiàn; 程序设备 chéngxù shèbèi
そふぼ【祖父母】 祖父母 zǔfùmǔ
ソプラノ 女高音 nǚgāoyīn
そぶり【素振り】 态度 tàidu; 举止 jǔzhǐ; 神态 shéntài ◆知らない～ 佯作不知 yángzuò bùzhī
そぼ【祖母】 ❶《父方の》祖母 zǔmǔ ❷《母方の》外祖母 wàizǔmǔ
そほう【粗放-な】 粗放 cūfàng; 粗率 cūshuài
そぼう【粗暴-な】 粗暴 cūbào; 粗鲁 cūlǔ ◆～な性格 性情粗暴 xìngqíng cūbào
そほうか【素封家】 世代相传的财主 shìdài xiāngchuán de cáizhǔ; 大富户 dàfùhù
そぼく【素朴-な】 朴素 pǔsù; 淳朴 chúnpǔ; 朴实 pǔshí ◆～な人柄 为人朴素 wéirén pǔsù

そぼふる【そぼ降る】渐渐沥沥地下雨 xīxīlìlì de xià yǔ

そまつ【粗末-な】❶《品質・作りが》粗糙 cūcāo；粗劣 cūliè ♦～な食事 粗茶淡饭 cū chá dàn fàn ♦～な住まい 简陋的住房 jiǎnlòu de zhù fáng ❷《おろそかに扱う》粗率 cūshuài；菲薄 fěibó；简慢 jiǎnmàn ♦（ものを）～にする 糟蹋 zāotà ♦お客様に対して～のないように 别简慢了客人 bié jiǎnmàn le kèrén

そまる【染まる】❶《色に》染上 rǎnshàng ❷《悪習などに》沾染 zhānrǎn

そむく【背く】违背 wéibèi；违抗 wéikàng；违反 wéifǎn ♦親に～ 背叛父母 bèipàn fùmǔ ♦期待に～ 辜负期望 gūfù qīwàng

そむける【背ける】背过去 bèiguòqu ♦思わず目を～ 不由得背过脸去 bùyóude bèiguò liǎn qu

そめこ【染め粉】粉末染料 fěnmò rǎnliào

そめもの【染め物】印染织物 yìnrǎn zhīwù ♦～屋 染坊 rǎnfang

そめる【染める】染 rǎn ♦髪を～ 染发 rǎn fà ♦布を～ 染布 rǎn bù ♦手を～ 插手 chā shǒu

そもそも 原来 yuánlái；本来 běnlái

そや【粗野-な】粗野 cūyě；粗鲁 cūlǔ ♦～な言葉 粗话 cūhuà

そよう【素養】素养 sùyǎng；修养 xiūyǎng

そよかぜ【微風】微风 wēifēng；和风 héfēng

そよぐ【戦ぐ】微微摇动 wēiwēi yáodòng ♦風に～ 在风中飘舞 zài fēngzhōng piāowǔ

そよそよ《風が》习习 xíxí ♦涼風が～吹く 凉风习习 liángfēng xíxí

そよふく【そよ吹く】微风轻拂 wēifēng qīng fú

そら【空】天 tiān；天空 tiānkōng ♦うわの～ 心不在焉 xīn bú zài yān

そらおそろしい【空恐ろしい】非常可怕 fēicháng kěpà

そらす【逸らす】岔开 chàkāi ♦話を～ 岔开话题 chàkāi huàtí ♦目を～ 避开目光 bìkāi mùguāng

そらす【反らす】《体を》向后仰 xiàng hòu yǎng ♦胸を～ 挺起胸脯 tǐngqǐ xiōngpú

そらぞらしい【空々しい】假惺惺的 jiǎxīngxīng de；虚情假意 xū qíng jiǎ yì

そらで【空で】凭记忆 píng jìyì ♦～言う 背诵 bèisòng

そらとぼける【空惚ける】装糊涂 zhuāng hútu；假装不知道 jiǎzhuāng bù zhīdao

そらなみだ【空涙】假泪 jiǎ yǎnlèi ♦～を流す 假装流泪 jiǎzhuāng liúlèi

そらに【空似】偶然相似 ǒurán xiāngsì

ソラマメ【空豆】蚕豆 cándòu；罗汉豆 luóhàndòu

そらみみ【空耳】幻听 huàntīng

そらもよう【空模様】天色 tiānsè ♦～が怪しい 天色不好 tiānsè bù hǎo

そり【反り】翘曲 qiáoqū ♦屋根の～ 房顶的弯度 fángdǐng de wāndù ♦～が合わない 脾气不合 píqi bùhé

そり【橇】雪橇 xuěqiāo；爬犁 páli

そりかえる【反り返る】翘曲 qiáoqū

ソリスト 独奏者 dúzòuzhě；独唱者 dúchàngzhě

そりゃく【粗略-な】疏忽 shūhu；草率 cǎoshuài ♦～に扱う 轻慢 qīngmàn

そりゅうし【素粒子】基本粒子 jīběn lìzǐ；元粒子 yuánlìzǐ

そる【剃る】剃 tì；刮 guā ♦顔を～ 刮脸 guāliǎn ♦ひげを～ 刮胡子 guā húzi ♦剃刀の剃り味 剃刀的锐度 tìdāo de ruìdù

そる【反る】翘 qiào；翘曲 qiáoqū

ゾル 溶胶 róngjiāo

それ 那 nà；那个 nàge；这 zhè；这个 zhège ♦～はなんですか 那是什么 nà shì shénme ♦～で困ります 这可麻烦了 zhè kě máfan le

それいがい【それ以外】其他 qítā；其余 qíyú；另外 lìngwài ♦～のものはありますか 有没有别的 yǒu méiyǒu biéde

それいらい【それ以来】此后 cǐhòu；从那以后 cóng nà yǐhòu

それから ❶《その次に》然后 ránhòu；之后 zhīhòu ♦塩と砂糖と～酢を入れる 放盐和糖之后再放醋 fàng yán hé táng zhīhòu zài fàng cù ❷《その後で》后来 hòulái ♦～が大変だったんだよ 后来可就严重了啊 hòulái kě jiù yánzhòng le a ❸《加えて》还有 hái yǒu

それこそ 才 cái；那才是 nà cái shì ♦～大変なことになる 这下子才麻烦起来 zhèxiàzi cái máfanqǐlai

それしき 那么点儿 nàme diǎnr ♦なんの～ 没什么了不起 méi shénme liǎobuqǐ

それじたい【それ自体】事情本身 shìqing běnshēn

それぞれ 分别 fēnbié；各个 gègè ♦～に1つずつ配る 各给一份 gè gěi yí fèn ♦人～だ 人各不相同 rén

gè bù xiāngtóng
それだけ《たった》那些 nàxiē；唯有那个 wéi yǒu nàge ◆～でなく 不仅如此 bù jǐn rúcǐ ◆今あるのは～だ 现有的就这些了 xiàn yǒu de jiù zhèxiē le
それっきり ◆～彼に会っていない 以后再也没见到他 yǐhòu zài yě méi jiàndào tā ◆計画に～とする 计划到此为止 jìhuà dào cǐ wéizhǐ
それっぽっち 那么点儿 nàme diǎnr
それで 于是 yúshì
それでこそ 那才称得上 nà cái chēngdeshàng ◆男だ 那才称得上男子汉 nà cái chēngdeshàng nánzǐhàn
それでは ❶《それならば》那么 nàme ◆困る 那可不好办了 nà kě bù hǎobàn le ◆無理だ 那可就不容易了 nà kě jiù bù róngyì le ❷《では》◆失礼します 那就告辞了 nà jiù gàocí le；那么，我走了 nàme, wǒ zǒu le
それでも 尽管如此，…也 jǐnguǎn rúcǐ, …yě ◆～私は行く 尽管如此，我也去 jǐnguǎn rúcǐ, wǒ yě qù
それどころか 岂止那样 qǐ zhǐ nàyàng
それとなく 委婉地 wěiwǎn de；婉转地 wǎnzhuǎn de；暗地里 àndìlǐ ◆～尋ねる 套问 tàowèn
それとも 还是 háishi
それなのに 尽管那样 jǐnguǎn nàyàng；可是 kěshì
それなら 那么 nàme；如果那样 rúguǒ nàyàng ◆～行かない 那样的话我不去 nàyàng de huà wǒ bú qù
それなり ◆～の理由がある 有相应的理由 yǒu xiāngyìng de lǐyóu
それに《付け加えて》而且 érqiě；再说 zàishuō；还有 hái yǒu
それば(か)りか 不仅如此 bùjǐn rúcǐ
それほど《それ程》那么 nàme；那样 nàyàng ◆～おいしくない 没那么好吃 méi nàme hǎochī
それゆえ《它故》因此 yīncǐ
それら 它们 tāmen；那些 nàxiē
それる【逸れる】 偏离 piānlí ◆話が～ 话走题了 huà zǒutí le ◆的を～ 没打中 méi dǎzhòng ◆道を～ 走岔路 zǒu chàlù
ソロ 独奏 dúzòu；独唱 dúchàng
そろい【揃い】 成套 chéngtào；成组 chéngzǔ ◆ひと～ 一套 yí tào ◆三つ～の背広 三件套西服 sānjiàntào xīfú
そろう【揃う】 齐全 qíquán；整齐 zhěngqí ◆メンバーが～ 全体到齐 quántǐ dàoqí ◆大きさが～ 大小整齐 dàxiǎo zhěngqí ◆足なみが～ 步调一致 bùdiào yízhì
そろえる【揃える】 备齐 bèiqí；摆齐 bǎiqí ◆大きさを～ 使大小一致 shǐ dàxiǎo yízhì ◆口を～ 异口同声 yì kǒu tóng shēng ◆声を揃えて歓呼する 齐声欢呼 qíshēng huānhū
そろそろ ◆～歩く 慢慢走 mànmàn zǒu ◆～失礼します 我该走了 wǒ gāi zǒu le ◆～時間だ 就要到时间了 jiù yào dào shíjiān le ◆出かけようか 咱们就走吧 zánmen jiù zǒu ba
ぞろぞろ 一个跟一个 yí ge gēn yí ge；络绎不绝 luò yì bù jué
そろばん【算盤】 算盘 suànpan ◆～をはじく 打算盘 dǎ suànpan ◆～が合わない 不合算 bù hésuàn
そわそわ 心神不定 xīnshén búdìng；坐立不安 zuò lì bù ān
そん【損】 损失 sǔnshī ◆～をする 吃亏 chīkuī；亏损 kuīsǔn
そんえき【損益】 损益 sǔnyì；盈亏 yíngkuī
そんかい【損壊-する】 毁坏 huǐhuài；破损 pòsǔn
そんがい【損害】 损害 sǔnhài；损失 sǔnshī ◆～を被る 受害 shòuhài ◆～賠償を求める 要求赔偿损失 yāoqiú péicháng sǔnshī
そんきん【損金】 赔的钱 péi de qián；亏损金额 kuīsǔn jīn'é
そんけい【尊敬】 尊敬 zūnjìng；敬佩 jìngpèi ◆～に値する 值得尊敬 zhíde zūnjìng ◆～の念 敬意 jìngyì
そんげん【尊厳】 尊严 zūnyán ◆～を損う 伤尊严 shāng zūnyán ◆～死 安乐死 ānlèsǐ
そんざい【存在-する】 存在 cúnzài ◆～する多くの問題が～ 存在不少问题 cúnzài bùshǎo wèntí ◆～感のある人物 总是引人注目的人 zǒngshì yǐn rén zhùmù de rén
ぞんざい 粗鲁 cūlǔ；毛糙 máocao；粗糙 cūcāo ◆～に扱う 粗暴地对待 cūbào de duìdài
そんしつ【損失】 损失 sǔnshī ◆～を被る 蒙受损失 méngshòu sǔnshī ◆～をもたらす 带来损失 dàilái sǔnshī
そんしょう【尊称】 尊称 zūnchēng
そんしょう【損傷-する】 损伤 sǔnshāng；毁损 huǐsǔn
そんしょく【遜色】 逊色 xùnsè ◆～がない 毫无逊色 háowú xùnsè
そんぞく【存続-する】 继续存在 jìxù cúnzài；维持 wéichí
そんぞく【尊属】 长辈亲属 zhǎngbèi qīnshǔ

そんだい【尊大-な】 自大 zìdà；自高自大 zì gāo zì dà ◆〜に構える 摆大架子 bǎi dàjiàzi

そんちょう【尊重-する】 尊重 zūnzhòng；重视 zhòngshì ◆相手の意見を〜する 尊重对方的意见 zūnzhòng duìfāng de yìjiàn

そんちょう【村長】 村长 cūnzhǎng

そんとく【損得】 得失 déshī；盈亏 yíngkuī ◆〜にこだわる 计较 jìjiào；打算盘 dǎ suànpan ◆〜勘定が合う 划算 huásuàn

そんな 那样的 nàyàng de；那种 nàzhǒng ◆〜馬鹿な 岂有此理 qǐ yǒu cǐ lǐ ◆事実はない 没有这么一回事 méiyǒu zhème yì huí shì

そんなに 那么 nàme；这么 zhème ◆〜たくさん食べられるの 能吃这么多吗 néng chī zhème duō ma ◆〜速く話さないで 别说那么快 bié shuō nàme kuài

ぞんぶん【存分-に】 尽情地 jìnqíng de；放手 fàngshǒu

そんぼう【存亡】 存亡 cúnwáng

そんみん【村民】 村民 cūnmín

そんめい【尊名】 尊名 zūnmíng；大名 dàmíng

ぞんめい【存命-する】 在世 zàishì；健在 jiànzài

そんもう【損耗-する】 伤耗 shānghao；损耗 sǔnhào

そんりつ【存立-する】 存在 cúnzài；存立 cúnlì

そんりょう【損料】 租金 zūjīn ◆〜を支払う 付租金 fù zūjīn

た

た【田】 水田 shuǐtián; 水地 shuǐdì
た【他-の】 其他 qítā; 别的 bié de ◆〜を凌ぐ 超过其他所有的 chāoguò qítā suǒyǒu de
ダークグリーン 苍翠 cāngcuì; 墨绿 mòlǜ
ダークブルー 藏青 zàngqīng; 深蓝 shēnlán
ダークホース《比喻的》黑马 hēimǎ; 预想不到的劲敌 yùxiǎngbudào de jìngdí
ターゲット 目标 mùbiāo; 指标 zhǐbiāo
ダース 打 dá
ダーティー 肮脏 āngzāng; 卑鄙 bēibǐ
タートルネック 高领 gāolǐng; 直筒领 zhítǒnglǐng
ターニングポイント 转折点 zhuǎnzhédiǎn
タービン 涡轮 wōlún; 叶轮机 yèlúnjī
ターミナル 终点站 zhōngdiǎnzhàn ◆〜ビル 候机楼 hòujīlóu
ターミナルケア 临终关怀 línzhōng guānhuái
タール 焦油 jiāoyóu; 柏油 bǎiyóu
ターン 回转 huízhuǎn ◆〜する 转身 zhuǎnshēn
ターンテーブル 转台 zhuàntái
たい【対】《5対3で勝つ》以五比三赢 yǐ wǔ bǐ sān yíng
たい【他意】 他意 tāyì ◆〜のない 别无他意 bié wú tāyì
タイ【鯛】 鲷鱼 diāoyú; 大头鱼 dàtóuyú; 加吉鱼 jiājíyú ◆クロ〜 黑鲷 hēidiāo
タイ ◆〜にもちこむ 坚持到平局 jiānchídào píngjú ◆〜記録 平记录 píngjìlù
だい【台】 案子 ànzi; 台 tái
だい【代】 ◆祖父の〜 祖父那一代 zǔfù nà yí dài ◆〜が替わる 换代 huàndài
だい【題】 题 tí; 题目 tímù ◆「ふるさと」と題する詩 以〈故乡〉为题的诗 yǐ〈gùxiāng〉wéi tí de shī
たいあたり【体当たり-する】 冲撞 chōngzhuàng; 扑 pū ◆演劇に〜する 一心扑在戏剧上 yìxīn pūzài xìjùshang
タイアップ 合作 hézuò; 协作 xiézuò
たいあん【対案】 不同方案 bùtóng fāng'àn
だいあん【代案】 代替方案 dàitì fāng'àn
たいい【大尉】 上尉 shàngwèi
たいい【大意】 大意 dàyì; 大旨 dàzhǐ
たいいく【体育】 体育 tǐyù ◆〜館 体育馆 tǐyùguǎn
だいいち【第一】 第一 dìyī ◆〜の头号 tóuhào; 头等 tóuděng ◆〜に 首先 shǒuxiān
だいいちい【第一位】 首位 shǒuwèi; 冠军 guànjūn ◆〜になる 夺冠 duóguàn
だいいちいんしょう【第一印象】 第一印象 dìyī yìnxiàng; 最初印象 zuìchū yìnxiàng
だいいちにんしゃ【第一人者】 权威 quánwēi; 泰斗 tàidǒu
だいいっき【第一期-の】 首届 shǒujiè
だいいっしん【第一審】 初审 chūshěn; 第一审 dìyīshěn
だいいっせん【第一線-の】 第一线 dìyīxiàn; 最前列 zuìqiánliè ◆〜で活躍する 在第一线工作 zài dìyīxiàn gōngzuò
だいいっぽ【第一步】 ◆〜を踏み出す 迈出第一步 màichū dìyī bù
たいいん【退院-する】 出院 chūyuàn
たいいんれき【太陰暦】 农历 nónglì; 阴历 yīnlì
たいえき【体液】 体液 tǐyè
たいえき【退役-する】 退伍 tuìwǔ; 退役 tuìyì
ダイエット-する 减肥 jiǎnféi
たいおう【対応-する】 对应 duìyìng ◆事態に〜する 应付局面 yìngfu júmiàn
だいおうじょう【大往生】 ◆〜を遂げる 安然死去 ānrán sǐqù
ダイオード 二极管 èrjíguǎn
ダイオキシン 二噁英 èr'èyīng
たいおん【体温】 体温 tǐwēn ◆〜計 体温表 tǐwēnbiǎo ◆〜を計る 试表 shìbiǎo
たいか【耐火-の】 耐火的 nàihuǒ de ◆〜金庫 保险柜 bǎoxiǎnguì ◆〜建築 耐火建筑 nàihuǒ jiànzhù
たいか【滞貨】 滞货 zhìhuò; 滞销商品 zhìxiāo shāngpǐn
たいか【退化-する】 退化 tuìhuà
たいか【大家】 大家 dàjiā; 大师 dàshī
たいか【大火】 大火灾 dàhuǒzāi
たいか【大過】 严重错误 yánzhòng cuòwù ◆〜なく 没有大错 méiyǒu dàcuò
たいが【大河】 大河 dàhé ◆〜ドラマ 大型电视连续剧 dàxíng diànshì liánxùjù

だいか【代価】 代价 dàijià ♦～を払う 付出代价 fùchū dàijià
たいかい【大会】 大会 dàhuì
たいかい【大海】 大海 dàhǎi
たいかい【退会-する】 退会 tuìhuì
たいがい【対外】 对外 duìwài ♦～政策 对外政策 duìwài zhèngcè ♦～貿易 对外贸易 duìwài màoyì
たいがい【大概】 ❶〔あらまし〕大概 dàgài; 大体上 dàtǐshang ♦～[適度]适度 shìdù ❷〔無駄遣いも～にしておけ〕浪费也不要太过分了 làngfèi yě búyào tài guòfen le
たいがいじゅせい【体外受精】 体外受精 tǐwài shòujīng
たいかく【体格】 筋骨 jīngǔ; 体格 tǐgé ♦～のよい 体格好 tǐgé hǎo ♦～の悪い 体格差 tǐgé chà
たいがく【退学-する】 退学 tuìxué ～処分にする 开除学籍 kāichú xuéjí ♦病气のために中途～する 因病辍学 yīn bìng chuòxué
だいがく【大学】 大学 dàxué ♦～入試 高考 gāokǎo ♦～生 大学生 dàxuéshēng
だいがくいん【大学院】 研究生院 yánjiūshēngyuàn ♦～生 研究生 yánjiūshēng
たいかくせん【対角線】 对角线 duìjiǎoxiàn
だいかぞく【大家族】 大户 dàhù; 大家庭 dà jiātíng
だいがわり【代替り-する】 换人 huànrén; 换代 huàndài
たいかん【体感】 ♦～温度 体感温度 tǐgǎn wēndù
たいかん【耐寒-の】 耐寒 nàihán ♦～実験 抗寒试验 kànghán shìyàn
たいかん【退官】 退休 tuìxiū; 辞去官职 cíqù guānzhí
たいがん【対岸】 彼岸 bǐ'àn; 对岸 duì'àn ♦～の火事視する 隔岸观火 gé àn guān huǒ
たいがん【大願】 ♦～成就する 实现大愿 shíxiàn dàyuàn
だいかん【大寒】 大寒 dàhán
たいき【大器】 大器 dàqì ♦～晚成 大器晚成 dà qì wǎn chéng
たいき【大気】 大气 dàqì ♦～汚染 空气污染 kōngqì wūrǎn ♦～圈外 太空 tàikōng
たいき【待機-する】 待命 dàimìng
たいぎ【大義】 大义 dàyì ♦～名分 大义名分 dàyì míngfèn
だいぎ【代議】 代议 dàiyì ♦～制度 代议制 dàiyìzhì ♦～員 代议员 dàiyìyuán ♦～士 众议院议员 zhòngyìyuàn yìyuán
だいきぎょう【大企業】 大企业 dà qǐyè

だいきぼ【大規模-な】 规模宏大 guīmó hóngdà; 浩大 hàodà ♦～な災害 浩劫 hàojié; 大灾难 dàzāinàn
たいきゃく【退却-する】 撤退 chètuì; 退却 tuìquè
たいきゅう【耐久】 耐久 nàijiǔ ♦～性を持つ 具有耐久性 jùyǒu nàijiǔxìng ♦～力 耐久力 nàijiǔlì
だいきゅう【代休】 补假 bǔjià ♦～を取る 告补假 gào bǔjià
たいきょ【退去-する】 离开 líkāi; 退出 tuìchū ♦国外～ 驱逐出境 qūzhú chūjìng
たいぎょ【大魚】 ♦～を逸する 失去好机会 shīqù hǎo jīhuì
たいきょう【胎教】 胎教 tāijiào
たいぎょう【大業】 大业 dàyè
だいきょうこう【大恐慌】 经济大恐慌 jīngjì dàkǒnghuāng
たいきょく【大局】 大局 dàjú; 全局 quánjú ♦～をわきまえる 认识大局 rènshi dàjú
たいきょく【対局-する】 对局 duìjú; 下棋 xiàqí
たいきょくけん【太極拳】 太极拳 tàijíquán
たいきん【大金】 巨款 jùkuǎn ♦～を儲ける 赚大钱 zhuàn dàqián
だいきん【代金】 价款 jiàkuǎn; 货款 huòkuǎn
だいく【大工】 木匠 mùjiang ♦～道具 木工工具 mùgōng gōngjù
たいくう【滞空】 空中航行 kōngzhōng hángxíng ♦～時間 续航时间 xùháng shíjiān
たいぐう【待遇】 待遇 dàiyù ♦～がよい 待遇好 dàiyù hǎo ♦～が悪い 待遇差 dàiyù chà ♦～を改善する 改善待遇 gǎishàn dàiyù
たいくつ【退屈-な】 无聊 wúliáo ♦～だ 闷得慌 mèndehuāng ♦～しのぎをする 消遣 xiāoqiǎn
たいけ【大家】 大户 dàhù; 财主 cáizhu
たいけい【体型［形］】 身形 shēnxíng; 体型 tǐxíng ♦～を保つ 保持体型 bǎochí tǐxíng ♦～が崩れる 体型走样儿 tǐxíng zǒuyàngr
たいけい【体系】 体系 tǐxì; 系统 xìtǒng
たいけい【大計】 大计 dàjì ♦百年の～ 百年大计 bǎi nián dàjì
だいけい【台形】 梯形 tīxíng
たいけつ【対決-する】 较量 jiàoliàng; 交锋 jiāofēng
たいけん【体験-する】 经历 jīnglì; 体验 tǐyàn
たいげんそうご【大言壮語-する】 豪言壮语 háo yán zhuàng yǔ; 夸大

口 kuā hǎikǒu
たいこ【太古】 太古 tàigǔ ♦～の時代 远古时代 yuǎngǔ shídài
たいこ【太鼓】 大鼓 dàgǔ ♦～を打つ 打鼓 dǎgǔ
たいこう【対抗-する】 对抗 duìkàng ♦～試合 对抗赛 duìkàng sài
たいこう【大綱】 大纲 dàgāng; 纲要 gāngyào
だいこう【代行-する】 代办 dàibàn; 代理 dàilǐ
だいこう【代講-する】 代课 dàikè
たいこうしゃ【対向車】 对开车 duìkāichē
たいこうぼう【太公望】 钓鱼人 diàoyúrén; 钓鱼迷 diàoyúmí
たいこく【大国】 大国 dàguó
だいこくばしら【大黒柱】 ❶《建築·人にも》顶梁柱 dǐngliángzhù; 支柱 zhīzhù ❷《人》中流砥柱 zhōngliúdǐzhù; 主心骨 zhǔxīngǔ ♦となる 挑大梁 tiāo dàliáng
たいこばら【太鼓腹】 肥大的肚子 féidà de dùzi
たいこばん【太鼓判】 ♦～を押す 打保票 dǎ bǎopiào
だいごみ【醍醐味】 妙趣 miàoqù
だいこん【大根】 萝卜 luóbo ♦～おろし 萝卜泥 luóboní ♦～の千切り 萝卜丝 luóbosī
だいこんやくしゃ【大根役者】 拙劣的演员 zhuōliè de yǎnyuán
たいさ【大佐】 上校 shàngxiào
たいさ【大差】 显著的差别 xiǎnzhù de chābié ♦～がない 没有多大差距 méiyǒu duō dà chājù ♦～をつけて勝つ 遥遥领先获胜 yáoyáo lǐngxiān huòshèng
たいざ【対座-する】 对坐 duìzuò
だいざ【台座】 底座 dǐzuò; 座子 zuòzi
たいざい【滞在-する】 住宿 zhùsù; 逗留 dòuliú ♦～許可 居留许可 jūliú xǔkě ♦ 3日間～の予定で 预计逗留三天 yùjì dòuliú sān tiān
たいざい【大罪】 ♦～を犯す 犯大罪 fàn dàzuì
だいざい【題材】 题材 tícái
たいさく【対策】 对策 duìcè ♦～を練る 研究对策 yánjiū duìcè ♦～を講じる 采取对策 cǎiqǔ duìcè
たいさく【大作】 大作 dàzuò
たいさん【退散-する】《逃げる》逃散 táosàn; 走开 zǒukāi;《辞去》回去 huíqù; 走 zǒu
たいざん【大山】 大山 dàshān ♦～鳴動して鼠一匹 雷声大，雨点小 léishēng dà, yǔdiǎn xiǎo
だいさん【第三-の】 第三 dìsān ♦～セクター 官民合办的地区事业 guānmín hébàn de dìqū shìyè
だいさんじさんぎょう【第三次産業】 第三产业 dìsān chǎnyè
だいさんしゃ【第三者】 第三者 dìsānzhě; 局外人 júwàirén
タイサンボク【泰山木】 荷花玉兰 héhuā yùlán; 广玉兰 guǎngyùlán
たいし【大使】 大使 dàshǐ ♦～館 大使馆 dàshǐguǎn; 使馆 shǐguǎn
たいし【大志】 大志 dàzhì; 壮志 zhuàngzhì ♦～を抱く 胸怀大志 xiōng huái dàzhì; 壮志凌云 zhuàngzhì língyún
たいじ【対峙-する】 对峙 duìzhì; 相持 xiāngchí
たいじ【胎児】 胎儿 tāi'ér
たいじ【退治-する】 打退 dǎtuì; 消灭 xiāomiè; 扑灭 pūmiè
だいし【台紙】 衬纸 chènzhǐ
だいじ【大事】 要紧 yàojǐn; 重要 zhòngyào ♦～にする 珍重 zhēnzhòng ♦～に守る 爱护 àihù ♦～を取って 为谨慎起见 wèi jǐnshèn qǐjiàn
だいじ【題辞】 题词 tící
ダイジェスト 摘要 zhāiyào; 文摘 wénzhāi ♦～版 删节本 shānjié běn
だいしきゅう【大至急】 火速 huǒsù; 十万火急 shíwàn huǒ jí
だいしぜん【大自然】 大自然 dàzìrán
たいした【大した】 ♦～ものだ 真了不起 zhēn liǎobuqǐ; 难能可贵 nánnéng kě guì ♦～ことはない 没有什么大不了的 méiyǒu shénme dàbuliǎo de
たいしつ【体質】 体质 tǐzhì
だいしっこう【代執行】 代执行 dàizhíxíng
たいして【対して】《…に》对 duì; 对于 duìyú
たいして【大して】 并不那么… bìng bú nàme... ♦～高くない 不怎么贵 bù zěnme guì
たいしぼう【体脂肪】 体内脂肪 tǐnèi zhīfáng
たいしゃ【大赦】 大赦 dàshè
たいしゃ【代謝】 代谢 dàixiè
たいしゃ【退社-する】 ❶《会社を辞める》辞职 cízhí; 退职 tuìzhí ❷《会社から帰る》下班 xiàbān
だいじゃ【大蛇】 蟒蛇 mǎngshé
たいしゃく【貸借】 借贷 jièdài ♦～関係 借贷关系 jièdài guānxi ♦～対照表 资产负债表 zīchǎn fùzhàibiǎo ♦～料 租价 zūjià
だいしゃりん【大車輪】 ❶《鉄棒の》大回环 dàhuíhuán ❷《一所懸命》拼命 pīnmìng ♦～で書き上げる 拼

命地写完 pīnmìng de xiěwán
たいしゅう【大衆】群众 qúnzhòng ♦〜向けの 面向大众的 miànxiàng dàzhòng de ♦〜化 大众化 dàzhònghuà ♦〜文学 大众文学 dàzhòng wénxué
たいしゅう【体臭】身体气味 shēntǐ qìwèi；体臭 tǐxiù
たいじゅう【体重】体重 tǐzhòng ♦〜を計る 量体重 liáng tǐzhòng ♦〜計 人体秤 réntǐ chèng
たいしゅつ【退出-する】退出 tuìchū
たいしゅつ【帯出-する】带出 dàichū ♦禁〜 禁止带出 jìnzhǐ dàichū
たいしょ【対処-する】应付 yìngfu；对付 duìfu；处理 chǔlǐ ♦〜しきれない 应付不了 yìngfubuliǎo；左支右绌 zuǒ zhī yòu chù
たいしょ【大暑】大暑 dàshǔ
たいしょ【大所】大处 dàchù ♦〜高所から見て 从大处着眼 cóng dàchù zhuóyǎn
たいしょう【対照-する】对照 duìzhào；对比 duìbǐ
たいしょう【対称】对称 duìchèn ♦左右〜の 左右对称的 zuǒyòu duìchèn de
たいしょう【対象】对象 duìxiàng ♦老人〜の商品 以老人为对象的商品 yǐ lǎorén wéi duìxiàng de shāngpǐn
たいしょう【隊商】骆驼队 luòtuoduì；商队 shāngduì
たいしょう【大将】❶《軍隊の》上将 shàngjiàng ❷《あるじ》老板 lǎobǎn ❸《かしら》头目 tóumù；一把手 yībǎshǒu
たいしょう【対症】对症 duìzhèng ♦〜療法 对症疗法 duìzhèng liáofǎ
たいじょう【退場-する】退场 tuìchǎng；退场 tuìchǎng
だいしょう【代償】代价 dàijià ♦〜として 作为代价 zuòwéi dàijià ♦〜を支払う 赔偿 péicháng；付出代价 fùchū dàijià
だいしょう【大小】大小 dàxiǎo ♦様々の 大小不一 dàxiǎo bùyī
だいじょうぶ【大丈夫】不要紧 bú yàojǐn；没关系 méi guānxi ♦あの男で〜か 他靠得住吗 tā kàodezhù ma
たいじょうほうしん【帯状疱疹】带状疱疹 dàizhuàng pàozhěn
だいじょうみゃく【大静脈】大静脉 dàjìngmài
たいしょく【退職-する】退休 tuìxiū；退职 tuìzhí
たいしょくかん【大食漢】大肚汉 dàdùhàn；饭量大的人 fànliàng dà de rén

たいしん【耐震-の】抗震 kàngzhèn ♦〜構造 抗震结构 kàngzhèn jiégòu
たいじん【退陣-する】《権力の座から》下台 xiàtái；下野 xiàyě
たいじん【対人】人际关系 rénjì guānxi ♦〜恐怖症 惧人症 jùrénzhèng；怕人 pà rén
だいじん【大臣】大臣 dàchén
だいじん【大尽】富豪 fùháo；大财主 dàcáizhǔ ♦〜風を吹かす 摆阔气 bǎi kuòqi
だいじんぶつ【大人物】大人物 dàrénwù
だいず【大豆】大豆 dàdòu；黄豆 huángdòu ♦〜油 豆油 dòuyóu
たいすい【耐水-の】防水 fángshuǐ；耐水 nàishuǐ
だいすう【代数】代数 dàishù；代数学 dàishùxué
だいすき【大好き-な】最喜欢 zuì xǐhuan；酷爱 kù'ài
たいする【対する】对 duì；对于 duìyú ♦平和に〜挑戦だ 是对于和平的挑战 shì duìyú hépíng de tiǎozhàn ♦質問に〜答 对问题的回答 duì wèntí de huídá
だいする【題する】题为… tíwéi…；以…为题 yǐ…wéi tí
たいせい【体制】体制 tǐzhì
たいせい【態勢】态势 tàishì；阵脚 zhènjiǎo ♦〜を整える 做好准备 zuòhǎo zhǔnbèi
たいせい【体勢】体态 tǐtài；姿势 zīshì ♦〜を立て直す 重摆姿势 chóng bǎi zīshì
たいせい【胎生】胎生 tāishēng
たいせい【退勢】颓势 tuíshì；衰势 shuāishì ♦〜を挽回する 扭转颓势 niǔzhuǎn tuíshì
たいせい【大勢】大局 dàjú；大势 dàshì ♦〜に従う 顺从大势 shùncóng dàshì；随大溜 suí dàliù
たいせい【大成-する】大成 dàchéng ♦俳優として〜するだろう 将要成为名演员 jiāngyào chéngwéi míngyǎnyuán
たいせいよう【大西洋】大西洋 Dàxīyáng
たいせき【体積】体积 tǐjī
たいせき【堆積-する】沉积 chénjī；堆积 duījī
たいせき【退席-する】退席 tuìxí；退场 tuìchǎng
たいせつ【大切-な】重要 zhòngyào；要紧 yàojǐn；宝贵 bǎoguì ♦〜にする 爱惜 àixī；珍爱 zhēn'ài
たいせん【対戦-する】对战 duìzhàn；《試合で》比赛 bǐsài ♦〜相手 对头 duìtou；对手 duìshǒu

たいせん【大戦】 大战 dàzhàn ◆第二次世界～ 二战 Èrzhàn

たいぜんじじゃく【泰然自若】 泰然自若 tàirán zìruò

だいぜんてい【大前提】 大前提 dàqiántí

たいそう【体操】 体操 tǐcāo ◆～演技 体操表演 tǐcāo biǎoyǎn ◆新～ 艺术体操 yìshù tǐcāo

たいそう【大層】 非常 fēicháng; 很 hěn

だいそれた【大それた】 非分 fēifèn; 狂妄 kuángwàng

たいだ【怠惰-な】 懒惰 lǎnduò; 懒怠 lǎndài ◆～な生活 懒惰的生活 lǎnduò de shēnghuó

だいたい【大体-の】 ❶《おおよそ》 大体 dàtǐ; 大致 dàzhì ◆～の内容 概略 gàilüè ◆～分かった 差不多明白了 chàbuduō míngbai le ◆～500ページ 大约五百页 dàyuē wǔbǎi yè ❷《そもそも》 到底 dàodǐ; 本来 běnlái ◆～おまえが悪いんだ 本来是你不对呀 běnlái shì nǐ búduì ya

だいたい【代替-する】 代替 dàitì ◆～物 代替物 dàitìwù ◆～品 代用品 dàiyòngpǐn ◆～輸送 代办运输 dàibàn yùnshū

だいだい【代々-の】 世世代代 shìshìdàidài ◆～伝わる 世传 shìchuán

ダイダイ【橙】 橙子 chéngzi; 香橙 xiāngchéng

だいだいてき【大々的-に】 大规模 dàguīmó ◆～に宣伝する 大力宣传 dàlì xuānchuán

だいたいぶ【大腿部】 大腿 dàtuǐ

だいたすう【大多数】 大多数 dàduōshù ◆住民の～は支持した 大多数居民都赞同 dàduōshù jūmín dōu zàntóng

たいだん【対談-する】 对谈 duìtán; 对话 duìhuà

だいたん【大胆-な】 大胆 dàdǎn; 勇敢 yǒnggǎn ◆～になる 放胆 fàngdǎn

だいだんえん【大団円】 大团圆 dàtuányuán ◆～を迎える 迎来大团圆 yínglái dàtuányuán

だいち【台地】 台地 táidì

だいち【大地】 大地 dàdì

たいちゅう【対中】 对华 duì huá ◆～関係 对华关系 duì huá guānxi ◆～貿易 对华贸易 duì huá màoyì

たいちょ【大著】 巨著 jùzhù; 大作 dàzuò

たいちょう【体調】 健康状态 jiànkāng zhuàngtài ◆～がよい 身体状态好 shēntǐ zhuàngtài hǎo ◆～が悪い 身体不快 shēntǐ búkuài ◆～を崩す 身体状态变坏 shēntǐ zhuàngtài biànhuài

たいちょう【隊長】 领队 lǐngduì; 队长 duìzhǎng

たいちょう【退潮】 退潮 tuìcháo ◆～期に入る 跨进衰退期 kuàjìn shuāituìqī

たいちょう【体長】 身长 shēncháng

だいちょう【台帳】 清册 qīngcè; 底帐 dǐzhàng

だいちょう【大腸】 大肠 dàcháng

タイツ 连裤袜 liánkùwà; 紧身衣裤 jǐnshēn yīkù

たいてい【大抵】 大都 dàdōu; 多半 duōbàn; 差不多 chàbuduō

たいてい【退廷-する】 退庭 tuìtíng

だいていたく【大邸宅】 公馆 gōngguǎn; 大宅院 dàzháiyuàn

たいてき【大敵】 大敌 dàdí ◆油断～ 切勿粗心大意 qièwù cū xīn dà yì

たいと【泰斗】 泰斗 tàidǒu; 权威 quánwēi

たいど【態度】 态度 tàidu; 风度 fēngdù ◆～を表明する 表态 biǎotài ◆～が大きい 傲慢 àomàn ◆～が悪い 态度不好 tàidu bùhǎo

たいとう【対等-な】 对等 duìděng; 平等 píngděng ◆～に扱う 等量齐观 děng liàng qí guān

たいとう【台頭-する】 抬头 táitóu; 得势 déshì; 兴起 xīngqǐ

たいどう【胎動】 胎动 tāidòng

だいどう【大道】 大街 dàjiē; 大道 dàdào ◆～芸 街头表演 jiētóu biǎoyǎn

だいどうしょうい【大同小異】 大同小异 dà tóng xiǎo yì

だいどうみゃく【大動脈】 ❶《血管》 主动脉 zhǔdòngmài; 大动脉 dàdòngmài ❷《交通の》 大动脉 dàdòngmài

だいとうりょう【大統領】 总统 zǒngtǒng

だいとかい【大都会】 大城市 dàchéngshì; 通都大邑 tōng dū dà yì

だいどく【代読-する】 代读 dàidú

だいどころ【台所】 厨房 chúfáng ◆～用品 炊具 chuījù; 厨具 chújù ◆～をあずかる 持家理财 chíjiā lǐcái

だいとし【大都市】 大城市 dàchéngshì; 都市 dūshì

タイトスカート 紧身裙 jǐnshēnqún

タイトル ❶《書名・表題》 标题 biāotí; 题目 tímù ❷《選手権》 锦标 jǐnbiāo; 冠军 guànjūn ◆～を防衛する 卫冕 wèimiǎn

たいない【対内】 ◆～的 对内 duìnèi

たいない【体内】 体内 tǐnèi ◆～時計

体内表 tǐnèibiǎo
たいない【胎内】胎内 tāinèi
だいなし【台無し】落空 luòkōng; 完蛋 wándàn ◆~にする 糟蹋 zāotà; 断送掉 duànsòngdiào ◆5年の辛苦が~だ 五年的努力落空了 wǔ nián de nǔlì luòkōng le
ダイナマイト 炸药 zhàyào
ダイナミック 动力的 dònglìde; 有生气的 yǒu shēngqì de
ダイナモ 发电机 fādiànjī
だいにじ【第二次】第二次 dì'èr cì ◆~世界大戦 第二次世界大战 Dì Èr Cì Shìjiè Dàzhàn; 二战 Èrzhàn
たいにち【対日】对日 duì Rì ◆~感情 对日感情 duì Rì gǎnqíng ◆~贸易 对日贸易 duì Rì màoyì
たいにん【大任】重任 zhòngrèn ◆~を果たす 完成重任 wánchéng zhòngrèn
だいにん【代人】代理人 dàilǐrén ◆~を立てる 派代理人 pài dàilǐrén
ダイニング ◆~キッチン 餐室厨房 cānshì chúfáng ◆~ルーム 饭厅 fàntīng; 餐室 cānshì
たいねつ【耐熱-の】耐热 nàirè
たいのう【滞納-する】拖欠 tuōqiàn; 滞纳 zhìnà
だいのう【大脑】大脑 dànǎo ◆~皮质 大脑皮质 dànǎo pícéng
だいのじ【大の字】◆~になる 躺着伸开手脚 tǎngzhe shēnkāi shǒujiǎo
だいのつき【大の月】大月 dàyuè
たいは【大破-する】严重毁坏 yánzhòng huǐhuài
ダイバー 潜水员 qiánshuǐyuán
たいはい【退废-する】颓废 tuífèi; 颓败 tuíbài
たいはい【大败-する】大败 dàbài ◆キューバに~する 大败于古巴队 dàbàiyú Gǔbāduì
だいばかり【台秤】台秤 táichèng
たいばつ【体罚】体罚 tǐfá ◆生徒に~を加える 给学生施加体罚 gěi xuésheng shījiā tǐfá
たいはん【大半】多半 duōbàn; 一大半 yídàbàn
たいひ【堆肥】堆肥 duīféi ◆~を作る 积肥 jīféi
たいひ【対比-する】对比 duìbǐ; 对照 duìzhào ◆ふたつの社会を~する 对比两种社会 duìbǐ liǎngzhǒng shèhuì
たいひ【退避-する】退避 tuìbì; 躲避 duǒbì
タイピスト 打字员 dǎzìyuán
だいひつ【代笔-する】代笔 dàibǐ; 代写 dàixiě
たいびょう【大病】重病 zhòng-bìng; 大病 dàbìng
だいひょう【代表-する】代表 dàibiǎo ◆~的な 有代表性的 yǒu dàibiǎoxìng de
ダイビング 潜水 qiánshuǐ
たいぶ【大部-の】大部头 dàbùtóu
タイプ【種類・様式】类型 lèixíng; 样式 yàngshì ◆級長~ 班长类型 bānzhǎng lèixíng
だいぶ【大分】很 hěn; 相当 xiāngdāng ◆~元気になった 病好多了 bìng hǎo duō le ◆~上達した 很有进步 hěn yǒu jìnbù
たいふう【台风】台风 táifēng ◆~の目 台风眼 táifēngyǎn
だいふくもち【大福饼】豆沙糕 dòushāgāo
だいふごう【大富豪】巨富 jùfù
だいぶつ【大仏】大佛 dàfó
だいぶぶん【大部分】大部分 dàbùfen; 多大 dàduō; 多半 duōbàn
タイプライター 打字机 dǎzìjī
たいへいよう【太平洋】太平洋 Tàipíngyáng
たいべつ【大别-する】大致分为… dàzhì fēnwéi... ◆三つに~できる 大致可以分为三类 dàzhì kěyǐ fēnwéi sān lèi
たいへん【大变-な】不得了 bùdéliǎo; 还了得 hái liǎode ◆~だ不得了了 bùdéliǎo le ◆~嬉しい 非常高兴 fēicháng gāoxìng ◆~な学者 了不起的学者 liǎobuqǐ de xuézhě
だいべん【代弁】代言 dàiyán ◆~者 代言人 dàiyánrén
だいべん【大便】大便 dàbiàn ◆~をする 出恭 chūgōng; 拉屎 lāshǐ
たいほ【逮捕-する】逮捕 dàibǔ; 拿获 náhuò ◆~状 拘票 jūpiào
たいほう【大砲】大炮 dàpào; 炮 pào ◆~を撃つ 放炮 fàng pào; 开炮 kāi pào
たいぼう【待望-する】期待 qīdài; 期望 qīwàng ◆~久しい停战 盼望已久的停战 pànwàng yǐ jiǔ de tíngzhàn
たいぼう【耐乏】忍受艰苦 rěnshòu jiānkǔ ◆~生活をする 过艰苦朴素的生活 guò jiānkǔ pǔsù de shēnghuó
だいほん【台本】剧本 jùběn
たいま【大麻】大麻 dàmá
タイマー 定时器 dìngshíqì
たいまい【大枚】巨款 jùkuǎn ◆~をはたく 花光巨款 huāguāng jùkuǎn
たいまつ【松明】火把 huǒbǎ; 火炬 huǒjù; 松明 sōngmíng
たいまん【怠慢】怠慢 dàimàn; 玩忽 wánhū
タイミング 时机 shíjī; 适时 shìshí

♦~のよい 凑巧 còuqiǎo; 可巧 kěqiǎo ♦人生は~だ 人生重在时机 rénshēng zhòng zài shíjī
タイム 时间 shíjiān; 时代 shídài ♦~テーブル 时间表 shíjiānbiǎo; 列车时刻表 lièchē shíkèbiǎo ♦~カード 记时卡 jìshíkǎ
タイムアウト 暂停 zàntíng
タイムスリップ 时间变幻 shíjiān biànhuàn
タイムマシン 航时机 hángshíjī
タイムラグ 时间间隔 shíjiān jiàngé; 时滞 shízhì
タイムリー 及时 jíshí; 适时 shìshí
タイムリミット 限期 xiànqī; 期限 qīxiàn
たいめい【待命-する】 待命 dàimìng
だいめい【題名】 题名 tímíng; 标题 biāotí
だいめいし【代名詞】 代名词 dàimíngcí
たいめん【体面】 面子 miànzi; 体面 tǐmiàn; 脸面 liǎnmiàn ♦~を重んじる 讲究面子 jiǎngjiu miànzi; 要脸面 yàoliǎn ♦~にかかわる 关系到面子 guānxidào miànzi
たいめん【対面-する】 见面 jiànmiàn; 会面 huìmiàn
たいもう【大望】 大志 dàzhì ♦~を抱く 胸怀大志 xiōnghuái dàzhì
だいもく【題目】《表題》题目 tímù; 标题 biāotí
タイヤ 轮胎 lúntāi; 车胎 chētāi
ダイヤ ❶《ダイヤモンド》钻石 zuànshí; 金刚石 jīngāngshí ♦~婚式 钻石婚 zuànshíhūn ♦~の指輪 钻戒 zuànjiè ❷《列車などの》列车运行图 lièchē yùnxíngtú ♦~が乱れる 行车时间紊乱 xíngchē shíjiān wěnluàn ❸《トランプの》方块儿 fāngkuàir
たいやく【大役】 重大使命 zhòngdà shǐmìng ♦~を果たす 完成重大任务 wánchéng zhòngdà rènwu
たいやく【対訳】 对译 duìyì
たいやく【大厄】 ❶《重大な災難》大难 dànàn; 大祸 dàhuò ❷《厄年》大厄之年 dà'è zhī nián; 厄运年龄 èyùn niánlíng
だいやく【代役】 替角 tìjué ♦~をとめる 代演 dài yǎn
たいよ【貸与-する】 出借 chūjiè; 借贷 jièdài
たいよう【太陽】 太阳 tàiyang ♦~エネルギー 太阳能 tàiyángnéng ♦~系 太阳系 tàiyángxì ♦~電池 太阳电池 tàiyáng diànchí; 太阳能电池 tàiyángnéng diànchí ♦~暦 阳历 yánglì ♦~の光 阳光 yángguāng ♦~に当る 晒太阳 shài tàiyang

たいよう【大洋】 大洋 dàyáng
たいよう【大要】 概要 gàiyào; 大要 dàyào
だいよう【代用-する】 代用 dàiyòng; 代替 dàitì ♦~品 代用品 dàiyòngpǐn
たいようねんすう【耐用年数】 使用年限 shǐyòng niánxiàn
たいら【平ら-な】 平 píng;《地勢が》平坦 píngtǎn ♦地面を~にする 把地面修平 bǎ dìmiàn xiūpíng
たいらげる【平らげる】 ❶《平定する》平定 píngdìng; 征服 zhēngfú ❷《全部食べる》吃光 chīguāng; 吃掉 chīdiào
だいり【代理】 代理 dàilǐ; 代办 dàibàn ♦~人 代理人 dàilǐrén
たいりく【大陸】 大陆 dàlù ♦~間弹道弹 洲际导弹 zhōujì dǎodàn ♦~性気候 大陆性气候 dàlùxìng qìhòu ♦~棚 大陆架 dàlùjià
だいりせき【大理石】 大理石 dàlǐshí
たいりつ【対立-する】 对立 duìlì ♦意見が~する 意见相反 yìjiàn xiāngfǎn ♦利害の~ 利害冲突 lìhài chōngtū
たいりゃく【大略】 概要 gàiyào; 概略 gàilüè ♦~を述べる 阐述梗概 chǎnshù gěnggài
たいりゅう【対流】《熱などの》对流 duìliú
たいりゅう【滞留-する】 ❶《滞る》停滞 tíngzhì ❷《滞在》停留 tíngliú; 逗留 dòuliú
たいりょう【大量-の】 大量 dàliàng; 大批 dàpī ♦~輸入 大批进口 dàpī jìnkǒu
たいりょう【大漁】 鱼获丰收 yúhuò fēngshōu
たいりょく【体力】 力气 lìqi; 体力 tǐlì ♦~がない 没有体力 méiyǒu tǐlì
たいりん【大輪-の】 大朵 dàduǒ ♦~の朝顔 大朵喇叭花 dàduǒ lǎbahuā
タイル 瓷砖 cízhuān ♦化粧~ 釉面砖 yòumiànzhuān
ダイレクトメール 邮寄广告 yóujì guǎnggào
たいれつ【隊列】 队伍 duìwu; 行列 hángliè ♦~を組む 排队 pái duì ♦~を離れる 离队 lí duì
たいろ【退路】 后路 hòulù; 退路 tuìlù ♦~を絶つ 截断退路 jiéduàn tuìlù
たいわ【対話-する】 对话 duìhuà; 对白 duìbái
たうえ【田植え-をする】 插秧 chāyāng
ダウしき【ダウ式】 道琼斯式 Dào-

qióngsīshì ♦～平均株価 道琼斯股票指数 Dàoqióngsī gǔpiào zhǐshù

ダウン ❶《羽毛の》鸭绒 yāróng ♦～ジャケット 鸭绒上衣 yāróng shàngyī ❷《下がる》降落 jiàngluò; 下降 xiàjiàng ♦コスト～する 降低成本 jiàngdī chéngběn ❸《倒れる》倒下 dǎoxià; 病倒 bìngdǎo ♦風邪で～する 因感冒卧床 yīn gǎnmào wòchuáng

ダウンしょうこうぐん【ダウン症候群】 唐氏综合症 Tángshì zōnghézhèng

ダウンロード 下载 xiàzài

たえうる【耐え得る】 ❶《がまん》禁得住 jīndezhù; 能忍受 néng rěnshòu ❷《能力など》支持得住 zhīchídezhù; 经得住 jīngdezhù

たえがたい【耐え難い】 ❶《がまん》忍不住 rěnbuzhù; 难堪 nánkān ❷《能力など》支持不住 zhīchíbuzhù; 经不住 jīngbuzhù

だえき【唾液】 口水 kǒushuǐ; 唾液 tuòyè

たえしのぶ【耐え忍ぶ】 忍耐 rěnnài; 忍受 rěnshòu

たえず【絶えず】 经常 jīngcháng; 不断 búduàn ♦～努力する 不断努力 búduàn nǔlì

たえだえ【絶え絶え-に】 ♦息も～に 气息奄奄 qì xī yǎn yǎn

たえない【-に耐えない】 不胜 búshèng; 不堪 bùkān ♦憂慮に～ 不胜忧虑 búshèng yōulǜ

たえなる【妙なる】 美妙 měimiào ♦～なる調べ 美妙的乐曲 měimiào de yuèqǔ

たえま【絶え間】 间隙 jiànxì ♦～がない 连续不断 liánxù búduàn ♦～なく 没完没了地 méi wán méi liǎo de

たえる【耐える】 忍受 rěnshòu; 忍耐 rěnnài ♦苦痛に～ 忍痛 rěntòng ♦耐えられる 吃得消 chīdexiāo ♦耐えられない 经不起 jīngbuqǐ; 吃不消 chībuxiāo ♦暑くて耐えられない 热得受不了 rède shòubuliǎo

たえる【絶える】 断绝 duànjué; 绝灭 juémiè ♦息が～ 咽气 yànqì

だえん【楕円】 椭圆 tuǒyuán; 长圆 chángyuán ♦～形の 长圆形 chángyuánxíng

たおす【倒す】 ♦王朝を～ 打倒王朝 dǎdǎo wángcháo ♦酒瓶を～ 打翻酒瓶 dǎfān jiǔpíng ♦押し～ 推倒 tuīdǎo

たおやかな【嫋やかな】 袅娜 niǎonuó; 优美 yōuměi

タオル 毛巾 máojīn ♦～ケット 毛巾被 máojīnbèi

たおれる【倒れる】 ❶《立っているものが》倒 dǎo; 垮 kuǎ ♦家が～ 房子倒塌 fángzi dǎotā ❷《病に》病倒 bìngdǎo ♦過労で～ 累垮 lèikuǎ ❸《政府などが》垮台 kuǎtái; 崩溃 bēngkuì ♦政府が～ 政府垮台 zhèngfǔ kuǎtái ❹《企業が》倒闭 dǎobì

タカ【鷹】 鹰 yīng ♦～派とハト派 鹰派和鸽派 yīngpài hé gēpài

たが【箍】 箍 gū ♦～が外れる 箍掉 gū diào;《比喻》～がゆるむ 松懈 sōngxiè;《年のせいで》年老昏庸 nián lǎo hūnyōng

たかい【高い】 高 gāo ♦背が～ 个子高 gèzi gāo ♦値段が～ 贵 guì; 高价 gāojià ♦理想が～ 理想高尚 lǐxiǎng gāoshàng

たかい【他界-する】 去世 qùshì

たがい【互い-に】 互相 hùxiāng; 彼此 bǐcǐ

だかい【打開-する】 打开 dǎkāi

たがいちがい【互い違い-に】 交互 jiāohù; 交错 jiāocuò

たがえる【違える】 违反 wéifǎn; 违背 wéibèi ♦約束を～ 违约 wéiyuē

たかが【高が】 仅仅 jǐnjǐn; 至多 zhìduō; 只不过 zhǐbuguò ♦～留年じゃないか 只不过是留级呀 zhǐbuguò shì liújí ya

たかく【高く】 ♦～聳(そび)える 高耸 gāosǒng ♦～買う《人物を》看得起 kàndeqǐ; 推重 tuīzhòng

たかく【多角】 ♦～的 多方面 duōfāngmiàn ♦～経営 多种经营 duōzhǒng jīngyíng

たがく【多額-の】 巨额 jù'é ♦～の借金 巨额借款 jù'é jièkuǎn

たかくけい【多角形】 多边形 duōbiānxíng; 多角形 duōjiǎoxíng

たかさ【高さ】 高度 gāodù; 高低 gāodī ♦8メートル 高八米 gāo bā mǐ

たかしお【高潮】 大潮 dàcháo; 风暴潮 fēngbàocháo

たかだい【高台】 高地 gāodì; 高岗 gāogǎng

たかだか【高々】 ❶《非常に高く》高高地 gāogāo de ♦鼻～ 得意洋洋 déyì yángyáng ❷《せいぜい》至多 zhìduō; 顶多 dǐngduō ♦～500円だ 顶多也不过五百块钱吧 dǐngduō yě búguò wǔbǎi kuài ne

だかつ【蛇蝎】 蛇蝎 shéxiē ♦～のごとく嫌う 厌恶如蛇蝎 yànwù rú shéxiē

だがっき【打楽器】 打击乐器 dǎjī yuèqì; 击乐器 jīyuèqì

たかとび【高飛び-する】《逃亡する》逃奔 táobèn; 逃跑 táopǎo

たかとび【高跳び】《競技》♦走り～ 跳高 tiàogāo ♦棒～ 撑竿跳高 chēnggān tiàogāo

たかとびこみ【高飛び込み】 跳水 tiàoshuǐ

たかなみ【高波】 大浪 dàlàng

たかなる【高鳴る】（心）跳动 (xīn) tiàodòng ♦喜びに胸が～ 高兴得心直跳动 gāoxìngde xīn zhí tiàodòng

たかね【高値】 高价 gāojià ♦～を呼ぶ 引起高价 yǐnqǐ gāojià

たかねのはな【高嶺の花】 可望不可即的花 kě wàng ér bù kě jí de huā; 高不可攀的 gāo bù pān de

たかのぞみ【高望み-する】 奢望 shēwàng; 好高务远 hào gāo wù yuǎn

たかびしゃ【高飛車】♦～に出る 施高压 shī gāoyā

たかぶる【高ぶる】❶《興奮する》兴奋 xīngfèn ❷《偉ぶる》骄傲 gāo'ào ♦おごり高ぶって 骄傲 jiāo'ào

たかまる【高まる】 高涨 gāozhǎng; 提高 tígāo ♦世の関心が～ 人们越发关注 rénmen yuèfā guānzhù ♦緊張が～ 紧张空气加剧 jǐnzhāng kōngqì jiājù

たかみ【高み】♦～の見物 袖手旁观 xiù shǒu pángguān; 坐山观虎斗 zuò shān guān hǔ dòu

たかめる【高める】 提高 tígāo ♦教養を～ 提高教养 tígāo jiàoyǎng ♦生活水準を～ 提高生活水平 tígāo shēnghuó shuǐpíng ♦生産量を～ 提高产量 tígāo chǎnliàng

たがやす【耕す】 耕 gēng; 耕地 gēngdì

たから【宝】 宝贝 bǎobei; 珍宝 zhēnbǎo ♦～の持ち腐れ 空藏美玉 kōng cáng měiyù

だから 因此 yīncǐ; 所以 suǒyǐ ♦～言っただろう 我不是说了吗 wǒ búshì shuō le ma

たからか【高らかに】 高声 gāoshēng; 宏亮 hóngliàng ♦～に歌う 引吭高歌 yǐnháng gāogē

たからくじ【宝籤】 彩票 cǎipiào ♦～が当る 中彩 zhòng cǎi

たかる【集る】❶《群がる》♦ハエが～ 落满苍蝇 luòmǎn cāngyíng ❷《おごらせる》♦食事を～ 蹭饭吃 cèng fàn chī ❸《脅し取る》♦不良にたかられた 被小流氓勒索了 bèi xiǎoliúmáng lèsuǒ le

-たがる 爱 ài; 要 yào; 想 xiǎng ♦目立ち～ 爱出风头 ài chū fēngtóu ♦帰り～ 很想回家 hěn xiǎng huí jiā

たかわらい【高笑い-する】 哄笑 hōngxiào

たかん【多感-な】 多愁善感 duō chóu shàn gǎn

だかん【兌換-する】 兑换 duìhuàn ♦～紙幣 兑换纸币 duìhuàn zhǐbì

たき【多岐】♦～にわたる 繁杂 fánzá; 多方面 duōfāngmiàn ♦～亡羊（ぼうよう） 歧路亡羊 qílù wáng yáng

たき【滝】 瀑布 pùbù ♦～に打たれる 被瀑布冲洗 bèi pùbù chōngxǐ

たぎ【多義】 多义 duōyì ♦～語 多义词 duōyìcí

だき【唾棄-する】 唾弃 tuòqì

だきあう【抱き合う】 拥抱 yōngbào; 相抱 xiāngbào

だきあわせ【抱き合わせ】 搭配 dāpèi ♦～売り 搭配出售 dāpèi chūshòu

だきおこす【抱き起こす】 抱起来 bàoqǐlai; 扶起 fúqǐ

だきかかえる【抱き抱える】 怀抱 huáibào; 搂抱 lǒubào

たきぎ【薪】 柴 chái; 柴火 cháihuo

だきこむ【抱き込む】 拉拢 lālǒng; 笼络 lǒngluò

タキシード 晚礼服 wǎnlǐfú

だきしめる【抱き締める】 搂 lǒu; 抱紧 bàojǐn

だきつく【抱きつく】 紧抱 jǐnbào; 搂住 lǒuzhù

たきつける【焚き付ける】《そそのかす》煽动 shāndòng; 唆使 suōshǐ

だきとめる【抱き止める】 抱住 bàozhù

たきび【焚き火】 火堆 huǒduī; 篝火 gōuhuǒ ♦～をする 烧篝火 shāo gōuhuǒ

だきょう【妥協-する】 妥协 tuǒxié; 让步 ràngbù ♦～案 妥协方案 tuǒxié fāng'àn

だきよせる【抱き寄せる】 抱过来 [去] bàoguòlai[qu]

たぎる【滾る】 滚 gǔn; 沸腾 fèiténg ♦血が～ 热血沸腾 rèxuè fèiténg ♦～ような 澎湃 péngpài

たく【炊く】 煮 zhǔ ♦飯を～ 做饭 zuò fàn

だく【抱く】 抱 bào

たぐい【-の類】 之类 zhī lèi ♦～まれな 稀có的 xīyǒu de

たくえつ【卓越-した】 卓越 zhuóyuè; 超群 chāoqún

だくおん【濁音】 浊音 zhuóyīn

たくさん【沢山】 很多 hěn duō; 好多 hǎoduō; 许多 xǔduō ♦～ある 有的是 yǒudeshì; 不乏 bùfá ♦もう～だ 够了 gòu le

たくしあげる【たくし上げる】 卷起

juǎnqǐ ♦袖を～ 挽起袖子来 wǎnqǐ xiùzi lái
タクシー 出租汽车 chūzū qìchē; 的士 dīshì ♦～に乗る 坐出租车 zuò chūzūchē; 打的 dǎ dī
たくじしょ【託児所】 托儿所 tuō'érsuǒ
たくじょう【卓上-の】 桌上 zhuōshàng ♦～カレンダー 台历 táilì
たくする【託する】 委托 wěituō; 寄托 jìtuō; 寄予 jìyǔ ♦夢を～ 寄托理想 jìtuō lǐxiǎng
たくぜつ【卓絶-する】 卓绝 zhuójué ♦～した技 绝技 juéjì
たくそう【託送-する】 托运 tuōyùn
たくち【宅地】 宅基地 zháijīdì; 地皮 dìpí ♦～を造成する 平整盖房用地 píngzhěng gàifáng yòngdì
タクト 指挥棒 zhǐhuībàng ♦～を振る 指挥 zhǐhuī
ダクト 通风管 tōngfēngguǎn
たくはい【宅配-する】 送货上门 sòng huò shàng mén ♦～便 宅急送 zháijísòng
たくばつ【卓抜-する】 卓越 zhuóyuè; 杰出 jiéchū
だくひ【諾否】 应允与否 yīngyǔn yǔ fǒu; 是否同意 shìfǒu tóngyì
タグボート 拖船 tuōchuán; 拖轮 tuōlún
たくほん【拓本】 拓片 tàpiàn; 碑帖 bēitiě ♦～をとる《碑銘などの》拓た
たくましい【逞しい】 ♦～身体 强壮的身体 qiángzhuàng de shēntǐ ♦～生命力 顽强的生命力 wánqiáng de shēngmìnglì ♦商魂～ 经商精神可佩服 jīngshāng jīngshén kě pèifú
たくみ【巧み-な】 巧妙 qiǎomiào; 熟练 shúliàn ♦言葉～な 花言巧语 huā yán qiǎo yǔ ♦～に 巧妙地 qiǎomiào de ♦～な技 技艺 jìyì
たくらみ【企み】 策划 cèhuà; 阴谋 yīnmóu; 鬼计 guǐjì
たくらむ【企む】 企图 qǐtú; 策划 cèhuà; 图谋 túmóu
だくりゅう【濁流】 浊流 zhuóliú ♦～にのまれる 被浊流吞没 bèi zhuóliú tūnmò
たぐる【手繰る】 拉 lā; 捯 dáo ♦糸を～ 捯线 dáo xiàn ♦記憶を～ 追究记忆 zhuījiū jìyì
たくわえ【蓄え】 ❶《貯金》存款 cúnkuǎn; 积蓄 jīxù ♦～が底をつく 积蓄无几 jīxù wújǐ ❷《備蓄》储存 chǔcún; 贮存 zhùcún
たくわえる【蓄える】 积攒 jīzǎn; 储存 chǔcún ♦金をこつこつ～ 积攒钱 jīzǎn qián ♦体力を～ 储备力气 chǔbèi lìqi

たけ【竹】 竹子 zhúzi ♦～を割ったような 爽直的 shuǎngzhí de; 心直口快 xīn zhí kǒu kuài ♦～細工 竹器 zhúqì ♦～竿 竹竿 zhúgān; 竿子 gānzi ♦～藪 竹林 zhúlín
たけ【丈】 长度 chángdù; 尺寸 chǐcun ♦身の～ 身高 shēngāo ♦～が伸びる 长高 zhǎnggāo ♦ズボン[スカート]の～をつめる 缩短裤子[裙子]的长度 suōduǎn kùzi[qúnzi] de chángdù
たげい【多芸-な】 多才 duōcái ♦～多芸の 多才多艺 duō cái duō yì
だげき【打撃】 《打つ・痛手》打击 dǎjī ♦手ひどい～を蒙る 受到沉重的打击 shòudào chénzhòng de dǎjī
たけだけしい【猛々しい】 凶狠 xiōnghěn; 嚣张 xiāozhāng ♦盗人～ 厚颜无耻 hòuyán wúchǐ
だけつ【妥結-する】 达成协议 dáchéng xiéyì; 谈妥 tántuǒ
たけなわ【酣】 正酣 zhèng hān ♦宴酒宴正酣 jiǔyàn zhèng hān ♦春～ 春意盎然 chūnyì àngrán
たけのこ【筍;竹の子】 竹笋 zhúsǔn; 《孟宗竹の》毛笋 máosǔn ♦雨後の～ 雨后春笋 yǔ hòu chūnsǔn
たげん【多元】 多元 duōyuán ♦～化 多元化 duōyuánhuà ♦～放送 多元广播 duōyuán guǎngbō ♦～論 多元论 duōyuánlùn
たこ【凧】 风筝 fēngzheng ♦～を上げる 放风筝 fàng fēngzheng
たこ【胼胝】 趼子 jiǎnzi; 老趼 lǎojiǎn ♦～ができる 生趼子 shēng jiǎnzi
タコ【蛸】 章鱼 zhāngyú ♦～壶 章鱼的陶罐 bǔ zhāngyú de táoguàn
たこう【多幸】 多福 duōfú ♦～を祈る 祝你幸福 zhù nǐ xìngfú
だこう【蛇行-する】《川などの》蛇行 shéxíng; 蜿蜒 wānyán
たこく【他国】 外国 wàiguó; 异域 yìyù
たこくせき【多国籍】 ♦～企業 多国公司 duōguó gōngsī; 跨国公司 kuàguó gōngsī
タコグラフ 自记速度计 zìjì sùdùjì
タコメーター 转速表 zhuànsùbiǎo
たごん【他言-する】 外传 wàichuán; 泄漏 xièlòu ♦～無用 切勿外传 qièwù wàichuán
たさい【多才-な】 多才 duōcái ♦～な人 多面手 duōmiànshǒu
たさい【多彩-な】 丰富多彩 fēngfù duōcǎi
ださい 粗笨 cūbèn; 土气 tǔqì ♦～男 粗俗的男人 cūsú de nánrén
ださく【駄作】 拙劣的作品 zhuōliè

de zuòpǐn
たさつ【他殺】 他杀 tāshā; 被杀 bèishā
たさん【多産-の】 多产 duōchǎn
ださん【打算】 盘算 pánsuan ◆〜的な 患得患失 huàn dé huàn shī; 打小算盘的 dǎ xiǎo suànpan de
たざんのいし【他山の石】 教训 jiàoxun ◆〜とする 当作他山之石 dàngzuò tāshān zhī shí
たし【足し】 ◆腹の〜にならない 无补于饥饿 ◆家計の〜にする 以补助生计 yǐ bǔzhù shēngjì ◆何の〜にもならない 没什么用 méi shénme yòng
たじ【多事-の】 事情多 shìqing duō ◆〜多難 多事多难 duō shì duō nàn ◆〜の秋 多事之秋 duōshì zhī qiū〔中国語'多事'は口語では「余計なことをする」の意〕
だし【出汁】 ❶《料理の》调味儿的汤汁 tiáowèir de tāngzhī ❷《口実》借口 jièkǒu ◆先生を〜に使う 利用老师 lìyòng lǎoshī
だし【山車】 彩车 cǎichē
だしいれ【出し入れ】《物》拿进拿出 nájìn náchū;《物》放入取出 fàngrù qǔchū;《預金》存取 cúnqǔ ◆今月はかねの〜がやたらに多い 这个月存款取款太频繁 zhège yuè cúnkuǎn qǔkuǎn tài pínfán
だしおしみ【出し惜しみ】 ◆〜をする 吝惜 lìnxī; 舍不得拿出 shěbude náchū
たしか【確か-な】 ❶《本当の》确实 quèshí; 真确 zhēnquè ◆〜にお渡しました 的确交给您了 díquè jiāogěi nín le ❷《信用できる》可靠 kěkào; 信得过 xìndeguò ◆〜な根拠 确据 quèjù ◆〜な情報 可靠的消息 kěkào de xiāoxi ❸《推察》大概 dàgài ◆〜ここに置いたはずだった… 大概记得放在这儿 dàgài jìde fàngzài zhèr
たしかめる【確かめる】 查明 chámíng; 弄清 nòngqīng
たしさいさい【多士済々】 人才济济 réncái jǐjǐ
たしざん【足し算】 加法 jiāfǎ
だししぶる【出し渋る】 舍不得交 shěbude jiāo; 不愿拿出 bú yuàn náchū
たじたじ ◆〜となる 畏缩不前 wèisuō bù qián; 支支吾吾 zhīzhīwúwú
たじつ【他日】 改天 gǎitiān; 他日 tārì
だしっぱなし【出しっ放し-にする】 机の上に財布が〜だ 桌子上放着钱袋儿不管 zhuōzishang fàngzhe

qiándàir bù guǎn ◆水道の水を〜にする 把水龙头开着不管 bǎ shuǐlóngtóu kāizhe bù guǎn
たしなみ【嗜み】 修养 xiūyǎng; 教养 jiàoyǎng ◆美術の〜 美术修养 měishù xiūyǎng
たしなむ【嗜む】 ❶《好む》爱好 àihào; 嗜好 shìhào ❷《習得する》学会 xuéhuì; 精通 jīngtōng
だしぬく【出し抜く】 抢先 qiǎngxiān; 先下手 xiān xiàshǒu
だしぬけ【出し抜け-に】 冷不防 lěngbufáng; 猛不防 měngbufáng; 突然间 tūránjiān
だしもの【出し物】 表演节目 biǎoyǎn jiémù
だじゃれ【駄洒落】 俏皮话 qiàopihuà; 拙劣的笑话 zhuōliè de xiàohua
だしゅ【舵手】 掌舵 zhǎngduò; 舵手 duòshǒu
たじゅう【多重】 ◆〜放送 多重广播 duōchóng guǎngbō ◆〜債務 多重债务 duōchóng zhàiwù
たしゅたよう【多種多様-の】 多种多样 duōzhǒng duōyàng; 各式各样 gèshì gèyàng
たしょう【多少】 ❶《多い少ない》多少 duōshǎo ◆〜にかかわらず 不管多少 bùguǎn duōshǎo ❷《ちょっと》◆〜の 稍微的 shāowēi de ◆〜は知っている 多少知道一些 duōshǎo zhīdao yìxiē
たしょく【多色-の】 五彩 wǔcǎi ◆〜刷り 套版 tàobǎn
たじろぐ 退缩 tuìsuō; 裹足不前 guǒ zú bù qián
だしん【打診-する】 试探 shìtàn
たしんきょう【多神教】 多神教 duōshénjiào
たす【足す】 ❶《加える》加 jiā ◆2〜3 二加三 èr jiā sān ❷《補う》添上 tiānshang ◆水を注ぐ 加水 jiā shuǐ ❸《済ませる》◆用を足しに出かける 出去办点儿事 chūqù bàn diǎnr shì ◆用を〜《用便する》去厕所 qù cèsuǒ
だす【出す】 ◆手紙を〜 寄信 jì xìn ◆金を〜 出钱 chū qián ◆口を尖嘴 chā zuǐ ◆元気を〜 振作精神 zhènzuò jīngshen ◆勇気を〜 鼓起勇气 gǔqǐ yǒngqì ◆願書を〜 提交申请书 tíjiāo shēnqǐngshū ◆雑誌を〜 办刊物 bàn kānwù ◆店を〜 开店 kāi diàn
たすう【多数】 ◆〜の 好些 hǎoxiē; 多数 duōshù ◆〜を占める 居多 jūduō; 占多数 zhàn duōshù

たすうけつ【多数決】 多数表决 duōshù biǎojué ◆～で決める 以多数表决决定 yǐ duōshù biǎojué juédìng

たすかる【助かる】 ❶《危険から》获救 huòjiù；得救 déjiù ❷《負担から》◆手間が省けて～ 省事了 shěngshì le

たすけ【助け】 帮助 bāngzhù；救援 jiùyuán ◆～を呼ぶ 求救 qiújiù ◆～を借りる 借助 jièzhù

たすけあい【助け合い】 互相帮助 hùxiāng bāngzhù；互助 hùzhù ◆～運動 互助运动 hùzhù yùndòng

たすけだす【助け出す】 救出 jiùchū

たすけぶね【助け舟】 ◆～を出す 解围 jiěwéi；帮忙 bāngmáng

たすける【助ける】 帮助 bāngzhù；救 jiù ◆けが人を～ 抢救伤员 qiǎngjiù shāngyuán ◆命を～ 救命 jiùmìng ◆消化を～ 助消化 zhù xiāohuà ◆暮らしを～ 补助生活 bǔzhù shēnghuó

たずさえる【携える】 携带 xiédài ◆手みやげを～ 携带礼物 xiédài lǐwù ◆手を～ 携手合作 xiéshǒu hézuò

たずさわる【携わる】 参与 cānyù；从事 cóngshì

ダスターコート 风衣 fēngyī

ダストシュート 垃圾井筒 lājī jǐngtǒng

たずねびと【尋ね人】 下落不明的人 xiàluò bùmíng de rén；失踪人 shīzōngrén

たずねる【尋ねる】 问 wèn；询问 xúnwèn ◆消息を～ 探问消息 tànwèn xiāoxi ◆道を～ 问路 wèn lù ◆電話番号を～ 查问电话号码 chá wèn diànhuà hàomǎ

たずねる【訪ねる】 访问 fǎngwèn；找 zhǎo ◆両親を～ 省视父母 xǐngshì fùmǔ ◆誰かがあなたを訪ねてきました 有人找你 yǒu rén zhǎo nǐ

たぜい【多勢】 人数众多 rénshù zhòngduō ◆～を頼んで 靠着人数多 kàozhe rénshù duō ◆～に無勢 寡不敌众 guǎ bù dí zhòng

だせい【惰性‐で】 惰性 duòxìng；习惯 xíguàn

たそがれ【黄昏】 黄昏 huánghūn ◆～迫る 垂暮 chuímù ◆～時 傍晚 bàngwǎn ◆人生の～ 桑榆暮景 sāng yú mù jǐng

だそく【蛇足‐の】 蛇足 shézú；画蛇添足 huà shé tiān zú

ただ【唯[只]】 ❶《無料》免费 miǎnfèi ◆～であげる 白给 báigěi ❷《それだけ》唯 wéi；净 jìng；只 zhǐ ◆～それだけの事だった 只不过如此 zhǐbuguò rúcǐ ❸《並の》普通 pǔtōng；平凡 píngfán ◆～の人 普通人 pǔtōngrén

だだ【駄々】 ◆～をこねる 撒泼 sāpō；任性磨人 rènxìng mó rén

ただい【多大‐な】 巨大 jùdà ◆～な貢献 丰功伟绩 fēng gōng wěi jì

だたい【堕胎‐する】 堕胎 duòtāi；打胎 dǎtāi

ただいま【只今】《すぐに》马上 mǎshàng；现在就 xiànzài jiù；《今》现在 xiànzài

たたえる【称える】 赞扬 zànyáng；称赞 chēngzàn

たたかい【戦[鬪]い】 ❶《戦争》战争 zhànzhēng ❷《戦闘》战斗 zhàndòu ◆～をやめる 收兵 shōubīng ❸《闘争》斗争 dòuzhēng ◆～を反核斗争 反核斗争 fǎn hé dòuzhēng ❹《競争・試合》比赛 bǐsài；竞赛 jìngsài

たたかう【戦う】 战斗 zhàndòu；作战 zuò zhàn；《試合を》比赛 bǐsài

たたき【三和土】 水泥地 shuǐnídì；三和土地 sānhétǔdì

たたきうり【叩き売り‐する】 拍卖 pāimài；减价出卖 jiǎnjià chūmài

たたきおこす【叩き起こす】 叫醒 jiàoxǐng

たたきおとす【叩き落とす】 打掉 dǎdiào ◆蝿を～ 打掉苍蝇 dǎdiào cāngying ◆ライバルを～ 打倒对手 dǎdǎo duìshǒu

たたきこむ【叩き込む】《頭に》灌输 guànshū

たたきこわす【叩き壊す】 捣毁 dǎohuǐ；砸坏 záhuài

たたきだい【叩き台】《比喩》讨论的原案 tǎolùn de yuán'àn

たたきつける【叩き付ける】 摔 shuāi ◆壁に～ 摔到墙上 shuāidào qiángshang

たたきなおす【叩き直す】 纠正 jiūzhèng；矫正 jiǎozhèng ◆性根を～ 矫正坏脾气 jiǎozhèng huài píqi

たたく【叩く】 ❶《打つ》敲 qiāo ◆戸を～ 敲门 qiāo mén ◆肩を(ぽんと)～ 拍肩膀 pāi jiānbǎng ◆手を～《拍手》鼓掌 gǔzhǎng ❷《言う》轻口を～ 说俏皮话 shuō qiàopihuà ◆大口を～ 吹牛 chuīniú ❸《非難》マスコミにたたかれる 受到报道的批评 shòudào bàodào de pīpíng

ただごと【徒事】 ◆～ではない 非同小可 fēi tóng xiǎo kě

ただざけ【只酒】 ◆～を飲む 吃请 chīqǐng

ただし【但し】 但 dàn；但是 dànshì ◆～付きの 附带条件的 fùdài tiáojiàn de

ただしい【正しい】 对 duì；正确 zhèngquè ◆～意味 正确的意

ただす【正す】纠正 jiūzhèng；改正 gǎizhèng ♦偏向を～ 纠正偏差 jiūzhèng piānchā ♦姿勢を～ 端正姿势 duānzhèng zīshì

ただす【糾す】调查 diàochá；查明 chámíng；追究 zhuījiū

たたずまい【佇まい】样子 yàngzi；状态 zhuàngtài ♦昔に変わらぬ～ 与过去一样的景色 yǔ guòqù yīyàng de jǐngsè

たたずむ【佇む】伫立 zhùlì

ただちに【直ちに】立刻 lìkè；马上 mǎshàng ♦～出かける 马上出发 mǎshàng chūfā

だだっぴろい【徒っ広い】空廊 kōngkuò；空旷 kōngkuàng

ただならぬ【徒ならぬ】非一般 fēi yībān ♦～表情 不寻常的神情 bù xúncháng de shénqíng

たたみ【畳】榻榻米 tàtàmǐ ♦～の上の水練 纸上谈兵 zhǐ shàng tán bīng ♦～の上で死ぬ 寿终正寝 shòu zhōng zhèng qǐn

たたみかける【畳み掛ける】连续不断 liánxù búduàn ♦たたみかけて詰問する 连续不断地质问 liánxù búduàn de zhìwèn

たたむ【畳む】❶《折り~》折 zhé；叠 dié；折叠 zhédié ♦服を～ 折叠衣服 zhédié yīfú ♦ふとんを～ 叠被 dié bèi ❷《店などを》关闭 guānbì ♦店を～ 关闭铺子 guānbì pùzi

ただめし【只飯】白食 báishí；白饭 báifàn ♦～を食う 吃白饭 chī báifàn

ただもの【徒者】♦～でない 不是凡人 búshì fánrén；不寻常的人 bù xúncháng de rén

ただよう【漂う】❶《気体や香りが》飘散 piāosàn ❷《水面や空中で》漂荡 piāodàng；浮动 fúdòng ♦水に～ 漂浮 piāofú；漂移 piāoyí

たたり【祟り】祸祟 huòsuì ♦～に見舞われる 中邪 zhòng xié；遭到报应 zāodào bàoyìng

たたる【祟る】作怪 zuòguài；作祟 zuòsuì；《…が原因で》起因于 qǐyīnyú ♦無理が～ 过于劳累而病倒 guòyú láolèi ér bìngdǎo

ただれる【爛れる】烂 làn；糜烂 mílàn

たち【質】品质 pǐnzhì；体质 tǐzhì ♦～の悪い 恶劣 èliè；劣性 lièxìng ♦～の悪い風邪 恶性的感冒 èxìng de gǎnmào

たちあい【立ち会い】♦～人 见证人 jiànzhèngrén

たちあう【立ち会う】在场 zàichǎng；参加 cānjiā

たちあがる【立ち上がる】站起来 zhànqǐlái；起立 qǐlì ♦灾害の痛手から～ 从灾害的打击重新振作起来 cóng zāihài de dǎjī chóngxīn zhènzuòqǐlái ♦反対運動に～ 起来开始反对运动 qǐlái kāishǐ fǎnduì yùndòng

たちいたる【立ち至る】弄到 nòngdào ♦最悪の事態に～ 到了最坏的地步 dào le zuìhuài de dìbù

たちいふるまい【立ち居振る舞い】举止 jǔzhǐ；举动 jǔdòng

たちいりきんし【立ち入り禁止】禁止入内 jìnzhǐ rùnèi ♦～区域 禁地 jìndì；禁区 jìnqū

たちいる【立ち入る】❶《中へ入る》进入 jìnrù ❷《干涉する》介入 jièrù；干涉 gānshè

たちうち【太刀打ち】♦～できない 敌不过 díbuguò；不能相比 bù néng xiāng bǐ

たちおうじょう【立往生-する】进退维谷 jìn tuì wéi gǔ；呆立着不知所措 dāilìzhe bù zhī suǒ cuò

たちおくれる【立ち遅れる】错过时机 cuòguò shíjī ♦立ち遅れている 落后 luòhòu；处于下游 chǔyú xiàyóu

たちかえる【立ち返る】返回 fǎnhuí ♦原点に～ 返回起点 fǎnhuí qǐdiǎn

たちき【立ち木】树木 shùmù

たちぎえ【立ち消え】～になる 中断 zhōngduàn；半途而废 bàntú ér fèi

たちぎき【立ち聞き-する】偷听 tōutīng

たちきる【断ち切る】♦麻縄を～ 割断麻绳 gēduàn máshéng ♦関係を～ 断绝关系 duànjué guānxi

たちぐい【立ち食い-する】站着吃 zhànzhe chī

たちこめる【立ち込める】弥漫 mímàn；笼罩 lǒngzhào

たちさる【立ち去る】离开 líkāi；走开 zǒukāi ♦立ち去らせる 打发 dǎfa

たちすくむ【立ち竦む】惊呆 jīngdāi；呆立不动 dāilì búdòng

たちどおし【立ち通し】始终站着 shǐzhōng zhànzhe ♦終点まで～だった 一直站到终点 yìzhí zhàndào zhōngdiǎn

たちどころ【立ち所-に】立刻 lìkè

たちどまる【立ち止まる】止步 zhǐbù；站住 zhànzhù

たちなおる【立ち直る】 恢复 huīfù ♦ ショックから~ 从打击中恢复过来 cóng dǎjī zhōng huīfùguòlai

たちならぶ【立ち並ぶ】 《人が》排列 páiliè；排队 páiduì；《建物が》栉比 zhìbǐ

たちのく【立ち退く】 搬出 bānchū；离开 líkāi ♦立ち退き料 搬迁补偿费 bānqiān bǔchángfèi

たちば【立場】 立场 lìchǎng；处境 chǔjìng ♦ ~がない 没面子 méi miànzi ♦苦しい~ 苦境 kǔjìng ♦ ~を明らかにする 表明立场 biǎomíng lìchǎng

たちはだかる【立ちはだかる】 挡住 dǎngzhù；阻挡 zǔdǎng

たちばなし【立ち話-をする】 站着聊天儿 zhànzhe liáotiānr

たちばん【立ち番-をする】 站岗 zhàngǎng；放哨 fàngshào

たちふさがる【立ち塞がる】 挡住 dǎngzhù；拦阻 lánzǔ

たちまち【忽ち】 立刻 lìkè；马上 mǎshàng ♦ ~売り切れた 马上就卖光了 mǎshàng jiù màiguāng le ♦ ~のうちに広まった 一下子就传开了 yíxiàzi jiù chuánkāi le

たちまわり【立ち回り】 《劇などの》武打 wǔdǎ ♦《けんか》 ♦ ~を演じる 动手打架 dòngshǒu dǎjià

たちまわる【立ち回る】 ❶《工作する》 ♦うまく~ 钻营 zuānyíng ❷《立ち寄る》 中途到 zhōngtú dào ♦立ち回り先 流窜的地方 liúcuàn de dìfang

たちみ【立ち見】 ♦ ~する 站着看 zhànzhe kàn ♦ ~席の切符 站票 zhànpiào

たちむかう【立ち向かう】 对抗 duìkàng；面对 miànduì ♦難局に~ 面对难局 miànduì nánjú

たちもどる【立ち戻る】 重返 chóngfǎn；返回 fǎnhuí ♦原点に~ 回到出发点 huídào chūfādiǎn

ダチョウ【駝鳥】 鸵鸟 tuóniǎo

たちよる【立ち寄る】 顺路到 shùnlù dào

だちん【駄賃】 小费 xiǎofèi；赏钱 shǎngqián ♦行きがけの~ 搂草打兔子 lōu cǎo dǎ tùzi

たつ【裁つ】 裁剪 cáijiǎn

たつ【断[絶]つ】 ❶ ♦ ~ 戒酒 jièjiǔ ♦関係を~ 断绝关系 duànjué guānxi ♦消息を~ 杳无音讯 yǎo wú yīnxùn ♦退路を~ 截断退路 jiéduàn tuìlù

たつ【辰】《十二支》辰 chén ♦ ~の刻《午前7時～9時頃》辰时 chénshí ♦ ~年生まれ 属龙 shǔ lóng

たつ【立つ】 ❶《起立》站 zhàn；立 zhànlì ♦立って質問する 站起来提问 zhànqǐlai tíwèn ❷《成立》维持 wéichí；保全 bǎoquán ♦暮らしが立たない 不能维持生活 bù néng wéichí shēnghuó ❸《すぐれる》会 huì；擅长 shàncháng ♦弁が~ 很会说话 hěn huì shuōhuà ❹《その他》♦役に~ 有用 yǒuyòng ♦風が~ 起风 qǐ fēng ♦筋道が立たない 条理不清 tiáolǐ bùqīng ♦腹が~ 生气 shēngqì ♦席を~ 退席 tuìxí

たつ【発つ】 走 zǒu；出发 chūfā；离开 líkāi ♦あす上海を~ 明天离开上海 míngtiān líkāi Shànghǎi ♦9時に東京へ~ 九点出发去东京 jiǔ diǎn chūfā qù Dōngjīng

たつ【建つ】 建造 jiànzào；盖 gài ♦駅前にビルが建った 车站前盖了大楼 chēzhàn qián gàile dàlóu

たつ【経つ】 过 guò；经过 jīngguò ♦時が~ 时光流逝 shíguāng liúshì

だっかい【奪回-する】 夺回 duóhuí；收复 shōufù ♦ ~ 《被占領地を》克复 kèfù

だっかい【脱会-する】 退会 tuìhuì

だっかん【達観-する】 达观 dáguān；看透 kàntòu

だっかん【奪還-する】 夺回 duóhuí；克复 kèfù

だっきゃく【脱却-する】 摆脱 bǎituō

たっきゅう【卓球】 乒乓球 pīngpāngqiú ♦ ~台 乒乓球台 pīngpāngqiútái

だっきゅう【脱臼-する】 脱位 tuōwèi；脱臼 tuōjiù

タックス・フリー・ショップ 免税商店 miǎnshuì shāngdiàn

ダックスフント 短腿猎狗 duǎntuǐ liègǒu

タックル 擒抱 qínbào

たっけん【卓見】 卓见 zhuójiàn

だっこ【抱っこ-する】 抱 bào

だっこう【脱稿-する】 脱稿 tuōgǎo；完稿 wángǎo

だっこく【脱穀-する】 脱粒 tuōlì ♦ ~機 脱粒机 tuōlìjī

だつごく【脱獄-する】 越狱 yuèyù

たっし【達し】 指示 zhǐshì；命令 mìnglìng

だつじ【脱字】 漏字 lòuzì；掉字 diàozì

だっしめん【脱脂綿】 脱脂棉 tuōzhīmián；药棉 yàomián

たっしゃ【達者-な】 ❶《からだ》健康 jiànkāng；结实 jiēshi ❷《技》熟练 shúliàn；会 huì ♦口が~だ 很会说话 hěn huì shuōhuà

だっしゅ【奪取-する】 夺取 duóqǔ

ダッシュ ❶《全力奔跑》全力奔跑 quánlì bēnpǎo；猛冲 měngchōng ❷《記号「—」》破折号 pòzhéhào

だっしゅう【脱臭-する】 除臭 chúchòu ♦～剤 除臭剤 chúchòujì
だっしゅつ【脱出-する】 逃脱 táotuō；脱出 tuōchū ♦～シュート《旅客機の》软梯 ruǎntī
だっしょく【脱色-する】 脱色 tuōsè
たつじん【達人】 妙手 miàoshǒu；高手 gāoshǒu
だっすい【脱水-する】 脱水 tuōshuǐ；去水 qùshuǐ ♦～症状 脱水症状 tuōshuǐ zhèngzhuàng
たっする【達する】 ❶《達成》达到 dádào；完成 wánchéng ♦標準に～ 够得上水平 gòudeshàng shuǐpíng ♦合意に～ 达成协议 dáchéng xiéyì ♦目的を～ 达到目的 dádào mùdì ❷《ある場所に》到达 dàodá ♦目的地に～ 到达目的地 dàodá mùdìdì
だっする【脱する】 逃出 táochū；脱离 tuōlí ♦危険を～ 脱离危险 tuōlí wēixiǎn
たつせ【立つ瀬】 立场 lìchǎng ♦～がない 无立足之地 wú lì zú zhī dì；失掉面子 shīdiào miànzi
たっせい【達成】 成就 chéngjiù；完成 wánchéng ♦目標を～する 达到目标 dádào mùbiāo
だつぜい【脱税-する】 漏税 lòushuì；偷税 tōushuì
だっせん【脱線-する】 脱轨 tuōguǐ ♦汽車が～した 火车脱轨了 huǒchē tuōguǐ le ♦話が～した 说话跑题了 shuōhuà pǎotí le
だっそう【脱走-する】 逃跑 táopǎo ♦監獄から～する 越狱逃跑 yuèyù táopǎo ♦軍隊から～する 开小差 kāi xiǎochāi ♦～兵 逃兵 táobīng
たった 才 cái；仅仅 jǐnjǐn ♦～一人で 仅仅一个人 jǐnjǐn yí ge rén ♦～今出かけた 刚刚出去了 gānggāng chūqù le
だったい【脱退-する】 退出 tuìchū；退会 tuìhuì
タッチ 接触 jiēchù ♦～の差で間に合わなかった 差点儿就赶上了 chàdiǎnr jiù gǎnshàng le ♦ソフト～ 柔软的感觉 róuruǎn de gǎnjué ♦重々しい～の絵 笔触深沉的绘画 bǐchù shēnchén de huìhuà ♦プランに～する 干预计划 gānyù jìhuà
タッチパネル 触摸屏 chùmōpíng
だっと【脱兎】 ♦～の如くに逃げる 跑如脱兔 pǎo rú tuō tù
たっとい【尊[貴]い】 珍贵 zhēnguì；可贵 kěguì；尊贵 zūnguì
だっとう【脱党-する】 脱党 tuōdǎng；退出党籍 tuìchū dǎngjí
たっとぶ【尊ぶ】 尊重 zūnzhòng
たづな【手綱】 缰绳 jiāngshéng ♦～をゆるめる 放松缰绳 fàngsōng jiāngshéng

タツノオトシゴ【竜の落し子】 海马 hǎimǎ
タッパーウエア 塑料保鲜容器 sùliào bǎoxiān róngqì
だっぴ【脱皮-する】 蜕化 tuìhuà；蜕皮 tuìpí
たっぴつ【達筆-な】 写字写得好 xiě zì xiěde hǎo
タップダンス 踢踏舞 tītàwǔ
たっぷり ♦～ある 有的是 yǒudeshì ♦～自信 满怀信心 mǎnhuái xìnxīn ♦～餌をやる 喂足饲料 wèizú sìliào ♦未練～だ 依依不舍 yī yī bù shě
だつぼう【脱帽-する】 脱帽 tuōmào；摘下帽子 zhāixia màozi；《比喩》钦佩 qīnpèi；服佩 fúshú
たつまき【竜巻】 龙卷风 lóngjuǎnfēng
だつもう【脱毛-する】 脱毛 tuōmáo；拔毛 bámáo ♦～剤 脱毛剤 tuōmáojì
だつらく【脱落-する】 ❶《集団から》掉队 diàoduì；落伍 luòwǔ ♦～者 掉队的人 diàoduì de rén ❷《必要な場所から》脱漏 tuōlòu；脱落 tuōluò
たて【殺陣】 武打 wǔdǎ；武工 wǔgōng ♦～師 武打教练 wǔdǎ jiàoliàn
たて【縦】 纵 zòng ♦～方向の 纵向 zòngxiàng
たて【盾】 盾 dùn；挡箭牌 dǎngjiànpái ♦後ろ～になる 做后盾 zuò hòudùn
たて【伊達-に】 为虚荣 wèi xūróng
たていた【立板】 ♦～に水(のように話す) 口若悬河 kǒu ruò xuán hé
たていと【縦糸】 经线 jīngxiàn
たてうり【建て売り】 ♦～住宅 商品房 shāngpǐnfáng
たてかえる【建て替える】《建物を》重修 chóngxiū；重建 chóngjiàn
たてかえる【立て替える】《金を》垫 diàn；垫付 diànfù
たてがき【縦書】 竖写 shùxiě
たてかける【立て掛ける】 靠 kào ♦壁にはしごを～ 把梯子靠在墙上 bǎ tīzi kàozài qiángshang
たてぐ【建具】 日式门扇的总称 Rìshì ménshàn de zǒngchēng ♦～師 制造门扇的木工 zhìzào ménshàn de mùgōng
たてごと【竖琴】 竖琴 shùqín
たてこむ【立て込む】 ❶《人が》拥挤 yōngjǐ ❷《事が》繁忙 fánmáng
たてじく【縦軸】《座標の》竖轴 shùzhóu
たてじま【縦縞】 竖条纹 shùtiáo-

たてつく【盾突く】 頂撞 dǐngzhuàng; 反抗 fǎnkàng
たてつけ【立て付け】 门窗的开关情况 ménchuāng de kāiguān qíngkuàng ◆～が良い 开关良好 kāiguān liánghǎo ◆～が悪い 开关不严 kāiguān bùyán
たてつづけ【立て続け-に】 连续 liánxù; 接连 jiēlián
たてなおす【建[立]て直す】 ❶《組織などを》会社を～ 重建企业 chóngjiàn qǐyè ◆計画を～ 重定计划 chóngdìng jìhuà ❷《建物を》重建 chóngjiàn; 改建 gǎijiàn
たてふえ【縦笛】 竖笛 shùdí
たてふだ【立て札】 告示牌 gàoshìpái; 布告牌 bùgàopái
たてまえ【建前】 表面上的方针 biǎomiànshang de fāngzhēn; 原则 yuánzé ◆本音と～ 嘴上说的和心里想的 zuǐshang shuō de hé xīnli xiǎng de
たてまし【建増し-する】 扩建 kuòjiàn; 增建 zēngjiàn
たてまつる【奉る】《献上する》献上 xiànshang; 《祭り上げる》捧为 pěngwéi ◆高齢者は会長に奉るに限る 老年人最好捧为会长吧 lǎoniánrén zuìhǎo pěngwéi huìzhǎng ba
たてもの【建物】 房屋 fángwū; 建筑物 jiànzhùwù
たてやくしゃ【立て役者】 中心人物 zhōngxīn rénwù
たてる【建てる】 建造 jiànzào; 盖 gài; 《簡単な建物を》搭建 dājiàn ◆家を～ 盖房子 gài fángzi
たてる【立てる】《棒などを》竖立 shùlì; 立 lì ◆アンテナを～ 竖起天线 shùqǐ tiānxiàn ◆音を～ 发出声音 fāchū shēngyīn ◆顔を～ 给面子 gěi miànzi
たてわり【縦割り】 纵向分割 zòngxiàng fēngē ◆～社会 纵向社会 zòngxiàng shèhuì
だでん【打電-する】 打电报 dǎ diànbào; 致电 zhìdiàn
だとう【妥当-な】 恰当 qiàdàng; 妥当 tuǒdang ◆～を欠く 欠妥 qiàntuǒ; 离格儿 lígér
だとう【打倒-する】 打倒 dǎdǎo
たどうし【他動詞】 及物动词 jíwù dòngcí
たとえ【例え】 比方 bǐfang; 比喻 bǐyù ◆～話 譬喻 pìyù
たとえ…でも 即使…也 jíshǐ…yě; 就是…也 jiùshì…yě
たとえば【例えば】 比如 bǐrú; 例如 lìrú ◆～お前だ！ 比如你啊 bǐrú nǐ a

たとえる【例える】 比方 bǐfang; 比喻 bǐyù ◆たとえようもない 无法比喻 wúfǎ bǐyù
たどたどしい《歩みが》蹒跚 pánshān; 《言葉が》结结巴巴 jiējiebābā
たどる【辿る】 ◆野中の小道を～ 走在田间的小路上 zǒuzài tiánjiān de xiǎolùshang ◆思い出を～ 追寻回忆 zhuīxún huíyì
たな【棚】 架子 jiàzi ◆～から牡丹餅(ぼたもち) 福从天降 fú cóng tiān jiàng
たなあげ【棚上げ-する】 搁置 gēzhì; 暂不处理 zàn bù chǔlǐ
たなおろし【棚卸し】 ❶《在庫を》盘库 pánkù; 盘货 pánhuò ❷《悪口》一一批评 yīyī pīpíng
たなこ【店子】 房客 fángkè
たなざらえ【棚浚え】 清仓甩卖 qīngcāng shuǎimài
たなざらし【店晒し-の】 ◆～にする 作为陈货 zuòwéi chénhuò ◆～の品 滞销商品 zhìxiāo shāngpǐn
たなだ【棚田】 梯田 tītián
たなびく【棚引く】（烟雾）拖长 (yānwù)tuōcháng; 缭绕 liáorào
たなぼた【棚牡丹】 倘来之物 tǎnglái zhī wù; 福从天降 fú cóng tiān jiàng
たなん【多難-な】 多难 duōnàn
たに【谷】 谷地 gǔdì; 山谷 shāngǔ
ダニ【壁蝨】 蜱 pí; 壁虱 bìshī ◆社の～ 地痞 dìpǐ
たにがわ【谷川】 山涧 shānjiàn; 溪流 xīliú
タニシ【田螺】 田螺 tiánluó
たにそこ【谷底】 谷底 gǔdǐ
たにん【他人】 别人 biérén; 他人 tārén ◆赤の～ 毫无亲属关系的人 háowú qīnshǔ guānxi de rén ◆～の空似 偶然相貌酷似 ǒurán xiàngmào kùsì ◆～の飯を食う 外出干活 wàichū gànhuó
たにんぎょうぎ【他人行儀-な】 见外 jiànwài; 客气 kèqi
タヌキ【狸】 貉子 háozi; 貉 hé ◆親爺 老狐狸 lǎohúli
たぬきねいり【狸寝入り-する】 假装睡觉 jiǎzhuāng shuìjiào
たね【種】 种子 zhǒngzi ◆～をまく 播种 bōzhǒng; 下子儿 xià zǐr ◆～を採取する 采种 cǎi zhǒng ◆～を明かす 揭露老底 jiēlù lǎodǐ
たね【胤】（男方的）种 (nánfāng de)zhǒng ◆～を宿す 怀…的孩子 huái…de háizi
たねうま【種馬】 种马 zhǒngmǎ
たねぎれ【種切れ-になる】 用尽材料 yòngjìn cáiliào

たねつけ【種付け-する】 配种 pèizhǒng

たねほん【種本】 蓝本 lánběn

たねまき【種蒔き】 播种 bōzhǒng

たねん【多年】 多年 duōnián

たねんせい【多年生-の】 多年生 duōniánshēng

たのしい【楽しい】 好玩儿 hǎowánr；愉快 yúkuài；快乐 kuàilè

たのしませる【楽しませる】 使人快乐 shǐ rén kuàilè

たのしみ【楽しみ】 乐趣 lèqù；欢乐 huānlè ◆老後の～ 老年的乐趣 lǎonián de lèqù

たのしむ【楽しむ】 享乐 xiǎnglè；欣赏 xīnshǎng ◆緊張感を～ 享受紧张的感觉 xiǎngshòu jǐnzhāng de gǎnjué

たのみこむ【頼み込む】 恳求 kěnqiú；央求 yāngqiú

たのむ【頼む】 ❶《依頼》请求 qǐngqiú；要 yào ◆ねえ，～求求你啦 qiúqiu nǐ la ❷《委託》委托 wěituō；托付 tuōfù ◆配送を～ 请送货 qǐng sònghuò ❸《依存》依靠 yīkào；靠 kào

たのもしい【頼もしい】 可靠 kěkào ◆末～ 前途有望 qiántú yǒu wàng

たば【束】 捆 kǔn；束 shù

だは【打破-する】 打破 dǎpò；破除 pòchú

タバコ【煙草】 烟 yān ◆～を吸う 抽烟 chōu yān ◆～をやめる 戒烟 jièyān ◆巻き～ 香烟 xiāngyān ◆パイプ～ 烟丝 yānsī

たはた【田畑】 田地 tiándì ◆～を耕す 耕地 gēngdì

たばねる【束ねる】 ❶《くくる》捆 kǔn；捆扎 kǔnzā ❷《統率》统率 tǒngshuài；管理 guǎnlǐ

たび【旅】 旅行 lǚxíng；旅游 lǚyóu ◆～は道連れ 出门靠朋友 chūmén kào péngyou

だび【荼毘】 ◆～に付す 火化 huǒhuà；火葬 huǒzàng

たびかさなる【度重なる】 反复 fǎnfù；多次 duōcì

たびげいにん【旅芸人】 江湖艺人 jiānghú yìrén

たびこうぎょう【旅興行-をする】 巡回演出 xúnhuí yǎnchū

たびさき【旅先-で】 旅途中 lǚtúzhōng

たびじ【旅路】 旅途 lǚtú ◆死出の～ 去黄泉 qù huángquán

たびじたく【旅支度-をする】 准备行装 zhǔnbèi xíngzhuāng

たびしょうにん【旅商人】 客商 kèshāng；行商 xíngshāng

たびだつ【旅立つ】 动身 dòngshēn；上路 shànglù；启程 qǐchéng

たびたび【度々】 再三 zàisān；屡次 lǚcì ◆～起きる《事が》迭起 diéqǐ；屡次发生 lǚcì fāshēng

たびに【度に】 每当 měidāng；每逢 měiféng ◆試験の～ 每次考试都 měicì kǎoshì dōu

たびびと【旅人】 过客 guòkè；旅客 lǚkè

たびまわり【旅回り-の】 ◆～の一座 巡回演出的剧团 xúnhuí yǎnchū de jùtuán

ダビング【録音を】 复制 fùzhì

タフ-な 结实 jiēshi；坚强 jiānqiáng ◆～な男 硬汉子 yìnghànzi

タブー 禁忌 jìnjì；忌讳 jìhuì ◆～とする 忌讳 jìhuì ◆～を犯す《社会的》犯禁区 fàn jìnqū

だぶだぶ《衣服などが》肥大 féidà

だぶつく《あり余る》过剩 guòshèng

だぶや【だぶ屋】 黄牛 huángniú；票贩子 piàofànzi

たぶらかす【誑かす】 诓骗 kuāngpiàn；欺骗 qīpiàn

ダブリューダブリューダブリュー（www） 万维网 Wànwéiwǎng

ダブリューティーオー（WTO） 世界贸易组织 Shìjiè Màoyì Zǔzhī

ダブる 重 chóng；重复 chóngfù

ダブル 双 shuāng ◆～ベッド 双人床 shuāngrénchuáng ◆～クリック 双击 shuāngjī ◆～ス 双打 shuāngdǎ

タブレットたんまつ【タブレット端末】 平板电脑 píngbǎn diànnǎo

タブロイド 小报 xiǎobào

たぶん【多分】 想来 xiǎnglái；大概 dàgài；可能 kěnéng

たぶん【他聞】 ◆～をはばかる 怕别人听见 pà biérén tīngjiàn

たべあきる【食べ飽きる】 吃腻 chīnì；倒胃口 dǎo wèikou

たべかた【食べ方】 ❶《作法》吃法 chīfǎ ❷《調理法》烹调法 pēngtiáofǎ

たべごろ【食べ頃】 正好吃 zhènghǎochī；正可口 zhèng kěkǒu

たべさせる【食べさせる】《幼児に》喂 wèi；《扶養する》赡养 shànyǎng

たべずぎらい【食べず嫌い】 不尝而厌 bù cháng ér yàn；怀有偏见 huáiyǒu piānjiàn

たべすぎる【食べ過ぎる】 吃过量 chīguòliàng；吃得过多 chīde guòduō

タペストリー 壁毯 bìtǎn

たべのこす【食べ残す】 吃剩 chīshèng

たべほうだい【食べ放題】 随便吃 suíbiàn chī；想吃多少就吃多少

xiǎng chī duōshǎo jiù chī duōshǎo
たべもの【食べ物】 食物 shíwù
たべる【食べる】 吃 chī ♦食べてみる 尝 cháng ♦〈口に合わず〉食べられない 吃不来 chībulái ♦食べきれない 吃不了 chībuliǎo
たべん【多弁-な】 爱说话 ài shuōhuà；话多 huà duō
だほ【拿捕-する】 捕获 bǔhuò
たほう【他方-では】 另一方面 lìng yī fāngmiàn
たぼう【多忙-な】 繁忙 fánmáng；忙碌 mánglù ♦本日はご～のところを 今天您在百忙之中 jīntiān nín zài bǎimáng zhī zhōng
たほうめん【多方面-の】 多方面 duōfāngmiàn
だぼくしょう【打撲傷】 挫伤 cuòshāng；碰伤 pèngshāng
たま【玉·珠】 ♦～に瑕(きず)　美中不足 měi zhōng bù zú；白璧微瑕 bái bì wēi xiá ♦ガラス～ 玻璃球 bōliqiú
たま【弾】 子弹 zǐdàn
たまげる【魂消る】 吃惊 chījīng；吓坏 xiàhuài
たまご【卵】 蛋 dàn；卵 luǎn ♦鸡の～ 鸡蛋 jīdàn ♦～の黄身 蛋黄 dànhuáng ♦～の白身 蛋白 dànbái ♦～の殻 蛋壳儿 dànkér ♦～を孵(かえ)す 孵化 fū huà ♦～を产む 产卵 chǎnluǎn；下蛋 xià dàn ♦ゆで～ 煮鸡蛋 zhǔ jīdàn
たましい【魂】 灵魂 línghún；魂魄 húnpò ♦研究に～を打ちこむ 埋头研究 máitóu yánjiū
だましうち【騙し討ち】 暗算 ànsuàn；陷害 xiànhài
だましとる【騙し取る】 骗取 piànqǔ；诈骗 zhàpiàn
だます【騙す】 骗 piàn；欺骗 qīpiàn ♦言葉巧みに～ 诱骗 yòupiàn ♦騙される 上当 shàngdàng；受骗 shòupiàn ♦騙されやすい 容易受骗 róngyì shòupiàn
たまたま【偶々】 偶尔 ǒu'ěr；偶然 ǒurán
たまに【偶に】 偶尔 ǒu'ěr；有时 yǒushí
タマネギ【玉葱】 洋葱 yángcōng
たまのこし【玉の輿】 ♦～に乗る (女人)因结婚攀上高门 (nǚrén) yīn jiéhūn pānshàng gāomén
たまもの【賜物】〈よい報い〉結果 jiéguǒ
たまらない【堪らない】 够受的 gòushòu de；受不了 shòubuliǎo ♦暑くて～ 热得不得了 rède bùdéliǎo
たまりかねて【堪り兼ねて】 忍不住

れんぶずに♦～口出しする 忍不住插嘴 rěnbuzhù chāzuǐ
だまりこむ【黙り込む】 陷入沉默 xiànrù chénmò；一言不发 yī yán bù fā
たまりば【溜まり場】 伙伴们的聚会场 huǒbànmen de jùhuìchǎng
たまる【溜まる】 积存 jīcún ♦ほこりが～ 积满着灰尘 jīmǎnzhe huīchén ♦仕事が～ 工作积压 gōngzuò jīyā
たまる【貯まる】 ♦お金が～ 积攒钱 jīzǎn qián
だまる【黙る】 沉默 chénmò；住口 zhùkǒu ♦黙まれ 住嘴 zhùzuǐ
たまわる【賜わる】 ♦お数えを～ 承蒙指教 chéngméng zhǐjiào
ダミー〈会社〉代理公司 dàilǐ gōngsī
だみん【惰眠】 ♦～を貪(むさぼ)る 贪睡懒觉 tān shuì lǎnjiào
ダム 水坝 shuǐbà；水库 shuǐkù
たむし【田虫】 顽癣 wánxuǎn
たむろ【屯-する】 聚集 jùjí；集合 jíhé
ため【為】 为 wèi；为了 wèile ♦～になる 有益 yǒuyì ♦…の～を思う 为…着想 wèi...zhuóxiǎng ♦雪の～に 因为下雪 yīnwèi xià xuě
だめ【駄目】 ♦～にする 弄坏 nònghuài ♦～よ 不行 bùxíng ♦言っちゃ～！ 別说了 bié shuō le ♦俺って～な奴だなあ 我真不中用啊 wǒ zhēn bù zhōngyòng a
ためいき【溜息】 唉声叹气 āishēng tànqì；叹气 tànqì ♦～をつく 叹一口气 tàn yī kǒu qì
ダメージ 损害 sǔnhài；打击 dǎjī ♦～を与える 给与严重打击 jǐyǔ yánzhòng dǎjī
ためこむ【溜め込む】 积蓄 jīxù；存下 cúnxià
ためし【試し-に】 试着 shìzhe ♦～にやってみる 试试看 shìshì kàn
ためしがない【例しがない】 从来没有…过 cónglái méiyǒu...guo；没有…的例子 méiyǒu...de lìzi
ためす【試す】 试 shì；试验 shìyàn ♦試される 受到考验 shòudào kǎoyàn
ためすがめつ【矯めつ眇めつ】 仔细端详 zǐxì duānxiáng
ためらう【躊躇う】 犹豫 yóuyù；迟疑 chíyí
ためる【貯める】 蓄积 xùjī；攒 zǎn ♦かねを～ 攒钱 zǎnqián
ためる【溜める】 积存 jīcún ♦家賃を～ 拖欠房租 tuōqiàn fángzū
ためん【多面】 多面 duōmiàn ♦～的な 多方面的 duōfāngmiàn de

ためんたい【多面体】 多面体 duōmiàntǐ

たもくてき【多目的-の】 ♦～ホール 综合性会堂 zōnghéxìng huìtáng

たもつ【保つ】 保持 bǎochí；维持 wéichí ♦原形を～ 保留原形 bǎoliú yuánxíng ♦保てない 保不住 bǎobuzhù

たもと【袂】 （日装的）袖子 (Rìzhuāng de) xiùzi ♦～を分かつ 分手 fēnshǒu；绝交 juéjiāo

たやす【絶やす】 消灭 xiāomiè；断绝 duànjué ♦連絡を～ 别断了联系 bié duànle liánxì

たやすい【容易い】 容易 róngyì；轻而易举 qīng ér yì jǔ

たゆまず【弛まず】 ♦～努力する 再接再厉 zài jiē zài lì；不懈地努力 búxiè de nǔlì

たゆみない【弛みない】 勤奋 qínfèn；不松懈 bù sōngxiè

たよう【多様-な】 多种多样 duōzhǒng duōyàng ♦～性 多样性 duōyàngxìng

たより【便り】 消息 xiāoxi；音信 yīnxìn ♦母の～ 母亲的信 mǔqīn de xìn

たより【頼り】 ♦～になる 靠得住 kàodezhù；可靠 kěkào

たよりない【頼りない】 不可靠 bù kěkào；没把握 méi bǎwò

たよる【頼る】 借助 jièzhù；依靠 yīkào ♦人に～ 投靠 tóukào

たらい【盥】 洗衣盆 xǐyīpén；盆子 pénzi

たらいまわし【盥回し】 轮流转交 lúnliú zhuǎnjiāo

ダライラマ 《称号》达赖喇嘛 Dálài lǎma

だらく【堕落-する】 堕落 duòluò ♦～させる 腐蚀 fǔshí

だらけ【だらけ】 松懈 sōngxiè；懒散 lǎnsǎn

たらこ【鱈子】 《タラの卵》鳕鱼子 xuěyúzǐ；《塩漬けの》咸鳕鱼子 xián xuěyúzǐ

たらしこむ【誑し込む】 诱奸 yòujiān；勾引 gōuyǐn

だらしない【だらし無い】 浪荡 làngdàng；懈怠 xièdài ♦～服装 衣冠不整 yīguān bù zhěng ♦～生活 生活散漫 shēnghuó sànmàn

たらす【垂らす】《物を》 垂 chuí；《液体を》滴 dī ♦よだれを～ 垂涎 chuíxián ♦前髪を～ 垂着前发 chuízhe qiánfà ♦はなを～ 流鼻涕 liú bítì

たらず【足らず】 不足 bùzú；不够 búgòu ♦半年～でもう 还不到半年就 hái bú dào bànnián jiù

たらたら ♦不平～ 满腹牢骚 mǎnfù láosao

だらだら ♦～流れる《血·汗が》滴滴答答地流 dīdīdādā de liú ♦話が～続く 拖拖拉拉地讲 tuōtuōlālā de jiǎng ♦～坂 慢坡 mànpō

タラップ 舷梯 xiántī

たらふく ♦～食う 吃饱 chībǎo

ダリア 大丽花 dàlìhuā

たりきほんがん【他力本願】 全靠别人 quán kào biérén；坐享其成 zuò xiǎng qí chéng

たりない【足りない】 《不十分》不足 bùzú；不够 búgòu；《価しない》不值得 bù zhíde：不足以 bù zúyǐ ♦信ずるに～ 不值得相信 bù zhíde xiāngxìn

たりょう【多量-の】 大量 dàliàng ♦出血～ 大量出血 dàliàng chūxuè

たりる【足りる】 够够 gòu；足够 zúgòu

たる【足る】 ♦～を知る 知足 zhīzú ♦読むに～ 值得看 zhíde kàn

たる【樽】 木桶 mùtǒng

だるい【怠い】 懒倦 lǎnjuàn；酸软 suānruǎn ♦体中が～ 浑身发酸 húnshēn fāsuān

たるむ【弛む】 ❶《物が》松弛 sōngchí ❷《精神が》松懈 sōngxiè

だれ【誰】 谁 shéi；shuí ♦～が书いたんだ 是谁写的 shì shéi xiě de ♦～もが知っている 谁都知道 shéi dōu zhīdao

だれかれ【誰彼】 ♦～なく 无论是谁 wúlùn shì shéi

たれこめる【垂れこめる】《雲が》笼罩 lǒngzhào；密布 mìbù

たれさがる【垂れ下がる】 下垂 xiàchuí；耷拉 dāla

たれながす【垂れ流す】 肆意排出 sìyì páichū

たれまく【垂れ幕】 帷幕 wéimù

たれる【垂れる】 下垂 xiàchuí

だれる 松弛 sōngchí；《退屈する》厌倦 yànjuàn

タレント 演员 yǎnyuán；电视上的有名人 diànshìshang de yǒumíngrén

たわいもない 无聊 wúliáo；微不足道 wēi bù zú dào ♦～話 不足取的话 bùzú qǔ de huà

たわごと【戯言】 胡话 húhuà；废话 fèihuà ♦～を言う 胡言乱语 hú yán luàn yǔ

たわむ【撓む】 弯曲 wānqū

たわむれる【戯れる】 玩 wán；玩耍 wánshuǎ

たわめる【撓める】 弄弯 nòngwān

たわわ【撓わ-に】 弯弯的 wānwān de ♦～に实る 枝上果实很沉重 zhīshang guǒshí hěn chénzhòng

たん【痰】 痰 tán

たん【端】 ♦～を発する 开始 kāishǐ; 发起 fāqǐ ♦～を開く 开端 kāiduān

だん【暖】 ♦～を取る 取暖 qǔ nuǎn

だん【段】 ♦三～《囲碁や柔道の》三段 sān duàn ♦二～ベッド 双层床 shuāngcéngchuáng ♦四～の本棚 四格儿的书架 sì gér de shūjià

だん【断】 ♦～を下す 决断 juéduàn; 做出决定 zuòchū juédìng

だん【壇】 台 tái ♦～に上がる 登上讲台 dēngshàng jiǎngtái

だんあつ【弾圧-する】 压迫 yāpò; 镇压 zhènyā

たんい【単位】 ❶《基準としての》 单位 dānwèi ♦～は1万円 以一万日元为单位 yǐ yíwàn Rìyuán wéi dānwèi ❷《成績の》 学分 xuéfēn

たんいつ【単一-の】 单一 dānyī

たんおんせつ【単音節】 单音节 dānyīnjié ♦～語 单音节词 dānyīnjiécí

たんか【単価】 单价 dānjià

たんか【担架】 担架 dānjià

たんか【炭化-する】 碳化 tànhuà 《植物が石炭になる》 炭化 tànhuà

たんか【啖呵】 连珠炮似的痛斥 liánzhūpàoshì de tòngchì ♦～を切る 痛快地骂 tòngkuài de mà

たんか【短歌】 (日本传统)短歌 (Rìběn chuántǒng) duǎngē; 和歌 hégē

タンカー 油船 yóuchuán; 油轮 yóulún

だんかい【団塊】 ♦～の世代 大量出生的一代 dàliàng chūshēng de yídài

だんかい【段階】 阶段 jiēduàn; 过程 guòchéng ♦～をおって 按着次序 ànzhe cìxù

だんがい【弾劾-する】 弹劾 tánhé

だんがい【断崖】 悬崖 xuányá ♦～絶壁 悬崖绝壁 xuányá juébì ♦～に馬を止める 悬崖勒马 xuányá lè mǎ

たんかだいがく【単科大学】 学院 xuéyuàn

たんがん【嘆願-する】 恳求 kěnqiú; 乞求 qǐqiú ♦～書 请愿书 qǐngyuànshū

だんがん【弾丸】 子弹 zǐdàn; 枪弹 qiāngdàn

たんき【短気-な】 性急 xìngjí; 火性 huǒxìng ♦～な人 急性子 jíxìngzi ♦～は損気 急性子吃亏 jíxìngzi chīkuī

たんき【短期-の】 短期 duǎnqī ♦～大学 短期大学 duǎnqī dàxué ♦～予報 近期预报 jìnqī yùbào

だんき【暖気】 ♦～団 暖气团 nuǎnqìtuán

たんきゅう【探求-する】 探求 tànqiú; 探究 tànsuǒ

たんきょり【短距離】 短距离 duǎnjùlí ♦～走 短跑 duǎnpǎo

タンク ♦ガス～ 煤气贮罐 méiqì zhùguàn ♦石油～ 油库 yóukù ♦ポリ～ 塑料罐 sùliàoguàn 《戦車》坦克 tǎnkè

タングステン 钨 wū ♦～鋼 钨钢 wūgāng

タンクローリー 槽车 cáochē; 罐车 guànchē

だんけつ【団結-する】 团结 tuánjié

たんけん【探険-する】 探险 tànxiǎn

たんけん【短剣】 短剑 duǎnjiàn

たんげん【単元】 单元 dānyuán

だんげん【断言-する】 断言 duànyán; 断定 duàndìng

たんご【単語】 单词 dāncí; 词 cí

タンゴ 探戈 tàngē ♦～を踊る 跳探戈舞 tiào tàngē wǔ

だんこ【断固-たる】 断然 duànrán; 坚决 jiānjué ♦～言いきる 一口咬定 yìkǒu yǎodìng ♦～拒否する 断然拒绝 duànrán jùjué

だんご【団子】 ❶《肉や魚の》丸子 wánzi ♦肉～ 肉丸子 ròuwánzi ❷《もち米粉の》 江米团 jiāngmǐtuán

たんこう【探鉱-する】 勘探 kāntàn

たんこう【炭坑】 煤矿 méikuàng

だんこう【断交-する】 绝交 juéjiāo

だんこう【団交】 劳资集体谈判 láozī jítǐ tánpàn

だんこう【断行-する】 坚决实行 jiānjué shíxíng

だんごう【談合-する】 会商 huìshāng; 商洽 shāngqià ♦～入札 事先商议好的投标 shìxiān shāngyìhǎo de tóubiāo

たんこうしょく【淡黄色-の】 淡黄色 dànhuángsè; 鹅黄 éhuáng

たんこうしょく【淡紅色-の】 淡红色 dànhóngsè

たんこうぼん【単行本】 单行本 dānxíngběn

たんごのせっく【端午の節句】 《陰暦5月5日》端午节 Duānwǔ Jié

だんこん【弾痕】 弹痕 dànhén

たんさ【探査-する】 探查 tànchá; 探测 tàncè

ダンサー 舞蹈演员 wǔdǎo yǎnyuán; 舞蹈家 wǔdǎojiā; 《ダンスホールの》舞女 wǔnǚ

だんざい【断罪-する】 断罪 duànzuì; 判罪 pànzuì

たんさいぼう【単細胞】 单细胞 dānxìbāo ♦～の人 头脑简单的人 tóunǎo jiǎndān de rén

たんさく【探索-する】 探索 tànsuǒ;

搜寻 sōuxún
たんざく【短冊】（长方形的）诗笺 (chángfāngxíng de) shījiān ◆《比喻》长方形块儿 chángfāngxíng kuàir
たんさん【炭酸】 碳酸 tànsuān ◆～飲料 汽水儿 qìshuǐr ◆～ガス 二氧化碳 èryǎnghuàtàn
たんし【端子】 端子 duānzǐ
だんし【男子】 男子 nánzǐ ◆～学生 男生 nánshēng
だんじ【男児】 男子汉 nánzǐhàn
だんじき【断食-する】 绝食 juéshí; 断食 duànshí
だんじこむ【談じ込む】 去抗议 qù kàngyì; 去谈判 qù tánpàn
たんじつげつ【短日月-に】 短期间 duǎnqījiān
だんじて【断じて】 断然 duànrán; 决 jué ◆～許さない 决不容许 jué bù róngxǔ
たんしゃ【単車】 摩托车 mótuōchē〖中国語‘单车'は「単独で運行する車両」や「自転車」の意〗
たんじゅう【胆汁】 胆汁 dǎnzhī
たんしゅく【短縮-する】 缩短 suōduǎn
たんじゅん【単純-な】 单纯 dānchún; 简单 jiǎndān ◆～化する 简化 jiǎnhuà ◆～な見方 粗浅的看法 cūqiǎn de kànfa
たんしょ【短所】 短处 duǎnchù; 缺点 quēdiǎn
たんしょ【端緒】 端绪 duānxù; 头绪 tóuxù ◆～を開く 开头儿 kāi tóur ◆～を掴む 抓住线索 zhuāzhù xiànsuǒ
だんじょ【男女】 男女 nánnǚ ◆～平等 男女平等 nánnǚ píngděng
たんじょう【誕生-する】 出生 chūshēng; 诞生 dànshēng ◆～石 生日宝石 shēngrì bǎoshí ◆～日 生日 shēngrì ◆もうすぐ新しい研究所が～する 将要成立新研究所 jiāngyào chénglì xīn yánjiūsuǒ
だんしょう【談笑】 说笑 shuōxiào; 谈笑 tánxiào
たんしょく【単色-の】 单色 dānsè
だんしょく【暖色】 ◆～系統 暖色调 nuǎnsèdiào
だんじる【断じる】 断定 duàndìng ◆罪無しと～ 判为无罪 pànwéi wúzuì
だんじる【談じる】 谈 tán;〖かけ合う〗谈判 tánpàn
たんしん【単身-で】 单身 dānshēn; 只身 zhīshēn ◆～赴任 单身赴任 dānshēn fùrèn
たんしん【短針】 时针 shízhēn; 短针 duǎnzhēn

たんす【箪笥】 衣柜 yīguì; 衣橱 yīchú
ダンス 舞蹈 wǔdǎo ◆～をする 跳舞 tiàowǔ ◆～音楽 舞曲 wǔqǔ ◆～パーティー 舞会 wǔhuì ◆～ホール 舞厅 wǔtīng;《営業用の》舞场 wǔchǎng
たんすい【淡水】 淡水 dànshuǐ ◆～魚 淡水鱼 dànshuǐyú ◆～湖 淡水湖 dànshuǐhú
だんすい【断水】 停水 tíngshuǐ; 断水 duànshuǐ
たんすいかぶつ【炭水化物】 碳水化合物 tànshuǐ huàhéwù
たんすう【単数】 单数 dānshù
たんせい【丹誠[精]-する】 苦功 kǔgōng; 努力 nǔlì ◆～こめて 精心努力 jīngxīn nǔlì
たんせい【端正-な】 端正 duānzhèng ◆～な顔 立ち 面貌端正 miànmào duānzhèng
たんせい【嘆声】 赞叹 zàntàn; 叹息 tànxī ◆～をもらす 慨叹 kǎitàn
だんせい【弾性】 弹性 tánxìng
だんせい【男性】 男人 nánrén; 男性 nánxìng
だんせい【男声】 男声 nánshēng ◆～合唱 男声合唱 nánshēng héchàng
たんせき【胆石】 胆石 dǎnshí ◆～症 胆石病 dǎnshíbìng
だんぜつ【断絶-する】 断绝 duànjué ◆世代間の～ 代沟 dàigōu
たんせん【単軌】 单轨 dānguǐ; 单线 dānxiàn ◆～鉄道 单线铁路 dānxiàn tiělù
だんぜん【断然】 ❶《かけはなれた》显然 xiǎnrán ◆～速い 绝对快 juéduì kuài ❷《きっぱり》坚决 jiānjué
たんそ【炭素】 碳 tàn ◆二酸化～ 二氧化碳 èryǎnghuàtàn
たんぞう【鍛造】 锻造 duànzào
だんそう【断層】 断层 duàncéng
だんそう【男装】 男装 nánzhuāng; 扮男人 bàn nánrén
たんそく【嘆息-する】 叹息 tànxī; 叹气 tànqì
たんそく【探測-する】 探测 tàncè
だんぞく【断続-する】 断续 duànxù ◆～的な 断断续续的 duànduànxùxù de; 间歇性的 jiànxiēxìng de
だんそんじょひ【男尊女卑】 重男轻女 zhòng nán qīng nǚ
たんだい【短大】 短期大学 duǎnqī dàxué
だんたい【団体】 集体 jítǐ; 团体 tuántǐ ◆～行動 集体行动 jítǐ xíngdòng ◆～旅行 集体旅行 jítǐ lǚxíng
たんたん【淡々-と】 淡泊 dànbó ◆

～と語る 淡淡地谈 dàndàn de tán
だんだん【段々-に】渐渐 jiànjiàn；逐渐 zhújiàn ♦～むずかしくなる 渐渐地难起来 jiànjiàn de nánqǐlai
だんだんばたけ【段々畑】梯田 tītián
たんち【探知-する】探知 tànzhī
だんち【団地】小区 xiǎoqū；住宅区 zhùzháiqū
だんちがい【段違い】悬殊 xuánshū；天差地远 tiān chā dì yuǎn ♦～平行棒 高低杠 gāodīgàng
たんちょう【単調】单调 dāndiào；平板 píngbǎn
たんちょう【短調】小调 xiǎodiào
だんちょう【団長】团长 tuánzhǎng〔中国語の'团长'は通常「連隊長」をいう〕
だんちょう【断腸】♦～の思い 万分悲痛 wànfēn bēitòng
タンチョウヅル【丹頂鶴】丹顶鹤 dāndǐnghè
たんてい【探偵-する】侦探 zhēntàn ♦～小説 侦探小说 zhēntàn xiǎoshuō；推理小説 tuīlǐ xiǎoshuō
だんてい【断定-する】断定 duàndìng
ダンディー 潇洒讲究的男人 xiāosǎ jiǎngjiu de nánrén
たんてき【端的】♦～に言う 坦率地说 tǎnshuài de shuō；直截了当地说 zhíjié liǎodàng de shuō ♦～に現れる 明显地表现出来 míngxiǎn de biǎoxiànchūlai
たんとう【担当-する】充任 chōngrèn；担任 dānrèn ♦～者 负责人 fùzérén
たんとう【短刀】匕首 bǐshǒu
だんとう【弾頭】弹头 dàntóu ♦核～ 核弹头 hédàntóu
だんとう【暖冬】暖冬 nuǎndōng
たんとうちょくにゅう【単刀直入】直截了当 zhíjié liǎodàng ♦～に話す 开门见山 kāi mén jiàn shān
たんどく【単独-の】单独 dāndú；单身 dānshēn ♦～行動をとる 匹马单枪 pǐ mǎ dān qiāng
たんどく【耽読-する】埋头读 máitóu dú ♦歴史小説を～する 溺于读历史小説 nìyú dú lìshǐ xiǎoshuō
だんとつ【断突】突出 túchū
だんどり【段取り】程序 chéngxù；计划 jìhuà ♦～をつける 安排 ānpái
だんな【旦那】主人 zhǔrén；主子 zhǔzi ♦～さま 大爷 dàyé；老爷 lǎoyé ♦若～ 少爷 shàoyé；〔夫〕丈夫 zhàngfu；先生 xiānsheng ♦～がうるさいのよ 我老公爱管我呢 wǒ lǎogōng ài guǎn wǒ ne
たんなる【単なる】仅仅 jǐnjǐn ♦～夢だ 只不过是个梦 zhǐbuguò shì ge mèng
たんに【単に】♦～私ばかりではない 不仅是我 bùjǐn shì wǒ ♦～力を試しただけだ 只不过是看看能力罢了 zhǐbuguò shì kànkan nénglì bàle
たんにん【担任-する】担任 dānrèn ♦～している 现任 xiànrèn ♦学級～ 班主任 bān zhǔrèn
タンニン 丹宁 dānníng ♦～酸 单宁酸 dānníngsuān
だんねつ【断熱-する】隔热 gérè；绝热 juérè ♦～材 保温材料 bǎowēn cáiliào；绝热材料 juérè cáiliào
たんねん【丹念-に】♦～に調べる 细心查找 xìxīn cházhǎo ♦～に育てる 精心饲养 jīngxīn sìyǎng
だんねん【断念-する】死心 sǐxīn；罢休 bàxiū
たんのう【堪能-する】过瘾 guòyǐn；满足 mǎnzú
たんのう【胆囊】胆囊 dǎnnáng
たんのう【堪能-な】长于 chángyú；擅长 shàncháng ♦語学に～な 善于外语 shànyú wàiyǔ
たんぱ【短波】短波 duǎnbō ♦～放送 短波广播 duǎnbō guǎngbō
たんぱく【淡泊-な】〔感情が〕淡薄 dànbó ♦～な性質 为人淡泊 wéirén dànbó；〔味が〕清淡 qīngdàn
たんぱく【蛋白】蛋白质 dànbáizhì
タンバリン 手鼓 shǒugǔ
たんパン【短パン】短裤 duǎnkù
だんぱん【談判】谈判 tánpàn；商谈 shāngtán ♦直(じか)～する 促膝谈判 cùxī tánpàn
たんびてき【耽美的-な】耽美 dānměi；唯美 wéiměi
たんぴょう【短評】短评 duǎnpíng
ダンピング ♦～する 倾销 qīngxiāo ♦反～関税 反倾销税 fǎn qīngxiāoshuì
ダンプカー 翻斗车 fāndǒuchē
たんぶん【短文】短文 duǎnwén
たんぺいきゅう【短兵急-な】突然 tūrán；冷不防 lěngbùfáng ♦～に問いかける 突然责问 tūrán zéwèn
ダンベル 哑铃 yǎlíng
たんぺん【短篇】♦～小説 短篇小説 duǎnpiān xiǎoshuō
だんぺんてき【断片的-な】片断的 piànduàn de；部分的 bùfen de
たんぼ【田圃】水地 shuǐdì；水田 shuǐtián ♦～道 田间小路 tiánjiān xiǎolù
たんぽ【担保】抵押 dǐyā ♦家を～に入れる 拿房产做抵押 ná fángchǎn zuò dǐyā
たんぼう【探訪-する】采访 cǎifǎng；

探访 tànfǎng
だんぼう【暖房-する】 暖气 nuǎnqì; 供暖 gōngnuǎn ◆～器具 取暖器 qǔnuǎnqì ◆～設備 暖气设备 nuǎnqì shèbèi
ダンボール【段ボール】 瓦楞纸 wǎléngzhǐ ◆～箱 纸板箱 zhǐbǎnxiāng
タンポポ【蒲公英】 蒲公英 púgōngyīng
たんまつ【端末】 终端 zhōngduān ◆ユーザー～ 终端用户 zhōngduān yònghù
だんまつま【断末魔】 ◆～のあがき 垂死挣扎 chuísǐ zhēngzhá ◆～の苦しみ 临死的痛苦 línsǐ de tòngkǔ
だんまり【黙り】 沉默 chénmò ◆～をきめこむ 缄默不言 jiānmò bù yán
たんめい【短命-な】 短命 duǎnmìng; 夭折 yāozhé
タンメン【湯麺】 汤面 tāngmiàn
だんめん【断面】 断面 duànmiàn; 切面 qiēmiàn ◆～図 剖示图 pōushìtú
たんもの【反物】 布匹 bùpǐ
だんやく【弾薬】 弹药 dànyào ◆～庫 弹药库 dànyàokù
だんゆう【男優】 男演员 nányǎnyuán
だんらく【段落】 段落 duànluò ◆ひと～する 告一段落 gào yí duànluò
たんらくてき【短絡的】 ◆～な考え 简单的想法 jiǎndān de xiǎngfǎ
だんらん【団欒-する】 团圆 tuányuán; 团聚 tuánjù ◆一家～の喜び 一家团聚的喜乐 yìjiā tuánjù de xǐlè
たんり【単利】 单利 dānlì
だんりゅう【暖流】 暖流 nuǎnliú
たんりょ【短慮】 短见 duǎnjiàn; 浅虑 qiǎnlǜ
たんりょく【胆力】 胆量 dǎnliàng; 气魄 qìpò
だんりょく【弾力】 弹力 tánlì; 弹性 tánxìng ◆～がある 有弹性 yǒu tánxìng ◆～性 弹性 tánxìng ◆かれは発想に～性がない 他的想法缺乏灵活性 tā de xiǎngfa quēfá línghuóxìng
たんれい【端麗-な】 端丽 duānlì
たんれん【鍛錬-する】 锻炼 duànliàn
だんろ【暖炉】 壁炉 bìlú
だんわ【談話-する】 谈话 tánhuà; 叙谈 xùtán

ち

ち【血】 血 xiě ◆～が出る 流血 liúxiě ◆～を吐く 吐血 tù xiě ◆～が騒ぐ 血气不稳 xuèqì bù wěn ◆～だらけの 血糊糊 xiěhūhū ◆～が通う 有人情味儿 yǒu rénqíng wèir ◆～を分けた兄弟 骨肉兄弟 gǔròu xiōngdì ◆～も涙もない 冷酷无情 lěngkù wúqíng
ち【地】 地 dì ◆～に足のついた 脚踏实地 jiǎo tà shídì ◆～に落ちる 扫地 sǎodì ◆～の利 地利 dìlì
ち【知】 知识; 理智 lǐzhì ◆～を磨く 陶冶知性 táoyě zhīxìng
チアガール 啦啦队姑娘 lālāduì gūniang
ちあん【治安】 治安 zhì'ān ◆～がいい 治安好 zhì'ān hǎo ◆～が悪い 治安差 zhì'ān chà ◆～を維持する 维持治安 wéichí zhì'ān ◆～を乱す 扰乱治安 rǎoluàn zhì'ān
ちい【地位】 地位 dìwèi; 位置 wèizhi ◆理事長の～に就く 任董事长的职位 rèn dǒngshìzhǎng de zhíwèi ◆～も名誉も失う 身败名裂 shēn bài míng liè
ちいき【地域】 地区 dìqū; 地域 dìyù ◆～社会 地区社会 dìqū shèhuì
ちいく【知育】 智育 zhìyù
チーク ◆～材 柚木 yóumù
ちいさい【小さい】 小 xiǎo ◆この靴はすこし～ 这双鞋有点儿小 zhè shuāng xié yǒudiǎnr xiǎo ◆体が～ 个子矮 gèzi ǎi ◆～家 小房子 xiǎo fángzi ◆～頃 小时候 xiǎo shíhou ◆気が～ 胆小 dǎnxiǎo ◆人間が～ 气量小 qìliàng xiǎo ◆～ことにこだわる 拘泥于小事 jūnìyú xiǎoshì
チーズ 干酪 gānlào
チーター 猎豹 lièbào
チーフ 主任 zhǔrèn
チーム 队 duì ◆～メート 队友 duìyǒu ◆～カラー 队风 duìfēng
チームワーク 配合 pèihé; 合作 hézuò ◆～が取れている 配合得很好 pèihede hěn hǎo
ちえ【知恵】 才智 cáizhì; 智慧 zhìhuì ◆～を絞る 出谋划策 chū móu huà cè; 绞脑汁 jiǎo nǎozhī ◆～を貸す 参谋 cānmóu
チェアマン 主席 zhǔxí
チェーン 锁链 suǒliàn; 链条 liàntiáo ◆～店 连锁商店 liánsuǒ shāngdiàn
チェーンソー 链锯 liànjù
チェス 国际象棋 guójì xiàngqí

チェック ❶《点検する》核实 héshí; 检点 jiǎndiǎn ♦文書を～する 审阅文件 shěnyuè wénjiàn ♦荷物を～する 检点行李 jiǎndiǎn xíngli ❷《格子じま》方格纹 fānggéwén ❸《小切手》支票 zhīpiào ♦トラベラーズ～ 旅行支票 lǚxíng zhīpiào

チェックアウト−する 结帐退宿 jiézhàng tuìsù

チェックイン−する 订房登记 dìngfáng dēngjì

チェックポイント ❶《関門》检查站 jiǎncházhàn ❷《注意点》应该注意的要点 yīnggāi zhùyì de yàodiǎn

チェックリスト 核对清单 héduì qīngdān

チェリスト 大提琴家 dàtíqínjiā

チェロ 大提琴 dàtíqín

ちえん【遅延−する】拖延 tuōyán; 晚点 wǎndiǎn ♦3時間～する 晚点三个小时 wǎndiǎn sān ge xiǎoshí

ちか【地下】地下 dìxià ♦～資源 矿藏 kuàngcáng ♦～室 地下室 dìxiàshì ♦～水 地下水 dìxiàshuǐ; 潜流 qiánliú ♦～道 地道 dìdào

ちか【地価】地价 dìjià

ちかい【誓い】♦～の言葉 誓词 shìcí; 誓言 shìyán ♦～を立てる 发誓 fāshì ♦～を守る 遵守誓言 zūnshǒu shìyán

ちかい【近い】近 jìn; 接近 jiējìn ♦10時～ 快十点了 kuài shí diǎn le ♦～うちにまた会いましょう 改天再见 gǎitiān zàijiàn ♦ここから～ 离这儿很近 lí zhèr hěn jìn ♦～親戚 近亲 jìnqīn

ちかい【地階】地下室 dìxiàshì

ちがい【違い】差异 chāyì; 不同 bùtóng ♦～のある 不等的 bùděng de; 不同的 bùtóng de ♦～がない 没有差别 méiyǒu chābié

ちがいない[−に違いない] 该 gāi; 一定 yídìng

ちがいほうけん【治外法権】治外法权 zhìwài fǎquán

ちかう【誓う】发誓 fāshì; 起誓 qǐshì ♦神かけて～ 赌咒 dǔzhòu

ちがう【違う】❶《異なる》不同 bùtóng; 差异 chāyì ♦AとBとは～ A和B不一样 A hé B bù yíyàng ❷《まちがっている》错 cuò; 不对 búduì ♦答えが～ 回答错了 huídácuò le

ちかく【近く】♦～のバス停 附近的汽车站 fùjìn de qìchēzhàn ♦駅はすぐ～だ 火车站就在附近 huǒchēzhàn jiù zài fùjìn ♦昼～に 快要正午的时候 kuàiyào zhèngwǔ de shíhòu ♦100人～ 将近一百人 jiāngjìn yìbǎi rén ♦～発売する 近日出售 jìnrì chūshòu ♦～帰国する 即将回国 jíjiāng huíguó

ちかく【知覚−する】知觉 zhījué ♦～神経 知觉神经 zhījué shénjīng

ちかく【地殻】地壳 dìqiào ♦～変動 地壳变动 dìqiào biàndòng

ちかく【地学】地学 dìxué

ちかごろ【近頃】最近 zuìjìn; 近来 jìnlái ♦～の若いもん 现在的年轻人 xiànzài de niánqīngrén

ちかちか ♦目が～する 刺眼 cìyǎn

ちかぢか【近々】日内 rìnèi; 过几天 guò jǐtiān

ちかづき【近づき】♦～になる 结识 jiéshí

ちかづく【近づく】靠近 kàojìn; 接近 jiējìn ♦夏が～ 快要夏天了 kuàiyào xiàtiān le ♦駅に～ 靠近车站 kàojìn chēzhàn ♦終わりに～ 接近末尾 jiējìn mòwěi ♦彼には近づかないほうがいい 不要跟他来往 búyào gēn tā láiwǎng ♦人がらが～きやすい 平易近人 píng yì jìn rén

ちかてつ【地下鉄】地铁 dìtiě

ちかみち【近道】便道 biàndào; 近路 jìnlù ♦～する 抄道 chāodào; 抄近儿 chāojìnr;〖比喻〗捷径 jiéjìng

ちかよる【近寄る】接近 jiējìn; 靠近 kàojìn ♦近寄って見る 走过去看 zǒuguòqu kàn

ちから【力】力气 lìqì; 劲头 jìntóu; 力量 lìliang ♦～がある 有力量 yǒu lìliang ♦～が入らない〖手足に〗瘫软 tānruǎn ♦～を合わせる 携手 xiéshǒu; 协作 xiézuò ♦～を出す 出力 chū lì ♦～を尽くす 致力 zhìlì ♦～を入れる 使劲 shǐjìn ♦～を抜く 松懈 sōngxiè ♦～を貸す 帮助 bāngzhù ♦～を落とす 灰心 huīxīn ♦～尽きる 精疲力尽 jīng pí lì jìn ♦～を発揮する 发挥力量 fāhuī lìliang

ちからいっぱい【力一杯】竭尽全力 jiéjìn quánlì

ちからこぶ【力瘤】肌肉疙瘩 jīròu gēda ♦～を入れる 花大力气 huā dàlìqi

ちからしごと【力仕事】笨活儿 bènhuór; 力气活 lìqihuó ♦～をする 干活 gàn huó ♦～で食う 卖力气糊口 mài lìqi húkǒu

ちからじまん【力自慢−する】夸耀力量 kuāyào lìliàng

ちからずく【力ずく−の】靠暴力 kào bàolì ♦～で実行する 强行 qiángxíng ♦～で奪う 强夺 qiángduó

ちからぞえ【力添え−する】帮助 bāngzhù; 援助 yuánzhù

ちからづける【力付ける】鼓励 gǔlì; 打气 dǎ qì

ちからづよい【力強い】强有力

qiángyǒulì ♦〜応援 强有力的支援 qiángyǒulì de zhīyuán ♦〜文章 雄文 xióngwén

ちからまかせ【力任せ-に】 用全力 yòng quánlì; 使劲儿 shǐ jìnr

ちからもち【力持ち】 有力气的 yǒu lìqi de ♦縁の下の〜 无名英雄 wúmíng yīngxióng

ちかん【痴漢】 色狼 sèláng; 色鬼 sèguǐ

ちき【知己】 知己 zhījǐ; 知音 zhīyīn; 知心朋友 zhīxīn péngyou

ちきゅう【千切る】 地球 dìqiú ♦〜儀 地球仪 dìqiúyí

ちぎょ【稚魚】 鱼花 yúhuā; 鱼苗 yúmiáo

ちぎり【契り】 誓约 shìyuē; 盟约 méngyuē ♦夫婦の〜を結ぶ 结为夫妇 jiéwéi fūfù

ちぎる【千切る】 扯 chě; 撕扯 sīchě ♦紙を細かく〜 把纸撕碎 bǎ zhǐ sīsuì

ちぎれぐも【千切れ雲】 片云 piànyún; 断云 duànyún

ちぎれる【千切れる】 被撕开 bèi sīkāi ♦ボタンが〜 钮扣扯断 niǔkòu chěduàn

チキンカツ 炸鸡排 zhá jīpái

チキンライス 鸡肉炒饭 jīròu chǎofàn

ちく【地区】 地区 dìqū; 区域 qūyù ♦文教〜 文教区 wénjiàoqū

ちくいち【逐一】 逐个 zhúgè; 逐一 zhúyī ♦〜報告する 逐一报告 zhúyī bàogào

ちぐう【知遇】 知遇 zhīyù ♦〜を受ける 得到重用 dédào zhòngyòng ♦〜にこたえる 报答知遇 bàodá zhīyù

ちくごやく【逐語訳】 直译 zhíyì

ちくざい【蓄財-する】 攒钱 zǎnqián

ちくさん【畜産】 畜产 xùchǎn ♦〜業 畜牧业 xùmùyè

ちくじ【逐次】 逐次 zhúcì; 依次 yīcì

ちくしょう【畜生】 《罵語》"あん〜め"が 那个混帐东西 nèige húnzhàng dōngxi ♦ええい〜 他妈的 tāmāde

ちくせき【蓄積-する】 积累 jīlěi; 积累疲劳 jīlěi píláo

ちくちく ♦〜痛む 象针扎似地痛 xiàng zhēn zhā shìde tòng

ちくでん【蓄電-する】 蓄电 xùdiàn

ちくでんち【蓄電池】 蓄电池 xùdiànchí

ちくのうしょう【蓄膿症】 蓄脓症 xùnóngzhèng

ちぐはぐ 不协调 bù xiétiáo ♦左右が〜だ 左右不成对 zuǒyòu bù chéngduì

ちくばのとも【竹馬の友】 总角之交

zǒngjiǎo zhī jiāo; 竹马之交 zhúmǎ zhī jiāo

ちくび【乳首】 ❶《人・動物の》 奶头 nǎitóu; 乳头 rǔtóu ❷《哺乳瓶の》 奶头 nǎitóu; 奶嘴 nǎizuǐ

ちくる 打小报告 dǎ xiǎobàogào; 告密 gàomì

ちけい【地形】 地势 dìshì; 地形 dìxíng ♦〜図 地形图 dìxíngtú

チケット 票 piào ♦入場〜 门票 ménpiào; 入场券 rùchǎngquàn

ちこく【遅刻-する】 迟到 chídào; 来晚 láiwǎn

ちさんちしょう【地産地消】 当地生产当地消费 dāngdì shēngchǎn dāngdì xiāofèi

ちし【地誌】 地志 dìzhì

ちし【致死】 致死 zhìsǐ ♦傷害〜 伤害致死 shānghài zhìsǐ

ちじ【知事】 知事 zhīshì

ちしき【知識】 知识 zhīshi ♦〜を求める 求学 qiúxué; 求知 qiúzhī ♦〜人 知识分子 zhīshi fènzǐ ♦〜欲 求知欲 qiúzhīyù

ちじき【地磁気】 地磁 dìcí

ちじく【地軸】 地轴 dìzhóu

ちしつ【知悉-する】 详悉 xiángxī; 熟知 shúzhī

ちしつ【地質】 地质 dìzhì

ちじょう【地上】 地面 dìmiàn; 地上 dìshang ♦〜8階 地上八层 dìshang bā céng ♦〜権 地上权 dìshangquán

ちじょう【痴情】 痴情 chīqíng

ちじょうい【知情意】 智情意 zhìqíngyì

ちじょく【恥辱】 耻辱 chǐrǔ; 屈辱 qūrǔ ♦このうえない〜 奇耻大辱 qí chǐ dà rǔ ♦〜を受ける 蒙受耻辱 méngshòu chǐrǔ

ちじん【知人】 相识 xiāngshí; 熟人 shúrén

ちず【地図】 地图 dìtú ♦駅までの〜 去车站的向导图 qù chēzhàn de xiàngdǎotú

ちすい【治水-する】 治水 zhìshuǐ; 河防 héfáng ♦〜工事 治水工程 zhìshuǐ gōngchéng

ちすじ【血筋】 血统 xuètǒng ♦〜を引く 继承血统 jìchéng xuètǒng ♦〜の良い 良种 liángzhǒng

ちせい【知性】 理智 lǐzhì; 才智 cáizhì ♦〜のある 有才智 yǒu cáizhì ♦〜のない 缺少理智 quēshǎo lǐzhì

ちせい【地勢】 地势 dìshì; 地形 dìxíng ♦〜が険しい 地势险要 dìshì xiǎnyào

ちせいがく【地政学】 地理政治学 dìlǐ zhèngzhìxué; 地缘政治学 dìyuán zhèngzhìxué

ちせつ【稚拙-な】 拙劣 zhuōliè；幼稚 yòuzhì
ちそう【地層】 地层 dìcéng
ちぞめ【血染め-の】 沾染着血的 zhānrǎnzhe xiě de
ちたい【地帯】 地带 dìdài ◆山岳〜 山区 shānqū
ちたい【遅滞】 拖延 tuōyán；迟延 chíyán ◆〜なく支払う 按期交付 ànqī jiāofù
チタニウム《チタン》 钛 tài
ちだらけ【血だらけ-の】 血糊糊 xiěhūhū
ちち【父】 父亲 fùqīn
ちち【乳】 奶 nǎi；乳汁 rǔzhī ◆〜牛 奶牛 nǎiniú
ちち【遅々】 ◆〜として 迟迟 chíchí
ちぢ【千々に】 ◆〜に砕ける 粉碎 fěnsuì；破碎 pòsuì ◆心が〜に乱れる 心乱如麻 xīn luàn rú má
ちちおや【父親】 父亲 fùqīn
ちちかた【父方】 父系 fùxì ◆〜の親族 父系亲属 fùxì qīnshǔ
ちちくさい【乳臭い】 《比喩》幼稚 yòuzhì
ちぢこまる【縮こまる】 蜷缩 quánsuō；缩成一团 suōchéng yì tuán
ちちしぼり【乳搾り】 挤牛奶 jǐ niúnǎi
ちぢまる【縮まる】 收缩 shōusuō；缩小 suōxiǎo ◆差が〜 差距缩短 chājù suōduǎn
ちぢみあがる【縮み上がる】《寒さ・驚きで》瑟缩 sèsuō；畏缩 wèisuō
ちぢむ【縮む】 抽缩 chōusuō；萎缩 wěisuō ◆水にぬれて〜《衣料が》缩水 suōshuǐ
ちぢめる【縮める】 缩小 suōxiǎo ◆距離を〜 缩短距离 suōduǎn jùlí ◆身を〜 龟缩 guīsuō
ちちゅう【地中】 地里 dìlǐ；地下 dìxia ◆〜深く 地层深处 dìcéng shēnchù
ちちゅうかい【地中海】 地中海 Dìzhōnghǎi
ちぢれげ【縮れ毛】 卷发 juǎnfà；鬈发 quánfà
ちぢれる【縮れる】 起皱 qǐzhòu；卷曲 juǎnqū
ちつ【膣】 阴道 yīndào
ちっきょ【蟄居-する】 蛰伏 zhéfú；蛰居 zhéjū
ちつじょ【秩序】 规律 guīlǜ；秩序 zhìxù ◆〜のある 有秩序 yǒu zhìxù ◆〜立った 井井有条 jǐngjǐng yǒu tiáo ◆〜を乱す 扰乱秩序 rǎoluàn zhìxù
ちっそ【窒素】 氮 dàn ◆〜肥料 氮肥 dànféi ◆〜酸化物 氮氧化物 dànyǎnghuàwù
ちっそく【窒息-する】 窒息 zhìxī
ちっとも【些とも】 ◆〜恐くない 一点儿也不怕 yìdiǎnr yě bú pà
チップ 小费 xiǎofèi；酒钱 jiǔqián ◆〜を渡す 给小费 gěi xiǎofèi
ちっぽけな 小小的 xiǎoxiǎo de；芝麻大的 zhīma dà de
ちてき【知的-な】 智慧的 zhìhuì de；理智的 lǐzhì de ◆〜所有権 知识产权 zhīshi chǎnquán
ちてきしょうがい【知的障害】 智障 zhìzhàng
ちてん【地点】 地点 dìdiǎn
ちどうせつ【地動説】 地动说 dìdòngshuō
ちどりあし【千鳥足-の】 蹒跚 pánshān；踉跄 liàngqiàng
ちなまぐさい【血生臭い】 血腥 xuèxīng ◆〜事件 血腥事件 xuèxīng shìjiàn
ちなみに【因に】 顺便说一下 shùnbiàn shuō yíxià
ちなむ【因む】 起因于 qǐyīnyú；来缘于 láiyuányú ◆郷里の山の名に因んで名づけた 因故乡山名命名 yīn gùxiāng shānmíng mìngmíng ◆学校の創立記念に因む行事 有关校庆的活动 yǒuguān xiàoqìng de huódòng
ちねつ【地熱】 地热 dìrè ◆〜発電 地热发电 dìrè fādiàn
ちのう【知能】 智力 zhìlì；智能 zhìnéng ◆〜指数 智商 zhìshāng ◆〜犯 智能犯 zhìnéngfàn
ちはい【遅配】 误期 wùqī ◆給料の〜 发薪误期 fā xīn wùqī ◆郵便物の〜 邮件误时晚送 yóujiàn wùshí wǎnsòng
ちばしる【血走る】 ◆目が〜 眼睛发红 yǎnjing fāhóng
ちばなれ【乳離れ-する】 断奶 duànnǎi；《比喩》自立 zìlì
ちび ❶《背が低い》矮子 ǎizi；小个子 xiǎo gèzi ❷《こども》小家伙 xiǎojiāhuo；小鬼 xiǎoguǐ
ちびちび ◆〜飲む 一点一点地喝 yìdiǎnyìdiǎn de hē
ちひょう【地表】 地表 dìbiǎo；地皮 dìpí
ちぶ【恥部】 阴暗面 yīn'ànmiàn ◆社会の〜 社会的黑暗面 shèhuì de hēi'ànmiàn
ちぶさ【乳房】 奶 nǎi；乳房 rǔfáng
チフス 伤寒 shānghán
ちへい【地平】 ◆〜の果て 天际 tiānjì ◆〜線 地平线 dìpíngxiàn
チベット 西藏 Xīzàng ◆〜語 藏文 Zàngwén；藏语 Zàngyǔ ◆〜族 藏族 Zàngzú
ちほ【地歩】 地位 dìwèi ◆〜を占める

占据位置 zhànjù wèizhi
ちほう【地方】❶《地域》地域 dìyù；地方 dìfang ♦東北～ 东北地区 dōngběi dìqū ❷《中央に対して》地方 dìfang ♦～なまり 方音 fāngyīn；地方口音 dìfang kǒuyīn ♦～色 风味 fēngwèi；地方色彩 dìfang sècǎi
ちぼう【知謀】 智谋 zhìmóu ♦～に富んだ 足智多谋 zú zhì duō móu
ちほうしょう【痴呆症】 痴呆症 chīdāizhèng
ちまき【粽】 粽子 zòngzi
ちまた【巷】 ♦～の声 群众的意见 qúnzhòng de yìjiàn ♦～をさまよう 在街头徘徊 zài jiētóu páihuái
ちまつり【血祭り】 ♦～にあげる 当做牺牲品 dàngzuò xīshēngpǐn
ちまなこ【血眼-になる】 热中 rèzhōng ♦～になって捜す 拼命地找 pīnmìng de zhǎo
ちまみれ【血塗れ-の】 血糊糊 xiěhūhū
ちまめ【血豆】 血泡 xuèpào ♦～ができる 磨出血泡 móchū xuèpào
ちまよう【血迷う】 丧心病狂 sàngxīn bìng kuáng ♦きさま，血迷ったか! 你发疯了吗 nǐ fāfēng le ma
ちみ【地味】 ♦～の痩せた 瘠薄 jíbó ♦～の豊かな 肥沃 féiwò
ちみちをあげる【血道を上げる】 入迷 rùmí；热中 rèzhōng
ちみつ【緻密-な】 ♦～な計画 仔细的计算 zǐxì de jìsuàn ♦～な計画 周密的计划 zhōumì de jìhuà ♦～な図面 精细的设计图 jīngxì de shèjìtú
ちみどろ【血みどろ】 ♦～の戦い 血淋淋的战斗 xiělínlín de zhàndòu
ちみもうりょう【魑魅魍魎】 魑魅魍魉 chīmèi wǎngliǎng
ちめい【地名】 地名 dìmíng
ちめいしょう【致命傷】 致命伤 zhìmìngshāng
ちめいじん【知名人】 名人 míngrén；知名人士 zhīmíng rénshì
ちめいてき【致命的-な】 致命的 zhìmìng de ♦～打撃を与える 给以致命的打击 gěiyǐ zhìmìng de dǎjī
ちめいど【知名度】 知名度 zhīmíngdù ♦～が高い 负有盛名 fùyǒu shèngmíng ♦～が低い 不知名 bù zhīmíng；默默无闻 mò mò wú wén
ちゃ【茶】 清茶 qīngchá；茶水 cháshuǐ ♦～の葉《加工済みの》茶叶 cháyè ♦～を入れる 泡茶 pào chá ♦～を飲む 喝茶 hē chá
チャージ《料金》费用 fèiyong；《充電する》充电 chōngdiàn；《カードなどに入金する》充值 chōngzhí
チャーター【包租】 包租 bāozū ♦～便を飛ばす 包机运输 bāojī yùnshū
チャート 图表 túbiǎo；图 tú
チャーハン【炒飯】 炒饭 chǎofàn
チャーミングな 富有魅力的 fùyǒu mèilì de；迷人的 mírén de
チャイナタウン 唐人街 tángrénjiē
チャイナドレス 旗袍儿 qípáor
チャイム 组钟 zǔzhōng；《ドアの》门铃 ménlíng
チャイルドシート 幼儿座位 yòu'ér zuòwèi
ちゃいろ【茶色】 褐色 hèsè；茶色 chásè
ちゃうけ【茶請け】 茶食 cháshí；茶点 chádiǎn
ちゃかい【茶会】 茶道会 chádàohuì
ちゃがし【茶菓子】 茶食 cháshí；茶点 chádiǎn ♦～を出す 供茶食 gōng cháshí
ちゃかす【茶化す】 调笑 tiáoxiào；开玩笑 kāi wánxiào
ちゃかっしょく【茶褐色-の】 茶褐色 cháhèsè
ちゃがら【茶殻】 茶叶渣 cháyèzhā
ちゃき【茶器】 茶具 chájù
ちゃきちゃきの 纯粹 chúncuì；地道 dìdao ♦～江戸っ子 地地道道的东京人 dìdìdàodào de Dōngjīng rén
ちゃくがん【着眼-する】 着眼 zhuóyǎn ♦～点 着眼点 zhuóyǎndiǎn
ちゃくがん【着岸-する】 拢岸 lǒng'àn；到岸 dào'àn
ちゃくじつ【着実-な】 踏实 tāshi；稳步 wěnbù ♦～に仕事をこなす 办得很踏实 bànde hěn tāshi
ちゃくしゅ【着手-する】 动手 dòngshǒu；着手 zhuóshǒu；开始 kāishǐ
ちゃくしょく【着色-する】 上色 shàngshǎi；着色 zhuósè ♦～料 食用色素 shíyòng sèsù
ちゃくしん【着信】 来电 láidiàn；来信 láixìn ♦ケイタイの～音 手机的来电铃声 shǒujī de láidiàn língshēng
ちゃくすい【着水-する】 降到水面 jiàngdào shuǐmiàn；落到水上 luòdào shuǐshang
ちゃくせき【着席-する】 落座 luòzuò；就座 jiùzuò
ちゃくそう【着想】 设想 shèxiǎng；主意 zhǔyì ♦～がすばらしい 设想很不错 shèxiǎng hěn búcuò
ちゃくちゃく【着々-と】 顺利 shùnlì ♦工事は～と進んでいる 工程顺利进行着 gōngchéng shùnlì jìnxíngzhe
ちゃくに【着荷】 到货 dàohuò

ちゃくにん【着任-する】到职 dàozhí；上任 shàngrèn
ちゃくばらい【着払い】❶《送料》收方付运费 shōufāng fù yùnfèi ❷《品物代》到货付款 dào huò fùkuǎn
ちゃくふく【着服-する】侵吞 qīntūn；吞没 tūnmò；私吞 sītūn
ちゃくもく【着目-する】着眼 zhuóyǎn；注意 zhùyì
ちゃくよう【着用-する】穿 chuān
ちゃくりく【着陆-する】降落 jiàngluò；着陆 zhuólù
チャコールグレー 黑灰色 hēihuīsè
ちゃこし【茶漉し】滤茶网 lǜcháwǎng
ちゃさじ【茶匙】茶匙 cháchí
ちゃしつ【茶室】茶室 cháshì
ちゃだい【茶代】茶钱 cháqián；小费 xiǎofèi
ちゃたく【茶托】茶托儿 chátuōr
ちゃだんす【茶箪笥】橱柜 chúguì
ちゃちな 粗糙 cūcāo ◆～ドラマ 无聊的戏 wúliáo de xì
ちゃちゃ【茶々】◆～を入れる 插嘴捣乱 chāzuǐ dǎoluàn
ちゃっか【着火-する】点火 diǎnhuǒ；着火 zháohuǒ
ちゃっかり ◆～している 滑 huá；爱得不爱失 ài dé bú ài shī
チャック 拉链 lāliàn，拉锁 lāsuǒ ◆～をしめる 拉上拉链 lāshàng lāliàn
ちゃづけ【茶漬け】茶泡饭 chápàofàn
ちゃっこう【着工-する】动工 dònggōng；开工 kāigōng
ちゃづつ【茶筒】茶叶筒 cháyètǒng
チャット 闲谈 xiántán；聊天 liáotiān ◆～を楽しむ 在网上聊天儿尽兴 zài wǎngshang liáotiānr jìnxìng
ちゃつみ【茶摘み】采茶 cǎi chá
ちゃどうぐ【茶道具】茶具 chájù
ちゃのま【茶の間】房间 qījiān
ちゃばたけ【茶畑】茶园 cháyuán
ちゃばん【茶番】闹剧 nàojù；丑剧 chǒujù ◆とんだ～だ 真是演了个丑剧了 zhēn shì yǎnle ge chǒujù le
ちゃびん【茶瓶】茶壶 cháhú
ちゃぶだい【卓袱台】短腿饭桌 duǎntuǐ fànzhuō
チャペル 小教堂 xiǎo jiàotáng
ちやほやする ❶《子供をあまやかす》娇 jiāo；宠惯 chǒngguàn ❷《おだてる》吹捧 chuīpěng；拍马屁 pāi mǎpì
ちゃめ【茶目】◆～っ气 诙谐劲儿 huīxiéjìnr
ちゃや【茶屋】❶《茶店》茶亭 chátíng；茶馆 cháguǎn ❷《お茶屋》茶叶铺 cháyèpù；茶庄 cházhuāng ❸《遊興·飲食の場》◆～遊び 嫖 piáo；冶游 yěyóu
ちゃらんぽらん-な 吊儿郎当 diào'erlángdāng；马马虎虎 mǎmǎhūhū
チャリティー ◆～ショー 义演 yìyǎn ◆～音楽会 慈善音乐会 císhàn yīnyuèhuì
チャルメラ 唢呐 suǒnà
チャレンジ ◆～する 挑战 tiǎozhàn
ちゃわん【茶碗】❶《お茶の》茶碗 cháwǎn ❷《飯の》饭碗 fànwǎn
チャンス 好机会 hǎo jīhuì；机遇 jīyù；可乘之机 kě chéng zhī jī
ちゃんと ◆～かたづいている 整理得整整齐齐 zhěnglǐde zhěngzhěngqíqí ◆～した会社 可靠的公司 kěkào de gōngsī ◆～取っておく 好好地保存 hǎohǎo de bǎocún ◆～見たのかい 确实看到了吗 quèshí kàndào le ma ◆～分かった 全懂了 quán dǒng le ◆～，あるだろう 你看，这就有啊 nǐ kàn, zhè jiù yǒu a
チャンネル 《テレビの》频道 píndào
ちゃんばら 武打 wǔdǎ ◆～映画 武戏片 wǔxìpiān
チャンピオン 冠军 guànjūn
ちゃんぽん ◆～で飲む 乱喝几种酒 luàn hē jǐ zhǒng jiǔ
ちゆ【治癒-する】治愈 zhìyù；治好 zhìhǎo
ちゅう【宙】空中 kōngzhōng ◆～に浮く 悬空 xuánkōng；浮在空中 fúzài kōngzhōng ◆計画が～に浮く 计划中途搁浅 jìhuà zhōngtú gēqiǎn
ちゅう【注】附注 fùzhù；注解 zhùjiě
ちゅうい【注意-する】❶《用心》留神 liúshén；注意 zhùyì ◆～を引く 引人注意 yǐn rén zhùyì ◆～を促す 警告 jǐnggào ◆～を怠る 轻忽 qīnghū；疏忽 shūhū ◆～を払う 关注 guānzhù；留心 liúxīn ◆～事项 须知 xūzhī ◆～深い 细心 xìxīn ❷《忠告》提醒 tíxǐng；告诉 zhōnggào
ちゅういほう【注意報】警讯 jǐngxùn；警报 jǐngbào ◆大雨～ 大雨警报 dàyǔ jǐngbào
チューインガム 口香糖 kǒuxiāngtáng
ちゅうおう【中央】◆～集権 中央集权 zhōngyāng jíquán ◆～と地方 中央和地方 zhōngyāng hé dìfāng ◆ホールの～ 大厅当中 dàtīng dāngzhōng
ちゅうおうアジア【中央アジア】中亚 Zhōng Yà

ちゅうか【中華】 中华 Zhōnghuá
ちゅうかい【仲介-する】 从中介绍 cóngzhōng jièshào ◆～の労をとる 穿针引线 chuān zhēn yǐn xiàn ◆～人 中人 zhōngrén ◆～手数料 中介费 zhōngjièfèi
ちゅうかい【注解】 诠注 quánzhù; 注释 zhùshì ◆～を加える 加以注解 jiāyǐ zhùjiě
ちゅうがい【虫害】 虫害 chónghài; 虫灾 chóngzāi ◆～を受ける 遭受虫害 zāoshòu chónghài
ちゅうがえり【宙返り-する】 翻跟头 fān gēntou
ちゅうかがい【中華街】 唐人街 tángrénjiē
ちゅうかく【中核】 骨干 gǔgàn; 核心 héxīn
ちゅうがくせい【中学生】 初中生 chūzhōngshēng
ちゅうがっこう【中学校】 初级中学 chūjí zhōngxué; 初中 chūzhōng
ちゅうがた【中型-の】 中型 zhōngxíng
ちゅうかまんじゅう【中華饅頭】 包子 bāozi
ちゅうかりょうり【中華料理】 中国菜 Zhōngguócài; 中餐 zhōngcān
ちゅうかん【中間-の】 中间 zhōngjiān ◆～搾取 中间剥削 zhōngjiān bōxuē ◆～報告 中间报告 zhōngjiān bàogào
ちゅうき【中期】 中期 zhōngqī; 中叶 zhōngyè ◆～計画 中期计划 zhōngqī jìhuà ◆平安～ 平安中叶 Píng'ān zhōngyè
ちゅうき【注記】 注解 zhùjiě; 附注 fùzhù
ちゅうぎ【忠義】 忠义 zhōngyì ◆～を尽くす 尽忠 jìnzhōng ◆～面(づら)をする 装作尽忠的样子 zhuāngzuò jìnzhōng de yàngzi
ちゅうきゅう【中級-の】 中等 zhōngděng; 中级 zhōngjí ◆～品 中路货 zhōnglùhuò
ちゅうきょり【中距離】 ◆～競走 中距离赛跑 zhōngjùlí sàipǎo
ちゅうきんとう【中近東】 中近东 Zhōngjìndōng
ちゅうくう【中空-の】 《中がから》空心 kōngxīn; 中空 zhōngkōng
ちゅうくらい【中位-の】 中等 zhōngděng; 中常 zhōngcháng ◆～の大きさのがほしい 要不大不小的 yào bú dà bù xiǎo de
ちゅうけい【中継-する】 中继 zhōngjì ◆～局 中继站 zhōngjìzhàn ◆～放送する 转播 zhuǎnbō ◆～貿易 转口贸易 zhuǎnkǒu màoyì ◆～輸送する 转运 zhuǎnyùn

ちゅうけん【中堅-の】 中坚 zhōngjiān ◆～作家 骨干作家 gǔgàn zuòjiā
ちゅうこ【中古-の】 半旧 bànjiù ◆～車 二手车 èrshǒuchē
ちゅうこうねん【中高年】 中老年 zhōnglǎonián
ちゅうこく【忠告-する】 劝告 quàngào; 忠言 zhōnggào
ちゅうごく【中国】 中国 Zhōngguó ◆～医学 中医 zhōngyī ◆～語 汉语 Hànyǔ ◆～人 中国人 Zhōngguórén ◆～料理 中国菜 Zhōngguócài
ちゅうごくふう【中国風-の】 中式 Zhōngshì; 中国风格 Zhōngguó fēnggé
ちゅうごし【中腰-で】 半蹲 bàndūn
ちゅうさ【中佐】 中校 zhōngxiào
ちゅうざ【中座-する】 中途退席 zhōngtú tuìxí
ちゅうさい【仲裁-する】 调解 tiáojiě; 调停 tiáotíng; 《法律上の》仲裁 zhòngcái ◆～人 中人 zhōngrén; 和事老 héshìlǎo ◆けんかを～する 劝架 quànjià
ちゅうざい【駐在-する】 驻在 zhùzài ◆新潟～を命じられる 被派驻新潟 bèi pàizhù Xīnxì ◆～員 驻在员 zhùzàiyuán ◆～所 (小小的)派出所 (xiǎoxiǎo de) pàichūsuǒ
ちゅうさんかいきゅう【中産階級】 中产阶级 zhōngchǎn jiējí; 小资产阶级 xiǎozīchǎn jiējí
ちゅうし【中止-する】 中止 zhōngzhǐ; 停止 tíngzhǐ
ちゅうし【注視-する】 盯 dīng; 注视 zhùshì
ちゅうじえん【中耳炎】 中耳炎 zhōng'ěryán
ちゅうじく【中軸】 基干 jīgàn; 核心 héxīn
ちゅうじつ【忠実-な】 忠 zhōng; 忠实 zhōngshí ◆原文に～である 忠于原文 zhōngyú yuánwén
ちゅうしゃ【注射-する】 打针 dǎzhēn; 注射 zhùshè ◆～器 注射器 zhùshèqì ◆～針 针头 zhēntóu
ちゅうしゃ【駐車-する】 停车 tíngchē ◆～場 停车处 tíngchēchù ◆～禁止 禁止停车 jìnzhǐ tíngchē ◆違法～ 违章停车 wéizhāng tíngchē
ちゅうしゃく【注釈】 注释 zhùshì; 注脚 zhùjiǎo ◆～する 注解 zhùjiě
ちゅうしゅう【中秋】 ◆～の名月 中秋明月 Zhōngqiū míngyuè ◆～節 中秋 Zhōngqiū; 团圆节 Tuányuán Jié
ちゅうしゅつ【抽出-する】 抽 chōu; 提取 tíqǔ ◆無作為～する 随机抽样 suíjī chōuyàng

ちゅうじゅん【中旬-に】中旬 zhōngxún
ちゅうしょう【中傷-する】诽谤 fěibàng；中伤 zhòngshāng
ちゅうしょう【抽象】抽象 chōuxiàng ◆〜概念 抽象概念 chōuxiàng gàiniàn ◆〜画 抽象画 chōuxiànghuà
ちゅうしょう【中小】◆〜企業 中小企業 zhōngxiǎo qǐyè
ちゅうじょう【中将】中将 zhōngjiàng
ちゅうしょく【昼食】午饭 wǔfàn ◆〜会 午餐会 wǔcānhuì
ちゅうしん【中心】中心 zhōngxīn ◆人物〈事件などの〉主角 zhǔjué ◆〜角 圆心角 yuánxīnjiǎo ◆〜気圧 中心気圧 zhōngxīn qìyā ◆〜地 中心地 zhōngxīndì ◆子供〜の家庭 以孩子为中心的家庭 yǐ háizi wéi zhōngxīn de jiātíng
ちゅうしん【衷心】衷心 zhōngxīn ◆〜より 由衷 yóuzhōng ◆〜より感謝を申し上げる 衷心表示感谢 zhōngxīn biǎoshì gǎnxiè
ちゅうすい【注水-する】注水 zhùshuǐ；灌水 guànshuǐ
ちゅうすい【虫垂】阑尾 lánwěi ◆〜炎 阑尾炎 lánwěiyán；盲肠炎 mángchángyán
ちゅうすう【中枢】中枢 zhōngshū；主脑 zhǔnǎo ◆〜神経 中枢神经 zhōngshū shénjīng ◆〜部 本部 běnbù
ちゅうせい【忠誠】忠诚 zhōngchéng ◆〜を尽くす 尽忠 jìnzhōng
ちゅうせい【中性-の】中性 zhōngxìng ◆〜洗剤 中性洗涤剂 zhōngxìng xǐdíjì
ちゅうせい【中世-の】中世 zhōngshì
ちゅうせい【中正-な】公正 gōngzhèng ◆〜を欠く意見だ 不公正的意见 bù gōngzhèng de yìjiàn
ちゅうぜい【中背】中等身材 zhōngděng shēncái ◆不高不矮 bù gāo bù ǎi
ちゅうせいし【中性子】中子 zhōngzǐ ◆〜爆弾 中子弹 zhōngzǐdàn
ちゅうせき【沖積】冲积 chōngjī ◆〜平野 堆积平原 duījī píngyuán ◆〜土 冲积土 chōngjī tǔ
ちゅうせき【柱石】柱石 zhùshí；台柱 táizhù ◆国家の〜 国家栋梁 guójiā dòngliáng
ちゅうせつ【忠節】忠节 zhōngjié；忠诚 zhōngchéng ◆〜を尽くす 尽忠 jìnzhōng
ちゅうぜつ【中絶-する】❶《物事を》中断 zhōngduàn；半途而废 bàntú ér fèi ❷《妊娠を》人工流产 réngōng liúchǎn；打胎 dǎtāi
ちゅうせん【抽選-する】抽签 chōuqiān ◆〜に当たる 中签 zhòng qiān
ちゅうぞう【鋳造-する】铸造 zhùzào ◆〜貨幣 铸币 zhùbì ◆〜品 铸件 zhùjiàn
チューター 辅导教师 fǔdǎo jiàoshī ◆导师 dǎoshī
ちゅうたい【中隊】连 lián；连队 liánduì ◆〜長 连长 liánzhǎng
ちゅうたい【紐帯】纽带 niǔdài
ちゅうたい【中退-する】中途退学 zhōngtú tuìxué；辍学 chuòxué ◆学費が払えず〜した 不能交学费，只好辍学 bù néng jiāo xuéfèi, zhǐhǎo chuòxué
ちゅうだん【中断-する】间断 jiànduàn；中断 zhōngduàn ◆〜させる〈話などを〉打断 dǎduàn
ちゅうちょ【躊躇-する】犹豫 yóuyù；踌躇 chóuchú ◆〜なく 不假思索 bù jiǎ sīsuǒ；毫不犹豫 háobù yóuyù
ちゅうづり【宙釣り】悬空 xuánkōng
ちゅうと【中途-で】半途 bàntú；中途 zhōngtú ◆《道の》半路 bànlù ◆〜退学する 中途退学 zhōngtú tuìxué
ちゅうとう【中等-の】中等 zhōngděng ◆〜教育 中等教育 zhōngděng jiàoyù
ちゅうとう【中東】中东 Zhōngdōng
ちゅうどう【中道】中庸之道 zhōngyōng zhī dào ◆〜を行く 走中间路线 zǒu zhōngjiān lùxiàn
ちゅうどく【中毒】◆ガス〜 煤气中毒 méiqì zhòngdú ◆麻薬〜 吸毒上瘾 xīdú shàngyǐn ◆ニコチン〜 烟瘾 yānyǐn
ちゅうとはんぱ【中途半端-な】不彻底 bú chèdǐ；有始无终 yǒu shǐ wú zhōng
チュートリアル ❶ 电脑教科书 diànnǎo jiàokēshū ❷ 个人辅导 gèrén fǔdǎo
ちゅうとん【駐屯-する】驻扎 zhùzhā；驻屯 zhùtún ◆〜地 营地 yíngdì
チューナー 调谐器 tiáoxiéqì
ちゅうなんべい【中南米】拉丁美洲 Lādīng Měizhōu
ちゅうにくちゅうぜい【中肉中背-の】中等身材 zhōngděng shēncái
ちゅうにち【中日】◆彼岸の〜 春分（秋分）chūnfēn (qiūfēn)
ちゅうにゅう【注入-する】注入 zhùrù ◆新しい理論を〜する 灌输新理论 guànshū xīn lǐlùn
チューニング ◆〜する 调谐 tiáoxié；调台 tiáotái

ちゅうねん【中年】 中年 zhōngnián ♦～の人 中年人 zhōngniánrén
ちゅうは【中波】 中波 zhōngbō
チューバ 大号 dàhào
ちゅうばんせん【中盤戦】 中盘之战 zhōngpán zhī zhàn ♦～に入る 进入中盘 jìnrù zhōngpán
ちゅうび【中火】 中火 zhōnghuǒ
ちゅうぶ【中部-の】 中部 zhōngbù
チューブ ❶《タイヤの》内胎 nèitāi ❷《管》软管 ruǎnguǎn ♦～入り筒装 tǒnghuāng ♦～レス・タイヤ 无内胎轮胎 wúnèitāi lúntāi
ちゅうぶう【中風】 中风 zhòngfēng; 卒中 cùzhòng ♦～患者 瘫子 tānzi
ちゅうふく【中腹】 山腰 shānyāo
ちゅうぶらりん【宙ぶらりん-の】 悬空 xuánkōng;《中途半端》不上不下 bú shàng bú xià ♦ 計画が～のままだ 计划处于停滞状态 jìhuà chǔyú tíngzhì zhuàngtài
ちゅうへん【中編】 中篇 zhōngpiān ♦～小説 中篇小说 zhōngpiān xiǎoshuō
ちゅうぼう【厨房】 厨房 chúfáng
ちゅうみつ【稠密】 稠密 chóumì; 密集 mìjí ♦人口が～である 人口稠密 rénkǒu chóumì
ちゅうもく【注目-する】 注视 zhùshì; 注目 zhùmù ♦～を集める 引人注目 yǐn rén zhùmù; 众目睽睽 zhòng mù kuíkuí
ちゅうもん【注文】 ❶《あつらえる》订做 dìng ♦～仕立てのスーツ 订做的西服 dìngzuò de xīfú ♦～書 定单 dìngdān ❷《料理を》点 diǎn ♦料理を～する 点菜 diǎn cài ❸《条件・希望》♦～をつける 要求 yāoqiú
ちゅうや【昼夜】 日夜 rìyè; 昼夜 zhòuyè ♦～兼行で 夜以继日 yè yǐ jì rì
ちゅうゆ【注油-する】 注油 zhùyóu; 上油 shàngyóu
ちゅうよう【中庸】 中庸 zhōngyōng ♦～の徳 中庸之德 zhōngyōng zhī dé
ちゅうりつ【中立-の】 中立 zhōnglì ♦～を守る 保持中立 bǎochí zhōnglì
チューリップ 郁金香 yùjīnxiāng
ちゅうりゃく【中略】 中略 zhōnglüè
ちゅうりゅう【中流-の】《川の》中游 zhōngyóu;《生活》小康 xiǎokāng; 中等 zhōngděng
ちゅうりゅう【駐留-する】 驻留 zhùliú ♦～軍 驻军 zhùjūn
ちゅうりんじょう【駐輪場】 自行车的停车处 zìxíngchē de tíngchēchù; 存车处 cúnchēchù

ちゅうわ【中和-する】 中和 zhōnghé ♦～剤 中和剂 zhōnghéjì
ちょ【著】 著 zhù; 著作 zhùzuò
ちょいちょい 时常 shícháng; 经常 jīngcháng ♦～見かける 经常见到 jīngcháng jiàndao
ちょう【腸】 肠 cháng; 肠管 chángguǎn; 肠子 chángzi
ちょう【兆】 兆 zhào
チョウ【蝶】 蝴蝶 húdié ♦～よ花よと娇生惯养 jiāo shēng guàn yǎng
ちょうあい【寵愛-する】 宠爱 chǒng'ài
ちょうい【弔意】 ♦～を表する 表示哀悼 biǎoshì āidào
ちょうい【潮位】 潮位 cháowèi ♦～が上がる 潮位上涨 cháowèi shàngzhǎng
ちょうい【弔慰-する】 吊唁 diàoyàn ♦～金 抚恤金 fǔxùjīn
ちょういん【調印-する】 签字 qiānzì; 签约 qiānyuē
ちょうえき【懲役】 徒刑 túxíng ♦～3年に処せられる 被判三年徒刑 bèi pàn sān nián túxíng
ちょうえつ【超越-する】 超越 chāoyuè; 超级 chāojí ♦～的な超级 chāojí ♦勝敗を～する 超脱胜负 chāotuō shèngfù
ちょうえん【腸炎】 肠炎 chángyán
ちょうおんそく【超音速】 超音速 chāoyīnsù ♦～旅客機 超音速客机 chāoyīnsù kèjī
ちょうおんぱ【超音波】 超声波 chāoshēngbō
ちょうか【超過-する】 超过 chāoguò; 涨 zhàng ♦～達成する《目標を》超额完成 chāo'é wánchéng ♦～勤務 加班 jiābān ♦支出～だ 超支 chāozhī
ちょうかい【懲戒-する】 惩戒 chéngjiè ♦～免職 惩戒免职 chéngjiè miǎnzhí
ちょうかく【聴覚】 听觉 tīngjué ♦～障害 听觉障碍 tīngjué zhàng'ài ♦～神経 听觉神经 tīngjué shénjīng
ちょうカタル【腸カタル】 肠炎 chángyán
ちょうかん【長官】 长官 zhǎngguān ♦官房～ 官房长官 guānfáng zhǎngguān
ちょうかん【鳥瞰-する】 鸟瞰 niǎokàn ♦～図 鸟瞰图 niǎokàntú
ちょうかん【朝刊】 日报 rìbào
ちょうき【長期-の】 长期 chángqī ♦～戦 持久战 chíjiǔzhàn ♦～計画 长期规划 chángqī guīhuà
ちょうき【弔旗】 半旗 bànqí; 吊旗 diàoqí ♦～を掲げる 下半旗 xià bànqí

ちょうぎかい【町議会】 镇议会 zhènyìhuì

ちょうきょう【調教-する】 《動物を》调教 tiáojiào

ちょうきょり【長距離】 长途 chángtú ◆~競走 长跑 chángpǎo ◆~電話 长途电话 chángtú diànhuà ◆~飛行 远程飞行 yuǎnchéng fēixíng ◆~輸送 远程运输 yuǎnchéng yùnshū

ちょうきん【彫金-する】 镂金 lòujīn; 雕金 diāojīn

ちょうきんてあて【超勤手当】 加班费 jiābānfèi

ちょうけい【長兄】 长兄 zhǎngxiōng; 大哥 dàgē

ちょうけし【帳消し】 ◆~にする 抵消 dǐxiāo; 销账 xiāozhàng

ちょうげん【調弦-する】 定弦 dìngxián; 定音 dìngyīn

ちょうこう【兆[徴]候】 迹象 jìxiàng; 征候 zhēnghòu ◆~がある 有征候 yǒu zhēnghòu

ちょうこう【聴講-する】 旁听 pángtīng ◆~生 旁听生 pángtīngshēng

ちょうごう【調合-する】 《薬を》调剂 tiáojì; 配药 pèiyào; 《カクテルなどを》调制 tiáozhì; 《色を》调配 tiáopèi; 配合 pèihé

ちょうごうきん【超合金】 超合金 chāohéjīn

ちょうこうぜつ【長広舌】 长篇大论 chángpiān dàlùn ◆~を振るう 滔滔不绝 谈 高论 tāotāo bùjué tán gāolùn

ちょうこうそう【超高層】 ◆~ビル 超高大厦 chāogāo dàshà

ちょうこうそくど【超高速度】 超高速 chāogāosù ◆~カメラ 超高速相机 chāogāosù xiàngjī

ちょうこく【彫刻-する】 雕刻 diāokè; 琢 zhuó ◆~刀 雕刻刀 diāokèdāo; 刻刀 kèdāo

ちょうさ【調査-する】 调查 diàochá

ちょうざい【調剤-する】 调剂 tiáojì; 配药 pèiyào

チョウザメ【蝶鮫】 鲟鱼 xúnyú

ちょうさんぼし【朝三暮四】 朝三暮四 zhāo sān mù sì

ちょうし【調子】 ❶《状態·具合》状态 zhuàngtài; 劲头 jìntóu ◆~のいいやつ 只会耍嘴的 zhǐ huì shuǎ zuǐ de ◆~が悪い 状态不好 zhuàngtài bùhǎo ◆~が出る 来劲儿 lái jìnr ◆~に乗る 得意忘形 déyì wàngxíng ◆人の話に~を合わせる 帮腔 bāngqiāng ❷《音調》音调 yīndiào ◆《楽器の》~を合わせる 定音调 dìng yīndiào ◆《歌の》~が外れる 跑调儿 pǎodiàor; 走调儿 zǒudiàor

ちょうし【長姉】 大姐 dàjiě

ちょうし【長子】 老大 lǎodà

ちょうし【銚子】 酒壶 jiǔhú

ちょうじ【寵児】 宠儿 chǒng'ér; 骄子 jiāozǐ ◆時代の~ 时代的宠儿 shídài de chǒng'ér

ちょうじ【弔辞】 悼词 dàocí ◆~を述べる 致悼辞 zhì dàocí

ちょうじかん【長時間】 许久 xǔjiǔ; 经久 jīngjiǔ ◆~にわたる交渉 经过长时间的谈判 jīngguò chángshíjiān de tánpàn

ちょうしぜん【超自然】 超自然 chāozìrán

ちょうしゃ【庁舎】 机关大楼 jīguān dàlóu

ちょうしゅ【聴取-する】 听取 tīngqǔ ◆事情~ 听取情况 tīngqǔ qíngkuàng

ちょうじゅ【長寿】 长寿 chángshòu; 高寿 gāoshòu ◆~を祝う 庆祝长寿 qìngzhù chángshòu

ちょうしゅう【徴収-する】 征收 zhēngshōu

ちょうしゅう【聴衆】 听众 tīngzhòng

ちょうしゅう【徴集-する】 征集 zhēngjí; 征募 zhēngmù ◆~されて 被征募 bèi zhēngmù

ちょうしょ【長所】 长处 chángchù; 优点 yōudiǎn

ちょうしょ【調書】 案情的记录 ànqíng de jìlù; 调查书 diàocháshū

ちょうじょ【長女】 长女 zhǎngnǚ

ちょうしょう【嘲笑-する】 嘲笑 cháoxiào; 耻笑 chǐxiào

ちょうじょう【頂上】 《山の》山顶 shāndǐng; 顶峰 dǐngfēng ◆~にアタックする 向顶峰进攻 xiàng dǐngfēng jìngōng

ちょうしょく【朝食】 早餐 zǎocān; 早饭 zǎofàn

ちょうじり【帳尻】 账尾 zhàngwěi; 账目 zhàngmù ◆~を合わせる 弄到没有亏损 nòngdào méiyǒu kuīsǔn; 使结果没问题 shǐ jiéguǒ méi wèntí

ちょうじる【長じる】 长于 chángyú; 擅长 shàncháng

ちょうしん【聴診-する】 听诊 tīngzhěn ◆~器 听筒 tīngtǒng; 听诊器 tīngzhěnqì

ちょうしん【長身-の】 个子高 gèzi gāo

ちょうしん【長針】 长针 chángzhēn

ちょうじん【超人】 超人 chāorén ◆~の記録 超人的记录 chāorén de jìlù

ちょうする【徴する】 ◆意見を~ 征

求意见 zhēngqiú yìjiàn
ちょうせい【調整-する】 调整 tiáozhěng
ちょうぜい【徴税-する】 收税 shōushuì; 征税 zhēngshuì
ちょうせつ【調節-する】 调节 tiáojié
ちょうせん【挑戦-する】 挑战 tiǎozhàn ◆～を受ける 应战 yìngzhàn ◆～的な目 挑战的眼光 tiǎozhàn de yǎnguāng
ちょうぜん【超然-たる】 超然 chāorán; 毫不在乎 háobú zàihu
チョウセンニンジン【朝鮮人参】 高丽参 Gāolíshēn; 人参 rénshēn
ちょうそ【彫塑】 雕塑 diāosù
ちょうそう【鳥葬】 鸟葬 niǎozàng; 天葬 tiānzàng
ちょうぞう【彫像】 雕像 diāoxiàng
ちょうそく【長足-の】 长足 chángzú ◆～の進歩をとげる 取得长足的进步 qǔdé chángzú de jìnbù
ちょうぞくてき【超俗的-な】 超俗 chāosú; 脱俗 tuōsú
ちょうそん【町村】 村镇 cūnzhèn
ちょうだ【長蛇】 ◆～の列をなして 排成长蛇阵 páichéng chángshézhèn ◆～を逸する 坐失良机 zuò shī liángjī
ちょうだい【頂戴-する】 领受 lǐngshòu; 蒙赠 méngzèng
ちょうたいこく【超大国】 超级大国 chāojí dàguó
ちょうたつ【調達-する】 采购 cǎigòu; 筹集 chóují ◆資金を～する 筹资 chóuzī
ちょうたん【長短】 长短 chángduǎn ◆～相補う 取长补短 qǔ cháng bǔ duǎn
ちょうたんそく【長嘆息-する】 长叹 chángtàn
ちょうたんぱ【超短波】 超短波 chāoduǎnbō; 米波 mǐbō
ちょうチフス【腸チフス】 伤寒 shānghán
ちょうちょう【長調】 大调 dàdiào
チョウチョウ【蝶々】 蝴蝶 húdié
ちょうちん【提灯】 灯笼 dēnglong ◆～持ちをする 拍马屁 pāi mǎpì; 给××吹喇叭抬轿子 gěi ×× chuī lǎba tái jiàozi
ちょうつがい【蝶番】 合叶 héyè
ちょうづめ【腸詰め】 腊肠 làcháng; 肠儿 chángr
ちょうてい【朝廷】 朝廷 cháotíng; 皇廷 huángcháo
ちょうてい【調停-する】 调处 tiáochǔ; 调解 tiáojiě; 调停 tiáotíng
ちょうてん【頂点】 顶点 dǐngdiǎn; 极点 jídiǎn ◆～に達する 达到极点 dádào jídiǎn

ちょうでん【弔電】 唁电 yàndiàn ◆～を打つ 电唁 diànyàn
ちょうでんどう【超伝導】 超导 chāodǎo ◆～体 超导体 chāodǎotǐ
ちょうど【丁度】 正 zhèng; 刚 gāng ◆～よいところへ来た 来得正好 láide zhènghǎo ◆～よい具合に 正巧 zhèngqiǎo ◆～出かけるところへ 刚要出去 gāng yào chūqù
ちょうとうは【超党派】 超党派 chāodǎngpài
ちょうとっか【超特価】 超廉价 chāoliánjià
ちょうとっきゅう【超特急】 超级特快 chāojí tèkuài ◆～で仕上げる 加急完成 jiājí wánchéng
ちょうどひん【調度品】 家具 jiājù; 日用器具 rìyòng qìjù; 陈设 chénshè
ちょうない【町内】 街道 jiēdào ◆～の人々 街道居民 jiēdào jūmín ◆～の若い衆 街道里的小伙子 jiēdàoli de xiǎohuǒzi
ちょうなん【長男】 长子 zhǎngzǐ; 大儿子 dà érzi
ちょうのうりょく【超能力】 超能 chāonéng; 特异功能 tèyì gōngnéng
ちょうは【長波】 长波 chángbō
ちょうば【帳場】 账房 zhàngfáng
ちょうはつ【徴発】 征发 zhēngfā; 征用 zhēngyòng
ちょうはつ【挑発-する】 挑拨 tiǎobō; 挑衅 tiǎoxìn
ちょうはつ【長髪-の】 长发 chángfà ◆～にする 留长发 liú chángfà
ちょうばつ【懲罰】 惩罚 chéngfá ◆～をくらう 受到惩罚 shòudào chéngfá
ちょうふく【重複-する】 重复 chóngfù
ちょうへい【徴兵-する】 征兵 zhēngbīng ◆～忌避 逃避兵役 táobì bīngyì ◆～制をしく 施行征兵制 shīxíng zhēngbīngzhì
ちょうへん【長編-の】 长篇 chángpiān ◆～小説 长篇小说 chángpiān xiǎoshuō
ちょうぼ【帳簿】 账本 zhàngběn; 账簿 zhàngbù ◆～に記入する 上账 shàngzhàng ◆二重～ 黑账 hēizhàng
ちょうほう【諜報】 谍报 diébào ◆～員 谍报员 diébàoyuán ◆～活動 谍报活动 diébào huódòng
ちょうほう【重宝】 方便 fāngbiàn; 适用 shìyòng ◆～する 爱用 àiyòng ◆～がる 器重 qìzhòng ◆口は～なものだ 嘴可以随便说 zuǐ kěyǐ suíbiàn shuō

ちょうぼう【眺望】 眺望 tiàowàng ♦〜がよい（眺望的）风景美丽 (tiàowàng de) fēngjǐng měilì

ちょうほうけい【長方形】 长方形 chángfāngxíng; 矩形 jǔxíng

ちょうほんにん【張本人】 主谋 zhǔmóu; 罪魁祸首 zuìkuí huòshǒu

ちょうまんいん【超満員-の】 (车里) 挤得要死 (chēli) jǐde yàosǐ; 拥挤不堪 yōngjǐ bùkān ♦スタンドは〜だ 看台全无立锥之地 kàntái quán wú lì zhuī zhī dì

ちょうみ【調味-する】 调味 tiáowèi ♦〜料 调料 tiáoliào: 作料 zuòliao

ちょうむすび【蝶結び】 蝴蝶结 húdiéjié ♦〜にする 打蝴蝶结 dǎ húdiéjié

ちょうめい【長命】 高寿 gāoshòu; 长寿 chángshòu

ちょうもん【弔問-する】 吊丧 diàosāng; 吊唁 diàoyàn ♦〜客 吊客 diàokè

ちょうもんかい【聴聞会】 听证会 tīngzhènghuì

ちょうやく【跳躍-する】 跳跃 tiàoyuè; 纵步 zòngbù ♦〜運動 跳跃运动 tiàoyuè yùndòng

ちょうよう【長幼】 ♦〜の序 长幼之序 zhǎngyòu zhī xù

ちょうよう【徴用-する】 征调 zhēngdiào: 征用 zhēngyòng

ちょうようせつ【重陽節】 重阳 Chóngyáng; 重九 Chóngjiǔ

ちょうらく【凋落】 凋落 diāoluò; 衰落 shuāiluò

ちょうり【調理-する】 烹饪 pēngrèn; 烹调 pēngtiáo ♦〜場 庖厨 páochú ♦〜台 案板 ànbǎn ♦〜師 厨师 chúshī

ちょうりつ【調律-する】 定弦 dìngxián ♦〜師 调律师 tiáolǜshī

ちょうりつ【町立-の】 镇立 zhènlì; 镇办 zhèn bàn

ちょうりゅう【潮流】 潮流 cháoliú ♦〜に逆らう 逆流而行 nìliú ér xíng

ちょうりょく【張力】 ♦表面〜 表面张力 biǎomiàn zhānglì

ちょうりょく【聴力】 听力 tīnglì

ちょうるい【鳥類】 鸟类 niǎolèi: 飞禽 fēiqín

ちょうれい【朝礼】 早会 zǎohuì

ちょうれいぼかい【朝令暮改】 朝令夕改 zhāo lìng xī gǎi

ちょうろう【長老】 长老 zhǎnglǎo

ちょうわ【調和-する】 ♦〜のとれた 和谐 héxié: 谐和 xiéhé; 协调 xiétiáo

チョーク 粉笔 fěnbǐ

ちょき 《じゃんけん》 剪子 jiǎnzi

ちょきん【貯金】 储蓄 chǔxù; 存款 cúnkuǎn ♦〜箱 扑满 pūmǎn ♦〜通帳 存折 cúnzhé ♦〜を引き出す 取款 qǔkuǎn ♦〜口座を作る 立账户 lì zhànghù

ちょくえい【直営-の】 直接经营 zhíjiē jīngyíng

ちょくげき【直撃-の】 直接打击 zhíjiē dǎjī; 直接命中 zhíjiē mìngzhòng

ちょくげん【直言-する】 直言 zhíyán; 诤言 zhèngyán ♦〜居士 直言之士 zhíyán zhī shì

ちょくご【直後-に】 刚…就… gāng…jiù… ♦〜に発作がきて 紧接着来了发作 jǐn jiēzhe láile fāzuò

ちょくし【直視-する】 ♦事態を〜する 正视情况 zhèngshì qíngkuàng

ちょくしゃ【直射-する】 直射 zhíshè ♦〜日光 直照的阳光 zhízhào de yángguāng

ちょくじょう【直情】 ♦〜径行 言行坦率 yánxíng tǎnshuài; 性情直爽 xìngqíng zhíshuǎng

ちょくせつ【直接-の】 直接 zhíjiē

ちょくせつ【直截-な】 简捷 jiǎnjié; 直截 zhíjié ♦〜簡明な 简捷明了 jiǎnjié míngliǎo

ちょくせん【直線】 直线 zhíxiàn ♦〜距離 直线距离 zhíxiàn jùlí ♦〜コース 直道 zhídào

ちょくぜん【直前-に】 ♦会議〜 即将开会之前 jíjiāng kāihuì zhīqián ♦出勤〜 正要上班的时候 zhèng yào shàngbān de shíhou

ちょくそう【直送-する】 ♦産地から〜する 从产地直接运送 cóng chǎndì zhíjiē yùnsòng

ちょくぞく【直属-の】 直属 zhíshǔ ♦市長に〜する 直属市长 zhíshǔ shìzhǎng

ちょくちょく 时常 shícháng; 经常 jīngcháng

ちょくつう【直通-する】 ♦〜電話 直通电话 zhítōng diànhuà ♦校長室に〜でかかる 直通校长室 zhítōng xiàozhǎngshì ♦〜列車 直达列车 zhídá lièchē ♦成都まで〜で行く 直达成都 zhídá Chéngdū

ちょくばい【直売-する】 直接销售 zhíjiē xiāoshòu

ちょくはん【直販】 直销 zhíxiāo ♦〜店 直销店 zhíxiāodiàn

ちょくほうたい【直方体】 长方体 chángfāngtǐ

ちょくめん【直面-する】 面对 miànduì; 面临 miànlín

ちょくやく【直訳-する】 直译 zhíyì

ちょくゆ【直喩】 直喻法 zhíyùfǎ

ちょくゆにゅう【直輸入-する】 直接进口 zhíjiē jìnkǒu

ちょくりつ【直立-する】 立正 lìzhèng; 直立 zhílì ◆～不動の姿勢で 站着一动不动 zhànzhe yí dòng bú dòng

ちょくりゅう【直流-の】 直流 zhíliú ◆～電気 直流电 zhíliúdiàn

ちょくれつ【直列-に】 串联 chuànlián ◆～につなぐ 串联 chuànlián

ちょこ【猪口】 酒杯 jiǔbēi; 酒盅 jiǔzhōng

ちょこまか 匆匆忙忙 cōngcōng-mángmáng

チョコレート 巧克力 qiǎokèlì; 巧克力糖 qiǎokèlìtáng

ちょさく【著作-する】 著作 zhùzuò; 著述 zhùshù ◆～権 版权 bǎnquán; 著作权 zhùzuòquán

ちょしゃ【著者】 著者 zhùzhě; 作者 zuòzhě

ちょじゅつ【著述-する】 著述 zhùshù; 写作 xiězuò ◆～業 著作家 zhùzuòjiā

ちょしょ【著書】 著述 zhùshù; 著作 zhùzuò

ちょすい【貯水】 蓄水 xùshuǐ ◆～タンク 水箱 shuǐxiāng ◆～池 水库 shuǐkù; 贮水池 xùshuǐchí

ちょぞう【貯蔵-する】 保藏 bǎocáng; 储藏 chǔcáng; 贮存 zhùcún ◆～室 仓房 cāngfáng; 库房 kùfáng

ちょちく【貯蓄-する】 储蓄 chǔxù; 存款 cúnkuǎn

ちょっかい ◆～を出す〈干渉する〉管闲事 guǎn xiánshì ◆女性に～を出す 戏弄妇女 xìnòng fùnǚ; 跟女人动手动脚 gēn nǚrén dòngshǒu dòngjiǎo

ちょっかく【直角】 直角 zhíjiǎo

ちょっかつ【直轄-の】 直辖 zhíxiá

ちょっかん【直感】 直感 zhígǎn ◆～的な 直观 zhíguān ◆～に頼る 依靠直觉 yīkào zhíjué

ちょっけい【直径】 直径 zhíjìng

ちょっけい【直系】 直系 zhíxì; 嫡系 díxì ◆～子孫 直系子孙 zhíxì zǐsūn

ちょっけつ【直結】 ◆～している 直接联系 zhíjiē liánxì ◆生活に～する問題 直接关系到生活的问题 zhíjiē guānxidao shēnghuó de wèntí

ちょっこう【直行-する】 直达 zhídá ◆～バス[列車] 直达车 zhídáchē ◆～便 [飛行機の] 直达班机 zhídá bānjī ◆現場に～する 直奔现场 zhíbēn xiànchǎng

ちょっと【一寸】 ❶〈暫時〉一会儿 yíhuìr; 暂且 zànqiě ◆～休もう 休息一会儿吧 xiūxi yíhuìr ba ❷〈少々〉一点儿 yìdiǎnr; 稍微 shāowēi ◆～寒いね 有点儿冷啊 yǒudiǎnr lěng a ❸〈かなり〉相当 xiāngdāng; 很 hěn ◆～まずいよ 这可不行 zhè kě bùxíng ❹〈呼びかけ〉喂 wèi ◆～, 見てごらん 喂, 你来看看 wèi, nǐ lái kànkan

ちょとつ【猪突】 ◆～猛進 盲目冒进 mángmù màojìn

ちょめい【著名-な】 著名 zhùmíng; 有名 yǒumíng ◆～人 知名人士 zhīmíng rénshì; 公众人物 gōngzhòng rénwù

ちょろまかす 偷钱 tōu qián; 蒙骗 méngpiàn ◆金を～ 骗取钱财 piànqǔ qiáncái

ちょんミス【珍ミス】 意外失策 yìwài shīcè

ちょんまげ【丁髷】 ◆～に結う 梳发髻 shū fàjì

ちらかす【散らかす】 弄乱 nòngluàn

ちらかる【散らかる】 零乱 língluàn; 乱七八糟 luànqībāzāo

ちらし【散らし】 广告 guǎnggào; 传单 chuándān

ちらす【散らす】 散开 sànkāi; 散布 sànbù

ちらちら 隐隐约约 yǐnyǐnyuēyuē

ちらつく ◆光が～ 闪烁 shǎnshuò ◆雪が～ 雪花飘飘 xuěhuā piāopiāo

ちらっと ◆～見る 一瞥 yìpiē

ちらばる【散らばる】 散乱 sǎnluàn; 零散 língsǎn ◆各地に散らばっている 分散在各地 fēnsànzài gèdì

ちらほら 星星点点 xīngxīng diǎndiǎn; 稀稀拉拉 xīxīlālā

ちり【塵】 尘埃 chén'āi; 尘土 chéntǔ; 灰尘 huīchén ◆～も積もれば山となる 积少成多 jī shǎo chéng duō; 集腋成裘 jí yè chéng qiú

ちり【地理】 地理 dìlǐ

ちりがみ【塵紙】 手纸 shǒuzhǐ; 卫生纸 wèishēngzhǐ

ちりぢり【散り散り-の】 七零八落 qīlíngbāluò; 四散 sìsàn

ちりとり【塵取り】 簸箕 bòji; 垃圾撮子 lājī cuōzi

ちりばめる【鏤める】 镶嵌 xiāngqiàn

ちりめん【縮緬】 绉绸 zhòuchóu

ちりょう【治療-する】 治疗 zhìliáo ◆～を受ける 就诊 jiùzhěn ◆～法 疗法 liáofǎ

ちりょく【知力】 智力 zhìlì

ちりれんげ【塵蓮華】 调羹 tiáogēng; 羹匙 gēngchí; 汤匙 tāngchí

ちりんちりん〈鈴などが〉 丁零丁零 dīnglíngdīnglíng

ちる【散る】 散 sàn; 分散 fēnsàn ◆花が～ 花谢 huā xiè ◆気が～ 精神不集中 jīngshén bù jízhōng

チルド 冷藏 lěngcáng ◆～輸送 冷

藏运输 lěngcáng yùnshū
ちわげんか【痴話喧嘩】吃醋吵架 chīcù chǎojià
ちん【賃】♦家〜 房租 fángzū ♦運〜 运费 yùnfèi ♦工〜 工钱 gōngqián
ちんあげ【賃上げ-する】加薪 jiāxīn ♦〜要求 要求加薪 yāoqiú jiāxīn
ちんあつ【鎮圧-する】镇压 zhènyā；平息 píngxī
ちんうつ【沈鬱-な】忧郁 yōuyù；沉抑 chényì
ちんか【沈下-する】下沉 xiàchén；沉降 chénjiàng ♦地盘〜 地面下沉 dìmiàn xiàchén
ちんか【鎮火-する】灭火 miè huǒ；火灾熄灭 huǒzāi xīmiè
ちんがし【賃貸し-する】出租 chūzū；出赁 chūlìn
ちんがり【賃借り-する】租借 zūjiè；租赁 zūlìn；赁 lìn
ちんき【珍奇-な】珍奇 zhēnqí
ちんきゃく【珍客】稀客 xīkè
ちんぎん【賃金】工钱 gōngqian；工资 gōngzī；薪水 xīnshuǐ ♦〜を上げる 加薪 jiāxīn ♦〜を下げる 减薪 jiǎnxīn ♦〜格差 工资差距 gōngzī chājù ♦〜が安い 薪水低 xīnshuǐ dī
ちんこん【鎮魂】安魂 ānhún ♦〜歌 安魂曲 ānhúnqǔ
ちんじ【珍事】稀奇事 xīqíshì
ちんしごと【賃仕事】计件工作 jìjiàn gōngzuò
ちんしもっこう【沈思黙考】沉思默想 chénsī mòxiǎng
ちんしゃ【陳謝-する】道歉 dàoqiàn；赔不是 péi búshì
ちんじゅつ【陳述-する】陈述 chénshù ♦〜書 陈述书 chénshùshū；申诉书 shēnsùshū
ちんじょう【陳情-する】请愿 qǐngyuàn ♦役所に〜する 向机关请愿 xiàng jīguān qǐngyuàn
ちんせい【鎮静-する】平静 píngjìng ♦〜剤 定心丸 dìngxīnwán；镇静剂 zhènjìngjì
ちんせつ【珍説】奇谈 qítán
ちんたい【沈滞-した】呆滞 dāizhì；沉闷 chénmèn；死气沉沉 sìqì chénchén ♦〜を打破する 打破沉闷气氛 dǎpò chénmèn qìfen
ちんたい【賃貸-する】出租 chūzū ♦〜料 租金 zūjīn；租钱 zūqian
ちんたいしゃく【賃貸借】租赁 zūlìn ♦〜契約 租约 zūyuē
ちんたら 慢慢吞吞 mànmantūntūn
ちんちゃく【沈着-な】沉着 chénzhuó
ちんちょう【珍重-する】珍视 zhēnshì；珍重 zhēnzhòng
ちんつう【沈痛-な】悲痛 bēitòng；沉痛 chéntòng ♦〜な面持ち 沉痛的表情 chéntòng de biǎoqíng
ちんでん【沈澱-する】沉淀 chéndiàn ♦〜物 沉淀物 chéndiànwù
ちんにゅう【闖入-する】闯入 chuǎngrù；闯进 chuǎngjìn
チンパンジー 黑猩猩 hēixīngxing
ちんぴら 小流氓 xiǎoliúmáng
ちんぴん【珍品】珍品 zhēnpǐn
ちんぷ【陳腐-な】陈腐 chénfǔ；陈旧 chénjiù ♦〜な言葉 陈词滥调 chén cí làn diào
ちんぷんかんぷん 莫名其妙 mò míng qí miào；无法理解 wúfǎ lǐjiě
ちんぼつ【沈没-する】沉没 chénmò；下沉 xiàchén ♦〜船 沉船 chénchuán
ちんみ【珍味】♦山海の〜 山珍海味 shānzhēn hǎiwèi
ちんもく【沈黙-する】沉默 chénmò；沉寂 chénjì ♦〜を破る 打破沉默 dǎpò chénmò
ちんれつ【陳列-する】陈列 chénliè；铺陈 pūchén ♦〜棚 陈列架 chénlièjià；陈列橱 chénlièchú

つ

ツアー 旅行 lǚxíng; 旅游 lǚyóu ♦~コンダクター 旅游向导 lǚyóu xiàngdǎo

つい【対】 ♦~になる 成对 chéngduì

つい 不由得 bùyóude; 无意中 wúyìzhōng ♦~しゃべってしまった 无意中说出来了 wúyìzhōng shuōchūlai le ♦~さっき 刚才 gāngcái

ツイード 苏格兰呢 sūgélánní; 粗呢 cūní

ついえる【潰える】 崩溃 bēngkuì

ついおく【追憶-する】 追忆 zhuīyì; 回忆 huíyì

ついか【追加-する】 追加 zhuījiā; 添补 tiānbǔ ♦~予算 追加预算 zhuījiā yùsuàn

ついかんばん【椎間板】 ♦~ヘルニア 椎间盘突出症 zhuījiānpán tūchūzhèng

ついき【追記】 补记 bǔjì

ついきゅう【追及-する】 追查 zhuīchá; 追究 zhuījiū ♦責任を~する 追究责任 zhuījiū zérèn

ついきゅう【追求-する】 追求 zhuīqiú

ついきゅう【追究-する】 追究 zhuījiū; 探索 tànsuǒ ♦真相を~する 追究真相 zhuījiū zhēnxiàng

ついく【対句】 对句 duìjù; 对偶句 duì'ǒujù

ついげき【追撃-する】 追击 zhuījī

ついしけん【追試験】 补考 bǔkǎo ♦~を受ける 参加补考 cānjiā bǔkǎo

ついじゅう【追従-する】 追随 zhuīsuí; 效法 xiàofǎ

ついしょう【追従】 讨好 tǎohǎo; 奉承 fèngchéng

ついしん【追伸】《書簡の「P.S.」》又及 yòují; 再者 zàizhě

ついずい【追随-する】 追随 zhuīsuí; 亦步亦趋 yì bù yì qū ♦~者 追随者 zhuīsuízhě ♦~を許さない 不能仿效 bùnéng fǎngxiào

ついせき【追跡-する】 跟踪 gēnzōng; 尾追 wěizhuī ♦~調査 跟踪研究 gēnzōng yánjiū

ついぜん【追善】 ♦~供養 为死者作佛事 wèi sǐzhě zuò fóshì

ついそ【追訴-する】 追诉 zhuīsù; 追加诉讼 zhuījiā sùsòng

ついそう【追想-する】 回忆 huíyì; 追想 zhuīxiǎng

ついたて【衝立】 屏风 píngfēng

ついちょう【追徴-する】 补征 bǔzhēng; 追征 zhuīzhēng

ついつい 不由得 bùyóude; 不由自主 bù yóu zì zhǔ ♦~涙がこぼれた 不由得流泪了 bùyóude liúlèi le

ツイッター 推特 tuītè

ついて《…について》对于 duìyú; 就 jiù; 关于 guānyú

ついで【序-に】 就便 jiùbiàn; 顺便 shùnbiàn ♦~の時 得便时 débiàn shí

ついで【次いで】 随后 suíhòu; 接着 jiēzhe ♦~かれが歌った 接着他唱了 jiēzhe tā chàng le

ついている《運》运气好 yùnqi hǎo; 走运 zǒuyùn ♦ついていない 倒霉 dǎoméi; 晦气 huìqi; 坏气 huìqi

ついてゆけない【付いて行けない】 赶不上 gǎnbushàng; 跟不上 gēnbushàng

ついてゆける【付いて行ける】 赶得上 gǎndeshàng; 跟得上 gēndeshàng

ついとう【追悼-する】 追悼 zhuīdào ♦~の辞 悼词 dàocí

ついとつ【追突-する】 从后面撞上 cóng hòumian zhuàngshàng

ついに【遂に】 终于 zhōngyú; 到底 dàodǐ

ついにん【追認-する】 追认 zhuīrèn; 事后承认 shìhòu chéngrèn

ついばむ【啄む】 啄 zhuó

ついひ【追肥】 追肥 zhuīféi

ついぼ【追慕-する】 缅怀 miǎnhuái; 怀念 huáiniàn

ついほう【追放-する】 驱逐 qūzhú; 放逐 fàngzhú; 流放 liúfàng

ついやす【費やす】《時間・金銭を》花 huā; 花费 huāfèi ♦言葉を~ 费口舌 fèi kǒushé

ついらく【墜落-する】 坠落 zhuìluò ♦~死 摔死 shuāisǐ

ツイン 双人房间 shuāngrén fángjiān

つう【通】 内行 nèiháng; 行家 hángjia ♦アメリカ~ 美国通 Měiguótōng

つういん【痛飲-する】 痛饮 tòngyǐn; 酣饮 hānyǐn

つういん【通院-する】 门诊治疗 ménzhěn zhìliáo

つううん【通運】 ♦~会社 运输公司 yùnshū gōngsī

つうか【通貨】 通货 tōnghuò ♦~交換レート 货币兑换率 huòbì duìhuànlǜ

つうか【通過-する】 通过 tōngguò; 经过 jīngguò

つうかい【痛快-な】 痛快 tòngkuài; 大快人心 dàkuài rénxīn

つうがく【通学-する】 上学 shàngxué ♦~生 走读生 zǒudúshēng

つうかん【痛感-する】 痛感 tòng-

gǎn; 深感 shēngǎn
つうかん【通関-する】 ◆~手続き 过关手续 guòguān shǒuxù
つうき【通気】 通风 tōngfēng; 通气 tōngqì ◆~孔 通风口 tōngfēngkǒu; 通气口 tōngqìkǒu
つうぎょう【通暁-する】 精通 jīngtōng; 洞晓 dòngxiǎo
つうきん【通勤-する】 上班 shàngbān ◆~ラッシュ 上下班高峰时间 shàngxiàbān gāofēng shíjiān
つうげき【痛撃】 痛打 tòngdǎ; 痛击 tòngjī ◆~を蒙る 受到严重打击 shòudao yánzhòng dǎjī
つうこう【通行-する】 通行 tōngxíng; 往来 wǎnglái ◆~禁止 禁止通行 jìnzhǐ tōngxíng ◆~证 通行证 tōngxíngzhèng ◆~人 行人 xíngrén
つうこう【通航-する】 通航 tōngháng
つうこく【通告-する】 通告 tōnggào; 通知 tōngzhī
つうこん【痛恨-の】 痛心 tòngxīn ◆~に堪えない 悔恨不已 huǐhèn bùyǐ ◆~の極み 遗憾之至 yíhàn zhī zhì
つうさん【通算-する】 总计 zǒngjì
つうしょう【通商-する】 通商 tōngshāng; 贸易 màoyì ◆~条约 通商条约 tōngshāng tiáoyuē
つうしょう【通称】 俗称 súchēng
つうじょう【通常-の】 一般 yìbān; 通常 tōngcháng
つうじる【通じる】 《つながる》通 tōng ◆電話が~ 通电话 tōng diànhuà ◆《道》市内に通じている 通到市内 tōngdào shìnèi; 《分る》日本語に通じている 精通日语 jīngtōng Rìyǔ ◆気脈を~ 串通一气 chuàntōng yíqì ◆心心相通 xīnxīn xiāngtōng ◆話が通じない 说不通 shuōbutōng; 不理解 bù lǐjiě; 《通して》…を通じて 通过 tōngguò
つうしん【通信-する】 通信 tōngxìn; 通讯 tōngxùn ◆~衛星 通讯卫星 tōngxùn wèixīng ◆~教育 函授 hánshòu ◆~社 通讯社 tōngxùnshè ◆~販売 函售 hánshòu ◆~販売で買う 邮购 yóugòu; 函购 hángòu
つうしんぼ【通信簿】 成绩册 chéngjīcè
つうせい【通性】 通性 tōngxìng; 共性 gòngxìng
つうせつ【通説】 一般的说法 yìbān de shuōfǎ
つうせつ【痛切-に】 痛切 tòngqiè; 深切 shēnqiè ◆~に感じる 深深感到 shēnshēn gǎndào
つうそく【通則】 一般的规则 yìbān de guīzé
つうぞく【通俗-な】 通俗 tōngsú ◆~文学 通俗文学 tōngsú wénxué
つうたつ【通達-する】 通告 tōnggào; 通知 tōngzhī
つうち【通知-する】 通知 tōngzhī
つうちひょう【通知表】 成绩单 chéngjīdān
つうちょう【通帳】 ◆貯金~ 存折 cúnzhé
つうちょう【通牒】 通牒 tōngdié ◆最后の~ 最后通牒 zuìhòu tōngdié
つうといえばかあ【つうと言えばかあ】 心连心 xīn lián xīn; 彼此心照 bǐcǐ xīn zhào
つうどく【通読-する】 通读 tōngdú
ツートンカラー 双色调 shuāngsèdiào
つうねん【通念】 共同的想法 gòngtóng de xiǎngfa; 一般的想法 yìbān de xiǎngfa
つうば【痛罵-する】 痛骂 tòngmà
つうふう【痛風】 痛风 tòngfēng ◆~を患う 患痛风 huàn tòngfēng
つうふう【通風】 通风 tōngfēng
つうほう【通報-する】 通报 tōngbào; 《警察に》报警 bàojǐng
つうぼう【痛棒】 ◆~を食らう 被痛斥 bèi tòngchì
つうやく【通訳-する】 翻译 fānyì; 口译 kǒuyì ◆同時~ 同声传译 tóngshēng chuányì
つうよう【通用】 通用 tōngyòng ◆~しない 行不通 xíngbutōng ◆~口 便门 biànmén; 侧门 cèmén ◆~門 旁门 pángmén; 便门 biànmén
つうよう【痛痒】 痛痒 tòngyǎng ◆~を感じない 无关痛痒 wúguān tòngyǎng
つうらん【通覧-する】 综览 zǒnglǎn; 综观 zōngguān
ツーリスト 旅客 lǚkè
ツール 工具 gōngjù; 器具 qìjù
つうれい【通例】 惯例 guànlì; 常规 chángguī
つうれつ【痛烈-な】 严厉 yánlì; 激烈 jīliè; 猛烈 měngliè
つうろ【通路】 过道 guòdào; 通路 tōnglù
つうわ【通話】 通话 tōnghuà ◆~料 通话费 tōnghuàfèi
つえ【杖】 手杖 shǒuzhàng; 拐杖 guǎizhàng ◆~を突く 拄拐杖 zhǔ guǎizhàng
つか【塚】 土堆 tǔduī; 坟墓 fénmù
つかい【使い】 ◆~を出す 打发人去 dǎfa rén qù; 派使者 pài shǐzhě
つがい【番】 雌雄 cíxióng; 一对 yí-

つかいかた【使い方】用法 yòngfǎ
つかいきる【使い切る】用完 yòngwán
つかいこなす【使いこなす】运用自如 yùnyòng zìrú
つかいこむ【使い込む】❶«着服»挪用 nuóyòng；盗用 dàoyòng ❷«使い慣れる»用惯 yòngguàn
つかいすて【使い捨て-の】一次性 yícìxìng
つかいだて【使い立て】♦～する 派人去 pài rén qù ♦お～してすみません 麻烦您跑一趟，对不起 máfan nín pǎo yítàng, duìbuqǐ
つかいで【使い出】♦～がある 耐用 nàiyòng ♦～がない 不经用 bù jīngyòng
つかいなれる【使い慣れる】用惯 yòngguàn
つかいのこす【使い残す】用剩 yòngshèng
つかいばしり【使い走り】跑腿儿 pǎotuǐr
つかいはたす【使い果たす】用尽 yòngjìn ♦金を～ 把钱花光 bǎ qián huāguāng ♦資源を～ 耗尽资源 hàojìn zīyuán
つかいみち【使い道】用处 yòngchù ♦～のある 有用 yǒuyòng ♦～のない 无用 wúyòng ♦没有用处 méiyǒu yòngchù
つかいもの【使いもの】♦～にならない 不中用 bù zhōngyòng；没有用 méiyǒu yòng
つかいわける【使い分ける】分别使用 fēnbié shǐyòng
つかう【使う】用 yòng；使用 shǐyòng ♦頭を～ 动脑筋 dòng nǎojīn
つかう【遣[使]う】♦お金を～ 花钱 huā qián ♦気を～ 费心 fèixīn；操心 cāoxīn
つかえる【支える】«道が» 堵塞 dǔsè；拥塞 yōngsè ♦喉に～ 卡在嗓子里 kǎzài sǎngzili
つかえる【仕える】服侍 fúshi；伺候 cìhou；服务 fúwù
つかさどる【司る】掌管 zhǎngguǎn；执掌 zhízhǎng
つかずはなれず【付かず離れず-の】不即不离 bù jí bù lí；若即若离 ruò jí ruò lí
つかぬこと【付かぬ事】♦～をおたずねしますが 冒昧地问一下 màomèi de wèn yíxià
つかのま【束の間-の】一瞬间 yíshùnjiān；转眼之间 zhuǎnyǎn zhī jiān
つかまえる【捕まえる】捉 zhuō；捕获 bǔhuò；捕捉 bǔzhuō；抓住 zhuāzhù ♦タクシーを～ 找辆出租汽车 zhǎo liàng chūzū qìchē ♦犯人を～ 捉拿犯人 zhuōná fànrén
つかまる【掴まる】«捕えられる»被抓住 bèi zhuāzhù；被捕 bèibǔ；«しっかり握る»抓住 zhuāzhù
つかみあい【掴み合い-をする】扭打 niǔdǎ ♦～の喧嘩 互相揪打 hùxiāng jiūdǎ
つかみかかる【掴み掛かる】前来揪住 qiánlái jiūzhù
つかみだす【掴み出す】抓出 zhuāchū
つかみどころ【掴み所】♦～のない 难以捉摸 nányǐ zhuōmō；不得要领 bù dé yàolǐng
つかむ【掴む】抓 zhuā；揪 jiū ♦チャンスを～ 抓住机会 zhuāzhù jīhuì
つかる【漬かる】泡 pào ♦湯船に～ 泡在浴缸里 pàozài yùgānglǐ
つかれ【疲れ】疲劳 píláo ♦～が出る 感到疲倦 gǎndào píjuàn ♦～の色 倦容 juànróng
つかれきる【疲れきる】精疲力竭 jīng pí lì jié
つかれはてる【疲れ果てる】筋疲力尽 jīn pí lì jìn
つかれる【疲れる】累 lèi；疲劳 píláo；疲倦 píjuàn
つかわす【遣わす】派遣 pàiqiǎn
つき【付】«幸運»运气 yùnqi；红运 hóngyùn ♦～が回る 走运 zǒuyùn ♦～がない 背运 bèiyùn
つき【月】❶«空の»月亮 yuèliang；～の光 月光 yuèguāng ♦三日～ 月牙儿 yuèyár ♦～とすっぽん 天壤之别 tiān rǎng zhī bié ❷«こよみの»月份 yuèfèn ♦三（み）～ 三个月 sān ge yuè ♦～初め 月初 yuèchū ♦月头儿 yuètóur ♦～なかば 月中 yuèzhōng ♦～末 月底 yuèdǐ ♦～極め 按月 àn yuè
つぎ【継ぎ】补丁 bǔding ♦～を当てる 打补丁 dǎ bǔding
つぎ【次-の】下一个 xià yíge；其次 qícì ♦～の試合 下次比赛 xià cì bǐsài
つきあい【付き合い】交往 jiāowǎng；应酬 yìngchou ♦長年の～ 多年的交往 duōnián de jiāowǎng；相交有素 xiāngjiāo yǒu sù ♦彼と～がある 跟他来往 gēn tā láiwǎng ♦～で飲む 陪着喝酒 péizhe hē jiǔ
つきあう【付き合う】打交道 dǎ jiāodào；交往 jiāowǎng；来往 láiwǎng；相处 xiāngchǔ ♦コーヒーに～ 陪着去喝咖啡馆 péizhe qù kāfēiguǎn
つきあげ【突き上げ】♦下からの～ 下级的压力 xiàjí de yālì

つきあたり【突き当り】 尽头 jìntóu ♦〜を左に曲がりなさい 走到尽头儿往左拐 zǒudào jìntóur wǎng zuǒ guǎi

つきあたる【突き当たる】 撞上 zhuàngshàng ♦困難に〜 碰到困难 pèngdào kùnnan

つきあわせる【突き合わせる】 查对 cháduì；核对 héduì ♦顔を〜 面对面 miàn duì miàn

つきおとす【突き落とす】 推下去 tuīxiàqu

つきかえす【突き返す】 退回 tuìhuí；拒绝 jùjué

つぎき【接ぎ木ーする】 接枝 jiēzhī；嫁接 jiàjiē

つききり【付き切りーで】 ♦〜で看病する 整天不离地护理 zhěngtiān bù lí de hùlǐ

つきごと【月毎ーに】 每月 měiyuè

つぎこむ【注ぎ込む】 注入 zhùrù；倾注 qīngzhù ♦《金を》競馬に〜 花在赛马上 huāzài sàimǎshang

つきさす【突き刺す】 扎入 zhārù；刺进 cìjìn；捅进 tǒngjìn

つきしたがう【付き従う】 伴随 bànsuí；跟随 gēnsuí

つきすすむ【突き進む】 冲进 chōngjìn；迈进 màijìn

つきそい【付き添い】 伺候 cìhou；照看 zhàokàn；护理 hùlǐ

つきそう【付き添う】 服侍 fúshi；陪伴 péibàn

つきだす【突き出す】 ♦腹を〜 挺出肚子来 tǐngchū dùzi lai ♦窓から頭を〜 从窗口探头 cóng chuāngkǒu tàntóu ♦犯人を〜 扭送 niǔsòng

つぎたす【継ぎ足す】 补上 bǔshàng；添上 tiānshàng

つきたてる【突き立てる】 竖起 shùqǐ；插上 chāshàng ♦親指を〜 竖起大拇指 shùqǐ dàmǔzhǐ

つきづき【月々】 每个月 měige yuè

つぎつぎ【次々ーと】 接二连三 jiē èr lián sān；接连不断 jiēlián búduàn

つきつける【突き付ける】 摆在眼前 bǎizài yǎnqián；亮出 liàngchū

つきつめる【突き詰める】 追根 zhuīgēn ♦突き詰めて考える 冥思苦想 míng sī kǔ xiǎng

つきでる【突き出る】 突出 tūchū

つきとばす【突き飛ばす】 撞倒 zhuàngdǎo；推倒 tuīdǎo

つきとめる【突き止める】 查明 chámíng；追究 zhuījiū

つきなみ【月並ーな】 平庸 píngyōng；平淡无奇 píngdàn wúqí

つきぬける【突き抜ける】 ♦壁を〜 穿透墙壁 chuāntòu qiángbì ♦公園を〜 穿过公园 chuānguò gōngyuán

ツキノワグマ【月輪熊】 狗熊 gǒuxióng；黑熊 hēixióng

つぎはぎ【継ぎ接ぎ】 缝补 féngbǔ；补丁 bǔdīng；《寄せ集めの》东拼西凑 dōng pīn xī còu

つきはなす【突き放す】 推开 tuīkāi；甩掉 shuǎidiào

つきばらい【月払い】 分月付款 fēnyuè fùkuǎn

つきひ【月日】 时光 shíguāng；岁月 suìyuè

つきびと【付き人】 《芸能人などの》服侍人 fúshirén；跟班 gēnbān

つきまとう【付き纏う】 缠住 chánzhù；纠缠 jiūchán ♦《人が》しつこく〜 纠缠不休 jiūchán bùxiū

つきみ【月見】 赏月 shǎngyuè

ツキミソウ【月見草】 《マツヨイグサ》待宵草 dàixiāocǎo

つぎめ【継ぎ目】 接缝 jiēfèng

つきやとい【月雇ーの】 月工 yuègōng

つきやぶる【突き破る】 扎破 zhāpò；戳穿 chuōchuān

つきやま【築山】 假山 jiǎshān

つきゆび【突き指ーする】 戳伤手指 chuōshāng shǒuzhǐ

つきよ【月夜】 月夜 yuèyè

つきる【尽きる】 尽 jìn；完 wán；结束 jiéshù ♦力が〜 筋疲力尽 jīn pí lì jìn

つきわり【月割り】 每月平均 měiyuè píngjūn

つく【付く】 附着 fùzhuó；粘上 zhānshàng ♦泥が〜 沾上泥 zhānshàng ní ♦おまけが〜 附送赠品 fùsòng zèngpǐn ♦護衛が〜 有警卫员跟随 yǒu jǐngwèiyuán gēnsuí ♦知恵が〜 长智慧 zhǎng zhìhuì ♦傷が〜 留下伤痕 liúxià shānghén ♦片が〜 得到解决 dédào jiějué ♦気が〜 注意到 zhùyìdào

つく【就く】 ♦職に〜 就任 jiùrèn ♦床に〜 就寝 jiùqǐn

つく【着く】 到 dào ♦家に〜 到家 dào jiā ♦手紙が着いた 信寄到了 xìn jìdào le

つく【突く】 捅 tǒng；扎 zhā；戳 chuō ♦鐘を〜 敲钟 qiāo zhōng ♦杖を〜 拄拐杖 zhǔ guǎizhàng ♦両手を〜 两手支地 liǎngshǒu zhīdì ♦鼻を〜 扑鼻 pūbí ♦弱点を〜 攻击弱点 gōngjī ruòdiǎn

つく【搗く】 ♦モチを〜 捣糍粑 dǎo cíbā

つく【吐く】 ♦ため息を〜 叹一口气 tàn yì kǒu qì ♦嘘を〜 说谎 shuō huǎng

つく【憑く】 ♦魔物が〜 魔鬼附体 móguǐ fùtǐ

つぐ【注ぐ】 注入 zhùrù ♦酒を~ 斟酒 zhēn jiǔ ♦~を倒す 倒茶 dào chá
つぐ【次ぐ】 ♦東京に~大都会 仅次于东京的大城市 jǐn cìyú Dōngjīng de dà chéngshì
つぐ【継ぐ】 继承 jìchéng
つぐ【接ぐ】 接连 jiēlián ♦骨を~ 接骨 jiēgǔ ♦ことばを~ 继续说 jìxù shuō
つくえ【机】 书桌 shūzhuō; 桌子 zhuōzi; 写字台 xiězìtái
ツクシ【土筆】 笔头草 bǐtóucǎo
つくす【尽くす】 尽 jìn ♦全力を~ 尽全力 jìn quánlì ♦社会に~ 为社会效力 wèi shèhuì xiàolì ♦言い尽くせない 说不尽 shuōbùjìn ♦焼き~ 烧光 shāoguāng ♦なにもかも知りつくしている 什么事情都知道 shénme shìqing dōu zhīdao
つくづく【熟】 ♦~眺める 仔细看 zǐxì kàn ♦~思う 深切地觉得 shēnqiè de juéde
ツクツクボウシ【寒蝉】 寒蝉 hánchán
つぐなう【償う】 赔 péi; 赔偿 péicháng ♦罪を~ 赎罪 shú zuì ♦損害を~ 赔偿损失 péicháng sǔnshī
つぐむ【噤む】 ♦口を~ 缄口 jiānkǒu; 闭口不谈 bì kǒu bù tán
つくり【作[造]り】 结构 jiégòu ♦頑丈な~ 构造坚固 gòuzào jiāngù
つくり【旁】〈漢字の〉 偏旁 piānpáng
つくりあげる【作り上げる】 造成 zàochéng; 做成 zuòchéng
つくりかえる【作り替える】 重做 chóngzuò; 改造 gǎizào
つくりかた【作り方】 做法 zuòfa; 作法 zuòfǎ
つくりごえ【作り声】 假嗓子 jiǎsǎngzi
つくりごと【作り事】 虚构 xūgòu; 捏造 niēzào
つくりつけ【作り付け-の】 固定 gùdìng
つくりなおす【作り直す】 重做 chóngzuò; 重新修改 chóngxīn xiūgǎi
つくりばなし【作り話】 假话 jiǎhuà; 编造的话 biānzào de huà
つくりもの【作り物】 仿制品 fǎngzhìpǐn
つくりわらい【作り笑い-する】 假笑 jiǎxiào; 强笑 qiǎngxiào
つくる【作る】 做 zuò; 作 zuò; 制作 zhìzuò ♦料理を~ 做菜 zuò cài ♦会社を~ 创办公司 chuàngbàn gōngsī ♦法律を~ 制定法律 zhìdìng fǎlǜ ♦バラを~ 栽培蔷薇 zāipéi qiángwēi ♦ひまを~ 抽空 chōu kòng
つくる【造る】 造 zào; 建 jiàn ♦船を~ 造船 zào chuán

つくろう【繕う】 缝补 féngbǔ; 修补 xiūbǔ ♦その場を~ 敷衍一时 fūyǎn yìshí
つけ【付け】 赊账 shēzhàng ♦~で買う 赊购 shēgòu
ツゲ【黄楊】 黄杨 huángyáng
つけあがる【付け上がる】 放肆起来 fàngsìqilái
つけあわせる【付け合わせる】 搭配 dāpèi; 配上 pèishàng
つけいる【付け入る】 乘机 chéngjī ♦~隙がない 无隙可乘 wú xì kě chéng
つけかえる【付け換える】 更换 gēnghuàn
つけぐすり【付け薬】 外用药 wàiyòngyào; 涂敷药 túfūyào
つげぐち【告げ口】 ♦~する 告密 gàomì; 打小报告 dǎ xiǎobàogào
つけくわえる【付け加える】 附加 fùjiā; 补充 bǔchōng
つけこむ【付け込む】 乘机 chéngjī
つけたし【付け足し-の】 附 fù ♦~する 附加 fùjiā
つけどころ【付け所】 ♦目の~ 着眼处 zhuóyǎn chù
つけとどけ【付け届け-をする】 送人情 sòng rénqíng
つけね【付け値】 买价 mǎijià
つけね【付け根】 根儿 gēnr ♦腕の~ 胳膊根儿 gēbogēnr
つけねらう【付け狙う】 伺机 sìjī; 跟踪 gēnzōng
つけまつげ【付け睫毛】 假睫毛 jiǎjiémáo
つけめ【付け目】 可乘之机 kě chéng zhī jī
つけもの【漬物】 咸菜 xiáncài; 酱菜 jiàngcài; 泡菜 pàocài
つけやきば【付け焼刃】 临阵磨枪 lín zhèn mó qiāng
つける【付[着]ける】 安上 ānshàng; 贴上 tiēshàng ♦薬を~ 上药 shàng yào ♦下着を~ 穿内衣 chuān nèiyī ♦付録を~ 加上附录 jiāshàng fùlù ♦護衛を~ 配着警卫 pèizhe jǐngwèi ♦値段を~ 定出价钱 dìngchū jiàqian ♦日記を~ 记日记 jì rìjì ♦岸に~ 靠岸 kào àn
つける【点ける】 ♦火を~ 点火 diǎn huǒ ♦電気を~ 开灯 kāi dēng
つける【漬ける】 ❶〈液体に〉 淹 yān; 泡 pào ❷〈漬物を〉 腌 yān
つげる【告げる】 告诉 gàosu
つごう【都合】 ♦仕事の~で 因工作关系 yīn gōngzuò guānxi ♦かれの~次第で 看他的情况怎样 kàn tā de qíngkuàng zěnyàng ♦~がよい 方便 fāngbiàn ♦~が悪い 不方

便 bù fāngbiàn ♦～のよいことに 刚好 gānghǎo ♦～をつける 安排时间 ānpái shíjiān ♦～300人 总共三百人 zǒnggòng sānbǎi rén

つじ【辻】❶《十字路》十字路口 shízì lùkǒu ❷《道の端》路旁 lùpáng；街头 jiētóu

つじつま【辻褄】条理 tiáolǐ ♦～の合わない 不合道理 bùhé dàolì；前后矛盾 qiánhòu máodùn

ツタ【蔦】爬山虎 páshānhǔ；常春藤 chángchūnténg

つたう【伝う】顺 shùn；沿 yán ♦ロープを伝って下りる 顺着绳索下来 shùnzhe shéngsuǒ xiàlái

つたえきく【伝え聞く】传闻 chuánwén；听说 tīngshuō

つたえる【伝える】传 chuán；传达 chuándá ♦熱を～ 导热 dǎorè ♦ニュースを～ 传播新闻 chuánbō xīnwén ♦彼に～ 转告他 zhuǎngào tā ♦子孫に～ 流传给后代 liúchuángěi hòudài

つたない【拙い】笨拙 bènzhuō；拙劣 zhuōliè

つたわる【伝わる】传 chuán ♦うわさが～ 谣传 yáochuán；流言在传播 liúyán zài chuánbō ♦代々～ 代代相传 dàidài xiāngchuán ♦宗教が～ 宗教传播 zōngjiào chuánbō

つち【土】土 tǔ；土壤 tǔrǎng

つちかう【培う】培养 péiyǎng

つちくれ【土塊】土块 tǔkuài

つちいろ【土气色】《顔色など》蜡黄 làhuáng

つちけむり【土煙】飞尘 fēichén

つちふまず【土踏まず】脚心 jiǎoxīn

つちぼこり【土埃】灰沙 huīshā；灰土 huītǔ

つつ【筒】管子 guǎnzi；筒子 tǒngzi ♦茶～ 茶叶筒 cháyètǒng

つつうらうら【津々浦々に】山南海北 shān nán hǎi běi；五湖四海 wǔ hú sì hǎi

つっかいぼう【突っかい棒】支棍 zhīgùn；支柱 zhīzhù

つっかかる【突っ掛かる】顶撞 dǐngzhuàng

つつがなく【恙なく】安然无事 ānrán wúshì；无恙 wúyàng

つづき【続き】继续 jìxù；衔接 xiánjiē

つづきがら【続柄】亲属关系 qīnshǔ guānxi

つづきばんごう【続き番号】连续号码 liánxù hàomǎ

つづきもの【続き物】❶《テレビドラマの》连续剧 liánxùjù ❷《小説》连载小说 liánzǎi xiǎoshuō

つっきる【突っ切る】穿过 chuānguò；横过 héngguò

つつく【突付く】捅 tǒng；捅咕 tǒnggu

つづく【続く】继续 jìxù；持续 chíxù ♦雨の日が～ 接连阴雨天 jiēlián yīnyǔ tiān

つづける【続ける】继续 jìxù；持续 chíxù ♦続けて言う 接着说 jiēzhe shuō

つっけんどん【突っ慳貪】冷漠 lěngmò；不和蔼 bù hé'ǎi

つっこむ【突っ込む】《入れる》插进 chājìn ♦ポケットに～ 塞进口袋里 sāijìn kǒudàilǐ；《突入》闯进 chuǎngjìn；冲入 chōngrù；《突きつめる》♦もっと突っ込んだ話し合いをする 更加深入地交谈 gèngjiā shēnrù de jiāotán

ツツジ【躑躅】杜鹃 dùjuān；映山红 yìngshānhóng

つつしみ【慎み】谨慎 jǐnshèn ♦～深い 很有礼貌 hěn yǒu lǐmào

つつしむ【慎む，謹む】谨慎 jǐnshèn ♦謹んでおわび致します 谨表歉意 jǐn biǎo qiànyì ♦酒を～ 节制饮酒 jiézhì yǐnjiǔ

つつぬけ【筒抜け】泄露 xièlòu

つっぱしる【突っ走る】猛跑 měngpǎo

つっぱねる【突っ撥ねる】拒绝 jùjué；顶回去 dǐnghuíqu

つっぱる【突っ張る】《自己主張》坚持己见 jiānchí jǐjiàn；《筋肉》♦筋が～ 抽筋 chōujīn

つつましい【慎ましい】俭朴 jiǎnpǔ；恭谨 gōngjǐn

つつみ【堤】堤 dī；坝 bà

つつみ【包み】包裹 bāoguǒ ♦～を開く 打包 dǎbāo

つづみ【鼓】手鼓 shǒugǔ

つつみかくす【包み隠す】藏掖 cángyē；遮掩 zhēyǎn

つつみがみ【包み紙】包装纸 bāozhuāngzhǐ

つつむ【包む】包 bāo；裹 guǒ

つつもたせ【美人局】美人计 měirénjì

つづり【綴り】拼写 pīnxiě ♦～を間違える 拼错 pīncuò

つづる【綴る】《書類を》装订文件 zhuāngdìng wénjiàn ♦文章に～ 写成文章 xiěchéng wénzhāng

つて【伝手】♦～を頼る 拉关系 lā guānxi；找门路 zhǎo ménlu

つど【都度】♦その～ 每次 měicì；随时 suíshí

つどい【集い】集会 jíhuì

つとに【夙に】早已 zǎoyǐ

- **つとまる**【勤まる】 胜任 shèngrèn
- **つとめ**【勤め】 工作 gōngzuò；职务 zhíwù
- **つとめぐち**【勤め口】 工作 gōngzuò ♦～を捜す 找工作 zhǎo gōngzuò ♦～が見つかる 找到工作 zhǎodào gōngzuò
- **つとめさき**【勤め先】 工作单位 gōngzuò dānwèi
- **つとめにん**【勤め人】 上班族 shàngbānzú
- **つとめる**【勤める】 工作 gōngzuò；任职 rènzhí；做事 zuòshì
- **つとめる**【努める】 努力 nǔlì；尽力 jìnlì
- **つとめる**【務める】 担任 dānrèn；充当 chōngdāng
- **つな**【綱】 粗绳 cūshéng；绳子 shéngzǐ；绳索 shéngsuǒ ♦命の～ 命根 mìnggēn
- **ツナ**【魚のマグロ】 金枪鱼 jīnqiāngyú
- **つながり**【繋がり】 关联 guānlián；关系 guānxi
- **つながる**【繋がる】 联结 liánjié；连接 liánjiē ♦電話が～ 电话接通 diànhuà jiētōng
- **つなぎ**【繋ぎ】 ♦～目 接头儿 jiētóur；接缝 jiēfèng
- **つなぎあわせる**【繋ぎ合わせる】 接合 jiēhé；接上 jiēshàng
- **つなぐ**【繋ぐ】 拴 shuān；系 jì；联结 liánjié；连接 liánjiē ♦馬を～ 拴马 shuān mǎ ♦顔を～ 保持联系 bǎochí liánxì ♦手を～ 拉手 lā shǒu ♦望みを～ 抱一线希望 bào yí xiàn xīwàng ♦船を～ 把船系住 bǎ chuán xìzhù
- **つなひき**【綱引き】 拔河 báhé
- **つなみ**【津波】 海啸 hǎixiào
- **つなわたり**【綱渡り】 ♦～をする 走钢丝 zǒu gāngsī；走险 zǒu xiǎn ♦そんな～はやめたほうがいい 不要那样冒险 búyào nàyàng màoxiǎn
- **つねづね**【常々】 平常 píngcháng；平时 píngshí
- **つねに**【常に】 经常 jīngcháng；时刻 shíkè；老 lǎo；总 zǒng
- **つねる**【抓る】 拧 níng；掐 qiā
- **つの**【角】 犄角 jījiǎo ♦～を突き合わせる 顶牛儿 dǐng niúr ♦～を矯めて牛を殺す 矫角杀牛 jiǎo jiǎo shā niú
- **つのぶえ**【角笛】 牛角号 niújiǎohào
- **つのる**【募る】 ❶《募集する》 招募 zhāomù ❷《強まる》 越来越强烈 yuè lái yuè qiángliè
- **つば**【唾】 唾沫 tuòmo；口水 kǒushuǐ
- **ツバキ**【椿】 山茶 shānchá；山茶花 shāncháhuā
- **つばさ**【翼】 《飛行機の》机翼 jīyì；《鳥などの》翅膀 chìbǎng ♦～を広げる 展翅 zhǎnchì
- **ツバメ**【燕】 燕子 yànzi ♦～の巣 《料理の》燕窝 yànwō
- **つぶ**【粒】 粒子 lìzi ♦～揃いの 一个赛一个 yí ge sài yí ge
- **つぶさに**【具に】 详细 xiángxì
- **つぶし**【潰し】 ♦～が効く 多面手 duōmiànshǒu
- **つぶす**【潰す】 压坏 yāhuài；挤碎 jǐsuì ♦鶏を～ 宰鸡 zǎi jī ♦顔を～ 丢脸 diū liǎn ♦時間を～ 消磨时光 xiāomó shíguāng
- **つぶつぶ**【粒々】 很多颗粒 hěn duō kēlì；疙疙瘩瘩 gēgedādā
- **つぶて**【礫】 飞石 fēishí
- **つぶやき**【呟き】 嘟哝 dūnong
- **つぶやく**【呟く】 咕哝 gūnong；小声说 xiǎoshēng shuō
- **つぶより**【粒選り-の】 精选 jīngxuǎn
- **つぶら**【円らな】 圆溜溜 yuánliūliū ♦～瞳（ひとみ） 圆圆的眼珠 yuányuán de yǎnzhū
- **つぶる**【瞑る】 ♦目を～ 闭眼 bì yǎn；《比喩的に》 假装不知道 jiǎzhuāng bù zhīdào
- **つぶれる**【潰れる】 压坏 yāhuài ♦家が～ 房子倒塌 fángzi dǎotā ♦会社が～ 公司破产 gōngsī pòchǎn
- **つべこべ** ♦～言う 说三道四 shuō sān dào sì
- **ツベルクリン** 结核菌素 jiéhéjūnsù ♦～検査 结素试验 jiésù shìyàn
- **つぼ**【壷】 坛子 tánzi；壶 hú；《はり・きゅうの》穴位 xuéwèi；穴道 xuédào ♦～を押さえる 抓住要点 zhuāzhù yàodiǎn
- **つぼみ**【蕾】 花骨朵 huāgūduo；花蕾 huālěi；花苞 huābāo
- **つぼめる**【窄める】 缩窄 suōzhǎi；合上 héshàng ♦口を～ 抿嘴 mǐn zuǐ
- **つま**【妻】 妻子 qīzi；老婆 lǎopo；爱人 àiren
- **つまさき**【爪先】 脚尖 jiǎojiān ♦～で立つ 踮起脚尖 diǎnqǐ jiǎojiān ♦～で歩く 跷着脚走 qiāozhe jiǎo zǒu
- **つまされる** ♦身に～ 引起身世的悲伤 yǐnqǐ shēnshì de bēishāng
- **つましい**【倹しい】 节俭 jiéjiǎn；俭朴 jiǎnpǔ ♦生活が～ 生活俭朴 shēnghuó jiǎnpǔ
- **つまずく**【躓く】 绊 bàn；跌跤 diējiāo；《比喻》♦試験で～ 因考试受挫 yīn kǎoshì shòucuò
- **つまはじき**【爪弾き】 ♦～にする 排斥 páichì；嫌弃 xiánqì
- **つまびらか**【詳らか-に】 详细 xiángxì；一清二楚 yì qīng èr chǔ ♦～でない 不详 bùxiáng

つまみ【摘み】 ❶《器具の》纽 niǔ；把儿 bàr：电钮 diànniǔ ❷《酒の》下酒菜 xiàjiǔcài；酒肴 jiǔyáo
つまみぐい【摘み食い—する】 偷吃 tōuchī；偷嘴 tōuzuǐ
つまみだす【摘み出す】 揪出 jiūchū
つまむ【摘む】 撮 cuō；拈 niān；掐 qiā
つまようじ【爪楊枝】 牙签儿 yáqiānr
つまらない【詰まらない】 无聊 wúliáo；没趣 méiqù ♦ 〜事 微不足道的事 wēi bù zú dào de shì；鸡毛蒜皮的事 jīmáo suànpí de shì
つまり 就是说 jiùshì shuō；总而言之 zǒng ér yán zhī
つまる【詰まる】 《ふさがる》塞满 sāimǎn；堵塞 dǔsè；淤塞 yūsè ♦ 下水が〜 下水道被堵住 xiàshuǐdào bèi dǔzhù ♦ 息が〜 喘不过气来 chuǎnbuguò qì lai；《短縮》差が〜 缩小差别 suōxiǎo chābié
つまるところ【詰まる所】 究竟 jiūjìng；归根结底 guī gēn jié dǐ
つみ【罪】 罪 zuì；罪行 zuìxíng；罪过 zuìguo；罪孽 zuìniè ♦ 〜のない 无辜 wúgū ♦ 〜を償う 赎罪 shúzuì ♦ 〜を犯す 犯罪 fànzuì
つみあげる【積み上げる】 积累 jīlěi；摞 luò；堆集 duījí
つみいれる【積み入れる】 装入 zhuāngrù；装进 zhuāngjìn
つみおろし【積み降ろし】 装卸 zhuāngxiè
つみかさね【積み重ね】 堆积 duījī
つみかさねる【積み重ねる】 垒积 lěijī；摞 luò；积累 jīlěi
つみき【積み木】 积木 jīmù
つみこむ【積み込む】 装载 zhuāngzài；装进 zhuāngjìn
つみだし【積み出し】 装运 zhuāngyùn ♦ 〜港 装运口岸 zhuāngyùn kǒu'àn
つみたてきん【積立金】 《会社の》公积金 gōngjījīn
つみたてる【積み立てる】 积存 jīcún；积攒 jīzǎn
つみつくり【罪作り—な】 造孽 zàoniè；缺德 quēdé
つみとる【摘み取る】 采摘 cǎizhāi
つみに【積荷】 载货 zàihuò
つみぶかい【罪深い】 罪孽深重 zuìniè shēnzhòng
つみほろぼし【罪滅ぼしーをする】 赎罪 shúzuì；自赎 zìshú
つむ【摘む】 摘 zhāi；《花や果実を》采摘 cǎizhāi
つむ【積む】 堆积 duījī；装载 zhuāngzài
つむぐ【紡ぐ】 纺 fǎng

つむじ【旋毛】 旋毛 xuánmáo ♦ 〜曲がりの 乖僻 guāipì；乖戾 guāilì
つむじかぜ【旋風】 旋风 xuànfēng
つめ【爪】 指甲 zhījia；zhǐjia ♦ 〜を切る 剪指甲 jiǎn zhǐjia ♦ 〜を伸ばす 留指甲 liú zhǐjia
つめ【詰め】 ♦ 〜が甘い 功亏一篑 gōng kuī yí kuì
つめあと【爪跡】 《災害の》伤痕 shānghén；痕迹 hénjì
つめあわせ【詰め合せ】 混装 hùnzhuāng
つめえり【詰め襟】 立领 lìlǐng
つめかける【詰め掛ける】 挤上来 jǐshànglai；蜂拥而至 fēng yōng ér zhì
つめきり【爪切り】 指甲刀 zhǐjiadāo
つめこむ【詰め込む】 塞 sāi ♦ かばんに〜 塞进皮包 sāijìn píbāo
つめしょうぎ【詰将棋】 残棋谱 cánqípǔ
つめたい【冷たい】 冷 lěng；凉 liáng；《態度》冷淡 lěngdàn ♦ 風が〜 冷飕飕 lěngsōusōu ♦ 氷のように 冰凉 bīngliáng；冰冷 bīnglěng ♦ 〜飲み物 冷饮 lěngyǐn ♦ 〜人 冷淡的人 lěngdàn de rén ♦ 〜水 冷水 lěngshuǐ ♦ 〜戦争 冷战 lěngzhàn
つめたくなる【冷たくなる】 ❶《変化》变凉 biànliáng ❷《態度》变冷淡 biàn lěngdàn ❸《死ぬ》死 sǐ
つめばら【詰め腹】 ♦ 〜を切らせる 强迫辞职 qiǎngpò cízhí
つめもの【詰め物】 充填物 chōngtiánwù；填料 tiánliào
つめよる【詰め寄る】 逼近 bījìn；逼问 bīwèn
つめる【詰める】 填 tián；塞 sāi；装 zhuāng；《職場に》守候 shǒuhòu；值班 zhíbān
つもり【積もり】 打算 dǎsuan ♦ どういう〜だい 你这是什么用意呀 nǐ zhè shì shénme yòngyi ya
つもる【積もる】 积累 jīlěi；累积 lěijī ♦ 雪が〜 积雪 jīxuě
つや【通夜】 守灵 shǒulíng；守夜 shǒuyè
つや【艶】 光泽 guāngzé ♦ 〜を出す 抛光 pāoguāng
つやけし【艶消し—する】 消光 xiāoguāng
つやだし【艶出し—する】 抛光 pāoguāng；《皮や布に》砑 yà
つやっぽい【艶っぽい】 嫣然 yānrán；妖艳 yāoyàn
つやつや【艶々した】 ♦ 〜した顔 光润的脸 guāngrùn de liǎn
つややか【艶やかな】 光润 guāngrùn ♦ 〜な声 悦耳的声音 yuè'ěr de

shēngyīn ♦～な肌 肤色光润 fūsè guāngrùn
つゆ【梅雨】 黄梅雨 huángméiyǔ; 梅雨 méiyǔ; 黄梅天 huángméitiān ♦～に入る 入梅 rùméi ♦～が明ける 出梅 chūméi
つゆ【露】 露水 lùshui
つよい【強い】 ❶《一般に》强 qiáng; 强烈 qiángliè ❷《丈夫》～体身体壮 shēn qiáng tǐ zhuàng ❸《力や技が》力气大 lìqì dà; 技术好 jìshù hǎo ♦～力 猛劲儿 měngjìnr ♦風が～ 风刮得大 fēng guādé dà ♦卓球が～ 乒乓球打得好 pīngpāngqiú dǎde hǎo ❹《性格・意志が》～强硬 qiángyìng; 厉害 lìhai; 好胜 hàoshèng
つよがり【強がり】 逞强 chěngqiáng ♦～を言う 说逞强的话 shuō chěngqiáng de huà
つよがる【強がる】 逞强 chěngqiáng
つよき【強気】 强硬 qiángyìng
つよごし【強腰】 强硬的态度 qiángyìng de tàidu
つよさ【強さ】 劲头 jìntóu; 强度 qiángdù
つよび【強火】 《調理時の》武火 wǔhuǒ; 大火 dàhuǒ
つよみ【強み】 优点 yōudiǎn
つよめる【強める】 加强 jiāqiáng; 增强 zēngqiáng
つら【面】 脸面 liǎnmiàn
つらあて【面当て-に】 指桑骂槐 zhǐ sāng mà huái ♦おれへの～ 跟我赌气 gēn wǒ dǔqì
つらい【辛い】 难过 nánguò; 难受 nánshòu ♦～ना 苦命 kǔmìng ♦～思いをする 吃苦头 chī kǔtou ♦～役目 苦差 kǔchāi ♦つらくあたる 苛待 kēdài ♦体が～ 难受 nánshòu
つらがまえ【面構え】 长相 zhǎngxiàng; 面孔 miànkǒng
つらさ【辛さ】 苦处 kǔchù
つらなる【連なる】 连接 liánjiē; 相连 xiānglián
つらぬく【貫く】 贯通 guàntōng; 穿透 chuāntòu ♦初志を～ 贯彻初衷 guànchè chūzhōng
つらねる【連ねる】 连接 liánjiē; 排列成行 páiliè chéngháng ♦名を～连名 liánmíng
つらのかわ【面の皮】 脸皮 liǎnpí ♦～が厚い 脸皮厚 liǎnpí hòu
つらよごし【面汚し-の】 ♦親の～だ 给父母丢脸 gěi fùmǔ diūliǎn
つらら【氷柱】 冰锥 bīngzhuī; 冰柱 bīngzhù ♦～が下がる 挂冰溜 guà bīngliū
つり【釣り】 ❶《魚釣り》钓鱼 diàoyú ❷《おつり》找头 zhǎotou ♦～を出す

找钱 zhǎo qián
つりあい【釣り合い】 平衡 pínghéng; 均衡 jūnhéng ♦～のとれた 相称的 xiāngchèn de
つりあう【釣り合う】 相抵 xiāngdǐ; 相称 xiāngchèn; 相配 xiāngpèi
つりあがる【吊り上がる】 ♦目が～ 竖起眉梢儿 shùqǐ méishāor
つりいと【釣り糸】 钓丝 diàosī
つりがね【釣り鐘】 大钟 dàzhōng; 吊钟 diàozhōng
ツリガネソウ【釣鐘草】 风铃草 fēnglíngcǎo
つりかわ【吊り革】 吊环 diàohuán
つりぐ【釣り具】 鱼具 yújù
つりざお【釣り竿】 钓竿 diàogān
つりさげる【吊り下げる】 悬挂 xuánguà; 吊 diào
つりせん【釣り銭】 找头 zhǎotou
つりどうぐ【釣り道具】 钓具 diàojù; 鱼具 yújù
つりとだな【吊り戸棚】 吊橱 diàochú
つりば【釣り場】 钓鱼场 diàoyúchǎng
つりばし【吊り橋】 吊桥 diàoqiáo; 悬索桥 xuánsuǒqiáo
つりばしご【吊り梯子】 绳梯 shéngtī; 吊梯 diàotī
つりばり【釣り針】 钓钩 diàogōu ♦～にかかる 上钩 shànggōu
つりびと【釣り人】 钓鱼的人 diàoyú de rén
つりぶね【釣り船】 钓鱼船 diàoyúchuán
つりぼり【釣り堀】 钓鱼池 diàoyúchí
つりわ【吊り輪】 《体操》吊环 diàohuán
つる【蔓】 《植物の》蔓儿 wànr ♦～性植物 藤本植物 téngběn zhíwù
つる【弦】 《弓の》弓弦 gōngxián
つる【吊る】 吊 diào; 挂 guà ♦首を～ 上吊 shàngdiào
つる【釣る】 钓 diào ♦景品で～ 用赠品引诱 yòng zèngpǐn yǐnyòu
つる【攣る】 抽筋 chōujīn ♦足が～ 腿抽筋 tuǐ chōujīn
ツル【鶴】 仙鹤 xiānhè ♦～の一声 一言堂 yìyántáng
つるぎ【剣】 剑 jiàn
ツルクサ【蔓草】 蔓草 màncǎo
つるしあげる【吊るし上げる】 集体批斗 jítǐ pīdòu; 围攻 wéigōng
つるす【吊るす】 吊 diào; 挂 guà; 悬挂 xuánguà
つるつる-の 光溜溜 guāngliūliū; 滑溜 huáliu
つるはし【鶴嘴】 镐 gǎo; 镐头 gǎotou; 鹤嘴镐 hèzuǐgǎo
つるべ【釣瓶】 吊桶 diàotǒng

つれ — てあて

つれ【連れ】 伴侣 bànlǚ; 伙伴 huǒbàn ◆~となる 搭伴 dā bàn
つれあい【連れ合い】 配偶 pèi'ǒu; 老伴 lǎobàn
つれかえる【連れ帰る】 领回 lǐnghuí; 带回 dàihuí
つれこむ【連れ込む】 带进 dàijìn
つれさる【連れ去る】 带走 dàizǒu
つれそう【連れ添う】 结为夫妻 jiéwéi fūqī; 婚配 hūnpèi
つれだつ【連れ立つ】 伴同 bàntóng; 搭伴 dā bàn; 结伴 jié bàn
つれていく【連れて行く】 带走 dàizǒu
つれてくる【連れて来る】 带来 dàilái
つれない 冷淡 lěngdàn; 薄情 bóqíng
つれもどす【連れ戻す】 领回 lǐnghuí; 带回 dàihuí
つれる【連れる】 带领 dàilǐng ◆连れ出す 带出 dàichū
つわもの【兵】 干将 gànjiàng; 勇士 yǒngshì
つわり【悪阻】 妊娠反应 rènshēn fǎnyìng; 喜病 xǐbìng; 孕吐 yùntù ◆~になる 害喜 hàixǐ
つんざく【劈く】 ◆耳を~ばかりの 震耳欲聋 zhèn ěr yù lóng
つんと ◆~すます 摆架子 bǎi jiàzi; 《臭気で》鼻に~くる 刺鼻 cìbí
つんどく【積読】 藏书不读 cángshū bù dú
ツンドラ 冻土带 dòngtǔdài
つんのめる 向前摔倒 xiàng qián shuāidǎo

て

て【手】 手 shǒu ❶《身体の一部》◆~を挙げる 举手 jǔ shǒu ◆~を洗う 洗手 xǐ shǒu ◆~をたたく 鼓掌 gǔzhǎng; 拍手 pāi shǒu ◆~を伸ばす 伸手 shēn shǒu ◆~をつなぐ 拉手 lā shǒu ◆子供の~を引く 牵孩子的手 qiān háizi de shǒu ◆~を振る 挥手 huī shǒu ◆~に汗を握る《心配や緊張で》 捏一把汗 niē yì bǎ hàn ❷《所有》◆~に入れる 得到 dédào; 获取 huòqǔ ❸《人手・世話》◆~が離れる 脱身 tuō shēn ◆~を貸す 搀扶 chānfú; 协助 xiézhù ❹《つながり》◆~を切る 断绝关系 duànjué guānxi ◆~を組む 勾搭 gōuda ◆~を引く《足を洗う》 洗手不干 xǐshǒu bùgàn ◆~を結ぶ 联合 liánhé ❺《力量・処置》◆~に余る 力不能及 lì bù néng jí ◆~に負えない 辣手 làshǒu; 管束不住 guǎnshùbuzhù ◆~の施しようがない《病気が》不可救药 bù kě jiù yào ◆~の焼ける 为难 wéinán ◆~も足も出ない 一筹莫展 yì chóu mò zhǎn ◆~を焼く 烫手 tàngshǒu; 扎手 zhāshǒu ❻《行為・作業》◆~を下す 亲手做 qīnshǒu zuò; 行凶 xíngxiōng ◆~を加える 加工 jiā gōng ◆~を出す 动手 dòng shǒu; 插手 chā shǒu ◆~をつける 下手 xià shǒu; 动手 dòng shǒu ◆~を止める 住手 zhù shǒu ◆~を抜く 偷工减料 tōu gōng jiǎn liào ◆~を休める《仕事の》歇手 xiē shǒu ◆~を緩める 放松 fàngsōng ◆~を滑らせる《うっかり》失手 shī shǒu ◆~を拱(こまぬ)く 束手 shù shǒu; 袖手旁观 xiù shǒu páng guān
であい【出会い】 相逢 xiāngféng; 相遇 xiāngyù
であいがしら【出会い頭-に】 迎头 yíngtóu; 劈头 pītóu
であう【出会う】 碰见 pèngjiàn; 遇见 yùjiàn;《よくない事に》遭遇 zāoyù; 遭受 zāoshòu
てあか【手垢】 ◆~のついた表現 陈词滥调 chén cí làn diào
てあし【手足】 手脚 shǒujiǎo;《部下》帮手 bāngshou
てあたりしだい【手当たり次第-に】 顺手摸着什么就什么 shùnshǒu mōzháo shénme jiù shénme
てあつい【手厚い】《待遇が》优厚 yōuhòu;《心こもった》热情 rèqíng ◆~看護 精心护理 jīngxīn hùlǐ
てあて【手当(て)】 ❶《本給以外の》津

貼 jīntiē；補貼 bǔtiē ♦～を支給する 发补贴 fā bǔtiē ❷《けがなどの》～をする 治疗 zhìliáo

てあみ【手編み-の】 手织 shǒuzhī

てあら【手荒-な】 粗暴 cūbào ♦～なまねをする 动凶 dòngxiōng

てあらい【手洗い】 厕所 cèsuǒ；洗手间 xǐshǒujiān

であるく【出歩く】 外出走动 wàichū zǒudòng

てあわせ【手合わせ】 较量 jiàoliàng；比赛 bǐsài

てい【体】 样子 yàngzi；体面 tǐmiàn ♦ほうほうの～ 狼狈不堪的样子 lángbèi bùkān de yàngzi

ていあん【提案】 提案 tí'àn；建议 jiànyì；提议 tíyì

ディーエヌエー【DNA】 脱氧核糖核酸 tuōyǎng hétáng hésuān

ティーエヌティー【TNT】《火薬》黄色炸药 huángsè zhàyào

ティーカップ 茶杯 chábēi

ティーケーオー【TKO】 技术性击倒 jìshùxìng jīdǎo

ティーじがた【T字形-の】 丁字形 dīngzìxíng ♦～定规 丁字尺 dīngzìchǐ

ティーシャツ【Tシャツ】 T恤衫 T xùshān

ティーじろ【T字路】 丁字街 dīngzìjiē

ティースプーン 茶匙 cháchí

ディーゼル ♦～機関車 内燃机车 nèirán jīchē ♦～エンジン 柴油机 cháiyóujī

ティーチイン 集团讨论会 jítuán tǎolùnhuì

ティーパーティー 茶会 cháhuì

ティーバッグ 袋茶 dàichá

ディーピーイー【DPE】 冲洗，印相，放大 chōngxǐ, yìnxiàng, fàngdà

ティーピーオー【TPO】 时间，地点，场合的三个条件 shíjiān, dìdiǎn, chǎnghé de sān ge tiáojiàn

ディーブイディー【DVD】 光盘 guāngpán；光碟 guāngdié

ティーポット 茶壶 cháhú

ディーラー 《取扱店》经销商 jīngxiāoshāng；《小売店》零售店 língshòudiàn

ていいん【定員】 名额 míng'é；定员 dìngyuán ♦～に達する 满额 mǎn'é ♦～を超過する 超员 chāoyuán

ティーンエージャー 十几岁的青少年 shíjǐ suì de qīngshàonián

ていえん【庭園】 庭园 tíngyuán；《花や木のある》花园 huāyuán

ていおう【帝王】 帝王 dìwáng ♦～切開 剖腹产 pōufùchǎn

ていおん【低音】 低音 dīyīn

ていおん【低温】 低温 dīwēn

ていか【低下-する】 降低 jiàngdī；下降 xiàjiàng

ていか【定価】 定价 dìngjià

ていかかく【低価格】 廉价 liánjià

ていがく【停学】 停学 tíngxué ♦～处分 停学处分 tíngxué chǔfèn

ていがく【定額】 定额 dìng'é

ていがくねん【低学年】 低年级 dīniánjí

ていかん【定款】 章程 zhāngchéng

ていき【定期-の】 定期 dìngqī ♦～刊行物 定期刊物 dìngqī kānwù ♦～券 月票 yuèpiào ♦～試験 期考 qīkǎo ♦～便《空の》班机 bānjī；《海の》班轮 bānlún ♦～預金 定期储蓄 dìngqī chǔxù；定期存款 dìngqī cúnkuǎn

ていき【提起-する】《意見を》提起 tíqǐ；提出 tíchū

ていぎ【定義-する】 定义 dìngyì

ていぎ【提議-する】 提议 tíyì；建议 jiànyì

ていきあつ【低気圧】 低气压 dīqìyā

ていきゅう【低級-な】 低级 dījí；劣等 liěděng

ていきゅうび【定休日】 (定期)休息日 (dìngqī) xiūxīrì

ていきょう【提供-する】 提供 tígōng；供给 gōngjǐ

ていきんり【低金利】 低利息 dī lìxī

テイクアウト 外卖 wàimài

ていくう【低空】 ♦～飛行 低空飞行 dīkōng fēixíng

ていけい【定形-の】 定形 dìngxíng ♦～郵便物 定形邮件 dìngxíng yóujiàn

ていけい【定型-の】 定型 dìngxíng ♦～詩 格律诗 gélǜshī

ていけい【提携-する】 合作 hézuò

ていけつ【締結-する】 缔结 dìjié；签订 qiāndìng

ていけつあつ【低血圧】 低血压 dīxuèyā

ていけん【定見】 主见 zhǔjiàn；定见 dìngjiàn ♦～がない 没有主见 méiyǒu zhǔjiàn

ていこう【抵抗-する】 反抗 fǎnkàng；抵抗 dǐkàng ♦～力 阻力 zǔlì ♦《電気》电阻 diànzǔ ♦～を感じる 有反感 yǒu fǎngǎn；不能接受 bù néng jiēshòu

ていこく【定刻-に】 准时 zhǔnshí

ていこく【帝国】 帝国 dìguó ♦～主义 帝国主义 dìguó zhǔyì

ていさい【体裁】 外表 wàibiǎo；外观 wàiguān ♦～が悪い 不体面 bù tǐmiàn ♦～を繕う 装潢门面 zhuānghuáng ménmian

ていさつ【偵察-する】 侦察 zhēnchá ♦～機 侦察机 zhēnchájī
ていし【停止-する】 停止 tíngzhǐ
ていじ【提示-する】 出示 chūshì
ていじ【定時】 正点 zhèngdiǎn；准时 zhǔnshí
ていじげん【低次元】 低水平 dīshuǐpíng
ていしせい【低姿勢】 谦逊 qiānxùn；低姿态 dīzītài
ていしゃ【停車-する】 停车 tíngchē
ていしゅ【亭主】 丈夫 zhàngfu
ていじゅう【定住-する】 定居 dìngjū；落户 luòhù
ていしゅうにゅう【定収入】 固定收入 gùdìng shōurù
ていしゅうは【低周波】 低频 dīpín
ていしゅつ【提出-する】 提交 tíjiāo；提出 tíchū
ていしょう【提唱-する】 提倡 tíchàng
ていしょく【定食】 份儿饭 fènrfàn；套餐 tàocān
ていしょく【定職】 固定的职业 gùdìng de zhíyè
でいすい【泥酔-する】 酩酊大醉 mǐngdǐng dàzuì
ていすう【定数】 定数 dìngshù；额 dìng'é；《数学の》常数 chángshù
ディスカウント 减价 jiǎnjià；廉价 liánjià ♦～ショップ 廉价商店 liánjià shāngdiàn
ディスカッション 讨论 tǎolùn
ディスク 磁盘 cípán ♦コンパクト～《CD》激光唱盘 jīguāng chàngpán ♦～ジョッキー《DJ》音乐节目主持人 yīnyuè jiémù zhǔchírén
ディスクロージャー 公司经营公开 gōngsī jīngyíng gōngkāi
ディスコ 迪斯科 dísīkē
ディスプレイ 《電算機》显示器 xiǎnshìqì；《商店》陈列 chénliè；展示 zhǎnshì
ていする【呈する】 《ある様相を》呈现 chéngxiàn
ていせい【訂正-する】 改正 gǎizhèng；订正 dìngzhèng；修改 xiūgǎi
ていせつ【定説】 定论 dìnglùn；定说 dìngshuō
ていせん【停戦-する】 停战 tíngzhàn ♦～協議 停战协议 tíngzhàn xiéyì
ていそ【提訴-する】 起诉 qǐsù
ていぞく【低俗-な】 庸俗 yōngsú；下流 xiàliú
ていたい【手痛い】 严厉 yánlì；严重 yánzhòng ♦～打撃 沉重的打击 chénzhòng de dǎjī
ていたい【停滞-する】 停滞 tíngzhǐ；

滞留 zhìliú
ていたく【邸宅】 宅第 zháidì；公馆 gōngguǎn
でいたん【泥炭】 泥煤 níméi；泥炭 nítàn
ていち【低地】 洼地 wādì ♦～の 低洼 dīwā
ていちゃく【定着-する】 扎根 zhāgēn；定居 dìngjū ♦～液《写真の》定影液 dìngyǐngyè
ていちょう【低調-な】 死气沉沉 sǐqì chénchén；低沉 dīchén；《景気》萧条 xiāotiáo
ていちょう【丁重-な】 郑重其事 zhèng zhòng qí shì；诚挚 chéngzhì
ティッシュペーパー 卫生纸 wèishēngzhǐ；薄绵纸 báomiánzhǐ
ていっぱい【手一杯】 没有空闲 méiyǒu kòngxián；忙得不可开交 mángde bùkě kāijiāo
ディテール 细节 xìjié
ていてつ【蹄鉄】 马掌 mǎzhǎng；马蹄铁 mǎtítiě
ていてん【定点】 定点 dìngdiǎn ♦～観測 定点观测 dìngdiǎn guāncè
ていでん【停電-する】 停电 tíngdiàn
ていど【程度】 程度 chéngdù；水平 shuǐpíng
ていとう【抵当】 抵押 dǐyā ♦～権 抵押权 dǐyāquán
ディナー 正餐 zhèngcān
ていねい【丁寧-な】《礼儀》彬彬有礼 bīnbīn yǒu lǐ；《入念に》细致周到 xìzhì zhōudào
ていねん【定年】 退休年龄 tuìxiū niánlíng ♦～退職 退休 tuìxiū
ていはく【停泊-する】 停泊 tíngbó
ていひょう【定評】 公认 gōngrèn；定论 dìnglùn ♦～がある 有口皆碑 yǒu kǒu jiē bēi
ディフェンス 防守 fángshǒu
ディベート 辩论会 biànlùnhuì
ていへん【底辺】 底边 dǐbiān ♦社会の～ 社会的底层 shèhuì de dǐcéng
ていぼう【堤防】 堤岸 dī'àn；堤防 dīfáng；堤坝 dībà
ていぼく【低木】 灌木 guànmù
ていほん【定本】 权威文本 quánwēi wénběn；定本 dìngběn
ていほん【底本】 底本 dǐběn；蓝本 lánběn
ていめい【低迷-する】 呆滞 dāizhì；沉沦 chénlún
ていめん【底面】 底面 dǐmiàn；底部 dǐbù
ていよく【体よく】 委婉地 wěiwǎn de ♦～断る 婉言谢绝 wǎnyán xièjué
ていらく【低落-する】 下跌 xiàdiē；

降低 jiàngdī

ていり【定理】定理 dìnglǐ

でいり【出入り-する】出入 chūrù ♦〜口 出入门 chūrùmén ♦〜の業者 常来常往的商人 cháng lái cháng wǎng de shāngrén

ていりつ【低率】低率 dīlǜ

ていりつ【鼎立-する】鼎立 dǐnglì

ていりゅうじょ【停留所】汽车站 qìchēzhàn

ていりょう【定量】定量 dìngliàng ♦〜分析 定量分析 dìngliàng fēnxī

ていれ【手入れ-する】保养 bǎoyǎng; 修整 xiūzhěng;《搜查》搜捕 sōubǔ

ていれい【定例-の】定例 dìnglì ♦〜会 例会 lìhuì

ディレクター 导演 dǎoyǎn

ディレッタント 业余爱好者 yèyú àihàozhě

ていれん【低廉-な】低廉 dīlián

てうす【手薄-な】缺少 quēshǎo

デーゲーム 日间比赛 rìjiān bǐsài

テーゼ【命題】命题 mìngtí

データ 资料 zīliào; 论据 lùnjù;《コンピュータの》数据 shùjù ♦〜ベース 数据库 shùjùkù

デート 约会 yuēhuì; 幽会 yōuhuì

テープ 带子 dàizi ♦〜レコーダー 录音机 lùyīnjī ♦カセット〜 盒式录音带 héshì lùyīndài ♦ビデオ〜 录像带 lùxiàngdài

テープカット《開幕式などで》剪彩 jiǎncǎi

テーブル 桌子 zhuōzi ♦〜クロス 桌布 zhuōbù; 台布 táibù ♦〜スピーチ 席间致词 xíjiān zhìcí

テーマ 题目 tímù; 主题 zhǔtí ♦〜ソング 主题歌 zhǔtígē

テールランプ 尾灯 wěidēng

ておくれ【手遅れ】耽误 dānwu: 为时已晚 wéi shí yǐ wǎn

ておしぐるま【手押し車】手车 shǒuchē; 手推车 shǒutuīchē

ておち【手落ち】疏失 shūshī; 漏洞 lòudòng; 遗漏 yílòu

ており【手織り-の】手织 shǒuzhī ♦〜の綿布 粗布 cūbù; 土布 tǔbù

てがかり【手掛かり】线索 xiànsuǒ; 头绪 tóuxù ♦〜を攞む 找到线索 zhǎodào xiànsuǒ

てがき【手書き-の】手写 shǒuxiě ♦〜の手紙 手书 shǒushū

でがけ【出掛け】临走时 línzǒu shí; 刚要出门 gāng yào chūmén

てがける【手掛ける】亲自动手 qīnzì dòngshǒu

でかける【出掛ける】出门 chūmén; 外出 wàichū

てかげん【手加減-する】♦〜を加える 予以酌情 yǔyǐ zhuóqíng ♦〜しない 毫不留情 háobù liúqíng

でかせぎ【出稼ぎ】外出作工 wàichū zuògōng

てがた【手形】票据 piàojù ♦约束〜 期票 qīpiào ♦為替〜 汇票 huìpiào ♦〜を割る 贴现 tiēxiàn

てかた【出方】相手の〜 对方的态度 duìfāng de tàidù

てがたい【手堅い】踏实［塌实］tāshi

てかてか 光溜溜 guāngliūliū; 油汪汪 yóuwāngwāng

でかでかと ♦〜書く 大书特书 dàshū tèshū

てがみ【手紙】信 xìn; 书信 shūxìn ♦〜を書く 写信 xiě xìn ♦〜を寄こす 来信 lái xìn

てがら【手柄】功劳 gōngláo; 功绩 gōngjì ♦〜を立てる 立功 lì gōng

でがらし【出涸らし】♦〜の茶 乏茶 fáchá

てがる【手軽-な】简便 jiǎnbiàn; 轻便 qīngbiàn

てき【敵】敌人 dírén; 仇敌 chóudí ♦〜国 敌国 díguó ♦〜の回し者 内奸 nèijiān ♦〜は本能寺にあり 醉翁之意不在酒 zuìwēng zhī yì bú zài jiǔ

でき【出来】《品質》质量 zhìliàng;《農作物の》收成 shōucheng;《学校の》成绩 chéngjì ♦〜が悪い《人間の》不肖 búxiào:《不成器 bù chéngqì

できあい【出来合い-の】现成 xiànchéng

できあい【溺愛-する】溺爱 nì'ài

てきい【敵意】敌意 díyì; 敌对情绪 díduì qíngxù ♦〜を抱く 心怀敌意 xīnhuái díyì

てきおう【適応-する】适应 shìyìng

てきがいしん【敵愾心】敌忾心 díkài ♦〜を燃やす 同仇敌忾 tóng chóu díkài

てきかく【適格】够格 gòugé

てきかく【的確-な】准确 zhǔnquè; 确切 quèqiè

てきぎ【適宜】♦〜解散してよい 可以随意解散 kěyǐ suíyì jiěsàn

てきごう【適合-する】适应 shìyìng; 符合 fúhé

できごころ【出来心-で】一时冲动 yìshí chōngdòng

できごと【出来事】事 shì; 事件 shìjiàn ♦思わぬ〜 变故 biàngù ♦ちょっとした〜 小风波 xiǎofēngbō

てきざいてきしょ【適材適所】适在适所 shì zài shì suǒ; 量材委用 liàng cái wěiyòng

てきし【敵視-する】敌视 díshì; 仇视

chóushì

できし【溺死-する】 淹死 yānsǐ；溺死 nìsǐ

てきしゅつ【摘出-する】 割除 gēchú；摘除 zhāichú；切除 qiēchú ♦～手術 摘除手术 zhāichú shǒushù

てきじょう【敵情】 敌情 díqíng

てきじん【敵陣】 敌阵 dízhèn

てきず【手傷】 ♦～を負う 负伤 fùshāng；受伤 shòushāng

テキスト 课本 kèběn；讲义 jiǎngyì

てきする【適する】 适合 shìhé；适应 shìyìng ♦…に適している 适于…shìyú…

てきせい【適正-な】 适当 shìdàng ♦～価格 合理价格 hélǐ jiàgé

てきせい【適性】 适应性 shìyìngxìng；适应能力 shìyìng nénglì

てきせつ【適切-な】 适当 shìdàng；恰当 qiàdàng；确切 quèqiè

できそこない【出来損い】 废品 fèipǐn；〈人〉废物 fèiwu

てきたい【敵対-する】 敌对 díduì；作对 zuòduì

できだか【出来高】〈収穫高〉收获量 shōuhuòliàng；产量 chǎnliàng；〈取引の〉成交额 chéngjiāo'é ♦～払い 计件工资 jìjiàn gōngzī

できたて【出来立て-の】 刚做好 gāng zuòhǎo

てきち【敵地】 敌地 dídì；敌区 díqū

てきちゅう【的中-する】❶〈予想が〉猜中 cāizhòng ❷〈的に〉射中 shèzhòng

てきど【適度-な】 适度 shìdù；适当 shìdàng

てきとう【適当-な】 适当 shìdàng；恰当 qiàdàng ♦～にあしらう 敷衍 fūyǎn；应付 yìngfu ♦～に済ませる 敷衍了事 fū yǎn liǎo shì

てきにん【適任】 称职 chènzhí；适合 shìhé ♦～者 胜任者 shèngrènzhě

できばえ【出来栄え】 做出的结果 zuòchū de jiéguǒ

てきぱき 麻利 máli；利落 lìluo；喊哩喀喳 qīlīkāchā

てきはつ【摘発-する】 揭发 jiēfā；检举 jiǎnjǔ

てきひ【適否】 适当与否 shìdàng yǔfǒu

てきびしい【手厳しい】 严厉 yánlì

てきほう【適法-の】 合法 héfǎ

てきみかた【敵味方】 敌我 díwǒ

てきめん【覿面-に】 立刻 lìkè ♦効果～立见成效 lì jiàn chéngxiào

できもの【出来物】 肿瘤 zhǒngpào；脓包 nóngbāo；疙瘩 gēda

てきやく【適役】 胜任 shèngrèn

てきやく【適訳】 恰当的翻译 qiàdàng de fānyì

てきよう【摘要】 提要 tíyào；摘要 zhāiyào

てきよう【適用-する】 适用 shìyòng；应用 yìngyòng

てきりょう【適量】 适量 shìliàng

できる【出来る】❶〈可能・能力〉会 huì；能 néng；办得到 bàndedào ♦フランス語が～ 会法语 huì fǎyǔ ♦～だけ 尽可能 jǐn kěnéng；尽量 jǐnliàng ♦ここでは野球ができない 这儿不能打棒球 zhèr bù néng dǎ bàngqiú ♦あそこならタバコを吸うことが～ 那儿可以抽烟 nàr kěyǐ chōuyān ❷〈でき上がる〉明日中に～ 明天就做好 míngtiān jiù zuòhǎo ♦ビルが～ 建成大楼 jiànchéng dàlóu ❸〈生まれる〉子供ができた 有孩子了 yǒu háizi le

てぎれきん【手切れ金】 分手费 fēnshǒufèi

てきれいき【適齢期】 婚龄 hūnlíng

てぎわ【手際】 technique；手腕 shǒuwàn ♦～がよい 办得漂亮 bàndepiàoliang

でく【木偶】 木偶 mù'ǒu ♦～の坊 废物 fèiwù；笨蛋 bèndàn

てぐす【天蚕糸】 天蚕丝 tiāncánsī

てぐすねひく 摩拳擦掌 mó quán cā zhǎng

てくせ【手癖】 ♦～が悪い 有盗癖 yǒu dàopǐ；爱偷东西 ài tōu dōngxi

てくだ【手管】 手眼 shǒuyǎn；手腕 shǒuwàn

てぐち【手口】 手段 shǒuduàn；手法 shǒufǎ

でぐち【出口】 出口 chūkǒu；出路 chūlù

テクニカル❶〈技術的〉技术上 jìshushang ❷〈学術上の〉学术上 xuéshùshang

テクニシャン 技巧熟练的人 jìqiǎo shúliàn de rén

テクニック 技巧 jìqiǎo；技艺 jìyì

テクノロジー 工艺学 gōngyìxué；工业技术 gōngyè jìshù

てくび【手首】 手腕子 shǒuwànzi；腕子 wànzi

でくわす【出くわす】 碰见 pèngjiàn；遇见 yùjiàn

てこ【梃子】 杠杆 gànggǎn；撬杠 qiàogàng ♦～の支点 杠杆支点 gànggǎn zhīdiǎn

てこいれ【梃入れ-する】 打气 dǎqì；搞活 gǎohuó

てごころ【手心】 ♦～を加える 酌情处理 zhuóqíng chǔlǐ

てこずる【梃子摺る】 棘手 jíshǒu；难对付 nán duìfu

てごたえ【手応え】❶《手に受ける感じ》打中的手感 dǎzhòng de shǒugǎn ❷《相手の反応》反应 fǎnyìng

でこぼこ【凸凹】 凹凸不平 āotū bùpíng；坑坑坎坎 kēngkēngkǎnkǎn

デコレーション 装饰 zhuāngshì ♦〜ケーキ 花蛋糕 huādàngāo

てごろ【手頃-な】 合适 héshì

てごわい【手強い】 不易打败 bú yì dǎbài ♦〜敵 劲敌 jìngdí

デザート 餐后点心 cānhòu diǎnxin

てざいく【手細工】 手工艺 shǒugōngyì

デザイナー 设计家 shèjìjiā；服装设计师 fúzhuāng shèjìshī

デザイン 式样 shìyàng；图案 tú'àn ♦〜する 设计 shèjì

でさかり【出盛り】 旺季 wàngjì

てさき【手先】❶《手の先》指尖儿 zhǐjiānr ♦〜が器用だ 手巧 shǒuqiǎo ❷《手下》走狗 zǒugǒu；腿子 tuǐzi

でさき【出先】 去处 qùchù

てさぐり【手探り-する】 摸 mō；摸索 mōsuǒ；mōsuo

てさげ【手提げ】《かばん》手提包 shǒutíbāo；提包 tíbāo

てざわり【手触り】 手感 shǒugǎn ♦〜が柔らかい 手感细嫩 shǒugǎn xìnèn

でし【弟子】 徒弟 túdì；学生 xuésheng ♦〜を育てる 带徒弟 dài túdì ♦〜入りする 拜师 bàishī

てしお【手塩】 ♦〜にかける 亲手抚养 qīnshǒu fǔyǎng

てしごと【手仕事】 手艺活儿 shǒuyìhuór；活计 huójì；手工 shǒugōng

てした【手下】《悪党の》喽罗 lóuluo

デジタル 数字 shùzì ♦〜カメラ 数码相机 shùmǎ xiàngjī ♦〜放送 数字广播 shùzì guǎngbō

てじな【手品】 魔术 móshù；戏法 xìfǎ ♦〜をする 变戏法 biàn xìfǎ ♦〜師 魔术师 móshùshī

てじゃく【手酌】 自酌 zìzhuó ♦〜で飲む 自斟自饮 zì zhēn zì yǐn

でしゃばる【出しゃ張る】 出风头 chū fēngtou；抛头露面 pāo tóu lù miàn；多嘴多舌 duō zuǐ duō shé

てじゅん【手順】 程序 chéngxù；顺序 shùnxù；步骤 bùzhòu ♦〜を踏む 按程序 àn chéngxù

てじょう【手錠】 手铐 shǒukào ♦〜をかける 戴手铐 dài shǒukào

てすう【手数】 ♦〜が掛かる 费事 fèishì ♦〜を掛ける 麻烦 máfan ♦〜料 佣金 yòngjīn；手续费 shǒuxùfèi

てずから【手ずから】 亲手 qīnshǒu

てすき【手漉き-の】 手工抄制 shǒugōng chāozhì ♦〜の紙 手抄纸 shǒuchāozhǐ

てすき【手隙】 有空 yǒu kòng

ですぎる【出過ぎる】❶《水などが》流过头 liúguò tóu ❷《でしゃばる》多管闲事 duō guǎn xiánshì

デスク❶《机》写字台 xiězìtái；办公桌 bàngōngzhuō ❷《編集責任者》编辑部主任 biānjíbù zhǔrèn ♦〜ワーク 伏案工作 fú'àn gōngzuò

デスクトップ・コンピュータ 桌面电脑 zhuōmiàn diànnǎo

テスト-する《性能》试验 shìyàn；测试 cèshì；测验 cèyàn；《学力・技能》考试 kǎoshì ♦〜に合格する 考试及格 kǎoshì jígé

てすり【手摺り】 栏杆 lángān；扶手 fúshǒu

てせい【手製-の】 手制 shǒuzhì

てぜま【手狭-な】 狭窄 xiázhǎi；狭小 xiáxiǎo

てそう【手相】 手相 shǒuxiàng

でそろう【出揃う】 出齐 chūqí；来齐 láiqí

てだし【手出し-する】《しかける》动手 dòng shǒu；《介入する》插手 chā shǒu；干涉 gānshè

でだし【出だし】 开头 kāitóu

てだすけ【手助け-する】 扶助 fúzhù；帮助 bāngzhù

てだて【手立て】 方法 fāngfǎ；办法 bànfǎ

でたとこしょうぶ【出たとこ勝負】 ♦〜でいく 听其自然 tīng qí zì rán；投石问路 tóu shí wèn lù

てだま【手玉】 ♦〜にとる 玩弄 wánnòng；随意摆布 suíyì bǎibù

でたらめ 荒唐 huāngtáng ♦〜を言う 胡说 húshuō；胡说八道 húshuō bādào

てぢか【手近-な】 手边 shǒubiān；切近 qièjìn

てちがい【手違い】 差错 chācuò ♦〜が生じる 出岔子 chū chàzi

てちょう【手帳】 笔记本 bǐjìběn

てつ【轍】 ♦前車の〜を踏む 重蹈覆辙 chóng dǎo fù zhé

てつ【鉄】 铁 tiě ♦〜の規律 铁的纪律 tiě de jìlǜ

てっかい【撤回-する】 撤回 chèhuí；撤销 chèxiāo

てつがく【哲学】 哲学 zhéxué ♦〜者 哲学家 zhéxuéjiā

てつかず【手付かず-の】 还没沾手 hái méi zhānshǒu

てづかみ【手掴み-で】 ♦〜にする 拿手抓 ná shǒu zhuā

てっき【鉄器】 铁器 tiěqì ♦〜時代 铁器时代 tiěqì shídài

デッキ《船の》甲板 jiǎbǎn
デッキチェア 帆布躺椅 fānbù tǎngyǐ
てっきょ【撤去】-する 拆除 chāichú；撤去 chèqù
てっきょう【鉄橋】铁桥 tiěqiáo
てっきん【鉄筋】钢骨 gānggǔ；钢筋 gāngjīn ◆～コンクリート 钢筋混凝土 gāngjīn hùnníngtǔ；钢筋水泥 gāngjīn shuǐní
てくず【鉄屑】废铁 fèitiě
てづくり【手作り-の】亲手做 qīnshǒu zuò；手工做 shǒugōng zuò
てつけ【手付け】定钱 dìngqián ◆～を打つ 付订金 fù dìngjīn
てっけん【鉄拳】铁拳 tiěquán
てっこう【鉄鉱】铁矿 tiěkuàng
てっこうぎょう【鉄鋼業】钢铁业 gāngtiěyè
てっこつ【鉄骨】钢骨 gānggǔ
てつごうし【鉄格子】《窓の》铁窗 tiěchuāng
てざい【鉄材】钢材 gāngcái
てっさく【鉄柵】铁栅 tiězhà
てつさび【鉄錆び】铁锈 tiěxiù ◆～色の 铁锈色 tiěxiùsè
デッサン-する 素描 sùmiáo
てっしゅう【撤収】-する 撤收 chèshōu；撤去 chèqù
てつじょうもう【鉄条網】铁丝网 tiěsīwǎng
てつじん【哲人】哲人 zhérén
てっする【徹する】彻底 chèdǐ ◆夜を～ 彻夜 chèyè ◆骨身に～ 彻骨 chègǔ
てっせん【鉄線】铁丝 tiěsī ◆有刺～ 蒺藜丝 jílísī
てっそく【鉄則】铁的法则 tiě de fǎzé
てったい【撤退】-する 撤退 chètuì
てつだい【手伝い】◆～の人 帮手 bāngshou ◆お～さん 女用人 nǚyòngrén；阿姨 āyí
てつだう【手伝う】帮忙 bāngmáng；帮助 bāngzhù
でっちあげ【でっち上げ-の】莫须有 mòxūyǒu；捏造 niēzào
でっちあげる【でっち上げる】捏造 niēzào；编造 biānzào
てっちゅう【鉄柱】铁柱子 tiězhùzi
てっつい【鉄槌】◆～を下す 严厉处分 yánlì chǔfèn
てつづき【手続き】手续 shǒuxù
てってい【徹底】-する 彻底 chèdǐ ◆命令を～ 普遍传达命令 pǔbiàn chuándá mìnglìng
てっていてき【徹底的-な】彻底 chèdǐ
てっとう【鉄塔】铁塔 tiětǎ

てつどう【鉄道】铁道 tiědào；铁路 tiělù ◆～員 铁路员工 tiělù yuángōng
てっとうてつび【徹頭徹尾】彻头彻尾 chè tóu chè wěi
デッドヒート 激烈争斗 jīliè zhēngdòu
てっとりばやい【手っ取り早い】直截了当 zhíjié liǎodàng；迅速 xùnsù
デッドロック ◆～に乗上げる 陷于僵局 xiànyú jiāngjú；搁浅 gē qiǎn
でっぱ【出歯】龅牙 bāoyá
てっぱい【撤廃】-する 取消 qǔxiāo；撤销 chèxiāo
でっぱる【出っ張る】突出 tūchū
てっぱん【鉄板】铁板 tiěbǎn ◆～焼き 铁板烙肉 tiěbǎn làoròu
てつぶん【鉄分】铁分 tiěfèn；铁质 tiězhì
てっぷん【鉄粉】铁粉末 tiěfěnmò
てっぺい【撤兵】-する 撤兵 chèbīng
てっぺき【鉄壁】铁壁 tiěbì ◆～の守り 固若金汤 gù ruò jīntāng
てっぺん【天辺】顶端 dǐngduān；顶点 dǐngdiǎn
てつぼう【鉄棒】铁棒 tiěbàng；《体操の》单杠 dāngàng
てっぽう【鉄砲】枪 qiāng；步枪 bùqiāng
てっぽうみず【鉄砲水】暴洪 bàohóng；山洪 shānhóng
てづまり【手詰まり-の】无计可施 wú jì kě shī ◆～の局面 僵局 jiāngjú
てつめんぴ【鉄面皮】脸皮厚 liǎnpí hòu；死皮赖脸 sǐ pí lài liǎn
てつや【徹夜】-する 彻夜 chèyè；通宵 tōngxiāo；熬夜 áoyè
てつり【哲理】哲理 zhélǐ
てづる【手蔓】门路 ménlu ◆～を頼る 托人情 tuō rénqíng
てつわん【鉄腕】铁腕 tiěwàn；铁臂 tiěbì ◆～アトム 铁臂阿童木 tiěbì Ātóngmù
でどころ【出所】来源 láiyuán；出处 chūchù
てどり【手取り】纯收入 chúnshōurù；实收金额 shíshōu jīn'é
てとりあしとり【手取り足取り】手把手 shǒu bǎ shǒu
テナー 男高音 nángāoyīn ◆～サックス 次中音萨克斯管 cì zhōngyīn sàkèsīguǎn
てなおし【手直し】-する 修改 xiūgǎi
でなおす【出直す】❶《再び行く》再来 zàilái ❷《やりなおす》重新开始 chóngxīn kāishǐ
テナガザル【手長猿】长臂猿 chángbìyuán
てなげだん【手投げ弾】手榴弹

shǒuliúdàn
てなずける【手懐ける】 怀柔 huáiróu；使顺从 shǐ shùncóng；驯服 xùnfú
てなみ【手並み】 本事 běnshi；本领 běnlǐng
てなれた【手慣れた】 用惯 yòngguàn；熟练 shúliàn
テナント 租房人 zūfángrén
テニス 网球 wǎngqiú ◆〜のラケット 网球拍 wǎngqiúpāi
デニム 牛仔布 niúzǎibù；丹宁布 dānnīngbù
てにもつ【手荷物】 随身行李 suíshēn xíngli ◆預り所 行李寄存处 xíngli jìcúnchù
てぬい【手縫い-の】 用手缝 yòng shǒu féng
てぬかり【手抜かり】 漏洞 lòudòng；缺漏 quēlòu；疏忽 shūhu
てぬき【手抜き】 偷工 tōugōng
てぬぐい【手拭い】 手巾 shǒujīn
てぬるい【手緩い】 过于宽大 guòyú kuāndà
てのうち【手の内】 ◆〜を見すかす 看透内心 kàntòu nèixīn ◆〜を見せる 摊牌 tānpái
テノール 男高音 nángāoyīn
てのこう【手の甲】 手背 shǒubèi
てのひら【掌】 手掌 shǒuzhǎng
デノミ(ネーション) 缩小货币面值单位 suōxiǎo huòbì miànzhí dānwèi
でば【出刃】 《庖丁》厚刃尖菜刀 hòurèn jiān càidāo
デパート 百货商店 bǎihuò shāngdiàn；百货大楼 bǎihuò dàlóu
てはい【手配ーする】 安排 ānpái；筹备 chóubèi ◆指名〜 指名通缉 zhǐmíng tōngjī
ではいり【出入り-する】 出入 chūrù；进出 jìnchū
てはじめ【手始め-の】 开始 kāishǐ；开头 kāitóu ◆に 首先 shǒuxiān
てはず【手筈】 程序 chéngxù；计划 jìhuà ◆〜を整える 做好安排 zuòhǎo ānpái
てばた【手旗】 小旗 xiǎoqí ◆信号旗语 qíyǔ
ではな【出端】 ◆〜をくじく 挫其锐气 cuò qí ruìqì
てばなし【手放し】 ◆〜で喜ぶ 尽情欢乐 jìnqíng huānlè
てばなす【手放す】 放弃 fàngqì；割舍 gēshě；转让 zhuǎnràng
てばやい【手早い】 麻利 máli；迅速 xùnsù
ではらう【出払う】 全都出去 quándōu chūqù
でばん【出番】 《舞台の》出场的次序 chūchǎng de cìxù
てびき【手引き】 《案内》入门 rùmén；指南 zhǐnán ◆〜をする 当向导 dāng xiàngdǎo
デビットカード 借记卡 jièjìkǎ
てひどい【手酷い】 严重 yánzhòng；严厉 yánlì
デビュー 初次登台 chūcì dēngtái；初露头角 chū lù tóujiǎo
てびょうし【手拍子】 ◆〜をとる 打拍子 dǎ pāizi
てびろい【手広い】 广泛 guǎngfàn
でぶ 胖子 pàngzi
デフォルメ 变形 biànxíng
てふき【手拭き】 手巾 shǒujīn
てぶくろ【手袋】 手套 shǒutào
でぶしょう【出無精】 腿懒 tuǐlǎn；不爱出门 bú ài chūmén
てぶら【手ぶら-で】 空着手 kōngzhe shǒu
デフレ 通货紧缩 tōnghuò jǐnsuō
てべんとう【手弁当-で】 ◆〜の仕事 无报酬的劳动 wú bàochou de láodòng；义务劳动 yìwù láodòng
デポジット 押金 yājīn ◆〜制 瓶、罐押金制 píng, guàn yājīnzhì
てほどき【手ほどき-する】 启蒙 qǐméng；辅导 fǔdǎo
てほん【手本】 榜样 bǎngyàng；模范 mófàn；《習字や絵の》字帖 zìtiè；画帖 huàtiě；范本 fànběn ◆〜を示す 示范 shìfàn
てま【手間】 工夫 gōngfu；劳力 láolì ◆〜が掛かる 费事 fèishì；费时间 fèi shíjiān ◆〜が掛からない 省事 shěngshì
デマ 谣言 yáoyán；流言飞语 liúyán fēiyǔ ◆〜を飛ばす 造谣 zàoyáo
てまえ【手前】 ❶《自分の目の前》跟前 gēnqián；身边 shēnbiān ❷《こちら》这边 zhèbiān ◆終点の一つ〜 终点前一站 zhōngdiǎn qián yí zhàn
てまえ【出前】 送饭菜 sòng fàncài
てまえみそ【手前味噌】 自吹自擂 zì chuī zì léi
でまかせ【出任せ】 ◆〜にしゃべる 信口开河 xìn kǒu kāi hé
てまちん【手間賃】 工钱 gōngqian
でまど【出窓】 凸窗 tūchuāng
てまどる【手間取る】 费时间 fèi shíjiān
てまね【手真似】 手势 shǒushì ◆〜をする 比画 bǐhua
てまねき【手招きーする】 招手 zhāoshǒu
てまわし【手回し】 ◆〜のよい 安排周到 ānpái zhōudào
てまわり【手回り】 身边 shēnbiān ◆

~品 随身携带的物品 suíshēn xiédài de wùpǐn
でまわる【出回る】 上市 shàngshì
てみじか【手短か】 简短 jiǎnduǎn ♦~に言えば 简单说来 jiǎndān shuōlái
でみせ【出店】 分店 fēndiàn;〈露店〉摊子 tānzi
てみやげ【手土産】 简单礼品 jiǎndān lǐpǐn; 小礼物 xiǎo lǐwù
てむかう【手向かう】 反抗 fǎnkàng; 还手 huánshǒu
でむかえる【出迎える】 迎接 yíngjiē
でむく【出向く】 前往 qiánwǎng
デメキン【出目金】 龙睛鱼 lóngjīngyú
でも 不过 búguò; 但是 dànshì
デモ 游行 yóuxíng ♦~行進する 示威游行 shìwēi yóuxíng ♦~隊 游行队伍 yóuxíng duìwǔ
デモクラシー 民主 mínzhǔ; 民主主义 mínzhǔ zhǔyì
てもち【手持ち-の】 手头有的 shǒutóu yǒu de
てもちぶさた【手持ち無沙汰】 闲得无聊 xiándé wúliáo
てもと【手元】 手头 shǒutóu; 手下 shǒuxià ♦~が狂う 失手 shīshǒu ♦~不如意な 手头紧 shǒutóu jǐn; 拮据 jiéjū
デモンストレーション 公开表演 gōngkāi biǎoyǎn; 示范 shìfàn
デュエット 二重唱 èrchóngchàng
てら【寺】 寺院 sìyuàn; 佛寺 fósì; 寺庙 sìmiào
てらう【衒う】 夸耀 kuāyào ♦奇を~ 标新立异 biāo xīn lì yì
てらしあわせる【照らし合わせる】 核对 héduì; 对照 duìzhào
てらす【照らす】 照 zhào; 照耀 zhàoyào; 照亮 zhàoliàng
テラス 凉台 liángtái; 阳台 yángtái
デラックス 豪华 háohuá
てりかえし【照り返し】 反射 fǎnshè; 反照 fǎnzhào
デリケート 微妙 wēimiào; 纤细 xiānxì; 敏感 mǐngǎn
てりはえる【照り映える】 映射 yìngshè; 映照 yìngzhào; 辉映 huīyìng
デリバティブ 金融衍生商品 jīnróng yǎnshēng shāngpǐn
てりやき【照り焼き】 沾酱油和料酒烤 zhān jiàngyóu hé liàojiǔ kǎo ♦~チキン 照烧鸡肉 zhàoshāo jīròu
てりょうり【手料理】 亲手做的菜 qīnshǒu zuò de cài
てる【照る】 照 zhào; 照耀 zhàoyào ♦照りつける 暴晒 bàoshài
でる【出る】 出 chū ♦家を~ 离开家 líkāi jiā ♦会議に~ 出席会议 chūxí huìyì ♦高校を~ 高中毕业 gāozhōng bìyè ♦涙が~ 流出眼泪 liúchū yǎnlèi ♦熱が~ 发烧 fā shāo ♦部屋から~ 走出房间 zǒuchū fángjiān ♦~杭は打たれる 树大招风 shù dà zhāo fēng
デルタ 三角洲 sānjiǎozhōu
てれかくし【照れ隠し-する】 遮羞 zhēxiū
てれくさい【照れ臭い】 不好意思 bùhǎoyìsi; 难为情 nánwéiqíng
テレパシー 心灵感应 xīnlíng gǎnyìng; 思想感应 sīxiǎng gǎnyìng
テレビ 电视 diànshì; 电视机 diànshìjī ♦~局 电视台 diànshìtái ♦~ゲーム機 电视游戏机 diànshì yóuxìjī ♦~ドラマ 电视剧 diànshìjù
テレビンゆ【テレビン油】 松节油 sōngjiéyóu
てれる【照れる】 害羞 hàixiū; 腼腆 miǎntiǎn; 难为情 nánwéiqíng
テロ 恐怖行动 kǒngbù xíngdòng; 恐怖主义 kǒngbù zhǔyì
テロリスト 恐怖分子 kǒngbù fènzǐ
てわけ【手分け-する】 分头 fēntóu; 分工 fēngōng
てわたす【手渡す】 亲手交给 qīnshǒu jiāogěi; 递交 dìjiāo ♦請願書を~ 递交请愿书 dìjiāo qǐngyuànshū
てん【点】 点 diǎn;〈テストなどの〉分数 fēnshù ♦80~とる 得八十分 dé bāshí fēn
てん【天】 天 tiān; 天空 tiānkōng ♦~に唾を吐く 害人反害己 hài rén fǎn hài jǐ; 自食其果 zì shí qí guǒ
テン【貂】 貂 diāo
でんあつ【電圧】 电压 diànyā ♦~計 伏特计 fútèjì
てんい【転移】 转移 zhuǎnyí ♦ガンが~する 癌扩程 ái kuòsàn
てんいむほう【天衣無縫-の】 天衣无缝 tiān yī wú fèng; 完美无缺 wánměi wúquē
てんいん【店員】 店员 diànyuán; 营业员 yíngyèyuán
でんえん【田園】 田园 tiányuán; 田间 tiánjiān
てんか【天下】 天下 tiānxià
てんか【添加-する】 添加 tiānjiā ♦~物 添加物 tiānjiāwù
てんか【転化-する】 转化 zhuǎnhuà; 转变 zhuǎnbiàn
てんか【転嫁-する】 推委 tuīwěi; 转嫁 zhuǎnjià ♦責任を~する 推卸责任 tuīxiè zérèn
てんか【点火-する】 点火 diǎnhuǒ; 点燃 diǎnrán
でんか【伝家】 ♦~の宝刀 最后的绝招 zuìhòu de juézhāo

でんか【電化】 电气化 diànqìhuà; 电化 diànhuà
てんかい【転回-する】 回转 huízhuǎn; 转变 zhuǎnbiàn
てんかい【展開-する】 开展 kāizhǎn; 展开 zhǎnkāi; 展现 zhǎnxiàn
てんかい【電解】 电解 diànjiě
てんがいこどく【天涯孤独-の】 天涯孤身 tiānyá gūshēn; 举目无亲 jǔ mù wú qīn
てんかん【転換-する】 转变 zhuǎnbiàn; 转换 zhuǎnhuàn ◆～点 转折点 zhuǎnzhédiǎn
てんがん【点眼-する】 点眼药 diǎn yǎnyào ◆～薬 眼药 yǎnyào
てんき【転記-する】 过账 guòzhàng
てんき【天気】 天气 tiānqì ◆～が変わる 变天 biàntiān ◆～がよい 天气好 tiānqì hǎo ◆～が悪い 天气不好 tiānqì bùhǎo ◆～図 天气图 tiānqìtú ◆～予報 天气预报 tiānqì yùbào
てんき【転機】 转机 zhuǎnjī; 转折点 zhuǎnzhédiǎn
てんぎ【転義】 转义 zhuǎnyì; 引申义 yǐnshēnyì
でんき【伝記】 传 zhuàn; 传记 zhuànjì
でんき【電気】 电 diàn; 电气 diànqì ◆～を点ける 开电灯 kāi diàndēng
でんきウナギ【電気鰻】 电鳗 diànmán
でんきかいろ【電気回路】 电路 diànlù
でんききかんしゃ【電気機関車】 电力机车 diànlì jīchē
でんききぐ【電気器具】 电器 diànqì
でんきこう【電気工】 电工 diàngōng
でんきこうがく【電気工学】 电工学 diàngōngxué
でんきコンロ【電気コンロ】 电灶 diànzào; 电炉 diànlú
でんきすいはんき【電気炊飯器】 电饭锅 diànfànguō
でんきスタンド【電気スタンド】 台灯 táidēng; 桌灯 zhuōdēng
でんきストーブ【電気ストーブ】 电炉 diànlú
でんきせんたくき【電気洗濯機】 洗衣机 xǐyījī
でんきそうじき【電気掃除機】 吸尘器 xīchénqì
でんきつうしん【電気通信】 电讯 diànxùn ◆～ケーブル 电缆 diànlǎn
でんきどけい【電気時計】 电钟 diànzhōng
でんきドリル【電気ドリル】 电钻 diànzuàn
でんきぶんかい【電気分解-する】 电解 diànjiě
でんきめっき【電気鍍金-する】 电镀 diàndù
てんきゅう【天球】 天球 tiānqiú
でんきゅう【電球】 灯泡 dēngpào
てんきょ【典拠】 典据 diǎnjù; 文献根据 wénxiàn gēnjù
てんきょ【転居-する】 搬家 bānjiā; 迁居 qiānjū
てんぎょう【転業-する】 改行 gǎiháng; 转业 zhuǎnyè
でんきようせつ【電気溶接-する】 电焊 diànhàn
でんきょく【電極】 电极 diànjí
てんきん【転勤-する】 调动工作 diàodòng gōngzuò
てんくう【天空】 天空 tiānkōng
テングサ【天草】 石花菜 shíhuācài
でんぐりがえし【でんぐり返し】 前滚翻 qiángǔnfān; 翻跟头 fān gēntou
てんけい【典型】 典型 diǎnxíng ◆～的な 典型的 diǎnxíng de
でんげき【電撃】 电击 diànjī ◆～戦 闪电战 shǎndiànzhàn ◆～結婚 闪电式结婚 shǎndiànshì jiéhūn
てんけん【点検-する】 检查 jiǎnchá; 检点 jiǎndiǎn ◆自己～ 自我检查 zìwǒ jiǎnchá
でんげん【電源】 电源 diànyuán ◆～を入れる 打开电源 dǎkāi diànyuán ◆～を切る 切断电源 qiēduàn diànyuán
てんこ【点呼-をとる】 点名 diǎnmíng
てんこう【天候】 天气 tiānqì ◆～不順 天时不正 tiānshí bú zhèng; 天气反常 tiānqì fǎncháng
てんこう【転向-する】 转变方向 zhuǎnbiàn fāngxiàng;《政治的に》转向 zhuǎnxiàng
てんこう【転校-する】 转学 zhuǎnxué; 转校 zhuǎnxiào
でんこう【電光】 电光 diànguāng ◆～ニュース 电光快报 diànguāng kuàibào ◆～石火 电光石火 diànguāng shíhuǒ; 风驰电掣 fēng chí diàn chè
てんこく【篆刻-する】 篆刻 zhuànkè; 刻印章 kè yìnzhāng
てんごく【天国】 天国 tiānguó; 天堂 tiāntáng;《楽園》乐园 lèyuán
でんごん【伝言】 口信儿 kǒuxìnr ◆～する 转告 zhuǎngào; 传话 chuánhuà;《書面で》留言 liúyán ◆～板 留言板 liúyánbǎn
てんさい【天才】 天才 tiāncái
てんさい【天災】 天灾 tiānzāi; 自然灾害 zìrán zāihài
てんさい【転載-する】 转载 zhuǎnzǎi; 转登 zhuǎndēng

テンサイ【甜菜】 糖萝卜 tángluóbo; 甜菜 tiáncài
てんざい【点在-する】 散布 sànbù; 散落 sànluò
てんさく【添削-する】 删改 shāngǎi; 批改 pīgǎi; 修改 xiūgǎi
でんさんき【電算機】 电脑 diànnǎo
てんし【天使】 天使 tiānshǐ; 安琪儿 ānqí'ér
てんじ【展示-する】 展示 zhǎnshì; 展出 zhǎnchū; 展览 zhǎnlǎn; 会 展览会 zhǎnlǎnhuì ◆～即売展销 zhǎnxiāo ◆～品 展品 zhǎnpǐn
てんじ【点字】 盲字 mángzì; 点字 diǎnzì ◆～の文章 盲文 mángwén
でんし【電子】 电子 diànzǐ ◆～オルガン 电子琴 diànzǐqín ◆～計算機 电子计算机 diànzǐ jìsuànjī; 电脑 diànnǎo ◆～メール 电子邮件 diànzǐ yóujiàn ◆～レンジ 微波炉 wēibōlú ◆～書籍［ブック］电子书籍 diànzǐ shūjí ◆～マネー 电子货币 diànzǐ huòbì
でんじしゃく【電磁石】 电磁铁 diàncítiě
でんじは【電磁波】 电波 diànbō; 电磁波 diàncíbō
でんしマネー【電子マネー】 电子货币 diànzǐ huòbì
てんしゃ【転写-する】 誊写 téngxiě; 《書道》临摹 línmó
でんしゃ【電車】 电车 diànchē
てんしゅ【店主】 老板 lǎobǎn
てんじゅ【天寿】 天年 tiānnián ◆～を全うする 寿终正寝 shòu zhōng zhèng qǐn; 享尽天年 xiǎng jìn tiānnián
でんじゅ【伝授-する】 传授 chuánshòu
てんしゅつ【転出-する】 ❶《転任》调职 diàozhí; 调动 diàodòng ❷《転住》迁出 qiānchū; 迁移 qiānyí
てんしょ【篆書】 篆书 zhuànshū; 篆字 zhuànzì
てんじょう【天井】 顶棚 dǐngpéng; 天棚 tiānpéng ◆～板 天花板 tiānhuābǎn
てんじょう【天上】 天上 tiānshàng ◆～界 上界 shàngjiè
でんしょう【伝承-する】 口传 kǒuchuán; 口耳相传 kǒu'ěr xiāngchuán
てんじょういん【添乗員】 旅游陪同 lǚyóu péitóng
てんしょく【天職】 天职 tiānzhí
てんしょく【転職-する】 转业 zhuǎnyè; 改行 gǎiháng
でんしょバト【伝書鳩】 信鸽 xìngē
テンション 紧张 jǐnzhāng ◆～が高まる 情绪高涨 qíngxù gāozhǎng

てんしん【転身-する】 改变职业 gǎibiàn zhíyè
でんしん【電信】 电信 diànxìn ◆～符号 电码 diànmǎ ◆～柱 电线杆 diànxiàngān
てんしんらんまん【天真爛漫-な】 天真烂漫 tiānzhēn lànmàn
てんすう【点数】 ❶《評点の》分数 fēnshù ◆～を稼ぐ 溜须拍马 liū xū pāi mǎ ❷《試合の》得分 défēn
てんずる【転ずる】 转变 zhuǎnbiàn; 改变 gǎibiàn
てんせい【天性-の】 天赋 tiānfù; 天性 tiānxìng ◆～の勘 天赋的直感 tiānfù de zhígǎn
てんせい【転生-する】 托生 tuōshēng; 转生 zhuǎnshēng
てんせき【典籍】 典籍 diǎnjí
でんせつ【伝説】 传说 chuánshuō
てんせん【点線】 虚线 xūxiàn
てんせん【転戦-する】 转战 zhuǎnzhàn
でんせん【伝染-する】 传染 chuánrǎn ◆～病 传染病 chuánrǎnbìng
でんせん【電線】 电线 diànxiàn; 电缆 diànlǎn
てんそう【転送-する】 转送 zhuǎnsòng; 《荷物を》转运 zhuǎnyùn ◆～電話 传送电话 chuánsòng diànhuà
てんそく【纏足-する】 裹脚 guǒjiǎo; 缠足 chánzú
てんぞく【転属-する】 调动 diàodòng
てんたい【天体】 天体 tiāntǐ; 星球 xīngqiú ◆～望遠鏡 天体望远镜 tiāntǐ wàngyuǎnjìng
でんたく【電卓】 袖珍计算器 xiùzhēn jìsuànqì
でんたつ【伝達-する】 传达 chuándá; 转达 zhuǎndá
てんち【転地-する】 转地 zhuǎndì ◆～療法 易地疗法 yìdì liáofǎ
てんち【天地】 天地 tiāndì; 天壤 tiānrǎng; 乾坤 qiánkūn ◆～無用 请勿倒置 qǐng wù dàozhì
でんち【電池】 电池 diànchí
でんちゅう【電柱】 电线杆 diànxiàngān
てんちょう【店長】 店长 diànzhǎng
てんてき【天敵】 天敌 tiāndí
てんてき【点滴】 点滴 diǎndī ◆～をする 打点滴 dǎ diǎndī; 输液 shūyè
てんてこまい【てんてこ舞い-する】 手忙脚乱 shǒu máng jiǎo luàn
てんてつき【転轍機】 《鉄道の》道岔 dàochà
てんでに【点々-と】 各自 gèzì
てんてん【点々-と】 点点 diǎndiǎn

てんてん【転々-とする】 輾転 zhǎnzhuǎn; 滚动 gǔndòng
でんでんだいこ【でんでん太鼓】 拨浪鼓 bōlànggǔ
デンデンムシ【蝸牛】 蜗牛 wōniú
テント【帐篷 zhàngpeng; 营帐 yíngzhàng ♦～を張る 搭帐篷 dā zhàngpeng
てんとう【点灯-する】 点灯 diǎndēng; 开灯 kāidēng
てんとう【店頭】 门市 ménshì; 铺面 pùmiàn ♦～販売 门面交易 ménmiàn jiāoyì
てんとう【転倒-する】 翻倒 fāndǎo; 颠倒 diāndǎo ♦気が～する 丢魂落魄 diū hún luò pò
でんとう【伝統】 传统 chuántǒng
でんとう【電灯】 电灯 diàndēng ♦～の笠 灯罩 dēngzhào
でんどう【殿堂】 殿堂 diàntáng
でんどう【伝導-する】 《熱・電気を》传导 chuándǎo
でんどう【電動-の】 电动 diàndòng ♦～鋸(のこぎり) 电锯 diànjù
でんどうし【伝道師】 传教士 chuánjiàoshì
てんどうせつ【天動説】 地心说 dìxīnshuō; 天动说 tiāndòngshuō
テントウムシ【天道虫】 瓢虫 piáochóng; 花大姐 huādàjiě
てんどん【天丼】 炸虾盖饭 zháxiāgàifàn
てんにゅう【転入-する】 ❶《他校に》转学 zhuǎnxué ❷《他の土地に》迁入 qiānrù
てんにょ【天女】 天女 tiānnǚ; 飞天 fēitiān
てんにん【転任-する】 调职 diàozhí; 调任 diàorèn
でんねつき【電熱器】 电炉 diànlú
てんねん【天然】 天然 tiānrán ♦～ガス 天然气 tiānránqì ♦～資源 自然资源 zìrán zīyuán
てんのう【天皇】 天皇 tiānhuáng
てんのうせい【天王星】 天王星 tiānwángxīng
でんぱ【伝播-する】 传播 chuánbō; 传布 chuánbù
でんぱ【電波】 电波 diànbō ♦～障害 电波干扰 diànbō gānrǎo
てんばい【転売-する】 转卖 zhuǎnmài; 倒卖 dǎomài
でんばた【田畑】 田地 tiándì
てんばつ【天罰】 天罚 tiānfá; 报应 bàoyìng ♦～を受ける 天诛地灭 tiān zhū dì miè
てんび【天日】 阳光 yángguāng
てんび【天火】 烤炉 kǎolú
てんびき【天引き-する】 预先扣除 yùxiān kòuchú

てんびょう【点描】 点画 diǎnhuà; 素描 sùmiáo
でんぴょう【伝票】 传票 chuánpiào; 收支传票 shōuzhī chuánpiào ♦～を切る 开发票 kāi fāpiào
てんびん【天秤】 天平 tiānpíng ♦～棒 扁担 biǎndan ♦～座 天秤座 tiānchèngzuò
てんぷ【添付-する】 添上 tiānshàng; 附上 fùshàng
てんぷ【天賦】 ♦～の才 天赋 tiānfù; 天才 tiāncái
でんぶ【臀部】 臀部 túnbù
てんぷく【転覆-する】 翻倒 fāndǎo
てんぷら【天麩羅】 天妇罗 tiānfùluó; 油炸菜 yóuzházài
てんぶん【天分】 天分 tiānfèn; 天资 tiānzī ♦～豊かな 富有天资 fùyǒu tiānzī
でんぶん【伝聞】 传闻 chuánwén
でんぶん【電文】 电文 diànwén
でんぷん【澱粉】 淀粉 diànfěn
てんぺんちい【天変地異】 天地变异 tiāndì biànyì
てんぽ【店舗】 店铺 diànpù
テンポ 速度 sùdù; 拍子 pāizi
てんぼう【展望】 始末 shǐmò; 原委 yuánwěi; 经过 jīngguò
てんまど【天窓】 天窗 tiānchuāng
てんめい【天命】 天命 tiānmìng; 命运 mìngyùn; 《寿命》寿数 shòushu ♦～に任せる 听天由命 tīng tiān yóu mìng ♦～を知る 知命 zhīmìng
てんめつ【点滅-する】 一亮一灭 yí liàng yí miè; 闪烁 shǎnshuò
てんもん【天文】 天文 tiānwén ♦～学 天文学 tiānwénxué
でんや【田野】 田野 tiányě
てんやく【点訳-する】 译成盲文 yìchéng mángwén
てんやわんや 人仰马翻 rén yǎng mǎ fān; 天翻地覆 tiān fān dì fù
てんよう【転用-する】 挪用 nuóyòng; 移用 yíyòng
てんらい【伝来の】 传来 chuánlái; 祖传 zǔchuán ♦～の家宝 传家宝 chuánjiābǎo
てんらく【転落-する】 《転がり落ちる》滚下 gǔnxià; 摔落 shuāiluò ♦～事故 坠落事故 zhuìluò shìgù; 《落ちぶれる》沉沦 chénlún ♦～の一途 直走沦落之路 zhí zǒu lúnluò zhī lù
てんらん【展覧-する】 展览 zhǎnlǎn

でんりゅう【電流】 电流 diànliú ♦～計 电流表 diànliúbiǎo；安培计 ānpéijì

でんりょく【電力】 电力 diànlì ♦消費～ 耗电量 hàodiànliàng

でんわ【電話】 电话 diànhuà ♦～機 电话机 diànhuàjī ♦～交换手 话务员 huàwùyuán ♦～番号 电话号码 diànhuà hàomǎ ♦～をかける 打电话 dǎ diànhuà ♦～に出る 接电话 jiē diànhuà ♦～ボックス 电话亭 diànhuàtíng

と

と 跟 gēn；和 hé ♦君～僕 你和我 nǐ hé wǒ ♦彼～比べる 跟他比 gēn tā bǐ

と【戸】 门 mén ♦～を開ける 开门 kāi mén ♦～のすき間 门缝儿 ménfèngr

ど【度】 程度 chéngdù ♦～が過ぎる 过分 guòfèn；过度 guòdù；《めがねの》度数 dùshù

ド《音階の》多 duō

ドア 门 mén ♦～ノッカー 门环 ménhuán

どあい【度合い】 程度 chéngdù

とあみ【投網】 撒网 sāwǎng

とある 某 mǒu；一个 yí ge

とい【樋】 导水管 dǎoshuǐguǎn；水溜 shuǐliù；檐沟 yángōu

とい【問】 问题 wèntí ♦～を発する 发问 fāwèn；提问 tíwèn

といあわせ【問い合わせ】 询问 xúnwèn

といあわせる【問い合わせる】 询查 xúnchá；打听 dǎting

といかえす【問い返す】 反问 fǎnwèn

といき【吐息】 叹气 tànqì

といし【砥石】 磨刀石 módāoshí

といただす【問い質す】 叮问 dīngwèn；究问 jiūwèn；追问 zhuīwèn

といつめる【問い詰める】 责问 zéwèn；追问 zhuīwèn；盘问 pánwèn

トイレ 厕所 cèsuǒ；洗手间 xǐshǒujiān；卫生间 wèishēngjiān ♦～に行く 上厕所 shàng cèsuǒ

とう【党】 党 dǎng

とう【塔】 塔 tǎ；宝塔 bǎotǎ

とう【当】 正当 zhèngdàng ♦～を得た 适当 shìdàng；得体 détǐ；《この》♦～社 本社 běnshè

とう【問う】 问 wèn；打听 dǎting；询问 xúnwèn

トウ【藤】 ♦～椅子 藤椅 téngyǐ

どう【銅】 铜 tóng

どう【胴】 躯干 qūgàn

どうあげ【胴上げ–する】 （把某人）扔到半空中（bǎ mǒurén）rēngdào bànkōng zhōng

とうあつせん【等圧線】 等压线 děngyāxiàn

とうあん【答案】 答卷 dájuàn；卷子 juànzi ♦～用紙 试卷 shìjuàn

とうい【当意】 ♦～即妙 临机应变 línjī yìng biàn

どうい【同意–する】 同意 tóngyì

どうぎご【同意語】 同义词 tóngyìcí

どういたしまして 不谢 bú xiè；哪

里哪里 nǎli nǎli；不敢当 bù gǎndāng

どういつ【統一-する】统一 tǒngyī

どういつ【同一-の】同一 tóngyī；相同 xiāngtóng

どういつし【同一視-する】等量齐观 děng liàng qí guān；一视同仁 yí shì tóng rén

とういん【党员】党员 dǎngyuán

とういん【頭韻】头韵法 tóuyùnfǎ

どういん【動員-する】动员 dòngyuán

とうえい【投影-する】投影 tóuyǐng ♦～図 投影图 tóuyǐngtú

とうおう【東欧】东欧 Dōng Ōu

どうおん【同音】同音 tóngyīn ♦～異義語 同音异义词 tóngyīn yìyìcí

とうか【灯火】灯 dēng；灯火 dēnghuǒ；灯光 dēngguāng

とうか【投下-する】投下 tóuxià

とうか【等価】等价 děngjià ♦～物 等价物 děngjiàwù

どうか【同化-する】同化 tónghuà ♦～作用 同化作用 tónghuà zuòyòng

どうか【銅貨】铜币 tóngbì；铜子儿 tóngzǐr

どうか ♦～よろしくお願いします 请多关照 qǐng duō guānzhào ♦～している 不正常 bú zhèngcháng

どうが【動画】《アニメーション》动画片 dònghuàpiàn

とうかい【倒壊-する】倒塌 dǎotā

とうかく【頭角】头角 tóujiǎo ♦～を現す 显露头角 xiǎnlù tóujiǎo

どうかく【同格-の】同格 tónggé

どうかせん【導火線】导火线 dǎohuǒxiàn；引线 yǐnxiàn

とうかつ【統括-する】总括 zǒngkuò

とうかつ【統轄-する】统辖 tǒngxiá

どうかつ【恫吓】恫吓 dònghè

トウガラシ【唐辛子】辣椒 làjiāo；辣子 làzi

とうかん【投函-する】投寄 tóujì；投进邮筒 tóujìn yóutǒng

とうかん【等閑】♦～視する 等闲视之 děngxián shì zhī；忽视 hūshì

トウガン【冬瓜】冬瓜 dōngguā

どうかん【同感】同感 tónggǎn ♦全く～だ 完全同意 wánquán tóngyì

どうがん【童顔】童颜 tóngyán；娃娃相 wáwaxiàng

とうき【登記-する】登记 dēngjì；注册 zhùcè

とうき【冬季-の】冬季 dōngjì

とうき【投機】投机 tóujī ♦～的売買をする 投机交易 tóujī jiāoyì

とうき【陶器】陶器 táoqì

とうき【冬期】冬季 dōngjì ♦～休暇 寒假 hánjià

とうき【投棄-する】抛弃 pāoqì

とうき【騰貴】涨价 zhǎngjià

とうぎ【討議-する】讨论 tǎolùn；商讨 shāngtǎo

どうき【動機】动机 dòngjī

どうき【動悸】心跳 xīntiào

どうき【同期-の】同期 tóngqī ♦～生 《学校の》同期同学 tóngqī tóngxué

どうぎ【動議】动议 dòngyì

どうぎ【道義】道义 dàoyì

どうぎご【同義語】同义词 tóngyìcí；同意词 tóngyìcí

とうきゅう【等級】等级 děngjí；等次 děngcì

とうきゅう【投球】投球 tóuqiú

とうきゅう【闘牛】斗牛 dòuniú

どうきゅう【同級】同班 tóngbān ♦～生 同班同学 tóngbān tóngxué

とうぎょ【統御-する】驾驭 jiàyù；统治 tǒngzhì

どうきょ【同居-する】同居 tóngjū

どうきょう【同郷】同乡 tóngxiāng ♦～人 乡亲 xiāngqīn；老乡 lǎoxiāng

どうきょう【道教】道教 Dàojiào

どうぎょう【同業-の】同行 tóngháng；同业 tóngyè

とうきょく【当局】当局 dāngjú

とうきょり【等距離】等距离 děngjùlí

どうぐ【道具】工具 gōngjù；用具 yòngjù ♦～箱 工具箱 gōngjùxiāng

どうくつ【洞窟】洞穴 dòngxué

とうげ【峠】山口 shānkǒu

どうけ【道化】滑稽 huájī ♦～役 丑角 chǒujué；小丑 xiǎochǒu

とうけい【東経】东经 dōngjīng

とうけい【統計】统计 tǒngjì ♦～をとる 统计 tǒngjì

とうげい【陶芸】陶瓷工艺 táocí gōngyì

どうけい【同系】同一系统 tǒngyī xìtǒng

どうけい【同形-の】同形 tóngxíng

どうけい【同型-の】同型 tóngxíng；同一类型 tóngyī lèixíng

とうけつ【凍結-する】冻结 dòngjié；上冻 shàngdòng；《資産を》冻结 dòngjié

どうけつ【洞穴】洞穴 dòngxué

どうけん【同権】平权 píngquán ♦男女～ 男女平权 nánnǚ píngquán

とうげんきょう【桃源郷】世外桃源 shì wài Táoyuán

とうこう【登校-する】上学 shàngxué

とうこう【投稿-する】投稿 tóugǎo

とうこう【投降-する】投降 tóuxiáng

♦～を受け入れる 納降 nàxiáng
とうごう【統合-する】 合并 hébìng
とうごう【等号】《记号「＝」》等号 děnghào
どうこう【動向】 动向 dòngxiàng；风向 fēngxiàng
どうこう【同好-の】 同好 tónghào；～会 同好会 tónghàohuì ♦～仲間 同好者 tónghàozhě
どうこう【同行-する】 同行 tóngxíng
どうこう【瞳孔】 瞳人 tóngrén；瞳孔 tóngkǒng ♦～が開く 瞳孔扩大 tóngkǒng kuòdà
どうこういきょく【同工異曲】 同工异曲 tóng gōng yì qǔ；异曲同工 yì qǔ tóng gōng
とうこうせん【等高線】 等高线 děnggāoxiàn
とうごく【投獄-する】 下狱 xiàyù
どうこく【慟哭-する】 恸哭 tòngkū
とうこん【闘魂】 斗志 dòuzhì
とうざ【当座】❶《その場》当场 dāngchǎng ❷《しばらくの間》暂时 zànshí ❸《銀行の》活期 huóqī ♦～預金 活期存款 huóqī cúnkuǎn
どうさ【動作】 动作 dòngzuò ♦～が速い 动作敏捷 dòngzuò mǐnjié；手脚灵活 shǒujiǎo línghuó
とうさい【搭載-する】 装载 zhuāngzài
とうざい【東西】 东西 dōngxī
どうざい【同罪】 同罪 tóngzuì
とうさく【盗作-する】 抄袭 chāoxí；剽窃 piāoqiè
とうさく【倒錯-する】 颠倒 diāndǎo
どうさつ【洞察-する】 洞察 dòngchá
とうさん【倒産-する】 倒闭 dǎobì；破产 pòchǎn
どうさん【動産】 动产 dòngchǎn
どうざん【銅山】 铜矿山 tóngkuàngshān
とうし【投資-する】 投资 tóuzī
とうし【透視-する】 透视 tòushì
とうし【闘士】 战士 zhànshì
とうし【闘志】 斗志 dòuzhì ♦満々の斗志昂扬 dòuzhì ángyáng
とうし【凍死-する】 冻死 dòngsǐ
とうじ【冬至】 冬至 dōngzhì
とうじ【当時】 当年 dāngnián；当时 dāngshí
とうじ【答辞】 答词 dácí
とうじ【湯治】 温泉疗养 wēnquán liáoyǎng
どうし【動詞】 动词 dòngcí
どうし【同志】 同志 tóngzhì
どうし【道士】 道士 dàoshi
どうじ【同時-に】 同时 tóngshí；一齐 yìqí ♦～通訳 同声传译 tóngshēng chuányì
とうじき【陶磁器】 陶瓷 táocí

とうじしゃ【当事者】 当事人 dāngshìrén
どうじだい【同時代】 同时代 tóngshídài
とうじつ【当日】 当日 dàngrì；当天 dàngtiān
どうしつ【同室】 同屋 tóngwū
どうしつ【同質-の】 同一性质 tóngyī xìngzhì
どうじつ【同日】 当天 dàngtiān；同一天 tóng yì tiān
どうして 为什么 wèi shénme；怎么 zěnme
どうしても 无论如何 wúlùn rúhé ♦～食べない 怎么也不吃 zěnme yě bù chī
とうしゅ【投手】 投手 tóushǒu
とうしゅ【党首】 党的首领 dǎng de shǒulǐng；党首 dǎngshǒu
どうしゅ【同種-の】 同种 tóngzhǒng
とうしゅう【踏襲-する】 沿袭 yánxí；沿用 yányòng
トウシューズ《バレエの》 芭蕾舞鞋 bālěiwǔxié
とうしゅく【投宿-する】 投宿 tóusù；住旅馆 zhù lǚguǎn
どうしゅく【同宿-する】 同住一个旅馆 tóngzhù yí ge lǚguǎn
とうしょ【当初】 当初 dāngchū；最初 zuìchū
とうしょ【投書-する】 投稿 tóugǎo
とうしょう【凍傷】 ♦～にかかる 冻伤 dòngshāng
とうじょう【登場-する】 登台 dēngtái；登场 dēngchǎng
とうじょう【搭乗-する】 搭乘 dāchéng ♦～券 机票 jīpiào
どうじょう【同上】 同上 tóngshàng
どうじょう【同情-する】 同情 tóngqíng；哀怜 āilián
どうじょう【同乗-する】 同乘 tóngchéng；同坐 tóngzuò
どうじょう【道場】 练功场 liàngōngchǎng
とうじる【投じる】 投 tóu；《自分自身を》♦身を～ 投身 tóushēn；《投入する》♦資金を～ 投资 tóuzī；《入れる》♦票を～ 投票 tóupiào
どうじる【動じる】 动摇 dòngyáo
とうしん【答申】 答复 dáfù
どうしん【童心】 童心 tóngxīn ♦～に返る 返回童心 fǎnhuí tóngxīn
どうじん【同人】 志同道合的人 zhì tóng dào hé de rén；同仁 tóngrén ♦～誌 同人杂志 tóngrén zázhì
どうしんえん【同心円】 同心圆 tóngxīnyuán
とうしんだい【等身大-の】 和身长相等 hé shēncháng xiāngděng；《比喻》适合自己本身的 shìhé zìjǐ běn-

shēn de
とうすい【統帥】 统帅 tǒngshuài ♦～権 兵权 bīngquán
とうすい【陶酔-する】 沉醉 chénzuì; 陶醉 táozuì
どうせ 反正 fǎnzheng
とうせい【統制-する】 统制 tǒngzhì; 管制 guǎnzhì ♦～経済 统制经济 tǒngzhì jīngjì
どうせい【同姓-の】 同姓 tóngxìng
どうせい【同性-の】 同性 tóngxìng ♦～愛 同性恋 tóngxìngliàn
どうせい【同棲-する】 同居 tóngjū; 姘居 pīnjū
どうせい【動静】 动态 dòngtài
とうせき【渗析】 渗析 shènxī ♦人工～ 人工透析 réngōng tòuxī
どうせき【同席-する】 同席 tóngxí
どうせだい【同世代-の】 同辈 tóngbèi
とうせん【当選-する】 当选 dāngxuǎn; 中选 zhòngxuǎn ♦～番号 中奖号码 zhòngjiǎng hàomǎ
とうぜん【当然】 ♦～…すべきだ 应当 yīngdāng; 应该 yīnggāi
とうぜん【陶然-と】 陶然 táorán
どうせん【導線】 导线 dǎoxiàn
どうせん【銅線】 铜丝 tóngsī
どうぜん【-も同然】 等于 děngyú; 一样 yíyàng ♦死んだも～だ 跟死去了一样 gēn sǐqùle yíyàng
どうぞ 请 qǐng
とうそう【闘争-する】 斗争 dòuzhēng
とうそう【逃走-する】 逃跑 táopǎo; 逃走 táozǒu
どうそう【同窓-の】 同窗 tóngchuāng ♦～会 同学会 tóngxuéhuì
どうぞう【銅像】 铜像 tóngxiàng
とうぞく【盗賊】 盗贼 dàozéi
どうぞく【同族】 同宗 tóngzōng ♦～会社 同族公司 tóngzú gōngsī
とうそつ【統率-する】 统率 tǒngshuài
とうた【淘汰-する】 淘汰 táotài ♦自然～ 自然淘汰 zìrán táotài
とうだい【灯台】 灯塔 dēngtǎ
とうだい【当代】 当代 dāngdài
どうたい【胴体】 躯体 qūtǐ; 躯干 qūgàn
とうたつ【到達-する】 到达 dàodá
とうち【当地】 当地 dāngdì; 本地 běndì
とうち【統治-する】 统治 tǒngzhì
とうちほう【倒置法】 倒置法 dàozhìfǎ
とうちゃく【到着-する】 到达 dàodá; 抵达 dǐdá
どうちゅう【道中】 旅途 lǚtú
とうちょう【盗聴-する】 窃听 qiètīng ♦～機 窃听器 qiètīngqì
とうちょう【登頂-する】 登上山顶 dēngshàng shāndǐng
どうちょう【同調-する】 赞同 zàntóng
とうちょく【当直-する】 值班 zhíbān;《軍隊・警察などの》值勤 zhíqín
とうつう【疼痛】 疼痛 téngtòng
どうであれ 不管怎样 bùguǎn zěnyàng; 无论如何 wúlùn rúhé
とうてい【到底】 怎么也 zěnme yě ♦～無理だ 根本不可能 gēnběn bù kěnéng
どうてい【童貞-の】 童贞 tóngzhēn
どうてい【道程】 路程 lùchéng
とうてき【投擲-する】 投掷 tóuzhì
とうてつ【透徹-した】 透彻 tòuchè; 透辟 tòupì
どうでもよい 无所谓 wúsuǒwèi
とうてん【当店】 本店 běndiàn
どうてん【同点】 平分 píngfēn ♦～決勝 平局决赛 píngjú juésài
どうてん【動転】 ♦気が～する 惊慌失措 jīnghuāng shīcuò
とうとい【尊い】 尊贵 zūnguì
とうとう【等々】 等等 děngděng
とうとう【到頭】《ついに》到底 dàodǐ; 终于 zhōngyú
とうとう【滔々-と】 ♦～と述べる 滔滔不绝 tāo tāo bù jué
どうとう【同等】 同等 tóngděng
どうどう【堂々】 ♦～とした 堂堂 tángtáng; 堂堂正正 tángtángzhèngzhèng
どうどうめぐり【堂々巡り】 来回兜圈子 láihuí dōu quānzi
どうとく【道徳】 道德 dàodé
とうとつ【唐突-に】 突然 tūrán
とうとぶ【貴ぶ・尊ぶ】 尊重 zūnzhòng; 尊崇 zūnchóng ♦人命を～ 尊重人命 zūnzhòng rénmìng ♦地道な仕事を～ 崇尚勤恳地工作 chóngshàng qínkěn de gōngzuò
とうどり【頭取】《銀行》行长 (yínháng)hángzhǎng
どうなが【胴長-の】 躯干长 qūgàn cháng
とうなん【東南-の】 东南 dōngnán
とうなん【盗難】 失盗 shīdào; 被盗 bèi dào ♦～事件 窃案 qiè'àn
とうなんアジア【東南アジア】 东南亚 Dōngnán Yà
どうにいる【堂に入る】 到家 dàojiā; 造诣很深 zàoyì hěn shēn
どうにか 好歹 hǎodǎi; 总算 zǒngsuàn ♦～帰り着いた 总算回来了 zǒngsuàn huílai le
とうにゅう【投入-する】 投入 tóurù; 倾注 qīngzhù
とうにゅう【豆乳】 豆浆 dòujiāng

どうにゅう【導入-する】 引进 yǐnjìn
とうにょうびょう【糖尿病】 糖尿病 tángniàobìng
とうにん【当人】 本人 běnrén
とうは【党派】 党派 dǎngpài
とうは【踏破-する】 走过 zǒuguò；走遍 zǒubiàn
とうはつ【頭髪】 头发 tóufa
とうはん【登攀-する】 登攀 dēngpān
とうばん【当番】 值班 zhíbān
どうはん【同伴-する】 同伴 tóngbàn；偕同 xiétóng ◆~者 伴侣 bànlǚ
とうひ【当否】 当否 dàngfǒu；是否合适 shìfǒu héshì
とうひ【逃避-する】 逃避 táobì ◆現実から~する 逃避现实 táobì xiànshí
とうひょう【投票-する】 投票 tóupiào ◆~用紙 选票 xuǎnpiào
とうびょう【投錨-する】 抛锚 pāomáo
とうびょう【闘病】 和疾病作斗争 hé jíbìng zuò dòuzhēng
どうびょう【同病】 ◆~相哀れむ 同病相怜 tóng bìng xiāng lián
とうひん【盗品】 赃物 zāngwù
とうふ【豆腐】 豆腐 dòufu
とうぶ【頭部】 头部 tóubù
とうぶ【東部】 东部 dōngbù
どうふう【同封-する】 附在信内 fù zài xìnnèi
どうぶつ【動物】 动物 dòngwù ◆~園 动物园 dòngwùyuán
とうぶん【等分-する】 平分 píngfēn；等分 děngfēn；均分 jūnfēn
とうぶん【糖分】 糖分 tángfèn
とうぶん【当分】 暂时 zànshí
とうへき【盗癖】 盗癖 dàopǐ
とうべん【答弁-する】 答辩 dábiàn；回答 huídá
とうほう【東方-の】 东方 dōngfāng
とうほう【当方】 我方 wǒfāng
どうほう【同胞】 同胞 tóngbāo
とうぼう【逃亡-する】 《国外へ》逃亡 táowáng；《犯罪者を》潜逃 qiántáo ◆~犯 逃犯 táofàn
とうほく【東北-の】 东北 dōngběi
とうほん【謄本】 副本 fùběn
とうほんせいそう【東奔西走-する】 东奔西走 dōng bēn xī zǒu
どうまわり【胴回り】 腰的周围 yāo de zhōuwéi；腰身 yāoshēn
とうみつ【糖蜜】 糖蜜 tángmì
どうみゃく【動脈】 动脉 dòngmài ◆~硬化 动脉硬化 dòngmài yìnghuà
とうみん【冬眠-する】 冬眠 dōngmián

とうみん【島民】 岛上居民 dǎoshàng jūmín
とうめい【透明-な】 透明 tòumíng
どうめい【同盟】 联盟 liánméng；同盟 tóngméng
とうめん【当面-の】 当前 dāngqián；眼前 yǎnqián
どうも 不知为什么 bùzhī wèi shénme ◆~違っているらしい 好象不对 hǎoxiàng búduì ◆~気分がよくない 总觉得身体不舒服 zǒng juéde shēntǐ bù shūfu ◆~うまく言えない 总也说不好 zǒng yě shuōbuhǎo ◆~すみません 实在对不起 shízài duìbuqǐ
どうもう【獰猛-な】 凶猛 xiōngměng
とうもく【頭目】 头子 tóuzi；头目 tóumù
トウモロコシ 玉米 yùmǐ；玉蜀黍 yùshǔshǔ ◆~の粉 玉米面 yùmǐmiàn
とうやく【投薬-する】 下药 xiàyào
どうやら《…のようだ…らしい》好像 hǎoxiàng；看来 kànlái ◆~雨になるらしい 好象要下雨了 hǎoxiàng yào xià yǔ le
とうゆ【灯油】 灯油 dēngyóu
とうよ【投与-する】 给药 gěi yào
とうよう【登用-する】 任用 rènyòng；提拔 tíbá
とうよう【盗用-する】 盗用 dàoyòng；窃用 qièyòng
とうよう【東洋】 东方 Dōngfāng ◆~学 东方学 Dōngfāngxué〔中国語'东洋'は「日本」を意味する〕
どうよう【動揺-する】 动摇 dòngyáo；不安 bù'ān
どうよう【同様-の】 同样 tóngyàng ◆わたしも~です 我也一样 wǒ yě yíyàng
どうよう【童謡】 儿歌 érgē；童谣 tóngyáo
とうらい【到来-する】 到来 dàolái
どうらく【道楽】 嗜好 shìhào ◆~息子 花花公子 huāhuā gōngzǐ
どうらん【動乱-の】 动乱 dòngluàn
どうり【道理】 道理 dàoli ◆~にかなう 有理 yǒulǐ；合情合理 hé qíng hé lǐ
とうりつ【倒立-する】 倒立 dàolì
どうりで【道理で】 怪不得 guàibude；难怪 nánguài
とうりゅう【逗留-する】 停留 tíngliú；逗留 dòuliú
とうりゅうもん【登竜門】 登龙门 dēnglóngmén
とうりょう【棟梁】 木匠师傅 mùjiang shīfu
とうりょう【等量-の】 等量 děng-

liàng
どうりょう【同僚】 同事 tóngshì
どうりょく【動力】 动力 dònglì；原动力 yuándònglì
どうるい【同類】 同类 tónglèi ♦～相哀れむ 兔死狐悲 tù sǐ hú bēi
とうれい【答礼-する】 回礼 huílǐ ♦～訪問する 回访 huífǎng
どうはい【同輩】 同排 tóngpái ♦～に論じる 相提并论 xiāng tí bìng lùn
どうろ【道路】 路 lù；道路 dàolù ♦～標識 路标 lùbiāo
とうろう【灯籠】 灯笼 dēnglong
とうろく【登録-する】 登记 dēngjì；注册 zhùcè ♦～商標 注册商标 zhùcè shāngbiāo
とうろん【討論-する】 讨论 tǎolùn；研讨 yántǎo ♦～会 讨论会 tǎolùnhuì
どうわ【童話】 童话 tónghuà
とうわく【当惑-する】 困惑 kùnhuò；为难 wéinán
とおあさ【遠浅】 浅海滩 qiǎnhǎitān
とおい【遠い】 远 yuǎn ♦耳が～ 耳朵背 ěrduo bèi
とおえん【遠縁-の】 远房 yuǎnfáng；远亲 yuǎnqīn
とおからず【遠からず】 不久 bùjiǔ ♦～実現する 指日可待 zhǐ rì kě dài
とおく【遠く】 远方 yuǎnfāng
とおざかる【遠ざかる】 走远 zǒuyuǎn；疏远 shūyuǎn
とおざける【遠ざける】 支走 zhīzǒu；躲开 duǒkāi；疏远 shūyuǎn
とおし【通し-の】 连贯 liánguàn ♦～切符 通票 tōngpiào ♦～番号 连续号码 liánxù hàomǎ
とおす【通す】 贯通 guàntōng；通过 tōngguò；透过 tòuguò ♦針に糸を～ 纫针 rènzhēn ♦《客を》部屋に～ 让到屋里 ràng dào wūli ♦テレビを通して… 通过电视 tōngguò diànshì
トースター 烤面包器 kǎomiànbāoqì
トースト 烤面包 kǎomiànbāo
とおせんぼ【通せんぼ-する】 阻拦 zǔlán；挡住 dǎngzhù
トータル 总计 zǒngjì
トーチカ 堡垒 bǎolěi；地堡 dìbǎo；碉堡 diāobǎo
とおで【遠出-する】 出远门 chū yuǎnmén
ドーナツ 炸面圈 zhámiànquān；面包圈 miànbāoquān
トーナメント 淘汰赛 táotàisài
とおのく【遠退く】 离远 líyuǎn；疏远 shūyuǎn
とおのり【遠乗り-する】 乘车远行 chéngchē yuǎnxíng
ドーピング 使用兴奋剂 shǐyòng xīngfènjì
とおぼえ【遠吠え】 嚎叫 háojiào ♦負け犬の～ 虚张声势 xū zhāng shēng shì
とおまき【遠巻き-にする】 远远围住 yuǎnyuǎn wéizhù
とおまわし【遠回し】 委婉 wěiwǎn；绕弯子 rào wānzi ♦～な言葉 婉辞 wǎncí；婉言 wǎnyán ♦～に言う 拐弯抹角地说 guǎi wān mò jiǎo de shuō
とおまわり【遠回り-する】 绕道 ràodào；绕远儿 ràoyuǎnr；《仕事や勉強で》走弯路 zǒu wānlù
ドーム 圆顶 yuándǐng
とおめ【遠目】 ♦～が利く 看得远 kàndeyuǎn ♦～には 远处看 yuǎnchù kàn
ドーラン 油彩 yóucǎi
とおり【通り】 ❶《道》街道 jiēdào；马路 mǎlù ❷《聞こえ》♦～のいい声 响亮的声音 xiǎngliàng de shēngyīn
とおり【-の通り】 照 zhào；依照 yīzhào ♦指示の～ 按照指示 ànzhào zhǐshì
とおりあめ【通り雨】 小阵雨 xiǎozhènyǔ
とおりいっぺん【通り一遍-の】 应酬性的 yìngchouxìng de ♦～のつきあい 泛泛之交 fànfàn zhī jiāo
とおりかかる【通り掛かる】 路过 lùguò
とおりこす【通り越す】 走过 zǒuguò
とおりすがり【通りすがり】 路过 lùguò ♦～の人 萍水相逢的人 píngshuǐ xiāng féng de rén
とおりすぎる【通り過ぎる】 过去 guòqù；经过 jīngguò
とおりそうば【通り相場】 《値段》一般市价 yìbān shìjià；《評価》公认 gōngrèn
とおりま【通り魔】 过路煞神 guòlù shàshén
とおりみち【通り道】 通路 tōnglù
とおる【通る】 ❶《通過する》走过 zǒuguò ♦通り抜ける 穿过 chuānguò ♦声が～ 声音嘹亮 shēngyīn liáoliàng
トーン ❶《色》色调 sèdiào ❷《音》声调 shēngdiào；音调 yīndiào
とかい【都会】 城市 chéngshì；都市 dūshì
どがいし【度外視-する】 置之度外 zhì zhī dù wài
とかく【兎角】 动不动 dòngbudòng；往往 wǎngwǎng ♦～熱がでる 动不动就发烧 dòngbudòng jiù fā shāo

トカゲ【蜥蜴】 四脚蛇 sìjiǎoshé；蜥蜴 xīyì

とかす【梳かす】 梳 shū ♦髪を～ 梳头发 shū tóufa

とかす【溶かす】 ❶《金属を》熔化 rónghuà ❷《塩などを水に》溶化 rónghuà ❸《氷・雪などを》融化 rónghuà

とがった【尖った】 尖 jiān；尖锐 jiānruì ♦～声 尖锐的声音 jiānruì de shēngyīn

とがめる【咎める】 责备 zébèi；责难 zénàn ♦咎められない 怨不得 yuànbude

とがらす【尖らす】 削尖 xiāojiān；磨尖 mójiān ♦口を～ 噘嘴 juēzuǐ

どかん【土管】 缸管 gāngguǎn；陶管 táoguǎn

とき【時】 时间 shíjiān；时候 shíhou；时节 shíjié ♦本を読む～ 看书的时候 kàn shū de shíhou ♦～は金なり 一寸光阴一寸金 yí cùn guāngyīn yí cùn jīn；一刻千金 yí kè qiān jīn

トキ【朱鷺】 朱鹮 zhūhuán

どき【怒気】 肝火 gānhuǒ ♦～を含む 含怒 hánnù

どき【土器】 瓦器 wǎqì

ときあかす【説き明かす】 解明 jiěmíng；究明 jiūmíng

ときおり【時折】 偶尔 ǒu'ěr；有时 yǒushí；间或 jiànhuò

とぎすまされた【研ぎ澄まされた】 ❶《刃物などが》磨快 mókuài ❷《感覚が》敏锐 mǐnruì

ときたま【時偶】 偶尔 ǒu'ěr

どぎつい 《色が》非常强烈 fēicháng qiángliè；刺眼 cìyǎn

どきっと‐する 吓一跳 xià yí tiào

ときどき【時々】 有时 yǒushí

どきどき ♦胸が～する 心里扑通扑通直跳 xīnlǐ pūtōngpūtōng zhí tiào；心怦怦跳 xīn pēngpēng tiào

ときには【時には】 一时 yìshí；有时 yǒushí；时而 shí'ér

ときふせる【説き伏せる】 折服 zhéfú；说服 shuōfú

ときほぐす【解きほぐす】 ♦糸を～ 解开线团 jiěkāi xiàntuán ♦緊張を～ 缓和紧张 huǎnhé jǐnzhāng；放松 fàngsōng ♦心を～ 打开心锁 dǎkāi xīnsuǒ

どぎまぎ‐する 慌慌张张 huānghuāngzhāngzhāng

ときめかす 心情激动 xīnqíng jīdòng

ときめく【時めく】 逢时得势 féngshí déshì；显赫 xiǎnhè ♦今を～アイドル 当今走红的偶像 dāngjīn zǒuhóng de ǒuxiàng

ときめく 心跳 xīntiào；兴奋 xīngfèn ♦期待に胸が～ 充满期待 chōngmǎn qīdài，心里怦怦直跳 xīnlǐ pēngpēng zhítiào

どぎも【度肝】 ♦～を抜く 使人大吃一惊 shǐ rén dà chī yì jīng

ドキュメンタリー 记录片 jìlùpiàn

ドキュメント 《コンピュータ》文档 wéndǎng

どきょう【度胸】 胆量 dǎnliàng ♦～がある 胆子大 dǎnzi dà

どきょう【読経】 念经 niànjīng

ときょうそう【徒競走】 赛跑 sàipǎo

とぎれとぎれ【途切れ途切れ‐の】 断断续续 duànduànxùxù；哩哩啦啦 līlīlālā

とぎれる【途切れる】 间断 jiànduàn ♦話が～ 说话中断 shuōhuà zhōngduàn ♦連絡が～ 失掉联系 shīdiào liánxì

とく【得】 利益 lìyì；好处 hǎochù ♦～をする 占便宜 zhàn piányi

とく【徳】 品德 pǐndé ♦～のある人 德高的人 dégāo de rén

とく【解く】 ❶《包みなどを》打开 dǎkāi ❷《問題を》解答 jiědá ♦誤解を～ 消除误会 xiāochú wùhuì

とく【溶く】 溶化 rónghuà ♦絵の具を～ 化开颜料 huàkāi yánliào ♦卵を～ 搅开鸡蛋 jiǎokāi jīdàn

とく【説く】 说明 shuōmíng

とぐ【研ぐ】 磨快 mókuài；钢 gàng ♦米を～ 淘米 táo mǐ

どく【毒】 毒 dú ♦～にあたる 中毒 zhòng dú ♦～を仰ぐ 服毒 fú dú ♦～を消す 解毒 jiě dú ♦～を盛る 放毒 fàng dú ♦食わば皿まで 一不做二不休 yì bú zuò èr bù xiū

どく【退く】 躲开 duǒkāi

とくい【得意‐な】 《得手》拿手 náshǒu ♦～とする 长于 chángyú ♦～技 长技 chángjì；《自负》♦～になる 得意 déyì；自鸣得意 zì míng déyì；得意扬扬 déyì yángyáng；《顧客》♦～先 老主顾 lǎo zhǔgù

とくい【特異‐な】 特殊 tèshū；异常 yìcháng ♦～体質 特别的体质 tèbié de tǐzhì

どくえんかい【独演会】 独演会 dúyǎnhuì

とくがく【篤学】 好学 hàoxué ♦～の士 笃学之士 dǔxué zhī shì

どくがく【独学‐する】 自修 zìxiū；自学 zìxué

どくガス【毒ガス】 毒气 dúqì

とくぎ【特技】 专长 zhuāncháng；特长 tècháng ♦～を生かす 发挥特长 fāhuī tècháng

どくさい【独裁‐する】 独裁 dúcái；

専制 zhuānzhì ◆～者 独裁者 dúcáizhě ◆～政治 专政 zhuānzhèng
とくさく【得策】 上策 shàngcè
とくさつ【特撮】 特技 tèjì ◆～シーン 特技镜头 tèjì jìngtóu
どくさつ【毒殺-する】 毒杀 dúshā
とくさん【特産-の】 ◆～物 特产 tèchǎn; 土产 tǔchǎn
とくし【特使】 特使 tèshǐ; 专差 zhuānchāi
とくし【篤志】 仁慈心肠 réncí xīncháng ◆～家 慈善家 císhànjiā
どくじ【独自-の】 独特 dútè; 单独 dāndú
とくしつ【得失】 得失 déshī
とくしつ【特質】 特点 tèdiǎn
とくしゃ【特赦】 特赦 tèshè
どくしゃ【読者】 读者 dúzhě
どくしゃく【独酌-する】 自酌自饮 zì zhuó zì yǐn
とくしゅ【特殊-な】 特殊 tèshū ◆～な事例 特例 tèlì
とくしゅう【特集】 专集 zhuānjí ◆～号 专号 zhuānhào; 专刊 tèkān
どくしゅう【独習-する】 自学 zìxué; 自修 zìxiū
どくしょ【読書-する】 看书 kànshū; 读书 dúshū
とくしょう【特賞】 特奖 tèjiǎng
どくしょう【独唱-する】 独唱 dúchàng
とくしょく【特色】 特点 tèdiǎn; 特色 tèsè
どくしん【独身】 独身 dúshēn ◆～男性 单身汉 dānshēnhàn; 光棍儿 guānggùnr
どくする【毒する】 毒害 dúhài; 流毒 liúdú
とくせい【特性】 特点 tèdiǎn; 特性 tèxìng
とくせい【特製-の】 特制 tèzhì
どくせい【毒性】 毒性 dúxìng
とくせつ【特設-する】 特设 tèshè ◆～会場 特设会场 tèshè huìchǎng
どくぜつ【毒舌】 ◆～をふるう 说刻薄话 shuō kèbó huà
とくせん【特選】 特别选出 tèbié xuǎnchū; 特选 tèxuǎn
どくせん【独占-する】 独占 dúzhàn; 垄断 lǒngduàn ◆～資本 垄断资本 lǒngduàn zīběn
どくぜんてき【独善的-な】 自以为是 zì yǐ wéi shì
どくそ【毒素】 毒素 dúsù
どくそう【毒草】 毒草 dúcǎo
どくそう【独奏-する】 独奏 dúzòu
どくそう【独創】 ◆～的な 独创 dúchuàng; 独到 dúdào ◆～性 独创性 dúchuàngxìng
どくそう【独走-する】 《大きくリード一个人遥遥领先》 yí ge rén yáoyáo lǐngxiān; 《勝手な行動》 单独行动 dāndú xíngdòng
とくそく【督促-する】 督促 dūcù; 催促 cuīcù
ドクター ❶《博士》 博士 bóshì ◆～コース 博士课程 bóshì kèchéng ❷《医師》 医生 yīshēng ◆～ストップ 医生叫停 yīshēng jiào tíng
とくだい【特大-の】 特大号 tèdàhào
とくだね【特種】 特讯 tèxùn
どくだん【独断】 独断 dúduàn; 专断 zhuānduàn ◆～専行 独断专行 dúduàn zhuānxíng
どくだんじょう【独壇場】 拿手好戏 náshǒu hǎoxì
とぐち【戸口】 门口 ménkǒu
とくちゅう【特注-の】 特别订货 tèbié dìnghuò
とくちょう【特徴】 特点 tèdiǎn; 特征 tèzhēng
とくちょう【特長】 特长 tècháng
どくづく【毒づく】 恶骂 èmà; 咒骂 zhòumà
とくてい【特定-の】 特定 tèdìng; 一定 yídìng ◆～する 确定 quèdìng
とくてん【得点】 得分 défēn; 分数 fēnshù ◆～する 得分 dé fēn
とくてん【特典】 优惠 yōuhuì
とくとう【特等-の】 特等 tèděng
どくとく【独特-な】 独特 dútè; 独到 dúdào
どくどくしい【毒々しい】 恶毒 èdú; 《色が》刺眼 cìyǎn
とくに【特に】 特别 tèbié; 分外 fènwài; 特意 tèyì
どくは【読破-する】 读破 dúpò; 通读 tōngdú
とくばい【特売】 大贱卖 dà jiànmài
とくはいん【特派員】 特派员 tèpàiyuán
どくはく【独白-する】 独白 dúbái
とくひつ【特筆-する】 ◆～大書する 大书特书 dàshū tèshū
とくひょう【得票】 得票 dépiào
どくぶつ【毒物】 毒物 dúwù
とくべつ【特別-な】 特别 tèbié; 特殊 tèshū ◆～機 专机 zhuānjī
とくほう【特報】 特别报道 tèbié bàodào
ドグマ 教条 jiàotiáo
どくみ【毒味-する】 饭前试毒 fànqián shìdú
とくむ【特務】 特务 tèwu ◆～機関 特务机关 tèwù jīguān
どくむし【毒虫】 毒虫 dúchóng
とくめい【匿名-の】 匿名 nìmíng ◆～の手紙 匿名信 nìmíngxìn
とくやく【特約-する】 特约 tèyuē
どくやく【毒薬】 毒药 dúyào

とくゆう【特有-な】 特有 tèyǒu
どくりつ【独立-する】 独立 dúlì ♦~採算 独立核算 dúlì hésuàn
どくりょく【独力-で】 独力 dúlì; 自力 zìlì
とくれい【特例】 特例 tèlì
とくれい【督励-する】 策励 cèlì
とぐろ 盘绕 pánrào ♦~を巻く 卷成一团 juǎnchéng yì tuán
どくろ【髑髏】 髑髅 dúlóu
とげ【棘】 刺 cì ♦言葉に~を持つ 话里带刺儿 huàli dài cìr
とけあう【解け合う】 交融 jiāoróng; 融合 rónghé
とけい【時計】 钟表 zhōngbiǎo ♦~店 钟表店 zhōngbiǎodiàn ♦腕~ 手表 shǒubiǎo ♦懐中~ 怀表 huáibiǎo ♦目覚まし~ 闹钟 nàozhōng ♦掛け~ 挂钟 guàzhōng
とけこむ【溶け込む】 ❶《液体に》融化 rónghuà ❷《雰囲気・仲間に》融洽 róngqià
とけざ【土下座-する】 跪在地上 guìzài dìshàng; 跪拜 guìbài
とけつ【吐血-する】 呕血 ǒuxuè; 吐血 tùxiě
とげとげしい【刺々しい】《言葉が》带刺儿 dài cìr
とける【解ける】 ♦ひもが解けた 带儿松了 dàir sōng le ♦禁令が~ 解除 jìnlìng jiěchú ♦誤解が~ 误会消除 wùhuì xiāochú
とける【溶ける】 熔化 rónghuà; 溶化 rónghuà
とげる【遂げる】 完成 wánchéng; 达到 dádào
どける【退ける】 挪开 nuókāi
とこ【床】 床铺 chuángpù ♦~に就く 就寝 jiùqǐn
どこ【何処】 哪儿 nǎr; 哪里 nǎli; 什么地方 shénme dìfang
どごう【怒号-する】 叱咤 chìzhà
とこしえ【永久-に】 永远 yǒngyuǎn; 永恒 yǒnghéng
とこずれ【床擦れ】 褥疮 rùchuāng
とことん ♦~頑張る 坚持到底 jiānchí dàodǐ
とこなつ【常夏】 常夏 chángxià
とこや【床屋】 理发店 lǐfàdiàn
ところ【所】 地方 dìfang; 地点 dìdiǎn ♦壊れた~ 破损的部分 pòsǔn de bùfen
ところが 可是 kěshì; 倒 dào
ところで 却说 quèshuō
ところどころ【所々】 这儿那儿 zhèr nàr; 有些地方 yǒu xiē dìfang
とさか【鶏冠】 鸡冠 jīguān
どさくさ【忙乱】 忙乱 mángluàn ♦~にまぎれて 趁着忙乱 chènzhe mángluàn
とざす【閉ざす】 ♦門を~ 锁门 suǒ

mén ♦口を~ 缄口 jiānkǒu
とざん【登山-する】 登山 dēngshān ♦~家 登山运动员 dēngshān yùndòngyuán
とし【都市】 城市 chéngshì
とし【歳】 年纪 niánjì ♦~が若い 年轻 niánqīng ♦~を取る 上岁数 shàng suìshu
とし【年】 ♦~ごとに 逐年 zhúnián ♦~の初め 年初 niánchū ♦~の瀬 年底 niándǐ; 年关 niánguān ♦~を越す 过年 guò nián
どじ 失败 shībài ♦~を踏む 出错 chūcuò
としうえ【年上の】 年长 niánzhǎng
としおいた【年老いた】 苍老 cānglǎo ♦~女性 上了年纪的女性 shàngle niánjì de nǚxìng
としがい【年甲斐】 ♦~もない 与年龄不相称 yǔ niánlíng bù xiāngchèn
としご【年子】 差一岁的兄弟姐妹 chà yī suì de xiōngdì jiěmèi
としこし【年越し】 过年 guònián
とじこめる【閉じ込める】 ♦中に~ 关在里面 guānzài lǐmiàn
とじこもる【閉じこもる】 ♦家に~ 闷在家里 mēnzài jiāli
としごろ【年頃】 婚龄 hūnlíng
としした【年下】 年岁小 niánsuì xiǎo
としつき【年月】 岁月 suìyuè
どしどし 尽管 jǐnguǎn; 不客气 bú kèqi
となみ【年波】 ♦寄る~には勝てない 年岁不饶人 niánsuì bù ráo rén
どしゃ【土砂】 泥沙 níshā ♦~崩れ 山崩 shānbēng; 塌方 tāfāng
どしゃぶり【土砂降り-の】 倾盆大雨 qīngpén dàyǔ; 瓢泼大雨 piáopō dàyǔ
としゅ【徒手-で】 徒手 túshǒu ♦~空拳（くうけん）赤手空拳 chì shǒu kōng quán
としょ【図書】 图书 túshū ♦~館 图书馆 túshūguǎn
どじょう【土壌】 泥土 nítǔ; 土壤 tǔrǎng
ドジョウ【泥鰌】 泥鳅 níqiu
としより【年寄り】 老人 lǎorén; 老ren
とじる【閉じる】 关闭 guānbì
とじる【綴じる】 订 dìng
としん【都心】 市中心 shì zhōngxīn
どすう【度数】《計器などの》度数 dùshu
どせい【土星】 土星 tǔxīng
どせき【土石】 ♦~流 泥石流 níshíliú
とぜつ【途絶-する】 杜绝 dùjué; 中断 zhōngduàn

とそう【塗装-する】涂抹 túmǒ；涂漆 túqī ◆~用スプレー 喷漆器 pēnqīqì
どそう【土葬】土葬 tǔzàng
どそく【土足-で】不脱鞋 bù tuō xié
どだい【土台】❶《建築物の》地基 dìjī；根基 gēnjī ❷《物事の》基础 jīchǔ
とだえる【途絶える】中断 zhōngduàn
とだな【戸棚】橱儿 chúr；柜子 guìzi
どたばた 乱跳乱闹 luàn tiào luàn nào ◆~喜劇 闹剧 nàojù
トタン 白铁皮 báitiěpí；镀锌铁 dùxīntiě ◆~屋根 铁皮屋面 tiěpí wūmiàn
とたん【途端-に】刚 gāng；一…就 yī…jiù ◆聞いた～に笑い出した 一听就笑起来了 yì tīng jiù xiàoqǐlai le
どたんば【土壇場】绝境 juéjìng；最后关头 zuìhòu guāntóu
とち【土地】土地 tǔdì；地产 dìchǎn；地皮 dìpí ◆~の人 本地人 běndìrén ◆~所有権 地权 dìquán
とちゅう【途中】中途 zhōngtú ◆~でやめる 半途而废 bàn tú ér fèi
どちら ❶《選択》哪个 nǎge ❷《どこ》哪里 nǎli ❸《だれ》哪位 nǎwèi
とちる 搞错 gǎocuò
とっか【特価】特价 tèjià
どっかい【読解】阅读和理解 yuèdú hé lǐjiě
とっかんこうじ【突貫工事】突击施工 tūjī shīgōng
とっき【突起】突起 tūqǐ
とっき【特記-する】特别记载 tèbié jìzǎi
とっきゅう【特急】特别快车 tèbié kuàichē
とっきゅう【特級】特级 tèjí
とっきょ【特許】专利 zhuānlì ◆~権 专利权 zhuānlìquán
どっきり 吓一跳 xià yí tiào；吃惊 chī jīng
ドッキング 相接 xiāngjiē；对接 duìjiē
とつぐ【嫁ぐ】出嫁 chūjià；嫁人 jiàrén ◆嫁ぎ先 婆家 pójia
ドック《船の》船坞 chuánwù
とっくに【疾っくに】早已 zǎoyǐ
とっくみあい【取っ組み合い】◆~のけんか 扭打 niǔdǎ
とっくり【徳利】酒壶 jiǔhú
とっくん【特訓-する】特别训练 tèbié xùnliàn
とつげき【突撃-する】突击 tūjī；冲锋 chōngfēng
とっけん【特権】特权 tèquán ◆~階級 特权阶级 tèquán jiējí
とっこうやく【特効薬】特效药 tèxiàoyào
とっさ【咄嗟-に】瞬间 shùnjiān ◆~の機転 灵机一动 língjī yí dòng
ドッジボール 躲避球 duǒbìqiú
とっしゅつ【突出-する】突出 tūchū
とつじょ【突如】突然 tūrán
どっしりし【重いのある】沉重 chénzhòng；沉甸甸 chéndiāndiān；《態度が》庄重 zhuāngzhòng
とっしん【突進-する】猛冲 měngchōng；闯 chuǎng
とつぜん【突然-に】忽然 hūrán；突然 tūrán
とったん【突端】突出的一端 tūchū de yìduān
どっち 哪个 nǎge ◆~つかずの 模棱两可 móléng liǎngkě
どっちみち【何方道】不管怎么样 bùguǎn zěnmeyàng；反正 fǎnzheng
とっちめる 整治 zhěngzhì；训斥 xùnchì
とっつき【取っ付き】◆~にくい 不容易接近 bù róngyì jiējìn
とって【取っ手】《器物の》把子 bàzi；耳子 ěrzi ◆《ドアなどの》拉手 lāshǒu
とって【…にとって】就 jiù ◆私に～対我来说 duì wǒ lái shuō
とってかわる【取って代わる】接替 jiētì；取而代之 qǔ ér dài zhī
とってつける【取って付ける】不自然 bú zìrán ◆取ってつけたような話 假惺惺的话 jiǎxīngxīng de huà
どっと ◆~なだれ込む 蜂拥而入 fēngyōng ér rù ◆~乗ってくる 一拥而上 yì yōng ér shàng
とつとつと【訥々と】讷讷 nènè ◆~語る 说得很不流利 shuōde hěn bù liúlì
とっとと ◆~失せろ 滚蛋 gǔndàn
とつにゅう【突入-する】冲入 chōngrù；闯进 chuǎngjìn
とっぱ【突破-する】冲破 chōngpò；突破 tūpò ◆~口 突破口 tūpòkǒu
とっぱつ【突発-する】突发 tūfā；勃发 bófā
とっぱん【凸版】凸版 tūbǎn ◆~印刷 凸版印刷 tūbǎn yìnshuā
とっぴ【突飛-な】离奇 líqí ◆~な服装 奇装异服 qízhuāng yìfú
とっぴょうし【突拍子】◆~もない 异常 yìcháng；奇特 qítè
トップ 第一名 dìyīmíng；《組織の》一把手 yībǎshǒu ◆~に立つ 居于首位 jūyú shǒuwèi ◆~ギヤ 高速档 gāosùdǎng
とっぷう【突風】疾风 jífēng
とつべん【訥弁】嘴笨 zuǐbèn

とつめんきょう【凸面鏡】 凸面镜 tūmiànjìng

とつレンズ【凸レンズ】 凸透镜 tūtòujìng

どて【土手】 堤防 dīfáng; 堤坝 dībà

とてい【徒弟】 徒弟 túdì

とても 很 hěn; 挺 tǐng

ととう【徒党】 党徒 dǎngtú ◆~を組む 拉帮结伙 lā bāng jié huǒ

どとう【怒涛-の】 怒涛 nùtāo; 惊涛骇浪 jīng tāo hài làng

とどく【届く】 ◆手が~ 手够得着 shǒu gòudezháo ◆手紙が~ 收到信件 shōudào xìnjiàn

とどける【届ける】 送 sòng; 送交 sòngjiāo ◆警察に~ 报告警察 bàogào jǐngchá

とどこおる【滞る】 《進行が》迟误 chíwù; 拖延 tuōyán 《支払いが》拖欠 tuōqiàn

ととのう【整・調う】 整齐 zhěngqí ◆食事の用意が~ 饭准备好了 fàn zhǔnbèihǎo le

ととのえる【整・調える】 整理 zhěnglǐ; 收拾 shōushi; 准备 zhǔnbèi ◆身だしなみを~ 整理衣着 zhěnglǐ yīzhuó

とどまる【留まる】 停留 tíngliú; 待 dāi ◆一千万円に留まらない 不止一千万日元 bùzhǐ yìqiānwàn Rìyuán

とどめ【止め】 最后一击 zuìhòu yìjī

とどめる【止［留］める】 留下 liúxià; 保留 bǎoliú

とどろかせる【轟かせる】 ◆名を天下に~ 名震天下 míng zhèn tiānxià

とどろく【轟く】 轰鸣 hōngmíng; 轰响 hōngxiǎng

ドナー【医学】 捐献者 juānxiànzhě; 提供者 tígōngzhě

となえる【唱える】 提倡 tíchàng ◆念仏を~ 念佛 niànfó

トナカイ【馴鹿】 驯鹿 xùnlù

どなた 哪位 nǎwèi

どなべ【土鍋】 沙锅 shāguō

となり【隣り】 ◆~ 近所 邻居 línjū; 左邻右舍 zuǒ lín yòu shè ◆~の部屋 隔壁房间 gébì fángjiān ◆~の席 旁边的坐位 pángbiān de zuòwèi

となりあう【隣り合う】 邻近 línjìn; 相邻 xiānglín; 紧接 jǐnjiē

どなりつける【怒鳴りつける】 大声训斥 dàshēng xùnchì

どなる【怒鳴る】 大声喊叫 dàshēng hǎnjiào

とにかく【兎に角】 总之 zǒngzhī; 反正 fǎnzhèng

どの【何の】 哪 nǎ; 哪个 nǎge

どのう【土嚢】 沙袋 shādài

どのへん【どの辺-に】 哪边 nǎbiān

どのみち【何の道】 反正 fǎnzhèng

どのよう【どの様-な】 怎么样 zěnmeyàng ◆~に 怎么 zěnme

トパーズ 黄玉 huángyù

-とはいえ【-とは言え】 虽说 suīshuō ◆夏~ 虽然是夏天 suīrán shì xiàtiān

とばく【賭博】 赌博 dǔbó

とばす【飛ばす】 ◆《空中に》《風船を~》放气球 fàng qìqiú; 《省略》◆途中を~ 跳过 tiàoguò; 《左遷》◆人を《遠くへ》~ 调动 diàodòng

とばっちり 连累 liánlei; 牵连 qiānlián

とばり【帳】 帐子 zhàngzi ◆夜の~が下りる 夜幕降临 yèmù jiànglín

トビ【鳶】 ❶《鳥》老鹰 lǎoyīng; 鸢 yuān ❷《とび職》架子工 jiàzigōng

とびあがる【跳び上がる】 跳起 tiàoqǐ ◆跳び上がって喜ぶ 惊喜 jīngxǐ; 高兴得跳起来 gāoxìngde tiàoqǐlai

とびあがる【飛び上がる】 飞起 fēiqǐ; 跳起来 tiàoqǐlai

とびいし【飛石】 踏脚石 tàjiǎoshí

とびいた【飛板】 跳板 tiàobǎn

とびいり【飛入り-する】 临时参加 línshí cānjiā

とびいろ【鳶色-の】 棕色 zōngsè

トビウオ【飛魚】 飞鱼 fēiyú

とびかかる【飛び掛かる】 扑过去 pūguòqu

とびきゅう【飛び級-する】 跳级 tiàojí

とびこみ【飛び込み】 跳水 tiàoshuǐ ◆~台 跳台 tiàotái

とびたつ【飛び立つ】 《飛行機が》起飞 qǐfēi

とびち【飛び地】 《行政区画上の》飞地 fēidì

とびちる【飛び散る】 迸 bèng; 溅 jiàn ◆火花が~ 火星乱迸 huǒxīng luàn bèng

とびつく【飛び付く】 扑过去 pūguòqu

トピック 话题 huàtí; 简讯 jiǎnxùn

とびぬけた【飛び抜けた】 卓越 zhuóyuè; 杰出 jiéchū

とびばこ【跳び箱】 跳箱 tiàoxiāng

とびひ【飛火-する】 延烧 yánshāo; 《事件などが広がる》波及 bōjí; 殃及 yāngjí

とびまわる【飛び回る】 到处跑 dàochù pǎo; 蹿跳 cuāntiào ◆各地を~ 东奔西走 dōng bēn xī zǒu

とびら【扉】 ❶《ドアなど》门扇 ménshàn; 门扉 ménfēi ❷《書物の》扉页 fēiyè

とぶ【跳ぶ】 跳 tiào; 蹿 cuān ◆ペー

ジが～ 跳页 tiàoyè
とぶ【飛ぶ】 飞 fēi ♦～ように売れる 不胫而走 bú jìng ér zǒu ♦パリに～ 飞往巴黎 fēiwǎng Bālí
どぶ【溝】 污水沟 wūshuǐgōu；阳沟 yánggōu
とほ【徒歩-で】 徒步 túbù ♦～で行く 步行 bùxíng
とほうにくれる【途方に暮れる】 日暮途穷 rì mù tú qióng；走投无路 zǒu tóu wú lù
とほうもない【途方もない】 出奇 chūqí；异想天开 yì xiǎng tiān kāi
どぼく【土木】 土木 tǔmù ♦～工事 土木工程 tǔmù gōngchéng
とぼける【惚ける】 装糊涂 zhuāng hútu；装蒜 zhuāngsuàn；装傻 zhuāngshǎ
とぼしい【乏しい】 贫乏 pínfá ♦経験が～ 缺乏经验 quēfá jīngyàn
どま【土間】 土地房间 tǔdì fángjiān
トマト 西红柿 xīhóngshì；番茄 fānqié ♦～ケチャップ 番茄酱 fānqiéjiàng ♦～ジュース 番茄汁 fānqiézhī
とまどう【戸惑う】 困惑 kùnhuò；不知所错 bùzhī suǒ cuò
とまりゃく【泊り客】 住客 zhùkè
とまる【止[留]まる】 停 tíng；停止 tíngzhǐ ♦腕時計が～ 手表停 shǒubiǎo tíng ♦電車が～ 电车停 diànchē tíng ♦心臓が～ 心脏停止 xīnzàng tíngzhǐ ♦笑いが止まらない 笑个不停 xiào ge bù tíng ♦虫などが肩に～ 落在肩上 luòzài jiānshàng
とまる【泊まる】 住宿 zhùsù；歇宿 xiēsù
とみ【富】 财富 cáifù
ドミノ 多米诺骨牌 duōmǐnuò gǔpái ♦～現象 骨牌效应 gǔpái xiàoyìng
とむ【富む】 富裕 fùyù；富有 fùyǒu ♦変化に～ 富于变化 fùyú biànhuà
とむらう【弔う】 祭奠 jìdiàn
ドメインめい【ドメイン名】 域名 yùmíng
とめどなく【止めどなく】 没完没了 méi wán méi liǎo ♦～話す 滔滔不绝 tāotāo bùjué
とめる【止[留]める】 停 tíng ♦ある場所に／車を～ 停车 tíngchē ♦ブレーキを踏んで～ 刹车 shāchē ♦息を～ 屏住呼吸 bǐngzhù hūxī ♦安全ピンで～ 用别针别住 yòng biézhēn biézhù
とめる【泊める】 ♦客を～ 留客人住宿 liú kèrén zhùsù
とも【伴=する】 陪伴 péibàn
とも【艫】 船尾 chuánwěi
ともあれ 不管怎样 bùguǎn zěnyàng；总之 zǒngzhī
ともかく【兎も角】 好歹 hǎodǎi；无论如何 wúlùn rúhé ♦色は～ 颜色姑且不论… yánsè gūqiě búlùn…
ともかせぎ【共稼ぎ-する】 双职工 shuāngzhígōng
ともぐい【共食い-する】 同类相残 tónglèi xiāng cán
ともしび【灯】 灯火 dēnghuǒ
ともす【灯す】 点灯 diǎndēng
ともだおれ【共倒れ-になる】 两败俱伤 liǎng bài jù shāng
ともだち【友達】 朋友 péngyou ♦～甲斐(がい)がある 够朋友 gòu péngyou
ともづな【纜】 缆 lǎn ♦～を解く 解缆 jiělǎn
ともども【共々】 相与 xiāngyǔ；一道 yídào
ともなう【伴う】 伴随 bànsuí
ともに【共に】 一起 yìqǐ ♦苦楽を～する 同甘共苦 tóng gān gòng kǔ
ともばたらき【共働き-する】 夫妇都工作 fūfù dōu gōngzuò ♦～の夫婦 双职工 shuāngzhígōng
ともる【点る】《明かりが》点灯 diǎndēng
どもる【吃る】 口吃 kǒuchī；结巴 jiēba
とやかく ♦～言う 说三道四 shuō sān dào sì
どようび【土曜日】 星期六 xīngqīliù
どよめく 哄起来 hōngqǐlai；鼎沸 dǐngfèi
トラ【虎】 老虎 lǎohǔ ♦～の威を借る狐 狐假虎威 hú jiǎ hǔ wēi
どら【銅鑼】 锣 luó
トライ ❶《ラグビー》持球触地得分 chíqiú chùdì défēn ❷《試みる》试试看 shìshìkàn
ドライ-な《性格などが》冷淡 lěngdàn；淡漠 dànmò
ドライアイス 干冰 gānbīng
トライアスロン 铁人三项比赛 tiěrén sānxiàng bǐsài
トライアングル《楽器》三角铃 sānjiǎolíng
ドライクリーニング 干洗 gānxǐ
ドライバー ❶《工具》改锥 gǎizhuī；螺丝刀 luósīdāo ❷《運転手》汽车司机 qìchē sījī
ドライブ-する 兜风 dōufēng
ドライフラワー 干花 gānhuā
ドライヤー 吹风机 chuīfēngjī
とらえる【捕える】 抓住 zhuāzhù；捉住 zhuōzhù ♦人の心を～ 抓住人心 zhuāzhù rénxīn
トラクター 拖拉机 tuōlājī；铁牛 tiěniú

どらごえ【銅鑼声-の】 大嗓门 dà sǎngmén

トラック ❶《車の》货车 huòchē; 卡车 kǎchē ❷《フィールドに対する》跑道 pǎodào ♦~競技 径赛 jìngsài

とらのこ【虎の子】《大切な物》珍爱的物品 zhēn'ài de wùpǐn

トラブル 纠纷 jiūfēn ♦~を起こす 引起纠纷 yǐnqǐ jiūfēn; 闹乱子 nào luànzi

トラベラーズチェック 旅行支票 lǚxíng zhīpiào

ドラマ ♦テレビ~ 电视剧 diànshìjù ♦筋書きのない~ 没有剧本的戏 méiyǒu jùběn de xì

ドラマー 鼓手 gǔshǒu

ドラム 大鼓 dàgǔ ♦~をたたく 打鼓 dǎ gǔ

どらむすこ【どら息子】 败家子 bàijiāzǐ

とらわれる【捕らわれる】《意識が》拘泥 jūní; 拘执 jūzhí

トランク《旅行用》手提箱 shǒutíxiāng; 提箱 tíxiāng;《自動車の》行李箱 xínglixiāng

トランクス 短裤 duǎnkù

トランシーバー 步谈机 bùtánjī; 步行机 bùxíngjī

トランジスター 半导体 bàndǎotǐ; 晶体管 jīngtǐguǎn

トランス 变压器 biànyāqì

トランプ 扑克牌 pūkèpái

トランペット 小号 xiǎohào

トランポリン 蹦床 bèngchuáng

とり【鳥】 鸟 niǎo

とりあう【取り合う】 争夺 zhēngduó;《相手にする》理睬 lǐcǎi

とりあえず【取り敢えず】 姑且 gūqiě; 暂时 zànshí

とりあげる【取り上げる】 ❶《手に取る》拿起来 náqǐlai ❷《提案などを採用する》采纳 cǎinà; 接受 jiēshòu ❸《問題とする》♦ニュースで~ 报道 bàodào ❹《奪う》夺取 duóqǔ; 没收 mòshōu

とりあつかう【取り扱う】 办理 bànlǐ; 处理 chǔlǐ; 对待 duìdài

とりあわせ【取り合わせ】 搭配 dāpèi; 配合 pèihé

とりいる【取り入る】 迎合 yínghé; 讨好 tǎohǎo

とりいれる【取り入れる】 吸收 xīshōu; 采用 cǎiyòng ♦作物を~ 收获庄稼 shōuhuò zhuāngjia

とりえ【取り柄[得]】 优点 yōudiǎn; 长处 chángchù

トリオ《器楽の》三重奏 sānchóngzòu;《人》三人组 sānrénzǔ

とりおさえる【取り押さえる】 抓住 zhuāzhù

とりかえし【取り返し】 ♦~がつかない 无法挽回 wúfǎ wǎnhuí

とりかえす【取り返す】 取回 qǔhuí; 夺回 duóhuí

とりかえる【取り替える】 换 huàn; 交换 jiāohuàn;《買った物を》退换 tuìhuàn

とりかかる【取り掛かる】 开始 kāishǐ; 着手 zhuóshǒu

とりかご【鳥籠】 鸟笼 niǎolóng

とりかこむ【取り囲む】 包围 bāowéi

とりかわす【取り交わす】 交换 jiāohuàn ♦約束を~ 互相约定 hùxiāng yuēdìng

とりきめ【取り決め】 商定 shāngdìng; 规约 guīyuē

とりくむ【取り組む】 从事 cóngshì; 致力于 zhìlìyú

とりけす【取り消す】 取消 qǔxiāo; 撤消 chèxiāo

とりこ【虜】《夢中》♦~になる 入迷 rùmí; 为…着迷 wéi...zháomí

とりこしぐろう【取り越し苦労】 杞人忧天 qǐ rén yōu tiān

とりこみ【取り込み】 ♦~中 百忙之中 bǎi máng zhī zhōng

とりこむ【取り込む】《屋外から》拿进来 nájìnlai; 收回 shōuhuí

とりごや【鳥小屋】《ニワトリの》鸡舍 jīshè

とりこわす【取り壊す】 拆除 chāichú; 平毁 pínghuǐ

とりさげる【取り下げる】 撤回 chèhuí; 撤消 chèxiāo

とりざた【取り沙汰】 传闻 chuánwén; 传说 chuánshuō

とりざら【取り皿】 小碟儿 xiǎodiér

とりさる【取り去る】 取掉 qǔdiào

とりしきる【取り仕切る】 料理 liàolǐ; 主持 zhǔchí

とりしまりやく【取締役】 董事 dǒngshì

とりしまる【取り締まる】 取缔 qǔdì; 管制 guǎnzhì

とりしらべる【取り調べる】 审问 shěnwèn

とりたてる【取り立てる】 ❶《金銭を》催款 cuīkuǎn ❷《登用する》提拔 tíbá

とりちがえる【取り違える】 弄错 nòngcuò

とりつぎ【取り次ぎ】 代购 dàigòu ♦~販売する 经售 jīngshòu

とりつく【取り付く】 着手 zhuóshǒu ♦~島もない 待理不理 dài lǐ bù lǐ

とりつく【取り憑く】 附体 fùtǐ

トリック 诡计 guǐjì

とりつぐ【取り次ぐ】 转达 zhuǎndá; 传达 chuándá

とりつくろう【取り繕う】 弥缝 mí-

féng
とりつけさわぎ【取り付け騒ぎ】挤兑 jǐduì
とりつける【取り付ける】«物を» 安装 ānzhuāng；«部品を» 装配 zhuāngpèi；«約束・契約など» 取得 qǔdé ♦同意を~ 取得同意 qǔdé tóngyì
とりで【砦】堡垒 bǎolěi
とりとめ【取り留め】♦~のない 不着边际 bù zhuó biānjì
とりどり 各式各样 gè shì gè yàng
とりなす【取[執]り成す】说和 shuōhe；调和 tiáohé；讲情 jiǎngqíng
とりにく【鳥肉】鸡肉 jīròu
とりのこす【取り残す】♦取り残された 落后 luòhòu
とりのぞく【取り除く】排除 páichú；除掉 chúdiào
とりはからう【取り計らう】斡旋 wòxuán；处理 chǔlǐ
とりばし【取り箸】公筷 gōngkuài
とりはずす【取り外す】拆下 chāixià；拆卸 chāixiè
とりはだ【鳥肌】♦~が立つ 起鸡皮疙瘩 qǐ jīpí gēda
とりひき【取り引き-する】交易 jiāoyì ♦~所 交易所 jiāoyìsuǒ
トリプル 三重 sānchóng
ドリブル ❶«サッカー・バスケットボールなど» 运球 yùnqiú ❷«バレーボール・バドミントンなど» 连击 liánjī
とりまき【取り巻き】帮闲 bāngxián；狗腿子 gǒutuǐzi
とりまく【取り巻く】围绕 wéirào
とりまとめる【取り纏める】调整 tiáozhěng
とりみだす【取り乱す】发慌 fāhuāng；慌乱 huāngluàn
トリミング «写真» 修剪底片 xiūjiǎn dǐpiàn；«ふち飾り» 用绦带镶边 yòng tāodài xiāngbiān；«犬などの毛を刈ること» 修剪（猫狗的）毛 xiūjiǎn (māogǒu de) máo
とりもつ【取り持つ】«仲を» 牵线 qiānxiàn；撮合 cuōhe
とりもどす【取り戻す】恢复 huīfù；收复 shōufù；收回 shōuhuí ♦メンツを~ 挽回面子 wǎnhuí miànzi
とりやめる【取りやめる】取消 qǔxiāo；作罢 zuòbà
とりょう【塗料】涂料 túliào；颜料 yánliào
どりょう【度量】度量 dùliàng；胸怀 xiōnghuái ♦~が小さい 心胸狭窄 xīnxiōng xiázhǎi
どりょうこう【度量衡】度量衡 dùliànghéng
どりょく【努力-する】奋斗 fèndòu；努力 nǔlì
とりよせる【取り寄せる】«商品を» 订购 dìnggòu
ドリル ❶«工具» 钻 zuàn ❷«練習» 习题 xítí
とりわけ【取り分け】尤其 yóuqí；特别 tèbié
とる【取[採]る】拿 ná ♦魚を~ 捕鱼 bǔ yú ♦きのこを~ 采蘑菇 cǎi mógu ♦場所を~ 占地方 zhàn dìfang ♦~に足らない 微不足道 wēi bù zú dào ♦帽子を~ 摘下帽子 zhāixià màozi
トルコ【国名】土耳其 Tǔ'ěrqí ♦~石 绿松石 lǜsōngshí
どれ【何】哪个 nǎge
トレー 托盘 tuōpán
トレーシングペーパー 复写纸 fùxiězhǐ
トレース-する 描图 miáotú
トレードマーク 商标 shāngbiāo
トレーナー ❶«衣服» 运动衣 yùndòngyī ❷«人» 教练 jiàoliàn
トレーニング 锻炼 duànliàn；训练 xùnliàn
トレーラー 拖车 tuōchē
どれくらい【何れくらい】❶«量» 多少 duōshao ❷«程度» 多么 duōme
ドレス 女礼服 nǚlǐfú
とれだか【取れ高】产量 chǎnliàng
ドレッサー «化粧台» 梳妆台 shūzhuāngtái
ドレッシング 调料汁 tiáoliàozhī；调味汁 tiáowèizhī
トレンド 趋势 qūshì；潮流 cháoliú；时尚 shíshàng
とろ【吐露-する】吐露 tǔlù
どろ【泥】泥 ní；烂泥 lànní
とろい 呆傻 dāishǎ；迟钝 chídùn
とろう【徒労-の】♦~に終わる 归于徒劳 guīyú túláo
トロール 拖网 tuōwǎng ♦~漁船 拖网渔船 tuōwǎng yúchuán
どろくさい【泥臭い】田舎くさい 土气 tǔqì
とろける【蕩ける】溶化 rónghuà
どろじあい【泥仕合-をする】互相揭短 hùxiāng jiēduǎn
トロッコ 斗车 dǒuchē
ドロップ ❶«菓子» 水果糖 shuǐguǒtáng ❷«落ちる» ♦~アウトする 落伍 luòwǔ；落后 luòhòu
どろどろ-の 稀烂 xīlàn
どろなわ【泥縄】临阵磨枪 lín zhèn mó qiāng；临渴掘井 lín kě jué jǐng
どろぬま【泥沼】泥坑 níkēng；泥塘 nítáng；«比喩的に» ♦~にはまる 陷入泥坑 xiànrù níkēng
とろび【とろ火】文火 wénhuǒ；细火 xìhuǒ ♦~で煮る 炖 dùn；煨 wēi
トロフィー 奖杯 jiǎngbēi

どろぼう【泥棒】 小偷儿 xiǎotōur
とろみ ◆～をつける 用水淀粉勾芡 yòng shuǐdiànfěn gōuqiàn
どろみず【泥水】 泥浆 níjiāng
どろり-とした 粘稠 niánchóu
トロリーバス 无轨电车 wúguǐ diànchē；电车 diànchē
トロンボーン 长号 chánghào
トン《重量単位の》 吨 dūn
とんかち 锤子 chuízi
とんカツ【豚カツ】 炸猪排 zházhūpái
どんかん【鈍感-な】 反应迟钝 fǎnyìng chídùn；不敏感 bù mǐngǎn
どんき【鈍器】 钝器 dùnqì
ドングリ【団栗】 橡实 xiàngshí ◆～の背比べ 不相上下 bù xiāng shàng xià；半斤八两 bàn jīn bā liǎng
どんこう【鈍行】《列車などの》慢车 mànchē
どんぞこ【どん底】 最底层 zuìdǐcéng
どんちょう【緞帳】 舞台幕 wǔtáimù
どんつう【鈍痛】 隐隐作痛 yǐnyǐn zuòtòng
とんでもない《非常識な》岂有此理 qǐ yǒu cǐ lǐ；毫无道理 háowú dàolǐ；《謙遜に》哪儿的话 nǎr de huà
どんてん【曇天】 阴天 yīntiān
どんでんがえし【どんでん返し】 急转直下 jí zhuǎn zhí xià
どんどん 顺利 shùnlì；一个接一个 yí ge jiē yí ge
とんとんびょうし【とんとん拍子-に】 一帆风顺 yì fān fēng shùn ◆～に出世する 平步青云 píngbù qīng yún
どんな 什么样的 shénmeyàng de；怎么样的 zěnmeyàng de ◆～ところ 什么地方 shénme dìfang
トンネル 隧道 suìdào；地道 dìdào
トンビ【鳶】 老鹰 lǎoyīng
とんぷく【頓服】 一次服下的药 yí cì fúxià de yào
どんぶり【丼】 大碗 dàwǎn；海碗 hǎiwǎn ◆～勘定 糊涂账 hútuzhàng ◆～物 盖浇饭 gàijiāofàn
どんぶりばち【丼鉢】 海碗 hǎiwǎn
トンボ【蜻蛉】 蜻蜓 qīngtíng
とんぼがえり【蜻蛉返り】 ❶《宙返り》筋斗 jīndǒu ◆～を打つ 翻跟头 fān gēntou ❷《すぐ帰る》◆九州から～する 到九州马上就回来 dào Jiǔzhōu mǎshàng jiù huílai
とんや【問屋】 批发店 pīfādiàn
どんよく【貪欲-な】 贪婪 tānlán；贪心 tānxīn
どんより-した《空が》阴沉沉 yīnchénchén

な

な【名】名字 míngzi ◆～に値する 称得起 chēngdeqǐ ◆～に恥じない 名副其实 míng fù qí shí ◆～を上げる 扬名 yángmíng；成名 chéngmíng ◆～ばかりで有名无实 yǒu míng wú shí ◆～づける 起名儿 qǐmíngr ◆～を…という[称する] 称为 chēngwéi；叫 jiào ◆～を世界に馳せる 驰名世界 chímíng shìjiè

な【菜】青菜 qīngcài；蔬菜 shūcài

ない【無い】没 méi；没有 méiyǒu；无 wú ◆～よりはまし 聊胜于无 liáo shèng yú wú

ないい【内意】心里话 xīnlǐhuà；个人意图 gèrén yìtú ◆会长の～を受けて 受会长的授意 shòu huìzhǎng de shòuyì

ナイーブ-な 天真 tiānzhēn

ないえん【内縁】-の 事实婚 shìshíhūn；姘居 pīnjū ◆～の妻 事实婚的妻子 shìshíhūn de qīzi ◆～関係 事实婚的关系 shìshíhūn de guānxi

ないか【内科】内科 nèikē ◆～医 内科医生 nèikē yīshēng

-ないか ◆君が言ったんじゃ～ 不是你说过的吗 bú shì nǐ shuōguo de ma ◆おまえ怖いんじゃ～ 你是不是害怕 nǐ shì bu shì hàipà ◆一緒に行か～ 一块儿去好不好 yíkuàir qù hǎo bu hǎo

ないかい【内海】内海 nèihǎi

ないがい【内外】-の ❶《内と外》内外 nèiwài；里外 lǐwài ◆国の～ 国内外 guónèiwài ❷《ほぼ》左右 zuǒyòu；上下 shàngxià ◆ひと月～ 一个月左右 yí ge yuè zuǒyòu

ないかく【内閣】内阁 nèigé ◆～官房 内阁官房 nèigé guānfáng

ないがしろ【蔑ろ】◆～にする 小看 xiǎokàn；轻视 qīngshì；忽视 hūshì

ないき【内規】内部规章 nèibù guīzhāng

ないきん【内勤】-の 内勤 nèiqín ◆～者 内勤 nèiqín

ないけい【内径】内径 nèijìng

ないこう【内向】内向 nèixiàng ◆～的な人 性格内向的人 xìnggé nèixiàng de rén

ないざいてき【内在的】-な 内在 nèizài ◆～要因 内在因素 nèizài yīnsù

ないし【乃至】或 huò；或者 huòzhě；乃至 nǎizhì

ないじ【内耳】内耳 nèi'ěr

ないじ【内示】-する 非正式指示 fēizhèngshì zhǐshì

ないしきょう【内視鏡】内窥镜 nèikuījìng

ないじゅ【内需】国内需求 guónèi xūqiú ◆～拡大 扩大国内需求 kuòdà guónèi xūqiú

ないしゅっけつ【内出血-する】内出血 nèichūxuè

ないしょ【内緒】-の 秘密 mìmì；私下 sīxià ◆～にする 保密 bǎomì ◆～事 隐私 yǐnsī ◆～話 私话 sīhuà；私房话 sīfanghuà ◆～話をする 交头接耳 jiāo tóu jiē ěr

ないじょう【内情】底子 dǐzi；内幕 nèimù；内情 nèiqíng ◆～に通じる 接头 jiētóu ◆～を探る 摸底 mōdǐ

ないしょく【内職】副业 fùyè

ないしん【内心】内心 nèixīn ◆～を打ち明ける 吐露心声 tǔlù xīnshēng

ないせい【内政】内政 nèizhèng ◆～干渉する 干涉内政 gānshè nèizhèng

ないせん【内戦】内战 nèizhàn

ないせん【内線】《電話の》内线 nèixiàn；分机 fēnjī

ないそう【内装】内部装饰 nèibù zhuāngshì；装潢 zhuānghuáng

ないぞう【内臓】内脏 nèizàng；脏腑 zàngfǔ

ないぞう【内蔵-する】含 hán；内装 nèizhuāng ◆～式の 内部装有 nèibù zhuāngyǒu

ナイター 夜间比赛 yèjiān bǐsài

ないだく【内諾-する】私下答应 sīxià dāyìng；非正式同意 fēi zhèngshì tóngyì

ないち【内地】内地 nèidì

ないつう【内通-する】私通 sītōng；里通 lǐtōng

ないてい【内定-する】《人事》内定 nèidìng

ないてい【内偵-する】秘密侦查 mìmì zhēnchá；暗中调查 ànzhōng diàochá

ないてき【内的】-な 内在 nèizài ◆～要因 内因 nèiyīn

ナイト《騎士》骑士 qíshì

ナイト《夜》夜间 yèjiān ◆～クラブ 夜总会 yèzǒnghuì

ナイトキャップ ❶《帽子》睡帽 shuìmào ❷《酒》临睡前喝的酒 línshuìqián hē de jiǔ

ないない【内々-に】私下 sīxià

ないねんきかん【内燃機関】内燃机 nèiránjī

ナイフ 刀子 dāozi；小刀儿 xiǎodāor；《食卓の》餐刀 cāndāo

ないぶ【内部】内部 nèibù；内中 nèizhōng ◆～事情 内情 nèiqíng；

内幕 nèimù
ないふく【内服-する】 内服 nèifú; 口服 kǒufú ♦～薬 内服药 nèifúyào
ないふん【内紛】 内乱 nèiluàn; 内讧 nèihòng
ないぶん【内聞】 ♦～にする 保密 bǎomì
ないぶんぴつ【内分泌】 内分泌 nèifēnmì
ないほう【内包-する】 内涵 nèihán
ないほう【内報】 内部通报 nèibù tōngbào; 暗中通知 ànzhōng tōngzhī
ないみつ【内密】 秘密 mìmì ♦～に 悄悄 qiāoqiāo ♦～を要する 需要保密 xūyào bǎomì
ないめん【内面】 里边 lǐbian; 内部 nèibù;《心の》内心 nèixīn
ないものねだり【無いものねだり】 ♦～をする 硬要没有的东西 yìng yào méiyǒu de dōngxi; 要求得不到的东西 yāoqiú débudào de dōngxi
ないや【内野】 内场 nèichǎng
ないゆうがいかん【内憂外患】 内忧外患 nèi yōu wài huàn
ないよう【内容】 内容 nèiróng ♦～がない 空泛 kōngfàn; 空虚 kōngxū ♦～に乏しい 空疏 kōngshū ♦～が豊かだ 内容丰富 nèiróng fēngfù
ないらん【内乱】 内乱 nèiluàn; 内讧 nèihòng
ないらん【内覧】 内部观览 nèibù guānlǎn; 预展 yùzhǎn
ないりく【内陸-の】 内地 nèidì; 内陆 nèilù
ナイロン 锦纶 jǐnlún ♦～の靴下 尼龙丝袜 nílóngsīwà
なうて【名うて】 有名 yǒumíng; 著名 zhùmíng
なえ【苗】 秧子 yāngzi ♦～床 苗床 miáochuáng ♦～を育てる 育苗 yùmiáo
なえぎ【苗木】 树苗 shùmiáo; 苗木 miáomù ♦～を植える 植苗 zhí miáo
なえる【萎える】 萎 wěi; 萎谢 wěixiè; 萎缩 wěisuō ♦足が～ 腿发软 tuǐ fāruǎn
なお【尚】 还 hái; 更 gèng; 尚 shàng ♦～も 还是 háishi; 仍然 réngrán
なおさら【尚更】 更加 gèngjiā; 越发 yuèfā
なおざり【等閑】 ♦～にする 忽略 hūlüè; 马虎 mǎhu
なおし【直し】 修改 xiūgǎi; 修正 xiūzhèng
なおす【直す】《修繕する》整 zhěng; 修理 xiūlǐ;《修正する》修改 xiūgǎi ♦

誤りを～ 改正错误 gǎizhèng cuòwù
なおす【治す】 治 zhì; 医治 yīzhì
なおる【直る】 改过来 gǎiguòlai; 修理好 xiūlǐhǎo
なおる【治る】 治好 zhìhǎo; 痊愈 quányù
なおれ【名折れ】 丢脸 diūliǎn; 玷污名声 diànwū míngshēng
なか【中】 里面 lǐmiàn; 中间 zhōngjiān
なか【仲】 关系 guānxi; 交情 jiāoqíng ♦～がよい 要好 yàohǎo; 亲密 qīnmì ♦～よくする 和平相处 hépíng xiāngchǔ ♦～が悪い 不对头 bú duìtóu; 不和 bùhé ♦～を引き裂く 挑拨离间 tiǎobō líjiàn
ながあめ【長雨】 霖雨 línyǔ; 淫雨 yínyǔ
ながい【長い】 长 cháng; 长远 chángyuǎn ♦～時間 好半天 hǎobàntiān ♦～川 长河 chánghé ♦～間 好久 hǎojiǔ; 许久 xǔjiǔ ♦～年月をかけて 长年累月 cháng nián lěi yuè ♦～年月を経る 日久天长 rì jiǔ tiān cháng ♦～目で見る 从长远的观点来看 cóng chángyuǎn de guāndiǎn lái kàn
ながい【長居-する】 久坐 jiǔzuò
ながいき【長生き-の】 长寿 chángshòu ♦～する 延年益寿 yán nián yì shòu; 长生不老 chángshēng bù lǎo
ながいす【長椅子】 长凳 chángdèng; 长沙发 chángshāfā
なかがい【仲買い】 介绍买卖 jièshào mǎimài; 交易介绍 jiāoyì jièshào ♦～人 经纪人 jīngjìrén
ながぐつ【長靴】 雨靴 yǔxuē; 靴子 xuēzi
なかごろ【中頃】 中间 zhōngjiān; 中旬 zhōngxún ♦明治の～ 明治时代的中叶 Míngzhì shídài de zhōngyè
ながさ【長さ】 长度 chángdù; 长短 chángduǎn ♦～を測る 量长度 liáng chángdù
ながし【流し】《台所の》水池子 shuǐchízi
なかじき【中敷き】《靴の》鞋垫 xiédiàn
ながしこむ【流し込む】 灌 guàn; 灌注 guànzhù
ながしめ【流し目】 ♦～をおくる 送秋波 sòng qiūbō; 眉来眼去 méi lái yǎn qù
なかす【中洲】 洲 zhōu; 沙洲 shāzhōu
ながす【流す】 流 liú; 放 fàng;《勢いよく》冲走 chōngzǒu ♦水を～ 冲水

chōngshuǐ ♦汗を～《汗をかく》流汗 liúhàn ♦汗を～《シャワーで》冲澡去汗 chōngzǎo qù hàn ♦うわさを～ 散布流言 sànbù liúyán; 流传谣言 liúchuán yáoyán ♦ファックスを～ 发传真 fā chuánzhēn

なかせる【泣かせる】 ❶《泣くようにさせる》弄哭 nòngkū ❷《感動させる》动人 dòngrén; 令人感激 lìng rén gǎnjī

ながそで【長袖】 长袖 chángxiù

なかたがい【仲違い-する】 反目 fǎnmù; 闹别扭 nào bièniu ♦～させる 离间 líjiàn

なかだち【仲立ち-する】 牵线 qiānxiàn; 居间 jūjiān; 调解 tiáojiě

ながたび【長旅】 长途旅行 chángtú lǚxíng

なかだるみ【中弛み】 中途泄气 zhōngtú xièqì; 中间松弛 zhōngjiān sōngchí

ながだんぎ【長談義】 冗长的讲话 rǒngcháng de jiǎnghuà; 长篇大论 cháng piān dà lùn ♦～をする 罗罗唆唆地讲个没完 luōluōsuōsuō de jiǎng ge méi wán

なかつぎ【中継ぎ-する】 接上 jiēshàng; 接替 jiētì; 中继 zhōngjì

ながったらしい【長ったらしい】 冗长 rǒngcháng

ながつづき【長続き-する】 持久 chíjiǔ ♦～しない 不能持续下去 bù néng chíxùxiàqu

なかでも【中でも】 就中 jiùzhōng; 尤其 yóuqí

なかなおり【仲直り-する】 和好 héhǎo; 和解 héjiě

なかなか【中々】 相当 xiāngdāng; 颇 pō; 非常 fēicháng ♦～面白い 够味儿 gòuwèir ♦～のものだ 相当不错 xiāngdāng búcuò; 中々可也 yǐ ♦～手ごわい 很难对付 hěn nán duìfu ♦～出来上らない 不能轻易完成 bù néng qīngyì wánchéng

ながながと【長々と】 冗长 rǒngcháng ♦～としゃべる 喋喋不休 diédié bù xiū ♦山道は～と続く 山路曼延 shānlù mànyán

なかにわ【中庭】 庭院 tíngyuàn; 院子 yuànzi

ながねん【長年-の】 多年 duōnián ♦～の恨み 宿怨 sùyuàn

なかば【半ば】 一半 yíbàn; 半途 bàntú; 中途 zhōngtú ♦～する 参半 cānbàn ♦月の～ 中旬 zhōngxún

ながばなし【長話】 ♦～をする 长谈 chángtán

ながびく【長引く】 长期的 chángqī de; 拖延 tuōyán; 拖长 tuōcháng ♦会議が～ 会议延长 huìyì yáncháng

なかほど【中程】 《位置》中间 zhōngjiān;《程度》中等 zhōngděng

なかま【仲間】 同伴 tóngbàn; 伙伴 huǒbàn ♦～になる 结伙 jiéhuǒ; 入伙 rùhuǒ

なかみ【中味】 内容 nèiróng ♦～のない話 空话 kōnghuà

ながめ【眺め】 景色 jǐngsè; 风景 fēngjǐng ♦～のよい 风景好 fēngjǐng hǎo; 景致迷人 jǐngzhì mírén

ながめ【長目-の】 长一点儿 cháng yìdiǎnr

ながめる【眺める】 眺望 tiàowàng; 望 wàng; 瞭望 liàowàng

ながもち【長持ち-する】 经久耐用 jīngjiǔ nàiyòng; 耐久 nàijiǔ

なかやすみ【中休み】 中间休息 zhōngjiān xiūxi

なかゆび【中指】 中拇指 zhōngmǔzhǐ; 中指 zhōngzhǐ

なかよし【仲良し】 要好 yàohǎo; 相好 xiānghǎo; 好朋友 hǎopéngyǒu

ながらく【長らく】 好久 hǎojiǔ; 长时间 cháng shíjiān ♦～お待たせしました 让你久等了 ràng nǐ jiǔděng le

ながれ【流れ】 流动 liúdòng; 流水 liúshuǐ;《趨勢》趋势 qūshì ♦～にただよう 飘荡 piāodàng ♦～に沿う 顺水 shùnshuǐ ♦～に逆らって上る 逆流而上 nìliú ér shàng ♦時代の～ 时代趋势 shídài qūshì

ながれぐも【流れ雲】 浮云 fúyún

ながれこむ【流れ込む】 流入 liúrù; 倾注 qīngzhù

ながれさぎょう【流れ作業】 流水作业 liúshuǐ zuòyè

ながれだま【流れ弾】 流弹 liúdàn

ながれでる【流れ出る】 流出 liúchū

ながれぼし【流れ星】 流星 liúxīng

ながれもの【流れ者】 流浪者 liúlàngzhě; 漂泊者 piāobózhě

ながれる【流れる】 流 liú; 淌 tǎng ♦水が～ 走水 zǒu shuǐ ♦文章が～ような 通畅 tōngchàng ♦会が～ 流会 liúhuì ♦血が～ 流血 liúxuè ♦月日が～ 岁月流逝 suìyuè liúshì

ながわずらい【長患い】 久病 jiǔbìng

なかんずく【就中】 尤其 yóuqí

なき【亡き】 已故 yǐgù ♦～祖父 先祖 xiānzǔ ♦～友 故友 gùyǒu; 亡友 wángyǒu

なき【泣き】 ♦～を入れる 乞怜 qǐlián; 哀求 āiqiú ♦～を見る 窝气 wōqì; 受罪 shòuzuì

なぎ【凪】 风平浪静 fēng píng làng jìng; 海浪平息 hǎilàng píngxī

なきあかす【泣き明かす】 哭一夜 kū yíyè ♦まる一晩泣き明かした 整夜

哭了一夜 zhěngzhěng kūle yíyè
なきおとす【泣き落とす】哭诉 kūsù
なきがら【亡骸】遗骸 yíhái；尸首 shīshou
なきくずれる【泣き崩れる】哀号 āiháo；号啕大哭 háotáo dàkū
なきごえ【泣き声】哭声 kūshēng
なきごえ【鳴き声】叫声 jiàoshēng；鸣声 míngshēng；啼声 tíshēng
なきごと【泣き言】牢骚话 láosaohuà ◆～を言う 叫苦 jiàokǔ；哭诉 kūsù；发牢骚 fā láosao
なぎさ【渚】滨 bīn；汀 tīng；岸边 ànbiān
なきさけぶ【泣き叫ぶ】号哭 háokū；哭喊 kūhǎn
なきじゃくる【泣きじゃくる】哭哭啼啼 kūkūtítí；抽泣 chōuqì
なきじょうご【泣き上戸】酒醉后爱哭 jiǔzuìhòu ài kū
なぎたおす【薙ぎ倒す】割倒 gēdǎo；砍倒 kǎndǎo ◆敵を～ 横扫敌人 héngsǎo dírén
なきつら【泣き面】哭脸 kūliǎn ◆～に蜂（はち）雪上加霜 xuě shàng jiā shuāng
なきどころ【泣き所】弱点 ruòdiǎn；痛处 tòngchù；紧箍咒 jǐngūzhòu
なきねいり【泣き寝入り-する】忍气吞声 rěn qì tūn shēng
なきはらす【泣き腫らす】◆目を～ 哭肿眼泡儿 kūzhǒng yǎnpàor
なきべそ【泣きべそ】◆～をかく 哭鼻子 kū bízi
なきまね【泣き真似】◆～をする 假哭 jiǎkū；装哭 zhuāng kū
なきむし【泣き虫】爱哭的人 ài kū de rén
なきわかれ【泣き別れ】哭着分手 kūzhe fēnshǒu
なきわめく【泣き喚く】号哭 háokū；号啕 háotáo；鬼哭狼嚎 guǐ kū láng háo
なきわらい【泣き笑い】又哭又笑 yòu kū yòu xiào；悲喜交集 bēi xǐ jiāo jí
なく【泣く】哭 kū；哭泣 kūqì
なく【鳴く】叫 jiào；鸣 míng ◆こおろぎが～ 蟋蟀鸣叫 xīshuài míngjiào ◆オンドリが～ 公鸡喔喔啼叫 gōngjī wōwō tíjiào
なぐ【凪ぐ】风平浪静 fēng píng làng jìng
なぐさみ【慰み】消遣 xiāoqiǎn ◆～とする 作乐 zuòlè；解闷 jiěmèn
なぐさめ【慰め】安慰 ānwèi；宽慰 kuānwèi ◆～の言葉 宽心话 kuānxīnhuà；宽心丸儿 kuānxīnwánr
なぐさめる【慰める】安慰 ānwèi；抚慰 fǔwèi

なくす【無くす】丢 diū；丢掉 diūdiào；丢失 diūshī
なくてはならない【無くてはならない】少不得 shǎobudé；短不了 duǎnbuliǎo；不可缺少 bùkě quēshǎo
なくなる【無くなる】❶《消失》消失 xiāoshī；不见 bú jiàn ❷《紛失》丢 diū；丢失 diūshī ◆切符が～ 车票丢失 chēpiào diūshī
なくなる【亡くなる】死去 sǐqù；去世 qùshì；《年長者が》故去 gùqù
なぐりあう【殴り合う】打架 dǎjià；争斗 zhēngdòu；厮打 sīdǎ
なぐりかかる【殴り掛かる】扑过去打 pūguòqù dǎ
なぐりがき【殴り書き】《文字》潦草的字 liáocǎo de zì ◆～する 潦草地写 liáocǎo de xiě
なぐる【殴る】揍 zòu；打 dǎ；殴打 ōudǎ ◆殴られる 挨揍 áizòu
なげいれる【投げ入れる】投放 tóufàng；扔进 rēngjìn
なげうり【投げ売り-する】抛售 pāoshòu；拍卖 pāimài；甩卖 shuǎimài
なげかえす【投げ返す】扔回去 rēnghuíqù
なげかける【投げ掛ける】扔过去 rēngguòqù；投到 tóudào ◆疑問を～ 提出疑问 tíchū yíwèn
なげかわしい【嘆かわしい】让人痛心 ràng rén tòngxīn；可叹 kětàn；令人遗憾 lìng rén yíhàn
なげきかなしむ【嘆き悲しむ】哀叹 āitàn；悲叹 bēitàn
なげキッス【投げキッス】飞吻 fēiwěn
なげく【嘆く】叹息 tànxī；忧愁 yōuchóu；悲伤 bēishāng
なげこむ【投げ込む】抛进 pāojìn；扔进 rēngjìn
なげすてる【投げ捨てる】丢弃 diūqì；扔掉 rēngdiào
なげだす【投げ出す】❶《放り出す》扔 rēng；甩 shuǎi；抛出 pāochū ◆ものを～ 扔东西 rēng dōngxi ❷《途中で》撂开 liàokāi；扔下 rēngxià
なげつける【投げつける】摔 shuāi；扔去 rēngqù
なげとばす【投げ飛ばす】摔倒 shuāidǎo；甩出去 shuǎichūqù
なけなし-の 仅有的 jǐn yǒu de ◆～の金 仅有的一点点钱 jǐn yǒu de yìdiǎndiǎn qián
なげやり【投げ遣り-な】马虎 mǎhu；不负责任 bú fù zérèn
なげる【投げる】❶《物を》扔 rēng；抛 pāo；甩 shuǎi ❷《捨てる・あきらめる》放弃 fàngqì；丢 diū；撂 liào
-なければならない 应该 yīng-

gāi; 需要 xūyào; 得 děi ♦ どうしても行かー 总得去 zǒngděi qù ♦ 君には言っておか― 应该事先告诉你 yīnggāi shìxiān gàosu nǐ ♦ ここはじっと我慢しー 现在必须忍耐下去 xiànzài bìxū rěnnàixiàqù

なこうど【仲人】 媒人 méiren; 月下老人 yuèxià lǎorén ♦～をする 做媒 zuòméi

なごむ【和む】 心理平静 xīnlǐ píngjìng; 和暖 hénuǎn

なごやか【和やかー】 和气 héqi; 温柔 wēnróu; 和睦 hémù

なごり【名残り】 ❶《余波》痕迹 hénjì; 残余 cányú ♦昔の～ 历史的痕迹 lìshǐ de hénjì 《心残り》依恋 yīliàn ♦～尽きない 恋恋不舍 liànliàn bù shě ♦～を惜しむ 贪恋 tānliàn; 惜别 xībié

なさけ【情け】 恩情 ēnqíng; 善心 shànxīn ♦～知らずの 不懂人情 bù dǒng rénqíng; 寡情 guǎqíng ♦～深い 慈善 císhàn ♦～容赦なく 毫不留情 háobù liúqíng; 狠狠 hěnhěn

なさけない【情けない】 可怜 kělián; 悲惨 bēicǎn; 可耻 kěchǐ ♦ああ、なあ 嗐，真不像样啊 hài, zhēn bú xiàngyàng a

なざす【名指す】 指名 zhǐmíng

ナシ【梨】 梨 lí ♦洋～ 鸭儿梨 yārlí

なしとげる【成し遂げる】 达成 dáchéng; 完成 wánchéng

なじみ【馴染】 熟悉 shúxi ♦～客 熟客 shúkè ♦～がない 陌生 mòshēng; 眼生 yǎnshēng

なじむ【馴染む】 适应 shìyìng; 熟习 shúxí

ナショナリズム 国家主义 guójiā zhǔyì; 民族主义 mínzú zhǔyì

ナショナル ♦～チーム 国家队 guójiāduì ♦～ブランド 全国闻名商标 quánguó wénmíng shāngbiāo

なじる【詰る】 责备 zébèi ♦若者を～ 责问年轻人 zéwèn niánqīngrén

なす【為す】 做 zuò ♦～術(すべ)がない 毫无办法 háowú bànfǎ; 不知所措 bù zhī suǒ cuò

ナス【茄子】 茄子 qiézi

なすがまま【為すが侭―に】 任其自流 rèn qí zìliú ♦彼の～になる 任他摆布 rèn tā bǎibu

ナズナ【薺】 荠菜 jìcài

なすりあい【擦り合い】 互相推托 hùxiāng tuītuō

なすりつける【擦り付ける】 ❶《こすりつける》涂上 túshàng; 擦上 cāshàng ❷《責任や罪を》转嫁 zhuǎnjià; 推 tuī

なぜ【何故】 为什么 wèi shénme; 何故 hégù; 怎么 zěnme ♦～同意しないのか 何不同意 hébù tóngyì

なぞ【謎】 谜 mí; 谜语 míyǔ ♦宇宙の～ 宇宙的秘密 yǔzhòu de mìmì ♦～解きをする 猜谜 cāi mí ♦～を掛ける 打哑谜 dǎ yǎmí ♦～の答え 谜底 mídǐ

なぞなぞ【謎々】 谜 mí; 谜语 míyǔ ♦～を解く 猜谜 cāi mí; 破 谜 pò mí

なぞらえる【準える】 比拟 bǐnǐ; 相比 xiāngbǐ; 比作 bǐzuò

なぞる 描 miáo; 描摹 miáomó

なた【鉈】 砍刀 kǎndāo; 劈刀 pīdāo; 柴刀 cháidāo

なだかい【名高い】 闻名 wénmíng; 有名 yǒumíng; 著名 zhùmíng

ナタネ【菜種】 菜子 càizǐ ♦～油 菜油 càiyóu

なだめる【宥める】 劝解 quànjiě; 劝慰 quànwèi ♦怒りを～ 平息怒气 píngxī nùqì ♦子供を～ 哄孩子 hǒng háizi

なだらかーな 平缓 pínghuǎn

なだれ【雪崩】 雪崩 xuěbēng

なだれこむ【雪崩込む】 蜂拥而入 fēngyōng ér rù

なつ【夏】 夏天 xiàtiān

なついん【捺印―する】 盖章 gàizhāng

なつかしい【懐かしい】 想念 xiǎngniàn; 怀念 huáiniàn

なつかしむ【懐かしむ】 想念 xiǎngniàn; 思念 sīniàn ♦祖国を～ 想祖国 xiǎng zǔguó

なつく【懐く】 接近 jiējìn; 亲近 qīnjìn

なづけおや【名付け親】 起名儿的人 qǐmíngr de rén

なづける【名付ける】 起名儿 qǐmíngr; 命名 mìng míng

なつじかん【夏時間】 夏令时 xiàlìngshí

ナッツ 坚果 jiānguǒ

ナット 螺母 luómǔ; 螺丝母 luósīmǔ

なっとく【納得―する】 信服 xìnfú; 理解 lǐjiě; 领会 lǐnghuì

なつどり【夏鳥】 夏候鸟 xiàhòuniǎo

なっぱ【菜っ葉】 青菜 qīngcài; 菜叶 càiyè

なつばて【夏ばて―する】 苦夏 kǔxià

なつふく【夏服】 夏衣 xiàyī; 夏装 xiàzhuāng

ナップザック 简便背包 jiǎnbiàn bèibāo

なつまつり【夏祭り】 夏季庙会 xiàjì miàohuì

ナツミカン【夏蜜柑】 酸橙 suānchéng

ナツメ【棗】 枣 zǎo ♦～の木 枣树

zǎoshù ♦〜の実 枣儿 zǎor；枣子 zǎozi ♦〜餡（あん）枣泥儿 zǎonír
ナツメヤシ【棗椰子】 椰枣 yēzǎo
なつメロ【懐メロ】 《懐かしのメロディー》旧流行歌曲 jiù liúxíng gēqǔ
なつやすみ【夏休み】 暑假 shǔjià ♦〜期間 暑期 shǔqī
なつやせ【夏痩せ-する】 苦夏 kǔxià
なでおろす【撫で下ろす】 ♦胸を〜 放心 fàngxīn；舒一口气 shū yìkǒu qì
なでがた【撫で肩-の】 溜肩膀儿 liūjiānbǎngr
ナデシコ【撫子】 红瞿麦 hóngqúmài
なでつける【撫で付ける】 ♦髪を〜 抿头发 mǐn tóufa
なでる【撫でる】 抚摩 fǔmó；《そよ風などが》吹拂 chuīfú
など【等】 《列挙した後で》等 děng；等等 děngděng；什么的 shénme de ♦私〜でも 像我这样的人也 xiàng wǒ zhèyàng de rén yě
ナトリウム 钠 nà
なな【七】 七 qī ♦〜番目 第七 dìqī
ななえ【七重-の】 七层 qī céng
ナナカマド【七竈】 花楸树 huāqiūshù
ななくさ【七草】 七种花草 qī zhǒng huācǎo ♦〜粥 七草粥 qīcǎozhōu
ななころびやおき 【七転び八起き】 百折不挠 bǎi zhé bù náo
ななし【名無し-の】 无名 wúmíng
ななひかり【七光り】 ♦親の〜 托父母余荫 tuō fùmǔ yúyìn
ななめ【斜め-の】 斜 xié；倾斜 qīngxié ♦〜にする「なる」 斜楞 xiéleng ♦〜に見る 侧目 cèmù；冷眼看 lěngyǎn kàn ♦ご機嫌〜 心情不佳 xīnqíng bù jiā ♦〜後ろ 斜后边儿 xiéhòubiānr
なに【何】 什么 shénme ♦〜がなんでも 无论如何 wúlùn rúhé ♦〜をする 干什么 gàn shénme
なにか【何か】 什么 shénme ♦〜につけ 总是 zǒngshì ♦〜と世話になる 老是受到照顾 lǎoshi shòudào zhàogù
なにがし【何某】 《人》某 mǒu；《数量》一些 yìxiē ♦〜かのかね 一些钱 yìxiē qián
なにかといえば【何かと言えば】 动不动 dòngbudòng
なにくわぬかお【何食わぬ顔】 ♦〜をする 若无其事的样子 ruò wú qí shì de yàngzi
なにげない【何気ない】 无意 wúyì；无心 wúxīn ♦〜いたずら 无心的恶作剧 wúxīn de èzuòjù
なにごと【何事】 事情 shénme

shìqing；哪门子 nǎ ménzi ♦〜もなく平和な 风平浪静 fēng píng làng jìng ♦知らないとは…だ 你不知道是怎么回事 nǐ bù zhīdao shì zěnme huí shì
なにしろ【何しろ】 不管怎样 bùguǎn zěnyàng；总之 zǒngzhī ♦〜金（かね）がないんだ 到底没有钱呢 dàodǐ méiyǒu qián ne
なにぶん【何分】 《理由を強調》无奈 wúnài；毕竟 bìjìng
なにも【何も】 什么也… shénme yě… ♦〜ない 什么也没有 shénme yě méiyǒu；一无所有 yì wú suǒ yǒu ♦〜知らない 什么都不知道 shénme dōu bù zhīdào；一无所知 yì wú suǒ zhī
なにもかも【何も彼も】 一切 yíqiè；全部 quánbù；♦〜俺が悪い 都是我不对 dōu shì wǒ bú duì
なにもの【何者】 什么人 shénme rén
なにゆえ【何故-に】 为何 wèihé；何故 hégù
なにより【何より】 最好 zuìhǎo；好不过 zài hǎo búguò ♦〜大切なもの 命根子 mìnggēnzi
ナノテクノロジー 纳米技术 nàmǐ jìshù
ナノハナ【菜の花】 油菜花 yóucàihuā；菜花 càihuā
ナノメートル 纳米 nàmǐ
なのり【名乗り】 ♦〜出る 自报姓名 zìbào xìngmíng；《犯人が》自首 zìshǒu ♦〜をあげる 自己报名 zìjǐ bàomíng；《選挙に》参加竞选 cānjiā jìngxuǎn
なのる【名乗る】 自报姓名 zìbào xìngmíng ♦記者を〜 自称是记者 zìchēng shì jìzhě
なばかり【名ばかり-の】 有名无实 yǒu míng wú shí；名不副实 míng bú fù shí
なびく【靡く】 《風に》飘动 piāodòng；飘舞 piāowǔ；飘摇 piāoyáo；《比喩的に》屈从 qūcóng ♦金に〜 向钱低头 xiàng qián dītóu
ナビゲーター 领航员 lǐnghángyuán
ナプキン ❶《食事用の》餐巾 cānjīn ❷《生理用の》卫生巾 wèishēngjīn
ナフサ 石脑油 shínǎoyóu
なふだ【名札】 姓名牌 xìngmíngpái
ナフタリン 萘 nài
なぶりごろし【嬲り殺し】 ♦〜にする 折磨死 zhémósǐ
なぶる【嬲る】 嘲弄 cháonòng；玩弄 wánnòng；戏弄 xìnòng
なべ【鍋】 锅子 guōzi ♦〜料理 火锅

huǒguō
なま【生—の】 生的 shēng de ♦～のまま食べる 生吃 shēngchī
なまあたたかい【生暖かい】 微暖 wēinuǎn
なまいき【生意気—な】 自大 zìdà; 傲慢 àomàn; 神气 shénqi
なまえ【名前】 名字 míngzi; 姓名 xìngmíng ♦～のない 无名 wúmíng ♦～をつける 起名 qǐ míng
なまえんそう【生演奏】 现场演奏 xiànchǎng yǎnzòu
なまかじり【生嚙り—の】 一知半解 yì zhī bàn jiě; 二把刀 èrbǎdāo
なまがわき【生乾く—の】 半干 bàngān
なまき【生木】 活树 huóshù; 未干的木柴 wèi gān de mùchái ♦～を裂く 砍断连理枝 kǎnduàn liánlǐzhī
なまきず【生傷】 新伤 xīnshāng ♦～が絶えない 新伤不断 xīnshāng búduàn
なまぐさい【生臭い】 腥气 xīngqi; 腥味儿 xīngwèir
なまくら【鈍】《刃物などの切れ味が鈍い》钝 dùn ♦～な人 窝囊废 wōnangfèi
なまクリーム【生クリーム】 鲜奶油 xiānnǎiyóu
なまけぐせ【怠け癖】 懒癖 lǎnpǐ; 懒病 lǎnbìng ♦～がつく 懒惰成性 lǎnduò chéngxìng
なまけごころ【怠け心】 惰性 duòxìng
なまけもの【怠け者】 懒汉 lǎnhàn; 懒骨头 lǎngǔtou; 懒虫 lǎnchóng
なまける【怠ける】 偷懒 tōulǎn; 懈怠 xièdài; 懒惰 lǎnduò ♦怠けずに頑張る 坚持不懈 jiānchí búxiè
ナマコ【海鼠】 海参 hǎishēn
なまざかな【生魚】 生鱼 shēngyú
なまじ【憗】 不彻底 bú chèdǐ; 半心半意 bànxīn bànyì ♦～なプロを超えている 超过了没多大能耐的内行 chāoguò le méi duōdà néngnài de nèiháng ♦～言わなきゃよいのに 还不如不说 hái bùrú bù shuō
なまじろい【生白い】 煞白 shàbái
ナマズ【鯰】 鲇鱼 niányú
なまたまご【生卵】 生鸡蛋 shēngjīdàn
なまちゅうけい【生中継】 现场直播 xiànchǎng zhíbō
なまづめ【生爪】 指甲 zhǐjia ♦～をはがす 剥离指甲 bōlí zhǐjia
なまなましい【生々しい】 活生生 huóshēngshēng
なまにえ【生煮え—の】 夹生 jiāshēng; 半熟 bànshú ♦～の飯 夹生饭 jiāshēngfàn

なまぬるい【生温い】 温和 wēnhuo; 微温 wēiwēn;《処置に》不严厉 bù yánlì ♦処分が～ 处分太不严厉 chǔfèn tài bù yánlì
なまはんか【生半可—な】 不彻底 bú chèdǐ; 一知半解 yì zhī bàn jiě
なまビール【生ビール】 鲜啤酒 xiānpíjiǔ; 扎啤 zhāpí
なまびょうほう【生兵法】 ♦～は大怪我のもと 一知半解大吃亏 yì zhī bàn jiě dà chīkuī
なまへんじ【生返事】 ♦～をする 含糊其辞地回答 hánhu qí cí de huídá
なまほうそう【生放送】 直播 zhíbō
なまみず【生水】 生水 shēngshuǐ
なまめかしい【艶めかしい】 妩媚 wǔmèi; 妖艳 yāoyàn
なまもの【生物】 鲜食品 xiān shípǐn
なまやけ【生焼け—の】 没烤熟 méi kǎoshú
なまやさい【生野菜】 生蔬菜 shēng shūcài
なまやさしい【生易しい】《否定文で》简单 jiǎndān; 轻而易举 qīng ér yì jǔ
なまり【訛り】 口音 kǒuyin; 土音 tǔyīn ♦お国～ 乡音 xiāngyīn
なまり【鉛】 铅 qiān
なまワクチン【生ワクチン】 活疫苗 huóyìmiáo
なみ【波】 ❶《波浪》波浪 bōlàng ♦大～ 波涛 bōtāo ❷《起伏》起伏 qǐfú ♦チームは～に乗っている 队正在浪头上 duì zhèngzài làngtoushang
なみ【並—の】 普通 pǔtōng; 一般 yìbān ♦～の人間 普通人 pǔtōngrén
なみあし【並足—で】 普通步伐 pǔtōng bùfá
なみうちぎわ【波打ち際】 岸边 ànbiān; 汀线 tīngxiàn
なみうつ【波打つ】 波动 bōdòng; 荡漾 dàngyàng; 激荡 jīdàng
なみがしら【波頭】 浪头 làngtou
なみかぜ【波風】 风浪 fēnglàng;《もめごと》风波 fēngbō ♦～を立てる 起风波 qǐ fēngbō
なみき【並木】 行道树 xíngdàoshù; 街道树 jiēdàoshù ♦～道 林荫道 línyīndào
なみしぶき【波飛沫】 浪花 lànghuā
なみせいほん【並製本】 平装 píngzhuāng
なみだ【涙】 泪水 lèishuǐ; 眼泪 yǎnlèi ♦～の滴 (しずく) 泪珠 lèizhū ♦～を流す 流泪 liú lèi; 掉眼泪 diào yǎnlèi ♦～をのむ 忍气吞声 rěn qì tūn shēng
なみたいてい【並大抵—の】 一般 yì-

bān ♦～のことではない 不是一般的 búshì yībān de

なみだぐむ【涙ぐむ】 含泪 hánlèi

なみだごえ【涙声-で】 哭腔 kūqiāng ♦～で 带着哭腔 dàizhe kūqiāng

なみだつ【波立つ】 起波浪 qǐ bōlàng

なみだながら【涙ながら】 ♦～に訴える 哭诉 kūsù；泣诉 qìsù；声泪俱下 shēng lèi jù xià

なみだもろい【涙脆い】 爱流泪 ài liúlèi

なみなみならぬ【並々ならぬ】 非凡 fēifán；不寻常 bù xúncháng

なみのり【波乗り】 冲浪 chōnglàng

なみはずれた【並外れた】 超常 chāocháng；与众不同 yǔ zhòng bù tóng；非凡的 fēifán de ♦～力 三头六臂 sān tóu liù bì

なみよけ【波除け】 防波 fángbō

ナメクジ【蛞蝓】 蛞蝓 kuòyú；鼻涕虫 bítìchóng

なめしがわ【鞣し革】 鞣皮子 róu pízi

なめす【鞣す】 鞣 róu

なめらか【滑らか-な】 光滑 guānghuá；光溜 guāngliu；《文章や会話が》流利 liúlì ♦～でない 生涩 shēngsè；～に 灵活地滑动 línghuó de huádòng

なめる【嘗［舐］める】 舔 tiǎn ♦指を～ 舔指头 tiǎn zhǐtóu ♦苦しみを～ 吃苦 chīkǔ ♦なめるなよ《あなどるな》别小看 bié xiǎokàn

なや【納屋】 堆房 duīfang

なやましい【悩ましい】 恼人 nǎorén；《つらい》难过 nánguò

なやます【悩ます】 糟心 zāoxīn；头を～ 伤脑筋 shāng nǎojīn

なやみ【悩み】 烦恼 fánnǎo；苦恼 kǔnǎo；痛痒 tòngyǎng ♦～事 心病 xīnbìng；心事 xīnshì

なやむ【悩む】 烦恼 fánnǎo；苦恼 kǔnǎo

なよなよ 柔软 róuruǎn；纤弱 xiānruò

-なら 如果 rúguǒ；…的话 de huà ♦いや～いやと言えよ 如果不愿意, 就说不吧 rúguǒ bú yuànyì, jiù shuō bù ba ♦君がやるの～你来干的话 nǐ lái gàn de huà ♦経済のことを～任せといて 经济的事就问我吧 jīngjì de shì jiù wèn wǒ ba

ならい【習い】 习惯 xíguàn；习气 xíqì ♦～性（せい）と成る 习与性成 xí yǔ xìng chéng ♦世の～ 世上的常态 shìshàng de chángtài

ならう【倣う】 仿照 fǎngzhào

ならう【習う】 练习 liànxí；学习 xuéxí

ならく【奈落】 地狱 dìyù；《舞台の》底层 dǐcéng ♦～の底 绝望的深渊 juéwàng de shēnyuān

ならす【均す】 弄平 nòngpíng

ならす【馴らす】 驯养 xùnyǎng；驯服 xùnfú

ならす【鳴らす】 鸣 míng ♦不平を～ 鸣不平 míng bùpíng

ならずもの【ならず者】 流氓 liúmáng；无赖 wúlài；歹徒 dǎitú

ならび【並び】 排列 páiliè

ならびに【並びに】 和 hé；以及 yǐjí

ならぶ【並ぶ】 ❶《列に》排 pái；排队 páiduì；并排 bìngpái ❷《匹敵する》相比 xiāngbǐ；比得上 bǐdeshàng ♦～者のない 独一无二 dú yī wú èr

ならべたてる【並べ立てる】 列举 lièjǔ ♦でたらめを～ 胡说八道 hú shuō bā dào

ならべる【並べる】 排列 páiliè；摆摆 bǎi；《一律に》平列 pínglié ♦椅子を～ 摆椅子 bǎi yǐzi ♦御託を～ 絮絮叨叨地说废话 xùxùdāodāo de shuō fèihuà ♦肩を～《並んで立つ》比肩而立 bǐjiān ér lì；《対等の立場で競う》势均力敌 shì jūn lì dí

ならわし【習わし】 习惯 xíguàn；习俗 xísú；惯例 guànlì

ならんで【並んで】 并排 bìngpái ♦～歩く 并行 bìngxíng ♦～立つ 比肩而立 bǐjiān ér lì

なり【鳴り】 ♦～をひそめる 静悄悄 jìngqiāoqiāo；消声匿迹 xiāo shēng nì jì

なり【形】 ❶《体つき》身材 shēncái ♦～が大きい 身量大 shēnliang dà ♦～ばかり大きい 只长个傻大个儿 zhǐ zhǎng ge shǎ dàgèr ❷《身なり》装束 zhuāngshù ♦ひどい～ 破烂的服装 pòlàn de fúzhuāng ♦きれいな～ 打扮得真漂亮 dǎbànde zhēn piàoliang

なりあがり【成り上がり】 暴发户 bàofāhù

なりあがる【成り上がる】 一步登天 yí bù dēng tiān；发迹 fājì

なりかわる【成り代わる】 代表 dàibiǎo；代替 dàitì

なりきん【成金】 暴发户 bàofāhù

なりすます【成り済ます】 假装 jiǎzhuāng；假托 jiǎtuō ♦善人に～ 假装好人 jiǎzhuāng hǎorén ♦社長に～ 装成总经理 zhuāngchéng zǒngjīnglǐ

なりそこなう【成り損なう】 没有成为 méiyǒu chéngwéi

なりたち【成り立ち】 《構成》构成 gòuchéng；《経過》过程 guòchéng

なりたつ【成り立つ】 成立 chénglì

なりひびく【鳴り響く】 响彻 xiǎngchè◆拍手が～ 掌声雷鸣 zhǎngshēng léimíng◆名声が～ 举世闻名 jǔshì wénmíng

なりふり【形振り】◆～構わず 不顾体面 bú gù tǐmiàn；不顾外表 bú gù wàibiǎo

なりものいり【鳴り物入り-で】 敲锣打鼓 qiāo luó dǎ gǔ◆～の企画 轰动一时的计划 hōngdòng yìshí de jìhuà

なりゆき【成り行き】 演变 yǎnbiàn；趋势 qūshì；动向 dòngxiàng◆～に任せる 听其自然 tīng qí zìrán

なりわい【生業】 生业 shēngyè；生计 shēngjì

なる【成る】 变为 biànwéi；成为 chéngwéi◆なせば～ 有志者事竟成 yǒu zhì zhě shì jìng chéng

なる【鳴る】 响 xiǎng；鸣 míng

ナルシズム 自我陶醉 zìwǒ táozuì

なるべく【成る可く】 尽量 jǐnliàng；尽可能 jǐn kěnéng

なるほど【成る程】 怪不得 guàibude；的确 díquè；果然 guǒrán

なれ【慣れ】 习惯 xíguàn

なれあう【馴れ合う】 合谋 hémóu；串通 chuàntōng

ナレーション 解说词 jiěshuōcí

ナレーター 解说员 jiěshuōyuán

なれそめ【馴れ初め】 开始认识 kāishǐ rènshi；爱上 àishàng

なれなれしい【馴れ馴れしい】 狎昵 xiánì；过分亲昵 guòfèn qīnnì

なれのはて【成れの果て】 下场 xiàchǎng；末路 mòlù

なれる【慣れる】 惯 guàn；习惯 xíguàn◆書き～ 写惯 xiěguàn◆食べ慣れない 吃不惯 chībuguàn◆見慣れた風景 看惯的景色 kànguàn de jǐngsè◆見慣れない人 陌生人 mòshēngrén

なわ【縄】 绳子 shéngzi

なわしろ【苗代】 秧田 yāngtián

なわとび【縄跳び-をする】 跳绳 tiàoshéng

なわばしご【縄梯子】 软梯 ruǎntī；绳梯 shéngtī

なわばり【縄張】 势力范围 shìlì fànwéi；地盘 dìpán

なん【難】 困难 kùnnan；灾难 zāinàn；《欠点》◆～がある 有毛病 yǒu máobìng

なんい【南緯】 南纬 nánwěi

なんいど【難易度】 难度 nándù◆～の高い 难度很大 nándù hěn dà

なんか【軟化-する】 软化 ruǎnhuà

なんか【南下-する】 南下 nánxià

なんかい【難解-な】 难懂 nándǒng；深奥 shēn'ào；《文章などが》艰涩 jiānsè

なんかい【何回】 几次 jǐ cì；多少次 duōshao cì◆～も 好几次 hǎo jǐ cì

なんかん【難関】 隘路 àilù；难关 nánguān◆～を突破する 突破难关 tūpò nánguān

なんぎ【難儀】 困难 kùnnan◆～する 受罪 shòuzuì；吃苦 chī kǔ

なんきつ【難詰-する】 斥责 chìzé；责难 zénàn

なんきょく【南極】 南极 nánjí◆～圏 南极圏 nánjíquān

なんきょく【難局】 困难的局面 kùnnan de júmiàn；困境 kùnjìng

なんきん【軟禁-する】 软禁 ruǎnjìn；幽禁 yōujìn

ナンキンマメ【南京豆】 花生 huāshēng

ナンキンムシ【南京虫】 臭虫 chòuchong

なんくせ【難癖】◆～をつける 刁难 diāonàn；放刁 fàngdiāo；吹毛求疵 chuī máo qiú cī

なんこう【軟膏】 药膏 yàogāo；软膏 ruǎngāo

なんこう【難航-する】 ❶《船が》航行困难 hángxíng kùnnan ❷《物事が》难以进展 nányǐ jìnzhǎn；举步维艰 jǔ bù wéi jiān

なんこうふらく【難攻不落】 难以攻陷 nányǐ gōngxiàn

なんごく【南国】 南方 nánfāng；南国 nánguó

なんこつ【軟骨】 软骨 ruǎngǔ

なんざん【難産】 难产 nánchǎn

なんじゃく【軟弱-な】 软弱 ruǎnruò；虚弱 xūruò；不坚强 bù jiānqiáng

なんしょ【難所】 难关 nánguān；险峻难行的地方 xiǎnjùn nánxíng de dìfang

なんしょく【難色】 难色 nánsè◆～を示す 面有难色 miàn yǒu nánsè；表示不赞同 biǎoshì bú zàntóng

なんすい【軟水】 软水 ruǎnshuǐ

なんせい【南西-の】 西南 xīnán

ナンセンス 蠢话 chǔnhuà；废话 fèihuà；荒谬 huāngmiù

なんだい【難題】 难题 nántí◆～を吹っ掛ける 故意刁难 gùyì diāonàn

なんたいどうぶつ【軟体動物】 软体动物 ruǎntǐ dòngwù

なんだか【何だか】 总觉得 zǒng juéde◆～分からないけど 不知为什么 bùzhī wèi shénme

なんだかんだ【何だかんだ】 这个那个 zhège nàge；这样那样 zhèyàng nàyàng◆親父が～とうるさいんだ 爸爸事事来插嘴 bàba shìshì lái chāzuǐ

なんちゃくりく【軟着陸】 软着陆 ruǎnzhuólù

なんちょう【難聴】 耳背 ěrbèi; 重听 zhòngtīng

なんでも【何でも】 无论什么 wúlùn shénme; 什么都 shénme dōu ♦～ある 应有尽有 yīng yǒu jìn yǒu ♦～できる 万能 wànnéng ♦～ない 没什么 méi shénme ♦食べたいものは～食べなさい 想吃什么吃什么 xiǎng chī shénme chī shénme

なんでもや【何でも屋】 多面手 duōmiànshǒu; 万金油 wànjīnyóu

なんてん【難点】 ❶《欠点》缺点 quēdiǎn; 毛病 máobìng ❷《困難な点》难点 nándiǎn

ナンテン【南天】 天竹 tiānzhú; 南天竹 nántiānzhú

なんと【何と】 多么 duōme; 竟然 jìngrán ♦君はバカなんだ 你多傻啊！nǐ duō shǎ a

なんど【何度】 几次 jǐ cì; 多少次 duōshao cì; 几遍 jǐ biàn

なんといっても【何と言っても】 不管怎么说 bùguǎn zěnme shuō; 到底 dàodǐ; 毕竟 bìjìng

なんとう【南東-の】 东南 dōngnán

なんとか【何とか】 ♦～片づいた 好歹得到解决了 hǎodǎi dédào jiějué le ♦～する[なる] 设法 shèfǎ; 想法 xiǎngfǎ

なんとなく【何となく】 总觉得 zǒng juéde; 不由得 bùyóude ♦～体が疲れる 总觉得身子有点儿累 zǒng juéde shēnzi yǒudiǎnr lèi

なんとも【何とも】 ❶《まことに》真的 zhēnde; 实在 shízài ❷《どうとも》～言えない 没有什么可说 méiyǒu shénme kě shuō; 说不出来 shuōbuchūlai

なんども【何度も】 再三 zàisān; 好几次 hǎo jǐ cì ♦～何度も 屡次三番 lǚ cì sān fān ♦～繰り返す 翻来覆去 fān lái fù qù

なんともない【何とも無い】 没问题 méi wèntí; 没什么 méi shénme

なんなく【難無く】 很容易地 hěn róngyì de; 不费劲儿 bú fèijìnr ♦～クリアーする 轻易过关 qīngyì guòguān

なんなら【何なら】 可能的话 kěnéng de huà; 如果必要 rúguǒ bìyào ♦～私が行こうか 必要的话，我去吧 bìyào de huà, wǒ qù ba

なんにち【何日】 几天 jǐ tiān; 多少天 duōshao tiān;《どの日》几号 jǐ hào

なんねん【何年】 几年 jǐ nián; 多少年 duōshao nián

なんの【何の】 什么 shénme ♦～助けにもならない《事の解決には》无济于事 wú jì yú shì ♦～理由もなく 无缘无故 wú yuán wú gù ♦～為に 为什么 wèi shénme

なんぱ【軟派】 温和派 wēnhépài ♦～する 泡妞 pàoniū; 勾引女人 gōuyǐn nǚrén

なんぱ【難破-する】 船只失事 chuánzhī shīshì

ナンバー 号码 hàomǎ; 数目 shùmù ♦～プレート 车牌 chēpái

ナンバーワン 头号 tóuhào; 第一 dìyī; 第一把手 dìyī bǎ shǒu; 一把手 yībǎshǒu

ナンバリング 号码机 hàomǎjī

なんびょう【難病】 顽症 wánzhèng; 难治之病 nán zhì zhī bìng

なんぶ【南部】 南部 nánbù

なんぶつ【難物】 难对付的人 nán duìfu de rén

なんべい【南米】 南美洲 Nán Měizhōu

なんべん【軟便】 软便 ruǎnbiàn

なんぽう【南方】 南方 nánfāng ♦～の特産品 南货 nánhuò ♦～風の 南式 nánshì ♦～風の味 南味 nánwèi

なんぼく【南北-の】 南北 nánběi ♦～方向の 纵向 zòngxiàng

なんみん【難民】 难民 nànmín

なんもん【難問】 难题 nántí

なんよう【南洋】 南洋 nányáng

なんようび【何曜日】 星期几 xīngqījǐ

なんら【何ら】 任何 rènhé; 丝毫 sīháo ♦～関心がない 没有任何兴趣 méiyǒu rènhé xìngqù

に

に【荷】货物 huòwù；行李 xíngli ♦~を積みすぎる 过载 guòzài ♦~が重い〈責任が〉负担太重 fùdān tài zhòng

に【二】二 èr；两个 liǎng ge

にあう【似合う】配合 pèihé；合适 héshì；相配 xiāngpèi

にあげ【荷揚げ-する】起岸 qǐàn；卸货 xièhuò

ニアミス〈飞机〉异常接近(fēijī)yìcháng jiējìn；幸免相撞 xìngmiǎn xiāngzhuàng

にいさん【兄さん】哥哥 gēge；大哥 dàgē

ニーズ 需求 xūqiú；要求 yāoqiú ♦~に応える 满足要求 mǎnzú yāoqiú

にうけ【荷受け】收货 shōuhuò ♦~人 收货人 shōuhuòrén

にえきらない【煮え切らない】〈態度が〉不果断 bù guǒduàn；犹豫不定 yóuyù bú dìng

にえたぎる【煮え滾る】滚开 gǔnkāi

にえゆ【煮え湯】滚水 gǔnshuǐ；滚开的热水 gǔnkāi de rèshuǐ

にえる【煮える】煮熟 zhǔshú ♦よく~ 烂熟 lànshú

におい【匂い［臭い］】❶〈よい〉香味儿 xiāngwèir；气味 qìwèi ♦~が強烈な 冲 chòng ♦~を嗅ぐ 嗅 xiù；闻 wén ♦~を感じる 闻见 wénjiàn ❷〈いやな〉臭味儿 chòuwèir ♦变な~がする 有股怪味儿 yǒu gǔ guàiwèir

におう【匂［臭］う】❶〈よいにおい〉发香 fā xiāng；有香味儿 yǒu xiāngwèir ❷〈くさい〉发臭 fā chòu；有臭味儿 yǒu chòuwèir ❸〈怪しい〉可疑 kěyí；奇怪 qíguài

におう【仁王】金刚力士 jīngāng lìshì

におわす【匂わす】〈ほのめかす〉暗示 ànshì；透露 tòulù

にかい【二階】二楼 èr lóu ♦~建て 二层楼 èrcénglóu

にがい【苦い】苦 kǔ ♦苦くて渋い 苦涩 kǔsè；〈不快な〉难受 nán shòu ♦~経験 痛苦的经验 tòngkǔ de jīngyàn ♦~顔をする 满脸不快 mǎnliǎn bú kuài

ニガウリ【苦瓜】苦瓜 kǔguā

にがお【似顔】肖像 xiāoxiàng ♦~絵 画像 huàxiàng；头像速写 tóuxiàng sùxiě

にかこくご【二か国語】♦~放送 两种语言广播 liǎngzhǒng yǔyán guǎngbō；双语广播 shuāngyǔ guǎngbō

にがさ【苦さ】苦劲儿 kǔjìnr；苦头儿 kǔtóur

にがす【逃がす】❶〈放す〉放跑掉 fàng pǎodiào ❷〈取り逃がす〉错过 cuòguò；没抓住 méizhuāzhù

にがつ【二月】二月 èryuè

にがて【苦手】不擅长 bú shàncháng；棘手 jíshǒu ♦~な人 难对付的人 nán duìfu de rén

にがにがしい【苦々しい】非常不痛快 fēicháng bú tòngkuài；令人讨厌 lìng rén tǎoyàn

にがみ【苦味】苦味儿 kǔwèir

にがむし【苦虫】♦~をかみつぶしたような顔 极不痛快的脸色 jí bú tòngkuài de liǎnsè

にかよった【似通った】相仿 xiāngfǎng；相似 xiāngsì

にがり【苦汁】卤水 lǔshuǐ；盐卤 yánlǔ

にかわ【膠】胶 jiāo；骨胶 gǔjiāo ♦~で付ける 用胶粘 yòng jiāo zhān

にがわらい【苦笑い-する】苦笑 kǔxiào

にきさく【二期作】♦~の稲 双季稻 shuāngjìdào

にきび【面皰】痤疮 cuóchuāng；粉刺 fěncì ♦~ができる 长粉刺 zhǎng fěncì

にぎやかな【賑やかな】热闹 rènao；〈市街地が〉繁华 fánhuá

にきゅうひん【二級品】二级品 èrjípǐn；次品 cìpǐn；次货 cìhuò

にぎり【握り】〈取っ手〉把手 bǎshou；把儿 bàr；〈すし〉攥寿司 zuàn shòusī

にぎりこぶし【握り拳】拳头 quántou

にぎりしめる【握り締める】握紧 wòjǐn

にぎりつぶす【握り潰す】攥坏 zuànhuài；捏碎 niēsuì；〈うやむやにする〉搁置 gēzhì

にぎりめし【握り飯】饭团 fàntuán

にぎる【握る】握 wò；攥 zuàn；抓 zhuā ♦手を~ 握手 wò shǒu ♦弱みを~ 抓住弱点 zhuāzhù ruòdiǎn

にぎわい【賑わい】热闹 rènao；兴旺 xīngwàng；繁华 fánhuá

にぎわう【賑わう】热闹 rènao；兴旺 xīngwàng；繁荣 fánróng

にぎわす【賑わす】使热闹 shǐ rènao

にく【肉】肉 ròu ♦下腹に~がつく 小肚子长肉 xiǎodùzi zhǎng ròu

にくい【憎い】可恶 kěwù；可恨 kěhèn

-にくい 不好 bù hǎo；很难 hěn nán ◆答え～ 很难回答 hěn nán huídá de shì ◆切り出し～ 不好开口 bù hǎo kāikǒu

にくがん【肉眼】 肉眼 ròuyǎn

にくしみ【憎しみ】 怨恨 yuànhèn；嫌怨 xiányuàn；憎恨 zēnghèn

にくしゅ【肉腫】 肉瘤 ròuliú

にくじゅう【肉汁】 肉汁 ròuzhī

にくしょく【肉食-する】 肉食 ròushí ◆～動物 肉食动物 ròushí dòngwù

にくしん【肉親】 骨肉 gǔròu；亲人 qīnrén

にくせい【肉声】 直接的人声 zhíjiē de rénshēng；说话声 shuōhuàshēng

にくたい【肉体】 肉体 ròutǐ ◆～労働 体力劳动 tǐlì láodòng

にくだんご【肉団子】 肉丸子 ròuwánzi ◆～スープ 汆丸子 cuān wánzi

にくだんせん【肉弾戦】 肉搏战 ròubózhàn

にくづき【肉付き】 ◆～のよい 充盈 chōngyíng；《家畜など》肥壮 féizhuàng

にくづけ【肉付け-する】 充实 chōngshí；润色 rùnsè

にくにくしい【憎々しい】 令人非常讨厌 lìng rén fēicháng tǎoyàn

にくにくしげ【憎々しげ-に】 狠狠 hěnhěn

にくはく【肉薄-する】 逼近 bījìn

にくばなれ【肉離れ】 ◆～を起こす 引起肌肉断裂 yǐnqǐ jīròu duànliè

にくひつ【肉筆-の】 亲笔 qīnbǐ ◆～の書画 墨迹 mòjì

にくまれっこ【憎まれっ子】 过街老鼠 guò jiē lǎoshǔ ◆～世にはばかる 好人早过世, 歹人磨坏世界 hǎorén zǎo guòshì, dǎirén mó shìjiè

にくまん【肉まん】《肉饅頭》肉包子 ròubāozi

にくむ【憎む】 恨 hèn；怨恨 yuànhèn ◆～べき 可恶 kěwù

にくや【肉屋】 肉铺 ròupù

にくよく【肉欲】 肉欲 ròuyù

にくらしい【憎らしい】 可恨 kěhèn；可恶 kěwù

にぐるま【荷車】 架子车 jiàzichē；排子车 páizichē；大板车 dàbǎnchē

ニクロムせん【ニクロム線】 镍铬电热丝 niègè diànrèsī

にぐん【二軍】 预备队员 yùbèi duìyuán

にげ【逃げ】 逃跑 táopǎo；逃避 táobì ◆～の一手 只想跑 zhǐ xiǎng pǎo

にげあし【逃げ足】 ◆～が速い 逃得快 táode kuài

にげうせる【逃げ失せる】 跑掉 pǎodiào

にげおくれる【逃げ遅れる】 逃晚了 táo wǎn le

にげかえる【逃げ帰る】 逃回来 táohuílái

にげかくれ【逃げ隠れ-する】 逃匿 táonì；逃避 táobì

にげこうじょう【逃げ口上】 遁词 dùncí ◆～を言う 说推托话 shuō tuītuōhuà

にげごし【逃げ腰】 ◆～になる 想要逃避 xiǎngyào táobì

にげこむ【逃げ込む】 逃进 táojìn

にげそこなう【逃げ損なう】 逃不了 táobuliǎo

にげだす【逃げ出す】 逃走 táozǒu；逃出 táochū

にげのびる【逃げ延びる】 逃脱 táotuō

にげば【逃げ場】 退路 tuìlù ◆～を失う 无处可逃 wú chù kě táo

にげまわる【逃げ回る】 逃窜 táocuàn

にげみち【逃げ道】 退路 tuìlù；逃路 táolù；《苦境からの》台阶儿 táijiēr ◆～をこしらえてやる 给一个台阶儿下 gěi yí ge táijiēr xià

にげる【逃げる】 逃跑 táopǎo；逃走 táozǒu ◆さっさと～ 逃之夭夭 táo zhī yāoyāo

にげんろん【二元論】 二元论 èryuánlùn

にこうたいせい【二交替制】 两班倒 liǎngbāndǎo

にこくかん【二国間-の】 两国之间 liǎngguó zhī jiān ◆～贸易 双边贸易 shuāngbiān màoyì ◆～の会谈 两国会谈 liǎngguó huìtán

にこごり【煮凝り】 冻 dòng；《魚の》鱼冻 yúdòng

にごす【濁す】 《水などを》弄浑 nònghún；弄浊 nòngzhuó；《言葉を》含糊其辞 hánhu qí cí ◆お茶を～ 敷衍了事 fūyan liǎoshì

ニコチン 尼古丁 nígǔdīng ◆～中毒 烟瘾 yānyǐn

にごった【濁った】 浑浊 húnzhuó；混浊 hùnzhuó

にこにこ-する 笑眯眯 xiàomīmī；笑嘻嘻 xiàoxīxī

にこむ【煮込む】 炖 dùn；煨 wēi ◆もつの煮込み 炖杂碎 dùn zásuì

にこやか 笑容满面 xiàoróng mǎnmiàn；春风满面 chūnfēng mǎnmiàn

にごる【濁る】 混浊 hùnzhuó；污浊 wūzhuó

にざかな【煮魚】 炖鱼 dùnyú

にさん【二三-の】 两三个 liǎngsān

ge ♦ ～人ずつ 三三两两 sānsān liǎngliǎng
にさんか【二酸化】 二氧化 èryǎnghuà ♦ ～炭素 二氧化碳 èryǎnghuàtàn ♦ ～硫黄 二氧化硫 èryǎnghuàliú
にし【西】 西 xī; 西边 xībian ♦ ～に傾く《太陽が》 偏西 piānxī ♦ ～側 西边 xībian ♦ ～ヨーロッパ 西欧 Xī Ōu
にじ【虹】 彩虹 cǎihóng; 虹 jiàng; 虹 hóng
にしき【錦】 锦缎 jǐnduàn
ニシキゴイ【錦鯉】 花鲤 huālǐ
ニシキヘビ【錦蛇】 蟒蛇 mǎngshé
にじてき【二次的-な】 次要 cìyào
にしはんきゅう【西半球】 西半球 xībànqiú
にび【西日】 夕阳 xīyáng ♦ ～が照りつける 西晒 xīshài
ニジマス【虹鱒】 虹鳟 hóngzūn
にじむ【滲む】 渗 shèn;《墨やインクが》 洇 yīn ♦ 血の～努力 呕心沥血的努力 ǒu xīn lì xuè de nǔlì
にしゃたくいつ【二者択一-の】 二者选一 èrzhě xuǎn yī
にじゅう【二重-の】 双重 shuāngchóng ♦ ～人格 双重人格 shuāngchóng réngé ♦ ～帳簿 黑账 huāzhàng; 黑账 hēizhàng
にじゅうしせっき【二十四節気】 二十四节气 èrshísì jiéqì
にじゅうよじかん【二十四時間】 二十四小时 èrshísì xiǎoshí
にじょう【二乗】 平方 píngfāng
にしょくずり【二色刷】 二色版 èrsèbǎn
にじりよる【躙り寄る】 膝行靠近 xīxíng kàojìn
ニシン【鰊】 鲱 fēi
にしんほう【二進法】 二进制 èrjìnzhì
ニス 清漆 qīngqī
にせ【偽-の】 假 jiǎ ♦ ～ブランド品 冒牌儿 màopáir
ニセアカシア 洋槐 yánghuái
にせい【二世-の】 第二代 dì'èr dài
にせがね【贋金】 赝币 yànbì
にせさつ【贋札】 假造钞票 jiǎzào chāopiào; 伪钞 wěichāo
にせもの【贋物】 冒牌货 màopáihuò ♦ ～を作る 伪造 wěizào
にせる【似せる】 模仿 mófǎng
にそう【尼僧】 尼姑 nígū
にそくさんもん【二束三文の-】 一文不值半文 yìwén bù zhí bànwén ♦ ～で売りとばす 廉价拍卖 liánjià pāimài
にだい【荷台】《トラックなどの》 装货台 zhuānghuòtái; 车箱 chēxiāng;《自転車の》 货架子 huòjiàzi
にたき【煮炊き-する】 做饭 zuòfàn; 炊事 chuīshì
にたつ【煮立つ】 煮开 zhǔkāi
にたにた【～笑う】 嬉皮笑脸 xī pí xiào liǎn
にたりよったり【似たり寄ったり】 半斤八两 bàn jīn bā liǎng
にだんベッド【二段ベッド】 双层床 shuāngcéngchuáng
にちげん【日限】 期限 qīxiàn ♦ ～が切れる 到期 dào qī ♦ ～を定める 限期 xiàn qī
にちじ【日時】 ♦ 面接の～ 面试的日期和时间 miànshì de rìqī hé shíjiān
にちじょう【日常】 平生 píngshēng ♦ ～の日常 日常 rìcháng ♦ ～の食事 家常便饭 jiācháng biànfàn ♦ ～生活 寝食 qǐnshí; 日常生活 rìcháng shēnghuó ♦ ～的に使う 习用 xíyòng
にちぼつ【日没】 日落 rìluò; 日没 rìmò
にちや【日夜】 日夜 rìyè; 昼夜 zhòuyè ♦ ～努力する 整天努力 zhěngtiān nǔlì
にちよう【日用-の】 日用 rìyòng ♦ ～品 日用品 rìyòngpǐn; 小百货 xiǎobǎihuò
にちようび【日曜日】 星期日 xīngqīrì; 星期天 xīngqītiān; 礼拜天 lǐbàitiān
にっか【日課】 日课 rìkè; 每天的活动 měitiān de huódòng
につかわしい【似つかわしい】 相称 xiāngchèn; 合适 héshì
にっかん【日刊】 日刊 rìkān ♦ ～新聞 日报 rìbào
にっき【日記】 日记 rìjì ♦ ～帳 日记本儿 rìjìběnr
にっきゅう【日給】 日薪 rìxīn
にっきん【日勤-の】 日班 rìbān;《3交替制の》 白班儿 báibānr
ニックネーム 爱称 àichēng; 外号 wàihào
にづくり【荷造り-する】 包装 bāozhuāng; 打包 dǎbāo
にっけい【日系】 日侨 Rìqiáo ♦ ～米人 日裔美国人 Rìyì Měiguórén
ニッケイ【肉桂】 肉桂 ròuguì ♦ ～の皮 桂皮 guìpí
につける【煮付ける】 炖 dùn ♦ 魚の煮付け 煮鱼 zhǔ yú
ニッケル 镍 niè
にっこう【日光】 日光 rìguāng; 阳光 yángguāng
にっこうよく【日光浴】 日光浴 rìguāngyù ♦ ～をする 晒太阳 shài tàiyang

にっこり 笑眯眯 xiàomīmī ◆～笑う 破颜一笑 pòyán yí xiào; 莞尔而笑 wǎn'ěr ér xiào

にっさん【日産】日产 rìchǎn

にっし【日誌】日记 rìjì; 日志 rìzhì

にっしゃびょう【日射病】中暑 zhòngshǔ

にっしょう【日照】日照 rìzhào ◆～権 日照权 rìzhàoquán ◆～時間 日照时间 rìzhào shíjiān

にっしょく【日食】日食 rìshí ◆～が起こる 亏蚀 kuīshí; 皆既～ 日全食 rìquánshí

にっしんげっぽ【日進月歩–の】日新月异 rì xīn yuè yì

にっすう【日数】日数 rìshù; 天数 tiānshù

にっちもさっちも【二進も三進も】◆～いかない 毫无办法 háowú bànfǎ; 进退两难 jìntuì liǎng nán

にっちゅう【日中–の】白天 báitiān; 日间 rìjiān

にっちょく【日直】值班 zhíbān ◆～をする 值日 zhírì

にってい【日程】日程 rìchéng ◆～表 日程表 rìchéngbiǎo

ニット 编织 biānzhī ◆～ウエア 毛织品 máozhīpǐn ◆～製品 针织品 zhēnzhīpǐn

にっとう【日当】日薪 rìxīn; 日工资 rìgōngzī

にっぽう【日報】日报 rìbào

につまる【煮詰まる】炖干 dùngān; 《解決へ》接近解决 jiējìn jiějué; 进入最后阶段 jìnrù zuìhòu jiēduàn

につめる【煮詰める】熬 áo

にている【似ている】仿佛 fǎngfú; 像 xiàng; 相似 xiāngsì

にてひなる【似て非なる】似是而非 sì shì ér fēi

にと【二兎】◆～を追う者一兎をも得ず 追二兔者不得一兔 zhuī èr tù zhě bù dé yí tù

にとう【二等–の】二等 èrděng ◆～航海士 二副 èrfù

にとうぶん【二等分–する】平分 píngfēn

にとうへん【二等辺】◆～三角形 等腰三角形 děngyāo sānjiǎoxíng

にどと【二度と】◆～行くもんか 再也不去 zài yě bú qù ◆～返らぬ 一去不复返 yí qù bú fù fǎn ◆～ない好機 不会再来的好机会 bú huì zài lái de hǎo jīhuì

ニトロ 硝基 xiāojī ◆～グリセリン 硝化甘油 xiāohuà gānyóu

になう【担う】❶《担ぐ》挑 tiāo ❷《引き受ける》负担 fùdān; 担负 dānfù ◆みんなの期待を～ 背负大家的期待 bēifù dàjiā de qīdài ◆次世代を～ 肩负下一代 jiānfù xià yídài

にぬし【荷主】货主 huòzhǔ

にのあし【二の足】◆～を踏む 犹豫不决 yóuyù bù jué

にのうで【二の腕】上膊 shàngbó

にのく【二の句】◆～がつげない 无言以对 wú yán yǐ duì

にのつぎ【二の次–の】《重要度が》其次 qícì; 次要 cìyào

にばい【二倍】两倍 liǎng bèi ◆～にする 加倍 jiābèi ◆～に増える 成倍 chéngbèi ◆～大きい 大一倍 dà yí bèi

にばんせんじ【二番煎じ】换汤不换药 huàn tāng bú huàn yào; 炒冷饭 chǎo lěngfàn; 翻版 fānbǎn

にばんめ【二番目】第二 dì'èr; 《順序が》其次 qícì ◆びりから～ 倒数第二名 dàoshù dì'èr míng

にびょうし【二拍子–の】二拍子 èrpāizi

ニヒリズム 虚无主义 xūwú zhǔyì

ニヒル 虚无 xūwú

にぶい【鈍い】呆 dāi; 钝 dùn; 迟钝 chídùn ◆感覚が～ 感觉迟钝 gǎnjué chídùn ◆動作が～ 动作迟钝 dòngzuò chídùn ◆反応が～ 反应慢 fǎnyìng màn ◆頭が～ 头脑不灵活 tóunǎo bù línghuó ◆～音 低沉的声音 dīchén de shēngyīn

にぶおんぷ【二分音符】二分音符 èrfēn yīnfú

にふだ【荷札】货签 huòqiān; 标签 biāoqiān

にぶる【鈍る】变钝 biàndùn ◆腕が～ 手艺生疏了 shǒuyì shēngshū le ◆切れ味が～ 钝 dùn ◆出足が～ 来的人不多 lái de rén bù duō ◆決心が～ 决心动摇 juéxīn dòngyáo

にぶん【二分–する】分成两份 fēnchéng liǎngfèn ◆～の一 二分之一 èr fēn zhī yī ◆業界を～する 平分业界 píngfēn yèjiè

にべ【鰾膠】◆～も無い 非常冷淡 fēicháng lěngdàn

にほん【日本】日本 Rìběn ◆～円 日元 Rìyuán ◆～語 日文 Rìwén; 日语 Rìyǔ ◆～人 日本人 Rìběnrén

ニホンジカ【日本鹿】梅花鹿 méihuālù

にほんだて【二本立て】一场放映两部影片 yìchǎng fàngyìng liǎngbù yǐngpiàn

にほんのうえん【日本脳炎】流行性乙型脑炎 liúxíngxìng yǐxíng nǎoyán

にほんりょうり【日本料理】日本菜 Rìběncài; 日餐 rìcān ◆～の作り方 日本菜烹调法 Rìběncài pēngtiáofǎ

にまいじた【二枚舌】♦~を使う 两面三刀 liǎng miàn sān dāo
にまいめ【二枚目】❶《劇の》小生 xiǎoshēng ❷《ハンサム》英俊 yīngjùn; 美男子 měinánzǐ
にまめ【煮豆】煮豆 zhǔdòu; 煮熟的豆 zhǔshú de dòu
にめんせい【二面性】两面性 liǎngmiànxìng
にもうさく【二毛作】一年种两茬 yì nián zhòng liǎng chá
-にもかかわらず 虽然…可是 suīrán…kěshì; 尽管…可是 jǐnguǎn…kěshì ♦病人である~ 尽管自己是病人, 他都 jǐnguǎn zìjǐ shì bìngrén, tā dōu
にもつ【荷物】❶《荷》行李 xínglǐ; 货物 huòwù ♦~一時預り所 存放处 cúnfàngchù; 手提行李寄存处 shǒutí xínglǐ jìcúnchù ❷《負担》累赘 léizhui; 包袱 bāofu ♦みんなのお~ 大家的累赘 dàjiā de léizhui
にもの【煮物】煮菜 zhǔcài
ニャー《猫の鳴声》喵 miāo
にやける 女气 nǚqì; 女里女气 nǚlinǚqì
にやっかい【荷厄介】累赘 léizhui
にやにや ♦~する 嗤笑 chīxiào; 奸笑 jiānxiào
ニュアンス 细微差别 xìwēi chābié; 语气 yǔqì
にゅういん【入院】-する 住院 zhùyuàn
にゅうえき【乳液】乳液 rǔyè
にゅうえん【入園】-する 入园 rùyuán ♦~無料 免票入园 miǎnpiào rùyuán
にゅうか【乳化】-する 乳化 rǔhuà ♦~剤 乳化剂 rǔhuàjì
にゅうか【入荷】-する 进货 jìnhuò
にゅうかい【入会】-する 入会 rùhuì
にゅうかく【入閣】-する 参加内阁 cānjiā nèigé
にゅうがく【入学】-する 入学 rùxué ♦~試験 入学考试 rùxué kǎoshì
にゅうがん【乳癌】乳腺癌 rǔxiàn'ái
にゅうぎゅう【乳牛】奶牛 nǎiniú; 乳牛 rǔniú
にゅうきょ【入居】-する 迁入 qiānrù; 搬进 bānjìn
にゅうきん【入金】-する 进款 jìnkuǎn
にゅうこう【入港】-する 进口 jìnkǒu; 进港 jìngǎng ♦~税 港口税 gǎngkǒushuì
にゅうこく【入国】-する 入境 rùjìng ♦~ビザ 入境签证 rùjìng qiānzhèng ♦~記録カード 入境登记卡 rùjìng dēngjìkǎ
にゅうごく【入獄】-する 入狱 rùyù; 坐监狱 zuò jiānyù
にゅうこん【入魂】心神贯注 xīn shén guàn zhù; 专心致志 zhuān xīn zhì zhì
にゅうさつ【入札-する】投标 tóubiāo ♦~を開票する 开标 kāi biāo ♦~を募る 招标 zhāo biāo ♦競争~ 公开投标 gōngkāi tóubiāo
にゅうさん【乳酸】乳酸 rǔsuān ♦~飲料 乳酸饮料 rǔsuān yǐnliào ♦~菌 乳酸细菌 rǔsuān xìjūn
にゅうし【乳歯】奶牙 nǎiyá; 乳齿 rǔchǐ
にゅうじ【乳児】乳儿 rǔ'ér
にゅうしゃ【入社】-する 进公司 jìn gōngsī
にゅうじゃく【柔弱】-な 柔弱 róuruò; 软弱 ruǎnruò
にゅうしゅ【入手】-する 得到 dédào; 拿到 nádào
にゅうしょ【入所】-する 入所 rùsuǒ; 《刑務所に》入狱 rùyù
にゅうしょう【入賞】-する 获奖 huòjiǎng
にゅうじょう【入場】-する 入场 rùchǎng ♦~券 入场券 rùchǎngquàn ♦《博物館・公園など》门票 ménpiào; 《駅の》站台票 zhàntáipiào ♦~無料 免费入场 miǎnfèi rùchǎng ♦~料 票价 piàojià
にゅうしょく【入植】-する 移居到未开垦的土地 yíjūdào wèi kāikěn de tǔdì
にゅうしん【入神】-の 入神 rùshén ♦~の技の冴え 鬼斧神工 guǐ fǔ shén gōng
ニュース 消息 xiāoxi; 新闻 xīnwén ♦~映画 新闻片 xīnwénpiàn ♦~ソース 新闻来源 xīnwén láiyuán ♦~キャスター 新闻主持人 xīnwén zhǔchírén
にゅうせいひん【乳製品】乳制品 rǔzhìpǐn
にゅうせき【入籍】-する 入籍 rùjí
にゅうせん【乳腺】乳腺 rǔxiàn ♦~炎 奶疮 nǎichuāng
にゅうせん【入選】-する 入选 rùxuǎn; 中选 zhòngxuǎn
にゅうたい【入隊】-する 入伍 rùwǔ
ニュータウン 新市区 xīn shìqū; 新村 xīncūn
にゅうだん【入団】-する 入团 rùtuán
にゅうでん【入電】来电 láidiàn
にゅうとう【入党】-する 入党 rùdǎng
ニュートラル ❶《ギア》空挡 kōngdǎng ❷《中立》中立 zhōnglì
ニュートリノ 中微子 zhōngwēizǐ
にゅうねん【入念】-な 细心 xìxīn; 精心 jīngxīn ♦仕事を~だ 工作很

仔细 gōngzuò hěn zǐxì
にゅうばい【入梅】入梅 rùméi
にゅうはくしょく【乳白色-の】乳白色 rǔbáisè
ニューフェース 新星 xīnxīng; 新人 xīnrén
ニューメディア 新媒体 xīn méitǐ
にゅうもん【入門-する】入门 rùmén ◆~解説 浅说 qiǎnshuō
にゅうようじ【乳幼児】乳幼儿 rǔyòu'ér
にゅうよく【入浴-する】洗澡 xǐzǎo; 沐浴 mùyù
にゅうりょく【入力-する】输入 shūrù ◆データを~する 输入数据 shūrù shùjù
ニューロン 神经元 shénjīngyuán
にゅうわ【柔和-な】柔和 róuhé; 温柔 wēnróu
にょう【尿】尿 niào; 小便 xiǎobiàn
にょうい【尿意】尿意 niàoyì ◆~を催す 有尿意 yǒu niàoyì
にょうさん【尿酸】尿酸 niàosuān
にょうそ【尿素】尿素 niàosù
にょうどう【尿道】尿道 niàodào
にょうどくしょう【尿毒症】尿毒症 niàodúzhèng
にょうぼう【女房】老婆 lǎopo; 女人 nǚren
にょきにょき 接连耸起 jiēlián sǒngqǐ
にょじつ【如実-に】如实 rúshí
にょにんきんぜい【女人禁制】女人禁入 nǚrén jìnrù
にょらい【如来】如来 rúlái
にょろにょろ《ヘビなどが》蜿蜒 wānyán
ニラ【韭】韭菜 jiǔcài
にらみ【睨み】瞪眼 dèngyǎn;《厳重に監督する》示威 shìwēi ◆~をきかせる 施加压力 shījiā yālì
にらみあい【睨み合い】互相瞪眼 hùxiāng dèngyǎn
にらみつける【睨み付ける】瞪眼 dèngyǎn
にらむ【睨む】❶《相手を》瞪 dèng ❷《目をつける》注意 zhùyì; 盯 dīng ◆先生ににらまれる 被老师注意 bèi lǎoshī zhùyì ❸《目星をつける》估计 gūjì ◆にらんだとおりだ 正如预料的那样 zhèng rú yùliào de nàyàng
にらめっこ【睨めっこ-する】凝视赌笑 níngshì dǔxiào
にらんせい【二卵性-の】双卵 shuāngluǎn ◆~双生児 双卵双胎儿 shuāngluǎn shuāngtāi'ér
にりつはいはん【二律背反】二律背反 èrlǜ bèifǎn
にりゅう【二流-の】二流 èrliú; 次等 cìděng ◆~品 次货 cìhuò

にる【煮る】煮 zhǔ; 焖 mèn; 熬 áo
にる【似る】像 xiàng ◆よく似た 近似 jìnsì; 相似 xiāngsì
ニレ【楡】榆树 yúshù
にわ【庭】庭院 tíngyuàn; 院子 yuànzi ◆~いじり 侍弄庭园 shìnòng tíngyuán
にわいし【庭石】点景石 diǎnjǐngshí
にわか【俄か-に】突然 tūrán; 忽然 hūrán; 猛然 měngrán
にわかあめ【俄雨】阵雨 zhènyǔ; 骤雨 zhòuyǔ ◆~に遭う 被阵雨淋了 bèi zhènyǔ lín le
にわかじこみ【俄仕込み-の】临阵磨枪 lín zhèn mó qiāng
にわかなりきん【俄成金】暴发户 bàofāhù
にわし【庭師】园丁 yuándīng
ニワトコ【接骨木】接骨木 jiēgǔmù
ニワトリ【鶏】鸡 jī ◆~の卵 鸡蛋 jīdàn
にん【任】任务 rènwu ◆~に堪える 胜任 shèngrèn ◆~に就く 充任 chōngrèn; 就任 jiùrèn
にんい【任意-の】任意 rènyì
にんか【認可-する】认可 rènkě; 批准 pīzhǔn ◆~される 获准 huòzhǔn ◆~を決める 裁可 cáikě
にんかん【任官-する】任官 rènguān
にんき【人気】名气 míngqì; 人缘儿 rényuánr; 人望 rénwàng ◆~がある 受欢迎 shòu huānyíng ◆~が出る 红起来 hóngqǐlái ◆~取りをする 哗众取宠 huá zhòng qǔ chǒng ◆~商品 俏货 qiàohuò; 热货 rèhuò ◆~俳優 红角 hóngjué
にんき【任期】任期 rènqī ◆~が満了となる 任期届满 rènqī jièmǎn
にんぎょ【人魚】美人鱼 měirényú
にんきょう【任侠】侠义 xiáyì
にんぎょう【人形】偶人 ǒurén; 玩偶 wán'ǒu; 娃娃 wáwa ◆~芝居 傀儡戏 kuǐlěixì; 木偶戏 mù'ǒuxì ◆西洋~ 洋娃娃 yángwáwa
にんげん【人間】人 rén ◆~関係 人际关系 rénjì guānxì ◆~工学 人类工程学 rénlèi gōngchéngxué ◆~性 人性 rénxìng ◆~万事塞翁(さいおう)が馬 塞翁失马 sàiwēng shī mǎ(「人間」は「世の中」の意)
にんげんみ【人間味】人情味 rénqíngwèi ◆~のあふれる 溢着人情味儿 yángyìzhe rénqíngwèir
にんさんぷ【妊産婦】孕妇和产妇 yùnfù hé chǎnfù
にんしき【認識-する】认识 rènshi ◆~不足だ 认识不够 rènshi búgòu ◆~を新たにする 重新认识到 chóngxīn rènshidào
にんじゅう【忍従-する】忍受 rěn-

shòu: 逆来顺受 nì lái shùn shòu
にんしょう【人称】人称 rénchēng ♦~代名詞 人称代词 rénchēng dàicí
にんしょう【認証-する】认证 rènzhèng
にんじょう【人情】人情 rénqíng ♦~に背く 不近人情 bú jìn rénqíng
にんじょう【刃傷】用刀伤人 yòng dāo shāng rén
にんしん【妊娠-する】怀孕 huáiyùn; 妊娠 rènshēn
ニンジン【人参】胡萝卜 húluóbo; 《薬用の》人参 rénshēn ♦~酒 人参酒 rénshēnjiǔ
にんずう【人数】人数 rénshù; 人头 réntóu ♦~をたのんで 靠着人多 kàozhe rén duō
にんそう【人相】相貌 xiàngmào ♦~が変わる《けがなどで》破相 pòxiàng ♦~を見る 看相 kàn xiàng; 相面 xiàng miàn ♦~見 看相的 kànxiàng de; 相面先生 xiàngmiàn xiānsheng
にんたい【忍耐-する】忍耐 rěnnài ♦~強い 很有耐心 hěn yǒu nàixīn
にんち【任地】任地 rèndì ♦~に赴く 赴任 fùrèn
にんち【認知-する】认知 rènzhī: 《法的に》承认 chéngrèn; 认领 rènlǐng ♦実子であると~する 承认非婚生的子女 chéngrèn fēihūn shēng de zǐnǚ
にんてい【認定-する】认定 rèndìng
ニンニク【大蒜】大蒜 dàsuàn; 蒜 suàn ♦~の芽 蒜苗 suànmiáo
にんぴにん【人非人】狼心狗肺的人 láng xīn gǒu fèi de rén; 人面兽心 rénmiàn shòuxīn
にんぷ【妊婦】妊妇 rènfù; 孕妇 yùnfù
にんむ【任務】任务 rènwu ♦~に就く 就任 jiùrèn ♦~を与える 交待任务 jiāodài rènwu
にんめい【任命-する】任命 rènmìng; 委派 wěipài ♦あなたを理事に~します 任命你为董事 rènmìng nǐ wéi dǒngshì
にんよう【任用-する】录用 lùyòng; 任用 rènyòng

ぬ

ぬいあわせる【縫い合わせる】❶《傷を》缝合 fénghé ❷《布地を》缝连 fénglián
ぬいぐるみ【縫いぐるみ】布制玩偶 bùzhì wán'ǒu
ぬいつける【縫い付ける】缝上 féngshàng; 钉上 dìngshàng
ぬいとり【縫い取り】刺绣 cìxiù
ぬいなおす【縫い直す】重缝 chóngféng
ぬいばり【縫い針】针 zhēn
ぬいめ【縫い目】针脚 zhēnjiao
ぬいもの【縫い物】♦~をする 缝纫 féngrèn
ぬう【縫う】缝 féng ♦服を~ 缝衣服 féng yīfú ♦傷口を七針縫った 伤口缝了七针 shāngkǒu féngle qī zhēn
ヌード裸体 luǒtǐ
ヌードル 面条 miàntiáo; 鸡蛋挂面 jīdàn guàmiàn
ぬか【糠】糠 kāng; 米糠 mǐkāng
ぬかあめ【糠雨】毛毛雨 máomaoyǔ; 蒙蒙细雨 méngméng xìyǔ
ぬかす【抜かす】遗漏 yílòu; 脱漏 tuōlòu ♦3行~ 跳过三行 tiàoguò sān háng ♦腰を~ 非常吃惊 fēicháng chījīng
ぬかずく【額ずく】叩头 kòutóu
ぬかよろこび【糠喜び】白欢喜 bái huānxǐ
ぬかり【抜かり】差错 chācuò; 疏忽 shūhu ♦~なく 周密 zhōumì
ぬかる【抜かる】出错 chūcuò
ぬかるみ【泥濘】泥泞 nínìng
ぬき【抜き】去掉 qùdiào ♦説明を~にする 省去说明 shěngqù shuōmíng
ぬきあし【抜き足-で】蹑着脚 nièzhe jiǎo ♦~で歩く 蹑着脚走 nièzhe jiǎo zǒu ♦~差し足 蹑手蹑脚 niè shǒu niè jiǎo
ぬきうち【抜き打ち-の】突然 tūrán; 冷不防 lěngbufáng ♦~検査 临时检查 línshí jiǎnchá
ぬきがき【抜き書き-する】节录 jiélù; 摘录 zhāilù
ぬきさしならない【抜き差しならない】进退两难 jìntuì liǎng nán
ぬぎすてる【脱ぎ捨てる】脱掉 tuōdiào
ぬきだす【抜き出す】抽出 chōuchū; 取出 qǔchū
ぬきとり【抜き取り】♦~調査 抽查 chōuchá ♦~検査する 采样检查 cǎiyàng jiǎnchá
ぬきとる【抜き取る】❶《取出す》抽出

chōuchū; 取出 qǔchū ❷《盗み取る》偷 tōu; 窃取 qièqǔ
ぬきんでた【抜きん出た】 杰出 jiéchū; 过人 guòrén; 出众 chūzhòng ◆～人々物 尖 jiān; 尖子 jiānzi
ぬきんでる【抜きん出る】 拔尖儿 bájiānr; 出众 chūzhòng
ぬく【抜く】 ◆刺を～ 拔刺 bá cì ◆釘を～ 拔钉子 bá dīngzi ◆気を～ 松懈 sōngxiè ◆手を～ 偷工减料 tōu gōng jiǎn liào ◆タイヤの空気を～ 把轮胎的气放出去 bǎ lúntāi de qì fàngchūqu ◆前の車を～ 超过前面的汽车 chāoguò qiánmiàn de qìchē
ぬぐ【脱ぐ】 脱 tuō ◆服を～ 脱下衣服 tuōxià yīfú
ぬぐう【拭う】 擦 cā; 抹 mǒ ◆汗を～ 擦汗 cā hàn ◆口を～《知らぬ振り》若无其事 ruò wú qí shì
ぬくぬく 自在 zìzài; 舒适 shūshì; 心满意足地 xīn mǎn yì zú de ◆～育つ 快乐地长大 kuàilè de zhǎngdà
ぬくもり【温もり】 温暖 wēnnuǎn
ぬけあな【抜け穴】 暗道 àndào; 《法などの》漏洞 lòudòng
ぬけおちる【抜け落ちる】 掉 diào; 脱落 tuōluò; 《羽根や毛が》秃噜 tūlu
ぬけがけ【抜け駆け】 ◆～をする 抢先 qiǎngxiān
ぬけがら【抜殼】 蜕下来的皮 tuìxiàlai de pí
ぬけかわる【抜け替わる】 ◆歯が～ 换牙 huànyá ◆毛が～《動物の》换毛 huànmáo
ぬけげ【抜け毛】 脱发 tuōfà
ぬけだす【抜け出す】 脱出 tuōchū; 挣 zhēng; 《こっそり》溜 liū ◆苦境を～ 摆脱困境 bǎituō kùnjìng ◆《時間がなくて》抜け出せない 抽不出身 chōubuchū shēn
ぬけでる【抜け出る】《逃げる》溜 liū; 跑 pǎo ◆教室から～ 溜出教室 liūchū jiàoshì; 《ぬきんでる》出众 chūzhòng; 《トップに》领先 lǐngxiān
ぬけぬけ 厚颜无耻 hòuyán wúchǐ
ぬけみち【抜け道】 出路 chūlù; 抄道 chāodào; 《法規の》漏洞 lòudòng
ぬけめない【抜け目ない】 手疾眼快 shǒu jí yǎn kuài
ぬける【抜ける】 脱 tuō; 掉 diào; 脱掉 tuōdiào ◆歯が～ 掉牙 diào yá ◆力が～ 没劲儿 méi jìnr ◆空気が～ 走气 zǒuqì; 跑气 pǎoqì
ぬすっと【盗人】 盗贼 dàozéi; 窃贼 qièzéi; 小偷 xiǎotōu
ぬすみ【盗み】 偷盗 tōudào ◆～を働く 行窃 xíngqiè
ぬすみぎき【盗み聞き-する】 窃听 qiètīng; 偷听 tōutīng
ぬすみぐい【盗み食い-する】 偷嘴 tōuzuǐ
ぬすみとる【盗み取る】 盗劫 dàojié; 盗取 dàoqǔ; 窃取 qièqǔ
ぬすみみる【盗み見る】 偷看 tōukàn
ぬすむ【盗む】 偷 tōu; 偷盗 tōudào; 盗窃 dàoqiè
ぬの【布】 布 bù; 布匹 bùpǐ
ぬま【沼】 池沼 chízhǎo; 沼泽 zhǎozé
ぬまち【沼地】 泥坑儿 níkēngr; 泥塘 nítáng; 沼泽地 zhǎozédì
ぬめり【滑り】 滑腻 huálì
ぬらす【濡らす】 沾 zhān; 沾湿 zhānshī; 弄湿 nòngshī
ぬらぬら 粘乎乎 niánhūhū
ぬり【塗り】 ❶《塗ること》涂抹 túmǒ ❷《漆塗り》涂漆 túqī ◆～の器具 漆器 qīqì
ぬりかえる【塗り替える】 重新抹刷 chóngxīn mǒshuā ◆記録を～ 刷新记录 shuāxīn jìlù
ぬりぐすり【塗り薬】 涂剂 tújì; 外敷药 wàifūyào ◆～を塗る 抹上药 mǒshàng yào
ぬりたて【塗り立て-の】 刚抹过的 gāng mǒguo de ◆ペンキ～ 油漆未干 yóuqī wèi gān
ぬりつける【塗り付ける】 涂抹 túmǒ; 抹 mǒ
ぬりもの【塗り物】 漆器 qīqì ◆～師 漆匠 qījiang
ぬる【塗る】 抹 mǒ; 《塗料を》涂饰 túshì; 《薬を》外敷 wàifū; 《皮膚に擦り込む》搽 chá
ぬるい【温い】 微温 wēiwēn ◆風呂が～ 洗澡水不够热 xǐzǎoshuǐ bú gòu rè
ぬるぬる 滑溜 huáliū ◆～する 滑溜溜 huáliūliū
ぬるまゆ【微温湯】 温开水 wēnkāishuǐ; 温水 wēnshuǐ
ぬるむ【温む】 变暖 biànnuǎn
ぬれぎぬ【濡れ衣】 冤枉 yuānwang ◆～を着せる 冤枉 yuānwang ◆～を晴らす 洗清冤枉 xǐqīng yuānwang
ぬれてであわ【濡れ手で粟】 不劳而获 bù láo ér huò
ぬれねずみ【濡れ鼠】 落汤鸡 luòtāngjī ◆～になる 淋成落汤鸡 línchéng luòtāngjī
ぬれば【濡れ場】 色情场面 sèqíng chǎngmiàn
ぬれる【濡れる】 沾 zhān; 淋湿 línshī; 《濡れて滴るさま》淋漓 línlí

ね

ね【根】 根 gēn；根子 gēnzi ◆~を下ろす〈人や物事が〉扎根 zhāgēn ◆~を絶つ 除根 chúgēn
ね【値】 价格 jiàgé ◆~が安い 便宜 piányi；廉价 liánjià ◆~の張る 昂贵 ángguì
ね【音】 声音 shēngyīn ◆~を上げる 伏输 fúshū；叫苦 jiàokǔ
ね【子】《十二支》子 zǐ
ねあがり【値上がり-する】 涨价 zhǎngjià ◆~を抑える 平价 píngjià
ねあげ【値上げ-する】 加价 jiājià；抬价 táijià；提高价格 tígāo jiàgé
ねあせ【寝汗】 盗汗 dàohàn；虚汗 xūhàn ◆~をかく 出虚汗 chū xūhàn
ねいき【寝息】 睡眠中的呼吸 shuìmiánzhōng de hūxī ◆~を窺う 看看睡得怎样 kànkan shuìde zěnyàng ◆~を立てる 呼呼地睡 hūhūr de shuì
ねいす【寝椅子】 躺椅 tǎngyǐ
ねいりばな【寝入り端】 刚入睡 gāng rùshuì ◆~を起こされる 刚入睡就被叫醒 gāng rùshuì jiù bèi jiàoxǐng
ねいる【寝入る】 入睡 rùshuì；睡着 shuìzháo
ねいろ【音色】 音色 yīnsè
ねうち【値打ち】 价值 jiàzhí ◆~がある 值钱 zhíqián
ねえさん【姉さん】 姐姐 jiějie
ねえさん【姐さん】《料理屋などで》服务员 fúwùyuán；小姐 xiǎojiě
ネーブル 广柑 guǎnggān；脐橙 qíchéng
ネーム 名字 míngzi ◆ファミリー~ 姓 xìng ◆ペン~ 笔名 bǐmíng
ねおき【寝起き】 ❶《起きたばかり》睡醒 shuìxǐng ◆~が悪い 睡醒后情绪不好 shuìxǐng hòu qíngxù bùhǎo ❷《寝ることと起きること》起卧 qǐwò ◆~を共にする 共同生活 gòngtóng shēnghuó
ネオナチ 新纳粹主义 xīn nàcuì zhǔyì
ネオン 氖 nǎi；霓虹灯 níhóngdēng ◆~サイン 氖灯 nǎidēng；霓虹灯广告 níhóngdēng guǎnggào
ネガ 底片 dǐpiàn
ねがい【願い】 心愿 xīnyuàn；愿望 yuànwàng ◆~が叶う 如愿以偿 rúyuàn yǐ cháng
ねがいでる【願い出る】 请求 qǐngqiú；申请 shēnqǐng
ねがう【願う】 希望 xīwàng；情愿 qíngyuàn；期望 qīwàng ◆~を強く~ 务求 wùqiú
ねがえり【寝返り】 翻身 fānshēn ◆~を打つ 翻身 fānshēn
ねがえる【寝返る】《裏切る》叛变 pànbiàn；背叛 bèipàn
ねがお【寝顔】 睡脸 shuìliǎn
ねかせる【寝かせる】《眠らせる》使睡觉 shǐ shuìjiào；《横にする》放倒 fàngdǎo；《商品や資金を》积压 jīyā
ねがったり【願ったり】 ◆~叶ったり 称心如意 chènxīn rúyì
ねがってもない【願ってもない】 求之不得 qiú zhī bù dé ◆~チャンス 求之不得的幸运 qiú zhī bù dé de xìngyùn
ネガティブ 消极的 xiāojí de；否定的 fǒudìng de
ネギ【葱】 葱 cōng ◆~のみじん切り 葱花 cōnghuā ◆白髪~ 葱丝儿 cōngsīr
ねぎらう【労う】 犒劳 kàoláo；慰劳 wèiláo
ねぎる【値切る】 还价 huánjià；杀价 shājià ◆~のがうまい 很会讲价 hěn huì jiǎngjià
ねくずれ【値崩れ-する】 暴跌 bàodiē；掉价 diàojià；跌价 diējià
ネクタイ 领带 lǐngdài ◆~を結ぶ 系领带 jì lǐngdài
ねぐら【塒】 窠 kē；窝 wō
ネグリジェ 西式女睡衣 xīshì nǚshuìyī
ねぐるしい【寝苦しい】 睡不好觉 shuìbuhǎo jiào
ネコ【猫】 猫 māo ◆~の足 猫爪儿 māozhuǎr ◆小~がにゃあにゃあ鳴く 小猫喵喵叫 xiǎomāo miāomiāo jiào ◆~の額ほどの場所 巴掌大的地方 bāzhang dà de dìfang ◆~の目のように変わる 变化无常 biànhuà wúcháng
ねこぐるま【猫車】 手车 shǒuchē；手推车 shǒutuīchē；独轮车 dúlúnchē
ねごこち【寝心地】 ◆~の良い 躺着很舒服 tǎngzhe hěn shūfu ◆~の悪い 躺着不舒服 tǎngzhe bù shūfu
ネコジャラシ【猫じゃらし】 狗尾草 gǒuwěicǎo
ねこぜ【猫背-の】 驼背 tuóbèi；罗锅 luóguō
ねこそぎ【根こそぎ】 ◆~にする 铲除 chǎnchú；斩草除根 zhǎn cǎo chú gēn ◆~破壊する 平毁 pínghuǐ ◆~抜き取る 拔除 báchú
ねごと【寝言】 梦话 mènghuà；梦呓 mèngyì ◆~を言う 说梦话 shuō mènghuà

ねこなでごえ【猫撫で声-で】 谄媚声 chǎnmèishēng
ねこばば【猫ばば-する】 把捡的东西昧为己有 bǎ jiǎn de dōngxi mèi wéi jǐ yǒu；装进自己的腰包 zhuāngjìn zìjǐ de yāobāo
ねこむ【寝込む】《病気などで》卧床不起 wòchuáng bù qǐ
ねこめいし【猫目石】 猫睛石 māojīngshí
ねころぶ【寝転ぶ】 躺卧 tǎngwò
ねさがり【値下がり-する】 掉价 diàojià；跌价 diējià
ねさげ【値下げ-する】 减价 jiǎnjià；降价 jiàngjià
ねざけ【寝酒】 睡前喝的酒 shuìqián hē de jiǔ
ねざす【根差す】 扎根 zhāgēn ♦ 対立の~ところ 产生对立的根源 chǎnshēng duìlì de gēnyuán
ねざめ【寝覚め】 睡醒 shuìxǐng ♦ ~が悪い（良心がとがめる）内心惭愧 nèixīn cánkuì
ねざや【値鞘】 差价 chājià
ねじ【螺子】 螺钉 luódīng；螺丝钉 luósīdīng
ねじあける【捩じ開ける】 ♦瓶のふたを~ 扭开瓶盖 niǔkāi pínggài
ねじきる【捩じ切る】 扭断 niǔduàn
ねじくぎ【螺子釘】 螺钉 luódīng；螺丝 luósī
ねじける【捩ける】《心が》别扭 biéniu；乖僻 guāipì
ねじこむ【捩じ込む】《物を》扭进 niǔjìn；《抗議する》抗议 kàngyì
ねじずまる【寝静まる】 夜深人静 yè shēn rén jìng
ねじな【寝しな-に】 临睡时 lín shuì shí
ねじふせる【捩じ伏せる】 拧住胳膊按倒 níngzhù gēbo àndǎo
ねじまがった【捩じ曲がった】 歪歪扭扭 wāiwāiniǔniǔ
ねじまげる【捩じ曲げる】《物を》扭曲 niǔqū；《事実を》歪曲 wāiqū
ねじまわし【螺子回し】 改锥 gǎizhuī；螺丝刀 luósīdāo
ねしょうがつ【寝正月】 呆在家里过年 dāizài jiālǐ guònián
ねしょうべん【寝小便-をする】 尿床 niàochuáng
ねじる【捩じる】 拧 nǐng；扭 niǔ
ねじれ【捩じれ】 扭曲 niǔqū
ねじれる【捩じれる】 扭歪 niǔwāi
ねず【寝ず-に】 通宵 tōngxiāo ♦ ~頑張る 开夜车 kāi yèchē ♦ ~の番 通宵值班 tōngxiāo zhíbān
ねすごす【寝過ごす】 睡过了时间 shuìguòle shíjiān
ネズミ【鼠】 老鼠 lǎoshǔ；耗子 hàozi ♦ ~捕り 捕鼠器 bǔshǔqì
ねずみいろ【鼠色】 灰色 huīsè
ねぞう【寝相】 睡相 shuìxiàng ♦ ~が悪い 睡相不好 shuìxiàng bùhǎo
ねそびれる【寝そびれる】 睡不着觉 shuìbuzháo jiào；失眠 shīmián；难以入睡 nányǐ rùshuì
ねそべる【寝そべる】 躺 tǎng
ねたきり【寝たきり-の】 卧病在床 wòbìngzài chuáng
ねたばこ【寝煙草】 躺在床上吸烟 tǎngzài chuángshang xīyān
ねたましい【妬ましい】 酸溜溜 suānliūliū；感到嫉妒 gǎndào jídù
ねたみ【妬み】 酸味 suānwèi；嫉妒心 jídùxīn
ねたむ【妬む】 嫉妒 jídù；眼红 yǎnhóng；忌妒 jìdu
ねだやし【根絶やし-にする】 斩草除根 zhǎn cǎo chú gēn；根除 gēnchú
ねだる【強請る】 央求 yāngqiú；赖着要 làizhe yào
ねだん【値段】 价格 jiàgé；价钱 jiàqian ♦ ~が下がる 落价 luòjià ♦ ~を吹っ掛ける 要大价 yào dàjià
ねちがえる【寝違える】 落枕 làozhěn
ねつ【熱】 ❶《体温の》烧 shāo ♦ ~が下がる 退烧 tuìshāo ♦ ~が出る 发烧 fāshāo ♦ ~を計る 量体温 liáng tǐwēn ❷《エネルギーとしての》热 rè；热度 rèdù ♦ ~を伝导する 导热 dǎorè ♦ ~を保つ《断熱剤で》保温 bǎowēn ❸《情熱》♦ ~がこもった 热切 rèqiè ♦ ~を上げる 入迷 rùmí
ねつあい【熱愛-する】 爱恋 àiliàn；热爱 rè'ài
ねつい【熱意】 热情 rèqíng；热忱 rèchén ♦ ~のある 热心 rèxīn；热情 rèqíng ♦ ~のない 浮皮潦草 fúpí liáocǎo；冷漠 lěngmò
ねつエネルギー【熱エネルギー】 热力 rèlì；热能 rènéng
ねつえん【熱演-する】 热烈表演 rèliè biǎoyǎn
ねつかくはんのう【熱核反応】 热核反应 rèhé fǎnyìng
ねつかくゆうごう【熱核融合】 热核聚变 rèhé jùbiàn
ネッカチーフ 领巾 lǐngjīn
ねつから【根っから-の】 天生 tiānshēng；《否定文で》根本 gēnběn
ねっき【熱気】 热气 rèqì；热劲儿 rèjìnr ♦ ~がある 热火 rèhuo；《暑さ》暑气 shǔqì
ねつき【寝付き】 入睡 rùshuì ♦ ~が良い 容易入睡 róngyì rùshuì
ねっきょう【熱狂】 狂热 kuángrè；入迷 rùmí

ネック ❶《首》脖子 bózi ❷《障害》难关 nánguān
ねつく【寝付く】 入睡 rùshuì; 睡着 shuìzháo
ねづく【根付く】 扎根 zhāgēn; 生根 shēnggēn;《移植後に》返青 fǎnqīng
ネックレス 项链 xiàngliàn; 项圈 xiàngquān
ねっけつ【熱血】 热血 rèxuè ♦～を注ぐ 倾注心血 qīngzhù xīnxuè; ～漢 热血男儿 rèxuènán'ér
ねつげん【熱源】 热源 rèyuán
ねつさまし【熱冷まし】 解热药 jiěrèyào
ねっしゃびょう【熱射病】 中暑 zhòngshǔ
ねつじょう【熱情】 热情 rèqíng; 热忱 rèchén
ねっしん【熱心-な】 热心 rèxīn; 积极 jījí; 热情 rèqíng ♦～に勉強する 用功学习 yònggōng xuéxí
ねっする【熱する】 加热 jiārè; 熱しやすい人 易于激动的人 yìyú jīdòng de rén
ねっせん【熱戦】 酣战 hānzhàn
ねつぞう【捏造-する】 捏造 niēzào; 假造 jiǎzào
ねったい【熱帯】 热带 rèdài ♦～魚 热带鱼 rèdàiyú
ねっちゅう【熱中-する】 入迷 rùmí; 专心 zhuānxīn
ねっちゅうしょう【熱中症】 中暑 zhòngshǔ
ねっぽい【熱っぽい】 ❶《身体が》有点儿发烧 yǒudiǎnr fāshāo ❷《議論・雰囲気が》热火 rèhuo; 热情 rèqíng
ネット ❶《網》网 wǎng ♦セーフティー～ 安全网 ānquánwǎng ❷《球技の》球网 qiúwǎng ♦～イン 擦网球 cā wǎngqiú ❸《インターネット》因特网 yīntèwǎng; 互联网 hùliánwǎng
ねっとう【熱湯】 开水 kāishuǐ; 热水 rèshuǐ; 滚水 gǔnshuǐ ♦～を注ぐ 沏 qī; 倒开水 dào kāishuǐ
ネットオークション 网上拍卖 wǎngshàng pāimài
ネットショッピング 网上购物 wǎngshàng gòuwù; 网购 wǎnggòu
ネットユーザー 网民 wǎngmín
ねっとり-した 粘糊糊 niánhūhū
ネットワーク 网络 wǎngluò; 广播网 guǎngbōwǎng ♦～番組 联播节目 liánbō jiémù
ねつびょう【熱病】 热病 rèbìng
ねっぷう【熱風】 热风 rèfēng

ねつべん【熱弁】 辩论热烈 biànlùn rèliè ♦～を振るう 热情地讲 rèqíng de jiǎng
ねつぼう【熱望-する】 热望 rèwàng; 渴望 kěwàng
ねづよい【根強い】 根深蒂固 gēn shēn dì gù; 牢固 láogù; 顽强 wánqiáng
ねつりょう【熱量】 热量 rèliàng ♦～計 量热器 liángrèqì
ねつれつ【熱烈-な】 热烈 rèliè; 火热 huǒrè ♦～に愛する 热恋 rèliàn
ねどこ【寝床】 床 chuáng; 床铺 chuángpù; 被窝儿 bèiwōr
ねとまり【寝泊まり-する】 住宿 zhùsù; 寄居 jìjū
ねばねば【粘々-する】 黏黏 nián; 黏糊糊 niánhūhū
ねばり【粘り】 ❶《餅などの》粘性 niánxìng ❷《性格の》长性 chángxìng; 韧性 rènxìng ♦～のない《性格が》稀松 xīsōng
ねばりけ【粘り気】 粘性 niánxìng ♦～がある 黏糊 niánhu
ねばりづよい【粘り強い】 坚强 jiānqiáng; 坚韧 jiānrèn; 顽强 wánqiáng
ねばりづよさ【粘り強さ】 韧性 rènxìng; 顽强 wánqiáng
ねばる【粘る】 ❶《餅などが》发粘 fānián ❷《頑張る》坚持 jiānchí ♦最後まで～ 坚持到底 jiānchí dàodǐ
ねはん【涅槃】 涅槃 nièpán; 圆寂 yuánjì
ねびえ【寝冷え-する】 睡觉受凉 shuìjiào shòuliáng
ねびき【値引き】 折扣 zhékòu; 贬价 biǎnjià; 减价 jiǎnjià ♦～して売る 打折扣 dǎ zhékòu; 减价出售 jiǎnjià chūshòu
ねぶかい【根深い】 ❶《根が深い》根儿深 gēnr shēn ❷《原因などが奥深い》根深蒂固 gēn shēn dì gù ♦～悪習 痼习 gùxí ♦～不信 强烈的不信任感 qiángliè de búxìnrèngǎn
ねぶくろ【寝袋】 睡袋 shuìdài
ねぶそく【寝不足】 睡眠不够 shuìmián búgòu
ねふだ【値札】 价目标签 jiàmù biāoqiān ♦～をつける 标价 biāojià
ねぶみ【値踏み-する】 估价 gūjià; 评价 píngjià
ネフローゼ 肾硬变 shènyìngbiàn
ねぼう【寝坊-する】 睡懒觉 shuì lǎnjiào; 贪睡 tānshuì
ねぼける【寝惚ける】 睡迷糊 shuì míhu
ねほりはほり【根掘り葉掘り】 ♦～問う 追根究底 zhuī gēn jiū dǐ; 刨根问底 páo gēn wèn dǐ

- **ねまき**【寝巻き】 睡衣 shuìyī
- **ねまわし**【根回し-する】 事先疏通 shìxiān shūtōng ◆～しておく 做好事先准备工作 zuòhǎo shìxiān zhǔnbèi gōngzuò
- **ねみみにみず**【寝耳に水】 青天霹雳 qīng tiān pī lì
- **ねむい**【眠い】 困 kùn; 困倦 kùnjuàn
- **ねむくなる**【眠くなる】 发困 fākùn
- **ねむけ**【眠気】 睡意 shuìyì; 困倦 kùnjuàn ◆～を誘う 发困 fākùn
- **ネムノキ**【合歓木】 绒花树 rónghuāshù; 合欢 héhuān
- **ねむり**【眠り】 睡眠 shuìmián; 睡觉 shuìjiào ◆～が深い 睡得很香 shuìde hěn xiāng; 睡得香甜 shuìde xiāngtián ◆～につく 入睡 rùshuì; 安息 ānxī
- **ねむる**【眠る】 睡 shuì; 睡觉 shuìjiào
- **ねむれない**【眠れない】 睡不着 shuìbuzháo; 失眠 shīmián
- **ねもと**【根元】 根儿 gēnr
- **ねものがたり**【寝物語】 私房话 sīfanghuà; 枕边私语 zhěnbiān sīyǔ
- **ねもはもない**【根も葉も無い】 毫无根据 háowú gēnjù ◆～話 无中生有的事 wú zhōng shēng yǒu de shì
- **ねらい**【狙い】 ❶《狙うこと》瞄准 miáozhǔn ◆～をつける 瞄 miáo ❷《意図》意图 yìtú; 用意 yòngyì; 目标 mùbiāo ◆～を合わせる 针对 zhēnduì
- **ねらいうち**【狙い撃ち-する】 瞄准射击 miáozhǔn shèjī; 狙击 jūjī
- **ねらう**【狙う】 ❶《目標に命中させようと》瞄 miáo ❷《機会を伺う》窥伺 kuīsì; 伺机 sìjī
- **ねりあるく**【練り歩く】 游行 yóuxíng
- **ねりはみがき**【練り歯磨き】 牙膏 yágāo
- **ねる**【寝る】 ❶《眠る》睡 shuì; 睡觉 shuìjiào ❷《横になる》躺 tǎng; 卧 wò
- **ねる**【練る】 ❶《心や技を》磨炼 móliàn; 锤炼 chuíliàn ❷《かきまぜる》和 huó; 搅拌 jiǎobàn ❸《文や構想を》推敲 tuīqiāo; 斟酌 zhēnzhuó
- **ネル**《布地》法兰绒 fǎlánróng
- **ねん**【年】 年 nián; 年份 niánfèn
- **ねん**【念】《思い》念头 niàntou ◆尊敬の～ 尊敬的心情 zūnjìng de xīnqíng;《注意》～を押す 叮嘱 dīngzhǔ ◆～のため 为了更加慎重起见 wèile gèngjiā shènzhòng qǐjiàn
- **ねんいり**【念入り-な】 精心 jīngxīn; 细致 xìzhì ◆～に調べる 调查细致 diàochá xìzhì
- **ねんえき**【粘液】 黏液 niányè
- **ねんが**【年賀】 贺年 hènián ◆～を述べる 拜年 bàinián ◆～状 贺年片 hèniánpiàn
- **ねんがく**【年額】 年额 nián'é
- **ねんがっぴ**【年月日】 年月日 niányuèrì
- **ねんがらねんじゅう**【年がら年中】 一年到头 yì nián dào tóu; 长年 chángnián; 终年 zhōngnián
- **ねんかん**【年刊-の】 年报 niánbào
- **ねんかん**【年鑑】 年鉴 niánjiàn
- **ねんかん**【年間-の】 一年间 yìniánjiān; 一年内 yìniánnèi ◆～を通して 整年 zhěngnián; 成年 chéngnián
- **ねんがん**【念願-の】 心愿 xīnyuàn; 愿望 yuànwàng
- **ねんき**【年季】 年限 niánxiàn ◆～が明ける 期满 qīmǎn ◆～の入った 老练 lǎoliàn; 有功夫 yǒu gōngfu
- **ねんきん**【年金】 退休金 tuìxiūjīn ◆～制度 养老金制度 yǎnglǎojīn zhìdù
- **ねんぐ**【年貢】 佃租 diànzū; 谷租 gǔzū;《比喩的に》◆～の納め時 恶贯满盈之日 è guàn mǎn yíng zhī rì
- **ねんげつ**【年月】 年月 niányuè; 岁月 suìyuè
- **ねんげん**【年限】 年限 niánxiàn ◆～が切れる 到期 dàoqī
- **ねんこう**【年功】《仕事や活動の》资历 zīlì; 工龄 gōnglíng ◆～序列型賃金 年资工资 niánzī gōngzī
- **ねんごう**【年号】 年号 niánhào
- **ねんごろ**【懇ろ-な】 殷勤 yīnqín; 殷殷 yīnyīn; 诚恳 chéngkěn ◆～に葬る 厚葬 hòuzàng
- **ねんざ**【捻挫-する】 扭伤 niǔshāng ◆足首を～する 扭伤脚脖子 niǔshāng jiǎobózi
- **ねんさん**【年産】 年产 niánchǎn
- **ねんし**【年始-の】 年初 niánchū
- **ねんじ**【年次-の】 年度 niándù
- **ねんしゅう**【年収】 一年的收入 yì nián de shōurù
- **ねんじゅう**【年中】 整年 zhěngnián; 常年 chángnián; 终年 zhōngnián
- **ねんしゅつ**【捻出-する】《かきまぜる》◆資金を～する 筹措资金 chóucuò zījīn
- **ねんしょ**【年初】 年初 niánchū; 岁首 suìshǒu
- **ねんしょ**【念書】 字据 zìjù
- **ねんしょう**【年少-の】 年少 niánshào; 年轻 niánqīng
- **ねんしょう**【燃焼-する】 燃烧 ránshāo
- **ねんしょう**【年商】 年销售额 nián xiāoshòu'é
- **ねんじる**【念じる】 祷念 dǎoniàn; 祈祷 qídǎo; 想念 xiǎngniàn

ねんすう【年数】年头儿 niántóur; 年数 niánshù

ねんだい【年代】年代 niándài; 世代 shìdài ♦～物の 陈年 chénnián

ねんちゃく【粘着-する】黏附 niánfù; 黏着 niánzhuó ♦～剂 黏合剂 niánhéjì ♦～力 黏结力 niánjiélì; 黏着力 niánzhuólì

ねんちょう【年長-の】年长 niánzhǎng; 年尊 niánzūn ♦～者 年长者 niánzhǎngzhě; 长者 zhǎngzhě;《幼稚園の》一組 大班 dàbān

ねんど【年度】年度 niándù; 年份 niánfèn ♦～決算 年度决算 niándù juésuàn;《卒業の》届 jiè

ねんど【粘土】黏土 niántǔ

ねんとう【年頭】岁首 suìshǒu

ねんとう【念頭-に】心上 xīnshàng; 心头 xīntóu ♦～に置く 放在心上 fàngzài xīnshàng ♦常に～に置く 念念不忘 niànniàn bú wàng

ねんない【年内-に】年内 niánnèi

ねんねん【年々】每年 měinián; 年年 niánnián

ねんぱい【年輩-の】年长 niánzhǎng

ねんぴ【燃費】油耗 yóuhào ♦～が良い 油耗小 yóuhào xiǎo; 省油耗 shěng yóuhào ♦～が悪い 油耗大 yóuhào dà

ねんぴょう【年表】年表 niánbiǎo

ねんぷ【年賦】分年支付 fēnnián zhīfù

ねんぶつ【念仏】♦～を唱える 念佛 niànfó ♦馬の耳に～ 马耳东风 mǎ ěr dōng fēng

ねんぽう【年報】年报 niánbào

ねんぽう【年俸】年薪 niánxīn

ねんまく【粘膜】黏膜 niánmó

ねんまつ【年末】年底 niándǐ; 年终 niánzhōng; 岁暮 suìmù

ねんらい【年来】多年以来 duōnián yǐlái

ねんり【年利】年息 niánxī; 年利 niánlì

ねんりょう【燃料】燃料 ránliào ♦～タンク 燃料箱 ránliàoxiāng ♦～庫 燃料库 ránliàokù ♦～電池 燃料电池 ránliào diànchí

ねんりん【年輪】年轮 niánlún ♦～を重ねる 年龄增长 niánlíng zēngzhǎng

ねんれい【年齢】年纪 niánjì; 年龄 niánlíng; 岁数 suìshù ♦～が同じである 同岁 tóngsuì ♦～制限 年龄限制 niánlíng xiànzhì ♦～オーバー 超齢 chāolíng

の

の【野】野地 yědì; 田野 tiányě ♦～に咲く花 野花 yěhuā

ノイズ 杂音 záyīn; 噪声 zàoshēng

ノイローゼ ❶《神経症》神经官能症 shénjīng guānnéngzhèng ❷《神経衰弱ぎみ》神经过敏 shénjīng guòmǐn

のう【脳】脑子 nǎozi; 脑筋 nǎojīn

のう【能】❶《古典芸能の》能乐 néngyuè ❷《能力》能力 nénglì; 本领 běnlǐng

のういっけつ【脳溢血】脑溢血 nǎoyìxuè

のうえん【脳炎】大脑炎 dànǎoyán; 脑炎 nǎoyán

のうえん【農園】农场 nóngchǎng; 农园 nóngyuán

のうえん【濃艶-な】浓艳 nóngyàn

のうか【農家】农户 nónghù; 庄户人家 zhuānghù rénjiā ♦～の嫁 农家的妻子 nóngjiā de qīzi

のうがき【能書き】❶《宣伝文句》自我宣传 zìwǒ xuānchuán ❷《薬の》药效说明书 yàoxiào shuōmíngshū

のうがく【農学】农学 nóngxué

のうかん【納棺-する】入殓 rùliàn; 收殓 shōuliàn

のうかんき【農閑期】农闲期 nóngxiánqī

のうき【納期】交纳期限 jiāonà qīxiàn; 交货期 jiāohuòqī

のうきぐ【農機具】农具 nóngjù

のうぎょう【農業】农业 nóngyè ♦～に従事する 务农 wùnóng ♦～機械 农机 nóngjī; 农业机械 nóngyè jīxiè ♦～技術者 农艺师 nóngyìshī

のうぐ【農具】农具 nóngjù

のうげか【脳外科】脑外科 nǎowàikē ♦～医 脑外科医生 nǎowàikē yīshēng

のうけっせん【脳血栓】脑血栓 nǎoxuèshuān

のうこう【濃厚-な】❶《味・香りなど》浓 nóng; 浓厚 nónghòu; 浓郁 nóngyù《香りの～》醇厚 chúnhòu ❷《気配が》明显 míngxiǎn ♦败色～ 败势明显 bàishì míngxiǎn ♦議会解散が～だ 解散议会的可能性很大 jiěsàn yìhuì de kěnéngxìng hěn dà

のうこう【農耕】农耕 nónggēng; 耕作 gēngzuò

のうこうそく【脳梗塞】脑梗塞 nǎogěngsè

のうこつ【納骨-する】 安放骨灰 ānfàng gǔhuī ◆納骨堂 骨灰堂 gǔhuītáng
ノウサギ【野兎】 野兎 yětù
のうさぎょう【農作業】 农活 nónghuó；庄稼活儿 zhuāngjiahuór
のうさくもつ【農作物】 农作物 nóngzuòwù；庄稼 zhuāngjia
のうさつ【悩殺-する】 使人神魂颠倒 shǐ rén shénhún diāndǎo
のうさんぶつ【農産物】 农产品 nóngchǎnpǐn
のうし【脳死】 脑死 nǎosǐ ◆～と判定する 诊断为脑死 zhěnduàn wéi nǎosǐ
のうしゅ【膿腫】 脓肿 nóngzhǒng
のうしゅく【濃縮-する】 浓缩 nóngsuō ◆～ウラン 浓缩铀 nóngsuōyóu
のうしゅっけつ【脳出血】 脑出血 nǎochūxuè
のうしゅよう【脳腫瘍】 脑瘤 nǎoliú
のうじょう【農場】 农场 nóngchǎng
のうしんけい【脳神経】 脑神经 nǎoshénjīng
のうしんとう【脳震盪】 脑震荡 nǎozhèndàng
のうずい【脳髄】 脑髓 nǎosuǐ
のうぜい【納税-する】 纳税 nàshuì ◆～申告書 报税单 bàoshuìdān
のうせい(しょうに)まひ【脳性(小児)麻痺】 脊髓灰质炎 jísuǐ huīzhìyán
のうそっちゅう【脳卒中】 中风 zhòngfēng；脑中风 nǎo cùzhōng
のうそん【農村】 农村 nóngcūn；乡村 xiāngcūn
のうたん【濃淡】 浓淡 nóngdàn
のうち【農地】 农田 nóngtián；庄稼地 zhuāngjiadì
のうてん【脳天】 头顶 tóudǐng
のうど【濃度】 浓度 nóngdù
のうどう【農道】 田间道路 tiánjiān dàolù
のうどうてき【能動的-な】 能动 néngdòng；主动 zhǔdòng
のうなし【能無し】 脓包 nóngbāo；饭桶 fàntǒng；废物 fèiwu
のうなんかしょう【脳軟化症】 脑软化症 nǎoruǎnhuàzhèng
のうにゅう【納入-する】 缴 jiǎo；缴纳 jiǎonà
のうは【脳波】 脑电波 nǎodiànbō
ノウハウ ❶【技術】 技术情报 jìshù qíngbào；专门技术 zhuānmén jìshù ❷【ポイント】 诀窍 juéqiào
のうはんき【農繁期】 农忙季节 nóngmáng jìjié
のうひつ【能筆】 擅长书法 shàncháng shūfǎ
のうひん【納品-する】 交货 jiāohuò

のうひんけつ【脳貧血】 脑贫血 nǎopínxuè
のうふ【農夫】 农夫 nóngfū；农民 nóngmín；庄稼汉 zhuāngjiahàn
のうふ【農婦】 农妇 nóngfù
のうふ【納付-する】 缴纳 jiǎonà
のうべん【能弁-な】 雄辩 xióngbiàn；能说会道 néng shuō huì dào
のうまく【脳膜】 脑膜 nǎomó ◆～炎 脑膜炎 nǎomóyán
のうみそ【脳味噌】 脑汁 nǎozhī ◆～を絞る 绞脑汁 jiǎo nǎozhī
のうみつ【濃密-な】 浓密 nóngmì
のうみん【農民】 农民 nóngmín；庄稼人 zhuāngjiarén
のうむ【濃霧】 浓雾 nóngwù
のうやく【農薬】 农药 nóngyào ◆～をまく 撒农药 sǎ nóngyào
のうり【脳裡】 脑海里 nǎohǎili ◆～に刻みつける 切记 qièjì；印在脑海里 yìnzài nǎohǎili
のうりつ【能率】 效率 xiàolǜ ◆～を上げる 提高效率 tígāo xiàolǜ ◆～給 计件工资 jìjiàn gōngzī
のうりょう【納涼】 乘凉 chéngliáng；纳凉 nàliáng
のうりょく【濃緑-の】 苍翠 cāngcuì；深绿 shēnlǜ；青绿 qīnglǜ
のうりょく【能力】 本领 běnlǐng；能力 nénglì ◆～を誇示する 逞能 chěngnéng ◆～を買う 器重 qìzhòng ◆～識見 才识 cáishí
ノークラッチ 无离合器汽车 wúlíhéqì qìchē
ノーコメント 无可奉告 wú kě fènggào
ノースモーキング 禁止抽烟 jìnzhǐ chōuyān
ノート ❶【ノートブック】 笔记本 bǐjìběn；本子 běnzi ◆～パソコン 笔记本电脑 bǐjìběn diànnǎo ❷【筆記】 笔记 bǐjì ◆～をとる 笔记 bǐjì
ノーブラ 不戴胸罩 bú dài xiōngzhào
ノーベル 诺贝尔 Nuòbèi'ěr ◆～赏 诺贝尔奖 Nuòbèi'ěr jiǎng
ノーマル 正规 zhèngguī；正常 zhèngcháng
のがす【逃がす】 失掉 shīdiào；〈チャンスを〉错过 cuòguò；放过 fàngguò
のがれる【逃れる】 逃脱 táotuō；逃跑 táopǎo ◆逃がれられない 逃不了 táobuliǎo ◆危机を～ 摆脱危机 bǎituō wēijī ◆责任を～ 逃避责任 táobì zérèn
のき【軒】 房檐 fángyán；屋檐 wūyán ◆～並みに 挨家挨户 āi jiā āi hù

ノギク【野菊】 野菊 yějú
のきした【軒下】 屋檐下 wūyánxià；房檐下 fángyánxia
ノギス 游标卡尺 yóubiāo kǎchǐ
のく【退く】 躲开 duǒkāi；后退 hòutuì
ノクターン 夜曲 yèqǔ
のけぞる【仰け反る】 向后仰 xiànghòu yǎng；仰身 yǎngshēn
のけもの【除け者】 被排挤的人 bèi páijǐ de rén ◆～になる 被排挤 bèi páijǐ
のける【除ける】 除掉 chúdiào；挪开 nuókāi ◆テーブルをちょっと～ 把桌子挪动一下 bǎ zhuōzi nuódòng yíxià
のこぎり【鋸】 锯 jù ◆～で木を切る 锯木头 jù mùtou ◆～の歯 锯齿 jùchǐ ◆電気～ 电锯 diànjù
のこす【残す】 ❶《去った後に置く》留下 liúxià ◆メモを～ 留下字条 liúxià zìtiáo ◆残しておく 保留 bǎoliú ❷《余す》剩下 shèngxià ◆食べ～ 吃剩下 chīshèngxià ❸《死後に》遗留 yíliú
のこのこ《現れる》满不在乎地 mǎnbú zàihu de；不要脸地 bú yàoliǎn de
のこらず【残らず】 一个不剩 yí ge bú shèng
のこり【残り】 剩余 shèngyú；残余 cányú；底子 dǐzi ◆～の日々 剩下的日子 shèngxià de rìzi ◆～少ない 所剩无几 suǒ shèng wújǐ
のこりかす【残り滓】 渣滓 zhāzǐ；渣子 zhāzi
のこりもの【残り物】 剩余的东西 shèngyú de dōngxi ◆～には福がある 最后拿的有福气 zuìhòu ná de yǒu fúqi
のこる【残る】 留下 liúxià；剩 shèng；剩余 shèngyú
のさばる 横行 héngxíng；肆无忌惮 sì wú jìdàn
のざらし【野晒し-の】 丢在野地 diū-zài yědì ◆～にする 曝露 pùlù
のし【熨斗】 礼签 lǐqiān
のじゅく【野宿-する】 露宿野外 lùsù yěwài
ノスタルジア 乡愁 xiāngchóu；乡思 xiāngsī；留恋过去 liúliàn guòqù
ノズル 管嘴 guǎnzuǐ；喷嘴 pēnzuǐ ◆シャワー～ 莲蓬头 liánpengtóu
のせる【載せる・乗せる】 ❶《物を何かの上に置く》放 fàng；搁 gē ❷《車などに積む》载 zài；装载 zhuāngzài；搭 dā ◆電波に～ 播送 bōsòng ❸《紙面に出す》刊登 kāndēng；载 zài
のぞく【覗く】 ❶《隙間などから伺う》张望 zhāngwàng；窥视 kuīshì ❷《立ち寄る》顺便去看一眼 shùnbiàn qù kàn yìyǎn ❸《一部が見える》露出 lùchū
のぞく【除く】 去掉 qùdiào；除去 chúqù；除外 chúwài；《劣るものを》淘汰 táotài
のぞけば【-を除けば】 除非 chúfēi；除了…以外 chúle…yǐwài
のそのそ《動く》慢吞吞 màntūntūn
のぞましい【望ましい】 最好 zuìhǎo；理想的 lǐxiǎng de
のぞみ【望み】 ❶《願望》希望 xīwàng；愿望 yuànwàng ◆～を捨てない 一直抱着希望 yìzhí bàozhe yuànwàng ❷《可能性》可能性 kěnéngxìng ❸希望 xīwàng；盼头 pàntou ◆まず～はない 凶多吉少 xiōng duō jí shǎo
のぞむ【望む】 ❶《眺める》望 wàng；遥望 yáowàng；眺望 tiàowàng ❷《願う》希望 xīwàng；愿望 yuànwàng；希求 xīqiú
のぞむ【臨む】 ❶《場所などに》临 lín；面临 miànlín ◆海に～場所 临海的地方 lín hǎi de dìfang ◆《ものごとに》濒临 bīnlín ◆試合に～ 参加比赛 cānjiā bǐsài ◆危機に～ 濒临危机 bīnlín wēijī
のたうつ 痛苦得翻滚 tòngkǔde fāngǔn；打滚 dǎgǔn
のたくる 蠕动 rúdòng
のたれじに【野垂れ死に-する】 路倒 lùdǎo；死在路旁 sǐzài lùpáng
のち【後】 后 hòu；以后 yǐhòu
のちぞい【後添い】 继配 jìpèi；后妻 hòuqī
のちのち【後々】 将来 jiānglái
のちほど【後程】 过后 guòhòu；过一会儿 guò yíhuìr；回头 huítóu ◆では～ 回头见 huítóu jiàn
ノッカー 《ドアの》门环 ménhuán；门钹 ménbó
ノック-する 敲门 qiāomén
ノックアウト 击倒 jīdǎo；打倒 dǎdǎo
のっそり《動きが》慢吞吞地 màntūntūn de；呆呆地 dāidāi de
ノット 节 jié；小时海里 xiǎoshí hǎilǐ
のっとり【乗っ取り】 《会社など》篡夺 cuànduó；夺取 duóqǔ；《飛行機など》劫持 jiéchí
のっとる【乗っ取る】 《地位や権力を》篡夺 cuànduó ◆会社を～ 夺取公司 duóqǔ gōngsī ◆飛行機を～ 劫机 jiéjī
のっとる【則る】 遵照 zūnzhào
のっぴきならない 进退两难 jìn tuì liǎng nán

のっぺり ♦~した 扁平 biǎnpíng；平板 píngbǎn
のっぽ 高个儿 gāogèr；大高个子 dàgāo gèzi
—ので 因为 yīnwèi ♦熱がある~ 因为发烧 yīnwèi fāshāo ♦雨が降る~ 因为下雨 yīnwèi xià yǔ
のてん【野天—で】 露天 lùtiān
のど【喉】 ❶《器官》喉咙 hóulong；嗓子 sǎngzi ♦~がからからの 焦渇 jiāokě ♦~を潤す 解渇 jiěkě ♦~を詰まらせる《食物で》哽 gěng ♦食事が~を通らない 吃不下饭 chībuxià fàn ♦~から手が出る 渇望弄到手 kěwàng nòngdao shǒu ❷《声》嗓音 sǎngyīn；嗓门儿 sǎngménr；嗓子 sǎngzi
のどか【長閑—な】 悠闲 yōuxián；安闲 ānxián；和畅 héchàng ♦~な風景 悠闲的风光 yōuxián de fēngguāng
のどじまん【喉自慢】 显摆善歌 xiǎnbǎi shàngē ♦~大会 歌唱比赛 gēchàng bǐsài
のどびこ【喉彦】 小舌 xiǎoshé；悬雍垂 xuányōngchuí
のどぼとけ【喉仏】 喉结 hóujié；结喉 jiéhóu
—のに 却 què；还是 háishi ♦こんな寒い~出かけるの 天这么冷，还出去吗 tiān zhème lěng, hái chūqu ma ♦熱がある~薬を飲まない 发了烧却不吃药 fāle shāo què bù chī yào
ノネズミ【野鼠】 野鼠 yěshǔ
ののしる【罵る】 骂 mà；咒骂 zhòumà
のばす【伸ばす】 伸 shēn；伸直 shēnzhí ♦のし棒で~ 擀 gǎn ♦ゴムを~ 把橡皮筋儿抻开 bǎ xiàngpíjīnr chēnkāi ♦服のしわを~ 把衣服上的皱褶儿抻一抻 bǎ yīfushang de zhòuzhěr chēnyichēn ♦髪を~ 留长头发 liú cháng tóufa ♦腰を~ 伸懒腰 shēn lǎnyāo ♦国力を~ 增强国力 zēngqiáng guólì ♦才能を~ 增长才能 zēngzhǎng cáinéng
のばす【延ばす】 ❶《延長する》延长 yáncháng；拉长 lācháng ♦高速道路を~ 延长高速公路 yáncháng gāosù gōnglù ❷《延期する》拖延 tuōyán；推迟 tuīchí ♦期日を~ 拖延日期 tuōyán rìqī
のはら【野原】 野地 yědì
のび【野火】 野火 yěhuǒ
のびあがる【伸び上がる】 跷脚站起 qiāo jiǎo zhànqǐ；踮着脚伸长脖子 diǎnzhe jiǎo shēncháng bózi
のびちぢみ【伸び縮み—する】 伸缩 shēnsuō

のびなやむ【伸び悩む】 难以进展 nányǐ jìnzhǎn
のびのび【伸び伸び】《心身が》舒展 shūzhǎn；舒畅 shūchàng；畅快 chàngkuài ♦~明るい 开朗 kāilǎng
のびのび【延び延び—に】 拖拖拉拉 tuōtuōlālā ♦工事が~になる 工程拖延很久 gōngchéng tuōyán hěn jiǔ
のびやか【伸びやか—な】 开阔 kāikuò ♦気分が~な 舒展 shūzhǎn
のびる【延びる】《長く》延伸 yánshēn；延长 yáncháng ♦鉄道が~ 铁路延长 tiělù yáncháng 《期日などが》推迟 tuīchí ♦会議が~《長引く》会议延长 huìyì yáncháng ♦遠足が~《先に》郊游的日程延期 jiāoyóu de rìchéng yánqī
のびる【伸びる】 ❶《植物が》长 zhǎng；抽 chōu ❷《長さが》伸长 shēncháng ♦背が~ 身量儿长高了 shēnliangr zhǎnggāo le ♦うどんが~ 面条儿坨了 miàntiáor tuó le ❸《発展する》增加 zēngjiā；扩大 kuòdà；长进 zhǎngjìn ♦学力が~ 学习能力长进了 xuéxí nénglì zhǎngjìn le
ノブ《ドアの》把手 bǎshou
のぶとい【野太い】《声が》沉浊 chénzhuó；粗壮 cūzhuàng
のべ【延べ】 总共 zǒnggòng ♦~人数 人次 réncì
のべ【野辺】 ♦~の送りをする 送葬 sòngzàng；送殡 sòngbìn
のべつ 不断地 búduàn de ♦~幕無し 没完没了 méi wán méi liǎo
のべばらい【延べ払い】 延期付款 yánqī fùkuǎn
のべぼう【延棒】 ♦金の~ 金条 jīntiáo
のべる【述べる】 叙述 xùshù；陈述 chénshù；述说 shùshuō
のほうず【野放図—な】 放荡 fàngdàng；散漫放纵 sǎnmàn fàngzòng
のぼせ【逆上せ】 上火 shànghuǒ ♦~を冷ます《漢方で》去火 qù huǒ ♦~や熱を取り除く《漢方医学で》解毒 jiědú
のぼせあがる【逆上せ上がる】 得意洋洋 déyì yángyáng；骄傲起来 jiāo'àoqǐlai；自以为了不起 zì yǐwéi liǎobuqǐ
のぼせる【逆上せる】 ❶《風呂で》上火 shànghuǒ；晕迷 yùnmí ❷《いい気になる》冲昏头脑 chōnghūn tóunǎo ❸《夢中になる》入迷 rùmí；迷醉 mízuì；热中 rèzhōng
のほほん ♦~とした 漫不经心 màn bù jīngxīn；吊儿郎当 diào'érláng-

のぼり【上り】 上 shàng ◆～列車 上行列车 shàngxíng lièchē
のぼり【幟】 旗帜 qízhì
のぼりざか【登り坂】 《比喩的にも》上坡路 shàngpōlù
のぼる【上る】 ◆屋根に～ 上房顶 shàng fángdǐng ◆坂を～ 走上坡路 zǒushàng pōlù ◆多数に～ 占多数 zhàn duōshù ◆食卓に～ 摆到饭桌上 bǎidào fànzhuōshang
のぼる【昇る】 升 shēng；上升 shàngshēng ◆日が～ 太阳升起来 tàiyang shēngqǐlai
のぼる【登る】 登 dēng；爬 pá ◆木に～ 爬树 pá shù ◆山に～ 爬山 pá shān；登山 dēng shān
のませる【飲ませる】 ◆乳を～ 喂奶 wèi nǎi
のまれる【飲まれる】 ◆波に～ 被波浪吞没 bèi bōlàng tūnmò ◆気迫に～ 被气势压倒了 bèi qìshì yādǎo le
-のみ【だけ】 而已 éryǐ；惟独 wéidú；只有 zhǐyǒu ◆ただ…でなく不但 búdàn；非但 fēidàn ◆採用は3名～ 只录用三名 zhǐ lùyòng sān míng
のみ【鑿】 《工具の》凿子 záozi；鏨子 zànzi
ノミ【蚤】 跳蚤 tiàozao；虼蚤 gèzao
のみくい【飲み食い-する】 饮食 yǐnshí；吃喝 chīhē
のみぐすり【飲み薬】 内服药 nèifúyào
のみくだす【飲み下す】 咽下去 yànxiàqu；喝下 hēxià
のみこみ【飲み込み】 领会 lǐnghuì ◆～が早い 理解得很快 lǐjiěde kuài
のみこむ【飲み込む】 ❶《飲食物を》咽下 yànxià；吞下 tūnxià ❷《洪水などが》吞没 tūnmò ❸《納得する》了解 liǎojiě；领会 lǐnghuì
のみしろ【飲み代】 酒费 jiǔfèi；酒钱 jiǔqián
のみつぶれる【飲み潰れる】 醉倒 zuìdǎo；烂醉如泥 lànzuì rú ní
のみならず 不但 búdàn；不光 bùguāng ◆先生～級友たちも感激した 不但是老师，同学们也都感动了 búdàn shì lǎoshī, tóngxuémen yě dōu gǎndòng le
ノミネート ◆～する 提名 tímíng
のみほす【飲み干す】 喝干 hēgān
のみみず【飲み水】 饮水 yǐnshuǐ
のみもの【飲み物】 饮料 yǐnliào
のみや【飲み屋】 小酒馆 xiǎojiǔguǎn；酒店 jiǔdiàn
のむ【飲む】 喝 hē；饮 yǐn ◆水[酒]を～ 喝水[酒] hē shuǐ[jiǔ] ◆薬を～ 吃药 chī yào
のむ【呑む】 ◆要求を～ 答应要求 dāying yāoqiú ◆相手を呑んでかかる 藐视对方 miǎoshì duìfāng
のめりこむ【のめり込む】 陷入 xiànrù；沉迷 chénmí
のめる【倒れる】 向前倒 xiàng qián dǎo；跌倒 diēdǎo
のやき【野焼き-する】 烧荒 shāohuāng
のやま【野山】 山野 shānyě ◆～を越える 翻山越野 fān shān yuè yě ◆～一面に広がる 漫山遍野 mànshān biàn yě
のら【野良】 田间 tiánjiān ◆～に出る 下地 xiàdì ◆～仕事 农活儿 nónghuór；庄稼活儿 zhuāngjiahuór ◆～犬 野狗 yěgǒu ◆～猫 野猫 yěmāo
のらくら 游手好闲 yóu shǒu hào xián ◆～過ごす 游荡 yóudàng ◆～者 二流子 èrliúzi
ノリ【海苔】 紫菜 zǐcài；甘紫菜 gānzǐcài ◆～巻き 紫菜饭团卷 zǐcài fàntuánjuǎn
のり【糊】 ❶《衣服の》浆 jiāng ❷《接着剤》胶水儿 jiāoshuǐr；糨糊 jiànghu
のりあい【乗り合い】 同乘 tóngchéng
のりあげる【乗り上げる】 坐礁 zuòjiāo ◆浅瀬に～ 搁浅 gēqiǎn
のりいれる【乗り入れる】 《車が》开进 kāijìn；《鉄道・バスが》接通 jiētōng
のりうつる【乗り移る】 ❶《乗り物を》换乘 huànchéng ❷《霊などが》附体 fùtǐ
のりおくれる【乗り遅れる】 误车 wùchē；没赶上 méi gǎnshàng ◆流行に～ 赶不上时髦 gǎnbushàng shímáo
のりおり【乗り降り-する】 ◆バスの～ 上下公交车 shàngxià gōngjiāochē
のりかえ【乗り換え】 换车 huànchē；倒车 dǎochē ◆～駅 中转站 zhōngzhuǎnzhàn
のりかえる【乗り換える】 ❶《列車やバスを》换乘 huànchéng；换车 huànchē；转车 zhuǎnchē ❷《とりかえる》换 huàn ◆B紙に～ 换订B报 huàn dìng B bào
のりかかる【乗り掛かる】 着手 zhuóshǒu；开始 kāishǐ
のりき【乗り気-になる】 感兴趣 gǎn xìngqu；起劲儿 qǐjìnr
のりきる【乗り切る】 越过 yuèguò；渡过 dùguò ◆難局を～ 克服困难 kèfú kùnnan
のりくみいん【乗組員】 船员 chuányuán；乘务员 chéngwùyuán；《飞

行機の》机组人员 jīzǔ rényuán
のりこえる【乗り越える】 超越 chāoyuè；翻过 fānguò；《困難を》突破 tūpò；克服 kèfú
のりごこち【乗り心地】 乘坐的感觉 chéngzuò de gǎnjué ♦ 〜が良い[悪い] 坐着舒服[不舒服] zuòzhe shūfu[bù shūfu]
のりこす【乗り越す】 坐过站 zuòguò zhàn
のりこむ【乗り込む】 ❶《乗物に》坐上 zuòshàng；搭乘 dāchéng ❷《ある場所に》走进 zǒujìn；进入 jìnrù
のりしろ【糊代】 抹糨糊的部分 mǒ jiànghu de bùfen
のりそこなう【乗り損なう】 误车 wùchē
のりだす【乗り出す】《着手する》投身 tóushēn；着手 zhuóshǒu；《身を》♦ 身を〜 探身 tàn shēn
のりつぐ【乗り継ぐ】 换乘前往 huànchéng qiánwǎng
のりづけ【糊付け-する】 粘 zhān；粘贴 zhāntiē；《衣服に》上浆 shàngjiāng
のりと【祝詞】（神道上的）献词 (shéndàoshang de) xiàncí；祝词 zhùcí ♦ 〜をあげる 诵祷文 sòng dǎowén
のりにげ【乗り逃げ-する】 坐车不付钱 跑 掉 zuò chē bú fù qián pǎodiào；坐车逃票 zuò chē táo piào
のりば【乗り場】 车站 chēzhàn
のりもの【乗り物】 交通工具 jiāotōng gōngjù
のる【乗る】 ❶《自転車・オートバイ・馬などに》骑 qí ♦自転車に〜 骑自行车 qí zìxíngchē ❷《自動車を運転する》开 kāi ♦ 車に〜 开汽车 kāi qìchē ❸《客として》坐 zuò；乘坐 chéngzuò ♦電車[バス]に〜 坐电车［公共汽车］zuò diànchē[gōnggòng qìchē] ❹《上に》踏み台に〜 登上梯凳 dēngshàng tīdèng ❺《応じる》♦ 相談に〜 参与商量 cānyù shāngliang ❻《その気になる》♦ 調子に〜 起劲儿 qǐjìnr ♦おだてに〜 受人怂恿 shòu rén sǒngyǒng ♦ 口車に〜 受骗 shòupiàn；上当 shàngdàng

のる【載る】《新聞などに》登载 dēngzǎi
のるかそるか【伸るか反るか】是胜是败 shì shèng shì bài；孤注一掷 gū zhù yí zhì ♦〜やってみる 是胜是败试一试 shì shèng shì bài shìyíshì
ノルマ 定额 dìng'é ♦〜を下回る 欠产 qiànchǎn ♦〜を果たす 完成定额 wánchéng dìng'é
のれん【暖簾】门帘 ménlián ♦古い〜の店 老字号 lǎozìhao
のろい【呪い】诅咒 zǔzhòu
のろい【鈍い】缓慢 huǎnmàn；迟缓 chíhuǎn；迟钝 chídùn
のろう【呪う】咒 zhòu；诅咒 zǔzǔ zhòu
のろし【狼煙】烽烟 fēngyān；狼烟 lángyān ♦〜を上げる 燃烽火 rán fēnghuǒ
のろのろ 慢腾腾 mànténgténg；慢吞吞 màntūntūn ♦〜步く 蹭 cèng；磨蹭 mócèng
のろま【鈍間】笨 bèn；笨蛋 bèndàn；慢性子 mànxìngzi
のんき【呑気-な】乐天 lètiān；悠闲 yōuxián；不慌不忙 bù huāng bù máng
ノンストップ 中途不停 zhōngtú bù tíng；直达 zhídá
ノンセクト 无党派 wúdǎngpài
のんだくれ【飲んだくれ】醉鬼 zuìguǐ；酒鬼 jiǔguǐ
ノンバンク 非银行金融机构 fēi yínháng jīnróng jīgòu；金融服务社 jīnróng fúwùshè
のんびり-とした 悠闲 yōuxián；安闲 ānxián；自在 zìzai ♦〜屋 慢性子 mànxìngzi
ノンフィクション 纪实文学 jìshí wénxué；非虚构作品 fēi xūgòu zuòpǐn
ノンプロ 业余运动员 yèyú yùndòngyuán；非职业的运动员 fēi zhíyè de yùndòngyuán
のんべえ【吞兵衛】酒鬼 jiǔguǐ
ノンポリ 不关心政治的 bù guānxīn zhèngzhì de

は

は【歯】 牙 yá；牙齿 yáchǐ ◆~が痛い 牙疼 yá téng ◆~をくいしばる 咬牙 yǎoyá ◆~をむき出す 龇牙咧嘴 zī yá liě zuǐ ◆~には~を 以眼还眼，以牙还牙 yǐ yǎn huán yǎn, yǐ yá huán yá

は【刃】 刀刃 dāorèn ◆~がつぶれる 刀刃磨损 dāorèn mósǔn ◆~が鋭い 刀口锋利 dāokǒu fēnglì ◆~をとぐ 磨刀 mó dāo

は【葉】 叶子 yèzi ◆~が落ちる 落叶 luòyè ◆~が枯れる 叶子枯萎 yèzi kūwěi

ば【場】 场所 chǎngsuǒ；地方 dìfang ◆その~で答える 当场回答 dāngchǎng huídá

バー 《酒場》 酒吧 jiǔbā

ぱあ 《じゃんけん》 布 bù

ばあい【場合】 场合 chǎnghé；时候 shíhou ◆雨の~は中止する 如果下雨就取消 rúguǒ xià yǔ jiù qǔxiāo ◆時と~を考える 考虑具体的情况 kǎolǜ jùtǐ de qíngkuàng ◆…の~に限って 只有在…的时候 zhǐyǒu zài...de shíhou

パーカッション 打击乐器 dǎjī yuèqì

パーキング 停车场 tíngchēchǎng ◆~メーター 停车计时器 tíngchē jìshíqì

パーキンソン ◆~病 帕金森病 Pàjīnsēnbìng

はあく【把握-する】 掌握 zhǎngwò；理解 lǐjiě

バーゲンセール 大甩卖 dàshuǎimài；大减价 dàjiǎnjià；廉价卖出 liánjià màichū

バーコード 条形码 tiáoxíngmǎ

パーコレーター 过滤式咖啡壶 guòlǜshì kāfēihú

バージョンアップ 升级 shēngjí

バースデー 生日 shēngrì ◆~プレゼント 生日礼物 shēngrì lǐwù

パーセンテージ 百分比 bǎifēnbǐ；百分率 bǎifēnlǜ

パーセント 百分比 bǎifēnbǐ ◆50~ 百分之五十 bǎifēn zhī wǔshí

バーター 易货 yìhuò ◆~取り引き 易货贸易 yìhuò màoyì

ばあたり【場当たり】 权宜 quányí；权便 quánbiàn ◆~的な対策 权宜之计 quányí zhī jì

バーチャルリアリティ 虚拟现实 xūnǐ xiànshí；假想现实 jiǎxiǎng xiànshí

パーツ 零件 língjiàn；配件 pèijiàn

パーティー ❶《集い》派对 pàiduì；联欢会 liánhuānhuì ◆~を開く 开联欢会 kāi liánhuānhuì ❷《ダンス・舞会 wǔhuì ❷《登山などの》队 duì；团队 tuánduì

バーテン(ダー) 酒吧间调酒师 jiǔbājiān tiáojiǔshī

ハート ❶《トランプの》红桃 hóngtáo；红心牌 hóngxīnpái ❷《こころ》心 xīn ◆~型の鸡尾酒 jīxīn ◆~をつかむ 获得爱情 huòdé àiqíng

パート ◆~で働く 做计时工 zuò jìshígōng；钟点工 zhōngdiǎngōng

ハードウェア 硬件 yìngjiàn

ハードディスク 《コンピュータの》硬盘 yìngpán

パートナー 伙伴 huǒbàn；合伙人 héhuǒrén；同伴 tóngbàn

ハードボイルド ◆~小说 冷酷小说 lěngkù xiǎoshuō

ハードル ❶《競技》跨栏赛跑 kuàlán sàipǎo ❷《用具》栏杆 lángān ❸《比喩》◆~を越える 过关 guòguān ◆~が高い 要求很高 yāoqiú hěn gāo

はあはあ 呼哧 hūchī ◆~言う 气吁吁 qìxūxū

ハーフ ❶《半分》一半 yíbàn ◆~タイム 半场休息 bànchǎng xiūxi ◆《ワインなどの》~ボトル 小瓶子 xiǎo píngzi ❷《混血の》混血 hùnxuè

ハープ 竖琴 shùqín

ハーフバック 前卫 qiánwèi

バーベキュー 烧烤野宴 shāokǎo yěyàn

バーベル 杠铃 gànglíng ◆~を持ち上げる 举起杠铃 jǔqǐ gànglíng

パーマ 烫发 tàngfà ◆~をかける 烫发 tàng fà ◆コールド~ 冷烫 lěngtàng

ハーモニカ 口琴 kǒuqín ◆~を吹く 吹口琴 chuī kǒuqín

バール 撬杠 qiàogàng

はい【肺】 肺 fèi ◆~癌 肺癌 fèi'ái

はい【灰】 灰 huī ◆~になる 化为灰烬 huàwéi huījìn

ばい【倍-の】 ◆5~に増える 增加到五倍 zēngjiādào wǔ bèi ◆2~の大きさ 大一倍 dà yí bèi ◆~にする 加倍 jiābèi

パイ 《ケーキなどの》馅儿饼 xiànrbǐng；派 pài ◆ミートパイ 肉馅饼 ròuxiànbǐng

はいあがる【這い上がる】 爬上 páshang ◆どん底から~ 摆脱绝境 bǎituō juéjìng

バイアスロン 滑雪射击 huáxuě shèjī

はいあん【廃案-になる】 成为废案

chéngwéi fèi'àn
はいいろ【灰色-の】 灰色 huīsè；黯淡 àndàn ♦～の人生 黯淡的人生 àndàn de rénshēng
はいいん【敗因】 败因 bàiyīn
ばいう【梅雨】 梅雨 méiyǔ ♦～前線 梅雨前锋 méiyǔ qiánfēng
ハイウェー 高速公路 gāosù gōnglù
はいえい【背泳】 仰泳 yǎngyǒng
はいえき【廃液】 废水 fèishuǐ ♦～を流す 排出废水 páichū fèishuǐ
はいえん【肺炎】 肺炎 fèiyán ♦～をおこす 患肺炎 huàn fèiyán
ばいえん【煤煙】 煤烟 méiyān；烟子 yānzi
バイオテクノロジー 生物技术 shēngwù jìshù；生物工程 shēngwù gōngchéng
パイオニア 先驱者 xiānqūzhě ♦～精神 开拓者精神 kāituòzhě jīngshén
バイオマス 生物质 shēngwùzhì ♦～エネルギー 生物质能源 shēngwùzhì néngyuán
バイオリニスト 小提琴手 xiǎotíqínshǒu
バイオリン 小提琴 xiǎotíqín
はいか【配下】 部下 bùxià；手下 shǒuxià ♦彼の～に入る 做他的部下 zuò tā de bùxià
はいが【胚芽】 胚芽 pēiyá；胚 pēi
ばいか【倍加-する】 倍增 bèizēng；加倍 jiābèi
ハイカー 步行的旅客 bùxíng de lǚkè
はいかい【徘徊-する】 徘徊 páihuái
ばいかい【媒介-する】 媒介 méijiè；中介 zhōngjiè
はいがい【排外】 排外 páiwài
ばいがく【倍額】 双倍金额 shuāngbèi jīn'é
はいかつりょう【肺活量】 肺活量 fèihuóliàng
ハイカラ-な 时髦 shímáo；时尚 shíshàng ♦～な帽子 新潮的帽子 xīncháo de màozi
はいかん【拝観】 参观 cānguān ♦～料 参观费 cānguānfèi
はいかん【配管-する】 敷设管道 fūshè guǎndào；配管 pèiguǎn ♦～工 管道工 guǎndàogōng ♦～工事 管道工程 guǎndào gōngchéng
はいかん【廃刊-する】 停刊 tíngkān
はいき【廃棄-する】 销毁 xiāohuǐ；废弃 fèiqì ♦文書を～する 销毁文件 xiāohuǐ wénjiàn ♦～物 废料 fèiliào ♦産業～物 工业废料 gōngyè fèiliào ♦核～物 核废物 héfèiwù
はいき【排気】 废气 fèiqì ♦～ガス 废气 fèiqì ♦～口 出气口 chūqìkǒu ♦～孔 气门 qìmén ♦～窓 气窗 qìchuāng
はいきしゅ【肺気腫】 肺气肿 fèiqìzhǒng
はいきゃく【売却-する】 卖掉 màidiào
はいきゅう【配給-する】 配给 pèijǐ；分配 fēnpèi ♦映画を～ 发行影片 fāxíng yǐngpiàn
はいきょ【廃墟】 废墟 fèixū
はいぎょう【廃業-する】 关门 guānmén，歇业 xiēyè；停业 tíngyè
ばいきん【黴菌】 细菌 xìjūn
ハイキング 郊游 jiāoyóu；徒步小旅行 túbù xiǎo lǚxíng
バイキング 《料理》自助餐 zìzhùcān
はいく【俳句】 俳句 páijù
バイク 摩托车 mótuōchē
はいぐうしゃ【配偶者】 配偶 pèi'ǒu
ハイクラス-の 高级 gāojí
はいけい【拝啓】 敬启者 jìngqǐzhě
はいけい【背景】 背景 bèijǐng；后景 hòujǐng ♦自殺の～を探る 调查自杀的背景 diàochá zìshā de bèijǐng ♦舞台の～ 舞台上的布景 wǔtái shang de bùjǐng ♦時代～ 时代背景 shídài bèijǐng
はいけっかく【肺結核】 肺结核 fèijiéhé
はいけつしょう【敗血症】 败血症 bàixuèzhèng
はいご【背後-の】 背后 bèihòu；背地 bèidì ♦～で糸を引く 幕后牵线 mùhòu qiānxiàn ♦～の支援者 腰杆子 yāogǎnzi
はいこう【廃坑】 废矿 fèikuàng
はいこう【廃校】 关闭的学校 guānbì de xuéxiào；停办学校 tíng bàn xuéxiào ♦～になる 停办学校 tíng bàn xuéxiào
はいごう【配合-する】 配合 pèihé；调配 tiáopèi ♦～飼料 混合饲料 hùnhé sìliào
ばいこくど【売国奴】 卖国贼 màiguózéi
はいざい【廃材】 废料 fèiliào
はいざら【灰皿】 烟灰缸儿 yānhuīgāngr；灰碟 huīdié
はいし【廃止-する】 取消 qǔxiāo；废除 fèichú
はいしゃ【歯医者】 牙医 yáyī；牙科医生 yákē yīshēng
はいしゃ【敗者】 败者 bàizhě ♦～復活戦 双淘汰赛 shuāngtáotàisài
はいしゃ【廃車】 废车 fèichē
はいしゃく【拝借-する】 借 jiè ♦ちょっと～ 请借用一下 qǐng jièyòng yíxià

ばいしゃく ― はいはい

ばいしゃく【媒酌－する】 做媒 zuòméi ◆～人 媒人 méirén：月下老人 yuèxià lǎorén

ハイジャック 劫机 jiéjī；劫持飞机 jiéchí fēijī

はいじゅ【拝受－する】 领受 lǐngshòu；接受 jiēshòu ◆お手紙 ～ 你的信收到 nǐ de xìn shōudao

ばいしゅう【買収－する】 ❶《買い取る》收购 shōugòu ❷《利益を与えて》收买 shōumǎi

はいしゅつ【輩出－する】 辈出 bèichū；涌现出 yǒngxiànchū

ばいしゅん【売春】 卖淫 màiyín：卖春 màichūn ◆～婦 娼妓 chāngjì

はいじょ【排除－する】 排除 páichú；消除 xiāochú

ばいしょう【賠償－する】 赔偿 péicháng；退赔 tuìpéi ◆～金 赔款 péikuǎn ◆～損害 赔偿损失 péicháng sǔnshī

はいしょく【配色】 配色 pèisè ◆～に工夫をこらす 讲究配色 jiǎngjiu pèisè

はいしょく【敗色】 败势 bàishì ◆～が濃い 败相明显 bàixiàng míngxiǎn

はいしん【背信】 ◆～行為をする 背信弃义 bèi xìn qì yì

はいじん【俳人】 俳句诗人 páijù shīrén

はいじん【廃人】 废人 fèirén

ばいしん【陪審】 陪审 péishěn ◆～制度 陪审制度 péishěn zhìdù ◆～員 陪审员 péishěnyuán

はいすい【廃水】 废水 fèishuǐ；污水 wūshuǐ

はいすい【排水－する】 排水 páishuǐ；排泄 páixiè ◆～ポンプ 排水泵 páishuǐbèng ◆～溝 渗沟 shènggōu；排水沟 páishuǐgōu

はいすい【背水】 ◆～の陣 背水阵 bèishuǐzhèn ◆～の陣をしく 破釜沉舟 pò fǔ chén zhōu

ばいすう【倍数】 倍数 bèishù

ハイスピード 急速 jísù；高速 gāosù

はいせき【排斥】 排斥 páichì；抵制 dǐzhì

ばいせき【陪席－する】 陪坐 péizuò；作陪 zuòpéi ◆…に～する 陪同参加… péitóng cānjiā...

はいせつ【排泄】 排泄 páixiè

はいぜつ【廃絶－する】 废弃 fèiqì ◆核～運動 销毁核武器运动 xiāohuǐ héwǔqì yùndòng

はいせん【配線－する】 接线 jiēxiàn；布线 bùxiàn ◆～図 接线图 jiēxiàntú ◆～工事 布线工程 bùxiàn gōngchéng

はいせん【敗戦】 战败 zhànbài

はいぜん【配膳－する】 摆上饭菜 bǎishàng fàncài；配膳 pèishàn

ハイセンス－な 高雅 gāoyǎ；时尚雅致 shíshàng yǎzhì

はいそ【敗訴－する】 败诉 bàisù；打输官司 dǎ shūguānsi

はいそう【配送－する】 送货 sònghuò；发送 fāsòng ◆～センター 送货中心 sònghuò zhōngxīn

ばいぞう【倍増－する】 倍增 bèizēng；加倍 jiābèi ◆～計画 翻一番计划 fānyìfān jìhuà

はいぞく【配属－する】 分配 fēnpèi ◆広報課に～になる 被分配到宣传科 bèi fēnpèidào xuānchuánkē

ハイソサエティ 上流社会 shàngliú shèhuì

ハイソックス 长袜 chángwà

はいた【排他】 排他 páitā；排外 páiwài ◆～的 排他性 páitāxìng

はいたい【敗退－する】 败北 bàiběi；被打败 bèi dǎbài；战败 zhànbài

ばいたい【媒体】 媒体 méitǐ；媒介 méijiè

はいたつ【配達－する】 递送 dìsòng；投递 tóudì ◆郵便～ 邮递 yóudì

バイタリティー 活力 huólì；生命力 shēngmìnglì ◆～のある 很有精神 hěn yǒu jīngshen

はいち【配置】 布局 bùjú ◆～する 《家具などを》摆布 bǎibu；铺陈 pūchén；《人員や役割を》部署 bùshǔ ◆～替え 改变部署 gǎibiàn bùshǔ ◆人手を～する 配置人手 pèizhì rénshǒu

はいちょう【拝聴－する】 聆听 língtīng

ハイティーン 十六岁至十九岁的男女 shíliù suì zhì shíjiǔ suì de nánnǚ

ハイテク（ノロジー） 高科技 gāokējì；尖端技术 jiānduān jìshù

はいでる【這い出る】 爬出 páchū

はいでん【配電】 配电 pèidiàn ◆～盤 配电盘 pèidiànpán

ばいてん【売店】 门市部 ménshìbù；小卖部 xiǎomàibù

はいとう【配当－する】 分配 fēnpèi；红利 hónglì ◆株の～ 股息 gǔxī

はいどく【拝読－する】 拜读 bàidú

ばいどく【梅毒】 梅毒 méidú

パイナップル 菠萝 bōluó；凤梨 fènglí

はいにち【排日－の】 排日 páiRì

はいにん【背任】 渎职 dúzhí ◆～罪 渎职罪 dúzhízuì

はいはい【這い這い】 （婴儿）爬 (yīng'ér)pá

ばいばい【売買】-する 买卖 mǎimài
バイパス 支路 zhīlù ◆～を通す 修旁路 xiū pánglù ◆～移植 旁路移植 pánglù yízhí
はいはん【背反】-する ◆二律～ 二律背反 èr lǜ bèifǎn ◆指令に～する 违反指令 wéifǎn zhǐlìng
はいび【配備】-する 配备 pèibèi；配置 pèizhì ◆ミサイルを～する 配置导弹 pèizhì dǎodàn
ハイヒール 高跟鞋 gāogēnxié
ハイビジョン 高清晰度电视 gāoqīngxīdù diànshì ◆～放送 高清晰度电视广播 gāoqīng xīdù diànshì guǎngbō
ハイビスカス 扶桑 fúsāng；朱槿 zhūjǐn
はいひん【廃品】 废品 fèipǐn；破烂 pòlàn ◆～回收所 废品收购站 fèipǐn shōugòuzhàn ◆～を回收する 回收废品 huíshōu fèipǐn
はいふ【配付[布]】-する 分发 fēnfā；散发 sànfā
パイプ ❶《管》管道 guǎndào；管子 guǎnzi ❷《マドロスパイプ》烟斗 yāndǒu ❸《比喩的に》中介人 zhōngjièrén ◆太い～がある 关系很密切 guānxi hěn mìqiè
パイプオルガン 管风琴 guǎnfēngqín
はいぶつ【廃物】 废物 fèiwù；废品 fèipǐn ◆～利用 废物利用 fèiwù lìyòng
ハイブリッドカー 混合动力车 hùnhé dònglìchē
バイブル 圣经 shèngjīng
バイブレーター 振动器 zhèndòngqì
ハイフン 《記号「-」》 连接号 liánjiēhào
はいぶん【配分】-する 分配 fēnpèi ◆遺産を～する 分配遗产 fēnpèi yíchǎn ◆資金を～する 调拨资金 diàobō zījīn
はいべん【排便】-する 排便 páibiàn；大便 dàbiàn
はいぼく【敗北】-する 失败 shībài；失利 shīlì ◆～を認める 伏输fúshū；认输 rènshū
ハイボール 威士忌苏打 wēishìjì sūdá
ハイポリマー 高分子化合物 gāofēnzǐ huàhéwù
はいめい【拝命】-する 受命 shòumìng ◆局長を～する 被任命为局长 bèi rènmìng wéi júzhǎng
ばいめい【売名】 ◆～行为 沽名钓誉的行为 gūmíng diàoyù de xíngwéi
はいめん【背面】 背后 bèihòu；背面 bèimiàn
ハイヤー 包租汽车 bāozū qìchē
バイヤー 买方 mǎifāng；买主 mǎizhǔ
はいやく【配役】 ◆～を決める 决定角色 juédìng juésè
はいやく【売約】 ◆～定出售 yuēdìng chūshòu ◆～済み 已售出 yǐ shòuchū
ばいやく【売薬】 成药 chéngyào
はいゆ【廃油】 废油 fèiyóu
はいゆう【俳優】 演员 yǎnyuán ◆テレビ～ 电视演员 diànshì yǎnyuán
ばいよう【培養】-する 培养 péiyǎng；栽培 zāipéi ◆人工～ 人工培育 réngōng péiyù
はいらん【排卵】-する 排卵 páiluǎn ◆～期 排卵期 páiluǎnqī
はいりこむ【入り込む】 进入 jìnrù；钻进 zuānjìn
ハイリスク 高风险 gāo fēngxiǎn；风险大 fēngxiǎn dà ◆～ハイリターン 高风险高回报 gāo fēngxiǎn gāo huíbào
ばいりつ【倍率】 ◆双眼镜の～ 双筒镜的倍率 shuāngtǒngjìng de bèilǜ ◆競争～が高い 竞争率高 jìngzhēnglǜ gāo
はいりょ【配慮】-する 照顾 zhàogù；考虑 kǎolǜ ◆～しない 不顾 búgù ◆～の行き届いた 照顾周到 zhàogù zhōudào
ばいりん【梅林】 梅园 méiyuán
バイリンガル 两国语 liǎngguóyǔ ◆～教育 双语教育 shuāngyǔ jiàoyù
はいる【入る】 ❶《場所に》◆部屋に～ 进入房间 jìnrù fángjiān ❷《ある状態に》◆5月に～ 进入五月 jìnrù wǔyuè ❸《組織などに》◆大学に～ 上大学 shàng dàxué ◆政党に～ 加入政党 jiārù zhèngdǎng ❹《手に入る》◆月に10万円～ 每月收入十万日元 měiyuè shōurù shí wàn Rìyuán ❺《目や耳にふれる》◆うわさが耳に～ 听到风传 tīngdào fēngchuán ❻《範囲に》◆旅費も入って 旅费也包括在内 lǚfèi yě bāokuò zàinèi
はいれつ【配列】-する 排列 páiliè；编排 biānpái
パイロット ❶《飛行士》飞行员 fēixíngyuán ❷《水先案内》领港员 lǐnggǎngyuán；引水员 yǐnshuǐyuán
はう【這う】 爬行 páxíng；匍匐 púfú
パウダー 粉末 fěnmò；扑粉 pūfěn
ハウツー 诀窍 juéqiào；实用 shíyòng ◆～もの 传授诀窍的书 chuánshòu juéqiào de shū
ハエ【蝿】 苍蝇 cāngying ◆～叩き 蝇拍 yíngpāi；苍蝇拍子 cāngying pāizi ◆～がたかる 爬满苍蝇 pámǎn

はえある【栄えある】 光荣 guāngróng

はえぬき【生え抜き-の】 ♦その土地～ 土生土长 tǔ shēng tǔ zhǎng; 本地的 běndì de ♦当社～の 在本公司成长起来的 zài běn gōngsī chéngzhǎngqǐlai de

はえる【映える】 映衬 yìngchèn ♦夕日に～ 夕阳映照 xīyáng yìngzhào

はえる【生える】 长 zhǎng ♦歯が～ 长牙 zhǎngyá ♦カビが～ 发霉 fāméi

はおと【羽音】 振翅声 zhènchìshēng

はおる【羽織る】 披上 pīshàng ♦コートを～ 披上外套 pīshàng wàitào

はか【墓】 坟墓 fénmù; 坟 fén

ばか【馬鹿-】 傻 shǎ; 蠢 chǔn ♦～な人 呆子 dāizi; 傻子 shǎzi ♦～を見る 倒霉 dǎoméi ♦～にする 看不起 kànbuqǐ; 小看 xiǎokàn ♦～な！ 胡说 húshuō ♦～騒ぎをする 狂欢 kuánghuān; 喧闹 xiānào ♦～正直 过于老实 guòyú lǎoshi ♦～野郎 笨蛋 bèndàn ♦～笑いする 傻笑 shǎxiào

はかい【破壊-する】 破坏 pòhuài; 摧毁 cuīhuǐ

はかいし【墓石】 墓碑 mùbēi; 墓石 mùshí

はがいじめ【羽交締め-にする】 双肩下扣住双臂 shuāngjiānxià kòuzhù shuāngbì

はがき【葉書】 明信片儿 míngxìnpiànr

はかく【破格-の】 破格 pògé; 破例 pòlì ♦～の値段 破格的价钱 pògé de jiàqian

はがす【剥がす】 揭下 jiēxià; 剥下 bāoxià ♦壁紙を～ 揭下壁纸 jiēxia bìzhǐ ♦爪を～ 剥离指甲 bōlí zhǐjia

ばかず【場数】 经验的多寡 jīngyàn de duōguǎ ♦～を踏む 积累经验 jīlěi jīngyàn

はかせ【博士】 博士 bóshì ♦～号 博士学位 bóshì xuéwèi

ばかぢから【馬鹿力】 傻劲儿 shǎjìnr ♦～を出す 使傻劲儿 shǐ shǎjìnr

はかどる【捗る】 进展 jìnzhǎn ♦仕事が～ 工作顺利进展 gōngzuò shùnlì jìnzhǎn

はかない【儚い】 无常 wúcháng; 虚幻 xūhuàn ♦～命 暂短的命 zànduǎn de mìng ♦～夢 黄粱梦 huángliángmèng

ばかに【馬鹿に】 非常 fēicháng; 特别 tèbié ♦～寒い 冷得很厉害 lěngde hěn lìhai ♦～親切だ 异样的热情 yìyàng de rèqíng

はがね【鋼】 钢 gāng

はかば【墓場】 坟地 féndì

ばかばかしい【馬鹿馬鹿しい】 太无聊 tài wúliáo

はかばかしく【捗々しく】 ♦～ない 不顺利 bú shùnlì; 不理想 bù lǐxiǎng

はかま【袴】 和服裙裤 héfú qúnkù

はかまいり【墓参り-する】 扫墓 sǎomù; 上坟 shàngfén

はがみ【歯噛み-する】 咬牙切齿 yǎoyá qiè chǐ

はがゆい【歯痒い】 令人焦急 lìng rén jiāojí ♦～ったらない 真是使人急死 zhēn shì shǐ rén jísǐ

はからい【計らい】 处置 chǔzhì; 安排 ānpái ♦粋(いき)な～ 处理得当 chǔlǐ dédàng

はからう【計らう】 安排 ānpái; 考虑 kǎolù; 对付 duìfu

はからずも【図らずも】 不料 búliào; 不意 búyì; 出乎意料 chū hū yì liào

はかり【秤】 秤 chèng ♦台～ 台称 táichèng ♦さお～ 杆秤 gǎnchèng ♦ぜんまい～ 弹簧秤 tánhuángchèng

-ばかり ❶《…のみ》 光 guāng; 只 zhǐ ♦小説～読む 只看小说 zhǐ kàn xiǎoshuō ♦泣いて～いる 净是哭着 jìng shì kūzhe ❷《だいたいの数量をあらわす》 左右 zuǒyòu ♦十日～借りる 借十天左右 jiè shí tiān zuǒyòu ❸《…してまもない》 刚才 gāngcái; 刚刚 gānggāng ♦買った～の服 刚买的衣服 gāng mǎi de yīfu

はかりごと【謀】 计策 jìcè; 计谋 jìmóu ♦～をめぐらす 筹划计策 chóuhuà jìcè

はかりしれない【計り知れない】 无量 wúliàng; 不可估计 bù kě gūjì

はかる【計る】 量 liáng; 丈量 zhàngliáng ♦重さを～ 称重量 chēng zhòngliàng ♦長さを～ 量长度 liáng chángdù

はかる【諮る】 咨询 zīxún; 商量 shāngliáng ♦委員会に～ 向委员会咨询 xiàng wěiyuánhuì zīxún

はかる【図る】 谋求 móuqiú; 企图 qǐtú; 图谋 túmóu ♦暗殺を～ 阴谋暗杀 yīnmóu ànshā ♦解決を～ 谋求解决 móuqiú jiějué

はがれる【剥れる】 剥离 bōlí; 脱胶 tuōjiāo

はがんいっしょう【破顔一笑-する】 破颜一笑 pòyán yíxiào

はき【破棄-する】 撕毁 sīhuǐ; 取消 qǔxiāo ♦書類を～する 撕毁文件 sīhuǐ wénjiàn ♦婚約～ 取消婚约 qǔxiāo hūnyuē

はき【覇気】 雄心 xióngxīn ♦〜がない 没有进取心 méiyǒu jìnqǔxīn ♦〜みなぎる 雄心勃勃 xióngxīn bóbó

ハギ【萩】 胡枝子 húzhīzi

はけ【吐き気】 ♦〜がする 恶心 ěxin; 作呕 zuò'ǒu

はきごこち【履き心地】 ♦〜の悪い 穿得不舒服 chuānde bù shūfu ♦〜のよい靴 穿起来觉得舒服的鞋 chuānqǐlai juéde shūfu de xié

はぎしり【歯軋しり−する】 咬牙 yǎoyá;《睡眠中の》磨牙 móyá ♦悔しくて〜する 悔恨得咬牙切齿 huǐhènde yǎo yá qiè chǐ

はきすてる【吐き捨てる】 吐弃 tǔqì ♦〜ように言う 唾弃似地说 tuòqì shì de shuō

はきだす【吐き出す】 吐出 tǔchū ♦ガムを〜 吐出口香糖 tǔchū kǒuxiāngtáng ♦胸の苦しみを〜 倾吐出心里的苦处 qīngtǔchū xīnli de kǔchù

はきだめ【掃溜め】 垃圾堆 lājīduī ♦〜に鶴 鹤立鸡群 hè lì jī qún

はきちがえる【履き違える】《考え違いをする》誤解 wùjiě

はぎとる【剥ぎ取る】 剥掉 bāodiào; 揭下 jiēxià ♦仮面を〜 揭穿真面目 jiēchuān zhēn miànmù

はきはき 干脆 gāncuì ♦〜と答える 爽快回答 shuǎngkuai huídá

はきもの【履物】 鞋子 xiézi; 鞋类 xiélèi

ばきゃく【馬脚】 ♦〜を表す 露马脚 lòu mǎjiǎo

はきゅう【波及−する】 波及 bōjí ♦〜効果 波及效果 bōjí xiàoguǒ ♦〜効果 波纹效果 bōwén xiàoguǒ

バキュームカー 真空清洁车 zhēnkōng qīngjiéchē; 吸粪车 xīfènchē

はきょく【破局】 悲惨的结局 bēicǎn de jiéjú ♦〜に終わる 落得悲惨的结局 luòde bēicǎn de jiéjú

はぎれ【歯切れ】 ♦〜のよい 口齿伶俐 kǒuchǐ línglì ♦〜の悪い 含糊不清 hánhu bù qīng

はぎれ【端布】 零头儿布 língtóur bù; 布头儿 bùtóur

はく【履く】《靴やズボンを》穿 chuān ♦スカートを〜 穿裙子 chuān qúnzi

はく【掃く】 扫 sǎo

はく【吐く】 ♦つばを〜 吐唾沫 tǔ tuòmo ♦血を〜 吐血 tù xiě ♦本音を〜 吐出真情 tǔchū zhēnqíng ♦弱音を〜 叫苦 jiào kǔ

はく【箔】 箔 bó ♦錫〜 锡箔 xībó ♦〜を付ける 镀金 dùjīn

−はく【−泊】 ♦1〜する 住一晚 zhù yì wǎn ♦3〜4日 四天三宿 sì tiān sān xiǔ

はぐ【剥ぐ】 扒 bā; 剥 bāo ♦化けの皮を〜 剥下画皮 bāoxià huàpí ♦身ぐるみ剥がれる 被剥光 bèi bāoguāng

バグ 错误 cuòwù

はくあい【博愛】 博爱 bó'ài ♦〜主義 博爱主义 bó'ài zhǔyì

はくい【白衣】 白衣 báiyī ♦〜の天使 白衣天使 báiyī tiānshǐ

ばくおん【爆音】 爆炸声 bàozhàshēng ♦〜がとどろく 爆炸声巨响 bàozhàshēng jùxiǎng ♦飛行機の〜 飞机的轰鸣声 fēijī de hōngmíngshēng

ばくが【麦芽】 麦芽 màiyá ♦〜エキス 麦精 màijīng ♦〜糖 麦芽糖 màiyátáng

はくがい【迫害−する】 迫害 pòhài ♦〜を受ける 遭受迫害 zāoshòu pòhài

はくがく【博学−な】 博学 bóxué; 广博 guǎngbó ♦〜多才だ 博学多才 bóxué duōcái

はくがんし【白眼視−する】 白眼看人 báiyǎn kàn rén; 冷眼对待 lěngyǎn duìdài

はぐき【歯茎】 牙龈 yáyín; 牙床 yáchuáng

はぐくむ【育む】 养育 yǎngyù; 培养 péiyǎng

ばくげき【爆撃−する】 轰炸 hōngzhà ♦〜機 轰炸机 hōngzhàjī

ハクサイ【白菜】 白菜 báicài

はくし【白紙】 白纸 báizhǐ ♦〜委任状 全权委托书 quánquán wěituōshū ♦〜の答案を提出する 交白卷 jiāo báijuàn ♦〜にもどす 作废 zuòfèi

はくし【博士】 博士 bóshì ♦〜課程 博士课程 bóshì kèchéng ♦〜号 博士学位 bóshì xuéwèi ♦〜論文 博士论文 bóshì lùnwén

はくしき【博識−な】 广博 guǎngbó; 赅博 gāibó ♦〜だ 多闻博识 duōwén bóshí

はくじつ【白日】 白日 bái rì ♦〜の下(もと)にさらされる 暴露无遗 bàolù wúyí

はくしゃ【拍車】 马刺 mǎcì ♦〜がかかる 加速 jiāsù

はくしゃ【薄謝】 薄酬 bóchóu

はくじゃく【薄弱−な】 ♦論拠が〜だ 论据单薄 lùnjù dānbó ♦意志〜な 意志薄弱 yìzhì bóruò

はくしゅ【拍手−する】 鼓掌 gǔzhǎng; 拍手 pāishǒu ♦〜喝采をあびる 受到鼓掌喝彩 shòudào gǔzhǎng hècǎi

ばくしゅう【麦秋】麦秋 màiqiū

はくしょ【白書】白皮书 báipíshū ♦経済~ 经济白皮书 jīngjì báipíshū

はくじょう【白状-する】坦白交代 tǎnbái jiāodài; 招认 zhāorèn

はくじょう【薄情-な】寡情 guǎqíng; 薄情 bóqíng; 无情 wúqíng

ばくしょう【爆笑-する】大笑 dàxiào

はくしょく【白色】白色 báisè ♦~テロ 白色恐怖 báisè kǒngbù

はくしん【迫真-の】逼真 bīzhēn; 有血有肉 yǒu xuè yǒu ròu ♦~の演技 逼真的表演 bīzhēn de biǎoyǎn

はくじん【白人】白人 báirén; 白种人 báizhǒngrén

ばくしん【驀進-する】高速前进 gāosù qiánjìn; 勇往直前 yǒng wǎng zhí qián

ばくしんち【爆心地】爆炸中心地 bàozhà zhōngxīndì

はくする【博する】博得 bódé; 获得 huòdé

はくせい【剥製】剥制 bōzhì

はくせん【白癬】白癣 báixuǎn

はくせん【白線】白线 báixiàn

ばくぜん【漠然】模糊 móhu; 含糊 hánhu; 笼统 lǒngtǒng

ばくだい【莫大-な】巨万 jùwàn ♦~な財産 巨富 jùfù

はくだつ【剥奪-する】剥夺 bōduó; 褫夺 chǐduó

ばくだん【爆弾】炸弹 zhàdàn ♦~発言 爆炸性的发言 bàozhàxìng de fāyán ♦~を投下する 投放炸弾 tóufàng zhàdàn

ばくち【博打】赌博 dǔbó

ばくちく【爆竹】鞭炮 biānpào ♦~を鳴らす 放鞭炮 fàng biānpào

はくちゅう【伯仲-する】不相上下 bù xiāng shàng xià ♦実力が~する 势均力敌 shì jūn lì dí

はくちゅう【白昼】白日 báirì ♦~堂々と 光天化日之下公然… guāng tiān huà rì zhī xià gōngrán…

パクチョイ 小白菜 xiǎobáicài

はくちょう【白鳥】天鹅 tiān'é ♦~の湖 天鹅湖 tiān'é hú

バクテリア 细菌 xìjūn

はくどう【白銅】白铜 báitóng ♦~貨 镍币 nièbì

はくないしょう【白内障】白内障 báinèizhàng

はくねつ【白熱-した】火热 huǒrè; 激烈 jīliè ♦~の一戦 激烈的比赛 jīliè de bǐsài

ばくは【爆破-する】爆破 bàopò; 炸毁 zhàhuǐ

はくはつ【白髪-の】白发 báifà ♦~の老人 白头老翁 báitóu lǎowēng

ばくはつ【爆発】爆发 bàozhà ♦火山が~する 火山爆发 huǒshān bàofā ♦火薬が~する 火药爆炸 huǒyào bàozhà ♦~させる 起爆 qǐbào ♦怒りが~する 怒气爆发 nùqì bàofā

ハクビシン【白鼻心】果子狸 guǒzilí; 花面狸 huāmiànlí

はくひょう【薄氷】薄冰 báobīng ♦~を踏む思い 如履薄冰 rú lǚ báobīng

はくひょう【白票】空白票 kòngbáipiào ♦~を投じる 投空白票 tóu kòngbáipiào

ばくふう【爆風】爆炸冲击波 bàozhà chōngjībō

はくぶつ【博物】博物 bówù ♦~学 博物学 bówùxué ♦~館 博物館 bówùguǎn

はくへいせん【白兵戦】白刃战 báirènzhàn

はくぼく【白墨】粉笔 fěnbǐ

はくまい【白米】白米 báimǐ

はくめい【薄命-の】薄命 bómìng; 短命 duǎnmìng ♦佳人~ 红颜薄命 hóngyán bómìng

ハクモクレン【白木蓮】玉兰 yùlán

ばくやく【爆薬】火药 huǒyào; 炸药 zhàyào ♦~を仕掛ける 装炸药 zhuāng zhàyào

はくらい【舶来-の】♦~品 进口货 jìnkǒuhuò; 洋货 yánghuò

はぐらかす 打岔 dǎchà; 岔开 chàkāi

はくらく【剥落-する】剥落 bōluò

はくらんかい【博覧会】博览会 bólǎnhuì ♦万国~ 世界博览会 shìjiè bólǎnhuì; (略称) 世博 shìbó

はくり【剥離-する】剥离 bōlí ♦網膜~ 视网膜剥离 shìwǎngmó bōlí

はくり【薄利】薄利 bólì ♦~多売 薄利多销 bólì duōxiāo

はくりょく【迫力】气魄 qìpò; 气势 qìshì ♦~がある 有气魄 yǒu qìpò ♦~に欠ける 缺乏气魄 quēfá qìpò

はぐるま【歯車】❶《機械の》齿轮 chǐlún; 牙轮 yálún ❷《比喩的に》♦~がかみ合う 配合得很好 pèihéde hěn hǎo ♦~がかみ合わない 有嫌隙 yǒu xiánxì

はぐれる 走散 zǒusàn; 失散 shīsàn ♦みんなと~ 和大家走散 hé dàjiā zǒusàn

ばくろ【暴露-する】暴露 bàolù; 揭露 jiēlù ♦秘密を~する 揭露秘密 jiēlù mìmì ♦~小説 暴露文学 bàolù wénxué

はくわ【白話】白话 báihuà

はけ【刷毛】刷子 shuāzi

はけ【捌け】 ❶《さばける》◆~のよい商品 畅销货 chàngxiāohuò ❷《水などの》~ 排水 páishuǐ

はけ【禿げの】 ◆~の人 秃子 tūzi ◆~上がった 光秃秃 guāngtūtū ◆~頭 光头 guāngtóu；秃顶 tūdǐng ◆~山 无树山 wúshùshān；荒山 huāngshān

ハゲイトウ【葉鶏頭】 雁来红 yànláihóng

はけぐち【捌け口】 发泄的对象 fāxiè de duìxiàng ◆不满の~ 发泄不满的对象 fāxiè bùmǎn de duìxiàng

はげしい【激しい】 激烈 jīliè；厉害 lìhai ◆きわめて~ 强烈 qiángliè ◆汚染が~ 污染厉害 wūrǎn lìhai ◆~嵐 狂风暴雨 kuángfēng bàoyǔ ◆~勢い 猛劲儿 měngjìnr ◆~怒り 雷霆 léitíng ◆~風 大风 dàfēng；烈风 lièfēng ◆~論争 唇枪舌剑 chún qiāng shé jiàn

はげしく【激しく】 激烈 jīliè ◆~ぶつかる 冲撞 chōngzhuàng ◆~揺れる 簸荡 bǒdàng ◆~燃える《火が》大火熊熊 dàhuǒ xióngxióng ◆~言い争う 争辩激烈 zhēngbiàn jīliè ◆~罵る 辱骂 rǔmà ◆~非難する 痛斥 tòngchì ◆~怒る 非常愤怒 fēicháng fènnù

バケツ 水桶 shuǐtǒng；铁桶 tiětǒng

ばけのかわ【化けの皮】 ◆~を剥（は）ぐ 剥下画皮 bāoxià huàpí；揭开假面具 jiēkāi jiǎmiànjù

はげます【励ます】 鼓励 gǔlì；勉励 miǎnlì

はげむ【励む】 努力 nǔlì；奋勉 fènmiǎn ◆仕事に~ 努力工作 nǔlì gōngzuò

ばけもの【化け物】 妖怪 yāoguài；鬼怪 guǐguài

はける【捌ける】 排出 páichū ◆水が~ 水排出去 shuǐ páichūqu ◆商品がよく~ 货物销路好 huòwù xiāolù hǎo

はげる【禿げる】 秃 tū

はげる【剥げる】 剥落 bōluò

ばける【化ける】 化 huà；变 biàn ◆記者に~ 装成记者 zhuāngchéng jìzhě

はけん【覇権】 霸权 bàquán ◆~主义 霸权主义 bàquán zhǔyì ◆~を握る 掌握霸权 zhǎngwò bàquán

はけん【派遣-する】 派遣 pàiqiǎn；差遣 chāiqiǎn ◆特派员を~る 派特派员 pài tèpàiyuán ◆~社员 派遣职员 pàiqiǎn zhíyuán ◆人材~会社 人材派遣公司 réncái pàiqiǎn gōngsī

ばけん【馬券】 马票 mǎpiào ◆~売り場 马票出售处 mǎpiào chūshòuchù ◆~はずれ~ 没中的吗票 méi zhòng de mǎpiào

はこ【箱】 《大きな箱》箱子 xiāngzi；《小さな箱》盒子 hézi ◆ごみ~ 垃圾箱 lājīxiāng ◆筆~ 铅笔盒儿 qiānbǐhér

はごいた【羽子板】 毽子板 jiànzi bǎn

はごたえ【歯応え】 ◆~のある肉 有咬劲儿的肉 yǒu yǎojìnr de ròu ◆~のある相手 有劲头儿的对手 yǒu jìntóur de duìshǒu

はこづめ【箱詰め-の】 装箱 zhuāngxiāng

はこにわ【箱庭】 庭院式盆景 tíngyuànshì pénjǐng

はこび【運び】 ◆完成の~となる 到完成的阶段 dào wánchéng de jiēduàn ◆話の~がうますぎる 事情进展得太顺利 shìqíng jìnzhǎnde tài shùnlì ◆足の~ 脚步 jiǎobù

はこぶ【運ぶ】 ❶《物を》运 yùn；搬 bān ◆荷物を~ 搬东西 bān dōngxi；载运货物 zàiyùn huòwù ◆なめらかに筆を~ 巧妙地运笔 qiǎomiào de yùnbǐ ◆足を~ 去 qù ❷《事が進行》进行 jìnxíng；推进 tuījìn ◆事がうまく~ 顺利地进行 shùnlì de jìnxíng ◆計画通りに~ 按着计划推进 ànzhe jìhuà tuījìn

はこもの【箱物】 公共建筑 gōnggòng jiànzhù

バザー 义卖 yìmài

はさい【破砕-する】 破碎 pòsuì

はざかいき【端境期】 青黄不接的时期 qīng huáng bù jiē de shíqí

はざくら【葉桜】 长出嫩叶的樱树 zhǎngchū nènyè de yīngshù

はさまる【挟まる】 夹 jiā ◆歯に~ 塞在牙缝里 sāizài yáféng lǐ ◆2冊の本の間に~ 夹在两本书之间 jiāzài liǎng běn shū zhī jiān ◆二つの山に~ 处在两座山之间 chǔzài liǎng zuò shān zhī jiān

はさみ【鋏】 剪刀 jiǎndāo；剪子 jiǎnzi ◆~で切る 用剪子铰 yòng jiǎnzi jiǎo

はさみうち【挟み撃ち】 ◆~にする 夹攻 jiāgōng

はさみこむ【挟み込む】 夹入 jiārù；插 chā；穿插 chuānchā

はさむ【挟む】 夹 jiā；捏 niē ◆話に口を~ 插嘴 chāzuǐ ◆パンにハムを~ 把火腿夹在面包中间 bǎ huǒtuǐ jiāzài miànbāo zhōngjiān ◆小耳に~ 听到 tīngdào

はざわり【歯触り】 ◆~がいい 脆 cuì ◆~がよくておいしい 酥脆可口 sūcuì kěkǒu

はさん【破産-する】 破产 pòchǎn ♦～を宣告する 宣告破产 xuāngào pòchǎn ♦自己～を申し立てる 自我申请破产 zìwǒ shēnqǐng pòchǎn

はし【橋】 桥 qiáo；桥梁 qiáoliáng ♦丸木～ 独木桥 dúmùqiáo ♦～を架ける 搭桥 dāqiáo

はし【端】 端 duān；尖儿 jiānr ♦～に寄る 靠边 kàobiān

はし【箸】 筷子 kuàizi ♦取りばし 公用筷 gōngyòngkuài ♦～にも棒にもかからない 软硬不吃 ruǎn yìng bù chī；无法对付 wúfǎ duìfu

はじ【恥】 耻辱 chǐrǔ；羞耻 xiūchǐ ♦～の上塗り 丑上加丑 chǒu shàng jiā chǒu ♦～をかく 丢脸 diūliǎn ♦～をさらす 出丑 chūchǒu ♦～をしのんで 忍辱含垢 rěn rǔ hán gòu

はじいる【恥じ入る】 羞愧 xiūkuì；惭愧 cánkuì

はしか【麻疹】 麻疹 mázhěn；疹子 zhěnzi ♦～にかかる 患麻疹 huàn mázhěn

はしがき【端書き】 序言 xùyán；前言 qiányán

はじく【弾く】 弹 tán ♦爪で～を用に指甲弾 yòng zhǐjia tán ♦そろばんを～打算盘 dǎ suànpan ♦水を～ 不沾水 bù zhān shuǐ

はしけ【艀】 驳船 bóchuán ♦～で運ぶ 驳运 bóyùn

はしげた【橋桁】 桥桁 qiáohéng；桥架 qiáojià

はじける【弾ける】 爆开 bàokāi；裂开 lièkāi ♦豆のさやが～ 豆荚裂开 dòujiá lièkāi

はしご【梯子】 梯子 tīzi ♦～をかける 架上梯子 jiàshàng tīzi ♦縄～ 绳梯 shéngtī

はしごしゃ【梯子車】 云梯消防车 yúntī xiāofángchē

はしらず【恥知らず】 不要脸 bú yàoliǎn；无耻 wúchǐ；恬不知耻 tián bù zhī chǐ ♦～な 无耻 之徒 wúchǐ zhī tú ♦この～めが 你这个不要脸的 nǐ zhège bú yàoliǎn de

はした【端た】 零数 língshù ♦～金 零钱 língqián

はしたない【端たない】 下流的 xiàliú de；不礼貌 bù lǐmào

はしっこ【端っこ】 边上 biānshàng；边缘 biānyuán

ばじとうふう【馬耳東風】 耳边风 ěrbiānfēng

はじない【恥じない】 ♦大哲学者の名に～ 不愧是伟大的哲学家 búkuì shì wěidà de zhéxuéjiā

はじまり【始まり】 开端 kāiduān；开头 kāitóu ♦～を告げる 揭幕 jiēmù

はじまる【始まる】 开始 kāishǐ；开头 kāitóu；～から 起源于… qǐyuányú... ♦会社は9時半に～ 公司九点半开始工作 gōngsī jiǔ diǎn bàn kāishǐ gōngzuò ♦コンサートが～ 音乐会开演 yīnyuèhuì kāiyǎn ♦ささいなことから喧嘩が始まった 因为小事，竟扭打在一起了 yīnwèi xiǎoshì, jìng niǔdǎzài yìqǐ le

はじめ【始め】 开始 kāishǐ；起初 qǐchū ♦～から読んでみろ 打头看一遍 dǎtóu kàn yí biàn ♦～から終わりまで 从头到尾 cóng tóu dào wěi ♦～のうち 开头 kāitóu；起首 qǐshǒu

はじめて【初めて-の】 初次 chūcì；第一次 dìyīcì ♦～会う 初次见面 chūcì jiànmiàn ♦～して～ 只有…才… zhǐyǒu...cái...

はじめる【始める】 动手 dòngshǒu；开始 kāishǐ ♦事業を～ 创办企业 chuàngbàn qǐyè ♦では、会を始めましょう 那就开会吧 nà jiù kāihuì ba ♦雨が降り始めた 下起雨来了 xiàqǐ yǔ lái le

ばしゃ【馬車】 马车 mǎchē

はしゃぐ 欢闹 huānnào；嬉闹 xīnào ♦はしゃぎすぎ 过于高兴 guòyú gāoxìng

パジャマ 睡衣 shuìyī

ばじゅつ【馬術】 马术 mǎshù

はしゅつじょ【派出所】 警察值勤处 jǐngchá zhíqínchù

ばしょ【場所】 地点 dìdiǎn；地方 dìfang ♦～を移す 搬到别处 bāndào biéchù ♦～を空ける 空腾地方 kòngténg dìfang ♦～をふさぐ 占地方 zhàn dìfang

バショウ【芭蕉】〖植物〗 芭蕉 bājiāo

はしょうふう【破傷風】 破伤风 pòshāngfēng

はしょる【端折る】 简略 jiǎnlüè；缩短 suōduǎn ♦はしょって話す 简略地说 jiǎnlüè de shuō

はしら【柱】 柱头 zhùtóu；柱子 zhùzi ♦一家の～ 一家的顶梁柱 yìjiā de dǐngliángzhù

はじらう【恥じらう】 害羞 hàixiū；含羞 hánxiū

はしらどけい【柱時計】 挂钟 guàzhōng

はしり【走り-の】 刚上市的 gāng shàngshì de；新鲜的 xīnxiān de ♦～を味わう 尝新 chángxīn

はしりがき【走り書き-をする】 潦草书写 liáocǎo shūxiě

はしりたかとび【走り高跳び】 跳高 tiàogāo

はしりはばとび【走り幅跳び】 跳远 tiàoyuǎn

はしる【走る】 跑 pǎo；跑步 pǎobù ♦走り回る 奔走 bēnzǒu ♦高速道路が南北に― 高速公路通向南北 gāosù gōnglù tōngxiàng nánběi ♦悪に― 走上歪道 zǒushàng wāidào ♦感情に― 感情用事 gǎnqíng yòngshì

はじる【恥じる】 羞愧 xiūkuì ♦失敗を― 惭愧失败 cánkuì shībài ♦勝者の名に恥じない 不愧是胜利者 búkuì shì shènglìzhě

はしわたし【橋渡し―をする】 牵线搭桥 qiānxiàn dāqiáo; 中介 zhōngjiè

ハス【蓮】 荷花 héhuā ♦―の葉 荷叶 héyè ♦―の実 莲子 liánzǐ

はず【筈】 应该 yīnggāi ♦知らない―がない 不会不知道 búhuì bù zhīdào ♦もう来ている―だ 应该已经来了 yīnggāi yǐjīng lái le

バス 公共汽车 gōnggòng qìchē; 巴士 bāshì ♦―停 汽车站 qìchēzhàn ♦―の車掌 售票员 shòupiàoyuán ♦―に乗り遅れる《比喻》落伍 luòwǔ; 跟不上潮流 gēnbushàng cháoliú

パス―する ❶《試験など》过关 guòguān ♦試験に―する 考上 kǎoshàng ❷《ボールを》传球 chuánqiú

はすう【端数】 零数 língshù ♦―がある 有零 yǒulíng; 有余 yǒuyú ♦―が出る 出头 chūtóu

ばすえ【場末―の】 大街尽头 dàjiē jìntóu; 城郊 chéngjiāo

はずかしい【恥ずかしい】 害羞 hàixiū; 可耻 kěchǐ; 难为情 nánwéiqíng ♦あなたに会うのが― 没脸见你 méi liǎn jiàn nǐ

はずかしがり【恥ずかしがり―の】 害羞 hàixiū ♦―屋 腼腆的人 miǎntiǎn de rén

はずかしがる【恥ずかしがる】 害臊 hàisào; 怕羞 pàxiū ♦―年かい これ么大了，还怕什么羞 zhème dà le, hái pà shénme xiū

はずかしげ【恥ずかしげ】 ♦―もなく 老着脸皮 lǎozhe liǎnpí; 脸皮厚 liǎnpí hòu

はずかしめる【辱める】 侮辱 wǔrǔ; 耻辱 chǐrǔ

ハスキーボイス 哑嗓子 yǎsǎngzi

バスケットボール 篮球 lánqiú

はずす【外す】 ♦ボタンを― 解开扣子 jiěkāi kòuzi ♦席を― 退席 tuìxí ♦的を― 没射中 méi shèzhòng

パスタ 意大利面 Yìdàlìmiàn

バスタオル 浴巾 yùjīn

はすっぱ【蓮っ葉―な】 轻佻 qīngtiāo

パステル 蜡笔 làbǐ ♦―画 蜡笔画 làbǐhuà ♦―カラー 柔和色彩 róuhé sècǎi

バスト 胸围 xiōngwéi

はずべき【恥ずべき】 可耻 kěchǐ ♦―行為 丑行 chǒuxíng

パスポート 护照 hùzhào

はずみ【弾み】 顺势 shùnshì ♦転んだ～に 刚一摔倒就… gāng yì shuāidǎo jiù...

はずむ【弾む】 ♦ボールが― 皮球蹦 píqiú bèng ♦心が― 心里愉快 xīnlǐ yúkuài ♦話が― 谈得起劲儿 tánde qǐjìnr

パズル 智力测验题 zhìlì cèyàntí ♦ジグソー― 拼版玩具 pīnbǎn wánjù

はずれ【外れ】 未中 wèi zhòng ♦馬券 没中的马票 méi zhòng de mǎpiào ♦村― 村头 cūntóu ♦村外 cūnwài

はずれる【外れる】 ♦めがねが― 眼镜脱掉 yǎnjìng tuōdiào ♦道理に― 不合道理 bù hé dàolǐ ♦予想が― 预测不对 yùcè bú duì ♦当てが― 期望落空 qīwàng luòkōng ♦くじが―た 没有中彩 méiyǒu zhòng cǎi

バスローブ 浴衣 yùyī

パスワード 密码 mìmǎ

はせい【派生―する】 派生 pàishēng ♦華凧 zīrǔ ♦―の義 引申义 yǐnshēnyì ♦―語 派生词 pàishēngcí

ばせい【罵声】 骂声 màshēng ♦―を浴びせる 漫骂 mànmà; 痛骂 tòngmà

バセドーびょう【バセドー病】 巴赛杜氏病 Bāsàidùshìbìng

パセリ 荷兰芹 hélánqín; 欧芹 ōuqín

はせる【馳せる】 ♦ふる里に思いを― 思念故乡 sīniàn gùxiāng ♦世界に名を― 驰名世界 chímíng shìjiè

はせん【波線】 波状线 bōzhuàngxiàn

はせん【破線】 虚线 xūxiàn

パソコン 个人电脑 gèrén diànnǎo; 微机 wēijī

はそん【破損―する】 毁损 huǐsǔn; 破损 pòsǔn

はた【旗】 旗子 qízi; 旗帜 qízhì ♦―竿 旗杆 qígān ♦―を揚げる 升旗 shēngqí ♦―を降ろす 降旗 jiàngqí

はた【傍―の】 旁边 pángbiān ♦―の者 旁人 pángrén ♦池の― 池边 chíbiān

はた【機】 织布机 zhībùjī ♦―を織る 织布 zhībù

はだ【肌】 皮肤 pífū ♦―があれる 皮肤粗糙 pífū cūcāo ♦―が合う 合得来 hédelái ♦―が合わない 性情不合 xìngqíng bùhé; 合不来 hébulái

パター 黄油 huángyóu; 奶油 nǎiyóu

はだあい【肌合い】 性情 xìngqíng; 气质 qìzhì

はたあげ【旗上げ-する】 开创 kāichuàng；创办 chuàngbàn

パターン 式样 shìyàng；模式 móshì ♦勝らない～ 取胜的模式 qǔshèng de móshì

はたいろ【旗色】 ♦～が悪い 形势不利 xíngshì búlì

はだか【裸-の】 裸体 luǒtǐ ♦～になる 赤裸 chìluǒ ♦～一貫から～を起こす 白手起家 bái shǒu qǐ jiā

はたがしら【旗頭】 首领 shǒulǐng

ハダカムギ【裸麦】 青稞 qīngkē；元麦 yuánmài

はたき【叩き】 掸子 dǎnzi ♦～をかける 掸掸

はだぎ【肌着】 内衣 nèiyī ♦～のシャツ 汗衫 hànshān

はたく【叩く】 磕 kē；扑 pū ♦はたきで～ 用掸子掸 yòng dǎnzi dǎn ♦体のほこりを～ 扑打身上的尘土 pūdǎ shēnshang de chéntǔ

はたけ【畑】 田地 tiándì；旱地 hàndì；旱田 hàntián ♦～違いの专业不同 zhuānyè bùtóng

はだける 敞开 chǎngkāi ♦胸元が～ 敞着领口 chǎngzhe lǐngkǒu

はださむい【肌寒い】 清冷 qīnglěng；微寒 wēihán

はだざわり【肌触り】 触及皮肤的感觉 chùjí pífū de gǎnjué；质感 zhìgǎn ♦～がいい 穿起来很舒服 chuānqǐlái hěn shūfu

はだし【裸足】 赤脚 chìjiǎo

はたしあい【果たし合い】 决斗 juédòu

はたして【果たして】 果然 guǒrán ♦～させるかな 果不其然 guǒ bù qí rán ♦～そうかな 果真是这样吗 guǒzhēn shì zhèyàng ma

はたじるし【旗印】 旗帜 qízhì；旗号 qíhào ♦～に掲げる 提倡 tíchàng

はたす【果たす】 ♦役目を～ 完成任务 wánchéng rènwu ♦お金を使い果たした 钱都花光了 qián dōu huāguāng le

はたと【礑と】 恍然 huǎngrán ♦～音が止む 戛然而止 jiárán ér zhǐ ♦～悟る 恍然大悟 huǎng rán dà wù

ばたばた-と ♦～倒れる 相继倒下 xiāngjì dǎoxià ♦～忙しい 忙个不停 máng ge bùtíng ♦～走り回る 到处奔走 dàochù bēnzǒu

ぱたぱた-と 啪嗒啪嗒 pādāpādā ♦～たたく 拍打 pāida

バタフライ【水泳】 蝶泳 diéyǒng

はだみ【肌身】 ♦～離さず持つ 随身带着 suíshēn dàizhe

はためく 飘扬 piāoyáng；招展 zhāozhǎn ♦～旗 旗帜招展 qízhì zhāozhǎn ♦風に～ 迎风飘扬 yíng

fēng piāoyáng

はたらかす【働かす】 ♦頭を～ 动脑筋 dòng nǎojīn

はたらき【働き】 功能 gōngnéng；作用 zuòyòng ♦肺の～ 肺的功能 fèi de gōngnéng ♦薬の～ 药力 yàolì ♦予想外の～ 出乎意料的功劳 chūhū yìliào de gōngláo

はたらきかける【働きかける】 推动 tuīdòng；发动 fādòng ♦議会に働きかけて 发动议会 fādòng yìhuì

はたらきぐち【働き口】 职业 zhíyè ♦～を探す 求职 qiúzhí；找工作 zhǎo gōngzuò

はたらきざかり【働き盛り】 壮年 zhuàngnián ♦～だ 年富力强 nián fù lì qiáng

はたらきて【働き手】 能手 néngshǒu；能干的人 nénggàn de rén；〈一家の支え〉主要劳动力 zhǔyào láodònglì ♦会社一の～ 公司里最能干的人 gōngsīlǐ zuì nénggàn de rén ♦～を失う 失去一家的顶梁柱 shīqù yìjiā de dǐngliángzhù

ハタラキバチ【働蜂】 工蜂 gōngfēng

はたらきもの【働き者】 辛勤劳动的人 xīnqín láodòng de rén

はたらく【働く】 工作 gōngzuò；劳动 láodòng ♦〈機能する〉起作用 qǐ zuòyòng ♦よく～ 勤劳 qínláo；努力劳动 nǔlì láodòng ♦頭の～ 脑筋机灵 nǎojīn jīlíng ♦勘が～ 预感很灵 yùgǎn hěn líng ♦警報装置が～ 警报装置起作用 jǐngbào zhuāngzhì qǐ zuòyòng ♦悪事を～ 干坏事 gàn huàishì

はたん【破綻-する】 ♦政策に～をきたした 政策破产了 zhèngcè pòchǎn le ♦生活が～ 生活不能维持 shēnghuó bùnéng wéichí ♦経営が～ 经营失败 jīngyíng shībài

はだん【破談】 ❶〈約束を〉取消约定 qǔxiāo yuēdìng ❷〈婚約を〉解除婚约 jiěchú hūnyuē

はち【鉢】 大碗 dàwǎn；盆子 pénzi ♦植木～ 花盆 huāpén

はち【八】 八 bā

ハチ【蜂】 蜂 fēng

ばち【撥】 鼓槌 gǔchuí

ばち【罰】 报应 bàoyìng ♦～が当たる 遭受报应 zāoshòu bàoyìng ♦～当たり者 业障 yèzhàng

はちあわせ【鉢合せ-する】 头碰头 tóu pèng tóu；碰到 pèngdào；碰见 pèngjiàn

はちうえ【鉢植え】 盆栽 pénzāi；盆花 pénhuā

ばちがい【場違い-な】 不适场合 bú

shì chǎnghé ♦〜な服 不合时宜的衣裳 bù hé shíyí de yīshang
はちきれる【はち切れる】 撑破 chēngpò ♦おなかが〜そうだ 肚子都要胀破了 dùzi dōu yào zhàngpò le
はちく【破竹】 ♦〜の勢い 势如破竹 shì rú pò zhú
ぱちくり ⦅驚いて⦆♦目を〜させる 吓得直眨巴眼 xiàde zhí zhǎba yǎn
ハチのす【蜂の巣】 蜂窝 fēngwō；蜂巢 fēngcháo ♦〜をつついたような 像捅了蜂窝一样 xiàng tǒngle fēngwō yíyàng
はちまき【鉢巻き-をする】 缠头巾 chántóujīn
はちみつ【蜂蜜】 蜂蜜 fēngmì
はちめんたい【八面体】 八面体 bāmiàntǐ
はちゅうるい【爬虫類】 爬行动物 páxíng dòngwù
はちょう【波長】 波长 bōcháng；⦅人と⦆♦〜が合う 和谐 héxié；合得来 hédelái ♦〜が合わない 不对劲 bú duìjìn
パチンコ ❶ ⦅ゴム弓⦆ 绷弓子 bēnggōngzi；弹弓 tángōng ❷ ⦅ゲーム⦆ 弹钢球 tán gāngqiú；爬金库 pájīnkù
はつ【初-の】 首次 shǒucì；初次 chūcì ♦〜孫 第一个孙子[女] dìyī ge sūnzi[nǚ] ♦〜の試み 首次尝试 shǒucì chángshì
ばつ【罰】 罚 fá ♦〜を受ける 受罚 shòufá ♦〜を与える 处罚 chǔfá
ばつ【閥】 派系 pàixì
はつあん【発案-する】 ❶ ⦅プランを⦆ 提出计划 tíchū jìhuà；出主意 chū zhǔyì ❷ ⦅議案提出⦆ 提案 tí'àn
はついく【発育-する】 发育 fāyù ♦〜がいい 发育好 fāyù hǎo ♦〜不全 发育不全 fāyù bùquán
はつえんとう【発煙筒】 发烟筒 fāyāntǒng ♦〜をたく 点燃发烟筒 diǎnrán fāyāntǒng
はつおん【発音-する】 发音 fāyīn；语音 yǔyīn
はっか【発火-する】 发火 fāhuǒ；起火 qǐhuǒ ♦〜点 燃点 rándiǎn
ハッカ【薄荷】 薄荷 bòhe ♦〜油 清凉油 qīngliángyóu
はつが【発芽-する】 出芽 chūyá；发芽 fāyá
はっかく【発覚-する】 暴露 bàolù；败露 bàilù ♦不正な〜する 私弊败露 sībì bàilù
はっかくけい【八角形-の】 八角形 bājiǎoxíng
ハツカネズミ【二十日鼠】 鼷鼠 xīshǔ
ばつがわるい【ばつが悪い】 不好意思 bùhǎoyìsi；尴尬 gāngà
はっかん【発刊-する】 创刊 chuàngkān；发刊 fākān
はっかん【発汗-する】 ⦅薬などで⦆ 发汗 fāhàn ♦〜剤 发汗药 fāhànyào ♦〜作用 发汗作用 fāhàn zuòyòng
はつがん【発癌】 致癌 zhì'ái ♦〜物質 致癌物质 zhì'ái wùzhì
はっき【発揮-する】 发挥 fāhuī ♦ 実力を〜する 施展能力 shīzhǎn nénglì；大显本领 dà xiǎn běnlǐng
はつぎ【発議-する】 提议 tíyì
はっきゅう【発給-する】 发给 fāgěi；签发 qiānfā ♦ビザを〜する 发放签证 fāfàng qiānzhèng
はっきゅう【薄給-の】 低薪 dīxīn；低工资 dīgōngzī
はっきょう【発狂-する】 发疯 fāfēng；发狂 fākuáng
はっきり 明确 míngquè；清楚 qīngchu ♦〜現れている 显见 xiǎnjiàn ♦〜言う 明确表白 míngquè biǎobái ♦〜言えない 说不定 shuōbudìng ♦〜区別する 明确区分 míngquè qūfēn ♦〜見える 看得很清楚 kànde hěn qīngchu ♦態度を〜しない 态度含糊 tàidu hánhu
はっきん【発禁】 禁止刊行 jìnzhǐ kānxíng ♦〜図書 禁书 jìnshū
ばっきん【罰金】 罚款 fákuǎn ♦〜を払う 缴罚款 jiǎo fákuǎn
パッキング 打包 dǎbāo；⦅詰めもの⦆ 填料 tiánliào
バック ❶ ⦅背景⦆ 背景 bèijǐng ♦絵で〜をグレーに塗る 把背景涂成灰色 bǎ bèijǐng túchéng huīsè ❷ ⦅後ろ盾⦆ 靠山 kàoshān ♦彼には〜がついている 他背后有靠山 tā bèihòu yǒu kàoshān ♦〜グラウンド 背景 bèijǐng；环境 huánjìng ♦〜ボーン 骨气 gǔqì；脊梁骨 jǐliánggǔ ❸ ⦅後ろに⦆ 往后退 wǎng hòu tuì ♦車を〜させる 汽车倒退 qìchē dàotuì ♦〜ナンバー 过期杂志 guòqí zázhì ♦〜ミラー 后视镜 hòushìjìng ❹ ⦅背泳⦆ 仰泳 yǎngyǒng ❺ ⦅サッカー・ホッケーなど⦆ 后卫 hòuwèi ❻ ⦅テニス・卓球など⦆ 反手 fǎnshǒu
バッグ ♦ハンド〜 手提包 shǒutíbāo ♦ボストン〜 旅行包 lǚxíngbāo ♦サンド〜 沙袋 shādài
パック ❶ ⦅化粧の⦆ 润肤膏 rùnfūgāo ❷ ⦅包み⦆ 包 bāo ❸ ⦅旅行⦆ 包价旅行 bāojià lǚxíng
バックアップ ❶ ⦅後援⦆ ♦〜する 支援 zhīyuán ❷ ⦅コンピュータの⦆ ♦〜を取っておく 后备 hòubèi
バックス ⦅スポーツで⦆ 后卫 hòuwèi
はっくつ【発掘-する】 发掘 fājué
バックル 带扣 dàikòu

ばつぐん【抜群-の】 卓然 zhuórán; 卓著 zhuózhù ◆～の成績 卓越的成绩 zhuóyuè de chéngjì

はっけ【八卦】 八卦 bāguà ◆～見 占卜家 zhānbǔjiā

はっけっきゅう【白血球】 白血球 báixuèqiú

はっけつびょう【白血病】 白血病 báixuèbìng

はっけん【発見-する】 发现 fāxiàn

はつげん【発言-する】 发言 fāyán

はつげんち【発源地】 发源地 fāyuándì

ばっこ【跋扈-する】 跳梁 tiàoliáng; 跋扈 báhù

はつこい【初恋】 初恋 chūliàn ◆～の相手 初恋对象 chūliàn duìxiàng

はっこう【発光-する】 发光 fāguāng ◆～体 发光体 fāguāngtǐ

はっこう【発行-する】 发行 fāxíng; 出版 chūbǎn ◆～を停止する《新聞・雑誌が》停刊 tíngkān

はっこう【発酵-する】 发酵 fājiào

はっこう【発効-する】 生效 shēngxiào

はっこう【薄幸-な】 薄命 bómìng; 不幸 búxìng

はっこつ【白骨】 白骨 báigǔ; 尸骨 shīgǔ ◆～体 骷髅 kūlóu

ばっさい【伐採-する】 砍伐 kǎnfá; 采伐 cǎifá

はっさん【発散-する】 散发 sànfā; 发泄 fāxiè ◆余熱を～させる 散发余热 sànfā yúrè ◆ストレスを～する 消除紧张 xiāochú jǐnzhāng

ばっし【抜糸-する】 拆线 chāixiàn

ばっし【抜歯-する】 拔牙 báyá

バッジ 徽章 huīzhāng; 证章 zhèngzhāng

はっしゃ【発射-する】 发射 fāshè ◆ピストルを～する 开手枪 kāi shǒuqiāng

はっしゃ【発車-する】 开车 kāichē; 发车 fāchē ◆もうすぐ～する 快要开了 kuàiyào kāi le

はつじょう【発情-する】 发情 fāqíng

はつしょうち【発祥地】 发祥地 fāxiángdì

ばつじるし【罰印】 《記号「×」》叉 chā ◆～をつける 打叉儿 dǎ chār

はっしん【発信-する】 《郵便を》发信 fāxìn; 寄信 jìxìn ◆《無線を》发报 fābào

はっしん【発進-する】 进发 jìnfā ◆飛行機が～する 飞机起飞 fēijī qǐfēi

はっしん【発疹】 皮疹 pízhěn

ばっすい【抜粋-する】 文摘 wénzhāi; 摘录 zhāilù ◆～引用する 摘引 zhāiyǐn

はっする【発する】 ❶《始まる》◆黄河流域に～文明 发祥于黄河流域的文明 fāxiángyú Huánghé liúyù de wénmíng ◆…に端を発する 发端于… fāduānyú... ❷《現れ出る》◆怒りを～発怒 fānù; 生气 shēngqì ◆熱を～ 发烧 fāshāo

ばっする【罰する】 处罚 chǔfá

はっせい【発生-する】 发生 fāshēng ◆事故が～する 发生事故 fāshēng shìgù

はっせい【発声-する】 发声 fāshēng ◆～練習 发声练习 fāshēng liànxí

はっそう【発想】 想法 xiǎngfǎ; 设想 shèxiǎng ◆～の優れた 心思灵巧的 xīnsī língqiǎo de

はっそう【発送-する】 寄出 jìchū; 发送 fāsòng ◆荷物を～する 发送货物 fāsòng huòwù

ばっそく【罰則】 处罚条款 chǔfá tiáokuǎn ◆～を設ける 规定惩罚条例 guīdìng chéngfá tiáolì

バッタ【飛蝗】 飞蝗 fēihuáng; 蚱蜢 zhàměng; 蚂蚱 màzha ◆～の害 蝗灾 huángzāi

はったつ【発達-する】 发达 fādá

はったり ◆～を言う 说大话 shuō dàhuà; 虚张声势 xū zhāng shēng shì

ばったり ◆～出会う 突然撞见 tūrán zhuàngjiàn ◆～倒れる 突然倒下 tūrán dǎoxià ◆～とだえる 突然断绝 tūrán duànjué

はっちゃく【発着-する】 出发和到达 chūfā hé dàodá ◆～場所 出发到达地点 chūfā dàodá dìdiǎn

はっちゅう【発注-する】 订货 dìnghuò; 订购 dìnggòu

ぱっちり-した《目が》《眼睛》大而水灵《yǎnjing》dà ér shuǐlíng

ばってき【抜擢-する】 提拔 tíbá; 提拔 tíba ◆異例の～ 破格提升 pògé tíshēng

バッテリー 《電池》蓄电池 xùdiànchí

はってん【発展-する】 发展 fāzhǎn ◆～途上国 发展中国家 fāzhǎnzhōng guójiā

はつでん【発電-する】 发电 fādiàn ◆～機 发电机 fādiànjī ◆～所 发电站 fādiànzhàn ◆太陽光～ 太阳能发电 tàiyángnéng fādiàn

はっと 豁然 huòrán; 突然 tūrán ◆～気が付く 猛然发觉 měngrán fājué ◆～我に返る 清醒过来 qīngxǐng guòlái

バット 球棒 qiúbàng

ぱっと ◆～駆け出す 撒腿就跑 sātuǐ jiù pǎo ◆～光る 闪现 shǎnxiàn ◆～しない 不显著 bù xiǎnzhù

はつどう【発動-する】 发动 fādòng;

はっとうしん【八頭身】 八头身材 bātóu shēncái
はつに【初荷】 年初的第一次送货 niánchū de dìyī cì sònghuò
はつねつ【発熱-する】 发热 fārè
はつねつ【発熱-する】 发烧 fāshāo
はつのりりょうきん【初乗り料金】 起价 qǐjià
はっぱ【発破】 ❶《火薬で》〜をかける 用炸药爆破 yòng zhàyào bàopò ❷《激励》〜をかける 激励 jīlì
はつばい【発売-する】 发售 fāshòu；出售 chūshòu
はつひ【初日】 〜を拝む 观瞻元旦的日出 guānzhān yuándàn de rìchū
ハッピーエンド 大团圆 dàtuányuán
はつびょう【発病-する】 发病 fābìng；得病 débìng
はっぴょう【発表-する】 发表 fābiǎo ♦研究〜をする 发表研究成果 fābiǎo yánjiū chéngguǒ ♦バイオリンの〜会 小提琴的汇报演奏会 xiǎotíqín de huìbào yǎnzòuhuì ♦コミュニケを〜する 发表公报 fābiǎo gōngbào
はっぷ【発布-する】 发布 fābù；颁布 bānbù ♦憲法を〜する 公布宪法 gōngbù xiànfǎ
はつぶたい【初舞台】 首次登台 shǒucì dēngtái ♦〜を踏む 初登舞台 chūdēng wǔtái
はっぷん【発奮-する】 奋发 fènfā；发愤 fāfèn ♦〜させる 激发 jīfā
はっぽう【発砲-する】 开枪 kāiqiāng；开火 kāihuǒ ♦〜事件 开枪事件 kāiqiāng shìjiàn
はっぽう【八方-に】 四面八方 sìmiàn bāfāng ♦〜手を尽くす 想尽办法 xiǎngjìn bànfǎ ♦満足のゆく完璧無欠 wánměn wúquē ♦〜美人 四面讨好 sìmiàn tǎohǎo ♦〜塞がり 找不到出路 zhǎobudào chūlù；到处碰壁 dàochù pèngbì
はっぽうやぶれ【八方破れ-の】 漏洞百出 lòudòng bǎichū
ばっぽんてき【抜本的-に】 根本地 gēnběn de ♦〜改革 彻底改革 chèdǐ gǎigé ♦〜対策 根本的对策 gēnběn de duìcè
はつみみ【初耳-だ】 初次听到 chūcì tīngdào
はつめい【発明-する】 发明 fāmíng ♦〜家 发明家 fāmíngjiā
はつもうで【初詣】 新年后初次参拜神佛 xīnnián hòu chūcì cānbài shénfó

はつもの【初物】 最早上市的 zuìzǎo shàngshì de ♦〜を食べる 尝鲜 chángxiān
はつゆき【初雪】 初雪 chūxuě
はつらつ【溌剌-とした】 活泼 huópo ♦元気〜 朝气蓬勃 zhāoqì péngbó
はつれい【発令-する】 发布 fābù ♦警報を〜する 发布警报 fābù jǐngbào
はつろ【発露-する】 流露 liúlù ♦愛情の〜 爱情的表现 àiqíng de biǎoxiàn
はて【果て】 边际 biānjì；尽头 jìntóu ♦〜のない争い 没完没了的争执 méi wán méi liǎo de zhēngzhí ♦あげくの〜に 最后 zuìhòu ♦地の〜 大地的尽头 dàdì de jìntóu ♦この世の〜 人间绝境 rénjiān juéjìng ♦なれの〜 末路 mòlù；下场 xiàchǎng
はで【派手-な】 浮华 fúhuá；华丽 huálì；花哨 huāshao ♦〜に着飾る 披红戴绿 pīhóng dàilǜ ♦〜な性格 爱浮华 ài fúhuá ♦〜に散财する 铺张浪费 pūzhāng làngfèi
パテ《建築の》 泥子 nìzi；油灰 yóuhuī
ばていけい【馬蹄形-の】 马蹄形 mǎtíxíng
はてしない【果てしない】 无涯 wúyá；无边 wúbiān；无尽无休 wú jìn wú xiū ♦〜荒野 一望无边的荒野 yí wàng wúbiān de huāngyě ♦話が〜 话没完没了 huà méi wán méi liǎo
はてしなく【果てしなく】 无边 wúbiān ♦〜広い 漫无边际 màn wú biānjì；茫茫 mángmáng ♦〜長い《時間・道路が》 漫长 màncháng
はてる【果てる】 完了 wánliǎo；告终 gàozhōng ♦命が〜 结束生命 jiéshù shēngmìng
ばてる 累坏 lèihuài；累得要死 lèide yàosǐ；精疲力竭 jīng pí lì jié
はてんこう【破天荒-な】 破天荒 pò tiānhuāng
パテント 专利 zhuānlì
ハト【鳩】 鸽子 gēzi ♦〜レース 信鸽比赛 xìngē bǐsài ♦〜小屋 鸽子棚 gēzi péng ♦〜笛《中国の》 鸽哨 gēshào；《日本の》 鸽形笛 gēxíngdí
はとう【波濤】 浪涛 làngtāo
はどう【波動】 波动 bōdòng
ばとう【罵倒-する】 咒骂 zhòumà；漫骂 mànmà
パトカー 警车 jǐngchē；巡逻车 xúnluóchē
はとば【波止場】 码头 mǎtou
バドミントン 羽毛球 yǔmáoqiú
はどめ【歯止め】 抑制 yìzhì；煞住

（行使 xíngshǐ ♦〜機 发动机 fādòngjī ♦拒否権を〜する 行使否决权 xíngshǐ fǒujuéquán ♦内戦を〜する 发动内战 fādòng nèizhàn）

パトロール-する 巡查 xúnchá; 巡逻 xúnluó ♦~隊 巡逻队 xúnluóduì

パトロン 靠山 kàoshān; 资助人 zīzhùrén

ハトロンし【ハトロン紙】牛皮纸 niúpízhǐ

バトン 接力棒 jiēlìbàng ♦~を渡す 交接 jiāojiē ♦~トワラー 游行乐队的指挥 yóuxíng yuèduì de zhǐhuī ♦~トワリング 挥舞指挥棒 huīwǔ zhǐhuībàng

はな【花[華]】花 huā ♦~が咲く 开花 kāi huā ♦~が散る 落花 luò huā ♦~を育てる 养花 yǎng huā ♦~を添える 添加光彩 tiānjiā guāngcǎi ♦~を持たせる 把荣誉让给别人 bǎ róngyù rànggěi biérén ♦~より団子 舍华求实 shě huá qiú shí

はな【鼻】鼻子 bízi ♦~を擤む 擤鼻涕 xǐng bítì ♦~が高い《得意》感到得意 gǎndào déyì ♦~であしらう 冷淡地对待 lěngdàn de duìdài ♦~にかける 骄傲 jiāo'ào ♦~につく 厌腻 yànnì ♦《匂いが》~をつく 扑鼻 pūbí

はないき【鼻息】鼻息 bíxī; 气焰 qìyàn ♦~が荒い 气焰嚣张 qìyàn xiāozhāng

はなうた【鼻歌】 ♦~を歌う 哼唱 hēngchàng

はなお【鼻緒】木屐带 mùjīdài

はなかぜ【鼻風邪】伤风 shāngfēng ♦~をひく 患伤风 huàn shāngfēng

はながた【花形-の】红人 hóngrén ♦~選手 有名的运动员 yǒumíng de yùndòngyuán; 体坛明星 tǐtán míngxīng

はなくそ【鼻糞】鼻屎 bíshǐ ♦~をほじくる 抠鼻子 kōu bízi

はなぐもり【花曇り】樱花盛开时期的阴天 yīnghuā shèngkāi shíqī de yīntiān

はなげ【鼻毛】鼻毛 bímáo ♦~を読まれる 被女人玩弄 bèi nǚrén wánnòng

はなごえ【鼻声】鼻音 bíyīn ♦~になる 发蔫 fānàng

はなことば【花言葉】花的象征语 huā de xiàngzhēngyǔ; 花的寓意 huā de yùyì

はなざかり【花盛り】花盛开 huā shèngkāi

はなし【話】 ♦兎と亀の~ 龟兔赛跑的故事 guī tù sàipǎo de gùshi ♦~がくどい 话很啰唆 huà hěn luōsuo ♦~がこわれる 告吹 gàochuī ♦~が脱線する 文不对题 wén bú duì tí ♦~にならない 不值一提 bù zhí yìtán; 不像话 búxiànghuà ♦~の筋が通らない 话的内容不合条理 huà de nèiróng bùhé tiáolǐ ♦~の種 话柄 huàbǐng ♦~をやめる 住口 zhù kǒu ♦~がつく《まとまる》谈妥 tántuǒ ♦~に花が咲く 越谈越热闹 yuè tán yuè rènao ♦~がわかる 通情达理 tōng qíng dá lǐ ♦~がうまい 能说会道 néng shuō huì dào

はなしあい【話し合い-をする】协议 xiéyì; 谈判 tánpàn

はなしあいて【話し相手】聊天伙伴 liáotiān huǒbàn

はなしあう【話し合う】交谈 jiāotán; 商谈 shāngtán

はなしがい【放し飼い-する】牧放 mùfàng ♦~牛を~する 放牛 fàngniú

はなしごえ【話し声】人声 rénshēng; 话音 huàyīn ♦~がする 听到人声 tīngdào rénshēng

はなしことば【話し言葉】口语 kǒuyǔ

はなしこむ【話し込む】谈半天 tán bàntiān; 畅谈 chàngtán

はなしずき【話し好き-な】爱说话 ài shuōhuà

はなしちゅう【話し中】《電話が》占线 zhànxiàn

はなしはんぶん【話半分】 ♦~に聞く 打着折扣听 dǎzhe zhékòu tīng

はなしぶり【話し振り】口气 kǒuqì; 说话的调子 shuōhuà de diàozi

はなしやすい【話し易い】《事がら》好说 hǎoshuō;《人がら》平易近人 píngyì jìnrén ♦~人 和蔼可亲的人 hé'ǎi kěqīn de rén

はなじる【鼻汁】鼻涕 bítì

はなす【放す】撒 sā; 放开 fàngkāi ♦犬を~ 把狗放开 bǎ gǒu fàngkāi

はなす【離す】松开 sōngkāi ♦手を~ 松手 sōng shǒu ♦《忙しくて》手が離せない 离不开手 líbukāi shǒu ♦目が離せない 得时刻注意 děi shíkè zhùyì

はなす【話す】讲 jiǎng; 说 shuō; 谈 tán ♦人に~ 对人说 duì rén shuō ♦彼女は日本語が話せる 她会说日语 tā huì shuō Rìyǔ ♦話したいことがある 我有一件事要跟你谈 wǒ yǒu yí jiàn shì yào gēn nǐ tán

はなすじ【鼻筋】鼻梁 bíliáng ♦~のとおった 高鼻梁 gāo bíliáng

はなせる【話せる】懂道理 dǒng dàoli; 有见识 yǒu jiànshi ♦~人だ 是个通情达理的人 shì ge tōngqíng dálǐ de rén

はなぞの【花園】花园 huāyuán

はなたかだか【鼻高々-の】得意扬

扬 déyì yángyáng
はなたば【花束】 花束 huāshù
はなぢ【鼻血】 鼻血 bíxuè
はなっぱしら【鼻っ柱】 ◆～が強い 固执己见 gùzhí jǐjiàn；倔强 juéjiàng ◆～をへし折る 挫人锐气 cuò rén ruìqì
はなつまみ【鼻摘まみ】 ◆～者 讨厌鬼 tǎoyànguǐ；狗屎堆 gǒushǐduī
はなづまり【鼻詰まり】 鼻孔堵塞 bíkǒng dǔsè；鼻子不通气 bízi bù tōngqì
はなどけい【花時計】 花卉钟 huāhuìzhōng
バナナ 香蕉 xiāngjiāo
はなはだ【甚だ】 非常 fēicháng；很 hěn；极其 jíqí ◆～異なる 相差很远 xiāngchà hěn yuǎn ◆～残念 实在可惜 shízai kěxī
はなばたけ【花畑】 花圃 huāpǔ
はなはだしい【甚だしい】 ◆好き嫌いが～ 好恶太极端 hàowù tài jíduān ◆～格差 太大的差别 tài dà de chābié
はなばなしい【華々しい】 华丽 huálì；出色 chūsè
はなび【花火】 烟火 yānhuo；焰火 yànhuǒ ◆～を上げる 放烟火 fàng yānhuo
はなびら【花弁】 花瓣 huābàn
はなふだ【花札】 花纸牌 huāzhǐpái
はなふぶき【花吹雪】 飞雪似的樱花 fēixuě shìde yīnghuā
はなみ【花見-をする】 观赏樱花 guānshǎng yīnghuā
はなみず【鼻水】 鼻涕 bítì ◆～が出る 流鼻涕 liú bítì ◆～を垂らす 淌鼻涕 tǎng bítì
はなむけ【餞】 饯别 jiànbié ◆～の言葉 赠言 zèngyán
はなむこ【花婿】 新郎 xīnláng ◆～側 男方 nánfāng
はなもちならない【鼻持ちならない】 臭 chòu ◆～考え 馊主意 sōu zhǔyi ◆～人 癞皮狗 làipígǒu
はなもよう【花模様-の】 花卉图案 huāhuì tú'àn
はなや【花屋】 花店 huādiàn；《露天の》卖花摊 màihuātān
はなやか【華やか-な】 绚烂 xuànlàn；光彩夺目 guāngcǎi duó mù ◆～な服装 华丽的衣着 huálì de yīzhuó
はなよめ【花嫁】 新妇 xīnfù；新娘 xīnniáng ◆～側 女方 nǚfāng
はならび【歯並び】 齿列 chǐliè ◆～が良い 牙齿排列整齐 yáchǐ páiliè zhěngqí
ばなれ【場馴れ-する】 不怯场 bú qièchǎng ◆～した態度 挺自然的态度 tǐng zìran de tàidu
はなれがたい【離れ難い】 舍不得离开 shěbude líkāi；难舍难分 nán shě nán fēn；恋恋不舍 liànliàn bù shě
はなれじま【離れ島】 孤岛 gūdǎo
はなればなれ【離れ離れ-になる】 分离 fēnlí；失散 shīsàn
はなれる【離れる】 离开 líkāi ◆親元を～ 离开父母 líkāi fùmǔ ◆ここから3キロ離れている 离这儿有三公里 lí zhèr yǒu sān gōnglǐ ◆ドアから～ 离开门 líkāi mén ◆ふる里を遠く離れて 远离故乡 yuǎn lí gùxiāng
はなれわざ【離れ業】 绝技 juéjì
はなわ【花輪】 ❶《首にかける》花环 huāhuán ❷《葬儀用など》花圈 huāquān
はにかむ 害羞 hàixiū；腼腆 miǎntiǎn
パニック ❶《経済恐慌》经济危机 jīngjì wēijī；经济恐慌 jīngjì kǒnghuāng ❷《群衆混乱》人群混乱 rénqún hùnluàn ❸《恐怖や不安》恐惧不安 kǒngjù bù'ān ◆～に陥る 陷入惶恐 xiànrù huángkǒng
はにわ【埴輪】 土俑 tǔyǒng
はね【羽】 翅膀 chìbǎng；翅子 chìzi ◆～ぶとん 羽毛被 yǔmáobèi；鸭绒被 yāróngbèi ◆～を伸ばす 摆脱束缚 bǎituō shùfù；无拘无束 wú jū wú shù
ばね【発条】 弹簧 tánhuáng；发条 fātiáo
はねあがる【跳ね上がる】 《ぴょんと》跳起 tiàoqǐ ◆物価が～ 物价腾贵 wùjià ténggùi ◆ズボンに泥水が～ 裤子溅上泥浆 kùzi jiànshàng níjiāng
はねおきる【跳ね起きる】 一跃而起 yí yuè ér qǐ
はねかえす【跳ね返す】 弹回 tánhuí；顶撞 dǐngzhuàng
はねかえる【跳ね返る】 弹回 tánhuí ◆給料に～ 反过来影响工资 fǎnguòlai yǐngxiǎng gōngzī
はねつける【撥ね付ける】 拒绝 jùjué；顶回 dǐnghuí
はねのける【撥ね除ける】 推开 tuīkāi；排除 páichú
ばねばかり【発条秤】 弹簧秤 tánhuángchèng
はねまわる【跳ね回る】 乱蹦乱跳 luàn bèng luàn tiào
ハネムーン 蜜月 mìyuè
はねる【跳ねる】 ❶《液体が》溅 jiàn ❷《跳びあがる》跳 tiào ◆カエルが～ 青蛙跳跃 qīngwā tiàoyuè ❸《芝居・映画が》散场 sànchǎng；终场 zhōngchǎng

はねる【撥ねる】 ◆車に~られた 被汽车撞上了 bèi qìchē zhuàngshàng le ◆不良品を撥ねておく 把次品除掉 bǎ cìpǐn chúdiào ◆面接で~られる 在面试被淘汰 zài miànshì bèi táotài

パネル 嵌板 qiànbǎn；图示板 túshìbǎn ◆~ディスカッション 专题讨论会 zhuāntí tǎolùnhuì

パノラマ 全景画 quánjǐnghuà

はは【母】 母亲 mǔqīn

はば【幅】 宽度 kuāndù ◆~が狭い 狭隘 xiá'ài；狭窄 xiázhǎi ◆~広い知識 知识广泛 zhīshi guǎngfàn ◆~を持たせる 有伸缩余地 yǒu shēnsuō yúdì ◆~を利かせる 显示势力 xiǎnshì shìlì

パパイヤ 木瓜 mùguā

ははおや【母親】 母亲 mǔqīn

ははかた【母方】 母系 mǔxì ◆~の親戚 母系亲属 mǔxì qīnshǔ ◆~の祖父 老爷 lǎoye ◆~の祖母 姥姥 lǎolao

はばかる【憚る】 顾忌 gùjì；怕 pà ◆人目を~ 怕人看见 pà rén kànjiàn ◆外聞を~ 忌讳别人知道 jìhuì biérén zhīdao

はばたく【羽撃く】 拍打翅膀 pāida chìbǎng ◆《比喩》发展 fāzhǎn ◆世界に~ 活跃在世界上 huóyuèzài shìjièshang

はばつ【派閥】 派系 pàixì ◆~争い 派别斗争 pàibié dòuzhēng

はばとび【幅跳び】 跳远 tiàoyuǎn

はばむ【阻む】 挡住 dǎngzhù；阻挡 zǔdǎng ◆行く手を~ 挡住去路 dǎngzhù qùlù ◆~ことができない 阻挡不了 zǔdǎngbùliǎo

はびこる【蔓延る】 蔓延 mànyán；滋蔓 zīmàn ◆伝染病が~ 传染病蔓延 chuánrǎnbìng mànyán

パフ 《化粧用》粉扑 fěnpū

はぶく【省く】 省去 shěngqù；节省 jiéshěng ◆手間を~ 省事 shěngshì ◆無駄を~ 避免浪费 bìmiǎn làngfèi ◆前置きは省いて 省略引子 shěnglüè yǐnzi

ハブくうこう【ハブ空港】 枢纽机场 shūniǔ jīchǎng

ハプニング 意外事件 yìwài shìjiàn

はブラシ【歯ブラシ】 牙刷 yáshuā ◆電動~ 电动牙刷 diàndòng yáshuā

はぶり【羽振り】 ◆~がよい 很有势力 hěn yǒu shìlì ◆~を利かせる 揽权势 lǎn quánshì

バブル 《経済》泡沫经济 pàomò jīngjì ◆~がはじける 泡沫经济崩溃 pàomò jīngjì bēngkuì

はへん【破片】 碎片 suìpiàn；破片 pòpiàn

はま【浜】 海［湖］滨 hǎi[hú]bīn

はまき【葉巻】 雪茄 xuějiā；叶卷烟 yèjuǎnyān

ハマグリ【蛤】 蛤蜊 gélí

ハマナス【浜茄子】 玫瑰 méigui

はまべ【浜辺】 水边 shuǐbiān；海边 hǎibiān

はまる【嵌まる】 适合 shìhé；符合 fúhé；《落ちる》陷入 xiànrù ◆~型に 落俗套 luò sútào；老一套 lǎoyītào ◆役に~ 适于角色 shìyú juésè ◆川に~ 掉进河里 diàojìn hélǐ ◆罠に~ 中计 zhòngjì；落入圈套 luòrù quāntào

はみがき【歯磨き】 刷牙 shuāyá ◆練り~ 牙膏 yágāo ◆~粉 牙粉 yáfěn

はみだす[でる]【食み出す[出る]】 超出 chāochū；越出 yuèchū ◆常識の枠から~ 不合常情 bù hé chángqíng

ハミング-する 哼唱 hēngchàng

ハム 火腿 huǒtuǐ

はむかう【刃向かう】 反抗 fǎnkàng；抵抗 dǐkàng

ハムスター 腮鼠 sāishǔ

はめこむ【嵌め込む】 镶 xiāng；镶嵌 xiāngqiàn

はめつ【破滅-する】 破灭 pòmiè；毁灭 huǐmiè；灭亡 mièwáng

はめる【嵌める】 嵌 qiàn；戴 dài ◆指輪を~ 戴戒指 dài jièzhǐ ◆ボタンを~ 扣上纽扣 kòushàng niǔkòu ◆罠に~ 使人上当 shǐ rén shàngdàng

ばめん【場面】 场面 chǎngmiàn；景象 jǐngxiàng ◆~に応ずる 临机 línjī ◆映画の~ 镜头 jìngtóu

はもの【刃物】 刃具 rènjù；刀类 dāolèi

はもん【波紋】 波纹 bōwén ◆~が広がる 起波纹 qǐ bōwén ◆~が広がる 《比喩》影响扩大 yǐngxiǎng kuòdà

はもん【破門-する】 开除 kāichú；放逐 fàngzhú

はやあし【速足】 快步 kuàibù ◆~で歩く 快步走 kuàibù zǒu ◆~で走る 奔跑 bēnpǎo

はやい【速い】 快 kuài ◆足が~ 跑得快 pǎode kuài ◆速度が~ 速度快 sùdù kuài ◆川の流れが~ 河流急 héliú jí ◆呼吸が~ 呼吸急促 hūxī jícù ◆耳が~ 消息灵通 xiāoxi língtōng

はやい【早い】 早 zǎo ◆~時期 早期 zǎoqī ◆~内に 趁早 chènzǎo；赶早 gǎnzǎo ◆まだ~よ 还早呢 hái zǎo ne

はやいものがち【早い者勝ち】 先下

はやおき【早起き-する】 早起 zǎoqǐ

はやがてん【早合点-する】 貿然断定 màorán duàndìng; 貿然弄错 màorán nòngcuò

はやがわり【早変り-する】 摇身一变 yáoshēn yíbiàn

はやく【早く】 (速度) 快 kuài; (時刻) 早 zǎo ◆～入れ 快进来 kuài jìnlai ◆～からやって来た 很早就来了 hěn zǎo jiù lái le

はやく【端役】 不重要的角色 bú zhòngyào de juésè; 〈伝統劇で〉龙套 lóngtào

はやくち【早口-の】 说得快 shuōde kuài ◆～言葉 绕口令 ràokǒulìng

はやくも【早くも】 早就 zǎojiù; 早早地 zǎozǎo de

はやさ【速さ】 速度 sùdù

はやし【林】 树林 shùlín

はやじに【早死に-する】 早死 zǎosǐ; 夭折 yāozhé

はやす【生やす】 ◆根を～ 扎根 zhāgēn ◆髭(ひげ)を～ 留胡子 liú húzi

はやせ【早瀬】 急流 jíliú; 急滩 jítān

はやてまわし【早手回し-に】 提前准备 tíqián zhǔnbèi; 事先作好准备 shìxiān zuòhǎo zhǔnbèi

はやね【早寝-する】 早睡 zǎoshuì

はやのみこみ【早呑み込み-をする】 貿然断定 màorán duàndìng; 武断 wǔduàn

はやばやと【早々-と】 早早地 zǎozǎo de; 很早就 hěn zǎo jiù

はやばん【早番-の】 早班 zǎobān

はやびけ【早引け-する】 早退 zǎotuì

ハヤブサ【隼】 隼 sǔn; 鹘 hú

はやまる【早まる】 ❶〈予定が〉提早 tízǎo; 提前 tíqián ◆計画が～ 计划提早 jìhuà tízǎo ❷〈軽率に行動〉贸然从事 màorán cóngshì; 忙中出错 máng zhōng chū cuò ◆早まった考え 貿然的看法 màorán de kànfa ◆早まったことをする〈自殺する〉寻短见 xún duǎnjiàn

はやみち【早道】 便道 biàndào; 近道 jìndào; 捷径 jiéjìng ◆成功の～ 成功的捷径 chénggōng de jiéjìng

はやみみ【早耳】 顺风耳 shùnfēng'ěr

はやめ【早め-に】 提早 tízǎo; 及早 jízǎo ◆～に出かける 早一点走 zǎo yìdiǎn zǒu; 提早动身 tízǎo dòngshēn

はやめる【早める】 ◆出勤を～ 提早上班 tízǎo shàngbān ◆進度を～ 加快进度 jiākuài jìndù

はやる【流行る】 盛行 shèngxíng; 流行 liúxíng ◆はやらない 不兴 bù xīng; 不合时尚 bù hé shíshàng ◆はやりのバッグ 时髦的手提包 shímáo de shǒutíbāo

はやわかり【早分かり】 浅说 qiǎnshuō; 指南 zhǐnán

はやわざ【早業】 麻利的手法 máli de shǒufǎ; 神速妙技 shénsù miàojì

はら【腹】 肚子 dùzi; 〈心〉内心 nèixīn; 心里 xīnli ◆～が减る 肚子饿 dùzi è ◆～を下す 拉肚子 lā dùzi; 拉稀 lāxī ◆～を抱えて笑う 大笑 dàxiào 捧腹 pěngfù ◆～が太い 心胸开阔 xīnxiōng kāikuò ◆～が立つ 生气 shēngqì ◆～に一物ある 皮笑肉不笑 pí xiào ròu bú xiào; 心里打算盘 xīnli dǎ suànpan ◆～を括(くく)る 横心 héng xīn

バラ【薔薇】 玫瑰 méigui; 薔薇 qiángwēi; 月季 yuèjì ◆～の花 薔薇花 qiángwēihuā ◆～色 玫瑰色 méiguīsè ◆～色の人生 瑰丽人生 guīlì rénshēng

はらいおとす【払い落とす】 掸 dǎn; 抖搂 dōulou

はらいこむ【払い込む】 缴纳 jiǎonà

はらいさげる【払い下げる】 (政府) 转让 (zhèngfǔ) zhuǎnràng; 出售 chūshòu ◆払い下げの土地 国家转让的土地 guójiā zhuǎnràng de tǔdì

はらいせ【腹癒-に】 泄愤 xièfèn; 出气 chūqì

はらいっぱい【腹一杯】 ◆～食べる 吃饱 chībǎo; 吃够 chīgòu

はらいのける【払い除ける】 ◆手を～ 推开手 tuīkāi shǒu ◆不安を～ 驱散不安 qūsàn bù'ān

はらいもどす【払い戻す】 退还 tuìhuán ◆切符を～ 退票 tuìpiào

はらう【払う】 拂拭尘土 fúshì chéntǔ; 牺牲を～ 付出牺牲 fùchū xīshēng ◆金を～ 付钱 fù qián ◆注意を～ 注意 zhùyì

ばらうり【散売り-する】 零卖 língmài; 零售 língshòu ◆～コーナー 零售柜台 língshòu guìtái

バラエティー 多样化 duōyànghuà ◆～に富む 丰富多彩 fēngfù duōcǎi ◆～番组 综艺节目 zōngyì jiémù

はらがけ【腹掛け】 〈子供用の〉兜肚 dōudu

はらから【同胞】 同胞 tóngbāo

はらぐあい【腹具合】 ◆～が悪い 肚子不舒服 dùzi bù shūfu

パラグライダー 滑翔伞 huáxiángsǎn

パラグラフ 段落 duànluò

はらぐろい【腹黒い】 心黑 xīnhēi; 阴险 yīnxiǎn

はらごなし【腹ごなし-に】 帮助消化 bāngzhù xiāohuà ◆～に散歩する 散散步,助消化 sànsan bù, zhù xiāohuà

パラサイト 寄生虫 jìshēngchóng;《人について》寄生族 jìshēngzú

パラシュート 降落伞 jiàngluòsǎn

はらす【晴らす】◆汚名を～ 洗雪臭名 xǐxuě chòumíng ◆憂さを～ 解闷 jiěmèn ◆疑いを～ 消除疑虑 xiāochú yílǜ

ばらす ◆機械を～ 拆卸机器 chāixiè jīqì ◆秘密を～ 揭露秘密 jiēlù mìmì

パラソル 旱伞 hànsǎn; 阳伞 yángsǎn

パラダイス 乐园 lèyuán; 天国 tiānguó

はらだたしい【腹立たしい】气人 qìrén; 可气 kěqì; 令人生气 lìng rén shēngqì

はらだち【腹立ち】火头人 huǒtóurén; 恼怒 nǎonù; 生气 shēngqì ◆～を抑える 压气 yāqì

はらちがい【腹違い-の】同父异母 tóngfù yìmǔ ◆～の兄弟 异母兄弟 yìmǔ xiōngdì

バラック 棚子 péngzi; 窝棚 wōpeng

はらづもり【腹積もり】◆～ができている 心里有谱儿 xīnli yǒu pǔr; 胸中有数 xiōng zhōng yǒu shù

パラドックス 反论 fǎnlùn; 逆说 nìshuō

はらばい【腹這い】趴 pā; 俯卧 fǔwò ◆～で進む 匍匐 púfú

はらはら ◆～する 捏一把汗 niē yì bǎ hàn; 忐忑不安 tǎntè bù'ān

ばらばら 零散 língsàn; língsan; 七零八落 qī líng bā luò ◆～に壊す 拆 chāi ◆～にする 分散 fēnsàn

ぱらぱら《音》劈里啪啦 pīlipālā; 噼啪 pīpā ◆～落ちる 洒落 sǎluò ◆雨が～降る 稀稀落落地下雨 xīxīluòluò de xiàyǔ

パラフィン 石蜡 shílà ◆～紙 蜡纸 làzhǐ ◆～油 石蜡油 shílàyóu ◆～療法 蜡疗 làliáo

はらぺこ【腹ぺこ】饿得要死 è de yàosǐ

パラボラアンテナ 抛物面天线 pāowùmiàn tiānxiàn

ばらまく【散撒く】散播 sànbō; 散布 sànbù ◆種子を～ 撒播种子 sǎbō zhǒngzi ◆金を～ 乱给钱 luàn gěi qián

はらむ【孕む】◆子を～ 怀孕 huáiyùn ◆風を～ 鼓满风 gǔmǎn fēng ◆危険を～ 充满危险 chōngmǎn wēixiǎn

パラリンピック 国际伤残人运动会 Guójì Shāngcánrén Yùndònghuì; 残奥会 Cán'àohuì

はらわた【腸】肠 cháng ◆～が煮えくり返る 非常气愤 fēicháng qìfèn

はらん【波乱】风波 fēngbō ◆～に富んだ人生 充满波澜的人生 chōngmǎn bōlán de rénshēng

バランス 均势 jūnshì ◆～のとれた 均衡 jūnhéng; 平衡 pínghéng ◆～を失う 失去平衡 shīqù pínghéng

バランスシート 资产负债表 zīchǎn fùzhàibiǎo

はり【梁】屋架 wūjià; 大梁 dàliáng

はり【針】针儿 zhēnr ◆～で刺す 用针刺 yòng zhēn cì ◆～に糸を通す 穿针 chuānzhēn ◆～の先 针尖儿 zhēnjiānr ◆時計の～ 表针 biǎozhēn ◆編み～ 毛线针 máoxiànzhēn ◆～で刺し 针札儿 zhēnzhār ◆～仕事をする 做针线活儿 zuò zhēnxiàn huór ◆～の筵に座った気分 坐在针毡上一样的心情 zuòzhēnzhānshang yíyàng de xīnqíng

はり【鍼】针 zhēn ◆～を打つ《治療する》扎针 zhāzhēn ◆～麻酔 针刺麻酔 zhēncì mázuì; 针麻 zhēnmá ◆～灸 针灸 zhēnjiǔ

はり【張り】紧张 jǐnzhāng ◆～のある 紧张有力 jǐnzhāng yǒulì ◆～のある声 声音响亮 shēngyīn xiǎngliàng

はりあい【張合い】◆～がある 有干头 yǒu gàntou; 起劲 qǐjìn ◆～のない 没劲 méijìn

はりあう【張り合う】竞争 jìngzhēng; 较量 jiàoliàng

はりあげる【張り上げる】◆声を～ 大声喊 dàshēng hǎn; 扯嗓子 chě sǎngzi

バリアフリー 无障碍 wúzhàng'ài

バリウム 钡 bèi

はりえ【貼り絵】剪贴画 jiǎntiēhuà

バリエーション 变化 biànhuà; 变种 biànzhǒng;《音楽》变奏曲 biànzòuqǔ

はりかえる【張り替える】《紙類を》重新贴上 chóngxīn tiēshàng; 重糊 chónghú

はりがね【針金】钢丝 gāngsī; 铁丝 tiěsī

はりがみ【張り紙】贴纸 tiēzhǐ

バリカン 推子 tuīzi

ばりき【馬力】马力 mǎlì ◆～がある 精力充沛 jīnglì chōngpèi

はりきる【張り切る】上劲 shàngjìn ◆張りきって働く 干劲儿十足地工作 gànjìnr shízú de gōngzuò

バリケード 防栅 fángzhà; 路障 lù-

zhàng ◆～を築く 筑街垒 zhù jiēlěi
ハリケーン 飓风 jùfēng
はりこむ【張り込む】《刑事が》埋伏 máifú;《暗中監視》暗中监视 ànzhōng jiānshì
はりさける【張り裂ける】破裂 pòliè ◆胸が張り裂けそうだ 肝肠欲断 gāncháng yù duàn
はりたおす【張り倒す】打倒 dǎdǎo
はりだす【貼り出す】《掲示を》张贴 zhāngtiē;《出っぱる》伸出 shēnchū
はりつける【貼り付ける】贴 tiē; 粘 zhān
はりつめる【張り詰める】紧张 jǐnzhāng ◆張り詰めた空気 气氛紧张 qìfēn jǐnzhāng
バリトン 男中音 nánzhōngyīn
ハリネズミ【針鼠】刺猬 cìwei
はりばこ【針箱】针线盒 zhēnxiànhé
ばりばり ◆～働く 拼命工作 pīnmìng gōngzuò;干劲十足地工作 gànjìn shízú de gōngzuò
はる【春】春天 chūntiān ◆～になれば 到了春天 dàole chūntiān ◆～の遠足 春游 chūnyóu ◆～の息吹き 春意 chūnyì
はる【貼る】贴 tiē; 粘 zhān
はる【張る】 ◆胸を～ 挺胸 tǐngxiōng ◆根が～ 扎根 zhāgēn ◆気が～ 精神紧张 jīngshén jǐnzhāng ◆見栄を～ 装饰门面 zhuāngshì ménmiàn; 卖弄 màinong ◆氷が～ 结冰 jiébīng ◆縄を～ 拉绳 lā shéng ◆強情を～ 固执己见 gùzhí jǐjiàn
はるいちばん【春一番】春天首次大南风 chūntiān shǒucì dà nánfēng
はるか【遥か-な】远远 yuǎnyuǎn; 遥遥 yáoyáo ◆～遠い 遥远 yáoyuǎn ◆～に偲ぶ 缅怀 miǎnhuái ◆～に眺める 遥望 yáowàng ◆～な昔 遥远的过去 yáoyuǎn de guòqù ◆～に強い 强得多 qiángde duō
はるがすみ【春霞】春霭 chūn'ǎi
はるかぜ【春風】春风 chūnfēng; 东风 dōngfēng ◆～が吹く 春风吹来 chūnfēng chuīlái
はるぎ【春着】春装 chūnzhuāng
はるげしき【春景色】春光 chūnguāng; 春色 chūnsè
バルコニー 凉台 liángtái; 阳台 yángtái
はるさき【春先】初春 chūchūn
はるさめ【春雨】❶《食品》粉丝 fěnsī ❷《雨》春雨 chūnyǔ
はるばる【遥々】遥遥 yáoyáo ◆～やって来る 远道而来 yuǎndào érlái
バルブ閥 fá;《活門》活门 huómén;《水道管の》水门 shuǐmén
パルプ《製紙用》纸浆 zhǐjiāng
はるまき【春巻】春卷 chūnjuǎn

はるやすみ【春休み】春假 chūnjià
はれ【晴れ】❶《天候》晴天 qíngtiān ◆～のち曇り 晴转阴 qíng zhuǎn yīn ❷《はなやか》◆～の舞台 隆重的场面 lóngzhòng de chǎngmiàn ◆～の卒業を光彩毕业了 suīrán guāngcǎi bìyè le
はれ【腫れ】肿胀 zhǒngzhàng ◆～がひく 消肿 xiāozhǒng
はれあがる【晴れ上がる】放晴 fàngqíng; 响晴 xiǎngqíng
はれあがる【腫れ上がる】肿胀 zhǒngzhàng
ばれいしょ【馬鈴薯】马铃薯 mǎlíngshǔ; 土豆 tǔdòu
バレエ 芭蕾舞 bālěiwǔ
ハレーション 晕影 yùnyǐng
ハレーすいせい【ハレー彗星】哈雷彗星 Hāléi huìxīng
パレード-する 游行 yóuxíng
バレーボール 排球 páiqiú
はれがましい【晴れがましい】光彩 guāngcǎi; 堂皇 tánghuáng
はれぎ【晴着】盛装 shèngzhuāng
はれつ【破裂-する】破裂 pòliè ◆水道管が～する 水管破裂 shuǐguǎn pòliè ◆風船が～する 气球破裂 qìqiú pòliè
パレット 调色板 tiáosèbǎn
はれて【晴れて】公开地 gōngkāi de; 正式地 zhèngshì de ◆～夫婦となる 正式成为夫妻 zhèngshì chéngwéi fūqī
はればれ【晴れ晴れ-とした】清爽 qīngshuǎng; 畅快 chàngkuài
はれぼったい【腫れぼったい】微肿 wēizhǒng ◆～顔 微肿的脸 wēizhǒng de liǎn ◆～目 微肿的眼 wēizhǒng de yǎn
はれま【晴間-に】◆雲の～ 云隙的青天 yúnxì de qīngtiān ◆梅雨の～ 黄梅季的晴天 huángméijì de qíngtiān
はれもの【腫れ物】脓肿 nóngzhǒng; 疖子 jiēzi ◆～ができる 生疖子 shēng jiēzi ◆～に触るような 提心吊胆 tíxīn diào dǎn
はれやか【晴れやか-な】爽朗 shuǎnglǎng ◆～な顔 开朗的面容 kāilǎng de miànróng ◆～な心境 光风霁月 guāng fēng jì yuè
バレリーナ 芭蕾舞女演员 bālěiwǔ nǚyǎnyuán
はれる【腫れる】肿 zhǒng
はれる【晴れる】放晴 fàngqíng
ばれる 败露 bàilù; 暴露 bàolù ◆うそが～ 谎言败露 huǎngyán bàilù
バレル《容積》桶 tǒng
はれわたる【晴れ渡る】清朗 qīng-

lǎng; 晴朗 qínglǎng ◆晴れ渡った空 晴空 qíngkōng

バレンタインデー 情人节 Qíngrénjié

はれんち【破廉恥-な】 无耻 wúchǐ

はろう【波浪】 波浪 bōlàng; 浪头 làngtou ◆~警報 波浪警报 bōlàng jǐngbào

ハロウイーン 万圣节前夕 Wànshèngjié qiánxī

バロック 巴洛克式 bāluòkè shì ◆~音楽 巴洛克音乐 bāluòkè yīnyuè

パロディー 滑稽性模仿 huájīxìng mófǎng

バロメーター 气压计 qìyājì; 晴雨计 qíngyǔjì; 《比喩》标志 biāozhì ◆景気の~ 景气的标志 jǐngqì de biāozhì

パワー 力量 lìliang; 势力 shìlì ◆~アップ 提高功率 tígāo gōnglǜ ◆~がある 有力量 yǒu lìliang

パワーショベル 掘土机 juétǔjī; 铲车 chǎnchē

はわたり【刃渡り】 刀刃长度 dāorèn chángdù ◆~20センチの包丁 刀刃长二十厘米的菜刀 dāorèn cháng èrshí límǐ de càidāo

はん【判】 图章 túzhāng; 戳子 chuōzi ◆~を押す 盖章 gàizhāng

はん【版】 版 bǎn ◆~を組む 排版 páibǎn ◆~を重ねる 再版 zàibǎn; 重版 chóngbǎn

はん【班】 班 bān; 小组 xiǎozǔ

はん【半】 半 bàn ◆2時~ 两点半 liǎng diǎn bàn

はん【犯】 犯 fàn ◆初~ 初犯 chūfàn ◆確信~ 明知故犯 míng zhī gù fàn

ばん【晚】 晚上 wǎnshang

ばん【番】 ❶《順序》轮 lún ◆~が回る 轮到 lúndào ◆きみの~だよ 轮到你了 lúndào nǐ le ❷《見張り》◆~をする 把守 bǎshǒu; 看守 kānshou

パン 面包 miànbāo ◆~屑 面包屑 miànbāo xiè ◆~を焼く 烤面包 kǎo miànbāo

はんい【範囲】 范围 fànwéi ◆~を広げる 扩展范围 kuòzhǎn fànwéi ◆行動~ 行动范围 xíngdòng fànwéi

はんいご【反意語】 反义词 fǎnyìcí

はんえい【反映-する】 反映 fǎnyìng ◆意見を~ 反映意见 fǎnyìng yìjiàn

はんえい【繁栄-する】 繁荣 fánróng ◆~の時代 盛世 shèngshì ◆町が~する 城镇繁华 chéngzhèn fánhuá

はんえいきゅうてき【半永久的】 半永久性 bànyǒngjiǔxìng

はんえんけい【半円形-の】 半圆形 bànyuánxíng

はんが【版画】 版画 bǎnhuà; 木刻 mùkè

ばんか【挽歌】 挽歌 wǎngē

ばんか【晚夏】 晚夏 wǎnxià

ハンガー 衣架 yījià

はんかい【半壊-する】 半坏 bànhuài; 毀掉一半 huǐdiào yíbàn

はんかい【挽回-する】 挽回 wǎnhuí; 收回 shōuhuí ◆劣勢を~する 挽回劣势 wǎnhuí lièshì

はんかがい【繁華街】 闹市 nàoshì; 热闹的大街 rènao de dàjiē

はんかく【反核-の】 反对核武器 fǎnduì héwǔqì

はんか【半額-の】 半价 bànjià ◆~チケット 半票 bànpiào

はんかくめい【反革命】 反革命 fǎngémìng

ハンカチ 手绢儿 shǒujuànr; 手帕 shǒupà

はんかつう【半可通】 一知半解 yì zhī bàn jiě

バンガロー 供宿营用的木房 gōngsùyíng yòng de mùfáng; 简易小房 jiǎnyì xiǎofáng

はんかん【反感】 反感 fǎngǎn ◆~を買う 激起反感 jīqǐ fǎngǎn ◆~を持つ 抱有反感 bàoyǒu fǎngǎn

ばんかん【万感】 万感 wàngǎn ◆~胸にせまる 万感交集 wàngǎn jiāojí

はんき【半旗】 ◆~を掲げる《弔意を示す》下半旗 xià bànqí

はんき【反旗】 ◆~を翻す 背叛 bèipàn; 举旗造反 jǔqí zàofǎn

はんき【半期】 半期 bànqī

はんぎゃく【反逆-する】 背叛 bèipàn; 叛逆 pànnì; 造反 zàofǎn ◆~者 叛徒 pàntú

はんきょう【反共-の】 反共的 fǎngòng de

はんきょう【反響-する】 ❶《音》回声 huíshēng; 回响 huíxiǎng ❷《事柄に対する》反应 fǎnyìng ◆~を呼ぶ 引起反响 yǐnqǐ fǎnxiǎng ◆~が大きい 反响很大 fǎnxiǎng hěn dà

はんきょうらん【半狂乱】 几乎疯狂 jīhū fēngkuáng

ばんきん【板金】 钣 bǎn; 金属板 jīnshǔbǎn ◆~工 钣金工 bǎnjīngōng

パンク ◆タイヤが~する 车胎爆裂 chētāi bàoliè

パンク(ロック) 朋克 péngkè; 庞克 pángkè

ハンググライダー 悬挂滑翔机 xuánguà huáxiángjī

ばんぐみ【番組】 节目 jiémù ◆テレビ~ 电视节目 diànshì jiémù

ハングル 朝鲜文字 Cháoxiān wén-

ばんくるわせ【番狂わせ】 出乎意料的现象 chūhū yìliào de xiànxiàng；意想不到的结果 yìxiǎngbudào de jiéguǒ
はんけい【半径】 半径 bànjìng
はんげき【反撃-する】 反击 fǎnjī；反攻 fǎngōng
はんけつ【判決】 判决 pànjué ◆~を言い渡す 宣判 xuānpàn ◆~文 判决书 pànjuéshū
はんげつ【半月】 半月 bànyuè
はんけん【版権】 ❶《著作権》版权 bǎnquán；著作权 zhùzuòquán ❷《出版権》(出版社的)出版权 (chūbǎnshè de) chūbǎnquán
はんけん【半券】 票根 piàogēn
はんげん【半減-する】 减半 jiǎnbàn；少一半 shǎo yíbàn ◆楽しみが~する 乐趣减半 lèqù jiǎnbàn ◆~期《放射性元素の》半衰期 bànshuāiqī
ばんけん【番犬】 看家狗 kānjiāgǒu
はんこ【判子】 戳儿 chuōr；图章 túzhāng ◆~を押す 盖章 gài zhāng
はんご【反語】 反话 fǎnhuà；反语 fǎnyǔ
パンこ【パン粉】 面包粉 miànbāofěn
はんこう【反抗-する】 反抗 fǎnkàng；违抗 wéikàng ◆~期 反抗期 fǎnkàngqī
はんこう【犯行】 罪行 zuìxíng ◆~を重ねる 罪行不断 zuìxíng bú duàn ◆~を認める 承认罪行 chéngrèn zuìxíng
ばんこう【蛮行】 兽行 shòuxíng；暴行 bàoxíng；野蛮行为 yěmán xíngwéi
ばんごう【番号】 号码 hàomǎ ◆~を合わせる 对号 duìhào ◆~を付ける 编号 biānhào ◆暗证~ 密码 mìmǎ ◆~札(ふだ) 号码牌 hàomǎpái
ばんこく【万国】 万国 wànguó ◆~共通の 世界通用 shìjiè tōngyòng
はんこつ【反骨-の】 反抗 fǎnkàng；叛逆 pànnì ◆~精神 反抗精神 fǎnkàng jīngshén
はんごろし【半殺し】 ◆~にする 打个半死 dǎ ge bànsǐ ◆~の目に遭う 被打得半死 bèi dǎde bànsǐ
ばんこん【晩婚-の】 晚婚 wǎnhūn
はんさ【煩瑣-な】 烦琐 fánsuǒ；麻烦 máfan
はんざい【犯罪】 犯罪 fànzuì ◆~の証拠 罪证 zuìzhèng ◆~行为 罪行 zuìxíng ◆~者 罪犯 zuìfàn
ばんざい【万歳】 万岁 wànsuì ◆三唱 三呼万岁 sānhū wànsuì ◆だめだ，~だ 完了，投降了 wán le，tóuxiáng le
ばんさく【万策】 ◆~を講じて 千方百计 qiānfāng bǎijì ◆~が尽きる 无计可施 wú jì kě shī
はんざつ【繁[煩]雑-な】 纷繁 fēnfán；复杂 fùzá；烦琐 fánsuǒ ◆~な手続き 烦琐的手续 fánsuǒ de shǒuxù
ハンサム-な 俊俏 jùnqiào；英俊 yīngjùn
はんさよう【反作用】 反作用 fǎnzuòyòng
ばんさん【晩餐】 晚餐 wǎncān ◆~会 晚餐会 wǎncānhuì
はんじ【判事】 法官 fǎguān；审判员 shěnpànyuán
ばんじ【万事】 ◆~が順调に运ぶ 万事亨通 wànshì hēngtōng ◆~休す 万事休 wànshì xiū；完蛋了 wándàn le
バンジージャンプ 蹦极 bèngjí
はんしはんしょう【半死半生】 半死不活 bàn sǐ bù huó
はんしゃ【反射-する】 反射 fǎnshè ◆~鏡 反光镜 fǎnguāngjìng；回光镜 huíguāngjìng
はんしゃかいてき【反社会的-な】 反社会的 fǎnshèhuì de ◆~組织 黑社会 hēishèhuì
ばんしゃく【晩酌-する】 晚饭酒 wǎnfànjiǔ
ばんじゃく【盤石-の】 磐石 pánshí ◆~の备え 坚如磐石 jiān rú pánshí
はんしゅう【半周-する】 半周 bànzhōu
ばんしゅう【晩秋】 晚秋 wǎnqiū
はんじゅく【半熟】 半熟 bànshú；煮成半熟 zhǔchéng bànshú ◆~卵 半熟鸡蛋 bànshú jīdàn
はんしゅつ【搬出-する】 搬出 bānchū
ばんしゅん【晩春】 暮春 mùchūn；晚春 wǎnchūn
はんしょ【板書-する】 板书 bǎnshū；写在黑板上 xiězài hēibǎnshang
はんしょう【反证】 反证 fǎnzhèng
はんしょう【半烧-する】 烧掉一半 shāodiào yíbàn
はんしょう【半鐘】 警钟 jǐngzhōng ◆~を鸣らす 敲警钟 qiāo jǐngzhōng
はんじょう【繁盛-する】 兴隆 xīnglóng；繁荣 fánróng ◆商売~ 生意兴隆 shēngyì xīnglóng
はんしょく【繁殖-する】 繁殖 fánzhí；滋生 zīshēng ◆ゴキブリが~した 蟑螂滋生了 zhāngláng zīshēng le
はんしんはんぎ【半信半疑-だ】 将

信将疑 jiāng xìn jiāng yí; 半信半疑 bàn xìn bàn yí
はんしんふずい【半身不随-の】 偏瘫 piāntān; 半身不遂 bàn shēn bù suí
はんしんろん【汎神論】 泛神论 fànshénlùn
はんすう【半数-の】 半数 bànshù; 一半 yíbàn ◆～にも満たない 不到一半 bú dào yíbàn
ハンスト 《ハンガーストライキ》 绝食斗争 juéshí dòuzhēng
パンスト 《パンティーストッキング》 连裤袜 liánkùwà
はんズボン【半ズボン】 短裤 duǎnkù
はんする【反する】 违反 wéifǎn; 违背 wéibèi ◆期待に～ 与期望相反 yǔ qīwàng xiāngfǎn ◆法律に～ 违法 wéifǎ
はんせい【反省-する】 反省 fǎnxǐng; 省察 xǐngchá; 反思 fǎnsī ◆～が足りない 反省不够 fǎnxǐng bùgòu ◆～を促す 促使反省 cùshǐ fǎnxǐng
はんせい【半生】 半生 bànshēng; 半辈子 bànbèizi ◆～を語る 谈前半生 tán qiánbànshēng
はんせいひん【半製品】 半成品 bànchéngpǐn; 半制品 bànzhìpǐn
はんせん【帆船】 帆船 fānchuán
はんせん【反戦-の】 反战 fǎnzhàn ◆～運動 反战运动 fǎnzhàn yùndòng
ばんぜん【万全-の】 ◆～を期する 以期万全 yǐqī wànquán ◆～の措置をとる 措施完备 cuòshī wánbèi
はんそ【反訴-する】 反诉 fǎnsù; 反告 fǎngào
ばんそう【伴奏-する】 伴奏 bànzòu ◆無～ 无伴奏 wú bànzòu
ばんそうこう【絆創膏】 胶布 jiāobù; 橡皮膏 xiàngpígāo ◆～を貼る 贴胶布 tiē jiāobù
はんそく【反則-する】 犯规 fànguī ◆～をとる 判罚 pànfá
はんそで【半袖-の】 短袖 duǎnxiù ◆～シャツ 短袖衫 duǎnxiù shān
はんだ【半田】 焊锡 hànxī ◆～鏝(ごて) 烙铁 làotie ◆～付けする 焊接 hànjiē
パンダ 熊猫 xióngmāo ◆ジャイアント～ 大熊猫 dàxióngmāo ◆レッサー～ 小熊猫 xiǎoxióngmāo
ハンター 猎手 lièshǒu; 猎人 lièrén
はんたい【反対-する】 反对 fǎnduì ◆～に 倒 dào; 反倒 fǎndào; 相反 xiāngfǎn ◆～論を押し切る 排除反对意见 páichú fǎnduì yìjiàn ◆～

反义词 fǎnyìcí ◆～者 异己分子 yìjǐ fènzǐ
はんたいじ【繁体字】 繁体字 fántǐzì
はんたいせい【反体制】 反体制 fǎntǐzhì
パンタグラフ 集电弓 jídiàngōng; 导电弓架 dǎodiàn gōngjià
はんだん【判断-する】 判断 pànduàn ◆～を誤る 错误判断 cuòwù pànduàn ◆～を先送りする 阙疑 quēyí ◆～を下す 下判断 xià pànduàn; 决断 juéduàn
ばんたん【万端】 万端 wànduān ◆準備～整う 准备十分周密 zhǔnbèi shífēn zhōumì
ばんち【番地】 地址号码 dìzhǐ hàomǎ; 门牌 ménpái
パンチ 拳击 quánjī ◆～の効いた《比喩》简洁有力 jiǎnjié yǒulì; 最精采的 zuì jīngcǎi de
ばんちゃ【番茶】 粗茶 cūchá
はんちゅう【範疇】 范畴 fànchóu ◆同じ～に入る 属于同一个范畴 shǔyú tóng yí ge fànchóu
ハンチング《帽子》 鸭舌帽 yāshémào
パンツ《下着の》 裤衩 kùchǎ
はんつき【半月】 半个月 bàn ge yuè
ばんづけ【番付】 排行榜 páihángbǎng; 名次表 míngcìbiǎo ◆長者～ 富豪排行榜 fùháo páihángbǎng ◆～が3枚上った 名次升了三名 míngcì shēngle sān míng
はんてい【判定-する】 判定 pàndìng; 判断 pànduàn ◆勝敗を～する 评判胜负 píngpàn shèngfù ◆～を下す 作出判决 zuòchū pànjué
パンティー 三角裤衩 sānjiǎo kùchǎ ◆～ストッキング 连裤袜 liánkùwà
ハンディキャップ 不利条件 búlì tiáojiàn
はんてん【反転-する】 掉头 diàotóu; 回转 huízhuǎn
はんてん【斑点】 斑点 bāndiǎn
バンド ❶《ひも状の》 带儿 dàir ◆ヘア～ 发带 fàdài ◆革～ 皮带 pídài ❷《楽団》 乐队 yuèduì; 乐团 yuètuán ◆～マン 乐队队员 yuèduì duìyuán
はんドア【半ドア】《車の》 车门没关好 chēmén méi guānhǎo
はんとう【半島】 半岛 bàndǎo
はんどう【反動】 反动 fǎndòng; 反作用 fǎnzuòyòng ◆～的な 反动 fǎndòng; 顽固 wángù
はんどうたい【半導体】 半导体 bàndǎotǐ
はんとうめい【半透明-の】 半透明 bàntòumíng
はんどく【判読-する】 猜着读 cāizhe

dú; 辨认 biànrèn
はんとし【半年】半年 bànnián
ハンドバッグ 手提包 shǒutíbāo
ハンドブック 手册 shǒucè; 便览 biànlǎn
ハンドボール 手球 shǒuqiú
パントマイム 哑剧 yǎjù
ハンドル ❶〈自転車などの〉车把 chēbǎ ❷〈自動車などの〉方向盘 fāngxiàngpán
ばんなん【万難】◆～を排する 排除万难 páichú wànnán
はんにち【半日】半天 bàntiān
はんにゅう【搬入-する】搬入 bānrù
はんにん【犯人】罪犯 zuìfàn; 犯人 fànrén
ばんにん【万人】万人 wànrén; 众人 zhòngrén ◆～が認める 众人公认 zhòngrén gōngrèn
ばんにん【番人】畑の～ 地里的看守人 dìli de kānshǒurén ◆法の～ 法律的守卫者 fǎlǜ de shǒuwèizhě
はんにんまえ【半人前-の】半人份儿 bànrén fènr
はんね【半値】对折 duìzhé; 半价 bànjià ◆～でも要らない 打对折也不要 dǎ duìzhé yě bú yào
ばんねん【晩年】晚年 wǎnnián
はんのう【反応-する】反应 fǎnyìng; 回应 huíyìng ◆化学～ 化学反应 huàxué fǎnyìng ◆～がない 没有反应 méiyǒu fǎnyìng ◆～が素早い 回应迅速 huíyìng xùnsù
ばんのう【万能-の】全能 quánnéng; 万能 wànnéng ◆～薬 灵丹妙药 língdān miàoyào ◆スポーツ～ 体育活动的全才 tǐyù huódòng de quáncái
はんば【飯場】工棚 gōngpéng
はんぱ【半端-な】◆～な時間 零星时间 língxīng shíjiān ◆中途～ 不彻底 bú chèdǐ
バンパー 保险杠 bǎoxiǎngàng
ハンバーガー 汉堡包 hànbāobāo
ハンバーグ 汉堡牛饼 hànbāo niúbǐng; 汉堡牛排 hànbāo niúpái
はんばい【販売-する】贩卖 fànmài; 售货 shòuhuò ◆～員 售货员 shòuhuòyuán ◆～価格 销售价格 xiāoshòu jiàgé ◆～代理店 代销店 dàixiāodiàn ◆通信～ 邮购 yóugòu ◆ネット～ 网络营销 wǎngluò yíngxiāo
はんばく【反駁-する】反驳 fǎnbó; 回驳 huíbó
はんぱつ【反発-する】抗拒 kàngjù; 反对 fǎnduì ◆～を買う 受到抗拒 shòudào kàngjù
はんぶん【半々-に】各半 gèbàn ◆～に分ける 分成两半儿 fēnchéng liǎngbànr ◆～で負担する 各人负担一半 gèrén fùdān yíbàn
はんびょうにん【半病人】半个病人 bàngè bìngrén
はんびらき【半開き-の】半开 bànkāi
はんぴれい【反比例-する】反比例 fǎnbǐ; 反比例 fǎnbǐlì ◆～の関係 反比的关系 fǎnbǐ de guānxi
はんぷ【帆布】帆布 fānbù
はんぷ【頒布-する】分发 fēnfā
はんぷく【反復-する】反复 fǎnfù ◆～練習 反复练习 fǎnfù liànxí
ばんぶつ【万物】万物 wànwù
パンフレット 小册子 xiǎocèzi
はんぶん【半分】一半 yíbàn ◆～に切る 切成两半 qiēchéng liǎngbàn ◆おもしろ～に 半开玩笑地 bàn kāi wánxiào de
はんべつ【判別-する】辨别 biànbié; 辨认 biànrèn ◆～がつく 可以辨别 kěyǐ biànbié
はんぼう【繁忙】繁忙 fánmáng ◆～を極める 忙极了 máng jíle
ハンマー 锤子 chuízi; 榔头 lángtou ◆～投げ 掷链球 zhì liànqiú
ばんみん【万民】万众 wànzhòng
はんめい【判明-する】判明 pànmíng ◆身元が～ 判明身份 pànmíng shēnfen
ばんめし【晩飯】晚饭 wǎnfàn
はんめん【反面】反面 fǎnmiàn; 另一面 lìng yímiàn ◆～教師 反面教员 fǎnmiàn jiàoyuán
はんも【繁茂-する】茂盛 màoshèng; 繁茂 fánmào
はんもく【反目-する】反目 fǎnmù; 不和 bùhé
はんもと【版元】出版社 chūbǎnshè
はんもん【反問-する】反问 fǎnwèn
はんもん【煩悶-する】烦闷 fánmèn; 烦恼 fánnǎo; 苦闷 kǔmèn
ばんゆういんりょく【万有引力】◆～の法則 万有引力定律 wànyǒu yǐnlì dìnglǜ
はんよう【汎用】通用 tōngyòng ◆～コンピュータ 通用计算机 tōngyòng jìsuànjī
はんらい【万雷】◆～の拍手 雷鸣般的掌声 léimíng bān de zhǎngshēng
はんらく【反落-する】回落 huíluò; 回跌 huídiē
はんらん【反乱】叛乱 pànluàn ◆～を企てる 谋反 móufǎn ◆～を起こす 起义 qǐyì; 作乱 zuòluàn ◆～を鎮める 平定叛乱 píngdìng pànluàn
はんらん【氾濫-する】泛滥 fànlàn ◆川が～する 河水泛滥 héshuǐ fànlàn ◆悪書が～している 坏书泛滥

huàishū fànlàn
ばんり【万里】♦～の波濤 万里波涛 wànlǐ bōtāo ♦～の長城 万里长城 Wàn lǐ Chángchéng
はんりょ【伴侶】伴侣 bànlǚ
はんれい【判例】判例 pànlì; 案例 ànlì
はんれい【凡例】凡例 fánlì; 例言 lìyán
はんろ【販路】销路 xiāolù ♦～を広げる 扩大销路 kuòdà xiāolù
はんろん【反論-する】辩驳 biànbó; 反驳 fǎnbó

ひ

ひ【火】 火 huǒ ♦～がつく 着火 zháo huǒ ♦～が消える 熄火 xī huǒ ♦～に当たる 烤火 kǎo huǒ ♦～に強い 耐火 nàihuǒ ♦～を熾(おこ)す 生火 shēng huǒ ♦～を放つ 纵火 zònghuǒ ♦～のように激しい 火毒 huǒdú

ひ【日】❶《太陽》日 rì; 太阳 tàiyang ♦～に焼ける 晒黒 shàihēi ♦～が沈む 日落 rìluò ♦～に干す 晾 liàng; 晒 shài ♦～に当てる 晒 shài ♦～の当たる側《建物などの》阳面 yángmiàn ♦～の当らぬ場所 背阴 bèiyīn ♦～が昇る 太阳升起来 tàiyang shēngqǐlai ♦～が差す 阳光照射 yángguāng zhàoshè ♦～が暮れた 天黑了 tiān hēi le ❷《日にち》日子 rìzi ♦～を過ごす 度日 dùrì ♦～を選ぶ 择期 zéqī ♦～を追って 逐日 zhúrì ♦～を改めて 改天 gǎitiān

ひ【比】比率 bǐlǜ; 比值 bǐzhí ♦…の～ではない 比不上… bǐbushàng...

ひ【碑】碑 bēi

ひ【非】非 fēi; 错误 cuòwù; 缺点 quēdiǎn ♦彼に～がある 他不对 tā búduì ♦～を悔いる 回头 huítóu ♦～を認める 承认错误 chéngrèn cuòwù ♦～の打ち所がない 完美无瑕 wánměi wúxiá

ひ【灯】灯 dēng ♦～をともす 点灯 diǎndēng

び【美】美 měi ♦～意識 美感 měigǎn ♦～を鑑賞する 审美 shěnměi

び【微】♦～に入り細を穿(うが)って 仔仔细细 zǐzǐxìxì

ひあい【悲哀】悲哀 bēi'āi

ひあがる【干上がる】干枯 gānkū; 干巴巴 gānbābā ♦干上がった川 干涸的河 gānhé de hé ♦口が～ 无法糊口 wúfǎ húkǒu

ひあし【日足】白天 báitiān ♦～が短い 天短 tiān duǎn ♦～が伸びる 天变长 tiān biàn cháng

ピアス 穿孔耳环 chuānkǒng ěrhuán ♦～をする 戴穿孔耳环 dài chuānkǒng ěrhuán

ひあそび【火遊び-する】《比喩的にも》玩火 wánhuǒ

ひあたり【日当り】♦～のよい 朝阳 cháoyáng; 向阳 xiàngyáng ♦～の悪い 不向阳 bú xiàngyáng

ピアニスト 钢琴家 gāngqínjiā

ピアノ 钢琴 gāngqín

ヒアリング 听力 tīnglì ♦～の授業 听力课 tīnglìkè ♦～の能力 听力 tīnglì; 《公聴会》听证会 tīngzhèng-

ピーアール【PR-する】 宣伝 xuānchuán; 公关 gōngguān

ピーエルほう【PL法】 产品责任法 chǎnpǐn zérèn fǎ

ひいおじいさん【曾お祖父さん】 曾祖 zēngzǔ; 曾祖父 zēngzǔfù

ひいおばあさん【曾お祖母さん】 老奶奶 lǎonǎinai; 曾祖母 zēngzǔmǔ

ビーカー 烧杯 shāobēi

ビーがたかんえん【B型肝炎】 乙肝 yǐgān; 乙型肝炎 yǐxíng gānyán

ひいき【贔屓-する】 向着 xiàngzhe; 照顾 zhàogù ◆~の引き倒し 偏爱谁，反倒害谁 piān'ài shéi, fǎndào hài shéi

ピーク 顶端 dǐngduān; 高峰 gāofēng; 高潮 gāocháo ◆渋滞の~ 交通滞塞的高峰 jiāotōng zhìsè de gāofēng

ビーシージー(BCG) 卡介苗 kǎjièmiáo

ビーズ 串珠 chuànzhū

ヒーター 加热器 jiārèqì; 电炉 diànlú

ビーだま【ビー玉】 玻璃球儿 bōliqiúr

ピータン【皮蛋】 皮蛋 pídàn; 松花蛋 sōnghuādàn

ひいにち【日一日-と】 ◆~と寒くなる 一天比一天冷起来 yì tiān bǐ yì tiān lěngqǐlai

ビーチパラソル 大遮阳伞 dà zhēyángsǎn

ビーチバレー 沙滩排球 shātān páiqiú

ピーティーエー(PTA) 家长会 jiāzhǎnghuì

ひいては【延いては】 乃至 nǎizhì; 甚至 shènzhì

ひいでる【秀でる】 优秀 yōuxiù; 擅长 shàncháng ◆一芸に~ 有一技之长 yǒu yí jì zhī cháng

ヒートアイランド 热岛效应 rèdǎo xiàoyìng

ヒートポンプ 热泵 rèbèng

ビーナス 维纳斯 Wéinàsī

ピーナッツ 花生米 huāshēngmǐ; 落花生 luòhuāshēng

ビーフ 牛肉 niúròu ◆~ステーキ 煎牛排 jiān niúpái ◆~カレー 咖喱牛肉 gālí niúròu ◆~シチュー 焖牛肉 mèn niúròu

ビーフン【米粉】 米粉 mǐfěn

ピーマン 青椒 qīngjiāo; 柿子椒 shìzijiāo

ビール【麦酒】 啤酒 píjiǔ ◆生~ 鲜啤酒 xiānpíjiǔ

ビールス 病毒 bìngdú

ヒーロー 名将 míngjiàng; 英雄 yīngxióng

ひうん【非運-の】 苦命 kǔmìng; 不幸 búxìng; 背运 bèiyùn

ひえいせい【非衛生-的】 不卫生 bú wèishēng

ひえいり【非営利-的】 非营利 fēi yínglì; 不谋利益 bù móu lìyì

ひえしょう【冷え性】 寒症 hánzhèng

ひえびえ【冷え冷え-する】 冷森森 lěngsēnsēn ◆~とした空気 冷飕飕的空气 lěngsōusōu de kōngqì

ひえる【冷える】 ❶《物が》凉 liáng; 变冷 biànlěng ❷《気温が》凉 liáng; 冷 lěng ❸《関係が》冷淡 lěngdàn

ピエロ 丑角 chǒujué; 小丑 xiǎochǒu

びえん【鼻炎】 鼻炎 bíyán

ビオラ 中提琴 zhōngtíqín

びおん【微温-的】 微温 wēiwēn; 《比喩》不痛不痒 bútòng bùyǎng

ひか【皮下-の】 皮下 píxià ◆~出血 皮下出血 píxià chūxuè ◆~注射 皮下注射 píxià zhùshè

びか【美化-する】 美化 měihuà

ひがい【被害】 受灾 shòuzāi; 受害 shòuhài ◆~に遭う 受害 shòu hài ◆洪水の~状況 洪水的灾情 hóngshuǐ de zāiqíng ◆~者 受害者 shòunànzhě; 被害人 bèihàirén ◆~妄想 受害妄想症 shòuhài wàngxiǎngzhèng

ひかいいん【非会員】 非会员 fēihuìyuán

ぴかいち【ぴか一】 出类拔萃 chū lèi bá cuì

ひかえ【控え】 底子 dǐzi ◆注文書の~ 订货单底子 dìnghuòdān dǐzi ◆~の選手 候补选手 hòubǔ xuǎnshǒu

ひかえしつ【控え室】 等候室 děnghòushì

ひかえめ【控え目-な】 ◆~にする 节制 jiézhì; 客气 kèqi

ひがえり【日帰り】 当天回来 dàngtiān huílai ◆~旅行 当天回来的旅行 dàngtiān huílai de lǚxíng; 一日游 yírìyóu

ひかえる【控える】 ◆力を~ 少用力 shǎo yònglì ◆発言を~ 暂不发言 zàn bù fāyán ◆外出を~ 避免外出 bìmiǎn wàichū ◆酒を~ 节制饮酒 jiézhì yǐnjiǔ ◆ノートに~ 记在本子上 jìzài běnzishang

ひかがくてき【非科学的-な】 不科学 bù kēxué

ひかく【比較-する】 比较 bǐjiào; 对比 duìbǐ; 打比 dǎbǐ ◆~対照する 比照 bǐzhào ◆~にならない 无法

相比 wúfǎ xiāngbǐ；比不上 bǐbushàng
ひかく【皮革】 皮革 pígé；皮子 pízi
ひかく【非核-の】 无核武器 wú héwǔqì
びがく【美学】 美学 měixué
ひかくてき【比較的】 比较 bǐjiào；相对 xiāngduì ◆～暖かい 比较暖和 bǐjiào nuǎnhuo
ひかげ【日陰】 背阴 bèiyīn ◆～で涼しい 荫凉 yìnliáng；阴凉 yīnliáng ◆～になる 背光 bèiguāng
ひかげん【火加減】 火候 huǒhou；火头 huǒtóu ◆～を見る 看火候 kàn huǒhou
ひがさ【日傘】 阳伞 yángsǎn；旱伞 hànsǎn
ひがし【東】 东边 dōngbian；东方 dōngfāng ◆～に向かって歩く 朝东走 cháo dōng zǒu ◆～の風 东风 dōngfēng ◆～側 东边 dōngbian
ひかず【日数】 日数 rìshù ◆～を数える 数日子 shǔ rìzi
ひかぜい【非課税-の】 免税 miǎnshuì；不课税 bú kèshuì ◆～所得 非征税收入 fēi zhēngshuì shōurù
ひがた【干潟】 退潮后的海滩 tuìcháo hòu de hǎitān
ぴかっ ◆～と光る 闪烁一下 shǎnshuò yíxià
ひがないちにち【日がな一日】 整天 zhěngtiān；成天 chéngtiān；整整一天 zhěngzhěng yì tiān
ぴかぴか-の 闪闪发光 shǎnshǎn fāguāng；油亮 yóuliàng ◆～になる 发亮 fāliàng ◆～に磨く 擦得滑溜溜 cāde huáhuáliūliū
ひがむ【僻む】 妒忌 dùjì；以为自己吃亏 yǐwéi zìjǐ chīkuī；怀偏见 huái piānjiàn
ひからびる【干涸びる】 干涸 gānhé；干枯 gānkū ◆干からびた 干巴巴 gānbābā
ひかり【光】 光 guāng；光线 guāngxiàn ◆日の～ 阳光 yángguāng ◆～が差す 光线射进 guāngxiàn shèjìn ◆～を反射する 反光 fǎnguāng ◆～を放つ 发光 fā guāng ◆～を失う《失明する》失明 shī míng ◆一すじの～ 一道光明 yí dào guāngmíng ◆～ファイバー 光纤 guāngxiān；光学纤维 guāngxué xiānwéi ◆～ケーブル 光缆 guānglǎn ◆～ディスク 光盘 guāngpán
ひかりかがやく【光り輝く】 焕发 huànfā；《珠玉などが》灿烂 cànlàn
ひかる【光る】 发光 fā guāng；发亮 fā liàng ◆星が～ 星斗闪烁 xīngdǒu shǎnshuò ◆才能が～ 才干出

众 cáigàn chūzhòng ◆監視の目が～ 严密监视 yánmì jiānshì
ひかれる【引かれる】 ◆心を～ 着迷 zháomí ◆興味を～ 感到兴趣 gǎndào xìngqù ◆後ろ髪を～ 难舍难分 nán shě nán fēn ◆手を～ 被人搀着 bèi rén chānzhe ◆源泉徴収税を～ 预扣从源课征所得税 yùkòu cóng yuán kèzhēng suǒdéshuì
ひかれる【轢かれる】 ◆車に～ 被汽车撞 bèi qìchē zhuàng
ひがわり【日替わり】 每天一换 měitiān yí huàn ◆～定食 每天换样的套餐 měitiān huànyàng de tàocān
ひかん【悲観-する】 悲观 bēiguān；失望 shīwàng
ひがん【彼岸】 彼岸 bǐ'àn
ひがん【悲願-の】 心愿 xīnyuàn ◆～を達成する 实现心愿 shíxiàn xīnyuàn
びかん【美観】 美观 měiguān ◆～を損ねる 损伤美观 sǔnshāng měiguān
びがんじゅつ【美顔術】 美容术 měiróngshù
ひかんてき【悲観的-な】 ◆～な考え 悲观的想法 bēiguān de xiǎngfa ◆～になる 自感悲观 zìgǎn bēiguān
ヒガンバナ【彼岸花】 石蒜 shísuàn
ひきあい【引き合い】 ◆～に出す 引以为例 yǐn yǐ wéi lì；《売買の》询价 xúnjià
ひきあう【引き合う】 合算 hésuàn
ひきあげる【引き上げる】 ◆川から～ 从河里打捞 cóng hélǐ dǎlāo ◆課長に～ 提升为科长 tíshēng wéi kēzhǎng ◆運賃を～ 提高运费 tígāo yùnfèi
ひきあげる【引き揚げる】 ◆資本を～ 收回资本 shōuhuí zīběn ◆日本に引き揚げる 撤回日本 chèhuí Rìběn
ひきあわせる【引き合わせる】 介绍 jièshào
ひきいる【率いる】 率领 shuàilǐng；带领 dàilǐng
ひきいれる【引き入れる】 《仲間に》拉拢 lālǒng；《中に》拉进 lājìn；引进 yǐnjìn
ひきうける【引き受ける】 承办 chéngbàn ◆すべて～ 包圆儿 bāoyuánr ◆責任を～ 负责 fùzé ◆身元を～ 保证身份 bǎozhèng shēnfen
ひきうつし【引き写し】 照抄 zhàochāo；翻版 fānbǎn；抄袭 chāoxí
ひきおこす【引き起こす】 引起 yǐnqǐ；惹起 rěqǐ
ひきおろす【引き降ろす】 《物・地位から》拉下来 lāxiàlai
ひきかえ【引き換え】 交换 jiāohuàn ◆～券 交换票 jiāohuànpiào ◆～伝

票 凭单 píngdān;提单 tídān
ひきかえす【引き返す】返回 fǎnhuí
ひきかえる【引き換える】换 huàn;兑换 duìhuàn ♦券と品物を～ 把票换成东西 bǎ piào huànchéng dōngxi
ヒキガエル【蟇蛙】癞蛤蟆 làihá-ma;蟾蜍 chánchú
ひきがね【引き金】《銃器の》扳机 bānjī ♦～を引く 扣扳机 kòu bān-jī;《きっかけ》导火线 dǎohuǒxiàn ♦大戦の～ 大战直接的原因 dàzhàn zhíjiē de yuányīn
ひきぎわ【引き際】告退 gàotuì;引退时机 yǐntuì shíjī ♦～が肝心だ 引退时机最重要 yǐntuì shíjī zuì zhòngyào
ひきくらべる【引き比べる】对比 duì-bǐ;相比 xiāngbǐ
ひきげき【悲喜劇】悲喜剧 bēixǐjù
ひきこむ【引き込む】拉进 lājìn;拉拢 lālǒng ♦悪事に～ 勾引来做坏事 gōuyǐn lái zuò huàishì ♦ガス線を～ 安煤气管 ān méiqìguǎn
ひきこもる【引き籠もる】♦部屋に～ 闷在屋子里 mēnzài wūzili ♦田舎に～ 隐居到家乡 yǐnjūdào jiāxiāng
ひきころす【轢き殺す】轧死 yàsǐ
ひきさがる【引き下がる】《手を引く》退出 tuìchū;《撒手говорить》撒手走开
ひきさく【引き裂く】❶《手で》扯 chě;撕毁 sīhuǐ ♦ずたずたに～ 撕得稀碎 sīde xīsuì ❷《関係を》离间 líjiàn
ひきさげる【引き下げる】♦コストを～ 降低成本 jiàngdī chéngběn
ひきざん【引き算】减法 jiǎnfǎ ♦～をする 作减法 zuò jiǎnfǎ
ひきしお【引き潮】低潮 dīcháo;退潮 tuìcháo
ひきしまる【引き締まる】♦引き締まった体 肌肉紧绷的身体 jīròu jǐnbēng de shēntǐ ♦身が～ 令人紧张 lìng rén jǐnzhāng
ひきしめる【引き締める】♦ベルトを～ 勒紧裤腰带 lēijǐn kùyāodài ♦支出を～ 紧缩开支 jǐnsuō kāizhī ♦教室の空気を～ 使教室里的气氛紧张 shǐ jiàoshìli de qìfēn jǐnzhāng
ひぎしゃ【被疑者】嫌疑犯 xiányí-fàn
ひきずる【引きずる】♦足を引きずって歩く 拖着脚走 tuōzhe jiǎo zǒu ♦離婚の傷を今日まで～ 离婚的创伤持续到今天 líhūn de chuāngshāng chíxùdào jīntiān
ひきたおす【引き倒す】拉倒 lādǎo
ひきだし【引き出し】抽屉 chōuti;屉子 tìzi ♦～を開ける 拉开抽屉 lākāi chōuti

ひきだす【引き出す】拉出 lāchū;曳出 yèchū ♦預金を～ 提取存款 tí-qǔ cúnkuǎn ♦能力を～ 导出能力 dǎochū nénglì ♦本音を～ 引出真心话 yǐnchū zhēnxīnhuà
ひきたたせる【引き立たせる】陪衬 péichèn
ひきたつ【引き立つ】映衬 yìngchèn
ひきたてやく【引き立て役】配搭儿 pèidar
ひきたてる【引き立てる】抬举 táiju;衬托 chèntuō
ひきちぎる【引き千切る】撕扯 sīchě
ひきつぎ【引き継ぎ】♦事務の～をする 交代事务 jiāodài shìwù
ひきつぐ【引き継ぐ】❶《仕事を》接班 jiēbān;交代工作 jiāodài gōngzuò ❷《地位や職務を》接任 jiērèn ❸《事業を》继承 jìchéng
ひきつけ【引き付け】♦～を起こす 抽风 chōufēng
ひきつける【引き付ける】♦人の心を～ 吸引人心 xīyǐn rénxīn
ひきつづいて【引き続いて】接着 jiē-zhe;继续 jìxù
ひきつる【引き攣る】抽筋 chōujīn;痉挛 jìngluán ♦足が～ 腿抽筋 tuǐ chōujīn
ひきつれる【引き連れる】带领 dài-lǐng;挈带 qièdài
ひきて【引き手】❶《たんすなどの》把手 bǎshou;拉手 lāshou ❷《器物の》扳手 bānshou
ひきでもの【引き出物】回赠礼品 huízèng lǐpǐn
ひきど【引き戸】拉门 lāmén
ひきとめる【引き止める】挽留 wǎn-liú;拉差 lāche
ひきとる【引き取る】领取 lǐngqǔ ♦引き取って育てる 收养 shōuyǎng ♦不良品を～ 回收次货 lǐnghuí cìhuò ♦息を～ 死去 sǐqù
ビキニ《水着の》比基尼泳衣 bǐjī-ní yǒngyī;三点式泳衣 sāndiǎnshì yǒngyī
ひきにく【挽き肉】肉末 ròumò
ひきにげ【轢き逃げ-する】汽车轧人后逃跑 qìchē yà rén hòu táopǎo
ひきぬく【引き抜く】抽出 chōuchū ♦大根を～ 拔萝卜 bá luóbo ♦甲チームの乙選手を～ 把甲队的乙队员拉拢过来 bǎ Jiǎ duì de Yǐ duìyuán lā-lǒngguòlai
ひきのばす【引き延ばす】拖 tuō;拖延 tuōyán ♦支払いを～ 延期付款 yánqī fùkuǎn
ひきのばす【引き伸ばす】拉长 lā-cháng;伸长 shēncháng ♦写真を～ 放大 fàngdà
ひきはなされる【引き離される】《後

方に～ 落后 luòhòu
ひきはなす【引き離す】 使…分离 shǐ…fēnlí; 拉开距离 lākāi jùlí
ひきはらう【引き払う】 搬出去 bānchūqu; 离开 líkāi ♦アパートを～ 从公寓搬走 cóng gōngyù bānzǒu
ひきふね【曳船】 拖船 tuōchuán
ひきまわす【引き回す】 ❶《導く》指导 zhǐdǎo; 照顾 zhàogù ♦よろしくお引き回しのほどを 请多多指教 qǐng duōduō zhǐjiào ❷《連れ歩く》领着到处走 lǐngzhe dàochù zǒu
ひきもきらず【引きも切らず】 络绎不绝 luòyì bù jué; 接连不断 jiēlián búduàn ♦～客が来る 客人络绎不绝地过来 kèrén luòyì bù jué de guòlái
ひきもどす【引き戻す】 拉回 lāhuí
ひきょう【秘境】 秘境 mìjìng
ひきょう【卑怯-な】 卑鄙 bēibǐ; 卑怯 bēiqiè ♦～なやり方 无耻的做法 wúchǐ de zuòfǎ
ひきよせる【引き寄せる】 拉到身边 lādào shēnbiān; 吸引 xīyǐn ♦椅子を～ 把椅子拉过来 bǎ yǐzi lāguòlai ♦人の心を～ 吸引人心 xīyǐn rénxīn
ひきわけ【引き分け】 平手 píngshǒu; 平局 píngjú
ひきわける【引き分ける】 打成平局 dǎchéng píngjú; 打平手 dǎ píngshǒu
ひきわたす【引き渡す】 交付 jiāofù; 提交 tíjiāo ♦家を買主に～ 把房子交给买主 bǎ fángzi jiāogěi mǎizhǔ ♦犯人を～ 引渡罪人 yǐndù zuìrén
ひきわり【挽き割り】 磨碎 mòsuì ♦～の穀類 糁儿 shēnr
ひきん【卑近-な】 浅显 qiǎnxiǎn; 浅近 qiǎnjìn ♦～な例 浅显的例子 qiǎnxiǎn de lìzi
ひきんぞく【非金属】 非金属 fēijīnshǔ
ひく【挽く】 《粉を》推 tuī; 磨 mò; 碾 niǎn
ひく【引く】 ♦車を～ 拉车 lā chē ♦糸を～ 拉丝 lāsī ♦図面を～ 制图 zhìtú ♦線を～ 划线 huà xiàn ♦電気を～ 架设电线 jiàshè diànxiàn ♦客を～ 引诱客人 yǐnyòu kèrén ♦人目を～ 引人注目 yǐn rén zhùmù ♦値を～ 减价 jiǎnjià ♦辞書を～ 查词典 chá cídiǎn ♦くじを～ 抽签 chōuqiān ♦20から3を～ 二十减三 èrshí jiǎn sān ♦～に引けない 下不了台 xiàbùliǎo tái
ひく【弾く】 弹 tán ♦ピアノを～ 弹钢琴 tán gāngqín
ひく【退く】 后退 hòutuì ♦潮が～ 退

潮 tuìcháo ♦手を～ 撒手不管 sāshǒu bùguǎn
ひく【轢く】 轧 yà
びく【魚籠】 鱼篓 yúlǒu
ひくい【低い】 低 dī; 矮 ǎi ♦背が～ 个子矮 gèzi ǎi ♦気温が～ 气温低 qìwēn dī ♦レベルが～ 水平低 shuǐpíng dī ♦～声 低沉的声音 dīchén de shēngyīn ♦～声で話す 低声说 dīshēng shuō ♦地位が～ 地位低微 dìwèi dīwēi ♦腰が～ 谦虚 qiānxū ♦関心が～ 关心不大 guānxīn bú dà ♦評価 低估 dīgū
ピクセル（pixel）像素 xiàngsù
ひくつ【屈-な】 卑躬屈节 bēigōng qū jié; 低三下四 dī sān xià sì
びくっ-とする 吓一跳 xià yítiào; 心跳一动 xīn tiào yí dòng
びくともしない 牢不可破 láo bù kě pò
ピクニック 郊游 jiāoyóu ♦～に行く 去郊游 qù jiāoyóu
びくびく-する 害怕 hàipà; 悬心吊胆 xuán xīn diào dǎn; 战战兢兢 zhànzhàn jīngjīng
ピクルス 酸菜 suāncài; 泡菜 pàocài
ひぐれ【日暮れ】 傍晚 bàngwǎn; 黄昏 huánghūn ♦～が近づく 垂暮 chuímù
ひげ【髭】 胡子 húzi; 胡须 húxū ♦～を剃る 刮脸 guā liǎn; 剃胡子 tì húzi ♦～を蓄える 留胡子 liú húzi ♦～が濃い 胡子浓 húzi nóng ♦猫の～ 猫须 māoxū
ひげ【卑下-する】 自卑 zìbēi ♦～しすぎる 妄自菲薄 wàngzì fěibó
ひげき【悲劇】 悲剧 bēijù; 惨剧 cǎnjù ♦～に見舞われる 遭到悲惨的事情 zāodào bēicǎn de shìqíng
ひけつ【否決-する】 否决 fǒujué; 批驳 pībó
ひけつ【秘訣】 秘诀 mìjué; 窍门儿 qiàoménr
ひけね【引け値】 《株式》收盘价 shōupánjià
ひけめ【引け目】 自卑感 zìbēigǎn ♦～を感じる 自惭形秽 zì cán xíng huì
ひけらかす 夸示 kuāshì; 炫耀 xuànyào ♦知識を～ 卖弄学问 màinòng xuéwèn
ひける【引ける】 ♦会社が～ 下班 xiàbān ♦学校が～ 放学 fàng xué
ひけをとらない【引けを取らない】 不亚于 búyàyú; 没有逊色 méiyǒu xùnsè
ひけん【卑見】 拙见 zhuōjiàn; 管见 guǎnjiàn

ひげんじつてき【非現実的-な】不现实 bú xiànshí ♦ ~提案 不现实的建议 bú xiànshí de jiànyì
ひご【庇護-する】荫庇 yìnbì；庇护 bìhù
ひこう【飛行-する】飞行 fēixíng
ひこう【非行】不正行为 búzhèng xíngwéi ♦ ~に走る 走歪道 zǒu wāidào
ひごう【非業】♦ ~の死を遂げる 死于非命 sǐ yú fēi mìng；枉死 wǎngsǐ
びこう【尾行-する】钉梢 dīngshāo；尾随 wěisuí ♦ ~者 尾巴 wěiba
びこう【鼻孔】鼻孔 bíkǒng
びこう【鼻腔】鼻腔 bíqiāng
びこう【備考】备考 bèikǎo
ひこうかい【非公開-の】不公开 bù gōngkāi
ひこうき【飛行機】飞机 fēijī ♦ ~雲 飞机云 fēijīyún ♦ ~事故 飞机失事 fēijī shīshì
ひこうし【飛行士】飞行员 fēixíngyuán
ひこうしき【非公式-の】非正式 fēi zhèngshì ♦ ~に 非正式地 fēi zhèngshì de；私下 sīxià
ひこうじょう【飛行場】机场 jīchǎng ♦ 国際~ 国际机场 guójì jīchǎng
ひこうせん【飛行船】飞艇 fēitǐng；飞船 fēichuán
ひごうほう【非合法-な】非法 fēifǎ；违法 wéifǎ ♦ ~な手段 非法手段 fēifǎ shǒuduàn
ひこく【被告】被告 bèigào
ひごと【日毎-に】日渐 rìjiàn；一天比一天 yì tiān bǐ yì tiān ♦ ~進歩する 日新月异 rì xīn yuè yì
ひこぼし【彦星】牛郎星 niúlángxīng；牵牛 qiānniú
ひごろ【日頃】平素 píngsù；往常 wǎngcháng ♦ ~から 素来 sùlái ♦ ~の努力 平常的努力 píngcháng de nǔlì
ひざ【膝】膝盖 xīgài；膝头 xītóu ♦ ~頭(がしら) 膝盖 xīgài；小僧 膝头 xītóu ♦ ~を折る 屈服 qūfú ♦ ~をつき合わせる 促膝 cùxī
ビザ 签证 qiānzhèng
ピザ 比萨饼 bǐsàbǐng
ひさい【被災-する】受灾 shòuzāi；遭灾 zāozāi ♦ ~者 灾民 zāimín ♦ ~者を救済する 赈灾 zhènzāi ♦ ~情況 灾情 zāiqíng ♦ ~地 灾区 zāiqū
びさい【微細-な】微细 wēixì；微小 wēixiǎo ♦ ~に記述する 写得很详细 xiěde hěn xiángxì
びざい【微罪】微罪 wēizuì
ひさし【庇】房檐 fángyán

ひざし【日差し】阳光 yángguāng ♦ ~が強い 阳光很强 yángguāng hěn qiáng ♦ ~がやわらかい 阳光和煦 yángguāng héxù ♦ ~を浴びる 晒太阳 shài tàiyang
ひさしい【久しい】许久 xǔjiǔ；好久 hǎojiǔ；久远 jiǔyuǎn
ひさしぶり【久し振り-の】隔了好久 géle hǎojiǔ ♦ ~ですね 好久没见了 hǎojiǔ méi jiàn le；久违 jiǔwéi；少见少见 shǎojiàn shǎojiàn
ひざづめ【膝詰め】♦ ~談判をする 促膝谈判 cùxī tánpàn
ひさびさ【久々-に】♦ ~に再会する 久别重逢 jiǔbié chóngféng
ひざまくら【膝枕-をする】枕在女人膝上 zhěnzài nǚrén xīshang
ひざまずく【跪く】跪 guì；跪下 guìxià
ひさめ【氷雨】冷雨 lěngyǔ；冰冷的雨 bīnglěng de yǔ
ひざもと【膝元-で】膝下 xīxià；身边 shēnbiān；跟前 gēnqián ♦ 親の~ 父母身旁 fùmǔ shēnpáng
ひさん【悲惨-な】悲惨 bēicǎn；凄惨 qīcǎn ♦ ~な境遇 惨境 cǎnjìng ♦ ~な事故 悲惨的事故 bēicǎn de shìgù
ヒシ【菱】♦ ~の実 菱角 língjiǎo
ひじ【肘】肘子 zhǒuzi；胳膊肘子 gēbo zhǒuzi ♦ ~の内側 肘窝 zhǒuwō ♦ ~をつく 支臂肘 zhī bìzhǒu
ひじかけ【肘掛け】《椅子の》扶手 fúshou ♦ ~椅子 扶手椅 fúshǒuyǐ
ひしがた【菱形-の】菱形 língxíng
ビジター《チーム》客队 kèduì
ひじでっぽう【肘鉄】《ひじ鉄砲》♦ ~を食う 碰一鼻子灰 pèng yì bízi huī；碰钉子 pèng dīngzi
ビジネス ❶《事務》工作 gōngzuò；事务 shìwù ❷《実業》商务 shāngwù ♦ ~クラス 公务舱 gōngwùcāng；商务舱 shāngwùcāng ♦ ~ホテル 商务用旅馆 shāngwùyòng lǚguǎn
ひしひし ♦ ~と感じる 深深感到 shēnshēn gǎndào
びしびし ♦ ~鍛える 严厉锻炼 yánlì duànliàn ♦ ~取り締まる 严厉取缔 yánlì qǔdì
ひしめく【犇く】拥挤 yōngjǐ；熙熙攘攘 xīxīrǎngrǎng
びじゃく【微弱-な】微弱 wēiruò
ひしゃこうてき【非社交的】内向 nèixiàng；不善交际的 búshàn jiāojì de
ひしゃたい【被写体】拍照的对象 pāizhào de duìxiàng
ぴしゃり ♦ ~と断る 严厉拒绝 yán-

lì jùjué ♦～と叩く 啪地拍打 pā de pāidǎ ♦～と戸を閉める 砰地一下把门关上 pēng de yíxià bǎ mén guānshàng

びしゅ【美酒】 美酒 měijiǔ；佳酿 jiāniàng ♦～に酔う 醉美酒 zuì měijiǔ

ひじゅう【比重】 比重 bǐzhòng；比例 bǐlì ♦～が大きい 比例大 bǐlì dà

びしゅう【美醜】 美丑 měichǒu

びじゅつ【美術】 美术 měishù ♦～教育 美术教育 měishù jiàoyù

びじゅつかん【美術館】 美术馆 měishùguǎn ♦～めぐり 寻访美术馆 xúnfǎng měishùguǎn

ひじゅん【批准】 批准 pīzhǔn

ひしょ【秘書】 秘书 mìshū

ひしょ【避暑】 ♦～に行く 避暑 bìshǔ

びじょ【美女】 美女 měinǚ

ひじょう【非常-に】 非常 fēicháng；极其 jíqí

ひじょう【非情-な】 无情 wúqíng；冷酷 lěngkù；铁石心肠 tiě shí xīn cháng

びしょう【微小-な】 微小 wēixiǎo ♦～なもの 秋毫 qiūháo

びしょう【微笑-する】 微笑 wēixiào

びしょう【微少-な】 微量 wēiliàng；微少 wēishǎo

ひじょうかいだん【非常階段】 太平梯 tàipíngtī

ひじょうきん【非常勤-の】 非专任 fēi zhuānrèn；兼任 jiānrèn ♦～講師 非专任教员 fēi zhuānrèn jiàoyuán

ひじょうぐち【非常口】 太平门 tàipíngmén

ひじょうじ【非常時】 非常时期 fēicháng shíqī；紧急时 jǐnjíshí

ひじょうしき【非常識-な】 没有常识 méiyǒu chángshí；荒唐 huāngtáng ♦～な態度 不合常情的态度 bù hé chángqíng de tàidu

ひじょうじたい【非常事態】 紧急状态 jǐnjí zhuàngtài

ひじょうせん【非常線】 戒严线 jièyánxiàn ♦～を張る 戒严 jièyán

びしょうねん【美少年】 美少年 měishàonián

ひじょうベル【非常ベル】 警铃 jǐnglíng

びしょく【美食】 美食 měishí；美餐 měicān ♦～家 美食家 měishíjiā

びしょぬれ【びしょ濡れ-の】 湿淋淋 shīlínlín；湿透 shītòu ♦～になる 成落汤鸡 chéng luòtāngjī

びしょびしょ-の 湿淋淋 shīlínlín ♦～のレインコート 湿淋淋的雨衣 shīlínlín de yǔyī

ビジョン 前景 qiánjǐng；蓝图 lántú；理想 lǐxiǎng ♦将来の～を描く 描绘未来图 miáohuì wèiláitú；梦想远景 mèngxiǎng yuǎnjǐng

びじれいく【美辞麗句】 美辞丽句 měicí lìjù；华丽辞藻 huálì cízǎo

びしん【微震】 微震 wēizhèn

びじん【美人】 美人 měirén；美女 měinǚ

ひじんどうてき【非人道的-な】 不讲人道 bù jiǎng réndào ♦そういうやり方は～だ 这样做很不人道 zhèyàng zuò hěn bù réndào

ひすい【翡翠】 翡翠 fěicuì

ビスケット 饼干 bǐnggān

ヒステリー 歇斯底里 xiēsīdǐlǐ；癔病 yìbìng ♦～を起こす 发歇斯底里 fā xiēsīdǐlǐ

ヒステリック-な 歇斯底里 xiēsīdǐlǐ

ピストル 手枪 shǒuqiāng ♦～を撃つ 开手枪 kāi shǒuqiāng

ピストン 活塞 huósāi ♦～運動 活塞运动 huósāi yùndòng ♦～輸送(する) 往返连续运输 wǎngfǎn liánxù yùnshū

ひずみ【歪み】 形变 xíngbiàn；畸形 jīxíng ♦～が生じる 发生形变 fāshēng xíngbiàn ♦～のない 平正 píngzheng ♦福祉行政の～ 福利行政的不良现象 fúlì xíngzhèng de bùliáng xiànxiàng ♦社会の～ 社会弊端 shèhuì bìduān

ひする【比する】 比较 bǐjiào ♦…に比して 跟…相比 gēn...xiāngbǐ

びせい【美声】 美妙的声音 měimiào de shēngyīn；金嗓子 jīnsǎngzi

ひせいさんてき【非生産的】 非生产性的 fēi shēngchǎnxìng de

びせいぶつ【微生物】 微生物 wēishēngwù

びせきぶん【微積分】 微积分 wēijīfēn

ひせん【卑賤-な】 卑贱 bēijiàn ♦～な出身 卑贱的出身 bēijiàn de chūshēn

ひせんきょけん【被選挙権】 被选举权 bèixuǎnjǔquán

ひせんとういん【非戦闘員】 非战斗员 fēizhàndòuyuán

ひせんりょうちく【被占領地区】 沦陷区 lúnxiànqū

ひそ【砒素】 砷 shēn ♦～中毒 砒霜中毒 pīshuāng zhòngdú

ひそう【悲壮-な】 悲壮 bēizhuàng ♦～な決意 悲壮的决心 bēizhuàng de juéxīn ♦～感が漂う 充满了悲壮的气氛 chōngmǎnle bēizhuàng de qìfēn

ひそう【皮相-な】 浅薄 qiǎnbó；肤泛 fūfàn；鄙陋 bǐlòu ♦～な見解 肤

浅的见解 fūqiǎn de jiànjiě
ひぞう【秘蔵-する】珍藏 zhēncáng
ひぞう【脾臓】脾脏 pízàng；脾 pí
ひそうぞくにん【被相続人】被继承人 bèijìchéngrén
ひそか【密か-に】偷偷 tōutōu；暗中 ànzhōng ◆～を窺う 偷偷窥伺 tōutōu kuīsì ◆～に探る 暗探 àntàn ◆～に企む 密谋 mìmóu
ひぞく【卑俗-な】鄙俗 bǐsú；卑鄙 bēibǐ；俗气 súqi
ひそひそ ◆～ささやく 窃窃私语 qièqiè sīyǔ ◆～話 悄悄话 qiāoqiāohuà ◆～話をする 咬耳朵 yǎo ěrduo
ひそみにならう【顰に倣う】效颦 xiàopín
ひそむ【潜む】潜藏 qiáncáng；潜伏 qiánfú
ひそめる【顰める】皱 zhòu ◆眉を～ 皱眉头 zhòu méitóu
ひそやか【密やか-に】悄声 qiāoshēng；寂静 jìjìng
ひだ【襞】褶 zhě；褶子 zhězi
ひたい【額】额头 étóu；脑门儿 nǎoménr ◆～が広い《福相として》天庭饱满 tiān tíng bǎo mǎn ◆～を突き合わせる 头碰头地聚在一起 tóu pèng tóu de jùzài yìqǐ
ひだい【肥大-する】肥大 féidà ◆心臓～ 心脏肥大 xīnzàng féidà ◆～した《機構が》臃肿 yōngzhǒng
ひたす【浸す】泡 pào；浸泡 jìnpào
ひたすら【只管】只顾 zhǐgù；一心 yìxīn；一个心眼儿 yí ge xīnyǎnr ◆～案じる 惟恐 wéikǒng ◆～頼みこむ 一味恳求 yíwèi kěnqiú
ひだち【肥立ち】◆産後の～ 产后康复 chǎnhòu kāngfù ◆産後の～が悪い 产后康复不好 chǎnhòu kāngfù bùhǎo
ひだね【火種】火种 huǒzhǒng
ひたはしり【ひた走り】◆～に走る 一个劲儿地跑 yígejìnr de pǎo
ひだまり【陽溜まり】向阳处 xiàngyángchù；太阳地 tàiyángdì
ビタミン 维生素 wéishēngsù；维他命 wéitāmìng ◆～C 维生素C wéishēngsù C
ひたむき【直向き-な】一心 yìxīn；一心一意 yì xīn yí yì ◆～に生きる 埋头生活 máitóu shēnghuó
ひだり【左】左边 zuǒbian ◆～と左右 zuǒyòu ◆～側 左边 zuǒbian；左面 zuǒmian ◆～側《多く座席の》左首 zuǒshǒu ◆～手 左手 zuǒshǒu ◆～きき 左撇子 zuǒpiězi
ぴたり ◆～と当たる《予言が》应验 yìngyàn ◆～と寄り添う 紧紧贴近 jǐnjǐn tiējìn ◆～と止む《音が》突然

ひだりうちわ【左団扇】◆～で暮らす 安闲度日 ānxián dùrì
ひだりまえ【左前-になる】衰落 shuāiluò
ひだりまわり【左回り】反转 fǎnzhuàn
ひたる【浸る】◆水に～ 泡在水里 pàozài shuǐli ◆感激に～ 沉浸在感激中 chénjìnzài gǎnjīzhōng
ひたん【悲嘆】悲叹 bēitàn ◆～に暮れる 日夜悲叹 rìyè bēitàn
びだん【美談】美谈 měitán；佳话 jiāhuà
びだんし【美男子】美男子 měi nánzǐ
びちく【備蓄-する】储备 chǔbèi ◆～食糧 储备粮 chǔbèiliáng
びちょうせい【微調整-する】微调 wēitiáo
ひつう【悲痛-な】悲痛 bēitòng；沉痛 chéntòng ◆～な叫び 沉痛的呼声 chéntòng de hūshēng
ひっか【筆禍】笔祸 bǐhuò ◆～事件 文字狱 wénzìyù ◆～をこうむる 遭受笔祸 zāoshòu bǐhuò
ひっかかり【引っ掛かり】牵连 qiānlián；连累 liánlei
ひっかかる【引っ掛かる】◆軒に～ 挂在房檐上 guàzài fángyánshang ◆彼の言葉がずっと～っている 他的话一直牵挂在心上 tā de huà yìzhí qiānguàzài xīnshang ◆検問に～ 在关卡卡住 zài guānqiǎ qiǎzhù ◆まんまと～ 被巧妙地上当 bèi qiǎomiào de shàngdàng
ひっかきまわす【引っ掻き回す】搅乱 jiǎoluàn；扰乱 rǎoluàn
ひっかく【引っ掻く】挠 náo；抓 zhuā ◆かゆいところを～ 挠痒痒 náo yǎngyang
ひっかける【引っ掛ける】❶《掛ける》挂 guà ❷《はおる》披上 pīshàng ❸《水などを》溅 jiàn ❹《釘などで破る》剐破 guǎpò ❺《だます》欺骗 qīpiàn
ひっかぶる【引っ被る】《責任や罪を》承担过来 chéngdānguòlai
ひっき【筆記-する】笔记 bǐjì；记下 jìxià ◆～試験 笔试 bǐshì
ひつぎ【柩】棺 guān；灵柩 língjiù
ひっきりなし【引っ切り無し一の】无尽无休 wú jìn wú xiū；接连不断 jiēlián búduàn
ピックアップ-する 选拔 xuǎnbá
ビッグバン 大爆炸 dàbàozhà；大变革 dàbiàngé
びっくり-する 吃惊 chī jīng；吓一跳 xià yítiào
ひっくりかえす【引っ繰り返す】翻

倒 fāndǎo；推翻 tuīfān ◆バケツを～《ぶつかって》碰倒水桶 pèngdǎo shuǐtǒng ◆判定を～ 推翻判定 tuīfān pàndìng ◆引っ繰り返して調べる《書類などを》翻检 fānjiǎn

ひっくりかえる【引っ繰り返る】 翻 fān；翻倒 fāndǎo

ひっくるめる【引っ括める】 包括 bāokuò

ひづけ【日付】 日期 rìqī ◆～を入れる 写日期 xiě rìqī ◆～変更線 日期变更线 rìqī biàngēngxiàn

ひっけい【必携】 必备 bìbèi；必携 bìxié

ピッケル 冰镐 bīnggǎo

ひっけん【必見】 必看 bìkàn；必读 bìdú ◆アニメファン～の傑作 动画迷必看的杰作 dònghuàmí bìkàn de jiézuò

ひっこし【引っ越し－する】 搬家 bānjiā

ひっこす【引っ越す】 迁居 qiānjū；搬家 bān jiā

ひっこぬく【引っこ抜く】 ❶《草などを》拔 bá ❷《人を》拉拢 lālǒng

ひっこみ【引っ込み】 ◆～がつかない 下不了台 xiàbuliǎo tái

ひっこみじあん【引っ込み思案】 怯懦 qiènuò；消极 xiāojí

ひっこむ【引っ込む】 ◆鄉里に～ 退居故乡 tuìjū gùxiāng ◆家に～ 呆在家里 dāizài jiālǐ ◆後に～ 退缩 tuìsuō

ひっこめる【引っ込める】 ◆首を～ 缩回头 suōhuí tóu ◆提案を～ 撤回提案 chèhuí tí'àn

ピッコロ 短笛 duǎndí

ひっさん【筆算－する】 笔算 bǐsuàn

ひっし【必死の】 ◆～の力 死劲儿 sǐjìnr ◆～に走る 拼命地跑 pīnmìng de pǎo ◆～にやる 拼命做 pīnmìng zuò

ひつじ【未】《年》未 wèi

ヒツジ【羊】 羊 yáng；绵羊 miányáng ◆～を放牧する 牧羊 mùyáng ◆～飼い 羊倌 yángguān ◆～肉 羊肉 yángròu

ひっしゃ【筆者】 笔者 bǐzhě

ひっしゅう【必修－の】 必修 bìxiū ◆～科目 必修课 bìxiūkè

ひつじゅひん【必需品】 必需品 bìxūpǐn

ひつじゅん【筆順】《漢字の》笔顺 bǐshùn

ひっしょう【必勝】 必胜 bìshèng ◆～を期する 坚信胜利 jiānxìn shènglì

びっしり 浓密 nóngmì ◆～生えた草 密生的草 mìshēng de cǎo ◆～詰まった袋 装满的袋子 zhuāngmǎn de dàizi

ひっす【必須－の】 必需 bìxū；必要 bìyào ◆～条件 必要的条件 bìyào de tiáojiàn

ひっせき【筆跡】 笔迹 bǐjì；手迹 shǒujì ◆～鑑定 笔迹鉴定 bǐjì jiàndìng

ひっぜつ【筆舌】 ◆～に尽くしがたい 不可言状 bùkě yánzhuàng

ひつぜん【必然－的な】 必然 bìrán ◆～性 必然性 bìránxìng

ひっそり－と 沉静 chénjìng；悄然 qiǎorán ◆～暮らす 安静地生活 ānjìng de shēnghuó ◆～とした 静悄悄 jìngqiāoqiāo

ひったくり【引っ手繰り】 ◆～に遭う 被歹人抢夺 bèi dǎirén qiǎngduó

ひったくる【引っ手繰る】 抢夺 qiǎngduó

ぴったり ◆～合う 服 合身的衣服 héshēn de yīfu ◆～息が合う 情投意合 qíng tóu yì hé ◆～閉じる 关得严实 guāndé yánshí ◆～言葉 正合适的话 zhèng héshì de huà ◆～時間に間に合う 准时赶到 zhǔnshí gǎndào

ひつだん【筆談－する】 笔谈 bǐtán

ひっち【筆致】《書や文の》笔致 bǐzhì；笔调 bǐdiào

ピッチ 速度 sùdù ◆～を上げる 加速 jiāsù

ヒッチハイク 沿途搭车旅行 yántú dāchē lǚxíng ◆～する 搭便车 dā biànchē

ピッチャー 投手 tóushǒu

ひっつく【引っ付く】 粘住 zhānzhù；《男女が》勾搭 gōudā

ひってき【匹敵－する】 不下于 búxiàyú；匹敌 pǐdí

ヒット ◆～商品 畅销货 chàngxiāohuò ◆～する 畅销 chàngxiāo；大受欢迎 dà shòu huānyíng

ビット《コンピュータ》位 wèi

ひっとう【筆頭－の】 首位 shǒuwèi；以…为首 yǐ…wéi shǒu ◆戸籍の～者 户主 hùzhǔ

ひつどく【必読】 必读 bìdú ◆～の書 必读的书 bìdú de shū

ひっぱく【逼迫－する】 窘迫 jiǒngpò

ひっぱたく【引っ叩く】 打 dǎ；揍 zòu

ひっぱりだこ【引っ張り凧－の】 受到各方面的邀请 shòudào gèfāngmiàn de yāoqǐng；大受欢迎 dàshòu huānyíng

ひっぱる【引っ張る】 拉 lā；扯 chě；牵引 qiānyǐn

ヒップ 屁股 pìgu；臀部 túnbù

ひっぽう【筆法】 笔法 bǐfǎ；写法 xiěfǎ

ひづめ【蹄】 蹄子 tízi

ひつよう【必要-な】 需要 xūyào；必要 bìyào ◆…する～がある 必须 bìxū；得 děi ◆…する～がない 不用 búyòng…；不必… búbì… ◆～としない 用不着 yòngbuzháo ◆～とする 必need bìxū；需要 xūyào

ひつりょく【筆力】 笔力 bǐlì

ビデ 女用坐浴盆 nǚyòng zuòyùpén；妇洗器 fùxǐqì

ひてい【否定-する】 否定 fǒudìng；否认 fǒurèn ◆～文 否定句 fǒudìngjù

びていこつ【尾てい骨】 尾骨 wěigǔ

ひていてき【否定的】 否定 fǒudìng；消极 xiāojí ◆～判断 否定的判断 fǒudìng de pànduàn

ビデオ 录像机 lùxiàngjī ◆～カメラ 摄像机 shèxiàngjī ◆～ディスク 视盘机 shìpánjī ◆～テープ 录像带 lùxiàngdài ◆～にとる 录像 lùxiàng

ひてつきんぞく【非鉄金属】 有色金属 yǒusè jīnshǔ

ひでり【日照り】 旱灾 hànzāi

ひでん【秘伝-の】 ～の薬 秘方妙药 mìfāng miàoyào

びてん【美点】 长处 chángchù

ひと【人】 ❶【人間】人 rén；人类 rénlèi ❷【他人】别人 biéren；人家 rénjia ◆～とつきあう 与人交往 yǔ rén jiāowǎng ❸【人柄】～がよすぎる 为人太老实 wéirén tài lǎoshi ❹【人材】～がいない 没有人才 méiyǒu réncái

ひとあし【一足】 一步 yí bù ◆～先に帰ります 我先走一步了 wǒ xiān zǒu yí bù le ◆～違い 差一步 chà yí bù

ひとあじ【一味】 ◆～違う 别有风味 bié yǒu fēngwèi

ひとあめ【一雨】 ◆～降る 下一阵雨 xià yízhèn yǔ ◆～ごとに寒くなる 一场雨，一场冷 yì cháng yǔ, yì cháng lěng

ひとあわ【一泡】 ◆～吹かせる 使人大吃一惊 shǐ rén dà chī yì jīng

ひとあんしん【一安心-する】 姑且放心 gūqiě fàngxīn；总算放心 zǒngsuàn fàngxīn

ひどい【酷い】 厉害 lìhai；了不得 liǎobude；严重 yánzhòng ◆～やつだ 他太不讲理 tā tài bù jiǎnglǐ ◆けがが～ 伤得厉害 shāngde lìhai ◆～有様だ 一塌糊涂 yì tā hú tú ◆～目に遭う 受罪 shòu zuì

ひといき【一息】 ◆～つく 歇一口气 xiē yì kǒu qì ◆～に書き上げる 一股劲儿地写完 yìgǔjìnr de xiěwán ◆～に飲み干す 一饮而尽 yì yǐn ér jìn ◆あと～だ 再加一把劲儿 zàijiā yì bǎ jìnr

ひといきれ【人いきれ】 ◆～がする 挤得闷热 jǐde mēnrè

ひといちばい【人一倍】 比别人更 bǐ biéren gèng…；加倍 jiābèi ◆～働く（比别人）加倍工作（bǐ biéren）jiābèi gōngzuò

ひどう【非道-な】 不公正 bù gōngzhèng；不人道 bù réndào；残忍 cánrěn；暴虐 bàonüè

びどう【微動】 ◆～だにしない 文风不动 wén fēng bú dòng；纹丝不动 wén sī bú dòng

ひどうめい【非同盟】 不结盟 bù jiéméng ◆～国 不结盟国家 bù jiéméng guójiā

ひとえ【一重-の】 单层 dāncéng ◆～まぶた 单眼皮 dānyǎnpí ◆～紙一纸之差 yì zhǐ zhī chā

ひとえ【単衣】 单衣 dānyī

ひとおもいに【一思いに】 ◆〈…する〉把心一横 bǎ xīn yì héng

ひとがき【人垣】 人墙 rénqiáng

ひとかげ【人影】 人影 rényǐngr

ひとかたならぬ【一方ならぬ】 分外 fènwài；格外 géwài

ひとかたまり【一塊】 一块儿 yíkuàir

ひとかど【一廉-の】 出色 chūsè；了不起 liǎobuqǐ

ひとがら【人柄】 人品 rénpǐn；为人 wéirén；品质 pǐnzhí ◆～がよい 人品好 rénpǐn hǎo ◆～が悪い 人品差 rénpǐn chà

ひとかわ【一皮】 一张皮 yì zhāng pí ◆～むけば 剥去面皮 bōqù huàpí；剥去伪装 bōqù wěizhuāng

ひとぎき【人聞き】 名声 míngshēng；传闻 chuánwén ◆～が悪い 名声不好 míngshēng bùhǎo

ひときれ【一切れ-の】 一片 yí piàn

ひときわ【一際】 格外 géwài；尤其 yóuqí ◆～優れた〈見解・技能が〉格外高明 géwài gāomíng ◆～美しい 格外美丽 géwài měilì

ひどく【酷く】 ◆～暑い 太热 tài rè；酷热 kùrè ◆～恨む 痛恨 tònghèn ◆～悲しむ 悲痛 bēitòng ◆～寒い 冰冷 bīnglěng ◆～心配する 焦虑 jiāolǜ；焦念 jiāoniàn ◆～手間取る 太费时 tài fèishí

びとく【美徳】 美德 měidé

ひとくせ【一癖】 ◆～ある 怪里怪气 guàiliguàiqì；乖僻 guāipì；各别 gèbié

ひとくち【一口】 ❶【飲食】一口 yì kǒu ◆～を飲む 喝一口水 hē yì kǒu shuǐ ❷【寄付など】一份 yí fèn ❸【話す】～では言えない 一言难尽 yì yán nán jìn

ひとけ【人気】 人影儿 rényǐngr ◆～がない 连个人影儿都不见 lián ge

rényǐngr dōu bú jiàn
ひどけい【日時計】 日晷 rìguǐ; 日規 rìguī
ヒトゲノム 人类基因图谱 rénlèi jīyīn túpǔ
ひとこえ【一声】 一声 yì shēng ◆~をかける 招呼一声 zhāohu yì shēng
ひとこと【一言】 一句话 yí jù huà ◆~では語れない 一言难尽 yì yán nán jìn ◆~で言えば 一句话说 yí jù huà shuō; 一言以蔽之 yì yán yǐ bì zhī ◆~多い 说多余的话 shuō duōyú de huà
ひとごと【人事】 别人的事 biéren de shì ◆~のように 不像自己的事 bú xiàng zìjǐ de shì ◆~ではない 并不是跟自己无关 bìng bùshí gēn zìjǐ wúguān
ひとこま【一齣】 片段 piànduàn ◆映画の一つの镜头 diànyǐng de yí ge jìngtóu
ひとごみ【人込み】 人群 rénqún
ひところ【一頃】 过去 guòqù; 曾经有一个时期 céngjīng yǒu yí ge shíqī
ひとごろし【人殺し】 ❶《行为》杀人 shārén ❷《人》杀手 shāshǒu; 杀人犯 shārénfàn
ひとさしゆび【人差し指】 二拇指 èrmǔzhǐ; 食指 shízhǐ
ひとざと【人里】 村庄 cūnzhuāng ◆~離れた 荒无人烟 huāng wú rén yān
ひとさま【人様】 人家 rénjia; 别人 biéren
ひとさわがせ【人騒がせ-な】 搅扰别人 jiǎorǎo biéren ◆~なことを言う 危言耸听 wēi yán sǒng tīng
ひとしい【等しい】 同一 tóngyī; 相等 xiāngděng ◆…に～ 等于… děngyú…
ひとしお【一入】 更加 gèngjiā ◆喜びも～だ 格外高兴 géwài gāoxìng
ひとしきり【一頻り】 一会儿 yíhuìr; 一阵 yízhèn ◆~叱られた 挨了一顿教训 áile yí dùn jiàoxun
ひとじち【人質】 人质 rénzhì ◆~になる 成为人质 chéngwéi rénzhì
ひとしれず【人知れず】 暗中 ànzhōng; 背地里 bèidìlǐ ◆人知れぬ苦労 不为人所知的辛苦 bù wéi rén suǒ zhī de xīnkǔ
ひとすじ【一筋-の】 ◆~の道 一条路 yì tiáo lù ◆~の光 一道光明 yí dào guāngmíng ◆~の川 一条河 yì tiáo hé ◆研究～ 一心一意地研究 yì xīn yí yì de yánjiū
ひとそろい【一揃い】 一套 yí tào ◆まるまる～の 整套 zhěngtào
ひとだかり【人だかり】 人群 rénqún

◆~がする 聚集很多人 jùjí hěn duō rén ◆黑山のような～ 人山人海 rén shān rén hǎi
ひとだすけ【人助け-する】 帮助人 bāngzhù rén; 行方便 xíng fāngbiàn
ひとだまりもない 马上垮台 mǎshàng kuǎtái
ひとちがい【人違い-をする】 认错人 rèncuò rén
ひとつ【一つ】 一个 yí ge; 个儿 gèr ◆…の～ …之一 …zhī yī ◆心を～にする 齐心 qíxīn ◆~にまとまる 打成一片 dǎ chéng yípiàn
ひとつあなのむじな【一つ穴の狢】 一丘之貉 yì qiū zhī hé
ひとつおき【一つ置き-の】 每隔一个 měi gé yí ge
ひとづかい【人使い】 ◆~が荒い 用人粗暴 yòngrén cūbào
ひとつかみ【一掴み-の】 一把 yì bǎ
ひとづきあい【人付き合い-をする】 交往 jiāowǎng; 交际 jiāojì ◆~のよい 随和 suíhe ◆善于交往 shànyú jiāowǎng
ひとっこひとり【人っ子一人】 ◆~いない 一个人影也没有 yí ge rényǐng yě méiyǒu; 寂无一人 jì wú yì rén
ひとつずつ【一つずつ】 ◆1人が～食う 每人吃一个 měi rén chī yí ge ◆~片づける 逐个处理 zhúgè chǔlǐ
ひとづて【人伝】 ◆~に聞く 听人说 tīng rén shuō
ひとつひとつ【一つ一つ】 一一 yīyī; 一个一个地 yí ge yí ge de ◆~順番に 逐个地 zhúgè de
ひとつぶ【一粒】 一粒儿 yí lìr
ひとづま【人妻】 他人之妻 tārén zhī qī
ひとつまみ【一摘み】 一小撮 yì xiǎocuō
ひとで【人手】 别人的帮助 biéren de bāngzhù; 人手 rénshǒu ◆~が足りない 人手不够 rénshǒu búgòu ◆~に渡る 归别人所有 guī biéren suǒyǒu
ヒトデ【海星】 海星 hǎixīng
ひとでなし【人で無し】 不是人 búshì rén; 畜生 chùsheng
ひととおり【一通り】 ◆~目を通す 看一遍 kàn yí biàn ◆~説明する 说明概略 shuōmíng gàilüè
ひとどおり【人通り】 人的来往 rén de láiwǎng ◆~の多い 行人很多 xíngrén hěn duō
ひととき【一時】 片刻 piànkè; 暂时 zànshí ◆楽しい～をすごす 过愉快的时刻 guò yúkuài de shíkè
ひととなり【人となり】 人品 rénpǐn; 为人 wéirén

ひとなかせ【人泣かせ-の】 気人的 qìrén de：讨厌的 tǎoyàn de；叫人为难 jiào rén wéinán

ひとなつっこい【人懐っこい】 亲近人 qīnjìn rén；和蔼可亲 hé'ǎi kěqīn

ひとなみ【人波】 人海 rénhǎi；人潮 réncháo ◆～にもまれる 挤在人群里 jǐzài rénqúnli

ひとなみ【人並み-の】 一般的 yìbān de ◆～の生活 普通生活 pǔtōng de shēnghuó

ひとにぎり【一握り-の】 一把 yì bǎ；一小撮 yì xiǎocuō

ひとねむり【一眠り-する】 睡一会儿 shuì yíhuìr；打盹儿 dǎdǔnr

ひとはた【一旗】 ◆～揚げる 兴办事业 xīngbàn shìyè

ひとはだ【一肌】 ◆～脱ぐ 尽力帮助 jìnlì bāngzhù

ひとはな【一花】 ◆～咲かす 干得光荣 gàndé guāngróng；取得成功 qǔdé chénggōng；扬名 yángmíng

ひとばん【一晩】 一夜 yíyè ◆～中 通宵 tōngxiāo；通夜 tōngyè

ひとびと【人々】 人们 rénmen

ひとべらし【人減らし-をする】 裁员 cáiyuán

ひとまえ【人前】 众人面前 zhòngrén miànqián ◆～で恥をさらす 当众出丑 dāngzhòng chūchǒu ◆～に出られない 见不得人 jiànbudé rén ◆～に出る 出头露面 chūtóu lòumiàn

ひとまかせ【人任せ-にする】 托付他人 tuōfù tārén；依靠别人 yīkào biérén

ひとまく【一幕】 《芝居の》 一幕 yí mù；一个场面 yí ge chǎngmiàn ◆～劇 独幕剧 dúmùjù

ひとまず【一先ず】 姑且 gūqiě；暂且 zànqiě

ひとまとめ【一纏め-の】 一揽子 yìlǎnzi ◆～にする 合拢 hélǒng；凑在一起 còuzài yìqǐ

ひとまね【人真似-をする】 模仿别人 mófǎng biérén

ひとみ【瞳】 瞳孔 tóngkǒng；瞳人 tóngrén

ひとみしり【人見知り-する】 认生 rènshēng；怯生 qièshēng；怕生 pàshēng

ひとむかし【一昔】 十年左右以前 shínián zuǒyòu yǐqián ◆～前 从前 cóngqián

ひとめ【人目】 世人眼目 shìrén yǎnmù ◆～につく 被人看到 bèi rén kàndào ◆～につかない 不引人注目 bù yǐn rén zhù mù ◆～を憚らぬ 大明大摆 dà míng dà bǎi ◆～を憚る 避开人的眼目 bìkāi rén de yǎnmù ◆～を引く 显眼 xiǎnyǎn；引人注目 yǐn rén zhù mù

ひとめ【一目】 ◆～でわかる 一看就知道 yí kàn jiù zhīdao ◆～見る 看一眼 kàn yì yǎn

ひとめぐり【一巡り-する】 走一圈 zǒu yì quān；绕一圈 rào yì quān

ひとめぼれ【一目惚れ-する】 一见钟情 yí jiàn zhōngqíng

ひともうけ【一儲け-する】 赚一笔钱 zhuàn yì bǐ qián

ひともなげ【人もなげ-な】 旁若无人 páng ruò wú rén

ひとやく【一役】 ◆～買う 承担一项工作 chéngdān yí xiàng gōngzuò；主动出一把力 zhǔdòng chū yì bǎ lì；积极帮忙 jījí bāngmáng

ひとやすみ【一休み-する】 歇一会儿 xiē yíhuìr

ひとやま【一山】 ◆～当てる 碰运气发大财 pèng yùnqi fā dàcái ◆～五元のりんご 一盆五块的苹果 yì pén wǔ kuài de píngguǒ ◆～越える 过一个关 guò yí ge guān

ひとり【一人】 一个人 yí ge rén；只身 zhīshēn ◆～で引き受ける 一手包办 yìshǒu bāobàn

ひどり【日取り】 日期 rìqī ◆～を決める 决定日期 juédìng rìqī

ひとりあるき【独り歩き-する】 ❶《情况》自动发展 zìdòng fāzhǎn ❷《自立》自食其力 zì shí qí lì

ひとりがてん【独り合点-する】 自以为是 zì yǐ wéi shì

ひとりぐらし【一人暮らし】 独居 dújū；单身生活 dānshēn shēnghuó

ひとりごと【独り言】 ◆～を言う 自言自语 zì yán zì yǔ

ひとりしばい【一人芝居】 独角戏 dújiǎoxì

ひとりじめ【独り占め-する】 独占 dúzhàn

ひとりずもう【独り相撲】 ◆～をとる 唱独角戏 chàng dújiǎoxì

ひとりだち【独り立ち-する】 独立谋生 dúlì móushēng

ひとりたび【一人旅-をする】 只身旅行 zhīshēn lǚxíng

ひとりっこ【一人っ子】 独生子女 dúshēng zǐnǚ

ひとりでに【独りでに】 自动 zìdòng；自然而然 zì rán ér rán

ひとりぶたい【独り舞台】 独角戏 dújiǎoxì；一个人表演 yí ge rén biǎoyǎn

ひとりぼっち【独りぼっち-の】 孤独 gūdú；伶零 líng mò；孤单 gūdān

ひとりむすこ【一人息子】 独生子 dúshēngzǐ

ひとりむすめ【一人娘】 独生女 dú-

ひとりよがり【独り善がり-の】 自是 zìshì; 自以为是 zì yǐ wéi shì
ひな【雛】 《鳥の》雏鸟 chúniǎo;《ニワトリの》鸡雏 jīchú
ひながた【雛型】 雏形 chúxíng
ヒナゲシ【雛罌粟】 虞美人 yúměirén; 丽春花 lìchūnhuā
ひなた【日向】 向阳处 xiàngyángchù; 太阳地儿 tàiyángdìr ◆~ぼっこをする 晒太阳 shài tàiyang
ひなだん【雛壇】 阶梯式偶人架 jiētīshì ǒurén jià
ひなびた【鄙びた】 带乡土气息 dài xiāngtǔ qìxī
ひなまつり【雛祭】 女儿节 nǚ'érjié
ひなん【避難-する】 逃难 táonàn; 避难 bìnàn ◆~所 避难所 bìnànsuǒ ◆~港 避难港 bìnàngǎng
ひなん【非難-する】 非难 fēinàn; 谴责 qiǎnzé ◆~を浴びる 遭受非难 zāoshòu fēinàn ◆~の的 众矢之的 zhòng shǐ zhī dì ◆~囂々《ごうごう》 啧有烦言 zé yǒu fán yán
びなん【美男】 美男子 měi nánzǐ ◆~美女 美男美女 měi nán měi nǚ
ビニール 乙烯树脂 yǐxī shùzhī ◆~シート 塑料薄膜 sùliào báomó ◆~ハウス 塑料棚 sùliàopéng ◆~袋 塑料袋 sùliàodài
ひにく【皮肉】 讽刺 fěngcì; 反语 fǎnyǔ ◆~を言う 讽刺 fěngcì; 挖苦 wāku; 奚落 xīluò
ひにひに【日に日に】 日渐 rìjiàn; 一天比一天 yìtiān bǐ yìtiān ◆~となる 日见 rìjiàn
ひにょうき【泌尿器】 泌尿器 mìniàoqì
ひにん【避妊-する】 避孕 bìyùn
ひにん【否認-する】 否认 fǒurèn
ひねくれた 乖戾 guāilì; 怪僻 guàipì; 别扭 bièniu
ひねくれる 乖戾 guāilì; 扭曲 niǔqū
びねつ【微熱】 ◆~がある 发低烧 fā dīshāo
ひねりだす【捻り出す】 ◆策を~ 想出办法 xiǎngchū bànfǎ ◆経費を~ 筹划经费 chóuhuà jīngfèi
ひねる【捻る】 扭 niǔ ◆捻って怪我をする 扭伤 niǔshāng ◆頭を~《考える》 动脑筋 dòng nǎojīn
ひのいり【日の入り】 日没 rìmò; 日落 rìluò
ヒノキ【檜】 柏 bǎi; 桧柏 guìbǎi
ひのきぶたい【檜舞台】 大舞台 dàwǔtái
ひのくるま【火の車】 经济拮据 jīngjì jiéjū
ひのけ【火の気】 ◆~がない《火気》 没有烟火 méiyǒu yānhuǒ;《暖気》没有一点热气 méiyǒu yìdiǎn rèqì
ひのこ【火の粉】 星火 xīnghuǒ
ひのたま【火の玉】 火球 huǒqiú; 鬼火 guǐhuǒ
ひので【火の手】 ◆~が上がる 火焰升腾 huǒyàn shēngténg ◆~がのびる 延烧 yánshāo
ひので【日の出】 日出 rìchū
ひのべ【日延べ-する】 缓期 huǎnqī; 延期 yánqī
ひのまる【日の丸】 日本国旗 Rìběn guóqí; 太阳旗 tàiyángqí
ひのみやぐら【火の見櫓】 火警瞭望台 huǒjǐng liàowàngtái
ひのめ【日の目】 ◆~を見る 闻名于世 wénmíng yú shì; 问世 wènshì
ひばいひん【非売品】 非卖品 fēimàipǐn
ひばく【被曝-する】《放射能》受辐射 shòu fúshè ◆~者 受辐射的人 shòu fúshè de rén
ひばし【火箸】 火筷子 huǒkuàizi; 火箸 huǒzhù
ひばしら【火柱】 火柱 huǒzhù ◆~が立つ 燃起火柱 ránqǐ huǒzhù
ひばち【火鉢】 火盆 huǒpén; 炭盆 tànpén
ひばな【火花】 火星 huǒxīng; 星火 xīnghuǒ ◆~を散らす《人と人が》激烈争论 jīliè zhēnglùn
ヒバリ【雲雀】 云雀 yúnquè
ひはん【批判-する】 批评 pīpíng; 批判 pīpàn
ひばん【非番】 歇班 xiēbān
ひび【罅】 裂缝 lièfèng; 裂纹 lièwén ◆壁に~が入る 墙上裂缝儿 qiángshang liè fèngr ◆彼らの間に~が入る 他们的关系发生裂痕 tāmen de guānxi fāshēng lièhén ◆寒さで手に~が切れる 冻得手上有皲裂 dòngde shǒushang yǒu jūnliè
ひび【日々】 朝夕 zhāoxī; 天天 tiāntiān
ひびき【響き】 响声 xiǎngshēng
ひびく【響く】 响 xiǎng ◆よく~ 响亮 xiǎngliàng ◆生活に~ 影响生活 yǐngxiǎng shēnghuó
びびたる【微々たる】 微薄 wēibó; 微小 wēixiǎo
ひひょう【批評-する】 批评 pīpíng; 评论 pínglùn
びひん【備品】 (公家的)常设用品 (gōngjiā de) chángshè yòngpǐn
ひふ【皮膚】 皮肤 pífū ◆~を移植する 植皮 zhípí ◆~炎 皮肤炎 pífūyán ◆~感覚 肤觉 fūjué
ひぶ【日歩】 日息 rìxī
びふう【微風】 微风 wēifēng

びふう【美風】 好风气 hǎo fēngqì; 良好风尚 liánghǎo fēngshàng

ひふく【被服】 衣服 yīfu

ひぶくれ【火脹れ】 燎泡 liáopào

ひぶそう【非武装—の】 不武装 bùwǔzhuāng ♦〜地帯 非军事区 fēi jūnshìqū

ひぶた【火蓋】 ♦〜を切る 开火 kāihuǒ ♦決戦の〜を切る 开始决战 kāishǐ juézhàn

ビフテキ 牛排 niúpái

ひぶん【碑文】 碑记 bēijì; 碑文 bēiwén

びぶん【微分】 微分 wēifēn ♦〜方程式 微分方程式 wēifēn fāngchéngshì

ひほう【秘宝】 秘宝 mìbǎo; 珍宝 zhēnbǎo

ひほう【悲報】 讣闻 fùwén; 噩耗 èhào

ひぼう【誹謗】 诽谤 fěibàng; 谗言 chányán ♦〜する 诬蔑 wūmiè

びぼう【美貌】 美貌 měimào; 俊美 jùnměi

びぼうろく【備忘録】 备忘录 bèiwànglù

ひぼし【日干し—にする】 晒干 shàigàn ♦〜煉瓦 土坯 tǔpī

ひぼし【干乾し】《食べるものがない》 ♦〜になる 饿瘪 èbiě

ひぼん【非凡—な】 非凡 fēifán; 卓绝 zhuójué ♦〜な才能 三头六臂 sān tóu liù bì

ひま【暇】 闲暇 xiánxiá; 余暇 yúxiá ♦〜な 空闲 kòngxián; 清闲 qīngxián ♦〜を作る 抓工夫 zhuā gōngfu ♦〜を潰す 消闲 xiāoxián ♦〜を見つける 偷闲 tōu xián ♦〜が出来る 得空 dé kòng; 得闲 dé xián ♦…する〜がない 无暇 wúxiá ♦〜をもてあます 闲得发慌 xiánde fāhuāng

ヒマ《植物》蓖麻 bìmá

ひまご【曾孫】 曾孙 zēngsūn

ひましに【日増しに】 日益 rìyì ♦〜暑くなる 一天比一天热起来 yì tiān bǐ yìtiān rèqǐlai

ひまつ【飛沫】 飞沫 fēimò

ヒマラヤスギ《植物》雪松 xuěsōng

ヒマワリ【向日葵】 向日葵 xiàngrìkuí ♦〜の種 葵花子 kuíhuāzǐ ♦〜の種《食品》瓜子儿 guāzǐr

ひまん【肥満】 肥胖 féipàng ♦〜児 肥胖症的小孩 féipàngzhèng de xiǎohái

びみ【美味】 美味 měiwèi

ひみつ【秘密—の】 隐秘 yǐnmì; 秘密 mìmì ♦〜が漏れる 漏风 lòu fēng; 失密 shī mì ♦〜にする 隐秘 yǐnmì ♦〜を守る 保密 bǎo mì ♦〜を漏らす 泄密 xiè mì; 走风 zǒu fēng ♦〜をあばく 揭露秘密 jiēlù mìmì

びみょう【微妙—な】 微妙 wēimiào ♦〜なニュアンス 微妙语气 wēimiào yǔqì

ひむろ【氷室】 冰窖 bīngjiào

ひめ【姫】 公主 gōngzhǔ

ひめい【碑銘】 碑文 bēiwén

ひめい【悲鳴】 惨叫 cǎnjiào; 惊叫 jīngjiào ♦〜を上げる 叫苦 jiào kǔ; 惊叫 jīngjiào

ひめくり【日捲り】 日历 rìlì

ヒメユリ 山丹花 shāndānhuā

ひめる【秘める】 包藏 bāocáng

ひめん【罷免—する】 罢免 bàmiǎn; 撤职 chèzhí; 免职 miǎnzhí

ひも【紐】 带子 dàizi; 绳子 shéngzi ♦〜でしばる 用绳子绑上 yòng shéngzi bǎngshang

ひもく【費目】 经费项目 jīngfèi xiàngmù

ひもく【眉目】 眉眼 méiyǎn ♦〜秀麗 眉目清秀 méimù qīngxiù

ひもじい 饿 è; 饥饿 jī'è ♦〜思いをする 感到饥饿 gǎndào jī'è

ひもち【日持ち・日保ち】 耐存 nàicún; 经放 jīngfàng

ひもと【火元】 火主 huǒzhǔ; 起火处 qǐhuǒ chù

ひもの【干物】 干鱼 gānyú; 干货 gānhuò

ひやあせ【冷汗】 冷汗 lěnghàn; 虚汗 xūhàn ♦〜をかく 出冷汗 chū lěnghàn

ビヤガーデン 露天啤酒店 lùtiān píjiǔdiàn

ひやかす【冷やかす】 嘲弄 cháonòng; 打趣 dǎqù; 挖苦 wāku ♦夜店を〜 逛夜市 guàng yèshì

ひやく【飛躍—する】 飞跃 fēiyuè; 腾飞 téngfēi ♦〜的に発展する 飞跃发展 fēiyuè fāzhǎn

ひゃく【百】 一百 yìbǎi ♦〜パーセント 百分之百 bǎi fēn zhī bǎi

ひゃくしゅつ【百出—する】《頻出》百出 bǎichū ♦矛盾が〜 矛盾百出 máodùn bǎichū ♦議論〜する 议论纷纷 yìlùn fēnfēn

ビャクダン【檀香】 檀香 tánxiāng

ひゃくてん【百点】 一百分 yìbǎi fēn

ひゃくにんいっしゅ【百人一首】 和歌百首集 hégē bǎishǒují

ひゃくねん【百年】 一百年 yìbǎi nián ♦〜の大計 百年大计 bǎinián dàjì

ひゃくはちじゅうど【百八十度】 一百八十度 yìbǎi bāshí dù ♦〜転換する 掉转 diàozhuǎn

ひゃくぶん【百聞】 ♦〜は一見に如(し)かず 百闻不如一见 bǎiwén bùrú yíjiàn

ひゃくぶんりつ【百分率】 百分率 bǎifēnlǜ
びゃくや【白夜】 白夜 báiyè
ひゃくようばこ【百葉箱】 百叶箱 bǎiyèxiāng
ひやけ【日焼け-する】 晒黑 shàihēi
ひやざけ【冷酒】 凉酒 liángjiǔ
ヒヤシンス 风信子 fēngxìnzǐ
ひやす【冷やす】◆ビールを～ 冰镇啤酒 bīngzhèn píjiǔ◆頭を～ 使头脑冷静 shǐ tóunǎo lěngjìng◆肝を～ 吓坏 xiàhuài;打寒战 dǎ hánzhàn◆エンジンを～ 冷却引擎 lěngquè yǐnqíng
ひゃっかじてん【百科事典】 百科全书 bǎikē quánshū
ひゃっかてん【百貨店】 百货公司 bǎihuò gōngsī;百货大楼 bǎihuò dàlóu
ひゃっかりょうらん【百花繚乱】 万紫千红 wàn zǐ qiān hóng;百花齐放 bǎi huā qí fàng
ひゃっきやこう【百鬼夜行】 百恶横行 bǎi è héngxíng
ひゃっぱつ【百発】◆～百中 百发百中 bǎi fā bǎi zhòng
ひやとい【日雇い】 日工 rìgōng;短工 duǎngōng◆～仕事 零工 línggōng;日工 rìgōng◆～労働者 日工 rìgōng
ひやひや【冷々冷や-する】 提心吊胆 tí xīn diào dǎn;忐忑不安 tǎntè bù'ān
ビヤホール 啤酒店 píjiǔdiàn
ひやめし【冷飯】 凉饭 liángfàn◆～を食わされる 受冷遇 shòu lěngyù
ひややか【冷ややか】 冷冰冰 lěngbīngbīng;冷淡 lěngdàn◆～に見る 冷眼相待 lěngyǎn xiāngdài
ひややっこ【冷奴】 凉拌豆腐 liángbàndòufu
ひゆ【比喩】 比拟 bǐnǐ;比喻 bǐyù;譬喻 pìyù
ヒューズ 保险丝 bǎoxiǎnsī◆～がとぶ 保险丝烧断 bǎoxiǎnsī shāoduàn
ヒューマニスト 人道主义者 réndào zhǔyìzhě
ピューリタン 清教徒 qīngjiàotú
ビュッフェ【立食スタイル】 自助餐 zìzhùcān;简易食堂 jiǎnyì shítáng;餐室 cānshì
ひょいと 突然 tūrán◆～現れる 忽然出现 hūrán chūxiàn◆～持ち上げる 轻轻举起 qīngqīng jǔqǐ◆～振り返る 无意中回头看 wúyìzhōng huítóu kàn
ひよう【費用】 费用 fèiyong;经费 jīngfèi◆～がかかる 费用很大 fèiyong hěn dà

ひょう【表】 表格 biǎogé◆～に記入する 填表格 tián biǎogé
ひょう【雹】 雹子 báozi;冰雹 bīngbáo
ひょう【票】 票 piào◆～を入れる 投票 tóupiào
ヒョウ【豹】 豹 bào
びよう【美容】 美容 měiróng◆～と健康によい 有利于美容和健康 yǒulìyú měiróng hé jiànkāng◆～体操 健美体操 jiànměi tǐcāo◆～師 美容师 měiróngshī;美发师 měifàshī
びょう【秒】 秒 miǎo
びょう【鋲】 图钉 túdīng
ひょういもじ【表意文字】 表意文字 biǎoyì wénzì
びよういん【美容院】 美容院 měiróngyuàn
びょういん【病院】 医院 yīyuàn◆～に行く 上医院 shàng yīyuàn
ひょうおんもじ【表音文字】 表音文字 biǎoyīn wénzì
ひょうか【評価-する】 评价 píngjià
ひょうが【氷河】 冰川 bīngchuān;冰河 bīnghé◆～期 冰川期 bīngchuānqī
ひょうかい【氷解-する】 冰释 bīngshì;消释 xiāoshì◆疑惑が～する 疑惑冰释 yíhuò bīngshì
びょうがい【病害】◆〈農作物の〉病害 bìnghài
ひょうき【表記-する】《表書き》封面记载 fēngmiàn jìzǎi;《書き表す》写出 xiěchū;书写 shūxiě
ひょうぎ【評議-する】 评议 píngyì◆～員 评议员 píngyìyuán
びょうき【病気】 病 bìng;疾病 jíbìng◆～がぶり返す 犯病 fàn bìng◆～で寝込む 卧病 wòbìng◆～になる 得病 dé bìng;生病 shēng bìng◆～が治る 平复 píngfù◆～を治す 治病 zhì bìng
ひょうきん【剽軽-な】 滑稽 huájī;诙谐 huīxié;风趣 fēngqù◆～な人 活宝 huóbǎo;小丑 xiǎochǒu
びょうく【病苦】 病苦 bìngkǔ◆～に耐える 忍耐病痛 rěnnài bìngkǔ
びょうく【病躯】 病身 bìngshēn◆～をおして 抱着病 bàozhe bìng
ひょうけい【表敬】◆～訪問 礼节性拜访 lǐjiéxìng bàifǎng
ひょうけつ【表決】◆～を採る 表决 biǎojué
びょうけつ【病欠-する】 病假 bìngjià;因病缺席 yīn bìng quēxí
ひょうげん【表現-する】 表示 biǎoshì;表现 biǎoxiàn◆～力 笔力 bǐlì
びょうげん【病源】 病源 bìngyuán◆～菌 病菌 bìngjūn◆～体 病原体

bìngyuántǐ
ひょうご【標語】 标语 biāoyǔ
ひょうこう【標高】 标高 biāogāo; 海拔 hǎibá
ひょうさつ【表札】 门牌 ménpái; 牌 pái
ひょうざん【氷山】 冰山 bīngshān ◆～の一角 冰山的一角 bīngshān de yì jiǎo; 极小部分 jíxiǎo bùfen
ひょうし【拍子】 节拍 jiépāi; 拍子 pāizi ◆～をとる 打拍子 dǎ pāizi
ひょうし【表紙】 封面 fēngmiàn
ひょうじ【標示-する】 标明 biāomíng; 标示 biāoshì
ひょうじ【表示-する】 表示 biǎoshì ◆一価格 标价 biāojià ◆～板【例事発着の 预告牌 yùgàopái ◆意思～する 表明态度 biǎomíng tàidu
びょうし【病死-する】 病故 bìnggù; 病死 bìngsǐ
ひょうしき【標識】 标志 biāozhì ◆道路～ 路标 lùbiāo
びょうしつ【病室】 病房 bìngfáng
びょうしゃ【描写-する】 描写 miáoxiě
びょうじゃく【病弱-な】 虚弱 xūruò; 病弱 bìngruò
ひょうじゅん【標準-の】 标准 biāozhǔn; 基准 jīzhǔn ◆～語 普通话 pǔtōnghuà ◆～時 标准时间 biāozhǔn shíjiān ◆～値 标准 biāozhǔn
ひょうしょう【表彰-する】 表扬 biǎoyáng; 表彰 biǎozhāng ◆～状 奖状 jiǎngzhuàng ◆～台 奖台 jiǎngtái; 领奖台 lǐngjiǎngtái
ひょうしょう【表象】 表象 biǎoxiàng; 象征 xiàngzhēng
ひょうじょう【氷上】 冰上 bīngshàng ◆～を滑る 滑冰 huá bīng
ひょうじょう【表情】 神情 shénqíng; 表情 biǎoqíng ◆～を引き締める 收敛笑容 shōuliǎn xiàoróng ◆～が豊か 表情丰富 biǎoqíng fēngfù ◆～がきびしい 表情严肃 biǎoqíng yánsù
びょうじょう【病状】 病情 bìngqíng; 病势 bìngshì ◆～が悪化する 病情恶化 bìngqíng èhuà
びょうしん【秒針】 秒针 miǎozhēn
びょうしん【病身-の】 病体 bìngtǐ
ひょうする【評する】 评论 pínglùn
びようせいけい【美容整形-する】 整容 zhěngróng
ひょうせつ【剽窃-する】 抄袭 chāoxí; 剽窃 piāoqiè
ひょうそう【表層】 表层 biǎocéng ◆～雪崩（なだれ）表层雪崩 biǎocéng xuěbēng
ひょうそう【表装-する】 装裱 zhuāngbiǎo ◆書画を～する 裱字画

biǎo zìhuà
ひょうそう【病巣】 病灶 bìngzào
ひょうそく【平仄】 平仄 píngzè ◆～が合わない 不合条理 bù hé tiáolǐ
びょうそく【秒速】 秒速 miǎosù
ひょうだい【表［表題］】 标题 biāotí; 题目 tímù ◆～音乐 标题音乐 biāotí yīnyuè
ヒョウタン【瓢箪】 葫芦 húlu ◆～から駒が出る 事出意外 shì chū yìwài
ひょうちゃく【漂着-する】 漂到 piāodào
びょうちゅうがい【病虫害】 病虫害 bìngchónghài
ひょうてい【評定-する】 评定 píngdìng; 评比 píngbǐ
ひょうてき【標的】 靶子 bǎzi; 目标 mùbiāo
びょうてき【病的-な】 病态 bìngtài
ひょうてん【氷点】 冰点 bīngdiǎn ◆～下 零下 língxià
ひょうでん【評伝】 评传 píngzhuàn
びょうとう【病棟】 病房楼 bìngfánglóu
びょうどう【平等-な】 平等 píngděng ◆～に分ける 均分 jūnfēn; 平分 píngfēn ◆～に扱う 平等相待 píngděng xiāngdài
びょうにん【病人】 病人 bìngrén; 患者 huànzhě ◆～を看病する 看护病人 kānhù bìngrén ◆～を見舞う 探病 tànbìng; 慰问病人 wèiwèn bìngrén
ひょうのう【氷嚢】 冰袋 bīngdài
ひょうはく【漂泊-する】 漂泊 piāobó
ひょうはく【漂白-する】 漂 piǎo; 漂白 piǎobái ◆～剤 漂白粉 piǎobáifěn
ひょうばん【評判】 ◆～がよい 评价好 píngjià hǎo; 名声很好 míngshēng hěn hǎo ◆～が悪い 臭名远扬 chòumíng gāo ◆～の人物 现在著名的人物 xiànzài zhùmíng de rénwù ◆～が落ちる 声誉降落 shēngyù jiàngluò
ひょうひょう【飄々】 飘逸 piāoyì ◆～とした態度 神采飘逸 shéncǎi piāoyì
びょうぶ【屏風】 屏风 píngfēng; 画屏 huàpíng
ひょうへん【豹変-する】 豹变 bàobiàn; 突然改变 tūrán gǎibiàn
ひょうほん【標本】 标本 biāoběn
びょうま【病魔】 病魔 bìngmó ◆～におかされる 病魔缠身 bìngmó chánshēn
ひょうめい【表明-する】 表明 biǎomíng
びょうめい【病名】 病名 bìngmíng
ひょうめん【表面】 表面 biǎomiàn;

外面 wàimiàn; 表层 biǎocéng ♦〜立って反対する 公开反对 gōngkāi fǎnduì ♦〜化(する) 表面化 biǎomiànhuà ♦〜張力 表面张力 biǎomiàn zhānglì; 张力 zhānglì ♦〜的な 皮相 píxiàng

ひょうめんせき【表面積】 表面积 biǎomiànjī

びょうよみ【秒読み】 读秒 dúmiǎo; 倒计时 dàojìshí ♦〜段階 最后阶段 zuìhòu jiēduàn

ひょうり【表裏】 ♦〜一体 表里一致 biǎolǐ yízhì

びょうりがく【病理学】 病理学 bìnglǐxué

ひょうりゅう【漂流-する】 漂流 piāoliú; 漂移 piāoyí

びょうれき【病歴】 病历 bìnglì

ひょうろうぜめ【兵糧攻め】 断粮道 duàn liángdào

ひょうろん【評論-する】 评论 pínglùn; 评 píng

ひょうろんか【評論家】 评论家 pínglùnjiā

ひよく【肥沃-な】 肥沃 féiwò; 丰沃 fēngwò ♦〜な田 肥田 féitián

びよく【尾翼】 尾翼 wěiyì

ひよけ【日除け】 篷 péng; 《帽子などの》遮阳 zhēyáng ♦〜棚 凉棚 liángpéng

ひよこ【雛】 雏鸡 chújī; 小鸡 xiǎojī; 《青二才》毛孩子 máoháizi

ひょっこり 忽然 hūrán ♦〜現れる 突然出现 tūrán chūxiàn

ひょっとすると 也许 yěxǔ; 或许 huòxǔ; 说不定 shuōbudìng

ひよりみ【日和見】 观望形势 guānwàng xíngshì ♦〜主義 机会主义 jīhuì zhǔyì ♦〜を決め込む 坐山观虎斗 zuò shān guān hǔ dòu

ひょろながい【ひょろ長い】 细长 xìcháng; 瘦长 shòucháng

ひよわ【ひ弱-な】 虚弱 xūruò; 单薄 dānbó

ひょんな ♦〜ことから 由于意外的小事 yóuyú yìwài de xiǎoshì

ぴょんぴょん 《跳ね回るようす》一蹦一蹦地 yí bèng yí bèng de ♦〜跳びはねる 蹦蹦跳跳 bèngbengtiàotiào

ひら【平-の】 普通 pǔtōng

ビラ《ちらし》传单 chuándān

ひらあやまり【平謝り】 ♦〜にあやまる 再三道歉 zàisān dàoqiàn; 低头谢罪 dītóu xièzuì

ひらいしん【避雷針】 避雷针 bìléizhēn

ひらおよぎ【平泳ぎ】 蛙泳 wāyǒng

ひらがな【平仮名】 平假名 píngjiǎmíng

ひらき【開き】 ❶《へだたり》差距 chājù ❷《魚の》干鱼 gānyú

ひらきど【開き戸】 门扇 ménshàn

ひらきなおる【開き直る】 忽然变得严肃 hūrán biànde yánsù; 将错就错 jiāng cuò jiù cuò

ひらく【開く】 ♦戸を〜 开门 kāi mén ♦包みを〜 打开包裹 dǎkāi bāoguǒ ♦会を〜 开会 kāi huì ♦魚を〜 切开鱼 qiēkāi yú ♦心を〜 敞开心扉 chǎngkāi xīnfēi ♦差が〜 差距扩大 chājù kuòdà ♦店を〜 开店 kāi diàn

ひらけた【開けた】 ♦〜地域 发展的地区 fāzhǎn de dìqū ♦考えが〜 头脑开通 tóunǎo kāitōng

ひらたい【平たい】 平坦 píngtǎn; 扁 biǎn ♦〜言葉 浅易的话 qiǎnyì de huà ♦〜平たく言えば 平易地说 píngyì de shuō

ひらて【平手】 巴掌 bāzhang ♦〜で張る 扇 shān; 打一巴掌 dǎ yì bāzhang

ピラニア 比拉鱼 bǐlāyú; 食人鱼 shírényú

ひらひら 飘然 piāorán ♦〜落ちる《花びらなどが》飘零 piāolíng ♦〜漂う 飞舞 fēiwǔ ♦〜飛ぶ《蝶などが》翻飞 fānfēi

ピラフ 西式炒饭 xīshì chǎofàn; 抓饭 zhuāfàn

ひらべったい【平べったい】 扁 biǎn

ピラミッド 金字塔 jīnzìtǎ

ひらめ【平目】 比目鱼 bǐmùyú; 偏口鱼 piānkǒuyú

ひらめき【閃き】 闪现 shǎnxiàn; 灵感 línggǎn ♦才能の〜 才气闪现 cáiqì shǎnxiàn

ひらめく【閃く】 ❶《光・物体が》闪动 shǎndòng; 闪烁 shǎnshuò ❷《考えが》闪念 shǎnniàn; 闪现 shǎnxiàn

ひらや【平屋】 平房 píngfáng

ひらりと 轻巧地 qīngqiǎo de ♦〜飛び乗る 机敏地跳上 jīmǐn de tiàoshàng ♦〜かわす 闪躲 shǎnduǒ; 闪身 shǎn shēn

びらん【糜爛-する】 糜烂 mílàn

びり 最末一名 zuìmò yì míng; 殿军 diànjūn

ピリオド 句号 jùhào ♦〜を打つ 结束 jiéshù ♦結婚生活に〜を打つ 结束夫妻关系 jiéshù fūqī guānxi

ひりつ【比率】 比例 bǐlì; 比率 bǐlǜ ♦〜が高い 比率高 bǐlǜ gāo

ひりひり-する 火辣辣 huǒlàlà; 杀杀 shā ♦日焼けで肌が〜する 皮肤被太阳晒得火辣辣的 pífū bèi tàiyang shàide huǒlàlà de

びりびり 嗤嗤 chīchī ♦〜と破く

咲地撕开 chīchī de sīkāi ♦《しびれて》～する 麻酥酥 másūsū
ぴりぴり【～する】火辣辣 huǒlàlà ♦神経が～している 战战兢兢 zhànzhànjīngjīng
ビリヤード 台球 táiqiú ♦～台 台球台 táiqiú tái
びりゅうし【微粒子】微粒 wēilì
ひりょう【肥料】肥料 féiliào ♦～を撒く 撒肥料 sǎ féiliào ♦～をやる 施肥 shī féi
びりょう【微量-の】微量 wēiliàng
びりょく【微力】♦～を尽す 尽微薄之力 jìn wēibó zhī lì
ひる【昼】中午 zhōngwǔ；白天 báitiān ♦～の部 日场 rìchǎng
ヒル【蛭】水蛭 shuǐzhì；蚂蟥 mǎhuáng
ピル 避孕药 bìyùnyào
ビル（ディング） 大厦 dàshà；大楼 dàlóu；高楼 gāolóu
ひるいない【比類ない】 无比 wúbǐ；无可比拟 wú kě bǐnǐ ♦～技 绝技 juéjì ♦比类없이 大きい 硕大无朋 shuòdà wú péng
ひるがえす【翻す】 ♦身を～ 闪身 shǎn shēn ♦旗帜を～ 背叛 bèipàn ♦前言を～ 推翻前言 tuīfān qiányán；改变意见 gǎibiàn yìjiàn
ひるがえる【翻る】 飘扬 piāoyáng ♦旗が～ 旗帜飘扬 qízhì piāoyáng
ひるさがり【昼下がり】 过午 guòwǔ
ひるね【昼寝】 午觉 wǔjiào ♦～する 睡午觉 shuì wǔjiào；午睡 wǔshuì
ひるひなか【昼日中】 大白天 dàbáitiān；大天白日 dà tiān bái rì
ひるま【昼間】 白天 báitiān；日间 rìjiān ♦～の仕事 日工 rìgōng
ひるむ【怯む】 胆怯 dǎnqiè；畏缩 wèisuō；裹足不前 guǒ zú bù qián；发憷 fāchù ♦～ことなく 无畏 wúwèi
ひるめし【昼飯】 午饭 wǔfàn；中饭 zhōngfàn
ひるやすみ【昼休み】 午休 wǔxiū ♦～をする 歇晌 xiēshǎng
ヒレ【肉の】里脊 lǐjǐ
ひれい【比例-する】 比例 bǐlì ♦正～する 成正比 chéng zhèngbǐ ♦反～する 成反比 chéng fǎnbǐ
ひれい【非礼-な】 非礼 fēilǐ
ひれき【披瀝する】 吐露 tǔlù；表白 biǎobái；披露 pīlù
ひれつ【卑劣-な】 卑鄙 bēibǐ；猥劣 wěiliè
ひれふす【平伏す】 拜倒 bàidǎo；跪倒 guìdǎo；五体投地 wǔ tǐ tóu dì
ひれん【悲恋】 悲剧性的恋爱 bēijùxìng de liàn'ài
ひろい【広い】 宽阔 kuānkuò；广大 guǎngdà ♦～原野 宽广的原野 kuānguǎng de yuánye ♦～道 宽阔的道路 kuānkuò de dàolù ♦～範囲にわたる 广泛 guǎngfàn ♦～知識 渊博的知识 yuānbó de zhīshi
ひろいあげる【拾い上げる】 拾起 shíqǐ；捡起 jiǎnqǐ
ひろいあつめる【拾い集める】 捡到一起 jiǎndào yìqǐ；收集 shōují
ひろいぬし【拾い主】 拾得者 shídézhě
ひろいもの【拾い物】 拾得物 shídéwù ♦あの役者は～だった 那个演员是意外的收获 nàge yǎnyuán shì yìwài de shōuhuò
ひろいよみ【拾い読み-する】 挑着读 tiāozhe dú；浏览 liúlǎn
ヒロイン 女主角 nǚzhǔjué ♦悲劇の～ 悲剧的女主角 bēijù de nǚzhǔjué
ひろう【拾う】 捡 jiǎn；拾 shí
ひろう【披露する】 披露 pīlù；公布 gōngbù；宣布 xuānbù ♦～宴 喜筵 xǐyán
ひろう【疲労-する】 疲劳 píláo；疲倦 píjuàn ♦～困憊（こんぱい）した 疲惫不堪 píbèi bùkān ♦～を回復する 消除疲劳 xiāochú píláo
ビロード 天鹅绒 tiān'éróng
ひろがり【広がり】 宽度 kuāndù；扩大 kuòdà
ひろがる【広がる】 ❶《広くなる》扩大 kuòdà；扩展 kuòzhǎn ❷《広まる》蔓延 mànyán ♦うわさが～ 传开 chuánkāi；风声 fēngshēng ♦伝染病が～ 传染病蔓延 chuánrǎnbìng mànyán
ひろげる【広げる】 ❶《開く》张开 zhāngkāi ♦弁当を～ 打开饭盒 dǎkāi fànhé ♦地図を～ 摊开地图 tānkāi dìtú ❷《規模を》扩张 kuòzhāng；开阔 kāikuò ♦道幅を～ 扩张路面 kuòzhāng lùmiàn ♦手を～ 扩大事业 kuòdà shìyè
ひろさ【広さ】 宽度 kuāndù；宽窄 kuānzhǎi
ひろば【広場】 广场 guǎngchǎng
ひろびろ【広々とした】 宽广 kuānguǎng；广阔 guǎngkuò；辽阔 liáokuò
ひろま【広間】 大厅 dàtīng
ひろまる【広まる】 流传 liúchuán；普及 pǔjí ♦《話が》传扬 chuányáng
ひろめる【広める】 普及 pǔjí ♦教育を～ 普及教育 pǔjí jiàoyù ♦根も葉もないうわさを～ 散布流言 sànbù liúyán；传播谣言 chuánbō yáoyán
ピロリきん【ピロリ菌】 幽门螺杆菌

yōumén luógānjūn

ひろんりてき【非論理的】不符合逻辑 bù fúhé luójí

ひわ【秘話】秘闻 mìwén

びわ【琵琶】琵琶 pípa

ビワ【枇杷】枇杷 pípa

ひわい【卑猥-な】猥亵 wěixiè ♦～な言葉 猥辞 wěicí

ひわり【日割り-の】按日 ànrì ♦～計算 按日计算 ànrì jìsuàn

ひん【品】风度 fēngdù ♦～のよい 风度优雅 fēngdù yōuyǎ ♦～のない 没有风度 méiyǒu fēngdù

びん【瓶】瓶 píng；瓶子 píngzi ♦ガラス～ 玻璃瓶 bōlipíng

びん【便】航空～ 航班 hángbān；『エアメール』航空邮件 hángkōng yóujiàn ♦船～ 船运 chuányùn

ピン ❶〖とめ針〗别针 biézhēn ♦安全～ 别针 biézhēn ♦虫～ 大头针 dàtóuzhēn ❷〖ボウリングの〗球柱 qiúzhù

ひんい【品位】品位 pǐnwèi；品德 pǐndé ♦～を保つ 保持风度 bǎochí fēngdù

ひんかく【品格】风格 fēnggé；品格 pǐngé ♦～に欠ける 品格差 pǐngé chà

びんかん【敏感-な】灵敏 língmǐn；敏感 mǐngǎn ♦～に反応する 敏锐地反应 mǐnruì de fǎnyìng

ひんきゃく【賓客】宾客 bīnkè

ひんきゅう【貧窮-する】贫穷 pínqióng

ひんく【貧苦-の】穷困 qióngkùn；穷苦 qióngkǔ

ピンク～色 粉红 fěnhóng

ひんけつ【貧血】贫血 pínxuè

ひんこう【品行】品行 pǐnxíng ♦～方正な 品行端正 pǐnxíng duānzhèng

ひんこん【貧困-の】贫困 pínkùn；贫穷 pínqióng

ひんし【品詞】词类 cílèi

ひんし【瀕死】濒死 bīnsǐ ♦～の重傷 致命伤 zhìmìngshāng

ひんしつ【品質】品质 pǐnzhì；质量 zhìliàng ♦～が良い 质量好 zhìliàng hǎo

ひんじゃく【貧弱-な】贫乏 pínfá 語彙が～ 用词贫乏 yòng cí pínfá ♦～な体つき 体格瘦弱 tǐgé shòuruò

ひんしゅ【品種】品种 pǐnzhǒng ♦～改良 改良品种 gǎiliáng pǐnzhǒng

ひんしゅく【顰蹙】♦～を買う 惹人讨厌 rě rén tǎoyàn

ひんしゅつ【頻出-する】层出不穷 céng chū bù qióng

びんしょう【敏捷-な】利落 lìluo；机敏 jīmǐn ♦～な動き 敏捷的动作 mǐnjié de dòngzuò

びんじょう【便乗】〖乗り物に〗搭车 dāchē；〖機会を利用する〗乘机 chéngjī；趁机 chènjī ♦～値上げ 乘机涨价 chéngjī zhǎngjià

ヒンズーきょう【ヒンズー教】印度教 Yìndùjiào

ひんする【瀕する】濒临 bīnlín；面临 miànlín ♦絶滅に～〖動物などが〗濒于绝灭 bīnyú juémiè

ひんせい【品性】品质 pǐnzhì；品德 pǐndé

ピンセット 镊子 nièzi

びんせん【便箋】信纸 xìnzhǐ；信笺 xìnjiān

ひんそう【貧相-な】贫寒 pínhán；寒酸 hánsuān ♦～な身なり 衣着寒酸 yīzhuó hánsuān

びんそく【敏速】敏捷 mǐnjié；利落 lìluo；迅捷 xùnjié ♦～に処理する 迅速处理 xùnsù chǔlǐ

びんた 拍打 pāida ♦～を食らう 吃耳光 chī ěrguāng ♦～を食らわす 打嘴巴 dǎ zuǐba

ピンチ 危机 wēijī ♦～に陥る 陷入困境 xiànrù kùnjìng ♦～を乗り切る 摆脱困境 bǎituō kùnjìng

びんづめ【瓶詰め-の】瓶装 píngzhuāng

ヒント 暗示 ànshì；启示 qǐshì

ひんど【頻度】频次 píncì；频率 pínlǜ ♦～が高い 频率高 pínlǜ gāo

ぴんと ♦～立つ 挺立 tǐnglì ♦～張る 拉紧 lājǐn ♦～くる (直感)一下明白 yíxià míngbai

ピント 焦点 jiāodiǎn ♦～を合わせる 对焦点 duì jiāodiǎn ♦～のずれた〖比喩〗走板儿 zǒu bǎnr；走题 zǒutí

ひのう【貧農】贫农 pínnóng

ひんば【牝馬】母马 mǔmǎ；牝马 pìnmǎ

びんぱつ【頻発-する】屡次发生 lǚcì fāshēng

ピンはね【ピン撥ね-する】克扣 kèkòu；抽头 chōutóu；揩油 kāiyóu

ひんぱん【頻繁】频繁 pínfán ♦～に 频频 pínpín

ひんぴょう【品評-する】品评 pǐnpíng；评比 píngbǐ ♦～会 品评会 pǐnpínghuì

びんぴん ♦～健康で～している 身体很结实 shēntǐ hěn jiēshi；健壮 jiànzhuàng ♦～跳びはねる 活蹦活跳 huó bèng huó tiào

ひんぷ【貧富】♦～の差 贫富差距 pínfù chājù

びんぼう【貧乏-な】穷 qióng；贫穷 pínqióng ♦～臭い 寒酸 hánsuān ♦～のどん底の 赤贫 chìpín ♦～暇無し 穷忙 qióngmáng

ピンぼけ 《写真が》照得模糊 zhàode móhu; 焦点不对 jiāodiǎn bú duì
ピンポン 乒乓球 pīngpāngqiú
ひんみん【貧民】贫民 pínmín; 穷人 qióngrén
ひんめい【品名】品名 pǐnmíng
ひんもく【品目】品种 pǐnzhǒng
ひんやり ♦~とした 凉爽 liángshuǎng; 凉嗖嗖 liángsōusōu
びんらん【便覧】便览 biànlǎn; 手册 shǒucè
ビンロウ【檳榔】槟榔 bīnglang
びんわん【敏腕-の】能干 nénggàn ♦~を振るう 发挥才干 fāhuī cáigàn

ふ

ふ【腑】♦~に落ちない 不能理解 bù néng lǐjiě ♦~に落ちない話 令人纳闷儿的话 lìng rén nàmènr de huà
ファ 《音階の》发 fā
ファースト 《最初》第一 dìyī ♦~クラス《飛行機・船》头等舱 tóuděngcāng;《野球の》一垒 yīlěi
ぶあい【歩合】比率 bǐlǜ ♦~制の 按比率分配 àn bǐlǜ fēnpèi ♦公定~ 法定汇率 fǎdìng huìlǜ
ぶあいそう【無愛想-な】简慢 jiǎnmàn; 冷淡 lěngdàn; 不和气 bù héqì
ファイト 斗志 dòuzhì; 干劲 gànjìn
ファイル《文房具》文件夹 wénjiànjiā; 档案 dàng'àn ♦~する 归档 guīdàng;《コンピュータ》文件 wénjiàn
ファインダー 取景器 qǔjǐngqì ♦~をのぞく 对着取景器看 duìzhe qǔjǐngqì kàn
ファインプレー 妙技 miàojì
ファウル《競技》犯规 fànguī;《野球》线外球 xiànwàiqiú
ファクシミリ 传真 chuánzhēn
ファシスト 法西斯 fǎxīsī
ファシズム 法西斯主义 fǎxīsī zhǔyì
ファストフード 快餐 kuàicān
ファスナー 拉链 lāliàn; 拉锁 lāsuǒ ♦~を上げる 拉上拉锁 lāshàng lāsuǒ ♦~をおろす 拉下拉锁 lāxià lāsuǒ
ぶあつい【分厚い】厚 hòu ♦~画集 厚厚的画册 hòuhòu de huàcè
ファックス 传真 chuánzhēn
ファッショ 法西斯 fǎxīsī
ファッション 时装 shízhuāng; 流行 liúxíng ♦~ショー 时装表演 shízhuāng biǎoyǎn
ファン ❶《ひいきにする人》粉丝 fěnsī; 迷 mí; 狂慕者 kuángmùzhě ♦映画~ 影迷 yǐngmí ❷《機械などの》风扇 fēngshàn; 鼓风机 gǔfēngjī
ふあん【不安-な】不安 bù'ān ♦~に思う 担心 dānxīn ♦~を解消する 解除不安 jiěchú bù'ān ♦~な表情 不安的神情 bù'ān de shénqíng
ふあんてい【不安定-な】不安定 bù āndìng; 不稳定 bù wěndìng ♦生活が~だ 生活不安定 shēnghuó bù āndìng ♦社会の~をもたらす 造成社会不稳定 zàochéng shèhuì bù wěndìng
ファンデーション 粉底 fěndǐ
ファンド 基金 jījīn; 资金 zījīn

ふあんない【不案内-な】 陌生 mòshēng ◆~な土地 不熟悉的地方 bù shúxī de dìfāng

ふい【不意-に】 猛不防 měngbufáng; 突然间 tūránjiān ◆~にやって来る 突如其来 tū rú qí lái ◆~をつく 出其不意 chū qí bú yì ◆~を襲う 奇襲 qíxí; 突然袭击 tūrán xíjī

ぶい【部位】 部位 bùwèi

ブイ 浮标 fúbiāo

ブイアイピー（VIP） 要人 yàorén; 贵宾 guìbīn

フィアンセ 未婚夫［妻］wèihūnfū［qī］

フィート 英尺 yīngchǐ

フィードバック 反馈 fǎnkuì

フィールド 田赛运动场 tiánsài yùndòngchǎng ◆~競技 田赛 tiánsài

ふいうち【不意打ち】 ◆~をかける 突然袭击 tūrán xíjī ◆~を食らう 受袭击 shòu xíjī

フィギュアスケート 花样滑冰 huāyàng huábīng

フィクション【虚构】 xūgòu; 小说 xiǎoshuō ◆この小説は~だ 这篇小说的情节是虚构的 zhèpiān xiǎoshuō de qíngjié shì xūgòu de

ふいご【鞴】 风箱 fēngxiāng

フィジビリティ 可行性 kěxíngxìng

ふいちょう【吹聴-する】 吹嘘 chuīxū; 宣扬 xuānyáng ◆自慢話を~して回る 到处吹嘘 dàochù chuīxū

ふいっち【不一致】 分歧 fēnqí; 不一致 bù yízhì ◆性格の~ 性格不合 xìnggé bùhé ◆言行~ 言行不一 yánxíng bùyī

フィット 合适 héshì; 合身 héshēn

フィットネスクラブ 健美俱乐部 jiànměi jùlèbù

ぷいと 忽然 hūrán ◆~横を向く 生气地扭脸猛地纽向一边 shēngqì de bǎ liǎn měng de niǔxiàng yìbiān

フィナーレ 最后一幕 zuìhòu yí mù ◆~を迎える 迎接最后一幕 yíngjiē zuìhòu yí mù

ふいになる 吹 chuī; 告吹 gàochuī; 垮 kuǎ; 落空 luòkōng

ブイネック【Vネック】 鸡心领 jīxīnlǐng; 尖领儿 jiānlǐngr ◆~のセーター 鸡心领的毛衣 jīxīnlǐng de máoyī

ブイヨン 清汤 qīngtāng

フィルター 过滤器 guòlǜqì;《レンズの》滤色镜 lǜsèjìng;《タバコの》过滤嘴 guòlǜzuǐ

フィルム 胶卷 jiāojuǎn; 软片 ruǎnpiàn ◆~を交換する 换胶卷 huàn jiāojuǎn

ぶいん【部員】 成员 chéngyuán

ふう【封】 ◆~をする《手紙の》封口 fēngkǒu;《封じ目》封缄 fēngjiān ◆~を切る 开酒瓶子 kāi jiǔpíngzi

ふうあつ【風圧】 风压 fēngyā ◆~に耐える 抵挡风的压力 dǐdǎng fēng de yālì

プーアルちゃ【プーアル茶】 普洱茶 pǔěrchá

ふういん【封印-する】 封印 fēngyìn ◆~を解く 启封 qǐfēng

ブーイング 嘘声 xūshēng

ふうう【風雨】 风雨 fēngyǔ ◆~にさらされる 风吹雨打 fēngchuī yǔdǎ

ふううん【風雲】 风云 fēngyún ◆~急を告げる 形势告急 xíngshì gàojí

ふうか【風化-する】 风化 fēnghuà ◆記憶が~する 记忆淡薄了 jìyì dànbó le

ふうが【風雅-な】 雅致 yǎzhì; 风雅 fēngyǎ ◆~の心得がある 有风雅的情趣 yǒu fēngyǎ de qíngqù

ふうがい【風害】 风害 fēnghài; 风灾 fēngzāi

ふうかく【風格】 风格 fēnggé; 作风 zuòfēng; 风度 fēngdù ◆~のある人 有风度的人 yǒu fēngdù de rén

ふうがわり【風変わり-な】 别致 biézhì; 古怪 gǔguài; 乖僻 guāipì ◆~な小説 离奇的小说 líqí de xiǎoshuō

ふうき【富貴-な】 富贵 fùguì ◆~な生まれ 出身富贵 chūshēn fùguì

ふうき【風紀】 风纪 fēngjì; 纪律 jìlǜ ◆~が乱れる 风纪紊乱 fēngjì wěnluàn

ふうきり【封切り】 开封 kāifēng ◆~になる《映画》头轮放映 tóulún fàngyìng

ブーケ 花束 huāshù

ふうけい【風景】 风景 fēngjǐng; 风光 fēngguāng; 景致 jǐngzhì ◆~を描写する 写景 xiějǐng

ふうこうけい【風向計】 风向标 fēngxiàngbiāo

ふうさ【封鎖-する】 封闭 fēngbì; 封禁 fēngjìn; 封锁 fēngsuǒ ◆国境を~する 封锁边境 fēngsuǒ biānjìng

ふうさい【風采】 仪容 yíróng; 仪表 yíbiǎo ◆~の上がらない 其貌不扬 qí mào bù yáng ◆~が立派な 仪表端正 yíbiǎo duānzhèng

ふうし【風刺】 ◆~する 讽刺 fěngcì ◆~画 讽刺画 fěngcìhuà

ふうじこめる【封じ込める】 封闭 fēngbì; 封锁 fēngsuǒ ◆敵を~ 钳制敌人 qiánzhì dírén

ふうしゃ【風車】 风车 fēngchē ◆小屋 风车棚 fēngchē péng

ふうしゅ【風趣】 风致 fēngzhì;

ふうしゅう ― ぶえんりょ

趣 fēngqù ♦~に富む 饶有风致 ráoyǒu fēngzhì
ふうしゅう【風習】 风俗 fēngsú；习尚 xíshàng；习俗 xísú
ふうしょ【封書】 封缄的书信 fēngjiān de shūxìn
ふうじる【封じる】 封上 fēngshàng；封闭 fēngbì ♦口を~（相手の）不让对方说话 bú ràng duìfāng shuōhuà
ふうしん【風疹】 风疹 fēngzhěn
ふうすい【風水】 风水 fēngshuǐ；fēngshuǐ
ふうすいがい【風水害】 风灾和水灾 fēngzāi hé shuǐzāi
ふうせつ【風雪】 ❶《気象》风和雪 fēng hé xuě ❷《試練》~に耐える 经受考验 jīngshòu kǎoyàn
ふうせん【風船】 气球 qìqiú ♦~をふくらます 把气球吹鼓 bǎ qìqiú chuīgǔ ♦~ガム 泡泡糖 pàopàotáng
ふうぜん【風前】 ♦~の灯 风中之烛 fēng zhōng zhī zhú
ふうそく【風速】 风力 fēnglì；风速 fēngsù ♦~計 风速表 fēngsùbiǎo
ふうぞく【風俗】 风俗 fēngsú ♦~画 风俗画 fēngsúhuà ♦~習慣 风俗习惯 fēngsú xíguàn
ふうたい【風袋】 皮重 pízhòng ♦~込みの重量 毛重 máozhòng
ふうちく【風致地区】 风景区 fēngjǐngqū
ふうちょう【風潮】 风气 fēngqì；潮流 cháoliú；时尚 shíshàng
ブーツ 靴子 xuēzi
ふうてい【風体】 风采 fēngcǎi；模样 múyàng ♦~の怪しい男 怪模怪样的汉子 guài mú guài yàng de hànzi
ふうど【風土】 风土 fēngtǔ；水土 shuǐtǔ ♦~病 地方病 dìfāngbìng
フード ❶《食べ物》食物 shíwù ❷《上着の》风帽 fēngmào；头巾 tóujīn ❸《覆い》♦エンジン~ 发动机罩 fādòngjīzhào
ふうとう【封筒】 信封 xìnfēng
ふうにゅう【封入-する】 装入 zhuāngrù
ふうは【風波】 风波 fēngbō；风浪 fēnglàng ♦~の強い 风大浪猛 fēng dà làng měng
ふうび【風靡】 一世を~する 风靡一时 fēngmǐ yìshí
ふうひょう【風評】 传闻 chuánwén；流言 liúyán ♦~被害を受ける 受到流言之害 shòudào liúyán zhī hài
ふうふ【夫婦】 夫妻 fūqī；夫妇 fūfù ♦~喧嘩 夫妻吵架 fūqī chǎojià
ふうぶつ【風物】 风物 fēngwù ♦夏の~ 夏季风景 xiàjì fēngjǐng

ふうぶん【風聞】 风闻 fēngwén
ふうぼう【風貌】 风貌 fēngmào ♦~みすばらしい 寒酸样 hánsuān yàng
ふうみ【風味】 风味 fēngwèi；口味 kǒuwèi；味道 wèidao ♦~がいい 味道好 wèidao hǎo
ブーム 热潮 rècháo；高潮 gāocháo ♦~を巻き起こす 掀起热潮 xiānqǐ rècháo
ブーメラン 飞镖 fēibiāo ♦~効果 飞镖效应 fēibiāo xiàoyìng
ふうらいぼう【風来坊】 流浪汉 liúlànghàn
ふうりゅう【風流-な】 风雅 fēngyǎ；雅致 yǎzhì ♦~な庭園 幽雅的庭园 yōuyǎ de tíngyuán
ふうりょく【風力】 风力 fēnglì ♦~発電 风力发电 fēnglì fādiàn
ふうりん【風鈴】 风铃 fēnglíng ♦~が鳴る 风铃响 fēnglíng xiǎng
プール ❶《水泳場》游泳池 yóuyǒngchí ♦温水~ 温水泳池 wēnshuǐ yǒngchí ♦室内~ 室内泳池 shìnèi yǒngchí ❷《貯める》♦資金を~する 储蓄资金 chǔxù zījīn
ふうん【不運】 背运 bèiyùn；厄运 èyùn ♦~な倒霉蛋 dǎoméi；晦气 huìqì；hùiqì
ふえ【笛】 笛子 dízi；横笛 héngdí；哨子 shàozi ♦~を吹く 吹笛子 chuī dízi
フェアプレー 公平的比赛 gōngpíng de bǐsài ♦~の精神 光明磊落的精神 guāngmíng lěiluò de jīngshén
ふえいせい【不衛生-な】 不讲卫生 bù jiǎng wèishēng
フェイント 佯攻 yánggōng
フェーン 焚风 fénfēng ♦~現象 焚风现象 fénfēng xiànxiàng
ふえて【不得手-な】 ❶ 不拿手 bù náshǒu ❷~な分野 不擅长的领域 bú shàncháng de lǐngyù
フェニックス《植物》海枣 hǎizǎo；《不死鳥》不死鸟 bùsǐniǎo；长生鸟 chángshēngniǎo
フェミニスト 男女平权主义者 nánnǚ píngquán zhǔyìzhě；尊重女性的人 zūnzhòng nǚxìng de rén
フェリーボート 轮渡 lúndù；渡船 dùchuán；渡轮 dùlún
ふえる【増える】 增多 zēngduō；增加 zēngjiā
フェルト 毡子 zhānzi ♦~帽 毡帽 zhānmào ♦~ペン 毡头笔 zhāntóubǐ
ふえん【敷衍-する】 敷衍 fūyǎn；详述 xiángshù
フェンシング 击剑 jījiàn
ぶえんりょ【無遠慮-な】 不客气 bú

kèqi; 放肆 fàngsì ♦～な態度 不客气的态度 bú kèqi de tàidu
フォアグラ 鹅肝 jiàng'égān
フォーク 叉 chā；《食事用》餐叉 cānchā；叉子 chāzi
フォークソング 民歌 míngē
フォークダンス 集体舞 jítǐwǔ；民间舞蹈 mínjiān wǔdǎo
フォークリフト 叉车 chāchē
フォービズム 野兽派 yěshòupài
フォーマット 格式 géshì
フォーム ❶《形式》形式 xíngshì ♦～を直す 改正形式 gǎizhèng xíngshì ❷《姿勢》♦～が崩れる 走形 zǒuxíng
フォーラム 论坛 lùntán
フォルダー 夹子 jiāzi；文件夹 wénjiànjiā ♦～を開く 打开文件夹 dǎkāi wénjiànjiā
フォロー 跟从 gēncóng ♦～する 支持 zhīchí
フォワード 前锋 qiánfēng
ふおん【不穏-な】不稳 bùwěn ♦～な空気 紧张的空气 jǐnzhāng de kōngqì
ふおんとう【不穏当-な】不妥当 bù tuǒdàng ♦～な言葉 不妥的话 bù tuǒ de huà
ふか【負荷】负荷 fùhè；载荷 zàihè ♦～がかかる 有负担 yǒu fùdān
ふか【孵化】孵化 fūhuà
ふか【不可-の】不可 bùkě ♦可もなく～もない 模棱两可 móléng liǎngkě
ふか【付加-する】补充 bǔchōng ♦～価値 补充价值 bǔchōng jiàzhí
フカ【鱶】鲨鱼 shāyú ♦～鰭（ひれ）翅子 chìzi；鱼翅 yúchì ♦～ヒレスープ 鲨鱼翅汤 shāyúchì tāng
ぶか【部下】部下 bùxià；手下 shǒuxià
ふかい【深い】❶《距離》♦～湖 深水湖 shēnshuǐ hú ❷《濃い》♦～霧 五里雾 wǔlǐwù ❸《親交が》♦～仲 深交 shēnjiāo ❹《浅はかな》♦考えが～ 思想深刻 sīxiǎng shēnkè ♦～意味 深意 shēnyì ❺《程度が甚だしい》♦欲が～ 欲望强烈 yùwàng qiángliè
ふかい【不快-な】不愉快 bù yúkuài ♦～な思い 不愉快的感受 bù yúkuài de gǎnshòu
ぶがいしゃ【部外者】第三者 dìsānzhě；局外人 júwàirén ♦～立ち入り禁止 闲人免进 xiánrén miǎnjìn
ふがいない【腑甲斐ない】窝囊 wōnang；不中用 bú zhòngyòng；没有志气 méiyǒu zhìqi
ふかいにゅう【不介入】不干涉 bù gānshè ♦民事～ 不干涉民事 bù

gānshè mínshì
ふかいり【深入り-する】深入 shēnrù ♦人的心に～する 深入人心 shēnrù rénxīn
ふかおい【深追い-する】穷追 qióngzhuī
ふかかい【不可解-な】不可理解 bùkě lǐjiě；难以理解 nányǐ lǐjiě ♦～なこと 闷葫芦 mènhúlu ♦～だ 真是个谜 zhēn shì ge mí
ふかきん【賦課金】捐税 juānshuì
ふかく【深く】深 shēn ♦～悔いる 痛悔 tònghuǐ ♦～感銘する 刻骨铭心 kè gǔ míng xīn ♦～研究する 深入研究 shēnrù yánjiū ♦～潜る 深深地钻入 shēnshēn de zuānrù
ふかく【不覚】♦～にも 不由得 bùyóude ♦～を取る 失败 shībài
ぶがく【舞楽】舞乐 wǔyuè
ふかくじつ【不確実-な】不可靠 bù kěkào；不确实 bú quèshí
ふかくてい【不確定-の】♦～の事柄 未知数 wèizhīshù ♦～要素が多い 不确定因素很多 bú quèdìng yīnsù hěn duō
ふかけつ【不可欠-の】不可缺少 bùkě quēshǎo ♦～な条件 必不可少的条件 bì bùkě shǎo de tiáojiàn
ふかこうりょく【不可抗力】不可抗力 bùkěkànglì
ふかさ【深さ】深 shēn；深度 shēndù；深浅 shēnqiǎn
ふかざけ【深酒-をする】饮酒过量 yǐnjiǔ guòliàng
ふかしぎ【不可思議-な】不可思议 bùkě sīyì
ふかしん【不可侵】♦相互～条約 互不侵犯条约 hù bù qīnfàn tiáoyuē
ふかす【蒸かす】蒸 zhēng ♦さつま芋を～ 蒸地瓜 zhēng dìguā
ぶかっこう【不恰好-な】样式难看 yàngshì nánkàn；样子不好 yàngzi bù hǎo
ふかづめ【深爪-する】指甲剪得太短 zhǐjiǎnde tài duǎn
ふかのう【不可能】不可能 bù kěnéng；办不到 bànbudào ♦～な要求 无理要求 wúlǐ yāoqiú
ふかひ【不可避-の】不可避免 bùkě bìmiǎn ♦～の危険 不可避免的危险 bùkě bìmiǎn de wēixiǎn
ふかふか❶《草や毛の》茸茸 róngróng ❷《土が》疏松 shūsōng
ぶかぶか 肥大 féidà ♦～の服 肥大的衣服 féidà de yīfu
ふかぶん【不可分-の】不可分 bùkě fēn；分不开 fēnbukāi ♦～な関係にある 密不可分的关系 mì bù kě fēn de guānxi
ふかまる【深まる】♦秋が～ 秋深了

ふかみ ― ふきやむ

ふかみ【深み】 深度 shēndù ◆～にはまる 深陷不能自拔 shēnxiàn bù néng zìbá

ふかみどり【深緑-の】 青绿 qīnglǜ; 深绿 shēnlǜ

ふかめる【深める】 加深 jiāshēn ◆理解を～ 加深理解 jiāshēn lǐjiě

ふかん【俯瞰-する】 俯瞰 fǔkàn; 俯视 fǔshì ◆～図 俯视图 fǔshìtú ◆～撮影 俯视摄影 fǔshì shèyǐng

ふかんしょう【不感症】 性感缺乏症 xìnggǎn quēfázhèng; 性冷淡 xìng lěngdàn

ふかんしょう【不干渉-の】 不干涉 bù gānshè ◆内政～ 不干涉内政 bù gānshè nèizhèng

ふかんぜん【不完全-な】 不完善 bù wánshàn; 不完整 bù wánzhěng; 残缺 cánquē; 碎 suì

ふき【付記】 备注 bèizhù

フキ【蕗】 蜂斗菜 fēngdòucài

ふき【武器】 武器 wǔqì; 器械 qìxiè; 兵器 bīngqì

ふきあげる【吹き上げる】 喷上 pēnshàng ◆潮を～ 喷潮水 pēn cháoshuǐ

ふきあれる【吹き荒れる】 风刮得很猛 fēng guāde hěn měng ◆～風雨 急风暴雨 jífēng bàoyǔ

ふきかえ【吹き替え】 《音声の》配音 pèiyīn

ふきかえす【吹き返す】 ◆息を～ 苏醒 sūxǐng; 复苏 fùsū

ふきかける【吹き掛ける】 吹 chuī ◆液体を～ 喷 pēn ◆息を～ 吹气 chuī qì ◆哈气 hā qì ◆高値を～ 要高价 yào gāojià

ふきけす【吹き消す】 吹灭 chuīmiè ◆ろうそくを～ 吹灭蜡烛 chuīmiè làzhú

ふきげん【不機嫌-な】 不高兴 bù gāoxìng; 不开心 bù kāixīn; 没好气 méi hǎoqì; 怏然 yàngrán ◆～な顔をする 拉下脸 lāxià liǎn

ふきこぼれる【噴きこぼれる】 开得冒了出来 kāide màole chūlai ◆鍋が～ 锅开得溢出来 guō kāide yìchūlai

ふきこむ【吹き込む】 ❶《風･雪などが》刮进来 guājìnlai ◆隙間風が～ 墙壁间透风 qiángbì jiān tòufēng ❷《録音》《テープに～》灌制录音 guànzhì lùyīn ❸《教える》《悪知恵を～》教坏主意 jiāo huài zhǔyi

ふきさらし【吹き曝し-の】 任凭风吹雨打 rènpíng fēng chuī yǔ dǎ

ふきすさぶ【吹き荒ぶ】 呼啸 hūxiào ◆～風の中 狂风中 kuángfēng zhōng

ふきそ【不起訴】 不起诉 bù qǐsù ◆～处分 不起诉处分 bù qǐsù chǔfèn

ふきそうじ【拭き掃除】 擦地板 cā dìbǎn

ふきそく【不規則-な】 不规则 bù guīzé ◆～な運動 不规则运动 bù guīzé yùndòng ◆～動詞 不规则动词 bù guīzé dòngcí ◆～な生活 没有规则的生活 méiyǒu guīzé de shēnghuó

ふきたおす【吹き倒す】 刮倒 guādǎo; 吹倒 chuīdǎo

ふきだす【吹き出す】 ❶《風が》刮起 guāqǐ ◆冷たい風が～ 冷风刮了起来 lěngfēng guāle qǐlai ❷《液体などが》喷 pēn; 蹿 cuān ◆汗が～ 冒汗 mào hàn ◆温泉が～ 温泉喷涌 wēnquán pēnyǒng ❸《こらえきれず》发笑 fāxiào; 失笑 shīxiào ◆思わずふきだしてしまった 不禁失笑 bùjīn shīxiào

ふきだまり【吹き溜まり】 风刮成的堆 fēng guāchéng de duī ◆都会の～ 城市流浪者的聚集处 chéngshì liúlàngzhě de jùjíchù

ふきつ【不吉-な】 不祥 bùxiáng; 丧气 sàngqi ◆～な前兆 凶兆 xiōngzhào

ふきつける【吹きつける】 吹 chuī ◆風雨が～ 吹打 chuīdǎ ◆スプレーで塗料を～ 用喷雾器喷漆 yòng pēnwùqì pēnqī

ふきでもの【吹き出物】 疖子 jiēzi ◆～が出来る 长疖子 zhǎng jiēzi

ふきとばす【吹き飛ばす】 ◆風が～ 吹跑 chuīpǎo ◆爆風でドアが吹き飛ばされた 门被暴风吹跑了 mén bèi bàofēng chuīpǎo le ◆うわさを～ 清除流言 qīngchú liúyán

ふきとる【拭き取る】 擦掉 cādiào ◆汚れを～ 擦掉污垢 cādiào wūgòu

ふきながし【吹き流し】 《風向を見るの》 风向标 fēngxiàngbiāo

ふきならす【吹き鳴らす】 吹响 chuīxiǎng ◆トランペットを～ 吹喇叭 chuī lǎba

ふきぬけ【吹き抜け】 《建物の》楼梯井 lóutījǐng ◆～の玄関 楼梯井入口 lóutījǐng rùkǒu

ふきぬける【吹き抜ける】 吹过 chuīguò ◆突風が～ 疾风吹过 jífēng chuīguò

ふきまわし【吹き回し】 ◆どういう風の～か 不知刮的什么风 bùzhī guā de shénme fēng

ぶきみ【不気味-な】 森然 sēnrán; 阴森 yīnsēn; 可怕 kěpà

ふきやむ【吹き止む】 风停息 fēng

tíngxī ♦ぴたりと風が～ 风戛然而止 fēng jiárán ér zhǐ

ふきゅう【不朽-の】 不朽 bùxiǔ ♦～の名作 不朽之作 bùxiǔ zhī zuò

ふきゅう【普及-する】 普及 pǔjí; 传播 chuánbō ♦～率 普及率 pǔjílǜ

ふきょう【不況-の】 萧条 xiāotiáo; 不景气 bù jǐngqì ♦～を切り抜ける 摆脱经济危机 bǎituō jīngjì wēijī

ふきょう【布教-する】 传教 chuánjiāo ♦～活動 传教活动 chuánjiào huódòng

ぶきよう【不器用-な】 笨 bèn; 粗笨 cūbèn; 拙笨 zhuōbèn

ふきょうわおん【不協和音】 ❶《音楽の》不谐和音 bùxiéhéyīn ❷《関係が》♦～を生じる 不协调 bù xiétiáo

ふきよせる【吹き寄せる】 吹到某处 chuīdào mǒuchù

ぶきりょう【不器量-な】 丑陋 chǒulòu; 难看 nánkàn

ふきん【布巾】 抹布 mābù; 揩布 zhānbù; 掸布 zhānbù

ふきん【付近】 附近 fùjìn; 邻近 línjìn; 四近 sìjìn ♦～一带 附近一带 fùjìn yídài

ふきんこう【不均衡】 不均衡 bù jūnhéng; 不平衡 bù pínghéng ♦～な貿易収支 差额贸易收支 chā'é màoyì shōuzhī

ふきんしん【不謹慎-な】 轻率 qīngshuài; 不严肃 bù yánsù ♦～な行動 轻率的举止 qīngshuài de jǔzhǐ

ふく【拭く】 擦拭 cāshì; 抹 mā; 擦 cā; 揩 kāi ♦涙を～ 擦眼泪 cā yǎnlèi ♦テーブルを～ 擦桌子 cā zhuōzi

ふく【吹く】 ❶《息を強く》吹 chuī ❷《風が》吹 chuī; 刮 guā

ふく【服】 衣服 yīfu; 衣裳 yīshang ♦～を着る 穿衣服 chuān yīfu

ふく【福】 福 fú; 幸福 xìngfú; 福气 fúqì

フグ【河豚】 河豚 hétún

ふくあん【腹案】 腹稿 fùgǎo ♦～を作る 构思 gòusī

ふくいく【馥郁-たる】 馥郁 fùyù ♦～たる香りが漂う 香味四溢 xiāngwèi sìyì

ふくいん【福音】 福音 fúyīn ♦～書 福音书 fúyīn shū ♦～をもたらす 带来福音 dàilái fúyīn

ふぐう【不遇-の】 不走运 bù zǒuyùn; 不得志 bù dézhì; 坎坷 kǎnkě ♦～を託(かこ)つ 屈才 qūcái

ふくえき【服役-する】 服役 fúyì ♦～囚 劳改犯 láogǎi fàn

ふくえん【復縁-する】 破镜重圆 pòjìng chóng yuán ♦～を迫る 要求复婚 yāoqiú fùhūn

ふくがく【復学-する】 复学 fùxué

ふくがん【複眼】 复眼 fùyǎn

ふくぎょう【副業】 副业 fùyè; 第二职业 dì'èr zhíyè

ふくくうきょうしゅじゅつ【腹腔鏡手術】 腹腔镜微创手术 fùqiāngjìng wēichuāng shǒushù

ふくげん【復元-する】 复原 fùyuán ♦古いフィルムを～する 把旧胶卷复原 bǎ jiù jiāojuǎn fùyuán

ふくごう【複合-する】 复合 fùhé ♦～語 合成词 héchéngcí

ふくざつ【複雑-な】 复杂 fùzá ♦～に入り組んだ 错综复杂 cuòzōng fùzá

ふくさよう【副作用】 副作用 fùzuòyòng

ふくさんぶつ【副産物】 副产品 fùchǎnpǐn ♦予期せぬ～ 预料之外的副产物 yùliào zhī wài de fùchǎnwù

ふくし【副詞】 副词 fùcí

ふくし【福祉】 福利 fúlì ♦～施設 福利设施 fúlì shèshī ♦～政策 福利政策 fúlì zhèngcè

ふくじ【服地】 衣料 yīliào

ふくしきこきゅう【腹式呼吸】 腹式呼吸 fùshì hūxī

ふくしきぼき【複式簿記】 复式簿记 fùshì bùjì

ふくじてき【副次的-な】 次要 cìyào ♦～な物事 非主要事物 fēi zhǔyào shìwù

ふくしゃ【複写】 拷贝 kǎobèi ♦～する 复印 fùyìn ♦～機 复印机 fùyìnjī

ふくしゃ【輻射-する】 辐射 fúshè ♦～熱 辐射热 fúshèrè

ふくしゅう【復習-する】 复习 fùxí; 温习 wēnxí

ふくじゅう【服従-する】 服从 fúcóng; 顺从 shùncóng

ふくしゅうにゅう【副収入】 副业收入 fùyè shōurù; 外快 wàikuài

ふくしょう【副賞】 附加奖 fùjiājiǎng ♦～賞金 附加奖金 fùjiā jiǎngjīn

ふくしょう【復唱-する】 复述 fùshù ♦伝言を～する 复述口信 fùshù kǒuxìn

ふくしょく【副食】 副食 fùshí ♦～品 副食品 fùshípǐn

ふくしょく【復職-する】 复职 fùzhí; 重新上班 chóngxīn shàngbān

ふくしょく【服飾】 服饰 fúshì ♦～品 服饰物 fúshìwù

ふくしん【腹心-の】 亲信 qīnxìn; 心腹 xīnfù

ふくじん【副腎】 肾上腺 shènshàngxiàn ♦～皮質ホルモン 肾上腺皮质激素 shènshàngxiàn pízhì jīsù

ふくすい【覆水】♦~盆に返らず 覆水难收 fù shuǐ nán shōu
ふくすう【複数-の】 复数 fùshù
ふくせい【複製-する】 复印 fùyìn; 复制 fùzhì ♦~版 翻版 fānbǎn ♦~品 复制品 fùzhìpǐn
ふくせん【伏線】 ❶《文章中の》伏笔 fúbǐ; 伏线 fúxiàn ❷《話の》铺垫 pūdiàn
ふくせん【複線】《鉄道の》复线 fùxiàn; 双轨 shuāngguǐ
ふくそう【服装】 服装 fúzhuāng; 穿着 chuānzhuó; 装束 zhuāngshù ♦~デザイン 服装设计 fúzhuāng shèjì
ふくぞう【腹蔵】♦~のない 坦率 tǎnshuài ♦~なく言う 坦率地说 tǎnshuài de shuō
ふくだい【副題】 副题 fùtí
ふぐたいてん【不俱戴天】 不共戴天 bú gòng dài tiān
ふくつ【不屈-の】 不屈 bùqū; 刚毅 gāngyì; 顽强 wánqiáng ♦~の精神 顽强的精神 wánqiáng de jīngshén ♦~の人 硬汉 yìnghàn; 硬骨头 yìnggǔtou
ふくつう【腹痛】 腹痛 fùtòng ♦~を訴える 诉说腹痛 sùshuō fùtòng
ふくどく【服毒-する】 服毒 fúdú ♦~自杀 服毒自杀 fúdú zìshā
ふくどくほん【副読本】 课外读物 kèwài dúwù
ふくのかみ【福の神】 财神 cáishén; 福星 fúxīng
ふくびき【福引き】 抽彩签 chōu cǎiqiān
ふくぶ【腹部】 腹部 fùbù; 肚子 dùzi; 肚皮 dùpí
ふくぶくしい【福々しい】 富态 fùtài ♦福々しくなる 发福 fāfú ♦~顔 富态的脸型 fùtài de liǎnxíng
ふくへい【伏兵】♦~を置く 打埋伏 dǎ máifu
ふくまく【腹膜】 腹膜 fùmó ♦~炎 腹膜炎 fùmóyán
ふくみ【含み】 暗示 ànshì; 含有 hányǒu ♦~のある 含蓄 hánxù
ふくみわらい【含み笑い】 抿嘴笑 mǐn zuǐ xiào
ふくむ【含む】 ❶《口や目に》含 hán; 噙 qín ♦口に水を~ 嘴里含着水 zuǐli hánzhe shuǐ ❷《意味内容》包含 bāohán; 蕴涵 yùnhán; 寓于 yùyú ❸《要素として》♦サービス料を~ 服务费在内 fúwùfèi zàinèi ❹《考えに》♦このことをよく含んでおくように 请经常把这件事放在心上 qǐng jīngcháng bǎ zhèjiàn shì fàngzài xīnshang ❺《ようす》♦憂いを含んだ顔 忧郁的面容 yōuyù de miànróng
ふくむ【服務】 服务 fúwù ♦~规定 服务规定 fúwù guīdìng
ふくめい【復命-する】 回报 huíbào; 交差 jiāochāi
ふくめる【含める】 包括 bāokuò; 列入 lièrù
ふくよう【服用-する】《薬を》服用 fúyòng ♦~法 服用法 fúyòngfǎ
ふくよう【複翼】 双翼 shuāngyì ♦~機 双翼机 shuāngyìjī
ふくよかな 丰满 fēngmǎn ♦~女性 丰满的女人 fēngmǎn de nǚrén
ふくらしこ【膨らし粉】 发酵粉 fājiàofěn
ふくらはぎ【脹脛】 腿肚子 tuǐdùzi; 腓 féi
ふくらます【膨らます】 鼓 gǔ ♦風船を~ 把气球吹鼓 bǎ qìqiú chuīgǔ ♦ほっぺたを~ 鼓腮 gǔsāi
ふくらみ【脹らみ】 膨胀 péngzhàng ♦胸の~ 胸部的隆起处 xiōngbù de lóngqǐchù
ふくらむ【脹らむ】 膨大 péngdà ♦蕾が~ 花蕾鼓起 huālěi gǔqǐ ♦夢が~ 梦想膨胀 mèngxiǎng péngzhàng
ふくり【福利】 福利 fúlì ♦~厚生 福利保健 fúlì bǎojiàn
ふくり【複利】 复利 fùlì
ふくりゅうえん【副流煙】 二手烟 èrshǒuyān
ふくれる【脹れる】 胀 zhàng ♦お腹が~ 肚子饱 dùzi bǎo ♦すねて~ 生气噘嘴 shēngqì juēzuǐ
ふくろ【袋】 口袋 kǒudai; 袋 dài; 袋子 dàizi ♦~の鼠(ねずみ)にする 围堵 wéidǔ
ふくろ【復路】 归途 guītú
フクロウ【梟】 猫头鹰 māotóuyīng; 夜猫子 yèmāozi
ふくろこうじ【袋小路】 死胡同 sǐhútòng ♦~に追い詰める 逼入死胡同 bīrù sǐhútòng
ふくろだたき【袋叩き-にする】 群殴 qún'ōu; 围攻 wéigōng ♦~に遭う 遭遇群殴 zāoyù qún'ōu
ふくわじゅつ【腹話術】 口不动而说话的表演艺术 kǒu bú dòng ér shuōhuà de biǎoyǎn yìshù; 口技 kǒujì
ふけ【頭垢】 头皮 tóupí
ぶけ【武家】 武士 wǔshì ♦~屋敷 武士住宅 wǔshì zhùzhái
ふけい【父兄】 父兄 fùxiōng; 家长 jiāzhǎng ♦~参观《学校の》家长参观 jiāzhǎng cānguān
ふけい【父系-の】 父系 fùxì
ぶげい【武芸】 武术 wǔshù ♦~の腕を競う 比武 bǐwǔ

ふけいき【不景気-な】❶《経済が》不景气 bù jǐngqì；萧条 xiāotiáo ❷《元気のない》无精打采的样子 wú jīng dǎ cǎi de yàngzi

ふけいざい【不経済-な】不经济 bù jīngjì ♦～な使い方 浪费的用法 làngfèi de yòngfǎ

ふけこむ【老け込む】老迈 lǎomài ♦めっきり～ 明显老化 míngxiǎn lǎohuà

ふけつ【不潔-な】不干净 bù gānjìng；污秽 wūhuì；龌龊 wòchuò ♦～な食堂 不卫生的食堂 bù wèishēng de shítáng ♦～な男 脏小子 zāng xiǎozi

ふける【耽る】陷入 xiànrù；沉迷 chénmí；沉湎 chénjìn ♦読書に～ 读书入迷 dúshū rùmí ♦物思いに～ 陷入沉思 xiànrù chénsī

ふける【更ける】♦夜が～ 夜深 yè shēn

ふける【老ける】老 lǎo；衰老 shuāilǎo

ふけん【父権】父权 fùquán

ふけんこう【不健康-な】不健康 bú jiànkāng ♦～な生活 不健康的生活 bú jiànkāng de shēnghuó

ふけんしき【不見識-な】缺乏见识 quēfá jiànshí ♦～な政治家 短见的政治家 duǎnjiàn de zhèngzhìjiā

ふげんじっこう【不言実行】光干不说 guāng gàn bù shuō；少说多干 shǎo shuō duō gàn

ふけんぜん【不健全-な】不健康 bú jiànkāng ♦～な遊び 不健康的游戏 bú jiànkāng de yóuxì

ふこう【不幸-な】不幸 búxìng ♦～な出来事《特に人の死》山高水低 shān gāo shuǐ dī ♦～な人 苦命人 kǔmìng rén ♦～にも 不幸 búxìng ♦～中の幸い 不幸中之万幸 búxìng zhōng zhī wànxìng

ふごう【富豪】财主 cáizhu；富豪 fùháo；富翁 fùwēng

ふごう【符号】符号 fúháo

ふごう【符合-する】符合 fúhé；偶合 ǒuhé；契合 qìhé ♦ぴたりと～する 完全符合 wánquán fúhé

ふごうかく【不合格】不合格 bù hégé ♦～品 残货 cánhuò；等外品 děngwàipǐn；废品 fèipǐn

ふこうへい【不公平-な】不平 bùpíng ♦～な裁判 不公的审判 bùgōng de shěnpàn

ふごうり【不合理-な】无理 wúlǐ ♦～なシステム 不合理的制度 bù hélǐ de zhìdù

ふこく【布告】布告 bùgào；文告 wéngào ♦宣戦～ 宣战布告 xuānzhàn bùgào

ふこく【誣告-する】诬告 wūgào ♦～罪 诬告罪 wūgàozuì

ぶこつ【武骨-な】粗鲁 cūlǔ ♦～な振る舞い 粗鲁的举动 cūlǔ de jǔdòng

ふさ【房】穗子 suìzi；穗 suì ♦～飾り 彩穗 cǎisuì ♦ひと～のブドウ 一嘟噜葡萄 yì dūlu pútao

ブザー 蜂鸣器 fēngmíngqì

ふさい【夫妻】夫妇 fūfù；夫妻 fūqī

ふさい【負債】负债 fùzhài；债 zhài；账 zhàng ♦～を返済する 还债 huánzhài ♦～を抱える 背债 bēizhài

ふざい【不在-の】不在 búzài ♦～投票 事先投票 shìxiān tóupiào

ぶさいく【不細工-な】笨拙 bènzhuō；难看 nánkàn ♦～な代物 粗笨的东西 cūbèn de dōngxi

ふさがる【塞がる】封口 fēngkǒu；阻塞 zǔsè；闭塞 bìsè ♦道が～ 道路堵塞 dàolù dǔsè

ふさぎこんだ【塞ぎ込んだ】闷闷不乐 mènmèn bú lè；郁闷 yùmèn

ふさく【不作-の】歉收 qiànshōu；收成不好 shōucheng bùhǎo

ふさぐ【塞ぐ】堵塞 dǔsè；塞 sāi；填 tián ♦穴を～ 填上坑 tiánshàng kēng ♦気持ちが～ 心情不畅 xīnqíng búchàng

ふざける ❶《戯れる》玩笑 wánxiào；打哈哈 dǎ hāha；闹着玩儿 nàozhe wánr ❷《馬鹿にする》耍弄 shuǎnòng；逗弄 dòunong；戏谑 xìxuè

ふさふさ-の 簇生 cùshēng ♦～の髪 很密的头发 hěn mì de tóufa

ぶさほう【無作法-な】没礼貌 méi lǐmào；粗野 cūyě ♦～な若者 粗野的小伙子 cūyě de xiǎohuǒzi

ぶざま【無様-な】不体面 bù tǐmiàn ♦～な行為をする 出洋相 chū yángxiàng ♦～な姿 难看的样子 nánkàn de yàngzi

ふさわしい【相応しい】适当 shìdàng；适宜 shìyí；相配 xiāngpèi ♦娘に～相手 和女儿相配的对象 hé nǚ'ér xiāngpèi de duìxiàng ♦相応しくない 不适合 bù héshì

ふさんせい【不賛成】不赞成 bú zànchéng ♦君の意見には～だ 不赞成你的意见 bú zànchéng nǐ de yìjiàn

ふし【節】节 jié ♦竹の～ 竹节 zhújié ♦木材の～ 节眼 jiéyǎn；曲调 qǔdiào ♦～をつけて歌う 配上曲唱 pèishàng qǔ chàng

ふじ【不時-の】不时 bùshí ♦～の災難 差错 chācuò

ふじ【不治】♦～の病 不治之症 bú

zhì zhī zhèng

フジ【藤】 藤萝 téngluó；紫藤 zǐténg ◆~棚 藤萝架 ténglúojià

ぶし【武士】 武士 wǔshì ◆~道 武士道 wǔshìdào

ぶじ【無事-な】 安然 ānrán ◆~を祈祷平安 qídǎo píng'ān

ふしあな【節穴】 ❶《板などの》节孔 jiékǒng ❷《洞察力のない》私の目は~じゃないよ 我的眼睛可不瞎 wǒ de yǎnjing kě bù xiā

ふしあわせ【不幸せ-な】 不幸 búxìng ◆~な境遇 不幸的境遇 búxìng de jìngyù

ふじいろ【藤色-の】 淡紫色 dànzǐsè

ふしぎ【不思議-な】 怪事 guàishì；奇怪 qíguài；奇妙 qímiào ◆なにも~ではない 没有什么可奇怪的 méiyǒu shénme kě qíguài de ◆~な出来事 怪异 guàiyì ◆~な力 神力 shénlì ◆~な話 奇闻 qíwén

ふしぜん【不自然-な】《態度・表情が》做作 zuòzuo ◆~ににっこっとした 不自然地笑了一笑 bú zìrán de xiàole yíxiào

ふしだらな 放荡 fàngdàng；荒唐 huāngtáng ◆~生活 放荡的生活 fàngdàng de shēnghuó

ふじちゃく【不時着-する】 紧急降落 jǐnjí jiàngluò

ふしちょう【不死鳥】 不死鸟 bùsǐniǎo ◆~の如く甦る 像不死鸟那样复苏 xiàng bùsǐniǎo nàyàng fùsū

ふじつ【不実-な】 不诚实 bù chéngshí ◆~な男 薄情郎 bóqíngláng

ぶしつけ【不躾-な】 冒昧 màomèi ◆~ですが 恕我冒昧 shù wǒ màomèi ◆~な質問 冒昧的提问 màomèi de tíwèn

ふしまつ【不始末】《不注意な処理》不经心 bù jīngxīn；《とんだこと》~をしでかす 闯祸 chuǎnghuò

ふしみ【不死身の】 不屈不挠 bù qū bù náo ◆~の身体 铁身板 tiě shēnbǎn

ふしめ【節目】 节眼 jiéyǎn ◆板の~ 板子的节目 bǎnzi de jiémù ◆人生の~ 人生的分水岭 rénshēng de fēnshuǐlǐng

ふしめ【伏し目】 ◆~がちの 低着头 dīzhe tóu

ふしゅ【浮腫】 水肿 shuǐzhǒng

ぶしゅ【部首】 部首 bùshǒu

ふじゆう【不自由-な】 不自由 bú zìyóu；不如意 bù rúyì ◆~のない暮らし 家道小康 jiādào xiǎokāng

ふじゅうぶん【不十分-な】 不够 búgòu ◆~な資金 不足的资金 bùzú de zījīn ◆説明が~だ 说明得不充分 shuōmíngde bù chōngfèn

ぶじゅつ【武術】 武术 wǔshù ◆~家 把势 bāshi

ふしゅび【不首尾】 ◆~に終わる 失败 shībài

ふじゅん【不純-な】 ◆~な考え 杂念 zániàn ◆~な動機 不纯的动机 bùchún de dòngjī

ふじゅん【不順-な】 ◆天候~ 天气反常 tiānqì fǎncháng ◆生理~ 月经不调 yuèjīng bù tiáo

ふじゅんぶつ【不純物】 杂质 zázhì ◆~を取り除く 除去杂质 chúqù zázhì

ふじょ【扶助-する】 扶持 fúchí；扶助 fúzhù ◆相互~ 互相扶助 hùxiāng fúzhù

ぶしょ【部署】 工作岗位 gōngzuò gǎngwèi；职守 zhíshǒu ◆~を替える 调动 diàodòng

ふしょう【不肖-の】 不肖 búxiào ◆~の息子 不肖之子 búxiào zhī zǐ

ふしょう【不詳-の】 不详 bùxiáng；未详 wèixiáng ◆年齢~の 年龄不详的 niánlíng bùxiáng de

ふしょう【負傷-する】 负伤 fùshāng ◆~者 伤员 shāngyuán

ぶしょう【無精-な】 懒 lǎn；懒惰 lǎnduò；疏懒 shūlǎn ◆~ひげ 胡茬 húchá ◆~者 懒汉 lǎnhàn

ふしょうじ【不祥事】 丑闻 chǒuwén ◆~を起こす 引起不体面的事件 yǐnqǐ bù tǐmiàn de shìjiàn

ふしょうじき【不正直-な】 不老实 bù lǎoshi；不诚实 bù chéngshí

ふしょうぶしょう【不承不承】 勉强 miǎnqiáng ◆~引き受ける 勉强接受 miǎnqiáng jiēshòu

ふじょうり【不条理-な】 没有道理 méiyǒu dàoli ◆~劇 荒诞剧 huāngdànjù

ふしょく【腐食-する】《化学作用で》腐蚀 fǔshí ◆金属が~する 金属腐蚀 jīnshǔ fǔshí

ぶじょく【侮辱-する】 凌虐 língnüè；污辱 wūrǔ；侮辱 wǔrǔ ◆~を受ける 受辱 shòurǔ

ふしん【不振】 不佳 bùjiā ◆食欲~ 食欲不佳 shíyù bùjiā ◆自動車業界の~ 汽车行业的不景气 qìchē hángyè de bù jǐngqì

ふしん【不審-な】 可疑 kěyí ◆~に思う 觉得可疑 juéde kěyí ◆~人物 可疑人物 kěyí rénwù

ふしん【普請-する】 修建 xiūjiàn ◆寺院の~ 修建庙宇 xiūjiàn miàoyǔ

ふじん【夫人】 夫人 fūren ◆~同伴 偕夫人 xié fūrén

ふじん【婦人】 妇女 fùnǚ ◆~科 妇科 fùkē ◆~服 女式服装 nǚshì fúzhuāng

ふしんじん【不信心-な】 不信神的 bú xìn shén de；不信仰 bú xìn yǎng

ふしんせつ【不親切-な】 冷淡 lěngdàn

ふしんにん【不信任】 不信任 bú xìnrèn ◆~案 不信任案 búxìnrèn'àn

ふしんばん【不寝番】 ◆~をする 值夜班 zhíyèbān

ぶす【罵語】 丑女 chǒunǚ；丑八怪 chǒubāguài

ふずい【付随-する】 伴同 bàntóng；付带 fùdài ◆~する問題 附带的问题 fùdài de wèntí

ぶすい【無粋-な】 不懂风趣 bù dǒng fēngqù ◆~な若者 不懂风趣的年轻人 bù dǒng fēngqù de niánqīngrén

ふすう【負数】 负数 fùshù

ぶすう【部数】 部数 bùshù ◆発行~ 发行部数 fāxíng bùshù

ぶすっと ◆~する 愁眉不展 chóuméi bù zhǎn

ふすま【襖】 日式拉门 Rìshì lāmén ◆~を閉める 关上拉门 guānshàng lāmén

ふすま【麩】 《小麦の》 麸子 fūzi

ふせ【布施】 施舍 shīshě ◆~を包む 奉见施舍 fèngshàng shīshě

ふせい【不正-な】 ◆~な儲け 横财 hèngcái ◆~なやり方 邪门歪道 xiémén wāi dào ◆~なルート 偏门 piānmén ◆~に得る 捞 lāo ◆~を働く 作弊 zuòbì

ふぜい【風情】 风趣 fēngqù ◆~ある 有风趣 yǒu fēngqù

ふせいかく【不正確-な】 不正确 bú zhèngquè ◆記憶が~である 记忆不正确 jìyì bú zhèngquè

ふせいこう【不成功】 不成功 bù chénggōng ◆~に終わる 以失败告终 yǐ shībài gàozhōng

ふせいこうい【不正行為】 私弊 sībì ◆~をする 舞弊 wǔbì；作弊 zuòbì

ふせいじつ【不誠実-な】 不诚实 bù chéngshí；虚心假意 xū xīn jiǎ yì ◆~な人 不诚实的人 bù chéngshí de rén

ふせいみゃく【不整脈】 脉律不齐 màilǜ bùqí

ふせき【布石】 ❶《碁の》布局 bùjú ❷《先への用意》◆~を打つ 准备 zhǔnbèi

ふせぐ【防ぐ】 防 fáng；抵御 dǐyù；防止 fángzhǐ ◆災害を~ 防灾 fángzāi ◆寒さを~ 防寒 fánghán ◆病気を~ 防病 fángbìng

ふせつ【付設-する】 附设 fùshè 託児所を~する 附设托儿所 fùshè tuō'érsuǒ

ふせつ【敷設-する】 敷设 fūshè；铺 pū ◆鉄道を~する 铺铁路 pū tiělù

ふせっせい【不摂生-な-をする】 放纵 fàngzòng；不注意健康 bú zhùyì jiànkāng ◆日頃の~が祟る 平日放纵造成恶果 píngrì fàngzòng zàochéng èguǒ

ふせる【伏せる・臥せる】 卧 wò；伏 fú ◆床に~ 《病気で》卧床不起 wòchuáng bùqǐ

ふせん【付箋】 浮签 fúqiān ◆~を貼る 贴上浮签 tiēshàng fúqiān

ぶぜん【憮然】 ◆~たる表情 不高兴的样子 bù gāoxìng de yàngzi

ふせんしょう【不戦勝】 轮空而胜 lúnkōng ér shèng

ふせんめい【不鮮明-な】 不鲜明 bù xiānmíng ◆~な画像 不鲜明的画像 bù xiānmíng de huàxiàng

ぶそう【武装-する】《比喩的にも》武装 wǔzhuāng ◆~解除する 缴械 jiǎoxiè ◆~蜂起する 暴动 bàodòng；起义 qǐyì

ふそうおう【不相応-に】 不相称 bù xiāngchèn ◆身分~だ 与身份不相称 yǔ shēnfen bù xiāngchèn

ふそく【不測-の】 ◆~の事故 一差二错 yì chā èr cuò ◆~の事態 不测 búcè

ふそく【不足-する】 欠缺 qiànquē；缺少 quēshǎo ◆~を補う 补缺 bǔ quē ◆~額 不足的钱数 bùzú de qiánshù ◆睡眠~ 睡眠不足 shuìmián bùzú ◆人手~ 人手不够 rénshǒu búgòu

ふそく【付則】 附则 fùzé

ふぞく【付属-の】 附属 fùshǔ ◆~小学校 附属小学 fùshǔ xiǎoxué；附小 fùxiào ◆~中学・高校 附中 fùzhōng ◆~品 附件 fùjiàn

ふぞろい【不揃い-の】 不整齐 bù zhěngqí；参差不齐 cēncī bùqí

ふそん【不遜-な】 不逊 búxùn ◆~な態度 傲慢的态度 àomàn de tàidu

ふた【蓋】 盖儿 gàir；盖子 gàizi ◆~をする 盖上 gàishàng ◆臭いものに~をする 掩盖遮丑 yǎngài zhēchǒu ◆~を開ける 开盖 kāi gài

ふだ【札】 牌 pái；牌子 páizi ◆番号~ 号码牌 hàomǎpái

ブタ【豚】 猪 zhū ◆~肉 猪肉 zhūròu

ふたい【付帯】 ◆~条件 附加条件 fùjiā tiáojiàn

ぶたい【舞台】 舞台 wǔtái；戏台 xìtái ◆~に出る 出台 chū tái；上台 shàng tái ◆~裏 后台 hòutái；幕后 mùhòu ◆~衣装 行头 xíngtou

ぶたい ― ふつう

～稽古 排演 páiyǎn ♦～照明 舞台灯光 wǔtái dēngguāng
ぶたい【部隊】❶《軍隊の》部队 bùduì ♦落下傘～ 伞兵部队 sānbīng bùduì ❷《集団》♦買出し～ 采购队伍 cǎigòu duìwǔ
ふたいてん【不退転】～の決意 决不后退的决心 jué bú hòutuì de juéxīn
ふたえ【二重-の】双重 shuāngchóng ♦～まぶた 双眼皮 shuāngyǎnpí；重眼皮 chóngyǎnpí
ふたおや【二親】父母 fùmǔ ♦～とも健在である 父母都健在 fùmǔ dōu jiànzài
ふたく【付託-する】委托 wěituō
ふたけた【二桁-の】两位 liǎng wèi
ふたご【双子】双胞胎 shuāngbāotāi；孪生 luánshēng ♦～の姉妹 双生姐妹 shuāngshēng jiěmèi ♦～座 双子座 shuāngzǐzuò
ふたごころ【二心】二心 èrxīn；外心 wàixīn ♦～を抱く 怀有二心 huáiyǒu èrxīn
ふたことみこと【二言三言】三言两语 sān yán liǎng yǔ ♦～感想を言う 三言两语地谈感想 sān yán liǎng yǔ de tán gǎnxiǎng
ふたことめ【二言目】♦～には（…と言う）一开口就说 yì kāi kǒu jiù shuō…
ぶたごや【豚小屋】猪圈 zhūjuàn
ふたしか【不確か-な】不可靠 bù kěkào；无数 wúshù ♦～な口振り 说得含糊 shuōde hánhu ♦～な約束 靠不住的承诺 kàobuzhù de chéngnuò
ふたたび【再び】再度 zàidù；又 yòu；重新 chóngxīn
ふたつ【二つ】两个 liǎng ge；俩 liǎ ♦～とない 绝无仅有 jué wú jǐn yǒu；独一无二 dú yī wú èr
ふだつき【札付き-の】声名狼藉 shēngmíng lángjí ♦～の悪人 声名狼藉的坏人 shēngmíng lángjí de huàirén
ふたば【双葉】子叶 zǐyè ♦栴檀（せんだん）は～より芳（かんば）し 伟人出生不寻常 wěirén chūshēng bù xúncháng
ふたまた【二股】♦～を掛ける 脚踏两只船 jiǎo tà liǎng zhī chuán；骑墙 qíqiáng ♦～膏薬（こうやく）两面派 liǎngmiànpài；机会主义 jīhuì zhǔyì
ぶたまん【豚饅】肉包子 ròubāozi
ふたん【負担】负担 fùdān ♦～する 承担 chéngdān ♦～の大きい 负担重 fùdān zhòng ♦～を軽減する 减轻负担 jiǎnqīng fùdān

ふだん【普段】平常 píngcháng；平时 píngshí；往常 wǎngcháng ♦～の暮らし 家常 jiācháng ♦～の食事 便饭 biànfàn
ふだん【不断-の】経常 jīngcháng ♦～に現れる 经常见到 jīngcháng jiàndào ♦～の努力 经常的努力 jīngcháng de nǔlì
ふだんぎ【普段着】便装 biànzhuāng；便衣 biànyī ♦～に着替える 换上便衣 huànshang biànyī
ふち【縁】边儿 biānr；框子 kuàngzi；贴边 tiēbiān；周缘 zhōuyuán ♦～無しの 无边 wúbiān ♦～無し帽 无边帽 wúbiānmào ♦～無し眼鏡 无框眼镜 wúkuàng yǎnjìng ♦～り 沿条儿 yántiáor
ぶち【斑-の】斑驳 bānbó ♦～の野良猫 花野猫 huāyěmāo
ぶちこむ【打ち込む】投入 tóurù ♦監獄に～ 关进监狱 guānjìn jiānyù ♦鍋に～ 扔进锅里 rēngjìn guōlī
ぶちこわす【打ち壊す】砸 zá；打破 dǎpò ♦計画を～ 打乱计划 dǎluàn jìhuà
プチトマト 小番茄 xiǎofānqié
ふちどり【縁取り-する】镶 xiāng
プチブル 小资产阶级 xiǎo zīchǎn jiējí
ぶちまける【打ちまける】发泄 fāxiè ♦思いを～ 倾吐心声 qīngtǔ xīnshēng
ふちゃく【付着-する】附着 fùzhuó；依附 yīfù；沾 zhān ♦服に汚れが～する 脏东西粘在衣服上 zāng dōngxi zhānzài yīfushang
ふちゅう【付注】附注 fùzhù
ふちゅうい【不注意-な】不经意 bù jīngyì；大意 dàyi；疏忽 shūhu ♦～による過失 纰漏 pīlòu
ふちょう【婦長】护士长 hùshìzhǎng
ふちょう【不調】《調子》不顺利 bú shùnlì；失常 shīcháng；《交渉など》失败 shībài
ふちょう【符丁・符牒】《業界の隠語》行话 hánghuà
ぶちょう【部長】处长 chùzhǎng
ぶちょうほう【無調法-な】不周到 bù zhōudào ♦～ながら 虽不周到 suī bù zhōudào
ぶつ【打つ】❶《けんかで》打 dǎ ❷《語る》♦一席～ 讲演一番 jiǎngyǎn yì fān
ふつう【普通-の】寻常 xúncháng；普通 pǔtōng；一般 yìbān ♦～の人 凡人 fánrén；普通人 pǔtōngrén ♦～列車 慢车 mànchē ♦～郵便 平信 píngxìn ♦～預金 活期存款 huóqī cúnkuǎn

ぶっか【物価】 物价 wùjià ◆~が高い 物价昂贵 wùjià ánggùi ◆~上昇の傾向 涨风 zhǎngfēng ◆~指数 物价指数 wùjià zhǐshù

ふっかつ【復活-する】 复活 fùhuó; 更生 gēngshēng ◆~祭 复活节 Fùhuó Jié ◆~折衝 恢复的交涉 huīfù de jiāoshè

ふつかよい【二日酔い】 宿醉 sùzuì

ぶつかる 車に~ 撞上汽车 zhuàngshàng qìchē ◆陶器がぶつかり合う 瓷器碰撞 cíqì pèngzhuàng ◆意見が~ 意见冲突 yìjiàn chōngtū ◆ふたつの会が~ 两个会撞车 liǎng ge huì zhuàngchē ◆難題に遇上难题 yùshàng nántí; 《比喻》壁に~ 碰壁 pèngbì

ふっかん【復刊-する】 复刊 fùkān ◆雑誌が~した 杂志复刊了 zázhì fùkān le

ふっき【復帰-する】 重返 chóngfǎn ◆職場に~する 复职 fùzhí

ぶつぎ【物議】 ◆~をかもす 引起众议 yǐnqǐ zhòngyì

ふっきゅう【復旧-する】 修复 xiūfù ◆~工事 修复工程 xiūfù gōngchéng

ぶっきょう【仏教】 佛教 Fójiào ◆~を信じる 信佛 xìnfó ◆~寺院 佛庙 fómiào; 禅房 chánfáng ◆~徒 佛教徒 fójiàotú

ぶっきらぼう-な 生硬 shēngyìng ◆~な物言い 粗鲁的措辞 cūlǔ de cuòcí

ぶつぎり【ぶつ切り-の】 切成大块 qièchéng dàkuài ◆魚を~にする 把鱼切成大块 bǎ yú qièchéng dàkuài

ふっきん【腹筋】 腹肌 fùjī ◆~を鍛える 锻炼腹肌 duànliàn fùjī

フック 钩子 gōuzi

ブックカバー 书套 shūtào

ふっくらした 软和 ruǎnhuo; 丰满 fēngmǎn ◆~ほっぺ 胖乎乎的脸蛋 pànghūhū de liǎndàn

ブックレビュー 书评 shūpíng; 新书介绍 xīnshū jièshào

ぶつける 碰 pèng ◆車を~ 撞车 zhuàng chē

ふっけん【復権】 恢复权利 huīfù quánlì; 复权 fùquán

ぶっけん【物件】 物件 wùjiàn ◆~を探す 寻找优良物件 xúnzhǎo yōuliáng wùjiàn

ふっこ【復古-する】 复古 fùgǔ ◆王政 wángzhèng fùgǔ ◆~調 复古调 fùgǔdiào

ふっこう【復興-する】 复兴 fùxīng; 重建 chóngjiàn ◆経済の~ 复兴经济 fùxīng jīngjì

ふつごう【不都合-な】 不便 búbiàn; 不相宜 bù xiāngyí

ふっこく【復刻-する】 翻印 fānyìn; 翻刻 fānkè ◆~版 翻印本 fānyìnběn

ぶっさん【物産】 物产 wùchǎn ◆~展 土特产展览会 tǔtèchǎn zhǎnlǎnhuì

ぶっし【物資】 物资 wùzī ◆援助~ 援助物资 yuánzhù wùzī ◆~を補給する 补充物资 bǔchōng wùzī

ぶつじ【仏事】 法事 fǎshì ◆~を営む 做法事 zuò fǎshì

ぶっしき【仏式-の】 佛教仪式 Fójiào yíshì

ぶっしつ【物質】 物质 wùzhì ◆~的に 物质上 wùzhìshang

ブッシュホン 按钮式电话机 ànniǔshì diànhuàjī

ぶっしょう【物証】 见证 jiànzhèng; 物证 wùzhèng ◆~を手に入れる 得到物证 dédào wùzhèng

ぶっしょく【物色-する】 寻找 xúnzhǎo; 物色 wùsè ◆高級な品を~する 物色高档货 wùsè gāodànghuò

ふっそ【弗素】 氟 fú

ぶっそう【物騒-な】 骚然不安 sāorán bù'ān ◆~な世の中 动荡不安的社会 dòngdàng bù'ān de shèhuì

ぶつぞう【仏像】 佛像 fóxiàng

ぶったい【物体】 物体 wùtǐ

ぶつだん【仏壇】 佛龛 fókān

ぶっちょうづら【仏頂面】 ◆~をする 拉下脸 lāxià liǎn; 板脸 bǎn liǎn

ふつつか【不束-な】 不懂事 bù dǒngshì ◆~者 不才 bùcái

ぶっつけ【打っ付け-で】 《準備なしに》径直 jìngzhí ◆~本番 没有准备就开始 méiyǒu zhǔnbèi jiù kāishǐ

ふってい【払底-する】 缺乏 quēfá ◆人材が~している 人才缺乏 réncái quēfá

ぶってきしょうこ【物的証拠】 物证 wùzhèng ◆~を提示する 出示物证 chūshì wùzhèng

ふってん【沸点】 沸点 fèidiǎn ◆~に達する 达到沸点 dádào fèidiǎn

ふっと ◆~吹く 呵 hē ◆~息をつく 吐一口气 tǔ yì kǒu qì

ふっとう【沸騰-する】 ❶《液体が》沸腾 fèiténg ◆~点 沸点 fèidiǎn ❷《盛り上がる》世論が~する 舆论哗然 yúlùn huárán ◆人気~ 大受欢迎 dà shòu huānyíng

ぶつどう【仏堂】 佛堂 fótáng

ぶっとおし【ぶっ通し-で】 连续不断 liánxù búduàn ◆三時間~で稽古する 连续练习三小时 liánxù liànxí sān xiǎoshí

フットサル 五人制足球 wǔrénzhì zúqiú

フットボール　足球 zúqiú
フットライト　脚灯 jiǎodēng
フットワーク　步法 bùfǎ ◆ 軽やかな～ 轻快的步法 qīngkuài de bùfǎ
ぶつのう【物納-する】　以实物缴纳 yǐ shíwù jiǎonà ◆～物件 缴纳的物件 jiǎonà de wùjiàn
ぶっぴん【物品】　物品 wùpǐn ◆～税 物品税 wùpǐnshuì
ぶつぶつ ❶〈話し声が〉喃喃 nán-nán ◆～言う 咕噜 gūlū；嚷嚷 nāngnāng；嘟囔 dūnang ❷〈発疹〉◆～が出来る 出疙瘩 chū gēda ❸〈切るさま〉◆魚を～に切る 把鱼切成几块 bǎ yú qiēchéng jǐ kuài
ぶつぶつこうかん【物々交換-する】　以物易物 yǐ wù yì wù
ぶっぽう【仏法】　◆～を説く 讲佛教 jiǎng Fójiào
ぶつま【仏間】　佛室 fóshì
ぶつもん【仏門】　佛家 fójiā；释门 Shìmén ◆～に入る 入佛门 rù fó-mén
ぶつよく【物欲】　◆～が強い 物欲强 wùyù qiáng
ぶつり【物理】　◆～学 物理学 wùlǐ-xué ◆～的に 物理上 wùlǐshang ◆～療法 理疗 lǐliáo；物理疗法 wùlǐ liáofǎ
ふつりあい【不釣合-な】　不相称 bù xiāngchèn ◆～なカップル 不相称的夫妻 bù xiāngchèn de fūqī
ぶつりょう【物量】　大量物资 dàliàng wùzī
ふで【筆】　笔 bǐ；笔杆子 bǐgǎnzi ◆～を走らせる 飞快地写 fēikuài de xiě ◆～を折る 停止写作 tíngzhǐ xiězuò
ふてい【不貞-の】　◆～心 外心 wài-xīn ◆～を働く 有外遇 yǒu wàiyù
ふてい【不定-の】　◆～住所 住址不定 zhùzhǐ búdìng ◆～冠詞 不定冠词 búdìng guàncí
ふていさい【不体裁-な】　不体面 bù tǐmiàn；寒碜 hánchen ◆～な服装 寒碜的服装 hánchen de fúzhuāng
ブティック　时装商店 shízhuāng shāngdiàn
プディング　布丁 bùdīng
ふてき【不敵-な】　大胆 dàdǎn ◆～な面構え 胆大的相貌 dǎndà de xiàngmào ◆大胆～ 无所畏惧 wú suǒ wèi jù
ふでき【不出来-な】　做得不好 zuò de bùhǎo ◆～な息子 没出息的孩子 méi chūxi de háizi
ふてきかく【不適格-な】　不合格 bù hégé ◆任務に～である 不称职 bù chènzhí
ふてきせつ【不適切-な】　不妥当 bù tuǒdang；失当 shīdàng ◆～な表現 失当的表现 shīdàng de biǎoxiàn
ふてきとう【不適当-な】　不合适 bù héshì；不妥 bùdàng ◆～とみなす 看作不当 kànzuò búdàng
ふてぎわ【不手際】　做得不精巧 zuò-de bù jīngqiǎo ◆私の～です 是我做得不好 shì wǒ zuòde bùhǎo
ふてくされる【不貞腐れる】　怄气 òuqì；生闷气 shēng mènqì
ふでぶしょう【筆不精】　不好动笔 bú hào dòng bǐ；不爱写信 bú ài xiě xìn
ふてぶてしい　厚脸皮 hòu liǎnpí；目中无人 mù zhōng wú rén
ふでまめ【筆まめ】　好动笔 hào dòng bǐ；爱写信 ài xiě xìn
ふと　忽然 hūrán ◆～聞こえる 忽听 hūtīng ◆～目に入る 偶然看见 ǒurán kànjiàn ◆～した事で 由于一点小事 yóuyú yìdiǎn xiǎoshì
ふとい【太い】　粗 cū ◆（手足が）太くたくましい 粗重 cūzhòng
ふとう【不当-な】　不正当 bú zhèngdàng；不合理 bù hélǐ ◆～な扱い 冤屈 yuānqū ◆～な利益 油水 yóushui ◆～に要求する 提出无理的要求 tíchū wúlǐ de yāoqiú
ふとう【埠頭】　埠头 bùtóu；码头 mǎtou
ふどう【不動】　坚定 jiāndìng ◆～の姿勢をとる 立正 lìzhèng
ふどう【浮動-する】　浮动 fúdòng ◆～票 浮动票 fúdòngpiào
ブドウ【葡萄】　葡萄 pútao ◆～畑 葡萄地 pútaodì
ぶどう【武道】　武术 wǔshù ◆～家 武术家 wǔshùjiā
ふとういつ【不統一-な】　不统一 bù tǒngyī ◆意見が～である 意见不统一 yìjiàn bù tǒngyī
ふどうさん【不動産】　不动产 búdòngchǎn；地产 fángdìchǎn；恒产 héngchǎn ◆～管理 物业管理 wùyè guǎnlǐ ◆～仲介人 纤手 qiànshǒu ◆～屋 房产商 fángchǎnshāng
ぶどうしゅ【葡萄酒】　葡萄酒 pútaojiǔ
ぶどうとう【葡萄糖】　葡萄糖 pútaotáng
ふどうとく【不道徳-な】　不道德 bú dàodé；缺德 quēdé ◆～な考え 缺德的想法 quēdé de xiǎngfǎ
ふとうふくつ【不撓不屈】　◆～の精神 不屈不挠的精神 bù qū bù náo de jīngshen
ふとうめい【不透明-な】　不透明 bù tòumíng ◆～なガラス 磨砂玻璃

móshā bōli

ふとくい【不得意-な】 不擅长 bú shàncháng；不拿手 bù náshǒu ♦～な分野 不擅长的领域 bú shàncháng de lǐngyù

ふとくてい【不特定-の】 ♦～多数 非特定多数 fēi tèdìng duōshù

ふところ【懐】 怀抱 huáibào ♦～具合 手头 shǒutóu；手下 shǒuxià ♦～が豊かな 宽绰 kuānchuo

ふとさ【太さ】 粗细 cūxì

ふとった【太った】 ❶《人間が》胖 pàng ♦～人 胖子 pàngzi ❷《家畜が》膘肥 biāoféi

ふとっぱら【太っ腹-の】 度量大 dùliàng dà ♦～な所を見せる 显大方 xiǎn dàfang

ふとどき【不届き-な】 粗鲁 cūlǔ ♦～な話 没礼貌的话 méi lǐmào de huà ♦～千万 非常无礼 fēicháng wúlǐ ♦～者 粗鲁的人 cūlǔ de rén

ふともも【太腿】 大腿 dàtuǐ

ふとらせる【太らせる】《家畜を》蹲膘 dūnbiāo

ふとりすぎ【太りすぎ-の】 痴肥 chīféi；臃肿 yōngzhǒng ♦～に注意する 注意别过胖 zhùyì bié guòpàng

ふとる【太る】 ❶《人が》发胖 fāpàng ❷《家畜が》上膘 shàngbiāo；长膘 zhǎngbiāo

ふとん【布団】 被褥 bèirù ♦～を干す 晒被褥 shài bèirù

ブナ【橅】 山毛榉 shānmáojǔ

ふなあそび【舟遊び-をする】 乗船兜风 chéngchuán dōufēng

ふながいしゃ【船会社】 航运公司 hángyùn gōngsī

ふなたび【船旅】 乗船旅行 chéngchuán lǚxíng

ふなつきば【船着き場】 船埠 chuánbù

ふなで【船出-する】 起航 qǐháng ♦新たな人生の～ 人生的新起点 rénshēng de xīnqǐdiǎn

ふなぬし【船主】 船主 chuánzhǔ

ふなのり【船乗り】 船员 chuányuán；海员 hǎiyuán

ふなびん【船便】 海运 hǎiyùn ♦～で送る 用船邮寄 yòng chuán yóujì

ふなよい【船酔い-する】 晕船 yùnchuán

ふなれ【不慣れ-な】 不习惯 bù xíguàn；不熟悉 bù shúxi

ぶなん【無難-な】 平淡无奇 píngdàn wúqí；稳妥 wěntuǒ ♦可以放心 kěyǐ fàngxīn

ふにん【赴任-する】 赴任 fùrèn；上任 shàngrèn ♦～家属 安家费 ānjiāfèi ♦単身～ 单身赴任 dānshēn fùrèn；只身在外 zhīshēn zài wài

ふにん【不妊-の】 不孕 búyùn ♦～治疗 不孕治疗 búyùn zhìliáo

ふにんか【不認可-の】 不批准 bù pīzhǔn；不许可 bù xǔkě ♦～の薬 禁药 jìnyào

ふにんじょう【不人情-な】 刻薄 kèbó；不近人情 bú jìn rénqíng

ふね【船】 船 chuán ♦～に乗る 乘船 chéngchuán ♦～に酔う 晕船 yùn chuán ♦～を降りる 下船 xià chuán

ふねんせい【不燃性-の】 不燃 bùrán；耐火 nàihuǒ ♦～繊維 耐火纤维 nàihuǒ xiānwéi

ふのう【富農】 富农 fùnóng

ふのう【不能】 不能 bùnéng ♦性的～ 阴虚 yīnxū

ふはい【腐敗-する】 朽坏 xiǔhuài；腐败 fǔbài；颓败 tuíbài ♦～分子 败类 bàilèi

ふはい【不敗-の】 不败 búbài ♦～神話 不败的神话 búbài de shénhuà

ふばいうんどう【不買運動】 不买运动 bùmǎi yùndòng；《ボイコット》抵制 dǐzhì

ふはつ【不発-の】 哑 yǎ ♦～弹 哑弹 yǎdàn ♦～に終わる 告吹 gàochuī

ふばらい【不払い-の】 拒绝付款 jùjué fùkuǎn ♦給料～ 不发工资 bù fā gōngzī

ふび【不備】 不完备 bù wánbèi ♦書類の～ 文件不全 wénjiàn bùquán

ふひつよう【不必要-な】 不必要 bú bìyào

ふひょう【不評-の】 低评价 dī píngjià ♦～を買う 招致恶评 zhāozhì èpíng

ふびょうどう【不平等-な】 不平等 bù píngděng ♦～条約 不平等条约 bù píngděng tiáoyuē

ふびん【不憫-な】 可怜 kělián ♦～に思う 觉得可怜 juéde kělián

ぶひん【部品】 零件 língjiàn；配件 pèijiàn ♦～交换 零件交换 língjiàn jiāohuàn

ふぶき【吹雪】 暴风雪 bàofēngxuě

ふふく【不服-な】 不服从 bù fúcóng；不满意 bù mǎnyì

ぶぶん【部分】 部分 bùfen ♦～月食 月偏食 yuèpiānshí

ふぶんりつ【不文律】 不成文法 bùchéngwénfǎ

ふへい【不平】 怨气 yuànqì；怨言 yuànyán ♦～を言う 鸣不平 míng bùpíng；埋怨 mányuàn；发牢骚 fā láosao

ふへん【不変】 固定 gùdìng；不变 búbiàn ♦～の真理 不易之真理 bú yì zhī zhēnlǐ

ふべん【不便-な】 不便 búbiàn；不

ふ方便 bù fāngbiàn ◆交通の～な土地 交通不便的地方 jiāotōng bú biàn de dìfang

ふへんせい【普遍性】 共性 gòngxìng ◆～を持つ 有普遍性 yǒu pǔbiànxìng

ふへんてき【普遍的-な】 普遍 pǔbiàn ◆～な概念 普遍的概念 pǔbiàn de gàiniàn

ふぼ【父母】 父母 fùmǔ; 爹娘 diēniáng; 家长 jiāzhǎng ◆～会 家长会 jiāzhǎnghuì

ふほう【不法-な】 不法 bùfǎ; 非法 fēifǎ ◆～占拠する 非法占据 fēifǎ zhànjù; 盘踞 pánjù

ふほう【訃報】 讣告 fùgào; 死讯 sǐxùn ◆親友の～に接する 接到至友的死讯 jiēdào zhìyǒu de sǐxùn

ふほんい【不本意】 违心 wéixīn ◆～ながら 虽非本意 suī fēi běnyì

ふまえる【踏まえる】 ◆事実を～ 根据事实 gēnjù shìshí

ふまじめ【不真面目-な】 吊儿郎当 diào'erlángdāng; 含糊 hánhu ◆～な取り組み方 不认真的作风 bú rènzhēn de zuòfēng

ふまん【不満】 不满 bùmǎn; 怨气 yuànqi ◆～げな 怏怏 yàngyàng ◆～を並べる 发牢骚 fā láosao ◆～を抱く 闹情绪 nào qíngxù

ふみいれる【踏み入れる】 跨进 kuàjìn ◆未知の世界に足を～ 踏入未知世界 tàrù wèizhī shìjiè

ふみかためる【踏み固める】 踏结实 tà jiēshi

ふみきり【踏切】 道口 dàokǒu ◆～を渡る 过道口 guò dàokǒu ◆～番 道口看守 dàokǒu kānshǒu

ふみきりばん【踏み切り板】《跳躍》起跳板 qǐtiàobǎn

ふみきる【踏み切る】 ❶《跳躍で》起跳 qǐtiào ❷《実行する》下决心 xià juéxīn

ふみこえる【踏み越える】 超越 chāoyuè ❶《踏んで越える》踏过 tàguò ❷《困難を》摆脱困难 bǎituō kùnnan

ふみこむ【踏み込む】 进入 jìnrù; 闯进 chuǎngjìn ◆アクセルを～ 踩油门 cǎi yóumén

ふみだい【踏み台】 ❶《足場》脚蹬子 jiǎodēngzi ❷《出世のための》垫脚石 diànjiǎoshí ◆他人を～にする 以他人为垫脚石 yǐ tārén wéi diànjiǎoshí

ふみたおす【踏み倒す】《金を》赖账 làizhàng ◆借金を～ 欠账不还 qiànzhàng bù huán

ふみつける【踏み付け】 ◆～にされる 受气 shòuqì ◆～にする 欺负 qīfu; 欺侮 qīwǔ; 欺压 qīyā

ふみつぶす【踏み潰す】 践踏 jiàntà; 踩碎 cǎisuì

ふみとどまる【踏み止まる】 留下 liúxià; 《足を》站住脚 zhànzhù jiǎo ◆崖っぷちで～ 悬崖勒马 xuányá lèmǎ; 《実行を》打消念头 dǎxiāo niàntou

ふみにじる【踏み躙る】 践踏 jiàntà; 蹂躏 róulìn ◆好意を～ 辜负好意 gūfù hǎoyì

ふみはずす【踏み外す】 ❶《階段などを》失足 shīzú; 踩空 cǎikōng ❷《人の道を》脱离正轨 tuōlí zhèngguǐ; 走上邪道 zǒushàng xiédào

ふみん【不眠】 失眠 shīmián ◆～症 失眠症 shīmiánzhèng

ふみんふきゅう【不眠不休-で】 孜孜不倦 zī zī bú juàn ◆～で働く 日以继夜地工作 rì yǐ jì yè de gōngzuò

ふむ【踏む】 ❶《足で》登 dēng; 踏 tà ❷《従う》手続きを～ 履行手续 lǚxíng shǒuxù ❸《経験する》場数を～ 有很多实际经验 yǒu hěn duō shíjì jīngyàn ❹《見当をつける》◆5千元はかかると～ 估计需要五千元 gūjì xūyào wǔ qiān yuán

ふむき【不向き-な】 不合适 bù héshì ◆～な性格 性格不适应 xìnggé bú shìyìng

ふめい【不明-な】 不明 bùmíng ◆～な点 不明之处 bùmíng zhī chù

ふめいよ【不名誉】 耻辱 chǐrǔ; 污点 wūdiǎn ◆～な出来事 丑闻 chǒuwén

ふめいりょう【不明瞭-な】 隐晦 yǐnhuì ◆～な説明 含糊的说明 hánhu de shuōmíng ◆発音が～だ 发音不清楚 fāyīn bù qīngchu

ふめいろう【不明朗-な】 暧昧 àimèi ◆～な会計 糊涂账 hútu zhàng

ふめつ【不滅-の】 不朽 bùxiǔ ◆～の業績 不朽的业绩 bùxiǔ de yèjì

ふめんだい【譜面台】 乐谱架 yuèpǔjià

ふもう【不毛-の】 ◆～の地 不毛之地 bù máo zhī dì

ふもと【麓】 山脚 shānjiǎo; 山根 shāngēn

ふもん【不問】 ◆～に付す 置之不理 zhì zhī bù lǐ

ふもん【部門】 部门 bùmén ◆演劇～ 戏剧类 xìjùlèi ◆～別に分ける 按部门分类 àn bùmén fēnlèi

ふやかす《水につけて》泡涨 pàozhàng ◆豆を水につけて～ 用水浸泡豆子 yòng shuǐ jìnpào dòuzi

ふやける 泡涨 pàozhàng ◆手の皮が～ 手上皮肤泡涨 shǒushang pí-

ふやす【増やす】 添 tiān; 増添 zēngtiān; 増益 zēngyì ♦雇用を～ 増加雇佣机会 zēngjiā gùyōng jīhuì

ふゆ【冬】 冬天 dōngtiān ♦～仕度をする 准备过冬 zhǔnbèi guòdōng

ふゆう【富裕-な】 丰盈 fēngyíng; 富裕 fùyù ♦～な家庭 富裕家庭 fùyù jiātíng

ふゆう【浮遊-する】 浮游 fúyóu ❶《水の中》～生物 浮游生物 fúyóu shēngwù ❷《空気の中》～物 悬浮物 xuánfúwù

ふゆかい【不愉快-な】 不愉快 bù yúkuài; 反感 fǎngǎn ♦～になる 感到不愉快 gǎndào bù yúkuài

ふゆきとどき【不行き届き】 不周到 bù zhōudào ♦～で恐縮です 急慢 dàimàn ♦監督～ 监督失職 jiāndū shīzhí

ふゆげしき【冬景色】 冬天的景色 dōngtiān de jǐngsè

ふゆしょうぐん【冬将軍】 严冬 yándōng ♦～の到来 严冬的到来 yándōng de dàolái

ふゆふく【冬服】 冬装 dōngzhuāng; 寒衣 hányī

ふゆやすみ【冬休み】 寒假 hánjià

ふゆやま【冬山】 冬天的山 dōngtiān de shān ♦～に登る 冬季登山 dōngjì dēngshān

ふよ【付与-する】 给予 jǐyǔ; 授与 shòuyǔ

ブヨ【蚋】 蚋 ruì

ふよう【扶養-する】 扶养 fúyǎng; 养活 yǎnghuo ♦～家族 扶养家属 fúyǎng jiāshǔ

ふよう【不用-の】 不需要 bù xūyào; 无用 wúyòng

フヨウ【芙蓉】 木芙蓉 mùfúróng

ぶよう【舞踊】 舞蹈 wǔdǎo ♦～劇 舞剧 wǔjù ♦～団 舞剧団 wǔjùtuán ♦民族～ 民族舞蹈 mínzú wǔdǎo

ふようじょうせい【不養生-な】 不注意健康 bú zhùyì jiànkāng

ぶようじん【無用心-な】 缺少警惕心 quēshǎo jǐngtìxīn; 不注意 bú zhùyì ♦戸締りが～な 不留意锁门 bù liúyì suǒmén

ふようど【腐葉土】 腐叶土 fǔyètǔ

フライ《揚げ物》油炸食品 yóuzhà shípǐn ♦エビ～ 炸虾 zháxiā

ぶらい【無頼-な】 无赖 wúlài ♦～漢 流氓 liúmáng; 恶棍 ègùn

フライト 飞行 fēixíng ♦～クルー 机組 jīzǔ; 机組人员 jīzǔ rényuán ♦～レコーダー 黑匣子 hēi xiázi ♦～アテンダント 机组乘务员 jīzǔ chéngwùyuán

プライド 自豪感 zìháogǎn; 自尊心 zìzūnxīn ♦～が高い 自尊心强 zìzūnxīn qiáng ♦～を傷つけられる 伤害自尊心 shānghài zìzūnxīn

フライドチキン 炸鸡 zhájī

フライドポテト 炸薯条 zháshǔtiáo

プライバシー 隐私 yǐnsī ♦～の侵害 侵犯私人生活 qīnfàn sīrén shēnghuó ♦～を守る 保护隐私 bǎohù yǐnsī

フライパン 煎锅 jiānguō

プライベート-な 私人 sīrén ♦～レッスン 个別教授 gèbié jiàoshòu

プライムレート 最优惠利率 zuì yōuhuì lìlǜ

フライング《陸上》抢跑 qiǎngpǎo;《水泳》抢跳 qiǎngtiào

ブラインド《窓の》百叶窗 bǎiyèchuāng ♦～を下ろす 落下百叶窗 luòxià bǎiyèchuāng

ブラインドタッチ《キーボードの》盲打 mángdǎ

ブラウス 衬衫 chènshān

ブラウンかん【ブラウン管】 显像管 xiǎnxiàngguǎn ♦～画面 屏幕 píngmù

プラカード 标语牌 biāoyǔpái ♦～を掲げて 举着标语牌 jǔzhe biāoyǔpái

プラグ 插头 chātóu; 插销 chāxiāo

プラグマチック 实用主义的 shíyòng zhǔyì de

ぶらさがる【ぶら下がる】 吊垂 diàochuí; 悬 xuán ♦両手で鉄棒に～ 两手悬在单杠上 liǎngshǒu xuánzài dāngàngshang

ぶらさげる【ぶら下げる】 悬挂 xuánguà

ブラシ 刷 shuā; 刷子 shuāzi ♦～で洗う 洗刷 xǐshuā ♦～で梳(す)く 梳理头发 shūlǐ tóufa

ブラジャー 乳罩 rǔzhào

プラス 正数 zhèngshù; 正极 zhèngjí ♦～記号 加号 jiāhào ♦～の側面の 正面 zhèngmiàn ♦～になる 有益 yǒuyì ♦～アルファ 附加部分 fùjiā bùfen

フラスコ 烧瓶 shāopíng

プラスチック 塑料 sùliào ♦～製品 塑料制品 sùliào zhìpǐn ♦～爆弹 塑料炸弹 sùliào zhàdàn

フラストレーション 欲望不満 yùwàng bùmǎn; 挫折 cuòzhé; 受挫 shòucuò ♦～が溜まる 欲望不积累得多 yùwàng bùmǎn jīde duō

ブラスバンド 铜管乐队 tóngguǎn yuèduì

プラズマ 等离子体 děnglízǐtǐ

プラタナス 法国梧桐 fǎguó wútóng; 悬铃木 xuánlíngmù

フラダンス 草裙舞 cǎoqúnwǔ; 呼拉呼拉舞 hūlāhūlāwǔ

ふらち【不埒-な】 岂有此理 qǐ yǒu cǐ lǐ ◆～な悪行 蛮横的恶行 mánhèng de èxíng

プラチナ ❶《金属》白金 báijīn; 铂 bó ◆～製の 白金制的 báijīnzhì de ❷《高価なことの比喩》◆～チケット 高价票 gāojià piào

ぶらつく 逛 guàng ◆大通りを～ 逛大街 guàng dàjiē

ブラックコーヒー 黑咖啡 hēikāfēi

ブラックホール 黑洞 hēidòng

ブラックボックス 《航空機の》黑匣子 hēixiázi

ブラックリスト 黑名单 hēimíngdān ◆～に載る 上黑名单 shàng hēimíngdān

フラッシュ《写真の》闪光灯 shǎnguāngdēng; 镁光 měiguāng ◆～をたく 打镁光灯 dǎ měiguāngdēng

フラッシュメモリ 闪存 shǎncún

フラット ❶《音楽記号「♭」》降号 jiànghào ❷《きっかり》◆10秒～ 十秒整 shí miǎo zhěng

プラットホーム 站台 zhàntái; 平台 píngtái

プラトニックラブ 精神恋爱 jīngshén liàn'ài

プラネタリウム 天象仪 tiānxiàngyí

ふらふら-する 悠悠荡荡 yōuyōudàngdàng ◆～よろめく 摇晃 yáohuàng ◆～した足取り 蹒跚的步子 pánshān de bùzi ◆～になる 东倒西歪 dōng dǎo xī wāi

ぶらぶら-する 逛荡 guàngdang; 盘旋 pánxuán ◆～遊ぶ 游荡 yóudàng ◆～歩く 溜达 liūda; 闲逛 xiánguàng; 转悠 zhuànyou ◆～見物する 游逛 yóuguàng ◆《仕事をしないで》～している 无所事事 wú suǒ shì shì; 鬼混 guǐhùn; 浪荡 làngdàng

フラメンコ 弗拉门戈 fúlāméngē

プラモデル 塑料模型 sùliào móxíng

ふらん【腐爛-する】 腐烂 fǔlàn ◆～死体 腐烂尸体 fǔlàn shītǐ

フラン《貨幣単位の》法郎 Fǎláng

プラン 计划 jìhuà; 方案 fāng'àn ◆～を立てる 设计 shèjì; 订计划 dìng jìhuà

ふらんき【孵卵器】 孵卵器 fūluǎnqì

フランク 直率 zhíshuài; 不客气 bú kèqi

ブランク 空白 kòngbái

プランクトン 浮游生物 fúyóu shēngwù

ぶらんこ 秋千 qiūqiān ◆～を漕ぐ 荡秋千 dàng qiūqiān

フランス 法国 Fǎguó ◆～語 法语 Fǎyǔ ◆～料理 法国菜 Fǎguócài ◆～パン 法式面包 Fǎshì miànbāo

プランター 花盆 huāpén

フランチャイズ 独家营业权 dújiā yíngyèquán ◆～契約 独占营业合同 dúzhàn yíngyè hétong

ブランデー 白兰地 báilándì

ブランド 商标 shāngbiāo; 牌子 páizi ◆有名～ 老牌 lǎopái; 名牌 míngpái

プラント 成套设备 chéngtào shèbèi ◆石油～ 石油成套设备 shíyóu chéngtào shèbèi

ふり【振り-をする】 伪装 wěizhuāng; 假装 jiǎzhuāng ◆見ない～をする 假装没看见 jiǎzhuāng méi kànjiàn

ふり【不利】 不利 búlì ◆～な位置 不利的地位 búlì de dìwèi ◆～な点 害处 hàichù; 不利的因素 búlì de yīnsù

ブリ【鰤】 鲕鱼 shīyú ◆～の照り焼き 红烧鲕鱼 hóngshāo shīyú

ふりあおぐ【振り仰ぐ】 仰面 yǎngmiàn; 仰望 yǎngwàng ◆天を～ 仰望天空 yǎngwàng tiānkōng

ふりあげる【振り上げる】 摇起 yáoqǐ ◆こぶしを～ 挥拳 huīquán

フリー ❶《立場が》不拘束 bù jūshù ❷《料金が》免费 miǎnfèi

フリージア 香雪兰 xiāngxuělán

フリーズ《コンピュータ》死机 sǐjī

フリーズドライ 冷冻干燥 lěngdòng gānzào

フリーター 自由打工 zìyóu dǎgōng

フリーダイヤル（电话的）接方付费方式（diànhuà de）jiēfāng fùfèi fāngshì

フリートーキング 自由讨论 zìyóu tǎolùn

フリーパス 免票 miǎnpiào

ブリーフ ❶《書類》概要 gàiyào ◆～ケース 公事皮包 gōngshì píbāo ❷《下着の》男用短内裤 nányòng duǎnnèikù

ブリーフィング 背景说明 bèijǐng shuōmíng

フリーマーケット ❶《のみの市》跳蚤市场 tiàozao shìchǎng ❷《自由市場》自由市场 zìyóu shìchǎng

フリーランサー 无所属者 wúsuǒshǔzhě; 自由合同者 zìyóu hétongzhě

ふりえき【不利益】 不利 búlì; 亏损 kuīsǔn ◆～を被る 受到损失 shòudào sǔnshī

ふりかえ【振替】 ❶《帳簿上で》转

账 zhuǎnzhàng ◆～口座 转账户头 zhuǎnzhàng hùtóu ❷《代用》调换 diàohuàn ◆～休日 串换休日 chuànhuàn xiūrì

ぶりかえす【ぶり返す】❶《悪癖などが》回潮 huícháo ❷《病気が》复发 fùfā

ふりかえる【振り返る】❶《後方を》回首 huíshǒu；回头 huítóu ❷《過去を》回顾 huígù

ふりかかる【降り掛かる】降临 jiànglín ◆～困難 风吹雨打 fēng chuī yǔ dǎ

ふりかける【振り掛ける】喷 pēn；撒上 sǎshàng

ふりかざす【振り翳す】挥舞 huīwǔ ◆職権を～ 滥用职权 lànyòng zhíquán

ふりがな【振り仮名】注音假名 zhùyīn jiǎmíng ◆～を振る 标注音假名 biāo zhùyīn jiǎmíng

ブリキ 镀锡铁皮 dùxī tiěpí；白铁皮 báitiěpí

ふりこ【振り子】摆 bǎi ◆～时计 摆钟 bǎizhōng

ふりこう【不履行】不执行 bù zhíxíng；不履行 bù lǚxíng ◆契約～ 不履行合同 bù lǚxíng hétong

ふりこむ【振り込む】《銀行などに》存入 cúnrù

ブリザード 暴风雪 bàofēngxuě ◆～に見舞われる 遇上暴风雪 yùshàng bàofēngxuě

ふりしきる【降り頻る】下个不停 xià ge bùtíng；不停地下 bùtíng de xià ◆～雨 霏霏细雨 fēifēi xìyǔ

ふりすてる【振り捨てる】丢弃 diūqì；抛弃 pāoqì

プリズム 棱镜 léngjìng；三棱镜 sānléngjìng

ふりそで【振り袖】长袖和服 chángxiù héfú

ふりだし【振り出し】《出発点》回到出发点 huídào chūfādiǎn ◆《手形などの》～人 发票人 fāpiàorén

ふりつけ【振り付け】舞蹈动作 wǔdǎo dòngzuò ◆～師 编舞 biānwǔ

ブリッジ 桥 qiáo；《トランプの》桥牌 qiáopái；《歯の》牙桥 yáqiáo；《船の》船桥 chuánqiáo

ふりつづく【降り続く】《雨や雪などが》下个不住 xià ge búzhù

ふりはらう【振り払う】◆その手を～ 挣开那只手 zhèngkāi nàzhī shǒu ◆不快を～ 驱散心中不快 qūsàn xīnzhōng búkuài ◆悪運を～ 驱赶厄运 qūgǎn èyùn

ぷりぷり ◆～怒る 怒气冲冲 nùqì chōngchōng

プリペイドカード 预付款卡 yùfùkuǎnkǎ ◆～で会计する 用磁卡结账 yòng cíkǎ jiézhàng

ふりまく【振り撒く】◆農薬を～ 喷洒农药 pēnsǎ nóngyào ◆愛嬌を～ 撒笑脸好感 sǎ xiàoliǎn hǎogǎn

プリマドンナ 红歌星 hónggēxīng

ふりまわす【振り回す】挥舞 huīwǔ；舞弄 wǔnòng ◆刃物を～ 动起刀来 dòngqǐ dāo lai ◆棒を～ 抡起棍子 lūnqǐ gùnzi ◆デマに振り回される 被谣言蛊惑 bèi yáoyán gǔhuò

ふりむく【振り向く】掉头 diàotóu；回首 huíshǒu；回头 huítóu

ふりよ【不慮の一】◆～の災難 飞祸 fēihuò ◆～の災難で死ぬ 死于非命 sǐ yú fēi mìng ◆～の死を遂げる 横死 hèngsǐ ◆～の事故 意外的事故 yìwài de shìgù；三长两短 sān cháng liǎng duǎn

ふりょう【不良】恶棍 ègùn；痞子 pǐzi ◆～少年 阿飞 āfēi ◆～品 次品 cìpǐn；废品 fèipǐn

ふりょうさいけん【不良債権】坏账 huàizhàng；不良贷款 bùliáng dàikuǎn

ふりょく【浮力】浮力 fúlì ◆～を利用する 利用浮力 lìyòng fúlì

ぶりょく【武力】枪杆 qiānggǎn；武力 wǔlì ◆～に訴える 诉诸武力 sùzhū wǔlì ◆～抗争 武斗 wǔdòu ◆～革命 武装革命 wǔzhuāng gémìng

ふりわける【振り分ける】调拨 diàobō ◆仕事を～ 分配工作 fēnpèi gōngzuò

ふりん【不倫】婚外恋 hūnwàiliàn ◆～する 奸淫 jiānyín；通奸 tōngjiān ◆～の関係 外遇 wàiyù ◆～の相手 相好 xiānghǎo；第三者 dìsānzhě

プリン 布丁 bùdīng

プリンタ 打印机 dǎyìnjī

プリンたい【プリン体】嘌呤 piàolíng

プリント ❶《印刷·印刷物》印刷品 yìnshuāpǐn ◆～する 印刷 yìnshuā ◆～アウトする 打印输出 dǎyìn shūchū ❷《染める》◆～の布地 印花儿布 yìnhuārbù

ふる【振る】◆手を～ 挥手 huī shǒu ◆首を～ 摇头 yáo tóu ◆尻尾を～ 摇尾巴 yáo wěiba ◆バットを～ 挥球棒 huī qiúbàng ◆胡椒を～ 撒胡椒 sǎ hújiāo ◆恋人を～ 把情人甩掉 bǎ qíngrén shuǎidiào ◆番号を～ 标上号码 biāoshàng hàomǎ

ふる【降る】下 xià；降 jiàng ◆雨が～ 下雨 xià yǔ

フル− 完全 wánquán；整整 zhěngzhěng ◆～メンバー 全员 quányuán ◆～に利用する 充分利用 chōngfèn lìyòng ◆～コーラスを

歌う 唱全节 chàng quánjié

ふるい【篩】筛子 shāizi ♦～に掛ける 筛 shāi; 筛选 shāixuǎn

ふるい【古い】陈旧 chénjiù ♦～考え方 保守观念 bǎoshǒu guānniàn ♦～話 老话 lǎohuà

ぶるい【部類】种类 zhǒnglèi; 品类 pǐnlèi ♦まじめな～の人間 安分守己一类的人 ānfèn shǒujǐ yīlèi de rén

ふるいおこす【奮い起こす】抖dǒu; 焕发 huànfā; 振起 zhènqǐ ♦勇気を～ 鼓起勇气 gǔqǐ yǒngqì

ふるいおとす【振るい落とす】筛掉 shāidiào ♦一次試験で振るい落とされる 在初试中被淘汰掉 zài chūshì zhōng bèi táotàidiào

ふるいたたせる【奮い立たせる】唤起 huànqǐ; 激动 jīdòng ♦自らを～ 振作自己 zhènzuò zìjǐ

ふるいたつ【奮い立つ】抖擞 dǒusǒu; 奋起 fènqǐ; 振奋 zhènfèn

ふるう【揮う】挥动 huīdòng ♦腕を～ 发挥能力 fāhuī nénglì

ブルーカラー 蓝领工人 lánlǐng gōngrén

ブルース 布鲁士 bùlǔshì

フルーツ 水果 shuǐguǒ ♦～パーラー 冷饮店 lěngyǐndiàn ♦～ジュース 果汁 guǒzhī

フルート 长笛 chángdí ♦～奏者 长笛演奏员 chángdí yǎnzòuyuán

ブルートゥース 蓝牙技术 lányá jìshù

ブルーレイ 蓝光光盘 lánguāng guāngpán

ふるえあがる【震え上がる】魂不附体 hún bú fù tǐ; 魂不守舍 hún bù shǒu shè

ふるえる【震える】〈寒さや恐怖で〉发抖 fādǒu; 战栗 zhànlì; 抖 dǒu; 多嗦 duōsuo; 发颤 fāchàn; 〈振動〉震荡 zhèndàng

ふるかぶ【古株】老手 lǎoshǒu; 老资格 lǎozīgé ♦チームの～ 队里的老将 duìlǐ de lǎojiàng

ふるぎ【古着】旧衣服 jiùyīfu

ふるきず【古傷】老伤 lǎoshāng ♦～が痛む 老伤作痛 lǎoshāng zuòtòng

ふるくから【古くから】自古以来 zìgǔ yǐlái ♦～の盟友 古谊 gǔyàn ♦～の友人 老朋友 lǎo péngyou

ふるくさい【古臭い】陈腐 chénfǔ; 老掉牙 lǎodiàoyá ♦～言い方 陈腐的说法 chénfǔ de shuōfǎ

フルコース 全席 quánxí ♦フランス料理の～ 法国全套餐 Fǎguó quán tàocān

ふるさと【故郷】家乡 jiāxiāng; 故乡 gùxiāng ♦～に帰る 回家乡 huí jiāxiāng

ブルジョアジー 布尔乔亚 bù'ěrqiáoyà; 资产阶级 zīchǎn jiējí

ふるす【古巣】旧窝 jiùwō ♦～に戻る 回老巢 huí lǎocháo ♦～を離れる 动窝 dòngwō

フルスピード-で 全速 quánsù ♦～で車を走らせる 全速行驶 quánsù xíngshǐ

ブルゾン 夹克 jiākè

フルタイム〈パートタイムに対して〉整班儿 zhěngbānr; 专职 zhuānzhí

ふるだぬき【古狸】老狐狸 lǎohúli; 老滑头 lǎohuátóu

ふるどうぐ【古道具】旧器具 jiùqìjù ♦～屋 旧货店 jiùhuòdiàn

ブルドーザー 推土机 tuītǔjī

ブルドッグ 虎头狗 hǔtóugǒu

プルトップかん【プルトップ缶】易拉罐 yìlāguàn

プルトニウム 钚 bù ♦～爆弾 钚弹 bùdàn

フルネーム 全名 quánmíng

ぶるぶる ♦～震える 哆嗦 duōsuō; duōsuo; 打冷战 dǎ lěngzhàn; 打颤 dǎzhàn

ふるぼけた【古ぼけた】陈旧 chénjiù; 破旧 pòjiù

ふるほん【古本】旧书 jiùshū ♦～屋 旧书店 jiùshūdiàn

ふるまい【振る舞い】举措 jǔcuò; 态度 tàidu; 行迹 xíngjì ♦～酒 请客酒 qǐngkè jiǔ ♦立ち居～ 举止动作 jǔzhǐ dòngzuò

ふるまう【振る舞う】❶〈動き〉行动 xíngdòng; 动作 dòngzuò ❷〈もてなす〉款待 kuǎndài; 请客 qǐngkè

ふるめかしい【古めかしい】古老 gǔlǎo ♦～服装 老式服装 lǎoshì fúzhuāng

ふるわせる【震わせる】颤动 chàndòng ♦声を～ 颤着声音 chànzhe shēngyīn

ふるわない【振るわない】不振 búzhèn ♦商いが～ 生意清淡 shēngyì qīngdàn ♦食欲が～ 食欲不振 shíyù bùzhèn

ふれあう【触れ合う】接触 jiēchù; 肌と肌とで～ 肌肤接触 jīfū jiēchù

ぶれい【無礼-な】非礼 fēilǐ; 不恭敬 bù gōngjìng ♦～を働く 冒犯 màofàn ♦～講 不讲客套的宴席 bù jiǎng kètào de yànxí

プレイガイド 联合售票处 liánhé shòupiàochù

プレイボーイ 花花公子 huāhuā gōngzǐ

ブレイン 参谋 cānmóu; 智囊人物 zhìnáng rénwù ♦～トラスト 智囊团 zhìnángtuán; 顾问团 gùwèntuán

プレー ❶《遊び》游戏 yóuxì ❷《競技》比赛 bǐsài

プレーオフ 延长赛 yánchángsài

ブレーキ 闸 zhá；制动器 zhìdòngqì；车闸 chēzhá ◆～を掛ける 刹 shā；刹车 shāchē ◆～が利かない 刹车失灵 shāchē shīlíng ◆行き過ぎに～をかける 制止过分行为 zhìzhǐ guòfèn xíngwéi

プレート ❶《板》平板 píngbǎn；金属板 jīnshǔbǎn ◆ネーム～ 名字牌 míngzipái ◆ナンバー～ 汽车号码牌 qìchē hàomǎpái ❷《海底地盘》板块 bǎnkuài ◆太平洋～ 太平洋板块 Tàipíngyáng bǎnkuài

フレーム 骨子 gǔzi；框子 kuàngzi ◆写真を～に收める 把照片镶入相框 bǎ zhàopiàn xiāngrù xiàngkuāng

ふれこみ【触れ込み】 宣扬 xuānyáng ◆非常に斬新だという～ 宣扬说是新鲜无比的 xuānyáng shuō shì xīnxiān wúbǐ de

ブレザーコート 鲜艳的西装上衣 xiānyàn de xīzhuāng shàngyī

プレス ❶《押す》～する 压 yā；ハム 压硬的熏肉 yāyìng de xūnròu ◆～加工する 冲压 chòngyā ❷《新闻》新闻界 xīnwénjiè ◆～センター 新闻中心 xīnwén zhōngxīn

ブレスレット 手镯 shǒuzhuó

プレゼン《テーション》 演示 yǎnshì；推介 tuījiè

プレゼント 礼物 lǐwù ◆～する 送礼 sònglǐ

フレックスタイム 弹性工作时间 tánxìng gōngzuò shíjiān

プレッシャー《精神的な》 压力 yālì；～がかかる 有压力 yǒu yālì ◆～を与える 施加压力 shījiā yālì

フレッシュ-な 清新 qīngxīn ◆～マン 新人 xīnrén；新来者 xīnláizhě

プレハブ 预制式房屋 yùzhìshì fángwū

ふれまわる【触れ回る】 四处散布 sìchù sànbù ◆近所に～ 向近邻宣扬 xiàng jìnlín xuānyáng

プレミア《ム》 加价 jiājià ◆～がつく 追加高价 zhuījiā gāojià

プレリュード ❶《前奏曲》 序曲 xùqǔ ❷《前触れ》◆悲劇の～ 悲剧的前奏 bēijù de qiánzòu

ふれる【触れる】 触及 chùjí；接触 jiēchù ◆～痛 触痛 chùtòng ◆手で～ 用手摸摸 yòng shǒu mōmo ◆話題に～ 触及到话题 chùjídào gāi huàtí

ふろ【風呂】《入浴》 洗澡 xǐzǎo；《浴槽》澡盆 zǎopén ◆～に入る 洗澡 xǐzǎo ◆～场 洗澡间 xǐzǎojiān

プロ《フェッショナル》 职业 zhíyè；专业 zhuānyè ◆～スポーツ 职业体育 zhíyè tǐyù ◆～意识を持つ 有专业意识 yǒu zhuānyè yìshí

フロア 地面 dìmiàn；地板 dìbǎn

ブロイラー 笋鸡 sǔnjī；食用嫩鸡 shíyòng nènjī

ふろうしゃ【浮浪者】 流浪者 liúlàngzhě

ふろうしょとく【不劳所得】 不劳而获的收入 bù láo ér huò de shōurù

ふろうふし【不老不死-の】 长生不死 cháng shēng bù sǐ ◆～の秘薬 长生不死的秘药 cháng shēng bù sǐ de mìyào

ブローカー 经纪人 jīngjìrén；掮客 qiánkè ◆金融～ 金融经纪人 jīnróng jīngjìrén

ブローチ 饰针 shìzhēn

ブロードバンド 宽带 kuāndài

ふろく【付録】 附录 fùlù ◆雑誌の～ 杂志的附录 zázhì de fùlù

ブログ 博客 bókè

プログラマー 程序设计员 chéngxù shèjìyuán

プログラミング 程序设计 chéngxù shèjì

プログラム ❶《番組・演劇などの》节目 jiémù；节目单 jiémùdān；说明书 shuōmíngshū ❷《コンピュータの》程序 chéngxù

プロジェクト 工程 gōngchéng；计划 jìhuà ◆巨大～ 巨大工程 jùdà gōngchéng ◆～チーム 项目工作组 xiàngmù gōngzuòzǔ

ふろしき【風呂敷】 包袱 bāofu

プロセス 过程 guòchéng；进程 jìnchéng ◆必要な～ 必要的过程 bìyào de guòchéng

プロダクション 生产 shēngchǎn；《映画・芸能の》制作公司 zhìzuò gōngsī

ブロック ❶《市街などの》街区 jiēqū ❷《コンクリートなどの》预制板 yùzhìbǎn ❸《区画》单元 dānyuán

プロット 情节 qíngjié

フロッピーディスク 软盘 ruǎnpán

プロテクター 保器具 bǎohùqì；护具 hùjù ◆～を着ける 戴上护具 dàishàng hùjù

プロテスタント 新教徒 Xīnjiàotú

プロデューサー 制片人 zhìpiànrén；编制人 biānzhìrén

プロパガンダ 宣传 xuānchuán

プロパンガス 丙烷气 bǐngwánqì

プロフィール 侧面像 cèmiànxiàng；传略 zhuànlüè ◆新人歌手の～ 新歌手的简介 xīn gēshǒu de jiǎnjiè

プロペラ 螺旋桨 luóxuánjiǎng ♦〜機 螺旋桨式飞机 luóxuánjiǎngshì fēijī
プロポーズ-する 求婚 qiúhūn
プロムナード 散步路 sànbùlù
プロモーター 主办者 zhǔbànzhě ♦大会の〜 大会的包办人 dàhuì de bāobànrén
プロやきゅう【プロ野球】 职业棒球 zhíyè bàngqiú ♦〜選手 职业棒球选手 zhíyè bàngqiú xuǎnshǒu
プロレス 职业摔交 zhíyè shuāijiāo
プロレタリア 无产者 wúchǎnzhě ♦〜文学 无产阶级文学 wúchǎn jiējí wénxué
プロレタリアート 无产阶级 wúchǎn jiējí
プロローグ ❶《序》序言 xùyán ❷《発端》开端 kāiduān
フロン《ガス》 氟隆气 fúlóngqì
ブロンズ 青铜 qīngtóng ♦〜像 青铜像 qīngtóng xiàng
フロント 《ホテルなどの》服务台 fúwùtái
フロントガラス 挡风玻璃 dǎngfēng bōli
ふわ【不和】 不和 bùhé ♦〜を招く 引起不和 yǐnqǐ bùhé
ふわたりこぎって 【不渡り小切手】 空头支票 kōngtóu zhīpiào
ふわふわ 软绵绵 ruǎnmiánmián ❶《軽い》♦〜した 暄腾腾的 xuānténgténg de ♦毛が〜している 羽毛很暄腾 yǔmáo hěn xuānténg ❷《漂うさま》♦〜漂う 悬浮 xuánfú ❸《気持ちが》♦〜と浮ついている 浮躁 fúzào
ふわらいどう【付和雷同-する】 随声附和 suí shēng fùhè; 雷同 léitóng
ふん【糞】 屎 shǐ ♦馬の〜 马粪 mǎfèn ♦〜をする 拉屎 lāshǐ; 出恭 chūgōng
ふん【分】 分 fēn ♦5時3〜前 差三分五点 chà sān fēn wǔ diǎn
ぶん【文】 句子 jùzi ♦〜を作る 造句 zàojù
ふんいき【雰囲気】 氛围 fēnwéi; 空气 kōngqì; 气氛 qìfēn ♦〜を柔らげる 缓和空气 huǎnhé kōngqì ♦家庭的な〜に浸る 沉浸在家庭气氛中 chénjìn zài jiātíng qìfēn zhōng
ふんか【噴火-する】 喷火 pēnhuǒ
ぶんか【分化-する】 分化 fēnhuà
ぶんか【文化】 文化 wénhuà ♦〜遺産 文化遗产 wénhuà yíchǎn ♦〜交流 文化交流 wénhuà jiāoliú ♦〜的な生活 文化生活 wénhuà shēnghuó ♦〜人 知识分子 zhīshi fènzǐ
ぶんか【文科】 文科 wénkē ♦〜を専攻する 专修文科 zhuānxiū wénkē
ふんがい【憤慨-する】 愤慨 fènkǎi; 气愤 qìfèn
ぶんかい【分解-する】 分解 fēnjiě ♦电气〜する 电解 diànjiě
ぶんがく【文学】 文学 wénxué; 文艺 wényì ♦〜的才能 文学方面的才气 wénxué fāngmiàn de cáiqì; 文采 wéncǎi ♦〜作品 文学作品 wénxué zuòpǐn ♦〜者 文学家 wénxuéjiā
ぶんかつ【分割-する】 分割 fēngē; 划分 huàfēn ♦〜して支払う 分期付款 fēnqī fùkuǎn
ふんき【奮起-する】 发奋 fāfèn; 振作 zhènzuò ♦〜させる 鼓劲 gǔjìn; 振奋 zhènfèn
ぶんき【分岐-する】 分岐 fēnqí; 岔开 chàkāi ♦〜点 岔口 chàkǒu; 分岐点 fēnqídiǎn
ふんきゅう【紛糾-する】 纠纷 jiūfēn ♦事態が〜する 情况混乱 qíngkuàng hùnluàn
ぶんぎょう【分業-する】 分工 fēngōng
ぶんけ【分家-する】 分家 fēnjiā
ぶんけい【文型】 句型 jùxíng
ぶんげい【文芸】 文艺 wényì ♦〜誌 文艺杂志 wényì zázhì
ぶんけん【文献】 文献 wénxiàn ♦参考〜 参考文献 cānkǎo wénxiàn
ぶんご【文語】 文言 wényán ♦〜調の 文言味儿的 wényán wèir de
ぶんこう【分校】 分校 fēnxiào
ぶんごう【文豪】 文豪 wénháo
ぶんこつ【分骨-する】 骨灰分葬 gǔhuī fēnzàng
ふんこつさいしん【粉骨砕身-する】 粉身碎骨 fěn shēn suì gǔ
ふんさい【粉砕-する】 粉碎 fěnsuì; 破碎 pòsuì ♦敌を〜する 粉碎敌人 fěnsuì dírén
ぶんさい【文才】 文才 wéncái ♦〜豊かな 富于文才 fùyú wéncái ♦〜を認められる 被承认文才 bèi chéngrèn wéncái
ぶんさつ【分冊】 分册 fēncè
ぶんさん【分散-する】 疏散 shūsàn ♦〜させる 分散 fēnsàn
ぶんし【分子】 《化学・数学》分子 fēnzǐ; 《成員》分子 fènzǐ ♦〜構造 分子结构 fēnzǐ jiégòu ♦〜式 分子式 fēnzǐshì ♦危险〜 危险分子 wēixiǎn fènzǐ
ふんしつ【紛失-する】 丢失 diūshī; 遗失 yíshī ♦〜物 遗失物 yíshīwù
ふんしゃ【噴射-する】 喷射 pēnshè ♦ロケットを〜する 喷射火箭 pēnshè huǒjiàn
ぶんしゅう【文集】 集子 jízi; 文集

wénjí ♦卒業～ 毕业文集 bìyè wénjí

ふんしゅつ【噴出－する】 喷出 pēnchū; 喷涌 pēnyǒng

ぶんしょ【公文】 公文 gōngwén; 文件 wénjiàn ♦～を取り交わす 换文 huànwén ♦～偽造 伪造文件 wěizào wénjiàn

ぶんしょう【文章】 文章 wénzhāng; 文字 wénzì ♦～を書く 写文章 xiě wénzhāng; 作文 zuòwén

ぶんじょう【分乗】 分乘 fēn chéng ♦3台に～する 分乘三辆 fēn chéng sān liàng

ぶんじょう【分譲－する】 分开出售 fēnkāi chūshòu ♦～住宅 商品房 shāngpǐnfáng

ふんしょく【粉飾】 ♦～決算 假结账 jiǎjiézhàng

ふんじん【粉塵】 粉尘 fěnchén ♦～公害 粉尘公害 fěnchén gōnghài

ぶんしん【分身】 分身 fēnshēn ♦作者の～ 作者的化身 zuòzhě de huàshēn

ぶんじん【文人】 文人 wénrén ♦～画 南宗画 nánzōnghuà

ふんすい【噴水】 喷泉 pēnquán

ぶんすいれい【分水嶺】 分水岭 fēnshuǐlǐng

ぶんすう【分数】 分数 fēnshù

ふんする【扮する】 扮 bàn; 扮演 bànyǎn ♦浦島太郎に～ 扮演浦岛太郎 bànyǎn Pǔdǎo Tàiláng

ぶんせき【分析－する】 分析 fēnxī; 剖析 pōuxī ♦～化学 分析化学 fēnxī huàxué

ぶんせき【文責】 文责 wénzé

ふんせん【奮戦－する】 奋战 fènzhàn

ふんぜん【憤然－と】 愤然 fènrán; 勃然 bórán

ふんそう【扮装】 打扮 dǎbàn; 装扮 zhuāngbàn ♦～を解く 下装 xià zhuāng

ふんそう【紛争】 纷争 fēnzhēng; 纠纷 jiūfēn ♦～を起こす 引起纠纷 yǐnqǐ jiūfēn

ふんぞりかえる【踏ん反り返る】 翘尾巴 qiào wěiba

ぶんたい【文体】 文体 wéntǐ; 文风 wénfēng ♦独自の～ 独特的风格 dútè de fēnggé

ふんだくる【ひったくる】 抢夺 qiǎngduó; 《まきあげる》敲 qiāo; 敲竹杠 qiāo zhúgàng ♦大金を～ 敲诈大钱 qiāozhà dàqián

ふんだん-ni 很多 hěn duō; 大量 dàliàng ♦材料を～に使う 大量使用材料 dàliàng shǐyòng cáiliào

ぶんたん【分担－する】 ❶《費用を》分摊 fēntān ♦～金 份子 fènzi ❷《役割を》分担 fēndān

ぶんだん【分断－する】 ♦補給路を～する 切断给养路线 qiēduàn jǐyǎng lùxiàn

ぶんだん【文壇】 文坛 wéntán; 文苑 wényuàn ♦～に躍り出る 一跃登上文坛 yíyuè dēngshàng wéntán

ブンチョウ【文鳥】 文鸟 wénniǎo ♦手乗り～ 托在掌上的文鸟 tuōzài zhǎngshàng de wénniǎo

ぶんちん【文鎮】 镇纸 zhènzhǐ

ぶんつう【文通－する】 通信 tōngxìn

ふんど【憤怒－する】 愤怒 fènnù

ふんとう【奮闘－する】 奋斗 fèndòu ♦孤軍～ 孤军奋战 gūjūn fènzhàn

ふんどう【分銅】 秤锤 chèngchuí

ぶんどき【分度器】 量角器 liángjiǎoqì

ぶんどる【分捕る】 抢占 qiǎngzhàn ♦人の分け前を～ 抢占别人的份 qiǎngzhàn biérén de fèn

ふんにょう【糞尿】 屎尿 shǐniào; 粪尿 fènniào

ぶんのう【分納－する】 分期缴纳 fēnqī jiǎonà ♦税金を～する 分期纳税 fēnqī nàshuì

ぶんぱ【分派】 帮派 bāngpài; 分派 fēnpài ♦～性 派性 pàixìng

ぶんぱい【分配－する】 分配 fēnpèi ♦利益の～ 利益分配 lìyì fēnpèi

ふんぱつ【奮発－する】 ♦給料を～する 多发工资 duō fā gōngzī

ふんばる【踏ん張る】 坚持 jiānchí ♦土俵際で～ 在紧要关头坚持下去 zài jǐnyào guāntóu jiānchíxiàqu

ぶんぴつ【分泌－する】 分泌 fēnmì ♦～液 分泌液 fēnmìyè ♦ホルモンを～する 分泌激素 fēnmì jīsù

ぶんぴつか【文筆家】 作家 zuòjiā

ぶんぷ【分布－する】 分布 fēnbù ♦～図 分布图 fēnbùtú ♦人口～ 人口分布 rénkǒu fēnbù

ぶんふそうおう【分不相応-な】 非分 fēifèn ♦～な家に住む 在非分的房子里住 zài fēifèn de fángzi lǐ zhù

ぶんぶりょうどう【文武両道-の】 文武双全 wénwǔ shuāngquán

ふんべつ【分別】 判断力 pànduànlì ♦～のある 通情达理 tōng qíng dá lǐ ♦～を失う 发昏 fāhūn

ぶんべん【分娩－する】 分娩 fēnmiǎn ♦～室 产房 chǎnfáng

ぶんぼ【分母】 分母 fēnmǔ

ぶんぽう【文法】 文法 wénfǎ; 语法 yǔfǎ ♦～学 语法学 yǔfǎxué

ぶんぼうぐ【文房具】 文具 wénjù ♦～店 文具店 wénjùdiàn

ふんまつ【粉末】 粉末 fěnmò

ふんまん【憤懣】 ♦～やる方ない 愤

憤懣平 fènmèn nán píng
ぶんみゃく【文脈】 文理 wénlǐ：上下文 shàngxiàwén ♦～に沿った 順着文理 shùnzhe wénlǐ ♦～から判断する 根据上下文来判断 gēnjù shàngxiàwén lái pànduàn
ふんむき【噴霧器】 喷雾器 pēnwùqì；喷子 pēnzi
ぶんめい【文明】 文明 wénmíng ♦～の利器 文明利器 wénmíng lìqì ♦～開化 文明开化 wénmíng kāihuà
ぶんや【分野】 方面 fāngmiàn；分野 fēnyě：领域 lǐngyù ♦専門～ 专门领域 zhuānmén lǐngyù
ぶんり【分離−する】 分割 fēngē；分离 fēnlí；脱节 tuōjié
ぶんりゅう【分流】 分支 fēnzhī；分流 fēnliú
ぶんりょう【分量】 分量 fènliàng ♦～を計る 称分量 chēng fènliàng
ぶんるい【分類−する】 分类 fēnlèi；分门别类 fēn mén bié lèi ♦～学 分类学 fēnlèixué
ぶんれつ【分裂−する】 分裂 fēnliè
ふんわり ♦～した 松软 sōngruǎn ♦～包む 装得很松 zhuāngde hěn sōng

へ

へ【屁】 ♦～をひる 放屁 fàngpì
ペア 一对 yíduì ♦～を組む 组成对 zǔchéng duì
ヘアスタイル 发型 fàxíng
ヘアトニック 生发香水 shēngfà xiāngshuǐ
ヘアピース 假发 jiǎfà
ヘアピン 发夹 fàjiā；头发夹子 tóufa jiāzi
ヘアブラシ 发刷 fàshuā
ベアリング 轴承 zhóuchéng
ヘアローション 整发香水 zhěngfà xiāngshuǐ
へい【兵】 兵 bīng ♦～を率いる 率兵 shuàibīng
へい【塀】 墙 qiáng ♦～をよじ登る 爬墙 páqiáng
ペイ 工资 gōngzī；报酬 bàochou ♦～しない 不合算 bù hésuàn
へいあん【平安−な】 《社会が》太平 tàipíng；平稳 píngwěn
へいい【平易−な】 浅显 qiǎnxiǎn；易懂 yìdǒng ♦文章が～である 文章易懂 wénzhāng yìdǒng
へいえい【兵営】 军营 jūnyíng
へいえき【兵役】 兵役 bīngyì ♦～に就く 服兵役 fú bīngyì
へいおん【平穏−な】 安宁 ānníng；平稳 píngwěn ♦～無事だ 安然无事 ānrán wú shì
へいか【平価】 比价 bǐjià ♦～切り上げ 货币升值 huòbì shēngzhí ♦～切り下げ 货币贬值 huòbì biǎnzhí
へいか【陛下】 陛下 bìxià
へいかい【閉会−する】 闭会 bìhuì；闭幕 bìmù
へいがい【弊害】 弊病 bìbìng；弊端 bìduān ♦～を招く 带来弊端 dàilái bìduān
へいかいしき【閉会式】 闭幕式 bìmùshì
へいかしき【閉架式】 《図書館の》闭架式 bìjiàshì
へいかん【閉館−する】 闭馆 bìguǎn
へいき【兵器】 兵器 bīngqì；武器 wǔqì ♦～工場 兵工厂 bīnggōngchǎng
へいき【平気−な】 冷静 lěngjìng；不在乎 búzàihu ♦～でいる 满不在乎 mǎnbúzàihu
へいきん【平均−する】 平均 píngjūn；拉平 lāpíng ♦～している 均匀 jūnyún ♦～年齢 平均年龄 píngjūn niánlíng
へいきんち【平均値】 平均值 píngjūnzhí ♦～を出す 找出平均值

zhǎochū píngjūnzhí

へいきんだい【平均台】 平衡木 pínghéngmù

べいぐん【米軍】 美军 Měijūn ◆~基地 美军基地 Měijūn jīdì

へいげん【平原】 平原 píngyuán

へいこう【平行-する】 平行 píngxíng ◆議論が一線をたどる 讨论未能达成一致 tǎolùn wèinéng dáchéng yízhì

へいこう【閉口-する】 为难 wéinán；受不了 shòubuliǎo

へいごう【併合-する】 并吞 bìngtūn；合并 hébìng

へいこうぼう【平行棒】 双杠 shuānggàng ◆段違い~ 高低杠 gāodīgàng

へいこらする 点头哈腰 diǎntóu hāyāo

へいさ【閉鎖-する】 封锁 fēngsuǒ；关闭 guānbì ◆~を解く 开放 kāifàng

へいし【兵士】 兵 bīng；士兵 shìbīng

へいじ【平時】 平常 píngcháng；平时 píngshí

へいじつ【平日】 平日 píngrì ◆~ダイヤ 平日时刻表 píngrì shíkèbiǎo

へいしゃ【兵舎】 兵营 bīngyíng；军营 jūnyíng

べいじゅ【米寿】 ◆~の祝い 八十八岁寿辰 bāshíbā suì shòuchén

へいじょう【平常-の】 通常 tōngcháng ◆~通りの 照常 zhàocháng

へいしんていとう【平身低頭-する】 俯首谢罪 fǔ shǒu xiè zuì

へいせい【平声】 平声 píngshēng

へいせい【平静-な】 平静 píngjìng；坦然 tǎnrán ◆~を取り戻す 恢复镇静 huīfù zhènjìng

へいせつ【併設-する】 同时设置 tóngshí shèzhì

へいぜん【平然-たる】 自若 zìruò；坦然 tǎnrán；冷静 lěngjìng

へいそ【平素】 平常 píngcháng；素日 sùrì ◆~の努力 素日的努力 sùrì de nǔlì

へいそく【閉塞-する】 闭塞 bìsè ◆~感 闭塞感 bìsègǎn ◆腸~ 肠梗阻 chánggěngzǔ

へいたい【兵隊】 军人 jūnrén

へいたん【平坦-な】 平坦 píngtǎn ◆~な道 坦途 tǎntú；《比喻》 ◆~な人生 平稳的人生 píngwěn de rénshēng

へいち【平地】 平川 píngchuān；平地 píngdì ◆~に波瀾を起こす 平地起波澜 píngdì qǐ bōlán

へいてい【平定-する】 扫平 sǎopíng；平定 píngdìng ◆~下を~する 平定天下 píngdìng tiānxià

へいてい【閉廷-する】 退庭 tuìtíng

へいてん【閉店-する】 关门 guānmén ◆~時刻 关门时刻 guānmén shíkè

べいドル【米ドル】 美元 Měiyuán

へいどん【併呑-する】 并吞 bìngtūn；吞并 tūnbìng

へいねつ【平熱】 正常体温 zhèngcháng tǐwēn

へいねん【平年】 常年 chángnián；平年 píngnián ◆~に比べて 和平年相比 hé píngnián xiāngbǐ

へいはつ【併発-する】 并发 bìngfā ◆肺炎を~する 并发肺炎 bìngfā fèiyán

へいばん【平板-な】 单调 dāndiào；呆板 dāibǎn ◆~な文章 呆板的文章 dāibǎn de wénzhāng

べいはん【米飯】 米饭 mǐfàn

へいふく【平伏-する】 叩拜 kòubài

へいふく【平服-で】 便服 biànfú

へいほう【兵法】 兵法 bīngfǎ ◆~を説く 讲解兵法 jiǎngjiě bīngfǎ

へいほう【平方】 平方 píngfāng ◆~メートル 平方米 píngfāngmǐ

へいほうこん【平方根】 平方根 píngfānggēn ◆~を開く 开平方 kāi píngfāng

へいぼん【平凡-な】 平凡 píngfán；平庸 píngyōng ◆~な男 平庸之辈 píngyōng zhī bèi ◆~な人生 平凡的人生 píngfán de rénshēng

へいまく【閉幕】 闭幕 bìmù

へいめん【平面】 平面 píngmiàn ◆~的な 平面的 píngmiàn de ◆~図 平面图 píngmiàntú

へいや【平野】 平原 píngyuán；平野 píngyě

へいよう【併用-する】 并用 bìngyòng

へいりつ【並立-する】 并立 bìnglì

へいりょく【兵力】 兵力 bīnglì；武力 wǔlì ◆~を増強 增强兵力 zēngqiáng bīnglì

へいれつ【並列-の】 并列 bìngliè；《電池》 ◆~回路 并联电路 bìnglián diànlù ◆~接続 并联 bìnglián

へいわ【平和-な】 和平 hépíng ◆~会議 和会 héhuì ◆~共存 和平共处 hépíng gòngchǔ ◆~条約 和约 héyuē

ベーコン 咸肉 xiánròu；腌肉 yānròu ◆~エッグ 腌肉蛋 yānròudàn

ページ 页 yè ◆~ナンバー 页码 yèmǎ

ベージュ 浅驼色 qiǎntuósè；米色 mǐsè

ベース 《基盤》 基础 jīchǔ；基本 jīběn ◆~にする 作为基本 zuòwéi jī-

běn
- **ペース** 速度 sùdù；步调 bùdiào ♦～が乱れる 步调不整齐 bùdiào bù zhěngqí ♦～を守る 保持速度 bǎochí sùdù
- **ペースアップ** 提高(基本)工资 tígāo (jīběn) gōngzī
- **ペースト** 面糊 miànhù
- **ペースメーカー** ❶《心臓の》起搏器 qǐbóqì ❷《競技などで》带跑人 dàipǎorén
- **ペーソス** 哀愁 āichóu
- **ベータ** 贝塔 bèitǎ ♦～線 乙种射线 yǐzhǒng shèxiàn ♦～粒子 乙种粒子 yǐzhǒng lìzǐ
- **ペーパー・カンパニー** 有名无实的公司 yǒumíng wúshí de gōngsī
- **ペーパータオル** 纸巾 zhǐjīn
- **ペーパー・ドライバー** 挂牌司机 guàpái sījī；本本族 běnběnzú
- **ペーパーバック** 平装 píngzhuāng
- **ベール** 面纱 miànshā ♦～を脱ぐ 摘下面纱 zhāixià miànshā；露出原形 lùchū yuánxíng
- **へきえき**【辟易-する】 ❶《ひるむ》畏缩 wèisuō ❷《閉口する》感到为难 gǎndào wéinán
- **へきが**【壁画】 壁画 bìhuà
- **へきち**【僻地】 僻壤 pìrǎng
- **ペキニーズ** 叭儿狗 bārgǒu；狮子狗 shīzigǒu；哈巴狗 hǎbagǒu
- **ペキン**【北京】《地名》北京 Běijīng ♦～原人 北京猿人 Běijīng yuánrén ♦～ダック 北京烤鸭 Běijīng kǎoyā
- **ヘクタール** 公顷 gōngqǐng
- **ヘクトパスカル** 百帕 bǎipà
- **ベクトル** 向量 xiàngliàng
- **ベクレル(Bq)** 贝克勒尔 bèikèlè'ěr
- **ヘゲモニー** 主导权 zhǔdǎoquán；领导权 lǐngdǎoquán
- **へこたれる** ❶《力尽きる》精疲力尽 jīng pí lì jìn ❷《弱気になる》气馁 qìněi
- **ベゴニア** 秋海棠 qiūhǎitáng
- **ぺこぺこ** ❶《へつらう》～する 低三下四 dī sān xià sì ❷《空腹》腹が～だ 肚子空了 dùzi kōng le；饿得要死了 è de yào sǐ le
- **へこます**【凹ます】 ❶《くぼませる》弄瘪 nòngbiě ❷《屈服させる》使屈服 shǐ qūfú
- **へこみ**【凹み】 洼陷 wāxiàn
- **へこむ**【凹む】 凹下 āoxia；瘪下 biěxia
- **へさき**【舳先】 船头 chuántóu
- **へしおる**【圧し折る】 摧折 cuīzhé；折断 zhéduàn ♦天狗の鼻を～ 挫其骄慢的气焰 cuò qí jiāomàn de qìyàn

- **ベジタリアン** 素食者 sùshízhě
- **ペシミスト** 厌世者 yànshìzhě
- **ペシミズム** 悲观主义 bēiguānzhǔyì；厌世主义 yànshì zhǔyì
- **ベスト**《最高の》最好 zuì hǎo ♦～を尽くす 尽力而为 jìnlì ér wéi
- **ベスト**《衣類の》背心 bèixīn
- **ペスト**《病気の》黑死病 hēisǐbìng；鼠疫 shǔyì
- **ベストセラー** 畅销书 chàngxiāoshū ♦～作家 畅销书作家 chàngxiāoshū zuòjiā
- **へそ**【臍】 肚脐 dùqí ♦～の緒 脐带 qídài ♦～を曲げる 闹别扭 nào biènìu ♦～で茶を沸かす 真笑死人 zhēn xiàosǐ rén
- **へそくり**【臍繰り】 私房钱 sīfangqián；梯己钱 tījiqián
- **へそをかく** 哭鼻子 kū bízi
- **へた**【下手-な】 笨拙 bènzhuō；不擅长 bú shàncháng ♦～の横好き 虽不擅长但很爱好 suī bú shàncháng dàn hěn àihǎo
- **へだたり**【隔たり】 ❶《時間・空間の》距离 jùlí；间隔 jiàngé ❷《感情などの》隔阂 géhé；隔膜 gémó ♦～を感じる 感觉有年龄差 gǎnjué yǒu niánlíng chā
- **へだたる**【隔たる】 隔离 gélí；相隔 xiānggé；相距 xiāngjù
- **へだてる**【隔てる】 分隔 fēngé；隔断 géduàn
- **べたべたする** ❶《手などが》粘糊糊 niánhūhū ❷《男女が》纠缠 jiūchán
- **べたぼめ**【べた誉め-する】 全面吹捧 quánmiàn chuīpěng
- **ペダル** 踏板 tàbǎn；脚蹬子 jiǎodēngzi
- **ペダンチック** 卖弄学问 màinòng xuéwèn
- **ペチコート** 衬裙 chènqún
- **ヘチマ**【糸瓜】 丝瓜 sīguā
- **ぺちゃくちゃ** 喋喋 diédié ♦小声で～しゃべる 喊喊喳喳 qīqīchāchā
- **ぺちゃんこ-の**《つぶれる》压扁 yābiǎn ❷《負ける》♦～に言い負かされる 被驳倒 bèi bódǎo
- **べつ**【別-の】 別 bié；另 lìng ♦～の魂胆がある 别有用心 bié yǒu yòngxīn ♦～の問題 另一个问题 lìng yí ge wèntí ♦～に帽子も買った 另外还买了一顶帽子 lìngwài hái mǎile yì dǐng màozi ♦～の日 他日 tārì
- **べっかく**【別格-の】 特别 tèbié
- **べっかん**【別館】 配楼 pèilóu；分馆 fēnguǎn
- **べつかんじょう**【別勘定】 另行结算 lìngxíng jiésuàn ♦～にしてもらう

请求另行结算 qǐngqiú lìngxíng jiésuàn

べっきょ【別居-する】 分居 fēnjū

べつくち【別口-の】 另外 lìngwài ♦~の収入 另外一份收入 lìngwài yí fèn shōurù

べっけん【別件】 另一件 lìng yí jiàn ♦~逮捕する 另案逮捕 lìng'àn dàibǔ

べっこ【別個-の】 另一个 lìng yí ge ♦~の人格 另一个人格 lìng yí ge régé

べっこう【鼈甲】 玳瑁 dàimào ♦~細工 玳瑁工艺品 dàimào gōngyìpǐn

べっさつ【別冊】 另册 lìngcè

べっしつ【別室】 另一间屋子 lìng yì jiān wūzi

ヘッジファンド 对冲基金 duìchōng jījīn

べつじょう【別状】 异状 yìzhuàng; 意外 yìwài ♦命に~はない 没有生命危险 méiyǒu shēngmìng wēixiǎn ♦目に~はない 眼睛没有毛病 yǎnjing méiyǒu máobìng

べつじん【別人】 别人 biérén ♦まるで~である 好像另一个人 hǎoxiàng lìng yí ge rén

べつずり【別刷り-する】 抽印 chōuyìn

べっせかい【別世界】 另一个世界 lìng yí ge shìjiè

べっそう【別荘】 别墅 biéshù

べっそう【別送】 另寄 lìngjì; 另送 lìngsòng

べったり 紧紧地 jǐnjǐn de ♦~くっつく 紧紧贴上 jǐnjǐn tiēshàng

べつだん【別段】 特为 tèwèi ♦~困らない 并没有什么困难 bìng méiyǒu shénme kùnnan

ヘッディング 头球 tóuqiú ♦~シュート 头球射门 tóuqiú shèmén

べってんち【別天地】 另一个世界 lìng yí ge shìjiè ♦~を求める 追求另一个世界 zhuīqiú lìng yí ge shìjiè

べっと【別途-の】 另外 lìngwài ♦~連絡する 另行联络 lìngxíng liánluò

ペット 宠物 chǒngwù ♦~ショップ 宠物店 chǒngwù diàn ♦~フード 宠物食品 chǒngwù shípǐn

ベッド 床 chuáng ♦~カバー 床罩 chuángzhào ♦~シーン 床上镜头 chuángshang jìngtóu ♦~タウン 市郊住宅区 shìjiāo zhùzháiqū

ヘッドセット 耳麦 ěrmài

ヘッドハンティング 猎头 liètóu

ペットボトル 塑料瓶 sùliàopíng

ヘッドホン 耳机 ěrjī

ヘッドホンステレオ 随身听 suíshēntīng

ヘッドライト 车头灯 chētóudēng

べつに【別に】 ❶〈分けて〉~相談しよう 另行商量吧 lìngxíng shāngliang ba ❷〈特には〉♦~用はない 并没什么事 bìng méi shénme shì

べつばい【別売】 另售 lìngshòu; 另卖 lìngmài

べつびん【別便】 另寄的邮件 lìngjì de yóujiàn ♦~で送る 另寄 lìngjì

べつべつ【別々に】 分别 fēnbié ♦~に包んでください 请分别包装 qǐng fēnbié bāozhuāng

べつめい【別名】 别称 biéchēng; 别名 biémíng

べつもの【別物】 不同的东西 bùtóng de dōngxi

べつもんだい【別問題】 另一回事 lìng yì huí shì

へつらう【諂う】 恭维 gōngwei; 拍马屁 pāi mǎpì; 抬轿子 tái jiàozi

べつり【別離】 离别 líbié

へて【-を経て】 经过 jīngguò

ベテラン 资深 zīshēn

ペテン 骗局 piànjú; 欺骗 qīpiàn; 诈 zhà ♦~にかかる 上当 shàngdàng ♦~にかける 骗人 piàn rén ♦~師 骗子 piànzi

へど【反吐】 呕吐 ǒutù ♦顔を見ただけで~が出る 一看那张脸就恶心 yí kàn nàzhāng liǎn jiù ěxin

へとへと 非常疲乏 fēicháng pífá; 精疲力尽 jīng pí lì jìn

ヘドロ 淤泥 yūní

ペナルティ 处罚 chǔfá ♦~を科す 判罚 pànfá

ペナント 锦旗 jǐnqí ♦~レース 锦标赛 jǐnbiāosài

ペニシリン 青霉素 qīngméisù

ペニス 阴茎 yīnjīng

ベニヤいた【ベニヤ板】 胶合板 jiāohébǎn; 三合板 sānhébǎn

ペパーミント 薄荷 bòhe

へばりつく 紧贴 jǐntiē

へばる 筋疲力尽 jīn pí lì jìn

ヘビ【蛇】 蛇 shé

ベビー 婴儿 yīng'ér ♦~カー 婴儿车 yīng'érchē ♦~シッター 临时保姆 línshí bǎomǔ ♦~フード 婴儿食品 yīng'ér shípǐn ♦~ベッド 婴儿床 yīng'érchuáng

ヘビーきゅう【ヘビー級】 重量级 zhòngliàngjí

へべれけ ♦~に酔う 酩酊大醉 mǐngdǐng dàzuì; 烂醉 lànzuì

ヘボンしき【ヘボン式】 黑本式罗马字拼写法 Hēiběnshì luómǎzì pīnxiěfǎ

へま-をする 失误 shīwù; 做错 zuòcuò

へや【部屋】 房间 fángjiān；屋子 wūzi ◆～の中 屋里 wūli ◆相～ 同屋 tóngwū ◆～代 房租 fángzū
へら【篦】 木铲 mùchǎn
へらす【減らす】 减少 jiǎnshǎo；省 shěng ◆体重を～ 减肥 jiǎnféi ◆人員を～ 裁员 cáiyuán
へらずぐち【減らず口】 ◆～をたたく 斗嘴 dòuzuǐ
ぺらぺら ❶《外国語が》～だ 流利 liúlì ❷《おしゃべり》～しゃべる 耍嘴皮子 shuǎ zuǐpízi
べらぼう そんな～な 那太不像话 nà tài búxiànghuà ◆～に高い《値段が》贵得厉害 guìde lìhai
ベランダ 晒台 shàitái；阳台 yángtái
へり【縁】 边儿 biānr
ペリカン 淘河 táohé；鹈鹕 tíhú
へりくだる【謙る】 谦虚 qiānxū；谦恭 qiāngōng；谦逊 qiānxùn；客气 kèqi ◆～った言葉遣い 谦恭的措辞 qiāngōng de cuòcí
へりくつ【屁理屈】 歪理 wāilǐ ◆～を捏ねる 强词夺理 qiǎngcí duólǐ
ヘリコプター 直升飞机 zhíshēng fēijī；直升机 zhíshēngjī
ヘリポート 直升机机场 zhíshēngjī jīchǎng
へる【経る】 经过 jīngguò
へる【減る】 减轻 jiǎnqīng；减少 jiǎnshǎo 貯金が～ 储蓄减少 chǔxù jiǎnshǎo ◆人通りが～ 行人减少 xíngrén jiǎnshǎo ◆負担が減った 担子减轻了 dànzi jiǎnqīng le ◆腹が減った 饿了 è le
ベル ◆電話の～が鳴る 电话铃响 diànhuàlíng xiǎng ◆自転車の～ 自行车铃 zìxíngchē líng ◆～ボーイ 宾馆侍应生 bīnguǎn shìyìngshēng
ペルシア ◆～猫 波斯猫 bōsīmāo
ヘルシー ～な 健康 jiànkāng ◆～食品 健康食品 jiànkāng shípǐn
ヘルツ 赫兹 hèzī
ベルト 带子 dàizi；腰带 yāodài
ベルトコンベア 皮带运输机 pídài yùnshūjī；输送带 shūsòngdài
ヘルニア 疝 shàn；疝气 shànqì
ヘルパー 护工 hùgōng；家庭护理人 jiātíng hùlǐrén
ヘルペス 疱疹 pàozhěn
ベルベット 丝绒 sīróng
ヘルメット 头盔 tóukuī
ベレー 《帽子》贝雷帽 bèiléimào
ヘロイン 海洛因 hǎiluòyīn；白面儿 báimiànr
べろべろ ◆～なめる 舌舔 shétiǎn
ぺろりと ◆～平らげる 一口气吃光 yìkǒuqì chīguāng ◆～なめてしまう

舐光 tiǎnguāng
へん【変-な】 怪 guài；奇怪 qíguài ◆～だと思う 诧异 chàyì；感到奇怪 gǎndào qíguài ◆～な格好の 怪模怪样 guài mú guài yàng
へん【辺】 《あたり》 一带 yídài 《数学の》 边 biān
へん【偏】 偏旁 piānpáng ◆火～ 火字旁儿 huǒ zì pángr
べん【弁】 ❶《バルブ》阀门 fámén ❷《弁舌》～が立つ 能说会道 néng shuō huì dào ◆～を弄する 巧令言辞 qiǎo lìng yán cí
べん【便】 ❶《都合·便利》方便 fāngbiàn ◆交通の～がいい 交通方便 jiāotōng fāngbiàn ❷《大小便》便 biàn ◆大～ 大便 dàbiàn
ペン 笔杆子 bǐgǎnzi；钢笔 gāngbǐ ◆～のキャップ 笔帽 bǐmào
へんあい【偏愛】 偏爱 piān'ài
へんあつき【変圧器】 变压器 biànyāqì
へんい【変異】 ❶《地殻や生物の》变异 biànyì ❷《突然》突变 tūbiàn ❸《物事の異変》一大～が起こる 出现一大变故 chūxiàn yí dà biàngù
へんか【変化】 转变 zhuǎnbiàn；变化 biànhuà；变动 biàndòng；蜕变 tuìbiàn ◆～の無い生活 无变化的生活 wú biànhuà de shēnghuó；枯燥的生活 kūzào de shēnghuó
べんかい【弁解-する】 饰词 shìcí；辩解 biànjiě ◆～の余地がない 不容分辩 bù róng fēn biàn
へんかく【変革-する】 变革 biàngé
べんがく【勉学-する】 读书 dúshū；学习 xuéxí ◆～に励む 勤勉学习 qínmiǎn xuéxí
へんかん【変換-する】 变换 biànhuàn；转换 zhuǎnhuàn
へんかん【返還-する】 返还 fǎnhuán；归还 guīhuán；交还 jiāohuán ◆香港は1997年中国に～された 1997年香港归还中国了 yījiǔjiǔqī nián Xiānggǎng guīhuán Zhōngguó le
べんき【便器】 便盆 biànpén；便器 biànqì；马桶 mǎtǒng
べんぎ【便宜】 方便 fāngbiàn ◆～をはかる 谋求方便 móuqiú fāngbiàn
ペンキ 油漆 yóuqī ◆～を塗る 涂漆 túqī ◆～塗り立て 油漆未干 yóuqī wèi gān
へんきゃく【返却-する】 返还 fǎnhuán；交还 jiāohuán ◆図书を～する 还书 huán shū ◆～期限 返还期限 fǎnhuán qīxiàn
へんきょう【偏狭-な】 狭隘 xiá'ài；狭窄 xiázhǎi ◆～で頑固な 偏执 piānzhí

へんきょう【辺境】 边疆 biānjiāng; 边境 biānjìng ◆～の地 边地 biāndì

べんきょう【勉強】 ❶学校の～ 功课 gōngkè ◆～する 学习 xuéxí; 用功 yònggōng ◆～家 努力用功的人 nǔlì yònggōng de rén

へんきょく【編曲-する】 编曲 biānqǔ

へんきん【返金-する】 还钱 huánqián; 还账 huánzhàng

ペンギン 企鹅 qǐ'é

へんくつ【偏屈-な】 乖僻 guāipì; 怪僻 guàipì; 性僻 xìngpì

ペンクラブ 国际笔会 guójì bǐhuì

へんけい【変形-する】 变形 biànxíng

べんけい【弁慶】 ◆～の泣き所 迎面骨 yíngmiàngǔ

へんけん【偏見】 成见 chéngjiàn; 偏见 piānjiàn ◆～を持つ 怀有偏见 huáiyǒu piānjiàn

へんげんじざい【変幻自在-の】 变幻自如 biànhuàn zìrú

べんご【弁護-する】 辩护 biànhù ◆～士 律师 lǜshī ◆～人 辩护人 biànhùrén

へんこう【偏光】 偏振光 piānzhènguāng; 显微镜 偏振光显微镜 piānzhènguāng xiǎnwēijìng

へんこう【偏向】 偏向 piānxiàng

へんこう【変更-する】 变更 biàngēng; 改换 gǎihuàn; 更动 gēngdòng ◆予定を～する 改变预定 gǎibiàn yùdìng ◆～不可能な 不容更改的 bù róng gēnggǎi de

べんざ【便座】 马桶座 mǎtǒngzuò

へんさい【返済-する】 偿还 chánghuán ◆～を遅らせる 拖欠偿还 tuōqiàn chánghuán ◆～を迫る 催讨 cuītǎo ◆～期日 偿还截止期 chánghuán jiézhǐqī

べんさい【弁済】 偿还 chánghuán; 还清 huánqīng

へんさち【偏差値】 偏差值 piānchāzhí

へんさん【編纂-する】 编 biān; 编写 biānxiě; 编纂 biānzuǎn ◆辞书を～する 编写词典 biānxiě cídiǎn

へんじ【変事】 变故 biàngù ◆～が起こる 发生变故 fāshēng biàngù

へんじ【返事】 ❶《相手に》 回答 huídá; 答应 dāying ❷《手紙の》 ◆～を书く 写回信 xiě huíxìn

へんしつ【変質】 变质 biànzhì; 蜕变 tuìbiàn

へんしつしゃ【変質者】 精神变态者 jīngshén biàntàizhě

へんじゃ【編者】 编者 biānzhě

へんしゅ【変種】 变种 biànzhǒng

へんしゅう【編集-する】 编 biān; 编辑 biānjí; 编纂 biānzuǎn ◆～者 编辑 biānjí

へんしゅうきょう【偏執狂】 偏执狂 piānzhíkuáng

べんじょ【便所】 厕所 cèsuǒ ◆～に行く 上厕所 shàng cèsuǒ

へんじょう【返上-する】 奉还 fènghuán ◆污名を～する 湔雪污名 jiānxuě wūmíng ◆休みを～する 连假日都不休息 lián jiàrì dōu bù xiūxi

べんしょう【弁償-する】 抵偿 dǐcháng; 赔 péi; 赔偿 péicháng ◆～金 赔款 péikuǎn

べんしょうほう【弁証法】 辩证法 biànzhèngfǎ ◆～的な 辩证 biànzhèng

へんしょく【偏食】 偏食 piānshí ◆～する 挑食 tiāoshí

へんしょく【変色-する】 变色 biànsè

へんしん【変身】 变形 biànxíng ◆ぱっと～する 摇身一变 yáoshēn yí biàn ◆～願望 变身的愿望 biànshēn de yuànwàng

へんしん【返信】 复信 fùxìn; 回信 huíxìn ◆～用封筒 回信用信封 huíxìn yòng xìnfēng

へんじん【変人】 怪人 guàirén; 怪物 guàiwu ◆～扱いする 当成怪物对待 dāng chéng guàiwu duìdài

ベンジン 挥发油 huīfāyóu

へんずつう【偏頭痛】 偏头痛 piāntóutòng

へんせい【編成-する】 编 biān ◆10両～の列车 编成十节的列车 biānchéng shí jié de lièchē ◆預算～ 编造预算 biānzào yùsuàn

へんせいふう【偏西風】 偏西风 piānxīfēng

へんせつ【変節】 变节 biànjié; 叛变 pànbiàn

べんぜつ【弁舌】 唇舌 chúnshé; 口才 kǒucái ◆～の才 辩才 biàncái

へんせん【変遷】 变迁 biànqiān

へんそう【変装】 伪装 wěizhuāng; 化装 huàzhuāng; 假扮 jiǎbàn

へんそう【返送-する】 寄回 jìhuí

へんそく【変則】 不正规 bú zhènggūi; 不正常 bú zhèngcháng ◆～的な方法 反常的方法 fǎncháng de fāngfǎ

へんそく【変速】 变速 biànsù ◆～ギア 换档 huàndǎng

へんたい【変態】 变态 biàntài ◆～心理 变态心理 biàntài xīnlǐ

へんたい【編隊】 编队 biānduì ◆～を組む 组成编队 zǔchéng biānduì

べんたつ【鞭撻-する】 鞭策 biāncè ◆～を请う 希望鼓励 xīwàng gǔlì

ペンダント 垂饰 chuíshì
ベンチ 条凳 tiáodèng；长椅 chángyǐ
ペンチ 老虎钳 lǎohǔqián；钳子 qiánzi
ベンチャー ◆～ビジネス 冒险事业 màoxiǎn shìyè
へんちょ【編著-する】 编著 biānzhù
へんちょう【偏重-する】 侧重 cèzhòng；偏重 piānzhòng ◆学歴～社会 偏重学历的社会 piānzhòng xuélì de shèhuì
へんちょう【変調】 ❶《音楽》变调 biàndiào ❷《調子が狂》不正常 bú zhèngcháng ◆体に～をきたす 身体状况失常 shēntǐ zhuàngkuàng shīcháng
へんてつ【変哲-のない】 ◆何の～もない 平淡无奇 píngdàn wúqí；没什么不寻常的 méi shénme bù xúncháng de
へんでんしょ【変電所】 变电站 biàndiànzhàn
へんとう【返答-する】 答复 dáfù；答话 dáhuà；回答 huídá ◆～に困る 不知如何回答 bùzhī rúhé huídá
へんどう【変動-する】 变动 biàndòng；浮动 fúdòng ◆～為替相場 浮动汇率 fúdòng huìlǜ
べんとう【弁当】 盒饭 héfàn；盒装菜饭 hézhuāng càifàn；便当 biàndāng ◆～箱 饭盒 fànhé
へんとうせん【扁桃腺】 扁桃体 biǎntáotǐ ◆～炎 扁桃体炎 biǎntáotǐyán
へんにゅう【編入-する】 编入 biānrù；插入 chārù ◆～生 插班生 chābānshēng
ペンネーム 笔名 bǐmíng
べんぱつ【弁髪】 辫子 biànzi
へんぴ【辺鄙-な】 偏僻 piānpì ◆～な所 僻壤 pìrǎng
べんぴ【便秘】 便秘 biànmì
へんぴん【返品-する】 退货 tuìhuò
ペンフレンド 笔友 bǐyǒu
へんぺい【扁平-な】 扁平 biǎnpíng ◆～足 扁平足 biǎnpíngzú
べんべつ【弁別】 识别 shíbié；辨别 biànbié
へんぼう【変貌】 变形 biànxíng ◆～を遂げる 改变面貌 gǎibiàn miànmào
べんむかん【弁務官】 高级专员 gāojí zhuānyuán
へんめい【変名】 化名 huàmíng
べんめい【弁明-する】 辩白 biànbái；解释 jiěshì；分辨 fēnbiàn
へんよう【変容】 变貌 biànmào；变样 biànyàng

べんり【便利-な】 便利 biànlì；方便 fāngbiàn ◆～な方法 捷径 jiéjìng ◆…するのに～だ 便于 biànyú ◆～な道具だ 灵便的工具 língbiàn de gōngjù
べんりし【弁理士】 申请专利的代办人 shēnqǐng zhuānlì de dàibànrén
へんりん【片鱗】 一斑 yìbān ◆～が現れる 锋芒微露 fēngmáng wēilù；见其一斑 jiàn qí yìbān
へんれい【返礼-する】 回礼 huílǐ；还礼 huánlǐ
べんれい【勉励-する】 勤奋 qínfèn
へんれき【遍歴-する】 游历 yóulì；周游 zhōuyóu
べんろん【弁論-する】 辩论 biànlùn ◆～大会 辩论大会 biànlùn dàhuì

ほ

ほ【帆】 帆 fān；《小船の》船篷 chuánpéng ◆～を揚げる 扬帆 yáng fān

ほ【穂】 穂 suì；《米・麦などの》◆～が出る 抽穂 chōusuì

ほあん【保安】 保安 bǎo'ān ◆～課《機関内の》保卫科 bǎowèikē ◆～林 保护林 bǎohùlín

ほいく【保育】-する 保育 bǎoyù ◆～園 托儿所 tuō'érsuǒ ◆～士 保育员 bǎoyùyuán

ボイコット-する 抵制 dǐzhì；排斥 páichì

ホイッスル 哨子 shàozi ◆～が鳴る 哨子响 shàozi xiǎng ◆～を鳴らす 吹哨儿 chuī shàor

ボイラー 锅炉 guōlú ◆～室 锅炉房 guōlúfáng ◆～技師 锅炉技师 guōlú jìshī

ぼいん【母音】 元音 yuányīn

ぼいん【拇印】 手印 shǒuyìn；指印 zhǐyìn ◆～を押す 按手印 àn shǒuyìn

ポインセチア 一品红 yìpǐnhóng；猩猩木 xīngxīngmù

ポインター 《犬》向导猎狗 xiàngdǎo liègǒu；波音达犬 bōyīndáquǎn

ポイント ❶《鉄道の》道岔 dàochà ◆～を切りかえる 搬道岔 bān dàochà ❷《点数》◆～を稼ぐ 得分 défēn；创造有利条件 chuàngzào yǒulì tiáojiàn ◆～カード 积分卡 jīfēnkǎ ❸《要点》要点 yàodiǎn；着重点 zhuózhòngdiǎn

ほう【法】 法律 fǎlǜ ◆～に適った 合法 héfǎ ◆～に触れる 违法 wéifǎ ◆～を犯す 犯法 fànfǎ ◆～的権利 法权 fǎquán

ぼう【某】 某 mǒu ◆～所にて 在某处 zài mǒuchù

ぼう【棒】 棍子 gùnzi；棒子 bàngzi ◆～に振る 白白断送 báibái duànsòng

ほうあん【法案】 法案 fǎ'àn ◆～を審議する 审议法案 shěnyì fǎ'àn

ほうい【包囲】-する 包围 bāowéi；围困 wéikùn

ほうい【方位】 方位 fāngwèi

ぼうい【暴威】 淫威 yínwēi；凶威 xiōngwēi ◆～を振るう 逞淫威 chěng yínwēi

ほういがく【法医学】 法医学 fǎyīxué

ぼういん【暴飲】 ◆～暴食する 暴饮暴食 bàoyǐn bàoshí

ほうえい【放映】-する 播送 bōsòng；播放 bōfàng

ぼうえい【防衛】-する 保卫 bǎowèi；防卫 fángwèi；捍卫 hànwèi ◆～力 国防力量 guófáng lìliang

ぼうえき【防疫】 防疫 fángyì

ぼうえき【貿易】 贸易 màoyì ◆～港 商港 shānggǎng ◆～黒字 顺差 shùnchā ◆～商社 贸易公司 màoyì gōngsī ◆～赤字 逆差 nìchā

ぼうえきふう【貿易風】 贸易风 màoyìfēng；信风 xìnfēng

ぼうえん【望遠】 ◆～レンズ 远摄物镜 yuǎnshè wùjìng ◆～鏡 千里眼 qiānlǐyǎn；望远镜 wàngyuǎnjìng

ほうおう【法王】 教皇 jiàohuáng

ほうおう【鳳凰】 凤凰 fènghuáng

ぼうおん【防音】-する 隔音 géyīn；防音 fángyīn ◆～構造 隔音结构 géyīn jiégòu

ほうか【放火】-する 放火 fànghuǒ ◆～犯 纵火犯 zònghuǒfàn

ほうか【砲火】 炮火 pàohuǒ ◆～を交える 交火 jiāohuǒ ◆集中～を浴びる 遭受集中炮火 zāoshòu jízhōng pàohuǒ

ほうか【法科】 法律科 fǎlǜkē ◆～を卒業する 法律科毕业 fǎlǜkē bìyè

ほうが【萌芽】 萌芽 méngyá；胚胎 pēitāi；《比喩》苗头 miáotou

ほうが【邦画】 日本电影 Rìběn diànyǐng；日本片 Rìběnpiàn

ぼうか【防火】 防火 fánghuǒ ◆～訓練 防火训练 fánghuǒ xùnliàn ◆～壁 防火墙 fánghuǒqiáng；风火墙 fēnghuǒqiáng

ほうかい【崩壊】-する 垮台 kuǎtái；倾塌 qīngtā；瓦解 wǎjiě ◆建物が～する 建筑物倒塌 jiànzhùwù dǎotā ◆家庭の～ 家庭的瓦解 jiātíng de wǎjiě

ほうがい【法外-な】 过份 guòfèn ◆～な値段 不合理的价格 bù hélǐ de jiàgé

ぼうがい【妨害】 干扰 gānrǎo；妨碍 fáng'ài；阻挠 zǔnáo ◆交通～になる 妨碍交通 fáng'ài jiāotōng ◆電波～ 电波干扰 diànbō gānrǎo

ぼうがい【望外-の】 ◆～の喜びを得る 大喜过望 dà xǐ guò wàng；喜出望外 xǐ chū wàng wài

ほうがく【方角】 方位 fāngwèi

ほうがく【法学】 法学 fǎxué

ほうがく【邦楽】 日本音乐 Rìběn yīnyuè

ほうかご【放課後】 下课后 xiàkè hòu；放学后 fàngxué hòu

ほうかつ【包括】-する 包括 bāokuò；囊括 nángkuò ◆～的に 总括地 zǒngkuò de

- **ほうがん**【砲丸】铅球 qiānqiú ♦~投げ 投铅球 tóuqiānqiú
- **ほうかん**【傍観】旁观 pángguān ♦~者 观潮派 guāncháopài
- **ほうかん**【防寒】防寒 fánghán ♦~着 冬装 dōngzhuāng; 寒衣 hányī
- **ほうき**【箒】笤帚 tiáozhou; 扫帚 sàozhou
- **ほうき**【放棄-する】放弃 fàngqì; 废弃 fèiqì; 抛弃 pāoqì ♦職場~ 旷工 kuànggōng
- **ほうき**【法規】法规 fǎguī; 规章 guīzhāng ♦交通~を守りなさい 请遵守交通规则 qǐng zūnshǒu jiāotōng guīzé
- **ほうき**【蜂起-する】叛乱 pànluàn; 起义 qǐyì ♦農民の~ 农民起义 nóngmín qǐyì
- **ぼうきゃく**【忘却-する】忘记 wàngjì; 遗忘 yíwàng
- **ぼうぎょ**【防御-する】防御 fángyù; 守备 shǒubèi; 守卫 shǒuwèi
- **ぼうきょう**【望郷】~の念 乡思 xiāngsī ♦~の念に駆られる 想念家乡 xiǎngniàn jiāxiāng
- **ぼうグラフ**【棒グラフ】长条图 chángtiáotú; 条形图 tiáoxíngtú
- **ぼうくん**【暴君】霸王 bàwáng; 暴君 bàojūn ♦~的な 强横 qiánghèng
- **ほうけい**【包茎】包茎 bāojīng
- **ぼうけい**【傍系】旁支 pángzhī; 旁系 pángxì ♦~会社 旁系公司 pángxì gōngsī
- **ほうけん**【封建】♦~的な 封建 fēngjiàn ♦~時代 封建时代 fēngjiàn shídài ♦~主義 封建主义 fēngjiàn zhǔyì
- **ほうげん**【方言】方言 fāngyán; 土话 tǔhuà
- **ほうげん**【放言】信口开河 xìn kǒu kāi hé; 随口乱说 suí kǒu luàn shuō
- **ぼうけん**【冒険-する】冒险 màoxiǎn ♦~物語 冒险故事 màoxiǎn gùshi
- **ぼうげん**【暴言】粗鲁的言辞 cūlǔ de yáncí ♦~を吐く 口吐粗话 kǒu tǔ cūhuà
- **ほうこ**【宝庫】宝藏 bǎozàng
- **ぼうご**【防護-する】防护 fánghù; 维护 wéihù ♦~壁 防护墙 fánghù qiáng
- **ほうこう**【方向】方向 fāngxiàng; ~を転換する 转向 zhuǎnxiàng; «比喩» 改变方针 gǎibiàn fāngzhēn
- **ほうこう**【芳香】芳香 fāngxiāng; 芬芳 fēnfāng; 馨香 xīnxiāng ♦~剤 芳香剂 fāngxiāngjì ♦~を放つ 散发芳香 sànfā fāngxiāng
- **ほうごう**【縫合-する】缝合 fénghé
- **ぼうこう**【膀胱】膀胱 pángguāng ♦~炎 膀胱炎 pángguāngyán
- **ぼうこう**【暴行】暴行 bàoxíng ♦~を加える 施加暴行 shījiā bàoxíng; 行凶 xíngxiōng
- **ほうこく**【報告-する】报告 bàogào; 反映 fǎnyìng; 汇报 huìbào ♦中間~ 中间报告 zhōngjiān bàogào
- **ぼうさい**【防災】防灾 fángzāi
- **ほうさく**【方策】计策 jìcè ♦~を立てる 制定方策 zhìdìng fāngcè
- **ほうさく**【豊作】丰产 fēngchǎn; 丰收 fēngshōu ♦~の年 大年 dànián; 熟年 shúnián
- **ぼうさつ**【忙殺-される】劳碌 láolù ♦仕事に~される 工作繁忙 gōngzuò fánmáng
- **ぼうさりん**【防砂林】防沙林 fángshālín
- **ほうさん**【硼酸】硼酸 péngsuān
- **ほうし**【奉仕-する】服务 fúwù
- **ほうし**【胞子】胞子 bāozǐ
- **ほうじ**【法事】佛事 fóshì
- **ぼうし**【帽子】帽 mào; 帽子 màozi ♦~を被る 戴帽子 dài màozi ♦~を脱ぐ 摘下帽子 zhāixia màozi; 脱帽 tuōmào
- **ぼうし**【防止-する】防止 fángzhǐ ♦少年犯罪を~する 防止少年犯罪 fángzhǐ shàonián fànzuì
- **ほうしき**【方式】方式 fāngshì ♦~を変える 改变方式 gǎibiàn fāngshì
- **ほうじちゃ**【焙じ茶】焙制茶 bèizhìchá
- **ぼうしつ**【防湿-の】防湿 fángshī ♦~剤 防湿剂 fángshījì
- **ほうしゃ**【放射-する】放射 fàngshè; 辐射 fúshè ♦~冷却 辐射冷却 fúshè lěngquè
- **ぼうじゃくぶじん**【傍若無人-な】旁若无人 páng ruò wú rén ♦~な振る舞い 旁若无人的行为 páng ruò wú rén de xíngwéi
- **ほうしゃせい**【放射性】放射性 fàngshèxìng ♦~物質 放射性物质 fàngshèxìng wùzhì
- **ほうしゃせん**【放射線】放射线 fàngshèxiàn; ~治療 放疗 fàngliáo ♦~造影 造影 zàoyǐng ♦~状に 呈放射状地 chéng fàngshèzhuàng de
- **ほうしゃのう**【放射能】放射能 fàngshènéng ♦~汚染 放射性污染 fàngshèxìng wūrǎn
- **ぼうじゅ**【傍受-する】«電波を» 旁听 pángtīng
- **ほうしゅう**【報酬】报酬 bàochou; 酬金 chóujīn; 酬劳 chóuláo ♦~を払う 给报酬 gěi bàochou
- **ぼうしゅう**【防臭】防臭 fángchòu ♦

~剤 防臭剤 fángchòujì

ほうしゅつ【放出-する】 发放 fāfàng; 投放 tóufàng ♦~物資 发放物资 fāfàng wùzī

ほうじゅん【芳醇-な】 芳醇 fāngchún ♦~な酒 醇酒 chúnjiǔ

ほうじょ【幇助-する】 帮助 bāngzhù

ほうしょう【報奨】 ♦~金 奖金 jiǎngjīn

ほうしょう【褒賞】 嘉奖 jiājiǎng

ほうじょう【豊饒-な】 丰饶 fēngráo ♦~な大地 丰饶的大地 fēngráo de dàdì

ぼうしょう【傍証】 旁证 pángzhèng

ほうしょく【奉職-する】 供职 gòngzhí

ほうしょく【飽食-する】 饱食 bǎoshí ♦~の時代 饱食时代 bǎoshí shídài

ぼうしょく【紡織】 纺织 fǎngzhī ♦~工場 纺织厂 fǎngzhīchǎng

ほうじる【焙じる】 焙 bèi

ほうじる【報じる】 ❶《報いる》报答 bàodá; 报 bào ❷《報道》报道 bàodào

ほうしん【方針】 方针 fāngzhēn ♦~を決定する 制定方针 zhìdìng fāngzhēn

ほうしん【放心-する】 精神恍惚 jīngshén huǎnghū ♦~状態に陥る 陷入恍惚状态 xiànrù huǎnghū zhuàngtài〔中国語の'放心'は「安心する」の意〕

ほうじん【邦人】 日本人 Rìběnrén ♦在留~ 海外日侨 hǎiwài Rìqiáo

ほうじん【法人】 法人 fǎrén ♦~税 法人税 fǎrén shuì

ぼうず【坊主】 和尚 héshang ♦~頭 光头 guāngtóu

ほうすい【放水-する】 放水 fàngshuǐ ♦~路 灌渠 guànqú

ぼうすい【防水-する】 防水 fángshuǐ ♦~シート 篷布 péngbù ♦~加工 防水加工 fángshuǐ jiāgōng ♦~時計 防水表 fángshuǐbiǎo

ほうせい【方正】 端正 duānzhèng; 正当 zhèngdàng ♦品行~な 品行端正 pǐnxíng duānzhèng

ほうせい【法制】 法制 fǎzhì

ほうせい【縫製-する】 缝制 féngzhì ♦~工場 服装厂 fúzhuāng chǎng

ぼうせい【暴政】 暴政 bàozhèng; 苛政 kēzhèng

ほうせき【宝石】 宝石 bǎoshí ♦~店 珠宝店 zhūbǎodiàn ♦~箱 宝石盒 bǎoshíhé

ぼうせき【紡績】 纺纱 fǎngshā ♦~工場 纱厂 shāchǎng

ぼうせん【傍線】 旁线 pángxiàn; 杠子 gàngzi ♦~を引く 画杠 huà gàng

ぼうぜん【呆然-とする】 ♦~となる 发呆 fādāi; 发愣 fālèng ♦~自失 茫然自失 mángrán zìshī

ホウセンカ【鳳仙花】 凤仙花 fèngxiānhuā

ほうそう【包装-する】 包装 bāozhuāng ♦~紙 包装纸 bāozhuāngzhǐ

ほうそう【放送-する】 广播 guǎngbō; 播送 bōsòng; 播放 bōfàng ♦~局 广播电台 guǎngbō diàntái ♦~大学 广播电视大学 guǎngbō diànshì dàxué

ぼうそう【暴走-する】 ❶《車などが》乱跑 luànpǎo; 狂驾 kuángjià ❷《行いが》随心所欲 suíxīn suǒ yù

ほうそうかい【法曹界】 司法界 sīfǎjiè ♦~に入る 进入司法界 jìnrù sīfǎjiè

ほうそく【法則】 法则 fǎzé; 规律 guīlǜ ♦自然の~ 自然规律 zìrán guīlǜ

ほうたい【包帯】 绷带 bēngdài ♦~を巻く 缠上绷带 chánshang bēngdài

ぼうだい【膨大-な】 庞大 pángdà ♦~な資料 浩如烟海的资料 hào rú yānhǎi de zīliào

ぼうたかとび【棒高跳び】 撑杆跳高 chēnggān tiàogāo

ほうだん【放談-する】 漫谈 màntán; 纵谈 zòngtán

ほうだん【砲弾】 炮弹 pàodàn

ぼうだん【防弾-の】 防弹 fángdàn ♦~チョッキ 防弹背心 fángdàn bèixīn ♦~ガラス 防弹玻璃 fángdàn bōli

ほうち【放置-する】 搁置 gēzhì; 置之不理 zhì zhī bù lǐ ♦~自転車 放置自行车 fàngzhì zìxíngchē

ほうち【法治】 法治 fǎzhì ♦~国家 法治国家 fǎzhì guójiā

ほうちく【放逐-する】 驱逐 qūzhú

ぼうちゅうざい【防虫剤】 防虫剂 fángchóngjì

ほうちょう【包丁】 菜刀 càidāo ♦~で切る 用菜刀切 yòng càidāo qiē

ぼうちょう【傍聴-する】 旁听 pángtīng ♦~席 旁听席 pángtīng xí

ぼうちょう【膨張-する】 膨胀 péngzhàng; 胀 zhàng; 膨大 péngdà ♦~率 膨胀率 péngzhànglǜ

ほうっておく【放っておく】 搁 gē; 置之不理 zhì zhī bù lǐ

ぼうっと 朦胧 ménglóng ♦~かすんでいる 朦胧不清 ménglóng bùqīng ♦頭が~なる 头脑发昏 tóunǎo fāhūn ♦顔が~赤くなる 脸稍微发红 liǎn shāowēi fāhóng

ほうてい【法定-の】 法定 fǎdìng ♦

〜相続人 法定继承人 fǎdìng jìchéngrén ◆〜伝病 法定传染病 fǎdìng chuánrǎnbìng
ほうてい【法廷】 法庭 fǎtíng ◆〜で争う 在法庭论争 zài fǎtíng lùnzhēng
ほうていしき【方程式】 方程式 fāngchéngshì ◆〜を解く 解方程式 jiě fāngchéngshì
ほうでん【放電-する】 放电 fàngdiàn
ぼうと【暴徒】 暴徒 bàotú ◆〜と化す 蜕变为暴徒 tuìbiàn wéi bàotú
ほうとう【放蕩】 ◆〜児 败子 bàizǐ ◆〜息子 败家子 bàijiāzǐ ◆〜三昧の 荒淫 huāngyín
ほうどう【報道-する】 报道 bàodào ◆〜の自由 新闻自由 xīnwén zìyóu ◆〜管制をしく 对新闻报道进行管制 duì xīnwén bàodào jìnxíng guǎnzhì ◆〜記事 报道 bàodào
ぼうとう【暴騰-する】 暴涨 bàozhǎng ◆物価が〜する 物价暴涨 wùjià bàozhǎng
ぼうとう【冒頭-に】 开头 kāitóu; 劈头 pītóu
ぼうどう【暴動】 暴动 bàodòng; 暴乱 bàoluàn ◆〜を静める 平息暴乱 píngxī bàoluàn
ぼうとく【冒瀆-する】 亵渎 xièdú; 污辱 wūrǔ ◆神を〜する 亵渎神灵 xièdú shénlíng
ぼうどくマスク【防毒マスク】 防毒面具 fángdú miànjù
ほうにち【訪日】 访日 fǎng Rì
ほうにん【放任-する】 放任 fàngrèn; 放纵 fàngzòng ◆〜主义 放任主义 fàngrèn zhǔyì
ほうねつ【放熱-する】 散热 sànrè
ほうねん【豊年】 丰年 fēngnián; 丰收年 fēngshōunián ◆〜万作 丰收的好年头 fēngshōu de hǎo niántóu
ぼうねんかい【忘年会】 年终联欢会 niánzhōng liánhuānhuì
ほうのう【奉納-する】 奉献 fèngxiàn; 供献 gòngxiàn
ぼうばく【茫漠-たる】 苍茫 cāngmáng ◆〜としている 迷茫 mímáng
ぼうはつ【暴発-する】 走火 zǒuhuǒ ◆銃が〜する 枪走火 qiāng zǒuhuǒ
ぼうはてい【防波堤】 防波堤 fángbōdī; (比喻的)〜になる 成为防线 chéngwéi fángxiàn
ぼうはん【防犯】 防止犯罪 fángzhǐ fànzuì ◆〜に努める 努力防止犯罪 nǔlì fángzhǐ fànzuì ◆〜カメラ 防犯摄像头 fángfàn shèxiàngtóu
ほうび【褒美】 嘉奖 jiājiǎng; 赏赐 shǎngcì; 奖 jiǎng ◆〜を与える 给奖赏 gěi jiǎngshǎng
ぼうび【防備-する】 防备 fángbèi ◆〜を固める 巩固防备 gǒnggù fángbèi
ほうふ【抱負】 抱负 bàofù ◆〜を語る 述说抱负 shùshuō bàofù
ほうふ【豊富-な】 丰足 fēngzú; 丰富 fēngfù; 优裕 yōuyù ◆〜な資源 丰足的资源 fēngzú de zīyuán ◆経験〜な 经验丰富 jīngyàn fēngfù
ぼうふ【亡父】 先父 xiānfù; 先人 xiānrén
ぼうふう【暴風】 暴风 bàofēng; 风暴 fēngbào ◆〜雨 暴风雨 bàofēngyǔ
ぼうふうりん【防風林】 防风林 fángfēnglín
ほうふく【報復-する】 报复 bàofù; bàofu; 复仇 fùchóu
ほうふくぜっとう【抱腹絶倒-する】 捧腹大笑 pěngfù dàxiào
ぼうふざい【防腐剤】 防腐剂 fángfǔjì
ほうふつ【彷彿-とする】 ◆〜とする 彷彿 fǎngfú; 好像 hǎoxiàng ◆〜させる 令人想起 lìng rén xiǎngqǐ
ほうぶつせん【放物線】 抛物线 pāowùxiàn ◆〜を描く 画抛物线 huà pāowùxiàn
ボウフラ【孑孑】 孑孓 jiéjué ◆〜が湧く 生出孑孓 shēngchū jiéjué
ぼうべん【方便】 权宜之计 quányí zhī jì ◆嘘も〜だ 说谎也是一种权宜之计 shuōhuǎng yě shì yì zhǒng quányí zhī jì
ぼうぼ【亡母】 先母 xiānmǔ
ほうほう【方法】 办法 bànfǎ; 法子 fǎzi; 方法 fāngfǎ ◆〜を講じる 设法 shèfǎ; 想法 xiǎngfǎ ◆〜論 方法论 fāngfǎlùn
ほうぼう【方々-に】 到处 dàochù; 各处 gèchù ◆〜に散らばる 分散在各处 fēnsàn zài gèchù
ぼうぼう-の ◆草が〜に生える 杂草横生 zácǎo héngshēng ◆火が〜と燃え盛る 大火熊熊 dàhuǒ xióngxióng
ほうほうのてい【這々の態】 ◆〜で逃げる 狼狈逃窜 lángbèi táocuàn
ほうぼく【放牧】 放牧 fàngmù ◆〜地 牧场 mùchǎng; 甸子 diànzi
ほうまつ【泡沫】 泡沫 pàomò ◆〜候補 昙花一现的候选人 tán huā yí xiàn de hòuxuǎnrén
ほうまん【豊満-な】 丰满 fēngmǎn; 丰盈 fēngyíng ◆〜な肉体 丰满的肉体 fēngmǎn de ròutǐ
ほうまん【放漫-な】 散漫 sǎnmàn ◆〜経営 散漫的经营 sǎnmàn de jīngyíng

ほうむ【法務】 ♦～省 法务省 fǎwùshěng;《中国の》司法部 sīfǎbù ♦～大臣 法务大臣 fǎwù dàchén; 司法部长 sīfǎ bùzhǎng

ほうむりさる【葬り去る】 葬送 zàngsòng

ほうむる【葬る】 安葬 ānzàng; 埋葬 máizàng ♦闇に～ 暗中隐蔽 ànzhōng yǐnbì

ぼうめい【亡命-する】 政治避难 zhèngzhì bìnàn; 亡命 wángmìng

ほうめん【方面】 ❶《分野，方面》方面 fāngmiàn; 上面 shàngmiàn ❷《地域》♦アフリカ～に出かける 前往非洲方面 qiánwǎng Fēizhōu fāngmiàn ♦《～の》经济～に疎い 经济方面不熟悉 jīngjì fāngmiàn bù shúxi

ほうめん【放免-する】 释放 shìfàng ♦無罪～となる 无罪释放 wúzuì shìfàng

ほうもつ【宝物】 宝贝 bǎobei; 宝物 bǎowù; 珍宝 zhēnbǎo

ほうもん【訪問-する】 拜访 bàifǎng; 访问 fǎngwèn; 走访 zǒufǎng ♦～販売 直销 zhíxiāo

ぼうや【坊や】 小朋友 xiǎopéngyǒu; 小宝宝 xiǎobǎobao

ほうよう【抱擁-する】 拥抱 yōngbào

ほうよう【法要】 法事 fǎshì ♦～を営む 办法事 bàn fǎshì

ほうようりょく【包容力】 度量 dùliàng ♦～のある 气量大 qìliàng dà

ぼうらく【暴落】 狂跌 kuángdiē; 一落千丈 yí luò qiān zhàng ♦株が～する 股价狂跌 gǔjià kuángdiē

ほうらつ【放埓-な】 放荡 fàngdàng ♦～な暮らしぶり 放荡的生活方式 fàngdàng de shēnghuó fāngshì

ぼうり【暴利】 暴利 bàolì ♦～を貪る 贪图暴利 tāntú bàolì

ほうりこむ【放り込む】 扔进 rēngjìn; 放进 fàngjìn

ほうりだす【放り出す】 抛弃 pāoqì; 扔出去 rēngchūqù ♦野良猫を外に放り出した 扔掉野猫 rēngdiào yěmāo ♦仕事を～ 撇弃工作 piěqì gōngzuò

ほうりつ【法律】 法律 fǎlǜ ♦～に違反する 犯法 fànfǎ ♦～相談 法律咨询 fǎlǜ zīxún

ほうりなげる【放り投げる】 抛出 pāochū

ぼうりゃく【謀略】 计谋 jìmóu ♦～に引っかかる 中计 zhòngjì

ほうりゅう【放流-する】 ♦稚魚を～する 放鱼苗 fàng yúmiáo

ぼうりょく【暴力】 暴力 bàolì; 武力 wǔlì ♦～を振るう 动武 dòngwǔ; 行凶 xíngxiōng ♦～団 黑社会 hēishèhuì ♦～沙汰になる 动起武来 dòngqǐ wǔ lái

ボウリング 保龄球 bǎolíngqiú ♦～場 保龄球场 bǎolíngqiú chǎng

ほうる【放る】 扔 rēng; 掷 zhì

ボウル《器》盆 pén; 盆子 pénzi

ほうれい【法令】 法令 fǎlìng ♦～に違反する 违法 wéifǎ ♦～制度 典章 diǎnzhāng

ぼうれい【亡霊】 幽魂 yōuhún; 幽灵 yōulíng

ホウレンソウ【菠薐草】 菠菜 bōcài

ほうろう【放浪-する】 流浪 liúlàng; 云游 yúnyóu

ほうろう【琺瑯-の】 洋瓷 yángcí ♦～引きの 搪瓷 tángcí ♦～質《歯の》珐琅质 fàlángzhì

ぼうろん【暴論】 谬论 miùlùn ♦～を唱える 鼓吹谬论 gǔchuī miùlùn

ほうわ【飽和】 饱和 bǎohé ♦～点 饱和点 bǎohédiǎn

ほえる【吠える】 ❶《犬などが》咬 yǎo; 叫吼 jiàohǒu ❷《人がどなる》叫唤 jiàohuan

ほお【頬】 脸颊 liǎnjiá; 嘴巴 zuǐbā; 腮 sāi ♦涙が～を伝う 泪流面颊 lèi liú miànjiá

ボーイ 男服务员 nán fúwùyuán

ボーイスカウト 童子军 tóngzǐjūn

ボーイフレンド 男朋友 nán péngyou

ポーカー 扑克 pūkè ♦賭け～をする 赌扑克牌 dǔ pūkèpái ♦～フェース 无表情的脸 wúbiǎoqíng de liǎn

ほおかぶり【頬被り-する】 ❶《手ぬぐいなどで》包住头脸 bāozhù tóuliǎn ❷《知らん振りする》假装不知 jiǎzhuāng bùzhī

ボーカル 声乐 shēngyuè ♦～レッスン 声乐课程 shēngyuè kèchéng ♦～を担当する 担任唱歌 dānrèn chànggē

ボーキサイト 铝土矿 lǚtǔkuàng

ポーク 猪肉 zhūròu ♦～カツレツ 炸猪排 zházhūpái ♦～チョップ 猪排 zhūpái

ホース 软管 ruǎnguǎn; 水龙管 shuǐlóngguǎn

ポーズ ❶《間》♦～をおく 停顿 tíngdùn ❷《姿勢》架势 jiàshì ♦～を作る 作势 zuòshì;《姿勢》摆姿势 bǎi zīshì

ホオズキ【鬼灯】 酸浆 suānjiāng

ほおずり【頬ずり-する】 贴脸 tiēliǎn

ポーター 搬运工 bānyùngōng

ボーダーライン 界线 jièxiàn ♦合否の～ 合格的标准 hégé de biāozhǔn

ポータブル 手提式 shǒutíshì ♦～ラジオ 袖珍收音机 xiùzhēn shōu-

ポーチ 门廊 ménláng
ほおづえ【頬杖】 ♦～をつく 托腮 tuōsāi
ボート 小船 xiǎochuán; 划子 huázi ♦～を漕ぐ 划船 huá chuán
ボードセーリング 帆板运动 fānbǎn yùndòng
ボードビル 轻松戏剧 qīngsōng xìjù
ポートワイン 甜红葡萄酒 tián hóng pútaojiǔ
ボーナス 红利 hónglì; 津贴 jīntiē
ほおばる【頬張る】 大口吃 dàkǒu chī ♦一口一杯に～ 狼吞虎咽 láng tūn hǔ yàn
ほおひげ【頬髭】 连鬓胡子 liánbìn húzi; 络腮胡子 luòsāi húzi
ホープ 属望人物 zhǔwàng rénwù ♦日本サッカー界の～ 日本足球界所属望的人物 Rìběn zúqiújiè suǒ zhǔwàng de rénwù
ほおべに【頬紅】 胭脂 yānzhi
ほおぼね【頬骨】 颧骨 quángǔ ♦～の高い 高颧骨的 gāo quánggǔ de
ホーム 家 jiā; 家庭 jiātíng ♦老人～ 老人之家 lǎorén zhī jiā ♦マイ～ 自家 zìjiā
ホームシック 怀乡病 huáixiāngbìng ♦～にかかる 陷入乡思 xiànrù xiāngsī
ホームステイ 留学生在外国人家庭寄住 liúxuéshēng zài wàiguórén jiātíng jìzhù
ホームチーム 本地球队 běndì qiúduì
ホームドラマ 家庭故事片 jiātíng gùshipiàn
ホームページ 主页 zhǔyè; 网页 wǎngyè
ホームラン 本垒打 běnlěidǎ
ホームルーム 班会活动 bānhuì huódòng
ホームレス 无家人 wújiārén; 流浪者 liúlàngzhě
ボーリング《掘る》钻探 zuāntàn
ホール《広間》大厅 dàtīng
ボール 球 qiú ♦～を打つ 击球 jīqiú ♦～をパスする 传球 chuánqiú
ポール 杆子 gānzi
ボールがみ【ボール紙】 马粪纸 mǎfènzhǐ; 纸板 zhǐbǎn
ボールペン 圆珠笔 yuánzhūbǐ
ほおん【保温-する】 保暖 bǎonuǎn; 保温 bǎowēn
ほか【外】【他】 其他 qítā ♦～の別の 别的 bié de ♦～にまだ三人が… 另外还有三个人… lìngwài hái yǒu sān ge rén... ♦～の誰か 别人 biérén ♦思いの～ 意外 yìwài

ポカ 失误 shīwù; 疏忽 shūhū
ほかく【捕獲-する】 捕获 bǔhuò; 缴获 jiǎohuò
ほかげ【火影】 火光 huǒguāng
ほかけぶね【帆掛け舟】 帆船 fānchuán
ぼかし【暈し】 朦胧 ménglóng ♦～を入れる 加淡色 jiā dànsè
ぼかす【暈す】 弄淡 nòngdàn
ほかならない 无非 wúfēi; 不外 búwài; 无异于 wúyìyú ♦これはかれからの警告に～ 这无非是他的警告 zhè wúfēi shì tā de jǐnggào
ほかほか-の ♦～の焼きいも 热腾腾的烤薯 rèténgténg de kǎoshǔ ♦～温かい 热烘烘 rèhōnghōng; 热乎乎 rèhūhū
ぽかぽか 和煦 héxù ♦～暖かい 暖烘烘 nuǎnhōnghōng ♦～陽気 暖洋洋的天气 nuǎnyángyáng de tiānqì
ほがらか【朗らか-な】 明朗 mínglǎng ♦～な人柄 爽朗的性格 shuǎnglǎng de xìnggé
ほかん【保管-する】 保管 bǎoguǎn ♦～係 保管 bǎoguǎn
ぽかん-と ❶《殴る》啪地一声 pā de yìshēng ❷《ぼんやり》♦～とする 发愣 fālèng; 发呆 fādāi ♦～と口をあける 张开大口 zhāngkāi dàkǒu
ぼき【簿記】 簿记 bùjì
ボキャブラリー 词汇 cíhuì; 语汇 yǔhuì ♦～が乏しい 语汇贫乏 yǔhuì pínfá
ほきゅう【補給-する】 补给 bǔjǐ ♦栄養を～する 补充营养 bǔchōng yíngyǎng
ほきょう【補強-する】 加强 jiāqiáng; 增强 zēngqiáng
ぼきん【募金】 捐款 juānkuǎn; 募捐 mùjuān
ほきんしゃ【保菌者】 带菌者 dàijūnzhě
ぼく【僕】 我 wǒ
ほくい【北緯】 北纬 běiwěi
ほくおう【北欧】 北欧 Běi Ōu
ボクサー 拳击家 quánjījiā
ぼくさつ【撲殺-する】 打死 dǎsǐ
ぼくし【牧師】 牧师 mùshī
ぼくじゅう【墨汁】 墨水 mòshuǐ; 墨汁 mòzhī
ほくじょう【北上-する】 北上 běishàng
ぼくじょう【牧場】 牧场 mùchǎng ♦～経営 牧场经营 mùchǎng jīngyíng
ボクシング 拳击 quánjī ♦～界 拳坛 quántán
ほぐす【解す】 疏松 shūsōng ♦筋肉を～ 揉开肌肉 róukāi jīròu

ほくせい【北西】 西北 xīběi
ぼくそう【牧草】 牧草 mùcǎo ♦～地 草場 cǎochǎng；草地 cǎodì
ほくそえむ【北叟笑む】 暗笑 ànxiào；窃笑 qièxiào
ぼくちく【牧畜】 畜牧 xùmù ♦～業 畜牧業 xùmùyè
ほくとう【北東】 東北 dōngběi
ぼくとう【木刀】 木刀 mùdāo
ぼくどう【牧童】 牧童 mùtóng
ほくとしちせい【北斗七星】 北斗星 běidǒuxīng
ぼくとつ【朴訥-な】 朴質 pǔzhì
ほくぶ【北部】 北部 běibù
ほくべい【北米】 北美 Běi Měi ♦～大陸 北美大陸 Běi Měi dàlù
ほくほく ❶《うれしい》高興 gāoxìng ❷《熱い》熱乎乎 rèhūhū
ほくほくせい【北北西】 西北偏北 xīběi piānběi
ほくほくとう【北北東】 東北偏北 dōngběi piānběi
ぼくめつ【撲滅-する】 撲滅 pūmiè ♦麻薬を～する 掃除毒品 sǎochú dúpǐn
ほくよう【北洋】 北洋 běiyáng ♦～漁業 北洋漁業 běiyáng yúyè
ほぐれる ❶《解く》解開 jiěkāi ❷《気が》舒暢 shūchàng
ほくろ【黒子】 黑子 hēizǐ；黑痣 hēizhì
ぼけ【呆け】 痴呆 chīdāi；《万才のボケ》捧哏 pěnggén
ボケ【木瓜】 木瓜 mùguā
ほげい【捕鯨】 捕鯨 bǔjīng
ぼけい【母系】 母系 mǔxì ♦～社會 母系社會 mǔxì shèhuì
ほけつ【補欠】 後備 hòubèi ♦～選手 後備隊員 hòubèi duìyuán
ぼけつ【墓穴】 ♦～を掘る 自掘墳墓 zì jué fénmù；自取滅亡 zì qǔ miè wáng
ポケット 衣兜 yīdōu；口袋 kǒudai ♦～サイズの 小型的 xiǎoxíng de；袖珍型 xiùzhēnxíng
ぼける【呆ける】 發痴 fāchī；昏聵 hūnkuì
ほけん【保健】 保健 bǎojiàn ♦～所 保健站 bǎojiànzhàn
ほけん【保険】 保險 bǎoxiǎn ♦～証書 保單 bǎodān
ほこ【矛】 戈 gē ♦～を納める 停戰 tíngzhàn
ほご【反故】 廢紙 fèizhǐ ♦約束を～にする 毀約 huǐyuē
ほご【保護-する】 保護 bǎohù ♦～を求める 請求保護 qǐngqiú bǎohù ♦～管理する 護理 hùlǐ ♦～関税 保護關稅 bǎohù guānshuì ♦～者 保護人 bǎohùrén

ほご【補語】 補語 bǔyǔ
ぼご【母語】 母語 mǔyǔ
ほこう【歩行-する】 歩行 bùxíng；走路 zǒulù ♦～が困難である 走路困難 zǒulù kùnnan ♦～者 行人 xíngrén
ほこう【補講-をする】 補課 bǔkè ♦～を受ける 接受補課 jiēshòu bǔkè
ぼこう【母校】 母校 mǔxiào
ぼこう【母港】 母港 mǔgǎng
ほこうしゃてんごく【歩行者天国】 歩行街 bùxíngjiē
ぼこく【母国】 祖國 zǔguó
ほこさき【矛先】 《非難・攻撃の》矛頭 máotóu；鋒芒 fēngmáng ♦～を向ける 把矛頭指向 bǎ máotóu zhǐxiàng ♦～を転じる 転移鋒芒 zhuǎnyí fēngmáng
ほこら【祠】 小神廟 xiǎo shénmiào
ほこらしい【誇らしい】 驕傲 jiāo'ào；自豪 zìháo
ほこり【誇り】 自豪感 zìháogǎn ♦～に思う 感到自豪 gǎndào zìháo ♦～高い 自尊心很強 zìzūnxīn hěn qiáng
ほこり【埃】 塵埃 chén'āi；灰塵 huīchén；塵土 chéntǔ ♦～をはたく 撣去灰土 dǎnqù chéntǔ ♦全身～だらけの 滿身是灰塵 mǎnshēn shì huīchén
ほこる【誇る】 自豪 zìháo；誇耀 kuāyào ♦世界に～ 向世界誇耀 xiàng shìjiè kuāyào
ほころび【綻び】 破綻 pòzhàn
ほころびる【綻びる】 開綻 kāizhàn ♦袖口がほころびている 袖口開綻了 xiùkǒu kāixiàn le ♦桜の花が～ 櫻花微開 yīnghuā wēikāi ♦口元が～ 微笑 wēixiào
ほさ【補佐】 助理 zhùlǐ ♦～する 輔助 fǔzhù；輔佐 fǔzuǒ ♦～的な 助理 zhùlǐ ♦～役 助理 zhùlǐ
ぼさつ【菩薩】 菩薩 púsà
ぼさぼさ 《髪が》頭髪蓬亂 tóufa péngluàn ♦一頭 蓬亂的腦袋 péngluàn de nǎodai
ぼさん【墓参-する】 掃墓 sǎomù
ほし【星】 星辰 xīngchén；星星 xīngxing；星斗 xīngdǒu ♦～印 星標 xīngbiāo ♦～を上げる 逮捕犯人 dàibǔ fànrén
ほじ【保持-する】 保持 bǎochí ♦秘密を～する 保守秘密 bǎoshǒu mìmì ♦世界記録～者 世界記録保持者 shìjiè jìlù bǎochízhě
ぼし【墓誌】 墓志 mùzhì
ぼし【母子】 母子 mǔzǐ ♦～家庭 母子家庭 mǔzǐ jiātíng ♦～ともに健康 母子都健康 mǔzǐ dōu jiànkāng
ポジ【写真の】 正片 zhèngpiàn

ほしあかり【星明かり】 星光 xīngguāng

ほしい【欲しい】 要 yào ♦何が〜の 你要什么呀 nǐ yào shénme ya ♦新聞を買ってきて〜 请去买报纸 qǐng qù mǎi bàozhǐ

ほしいまま【恣-にする】 肆意 sìyì ♦権力を〜にする 擅权 shàn quán

ほしうらない【星占い】 占星术 zhānxīngshù

ポシェット 荷包 hébāo: hébao

ほしえび【干し海老】 虾干 xiāgān; 虾皮 xiāpí; 虾米 xiāmǐ

ほしがき【干し柿】 柿饼 shìbǐng

ほしがる【欲しがる】 想要 xiǎngyào; 贪图 tāntú

ほしくさ【干し草】 干草 gāncǎo

ほじくる【穿る】 抠 kōu; 抠搜 kōusou ♦鼻を〜 抠鼻孔 kōu bíkǒng

ほしぞら【星空】 星空 xīngkōng

ほしにく【干し肉】 肉干 ròugān

ほしぶどう【干し葡萄】 葡萄干儿 pútaogānr

ほしめい【墓誌銘】 墓志铭 mùzhìmíng

ほしゃく【保釈-する】 保释 bǎoshì ♦〜金を払う 付保释金 fù bǎoshìjīn

ほしゅ【保守】 ❶《保つ》線路を〜する 保养轨道 bǎoyǎng guǐdào ❷《考えなどが》保守 bǎoshǒu ♦〜政権 保守政权 bǎoshǒu zhèngquán ♦〜的な 守旧 shǒujiù; 保守 bǎoshǒu

ほしゅう【補修-する】 维修 wéixiū; 补修 bǔxiū

ほしゅう【補習】 ♦〜授業 补课 bǔkè

ほじゅう【補充-する】 补充 bǔchōng; 添补 tiānbǔ; 欠员を〜する 补充空额 bǔchōng kōng'é ♦人員 补充人员 bǔchōng rényuán

ぼしゅう【募集-する】 募集 mùjí; 征募 zhēngmù; 招募 zhāomù ♦广告 招聘广告 zhāopìn guǎnggào

ほじょ【補助-する】 贴补 tiēbǔ; 补助 bǔzhù ♦生活費を〜する 补贴家用 bǔtiē jiāyòng ♦〜金 补贴 bǔtiē ♦〜役 下手 xiàshǒu; 助理 zhùlǐ

ほしょう【保証-する】 保管 bǎoguǎn; 保险 bǎoxiǎn; 担保 dānbǎo ♦し難い 难保 nánbǎo ♦〜金 保证金 bǎozhèngjīn; 押金 yājīn ♦〜書 保证书 bǎozhèngshū ♦〜人 保人 bǎoren ♦〜人になる 作保 zuòbǎo

ほしょう【保障-する】 保障 bǎozhàng

ほしょう【補償-する】 补偿 bǔcháng; 赔偿 péicháng ♦〜金を払う 赔钱 péiqián

ほしょく【捕食-する】 捕食 bǔshí

ほしょく【暮色】 暮色 mùsè ♦〜蒼然 暮色苍然 mùsè cāngrán

ほじる【穿る】 抠 kōu

ほしん【保身】 保身 bǎoshēn ♦〜に走る 只顾保身 zhǐ gù bǎoshēn ♦〜術 保身之道 bǎoshēn zhī dào

ほす【干す】 晒干 shàigān ♦布団を〜 晒被褥 shài bèirù ♦杯を〜 喝干 hēgān ♦仕事を干される 不给活儿干 bù gěi huór gàn

ボス 头头儿 tóutour; 头子 tóuzi

ポスター 海报 hǎibào; 宣传画 xuānchuánhuà; 招贴 zhāotiē

ホステス ❶《女主人》女主人 nǚ zhǔrén ❷《バーなどの》女招待 nǚ zhāodài

ホスト ❶《主人》东道 dōngdào; 东道主 dōngdàozhǔ ❷《ホストクラブの》男招待 nán zhāodài

ポスト 《郵便の》信筒 xìntǒng ❷《地位》职位 zhíwèi; 地位 dìwèi ♦〜が空く 缺位 quēwèi ♦〜を去る 去职 qùzhí ❸《後》♦〜モダニズム 后现代主义 hòu xiàndài zhǔyì ♦〜シーズン 淡季 dànjì

ホストクラブ 接待女客的风俗店 jiēdài nǚkè de fēngsúdiàn

ホスト・コンピュータ 主机 zhǔjī

ボストンバッグ 提包 tíbāo

ホスピス 临终关怀医院 línzhōng guānhuái yīyuàn

ほせい【補正-する】 补正 bǔzhèng ♦〜予算 补正预算 bǔzhèng yùsuàn

ぼせい【母性】 母性 mǔxìng ♦〜愛 母爱 mǔ'ài ♦〜本能 母性本能 mǔxìng běnnéng

ぼせき【墓石】 墓碑 mùbēi

ほぜん【保全-する】 保全 bǎoquán ♦〜に務める 《機械などの》保养 bǎoyǎng ♦環境〜 环保 huánbǎo

ぼせん【母船】 母船 mǔchuán

ほぞ【臍】 肚脐 dùqí ♦〜を固める 下决心 xià juéxīn ♦〜をかむ 后悔莫及 hòuhuǐ mòjí

ほそい【細い】 细 xì ♦〜針金 细铁丝 xì tiěsī ♦体が〜 瘦削 shòuxuē ♦〜声 微细的声音 wēixì de shēngyīn ♦食量が〜 饭量小 fànliàng xiǎo

ほそう【舗装-する】 铺砌 pūqì ♦〜道路 柏油马路 bǎiyóu mǎlù

ほそおもて【細面】 长脸 chángliǎn

ほそく【補足-する】 补充 bǔchōng ♦〜的な 附带的 fùdài de

ほそながい【細長い】 细长 xìcháng; 修长 xiūcháng

ほそぼそ【細々-と】 勉强 miǎnqiǎng; 凑合 còuhe ♦〜と生活する 勉强度日 miǎnqiǎng dùrì

ぼそぼそ ♦〜としゃべる 喊喊喳喳

qīqīchāchā；叽咕 jīgu

ほそみち【細道】 窄道 zhǎidào；小路 xiǎolù

ほそめ【細目】 ◆~をして見る 眯缝着眼看 mīfengzhe yǎn kàn

ほそる【細る】 消瘦 xiāoshòu ◆身の~の思いだ 忧愁得憔悴 yōusī de qiáocuì

ほぞん【保存-する】 保存 bǎocún；储藏 chǔcáng；保藏 bǎocáng ◆~食 保藏食品 bǎocáng shípǐn

ポタージュ 西餐汤 xīcān tāng；浓汤 nóngtāng

ぼたい【母体】 母体 mǔtǐ

ぼたい【母胎】 母胎 mǔtāi

ボダイジュ【菩提樹】 菩提树 pútíshù

ほだされる【絆される】 ◆情に~ 碍于情面 àiyú qíngmiàn

ホタテガイ【帆立貝】 海扇 hǎishàn；扇贝 shànbèi

ぽたぽた ◆水滴が~落ちる 水滴滴答下来 shuǐdī dīdā xiàlai ◆涙が~落ちる 眼泪滂沱 yǎnlèi pāngtuó

ぼたもち【牡丹餅】 小豆馅黏糕团 xiǎodòuxiàn niángāo tuán ◆棚から~ 福自天降 fú zì tiān jiàng

ホタル【蛍】 萤火虫 yínghuǒchóng ◆~狩り 捕萤 bǔyíng

ボタン【牡丹】 牡丹 mǔdan

ボタン ❶《服などの》扣 kòu；扣子 kòuzi ◆~をはめる 扣上扣子 kòushàng kòuzi ◆~をはずす 解开扣子 jiěkāi kòuzi ❷《機械などの》按钮 ànniǔ ◆~を押す 按按钮 àn ànniǔ

ぼち【墓地】 坟地 féndì；墓地 mùdì ◆無縁~ 义冢 yìzhǒng

ホチキス 订书器 dìngshūqì

ほちょう【歩調】 步调 bùdiào ◆~を合わせる 统一步调 tǒngyī bùdiào ◆~を速める 加快步调 jiākuài bùdiào

ほちょうき【補聴器】 助听器 zhùtīngqì

ぼつ【没-にする】 不予采用 bùyǔ cǎiyòng

ほっき【発起-する】 倡议 chàngyì；发起 fāqǐ ◆~人 发起人 fāqǐrén

ぼっき【勃起-する】 勃起 bóqǐ

ほっきょく【北極】 北极 běijí ◆~圏 北极圈 běijíquān ◆~星 北极星 běijíxīng ◆~熊 北极熊 běijíxióng

ホック 暗扣 ànkòu；钩扣 gōukòu ◆~をはめる 按上暗扣 ànshàng ànkòu

ホッケー 曲棍球 qūgùnqiú

ぼっこう【勃興-する】 兴起 xīngqǐ

ぼっこうしょう【没交渉】 没有来往 méiyǒu láiwǎng

ほっさ【発作】 发作 fāzuò ◆心臓~ 心脏病发作 xīnzàngbìng fāzuò ◆喘息~ 哮喘发作 xiàochuǎn fāzuò ◆~的な 发作性的 fāzuòxìng de

ぼっしゅう【没収-する】 充公 chōnggōng；没收 mòshōu

ほっしん【発疹】 皮疹 pízhěn ◆~が出る 出疹子 chū zhěnzi

ほっする【欲する】 希望 xīwàng；愿意 yuànyì

ぼっする【没する】 ❶《水没する》淹没 yānmò ❷《死ぬ》去世 qùshì

ほっそく【発足-する】 开始活动 kāishǐ huódòng ◆新政権が~する 新政权开始执政 xīn zhèngquán kāishǐ zhízhèng

ほっそり-した 清瘦 qīngshòu；细小 xìxiǎo ◆手足がほっそりしている 手脚纤细 shǒujiǎo xiānxì

ほったてごや【掘っ立て小屋】 棚 péng；小棚 xiǎopéng

ほったらかす【放ったらかす】 弃置不顾 qì zhì bú gù ◆仕事をほったらかしにする 丢下工作 diūxia gōngzuò

ほったん【発端】 发端 fāduān；开端 kāiduān ◆事の~ 事情的开端 shìqing de kāiduān

ぽっちゃりした 《主に子供が》胖乎乎 pànghūhū

ぼっちゃん【坊ちゃん】 令郎 lìngláng；少爷 shàoye ◆~育ち 少爷出身 shàoye chūshēn

ほっと-する ◆~ひと息つく 缓一口气 huǎn yìkǒu qì ◆~した 放下心了 fàngxià xīn le

ポット 暖壶 nuǎnhú；暖水瓶 nuǎnshuǐpíng；热水瓶 rèshuǐpíng

ぼっとう【没頭-する】 埋头 máitóu；忙乎 mánghu

ぽっとで【ぽっと出】 ◆~の人 乡下佬 xiāngxiàlǎo

ホットドッグ 热狗 règǒu

ホットニュース 最新消息 zuìxīn xiāoxi

ホットマネー 国际游资 guójì yóuzī

ホットライン 热线 rèxiàn ◆~を結ぶ 开通热线 kāitōng rèxiàn

ぼっぱつ【勃発-する】 暴发 bàofā ◆世界大戦が~する 世界大战爆发 shìjiè dàzhàn bàofā

ホップ 啤酒花 píjiǔhuā

ポップコーン 玉米花儿 yùmǐhuār

ほっぺ《通常子供の》脸蛋儿 liǎndànr

ほっぽう【北方-の】 北方 běifāng ◆~領土 北方领土 běifāng lǐngtǔ

ぼつぼつ ❶《そろそろ》渐渐 jiànjiàn；慢慢 mànmàn ❷《点々》颜に~ができる 脸上起小疙瘩 liǎnshàng qǐ xiǎo gēda

ぼつらく【没落-する】 没落 mòluò；

败落 bàiluò; 凋零 diāolíng
ほつれる【解れる】 绽开 zhànkāi; 绽线 zhànxiàn; 纰 pī
ボディー ❶《体》身体 shēntǐ ♦～チェック 体检 tǐjiǎn ❷《车》车身 chēshēn
ボディーガード 保镖 bǎobiāo; 警卫 jǐngwèi
ボディービル 肌肉健美锻炼 jīròu jiànměi duànliàn
ボディーランゲージ 身体语言 shēntǐ yǔyán
ポテトチップス 炸土豆片 zhá tǔdòupiàn
ほてる【火照る】 发热 fārè ♦顔が～ 脸发烧 liǎn fāshāo
ホテル 饭店 fàndiàn; 宾馆 bīnguǎn ♦～に泊まる 住饭店 zhù fàndiàn
ほてん【補填–する】 填补 tiánbǔ ♦損失を～する 弥补损失 míbǔ sǔnshī
ほどう【歩道】 便道 biàndào; 人行道 rénxíngdào ♦～橋 过街天桥 guòjiē tiānqiáo
ほどう【補導–する】 辅导 fǔdǎo ♦～員 辅导员 fǔdǎoyuán
ほどく【解く】 解开 jiěkāi ♦縄を～ 解开绳子 jiěkāi shéngzi
ほとけ【仏】 佛爷 fóye ♦～の顔も三度まで 事不过三 shì bú guò sān ♦～を造って魂入れず 画龙而不点睛 huà lóng ér bù diǎn jīng
ほとけごころ【仏心】 慈悲心 cíbēixīn ♦～を出す 留情 liúqíng
ほどこし【施し】 施舍 shīshě
ほどこす【施す】 ❶《与える》施舍 shīshě ❷《行う》施 shī; 施行 shīxíng ♦手当てを～ 医治 yīzhì
ほどちかい【程近い】 比较近 bǐjiào jìn ♦公園に～住宅地 离公园不太远的住宅区 lí gōngyuán bútài yuǎn de zhùzháiqū
ホトトギス【不如帰】 杜鹃 dùjuān; 布谷 bùgǔ
ほどなく【程無く】 不久 bùjiǔ; 不一会儿 bù yíhuìr ♦～帰国する 不久就回国 bùjiǔ jiù huíguó
ほとばしる【迸る】 迸发 bèngfā; 喷出 pēnchū
ほとほと ♦～困り果てる 实在没办法 shízài méi bànfǎ
ほとぼり 余烬 yújìn ♦～が冷める 喧嚣冷静下来 xuānxiāo lěngjìng xiàlai; 事情稳下来 shìqing wěnxiàlai
ボトム·アップ 由下往上 yóu xià wǎng shàng
ほどよい【程よい】 恰好 qiàhǎo; 适宜 shìyí ♦～甘さの 甜得可以 tiánde kěyǐ

ほとり【辺】 边 biān ♦湖の～ 湖边 húbiān
ボトル 瓶 píng; 瓶子 píngzi ♦～キープ 瓶装卖酒 píngzhuāng mài jiǔ ♦～ネック 瓶颈 píngjǐng; 阻碍 zǔ'ài
ほとんど【殆ど】 大部分 dàbùfen; 差不多 chàbuduō; 几乎 jīhū ♦～出来上った 差不多完成了 chàbuduō wánchéng le ♦～毎日 三天两头儿 sān tiān liǎng tóur
ポニーテール 马尾式发型 mǎwěishì fàxíng
ほにゅう【哺乳】 ♦～動物 哺乳动物 bǔrǔ dòngwù ♦～瓶 奶瓶 nǎipíng
ぼにゅう【母乳】 母乳 mǔrǔ ♦～を与える 喂奶 wèi nǎi
ほね【骨】 骨头 gǔtou ♦～が折れる 费劲 fèijìn; 费力 fèilì ♦～と皮 皮包骨 pí bāo gǔ ♦～のある男 硬骨头 yìnggǔtou
ほねおしみ【骨惜しみ–する】 惜力 xīlì; 怕苦怕累 pà kǔ pà lèi
ほねおり【骨折り】 辛劳 xīnláo; 血汗 xuèhàn; 辛苦 xīnkǔ
ほねおりぞん【骨折り損–をする】 徒劳 túláo ♦～のくたびれもうけ 徒劳无益 túláo wúyì
ほねぐみ【骨組み】 《建造物の》骨架 gǔjià; 桁架 héngjià; 《人間の》骨骼 gǔgé; 体格 tǐgé ♦～のしっかりした 骨骼健壮 gǔgé jiànzhuàng
ほねつぎ【骨接ぎ】 正骨 zhènggǔ; 接骨 jiēgǔ
ほねみ【骨身】 ♦～にしみる 彻骨 chègǔ; 入骨 rùgǔ ♦～を惜しまぬ 勤苦 qínkǔ
ほねやすめ【骨休め–する】 休息 xiūxi
ほのお【炎】 火苗 huǒmiáo; 火焰 huǒyàn
ほのか【仄–か–な】 隐约 yǐnyuē; 幽微 yōuwēi ♦～な甘さ 甜头 tiántou ♦～な香り 幽香 yōuxiāng
ほのぐらい【仄暗い】 幽暗 yōu'àn; 昏黄 hūnhuáng
ほのぼの【仄々–とした】 温暖 wēnnuǎn ♦～とする 感到温暖 gǎndào wēnnuǎn
ほのめかす【仄めかす】 暗示 ànshì ♦出家を～ 暗示要出家 ànshì yào chūjiā
ホバークラフト 气垫船 qìdiànchuán
ほばしら【帆柱】 桅杆 wéigān
ほはば【歩幅】 脚步 jiǎobù ♦～の広い 步子大 bùzi dà
ぼひ【墓碑】 墓碑 mùbēi
ポピュラー 大众的 dàzhòng de ♦～ソング 流行曲 liúxíngqǔ

ぼひょう【墓標】 墓碑 mùbēi
ほふく【匍匐-する】 匍匐 púfú ◆~前進 匍匐前進 púfú qiánjìn
ボブスレー 雪橇滑降比賽 xuěqiāo huájiàng bǐsài
ポプラ 白楊 báiyáng；鉆天楊 zuāntiānyáng ◆~並木 一排鉆天楊 yì pái zuāntiānyáng
ほへい【步兵】 步兵 bùbīng
ほぼ【略】 差不多 chàbuduō；將近 jiāngjìn ◆~倍の量 將近兩倍的數量 jiāngjìn liǎngbèi de shùliàng ◆同じ 差不多一样 chàbuduō yíyàng；大同小異 dà tóng xiǎo yì
ほぼ【保母】 保母 bǎomǔ；阿姨 āyí；保育员 bǎoyùyuán
ほほえましい【微笑ましい】 招人微笑 zhāo rén wēixiào ◆~光景 欢快情景 huānkuài qíngjǐng
ほほえみ【微笑み】 微笑 wēixiào ◆~を返す 报以微笑 bào yǐ wēixiào
ほほえむ【微笑む】 含笑 hánxiào；微笑 wēixiào
ポマード 发蜡 fàlà；头油 tóuyóu ◆~を付ける 上发蜡 shàng fàlà
ほまれ【誉れ】 荣耀 róngyào；荣誉 róngyù；光荣 guāngróng ◆~高い 显扬 xiǎnyáng；声誉昭著 shēngyù zhùchēng
ほめたたえる【褒め称える】 表彰 biǎozhāng；称颂 chēngsòng ◆功績を~ 表彰功績 biǎozhāng gōngjì
ほめる【褒める】 称赞 chēngshàng；夸奖 kuājiǎng ◆ほめすぎだ 夸张得过分 kuāzhāngde guòfèn；过奖 guòjiǎng
ホモ（セクシュアル） 男同性恋 nán tóngxìngliàn
ぼや【小火】 小火灾 xiǎo huǒzāi ◆~を出す 失一场小火 shī yì cháng xiǎohuǒ
ぼやかす 模糊 móhu ◆話の焦点を~ 含糊其辞 hánhu qí cí
ぼやく 嘟囔 dūnang；发牢骚 fā láosāo
ぼやける 模糊 móhu ◆論点が~ 论点不清 lùndiǎn bùqīng
ぼやっと ~している 傻呵呵 shǎhēhē；呆呆看着 dāidāi kànzhe
ほやほやの 刚刚做好 gānggāng zuòhǎo ◆新婚~ 新婚燕尔 xīnhūn yàn'ěr ◆出来たて~の肉まん 刚出锅的肉包子 gāng chūguō de ròubāozi
ほゆう【保有-する】 保有 bǎoyǒu ◆核~国 核持有国 hé chíyǒuguó
ほよう【保養-する】 保养 bǎoyǎng ◆目の~になる 饱眼福 bǎo yǎnfú ◆~地 疗养地 liáoyǎngdì
ほら 《呼びかけ》 喂 wèi；看 kàn ◆~，あれを見てごらん 喂，你瞧 wèi, nǐ qiáo
ほら【法螺】 牛皮 niúpí ◆~を吹く 吹牛 chuīniú；夸口 kuākǒu ◆~話 白话 báihuà ◆~吹き 大炮 dàpào
ホラー 恐怖 kǒngbù；战栗 zhànlì ◆~映画 恐怖片 kǒngbùpiàn
ほらあな【洞穴】 洞穴 dòngxué
ボランティア 志愿者 zhìyuànzhě；义工 yìgōng ◆~活動 无偿社会活动 wúcháng shèhuì huódòng ◆~活動に参加する 参加社会福利活动 cānjiā shèhuì fúlì huódòng
ほり【堀】 《城》の 护城河 hùchénghé
ほりあてる【掘り当てる】 挖到 wādào ◆油田を~ 发现油田 fāxiàn yóutián
ポリープ 息肉 xīròu ◆~を取り除く 切除息肉 qiēchú xīròu
ポリウレタン 聚氨酯 jù'ānzhǐ
ポリエステル 聚酯 jùzhǐ
ポリエチレン 聚乙烯 jùyǐxī
ポリえんかビニール【ポリ塩化ビニール】 氯纶 lǜlún
ポリオ 小儿麻痹 xiǎo'ér mábì ◆~ワクチン 小儿麻痹疫苗 xiǎo'ér mábì yìmiáo
ほりおこす【掘り起こす】 挖掘 wājué；挖出 wāchū
ほりかえす【掘り返す】 翻掘 fānjué ◆過去の事件を~ 翻出过去的事件 fānchū guòqù de shìjiàn
ほりさげる【掘り下げる】 《内容を》深入思考 shēnrù sīkǎo
ほりだしもの【掘り出し物】 偶然弄到的珍品 ǒurán nòngdào de zhēnpǐn
ほりだす【掘り出す】 采掘 cǎijué
ホリデー 假日 jiàrì；节日 jiérì
ポリバケツ 塑料水桶 sùliào shuǐtǒng
ポリぶくろ【ポリ袋】 塑料袋 sùliàodài
ポリプロピレン 丙纶 bǐnglún
ほりよう ❶《固いものをかむ》◆せんべいを~かじる 咯吱咯吱地吃脆饼干 gēzhīgēzhī de chī cuìbǐnggān ❷《掻く》頭を~掻く 噌噌地搔脑袋 cēngcēng de sāo nǎodai
ほりもの【彫物】 ❶《彫刻》雕刻 diāokè ❷《いれずみ》文身 wénshēn
ほりゅう【保留-する】 保留 bǎoliú ◆~分 后备 hòubèi
ボリューム ❶《分量》◆~のある食事 分量大的饭菜 fènliàng dà de fàncài ❷《音量》音量 yīnliàng ◆~を上げる 提高音量 tígāo yīnliàng ◆~を下げる 放低音量 fàngdī yīnliàng
ほりょ【捕虜】 俘虏 fúlǔ；战俘

zhànfú ♦〜にする 俘虏 fúlǔ
ほる【掘る】 挖 wā；掘 jué；挖掘 wājué ♦穴を〜 挖坑 wākēng ♦古墳を〜 发掘古墓 fājué gǔmù
ほる【彫る】 ❶《模様などを》雕花 diāohuā ❷《刺青を》刺 文身 cì wénshēn
ぼる 牟取暴利 móuqǔ bàolì；敲竹杠 qiāo zhúgàng
ポルカ 波尔卡舞 bō'ěrkǎwǔ
ボルト ❶《金属ねじ》螺栓 luóshuān；螺丝钉 luósīdīng ❷《電圧の》伏特 fútè
ポルノ ♦〜一掃 扫黄 sǎohuáng ♦〜映画 黄色电影 huángsè diànyǐng ♦〜小説 色情小説 sèqíng xiǎoshuō
ホルマリン 福尔马林 fú'ěrmǎlín
ホルモン 荷尔蒙 hé'ěrméng；激素 jīsù
ホルン 圆号 yuánhào
ほれこむ【惚れ込む】 喜爱 xǐ'ài；钟情 zhōngqíng ♦人柄に〜 看上人品 kànshàng rénpǐn
ほれぼれ【惚れ惚れ−とする】 令人陶醉 lìng rén táozuì ♦〜とする美しさ 迷人的美 mírén de měi
ほれる【惚れる】 看中 kànzhòng；爱上 àishang
ボレロ ❶《服》无袖妇女短上衣 wúxiù fùnǚ duǎnshàngyī ❷《音楽》包列罗舞曲 bāolièluó wǔqǔ
ほろ【幌】 车篷 chēpéng
ぼろ【襤褸】 破旧 pòjiù ♦〜が出る 暴露破绽 bàolù pòzhàn ♦〜を出す 露马脚 lòu mǎjiǎo
ポロ 马球 mǎqiú
ポロシャツ 开领短袖衬衫 kāilǐng duǎnxiù chènshān
ほろにがい【ほろ苦い】 ♦〜味 味稍苦 wèi shāo kǔ ♦〜思い出 又苦又甜的回忆 yòu kǔ yòu tián de huíyì
ほろびる【滅びる】 灭亡 mièwáng；衰亡 shuāiwáng；消灭 xiāomiè
ほろぼす【滅ぼす】 覆灭 fùmiè；消灭 xiāomiè ♦身を〜 毁灭自己 huǐmiè zìjǐ
ぼろぼろ-の 破烂不堪 pòlàn bùkān ♦〜の服 破破烂烂的衣服 pòpòlànlàn de yīfu
ぼろぼろ【擬声語 pūlūlū 〜こぼれ落ちる《汗や涙が》滚滚 gǔntāng
ぼろもうけ【ぼろ儲け−する】 赚大钱 zhuàn dàqián
ほろよい【ほろ酔い】 ♦〜機嫌 醉醺醺 zuìxūnxūn
ホワイトカラー 白领阶层 báilǐng jiēcéng
ホワイトハウス 白宫 Báigōng

ほん【本】 书 shū；本 běnběn ♦〜の虫 书痴 shūchī；书呆子 shūdāizi ♦〜を読む 读书 dúshū；看书 kànshū
ぼん【盆】 ❶《什器の》盘子 pánzi ❷《うらぼん》盂兰盆会 yúlánpénhuì
ほんあん【翻案】 改编 gǎibiān
ほんい【本位】 本位 běnwèi ♦金〜制度 金本位制度 jīn běnwèi zhìdù
ほんい【本意】 本意 běnyì；真意 zhēnyì ♦〜ではない 并非本愿 bìng fēi suǒ yuàn
ほんか【本科】 本科 běnkē ♦〜生 本科生 běnkēshēng
ほんかくてき【本格的−な】 正式的 zhèngshì de；真正的 zhēnzhèng de
ほんかん【本館】 主楼 zhǔlóu
ほんき【本気−で】 ♦〜で相談する 认真商量 rènzhēn shāngliang ♦〜にする 当真 dàngzhēn；信真 xìnzhēn
ほんぎ【本義】《転義に対して》本义 běnyì
ほんぎまり【本決まり−の】 正式决定 zhèngshì juédìng
ほんぎょう【本業】 本行 běnháng ♦〜に戻る 复业 fùyè
ほんきょち【本拠地】 根据地 gēnjùdì
ほんけ【本家】 正宗 zhèngzōng；本家 běnjiā ♦〜本元 正宗 zhèngzōng
ほんこう【本校】 本校 běnxiào
ほんごく【本国】 本国 běnguó
ほんごし【本腰】 ♦〜を入れる 认真努力 rènzhēn nǔlì
ホンコン【香港】《地名》香港 Xiānggǎng
ほんさい【本妻】 正房 zhèngfáng
ぼんさい【凡才】 庸才 yōngcái
ぼんさい【盆栽】 盆景 pénjǐng；盆栽 pénzāi
ほんし【本旨】 宗旨 zōngzhǐ ♦〜とする 作为宗旨 zuòwéi zōngzhǐ
ほんしつ【本質】 本质 běnzhì；实质 shízhì ♦〜的な差異 本质上的差别 běnzhìshang de chābié
ほんじつ【本日】 今儿 jīnr；今日 jīnrì；今天 jīntiān
ほんしゃ【本社】《支社に対して》总社 zǒngshè；总公司 zǒnggōngsī；《わが社》敝社 bìshè；敝公司 bì gōngsī
ほんしょう【本性】 本性 běnxìng；根性 gēnxing ♦〜を現す 露出本性来 lòuchū běnxìng lái
ほんしょく【本職】 本行 běnháng
ほんしん【本心】 实意 shíyì；真心

ぼんじん【凡人】庸才 yōngcái；庸人 yōngrén ◆凡人 fánrén

ほんせい【本正】正题 zhèngtí ◆～を外れる 离开正题 líkāi zhèngtí

ほんせき【本籍】籍贯 jíguàn ◆～地 原籍所在地 yuánjí suǒzàidì

ほんせん【本線】干线 gànxiàn

ほんそう【奔走-する】奔跑 bēnpǎo；奔走 bēnzǒu ◆資金集めに～する 为筹资奔走 wèi chóuzī bēnzǒu

ほんたい【本体】本体 běntǐ ◆～価格 本体价格 běntǐ jiàgé

ほんだい【本題】本题 běntí；正题 zhèngtí ◆～からそれる 离辙 lízhé ◆～に入る 进入本题 jìnrù běntí

ほんだな【本棚】书架 shūjià

ぼんち【盆地】盆地 péndì

ほんちょうし【本調子-の】常态 chángtài

ほんてん【本店】总店 zǒngdiàn

ほんでん【本殿】正殿 zhèngdiàn

ボンド【接着剤】黏合剂 niánhéjì

ポンド ❶《貨幣単位の》英镑 Yīngbàng ❷《重さの単位の》磅 bàng

ほんとう【本当-に】的确 díquè；真的 zhēn de；真是 zhēnshi ◆～は 说真的 shuō zhēnde ◆～に恐ろしい 实在可怕 shízài kěpà ◆～のこと 实话 shíhuà ◆～の気持ち 实意 shíyì

ほんとう【本島】本岛 běndǎo

ほんどう【本堂】正殿 zhèngdiàn

ほんにん【本人】本人 běnrén ◆かれ～ 他自己 tā zìjǐ ◆～の筆跡 亲笔 qīnbǐ

ほんね【本音】心里话 xīnlihuà ◆～を言う 口吐真言 kǒu tǔ zhēnyán

ボンネット《車の》发动机罩 fādòngjīzhào

ほんねん【本年】今年 jīnnián

ほんの 仅仅 jǐnjǐn ◆～一瞬 弹指之间 tánzhǐ zhī jiān ◆～気持ち 小意思 xiǎoyìsi ◆～少し 一丁点儿 yìdīngdiǎnr ◆～二，三日 仅仅两三天 jǐnjǐn liǎngsān tiān ◆～出来心 一点偶发的邪念 yìdiǎn ǒufā de xiénián

ほんのう【本能】本能 běnnéng ◆～的に 本能地 běnnéng de

ぼんのう【煩悩】烦恼 fánnǎo

ほんのり 微微 wēiwēi ◆～赤くなる《顔が》脸上微微泛出红晕 liǎnshàng wēiwēi fànchū hóngyùn

ほんば【本場-の】地道 dìdao ◆～の中華料理 地道的中国菜 dìdao de zhōngguócài

ほんばこ【本箱】书柜 shūguì

ほんばん【本番】正式表演 zhèngshì biǎoyǎn ◆ぶっつけ～で 首次就是正式演出 shǒucì jiùshì zhèngshì yǎnchū

ほんぶ【本部】本部 běnbù；中央 zhōngyāng；总部 zǒngbù ◆捜査～ 搜查本部 sōuchá běnbù

ポンプ 泵 bèng；水泵 shuǐbèng

ほんぶり【本降り】（雨）大下（yǔ）dàxià ◆～になった 雨下得大了 yǔ xiàde dà le

ほんぶん【本分】本分 běnfèn ◆～を尽くす 尽责任 jìn zérèn

ほんぶん【本文】正文 zhèngwén

ボンベ 气瓶 qìpíng ◆酸素～ 氧气瓶 yǎngqìpíng

ほんぺん【本編】正编 zhèngbiān

ほんぽう【奔放-な】奔放 bēnfàng ◆自由～な 自由奔放 zìyóu bēnfàng

ボンボン《菓子》酒心巧克力 jiǔxīn qiǎokèlì ◆ウィスキー～ 威士忌酒心巧克力 wēishìjì jiǔxīn qiǎokèlì

ほんまつてんとう【本末転倒】舍本逐末 shě běn zhú mò；本末颠倒 běnmò diāndǎo

ほんみょう【本名】本名 běnmíng

ほんめい【本命】《競馬》最有希望的马 zuì yǒu xīwàng de mǎ

ほんもう【本望】宿愿 sùyuàn ◆舞台で死ねれば～だ 如能死在舞台上就满意了 rú néng sǐzài wǔtáishang jiù mǎnyì le

ほんもの【本物】真货 zhēnhuò ◆～そっくりな《模倣や描写が》惟妙惟肖 wéi miào wéi xiào ◆～になる 成真货 chéng zhēnhuò

ほんもん【本文】本文 běnwén；正文 zhèngwén

ほんや【本屋】书店 shūdiàn

ほんやく【翻訳-する】翻译 fānyì ◆～者 译者 yìzhě ◆～書 译本 yìběn

ぼんやり ❶《かすんで》模糊 móhu；朦胧 ménglóng；影影绰绰 yǐngyǐngchuòchuò ❷《表情などが》呆呆 dāi ◆～している 迷离 mílí ◆～する 出神 chūshén；发呆 fādāi；走神儿 zǒushénr ❸《意識が》迷糊 míhu；恍惚 huǎnghū

ぼんよう【凡庸-な】凡庸 fányōng；平庸 píngyōng ◆～な人 小人物 xiǎorénwù

ほんらい【本来-の】本来 běnlái ◆～の意図 本来的意思 běnlái de yìsi ◆～の意味 原意 yuányì ◆～の姿 本色 běnsè；原形 yuánxíng ◆～なら 按理 ànlǐ；按说 ànshuō

ほんりゅう【本流】干流 gànliú；主

流 zhǔliú ♦～を行く 随主流而行 suí zhǔliú ér xíng

ほんりょう【本領】 特长 tècháng ♦～を発揮する 发挥专长 fāhuī zhuāncháng

ほんろう【翻弄-する】 愚弄 yúnòng ♦敵を～する 玩弄敌人 wánnòng dírén

ほんろん【本論】 正题 zhèngtí；本论 běnlùn

ま

ま【間】 ❶《隔たり》♦5メートルの〜をおいて 隔五米 gé wǔ mǐ ❷《時間》♦つかの〜 转眼之间 zhuǎnyǎn zhī jiān ♦あっという〜 刹那间 chànàjiān ♦〜をおく 待一会儿 dāi yíhuìr ❸《その他》♦〜をとる 停顿 tíngdùn ♦〜が抜ける 愚蠢 yúchǔn ♦〜が悪い《きまりが悪い》不好意思 bùhǎoyìsi

ま【魔】 恶魔 èmó ♦〜が差す 中魔 zhòngmó

まあ 《〜〜いいだろう》还可以 hái kěyǐ；总算不错了 zǒngsuàn búcuò le

まあ 《驚きを表す》哎呀 āiyā；āiya；哟 yōu

マーガリン 人造黄油 rénzào huángyóu

マーク ❶《しるし》记号 jìhao ❷《組織や団体などの》徽记 huījì ❸《監視》监视 jiānshì；盯 dīng ♦怪しい人物を〜する 监视可疑分子 jiānshì kěyí fènzǐ ♦中村選手を〜する 紧紧地盯住中村选手 jǐnjǐn de dīngzhù Zhōngcūn xuǎnshǒu

マーケット 商场 shāngchǎng；市场 shìchǎng ♦〜情況 商情 shāngqíng ♦〜を開拓する 开拓市场 kāituò shìchǎng

マーケティング 营销 yíngxiāo

マーケティングリサーチ 市场调查 shìchǎng diàochá

マージャン【麻雀】 麻将 májiàng ♦〜をする 打麻将 dǎ májiàng

マージン 赚头 zhuàntou ♦〜をとる 转手获利 zhuǎnshǒu huòlì

まあたらしい【真新しい】 崭新 zhǎnxīn；新颖 xīnyǐng ♦〜靴 新颖的鞋子 xīnyǐng de xiézi

マーチ 进行曲 jìnxíngqǔ

まあまあ 总算 zǒngsuàn ♦〜だ 还可以 hái kěyǐ ♦〜の成績 成绩差不多 chéngjì chàbuduō ♦〜，そう怒るなよ，ねっ，别生气啦 déle, bié shēngqì la

まいあがる【舞い上がる】 ❶《埃・風などが》飞扬 fēiyáng；飞舞 fēiwǔ ❷《気持ちが》兴高采烈 xìng gāo cǎi liè

まいあさ【毎朝】 每天早上 měitiān zǎoshang

まいおりる【舞い下りる】 降落 jiàngluò ♦ツルが〜 一只仙鹤飞落下来 yì zhī xiānhè fēiluòxialai

マイカー 私家车 sījiāchē

まいきょ【枚挙】 ♦〜にいとまがない 不胜枚举 bú shèng méijǔ

マイク 话筒 huàtǒng；麦克风 màikèfēng ♦隠し〜 窃听器 qiètīngqì

マイクロ 微型 wēixíng ♦〜バス 小型客车 xiǎoxíng kèchē；面包车 miànbāochē ♦〜フィルム 微型胶卷 wēixíng jiāojuǎn

まいご【迷子】 走失的孩子 zǒushī de háizi ♦〜になる 走失 zǒushī；迷路 mílù

まいこむ【舞い込む】 飞入 fēirù；飘进 piāojìn ♦花びらが〜 花瓣飘进来 huābàn piāojinlai ♦朗報が〜 好消息传来 hǎo xiāoxi chuánlái

マイコン 微型计算机 wēixíng jìsuànjī；微机 wēijī

まいじ【毎時】 每小时 měixiǎoshí

まいしゅう【毎週】 每个星期 měige xīngqī；每周 měizhōu

まいしん【邁進】 迈进 màijìn ♦仕事に〜する 专心工作 zhuānxīn gōngzuò

まいすう【枚数】 《紙などの》张数 zhāngshù ♦〜を確認する 点张数 diǎn zhāngshù

まいせつ【埋設-する】 埋设 máishè

まいそう【埋葬-する】 埋葬 máizàng ♦下葬 xiàzàng

まいぞう【埋蔵-する】 埋藏 máicáng；蕴藏 yùncáng ♦〜石油油矿 yóukuàng ♦〜量 储量 chǔliàng

まいつき【毎月】 每个月 měige yuè；每月 měiyuè

まいど【毎度】 每次 měicì；时常 shícháng ♦〜ありがとうございます 屡蒙关照，多谢 lǚ méng guānzhào, duōxiè

マイナー-な 规模小的 guīmó xiǎo de ♦〜な分野 不受重视的领域 bú shòu zhòngshì de lǐngyù；《音楽》小调 xiǎodiào

マイナス ♦〜記号 减号 jiǎnhào；负号 fùhào ♦5マイナス2は3 五减二等于三 wǔ jiǎn èr děngyú sān ♦〜40度 零下四十度 língxià sìshí dù ♦電極のプラスと〜 阳极和阴极 yángjí hé yīnjí ♦収支は〜だ 入不敷出了 rù bù fū chū le ♦〜要因 消极因素 xiāojí yīnsù ♦〜成長 负增长 fùzēngzhǎng ♦〜の効果しかない 只起负作用 zhǐ qǐ fùzuòyòng

マイナスイオン 负离子 fùlízǐ

まいにち【毎日】 每天 měitiān；天天 tiāntiān

まいねん【毎年】 每年 měinián；年年 niánnián

マイノリティー 少数派 shǎoshùpài；《民族》少数民族 shǎoshù mínzú

まいばん【毎晩】 每天晚上 měitiān

wǎnshang

マイペース 自己的节奏 zìjǐ de jiézòu ◆〜でゆく 我行我素 wǒ xíng wǒ sù

マイホーム 自己的家 zìjǐ de jiā

まいぼつ【埋没-する】 埋没 máimò ◆人材が〜している 优秀的人材被埋没了 yōuxiù de réncái bèi máimò le

まいもどる【舞い戻る】 重返 chóngfǎn; 返回 fǎnhuí

まいる【参る】◆お寺にー 拜佛 bàifó; 参拜佛店 cānbài fómiào ◆明日また参ります 明天再来 míngtiān zài lái ◆いやあ、参った 我服了 wǒ fú le ◆こう暑くては—よ 实在受不了这样的酷暑 zhēn shòubuliǎo zhèyàng de kùshǔ

マイル 英里 yīnglǐ ◆ーストーン 里程碑 lǐchéngbēi

まう【舞う】 舞蹈 wǔdǎo ◆舞を〜 舞蹈 wǔdǎo ◆雪が空一面に〜 雪花满天飞舞 xuěhuā mǎntiān fēiwǔ

まうえ【真上】 头顶上 tóudǐngshàng; 正上方 zhèng shàngfāng

まうしろ【真後ろ】 正后面 zhèng hòumiàn

マウス〈コンピュータ〉鼠标 shǔbiāo

まえ【前】〈空間的〉前面 qiánmiàn; 前边 qiánbiān ◆ーの〜で 当着…的面儿 dāngzhe...de miànr ◆駅の〜に 在火车站前 zài huǒchēzhàn qián; 〈時間的〉以前 yǐqián; 从前 cóngqián ◆〜に来たことがある 以前来过 yǐqián láiguo ◆〈その他〉二人〜食べる 吃两份饭 chī liǎng fèn fàn

まえうり【前売り-する】 预售 yùshòu ◆〜券 预售票 yùshòupiào

まえおき【前置き】〈文章や話の〉引子 yǐnzi; 开场白 kāichǎngbái ◆〜はさておき 开场白说到这儿 kāichǎngbái shuōdào zhèr

まえかがみ【前屈み】◆ーになる 弯腰 wānyāo; 弯身 wānshēn

まえがき【前書き】 序言 xùyán; 前言 qiányán

まえかけ【前掛け】 围裙 wéiqún

まえがし【前貸し-する】 预付 yùfù; 预支 yùzhī

まえがみ【前髪】 额发 éfà ◆ーを垂らす 留刘海儿 liú liúhǎir

まえがり【前借り-する】〈給料を〉借支 jièzhī; 预借 yùjiè

まえきん【前金】 预付款 yùfùkuǎn; 定钱 dìngqián ◆〜で支払う 先付钱 xiān fùqián

まえば【前歯】 门牙 ményá

まえばらい【前払い-する】 预付 yùfù ◆〜金 押款 yākuǎn; 预付款 yùfùkuǎn

まえぶれ【前触れ】❶〈予告〉预告 yùgào; 预先通知 yùxiān tōngzhī ❷〈前兆〉前兆 qiánzhào; 先兆 xiānzhào ◆嵐の〜 暴风雨的预兆 bàofēngyǔ de yùzhào

まえむき【前向き】 向前看的态度 xiàng qián kàn de tàidu ◆ーに立つ 面向前站 miànxiàng qián zhàn ◆〜に処処する 积极对待 jījí duìdài

まえもって【前もって】 事先 shìxiān; 提前 tíqián ◆〜通告する 预先通知 yùxiān tōngzhī

まがいもの【紛い物】 假的 jiǎ de; 冒牌货 màopáihuò ◆ーの宝石 假宝石 jiǎbǎoshí

まがお【真顔】 严肃的表情 yánsù de biǎoqíng ◆〜で聞き返す 认真地反问 rènzhēn de fǎnwèn

マガジン 杂志 zázhì; 刊物 kānwù

まかす【負かす】 打败 dǎbài ◆兄を〜 赢了哥哥 yíngle gēge

まかせっきり【任せっきり】 ◆〜にする 完全托付 wánquán tuōfù

まかせる【任せる】 听任 tīngrèn; 委托 wěituō ◆君の選択に〜 任凭你的挑选 rènpíng nǐ de tiāoxuǎn ◆運を天に〜 听天由命 tīng tiān yóu mìng

まがった【曲がった】 ◆〜事 不正当の行為 bú zhèngdàng de xíngwéi

まかない【賄い】 伙食 huǒshi ◆〜付き 带包饭 dài bāofàn

まかなう【賄う】❶〈食事を作って出す〉供给饭食 gōngjǐ fànshí ❷〈まにあわせる〉（在一定的范围内）供应 (zài yídìng de fànwéi nèi) gōngyìng; 维持 wéichí

まがぬけている【間が抜けている】 傻气 shǎqì;〈言動が〉着三不着两 zháo sān bù zháo liǎng

まがり【間借り-する】 租房间 zū fángjiān ◆〜人 房客 fángkè

まがりかど【曲がり角】 拐角儿 guǎijiǎor; 弯儿 wānr ◆人生の〜 人生的转折点 rénshēng de zhuǎnzhédiǎn

まがりくねる【曲がりくねる】 曲折 qūzhé;〈道や川などの〉委曲 wěiqū; 弯弯曲曲 wānwānqūqū

まがりなり【曲りなり-に】◆〜にも卒業できた 勉强毕业了 miǎnqiáng bìyè le

まがる【曲がる】❶〈角を〉拐弯 guǎiwān ◆右にー 往右转 wǎng yòu zhuǎn ❷〈物体が〉蜷曲 quánqū; 弯曲 wānqū ❸〈性格が〉◆根性が曲がっている 脾气怪僻 píqi guàipì

マカロニ 通心粉 tōngxīnfěn

まき【薪】 木柴 mùchái; 劈柴 pī-

まきあげる【巻き上げる】 ♦ワイヤロープを~ 卷起钢绳 juǎnqǐ gāngshéng ♦金を~ 敲竹杠 qiāo zhúgàng

まきえ【蒔絵】 《金,银の》泥金画 níjīnhuà

まきおこす【巻き起こす】 掀起 xiānqǐ ♦ブームを~ 掀起热潮 xiānqǐ rècháo

まきがみ【巻紙】 卷纸 juǎnzhǐ

まきこむ【巻き込む】 卷入 juǎnrù; 连累 liánlei ♦他人を~ 牵连别人 qiānlián biérén ♦災難に巻き込まれる 遭受灾难 zāoshòu zāinàn

まきじゃく【巻尺】 皮尺 píchǐ; 卷尺 juǎnchǐ

まきぞえ【巻き添え】 牵连 qiānlián; 连累 liánlei ♦~を食う 受累 shòulèi ♦他人を~にする 牵连别人 qiānlián biérén

まきたばこ【巻き煙草】 香烟 xiāngyān

まきちらす【撒き散らす】 散 sàn; 散布 sànbù ♦細菌を~ 散布细菌 sànbù xìjūn ♦デマを~ 散布谣言 sànbù yáoyán

まきつく【巻き付く】 盘绕 pánrào

まきつける【巻き付ける】 绕 rào; 绑 bǎng; 缠 chán

まきば【牧場】 牧场 mùchǎng

まきもどす【巻き戻す】 卷回来 juǎnhuílai ♦テープを~ 倒带 dàodài

まきもの【巻物】 卷轴 juànzhóu

まぎらす【紛らす】 ♦気を~ 解闷 jiěmèn ♦笑いに~ 用笑来掩饰 yòng xiào lái yǎnshì ♦悲しみを~ 排遣忧伤 páiqiǎn yōushāng

まぎらわしい【紛らわしい】 不易分辨 bú yì fēnbiàn; 难以辨别 nányí biànbié ♦~表示 容易混淆的表示 róngyì hùnxiáo de biǎoshì

まぎれこむ【紛れ込む】 混进 hùnjìn ♦書類がどこかに~ 文件混入到哪儿去了 wénjiàn hùnrùdào nǎr qù le ♦人込みに~ 混进人群里 hùnjìn rénqúnlǐ

まぎれもない【紛れもない】 真切 zhēnqiè ♦~事実 真正的事实 zhēnzhèng de shìshí

まぎれる【紛れる】 《まじる》 ♦人込みに~ 混进人群 hùnjìn rénqún ♦本物と偽物が~ 真假混合 zhēnjiǎ hùnhé; 《忘れる》 ♦痛みが~ 忘掉疼痛 wàngdiào téngtòng ♦気が~ 解闷 jiěmèn

まぎわ【間際-に】 ♦発車~に 快要开车的时候 kuàiyào kāichē de shíhou ♦出かける~に 正要临走时 zhèng yào línzǒu shí

まく【巻く】 卷 juǎn; 裹 guǒ; 绕 rào ♦渦を~ 卷成旋涡 juǎnchéng xuánwō ♦ねじを~ 上弦 shàng xián ♦舌を~ 咂嘴 zā zuǐ ♦包带を~ 缠绷带 chán bēngdài

まく【蒔く】 播 bō ♦種を~ 播种 bōzhǒng ♦蒔かぬ種は生えぬ 种瓜得瓜,种豆得豆 zhòng guā dé guā, zhòng dòu dé dòu

まく【撒く】 散布 sànbù ♦水を~ 浇水 jiāo shuǐ; 洒水 sǎ shuǐ ♦ビラを~ 撒传单 sā chuándān

まく【幕】 ❶《仕切りの》 幔帐 mànzhàng; 帷幕 wéimù ♦~を張る 张挂帷幕 zhāngguà wéimù ❷《芝居の》 幕 mù ♦~が開く 开幕 kāimù ❸《比喩的に》 ♦~を引く 结束 jiéshù ♦五輪の~開け 奥运会揭幕 Àoyùnhuì jiēmù ♦私の出る~じゃない 不是我出面的时候 búshì wǒ chūmiàn de shíhou

まぐさ【秣】 草料 cǎoliào

まくしたてる【捲し立てる】 放炮 fàngpào; 喋喋不休 diédié bù xiū

まぐち【間口】 房屋正面的宽窄 fángwū zhèngmiàn de kuānzhǎi ♦~が狭い[広い] 正面窄[宽] zhèngmiàn zhǎi[kuān]

マグニチュード 震级 zhènjí ♦~6の地震 六级地震 liù jí dìzhèn

マグネシウム 镁 měi ♦~の光 镁光 měiguāng

マグネット 磁石 císhí

マグマ 岩浆 yánjiāng

まくら【枕】 枕头 zhěntou ♦~カバー 枕巾 zhěnjīn; 枕套 zhěntào ♦~を高くして眠る 高枕无忧 gāo zhěn wú yōu ♦話の~ 引子 yǐnzi ♦辞书を~にに眠る 枕着词典睡觉 zhěnzhe cídiǎn shuìjiào

まくらぎ【枕木】 轨枕 guǐzhěn; 枕木 zhěnmù

まくりあげる【捲り上げる】 挽起 wǎnqǐ; 卷起 juǎnqǐ ♦袖を~ 挽起袖子 wǎnqǐ xiùzi

まくる【捲る】 挽 wǎn ♦腕を捲る 挽起袖子 wǎnqǐ xiùzi ♦尻を捲る 突然翻脸 tūrán fānliǎn

まぐれ 偶然 ǒurán ♦~で合格する 偶然考上了 ǒurán kǎoshàng le ♦~当り 偶然打中 ǒurán dǎzhòng

マクロ 宏观 hóngguān ♦~経済学 宏观经济学 hóngguān jīngjìxué ♦~コスモス 宏观世界 hóngguān shìjiè

マグロ【鮪】 金枪鱼 jīnqiāngyú

マクワウリ【真桑瓜】 甜瓜 tiánguā; 香瓜 xiāngguā

まけ【負け】 输 shū ♦~を認める 认输 rènshū

まけいくさ【負け戦】 败仗 bàizhàng
まけいぬ【負け犬】 败者 bàizhě
まけおしみ【負け惜しみ】 ◆～が強い 硬不服输 yìng bù fúshū ◆～を言う 不服输 bù fúshū
まけずおとらず【負けず劣らず】 不相上下 bù xiāng shàng xià ◆二人は一頭がよい 他们俩不相上下都很聪明 tāmen liǎ bù xiāng shàng xià dōu hěn cōngmíng
まけずぎらい【負けず嫌いーな】 要强 yàoqiáng；好胜 hàoshèng ◆～な性格 性格好胜 xìnggé hàoshèng
まける【負ける】 ❶《勝負に》◆試合に～ 输 shū ◆～が勝つ 吃小亏占大便宜 chī xiǎokuī zhàn dàpiányi ❷《欲望·誘惑に》◆睡魔に～ 经不住睡意 jīngbuzhù shuìyì ◆誘惑に～ 被诱惑住 bèi yòuhuòzhù ❸《かぶれる》◆剃刀に～ 刮脸过敏 guāliǎn guòmǐn ❹《安くする》◆もっと負けてよ 再让点儿价吧 zài ràngdiǎnr jià ba
まげる【曲げる】 ❶《形を》蜷曲 quánqū；弯 wān ◆針金を～ 弯铁丝 wān tiěsī ◆背を～ 弯身 wānshēn ❷《信念などを》改变 gǎibiàn ◆主張を曲げない 坚持主意 jiānchí zhǔyì ❸《事実などを》歪曲 wāiqū ◆事実を～ 歪曲事实 wāiqū shìshí
まけんき【負けん気】 好胜 hàoshèng；要强 yàoqiáng ◆～を出す 争气 zhēngqì
まご【孫】 ❶《息子の男児》孙子 sūnzi ❷《息子の女児》孙女 sūnnǚ ❸《娘の男児》外孙子 wàisūnzi ❹《娘の女児》外孙女 wàisūnnǚ ◆～弟子 徒孙 túsūn
マゴイ【真鯉】 鲤鱼 lǐyú
まごころ【真心】 诚心 chéngxīn；诚意 chéngyì；真情 zhēnqíng ◆～のこもった 真诚的 zhēnchéng de
まごつく 慌张 huāngzhāng；慌神儿 huāngshénr
まこと【誠/真】 真实 zhēnshí ◆嘘から出た～ 弄假成真 nòng jiǎ chéng zhēn ◆～に 实在 shízài
まことしやか【実しやかーな】 煞有介事 shà yǒu jiè shì ◆～に嘘をつく 煞有介事地撒谎 shà yǒu jiè shì de sāhuǎng
まごのて【孫の手】 老头儿乐 lǎotóurlè
まごつく-する 着慌 zháohuāng
マザーテープ 原声带 yuánshēngdài；母带 mǔdài
まさか 怎么能 zěnme néng；难道 nándào ◆～がね…おまえが… 难道是你吗 nándào shì nǐ ma ◆～癌ではあるまいな 莫非是癌症了 mòfēi shì

áizhèng le ◆～の時 万一的时候 wànyī de shíhou
まさかり【鉞】 板斧 bǎnfǔ
マザコン 恋母情结 liànmǔ qíngjié
まさしく【正しく】 正是 zhèng shì；就是 jiùshì ◆～彼の筆跡だ 就是他的笔迹 jiùshì tā de bǐjì
まさつ【摩擦ーする】 《物理的·心理的》摩擦 mócā ◆～で熱を持つ 摩擦生热 mócā shēng rè ◆夫婦の間に～が起こる 夫妻之间发生摩擦 fūqī zhī jiān fāshēng mócā
まさに【正に】 正是 zhèng shì ◆～危機一髪 正是千钧一发的时候 zhèng shì qiān jūn yí fà de shíhou
まざまざ 清晰 qīngxī ◆～と目に浮かぶ 清清楚楚地浮现在眼前 qīngqīngchǔchǔ de fúxiàn zài yǎnqián
まさゆめ【正夢】 应验的梦 yìngyàn de mèng
まざりあう【混ざり合う】 混杂 hùnzá；搀杂 chānzá ◆水と油は混ざり合わない 水和油不会搀到一起 shuǐ hé yóu búhuì chāndào yìqǐ
まざりもの【混ざり物】 夹杂物 jiāzáwù
まさる【勝る】 强似 qiángsì；胜过 shèngguò ◆～努力は天才に 努力胜过天才 nǔlì shèngguò tiāncái ◆～とも劣らない 有过之而无不及 yǒu guò zhī ér wú bù jí；不相上下 bù xiāng shàng xià
まざる【混ざる】 混杂 hùnzá；搀杂 chānzá
-まし【−増し】 ◆一割～ 增加一成 zēngjiā yì chéng
まし 胜过 shèngguò；《逆説的に》不如 bùrú ◆ないよりは～だ 有胜于无 yǒu shèngyú wú ◆酒を断つくらいなら死んだほうが～だ 戒酒不如死 jièjiǔ bùrú sǐ
まじえる【交える】 交 jiāo；搀杂 chānzá ◆ひざを交えて話す 促膝谈心 cù xī tán xīn ◆かれも交えて相談する 他也在内一起商量 tā yě zài nèi yìqǐ shāngliang
ましかく【真四角】 正方形 zhèngfāngxíng
ました【真下】 正下面 zhèng xiàmiàn；正下方 zhèng xiàfāng
マジック 戏法 xìfǎ ◆～ハンド 机械手 jīxièshǒu ◆～ミラー 哈哈镜 hāhājìng ◆～を演じる 变把戏 biàn bǎxì；变戏法 biàn xìfǎ
まして【増して】 更 gèng ◆文法にも～発音が難しい 语法很难，发音更难 yǔfǎ hěn nán, fāyīn gèng nán
まして【況して】 何况 hékuàng ◆君ができないのに、～僕にできるはずがない 连你都不会，何况我呢 lián nǐ

まじない【呪い】 咒 zhòu; 咒语 zhòuyǔ ◆~を唱える 念咒 niàn zhòu

まじまじ ◆~と見つめる 盯视 dīngshì; 盯着看 dīngzhe kàn

まじめ【真面目-な】 认真 rènzhēn; 正经 zhèngjing ◆~くさった 一本正经 yì běn zhèng jīng ◆~な人 正经人 zhèngjingrén ◆~に働く 认真工作 rènzhēn gōngzuò

ましゅ【魔手】 魔掌 mózhǎng; 魔爪 mózhǎo ◆~にかかる 陷入魔掌 xiànrù mózhǎng

まじゅつ【魔術】 魔术 móshù ◆~師 魔术家 móshùjiā

ましょうめん【真正面】 正面 zhèngmiàn ◆~から対決する 正面交锋 zhèngmiàn jiāofēng

まじり【交[混]じり】 混合 hùnhé ◆雨~の雪 雪中夹雨 xuě zhōng jiā yǔ ◆ため息~に成績表を見る 叹着气看成绩单 tànzhe qì kàn chéngjīdān

まじりけ【混じり気】 ◆~のある 搀杂 chānzá ◆~のない 纯粹 chúncuì; 纯正 chúnzhèng

まじわり【交わり】 交往 jiāowǎng; 交际 jiāojì ◆~を結ぶ 结交 jiéjiāo ◆~がある 有来往 yǒu láiwǎng

まじわる【交わる】 交际 jiāojì; 交往 jiāowǎng ◆朱に交われば赤くなる 近朱者赤,近墨者黑 jìn zhū zhě chì, jìn mò zhě hēi ◆流れが~ 合流 héliú

マシンガン 机枪 jīqiāng; 冲锋枪 chōngfēngqiāng

ます【増す】 增加 zēngjiā; 增大 zēngdà ◆河川の水かさが~ 河水上涨 héshuǐ shàngzhǎng ◆甘みが~ 增加甜味儿 zēngjiā tiánwèir

マス【鱒】 鳟鱼 zūnyú

まず【先ず】 先 xiān; 首先 shǒuxiān ◆~始めに 首先 shǒuxiān ◆~は乾杯だ 咱们先干杯吧 zánmen xiān gānbēi ba

ますい【麻酔】 麻醉 mázuì ◆~剂 麻醉剂 mázuìjì; 麻药 máyào ◆~をかける 麻醉 mázuì

まずい【拙[不味]い】 不好 bùhǎo; 拙劣 zhuōliè ◆~ことに 偏偏 piānpiān; 恰巧 qiàqiǎo ◆そりゃ~参了 zāo le ◆味が~ 不好吃 bù hǎochī ◆芝居だ 真是场拙劣的戏啊 zhēn shì chǎng zhuōliè de xì a

マスク 口罩 kǒuzhào ◆~をかける 戴口罩 dài kǒuzhào

マスクメロン 香瓜 xiāngguā

マスゲーム 团体操 tuántǐcāo

マスコット 吉祥物 jíxiángwù; 福神 fúshén

マスコミ 媒体 méitǐ; 大众传播 dàzhòng chuánbō

まずしい【貧しい】 贫穷 pínqióng; 贫困 pínkùn ◆生活が~ 家境贫苦 jiājìng pínkǔ ◆発想が~ 构思平淡 gòusī píngdàn

マスター 《修士》硕士 shuòshì ◆店の~ 老板 lǎobǎn ◆~する 学好 xuéhǎo; 学会 xuéhuì ◆~キー 万能钥匙 wànnéng yàoshi

マスプロ(ダクション) 大量生产 dàliàng shēngchǎn

ますます【益々】 越发 yuèfā; 增加 yuèjiā ◆~励む 再接再厉 zài jiē zài lì ◆~栄える 越来越隆盛 yuè lái yuè lóngshèng

まずまず 还可以 hái kěyǐ; 总算 zǒngsuàn ◆~いける 过得去 guòdequ ◆~の出来 结果差不多 jiéguǒ chàbuduō ◆~でき上った 总算完成了 zǒngsuàn wánchéng le

ますめ【枡目】 网眼 wǎngyǎn ◆(原稿用紙の)~を埋める 写稿子 xiě gǎozi; 爬格子 pá gézi

マスメディア 大众媒介 dàzhòng méijiè; 传媒 chuánméi

まぜあわせる【混ぜ合わせる】 搀 chān; 混合 hùnhé ◆卵とバターを~ 把鸡蛋和黄油搅匀 bǎ jīdàn hé huángyóu jiǎoyún

まぜこぜ【混ぜこぜ】 ◆~にする 弄混 nònghùn; 搀合 chānhé ◆~になっている 杂乱 záluàn

まぜもの【混ぜ物】 夹杂物 jiāzáwù ◆~なしの 纯正 chúnzhèng ◆~をする 搀假 chānjiǎ

まぜる【混ぜる】 搀 chān; 混 hùn ◆米に大麦を~ 大米里搀杂大麦 dàmǐli chānzá dàmài

マゾヒズム 受虐狂 shòunüèkuáng

また【又】 再 zài; 又 yòu ◆~あした 明天见 míngtiān jiàn ◆~の機会にしよう 以后再说 yǐhòu zàishuō ◆~とない機会 再不会有的机会 zài bú huì yǒu de jīhuì ◆あいつ~来たよ 他又来了 tā yòu lái le ◆~の名 别名 biémíng

また【股】 胯 kuà ◆大~で歩く 迈大步走 mài dàbù zǒu ◆世界を~にかける 走遍世界 zǒubiàn shìjiè

まだ【未だ】 还 hái ◆~来ない 还没来 hái méi lái ◆退院は~だ 还不能出院 hái bùnéng chūyuàn ◆~間に合う 还来得及 hái láidejí

またがし【又貸し-する】 转借 zhuǎnjiè

またがり【又借り-する】 转租 zhuǎnzū

またがる【跨る】 跨 kuà；骑 qí／馬に～ 骑马 qí mǎ

またぎき【又聞き】 间接听到 jiànjiē tīngdào

またぐ【跨ぐ】 跨 kuà／敷居を～ 进门 jìnmén

またぐら【股座】 跨下 kuàxià；腿裆 tuǐdāng

またせる【待たせる】 使…等待 shǐ…děngdài／友人を30分も～ 让朋友等三十分钟 ràng péngyou děng sānshí fēnzhōng／お待たせしました 让您久等了 ràng nín jiǔděng le

またたく【瞬く】 眨眼 zhǎyǎn／星が～ 星星闪烁 xīngxīng shǎnshuò

またたくま【瞬く間−】 一眨眼 yìzhǎyǎn；一刹那 yíchànà／転眼 zhuǎnyǎn／～にでき上がる 转眼就做好 zhuǎnyǎn jiù zuòhǎo

マタニティー ～ウエア 孕妇装 yùnfùzhuāng

マダム❶〈奥様〉太太 tàitai❷〈キャバレーの〉师奶杀手 shīnǎi shāshǒu❸〈バーの〉老板娘 lǎobǎnniáng

まだら【斑−の】 斑纹 bānwén；斑驳 bānbó／～模様 斑驳 bānbó

まだるっこい 慢吞吞 màntūntūn／～しゃべり方 话说得慢腾腾 huà shuōde mànténgténg

まち【街】 街 jiē；港 gǎng／～港口城市 gǎngkǒu chéngshì／～のうわさ 街谈巷议 jiē tán xiàng yì／～の様子 市容 shìróng／～の灯り 街市灯光 jiēshì dēngguāng

まちあいしつ【待合室】《駅の》候车室 hòuchēshì；《空港の》候机室 hòujīshì；《船の》候船室 hòuchuánshì；《病院の》候诊室 hòuzhěnshì

まちあぐむ【待ちあぐむ】 等得不耐烦 děngde bú nàifán

まちあわせる【待ち合わせる】 约会 yuēhuì／駅で～ 约定在火车站见面 yuēdìng zài huǒchēzhàn jiànmiàn／恋人と～ 跟对象约会 gēn duìxiàng yuēhuì

まちうける【待ち受ける】 等待 děngdài；等候 děnghòu／ニュースを～ 等待消息 děngdài xiāoxi

まぢか【間近】 跟前 gēnqián；在即 zàijí／～に迫る 逼近 bījìn／～で見る 在眼前看 zài yǎnqián kàn

まちがい【間違い】 差错 chācuò；错误 cuòwù；过错 guòcuò／～ない 没有错 méiyǒu cuò／～を犯す 犯错误 fàn cuòwù／～なく来る 一定会来 yídìng huì lái

まちがう【間違う】 错 cuò；弄错 nòngcuò／間違って毒キノコを食べた 误吃了毒蘑菇 wùchīle dúmógu／きみは間違っている 你错了 nǐ cuò le／計算を～ 计算错了 jìsuàncuò le

まちがえる【間違える】 弄错 nòngcuò／番号を～ 弄错号码 nòngcuò hàomǎ／間違えやすい 容易错误 róngyì cuòwù／聞き～ 听错 tīngcuò

まちかど【街[町]角】 街头 jiētóu；街口 jiēkǒu

まちかねる【待ち兼ねる】 盼望 pànwàng；等得不耐烦 děngde bú nàifán／待ち兼ねた夏休み 盼望已久的暑假 pànwàng yǐ jiǔ de shǔjià

まちかまえる【待ち構える】 守候 shǒuhòu；等候 děnghòu／今か今かと待ち構えている 等得焦急 děngde jiāojí

まちくたびれる【待ちくたびれる】 等累 děnglèi

まちこがれる【待ち焦がれる】 企望 qǐwàng；渴望 kěwàng／～ている 眼巴巴地盼着 yǎnbābā de pànzhe；等得急死人 děngde jísǐ rén

まちじゅう【町中】 满街 mǎnjiē／～のうわさになる 满城风雨 mǎnchéng fēng yǔ

まちどおしい【待ち遠しい】 一日三秋 yí rì sān qiū／春が～ 盼望着春天到来 pànwàngzhe chūntiān dàolái

マチネー 日场 rìchǎng；早场 zǎochǎng

まちのぞむ【待ち望む】 巴不得 bābude；盼望 pànwàng

まちはずれ【町外れ−の】 市郊 shìjiāo

まちぶせ【待ち伏せ−する】 打埋伏 dǎ máifu

まちぼうけ【待ち惚け】 白等 bái děng／～を食う 空等一场 kōng děng yì chǎng

まちまち−の 参差 cēncī；各式各样 gè shì gè yàng／形も色も～だ 形状和颜色都不均匀 xíngzhuàng hé yánsè dōu bù jūnyún

まちわびる【待ち佗びる】 等得不耐烦 děngde bú nàifán／返事を～ 等回音等得焦急 děng huíyīn děngde jiāojí

まつ【待つ】 等 děng；等待 děngdài

まつ【松】 松树 sōngshù／～葉 松针 sōngzhēn／～ぼっくり 松球 sōngqiú／～並木 松树林荫道 sōngshù línyīndào

まつえい【末裔】 后代 hòudài

まっか【真っ赤−な】 通红 tōnghóng；彤红 tónghóng；鲜红 xiānhóng／～な血 鲜血 xiānxuè／～な嘘 弥天大谎 mí tiān dà huǎng

まっき【末期】 末期 mòqī；晚期

まっくら【真っ暗-な】漆黒 qīhēi; 黑咕隆咚 hēigulōngdōng ◆お先～だ 前途一片黑暗 qiántú yípiàn hēi'àn

まっくらやみ【真っ暗闇】黑暗 hēi'àn; 昏天黑地 hūn tiān hēi dì

まっくろ【真っ黒-な】漆黑 qīhēi ◆～な猫 黑猫 hēimāo ◆～に日焼けする 晒得黝黑 shàide yǒuhēi

まつげ【睫】睫毛 jiémáo

まつご【末期】临终 línzhōng ◆～の水 临终水 línzhōng shuǐ

まっこう【真っ向-から】劈脸 pīliǎn; 劈头盖脸 pī tóu gài liǎn ◆～から対立する 尖锐地对立 jiānruì de duìlì

まっこう【抹香】沉香 chénxiāng ◆～臭い〈仏教を連想させる〉十足佛教气味 shízú fójiào qìwèi

マッサージ-する 按摩 ànmó; 推拿 tuīná

まっさいちゅう【真っ最中】正当中 zhèng dāngzhōng ◆けんかの～だ 正在打架 zhèngzài dǎjià

まっさお【真っ青-な】❶〈色彩〉深蓝 shēnlán ◆～な空 蔚蓝的天空 wèilán de tiānkōng ❷〈顔色〉惨白 cǎnbái ◆顔が～になる 脸色变得煞白 liǎnsè biànde shàbái

まっさかさま【真っ逆様-に】头朝下 tóu cháo xià

まっさかり【真っ盛り-の】正盛 zhèng shèng; 如日中天 rú rì zhōng tiān ◆青春～ 青春最好的时光 qīngchūn zuì hǎo de shíguāng

まっさき【真っ先-に】首先 shǒuxiān; 最先 zuìxiān

まっさつ【抹殺-する】抹杀 mǒshā; 抹去 mǒqù

まつじつ【末日】最后一天 zuìhòu yì tiān; 末日 mòrì ◆5月～ 五月末日 wǔyuè mòrì

マッシュポテト 土豆泥 tǔdòuní

マッシュルーム 洋蘑菇 yángmógu

まっしょう【抹消-する】抹掉 mǒdiào; 注销 zhùxiāo

まっしょうじき【真っ正直-な】老老实实 lǎolǎoshíshí; 诚实 chéngshí; 诚信 chéngshì ◆～な人 老实人 lǎoshírén ◆～に生きる 老老实实地生活 lǎolǎoshíshí de shēnghuó

まっしょうしんけい【末梢神経】周围神经 zhōuwéi shénjīng

まっしょうてき【末梢的-な】枝节 zhījié; ～な問題 琐细的问题 suǒxì de wèntí; 枝节问题 zhījié wèntí

まっしろ【真っ白-な】洁白 jiébái; 雪白 xuěbái ◆～な雪景色 洁白的雪景 jiébái de xuějǐng ◆頭の中が～になる 茫然自失 mángrán zìshī

まっすぐ【真っ直ぐ-な】一直 yìzhí; 径直 jìngzhí;〈道德的に〉刚正 gāngzhèng ◆～な家に帰る 径直回家 jìngzhí huíjiā ◆～進む 一直往前走 yìzhí wǎng qián zǒu ◆～な心 正直的心 zhèngzhí de xīn

まっせき【末席】末座 mòzuò ◆～を汚す 忝列末席 tiǎnliè mòxí

まった【待った】暂停 zàntíng ◆～をかける 要求暂停 yāoqiú zàntíng

まつだい【末代】后世 hòushì ◆～まで名を留める 万古流芳 wàngǔ liúfāng ◆～までの恥 遗臭万年 yíchòu wànnián

まったく【全く】完全 wánquán; 简直 jiǎnzhí ◆～見込みはない 毫无把握 háowú bǎwò ◆～気にしない 满不在乎 mǎn bú zàihu ◆～耐えがたい 简直受不了 jiǎnzhí shòubuliǎo ◆～大したもんだ 实在了不起 shízài liǎobuqǐ

マツタケ【松茸】松蕈 sōngxùn

まったん【末端】顶端 dǐngduān; 末端 mòduān ◆組織の～ 基层 jīcéng

マッチ〈発火具〉火柴 huǒchái ◆～箱 火柴盒 huǒcháihé ◆～を擦る 划火柴 huá huǒchái;〈試合〉比赛 bǐsài ◆タイトル～ 锦标赛 jǐnbiāosài

マッチ-する 相配 xiāngpèi; 配合 pèihé ◆素材に～したデザイン 跟材料适合的设计 gēn cáiliào shìhé de shèjì

マット 垫子 diànzi

まっとう【真っ当-な】正当 zhèngdàng; 正经 zhèngjīng ◆～な生活 正经的生活 zhèngjīng de shēnghuó

まっとうする【全うする】完成 wánchéng ◆天寿を～ 尽其天年 jìn qí tiānnián ◆全うさせる 成全 chéngquán

マットレス 床垫 chuángdiàn

マッハ 马赫 mǎhè ◆～3で飛ぶ 以三马赫飞行 yǐ sān mǎhè fēixíng

まつばづえ【松葉杖】◆～をつく 拄丁字拐 zhǔ dīngzìguǎi

まつび【末尾-に】末尾 mòwěi ◆～3桁 末尾三位 mòwěi sān wèi

まつび【真っ平】绝不 juébù ◆酒なんてもう～だ 酒我再不喝 jiǔ wǒ zài bù hē

まっぴるま【真っ昼間】大白天 dàbáitiān

まっぷたつ【真っ二つ-に】◆～に切る 切成两半儿 qiēchéng liǎngbànr

マツムシ【松虫】金琵琶 jīnpípa

マツやに【松脂】松香 sōngxiāng; 松脂 sōngzhī

まつり【祭り】 祭祀 jìsì；庙会 miàohuì ♦あとの～ 贼走了关门 zéi zǒule guānmén

まつりあげる【祭り上げる】 捧上台 pěngshàngtái ♦彼を会長に～ 捧他做会长 pěng tā zuò huìzhǎng

まつる【祭る】 祭奠 jìdiàn ♦先祖を～ 祭奠祖先 jìdiàn zǔxiān

まつろ【末路】 末路 mòlù ♦哀れな～ 悲惨的末路 bēicǎn de mòlù

まつわりつく【纏わりつく】 缠 chán；纠缠 jiūchán ♦静電気で服が～ 因发生静电，衣服缠绕身体 yīn fāshēng jìngdiàn, yīfu chánrào shēntǐ

まつわる【纏わる】 围绕 wéirào；有关 yǒuguān ♦郷土に～伝説 关于故乡的传说 guānyú gùxiāng de chuánshuō

-まで ♦5日～待つ 等到五号 děngdào wǔ hào ♦期限は月末～とする 期限到月底为止 qīxiàn dào yuèdǐ wéi zhǐ ♦今日の話はここ～ 今天讲到这儿 jīntiān jiǎngdào zhèr ♦東京から上海～ 从东京到上海 cóng Dōngjīng dào Shànghǎi ♦そこ～言うか 竟敢这么说 jìng gǎn zhème shuō

まてんろう【摩天楼】 摩天大楼 mótiān dàlóu

まと【的】 靶子 bǎzi；目标 mùbiāo ♦～を射る 中鹄 zhònggǔ；击中要害 jīzhòng yàohài ♦～はずれ 不中肯 bú zhòngkěn ♦注目の～となる 引人注目 yǐn rén zhùmù

まど【窓】 窗户 chuānghu ♦～際 窗边 chuāngbiān

まどい【惑い】 困惑 kùnhuò

まとう【纏う】 ♦身に～ 穿 chuān

まどぐち【窓口】 窗口 chuāngkǒu

まどごうし【窓格子】 窗格子 chuānggézi

まとまり【纏まり】 统一 tǒngyī；团结 tuánjié ♦～のない 拉杂 lāzá ♦～のある 统一的 tǒngyī de；有系统的 yǒu xìtǒng de

まとまる【纏まる】 ♦話が～ 达成协议 dáchéng xiéyì ♦意見が～ 意见一致 yìjiàn yízhì ♦まとまったお金 一笔大钱 yì bǐ dàqián

まとめ【纏め】 结语 jiéyǔ；概括 gàikuò

まとめる【纏める】 集中 jízhōng；综括 zōngkuò ♦意見を～ 集中意见 jízhōng yìjiàn ♦双方を～ shuōhe ♦要点を～ 总结要点 zǒngjié yàodiǎn ♦荷物を～ 收拾行李 shōushi xínglǐ

まとも【真面-な】 正当 zhèngdàng；正经 zhèngjing

まどり【間取り】 房间配置 fángjiān pèizhì

まどろむ 打瞌睡 dǎ kēshuì；打盹儿 dǎdǔnr

まどわく【窓枠】 窗框 chuāngkuàng

まどわす【惑わす】 迷惑 míhuò；荧惑 yínghuò ♦人心を～ 荧惑人心 yínghuò rénxīn

マトン 羊肉 yángròu

マドンナ ❶《聖母マリア像》圣母 shèngmǔ；圣母画像 shèngmǔ huàxiàng ❷《美しい婦人》美女 měinǔ

マナー 礼节 lǐjié；礼貌 lǐmào ♦～がよい 有礼貌 yǒu lǐmào ♦～が悪い 没有礼貌 méiyǒu lǐmào ♦～モード 振动提示 zhèndòng tíshì

まないた【俎板】 砧板 zhēnbǎn；菜板 càibǎn ♦～の上の鯉 俎上肉 zǔshàng ròu

まなざし【眼差し】 目光 mùguāng；眼光 yǎnguāng ♦暖かい～ 温和的目光 wēnhé de mùguāng

まなじり【眦】 眼角 yǎnjiāo ♦～を決する 怒目而视 nù mù ér shì

まなつ【真夏】 盛夏 shèngxià

まなでし【愛弟子】 得意门生 déyì ménshēng

まなぶ【学ぶ】 学 xué；学习 xuéxí ♦英語を～ 学英语 xué Yīngyǔ

マニア 爱好者 àihàozhě；迷 mí ♦切手～ 集邮迷 jíyóumí

まにあう【間に合う】 ❶《時間に》赶得上 gǎndeshàng；来得及 láidejí ♦間に合わない 赶不上 gǎnbushàng；来不及 láibují ❷《足りる・役に立つ》够 gòu ♦小銭で～ 零钱就够 língqián jiù gòu ♦彼では間に合わない 他不够用 tā búgòu yòng

まにあわせ【間に合わせ-の】 权宜 quányí ♦～に使う 凑合着用 còuhezhe yòng；充数 chōngshù

まにあわせる【間に合わせる】 ❶《一時しのぎ》将就 jiāngjiu；凑合 còuhe ❷《定刻までに行う》♦期限に～ 遵守期限 zūnshǒu qīxiàn

まにうける【真に受ける】 当真 dàngzhēn；认真 rènzhēn ♦冗談を～ 把笑话当真事儿 bǎ xiàohua dàng zhēnshìr

マニキュア 指甲油 zhǐjiayóu ♦～をつける 染指甲 rǎn zhǐjia

マニフェスト 宣言 xuānyán；竞选纲领 jìngxuǎn gānglǐng

マニュアル 说明书 shuōmíngshū

まぬかれる【免れる】 免得 miǎnde；避免 bìmiǎn ♦罪を～ 免罪 miǎnzuì ♦免れない 免不了 miǎnbuliǎo；难免 nánmiǎn

まぬけ【間抜け-な】 傻瓜 shǎguā；

笨蛋 bèndàn；笨 bèn
まね【真似】模仿 mófǎng；仿效 fǎngxiào ◆鵜の～をする鴉 东施效颦 Dōngshī xiào pín
マネー 钱 qián ◆～ロンダリング 洗钱 xǐqián
マネージメント 管理 guǎnlǐ；经营 jīngyíng
マネージャー 经理 jīnglǐ；干事 gànshi
まねき【招き】招待 zhāodài；邀请 yāoqǐng
マネキン 橱窗人体模型 chúchuāng réntǐ móxíng
まねく【招く】约请 yuēqǐng；招聘 zhāopìn ◆食事に～ 约请吃饭 yuēqǐng chīfàn ◆…の結果を～ 导致 dǎozhì …◆招かれざる客 不速之客 bú sù zhī kè ◆災難を～ 造成灾难 zàochéng zāinàn
まねる【真似る】仿效 fǎngxiào；模仿 mófǎng；效仿 xiàofǎng ◆仕草を～ 模仿动作 mófǎng dòngzuò
まのあたり【目の当り-にする】眼前 yǎnqián ◆～にする 亲眼看到 qīnyǎn kàndào
まのて【魔の手】魔爪 mózhǎo；魔掌 mózhǎng ◆～が伸びてくる 魔爪伸出来 mózhǎo shēnguòlai ◆～にかかる 陷入魔掌 xiànrù mózhǎng
まのぬけた【間の抜けた】糊涂 hútu ◆～話だ 傻话 shǎhuà
まのび【間延び-した】慢腾腾 màntēngténg；冗长 rǒngcháng
まのわるい【間の悪い】不凑巧 bú còuqiǎo ◆～ことに 真不巧 zhēn búqiǎo ◆偏巧 piānqiǎo
まばたき【瞬き-する】眨 zhǎ；眨眼 zhǎyǎn ◆～もしない 目不转睛 mù bù zhuǎn jīng
まばゆい【眩い】耀眼 yàoyǎn；晃眼 huǎngyǎn ◆～光 光耀 guāngyào
まばら【疎らーな】稀疏 xīshū；稀少 xīshǎo ◆人影も～ 人影儿稀稀拉拉 rényǐngr xīxīlālā
まひ【麻痺】麻痹 mábì ◆～させる 麻痹 mábì ◆交通～ 交通堵塞 jiāotōng dǔsè
まびき【間引き】间苗 jiànmiáo
まびく【間引く】间苗 jiàn miáo ◆大根を～ 间卜苗 jiàn luóbo miáo
まひる【真昼】大白天 dàbáitiān
マフィア 黑手党 hēishǒudǎng
まぶか【目深-に】帽子を～にかぶる 把帽檐押下来 bǎ màoyán yāxiàlai；深戴帽子 shēn dài màozi
まぶしい【眩しい】耀眼 yàoyǎn；刺眼 cìyǎn ◆～白さの 白花花 báihuāhuā ◆まぶしく光る 晃 huǎng ◆若сが～ 青春闪耀 qīngchūn shǎnyào
まぶた【瞼】眼皮 yǎnpí；眼睑 yǎnjiǎn ◆二重～ 双眼皮 shuāngyǎnpí
まふゆ【真冬】隆冬 lóngdōng；严冬 yándōng
マフラー 围巾 wéijīn ◆～を巻く 围上围巾 wéishàng wéijīn
まほう【魔法】魔术 móshù；妖术 yāoshù ◆～使い 魔术师 móshùshī
まほうびん【魔法瓶】暖水瓶 nuǎnshuǐpíng
マホガニー 红木 hóngmù
まぼろし【幻】幻影 huànyǐng；幻想 huànxiǎng ◆～を見る 看幻影 kàn huànyǐng ◆～の光景 幻景 huànjǐng ◆～の名画 失传的名画 shīchuán de mínghuà
まま【間々】偶尔 ǒu'ěr；间或 jiànhuò ◆～ある 偶尔有 ǒu'ěr yǒu
まま【儘】人の言うが～になる 任人摆布 rèn rén bǎibù ◆くつの～ベッドに横たわる 穿着鞋躺在床上 chuānzhe xié tǎngzài chuángshang ◆立った～食べる 站着吃 zhànzhe chī ◆昔の～ 依然如故 yīrán rú gù
ママ ❶《母》妈妈 māma ❷《バーなどの》老板娘 lǎobǎnniáng
ままごと【飯事】过家家儿 guòjiājiar
ままならぬ【儘ならぬ】不如意 bùrúyì；不随心 bù suíxīn
まみず【真水】淡水 dànshuǐ
まみれる【塗れる】全身沾满 quánshēn zhānmǎn ◆汗に～ 浑身是汗 húnshēn shì hàn
まむかい【真向い】正对面 zhèng duìmiàn ◆駅の～にあるビル 在火车站正对面的大楼 zài huǒchēzhàn zhèng duìmiàn de dàlóu
マムシ【蝮】蝮蛇 fùshé
まめ【肉刺】水泡 shuǐpào；泡 pào ◆～ができる 打泡 dǎpào；磨起水泡 móqǐ shuǐpào
まめ【豆】豆 dòu；豆子 dòuzi ◆～の莢（さや）豆荚 dòujiá
まめ-な ◆～に働く 勤恳地工作 qínkěn de gōngzuò ◆～に暮らす 健康地过活 jiànkāng de guòhuó
まめつ【磨滅-する】磨灭 mómiè ◆タイヤが～する 轮胎磨损 lúntāi mósǔn
まめでんきゅう【豆電球】电珠 diànzhū
まめまき【豆撒き】撒豆驱邪 sǎ dòu qū xié
まもなく【間もなく】◆～始まる 一会儿就开始 yíhuìr jiù kāishǐ；将要开始 jiāngyào kāishǐ ◆～夏休みだ 快要放暑假了 kuàiyào fàng shǔjià le

まもの【魔物】魔鬼 móguǐ

まもり【守り】❶《警備》保卫 bǎowèi；守卫 shǒuwèi ♦~を固める 加强保卫 jiāqiáng bǎowèi ♦~につく 站在岗位 zhàn zài gǎngwèi ❷《スポーツの》防守 fángshǒu ♦~につく 担任防守 dānrèn fángshǒu

まもりぬく【守り抜く】固守 gùshǒu；坚决守卫 jiānjué shǒuwèi

まもる【守る】❶《防護》维护 wéihù；守卫 shǒuwèi ♦財産を~ 保全财产 bǎoquán cáichǎn ♦身を~ 保护身体 bǎohù shēntǐ ❷《遵守》法律を~ 遵守法律 zūnshǒu fǎlǜ；守法 shǒufǎ ♦秘密を~ 保守秘密 bǎoshǒu mìmì ♦親の教えを~ 听父母的话 tīng fùmǔ de huà

まやく【麻薬】毒品 dúpǐn；麻药 máyào ♦~中毒 毒物瘾 dúwùyǐn ♦~を吸う 吸毒 xī dú

まゆ【眉】眉峰 méifēng；眉毛 méimao ♦~をひそめる 颦蹙 píncù ♦~唾もの 值得怀疑 zhídé huáiyí

まゆ【繭】蚕茧 cánjiǎn；茧 jiǎn

まゆげ【眉毛】眉毛 méimao

まゆずみ【眉墨】眉黛 méidài

まゆね【眉根】眉峰 méifēng；眉头 méitóu ♦~を寄せる 颦蹙 píncù

まよう【迷う】❶《方角や道に》迷失 míshī ♦道に~ 迷路 mí lù ♦色香に~ 迷恋女色 míliàn nǚsè ❷《選択に》犹豫不定 yóuyù búdìng；动摇不定 dòngyáo búdìng ♦どれにするか~ 犹豫不定选哪一个 yóuyù búdìng xuǎn nǎ yí ge

まよなか【真夜中】半夜 bànyè；半夜三更 bànyè sāngēng；子夜 zǐyè

マヨネーズ 蛋黄酱 dànhuángjiàng

マラソン 马拉松 mǎlāsōng

マラリア 疟子 yàozi；疟疾 nüèji

まり【毬】球儿 qiúr ♦~つき 拍球 pāiqiú

マリア 玛利亚 Mǎlìyà ♦聖母~ 圣母玛利亚 shèngmǔ Mǎlìyà

マリオネット 提线木偶 tíxiàn mù'ǒu

マリファナ 大麻 dàmá

まりょく【魔力】魔力 mólì

まる【丸】圏 quān ♦~で囲む 圈 quān ♦~をつける 画圈儿 huà quānr ♦~屋根 圆屋顶 yuán wūdǐng

まる-【丸-】♦~一日 整天 zhěngtiān ♦~一年 整整一年 zhěngzhěng yì nián

まるあらい【丸洗い-する】整个洗 zhěnggè xǐ ♦布団を~する 洗整条被子 xǐ zhěng tiáo bèizi

まるあんき【丸暗記-する】死记 sǐjì ♦詩をひとつ~する 背下一首诗 bèixià yì shǒu shī

まるい【丸い】♦形が~ ♦~テーブル 圆桌 yuánzhuō ♦地球は~ 地球是球形的 dìqiú shì qiúxíng de ♦目を丸くする 睁圆眼睛 zhēngyuán yǎnjīng ♦~穏やか》彼もずいぶん丸くなった 他最近脾气好多了 tā zuìjìn píqi hǎoduō le ♦丸く治まる 言归于好 yán guī yú hǎo ♦丸く治める 圆场 yuánchǎng；打圆场 dǎ yuánchǎng

まるうつし【丸写し-する】照抄 zhàochāo

まるがお【丸顔】团脸 tuánliǎn

まるがかえ【丸抱え-する】全包 quánbāo

まるがり【丸刈り】♦~にする 推个光头 tuī ge guāngtóu

まるき【丸木】原木 yuánmù ♦~橋 独木桥 dúmùqiáo

マルクスしゅぎ【マルクス主義】马克思主义 Mǎkèsī zhǔyǐ

まるくび【丸首】♦~の 圆领口 yuánlǐngkǒu ♦~セーター 圆领口的毛衣 yuánlǐngkǒu de máoyī

まるごと【丸ごと-の】整个 zhěnggè；囫囵 húlún ♦~呑みこむ 整个儿吞下 zhěnggèr tūnxià

まるじるし【丸印】圈儿 quānr ♦~を付ける 画圈儿 huà quānr

まるぞん【丸損-をする】全赔 quánpéi；满赔 mǎnpéi

まるた【丸太】原木材 yuán mùliào ♦~小屋 圆木屋 yuánmùwū

まるだし【丸出し-の】完全裸露 wánquán luǒlù ♦お国訛り~で 操着满口乡音 cāozhe mǎnkǒu xiāngyīn

マルチしょうほう【マルチ商法】传销 chuánxiāo

マルチタレント 多面手 duōmiànshǒu；多才多艺的人 duōcái duōyì de rén

マルチメディア 复合媒体 fùhé méitǐ

まるっきり 压根儿 yàgēnr；根本 gēnběn ♦~だめだ 完全不行 wánquán bùxíng

まるつぶれ【丸潰れ-に】完全倒塌 wánquán dǎotā ♦面目~になる 丢掉面子 diūdiào miànzi

まるで ❶《全然》完全 wánquán；全然 quánrán ♦~知らない 全不知道 quán bù zhīdào ❷《さながら》宛如 wǎnrú；恰似 qiàsì ♦~天国だ 宛然天堂 wǎnrán tiāntáng

まるなげ【丸投げ】全盘委托 quánpán wěituō

まるのみ【丸飲み-する】吞 tūn；吞食 tūnshí；《比喩》囫囵吞枣 húlún

まるはだか【丸裸-の】 赤条条 chìtiáotiáo；赤裸裸 chìluǒluǒ ♦事業に失敗して～になる 因事业失败变得一无所有 yīn shìyè shībài biànde yì wú suǒ yǒu
まるばつしき【○×式】 划圏儿叉儿方式 huà quānr chār fāngshì
マルひ【マル秘】 絶密 juémì ♦～情報 绝密情报 juémì qíngbào
まるぼうず【丸坊主】 光头 guāngtóu ♦～になる 剃成光头 tì guāngtóu
まるまる【丸々】 ❶《全部》整个 zhěnggè；整整 zhěngzhěng ♦1ヶ月 整整一个月 zhěngzhěng yí ge yuè ❷《儲かる》满赚 mǎn zhuàn ♦～儲かる 满赚 mǎn zhuàn ❸《太った》胖乎乎 pànghūhū ♦～太った 胖乎乎 pànghūhū
まるめこむ【丸め込む】 笼络 lǒngluò；拉拢 lālǒng
まるめる【丸める】 揉成团 róuchéng tuán ♦紙屑を～ 把废纸揉成团 bǎ fèizhǐ róuchéng tuán ♦頭を～ 剃头 tìtóu
まるもうけ【丸儲け-する】 全赚 quán zhuàn
まるやき【丸焼き】 整烤 zhěng kǎo ♦鴨の～ 烤野鸭 kǎo yěyā
まるやけ【丸焼け】 烧光 shāoguāng ♦家が～になる 房子烧光 fángzi shāoguāng
まれ【稀-な】 稀罕 xīhan；罕见 hǎnjiàn；稀有 xīyǒu ♦～に見る逸材 少见的才子 shǎojiàn de cáizǐ
まろやか-な 圆润 yuánrùn ♦味が～だ 醇厚 chúnhòu
まわしもの【回し者】 坐探 zuòtàn；奸细 jiānxì；间谍 jiàndié
まわす【回す】 扭转 niǔzhuǎn；转动 zhuàndòng ♦コマを～ 转陀螺 zhuàn tuóluó ♦目を～ 昏过去 hūnguòqu ♦気を～ 多心 duōxīn ♦手を～ 采取措施 cǎiqǔ cuòshī
まわた【真綿】 丝绵 sīmián ♦～で首をしめる 软刀子杀人 ruǎn dāozi shā rén
まわり【周り】 周围 zhōuwéi ♦家の～に 房子周围 fángzi zhōuwéi ♦身の～ 身边 shēnbiān ♦～じゅう 四下里 sìxiàli
まわりくどい【回りくどい】 拐弯抹角 guǎi wān mò jiǎo；绕圈子 rào quānzi
まわりどうろう【回り灯籠】 走马灯 zǒumǎdēng
まわりぶたい【回り舞台】 活动舞台 huódòng wǔtái；转台 zhuǎntái
まわりまわって【回り回って】 ♦あちこち～ 经多方辗转 jīng duōfāng zhǎnzhuǎn

まわりみち【回り道】 ♦～する 绕道 ràodào；绕圈子 rào quānzi；走弯路 zǒu wānlù
まわりもち【回り持ち-で】 轮流承担 lúnliú chéngdān
まわる【回る】 ❶《回転》转 zhuàn；旋转 xuánzhuǎn ♦モーターが～ 马达转动 mǎdá zhuàndòng ♦目が～ 头晕目眩 tóu yūn mù xuàn ❷《周回する》绕 rào ♦ついでに病院に回って 顺便绕道医院 shùnbiàn ràodào yīyuàn ❸《時間が》♦6時を～ 六点多了 liù diǎn duō le ❹《働く》♦舌が回らない 口齿不伶俐 kǒuchǐ bù línglì ♦知恵が～ 脑筋灵活 nǎojīn línghuó ❺《その他》♦酒が～ 酒醉 jiǔzuì ♦手が回らない 忙得顾不上 mángde gùbushàng ♦火が～ 火势蔓延 huǒshì mànyán
まわれみぎ【回れ右-する】 反身 fǎnshēn；往后转 wǎng hòu zhuàn
まん【満】 整 zhěng ♦5年 整五年 zhěng wǔ nián ♦1歳 一周岁 yì zhōusuì ♦～を持す 引而不发 yǐn ér bù fā：做好充分准备 zuòhǎo chōngfèn zhǔnbèi
まん【万】 万 wàn ♦～に一つもない 绝对没有 juéduì méiyǒu ♦～を数える 成千上万 chéng qiān shàng wàn
まんいち【万一-の】 万一 wànyī ♦～に備える 防备万一 fángbèi wànyī ♦～の時には 如有不测 rú yǒu búcè ♦～来られなかったら 如果不能来 rúguǒ bù néng lái
まんいん【満員-の】 客满 kèmǎn ♦～電車 拥挤的电车 yōngjǐ de diànchē ♦～になる 满员 mǎnyuán
まんえん【蔓延-する】 蔓延 mànyán；滋蔓 zīmàn ♦病気が～する 疾病蔓延 jíbìng mànyán
まんが【漫画】 ❶《新聞などの》漫画 mànhuà ❷《劇画》连环画 liánhuánhuà ❸《アニメーション》动画片 dònghuàpiàn
まんかい【満開】 盛开 shèngkāi ♦桜が～だ 樱花盛开 yīnghuā shèngkāi
マンガン 锰 měng ♦～電池 锰电池 měngdiànchí
まんき【満期】 到期 dàoqī；期满 qī mǎn
まんきつ【満喫-する】 ❶《飲食》饱尝 bǎocháng ❷《享受》♦山の空気を～する 充分享受山地的空气 chōngfèn xiǎngshòu shāndì de kōngqì ♦自由を～する 充分享受自由 chōngfèn xiǎngshòu zìyóu
まんげきょう【万華鏡】 万花筒 wànhuātǒng

マングローブ 红树 hóngshù

まんげつ【満月】 满月 mǎnyuè；望月 wàngyuè

マンゴー 芒果 mángguǒ

まんざ【満座-の】 ◆～の中で 在大家面前 zài dàjiā miànqián

まんさい【満載-する】 满载 mǎnzài ◆積み荷を～して出港する 装满货出港 zhuāngmǎn huò chūgǎng ◆情報～の 登满信息的 dēngmǎn xìnxī de

まんざい【漫才】 相声 xiàngsheng ◆～師 相声演员 xiàngsheng yǎnyuán

まんざら【満更】 未必 wèibì；并不一定 bìng bù yídìng ◆いやではない 并不讨厌 bìng bù tǎoyàn ◆～でもない表情 喜形于色 xǐ xíng yú sè

まんじゅう【饅頭】 包子 bāozi ◆肉～ 肉包子 ròubāozi ◆あん～ 豆沙包 dòushābāo

マンジュシャゲ【曼珠沙華】 石蒜 shísuàn

まんじょう【満場-の】 全场 quánchǎng ◆～一致で 全场一致 quánchǎng yízhì

マンション 公寓 gōngyù；公寓大楼 gōngyù dàlóu

まんしん【満身】 全身 quánshēn；满身 mǎnshēn ◆～の力を込めて 用尽全身力气 yòng jìn quánshēn lìqi ◆創痍 体无完肤 tǐ wú wán fū

まんしん【慢心-する】 自满 zìmǎn；傲慢 àomàn；骄气 jiāoqì

まんせい【慢性-の】 慢性 mànxìng ◆～病 慢性病 mànxìngbìng；顽症 wánzhèng

まんせき【満席-の】 满座 mǎnzuò；客满 kèmǎn

まんぜん【漫然-と】 漫然 mànrán ◆～と日を過ごす 稀里糊涂地过日子 xīlihútú de guò rìzi

まんぞく【満足-な】 ◆～する 满意 mǎnyì；满足 mǎnzú ◆～のゆく 称心 chènxīn；理想 lǐxiǎng

マンタン【満タン】 灌满 guànmǎn ◆ガソリンを～にする 灌满汽油 guànmǎn qìyóu

まんだん【漫談】 单口相声 dānkǒu xiàngsheng

まんちょう【満潮】 涨潮 zhǎngcháo；满潮 mǎncháo

マンツーマン 一对一 yī duì yī ◆～で指導する 个别辅导 gèbié fǔdǎo

まんてん【満点】 满分 mǎnfēn ◆～を取る 得满分 dé mǎnfēn

まんてん【満天-の】 满天 mǎntiān ◆～の星 繁星满天 fánxīng mǎntiān

マントルピース 壁炉台 bìlútái

まんなか【真ん中】 中间 zhōngjiān；当中 dāngzhōng ◆三人兄弟の～ 弟兄三个里居中 dìxiong sān ge li jūzhōng ◆部屋の～ 屋子的正中 wūzi de zhèngzhōng ◆道の～で 在路当中 zài lù dāngzhōng

マンネリ 千篇一律 qiān piān yí lǜ；维持现状的倾向 wéichí xiànzhuàng de qīngxiàng ◆～に陥る 陷入陈规旧套 xiànrù chéngguī jiùtào

まんねんひつ【万年筆】 钢笔 gāngbǐ；自来水笔 zìláishuǐbǐ

まんねんゆき【万年雪】 万年雪 wànniánxuě

まんねんれい【満年齢】 周岁 zhōusuì ◆～で50歳になる 五十周岁了 wǔshí zhōusuì le

まんびき【万引き-する】 窃偷商品 qiètōu shāngpǐn

まんびょう【万病】 百病 bǎibìng ◆～の薬 万能药 wànnéngyào ◆風邪は～のもと 感冒是百病之源 gǎnmào shì bǎibìng zhī yuán

まんぷく【満腹-の】 吃饱 chībǎo

まんべんなく【万遍なく】 普遍 pǔbiàn ◆～塗る 涂得均匀 túde jūnyún

マンボ 曼保舞 mànbǎowǔ

マンホール 下水道口 xiàshuǐdàokǒu；检修孔 jiǎnxiūkǒng ◆～のふた 检修孔盖儿 jiǎnxiūkǒng gàir

まんぽけい【万歩計】 计步器 jìbùqì

まんまえ【真ん前】 眼前 yǎnqián；跟前 gēnqián

まんまと 巧妙地 qiǎomiào de ◆騙される 完全受骗 wánquán shòupiàn ◆逃げおおせる 狡猾地逃掉 jiǎohuá de táodiào

まんまる【真ん丸-い】 滴溜儿 dīliūr；浑圆 húnyuán ◆～な月 溜圆的月亮 liūyuán de yuèliang

まんまん【満々】 ◆自信～の 满怀信心 mǎnhuái xìnxīn ◆やる気～だ 干劲十足 gànjìn shízú

まんめん【満面】 ◆～の笑みをたたえる 满面春风 mǎn miàn chūn fēng ◆得意～の顔で 得意洋洋地 déyì yángyáng de

マンモス ❶《古代象》猛犸 měngmǎ；长毛象 chángmáoxiàng ❷《比喩》巨大的 jùdà de ◆～タンカー 巨型油轮 jùxíng yóulún

まんりき【万力】 老虎钳 lǎohǔqián ◆～で締めつける 用老虎钳夹住 yòng lǎohǔqián jiāzhù

まんりょう【満了】 期满 qīmǎn ◆任期～ 届满 jièmǎn

み

み【実】❶《果実》果实 guǒshí ♦～がなる 结果 jiēguǒ ♦研究が～を結ぶ 研究有成果 yánjiū yǒu chéngguǒ ❷《内容》内容 nèiróng ♦～のある話をしろ 讲有内容的话吧 jiǎng yǒu nèiróng de huà ba

み【身】身子 shēnzi；身上 shēnshang ♦～から出たさび 自作自受 zì zuò zì shòu ♦～にしみる辛さ 切肤之痛 qiè fū zhī tòng ♦《習慣》に～につける 养成 yǎngchéng ♦～につける物 穿戴 chuāndài ♦～のこなし 体态 tǐtài ♦さっと～をかわす 躲闪 duǒshǎn ♦～を乗り出す 探身 tànshēn ♦～をもって 亲身 qīnshēn ♦～を寄せる 寄居 jìjū ♦～を固める 结婚 jiéhūn；成家 chéngjiā

み【巳】《年》巳 sì ♦～年生まれ 属蛇 shǔ shé

みあい【見合い-をする】 相亲 xiāngqīn ♦～結婚 通过相亲结的婚 tōngguò xiāngqīn jié de hūn；介绍结婚 jièshào jiéhūn

みあう【見合う】相抵 xiāngdǐ ♦予算に見合った買い物 与预算相当的购物 yǔ yùsuàn xiāngdāng de gòuwù ♦努力に～成果 与努力相应的成果 yǔ nǔlì xiāngyìng de chéngguǒ

みあきる【見飽きる】 看腻 kànnì；看够 kàngòu ♦もう見飽きた 已经看腻了 yǐjing kànnì le

みあげた【見上げた】可钦佩 kě qīnpèi ♦～人物 令人佩服的人 lìng rén pèifú de rén ♦～心がけ 值得赞扬的作风 zhídé zànyáng de zuòfēng

みあげる【見上げる】 仰望 yǎngwàng ♦天の川を～ 仰望银河 yǎngwàng yínhé

みあたる【見当たる】 找到 zhǎodào ♦どこにも見当たらない 哪里都找不到 nǎli dōu zhǎobudào

みあやまる【見誤る】 看错 kàncuò

みあわせる【見合わせる】 ❶《顔を》互看 hùkàn；相视 xiāngshì ❷《中止》展缓 zhǎnhuǎn；取消 qǔxiāo；中止 zhōngzhǐ ♦出発を～ 暂缓出发 zànhuǎn chūfā

みいだす【見出す】 看出来 kànchūlai ♦才能を～ 发现才能 fāxiàn cáinéng ♦方法を～ 找到办法 zhǎodào bànfǎ

ミーティング 碰头会 pèngtóuhuì

ミイラ【木乃伊】 木乃伊 mùnǎiyī ♦～取りが～になる 劝人者反被人劝服 quànrénzhě fǎn bèi rén quànfú

みいり【実入り】 收入 shōurù；进款 jìnkuǎn ♦～がいい 收入多 shōurù duō

みいる【見入る】 看得出神 kànde chūshén ♦写真に～ 看照片看得入迷 kàn zhàopiàn kànde rùmí

みうける【見受ける】 看见 kànjiàn ♦よく見受けられる光景 经常看到的景象 jīngcháng kàndào de jǐngxiàng ♦…とお見受けする 看样子… kàn yàngzi…；看来… kànlái…

みうごき【身動き-する】 活动 huódòng；动弹 dòngtan ♦～がとれない《借金などで》一筹莫展 yì chóu mò zhǎn；《混んで》挤得动不了 jǐde dòngbuliǎo

みうしなう【見失う】 ♦方向を～ 迷失方向 míshī fāngxiàng ♦姿を～ 看丢 kàndiū ♦自分を～ 遗失自己 yíshī zìjǐ

みうち【身内】 自家人 zìjiārén；自己人 zìjǐrén

みえ【見得[見栄]】 排场 páichǎng；páichang；虚荣 xūróng；《舞台》～を切る 亮相 liàngxiàng ♦～を张る 摆门面 bǎi ménmian；撑面 chēng chǎngmiàn；要样儿 yào yàngr ♦～でピアノを習う 为了虚荣学钢琴 wèile xūróng xué gāngqín

みえかくれ【見え隠れ-する】 忽隐忽现 hū yǐn hū xiàn

みえすいた【見え透いた】 明显的 míngxiǎn de；露骨的 lùgǔ de ♦～嘘 明显的谎言 míngxiǎn de huǎngyán

みえる【見える】 看得见 kàndejiàn；《…のように見える》显得 xiǎnde ♦喜んでいるように～ 好像很高兴 hǎoxiàng hěn gāoxìng ♦…とは見えない 不见得 bújiàndé；bújiànde

みおくり【見送り】 送别 sòngbié ♦～に行く 送行 sòngxíng；《比喩》今回は～にする 这次搁置一下 zhè cì gēzhì yíxià

みおくる【見送る】 送别 sòngbié；送行 sòngxíng ♦後ろ姿を～ 望着背影 wàngzhe bèiyǐng ♦～客 送客 sòng kè ♦その件は見送りにした 那件事还是搁置了 nà jiàn shì háishi gēzhì le

みおさめ【見納め】 看最后一次 kàn zuìhòu yí cì

みおとし【見落し】 看漏 kànlòu；遗漏 yílòu ♦～のないように 不要看漏 bú yào kànlòu

みおとす【見落とす】 看漏 kànlòu；忽略 hūlüè；疏漏 shūlòu ♦うっかり～ 不留心地忽略 bù liúxīn de hūlüè

みおとり【見劣り-する】 逊色 xùnsè ◆安物には～がする 便宜货有逊色 piányihuò yǒu xùnsè

みおぼえ【見覚え-がある】 眼熟 yǎnshú ◆～のない 陌生 mòshēng

みおも【身重】 身孕 shēnyùn; 怀孕 huáiyùn ◆～な体 双身子 shuāngshēnzi

みおろす【見下ろす】 俯视 fǔshì; 俯瞰 fǔkàn ◆麓(ふもと)を～ 俯视山脚 fǔshì shānjiǎo

みかい【未開-の】 未开化 wèi kāihuà ◆～の地 未开化的土地 wèi kāihuà de tǔdì

みかいけつ【未解決-の】 还没解决 hái méi jiějué ◆～の問題 悬案 xuán'àn

みかいたく【未開拓-の】 未开拓 wèi kāituò ◆～の分野 还没开拓的领域 hái méi kāituò de lǐngyù

みかいはつ【未開発-の】 未开发 wèi kāifā ◆～の山奥 未开发的深山 wèi kāifā de shēnshān

みかえす【見返す】 ❶〈見直す〉答案を～ 重看一遍考卷 chóng kàn yí biàn kǎojuàn ❷〈屈辱に〉きっと見返してやる 一定要争气 yídìng yào zhēng qì ❸〈相手の目を〉こっちも見返してやった 我也回瞪了他一眼 wǒ yě huí dèngle tā yì yǎn

みがき【磨き-をかける】 修炼 xiūliàn ◆技術に～をかける 对技术精益求精 duì jìshù jīng yì qiú jīng

みがきあげる【磨き上げる】 磨砺 mólì ◆家具を～ 擦亮家具 cāliàng jiājù ◆磨き上げた芸 精湛的技艺 jīngzhàn de jìyì

みかぎる【見限る】 放弃 fàngqì

みかく【味覚】 味觉 wèijué ◆～が発達する 味觉发达 wèijué fādá ◆秋の～ 秋天的时鲜 qiūtiān de shíxiān

みがく【磨く】 ❶〈研磨する〉研磨 yánmó; 擀 gǎn ❷〈ブラシなどで〉刷 shuā ◆歯を～ 刷牙 shuāyá ◆芸や技を～ 锤炼 chuíliàn ◆腕を～ 锻炼技艺 duànliàn jìyì

みかくにん【未確認-の】 没有确认 méiyǒu quèrèn ◆～情報 还没确证的消息 hái méi quèzhèng de xiāoxi

みかけ【見掛け】 外表 wàibiǎo ◆人は～によらないものだ 人不能光看外表 rén bùnéng guāng kàn wàibiǎo ◆倒し 虚有其表 xū yǒu qí biǎo

みかげいし【御影石】 花岗岩 huāgāngyán

みかける【見掛ける】 看见 kànjiàn; kànjian ◆よく～ 习见 xíjiàn; 经常见到 jīngcháng jiàndào

みかた【見方】 看法 kànfǎ; kànfa ◆～を変えれば 从另一面看 cóng lìng yímiàn kàn

みかた【味方】 我方 wǒfāng; 自己人 zìjǐrén ◆～につく〈敵方から〉反正 fǎnzhèng ◆～する 拥护 yōnghù

みかづき【三日月】 月牙儿 yuèyár

みがって【身勝手-な】 自私 zìsī ◆～な振る舞い 自私的行为 zìsī de xíngwéi

みかねる【見兼ねる】 看不过去 kànbuguòqu ◆見るに見兼ねて 实在看不下去 shízài kànbuxiàqù

みがまえる【身構える】 摆姿势 bǎi zīshì; 紧张 jǐnzhāng

みがら【身柄】 ◆～を拘束する 拘留 jūliú ◆息子の～を引取る 领回儿子本人 lǐnghuí érzi běnrén

みがる【身軽-な】 ❶〈からだが〉轻快 qīngkuài ◆～な動作 轻快的动作 qīngkuài de dòngzuò ❷〈所持品が〉轻便 qīngbiàn ◆～ないでたち 轻装 qīngzhuāng ❸〈責任や義務が〉轻松 qīngsōng ◆～になる 轻松下来 qīngsōngxiàlai

みがわり【身代わり-になる】 替身 tìshēn; 替死鬼 tìsǐguǐ ◆受験者の～ 枪手 qiāngshǒu ◆受験に～ 枪替 qiāngtì ◆～で自首する 顶替自首 dǐngtì zìshǒu

みかん【未完-の】 未完 wèiwán ◆～の作品 未完的作品 wèiwán de zuòpǐn

ミカン【蜜柑】 橘子 júzi ◆～色の 橘黄 júhuáng ◆～の木 橘树 júshù

みかんせい【未完成-の】 未完成 wèi wánchéng ◆～品 半成品 bànchéngpǐn

みき【幹】 树干 shùgàn; 主干 zhǔgàn

みぎ【右】 右边 yòubian; 右面 yòumiàn ◆～寄りの〈思想的に〉右倾 yòuqīng ◆金(かね)が～から左に消える 钱到手就光 qián dào shǒu jiù guāng ◆～といえば 故意反对 gùyì fǎnduì ◆彼の～に出る者がない 没有超过他的 méiyǒu chāoguò tā de

みぎうで【右腕】 ❶〈右の腕〉右胳膊 yòu gēbo ❷〈最も信頼できる部下〉好帮手 hǎo bāngshǒu ◆社長の～ 总经理的亲信部下 zǒngjīnglǐ de qīnxìn bùxià

みぎがわ【右側】 右边 yòubian; 右面 yòumiàn ◆～通行 右侧通行 yòucè tōngxíng

みきき【見聞き-する】 耳闻目睹 ěr wén mù dǔ ◆テレビで～する 在电视上看到 zài diànshìshang kàndào

みぎきき【右利き-の】 右手灵 yòu shǒu líng; 惯用右手 guànyòng yòushǒu

ミキサー ❶《ジュースなどの》搀合器 chānhéqì ♦～にかける 用搀和器搅拌 yòng chānhéqì jiǎobàn ❷《コンクリートの》搅拌机 jiǎobànjī ♦～車 混凝土搅拌车 hùnníngtǔ jiǎobànchē ❸《音楽の》调音员 tiáoyīnyuán

みぎて【右手】 ❶《右の手》右手 yòushǒu ♦～で投げる 用右手扔 yòng yòushǒu rēng ❷《右の方》右边 yòubiān ♦～に見える 右边可以看到 yòubiān kěyǐ kàndào

みきり【見切り】 ♦～を付ける 断念 duànniàn ♦ 放弃 fàngqì ♦～品 廉价的商品 liánjià de shāngpǐn ♦～発車する 没准备好就开始 méi zhǔnbèihǎo jiù kāishǐ

みきわめる【見極める】 ♦生きる意味を～ 看透人生的意义 kàntòu rénshēng de yìyì ♦事の真相を～ 查明真相 chámíng zhēnxiàng ♦正否を～ 弄清对不对 nòngqīng duì bu duì

みくだす【見下す】 看不起 kànbuqǐ; 小看 xiǎokàn ♦人を～ような態度 看不起人的态度 kànbuqǐ rén de tàidu

みくびる【見縊る】 轻视 qīngshì; 小看 xiǎokàn ♦見くびってはいけない 别看不起 bié kànbuqǐ ♦見くびられたものだ 太小看我 tài xiǎokàn wǒ

みくらべる【見比べる】 比较 bǐjiào ♦よく見比べて 仔细比一比 zǐxì bǐyìbǐ

みぐるしい【見苦しい】 难看 nánkàn ♦～真似をするな 别做丢人的事 bié zuò diūrén de shì

ミクロ 微观 wēiguān ♦～経済学 微观经济学 wēiguān jīngjìxué ♦～コスモス 微观世界 wēiguān shìjiè

ミクロン 微米 wēimǐ

みけつ【未決-の】 未决 wèijué ♦～囚 未判决的囚犯 wèipànjué de qiúfàn

みけねこ【三毛猫】 花猫 huāmāo

みけん【眉間】 眉间 méijiān ♦～にしわを寄せる 皱眉头 zhòu méitou

みこうかい【未公開-の】 未公开 wèi gōngkāi ♦～株 未公开发行的股票 wèi gōngkāi fāxíng de gǔpiào

みこうにん【未公認-の】 未被公认 wèi bèi gōngrèn

みこし【神輿】 神轿 shénjiào ♦～を担ぐ 抬神轿 tái shénjiào ♦～を担ぐ《おだて上げる》捧场 pěngchǎng ♦～を上げる 开始做事 kāishǐ zuò shì ♦～を据える 久坐不动 jiǔzuò bú dòng

みごしらえ【身拵え-する】 妆饰 zhuāngshì; 装束 zhuāngshù ♦～をして出かける 穿好衣服出门 chuānhǎo yīfu chūmén ♦～を整える 打扮得整整齐齐 dǎbande zhěngzhěngqíqí

みこす【見越す】 预料 yùliào ♦先を見越して 预料前途 yùliào qiántú

みごと【見事-な】《立派》精彩 jīngcǎi; 美妙 měimiào ♦～な作品 完美的作品 wánměi de zuòpǐn ♦～にこなす 出色地掌握 chūsè de zhǎngwò ❷《すっかり》彻底 chèdǐ; 完全 wánquán ♦～にやられた 彻底失败了 chèdǐ shībài le

みこみ【見込み】 ❶《可能性》盼头 pàntou; 希望 xīwàng ♦～がある 有门儿 yǒu ménr ♦～がない 没有把握 méiyǒu bǎwò ❷《予測》估计 gūjì; 预计 yùjì ♦～違いをする 失计 shījì; 估计错 gūjì cuò

みこむ【見込む】 预计 yùjì; 估计在内 gūjì zài nèi ♦儲けを見込んで 预料利润 yùliào lìrùn;《信頼する》あなたを見込んで 瞩望你 zhǔwàng nǐ

みごもる【身ごもる】 怀孕 huáiyùn ♦二人目を～ 怀第二个孩子 huái dì èr ge háizi

みごろ【見頃】 正好看的时候 zhèng hǎokàn de shíhou ♦桜は今が～です 樱花正在盛开 yīnghuā zhèngzài shèngkāi

みごろし【見殺し】 ♦～にする 见死不救 jiàn sǐ bú jiù; 坐视不救 zuòshì bújiù

みこん【未婚-の】 未婚 wèihūn ♦～の母 未婚母亲 wèihūn mǔqīn

ミサイル 导弹 dǎodàn

みさお【操】 贞操 zhēncāo ♦～を立てる 坚守贞操 jiānshǒu zhēncāo ♦～を守る 守贞 shǒuzhēn

みさかい【見境】 辨别 biànbié; 区别 qūbié; 分辨 fēnbiàn ♦誰彼の～なく握手する 见谁就跟谁握手 jiàn shéi jiù gēn shéi wò shǒu

みさき【岬】 岬角 jiǎjiǎo

みさげはてた【見下げ果てた】 卑鄙 bēibǐ ♦～奴 卑鄙无耻的东西 bēibǐ wúchǐ de dōngxi ♦～性根 卑劣的心地 bēiliè de xīndì

みさげる【見下げる】 瞧不起 qiáobuqǐ; 看不起 kànbuqǐ

みさだめる【見定める】 看准 kànzhǔn ♦目標を～ 认清目标 rènqīng mùbiāo

みじかい【短い】 ♦日が～ 天短 tiān duǎn ♦脚が～ 腿短 tuǐ duǎn ♦気が～ 性子急 xìngzi jí ♦～一言 短短的一句话 duǎnduǎn de yí jù huà ♦

短くする 缩短 suōduǎn
みじたく【身支度-する】 梳妆 shūzhuāng；打扮 dǎban ◆旅の～ 行装 xíngzhuāng
みしっている【見知っている】 认得 rènde；认识 rènshi
みじめ【惨め-な】 惨淡 cǎndàn ◆～な様子 悲惨的情形 bēicǎn de qíngxing ◆～な気持ち 悲伤的心情 bēishāng de xīnqíng
みじゅく【未熟-な】 不成熟 bù chéngshú；不熟练 bù shúliàn ◆～児 早产儿 zǎochǎn'ér ◆～者 生手 shēngshǒu
みすかす【見透かす】 看透 kàntòu；看穿 kànchuān ◆腹を見透かされる 被看破心计 bèi kànpò xīnjì
みしらぬ【見知らぬ】 陌生 mòshēng ◆～客 生客 shēngkè ◆～人 陌生人 mòshēngrén
みじろぎ【身動ぎ】 ◆～もしない 一动也不动 yídòng yě búdòng
ミシン 缝纫机 féngrènjī
みじん【微塵】 丝毫 sīháo ◆～切り 切碎 qiēsuì ◆～もない 一点儿也没有 yìdiǎnr yě méiyǒu
ミス【失敗】 错误 cuòwù；差误 chāwù ◆～を取り戻す 挽回失败 wǎnhuí shībài ◆～をする 失误 shīwù ◆～を取り繕う 文过饰非 wén guò shì fēi ◆～につけ込む 乘隙 chéngxì
ミス【結婚していない女性】 小姐 xiǎojiě ◆～ワールド 世界小姐 Shìjiè xiǎojiě
みず【水】 水 shuǐ ◆～が合わない «他郷で» 不服水土 bù fú shuǐ tǔ ◆～垢 水碱 shuǐjiǎn；水锈 shuǐxiù ◆～をさす 泼冷水 pō lěngshuǐ ◆～をあける 差距悬殊 chājù xuánshū ◆～と油 水火不相容 shuǐ huǒ bù xiāngróng ◆～に流す 付之东流 fù zhī dōng liú ◆～も漏らさぬ 水泄不通 shuǐ xiè bù tōng
ミズ 女士 nǚshì
みずあげ【水揚げ】 «漁業»渔获 yúhuò；捕捞量 bǔlāoliàng；«生花» 吸收水分 xīshōu shuǐfèn
みずあそび【水遊び-する】 玩儿水 wánr shuǐ；在水里玩儿 zài shuǐli wánr
みずあび【水浴び-する】 洗澡 xǐzǎo；淋浴 línyù
みずあらい【水洗い-する】 水洗 shuǐxǐ
みずいらず【水入らず-で】 只有自家人 zhǐyǒu zìjiārén ◆夫婦～で 只有夫妻两个人 zhǐyǒu fūqī liǎng ge rén
みずいろ【水色】 淡蓝色 dànlánsè
みずうみ【湖】 湖 hú；湖泊 húpō
みすえる【見据える】 目不转睛 mù bù zhuǎn jīng；定睛细看 dìngjīng xìkàn ◆未来を～ 看准未来 kànzhǔn wèilái
みずおけ【水桶】 «竹や木製の» 水桶 shuǐtǒng
みずおと【水音】 水声 shuǐshēng
みずかけろん【水掛け論】 抬死杠 tái sǐgàng；争论不休 zhēnglùn bù xiū
みずかさ【水嵩】 水量 shuǐliàng ◆川の～が増す 河水上涨 héshuǐ shàngzhǎng
みずがめ【水瓶】 水缸 shuǐgāng ◆～座 宝瓶座 bǎopíngzuò
みずから【自ら】 亲自 qīnzì ◆～禍を招く 引火烧身 yǐn huǒ shāo shēn ◆～関係を断つ 自绝关系 zìjué guānxi ◆～決める 自决 zìjué
みずぎ【水着】 游泳衣 yóuyǒngyī
みずぎきん【水飢饉】 缺水 quēshuǐ；水荒 shuǐhuāng
みずぎわ【水際】 水边 shuǐbiān
みずぎわだつ【水際立つ】 高超 gāochāo；精彩 jīngcǎi
みずくさ【水草】 水草 shuǐcǎo；水藻 shuǐzǎo
みずくさい【水臭い】 见外 jiànwài；客套 kètào
みずぐすり【水薬】 药水 yàoshuǐ
みずくみ【水汲み】 ◆～をする 打水 dǎshuǐ；汲水 jíshuǐ
みずけ【水気】 水分 shuǐfèn ◆～が多い 水分多 shuǐfèn duō
みずけむり【水煙】 飞沫 fēimò ◆～を立てる 溅起水沫 jiànqǐ shuǐmò
みすごす【見過ごす】 ❶«見落とす» 忽视 hūshì；看漏 kànlòu ◆うっかり～ 轻取 qīnghū ❷«許す» ◆～わけにはいかない 不能宽恕 bù néng kuānshù
みずさかずき【水杯】 ◆～を交わす 交杯饮水作别 jiāo bēi yǐn shuǐ zuòbié
みずさきあんない【水先案内】 领航 lǐngháng ◆～をする 领港 lǐnggǎng ◆～人 领港 lǐnggǎng ◆～船 领港船 lǐnggǎngchuán
みずさし【水差し】 水瓶 shuǐpíng
みずしげん【水資源】 水利资源 shuǐlì zīyuán
みずしごと【水仕事】 （厨房的）洗刷工作 (chúfáng de) xǐshuā gōngzuò；用水的家务 yòngshuǐ de jiāwù
みずしぶき【水飛沫】 水花 shuǐhuā
みずしょうばい【水商売】 接客的行业 jiēkè de hángyè

みずしらず【見ず知らず−の】 陌生 mòshēng ♦〜の人 陌生人 mòshēngrén

みずたま【水玉】 水珠儿 shuǐzhūr ♦〜模様 水珠儿图案 shuǐzhūr túàn

みずたまり【水溜まり】 水坑 shuǐkēng; 水洼 shuǐwā

みずっぽい【水っぽい】 水分多 shuǐfèn duō

みずでっぽう【水鉄砲】 水枪 shuǐqiāng

ミステリー 不可思议 bù kě sī yì ♦〜小説 推理小说 tuīlǐ xiǎoshuō

みすてる【見捨てる】 抛弃 pāoqì; 离弃 líqì ♦病人を〜 不顾病人 búgù bìngrén

みずとり【水鳥】 水鸟 shuǐniǎo

みずのあわ【水の泡】 泡沫 pàomò; 泡影 pàoyǐng ♦三年の苦労が〜だ 三年的辛苦落空了 sān nián de xīnkǔ luòkōng le ♦〜と消える 归于泡影 guīyú pàoyǐng

みずはけ【水捌け】 排水 páishuǐ ♦〜の悪い 排水不好 páishuǐ bùhǎo

みずびたし【水浸し】 ♦〜になる 淹 yān; 浸水 jìnshuǐ

みずぶくれ【水膨れ】 水疱 shuǐpào ♦〜ができる 打泡 dǎpào

みずぶそく【水不足】 缺水 quēshuǐ ♦〜で困っている 因缺水很为难 yīn quēshuǐ hěn wéinán

ミスプリント 错字 cuòzì; 印错 yìncuò

みずべ【水辺】 水边 shuǐbiān ♦〜の植物 水边植物 shuǐbiān zhíwù

みすぼらしい 寒酸 hánsuān ♦〜身なり 衣衫褴褛 yīshān lánlǚ

みずまくら【水枕】 冷水枕 lěngshuǐzhěn

みずまし【水増し−する】 虚报 xūbào ♦〜勘定 花账 huāzhàng

みすます【見すます】 眼看着 yǎnkànzhe ♦〜好機を逃す 眼看着放过难得的好机会 yǎnkànzhe fàngguò nándé de hǎo jīhuì

みずみずしい【瑞々しい】 水汪汪 shuǐwāngwāng; 鲜嫩 xiānnèn ♦〜緑の娇绿 jiāolǜ ♦肌が〜 皮肤细腻 pífū xìnì

みずむし【水虫】 脚癣 jiǎoxuǎn; 脚气 jiǎoqì

みずもの【水物】 不可靠 bù kěkào; 无常的事 wúcháng de shì ♦勝負は〜だ 胜败无常 shèngbài wúcháng

みずもれ【水漏れ−する】 漏水 lòushuǐ; 走水 zǒushuǐ

みずわり【水割り−の】 搀水的 chānshuǐ de ♦ウイスキーの〜 兑水的威士忌 duì shuǐ de wēishìjì

みせ【店】 商店 shāngdiàn ♦〜を開ける[閉める] 开[关]门 kāi[guān]mén ♦〜を売りに出す 出倒 chūdào ♦〜を閉じる 歇业 xiēyè

みせいねん【未成年】 未成年 wèichéngnián

みせかけ【見せ掛け−の】 虚浮 xūfú; 假装 jiǎzhuāng ♦〜の平和 表面的和平 biǎomiàn de hépíng

みせかける【見せ掛ける】 假装 jiǎzhuāng; 装作 zhuāngzuò ♦本物に〜 以假充真 yǐ jiǎ chōng zhēn

みせさき【店先】 店头 diàntou ♦花屋の〜 花店的店头 huādiàn de diàntou

みせしめ【見せしめ】 儆戒 jǐngjiè; 惩一戒百 chéng yī jiè bǎi

みせつける【見せつける】 显示 xiǎnshì; 夸示 kuāshì

みぜに【身銭】 ♦〜を切る 自己掏腰包 zìjǐ tāo yāobāo

みせば【見せ場】 最精彩的场面 zuì jīngcǎi de chǎngmiàn

みせばん【店番−をする】 看柜台 kàn guìtái

みせびらかす【見せびらかす】 夸耀 kuāyào; 炫示 xuànshì

みせびらき【店開き−をする】 开业 kāiyè

みせもの【見せ物】 玩意儿 wányìr; 杂耍 záshuǎ ♦〜になる 出洋相 chū yángxiàng

みせられる【魅せられる】 入魔 rùmó; 着迷 zháomí ♦彼の人柄に〜 钦佩他的为人 qīnpèi tā de wéirén ♦その絵に〜 被那幅画儿所吸引 bèi nà fú huàr suǒ xīyǐn

みせる【見せる】 显示 xiǎnshì; 《取り出して》 出示 chūshì ♦写真を〜 把照片拿出来给人看 bǎ zhàopiàn náchūlái gěi rén kàn ♦パスポートを見せる 出示护照 chūshì hùzhào

みぜん【未然−に】 未然 wèirán ♦事故を〜に防ぐ 防事故于未然 fáng shìgù yú wèirán

みそ【味噌】 酱 jiàng ♦〜漬け 酱菜 jiàngcài

みぞ【溝】 ❶《水路》 沟 gōu ♦〜の両側 沟沿儿 gōuyánr ♦〜に落ちる 掉进沟里 diàojìn gōulǐ ❷《人間関係の》 隔阂 géhé ♦〜ができる 产生隔阂 chǎnshēng géhé ♦〜を埋める 沟通 gōutōng

みぞう【未曾有−の】 空前 kōngqián; 史无前例 shǐ wú qián lì

みぞおち【鳩尾】 心口 xīnkǒu

みそこなう【見損なう】 ♦番号を〜 看错号码 kàncuò hàomǎ ♦試合を見損なった 没看成这次比赛 méi kànchéng zhè cì bǐsài ♦きみを見損なったよ 把你估计错了 bǎ nǐ gūjì

cuò le
みそめる【見初める】 看中 kànzhòng；一见钟情 yí jiàn zhōng qíng
みぞれ【霙】 ♦～が降る 雨雪交加 yǔxuě jiāojiā
-みたい 〈…のようだ〉 似的 shìde♦ばか～ 真糊涂 zhēn hútu♦まるで本物～ 简直像真的 jiǎnzhí xiàng zhēn de
みだし【見出し】 标题 biāotí
みだしなみ【身嗜み】 修饰服装 xiūshì fúzhuāng♦～が良い 仪容整洁 yíróng zhěngjié♦～に気をつける 注意修饰 zhùyì xiūshì
みたす【満たす】 ❶〈いっぱいにする〉 填满 tiánmǎn♦コップに水を～ 往杯子里倒满水 wǎng bēizili dàomǎn shuǐ ❷〈満足させる〉 满足 mǎnzú♦心を～ 满意 mǎnyì♦要求を～ 满足要求 mǎnzú yāoqiú
みだす【乱す】 扰乱 rǎoluàn♦髪を～ 蓬着头 péngzhe tóu♦秩序を～ 扰乱秩序 rǎoluàn zhìxù
みたてちがい【見立て違い】-をする〈医師の〉 误诊 wùzhěn；〈判定の〉 判定错误 pàndìng cuòwù
みたてる【見立てる】 ❶〈なぞらえる〉 当做 dàngzuò♦ほうきを馬に見立てて 把扫帚当做马 bǎ sàozhou dàngzuò mǎ ❷〈診断する〉 诊断 zhěnduàn；鉴定 jiàndìng♦胃炎と～ 确诊为胃炎 quèzhěn wéi wèiyán ❸〈選ぶ〉 选定 xuǎndìng
みたない【満たない】 不足 bùzú；未满 wèimǎn♦定員に～ 不足定员 bùzú dìngyuán
みだら【淫ら】 猥亵 wěixiè；淫荡 yíndàng♦～な行為 淫荡的行为 yíndàng de xíngwéi
みだり【妄りに】 胡乱 húluàn；随便 suíbiàn♦～に石を投げてはいけない 不要随意扔石头 bú yào suíyì rēng shítou
みだれる【乱れる】 凌乱 língluàn；乱 luàn♦脈が～ 脉搏不规律 màibó bù guīlǜ♦足なみが～ 步调凌乱 bùdiào língluàn
みち【道】 道 lù；道路 dàolù♦～の真ん中 当道 dāngdào♦～の両側 道路两旁 dàolù liǎngpáng♦～が絶える 绝路 juélù♦～は遠い 路远 lù yuǎn♦～に迷う 迷路 mílù♦～をつける 沟通 gōutōng；开路 kāilù♦～に生きる 人生道路 rénshēng dàolù♦～を踏み外す 失足 shīzú♦～を説く 讲道理 jiǎng dàoli♦その～のプロ 这行的专家 zhè háng de zhuānjiā
みち【未知-の】 ♦～の世界 未知的世界 wèizhī de shìjiè
みちあふれる【満ちあふれる】 洋溢 yángyì♦愛情に満ちあふれた 充满爱情 chōngmǎn àiqíng
みちあんない【道案内】 ♦～する 带路 dàilù♦～人 先导 xiāndǎo；导游 dǎoyóu♦～を頼む 雇向导 gù xiàngdǎo
みぢか【身近-な】 ♦～な問題 切身的问题 qièshēn de wèntí♦～で起こる 在近旁发生 zài jìnpáng fāshēng
みちがえる【見違える】 认不得 rènbude；看错 kàncuò♦彼女は～ほどきれいになった 她变好看，简直认不得了 tā biàn hǎokàn, jiǎnzhí rènbudé le
みちかけ【満ち欠け】 ♦月の～ 月亮的盈亏 yuèliang de yíngkuī
みちくさ【道草】 ♦～をくう 中途耽搁 zhōngtú dānge
みちしお【満ち潮】 涨潮 zhǎngcháo；满潮 mǎncháo
みちじゅん【道順】 路线 lùxiàn♦～を教える 告诉路线 gàosù lùxiàn
みちしるべ【道標】 路标 lùbiāo
みちすう【未知数】 未知数 wèizhīshù♦可能性は～だ 不知道可能性有多少 bù zhīdào kěnéngxìng yǒu duōshao
みちすがら【道すがら】 沿路 yánlù；一路上 yílùshang♦学校への～ 在上学的路上 zài shàngxué de lùshang
みちすじ【道筋】 路径 lùjìng；路途 lùtú；〈条理〉 道理 dàolǐ♦～を外れる 离辙 lízhé
みちぞい【道沿い-に】 沿路 yánlù
みちたりた【満ち足りた】 满足 mǎnzú；丰足 fēngzú♦～を表情 满意的表情 mǎnyì de biǎoqíng
みちづれ【道連れ】 伴侣 bànlǚ；同行人 tóngxíngrén♦～になる 搭伴 dābàn
みちのり【道程】 路程 lùchéng；行程 xíngchéng♦ここから10キロの～ 从这里有十公里 cóng zhèlǐ yǒu shí gōnglǐ
みちばた【道端】 路旁 lùpáng♦～で売る 在路上卖 zài lùshang mài
みちひ【満ち干】 潮水涨落 cháoshuǐ zhǎngluò
みちびく【導く】 引导 yǐndǎo；指导 zhǐdǎo♦後進を～ 教导后进 jiàodǎo hòujìn♦生徒を～ 引导学生 yǐndǎo xuésheng♦…に～ 导致 dǎozhì♦成功に～ 导向成功 dǎoxiàng chénggōng
みちみち【道々】 沿路 yánlù；一路上 yílùshang

みちる【満ちる】 充満 chōngmǎn ♦潮が～ 涨潮 zhǎngcháo

みつ【密-な】 稠密 chóumì ♦連絡を～にする 密切地联系 mìqiè de liánxì

みつ【蜜】 蜜 mì

みっか【三日】 三天 sān tiān ♦～に上げず 三天两头儿 sān tiān liǎng tóur ♦～坊主 三天打鱼，两天晒网 sān tiān dǎ yú, liǎng tiān shài wǎng

みっかい【密会-する】 偷情 tōuqíng；幽会 yōuhuì

みつかる【見付かる】 ❶《探していたものが》 找到 zhǎodào ♦財布が～ 找到钱包儿 zhǎodào qiánbāor ❷《ばれる》 被看到 bèi kàndào ♦人に～ 被人发现 bèi rén fāxiàn

ミッキーマウス 米老鼠 Mǐlǎoshǔ

みつぐ【貢ぐ】 献纳 xiànnà；纳贡 nàgòng；为…花钱 wèi...huāqián

みつくろう【見繕う】 斟酌 zhēnzhuó ♦みつくろって肴を作る 斟酌做酒菜 zhēnzhuó zuò jiǔcài

みつげつ【蜜月】 蜜月 mìyuè

みつける【見付ける】 发现 fāxiàn；找到 zhǎodào

みつご【三つ子】 ❶《きょうだい》 一胎三子 yì tāi sān zǐ ❷《三歳児》 三岁儿童 sān suì értóng ♦～の魂百まで 秉性难移 bǐngxìng nányí

みっこう【密航-する】 偷渡 tōudù

みっこく【密告-する】 告密 gàomì；密报 mìbào

みっし【密使】 密使 mìshǐ

みっしつ【密室】 密室 mìshì

みっしゅう【密集-する】 密集 mìjí ♦～している 密密层层 mìmìcéngcéng

ミッションスクール 教会学校 jiàohuì xuéxiào

みっせい【密生-する】 密生 mìshēng ♦下草が～している 密生杂草 mìshēng zácǎo

みっせつ【密接-な】 紧密 jǐnmì；密切 mìqiè ♦～な関係がある 有密切的关系 yǒu mìqiè de guānxi；十指连心 shí zhǐ lián xīn

みっそう【密葬】 只由亲属举办的葬礼 zhǐ yóu qīnshǔ jǔbàn de zànglǐ

みつぞう【密造-する】 密造 mìzào ♦～酒 私自酿酒 sīzì niàngjiǔ

みつぞろい【三つ揃い】（男式）成套西服 (nánshì) chéngtào xīfú

みつだん【密談-する】 密谈 mìtán

みっちゃく【密着-する】 贴紧 tiējǐn ♦～取材 跟踪采访 gēnzōng cǎifǎng

みっちり 充分地 chōngfèn de ♦～仕込む 严格地教导 yángé de jiàodǎo

みっつ【三つ】 仨 sā；三个 sān ge

みっつう【密通-する】 私通 sītōng；偷情 tōuqíng

みつど【密度】 密度 mìdù ♦～が高い 稠 chóu ♦人口～ 人口密度 rénkǒu mìdù ♦～の高い授業 很有内容的讲学 hěn yǒu nèiróng de jiǎngxué

みつどもえ【三つ巴-の】 ♦～の戦い 三方混战 sānfāng hùnzhàn

みっともない 难看 nánkàn ♦～格好 丑态 chǒutài ♦～まねをする 出洋相 chū yángxiàng

みつにゅうこく【密入国-する】 潜入国境 qiánrù guójìng；偷渡 tōudù ♦～者 偷渡客 tōudùkè ♦～を取り締まる 取缔偷渡入国 qǔdì tōudù rùguó

みつばい【密売-する】 私卖 sīmài；私售 sīshòu ♦麻薬の～ 贩毒 fàndú ♦～人 私贩 sīfàn

ミツバチ【蜜蜂】 蜜蜂 mìfēng

みっぷう【密封-する】 封闭 fēngbì；密封 mìfēng；密闭 mìbì ♦書類を～する 把文件密封起来 bǎ wénjiàn mìfēngqǐlai

みっぺい【密閉-する】 密闭 mìbì ♦～された瓶 封闭的玻璃瓶 fēngbì de bōlipíng

みつぼうえき【密貿易】 走私贸易 zǒusī màoyì ♦～を摘発する 揭发走私 jiēfā zǒusī

みつまた【三叉】 分为三股 fēnwéi sāngǔ ♦～の分かれ道 三岔路口 sānchà lùkǒu

みつめる【見つめる】 盯 dīng；注视 zhùshì ♦じっと～ 凝视 níngshì

みつもり【見積り】 估计 gūjì ♦～生产高 预计产量 yùjì chǎnliàng

みつもる【見積もる】 估计 gūjì ♦低く見積もる 低估 dīgū ♦引越し費用を～ 估计搬家费用 gūjì bānjiā fèiyong

みつやく【密約】 密约 mìyuē ♦～ができている 事先订好密约 shìxiān dìnghǎo mìyuē

みつゆ【密輸-する】 走私 zǒusī ♦～を捜査する 查私 chásī

みつゆにゅう【密輸入-する】 走私进口 zǒusī jìnkǒu

みつりょう【密漁-する】 非法捕鱼 fēifǎ bǔyú

みつりょう【密猟-する】 非法狩猎 fēifǎ shòuliè

みつりん【密林】 密林 mìlín

みつろう【蜜蝋】 白蜡 báilà；蜂蜡 fēnglà

みてい【未定-の】 未决定 wèi juédìng ♦日時は～だ 日期还没决定 rìqī hái méi juédìng

みてくれ【見てくれ】 外貌 wàimào ♦

みてとる【見てとる】 覚察 juéchá；看出 kànchū ◆状況を～ 看透情况 kàntòu qíngkuàng ◆相手の気持ちを～ 看出对方的心情 kànchū duìfāng de xīnqíng

みとおし【見通し】 ❶ 遠方まで～ 远见 yuǎnjiàn ◆霧で～がきかない 因雾看不远 yīn wù kànbuyuǎn ❷《予测》预料 yùliào ◆先の～が立つ 预料到前景 yùliàodào qiánjǐng

みとおす【見通す】 瞭望 liàowàng；预测 yùcè ◆将来を～ 推测未来的前景 tuīcè wèilái de qiánjǐng

みとがめる【見咎める】 盘问 pánwèn；盘查 pánchá

みどころ【見どころ】 看点 kàndiǎn◆芝居の～ 戏里精彩的地方 xìlǐ jīngcǎi de dìfang ◆～のある人 很有前途的人 hěn yǒu qiántú de rén ◆何の～もない 没什么长处 méi shénme chángchù

みとどける【見届ける】 看到 kàndào ◆結果を～ 看到结果 kàndào jiéguǒ ◆最期を～ 看到临终 kàndào línzhōng

みとめいん【認印】 手戳 shǒuchuō；戳儿 chuōr ◆～を押す 盖戳儿 gài chuōr

みとめる【認める】 ❶《確認する》发现 fāxiàn ◆人影を～ 看到人影 kàndào rényǐng ◆潰瘍が認められる 看得出溃疡 kàndechū kuìyáng ❷《承認する》犯行を～ 承认罪行 chéngrèn zuìxíng ◆外出を～ 允许出门 yǔnxǔ chūmén ◆要求を～ 准许要求 zhǔnxǔ yāoqiú ◆才能を～ 看重才能 kànzhòng cáinéng ❸《判断する》认为 rènwéi ◆きみも承知したものと～ 认定你也同意 rèndìng nǐ yě tóngyì

みどり【緑】 绿色 lǜsè ◆～鲜やかな 娇嫩 jiāonèn

みとりず【見取り図】 示意图 shìyìtú

ミドル ◆～級 中量级 zhōngliàngjí ◆ナイス～ 潇洒的中年男子 xiāosǎ de zhōngnián nánzǐ

みとれる【見蕩れる】 看得入迷 kàndé rùmí ◆絵に～ 看画看得入迷 kàn huà kànde rùmí

みな【皆】 ◆～さん 诸位 zhūwèi；大家 dàjiā ◆～来た 都来了 dōu lái le

みなおす【見直す】 ❶《再評価する》重新估价 chóngxīn gūjià ◆彼を見直した 对他有了新的认识 duì tā yǒule xīn de rènshi ❷《再検討する》重新研究 chóngxīn yánjiū ◆必要がある 需要重新研究 xūyào chóngxīn yánjiū

みなぎる【漲る】 充满 chōngmǎn；洋溢 yángyì ◆力が～ 洋溢着活力 yángyìzhe huólì

みなげ【身投げ-する】 跳水自尽 tiàoshuǐ zìjìn

みなごろし【皆殺し】 杀光 shāguāng ◆一族～にされる 全家被杀光了 quánjiā bèi shāguāng le

みなす【見なす】 当做 dàngzuò；作为 zuòwéi ◆欠席と～ 认为缺席 rènwéi quēxí

みなと【港】 港口 gǎngkǒu；〈海沿いの〉海港 hǎigǎng ◆～に入る 进港 jìngǎng ◆～を出る 出港 chūgǎng

みなみ【南】 ～回帰線 南回归线 nánhuíguīxiàn ◆～側 南边 nánbiān ◆～向きの 朝阳 cháoyáng；坐北朝南 zuò běi cháo nán

みなみはんきゅう【南半球】 南半球 nánbànqiú

みなもと【源】 ❶《起源·根源》来源 láiyuán；渊源 yuānyuán ◆～を尋ねる 寻根 xúngēn ◆～を発する 发源 fāyuán ❷《水源》水源 shuǐyuán ◆川の～ 河流的水源 héliú de shuǐyuán

みならい【見習い-の】 见习 jiànxí ◆～期間 见习期间 jiànxí qījiān ◆～工 学徒工 xuétúgōng

みならう【見習う】 学习 xuéxí；见习 jiànxí ◆大人を～ 模仿大人 mófǎng dàren ◆かれを～ 向他学习 xiàng tā xuéxí

みなり【身なり】 穿着 chuānzhuó；打扮 dǎban ◆いい～の紳士 打扮端庄的男人 dǎban duānzhuāng de nánrén ◆～を整える 打扮得整齐 dǎbande zhěngqí

みなれる【見慣れる】 眼熟 yǎnshú；看惯 kànguàn ◆見慣れた風景 熟悉的景色 shúxī de jǐngsè ◆見慣れない人 陌生人 mòshēngrén

ミニ 迷你 mínǐ；微型 wēixíng ◆～カー 汽车模型 qìchē móxíng ◆～コミ 特定少数传播 tèdìng shǎoshù chuánbō ◆～スカート 迷你裙 mínǐqún

みにくい【醜い】 难看 nánkàn；丑陋 chǒulòu ◆～姿 形象丑陋 xíngxiàng chǒulòu ◆～争い 丑恶的争执 chǒu'è de zhēngzhí ◆～アヒルの子 丑陋的鸭雏儿 chǒulòu de yāchúr

みにくい【見難い】 看不清楚 kànbuqīngchu ◆字が～ 字看不清楚 zì kànbuqīngchu

ミニチュア 模型 móxíng

ミニマム 极小 jíxiǎo；最小值 zuìxiǎozhí

みぬく【見抜く】 看透 kàntòu；识破 shípò ◆本質を～ 洞察实质 dòngchá shízhí ◆策略を～ 看破策略 kànpò cèlüè ◆そいつの正体を見抜いた 看穿他的真相 kànchuān tā de zhēnxiàng

みぬふり【見ぬ振り-をする】 ◆見て～をする 看见了也假装没看见 kànjiàn le yě jiǎzhuāng méi kànjiàn

みね【峰】 山峰 shānfēng；山岭 shānlǐng

ミネラル・ウオーター 矿泉水 kuàngquánshuǐ

みのう【未納-の】 未纳 wèi nà；未缴 wèi jiǎo ◆～金 尾欠 wěiqiàn

みのうえ【身の上】 身世 shēnshì ◆～話 身世谈 shēnshìtán ◆～相談 人生咨询 rénshēng zīxún

みのおきどころ【身の置き所】 ◆～がない 无地自容 wú dì zì róng

みのがす【見逃す】 ◆絶好のチャンスを～ 错过极好的机会 cuòguò jíhǎo de jīhuì ◆番組を～ 没看到节目 méi kàndào jiémù ◆見逃してやる 饶恕 ráoshù

みのけがよだつ【身の毛がよだつ】 毛骨悚然 máo gǔ sǒngrán

みのしろきん【身の代金】 赎金 shújīn ◆～を要求する 要求赎身钱 yāoqiú shúshēnqián

みのほど【身の程】 ◆～を知らない 不自量 bú zìliàng；不知天高地厚 bù zhī tiān gāo dì hòu ◆～を知る 有自知之明 yǒu zìzhī zhī míng

みのまわり【身の回り】 身边 shēnbiān ◆～の世話をする 照料日常生活 zhàoliào rìcháng shēnghuó

みのり【実り】 成果 chéngguǒ ◆～の秋 收获的秋天 shōuhuò de qiūtiān ◆～豊かな 丰硕 fēngshuò

みのる【実る】 ❶《植物が》结实 jiēshí；结果 jiēguǒ ◆稲が～ 稻子成熟 dàozi chéngshú ❷《成果が》有成果 yǒu chéngguǒ ◆努力が～ 努力见成果 nǔlì jiàn chéngguǒ

みば【見場】 外貌 wàimào ◆～がいい 外表好看 wàibiǎo hǎokàn

みばえ【見栄え】 好看 hǎokàn ◆～がいい 体面 tǐmiàn；tǐmian ◆～がする 外表很美 wàibiǎo hěn měi

みはからう【見計らう】 ❶《品物を》斟酌 zhēnzhuó ◆好みに合いそうなものを～ 选一选合乎爱好的东西 xuǎnyixuǎn héhū àihào de dōngxi ❷《時間を》◆頃あいを見計らって 看准机会 kànzhǔn jīhuì

みはったつ【未発達-の】 ◆大脳が～だ 大脑未发达 dànǎo wèi fādá

みはっぴょう【未発表-の】 ◆～の作品 未发表的作品 wèi fābiǎo de zuòpǐn

みはなす【見放す】 抛弃 pāoqì；放弃 fàngqì ◆親に見放される 被父母抛弃 bèi fùmǔ pāoqì

みはらい【未払い】 未付 wèi fù ◆未払い金 积欠 jīqiàn；欠款 qiànkuǎn

みはらし【見晴らし】 眺望 tiàowàng ◆～がいい 远景很好 yuǎnjǐng hěn hǎo ◆～台 瞭望台 liàowàngtái

みはり【見張り】 看守 kānshǒu ◆～をつける 派人看守 pài rén kānshǒu

みはる【見張る】 监视 jiānshì；看守 kānshǒu ◆畑の作物を～ 看庄稼 kān zhuāngjia

みびいき【身晶屓-をする】 袒护亲朋 tǎnhù qīnpéng

みひつ【未必】 ◆～の故意 故意的过失 gùyì de guòshī；有意的疏忽 yǒuyì de shūhu

みひらく【見開く】 ◆目を見開いて 睁开眼睛 zhēngkāi yǎnjing

みぶり【身振り】 姿态 zītài；手势 shǒushì ◆～で手振りをする 比手画脚 bǐ shǒu huà jiǎo ◆～言語 体态语言 tǐtài yǔyán

みぶるい【身震い-する】 发抖 fādǒu；打颤 dǎzhàn

みぶん【身分】 身份 shēnfen；资格 zīgé ◆～を明かす 说出身份 shuōchū shēnfen ◆～がつりあっている 门当户对 mén dāng hù duì ◆～証明書 工作证 gōngzuòzhèng；身份证 shēnfenzhèng

みぼうじん【未亡人】 寡妇 guǎfu；未亡人 wèiwángrén

みほん【見本】 标样 biāoyàng；样品 yàngpǐn ◆～の通りに 照样 zhàoyàng ◆～市 交易会 jiāoyìhuì ◆～帳 样本 yàngběn

みまい【見舞い】 慰问 wèiwèn ◆～に行く 探望 tànwàng；看望 kànwàng ◆～金 抚恤金 fǔxùjīn

みまう【見舞う】 探望 tànwàng ◆病人を～ 看望病人 kànwàng bìngrén ◆災難に見舞われる 遭受灾难 zāoshòu zāinàn

みまちがえる【見間違える】 误认 wùrèn；看错 kàncuò ◆他人と～ 看错人 kàncuò rén

みまもる【見守る】 《動きや変化を》关注 guānzhù；注视 zhùshì ◆成長を～ 关照成长 guānzhào chéngzhǎng

みまわす【見回す】 张望 zhāngwàng；环视 huánshì ◆辺りを～ 张望四周 zhāngwàng sìzhōu

みまわる【見回る】 巡查 xúnchá；巡视 xúnshì ◆畑を～ 巡视农田 xúnshì nóngtián

みまん【未満】 未満 wèi mǎn ♦10歳～ 未満十岁 wèi mǎn shí suì

みみ【耳】 耳朵 ěrduo ♦～の穴 耳朵眼儿 ěrduoyǎnr; 耳孔 ěrkǒng ♦～が遠い 耳背 ěrbèi ♦～が早い 消息灵通 xiāoxi língtōng ♦～を扎耳朵 zhā ěrduo ♦～に入る 听见 tīngjiàn; tīngjian ♦～に入れない 听而不闻 tīng ér bù wén ♦～にたこができる 听腻了 tīngnì le ♦～を貸す 倾听 qīngtīng ♦～が汚れる 听着讨厌 tīngzhe tǎoyàn ♦パンの～ 面包边 miànbāobiān

みみあか【耳垢】 耳垢 ěrgòu; 耳屎 ěrshǐ ♦～を取る 淘耳屎 tāo ěrshǐ

みみあて【耳当て】 《防寒用の》护耳 hù'ěr; 耳套 ěrtào

みみうち【耳打ち-する】 咬耳朵 yǎo ěrduo; 耳语 ěryǔ

みみかき【耳掻き】 耳挖子 ěrwāzi; 耳勺儿 ěrsháor

みみがくもん【耳学問】 道听途说之学 dào tīng tú shuō zhī xué

みみかざり【耳飾り】 耳坠 ěrzhuì; 耳环 ěrhuán; 耳饰 ěrshì

みみざわり【耳障り-な】 刺耳 cì'ěr ♦～だ 太难听了 tài nántīng le

ミミズ【蚯蚓】 蚯蚓 qiūyǐn; 曲蟮 qūshàn ♦～がのたくったような字 七扭八歪的字 qī niǔ bā wāi de zì

ミミズク【木菟】 猫头鹰 māotóuyīng

みみせん【耳栓】 耳塞 ěrsāi

みみたぶ【耳たぶ】 耳垂 ěrchuí ♦～に穴をあける 《ピアス用に》穿耳 chuān'ěr

みみっちい 小气 xiǎoqi

みみなり【耳鳴り-がする】 耳鸣 ěrmíng

みみなれた【耳慣れた】 耳熟 ěrshú ♦耳慣れない 耳生 ěrshēng

みみより【耳寄り】 ♦～な話 值得一听的消息 zhíde yì tīng de xiāoxi

みめ【見目】 容貌 róngmào ♦～麗しい 俊美 jùnměi; 美貌 měimào

みめい【未明-に】 黎明 límíng; 凌晨 língchén

みもち【身持ち】 品行 pǐnxíng ♦～がよい 品行端正 pǐnxíng duānzhèng

みもと【身元】 出身 chūshēn; 身分 shēnfen ♦～が確かだ 来历可靠 láilì kěkào ♦～引き受け人 担保人 dānbǎorén

みもの【見物】 值得看的 zhíde kàn de ♦それは～だ 那真值得看看 nà zhēn zhíde kànkan

みゃく【脈】 脉搏 màibó ♦～をとる 诊脉 zhěnmài ♦～をみる 《漢方で》切脉 qièmài ♦～がある 《可能性》有希望 yǒu xīwàng

みゃくはく【脈拍】 脉搏 màibó

みゃくらく【脈絡】 脉络 màiluò ♦～をつける 连贯 liánguàn ♦～のない 没有条理 méiyǒu tiáolǐ

みやげ【土産】 土产 tǔchǎn; 礼物 lǐwù ♦～話 旅行见闻 lǚxíng jiànwén ♦～物店 土特产店 tǔtèchǎndiàn

みやこ【都】 京都 jīngdū; 首都 shǒudū

みやこおち【都落ち-する】 搬到乡下 bāndào xiāngxia; 离开首都 líkāi shǒudū

みやすい【見易い】 易懂 yìdǒng; 易看 yìkàn ♦～紙面 易懂的版面 yìdǒng de bǎnmiàn

みやぶる【見破る】 看破 kànpò; 识破 shípò; 看透 kàntòu ♦トリックを看破する 看破诡计 kànpò guǐjì

みやまいり【宮参り】 《小孩满月时》参拜神庙 (xiǎohái mǎnyuè shí) cānbài shénmiào

みやる【見やる】 ♦遠くを～ 远望 yuǎnwàng ♦ちらりと～ 略微一看 lüèwēi yí kàn

ミュージカル 音乐剧 yīnyuèjù; 歌舞剧 gēwǔjù

みょう【妙】 ❶《へんだ》♦～だな 奇怪 qíguài ❷《すばらしい》♦言い得て～だ 说得巧妙 shuōde qiǎomiào

みょうあん【妙案】 好主意 hǎo zhǔyi; 绝妙的办法 juémiào de bànfǎ

みょうぎ【妙技】 妙技 miàojì

みょうごにち【明後日】 后天 hòutiān; 后日 hòurì

みょうじ【苗字】 姓 xìng; 姓氏 xìngshì

みょうしゅ【妙手】 高手 gāoshǒu; 《勝負ごとの》高招儿 gāozhāor; ♦踊りの～ 舞蹈名手 wǔdǎo míngshǒu

みょうじょう【明星】 金星 jīnxīng ♦明けの～ 晨星 chénxīng; 宵の～ 昏星 hūnxīng

みょうだい【名代】 代理人 dàilǐrén ♦父の～で出席する 代父亲来参加 dài fùqīn lái cānjiā

みょうちょう【明朝】 明天早晨 míngtiān zǎochen

みょうにち【明日】 明天 míngtiān

みょうばん【明礬】 明矾 míngfán; 白矾 báifán

みょうばん【明晩】 明天晚上 míngtiān wǎnshang ♦～集会がある 明天晚上开会 míngtiān wǎnshang kāihuì

みょうみ【妙味】 妙趣 miàoqù ♦音色に～がある 音色有妙趣 yīnsè yǒu miàoqù

みょうやく【妙薬】 灵药 língyào

みょうり【名利】 名利 mínglì ♦～に

目がくらむ 眩于名利 xuànyú mínglì；被名利冲昏头脑 bèi mínglì chōnghūn tóunǎo ♦～を求めない 淡泊 dànbó；不求名利 bù qiú mínglì

みより【身寄り】 家属 jiāshǔ；亲属 qīnshǔ ♦～のない 孤寡 gūguǎ

みらい【未来】 未来 wèilái ♦～の構想 未来的蓝图 wèilái de lántú ♦～への見通し 远景 yuǎnjǐng ♦～学 未来学 wèiláixué

ミリ 毫 háo ♦～グラム 毫克 háokè ♦～ミクロン 毫微米 háowēimǐ ♦～メートル 毫米 háomǐ ♦～リットル 毫升 háoshēng

みりょう【魅了-する】 吸引 xīyǐn ♦観客を～する 使观众入迷 shǐ guānzhòng rùmí

みりょう【未了-の】 未完 wèi wán ♦審議～ 审议未完 shěnyì wèiwán

みりょく【魅力】 魔力 mólì；魅力 mèilì ♦～のある 有魅力 yǒu mèilì

みる【見る】 ❶《目で》 テレビを～ 看电视 kàn diànshì ♦映画を～ 看电影 kàn diànyǐng ♦窓の外を～ 看看窗外 kànkan chuāngwài ♦一目見れば分かる 看一眼就明白 kàn yìyǎn jiù míngbai ❷《具合を》 味を～ 尝一尝 chángyicháng ♦やって～ 试试看 shìshi kàn ❸《世話する》 親の面倒を～ 照料父母 zhàoliào fùmǔ ❹《評価する》 日本をどうか 怎样看日本 zěnyàng kàn Rìběn ♦人を～目がある 看人很有眼力 kàn rén hěn yǒu yǎnlì

みるかげもない【見る影もない】 面目全非 miànmù quán fēi ♦やつれて～ 憔悴得面目全非 qiáocuìde miànmù quán fēi

みるからに【見るからに】 一目了然 yí mù liǎo rán ♦彼は～健康そうだ 一看就知道他很健康 yí kàn jiù zhīdào tā hěn jiànkāng

ミルク 牛奶 niúnǎi

みるまに【見る間に】 眼看着 yǎnkànzhe ♦～人で埋まった 眼看着挤满了人 yǎnkànzhe jǐmǎnle rén

みれん【未練】 依恋 yīliàn ♦～がある 恋恋不舍 liàn liàn bù shě ♦～がない 舍得 shěde ♦～を残す 留恋 liúliàn ♦～がましい 不干脆 bù gāncuì

みわく【魅惑-する】 迷惑 míhuò；迷人 mírén

みわくてき【魅惑的-な】 妖艳 yāoyàn ♦～な容貌 冶容 yěróng

みわけ【見分け】 识别 shíbié ♦～がつく 认得出来 rèndechūlai ♦～がつかない 认不出来 rènbuchūlai

みわける【見分ける】 识别 shíbié；辨別 biànbié ♦種類を～ 鉴别种类 jiànbié zhǒnglèi ♦善し悪しを～ 识别好坏 shíbié hǎohuài

みわたす【見渡す】 张望 zhāngwàng ♦さっと～ 扫视一下 sǎoshì yíxià ♦遠くを～ 展望 zhǎnwàng ♦～限りの麦畑 一望无际的麦田 yí wàng wú jì de màitián

みんい【民意】 民意 mínyì ♦～を反映させる 反映民意 fǎnyìng mínyì

みんえい【民営】 私营 sīyíng；民办 mínbàn ♦～企業 民办企业 mínbàn qǐyè ♦～化 民营化 mínyínghuà

みんか【民家】 民房 mínfáng

みんかん【民間-の】 民间 mínjiān；民用 mínyòng ♦～航空 民用航空 mínyòng hángkōng ♦～人 老百姓 lǎobǎixìng；非政府人员 fēi zhèngfǔ rényuán ♦～で運営する 民办 mínbàn ♦～療法 土方 tǔfāng

ミンク 水貂 shuǐdiāo

みんげい【民芸】 民间艺术 mínjiān yìshù ♦～品 民间工艺品 mínjiān gōngyìpǐn

みんけん【民権】 民权 mínquán ♦～自由～運動 自由民权运动 zìyóu mínquán yùndòng

みんじ【民事】 民事 mínshì ♦～事件 民事案件 mínshì ànjiàn ♦～訴訟 民事诉讼 mínshì sùsòng

みんしゅ【民主】 民主 mínzhǔ ♦～主義 民主主义 mínzhǔ zhǔyì

みんじゅ【民需】 民用 mínyòng；民需 mínxū ♦～拡大 扩大民需 kuòdà mínxū

みんしゅう【民衆】 群众 qúnzhòng；老百姓 lǎobǎixìng ♦～の声 群众的意见 qúnzhòng de yìjiàn ♦～の総意 公意 gōngyì

みんしゅく【民宿】 家庭旅店 jiātíng lǚdiàn ♦～を営む 经营家庭旅店 jīngyíng jiātíng lǚdiàn

みんしん【民心】 民心 mínxīn ♦～を失う 失去民心 shīqù mínxīn

みんせい【民政】 民政 mínzhèng

みんぞく【民俗】 民俗 mínsú ♦～学 民俗学 mínsúxué

みんぞく【民族】 民族 mínzú ♦～主義 民族主义 mínzú zhǔyì ♦～色 民族色彩 mínzú sècǎi ♦～文化 民族文化 mínzú wénhuà ♦少数～ 少数民族 shǎoshù mínzú

みんな【皆】 大家 dàjiā ♦～のために为大家 wèi dàjiā ♦～で大家在一起 dàjiā zài yìqǐ ♦～ぼくが悪い 都是我的错 dōu shì wǒ de cuò

みんぽう【民法】 民法 mínfǎ

みんぽう【民放】 民营广播 mínyíng guǎngbō ♦～のドラマ 民营台的电

視剧 mínyíngtái de diànshìjù
みんゆう【民有−の】 私有 sīyǒu ♦〜地 私有地 sīyǒudì
みんよう【民謡】 民歌 míngē; 民谣 mínyáo
みんわ【民話】 民间故事 mínjiān gùshi

む

む【無】 无 wú ♦〜に帰する 落空 luòkōng; 一场空 yì cháng kōng ♦好意を〜にする 辜负好意 gūfù hǎoyì
むい【無為−に】 无为 wúwéi ♦〜に過ごす 消闲 xiāoxián; 游手好闲 yóu shǒu hào xián ♦〜にして化す 无为而化 wú wéi ér huà
むいしき【無意識】 下意识 xiàyìshí; 无意识 wúyìshí; wúyìshi ♦〜の一言 无意中的一句话 wúyì zhōng de yí jù huà
むいそん【無医村】 没有医生的村庄 méiyǒu yīshēng de cūnzhuāng
むいちぶつ【無一物−の】 精光 jīngguāng; 一无所有 yì wú suǒ yǒu
むいちもん【無一文】 ♦〜になる 落得一文不名 luòde yì wén bù míng
むいみ【無意味−な】 没意思 méi yìsi; 无意义 wú yìyì
ムード 风气 fēngqì; 气氛 qìfen ♦〜音楽 情调音乐 qíngdiào yīnyuè
むえき【無益−な】 无益 wúyì; 无济于事 wú jì yú shì
むえん【無縁−の】 无缘 wúyuán ♦〜墓地 乱葬岗子 luànzàng gǎngzi; 义冢 yìzhǒng
むえん【無煙−の】 无烟 wúyān ♦〜炭 无烟煤 wúyānméi
むえん【無援】 无援 wúyuán
むが【無我】 忘我 wàngwǒ ♦〜の境 忘我的境地 wàngwǒ de jìngdì
むかい【向かい】 ♦〜の家 对门 duìmén ♦〜側 对面 duìmiàn
むがい【無蓋】 ♦〜貨車 敞篷货车 chǎngpéng huòchē; 敞车 chǎngchē
むがい【無害−の】 无害 wúhài
むかいあう【向かい合う】 相对 xiāngduì ♦向かい合わせ 面对面 miàn duì miàn
むかいかぜ【向かい風】 顶风 dǐngfēng; 逆风 nìfēng
むかう【向かう】 ♦鏡に〜 对着镜子 duì zhe jìngzi ♦向かって左側のドア 对面左侧的门 duìmiàn zuǒcè de mén ♦太陽に向かって進む 向太阳走 xiàng tàiyang zǒu ♦快方に〜 病情好转 bìngqíng hǎozhuǎn
むかえ【迎え】 迎接 yíngjiē ♦駅へ〜に行く 到车站去接 dào chēzhàn qù jiē
むかえうつ【迎え撃つ】 抗击 kàngjī; 迎战 yíngzhàn
むかえび【迎え火】 迎魂火 yínghúnhuǒ ♦〜をたく 点燃迎魂火 diǎn-

rán yínghúnhuò
むかえる【迎える】 聘请 pìnqǐng；迎接 yíngjiē ◆重役に迎える 聘任为董事 pìnrèn wéi dǒngshì ◆空港で父を～ 在机场接父亲 zài jīchǎng jiē fùqin
むがく【無学】 没有文化 méiyǒu wénhuà ◆～無能 才疏学浅 cái shū xué qiǎn ◆～に胸无点墨 xiōng wú diǎn mò
むかし【昔】 往昔 wǎngxī；过去 guòqù ◆～ながらのやり方 老一套 lǎoyítào ◆～のままの 依然如故 yīrán rúgù ◆～の出来事 往事 wǎngshì ◆～の人 前人 qiánrén ◆～からの仲間 旧交 jiùjiāo
むかしかたぎ【昔気質】 老脑筋 lǎo nǎojīn ◆～の職人 保持着传统作风的工匠 bǎochízhe chuántǒng zuòfēng de gōngjiàng
むかしなじみ【昔馴染】 旧相识 jiùxiāngshí
むかしばなし【昔話】 ◆～をする《友人同士が》 叙旧 xùjiù ◆こどもに村の～を聞かせる 给孩子讲村里的故事 gěi háizi jiǎng cūnli de gùshi
むかしふう【昔風-の】 旧式 jiùshì
むかつく ❶《病気などで》恶心 ěxin；反胃 fǎnwèi ❷《感情的に》厌恶 yànwù；生气 shēngqì
むかっぱら【向かっ腹】 赌气 dǔqì；负气 fùqì ◆～を立てる 生气 shēngqì
ムカデ【百足】 蜈蚣 wúgōng；wú-gong
むかむかする ◆～話 使人恼火的话 shǐ rén nǎohuǒ de huà ◆酔って～ 醉得恶心了 zuìde ěxin le
むかんかく【無感覚-な】 麻木不仁 mámù bù rén ◆～になる 麻痹 mábì
むかんけい【無関係-な】 无干 wúgān；没有关系 méiyǒu guānxi
むかんしん【無関心-な】 冷淡 lěngdàn；漠然 mòrán ◆～である 漠不关心 mò bù guānxīn
むかんどう【無感動-な】 无动于衷 wú dòng yú zhōng；冷淡 lěngdàn
むき【向き】 ❶《方向》◆机の～を变える 改变桌子的方向 gǎibiàn zhuōzi de fāngxiàng ◆南～の窓 朝南的窗户 cháo nán de chuānghu ❷《適合》◆春～の服 适合春季的衣服 shìhé chūnjì de yīfu
むき【無期】 无期 wúqī ◆～延期 无限延期 wúxiàn yánqī ◆～懲役 无期徒刑 wúqī túxíng
むき【無機】 无机 wújī ◆～肥料 无机肥料 wújī féiliào
むぎ【麦】 麦子 màizi ◆～の穂 麦穗

儿 màisuìr ◆～を刈る 割麦子 gē màizi ◆～畑 麦田 màitián
むきあう【向き合う】 面对 miànduì ◆向き合って坐る 对着面儿坐 duìzhe miànr zuò ◆癌と～ 面对癌症 miànduì áizhèng
むきげん【無期限-の】 无期 wúqī
むきしつ【無機質-の】 无机 wújī
むきず【無傷-の】 完好 wánhǎo；无瑕疵 wú xiácī
むきだし【剥き出し-の】 露出 lùchū ◆感情を～にする 毫不掩饰感情 háo bù yǎnshì gǎnqíng ◆歯を～にする 露出牙齿 lùchū yáchǐ
むきどう【無軌道-な】 放荡不羁 fàngdàng bùjī；不轨 bùguǐ
むきなおる【向き直る】 转过身来 zhuǎnguò shēn lái
むきめい【無記名-の】 无记名 wújìmíng
むきゅう【無休】 不休息 bù xiūxi ◆年中～ 全年不休业 quánnián bù xiūyè
むきゅう【無給-の】 没有工资 méiyǒu gōngzī；义务 yìwù
むきょういく【無教育-な】 没文化 méi wénhuà
むきりょく【無気力-な】 没有精神 méiyǒu jīngshen；没有朝气 méiyǒu zhāoqì
むぎわら【麦藁】 麦秆儿 màigǎnr；麦秸 màijiē ◆～帽子 草帽 cǎomào
むきん【無菌-の】 无菌 wú jūn
むく【剥く】 剥 bāo ◆皮を～ 剥皮 bāopí
むく【向く】 《方向》◆南に～ 朝南 cháo nán；《適する》◆自分に～仕事 适合自己的工作 shìhé zìjǐ de gōngzuò
むく【無垢-な】 纯真 chúnzhēn ◆～な心 童心 tóngxīn
むくい【報い】 报应 bàoyìng；bào-ying ◆～を受ける 遭报应 zāo bào-yìng
むくいる【報いる】 报答 bàodá；回报 huíbào ◆恩義に～ 报答恩情 bàodá ēnqíng
ムクゲ【槿】 木槿 mùjǐn
むくち【無口-な】 沉默寡言 chénmò guǎyán；不爱说话 bú ài shuōhuà ◆～な人 闷葫芦 mènhúlu
ムクドリ【椋鳥】 灰椋鸟 huīliángniǎo
むくみ【浮腫み】 浮肿 fúzhǒng；水肿 shuǐzhǒng
むくむ【浮腫む】 膀 pāng；肿 zhǒng ◆足が～ 腿浮肿 tuǐ fúzhǒng
-むけ【-向け】 面向 miànxiàng ◆子供～の辞書 儿童用词典 értóng yòng cídiǎn ◆子ども～の出版 面

向儿童的出版 miànxiàng értóng de chūbǎn ♦海外の番組 面向国外播送的节目 miànxiàng guówài bōsòng de jiémù

むけい【無形-の】 无形 wúxíng ♦～文化財 无形文化财产 wúxíng wénhuà cáichǎn

むげい【無芸-な】 无一技之长 wú yí jì zhī cháng

むけいかく【無計画-な】 无计划 wú jìhuà；没谱儿 méipǔr

むきん【無欠勤】 全勤 quánqín

むげに【無下に】 ♦～断わる 断然拒绝 duànrán jùjué

むける【向ける】 背を～ 转身 zhuǎnshēn ♦注意を～ 留意 liúyì；注意 zhùyì ♦目を～ 看 kàn ♦水を～ 用话引诱 yòng huà yǐnyòu ♦マイクを～ 把话筒伸向… bǎ huàtǒng shēnxiàng…

むげん【無限-の】 无限 wúxiàn ♦～大 无穷大 wúqióngdà；无限大 wúxiàndà

むげん【夢幻】 梦幻 mènghuàn

むこ【婿】 女婿 nǚxu ♦～養子 赘婿 zhuìxù ♦～を取る 招女婿 zhāo nǚxu；招亲 zhāoqīn

むごい【惨い】 狠 hěn；刻薄 kèbó ♦～やり方 残忍的手段 cánrěn de shǒuduàn

むこいり【婿入り-する】 入赘 rùzhuì；招亲 zhāoqīn

むこう【無効】 无效 wúxiào ♦～にする 取消 qǔxiāo ♦～になる 作废 zuòfèi

むこう【向こう】 对方 duìfāng；那边 nàbiān ♦～の家 那儿的房子 nàr de fángzi ♦の意向 对方的意向 duìfāng de yìxiàng ♦あいつを～に回す 以他为对手 yǐ tā wéi duìshǒu

むこういき【向こう意気】 ♦～の強い 不甘示弱 bùgān shìruò；好胜 hàoshèng

むこうがわ【向こう側】 那边 nàbiān；内边 nèibiān ♦塀の～ 院墙的那边 yuànqiáng de nàbiān ♦山の～ 山那边 shān nàbiān

むこうぎし【向こう岸】 对岸 duì'àn

むこうずね【向こう脛】 迎面骨 yíngmiàngǔ

むこうみず【向う見ず-な】 愣头愣脑 lèng tóu lèng nǎo ♦～な行動 鲁莽的举动 lǔmǎng de jǔdòng

むこうもち【向こう持ち】 对方负担 duìfāng fùdān ♦交通费を～で 交通费由对方负担 jiāotōngfèi yóu duìfāng fùdān

むごたらしい【惨たらしい】 残忍 cánrěn；凄惨 qīcǎn ♦～写真 惨不忍看的照片 cǎn bù rěn kàn de zhàopiàn

むこん【無根-の】 没根据 méi gēnjù ♦事実～ 无凭无据 wú píng wú jù

むごん【無言-の】 默然 mòrán ♦～劇 哑剧 yǎjù

むざい【無罪】 无罪 wúzuì

むさく【無策】 没办法 méi bànfǎ ♦無為～ 束手无策 shù shǒu wú cè

むさくい【無作為】 ♦～抽出 任意抽出 rènyì chōuchū

むさくるしい 不整洁 bù zhěngjié；肮脏 āngzāng

むさべつ【無差別-の】 无差别 wú chābié；不加区别 bù jiā qūbié

むさぼる【貪る】 贪图 tāntú ♦～ように 如饥似渴 rú jī sì kě ♦暴利を～ 牟取暴利 móuqǔ bàolì

むざむざ 白白 báibái；轻易 qīngyì ♦一日を無駄にした 白白浪费了一天 báibái làngfèile yì tiān

むざん【無残-な】 凄惨 qīcǎn ♦～な最期 死得很惨 sǐde hěn cǎn

むし【虫】 虫子 chóngzi ♦～の息 奄奄一息 yǎnyǎn yì xī ♦～かご 虫笼 chónglóng ♦～が食った衣服 被虫子蛀过的衣服 bèi chóngzi zhùguo de yīfu ♦～に刺される 被虫子蜇 bèi chóngzi zhē ♦～が好かない 合不来 hébùlái ♦～のいい要求 自私的要求 zìsī de yāoqiú ♦～の知らせ 不祥的预感 bùxiáng de yùgǎn ♦腹の～が納まらない 怒气难消 nùqì nán xiāo

むし【無私-の】 无私 wúsī

むし【無視-する】 无视 wúshì；漠视 mòshì；不顾 búgù

むじ【無地】 白底 báidǐ；无花纹 wú huāwén；素色 sùsè

むしあつい【蒸し暑い】 闷热 mēnrè

むしかえす【蒸し返す】 ♦古い话を～ 旧事重提 jiùshì chóngtí

むしかく【無資格-の】 无资格 wú zīgé

むじかく【無自覚-な】 不自觉 bú zìjué；无意识 wúyìshí

むしき【蒸し器】 蒸笼 zhēnglóng

むしくだし【虫下し】 驱虫剂 qūchóngjì

むしけら【虫螻】 小虫 xiǎochóng ♦～も同然 如同蝼蚁 rútóng lóuyǐ

むしけん【無試験】 免试 miǎnshì ♦～採用 免试录取 miǎnshì lùqǔ

むじこ【無事故】 无事故 wú shìgù

むしず【虫酸】 恶心 ěxīn ♦～が走る 讨厌得胃里冒酸水 tǎoyànde wèilǐ mào suānshuǐ

むしタオル【蒸しタオル】 热毛巾 rè máojīn

むじつ【無実-の】 冤 yuān ♦～の罪 冤屈 yuānqū；冤罪 yuānzuì

ムジナ【貉】 貉 hé ◆同じ穴の～ 一丘之貉 yì qiū zhī hé
むしに【蒸煮】 焖 mèn ◆魚を～にする 焖鱼 mèn yú
むしば【虫歯】 虫牙 chóngyá；龋齿 qǔchǐ
むしばむ【蝕む】 侵蚀 qīnshí；《人の心を》蛊惑 gǔhuò；腐蚀 fǔshí ◆社会を～侵蚀社会 qīnshí shèhuì
むじひ【無慈悲-な】 不仁 bùrén；无情 wúqíng；狠毒 hěndú
むしぶろ【蒸風呂】 蒸汽浴 zhēngqìyù
むしむしする 闷热 mēnrè
むしめがね【虫眼鏡】 放大镜 fàngdàjìng
むじゃき【無邪気-な】 稚气 zhìqì；天真 tiānzhēn
むしゃくしゃする 心烦意乱 xīn fán yì luàn；憋气 biēqì
むしゃしゅぎょう【武者修行】 走访各地锻炼 zǒufǎng gèdì duànliàn；调到别处积累经验 diàodào biéchù jīlěi jīngyàn
むしゃぶりつく【武者振り付く】 猛扑上去 měng pūshàngqù
むしゃぶるい【武者震い-をする】 因斗志全身发抖 yīn dòuzhì quánshēn fādǒu
むしゃむしゃ ◆～食う 大口大口地吃 dà kǒu dà kǒu de chī
むしゅう【無臭-の】 无臭 wúxiù
むしゅうきょう【無宗教-の】 无宗教 wú zōngjiào
むしゅうにゅう【無収入】 没有收入 méiyǒu shōurù
むじゅうりょく【無重力】 无重力 wú zhònglì
むしゅみ【無趣味-の】 没什么爱好 méi shénme àihào
むじゅん【矛盾】 矛盾 máodùn ◆～した意見 矛盾的看法 máodùn de kànfǎ ◆～を生む 闹矛盾 nào máodùn ◆君の話は～している 你说的前后矛盾 nǐ shuō de qiánhòu máodùn
むしょう【無償-の】 无偿 wúcháng ◆～の愛 无偿的爱 wúcháng de ài
むじょう【無上-の】 无比 wúbǐ；无上 wúshàng ◆～の幸福 无比的幸福 wúbǐ de xìngfú
むじょう【無情-な】 无情 wúqíng；冷酷 lěngkù
むじょうけん【無条件-の】 无条件 wútiáojiàn ◆～降伏 无条件投降 wú tiáojiàn tóuxiáng
むしょうに【無性に】 特别 tèbié；非常 fēicháng ◆～腹が立つ 非常生气 fēicháng shēngqì
むしょく【無色-の】 无色 wúsè ◆～無臭 无色无臭 wúsè wúxiù
むしょく【無職】 无职业 wú zhíyè；没有工作 méiyǒu gōngzuò
むしよけ【虫除け】 防治虫害 fángzhì chónghài；防虫药 fángchóngyào
むしょぞく【無所属-の】 无党派 wúdǎngpài
むしりとる【毟り取る】 拔掉 bádiào；薅掉 hāodiào
むしろ【筵】 席子 xízi；草席 cǎoxí
むしろ【寧ろ】 与其…不如 yǔqí…bùrú；宁肯 nìngkěn；情愿 qíngyuàn ◆別れるくらいなら～死にたい 与其离别还不如死 yǔqí líbié hái bùrú sǐ
むしん【無心】 ❶《無邪気》◆～に遊ぶ 天真地玩儿 tiānzhēn de wánr ❷《乞う》◆かねを～する 要钱 yào qián
むじん【無人-の】 无人 wúrén ◆～スタンド 自助销售点 zìzhù xiāoshòudiǎn
むしんけい【無神経-な】 粗心 cūxīn ◆服装に～な 对装束不细心 duì zhuāngshù bú xìxīn
むじんぞう【無尽蔵-の】 取之不尽，用之不竭 qǔ zhī bú jìn, yòng zhī bù jié
むしんろん【無神論】 无神论 wúshénlùn
むす【蒸す】 蒸 zhēng；《天気》闷热 mēnrè
むすう【無数-の】 无数 wúshù
むずかしい【難しい】 难 nán；困难 kùnnan ◆発音が～ 发音难 fāyīn nán ◆～顔をする 面有难色 miàn yǒu nánsè
むすこ【息子】 儿子 érzi；小儿 xiǎo'ér
むすばれる【結ばれる】 结婚 jiéhūn；结为夫妻 jié wéi fūqī
むすびつく【結びつく】 结合 jiéhé；结びつける 联系 liánxì；联结 liánjié
むすびめ【結び目】 结子 jiézi；扣子 kòuzi ◆～を作る 绾 wǎn；打结 dǎjié
むすぶ【結ぶ】 系 jì ◆靴ひもを～ 系鞋带儿 jì xiédàir ◆契約を～ 签约 qiānyuē；订合同 dìng hétong ◆実を～ 结果儿 jiē guǒr
むずむず 痒痒 yǎngyang
むすめ【娘】 女孩儿 nǚháir；《親族名称》女儿 nǚ'ér ◆～さん 姑娘 gūniang；闺女 guīnü ◆～婿 女婿 nǚxu ◆母と～ 母女俩 mǔnǚ liǎ
ムスリム 穆斯林 mùsīlín
むせい【夢精】 梦遗 mèngyí；遗精 yíjīng
むせい【無声】 无声 wúshēng ◆～映画 无声片 wúshēngpiàn
むぜい【無税-の】 无税 wúshuì

むせいげん【無制限-な】 无限制 wú xiànzhì

むせいふ【無政府】 无政府 wúzhèngfǔ ♦ ~主義 无政府主义 wúzhèngfǔ zhǔyì ♦ ~状態 无政府状态 wú zhèngfǔ zhuàngtài

むせかえる【むせ返る】 呛 qiāng ♦ 煙に~ 被烟呛得直咳嗽 bèi yān qiàngde zhí késou

むせきにん【無責任-な】 不负责任 bú fù zérèn；没有责任心 méiyǒu zérènxīn

むせっそう【無節操-な】 无节操 wú jiécāo

むせびなく【噎び泣く】 呜咽 wūyè；抽搭 chōuda；抽泣 chōuqì

むせぶ【噎ぶ】 涙に~ 流泪哽咽 liúlèi gěngyè

むせん【無線】 无线 wúxiàn

むせんいんしょく【無銭飲食-する】 吃饭不付钱 chīfàn bú fù qián

むそう【夢想-する】 梦想 mèngxiǎng；做梦 zuòmèng

むぞうさ【無造作-な】 漫不经心 màn bù jīng xīn ♦ ~に書きあげる 轻而易举地写完 qīng ér yì jǔ de xiěwán ♦ ~に承知する 轻易答应 qīngyì dāying

むだ【無駄】 ♦ ~な努力 徒劳 túláo ♦ ~がない文章 精练的文章 jīngliàn de wénzhāng ♦ 時間を~にする 浪费时间 làngfèi shíjiān ♦ ~を省く 俭省 jiǎnshěng

むだあし【無駄足】 ♦ ~を踏む 白走 bái zǒu；扑空 pūkōng

むだぐち【無駄口】 闲话 xiánhuà ♦ ~をたたく 说废话 shuō fèihuà

むだづかい【無駄遣い-する】 浪费 làngfèi；乱花钱 luàn huā qián

むだばなし【無駄話】 淡话 dànhuà；废话 fèihuà ♦ ~をする 扯谈 chětán；闲扯 xiánchě；闲聊 xiánliáo

むだぼね【無駄骨】 徒劳 túláo ♦ ~を折る 白受累 bái shòulèi

むだめし【無駄飯】 吃闲饭 chī xiánfàn ♦ ~食い 吃闲饭的人 chī xiánfàn de rén；饭桶 fàntǒng

むだん【無断】 径自 jìngzì；私自 sīzì ♦ ~欠勤する 旷职 kuàngzhí ♦ ~帯出する 擅自借出 shànzì jièchū

むち【鞭】 鞭子 biānzi ♦ ~を打つ 鞭打 biāndǎ；鞭挞 biāntà ♦ 老骨に~打つ 鞭策老躯 biāncè lǎoqū

むち【無知-な】 无知 wúzhī；愚昧 yúmèi ♦ ~な輩 愚昧之徒 yúmèi zhī tú

むち【無恥-な】 无耻 wúchǐ；不要脸 bú yàoliǎn

むちつじょ【無秩序-な】 凌乱 língluàn；紊乱 wěnluàn；没有秩序 méiyǒu zhìxù

むちゃ【無茶-な】 无道理 wú dàolǐ ♦ ~を言う 胡搅 hújiǎo；胡说八道 hú shuō bā dào ♦ ~苦茶な 荒唐 huāngtáng；荒唐 huāngtang；岂有此理 qǐ yǒu cǐ lǐ

むちゅう【夢中】 ♦ ~になる 入迷 rùmí；着迷 zháomí ♦ テレビに~になる 迷上电视 míshàng diànshì ♦ ~で駆けぬける 忘我地跑过去 wàngwǒ de pǎoguòqu

むちん【無賃】 不交费 bù jiāofèi ♦ ~乗車 无票乘车 wúpiào chéngchē

むつう【無痛-の】 无痛 wútòng ♦ ~分娩 无痛分娩 wútòng fēnmiǎn

むつごと【睦言】 闺房私话 guīfáng sīhuà

むっつり 沉默寡言 chén mò guǎ yán

むつまじい【睦まじい】 融洽 róngqià；和睦 hémù ♦ 仲~夫婦 恩爱夫妻 ēn'ài fūqī

むていけん【無定見】 顺风倒 shùnfēngdǎo；无主见 wú zhǔjiàn

むていこう【無抵抗】 不抵抗 bùdǐkàng ♦ ~主義 不抵抗主义 bù dǐkàng zhǔyì

むてき【霧笛】 雾笛 wùdí

むてき【無敵-の】 无敌 wúdí；战无不胜 zhàn wú bú shèng ♦ ~のチーム 无敌队 wúdíduì

むてっぽう【無鉄砲-な】 愣头愣脑 lèng tóu lèng nǎo；鲁莽 lǔmǎng

むてんか【無添加-の】 无添加物的 wú tiānjiāwù de

むとうは【無党派】 无党派 wúdǎngpài ♦ ~層 无党派阶层 wúdǎngpài jiēcéng

むどく【無毒-な】 无毒 wúdú

むとくてん【無得点-の】 零分 língfēn

むとどけ【無届け】 没请示 méi qǐngshì；未上报 wèi shàngbào

むとんちゃく【無頓着-な】 漫不经心 màn bù jīngxīn；不在意 bú zàiyì

むないた【胸板】 胸脯 xiōngpú ♦ ~が厚い 胸脯厚 xiōngbù hòu

むなくそ【胸糞】 ♦ ~が悪い 真使人恶心 zhēn shǐ rén ěxin；太不痛快 tài bú tòngkuài

むなぐら【胸ぐら】 前襟 qiánjīn ♦ ~をつかむ 抓住前襟要打 zhuāzhù qiánjīn yào dǎ

むなぐるしい【胸苦しい】 喘不上气来 chuǎnbushàng qì lái

むなさわぎ【胸騒ぎ】 ♦ ~がする 忐忑不安 tǎn tè bù ān

むなざんよう【胸算用】 心里盘算 xīnli pánsuan

むなしい【空しい】 空虚 kōngxū ♦希望 妄想 wàngxiǎng ♦空しく過ごす 虚度 xūdù

むなもと【胸元】 胸部 xiōngbù

むに【無二の】 无双 wúshuāng；独一无二 dú yī wú èr ♦～の親友 最好的朋友 zuì hǎo de péngyou

むにんか【無認可】 无照 wúzhào ♦保育無 无照托儿所 wúzhào tuō'érsuǒ

むね【胸】 胸脯 xiōngpú；胸膛 xiōngtáng ♦～が心 心 xīn ♦～がどきどきする 心跳 xīn tiào ♦～がむかつく 作呕 zuò'ǒu ♦～に抱く 怀抱 huáibào；胸怀 xiōng huái ♦～の内を話す 谈心 tánxīn ♦～を打たれる 感动 gǎndòng ♦～を患う 患肺病 huàn fèibìng ♦～が痛む 感到痛心 gǎndào tòngxīn ♦～がすく 痛快 tòngkuài ♦～が張り裂ける 肝肠欲断 gāncháng yù duàn

むね【旨】 ♦節約を～とする 以节约为宗旨 yǐ jiéyuē wéi zōngzhǐ ♦その～を伝える 传达这个意思 chuándá zhège yìsi

むねあげ【棟上げ】 上梁 shàngliáng

むねやけ【胸焼け-する】 作酸 zuòsuān；烧心 shāoxīn

むねん【無念-な】 悔恨 huǐhèn；遗憾 yíhàn ♦～がる 悔恨不该 huǐhèn bùgāi

むのう【無能-な】 无能 wúnéng ♦～な人間 酒囊饭袋 jiǔ náng fàn dài

むばんそう【無伴奏-の】 无伴奏 wú bànzòu ♦～の歌 清唱 qīngchàng

むひ【無比】 无双 wúshuāng；无比 wúbǐ

むひょう【霧氷】 树挂 shùguà；雾凇 wùsōng

むひょうじょう【無表情-な】 无表情 wú biǎoqíng ♦～に笑う 痴笑 chīxiào

むびょうそくさい【無病息災】 没病没灾 méi bìng méi zāi

むふう【無風】 无风 wú fēng

むふんべつ【無分別-な】 莽撞 mǎngzhuàng；贸然 màorán

むほう【無法】 无法无赖 wúlài；无法无天 wú fǎ wú tiān ♦～者 不轨之徒 bùguǐ zhī tú ♦～地帯 野蛮地带 yěmán dìdài

むぼう【無謀-な】 鲁莽 lǔmǎng

むほうしゅう【無報酬-の】 无偿 wúcháng；义务 yìwù ♦～で通りを掃除する 义务扫街 yìwù sǎo jiē

むぼうび【無防備-な】 无防备 wú fángbèi

むほん【謀反】 谋反 móufǎn；叛逆 pànnì；造反 zàofǎn

むみかんそう【無味乾燥-な】 索然寡味 suǒrán guǎwèi ♦～な議論 枯燥的议论 kūzào de yìlùn ♦～な文章 枯燥无味的文章 kūzào wúwèi de wénzhāng

むめい【無名-の】 无名 wúmíng；不著名 bú zhùmíng ♦～の作家 默默无闻的作家 mò mò wú wén de zuòjiā

むめい【無銘-の】 没落款 méi luòkuǎn；没留名 méi liúmíng

むめんきょ【無免許】 没有执照 méiyǒu zhízhào ♦～運転 无照驾驶 wúzhào jiàshǐ

むやみ【無闇-に】 瞎 xiā；胡乱 húluàn ♦～に怒る 动不动就发火 dòngbudòng jiù fāhuǒ

むゆうびょう【夢遊病】 梦行症 mèngxíngzhèng

むよう【無用】 没有用处 méiyǒu yòngchù；无用 wúyòng ♦～の長物 赘疣 zhuìyóu；多余的东西 duōyú de dōngxi

むよく【無欲-な】 无私欲 wú sīyù；淡泊 dànbó；恬淡 tiándàn

むら ♦～がない 匀净 yúnjing；匀实 yúnshi ♦色に～がある 颜色不匀 yánsè bù yún ♦気に～に～がある 性情易变 xìngqíng yìbiàn

むら【村】 村 cūn；村落 cūnluò；村庄 cūnzhuāng ♦～人 村里人 cūnlirén；乡亲们 xiāngqīnmen ♦山間の～ 山村 shāncūn

むらがる【群がる】 簇聚 cùjù；聚集 jùjí

むらさき【紫】 紫色 zǐsè

むらさきずいしょう【紫水晶】 紫石英 zǐshíyīng

むらす【蒸らす】 闷 mēn

むり【無理-な】 ♦～をするなよ 不要勉强了 búyào miǎnqiǎng le ♦そりゃ～だ 那不可能 nà bù kěnéng ♦～な要求 不合理的要求 bù hélǐ de yāoqiú ♦～を言うなよ 请不要难为我 qǐng búyào nánwéi wǒ ♦彼は～でしょう 他不能承担吧 tā bùnéng chéngdān ba

むりじい【無理強い-する】 勉强 miǎnqiǎng；强使 qiǎngshǐ；生拉硬拽 shēng lā yìng zhuài

むりそく【無利息】 无利息 wúlìxī

むりやり【無理矢理-に】 硬 yìng；勉强 miǎnqiǎng ♦～言わせる 强逼着说 qiǎngbīzhe shuō

むりょう【無料-の】 免费 miǎnfèi ♦～券 免票 miǎnpiào ♦入場～ 免费入场 miǎnfèi rùchǎng

むりょく【無力-な】 没能力 méi nénglì；无力 wúlì ♦～な父 无力的父亲 wúlì de fùqīn

むるい【無類】 绝伦 juélún；无比

wúbǐ ♦~の酒好き 大酒鬼 dà jiǔguǐ
むれ【群】 群 qún ♦~をなす 成群结队 chéng qún jié duì
むれる【群れる】 群集 qúnjí
むれる【蒸れる】 蒸透 zhēngtòu
むろ【室】 窖 jiào
むろん【無論】 不用说 búyòng shuō；当然 dāngrán

め

め【芽】 芽 yá ♦~が出る 发芽 fāyá；露苗 lòumiáo ♦~を摘む 打尖 dǎjiān；《比喻》消灭在萌芽之中 xiāomiè zài méngyá zhī zhōng

め【目】 眼睛 yǎnjing；《注目》注意 zhùyì；《眼識》眼力 yǎnlì ♦~を開ける 睁眼 zhēngyǎn ♦~が霞む 眼花 yǎnhuā ♦~が利く 识货 shíhuò ♦《欲に》~がくらむ 眩惑 xuànhuò ♦《船酔いなどで》~が回る 眼睛打眩 yǎnjing dǎxuàn ♦忙しくて~が回る 忙得团团转 mángde tuántuánzhuàn ♦~を掛ける 关照 guānzhào ♦~をこらす 凝视 níngshì ♦~を引く 引人注目 yǐn rén zhù mù ♦~を見張る 瞪眼 dèngyǎn ♦~を細める 眯 mī；眯缝 mīfeng ♦~を奪うような《華やかな》夺目 duómù ♦~を盗む 避人耳目 bì rén ěrmù ♦書類に~を通す 对文件过目 duì wénjiàn guòmù

-め[-目] ♦小さ~ 小一点儿 xiǎo yìdiǎnr ♦2度~ 第二次 dì'èr cì ♦3杯~の飯 第三碗饭 dìsān wǎn fàn

めあたらしい【目新しい】 新奇 xīnqí；新异 xīnyì

めあて【目当て】 ❶《目的》目的 mùdì ♦財産を~に 为了财产 wèile cáichǎn ❷《目印》目标 mùbiāo ♦灯台を~に 以灯塔为目标 yǐ dēngtǎ wéi mùbiāo

めい【姪】 侄女 zhínǔ；外甥女 wàishengnǔ

めい【銘】 ♦座右の~ 座右铭 zuòyòu míng ♦…と~打って 以…为名 yǐ...wéimíng

めいあん【名案】 好主意 hǎo zhǔyi；妙计 miàojì

めいあん【明暗】 明暗 míng'àn

めいい【名医】 神医 shényī；名医 míngyī

めいうん【命運】 命运 mìngyùn

めいおうせい【冥王星】 冥王星 Míngwángxīng

めいか【名家】 名门 míngmén；名家 míngjiā

めいか【銘菓】 高级点心 gāojí diǎnxin；有名糕点 yǒumíng gāodiǎn

めいが【名画】 ❶《絵画の》名画 mínghuà ❷《映画の》著名影片 zhùmíng yǐngpiàn

めいかい【明快-な】 明快 míngkuài；易解 yìjiě

めいかく【明確-な】 明确 míngquè ♦~な見解 明确的见解 míngquè de jiànjiě ♦~に区分する 明确划分

míngquè huàfēn
めいがら【銘柄】品牌 pīnpái
めいかん【名鑑】名录 mínglù
めいき【明記-する】清楚写出 qīngchu xiěchū ♦法律に～ 在法律上载明 zài fǎlǜshang zǎimíng
めいき【銘記-する】牢记 láojì；铭记 míngjì
めいぎ【名義】名义 míngyì ♦父の～を使う 借用父亲的名义 jièyòng fùqīn de míngyì
めいきょく【名曲】名曲 míngqǔ
めいく【名句】名句 míngjù
めいげつ【明月】明月 míngyuè；满月 mǎnyuè
めいげつ【名月】明月 míngyuè ♦中秋の～ 中秋明月 zhōngqiū míngyuè
めいげん【名言】名言 míngyán
めいげん【明言-する】明确说出 míngquè shuōchū
めいこう【名工】名工 mínggōng；能工巧匠 néng gōng qiǎo jiàng
めいさい【明細-な】详细 xiángxì ♦～書 清账 qīngzhàng；详单 xiángdān
めいさい【迷彩】迷彩 mícǎi；保护色 bǎohùsè ♦～を施す 涂保护色 tú bǎohùsè
めいさく【名作】名作 míngzuò
めいさつ【明察】明察 míngchá；洞察 dòngchá
めいさん【名産】名产 míngchǎn
めいし【名刺】名片 míngpiàn
めいし【名士】名人 míngrén；名士 míngshì
めいし【名詞】名词 míngcí
めいじ【明示-する】明示 míngshì
めいじつ【名実】名实 míngshí ♦～相伴う 名副其实 míng fù qí shí ♦～相伴わない 名不副实 míng bú fù shí
めいしゃ【目医者】眼科医生 yǎnkē yīshēng
めいしゅ【名手】名手 míngshǒu ♦バイオリンの～ 小提琴的名手 xiǎotíqín de míngshǒu
めいしゅ【盟主】霸主 bàzhǔ；盟主 méngzhǔ ♦～となる 执牛耳 zhí niú'ěr
めいしゅ【銘酒】名酒 míngjiǔ；名牌酒 míngpáijiǔ
めいしょ【名所】名胜 míngshèng ♦～旧跡 名胜古迹 míngshèng gǔjì
めいしょう【名勝】名胜 míngshèng
めいしょう【名匠】大师 dàshī；名匠 míngjiàng
めいしょう【名将】名将 míngjiàng
めいしょう【名称】名称 míngchēng；名字 míngzi

めいじょう【名状-する】♦～し難い 不可名状 bù kě míngzhuàng；难以表达 nányǐ biǎodá
めいじる【命じる】吩咐 fēnfù；命令 mìnglìng
めいじる【銘じる】铭刻 míngkè ♦肝に～ 铭记在心 míngjì zài xīn
めいしん【迷信】迷信 míxìn
めいじん【名人】妙手 miàoshǒu；名匠 míngjiàng ♦～芸 高妙的技艺 gāomiào de jìyì
めいせい【名声】大名 dàmíng；名声 míngshēng ♦～が高い 大名鼎鼎 dàmíng dǐngdǐng
めいせき【明晰-な】明晰 míngxī ♦～な頭脳 明晰的头脑 míngxī de tóunǎo
めいそう【冥想-する】冥想 míngxiǎng
めいそう【名僧】高僧 gāosēng
めいだい【命題】论断 lùnduàn；命题 mìngtí
めいちゅう【命中-する】命中 mìngzhòng；打中 dǎzhòng ♦～率 命中率 mìngzhònglǜ
めいちょ【名著】名著 míngzhù
めいてんがい【名店街】著名商店街 zhùmíng shāngdiàn jiē
めいど【冥土】冥土 míngtǔ；黄泉 huángquán ♦～へ持ってゆく 带到阴间去 dàidào yīnjiān qù
メイド《ホテルなどの》女服务员 nǚfúwùyuán
めいとう【名刀】宝刀 bǎodāo
めいとう【名答】出色的回答 chūsè de huídá
めいにち【命日】忌辰 jìchén；忌日 jìrì
めいはく【明白-な】明白 míngbai；明显 míngxiǎn ♦～な事実 明摆着的事实 míngbǎizhe de shìshí
めいびん【明敏-な】精明 jīngmíng；灵敏 língmǐn
めいふく【冥福】♦～を祈る 祈祷冥福 qídǎo míngfú
めいぶつ【名物】名产 míngchǎn；有名的东西 yǒumíng de dōngxi
めいぶん【明文】明文 míngwén ♦～化する 明文化 míngwénhuà
めいぶん【銘文】铭文 míngwén
めいぶん【名分】名分 míngfèn；名义 míngyì ♦～を並べ立てる 巧立名目 qiǎo lì míngmù
めいぼ【名簿】名册 míngcè；名单 míngdān ♦～を作る 编名册 biān míngcè
めいぼう【名望】名望 míngwàng；声誉 shēngyù ♦～家 有名望者 yǒu míngwàng zhě
めいみゃく【命脈】命脉 mìngmài；

めいめい【命名-する】 命名 mìngmíng; 起名 qǐmíng
めいめい【銘々-の】 各个 gègè; 各自 gèzì
めいめつ【明滅】 闪烁 shǎnshuò; 明灭 míngmiè
めいもく【名目】 幌子 huǎngzi; 名目 míngmù; 名义 míngyì ♦学習を～にする 以学习为名目 yǐ xuéxí wéi míngmù
めいもん【名門】 世家 shìjiā; 名门 míngmén ♦～の一族 望族 wàngzú
めいもん【名文句】 名句 míngjù; 名言 míngyán
めいやく【盟約】 盟约 méngyuē
めいやく【名訳】 出色的翻译 chūsè de fānyì
めいゆう【名優】 名角 míngjué; 名演员 míngyǎnyuán
めいゆう【盟友】 盟友 méngyǒu
めいよ【名誉】 名誉 míngyù ♦～会長 名誉会长 míngyù huìzhǎng ♦～勲章 荣誉勋章 róngyù xūnzhāng ♦～を挽回する 挽回名誉 wǎnhuí míngyù
めいりょう【明瞭-な】 明了 míngliǎo; 清晰 qīngxī ♦～に理解する 理解得很清楚 lǐjiěde hěn qīngchu
めいる【滅入る】 气馁 qìněi; 忧闷 yōumèn; 销沉 xiāochén
めいれい【命令-する】 命令 mìnglìng; 指令 zhǐlìng ♦～される 被指示 bèi zhǐshì ♦～文 祈使句 qíshǐjù
めいろ【迷路】 迷路 mílù; 迷途 mítú; 迷宫 mígōng
めいろう【明朗-な】 明朗 mínglǎng; 豁达 huòdá ♦～取引 公平交易 gōngpíng jiāoyì
めいわく【迷惑-な】 麻烦 máfan; 为难 wéinán ♦～を掛ける 添麻烦 tiān máfan; 找麻烦 zhǎo máfan はた～ 烦扰旁人 fánrǎo pángrén ♦メール 垃圾邮件 lājī yóujiàn
めうえ【目上】 长辈 zhǎngbèi; 尊长 zūnzhǎng; 上司 shàngsī
めうし【雌牛】 牝牛 pìnniú; 母牛 mǔniú
めうつり【目移り-する】 ♦あれこれ～する 挑花了眼 tiāohuā le yǎn
メーカー 厂商 chǎngshāng; 制造公司 zhìzào gōngsī
メーキャップ-する 化妆 huàzhuāng; 扮装 bànzhuāng
メーター 仪表 yíbiǎo;《電気》电表 diànbiǎo
メーデー 五一国际劳动节 Wǔ Yī Guójì Láodòng Jié; 五一 Wǔ Yī
メートル 公尺 gōngchǐ ♦～法 国际公制 guójì gōngzhì
メール 邮递 yóudì ♦電子～ 电子邮件 diànzǐ yóujiàn ♦～ボックス 信箱 xìnxiāng ♦～アドレス 邮件地址 yóujiàn dìzhǐ
メーンスタンド 正面看台 zhèngmiàn kàntái
メーンストリート 主要大街 zhǔyào dàjiē
メーンディッシュ 主菜 zhǔcài
メーンバンク 主力银行 zhǔlì yínháng
めおと【夫婦】 夫妻 fūqī; 夫妇 fūfù
めがお【目顔】 眼神 yǎnshén ♦～で知らせる 以目示意 yǐ mù shìyì
めかくし【目隠し-する】 蒙眼儿 méngyǎnr
めかけ【妾】 小老婆 xiǎolǎopo; 姨太太 yítàitai
めがける【目掛ける】 瞄准 miáozhǔn ♦窓を目掛けて投げる 朝窗户扔过去 cháo chuānghu rēngguòqu
めがしら【目頭】 眼角 yǎnjiǎo ♦～が熱くなる 眼角发热 yǎnjiǎo fārè; 鼻子酸起来 bízi suānqǐlai
めかた【目方】 重量 zhòngliàng; 斤两 jīnliǎng; 轻重 qīngzhòng ♦～を計る 称量重量 chēngliáng zhòngliàng
メガトン 百万吨 bǎiwàn dūn
めがね【眼鏡】 眼镜 yǎnjìng ♦～のフレーム 镜框 jìngkuàng ♦～にかなう 看中 kànzhòng
メガバイト 兆字节 zhào zìjié
メガヘルツ 兆周 zhàozhōu; 兆赫 zhàohè
メガホン 传声筒 chuánshēngtǒng; 话筒 huàtǒng
めがみ【女神】 女神 nǚshén; 神女 shénnǚ
メガロポリス 巨大城市 jùdà chéngshì
めきき【目利き】 鉴定 jiàndìng ♦かれの～なら確かだ 他鉴别就可靠 tā jiànbié jiù kěkào
めきめき 迅速 xùnsù ♦～上達する 迅速进步 xùnsù jìnbù
めくじら【目くじら】 ♦～を立てる 吹毛求疵 chuī máo qiú cī; 怒目找茬儿 nùmù zhǎochár
めぐすり【目薬】 眼药 yǎnyào ♦～をさす 点眼药 diǎn yǎnyào
めくばせ【目配せ-する】 递眼色 dì yǎnsè; 挤眼 jǐyǎn; 使眼色 shǐ yǎnsè
めぐまれる【恵まれる】 ♦資源に恵まれた土地 资源丰富的土地 zīyuán fēngfù de tǔdì ♦恵まれた環境 条件特好的环境 tiáojiàn tèhǎo de huánjìng ♦天候に～ 遇上好天气

めぐみ － めっそう

yùshàng hǎo tiānqì ◆恵まれない子供たち 不幸的孩子们 búxìng de háizimen
めぐみ【恵み】 恩恵 ēnhuì ◆～の雨 及時雨 jíshíyǔ; 慈雨 cíyǔ
めぐむ【萌む[芽ぐむ]】 发芽 fāyá
めぐらす【巡らす】 ❶《策を》策划 cèhuà ◆知恵を～ 动脑筋 dòng nǎojīn ❷《囲いを》围上 wéishàng ◆塀を～ 修院墙 xiū yuànqiáng
めぐり【巡り】 ◆観光地～ 游览名胜 yóulǎn míngshèng
めぐりあう【巡り会う】 相逢 xiāngféng; 邂逅 xièhòu
めぐりあわせ【巡り合わせ】 机缘 jīyuán; 命运 mìngyùn ◆結ばれる～ 注定要结合 zhùdìng yào jiéhé
めくる【捲る】 掀开 xiānkāi; 翻 fān
めぐる【巡る】 ◆公園を～ 环绕公园的水渠 huánrào gōngyuán de shuǐqú ◆宗教問題を～論議 围绕宗教问题的讨论 wéirào zōngjiào wèntí de tǎolùn
めげる 气馁 qìněi; 沮丧 jǔsàng
めこぼし【目こぼし-する】 宽恕 kuānshù
めさき【目先】 ❶《目の前》眼底下 yǎndǐxia; 眼前 yǎnqián ◆～の利益 眼前利益 yǎnqián lìyì ◆～を変える 换换样儿 huànhuan yàngr ❷《先見》远见 yuǎnjiàn ◆～がきく 能预见 néng yùjiàn
めざす【目指す】 朝向 cháoxiàng; 志向 zhìxiàng; 以…为目标 yǐ…wéi mùbiāo
めざとい【目敏い】 《目覚めやすい》容易醒 róngyì xǐng; 《目が早い》眼尖 yǎnjiān
めざましい【目覚ましい】 惊人 jīngrén ◆～発展を遂げる 取得惊人的进步 qǔdé jīngrén de jìnbù
めざましどけい【目覚まし時計】 闹钟 nàozhōng
めざめ【目覚め】 《精神的な》觉醒 juéxǐng; 觉悟 juéwù
めざめる【目覚める】 ❶《眠りから》睡醒 shuìxǐng; 醒 xǐng ❷《精神的に》觉悟 juéwù; 醒悟 xǐngwù ◆自我に～発现自我 fāxiàn zìwǒ
めざわり【目障り-な】 刺眼 cìyǎn; 碍眼 àiyǎn; 看不惯 kànbuguàn
めし【飯】 吃饭 chīfàn ◆～を食う 吃饭 chīfàn ◆～の種 生活来源 shēnghuó láiyuán; 饭碗 fànwǎn ◆～を炊く 烧饭 shāofàn
めしあがる【召し上がる】 ◆食事を～ 用饭 yòngfàn
めした【目下】 晚辈 wǎnbèi; 部下 bùxià
めしつかい【召し使い】 佣人 yōngrén; 仆人 púrén
めしべ【雌蕊】 雌蕊 círuǐ
メジャー 《巻尺》皮尺 píchǐ
めじり【目尻】 眼角儿 yǎnjiǎor ◆～を下げる 眉开眼笑 méi kāi yǎn xiào
めじるし【目印】 记号 jìhào; 标志 biāozhì
めじろおし【目白押し】 拥挤 yōngjǐ ◆客が～だ 顾客拥挤 gùkè yōngjǐ ◆大事な仕事が～だ 要事成堆 yàoshì chéngduī
めす【雌】 雌 cí; 牝 pìn ◆～の家畜 母畜 mǔchù
メス 《手術用の》手术刀 shǒushùdāo
めずらしい【珍しい】 希罕 xīhan ◆～光景 奇观 qíguān ◆～動物 珍奇动物 zhēnqí dòngwù
メゾソプラノ 女中音 nǚzhōngyīn
メタセコイア 水杉 shuǐshān
めだつ【目立つ】 显眼 xiǎnyǎn; 醒目 xǐngmù ◆～配色 显眼的配色 xiǎnyǎn de pèisè ◆彼の活躍が～他的活动引人注目 tā de huódòng yǐn rén zhù mù ◆目立って元気になる 明显地恢复健康 míngxiǎn de huīfù jiànkāng ◆目立ちたがる 爱出风头 ài chū fēngtou
めたて【目立て】 ◆鋸の～をする 锉锯齿 cuò jùchǐ
メタノール 甲醇 jiǎchún
めだま【目玉】 眼球 yǎnqiú; 眼珠子 yǎnzhūzi ◆～商品 招揽顾客的商品 zhāolǎn gùkè de shāngpǐn
メダル 奖章 jiǎngzhāng ◆金～ 金奖 jīnjiǎng; 金牌 jīnpái
メタン ◆～ガス 甲烷气 jiǎwánqì; 沼气 zhǎoqì
メタンハイドレート 可燃冰 kěránbīng; 甲烷水合物 jiǎwán shuǐhéwù
めちゃくちゃ【滅茶苦茶-な】 一塌糊涂 yì tā hú tú
めちゃめちゃ【目茶目茶-な】 支离破碎 zhī lí pò suì
めつき【目付き】 眼神 yǎnshén ◆～が鋭い 眼神锐利 yǎnshén ruìlì ◆～が悪い 眼神恶 yǎnshén èdú
めっき【鍍金-する】 镀 dù ◆金～ 镀金 dùjīn
めっきり 显著 xiǎnzhù ◆～春めく 春意盎然 chūnyì àngrán ◆～年をとった 明显地老了 míngxiǎn de lǎo le
メッセージ 口信 kǒuxìn; 留言 liúyán; 赠言 zèngyán
メッセンジャー 使者 shǐzhě
めっそう【滅相】 ◆～もない 没有的事 méiyǒu de shì; 岂有此理 qǐ

yǒu cǐ lǐ
めった【滅多】　◆～にない 十年九不遇 shí nián jiǔ bú yù；很少遇到 hěn shǎo yùdào ◆～なことは言えない 不能瞎说 bù néng xiāshuō ◆～打ち 乱打 luàndǎ
めつぼう【滅亡-する】　沦亡 lúnwáng；灭亡 mièwáng ◆人類～の危機 人类死灭的危机 rénlèi sǐmiè de wēijī
めっぽう【滅法】　非常 fēicháng ◆～強い 非常厉害 fēicháng lìhai
メディア　媒体 méitǐ ◆マス～ 传媒 chuánméi
めでたい【目出度い】　吉利 jílì；吉祥 jíxiáng ◆～こと 喜事 xǐshì；幸事 xìngshì ◆～と思う 庆幸 qìngxìng
めでる【愛でる】　玩赏 wánshǎng；欣赏 xīnshǎng
めど【目processing】　目标 mùbiāo；眉目 méimù ◆完成の～がつく 有完成的把握 yǒu wánchéng de bǎwò ◆月末を～に 以月底为目标 yǐ yuèdǐ wéi mùbiāo
めとる【娶る】　◆妻を～ 娶妻 qǔqī
メドレー　混合接力 hùnhé jiēlì
メトロ　地铁 dìtiě；地下铁道 dìxià tiědào
メトロノーム　节拍器 jiépāiqì
めにはめを【目には目を】　以眼还眼，以牙还牙 yǐ yǎn huán yǎn, yǐ yá huán yá
メニュー　食谱 shípǔ；菜单 càidān
めぬき【目抜き】　◆～通り 繁华大街 fánhuá dàjiē
めのう【瑪瑙】　玛瑙 mǎnǎo
めのかたき【目の敵-にする】　肉中刺 ròuzhōngcì；眼中钉 yǎnzhōngdīng
めのたま【目の玉】　眼珠 yǎnzhū ◆～の飛び出るような値段 令人目瞪口呆的价钱 lìng rén mùdèng kǒudāi de jiàqian
めのまえ【目の前-に】　眼前 yǎnqián ◆～が暗くなる 眼前发黑 yǎnqián fāhēi ◆こどもの～で 当着孩子的面 dāngzhe háizi de miàn
めばえ【芽生え】　发芽 fāyá
めはな【目鼻】　◆～がつく 有眉目 yǒu méimu ◆～をつける 搞出头绪来 gǎochū tóuxù lai
めはなだち【目鼻立ち】　眉眼 méiyǎn；五官 wǔguān ◆～のととのった 眉目清秀的 méimù qīngxiù de
めぶんりょう【目分量】　目测量 mùcèliàng；估量 gūliang
めべり【目減り-する】　损耗 sǔnhào；〈貨幣価値が〉贬值 biǎnzhí
めぼし【目星】　◆～をつける 估计 gūjì；心中大致有个数 xīnzhōng dàzhì yǒu ge shù
めぼしい【目ぼしい】　显著 xiǎnzhù；值钱 zhíqián
めまい【眩暈】　发昏 fāhūn；眼晕 yǎnyùn ◆～を起こす 眩晕 xuànyùn
めまぐるしい【目まぐるしい】　目不暇接的 mù bù xiá jiē de ◆目まぐるしく変わる 变幻无常 biànhuàn wúcháng
めめしい【女々しい】　懦弱 nuòruò
メモ　笔记 bǐjì；便条 biàntiáo；字条 zìtiáo ◆～帐 备忘录 bèiwànglù ◆電話番号を～する 记下电话号码 jìxià diànhuà hàomǎ
めもと【目元】　◆～がかわいい 眼睛可爱 yǎnjing kě'ài
めもり【目盛り】　度数 dùshu；刻度 kèdù
メモリ　◆〈コンピュータの〉存储 cúnchǔ ◆メイン～ 主存储器 zhǔ cúnchǔqì
めやす【目安】　目标 mùbiāo；大致的标准 dàzhì de biāozhǔn
めやに【目脂】　眼屎 yǎnshǐ
メリーゴーラウンド　旋转木马 xuánzhuǎn mùmǎ
めりこむ【めり込む】　陷入 xiànrù；陷进 xiànjìn
めりはり【減り張り】　有张有弛 yǒu zhāng yǒu chí ◆～のきいた 一板一眼的 yì bǎn yì yǎn de
メリヤス　针织品 zhēnzhīpǐn ◆～製品 针织品 zhēnzhīpǐn ◆～のズボン下 棉毛裤 miánmáokù
メルトダウン　（堆芯）熔毁 (duīxīn) rónghuǐ
メルヘン　童话 tónghuà
メロディー　曲调 qǔdiào；旋律 xuánlǜ
メロドラマ　爱情剧 àiqíngjù
メロン　香瓜 xiāngguā ◆マスク～ 网纹甜瓜 wǎngwén tiánguā
めん【綿】　棉 mián ◆～織物 棉织品 miánzhīpǐn ◆～製品 棉制品 miánzhìpǐn ◆～100 パーセント 纯棉 chúnmián
めん【面】　〈顔につける〉假面 jiǎmiàn ◆～をかぶる 戴假面 dài jiǎmiàn
めん【麺】　面条 miàntiáo
めんえき【免疫】　免疫 miǎnyì ◆～ができる 产生免疫力 chǎnshēng miǎnyìlì
めんか【綿花】　草棉 cǎomián；棉花 miánhua
めんかい【面会-する】　会见 huìjiàn；见 jiàn ◆～時間 会客时间 huìkè shíjiān ◆～を謝絶する 谢客 xièkè
めんきょ【免許】　执照 zhízhào ◆運転～ 驾驶执照 jiàshǐ zhízhào
めんきょしょう【免許証】　凭照 píng-

zhào: 执照 zhízhào
めんくらう【面喰う】 不知所措 bù zhī suǒ cuò; 惊慌失措 jīnghuāng shīcuò
めんざい【免罪】 免罪 miǎnzuì ♦~符 免罪券 miǎnzuìquàn
めんし【綿糸】 棉纱 miánshā ♦~紡織 棉纺 miánfǎng
めんしき【面識】 ♦~のある 相识 xiāngshí; 面熟 miànshú ♦~のない 面生 miànshēng
めんじょ【免除-する】 豁免 huòmiǎn; 免除 miǎnchú ♦学費を~する 免除学费 miǎnchú xuéfèi
めんしょく【免職-する】 解职 jiězhí; 免职 miǎnzhí
メンス 月经 yuèjīng
めんする【面する】 面临 miànlín; 面对 miànduì ♦海に面した窓 临海的窗户 línhǎi de chuānghu ♦危機に~ 面向危机 miànxiàng wēijī
めんぜい【免税-の】 免税 miǎnshuì ♦~品 免税货物 miǎnshuì huòwù ♦~店 免税店 miǎnshuìdiàn
めんせき【面積】 面积 miànjī
めんせき【免責】 免除责任 miǎnchú zérèn ♦~条項 免除责任的项目 miǎnchú zérèn de xiàngmù
めんせつ【面接-する】 ♦~試験 口试 kǒushì; 面试 miànshì
めんぜん【面前】 眼前 yǎnqián; 面前 miànqián
めんそう【面相】 容貌 róngmào
めんだん【面談-する】 会晤 huìwù; 面洽 miànqià
めんつ【面子】 脸面 liǎnmiàn; 面子 miànzi ♦~が立つ 保住面子 bǎozhù miànzi ♦~をつぶされる 面子丢了 diū miànzi ♦~にこだわる 要面子 yào miànzi ♦~を立てる 给面子 gěi miànzi
メンデル 孟德尔 Mèngdé'ěr ♦~の法則 孟德尔主义 Mèngdé'ěr zhǔyì
めんどう【面倒-な】 麻烦 máfan; 费事 fèishì ♦~くさがる 厌烦 yànfán ♦~だ 麻烦 máfan ♦~を掛ける 添麻烦 tiān máfan; 烦劳 fánláo ♦~を引き起こす 找麻烦 zhǎo máfan; 惹事 rěshì ♦~を見る 照顾 zhàogù; 照料 zhàoliào
めんとむかう【面と向かう】 面对面 miàn duì miàn; 当面 dāngmiàn
めんどり【雌鶏】 母鸡 mǔjī
メンバー 成员 chéngyuán; 组员 zǔyuán ♦チームの~ 队员 duìyuán
めんぷ【綿布】 棉布 miánbù
めんぼう【麺棒】 擀面杖 gǎnmiànzhàng
めんぼく【面目】 脸面 liǎnmiàn ♦~ない 没脸见人 méi liǎn jiàn rén

めんみつ【綿密-な】 绵密 miánmì; 周密 zhōumì ♦~に計画する 仔细地计划 zǐxì de jìhuà
めんめん【綿々】 绵绵 miánmián ♦~と受継いできた 连绵不断地继承下来 liánmián búduàn de jìchéngxiàlai ♦~と綴る 绵绵叙述 miánmián xùshù
めんもく【面目】 ❶《名誉》 脸面 liǎnmiàn ♦~が立つ 保住脸面 bǎozhù liǎnmiàn ♦~を失う 丢脸 diūliǎn ❷《様相》 面目 miànmù ♦~を一新する 面目一新 miànmù yìxīn
メンヨウ【綿羊】 绵羊 miányáng
めんるい【麺類】 面 miàn; 面条 miàntiáo

も

も【喪】 ◆~に服す 带孝 dàixiào；服丧 fúsāng

も【藻】 水草 shuǐcǎo

もう 已经 yǐjīng ◆~出かけた 已经走了 yǐjīng zǒu le ◆~すぐ来る 快要来了 kuài yào lái le ◆~少し待とう 再等一会儿吧 zài děng yíhuìr ba ◆~一杯 再来一杯 zài lái yì bēi

もうい【猛威】 来势凶猛 láishì xiōngměng ◆~を振るう 地震の~ 地震猛烈 dìzhèn měngliè

もういちど【もう一度】 再次 zàicì；重新 chóngxīn ◆~言ってごらん 再说一遍 zài shuō yí biàn

もうか【猛火】 烈火 lièhuǒ

もうがっこう【盲学校】 盲人学校 mángrén xuéxiào

もうかる【儲かる】 能赚钱 néng zuànqián；利益大 lìyì dà

もうけ【儲け】 赚头 zhuàntou ◆~が多い[少ない] 赚头多[少] zhuàntou duō[shǎo]

もうける【儲ける】 赚 zhuàn

もうける【設ける】 设置 shèzhì

もうげん【妄言】 妄语 wàngyǔ ◆~を吐く 妄语 wàngyǔ

もうこうげき【猛攻撃】 猛烈攻击 měngliè gōngjī

もうこん【毛根】 毛根 máogēn

もうさいかん【毛細管】 毛管 máoguǎn；毛细管 máoxìguǎn ◆~現象 毛细管现象 máoxìguǎn xiànxiàng；毛细现象 máoxì xiànxiàng

もうさいけっかん【毛細血管】 毛细血管 máoxì xuèguǎn

もうし【孟子】 孟子 Mèngzǐ

もうしあわせ【申し合わせ】 公约 gōngyuē；协定 xiédìng

もうしあわせる【申し合わせる】 约定 yuēdìng；商定 shāngdìng

もうしいれ【申し入れ】 提议 tíyì ◆申し入れる 提出要求 tíchū yāoqiú

もうしうける【申し受ける】 接受 jiēshòu；收取 shōuqǔ

もうしおくる【申し送る】 传达 chuándá；转告 zhuǎngào

もうしかねる【申し兼ねる】 不敢说 bùgǎn shuō；不能说 bùnéng shuō ◆申し兼ねますが 真不好意思 zhēn bù hǎoyìsi

もうしこみ【申し込み】 报名 bàomíng；申请 shēnqǐng ◆~用紙 报名表 bàomíng biǎo

もうしこむ【申し込む】 ◆参加を~ 报名参加 bàomíng cānjiā ◆購読を~ 申请订阅 shēnqǐng dìngyuè

もうしたてる【申し立てる】 陈述 chénshù；申诉 shēnsù ◆苦情を~ 提出意见 tíchū yìjiàn；鸣不平 míng bùpíng

もうしでる【申し出る】 提出 tíchū；报告 bàogào

もうしひらき【申し開き-する】 申辩 shēnbiàn；解释 jiěshì ◆~できない 说不过去 shuōbuguòqù

もうしぶん【申し分】 ◆~がない 没有说 de méiyǒu shuō de；理想 lǐxiǎng ◆~のない結果 无可挑剔的结果 wúkě tiāotī de jiéguǒ

もうじゃ【亡者】 鬼 guǐ；阴魂 yīnhún ◆金の~ 财迷 cáimí

もうじゅう【猛獣】 猛兽 měngshòu

もうじゅう【盲従-する】 盲从 mángcóng

もうしょ【猛暑-の】 酷暑 kùshǔ ◆~の夏 炎夏 yánxià

もうしわけ【申し訳】 ◆~が立たない 对不起 duìbuqǐ ◆~が立つ 对得起 duìdeqǐ ◆~なく思う 抱歉 bàoqiàn ◆ほんの~程度の 微薄的 wēibó de

もうしわたす【申し渡す】 宣告 xuāngào；宣布 xuānbù

もうしん【盲信-する】 迷信 míxìn；盲信 mángxìn

もうじん【盲人】 盲人 mángrén

もうすぐ 将要 jiāngyào；快要 kuàiyào ◆~夏休みだ 快要放暑假了 kuàiyào fàng shǔjià le ◆~発車だよ 就要开了 jiùyào kāi le

もうすこし ◆~で死ぬところだった 差点儿没有死 chàdiǎnr méiyǒu sǐ ◆~飲もう 再喝一点儿吧 zài hē yìdiǎnr ba

もうスピード【猛スピード-で】 迅疾 xùnjí；高速 gāosù

もうせん【毛氈】 毡子 zhānzi

もうぜん【猛然】 猛地 měng de ◆~と襲いかかる 猛扑上 měng pūshàng

もうそう【妄想-する】 梦想 mèngxiǎng；妄想 wàngxiǎng

モウソウチク【孟宗竹】 毛竹 máozhú

もうちょう【盲腸】 阑尾 lánwěi ◆~炎 阑尾炎 lánwěiyán；盲肠炎 mángchángyán

もうでる【詣でる】 参拜 cānbài

もうてん【盲点】 盲点 mángdiǎn ◆~を突く 钻空子 zuān kòngzi

もうとう【毛頭】 《否定を伴って》一点也 yìdiǎn yě ◆そんなつもりは~ない 一点也没那样的意思 yìdiǎn yě méi nàyàng de yìsi

もうどうけん【盲導犬】 导盲犬 dǎomángquǎn

もうどく【猛毒】 剧毒 jùdú

もうはつ【毛髪】 毛发 máofà
もうひつ【毛筆】 毛笔 máobǐ
もうひとつ【もう一つの】 ◆～企み 另一个企图 lìng yíge qǐtú
もうふ【毛布】 毛毯 máotǎn; 毯子 tǎnzi
もうまく【網膜】 视网膜 shìwǎngmó; 网膜 wǎngmó ◆～剥離 视网膜剥离 shìwǎngmó bōlí
もうもう【濛々】 ◆～たる埃 尘埃弥漫 chén'āi mímàn ◆湯気が～ 蒸气蒙蒙 zhēngqì méngméng
もうもく【盲目】 失明 shīmíng; 盲 máng ◆～的な行動 盲目的行动 mángmù de xíngdòng ◆～的に行動する 瞎干 xiāgàn
もうら【網羅-する】 网罗 wǎngluó; 收罗 shōuluó
もうれつ【猛烈-な】 剧烈 jùliè; 猛烈 měngliè
もうれんしゅう【猛練習-する】 练得很厉害 liàndé hěn lìhai; 猛烈地练习 měngliè de liànxí
もうろう【朦朧】 朦胧 ménglóng ◆意識が～とする 意识模糊 yìshí móhu ◆酔眼～ 醉眼朦胧 zuìyǎn ménglóng
もうろく【耄碌-する】 衰老 shuāilǎo; 老迈 lǎomài
もえあがる【燃え上がる】 燃起 ránqǐ
もえうつる【燃え移る】 延烧 yánshāo; 烧到 shāodào
もえかす【燃えかす】 灰烬 huījìn
もえぎいろ【萌黄色-の】 葱绿 cōnglǜ
もえさかる【燃え盛る】 炽盛 chìshèng; 熊熊燃烧 xióngxióng ránshāo
もえさし【燃えさし】 余烬 yújìn
もえつきる【燃え尽きる】 烧尽 shāojìn
もえにくい【燃え難い】 不好烧 bù hǎoshāo; 不易燃 bú yìrán
もえのこり【燃え残り】 余烬 yújìn
もえやすい【燃え易い】 容易着火 róngyì zháohuǒ
もえる【燃える】 燃烧 ránshāo ◆薪が～ 柴火燃烧 cháihuo ránshāo ◆希望に～ 满怀希望 mǎnhuái xīwàng
モーター 发动机 fādòngjī; 马达 mǎdá; 摩托 mótuō
モーターボート 摩托艇 mótuōtǐng; 汽艇 qìtǐng
モーテル 汽车旅店 qìchē lǚdiàn
モード ◆ニュー～ 最新式样 zuì xīn shìyàng
モーニングコール 早起电话 zǎoqǐ diànhuà
モールスしんごう【モールス信号】 莫尔斯电码 Mò'ěrsī diànmǎ

もがく 挣扎 zhēngzhá
もぎ【模擬】 模拟 mónǐ ◆～テスト 模拟考试 mónǐ kǎoshì
もぐ 采摘 cǎizhāi; 摘 zhāi
もくぎょ【木魚】 木鱼 mùyú
もくげき【目撃-する】 目睹 mùdǔ; 目击 mùjī ◆～者 目睹者 mùdǔzhě ◆～証人 见证人 jiànzhèngrén
もざい【艾】 艾绒 àiróng
もくざい【木材】《丸太》木材 mùcái; 《加工後》木料 mùliào
もくさつ【黙殺-する】 置之不理 zhì zhī bù lǐ; 不理睬 bù lǐcǎi
もくさん【目算】 估计 gūjì
もくし【黙視-する】 默视 mòshì; 坐视不管 zuòshì bùguǎn
もくじ【目次】 目录 mùlù; 目次 mùcì; 篇目 piānmù
もくず【藻屑】 海草的屑末 hǎicǎo de xièmò ◆海の～と消える 葬身海底 zàngshēn hǎidǐ
もくする【黙する】 沉默 chénmò ◆黙して語らず 默而不语 mò ér bù yǔ
もくせい【木星】 木星 mùxīng; 太岁 tàisuì
もくせい【木製-の】 木制的 mùzhì de ◆～家具 木器 mùqì
モクセイ【木犀】 木犀 mùxi; 桂花 guìhuā
もくぜん【目前】 眉睫 méijié; 眼前 yǎnqián ◆～に迫る 逼到眼前 bīdào yǎnqián; 迫在眉睫 pòzài méijié ◆～の重大事 当前的重大事情 dāngqián de zhòngdà shìqing
もくそう【黙想】 默想 mòxiǎng
もくぞう【木造】 木造 mùzào ◆～住宅 木造房子 mùzào fángzi
もくぞう【木像】 木雕像 mùdiāoxiàng
もくそく【目測-する】 目测 mùcè
もくたん【木炭】 木炭 mùtàn; 炭 tàn;《デッサン用》炭笔 tànbǐ
もくちょう【木彫】 木雕 mùdiāo
もくてき【目的】 目的 mùdì; 意图 yìtú ◆観光の～で 以旅游为目的 yǐ lǚyóu wéi mùdì ◆～語 宾语 bīnyǔ ◆～地 目的地 mùdìdì ◆～を達成する 实现目标 shíxiàn mùbiāo; 达到目的 dádào mùdì
もくとう【黙悼】 静默 jìngmò; 默哀 mò'āi; 默祷 mòdào
もくどく【黙読】 默读 mòdú
もくにん【黙認-する】 默认 mòrèn; 默许 mòxǔ
もくねじ【木螺子】 木螺钉 mùluódīng
もくば【木馬】 木马 mùmǎ
もくはん【木版】 木版 mùbǎn ◆～画 木版画 mùbǎnhuà; 木刻 mùkè

もくひけん【黙秘権】 缄默权 jiānmòquán；沉默权 chénmòquán

もくひょう【目標】 指标 zhǐbiāo；目标 mùbiāo ◆～に向かって邁進(まいしん)する 向目标勇往直前 xiàng mùbiāo yǒngwǎng zhíqián ◆～を突破する 突破指标 tūpò zhǐbiāo

もくめ【木目】 木理 mùlǐ；木纹 mùwén

もくもく【黙々】 默默 mòmò ◆～と歩く 默默而行 mòmò ér xíng

もぐもぐ ◆～食べる 闭着嘴嚼 bìzhe zuǐ jiáo

もくやく【黙約】 默契 mòqì

もくようび【木曜日】 星期四 xīngqīsì

もくよく【沐浴-する】 沐浴 mùyù

モグラ【土竜】 鼹鼠 yǎnshǔ，鼹 yǎn

もぐり【潜り】 ❶《水中に》◆素~ 赤身潜水 chìshēn qiánshuǐ ❷《正式でない》◆～の両替屋 非法炒币者 fēifǎ chǎobì zhě ◆～の医者 无执照的医生 wú zhízhào de yīshēng

もぐりこむ【潜り込む】 ❶《布団などに》◆布団に～ 钻进被窝 zuānjìn bèiwō ❷《团体・地域などに》混进 hùnjìn

もぐる【潜る】 ◆水に～ 潜入水中 qiánrù shuǐzhōng ◆地下に～ 潜入地下 qiánrù dìxià

もくれい【目礼-する】 以目致意 yǐ mù zhìyì

もくれい【黙礼-する】 默默一礼 mòmò yī lǐ

モクレン【木蓮】 木兰 mùlán；玉兰 yùlán

もくろく【目録】 目录 mùlù ◆～を作る《图书の》编目 biānmù

もくろみ【目論見】 计划 jìhuà；企图 qǐtú；拟议 nǐyì ◆～がはずれる 打算落空 dǎsuàn luòkōng

もくろむ【目論む】 企图 qǐtú；图谋 túmóu；算计 suànjì

もけい【模型】 模型 móxíng

もさ【猛者】 健将 jiànjiàng

モザイク 镶嵌画 xiāngqiànhuà；马赛克 mǎsàikè

もさく【模索-する】 摸索 mōsuǒ；mōsuō；寻找 xúnzhǎo

もし【若し】 如果 rúguǒ；假若 jiǎruò；要是 yàoshi ◆～彼自身が言ったのでなければ 若非他亲自说过 ruòfēi tā qīnzì shuōguo ◆～本当なら 如果是真的话 rúguǒ shì zhēn de huà

もじ【文字】 字 zì；文字 wénzì ◆～に记す 成文 chéngwén ◆～を間違える 写错字 xiěcuò zì ◆～を覚える 识字 shízì

もしかすると【若しかすると】 或许 huòxǔ；作兴 zuòxīng

もしくは【若しくは】 或者 huòzhě

もじばけ【文字化け】 乱码 luànmǎ

もじばん【文字盤】 《時計・計器の》表盘 biǎopán

もしもし 《電話で》喂 wèi

もじもじする 扭捏 niǔnie；忸忸怩怩 niǔniǔníní

もしも【若しも】 ～こと 三长两短 sān cháng liǎng duǎn ◆～ときは 万一的时候 wànyī de shíhou

もしゃ【模写-する】 临摹 línmó；描摹 miáomó；摹写 móxiě ◆～品《書画の》临本 línběn

もじゃもじゃの 乱蓬蓬 luànpéngpéng

もしゅ【喪主】 丧主 sāngzhǔ

もしょう【喪章】 丧章 sāngzhāng

もじり【捩り】 谐模诗文 xiémó shīwén

もじる【捩る】 诙谐模仿 huīxié mófǎng；应用 yìngyòng

モズ【百舌】 伯劳 bóláo

モスク 清真寺 qīngzhēnsì

もぞう【模造-する】 仿造 fǎngzào；仿制 fǎngzhì ◆～品 仿制品 fǎngzhìpǐn

もだえる【悶える】 苦闷 kǔmèn；挣扎 zhēngzhá

もたげる【擡げる】 抬起 táiqǐ ◆頭を～ 冒头 màotóu；抬头 táitóu

もたせかける【凭せ掛ける】 靠 kào；倚靠 yǐkào

モダニズム 现代主义 xiàndài zhǔyì

もたもたする 磨蹭 móceng；迟缓 chíhuǎn；缓慢 huǎnmàn

もたらす【齎らす】 诱致 yòuzhì；造成 zàochéng ◆まずい結果を～ 造成不良后果 zàochéng bùliáng hòuguǒ ◆幸運を～ 带来幸运 dàilái xìngyùn

もたれかかる【凭れ掛かる】 倚靠 yǐkào；依靠 yīkào

もたれる【凭れる】 靠 kào；《胃が》存食 cúnshí ◆塀に～ 靠围墙 kào wéiqiáng ◆胃が～ 消化不良 xiāohuà bùliáng

モダン 摩登 módēng；文明 wénmíng ◆ポスト～ 后现代 hòu xiàndài

もち【餅】 年糕 niángāo ◆～つき 打年糕 dǎ niángāo

もち【持ち】 耐久性 nàijiǔxìng ◆～が良い 耐久 nàijiǔ ◆～が悪い 不耐用 bú nàiyòng

もちあい【持ち合い】 《相場》平盘儿 píngpánr；平稳 píngwěn

もちあう【持ち合う】 ❶《分担》分担 fēndān；凑份子 còu fènzi ❷《相場》

もちあがる【持ち上がる】 ❶《発生する》♦事件が~ 发生事件 fāshēng shìjiàn ❷《下から上に》♦地震で床が~ 地震使地板隆起 dìzhèn shǐ dìbǎn lóngqǐ

もちあげる【持ち上げる】 ❶《おだてる》捧场 pěngchǎng;抬举 táijǔ ♦お世辞を言って~ 说奉承话捧人 shuō fèngchenghuà pěng rén ❷《物を》抬起 táiqǐ;举起 jǔqǐ

もちあじ【持ち味】 特色 tèsè;风格 fēnggé

もちあみ【餅網】 烤年糕的铁丝网 kǎo niángāo de tiěsīwǎng

もちあるく【持ち歩く】 带着走 dàizhe zǒu;携带 xiédài

もちあわせ【持ち合わせ】《現金の》♦~がない 手头不便 shǒutóu bùbiàn

もちいえ【持ち家】 房产 fángchǎn

モチーフ 中心思想 zhōngxīn sīxiǎng;主题 zhǔtí

もちいる【用いる】 使用 shǐyòng;♦武器として~ 做武器用 zuò wǔqì yòng ♦副詞を用いて 拿副词 ná fùcí ♦重く用いられる 受到重用 shòudào zhòngyòng

もちかえる【持ち換える】 换手 huànshǒu ♦右手に~ 换左手拿 huàn yòushǒu ná

もちかえる【持ち帰る】 带回 dàihuí;拿回 náhuí ♦食べ残しを~ 把吃剩的带回 bǎ chī shèng de dàihuí

もちかける【持ち掛ける】 提出 tíchū;商量 shāngliang

もちかぶ【持ち株】 保有的股子 bǎoyǒu de gǔzi

もちきり【持ち切り】 一直谈论 yīzhí tánlùn ♦町中彼の話で~だ 他的事满城风雨 tā de shì mǎn chéng fēng yǔ;到处谈论他的事 dàochù tánlùn tā de shì

もちぐされ【持ち腐れ】 白白糟蹋 báibái zāotà ♦宝の~ 空藏美玉 kōngcáng měiyù

もちくずす【持ち崩す】 ♦身を~ 败坏品行 bàihuài pǐnxíng

もちこす【持ち越す】 遗留 yíliú;待定 dàidìng ♦明日に~ 拖到明天 tuōdao míngtiān ♦結論は~ 暂且不作结论 zànqiě bú zuò jiélùn

もちこたえる【持ち堪える】 抵挡 dǐdǎng;顶 dǐng;经受 jīngshòu ♦持ちこたえられる 撑得住 chēngdezhù ♦持ちこたえられない 撑不住 chēngbuzhù

もちごま【持ち駒】 备用人才 bèiyòng réncái ♦~が豊富だ 人材众多 réncái zhòngduō

もちこむ【持ち込む】 拿进 nájìn;带入 dàirù ♦荷物を機内に~ 将行李拿进机内 jiāng xíngli nájìn jīnèi ♦引き分けに~ 比成平局 bǐ chéng píngjú

もちごめ【餅米】 江米 jiāngmǐ;糯米 nuòmǐ

もちさる【持ち去る】 抄 chāo;拿走 názǒu

もちだし【持ち出し】 ♦~禁止 禁止带出 jìnzhǐ dàichū ♦費用が~になる 费用要由自己补贴 fèiyong yào yóu zìjǐ bǔtiē

もちつもたれつ【持ちつ持たれつ】 相辅相成 xiāng fǔ xiāng chéng

もちなおす【持ち直す】《状態・容態》好转 hǎozhuǎn

もちにげ【持ち逃げ-する】 拐 guǎi;~犯 拐子 guǎizi

もちぬし【持ち主】 主人 zhǔrén;物主 wùzhǔ

もちば【持ち場】 岗哨 gǎngshào;岗位 gǎngwèi ♦勝手に~を離れる 擅离岗位 shànlí gǎngwèi

もちはこび【持ち運び】 搬运 bānyùn ♦~できるコンピュータ 便携式计算机 biànxiéshì jìsuànjī

もちぶん【持ち分】 份额 fèn'é

もちまえ【持ち前-の】 秉性 bǐngxìng;天生 tiānshēng ♦~の明るさで 以明朗的天性 yǐ mínglǎng de tiānxìng

もちまわり【持ち回り-にする】 轮流 lúnliú ♦~で炊事する 轮流做饭 lúnliú zuòfàn

もちまわる【持ち回る】 带到各处去 dàidào gèchù qù

もちもの【持ち物】 携带物品 xiédài wùpǐn

もちゅう【喪中】 服丧期间 fúsāng qījiān;正在服丧 zhèngzài fúsāng

もちよる【持ち寄る】 各自带来 gèzì dàilái ♦食事は持ち寄りで 各自带饭菜来 gèzì dài fàncài lái

もちろん【勿論】 当然 dāngrán;自然 zìrán;不用说 búyòng shuō

もつ【持つ】 ❶《手に》♦荷物を~ 带着行包 dàizhe xíngbāo ❷《所有》♦車を2台持っている 有两辆车 yǒu liǎng liàng chē ❸《携帯する》♦きょうは傘を持っていない 今天没带伞 jīntiān méi dài sǎn ❹《持ち堪える》♦ひと月と~たない 维持不了一个月 wéichíbuliǎo yí ge yuè ♦長く~ 耐久 nàijiǔ ❺《負担する》♦コーヒー代は私が持ちます 咖啡钱我承担 kāfēi qián wǒ chéngdān ❻《支持する》♦友人の肩を~ 支持朋友 zhīchí péngyou

もっか【目下】 当前 dāngqián;目前 mùqián

もっかん【木管】♦～楽器 木管乐器 mùguǎn yuèqì
もっきん【木琴】 木琴 mùqín
もっけ【勿怪】♦～の幸い 意外的幸运 yìwài de xìngyùn
もっこう【木工】 木工 mùgōng
もっこう【黙考-する】 沉思 chénsī
もったいない【勿体ない】 可惜 kěxī；浪费 làngfèi
もったいぶる【勿体ぶる】 摆架子 bǎi jiàzi；装模作样 zhuāng mú zuò yàng
もって【以て】 以 yǐ；用 yòng ♦明日を～締切る 以明天为止 yǐ míngtiān wéi zhǐ ♦～瞑すべし 可以瞑目了 kěyǐ míngmù le
もってくる【持って来る】 带来 dàilái；拿来 nálái
もってこい【持って来い-の】 正合适 zhèng héshì ♦きみには～の仕事 对你最合适的工作 duì nǐ zuì héshì de gōngzuò
もってのほか【以ての外】 毫无道理 háowú dàolǐ；岂有此理 qǐ yǒu cǐ lǐ
もってゆく【持って行く】 带着去 dàizhe qù；拿去 náqù
もっと 更 gèng；更加 gèngjiā
モットー 座右铭 zuòyòumíng
もっとも【最も】 最 zuì；顶 dǐng
もっとも【尤も-な】 难怪 nánguài；有理 yǒulǐ；怨不得 yuànbude ♦～な名言 至理名言 zhì lǐ míng yán ♦～らしい 煞有介事 shà yǒu jiè shì
もっぱら【専ら】 专门 zhuānmén
モップ 拖把 tuōbǎ；拖布 tuōbù
もつれ【縺れ】 葛藤 géténg；纠葛 jiūgé
もつれる【縺れる】♦糸が～ 线扭结 xiàn niǔjié ♦舌が～ 舌头打结 shétou dǎjié ♦試合が～ 比赛难分胜负 bǐsài nán fēn shèngfù ♦感情が～ 感情纠缠不断 gǎnqíng jiūchán búduàn ♦話が～ 事情发生纠纷 shìqing fāshēng jiūfēn
もてあそぶ【弄ぶ】 要弄 shuǎnòng；摆弄 bǎinòng
もてあます【持て余す】 难于处理 nányú chǔlǐ；对付不了 duìfubuliǎo ♦暇を～ 闲空多得很 xiánkòng duōde hěn
もてなし【持てなし】 招待 zhāodài；对待 duìdài ♦手厚い～ 热情的招待 rèqíng de zhāodài
もてなす【持てなす】 接待 jiēdài；招待 zhāodài
もてはやす【持て囃す】 赞扬 zànyáng；高度评价 gāodù píngjià ♦もてはやされる《人や物が》行时 xíngshí；受欢迎 shòu huānyíng
モデム 调制解调器 tiáozhì jiětiáoqì
もてる 吃得开 chīdekāi；吃香 chīxiāng ♦彼女は男性に～ 她受男士欢迎 tā shòu nánshì huānyíng
モデル 模式 móshì；型号 xínghào；《服飾の》模特儿 mótèr ♦ファッション～ 时装模特儿 shízhuāng mótèr ♦三四郎の～ 三四郎的原型 Sānsìláng de yuánxíng ♦～チェンジする 改型儿 gǎi xíngr ♦～ガン 模型手枪 móxíng shǒuqiāng ♦～ケース 范例 fànlì
もと【元-の】♦～がとれる 够本 gòuběn ♦～の鞘に收まる 破镜重圆 pò jìng chóng yuán ♦～の状態に戻る 还原 huányuán ♦～の地 原地 yuándì ♦～のままの 依旧 yījiù；外甥打灯笼 wàisheng dǎ dēnglong ♦けんかの～ 吵架的原因 chǎojià de yuányīn ♦～の課長 从前的科长 cóngqián de kēzhǎng
もと【下】 底下 dǐxia；下面 xiàmiàn ♦あの方の指導の～ 在那位的指导下 zài nèi wèi de zhǐdǎoxia
もどかしい 令人着急 lìng rén zháojí
もときん【元金】《利息に対して》本金 běnjīn；本钱 běnqián ♦～を返済する 还本 huánběn
もどす【戻す】 ❶《返す》退回 tuìhuí ♦もとの場所に～ 放回原处 fànghuí yuánchù ❷《吐く》吐 tù；反胃 fǎnwèi
もとせん【元栓】 总开关 zǒng kāiguān
もとちょう【元帳】 总账 zǒngzhàng
もとづく【基づく】 根据 gēnjù；按照 ànzhào；依据 yījù
もとで【元手】 本钱 běnqián；本钱 běnqian；老本 lǎoběn ♦～を割る 亏本 kuīběn；亏损 kuīsǔn
もとどおり【元通り】 如初 rúchū；原样 yuányàng ♦～に再建する 照着原样重修 zhàozhe yuányàng chóngxiū ♦～に直す 修复如初 xiūfù rúchū
もとね【元値】 成本价 chéngběnjià
もとめ【求め】 要求 yāoqiú；需要 xūyào ♦～に応じる 应从要求 yìngcóng yāoqiú
もとめる【求める】 要求 yāoqiú ♦意见を～ 征求意见 zhēngqiú yìjiàn ♦助けを～ 寻求帮助 xúnqiú bāngzhù ♦仕事を～ 求职 qiúzhí
もともと【元々】 本来 běnlái；原来 yuánlái ♦～の意味 本义 běnyì ♦～わたしのものだ 本来是我的 běnlái shì wǒ de ♦だめで～ 不行也没什么 bùxíng yě méishénme
もとより【固より】 当然 dāngrán；固

もとる【悖る】 违反 wéifǎn

もどる【戻る】◆家に～ 回家 huíjiā ◆後に～ 倒退 dàotuì ◆燕が～ 燕子回来 yànzi huílái ◆意識が～ 苏醒过来 sūxǐngguòlái ◆走って～ 跑回来 pǎohuílái

モニター 监视器 jiānshìqì ◆新製品の～をする 监察新制品 jiānchá xīn zhìpǐn ◆パソコンに～をつなぐ 把监视器和电脑连上 bǎ jiānshìqì hé diànnǎo liánshàng

もの【物】 ❶《物品》～こんな～ 这样的东西 zhèyàng de dōngxi ❷《ことば》◆～を言わない 不做声 bú zuòshēng ◆～を言う 张嘴 zhāngzuǐ; 说话 shuōhuà ❸《道理》道理 dàolǐ ◆～を知らない 不懂事 bù dǒngshì ◆まあそんな～さ 就那么回事儿 jiù nàme huí shìr ❹《その他》◆経験が～を言う 经验发挥作用 jīngyàn fāhuī zuòyòng

もの【者】 人 rén; 者 zhě ◆外部の～ 外人 wàirén

ものいり【物入り】 开销 kāixiāo ◆～だ 花费多 huāfèi duō

ものうい【物憂い】 懒 lǎn; 厌倦 yànjuàn

ものうり【物売り】 小贩 xiǎofàn

ものおき 堆房 duīfáng

ものおじ【物怖じ-する】 胆怯 dǎnqiè ◆～しない性格 不胆怯的性格 bù dǎnqiè de xìnggé

ものおしみ【物惜しみ】 小气 xiǎoqi; 吝惜 lìnxī

ものおと【物音】 动静 dòngjing; 声音 shēngyīn; 响声 xiǎngshēng ◆～一つしない 没有一点儿声息 méiyǒu yìdiǎnr shēngxī

ものおぼえ【物覚え】 记性 jìxing; 记忆 jìyì ◆～がいい 记性好 jìxing hǎo

ものおもい【物思い】 ◆～にふける 陷入沉思 xiànrù chénsī

ものかき【物書き】 写家 xiějiā ◆～をする 耍笔杆 shuǎ bǐgǎn

ものかげ【物陰】 背阴处 bèiyīnchù; 暗地 àndì

ものがたり【物語】 故事 gùshi; 物语 wùyǔ

ものがたる【物語る】 讲 jiǎng; 叙事 xùshì; 《表す》说明 shuōmíng; 证明 zhèngmíng

ものがなしい【物悲しい】 悲凉 bēiliáng; 悲哀 bēi'āi

ものぐさ【物臭-な】 懒 lǎn ◆～な人 懒汉 lǎnhàn

モノクロ 黒白 hēibái ◆～映画 黑白片 hēibái piàn

ものごい【物乞い】 化子 huāzi; 叫花子 jiàohuāzi ◆～する 讨饭 tǎofàn; 行乞 xíngqǐ

ものごころ【物心】 ◆～がつく 懂事 dǒngshì; 开始记事 kāishǐ jìshì

ものごし【物腰】 风采 fēngcǎi; 态度 tàidu ◆～が柔かい 举止温柔 jǔzhǐ wēnróu

ものごと【物事】 事物 shìwù; 事情 shìqing

ものさし【物差し】 尺子 chǐzi; 标准 biāozhǔn ◆～で計る 用尺子量 yòng chǐzi liáng ◆自分を～にする 把自己作标准 bǎ zìjǐ zuò biāozhǔn

ものしり【物知り】 渊博 yuānbó; 博文强识 bó wén qiáng zhì; 万事通 wànshìtōng

ものずき【物好き-な】 好事 hàoshì; 好奇 hàoqí

ものすごい【物凄い】 可怕 kěpà; 厉害 lìhai

ものたりない【物足りない】 不能满意 bùnéng mǎnyì; 不过瘾 bú guòyǐn

ものなれた【物慣れた】 熟练 shúliàn

ものになる【物になる】《人が》成器 chéngqì; 成为优秀人材 chéngwéi yōuxiù réncái

もののけ【物の怪】 妖怪 yāoguài; 妖精 yāojing

ものぶそく【物不足-の】 物资紧张 wùzī jǐnzhāng; 东西短缺 dōngxi duǎnquē

ものほし【物干し】 ◆～竿 晒衣竿 shàiyīgān; 篙子 gāozi ◆～台 晒台 shàitái

ものまね【物真似-する】 模仿 mófǎng; 《声帯模写》口技 kǒujì

ものみ【物見】 ◆～遊山 游览 yóulǎn ◆～高い 好奇 hàoqí

ものみやぐら【物見櫓】 碉楼 diāolóu; 望楼 wànglóu

ものめずらしい【物珍しい】 新奇 xīnqí; 新异 xīnyì

ものもち【物持ち】《人》财主 cáizhǔ; 《心がまえ》爱惜东西 àixī dōngxi ◆～がいい 使用东西很细心 shǐyòng dōngxi hěn xìxīn

ものもらい 睑腺炎 jiǎnxiànyán; 麦粒肿 màilìzhǒng; 针眼 zhēnyan

ものやわらか【物柔らか-な】 柔和

róuhé: 随和 suíhe
モノレール 单轨电车 dānguǐ diànchē
モノローグ 独白 dúbái
ものわかり【物分かり】 理解力 lǐjiělì ♦～が早い 领会得快 lǐnghuìde kuài ♦～がいい 识趣 shíqù; 懂事 dǒngshì ♦～のいい人 明白人 míngbáirén
ものわかれ【物分かれ】 决裂 juéliè; 破裂 pòliè ♦～に終わる 终于决裂 zhōngyú juéliè
ものわすれ【物忘れ】 ♦～がひどい 健忘 jiànwàng; 丢三落四 diū sān là sì
ものわらい【物笑いにする】 笑柄 xiàobǐng ♦～になる 出丑 chūchǒu ♦～の種になる 成为笑柄 chéngwéi xiàobǐng
モバイル 《コンピュータ》便携式电脑处理 biànxiéshì diànnǎo chǔlǐ ♦ 通信 移动通讯 yídòng tōngxùn
もはや【最早】 已经 yǐjīng
もはん【模範】 模范 mófàn; 楷模 kǎimó ♦～演技 模范表演 mófàn biǎoyǎn ♦～事例 范例 fànlì ♦～となる人 标兵 biāobīng ♦～を示す 示范 shìfàn
もふく【喪服】 丧服 sāngfú; 孝衣 xiàoyī ♦～を着る 挂孝 guàxiào
もほう【模倣-する】 仿效 fǎngxiào; 模仿 mófǎng
もまれる【揉まれる】 锤炼 chuíliàn; 锻炼 duànliàn ♦浮世の荒波に～ 经受社会波浪的磨炼 jīngshòu shèhuì bōlàng de móliàn
もみ【籾】 稻谷 dàogǔ ♦～殻 稻皮 dàopí
モミ【樅】 枞树 cōngshù; 冷杉 lěngshān
もみあう【揉み合う】 互相推挤 hùxiāng tuǐjǐ; 乱作一团 luànzuò yì tuán
もみあげ【揉み上げ】 鬓角 bìnjiǎo
もみあらい【揉み洗いーする】 搓洗 cuōxǐ
もみけす【揉み消す】 ♦タバコを～ 揉灭香烟 róumiè xiāngyān ♦スキャンダルを～ 遮掩丑闻 zhēyǎn chǒuwén
もみじ【紅葉】 红叶 hóngyè
もみで【揉み手】 ♦～をする 搓手 cuōshǒu
モミノキ 冷杉 lěngshān; 枞树 cōngshù
もむ【揉む】 揉 róu; 搓 cuō ♦気を～ 担心 着急 dānxīn zháojí ♦肩を～ 按摩肩膀 ànmó jiānbǎng
もめごと【揉め事】 纠纷 jiūfēn; 争执 zhēngzhí

もめる【揉める】 纷争 fēnzhēng; 争执 zhēngzhí
もめん【木綿】 《布》棉布 miánbù; 《糸》棉线 miánxiàn ♦～のハンカチ 棉手帕 mián shǒupà ♦～の衣服 棉布衣 miánbùyī ♦～の靴下 线袜 xiànwà
もも【股】 大腿 dàtuǐ
モモ【桃】 桃子 táozi ♦～色 粉红色 fěnhóngsè ♦～の花 桃花 táohuā ♦～のタネ 桃核 táohé ♦～の節句 桃花节 táohuājié
ももひき【股引き】 衬裤 chènkù
もや【靄】 烟霞 yānxiá ♦朝～ 朝霭 zhāo'ǎi
もやし 豆芽儿 dòuyár
もやす【燃やす】 燃烧 ránshāo; 点燃 diǎnrán; 焚烧 fénshāo ♦闘志を～ 焕发斗志 huànfā dòuzhì
もやもや 《ふたりの間の～》两个人之间的隔阂 liǎng ge rén zhī jiān de géhé ♦～した気分 心中的烦乱 xīnzhōng de fánluàn
もよう【模様】 花纹 huāwén; 图案 tú'àn; 《様子》♦空～ 天气情况 tiānqì qíngkuàng
もよおし【催し】 活动 huódòng
もよおす【催す】 ❶《行事を》开 kāi ♦歓迎会を～ 举办欢迎会 jǔbàn huānyínghuì ❷《気分・状態を》欲 yù; 要 yào ♦眠気を～ 引起睡意 yǐnqǐ shuìyì
もより【最寄り-の】 附近 fùjìn; 最近 zuìjìn; 就近 jiùjìn
もらいて【貰い手】 要的人 yào de rén; 要主 yàozhǔ
もらいなき【貰い泣き-する】 洒同情泪 sǎ tóngqíng lèi
もらいもの【貰い物】 礼物 lǐwù
もらう【貰う】 领取 lǐngqǔ; 获得 huòdé ♦賞を～ 得奖 dé jiǎng ♦兄に貸して～ 让哥哥借给我 ràng gēge jiègěi wǒ
もらす【漏らす】 ♦水を～ 漏水 lòushuǐ ♦不満を～ 流露不满 liúlù bùmǎn ♦秘密を～ 走漏秘密 zǒulòu mìmì ♦聞き～ 听漏 tīnglòu
モラトリアム 延期偿付 yánqī chángfù
モラル 道德 dàodé; 伦理 lúnlǐ
もり【森】 树林 shùlín; 森林 sēnlín
もり【守り】 看守 kānshǒu ♦子供のお～をする 看孩子 kān háizi
もり【銛】 鱼叉 yúchā
もりあがる【盛り上がる】 ♦筋肉が盛り上がる 筋肉隆起 jīnròu lóngqǐ ♦祭りが～ 庆祝活动气氛热烈 qìngzhù huódòng qìfēn rèliè
もりあげる【盛り上げる】 《空気を》♦場の雰囲気を～ 使场内气氛高涨

もりかえす【盛り返す】《勢いを》挽回 wǎnhuí；东山再起 Dōngshān zài qǐ

もりこむ【盛り込む】加進 jiājìn

もりだくさん【盛り沢山–の】丰富多彩 fēng fù duō cǎi

もりもり【旺盛】wàngshèng ◆食べる 吃得很香 chīde hěn xiāng ◆元気を取りもどす 极快地恢复体力 jíkuài de huīfù tǐlì

もる【盛る】盛 chéng ◆飯を～ 盛饭 chéng fàn ◆土を～ 堆土 duī tǔ ◆毒を～ 下毒 xiàdú

もる【漏る】雨が～ 漏雨 lòuyǔ

モルタル 灰浆 huījiāng

モルヒネ 吗啡 mǎfēi

モルモット 天竺鼠 tiānzhúshǔ；《比喩》试验材料 shìyàn cáiliào

もれ【漏れ】遗漏 yílòu ◆ガス～ 煤气泄漏 méiqì xièlòu

もれきく【漏れ聞く】据闻 jùwén

もれなく【漏れなく】通通 tōngtōng；无遗漏地 wú yílòu de

もれる【漏れる】❶《水などが》❶ 水が～ 漏水 lòushuǐ ◆窓から灯りが～ 灯光从窗户透出来 dēngguāng cóng chuānghu tòuchūlai ◆ヘッドホンから音が～ 声音从耳机传出来 shēngyīn cóng ěrjī chuánchūlai ❷《機密が》秘密が～ 秘密泄露 mìmì xièlòu ❸《脱落する》◆ 選に～ 落选 luòxuǎn ◆名簿から～ 名单上漏掉 míngdānshang lòudiào

もろい【脆い】脆弱 cuìruò；娇嫩 jiāonèn

もろさ【脆さ】脆性 cuìxìng

もろて【諸手】两手 liǎngshǒu ◆～を挙げる 举起双手 jǔqǐ shuāngshǒu

もろとも【諸共】一起 yìqǐ，一同 yìtóng ◆人馬～ 连人带马 lián rén dài mǎ

もろは【諸刃】双刃 shuāngrèn ◆～の剣 双刃刀 shuāngrèndāo

もろはだ【諸肌】◆～脱ぎになる 脱光膀子 tuō guāng bǎngzi

もろもろ【諸々–の】种种 zhǒngzhǒng

もん【門】大门 dàmén ◆～を閉ざす 关门 guānmén ◆～外不出 珍藏 zhēncáng

もん【紋】家徽 jiāhuī

もんがいかん【門外漢】门外汉 ménwàihàn；外行 wàiháng

もんかせい【門下生】弟子 dìzǐ；门生 ménshēng

もんきりがた【紋切り型】老一套 lǎoyítào

もんく【文句】《ことば》◆決まり～ 套话 tàohuà；《苦情》◆～をつける 发牢骚 fā láosao ◆～があるか 有什么不满吗 yǒu shénme bùmǎn ma

もんげん【門限】关门时间 guānmén shíjiān

もんこ【門戸】门户 ménhù ◆～を開く 开门 kāimén；开放门户 kāifàng ménhù

モンゴル 蒙古 Měnggǔ ◆～語 蒙语 Měngyǔ ◆～族 蒙古族 Měnggǔzú

もんし【悶死–する】苦闷而死 kǔmèn ér sǐ

もんしょう【紋章】徽章 huīzhāng

もんしん【問診】问诊 wènzhěn ◆～する 进行问诊 jìnxíng wènzhěn ◆～を受ける 接受问诊 jiēshòu wènzhěn

もんじん【門人】门生 ménshēng；弟子 dìzǐ

もんせき【問責】责问 zéwèn

もんぜつ【悶絶】苦闷而昏过去 kǔmèn ér hūnguoqu

もんぜん【門前】◆～市をなす 门庭若市 mén tíng ruò shì ◆～払いを食う 吃闭门羹 chī bìméngēng

もんだい【問題】问题 wèntí ◆～となる 成问题 chéng wèntí ◆まるで～にならない 根本谈不上 gēnběn tánbushàng ◆～を提起する 提起问题 tíqǐ wèntí ◆～を解く 解决问题 jiějué wèntí

もんちゃく【悶着】纠纷 jiūfēn；争执 zhēngzhí ◆～を起こす 引起纠纷 yǐnqǐ jiūfēn

もんちゅう【門柱】门柱 ménzhù

もんてい【門弟】门生 ménshēng；弟子 dìzǐ

もんとう【門灯】门灯 méndēng

もんどう【問答–する】问答 wèndá；议论 yìlùn

もんどりうつ 栽跟头 zāi gēntou；翻筋斗 fān jīndǒu

もんなし【文無し】穷光蛋 qióngguāngdàn；一文不名 yì wén bù míng；一贫如洗 yì pín rú xǐ

もんぱ【門派】《門閥》名门世家 míngmén shìjiā；门阀 ménfá

もんばん【門番】门卫 ménwèi；门房 ménfáng ◆～をする 看家 kānjiā；看门 kānmén

もんもう【文盲】文盲 wénmáng ◆～一掃運動 扫盲运动 sǎománg yùndòng

もんよう【紋様】花纹 huāwén

や

や【野】♦～に下る 下野 xiàyě
や【矢】箭 jiàn ♦～を射る 射箭 shèjiàn
やあ〈呼びかけ〉喂 wèi; 哎 āi;〈感嘆・驚き〉哎呀 āiyā
ヤード 码 mǎ
やいば【刃】刀刃 dāorèn
やいん【夜陰】♦～に乗じて 趁着黑夜 chènzhe hēiyè
やえ【八重-の】八层 bā céng;〈花びら〉重瓣 chóngbàn
やえい【野営】野营 yěyíng ♦～する〈軍隊〉扎营 zhāyíng
やえば【八重歯】虎牙 hǔyá ♦～が生える 长虎牙 zhǎng hǔyá
やおちょう【八百長】操控比赛 cāokòng bǐsài; 作弊 zuòbì; 吹黑哨 chuī hēishào
やおや【八百屋】蔬菜店 shūcàidiàn; 菜铺 càipù
やかい【夜会】晚会 wǎnhuì
やがい【野外-の】露天 lùtiān; 野外 yěwài ♦～劇場 露天剧场 lùtiān jùchǎng
やがく【夜学】夜校 yèxiào ♦～に通う 上夜校 shàng yèxiào
やかた【館】公馆 gōngguǎn
やかたぶね【屋形船】屋顶形画舫 wūdǐngxíng huàfǎng
やがて 不久 bùjiǔ; 不一会儿 bù yíhuìr
やかましい【喧しい】喧闹 xuānnào; 嘈杂 cáozá; 吵闹 chǎonào
やかん【薬缶】水壶 shuǐhú
やかん【夜間】夜间 yèjiān; 夜里 yèli ♦～外出禁止 宵禁 xiāojìn ♦～興業 夜工 yègōng ♦～飛行 夜航 yèháng ♦～試合 夜间比赛 yèchǎng bǐsài
やき【焼き】♦～を入れる〈金属に〉淬火 cuìhuǒ; 蘸火 zhànhuǒ
ヤギ【山羊】山羊 shānyáng ♦～座 摩羯座 mójiézuò
やきいも【焼き芋】烤红薯 kǎo hóngshǔ
やきいれ【焼き入れ】♦～をする 淬火 cuìhuǒ
やきいん【焼き印】火印 huǒyìn; 烙印 làoyìn ♦～を押す 烙 lào
やきうどん【焼きうどん】炒乌冬面 chǎo wūdōngmiàn
やきギョーザ【焼き餃子】锅贴儿 guōtiēr
やききる【焼き切る】❶〈切断する〉烧断 shāoduàn ❷〈焼き尽す〉烧光 shāoguāng
やきぐり【焼き栗】炒栗子 chǎo lìzi
やきこがす【焼き焦がす】烧灼 shāozhuó; 烤焦 kǎojiāo
やきごて【焼き鏝】烙铁 làotie
やきざかな【焼き魚】烤鱼 kǎoyú
やきすてる【焼き捨てる】烧掉 shāodiào
やきそば【焼きそば】炒面 chǎomiàn ♦五目～ 什锦炒面 shíjǐn chǎomiàn
やきつくす【焼き尽くす】焚毁 fénhuǐ; 烧光 shāoguāng
やきつける【焼き付ける】〈焼きごてで〉烙上 làoshàng;〈記憶に〉铭刻 míngkè
やきとり【焼き鳥】烤鸡肉串 kǎo jīròuchuàn
やきなおし【焼き直し】翻版 fānbǎn; 改编 gǎibiān
やきにく【焼き肉】烤肉 kǎoròu
やきはた【焼き畑】♦～農法 刀耕火种 dāo gēng huǒ zhòng
やきはらう【焼き払う】焚毁 fénhuǐ; 烧尽 shāojìn
やきぶた【焼き豚】叉烧肉 chāshāoròu
やきまし【焼き増し-する】〈写真〉加洗 jiāxǐ; 加印 jiāyìn
やきめし【焼き飯】炒饭 chǎofàn
やきもき-する 焦虑不安 jiāolǜ bù'ān; 焦急 jiāojí
やきもち【焼き餅】♦～を焼く 吃醋 chīcù; 嫉妒 jídù ♦～焼き 醋罐子 cùguànzi
やきもの【焼き物】陶瓷器 táocíqì
やきゅう【野球】棒球 bàngqiú ♦～の試合 棒球比赛 bàngqiú bǐsài
やきん【冶金】冶金 yějīn
やきん【夜勤】夜班 yèbān; 夜工 yègōng
やく【焼く】烧 shāo; 烤 kǎo ♦魚を～ 烤鱼 kǎo yú ♦パンを～ 烤面包 kǎo miànbāo ♦日に～ 晒太阳 shài tàiyang ♦焼き物を～ 烧制陶器 shāozhì táoqì ♦世話を～ 照顾 zhàogù
やく【妬く】吃醋 chīcù; 忌妒 jìdu
やく【厄】灾祸 zāihuò; 厄运 èyùn
やく【役】❶〈芝居の〉角色 juésè ❷〈役目〉任务 rènwu ♦～に立つ 有用 yǒuyòng ♦～に立たない 不济事 bú jìshì; 不中用 bù zhōngyòng
やく【約】大约 dàyuē; 约 yuē
やく【訳】翻译 fānyì
ヤク〈動物〉牦牛 máoniú
やぐ【夜具】铺盖 pūgài; 床上用品 chuángshàng yòngpǐn
やくいん【役員】干事 gànshi; 董事 dǒngshì ♦～会 董事会 dǒngshìhuì
やくおとし【厄落し】被除厄运 fú-

chú èyùn
やくがい【薬害】 药害 yàohài ◆诉讼 药害诉讼 yàohài sùsòng
やくがく【薬学】 药学 yàoxué
やくがら【役柄】 角色 juésè; 身分 shēnfen
やくご【訳語】 翻译词 fānyìcí
やくざ ◆～者 无赖 wúlài; 赌棍 dǔgùn; 流氓 liúmáng
やくざい【薬剤】 药剂 yàojì ◆～師 药剂师 yàojìshī
やくさつ【薬殺-する】 毒死 dúsǐ
やくさつ【扼殺-する】 扼杀 èshā
やくしゃ【役者】 演员 yǎnyuán; 戏子 xìzi
やくしゃ【訳者】 译者 yìzhě
やくしゅ【薬酒】 药酒 yàojiǔ
やくしょ【役所】 官署 guānshǔ; 机关 jīguān; 衙门 yámen
やくじょう【約定】 诺言 nuòyán; 约定 yuēdìng
やくしょく【役職】 官职 guānzhí; 职务 zhíwù
やくしん【躍進-する】 跃进 yuèjìn ◆大～ 大跃进 dàyuèjìn
やくす【訳す】 翻译 fānyì; 译 yì; 翻 fān
やくせき【薬石】 药石 yàoshí ◆～効なく 药石罔效 yàoshí wǎng xiào
やくぜん【薬膳】 药膳 yàoshàn ◆～レストラン 药膳餐厅 yàoshàn cāntīng
やくそう【薬草】 药草 yàocǎo; 草药 cǎoyào ◆～園 药草园 yàocǎoyuán
やくそく【約束】 诺言 nuòyán ◆～する 言定 yándìng; 约定 yuēdìng ◆～に背く 失约 shī yuē; 爽约 shuǎngyuē ◆～の言葉 约言 yuēyán ◆～をたがえる 背约 bèi yuē ◆～を破る 破约 pò yuē; 违约 wéiyuē ◆～手形 期票 qīpiào ◆～したよ 一言为定 yì yán wéi dìng
やくたたず【役立たず】 阿斗 Ā dǒu; 废料 fèiliào; 废物 fèiwu; 脓包 nóngbāo; 窝囊 wōnang
やくだつ【役立つ】 有用 yǒuyòng; 有益 yǒuyì
やくちゅう【訳注】 译注 yìzhù
やくどう【躍動-する】 跳动 tiàodòng
やくとく【役得】 额外收入 éwài shōurù; 外快 wàikuài
やくどし【厄年】 厄运之年 èyùn zhī nián
やくにん【役人】 官吏 guānlì; 官员 guānyuán ◆～口調 官腔 guānqiāng
やくば【役場】 公所 gōngsuǒ
やくはらい【厄払い-する】 被除厄运 fúchú èyùn

やくび【厄日】 灾难之日 zāinàn zhī rì
やくびょうがみ【疫病神】 瘟神 wēnshén; 丧门神 sāngménshén
やくひん【薬品】 药品 yàopǐn; 药物 yàowù
やくぶそく【役不足】 大材小用 dàcái xiǎo yòng
やくぶつ【薬物】 药品 yàopǐn; 药物 yàowù ◆～アレルギー 药物过敏 yàowù guòmǐn
やくぶん【約分】 约分 yuēfēn
やくほん【訳本】 译本 yìběn
やくみ【薬味】 作料 zuòliao; 调料 tiáoliào; 调味品 tiáowèipǐn
やくめ【役目】 任务 rènwu ◆～を果たす 完成任务 wánchéng rènwu
やくよう【薬用-の】 ◆～酒 补酒 bǔjiǔ ◆～石けん 药皂 yàozào
やくよけ【厄除け-をする】 驱邪 qūxié
ヤグルマギク【矢車菊】 矢车菊 shǐchējú
ヤグルマソウ【矢車草】 鬼灯檠 guǐdēngqíng
やくわり【役割】 职务 zhíwù; 角色 juésè ◆～を演じる 扮演 bànyǎn
やけ【自棄】 ◆～を起こす 自暴自弃 zì bào zì qì ◆～酒 闷酒 mènjiǔ
やけい【夜景】 夜景 yèjǐng
やけい【夜警-する】 守夜 shǒuyè
やけいしにみず【焼石に水】 杯水车薪 bēi shuǐ chē xīn; 无济于事 wú jì yú shì
やけおちる【焼け落ちる】 烧塌 shāotā
やけこげ【焼け焦げ】 烧焦 shāojiāo
やけつく【焼けつく】 ◆～ほど执 热辣辣 rèlàlà ◆～ような 滚热 gǔnrè; 火毒 huǒdú ◆～太阳 烈日 lièrì
やけど【火傷】 烧伤 shāoshāng; 烫伤 tàngshāng; 火伤 huǒshāng ◆～する 烧伤 shāoshāng; 烫 tàng
やけぼっくい【焼け棒杙】 ◆～に火がつく 死灰复燃 sǐ huī fù rán
やける【焼ける】 燃烧 ránshāo; 炽热 chìrè; «肌が» 晒黑 shàihēi; «色が» 晒退色 shài tuìshài ◆胸が～ 烧心 shāoxīn
やけるよう【焼けるよう】 «太陽や気温が» ◆～に暑い 火辣辣 huǒlàlà; 炎热 yánrè
やけん【野犬】 野狗 yěgǒu
やげん【薬研】 药碾子 yàoniǎnzi
ヤゴ 《トンボの幼虫》 水虿 shuǐchài
やこう【夜行】 ◆～列车 晚车 wǎnchē; 夜车 yèchē
やごう【屋号】 字号 zìhao
やごう【野合-する】 苟合 gǒuhé
やさい【野菜】 菜 cài; 青菜 qīng-

cài; 蔬菜 shūcài ♦~畑 菜圃 càipǔ; 菜园 càiyuán ♦無農薬~ 绿色蔬菜 lǜsè shūcài

やさおとこ【優男】 温柔的男子 wēnróu de nánzǐ

やさがし【家捜し−する】 抄家 chāojiā; 遍查家中 biànchá jiāzhōng

やさき【矢先−に】 正要…的时候 zhèngyào...de shíhou

やさしい【易しい】 容易 róngyì; 简单 jiǎndān

やさしい【優しい】 和蔼 hé'ǎi; 温和 wēnhé; 温柔 wēnróu ♦~心 柔情 róuqíng ♦優しくいたわる 温存 wēncún

やし【香具師】 摊贩 tānfàn; 江湖 jiānghú

ヤシ【椰子】 ♦~の実 椰子 yēzi ♦~油 椰油 yēyóu

やじ【野次】 倒彩 dàocǎi; 奚落声 xīluòshēng ♦~を飛ばす 喝倒彩 hè dàocǎi ♦~馬 看热闹的人 kàn rènao de rén

やしき【屋敷】 公館 gōngguǎn; 府第 fǔdì ♦お~ 深宅大院 shēnzhái dàyuàn

やしなう【養う】 扶养 fúyǎng; 养活 yǎnghuo ♦子供を~ 养活孩子 yǎnghuó háizi

やしゃご【玄孫】 ❶《男子の》玄孙 xuánsūn ❷《女子の》玄孙女 xuánsūnnǚ

やしゅ【野趣】 ♦~に富んだ 乡土风味 xiāngtǔ fēngwèi

やじゅう【野獣】 野兽 yěshòu

やしょく【夜食】 夜餐 yècān; 夜宵 yèxiāo

やじり【鏃】 箭头 jiàntóu

やじるし【矢印】 箭头 jiàntóu

やしろ【社】 庙堂 miàotáng

やしん【野心】 野心 yěxīn ♦~家 野心家 yěxīnjiā

やす 叉 chā ♦~で突く 叉 chā

やすい【安い】 《価格が》便宜 piányi; 低廉 dīlián ♦安く見積もる 低估 dīgū

やすうけあい【安請け合い】 ♦~をする 轻诺寡信 qīng nuò guǎ xìn; 轻易应承 qīngyì yìngcheng

やすうり【安売り−する】 处理 chǔlǐ; 贱卖 jiànmài; 倾销 qīngxiāo; 廉价出售 liánjià chūshòu

やすっぽい【安っぽい】 粗劣 cūliè; 庸俗 yōngsú

やすね【安値】 廉价 liánjià

やすぶしん【安普請】 廉价修建的建筑 liánjià xiūjiàn de jiànzhù

やすまる【休まる】 《心が》心神安宁 xīnshén ānníng

やすみ【休み】 休息 xiūxi ♦~に入る 放假 fàng jià ♦~をとる 休假 xiūjià; 告假 gào jià; 请假 qǐng jià ♦一个劲儿 yígejìnr

やすむ【休む】 歇 xiē; 休息 xiūxi; 休憩 xiūqì;《寝る》睡 shuì

やすもの【安物】 便宜货 piányihuò; 次货 cìhuò; 贱货 jiànhuò

やすやす【易々−と】 轻易 qīngyì

やすやど【安宿】 小客栈 xiǎokèzhàn

やすらか【安らか−な】 ❶《心が》安静 ānjìng; 平安 píng'ān; 恬静 tiánjìng ♦~に暮らす 过安乐 guò ānlè ❷《眠りなどが》沉稳 chénwěn ♦~に眠る 安眠 ānmián ♦《死者が》~に眠る 安息 ānxī; 死得安祥 sǐde ānxiáng

やすらぎ【安らぎ】 安乐 ānlè; 平静 píngjìng; 安慰 ānwèi

やすらぐ【安らぐ】 安乐 ānlè; 安稳 ānwěn

やすり【鑢】 锉 cuò; 锉刀 cuòdāo ♦~で削る 锉 cuò

やせ【痩せ】 《痩せていること》瘦 shòu;《痩せた人》瘦子 shòuzi ♦~薬 减肥药 jiǎnféiyào ♦~の大食い 长吃瘦倒吃得多 zhǎngde shòu dào chīde duō

やせい【野性】 野性 yěxìng

やせい【野生−の】 野生 yěshēng ♦~生物 野生生物 yěshēng shēngwù

やせおとろえる【痩せ衰える】 消瘦 xiāoshòu

やせがた【痩せ形−の】 清瘦 qīngshòu; 细长 xìcháng

やせがまん【痩せ我慢−する】 硬支撑 yìng zhīchēng; 硬挺 yìngtǐng; 硬着头皮 yìngzhe tóupí

やせぎす【痩せぎす−の】 瘦骨伶仃 shòu gǔ líng dīng

やせこけた【痩せこけた】 瘦骨嶙嶙 shòu gǔ lín lín

やせこける【痩せこける】 憔悴 qiáocuì; 瘦得皮包骨头 shòude pí bāo gǔtou

やせた【痩せた】 ♦~人 瘦子 shòuzi ♦~田畑 瘦田 shòutián; 薄地 báodì

やせっぽち【痩せっぽち】 瘦干儿 shòugānr

やせほそる【痩せ細る】 消瘦 xiāoshòu; 瘦伶仃 shòulíngdīng

やせる【痩せる】 《からだが》瘦 shòu; 消瘦 xiāoshòu;《土地が》贫瘠 pínjí; 薄 báo

やせん【野戦】 野战 yězhàn ♦~軍 野战军 yězhànjūn ♦~病院 野战医院 yězhàn yīyuàn

やそう【野草】 野草 yěcǎo

やそうきょく【夜想曲】《ノクターン》夜想曲 yèxiǎngqǔ

やたい【屋台】摊 tān；摊子 tānzi；货摊 huòtān

やたいぼね【屋台骨】根基 gēnjī ♦～が傾く 根基动摇 gēnjī dòngyáo

やたら 一味 yíwèi；胡乱 húluàn ♦～忙しい 忙得要命 mángde yàomìng ♦～ほめ上げる 吹捧 chuīpěng；一味赞扬 yíwèi zànyáng

やちょう【野鸟】野禽 yěqín；野鸟 yěniǎo

やちん【家賃】房钱 fángqián；房租 fángzū；租钱 zūqian

やつ 东西 dōngxi；家伙 jiāhuo

やつあたり【八つ当たり-する】迁怒 qiānnù；撒气 sāqì；乱发脾气 luànfā píqi

やっかい【厄介-な】麻烦 máfan；费事 fèishì；棘手 jíshǒu；烫手 tàngshǒu ♦～な事をしでかす 闯祸 chuǎnghuò ♦～者 难对付的人 nán duìfu de rén

やっかむ 嫉妒 jídù；眼红 yǎnhóng

やっかん【約款】条款 tiáokuǎn

やっき【躍起】♦～になる 发急 fājí；拼命 pīnmìng；竭力 jiélì

やつぎばや【矢継ぎ早-に】接连不断 jiē lián bú duàn

やっきょう【薬莢】弹壳 dànké；药筒 yàotǒng

やっきょく【薬局】药房 yàofáng ♦～方(ほう) 药典 yàodiǎn

ヤッケ 防风衣 fángfēngyī；风雪短大衣 fēngxuě duǎndàyī

やっこう【薬効】药力 yàolì；药效 yàoxiào

やつざき【八つ裂き】♦〔処刑で〕～にする 剮 guǎ

やっつけ【～仕事】急就章 jíjiùzhāng；草率从事的工作 cǎoshuài cóngshì de gōngzuò

やっつける 整 zhěng；整治 zhěngzhì；收拾 shōushi

やってみる 尝试 chángshì；试试看 shìshi kàn

やっと 才 cái ♦～のことで 好不容易 hǎobùróngyì；好容易 hǎoróngyì；总算 zǒngsuàn

やつれた【窶れた】枯槁 kūgǎo；憔悴 qiáocuì

やつれる【窶れる】憔悴 qiáocuì；消瘦 xiāoshòu

やど【宿】落脚 luòjiǎo ♦～を借りる 寄宿 jìsù；借宿 jièsù

やといにん【雇い人】雇工 gùgōng

やといぬし【雇い主】雇主 gùzhǔ

やとう【雇う】雇 gù；雇佣 gùyōng

やとう【野党】在野党 zàiyědǎng

ヤドカリ 寄居蟹 jìjūxiè

やどす【宿す】《妊娠する》怀孕 huáiyùn；《内部に留める》留下 liúxià

やどちょう【宿帳】旅馆登记簿 lǚguǎn dēngjìbù

やどちん【宿賃】旅馆费 lǚguǎnfèi

やどなし【宿無し】流浪者 liúlàngzhě；无家可归的 wújiā kě guī de

やどぬし【宿主】房东 fángdōng；《寄生物の》寄主 jìzhǔ

やどや【宿屋】旅馆 lǚguǎn；旅社 lǚshè；客栈 kèzhàn

やとわれしごと【雇われ仕事】♦～をする 帮工 bānggōng

ヤナギ【柳】柳树 liǔshù ♦～の枝 柳条 liǔtiáo

やなぎごし【柳腰】柳腰 liǔyāo

やなみ【家並み】一排房屋 yìpái fángwū

やに【脂】树脂 shùzhī；油子 yóuzi ♦タバコの～ 烟油子 yānyóuzi ♦松～ 松脂 sōngzhī

やにさがる【脂下がる】洋洋自得 yángyáng zìdé

やにょうしょう【夜尿症】夜尿症 yèniàozhèng

やにわに【矢庭に】突然 tūrán；冷不防 lěngbufáng

やぬし【家主】房东 fángdōng

やね【屋根】房顶 fángdǐng；屋顶 wūdǐng

やねうら【屋根裏】阁楼 gélóu；顶楼 dǐnglóu

やばい 危险 wēixiǎn；糟糕 zāogāo ♦～仕事はごめんだよ 危险活儿我不干 wēixiǎn huór wǒ bú gàn ♦～雪だ、～よ 糟了，下雪了 zāo le, xià xuě le ♦おれもう～っすよ 我可耐不了啊 wǒ kě nàibuliǎo a

やはり 还是 háishí；仍然 réngrán

やはん【夜半】半夜 bànyè；夜半 yèbàn

やばん【野蛮-な】野蛮 yěmán ♦～な行為 粗野的行为 cūyě de xíngwéi

やひ【野卑-な】粗俗 cūsú；俚俗 lǐsú；下贱 xiàjiàn

やぶ【藪】草丛 cǎocóng；灌木丛 guànmùcóng ♦竹～ 竹丛 zhúcóng

やぶいしゃ【藪医者】庸医 yōngyī

ヤフー 雅虎 Yǎhǔ

やぶさか【吝か-でない】不吝惜 bú lìnxī；乐意 lèyì；甘心 gānxīn

やぶる【破る】撕破 sīpò ♦紙を～ 把纸撕碎 bǎ zhǐ sīsuì ♦規則を～ 违背 wéibèi ♦約束を～ 失约 shīyuē

やぶれかぶれ【破れかぶれ-の】自暴自弃 zì bào zì qì

やぶれる【破れる】 破 pò ♦ シャツが〜 汗衫破了 hànshān pò le ♦ 夢が〜 理想破灭 lǐxiǎng pòmiè
やぶれる【敗れる】 打输 dǎshū
やぶん【夜分】 夜里 yèli
やぼ【野暮-な】 庸俗 yōngsú ♦〜ったい 粗笨 cūbèn；土气 tǔqì；俗气 súqì
やぼう【野望】 野心 yěxīn ♦〜を抱く 怀有野心 huáiyǒu yěxīn
やま【山】 山 shān ♦〜の幸 山货 shānhuò ♦〜に登る 爬山 páshān；登山 dēngshān ♦〜越えをする 越过山岭 yuèguò shānlǐng
やまあい【山間】 山沟 shāngōu；山谷 shāngǔ
やまい【病】 病 bìng；疾病 jíbìng ♦〜をかかえる 抱病 bàobìng
ヤマイヌ【山犬】 豺狗 cháigǒu
ヤマイモ【山芋】 薯蓣 shǔyù；山药 shānyao
やまおく【山奥-の】 深山里 shēnshānlǐ；山窝 shānwō
やまおとこ【山男】 登山迷 dēngshānmí
やまかじ【山火事】 山火 shānhuǒ
やまがた【山形-の】 人字形 rénzìxíng
ヤマガラ【山雀】 杂色山雀 zásè shānquè
やまかん【山勘】 瞎猜 xiācāi
やまけ【山気】 投机心 tóujīxīn ♦〜のある 有投机心的 yǒu tóujīxīn de；好冒险的 hào màoxiǎn de
やまごや【山小屋】 山中小房 shānzhōng xiǎofáng
ヤマザクラ【山桜】 野樱花 yěyīnghuā
やまざと【山里】 山村 shāncūn
やまし【山師】 投机家 tóujījiā
やましい【疚しい】 内疚 nèijiù；愧疚 kuìjiù ♦やましく思う 亏心 kuīxīn
やまづみ【山積み-する】 成堆 chéngduī；堆积如山 duījī rú shān
やまでら【山寺】 山寺 shānsì
やまと【大和】 大和 Dàhé
やまどり【山鳥】 ❶《山中の》山里的鸟 shānli de niǎo ❷《鳥名》日本山雉 Rìběn shānzhì
やまなみ【山並み】 群山 qúnshān；山峦 shānluán
ヤマネコ【山猫】 山猫 shānmāo；豹猫 bàomāo
やまのぼり【山登り】 爬山 páshān；登山 dēngshān
やまば【山場】 高潮 gāocháo ♦〜を迎える 进入高潮 jìnrù gāocháo；达到顶点 dádào dǐngdiǎn
やまはだ【山肌】 山的地表 shān de dìbiǎo
ヤマバト【山鳩】 山斑鸠 shānbānjiū
やまびこ【山彦】 回声 huíshēng；反响 fǎnxiǎng
やまびらき【山開き】 封山开禁 fēngshān kāijìn
ヤマブキ【山吹】《植物》棣棠 dìtáng ♦〜色 黄澄澄 huángdēngdēng
やまみち【山道】 山路 shānlù
やまもり【山盛りの】 盛得满满 chéngde mǎnmǎn，一大堆 yí dà duī ♦〜になる 冒尖 màojiān
やまやま【山々-である】 非常希望 fēicháng xīwàng；渴望 kěwàng
ヤマユリ【山百合】 天香百合 tiānxiāng bǎihé
やまわけ【山分け】 ♦〜にする 均沾 jūnzhān；均分 jūnfēn
やみ【闇】 黑暗 hēi'àn ♦〜市 黑市 hēishì
やみあがり【病み上がり-の】 病后 bìnghòu
やみうち【闇打ち】 冷箭 lěngjiàn ♦〜をかける 放冷箭 fàng lěngjiàn
やみくも【闇雲-に】 胡乱 húluàn；随便 suíbiàn ♦〜に進む 冒进 màojìn ♦〜にやる 蛮干 mángàn；盲目 mánggàn
やみそうば【闇相場】 黑市价格 hēishì jiàgé
やみつき【病みつき-になる】 入迷 rùmí；上瘾 shàngyǐn；入魔 rùmó
やみとりひき【闇取り引き-する】 黑市交易 hēishì jiāoyì；走私活动 zǒusī huódòng
やみや【闇屋】 倒爷 dǎoyé
やみよ【闇夜】 黑夜 hēiyè
やむ【止む】 ❶《休む》止息 zhǐxī ❷《終わる》停歇 tíngxiē ♦雨が〜 雨停 yǔ tíng；雨住 yǔ zhù
やむ【病む】 害病 hàibìng；生病 shēngbìng
やむちゃ【飲茶】 饮茶 yǐnchá；早茶 zǎochá
やむをえず【止むを得ず】 不得已 bùdéyǐ；只好 zhǐhǎo
やめる【止める】 作罢 zuòbà；停止 tíngzhǐ；缩手 suōshǒu；《悪いくせを》戒除 jièchú；《中途で》罢休 bàxiū
やめる【辞める】 辞 cí；停 tíng ♦会社を〜 辞去公司职务 cíqù gōngsī zhíwù
やもめ ❶《男性》鳏夫 guānfū ❷《女性》孤孀 gūshuāng；寡妇 guǎfù ♦〜暮らし 孀居 shuāngjū
ヤモリ【守宮】 壁虎 bìhǔ；蝎虎 xiēhǔ
やや 稍 shāo；稍稍 shāoshāo；稍微 shāowēi ♦〜劣る 差点儿 chàdiǎnr ♦〜勝る 稍胜一等 shāo

shèng yì děng
ややこしい【複雑】fùzá;难办 nánbàn
ややもすれば 动不动 dòngbudòng;动辄 dòngzhé;往往 wǎngwǎng
やゆ【揶揄-する】揶揄 yéyú
やられる【遣られる】受害 shòuhài;被打败 bèi dǎbài
やり【槍】枪 qiāng ♦~投げ 标枪 biāoqiāng
やりあう【遣り合う】《言い争う》争执 zhēngzhí;争吵 zhēngchǎo
ヤリイカ【槍烏賊】枪乌贼 qiāngwūzéi
やりがい【遣り甲斐】干头儿 gàntour;搞头 gǎotou ♦~のある 值得一干 zhíde yí gàn
やりかえす【遣り返す】还手 huánshǒu;回击 huíjī
やりかけ【遣り掛け-の】做到中途 zuòdào zhōngtú;刚刚着手 gānggāng zhuóshǒu
やりかた【遣り方】办法 bànfǎ;法子 fǎzi;方法 fāngfǎ;做法 zuòfǎ ♦優れた~ 高明的做法 gāomíng de zuòfǎ
やりきれない【遣り切れない】❶《最後までできない》做不完 zuòbuwán ❷《閉口する》受不了 shòubuliǎo
やりくち【遣り口】干法 gànfǎ;手段 shǒuduàn
やりくり【やり繰り-する】筹措 chóucuò;周转 zhōuzhuǎn
やりこなす【遣りこなす】做完 zuòwán;处理好 chǔlǐhǎo
やりこめる【遣り込める】噎 yē;驳斥 bóchì
やりすぎる【遣り過ぎる】做过头 zuò guòtóu
やりすごす【遣り過ごす】让过去 ràngguòqu
やりそこなう【遣り損なう】做错 zuòcuò;弄错 nòngcuò
やりだま【槍玉】♦~にあげる 当做攻击目标 dàngzuò gōngjī mùbiāo
やりて【遣り手】干才 gàncái;能手 néngshǒu;硬手 yìngshǒu
やりとげる【遣り遂げる】完成 wánchéng;干到底 gàndàodǐ
やりとり【遣り取り-する】交换 jiāohuàn
やりなおす【遣り直す】重做 chóngzuò;再做 zàizuò
やりなげ【槍投げ】掷标枪 zhì biāoqiāng;投标枪 tóu biāoqiāng
やりにくい【遣りにくい】扎手 zhāshǒu;难办 nánbàn
やりぬく【遣り抜く】贯彻 guànchè;做完 zuòwán
やりば【遣り場】♦~のない怒り[悲しみ]无处发泄的生气[悲痛] wúchù fāxiè de shēngqì[bēitòng]
やりやすい【遣り易い】好办 hǎobàn
やる【遣る】《仕事などを》做 zuò;干 gàn;搞 gǎo;闹 nào;弄 nòng
やるき【遣る気】干劲 gànjìn;劲头 jìntóu ♦~を出す 发奋 fāfèn;奋起 fènqǐ ♦~をなくす 泄劲 xièjìn
やるせない【遣る瀬ない】不能开心 bù néng kāixīn
やれやれ 哎呀 āiyā
やわらかい【柔[軟]らかい】绵软 miánruǎn;柔嫩 róunèn;柔软 róuruǎn;软和 ruǎnhuo;松软 sōngruǎn;《皮膚や筋肉が》细嫩 xìnèn ♦~食べ物 软食 ruǎnshí ♦体が~ 身体柔软 shēntǐ róuruǎn ♦頭が~《考え方が》头脑灵活 tóunǎo línghuó ♦~言い方 温和的说法 wēnhé de shuōfǎ
やわらぐ【和らぐ】变温和 biàn wēnhé ♦和らげる 缓和 huǎnhé
ヤンキー ❶美国佬 Měiguólǎo ❷小流氓 xiǎoliúmáng
やんちゃ-な 淘气 táoqì;顽皮 wánpí
やんわり 温和 wēnhé ♦~と断る 婉转地谢绝 wǎnzhuǎn de xièjué

ゆ

ゆ【湯】《お湯》开水 kāishuǐ; 热水 rèshuǐ;《ふろの湯》洗澡水 xǐzǎoshuǐ

ゆあか【湯垢】水碱 shuǐjiǎn; 水垢 shuǐgòu

ゆあがり【湯上がり-の】刚洗完澡 gāng xǐwán zǎo

ゆあたり【湯中り-する】晕池 yùnchí

ゆあつ【油圧】油压 yóuyā; 液压 yèyā ◆~式ポンプ 液压泵 yèyābèng

ゆいいつ【唯一】◆~の 惟一 wéiyī ◆~無二の 独一无二 dú yī wú èr ◆~無二の方法 不二法门 bú èr fǎ mén

ゆいごん【遺言】遗言 yíyán; 遗嘱 yízhǔ ◆~書 遗嘱 yízhǔ

ゆいしょ【由緒】来历 láilì; 来头 láitou ◆~ある家柄 名门 míngmén

ゆいしん【唯心】◆~史観 唯心史观 wéixīn shǐguān ◆~論 唯心论 wéixīnlùn; 唯心主义 wéixīn zhǔyì

ゆいのう【結納】彩礼 cǎilǐ; 财礼 cáilǐ ◆~を送る 送彩礼 sòng cǎilǐ

ゆいぶつ【唯物】◆~史観 历史唯物主义 lìshǐ wéiwù zhǔyì; 唯物史观 wéiwù shǐguān ◆~論 唯物论 wéiwùlùn; 唯物主义 wéiwù zhǔyì

ゆう【結う】结 jié; 系 jì; 扎 zā ◆髪を～ 束发 shùfà

ゆうあい【友愛】友爱 yǒu'ài

ゆうい【優位】优势 yōushì ◆~に立つ 占先 zhànxiān; 占上风 zhàn shàngfēng

ゆういぎ【有意義-な】有意义 yǒu yìyì

ゆういん【誘因】起因 qǐyīn; 诱因 yòuyīn

ゆういん【誘引-する】引诱 yǐnyòu

ゆううつ【憂鬱-な】忧郁 yōuyù; 沉闷 chénmèn; 沉郁 chényù

ゆうえい【遊泳-する】游泳 yóuyǒng ◆~禁止 禁止游泳 jìnzhǐ yóuyǒng; 禁泳 jìnyǒng ◆~禁止区域 禁泳区 jìnyǒngqū

ゆうえき【有益-な】有益 yǒuyì ◆…に~だ 有利于 yǒulìyú

ユーエスビーメモリ【USBメモリ】优盘 yōupán

ゆうえつかん【優越感】优越感 yōuyuègǎn

ゆうえんち【遊園地】游乐园 yóulèyuán

ゆうおう【勇往】◆~邁進 勇往直前 yǒng wǎng zhí qián

ゆうか【有価】◆~証券 有价证券 yǒujià zhèngquàn

ゆうが【優雅-な】文雅 wényǎ; 秀气 xiùqi; 优雅 yōuyǎ

ゆうかい【誘拐-する】拐带 guǎidài; 拐骗 guǎipiàn; 诱拐 yòuguǎi ◆~事件 绑架案 bǎngjià'àn

ゆうかい【融解-する】熔化 rónghuà ◆~点 熔点 róngdiǎn

ゆうがい【有害】有害 yǒuhài

ユウガオ【夕顔】瓠子 hùzi; 葫芦花 húluhuā

ゆうがく【遊学-する】游学 yóuxué; 留学 liúxué

ゆうがた【夕方】傍晚 bàngwǎn; 黄昏 huánghūn

ゆうがとう【誘蛾灯】诱虫灯 yòuchóngdēng

ユーカリ 有加利 yǒujiālì; 桉树 ānshù ◆~油 桉油 ānyóu

ゆうかん【勇敢-な】勇敢 yǒnggǎn ◆~に戦う 英勇地战斗 yīngyǒng de zhàndòu; 奋战 fènzhàn

ゆうかん【夕刊】晚报 wǎnbào

ゆうき【勇気】勇气 yǒngqì ◆~がある 有勇气 yǒu yǒngqì ◆~あふれる 奋勇 fènyǒng

ゆうき【有機】有机 yǒujī ◆~化学 有机化学 yǒujī huàxué ◆~化合物 有机物 yǒujīwù ◆~肥料 有机肥料 yǒujī féiliào ◆~EL 有机 EL yǒujī EL

ゆうぎ【友誼】友谊 yǒuyì

ゆうぎ【遊戯】玩耍 wánshuǎ; 游戏 yóuxì ◆~場 游戏场 yóuxìchǎng

ゆうきゅう【悠久-の】悠久 yōujiǔ

ゆうきゅう【有給-の】◆~休暇 带薪休假 dài xīn xiūjià

ゆうきゅう【遊休-の】闲置 xiánzhì ◆~資金 闲置资金 xiánzhì zījīn ◆~地 闲散土地 xiánsǎn tǔdì

ゆうきょう【遊興】游玩 yóuwán ◆~費 游乐费 yóulèfèi

ゆうぐう【優遇-する】优遇 yōuyù; 优待 yōudài

ゆうぐれ【夕暮れ】黄昏 huánghūn; 傍晚 bàngwǎn

ゆうぐん【友軍】友军 yǒujūn

ゆうぐん【遊軍】机动部队 jīdòng bùduì; 后备人员 hòubèi rényuán

ゆうけい【有形-の】有形 yǒuxíng

ゆうげきしゅ【遊撃手】游击手 yóujīshǒu

ゆうげきせん【遊撃戦】游击战 yóujīzhàn

ゆうげん【有限-の】有限 yǒuxiàn ◆~責任会社 有限公司 yǒuxiàn gōngsī

ゆうけんしゃ【有権者】有选举权的公民 yǒu xuǎnjǔquán de gōngmín; 选民 xuǎnmín

ゆうこう【友好】 友好 yǒuhǎo ♦～国 友邦 yǒubāng
ゆうこう【有効】 有效 yǒuxiào ♦～期間 时效 shíxiào ♦～期限 有效期限 yǒuxiào qīxiàn
ゆうごう【融合-する】 融合 rónghé；聚变 jùbiàn
ゆうこく【幽谷】 幽谷 yōugǔ；深谷 shēngǔ
ゆうこく【憂国】 忧国 yōuguó ♦～の士 忧国之士 yōuguó zhī shì
ゆうこく【夕刻】 傍晚 bàngwǎn；黄昏 huánghūn
ユーザー 用户 yònghù
ゆうざい【有罪】 有罪 yǒuzuì ♦～判決を下す 判决有罪 pànjué yǒuzuì；判罪 pànzuì
ゆうさん【有産】 ♦〔工場などの生産手段を持つ〕～階級 资产阶级 zīchǎn jiējí ♦〔不動産などを持つ〕～階級 有产阶级 yǒuchǎn jiējí
ゆうし【勇士】 猛士 měngshì；勇士 yǒngshì；壮士 zhuàngshì
ゆうし【有史】 ♦～以前 史前 shǐqián
ゆうし【有志】 有志 yǒuzhì；志愿者 zhìyuànzhě
ゆうし【雄姿】 雄姿 xióngzī；英姿 yīngzī
ゆうし【融資-する】 贷款 dàikuǎn；通融 tōngróng ♦～を受ける 借款 jièkuǎn
ゆうじ【有事】 有事 yǒushì ♦～の際に 出现非常事态时 chūxiàn fēicháng shìtài shí；一朝有事 yìzhāo yǒushì
ゆうしかい【有視界】 ♦～飛行 目视飞行 mùshì fēixíng
ゆうしきしゃ【有識者】 有学识的人 yǒu xuéshí de rén
ゆうしてっせん【有刺鉄線】 带刺铁丝 dàicì tiěsī；蒺藜丝 jílísī
ゆうしゃ【勇者】 勇士 yǒngshì
ゆうしゅう【優秀-な】 优秀 yōuxiù ♦～な人物 精英 jīngyīng
ゆうしゅう【憂愁】 忧愁 yōuchóu
ゆうしゅう【有終】 ♦～の美を飾る 善始善终 shàn shǐ shàn zhōng
ゆうじゅうふだん【優柔不断】 优柔寡断 yōuróu guǎ duàn；三心二意 sān xīn èr yì
ゆうしょう【優勝】 冠军 guànjūn；第一名 dìyīmíng ♦～カップ 优胜杯 yōushèngbēi ♦～者 冠军 guànjūn
ゆうしょう【勇将】 闯将 chuǎngjiàng；虎将 hǔjiàng；枭将 xiāojiàng
ゆうしょう【有償-の】 有代价 yǒu dàijià
ゆうじょう【友情】 友情 yǒuqíng；友谊 yǒuyì
ゆうしょく【夕食】 晚饭 wǎnfàn；晚餐 wǎncān
ゆうじん【友人】 朋友 péngyou；友人 yǒurén
ゆうすう【有数-の】 有数 yǒushù；屈指可数 qūzhǐ kě shǔ
ゆうずう【融通-する】 通融 tōngróng；〈人に〉匀兑 yúnduì ♦～がきかない 僵硬 jiāngyìng；死板 sǐbǎn；死硬 sǐyìng ♦～がきく 圆通 yuántōng；灵活 línghuó
ゆうすずみ【夕涼み-する】 纳晚凉 nà wǎnliáng；晚上乘凉 wǎnshang chéngliáng
ゆうする【有する】 具备 jùbèi；具有 jùyǒu
ゆうせい【優性-な】 优性 yōuxìng
ゆうせい【優勢-な】 上风 shàngfēng；优势 yōushì
ゆうせい【郵政】 邮政 yóuzhèng ♦～省 邮政部 yóuzhèngbù
ゆうぜい【遊説】 游说 yóushuì
ゆうせん【優先-する】 优先 yōuxiān ♦～権 优先权 yōuxiānquán ♦～的に 尽先 jǐnxiān
ゆうせん【有線-の】 有线 yǒuxiàn ♦～電話 有线电话 yǒuxiàn diànhuà ♦～放送 有线广播 yǒuxiàn guǎngbō ♦～テレビ 有线电视 yǒuxiàn diànshì
ゆうぜん【悠然-と】 扬长 yángcháng ♦～とした 慢悠悠 mànyōuyōu
ゆうそう【勇壮-な】 豪壮 háozhuàng；英武 yīngwǔ
ゆうそう【郵送-する】 邮寄 yóujì
ゆうそう【雄壮-な】 粗豪 cūháo；雄壮 xióngzhuàng；壮阔 zhuàngkuò
ユーターン【Uターン-する】 U字形转弯 U zìxíng zhuǎnwān；掉头 diàotóu
ゆうたい【優待-する】 优待 yōudài ♦～券 优待券 yōudàiquàn
ゆうたい【勇退-する】 主动辞职 zhǔdòng cízhí
ゆうだい【雄大-な】 宏伟 hóngwěi；雄伟 xióngwěi ♦～な計画 宏图 hóngtú ♦～な志 雄心壮志 xióng xīn zhuàng zhì
ゆうだち【夕立】 夏季骤雨 xiàjì zhòuyǔ；雷阵雨 léizhènyǔ
ゆうち【誘致-する】 招徕 zhāolái；招揽 zhāolǎn
ゆうちょう【悠長-な】 悠然 yōurán；不慌不忙 bù huāng bù máng
ゆうてん【融点】 融点 róngdiǎn
ゆうどう【誘導-する】 引导 yǐnyòu；诱导 yòudǎo；感应 gǎnyìng
ゆうとうせい【優等生】 高才生 gāo-

ゆうどく【有毒-な】有毒 yǒudú ♦～ガス 毒气 dúqì
ユートピア 乌托邦 wūtuōbāng
ゆうなぎ【夕凪】傍晚海上平静无风 bàngwǎn hǎishàng píngjìng wúfēng
ゆうのう【有能-な】得力 délì；精干 jīnggàn；精悍 jīnghàn ♦～な人 干才 gàncái；有才干的 yǒu cáigàn de
ゆうばえ【夕映え】晚霞 wǎnxiá
ゆうはつ【誘発-する】引起 yǐnqǐ；诱发 yòufā
ゆうはん【夕飯】晚饭 wǎnfàn
ゆうひ【夕日】夕阳 xīyáng；斜阳 xiéyáng
ゆうび【優美-な】优美 yōuměi；雅致 yǎzhì
ゆうびん【郵便】邮政 yóuzhèng；～物 邮件 yóujiàn ♦～はがき 明信片 míngxìnpiàn ♦～を配達する 邮递 yóudì ♦～為替 邮政汇票 yóuzhèng huìpiào ♦～局 邮局 yóujú；邮政局 yóuzhèngjú ♦～受け 信箱 xìnxiāng ♦～小包 包裹 bāoguǒ；邮包 yóubāo ♦～番号 邮政编码 yóuzhèng biānmǎ ♦～配達員 邮递员 yóudìyuán
ゆうふく【裕福-な】富裕 fùyù；丰盈 fēngyíng；优裕 yōuyù
ゆうべ【夕べ】傍黑 bànghēi；傍晚 bàngwǎn；《昨晩》昨晚 zuówǎn
ゆうべん【雄弁-な】雄辩 xióngbiàn
ゆうぼう【有望-な】有为 yǒuwéi ♦～だ 有希望 yǒu xīwàng ♦～な新人 新秀 xīnxiù
ゆうぼく【遊牧】游牧 yóumù ♦～民族 游牧民族 yóumù mínzú
ゆうめい【勇名】威名 wēimíng ♦～がとどろく 威名远扬 wēimíng yuǎnyáng
ゆうめい【有名-な】有名 yǒumíng；知名 zhīmíng；著名 zhùmíng ♦～になる 成名 chéngmíng；出名 chūmíng；扬名 yángmíng ♦～ブランド 老牌子 lǎopáizi；名牌 míngpái ♦～人 名人 míngrén ♦～無実の 挂名 guàmíng；有名无实 yǒu míng wú shí
ユーモア 幽默 yōumò ♦～あふれる 风趣 fēngqù ♦～のある 幽默 yōumò
ゆうもう【勇猛-な】勇猛 yǒngměng；骁勇 xiāoyǒng ♦～果敢な 悍勇 hànyǒng
ゆうもや【夕靄】暮霭 mù'ǎi；夕烟 xīyān
ユーモラス-な 幽默 yōumò；诙谐 huīxié

ゆうやけ【夕焼け】晚霞 wǎnxiá；火烧云 huǒshāoyún
ゆうやみ【夕闇】薄暮 bómù；昏暗 hūn'àn
ゆうゆう【悠々-と】悠悠 yōuyōu；从容不迫 cóng róng bú pò ♦～自適 逍遥自在 xiāoyáo zìzài；悠闲自得 yōuxián zìdé
ゆうよ【猶予-する】犹豫 yóuyù；延期 yánqī
ゆうよう【有用-な】有用 yǒuyòng
ユーラシア 欧亚 Ōu-Yà
ゆうらん【遊覧-する】游览 yóulǎn；游玩 yóuwán ♦～バス 游览车 yóulǎnchē ♦～案内 游览指南 yóulǎn zhǐnán ♦～客 游人 yóurén ♦～船 游船 yóuchuán；游览船 yóulǎnchuán；游艇 yóutǐng
ゆうり【有利-な】有利 yǒulì ♦～に働く 利于 lìyú
ゆうり【遊離-する】脱离 tuōlí；超脱 chāotuō；游离 yóulí
ゆうりょ【憂慮-する】愁虑 chóulǜ；忧虑 yōulǜ ♦～の色 愁容 chóuróng
ゆうりょう【優良-な】优良 yōuliáng ♦～品種 良种 liángzhǒng；优良品种 yōuliáng pǐnzhǒng
ゆうりょう【有料-の】收费 shōufèi ♦～駐車場 收费停车场 shōufèi tíngchēchǎng
ゆうりょく【有力-な】有力 yǒulì ♦～者 有势力者 yǒushìlìzhě
ゆうれい【幽霊】鬼 guǐ；鬼魂 guǐhún；阴魂 yīnhún ♦～が出る 闹鬼 nào guǐ ♦～会社 皮包公司 píbāo gōngsī
ゆうれつ【優劣】优劣 yōuliè；高低 gāodī ♦～をつける 分高低 fēn gāodī
ユーロ 《通貨単位》欧元 Ōuyuán
ゆうわ【宥和】♦～政策 绥靖政策 suíjìng zhèngcè
ゆうわ【融和-する】融洽 róngqià ♦～した 和睦 hémù
ゆうわく【誘惑-する】诱惑 yòuhuò；勾引 gōuyǐn；引诱 yǐnyòu
ゆえに【故に】因而 yīn'ér；因此 yīncǐ
ゆえん【所以】原因 yuányīn；理由 lǐyóu
ゆか【床】地板 dìbǎn ♦～を掃く 扫地 sǎodì ♦～板 地板 dìbǎn
ゆかい【愉快-な】高兴 gāoxìng；开心 kāixīn；痛快 tòngkuài；愉快 yúkuài
ゆがく【湯掻く】焯 chāo ♦ホウレンソウを～ 焯菠菜 chāo bōcài
ゆかしい【床しい】温文尔雅 wēn wén ěr yǎ；高尚 gāoshàng

ゆかだんぼう【床暖房】 地板采暖 dìbǎn cǎinuǎn

ゆがみ【歪み】 形变 xíngbiàn; 歪 wāi

ゆがむ【歪む】 歪 wāi; 歪斜 wāixié ♦窓枠が~ 窗框变形 chuāngkuàng biànxíng ♦性格が~ 性格歪撇 xìnggé wāipiē

ゆがめる【歪める】 歪曲 wāiqū ♦事実を~ 歪曲事实 wāiqū shìshí ♦顔を~ 歪脸 wāiliǎn

ゆかり【縁】 因缘 yīnyuán ♦縁(えん)も~ない 毫无关系 háowú guānxi

ゆき【行き】《(路程) 去 qù;(当着地)》♦青森~の列車 开往青森的列车 kāiwǎng Qīngsēn de lièchē

ゆき【雪】 雪 xuě

ゆきあかり【雪明かり】 雪光 xuěguāng

ゆきあたりばったり【行き当たりばったり】 漫无计划 màn wú jìhuà; 听其自然 tīng qí zìrán

ゆきかう【行き交う】 往来 wǎnglái

ゆきかえり【行き帰り】 往返 wǎngfǎn

ゆきかき【雪掻き】 ♦~をする 耙雪 pá xuě; 除雪 chú xuě

ゆきがけ【行き掛け-に】 顺道 shùndào; 顺路 shùnlù

ゆきがっせん【雪合戦-をする】 打雪仗 dǎ xuězhàng

ゆきき【行き来-する】 打交道 dǎ jiāodao; 往复 wǎngfù; 往返 wǎngfǎn; 往来 wǎnglái

ゆきぐに【雪国】 雪国 xuěguó

ゆきげしき【雪景色】 雪景 xuějǐng

ゆきさき【行き先】 去处 qùchù; 去的地方 qù de dìfang

ゆきすぎ【行き過ぎ】 过分 guòfèn; 过度 guòdù; 过火 guòhuǒ

ゆきだおれ【行き倒れ】 路倒 lùdǎo ♦~になる 倒毙 dǎobì

ゆきだるま【雪達磨】 雪人 xuěrén

ゆきちがい【行き違い】 走岔开 zǒuchàkāi; 错过 cuòguò ♦気持ちの~ 失和 shīhé; 不对劲儿 bú duìjìnr

ゆきつく【行き着く】 走到 zǒudào

ゆきつけ【行きつけ-の】 常去 cháng qù ♦~の店 常去的商店 cháng qù de shāngdiàn

ゆきづまり【行き詰まり】 ♦~の状態 绝境 juéjìng

ゆきづまる【行き詰まる】 走不动 zǒubudòng; 磨不开 móbukāi; 走投无路 zǒu tóu wú lù; 行不通 xíngbutōng

ゆきどけ【雪解け】 雪融 xuěróng ♦~の頃 解冻季节 jiědòng jìjié

ゆきとどく【行き届く】 周到 zhōudào; 周详 zhōuxiáng ♦行き届いている 无微不至 wú wēi bú zhì

ゆきどまり【行き止まり】 死胡同 sǐhútòng; 止境 zhǐjìng ♦~の道 死路 sǐlù

ゆきやけ【雪焼け-する】 因雪反射使皮肤变黑 yīn xuě fǎnshè shǐ pífū biàn hēi

ユキヤナギ【雪柳】 珍珠绣线菊 zhēnzhū xiùxiànjú

ゆきわたる【行き渡る】 普及 pǔjí

ユキワリソウ【雪割草】 獐耳细辛 zhāng'ěr xìxīn

ゆく【行く】 去 qù; 走 zǒu; 前往 qiánwǎng

ゆく【逝く】 死去 sǐqù; 逝世 shìshì; 去世 qùshì

ゆくえ【行方】 去向 qùxiàng; 行迹 xíngjì; 行踪 xíngzōng ♦~をくらます 出亡 chūwáng; 潜逃 qiántáo ♦~不明 失踪 shīzōng; 下落不明 xiàluò bùmíng; 去向不明 qùxiàng bùmíng

ゆくさき【行く先】 去处 qùchù; 前途 qiántú; 行踪 xíngzōng

ゆくすえ【行く末】 未来 wèilái; 将来 jiānglái; 前途 qiántú

ゆくて【行く手】 去路 qùlù; 前程 qiánchéng

ゆくゆく【行く行く-は】 将来 jiānglái

ゆげ【湯気】 热气 rèqì; 蒸气 zhēngqì ♦~を立てて怒る 火冒三丈 huǒ mào sān zhàng; 怒气冲冲 nùqì chōngchōng

ゆけつ【輸血-する】 输血 shūxuè

ゆさぶる【揺さぶる】 ❶《揺らす》摇 yáo; 摇撼 yáohàn ♦木を~ 摇树 yáo shù ❷《動揺させる》动摇 dòngyáo ♦人の心を~ 震撼人心 zhènhàn rénxīn

ゆざまし【湯冷まし】 凉开水 liángkāishuǐ

ゆざめ【湯冷め-する】 洗澡后着凉 xǐzǎo hòu zháoliáng

ゆし【油脂】 油脂 yóuzhī

ゆしゅつ【輸出-する】 出口 chūkǒu; 输出 shūchū ♦~品 出口货 chūkǒuhuò ♦~超過 出超 chūchāo; 顺差 shùnchā ♦~入 进出口 jìnchūkǒu ♦~入を禁止する 禁运 jìnyùn

ゆず【柚】 香橙 xiāngchéng

ゆすぐ【濯ぐ】 漂洗 piǎoxǐ; 涮 shuàn

ゆすり【強請】 敲诈 qiāozhà

ゆずりあい【譲り合い】 互相妥协 hùxiāng tuǒxié

ゆずりあう【譲り合う】 互让 hùràng

ゆずりうける【譲り受ける】 继承 jìchéng

ゆすりとる【強請り取る】 勒索 lè-

suǒ; 敲诈 qiāozhà
ゆずりわたす【譲り渡す】 让给 rànggěi; 转让 zhuǎnràng ♦主権を～ 让渡主权 ràngdù zhǔquán
ゆする【揺する】 摇动 yáodòng
ゆする【強請る】 敲诈 qiāozhà; 讹é; 讹诈 ézhà; 要挟 yāoxié
ゆずる【譲る】 让 ràng; 让给 rànggěi ♦道を～ 让给 rànggěi
ゆせい【油井】 油井 yóujǐng
ゆせい【油性-の】 油性 yóuxìng
ゆそう【輸送】 货运 huòyùn; ～する 搬运 bānyùn; 输送 shūsòng; 运输 yùnshū ♦～機 运输机 yùnshūjī ♦～船 运输船 yùnshūchuán
ゆたか【豊か-な】 丰富 fēngfù; 丰满 fēngmǎn; 丰盈 fēngyíng ♦～な生活 富裕的生活 fùyù de shēnghuó ♦心が～だ 心怀宽大 xīnhuái kuāndà ♦財政が～だ 财政充裕 cáizhèng chōngyù ♦～な実り 丰收 fēngshōu
ゆたかさ【豊かさ】 ♦～への道 致富之道 zhìfù zhī dào
ゆだねる【委ねる】 付托 fùtuō; 交付 jiāofù; 委任 wěirèn ♦彼に～しかない 只好委托他 zhǐhǎo wěituō tā
ゆだん【油断-する】 麻痹大意 mábì dàyì; 失神 shīshén; 疏忽 shūhū
ゆたんぽ【湯湯婆】 汤壶 tānghú; 汤婆子 tāngpózi
ゆちゃく【癒着-する】 粘连 zhānlián; 勾结 gōujié
ゆっくり 慢慢 mànmàn ♦～歩く 慢慢走 mànmàn zǒu; 踱 duó ♦～動く 蠕动 rúdòng; 蹭 cèng ♦～した緩緩 huǎnhuǎn; 慢条斯理 màntiáo sīlǐ ♦～話す 慢慢地说话 mànmàn de shuōhuà
ゆったり ❶《動きが》 ♦～した 慢悠悠 mànyōuyōu; 悠然 yōurán ❷《空間が》 ♦～した 宽大 kuāndà ❸《雰囲気が》 ♦～とした 大方 dàfang; 舒緩 shūhuǎn ❹《衣服などが》 ♦～した上着 宽松的上衣 kuānsōng de shàngyī
ゆでたまご【茹で卵】 煮鸡蛋 zhǔ jīdàn
ゆでる【茹でる】 焯 chāo; 煮 zhǔ; 熬 āo ♦卵を～ 煮鸡蛋 zhǔ jīdàn ♦ホウレンソウを～ 焯菠菜 chāo bōcài
ゆでん【油田】 油田 yóutián
ゆどうふ【湯豆腐】 砂锅豆腐 shāguō dòufu
ゆとり 宽裕 kuānyù; 充裕 chōngyù ♦生活に～が出来た 生活发生了宽裕 shēnghuó fāshēngle kuānyù
ユニーク-な 别致 biézhì; 独特 dútè
ユニセフ（UNICEF） 联合国儿童基金 Liánhéguó értóng jījīn
ユニット 单元 dānyuán; 机组 jīzǔ ♦～式家具 组合家具 zǔhé jiājù
ユニバーサルサービス 通用服务 tōngyòng fúwù; 普遍服务 pǔbiàn fúwù
ユニホーム 制服 zhìfú
ゆにゅう【輸入-する】 进口 jìnkǒu; 输入 shūrù ♦～超過 逆差 nìchā; 入超 rùchāo ♦～品 进口货 jìnkǒuhuò; 外货 wàihuò
ユネスコ（UNESCO） 联合国教科文组织 Liánhéguó jiàokēwén zǔzhī
ゆのみ【湯飲み】 茶杯 chábēi; 茶碗 cháwǎn
ゆば【湯葉】 豆腐皮 dòufupí
ゆび【指】 指头 zhǐtou ♦～でひねる 捻 niǎn ♦～を鳴らす 打榧子 dǎ fěizi
ゆびおり【指折り】 ♦～の 数一数二 shǔ yī shǔ èr ♦～数える 掐算 qiāsuàn; 屈指 qūzhǐ; 扳着指头算 bānzhe zhǐtou suàn
ゆびきり【指切り】 拉勾 lāgōu ♦～小指 勾小指 gōu xiǎozhǐ
ゆびさき【指先】 指头尖儿 zhǐtóujiānr ♦～でつまむ 捏 niē ♦～が器用だ 手巧 shǒuqiǎo
ゆびさす【指差す】 指画 zhǐhuà; 指点 zhǐdiǎn
ゆびにんぎょう【指人形】 手托木偶 shǒutuō mù'ǒu
ゆびぬき【指抜き】 顶针 dǐngzhen
ゆびぶえ【指笛】 呼哨 hūshào; 口哨儿 kǒushàor
ゆびわ【指輪】 戒指 jièzhi; 指环 zhǐhuán
ゆぶね【湯船】 浴池 yùchí; 澡塘 zǎotáng; 澡盆 zǎopén; 浴缸 yùgāng
ゆみ【弓】 弓 gōng ♦～と矢 弓箭 gōngjiàn ♦～を引く 拉弓 lāgōng ♦～形のもの 弓子 gōngzi ♦弦楽器の～ 弓子 gōngzi
ゆみず【湯水】 ♦～のように使う 挥金如土 huī jīn rú tǔ; 任意挥霍 rènyì huīhuò
ゆみなり【弓なり-の】 弓形 gōngxíng
ゆみや【弓矢】 弓箭 gōngjiàn
ゆめ【夢】 ❶《睡眠中の》 梦 mèng; 梦境 mèngjìng ♦～の国 梦乡 mèngxiāng ♦～をみる 做梦 zuòmèng ❷《将来の》 理想 lǐxiǎng
ゆめうつつ【夢現-の】 在梦境中 zài mèngjìng zhōng
ゆめうらない【夢占い】 ♦～をする 占梦 zhānmèng; 圆梦 yuánmèng

ゆめごこち【夢心地-で】梦境 mèngjìng

ゆめじ【夢路】梦乡 mèngxiāng

ゆめみ【夢見】◆～がよい 做梦吉利 zuòmèng jílì ◆～が悪い 做梦不吉利 zuòmèng bùjílì

ゆめみごこち【夢見心地】如在梦中 rú zài mèngzhōng

ゆめみる【夢見る】做梦 zuòmèng; 梦想 mèngxiǎng

ゆめものがたり【夢物語】梦想 mèngxiǎng; 幻想 huànxiǎng

ゆゆしい【由々しい】严重 yánzhòng; 严峻 yánjùn

ゆらい【由来】根由 gēnyóu; 由来 yóulái; 所以然 suǒyǐrán

ゆらぐ【揺らぐ】摇动 yáodòng ◆気持ちが～ 心境摇动 xīnjìng yáodòng

ゆらす【揺らす】摆动 bǎidòng; 抖动 dǒudòng

ゆらめく【揺らめく】招展 zhāozhǎn; 招晃 zhāohuàng ◆色とりどりの旗が～ 彩旗招展 cǎiqí zhāozhǎn

ゆらゆら 悠悠荡荡 yōuyōudàngdàng ◆～揺れる 晃动 huàngdòng; 晃悠 huàngyou

ユリ【百合】百合 bǎihé ◆～の花 百合花 bǎihéhuā

ゆりいす【揺り椅子】摇椅 yáoyǐ

ゆりおこす【揺り起こす】推醒 tuīxǐng; 晃醒 huàngxǐng

ゆりかご【揺り籠】摇篮 yáolán

ゆるい【緩い】❶《厳しくない》◆規則が～ 规则不严 guīzé bù yán ❷《締め付けない》◆ベルトが～ 腰带松弛 yāodài sōngchí ❸《鈍角》◆～カーブ 慢弯 mànwān

ゆるがす【揺るがす】震荡 zhèndàng; 震撼 zhènhàn ◆大地を～ 震动大地 zhèndòng dàdì

ゆるがせ【忽せ】◆～にする 忽视 hūshì; 疏忽 shūhu ◆～にしない 严格 yángé ◆職務を～にする 疏忽职务 shūhu zhíwù

ゆるがぬ【揺るがぬ】◆～見解 定见 dìngjiàn ◆～証拠 真凭实据 zhēn píng shí jù ◆～地位 稳固的地位 wěngù de dìwèi

ゆるぎない【揺るぎない】巩固 gǒnggù; 牢固 láogù; 稳 wěn ◆～意志 铁心 tiěxīn

ゆるぐ【揺るぐ】动摇 dòngyáo

ゆるし【許し】许可 xǔkě; 准许 zhǔnxǔ ◆～を求める 求饶 qiúráo; 求情 qiúqíng; 告饶 gàoráo; 讨饶 tǎoráo

ゆるす【許す】允许 yǔnxǔ; 准zhǔn; 容忍 róngrěn; 应许 yīngxǔ ◆許さない«…するのを» 不容 bùróng; 不许 bùxǔ ◆気を～ 放松警惕 fàngsōng jǐngtì

ゆるみ【緩み】松弛 sōngchí

ゆるむ【緩む】松动 sōngdòng ◆気が～ 疏忽 shūhu

ゆるめる【緩める】放松 fàngsōng; 宽 kuān; 松弛 sōngchí; 松懈 sōngxiè ◆力を～ 松劲 sōngjìn

ゆるやか【緩やか-な】◆《動きが》～な 平缓 pínghuǎn; 缓慢 huǎnmàn ◆～な坂 慢坡 mànpō

ゆれうごく【揺れ動く】摇荡 yáodàng; 动摇 dòngyáo; 摇晃 yáohuàng; 掀动 xiāndòng ◆《情勢などが》动荡 dòngdàng ◆地面が～ 地面振动 dìmiàn zhèndòng ◆心が～ 心里动摇 xīnli dòngyáo

ゆれる【揺れる】摆动 bǎidòng; 摇yáo; 摇摆 yáobǎi

ゆわかし【湯沸かし】水壶 shuǐhú; 铫子 diàozi

よ

よ【世】世 shì; 世上 shìshàng; 人间 rénjiān ◆~に問う 问世 wènshì ◆~をはかなむ 厌世 yànshì ◆~を渡る 处世 chǔshì

よ【夜】夜 yè; 夜里 yèli ◆~が明ける 破晓 pòxiǎo; 天亮 tiānliàng; 天明 tiānmíng ◆~を日に継いで 夜以继日 yè yǐ jì rì

よあかし【夜明かし-する】彻夜 chèyè

よあけ【夜明け】黎明 límíng; 天亮 tiānliàng; 破晓 pòxiǎo ◆~前 凌晨 língchén; 侵晨 qīnchén

よあそび【夜遊び-する】晚上游玩 wǎnshang yóuwán; 夜里游荡 yèli yóudàng ◆~する人 夜游神 yèyóushén

よい【良[善]い】好 hǎo; 良好 liánghǎo; 使得 shǐde; 要得 yàodé ◆~事をする 行善 xíngshàn ◆よくなる 见好 jiànhǎo

よい【宵】傍晚 bàngwǎn ◆~を越す 过夜 guò yè ◆~っぱり 夜猫子 yèmāozi

よい【酔い】醉意 zuìyì ◆~を覚ます 醒酒 xǐngjiǔ ◆~心地 醉乡 zuìxiāng

よいつぶれる【酔い潰れる】醉倒 zuìdǎo

ヨイマチグサ【宵待草】待宵草 dàixiāocǎo; 夜来香 yèláixiāng

よいん【余韻】余味 yúwèi; 余韵 yúyùn

よう【酔う】◆酒に~ 喝醉 hēzuì; 醉酒 zuìjiǔ ◆車に~ 晕车 yùnchē ◆船に~ 晕船 yùnchuán ◆雰囲気に~ 陶醉在气氛中 táozuì zài qìfēn zhōng

よう《呼びかけ》嘿 hēi

よう【用】事情 shìqing ◆~をたす《用便》出恭 chūgōng; 方便 fāngbiàn; 解手 jiě shǒu ◆~をなさない 不济事 bújìshì ◆~がある 有事情 yǒu shìqing ◆~がない 没事 méi shì

よう【要】要点 yàodiǎn; 关键 guānjiàn ◆~を得ている 扼要 èyào

よう【陽-の】阳 yáng; 明里 mínglǐ

よう【様】《…のようだ》像 xiàng; 犹如 yóurú; 有如 yǒurú; 似的 shìde; 似乎 sìhū

ようい【容易】◆~な 容易 róngyì; 简单 jiǎndān ◆~に 轻易 qīngyì; 易于 yìyú ◆~に信じる 轻易地相信 qīngyì de xiāngxìn

ようい【用意-する】准备 zhǔnbèi; 预备 yùbèi ◆~周到な 审慎 shěnshèn

よういく【養育-する】扶养 fúyǎng; 抚养 fǔyǎng; 养育 yǎngyù

よういん【要員】人员 rényuán

よういん【要因】因素 yīnsù

ようえき【溶液】溶液 róngyè

ようえん【妖艶-な】妖媚 yāomèi; 妖艳 yāoyàn

ようか【養家】养家 yǎngjiā

ようが【洋画】《絵画》西洋画 xīyánghuà; 《映画》西方影片 xīfāng yǐngpiàn

ようかい【妖怪】鬼怪 guǐguài; 魔鬼 móguǐ; 妖怪 yāoguài; 妖魔 yāomó ◆~変化 牛鬼蛇神 niú guǐ shé shén; 妖魔鬼怪 yāomó guǐguài

ようかい【溶解-する】熔融 róngróng; 溶化 rónghuà; 溶解 róngjiě ◆~した銑鉄(せんてつ) 铁水 tiěshuǐ

ようがい【要害】险隘 xiǎn'ài ◆~に位置する 险要 xiǎnyào ◆~の地 险地 xiǎndì

ようがく【洋楽】西方音乐 xīfāng yīnyuè; 西乐 xīyuè

ようがし【洋菓子】西点 xīdiǎn; 西式糕点 xīshì gāodiǎn

ようかん【羊羹】羊羹 yánggēng

ようがん【溶岩】熔岩 róngyán

ようき【容器】容器 róngqì; 盛器 chéngqì

ようき【陽気-な】欢乐 huānlè; 开朗 kāilǎng; 爽朗 shuǎnglǎng

ようぎ【容疑】嫌疑 xiányí ◆~が掛かる 被嫌疑 bèi xiányí ◆~者 嫌疑犯 xiányífàn

ようきゅう【要求】要求 yāoqiú ◆~する 要求 yāoqiú ◆~を満たす 满足要求 mǎnzú yāoqiú

ようぎょ【養魚】人工养鱼 réngōng yǎngyú ◆~場 养鱼场 yǎngyúchǎng ◆~池 鱼塘 yútáng

ようぎょう【窯業】窑业 yáoyè

ようきょく【陽極】阳极 yángjí; 正极 zhèngjí

ようぐ【用具】用具 yòngjù

ようけい【養鶏】养鸡 yǎngjī ◆~場 养鸡场 yǎngjīchǎng

ようけん【用件】事情 shìqing; 事儿 shìr

ようご【擁護-する】拥护 yōnghù; 保护 bǎohù

ようご【用語】用语 yòngyǔ

ようご【養護】护理 hùlǐ ◆~学級 护养班 hùyǎngbān

ようこう【要綱】提纲 tígāng

ようこう【要項】要点 yàodiǎn

ようこう【陽光】阳光 yángguāng

ようこうろ【溶鉱炉】炼铁炉 liàntiě-

lú; 熔炉 rónglú; 冶炼炉 yěliànlú
ようこそ 欢迎 huānyíng
ようさい【洋裁】 西式裁剪 xīshì cáijiān
ようさい【要塞】 要塞 yàosài
ようざい【溶剂】 溶剂 róngjì
ようざい【用材】 木材 mùcái; 木料 mùliào
ようさん【養蚕】 养蚕 yǎngcán
ようし【容姿】 姿容 zīróng ♦〜端麗 姿容端正 zīróng duānzhèng
ようし【洋紙】 洋纸 yángzhǐ
ようし【用紙】 纸张 zhǐzhāng; 表格 biǎogé
ようし【要旨】 要点 yàodiǎn; 大纲 dàgāng; 要旨 yàozhǐ; 摘要 zhāiyào
ようし【陽子】 质子 zhìzǐ
ようし【養子】 养子 yǎngzǐ; 继子 jìzǐ
ようじ【幼児】 幼儿 yòu'ér ♦〜教育 幼儿教育 yòu'ér jiàoyù
ようじ【幼時-の】 小时候 xiǎoshíhou; 幼年 yòunián
ようじ【楊枝】 牙签儿 yáqiānr
ようじ【用事】 事情 shìqing ♦〜がある 有事情 yǒu shìqing
ようしき【様式】 式样 shìyàng; 格式 géshi
ようしき【洋式-の】 西式 xīshì ♦〜建築 洋房 yángfáng
ようしつ【洋室】 西式房间 xīshì fángjiān
ようしゃ【容赦-する】 容情 róngqíng; 宽容 kuānróng; 原谅 yuánliàng ♦〜のない 严厉 yánlì; 不容情 bù róngqíng
ようしゅ【洋酒】 西洋酒 xīyángjiǔ
ようしゅん【陽春】 阳春 yángchūn
ようしょ【洋書】 西文图书 xīwén túshū
ようしょ【要所】 要点 yàodiǎn; 关节 guānjié ♦〜を抜き出す 节录 jiélù
ようじょ【幼女】 幼女 yòunǚ
ようじょ【養女】 养女 yǎngnǚ; 继女 jìnǚ
ようしょう【幼少-の】 ♦〜の頃 幼小时期 yòuxiǎo shíqī; 小时候 xiǎoshíhou
ようしょう【要衝】 要地 yàodì; 要害 yàohài; 冲要 chōngyào ♦〜の地 咽喉要地 yānhóu yàodì ♦〜を守備する 镇守 zhènshǒu
ようじょう【洋上】 海上 hǎishàng
ようじょう【養生-する】 养生 yǎngshēng; 调养 tiáoyǎng; 调治 tiáozhì; 养病 yǎngbìng; 保养 bǎoyang
ようしょく【容色】 容貌 róngmào ♦〜が衰える 姿色衰减 zīsè shuāijiǎn
ようしょく【洋食】 西餐 xīcān
ようしょく【要職】 要职 yàozhí
ようしょく【養殖-する】 养殖 yǎngzhí
ようじん【用心-する】 当心 dāngxīn; 留神 liúshén; 留意 liúyì; 小心 xiǎoxīn; 注意 zhùyì ♦〜深い 战战兢兢 zhànzhànjīngjīng
ようじん【要人】 要人 yàorén ♦政界の〜 政界要人 zhèngjiè yàorén
ようじんぼう【用心棒】 保镖 bǎobiāo
ようす【様子】 模样 múyàng; 状况 zhuàngkuàng; 样子 yàngzi ♦〜をさぐる 探听情况 tàntīng qíngkuàng ♦〜がつかめない 不摸头 bù mōtóu; 情况不明 qíngkuàng bùmíng
ようすい【用水】 用水 yòngshuǐ ♦〜路 水渠 shuǐqú
ようすい【羊水】 羊水 yángshuǐ
ようする【擁する】 拥有 yōngyǒu
ようする【要する】 需要 xūyào ♦解决を〜 需要解决 xūyào jiějué
ようするに【要するに】 总而言之 zǒng ér yán zhī; 总之 zǒngzhī
ようせい【妖精】 仙女 xiānnǚ; 精灵 jīnglíng
ようせい【要請-する】 请求 qǐngqiú; 恳求 kěnqiú
ようせい【陽性-の】 开朗 kāilǎng; 快活 kuàihuo; 《反応が》阳性 yángxìng
ようせい【養成-する】 培养 péiyǎng; 扶植 fúzhí; 教养 jiàoyǎng; 造就 zàojiù ♦人材を〜する 培养人才 péiyǎng réncái
ようせき【容積】 容积 róngjī
ようせつ【溶接-する】 焊 hàn; 焊接 hànjiē ♦〜工 焊工 hàngōng
ようせつ【夭折-する】 夭折 yāozhé; 夭亡 yāowáng
ようそ【沃素】 碘 diǎn
ようそ【要素】 要素 yàosù; 因素 yīnsù
ようそう【様相】 风貌 fēngmào; 样子 yàngzi; 情形 qíngxing; 情状 qíngzhuàng ♦…の〜を呈する 呈现 chéngxiàn
ようそう【洋装】 西装 xīzhuāng; 洋服 yángfú; 洋装 yángzhuāng ♦〜本 洋装书 yángzhuāngshū
ようたい【容態】 病势 bìngshì
ようだてる【用立てる】 借钱 jièqián
ようち【幼稚-な】 年幼 niányòu; 幼稚 yòuzhì ♦〜園 幼儿园 yòu'éryuán
ようち【用地】 用地 yòngdì

ようちゅう【幼虫】 幼虫 yòuchóng
ようつい【腰椎】 腰椎 yāozhuī
ようつう【腰痛】 腰痛 yāotòng
ようてん【要点】 要领 yàolǐng；要点 yàodiǎn；提要 tíyào；摘要 zhāiyào
ようと【用途】 用处 yòngchù；用途 yòngtú；用场 yòngchǎng ♦～の広い 万能 wànnéng
ようどう【陽動】 ♦～作戦をとる 佯攻 yánggōng
ようとうくにく【羊頭狗肉】 挂羊头卖狗肉 guà yángtóu mài gǒuròu
ようとして【杳として】 杳然 yǎorán
ようとん【養豚】 养猪 yǎngzhū
ようにん【容認-する】 容许 róngxǔ；允许 yǔnxǔ
ようねん【幼年】 童年 tóngnián；幼年 yòunián ♦～時代 幼年时代 yòunián shídài
ようび【曜日】 星期 xīngqī
ようひん【用品】 用品 yòngpǐn
ようふ【養父】 养父 yǎngfù
ようふう【洋風-の】 洋气 yángqì；西式 xīshì ♦～の菓子 西点 xīdiǎn
ようふく【洋服】 西服 xīfú；西装 xīzhuāng ♦―だんす 衣橱 yīchú；衣柜 yīguì ♦―掛け 衣架 yījià
ようぶん【養分】 养分 yǎngfèn；营养 yíngyǎng
ようぼ【養母】 养母 yǎngmǔ
ようほう【用法】 用法 yòngfǎ
ようほう【養蜂】 养蜂 yǎngfēng ♦―場 养蜂场 yǎngfēngchǎng
ようぼう【容貌】 眉目 méimù；面貌 miànmào；面容 miànróng ♦～すぐれた 容貌秀丽 róngmào xiùlì
ようぼう【要望-する】 要求 yāoqiú；期望 qīwàng
ようま【洋間】 西式房间 xīshì fángjiān
ようみゃく【葉脈】 叶脉 yèmài
ようむいん【用務員】 工友 gōngyǒu；勤务员 qínwùyuán
ようむき【用向き】 来意 láiyì；事情 shìqing
ようめい【幼名】 奶名 nǎimíng；乳名 rǔmíng；小名 xiǎomíng
ようもう【羊毛】 羊毛 yángmáo
ようもうざい【養毛剤】 生发水 shēngfàshuǐ
ようやく【漸く】 好不容易 hǎobù róngyì；好容易 hǎoróngyì；总算 zǒngsuàn ♦～好転する 总算好转 zǒngsuàn hǎozhuǎn
ようやく【要約】 概要 gàiyào；文摘 wénzhāi ♦―する 概括 gàikuò
ようよう【洋々】 辽阔 liáokuò；广大 guǎngdà ♦―前途 前途无限 qiántú wúxiàn；前途远大 qiántú yuǎndà
ようりつ【擁立-する】 拥立 yōnglì；拥戴 yōngdài
ようりょう【容量】 容量 róngliàng
ようりょう【用量】 用量 yòngliàng
ようりょう【要領】 要领 yàolǐng ♦―を得た 扼要 èyào ♦～を得ない 不得要领 bùdé yàolǐng；着三不着两 zháo sān bù zháo liǎng ♦～がいい 精明 jīngmíng；机巧 jīqiǎo
ようりょく【揚力】 升力 shēnglì
ようりょくそ【葉緑素】 叶绿素 yèlǜsù
ようれい【用例】 例句 lìjù
ようれき【陽暦】 阳历 yánglì
ようろ【溶炉】 熔炉 rónglú
ようろう【養老】 ♦～院 养老院 yǎnglǎoyuàn；敬老院 jìnglǎoyuàn
ヨーグルト 酸牛奶 suānniúnǎi
ヨード 碘 diǎn
ヨードチンキ 碘酊 diǎndīng
ヨーヨー 抖悠悠 dǒuyōuyōu
ヨーロッパ 欧洲 Ōuzhōu
よか【余暇】 余暇 yúxiá ♦～の業余 yèyú
ヨガ 瑜伽 yújiā
よかぜ【夜風】 夜风 yèfēng
よからぬ【良からぬ】 ♦～考え 坏念头 huài niàntou；歪道 wāidào ♦～風潮 歪风 wāifēng
よかれあしかれ【善かれ悪しかれ】 好歹 hǎodǎi；无论如何 wúlùn rúhé
よかん【予感】 ♦～がする 预感 yùgǎn
よき【予期】 ♦～する 预期 yùqī；预料 yùliào ♦～しない 出乎预料 chūhū yùliào
よぎ【余技】 业余爱好 yèyú àihào；副业 fùyè
よぎしゃ【夜汽車】 夜车 yèchē
よぎなく【余儀なく】 不得已 bùdéyǐ；无奈 wúnài
よきょう【余興】 游艺 yóuyì；余兴 yúxìng
よぎり【夜霧】 夜雾 yèwù
よきん【預金-する】 存款 cúnkuǎn；储蓄 chǔxù；存放 cúnfàng ♦―口座 户头 hùtóu ♦―通帳 存折 cúnzhé
よく ❶《いつも》 时常 shícháng ❷《上手に》 好好儿 hǎohāor ❸《細かに》 仔细 zǐxì
よく【欲】 欲望 yùwàng；贪心 tānxīn ♦～が深い 贪婪 tānlán ♦～に目がくらむ 利令智昏 lì lìng zhì hūn；利欲熏心 lì yù xūn xīn
よくあさ【翌朝】 第二天早晨 dì'èr tiān zǎochén
よくあつ【抑圧】 压迫 yāpò；压制

yāzhì
よくし【抑止-する】 制止 zhìzhǐ; 抑制 yìzhì
よくしつ【浴室】 浴室 yùshì; 洗澡间 xǐzǎojiān
よくじつ【翌日】 第二天 dì'èr tiān
よくじょう【欲情】 欲望 yùwàng; 欲念 yùniàn
よくじょう【浴場】 浴池 yùchí; 澡堂(子) zǎotáng(zi)
よくする【浴する】 沐浴 mùyù
よくせい【抑制-する】 抑制 yìzhì; 遏制 èzhì; 压抑 yāyì; 捺 nà ♦ 感情を～する 克制感情 kèzhì gǎnqíng
よくそう【浴槽】 浴池 yùchí; 浴盆 yùpén; 澡堂 zǎotáng
よくとく【欲得】 ♦～ずくで 利欲熏心 lì yù xūn xīn ♦～を離れて 没有私心 méiyǒu sīxīn
よくねん【翌年】 第二年 dì'èr nián; 翌年 yìnián; 转年 zhuǎnnián
よくばり【欲張り-な】 贪心 tānxīn
よくばる【欲張る】 贪馋 tānchán; 贪得无厌 tāndé wúyàn
よくぼう【欲望】 欲念 yùniàn; 欲望 yùwàng
よくめ【欲目-で】 偏心 piānxīn; 偏爱 piān'ài; 偏袒 piāntǎn
よくもまあ 亏得 kuīde; 竟敢 jìnggǎn
よくよう【抑揚】 ♦～をつける 抑扬 yìyáng
よくよく【翌々】 ♦～日 第三天 dìsān tiān ♦～年 第三年 dìsān nián
よくよく 好好儿 hǎohāor; 认真地 rènzhēn de; 大大地 dàdà de ♦～考える 仔细考虑 zǐxì kǎolǜ
よくりゅう【抑留-する】 扣留 kòuliú
よけい【余計-な】 多余 duōyú ♦～な口を出す 多嘴 duōzuǐ ♦～な事をする 多此一举 duō cǐ yī jǔ; 多事 duōshì; 没事找事 méi shì zhǎo shì ♦～な心配をする 过虑 guòlǜ
よける【避ける】 回避 huíbì; 躲 duǒ; 避开 bìkāi
よけん【予見-する】 预见 yùjiàn
よげん【予言-する】 预言 yùyán ♦～者 预言家 yùyánjiā
よこ【横】 横 héng ♦～になる 躺 tǎng ♦～を向く 扭头 niǔ tóu ♦～に並ぶ 横着排 héngzhe pái
よこう【予行】 ♦～演習をする 预演 yùyǎn; 彩排 cǎipái
よこおよぎ【横泳ぎ】 侧泳 cèyǒng
よこがお【横顔】 侧脸 cèyíng; 《プロフィール》側面像 cèmiànxiàng; 人物简介 rénwù jiǎnjiè
よこがき【横書き】 横写 héngxiě
よこがみやぶり【横紙破り-の】 蛮不讲理 mán bù jiǎnglǐ; 专横 zhuān-

héng
よこがわ【横側】 侧面 cèmiàn
よこぎる【横切る】 穿过 chuānguò; 越过 yuèguò
よこく【予告-する】 预告 yùgào ♦～編《映画の》预告片 yùgàopiàn
よこぐるま【横車】 ♦～を押す 蛮不讲理 mán bù jiǎnglǐ
よこけい【横罫】 横线 héngxiàn; 横格 hénggé
よこしま【邪-な】 邪恶 xié'è ♦～な考え 邪念 xiéniàn
よこじま【横縞】 横纹 héngwén
よこす【寄越す】 ♦《郵便で》送って～ 寄来 jìlái ♦人を～ 派人来 pài rén lái
よごす【汚す】 弄脏 nòngzāng
よこすべり【横滑り-する】 《役職を》调职 diàozhí; 《車など》横向滑动 héngxiàng huádòng
よこせん【横線】 横线 héngxiàn
よこたえる【横たえる】 ♦体を～ 横卧 héngwò ♦物を～ 放倒 fàngdào
よこだおし【横倒し】 ♦～になる 横倒 héngdǎo
よこたわる【横たわる】 《横になる》躺 tǎng; 《橋や山脈が》横亘 héngèn
よこちょう【横町】 胡同 hútòng; 里巷 lǐxiàng; 弄堂 lòngtáng; 巷子 xiàngzi
よこづけ【横付け】 ♦車を～にする 把汽车停在… bǎ qìchē tíngzài...
よこつつら【横っ面】 耳光 ěrguāng ♦～を張る 打嘴巴 dǎ zuǐba ♦～を張られる 吃耳光 chī ěrguāng
よごと【夜毎に】 每天晚上 měitiān wǎnshang
よこどり【横取り-する】 抢夺 qiǎngduó; 窃取 qièqǔ
よこなが【横長-の】 横宽 héngkuān
よこながし【横流し-する】 倒卖 dǎomài
よこなぐり【横殴り-の】 ♦～の雨 斜淌的雨 xiéshào de yǔ
よこなみ【横波】 侧面来的波浪 cèmiàn lái de bōlàng
よこならび【横並び】 ♦～する 并排 bìngpái ♦～主義 并排主义 bìngpái zhǔyì
よこばい【横這い-する】 ❶《蟹などが》横行 héngxíng ❷《相場が》停滞 tíngzhì
よこはば【横幅】 宽 kuān; 宽度 kuāndù
よこぶえ【横笛】 笛子 dízi; 横笛 héngdí
よこぼう【横棒】 横杆 hénggān
よこみち【横道】 岔道 chàdào ♦話が～にそれる 话岔开正题 huà chà-kāi zhèngtí

よこむき【横向き】 ♦~になる 朝向侧面 cháoxiàng cèmiàn	**よせつける**【寄せ付ける】 让…接近 ràng...jiējìn; ♦寄せ付けない 不让人接近 bú ràng rén jiējìn
よこめ【横目】 斜眼 xiéyǎn ♦~で見る 侧视 cèshì; 斜视 xiéshì; 睃 suō; 瞟 piāo	**よせなべ**【寄せ鍋】 什锦火锅 shíjǐn huǒguō; 什锦沙锅 shíjǐn shāguō
よこやり【横槍】 ♦~を入れる 挡横儿 dǎnghèngr; 横加干涉 héngjiā gānshè	**よせる**【寄せる】 靠近 kàojìn ♦心を~寄予 jìyǔ
よこゆれ【横揺れ】 横摆 héngbǎi	**よせん**【予選】 预赛 yùsài; ♦~試合 淘汰赛 táotàisài
よごれ【汚れ】 污垢 wūgòu ♦~を落とす 洗掉污垢 xǐdiào wūgòu	**よそ**【余所-の】 别处 biéchù ♦~から来た 外来 wàilái ♦~の家を訪ねる 做客 zuò kè
よごれる【汚れる】 弄脏 nòngzāng	
よれんんぽ【横恋慕-する】 恋慕别人的爱人 liànmù biéren de àiren	**よそう**【予想-する】 预想 yùxiǎng; 意料 yìliào; 意想 yìxiǎng ♦~を裏切る 出乎意料 chūhū yìliào ♦~外 出人意表 chūrén yìbiǎo
よざい【余罪】 余罪 yúzuì ♦~がある 有余罪 yǒu yúzuì	
よざい【余財】 剩余的财产 shèngyú de cáichǎn	**よそう**《ご飯を》盛 chéng ♦軽く~盛得不多 chéngde bù duō
よざくら【夜桜】 夜里的樱花 yèli de yīnghuā	**よそおい**【装い】 打扮 dǎban; 装饰 zhuāngshì
よさん【予算】 预算 yùsuàn ♦~年度 预算年度 yùsuàn niándù	**よそおう**【装う】 打扮 dǎban
ヨシ【葦】《植物》苇子 wěizi	**よそく**【予測-する】 预测 yùcè; 预料 yùliào
よしあし【善し悪し】 好歹 hǎodǎi; 长短 chángduǎn; 是非 shìfēi	**よそごと**【余所事】 别人的事 biéren de shì ♦~とは思えない 不能认为与己无关 bùnéng rènwéi yǔ jǐ wúguān
よじげん【四次元】 四维 sìwéi	
よしず【葦簾】 苇帘子 wěiliánzi	**よそみ**【余所見-する】 往旁处看 wǎng páng chù kàn; 转移注意力 zhuǎnyí zhùyìlì
よじのぼる【攀じ登る】 爬 pá; 攀 pān; 攀登 pāndēng	
よしみ【誼】 情分 qíngfèn; 情谊 qíngyì	**よそもの**【余所者】 外地人 wàidìrén; 外来户 wàiláihù
よしゅう【予習-する】 预习 yùxí	**よそゆき**【余所行き-の】 正经 zhèngjīng ♦~の服装 正装 zhèngzhuāng ♦~の言葉 客客气气的话 kèkèqìqì de huà
よじょう【余剰-な】 盈余 yíngyú ♦~食糧 剩余粮食 shèngyú liángshi; 余粮 yúliáng	
よじる【捩る】 扭 niǔ; 捻 niǎn ♦身をよじって笑う 扭动着身体笑 niǔdòngzhe shēntǐ xiào	**よそよそしい**【余所余所しい】 冷淡 lěngdàn ♦よそよそしくする 见外 jiànwài
よしん【余震】 余震 yúzhèn	**よぞら**【夜空】 夜空 yèkōng
よじん【余燼】 余烬 yújìn ♦~が燻(くすぶ)る 冒烟余烬 màoyān yújìn	**よたよた** ♦~歩く 东倒西歪 dōngdǎo xī wāi; 摇摇晃晃地走 yáoyáohuànghuàng de zǒu
よす【止す】 停止 tíngzhǐ; 作罢 zuòbà	**よだれ**【涎】 口水 kǒushuǐ; 涎水 xiánshuǐ ♦~を垂らす 流涎 liúxián; 流口水 liú kǒushuǐ ♦~掛け 围嘴儿 wéizuǐr
よすてびと【世捨て人】 出家人 chūjiārén; 隐士 yǐnshì	
よすみ【四隅】 四角 sìjiǎo; 四个角落 sì ge jiǎoluò	**よだん**【予断】 预断 yùduàn ♦~を下す 预先判断 yùxiān pànduàn
よせ【寄席】 曲艺 qǔyì	**よだん**【余談】 闲话 xiánhuà
よせあつめ【寄せ集め-の】 大杂烩 dàzáhuì; 杂拌儿 zábànr; 杂烩 záhuì	**よち**【予知-する】 预知 yùzhī
	よち【余地】 余地 yúdì ♦~がない 没有余地 méiyǒu yúdì
よせあつめる【寄せ集める】 凑合 còuhe; 捏合 niēhé; 拼凑 pīncòu; 收集 shōují; 东拼西凑 dōng pīn xī còu	**よちょきん**【預貯金】 积蓄 jīxù
	よちよち ♦~歩き 摇摇晃晃 yáoyáohuànghuàng; 蹒跚 pánshān
よせい【余生】 余生 yúshēng ♦~を送る 度晚年 dù wǎnnián	**よつかど**【四つ角】 十字街头 shízì jiētóu
よせがき【寄書き】 几个人在一张纸上合写纪念祠和各自名字 jǐ ge rén yì zhāng zhǐshang héxiě jìniàncí hé gèzì míngzi	**よつぎ**【世継ぎ】 继承人 jìchéngrén

よっきゅう【欲求】 欲望 yùwàng ♦～を満たす 満足欲望 mǎnzú yùwàng ♦～不満 欲望没有得到満足 yùwàng méiyǒu dédào mǎnzú; 感到烦躁 gǎndào fánzào

よってたかって【寄ってたかって】 結伙 jiéhuǒ; 口口声声 kǒukǒu-shēngshēng

ヨット 帆船 fānchuán

よっぱらい【酔っ払い】 醉鬼 zuìguǐ; 醉汉 zuìhàn

よっぱらう【酔っぱらう】 酒醉 jiǔzuì

よつゆ【夜露】 夜露 yèlù

よづり【夜釣り】 夜里钓鱼 yèli diào-yú

よつんばい【四つん這い】 ♦～になる 爬 pá

よてい【予定-する】 预定 yùdìng ♦…する～である 准备 zhǔnbèi

よとう【与党】 执政党 zhízhèng-dǎng

よどおし【夜通し】 整夜 zhěngyè; 彻夜 chèyè; 成夜 chéngyè; 通宵 tōngxiāo; 通夜 tōngyè ♦～働く 打通宵 dǎ tōngxiāo

よとく【余得】 外快 wàikuài

よどみない【淀みない】 流畅 liú-chàng; 通畅 tōngchàng; 《弁舌が》滔滔 tāotāo

よどむ【淀む】 淤 yū

よどんだ【淀んだ】 ♦～水 死水 sǐshuǐ; 淤水 yūshuǐ

よなか【夜中】 半夜 bànyè; 深夜 shēnyè ♦～過ぎ 下半夜 xiàbànyè

よなき【夜泣き-する】 夜里哭 yèli kū

よなべ【夜なべ】 ♦～をする 打夜作 dǎ yèzuò ♦～仕事 夜活 yèhuó

よなよな【夜な夜な】 每天夜里 měi tiān yèli

よなれた【世慣れた】 世故 shìgù

よにげ【夜逃げ-する】 连夜逃脱 lián-yè táopǎo

よねつ【余熱】 余热 yúrè

よねんがない【余念がない】 专心致志 zhuān xīn zhì zhì

よのなか【世の中】 人间 rénjiān; 世间 shìjiān; 世界 shìjiè; 世上 shìshàng ♦～の状況 世面 shìmiàn

よは【余波】 余波 yúbō

よはく【余白】 空白 kòngbái

よび【予備-の】 《人や物》后备 hòu-bèi; 备用 bèiyòng; 机动 jīdòng ♦～実験する 试点 shìdiǎn ♦～費 机动费 jīdòngfèi

よびあつめる【呼び集める】 召集 zhàojí

よびおこす【呼び起こす】 《眠りから》叫醒 jiàoxǐng; 《注意や記憶を》唤起 huànqǐ

よびかけ【呼び掛け】 号召书 hào-zhàoshū

よびかける【呼び掛ける】 呼唤 hū-huàn; 提倡 tíchàng; 招呼 zhāo-hu; 召唤 zhàohuàn; 《広く訴える》号召 hàozhào; 呼吁 hūyù

よびかた【呼び方】 称呼 chēnghu; 称谓 chēngwèi

よびごえ【呼び声】 《物売りなどの》货声 huòshēng; 叫卖声 jiàomài-shēng

よびこみ【呼込み】 招揽顾客的宣传 zhāolǎn gùkè de xuānchuán

よびこむ【呼び込む】 唤进 huànjìn

よびさます【呼び醒ます】 唤醒 huànxǐng; 叫醒 jiàoxǐng

よびすて【呼捨て-にする】 不用敬称 bú yòng jìngchēng

よびだし【呼出し】 传唤 chuánhuàn

よびだす【呼び出す】 唤出来 huàn-chūlai

よびな【呼び名】 通称 tōngchēng

よびみず【呼び水】 起因 qǐyīn; 开端 kāiduān

よびょう【余病】 合并症 hébìng-zhèng ♦～を併発する 引起并发症 yǐnqǐ bìngfāzhèng

よびりん【呼び鈴】 电铃 diànlíng ♦～を鳴らす 按铃 àn líng

よぶ【呼ぶ】 《声をかける》叫 jiào; 招呼 zhāohu; 喊 hǎn; 《…を…と》称呼 chēnghu; 称为 chēngwéi

よふかし【夜更かし-する】 熬夜 áoyè ♦～の人 夜猫子 yèmāozi

よふけ【夜更け-に】 夜半 yèbàn

よぶん【余分-な】 多余 duōyú; 剩余 shèngyú ♦～な金はない 没有多余的钱 méiyǒu duōyú de qián

よほう【予報-する】 预报 yùbào

よぼう【予防-する】 预防 yùfáng ♦～措置 预防措施 yùfáng cuòshī ♦～注射 防疫针 fángyìzhēn

よほど【余程】 很 hěn; 颇 pō; 相当 xiāngdāng

よぼよぼの 老朽 lǎoxiǔ; 龙钟 lóngzhōng

よまわり【夜回り-する】 巡夜 xúnyè

よみ【黄泉】 ♦～の国 黄泉 huáng-quán; 泉下 quánxià

よみ【読み】 解读 jiědú ♦～が浅い 理解得肤浅 lǐjiěde fūqiǎn

よみおわる【読み終わる】 读完 dú-wán; 看完 kànwán

よみかえす【読み返す】 重读 chóng-dú

よみがえる【蘇る】 复苏 fùsū; 更生 gēngshēng

よみかき【読み書き】 读写 dúxiě ♦～の能力 文化 wénhuà; 文化水平 wénhuà shuǐpíng

よみきる【読み切る】 读完 dúwán

よみせ【夜店】夜市 yèshì
よみち【夜道】夜道儿 yèdàor
よみて【読み手】《書き手に対して》读者 dúzhě；《朗読》诵读者 sòngdúzhě
よみとる【読み取る】领会 lǐnghuì
よみもの【読み物】读物 dúwù
よむ【読む】读 dú；看 kàn；阅读 yuèdú
よめ【嫁】媳妇 xífù ◆～に行く 出嫁 chūjià ◆～をもらう 迎娶 yíngqǔ；娶亲 qǔqīn
よめい【余命】余生 yúshēng ◆～いくばくもない 风烛残年 fēng zhú cán nián
よめいり【嫁入り】◆～する 过门 guòmén；嫁人 jiàrén ◆～道具 嫁妆 jiàzhuang；陪嫁 péijià
ヨモギ【蓬】蒿子 hāozi；艾蒿 àihāo
よやく【予約-する】预订 yùdìng；预约 yùyuē ◆～金 定钱 dìngqián ◆～注文する 订购 dìnggòu；订货 dìnghuò
よゆう【余裕】富余 fùyu；充裕 chōngyù ◆～がある 余裕 yúyù
より ❶《…より, 起点》打 dǎ；自 zì；从 cóng；由 yóu ❷《比較》比 bǐ
よりかかる【寄りかかる】靠 kào；依靠 yīkào；偎 wēi
よりごのみ【選り好み-する】挑剔 tiāoti
よりそう【寄り添う】挨近 āijīn；紧靠 jǐnkào；偎依 wēiyī
よりつき【寄りつき】《株式》开盘 kāipán ◆～レート 开盘汇率 kāipán huìlǜ
よりつく【寄り付く】《株式》开盘 kāipán
よりどころ【拠りどころ】依据 yījù；依靠 yīkào；根据 gēnjù ◆～のない 没有依据 méiyǒu yījù
よりどりみどり【選り取り見取り】随意挑选 suíyì tiāoxuǎn
よりぬき【選り抜き】精选 jīngxuǎn
よりみち【寄り道-する】绕远儿 ràoyuǎnr
よりめ【寄り目】斗鸡眼 dòujīyǎn；对眼 duìyǎn
よりょく【余力】余力 yúlì
よりわける【選り分ける】挑出来 tiāochūlai；挑选 tiāoxuǎn
よる【-に依る】由于 yóuyú；起因于 qǐyīnyú
よる【選る】选择 xuǎnzé；《悪いものを》剔 tī
よる【寄る】靠近 kàojìn ◆立ち～ 顺便去 shùnbiàn qù
よる【夜】晚间 wǎnjiān；晚上 wǎnshang；夜间 yèjiān；夜里 yèli ◆～の夜中 黑更半夜 hēigēng bànyè ◆～の部《映画·演劇の》晚场 wǎnchǎng
よれよれ-の 皱皱巴巴 zhòuzhòubābā
よろい【鎧】铠甲 kǎijiǎ；铁甲 tiějiǎ ◆～かぶと 甲冑 jiǎzhòu；盔甲 kuījiǎ
よろいど【鎧戸】百叶门 bǎiyèmén
よろける 蹒跚 pánshān；跟跄 liàngqiàng；趔趄 lièqie
よろこばしい【喜ばしい】可喜 kěxǐ；喜庆 xǐqìng；喜人 xǐrén；愉悦 yúyuè ◆～気分 喜气 xǐqì
よろこばす【喜ばす】使高兴 shǐ gāoxìng
よろこび【喜び】喜悦 xǐyuè；愉快 yúkuài；乐趣 lèqù ◆～が顔に出る 喜形于色 xǐ xíng yú sè ◆～に沸く 欢腾 huānténg ◆～に輝いている 喜洋洋 xǐyángyáng ◆～勇んで 兴高采烈 xìng gāo cǎi liè
よろこぶ【喜ぶ】欢喜 huānxǐ；高兴 gāoxìng；喜悦 xǐyuè
よろこんで【喜んで】欣然 xīnrán ◆喜んで…する 甘心 gānxīn；乐意 lèyì；情愿 qíngyuàn ◆～やるとも 何乐而不为 hé lè ér bù wéi
よろしい【宜しい】好 hǎo；成 chéng；行 xíng；可以 kěyǐ
よろしく【宜しく】《あいさつ》请多关照 qǐng duō guānzhào
よろつく【足元が】跌跌撞撞 diēdiēzhuàngzhuàng
よろめく ❶《体が》跟跄 liàngqiàng ❷《気持ちが》迷惑 míhuò；迷恋 míliàn
よろよろ-した 跟跄 liàngqiàng ◆～歩きの 磕磕撞撞 kēkezhuàngzhuàng
よろん【世論】舆论 yúlùn ◆～をあやつる 操纵舆论 cāozòng yúlùn
よわい【弱い】《力が》弱 ruò；软弱 ruǎnruò；薄弱 bóruò；《不得手》不擅长 bú shàncháng；不大会 bú dà huì
よわき【弱気-な】胆怯 dǎnqiè ◆～になる 气馁 qìněi
よわく【弱くなる】衰弱 shuāiruò
よわごし【弱腰-の】懦弱 nuòruò
よわす【酔わす】醉 zuì；使喝醉 shǐ hēzuì
よわたり【世渡り】处世 chǔshì ◆～の知恵 人情世故 rénqíng shìgù ◆～が上手だ 善于处世的人 shànyú chǔshì de rén ◆～が下手だ 不会处世 búhuì chǔshì
よわね【弱音】◆～を吐く 叫苦 jiàokǔ；泄气 xièqì
よわび【弱火】文火 wénhuǒ；微火 wēihuǒ

よわまる【弱まる】减弱 jiǎnruò

よわみ【弱み】弱点 ruòdiǎn；痛处 tòngchù ◆～につけこむ 钻空子 zuān kòngzi ◆～を見せる 示弱 shìruò

よわむし【弱虫】怕死鬼 pàsǐguǐ；胆小鬼 dǎnxiǎoguǐ；软骨头 ruǎngǔtou

よわめる【弱める】冲淡 chōngdàn；削弱 xuēruò；使变弱 shǐ biànruò

よわよわしい【弱々しい】绵软 miánruǎn；微弱 wēiruò；无力 wúlì；纤弱 xiānruò ◆～体 身体软弱 shēntǐ ruǎnruò ◆～声 没有力气的声音 méiyǒu lìqi de shēngyīn

よわりはてる【弱り果てる】《困る》非常 为难 fēicháng wéinán；《衰弱》极其衰弱 jíqí shuāiruò

よわる【弱る】《衰える》软弱 ruǎnruò；衰弱 shuāiruò；《困る》为难 wéinán

よんりん【四輪–の】四轮 sìlún ◆～駆動 四轮驱动 sìlún qūdòng

ら

ラ 《音階の》拉 lā
—ら【—等】们 men；等 děng ◆ぼく～ 我们 wǒmen ◆君～ 你们 nǐmen ◆あいつ～ 那些家伙 nàxiē jiāhuo
ラード 猪油 zhūyóu；大油 dàyóu
ラーメン 面条 miàntiáo；拉面 lāmiàn ◆即席～ 方便面 fāngbiànmiàn
—らい【—来】以来 yǐlái ◆夜(や)～の雨がやんだ 昨晚以来的雨停了 zuówǎn yǐlái de yǔ tíng le
らいい【来意】来意 láiyì ◆～を告げる 告诉来意 gàosu láiyì
らいう【雷雨】雷雨 léiyǔ
らいうん【雷雲】雷云 léiyún
ライオン 狮子 shīzi
らいきゃく【来客】来客 láikè；来宾 láibīn ◆彼は～中です 他在接待客人呢 tā zài jiēdài kèrén ne
らいげつ【来月】下月 xiàyuè
らいこう【来航-する】来航 láiháng
らいさん【礼賛-する】歌颂 gēsòng；赞扬 zànyáng；称赞 chēngzàn ◆故人の業績を～する 称赞前人的成就 chēngzàn qiánrén de chéngjiù
らいしゅう【来週】下周 xiàzhōu；下星期 xiàxīngqī
らいしゅう【来襲】来袭 láixí ◆敵機～ 敌机来袭 díjī láixí
らいじょう【来場-する】到场 dàochǎng；出席 chūxí
ライスカレー 咖喱饭 gālífàn
らいせ【来世】来生 láishēng；来世 láishì
ライセンス 许可证 xǔkězhèng；执照 zhízhào ◆～を取得する 取得许可证 qǔdé xǔkězhèng
ライター 《火をつける》打火机 dǎhuǒjī
ライター 《物書き》作家 zuòjiā；作者 zuòzhě；写家 xiějiā
ライチ 荔枝 lìzhī
ライチョウ【雷鳥】雷鸟 léiniǎo ◆えぞ～ 榛鸡 zhēnjī
らいでん【雷電】雷电 léidiàn
ライト ❶ 《明かり》照明灯 zhàomíngdēng；电灯 diàndēng ◆ヘッド～ 前灯 qiándēng ❷ 《軽い》轻的 qīng de ◆～級 轻量级 qīngliàngjí
ライトバン 客货两用汽车 kèhuò liǎngyòng qìchē
ライトブルー 水绿 shuǐlǜ
らいにち【来日-する】来日 lái Rì
らいねん【来年】明年 míngnián；来年 láinián；转年 zhuǎnnián

ライバル 对手 duìshǒu
らいひん【来賓】来宾 láibīn；嘉宾 jiābīn
ライブ ❶ 《実況の》实况 shíkuàng ❷ 《テレビやラジオで生放送する》直播 zhíbō ❸ 《生演奏》现场演唱会 xiànchǎng yǎnchànghuì
ライフサイエンス 生命科学 shēngmìng kēxué
ライフサイクル 生命周期 shēngmìng zhōuqī
ライフジャケット 救生衣 jiùshēngyī
ライフスタイル 生活方式 shēnghuó fāngshì ◆～を変える 改变生活方式 gǎibiàn shēnghuó fāngshì
ライフライン 生命线 shēngmìngxiàn；命脉 mìngmài
ライブラリー 图书馆 túshūguǎn ◆フィルム～ 电影资料馆 diànyǐng zīliàoguǎn
ライフルじゅう【ライフル銃】步枪 bùqiāng；来复枪 láifùqiāng
ライフワーク 毕生的事业 bìshēng de shìyè；毕生巨著 bìshēng jùzhù
らいほう【来訪】来访 láifǎng ◆ご～くださる 光临 guānglín；赏光 shǎngguāng ◆～者 客人 kèrén ◆～を受ける 接受访问 jiēshòu fǎngwèn
ライム 酸橙 suānchéng
ライムライト ❶ 《舞台の》灰光灯 huīguāngdēng ❷ 《名声》声誉 shēngyù
らいめい【雷鳴】雷鸣 léimíng；雷声 léishēng ◆～がとどろく 响雷 xiǎngléi
らいらく【磊落-な】磊落 lěiluò ◆豪放(ごうほう)～ 豪放磊落 háofàng lěiluò
ライラック 紫丁香 zǐdīngxiāng
らいれき【来歴】来历 láilì；略历 láilù；经历 jīnglì ◆～を調べる 查来历 chá láilì
ライン 线 xiàn ◆～の外に出る 出界 chūjiè
ラインナップ ❶ 《野球》阵容 zhènróng ◆～の発表があった 发表齐容 fābiǎo zhènróng ❷ 《製品》系列产品 xìliè chǎnpǐn ◆製品の～を発表する 发布系列产品 fābù xìliè chǎnpǐn
ラウンジ 社交室 shèjiāoshì；休息室 xiūxishì ◆ホテルの～ 饭店社交室 fàndiàn shèjiāoshì
ラウンド 《試合などの》回合 huíhé；轮 lún
らかん【羅漢】罗汉 luóhàn
らがん【裸眼】裸眼 luǒyǎn ◆～視力 裸眼视力 luǒyǎn shìlì

らく【楽-な】 轻便 qīngbiàn；容易 róngyì；舒适 shūshì ♦～な体势 舒服的姿势 shūfu de zīshì ♦～をしようとする 避重就轻 bì zhòng jiù qīng ♦～あれば苦あり 有乐就有苦 yǒu lè jiù yǒu kǔ

らくいん【烙印】 烙印 làoyìn ♦…の～を押される 被打上烙印 bèi dǎshàng làoyìn

らくえん【楽园】 乐园 lèyuán；天堂 tiāntáng ♦地上の～ 世外桃源 shìwài táoyuán

らくがき【落书き-する】 胡写 húxiě；乱写乱画 luàn xiě luàn huà

らくご【落伍-する】 掉队 diàoduì；跟不上 gēnbushàng；落伍 luòwǔ ♦～者 落伍者 luòwǔzhě

らくご【落语】 单口相声 dānkǒu xiàngsheng ♦～家 单口相声演员 dānkǒu xiàngsheng yǎnyuán

らくさ【落差】 落差 luòchā ♦～がある 有差距 yǒu chājù

らくさつ【落札-する】 得标 débiāo；中标 zhòngbiāo ♦～价格 中标价格 zhòngbiāo jiàgé

らくじつ【落日】 落日 luòrì ♦～の辉き 落日余辉 luòrì yúhuī

らくしゅ【落手-する】 收到 shōudào；接到 jiēdào

らくしょう【楽胜-する】 轻取 qīngqǔ；轻易取得 qīngyì qǔdé

らくじょう【落城-する】 城池陷落 chéngchí xiànluò

らくせい【落成-する】 落成 luòchéng ♦～式 落成典礼 luòchéng diǎnlǐ

らくせき【落石】 落石 luòshí ♦～が起きる 山坡上几块石头滚落下来 shānpōshang jǐ kuài shítou gǔnluòxiàlai ♦～注意 注意落石 zhùyì luòshí

らくせん【落选-する】 落选 luòxuǎn

ラクダ【骆驼】 骆驼 luòtuo ♦～色 驼色 tuósè

らくだい【落第-する】 不及格 bù jígé；留级 liújí；名落孙山 míng luò Sūn Shān ♦～生 留级生 liújíshēng

らくたん【落胆-する】 灰心 huīxīn；气馁 qìněi；失望 shīwàng

らくちゃく【落着-する】 解决 jiějué；了结 liǎojié ♦一件～ 破案 pò'àn；了结了一桩事 liǎojiéle yì zhuāng shì

らくちょう【落丁】 缺页 quēyè ♦～がある 有缺页 yǒu quēyè

らくてんか【楽天家】 乐天派 lètiānpài

らくてんてき【楽天的-な】 乐天 lètiān；乐观 lèguān

らくのう【酪农】 酪农 làonóng ♦～家 酪农户 làonónghù

らくば【落马-する】 坠马 zhuìmǎ

らくばん【落盘】 塌方 tāfāng ♦～事故 塌方事故 tāfāng shìgù

ラグビー 《竞技・ボールとも》 橄榄球 gǎnlǎnqiú

らくめい【落命-する】 丧命 sàngmìng；死亡 sǐwáng

らくやき【楽烧き】 粗陶器 cūtáoqì

らくよう【落叶】 落叶 luòyè ♦～树 落叶树 luòyèshù

らくらい【落雷】 雷击 léijī ♦～する 雷击 léijī

らくらく【楽々-と】 舒舒服服地 shūshūfúfú de；轻松地 qīngsōng de ♦～とやってのける 轻易地完成 qīngyì de wánchéng

らくるい【落泪-する】 落泪 luòlèi

ラケット 拍子 pāizi；球拍 qiúpāi

ラジアルタイヤ 子午线轮胎 zǐwǔxiàn lúntāi；子午胎 zǐwǔtāi

-らしい 《推量》似乎 sìhū；好像 hǎoxiàng；似的 shìde ♦どうやら台风は去った～ 台风好像已经过去了 táifēng hǎoxiàng yǐjīng guòqu le；《ふさわしい》像 xiàng；像样 xiàngyàng ♦きのうから食事～食事をしていない 昨天倒现在没吃上一顿像样的饭 zuótiān dào xiànzài méi chīshang yí dùn xiàngyàng de fàn

ラジウム 镭 léi ♦～疗法 镭疗 léiliáo

ラジエーター 散热器 sànrèqì

ラジオ 无线电 wúxiàndiàn；收音机 shōuyīnjī ♦～体操 广播体操 guǎngbō tǐcāo ♦～ドラマ 广播剧 guǎngbōjù

ラジカセ 收录两用机 shōulù liǎngyòngjī

ラシャ【罗纱】《布地》呢料 níliào

らしんばん【罗针盘】 罗盘 luópán；指南针 zhǐnánzhēn

ラスト 最后 zuìhòu ♦～スパート 最后冲刺 zuìhòu chōngcì

ラズベリー 树莓 shùméi

らせん【螺旋】 螺旋 luóxuán ♦～阶段 螺旋梯 luóxuántī；盘梯 pántī ♦～状 螺旋式 luóxuánshì

らたい【裸体】 裸体 luǒtǐ

らち【埒】 界限 jièxiàn；范围 fànwéi ♦～があかない 没有什么进展 méiyǒu shénme jìnzhǎn ♦～もないことを言う 说糊涂话 shuō hútuhuà

らち【拉致-する】 绑架 bǎngjià

らっか【落下-する】 下降 xiàjiàng；跌落 diēluò

ラッカー 喷漆 pēnqī

らっかさん【落下伞】 降落伞 jiàng-

luòsǎn
らっかせい【落花生】 花生 huāshēng；落花生 luòhuāshēng ◆～油 花生油 huāshēngyóu
らっかん【楽観】 ◆～的な 乐观 lèguān ◆～视する 乐观看待 lèguān kàndài ◆～できない 不容乐观 bùróng lèguān
らっかん【落款】 落款 luòkuǎn ◆～する 落款 luòkuǎn
ラッキー 幸运 xìngyùn；走运 zǒuyùn；侥幸 jiǎoxìng
ラッキョウ【辣韭】 薤 xiè；藠头 jiàotou
ラック 架子 jiàzi ◆マガジン～ 杂志架 zázhìjià
ラッコ【猟虎】 海獭 hǎitǎ
ラッシュアワー 交通高峰时间 jiāotōng gāofēng shíjiān
ラッセルしゃ【ラッセル車】 除雪车 chúxuěchē；扫雪机 sǎoxuějī
ラッパ【喇叭】 喇叭 lǎba ◆～を吹く 吹喇叭 chuī lǎba ◆～手 号兵 hàobīng
ラッパズイセン【喇叭水仙】 黄水仙 huángshuǐxiān
ラップ 保鲜膜 bǎoxiānmó
ラップタイム 分段速度 fēnduàn sùdù
らつわん【辣腕の】 精明强干 jīngmíng qiánggàn ◆～を振るう 大显身手 dà xiǎn shēnshǒu ◆～弁護士 能干的律师 nénggàn de lǜshī
ラディッシュ 小萝卜 xiǎoluóbo
ラテン 拉丁 Lādīng ◆～語 拉丁语 Lādīngyǔ ◆～民族 拉丁民族 Lādīng mínzú ◆～的な 拉丁式 Lādīngshì ◆～アメリカ 拉丁美洲 Lādīng Měizhōu
らでん【螺鈿】 螺钿 luódiàn ◆～の皿 螺钿漆盘 luódiàn qīpán
ラバ【騾馬】 骡子 luózi；马骡 mǎluó
らふ【裸婦】 裸妇 luǒfù ◆～像 裸女像 luǒnǚxiàng
ラフーな 粗糙 cūcāo ◆～な服装 随便的服装 suíbiàn de fúzhuāng ◆～スケッチ 草图 cǎotú
ラブ 爱情 àiqíng ◆～シーン 恋爱镜头 liàn'ài jìngtóu ◆～ソング 爱情歌曲 àiqíng gēqǔ；情歌 qínggē ◆～レター 情书 qíngshū
ラプソディー 狂想曲 kuángxiǎngqǔ
ラベル 标牌 biāopái；标签 biāoqiān ◆～を贴る 贴上标签 tiēshàng biāoqiān
ラボ 研究室 yánjiūshì；实验室 shíyànshì
ラマきょう【ラマ教】 喇嘛教 Lǎmajiào；藏传佛教 Zàngchuán fójiào

◆～の僧侣 喇嘛 lǎma
ラム《酒》朗姆酒 lǎngmǔjiǔ
ラム《羊肉》羊羔肉 yánggāoròu
ラムネ 汽水 qìshuǐ
ラリー 拉力赛 lālìsài
られつ【羅列-する】 罗列 luóliè ◆数字の～ 罗列数字 luóliè shùzì
らん【欄】 栏 lán ◆～外 栏外 lánwài ◆書評～ 书评栏 shūpínglán
ラン【蘭】 兰 lán；兰花 lánhuā
ラン（LAN）局域网 júyùwǎng
らんおう【卵黄】 蛋黄 dànhuáng
らんかく【乱獲-する】 滥捕乱杀 lànbǔ luànshā
らんかん【欄干】 栏杆 lángān
らんぎょう【乱行-する】 放荡 fàngdàng
らんきりゅう【乱気流】 湍流 tuānliú
ランキング 排行榜 páihángbǎng；名次 míngcì；等级次序 děngjí cìxù
ランク 等级 děngjí ◆～が上がる 晋级 jìnjí ◆～の高い 高级 gāojí ◆～インする 上榜 shàngbǎng
らんこう【乱交】 乱交 luànjiāo
らんさく【乱[濫]作-する】 粗制滥造 cūzhì lànzào
らんざつ【乱雑-な】 杂乱 záluàn；杂沓 zátá ◆机の上が～になっている 桌子上乱七八糟 zhuōzishang luànqībāzāo ◆字が～だ 字迹潦草 zìjì liáocǎo
らんし【卵子】 卵子 luǎnzǐ
らんし【乱視】 散光 sǎnguāng
らんしゃ【乱射-する】 乱射 luànshè ◆銃を～する 乱放枪 luànfàng qiāng
らんじゅく【爛熟-した】 熟透 shútòu ◆～した文化 极盛期的文化 jíshèngqī de wénhuà；《果物が》熟过劲儿 shúguòjìnr
らんしん【乱心】 发狂 fākuáng
らんせい【乱世】 乱世 luànshì；浊世 zhuóshì ◆～を生き延びる 乱世中幸存 luànshìzhōng xìngcún
らんせん【乱戦】 混战 hùnzhàn ◆～を制する 控制混战 kòngzhì hùnzhàn
らんそう【卵巢】 卵巢 luáncháo
らんぞう【乱[濫]造-する】 滥造 lànzào
らんだ【乱打-する】 乱打 luàndǎ
ランダムアクセス 《コンピュータ》随机存取 suíjī cúnqǔ
ランタン 灯笼 dēnglong
ランチ ❶《昼食》午餐 wǔcān ❷《軽食》便餐 biàncān ◆日替わり～ 一天一换的午餐 yìtiān yíhuàn de wǔcān ◆～タイム 午餐时间 wǔcān shíjiān

らんちきさわぎ【乱痴気騒ぎ-をする】大声喧闹 dàshēng xuānnào；狂欢作乐 kuánghuān zuòlè
らんちょう【乱丁】错页 cuòyè
らんとう【乱闘-する】乱斗 luàndòu；打群架 dǎ qúnjià
らんどく【乱読-する】滥读 làndú
ランドセル 小学生背的书包 xiǎoxuéshēng bēi de shūbāo
ランドリー 洗衣房 xǐyīfáng ◆コイン～ 投币式自动洗衣店 tóubìshì zìdòng xǐyīdiàn
ランナー (陸上競技の) 赛跑运动员 sàipǎo yùndòngyuán
らんにゅう【乱入-する】闯进 chuǎngjìn；闯入 chuǎngrù
ランニング 跑步 pǎobù ◆～シューズ 跑鞋 pǎoxié ◆～シャツ 汗背心 hànbèixīn ◆～コスト 设备运转费 shèbèi yùnzhuǎnfèi
らんばい【乱売-する】甩卖 shuǎimài；抛售 pāoshòu
らんぱく【卵白】蛋白 dànbái
らんばつ【乱[濫]伐-する】滥伐 lànfá
らんぱつ【乱[濫]発-する】乱发 luànfā；滥发行 lànfāxíng ◆国债を～する 滥发国债 lànfā guózhài
らんはんしゃ【乱反射】乱反射 luànfǎnshè ◆～する 散射 sǎnshè
らんぴ【乱[濫]費】滥用 lànyòng；挥霍 huīhuò
らんぶ【乱舞-する】乱舞 luànwǔ ◆狂喜～する 狂欢乱舞 kuánghuān luànwǔ
ランプ ❶ 《ともしび》油灯 yóudēng ◆～の灯心 灯草 dēngcǎo ◆～の炎 灯苗 dēngmiáo ❷ 《高速道路の》高速出入口 gāosù chūrùkǒu；匝道 zādào
らんぼう【乱暴-な】粗暴 cūbào；野蛮 yěmán ◆～に振る舞う 撒野 sāyě ◆言葉遣いが～だ 措词粗鲁 cuòcí cūlǔ
らんまん【爛漫】烂漫 lànmàn ◆春～ 春色烂漫 chūnsè lànmàn
らんみゃく【乱脈-な】混乱 hùnluàn；杂乱无章 zá luàn wú zhāng ◆～融資 贷款混乱 dàikuǎn hùnluàn
らんよう【乱[濫]用-する】滥用 lànyòng ◆職権を～する 滥用职权 lànyòng zhíquán
らんりつ【乱立-する】乱立 luànlì ◆候補者の～ 乱提多个候选人 luàntí duō ge hòuxuǎnrén

り

り【理】◆～にかなった 合理 hélǐ；顺理成章 shùn lǐ chéng zhāng；在理 zàilǐ ◆自明の～ 理所当然 lǐ suǒ dāng rán
り【利】利 lì；利益 lìyì；有益 yǒuyì
りあげ【利上げ-する】提高利率 tígāo lìlǜ
リアリズム 现实主义 xiànshí zhǔyì；《哲学》实在论 shízàilùn
リアル 活生生 huóshēngshēng；实在的 shízài de
リアルタイム 实时 shíshí
リーク-する 泄 xiè；泄漏 xièlòu
リーグ 联盟 liánméng ◆～戦 联赛 liánsài；循环赛 xúnhuánsài
リース 《貸し出】租赁 zūlìn；出租 chūzū ◆～业 租赁行业 zūlìn hángyè
リーズナブル 公道 gōngdao
リーダー 《指導者》领导人 lǐngdǎorén；导师 dǎoshī；首领 shǒulǐng
リーダー ❶ 《読本》读本 dúběn ❷ 《読者》读者 dúzhě
リード ❶ 《管楽器などの》簧 huáng ❷ 《記事の》内容提要 nèiróng tíyào
リード-する 领先 lǐngxiān
リール ❶ 《釣り》卷盘 juǎnpán ❷ 《映画》一盘 yīpán
りえき【利益】好处 hǎochù；利益 lìyì；甜头 tiántou；便宜 piányi ◆～と損失 盈亏 yíngkuī ◆～をむさぼる 牟利 móulì ◆～を受ける 受益 shòuyì ◆～を配分する 分红 fēnhóng
りえん【離縁-する】离婚 líhūn；《妻を》休妻 xiūqī
りか【理科】理科 lǐkē
りかい【理解-する】❶ 《内容を》理解 lǐjiě；了解 liǎojiě ◆～が早い 理解得快 lǐjiěde kuài ◆～に苦しむ 难以理解 nányǐ lǐjiě ❷ 《相手を》(人)に～がある 能体谅 néng tǐliàng ◆～して許す 谅解 liàngjiě
りがい【利害】利害 lìhài；利弊 lìbì ◆～の衝突 利害冲突 lìhài chōngtū ◆～関係 利害关系 lìhài guānxi ◆～得失 利害得失 lìhài déshī
りがく【理学】理学 lǐxué ◆～博士 理学博士 lǐxué bóshì
りきえい【力泳-する】全力游泳 quánlì yóuyǒng
りきがく【力学】力学 lìxué ◆～的エネルギー 力学的能 lìxué de néng
りきさく【力作】精心的作品 jīngxīn de zuòpǐn
りきし【力士】力士 lìshì

りきせつ【力説-する】 强调 qiángdiào

りきそう【力走-する】 尽全力跑 jìnquánlì pǎo；全速奔跑 quánsù bēnpǎo

りきてん【力点】 重点 zhòngdiǎn；力点 lìdiǎn

りきとう【力投-する】 用尽全力投球 yòngjìn quánlì tóu qiú

りきむ【力む】 使劲 shǐjìn；用力 yònglì

りきゅう【離宮】 离宫 lígōng

リキュール 利口酒 lìkǒujiǔ；甜香酒 tiánxiāngjiǔ

りきりょう【力量】 力量 lìliang；能力 nénglì ♦～を試す 试本领 shì běnlǐng

りく【陸】 陆地 lùdì ♦～に上がる 登陆 dēnglù

りくあげ【陸揚げ-する】 起岸 qǐ'àn；卸货 xièhuò ♦～港 卸货港 xièhuògǎng

リクエスト-する 要求 yāoqiú ♦～に応える 应希望 yìng xīwàng ♦～番組に ～する 点播 diǎnbō ♦～曲 点播曲 diǎnbōqǔ

りくぐん【陸軍】 陆军 lùjūn

りくじょう【陸上】 陆上 lùshàng ♦～運送する 陆运 lùyùn ♦～交通 陆路交通 lùlù jiāotōng ♦～競技 田径赛 tiánjìngsài ♦～競技場 田赛场 tiánsàichǎng

りくせい【陸棲-の】 陆栖 lùqī ♦～動物 陆栖动物 lùqī dòngwù

りくち【陸地】 陆地 lùdì

りくつ【理屈】 道理 dàolǐ；事理 shìlǐ ♦～では 按理说 ànlǐ shuō ♦～をこねる 强词夺理 qiáng cí duó lǐ

りくとう【陸稲】 旱稻 hàndào；陆稻 lùdào

りくろ【陸路】 旱路 hànlù；陆路 lùlù ♦～を行く 走旱路 zǒu hànlù

りけん【利権】 利权 lìquán；专利权 zhuānlìquán ♦～が絡む 利权相连 lìquán xiānglián

りこう【利口-な】 聪明 cōngmíng；机灵 jīling；乖 guāi ♦～ぶる 卖乖 màiguāi

りこう【履行-する】 履行 lǚxíng ♦契約を～する 履行合同 lǚxíng hétong

りこうがくぶ【理工学部】 理工学院 lǐgōng xuéyuàn

リコーダー 八孔竖笛 bākǒng shùdí

リコール-する 《首長など》罢免 bàmiǎn；《自動車など》收回 shōuhuí

りこしゅぎ【利己主義】 利己主义 lìjǐ zhǔyì

りこてき【利己的-な】 自私 zìsī；自私自利 zìsī zìlì

りこん【離婚-する】 离婚 líhūn

リサーチ 调查 diàochá；研究 yánjiū

りさい【罹災-する】 受灾 shòuzāi ♦～民 灾民 zāimín ♦～者[地]を救済する 救灾 jiùzāi ♦～地 灾区 zāiqū

リサイクル 再利用 zàilìyòng ♦～ショップ 再生用品店 zàishēng yòngpǐndiàn；信托商店 xìntuō shāngdiàn

リサイタル 独奏会 dúzòuhuì ♦～を開く 举办独奏会 jǔbàn dúzòuhuì

りさげ【利下げ-する】 降低利率 jiàngdī lìlǜ；降息 jiàng xī

りざや【利鞘】 差额利润 chā'é lìrùn ♦～を稼ぐ 转手获利 zhuǎnshǒu huòlì

りさん【離散-する】 失散 shīsàn ♦一家～する 全家离散 quánjiā lísàn ♦家を失う 流离失所 liúlí shīsuǒ

りし【利子】 利息 lìxī ♦高い～を払う 支付高利 zhīfù gāolì

りじ【理事】 董事 dǒngshì；理事 lǐshì ♦～会 董事会 dǒngshìhuì ♦～長 董事长 dǒngshìzhǎng ♦常任～ 常任理事 chángrèn lǐshì

りしゅう【履修-する】 学学 xué xué；选修 xuǎnxiū ♦～科目 登记科目 dēngjì kēmù

りじゅん【利潤】 利润 lìrùn；盈利 yínglì；红利 hónglì ♦～を得る 赢利 yínglì ♦～を追求する 追求利润 zhuīqiú lìrùn

りしょく【離職-する】 去职 qùzhí；离职 lízhí ♦～率 离职率 lízhílǜ

りしょく【利殖】 谋利 móulì；生财 shēngcái

リス【栗鼠】 松鼠 sōngshǔ

りすい【利水】 疏通水路 shūtōng shuǐlù ♦～工事 疏水工程 shūshuǐ gōngchéng

リスク 风险 fēngxiǎn ♦～を負う 承担风险 chéngdān fēngxiǎn

リスト 名单 míngdān；一览表 yìlǎnbiǎo

リストラ 解雇 jiěgù；裁员 cáiyuán

リスナー 听众 tīngzhòng

リズミカル-な 有节奏的 yǒu jiézòu de ♦～な動き 有节奏的动作 yǒu jiézòu de dòngzuò

リズム 节奏 jiézòu ♦～に合わせて 合着拍子 hézhe pāizi

りせい【理性】 理性 lǐxìng；理智 lǐzhì ♦～的な 理性的 lǐxìng de ♦～を失う 失去理性 shīqù lǐxìng

りそう【理想】 理想 lǐxiǎng ♦《人が》～的な 理想的 lǐxiǎng de ♦～の父

親像 理想的父亲像 lǐxiǎng de fùqīnxiàng
リゾート 休养胜地 xiūyǎng shèngdì ◆サマー～ 避暑地 bìshǔdì
りそく【利息】 利息 lìxī ◆～を生む 生息 shēngxī
リターンキー 回车键 huíchējiàn
リタイア 退休 tuìxiū; 退职 tuìzhí
りだつ【離脱-する】 脱离 tuōlí; 脱出 tuōchū ◆戦線— 离开战斗行列 líkāi zhàndòu hángliè
りち【理知】 理智 lǐzhì ◆人が～的な 理智的 lǐzhì de
リチウム 锂 lǐ ◆～電池 锂电池 lǐdiànchí ◆～イオンバッテリー 锂离子电池 lǐlízǐ diànchí
りちぎ【律義-な】 忠实 zhōngshí ◆～者 诚实人 chéngshírén
リチャージカード 充值卡 chōngzhíkǎ
りちゃくりく【離着陸-する】 起落 qǐluò; 起降 qǐjiàng
りつ【率】 比率 bǐlǜ ◆～が高い 比率高 bǐlǜ gāo
りつあん【立案-する】 拟订 nǐdìng; 制定计划 zhìdìng jìhuà
りっか【立夏】 立夏 lìxià
りっきゃく【立脚-する】 立足 lìzú ◆～点 立脚点 lìjiǎodiǎn
りっきょう【陸橋】 高架桥 gāojiàqiáo; 旱桥 hànqiáo; 天桥 tiānqiáo
りっけん【立憲】 立宪 lìxiàn ◆～君主制 君主立宪制 jūnzhǔ lìxiànzhì ◆～政体 立宪政体 lìxiàn zhèngtǐ
りっけん【立件】 立案 lì'àn
りっこうほ【立候補-する】 参加竞选 cānjiā jìngxuǎn ◆～者 竞选人 jìngxuǎnrén
りっし【律詩】 律诗 lǜshī
りっしゅう【立秋】 立秋 lìqiū
りっしゅん【立春】 立春 lìchūn
りっしょう【立証-する】 证实 zhèngshí ◆無罪を～する 证明无罪 zhèngmíng wúzuì
りっしょく【立食】 ◆～パーティー 立餐会 lìcānhuì
りっしんしゅっせ【立身出世-する】 出人头地 chū rén tóu dì; 《官界》飞黄腾达 fēihuáng téngdá
りっすい【立錐】 ◆～の余地もない 没有立锥之地 méiyǒu lìzhuī zhī dì
りっする【律する】 律己 lǜjǐ ◆おのれを～ 律己 lǜjǐ
りつぜん【慄然】 ◆～とする 栗然 lìrán; 悚然 sǒngrán
りつぞう【立像】 立像 lìxiàng
りったい【立体】 立体 lìtǐ ◆～音響 立体声 lìtǐshēng ◆～交差 立体交叉 lìtǐ jiāochā ◆～図 立体图 lìtǐtú

りっちじょうけん【立地条件】 ◆～がよい 布局条件好 bùjú tiáojiàn hǎo
りっとう【立冬】 立冬 lìdōng
りつどう【律動-する】 律动 lǜdòng; 节奏 jiézòu ◆～的な 律动的 lǜdòng de
リットル 立升 lìshēng; 公升 gōngshēng
りっぱ【立派-な】 出色 chūsè; 优秀 yōuxiù; 堂皇 tánghuáng; 威风 wēifēng ◆～な人 了不起的人 liǎobuqǐ de rén
りっぷく【立腹-する】 气恼 qìnǎo; 发怒 fānù; 生气 shēngqì
リップサービス 门面话 ménmiànhuà ◆～がうまい 嘴巧 zuǐqiǎo; 说得好听 shuōde hǎotīng
りっぽう【立方】 立方 lìfāng ◆～根 立方根 lìfānggēn ◆～体 立方体 lìfāngtǐ; 正方体 zhèngfāngtǐ ◆～メートル 立方米 lìfāngmǐ
りっぽう【立法】 立法 lìfǎ ◆～機関 立法机关 lìfǎ jīguān
りづめ【理詰め-で】 说理 shuōlǐ
りつめんず【立面図】 立面图 lìmiàntú
りつろん【立論-する】 立论 lìlùn; 论证 lùnzhèng
りてい【里程】 里程 lǐchéng ◆～標 里程碑 lǐchéngbēi
りてん【利点】 好处 hǎochù; 益处 yìchù ◆～がある 有优点 yǒu yōudiǎn ◆～を生かす 活用好处 huóyòng hǎochù
りとう【離島】 孤岛 gūdǎo; 离岛 lídǎo
りとう【離党-する】 脱党 tuōdǎng; 退党 tuìdǎng
りとく【利得】 收益 shōuyì; 利益 lìyì ◆不当な～を上げる 获取不正当的利益 huòqǔ bú zhèngdàng de lìyì
リトマスしけんし【リトマス試験紙】 石蕊试纸 shíruǐ shìzhǐ
リニア ◆～モーターカー 磁悬浮列车 cíxuánfú lièchē
リニアック 直线加速器 zhíxiàn jiāsùqì ◆～ナイフ X刀 X dāo
りにゅう【離乳-する】 断奶 duànnǎi ◆～期 断奶期 duànnǎiqī ◆～食 断奶食品 duànnǎi shípǐn
リニューアル 更新 gēngxīn; 恢复再生 huīfù zàishēng
りにん【離任-する】 离任 lírèn; 离职 lízhí
りねん【理念】 理念 lǐniàn ◆～に基づく 按照理念 ànzhào lǐniàn
りのう【離農-する】 弃农 qìnóng
リハーサル 排演 páiyǎn; 排练 páiliàn; 预演 yùyǎn
リバーシブル 可逆式 kěnìshì; 《衣

類 表里两用上衣 biǎolǐ liǎngyòng shàngyī ♦ ～のブルゾン 双面式茄克 shuāngmiànshì jiākè

リバイバル 复活 fùhuó；重新上演 chóngxīn shàngyǎn

リバウンド 反弹 fǎntán

りはつ【理髪-する】 理发 lǐfà ♦ ～店 理发店 lǐfàdiàn ♦ ～師 理发员 lǐfàyuán

りはつ【利発-な】 聪明 cōngmíng；～な子供 伶俐的孩子 línglì de háizi

リハビリ 康复锻炼 kāngfù duànliàn ♦ ～をする 做康复锻炼 zuò kāngfù duànliàn

りばらい【利払い】 支付利息 zhīfù lìxī

りはん【離反-する】 叛离 pànlí；背离 bèilí ♦ 人心が～する 民心叛离 mínxīn pànlí

りひ【理非】 是非 shìfēi ♦ ～をわきまえる 分清是非 fēnqīng shìfēi

リピーター 回头客 huítóukè

りびょう【罹病-する】 患病 huànbìng ♦ ～率 患病率 huànbìnglǜ

リビングルーム 生活间 shēnghuójiān；起居室 qǐjūshì

リフォーム 改造 gǎizào；翻新 fānxīn

りふじん【理不尽-な】 蛮横 mánhèng ♦ ～だ 蛮不讲理 mán bù jiǎnglǐ ♦ ～なやり方 不讲理的手段 bù jiǎnglǐ de shǒuduàn

リフト 《エレベーター》电梯 diàntī；升降机 shēngjiàngjī；《スキー場の》滑雪缆车 huáxuě lǎnchē

リプリント 再版 zàibǎn；翻版 fānbǎn ♦ 写真を～する 重印照片 chóngyìn zhàopiàn

リベート 回扣 huíkòu；佣钱 yòngqian ♦ ～を受け取る 索取回扣 suǒqǔ huíkòu

りべつ【離別-する】 离别 líbié；分手 fēnshǒu；两親と～する 与父母离别 yǔ fùmǔ líbié

リベット 铆钉 mǎodīng ♦ ～でつなぐ 铆接 mǎojiē ♦ ～を打つ 铆 mǎo

リベラル 自由主义的 zìyóu zhǔyì de

リベンジ 报复 bàofù

リボルバー 转轮手枪 zhuǎnlún shǒuqiāng

リボン ❶《ひも》带子 dàizi ❷《印字用テープ》♦ インク～ 色带 sèdài

りまわり【利回り】 利率 lìlǜ ♦ ～が良い 利率高 lìlǜ gāo

リムジン 《空港送迎バス》交通车 jiāotōngchē；《大型乗用車》豪华轿车 háohuá jiàochē

りめん【裏面】 内幕 nèimù ♦ 政界の～ 政界的内幕 zhèngjiè de nèimù ♦ ～工作 幕后活动 mùhòu huódòng

リモコン 遥控 yáokòng ♦ ～装置 遥控装置 yáokòng zhuāngzhì

りゃく【略】 省略 shěnglüè

りゃくご【略語】 略语 lüèyǔ ♦ ～で書く 缩写 suōxiě

りゃくごう【略号】 代号 dàihào

りゃくじ【略字】 简化字 jiǎnhuàzì

りゃくしき【略式-の】 简便方式 jiǎnbiàn fāngshì ♦ ～の礼服 简便礼服 jiǎnbiàn lǐfú

りゃくじゅつ【略述-する】 略述 lüèshù ♦ 経緯を～する 略述经过 lüèshù jīngguò

りゃくしょう【略称】 简称 jiǎnchēng

りゃくす【略す】 简略 jiǎnlüè

りゃくず【略図】 略图 lüètú ♦ ～で示す 用草图显示 yòng cǎotú xiǎnshì

りゃくだつ【略奪-する】 掠夺 lüèduó；抢掠 qiǎnglüè；抢劫 qiǎngjié；掠取 lüèqǔ ♦ 金品を～する 打劫财物 dǎjié cáiwù ♦ ～結婚する 抢亲 qiǎngqīn

りゃくでん【略伝】 传略 zhuànlüè；事略 shìlüè ♦ 毛沢東の～ 毛泽东传略 Máo Zédōng zhuànlüè

りゃくふ【略譜】 简谱 jiǎnpǔ

りゃくれき【略歴】 简历 jiǎnlì ♦ ～を添える 附上简历 fùshàng jiǎnlì

りゆう【理由】 理由 lǐyóu；缘故 yuángù ♦ ～にして断る 推托 tuītuō ♦ ～を述べる 陈述理由 chénshù lǐyóu

りゅう【竜】 龙 lóng ♦ ～虎相搏つ 龙争虎斗 lóng zhēng hǔ dòu

-りゅう【流】 流派 liúpài；方式 fāngshì ♦ 日本～のあいさつ 日本式的寒暄 Rìběnshì de hánxuān ♦ おれ～でやる 我行我素 wǒ xíng wǒ sù

りゅうい【留意-する】 留心 liúxīn；理会 lǐhuì ♦ ～点 注意点 zhùyìdiǎn ♦ 健康に～する 注意健康 zhùyì jiànkāng

りゅういき【流域】 流域 liúyù ♦ 揚子江～ 长江流域 Chángjiāng liúyù ♦ ～面積 流域面积 liúyù miànjī

りゅういん【溜飲】 ♦ ～が下がる 大为畅快 dà wéi chàngkuài

りゅうかい【流会】 ♦ ～になる 流会 liúhuì

りゅうがく【留学-する】 留学 liúxué ♦ ～生 留学生 liúxuéshēng

りゅうかん【流感】 流感 liúgǎn ♦ ～にかかる 患流感 huàn liúgǎn

リュウガン【竜眼】 龙眼 lóngyǎn；桂圆 guìyuán ♦ ～肉 龙眼肉 lóngyǎnròu

りゅうき【隆起-する】 隆起 lóngqǐ ♦ この辺は地震で~した 这一带是因地震隆起的 zhè yídài shì yīn dìzhèn lóngqǐ de

りゅうぎ【流儀】 作风 zuòfēng ♦ 我が家の~ 我家的做法 wǒjiā de zuòfǎ

りゅうけつ【流血-する】 流血 liúxuè ♦ ~騒ぎ 流血事件 liúxuè shìjiàn

りゅうげん【流言】 流言 liúyán; 谣言 yáoyán ♦ ~に惑わされる 为流言所迷惑 wéi liúyán suǒ míhuò ♦ ~飛語 流言飞语 liúyánfēiyǔ

りゅうこう【流行-する】 时尚 shíshàng; 风行 fēngxíng; 流行 liúxíng ♦ 時髦 shímáo ♦ ~れの不時流 不时兴 bù shíxīng ♦ ~を追う 赶时髦 gǎn shímáo

りゅうこうご【流行語】 流行语 liúxíngyǔ

りゅうさん【硫酸】 硫酸 liúsuān

りゅうざん【流産-する】 流产 liúchǎn ♦ 企画が~に終わる 计划流产 jìhuà liúchǎn

りゅうし【粒子】 粒子 lìzǐ ♦ ~が粗い 颗粒粗 kēlì cū

りゅうしつ【流失-する】 流失 liúshī ♦ ~家屋 冲毁房屋 chōnghuǐ fángwū

りゅうず【竜頭】 表把儿 biǎobàr

りゅうすい【流水】 流水 liúshuǐ ♦ ~量 流水量 liúshuǐliàng

りゅうせい【流星】 流星 liúxīng ♦ ~雨 流星雨 liúxīngyǔ ♦ ~群 流星群 liúxīngqún

りゅうせい【隆盛-する】 隆盛 lóngshèng; 兴盛 xīngshèng ♦ ~を極める 极尽隆盛 jíjìn lóngshèng

りゅうせんけい【流線型-の】 流线型 liúxiànxíng ♦ ~の機関車 流线型的机车 liúxiànxíng de jīchē

りゅうたい【流体】 流体 liútǐ ♦ ~力学 流体力学 liútǐ lìxué

りゅうち【留置-する】 拘留 jūliú; 看押 kānyā; 扣押 kòuyā ♦ ~場 看守所 kānshǒusuǒ

りゅうちょう【流暢-な】 流畅 liúchàng; 流利 liúlì ♦ ~に話す 流利地说 liúlì de shuō

りゅうつう【流通-する】 流通 liútōng ♦ ~機構 流通机构 liútōng jīgòu ♦ ~ルート 流通渠道 liútōng qúdào

りゅうどう【流動-する】 流动 liúdòng ♦ ~資金 流动资金 liúdòng zījīn ♦ ~食 流食 liúshí ♦ ~人口 流动人口 liúdòng rénkǒu

りゅうとうだび【竜頭蛇尾】 有头无尾 yǒu tóu wú wěi; 虎头蛇尾 hǔ tóu shé wěi

りゅうにゅう【流入-する】 流进 liújìn ♦ 人口が~する 人口流入 rénkǒu liúrù ♦ 外国資本の~ 外资流入 wàizī liúrù

りゅうにん【留任-する】 留任 liúrèn; 留职 liúzhí

りゅうねん【留年-する】 蹲班 dūnbān; 留级 liújí

りゅうは【流派】 流派 liúpài; 派别 pàibié

りゅうび【柳眉】 柳眉 liǔméi ♦ ~を逆立てる 柳眉倒竖 liǔméi dàoshù

りゅうひょう【流氷】 流冰 liúbīng

りゅうほ【留保-する】 保留 bǎoliú ♦ 決定を~する 保留决定 bǎoliú juédìng

リューマチ 风湿病 fēngshībìng

りゅうよう【流用-する】 挪用 nuóyòng ♦ 図表を~する 借用图表 jièyòng túbiǎo

りゅうりゅうしんく【粒々辛苦】 辛辛苦苦 xīnxīnkǔkǔ

りゅうりょう【流量】 流量 liúliàng ♦ ~計 流量计 liúliàngjì

りゅうれい【流麗-な】 流丽 liúlì ♦ 文体が~である 文笔流丽 wénbǐ liúlì

リュックサック 背包 bèibāo; 背囊 bèináng

りよう【利用-する】 利用 lìyòng ♦ ~時間 开放时间 kāifàng shíjiān ♦ ~価値 利用价值 lìyòng jiàzhí ♦ 地位を~する 利用职位 lìyòng zhíwèi

りよう【理容】 理发美容 lǐfà měiróng ♦ ~師 理发员 lǐfàyuán

りょう【漁-する】 捕鱼 bǔyú ♦ ~に出る 下海 xiàhǎi

りょう【寮】 宿舍 sùshè ♦ 独身~ 单身宿舍 dānshēn sùshè

りょう【涼】 凉爽 liángshuǎng ♦ ~をとる 乘凉 chéngliáng; 纳凉 nàliáng

りょう【猟-をする】 打猎 dǎliè; 狩猎 shòuliè

りょう【良】《成績》良 liáng; 良好 liánghǎo

りょう【量】 分量 fēnliàng; 数量 shùliàng ♦ ~をはかる 称量 chēngliáng ♦ ~が少ない 分量不够 fènliàng búgòu

りょういき【領域】 领域 lǐngyù; 分野 fēnyě

りょうえん【良縁】 良缘 liángyuán; 好婚姻 hǎo hūnyīn

りょうが【凌駕-する】 凌驾 língjià; 胜过 shèngguò

りょうかい【了解-する】 谅解 liàngjiě; 原谅 yuánliàng ♦ ~を得る 取得谅解 qǔdé liàngjiě

りょうかい【領海】 领海 lǐnghǎi ♦ ~侵犯 侵犯领海 qīnfàn lǐnghǎi

りょうがえ【両替-する】 兑换 duì-

huàn; 换钱 huànqián ♦ 円を元にする 把日币换成人民币 bǎ rìbì huànchéng rénmínbì

りょうがわ【両側】 两边 liǎngbiān; 两侧 liǎngcè; 两面 liǎngmiàn ♦ 道のへ～ 道路两旁 dàolù liǎngpáng

りょうかん【量感】 ♦～豊かな 充满量感 chōngmǎn liànggǎn

りょうがん【両岸】 两岸 liǎng'àn

りょうがん【両眼】 两眼 liǎngyǎn

りょうき【漁期】 渔期 yúqī; 鱼汛 yúxùn

りょうきてき【猟奇的-な】 猎奇 lièqí ♦～殺人 奇异杀人 qíyì shārén

りょうきょくたん【両極端】 两极 liǎngjí ♦～に分かれる 分为两个极端 fēn wéi liǎng ge jíduān

りょうきん【料金】 费用 fèiyong ♦～を取る 收费 shōufèi ♦ 水道～ 水费 shuǐfèi ♦～未納 费用未缴 fèiyong wèijiǎo ♦～表 价格表 jiàgébiǎo

りょうくう【領空】 领空 lǐngkōng ♦～権 领空权 lǐngkōngquán

りょうけ【良家】 良家 liángjiā ♦～の子女 良家子女 liángjiā zǐnǚ

りょうけい【量刑】 量刑 liàngxíng ♦ 不当に重い～ 不合理的大量刑 bù hélǐ de dàliàngxíng

りょうけん【料見】 心路 xīnlù; 心思 xīnsī ♦～が狭い 心眼儿小 xīnyǎnr xiǎo ♦～違い 想错 xiǎngcuò ♦ 悪い～を起す 起坏念头 qǐ huài niàntou

りょうけん【猟犬】 猎狗 liègǒu

りょうこう【良好-な】 良好 liánghǎo ♦ 健康状態が～な 健康状态良好 jiànkāng zhuàngtài liánghǎo ♦ 視界が～な 视野良好 shìyě liánghǎo

りょうこく【両国】 两国 liǎngguó ♦～の会談 双边会谈 shuāngbiān huìtán ♦～の首脳 两国首脑 liǎngguó shǒunǎo

りょうさん【量産-する】 批量生产 pīliàng shēngchǎn ♦～品 大量生产品 dàliàng shēngchǎnpǐn

りょうし【漁師】 渔夫 yúfū

りょうし【猟師】 猎人 lièrén

りょうし【量子】 量子 liàngzǐ ♦～力学 量子力学 liàngzǐ lìxué

りょうじ【領事】 领事 lǐngshì ♦～館 领事馆 lǐngshìguǎn

りょうしき【良識-のある】 理智 lǐzhì; 明智 míngzhì ♦～のある言動 明智的举动 míngzhì de jǔdòng

りょうしつ【良質-の】 优质 yōuzhì; 上等 shàngděng

りょうしゃ【両者】 两者 liǎngzhě; 双方 shuāngfāng ♦～の言い分 双方的申述 shuāngfāng de shēnshù

りょうしゅう【領収-する】 收到 shōudào ♦～証 发票 fāpiào; 收据 shōujù; 收条 shōutiáo ♦～証を出す 开发票 kāi fāpiào

りょうじゅう【猟銃】 猎枪 lièqiāng

りょうしょ【良書】 良书 liángshū ♦～を選ぶ 挑选好书 tiāoxuǎn hǎoshū

りょうしょう【了承-する】 理解 lǐjiě; 同意 tóngyì ♦～を得る 得到谅解 dédào liàngjiě

りょうじょく【凌辱-する】 凌辱 língrǔ; 糟蹋 zāota ♦～を受ける 受辱 shòurǔ

りょうしん【両親】 父母 fùmǔ; 爹娘 diēniáng; 双亲 shuāngqīn

りょうしん【良心】 良心 liángxīn ♦～がうずく 歉疚 qiànjiù ♦～に背く 昧良心 mèi liángxīn; 昧心 mèixīn ♦～を失う 丧尽天良 sàngjìn tiānliáng ♦～的な人 公道的人 gōngdào de rén ♦～の呵責 良心的谴责 liángxīn de qiǎnzé

りょうせい【寮生】 寄宿生 jìsùshēng

りょうせい【良性-の】 良性 liángxìng ♦～腫瘍 良性肿瘤 liángxìng zhǒngliú

りょうせいどうぶつ【両生[棲]動物】 两栖动物 liǎngqī dòngwù

りょうせん【稜線】 山脊线 shānjǐxiàn

りょうたん【両端】 两边 liǎngbiān; 两头儿 liǎngtóur ♦ ロープの～ 绳的两边 shéng de liǎngbiān

りょうち【領地】 领地 lǐngdì

りょうて【両手】 两手 liǎngshǒu; 双手 shuāngshǒu ♦～で持つ 捧 pěng ♦～両足 四肢 sìzhī

りょうてんびん【両天秤】 ♦～にかける 脚踩两只船 jiǎo cǎi liǎngzhī chuán

りょうど【領土】 领土 lǐngtǔ; 版图 bǎntú; 国土 guótǔ; 疆土 jiāngtǔ ♦～を割譲する 割地 gēdì ♦～を失う 失地 shīdì ♦～面積 幅员 fúyuán

りょうとうづかい【両刀遣い】 ❶《剣法》双剑法 shuāngjiànfǎ ♦～の剣士 双剑法的剑客 shuāngjiànfǎ de jiànkè ❷《2つの事を同時に》两艺兼优 liǎng yì jiān yōu ❸《酒と甘いも》彼は甘辛～だ 他爱喝酒又爱吃甜 tā ài hē jiǔ yòu ài chī tián

りょうにん【両人】 两人 liǎngrén

りょうば【両刃-の】 双刃 shuāngrèn ♦～の剣 双刃剑 shuāngrènjiàn

りょうば【猟[漁]場】 ❶《猟》猎场 lièchǎng ❷《漁》渔场 yúchǎng ♦～を荒らされる 被扰乱渔场 bèi rǎoluàn yúchǎng ♦ 絶好の～ 绝好渔

场 juéhǎo yúchǎng
りょうはし【両端】 两头 liǎngtóu
りょうひ【良否】 好坏 hǎohuài ◆～の評価をする 褒贬 bāobiǎn ◆事の～ 事情的善恶 shìqing de shàn'è
りょうびらき【両開き-の】 向左右两面开 xiàng zuǒyòu liǎngmiàn kāi ◆～の扉 两扇儿的门 liǎng shànr de mén
りょうふう【涼風】 清风 qīngfēng; 凉风 liángfēng
りょうぶん【領分】 ❶《所有地》领地 lǐngyù; 境域 jìngyù ❷《活動範囲》范围 fànwéi; 领域 lǐngyù
りょうほう【両方】 两者 liǎngzhě; 双方 shuāngfāng ◆～とも黙れ 你们两个都住嘴 nǐmen liǎngge dōu zhùzuǐ
りょうほう【療法】 疗法 liáofǎ ◆民間～ 民间疗法 mínjiān liáofǎ ◆ショック～ 电休克疗法 diànxiūkè liáofǎ
りょうめ【量目】 分量 fēnliàng ◆～をごまかす 蒙混重量 ménghùn zhòngliàng ◆～が足りない 分量不够 fēnliàng bú gòu
りょうめん【両面】 两面 liǎngmiàn ◆～印刷 两面印刷 liǎngmiàn yìnshuā ◆物事の～を見る 看事情的两个方面 kàn shìqing de liǎngge fāngmiàn
りょうやく【良薬】 ◆～口に苦し 良药苦口，忠言逆耳 liángyào kǔkǒu, zhōngyán nì'ěr
りょうゆう【両雄】 ◆～並び立たず 两雄不并立 liǎng xióng bú bìng lì
りょうゆう【良友】 益友 yìyǒu; 良友 liángyǒu
りょうゆう【領有-する】 领有 lǐngyǒu ◆日本の～する島 日本领有的岛屿 Rìběn lǐngyǒu de dǎoyǔ
りょうよう【両用】 两用 liǎngyòng ◆水陸～車 水陆两用车 shuǐlù liǎngyòngchē ◆晴雨～の傘 晴雨两用 qíngyǔ liǎngyòng
りょうよう【療養-する】 疗养 liáoyǎng; 养病 yǎngbìng ◆～所 疗养院 liáoyǎngyuàn ◆自宅～ 家里疗养 jiālǐ liáoyǎng
りょうよく【両翼】 两翼 liǎngyì
りょうり【料理】 ❶《調理》菜 cài ◆～する 做菜 zuò cài; 烹调 pēngtiáo; 烹饪 pēngrèn ◆～の本 菜谱 càipǔ; 食谱 shípǔ ◆～を作る 烹饪 pēngrèn ◆～学校 烹饪学校 pēngrèn xuéxiào ◆～店 菜馆 càiguǎn; 餐馆 cānguǎn ◆～人 厨师 chúshī; 大师傅 dàshifu ◆家庭～ 家常便饭 jiācháng biànfàn ❷《処理》～する 处理 chǔlǐ; 料理 liàolǐ

りょうりつ【両立-する】 并存 bìngcún; 两立 liǎnglì ◆～しない 不相容 bù xiāngróng ◆仕事と家庭を～させる 使工作和家庭相调和 shǐ gōngzuò hé jiātíng xiāng tiáohé
りょうりょう【寥々-たる】 寂寥 jìliáo ◆～たる荒野 寂寥的荒野 jìliáo de huāngyě
りょうわき【両脇】《わきの下》两肋 liǎngxié; 两肋 liǎnglèi; 《左右の位置》两边 liǎngbiān ◆～に立つ 站在两侧 zhànzài liǎngcè
りょかく【旅客】 旅客 lǚkè ◆～運輸 客运 kèyùn ◆～運賃 旅客运费 lǚkè yùnfèi
りょかくれっしゃ【旅客列車】 客运列车 kèyùn lièchē ◆～乗務員 列车员 lièchēyuán
りょかっき【旅客機】 客机 kèjī
りょかん【旅館】 旅店 lǚdiàn; 旅馆 lǚguǎn; 旅社 lǚshè
りょよく【利欲】 利欲 lìyù ◆～に溺れる 利欲薰心 lìyù xūnxīn
りょくいん【緑陰】 绿阴 lǜyīn ◆～で休む 在树阴下休息 zài shùyīnxia xiūxi
りょくちたい【緑地帯】 绿地 lǜdì
りょくちゃ【緑茶】 绿茶 lǜchá
りょくとう【緑豆】 绿豆 lǜdòu
りょくないしょう【緑内障】 绿内障 lǜnèizhàng; 青光眼 qīngguāngyǎn
りょけん【旅券】 护照 hùzhào ◆～を申請する 申请护照 shēnqǐng hùzhào ◆～を更新する 更新护照 gēngxīn hùzhào
りょこう【旅行-する】 旅行 lǚxíng; 旅游 lǚyóu ◆～ガイド 导游 dǎoyóu ◆～コース 旅程 lǚchéng ◆～案内 旅游向导 lǚyóu xiàngdǎo ◆～記 纪行 jìxíng; 游记 yóujì ◆～客 旅客 lǚkè ◆～会社 旅行社 lǚxíngshè ◆～かばん 旅行提包 lǚxíng tíbāo
りょしゅう【旅愁】 旅愁 lǚchóu
りょじょう【旅情】 旅情 lǚqíng ◆～をそそる 引起旅情 yǐnqǐ lǚqíng
りょそう【旅装】 行装 xíngzhuāng ◆～を整える 整理行装 zhěnglǐ xíngzhuāng ◆～を解く 脱下行装 tuōxià xíngzhuāng
りょだん【旅団】 旅 lǚ ◆～長 旅长 lǚzhǎng
りょっか【緑化-する】 绿化 lǜhuà ◆～運動 绿化运动 lǜhuà yùndòng
りょてい【旅程】 旅程 lǚchéng ◆厳しい～ 严酷的旅程 yánkù de lǚchéng
りょひ【旅費】 旅费 lǚfèi; 路费 lùfèi; 盘缠 pánchán; 盘费 pánfei
リラ 《ライラック》 丁香 dīngxiāng;

紫丁香 zǐdīngxiāng
リライト-する 改写 gǎixiě; 整稿 zhěnggǎo
リラックス-する 轻松 qīngsōng; 放松 fàngsōng
りりく【離陸-する】 起飞 qǐfēi
りりしい【凛々しい】 凛凛 lǐnlǐn; 严肃 yánsù ♦～顔立ち 英武的相貌 yīngwǔ de xiàngmào
リリシズム 抒情味 shūqíngwèi
りりつ【利率】 利率 lìlǜ ♦～がよい 利率高 lìlǜ gāo ♦～を下げる 降低利率 jiàngdī lìlǜ
リレー 接力 jiēlì ♦～競争 接力赛跑 jiēlì sàipǎo ♦バケツ～ 传递水桶 chuándì shuǐtǒng ♦～中継する 转播 zhuǎnbō
りれき【履歴】 履历 lǚlì ♦～書 履历书 lǚlìshū
ろ【理路】 理路 lǐlù ♦～整然とした 有条不紊 yǒu tiáo bù wěn
ろん【理論】 理论 lǐlùn ♦～派 理论派 lǐlùnpài
りん【燐】 磷 lín
りんか【隣家】 隔壁 gébì; 间壁 jiànbì; 邻居 línjū
りんかい【臨海-の】 临海 línhǎi ♦～学校 海滨夏令营 hǎibīn xiàlìngyíng ♦～工業地帯 临海工业地带 línhǎi gōngyè dìdài
りんかい【臨界】 ♦～状態 临界状态 línjiè zhuàngtài ♦～温度 临界温度 línjiè wēndù ♦～点 临界点 línjièdiǎn
りんかく【輪郭】 ❶《縁どり》轮廓 lúnkuò ♦顔の～ 脸形 liǎnxíng ❷《概略》概略 gàilüè
りんかんがっこう【林間学校】 林间夏令营 línjiān xiàlìngyíng
りんき【臨機-の】 机动 jīdòng ♦～応変な［に］ 临机应变 lín jī yìng biàn; 随机应变 suí jī yìng biàn
りんぎょう【林業】 林业 línyè ♦～生産物 林产 línchǎn
リンク《スケートの》 滑冰场 huábīngchǎng; 溜冰场 liūbīngchǎng
リンク-する 挂钩 guàgōu; 连环 liánhuán; 《インターネット》链接 liànjiē
リング ❶《ボクシングの》拳击场 quánjīchǎng ♦～サイド 拳击台前排座 quánjītái qiánpáizuò ♦～に上がる 登拳击台 dēng quánjītái ❷《輪》环 huán; 圈 quān ❸《指輪》戒指 jièzhǐ ♦エンゲージ～ 订婚戒指 dìnghūn jièzhǐ
りんげつ【臨月】 临月 línyuè ♦～が迫る 临近产期 línjìn chǎnqī
リンゲルえき【リンゲル液】 生理盐水 shēnglǐ yánshuǐ; 林格氏液 Língéshìyè
リンゴ【林檎】 苹果 píngguǒ ♦～ジャム 苹果酱 píngguǒjiàng ♦～の木 苹果树 píngguǒshù
りんごく【隣国】 邻邦 línbāng; 邻国 línguó
りんさく【輪作】 轮作 lúnzuò
りんさん【燐酸】 磷酸 línsuān ♦～肥料 磷肥 línféi
りんじ【臨時】 临时 línshí; 暂行 zànxíng ♦～雇い 短工 duǎngōng ♦～収入 外快 wàikuài ♦～ニュース 紧急新闻 jǐnjí xīnwén ♦～列車 临时列车 línshí lièchē ♦～休業 临时休业 línshí xiūyè
りんしつ【隣室】 隔壁 gébì
りんじゅう【臨終】 临终 línzhōng ♦～を迎える 迎来临终 yínglái línzhōng ♦～に立ち会う 守候临终 shǒuhòu línzhōng
りんしょ【臨書】 临帖 líntiè
りんしょう【臨床】 临床 línchuáng ♦～検査 临床检查 línchuáng jiǎnchá ♦～医 临床医生 línchuáng yīshēng
りんしょう【輪唱-する】 轮唱 lúnchàng
りんじょうかん【臨場感】 身临其境之感 shēn lín qí jìng zhī gǎn ♦～あふれる 充满临场之感 chōngmǎn línchǎng zhī gǎn
りんしょく【吝嗇-な】 吝啬 lìnsè ♦～家 吝啬鬼 lìnsèguǐ
りんじん【隣人】 街坊 jiēfang; 邻家 línjiā; 邻居 línjū ♦～愛 爱护邻居的心 àihù línjū de xīn
リンス 护发素 hùfàsù; 润丝 rùnsī
りんず【綸子】 绫子 língzi
りんせき【臨席-する】 莅临 lìlín; 出席 chūxí
りんせつ【隣接-する】 邻接 línjiē; 毗连 pílián ♦～地域 邻接地 línjiēdì
リンチ 私刑 sīxíng ♦～を加える 施加私刑 shījiā sīxíng
りんてんき【輪転機】 轮转印刷机 lúnzhuàn yìnshuājī
リンドウ【竜胆】 龙胆 lóngdǎn
りんどう【林道】 林间道路 línjiān dàolù
りんね【輪廻】 轮回 lúnhuí
リンネル 亚麻布 yàmábù
リンパ 淋巴 línbā ♦～液 淋巴液 línbāyè ♦～腺 淋巴腺 línbāxiàn
りんばん【輪番】 轮番 lúnfān; 轮流 lúnliú; 轮班 lúnbān ♦～でやる 倒换 dǎohuàn; 倒替 dàotì ♦～制 轮

番制 lúnfānzhì
りんびょう【淋病】 淋病 lìnbìng
りんぼく【林木】 山里的树 shānli de shù
りんや【林野】 林野 línyě
りんり【倫理】 伦理 lúnlǐ ♦～に背く 违背伦理 wéibèi lúnlǐ ♦政治～ 政治伦理 zhèngzhì lúnlǐ ♦～学 伦理学 lúnlǐxué ♦～観 伦理感 lúnlǐgǎn
りんりつ【林立-する】 林立 línlì ♦ビルが～している 大厦林立 dàshà línlì

る

ルアー 诱饵 yòu'ěr ♦～フィッシング 诱饵钓鱼 yòu'ěr diàoyú
るい【類】 种类 zhǒnglèi ♦…の～ 之类 zhī lèi ♦ビタミン～ 维生素之类 wéishēngsù zhī lèi ♦～は友を呼ぶ 臭味相投 chòuwèi xiāng tóu; 物以类聚 wù yǐ lèi jù
るい【累】 ♦～を及ぼす 累及 lěijí; 连累 liánlei
るいか【累加-する】 累加 lěijiā ♦利益が～する 利润递增 lìrùn dìzēng
るいけい【累計-する】 累计 lěijì ♦経費を～する 累计经费 lěijì jīngfèi
るいけい【類型】 类型 lèixíng ♦～に堕する《文章などが》雷同 léitóng ♦～的な 类型的 lèixíng de
るいご【類語】 类义词 lèiyìcí ♦～辞典 同义词词典 tóngyìcí cídiǎn
るいじ【類似-の】 类似 lèisì; 相近 xiāngjìn; 相似 xiāngsì ♦～する 类似 lèisì ♦～点 类似点 lèisìdiǎn
るいしょ【類書】 同类的书 tónglèi de shū
るいしょう【類焼-する】 延烧 yánshāo ♦～を免れる 免遭延烧 miǎnzāo yánshāo ♦～を防ぐ 防延烧 fáng yánshāo
るいしん【累進-する】 累进 lěijìn; 递增 dìzēng ♦～課税 累进税 lěijìnshuì
るいじんえん【類人猿】 类人猿 lèirényuán
るいすい【類推-する】 类比 lèibǐ; 类推 lèituī ♦～を働かせる 触类旁通 chù lèi páng tōng
るいする【類する】 类似 lèisì; 相似 xiāngsì
るいせき【累積-する】 累积 lěijī ♦～赤字 累积赤字 lěijī chìzì ♦～債務 累积债务 lěijī zhàiwù
るいせん【涙腺】 泪腺 lèixiàn ♦～が弱い 爱流泪 ài liúlèi
るいだい【累代-の】 累世 lěishì
るいべつ【類別-する】 类别 lèibié; 分门别类 fēn mén bié lèi ♦資料を～する 类别资料 lèibié zīliào
るいらん【累卵】 ♦～の危うきにある 危如累卵 wēi rú lěi luǎn
るいるい【累々-たる】 累累 lěilěi
るいれい【類例】 类似的例子 lèisì de lìzi ♦過去に～を見ない 史无前例 shǐ wú qiánlì
ルーキー 新来者 xīnláizhě; 新生 xīnshēng
ルージュ 《口红》唇膏 chúngāo; 口红 kǒuhóng

ルーズ-な 散漫 sǎnmàn; 松懈 sōngxiè ♦時間に~ 不遵守时间 bù zūnshǒu shíjiān

ルーズリーフ 活页 huóyè ♦~ノート 活页笔记本 huóyè bǐjìběn

ルーター 路由器 lùyóuqì

ルーツ 根 gēn; 起源 qǐyuán ♦~を尋ねる 寻根 xúngēn ♦日本人の~ 日本人的祖先 Rìběnrén de zǔxiān

ルート ❶《平方根》根 gēn; 根号 gēnhào ❷《道筋》路线 lùxiàn; 途径 tújìng ♦密輸~ 走私渠道 zǒusī qúdào

ループ 圈 quān; 环环 huán ♦タイ绳状领带 shéngzhuàng lǐngdài

ルーフガーデン 屋顶花园 wūdǐng huāyuán

ルーブル《ロシアの通貨》卢布 Lúbù

ルーブル ~博物館 卢浮宫博物馆 Lúfúgōng bówùguǎn

ルーペ 放大镜 fàngdàjìng; 凸透镜 tūtòujìng

ルーム 房间 fángjiān ♦~サービス 客房服务 kèfáng fúwù ♦~メート 同屋 tóngwū

ルーメン（Lumen）《LED 単位》流明 liúmíng

ルール 规则 guīzé; 章程 zhāngchéng ♦《スポーツの試合で》~に違反する 违例 wéilì; 犯规 fànguī ♦~を外れる 离格儿 lí gér ♦~を守る 遵守规则 zūnshǒu guīzé

ルーレット 轮盘赌 lúnpándǔ

るけい【流刑】 流刑 liúxíng ♦~にする 流放 liúfàng ♦~地 流刑地 liúxíngdì

るざい【流罪】 发配 fāpèi; 流放罪 liúfàngzuì ♦~を言い渡す 命令发配 mìnglìng fāpèi

るす【留守】 ♦~にする 不在家 bú zàijiā ♦~を預かる 负责看家 fùzé kānjiā

るすばん【留守番-する】 看家 kānjiā ♦~を頼む 委托看家 wěituō kānjiā ♦~電話 留言电话 liúyán diànhuà

ルックス 容貌 róngmào; 外观 wàiguān

るつぼ【坩堝】 ❶《容器》坩埚 gānguō ❷《比喩的に》熔炉 rónglú; 旋涡 xuánwō ♦人種の~ 人种的熔炉 rénzhǒng de rónglú

るてん【流転-する】 流转 liúzhuǎn; 变迁 biànqiān ♦万物は~する 万物变化 wànwù biànhuà

ルネッサンス 文艺复兴 wényì fùxīng ♦~時代 文艺复兴时期 wényì fùxīng shíqī

ルビ 注音假名 zhùyīn jiǎmíng ♦~をふる 标注假名 biāozhù jiǎmíng

ルビー 红宝石 hóngbǎoshí

ルピー《インドなどの通貨単位》卢比 Lúbǐ

るふ【流布-する】 流布 liúbù ♦广泛~している 广泛流传 guǎngfàn liúchuán ♦~本 通行本 tōngxíngběn

ルポライター 采访记者 cǎifǎng jìzhě

ルポルタージュ 报告文学 bàogào wénxué; 特写 tèxiě; 实地报道 shídì bàodào

るり【瑠璃】 琉璃 liúli ♦~色の 琉璃色 liúlisè ♦~瓦（がわら）琉璃瓦 liúliwǎ

るる【縷々】 缕缕 lǚlǚ; 详详细细地 xiángxiángxìxì de ♦事の次第を~説明する 缕述事件的原委 lǚshù shìjiàn de yuánwěi

るろう【流浪-する】 流浪 liúlàng; 漂泊 piāobó ♦~の民 漂泊之民 piāobó zhī mín ♦各地を~する 四处漂泊 sìchù piāobó

ルンバ 伦巴 lúnbā ♦~を踊る 跳伦巴 tiào lúnbā

ルンペン 流浪者 liúlàngzhě; 无业游民 wúyè yóumín

れ

レ《音階の》来 lái
レアアース 稀土 xītǔ
レアメタル 稀有金属 xīyǒu jīnshǔ
れい【例】 例子 lìzi; 事例 shìlì ♦~の那个 nàge ♦~にとる 比方 bǐfang ♦~に倣う 援例 yuánlì ♦~によって 照例 zhàolì ♦~を引く 引例 yǐnlì ♦~を挙げる 举例 jǔlì
れい【礼】 ❶《規範・作法》礼 lǐ; 礼貌 lǐmào ♦~に背く 违反礼节 wéifǎn lǐjié ♦~をわきまえない 不懂礼貌 bù dǒng lǐmào ♦~を欠く 失礼 shīlǐ ♦~を尽くす 尽到礼节 jìndào lǐjié ❷《感謝》♦~を言う 道谢 dàoxiè; 致谢 zhìxiè ♦~をする 施礼 shīlǐ ❸《お祝儀》♦~をする 行礼 xínglǐ
れい【零】 零 líng ♦~時 零点 língdiǎn
れい【霊】 灵魂 línghún ♦祖先の~を祭る 祭祀祖先之灵 jìsì zǔxiān zhī líng
レイアウト‒する 编排 biānpái; 版面设计 bǎnmiàn shèjì
れいあんしつ【霊安室】 太平间 tàipíngjiān
れいえん【霊園】 陵园 língyuán
レイオフ 临时解雇 línshí jiěgù; 下岗 xiàgǎng
れいか【零下】 零下 língxià ♦~20度 零下二十度 língxià èrshí dù
れいか【冷夏】 冷夏 lěngxià
れいかい【例会】 常会 chánghuì; 例会 lìhuì ♦~に出席する 出席例会 chūxí lìhuì
れいかい【霊界】 阴间 yīnjiān
れいがい【例外‒の】 例外 lìwài ♦~なしに 一律 yílǜ; 无一例外 wúyī lìwài ♦~を作る 破例 pòlì ♦~を認める 准许例外 zhǔnxǔ lìwài
れいがい【冷害】 冻害 dònghài ♦~を受ける 遭受冻灾 zāoshòu dòngzāi
れいかん【霊感】 灵感 línggǎn ♦~が働く 产生灵感 chǎnshēng línggǎn
れいき【冷気】 冷气 lěngqì; 寒气 hánqì ♦朝の~ 早上的凉气 zǎoshang de liángqì
れいぎ【礼儀】 礼节 lǐjié; 礼貌 lǐmào ♦正しい 端正 duānzhèng; 恭敬 gōngjìng ♦~にかなった 合乎礼节 héhū lǐjié ♦~をわきまえない 不讲礼貌 bù jiǎng lǐmào ♦~知らず 不懂礼节 bù dǒng lǐjié ♦~作法 礼法 lǐfǎ
れいきゃく【冷却‒する】 冷却 lěngquè ♦~水 冷却水 lěngquèshuǐ ♦~期間をおく 间隔一段冷却期间 jiàngé yíduàn lěngquè qījiān ♦放射~ 辐射冷却 fúshè lěngquè
れいきゅうしゃ【霊柩車】 灵车 língchē; 枢车 jiùchē
れいきん【礼金】 酬谢金 chóuxièjīn
れいぐう【冷遇‒する】 冷遇 lěngyù; 冷待 lěngdài ♦~される 坐冷板凳 zuò lěngbǎndèng
れいけつかん【冷血漢】 冷酷无情的人 lěngkù wúqíng de rén
れいけつどうぶつ【冷血動物】 冷血动物 lěngxuè dòngwù
れいげん【霊験】 ~あらたかな 显灵 xiǎnlíng; 灵验 língyàn
れいげん【例言】 例言 lìyán
れいげん【厳‒な】 严厉 yánlì; 无情 wúqíng ♦~な事実 严酷的事实 yánkù de shìshí ♦~な態度 冷静严肃的态度 lěngjìng yánsù de tàidu
れいこう【励行‒する】 厉行 lìxíng; 坚持 jiānchí ♦うがいを~する 厉行漱口 lìxíng shùkǒu
れいこく【冷酷‒な】 冷酷 lěngkù; 心硬 xīnyìng; 严酷 yánkù ♦~な仕打ち 冷酷的对待 lěngkù de duìdài ♦~無情な 心狠手辣 xīn hěn shǒu là
れいこん【霊魂】 灵魂 línghún ♦~不滅 灵魂不灭 línghún bùmiè
れいさい【零細】 ♦~企業 小本经营 xiǎoběn jīngyíng; 小规模企业 xiǎoguīmó qǐyè
レイシ【荔枝】 荔枝 lìzhī
レイシ【霊芝】 灵芝 língzhī
れいじ【例示‒する】 例示 lìshì ♦~して説明する 举例说明 jǔlì shuōmíng
れいしゅ【冷酒】 凉酒 liángjiǔ
れいしょ【隷書】 隶书 lìshū
れいしょう【例証】 例证 lìzhèng ♦~を挙げる 举例证明 jǔlì zhèngmíng
れいしょう【冷笑‒する】 冷笑 lěngxiào; 嘲笑 cháoxiào
れいじょう【令嬢】 千金 qiānjīn; 令爱 lìng'ài; 小姐 xiǎojiě
れいじょう【令状】 拘票 jūpiào ♦逮捕~ 逮捕拘票 dàibǔ jūpiào
れいじょう【礼状】 感谢信 gǎnxièxìn ♦~を出す 寄出谢函 jìchū xièhán
れいじん【麗人】 佳丽 jiālì; 丽人 lìrén ♦男装の~ 男装丽人 nánzhuāng lìrén
れいすい【冷水】 冷水 lěngshuǐ ♦~を浴びせる 浇冷水 jiāo lěngshuǐ ♦~摩擦 冷水擦身 lěngshuǐ cāshēn
れいせい【静‒な】 沉着 chén-

zhuó：冷静 lěngjìng；平心静气 píng xīn jìng qì；清醒 qīngxǐng ♦～に論ずる 平心而论 píng xīn ér lùn ♦～沈着な 不动声色 bú dòng shēngsè ♦～に判断する 冷静地判断 lěngjìng de pànduàn

れいせつ【礼節】礼仪 lǐyí；礼节 lǐjié ♦～を重んじる 重视礼节 zhòngshì lǐjié ♦～をわきまえる 懂得礼节 dǒngde lǐjié

れいせん【冷戦】冷战 lěngzhàn ♦～の終結 冷战终结 lěngzhàn zhōngjié

れいぜん【霊前】灵前 língqián ♦～に供える 供在灵前 gòngzài língqián

れいぜん【冷然-たる】冷淡 lěngdàn；冷冰冰 lěngbīngbīng

れいそう【礼装】礼服 lǐfú ♦～で出席する 礼装出席 lǐzhuāng chūxí ♦～用帽子 礼帽 lǐmào

れいぞう【冷蔵-する】冷藏 lěngcáng ♦～庫 冰箱 bīngxiāng；仓库 冷藏库 lěngcángkù；冷库 lěngkù ♦要～ 要冷藏 yào lěngcáng

れいそく【令息】公子 gōngzǐ；令郎 lìngláng

れいぞく【隷属-する】从属 cóngshǔ；统属 tǒngshǔ ♦～関係 隶属关系 lìshǔ guānxi

れいだい【例題】例题 lìtí ♦～を出す 出例题 chū lìtí

れいたん【冷淡-な】淡漠 dànmò；冷淡 lěngdàn；冷漠 lěngmò ♦～にあしらう 冷淡对待 lěngdàn duìdài

れいだんぼう【冷暖房】冷气和暖气 lěngqì hé nuǎnqì ♦～完備 冷暖气设备齐全 lěngnuǎnqì shèbèi qíquán

れいちょうるい【霊長類】灵长目 língzhǎngmù

れいてん【零点】零分 língfēn；鸭蛋 yādàn ♦～をとる〈試験に〉吃鸭蛋 chī yādàn

れいど【零度】零度 língdù ♦絶対～ 绝对零度 juéduì língdù

れいとう【冷凍-する】冷冻 lěngdòng ♦～工場 冷冻厂 lěngdòngchǎng ♦～食品 冷冻食品 lěngdòng shípǐn ♦～保存する 冻藏 dòngcáng

れいねん【例年】往年 wǎngnián；每年 měinián ♦～通り 和往年一样 hé wǎngnián yíyàng

れいはい【礼拝-する】礼拜 lǐbài；朝拜 cháobài

れいばい【霊媒】巫师 wūshī

れいびょう【霊廟】灵庙 língmiào

レイプ 奸污 jiānwū；强奸 qiángjiān ♦～事件 奸污事件 jiānwū shìjiàn

れいふく【礼服】礼服 lǐfú

れいふじん【令夫人】夫人 fūrén

れいぶん【例文】例句 lìjù ♦～を挙げる 举例句 jǔ lìjù

れいほう【礼砲】礼炮 lǐpào ♦～を撃つ 放礼炮 fàng lǐpào

れいぼう【冷房】冷气 lěngqì ♦～する 放冷气 fàng lěngqì ♦～設備 冷气设备 lěngqì shèbèi

れいみょう【霊妙-な】神妙 shénmiào ♦～な音楽 神秘的音乐 shénmì de yīnyuè

れいめい【黎明】黎明 límíng；侵晨 qīnchén ♦～期 黎明期 límíngqī

れいらく【零落-する】零落 língluò；沦落 lúnluò；破落 pòluò

れいり【怜悧-な】伶俐 línglì

れいれいしく【麗々しく】花哨 huāshao；炫耀 xuànyào ♦～着飾る 炫耀地打扮 xuànyào de dǎbàn

レインコート 雨衣 yǔyī

レインシューズ 雨靴 yǔxuē

レーサー 赛车手 sàichēshǒu

レーザー 激光 jīguāng；莱塞 láisài ♦～ビーム 激光束 jīguāngshù ♦～ディスク 激光视盘 jīguāng shìpán；光盘 guāngpán ♦～プリンター 激光打印机 jīguāng dǎyìnjī ♦～メス 激光手术刀 jīguāng shǒushùdāo

レーシングカー 赛车 sàichē

レース ❶〈編み物や刺繍〉花边 huābiān；编み 抽纱 chōushā ❷〈競走〉比赛 bǐsài；赛跑 sàipǎo ♦～用自転車 跑车 pǎochē ♦～用ボート 赛艇 sàitǐng

レーズン 葡萄干 pútaogān

レーダー 雷达 léidá

レート 比率 bǐlǜ ♦為替～ 外汇比率 wàihuì bǐlǜ

レーヨン 人造丝 rénzàosī

レール 铁轨 tiěguǐ ♦～を敷く 铺轨 pūguǐ ♦ガード～ 护栏 hùlán

レーン ❶〈水泳の〉泳道 yǒngdào ❷〈ボウリングの〉球道 qiúdào

レーンジャー 突击队 tūjīduì；〈森林·公園など〉守卫员 shǒuwèiyuán；护林员 hùlínyuán

レオタード 紧身衣 jǐnshēnyī

レガッタ 赛艇 sàitǐng；划船竞赛 huáchuán jìngsài

れきし【歴史】❶〈人間社会〉历史 lìshǐ ♦～が浅い 历史短浅 lìshǐ duǎnqiǎn ♦～に逆行する 倒行逆施 dào xíng nì shī；开倒车 kāi dàochē ♦～に学ぶ 向历史学习 xiàng lìshǐ xuéxí；以史为鉴 yǐ shǐ wéi jiàn ♦～は繰り返す 历史重复 lìshǐ chóngfù ♦～をひも解く 翻阅历史 fānyuè lìshǐ ♦～上の事実 历史实事 lìshǐ shíshí ❷《ある事物の》～の長い寺 历史悠久的寺院 lìshǐ yōujiǔ de sìyuàn ♦～のある 由来已久 yóulái yǐjiǔ ❸【学科】历史 lìshǐ ♦～学 史学 shǐxué ♦～書 史籍 shǐjí; 史书 shǐshū

れきし【轢死-する】 轧死 yàsǐ
れきぜん【歴然-とした】 明显 míngxiǎn; 分明 fēnmíng ♦～とした証拠 明显的证据 míngxiǎn de zhèngjù
れきだい【歴代-の】 历代 lìdài; 历届 lìjiè ♦～の支配者 历代统治者 lìdài tǒngzhìzhě
れきにん【歴任-する】 历任 lìrèn ♦～要職を 历任要职 lìrèn yàozhí
れきねん【歴年】 历年 lìnián
れきほう【歴訪-する】 历访 lìfǎng ♦東南アジア諸国を～する 历访东南亚各国 lìfǎng Dōngnán Yà gèguó
レギュラー ❶《正規の・標準的な》正规 zhèngguī; 正式 zhèngshì ♦～サイズの 普通尺寸 pǔtōng chǐcun ♦ガソリン 标准汽油 biāozhǔn qìyóu ❷《メンバー》正式选手 zhèngshì xuǎnshǒu ♦～になる 成了正式选手 chéngle zhèngshì xuǎnshǒu
レクチャー 讲义 jiǎngyì; 讲课 jiǎngkè
レクリエーション 文娱 wényú; 娱乐活动 yúlè huódòng
レコーディング 录音 lùyīn ♦新曲を～する 录制新歌曲 lù xīngēqǔ
レコード ❶《音楽などの》唱片儿 chàngpiānr; 唱片 chàngpiàn ♦～をかける 放唱片 fàng chàngpiàn ♦～針 唱针 chàngzhēn ❷《記録》♦～を更新する 刷新纪录 shuāxīn jìlù ♦世界～ 世界记录 shìjiè jìlù
レザー【革】皮革 pígé ♦クロス～ 人造革 rénzàogé; 漆布 qībù
レジ《レジスター》收款处 shōukuǎnchù; 出纳处 chūnàchù
レシート 发票 fāpiào; 收据 shōujù
レジスター 收款机 shōukuǎnjī; 自动记录器 zìdòng jìlùqì ♦～を打つ 打收款机 dǎ shōukuǎnjī
レジスタンス 抵抗 dǐkàng; 反抗 fǎnkàng; 《第二次大戦中の》抵抗运动 dǐkàng yùndòng
レシピ 食谱 shípǔ
レジャー 闲暇 xiánxiá ♦～产业 娱乐业 yúlèyè
レジュメ 提纲 tígāng; 摘要 zhāiyào
レズ《レスビアン》女同性恋 nǔ tóngxìngliàn
レスキュー 救生 jiùshēng ♦～隊 救护队 jiùhùduì
レストラン 菜馆 càiguǎn; 西餐馆 xīcānguǎn; 餐厅 cāntīng; 饭馆 fànguǎn ♦イタリア～ 意大利菜馆 Yìdàlì càiguǎn
レスリング 摔跤 shuāijiāo
レセプション 招待会 zhāodàihuì ♦～に出席する 参加招待会 cānjiā zhāodàihuì
レター 信 xìn; 书信 shūxìn ♦～ペーパー 信纸 xìnzhǐ ♦ファン～ 慕名信 mùmíngxìn
レタス 莴苣 wōjù; 生菜 shēngcài
れつ【列】行列 hángliè; 队伍 duì ♦～に割り込む 插队 chāduì ♦～に並ぶ 站队 zhànduì ♦～を作る 排队 páiduì ♦～を離れる 离开队伍 líkāi duìwu ♦～を乱す 打乱队列 dǎluàn duìliè
れつあく【劣悪-な】 恶劣 èliè; 粗劣 cūliè ♦～な労働環境 恶劣的劳动环境 èliè de láodòng huánjìng
れっか【劣化-する】 变坏 biànhuài; 老化 lǎohuà
れっか【烈火】 烈火 lièhuǒ ♦～のごとく怒る 暴跳如雷 bàotiào rú léi; 勃然大怒 bórán dà nù; 火冒三丈 huǒ mào sān zhàng
レッカー ♦～車 牵引车 qiānyǐnchē; 救险车 jiùxiǎnchē
れっきとした【歴とした】 明显的 míngxiǎn de; 像样的 xiàngyàng de
れっきょ【列挙-する】 列举 lièjǔ; 罗列 luóliè
れっきょう【列強】 列强 lièqiáng
レッサーパンダ 小熊猫 xiǎomāoxióng; 小熊猫 xiǎoxióngmāo
れっし【烈士】 烈士 lièshì
れっしゃ【列車】 火车 huǒchē; 列车 lièchē ♦～に乗る 乘火车 chéng huǒchē ♦～を降りる 下火车 xià huǒchē ♦～を乗り換える 换火车 huàn huǒchē ♦～を乗り継ぐ 接着乘坐火车 jiēzhe chéngzuò huǒchē ♦～の到着ホーム 到达站台 dàodá zhàntái ♦～乗務警官 乘警 chéngjǐng ♦～番号 车次 chēcì ♦～ダイヤ 列车时刻表 lièchē shíkèbiǎo ♦長距離～ 长途列车 chángtú lièchē
れつじょう【劣情】色情 sèqíng ♦～を催す 引起情欲 yǐnqǐ qíngyù ♦～を刺激する 挑动色情 tiǎodòng sèqíng
れっしん【烈震】 烈震 lièzhèn; 强震 qiángzhèn
レッスン 课 kè; 课业 kèyè ♦～を受ける 上课 shàngkè ♦ピアノの～ 钢琴课程 gāngqín kèchéng
れっせい【劣勢-の】 劣势 lièshì ♦～

に立たされる 处于劣势 chǔyú lièshì

れっせい【劣性】 ◆~遺伝 隐性遗传 yǐnxìng yíchuán

れっせき【列席-する】 列席 lièxí ◆~者 出席者 chūxízhě ◆結婚式に~する 出席结婚式 chūxí jiéhūnshì

レッテル ❶《表示札》标牌 biāopái；标签 biāoqiān ❷《人の評価》帽子 màozi ◆ぺてん師という~を貼られる 被戴上骗子的帽子 bèi dàishàng piànzi de màozi

れつでん【列伝】 列传 lièzhuàn ◆史記~ 史记列传 Shǐjì lièzhuàn

れっとう【列島】 列岛 lièdǎo ◆日本~ 日本列岛 Rìběn lièdǎo

れっとう【劣等-な】 劣等 lièděng ◆~生 差生 chàshēng；劣等生 lièděngshēng

れっとうかん【劣等感】 自卑感 zìbēigǎn ◆~を持つ 怀有自卑感 huáiyǒu zìbēigǎn

れっぷう【烈風】 狂风 kuángfēng；暴风 bàofēng

レディー 贵妇人 guìfùrén；女士 nǚshì ◆~ファースト 女士优先 nǚshì yōuxiān ◆ファースト~ 总统夫人 zǒngtǒng fūrén

レディーメード《服》成衣 chéngyī；现成的衣服 xiànchéng de yīfu

レトリック 修辞学 xiūcíxué ◆~にすぎない 不过是修辞技巧 búguò shì xiūcí jìqiǎo

レトルト 曲颈甑 qūjǐngzèng ◆~食品 蒸煮袋食品 zhēngzhǔdài shípǐn

レトロ-な ◆~趣味 怀古情绪 huáigǔ qíngxù

レバー ❶《機械などの》扳手 bānshou ◆~を引く 拉扳手 lā bānshou ❷《肝臓》肝儿 gānr；肝脏 gānzàng

レパートリー 上演节目 shàngyǎn jiémù；保留剧目 bǎoliú jùmù

レファレンス・サービス 咨询服务 zīxún fúwù

レフェリー 裁判员 cáipànyuán ◆~ストップ 裁判员叫停 cáipànyuán jiàotíng

レベル 程度 chéngdù；水平 shuǐpíng ◆~の高い 水平高 shuǐpíng gāo ◆~の低い 次等 cìděng ◆~が下がる 水平降低 shuǐpíng jiàngdī ◆~アップを図る 设法提高水平 shèfǎ tígāo shuǐpíng ◆事務~での協議 事务级磋商 shìwùjí cuōshāng

レポート 报告 bàogào ❶《報告書》◆~を書く 写报告 xiě bàogào ◆~を提出する 提交报告 tíjiāo bàogào ❷《新聞·テレビで》◆~する 报道 bàodào

レモン【檸檬】 柠檬 níngméng ◆~水 柠檬水 níngméngshuǐ ◆~ティー 柠檬红茶 níngméng hóngchá

レリーフ 浮雕 fúdiāo

れんあい【恋愛-する】 恋爱 liàn'ài；谈恋爱 tán liàn'ài ◆~結婚 恋爱结婚 liàn'ài jiéhūn

れんか【廉価-な】 廉价 liánjià ◆~な商品 廉价品 liánjiàpǐn

れんが【煉瓦】 砖 zhuān ◆~を積み上げる 砌砖 qìzhuān

れんきゅう【連休】 连休 liánxiū ◆飛び石~ 不连续的假日 bù liánxù de jiàrì

レンギョウ【連翹】《植物》连翘 liánqiáo

れんきんじゅつ【錬金術】 炼金术 liànjīnshù；《比喩》集资能力 jízī nénglì

レンゲ【蓮華】 ❶《ハスの花》荷花 héhuā ❷《レンゲソウ》紫云英 zǐyúnyīng ❸《中華料理の匙》调羹 tiáogēng

れんけい【連係-する】 联系 liánxì ◆~プレー 密切协作的工作 mìqiè xiézuò de gōngzuò

れんけつ【連結-する】 联结 liánjié；交接 jiāojiē；连缀 liánzhuì ◆列車を~する 挂钩 guàgōu ◆~器 车钩 chēgōu

れんこ【連呼-する】 连呼 liánhū；连续呼喊 liánxù hūhǎn ◆スローガンを~する 连呼标语 liánhū biāoyǔ

れんご【連語】 词组 cízǔ

れんこう【連行-する】 带走 dàizǒu ◆犯人を~する 带走犯人 dàizǒu fànrén

れんごう【連合-する】 联合 liánhé ◆~軍 联军 liánjūn ◆~政府 联合政府 liánhé zhèngfǔ

れんこん【連根】 藕 ǒu

れんさ【連鎖】 ◆~反应 连锁反应 liánsuǒ fǎnyìng；链式反应 liànshì fǎnyìng

れんざ【連座-する】 连坐 liánzuò；株连 zhūlián ◆~制 连坐制 liánzuòzhì

れんさい【連載-する】 连载 liánzǎi ◆~記事 连载消息 liánzǎi xiāoxi

れんさく【連作-する】 连作 liánzuò ◆サトイモの~ 重茬芋头 chóngchá yùtou ◆三人で一篇の小説を~する 三个人合写一篇小说 sān ge rén héxiě yì piān xiǎoshuō

れんざん【連山】 山峦 shānluán；连绵的群山 liánmián de qúnshān

レンジ 炉灶 lúzào ◆ガス~ 煤气灶 méiqìzào ◆電子~ 微波炉 wēibōlú

れんじつ【連日】连日 liánrì; 连天 liántiān ◆〜連夜 连日连夜 liánrì liányè; 日日夜夜 rìrìyèyè

れんしゃ【連射-する】 连射 liánshè ◆〜砲 连珠炮 liánzhūpào

れんしゅう【練習-する】 练功 liàngōng; 练习 liànxí ◆〜を重ねる 反复练习 fǎnfù liànxí ◆〜問題 习题 xítí

れんしょ【連署-する】 共同签署 gòngtóng qiānshǔ

れんしょう【連勝-する】 连胜 liánshèng ◆3〜する 连胜三次 liánshèng sān cì

レンズ 镜片 jìngpiàn; 透镜 tòujìng ◆〜雲 荚状云 jiázhuàngyún ◆望遠〜 望远镜片 wàngyuǎn jìngpiàn ◆コンタクト〜 隐形眼镜 yǐnxíng yǎnjìng

れんせん【連戦-する】 连续作战 liánxù zuòzhàn ◆〜連勝する 连战连胜 liánzhànliánshèng

れんそう【連想-する】 联想 liánxiǎng

れんぞく【連続-する】 连续 liánxù ◆〜して 接连 jiēlián ◆〜的に 一连 yīlián ◆4日〜で 连续四天 liánxù sì tiān ◆〜ドラマ 连续剧 liánxùjù

レンタカー 租用汽车 zūyòng qìchē ◆〜を借りる 租出赁汽车 zū chūlìn qìchē

れんたつ【練達-の】 干练 gànliàn ◆〜の士 干练之士 gànliàn zhī shì

レンタル 出租 chūzū; 租赁 zūlìn ◆〜ビデオ 出租影像 chūzū yǐngxiàng ◆〜料金 出租费 chūzūfèi

れんたん【煉炭】 蜂窝煤 fēngwōméi

れんだん【連弾-する】 连弹 liántán

レンチ 扳手 bānshou

れんちゅう【連中】 一伙 yīhuǒ

れんどう【連動-する】 联动 liándòng ◆家賃は物価指数に〜する 房租与物价指数联动 fángzū yǔ wùjià zhǐshù liándòng

レントゲン X光 Xguāng ◆〜を撮る 拍摄X光线照片 pāishè X guāngxiàn zhàopiàn

れんにゅう【練乳】 炼乳 liànrǔ

れんねん【連年-の】 连年 liánnián ◆〜の不作 连年的歉收 liánnián de qiànshōu

れんぱ【連覇-する】 连续取得冠军 liánxù qǔdé guànjūn ◆3〜を果たす 连续三次优胜 liánxù sān cì yōushèng; 实现三连冠 shíxiàn sānliánguàn

れんばい【廉売-する】 贱卖 jiànmài ◆特価で〜する 特价贱卖 tèjià jiànmài

れんぱい【連敗-する】 连败 liánbài

れんぱつ【連発-する】 连续发出 liánxù fāchū ◆質問を〜する 连续提问 liánxù tíwèn

れんばん【連判-する】 联合签署 liánhé qiānshǔ ◆〜の公約 联合签署的公约 liánhé qiānshǔ de gōngyuē

れんびん【憐憫】 怜悯 liánmǐn ◆〜の情 怜悯心 liánmǐnxīn

れんぽう【連峰】 丛山 cóngshān; 山岭 shānlǐng

れんぽう【連邦】 联邦 liánbāng ◆〜政府 联邦政府 liánbāng zhèngfǔ

れんま【錬磨-する】 磨炼 móliàn; 磨砺 mólì ◆百戦〜 百战磨炼 bǎizhàn móliàn

れんめい【連盟】 联盟 liánméng ◆〜に加入する 参加联盟 cānjiā liánméng

れんめい【連名-の】 联名 liánmíng

れんめん【連綿-と】 连绵不断 liánmián búduàn ◆〜と続く山脈 绵亘的山脉 miángèn de shānmài

れんや【連夜】 连夜 liányè; 每夜 měiyè

れんらく【連絡-する】 ❶《通知》联系 liánxì ◆〜をつける 串通 chuàntōng ◆〜をとる 联络 liánluò ◆〜網 联络网 liánluòwǎng ❷《接続》连接 liánjiē ◆電車の〜が悪い 电车连接不顺利 diànchē liánjiē bú shùnlì ◆〜船 渡轮 dùlún; 轮渡 lúndù ◆〜橋 连运桥 liányùnqiáo

れんりつ【連立-する】 联立 liánlì ◆〜内閣 联合政府 liánhé zhèngfǔ ◆〜政権 联合政权 liánhé zhèngquán ◆〜方程式 联立方程 liánlì fāngchéng

ろ

ろ【櫓】櫓 lǔ ♦～を漕ぐ 摇橹 yáo lǔ
ろ【炉】火炉 huǒlú；炉子 lúzi ♦原子～ 核反应堆 héfǎnyìngduī
ロイヤリティー 专利使用费 zhuānlì shǐyòngfèi；版权费 bǎnquánfèi
ロイヤルゼリー 王浆 wángjiāng；蜂乳 fēngrǔ
ろう【労】劳苦 láokǔ ♦～をねぎらう 慰劳 wèiláo ♦～を惜しまない 不辞劳苦 bùcí láokǔ；卖力气 mài lìqi
ろう【蠟】蜡 là ♦～が垂れる 淌下蜡油 tǎngxià làyóu ♦～人形 蜡像 làxiàng
ろう【牢】监狱 jiānyù
ろうあ【聾唖】聋哑 lóngyǎ
ろうえい【漏洩-する】泄露 xièlòu ♦機密を～する 泄露机密 xièlòu jīmì
ろうえき【労役】劳役 láoyì ♦～に服する 服劳役 fú láoyì
ろうか【廊下】走廊 zǒuláng；过道 guòdào ♦渡り～ 游廊 yóuláng
ろうか【老化-する】老化 lǎohuà ♦～現象 老化现象 lǎohuà xiànxiàng
ろうかい【老獪-な】老奸巨滑 lǎojiān jùhuá ♦～な手法 狡猾的手法 jiǎohuá de shǒufǎ
ろうかく【楼閣】楼阁 lóugé ♦砂上の～ 沙上楼阁 shāshàng lóugé
ろうがっこう【聾学校】聋人学校 lóngrén xuéxiào
ろうがん【老眼】花眼 huāyǎn；老花眼 lǎohuāyǎn；老视眼 lǎoshìyǎn ♦～鏡 花镜 huājìng
ろうきゅう【老朽】老朽 lǎoxiǔ ♦～家屋 破旧的房屋 pòjiù de fángwū ♦～化する 老朽化 lǎoxiǔhuà
ろうきょう【老境】老境 lǎojìng；桑榆暮景 sāng yú mù jǐng ♦～に近づく 垂暮 chuímù ♦～に至る 进入老境 jìnrù lǎojìng
ろうく【労苦】劳苦 láokǔ ♦～に耐える 耐劳 nàiláo ♦～に報いる 报偿劳苦 bàocháng láokǔ ♦～をいとわない 不厌劳苦 búyàn láokǔ
ろうけつぞめ【臈纈染め】蜡染 làrǎn
ろうご【老後】晩年 wǎnnián ♦～を過ごす 养老 yǎnglǎo；度过晚年 dùguò wǎnnián ♦～の楽しみ 晚年的乐趣 wǎnnián de lèqù ♦～の設計を立てる 规划晚年 guīhuà wǎnnián
ろうこう【老巧-な】老练 lǎoliàn ♦～なやり口 老练的做法 lǎoliàn de zuòfǎ
ろうごく【牢獄】监牢 jiānláo；牢狱 láoyù ♦～に入る 坐牢 zuòláo
ろうさい【労災】♦～保険 工人灾害赔偿保险 gōngrén zāihài péicháng bǎoxiǎn
ろうさく【労作】劳作 láozuò；精心的创作 jīngxīn de chuàngzuò ♦多年の～ 经过多年的劳作 jīngguò duōnián de láozuò
ろうし【労使】劳资 láozī ♦～関係 劳资关系 láozī guānxi ♦～協調 劳资协调 láozī xiétiáo ♦～紛争 劳资纠纷 láozī jiūfēn
ろうしゅう【老醜】老丑 lǎochǒu ♦～をさらす 丢老丑 diū lǎochǒu
ろうじゅく【老熟-する】圆熟 yuánshú；老练 lǎoliàn ♦～した作品 熟练的作品 shúliàn de zuòpǐn
ろうじょ【老女】老年妇女 lǎonián fùnǚ
ろうしょう【朗唱-する】朗诵 lǎngsòng
ろうじょう【籠城-する】困守孤城 kùnshǒu gūchéng
ろうじん【老人】老年人 lǎoniánrén；老人 lǎorén ♦～ホーム 养老院 yǎnglǎoyuàn；敬老院 jìnglǎoyuàn
ろうすい【老衰-する】衰老 shuāilǎo ♦～死 老死 lǎosǐ
ろうすい【漏水-する】漏水 lòushuǐ
ろうする【弄する】耍 shuǎ；玩 wán ♦策を～ 玩弄手段 wánnòng shǒuduàn；耍花招 shuǎ huāzhāo
ろうせい【老成-する】老气 lǎoqì；老成 lǎochéng
ろうぜき【狼籍】狼藉 lángjí；野蛮 yěmán ♦～を働く 行为粗暴 xíngwéi cūbào ♦～者 粗暴的家伙 cūbào de jiāhuo
ろうせずして【労せずして】♦～手に入れる《他人の成果を》不劳而获 bù láo ér huò
ろうそく【蠟燭】蜡 là；蜡烛 làzhú ♦～立て 蜡扦 làqiān ♦～の炎 烛花 zhúhuā ♦～をつける 点蜡烛 diǎn làzhú
ろうたい【老体】老人 lǎorén；老躯 lǎoqū ♦ご～《老人への敬称》老人家 lǎorenjia；老太爷 lǎotàiyé
ろうちん【労賃】工钱 gōngqian
ろうでん【漏電】漏电 lòudiàn；跑电 pǎodiàn ♦～事故 漏电事故 lòudiàn shìgù
ろうとう【郎党】从者 cóngzhě ♦一族～ 一家老小 yìjiā lǎoxiǎo
ろうどう【労働-する】工作 gōngzuò；劳动 láodòng；做活儿 zuòhuór ♦肉体～ 体力劳动 tǐlì láo-

ろうどうくみあい ― ろくでなし

dòng ♦～災害 工伤 gōngshāng ♦～時間 劳动时间 láodòng shíjiān ♦～条件 劳动条件 láodòng tiáojiàn ♦～生産性 生产率 shēngchǎnlǜ ♦～日数 工作日 gōngzuòrì ♦～力 劳力 láolì；人工 réngōng

ろうどうくみあい【労働組合】 工会 gōnghuì ♦～委員長 工会主席 gōnghuì zhǔxí

ろうどうしゃ【労働者】 职工 zhígōng ♦～階級 工人阶级 gōngrén jiējí

ろうどく【朗読-する】 朗读 lǎngdú

ろうにゃくなんにょ【老若男女】 男女老少 nánnǚ lǎoshào

ろうにん【浪人-する】《入社・入学の》♦～生 失学的学生 shīxué de xuésheng ♦就職～ 待业青年 dàiyè qīngnián；《無職》无业人 wúyèrén

ろうねん【老年】 老年 lǎonián；垂暮之年 chuímù zhī nián ♦～期 老境 lǎojìng

ろば【老婆】 老太婆 lǎotàipó

ろうばい【狼狽-する】 心慌 xīn huāng；惊慌失措 jīnghuāng shīcuò

ロウバイ【臘梅】 腊梅 làméi

ろうはいぶつ【老廃物】 体内的废物 tǐnèi de fèiwù

ろうひ【浪費-する】 浪费 làngfèi ♦時間の～ 时间的浪费 shíjiān de làngfèi

ろうほう【朗報】 好消息 hǎo xiāoxi；喜报 xǐbào ♦～が届く 传来好消息 chuánlái hǎo xiāoxi

ろうまん【浪漫】 浪漫 làngmàn ♦～主義 浪漫主义 làngmàn zhǔyì ♦～派 浪漫派 làngmànpài

ろうむ【労務】 劳务 láowù ♦～者 劳动者 láodòngzhě

ろうらく【籠絡-する】 拉拢 lālǒng；笼络 lǒngluò

ろうりょく【労力】 劳力 láolì；人手 rénshǒu ♦～を惜しむ 吝惜出力 lìnxī chūlì ♦～を提供する 供给劳力 gōngjǐ láolì

ろうれい【老齢-の】 高龄 gāolíng；年迈 niánmài ♦～化社会 高龄化社会 gāolínghuà shèhuì

ろうれん【老練-な】 老练 lǎoliàn；熟练 shúliàn

ろうろう【朗々-たる】 洪亮 hóngliàng；嘹亮 huòliàng

ろえい【露営-する】 露营 lùyíng ♦～地 野营地 yěyíngdì

ローカル-な 地方 dìfāng ♦～線 支线 zhīxiàn ♦～ニュース 地方新闻 dìfāng xīnwén ♦～カラー 乡土气息 xiāngtǔ qìxī；地方色彩 dìfāng sècǎi

ローション 化妆水 huàzhuāngshuǐ ♦～を塗る 擦药水 cā yàoshuǐ ♦ヘアー～ 整发香水 zhěngfà xiāngshuǐ

ロース 里脊肉 lǐjǐròu ♦～ハム 里脊肉火腿 lǐjǐròu huǒtuǐ

ロースト 烤肉 kǎoròu ♦～チキン 烤鸡 kǎojī ♦～ビーフ 烤牛肉 kǎoniúròu

ロータリー 《円形交差点》转盘 zhuànpán；环形岛 huánxíngdǎo；交通岛 jiāotōngdǎo

ロータリーエンジン 转缸式发动机 zhuàngāngshì fādòngjī

ローテーション 轮班 lúnbān；轮流 lúnliú ♦～を組む 组成轮班 zǔchéng lúnbān

ロードショー 专场放映 zhuānchǎng fàngyìng

ローヒール 低跟鞋 dīgēnxié

ロープ 绳索 shéngsuǒ；缆绳 lǎnshéng

ロープウエイ 钢丝索道 gāngsī suǒdào；缆车 lǎnchē

ローマ 罗马 Luómǎ ♦～は一日にして成らず 罗马非朝夕建成 Luómǎ fēi zhāoxī jiànchéng ♦～字 拉丁字母 Lādīng zìmǔ ♦～数字 罗马数字 Luómǎ shùzì ♦～帝国 罗马帝国 Luómǎ Dìguó ♦～法王 罗马教皇 Luómǎ jiàohuáng

ローラー 滚杠 gǔngàng；辊子 gǔnzi ♦～スケート 旱冰 hànbīng

ローリング 左右摇晃 zuǒyòu yáohuàng

ローン 贷款 dàikuǎn；借款 jièkuǎn ♦住宅～ 住宅贷款 zhùzhái dàikuǎn

ろか【濾過-する】 过滤 guòlǜ ♦～器 过滤器 guòlǜqì

ろかた【路肩】 路边 lùbiān

ろく【六】 六 liù；(大字)陆 liù

ろく【碌-な】 像样 xiàngyàng ♦～なおかずがない 没有像样的菜 méiyǒu xiàngyàng de cài ♦～なものではない 不是好东西 búshì hǎo dōngxi；没什么了不起的 méi shénme liǎobuqǐ de

ログ《原木》原木 yuánmù；圆木 yuánmù ♦～ハウス 木屋 mùwū

ろくおん【録音-する】 录音 lùyīn ♦～テープ 录音带 lùyīndài；磁带 cídài ♦～放送 录音广播 lùyīn guǎngbō

ろくが【録画-する】 录像 lùxiàng

ろくがつ【六月】 六月 liùyuè

ろくしょう【緑青】 铜绿 tónglǜ

ろくでなし【碌で無し】 废物 fèiwù；二流子 èrliúzi；草包 cǎobāo ♦この～め！ 你这个窝囊废 nǐ zhège wō-

nangfèi
ろくでもない【碌でもない】 无聊 wúliáo；不正经 bú zhèngjing ♦ ～話 屁话 pìhuà ♦ ～男 无用的家伙 wúyòng de jiāhuo
ろくまく【肋膜】 胸膜 xiōngmó ♦ ～炎 肋膜炎 lèimóyán；胸膜炎 xiōngmóyán
ろくろ【轆轤】 辘轳 lùlú ♦ ～を回す 转辘轳 zhuǎn lùlú
ロケーション 《映画》外景拍摄 wàijǐng pāishè ♦ 絶好の～ 绝好的地点 juéhǎo de dìdiǎn
ロケット ❶《推进装置などの》火箭 huǒjiàn ♦ ～砲 火箭炮 huǒjiànpào ♦ ～エンジン 火箭发动机 huǒjiàn fādòngjī ❷《装身具》项链盒 xiàngliànhé
ロケハン 采外景 cǎi wàijǐng
ろけん【露見】 ❶ 败露 bàilù ♦ 悪事が～する 罪恶暴露 zuìwù bàolù
ロココちょう【ロココ調-の】 洛可可式 luòkěkěshì
ろこつ【露骨-な】 露骨 lùgǔ；毫无掩饰 háowú yǎnshì ♦ ～に言う 说露骨的话 shuō lùgǔ de huà
ろじ【路地】《家と家の間の》胡同 hútòng；巷 xiàng ♦ ～裏 胡同里头 hútòng lǐtou
ろじ【路地】《屋根などのない》露天的地面 lùtiān de dìmiàn ♦ ～栽培のきゅうり 露地栽培的黄瓜 lùdì zāipéi de huángguā
ロシア【国名】 俄罗斯 Éluósī ♦ ～語 俄语 Éyǔ ♦ ～連邦 俄罗斯联邦 Éluósī Liánbāng
ロジック【路線】 逻辑 luójí ♦ 妙な～を振り回す 搞诡辩 gǎo guǐbiàn
ろしゅつ【露出-する】 ❶《現す》露出 lùchū ❷《裸露》裸露 luǒlù ❷《写真の》～が不足する 曝光不够 bàoguāng bùgòu ♦ ～計 曝光表 bàoguāngbiǎo
ろじょう【路上】 路上 lùshang；街上 jiēshàng ♦ ～駐車 路上停车 lùshang tíngchē
ロス《無駄》损耗 sǔnhào；消费 xiāofèi ♦ ～が出る 发生损耗 fāshēng sǔnhào ♦ 時間の～ 时间的损失 shíjiān de sǔnshī
ろせん【路線】 ❶《交通》线路 xiànlù；辙 zhé ♦ バス～ 公共汽车线路 gōnggòng qìchē xiànlù ♦ ～図 线路表 xiànlùbiǎo ❷《方針》路线 lùxiàn；道路 dàolù ♦ ～を変更する 变更路线 biàngēng lùxiàn ♦ 平和～ 和平路线 hépíng lùxiàn
ロッカー《棚》橱柜 chúguì；衣柜 yīguì ♦ ～ルーム 更衣室 gēngyīshì ♦ コイン～ 投币式自动橱柜 tóubìshì zìdòng chúguì
ろっかく(けい)【六角(形)】 六角 liùjiǎo
ろっかん【肋間】 ♦ ～神経痛 肋间神经痛 lèijiān shénjīngtòng
ロック-する 锁定 suǒdìng
ロックアウト 关闭工厂 guānbì gōngchǎng
ロッククライミング 爬岩石 pá yánshí
ロックンロール 摇摆舞 yáobǎiwǔ；摇滚乐 yáogǔnyuè
ろっこつ【肋骨】 肋骨 lèigǔ ♦ ～を折る 折断肋骨 shéduàn lèigǔ
ロッジ 山中小房 shānzhōng xiǎofáng
ろっぽうぜんしょ【六法全書】 六法全书 liùfǎ quánshū
ろてい【路程】 路程 lùchéng ♦ ～表 路程表 lùchéngbiǎo
ろてい【露呈-する】 暴露 bàolù ♦ 矛盾が～する 矛盾暴露出来 máodùn bàolùchūlai
ろてん【露天-の】 露天 lùtiān；野外 yěwài ♦ ～風呂 露天浴池 lùtiān yùchí ♦ ～掘り鉱山 露天矿 lùtiānkuàng
ろてん【露店】 摊 tān；摊子 tānzi ♦ ～を出す 摆摊子 bǎi tānzi ♦ ～商 摊贩 tānfàn
ろとう【路頭】 路边 lùbiān ♦ ～に迷う 流落街头 liúluò jiētóu；穷困潦倒 qióngkùn liáodǎo
ロバ【驢馬】 驴 lǘ；驴子 lǘzi
ロハス(LOHAS) 乐活 lèhuó
ろばん【路盤】 路基 lùjī ♦ ～がゆるむ 路基松弛 lùjī sōngchí
ロビー 门厅 méntīng；休息厅 xiūxitīng ♦ ～活動 院外活动 yuànwài huódòng
ロブスター 龙虾 lóngxiā
ろぼう【路傍-の】 路旁 lùpáng ♦ ～の人 路人 lùrén
ロボット ❶《機械》机器人 jīqìrén；机械人 jīxièrén ❷《人についての比喩》軍部の～ 军部的傀儡 jūnbù de kuǐlěi
ロマネスク 罗马式风格 Luómǎshì fēnggé
ロマンス 罗曼司 luómànsī ♦ ～語派 罗曼语族 Luómànyǔzú
ロマンチシズム 浪漫主义 làngmàn zhǔyì
ロマンチック-な 浪漫 làngmàn；传奇似的 chuánqí shìde ♦ ～な物語 浪漫的故事 làngmàn de gùshi
ろめん【路面】 路面 lùmiàn ♦ ～が凍結する 路面冻冰 lùmiàn dòngbīng ♦ ～電車 有轨电车 yǒuguǐ diànchē
ろれつ【呂律】 ♦ ～が回らない 口齿

不清 kǒu chī bù qīng
ろん【論】 议论 yìlùn ◆～が分かれる 意见有分歧 yìjiàn yǒu fēnqí ◆～より証拠 事实胜于雄辩 shìshí shèngyú xióngbiàn
ろんがい【論外-の】 不值一提 bù zhí yì tí
ろんぎ【論議-する】 讨论 tǎolùn；辩论 biànlùn；商榷 shāngquè ◆～を尽くす 充分进行讨论 chōngfèn jìnxíng tǎolùn ◆～を呼ぶ 引起辩论 yǐnqǐ biànlùn
ろんきょ【論拠】 论据 lùnjù；论证 lùnzhèng ◆～を示す 出示论据 chūshì lùnjù
ロングスカート 长裙 chángqún
ロングセラー 长期畅销书[商品] chángqī chàngxiāo shū[shāngpǐn]
ろんご【論語】 论语 Lúnyǔ
ろんこく【論告-する】 ◆～求刑 论罪求刑 lùnzuì qiúxíng
ろんし【論旨】 论点 lùndiǎn ◆～をまとめる 整理论点 zhěnglǐ lùndiǎn
ろんじゅつ【論述-する】 阐述 chǎnshù；论述 lùnshù
ろんしょう【論証-する】 论证 lùnzhèng
ろんじる【論じる】 谈论 tánlùn；议论 yìlùn
ろんせつ【論説】 论说 lùnshuō；《新聞の》社论 shèlùn ◆～文 论说文 lùnshuōwén ◆～委员 评论员 pínglùnyuán
ろんせん【論戦】 论战 lùnzhàn ◆激しい～ 激烈的论战 jīliè de lùnzhàn
ろんそう【論争-する】 论战 lùnzhàn；论争 lùnzhēng ◆～して譲らない 争执 zhēngzhí；争论不休 zhēnglùn bù xiū
ろんだい【論題】 论题 lùntí
ろんだん【論壇】 论坛 lùntán
ろんだん【論断】 论断 lùnduàn
ろんちょう【論調】 论调 lùndiào ◆厳しい～ 严厉论调 yánlì lùndiào
ろんてき【論敵】 论敌 lùndí
ろんてん【論点】 论点 lùndiǎn
ロンド 回旋曲 huíxuánqǔ
ろんなん【論難-する】 论难 lùnnàn；责难 zénàn ◆互いに～する 互相论难 hùxiāng lùnnàn
ろんぱ【論破-する】 驳倒 bódǎo ◆～できない強固な理論 颠扑不破的理论 diānpū bú pò de lǐlùn
ろんばく【論駁-する】 批驳 pībó；辩驳 biànbó；反驳 fǎnbó
ろんぴょう【論評-する】 议论 yìlùn；评论 pínglùn；述评 shùpíng ◆～を加える 加以评论 jiāyǐ pínglùn
ろんぶん【論文】 论文 lùnwén ◆～集 论文集 lùnwénjí ◆卒業～ 毕业论文 bìyè lùnwén ◆博士～ 博士论文 bóshì lùnwén
ろんぽう【論法】 论法 lùnfǎ ◆三段～ 三段论法 sānduàn lùnfǎ
ろんり【論理】 论理 lùnlǐ；逻辑 luóji ◆～的 合乎逻辑的 héhū luóji de ◆～学 逻辑学 luójixué ◆～的思考 逻辑思维 luóji sīwéi

わ

わ【輪】 ❶《円形》圈儿 quānr；环儿 huánr ♦～を描いて飛ぶ 飞旋 fēixuán ❷《土星などの》光环 guānghuán ❸《つながり》友情の～ 友谊的连环 yǒuyì de liánhuán ❹《比喩》…に～を掛けて 夸大其词 kuādà qící

わ【和】 ❶《仲良くする》和睦 hémù；和好 héhǎo ♦グループの～ 集体内的和谐 jítǐnèi de héxié ♦～を以って尊しと為す 以和为贵 yǐ hé wéi guì ❷《計算の》和数 héshù；总和 zǒnghé

-わ【-羽】 只 zhī ♦1～のニワトリ 一只鸡 yì zhī jī

-わ【-把】 把 bǎ；捆 kǔn ♦1～のニラ 一把韭菜 yì bǎ jiǔcài

ワーカホリック 工作中毒 gōngzuò zhòngdú

ワーキンググループ 工作小组 gōngzuò xiǎozǔ

ワークショップ 研讨会 yántǎohuì；讲习会 jiǎngxíhuì

ワークブック 习题集 xítíjí

ワースト 最坏 zuìhuài

ワープロ 文字处理机 wénzì chǔlǐjī

ワールドカップ 世界杯赛 shìjièbēisài

ワールドワイドウェブ（WWW） 万维网 Wànwéiwǎng

わいきょく【歪曲-する】 歪曲 wāiqū ♦事実を～する 歪曲事实 wāiqū shìshí

ワイシャツ 衬衫 chènshān

わいしょう【矮小-な】 矮小 ǎixiǎo ♦～化する 矮小化 ǎixiǎohuà

わいせつ【猥褻-な】 淫秽 yínhuì；猥亵 wěixiè ♦～物 猥亵物 wěixièwù ♦～テープ 黄色带子 huángsè dàizi

わいだん【猥談】 下流话 xiàliúhuà；荤话 hūnhuà；荤段子 hūnduànzi

ワイドショー 电视上的娱乐性报道节目 diànshìshang de yúlèxìng bàodào jiémù

ワイドスクリーン 宽银幕 kuān yínmù

ワイドばん【ワイド版】 大型版本 dàxíng bǎnběn

ワイパー 《车の》揩抹器 kāimǒqì；刮雨器 guāyǔqì

ワイヤ 钢丝 gāngsī ♦～グラス 夹丝玻璃 jiāsī bōli

ワイヤレス 无线电 wúxiàndiàn ♦～マイク 无线麦克风 wúxiàn màikèfēng

わいろ【賄賂】 贿赂 huìlù ♦～を贈る行為 行贿 xínghuì；贿赂 huìlù ♦～を受ける 受贿 shòuhuì；贪污 tānwū ♦～を要求する 要求贿赂 yāoqiú huìlù

わいわい 哇啦 wālā ♦～うるさい 乱哄哄 luànhōnghōng ♦～騒ぐ 闹哄 nàohong

ワイン 葡萄酒 pútaojiǔ ♦赤[白]～ 红[白]葡萄酒 hóng[bái] pútaojiǔ ♦～グラス 葡萄酒杯 pútaojiǔbēi ♦～カラー 暗红色 ànhóngsè

わえいじてん【和英辞典】 日英词典 Rì Yīng cídiǎn

わおん【和音】 和音 héyīn ♦不協～ 不协和音 bù xié héyīn

わか【和歌】 和歌 hégē ♦～を詠む 做和歌 zuò hégē

わかい【若い】 年轻 niánqīng ♦～頃 早年 zǎonián ♦～衆 小伙子 xiǎohuǒzi ♦～人 年轻人 niánqīngrén ♦～盛り 正当年 zhèng dāngnián ♦若く見える 显得年轻 xiǎnde niánqīng ♦気が～ 朝气蓬勃 zhāoqì péngbó ♦まだ～《未熟》到底还是幼稚啊 dàodǐ háishi yòuzhì a

わかい【和解-する】 和解 héjiě；讲和 jiǎnghé

わがい【我が意】 ♦～を得る 正合我意 zhèng hé wǒ yì

わかおくさま【若奥様】 少奶奶 shàonǎinai

わかがえり【若返り】 返老还童 fǎnlǎo huántóng ♦～の秘訣 返老还童的秘诀 fǎnlǎo huántóng de mìjué ♦チームの～を図る 要使队年轻化 yào shǐ duì niánqīnghuà

わかがえる【若返る】 变年轻 biàn niánqīng ♦気分が～ 心情年轻起来 xīnqíng niánqīngqǐlai

わかくさ【若草】 嫩草 nèncǎo

わかげ【若気】 ♦～の至りで 因年轻气盛 yīn niánqīng qìshèng；因为过于幼稚 yīnwèi guòyú yòuzhì

わかさ【若さ】 年轻 niánqīng ♦～を保つ 保持青春 bǎochí qīngchūn ♦～を取り戻す 拿回青春 náhuí qīngchūn

わかじに【若死に-する】 夭折 yāozhé；早死 zǎosǐ

わかしらが【若白髪】 少白头 shàobáitou

わかす【沸かす】 ♦湯を～ 烧开水 shāokāi shuǐ ♦観衆を～ 使观众沸腾 shǐ guānzhòng fèiténg

わかだんな【若旦那】 大少爷 dà-shàoye；少爷 shàoye

わかちあう【分かち合う】 分担 fēndān；分享 fēnxiǎng ♦喜びを～ 共同喜悦 gòngtóng xǐyuè

わかて【若手】年轻人 niánqīngrén ♦～を起用する 起用青年 qǐyòng qīngnián
わかば【若葉】嫩叶 nènyè ♦～が萌える 发出嫩叶 fāchū nènyè
わがまま【我儘-な】放肆 fàngsì；任性 rènxìng；恣意 zìyì ♦～に育てる 惯纵 guànzòng ♦～に振る舞う 逞性 chěngxìng ♦～放题的恣意妄为 zìyì wàngwéi ♦～を通す 固执任性 gùzhí rènxìng
わがみ【我が身】自己 zìjǐ ♦～を捨てる 舍身 shěshēn ♦～を振り返る 反躬自问 fǎn gōng zì wèn ♦明日は～ 明天或许自身难保 míngtiān huòxǔ zìshēn nánbǎo
わかめ【若芽】嫩芽 nènyá
ワカメ【若[和]布】裙带菜 qúndàicài
わかもの【若者】年青人 niánqīngrén；青年 qīngnián
わがものがお【我が物顔】 ♦～に振る舞う 旁若无人 páng ruò wú rén；唯我独尊 wéi wǒ dú zūn
わがよのはる【我が世の春】春风得意 chūnfēng déyì
わからずや【分からず屋】不懂情理的人 bùdǒng qínglǐ de rén
わかり【分かり】♦～がいい［早い］一听就懂 yì tīng jiù dǒng ♦～が悪い［遅い］很难领会 hěn nán lǐnghuì
わかりきった【分かり切った】明明白白的 míngmíngbáibái de；谁都明白的 shéi dōu míngbai de
わかりにくい【分かり難い】费解 fèijiě；难懂 nándǒng
わかりやすい【分かり易い】平易 píngyì；浅易 qiǎnyì ♦分かりやすく説明する 深入浅出地说明 shēn rù qiǎn chū de shuōmíng
わかる【分かる】理会 lǐhuì；理解 lǐjiě；明白 míngbai；懂 dǒng ♦よくわかっている 清清楚楚 qīngqīngchǔchǔ
わかれ【別れ】分别 fēnbié；离别 líbié ♦～を告げる 告别 gàobié；道别 dàobié ♦～を惜しむ 惜别 xībié
わかればなし【別れ話】♦～を持ち出す 提出分手 tíchū fēnshǒu
わかれみち【分かれ道】岔口 chàkǒu；岐路 qílù
わかれる【分かれる】❶《分岐》岔开 chàkāi；分开 fēnkāi ❷《区分》划分 huàfēn；分别 fēnbié
わかれる【別れる】告别 gàobié；离别 líbié
わかれわかれ【別れ別れ-に】分别 fēnbié ♦～に暮らす 分头居住 fēntóu jūzhù
わかわかしい【若々しい】朝气蓬勃 zhāoqì péngbó ♦～服装 显得年轻的服装 xiǎnde niánqīng de fúzhuāng

わき【脇】腋下 yèxià ♦～にかかえる 夹在腋下 jiāzài yèxià ♦話が～にそれる 话说得离题 huà shuōde lítí ♦～が甘い 不善于保护自己 bú shànyú bǎohù zìjǐ
わぎ【和議】和谈 hétán ♦～を結ぶ 言和 yánhé；媾和 gòuhé
わきあいあい【和気藹々】一团和气 yì tuán hé qì
わきあがる【沸き上がる】♦湯が～ 水滚起来 shuǐ gǔnqilai ♦歓声が～ 欢声沸腾起来 huānshēng fèiténgqilai
わきが【腋臭】狐臭 húchòu；腋臭 yèchòu
わきかえる【沸き返る】♦場内が～ 场内沸腾 chǎngnèi fèiténg
わきげ【腋毛】腋毛 yèmáo
わきたつ【沸き立つ】沸腾 fèiténg ♦～気持ち 心潮滚滚 xīncháo gǔngǔn ♦勝利に～ 因得胜利而欢腾 yīn dé shènglì ér huānténg
わきでる【湧き出る】涌出 yǒngchū ♦温泉が～ 涌出温泉 yǒngchū wēnquán ♦勇気が～ 涌出勇气 yǒngchū yǒngqì
わきのした【腋の下】夹肢窝 gāzhiwō
わきばら【脇腹】侧腹 cèfù
わきまえる【弁える】♦礼儀を～ 懂得礼貌 dǒngde lǐmào ♦身のほどを～ 知道自量 zhīdào zìliàng
わきみ【脇見-をする】往旁边看 wǎng pángbiān kàn ♦～運転 漫不经心地开车 màn bù jīng xīn de kāichē
わきみち【脇道】♦車が～にそれる 汽车走进岔道 qìchē zǒujìn chàdào ♦話が～にそれる 跑题 pǎotí；离题 lítí
わきめもふらず【脇目もふらず】专心一意 zhuānxīn yíyì；全神贯注 quán shén guàn zhù
わきやく【脇役】配角 pèijué；配演 pèiyǎn ♦～を演じる 配戏 pèixì；配演 pèiyǎn ♦～名～ 名配角 míng pèijué ♦～を務める 充当配角 chōngdāng pèijué ♦～に徹する 坚持演配角 jiānchí yǎn pèijué
わぎり【輪切り】圆片 yuánpiàn ♦～にする 切成圆片 qiēchéng yuánpiàn
わく【枠】边框 biānkuàng ♦～で囲む 框 kuàng ♦～にはまらない 不落窠臼 bú luò kējiù ♦～にはめる 以框束缚 yǐ kuàng shùfù
わく【沸く】❶《お湯などが》开 kāi；沸

腾 fēiténg ♦風呂が～ 洗澡水烧开 xǐzǎoshuǐ shāokāi ❷《反響・熱狂》兴奋 xīngfèn ♦観客が～ 观众激动 guānzhòng jīdòng

わく【湧く】❶《涌き出る》泉が～ 泉水涌出 quánshuǐ yǒngchū ♦涙が～ 眼泪喷出 yǎnlèi pēnchū ❷《盛んに起こる》♦興味が～ 产生兴趣 chǎnshēng xìngqù ♦自信が～ 产生信心 chǎnshēng xìnxīn ♦希望が～ 发生希望 fāshēng xīwàng ❸《繁殖する》♦ボウフラが～ 生子孓 shēng jiéjué

わくぐみ【枠組み】❶《物の縁》框框 kuàngkuang ♦～を作る 做框架 zuò kuàngjià ♦鉄の～ 铁框架 tiě kuàngjià ❷《物事の仕組み》♦予算の～を作る 设计预算的大纲 shèjì yùsuàn de dàgāng

わくせい【惑星】行星 xíngxīng ♦～の軌道 行星轨道 xíngxīng guǐdào

ワクチン【疫苗 yìmiáo ♦インフルエンザの～ 流行性感冒的疫苗 liúxíngxìng gǎnmào de yìmiáo ♦～を注射する 接种疫苗 jiēzhòng yìmiáo

ワクチンソフト《コンピュータ》杀毒软件 shādú ruǎnjiàn

わけ【訳】❶《意味・内容》意思 yìsi ♦～がわからない 莫名其妙 mò míng qí miào；摸不着头脑 mōbuzháo tóunǎo ❷《理由》理由 lǐyóu；缘故 yuángù ♦～もなく 无缘无故 wúyuánwúgù ♦～を話せ 你说说为什么 nǐ shuōshuo wèi shénme

わけあう【分け合う】分享 fēnxiǎng；分担 fēndān

わけあたえる【分け与える】分发 fēnfā；分给 fēngěi

わけいる【分け入る】钻进 zuānjìn；拨开 bōkāi ♦人垣に～ 拨开人群 bōkāi rénqún ♦森深く～ 深进森林里 shēnjìn sēnlínli

わけげき【話劇】话剧 huàjù

わけない【訳ない】容易 róngyì；简单 jiǎndān ♦～事である 那很简单 nà hěn jiǎndān ♦訳なくやってのける 轻而易举地做 qīng ér yì jǔ de zuò

わけへだて【分け隔て】♦～しない 不歧视 bù qíshì；一视同仁地对待 yí shì tóng rén de duìdài

わけまえ【分け前】份儿 fènr；分配额 fēnpèi'é ♦～をもらう 拿自己的份儿 ná zìjǐ de fènr ♦～を要求する 要份儿 yào fènr

わけめ【分け目】界线 jièxiàn；关头 guāntou ♦髪に～をつける 把头发分成界线 bǎ tóufa fēnchéng jièxiàn

わける【分ける】♦等分に～ 均分 jūnfēn ♦遺産を～ 分遗产 fēn yíchǎn ♦本を分野別に～ 把书按领域分类 bǎ shū àn lǐngyù fēnlèi ♦けんかを～ 仲裁文口角 kǒujuézhě ♦人波を～ 分开人潮 fēnkāi réncháo ♦草の根分けても 就是走遍天南地北 jiùshì zǒubiàn tiān nán dì běi

わごむ【輪ゴム】橡皮筋 xiàngpíjīn；橡皮圈儿 xiàngpíquānr

ワゴン❶《ワゴン車》运货车 yùnhuòchē ❷《手押し車》手推车 shǒutuīchē ♦～サービス 推车销售 tuīchē xiāoshòu

わざ【業】【技】技艺 jìyì；技能 jìnéng：本領 běnlǐng ♦～をこらした 精致 jīngzhì ♦～を練る 练功 liàngōng ♦人間～とは思えない 远远超过人为 yuǎnyuǎn chāoguò rénwéi

わさい【和裁】日式剪裁 Rìshì jiǎncái

わざと【態と】故意 gùyì；存心 cúnxīn

わざとらしい【態とらしい】不自然 bú zìrán；做作 zuòzuo ♦～態度をとる 装腔作势 zhuāngqiāng zuòshì ♦～微笑 做作的微笑 zuòzuo de wēixiào

わさび【山葵】山崎菜 shānyúcài ♦～おろし 辣根末 làgēnmò ♦～のきいた 辛辣 xīnlà：尖锐 jiānruì

わざわい【災い［禍］】灾祸 zāihuò；灾难 zāinàn ♦～する 作祟 zuòsuì ♦～をもたらす 引起祸害 yǐnqǐ huòhài ♦～の元 病根 bìnggēn；祸根 huògēn ♦豊をさびて 灾祸变成为灾祸 fùyù chéngwéi zāihuò ♦～転じて福と為す 转祸为福 zhuǎn huò wéi fú

わざわざ【態々】特地 tèdì；特意 tèyì ♦～見送りにいく 特意去送别 tèyì qù sòngbié

わし【和紙】日本纸 Rìběnzhǐ

ワシ【鷲】雕 diāo；鹫 jiù

わしづかみ【鷲掴み～にする】猛抓 měngzhuā ♦札束を～にする 猛抓票子 měngzhuā piàozi

わじゅつ【話術】说话技巧 shuōhuà jìqiǎo ♦～が巧みだ 善于辞令 shànyú cílìng；口才很好 kǒucái hěn hǎo

わしょく【和食】日餐 rìcān

わずか【僅か～な】❶《少ない》♦～な金《かね》一点儿钱 yìdiǎnr qián ♦～な事 小小的事 xiǎoxiǎo de shì ♦夏休みもあと残り～となった 暑假剩下不几天了 shǔjià shèngxià bù jǐ tiān le ❷《時間》片刻 piànkè ♦～の差 微少的差 wēishǎo de chā ♦

〜1か月で 仅仅一个月就… jǐnjǐn yí ge yuè jiù...　❷《かすか》细微 xīwēi ◆〜な光 微微的光明 wēiwēi de guāngmíng

わずらう【患う】患病 huànbìng ◆胸を〜 患肺病 huàn fèibìng ◆思い〜 苦恼 kǔnǎo

わずらわしい【煩わしい】麻烦 máfan; 累赘 léizhui ◆煩わしく思う 厌烦 yànfán ◆〜手続き 繁琐的手续 fánsuǒ de shǒuxù

わずらわす【煩わす】麻烦 máfan; 烦扰 fánrǎo ◆お手数を〜せますが 麻烦您… máfan nín...

わすれがたみ【忘れ形見】❶《記念の品》遗物 yíwù; 纪念品 jìniànpǐn ❷《遺児》遗孤 yígū; 孤儿 gū'ér

わすれさる【忘れ去る】忘掉 wàngdiào; 忘记 wàngjì

わすれっぽい【忘れっぽい】健忘 jiànwàng; 丢三落四 diū sān là sì ◆〜人 好忘的人 hào wàng de rén

わすれもの【忘れ物】遗忘的东西 yíwàng de dōngxi ◆〜はありませんか 有没有忘记的东西 yǒu méiyǒu wàngjì de dōngxi ◆会社に〜をしてきた 把东西忘在了公司 bǎ dōngxi wàngzàile gōngsī

わすれる【忘れる】忘 wàng; 忘记 wàngjì; 忘怀 wànghuái; 忘却 wàngquè ◆人の名前を〜 忘掉人名 wàngdiào rénmíng ◆寝食を〜 废寝忘食 fèi qǐn wàng shí ◆悩みを〜 忘却忧虑 wàngquè yōulǜ ◆财布を〜 遗忘钱包 yíwàng qiánbāo

わせ【早稲-の】❶《稲》早稻 zǎodào ❷《早生種の》早熟 zǎoshú ◆〜のミカン 早熟橘子 zǎoshú júzi

わせい【和製-の】日本造 Rìběnzào ◆〜英語 日式英语 Rìshì Yīngyǔ

ワセリン 凡士林 fánshìlín

わそう【和装-の】日式服装 Rìshì fúzhuāng

わた【綿】棉 mián; 棉花 miánhua ◆〜の実 棉桃 miántáo ◆〜畑 棉田 miántián

わだい【話題】话题 huàtí ◆よく〜にする 经常提起 jīngcháng tíqǐ ◆〜の豊富な 话题丰富的 huàtí fēngfù de ◆〜が尽きる 没有话题了 méiyǒu huàtí le ◆〜の人 话题的中心人物 huàtí de zhōngxīn rénwù ◆〜を変える 变话题 biàn huàtí

わたいれ【綿入れ】棉衣 miányī

わだかまり【蟠り】疙瘩 gēda ◆〜がある 有隔阂 yǒu géhé ◆〜のない 豁然 huòrán ◆〜を捨てる 解开疙瘩 jiěkāi gēda ◆〜なく 没有隔膜 méiyǒu gémó

わだかまる【蟠る】有隔阂 yǒu géhé ◆不安が胸に〜 心里的不安总不消去 xīnli de bù'ān zǒng bù xiāoqù

わたくし【私】我 wǒ ◆〜事 私事 sīshì

わたげ【綿毛】绒毛 róngmáo

わたし【私】我 wǒ ◆〜たち 我们 wǒmen;《相手を含んで》咱们 zánmen

わたしば【渡し場】渡口 dùkǒu

わたしぶね【渡し舟】摆渡 bǎidù; 渡船 dùchuán

わたす【渡す】❶《岸から岸へ》摆渡 bǎidù ◆船で人を〜 用船渡人 yòng chuán dù rén ❷《架ける》架 jià ◆川に橋を〜 在河上架桥 zài héshang jià qiáo ❸《手渡す》交 jiāo; 递 dì ◆商品を〜 交货 jiāohuò ◆バトンを〜 传递接力棒 chuándì jiēlìbàng

わだち【轍】辙 zhé; 车辙 chēzhé ◆〜がのこる 留下车辙 liúxià chēzhé

わたり【渡り】串通 chuàntōng; 挂钩 guàgōu; 搭上关系 dāshàng guānxi ◆〜に船 顺水推舟 shùn shuǐ tuī zhōu

わたりどり【渡り鳥】候鸟 hòuniǎo

わたりろうか【渡り廊下】游廊 yóuláng; 走廊 zǒuláng

わたる【渡る】渡河 dù hé ◆橋を〜 过桥 guò qiáo ◆フランスに〜 去法国 qù Fǎguó ◆絹は中国から渡って来た 丝绸是从中国传来的 sīchóu shì cóng Zhōngguó chuánlái de ◆人手に〜 归别人 guī biérén

わたる【亘る】经过 jīngguò ◆8 時間に〜大手術 经过八小时的大手术 jīngguò bā xiǎoshí de dà shǒushù

ワックス 蜡 là ◆〜をかける 擦蜡 cā là

わっしょい《かけ声》嘿哟 hēiyō

わっと 哇地 wā de; 忽地 hū de ◆〜泣きだす 一声一声哭起来 wā de yì shēng kūqǐlái

ワット 瓦特 wǎtè ◆百〜 一百瓦 yìbǎi wǎ

ワッペン 徽章 huīzhāng

わとじ【和綴じ-の】线装 xiànzhuāng ◆〜の本 线装书 xiànzhuāngshū

わな【罠】❶《動物などを捕らえる》牢笼 láolóng; 陷阱 xiànjǐng; 网罗 wǎngluó ◆〜にかかったウサギ 上钩的兔子 shànggōu de tùzi ❷《人をだます》圈套 quāntào; 陷阱 xiànjǐng ◆〜にかかる 陷入圈套 xiànrù quāntào ◆〜をかける 设下圈套 shèxià quāntào

わななく【戦慄く】哆嗦 duōsuō; 发

抖 fādǒu ♦恐怖に~ 怕得直打战 pàde zhí dǎzhàn
ワニ【鰐】鳄鱼 èyú
ワニス 清漆 qīngqī
わび【佗】静寂 jìngjì; 闲寂 xiánjì ♦~の境地 爱闲寂的心境 ài xiánjì de xīnjìng
わび【詫び】道歉 dàoqiàn ♦~を入れる 致歉 zhìqiàn
わびしい【佗しい】寂寞 jìmò; 孤寂 gūjì ♦ひとり暮らし 寂寞的只身生活 jìmò de zhīshēn shēnghuó
わびずまい【佗住い】幽居 yōujū ♦一人暮らしの~ 只身过着清贫的生活 zhīshēn guòzhe qīngpín de shēnghuó
わびる【詫びる】道歉 dàoqiàn; 谢罪 xièzuì ♦~気持ち 歉意 qiànyì ♦非礼を~ 谢罪非礼 xièzuì fēilǐ
わふう【和風-の】♦~建築 日式建筑 Rìshì jiànzhù
わふく【和服】和服 héfú; 日装 Rìzhuāng
わぶん【和文】日文 Rìwén ♦~英訳 日文译成英文 Rìwén yìchéng Yīngwén
わへい【和平】和平 hépíng ♦~への道を探る 探索达成和平的路 tànsuǒ dáchéng hépíng de lù ♦~交渉 和平谈判 hépíng tánpàn
わほう【話法】说法 shuōfǎ ♦直接~ 直接说法 zhíjiē shuōfǎ ♦間接~ 间接说法 jiànjiē shuōfǎ
わめい【和名】日本名 Rìběnmíng
わめきごえ【喚き声】叫唤 jiàohuan ♦~をあげる 大声叫唤 dàshēng jiàohuan
わめきたてる【喚き立てる】叫嚣 jiàoxiāo
わめく【喚く】喊叫 hǎnjiào; 叫喊 jiàohǎn; 叫唤 jiàohuan; 叫嚷 jiàorǎng ♦泣こうが喚こうが不管怎样大哭大叫 bùguǎn zěnyàng dà kū dà jiào
わやく【和訳】日译 Rìyì ♦中国語を~する 把中文译成日文 bǎ Zhōngwén yìchéng Rìwén
ようせっちゅう【和洋折衷-の】日西折衷 RìXī zhézhōng
わら【藁】稻草 dàocǎo ♦~にもすがる思い 急得要抓草求生 jíde yào zhuā cǎo qiú shēng ♦麦~ 麦秸 màijiē
わらい【笑い】♦~が溢れる 充满笑声 chōngmǎn xiàoshēng ♦~を噛み殺す 强忍着笑 qiǎngrěnzhe xiào
わらいぐさ【笑い草】笑柄 xiàobǐng; 笑料 xiàoliào ♦~になる 做笑料 zuò xiàoliào ♦とんだ~だ 真是天大的笑话 zhēn shì tiāndà de xiàohua
わらいごえ【笑い声】笑声 xiàoshēng
わらいごと【笑い事】♦~ではない 不是玩儿的 búshì wánr de
わらいじょうご【笑い上戸】好笑 hào xiào
わらいじわ【笑い皺】笑纹 xiàowén
わらいとばす【笑い飛ばす】一笑了之 yí xiào liǎo zhī
わらいばなし【笑い話】笑话 xiàohua; 笑谈 xiàotán
わらいもの【笑い物】♦~にする 取笑 qǔxiào; 笑话 xiàohua ♦~になる 做笑料 zuò xiàoliào
わらう【笑う】❶《声をあげて》笑 xiào ❷《嘲る》嘲笑 cháoxiào ♦膝が~ 腿发抖 tuǐ fādǒu
わらじ【草鞋】草鞋 cǎoxié ♦長い~を履く 去长期旅行 qù chángqī lǚxíng; 逃走 táozǒu ♦二足の~を履く 从事两种工作 cóngshì liǎng zhǒng gōngzuò
わらばんし【藁半紙】草纸 cǎozhǐ
わらぶき【藁葺き-の】♦~の家 草房 cǎofáng
わらべうた【童歌】童谣 tóngyáo; 儿歌 érgē
わらわせる【笑わせる】♦~ぜ 笑话 xiàohua; 真笑死人啊 zhēn xiàosǐ rén a
わらわれる【笑われる】见笑 jiànxiào; 做笑料 zuò xiàoliào
わり【割】《損得》♦~に合う 合算 hésuàn; 划算 huásuàn ♦~に合わない 不上算 bú shàngsuàn ♦~を食う 吃亏 chīkuī
わりあい【割合】❶《比率》比例 bǐlì ❷《思いのほか》比较 bǐjiào ♦~出来るな 比较能干啊 bǐjiào nénggàn a
わりあてる【割り当てる】❶《人や仕事を》分派 fēnpài; 分配 fēnpèi ❷《費用や労力を》摊派 tānpài; 分派 fēnpài
わりかん【割り勘-にする】分摊 fēntān; 均摊 jūntān; AA制 AA zhì ♦今日は~でゆこう 今天来个 AA制吧 jīntiān lái ge AA zhì ba
わりきれる【割り切れる】《計算で》除得开 chúdekāi ♦15は3で~ 十五用三除得开 shíwǔ yòng sān chúdekāi
わりこむ【割り込む】❶《列などに》挤 jǐ; 加塞儿 jiāsāir ❷《人の話に》插嘴 chāzuǐ
わりざん【割り算】除法 chúfǎ ♦~する 用除法计算 yòng chúfǎ jìsuàn
わりだす【割り出す】❶《計算》算出 suànchū ♦一個当たりの原価を~ 算出论个儿的原价 suànchū lùn

わりちゅう【割り注】夹注 jiāzhù
わりと【割りと】比较 bǐjiào
わりばし【割り箸】简易筷子 jiǎnyì kuàizi
わりびき【割引】折扣 zhékòu; zhékou; 减价 jiǎnjià ♦～する 折扣 zhékòu; 打折扣 dǎ zhékòu ♦团体～ 对团体打折 duì tuántǐ dǎzhé
わりびく【割り引く】♦值段を～ 打折扣 dǎ zhékòu ♦手形を～ 贴现票据 tiēxiàn piàojù ♦20％～ 打八折 dǎ bā zhé ♦割り引いて闻く 打着折扣听 dǎzhe zhékòu tīng
わりふる【割り振る】安排 ānpái; 调配 diàopèi ♦仕事を～ 分配工作 fēnpèi gōngzuò
わりまえ【割り前】《負担金》应摊的份儿 yīng tān de fènr; 份子 fènzi ♦～を集める 凑份子 còu fènzi ♦～を払う 付份子 fù fènzi ♦当金～ 份子 fènzi ♦～をもらう 取得分配额 qǔdé fēnpèi'é
わりまし【割り増し－の】水分 shuǐfèn; 额外 éwài ♦～料金 额外收费 éwài shōufèi
わる【悪】坏人 huàirén; 坏蛋 huàidàn ♦～の一味 狐群狗党 hú qún gǒu dǎng
わる【割る】❶《割り算》♦6－2は3 用二除六等于三 yòng èr chú liù děngyú sān ♦頭数で～ 按着人数分 ànzhe rénshù fēn ❷《壊す》破 pò ♦コップを割ってしまった 破了杯子 pòle bēizi ❸《足りない》♦参加者は50人を割った 参加者没到五十名 cānjiāzhě méi dào wǔshí míng ❹《薄める》♦ブランデーを水で割って飲む 往白兰地里对水 wǎng báilándìlǐ duì shuǐ ❺《うちあける》♦腹を割って話し合う 打开鼻子说亮话 dǎkāi bízi shuō liànghuà ♦口を～ 自供 zìgòng ❻《間を》♦二人の間に割って入る 挤进分开两个人 jǐjìn fēnkāi liǎng ge rén
わるい【悪い】坏 huài ♦～くせ 坏毛病 huài máobìng; 恶习 èxí ♦～やつ 坏人 huàirén; 劣种 lièzhǒng ♦～影響を与える 熏染 xūnrǎn ♦成績が～ 成绩坏 chéngjì huài ♦記憶力が～ 记性不好 jìxìng bùhǎo ♦体に～ 损坏身体 sǔnhuài shēntǐ ♦魚は悪くなりやすい 鱼肉容易坏 yúròu róngyì huài ♦日が～ 日子不吉祥 rìzi bù jíxiáng ♦縁起が～ 不吉利 bù jílì ♦機械の調子が～ 机器运转不正常 jīqì yùnzhuǎn bú zhèngcháng ♦気分が～ 觉得不舒服 juéde bù shūfu ♦顔色が～ 气色不好 qìsè bùhǎo ♦私が悪かった 是我不对 shì wǒ búduì ♦景気が～ 景气不好 jǐngqì bùhǎo ♦仲が～ 关系不好 guānxi bùhǎo ♦人を悪く言う 说坏话 shuō huàihuà ♦心がけが～ 用心不好 yòngxīn bùhǎo

わるがしこい【悪賢い】狡猾 jiǎohuá; 狡诈 jiǎozhà ♦～な奴 老油子 lǎoyóuzi
わるぎ【悪気】恶意 èyì; 歹心 dǎixīn ♦～のない 无恶意 wú'èyì
わるくち【悪口】坏话 huàihuà ♦～を言う 说坏话 shuō huàihuà
わるだくみ【悪だくみ－をする】奸计 jiānjì; 诡计 guǐjì ♦～が露见する 暴露奸计 bàolù jiānjì
わるぢえ【悪知恵】坏招儿 huàizhāor; 坏主意 huài zhǔyi ♦～の働く 谲诈 juézhà ♦～を働かす 使坏 shǐhuài
ワルツ ❶《音楽》圆舞曲 yuánwǔqǔ ❷《踊り》华尔兹 huá'ěrzī
わるびれる【悪びれる】打怵 dǎchù; 胆怯 dǎnqiè ♦悪びれた様子もなく 毫不胆怯 háobù dǎnqiè
わるふざけ【悪ふざけ－をする】恶作剧 èzuòjù; 戏弄 xìnòng ♦～が過ぎる 过度淘气 guòdù táoqì
わるもの【悪者】坏棍 èqùn; 坏蛋 huàidàn
われ【我】♦～を失う 发愣 fālèng ♦～を忘れる《驚きなど》忘情 wàngqíng; 消魂 xiāohún; 《うれしくて》忘形 wàngxíng ♦～関せず 与我无关 yǔ wǒ wúguān ♦～に返る 醒悟过来 xǐngwùguòlai
われがち【我勝ち－に】争先 zhēngxiān ♦～に買う 抢购 qiǎnggòu
われしらず【我知らず】不禁 bùjīn; 不由得 bùyóude ♦～叫ぶ 不由得叫 bùyóude jiào
われめ【割れ目】裂缝 lièfèng; 裂口 lièkǒu ♦壁の～ 墙上的缝儿 qiángshang de fèngr ♦～ができる 裂缝 lièfèng
われもの【割れ物】易碎物 yìsuìwù ♦～注意 易碎物小心轻放 yìsuìwù xiǎoxīn qīngfàng
われる【割れる】♦窓が～ 窗户破碎 chuānghu pòsuì ♦意見が～ 意见分歧 yìjiàn fēnqí ♦党が～ 政党分裂 zhèngdǎng fēnliè ♦身元が～ 来历弄清了 láilì nòngqīng le
われわれ【我々】我们 wǒmen; 《相手方を含む》咱们 zánmen
わん【湾】海湾 hǎiwān
わん【椀［碗］】碗 wǎn ♦～に盛る 盛入碗 chéngrù wǎn

わんきょく【湾曲-する】 弯曲 wānqū ♦～させる 弯 wān
ワンサイドゲーム 一边倒的比赛 yìbiāndǎo de bǐsài
わんしょう【腕章】 臂章 bìzhāng；袖章 xiùzhāng ♦～をつける 带臂章 dài bìzhāng
ワンタン【雲呑】 馄饨 húntún；húntun
わんぱく【腕白-な】 调皮 tiáopí；淘气 táoqì ♦～坊主 淘气鬼 táoqìguǐ；顽童 wántóng ♦～盛り 正在淘气的时候 zhèngzài táoqi de shíhou
ワンパターン 老一套 lǎoyítào；只有一种的模式 zhǐyǒu yì zhǒng de móshì
ワンピース 〈服〉连衣裙 liányīqún
ワンマン ♦～社長 独自裁断的总经理 dúzì cáiduàn de zǒngjīnglǐ ♦～カー［バス］ 单人管理的公共汽车 dānrén guǎnlǐ de gōnggòng qìchē ♦～ショー 独演会 dúyǎnhuì；一人表演 yì rén biǎoyǎn
わんりょく【腕力】 力气 lìqi；腕力 wànlì ♦～が強い 力气大 lìqi dà ♦～に訴える 诉诸武力 sùzhū wǔlì
ワンルーム 单间 dānjiān ♦～マンション 单间公寓 dānjiān gōngyù；一室公寓 yíshì gōngyù
わんわん 〈犬の鳴き声〉汪汪 wāngwāng；〈泣き声〉哇哇 wāwā

付　録

世界の国や地域とその首都 ······ **612**

世界の地名 ······ **624**

世界の人名 ······ **631**

中国の省名・省都 ······ **634**

●世界の国や地域とその首都

国・地域(日本語)	国・地域(中国語)	ピンイン
◆アジア 亚洲 Yàzhōu		
アゼルバイジャン	阿塞拜疆	Āsàibàijiāng
アフガニスタン	阿富汗	Āfùhàn
アラブ首長国連邦	阿联酋	Āliánqiú
アルメニア	亚美尼亚	Yàměiníyà
イエメン	也门	Yěmén
イスラエル	以色列	Yǐsèliè
イラク	伊拉克	Yīlākè
イラン	伊朗	Yīlǎng
インド	印度	Yìndù
インドネシア	印度尼西亚	Yìndùníxīyà
ウズベキスタン	乌兹别克斯坦	Wūzībiékèsītǎn
オマーン	阿曼	Āmàn
カザフスタン	哈萨克斯坦	Hāsàkèsītǎn
カタール	卡塔尔	Kǎtǎ'ěr
韓国	韩国	Hánguó
カンボジア	柬埔寨	Jiǎnpǔzhài
北朝鮮	朝鲜	Cháoxiǎn
キルギス	吉尔吉斯斯坦	Jí'ěrjísīsītǎn
クウェート	科威特	Kēwēitè
グルジア	格鲁吉亚	Gélǔjíyà
サウジアラビア	沙特阿拉伯	Shātè Ālābó
シリア	叙利亚	Xùlìyà
シンガポール	新加坡	Xīnjiāpō
スリランカ	斯里兰卡	Sīlǐlánkǎ
タイ	泰国	Tàiguó
タジキスタン	塔吉克斯坦	Tǎjíkèsītǎn
中国	中国	Zhōngguó
トルクメニスタン	土库曼斯坦	Tǔkùmànsītǎn
トルコ	土耳其	Tǔ'ěrqí
日本	日本	Rìběn
ネパール	尼泊尔	Níbó'ěr
バーレーン	巴林	Bālín
パキスタン	巴基斯坦	Bājīsītǎn
バングラデシュ	孟加拉国	Mèngjiālāguó

世界の国や地域とその首都

首都(日本語)	首都(中国語)	ピンイン
バクー	巴库	Bākù
カブール	喀布尔	Kābù'ěr
アブダビ	阿布扎比	Ābùzhābǐ
エレバン	埃里温	Āilǐwēn
サヌア	萨那	Sànà
エルサレム	耶路撒冷	Yēlùsālěng
バグダッド	巴格达	Bāgédá
テヘラン	德黑兰	Déhēilán
ニューデリー	新德里	Xīndélǐ
ジャカルタ	雅加达	Yǎjiādá
タシケント	塔什干	Tǎshígān
マスカット	马斯喀特	Mǎsīkātè
アスタナ	阿斯塔纳	Āsītǎnà
ドーハ	多哈	Duōhā
ソウル	首尔	Shǒu'ěr
プノンペン	金边	Jīnbiān
ピョンヤン[平壌]	平壌	Píngrǎng
ビシュケク	比什凯克	Bǐshíkǎikè
クウェート	科威特城	Kēwēitèchéng
トビリシ	第比利斯	Dìbǐlìsī
リヤド	利雅得	Lìyǎdé
ダマスカス	大马士革	Dàmǎshìgé
シンガポール	新加坡	Xīnjiāpō
スリジャヤワルダナプラコッテ	斯里贾亚瓦德纳普拉科特	Sīlǐjiǎyàwǎdénàpǔlākētè
バンコク	曼谷	Màngǔ
ドゥシャンベ	杜尚别	Dùshàngbié
ペキン[北京]	北京	Běijīng
アシガバット	阿什哈巴德	Āshíhābādé
アンカラ	安卡拉	Ānkǎlā
東京	东京	Dōngjīng
カトマンズ	加德满都	Jiādémǎndū
マナーマ	麦纳麦	Màinàmài
イスラマバード	伊斯兰堡	Yīsīlánbǎo
ダッカ	达卡	Dákǎ

国・地域（日本語）	国・地域（中国語）	ピンイン
東ティモール	东帝汶	Dōngdìwèn
フィリピン	菲律宾	Fēilǜbīn
ブータン	不丹	Bùdān
ブルネイ	文莱	Wénlái
ベトナム	越南	Yuènán
マレーシア	马来西亚	Mǎláixīyà
ミャンマー	缅甸	Miǎndiàn
モルディブ	马尔代夫	Mǎ'ěrdàifū
モンゴル	蒙古	Měnggǔ
ヨルダン	约旦	Yuēdàn
ラオス	老挝	Lǎowō
レバノン	黎巴嫩	Líbānèn
◆大洋州　大洋洲　Dàyángzhōu		
オーストラリア	澳大利亚	Àodàlìyà
キリバス	基里巴斯	Jīlǐbāsī
クック諸島	库克群岛	Kùkèqúndǎo
サモア	萨摩亚	Sàmóyà
ソロモン諸島	所罗门群岛	Suǒluóménqúndǎo
ツバル	图瓦卢	Túwǎlú
トンガ	汤加	Tāngjiā
ナウル	瑙鲁	Nǎolǔ
ニウエ	纽埃	Niǔ'āi
ニュージーランド	新西兰	Xīnxīlán
バヌアツ	瓦努阿图	Wǎnǔ'ātú
パプアニューギニア	巴布亚新几内亚	Bābùyàxīnjǐnèiyà
パラオ	帕劳	Pàláo
フィジー	斐济	Fěijǐ
マーシャル諸島	马绍尔群岛	Mǎshào'ěrqúndǎo
ミクロネシア	密克罗尼西亚	Mìkèluóníxīyà
◆北・中央アメリカ　北・中美洲　Běi·ZhōngMěizhōu		
アメリカ合衆国	美国	Měiguó
アンティグア・バーブーダ	安提瓜和巴布达	Āntíguā hé Bābùdá
エルサルバドル	萨尔瓦多	Sà'ěrwǎduō
カナダ	加拿大	Jiānádà
キューバ	古巴	Gǔbā
グアテマラ	危地马拉	Wēidìmǎlā
グレナダ	格林纳达	Gélínnádá

世界の国や地域とその首都

首都(日本語)	首都(中国語)	ピンイン
ディリ	帝力	Dìlì
マニラ	马尼拉	Mǎnílā
ティンプー	廷布	Tíngbù
バンダルスリブガワン	斯里巴加湾市	Sīlǐbājiāwānshì
ハノイ	河内	Hénèi
クアラルンプール	吉隆坡	Jílóngpō
ネーピードー	内比都	Nèibǐdū
マレ	马累	Mǎlěi
ウランバートル	乌兰巴托	Wūlánbātuō
アンマン	安曼	Ānmàn
ビエンチャン	万象	Wànxiàng
ベイルート	贝鲁特	Bèilǔtè
キャンベラ	堪培拉	Kānpéilā
タラワ	塔拉瓦	Tǎlāwǎ
アバルア	阿瓦鲁阿	Āwǎlǔ'ā
アピア	阿皮亚	Āpíyà
ホニアラ	霍尼亚拉	Huòníyàlā
フナフティ	富纳富提	Fùnàfùtí
ヌクアロファ	努库阿洛法	Nǔkù'āluòfǎ
ヤレン	亚伦	Yàlún
アロフィ	阿洛菲	Āluòfēi
ウェリントン	惠灵顿	Huìlíngdùn
ポートビラ	维拉港	Wéilāgǎng
ポートモレスビー	莫尔斯比港	Mò'ěrsībǐgǎng
マルキョク	梅莱凯奥克	Méiláikǎi'àokè
スバ	苏瓦	Sūwǎ
マジュロ	马朱罗	Mǎzhūluó
パリキール	帕利基尔	Pàlìjī'ěr
ワシントンD. C.	华盛顿	Huáshèngdùn
セントジョンズ	圣约翰	Shèngyuēhàn
サンサルバドル	圣萨尔瓦多市	Shèngsà'ěrwǎduōshì
オタワ	渥太华	Wòtàihuá
ハバナ	哈瓦那	Hāwǎnà
グアテマラシティ	危地马拉城	Wēidìmǎlāchéng
セントジョージズ	圣乔治	Shèngqiáozhì

国・地域(日本語)	国・地域(中国語)	ピンイン	
コスタリカ	哥斯达黎加	Gēsīdálíjiā	
ジャマイカ	牙买加	Yámǎijiā	
セントクリストファー・ネービス	圣基茨和尼维斯	Shèngjīcí hé Níwéisī	
セントビンセント及びグレナディーン諸島	圣文森特和格林纳丁斯	Shèngwénsēntè hé Gélínnàdīngsī	
セントルシア	圣卢西亚	Shènglúxīyà	
ドミニカ共和国	多米尼加	Duōmǐníjiā	
ドミニカ国	多米尼克	Duōmǐníkè	
トリニダード・トバゴ	特立尼达和多巴哥	Tèlìnídá hé Duōbāgē	
ニカラグア	尼加拉瓜	Níjiālāguā	
ハイチ	海地	Hǎidì	
パナマ	巴拿马	Bānámǎ	
バハマ	巴哈马	Bāhāmǎ	
バルバドス	巴巴多斯	Bābāduōsī	
ベリーズ	伯利兹	Bólìzī	
ホンジュラス	洪都拉斯	Hóngdūlāsī	
メキシコ	墨西哥	Mòxīgē	
◆南アメリカ 南美洲 Nán Měizhōu			
アルゼンチン	阿根廷	Āgēntíng	
ウルグアイ	乌拉圭	Wūlāguī	
エクアドル	厄瓜多尔	Èguāduō'ěr	
ガイアナ	圭亚那	Guīyànà	
コロンビア	哥伦比亚	Gēlúnbǐyà	
スリナム	苏里南	Sūlǐnán	
チリ	智利	Zhìlì	
パラグアイ	巴拉圭	Bālāguī	
ブラジル	巴西	Bāxī	
ベネズエラ	委内瑞拉	Wěinèiruìlā	
ペルー	秘鲁	Bìlǔ	
ボリビア	玻利维亚	Bōlìwéiyà	
◆ヨーロッパ 欧洲 Ōuzhōu			
アイスランド	冰岛	Bīngdǎo	
アイルランド	爱尔兰	Ài'ěrlán	
アルバニア	阿尔巴尼亚	Ā'ěrbāníyà	
アンドラ	安道尔	Āndào'ěr	
イギリス	英国	Yīngguó	
イタリア	意大利	Yìdàlì	
ウクライナ	乌克兰	Wūkèlán	

世界の国や地域とその首都

首都(日本語)	首都(中国語)	ピンイン
サンホセ	圣何塞	Shènghésài
キングストン	金斯敦	Jīnsīdūn
バセテール	巴斯特尔	Bāsītè'ěr
キングスタウン	金斯敦	Jīnsīdūn
カストリーズ	卡斯特里	Kǎsītèlǐ
サントドミンゴ	圣多明各	Shèngduōmínggè
ロゾー	罗索	Luósuǒ
ポートオブスペイン	西班牙港	Xībānyágǎng
マナグア	马那瓜	Mǎnàguā
ポルトープランス	太子港	Tàizǐgǎng
パナマシティー	巴拿马城	Bānámǎchéng
ナッソー	拿骚	Násāo
ブリッジタウン	布里奇顿	Bùlǐqídùn
ベルモパン	贝尔莫潘	Bèi'ěrmòpān
テグシガルパ	特古西加尔巴	tègǔxījiā'ěrbā
メキシコシティ	墨西哥城	Mòxīgēchéng
ブエノスアイレス	布宜诺斯艾利斯	Bùyínuòsī'àilìsī
モンテビデオ	蒙得维的亚	Měngdéwéidìyà
キト	基多	Jīduō
ジョージタウン	乔治敦	Qiáozhìdūn
ボゴタ	波哥大	Bōgēdà
パラマリボ	帕拉马里博	Pàlāmǎlǐbó
サンティアゴ	圣地亚哥	Shèngdìyàgē
アスンシオン	亚松森	Yàsōngsēn
ブラジリア	巴西利亚	Bāxīlìyà
カラカス	加拉加斯	Jiālājiāsī
リマ	利马	Lìmǎ
ラパス	拉巴斯	Lābāsī
レイキャビク	雷克雅未克	Léikèyǎwèikè
ダブリン	都柏林	Dūbólín
ティラナ	地拉那	Dìlānà
アンドララベリャ	安道尔城	Āndào'ěrchéng
ロンドン	伦敦	Lúndūn
ローマ	罗马	Luómǎ
キエフ	基辅	Jīfǔ

国・地域(日本語)	国・地域(中国語)	ピンイン
エストニア	爱沙尼亚	Àishāníyà
オーストリア	奥地利	Àodìlì
オランダ	荷兰	Hélán
キプロス	塞浦路斯	Sàipǔlùsī
ギリシャ	希腊	Xīlà
クロアチア	克罗地亚	Kèluódìyà
コソボ	科索沃	Kēsuǒwò
サンマリノ	圣马力诺	Shèngmǎlìnuò
スイス	瑞士	Ruìshì
スウェーデン	瑞典	Ruìdiǎn
スペイン	西班牙	Xībānyá
スロバキア	斯洛伐克	Sīluòfákè
スロベニア	斯洛文尼亚	Sīluòwénníyà
セルビア	塞尔维亚	Sài'ěrwéiyà
チェコ	捷克	Jiékè
デンマーク	丹麦	Dānmài
ドイツ	德国	Déguó
ノルウェー	挪威	Nuówēi
バチカン	梵蒂冈	Fàndìgāng
ハンガリー	匈牙利	Xiōngyálì
フィンランド	芬兰	Fēnlán
フランス	法国	Fǎguó
ブルガリア	保加利亚	Bǎojiālìyà
ベラルーシ	白俄罗斯	Bái'éluósī
ベルギー	比利时	Bǐlìshí
ポーランド	波兰	Bōlán
ボスニア・ヘルツェゴビナ	波黑	BōHēi
ポルトガル	葡萄牙	Pútáoyá
マケドニア	马其顿	Mǎqídùn
マルタ	马耳他	Mǎ'ěrtā
モナコ	摩纳哥	Mónàgē
モルドバ	摩尔多瓦	Mó'ěrduōwǎ
モンテネグロ	黑山	Hēishān
ラトビア	拉脱维亚	Lātuōwéiyà
リトアニア	立陶宛	Lìtáowǎn
リヒテンシュタイン	列支敦士登	Lièzhīdūnshìdēng
ルーマニア	罗马尼亚	Luómǎníyà

首都(日本語)	首都(中国語)	ピンイン
タリン	塔林	Tǎlín
ウィーン	维也纳	Wéiyěnà
アムステルダム	阿姆斯特丹	Āmǔsītèdān
ニコシア	尼科西亚	Níkēxīyà
アテネ	雅典	Yǎdiǎn
ザグレブ	萨格勒布	Sàgélèbù
プリシュティナ	普里什蒂纳	Pǔlǐshídìnà
サンマリノ	圣马力诺	Shèngmǎlìnuò
ベルン	伯尔尼	Bó'ěrní
ストックホルム	斯德哥尔摩	Sīdégē'ěrmó
マドリード	马德里	Mǎdélǐ
ブラチスラバ	布拉迪斯拉发	Bùlādísīlāfā
リュブリャナ	卢布尔雅那	Lúbù'ěryǎnà
ベオグラード	贝尔格莱德	Bèi'ěrgéláidé
プラハ	布拉格	Bùlāgé
コペンハーゲン	哥本哈根	Gēběnhāgēn
ベルリン	柏林	Bólín
オスロ	奥斯陆	Àosīlù
バチカン	梵蒂冈城	Fàndìgāngchéng
ブダペスト	布达佩斯	Bùdápèisī
ヘルシンキ	赫尔辛基	Hè'ěrxīnjī
パリ	巴黎	Bālí
ソフィア	索非亚	Suǒfēiyà
ミンスク	明斯克	Míngsīkè
ブリュッセル	布鲁塞尔	Bùlǔsài'ěr
ワルシャワ	华沙	Huáshā
サラエボ	萨拉热窝	Sàlārèwō
リスボン	里斯本	Lǐsīběn
スコピエ	斯科普里	Sīkēpǔlǐ
バレッタ	瓦莱塔	Wǎláitǎ
モナコ	摩纳哥	Mónàgē
キシニョフ	基希讷乌	Jīxīnèwū
ポドゴリツァ	波德戈里察	Bōdégēlǐchá
リガ	里加	Lǐjiā
ビリニュス	维尔纽斯	Wéi'ěrniǔsī
ファドゥーツ	瓦杜兹	Wǎdùzī
ブカレスト	布加勒斯特	Bùjiālèsītè

世界の国や地域とその首都

国・地域(日本語)	国・地域(中国語)	ピンイン
ルクセンブルク	卢森堡	Lúsēnbǎo
ロシア	俄罗斯	Éluósī
◆アフリカ 非洲 Fēizhōu		
アルジェリア	阿尔及利亚	Ā'ěrjílìyà
アンゴラ	安哥拉	Āngēlā
ウガンダ	乌干达	Wūgāndá
エジプト	埃及	Āijí
エチオピア	埃塞俄比亚	Āisài'ébǐyà
エリトリア	厄立特里亚	Èlìtèlǐyà
ガーナ	加纳	Jiānà
カーボヴェルデ	佛得角	Fódéjiǎo
ガボン	加蓬	Jiāpéng
カメルーン	喀麦隆	Kāmàilóng
ガンビア	冈比亚	Gāngbǐyà
ギニア	几内亚	Jǐnèiyà
ギニアビサウ	几内亚比绍	Jǐnèiyàbǐshào
ケニア	肯尼亚	Kěnníyà
コートジボワール	科特迪瓦	Kētèdíwǎ
コモロ	科摩罗	Kēmóluó
コンゴ共和国	刚果(布)	Gāngguǒ(Bù)
コンゴ民主共和国	刚果(金)	Gāngguǒ(Jīn)
サントメ・プリンシペ	圣多美和普林西比	Shèngduōměi hé Pǔlínxībǐ
ザンビア	赞比亚	Zànbǐyà
シエラレオネ	塞拉利昂	Sàilālì'áng
ジブチ	吉布提	Jíbùtí
ジンバブエ	津巴布韦	Jīnbābùwéi
スーダン	苏丹	Sūdān
スワジランド	斯威士兰	Sīwēishìlán
セーシェル	塞舌尔	Sàishé'ěr
赤道ギニア	赤道几内亚	Chìdàojǐnèiyà
セネガル	塞内加尔	Sàinèijiā'ěr
ソマリア	索马里	Suǒmǎlǐ
タンザニア	坦桑尼亚	Tǎnsāngníyà
チャド	乍得	Zhàdé
中央アフリカ	中非	Zhōngfēi
チュニジア	突尼斯	Tūnísī
トーゴ	多哥	Duōgē

世界の国や地域とその首都

首都(日本語)	首都(中国語)	ピンイン
ルクセンブルク	卢森堡	Lúsēnbǎo
モスクワ	莫斯科	Mòsīkē
アルジェ	阿尔及尔	Ā'ěrjí'ěr
ルアンダ	罗安达	Luó'āndá
カンパラ	坎帕拉	Kǎnpàlā
カイロ	开罗	Kāiluó
アディスアベバ	亚的斯亚贝巴	Yàdìsīyàbèibā
アスマラ	阿斯马拉	Āsīmǎlā
アクラ	阿克拉	Ākèlā
プライア	普拉亚	Pǔlāyà
リーブルビル	利伯维尔	Lìbówéi'ěr
ヤウンデ	雅温得	Yǎwēndé
バンジュール	班珠尔	Bānzhū'ěr
コナクリ	科纳克里	Kēnàkèlǐ
ビサウ	比绍	Bǐshào
ナイロビ	内罗毕	Nèiluóbì
ヤムスクロ	亚穆苏克罗	Yàmùsūkèluó
モロニ	莫罗尼	Mòluóní
ブラザビル	布拉柴维尔	Bùlācháiwéi'ěr
キンシャサ	金沙萨	Jīnshāsà
サントメ	圣多美	Shèngduōměi
ルサカ	卢萨卡	Lúsàkǎ
フリータウン	弗里敦	Fúlǐdūn
ジブチ	吉布提市	Jíbùtíshì
ハラレ	哈拉雷	Hālāléi
ハルツーム	喀土穆	Kātǔmù
ムババーネ	姆巴巴内	Mǔbābānèi
ビクトリア	维多利亚	Wéiduōlìyà
マラボ	马拉博	Mǎlābó
ダカール	达喀尔	Dákā'ěr
モガディシュ	摩加迪沙	Mójiādíshā
ドドマ	多多玛	Duōduōmǎ
ウンジャメナ	恩贾梅纳	Ēnjiǎméinà
バンギ	班吉	Bānjí
チュニス	突尼斯	Tūnísī
ロメ	洛美	Luòměi

国・地域(日本語)	国・地域(中国語)	ピンイン	
ナイジェリア	尼日利亚	Nírìlìyà	
ナミビア	纳米比亚	Nàmǐbǐyà	
ニジェール	尼日尔	Nírì'ěr	
ブルキナファソ	布基纳法索	Bùjīnàfǎsuǒ	
ブルンジ	布隆迪	Bùlóngdí	
ベナン	贝宁	Bèiníng	
ボツワナ	博茨瓦纳	Bócíwǎnà	
マダガスカル	马达加斯加	Mǎdájiāsījiā	
マラウイ	马拉维	Mǎlāwéi	
マリ	马里	Mǎlǐ	
南アフリカ	南非	Nánfēi	
南スーダン	南苏丹	Nánsūdān	
モーリシャス	毛里求斯	Máolǐqiúsī	
モーリタニア	毛里塔尼亚	Máolǐtǎníyà	
モザンビーク	莫桑比克	Mòsāngbǐkè	
モロッコ	摩洛哥	Móluògē	
リビア	利比亚	Lìbǐyà	
リベリア	利比里亚	Lìbǐlǐyà	
ルワンダ	卢旺达	Lúwàngdá	
レソト	莱索托	Láisuǒtuō	

世界の国や地域とその首都

首都(日本語)	首都(中国語)	ピンイン
アブジャ	阿布贾	Ābùjiǎ
ウィントフック	温得和克	Wēndéhékè
ニアメ	尼亚美	Níyàměi
ワガドゥグー	瓦加杜古	Wǎjiādùgǔ
ブジュンブラ	布琼布拉	Bùqióngbùlā
ポルトノボ	波多诺伏	Bōduōnuòfú
ハボローネ	哈博罗内	Hābóluónèi
アンタナナリボ	塔那那利佛	Tǎnànàlìfó
リロングウェ	利隆圭	Lìlóngguī
バマコ	巴马科	Bāmǎkē
プレトリア	比勒陀利亚	Bǐlètuólìyà
ジュバ	朱巴	Zhūbā
ポートルイス	路易港	Lùyìgǎng
ヌアクショット	努瓦克肖特	Nǔwǎkèxiàotè
マプト	马普托	Mǎpǔtuō
ラバト	拉巴特	Lābātè
トリポリ	的黎波里	Dìlíbōlǐ
モンロビア	蒙罗维亚	Méngluówéiyà
キガリ	基加利	Jījiālì
マセル	马塞卢	Mǎsàilú

●世界の地名

地名(日本語)	属する地域	地名(中国語)	ピンイン
●ア～オ			
アッサム	インド	阿萨姆	Āsàmǔ
アドリア海	地中海	亚得里亚海	Yàdélǐyàhǎi
アパラチア山脈	アメリカ	阿巴拉契亚山脉	Ābālāqìyà shānmài
アマゾン川	ブラジル	亚马孙河	Yàmǎsūnhé
アムール川(黒竜江)	中国・ロシア	阿穆尔河/黑龙江	Āmù'ěrhé/Hēilóngjiāng
アモイ	中国	厦门	Xiàmén
アユタヤ	タイ	阿育他亚	Āyùtāyà
アラスカ	アメリカ	阿拉斯加	Ālāsījiā
アラビア海	インド洋	阿拉伯海	Ālābóhǎi
アリゾナ	アメリカ	亚利桑那	Yàlìsāngnà
アリューシャン列島	北太平洋	阿留申群岛	Āliúshēn qúndǎo
アルタイ山脈	中央アジア	阿尔泰山脉	Ā'ěrtài shānmài
アルプス山脈	ヨーロッパ	阿尔卑斯山脉	Ā'ěrbēisī shānmài
アンダルシア	スペイン	安达卢西亚	Āndálúxīyà
アンデス山脈	南米	安第斯山脉	Āndìsī shānmài
アントワープ	ベルギー	安特卫普	Āntèwèipǔ
イースター島	チリ	复活节岛	Fùhuójiédǎo
イスタンブール	トルコ	伊斯坦布尔	Yīsītǎnbù'ěr
イベリア半島	ヨーロッパ	伊比利亚半岛	Yībǐlìyà bàndǎo
イルクーツク	ロシア	伊尔库茨克	Yī'ěrkùcíkè
イングランド	イギリス	英格兰	Yīnggélán
インダス川	インド	印度河	Yìndùhé
インチョン(仁川)	韓国	仁川	Rénchuān
インディアナポリス	アメリカ	印第安纳波利斯	Yìndì'ānnàbōlìsī
インドシナ半島	東南アジア	中南半岛	Zhōngnán bàndǎo
インド洋		印度洋	Yìndùyáng
ウエールズ	イギリス	威尔士	Wēi'ěrshì
ウオール街	アメリカ	华尔街	Huá'ěrjiē
ウラジオストック	ロシア	符拉迪沃斯托克	Fúlādíwòsītuōkè
ウラル山脈	ロシア	乌拉尔山脉	Wūlā'ěr shānmài
エーゲ海	地中海	爱琴海	Àiqínhǎi
エビアン	フランス	埃维昂	Āiwéi'áng
エベレスト(チョモランマ)	中国・ネパール	珠穆朗玛峰	Zhūmùlǎngmǎfēng
エリー湖	カナダ	伊利湖	Yīlìhú
オアフ島	アメリカ	瓦胡岛	Wǎhúdǎo
オクラホマ	アメリカ	俄克拉何马	Ékèlāhémǎ

世界の地名

オタワ	カナダ	渥太华	Wòtàihuá
オックスフォード	イギリス	牛津	Niújīn
オハイオ	アメリカ	俄亥俄	Éhài'é
オホーツク海	東アジア	鄂霍次克海	Èhuòcìkèhǎi
オリンポス山	ギリシャ	奥林匹斯山	Àolínpǐsīshān
オンタリオ湖	カナダ	安大略湖	Āndàlüèhú
●カ〜コ			
ガザ	イスラエル	加沙	Jiāshā
カサブランカ	モロッコ	卡萨布兰卡	Kǎsàbùlánkǎ
カシミール	アジア	克什米尔	Kèshímǐ'ěr
カスピ海	中央アジア	里海	Lǐhǎi
カタルーニャ	スペイン	加泰罗尼亚	Jiātàiluóníyà
カナリア諸島	大西洋	加那利群岛	Jiānàlì qúndǎo
カフカス山脈	ヨーロッパ・ロシア	哈卡斯山脉	Hākǎsī shānmài
カムチャッカ半島	ロシア	堪察加半岛	Kānchájiā bàndǎo
カラコルム山脈	中央アジア	喀喇昆仑山脉	Kālākūnlún shānmài
カラチ	パキスタン	卡拉奇	Kǎlāqí
ガラパゴス諸島	東太平洋	加拉帕戈斯群岛	Jiālāpàgēsī qúndǎo
カラハリ砂漠	アフリカ	卡拉哈里沙漠	Kǎlāhālǐ shāmò
カリフォルニア	アメリカ	加利福尼亚	Jiālìfúníyà
カリブ海	中米	加勒比海	Jiālèbǐhǎi
カリマンタン島	東南アジア	加利曼丹岛	Jiālìmàndāndǎo
カルカッタ（コルカタ）	インド	加尔各答	Jiā'ěrgèdá
ガンジス川	インド	恒河	Hénghé
カンヌ	フランス	戛纳	Jiánà
喜望峰	南アフリカ	好望角	Hǎowàngjiǎo
キョンジュ(慶州)	韓国	庆州	Qìngzhōu
キリマンジャロ山	アフリカ・タンザニア	乞力马扎罗山	Qǐlìmǎzhāluóshān
グアム島	西太平洋	关岛	Guāndǎo
グランドキャニオン	アメリカ	大峡谷	Dàxiágǔ
グリーンランド	北欧	格陵兰岛	Gélínglándǎo
グリニッジ	イギリス	格林威治	Gélínwēizhì
グレートバリアリーフ	オーストラリア	大堡礁	Dàbǎojiāo
グレートブリテン島	イギリス	大不列颠岛	Dàbùlièdiāndǎo
クレタ島	ギリシャ	克里特岛	Kèlǐtèdǎo
ケアンズ	オーストラリア	凯恩斯	Kǎi'ēnsī
ケープタウン	南アフリカ	开普敦	Kāipǔdūn
ケベック	カナダ	魁北克	Kuíběikè
ケルン	ドイツ	科隆	Kēlóng
ケンタッキー	アメリカ	肯塔基	Kěntǎjī

ケンブリッジ	イギリス	剑桥	Jiànqiáo
紅海	アフリカ・アジア	红海	Hónghǎi
コートダジュール	フランス	蓝色海岸	Lánsèhǎi'àn
黒海	ヨーロッパ・アジア	黑海	Hēihǎi
ゴビ砂漠	モンゴル	戈壁沙漠	Gēbì shāmò
ゴラン高原	シリア	戈兰高地	Gēlán gāodì
コルシカ島	フランス	科西嘉岛	Kēxījiādǎo
コロラド	アメリカ	科罗拉多	Kēluólāduō
コロンボ	スリランカ	科伦坡	Kēlúnpō
●サ〜ソ			
サイパン島	西太平洋	塞班岛	Sàibāndǎo
サハラ砂漠	アフリカ	撒哈拉沙漠	Sāhālā shāmò
サハリン(樺太)	ロシア	萨哈林岛	Sàhālíndǎo
サンクトペテルブルグ	ロシア	圣彼得堡	Shèngbǐdébǎo
サンパウロ	ブラジル	圣保罗	Shèngbǎoluó
サンフランシスコ	アメリカ	旧金山	Jiùjīnshān
サンモリッツ	スイス	圣莫里茨	Shèngmòlǐcí
シアトル	アメリカ	西雅图	Xīyǎtú
死海	イスラエル・ヨルダン	死海	Sǐhǎi
シカゴ	アメリカ	芝加哥	Zhījiāgē
シチリア島	イタリア	西西里岛	Xīxīlǐdǎo
シドニー	オーストラリア	悉尼	Xīní
シナイ半島	エジプト	西奈半岛	Xīnài bàndǎo
ジブラルタル海峡	地中海	直布罗陀海峡	Zhíbùluótuó hǎixiá
シベリア	ロシア	西伯利亚	Xībólìyà
シャモニー	フランス	沙莫尼	Shāmòní
ジャワ島	インドネシア	爪哇岛	Zhǎowādǎo
シャンパーニュ	フランス	香槟	Xiāngbīn
ジュネーブ	スイス	日内瓦	Rìnèiwǎ
シリコンバレー	アメリカ	硅谷	Guīgǔ
スエズ運河	エジプト	苏伊士运河	Sūyīshì yùnhé
スカンジナビア半島	ヨーロッパ	斯堪的纳维亚半岛	Sīkāndínàwéiyà bàndǎo
スコットランド	イギリス	苏格兰	Sūgélán
スペリオル湖	カナダ	苏必利尔湖	Sūbìlì'ěrhú
スマトラ島	インドネシア	苏门答腊岛	Sūméndálàdǎo
スワトウ	中国	汕头	Shàntóu
セーヌ川	フランス	塞纳河	Sàinàhé
セブ島	フィリピン	宿务岛	Sùwùdǎo
セントヘレナ島	南大西洋	圣赫勒拿岛	Shènghèlènádǎo

世界の地名

セントルイス	アメリカ	圣路易斯	Shènglùyìsī
ソチ	ロシア	索契	Suǒqì
●タ〜ト			
ダージリン	インド	大吉岭	Dàjílíng
タクラマカン砂漠	中国	塔克拉玛干沙漠	Tǎkèlāmǎgān shāmò
タタール海峡 (間宮海峡)	ロシア	鞑靼海峡	Dádá hǎixiá
タヒチ島	南太平洋	塔希提岛	Tǎxītídǎo
ダラス	アメリカ	达拉斯	Dálāsī
タリム盆地	中国	塔里木盆地	Tǎlǐmù péndì
チェジュ(済州)島	韓国	济州岛	Jǐzhōudǎo
チェチェン	ロシア	车臣	Chēchén
チェルノブイリ	ウクライナ	切尔诺贝利	Qiè'ěrnuòbèilì
チェンマイ	タイ	清迈	Qīngmài
チグリス川	イラク	底格里斯河	Dǐgélǐsīhé
チチカカ湖	ペルー・ ボリビア	的的喀喀湖	Dídíkākāhú
地中海	ヨーロッパ	地中海	Dìzhōnghǎi
チベット高原	中国	青藏高原	Qīng-Zàng gāoyuán
デカン高原	インド	德干高原	Dégān gāoyuán
テキサス	アメリカ	得克萨斯	Dékèsàsī
テジョン(大田)	韓国	大田	Dàtián
デトロイト	アメリカ	底特律	Dǐtèlǜ
テネシー	アメリカ	田纳西	Tiánnàxī
テムズ川	イギリス	泰晤士河	Tàiwùshìhé
デュッセルドルフ	ドイツ	杜塞尔多夫	Dùsài'ěrduōfū
テルアビブ	イスラエル	特拉维夫-雅法	Tèlāwéifū-Yǎfǎ
デンバー	アメリカ	丹佛	Dānfó
ドーバー海峡	ヨーロッパ	多佛尔海峡	Duōfó'ěr hǎixiá
ドナウ (ダニューブ)川	ヨーロッパ	多瑙河	Duōnǎohé
ドバイ	アラブ首長 国連邦	迪拜	Díbài
トリノ	イタリア	都灵	Dūlíng
ドレスデン	ドイツ	德累斯顿	Déléisīdùn
トロント	カナダ	多伦多	Duōlúnduō
●ナ〜ノ			
ナイアガラ滝	アメリカ・ カナダ	尼亚加拉瀑布	Níyàjiālā pùbù
ナイル川	エジプト	尼罗河	Níluóhé
ナホトカ	ロシア	纳霍德卡	Nàhuòdékǎ
ナポリ	イタリア	那不勒斯	Nàbùlèsī
ナミブ砂漠	アフリカ	纳米布沙漠	Nàmǐbù shāmò

南極海		南大洋	Nándàyáng
ニース	フランス	尼斯	Nísī
ニューオリンズ	アメリカ	新奥尔良	Xīn'ào'ěrliáng
ニューカレドニア島	太平洋	新喀里多尼亚岛	Xīnkālǐduōníyàdǎo
ニューギニア島	太平洋	新几内亚岛	Xīnjǐnèiyàdǎo
ニューヨーク	アメリカ	纽约	Niǔyuē
ネス湖	イギリス	内斯湖	Nèisīhú
ノルマンディー	フランス	诺曼底	Nuòmàndǐ

●ハ〜ホ

バーミンガム	イギリス	伯明翰	Bómínghàn
バーモント	アメリカ	佛蒙特	Fóméngtè
バイエルン	ドイツ	拜恩	Bài'ēn
ハイデルベルグ	ドイツ	海德堡	Hǎidébǎo
ハドソン川	アメリカ	哈得孙河	Hādésūnhé
ハバロフスク	ロシア	哈巴罗夫斯克	Hābāluófūsīkè
パミール高原	中央アジア	帕米尔高原	Pàmǐ'ěr gāoyuán
バミューダ島	北大西洋	百慕大群岛	Bǎimùdà qúndǎo
ハリウッド	アメリカ	好莱坞	Hǎoláiwù
バリ島	インドネシア	巴厘岛	Bālídǎo
バルカン半島	ヨーロッパ	巴尔干半岛	Bā'ěrgān bàndǎo
バルセロナ	スペイン	巴塞罗纳	Bāsàiluónà
バルト海	ヨーロッパ	波罗的海	Bōluódìhǎi
パレスチナ	西アジア	巴勒斯坦	Bālèsītǎn
バレンシア	スペイン・ベネズエラ	巴伦西亚	Bālúnxīyà
ハワイ	アメリカ	夏威夷	Xiàwēiyí
バンクーバー	カナダ	温哥华	Wēngēhuá
パンジャブ	インド	旁遮普	Pángzhēpǔ
ハンブルク	ドイツ	汉堡	Hànbǎo
パンムンジョム(板門店)	韓国・北朝鮮	板门店	Bǎnméndiàn
東シナ海	アジア	东海	Dōnghǎi
ビキニ島	西太平洋	比基尼岛	Bǐjīnídǎo
ビクトリア湖	アフリカ	维多利亚湖	Wéiduōlìyàhú
ヒマラヤ山脈	南アジア	喜马拉雅山脉	Xǐmǎlāyǎ shānmài
ヒューストン	アメリカ	休斯敦	Xiūsīdūn
ピレネー山脈	ヨーロッパ	比利牛斯山脉	Bǐlìniúsī shānmài
フィラディルフィア	アメリカ	费城	Fèichéng
フィレンツェ	イタリア	佛罗伦萨	Fóluólúnsà
プーケット	タイ	普吉	Pǔjí
プエルトリコ	中米	波多黎各	Bōduōlígè
プサン(釜山)	韓国	釜山	Fǔshān
フランクフルト	ドイツ	法兰克福	Fǎlánkèfú

世界の地名

ブルゴーニュ	フランス	布尔戈涅	Bù'ěrgēniè
ブルターニュ	フランス	布列塔尼	Bùliètǎní
ブロードウエイ	アメリカ	百老汇	Bǎilǎohuì
フロリダ	アメリカ	佛罗里达	Fóluólǐdá
ベーリング海	北太平洋	白令海	Báilìnghǎi
ペシャワール	パキスタン	白沙瓦	Báishāwǎ
ベツレヘム	パレスチナ	伯利恒	Bólìhéng
ペナン	マレーシア	槟城	Bīnchéng
ベネチア(ベニス)	イタリア	威尼斯	Wēinísī
ベルサイユ	フランス	凡尔赛	Fán'ěrsài
ペルシア湾	西アジア	波斯湾	Bōsīwān
ベンガル湾	インド	孟加拉湾	Mèngjiālāwān
ホーチミン	ベトナム	胡志明	Húzhìmíng
ボストン	アメリカ	波士顿	Bōshìdùn
ボスポラス海峡	トルコ	博斯普鲁斯海峡	Bósīpǔlǔsī hǎixiá
北海	ヨーロッパ	北海	Běihǎi
北極海		北冰洋	Běibīngyáng
ポツダム	ドイツ	波茨坦	Bōcítǎn
ホノルル	ハワイ	火奴鲁鲁	Huǒnúlǔlǔ
ボヘミア	チェコ	波希米亚	Bōxīmǐyà
ポリネシア	太平洋	波利尼西亚	Bōlìníxīyà
ボルガ川	ロシア	伏尔加河	Fú'ěrjiāhé
ボルドー	フランス	波尔多	Bō'ěrduō
ボルネオ島	東南アジア	婆罗洲岛	Póluózhōudǎo
ホルムズ海峡	西アジア	霍尔木兹海峡	Huò'ěrmùzī hǎixiá
ボローニャ	イタリア	博洛尼亚	Bóluòníyà
ボン	ドイツ	波恩	Bō'ēn
ボンベイ(ムンバイ)	インド	孟买	Mèngmǎi
●マ～モ			
マイアミ	アメリカ	迈阿密	Mài'āmì
マイセン	ドイツ	迈森	Màisēn
マウイ島	アメリカ	毛伊岛	Máoyīdǎo
マサチューセッツ	アメリカ	马萨诸塞	Mǎsàzhūsài
マゼラン海峡	南米	麦哲伦海峡	Màizhélún hǎixiá
マチュピチュ	ペルー	马丘比丘	Mǎqiūbǐqiū
マッターホルン	スイス	马特峰	Mǎtèfēng
マラッカ海峡	東南アジア	马六甲海峡	Mǎliùjiǎ hǎixiá
マリアナ諸島	アメリカ領・太平洋	马里亚纳群岛	Mǎlǐyànà qúndǎo
マルセイユ	フランス	马赛	Mǎsài
マレー半島	東南アジア	马来半岛	Mǎlái bàndǎo
マンチェスター	イギリス	曼彻斯特	Mànchèsītè
マンハッタン	アメリカ	曼哈顿	Mànhādùn

ミシガン湖	カナダ	密歇根湖	Mìxiēgēnhú
ミシシッピ	アメリカ	密西西比	Mìxīxībǐ
南シナ海	アジア	南海	Nánhǎi
ミネソタ	アメリカ	明尼苏达	Míngnísūdá
ミュンヘン	ドイツ	慕尼黒	Mùníhēi
ミラノ	イタリア	米兰	Mǐlán
ミンダナオ島	フィリピン	棉兰老岛	Miánlánlǎodǎo
メコン川	東南アジア	湄公河	Méigōnghé
メッカ	サウジアラビア	麦加	Màijiā
メナム川	タイ	湄南河	Méinánhé
メルボルン	オーストラリア	墨尔本	Mò'ěrběn
モンテカルロ	モナコ	蒙特卡洛	Méngtèkǎluò
モントリオール	カナダ	蒙特利尔	Méngtèlì'ěr
モンブラン山	スイス	勃朗峰	Bólǎngfēng
●ヤ～ヨ			
ヤルタ	ウクライナ	雅尔塔	Yǎ'ěrtǎ
ユーフラテス川	西アジア	幼发拉底河	Yòufālādǐhé
ユカタン半島	メキシコ	尤卡坦半岛	Yóukǎtǎn bàndǎo
ユングフラウ山	スイス	少女峰	Shàonǚfēng
ヨークシャー	イギリス	约克夏	Yuēkèxià
ヨハネスブーグ	南アフリカ	约翰内斯堡	Yuēhànnèisībǎo
●ラ～ロ			
ライン川	ヨーロッパ	莱茵河	Láiyīnhé
ラスベガス	アメリカ	拉斯维加斯	Lāsīwéijiāsī
リヴィエラ	イタリア	里维埃拉	Lǐwéi'āilā
リオグランデ	ブラジル・メキシコ	里奥格兰德	Lǐ'àogélándé
リオデジャネイロ	ブラジル	里约热内卢	Lǐyuērènèilú
リバプール	イギリス	利物浦	Lìwùpǔ
リヨン	フランス	里昂	Lǐ'áng
ルイジアナ	アメリカ	路易斯安那	Lùyìsī'ānnà
ルソン島	フィリピン	吕宋岛	Lǚsòngdǎo
レイキャビック	アイスランド	雷克雅未克	Léikèyǎwèikè
レマン湖	ヨーロッパ	莱芒湖	Láimánghú
ローザンヌ	スイス	洛桑	Luòsāng
ローヌ川	フランス	罗讷河	Luónèhé
ロサンゼルス	アメリカ	洛杉矶	Luòshānjī
ロッキー山脈	アメリカ・カナダ	落基山脉	Luòjī shānmài
ロッテルダム	オランダ	鹿特丹	Lùtèdān
ロレーヌ	フランス	洛林	Luòlín

●世界の人名

人名(日本語)	国:ジャンル	人名(中国語)　ピンイン
アインシュタイン	米:物理学者	爱因斯坦　Àiyīnsītǎn
アッラー	イスラム教の唯一神	安拉(阿拉とも)　Ānlā(Ālā)
アラファト	パレスチナ:政治家	阿拉法特　Ālāfǎtè
アリストテレス	古代ギリシャ:哲学者	亚里士多德　Yàlǐshìduōdé
アルキメデス	古代ギリシャ:数学者	阿基米得　Ājīmǐdé
アンデルセン	デンマーク:作家	安徒生　Āntúshēng
イエス・キリスト	キリスト教の祖	耶稣·基督　Yēsū·Jīdū
イソップ	古代ギリシャ:作家	伊索　Yīsuǒ
ウォルト・ディズニー	米:映画製作者	华特·迪士尼　Huátè·Díshìní
エジソン	米:発明家	爱迪生　Àidíshēng
エドガ・スノー	米:記者・著述家	埃德加·斯诺　Āidéjiā·Sīnuò
エリザベス女王	英:女王	伊丽莎白女王　Yīlìshābái nǚwáng
エンゲルス	独:思想家	恩格斯　Ēngésī
オバマ	米:政治家	奥巴马　Àobāmǎ
カーネギー	米:実業家	卡内基　Kǎnèijī
ガウディ	西:建築家	高迪　Gāodí
カエサル(シーザー)	古代ローマ:政治家	恺撒　Kǎisā
カストロ	キューバ:政治家	卡斯特罗　Kǎsītèluó
カフカ	チェコ:作家	卡夫卡　Kǎfūkǎ
カラヤン	オーストリア:指揮者	卡拉扬　Kǎlāyáng
ガリレオ・ガリレイ	伊:天文学者・物理学者	伽里略·伽利略　Jiālǐlüè·Jiālìlüè
ガンジー	インド:政治家	甘地　Gāndì
キュリー夫人	仏:物理学者	居里夫人　Jūlǐ fūrén
グリム	独:文学者	格林　Gélín
クレオパトラ	古代エジプト:女王	克娄巴特拉七世　Kèlóubātèlā Qīshì
ケインズ	英:経済学者	凯因斯　Kǎiyīnsī
ゲーテ	独:詩人・作家	歌德　Gēdé
ケネディ	米:政治家	肯尼迪　Kěnnídí

ゴーギャン	仏:画家	高更 Gāogēng
ゴッホ	オランダ:画家	梵・高 Fán・Gāo
コナン・ドイル	英:作家	柯南・道尔 Kēnán・Dào'ěr
コペルニクス	ポーランド:天文学者	哥白尼 Gēbáiní
ゴルバチョフ	旧ソ連:政治家	戈尔巴乔夫 Gē'ěrbāqiáofū
コロンブス	伊:探検家	哥伦布 Gēlúnbù
サルトル	仏:哲学者・文学者	萨特 Sàtè
シェークスピア	英:作家	莎士比亚 Shāshìbǐyà
ジャッキー・チェン	香港:俳優	成龙 Chéng Lóng
シューベルト	オーストリア:作曲家	舒伯特 Shūbótè
シュバイツァー	独:医師・神学者	史怀哲 Shǐhuáizhé
ショパン	ポーランド:作曲家	肖邦 Xiāobāng
スターリン	旧ソ連:政治家	斯大林 Sīdàlín
スピルバーグ	米:映画監督	斯皮尔伯格 Sīpí'ěrbógé
ソクラテス	古代ギリシア:哲学者	苏格拉底 Sūgélādǐ
ダーウィン	英:生物学者	达尔文 Dá'ěrwén
ダライ・ラマ	チベット仏教の法王	达赖喇嘛 Dálài Lǎmā
チェ・ゲバラ	アルゼンチン:革命家	格瓦拉 Géwǎlā
チャーチル	英:政治家	丘吉尔 Qiūjí'ěr
チャップリン	英:映画俳優・監督	卓别林 Zhuóbiélín
チンギス・ハーン	モンゴル帝国の創始者	成吉思汗 Chéngjísī hán
テレサ・テン	台湾:歌手	邓丽君 Dèng Lìjūn
ドストエフスキー	露:作家	陀思妥耶夫斯基 Tuósītuǒyēfūsījī
トルストイ	露:劇作家	托尔斯泰 Tuǒ'ěrsītài
ナイチンゲール	英:看護婦	南丁格尔 Nándīnggé'ěr
ナポレオン	仏:皇帝	拿破仑 Nápòlún
ニクソン	米:政治家	尼克松 Níkèsōng
ニュートン	英:物理学者	牛顿 Niúdùn
ノーベル	スウェーデン:化学者	诺贝尔 Nuòbèi'ěr
パール・バック	米:作家	赛珍珠 Sàizhēnzhū
ハイネ	独:詩人	海涅 Hǎiniè
パスカル	仏:哲学者	帕斯卡 Pàsīkǎ

世界の人名

バッハ	独:作曲家	巴赫 Bāhè
ビートルズ	英:音楽グループ	披头士 Pītóushì
ピカソ	西:画家	毕加索 Bìjiāsuǒ
ヒッチコック	英:映画監督	希区柯克 Xīqūkēkè
ビル・ゲイツ	米:企業家	比尔・盖茨 Bǐ'ěr・Gàicí
ファーブル	仏:昆虫学者	法布尔 Fǎbù'ěr
プラトン	古代ギリシア:哲学者	柏拉图 Bólātú
フロイト	オーストリア:精神医学者	弗洛伊德 Fúluòyīdé
ベートーベン	独:作曲家	贝多芬 Bèiduōfēn
ベーブ・ルース	米:野球選手	乔治・赫尔曼・鲁斯 Qiáozhì・Hè'ěrmàn・Lǔsī
ヘミングウェイ	米:小説家	海明威 Hǎimíngwēi
ヘレン・ケラー	米:社会活動家	海伦・凯勒 Hǎilún・Kǎilè
マーチン・ルーサー・キング	米:黒人解放運動家	马丁・路德・金 Mǎdīng・Lùdé・Jīn
マイケル・ジャクソン	米:歌手	迈克尔・杰克逊 Màikè'ěr・Jiékèxùn
マゼラン	ポルトガル:航海者	麦哲伦 Màizhélún
マッカーサー	米:軍人	麦克阿瑟 Màikè'āsè
マリリン・モンロー	米:女優	玛丽莲・梦露 Mǎlìlián・Mènglù
マルクス	独:経済学者・哲学者	马克思 Mǎkèsī
マルコ・ポーロ	伊:旅行家	马可・波罗 Mǎkě・Bōluó
マルサス	英:経済学者	马尔萨斯 Mǎ'ěrsàsī
ミケランジェロ	伊:芸術家	米开朗琪罗 Mǐkāilǎngqíluó
ムハンマド	イスラム教の開祖	穆罕默德 Mùhǎnmòdé
メンデル	オーストリア:植物学者	孟德尔 Mèngdé'ěr
モーツァルト	オーストリア:作曲家	莫扎特 Mòzhātè
ユークリッド	古代ギリシア:数学者・哲学者	欧几里得 Ōujǐlǐdé
ユング	スイス:心理学者	荣格 Rónggé
リンカーン	米:政治家	林肯 Línkěn
レーニン	露:政治家	列宁 Lièníng
レオナルド・ダ・ビンチ	伊:画家・建築家	达・芬奇 Dá・Fēnqí
レントゲン	独:物理学者	伦琴 Lúnqín
ロックフェラー	米:実業家	洛克菲勒 Luòkèfēilè

●中国の省名・省都

省名(日本語)	省名(中国語)	ピンイン	
●直轄市			
北京	北京	Běijīng	
上海	上海	Shànghǎi	
天津	天津	Tiānjīn	
重慶	重庆	Chóngqìng	
●省			
安徽	安徽	Ānhuī	
雲南	云南	Yúnnán	
海南	海南	Hǎinán	
河南	河南	Hénán	
河北	河北	Héběi	
甘粛	甘肃	Gānsù	
広東	广东	Guǎngdōng	
貴州	贵州	Guìzhōu	
吉林	吉林	Jílín	
江西	江西	Jiāngxī	
江蘇	江苏	Jiāngsū	
黒竜江	黑龙江	Hēilóngjiāng	
湖南	湖南	Húnán	
湖北	湖北	Húběi	
山西	山西	Shānxī	
山東	山东	Shāndōng	
四川	四川	Sìchuān	
青海	青海	Qīnghǎi	
浙江	浙江	Zhèjiāng	
陝西	陕西	Shǎnxī	
台湾	台湾	Táiwān	
福建	福建	Fújiàn	
遼寧	辽宁	Liáoníng	
●自治区			
内モンゴル自治区	内蒙古自治区	Nèi Měnggǔ zìzhìqū	
広西チワン族自治区	广西壮族自治区	Guǎngxī Zhuàngzú zìzhìqū	
新疆ウイグル自治区	新疆维吾尔自治区	Xīnjiāng Wéiwú'ěr zìzhìqū	
チベット自治区	西藏自治区	Xīzàng zìzhìqū	
寧夏回族自治区	宁夏回族自治区	Níngxià Huízú zìzhìqū	
●特別行政区			
香港特別行政区	香港特别行政区	Xiānggǎng tèbié xíngzhèngqū	
マカオ特別行政区	澳门特别行政区	Àomén tèbié xíngzhèngqū	

中国の省名・省都

略称	ピンイン	省都(日本語)	省都(中国語)	ピンイン
京	Jīng			
沪	Hù			
津	Jīn			
渝	Yú			
皖	Wǎn	合肥	合肥	Héféi
云	Yún	昆明	昆明	Kūnmíng
琼	Qióng	海口	海口	Hǎikǒu
豫	Yù	鄭州	郑州	Zhèngzhōu
冀	Jì	石家荘	石家庄	Shíjiāzhuāng
甘	Gān	蘭州	兰州	Lánzhōu
粤	Yuè	広州	广州	Guǎngzhōu
贵	Guì	貴陽	贵阳	Guìyáng
吉	Jí	長春	长春	Chángchūn
赣	Gàn	南昌	南昌	Nánchāng
苏	Sū	南京	南京	Nánjīng
黑	Hēi	ハルピン	哈尔滨	Hā'ěrbīn
湘	Xiāng	長沙	长沙	Chángshā
鄂	È	武漢	武汉	Wǔhàn
晋	Jìn	太原	太原	Tàiyuán
鲁	Lǔ	済南	济南	Jǐnán
川	Chuān	成都	成都	Chéngdū
青	Qīng	西寧	西宁	Xīníng
浙	Zhè	杭州	杭州	Hángzhōu
陕	Shǎn	西安	西安	Xī'ān
台	Tái	台北	台北	Táiběi
闽	Mǐn	福州	福州	Fúzhōu
辽	Liáo	瀋陽	沈阳	Shěnyáng
蒙	Měng	フフホト	呼和浩特	Hūhéhàotè
桂	Guì	南寧	南宁	Nánníng
新	Xīn	ウルムチ	乌鲁木齐	Wūlǔmùqí
藏	Zàng	ラサ	拉萨	Lāsà
宁	Níng	銀川	银川	Yínchuān
港	Gǎng			
澳	Ào			

1999年12月 1日	初　版　発　行	
2005年 1月10日	第 2 版 発 行	
2013年 4月 1日	第 3 版 発 行	
2013年 4月20日	第3版中型版発行	

デイリーコンサイス中日／日中辞典 第3版 中型版

2013年4月20日　第1刷発行

編　者　杉 本 達 夫
　　　　牧 田 英 二
　　　　古 屋 昭 弘

発行者　株式会社 三省堂 代表者 北口克彦
印刷者　三省堂印刷株式会社
発行所　株式会社 三省堂
　　　　〒101-8371
　　　　東京都千代田区三崎町二丁目22番14号
　　　　　　　電話 編集 (03) 3230-9411
　　　　　　　　　 営業 (03) 3230-9412

振替口座 00160-5-54300
商標登録番号　521139・521140
http://www.sanseido.co.jp/

〈3版中型デイリー中合本・1,568pp.〉

落丁本・乱丁本はお取り替えいたします
ISBN978-4-385-12170-3

> Ⓡ 本書を無断で複写複製することは、著作権法上の例外を除き、禁じられています。本書をコピーされる場合は、事前に日本複製権センター (03-3401-2382) の許諾を受けてください。また、本書を請負業者等の第三者に依頼してスキャン等によってデジタル化することは、たとえ個人や家庭内での利用であっても一切認められておりません。

中国語方言区分図

0 500km

ウルムチ○

新疆ウイグル自治区

甘粛

青海

西

チベット自治区

○ラサ

ネパール   ブータン

インド

四川

昆明
雲南

ミャンマー
ラオ

	カン ワ 官話方言（北京市ほか）
	ゴ 呉方言（上海市ほか）
	ショウ 湘方言（湖南省ほか）
	カン 贛方言（江西省ほか）
	ハッカ 客家方言（広東省東北部ほか）
	エツ 粤方言（広東省南部ほか）
	ビン 閩方言（福建省ほか）

	キ 徽方言（
	シン 晋方言（
	ヘイ ワ 平話方言